Beck'sches
Notar-Handbuch

Beck'sches Notar-Handbuch

Herausgegeben von
Prof. Dr. Heribert Heckschen
Notar in Dresden

Sebastian Herrler
Notar in München

Dr. Timm Starke
Notar in Bonn
Präsident der Bundesnotarkammer

Redaktion
Dr. Wolfram Waldner
Notar in Lauf an der Pegnitz

Fortführung des von
Prof. Dr. Günter Brambring und **Prof. Dr. Hans-Ulrich Jerschke**
begründeten Werkes

6., überarbeitete und erweiterte Auflage 2015

C.H.BECK

Zitiervorschlag:
BeckNotar-HdB/*Bearbeiter* Kap. ... Rn. ...

www.beck.de

ISBN 978 3 406 65099 4

© 2015 Verlag C. H. Beck oHG
Wilhelmstraße 9, 80801 München

Satz, Druck und Bindung: Druckerei C. H. Beck Nördlingen
(Adresse wie Verlag)

Gedruckt auf säurefreiem, alterungsbeständigem Papier
(hergestellt aus chlorfrei gebleichtem Zellstoff)

Vorwort

Bis zur im Jahr 2009 erschienenen 5. Auflage haben die Gründungsherausgeber des Beck'schen Notar-Handbuchs, Prof. Dr. *Günter Brambring* und Prof. Dr. *Hans-Ulrich Jerschke*, dieses Werk maßgeblich geprägt. Ihnen sei an dieser Stelle nochmals herzlich gedankt. Mit ihrem Ausscheiden aus dem Notardienst haben sie diese Aufgabe in jüngere Hände gelegt. Aber nicht nur im Herausgeber-, sondern auch im Autorenkreis, der über beinahe 23 Jahre im Wesentlichen unverändert blieb, wurde mit der 6. Auflage ein Generationswechsel eingeleitet. Neben Prof. *Brambring* und Prof. *Jerschke*, deren Bearbeitungen des Grundstückskaufs und der Grundstückszuwendungen von Dr. *Hans Frieder Krauß* und *Sebastian Herrler* übernommen wurden, sind Dr. *Hermann Amann*, *Jörg Bettendorf*, Prof. Dr. *Wolfgang Reimann*, *Jochem Riemann* und *Heinz Schlee* ausgeschieden. Sie haben sich um das Beck'sche Notar-Handbuch verdient gemacht. An ihre Stelle sind Dr. *Arne Everts*, Dr. *Joachim Püls*, Dr. *Florian Dietz*, *Ingeborg Rakete-Dombek* und *Peter Hogl* getreten. Ferner wurde der Autorenkreis um Dr. *Rembert Süß*, Referatsleiter für Internationales Privatrecht und ausländisches Recht am Deutschen Notarinstitut, erweitert, der einen Teil des Kapitels zum IPR und zum ausländischen Recht übernommen hat. *Lucas Wartenburger* zeichnet in der Neuauflage für die steuerlichen Anmerkungen in den einzelnen Kapiteln verantwortlich.

Auf vielfältigen Wunsch der Leserschaft wurde die Anzahl der Musterformulierungen sowie der kosten- und steuerrechtlichen Anmerkungen deutlich erhöht. Zahlreiche Kapitel wurden vollständig neu gefasst bzw. grundlegend überarbeitet (u.a. Grundstückszuwendungen, Erbrecht, GmbH- und Aktienrecht, Kostenrecht, internationales Familien- und Erbrecht). Ausführlich erörtert werden insbesondere die folgenden aktuellen Fragestellungen:

- Angebotsmodelle beim Immobilienkaufvertrag und Alternativgestaltungen
- Verkauf durch bzw. Erwerb in Gesellschaft bürgerlichen Rechts
- neuere Entwicklungen beim Behinderten- und Bedürftigentestament
- zulässiger Inhalt und Publizitätswirkungen der GmbH-Gesellschafterliste
- Gesamtrechtsnachfolge bei Umwandlungen und diesbezügliche Regressfallen
- die Partnerschaftsgesellschaft mbB im Umwandlungsrecht
- der grenzüberschreitende Formwechsel.

Aufgrund der vorgenannten Neuerungen ist der Umfang des Beck'schen Notar-Handbuchs von knapp 1800 Seiten auf nunmehr über 2000 Seiten angewachsen. Der Handbuchcharakter bleibt allerdings auch in der Neuauflage erhalten. Allen Kapiteln sind weiterhin umfangreiche Checklisten vorangestellt, die eine schnelle Orientierung ermöglichen. Auf umfangreiche Nachweise, insbesondere des Schrifttums, wird im Interesse einer besseren Lesbarkeit weitgehend verzichtet.

Ein besonderer Dank der Herausgeber gebührt Bettina Miszler, die die Manuskripte umsichtig betreut und trotz manch verspäteter Manuskriptabgabe für ein zeitnahes Erscheinen der 6. Auflage des Beck'schen Notar-Handbuchs Sorge getragen hat.

Bonn, Dresden und München im November 2014   *Die Herausgeber und der Verlag*

Bearbeiterverzeichnis

Prof. Dr. Manfred Bengel
Notar a. D., Fürth
Kapitel C

Dr. Erkki Bernhard
Notar, Augsburg
Kapitel G

Dr. Florian Dietz
Notar, Bamberg
Kapitel C
Fortführung der von Prof. Dr. Wolfgang Reimann bearbeiteten Teile

Sven Eichel
Notar a. D., Krefeld
Kapitel A IV.

Dr. Arne Everts
Notar, Berchtesgaden
Kapitel A I., A VI., A VII., A VIII.
Fortführung der von Dr. Hermann Amann bearbeiteten Teile

Prof. Dr. Dr. Herbert Grziwotz
Notar, Regen
Kapitel A I., A XI., B I., B II., B IV., B V.

Udo Hagemann
Notariatsbürovorsteher, Burscheid
Kapitel A I.

Prof. Dr. Heribert Heckschen
Notar, Dresden
Kapitel A I., A X., D III., D IV., D V.

Dr. Marc Hermanns
Notar, Köln
Kapitel D II.

Sebastian Herrler
Notar, München
Kapitel A I., A V.
Fortführung der von Prof. Dr. Günter Brambring (A I.) und
Prof. Dr. Hans-Ulrich Jerschke (A V.) bearbeiteten Teile

Bearbeiterverzeichnis

Peter Hogl
Prokurist/Referatsleiter Allianz Versicherungs-AG, München
Kapitel K
Fortführung der von Heinz Schlee bearbeiteten Teile

Dr. Hans-Frieder Krauß, LL.M. (Michigan)
Notar, München
Kapitel A I., A V., A IX.
Fortführung der von Prof. Dr. Günter Brambring (A I.) und
Prof. Dr. Hans-Ulrich Jerschke (A V.) bearbeiteten Teile

Dr. Hans-Dieter Kutter
Notar a.D., Schweinfurt
Kapitel A II.

Prof. Dr. Dieter Mayer
Notar, München
Kapitel D I.

Dr. Joachim Püls
Notar, Dresden
Kapitel M
Fortführung der von Jörg Bettendorf bearbeiteten Teile

Ingeborg Rakete-Dombek
Rechtsanwältin und Fachanwältin für Familienrecht, Notarin, Berlin
Kapitel B III.
Fortführung der von Jochem Riemann bearbeiteten Teile

Dr. Manfred Rapp
Notar a.D., Landsberg am Lech
Kapitel A III.

Dr. Wolfgang Reetz
Notar, Köln
Kapitel F

Christoph Sandkühler
Rechtsanwalt, Geschäftsführer der Westfälischen Notarkammer, Hamm
Kapitel L II.

Dr. Sebastian Spiegelberger
Notar a.D., Stephanskirchen
Kapitel E

Dr. Timm Starke
Notar, Präsident der Bundesnotarkammer, Bonn
Kapitel L I.

Bearbeiterverzeichnis

Dr. Rembert Süß
Rechtsanwalt, Referatsleiter für internationales Privatrecht und ausländisches Recht am Deutschen Notarinstitut (DNotI), Würzburg
Kapitel H

Dr. Ralf Tönnies
Notar, Köln
Kapitel A I.

Dr. Wolfram Waldner
Notar, Lauf an der Pegnitz
Kapitel D VI., J

Lucas Wartenburger
Notar, Rosenheim
Praxishinweise Steuern

Dr. Simon Weiler
Notar, München
Kapitel D I.

Prof. Dr. Norbert Zimmermann, LL.M. (Harvard)
Notar, Düsseldorf
Kapitel H

Inhaltsübersicht

		Seite
Vorwort		V
Bearbeiterverzeichnis		VII
Inhaltsverzeichnis		XIII
Verzeichnis der Formulierungsbeispiele		XLIX
Abkürzungs- und Literaturverzeichnis		LXI

A.	**Grundstücksrecht**	1
A I.	Grundstückskauf (*Everts/Grziwotz/Hagemann/Heckschen/Herrler/ Krauß/Tönnies/Waldner*)	1
A II.	Bauträgervertrag (*Kutter*)	275
A III.	Wohnungseigentum (*Rapp*)	353
A IV.	Erbbaurecht (*Eichel*)	467
A V.	Grundstückszuwendung (*Herrler/Krauß*)	503
A VI.	Grundschulden (*Everts*)	623
A VII.	Dienstbarkeiten (*Everts*)	653
A VIII.	Vorkaufsrechte (*Everts*)	669
A IX.	Grundstücksrecht in den neuen Bundesländern (*Krauß*)	677
A X.	Sonderformen des Immobilienerwerbs (*Heckschen*)	679
A XI.	Verträge im Erschließungs- und Städtebaurecht (*Grziwotz*)	701

B.	**Ehe- und Familienrecht**	737
B I.	Eheverträge (*Grziwotz*)	737
B II.	Lebenspartnerschaftsverträge (*Grziwotz*)	809
B III.	Scheidungs- und Trennungsvereinbarungen (*Rakete-Dombek*)	829
B IV.	Partnerschaftsvertrag (*Grziwotz*)	871
B V.	Beurkundungen im Kindschaftsrecht (*Grziwotz*)	897

C.	**Erbrecht** (*Bengel/Dietz*)	941

D.	**Gesellschaftsrecht**	1073
D I.	GmbH (*Mayer/Weiler*)	1073
D II.	Personengesellschaft (*Hermanns*)	1199
D III.	Aktiengesellschaft (*Heckschen*)	1231
D IV.	Umwandlung (*Heckschen*)	1333
D V.	Unternehmenskauf (*Heckschen*)	1439
D VI.	Eingetragener Verein (*Waldner*)	1479

E.	**Steuerrecht für Notare** (*Spiegelberger*)	1499
F.	**Vollmacht** (*Reetz*)	1583
G.	**Beurkundung** (*Bernhard*)	1645
H.	**Auslandsberührung** (*Süß/Zimmermann*)	1727
J.	**Kostenrecht** (*Waldner*)	1819
K.	**Notarhaftung** (*Hogl*)	1843

Inhaltsübersicht

		Seite
L.	**Berufsrecht**	1879
L I.	Berufsrecht der Notare (*Starke*)	1879
L II.	Sonderfragen des Anwaltsnotars (*Sandkühler*)	1921
M.	**Dienstordnung und Büro** (*Püls*)	1951

Sachverzeichnis 2015

Inhaltsverzeichnis

	Seite
Vorwort	V
Bearbeiterverzeichnis	VII
Inhaltsübersicht	XI
Verzeichnis der Formulierungsbeispiele	XLIX
Abkürzungs- und Literaturverzeichnis	LXI

A. Grundstücksrecht ... 1

A I. Grundstückskauf ... 1

1. Teil. Beratung der Vertragsparteien ... 4
    I. Vorbemerkung ... 4
    II. Beratungs-Checkliste ... 6

2. Teil. Allgemeine Fragen des Grundstückskaufvertrages ... 17
    I. Vorbereitende Tätigkeit ... 17
        1. Grundbucheinsicht ... 17
        2. Sonstige, für die Kaufentscheidung wesentliche Umstände ... 19
        3. Steuerliche Fragen ... 21
    II. Kaufgegenstand ... 22
        1. Grundstück, Teilfläche, Miteigentumsanteil etc. ... 22
        2. Mitverkaufte Gegenstände ... 24
        3. Anteil an einer Grundstücks-GbR ... 29
        4. Renovierungspflicht ... 31
    III. Kaufpreis und Kaufpreisfälligkeit ... 35
        1. Festpreis und Steuerfragen ... 35
        2. Kaufpreisfälligkeit ... 38
        3. Eigentumsvormerkung ... 41
        4. Genehmigungen ... 42
        5. Öffentlich-rechtliche Vorkaufsrechte ... 50
        6. Sonstige Vorkaufsrechte ... 53
        7. Lastenfreistellung ... 58
        8. Fälligkeitsmitteilung ... 61
        9. Sicherung der Kaufpreiszahlung, Verzug, Zwangsvollstreckungs-
           unterwerfung, Rücktritt ... 62
    IV. Finanzierung des Kaufpreises unter Mitwirkung des Verkäufers ... 69
    V. Übergang von Besitz, Nutzen und Lasten ... 74
    VI. Rechts- und Sachmängel ... 78
        1. Rechtsmängel ... 78
        2. Sachmängel ... 81
        3. Erschließungskosten und sonstige öffentliche Lasten ... 93
    VII. Eigentumsvormerkung ... 104
        1. Sicherungswirkungen ... 104
        2. Sicherungsvoraussetzungen ... 106
        3. Verfrühte Löschung ... 109
        4. Löschung der Vormerkung bei gescheitertem Kauf ... 109

Inhaltsverzeichnis

	Seite
VIII. Auflassung	113
1. Form und Inhalt	113
2. Aussetzung der Auflassung oder beurkundungsrechtliche bzw. verfahrensrechtliche Lösung	116
IX. Kosten, Steuern, Maklerklausel	119
1. Kostentragung, Grunderwerbsteuer	119
2. Maklerklausel	121
3. Vollzugsauftrag – Vollmacht für den Notar, Eigenurkunde	123
X. Umfang der Beurkundungsbedürftigkeit	125
1. Allgemeines	126
2. Nebenabreden	127
3. Koppelgeschäfte, Zusammengesetzte Verträge	128
4. Mittelbarer Zwang	130
5. Belehrungen und Beurkundungstechnik	130
6. ABC zur Formbedürftigkeit	130
XI. Hinweise zum Beurkundungsverfahren	154
1. Vermerkpflichten, Belehrungsvermerke	154
2. Mitbeurkundung von Anlagen, Verweisen und Bezugnahme	156
XII. Kostenberechnung	160
3. Teil. Abwicklung des Grundstückskaufvertrages	163
I. Behandlung der Urkunde (Abschriften, Ausfertigungen, Eintragung in die Urkundenrolle)	163
1. Äußere Form der Niederschriften und Vermerke	163
2. Auszugsweise Ausfertigung zur Eintragung der Vormerkung	163
3. Anspruch auf Erteilung von Ausfertigungen und Abschriften	164
4. Vermerke auf der Urschrift	164
5. Urkundenrolle	164
II. Anzeigepflichten des Notars	165
1. Steuerliche Anzeigepflichten, Grunderwerbsteuer	165
2. Mitteilungspflicht nach dem Baugesetzbuch	166
III. Vollzug, Schriftverkehr	166
IV. Einholung von Löschungsunterlagen, Treuhandauftrag	170
V. Eintragung des Finanzierungsgrundpfandrechts, Notarbestätigung	171
1. Eintragung des Finanzierungsgrundpfandrechts	171
2. Notarbestätigung	173
4. Teil. Kaufvertrag über eine Grundstücksteilfläche	174
I. Vertragsgestaltung	174
1. Genaue Beschreibung der verkauften Teilfläche	174
2. Kaufpreis	175
3. Eigentumsvormerkung	178
4. Auflassung	178
5. Verkauf von mehreren Teilflächen (Baugrundstücken) aus einem Flurstück	179
II. Abwicklung	181
5. Teil. Kaufverträge mit Besonderheiten in der Person des Verkäufers oder des Käufers	183
I. Vertragsschluss durch Bevollmächtigten/Vertreter ohne Vertretungsmacht	183
II. Zustimmung des Ehegatten nach § 1365 BGB; Art. 5 des Abkommens zur Wahlzugewinngemeinschaft	183

Inhaltsverzeichnis

	Seite
III. Minderjähriger, Betreuter, gerichtliche Genehmigung	186
IV. Erbengemeinschaft, Testamentsvollstrecker, Vorerbe	188
1. Verkauf eines Grundstücks durch Alleinerben oder Erbengemeinschaft	188
2. Verkauf durch Testamentsvollstrecker	190
3. Verkauf durch den Vorerben	191
V. Gütergemeinschaft	192
VI. Auslandsbezug	193
VII. Insolvenz- und Zwangsversteigerungsvermerk	196
VIII. Gesellschaft (GbR, Personenhandelsgesellschaft, juristische Person)	199
1. Gesellschaft bürgerlichen Rechts	199
2. Personenhandelsgesellschaft, juristische Person	202
3. Gesellschaft in Gründung	204
IX. Verbrauchervertrag	204
1. Verbraucher/Unternehmer	204
2. Klauselverbote	205
3. Amtspflichten des Notars (§ 17 II a BeurkG)	207
X. Miteigentümervereinbarung, § 1010 BGB	210
6. Teil. Kaufverträge mit Besonderheiten bei der Kaufpreiszahlung	212
I. Übernahme von Darlehensverbindlichkeiten des Verkäufers in Anrechnung auf den Kaufpreis	212
II. Übernahme von Grundschulden (ohne gesicherte Darlehen)	215
III. Stundung eines Kaufpreisteils mit Sicherung durch Restkaufpreishypothek	216
IV. Verrentung des Kaufpreises	217
7. Teil. Kaufpreisabwicklung über Notaranderkonto	219
I. Beratungs-Checkliste	219
II. Die gesetzliche Regelung der Verwahrung (§§ 54a–54e BeurkG)	220
III. Zulässigkeit der Verwahrung. Besonderes berechtigtes Sicherungsinteresse i. S. v. § 54a II Nr. 1 BeurkG	220
1. Objektives Sicherungsinteresse	221
2. Keine formularmäßige Verwahrung	221
3. Sicherungsinteresse gerade für die Verwahrung („hierfür")	222
IV. Zweckmäßigkeit der Verwahrung	223
1. Vorzüge	223
2. Nachteile	229
V. Rechtliche Qualifikation von Verwahrungsvereinbarung und Verwahrungsanweisung	234
VI. Dienstordnung für Notare	234
VII. Inhalt der Verwahrungsvereinbarung	234
1. Pflicht zur Verwahrung – fakultative Verwahrung	234
2. Erfüllungswirkung der Verwahrung	235
3. Angabe des Anderkontos	236
4. Hinterlegungszeitpunkt	236
5. Auszahlungsempfänger, Verwahrungszinsen, Verwahrungsbankkosten, Löschungskosten	237
6. Festgeldanlage	238
7. Auszahlungsvoraussetzungen	240
8. Rückzahlung bei Nichteintritt der Auszahlungsvoraussetzungen	241
9. Verzugsregelung	242
10. Verwahrungsgebühr	243

Inhaltsverzeichnis

	Seite
VIII. Widerruf der Auszahlungsanweisung	243
IX. Zusammenfassende Musterformulierung	245

8. Teil. Getrennte Beurkundung von Angebot und Annahme ... 247
    I. Beratungs-Checkliste ... 247
    II. Allgemeine Hinweise ... 248
        1. Das Angebot ... 249
        2. Bindungs- bzw. Annahmefrist ... 253
        3. Die Annahme ... 257
    III. Alternativgestaltungen ... 260
        1. Optionsvertrag ... 261
        2. Vertragsschluss unter Rücktrittsvorbehalt ... 263

9. Teil. Aufhebung, Änderung und Bestätigung des Kaufvertrages ... 267
    I. Aufhebung des Kaufvertrages ... 267
        1. Beurkundungserfordernis ... 267
        2. Inhalt des Aufhebungsvertrages ... 268
        3. Kosten ... 269
        4. Steuern ... 269
    II. Änderung des Kaufvertrages ... 271
        1. Beurkundungserfordernis ... 271
        2. Bezugnahme auf ursprünglichen Kaufvertrag; Anzeigepflicht (§ 18 I 1 Nr. 4 GrEStG) ... 273
        3. Steuern ... 273
    III. Bestätigung des Kaufvertrages ... 273

A II. Bauträgervertrag ... 275
    I. Beratungs-Checkliste ... 279
    II. Allgemeines zum Bauträgervertrag – Vorüberlegungen bei der Konzeption ... 286
        1. Vorbemerkungen ... 286
        2. Vertragsgegenstand ... 289
        3. Qualifikation des Veräußerers ... 292
        4. Qualifikation des Vertrages, anzuwendende Vorschriften ... 292
        5. Beurkundungsverfahren ... 294
        6. Erbbaurecht ... 297
        7. Steuerliche Aspekte ... 297
        8. Notar- und Grundbuchkosten ... 299
        9. Vollzugsfragen ... 299
        10. Belehrungen ... 300
        11. Bauträgerobjekte in den neuen Bundesländern ... 300
        12. Auslandsberührung ... 300
    III. Vertrag über ein Einfamilienhaus ... 301
        1. Grundbuchstand ... 301
        2. Leistungsumfang – Vertragsgegenstand ... 301
        3. Leistungszeit ... 306
        4. Auflassungspflicht, Eigentumsvormerkung ... 307
        5. Kaufpreis ... 308
        6. Fälligkeit ... 309
        7. Mehrere Erwerber ... 327
        8. Zwangsvollstreckungsunterwerfung ... 328
        9. Besitz- und Lastenübergang, Gefahrübergang ... 329
        10. Abnahme ... 329

Inhaltsverzeichnis

	Seite
11. Haftung für Mängel	330
12. Rücktritt	334
13. Kosten, Steuern	334
14. Belastungsübernahme	334
15. Finanzierung, Mitwirkungspflichten, Vollmacht	335
16. Vollzugsvollmachten für Notar bzw. dessen Angestellte	336
17. Spätere Änderungs- und Belastungsmöglichkeiten	337
18. Sonstiges	337
IV. Vertrag über eine Eigentumswohnung	337
1. Grundsatz	337
2. Aufteilung in Wohnungseigentum	337
3. Vertragsgegenstand	338
4. Eigentumsvormerkung	338
5. Baufortschritt i. S. d. § 3 II MaBV	339
6. Eigentümergemeinschaft, Gemeinschaftsordnung	339
7. Abnahme	339
8. Haftung für Mängel	341
9. Änderungsvollmachten	343
V. Vertrag über ein Renovierungsobjekt	344
1. Aufteilungsplan und Abgeschlossenheitsbescheinigung, Zweckentfremdungsgenehmigung	344
2. Baubeschreibung	345
3. Baufortschrittsraten	345
4. Besitzübergang	346
5. Haftung für Mängel	346
6. Vollmachten	347
VI. Besondere Bau-Modelle	347
1. Arten, Sprachgebrauch, Wesensmerkmale	347
2. Praktische Bedeutung	350
3. Beurkundungsrecht	350
4. Risiken der aktuellen Modelle	350
5. Steuerlicher Überblick bei den aktuellen Modellen	351
A III. Wohnungseigentum	**353**
I. Allgemeines zum Wohnungseigentum	354
1. Gründe für die Wahl von Wohnungseigentum	354
2. Steuern und sonstige öffentliche Abgaben	356
3. Notar- und Grundbuchkosten	358
II. Die Begründung von Wohnungseigentum – dingliche Seite	359
1. Die Grundstückssituation	359
2. Vertragliche/einseitige Begründung	361
3. Aufteilungsplan, Sondereigentumsfähigkeit	363
4. Abgeschlossenheitsbescheinigung, behördliche/gerichtliche Genehmigung	367
5. Die Größe der Miteigentumsanteile	369
6. Sukzessive Wohnungseigentums-Begründung (Mehrhausanlage) – Nachträgliche Begründung von Sondereigentum	369
7. Zustimmung Drittberechtigter zur Wohnungseigentumsbegründung	373
8. Aufteilungsplanwidrige Bauausführung	374
III. Das Verhältnis der Wohnungseigentümer untereinander und über die Verwaltung	376
1. Wohnungseigentum im Geschosswohnungsbau, Betreutes Wohnen	377
2. Gemischte Nutzung Wohnung/Gewerbe, Beruf	383

Inhaltsverzeichnis

	Seite
3. Doppelhaushälften/Reihenhäuser in der Rechtsform des Wohnungseigentums	385
4. Begründung von Sondernutzungsrechten	388
5. Veräußerungsbeschränkung und ihre Aufhebung	392
6. Nutzen und Lasten, Verteilungsschlüssel	393
7. Vorrecht für Hausgeldbeträge in der Zwangsversteigerung	395
8. Eigentümerversammlung	396
9. Mehrere Eigentümer eines Wohnungseigentums/Teileigentums	398
10. Verwalterbestellung	399
11. Verwaltungsbeirat	400
12. Die Kompetenzen des Verwalters	400
IV. Interne und externe Veränderungen am Wohnungseigentum	401
1. Unterteilung von Wohnungseigentum	401
2. Vereinigung bestehender Wohnungseigentumsrechte	405
3. Neuzuordnung von sondereigentumsfähigen Räumen	408
4. Nachträgliche An- oder Ausbauten	411
5. Umwandlung von Wohnungseigentum in Teileigentum und umgekehrt	412
6. Dereliktion von Wohnungseigentum	413
7. Änderungen der Gemeinschaftsordnung	414
8. Veräußerung/Aufhebung von Sondernutzungsrechten	424
9. Externe Veränderungen	427
10. Teilrechtsfähigkeit und Grundbuchfähigkeit der Wohnungseigentümergemeinschaft	430
V. Veräußerung von Wohnungseigentum	436
1. Bezeichnung des Vertragsgegenstandes	436
2. Gewährleistung bezüglich des Gemeinschaftseigentums	439
3. Verwalterzustimmung	447
4. Eintritt in die Rechtsverhältnisse der Gemeinschaft	451
5. Umwandlungen von Mietwohnungen in Eigentumswohnungen	457
VI. Wohnungserbbaurecht	459
1. Rechtsgrundlagen	459
2. Begründungsvorgang	463
3. Veräußerung des Wohnungserbbaurechtes	465
A IV. Erbbaurecht	**467**
I. Beratung der Beteiligten	468
1. Motivlage	468
2. Beratungs-Checkliste	468
3. Wahl des Vertragstyps/Arten des Erbbaurechts	469
4. Neue Bundesländer/SachenRBerG	472
5. Kosten	473
6. Steuern	474
II. Begründung eines Erbbaurechts	475
1. Grundlagen	475
2. Dingliche Einigung	475
3. Eintragung im Grundbuch	475
III. Erbbaurechtsvertrag	478
1. Grundlagen	478
2. Form	478
3. Gesetzlicher Mindestinhalt	478
4. Vertragsmäßiger (dinglicher) Inhalt	480
5. Sonstiger (schuldrechtlicher) Inhalt	488

Inhaltsverzeichnis

	Seite
6. Erbbauzins	489
7. Grundbucherklärungen	496
8. Qualifizierung als Rechtskauf	497
IV. Bestehende Erbbaurechte	498
1. Veräußerung	498
2. Belastung mit Rechten in Abt. II des Grundbuches	499
3. Belastung mit Rechten in Abt. III des Grundbuches	499
4. Aufteilung nach dem WEG	499
5. Realteilung	499
6. Vereinigung	500
7. Inhaltsänderungen	500
8. Aufhebung und Erlöschen	500
A V. Grundstückszuwendung	**503**
I. Grundlagen	504
1. Motive	505
2. Schwächen der Schenkung	506
3. Schenkungsteuer	510
4. Grunderwerbsteuer	520
5. Einkommensteuer	520
6. Erbrechtliche Ausgleichung	523
7. Pflichtteilsfragen	525
II. Vertragstypen der Grundstückszuwendung	534
1. Schenkung	534
2. Zuwendung an Minderjährige	540
3. Mittelbare Schenkungen	542
4. Ausstattung	546
5. Zuwendungen in oder aufgrund der Ehe	547
6. Zuwendungen unter Lebensgefährten	550
7. „Familienpool"	555
8. Schenkung auf den Todesfall	561
9. Gegenseitige Zuwendungsversprechen auf den Todesfall	563
10. Betriebsnachfolge	564
III. Vorbehaltene Rechte und Gegenleistungen bei Grundstückszuwendungen	569
1. Nießbrauch	570
2. Wohnungsrecht	580
3. Leibrente und dauernde Last	591
4. Pflegeklauseln	599
5. Absicherung durch Altenteil (Leibgeding)	601
6. Rückforderungsrechte	603
7. Berücksichtigung staatlicher Leistungspflichten	612
IV. Sozialrechtliche Aspekte	616
1. Die Übertragung als „Tatbestandsmerkmal" des Sozialrechts	616
2. Die sozialrechtlich bedingte Sittenwidrigkeit der Vermögensübertragung	617
3. Sittenwidrigkeit einzelner Rechtsakte	617
4. Übersicht: Zulässigkeit erbrechtlicher Gestaltung mit nachteiligen Wirkungen für Dritte	619
5. Die Grundsicherung für Arbeitsuchende („Hartz IV", SGB II)	620
A VI. Grundschulden	**623**
I. Die Verdrängung der Hypothek durch die Grundschuld	624

Inhaltsverzeichnis

	Seite
II. Die Fremdgrundschuld	624
1. Währung, fehlende Akzessorietät, Risikobegrenzungsgesetz	624
2. Grundschuldkapital und Grundschuldzins	624
3. Volumen des Zinsanspruchs in der Zwangsversteigerung	625
4. Sonstige Nebenleistungen	626
5. Buchgrundschuld oder Briefgrundschuld	626
6. Abtretungsausschluss und Abtretungsbeschränkung	627
III. Die dingliche und die persönliche Zwangsvollstreckungsunterwerfung	627
1. Dingliche Unterwerfung	628
2. Persönliche Unterwerfung	628
3. Vollstreckbare Ausfertigung	629
IV. Form, Kosten und Verfahren der Grundschuldbestellung	630
V. Kostensparstrategien	631
1. Aufspaltung in vollstreckbare und nicht vollstreckbare Grundschuld	631
2. Unterwerfung wegen eines Teilbetrages	632
3. Bloße Vollmacht zur Zwangsvollstreckungsunterwerfung	632
VI. Der Sicherungsvertrag (Sicherungsabrede, Zweckbestimmung, Zweckerklärung, Zweckbestimmungserklärung)	633
1. Bedeutung	633
2. Falltypen, Verstöße gegen §§ 305c I und 307 BGB	634
3. Belehrungspflichten des Notars	635
4. Der Rückgewähranspruch	636
VII. Die Abtretung der Fremdgrundschuld	637
1. Formulierungsbeispiel für die Abtretungserklärung	637
2. Erläuterungen zum Formulierungsvorschlag	638
3. Notarkosten der Abtretung	639
4. Umschreibung der Vollstreckungsklausel	639
VIII. Die Eigentümerbriefgrundschuld (§ 1196 BGB) und ihre Abtretung	641
1. Allgemeines	641
2. Die Abtretung der Eigentümerbriefgrundschuld	642
3. Die Eigentümerbriefgrundschuld bei Eigentumswechsel durch Sonderrechtsnachfolge	642
IX. Das belastete Objekt	643
1. Gesamtgrundschuld	643
2. Nachträgliche Mitbelastung	644
3. Löschung, Freigabe und Freigabeversprechen	644
4. Erbbaurecht	645
X. Zustimmung Dritter zur Grundschuldbestellung	646
1. Betreuungsgericht, Familiengericht	646
2. Nacherbe	646
3. Testamentsvollstrecker	646
4. Ehegatte	647
5. Umlegung/Sanierung	647
6. Sonstiges	647
XI. Rangvorbehalt	648
1. Begründung (§ 881 BGB)	648
2. Ausnützung	648
XII. Sicherheiten vor Eintragung der Grundschuld	648
1. Unwiderrufliche Bestellung	648
2. Notarbestätigung	649
3. Verpfändung	650

Inhaltsverzeichnis

	Seite
A VII. Dienstbarkeiten	653
I. Überblick	654
1. Grundstücke – Lageplan	654
2. Beurkundung oder Unterschriftsbeglaubigung	654
3. Urkundsbeteiligte	654
4. Kosten	654
5. Rangstelle	655
6. Verzögerungen bei der Eintragung	655
II. Belastungsgegenstand und Ausübungsbereich	655
1. Belastungsgegenstand	655
2. Ausübungsbereich	656
3. Unechte Teilbelastung	656
4. Dienstbarkeit an mehreren Grundstücken	656
5. Dienstbarkeit an Wohnungseigentum	657
III. Grunddienstbarkeit	657
1. Änderung der Verhältnisse	657
2. Vorteil des herrschenden Grundstücks	658
3. Dienstbarkeit für mehrere Grundstücke	658
4. Eigentümerdienstbarkeit	658
5. Uneingeschränktes Nutzungsrecht	658
6. Aktivvermerk	659
IV. Beschränkte persönliche Dienstbarkeit	659
1. Unübertragbarkeit und Unvererblichkeit	659
2. Mehrere Berechtigte	660
V. Inhalt und inhaltliche Schranken	660
1. Keine Leistungspflichten	660
2. Kein Eingriff in die rechtliche Handlungsfreiheit	661
3. Abgrenzung vom Nießbrauch	662
4. Zahlungspflichten, Bedingungen	662
VI. Typische Dienstbarkeiten	662
1. Geh- und Fahrtrecht, Leitungsrechte	662
2. Warenbezug	663
3. Wärmebezug	663
4. Immissionsschutz	664
5. Immissionsduldung	664
6. Nutzungsbeschränkung	664
7. Wohnungsbesetzung	664
8. Öffentliche Belange	665
9. Nutzungsrechte	665
10. Steuern	666
VII. Zwangsvollstreckungsunterwerfung wegen Dienstbarkeiten	667
VIII. Löschungsproblem bei Grunddienstbarkeiten – Veränderung des herrschenden Grundstücks	667
A VIII. Vorkaufsrechte	669
I. Form der Bestellung und Ausübung	669
1. Bestellung	669
2. Ausübung	670
II. Gestaltungsmöglichkeiten bei der Person des Vorkaufsberechtigten	670
1. Subjektiv persönliches Vorkaufsrecht	670
2. Subjektiv dingliches Vorkaufsrecht	670

Inhaltsverzeichnis

	Seite
3. Rein schuldrechtliches Vorkaufsrecht (§§ 463 ff. BGB)	670
4. Mehrheit von Berechtigten	671
III. Vorkaufsrecht für einen, mehrere oder alle Verkaufsfälle	671
IV. Gefahren bis zur Eintragung	671
V. Faktische Auswirkungen	671
1. Erschwerte Beleihbarkeit des Grundstücks	671
2. Hindernis für Erbbaurechtsbestellung	672
3. Abschreckung von Kaufinteressenten	672
4. Erschwerte Löschbarkeit	672
5. Zeitlich unbeschränktes Vorkaufsrecht	672
VI. Umgehungsfestes Vorkaufsrecht für den ersten Verkaufsfall	672
VII. Ankaufsrecht, Option, Erwerbsrecht	673
VIII. Kosten	674
1. Wert	674
2. Gebühren	674
IX. Auslösung der Ausübungsfrist	675
X. Vorsorge im Kaufvertrag	676
A IX. Grundstücksrecht in den neuen Bundesländern	**677**
A X. Sonderformen des Immobilienerwerbs	**679**
1. Teil. Geschlossene Immobilienfonds	**680**
I. Vorbemerkung	680
II. Beratungs-Checkliste	681
III. Gründung des Immobilienfonds	682
1. Allgemeines	682
2. Formfragen	682
3. Inhalt des Gesellschaftsvertrages	687
IV. Beitrittsverfahren	691
1. Checkliste	691
2. Allgemeines; zivilrechtliche Grundlagen	692
3. Form der Beitrittserklärung	692
V. Rückabwicklung kreditfinanzierter Fondsbeteiligungen	694
2. Teil. Immobilienleasing	**696**
I. Allgemeines	696
II. Zivilrechtliche Einordnung	697
III. Umfang der Beurkundung	698
IV. Kosten	699
A XI. Verträge im Erschließungs- und Städtebaurecht	**701**
I. Beratungs-Checkliste	703
II. Städtebauliche Verträge	705
1. Allgemeine Anforderungen	705
2. Fallgruppen städtebaulicher Verträge	712
III. Erschließungsvertrag, Ablösungs- und Vorauszahlungsvereinbarungen	721
1. Der Erschließungsvertrag (§ 11 I 2 Nr. 1 BauGB)	721
2. Ablösungsvereinbarungen	725
3. Vorauszahlungsvereinbarungen	728
4. Vereinbarungen über Haus-/Grundstücksanschlüsse	729

Inhaltsverzeichnis

	Seite
IV. Der Durchführungsvertrag zum Vorhaben- und Erschließungsplan	729
1. Regelungssystematik	729
2. Abschluss des Durchführungsvertrages	730
3. Leistungsstörungen und Aufhebung der Satzung	734
V. Stadtumbauvertrag und Vertrag zu Maßnahmen der „Sozialen Stadt"	734
1. Der Stadtumbauvertrag (§ 171c BauGB)	734
2. Der Vertrag zu Maßnahmen der „Sozialen Stadt" (§ 171e V 4 BauGB)	736
B. Ehe- und Familienrecht	**737**
B I. Eheverträge	**737**
I. Beratungs-Checkliste	740
II. Allgemeines	741
1. Vorbemerkung	741
2. Ehemodelle	742
3. Regelungsbereiche und -grenzen	743
III. Das eheliche Zusammenleben	748
1. Eheliche und persönliche Angelegenheiten	748
2. Lebenszeit- und Verschuldensprinzip	748
3. Lebensgemeinschaft, Wohnsitz, Geschlechtsgemeinschaft, Kinder, Verhaltenspflichten	749
4. Rollenverteilung und Familienunterhalt	751
5. Ehe- und Familienname	753
6. Besteuerung der Ehegatten und Gestaltung	756
IV. Das Güterrecht und das Nebengüterrecht	757
1. Verträge zwischen Ehegatten	757
2. Generelle und spezielle Eheverträge, Rechte Dritter	760
3. Dauer und Abschluss des Ehevertrages	762
4. Die Zugewinngemeinschaft	762
5. Die Gütertrennung	775
6. Die Gütergemeinschaft	777
7. Die Wahl-Zugewinngemeinschaft (§ 1519 BGB)	780
8. Verwaltungsverträge (§ 1413 BGB)	781
9. Das Güterrechtsregister (§§ 1412, 1558 ff. BGB)	782
10. Steuern	783
11. Mitteilungs- und Anzeigepflichten	784
V. Der Versorgungsausgleich	784
1. Grundgedanke und Durchführung	784
2. Vereinbarungen über den Versorgungsausgleich	787
3. Steuern	793
VI. Vorsorgende Vereinbarungen über den nachehelichen Unterhalt	793
1. Gesetzliche Unterhaltspflichten und Eigenverantwortung	793
2. Grenzen von vorsorgenden Vereinbarungen	795
3. Steuern	802
VII. Weitere Regelungsbereiche und Fehlerquellen	802
VIII. Auslandsberührung	804
IX. Form und Kosten	804
1. Formvorschriften	804
2. Kosten	806
X. Präambeln und Belehrungen	806

Inhaltsverzeichnis

	Seite
B II. Lebenspartnerschaftsverträge	809
I. Beratungs-Checkliste	810
II. Allgemeines	811
1. Vorbemerkung	811
2. Gesetzliche Typenverfehlung und Lebenspartnerschaftsmodelle	811
3. Regelungsbereiche und -grenzen	812
4. Die Regelung der partnerschaftlichen Lebensgemeinschaft	813
5. Unterhalt	815
6. Lebenspartnerschaftsname	816
7. Besteuerung von Lebenspartnern	816
III. Das Vermögensrecht	817
1. Der gesetzliche Güterstand	817
2. Regelungsmöglichkeiten	817
3. Verfügungsbeschränkungen	818
4. Güterrechtsregister	819
5. Ausschluss der Schlüsselgewalt	819
6. Mitteilungs- und Anzeigepflichten	820
IV. Nachpartnerschaftlicher Unterhalt und Versorgungsausgleich	820
1. Nachpartnerschaftlicher Unterhalt	820
2. Versorgungsausgleich und Alterssicherung	822
V. Nichtigkeit, Trennung und Aufhebung	824
1. Nichtigkeit und Aufhebung	824
2. Aufhebung der Lebenspartnerschaft	824
3. Aufhebungsvereinbarung	824
VI. Weitere Regelungsbereiche	825
1. Soziale Elternschaft	825
2. Erbrechtliche Sicherung und Erbschaftsteuer	825
VII. Auslandsberührung	826
VIII. Form und Kosten	827
1. Formvorschriften	827
2. Kosten	827
3. Hinweise, Belehrungen	828
B III. Scheidungs- und Trennungsvereinbarungen	829
I. Vorbemerkung	830
1. Allgemeines	830
2. Inhaltskontrolle	831
3. Beratungs-Checkliste	833
4. Regelungsvorstellungen der Ehegatten und Fallgruppen	835
II. Elterliche Sorge, Umgangsrecht	836
1. Elterliche Sorge	836
2. Umgangsrecht	838
III. Unterhaltsvereinbarungen	840
1. Unterhalt des getrennt lebenden bzw. geschiedenen Ehegatten	840
2. Kindesunterhalt	850
3. Steuerliche Gesichtspunkte	852
IV. Vereinbarungen über den Versorgungsausgleich	853
1. Aufklärungs- und Beratungspflichten	854
2. Möglicher Inhalt der Vereinbarung	854
3. Inhalts- und Ausübungskontrolle	855
4. Anlässe für Vereinbarungen über den Versorgungsausgleich	857

Inhaltsverzeichnis

	Seite
5. Abänderbarkeit	859
6. Steuerliche Gesichtspunkte	859
V. Vereinbarungen über die vermögensrechtliche Auseinandersetzung	860
1. Gesetzlicher Güterstand, Zugewinnausgleich	860
2. Gütertrennung	861
3. Gütergemeinschaft	861
4. Ausgleich von Zuwendungen	862
5. Schuldenzuordnung	863
6. Steuerliche Gesichtspunkte bei Übertragung von Grundstücken oder Miteigentumsanteilen an Grundstücken	864
VI. Ehewohnung und Haushaltsgegenstände	865
1. Ehewohnung	866
2. Haushaltsgegenstände	867
VII. Erbrechtliche Regelungen	867
VIII. Auslandsberührung, Neue Bundesländer	868
IX. Kostenregelungen	868
X. Kombinierte Verträge in Stichworten nach Ehetypen	869
B IV. Partnerschaftsvertrag	**871**
I. Beratungs-Checkliste	872
II. Allgemeines	872
1. Vorbemerkung	872
2. Motivlage	873
3. Fallgruppenbildung	874
III. Typische Regelungsbereiche und Vertragsmuster	875
1. Vereinbarungen über das Zusammenleben und Steuerrecht	875
2. Regelungen für den Fall der Trennung	876
3. Die Situation von Kindern	879
4. Erbrechtliche Regelungen, Betreuung und Totenfürsorge	880
5. „Paketlösung" bei angestrebter Eheschließung oder Lebenspartnerschaftsbegründung	880
6. Vertragsmuster und Terminologie	881
IV. Einzelprobleme der Vertragsgestaltung	881
1. Personaler Bereich und Sittenwidrigkeit	881
2. Beginn, Dauer und Kündigung des Zusammenlebens, Abfindung und Vertragsstrafe	882
3. Innengesellschaft und Bevollmächtigung	883
4. Vermögenszuordnung, Aufwendungen, Zuwendungen und Verbindlichkeiten	886
5. Haushalts- und Wohngemeinschaft	890
6. Unterhalt und Versorgung des Partners	891
7. Gemeinschaftliche Kinder und „Stiefkinder"	892
8. Verfügungen von Todes wegen	893
9. Schlussbestimmungen	895
V. Kosten	896
VI. Belehrung	896
B V. Beurkundungen im Kindschaftsrecht	**897**
I. Beratungs-Checkliste	899
II. Notarielle Beurkundungen im Kindschaftsrecht	900
1. Beurkundungszuständigkeiten	900

Inhaltsverzeichnis

	Seite
2. Entwicklungen im Kindschaftsrecht und notarielle Tätigkeit	901
3. Fallgruppenbildung und Regelungsumfang	901
III. Vaterschaftsanerkennung und Unterhaltsverträge	902
1. Vaterschaftsanerkenntnis und Zustimmung der Mutter	902
2. Unterhaltsvereinbarungen	906
3. Vereinbarungen über die Feststellung der Abstammung und Recht auf Kenntnis der Abstammung	906
IV. Einbenennung von Stiefkindern (§ 1618 BGB, § 9 V LPartG)	907
V. Vereinbarungen zur elterlichen Sorge und zum Umgangsrecht	909
1. Sorgeerklärungen	909
2. Regelung des Umgangsrechtes und weitere Elternvereinbarungen	913
VI. Annahme als Kind	917
1. Vorbemerkung	917
2. Voraussetzungen	917
3. Ausspruch der Annahme (Verfahren)	922
4. Rechtsfolgen	923
5. Aufhebung der Adoption	925
6. Besonderheiten bei der Adoption mit Ausländerbeteiligung, der internationalen Adoption, der Anerkennung ausländischer Adoptionen und bei Adoptionen in der ehemaligen DDR	926
7. Kosten, Steuern und Muster	929
8. Belehrungen	929
9. Liste der für die Annahme beizubringenden Unterlagen	930
VII. Soziale Elternschaft und Kinderwunschverträge	930
1. Rechtliche Probleme medizinisch assistierter Elternschaft	930
2. Kinderwunschvereinbarungen	933
C. Erbrecht	**941**
Vorbemerkung	944
1. Teil. Die Mitwirkung des Notars bei der Gestaltung von Verfügungen von Todes wegen	**945**
I. Beratungs-Checkliste	945
II. Grundlagen der beabsichtigten Verfügungen von Todes wegen und Regelungsrahmen	945
1. Erbrecht und Nachlassplanung	945
2. Motivlage: Ermittlung des letzten Willens	946
3. Ermitteln des Sachverhalts	947
4. Widerruf früherer Verfügungen von Todes wegen	953
5. Bindungswirkung der künftigen Verfügung	954
6. Belehrungen	957
III. Besonderheiten beim Beurkundungsverfahren	958
1. Persönliche Anwesenheit des Erblassers	958
2. Erklärung des letzten Willens	958
3. Obligatorische Feststellung über die erforderliche Geschäftsfähigkeit	959
4. Mitwirkungsverbote	960
5. Zeugenzuziehung	960
6. Beteiligte mit Einschränkung oder Behinderung, Sprachunkundige	961
7. Testament durch Übergabe einer Schrift	963
8. Ablieferung zum Nachlassgericht	964
9. Registrierung im Zentralen Testamentsregister	966
10. Rücknahme aus der Verwahrung	967

Inhaltsverzeichnis

	Seite
IV. Grundlagen des Erbrechts und erbrechtliches Instrumentarium	969
1. Erbeinsetzung	970
2. Vor- und Nacherbeneinsetzung	972
3. Vermächtnis	977
4. Auflagen	982
5. Teilungsanordnung, Übernahmerecht, Erbteilungsverbot	983
6. Testamentsvollstreckung	986
7. Gemeinschaftliches Testament und Erbvertrag	991
8. Schenkungsversprechen von Todes wegen (§ 2301 BGB)	994
9. Besonderheiten bei Auslandsberührung	995
10. Anwendbares Recht nach der Europäischen Erbrechtsverordnung (EuErbVO)	995
V. Die Gestaltung der Verfügung von Todes wegen	997
1. Einzelfallbeurteilung und Regelungstypen	997
2. Verfügungen (noch) kinderloser Ehegatten	998
3. Verfügungen von Ehegatten mit nur gemeinsamen Kindern	999
4. Verfügungen von Ehegatten mit Kindern nur eines Ehegatten	999
5. Verfügungen von Partnern einer nichtehelichen Lebensgemeinschaft	1000
6. Wiederverheiratungsklausel	1000
7. Pflichtteilsklausel	1002
8. Erbrecht des Lebenspartners	1003
9. Sondersituationen	1004
10. Verfügungen von Todes wegen und vorbereitende Maßnahmen bei behinderten Kindern	1010
11. Stiftungen	1013
12. Erbrecht und Unternehmensnachfolge	1015
VI. Begleitende Rechtsgeschäfte unter Lebenden	1028
1. Vollmacht über den Tod des Vollmachtgebers hinaus	1028
2. Vormundbenennung – Beschränkung der Vermögenssorge	1029
3. Pflichtteilsverzicht	1030
4. Zuwendungsverzicht	1032
5. Verträge zwischen künftigen Erben (Erbschaftsverträge)	1034
6. Nichtehelichenrecht	1035
7. Rechtsgeschäfte zugunsten Dritter auf den Todesfall	1036
VII. Kosten	1041
1. Gebühr	1041
2. Wert	1042
3. Nebengebühren	1042
2. Teil. Nachlassregelungen	**1043**
I. Erbscheinsantrag und -verfahren	1043
1. Funktion und Bedeutung des Erbscheins	1043
2. Erbscheinsantrag	1043
3. Erbscheinsarten	1044
4. Checkliste	1045
5. Kosten	1046
6. Europäisches Nachlasszeugnis	1046
II. Erbauseinandersetzung	1047
1. Vorbemerkung, Grundlagen der gesetzlichen Regelung	1047
2. Checkliste	1048
3. Vermittlung der Auseinandersetzung durch den Notar	1048
4. Kosten	1049

Inhaltsverzeichnis

	Seite
III. Erbteilsveräußerung und -übertragung	1049
1. Vorbemerkung, Grundlagen der gesetzlichen Regelung	1049
2. Checkliste und Formulierungsbeispiel	1054
3. Kosten	1055
IV. Erbauseinandersetzung durch Abschichtung	1056
V. Ausschlagung, Anfechtung	1058
1. Grundlagen der gesetzlichen Regelung der Ausschlagung	1058
2. Verbindung zum Pflichtteilsrecht	1059
3. Sonderfall: Zugewinngemeinschaft	1060
4. Anfechtung der Annahme bzw. Ausschlagung der Erbschaft	1061
5. Checkliste	1062
6. Kosten	1062
VI. Nachlassregulierung unter Mitwirkung eines Testamentsvollstreckers	1062
1. Grundsatz	1062
2. Folgerungen	1062
3. Zuständigkeit zur Handelsregisteranmeldung	1063
4. Eintragung des Testamentsvollstreckervermerks im Handelsregister	1063
5. Zusätzliche Eintragung im Grundbuch, wenn die Personenhandelsgesellschaft Grundbesitz hat?	1063
VII. Nachlassregulierung und Handelsregister	1064
1. Einzelkaufmännisches Unternehmen	1064
2. Offene Handelsgesellschaft	1064
3. Kommanditgesellschaft	1065
4. GmbH	1065
VIII. Nachlassregulierung und Grundbuch	1065
IX. Steuerliche Überlegungen	1066
1. Notarielle Belehrungspflichten	1066
2. Erbschaftsteuer und Schenkungsteuer	1066
3. Wichtige Gestaltungsmöglichkeiten	1068
4. Einkommensteuer	1071
X. Erbrecht und deutsche Wiedervereinigung	1072

D. Gesellschaftsrecht ... 1073

D I. GmbH ... 1073

Vorbemerkung ... 1076

1. Teil. Gründung der GmbH ... 1076

I. Typische Fallgruppen	1076
II. Checkliste	1078
III. Gründungsvoraussetzungen	1079
1. Gesetzliche Schranken	1079
2. Gesellschafter	1079
IV. Abschluss Gesellschaftsvertrag	1081
1. Form	1081
2. Individuelle Gründung	1081
3. Gründung im vereinfachten Verfahren	1083
4. Sonstige Fragen	1085
V. Einzelheiten zur Satzungsgestaltung	1086
1. Firma	1086
2. Sitz	1089
3. Unternehmensgegenstand	1090

Inhaltsverzeichnis

	Seite
4. Geschäftsjahr	1091
5. Stammkapital und Geschäftsanteile	1091
6. Nachschusspflicht	1094
7. Wettbewerbsverbot	1094
8. Veräußerung und Belastung von Geschäftsanteilen	1097
9. Geschäftsführung und Vertretung	1099
10. Gesellschafterversammlung	1100
11. Gesellschafterbeschlüsse	1101
12. Jahresabschluss, Ergebnisverwendung, Publizitätspflicht	1102
13. Informationsrecht der Gesellschafter	1104
14. Einziehung von Geschäftsanteilen	1104
15. Kündigung	1108
16. Erbfolge	1109
17. Abfindung	1109
18. Güterstand	1111
19. Steuerklauseln	1112
20. Aufsichtsrat/Beirat	1112
21. Gerichtsstand	1113
22. Schieds- bzw. Mediationsklauseln	1113
23. Salvatorische Klausel	1114
24. Gründungskosten	1114
25. Bekanntmachungen	1115
VI. Registeranmeldung und -verfahren	1115
1. Anmeldepflichtige	1115
2. Inhalt	1116
3. Formelle Fragen	1118
4. Prüfungskompetenz des Gerichts	1118
VII. Sonderfall Sachgründung	1119
1. Satzungsregelung	1119
2. Einbringung eines Unternehmens	1119
3. Gemischte Sacheinlage	1120
4. Sachgründungsbericht	1120
5. Werthaltigkeitskontrolle	1120
6. „Stufengründung", Sachagio	1120
7. Verdeckte Sacheinlage	1121
8. Registeranmeldung	1122
VIII. Kapitalaufbringung und -erhaltung bei Bargründung	1123
1. Leistungserbringung bei Bargründung	1123
2. Leistungen an Gesellschafter – Kapitalaufbringung („Hin- und Herzahlen")	1124
3. Leistungen an Gesellschafter – Kapitalerhaltung	1127
4. Gesellschafterdarlehen und Kapitalerhaltung („Eigenkapitalersatzrecht")	1128
5. Einpersonen-GmbH	1130
IX. Sonderfall Unternehmergesellschaft (haftungsbeschränkt)	1130
X. Kosten	1132
2. Teil. Veränderungen in der Geschäftsführung	**1133**
I. Bestellung von Geschäftsführern	1133
1. Voraussetzungen	1133
2. Bestellungsbeschluss	1134
3. Vertretungsbefugnis	1134

Inhaltsverzeichnis

	Seite
4. Registeranmeldung	1135
5. Exkurs: Geschäftsführerdienstvertrag	1135
II. Beendigung der Geschäftsführerstellung	1136

3. Teil. Satzungsänderung 1137
    I. Checkliste 1137
    II. Gesellschafterbeschluss 1138
        1. Form, Beurkundungstechnik 1138
        2. Inhaltliche Fragen 1139
    III. Satzungsbescheinigung 1139
    IV. Registeranmeldung 1140
    V. Sonstige Fragen 1140
        1. Änderung des Musterprotokolls 1140
        2. Änderungen vor Eintragung der Gesellschaft 1142
        3. Registersperren 1142
        4. Aufhebung einer Satzungsänderung 1142
        5. Satzungsbereinigung, Fassungsänderungen 1142
        6. Satzungsdurchbrechung 1142
        7. Kosten 1143

4. Teil. Kapitalmaßnahmen 1144
    I. Kapitalerhöhung 1144
        1. Bezugsrecht 1144
        2. Nennwerterhöhung, Übernahme von Geschäftsanteilen ... 1144
        3. Übernahmeerklärung 1144
        4. Kapitalaufbringung 1144
        5. Einbringungsgeborene Anteile 1149
        6. Kapitalerhöhung aus Gesellschaftsmitteln 1149
        7. Verbindung von Kapitalerhöhung und Kapitalherabsetzung ... 1150
        8. Belehrungen 1150
        9. Registeranmeldung und Anlagen 1151
        10. Fehlerhafte Kapitalerhöhungen 1151
        11. Barkapitalerhöhung um einen Höchstbetrag („Bis-zu-Kapitalerhöhung") ... 1151
        12. Einfluss von Insolvenzeröffnung oder Auflösung 1152
        13. Genehmigtes Kapital 1152
        14. Kapitalerhöhung bei der Unternehmergesellschaft ... 1153
        15. Umstellung auf den Euro 1154
    II. Kapitalherabsetzung 1155
        1. Ordentliche Kapitalherabsetzung 1155
        2. Vereinfachte Kapitalherabsetzung 1156

5. Teil. Unternehmensverträge 1156
    I. Abschluss 1156
    II. Beendigung und Änderung 1158

6. Teil. Verfügungen über Geschäftsanteile 1160
    I. Allgemeines 1160
        1. Typische Fallgruppen 1160
        2. Checkliste 1161
        3. Vertragsgegenstand 1161
        4. Vertragspartner 1164
        5. Verfügungsbeschränkungen 1165

Inhaltsverzeichnis

	Seite
II. Übertragung von Geschäftsanteilen	1166
1. Form	1166
2. Vollmacht	1169
3. Verfügungsbeschränkungen	1169
4. Vorkaufs- und Ankaufsrechte	1169
5. Gutgläubiger Erwerb	1170
6. Gewinnabgrenzung	1172
7. Mängelhaftung	1173
8. Belehrungen	1173
9. Steuern	1174
10. Unternehmenskauf	1174
11. Kauf einer Vorrats- oder Mantel-GmbH / Wirtschaftliche Neugründung	1175
III. Sicherungsabtretung/Verpfändung	1178
1. Grundlagen	1178
2. Form	1179
3. Verfügungsbeschränkungen	1179
IV. Treuhandverträge	1179
1. Grundlagen	1179
2. Form	1180
3. Verfügungsbeschränkungen	1180
4. Effektiver Schutz des Treugebers	1181
5. Belehrungen	1181
6. Steuern	1181
V. Nießbrauch	1181
1. Grundlagen	1181
2. Form	1182
3. Verfügungsbeschränkungen	1182
4. Kapitalerhöhung	1182
5. Verwaltungsrechte	1182
7. Teil. Liste der Gesellschafter	**1183**
I. Inhalt	1183
II. Bedeutung	1183
1. Legitimationsbasis für die Gesellschafter	1183
2. Rechtsscheinträger für den gutgläubigen Erwerb	1184
III. Aktualisierung nach Veränderungen	1184
1. Eintragungspflichtige Veränderungen	1184
2. Nicht eintragungsfähige Veränderungen	1185
3. Nummerierung	1186
IV. Adressaten der Einreichungspflicht	1187
1. Geschäftsführer	1187
2. Notar	1188
V. Zeitpunkt der Einreichung – Prüfungsumfang des Notars	1190
1. Einführung	1190
2. Kapitalmaßnahmen	1190
3. Anteilsabtretung	1190
VI. Notarbescheinigung	1194
VII. Einreichung und Prüfung durch das Registergericht	1195
8. Teil. Liquidation	**1196**
I. Reguläre Liquidation	1196
II. Nachtragsliquidation	1198

XXXI

Inhaltsverzeichnis

	Seite
D II. Personengesellschaft	1199
1. Teil. Gründung der Gesellschaft	1200
I. Beratungs-Checkliste	1200
II. Der Abschluss des Gesellschaftsvertrages	1201
1. Allgemeines	1201
2. Formerfordernisse	1202
3. Der Gesellschaftszweck – Betrieb eines Handelsgewerbes	1203
4. Die Anmeldung zum Handelsregister	1204
III. Der Beginn der Gesellschaft	1205
IV. Die Limited & Co. KG	1206
2. Teil. Geschäftsführung und Vertretung in der Gesellschaft	1206
I. Allgemeines	1206
II. Die Befugnis zur Geschäftsführung	1207
III. Die Vertretungsbefugnis	1208
3. Teil. Die Mitgliedschaft in der Personengesellschaft	1208
I. Einheitlichkeit der Beteiligung	1208
II. Abspaltungsverbot	1209
1. Fallgruppen	1210
2. Rechtliche Beurteilung	1211
4. Teil. Veränderungen im Gesellschafterkreis unter Lebenden	1211
I. Beratungs-Checkliste	1212
II. Die Übertragung der Mitgliedschaft unter Lebenden	1212
1. Sonderrechtsnachfolge	1212
2. Form der Anteilsübertragung	1213
3. Bedingte Anteilsübertragung	1214
III. Das Ausscheiden eines Gesellschafters unter Lebenden	1214
1. Die Austrittsvereinbarung	1215
2. Der Austritt eines Gesellschafters im Wege der Kündigung	1215
3. Der Gesellschafterausschluss	1216
5. Teil. Der Tod eines Gesellschafters	1218
I. Die gesetzliche Regelung	1218
1. Der Tod eines persönlich haftenden Gesellschafters	1218
2. Tod eines Kommanditisten	1219
3. Anmeldung zum Handelsregister	1219
II. Todesfallregelungen im Gesellschaftsvertrag	1219
1. Die Nachfolgeklauseln	1219
2. Die Eintrittsklausel	1224
III. Erbrechtliche Sonderfragen und -gestaltungsmöglichkeiten	1225
1. Vor- und Nacherbfolge	1225
2. Testamentsvollstreckung	1225
6. Teil. Weitere wichtige Einzelfragen bei der Gestaltung von Personengesellschaftsverträgen	1226
I. Einstimmigkeits- oder Mehrheitsprinzip	1226
II. Klagerechte des Gesellschafters	1228
III. Gesellschafterkonten	1228

Inhaltsverzeichnis

	Seite
D III. Aktiengesellschaft	1231
I. Allgemeines	1236
1. Neuere Entwicklungen im Aktienrecht	1236
2. Motivlage/wirtschaftliche Bedeutung	1243
3. Schwerpunkte notarieller Mitwirkung	1245
II. Kostenrecht	1245
III. Ablaufplan Gründung	1246
1. Normalfall	1246
2. Sachgründung	1256
3. Sachübernahme	1257
4. Mischeinlage und gemischte Sacheinlage	1257
5. Verdeckte Sachgründung	1258
6. Gründerhaftung	1259
IV. Satzung/Wahl des Vertragsformulars	1261
1. Firma und Sitz der Gesellschaft	1262
2. Gegenstand des Unternehmens	1263
3. Grundkapital	1264
4. Nennbeträge der einzelnen Aktien, deren Stückelung sowie die Angabe der Gattungen	1265
5. Zahl der Vorstandsmitglieder	1266
6. Form der Bekanntmachung	1266
7. Satzungsgestaltung und ausgewählte Probleme	1267
V. Nachgründung	1275
VI. Hauptversammlung	1277
1. Einberufung	1277
2. Teilnahme an der Hauptversammlung	1281
3. Arten von Kapital- und Stimmenmehrheiten	1284
4. Der Notar in der Hauptversammlung	1284
5. Die notarielle Niederschrift	1288
6. Hauptversammlungen bei Einmanngesellschaften	1296
VII. Einzelne Satzungsänderungen	1297
1. Allgemeines	1297
2. Sitzverlagerungen	1297
3. Kapitalerhöhung	1298
4. Kapitalherabsetzung	1305
VIII. Weitere einzelne aktienrechtliche Beurkundungen	1307
1. Bestellung/Abberufung/Amtsniederlegung/Änderung der Vertretungsbefugnis	1307
2. Zweigniederlassung	1309
3. Zweigniederlassungen ausländischer Gesellschaften	1309
IX. Besonderheiten der Einmann-Aktiengesellschaft	1311
X. Unternehmensverträge im Konzern	1312
1. Einführung	1312
2. Vorbereitung zum Abschluss eines Unternehmensvertrages	1313
3. Abschluss von Unternehmensverträgen	1314
4. Angaben bei der Anmeldung zum Handelsregister	1315
5. Steuerliche Aspekte	1315
6. Änderung und Aufhebung von Unternehmensverträgen	1317
XI. Stille Gesellschaft	1318

Inhaltsverzeichnis

	Seite
XII. Eingliederung	1319
1. Allgemeines/Grundtypen	1319
2. Ablauf der Eingliederung	1320
XIII. Squeeze-out	1321
1. Einführung, Motivlage	1323
2. Vorbereitungsphase	1323
3. Hauptversammlung	1324
4. Vollzugsphase	1325
5. Checkliste zum Squeeze-out	1325
XIV. Die Europäische (Aktien-)Gesellschaft (Societas Europaea; SE)	1326
1. Einführung	1327
2. Einsatzmöglichkeiten	1327
3. Gründungsmöglichkeiten	1328
4. Mitwirkung des Notars	1329
5. Resümee	1332

D IV. Umwandlung 1333

	Seite
I. Die Systematik des Umwandlungsgesetzes	1335
1. Allgemeines	1335
2. Prüfungs-Checkliste	1339
3. Umwandlungsphasen	1340
4. Mitwirkungspflichten des Notars	1344
II. Verschmelzung	1344
1. Allgemeines	1344
2. Verschmelzungsvertrag	1346
3. Verschmelzungsbericht	1352
4. Verschmelzungsprüfung	1353
5. Zuleitung an den Betriebsrat	1354
6. Hinweis auf die Verschmelzung in den Bekanntmachungsorganen	1356
7. Einberufung und Offenlegung	1356
8. Ablauf der Beschlussfassung	1356
9. Registeranmeldung	1361
10. Eintragung	1364
11. Besonderheiten bei einzelnen Rechtsträgern	1367
12. Verschmelzung im Konzern	1372
13. Verschmelzung in der Krise	1377
14. Grenzüberschreitende Verschmelzung von Kapitalgesellschaften	1381
III. Spaltung	1389
1. Allgemeines	1389
2. Spaltungsplan, Spaltungsvertrag	1391
3. Verfahren bis zur Beschlussfassung	1394
4. Spaltungsbeschluss	1394
5. Registeranmeldung, Eintragung und Wirkung	1394
6. Besonderheiten bei der Ausgliederung	1397
7. Spaltung und Ausgliederung über die Grenze hinweg	1400
IV. Formwechsel	1400
1. Allgemeines	1400
2. Beschluss zum Formwechsel	1401
3. Anmeldung/Eintragung	1402
4. Einzelfälle	1403
V. Kosten	1408
1. Allgemeines	1408

Inhaltsverzeichnis

	Seite
2. Verschmelzungsvertrag, Spaltungsvertrag, Spaltungsplan	1408
3. Zustimmungsbeschluss	1409
VI. Steuern	1410
1. Regelungsbereich und Aufbau des UmwStG	1410
2. Ertragsteuerliche Rückwirkung	1410
3. Buchwertfortführung	1411
4. Schenkungsteuer	1413
5. Grunderwerbsteuer	1413
6. Zusammenfassung	1413
Anhang: Tabellarische Übersichten	1414
1. Systematik des Umwandlungsgesetzes	1414
2. Notarielle Mitwirkung und Beurkundung	1424
3. Verschmelzung	1426
4. Spaltung	1433
5. Möglichkeiten und Rechtsgrundlagen des Formwechsels	1437
D V. Unternehmenskauf	1439
I. Einführung	1440
II. Möglichkeiten des Unternehmenskaufs	1441
III. Bedeutung und Ablauf des Unternehmenskaufs in der notariellen Praxis	1442
IV. Asset Deal	1443
1. (Kauf-)Vertrag zur Übertragung des Unternehmens	1443
2. Übertragung des Unternehmens	1445
3. „Closing"; Stichtag für die Übertragung	1446
V. Share Deal	1447
1. Besonderheiten	1448
2. (Kauf-)Vertrag über die Übertragung der Anteile am Unternehmensträger	1451
3. Übertragung der Anteile des Unternehmensträgers	1453
4. Gesellschafterdarlehen	1454
5. Schiedsgerichtsklausel in Unternehmensverträgen	1455
VI. Alternative Formen des Unternehmenskaufs bzw. der Unternehmensbeteiligung	1455
1. Beitritt in Folge einer Kapitalerhöhung	1455
2. Unternehmenskauf durch Beteiligungstausch	1456
3. Unternehmenszusammenschluss, Verschmelzung	1456
4. Joint Venture	1456
5. Unternehmenserwerb durch öffentliche Übernahmen	1456
VII. Leistungsstörungen beim Unternehmenskauf	1457
1. Allgemeines	1457
2. Voraussetzungen	1457
3. Rechtsfolge	1458
4. Eigenes Haftungssystem der Unternehmenskaufverträge	1459
5. Garantie	1459
6. Sog. „Sandbagging"-Regelungen	1461
7. AGB-Kontrolle	1461
8. Culpa in contrahendo (c.i.c.)	1461
9. Verjährungsfristen	1462
VIII. Unternehmenskauf in Krise und Insolvenz	1463
1. Asset Deal oder Share Deal	1463
2. Share Deal und (drohende) Insolvenz, Neuerungen durch das MoMiG	1463

Inhaltsverzeichnis

	Seite
3. Asset Deal und (drohende) Insolvenz	1464
4. Unternehmenserwerb noch vor Insolvenzantrag	1464
5. Firmenfortführung, § 25 HGB	1464
6. Haftung für Betriebssteuern, § 75 AO	1465
7. Übertragende Sanierung (Asset Deal) vor Eröffnung des Insolvenzverfahrens	1465
8. Übertragende Sanierung (Asset Deal) nach Verfahrenseröffnung	1466
9. Ausschluss der gesetzlichen Haftung beim Erwerb aus der Insolvenzmasse	1467
10. Arbeitsrechtliche Aspekte	1467
IX. Beherrschungs- und Gewinnabführungsverträge	1469
X. Checklisten zu Form- und Zustimmungserfordernissen	1469
1. Asset Deal	1469
2. Share Deal	1472
XI. Kosten	1474
XII. Beratungs-Checkliste	1475
XIII. Checkliste zu möglichen Anlagen zum Unternehmenskaufvertrag	1477
D VI. Eingetragener Verein	**1479**
I. Neugründung	1479
1. Inhalt der Satzung	1479
2. Name des Vereins	1480
3. Sitz des Vereins	1481
4. Zweck des Vereins	1481
5. Mitgliedschaft	1483
6. Der Vorstand	1487
7. Die Mitgliederversammlung	1489
8. Gründungsvorgang	1492
9. Vereinsregisteranmeldung	1493
II. Veränderungen	1493
1. Versammlungsprotokoll	1493
2. Vereinsregisteranmeldung	1494
III. Das Ende des Vereins	1494
1. Auflösungsbeschluss	1494
2. Liquidation	1495
3. Löschung	1495
IV. Besonderheiten bei Großvereinen und Vereinsverbänden	1496
1. Gesamtverein und Vereinsverband	1496
2. Vereinssatzung und Verbandssatzung	1496
3. Delegiertenversammlung	1496
E. Steuerrecht für Notare	**1499**
A. Steuerliche Pflichten des Notars	**1502**
I. Anzeigepflichten des Notars gegenüber der Finanzverwaltung	1502
1. Anzeigepflicht gem. § 18 GrEStG	1502
2. Anzeigepflicht gem. § 34 ErbStG	1505
3. Anzeigepflicht bei Ertragsteuern	1507
4. Mehrfache Anzeigepflicht	1509
5. Verletzung der Anzeigepflicht	1510
II. Hinweispflichten gegenüber den Beteiligten	1511
1. Hinweis auf Steuerschuldenhaftung	1511
2. Allgemeine steuerliche Belehrungspflichten des Notars?	1513

Inhaltsverzeichnis

	Seite
III. Möglichkeiten der Haftungsbegrenzung	1518
1. Verbindliche Auskunft des Finanzamtes	1518
2. Verweisung der Beteiligten an einen Steuerberater oder das Finanzamt	1520
3. Belehrungshinweis in der Urkunde	1521

B. Interdependenz von Zivil- und Steuerrecht ... 1521
    I. Maßgeblichkeit des Zivilrechts ... 1521
    II. Wirtschaftliche Betrachtungsweise ... 1522
        1. Gesetzliche Regelung ... 1522
        2. Finanzrechtsprechung ... 1522
        3. Beispiele für wirtschaftliches Eigentum ... 1522
    III. Unterschiedliche Begriffsbildung im Zivil- und Steuerrecht ... 1524
        1. Synonyme Begriffe ... 1524
        2. Divergierende Begriffe ... 1524

C. Steuerliche Anerkennung von Rechtsgeschäften ... 1528
    I. Zivilrechtliche Wirksamkeit und steuerrechtliche Qualifizierung ... 1528
        1. Scheingeschäft ... 1528
        2. Unwirksame Rechtsgeschäfte ... 1529
        3. Verstoß gegen gesetzliche Vorschriften ... 1530
        4. Genehmigungsbedürftige Rechtsgeschäfte ... 1530
        5. Fehlender Registervollzug ... 1531
    II. Vereinbarungen zwischen Kapitalgesellschaften und ihren Gesellschaftern ... 1532
        1. Treuhandvertrag bezüglich GmbH-Anteil ... 1532
        2. Ein-Personen-GmbH ... 1533
        3. Fehlende vertraglich vereinbarte Formerfordernisse ... 1533
        4. Verdeckte Gewinnausschüttung statt Schenkung ... 1533
    III. Angehörigenverträge ... 1533
        1. Darlehensverträge ... 1534
        2. Familiengesellschaften ... 1536
        3. Untypische Dienstleistungen ... 1538
        4. Steuerliche Anerkennung von Mietverträgen ... 1538
        5. Nießbrauchbestellung ... 1538
        6. Vertragsverhältnisse mit Ehegatten-Oderkonten ... 1539
        7. Rückfallklauseln ... 1539
        8. Vertragsverlängerung bei befristeten Rechtsgeschäften ... 1540

D. Rechtsnatur des Steueranspruchs ... 1540
    I. Tatbestand und Typus ... 1540
    II. Entstehung und Irreversibilität des Steueranspruchs ... 1540
        1. Überblick ... 1541
        2. Einkommensteuer ... 1542
        3. Erbschaft- und Schenkungsteuer ... 1542
        4. Grunderwerbsteuer ... 1543
        5. Bewertungsrechtliches Stichtagsprinzip ... 1544
    III. Rückgängigmachung einer Gewinnrealisierung? ... 1544
        1. Rechtsgeschäftliche Vereinbarung ... 1544
        2. Abweichende Festsetzung von Steuern aus Billigkeitsgründen ... 1545
        3. Realakte ... 1545
    V. Vereinbarungen mit Rückwirkung ... 1545
        1. Geringfügige Rückwirkung ... 1546
        2. Vergleich mit Rückwirkung ... 1546
        3. Familien- und erbrechtliche Rückwirkungen ... 1546

Inhaltsverzeichnis

	Seite
4. Rückwirkungsverbot bei Gesellschaftsverträgen	1547
5. Steuerliche Rückwirkungsfiktionen	1547
V. Gesetzliche Änderungstatbestände	1548
1. Berichtigungsvorschriften der Abgabenordnung	1548
2. Aufschiebende und auflösende Bedingungen gem. §§ 4 bis 7 BewG	1548
3. Aufhebung oder Änderung der Steuerfestsetzung gem. § 16 GrEStG	1549
4. Änderung der umsatzsteuerlichen Bemessungsgrundlage gem. § 17 UStG	1549
5. Erlöschen der Erbschaftsteuer gem. § 29 ErbStG	1549
VI. Irrtumsanfechtung	1550
1. Rechtsirrtum	1550
2. Entnahmen	1551
VII. Fehlen und Wegfall der Geschäftsgrundlage	1551
1. Zivilrecht	1551
2. Steuerrechtliche Anspruchsgrundlage	1551
3. Steuerschädliche Hinweise in Notarurkunden	1553
E. Gestaltungsmissbrauch	**1553**
I. Tatbestandsmerkmale	1553
1. Rechtsmissbrauch	1554
2. Umgehung des Steuergesetzes	1554
II. Körperschaftsteuer	1555
1. Zulässige Gestaltungen	1555
2. Anteilsrotation	1556
3. Missbräuchliche Zwischenschaltung einer GmbH	1556
4. GmbH-Mantelkauf	1557
5. Gewinnverlagerung ins Ausland	1557
II. Einkommensteuer	1557
1. Bauherrenmodell	1557
2. Umqualifizierung von Anschaffungs- und Herstellungskosten als Werbungskosten oder Betriebsausgaben	1558
3. Missbräuchliche Vermietung	1559
4. Zwischenschaltung von Angehörigen	1560
5. Verdeckte Veräußerung	1560
IV. Umsatzsteuer	1560
V. Grunderwerbsteuer	1561
1. Maskierte Kaufvertragsangebote	1562
2. Missbräuchlicher Zwischenerwerb	1562
VI. Erbschaft- und Schenkungsteuer	1562
1. Kettenschenkungen	1562
2. Grundstücksschenkung vor beabsichtigter Weiterveräußerung	1563
VII. Zusammenfassendes Schaubild (nach *Dörr/Fehling* NWB Fach 2 S. 9671)	1563
F. Der Gesamtplan	**1564**
I. Überblick	1564
1. Ein neues Steuerrechtsinstitut	1564
2. Differenzierung nach Steuerarten	1564
3. Merkmale des Gesamtplans	1564
II. Einkommensteuer	1565
1. Anwendungsumfang	1565
2. Zeitgrenze	1566
III. Umstrukturierungen	1566

Inhaltsverzeichnis

	Seite
IV. Schenkungsteuer	1567
1. Mehraktige Gestaltungen	1567
2. Erforderliche Schamfrist?	1568
3. Entgeltlicher Zwischenerwerb	1568
4. Weiterschenkung an den Ehegatten	1569

G. Verletzung von Sperr- und Behaltefristen ... 1569

  I. Einkommensteuer ... 1569
    1. Vorwegerbfolge ... 1569
    2. Übertragung einzelner Wirtschaftsgüter gem. § 6 V EStG zum Buchwert ... 1570
    3. Realteilung gem. § 16 III 2 EStG ... 1570
    4. Gewinnbringende Veräußerung einer wesentlichen Beteiligung im Privatvermögen gem. § 17 I und VI EStG ... 1570
  II. Umwandlungen ... 1570
    1. Ertragsteuern ... 1570
    2. Grunderwerbsteuer bei Umwandlungen ... 1572
  III. Körperschaftsteuer ... 1573
    1. Verlustabzug bei Körperschaften gem. § 8c KStG ... 1573
    2. Weitere wichtige Haltefristen ... 1573
  IV. Erbschaftsteuer ... 1573
    1. Zeitanteilige Kürzung ... 1573
    2. Rückwirkender Wegfall bei Überentnahmen ... 1574
  V. Grunderwerbsteuer ... 1574
    1. § 1 II a GrEStG ... 1574
    2. § 5 III GrEStG ... 1574
    3. § 6 IV GrEStG ... 1574
    4. § 6a S. 4 GrEStG ... 1574

H. Grundzüge der steuerlichen Vertragsgestaltung ... 1575

  I. Sachverhaltsermittlung ... 1575
    1. Ermittlungspflicht? ... 1575
    2. Vermeidung von Sachverhaltslücken ... 1575
  II. Steuerliche Vorsorgeklauseln ... 1575
    1. Steuerklauseln ... 1575
    2. Satzungsklauseln zur Vermeidung verdeckter Gewinnausschüttungen? ... 1576
    3. Ausgleichsklauseln bei Gesellschafterwechsel ... 1577
    4. Umsatzsteuerklauseln ... 1578
    5. Steuerübernahmeklausel ... 1578
    6. Betriebsprüfungsklausel ... 1578
  III. Regelung sämtlicher Steuerfolgen ... 1579
  IV. Steuerlicher Belastungsvergleich ... 1579
  V. Heilung von steuerlichen Mängeln ... 1579
    1. Rückwirkende Korrekturen ... 1579
    2. Steuerneutrale Rückabwicklung von Schenkungen ... 1580
    3. Änderungen mit Wirkung für die Zukunft ... 1580
    4. Ablösung von Nutzungsrechten ... 1581
    5. Auslösung eines neuen Steuertatbestandes ... 1581
    6. Stufenweise Rückabwicklung ... 1581
    7. Unheilbare Mängel ... 1582

Inhaltsverzeichnis

	Seite
F. Vollmacht	1583
I. Grundsätze	1584
1. Allgemeines	1584
2. Inhalt und Umfang der Vollmacht	1590
3. Gesamtvertretung	1593
4. Sonderfall: Bevollmächtigung und Verbraucherverträge	1594
II. Form der Vollmacht	1596
1. Grundsatz der Formfreiheit	1596
2. Ausnahme: Formerfordernis nach § 311b I BGB	1597
3. Formerfordernis in weiteren Ausnahmefällen	1599
4. Verfahrensrechtliches Formerfordernis, § 29 I (§ 30) GBO; § 12 HGB; Vollstreckungsrecht	1599
5. Im Ausland erteilte Grundstücksvollmacht	1600
III. Untervollmacht	1601
IV. Vollmacht „über den Tod hinaus" oder „auf den Todesfall"	1603
1. Grundsätze und Funktion	1603
2. Verstärkung der Vollmacht auf den Todesfall	1609
V. Vertretungsbeschränkungen durch § 181 BGB	1610
1. Grundsätze	1610
2. Rechtsfolgen eines Verstoßes; Genehmigung	1612
3. Befreiung von den Beschränkungen	1612
VI. Erlöschen der Vollmacht	1613
1. Beendigung des zugrunde liegenden Rechtsverhältnisses	1613
2. Widerruf der Vollmacht	1613
3. Erledigung	1614
4. Einseitiger Verzicht des Bevollmächtigten	1614
5. Tod oder dauernde Geschäftsunfähigkeit des Bevollmächtigten	1614
6. Tod oder dauernde Geschäftsunfähigkeit des Vollmachtgebers	1614
7. Umwandlungsrechtliche Maßnahmen	1615
8. Sonstige Fälle	1616
VII. Arten und Inhalte von Vollmachten	1617
1. Generalvollmachten	1617
2. Spezial-, Art- und Gattungsvollmachten	1619
3. Vollmachten mit gesetzlich definiertem Umfang	1624
VIII. Nachweis der Vollmacht	1625
1. Nachweis der erteilten Vollmacht	1625
2. Nachweis der fortbestehenden Vollmacht	1628
3. Besondere Mitteilung nach § 171 I 1 BGB (Angestelltenvollmacht)	1629
IX. Internationale Vollmachten	1630
X. Vorsorgevollmacht und Patientenverfügung	1631
1. Vorsorgevollmacht (auch als Teil einer Generalvollmacht)	1631
2. Patientenverfügung	1639
3. Annex: Betreuungsverfügung	1643
G. Beurkundung	1645
I. Grundsätze	1646
1. Beratungs-Checkliste	1646
2. Verfahrens- und Beurkundungszuständigkeit	1647
3. Der Formzweck der notariellen Beurkundung	1649
4. Stellung des Notars im Beurkundungsverfahren	1651
5. Unwirksamkeitsgründe und Mitwirkungsverbot	1651
6. Allgemeine Amtspflichten	1661

Inhaltsverzeichnis

	Seite
II. Prüfungs- und Belehrungspflichten	1662
1. Grundsätze	1662
2. Willenserforschung und Sachverhaltsaufklärung	1662
3. Belehrung	1663
4. Gestaltung des Beurkundungsverfahrens (§ 17 II a BeurkG)	1664
5. Geschäftsfähigkeit	1668
6. Vertretungsberechtigung	1669
7. Genehmigungserfordernisse	1673
8. Gesetzliche Vorkaufsrechte	1676
9. Vorsorgevollmacht	1677
10. Steuerliche Folgen	1677
11. Ausländisches Recht	1678
12. Erweiterte Belehrungspflicht aus Betreuungsverpflichtung	1678
III. Beurkundung von Willenserklärungen	1682
1. Aufnahme einer Niederschrift	1684
2. Inhalt der Niederschrift	1686
3. Verweisung	1692
4. Vorlesen, Genehmigung, Unterschrift	1696
5. Beteiligung behinderter Personen	1698
IV. Abwicklung und Vollzug	1699
1. Behandlung der Urkunden	1699
2. Eintragung in Bücher des Notars	1701
3. Mitteilungspflichten	1701
4. Durchführungspflichten	1704
V. Sonstige Beurkundungen	1706
1. Vorbemerkung	1706
2. Niederschriften im Sinne des § 36 BeurkG	1706
3. Niederschrift sonstiger Tatsachen und Vorgänge	1707
4. Eide und eidesstattliche Versicherungen	1709
5. Beglaubigung von Unterschriften	1710
6. Elektronische Zeugnisse	1712
7. Beglaubigung von Abschriften	1714
8. Bescheinigungen	1714
9. Wechsel- und Scheckproteste	1716
10. Genehmigung	1717
VI. Die vollstreckbare Urkunde	1718
1. Vorbemerkung	1718
2. Zuständigkeit	1718
3. Unterwerfungserklärung	1718
4. Inhalt der vollstreckbaren Urkunde	1721
5. Vollstreckbare Ausfertigung	1723
6. Klauselumschreibung	1723
H. Auslandsberührung	**1727**
Vorbemerkung	1731
1. Teil. Zuständigkeit und Beurkundungsverfahren	**1732**
I. Allgemeine Befugnisse des Notars	1732
1. Tätigkeit im Inland	1732
2. Tätigkeit im Ausland	1732
II. Besondere Befugnisse	1733
1. Abnahme von Eiden; eidliche Vernehmungen	1733

Inhaltsverzeichnis

	Seite
2. Bescheinigungen und Bestätigungen	1734
3. Zustellung ausländischer Schriftstücke	1734
III. Aufklärungs-, Hinweis- und Belehrungspflichten	1735
1. Aufklärungspflichten	1735
2. Hinweis- und Belehrungspflichten	1735
3. Auskünfte über ausländisches Recht	1736
4. Haftung	1736
IV. Sprache, Schrift	1737
1. Urkunden in fremder Sprache	1737
2. Verhandlungssprache	1738
3. Fremdsprachige Texte/Muster	1738
4. Fremde Schrift, Unterschrift	1738
V. Übersetzung	1739
1. Übersetzung bei Beurkundung	1739
2. Übersetzung von Urkunden	1741
VI. Aushändigung von Urschriften	1742
2. Teil. Bestimmung des anwendbaren Rechts	**1743**
I. Funktionsweise des Kollisionsrechts	1743
1. Auffinden der einschlägigen Kollisionsnorm	1743
2. Anknüpfungspunkte	1744
3. Anwendung des ausländischen Kollisionsrechts	1745
4. Staaten mit mehreren Rechtssystemen	1747
5. Ordre public-Vorbehalt	1747
II. Rechts- und Geschäftsfähigkeit natürlicher Personen	1748
1. Anwendbares Recht	1748
2. Länderübersicht	1750
III. Gesetzliche Vertretung natürlicher Personen	1751
1. Vertretung Minderjähriger	1751
2. Gesetzliche Vertretung Erwachsener	1752
IV. Vollmachten im internationalen Rechtsverkehr	1753
1. Bestimmung des Vollmachtsstatuts	1753
2. Anwendungsbereich des Vollmachtsstatuts	1754
V. Verträge über inländische Grundstücke	1755
1. Schuldrechtlicher Vertrag	1755
2. Auflassung	1757
3. Dingliche Rechte	1758
4. Ausländer als Erwerber	1758
5. Ausländer als Veräußerer	1760
VI. Verträge über ausländische Grundstücke	1760
VII. Internationales Ehe- und Familienrecht	1761
1. Statut der allgemeinen Ehewirkungen	1761
2. Internationales Güterrecht	1764
3. Unterhalt	1773
4. Versorgungsausgleich	1776
5. Scheidung	1777
6. Adoption	1778
7. Faktische Lebensgemeinschaft	1779
8. Gleichgeschlechtliche eingetragene Lebenspartnerschaften und gleichgeschlechtliche Ehen	1780
VIII. Internationales Erbrecht	1781
1. Rechtsgrundlagen	1781

Inhaltsverzeichnis

Seite

    2. Bestimmung des Erbstatuts 1783
    3. Erbrechtliche Rechtswahl 1785
    4. Anwendungsbereich des Erbstatuts 1787
    5. Materielle Wirksamkeit von einseitigen und gemeinschaftlichen
       Testamenten sowie Erbverträgen 1790
    6. Auf die Formwirksamkeit der Verfügungen anwendbares Recht 1791
    7. Ausländische Testamentsregister 1792
    8. Erbscheinserteilung bei Auslandsberührung 1792
    9. Übersicht zum ausländischen Erbrecht 1793
  IX. Gesellschaftsrecht 1798
    1. Anzuwendendes Recht 1798
    2. Einzelfragen 1799
    3. Zweigniederlassungen ausländischer Gesellschaften 1805
    4. Einzelkaufmann 1806
    5. Europäische Gesellschaftsformen 1807
    6. Existenz- und Vertretungsnachweise 1807
    7. Länderberichte 1808
    8. Vergleichbare ausländische Gesellschaftstypen 1809
  X. Die Formwirksamkeit von Rechtsgeschäften im internationalen
     Rechtsverkehr 1810

3. Teil. Internationaler Urkundsverkehr 1812

  I. Verwendung ausländischer Urkunden im Inland 1812
    1. Wirkungen ausländischer Urkunden im Inland 1812
    2. Legalisation ausländischer Urkunden 1812
    3. Befreiung von der Legalisation 1813
    4. Apostille nach dem Haager Übereinkommen 1813
    5. Einstellung der Legalisation durch die deutschen Konsularbehörden ... 1813
    6. Konsularische Urkunden 1813
  II. Verwendung deutscher Urkunden im Ausland 1814
  III. Länderübersicht zur Legalisation 1814
    1. Vorbemerkungen 1814
    2. Bilaterale Abkommen zur Befreiung von der Legalisation 1815
    3. Länderliste 1815
  IV. Zustellung und Vollstreckung aus deutschen notariellen Urkunden im
      Ausland 1816
    1. Zustellung deutscher Urkunden im Ausland 1816
    2. Vollstreckung aus deutschen Urkunden im Ausland 1817
    3. Vollstreckung notarieller Kostenforderungen im Ausland 1818

J. Kostenrecht 1819

  I. Allgemeine Grundsätze des GNotKG 1819
    1. Notar- und Gerichtsgebührenordnung 1819
    2. Gebührenstaffelung nach dem Geschäftswert 1820
    3. Gebührensätze und Gebührenhöhe 1821
    4. Kostenschuldner 1822
    5. Hinweispflicht auf die Gebühren 1823
  II. Einzelfragen des Kostenrechts 1824
    1. Beurkundung und Beglaubigung 1824
    2. Mehrere Erklärungen in einer Urkunde 1824
    3. Änderung beurkundeter Erklärungen 1825
    4. Beurkundungen unter besonderen Umständen 1825

Inhaltsverzeichnis

	Seite
5. Entwurf, vorzeitige Beendigung, Beratung	1826
6. Auslagen	1827
7. Verbot der Gebührenvereinbarung	1828
8. Gebührenermäßigung und -freiheit	1828
9. Unrichtige Sachbehandlung	1829
10. Gebührenfreie Urkundsgewährung	1829
III. Einforderung der Kosten	1829
1. Fälligkeit der Kosten und Verjährung	1829
2. Kostenrechnung	1830
3. Kostenbeitreibung	1830
4. Überprüfung der Kostenrechnung	1831
IV. Kosten-ABC	1832

K. Notarhaftung ... 1843

I. Praktische Bedeutung der notariellen Berufshaftpflicht	1843
II. Verhaltensregeln im Haftpflichtfall	1844
III. Allgemeine Haftungsgrundsätze	1844
1. Amtshaftung	1844
2. Pflichtverletzung	1845
3. Verschulden	1847
4. Vertreterhaftung	1848
5. Haftung des Notarassessors, Notariatsverwalters und Personals	1849
IV. Besondere Haftungsvoraussetzungen	1850
1. Subsidiäre Haftung	1850
2. Unterlassenes Rechtsmittel nach § 839 III BGB	1852
3. Verjährung	1853
4. Haftungsbeschränkungen	1855
V. Haftpflichtprozess und Beschwerde nach § 15 II BNotO	1855
VI. Berufshaftpflichtversicherung	1857
VII. Haftungs-ABC zu typischen Risiken	1860

L. Berufsrecht ... 1879

L I. Berufsrecht der Notare ... 1879

I. Rechtsquellen des Notarrechts	1880
II. Grundbegriffe	1882
1. Öffentliches Amt	1882
2. Unabhängigkeit	1884
3. Unparteilichkeit	1884
III. Integrität	1885
IV. Notariatsverfassung	1885
V. Zugang zum Notaramt	1886
1. Hauptberufliches Notariat	1886
2. Anwaltsnotariat	1887
VI. Weitere Berufstätigkeiten, Nebentätigkeiten	1887
1. Weitere Berufstätigkeiten	1887
2. Nebentätigkeiten	1888
VII. Berufsverbindungen	1890
1. Verbindungsfähige Berufe	1890
2. Berufsverbindungsformen	1892

Inhaltsverzeichnis

	Seite
VIII. Pflichten nach § 14 BNotO	1894
1. Unabhängigkeit (§ 14 I 2 BNotO)	1894
2. Unparteilichkeit (§ 14 I 2 BNotO)	1894
3. Integrität	1896
4. Anscheinstatbestand des § 14 III 2 BNotO	1898
5. Unzulässige Vermittlungstätigkeit und Gewährleistungsübernahme, § 14 IV BNotO	1898
6. Unvereinbare Gesellschaftsbeteiligung, § 14 V BNotO	1899
7. Fortbildungspflicht, § 14 VI BNotO	1900
IX. Verschwiegenheitspflicht	1900
1. Verpflichteter Personenkreis	1900
2. Umfang der Schweigepflicht	1901
3. Grenzen der Schweigepflicht	1902
4. Befreiung von der Schweigepflicht	1904
5. Zweifel über die Verschwiegenheitspflicht	1904
6. Zeugnisverweigerungsrechte, Durchsuchung, Beschlagnahme	1904
7. Datenschutz	1905
X. Urkundsgewährungspflicht, persönliche Amtsausübung, Vertretung	1906
1. Urkundsgewährungspflicht	1906
2. Grundsatz der persönlichen Amtsausübung	1907
3. Vertretung	1908
XI. Geschäftsstelle, Amtsbereich, Amtsbezirk, grenzüberschreitende Zusammenarbeit	1909
1. Geschäftsstelle	1909
2. Amtsbereich, Amtsbezirk	1909
3. Amtstätigkeiten außerhalb des Amtsbezirks, des Amtsbereichs oder der Geschäftsstelle	1909
4. Grenzüberschreitende Zusammenarbeit	1911
XII. Gebühren	1911
XIII. Werbeverhalten, Auftreten in der Öffentlichkeit	1911
1. Grundsatz: Eingeschränktes Werbeverbot	1911
2. Verfassungsmäßigkeit des eingeschränkten Werbeverbots	1912
3. Spannungsverhältnis zwischen anwaltlichen und notariellen Werbebestimmungen	1912
4. Umsetzung des eingeschränkten Werbeverbots in den Berufsrichtlinien	1913
5. Einzelfragen	1913
XIV. Notaraufsicht, Disziplinarmaßnahmen (Überblick)	1916
1. Notaraufsicht	1916
2. Ermahnung, Missbilligung	1916
3. Disziplinarmaßnahmen	1916
4. Verfahren	1917
XV. Erlöschen des Amtes (Überblick)	1918
L II. Sonderfragen des Anwaltsnotars	**1921**
I. Das Notaramt des Anwaltsnotars	1921
II. Zugang zum Anwaltsnotariat	1925
1. Zulassungssystem	1925
2. Bedürfnisprüfung	1926
3. Ausschreibung	1926
4. Persönliche Zugangsvoraussetzungen	1927
5. Die notarielle Fachprüfung	1928

Inhaltsverzeichnis

	Seite
6. Auswahl unter mehreren Bewerbern	1928
7. Praxisausbildung nach Bestehen der notariellen Fachprüfung	1928
III. Abgrenzung zwischen notarieller und anwaltlicher Tätigkeit	1929
1. Vermutung des § 24 I BNotO	1929
2. Insbesondere: Vertretung der Beteiligten, § 24 I 1 BNotO	1929
IV. Weitere Berufstätigkeiten, Nebentätigkeiten	1930
V. Berufsverbindungen	1930
1. Zulässige Berufsverbindungen	1930
2. Formen beruflicher Zusammenarbeit	1931
3. Anzeigepflicht	1932
VI. Beteiligung an einer Steuerberatungs- oder Wirtschaftsprüfungsgesellschaft	1933
VII. Verhinderung des Notars	1933
VIII. Wahrung der Unparteilichkeit	1934
1. Neutralitätspflicht	1934
2. Vermeidung des Anscheins parteilichen Verhaltens	1934
3. Vorkehrungen im Sinne des § 28 BNotO	1935
4. Relative Mitwirkungsverbote, § 3 BeurkG	1935
5. Frage- und Vermerkpflicht, § 3 I 2 BeurkG	1942
6. Hinweis- und Vermerkpflicht, § 3 II BeurkG	1943
7. Auskunftpflicht der Personen im Sinne des § 3 I 1 Nr. 4 BeurkG	1943
8. Folgen eines Verstoßes gegen Mitwirkungsverbote	1943
9. Anwaltliches Tätigkeitsverbot nach vorausgegangener notarieller Tätigkeit	1944
IX. Werbeverhalten, Auftreten in der Öffentlichkeit	1947
X. Notariatsverwaltung und Aktenverwahrung	1948

M. Dienstordnung und Büro

	1951
I. Grundsätzliches	1952
1. Rechtsgrundlagen, Stellung des Notars	1952
2. Datenschutz im Notariat	1952
3. Elektronischer Rechtsverkehr im Notariat	1954
4. Geschäftsprüfung	1957
II. Die Geschäftsstelle	1961
1. Allgemeines	1961
2. Sächliche Ausstattung	1961
3. EDV und Datenschutz	1962
4. Die Verwendung der elektronischen Signatur	1968
5. Technisch organisatorische Datenschutzmaßnahmen	1971
6. Stichpunkte zur Geschäftsprüfung	1972
III. Mitarbeiter	1973
1. Allgemeines	1973
2. Stichpunkte zur Geschäftsprüfung	1975
IV. Bücher, Verzeichnisse und Akten des Notars	1976
1. Gemeinsame Bestimmungen zu den Unterlagen des Notars	1976
2. Gemeinsame Bestimmungen zu den Büchern und Verzeichnissen	1977
3. Urkundenrolle	1979
4. Erbvertragsverzeichnis	1986
5. Verwahrungs- und Massenbuch	1986
6. Namensverzeichnisse	1994
7. Dokumentation zur Einhaltung von Mitwirkungsverboten	1995
8. Urkundensammlung	1996
9. Verfügung von Todes wegen, erbfolgerelevante Urkunden	1998

Inhaltsverzeichnis

	Seite
10. Protestsammelbände	2004
11. Nebenakten	2004
12. Generalakten	2005
13. Jahresübersichten	2006
14. Stichpunkte zur allgemeinen Geschäftsbehandlung	2006
V. Steuern und Buchhaltung	2007
VI. Die Übernahme einer Notarstelle (Verwaltung; Amtsvorgänger)	2007
1. Übernahme einer Notarstelle	2007
2. Besonderheiten bei der Übernahme einer Notariatsverwaltung	2009
3. Besonderheiten bei der Vertretung eines Notars	2010
4. Checkliste Amtsübernahme	2010
Sachverzeichnis	2015

Inhaltsverzeichnis

Seite

10. Personenmahnung ... 2004
11. Nexumkraft ... 2004
12. Gegenaktion ... 2005
13. Jahresübersichten ... 2006
14. Stichpunkte zur allgemeinen Geschäftsbehandlung ... 2006
V. Steuer- und Buchhaltung ... 2007
VI. Die Übernahme des Notariellen Verwahrungs-Antwortganges ... 2007
  1. Übernahme eines Notararchivs ... 2007
  2. Besonderheiten bei der Übernahme einer Notariatsverwaltung ... 2008
  3. Besonderheiten bei der Vertretung eines Notars ... 2010
  4. Checkliste Amtsübernahme ... 2010

Sachverzeichnis ... 2015

XCVII

Verzeichnis der Formulierungsbeispiele

Alle Formulierungsbeispiele sind auch auf der dem Buch beigefügten CD-ROM enthalten.

Rn.

A. Grundstücksrecht

A I. Grundstückskauf

2. Teil. Allgemeine Fragen des Grundstückskaufvertrages

Haftungsausschluss im Individualvertrag	42
Haftungsausschluss im Verbrauchervertrag bei mitverkauften Gegenständen	45
Haftungsausschluss im Verbrauchervertrag bei fahrlässiger Schadensverursachung	47
Verkauf einer Altbauwohnung mit Renovierungspflicht im Verbrauchervertrag (AGB-Konstellation)	76
Verkauf eines Neubauobjekts: Haftungsausschluss und Abtretung der Gewährleistungsansprüche (Individualvertrag)	78
Umsatzsteueroption	92
Vormerkung, falls keine Belastungen bestehen oder zu beseitigen sind	100
Vormerkung, falls Belastungen zu beseitigen sind	101
Durchführungsvollmacht	106
Hinweis auf mögliche baurechtswidrige Verhältnisse	112
Doppelvollmacht	153
Vermerk auf einem Genehmigungsbeschluss	157
Einholung einer privatrechtlichen Genehmigung	160
Vollmachtsbestätigung	163
Hinweis zum Vorkaufsrecht nach § 577 BGB	200
Auflösende Bedingung	203
Auftrag Vollzug Lastenfreistellung	209
Fälligkeitsvoraussetzung Lastenfreistellung	218
Fälligkeitsregelung bei Einzahlung in Anderkonto	231
Verzug	236
Fälligkeit bei zusätzlichen Voraussetzungen (Räumung)	238
Verzugszinsen	241
Räumungsverpflichtung	244
Vollstreckungsunterwerfung wegen Kaufpreiszahlung	249
Nachfristsetzung bei Verzug mit Kaufpreiszahlung	256
Finanzierungsmitwirkung des Verkäufers	271
Bestimmung der Verkäufermitwirkung zur Aufnahme in die Grundschuldbestellungsurkunde	289
Übergang von Besitz, Nutzungen und Lasten	295
Übergang von Mietverhältnissen	303
Freiheit von Rechtsmängeln	310
Übernahme einzelner Belastungen	312
Negative Beschaffenheitsvereinbarung	324
Positive Beschaffenheitsvereinbarung (Bebaubarkeit)	325
Beschaffenheitsgarantie	329
Beschaffenheitsvereinbarung (Mindestbebauung)	334
Kenntnis von Sachmängeln	356
Ausschluss der Sachmängelrechte	359

Verzeichnis der Formulierungsbeispiele

	Rn.
Sachmängel nach Vertragsschluss	364
Ausschluss der Sachmängelrechte bei Klauselkontrolle	369
Übergabe eines Energieausweises	373
Hinweis auf Energieausweis im Entwurfsübersendungsschreiben	375
Kostentragungsregelung	381
Ausbauzustandslösung	389
Bescheidslösung	391
Beginnlösung	393
Kombinationslösung	395
Hilfsregelung Ablösung	400
Vormerkungslöschung „Normalfall"	423
„Schubladenlöschung" Vormerkung des Käufers	426
Kostenrisikoabdeckung auf Anderkonto	430
Auflassungserklärung	443
Auflassungssperre durch auszugsweise Ausfertigung	454
Ausgesetzte Bewilligung als Auflassungssperre	456
Abgabe der ausgesetzten Bewilligung	458
Teilung der Notarkosten	466
Deklaratorische Maklerklausel	471
Vollstreckungsbewehrtes Anerkenntnis der Maklertätigkeit	472
Erfüllungsübernahme, Überwälzungsfall (§ 329 BGB)	474
Vereinbarung zugunsten des Maklers als Drittem (§ 328 BGB)	476
Vollzugsauftrag	488
Recht auf Antragstellung des Notars (getrenntes Antragsrecht)	491
Verknüpfungsabrede	510
Belehrungspflichtvermerke	518
Hinweis auf Risiken vorzeitigen Besitzübergangs	520
Verweisung nach § 14 BeurkG	526
Verweisung nach § 13a BeurkG	532

3. Teil. Abwicklung des Grundstückskaufvertrages

Vermerk für eine auszugsweise Ausfertigung	555
Anzeigen/Mitteilungen/Einholung von Genehmigungen an die Gemeinde	570
Anzeige an das Finanzamt – Grunderwerbsteuerstelle	571
Anfrage an die Gemeinde oder Stadt wegen des Vorkaufsrechts nach dem Baugesetzbuch und Denkmalschutzgesetz	573
Antrag auf Genehmigung nach dem Grundstücksverkehrsgesetz	574
Antrag auf Eintragung einer Eigentumsübertragungsvormerkung	575
Schreiben an den Verkäufer	576
Schreiben an den Käufer	577
Mitteilung an den Käufer über die Fälligkeit des Kaufpreises	578
Antrag auf Eigentumsumschreibung und Löschung der Vormerkung	580
Abschließendes Schreiben an den Käufer nach Eigentumsumschreibung	581
Einholung von Löschungsunterlagen zur freien Verfügung	584
Einholung von Löschungsunterlagen zu treuen Händen	585
Eingeschränkte Sicherungszweckerklärung bei einer Grundschuld	587
Schreiben an den Darlehensgeber	590

4. Teil. Kaufvertrag über eine Grundstücksteilfläche

Freigabebewilligung	603
Freigabeverpflichtung bei Gesamtbelastung	605
Vormerkung beim Teilflächenverkauf	607

Verzeichnis der Formulierungsbeispiele

Rn.

Kaufvertrag über eine noch zu vermessende Teilfläche aus einem mit einem Grundpfandrecht belasteten Flurstück	611
Aufnahme in die Urkunde über die getrennte Auflassung – Teilungsantrag	613
Aufnahme in die Urkunde über die getrennte Auflassung – Zuschreibungsantrag gem. § 890 II BGB	614
Aufnahme in die Urkunde über die getrennte Auflassung – Erstreckungsantrag bei Rechten in Abt. II des Grundbuchs	615

5. Teil. Kaufverträge mit Besonderheiten in der Person des Verkäufers oder des Käufers

Vorkehrung gegen § 1829 II BGB	637
Erklärungen zum Güterstand	669
Schuldrechtliche Doppelverpflichtung bei GbR	687
Finanzierungsvollmacht für erwerbende GbR	690
Vertretungsbescheinigung im Grundstückskaufvertrag	698
Nichteinhaltung der Zwei-Wochen-Frist	712
Einhaltung der Zwei-Wochen-Frist	714
Anschreiben an den Verbraucher als Käufer	715
Vollmachtlose Vertretung eines Verbrauchers	717
Parkplatzgrundstück	724

6. Teil. Kaufverträge mit Besonderheiten bei der Kaufpreiszahlung

Befreiende Schuldübernahme	733
Grundschuldübernahme zur Neuvalutierung	738
Nichtvalutierungserklärung bei Kaufpreishinterlegung	740
Leibrentenverpflichtung	750

7. Teil. Kaufpreisabwicklung über Notaranderkonto

Eingeschränkte Sicherungsabrede oder Hinterlegung	777
Freiwillige Anzahlung	788
Hinweis auf finanzierende Bank	799
Fakultative Verwahrungsvereinbarung	833
Hinterlegungsmitteilung	842
Auszahlungsanweisung	850
Fakultative Festgeldanlage bei Verwahrung	853
Anweisung zur Festgeldanlage bei Verwahrung	855
Festgeldkündigung bei Verwahrung	860
Auszahlungsvoraussetzungen	867
Verzugszinsen bei Verwahrung	872
Vollständige Verwahrungsvereinbarung	883

8. Teil. Getrennte Beurkundung von Angebot und Annahme

Auflösend bedingte Vormerkung (Angebot)	895
Angebot des Verkäufers auf Abschluss eines Grundstückskaufvertrages (unter Mitwirkung des Angebotsempfängers)	920
Annahme des Angebots	922
Abverkaufsquote als aufschiebende Bedingung	933
Rücktrittsrecht wegen Platzierungsinteresse	940

9. Teil. Aufhebung, Änderung und Bestätigung des Kaufvertrages

Aufhebung eines Kaufvertrages	958

Verzeichnis der Formulierungsbeispiele

Rn.

A II. Bauträgervertrag

Bauwerk - Leistungsgegenstand	48a
Vollzugsanweisung nach Auflassung	55a
Festpreisdefinition	58a
Sicherheitseinbehalt nach § 632 a II 3 BGB	78b
Sicherung nach § 632 a II BGB mit Wahlrecht	78c
Vollstreckungsunterwerfung	92a
Abnahmeverpflichtung	95a
Gewährleistung bei Verschleißteilen	101a
Abtretung von Gewährleistungsansprüchen des Bauträgers	107a
Abnahme des Gemeinschaftseigentums	126a
Änderungsvollmacht zur Teilungserklärung	129a

A III. Wohnungseigentum

Überbau	20a
Vertragliche Begründung	25a
Aufteilungsplan und Abgeschlossenheitsbescheinigung	29g
Vom Aufteilungsplan abweichende Bauausführung	43e
Mehrhausanlage	47
Betreutes Wohnen – Nutzerkreis	47b
Betreutes Wohnen – Nutzung Gemeinschaftseigentum	47c
Betreutes Wohnen – Pflegeleistungen	47d
Betreutes Wohnen – noch abzuschließender Betreuungsvertrag	47e
Betreutes Wohnen – bereits abgeschlossener Betreuungsvertrag	47e
Nutzungsbeschreibung von Teileigentum	49a
Teilungserklärung	56a
Duplex-Stellplatz	57a
Stellplatzzuweisung durch Ausschluss aller und Zuweisung einzelner	61a
Stellplatzzuweisung durch Anbindung des Sondernutzungsrechts an eine Einheit	62a
Stellplatzzuweisung durch Ausschluss unter der Bedingung der Zuweisung eines Sondernutzungsrechts	62b
Kostentragung bei Mehrhausanlage	67b
Finanzierungsermächtigung des Verwalters	81b
Unterteilung	90a
Tausch von Sondereigentum gegen Sondereigentum	99a
Umwandlung von Wohnungseigentum in Teileigentum	113a
Änderung der Gemeinschaftsordnung	121a
Gebrauch des Gemeinschaftseigentums	122a
Verwalterkompetenz – Verfügungsgeschäft	139a
Verwalterkompetenz – Nachbarrechte	145a
Bezeichnung der Wohnungseigentümergemeinschaft	148a
Änderungsvollmacht beim Bauträgervertrag	154a
Abnahme des Gemeinschaftseigentums	165a
Abnahme bei Mehrhausanlagen	166a
Baumängel – Gemeinschaftseigentum	171c
Baumängel – Anspruchsberechtigung	171d
Niederschrift über die Beschlüsse der Eigentümerversammlung	185

A IV. Erbbaurecht

Erste Rangstelle	30a
Erstreckung auf nicht bebaute Grundstücksteile	46a

Verzeichnis der Formulierungsbeispiele

	Rn.
Abwendung der Entschädigungszahlung	49a
Anspruch auf Verlängerung	58a
Verfügungsbeschränkungen	71a
Erbbauzins ab wirtschaftlichem Übergang	84a
Wertsicherung Erbbauzins n. F.	106a
Vollstreckungsunterwerfung Erbbauzins	112a

A V. Grundstückszuwendung

	Rn.
Ausschluss der Ausgleichung von Pflegeleistungen unter Kindern gem. § 2057a BGB	89
Ausdrückliche („gekorene") Ausgleichsanordnung (Standardfall)	91
Gekorene Ausgleichungspflicht ohne Pflichtteilsfernwirkung, „Abbedingung des § 2316 I BGB"	94
Ausgleichungspflicht selbst bei Nachlasserschöpfung, „Abbedingung des § 2056 BGB"	97
Pflichtteilsanrechnung	100
Auflösend bedingte Ausgleichungsanordnung (Kombination von Ausgleichung und Anrechnung mit Optimierung der Pflichtteilsreduzierung)	105
Endgültiger Charakter einer Abfindungsvereinbarung bei Erb- oder Pflichtteilsverzicht	126
Allgemeiner Pflichtteilsverzicht	129
Umfassende Zustimmung des Ehegatten des Veräußerers mit gegenständlichem flichtteilsverzicht auch mit Wirkung gem. § 1586b BGB	131
Verzicht auf Pflichtteilsergänzungsansprüche auch gem. § 2329 BGB gegenüber dem Beschenkten	133
Noch vorzunehmende Bestellung eines Pflegers	168
Mittelbare Grundstücksschenkung durch die Eltern mit Nießbrauchs- und Rückforderungsvorbehalt (als Bestandteil eines Grundstückskaufvertrages)	174
Umfang und Folgen der Ausstattung	184
GbR auf Erwerberseite mit Quotenanpassungsabrede nach Finanzierungsbeiträgen	210
Auf den Tod des Schenkers vollzugsbefristete Grundstücks-Versprechensschenkung ohne echte Überlebensbedingung mit sofortiger Erklärung der Auflassung	248
Gegenseitige entgeltliche Zuwendungsversprechen auf den Todesfall	255
Anmeldung des Haftungsausschlusses gem. § 25 II HGB beim die Firma fortführenden Rechtsträger	264
Mitübertragene Gegenstände bei landwirtschaftlicher Übergabe	283
Modifizierte Gesamtgläubigerschaft nach § 428 BGB (in Anlehnung an *OLG Frankfurt* MittBayNot 2012, 386)	299
Mehrere gleichrangige, selbständige Rechte	301
GbR als Berechtigter	303
Bruttonießbrauch	309
Nettonießbrauch	312
Wohnungsrecht	359
Bruttowohnrecht	364
Verpflichtung zur Aufgabe des Wohnungsrechts	372
Verlängerung der Verjährungsfrist (nach *Amann* DNotZ 2002, 93, 117)	392
Jährliche Anpassungsklausel	403
Anpassungsklausel mit Schwellenwert	405
Zwangsvollstreckungsunterwerfung	418
Pflegeklausel	446

Verzeichnis der Formulierungsbeispiele

	Rn.
Form- und fristgerechte Geltendmachung	468
Höchstpersönliches Rückübertragungsverlangen	470
Bedingungen der Rückübertragung	492
Gesamtberechtigung nach § 428 BGB	498
Belehrungshinweis „Zugriff des Trägers der Sozialhilfe"	514
Wegzugsklausel mit Löschungsvollmacht	522
Freistellungsverpflichtung weichender Geschwister	530
Begrenzung der Versorgungspflicht	543

A VI. Grundschulden

Abtretungsbeschränkung	21
Belehrung zur Zweckerklärung	59
Abweichende Grundschuldverjährung	68
Abtretungserklärung	70
Klauselumschreibung	94
Ausschluss Löschungsanspruch	103
Teilvollzug bei Gesamtgrundschuld	115
Rangvorbehalt	138
Ausnützung Rangvorbehalt	145
Verpfändungsanzeige	163
Löschung Verpfändungsvermerk	165

A VII. Dienstbarkeiten

Geh-, Fahrt- und Leitungsrecht	33
Warenbezugsverbot	36
Immissionsverbot	40
Immissionsduldungspflicht	41
Gewerbebetriebsbeschränkung	44
Wohnungsbesetzungsrecht	46
Mietdienstbarkeit	50
Zwangsvollstreckungsunterwerfung wegen einer Dienstbarkeit	56

A VIII. Vorkaufsrechte

Umgehungsfestes Vorkaufsrecht für den ersten Verkaufsfall	18
Mitteilung an Vorkaufsberechtigten	32

A XI. Verträge im Erschließungs- und Städtebaurecht

Einheimischenangebotsmodell	22a
Ausgleichsflächensicherung	23b
Ablösungsvereinbarung	41a
Vorauszahlungsvereinbarung	44a

B. Ehe- und Familienrecht

B I. Eheverträge

Ausschluss der Schlüsselgewalt	24a
Rollenverteilung	25a
Namensbestimmung (§ 1355 III 2 BGB)	33a
Namensbestimmung und -ablegung	38a
Spätere Namensbestimmung und -beibehaltung	38b

Verzeichnis der Formulierungsbeispiele

	Rn.
Mitarbeit Hinweis	43a
Ausschluss Zugewinnausgleich bei Tod	60
Ausschluss Zugewinnausgleich ausgenommen Tod	60a
Ausschluss Zugewinnausgleich ausgenommen Tod und Güterstandswechsel	60b
Ausschluss vorzeitiger Zugewinnausgleich	61a
Herausnahme aus Anfangsvermögen	63a
Bewertung Grundbesitz	63b
Ausgleichspflicht unabhängig vom vorhandenen Vermögen	64a
Ausgleichspflicht beschränkt bei Verbindlichkeiten	65a
Keine Verrechnung von Zuwendungen	65b
Berücksichtigung von Schenkungen	65c
Ausschluss Wertsteigerungen	66a
Ausschluss Wertsteigerungen durch vorbehaltene Rechte	66b
Herausnahme Unternehmen	67a
Ausschluss § 1376 IV BGB	69a
Ausschluss von Schmerzensgeld	69b
Ausschluss der Verfügungsbeschränkungen	76
Aufhebung Gütertrennung und Vereinbarung Zugewinnausgleich	79
Güterstandsschaukel	84
Zugewinnausgleichsanspruch bei Gütergemeinschaft	92
Modifizierung Gütergemeinschaft	101
Änderung des Preisänderungsmaßstabs	108d
Ausschluss Versorgungsausgleich	140a
Versorgungsausgleich Ausschluss Abänderbarkeit	145a
Taschengeld	147a
Verzicht auf nachehelichen Unterhalt	149a
Ausnahme Notbedarf	149c
Nachehelicher Unterhalt und Kinderbetreuung	149e
Vereinbarung zum Maß des Unterhalts	149i
Ausnahme § 1586b BGB	151a
Belehrung	165

B II. Lebenspartnerschaftsverträge

Lebensgemeinschaft	9a
Sexuelle Treue	9b
Salvatorische Klausel	10a
Lebenspartnerschaftsunterhalt	11a
Modifizierter Zugewinnausgleich	15b
Gütertrennung	18a
Verfügungsbeschränkungen	18b
Schlüsselgewalt	20a
Güterrechtsregister Schlüsselgewalt	20b
Kinderbetreuungsunterhalt	24a
Unterhaltsbegrenzung	25a
Zugewinnausgleich (Lebensversicherung)	27a
Bedingter Pflichtteilsverzicht	32a

B III. Scheidungs- und Trennungsvereinbarungen

Vereinbarungen zum Sorgerecht	20
Vereinbarung zum Aufenthalt der Kinder	23
Vertretungsvollmacht gem. § 1687 BGB	27
Vertretungsvollmacht in Angelegenheiten von erheblicher Bedeutung	29

Verzeichnis der Formulierungsbeispiele

	Rn.
Übertragung von Teilbereichen der elterlichen Sorge	32
Umgangsregelung	38
Auskunft über die persönlichen Verhältnisse des Kindes	41
Verwendung des Altersvorsorgeunterhalts	62
Klarstellung des Unterhaltstatbestandes	64
Verfestigte Lebensgemeinschaft § 1579 Nr. 2 BGB	69
Besserstellung des ersten Ehegatten	73
Ausschluss des Wiederauflebens des Unterhaltsanspruchs	80
Ausschluss der Unterhaltsverpflichtung ab dem Tod	82
Abänderung für die Vergangenheit	98
Dynamisierte Kindesunterhaltsverpflichtung	110
Zusammenveranlagung und Realsplitting	116
Ausgleichsklausel Haushaltsgegenstände	187
Kostenregelung	192
Kostenregelung bei nur einem Anwalt	194
Kostenregelung bei Kostenübernahme durch einen Ehegatten	196

B IV. Partnerschaftsvertrag

Jederzeitige Beendigung	20
Kontaktverbot	21b
Vorsorgevollmacht in persönlichen Angelegenheiten	25
Vermögenstrennung	27
Keine Miteigentümervereinbarung	28b
Darlehen	28d
Zuwendungen	30
Aufnahme Dritter	33
Wohnungsmitbenutzung	34
Haftungsbeschränkung	37
Rücktritt Erbvertrag	44a
Verzicht auf Anfechtungsrechte	45a
Erbvertrag Unwirksamkeit	46a
Hinweis	50

B V. Beurkundungen im Kindschaftsrecht

Zustimmung zur heterologen Insemination	8a
Vaterschaftsanerkenntnis vor Geburt	8c
Widerruf Vaterschaftsanerkenntnis	16b
Einbenennungserklärung	25a
Gemeinsame Sorgeerklärung	33a
Namensbestimmung	34a
Hinweis Sorgeerklärung	38a
Sorgevollmacht für Urlaub	43a
Notarbeauftragung Adoption	62a
Zustimmung zur Adoption	63a
Aufhebung Adoption	69a
Bereiterklärung Adoption	70b
Erbrechtliche Gleichstellung	70e
Belehrung zur Adoption	75a
Kinderwunschvertrag homologe Insemination eines verheirateten Paares	91
Kinderwunschvertrag homologe Insemination eines unverheirateten Paares	93
Kinderwunschvertrag heterologe Insemination eines verheirateten Paares	95

Verzeichnis der Formulierungsbeispiele

C. Erbrecht

	Rn.
Ausführliche Belehrung bei Auslandsberührung	19
Widerruf einseitiges Testament	40
Widerruf gemeinschaftliches Testament oder Erbvertrag	41
Rücktrittsvorbehalt beim Erbvertrag	46
Änderungsvorbehalt bezogen auf den Grundbesitz	48
Änderungsvorbehalt innerhalb der gemeinsamen Abkömmlinge	49
Scheidungsantrag als auflösende Bedingung	51
Verzicht auf das Anfechtungsrecht nach § 2079 BGB	54
Ausführliche Belehrung beim Erbvertrag	61
Feststellung der Testierfähigkeit	68
Urkundseingang bei Sprach-/Sehbehinderung	78
Urkundseingang bei Hörbehinderung	80
Urkundseingang bei Hör-/Sprachbehinderung und Schreibunfähigkeit	82
Urkundseingang bei Schreibunfähigkeit	84
Urkundseingang bei Sprachunkundigen	87
Testament durch Übergabe einer Schrift	89
Eigenurkunde über Rücknahme eines Erbvertrags	109
Vermerk über Rücknahme eines Erbvertrags	110
Schlusserbeneinsetzung	121
Beschränkung der Übertragbarkeit des Nacherbenanwartschaftsrechts	125
Ersatzerben- und Ersatznacherbenberufung	127
Auflösend bedingte Nacherbschaft	134
Vorausvermächtnis für den Vorerben	138
Ausschluss von Ersatzvermächtnisnehmern	150
Erbeinsetzung mit Vorausvermächtnis	152
Vor- und Nachvermächtnis	158
Auflage Beerdigung und Grabpflege	168
Teilungsanordnung	172
Testamentsvollstreckung zur Vermächtniserfüllung	189
Anordnung von Testamentsvollstreckung (Abwicklungsvollstreckung)	203
Ersatzerbenberufung der Schlusserben beim ersten Erbfall	211
Schenkungsversprechen von Todes wegen	217
Rechtswahl zum Erbrecht der Staatsangehörigkeit (Testament)	222
Hinweis auf Wandelbarkeit des Erbstatuts	224
Rechtswahl zum Erbrecht der Staatsangehörigkeit (Erbvertrag)	230
Pflichtteilsklausel in Anlehnung an Jastrow	251
Geschiedenentestament mit Vor- und Nacherbfolge	261
Ersatzregelung mit Belehrung zum Heimrecht	280
Entziehung des Vermögenssorgerechts mit Pflegerbenennung im sog. Geschiedenentestament	360
Auflösende Bedingung beim Pflichtteilsverzicht mit Gegenleistung	363
Zuwendungsverzicht	372
Auflösend bedingte Ersatzerbeinsetzung bei Zuwendungsverzicht	374
Erbscheinsantrag bei gesetzlicher Erbfolge	426
Belehrung bei der Erbteilsveräußerung	460
Ausscheidensvereinbarung mit einem Miterben	464
Erbschaftsausschlagung auch für minderjährige Kinder	467
Anfechtung der Annahme der Erbschaft	477
Grundbuchberichtigungsantrag	502

Verzeichnis der Formulierungsbeispiele

D. Gesellschaftsrecht

Rn.

D I. GmbH

Zusammenlegung und Teilung von Geschäftsanteilen	98
Ergebnisverwendung	125
Gewinnverteilung	127
Anpassung von Geschäftsanteilen und Stammkapital nach Einziehung	150
Salvatorische Klausel	184
Gründungskosten	187
Versicherung Einzahlung Stammeinlage	197
Gemischte Sacheinlage	219
Satzungsänderung Musterprotokoll – Firma	327
Satzungsänderung Musterprotokoll – Kapitalerhöhung	329
Satzungsänderung Musterprotokoll – Gründungskosten bei Kapitalerhöhung	331
Darlehen als Sacheinlage	364
Auflösend bedingte Kapitalerhöhung	387
Bewilligung Widerspruch	475
Gründungskosten wirtschaftliche Neugründung	510
Änderung der Gesellschafterstruktur durch Umwandlung	557
Einreichung der Gesellschafterliste – Existenz- und Vertretungsnachweis	567
Einreichung der Gesellschafterliste – Nachweis der Kaufpreiszahlung	574
Einreichung der Gesellschafterliste – Treuhandvertrag	579

D II. Personengesellschaft

Anmeldung einer oHG zur Eintragung in das Handelsregister	12a
Anmeldung einer KG zur Eintragung in das Handelsregister	12b
Ausschluss Widerspruchsrecht nach § 164 HGB	16a
Anmeldung Sonderrechtsnachfolge mit Abfindungsversicherung	30a
Dreikontenmodell	73

D III. Aktiengesellschaft

Prüfungsbericht	63
Neuanmeldung einer Aktiengesellschaft	70
Börsennotierte Aktiengesellschaft	132
Fassungsänderungen	148
Einberufung	177
Schlussfeststellungen	215
Mittelbares Bezugsrecht	258
Niederschrift über eine Aufsichtsratssitzung einer Aktiengesellschaft	297
Anmeldung der Veränderung im Vorstand einer AG (§ 81 I AktG)	298

D V. Unternehmenskauf

Garantie	76
„Non-Reliance"-Klausel	77a

D VI. Eingetragener Verein

Streichung von der Mitgliederliste	16a
Ausschluss aus dem Verein	18a
Berechnung der Stimmenmehrheit	35a
Übertragung des Stimmrechts	35b
Vertretung durch Liquidatoren	45a

Verzeichnis der Formulierungsbeispiele

E. Steuerrecht für Notare

	Rn.
Haftungsausschluss für Steuerfolgen	98
Vorsorglicher Widerrufsvorbehalt	277
Schadensausgleichsverpflichtung	411

G. Beurkundung

Vorbefassung (mehrsprachig)	43
Verbrauchervertrag – 2-Wochenfrist	74a
Registerbescheinigung	96a
Hinweis „Genehmigungspflicht"	101a
Doppelvollmacht Genehmigung Betreuungs-/Familiengericht	103a
Genehmigung GrdstVG	111
Hinweis Vorkaufsrecht	115a
Berichtigungsvermerk	149a
Schlussvermerk bei Änderungen	150a
Grundbucheinsicht – Vermerk	169a
Ohne Grundbucheinsicht – Vermerk	170a
Übersetzung Urkunde	181a
Verweisung auf Anlage	192a
Verweisungsurkunde	195a
Verweisung nach § 14 BeurkG	202a
Schlussvermerk bei Anlagen	206a
Schlussvermerk	212a
Elektronische Signatur (Abschrift)	292a
Elektronische Signatur (sonstiges Dokument)	293b
Elektronische Signatur (Bildschirminhalt)	293c
Elektronische Signatur (mit Zeugnis § 39a BeurkG)	293d
Nachgenehmigung	316a
Vollstreckbare Ausfertigung – Erteilung	323a
Vollstreckungsunterwerfung Räumung/Übergabe	336a
Klauselumschreibung Gesamtrechtsnachfolger	345a
Klauselumschreibung Sonderrechtsnachfolger (Gläubiger)	347a
Klauselumschreibung Sonderrechtsnachfolger (Schuldner)	348a

H. Auslandsberührung

Hinweis auf ausländisches Recht	18
Mangelnde Anerkennung im Ausland	20
Hinweis auf Sprachunkundigkeit	41
Bescheinigung der Richtigkeit und Vollständigkeit der Übersetzung	44
Angabe Güterstand	117
Wahl des auf die allgemeinen Ehewirkungen anwendbaren Rechts	137
Erklärung zum Güterstand in Alt-Ehen	155
Wahl des Güterstatuts vor der Eheschließung	163
Rechtswahl während der Ehe	164
Unterhaltsrechtliche Rechtswahl	178
Unterhaltsrechtliche Rechtswahl mit Gerichtsstandsvereinbarung	184
Vereinbarung des Scheidungsstatuts	195
Gleichstellungserklärung	202
Wahl ausländischen Erbrechts nach der EuErbVO	239
Fremdrechtserbschein	268

Verzeichnis der Formulierungsbeispiele

M. Dienstordnung und Büro

Rn.

Herstellerbescheinigung nach §§ 17 I, 23 I DONot	34
Verpflichtung zur Verschwiegenheit von EDV-Firmen	43
Kontoschließung – Info an Beteiligte	159
Kontoschließung – Info an Bank	160
Buchungsdatum – Info an Beteiligte	164

Abkürzungs- und Literaturverzeichnis

Vgl. zur zitierten Literatur auch die Verzeichnisse vor den einzelnen Kapiteln.

a. A.	anderer Ansicht
a. a. O.	am angegebenen Ort
abl.	ablehnend
ABl.	Amtsblatt
Abs.	Absatz
Abschn.	Abschnitt
Abt.	Abteilung
AcP	Archiv für civilistische Praxis
a. E.	am Ende
a. F.	alte Fassung
AfA	Absetzung für Abnutzung
AFG	Arbeitsförderungsgesetz
AG	Aktiengesellschaft/Amtsgericht
AGB	Allgemeine Geschäftsbedingungen
AgrarR	Agrarrecht
AIZ	Allgemeine Immobilienzeitung
AktG	Aktiengesetz
AktStR	Aktuelles Steuerrecht
Alt.	Alternative
a. M.	anderer Meinung
Amann/Brambring/Hertel	*Amann/Brambring/Hertel*, Vertragspraxis nach neuem Schuldrecht, 2. Aufl. 2002
AnfG	Gesetz betreffend die Anfechtung von Rechtshandlungen außerhalb des Konkursverfahrens
Anh.	Anhang
Anl.	Anlage
Anm.	Anmerkung
AnmeldeVO/AnmVO	Verordnung über die Anmeldung vermögensrechtlicher Ansprüche
AnwBl.	Anwaltsblatt
AnwK-BGB/*Bearbeiter*	*Dauner-Lieb/Heidel/Ring* in Verbindung mit dem Deutschen Anwaltverein, NomosKommentar BGB, 3./4. Aufl. 2014/2015 (siehe auch unter NK-BGB/*Bearbeiter*)
AO	Abgabenordnung
ArbRB	Der Arbeitsrechts-Berater
Armbrüster/Preuß/Renner/*Bearbeiter*	*Armbrüster/Preuß/Renner*, BeurkG/DONot, 6. Aufl. 2013
Arndt/Lerch/Sandkühler/*Bearbeiter*	*Arndt/Lerch/Sandkühler*, Bundesnotarordnung BNotO, 7. Aufl. 2012
ARoV	Amt zur Regelung offener Vermögensfragen
Art.	Artikel

Abkürzungs- und Literaturverzeichnis

Aufl.	Auflage
ausf.	ausführlich
AusglLeistG	Ausgleichsleistungsgesetz
AVB	Allgemeine Versicherungsbedingungen
AVNot	Allgemeine Verfügung über Angelegenheiten der Notare
AWV	Außenwirtschaftsverordnung
Az.	Aktenzeichen
BAFA	Bundesanstalt für Wirtschaft und Ausfuhrkontrolle
BAG	Bundesarbeitsgericht
BAGE	Amtliche Sammlung der Entscheidungen des Bundesarbeitsgerichts
Bamberger/Roth/ *Bearbeiter*	*Bamberger/Roth*, BGB, 3. Aufl. 2012 (siehe auch unter BeckOK BGB/*Bearbeiter*)
BAT	Bundesangestellten-Tarif
Bauer/v. Oefele/ *Bearbeiter*	*Bauer/von Oefele*, GBO Grundbuchordnung, 3. Aufl. 2013
BauGB	Baugesetzbuch
Baumbach/Hopt/ *Bearbeiter*	*Baumbach/Hopt*, Handelsgesetzbuch, 36. Aufl. 2014
Baumbach/Hueck/ *Bearbeiter*	*Baumbach/Hueck*, GmbHG, 20. Aufl. 2013
BauR	Baurecht
BayGT	Zeitschrift des Bayerischen Gemeindetags
BayObLG	Bayerisches Oberstes Landesgericht
BayObLGZ	Entscheidungen des Bayerischen Obersten Landesgerichts in Zivilsachen
BayVBl.	Bayerische Verwaltungsblätter
BB	Der Betriebs-Berater
BBauBl.	Bundesbaublatt
BBergG	Bundesberggesetz
BBG	Bundesbeamtengesetz
Bd.	Band
BdF	Der Bundesminister der Finanzen
BeamtVG	Beamtenversorgungsgesetz
BeckOK BGB/ *Bearbeiter*	Beck'scher Online-Kommentar BGB (Hrsg.: *Bamberger/Roth*), Edition 32 Stand: 1.8.2014 (siehe auch unter Bamberger/Roth/*Bearbeiter*)
BeckOK GBO/ *Bearbeiter*	Beck'scher Online-Kommentar GBO (Hrsg.: *Hügel*), Edition 22 Stand: 1.10.2014 (siehe auch unter Hügel/*Bearbeiter*)
Beck'sches Formularbuch/ *Bearbeiter*	Beck'sches Formularbuch Bürgerliches, Handels- und Wirtschaftsrecht, 11. Aufl. 2013
begl.	beglaubigt
Beil.	Beilage
Bengel/Reimann	*Bengel/Reimann*, Handbuch der Testamentsvollstreckung, 5. Aufl. 2013
BerHG	Gesetz über Rechtsberatung und Vertretung für Bürger mit geringem Einkommen (Beratungshilfegesetz)

Abkürzungs- und Literaturverzeichnis

betr.	betreffend
BetrVG	Betriebsverfassungsgesetz
BeurkG	Beurkundungsgesetz
BewG	Bewertungsgesetz
BezG	Bezirksgericht
BfA	Bundesversicherungsanstalt für Angestellte
BFH	Bundesfinanzhof
BFHE	Amtliche Sammlung der Entscheidungen des Bundesfinanzhofes
BFHEntlG	Gesetz zur Entlastung des Bundesfinanzhofes
BFH-NV	Sammlung amtlich nicht veröffentlichter Entscheidungen des Bundesfinanzhofs
BGB	Bürgerliches Gesetzbuch
BGBl.	Bundesgesetzblatt
BGH	Bundesgerichtshof
BGHR	BGH-Rechtsprechung
BGHSt	Amtliche Sammlung der Entscheidungen des Bundesgerichtshofs in Strafsachen
BGHZ	Amtliche Sammlung der Entscheidungen des Bundesgerichtshofs in Zivilsachen
BImSchG	Gesetz zum Schutz vor schädlichen Umwelteinwirkungen durch Luftverunreinigungen, Geräusche, Erschütterungen und ähnliche Vorgänge (Bundes-Immissionsschutzgesetz)
BKleingG	Bundeskleingartengesetz
Bl.	Blatt
BMF	Bundesminister der Finanzen
BMJ	Bundesminister der Justiz
BNotK	Bundesnotarkammer
BNotO	Bundesnotarordnung
BORA	Berufsordnung für Rechtsanwälte
Bormann/Diehn/ Sommerfeld/ Bearbeiter	Bormann/Diehn/Sommerfeld, GNotKG, 2014
Boruttau/Bearbeiter	Boruttau, Grunderwerbsteuergesetz, 17. Aufl. 2011
BoSoG	Bodensonderungsgesetz
Böttcher/Faßbender/ Waldhoff/ Bearbeiter	Böttcher/Faßbender/Waldhoff, Erneuerbare Energien in der Notar- und Gestaltungspraxis, 2014
BRAK	Bundesrechtsanwaltskammer
BRAK-Mitt.	Bundesrechtsanwaltskammer-Mitteilungen
BRAO	Bundesrechtsanwaltsordnung
BR-Drucks.	Bundesrats-Drucksache
BSG	Bundessozialgericht
BSGE	Amtliche Sammlung der Entscheidungen des Bundessozialgerichts
BSHG	Bundessozialhilfegesetz
Bsp.	Beispiel/e
BStBl.	Bundessteuerblatt
BtÄndG	Gesetz zur Änderung des Betreuungsrechts
BT-Drucks.	Bundestagsdrucksache
BTR	BauträgerRecht
Buchst.	Buchstabe
Büro	Das juristische Büro

LXIII

Abkürzungs- und Literaturverzeichnis

BVerfG	Bundesverfassungsgericht
BVerfGE	Amtliche Sammlung der Entscheidungen des Bundesverfassungsgerichts
BVerfGG	Gesetz über das BVerfG (Bundesverfassungsgerichtsgesetz)
BVerwG	Bundesverwaltungsgericht
BVerwGE	Amtliche Sammlung der Entscheidungen des Bundesverwaltungsgerichts
BVG	Gesetz über die Versorgung der Opfer des Krieges (Bundesversorgungsgesetz)
BvS	Bundesanstalt für vereinigungsbedingte Sonderaufgaben (früher Treuhandanstalt)
BWNotZ	Zeitschrift für das Notariat in Baden-Württemberg
BZRG	Bundeszentralregistergesetz
bzw.	beziehungsweise
ca.	circa
CC	Codice civile (Italien)
c.i.c.	culpa in contrahendo
dass.	dasselbe
DATEV	Datenverarbeitungsorganisation für die Angehörigen der steuerberatenden Berufe
DAV	Deutscher Anwaltverein
DAVorm	Der Amtsvormund
DB	Der Betrieb
Demharter	*Demharter*, Grundbuchordnung, 29. Aufl. 2014
ders.	derselbe
DGVZ	Deutsche Gerichtsvollzieherzeitschrift
d.h.	das heißt
Diehn	*Diehn*, Notarkostenberechnungen, 3. Aufl. 2014
dies.	dieselbe/n
DIN	Deutsche Industrie-Norm
DNotI	Deutsches Notarinstitut
DNotV	Zeitschrift des deutschen Notarvereins
DNotZ	Deutsche Notar-Zeitschrift
DONot	Dienstordnung für Notare
DRiG	Deutsches Richtergesetz
DRiZ	Deutsche Richterzeitung
DStB	Der Steuerberater
DStR	Deutsches Steuerrecht
DStZ	Deutsche Steuer-Zeitung
DtZ	Deutsch-Deutsche Rechtszeitschrift
DVBl.	Deutsches Verwaltungsblatt
DVO	Durchführungsverordnung
EALG	Gesetz über die Entschädigung nach dem VermG und über staatliche Ausgleichsleistungen für Enteignung auf besatzungsrechtlicher oder besatzungshoheitlicher Grundlage
E/B/J/S/*Bearbeiter*	*Ebenroth/Boujong/Joost/Strohn*, Handelsgesetzbuch, 3. Aufl. 2014/2015
ebda.	ebenda
EFG	Entscheidungen der Finanzgerichte
e.G.	eingetragene Genossenschaft

Abkürzungs- und Literaturverzeichnis

EG	Europäische Gemeinschaft
EGBGB	Einführungsgesetz zum Bürgerlichen Gesetzbuch
EGGVG	Einführungsgesetz zum Gerichtsverfassungsgesetz
EGHGB	Einführungsgesetz zum Handelsgesetzbuch
EGMR	Europäischer Gerichtshof für Menschenrechte
EheG	Ehegesetz
Einf.	Einführung
einschl.	einschließlich
einschr.	einschränkend
EntschG	Entschädigungsgesetz
entspr.	entsprechend/e
ErbbauRG	Gesetz über das Erbbaurecht
ErbGleichG	Erbrechtsgleichstellungsgesetz
ErbStDV	Erbschaftsteuerdurchführungsverordnung
ErbStG	Erbschaftsteuer- und Schenkungsteuergesetz
ErbStH	Hinweise zu den Erbschaftsteuer-Richtlinien
ErbStR	Erbschaftsteuer-Richtlinien
ErholNutzG	Erholungsnutzungsrechtsgesetz
Erman/*Bearbeiter*	*Erman*, BGB, 14. Aufl. 2014
ESchG	Embryonenschutzgesetz
EStDV	Einkommensteuerdurchführungsverordnung
EStG	Einkommensteuergesetz
EStR	Einkommensteuerrichtlinien
etc.	et cetera
EuErbVO	Verordnung (EU) Nr. 650/2012 des Europäischen Parlaments und des Rates vom 4. Juli 2012 über die Zuständigkeit, das anzuwendende Recht, die Anerkennung und Vollstreckung von Entscheidungen und die Annahme und Vollstreckung öffentlicher Urkunden in Erbsachen sowie zur Einführung eines Europäischen Nachlasszeugnisses
EuGH	Gerichtshof der Europäischen Gemeinschaften
Euro-EG	Euro-Einführungsgesetz
e. V.	eingetragener Verein
EV	Einigungsvertrag zwischen der Bundesrepublik Deutschland und der Deutschen Demokratischen Republik
evtl.	eventuell
EWG	Europäische Wirtschaftsgemeinschaft
EWiR	Entscheidungen zum Wirtschaftsrecht
EWIV	Europäische wirtschaftliche Interessenvereinigung
EWIV-AG	EWIV-Ausführungsgesetz
EWIV-VO	Verordnung Nr. 2137/85 (EWG) über die EWIV
Eylmann/Vaasen/*Bearbeiter*	*Eylmann/Vaasen*, Bundesnotarordnung/Beurkundungsgesetz, 3. Aufl. 2011
E/Z/B/K/*Bearbeiter*	*Ernst/Zinkahn/Bielenberg/Krautzberger*, Baugesetzbuch (Loseblatt), 114. EL (Stand: Juli 2014)
f.	folgende
Fa.	Firma
FamFG	Gesetz über das Verfahren in Familiensachen und in Angelegenheiten der freiwilligen Gerichtsbarkeit
FamR	Familienrecht
FamRB	Der Familienrechts-Berater

Abkürzungs- und Literaturverzeichnis

FamRZ	Zeitschrift für das gesamte Familienrecht
ff.	fortfolgende
FF/*Bearbeiter*	*Feuerich/Weyland*, BRAO Bundesrechtsanwaltsordnung, 8. Aufl. 2012
FG	Finanzgericht
FGG	Gesetz über die Freiwillige Gerichtsbarkeit
FGO	Finanzgerichtsordnung
FGPrax	Praxis der Freiwilligen Gerichtsbarkeit (vereinigt mit OLGZ)
FinA	Finanzamt
FinMin	Finanzministerium
FinVerw.	Finanzverwaltung
FlErwV	Flächenerwerbsverordnung
FlurbG	Flurbereinigungsgesetz
Fn.	Fußnote
Form.	Formular
FR	Finanz-Rundschau
FS	Festschrift
FuR	Familie und Recht
FWW	Die freie Wohnungswirtschaft
GAL	Gesetz über eine Altershilfe für Landwirte
GBBerG	Grundbuchbereinigungsgesetz
GBl.	Gesetzblatt
GBO	Grundbuchordnung
GbR	Gesellschaft bürgerlichen Rechts
GBV	Grundbuchverfügung
gem.	gemäß
GemS	Gemeinsamer Senat der obersten Gerichtshöfe des Bundes
Gen.	Genossenschaft
GenG	Gesetz betreffend die Erwerbs- und Wirtschaftsgenossenschaften
GewO	Gewerbeordnung
GG	Grundgesetz für die Bundesrepublik Deutschland
ggf.	gegebenenfalls
GGV	Gebäudegrundbuchverfügung
GI	Gerling-Informationen
GK-AktG/*Bearbeiter*	*Hopt/Wiedemann*, Aktiengesetz. Großkommentar, 4. Aufl. 2012
GKG	Gerichtskostengesetz
GmbH	Gesellschaft mit beschränkter Haftung
GmbHG	Gesetz betreffend die Gesellschaften mit beschränkter Haftung
GmbHR	GmbH-Rundschau
GmbH-StB	Der GmbH-Steuerberater
GNotKG	Gesetz über Kosten der freiwilligen Gerichtsbarkeit für Gerichte und Notare (Gerichts- und Notarkostengesetz)
GO	Gemeindeordnung
g.PV.	genossenschaftlicher Prüfungsverband
grds.	grundsätzlich
GrdstVG	Grundstücksverkehrsgesetz
GrEStG	Grunderwerbsteuergesetz
Grundbuch-Info	Informationen für die Grundbuchämter in den neuen Bundesländern (Bundesministerium der Justiz)
GS	Großer Senat
GVBl.	Gesetz- und Verordnungsblatt
GVG	Gerichtsverfassungsgesetz

Abkürzungs- und Literaturverzeichnis

GVO	Grundstücksverkehrsordnung
GWB	Gesetz gegen Wettbewerbsbeschränkungen
GwG	Geldwäschegesetz
h. A.	herrschende Ansicht
Halbb.	Halbband
Halbs./Hs.	Halbsatz
Handb./HdB	Handbuch
HansOLG	Hanseatisches Oberlandesgericht
Haug/Zimmermann	Haug/Zimmermann, Die Amtshaftung des Notars, 3. Aufl. 2011
Hauschild/Kallrath/Wachter/Bearbeiter	Hauschild/Kallrath/Wachter, Notarhandbuch Gesellschafts- und Unternehmensrecht, 2011
HausrV	Hausratsverordnung
Hdb./HdB	Handbuch
Heinemann/Bearbeiter	Heinemann, Kölner Formularbuch Grundstücksrecht, 2013
HGB	Handelsgesetzbuch
h. L.	herrschende Lehre
h. M.	herrschende Meinung
HOAI	Honorarordnung für Architekten und Ingenieure
HöfeO	Höfeordnung
HofV	Hofraumverordnung
HRegGebNeuOG	Handelsregistergebühren-Neuordnungsgesetz
HRegGebV	Handelsregistergebührenverordnung
Hrsg.	Herausgeber
hrsg.	herausgegeben
HRV	Handelsregisterverordnung
Hs.	Halbsatz
Hügel/Bearbeiter	Hügel, GBO, 2. Aufl. 2010 (siehe auch unter BeckOK GBO/Bearbeiter)
HypAblV	Hypothekenablöseverordnung
IBR	Immobilien & Baurecht
i. d. F.	in der Fassung
i. d. R.	in der Regel
i. d. S.	in diesem Sinne
i. E.	im Einzelnen
i. e. S.	im engeren Sinn
IHK	Industrie- und Handelskammer
i. L.	in Liquidation
inkl.	inklusive
insbes.	insbesondere
insges.	insgesamt
InsO	Insolvenzordnung
InVorG	Investitionsvorranggesetz
IPR	Internationales Privatrecht
IPRax	Praxis des Internationalen Privat- und Verfahrensrechts
i. S. d.	im Sinne des/der
i. S. v.	im Sinne von
i. Ü.	im Übrigen

LXVII

Abkürzungs- und Literaturverzeichnis

i. V. m.	in Verbindung mit
i. w. S.	im weiteren Sinn
Jauernig/*Bearbeiter*	*Jauernig*, BGB Bürgerliches Gesetzbuch, 15. Aufl. 2014
JFG	Jahrbuch für Entscheidungen in Angelegenheiten der Freiwilligen Gerichtsbarkeit und des Grundbuchrechts
JMBl.	Justizministerialblatt
JR	Juristische Rundschau
Jura	Juristische Ausbildung
JurBüro	Das juristische Büro
Juris	Juristisches Informationssystem
JuS	Juristische Schulung
JW	Juristische Wochenschrift
JZ	Juristenzeitung
KAG	Kommunalabgabengesetz
Kallmeyer/*Bearbeiter*	*Kallmeyer*, Umwandlungsgesetz, 5. Aufl. 2013
Kap.	Kapitel
KapCoRiLG	Kapitalgesellschaften- und Co-Richtlinie-Gesetz
Kapp/Ebeling	*Kapp/Ebeling*, Erbschaftsteuer- und Schenkungsteuergesetz (Loseblatt), 63. EL (Stand: Mai 2014)
KEHE/*Bearbeiter*	*Kuntze/Ertl/Herrmann/Eickmann*, Grundbuchrecht, 6. Aufl. 2006
Keidel/*Bearbeiter*	*Keidel*, FamFG Familienverfahren Freiwillige Gerichtsbarkeit, 18. Aufl. 2014
Kersten/Bühling/ *Bearbeiter*	*Kersten/Bühling*, Formularbuch und Praxis der freiwilligen Gerichtsbarkeit, 24. Aufl. 2014
KfW	Kreditanstalt für Wiederaufbau
KG	Kammergericht/Kommanditgesellschaft
KGaA	Kommanditgesellschaft auf Aktien
KGJ	Jahrbuch für Entscheidungen des Kammergerichts in Sachen der freiwilligen Gerichtsbarkeit
KindRG	Kindschaftsrechtsreformgesetz
KindUG	Kindesunterhaltsgesetz
km	Kilometer
KölnerKomm-AktG/ *Bearbeiter*	*Zöllner/Noack*, Kölner Kommentar zum Aktiengesetz, 3. Aufl. 2009 ff.
KonsularG	Gesetz über die Konsularbeamten, ihre Aufgaben und Befugnisse (Konsulargesetz)
Korintenberg/Bengel/ Lappe/Reimann/ *Bearbeiter*	*Korintenberg/Bengel/Lappe/Reimann*, Kostenordnung, 18. Aufl. 2010
KÖSDI	Kölner Steuerdialog
KostO	Gesetz über die Kosten in Angelegenheiten der freiwilligen Gerichtsbarkeit (Kostenordnung)
KostRMoG	Kostenrechtsmodernisierungsgesetz
KostRspr.	Kostenrechtsprechung (Nachschlagewerk)
Krafka/Kühn	*Krafka/Kühn*, Registerrecht, 9. Aufl. 2013
Krauß, Immobilienkaufverträge	*Krauß*, Immobilienkaufverträge in der Praxis, 7. Aufl. 2014

Abkürzungs- und Literaturverzeichnis

Krauß, Vermögensnachfolge	Krauß, Vermögensnachfolge in der Praxis, 3. Aufl. 2012
KrG	Kreisgericht
krit.	kritisch
KStZ	Kommunale Steuer-Zeitschrift
KVStG	Kapitalverkehrsteuergesetz
LAG	Landesarbeitsgericht
LandwVerfG	Gesetz über das gerichtliche Verfahren in Landwirtschaftssachen
LARoV	Landesamt zur Regelung offener Vermögensfragen
LBG	Landesbeamtengesetz
LFGG	Landesgesetz über die freiwillige Gerichtsbarkeit (Baden-Württemberg)
LG	Landgericht
Limmer/Hertel/Frenz/Mayer/Bearbeiter	Limmer/Hertel/Frenz/Mayer, Würzburger Notarhandbuch, 3. Aufl. 2012 (siehe auch unter Würzburger Notarhandbuch/Bearbeiter)
lit.	Buchstabe
LKV	Landes- und Kommunalverwaltung
LM	Nachschlagewerk des Bundesgerichtshofs in Zivilsachen (Hrsg.: Lindenmaier und Möhring)
LNotK	Landesnotarkammer
LPartG	Lebenspartnerschaftsgesetz
LPG	Landwirtschaftliche Produktionsgenossenschaften
LS	Leitsatz
LSA	Land Sachsen-Anhalt
Lutter/Bearbeiter	Lutter, UmwG, 5. Aufl. 2014
Lutter/Hommelhoff/Bearbeiter	Lutter/Hommelhoff, GmbHG, 18. Aufl. 2012
MaBV	Makler- und Bauträgerverordnung
MAH	Münchener Anwaltshandbuch
Maunz/Dürig/Bearbeiter	Maunz/Dürig, Grundgesetz (Loseblatt), 77. EL (Stand: Juli 2014)
MDR	Monatsschrift für Deutsches Recht
m. E.	meines Erachtens
Meincke	Meincke, ErbStG Erbschaft- und Schenkungsteuergesetz, 16. Aufl. 2012
MfS	Ministerium für Staatssicherheit (DDR)
MHG	Gesetz zur Regelung der Miethöhe
Michalski/Bearbeiter	Michalski, GmbHG, 2. Aufl. 2010
MitbestG	Gesetz über die Mitbestimmung der Arbeitnehmer (Mitbestimmungsgesetz)
MittBayNot	Mitteilungen des Bayerischen Notarvereins, der Notarkasse und der Landesnotarkammer Bayern
MittRhNotK	Mitteilungen der Rheinischen Notarkammer
MÜG	Mietenüberleitungsgesetz
Münch/Bearbeiter	Münch, Familienrecht in der Notar- und Gestaltungspraxis, 2013
MünchHdB-GesR	Münchener Handbuch des Gesellschaftsrechts
MünchKomm	Münchener Kommentar zum BGB

Abkürzungs- und Literaturverzeichnis

MünchKomm-AktG	Münchener Kommentar zum Aktiengesetz
MünchKomm-HGB	Münchener Kommentar zum Handelsgesetzbuch
MünchKomm-InsO	Münchener Kommentar zur Insolvenzordnung
MünchKomm-ZPO	Münchener Kommentar zur Zivilprozessordnung
MünchVertrHdB	Münchener Vertragshandbuch
m. w. Nachw.	mit weiteren Nachweisen
MwSt	Mehrwertsteuer
Nachw.	Nachweise
NdsRpfl	Niedersächsische Rechtspflege
NEhelG	Gesetz über die rechtliche Stellung der nichtehelichen Kinder
Nieder/Kössinger	*Nieder/Kössinger*, Handbuch der Testamentsgestaltung, 4. Aufl. 2011
NJ	Neue Justiz
NJW	Neue Juristische Wochenschrift
NJW-RR	NJW-Rechtsprechungsreport
NK-BGB/*Bearbeiter*	*Dauner-Lieb/Heidel/Ring* in Verbindung mit dem Deutschen Anwaltverein, NomosKommentar BGB, 3./4. Aufl. 2014/2015 (siehe auch unter AnwK-BGB/*Bearbeiter*)
notar	Monatsschrift für die gesamte notarielle Praxis
NotBZ	Zeitschrift für die notarielle Beurkundungs- und Beratungspraxis
Nr.	Nummer/n
NutzEV	Nutzungsentgeltverordnung
NVwZ	Neue Zeitschrift für Verwaltungsrecht
NVwZ-RR	NVwZ-Rechtsprechungs-Report
NZFam	Neue Zeitschrift für Familienrecht
NZG	Neue Zeitschrift für Gesellschaftsrecht
o.	oben
o. Ä.	oder Ähnliches
OFD	Oberfinanzdirektion
OGB	Oberste Gerichtshöfe des Bundes
OGH	Oberster Gerichtshof (Österreich)
OHG	Offene Handelsgesellschaft
OLG	Oberlandesgericht
OLGR	OLG-Report
OLGZ	Entscheidungen der Oberlandesgerichte in Zivilsachen
OVG	Oberverwaltungsgericht
OVG St.	Entscheidungen des Preußischen Oberverwaltungsgerichts in Staatssteuersachen
Palandt/*Bearbeiter*	*Palandt*, Bürgerliches Gesetzbuch, 73. Aufl. 2014
PflegeVG	Pflegeversicherungsgesetz
PrKG	Gesetz über das Verbot der Verwendung von Preisklauseln bei der Bestimmung von Geldschulden (Preisklauselgesetz)
PrKV	Preisklauselverordnung
PWW/*Bearbeiter*	*Prütting/Wegen/Weinrich*, BGB-Kommentar, 9. Aufl. 2014
p. V. V.	positive Vertragsverletzung
RA	Rechtsanwalt
RAG	Rechtsanwendungsgesetz (DDR)
RAK	Rechtsanwaltskammer

Abkürzungs- und Literaturverzeichnis

RBerG	Rechtsberatungsgesetz
RdA	Recht der Arbeit
RDG	Rechtsdienstleistungsgesetz
RdL	Recht der Landwirtschaft
RegE	Regierungsentwurf
RegVBG	Registerverfahrenbeschleunigungsgesetz
Reul/Heckschen/ Wienberg/ Bearbeiter	*Reul/Heckschen/Wienberg*, Insolvenzrecht in der Gestaltungspraxis, 2012
RG	Reichsgericht
RGZ	Amtliche Sammlung der Entscheidungen des Reichsgerichts in Zivilsachen
RHeimstG	Reichsheimstättengesetz
RIW/AWD	Recht der internationalen Wirtschaft
Rn.	Randnummer/n
RNotZ	Rheinische Notar-Zeitschrift
Rössler/Troll/ Bearbeiter	*Rössler/Troll*, Bewertungsgesetz (Loseblatt), 20. EL (Stand: Mai 2014)
Roth/Altmeppen	*Roth/Altmeppen*, GmbHG, 7. Aufl. 2012
Rowedder/Schmidt-Leithoff/*Bearbeiter*	*Rowedder/Schmidt-Leithoff*, GmbHG, 5. Aufl. 2013
Rpfleger	Der Deutsche Rechtspfleger
RPflG	Rechtspflegergesetz
Rspr.	Rechtsprechung
RuStAG	Staatsangehörigkeitsgesetz
RVG	Rechtsanwaltsvergütungsgesetz
RVO	Reichsversicherungsordnung
s.	siehe
S.	Satz/Seite
SachenRÄndG	Sachenrechtsänderungsgesetz
SachenRBerG	Sachenrechtsbereinigungsgesetz
SchiffsRegO	Schiffsregisterordnung
Schippel/Bracker/ Bearbeiter	*Schippel/Bracker*, BNotO Bundesnotarordnung, 9. Aufl. 2011
SchlHA	Schleswig-Holsteinische Anzeigen
Schmidt/*Bearbeiter*	*Schmidt*, EStG, 33. Aufl. 2014
Schmitt/Hörtnagl/ Stratz/*Bearbeiter*	*Schmidt/Hörtnagl/Stratz*, Umwandlungsgesetz – Umwandlungssteuergesetz, 6. Aufl. 2013
Scholz/*Bearbeiter*	*Scholz*, GmbHG, 11. Aufl. 2012 ff.
Schöner/Stöber	*Schöner/Stöber*, Grundbuchrecht, 15. Aufl. 2012
SchRMoG	Schuldrechtsmodernisierungsgesetz
SchuldRAnpG	Schuldrechtsanpassungsgesetz
Semler/Stengel/ Bearbeiter	*Semler/Stengel*, Umwandlungsgesetz, 3. Aufl. 2012
SGB	Sozialgesetzbuch
s. o.	siehe oben
Soergel/*Bearbeiter*	*Soergel*, BGB, 13. Aufl. 2000 ff.
sog.	so genannte/r

Abkürzungs- und Literaturverzeichnis

SoH	Sonderheft
Sölch/Ringleb/Bearbeiter	*Sölch/Ringleb*, Umsatzsteuergesetz (Loseblatt), 72. EL (Stand: April 2014)
SPV	Sonderungsplanverordnung
Staudinger/*Bearbeiter*	*J. von Staudingers*, Kommentar zum Bürgerlichen Gesetzbuch, Neubearbeitung 2006 ff.
StB	Steuerberater
StBerG	Gesetz über die Rechtsverhältnisse der Steuerberater und Steuerbevollmächtigten (Steuerberatungsgesetz)
Stbg	Die Steuerberatung
StEK	Steuerrechtsprechung in Karteiform
StGB	Strafgesetzbuch
Stöber	*Stöber*, Zwangsversteigerungsgesetz, 20. Aufl. 2012
StPO	Strafprozessordnung
str.	streitig
st. Rspr.	ständige Rechtsprechung
s. u.	siehe unten
THA	Treuhandanstalt
THG	Treuhandgesetz
u. a.	unter anderem
u. Ä.	und Ähnliches
UG	Unternehmergesellschaft
umstr.	umstritten
UmwBerG	Umwandlungsbereinigungsgesetz
UmwG	Umwandlungsgesetz
UmwStG	Umwandlungssteuergesetz
unstr.	unstreitig
UPR	Umwelt- und Planungsrecht
UStDV	Umsatzsteuerdurchführungsverordnung
UStG	Umsatzsteuergesetz
UStR	Umsatzsteuerrichtlinien
usw.	und so weiter
u. U.	unter Umständen
UVR	Umsatzsteuer- und Verkehrsteuer-Recht
UWG	Gesetz gegen den unlauteren Wettbewerb
VAHRG	Gesetz zur Regelung von Härten im Versorgungsausgleich
VerbrKrG	Verbraucherkreditgesetz
VermRÄG	Vermögensrechtsänderungsgesetz
VermStRiLi	Vermögensteuerrichtlinien
VersR	Versicherungsrecht
vgl.	vergleiche
Viskorf/Knobel/Schuck/Wälzholz	*Viskorf/Knobel/Schuck/Wälzholz*, Erbschaftsteuer- und Schenkungsteuergesetz, Bewertungsgesetz, 4. Aufl. 2012
VIZ	Zeitschrift für Vermögens- und Investitionsrecht
VO	Verordnung
VOB/B	Verdingungsordnung für Bauleistungen (Teil B)
Vorbem.	Vorbemerkung
VormG	Vormundschaftsgericht

Abkürzungs- und Literaturverzeichnis

VRV	Vereinsregisterverordnung
VStG	Vermögensteuergesetz
VZOG	Vermögenszuordnungsgesetz
WährungsG	Währungsgesetz
Waldner	*Waldner*, Immobilienkaufverträge, 2. Aufl. 2011
WE	Wohnungseigentum (Zeitschrift)
WE-GBVfg.	Verfügung über die grundbuchmäßige Behandlung der Wohnungseigentumssachen
WEG	Gesetz über das Wohnungseigentum und das Dauerwohnrecht (Wohnungseigentumsgesetz)
Wendl/Dose/*Bearbeiter*	*Wendl/Dose*, Das Unterhaltsrecht in der familienrichterlichen Praxis, 8. Aufl. 2011
wg.	wegen
WG	Wechselgesetz
WiB	Wirtschaftsrechtliche Beratung
Widmann/Mayer/*Bearbeiter*	*Widmann/Mayer*, Umwandlungsrecht (Loseblatt)
Winkler	*Winkler*, Beurkundungsgesetz, 17. Aufl. 2013
WiPra	Wirtschaftsrecht und Praxis
WM	Wertpapiermitteilungen
WoBauErlG	Wohnungsbau-Erleichterungsgesetz
WoBindG	Wohnungsbindungsgesetz
WoModSiG	Wohnungsbaumodernisierungssicherungsgesetz
WPO	Wirtschaftsprüferordnung
WuM	Wohnungswirtschaft und Mietrecht
Wurm/Wagner/Zartmann/*Bearbeiter*	*Wurm/Wagner/Zartmann*, Das Rechtsformularbuch, 16. Aufl. 2011
Würzburger Notarhandbuch/*Bearbeiter*	*Limmer/Hertel/Frenz/Mayer*, Würzburger Notarhandbuch, 3. Aufl. 2012 (siehe auch unter Limmer/Hertel/Frenz/Mayer/*Bearbeiter*)
ZAP	Zeitschrift für die Anwaltspraxis
ZAP-DDR	Zeitschrift für die Anwaltspraxis, Sonderreihe DDR
z. B.	zum Beispiel
ZErb	Zeitschrift für die Steuer- und Erbrechtspraxis
ZEV	Zeitschrift für Erbrecht und Vermögensnachfolge
ZfBR	Zeitschrift für deutsch-internationales Baurecht
ZfIR	Zeitschrift für Immobilienrecht
ZGB	Zivilgesetzbuch der DDR
ZGR	Zeitschrift für Unternehmens- und Gesellschaftsrecht
ZIP	Zeitschrift für Wirtschaftsrecht und Insolvenzpraxis
zit.	zitiert
ZMR	Zeitschrift für Miet- und Raumrecht
ZNotP	Zeitschrift für die NotarPraxis
Zöller/*Bearbeiter*	*Zöller*, Zivilprozessordnung, 30. Aufl. 2014
ZOV	Zeitschrift für Offene Vermögensfragen
ZPO	Zivilprozessordnung
ZRP	Zeitschrift für Rechtspolitik

Abkürzungs- und Literaturverzeichnis

z. T.	zum Teil
ZVG	Gesetz über die Zwangsversteigerung und Zwangsverwaltung (Zwangsversteigerungsgesetz)
zw.	zweifelhaft
ZWE	Zeitschrift für Wohnungseigentum
z. Z.	zurzeit

A. Grundstücksrecht

A I. Grundstückskauf

*Dr. Arne Everts, Prof. Dr. Dr. Herbert Grziwotz, Udo Hagemann,
Prof. Dr. Heribert Heckschen, Sebastian Herrler, Dr. Hans-Frieder Krauß,
Dr. Ralf Tönnies, Dr. Wolfram Waldner*

Übersicht

	Rn.
1. Teil. Beratung der Vertragsparteien	1–9
I. Vorbemerkung	1–7
II. Beratungs-Checkliste	8, 9
2. Teil. Allgemeine Fragen des Grundstückskaufvertrages	10–548
I. Vorbereitende Tätigkeit	10–29
1. Grundbucheinsicht	10–18
2. Sonstige, für die Kaufentscheidung wesentliche Umstände	19–25
3. Steuerliche Fragen	26–29
II. Kaufgegenstand	30–79
1. Grundstück, Teilfläche, Miteigentumsanteil etc.	30–34
2. Mitverkaufte Gegenstände	35–56
3. Anteil an einer Grundstücks-GbR	57–65
4. Renovierungspflicht	66–79
III. Kaufpreis und Kaufpreisfälligkeit	80–265
1. Festpreis und Steuerfragen	80–92
2. Kaufpreisfälligkeit	93–98
3. Eigentumsvormerkung	99–104
4. Genehmigungen	105–163
5. Öffentlich-rechtliche Vorkaufsrechte	164–180
6. Sonstige Vorkaufsrechte	181–205
7. Lastenfreistellung	206–219
8. Fälligkeitsmitteilung	220–224
9. Sicherung der Kaufpreiszahlung, Verzug, Zwangsvollstreckungsunterwerfung, Rücktritt	225–265
IV. Finanzierung des Kaufpreises unter Mitwirkung des Verkäufers	266–289
V. Übergang von Besitz, Nutzen und Lasten	290–306
VI. Rechts- und Sachmängel	307–403
1. Rechtsmängel	307–318
2. Sachmängel	319–376
3. Erschließungskosten und sonstige öffentliche Lasten	377–403
VII. Eigentumsvormerkung	404–433
1. Sicherungswirkungen	406–412
2. Sicherungsvoraussetzungen	413–421
3. Verfrühte Löschung	422, 423
4. Löschung der Vormerkung bei gescheitertem Kauf	424–433
VIII. Auflassung	434–462
1. Form und Inhalt	434–446
2. Aussetzung der Auflassung oder beurkundungsrechtliche bzw. verfahrensrechtliche Lösung	447–462
IX. Kosten, Steuern, Maklerklausel	463–494
1. Kostentragung, Grunderwerbsteuer	463–469
2. Maklerklausel	470–481
3. Vollzugsauftrag – Vollmacht für den Notar, Eigenurkunde	482–494
X. Umfang der Beurkundungsbedürftigkeit	495–513
1. Allgemeines	495–501
2. Nebenabreden	502–503
3. Koppelgeschäfte, Zusammengesetzte Verträge	504–507

	Rn.
4. Mittelbarer Zwang	508
5. Belehrungen und Beurkundungstechnik	509–512
6. ABC zur Formbedürftigkeit	513A–513Z
XI. Hinweise zum Beurkundungsverfahren	514–538
1. Vermerkpflichten, Belehrungsvermerke	514–521
2. Mitbeurkundung von Anlagen, Verweisen und Bezugnahme	522–538
XII. Kostenberechnung	539–548

3. Teil. Abwicklung des Grundstückskaufvertrages ... 549–592

I. Behandlung der Urkunde (Abschriften, Ausfertigungen, Eintragung in die Urkundenrolle)	550–559
1. Äußere Form der Niederschriften und Vermerke	551–553
2. Auszugsweise Ausfertigung zur Eintragung der Vormerkung	554, 555
3. Anspruch auf Erteilung von Ausfertigungen und Abschriften	556, 557
4. Vermerke auf der Urschrift	558
5. Urkundenrolle	559
II. Anzeigepflichten des Notars	560–568
1. Steuerliche Anzeigepflichten, Grunderwerbsteuer	560–567
2. Mitteilungspflicht nach dem Baugesetzbuch	568
III. Vollzug, Schriftverkehr	569–581
IV. Einholung von Löschungsunterlagen, Treuhandauftrag	582–585
V. Eintragung des Finanzierungsgrundpfandrechts, Notarbestätigung	586–592
1. Eintragung des Finanzierungsgrundpfandrechts	586–590
2. Notarbestätigung	591, 592

4. Teil. Kaufvertrag über eine Grundstücksteilfläche ... 593–615

I. Vertragsgestaltung	593–611
1. Genaue Beschreibung der verkauften Teilfläche	593–598
2. Kaufpreis	599–605
3. Eigentumsvormerkung	606, 607
4. Auflassung	608, 609
5. Verkauf von mehreren Teilflächen (Baugrundstücken) aus einem Flurstück	610, 611
II. Abwicklung	612–615

5. Teil. Kaufverträge mit Besonderheiten in der Person des Verkäufers oder des Käufers ... 616–724

I. Vertragsschluss durch Bevollmächtigten/Vertreter ohne Vertretungsmacht	616
II. Zustimmung des Ehegatten nach § 1365 BGB; Art. 5 des Abkommens zur Wahlzugewinngemeinschaft	617–622
III. Minderjähriger, Betreuter, gerichtliche Genehmigung	623–638
IV. Erbengemeinschaft, Testamentsvollstrecker, Vorerbe	639–650
1. Verkauf eines Grundstücks durch Alleinerben oder Erbengemeinschaft	639–643
2. Verkauf durch Testamentsvollstrecker	644–647
3. Verkauf durch den Vorerben	648–650
V. Gütergemeinschaft	651–659
VI. Auslandsbezug	660–673
VII. Insolvenz- und Zwangsversteigerungsvermerk	674–682
VIII. Gesellschaft (GbR, Personenhandelsgesellschaft, juristische Person)	683–703
1. Gesellschaft bürgerlichen Rechts	683–694
2. Personenhandelsgesellschaft, juristische Person	695–701
3. Gesellschaft in Gründung	702, 703
IX. Verbrauchervertrag	704–718
1. Verbraucher/Unternehmer	704, 705
2. Klauselverbote	706
3. Amtspflichten des Notars (§ 17 II a BeurkG)	707–718
X. Miteigentümervereinbarung, § 1010 BGB	719–724

6. Teil. Kaufverträge mit Besonderheiten bei der Kaufpreiszahlung ... 725–750

I. Übernahme von Darlehensverbindlichkeiten des Verkäufers in Anrechnung auf den Kaufpreis	725–736

Literatur

	Rn.
II. Übernahme von Grundschulden (ohne gesicherte Darlehen)	737–740
III. Stundung eines Kaufpreisteils mit Sicherung durch Restkaufpreishypothek	741–743
IV. Verrentung des Kaufpreises	744–750
7. Teil. Kaufpreisabwicklung über Notaranderkonto	**751–883**
I. Beratungs-Checkliste	751
II. Die gesetzliche Regelung der Verwahrung (§§ 54a–54e BeurkG)	752
III. Zulässigkeit der Verwahrung. Besonderes berechtigtes Sicherungsinteresse i. S. v. § 54a II Nr. 1 BeurkG	753–769
1. Objektives Sicherungsinteresse	759
2. Keine formularmäßige Verwahrung	760–768
3. Sicherungsinteresse gerade für die Verwahrung („hierfür")	769
IV. Zweckmäßigkeit der Verwahrung	770–825
1. Vorzüge	774–800
2. Nachteile	801–825
V. Rechtliche Qualifikation von Verwahrungsvereinbarung und Verwahrungsanweisung	826
VI. Dienstordnung für Notare	827–830
VII. Inhalt der Verwahrungsvereinbarung	831–875
1. Pflicht zur Verwahrung – fakultative Verwahrung	832–835
2. Erfüllungswirkung der Verwahrung	836, 837
3. Angabe des Anderkontos	838, 839
4. Hinterlegungszeitpunkt	840–844
5. Auszahlungsempfänger, Verwahrungszinsen, Verwahrungsbankkosten, Löschungskosten	845–851
6. Festgeldanlage	852–860
7. Auszahlungsvoraussetzungen	861–867
8. Rückzahlung bei Nichteintritt der Auszahlungsvoraussetzungen	868
9. Verzugsregelung	869–873
10. Verwahrungsgebühr	874, 875
VIII. Widerruf der Auszahlungsanweisung	876–881
IX. Zusammenfassende Musterformulierung	882, 883
8. Teil. Getrennte Beurkundung von Angebot und Annahme	**884–941**
I. Beratungs-Checkliste	884
II. Allgemeine Hinweise	885–923
1. Das Angebot	887–900
2. Bindungs- bzw. Annahmefrist	901–914
3. Die Annahme	915–923
III. Alternativgestaltungen	924–941
1. Optionsvertrag	925–933
2. Vertragsschluss unter Rücktrittsvorbehalt	934–941
9. Teil. Aufhebung, Änderung und Bestätigung des Kaufvertrages	**942–971**
I. Aufhebung des Kaufvertrages	942–958
1. Beurkundungserfordernis	942–948
2. Inhalt des Aufhebungsvertrages	949–951
3. Kosten	952
4. Steuern	953–958
II. Änderung des Kaufvertrages	959–968
1. Beurkundungserfordernis	959–965
2. Bezugnahme auf ursprünglichen Kaufvertrag; Anzeigepflicht (§ 18 I 1 Nr. 4 GrEStG)	966, 967
3. Steuern	968
III. Bestätigung des Kaufvertrages	969–971

Literatur: Beck'sches Formularbuch Bürgerliches, Handels- und Wirtschaftsrecht, 11. Aufl. 2013 (zit.: Beck'sches Formularbuch); *Grziwotz/Everts/Heinemann/Koller*, Grundstückskaufverträge, 2005; Kölner Formularbuch Grundstücksrecht, 1. Aufl. 2013; *Krüger/Hertel*, Der Grundstückskauf, 10. Aufl. 2012; *Krauß*, Immobilienkaufverträge in der Praxis, 7. Aufl. 2014; *Waldner*, Immobilienkaufverträge, 2. Aufl. 2011.

1. Teil. Beratung der Vertragsparteien

I. Vorbemerkung

1 Bereits vor der Besprechung eines Grundstückskaufvertrages mit Verkäufer und Käufer sollte der Notar den **Grundbuchinhalt** feststellen. Ohne Kenntnis des aktuellen Grundbuchstands kann der Notar weder die Beteiligten qualifiziert beraten noch einen Vertragsentwurf erstellen. Auf die Aussage des Verkäufers, er sei eingetragener Eigentümer des lastenfreien Grundstücks, darf sich der Notar nicht verlassen (vgl. § 21 BeurkG). Sie ist häufig aus Rechtsunkenntnis unzutreffend. Der Erbe des noch eingetragenen Eigentümers geht davon aus, nach Abschluss des Vertrages sehr schnell den Kaufpreis zu erhalten; in Wirklichkeit muss aber vielfach zunächst ein Erbscheinsverfahren durchgeführt werden (vgl. §§ 39, 40 GBO). Ist das Darlehen zurückgezahlt, glaubt der juristische Laie, damit sei auch das Grundpfandrecht untergegangen. Die Vereinbarung einer Anzahlung auf den Kaufpreis unmittelbar nach Abschluss des Vertrages verbietet sich insbesondere bei Belastung des Grundstücks, wenn auch nur geringste Zweifel bestehen, ob der Restkaufpreis zur Lastenfreistellung ausreicht. Eingetragene Rechte Dritter, z. B. eine Dienstbarkeit, an die sich der Verkäufer nicht mehr erinnert, können zur Aufgabe der Kaufabsicht führen.

2 Was den **Vertragsinhalt** anbelangt, haben sich Verkäufer und Käufer vor dem Gespräch beim Notar regelmäßig über die Höhe des Kaufpreises und den Termin für Kaufpreiszahlung und Besitzübergabe geeinigt. Darüber hinaus haben die Beteiligten regelmäßig keine Vorstellungen von den zwischen ihnen regelungsbedürftigen Fragen. Im Beratungsgespräch kann der Notar allerdings davon ausgehen, dass auch eine Person, die zum ersten Mal einen Grundstückskaufvertrag abschließt, einzelne vertragliche Regelungen als selbstverständlich zugrunde legt, z. B. die Verpflichtung des Käufers, die Notar- und Gerichtsgebühren zu tragen (vgl. § 448 II BGB) – soweit es sich nicht um die Kosten der vertraglich geschuldeten Lastenfreistellung handelt (vgl. § 433 I 2 BGB) –, ebenso wie den Ausschluss der Haftung des Verkäufers für Mängel eines verkauften Altbaus.

3 Weitgehend unbekannt ist dagegen, dass der Kauf eines Hausgrundstücks anderen Regeln unterliegt als beispielsweise der Kauf eines Gebrauchtwagens. Der Notar wird daher zunächst erläutern müssen, dass zum Erwerb des Eigentums die Eintragung des Käufers im Grundbuch erforderlich ist, die nicht sofort nach Abschluss des Kaufvertrages erfolgen kann. Er wird den Beteiligten verständlich machen, warum die Zahlung des Kaufpreises nicht unmittelbar im Anschluss an die Beurkundung des Vertrages, sondern erst nach Eintritt bestimmter, im Sicherungsinteresse des Käufers unverzichtbarer Voraussetzungen (insb. Eintragung einer Eigentumsvormerkung, Sicherung der Lastenfreistellung) erfolgen kann. Nicht selten wird aufgrund mangelnder Rechtskenntnis das **Sicherungsbedürfnis** beider Vertragsteile bei der Abwicklung eines Kaufvertrages nicht gesehen, das regelmäßig ein Bündel von Maßnahmen erfordert, um das Risiko der Vorleistung des einen oder des anderen Teils zu verringern. Der Notar wird um Vertrauen werben, dass seine Gestaltungsvorschläge nicht „juristische Förmelei" sind, sondern auf einen ausgewogenen, den Interessen beider Vertragsteile in gleicher Weise Rechnung tragenden Vertrag abzielen.

4 Der Verkäufer, dem an einer schnellen Kaufpreiszahlung gelegen ist, wird vielfach wissen wollen, zu welchem Zeitpunkt nach der Erfahrung des Notars mit dem Eintritt aller Fälligkeitsvoraussetzungen zu rechnen ist – eine Frage, die nur unter Berücksichtigung der Umstände des jeweiligen Einzelfalls beantwortet werden kann. Dem Käufer sollte empfohlen werden, bereits im Vorfeld des Vertragsschlusses die Finanzierung zu klären, um idealiter gleich im Anschluss an die Beurkundung des Kaufvertrages das Sicherungsgrundpfandrecht bestellen zu können. Zwar ist ein später erfolgender Rangrücktritt unter Geltung des GNotKG nicht mehr kostenpflichtig, doch ist nur auf diese Weise gewährleistet, dass das

1. Teil. Beratung der Vertragsparteien

Darlehen zum Fälligkeitstermin ausgezahlt werden kann. Wird die Finanzierungsgrundschuld nicht mitbeurkundet, ist der Käufer darauf hinzuweisen, dass die Bank in aller Regel auch ein bereits zugesagtes Darlehen erst nach Eintragung des Grundpfandrechts im Grundbuch auszahlen wird, was einige Zeit in Anspruch nehmen kann.

Nach ständiger Rspr. des *BGH* (u. a. DNotZ 1998, 637; 2001, 437; 2008, 280; 2008, 925; NJW-RR 2012, 300) trifft den Notar gem. § 17 I 1 BeurkG eine **doppelte Belehrungspflicht,** wenn ein Urkundsbeteiligter eine **ungesicherte Vorleistung** erbringen soll, die als solche nicht ohne weiteres erkennbar ist. Erfasst werden insoweit allerdings nur Hauptleistungspflichten. Der Notar hat zum einen über die Folgen zu belehren, die im Falle der Leistungsunfähigkeit des durch die Vorleistung Begünstigten eintreten (erste Pflicht), und zum anderen Wege aufzuzeigen, wie diese Risiken vermieden werden können (zweite Pflicht). Die Amtspflicht zur sicheren Gestaltung des Kaufvertrags darf jedoch **nicht überspannt** werden. Ursprünglich hatte der BGH den Umfang der zweiten Pflicht sehr weit gefasst. Nach dem Urteil des *BGH* (DNotZ 1998, 637, vgl. auch *Ganter* NotBZ 2000, 277) sollte der Notar nicht nur die „klassischen" Sicherungsmöglichkeiten vorschlagen, sondern, sofern diese von den (uneinsichtigen) Beteiligten abgelehnt werden, gehalten sein, nach weiteren, ihm unbekannten Sicherungsmöglichkeiten zu suchen und die Beurkundung zu verschieben. Mittlerweile hat der *BGH* (DNotZ 2004, 841) aber klargestellt, dass sich der Notar damit begnügen darf, die sich nach dem Inhalt des Geschäfts und dem erkennbaren Willen der Beteiligten unter Berücksichtigung auch ihrer Leistungsfähigkeit anbietenden, realistisch in Betracht kommenden Sicherungsmöglichkeiten zu nennen. Im entschiedenen Haftungsfall hatte der Notar nachdrücklich auf die Risiken einer ungesicherten Vorleistung des Käufers hingewiesen und Sicherungsmöglichkeiten vorgeschlagen (Bankbürgschaft, Zahlung erst bei Sicherstellung des lastenfreien Erwerbs, Zahlungsabwicklung über ein Notaranderkonto), die abgelehnt wurden. Kann der Notar den belehrungsresistenten Beteiligten nicht umstimmen, ist er nicht gehalten, die Beurkundung abzulehnen, um weitere Informationen über denkbare alternative Sicherungsmöglichkeiten einzuholen.

Nach einer jüngeren Entscheidung des *BGH* (DNotZ 2008, 280) stellt die zweite Komponente der doppelten Belehrungspflicht – das Aufzeigen von Abhilfemöglichkeiten – den Notar nicht nur beim Bauträgervertrag, sondern allgemein beim Grundstückskaufvertrag vor eine vielfach kaum zufriedenstellend lösbare Gestaltungsaufgabe, wenn der Verkäufer die **Erschließungs- und Anschlusskosten** übernimmt, diese jedoch von der Gemeinde noch nicht festgesetzt wurden. Der *BGH* sieht den Notar in der (haftungsbewehrten) Pflicht, den Erwerber auf die Risiken hinzuweisen, die mit einer Zahlung des die Erschließungskosten enthaltenden Kaufpreises/Kaufpreisteils vor deren Begleichung durch den Veräußerer gegenüber der Gemeinde verbunden sind. Nach Ansicht des *BGH* lässt sich das Vorleistungsrisiko durch Vereinbarung eines Zurückbehaltungsrechts, durch „eine Abrede, die Erschließungskosten ganz oder teilweise aus dem Kaufpreis herauszunehmen", durch Stellung einer Höchstbetragsbürgschaft einer Bank (so *OLG Frankfurt* als Vorinstanz NotBZ 2008, 32) oder durch Hinterlegung eines entsprechenden Kaufpreisteils auf Anderkonto effektiv beseitigen. Im Regelfall steht die Höhe der Anlieger- und Erschließungsbeiträge aber a priori nicht fest und die Gemeinden sind vielfach auch nicht zu Auskünften über die ungefähren Kosten bereit. Die genannten Gestaltungsvarianten sind unter diesen Umständen nur eingeschränkt zielführend. Ob dem Käufer mit dem – prima facie praktikabelsten – Vorschlag des *BGH* gedient ist, die Kosten gegen eine entsprechenden Kaufpreisabschlag zu übernehmen, sei dahingestellt.

Nicht zuletzt aufgrund der im Einzelfall nicht selten sehr strengen Haftungsrechtsprechung ist ein ungebrochener Trend zu immer umfangreicheren Vertragstexten zu konstatieren, insbesondere zur Vorsorge für (gänzlich) atypisch gelagerte Ausnahmefälle ohne konkreten Anlass sowie zur Aufnahme ausführlicher Hinweise und Belehrungsvermerke. Insoweit sollten jedoch stets auch die Verständnismöglichkeiten des rechtsunkundigen, mit Grundstücksgeschäften nicht vertrauten Verbrauchers im Blick behalten werden. Gerade eine vorherige Auseinandersetzung des Verbrauchers mit dem Gegenstand der Beurkundung i. S. v. § 17 II a 2 Nr. 2 BeurkG durch Zurverfügungstellung des beabsichtigten Texts des Rechtsgeschäfts wird durch eine nicht auf die *essentialia* fokussierte Vertragsgestaltung erheblich erschwert, zumal wenn die Relevanz zahlreicher Passagen für den konkreten Kaufvertrag kaum erkennbar ist. *Brambring* hat zu Recht darauf hingewiesen, dass auf eine Erläuterung des Vertragsinhalts sowie auf umfangreiche Belehrungsvermerke in der Urkunde verzichtet werden kann (und sollte), da diese Gegenstand der Beurkundungsverhandlung sind (5. Aufl. Rn. 1). Das Spannungsverhältnis zwischen Übersichtlichkeit, Verständlichkeit und haftungssicherer Gestaltung lässt sich unter Umständen auch dadurch auflösen, dass ausführlichere Erläuterungen in Merkblättern o. Ä. enthalten sind, die den Vertragsparteien im Rahmen der Besprechung zur Verfügung gestellt werden.

II. Beratungs-Checkliste

8   Die nachstehende Checkliste kann selbstverständlich nicht alle Fragen streifen, die im Einzelfall bei der Vorbereitung eines Kaufvertrages anzusprechen sind. Es geht hierbei um folgende Themenbereiche:

9   **Beratungs-Checkliste**

(1) Person des Verkäufers und des Käufers
(2) Kaufgegenstand
(3) Kaufpreis, Kaufpreisfälligkeit
(4) Fälligkeitsvoraussetzung bei Direktzahlung
(5) Kaufpreishinterlegung auf Anderkonto
(6) Kaufpreisfinanzierung
(7) Sicherung der pünktlichen Kaufpreiszahlung
(8) Besitzübergang
(9) Rechts- und Sachmängel; Erschließungskosten und Anliegerbeiträge
(10) Kosten und Steuern.
(11) Individualvertrag oder Formular-/Verbrauchervertrag

(1) Person des Verkäufers und des Käufers
(a) Bei natürlichen Personen: Vorname und Familienname (Geburtsname), Geburtsdatum (§ 26 II 1 DONot), Anschrift, Staatsangehörigkeit (vgl. § 4 III Nr. 1 GwG), Güterstand – auf die früher übliche Angabe des Berufs wird heute überwiegend verzichtet. Die Identifizierung hat grds. anhand eines gültigen Personalausweises oder Reisepasses zu erfolgen (§ 4 IV 1 Nr. 1 GwG).
(b) Bei Personenhandelsgesellschaften und juristischen Personen: Firma, Name oder Bezeichnung, Rechtsform, Sitz, Handelsregister und Registernummer, inländische Geschäftsanschrift, Name, Geburtsdatum und Wohnort bzw. Dienst-/Geschäftsanschrift (§ 26 II 3 lit. a DONot) des oder der Vertreter (Gesellschafter, Vorstand, Geschäftsführer, Prokurist). Hat der Notar das Handels- oder Genossenschaftsregister vor der Beurkundung eingesehen oder wird ihm ein beglaubigter Registerauszug neuesten Datums vorgelegt (vgl. auch § 4 IV 1 Nr. 2 GwG) – der Notar ist verpflichtet, die Vertretungsmacht zu prüfen, *BGH* DNotZ 1994, 985 –, kann eine Vertretungsbescheinigung nach § 21 BNotO in die Niederschrift aufgenommen werden. Diese kann aber genauso gut gesondert erfolgen.
(c) Sofern ein Vertragsteil für einen wirtschaftlich Berechtigten i. S. v. § 1 VI GwG handelt: Angabe des Namens des wirtschaftlich Berechtigten und gegebenenfalls weiterer Identifizierungsmerkmale (vgl. vorstehend lit. a) bzw. lit. b), § 3 I Nr. 3, § 4 V GwG).

▶

1. Teil. Beratung der Vertragsparteien

A I

▼ Fortsetzung: **Beratungs-Checkliste**

(d) In welchem Beteiligungsverhältnis erwerben mehrere Käufer (Bruchteilseigentum, Gütergemeinschaft, Güterstand des ausländischen Rechts)? Die Angabe ist nach § 47 I GBO zwingend erforderlich. Zum Sonderfall des Erwerbs durch eine GbR vgl. § 47 II GBO.

(e) Ist die Mitwirkung des anderen Ehegatten nach § 1365 BGB oder nach dem maßgeblichen ausländischen Güterrecht erforderlich? Kauft ein Ehegatte allein, ist darauf zu achten, dass aufgrund Vereinbarung mit der Bank bei der Bestellung des Finanzierungsgrundpfandrechts vielfach auch der andere Ehegatte als weiterer persönlicher Schuldner (Abgabe eines Schuldanerkenntnisses mit Zwangsvollstreckungsunterwerfung) mitzuwirken hat.

(f) Ist der ausländische Staatsangehörige der deutschen Sprache „hinreichend kundig"? Andernfalls ist nach § 16 I BeurkG ein Dolmetscher hinzuzuziehen, sofern der Notar nicht selbst übersetzt. Stets ist die gesamte Niederschrift zu übersetzen. Eine partielle Sprachunkundigkeit kennt das Gesetz nicht (vgl. DNotI-Report 2013, 129 f. m. w. N.). Zudem ist zu klären, ob eine schriftliche Übersetzung gewünscht wird. Zur Ermittlung des Güterrechtsstatuts des ausländischen Rechts s. Länderliste, Kap. H. Rn. 168; die Errungenschaftsgemeinschaft ist in vielen Ländern gesetzlicher Güterstand.

Ist der verheiratete ausländische Verkäufer allein zur Verfügung über das Grundstück befugt? Kann der verheiratete Ausländer zu Alleineigentum erwerben bzw. in welchem Beteiligungsverhältnis können und wollen miteinander verheiratete ausländische Staatsangehörige erwerben? Wird der Abschluss eines Ehevertrages mit Wahl des deutschen Güterrechts nach Art. 15 II EGBGB gewünscht?

Ist der ausländische Staatsangehörige nach dem maßgeblichen Heimatrecht volljährig?

(g) Ist der Verkäufer Erbe des eingetragenen Eigentümers?

Trotz der Erleichterung durch § 40 I GBO ist in aller Regel eine vorherige Grundbuchberichtigung empfehlenswert (Vorlage einer Ausfertigung des Erbscheins oder der notariell beurkundeten Verfügung von Todes wegen mit Eröffnungsniederschrift, § 35 GBO), da der mit dem Erbschein nach § 2366 BGB einhergehende Gutglaubensschutz hinter dem des § 892 BGB zurückbleibt. Etwas anderes gilt jedoch bei Handeln aufgrund trans- und postmortaler Vollmacht. Eine vorherige Grundbuchberichtigung ist aber stets erforderlich, wenn ein Finanzierungsgrundpfandrecht des Käufers vor Eigentumsumschreibung eingetragen werden soll (Wortlaut § 40 I GBO).

Ist aus dem Grundbuch, dem Erbschein oder der Verfügung von Todes wegen eine Verfügungsbeschränkung (Testamentsvollstreckung, Nacherbschaft) ersichtlich? Bedarf es des Nachweises der Entgeltlichkeit oder der Mitwirkung des Nacherben?

(h) Bei Verkauf durch Testamentsvollstrecker/Pfleger/Vormund/Betreuer/Insolvenzverwalter: Vorlage des Testamentsvollstreckerzeugnisses (§ 2368 BGB) oder der Bestallungsurkunde (§§ 1791, 1897, 1902, 1691, 1915 BGB; § 56 II InsO) in Urschrift oder Ausfertigung, § 12 BeurkG. Bei Mitwirkung eines Betreuers (§§ 1896 ff. BGB) Vorlage der Urkunde über seine Bestellung (§ 290 FamFG) und Feststellung, ob ein Einwilligungsvorbehalt (§ 1903 BGB) angeordnet ist. Erfordernis einer gerichtlichen Genehmigung?

(i) Bei Beteiligung eines Minderjährigen: Vertretung durch Eltern möglich oder Bestellung eines Pflegers und Genehmigung des Familiengerichts erforderlich?

(j) Bei Beteiligung eines Bevollmächtigten: Ist die Vollmacht formgültig und inhaltlich ausreichend? Die Vorlage der Vollmachtsurkunde in Urschrift oder Ausfertigung (beglaubigte Abschrift genügt nicht!) ist unverzichtbar (beglaubigte Abschrift ist der Niederschrift beizufügen, § 12 S. 1 BeurkG).

▶

▼ Fortsetzung: **Beratungs-Checkliste**

Bei Beteiligung eines vollmachtlosen Vertreters: Wer trägt die Kosten der Genehmigung? Wer trägt die Kosten des Vertrages, wenn die Genehmigung nicht erteilt wird (nur relevant, wenn Dritter als Vertreter ohne Vertretungsmacht auftritt)? Gegebenenfalls Vereinbarung einer Frist, bis zu der die Genehmigung beim Notar eingegangen sein muss.

Bedarf der Vertrag einer privaten oder gerichtlichen Genehmigung: keine Kaufpreisfälligkeit vor deren Eingang beim Notar, regelmäßig vorher auch keine Eintragung der Eigentumsübertragungsvormerkung.

(k) Bei Verbraucherverträgen i. S. v. § 310 III BGB soll der Notar darauf hinwirken, dass die rechtsgeschäftlichen Erklärungen des Verbrauchers von diesem persönlich oder durch eine Vertrauensperson vor dem Notar abgegeben werden (§ 17 II a 2 Nr. 1 BeurkG) und der Verbraucher ausreichend Gelegenheit erhält, sich vor dem Beurkundungstermin mit dem Gegenstand der Beurkundung auseinander zu setzen (§ 17 II a 2 Nr. 2 S. 1 BeurkG). Letzteres hat bei gem. § 311b I 1 bzw. III BGB beurkundungsbedürftigen, nach dem 30.9.2013 abgeschlossenen Grundstückskaufverträgen unter Beteiligung eines Verbrauchers dadurch zu erfolgen, dass der beurkundende Notar oder sein Sozius dem Verbraucher den beabsichtigten Text des Kaufvertrages im Regelfall zwei Wochen vor der Beurkundung zur Verfügung stellt (§ 17 II a 2 Nr. 2 BeurkG).

(l) Zur vergaberechtlichen Relevanz von Grundstückskaufverträgen der öffentlichen Hand: *Regler* MittBayNot 2008, 253.

(2) Kaufgegenstand

(a) Ist das Kaufgrundstück im Bestandsverzeichnis unter einer laufenden Nummer selbständig gebucht oder mit anderen Katasterparzellen unter einer Nummer? Letzterenfalls genügt eine Erklärung des Eigentümers, dass ein Grundstücksteil grundbuchmäßig abgeschrieben und als selbständiges Grundstück eingetragen werden soll.

Ist das Kaufgrundstück eine noch zu vermessende Teilfläche aus einem oder mehreren Flurstücken? – Vorlage eines Katasterplans; Problem der dinglichen Absicherung der Kaufpreisfinanzierungsmittel (Finanzierungsgrundschuld am gesamten Grundstück; Verpfändung des Eigentumsverschaffungsanspruchs).

(b) Ist Kaufgegenstand der Miteigentumsanteil an einem oder mehreren Grundstücken?

(c) Gehört zum Kaufgrundstück (Einfamilienhaus) ein Garagengrundstück und/oder der Miteigentumsanteil an einem Garagenhof/Privatweg, der in einem anderen Grundbuchblatt gebucht ist (Hinweis durch Mithaftvermerk beim eingetragenen Grundpfandrecht)?

(d) Zu den Besonderheiten beim Verkauf eines Erbbaurechts s. Kap. A IV. Rn. 121 ff.

(e) Beim Verkauf von Wohnungseigentum (s. Kap. A III.) ist häufig aus dem Grundbuch nicht ersichtlich, ob und welches Sondernutzungsrecht mit dem Wohnungseigentum verbunden ist (Grundbucheintrag: „Es bestehen Sondernutzungsrechte"). Vorlage der Teilungserklärung oder des Kaufvertrages, in dem der teilende Eigentümer das Sondernutzungsrecht zugewiesen hat. Zudem empfiehlt sich eine Prüfung, ob die tatsächliche Nutzung und die rechtliche Zuordnung von Kellerräumen und Stellplätzen in Einklang stehen.

(f) Ist das Grundstück mit einem Ein- oder Mehrfamilienhaus oder mit einem Gewerbeobjekt bebaut? Ist das mitverkaufte Gebäude zum Abriss bestimmt? Erwirbt der Käufer das Grundstück zum Zweck der Bebauung?

(g) Nutzungsabsicht des Käufers: landwirtschaftliche Nutzung, Gartenland, Baugrundstück (Bebaubarkeit als Beschaffenheitsvereinbarung), Eigennutzung, Renditeobjekt?

▶

1. Teil. Beratung der Vertragsparteien — A I

▼ Fortsetzung: **Beratungs-Checkliste**

(h) Welche Gegenstände, die weder wesentlicher Bestandteil noch Zubehör des Grundstücks sind, werden mitverkauft? – Einbauküche, Gartengeräte, Heizöl (gegebenenfalls gesonderte Ausweisung des hierauf entfallenden Kaufpreisanteils wegen der Grunderwerbsteuer und der Gerichtsgebühren). Liegt insoweit ein Verbrauchsgüterkaufvertrag i. S. des § 474 BGB vor? Detaillierte Regelung empfiehlt sich wegen der teilweise schwierigen Abgrenzung auch bei wesentlichen Bestandteilen und Zubehör.

(i) Liegt bereits ein Energieausweis vor? Verzicht auf Energieausweis jedenfalls mit Inkrafttreten von § 16 II EnEV n. F. (Inkrafttreten der maßgeblichen Vorschriften der Zweiten Verordnung zur EnEV am 1.5.2014, vgl. BGBl. 2013 I 3951) unzulässig (Vorlage spätestens bei Besichtigung; Übergabe unverzüglich nach Vertragsschluss).

(j) Sind die vom Verkäufer zu tragenden Erschließungskosten bereits gezahlt? Anderenfalls ggf. keine Kaufpreisfälligkeit vor Sicherung des Käufers, z. B. Höchstbetragsbürgschaft einer Bank (*BGH* DNotZ 2008, 280).

(3) Kaufpreis, Kaufpreisfälligkeit

Der Kaufpreis wird regelmäßig als Festpreis vereinbart; beim Verkauf einer Teilfläche meist auf der Grundlage eines Quadratmeterpreises.

(a) Aufteilung des Kaufpreises auf Grundstück und Gebäude (Abschreibung)? Vorsicht: Der Verkäufer wird regelmäßig keine Garantie für den anteiligen Grundstückswert abgeben können.

Für die mitverkauften Einrichtungsgegenstände empfiehlt sich die gesonderte Ausweisung eines (korrekten) Kaufpreisteils (Grunderwerbsteuer, Gerichtsgebühren).

(b) Bei Verträgen zwischen Unternehmern i. S. v. § 2 UStG: Umsatzsteueroption des Verkäufers, die als Verzicht auf Steuerbefreiung zwingend im Grundstückskaufvertrag erklärt werden muss (§ 9 III 2 UStG)?

(c) Zeitpunkt der Kaufpreisfälligkeit

Die Kaufpreisfälligkeit wird nahezu ausnahmslos an den Eintritt von im Vertrag zu bestimmenden Fälligkeitsvoraussetzungen geknüpft. Danach kommt es insbesondere darauf an, wieviel Zeit die Eintragung der Vormerkung, die Einholung aller zum Vertrag erforderlichen Genehmigungen, des Negativattests der Gemeinde und der Löschungsunterlagen für die nicht übernommenen Grundpfandrechte in Anspruch nimmt.

Darüber hinaus ist unter Umständen die Vereinbarung eines Termins sinnvoll, zu dem der Kaufpreis frühestens zu zahlen ist. Bei der Festlegung des Termins gilt es vor allem zu berücksichtigen, mit welcher Bearbeitungszeit bei der den Kaufpreis finanzierenden Bank zu rechnen ist (Erforderlichkeit eines Wertgutachtens?).

Beim Verkauf eines vom Verkäufer selbst genutzten Hauses ist in aller Regel die Räumung weitere (vom Notar nicht zu überprüfende) Fälligkeitsvoraussetzung. Welchen Auszugstermin kann der Verkäufer verbindlich zusagen? Bei einem Kaufobjekt, das an einen Dritten vermietet ist und das der Käufer zur Eigennutzung erwirbt: Zu welchem Zeitpunkt endet das Mietverhältnis? Ist dieses einvernehmlich aufgehoben oder einseitig gekündigt? Welchen Räumungstermin kann der Verkäufer verbindlich zusagen?

(4) Fälligkeitsvoraussetzungen bei Direktzahlung

(a) Eintragung der Eigentumsübertragungsvormerkung für den Käufer an erster Rangstelle (bei unbelastetem Grundstück), sonst mit Rang nach den derzeit eingetragenen Belastungen.

▶

▼ Fortsetzung: **Beratungs-Checkliste**

(aa) Kann und soll die Vormerkung sofort nach Beurkundung des Vertrages eingetragen werden? Welche Genehmigungen sind hierfür erforderlich? Oder Eintragung der Vormerkung erst nach Vorlage einer Finanzierungszusage? Grundsätzlich ist die Eintragung der Vormerkung – sofern rechtlich möglich – unverzüglich nach Beurkundung zu beantragen (allerdings nicht vor Eingang der Genehmigung des vollmachtlos vertretenen Verkäufers). Soll die Eintragung der Vormerkung erst nach Eintritt einer vereinbarten aufschiebenden Bedingung für die Wirksamkeit des Vertrages (z. B. positive Bauvoranfrage) beantragt werden oder nach Ablauf der Frist, in der ein Vertragsteil ein vertragliches Rücktrittsrecht ausüben kann?

(bb) Soll die Löschung der Vormerkung bei Nichtzahlung des Kaufpreises gesichert werden (auflösend bedingte Vormerkung, Löschungsvollmacht oder sog. Schubladenlöschung unter Verwendungssperre, vgl. Rn. 425 ff.)? Verwendet man die Löschungsvollmacht oder die sog. Schubladenlöschung, ist die Vormerkung zur Sicherung eines nicht abtretbaren Anspruchs auf Eigentumsübertragung zu bewilligen und im Grundbuch einzutragen.

(b) Sicherung der Lastenfreistellung

(aa) Welche eingetragenen Rechte Dritter werden vom Käufer übernommen und welche sind im Grundbuch zu löschen? Ist der Verkäufer im Besitz der erforderlichen Löschungsunterlagen, Prüfung der Vollständigkeit (häufig fehlt der Hypotheken-/Grundschuldbrief). Kann ein Recht in Abteilung II (z. B. Wohnungsrecht) gegen Vorlage der Sterbeurkunde gelöscht werden? Können die Rechte auflagenfrei gelöscht werden oder sind sie aus dem Kaufpreis abzulösen? Wird der Notar mit der Beschaffung der Löschungsunterlagen beauftragt (Name und Anschrift des Gläubigers, Darlehensnummer des abzulösenden Grundpfandgläubigers) oder beschafft der Verkäufer die Löschungsunterlagen auflagenfrei? Sind Briefrechte außerhalb des Grundbuchs abgetreten, insbesondere eine Eigentümergrundschuld an einen Dritten?

(bb) Reicht der Kaufpreis aus, um die Darlehensverbindlichkeiten des Verkäufers vollständig abzulösen? Ist dem Verkäufer bekannt, dass die Bank bei vorzeitiger Rückzahlung des Darlehens eine Vorfälligkeitsentschädigung fordern kann (gegebenenfalls Rücksprache des Verkäufers bei der Bank vor Beurkundung des Vertrages)? Kann der Verkäufer das Darlehen auf einem anderen Objekt absichern (Pfandtausch)?

(cc) Zur Kaufpreisfälligkeit bei Übernahme von Darlehensverbindlichkeiten des Verkäufers in Anrechnung auf den Kaufpreis und Übernahme von Grundschulden unter Ablösung der Darlehensverbindlichkeit des Verkäufers, Rn. 725 ff. und Rn. 737 f.

(dd) Bei einem eingetragenen Zwangsversteigerungsvermerk: Wer ist betreibender Gläubiger? Soll der Notar den Antrag auf Rücknahme der Zwangsversteigerung (der Zwangsverwaltung) anfordern, ggf. zu treuen Händen?

(ee) Zusätzliche vertragliche Vorkehrungen sind erforderlich, wenn ein Vorkaufsrecht im Grundbuch eingetragen ist oder dem Mieter einer in Wohnungseigentum aufgeteilten Immobilie das Vorkaufsrecht nach § 577 BGB zusteht.

(ff) Bei „Altrechten", insbesondere zugunsten von Privatpersonen, kann die Beschaffung der Löschungsunterlagen (bei einem verstorbenen Gläubiger: Erbnachweis; bei Verlust des Briefes: Durchführung des Aufgebotsverfahrens) erhebliche Zeit in Anspruch nehmen. Soll der Vertrag unabhängig von der Löschung dieser Rechte durchgeführt werden, ist die

▶

1. Teil. Beratung der Vertragsparteien **A I**

▼ Fortsetzung: **Beratungs-Checkliste**

        Hinterlegung eines entsprechenden Kaufpreisteilbetrages auf Anderkonto bis zur Sicherstellung der Löschung vorzusehen (denkbar auch teilweiser Kaufpreiseinbehalt, aber risikobehaftet).
- (c) Welcher privaten, gerichtlichen und behördlichen Genehmigung bedarf der Vertrag? Genehmigung des Ehegatten nach § 1365 BGB? Genehmigung des Familiengerichts nach §§ 1821, 1822 BGB oder des Betreuungsgerichts nach § 1908i BGB (vgl. Rn. 623 ff.)? Welcher Nachweise bedarf es im Genehmigungsverfahren (z. B. Verkehrswertgutachten gegenüber dem Familien- bzw. Betreuungsgericht)?
- (d) Ergeben sich aus dem Grundbuch Verfügungsbeschränkungen? Eröffnung des Insolvenzverfahrens (§ 32 InsO), Anordnung der Zwangsversteigerung oder Zwangsverwaltung (§§ 19, 146 II ZVG), Testamentsvollstreckung (§ 52 GBO), Nacherbschaft (§ 51 GBO), Nachlassverwaltung, Veräußerungsverbot aufgrund einstweiliger Verfügung (§§ 935, 938 ZPO); bei Grundpfandrechten: Treuhändersperrvermerk bei Versicherungsunternehmen (§§ 72, 110 VAG); Zustimmungserfordernis des Grundstückseigentümers bei Veräußerung/Belastung des Erbbaurechts (§ 5 ErbbauRG); Zustimmungserfordernis des Verwalters zur Veräußerung eines Wohnungs- oder Teileigentums (§ 12 WEG).
- (e) Negativattest der Gemeinde hinsichtlich der gesetzlichen Vorkaufsrechte. Bestehen Anhaltspunkte, dass die Gemeinde ihr Vorkaufsrecht ausübt? Ist Straßenland an die Gemeinde zu veräußern?
- (f) Bei einem vertraglichen Rücktrittsrecht (z. B. bei negativem Bauvorbescheid) keine Fälligkeit, solange das Rücktrittsrecht ausgeübt werden kann.

(5) Kaufpreishinterlegung auf Anderkonto
- (a) Sie ist nach § 54a II Nr. 1 BeurkG nur zulässig, wenn hierfür ein „berechtigtes Sicherungsinteresse der am Verwahrungsgeschäft beteiligten Personen besteht". Hinterlegungs- und Auszahlungsvoraussetzungen dürfen nicht hinter den Fälligkeitsvoraussetzungen bei direkter Kaufpreiszahlung zurückbleiben. Die vorstehend genannten Fälligkeitsvoraussetzungen bei direkter Kaufpreiszahlung sind daher bei Abwicklung über Anderkonto entweder Hinterlegungs- oder Auszahlungsvoraussetzungen. Insbesondere darf auch bei Zahlung des Kaufpreises über Notaranderkonto grundsätzlich nicht auf die Eintragung einer Vormerkung verzichtet werden (um Gerichtskosten zu sparen). Zwar schützen die Auszahlungsvoraussetzungen den Käufer davor, dass er den Kaufpreis zahlt ohne vertragsgerechtes Eigentum zu erhalten. Jedoch wäre anderenfalls der Vollzug des Kaufvertrages in hohem Maße gefährdet (z. B. Eintragung einer Sicherungshypothek für den Gläubiger des Verkäufers).
- (b) Ein (objektives) berechtigtes Sicherungsinteresse für eine Kaufpreiszahlung über Notaranderkonto kann insbesondere in folgenden Fällen gegeben sein:
  - (aa) Hinterlegung des Kaufpreises ermöglicht einen gewünschten frühzeitigen Besitzübergang schon vor Eintritt der Fälligkeitsvoraussetzungen bei direkter Kaufpreiszahlung (in der Praxis der typische Fall: der Käufer will die leer stehende Wohnung kurzfristig nutzen; Besitzübergang nach Hinterlegung des Kaufpreises).
  - (bb) Hinterlegung des Kaufpreises (eines Teils des Kaufpreises) als Voraussetzung für die Eintragung der Vormerkung zur Verringerung des Vorleistungsrisikos des Verkäufers, als Anzahlung bei hinausgeschobener Fälligkeit des Kaufpreises (der Verkäufer nutzt das Kaufobjekt für weitere fünf Monate, Kaufpreiszahlung erst nach seinem Auszug) oder Hinterlegung eines entsprechenden Betrages bei Verlust des Grundschuldbriefs (Aufgebotsverfahren).
  - (cc) Das Kaufobjekt ist in der Zwangsversteigerung.

▶

▼ Fortsetzung: **Beratungs-Checkliste**

 (c) Eindeutige Hinterlegungsvereinbarung im Kaufvertrag: Hinterlegungsvoraussetzungen, Verwahrungsanweisung (§ 54a II Nr. 2 BeurkG), insbesondere Auszahlungsvoraussetzungen, Zahlungsempfänger. Anlage als Festgeld? Wer trägt die Hinterlegungsgebühr? Wem stehen die Zinsen zu?

(6) Kaufpreisfinanzierung

 (a) Zahlt der Käufer den Kaufpreis insgesamt aus eigenen Mitteln oder ist zur Finanzierung die Eintragung eines Grundpfandrechts auf dem Kaufgrundstück erforderlich?
  Bei Finanzierung des Kaufpreises:
  – Liegt die Darlehenszusage der Bank vor oder ist – nach Angaben des Käufers – die Finanzierung sichergestellt? Anderenfalls sollte die Beurkundung zurückgestellt werden.
  – Welche Unterlagen benötigt der Käufer vom Verkäufer für die Finanzierung (Katasterplan, Versicherungsschein etc.)?
  – Zu welchem Zeitpunkt hat die finanzierende Bank die Bereitstellung des Darlehens zugesagt? Ab welchem Zeitpunkt hat der Käufer Bereitstellungszinsen zu zahlen?
  – Ist der Verkäufer bereit, bei der Bestellung von Grundpfandrechten auf dem Kaufgrundstück mitzuwirken und dem Käufer hierzu Vollmacht zu erteilen?
  Bei der Beratung ist dem Verkäufer zu erläutern, dass der Käufer auf die Eintragung eines Finanzierungsgrundpfandrechts angewiesen ist, da die Bank das Darlehen andernfalls nicht auszahlt, und im Kaufvertrag bzw. bei der Bestellung des Grundpfandrechts Vorkehrungen getroffen werden, die die auflagenfreie Löschung dieses Grundpfandrechts sicherstellen, wenn der Vertrag nicht zur Durchführung gelangt.
  – Beim Grundstücksverkauf durch die öffentliche Hand ist die Eintragung eines Finanzierungsgrundpfandrechts des Käufers vor Eigentumsumschreibung ggf. ausgeschlossen (vgl. Rn. 285). Ist die Bank bereit, das Darlehen treuhänderisch (ohne dingliche Sicherung) auszuzahlen?
  – Bedarf die Eintragung des Grundpfandrechts der Zustimmung eines Dritten, z.B. des Grundstückseigentümers bei einem Erbbaurecht oder Wohnungserbbaurecht (zur Problematik einer „gespaltenen" Eigentümerzustimmung, *BGH* DNotZ 2005, 847) oder einer Genehmigung (Familien- oder Betreuungsgericht, Sanierungsausschuss nach § 51 BauGB)?
  Der Notar sollte darauf hinwirken, dass der Käufer die Grundschuld sofort im Anschluss an die Beurkundung des Kaufvertrages bestellt, um die Leistungsfähigkeit des Käufers und eine fristgerechte Zahlung des Kaufpreises sicherzustellen.

 (b) Zur Schuldübernahme, zur Übernahme von Grundschulden unter Ablösung der Darlehensverbindlichkeit des Verkäufers, zur Stundung eines Kaufpreisteils mit Sicherung durch Restkaufpreishypothek und zur Verrentung des Kaufpreises vgl. Rn. 725 ff.

(7) Sicherung der pünktlichen Kaufpreiszahlung

 (a) Fälligkeitsmitteilung des Notars (deklaratorisch oder konstitutiv, vgl. Rn. 221) und gegebenenfalls zusätzlich Nachweis der Räumung des Hauses durch den Verkäufer als Verzug begründende Ereignisse i. S. d. § 286 II Nr. 2 BGB.

 (b) Vereinbarung eines vertraglichen Rücktrittsrechts für den Verkäufer ohne Fristsetzung? Beim AGB-Vertrag/Verbrauchervertrag gilt § 309 Nr. 4 BGB. Soll im Interesse des Käufers für den Rücktritt eine bestimmte Frist als angemessene (§ 323 I BGB) vereinbart werden? Fristsetzung und Rücktrittserklärung sollten an die Schriftform gebunden werden.

▶

1. Teil. Beratung der Vertragsparteien   A I

▼ Fortsetzung: **Beratungs-Checkliste**

    (c) Verpflichtung des Käufers zur Zahlung einer Schadenspauschale oder einer Vertragsstrafe für den Fall nicht rechtzeitiger Kaufpreiszahlung? Beim AGB-Vertrag/Verbrauchervertrag gelten § 309 Nr. 5 und 6 BGB.

    (d) Im Regelfall Zwangsvollstreckungsunterwerfung des Käufers wegen des Kaufpreises, der Verzugszinsen, gegebenenfalls auch wegen der Schadenspauschale bzw. der Vertragsstrafe. Nach § 794 I Nr. 5 ZPO ist der Anspruch, dem die Vollstreckbarkeit verliehen werden soll, konkret zu bezeichnen (unzulässig sind pauschale Unterwerfungserklärungen, vgl. jüngst *BGH* DNotZ 2013, 120).

    (e) Sicherung der Löschung der Eigentumsübertragungsvormerkung des Käufers bei Rücktritt des Verkäufers vom Vertrag (auflösend bedingte Vormerkung, Löschungsvollmacht oder sog. Schubladenlöschung unter Verwendungssperre, vgl. Rn. 425 ff.)?

(8) Besitzübergang

    (a) Der Besitzübergang sollte Zug um Zug mit Kaufpreiszahlung erfolgen. Die Besitzüberlassung vor Kaufpreiszahlung ist eine ungesicherte Vorleistung, über deren Risiken der Notar den Verkäufer zu belehren und Sicherungsmittel vorzuschlagen hat (*BGH* DNotZ 2008, 925; vgl. Rn. 296).

    (b) Verpflichtung des Verkäufers zur Räumung des von ihm genutzten Kaufobjekts bis zu einem bestimmten Zeitpunkt oder Räumung durch den derzeitigen Mieter. Zwangsvollstreckungsunterwerfung des Verkäufers wegen seiner Verpflichtung zur Räumung? Vereinbarung einer monatlichen Schadenspauschale oder Vertragsstrafe, falls das Kaufobjekt nicht fristgerecht geräumt wird?

    (c) Soll der Käufer berechtigt sein, bereits vor Besitzübergang Renovierungsarbeiten in dem Kaufobjekt auszuführen? Risikohinweis, gegebenenfalls Beschränkung der „Renovierungsbefugnis" sowie Anzahlung eines Kaufpreisteils und Übergang der Lasten und der Gefahr der zufälligen Verschlechterung mit Beginn dieser Arbeiten.

    (d) Bei Übernahme eines Mietverhältnisses: Ist dem Käufer der Inhalt des Mietvertrages und aller Zusatzvereinbarungen hierzu bekannt? Berechtigung des Käufers zur Kündigung des Mietverhältnisses vor Eigentumsumschreibung (Eigenbedarfskündigung ist nicht zulässig)?
Hinweis auf die Kündigungsbeschränkungen bei vorheriger Begründung von Wohnungseigentum gem. § 577a BGB.
Sonderfall „Erwerbermodell" (§ 577a I a)?

    (e) Kauf eines Mehrfamilienhauses:
Soll eine Aufstellung der Mietverhältnisse mit Angabe der Mieter, der Kaltmiete, der Nebenkosten, der Wohnfläche, der Kaution oder sonstiger Mietsicherheiten dem Vertrag als Anlage beigefügt werden? Garantiert der Verkäufer die Richtigkeit dieser Angaben? Auskunft des Verkäufers über Mietrückstände, Mietstreitigkeiten, Mietminderungen etc.?

    (f) Bestehen weitere Verträge hinsichtlich des Kaufobjekts (Hausmeistervertrag, Versorgungsverträge etc.), die der Käufer übernimmt?

    (g) Besteht ein Besetzungsrecht oder eine Mietpreisbindung?

(9) Rechts- und Sachmängel, Erschließungskosten und Anliegerbeiträge

    (a) Ausdrückliche Vereinbarung, welche Rechte Dritter in Abteilung II des Grundbuchs einschließlich der zugrunde liegenden Verpflichtungen vom Käufer übernommen werden; im Übrigen kein Ausschluss der Rechte des Käufers wegen Rechtsmängeln.
Übernimmt der Käufer Grundpfandrechte mit oder ohne die gesicherten Darlehensverbindlichkeiten des Verkäufers?

▶

▼ Fortsetzung: **Beratungs-Checkliste**

    (b) Hat der Käufer die Immobilie besichtigt? Auf welche Sachmängel hat der Verkäufer den Käufer hingewiesen? Diese Mängel sollten zur Beweissicherung der Kenntnis des Käufers (§ 442 BGB) in die Niederschrift aufgenommen werden.
Welche Beschaffenheit des Kaufgegenstandes ist vereinbart? Ist der Käufer bereit, eine Garantie für eine bestimmte Beschaffenheit des Kaufgegenstandes abzugeben, z. B. Funktionstauglichkeit der Versorgungsanlagen für Kalt- und Warmwasser, Elektrizität und Telekommunikation sowie der Heizungsanlage?

    (c) Bei Altbauten (gebrauchten Immobilien) werden regelmäßig die Rechte des Käufers wegen eines Mangels vollständig ausgeschlossen. Im Falle von AGB sowie beim Verbrauchervertrag gelten die Klauselverbote in § 309 Nr. 7 und Nr. 8b BGB – im Geschäftsverkehr zwischen Unternehmern mittelbar über die Generalklausel des § 307 BGB. Gegebenenfalls ist zudem § 307 II Nr. 2 BGB zu beachten (sog. Kardinalpflichten). Stehen dem Verkäufer bislang nicht verjährte Rechte wegen Mängeln gegen den Voreigentümer (z. B. Bauträger) oder gegen von ihm mit Arbeiten am Kaufobjekt beauftragte Handwerker zu, die (aufschiebend bedingt auf die Kaufpreiszahlung) an den Käufer abzutreten sind?
Versicherung des Verkäufers, dass ihm versteckte Mängel (z. B. gesundheitsgefährdende Bestandteile in der Bausubstanz) nicht bekannt sind und die für die vorhandene Bebauung erforderlichen Genehmigungen erteilt sind. Beim Verkauf eines unbebauten Grundstücks: Soll die Bebaubarkeit des Grundstücks als Beschaffenheit vereinbart werden?

    (d) Bestehen Baulasten, im Grundbuch nicht eingetragene altrechtliche Dienstbarkeiten oder nachbarrechtliche Beschränkungen? Hat der Käufer das Baulastenverzeichnis eingesehen?

    (e) Besteht der Verdacht auf schädliche Bodenveränderungen oder Altlasten i. S. d. Bundesbodenschutzgesetzes?

    (f) Ist das Grundstück vollständig erschlossen? Hat der Verkäufer sämtliche Erschließungs- und Anliegerbeiträge sowie Kosten naturschutzrechtlicher Ausgleichsmaßnahmen gezahlt? Ist mit Erschließungs- oder Ausgleichsmaßnahmen bautechnisch begonnen, trägt nach § 436 I BGB der Verkäufer die Erschließungsbeiträge und sonstigen Anliegerbeiträge, unabhängig vom Zeitpunkt des Entstehens der Beitragsschuld.
Soll es bei der gesetzlichen Regelung bleiben oder soll etwas anderes vereinbart werden, insbesondere die Übernahme der Erschließungskosten zusätzlich zum Kaufpreis durch den Käufer (z. B. Vertragsschluss als maßgeblicher Stichtag für Beitragsbescheid)?
Sind Erschließungs- und Anschlusskosten vom Verkäufer zu tragen, hat der Notar auf die Gefahren der mit der Bezahlung des vereinbarten Kaufpreises vor der tatsächlichen Bezahlung von Erschließungskosten als ungesicherte Vorleistung hinzuweisen und den Parteien bei konkreten Anhaltspunkten für noch offene Forderungen Wege aufzuzeigen, wie dieses Risiko durch eine andere Vertragsgestaltung vermieden werden kann, z. B. Stellung einer Höchstbetragsbürgschaft einer Bank, Vereinbarung eines Zurückbehaltungsrechts, Hinterlegung eines Kaufpreisteils auf Anderkonto (*BGH* DNotZ 2008, 280).

(10) Kosten und Steuern

    (a) Der Käufer trägt nach § 448 BGB die Kosten der Beurkundung des Kaufvertrags und der Auflassung, der Eintragung ins Grundbuch und der zu der Eintragung erforderlichen Erklärungen.

▼ Fortsetzung: **Beratungs-Checkliste**

Die Kosten der Löschung nicht übernommener Belastungen trägt in der Regel der Verkäufer (die Vollzugsgebühr nach GNotKG umfasst aber oft Lastenfreistellung und weitere Tätigkeiten, deren Kosten den Käufer treffen sollen, daher z. B. nur die „durch Lastenfreistellung verursachten Mehrkosten"), die Kosten der Genehmigung eines vollmachtlos vertretenen Vertragsteils der Vertretene.

Die Hinterlegungsgebühr trägt in der Regel der Käufer; beruht die Notwendigkeit der Hinterlegung des Kaufpreises oder eines Kaufpreisteils auf einem dem Verkäufer zurechenbaren Umstand (z. B. Verlust des Hypotheken- oder Grundschuldbriefs, mangelnde Einigung mehrerer Verkäufer über die Aufteilung des Kaufpreises), ist die Gebühr vom Verkäufer zu tragen. Hinweis auf die gesamtschuldnerische Haftung von Verkäufer und Käufer für Notar- und Gerichtsgebühren.

(b) Wer trägt die Grunderwerbsteuer? Ist der Erwerb des Grundstücks von der Besteuerung nach § 3 GrEStG ausgenommen? Keine Grunderwerbsteuer bei einem Kaufpreis bis 2.500 EUR, beim Erwerb durch den Ehegatten des Veräußerers oder den früheren Ehegatten des Veräußerers im Rahmen der Vermögensauseinandersetzung nach der Scheidung, beim Erwerb eines Grundstücks durch Personen, die mit dem Veräußerer in gerader Linie verwandt sind und deren Ehegatten. Hinweis auf die gesamtschuldnerische Haftung für die Zahlung der Grunderwerbsteuer.

(c) Liegt ein privates Veräußerungsgeschäft i. S. v. § 23 I 1 Nr. 1 EStG vor (Veräußerung innerhalb von zehn Jahren nach Anschaffung/Entnahme, ausgenommen ist die im Jahr der Veräußerung und den beiden vorangegangenen Jahren ausschließlich zu eigenen Wohnzwecken genutzte Immobilie)? Gehört die Immobilie zu einem Betriebsvermögen oder droht durch die Veräußerung die Entstehung eines sog. gewerblichen Grundstückshandels?

(d) Aufnahme einer Maklerklausel?

(11) Individualvertrag oder Formular-/Verbrauchervertrag

Die Abgrenzung des Verbrauchervertrags von anderen Verträgen, also Verträgen, an denen ausschließlich Verbraucher oder ausschließlich Unternehmer beteiligt sind (Sonderfall: hoheitlich handelnde Gemeinde), hat bei Grundstücksgeschäften materiell-rechtliche und verfahrensrechtliche Auswirkungen.

(a) Bereits im Beratungsgespräch hat der Notar daher zu klären, ob der Grundstückskaufvertrag ein Verbrauchervertrag i. S. d. § 310 III BGB, ein Formularvertrag i. S. v. § 305 I BGB oder ein Individualvertrag ist. Ein **Verbrauchervertrag** ist ein Vertrag zwischen einem Unternehmer und einem Verbraucher, der Formularvertrag i. S. d. § 305 I BGB sein kann, es aber nicht sein muss. Der Verbrauchervertrag unterliegt der Inhaltskontrolle nach den §§ 307–309 BGB. Für den Grundstückskaufvertrag sind insbesondere die strikten Klauselverbote des § 309 Nr. 5, 6, 7 und 8 BGB zu beachten. Sie begründen für den Notar die Amtspflicht, die Beurkundung des Vertrages mit der unzulässigen Klausel abzulehnen (§ 4 BeurkG, § 14 II BNotO). Die strikten Klauselverbote in § 309 BGB indizieren die Missbräuchlichkeit einer AGB-Klausel auch bei Verwendung zwischen Unternehmern (*BGH* DNotZ 2008, 365).

(b) Der Verbrauchervertrag hat auch **verfahrensrechtliche Bedeutung**. Nach § 17 II a BeurkG soll der Notar darauf hinwirken, dass der Verbraucher bei der Beurkundung persönlich anwesend ist (oder durch eine Vertrauensperson vertreten wird) und er ausreichend Gelegenheit erhält, sich vorab mit dem Gegenstand der Beurkundung auseinander zu setzen.

▼ Fortsetzung: **Beratungs-Checkliste**

Bei einem Grundstückskaufvertrag ist dies „im Regelfall" erst sichergestellt, wenn nach Aushändigung des beabsichtigten Textes des Rechtsgeschäfts (nicht: des Vertragsentwurfs) eine Frist von zwei Wochen vor der Beurkundung abgelaufen ist („Sperrfrist für Beurkundungstermine").
Seit der am 1.10.2013 in Kraft getretenen Neufassung von § 17 II a 2 Nr. 2 BeurkG braucht sich der beurkundende Notar nicht mehr auf Erklärungen der Beteiligten verlassen, sondern kann die Einhaltung der Frist selbst unschwer überwachen, da er bzw. sein Sozius dem Verbraucher den beabsichtigten Text des Rechtsgeschäfts zur Verfügung zu stellen hat.
Der *BGH* hat klargestellt, dass die **zweiwöchige Regelfrist** nicht zur Disposition der Urkundsbeteiligten steht und ein Abweichen nur dann in Betracht kommt, wenn im Einzelfall nachvollziehbare Gründe – auch unter Berücksichtigung der Schutzinteressen des Verbrauchers – es rechtfertigen, die „Schutzfrist" zu verkürzen. Dies komme nur dann in Betracht, wenn der bezweckte Übereilungs- und Überlegungsschutz auf andere Weise als durch Einhaltung der Regelfrist gewährleistet ist (*BGH* MittBayNot 2013, 325 m. Anm. *Rieger* = ZfIR 2013, 427 m. Anm. *Grziwotz*).
Da **bei natürlichen Personen** nicht stets ohne weiteres erkennbar ist, ob diese als Verbraucher oder als Unternehmer handeln, kann es sich empfehlen, im Eingang der Urkunde eine **Versicherung** der Beteiligten aufnehmen, dass sie als Verbraucher i. S. d. § 13 BGB bzw. als Unternehmer i. S. v. § 14 BGB handeln. Zwar ist eine Vereinbarung über die Verbrauchereigenschaft mangels Disponibilität des Verbraucherschutzes weder formular- noch individualvertraglich möglich. Allerdings hat der *BGH* die Verbraucherschutzvorschriften bei bewusster Täuschung des Vertragspartners über den Geschäftszweck („Scheinunternehmer") für unanwendbar erachtet (*BGH* NJW 2005, 1045; arg. venire contra factum proprium). In diesem Zusammenhang ist jedoch zu beachten, dass sich der Notar aufgrund seiner Pflicht zur Sachverhaltsaufklärung gem. § 17 I 1 BeurkG nicht blindlings auf die Angaben der Beteiligten verlassen darf.
Zu den weiteren Besonderheiten eines Verbrauchervertrages vgl. Rn. 704 f.

2. Teil. Allgemeine Fragen des Grundstückskaufvertrages

I. Vorbereitende Tätigkeit

1. Grundbucheinsicht

Der Notar hat sich vor Beurkundung eines Kaufvertrages über den Grundbuchinhalt 10
zu unterrichten. Sonst soll er nur beurkunden, wenn die Beteiligten trotz Belehrung über die damit verbundenen Gefahren auf einer sofortigen Beurkundung bestehen; dies soll er in der Niederschrift vermerken (§ 21 I BeurkG). Für das Verschulden von Hilfspersonen bei der Grundbucheinsicht haftet der Notar gemäß § 278 BGB analog wie für eigenes, ohne dass es auf ein Auswahl- oder Organisationsverschulden ankommt (*BGH* DNotZ 1996, 581 m. Anm. *Preuß*).

a) Art und Weise der Grundbucheinsicht

Wie sich der Notar über den Grundbuchinhalt unterrichtet, ist seine Sache. In Be- 11
tracht kommen neben dem Abruf beim EDV-Grundbuch die Einsicht durch den Notar persönlich oder durch einen sachkundigen und zuverlässigen Mitarbeiter (*BayObLG* DNotZ 1980, 187), die Vorlage eines beglaubigten Grundbuchauszugs neuesten Datums durch einen Vertragsbeteiligten und bei einem auswärtigen Grundbuchamt auch die Einsicht eines Kollegen (Übermittlung der Einsicht per E-Mail, Telefax, Brief).

b) Zeitpunkt der Grundbucheinsicht

Nicht selten ist es so, dass sich nach Übersendung des Vertragsentwurfs die Beurkun- 12
dung verzögert. Nach *LG München II* (MittBayNot 1978, 237) ist jedenfalls ein Zeitraum von 14 Tagen zwischen der Grundbucheinsicht/dem Datum des Beglaubigungsvermerks auf dem Grundbuchauszug und der Beurkundung ausreichend. Das *OLG Frankfurt* (DNotZ 1985, 244) verneint eine Amtspflichtverletzung des Notars, wenn er eine sechs Wochen vorher gefertigte Grundbucheinsicht nicht erneut überprüft, solange keine konkreten Anhaltspunkte dafür vorliegen, dass zwischenzeitlich eine Änderung des Grundbuchinhalts eingetreten ist. In der Literatur wird teilweise ein etwas kürzerer Zeitraum für erforderlich erachtet (vier Wochen). Sofern der Notar am automatischen Abrufverfahren teilnimmt, wird vielfach eine noch zeitnähere Unterrichtung über den Grundbuchinhalt gefordert, zumindest in Gestalt eines kostenlosen Aktualitätsnachweises (vgl. Armbrüster/Preuß/Renner/*Rezori* § 21 BeurkG Rn. 16 m.w.N.). Konnte der Notar das Grundbuch vor dem Beurkundungstermin nicht erneut einsehen, mag es sich empfehlen, bei Beantragung der Eigentumsvormerkung das Grundbuch zu vergleichen, um festzustellen, ob zwischenzeitlich Eintragungen erfolgt oder beantragt sind. Jedenfalls vor Erteilung der Fälligkeitsmitteilung hat der Notar ohnehin die ranggerechte Eintragung der Vormerkung zu überprüfen (und ggf. weitere Löschungsunterlagen einzuholen).

c) Umfang der Grundbucheinsicht

Die Einsicht in das Grundbuch hat sich auf die Tatsachen zu erstrecken, deren Kennt- 13
nis zur Erfüllung des Zwecks des § 21 BeurkG für das jeweilige Geschäft von Bedeutung ist. Den Grundbuchinhalt hat der Notar festzustellen, damit das Rechtsgeschäft mit dem von den Beteiligten gewollten Inhalt erfolgreich rechtlich durchgeführt werden kann. Es soll vermieden werden, dass durch falsche Angaben von Bezeichnungen des Grundbuchs, der Parzellen etc. Beanstandungen und damit Verzögerungen eintreten (*BGH* DNotZ 1985, 635; 1980, 563). Ist ein Grundstück als Straßenland ausgewiesen, hat der Notar

die Beteiligten auf die öffentlich-rechtliche Nutzungsbeschränkung des Kaufgrundstücks hinzuweisen und zu klären, ob der vereinbarte Kaufpreis je qm auch hierfür zu zahlen ist (*BGH* NJW 1996, 520). Es ist daher zu empfehlen, die Wirtschaftsart in der Urkunde zu vermerken.

14   Der Notar ist grundsätzlich **nicht verpflichtet**, die **Grundakten einzusehen** (Arg.: § 21 I BeurkG fordert nur eine Unterrichtung über den Grundbuchinhalt), um zu überprüfen, ob sich dort unerledigte Eintragungsanträge befinden (*OLG Köln* DNotZ 1989, 455; *OLG Frankfurt* DNotZ 1985, 244). Es genügt, wenn der Notar das aktuelle Grundbuchblatt einsieht (*OLG Köln* MittRhNotK 1985, 23: aus dem geschlossenen Grundbuchblatt ergab sich ein Anhaltspunkt für das Bestehen von Wohnungsbindung). Die Grundbucheinsicht muss in der Regel nicht das Datum des Ankaufs und der Eintragung des Verkäufers als Eigentümer in das Grundbuch umfassen (*BGH* DNotZ 1985, 635; *OLG Bremen* DNotZ 1984, 638; *BGH* DNotZ 1996, 116: „der Notar ist nicht verpflichtet, das Grundbuch auf Tatsachen durchzusehen, die für das Entstehen eines zu versteuernden Spekulationsgewinnes bedeutsam sein können"; vgl. aber Rn. 28). Beim Verkauf einer Eigentumswohnung braucht der Notar mangels Vorliegens besonderer Umstände selbst dann nicht in die Grundakten Einsicht nehmen, wenn im Wohnungsgrundbuch auf die in den Grundakten befindliche Eintragungsbewilligung Bezug genommen wird (*BGH* DNotZ 2009, 444 – anders z. B. bei Zweifeln am Umfang des Sondereigentums). Ebenso wenig bedarf es eines Hinweises auf die unterbliebene Einsichtnahme.

15   Nachforschungen über das Bestehen einer **Wohnungsbindung** muss der Notar nicht von sich aus anstellen (*OLG Köln* DNotZ 1987, 695); er ist auch nicht verpflichtet, das **Baulastenverzeichnis** einzusehen (*OLG Schleswig* DNotZ 1991, 339) oder zu klären, ob auf dem Grundstück aus dem Grundbuch nicht ersichtliche **öffentliche Lasten** ruhen (*Winkler* § 21 BeurkG Rn. 13).

d) Vermerk über Grundbucheinsicht

16   Der Notar ist gesetzlich grundsätzlich nicht verpflichtet, die im Grundbuch eingetragenen Lasten und Beschränkungen in der Urkunde aufzuführen. Gleichwohl sprechen gute Gründe für die Aufnahme eines **Vermerks über alle Eintragungen in Abteilung II und III des Grundbuchs** sowie das Datum der Grundbucheinsicht. Die vollständige Wiedergabe aller Belastungen (nicht im Wortlaut des Eintragungstextes, sondern in Stichworten, jedenfalls bei nicht übernommenen Belastungen), der im Urkundstext die Regelung folgt, welche Rechte vom Käufer übernommen werden und welche nicht, erleichtert die Abwicklung des Vertrages. Im Haftpflichtfall (*BGH* DNotZ 1984, 636) war strittig, ob der Notar den Käufer auf ein **dingliches Vorkaufsrecht** hingewiesen hatte oder nicht. Diesen Beweisschwierigkeiten wäre der Notar nicht ausgesetzt gewesen, wenn der Grundbuchinhalt in der Urkunde wiedergegeben worden wäre. Denkbar ist auch eine Beifügung zu Beweiszwecken. Ist ein dingliches Vorkaufsrecht eingetragen, hat der Notar einen rechtsunkundigen Urkundsbeteiligten auf einen diesem drohenden Schaden bei Vornahme von baulichen Maßnahmen vor Sicherung der Vertragsdurchführung (Verzicht auf das Vorkaufsrecht, Ablauf der Vorkaufsfrist) hinzuweisen (*BGH* DNotZ 1982, 504). In einer weiteren Entscheidung (*BGH* DNotZ 1969, 173) hatte die den Kaufpreis finanzierende Bank einen Schaden erlitten, weil der Notar nicht auf einen eingetragenen Nacherbenvermerk hingewiesen hatte, der auch in der Urkunde nicht vermerkt war. Vgl. auch *BGH* DNotZ 1992, 457: Amtspflichtverletzung bei unterbliebenem Hinweis des Notars auf eine auf dem Miteigentumsanteil eines Verkäufers eingetragene Sicherungshypothek aus Rücksichtnahme auf dessen Wünsche.

17   Auf die Bedeutung eines **Zwangsversteigerungsvermerks** (Indiz für wirtschaftliche Schwierigkeiten des Vertragspartners/Gefährdung der Durchführbarkeit des Vertrages) muss der Notar den Erwerber nach Ansicht des *BGH* jedenfalls dann aufgrund der sich

aus § 14 BNotO ergebenden sog. erweiterten Belehrungspflicht hinweisen, wenn sich das daraus resultierende (wirtschaftliche) Risiko aufgrund der Vertragsgestaltung (im konkreten Fall: Vorleistung des Verbrauchers in Gestalt von Abschlagszahlungen beim Bauträgervertrag) zulasten des Erwerbers realisieren kann (*BGH* DNotZ 2011, 192). Die entsprechende Belehrung ist zwar nicht notwendig im Urkundstext zu dokumentieren, doch wird sich dies vielfach schon aus Beweisgründen empfehlen.

e) Beurkundung ohne Grundbucheinsicht

Der Notar ist berechtigt, die Beurkundung ohne Unterrichtung über den Grundbuchinhalt vorläufig abzulehnen. Bestehen die Beteiligten auf einer sofortigen Beurkundung, hat der Notar sie über die damit verbundenen Gefahren zu belehren und dies in der Niederschrift zu vermerken (§ 21 I 2 BeurkG). Diese Belehrung muss besonders sorgfältig und eingehend sein; sie muss über die Bedeutung des Grundbuchstandes für die Vertragsgestaltung und über mögliche Gefahren unterrichten, die sich aus einer Beurkundung ohne Kenntnis des Grundbuchs ergeben können (*BayObLG* DNotZ 1990, 667). Wichtiger als die Belehrung sind vertragliche Vorkehrungen zum Schutz des Käufers vor nicht bekannten Eintragungen. Der Notar sollte sich daher möglichst unverzüglich nach der Beurkundung vom Grundbuchinhalt unterrichten. Fälligkeitsvoraussetzung ist stets die rangrichtige Eintragung der Vormerkung (vgl. Rn. 102), von der sich der Notar überzeugen muss.

18

2. Sonstige, für die Kaufentscheidung wesentliche Umstände

Andere, für die Kaufentscheidung wesentliche Informationen (insb. Nutzungsbeschränkungen) ergeben sich nicht aus dem Grundbuch und sind für den Käufer auch sonst nicht ohne Weiteres ersichtlich. Entweder muss der Käufer sich auf die Angaben des Verkäufers verlassen, der dann typischerweise für Falschangaben verschuldensunabhängig einzustehen hat, oder dem Käufer ist Gelegenheit zu geben, sich bei der zuständigen Stelle über etwaige Beschränkungen o. Ä. zu unterrichten. Da der Verkäufer vom betreffenden Umstand nicht notwendigerweise Kenntnis hat, sollten die Vertragsteile mit ausreichendem zeitlichem Vorlauf informiert werden, dass insoweit gegebenenfalls noch Klärungsbedarf besteht.

19

a) Wohnungsbindung/soziale Wohnraumförderung

Eine **Wohnungsbindung** nach dem bis zum 31.12.2001 geltenden Wohnungsbindungsgesetz oder Wohnraumförderungsgesetz ist Rechtsmangel i. S. v. § 435 BGB (*BGH* NJW 2000, 1256). Die Neuvergabe von Fördermitteln richtet sich seit dem 1.1.2002 nach dem Gesetz über die soziale Wohnraumförderung (**Wohnraumförderungsgesetz**). Bindungen für die geförderten Wohnungen ergeben sich nunmehr nicht mehr aus dem Gesetz, sondern werden nach Maßgabe der jeweiligen landesrechtlichen Förderrichtlinien durch Verwaltungsakt auferlegt. Die Nutzungsbeschränkung durch Verwaltungsakt aufgrund des neuen Wohnraumförderungsgesetzes ist ebenfalls Rechtsmangel (vgl. *Grziwotz* DNotZ 2001, 822; *Heimsoeth* RNotZ 2002, 88).

20

Zu einer Belehrung über eine mögliche Wohnungsbindung oder zu einem dahin gehenden Hinweis ist der Notar nicht verpflichtet, selbst wenn ein Grundpfandrecht zugunsten der Wohnungsbauförderungsanstalt eingetragen ist (*OLG Düsseldorf* DNotZ 1985, 185). Auch bei der Grundbucheinsicht muss der Notar nicht von sich aus Nachforschungen über das Bestehen einer Wohnungsbindung anstellen (*OLG Köln* DNotZ 1987, 695). Allerdings erscheint es unter Berücksichtigung der beiderseitigen berechtigten Interessen angemessen, dass der Verkäufer verschuldensunabhängig dafür einsteht, dass keine Wohnungsbindung oder Bindung aufgrund sozialer Wohnraumförderung besteht. Eine entsprechende **Garantie des Verkäufers** sollte daher standardmäßig aufge-

21

nommen werden. Fehlt der verkauften Immobilie die garantierte Beschaffenheit, weil die Immobilie einer Mietpreisbindung unterliegt, soll es für eine nach dem Ertragswertverfahren errechnete Wertminderung nicht auf deren Restnutzungsdauer, sondern nur auf die Dauer der Bindung an die Kostenmiete ankommen (*BGH* NJW 1989, 1795).

b) Bebaubarkeit, baurechtliche Zulässigkeit der Nutzung, Denkmalschutz

22 Ebenfalls für den Käufer nicht ohne Weiteres erkennbar ist die baurechtliche Zulässigkeit der bestehenden Bebauung. Je nachdem, ob der Verkäufer die baulichen Maßnahmen selbst vorgenommen hat oder nicht, ist ihm ein kenntnisunabhängiges Einstehen für die baurechtliche Zulässigkeit zumutbar. Hat der Verkäufer seinerseits das Grundstück bereits im bebauten Zustand erworben, sollte eine Erklärung aufgenommen werden, dass ihm eine Baurechtswidrigkeit des Gebäudes bzw. dessen derzeitiger Nutzung nicht bekannt ist (*BGH* NJW 1979, 2243: **Aufklärungspflicht** bei Baurechtswidrigkeit; zu den Anforderungen an ein arglistiges Verschweigen jüngst *BGH* NJW 2013, 2182: Kenntnis der relevanten Tatsachen erforderlich). Der Käufer sollte auf die Möglichkeit hingewiesen werden, im Vorfeld des Vertragsschlusses eigene Erkundigungen bei der Baubehörde über die Zulässigkeit der derzeitigen Nutzung anzustellen. Vorstehendes gilt *mutatis mutandis* für einen etwa bestehenden **Denkmalschutz**.

c) Baulast und sonstige nicht im Grundbuch eingetragene Belastungen

23 Die **Baulast** (vgl. hierzu *Harst* MittRhNotK 1984, 229; *Sachse* NJW 1979, 195; *Schmitz-Vonmoor* RNotZ 2007, 121 – in Bayern existieren kein Baulasten; möglich ist allerdings die **Übernahme von Abstandsflächen**, vgl. *Schöner/Stöber* Rn. 3201a) ist Sachmangel des Grundstücks (*BGH* DNotZ 1978, 621; a.A. *OLG Hamm* DNotZ 1988, 700: Rechtsmangel), soweit sie bestimmte Pflichten in der Nutzung bereits errichteter Gebäude begründet. Der Notar ist nicht verpflichtet, das Baulastenverzeichnis einzusehen (Arg.: § 21 BeurkG, vgl. Rn. 14). Er sollte den Käufer jedoch auf die Möglichkeit des Bestehens von Baulasten, ihre Bedeutung sowie die Möglichkeit der Einsicht in das (von den Bauaufsichtsbehörden bzw. Gemeinden geführte) Baulastenverzeichnis hinweisen, insbesondere wenn der Käufer das Grundstück zum Zwecke der Bebauung erwirbt (vgl. *OLG Schleswig* DNotZ 1991, 339). Außerdem sollte im Kaufvertrag eine Wissenserklärung des Verkäufers betreffend die Abwesenheit von Baulasten aufgenommen werden.

24 Die (richtige) Forderung, die Baulast wieder abzuschaffen, wird durch neuere Urteile bekräftigt. Die Baulast beinhaltet die Verpflichtung eines Grundstückseigentümers zu einem sein Grundstück betreffendes Tun, Dulden oder Unterlassen zur Sicherung baurechtlicher Verpflichtungen, die sich nicht schon aus öffentlich-rechtlichen Vorschriften ergeben. Sie begründet für den Besteller nur eine öffentlich-rechtliche Verpflichtung gegenüber der Baubehörde, gibt dem Begünstigten aber keinen Anspruch gegen den Besteller auf Nutzung oder Duldung. Die von einem Grundstückseigentümer zugunsten eines anderen Grundstücks übernommene Baulast, Kraftfahrzeugeinstellplätze anlegen und nutzen zu lassen, bewirkt daher nur eine öffentlich-rechtliche Verpflichtung, die weder dem Eigentümer des begünstigten Grundstücks einen Nutzungsanspruch gewährt noch grundsätzlich den Besteller der Baulast verpflichtet, die Nutzung zu dulden (*BGH* DNotZ 1984, 176). Der Eigentümer eines Grundstücks, der öffentlich-rechtlich durch eine Baulast gebunden ist, kann gegen den Baulastbegünstigten, der das Grundstück baulastgemäß, aber ohne zivilrechtlichen Rechtsgrund nutzt, einen Bereicherungsanspruch wegen unbefugter Inanspruchnahme seines Eigentums haben. Die Baulast selbst stellt keinen Rechtsgrund für die Nutzung dar (*BGH* DNotZ 1986, 140). Sie vermittelt dem Eigentümer des durch sie begünstigten Grundstücks zudem regelmäßig keine subjektiv-öffentlichen Rechte, die durch einen Verzicht der Behörde auf die Baulast verletzt werden könnten (*OVG NW* DNotZ 1988, 693). Eine **schuldrechtliche Nutzungsverein-**

2. Teil. Allgemeine Fragen des Grundstückskaufvertrages   A I

barung und deren **Sicherung durch Eintragung einer Grunddienstbarkeit** sind daher unverzichtbar (vgl. auch *Schöner/Stöber* Rn. 3197 ff.; *Grziwotz* BauR 1990, 20).

Auf die Möglichkeit der Existenz **sonstiger nicht im Grundbuch eingetragener Belastungen** (altrechtliche Dienstbarkeiten i. S. v. Art. 187 EGBGB, ggf. dingliche Nutzungsrechte, Gebäudeeigentum, Mitbenutzungsrechte, vgl. Art. 233 §§ 4, 5 EGBGB) sollte ebenfalls hingewiesen und eine entsprechende Wissenserklärung des Verkäufers aufgenommen werden. **25**

3. Steuerliche Fragen

a) Grundsätzlich keine Pflicht zur Belehrung über steuerliche Folgen

Der Notar, der einen Grundstückskaufvertrag beurkundet, ist regelmäßig nicht nach **26** § 17 I BeurkG bzw. § 14 I 2 BNotO gehalten, auf die steuerrechtlichen Folgen des beurkundeten Geschäfts hinzuweisen (*BGH* DNotZ 1992, 813; 1996, 116; *BGH* DNotZ 2008, 370 m. Anm. *Moes*). Etwas anderes gilt nur dann, wenn die ihm in § 17 I 2 BeurkG auferlegte Betreuungspflicht dies gebietet. Das ist aber nur der Fall, wenn der Notar aufgrund besonderer Umstände Anlass zu der Besorgnis haben muss, einem Beteiligten drohe ein Schaden, weil dieser sich wegen mangelnder Kenntnis der Rechtslage oder von Sachumständen, die die Bedeutung des beurkundeten Rechtsgeschäfts für seine Vermögensinteressen beeinflussen, einer Gefährdung seiner Interessen nicht bewusst ist (*BGH* DNotZ 1981, 775). So wird eine Belehrungspflicht beispielsweise bejaht, wenn in einem Unternehmenskaufvertrag die Haftung des Erwerbers nach § 25 I HGB durch Eintragung und Bekanntmachung einer abweichenden Vereinbarung (§ 25 II HGB) ausgeschlossen werden soll, da ein umfassender Haftungsausschluss des Betriebsübernehmers für Steuerschulden wegen § 75 AO nicht möglich ist (*BGH* DNotZ 2008, 370 Tz. 20).

Beim Grundstückskaufvertrag kommt für den Verkäufer eine Steuerpflicht bei einer **27** **Entnahme aus dem Betriebsvermögen**, beim **gewerblichen Grundstückshandel** (vgl. *BMF* MittBayNot 2004, 386; *Tiedtke* MittBayNot 2004, 325) oder beim Verkauf innerhalb der **Spekulationsfrist** (§§ 22 Nr. 2, 23 EStG) in Betracht. Bestehen hierfür Anhaltspunkte, sollte der Notar nicht selbst die steuerliche Beratung übernehmen, sondern dem Verkäufer die Prüfung des Vertrages durch einen Steuerberater vor der Beurkundung anheimstellen (vgl. *BGH* DNotZ 2003, 845). Nehmen die Beteiligten keine steuerliche Beratung in Anspruch, kann ein Vermerk in der Urkunde ratsam sein, dass die steuerlichen Fragen nicht Gegenstand der Beratung durch den Notar waren. Die Spekulationsfrist für Grundstücke und grundstücksgleiche Rechte beträgt zehn Jahre (§ 23 I 1 Nr. 1 EStG) und beginnt mit der entgeltlichen oder teilentgeltlichen Anschaffung der Immobilie bzw. mit deren Entnahme aus einem Betriebsvermögen. Der steuerpflichtige Veräußerungsgewinn ist als Differenz von Veräußerungspreis und Anschaffungs- bzw. Herstellungskosten zu ermitteln. Letztere verringert um Abschreibungen (§ 23 III 1, 4 EStG). Das im Zeitraum zwischen Anschaffung/Fertigstellung und Veräußerung ausschließlich zu eigenen Wohnzwecken oder im Jahr der Veräußerung und in den beiden vorangegangenen Jahren zu eigenen Wohnzwecken genutzte Grundstück ist freigestellt (§ 23 I 1 Nr. 1 S. 3 EStG).

Der *BGH* (DNotZ 1989, 452) hält den Notar für verpflichtet, auf die drohende **28** Versteuerung eines Spekulationsgewinnes hinzuweisen, wenn jener vor oder während der Vertragsbeurkundung positive Kenntnis davon erhält, dass der Verkäufer das Grundstück vor weniger als zehn Jahren erworben hat und die Anschaffungskosten unter dem Verkaufspreis liegen. Der positiven Kenntnis wird der Fall gleichgestellt, dass in der Kanzlei des Notars zu dem Urkundsvorgang Urkunden eingereicht werden, aus denen sich alle Tatsachen ergeben. Danach soll der Notar verpflichtet sein, aus der vom Verkäufer hereingereichten Abschrift des Kaufvertrages das Datum des Ankaufs festzustellen. Das Urteil ist auf Kritik gestoßen, u. a. mit Blick auf die Neutralitätspflicht des Notars (vgl. *Brambring* EWiR 1989, 355; *ders.* FGPrax 1996, 161, 162; *Walter* MittRhNotK 1989, 86). Allerdings hat der *BGH* klargestellt, dass der Notar sein Personal nicht dazu anhalten muss, von sich aus die erforderlichen Urkunden zu beschaffen. Ebenso wenig ist der Notar verpflichtet, das Grundbuch auf Tatsachen durchzusehen, die für das Entstehen eines zu versteuernden Spekulationsgewinnes bedeutsam sein können (*BGH* DNotZ 1996, 116). Eine Nachforschungspflicht im Hinblick auf steuerrechtliche Tatbestände wird zu Recht abgelehnt (*OLG Koblenz* DNotZ 1993, 761).

b) Freiwillige Belehrung über Steuerfolgen

29 Der Notar kann wegen Amtspflichtverletzung schadensersatzpflichtig werden, wenn er – ohne dazu verpflichtet zu sein – über steuerrechtliche Fragen des beurkundeten Rechtsgeschäfts berät und dabei eine unrichtige, unklare oder nicht erkennbar unvollständige Auskunft erteilt (*BGH* DNotZ 2008, 370 Tz. 16 m.w.N.; vgl. auch Haftpflichtecke, DNotZ 1978, 584; *Ganter* DNotZ 1998, 851). Belehrt der Notar erkennbar nur über einen Teilaspekt der vorgeschlagenen steuerlichen Gestaltung, übernimmt er dadurch nicht die Gewähr für die steuergünstige Gestaltung im Übrigen (*BGH* DNotZ 2008, 370 Tz. 17). Gleichwohl dürfte es empfehlenswert sein, in der Urkunde aus Gründen der Beweissicherung klarzustellen, dass der Notar ansonsten keine steuerliche Beratung übernommen hat (*Moes* DNotZ 2008, 373, 376).

II. Kaufgegenstand

1. Grundstück, Teilfläche, Miteigentumsanteil etc.

30 Für die Vertragsgestaltung ist der **Kaufgegenstand** von grundlegender Bedeutung:
- ein Grundstück im Rechtssinn (Grundbuchgrundstück), also das im Bestandsverzeichnis unter einer besonderen Nummer gebuchte Grundstück, das aus mehreren Flurstücken bestehen kann;
- ein Katastergrundstück, also das im Bestandsverzeichnis unter Bezugnahme auf die Flurkarte geführte Flurstück, das aber mit anderen Flurstücken unter einer Nummer gebucht sein kann;
- das Grundstück im wirtschaftlichen Sinn, von dem die Beteiligten regelmäßig ausgehen;
- eine noch zu vermessende Teilfläche eines Flurstücks;
- ein Miteigentumsanteil an einem oder mehreren Grundstücken;
- der Anteil (die Mitgliedschaft) eines Gesellschafters an einer Gesellschaft bürgerlichen Rechts, zu deren Gesamthandsvermögen ein oder mehrere Grundstücke gehören;
- der Anteil eines Miterben am Nachlass i.S.d. § 2033 BGB, zu dem ein oder mehrere Grundstücke gehören (Erbteilskaufvertrag);
- ein Grundstück mit einem vom Verkäufer schlüsselfertig zu errichtenden Einfamilienhaus oder einer Eigentumswohnung, auch soweit es um den Umbau geht (Bauträgervertrag);
- ein bebautes Grundstück mit Renovierungspflicht des Verkäufers;
- ein Wohnungs-/Teileigentum vor oder nach Bildung im Grundbuch (Anlegung der Wohnungsgrundbuchblätter);
- ein Erbbaurecht oder ein Wohnungserbbaurecht.

31 Für die im Kaufvertrag zu treffenden Regelungen ist weiterhin von Bedeutung, **ob und** wenn ja, **wie das Grundstück bebaut** und **wie** es **genutzt** wird bzw. werden soll. Zu differenzieren ist insoweit vor allem zwischen
- einem unbebauten Grundstück;
- einem mit einem Einfamilien- oder einem Mehrfamilienhaus bebauten Grundstück;
- einem Grundstück mit einem Altbau, den der Käufer zwecks Neubebauung abreißt;
- einem gewerblich genutzten Grundstück (Fabrik, Lagerhalle, Supermarkt etc.);

2. Teil. Allgemeine Fragen des Grundstückskaufvertrages A I

– einem landwirtschaftlich genutzten Grundstück (mit oder ohne Hofeigenschaft i. S. d. Höfeordnung).

Die Auflistung ist nicht abschließend, sondern nur beispielhaft. Sie soll illustrieren, **32** dass es **kein „Einheitsformular"** für alle Grundstückskaufverträge geben kann. Der Notar hat vielmehr **verschiedene Vertragsmuster** zu erarbeiten, die auf den **Kaufgegenstand abgestimmt** sind. Als Vertragsmuster bieten sich folgende Vertragsmuster an, die in der Praxis besonders häufig verwendet werden:

– Kaufvertrag über ein unbebautes Grundstück,
– Kaufvertrag über ein mit einem Einfamilienhaus bebautes Grundstück,
– Kaufvertrag über ein mit einem Mehrfamilienhaus bebautes Grundstück,
– Kaufvertrag über Wohnungseigentum/Teileigentum,
– Kaufvertrag über eine unvermessene Teilfläche eines Grundstücks.

Die Beteiligten verstehen den Kaufgegenstand in aller Regel als ein bestimmtes Grund- **33** stück im wirtschaftlichen Sinne, z. B. das besichtigte, mit einem Einfamilienhaus und einer Garage bebaute Grundstück mit dem eingezäunten Garten. Der Notar ist nicht verpflichtet, einen Katasterplan anzufordern, um sich zu vergewissern, ob das im Grundbuch verzeichnete Flurstück hinsichtlich Lage und Grenzen mit dem Kataster und den Vorstellungen der Beteiligten übereinstimmt. Tauchen insoweit Zweifel auf, empfiehlt es sich, einen Katasterplan anzufordern (zu übereinstimmenden Fehlvorstellungen der Beteiligten über die Grundstücksgrenzen Rn. 34). Wird dem Kaufvertrag ein Lageplan als Anlage i. S. d. § 9 I 3 BeurkG beigefügt, sollte im Vertrag eine Aussage darüber getroffen werden, ob das „Grundbuchgrundstück" Vertragsgegenstand ist oder das „Lageplangrundstück". Beim Verkauf einer Teilfläche ist dagegen die Mitbeurkundung eines Katasterplans unverzichtbar (zu den weiteren Fragen der genauen Festlegung des Kaufgegenstandes vgl. Rn. 593 ff.). Über den sachenrechtlichen Bestimmtheitsgrundsatz hinaus ist es für das Grundbuchverfahren erforderlich, das Grundstück gemäß den Anforderungen von § 28 GBO zu bezeichnen, d. h. übereinstimmend mit dem Grundbuch oder durch Hinweis auf das Grundbuchblatt. Um Schwierigkeiten beim Grundbuchvollzug und spätere Auseinandersetzungen der Vertragsbeteiligten von vornherein auszuschließen, sollte das Grundstück im Kaufvertrag sowohl nach dem Grundbuch (Grundbuch des Amtsgerichts ... von ... Blatt ... lfd. Nr. ...) als auch nach dem Kataster (Gemarkung, Flur, Flurstück, Wirtschaftsart und Flächengröße) bezeichnet werden. Eine ungenaue Bezeichnung des Kaufgegenstands kann zur Haftung des Notars führen (*BGH NJW* 2004, 69: im Kaufvertrag über ein Wohnungseigentum war nicht eindeutig geregelt, ob der verkaufte Miteigentumsanteil an dem gesamten Flurstück oder an einer noch heraus zu vermessenden Teilfläche gebildet werden soll).

Ist das Kaufgrundstück unbewusst in der Vertragsurkunde **falsch bezeichnet** (verkauft **34** werden soll das Flurstück 110, beurkundet wird das Flurstück 112) oder ist ein Flurstück versehentlich nicht aufgeführt, sind sich Verkäufer und Käufer aber über den Kaufgegenstand einig, ist trotz des Formerfordernisses sowohl für die schuldrechtliche als auch für die dingliche Einigung das wirklich Gewollte maßgeblich (*falsa demonstratio non nocet*); einer Andeutung des wirklich Gewollten in der formgerechten Erklärung bedarf es nicht (*BGH NJW* 1983, 1610; 2002, 1038; 2008, 1658 Tz. 12 m. w. N.; MünchKommBGB/*Kanzleiter* § 311b Rn. 67 m. w. N.; vgl. auch *Köbl* DNotZ 1983, 598; zusammenfassende Darstellung der Problematik bei *Bergermann* RNotZ 2002, 557). Für die Zwecke des Grundbuchverfahrens bedarf es jedoch einer neuen Auflassung hinsichtlich des richtigen Kaufgegenstandes nach Maßgabe von § 28 S. 1 GBO, es sei denn, der Notar kann die Urkunde gem. § 44a II 1, 2 BeurkG berichtigen. Gleiches muss – trotz des missverständlichen Leitsatzes in *BGH* DNotZ 1979, 403 – bei Beurkundung des Verkaufs eines ganzen Grundstücks gelten, wenn nach dem Willen der Parteien nur eine noch nicht vermessene Teilfläche verkauft werden soll (*BGH NJW* 2002, 1038: eine schon bislang vom Nachbarn genutzte, optisch getrennte Teilfläche gehörte ersichtlich nicht zum Vertragsgrundstück; *Köbl* DNotZ 1983, 598, 601; *Schöner/Stöber* Rn. 875; a. A. 5. Aufl. Rn. 30 sowie *Waldner* NotBZ 2002, 174). Etwas anderes gilt freilich dann, wenn das Erklärte nicht ordnungsgemäß beurkundet wurde (so der Fall *BGH* DNotZ 1979, 403: Parteien hatten durch Größenangabe im Vertrag erkennbar nur eine Teilfläche verkauft, diese aber nicht hinreichend bestimmt bezeichnet). Bei übereinstimmender **Fehlvorstellung über die tatsächlichen Grenzen** des Grundstücks (etwa aufgrund eingehender Besichtigung) ist bei relevanten Abweichungen das wirklich Gewollte und nicht das im Grundbuch Verzeichnete maßgeblich (vgl. *BGH* NJW 2008, 1658; 2002, 1038; hierzu *Krüger* ZNotP 2009, 2). Kein Fall der *falsa demonstratio non nocet* liegt bei einer formungültigen Mitbeurkundung eines Verzeichnisses des mitverkauften Inventars vor (die Anlage wurde nicht verlesen), so aber *KG* NJW 2006, 3786, dagegen *Altmeppen* NJW 2006, 3761; Palandt/*Grüneberg* § 311b Rn. 37.

2. Mitverkaufte Gegenstände

a) Wesentliche Bestandteile, Zubehör, Inventar

35 Zu den **wesentlichen Bestandteilen** eines Grundstücks gehören nach § 94 I BGB die mit dem Grund und Boden fest verbundenen Sachen, insbesondere Gebäude. Zu den wesentlichen Bestandteilen eines Gebäudes gehören die zur Herstellung des Gebäudes eingefügten Sachen, § 94 II BGB (zur allgemeinen Definition des wesentlichen Bestandteils vgl. § 93 BGB). Die wesentlichen Bestandteile teilen notwendig das Schicksal des Grundstücks bzw. des Gebäudes, d. h. sie werden unabhängig von einem entgegenstehenden Parteiwillen mitübereignet. Eine abweichende schuldrechtliche Regelung ist zwar möglich, in aller Regel aber nicht gewünscht bzw. nicht sinnvoll. Sofern die Parteien nichts Abweichendes bestimmen, werden auch die (**einfachen**) **Bestandteile**, d. h. die ohne Zerstörung oder Wesensänderung trennbaren Einzelteile einer Sache, mitverkauft und mitübereignet. Trotz der geringen praktischen Relevanz unwesentlicher Bestandteile ist eine entsprechende Klarstellung verbreitet (siehe folgende Rn.).

36 **Zubehör** sind bewegliche Sachen, die, ohne Bestandteile der Hauptsache zu sein, dem wirtschaftlichen Zweck der Hauptsache auf Dauer zu dienen bestimmt sind und zu ihr in einem dieser Bestimmung entsprechenden räumlichen Verhältnis stehen, § 97 I, II BGB. Maßgeblich ist die – ggf. regional unterschiedliche – Verkehrsanschauung (vgl. § 97 I 2 BGB). Nach § 311c BGB ist Zubehör des Grundstücks/des Gebäudes im Zweifel mitverkauft (zu den Anwendungsgrenzen des § 311c BGB bei obligatorischen Berechtigungen zum Vorteil eines Grundstücks vgl. *Kohler* DNotZ 1991, 362). Auch insoweit empfiehlt sich eine entsprechende Klarstellung. Bei dem (vom Parteiwillen abhängigen) Mitverkauf von Zubehör sind nach h. L. die Vorschriften über den Verbrauchsgüterkauf (§§ 474 ff. BGB) insoweit anwendbar (Bamberger/Roth/*Faust* § 474 Rn. 8 m. w. N.; MünchKommBGB/*S. Lorenz* § 474 Rn. 4; a. A. 5. Aufl. Rn. 31; *Feller* MittBayNot 2003, 82, 84 f.). Ist Zubehör mitverkauft, erstreckt sich die Einigung über die Eigentumsübertragung am Grundstück gem. § 926 I BGB im Zweifel auch auf die zur Zeit des Erwerbs vorhandenen Zubehörstücke, soweit sie dem Veräußerer gehören, § 926 I 1 BGB. Dies sollte ebenfalls klargestellt werden, z. B. pauschal: „Alle Bestandteile des Grundstücks/Gebäudes sowie das Zubehör sind mitverkauft und werden aufschiebend bedingt auf die Kaufpreiszahlung, spätestens mit Eigentumsumschreibung, mitübereignet." Sofern es einer Partei auf einen bestimmten Bestandteil bzw. ein bestimmtes Zubehörstück ankommt, empfiehlt sich eine konkretere Bezeichnung.

37 **Beispiele für wesentliche Bestandteile** des Grundstücks oder des Gebäudes (§§ 93, 94 BGB): Antenne, Bodenbeläge (grds. auch passend zugeschnittener Teppichboden), ein in den Boden eingelassenes Fertigteilschwimmbecken (*BGH* NJW 1983, 567), Fenster und Rahmen, Fertiggarage, Zentralheizungsanlage (inkl. Öltank, *BGH* NJW 1970, 895). Übersicht bei Palandt/*Ellenberger* § 93 Rn. 5 ff.; vgl. auch *Binger* MittRhNotK 1984, 205; *Schulte-Thoma* RNotZ 2004, 61; MünchKommBGB/*Stresemann* § 94 Rn. 27 ff. m. w. N.

2. Teil. Allgemeine Fragen des Grundstückskaufvertrages — A I

Keine wesentlichen Bestandteile sind **Einbaumöbel**, wenn sie ausgebaut und an anderer 38
Stelle wieder aufgestellt werden können. Eine aus serienmäßigen Teilen hergestellte
Schranktrennwand ist nicht wesentlicher Bestandteil und auch nicht Zubehör eines Einfamilienhauses (*OLG Düsseldorf* DNotZ 1987, 108); etwas anderes gilt nach *OLG Köln* (NJW-RR 1991, 1081) für eine Sonderanfertigung. Früher wurde eine **Einbauküche** generell als wesentlicher Bestandteil angesehen (Arg.: Haus nach der Verkehrsauffassung erst nach Einbau der Küche fertiggestellt). Diese Sichtweise ist mittlerweile überholt, auch wenn der BGH für Norddeutschland noch Ende der 1980er Jahre eine derartige Verkehrsauffassung bestätigt hat (*BGH* NJW-RR 1990, 587; anders in West- und Süddeutschland, vgl. *OLG Hamm* NJW-RR 1989, 333; *OLG Düsseldorf* NJW-RR 1994, 1039). Zur Relevanz einer regionalen Verkehrsanschauung vgl. *BGH* NJW 2009, 1078 Tz. 19, 28 m.w.N. (Zubehöreigenschaft einer vom Mieter angeschafften Einbauküche). Heutzutage wird richtigerweise überwiegend allein danach differenziert, ob es sich um eine Spezialanfertigung handelt, die dem Raum besonders angepasst ist, oder um eine Serienfertigung (vgl. MünchKommBGB/*Stresemann* § 94 Rn. 30 f. m.w.N.). Soll die Einbauküche mitverkauft werden, empfiehlt sich stets eine ausdrückliche vertragliche Regelung (samt Ausweisung eines darauf entfallenden Kaufpreisteils wegen der Grunderwerbsteuer).

Beispiele für Zubehör i.S.v. § 97 BGB: eingebaute Alarmanlage (*OLG München* MDR 39
1979, 934); auf dem Baugrundstück lagerndes Baumaterial (BGHZ 58, 309); **Brennstoffvorrat** (*OLG Schleswig* SchlHA 1997, 110; *LG Aachen* NZM 2009, 276, jew. Heizöl; *OLG Düsseldorf* NJW 1966, 1714: Kohle; a.A. 5. Aufl. Rn. 33); fest installierte Satelliten-Empfangsanlage (*LG Nürnberg-Fürth* DGVZ 1996, 123); fest installierte Sauna (Palandt/*Ellenberger* § 97 Rn. 11 f. und MünchKommBGB/*Stresemann* § 97 Rn. 33 ff.). Im Hinblick auf den **Heizölvorrat** sollte geregelt werden, ob dieser in der bei Besitzübergabe vorhandenen Menge zum Einkaufspreis veräußert wird oder – wie regelmäßig – im Kaufpreis enthalten ist. Im letztgenannten Fall ist ein Abpumpen des Vorrats durch den Verkäufer unzulässig, auch wenn im Vertrag keine spezielle Regelung getroffen wurde.

Kein Zubehör sind u.a. Gartenmöbel und -geräte, Lampen, Regale und sonstige **Ein-** 40
richtungsgegenstände, sofern sie nicht speziell dem jeweiligen Raumkörper angepasst wurden und daher nach der Verkehrsauffassung nicht bei Auszug mitgenommen werden (vgl. Rn. 38), ebenso Rohstoffvorräte bei einem Fabrikgrundstück (RGZ 86, 326). Für diese beweglichen Sachen gilt weder § 311c BGB noch § 926 BGB. Sollen sie mitverkauft und mitübereignet werden, sind sie im Kaufvertrag aufzuführen („mitverkauft werden die Sauna und die Kellerbar") und nach §§ 929 ff. BGB zu übereignen (aufschiebend bedingt mit Zahlung des Kaufpreises). Eine Einigung, durch die eine Vielzahl aufgelisteter Hausratsgegenstände, „soweit sie nicht unpfändbar sind", übereignet werden soll, ist mangels Bestimmtheit unwirksam (*BGH* DNotZ 1988, 366).

Praxishinweis:

Wird Zubehör bzw. sonstiges Inventar mitverkauft, sollte der hierauf entfallende, **anteilige Kaufpreisteil** (in angemessener Höhe!) **gesondert ausgewiesen** werden, da insoweit keine Grunderwerbsteuer anfällt (Arg.: nicht Teil des ‚Grundstücks' i.S.v. § 2 I 1 GrEStG). Da bei einem Verbrauchsgüterkauf i.S.d. § 474 BGB, bei einem Verbrauchervertrag i.S.v. § 310 III BGB sowie bei Vorliegen von Allgemeinen Geschäftsbedingungen i.S.v. § 305 BGB die Sachmängelgewährleistung nur teilweise ausgeschlossen werden kann, ist der Verkäufer auf die mit der Festlegung eines Kaufpreisteilbetrags „am oberen Ende" des Vertretbaren verbundenen Risiken hinzuweisen. Insoweit ist ein Einzelausweis des Kaufpreises für die mitverkauften beweglichen Gegenstände wegen der Sachmängelgewährleistungsrechte des Käufers (insb. Minderung) unverzichtbar.

b) Haftungsausschluss

41 Im Individualvertrag können die **Rechte des Käufers bei Sachmängeln** mitverkaufter beweglicher Sachen **vollständig ausgeschlossen** werden (Ausnahme: Vorsatz, § 276 III BGB). In aller Regel wird es dann sachgerecht sein, etwaige Gewährleistungsansprüche des Verkäufers gegen Dritte (Lieferanten, Werkunternehmer etc.) aufschiebend bedingt auf die Zahlung des Kaufpreises an den Käufer abzutreten.

42 **Formulierungsbeispiel: Haftungsausschluss im Individualvertrag**

Mitverkauft und mit Zahlung des Kaufpreises, spätestens mit Eigentumsumschreibung, aufschiebend bedingt übereignet sind die komplette Einbauküche mit allen elektrischen Geräten und drei Kellerregale im gebrauchten Zustand. Hierauf entfällt ein Kaufpreisteil von ... EUR.
Die Rechte des Käufers wegen eines Sachmangels sind ausgeschlossen.
Gewährleistungsansprüche gegen Dritte werden aufschiebend bedingt auf vollständige Zahlung des Kaufpreises an den Käufer abgetreten.

43 Verkauft ein Unternehmer einem Verbraucher mit dem Grundstück/der Eigentumswohnung Einrichtungsgegenstände, handelt es sich um einen **Verbrauchsgüterkauf** i. S. d. § 474 BGB. Nach § 475 I BGB können die Rechte des Käufers wegen eines Mangels der beweglichen Sachen nicht ausgeschlossen werden, auch nicht im Individualvertrag. Allerdings kann die Verjährungsfrist für mitverkaufte, gebrauchte Sachen vertraglich auf ein Jahr verkürzt werden (§ 475 II BGB). Zudem ist beim Individualvertrag gem. § 475 III BGB ein Ausschluss bzw. eine Beschränkung von Schadensersatzansprüchen zulässig.

44 Bei einem Verbrauchervertrag i. S. v. § 310 III BGB sowie bei Vorliegen von Allgemeinen Geschäftsbedingungen (§ 305 BGB) sind jedoch die strikten Klauselverbote in § 309 Nr. 7 BGB zu beachten, unter Umständen ferner § 307 II Nr. 2 BGB (vgl. Rn. 46).

45 **Formulierungsbeispiel: Haftungsausschluss im Verbrauchervertrag bei mitverkauften Gegenständen**

Mitverkauft und mit Zahlung des Kaufpreises, spätestens mit Eigentumsumschreibung, aufschiebend bedingt übereignet sind folgende gebrauchte Gegenstände:
– die Einbauküche mit allen Geräten zu einem Kaufpreis von 3.200 EUR,
– die Sauna zu einem Kaufpreis von 1.200 EUR sowie
– drei Regale im Keller zu einem Kaufpreis von 100 EUR.
Der derzeitige Zustand ist dem Käufer bekannt.

Bei einem Mangel der mitverkauften Gegenstände gilt für die Rechte des Käufers auf Nacherfüllung, Rücktritt oder Minderung die gesetzliche Regelung. Beseitigt der Verkäufer den Mangel nicht, kann der Käufer nach erfolgloser Fristsetzung den Kaufpreis mindern oder unter den gesetzlichen Voraussetzungen nach Rücktritt Erstattung des Kaufpreises verlangen, jedoch nicht vom Grundstückskaufvertrag im Übrigen zurücktreten. Die Verjährungsfrist wird auf ein Jahr verkürzt.

Schadensersatzansprüche des Käufers wegen eines Sachmangels der mitverkauften beweglichen Gegenstände sind ausgeschlossen. Hiervon ausgenommen sind Ansprüche auf Schadensersatz aus der Verletzung des Lebens, des Körpers oder der Gesundheit, wenn der Verkäufer die Pflichtverletzung zu vertreten hat, und sonstiger Schäden, die auf einer vorsätzlichen oder grob fahrlässigen Pflichtverletzung des Verkäufers beruhen. Einer Pflichtverletzung des Verkäufers steht die eines gesetzlichen Vertreters oder eines Erfüllungsgehilfen gleich. Die Verjährungsfrist für diese Ansprüche wird auf ein Jahr verkürzt.

Da noch nicht höchstrichterlich geklärt ist, ob bei Kaufverträgen über gebrauchte 46
Sachen ein umfassender Haftungsausschluss für einfache Fahrlässigkeit zulässig ist (so
die h. L., vgl. *Herrler*, in: Limmer, Gestaltungspraxis und Inhaltskontrolle, 2014, S. 1,
42 f. m. w. N. zum Streitstand) oder ob es einer Rückausnahme für die Verletzung von
Kardinalpflichten i. S. v. § 307 II Nr. 2 BGB bedarf, könnte man anstelle des letzten Absatzes alternativ formulieren (vgl. *BGH* NJW 2013, 291, insb. Tz. 40 ff.):

> **Formulierungsbeispiel: Haftungsausschluss im Verbrauchervertrag bei fahrlässiger** 47
> **Schadensverursachung**
>
> Hat der Verkäufer aufgrund der gesetzlichen Bestimmungen für einen Schaden aufzukommen, der leicht fahrlässig verursacht wurde, so haftet er beschränkt: Die Haftung besteht nur bei Verletzung vertragswesentlicher Pflichten und ist auf den bei Vertragsabschluss vorhersehbaren typischen Schaden begrenzt. Vertragswesentliche Pflichten sind solche, deren Erfüllung den Vertrag prägt und auf die der Kunde vertrauen darf. Diese Beschränkung gilt nicht bei Verletzung von Leben, Körper und Gesundheit. Einer Pflichtverletzung des Verkäufers steht die eines gesetzlichen Vertreters oder eines Erfüllungsgehilfen gleich. Die Verjährungsfrist für diese Ansprüche wird auf ein Jahr verkürzt.

c) Sonderfall Photovoltaikanlage

aa) Sonderrechtsfähigkeit der Anlage. Befindet sich eine Photovoltaikanlage auf dem 48
zu verkaufenden Grundstück, gilt es zu klären, ob diese mitverkauft oder weiterhin vom
bisherigen Eigentümer (bzw. von einer dritten Person) betrieben werden soll. Ist Letzteres der Fall, möchte der bisherige Betreiber in aller Regel (weiterhin) Eigentümer der Anlage bleiben, was voraussetzt, dass diese kein wesentlicher Bestandteil des Grundstücks
ist bzw. von diesem (wieder) getrennt werden kann. Die Bestandteilseigenschaft ist ebenfalls relevant für den Haftungsverband von Grundpfandrechten in der Zwangsversteigerung (§§ 1120 ff. BGB).

(1) Sofern die Anlage von vornherein nur zu einem vorübergehenden Zweck (§ 95 I 1 49
BGB, z. B. zeitlich befristetes Nutzungsrecht eines Dritten) oder in Ausübung einer beschränkten persönlichen Dienstbarkeit (§ 95 I 2 BGB – dingliche Einigung bei Verbindung
ausreichend, Grundbucheintragung kann nachfolgen, str.) mit dem Grundstück verbunden
wurde, handelt es sich lediglich um einen **Scheinbestandteil des Grundstücks**. Das eigentumsrechtliche Schicksal der Anlage als bewegliche Sache ist daher nicht notwendig mit
dem des Grundstücks verknüpft. Stand allerdings bereits im Zeitpunkt der Verbindung
fest, dass der Grundstückseigentümer die Anlage übernehmen kann, wird die Scheinbestandteilseigenschaft mangels vorübergehenden Zwecks überwiegend abgelehnt (vgl.
BGH DNotZ 1989, 420; *OLG Koblenz* ZfIR 2007, 292), teilweise darüber hinausgehend
auch bei einer die Lebensdauer der verbundenen Sache übersteigenden Nutzungszeit
(*OLG Köln* NJW 1961, 461, 462; a. A. *OLG Schleswig* ZfIR 2006, 62, 64).

Noch nicht abschließend geklärt ist ferner, ob die Bestellung einer beschränkten per- 50
sönlichen Dienstbarkeit (allein) zugunsten des Grundstückseigentümers zur Begründung
der Scheinbestandteilseigenschaft der Photovoltaikanlage gem. § 95 I 2 BGB führt. Seit
einer Entscheidung des *BGH* (DNotZ 2012, 137) bestehen zwar keine ernsthaften Zweifel mehr daran, dass eine beschränkte persönliche Dienstbarkeit ohne weitere Nachweise
auch für den Grundstückseigentümer bestellt werden kann (**Eigentümerdienstbarkeit**);
ein berechtigtes Interesse ist also nicht darzulegen/nachzuweisen. Unter Hinweis auf
den Wortlaut von § 95 I 2 BGB („an einem fremden Grundstück") verneint das *OLG
München* (DNotI-Report 2011, 172) indes die Scheinbestandteilseigenschaft, was meines
Erachtens aber mit der generellen Anerkennung von Eigentümerrechten durch den BGH
nicht vereinbar ist. Denn in der Abspaltung einzelner Elemente des Vollrechtseigentums
liegt gerade der Zweck von derartigen Eigentümerrechten (vgl. DNotI-Report 2011,
172, 173; *Reymann* ZIP 2013, 605, 607 f.).

51 (2) Liegen die Voraussetzungen eines Scheinbestandteils im Zeitpunkt der Verbindung der Anlage mit dem Grundstück nicht vor, wird der Eigentümer des Grundstücks nach § 946 BGB Eigentümer der Anlage, sofern sie einen **wesentlichen Bestandteil i. S. d. §§ 93, 94 BGB** bildet. Maßgeblich ist insoweit die Verkehrsanschauung. Ungeachtet der folgenden Kategorisierung gilt es daher stets die Umstände des jeweiligen Einzelfalls in den Blick zu nehmen. **Aufdachanlagen,** die unschwer demontiert werden können, stellen grundsätzlich keinen wesentlichen Bestandteil des Gebäudes dar, es sei denn, die Anlage ist nicht auf dem Dach, sondern – jedenfalls teilweise – anstelle des Dachs montiert. Versorgt die Anlage ausschließlich das „eigene" Grundstück mit Strom (sog. Inselsystem), ist dies ebenfalls ein Indiz für einen wesentlichen Bestandteil (vgl. *Kappler* ZfIR 2012, 264, 266; *Reymann* DNotZ 2010, 84, 96 f. auch zum Ausnahmefall der architektonischen Einbindung in die Gebäudestruktur). **Freilandanlagen** dürften vielfach wesentlicher Bestandteil des Grundstücks sein, wenn sie durch ein Betonfundament mit dem Boden verbunden sind (näher *Kappler* ZfIR 2012, 264, 266 f.).

52 (3) Ist die Anlage zunächst wesentlicher Bestandteil des Grundstücks geworden, stellt sich die Frage, ob eine nachträgliche Trennung, d. h. die **nachträgliche Begründung eines Scheinbestandteils** durch Bestellung einer Dienstbarkeit, in entsprechender Anwendung von § 95 I 2 BGB möglich ist. Während dies von der im Vordringen befindlichen, vor allem im notariellen Schrifttum vertretenen Ansicht u. a. unter Hinweis auf zwei BGH-Entscheidungen betreffend Versorgungsleitungen im öffentlichen Straßengrund (*BGH* DNotZ 2006, 290; BGHZ 37, 353) befürwortet wird (*Kappler* ZfIR 2012, 264, 268; *Tersteegen* RNotZ 2006, 433, 449 f.; *Wicke* DNotZ 2006, 252, 259 f.; *L. Böttcher* notar 2012, 383, 386), lehnt die Rechtsprechung nach wie vor die Anwendbarkeit von § 95 I 2 BGB bei Bestellung der Dienstbarkeit nach Errichtung des Bauwerks bzw. der Anlage ab (*OLG Stuttgart* NotBZ 2012, 152; *OLG München* RNotZ 2012, 44 – obiter dictum; *OLG Koblenz* NotBZ 2007, 144).

53 (4) Zur **Aufrechterhaltung der Scheinbestandteilseigenschaft in Rechtsnachfolgefällen** (auf Seiten des Anlagenbetreibers oder der finanzierenden Bank) durch vormerkungsgesicherten Anspruch auf Bestellung weiterer Dienstbarkeiten (Vertrag zugunsten Dritter zwischen Eigentümer und Anlagenbetreiber bzw. Finanzierungsbank), vgl. Formulierungsmuster bei Böttcher/Faßbender/Waldhoff/*Böttcher* § 13 Rn. 4 und 5; *Kappler* ZfIR 2012, 264, 272 f. Auch wenn (nacheinander) mehrere Dienstbarkeiten bestellt werden können, wird ganz überwiegend (mit unterschiedlicher Begründung) **eine** Vormerkung für ausreichend erachtet (*OLG München* MittBayNot 2011, 231; *Keller* ZfIR 2011, 705, 706 ff.; *Klühs* RNotZ 2012, 28, 31 ff.; *Reymann* ZIP 2013, 605, 609 ff., jew. m. w. N.; anders nach *OLG München* MittBayNot 2012, 466 aber bei Selbstbenennungsrecht des Versprechensempfängers; ablehnend insoweit *Keller* MittBayNot 2012, 446, 447 f.). Abschließend geklärt ist die rangwahrende Wirkung einer einzigen Vormerkung aber nicht.

54 **bb) Mitverkauf der Photovoltaikanlage.** Wird die Photovoltaikanlage mitverkauft, wird sich vielfach ein **Haftungsausschluss unter Abtretung etwaiger Gewährleistungsansprüche** gegen Dritte empfehlen (Rn. 41 f.). Trotz des ggf. unternehmerischen Handelns des Verkäufers im Hinblick auf die mitverkaufte Photovoltaikanlage liegt gleichwohl kein Verbrauchervertrag i. S. v. § 310 III BGB vor, da grundsätzlich der private Charakter des Geschäfts überwiegt (private Vermögensverwaltung; vgl. Palandt/*Ellenberger* § 13 Rn. 4).

55 Der auf die Anlage entfallende **Kaufpreisteil** sollte aus Gründen der Grunderwerbsteuerersparnis **gesondert ausgewiesen** werden. Werden Photovoltaikanlagen im Rahmen eines Gewerbebetriebs genutzt, wird der erzeugte Strom also an einen Energieversorger geliefert, handelt es sich um Betriebsvorrichtungen, die gemäß § 2 I Nr. 1 GrEStG nicht zum Grundstück gehören, es sei denn, die Anlage dient als Dachersatz (vgl. § 68 II 2 BewG). Unter den genannten Voraussetzungen mindert der auf die Anlage entfallende

2. Teil. Allgemeine Fragen des Grundstückskaufvertrages   A I

Kaufpreisteil die Bemessungsgrundlage der Grunderwerbsteuer (anders bei nur für den Eigenbedarf betriebenen Anlagen; Verfügung des Bayerischen Landesamtes für Steuern v. 12.2.2008, MittBayNot 2008, 421). Die Veräußerung der unternehmerisch genutzten Photovoltaikanlage unterfällt in der Regel § 1 I a UStG. Näher zu den steuerlichen Fragestellungen rund um den Betrieb bzw. die Veräußerung einer Photovoltaikanlage Böttcher/Faßbender/Waldhoff/*Böttcher* § 1 Rn. 204 ff.

Der Energielieferungsvertrag zwischen dem Eigentümer und dem Energieversorger ist im Wege der Vertragsübernahme auf den Erwerber überzuleiten. Bei finanzierten Anlagen ist der noch offene Darlehensbetrag abzulösen; vgl. Würzburger Notarhandbuch Teil 2 Kap. 2 Rn. 118 für Formulierungsmuster. **56**

3. Anteil an einer Grundstücks-GbR

a) Anteilsabtretung grundsätzlich nicht beurkundungsbedürftig

Der Kaufvertrag, mit dem ein Gesellschafter seinen **Anteil (Mitgliedschaft) an einer GbR** veräußert, bedarf auch dann nicht der notariellen Form, wenn das Gesellschaftsvermögen im Wesentlichen aus Grundbesitz besteht (Arg.: streng tatbestandsmäßige Anwendung der Formvorschrift im Interesse der Rechtssicherheit, *BGH* NJW 1998, 908, 910; 1983, 1110). Nach Ansicht des *BGH* ist allenfalls in Fällen bewusster Umgehung des Formgebots des § 311b I 1 BGB eine analoge Anwendung in Betracht zu ziehen, „wo etwa Grundstücksgesellschaften nur zu dem Zwecke gegründet werden, um mit Hilfe der hier verfügbaren rechtlichen Konstruktionsmöglichkeiten Grundvermögen außerhalb des Grundbuchs und ohne förmliche Zwänge beweglicher verlagern zu können" (*BGH* NJW 1983, 1110; *Ulmer/Löbbe* DNotZ 1998, 711; *Grunewald*, FS Hagen, 1999, S. 277). Ein derartiger **Umgehungsfall** dürften anzunehmen sein, wenn die GbR allein zum Zwecke der einfacheren Übertragbarkeit von Grundstücken gegründet wurde oder das Gesellschaftsvermögen ausschließlich aus einem oder mehreren Grundstücken besteht und sich der Gesellschaftszweck auf das Halten des Grundbesitzes beschränkt (vgl. MünchKommBGB/*Kanzleiter* § 311b Rn. 14). Sofern das Gesellschaftsvermögen im Wesentlichen aus Grundstücken besteht und alle Gesellschafter ihre Anteile gemeinsam an neue Gesellschafter übertragen, sprechen ebenfalls gute Gründe für die Beurkundungsbedürftigkeit in analoger Anwendung von § 311b I 1 BGB (vgl. MünchKommBGB/ *Kanzleiter* § 311b Rn. 14). Der Notar wird jedenfalls in den vorgenannten Fällen zur **Beurkundung raten**. Ist der zum Vermögen der GbR gehörende Grundbesitz mit (valutierenden) Grundpfandrechten belastet, ist eine Beurkundung regelmäßig schon deshalb erforderlich, weil die Gläubiger den ausscheidenden Gesellschafter aus der gesamtschuldnerischen Haftung nur entlassen, wenn der eintretende Gesellschafter ein Schuldanerkenntnis abgibt und sich wegen der persönlichen Haftung der sofortigen Zwangsvollstreckung unterwirft (§ 794 I Nr. 5 ZPO; freilich fällt für die Anteilsabtretung eine 2,0 Gebühr nach Nr. 21100 KV-GNotKG anstelle einer 1,0 Gebühr nach Nr. 21200 KV-GNotKG für ein vollstreckbares Schuldanerkenntnis an). **57**

b) Grundbuchberichtigung bei Gesellschafterwechsel

Die **(Außen-)GbR** ist **(teil-)rechtsfähig**, soweit sie durch Teilnahme am Rechtsverkehr eigene Rechte und Pflichten begründen kann (*BGH* NJW 2001, 1056). Sie ist ebenfalls **grundbuchfähig** (*BGH* DNotZ 2009, 115, vgl. auch § 899a BGB, §§ 47 II, 82 S. 3 GBO, § 15 I lit. c GBV). **Grundstücke** im Vermögen der Gesellschaft sind somit nicht (gesamthänderisch gebundenes) Eigentum der Gesellschafter, sondern **Eigentum der GbR**, so dass der Gesellschafterwechsel infolge der Übertragung des Anteils an einer GbR (Ausscheiden und/oder Eintritt eines Gesellschafters) keine unmittelbare Veränderung in der Person des Berechtigten zur Folge hat. Einer Auflassung ist somit entbehrlich. **58**

59 Im Grundbuch sind neben der GbR, ggf. samt ihres Namens (GbR mangels Kaufmannseigenschaft nicht firmenfähig) und ihres Sitzes (vgl. § 15 I lit. c GBV), **alle Gesellschafter** nach Maßgabe von § 15 I lit. a und b GBV **einzutragen** (§ 47 II 1 GBO). Ein Gesellschafterwechsel führt wegen § 47 II 1 GBO zu einer Unrichtigkeit der Eigentümereintragung, die es zu berichtigen gilt (§ 82 S. 3 GBO). Eine **Berichtigung**, welche grundsätzlich die Bewilligung sämtlicher Gesellschafter einschließlich der ausscheidenden und eintretenden erfordert (alternativ Unrichtigkeitsnachweis durch Vorlage des formgerechten Abtretungsvertrages samt Zustimmung aller Gesellschafter, *Heinze* RNotZ 2010, 289, 305 f.), ist auch deshalb geboten, um einen gutgläubigen Erwerb nach § 899a BGB zu verhindern.

c) Gesellschaftsanteil als Kaufgegenstand

60 Wirtschaftlich geht es bei dem Verkauf eines GbR-Anteils regelmäßig um die zu dem Gesellschaftsvermögen gehörende Immobilie. Rechtlich erwirbt der Käufer die Mitgliedschaftsrechte. Die Übertragung der Gesellschafterstellung im Ganzen (Mitgliedschaft) ist nur möglich, wenn der Gesellschaftsvertrag dies zulässt oder alle Gesellschafter zustimmen. Daher ist zu empfehlen, dass sämtliche Gesellschafter beim Verkauf des GbR-Anteils mitwirken. In die Urkunde sind die übereinstimmenden Erklärungen aufzunehmen, wie groß der Anteil des veräußernden Gesellschafters ist, welcher Grundbesitz sich im Gesellschaftsvermögen befindet, mit welchen Verbindlichkeiten der Grundbesitz belastet ist und ob und wenn ja, in welcher Höhe die GbR sonstige Verbindlichkeiten hat. Besteht ein verkörperter Gesellschaftsvertrag, ist er dem Käufer auszuhändigen.

61 Der Kaufvertrag über einen Gesellschaftsanteil in der Form des Gesellschafterwechsels spielt in der Vertragspraxis eine wachsende Rolle. Die Vertragsgestaltung ist anspruchsvoll. Auch wenn es in der Sache vielfach allein um den Verkauf eines oder mehrerer Grundstücke geht, scheidet die klassische Sicherung des Käufers durch Eintragung einer Vormerkung aus. Denn Kaufgegenstand ist nicht das Grundstück, sondern der Gesellschaftsanteil. Allerdings wird der gute Glaube an die Gesellschafterstellung der im Grundbuch eingetragenen Personen durch § 899a BGB geschützt (zu den etwaigen Grenzen des Gutglaubensschutzes s. Rn. 686 sowie *Schöner/Stöber* Rn. 4263 f.). Der Erwerber ist darauf hinzuweisen, dass er das **Gesellschaftsvermögen mit allen** (nicht nur mit den aus dem Grundbuch ersichtlichen) **Verbindlichkeiten** übernimmt. Diese Problematik hat an Brisanz gewonnen, seitdem der BGH **analog § 130 HGB** eine akzessorische, nicht disponible (§ 130 II BGB) Haftung des neuen Gesellschafters für Altverbindlichkeiten der Gesellschaft annimmt (*BGH* DNotZ 2003, 764 m. Anm. *Hasenkamp*; vgl. insbesondere *Ulmer* ZIP 2003, 1113). Daher sind zum Schutz des Erwerbers entsprechende **Garantien und Freistellungserklärungen des Veräußerers** erforderlich (ggf. Sicherung durch Bankbürgschaft etc.). Da § 925 II BGB keine Anwendung findet, sollte die Abtretung der Beteiligung bzw. die Änderung des Gesellschaftsvertrages im Interesse einer Zug-um-Zug Leistung in aller Regel unter der aufschiebenden Bedingung der Erfüllung der Gegenleistung (Zahlung des Kaufpreises, Genehmigung der Schuldübernahme etc.) erklärt bzw. vereinbart werden.

62 Zu den Fragen beim **Tod eines Gesellschafters** und der dann erforderlichen Grundbuchberichtigung vgl. *Schöner/Stöber* Rn. 4273 ff. (Berichtigungsbewilligung des Erben allein reicht nicht aus, vgl. *BayObLG* DNotZ 1998, 811).

63 Zu den bei Beteiligung einer GbR an einem Grundstückskaufvertrag (**Verkauf sowie Erwerb durch GbR**) auftretenden Fragen vgl. Rn. 683 ff.

d) Grunderwerbsteuer

64 Die Veräußerung eines GbR-Anteils ist **grundsätzlich nicht grunderwerbsteuerpflichtig**. Etwas anderes gilt nach § 1 II a GrEStG beim Übergang von mindestens 95 v. H. der Anteile einer Personengesellschaft innerhalb von fünf Jahren (vgl. auch § 9 III GrEStG;

vgl. *Stoschek* ZfIR 1999, 487 zur Grunderwerbbesteuerung von Beteiligungsverkäufen und Umwandlungen) sowie dann, wenn die Anteilsübertragung als Gestaltungsmissbrauch i.S.v. § 42 AO anzusehen ist (Steuerpflichtigkeit nach § 1 I Nr. 1 GrEStG; vgl. *BFH* NJW-RR 2012, 265 Tz. 14ff. sowie *Potsch* NZG 2012, 176). Ferner kann die Anteilsveräußerung zu einer Nachversteuerung führen, wenn die Immobilie innerhalb von fünf Jahren vor der Anteilsveräußerung unter Inanspruchnahme von § 5 GrEStG in die Gesamthand eingebracht worden ist (vgl. § 5 III GrEStG). Schließlich entsteht die Grunderwerbsteuer nach § 1 I Nr. 3 GrEStG, wenn durch die Anteilsübertragung eine Anteilsvereinigung in einer Hand und damit eine Anwachsung des Eigentums beim Alleingesellschafter eintritt. Eine steuerpflichtige Anteilsvereinigung i. S. v. § 1 III Nr. 1 und 2 GrEStG kann bei einer Personengesellschaft nur in Ausnahmekonstellationen auftreten, da „Anteile" i.d.S. nach Köpfen gezählt werden, nicht nach gesellschaftsrechtlichen Beteiligungsquoten (vgl. *BFH* DStR 1995, 1507). Diese Lücke, die sog. RETT-Blocker-Gestaltungen ermögliche, wurde nunmehr jedoch durch § 1 III a GrEStG geschlossen. Danach können mittelbare und unmittelbare Beteiligungen addiert und „durchgerechnet" werden. Ergibt sich, dass aufgrund eines Rechtsvorgangs ein Rechtsträger insgesamt zu mindestens 95% an einer grundstückshaltenden Gesellschaft beteiligt ist, löst dieser Vorgang Grunderwerbsteuer aus, vgl. dazu *Behrens* DStR 2013, 1405; gleichlautende Ländererlasse vom 9.10.2013, BStBl. I 802.

Das Grundbuchamt kann im Falle eines Gesellschafterwechsels gemäß § 22 I GrEStG 65
stets eine **Unbedenklichkeitsbescheinigung** verlangen, selbst wenn die Anteilsänderung weniger als 95 % der Anteile betrifft, es sei denn, es ist mit Sicherheit auszuschließen, dass ein Grunderwerbsteuer auslösender Erwerbsvorgang vorliegt (*OLG Jena* NZM 2011, 863f.; *OLG Frankfurt* MittBayNot 2006, 334, 335, jew. m.w.N.).

4. Renovierungspflicht

Ist Gegenstand des Kaufvertrages ein Altbau (eine Eigentumswohnung in einem Alt- 66
bau) und verpflichtet sich der Verkäufer zur Durchführung von Renovierungsarbeiten, gelten für den Kaufvertrag folgende Besonderheiten:

a) Mitbeurkundung der Baubeschreibung

Sind bei Abschluss des Vertrages die Renovierungsarbeiten noch nicht vollständig 67
durchgeführt, muss die Baubeschreibung als (verlesene) Anlage nach § 9 I 2 BeurkG mitbeurkundet werden, bei Grundrissänderungen sind auch die Baupläne beurkundungsbedürftig. Die Beurkundungspflicht besteht unabhängig davon, ob und inwieweit der Verkäufer (Bauträger) die geschuldete Werkleistung zum Zeitpunkt des Vertragsabschlusses tatsächlich ausgeführt hat (*BGH* DNotZ 2005, 467). Ein Verstoß führt zur Nichtigkeit des Kaufvertrages nach § 125 S. 1 BGB. Auch nach vollständiger Fertigstellung der Renovierungsarbeiten sind diese im Kaufvertrag (als Anlage) genau zu bezeichnen, wenn der Verkäufer seine Haftung für Sachmängel der Altbausubstanz ausschließen will, dagegen für Mängel der ausgeführten Arbeiten einzustehen hat bzw. die ihm zustehenden Rechte wegen Mängeln gegen die Handwerker an den Käufer abtritt.

b) Bezugsfertigkeit, Abnahme, Fertigstellungssicherheit

Zusätzliche Voraussetzung für die Fälligkeit des Kaufpreises ist die Bezugsfertigkeit 68
und die Abnahme der Renovierungsarbeiten ohne wesentliche Mängel durch den Käufer. Nach der Änderung der Verordnung über Abschlagszahlungen bei Bauträgerverträgen durch das Forderungssicherungsgesetz gilt diese auch für den **Umbau eines Hauses** oder eines vergleichbaren Bauwerks (§ 632a II BGB). Umbau meint die Umgestaltung eines vorhandenen Objektes mit wesentlichen Eingriffen in Konstruktion oder Bestand. Liegen diese Voraussetzungen vor, hat der Bauträger nach § 632a III BGB bei Verbraucherver-

tragen eine Fertigstellungssicherheit in Höhe von 5 % des Vergütungsanspruchs zu leisten, und zwar bereits bei der ersten Abschlagszahlung (DNotI-Report 2009, 1). Näher zur Abschlagszahlung s. A II. Rn. 78a. Beschränken sich die Renovierungsarbeiten auf einzelne Leistungen, z. B. Anstrich, Verlegen von Teppichboden u. ä., finden weder die MaBV noch das Erfordernis einer Fertigstellungssicherheit Anwendung. Die Zahlung des Kaufpreises kann in zwei Raten erfolgen, wobei die zweite Rate, deren Höhe dem Kostenaufwand für die Renovierungsarbeiten entspricht, erst nach Abnahme dieser Arbeiten zu zahlen ist. Der Ratenplan und das Erfordernis der Fertigstellungssicherheit gelten nicht, wenn Gegenstand des Vertrages die bereits umgebaute, modernisierte oder renovierte Wohnung ist, also die Arbeiten abgeschlossen sind und vom Käufer ohne wesentliche Mängel abgenommen wurden (vgl. DNotI-Report 2011, 133).

c) Rechte des Käufers bei Sachmängeln

69   Bei der Frage eines Haftungsausschlusses des Verkäufers für Sachmängel betritt der Notar ein „vermintes Terrain". Das gilt sowohl beim Verkauf bereits renovierter als auch noch zu renovierender Altbauobjekte durch einen Unternehmer an einen Verbraucher und – wenngleich in etwas geringerem Maße – ebenfalls beim Verkauf von einem Verbraucher an einen Verbraucher im Wege einer individualvertraglichen Vereinbarung.

70   **aa) Inhaltskontrolle beim Formular- bzw. Verbrauchervertrag.** Der Formular- oder Verbrauchervertrag (§ 305 I bzw. § 310 III BGB) unterliegt der Inhaltskontrolle nach §§ 305 ff. BGB. Aufgrund des Verbots der geltungserhaltenden Reduktion hat die Teilunwirksamkeit einer Haftungsbeschränkung grundsätzlich die Gesamtunwirksamkeit der betreffenden Klausel zur Folge (vgl. BGH NJW 2013, 2584; 2010, 1131; 2007, 3774), was regelmäßig mit einem erheblichen Eingriff in die vertraglich vereinbarte Parität von Leistung und Gegenleistung verbunden ist. Folglich ist besondere Sorgfalt bei der Formulierung einer formularmäßigen Haftungsbeschränkung geboten.

71   Bei der Veräußerung von Grundstücken mit Altbauten ohne Herstellungsverpflichtung des Veräußerers findet zwar § 309 Nr. 8a BGB keine Anwendung. Allerdings sollte in jedem Fall das allgemeine **Klauselverbot des § 309 Nr. 7 BGB** beachtet werden. Die jüngere höchstrichterliche Rechtsprechung illustriert, dass es der BGH mit der peinlichen Beachtung der Vorgaben durch § 309 Nr. 7 BGB nach wie vor ernst meint (BGH NJW 2013, 2502; 2013, 2584). Allerdings genügt eine **schlagwortartige Bezeichnung** der nicht von der Haftungsbegrenzung erfassten Schäden i. S. v. § 309 Nr. 7a und b BGB. Wie bereits erörtert, ist noch nicht abschließend geklärt, ob es bei dem Verkauf einer gebrauchten Immobilie einer Rückausnahme für die **Verletzung von Kardinalpflichten** bedarf (§ 307 II Nr. 2, s. Rn. 46 f. mit Formulierungsvorschlag).

72   Demgegenüber haftet der **Verkäufer eines Altbaus oder einer Altbauwohnung** für Sachmängel der gesamten Bausubstanz, also auch der Altbausubstanz, nach Werkvertragsrecht, wenn er vertraglich **Bauleistungen** übernommen hat, die insgesamt **nach Umfang und Bedeutung Neubauarbeiten vergleichbar** sind (BGH DNotZ 2006, 280). Dies gilt etwa beim Verkauf einer Eigentumswohnung in einem Altbau, der vollkommen modernisiert und umgebaut worden ist und den Käufern als „Neubau hinter historischer Fassade" angeboten wurde. Die fünfjährige werkvertragliche Verjährungsfrist kann nicht verkürzt werden (§ 309 Nr. 8b ff. BGB). Der Veräußerer eines nach Umfang und Bedeutung einer Neuherstellung gleichkommenden sanierten Altbaus haftet selbst dann nach Werkvertragsrecht (auch für die Altbausubstanz), wenn die geschuldeten Bauleistungen bei Abschluss des Vertrages bereits erbracht sind (BGH DNotZ 2005, 464; 2006, 280). Dagegen gelten die **Klauselverbote des § 309 Nr. 8b BGB**, die eine „neu hergestellte Sache" voraussetzen, nicht, wenn die vom Veräußerer übernommene Herstellungsverpflichtung nach Umfang und Bedeutung Neubauarbeiten nicht vergleichbar ist. Soweit die Herstellungsverpflichtung verletzt ist, findet Werkvertragsrecht Anwendung; ist das nicht der Fall, also im Hinblick auf die unveränderte Altbausubstanz, gelten die kauf-

rechtrechtlichen Vorschriften (*BGH* DNotZ 2006, 280, 281). Der Anspruch des Käufers auf Beseitigung des Mangels nach § 439 I BGB und auf Minderung des Kaufpreises bei Fehlschlagen der Nacherfüllung kann nicht ausgeschlossen werden, wohl aber das Recht, vom Kaufvertrag insgesamt zurückzutreten (§ 309 Nr. 8b) bb) BGB). Die Verjährungsfrist für diese Ansprüche beträgt fünf Jahre (§ 438 I Nr. 2a) BGB).

bb) Inhaltskontrolle beim Individualvertrag. Gerade im C2C-Verkehr wird der Anwendungsbereich der §§ 305 ff. BGB bei Verwendung eines notariellen Vertragsmusters vielfach nicht eröffnet sein und demzufolge auch eine Inhaltskontrolle anhand der §§ 307–309 BGB ausscheiden. Bei Kaufverträgen über neu errichtete Immobilien ist insoweit allerdings zu beachten, dass im Einzelfall eine Inhaltskontrolle der Klauseln betreffend den Sachmängelgewährleistungsausschluss unter Rückgriff auf § 242 BGB in Betracht kommt. So wird nach Ansicht der Rechtsprechung der – i. d. R. auf Vorschlag des Notars – in den **Kaufvertrag über ein neu errichtetes oder so zu behandelndes Gebäude** aufgenommene **formelhafte** (also nicht auf den konkreten Einzelfall zugeschnittene) **Ausschluss der Sachmängelgewährleistung im Individualvertrag** als unwirksam angesehen, wenn die Haftungsfreizeichnung nicht mit dem Erwerber unter ausführlicher Belehrung über die einschneidenden Rechtsfolgen eingehend erörtert wurde (*BGH* DNotZ 2007, 822 m.w.N.). Begründet wird diese auf Treu und Glauben gestützte Inhaltskontrolle mit einem besonderen Schutzbedürfnis beim Erwerb neu errichteter Immobilien (Arg.: einschneidende Rechtsfolge eines Gewährleistungsausschlusses, da erhebliche Vermögenswerte betroffen). Dem lässt sich freilich entgegenhalten, dass außerhalb des Anwendungsbereichs der §§ 309 Nr. 8, 307 (ggf. i. V. m. § 310 III Nr. 1 bzw. Nr. 2) BGB keine Rechtfertigung für eine derart weitreichende, erheblich in die Vertragsparität eingreifende Inhaltskontrolle besteht, zumal unklar ist, weshalb der Verkäufer die Beweislast für eine ausführliche Belehrung des Notars über die Problematik der Freizeichnungsklausel tragen sollte (*Brambring* MittBayNot 2012, 483, 484; *Krauß* DNotZ 2012, 133 f.).

Die BGH-Rechtsprechung, die keine Anwendung findet, wenn die vom Verkäufer geschuldete Bauleistung nach Umfang und Bedeutung Neubauarbeiten nicht vergleichbar ist, wurde jüngst vom *OLG Köln* aufgegriffen, das eine verhältnismäßig strenge Betrachtungsweise an den Tag gelegt hat. So sollen abstrakt formulierte Belehrungshinweise („Abtretung der Gewährleistungsansprüche gegen Handwerker", „bei Mängeln müssen diese direkt in Anspruch genommen werden") nicht genügen. Vielmehr sei der **Käufer explizit auf** den **Ausschluss der Haftung** des Verkäufers und die **daraus resultierenden Risiken hinzuweisen,** insbesondere darauf, dass gerade keine Haftungsbündelung beim Verkäufer stattfindet, niemand für Planungsfehler des Verkäufers haftet und der Erwerber das Risiko der Leistungsunfähigkeit der Handwerker trägt. Der Käufer müsse sich Kenntnis von den relevanten Vertragsverhältnissen zu den Handwerkern verschaffen können (u. a. Abnahmezeitpunkt, Mängelrügen, Nacherfüllungsverlangen). Zudem sei ihm eine Besichtigung und ggf. die Beauftragung eines Gutachters zu empfehlen (*OLG Köln* DNotZ 2012, 126).

Hat der Verkäufer vertraglich Bauleistungen übernommen, die insgesamt nach Umfang und Bedeutung Neubauarbeiten vergleichbar sind, haftet er bei Unwirksamkeit des Gewährleistungsausschlusses nicht nur für die ausgeführten Umbauarbeiten, sondern auch für die in diesem Bereich vorhandene Altbausubstanz nach Werkvertragsrecht. Allerdings können die Rechte und Ansprüche des Käufers wegen eines Mangels der unberührt gebliebenen Altbausubstanz im Individualvertrag ausgeschlossen werden. Eine notarielle Belehrung über Umfang und Bedeutung des Gewährleistungsausschlusses ist selbst dann nicht Voraussetzung für die Wirksamkeit des Gewährleistungsausschlusses, wenn dieser in einer formelhaften Klausel enthalten ist (*BGH* DNotZ 2006, 280 m. Anm. *Blank*).

76 | **Formulierungsbeispiel: Verkauf einer Altbauwohnung mit Renovierungspflicht im Verbrauchervertrag (AGB-Konstellation)**

> Der Verkäufer verpflichtet sich, auf seine Kosten bis zum ... die Arbeiten in der verkauften Wohnung fachgerecht auszuführen, die in der der Niederschrift als Anlage beigefügten Baubeschreibung im Einzelnen bezeichnet sind.
> Der Verkäufer teilt dem Käufer die Fertigstellung dieser Arbeiten und den Termin zur Abnahme mit einer Frist von 10 Werktagen schriftlich mit. Zu diesem Termin findet eine Besichtigung der Wohnung statt. Etwaige Mängel oder noch auszuführende Restarbeiten sind (auch wenn insoweit kein Einvernehmen besteht) in einem Abnahmeprotokoll schriftlich festzulegen, das vom Verkäufer und vom Käufer zu unterzeichnen ist. Die in dem Abnahmeprotokoll aufgeführten Restarbeiten oder Baumängel hat der Verkäufer innerhalb einer im Protokoll festgelegten angemessenen Frist auszuführen bzw. zu beseitigen. Verkäufer und Käufer sind berechtigt, zur Abnahme einen Bausachverständigen auf eigene Kosten hinzuzuziehen.
> *(Die Kaufpreisfälligkeitsvoraussetzungen sind zu ergänzen um die Abnahme der Renovierungsarbeiten durch den Käufer.)*
> Bei Mängeln der Renovierungsarbeiten, die erst nach der Abnahme auftreten, stehen dem Käufer die Rechte nach den gesetzlichen Vorschriften für den Werkvertrag zu. Das Recht des Käufers, wegen des Mangels der Renovierungsarbeiten vom Kaufvertrag insgesamt zurückzutreten, wird ausgeschlossen. Die Verjährungsfrist beträgt 5 Jahre, gerechnet vom Zeitpunkt der Abnahme.
> Die Rechte des Käufers wegen eines Mangels der Altbausubstanz der Wohnung und des gemeinschaftlichen Eigentums sind ausgeschlossen. Der Käufer hat das Kaufobjekt besichtigt, er kauft es im gegenwärtigen, altersbedingten Zustand. Der Verkäufer versichert, dass ihm versteckte Mängel nicht bekannt sind. Schadensersatzansprüche des Käufers wegen eines Sachmangels sind ausgeschlossen. Ausgenommen sind Ansprüche auf Schadensersatz aus der Verletzung des Lebens, des Körpers oder der Gesundheit, wenn der Verkäufer die Pflichtverletzung zu vertreten hat, und auf Ersatz sonstiger Schäden, die auf einer vorsätzlichen oder grob fahrlässigen Pflichtverletzung des Verkäufers beruhen. Einer Pflichtverletzung des Verkäufers steht die eines gesetzlichen Vertreters oder Erfüllungsgehilfen gleich. *(alternative Fassung des letzten Absatzes betreffend die Altbausubstanz unter Berücksichtigung von § 307 II Nr. 2 BGB vgl. Rn. 46 f.).*

77 Verkauft ein Verbraucher ein Neubauobjekt, das er vom Bauträger erworben hat, und sind seine Rechte wegen eines Sachmangels bislang nicht verjährt, hat er die ihm zustehenden Rechte an den Käufer abzutreten.

78 | **Formulierungsbeispiel: Verkauf eines Neubauobjekts: Haftungsausschluss und Abtretung der Gewährleistungsansprüche (Individualvertrag)**

> Der Verkäufer erklärt, dass er das Wohnungseigentum von der ... Bauträgergesellschaft mbH mit Sitz in ... gekauft hat. Die Abnahme des Sondereigentums ist am ..., die Abnahme des gemeinschaftlichen Eigentums ist am ... erfolgt. Dem Verkäufer stehen wegen Sachmängeln des Bauwerks Rechte und Ansprüche nach Werkvertragsrecht zu. Die Verjährungsfrist beträgt 5 Jahre vom Zeitpunkt der jeweiligen Abnahme an.
> Der Verkäufer tritt die ihm zustehenden Rechte und Ansprüche wegen eines Sachmangels gegen die ... Bauträgergesellschaft mbH an den dies annehmenden Käufer ab mit der Verpflichtung, den Käufer bei der Geltendmachung seiner Ansprüche zu unterstützen. Die Abtretung erfolgt aufschiebend bedingt mit Zahlung des geschuldeten Kaufpreises, spätestens aber mit Eigentumsübergang.
> Die Rechte des Käufers gegen den Verkäufer wegen eines Sachmangels sind ausgeschlossen. Dies gilt auch für alle Ansprüche auf Schadensersatz, es sei denn der Verkäufer handelt vorsätzlich.

2. Teil. Allgemeine Fragen des Grundstückskaufvertrages A I

▼ Fortsetzung: **Formulierungsbeispiel: Verkauf eines Neubauobjekts: Haftungsausschluss und Abtretung der Gewährleistungsansprüche (Individualvertrag)**

Der Käufer hat das Kaufobjekt besichtigt, er kauft es im gegenwärtigen Zustand. Der Verkäufer versichert, dass ihm versteckte Mängel nicht bekannt sind und Mängel bislang nicht aufgetreten sind.
Der Notar hat den Käufer darüber belehrt, dass ihm aufgrund dieser Vereinbarung bei einem Sachmangel der gekauften Eigentumswohnung keine Ansprüche gegen den Verkäufer zustehen, in Ermangelung einer derartigen Haftungsbündelung niemand für Planungsfehler des Verkäufers haftet und der Käufer zudem Mängel auf eigene Kosten zu beseitigen hat, wenn die abgetretenen Ansprüche gegen den Bauträger nicht durchgesetzt werden können. Der Verkäufer versichert, dass ihm nichts bekannt ist, was der Durchsetzung der Ansprüche gegen den Bauträger entgegensteht. Der Notar hat dem Käufer geraten, sich Kenntnis von den Vertragsverhältnissen zu den beteiligten Werkunternehmern zu verschaffen (u. a. Abnahmezeitpunkt, Mängelrügen, Nacherfüllungsverlangen), und darauf hingewiesen, dass sich ggf. die Beauftragung eines Gutachters empfiehlt.

Eine ähnliche vertragliche Regelung ist zu wählen, wenn der Verkäufer das Haus als 79 sein „eigener Bauherr" gebaut oder Renovierungsarbeiten im Altbau durchgeführt hat und ihm insoweit Ansprüche gegen die Bauhandwerker oder sonstige am Bau beteiligte Dritte zustehen.

III. Kaufpreis und Kaufpreisfälligkeit

1. Festpreis und Steuerfragen

Beim Verkauf eines Grundstücks wird der Kaufpreis in der Regel als **Festpreis** in EUR 80 vereinbart. Nur wenn Zweifel an der Richtigkeit der im Grundbuch eingetragenen Flächengröße bestehen und eine Neuvermessung des Grundstücks erfolgen soll, kann es ausnahmsweise richtig sein, einen Quadratmeter-Preis zu vereinbaren. Eine Garantie für die Richtigkeit der im Grundbuch angegebenen Grundstücksgröße kann der Verkäufer nicht übernehmen; der Käufer kann sie auch nicht erwarten. Ebenso selten sind (bei Bestandsobjekten, im Unterschied zu neu zu errichtenden Bauwerken) Klauseln, die eine Kaufpreisanpassung im Falle einer Abweichung der tatsächlich festgestellten Wohn-/Nutzfläche von der Angegebenen bzw. als Sollbeschaffenheit Vereinbarten vorsehen.

Bei Bauplatzflächen setzt sich die Gegenleistung mitunter aus einem „Basiskaufpreis" 81 und einer „Erhöhungskomponente" zusammen, die vom künftig zugelassenen Maß der baulichen Nutzung (Geschossflächenzahl oder Grundflächenzahl) bzw. den Festsetzungen des künftigen Bebauungsplans (Mischgebiet, Gewerbegebiet etc.) abhängt. Je nach der erwarteten zeitlichen Dauer bis zum Feststehen des Erhöhungsanteils kann entweder die Eigentumsumschreibung zurückgehalten werden, oder es findet, bei Auflassungsvollzug nach Zahlung des Basiskaufpreises, eine der in Rn. 741 ff. erläuterten Techniken der Absicherung des Verkäufers bei vorzeitiger Umschreibung Anwendung. Der endgültig geschuldete Kaufpreis wird in einer von beiden Beteiligten zu unterzeichnenden Nachtragsbeurkundung festgestellt.

Beim Verkauf einer noch zu vermessenden **Teilfläche** wird dagegen in der Regel zu- 82 nächst nur ein vorläufiger Kaufpreis fällig gestellt; nach der Messungsanerkennung erfolgt dann die Anpassung. Eine zu hohe oder geringe, vor allem nicht auf einen Vermessungsingenieur oder genaues Kartenmaterial zurückgehende, Schätzung kann dabei zu ungesicherten Vorleistungen des Käufers oder Verkäufers führen.

Wird ein **unrichtiger Kaufpreis** angegeben, ist der beurkundete Kaufvertrag nach 83 § 117 I BGB nichtig, der wirklich gewollte Vertrag wegen Formmangels nach § 125 BGB ungültig; letzterer wird jedoch durch Eintragung geheilt, es sei denn, zur Wirksamkeit waren behördliche oder gerichtliche Genehmigungen (z. B. des Betreuungsgerichts) erforderlich, da sich diese nicht auf das eigentlich gewollte Rechtsgeschäft, sondern auf das zur Genehmigung eingereichte „Scheinrechtsgeschäft" bezogen (Ausnahme: § 7 III GrdStVG). Erfährt der Notar von der Absicht, einen „Schwarzkauf" zu schließen, hat er nach § 4 BeurkG die Beurkundung abzulehnen bzw. später den Vollzug zu suspendieren (*BayObLG* DNotZ 1998, 646).

84 Zum „**Mietkauf**" in der notariellen Praxis *Hügel/Salzig*, Mietkauf und andere Formen des Grundstücks-Ratenkaufs, 2. Aufl. 2010; *Salzig* MittBayNot 2008, 341 ff. und 446 ff. In der Regel handelt es sich um einen Mietvertrag mit Ankaufsoption, unter (teilweiser) Anrechnung des gezahlten Mietzinses auf den Kaufpreis. Ist der Vermieter/Verkäufer Unternehmer, liegt eine entgeltliche sonstige Finanzierungshilfe i. S. d. § 506 I Alt. 2 BGB vor. Seit 11.6.2010 gelten auch bei notarieller Beurkundung gem. § 506 I BGB die §§ 358 bis 359a sowie die §§ 491a bis 502 BGB (bis auf § 492 IV BGB) uneingeschränkt, vgl. hierzu *Krauß* Rn. 11 ff. Häufig verbindet sich hinter der laienhaften Bezeichnung „Mietkauf" allerdings auch ein Kauf auf Ratenzahlung.

85 Hat der Käufer vor Abschluss des Vertrages bereits eine **Vorauszahlung** auf den Kaufpreis geleistet, so ist die Abrede, diese Zahlung auf den Kaufpreis anzurechnen, beurkundungsbedürftig (*BGH* DNotZ 1983, 232; 1984, 236; 1986, 265). Dies gilt auch für eine Vereinbarung, dass der Kaufpreis durch „Verrechnung" mit bestimmten Forderungen des Käufers erbracht werden soll. Die Formnichtigkeit einer Verrechnungsabrede lässt die Wirksamkeit des übrigen Kaufvertrages unberührt, wenn der Käufer die Belegung des Kaufpreises zu beweisen vermag (*BGH* DNotZ 2000, 931 m. Anm. *Kanzleiter*). Haben die Vertragsparteien sich nur darüber geeinigt, dass der Kaufpreis in bestimmter Höhe durch Verrechnung erbracht werden soll, nicht auch darüber, welche der in Betracht kommenden bestrittenen Gegenforderungen zur Tilgung verwandt werden soll, ist der Vertrag im Zweifel nicht geschlossen (*BGH* MittBayNot 1999, 371).

86 Nach § 317 BGB kann die Bestimmung der Leistung, also auch die Höhe des Kaufpreises, einem Dritten überlassen werden. Die Vereinbarung eines solchen **Bestimmungsrechts** muss als Inhalt des Kaufvertrages beurkundet werden (*BGH* NJW 1986, 845). Die Bestimmungsbefugnis muss im Vertrag genügend abgegrenzt und darf nicht in einem Ausmaß vorbehalten sein, dass ihre Tragweite und damit die von den Parteien gewollte Bindungswirkung der zu treffenden Leistungsbestimmung selbst nicht mehr bestimmbar sind. Dies kommt in Betracht beim Abschluss eines Vorvertrages oder der Vereinbarung eines Ankaufsrechts, wenn der Abschluss des Hauptvertrages erst nach Ablauf einer mehrjährigen Frist verlangt bzw. das Ankaufsrecht ausgeübt werden kann. Die Ermittlung des seinerzeitigen Verkehrswerts wird einem Grundstückssachverständigen oder dem Gutachterausschuss als Schiedsgutachter übertragen.

87 Aus **steuerlichen Gründen** wird häufig eine Zerlegung des Kaufpreises in einen (nicht abschreibbaren) Anteil für das Grundstück und einen Anteil für das Gebäude gewünscht. Diese Festlegung ist für das Finanzamt nicht verbindlich. Richtig ist dagegen die Ausweisung des Kaufpreisanteils, der auf die mitverkauften beweglichen Gegenstände (Küche, Mobiliar, Photovoltaikanlage etc.), auf mitverkaufte Genehmigungen und Konzessionen sowie auf den übergehenden Anteil an der WEG-Instandhaltungsanlage entfällt, da diese nicht grunderwerbsteuerpflichtig sind (§ 2 I GrEStG). Die Grundbuchgebühren für die Eintragung der Vormerkung und die Umschreibung sind nur aus dem Grundstückswert zu entnehmen. Die notariellen Vollzugs- und Betreuungsgebühren richten sich allerdings seit 1.8.2013 nach dem Gesamtgeschäftswert des zugrundeliegenden Beurkundungsverfahrens (§ 112 S. 1 GNotKG).

88 Grundsätzlich schließen sich **Umsatzsteuer** und Grunderwerbsteuer aus (§ 4 Nr. 9a UStG). Mit Wirkung vom 1.4.2004 wurde der Anwendungsbereich des § 13b UStG auf alle Umsätze ausgedehnt, die unter das Grunderwerbsteuergesetz fallen (also nicht für Kaufpreisteile, die auf Inventar oder Betriebsvorrichtungen entfallen). Nach § 9 I UStG

kann allerdings der Unternehmer als Verkäufer eines Grundstücks auf die Umsatzsteuerbefreiung verzichten und den Umsatz als steuerpflichtig behandeln, wenn der Verkauf an einen anderen Unternehmer für dessen Unternehmen ausgeführt wird. Dies empfiehlt sich (sofern die Voraussetzungen hierfür vorliegen) aus Sicht des Verkäufers, um der sonst möglicherweise drohenden **Vorsteuerberichtigung** (10-Jahres-Zeitraum des § 15a UStG) zu entgehen. Aus Sicht des Käufers ist die Vereinbarung der Option grundsätzlich ratsam, wenn er steuerpflichtige Ausgangsumsätze zu erbringen beabsichtigt und deswegen zum Vorsteuerabzug berechtigt ist – allerdings setzt er ab dem Zeitpunkt der erstmaligen Verwendung des Grundstücks einen eigenständigen zehnjährigen Berichtigungszeitraum in Gang, von dem er nicht weiß, ob er ihn einhalten können wird (Bsp.: spätere Vermietung an einen Arzt – § 9 II UStG steht der Fortführung der kraft Option umsatzsteuerpflichtigen Vermietung entgegen; spätere Veräußerung der Immobilie, bei der es ihm nicht gelingt, eine neuerliche Option zur Umsatzsteuer in Bezug auf den Verkauf zu vereinbaren). Die Optionsausübung in Bezug auf künftige Vermietungen steht dem Erwerber selbstverständlich auch zur Verfügung, wenn der „Eingangsumsatz Immobilienerwerb", wie im Gesetz vorgesehen, umsatzsteuerfrei, also ohne diesbezügliche Option, erfolgte.

Nach § 9 III 2 UStG ist die Option zwingend in dem notariell zu beurkundenden Vertrag oder einer notariell zu beurkundenden Vertragsergänzung oder -änderung zu erklären (*BMF* DStR 2004, 682). Nach § 13b I 1 Nr. 3 UStG gilt nun die Steuerschuldnerschaft des Käufers als Leistungsempfänger bei allen umsatzsteuerpflichtigen Umsätzen, die unter das Grunderwerbsteuergesetz fallen (zu diesen Vorschriften und ihrer Bedeutung für den Notar vgl. *Hipler* ZNotP 2004, 222; *Schubert* MittBayNot 2004, 237 – jeweils mit Formulierungsvorschlägen; *Woinar* NotBZ 2004, 249). Die Grunderwerbsteuer, die der Käufer eines Grundstücks vereinbarungsgemäß zahlt, erhöht nicht die Bemessungsgrundlage der Umsatzsteuer (*BMF* BStBl. 2007 I 716; *BFH* NotBZ 2006, 329; *Gottwald* NotBZ 2006, 307); auch umgekehrt erhöht die vom Käufer direkt an sein FA abzuführende Umsatzsteuer (§ 13b II Nr. 3, V 1 UStG) nicht (mehr) die grunderwerbsteuerpflichtige Gegenleistung (*Gottwald* MittBayNot 2008, 187; *FinMin Baden-Württemberg* DStR 2004, 1432). Der Verzicht auf die Umsatzsteuerbefreiung erhöht gemäß § 110 Nr. 2c) GNotKG die Bemessungsgrundlage für die Notargebühren; die Grundbuchkosten richteten sich seit jeher nach dem Bruttobetrag (*OLG Celle* NJW-Spezial 2005, 533).

Die Umsatzsteuer muss immer vom Käufer gezahlt werden, der zugleich Vorsteuervergütungsberechtigter ist, wenn er das Grundstück für steuerpflichtige Umsätze verwendet. Der Verkäufer muss Unternehmer i. S. v. § 2 UStG sein und die Grundstücksveräußerung im Rahmen seines Unternehmens ausführen. Der Käufer muss ebenfalls die Unternehmereigenschaft besitzen und das Grundstück für sein Unternehmen erwerben. Ferner darf keine **Geschäftsveräußerung im Ganzen** nach § 1 I a UStG vorliegen, da es in diesem Fall schon an einem steuerbaren Umsatz fehlt. Während die Veräußerung eines umsatzsteuerpflichtig vermieteten Grundstücks aus dem Anlagevermögen nahezu immer eine Geschäftsveräußerung darstellen wird (*BFH* DStR 2004, 1126 und DStR 2005, 1226; *Klein* DStR 2005, 1963), ist die Veräußerung eines eigenbetrieblich (ggf. auch im Rahmen einer Betriebsaufspaltung) genutzten Grundstücks bei Fortbestehen des Geschäfts im Übrigen eine schlichte, grds. steuerbare Immobilienlieferung. Liegen (auch unerkannt) die Voraussetzungen einer Geschäftsveräußerung im Ganzen vor, geht eine gleichwohl etwa erklärte „Option" ins Leere. Etwa zu Unrecht für die Veräußerung gezogene Vorsteuer ist zwischen Käufer und FA rückabzuwickeln. Der Vorsteuerberichtigungszeitraum des Verkäufers wird durch den Geschäftserwerber fortgeführt (§ 15a X UStG), sodass bei der künftigen Verwendung für steuerfreie Umsätze der Käufer auch diejenigen Vorsteuererstattungen zeitabschnittsweise zu berichtigen hat, die der Verkäufer rückwirkend bis zu (insgesamt) zehn Jahre erhalten hat. Ferner kann § 75 AO zu einer Haftung führen.

> **Praxishinweis Steuern:**
>
> Ist bei Abschluss des Vertrages noch ungewiss, ob die Transaktion vom Finanzamt als Geschäftsveräußerung im Ganzen anerkannt wird, kann ggf. vorsorglich eine Umsatzsteueroption in die Urkunde aufgenommen werden (BMF-Schreiben vom 23.10.2013, DStR 2013, 2345). Die Option gilt dann als bereits mit Vertragsschluss wirksam ausgeübt, wenn sie ausdrücklich „vorsorglich und im Übrigen unbedingt" erklärt ist. Demgegenüber ist eine nachträgliche Option zum einen nur in der Form des § 9 III 2 UStG (Nachtrag zum Kaufvertrag) möglich (BMF-Schreiben vom 31.3.2004, DStR 2004, 682), zum anderen kann sie nach Bestandskraft der Umsatzsteuer-Jahresfestsetzung des Verkäufers (*BFH* DStR 2006, 466), also Ablauf der einmonatigen Rechtsbehelfsfrist hiergegen, § 355 I 2 AO, nicht mehr vorgenommen werden, Abschn. 9.1 III 1 UStAE (*BFH* DStR 2009, 366).

91 Der Notar ist nicht steuerlicher Berater der Beteiligten, er sollte daher auch keine Belehrungsvermerke in die Urkunde aufnehmen (so aber *Holthausen-Dux* a. a. O.), sondern die entsprechenden Erklärungen der Beteiligten, die sie nach einer vorangegangenen steuerlichen Beratung abgeben.

92 **Formulierungsbeispiel: Umsatzsteueroption**

> Der Kaufpreis beträgt EUR ... (in Worten: EUR ...).
> Hiervon entfallen ... EUR auf das Grundstück mit Gebäude und ... EUR auf das mitverkaufte Inventar.
> Der Verkäufer verzichtet hiermit gemäß § 9 UStG auf die Steuerbefreiung nach § 4 Nr. 9a UStG und optiert hinsichtlich des Verkaufs des Grundbesitzes zur Umsatzsteuer und verpflichtet sich, diese Option nicht zu widerrufen.
> Der Verkäufer garantiert, dass er den Grundbesitz als Unternehmer i. S. v. § 2 UStG verkauft. Der Käufer garantiert, dass er den Grundbesitz als Unternehmer für sein Unternehmen verwendet. Die Beteiligten gehen übereinstimmend davon aus, dass keine Betriebsveräußerung i. S. v. § 1 Ia UStG vorliegt.
> Die Beteiligten stellen ausdrücklich klar, dass dieser Vertrag noch keine Rechnung darstellt. Der Verkäufer verpflichtet sich – jedoch nicht vor Besitzübergang – gem. § 14a V UStG eine Rechnung mit den in § 14 IV UStG genannten Angaben (z. B. Steuer- und Rechnungsnummer), allerdings ohne getrennten Steuerausweis, zu stellen. In der Rechnung ist auf die Steuerschuldnerschaft des Käufers zur Zahlung der Umsatzsteuer hinzuweisen.
> Der Verkäufer garantiert, dass der Verkauf des Inventars umsatzsteuerpflichtig ist. Über die hierauf entfallende Umsatzsteuer wird der Verkäufer dem Käufer unverzüglich nach vollständiger Kaufpreiszahlung eine ordnungsgemäße Rechnung ausstellen.
> Der Notar hat über die steuerlichen Fragen nicht belehrt und den Beteiligten die Beratung durch einen Steuerberater empfohlen.

2. Kaufpreisfälligkeit

93 Beim Grundstückskaufvertrag ist ein Leistungsaustausch Zug-um-Zug (§ 320 BGB) anders als beim Kauf beweglicher Sachen gegen Barzahlung nicht durchführbar, weil zur Übertragung des Eigentums an einem Grundstück die Eintragung der Rechtsänderung in das Grundbuch erforderlich ist. Im Sicherungsinteresse des Verkäufers erfolgt die Kaufpreiszahlung vor Beantragung der Eigentumsumschreibung. Da mithin der Käufer vorleistungspflichtig ist, müssen die Voraussetzungen für die Fälligkeit des Kaufpreises im Vertrag so geregelt werden, dass seine Ansprüche auf das Eigentum und den Besitz bestmöglich gesichert sind.

2. Teil. Allgemeine Fragen des Grundstückskaufvertrages

Checkliste der Kaufpreisfälligkeitsvoraussetzungen

(1) Eintragung einer Vormerkung zur Sicherung des Anspruchs des Käufers auf Eigentumsübertragung:
Sie ist grundsätzlich unverzichtbar. Der Notar hat bei der Beurkundung eines Grundstückskaufvertrages über die Sicherung des Eigentumserwerbs durch Auflassungs-(Eigentumserwerbs-)Vormerkung zu belehren (*BGH* DNotZ 1989, 449). Die Sicherheit aus abgetretener Vormerkung („Kettenkaufvertrag") ist der einer originär bewilligten und eingetragenen Vormerkung nicht gleichwertig (*BGH* DNotZ 2007, 360 m. Anm. *Kesseler*; *Krauß* Rn. 915 ff.).
Da sich der Notar bei Stellung des Antrags auf Eintragung der Vormerkung nicht immer zuverlässig davon überzeugen kann, ob unerledigte Zwischenanträge vorliegen, sollte im Vertrag auf die (rangrichtige) Eintragung der Vormerkung und nicht auf die Antragstellung abgestellt werden.

(2) Rechtswirksamkeit des Vertrages, d. h. Eingang aller erforderlichen Genehmigungen beim Notar, insbesondere
– Genehmigungen nach öffentlichem Recht;
– Genehmigung eines vollmachtlos vertretenen Vertragsteils;
– sonstige erforderliche Genehmigungen, insbesondere des Verwalters bei Verkauf von Wohnungseigentum, des Grundstückseigentümers bei Verkauf eines Erbbaurechts;
– die Genehmigung des Familien- oder Betreuungsgerichts.
Die Unbedenklichkeitsbescheinigung des Finanzamtes ist keine zur Rechtswirksamkeit des Vertrages erforderliche Genehmigung. Von ihrem Eingang darf die Kaufpreisfälligkeit nicht abhängig gemacht werden (*OLG Hamm* DNotZ 1992, 821), da es der Käufer sonst in der Hand hätte, durch Nichtzahlung der Grunderwerbsteuer die Fälligkeit hinauszuschieben.

(3) Nachweis des Nichtbestehens oder der Nichtausübung des Vorkaufsrechts
– nach Baugesetzbuch durch Zeugnis der Gemeinde („Negativattest");
– beim dinglichen Vorkaufsrecht nach § 1094 BGB und beim Vorkaufsrecht des Mieters nach § 577 BGB: Verzicht des Berechtigten oder Ablauf der Frist;

(4) Freistellung des Grundstücks von allen eingetragenen und vom Käufer nicht übernommenen Belastungen (*BGH* DNotZ 1995, 406; *Schaal* RNotZ 2008, 569; *Krauß* Rn. 1124–1232):
– Eingang der Löschungsunterlagen beim Notar (bei einem Briefrecht samt des Briefs);
– entweder auflagenfrei oder aber mit Treuhandauflagen, die aus dem Kaufpreis erfüllbar sind: die Ablösebeträge dürfen nicht höher als der Kaufpreis sein;
– bei Gesamtgrundpfandrechten statt Löschungsbewilligung Pfandfreigabeerklärung;
– bei Verkauf einer noch zu vermessenden Teilfläche unwiderrufliches Freigabeversprechen des Gläubigers.

(5) Neben diesen Fälligkeitsvoraussetzungen können im Einzelfall weitere für den Käufer unverzichtbar sein, die jedoch nicht vom Notar überwacht und bescheinigt werden, insbesondere
– bei Verkauf von Bauland Klärung der Bebaubarkeit (Bauvoranfrage, Baugenehmigung etc.);
– Räumung des verkauften Hauses/der Eigentumswohnung durch den Verkäufer;
– Auszug des Mieters aus dem verkauften Haus/der Eigentumswohnung;
– Abnahme der vom Verkäufer auszuführenden Renovierungsarbeiten.

95 Der Notar sollte sorgfältig darauf achten, beim Käufer nicht den Eindruck zu erwecken, er, der Notar, stehe dafür ein, dass der Käufer Eigentümer des Grundstücks wird. Der Notar kann durch Vorschläge zur Vertragsgestaltung dem Käufer nur bestmögliche Sicherheit vor dem Risiko geben, den Kaufpreis zu zahlen, ohne vertragsgerechtes Eigentum zu erhalten. Der Notar darf und kann nicht garantieren, dass bei Nichtdurchführung des Vertrages dem einen oder anderen Vertragsteil kein Schaden entsteht und der Schaden ersetzt wird. Es betrifft die rechtliche Tragweite des Grundstücksgeschäfts, über die der Notar nach § 17 I BeurkG zu belehren hat, wenn eine Partei eine ungesicherte Vorleistung (z.B. Zahlung des Kaufpreises vor gesicherter Lastenfreistellung) zu erbringen hat (*BGH* DNotZ 1995, 407). Zur Fälligkeitsmitteilung s. Rn. 220ff.

96 Lauf der regelmäßig 10- bis 14-tägigen (oder an einer etwas reduzierten Anzahl an Bankarbeitstagen orientierten) Zahlungsfrist in Gang setzen sollte der **Zugang**, nicht die bloße Absendung der notariellen Fälligkeitsmitteilung; bei Verbraucher- und bei Formularverträgen lassen §§ 308 Nr. 6 und 309 Nr. 12 BGB (Verbot der Zugangsfiktion und der Beweislastumkehr) keine andere Wahl, im Individualvertrag kann mangels Verschulden (§ 286 IV BGB) andernfalls kein Verzug eintreten, sofern nicht im Ausnahmefall anderweitige Kenntnis des Käufers von der Fälligkeit vorliegt oder (im Fall der deklaratorischen Mitteilung) durch den Verkäufer verschafft wurde. Enthält der Vertrag keine näheren Regelungen, müsste der Käufer im nichtunternehmerischen Verkehr (Geldschuld = Schickschuld) innerhalb der vereinbarten Frist nur die Leistungshandlung vornehmen, also den Überweisungsauftrag bei gedecktem Konto seinem Kreditinstitut zugehen lassen, und letzteres müsste den Auftrag innerhalb der Frist angenommen haben. Den Interessen der Beteiligten eher gerecht wird jedoch das Abstellen auf den Leistungserfolg, also das **Datum der Gutschrift auf dem Empfängerkonto**. Nur so lässt sich zudem die Erfüllung der Käuferpflichten auch mit Blick auf Verzugsfolgen ohne Nachweisprobleme überprüfen. Im Zahlungsverkehr zwischen Unternehmern (sog. „Geschäftsverkehr") – und damit möglicherweise erst recht auch zwischen Verbrauchern (*Jäger* MittBayNot 2008, 471) – wird dies auch durch Art. 3 I c) ii) der EG-Zahlungsverzugsrichtlinie (RL 2000/35/EG) gefordert (*EuGH* DNotZ 2009, 196 m. Anm. *Staudinger*). Fällt der Fristablauf auf einen Samstag, Sonntag oder Feiertag, verlängert sich die Frist auf den nächsten Werktag, § 193 BGB (*BGH* DNotZ 2007, 672).

97 Bei **Kaufpreisabwicklung über Notaranderkonto** sind in der Hinterlegungsvereinbarung (= Verwahrungsanweisung, § 54a II Nr. 2 BeurkG) auch die Voraussetzungen der Fälligkeit (= Hinterlegung) zu regeln. Ein Vorteil der Abwicklung der Kaufpreiszahlung über Notaranderkonto liegt in der Möglichkeit, einen bestimmten Termin für die Fälligkeit des Kaufpreises vereinbaren zu können. In der Regel wird der Zeitpunkt festgelegt, in dem erfahrungsgemäß auch die Auszahlungsvoraussetzungen vorliegen. Die Vereinbarung eines festen Termins ist aber nur dann richtig, wenn die Durchführung des Vertrages nicht konkret gefährdet ist. Wird der Verkäufer beim Vertragsschluss vollmachtlos oder von einem nur mündlich oder privatschriftlich Bevollmächtigten vertreten, ist die Hinterlegung vom Eingang der Genehmigung bzw. Vollmachtsbestätigung in der Form des § 29 GBO abhängig zu machen (vgl. *BGH* DNotZ 1985, 48; *KG* DNotZ 1987, 169; weitere Bsp. und insgesamt zur Kaufpreiszahlung über Notaranderkonto *Brambring* DNotZ 1990, 615, 627f.).

98 Soweit die Hinterlegungsvoraussetzungen den Käufer nicht ausreichend sichern, ist die fehlende Sicherheit durch die Gestaltung der Auszahlungsvoraussetzung zu schaffen. Hinterlegungs- und Auszahlungsvoraussetzungen dürfen hinter den Fälligkeitsvoraussetzungen bei direkter Kaufpreiszahlung nicht zurückbleiben. Fälligkeits- und Auszahlungsvoraussetzungen sollten grundsätzlich nur Vorgänge sein, deren Eintritt der Notar feststellen kann, z.B. Eintragung der Vormerkung, Vorliegen aller erforderlichen Genehmigungen, Lastenfreistellung etc. Ist z.B. die Räumung des verkauften Hauses Zahlungsvoraussetzung, ist es Sache des Käufers, sich hiervon zu überzeugen. Hier ist vorzusehen, dass der Eintritt derartiger Voraussetzungen durch schriftliche Bestätigung des Vertrags-

3. Eigentumsvormerkung

Um den Käufer zu sichern, sollte der Kaufpreis nicht fällig, jedenfalls für den Verkäufer nicht frei verfügbar werden, bevor eine Eigentumsvormerkung für den Käufer im Grundbuch eingetragen ist (dazu i. E. Rn. 406). Die Eigentumsvormerkung hilft dem Käufer aber nur gegen solche Rechte Dritter, die **nach** ihr eingetragen werden (§§ 883 II, 888 BGB). Die Fälligkeit sollte daher abhängig gemacht werden von **Eintragung** *und* **Rang** der Vormerkung.

Formulierungsbeispiel: Vormerkung, falls keine Belastungen bestehen oder zu beseitigen sind
Die Eigentumsvormerkung zugunsten des Käufers ist im Grundbuch eingetragen, wobei ihr nur solche Grundbucheintragungen vorgehen oder gleichstehen, die vom Käufer übernommen oder mit Zustimmung des Käufers bestellt wurden.

Formulierungsbeispiel: Vormerkung, falls Belastungen zu beseitigen sind
Die Eigentumsvormerkung ist im Grundbuch eingetragen. Dem Notar liegen alle Unterlagen vor, um ... (Fortsetzung wie in Rn. 218).

Um Gewissheit über den richtigen **Rang** der Eigentumsvormerkung zu erhalten, muss der Notar diesen entweder nach Eintragung der Vormerkung durch **Grundbucheinsicht** prüfen oder den Antrag auf Eintragung der Vormerkung mit einer **Rangbestimmung** nach § 45 III GBO versehen, so dass das Grundbuchamt – weil es an den Antrag gebunden ist (vgl. KEHE/*Herrmann* § 13 GBO Rn. 6) – nicht ohne Zwischenverfügung an schlechterer Rangstelle eintragen darf (vgl. *Bauch* Rpfleger 1983, 421). Es setzt ferner nach h. M. (vgl. KEHE/*Herrmann* § 15 GBO Rn. 28) voraus, dass die Vollzugsvollmacht des Notars sich auch auf Rangbestimmungen erstreckt (vgl. *OLG Düsseldorf* DNotZ 2013, 30; s. auch Kap. F Rn. 26). Außerdem bleibt das Restrisiko, dass das Grundbuchamt sich über die Rangbestimmung hinwegsetzt und der Notar, ohne dies zu bemerken, verfrüht die Fälligkeit mitteilt.

Die Fälligkeit nicht von der Eintragung der Eigentumsvormerkung abhängig zu machen, sondern von einer **Bestätigung des Notars**, dass die rangrichtige Eintragung unwiderruflich bewilligt und namens des Käufers beantragt ist sowie dem Grundbuchamt keine unerledigten Eintragungsanträge vorliegen, die den Anspruch des Käufers beeinträchtigen, ist im Anwendungsbereich des § 3 MaBV nicht zulässig und im Übrigen nicht empfehlenswert. Der Käufer vermag nämlich die Schwächen einer solchen Bestätigung (vgl. Rn. 408) typischerweise nicht zu beurteilen. Er wird in der Bestätigung meist eine vom Notar übernommene – diesem aber verbotene (§ 14 IV 1 BNotO) – Garantie für die richtige Eintragung der Eigentumsvormerkung sehen. Hierin liegt der Unterschied zur Notarbestätigung bei einer Bankgrundschuld (vgl. Kap. A VI. Rn. 149 ff.).

Verkauft der Erstkäufer den gekauften Grundbesitz weiter, so kann er dem Zweitkäufer keine wirksame Eigentumsvormerkung verschaffen, solange er selbst nicht als Eigentümer eingetragen ist (sog. Identitätsgebot – vgl. *BGH* DNotZ 1997, 720, 724). Die Abtretung des Eigentumsverschaffungsanspruchs des Erstkäufers an den Zweitkäufer mit Abtretungsvermerk bei der Vormerkung des Erstkäufers bietet dem Zweitkäufer keine gleichwertige Sicherheit (*Monath* RNotZ 2004, 359; *Amann* NotBZ 2005, 1); den Anforderungen des § 3 I MaBV bei Bauträgerverträgen würde dabei nicht genügt. Das lässt sich dahingehend verallgemeinern, dass sich solche Gestaltungen in Verbraucherverträgen grundsätzlich verbieten.

4. Genehmigungen

105 Auf die erforderlichen gerichtlichen oder behördlichen Genehmigungen oder etwa darüber bestehende Zweifel soll der Notar die Beteiligten hinweisen und dies in der Niederschrift vermerken (§ 18 BeurkG). Auf die in Betracht kommenden Genehmigungen und die Folgen ihrer Versagung hat der Notar konkret hinzuweisen und die etwa erforderlichen Genehmigungen einzeln in der Niederschrift zu vermerken. Die Beteiligten erwarten vom Notar, dass er die zum Vertrag erforderlichen Genehmigungen einholt. Hierzu müssen die Beteiligten dem Notar einen besonderen Auftrag mit Vollmacht erteilen, die in die Niederschrift aufzunehmen sind.

106 **Formulierungsbeispiel: Durchführungsvollmacht**

> Die Beteiligten beauftragen den Notar, sämtliche zur Durchführung des Kaufvertrages erforderlichen Genehmigungen und sonstigen Erklärungen für sie einzuholen.

107 Da bis zur Erteilung der Genehmigung der Kaufvertrag schwebend unwirksam ist, darf der Kaufpreis nicht vor Erteilung der Genehmigung (Rechtswirksamkeit des Vertrages) fällig gestellt werden; dies gilt regelmäßig auch bei Kaufpreiszahlung über Notaranderkonto. Wird die Genehmigung erteilt, so wird das Rechtsgeschäft rückwirkend von seinem Abschluss an wirksam. Wird die Genehmigung unanfechtbar versagt, ist der Kaufvertrag nichtig (§ 134 BGB).

a) Öffentlich-rechtliche Genehmigungen

108 Bei ihnen handelt es sich um öffentlich-rechtliche Verfügungsbeschränkungen.

109 **aa) Teilung eines Grundstücks.** Nach § 19 BauGB ist die Teilung eines Grundstücks eine dem Grundbuchamt gegenüber abgegebene oder sonst wie erkennbar gemachte Erklärung des Eigentümers, dass ein Grundstücksteil grundbuchmäßig abgeschrieben und als selbständiges Grundstück oder als ein Grundstück zusammen mit anderen Grundstücken oder mit Teilen anderer Grundstücke eingetragen werden soll. Die Teilung bedarf nach Bundesrecht keiner Genehmigung mehr.

110 Für Gebiete mit Fremdenverkehrsfunktion bleibt es bei der Möglichkeit der Einführung einer Genehmigungspflicht für Grundstücksteilungen nach § 22 BauGB; unberührt bleibt auch die Genehmigungspflicht in Sanierungsgebieten (§ 144 II Nr. 5 BauGB) und nach der Landesbauordnung in NRW.

111 Nach § 19 II BauGB dürfen durch die Teilung eines Grundstücks **im Geltungsbereich eines Bebauungsplans** keine Verhältnisse entstehen, die den Festsetzungen des Bebauungsplans widersprechen. Ob dies der Fall ist, kann der Notar in aller Regel nicht beurteilen; er hat auch keine Möglichkeit, diese materiell-rechtliche Voraussetzung für eine Teilung durch Antrag auf Erteilung eines Negativattests zu klären. Ein durch Teilung entstandener baurechtswidriger Zustand dürfte einen Sachmangel i. S. v. § 434 I BGB darstellen. Ein Haftungsausschluss ist in den Grenzen des § 444 BGB zulässig. Zum Verkauf von Teilflächen nach dem Wegfall der Teilungsgenehmigung und vertraglichen Regelungsmöglichkeiten vgl. *Voss/Steinkemper* ZfIR 2004, 797 und DNotI-Report 2004, 173. Im Kaufvertrag über eine Teilfläche sollte der Notar auf diese Vorschrift hinweisen und dies in der Niederschrift vermerken.

112 **Formulierungsbeispiel: Hinweis auf mögliche baurechtswidrige Verhältnisse**

> Der Notar hat die Beteiligten darauf hingewiesen, dass durch die Teilung des Grundstücks im Geltungsbereich eines Bebauungsplanes keine Verhältnisse entstehen dürfen, die den Festsetzungen des Bebauungsplans widersprechen. Durch die Teilung kann die Bebaubarkeit der Teilgrundstücke ausgeschlossen oder eingeschränkt sein.

2. Teil. Allgemeine Fragen des Grundstückskaufvertrages A I

In Einzelfällen kann der Kaufvertrag unter der aufschiebenden Bedingung geschlossen 113
werden, dass er erst wirksam wird, wenn innerhalb einer bestimmten Frist ein bestandskräftiger Bauvorbescheid der Baugenehmigungsbehörde vorliegt.

bb) Genehmigung nach dem Grundstücksverkehrsgesetz. Die Veräußerung eines land- 114
oder forstwirtschaftlich nutzbaren Grundstücks bedarf im Regelfall einer Genehmigung nach dem Grundstücksverkehrsgesetz (§§ 1, 2 GrdstVG) bzw. nach dem Agrarstrukturverbesserungsgesetz (§ 3 ASVG); dieses hat das Grundstücksverkehrsgesetz in Baden Württemberg abgelöst. Das Grundstück braucht nicht tatsächlich land- oder forstwirtschaftlich genutzt zu werden. Es genügt, wenn es in land- oder forstwirtschaftliche Kultur gebracht werden kann. Daher unterliegen auch land- oder forstwirtschaftlich nutzbares Bauland sowie Moor- und Ödland grundsätzlich der Grundstücksverkehrskontrolle nach dem Grundstücksverkehrsgesetz. Mit der Kontrolle soll erreicht werden, dass
– land- oder forstwirtschaftlich nutzbare Grundstücke möglichst in der Hand von Hauptberufslandwirten bleiben oder an sie gelangen,
– Grundstücke nicht in zu kleine Parzellen zerschnitten,
– lebensfähige Betriebe nicht zerteilt und
– für Land keine Überpreise bezahlt werden (§ 9 GrdstVG).

Aus dem Grundbuch ist nur in Großstädten zuverlässig zu entnehmen, ob ein Grund- 115
stück als land- oder forstwirtschaftliches in Frage kommt. Aber schon in den Außenbereichen der Großstädte, auf jeden Fall auf dem Lande, könnte mehr oder weniger jedes Grundstück ein land- oder forstwirtschaftlich nutzbares sein, etwa eine Hofstelle, eine ehemalige Hofstelle oder landwirtschaftlich nutzbares Bauland. Auch aus der Katasterbezeichnung, der Lage oder Nutzungsart lässt sich nur selten mit Sicherheit entnehmen, dass das Grundstück kein land- oder forstwirtschaftliches sein kann. Dies ist der Grund, warum für die Veräußerung solcher Grundstücke von den Grundbuchämtern regelmäßig eine Genehmigung oder ein so genanntes **Negativattest** verlangt wird, sofern sie die Freigrenze (vgl. Rn. 120) überschreiten. Das wiederum ist der Grund, warum solche Verträge stets bei der Genehmigungsbehörde mit dem Antrag auf Erteilung eines Negativattests, hilfsweise auf Erteilung der Genehmigung eingereicht werden müssen, es sei denn, auch dem Grundbuchamt wäre sicher bekannt, dass es sich nicht um ein land- oder forstwirtschaftlich nutzbares Grundstück im vorgenannten Sinne handelt bzw. die Freigrenze nicht überschritten würde.

Für die Erteilung der Genehmigung bzw. des Negativattests ist die Genehmigungsbe- 116
hörde zuständig, in deren Bezirk die Hofstelle liegt, zu der das Grundstück gehört. Ist keine Hofstelle vorhanden, so ist die Behörde örtlich zuständig, in deren Bezirk die veräußerten Grundstücke ganz oder zum größten Teil liegen (§ 18 I GrdstVG). Sachlich zuständig sind
– in Baden-Württemberg: Landkreise bzw. Stadtkreise als untere Landwirtschaftsbehörde,
– in Bayern: die Kreisverwaltungsbehörde,
– in Berlin: Bezirksämter,
– in Brandenburg: die Landkreise und kreisfreien Städte,
– in Bremen: die Abteilung Ernährung und Landwirtschaft des Senators für Wirtschaft, Technologie und Außenhandel,
– in Hamburg: die Wirtschaftsbehörde,
– in Hessen: das Amt für Regionalentwicklung, Landschaftspflege und Landwirtschaft,
– in Mecklenburg-Vorpommern: die Ämter für Landwirtschaft,
– in Niedersachsen: der Landkreis bzw. die kreisfreie Stadt,
– in Nordrhein-Westfalen: der Geschäftsführer der Kreisstellen der Landwirtschaftskammer,
– in Rheinland-Pfalz: die Kreisverwaltung bzw. in kreisfreien Städten die Stadtverwaltung,

- im Saarland: die Landkreise, der Stadtverband Saarbrücken, die Landeshauptstadt Saarbrücken und die kreisfreien Städte,
- in Sachsen: das staatliche Amt für Landwirtschaft beim Landkreis bzw. das staatliche Amt für Landwirtschaft und Gartenbau bei kreisfreien Städten,
- in Sachsen-Anhalt: je nach Ortssatzung das Landratsamt oder das Landwirtschaftsamt,
- in Schleswig-Holstein: das Amt für Land- und Wasserwirtschaft,
- in Thüringen: die Ämter für Landwirtschaft.

117 Wenn die Genehmigungsbehörde selbst an dem Vertrag beteiligt ist, gelten Besonderheiten.

118 Genehmigungsbedürftig ist der Vertrag über die rechtsgeschäftliche Veräußerung eines Grundstücks, in Ermangelung eines solchen Vertrages die Auflassung. Nicht nur die Veräußerung eines Grundstücks ist genehmigungsbedürftig, sondern auch die Veräußerung eines Teils eines Grundstücks, die Einräumung oder Veräußerung eines Miteigentumsanteils, die Veräußerung eines Erbteils an einen Nichterben, wenn der Nachlass im Wesentlichen aus einem land- oder forstwirtschaftlichen Betrieb besteht, die Bestellung eines Nießbrauchs (§§ 1, 2 GrdstVG bzw. §§ 1, 2, 3 ASVG), in Nordrhein-Westfalen zusätzlich die Veräußerung eines grundstücksgleichen Rechts, das die land- oder forstwirtschaftliche Nutzung eines Grundstücks zum Gegenstand hat.

119 Nach § 4 GrdstVG bzw. § 4 ASVG sind Verträge **genehmigungsfrei**,
- an denen der Bund oder ein Land als Veräußerer oder Erwerber beteiligt ist,
- in denen eine mit den Rechten einer Körperschaft des öffentlichen Rechts ausgestattete Religionsgemeinschaft ein Grundstück erwirbt (also nicht veräußert),
- wenn das Grundstück in einem Bebauungsplan als nicht landwirtschaftlich ausgewiesen ist (Ausnahme: Hofstelle).

120 In den einzelnen Bundesländern sind auch Verträge zur Veräußerung eines kleineren Grundstücks genehmigungsfrei, wobei für die Grundstücksgröße jeweils auf das Grundstück im Rechtssinne abgestellt wird (vgl. *OLG Schleswig* MittBayNot 2007, 431 m.w.N.):
- in Baden-Württemberg unter 1 ha (bei Grundstücksveräußerungen, die dem Weinbau- oder Erwerbsgartenbau dienen, unter 5.000 qm),
- in Bayern unter 2 ha,
- in Berlin unter 1 ha,
- in Brandenburg bis 2 ha,
- in Bremen bis 2.500 qm,
- in Hamburg bis 1 ha,
- in Hessen unter 2.500 qm (unbebaut),
- in Mecklenburg-Vorpommern unter 2 ha,
- in Niedersachsen unter 1 ha,
- in Nordrhein-Westfalen bis 1 ha,
- in Rheinland-Pfalz grundsätzlich bis 5.000 qm (wenn weinbaulich genutzt bis 1.000 qm),
- im Saarland bis 1.500 qm,
- in Sachsen bis 5.000 qm (bei Veräußerung an Gemeinden, Verwaltungsverbände oder Landkreise bis 1 ha),
- in Sachsen-Anhalt unter 2 ha,
- in Schleswig-Holstein bis 2 ha,
- in Thüringen unter 2.500 qm.

121 Die Genehmigung muss erteilt werden, wenn ein Betrieb geschlossen veräußert oder zum Zwecke der Vorwegnahme der Erbfolge übertragen wird und der Erwerber entweder der Ehegatte des Veräußerers oder ein Verwandter in gerader Linie oder bis zum 3. Grad in der Seitenlinie ist. Dasselbe gilt, wenn beide Beteiligte bis zum 2. Grad verschwägert sind (§ 8 II GrdstVG bzw. § 6 I ASVG). Es gibt noch eine Reihe weiterer Fälle,

2. Teil. Allgemeine Fragen des Grundstückskaufvertrages A I

in denen die Genehmigung erteilt werden muss. Sie spielen in der Praxis jedoch keine große Rolle.

Die Genehmigung kann auch unter Auflagen oder Bedingungen erteilt werden (§§ 10, 11 GrdstVG bzw. §§ 7, 8, 9 ASVG). **122**

Versagt werden darf die Genehmigung nur, wenn einer von den Versagungsgründen des § 9 GrdstVG bzw. § 7 ASVG erfüllt ist. Die Veräußerung an einen Nicht-Landwirt kann in der Regel nur genehmigt werden, wenn kein Hauptberufs-Landwirt am Erwerb zu demselben Preis bereit ist. Parzellen dürfen bei einer Teilung grundsätzlich nicht kleiner als 1 ha werden. Ein lebensfähiger landwirtschaftlicher Betrieb darf durch die Veräußerung nicht „unwirtschaftlich verkleinert oder aufgeteilt" werden. Der Gegenwert darf nicht in einem groben Missverhältnis zum Grundstückswert stehen. **123**

Wenn das Grundstück oder eine Mehrheit von zusammengehörenden Grundstücken 2 ha oder größer ist und gegen den Erwerb einer der vorgenannten Versagungsgründe spricht, kann eine vorkaufsberechtigte Stelle das so genannte **siedlungsrechtliche Vorkaufsrecht** ausüben (§§ 6, 12 GrdstVG, § 17 ASVG, § 4 RSG). **124**

Gegen die Versagung der Genehmigung, die Genehmigung unter einer Auflage oder Bedingung und gegen die Ausübung des siedlungsrechtlichen Vorkaufsrechts können die Beteiligten innerhalb von zwei Wochen seit der Zustellung des Bescheids Antrag auf **gerichtliche Entscheidung** stellen. Dann entscheidet das Landwirtschaftsgericht. Gegen dessen Entscheidung ist die Beschwerde an das OLG möglich, u. U. noch Rechtsbeschwerde an den BGH. Entscheidet die Genehmigungsbehörde nicht innerhalb eines Monats über die Genehmigung, so gilt sie als erteilt (§ 6 II GrdstVG); nach § 28 ASVG hat die Landwirtschaftsbehörde innerhalb von zwei Monaten zu entscheiden, andernfalls gilt die Genehmigung auch hier als erteilt (§ 28 III ASVG). Durch einen so genannten Zwischenbescheid verlängert sich diese Frist auf zwei Monate, und wenn eine Erklärung über die Ausübung des siedlungsrechtlichen Vorkaufsrechts herbeigeführt werden muss, auf drei Monate (§ 6 I GrdstVG bzw. § 28 I ASVG). **125**

cc) Genehmigung im Umlegungsverfahren nach § 51 BauGB. Danach dürfen im Umlegungsgebiet Grundstücke nur mit schriftlicher Genehmigung der Umlegungsstelle geteilt oder Verfügungen über ein Grundstück oder über Rechte an einem Grundstück getroffen oder Vereinbarungen abgeschlossen werden, durch die einem anderen ein Recht zum Erwerb, zur Nutzung oder Bebauung eines Grundstücks oder Grundstücksteils eingeräumt wird oder Baulasten neu begründet, geändert oder aufgehoben werden. Für die Verfügungssperre während der Umlegung kommt es nicht auf den Zeitpunkt der Eintragung des Umlegungsvermerks im Grundbuch an (ein guter Glaube wird nicht geschützt). Zu den Einzelheiten vgl. *Schöner/Stöber* Rn. 3856 ff. **126**

dd) Genehmigung im Sanierungsgebiet nach § 144 BauGB. In einem förmlich festgelegten Sanierungsgebiet bedürfen rechtsgeschäftliche Veräußerungen eines Grundstücks, auch eines realen oder ideellen Teils, die Bestellung und Veräußerung eines Erbbaurechts, die Übertragung des Alleineigentums auf einen Miterben im Wege der Erbauseinandersetzung, die Bestellung eines das Grundstück belastenden Rechts und schuldrechtliche Vertragsverhältnisse über den Gebrauch oder die Nutzung eines Grundstücks, Gebäudes oder Gebäudeteils auf bestimmte Zeit von mehr als einem Jahr nach § 144 BauGB der schriftlichen Genehmigung der Gemeinde. Zu den Einzelheiten vgl. *Schöner/Stöber* Rn. 3884 ff. **127**

ee) Flurbereinigungsverfahren. Die Einleitung des Flurbereinigungsverfahrens hat weder ein Verfügungsverbot für den Grundstückseigentümer noch eine Sperre des Grundbuchs zur Folge. Der Grundstückseigentümer kann ein im Flurbereinigungsgebiet liegendes Grundstück veräußern oder belasten. Der Käufer eines in einem Flurbereinigungsgebiet gelegenen Grundstücks muss das bis zu seiner Eintragung im Grundbuch **128**

oder bis zur Anmeldung des Erwerbs bei der Flurbereinigungsbehörde durchgeführte Verfahren gegen sich gelten lassen (§ 15 FlurbG). Er erwirbt zunächst das Eigentum am bisherigen Grundstück des Verkäufers und im Falle der vorläufigen Besitzeinweisung auch den Besitz, die Verwaltung und Nutzung an dem neuen Grundstück (§§ 55 ff. FlurbG). Mit Ausführung des Flurbereinigungsplanes wird er Eigentümer des dem Veräußerer zugewiesenen Ersatzgrundstücks. Die Grundbucheintragung erfolgt im Wege der Berichtigung. Zu den weiteren Einzelheiten hierzu vgl. *Mannel* MittBayNot 2004, 397.

129 **ff) Reichsheimstätten.** Der Reichsheimstättenvermerk im Grundbuch (§ 4 I RHeimstG) ist seit dem 31.12.1998 gegenstandslos; er ist daher (zusammen mit der Eintragung des Ausgebers und des Bodenwertes, §§ 4, 6 RHeimstG) von Amts wegen **kostenfrei** zu löschen; gleichzeitig ist die Bezeichnung als Reichsheimstätte in der Aufschrift des Grundbuchblattes rot zu unterstreichen und eine unzulässig gewordene Zusammenschreibung mehrerer Grundstücke auf einem Grundbuchblatt aufzuheben.

130 Die Löschung des Vermerks soll jedoch nur bei besonderem Anlass erfolgen, wie z. B. auf Anregung eines Beteiligten, bei Vornahme einer anderen Eintragung oder bei Umschreibung des Grundbuchblattes.

131 **gg) Genehmigung nach der Grundstücksverkehrsordnung (GVO) in den neuen Bundesländern.** Genehmigungsbedürftig sind gemäß § 2 I 1 Nr. 1 GVO sowohl der schuldrechtliche als auch der dingliche Vertrag bezüglich eines Grundstücks oder Erbbaurechts, nicht jedoch der Zuschlagserwerb. Genehmigungsfrei sind Aufhebungen, ferner Änderungen des bereits genehmigten Vertrags, soweit dadurch der Vertragsgegenstand nicht erweitert wird (hierzu *Bleisteiner* NotBZ 2002, 35). Wegen der Genehmigungsbedürftigkeit des schuldrechtlichen Geschäfts sichert die (sofort eintragungsfähige, § 2 I 2 Nr. 4 GVO) Vormerkung lediglich den noch schwebend unwirksamen Erwerbsanspruch.

132 Zentrales Abgrenzungskriterium für die **Genehmigungsbedürftigkeit** ist die „**Auflassung**". Die Übertragung eines Erbanteils oder eines Anteils an einer Personengesellschaft, die Vereinbarung der Gütergemeinschaft, Vorgänge nach dem Umwandlungsgesetz, die Abtretung eines Restitutionsanspruchs, die dingliche Aufgabeerklärung gemäß Art. 233 § 4 VI EGBGB – auch soweit hiermit ein Eigentumswechsel verbunden ist (vgl. *Salzig* NotBZ 2010, 357, 358; anders jedoch in Bezug auf die schuldrechtliche causa) – sowie die Begründung von Sondereigentum gemäß § 8 WEG und die Ausübung eines Aneignungsrechts nach § 928 II BGB bedürfen also keiner GVO-Genehmigung.

133 § 2 I 2 GVO führt zu einer **Genehmigungsfreistellung** in bestimmten Fällen, in denen das Bestehen eines Restitutionsanspruchs ausgeschlossen ist bzw. dieser nicht gefährdet würde:
– im Grundbuch vollzogener (ratio: § 7 I GVO) Rechtserwerb des Veräußerers aufgrund einer nach dem 28.9.1990 (d. h. In-Kraft-Treten der ersten vom Schutz des Restitutionsberechtigten geprägten Fassung der GVO) erteilten GVO-Genehmigung oder gleichwertiger Alternativen.
– sofern der Veräußerer aufgrund Eintragungsersuchens des Vermögensamtes (ARoV) oder Landesamtes zur Regelung offener Vermögensfragen (LARoV) gemäß §§ 31 V 3, 33 IV VermG – im Grundbuch wird regelmäßig § 34 VermG zitiert – eingetragen wurde (Eintragungsersuchen aufgrund Zuordnungsbescheides, § 3 VZOG, zählen nicht hierzu).
– sofern der Veräußerer selbst ununterbrochen seit dem 29.1.1933 (Machtergreifung Hitlers; frühester Zeitpunkt restituierbarer Eigentumsschädigungen) als Eigentümer eingetragen ist und seitdem nur Erbfolgen (nicht auch Erbteilsabtretungen etc.) zugunsten anderer Erben als des Fiskus stattgefunden haben. Da die Grundbücher regelmäßig aufgrund Verfügung des Reichsjustizministers im Jahr 1937 neu angelegt wurden, bedarf es der Einsicht in die geschlossenen Bücher (§§ 119, 114 Abs. 1 Nr. 3 GBO; zum Einsichtsrecht vgl. § 12b GBO und *Wolfsteiner* Rpfleger 1993, 273).

2. Teil. Allgemeine Fragen des Grundstückskaufvertrages   A I

– sofern der Rechtserwerb des Veräußerers nach dem 2.10.1990 durch Zuschlagsbeschluss in der Zwangsversteigerung erfolgte (Gemäß § 3b IV VermG steht dem Restitutionsberechtigten dann lediglich ein Anspruch auf Auskehr des Versteigerungserlöses zu, während der Rückübertragungsanspruch nach dem Erwerb durch Zuschlagsbeschluss erloschen ist).

Leider erst mit Wirkung ab **1.1.2017** wird § 2 I 2 GVO als Folge des Datenbankgrundbuchgesetzes durch eine Nr. 6 ergänzt, der zufolge Genehmigungsfreiheit auch dann besteht, wenn im Grundbuch weder ein Anmeldevermerk gemäß § 30b Abs. 1 VermG eingetragen noch (was nur über die Markentabelle festgestellt werden kann) dem Grundbuchamt ein unerledigtes Ersuchen auf Eintragung vorliegt. Damit wird künftig fast immer eine GVO-Genehmigung entbehrlich sein. Richtigerweise ist jedoch zur Ermittlung der Genehmigungsfreiheit nicht, wie die Gesetzesbegründung meint (BT-Drucks. 17/14190, S. 24), auf den Zeitpunkt des notariellen Vollzugsantrags abzustellen, sondern – da bereits das schuldrechtliche Geschäft der Genehmigung bedarf – den Zeitpunkt der Beurkundung (*Stavorinus* DNotZ 2014, 340, 343). Die Eintragung des Vermerks („Es liegt ein Antrag auf Rückübertragung nach § 30 I des Vermögensgesetzes vor.") erfolgt auf behördliches Ersuchen des LARoV. Anfang 2014 sind immerhin 99 % der auf staatliche Behörden der DDR, und 77 % der auf NS-Maßnahmen zurückzuführenden Anmeldungen „abgearbeitet" worden.   134

Auf Antrag erteilt die Genehmigungsbehörde analog § 5 GrdstVG ein Negativattest in grundbuchmäßiger Form; KG ZOV 1995, 368 setzt die Verpflichtung hierzu stillschweigend voraus.   135

Gemäß § 8 S. 1 GVO sind für die Erteilung die Landkreise bzw. kreisfreien Städte **zuständig**, bei Treuhandunternehmen seit 1.1.2004 das Bundesamt für Zentrale Dienste und offene Vermögensfragen, DGZ-Ring 12, 13086 Berlin (Fehlerfolge: § 6 S. 4 GVO als Erweiterung zu § 46 VwVfG).   136

Für den gemäß § 1 II 1 GVO erforderlichen **Antrag** benötigt der vollziehende Notar eine entsprechende Ermächtigung durch einen der Beteiligten; sie wird nicht, wie in § 3 II 2 GrdStVG, vermutet. § 1 I 2 GVO ermöglicht die **Vorausgenehmigung** auf der Basis eines Entwurfes, der binnen zwei Jahren rechtsgeschäftlich wirksam beurkundet wird.   137

Auf die Erteilung der Genehmigung besteht ein **Anspruch** in den Fällen des § 1 II 1 GVO: 138
– „mitgeschleppte", also gem. § 3c VermG ausdrücklich übernommene Restitutionsansprüche;
– **Zustimmung des Anmelders** (häufig gegen Abfindung oder zumindest Hinterlegung des Erlöses bis zur Klärung der tatsächlichen Berechtigung).
– Die Genehmigung ist ferner dann zu erteilen, wenn (nur) beim örtlich zuständigen ARoV, LARoV oder beim BARoV (aktuelle Bezeichnung: BADV) für das Grundstück weder ein rechtzeitiger **Restitutionsantrag** gestellt wurde (Eingang bis 31.12.1992, § 30a VermG), noch eine Mitteilung über einen solchen, auch anderweitig eingegangenen, hinreichend spezifizierten (§ 1 III GVO) Antrag vorliegt oder aber ein solcher Antrag bzw. eine Mitteilung hierüber zwar existieren, der Antrag jedoch bestandskräftig abgelehnt oder zurückgenommen worden ist. Ein maximal ein Jahr altes **Negativattest** genügt gemäß § 11 II GVO stets als Genehmigungsgrundlage.

Liegt ein nicht offensichtlich unbegründeter Rückübertragungsantrag bei den örtlich zuständigen Ämtern vor, wird nicht etwa die Genehmigung verweigert, sondern das Verfahren **ausgesetzt** (§ 1 IV 2 GVO). Nach *BGH* VIZ 1998, 677, besteht ein gesetzliches Recht zum Rücktritt jedenfalls bei einem Aussetzungszeitraum von acht Jahren; hat der Verkäufer das Bestehen eines Restitutionsantrags verschwiegen, schuldet er gemäß § 249 BGB Freistellung vom Vertrag (*BGH* ZfIR 2008, 417).   139

Die GVO-Genehmigung ist ein Verwaltungsakt mit mittelbarer **drittbelastender Wirkung**. Der Anmelder ist daher zwingend am GVO-Verfahren zu beteiligen (§ 13 I Nr. 4, II 2 VwVG), sonst kann er bis zur Grenze der Verwirkung den Bescheid anfechten (eine öffentliche Zustellung – vergleichbar § 14 II InVorG – kennt die GVO nicht).   140

141 Zum Risiko und zu den Folgen einer **Kassation** einer erteilten Genehmigung (vor oder nach einer Weiterveräußerung) siehe näher A IX. Rn. 51 ff. der 5. Aufl.

142 hh) Genehmigung von Wertsicherungsklauseln (Preisklauseln). Das bisherige Genehmigungsverfahren für Wertsicherungsklauseln nach der PrKV ist mit deren Aufhebung weggefallen. Die bis zur Aufhebung durch das Bundesamt für Wirtschaft und Ausfuhrkontrolle erteilten Genehmigungen gelten weiterhin fort.

143 Mit der Einführung des neuen Preisklauselgesetzes sind materiellrechtlich keine Änderungen verbunden, das bisherige Indexierungsverbot bleibt bestehen. Auch wurden die bisherigen Ausnahmeregelungen, ausgenommen § 3 Abs. 5 und § 5 der PrKV, beibehalten. Soweit nach den bisherigen Bestimmungen der PrKV eine Wertsicherungsklausel genehmigungsfähig war, ist diese nach der neuen Rechtslage **sofort wirksam**. Die Beteiligten haben selbst zu prüfen, ob die vereinbarte Wertsicherungsklausel wirksam ist (zu den weiteren Einzelheiten *Reul* MittBayNot 2007, 445).

144 ii) Aufsichtsbehördliche Genehmigung. Die Gemeindeordnungen der Bundesländer können Genehmigungspflichten für die Veräußerung und für die Belastung von Grundstücken durch die Aufsichtsbehörde vorsehen. Regelmäßig besteht das Verbot der Bestellung von Sicherheiten zugunsten Dritter für die Veräußerung von Grundstücken unter Wert (Übersicht über die Verfügungsbeschränkungen nach Kommunalrecht bei *Schöner/Stöber* Rn. 4075 ff.). Einige Bundesländer haben landesrechtliche Verordnungen über die Genehmigungsfreiheit für den Verkauf oder Tausch von Grundstücken bis zu einem bestimmten Wert (abhängig von der Einwohnerzahl) geschaffen. Nach den Gemeindeordnungen ist in der Regel die Bestellung von Finanzierungsgrundpfandrechten bei Veräußerung von gemeindeeigenen Grundstücken oder Erbbaurechten nicht zulässig. Im Grundbuchverfahren ist entweder die Genehmigung der Aufsichtsbehörde vorzulegen oder bei Genehmigungsfreiheit eine Erklärung der Gemeinde, dass der Abschluss des Veräußerungsgeschäfts genehmigungsfrei ist bzw. nicht unter Wert erfolgt. Bei einer Genehmigungspflicht darf die Auflassungsvormerkung erst nach Erteilung der Genehmigung eingetragen werden. Für die Ämter, Kreise, Bezirke und Landschaftsverbände gelten jeweils die gleichen Genehmigungspflichten wie für die Gemeinden. Grundstücke des Bundes dürfen nur mit Einwilligung des Bundesfinanzministeriums und des für das Bundesvermögen zuständigen Bundesministeriums veräußert oder belastet werden. Für die Bundesländer existieren ähnliche bzw. gleiche Regelungen.

145 Verfügungsbeschränkungen nach Kirchenrecht. Die Veräußerung, der Erwerb und die Belastung von Grundstücken oder grundstücksgleichen Rechten und Verfügungen über Rechte an Grundstücken mit Ausnahme von Grundpfandrechten bedürfen der Genehmigung der kirchlichen Aufsichtsbehörde (s. im Einzelnen *Neumayer* RNotZ 2001, 249).

146 Das **Einholen der Genehmigung**: Die Gemeinden und Gemeindeverbände pflegen die aufsichtsbehördliche Genehmigung selbst einzuholen. Üblicherweise wird es dem Notar aufgetragen, alle übrigen Genehmigungen bzw. Negativatteste für die Beteiligten zu besorgen. Zu diesem Zweck schickt der Notar eine (einfache) Abschrift des Vertrages mit dem Antrag zu der Genehmigungsbehörde, in erster Linie ein Negativattest, in zweiter Linie die Genehmigung zu erteilen. Da der Notar nur ausnahmsweise (so in § 3 II GrdstVG) kraft gesetzlicher Vermutung als ermächtigt gilt, den Genehmigungsantrag zu stellen, die Beteiligten aber die Besorgung der Genehmigung üblicherweise dem Notar übertragen, enthalten Grundstücksverträge regelmäßig eine entsprechende Ermächtigung des Notars.

147 Um sicherzustellen, dass die Beteiligten rechtzeitig von der Versagung der Genehmigung bzw. ihrer Einschränkung durch Auflagen oder Bedingungen Kenntnis erlangen, andererseits dem Notar nicht die alleinige Verantwortung für die Wahrung der mit der Zustellung des Bescheides beginnenden Rechtsmittelfrist aufzubürden, hat es sich in der Praxis eingebürgert, die mit der Ermächtigung zur Antragstellung verbundene Zuständigkeit zur Entgegennahme der Bescheide auf die uneingeschränkt positiven Bescheide zu beschränken.

In zweifelhaften Fällen ist zu empfehlen, stets den Antrag auf Erteilung der Genehmigung bzw. eines Negativattest zu stellen. 148

b) Genehmigungen des Familien-, Betreuungs- und Nachlassgerichts

Zur Verfügung über ein Grundstück (grundstücksgleiches Recht wie Erbbaurecht, Wohnungs- und Teileigentum) des minderjährigen Kindes oder eines Miteigentumsanteils daran, zu seiner Belastung und bereits zur Eingehung einer Verpflichtung zu einer solchen Verfügung bedürfen die **Eltern** der Genehmigung des Familiengerichts (§§ 1643 I, 1821 I, 1, 4, 5 BGB). 149

Der **Vormund, Pfleger** und **Betreuer** bedürfen zu Rechtsgeschäften nach §§ 1821, 1822 BGB der Genehmigung des **Betreuungsgerichts**. Zur Genehmigung des Ergänzungspflegers (die Eltern sind von der Vertretung ihres minderjährigen Kindes bei Abschluss eines Grundstücksgeschäfts ausgeschlossen) ist das Familiengericht zuständig (DNotI-Report 2005, 195). 150

Für den **Nachlasspfleger** erteilt das Nachlassgericht anstelle des Betreuungsgerichts die erforderliche Genehmigung (§ 1962 BGB). Zu den Einzelheiten vgl. Rn. 149. 151

Die rechtskräftige Genehmigung des Familien- oder Betreuungsgerichts kann nur den Eltern (Vormund, Betreuer oder Pfleger) erteilt werden, § 1828 BGB. Sie wird nach Eintritt der Rechtskraft gemäß § 40 II FamFG wirksam mit Bekanntgabe an den gesetzlichen Vertreter. Die nachträgliche rechtskräftige Genehmigung eines Vertrages wird dem anderen Vertragsteil gegenüber erst wirksam, wenn sie ihm durch die Eltern (Vormund, Betreuer oder Pfleger) mitgeteilt wird, § 1829 I 2 BGB. Es liegt im pflichtgemäßen Ermessen des gesetzlichen Vertreters, ob er dem anderen Vertragsteil von der Genehmigung Mitteilung machen will oder nicht. Unzulässig und unwirksam ist die (häufig verwendete) Klausel, nach der die Genehmigung des Familien-/Betreuungsgerichts mit Eingang beim beurkundenden Notar als erteilt gilt. Im Grundbuchverfahren ist daher in der Form des § 29 GBO nachzuweisen, dass der gesetzliche Vertreter die Genehmigung des Betreuungsgerichts erhalten und sie dem anderen Vertragsteil mitgeteilt hat. Die hieraus folgenden Abwicklungsschwierigkeiten werden von der notariellen Praxis häufig unterschätzt. Sie werden vermieden durch eine **Doppelvollmacht,** die der gesetzliche Vertreter und der andere Vertragsteil dem Notar erteilen. 152

Formulierungsbeispiel: Doppelvollmacht	153
Der Notar hat die Beteiligten darüber belehrt, dass der Vertrag der Genehmigung durch das Betreuungsgericht/Familiengericht bedarf und die betreuungsgerichtliche/familiengerichtliche Genehmigung erst wirksam wird, wenn sie dem Käufer vom Vormund (den Eltern, dem Pfleger, dem Betreuer) mitgeteilt worden ist. Der Vormund (Eltern, Pfleger, Betreuer), der die Erteilung der betreuungsgerichtlichen Genehmigung beantragt, bevollmächtigt den Notar, diese Genehmigung für ihn in Empfang zu nehmen und sie dem Käufer mitzuteilen. Dieser bevollmächtigt den Notar zur Entgegennahme der Mitteilung.	

Auch wenn der Kaufvertrag eine Beleihungsvollmacht enthält, bedarf die in Ausübung dieser Vollmacht bestellte Finanzierungsgrundschuld nach h. M. der erneuten Genehmigung nach § 1821 I 1 BGB (vgl. nur *LG Nürnberg-Fürth* MittBayNot 2007, 218 und *Litzenburger* RNotZ 2010, 32). 154

Die Zulässigkeit einer Doppelbevollmächtigung des Notars ist heute unstreitig (vgl. nur *BayObLG* DNotZ 1983, 369; 1989, 242). 155

Nach Eingang der rechtskräftigen Genehmigung beim Notar muss dessen innerer Wille, die Genehmigung mitzuteilen, nach außen hin erkennbar in Erscheinung treten und dem Grundbuchamt nachgewiesen werden. Dies kann in der Weise geschehen, dass der Notar entweder auf der Beschlussausfertigung, die der Niederschrift beizuheften ist, bzw. als Zusatz auf der Vertragsurkunde einen Vermerk setzt. 156

A I Grundstückskauf

157 Formulierungsbeispiel: Vermerk auf einem Genehmigungsbeschluss

Diese mir als Bevollmächtigtem des Vormunds (der Eltern, des Pflegers, des Betreuers) zugegangene Genehmigung habe ich heute mir selbst als gleichzeitigem Bevollmächtigten des anderen Vertragsteils mitgeteilt und für diesen in Empfang genommen. (Datum, Unterschrift, Notar, Siegel)

158 Dieser Vermerk ist eine notarielle **Eigenurkunde,** die keiner weiteren Beglaubigung bedarf; sie ist öffentliche Urkunde (§ 29 GBO), wenn sie vom Notar unterschrieben und gesiegelt ist.

c) Private Genehmigungen

159 Wird ein Beteiligter bei Vertragsschluss vollmachtlos vertreten oder handelt ein Bevollmächtigter ohne formgültige bzw. mit einer inhaltlich unzureichenden Vollmacht (vgl. dazu Kap. F Rn. 15), bedarf der Vertrag seiner Genehmigung, die wegen § 29 GBO notariell zu beglaubigen ist. Regelmäßig wird der Notar betraut, die Genehmigung einzuholen.

160 Formulierungsbeispiel: Einholung einer privatrechtlichen Genehmigung

Sehr geehrte/r ...,

wie mit Ihnen abgesprochen, wurden Sie bei Abschluss des vorgenannten Vertrages vollmachtslos vertreten. Der Vertrag bedarf zu seiner Wirksamkeit Ihrer Genehmigung. In der Anlage überreiche ich eine Kopie der im Betreff genannten Urkunde sowie den Entwurf einer Genehmigungserklärung. Ich darf Sie bitten, die Genehmigungserklärung vor einem dortigen Notar zu unterzeichnen und nach Beglaubigung der Unterschrift wieder an mich zurückzugeben. Bei Rückfragen stehe ich jederzeit zur Verfügung. Sofort nach Erhalt der Genehmigungserklärung kann der Vorgang hier weiter bearbeitet werden. Ich werde sodann erneut berichten.

Anlage: Entwurf einer Genehmigungserklärung
Vom Inhalt der Urkunde des Notars ... mit dem Amtssitz in ... vom ... – Urk. R. Nr. ... – habe ich Kenntnis genommen. Die Urkunde wird vorbehaltlos genehmigt. Erteilte Vollmachten werden bestätigt. Wert: ...

161 Verzögert sich die Erteilung der Genehmigung, kann der Vertretene zur Erklärung über die Genehmigung gemäß § 177 BGB aufgefordert werden. Sie kann in diesem Fall nur bis zum Ablauf von zwei Wochen nach dem Empfang der Aufforderung erklärt werden. Wird sie nicht erklärt, so gilt sie als verweigert, § 177 II BGB.

162 Hat der Vertreter aufgrund mündlicher oder privatschriftlicher Vollmacht gehandelt, bedarf es einer Bestätigung des Vertretenen in der Form des § 29 GBO.

163 Formulierungsbeispiel: Vollmachtsbestätigung

Ich bestätige, dass Frau ... von mir bevollmächtigt war, alle Erklärungen abzugeben, die enthalten sind in der Urkunde des Notars ... mit dem Amtssitz in ... vom ... – Urk. R. Nr. ...
Ich habe Kenntnis vom Inhalt dieser Urkunde genommen und genehmige hiermit vorsorglich alle Erklärungen, die in dieser Urkunde für mich abgegeben worden sind.

5. Öffentlich-rechtliche Vorkaufsrechte

164 Der Notar hat bei der Beurkundung eines Grundstückskaufvertrages die Beteiligten auf die Möglichkeit des Bestehens gesetzlicher Vorkaufsrechte hinzuweisen und dies in

2. Teil. Allgemeine Fragen des Grundstückskaufvertrages A I

der Niederschrift zu vermerken. Auch wenn in § 20 BeurkG das dingliche Vorkaufsrecht (§ 1094 BGB), das Vorkaufsrecht des Mieters (§ 577 BGB) und das Vorkaufsrecht der Miterben beim Verkauf eines Erbteils (§ 2034 BGB) nicht erwähnt sind, hat der Notar hierüber zu belehren; dies folgt aus § 17 I BeurkG.

Eine gesetzliche Vollmacht für den Notar zur Einholung der Verzichtserklärung besteht nicht. In der Praxis ist eine entsprechende Vollmacht der Vertragsteile für den Notar üblich und zu empfehlen. Besteht ein Vorkaufsrecht, hat der Notar die Vertragsbeteiligten über die rechtliche Tragweite der Ausübung des Vorkaufsrechts zu belehren und vertragliche Vorkehrungen für diesen Fall zu treffen (s. Rn. 200). Grundsätzlich darf der Kaufpreis nicht fällig gestellt werden, solange der Berechtigte hierauf nicht verzichtet hat oder das Vorkaufsrecht wegen Fristablaufs nicht mehr ausgeübt werden kann. 165

a) Vorkaufsrechte nach dem Baugesetzbuch

Das allgemeine Vorkaufsrecht der Gemeinde besteht nach § 24 BauGB beim Kauf von Grundstücken 166
- im Geltungsbereich eines Bebauungsplans, soweit es sich um Flächen handelt, für die nach dem Bebauungsplan eine Nutzung für öffentliche Zwecke oder für Flächen oder Maßnahmen zum Ausgleich im Sinne des § 1a III BauGB festgesetzt ist,
- in einem Umlegungsgebiet,
- in einem förmlich festgelegten Sanierungsgebiet und städtebaulichen Entwicklungsbereich,
- im Geltungsbereich einer Satzung zur Sicherung von Durchführungsmaßnahmen des Stadtneubaus und einer Erhaltungssatzung,
- im Geltungsbereich eines Flächennutzungsplans, soweit es sich um unbebaute Flächen im Außenbereich handelt, für die nach dem Flächennutzungsplan eine Nutzung als Wohnbaufläche oder Wohngebiet dargestellt ist, sowie
- in Gebieten, die nach §§ 30, 33 oder 34 II BauGB vorwiegend mit Wohngebäuden bebaut werden können, soweit die Grundstücke unbebaut sind.

Das Vorkaufsrecht steht der Gemeinde nicht zu beim Kauf von Rechten nach dem Wohnungseigentumsgesetz und von Erbbaurechten. Das Vorkaufsrecht darf nur ausgeübt werden, wenn das Wohl der Allgemeinheit dies rechtfertigt. Bei der Ausübung des Vorkaufsrechts hat die Gemeinde den Verwendungszweck des Grundstücks anzugeben. 167

Das durch **Satzung** begründete besondere Vorkaufsrecht (§ 25 BauGB) gibt es 168
- im Geltungsbereich eines Bebauungsplans an unbebauten Grundstücken,
- in Gebieten, in denen die Gemeinde städtebauliche Maßnahmen in Betracht zieht, zur Sicherung einer geordneten städtebaulichen Entwicklung durch Satzung Flächen bezeichnet, an denen ihr ein Vorkaufsrecht an den Grundstücken zusteht.

Einzelne Gemeinden (z. B. die Stadt Köln) haben generell auf ihr gemeindliches Vorkaufsrecht verzichtet und dies dem Grundbuchamt mitgeteilt, so dass für den Grundbuchvollzug ein Negativattest nicht vorzulegen ist. 169

Nach § 28 II BauGB kann das Vorkaufsrecht nur innerhalb von **zwei Monaten** nach Mitteilung des rechtswirksamen Kaufvertrages gegenüber dem Verkäufer **ausgeübt** werden. Das Vorkaufsrecht kann **nur bei Kaufverträgen** ausgeübt werden, mithin nicht bei Tausch, Auseinandersetzung, gemischter Schenkung, Übergabe, Ausstattung, Einbringung von Grundbesitz in eine Gesellschaft. Auch bei bloßer Vereinbarung eines Ankaufsrechts oder bloßer Abgabe eines Vertragsangebotes kann das Vorkaufsrecht noch nicht ausgeübt werden. 170

Nach § 26 BauGB ist die Ausübung des Vorkaufsrechts ausgeschlossen, wenn 171
- der Eigentümer das Grundstück an seinen Ehegatten oder an eine Person verkauft, die mit ihm in gerader Linie verwandt oder verschwägert oder in der Seitenlinie bis zum dritten Grad verwandt ist,

Hagemann 51

- das Grundstück
    a) von einem öffentlichen Bedarfsträger für Zwecke der Landesverteidigung, des Bundesgrenzschutzes, der Zollverwaltung, der Polizei oder des Zivilschutzes, oder
    b) von Kirchen und Religionsgemeinschaften des öffentlichen Rechts für Zwecke des Gottesdienstes oder der Seelsorge gekauft wird,
- auf dem Grundstück Vorhaben errichtet werden sollen, für die ein in § 38 BauGB genanntes Verfahren eingeleitet oder durchgeführt worden ist, oder
- das Grundstück entsprechend den Festsetzungen des Bebauungsplans oder den Zielen und Zwecken der städtebaulichen Maßnahme bebaut ist und genutzt wird und eine auf ihm errichtete bauliche Anlage keine Missstände oder Mängel im Sinne des § 177 II und III 1 BauGB aufweist.

172 Auch beim Verkauf von Miteigentumsanteilen unter Miteigentümern besteht kein Vorkaufsrecht, das Grundbuchamt kann ein Negativzeugnis nicht verlangen (*BayObLG DNotZ* 1986, 223).

173 § 27a BauGB regelt die Ausübung des **gemeindlichen Vorkaufsrechtes zugunsten Dritter** (für Bedarfs- oder Erschließungsträger bzw. für Zwecke des sozialen Wohnungsbaus).

174 Sofern die Gemeinde ein Grundstück für die Durchführung eines Bebauungsplanes benötigt und dafür auch enteignen könnte, kann sie ein auf den Verkehrswert preislimitiertes Vorkaufsrecht ausüben (§ 28 IV BauGB), allerdings mit Rücktrittsrecht des Verkäufers. Nunmehr gilt dieses preislimitierte Vorkaufsrecht mit Rücktrittsrecht des Verkäufers für alle Verkaufsfälle (§ 28 III BauGB). Die Gemeinde hat nunmehr baurechtlich ein Wahlrecht zwischen dem normalen und dem preislimitierten Vorkaufsrecht.

175 Nach § 28 I 2 BauGB darf eine Eigentumsumschreibung im Grundbuch nur vorgenommen werden, wenn das Nichtbestehen oder die Nichtausübung des Vorkaufsrechts durch eine Bescheinigung der Gemeinde (oder eine generelle Verzichtserklärung nach § 28 V BauGB) nachgewiesen wird. Übt die Gemeinde das Vorkaufsrecht aus, bleibt der ursprüngliche Kaufvertrag wirksam, jedoch wird der Käufer von seiner Leistungspflicht nach §§ 326, 275 BGB frei, der Anspruch auf Zahlung des Kaufpreises entfällt. Ein Schadensersatz- oder Aufwendungsersatzanspruch steht dem Käufer bei einem öffentlich-rechtlichen Vorkaufsrecht nicht zu, da dies vom Verkäufer nicht zu vertreten ist.

176 Weitere bundesrechtliche Vorkaufsrechte bestehen bei verkehrsrechtlichen Planfeststellungs- und Plangenehmigungsverfahren nach § 19 Allgemeines EisenbahnG, § 9a BundesfernstraßenG, § 19 BundeswasserstraßenG, § 8a LuftverkehrsG, § 4 MagnetschwebebahnplanungsG, § 28a PersonenbeförderungsG.

b) Vorkaufsrecht nach dem Reichssiedlungsgesetz

177 Das Vorkaufsrecht nach dem RSG kann zu dem beurkundeten Entgelt ausgeübt werden, wenn ein landwirtschaftliches Grundstück oder Moor- oder Ödland, das in landwirtschaftliche Kultur gebracht werden kann, durch Kaufvertrag veräußert wird, jedoch nur, wenn
- ein Grundstück in Größe von 2 ha aufwärts verkauft wird,
- der Kaufvertrag einer Genehmigung nach dem Grundstücksverkehrsgesetz bedarf,
- die Genehmigung nach § 9 des Grundstücksverkehrsgesetzes bzw. § 7 Agrarstrukturverbesserungsgesetz aber nach Auffassung der zuständigen Behörde zu versagen wäre;
- die Genehmigung darf also weder erteilt noch versagt sein (§ 4 1 RSG).

178 Das Vorkaufsrecht ist jedoch ausgeschlossen, wenn die Veräußerung an eine Körperschaft des öffentlichen Rechts, an den Ehegatten oder an eine Person erfolgt, die mit dem Verkäufer in gerader Linie oder bis zum dritten Grade in der Seitenlinie verwandt oder bis zum zweiten Grade verschwägert ist (§ 4 II RSG). Eine **Vorkaufsrechts-Verzichtserklärung** braucht dem Grundbuchamt nicht vorgelegt zu werden, weil die Eintragung der Eigentumsänderung ohnehin nur möglich ist, wenn dem Grundbuchamt die rechtskräftig erteilte Genehmigung nach dem Grundstücksverkehrsgesetz vorgelegt wird. Ist

2. Teil. Allgemeine Fragen des Grundstückskaufvertrages A I

aber diese Genehmigung erteilt, kann ein Vorkaufsrecht nach dem RSG nicht mehr ausgeübt werden.

c) Vorkaufsrechte nach den Denkmalschutzgesetzen

Nach Landesrecht bestehen weitere Vorkaufsrechte vor allem im Bereich des Naturschutzes, des Forstrechts und des Denkmalschutzes. 179

Die Vorkaufsrechte der Denkmalschutzgesetze der Länder sind unterschiedlich gefasst. Zum Teil haben die Vorkaufsrechte dingliche Wirkung durch Verweisung auf § 1098 I BGB. Zum Teil haben die Vorkaufsrechte keine dingliche Wirkung; die Sicherung wird dann durch Anordnung einer Grundbuchsperre erreicht, nach der das Grundbuchamt bei Veräußerung eines Denkmal-Grundstücks den Erwerber in das Grundbuch nur eintragen darf, wenn entweder eine Vorkaufsrechtsverzichtserklärung oder ein Negativattest vorgelegt wird. Zu beachten ist hierbei, dass nach manchen Denkmalschutzgesetzen nicht nur die Gemeinde, sondern bei überörtlicher Bedeutung des Denkmals auch dem Land ein Vorkaufsrecht zusteht, das dem Vorkaufsrecht der Gemeinde im Rang vorgeht (s. im Einzelnen *Schöner/Stöber* Rn. 4187ff. m. w. N.). 180

6. Sonstige Vorkaufsrechte

In Betracht kommen 181
- das Vorkaufsrecht nach § 1094 BGB,
- das Vorkaufsrecht des Mieters nach § 577 BGB,
- das Vorkaufsrecht des Mieters nach Wohnungsbindungsgesetz,
- das Vorkaufsrecht von Mietern und Nutzern nach § 20 Vermögensgesetz (in den neuen Bundesländern),
- das Vorkaufsrecht des Miterben nach § 2034 BGB.

a) Vorkaufsrecht nach § 1094 BGB

Zur Bestellung eines dinglichen Vorkaufsrechts vgl. Kap. A VIII. Ist im Grundbuch ein dingliches Vorkaufsrecht eingetragen, so darf der Kaufpreis nicht fällig gestellt werden, solange das Vorkaufsrecht noch ausgeübt werden kann. Darüber hinaus ist im Kaufvertrag eine Vereinbarung erforderlich, dass für den Fall der Ausübung des Vorkaufsrechts der Vertrag nicht wirksam ist, in diesem Fall dem Käufer auch kein Schadensersatz zusteht (vgl. hierzu Kap. A VIII. Rn. 34). 182

aa) Das Vorkaufsrecht kann nur ausgeübt werden, wenn der Eigentümer über das Grundstück einen **rechtswirksamen Kaufvertrag** geschlossen hat (§ 463 BGB). Danach liegt kein Verkaufsfall vor bei 183
- Verkauf an einen gesetzlichen Erben (§ 470 BGB) oder dessen Ehegatten,
- Übernahme des Grundstücks im Wege der Auseinandersetzung unter den Miterben (*BGH* DNotZ 1970, 423), oder Veräußerung des Grundstücks durch die Erbengemeinschaft an einen Miterben oder an einen Dritten, der zuvor den Erbteil erworben hat (*BGH* DNotZ 1957, 654);
- Erwerb eines Bruchteils des Grundstücks durch einen Miteigentümer (BGHZ 13, 133); dagegen Vorkaufsfall beim Verkauf eines ideellen Anteils (*BGH* WM 1984, 510);
- Übertragung eines Erbteils, zu dem ein Grundstück gehört (*BGH* DNotZ 1970, 423), selbst wenn das Grundstück einziger Nachlassgegenstand ist (*LG München II* MittBayNot 1986, 179);
- Grundstückstausch (*BGH* NJW 1964, 541).

bb) Der Eigentümer hat dem Vorkaufsberechtigten den Inhalt des mit dem Dritten geschlossenen Kaufvertrages unverzüglich **mitzuteilen** (§ 469 I BGB), und zwar durch Übermittlung einer Abschrift. Die Übersendung eines Vertragsentwurfs erfüllt die Mitteilungspflicht nicht und setzt die Frist des § 469 BGB nicht in Lauf (*BGH* DNotZ 2003, 184

431). Das Vorliegen aller erforderlichen Genehmigungen ist hierbei zu bestätigen. Die Ausübung des Vorkaufsrechts kann aber bereits vor Rechtswirksamkeit des Kaufvertrages erklärt werden, sie wird dann wirksam mit Erteilung der behördlichen, gerichtlichen oder sonstigen Genehmigung (*BGH* DNotZ 1998, 895).

185 Die **Frist zur Ausübung** beträgt nach § 469 II BGB zwei Monate; sie kann aber vertraglich verlängert oder verkürzt werden. Das Vorkaufsrecht wird durch Erklärung gegenüber dem Verpflichteten ausgeübt. Die Erklärung bedarf nicht der für den Kaufvertrag bestimmten Form (§ 464 I 2 BGB). Die Ausübung durch Erklärung gegenüber dem Notar genügt nicht; er sollte hierzu auch nicht ermächtigt werden. Die Erklärung muss eindeutig und vorbehaltlos abgegeben werden. Steht das Vorkaufsrecht mehreren gemeinschaftlich zu, so kann es nur im Ganzen ausgeübt werden; ist es für einen der Berechtigten erloschen oder übt einer von ihnen sein Recht nicht aus, so können die Übrigen das Vorkaufsrecht im Ganzen ausüben (§ 472 BGB). Steht das Vorkaufsrecht einer Miterbengemeinschaft zu, bedarf es einer Einigung der Miterben. Ein einzelner Miterbe kann daher das Vorkaufsrecht nur in der Weise ausüben, dass es aufschiebend bedingt ist durch eine Einigung aller Miterben, durch das Erlöschen des Rechts oder durch den Verzicht auf Ausübung durch die übrigen Miterben (*BGH* DNotZ 1982, 368).

> **Praxishinweis zum Nachweis der Mitteilung:**
>
> Eine Ausfertigung (auszugsweise ohne Auflassung) des Kaufvertrages nach Erteilung aller Genehmigungen an den Vorkaufsberechtigten schicken mit der Bitte um Empfangsbestätigung. Kommt der Berechtigte dieser Bitte nicht nach, sollte die Zustellung durch den Gerichtsvollzieher erfolgen (nicht Einschreiben mit Rückschein).

186 **cc)** Durch die Ausübung des Vorkaufsrechts tritt der Berechtigte nicht in den den Vorkaufsfall auslösenden Kaufvertrag ein. Er begründet vielmehr einen **selbständigen neuen Kaufvertrag**, dessen Inhalt sich nach dem Ausgangsvertrag bestimmt. Liegen die Voraussetzungen zur Ausübung des Vorkaufsrechts vor, so wird das daraus erwachsende Gestaltungsrecht des Vorkaufsberechtigten in seinem Fortbestand nicht dadurch beeinträchtigt, dass der Käufer aufgrund eines vertraglichen Vorbehalts vom Kaufvertrag zurücktritt, bevor das Vorkaufsrecht ausgeübt worden ist (*BGH* DNotZ 1977, 349). Bei Ausübung des Vorkaufsrechts ist eine Auflassung an den **Vorkaufsberechtigten** erforderlich, in aller Regel sind auch ergänzende Vereinbarungen (z. B. Beteiligungsverhältnis) notwendig.

187 **dd)** Das nur für den ersten Verkaufsfall bestellte Vorkaufsrecht **erlischt,** wenn es nicht fristgemäß ausgeübt wird. Zur Aufhebung des Vorkaufsrechts ist ein Erlassvertrag erforderlich; die einseitige **Verzichtserklärung** des Berechtigten führt regelmäßig hierzu. Zur Löschung bedarf es der Bewilligung des Berechtigten in der Form des § 29 GBO. Das unvererbliche Vorkaufsrecht erlischt mit dem Tode des Berechtigten; es kann vor Ablauf eines Jahres nur mit Bewilligung des Rechtsnachfolgers gelöscht werden (*OLG Hamm* MittBayNot 1989, 27).

188 **ee)** Unverzichtbar ist im Kaufvertrag die Vereinbarung einer auflösenden Bedingung zwischen Verkäufer und Käufer, dass für den Fall der Ausübung des Vorkaufsrechts der Vertrag unwirksam wird, in diesem Fall dem Käufer auch kein Schadensersatz zusteht. Zur Frage, ob – bei fehlender Vereinbarung – der Vertrag über Wegfall der Geschäftsgrundlage unwirksam wird: *BGH* NJW 1987, 890; *Burkart* NJW 1987, 3157; *Tiedtke* NJW 1987, 874.

b) Vorkaufsrecht des Mieters nach § 577 BGB
Literatur: *Brambring,* Das Vorkaufsrecht des Mieters in der notariellen Praxis, ZAP 1993, 965 und DNotI-Report 1993, Heft 13; *Heintz,* Vorkaufsrecht des Mieters, 1998; *Langhein,* Das neue Vor-

kaufsrecht des Mieters bei Umwandlungen, DNotZ 1993, 650; *Schmidt,* Das neue Vorkaufsrecht bei Umwandlung, MittBayNot 1994, 285; *ders.,* Die Nichtausübung des Mietervorkaufsrechts, ZNotP 1998, 218; *Wirth,* Probleme des Mietervorkaufsrechts in der notariellen Praxis, MittBayNot 1998, 9; *Rüßmann,* Vorkaufsrecht analog § 577 BGB bei Realteilung von Grundstücken?, RNotZ 2012, 97.

aa) Das Vorkaufsrecht dient dem Schutz des Mieters, der eine Wohnung in einem Mehrfamilienhaus gemietet hat (und daher grundsätzlich eine Kündigung wegen Eigenbedarfs nicht zu befürchten hat), wenn nach der Überlassung der Wohnung (d. h. der Mieter hat rein tatsächlich die Möglichkeit, die Wohnung vertragsmäßig zu gebrauchen; das Datum des Mietvertrages ist nicht maßgeblich) Wohnungseigentum begründet und dieses an einen Dritten veräußert wird. Durch Ausübung des Vorkaufsrechts kann der Mieter das erhöhte Risiko einer Eigenbedarfskündigung im Vorfeld der Kündigungssperre des § 577a BGB abwenden. Ihm soll zugleich die Gelegenheit zum Kauf zu einem Kaufpreis gegeben werden, den auch ein Dritter für die Wohnung zu zahlen bereit ist. Das gesetzliche Vorkaufsrecht des Mieters besteht nur bei dem ersten Verkauf nach der Umwandlung in Wohnungseigentum und erstreckt sich auch dann nicht auf nachfolgende Verkäufe, wenn die Möglichkeit zur Ausübung des Vorkaufsrechtes bei dem ersten Verkauf nicht bestand, weil die Wohnung zuvor an einen Familienangehörigen verkauft wurde (*BGH* MittBayNot 2008, 115). Nach zwei Entscheidungen des *BGH* aus den Jahren 2008 und 2010 *(BGH* NJW 2008, 2257; 2010, 3571) soll das Vorkaufsrecht nach § 577 BGB analog auch bei Realteilung und Veräußerung von vermieteten Ein- und Zweifamilienhäusern anzuwenden sein. **189**

Noch nicht abschließend geklärt ist, ob das Mietervorkaufsrecht auch bei sog. Erwerbermodellen Anwendung findet. Das sog. „Münchener Modell" ist dadurch gekennzeichnet, dass eine Personengesellschaft (z. B. eine GbR) ein Miethaus mit dem Ziel erwirbt, ihren Gesellschaftern die Nutzung der Wohnungen zu ermöglichen und die Wohnungen in Eigentumswohnungen umzuwandeln. Dabei wird jedem Gesellschafter von vornherein eine bestimmte Wohnung zugewiesen. Seit Inkrafttreten des Mietrechtsänderungsgesetzes werden auch derartige Gestaltungen von der Kündigungsbeschränkung des § 577a BGB erfasst. Unklar ist, ob sich hieraus Rückschlüsse auf die Erstreckung des Mietervorkaufsrechts nach § 577 BGB auf derartige Gestaltungen ziehen lassen. **190**

Checkliste der Voraussetzungen für die Ausübung des Vorkaufsrechts nach § 577 BGB **191**

(1) Es muss ein Mietverhältnis über Wohnraum bestehen. Dem Mieter nicht zu Wohnzwecken dienender Räume (z. B. Ladenlokal, Garage) steht das Vorkaufsrecht nicht zu. Die Bezeichnung im Grundbuch als „Wohnungseigentum" oder „Teileigentum" ist nicht maßgeblich. Das Vorkaufsrecht gilt auch beim Wohnungserbbaurecht (§ 30 WEG). Es erstreckt sich auf eine mitvermietete Garage, wenn ein einheitliches Mietverhältnis besteht. Dies soll auch dann gelten, wenn die mit der Wohnung vermietete Garage (Stellplatz) in der Teilungserklärung einer anderen Wohnung zugeordnet und mit dieser verkauft wird (*Wirth* a. a. O.).

(2) Umwandlung in Wohnungseigentum nach Überlassung an den Mieter. War das Wohnungseigentum bei Beginn des Mietverhältnisses bereits im Grundbuch gebildet, steht dem Mieter das Vorkaufsrecht nicht zu, auch dann nicht, wenn der Käufer beabsichtigt, das Mehrfamilienhaus in Wohnungseigentum aufzuteilen (*BayObLG* MittRhNotK 1992, 184). Es steht ihm zu, wenn bei Überlassung der Wohnung das Wohnungseigentum bereits nach § 3 oder § 8 WEG begründet, aber noch nicht durch Eintragung im Grundbuch entstanden war.

(3) Dem Mieter steht das Vorkaufsrecht zu, wenn mit einem Kaufvertrag mehrere Wohnungseigentumsrechte oder sämtliche verkauft werden (Aufteilung des Kaufpreises auf die einzelnen Wohnungseigentumsrechte im Kaufvertrag daher unverzichtbar; vgl. hierzu DNotI-Report 1995, 49).

▶

> ▼ Fortsetzung: **Checkliste der Voraussetzungen für die Ausübung des Vorkaufsrechts nach § 577 BGB**
>
>> Preisvergünstigungen bei einem Paketverkauf mehrerer Eigentumswohnungen sollen nach *OLG Düsseldorf* (MittBayNot 1999, 57) auch für den Mieter gelten, der sein Vorkaufsrecht nur hinsichtlich einer Wohnung ausübt (sehr fraglich). Umgekehrt steht dem vorkaufsberechtigten Mieter ein Schadensersatzanspruch für den Fall zu, dass die Wohnung zu einem überhöhten Einzelkaufpreis im Rahmen eines Paketverkauftes veräußert wird (*BGH* DNotI-Report 2005, 157). Zu dem Vorkaufsrecht des Mieters nach Schließung der Wohnungsgrundbuchblätter und anschließender Veräußerung des ungeteilten Grundstücks vgl. DNotI-Report 2006, 48.
>> (4) Das Vorkaufsrecht besteht unabhängig davon, ob der teilende Eigentümer Verkäufer ist oder ein Dritter, der das Wohnungseigentum vor Inkrafttreten des Gesetzes (1.9.1993) erworben hat.
>> (5) Dem Mieter steht das Vorkaufsrecht nicht zu, wenn der Vermieter die Wohnung an eine zu seinem Hausstand gehörende Person oder an einen Familienangehörigen verkauft (§ 577b I 2 BGB), nach einer Veräußerung im Wege der Zwangsvollstreckung. (*BGH* ZNotP 1999, 291) oder durch den Insolvenzverwalter. Es steht ihm auch nicht zu bei Übertragung eines Erbteils, selbst dann, wenn zum Nachlass nur dem Vorkaufsrecht unterliegende Wohnungseigentumsrechte gehören und sämtliche Erbanteile an denselben Erwerber veräußert werden (DNotI-Report 1999, 73).

192 **bb)** Das Vorkaufsrecht nach § 577 BGB ist ein gesetzliches Vorkaufsrecht, auf das die §§ 463–473 BGB anwendbar sind. Es richtet sich ausschließlich gegen den Eigentümer/Vermieter, kann also auch nur ihm gegenüber durchgesetzt werden (anders als das dingliche Vorkaufsrecht, § 1098 BGB).

193 Zu den Voraussetzungen für den Vorkaufsfall vgl. Rn. 189. Die Frist zur Ausübung des Vorkaufsrechts beträgt zwei Monate (§ 469 II 1 BGB). Die Frist beginnt mit dem Zugang der Mitteilung über den rechtswirksamen Vertrag an den Vorkaufsberechtigten zu laufen, die mit der Unterrichtung des Mieters über sein Vorkaufsrecht verbunden sein muss (§ 577 BGB). Sind mehrere Personen Mieter (z.B. Eheleute), ist jedem von ihnen die Mitteilung zu übersenden. Die Beteiligten können den Notar beauftragen, diese Mitteilung vorzunehmen; hierbei muss der Notar sein Handeln in deren Namen und die ihm erteilte Vollmacht kundtun. Als Vollmachtsnachweis empfiehlt sich eine dem Notar selbst erteilte Ausfertigung (vgl. Kap. A VIII. Rn. 32 mit Formulierungsbeispiel).

194 Die Ausübung des Vorkaufsrechts bedarf nicht der Form des § 311b BGB (*BGH* DNotZ 2000, 764 m. krit. Anm. *Rieger*).

195 **cc)** Der Verkäufer ist verpflichtet, dem Mieter die Ausübung seines Vorkaufsrechts zu ermöglichen. Verstößt er hiergegen und kann der Mieter sein Vorkaufsrecht nicht mehr durchsetzen, weil der Käufer bereits Eigentümer geworden ist, steht ihm ein Schadensersatzanspruch gegen den Verkäufer zu (*AG Hamburg* WuM 1996, 477; *BGH* DNotZ 2003, 431). Mit der Ausübung des Vorkaufsrechts kommt der Kauf zwischen dem Mieter und dem Verkäufer unter den Bestimmungen zustande, die der Verkäufer mit dem Dritten vereinbart hat (§ 464 II BGB). Der Mieter tritt allerdings nicht in den den Vorkaufsfall auslösenden Kaufvertrag ein, er begründet vielmehr einen selbständigen neuen Kaufvertrag, dessen Inhalt sich nach den Bedingungen des Ausgangsvertrages bestimmt (*BGH* DNotZ 1983, 302). Es bedarf einer Nachtragsbeurkundung, in der die Auflassung erklärt, die Eintragung einer Vormerkung bewilligt, die Zwangsvollstreckungsunterwerfung wegen der Zahlung des Kaufpreises erklärt und die Finanzierungsvollmacht wiederholt wird. Der Vertrag mit dem Mieter bedarf aller erforderlichen Genehmigungen (z.B. die des Verwalters nach § 12 WEG).

2. Teil. Allgemeine Fragen des Grundstückskaufvertrages

Der Mieter hat auch die Kosten des ursprünglichen Vertrages zu tragen; er wird aber nicht Kostenschuldner gegenüber dem Notar (*OLG Düsseldorf* MittRhNotK 1994, 122). **196**

Ob hierzu auch die Kosten der Eintragung und Löschung der Vormerkung des Erstkäufers gehören, ist streitig (*Heintz* Rn. 472). Nach OLG Düsseldorf (MittRhNotK 1999, 153) übernimmt der Mieter regelmäßig die Verpflichtung zur Zahlung der Maklerprovision selbst dann, wenn die Beteiligten diese Verpflichtung nicht zu einem echten Bestandteil des ersten Kaufvertrages gemacht haben (hierzu *BGH* DNotZ 1982, 629; BB 1996, 395). **197**

dd) Der Verzicht des Mieters auf die Ausübung des Vorkaufsrechts vor Abschluss des Kaufvertrages ist unwirksam. Dagegen ist nach der Mitteilung gemäß § 577 BGB der Verzicht auch vor Ablauf der Ausübungsfrist und unabhängig von der Rechtswirksamkeit des Kaufvertrages möglich und wirksam (*BGH* DNotZ 2003, 431). **198**

ee) Nach § 20 BeurkG hat der Notar die Amtspflicht, bei der Beurkundung des Kaufvertrages auf das Vorkaufsrecht nach § 577 BGB hinzuweisen, wenn dieses in Betracht kommt, und dies in der Niederschrift zu vermerken. Den Notar trifft jedoch keine Ermittlungspflicht. Die Aufnahme eines Vermerks ist zu empfehlen. **199**

Formulierungsbeispiel: Hinweis zum Vorkaufsrecht nach § 577 BGB **200**

Nach Hinweis des Notars auf das Vorkaufsrecht des Mieters nach § 577 BGB garantiert der Verkäufer, dass die Voraussetzungen hierfür nicht vorliegen, da bereits vor Abschluss des Mietvertrages Wohnungseigentum begründet war.

---

ff) Besteht das Vorkaufsrecht des Mieters, hat der Verkäufer im Erstvertrag sicherzustellen, dass bei Ausübung des Vorkaufsrechts der Kaufvertrag, der dann mit dem Mieter zustande kommt, von ihm erfüllt werden kann. Dies verlangt, dass der Kaufvertrag mit dem Käufer entweder auflösend bedingt geschlossen wird oder sich der Verkäufer für den Fall der Ausübung des Vorkaufsrechts den Rücktritt vorbehält. **201**

Es ist dringend zu empfehlen, nicht nur die Kaufpreisfälligkeit vom Eingang der Verzichtserklärung (Nichtausübung innerhalb der Frist) abhängig zu machen, sondern auch die Eintragung der Vormerkung und der Finanzierungsgrundpfandrechte erst zu diesem Zeitpunkt vorzusehen. **202**

Formulierungsbeispiel: Auflösende Bedingung **203**

1. Der Notar hat die Beteiligten darauf hingewiesen, dass dem Mieter nach § 577 BGB ein Vorkaufsrecht zusteht. Wird das Vorkaufsrecht ausgeübt, kommt der Kaufvertrag mit dem hier vereinbarten Inhalt mit dem Mieter zustande.
Das Vorkaufsrecht kann bis zum Ablauf von zwei Monaten nach Mitteilung über die Rechtswirksamkeit dieses Vertrages ausgeübt werden.
2. Der Notar wird beauftragt und bevollmächtigt, dem Mieter nach Rechtswirksamkeit des Vertrages eine auszugsweise Ausfertigung (ohne Auflassung) dieser Urkunde zu übersenden mit der Aufforderung, innerhalb der gesetzlichen Frist gegenüber dem Verkäufer schriftlich zu erklären, ob er das Vorkaufsrecht ausübt oder nicht.
3. Der Kaufvertrag wird daher unter der auflösenden Bedingung geschlossen, dass er unwirksam wird, wenn der Mieter das Vorkaufsrecht ausübt. Der Verkäufer haftet nicht dafür, dass das Vorkaufsrecht nicht ausgeübt wird; jeglicher Schadensersatz des Käufers ist für den Fall der Ausübung des Vorkaufsrechts ausgeschlossen.
Der Verkäufer verpflichtet sich, den Notar unverzüglich schriftlich zu unterrichten, sobald der Mieter sein Vorkaufsrecht ausgeübt hat oder auf die Ausübung seines Vorkaufsrechts verzichtet hat.

▼ Fortsetzung: **Formulierungsbeispiel: Auflösende Bedingung**

> Der Vertrag wird endgültig wirksam, sobald der Verkäufer dem Käufer und dem Notar schriftlich mitgeteilt hat, der Mieter habe auf die Ausübung des Vorkaufsrechts verzichtet oder innerhalb der Frist das Vorkaufsrecht nicht ausgeübt. Der Käufer und der Notar sind nicht verpflichtet, die Richtigkeit dieser Mitteilung zu prüfen.
>
> 4. Die Beteiligten weisen den Notar an, den Antrag auf Eintragung der Vormerkung und der Finanzierungsgrundpfandrechte des Käufers erst zu stellen, wenn ihm die Mitteilung des Verkäufers zugegangen ist, der Mieter habe auf die Ausübung des Vorkaufsrechts verzichtet oder das Vorkaufsrecht innerhalb der Frist nicht ausgeübt.

c) Vorkaufsrecht nach §§ 20, 20a Vermögensgesetz

204   In den neuen Bundesländern kann Mietern und Nutzern von Ein- und Zweifamilienhäusern sowie von Grundstücken für Erholungszwecke, die staatlich verwaltet sind oder auf die ein Anspruch auf Rückübertragung besteht, auf Antrag ein Vorkaufsrecht am Grundstück eingeräumt werden. Bei Grundstücken. an denen Dritte Eigentums- oder dingliche Nutzungsrechte erworben haben, wird dem Berechtigten auf Antrag ein Vorkaufsrecht am Grundstück eingeräumt.

d) Vorkaufsrecht des Mieters nach Wohnungsbindungsgesetz

205   § 2b Wohnungsbindungsgesetz ist auch für nach altem Recht geförderten Wohnraum abgeschafft. § 577 BGB gilt auch für öffentlich geförderte Wohnungen. Zum Wohnraumförderungsgesetz vgl. *Heimsoeth* RNotZ 2002, 88.

7. Lastenfreistellung

206   Wenn das verkaufte Grundstück von eingetragenen Belastungen freizustellen ist, soll die Fälligkeit in der Regel nicht aufgeschoben werden, bis diese im Grundbuch gelöscht sind. Der Kaufpreis soll vielmehr schon fällig werden, wenn die **Lastenfreistellung sichergestellt** ist. Darunter versteht die Praxis, dass die zur Lastenfreistellung erforderlichen Unterlagen (Löschungsbewilligungen, Freigaben, Grundschuldbriefe) dem Notar in grundbuchtauglicher Form vorliegen, und zwar entweder ohne Auflagen oder unter Auflagen, zu deren Erfüllung der Kaufpreis ausreicht. Dieses Verfahren hat nicht nur den Vorteil, die Fälligkeit zu beschleunigen. Es erlaubt vor allem, die eingetragenen Belastungen aus dem Kaufpreis selbst ohne den (oft ja gar nicht möglichen) Einsatz sonstiger Mittel abzulösen.

207   Die hierbei auftretenden **Risiken** sind weitgehend beherrschbar:
- Gelegentlich hält der Verkäufer die von seiner Bank geforderte **Ablösung für überhöht**. Der Käufer erwartet zu Recht, aus einem Streit hierüber herausgehalten zu werden. Zur Informationspflicht des Notars gegenüber dem Verkäufer *KG* DNotZ 1990, 446 m. Anm. *Reithmann*. Diese Informationspflicht darf nicht dahin überspitzt werden, dass sie die Vertragsabwicklung verzögert (vgl. *OLG Schleswig* DNotI-Report 2001, 86).
- Die Ablösung der im Grundbuch eingetragenen **Gläubiger** des Verkäufers mittels des Kaufpreises droht zu scheitern, wenn andere Gläubiger des Verkäufers dessen **Kaufpreisanspruch pfänden** (§§ 835, 836 ZPO). Um solche Pfändungen ins Leere laufen zu lassen, wird vielfach bereits im Kaufvertrag der Kaufpreis an den/die abzulösenden Gläubiger abgetreten. Unproblematisch ist dies nur, wenn lediglich ein einziger Gläubiger abzulösen ist, dieser die Abtretung **vor** der Pfändung annimmt, den ganzen Kaufpreis erhält und eine Unterwerfung des Käufers unter die Zwangsvollstreckung gleich ihm gegenüber erklärt wird (i. E. *Hoffmann* NJW 1987, 3153). Es ist daher

2. Teil. Allgemeine Fragen des Grundstückskaufvertrages A I

besser, durch unechten Vertrag zugunsten Dritter die Zahlung des Kaufpreises ausschließlich an die abzulösenden Gläubiger zu vereinbaren gemäß Rn. 209 – sog. Zweckbindung des Kaufpreises (vgl. *BGH* DNotZ 2000, 752 m. w. N.).

– Die Freistellung kann auch dadurch gestört werden, dass der abzulösende Gläubiger vom Notar die **Freistellungsunterlagen zurückverlangt** oder seine Zahlungsauflagen erhöht. Dies ist allenfalls akzeptabel, solange noch nicht sämtliche Fälligkeitsvoraussetzungen erfüllt sind (vgl. *LG Köln* DNotI-Report 1998, 97). Gegen dieses Risiko sind die Beteiligten am besten geschützt, wenn sie dem Notar Vollmacht gemäß Rn. 209 erteilen und der Notar dem Gläubiger deutlich macht, dass er die Freistellungsunterlagen aufgrund dieser Vollmacht erbittet und entgegennimmt (vgl. *Schilling* ZNotP 2004, 138, 141 ff.).

– Der Käufer (oder gar sein Finanzierungsinstitut) könnte, für den Fall, dass er schon in Beziehungen zum Gläubiger steht/stand, versucht sein, etwaige Auflagen mit vermeintlichen eigenen Ansprüchen gegen den Gläubiger zu „verrechnen", was vom Notar nicht geprüft werden kann und dem Verkäufer schon aus Zeitgründen nicht zumutbar ist, zumal eine solche „Verrechnungsablöse" nur unter besonderen Voraussetzungen zulässig wäre (vgl. *BGH* DNotZ 2011, 201). Dem ist dadurch zu begegnen, dass seitens des Käufers auf jeden Fall Geld fließen muss.

– Die Freistellung von Grundpfandrechten kann schließlich gestört werden, wenn Dritte etwaige **Eigentümerrechte** des Verkäufers daran oder die **Rückgewähransprüche** des Verkäufers erlangen, z. B. durch Abtretung oder Verpfändung. Die bedingte Abtretung gemäß Rn. 209 erfasst alle derartigen Rechte und Ansprüche und erlischt, sobald der verkaufte Grundbesitz freigestellt ist, damit sie danach einen etwa mitbelasteten nicht verkauften Grundbesitz nicht mehr berühre.

– Die Wegfertigung von Gläubigern aus dem Kaufpreis könnte nach dem AnfG und der InsO **anfechtbar** sein („inkongruente Deckung"). Bei einem Verkauf zu marktüblichem Preis mit vollständiger Wegfertigung eingetragener Belastungen aus dem Kaufpreis ist dies jedoch nicht der Fall, auch nicht, wenn bereits ein Versteigerungsvermerk eingetragen sein sollte (*Amann* DNotZ 2010, 246 ff.), also anders als im Fall *BGH* DNotZ 2009, 844, in dem der Schuldner=Verkäufer die eingetragenen Belastungen im Nachhinein selbst wegfertigte.

Vorkehrungen gegen solche Gefahren sind auch dann nötig, wenn der Kaufpreis auf Notaranderkonto hinterlegt wird (vgl. *BGH* DNotZ 1989, 234). **208**

Formulierungsbeispiel: Auftrag Vollzug Lastenfreistellung	**209**
Käufer und Notar brauchen nicht nachzuprüfen, ob Auflagen, von denen die Lastenfreistellung abhängt, berechtigt sind. Soweit solche Auflagen reichen, kann der Kaufpreis nur durch ihre Erfüllung bezahlt werden, nicht durch sonstige Leistung an den Verkäufer oder an Dritte. Der Notar wird bevollmächtigt, die Unterlagen zur Lastenfreistellung für Verkäufer, Käufer und dessen Finanzierungsinstitute entgegenzunehmen und zu verwenden. Alle Rechte und Ansprüche, die mit den zu beseitigenden Belastungen zu tun haben, werden schon jetzt auf den Käufer übertragen; diese Übertragung wirkt, sobald der Kaufpreis bezahlt ist, und erlischt, sobald die Lastenfreistellung durchgeführt ist.	

Die Freistellung könnte auch scheitern, wenn der Gläubiger vor ihrem Vollzug im Grundbuch die Verfügungsmacht verliert, z. B. durch Abtretung oder Insolvenzverfahren. Bei inländischen Kreditinstituten darf dieses Risiko grundsätzlich vernachlässigt werden, nicht dagegen bei anderen Grundpfandrechtsgläubigern und bei Eigentümergrundschulden. Hier lässt es sich, falls keine sofortige Löschung möglich ist, am besten beherrschen, indem **210**
– der Gläubiger sich dem Käufer gegenüber zur Freistellung (gegen Zahlung des vom Gläubiger verlangten Betrages) verpflichtet,

- zur Sicherung dieses Freistellungsanspruchs am Grundpfandrecht des Gläubigers eine Vormerkung zugunsten des Käufers eingetragen wird,
- die Fälligkeit des Kaufpreises auch von dieser Freistellungsvormerkung abhängt und
- der Gläubiger die Freistellungsunterlagen dem Notar wie üblich zu treuen Händen zuleitet; hierbei kann zur Kostenersparnis die notariell beglaubigte Gläubigerbewilligung durch eine im Freistellungsversprechen dem Notar erteilte Freistellungsvollmacht ersetzt werden

(vgl. *Wörner* MittBayNot 2001, 450).

211 Ist am verkauften Grundbesitz ein Zwangsversteigerungsvermerk eingetragen, so hindert dieser als nur relatives Veräußerungsverbot (§§ 23 ZVG, 136, 135 BGB) den Verkauf nicht. Zusätzlich zur Freistellung von nicht übernommenen beschränkten dinglichen Rechten muss aber der Versteigerungsvermerk beseitigt werden (hierzu *Jursnik* MittBayNot 1999, 127, *Franck* MittBayNot 2012, 345, 348 ff.). Hierzu wird der Notar nach Eintragung der Eigentumsvormerkung (insbesondere zur Bedeutung der Vormerkung im Rahmen des ZVG, s. *Kesseler* DNotZ 2010, 404) für den Käufer
- den Käufer als Vormerkungsberechtigten gemäß § 9 Nr. 2 ZVG als Beteiligten des Zwangsversteigerungsverfahrens anmelden,
- mit Hilfe des Versteigerungsgerichts klären, welche Gläubiger bereits vor (dem unter dem Schutz des § 878 BGB gestellten Antrag auf) Eintragung der Eigentumsvormerkung des Käufers die Zwangsversteigerung beantragt haben oder ihr beigetreten sind,
- von diesen Gläubigern zu treuen Händen Erklärungen einholen, dass sie ihren Zwangsversteigerungsantrag gemäß § 29 ZVG zurücknehmen, und zwar von inländischen Kreditinstituten schriftlich, sonst vorsorglich in notariell beglaubigter Form, unter Entgegennahme der Zahlungsauflagen dieser Gläubiger,
- nach Erfüllung der Zahlungsauflagen dieser Gläubiger die Rücknahmeerklärungen dem Versteigerungsgericht vorlegen,
- die Eigentumsvormerkung des Käufers auch nach Eigentumsumschreibung auf den Käufer bestehen lassen, bis der Zwangsversteigerungsvermerk gelöscht ist.

212 Einer besonderen **Belehrung** über die Bedeutung eines Zwangsversteigerungsvermerks bedarf es – wenn überhaupt – nur in Bauträgerverträgen (vgl. *BGH* DNotZ 2011, 192 – im entschiedenen Fall hatte der Notar im Grundbuchstand nur das Wort „Vermerk" verwendet, was schon grundsätzlich den Vertragsteilen keine Einschätzung ermöglicht). Wird, der Wahrheit entsprechend, das Wort „Zwangsversteigerungsvermerk" verwendet, so dürfte dies auch für juristische Laien eine aus sich heraus sprechende Signalwirkung haben. Demgegenüber könnte eine Belehrung über die zahlreichen Fallvarianten, die sich aus der Beschlagnahmewirkung ergeben, nur Verwirrung stiften.

213 Falls Gläubiger, die nach (dem unter dem Schutz des § 878 BGB gestellten Antrag auf) Eintragung der Eigentumsvormerkung des Käufers der Zwangsversteigerung beigetreten sind, ihren Zwangsversteigerungsantrag trotz § 888 II 2 BGB nicht zurücknehmen, kann der Notar, nachdem der Käufer als Eigentümer eingetragen ist und seine Eigentumsvormerkung bestehen geblieben ist, das Versteigerungsgericht ersuchen, das Versteigerungsverfahren aufzuheben, so dass der Zwangsversteigerungsvermerk gelöscht wird (vgl. *Stöber* § 28 ZVG Rn. 4.8a). Gegen vorrangige Gläubiger nützt die Eigentumsvormerkung dagegen nichts (*BGH* DNotZ 2007, 686).

214 Bei einer **Zwangsverwaltung** sind ggf. weitere Vorkehrungen nötig, da der Zeitpunkt des zwischen Verkäufer und Käufer vereinbarten Besitzübergangs grundsätzlich keinen Einfluss auf die Einziehungsbefugnisse des Verwalters hat und es so zu einem Auseinanderfallen der damit verbundenen Rechtsfolgen kommen kann (*Franck* MittBayNot 2012, 439, 442). Im Übrigen muss bei einem parallel zum Zwangsversteigerungsverfahren anhängigen Zwangsverwaltungsverfahren eine eigenständige Lastenfreistellung durchgeführt werden (s. auch Rn. 674 ff.).

215 Die Lastenfreistellung hängt ferner davon ab, dass die **Notar- und Gerichtskosten** dafür bezahlt werden. Hat der Verkäufer diese übernommen, so sind zusätzliche Schutz-

2. Teil. Allgemeine Fragen des Grundstückskaufvertrages

maßnahmen zugunsten des Käufers nur angezeigt, wenn abzusehen ist, dass der Verkäufer diese Kosten nicht bezahlen kann, insbes. bei eingetragenem Zwangsversteigerungsvermerk. Dann empfiehlt es sich, den Käufer zu ermächtigen, diese Kosten in Anrechnung auf den Kaufpreis zu bezahlen, und vorzusehen, dass die Zahlungsauflagen der abzulösenden Gläubiger nicht höher sein dürfen als der Kaufpreis abzüglich der Kosten der Lastenfreistellung.

Da die Eigentumsvormerkung des Käufers keine Grundbuchsperre bewirkt (Rn. 409), können Rechte Dritter, die nach der Eigentumsvormerkung, aber vor Eigentumsumschreibung auf den Käufer eingetragen werden, die Lastenfreistellung erschweren, ohne dass der Notar dies zu verhindern vermag (dazu Rn. 412). **216**

Inwieweit „die Lastenfreistellung gesichert" ist, hängt also von vielen Umständen und von den konkreten Vorsorgemaßnahmen im Vertrag ab. Dementsprechend ist einer allgemeinen Fälligkeitsvoraussetzung – „wenn die Lastenfreistellung gesichert ist" – eine **konkret formulierte** vorzuziehen. **217**

Formulierungsbeispiel: Fälligkeitsvoraussetzung Lastenfreistellung **218**

Dem Notar liegen alle Unterlagen vor, um den verkauften Grundbesitz von Rechten (einschließlich des Zwangsversteigerungsvermerks) freizustellen, die im Grundbuch bereits vor oder gleichzeitig mit der Vormerkung des Käufers eingetragen wurden und vom Käufer nicht übernommen werden. Diese Unterlagen liegen auflagenfrei vor oder unter Auflagen, zu deren Erfüllung der Kaufpreis (nach Begleichung der Kosten bei Notar und Grundbuchamt für die Lastenfreistellung) ausreicht.

Die in Klammer gesetzten Zusätze sind nur bei Eintragung eines Zwangsversteigerungsvermerks notwendig. Die Vorsorgemaßnahmen gemäß Rn. 209 ergänzen die so formulierte Fälligkeitsvoraussetzung. **219**

8. Fälligkeitsmitteilung

Der Notar kann auf Ersuchen der Beteiligten die Aufgabe übernehmen (§ 24 I 1 BNotO), diesen den Eintritt bestimmter Fälligkeitsvoraussetzungen mitzuteilen. Er sollte nur die Mitteilung solcher Fälligkeitsvoraussetzungen übernehmen, die er zuverlässig und sachkundig feststellen kann, insbes. Vormerkung, Genehmigungen, Vorkaufsrechtszeugnisse, Lastenfreistellung – dagegen nicht Räumung, Bautenstand, Mängelfreiheit. Sind **Treuhandaufträge**, unter denen der Notar die Lastenfreistellungsunterlagen erhält, **befristet**, so darf der Notar die Fälligkeit nur mitteilen, wenn diese Frist auch dann gewahrt ist, wenn der Käufer die ihm im Kaufvertrag eingeräumte Frist für die Gutschrift des Kaufpreises ausschöpft; andernfalls darf die Fälligkeit erst mitgeteilt werden, nachdem der Treuhandauftrag entsprechend verlängert ist. Der Notar sollte den Käufer auf die Befristung des Treuhandauftrags deutlich hinweisen (vgl. *Schilling* ZNotP 2004, 142), insbes. wenn die Fälligkeit von weiteren Voraussetzungen abhängt, die der Notar nicht zu überprüfen hat, wie z. B. Räumung (vgl. *OLG Düsseldorf* DNotI-Report 2001, 85). **220**

Vom Vertragstext hängt es ab, ob die Mitteilung des Notars der einzige Weg ist, um die Fälligkeit auszulösen (**konstitutive Mitteilung**), oder nur der Normalweg, aber nicht der einzige Weg (**deklaratorische Mitteilung**). In der Formulierung zeigt sich der Unterschied beider Gestaltungen nach dem ersten Satzteil, der lauten könnte: Der Kaufpreis muss innerhalb von zehn Tagen gutgeschrieben sein, nachdem
- „der Notar dem Käufer schriftlich mitgeteilt hat, dass der Vollzug dieses Vertrags gesichert ist wie folgt: (Es folgen die Voraussetzungen gemäß Rn. 94, 218 und weitere)"
= konstitutive Mitteilung, **221**

- „der Vollzug dieses Vertrags gesichert ist wie folgt: (Es folgen die Voraussetzungen gemäß Rn. 94, 218 und weitere). Die Zehntagesfrist beginnt mit der Mitteilung des Notars, wenn der Käufer nicht zuvor anderweitig Kenntnis erlangt hat" = deklaratorische Mitteilung.

222 § 3 MaBV schreibt eine konstitutive Mitteilung vor. Ansonsten kann eine solche für den Notar zu Komplikationen führen, weil sie ausschließlich ihm die Verantwortung aufbürdet für
- den nachweisbaren Zugang der Fälligkeitsmitteilung,
- erneute Fälligkeitsmitteilung nach Verlängerung eines befristeten Treuhandauftrags (vgl. *OLG Düsseldorf* DNotI-Report 2001, 85),
- die Beurteilung unerwarteter Störungen des Vertrags, z.B. durch Auflagen, mit denen Genehmigungen versehen sind, Eintragung von Rechten nach der Eigentumsvormerkung (vgl. Rn. 409).

223 Seit 1.1.2002 ist die Fälligkeitsmitteilung des Notars – gleichgültig, ob konstitutiv oder deklaratorisch – ein verzugsbegründendes Ereignis i.S.d. § 286 II Nr. 2 BGB, wenn seine weiteren Voraussetzungen erfüllt sind (dazu Rn. 221). Verzug begründen kann wegen § 286 IV BGB nur der Zugang, nicht Fiktionen, die ihn ersetzen oder vorverlagern (z.B. Frist ab Datum des Schreibens des Notars); solche sind als AGB und im Verbrauchervertrag ohnehin unwirksam (§§ 308 Nr. 6, 309 Nr. 12a, 310 III BGB).

224 Für die Fälligkeitsmitteilung genügt einfacher Brief (*LG Berlin* DNotI-Report 2003, 135 m.w.N.). Da es entgegen *BGH* (MittBayNot 2005, 395 mit Anm. *Lichtenwimmer*) die ideale Versendungsart nicht gibt, sollte der Notar diese im Kaufvertragstext wiedergeben (vgl. DNotI-Report 2007, 84). Für die Fälligkeitsmitteilung erhält der Notar die Betreuungsgebühr nach Nr. 22200 KV-GNotKG.

9. Sicherung der Kaufpreiszahlung, Verzug, Zwangsvollstreckungsunterwerfung, Rücktritt

225 Der Verkäufer ist daran interessiert, möglichst schnell nach Abschluss des Vertrages den Kaufpreis zu erhalten. Das Sicherungsinteresse des Käufers verlangt, dass der Kaufpreis erst nach Eintritt bestimmter Voraussetzungen fällig wird. Das Sicherungsinteresse des Verkäufers gebietet es, dass nach Eintritt der Kaufpreisfälligkeitsvoraussetzungen der Vertrag Zug um Zug abgewickelt wird, also die Verschaffung des Besitzes (Übergabe) und der Übergang des Eigentums erst mit Kaufpreiszahlung erfolgen. Zahlt der Käufer den Kaufpreis nicht rechtzeitig, kann der Verkäufer Ersatz des Verzugsschadens verlangen und, nachdem er dem Käufer (erfolglos) eine angemessene Frist zur Zahlung bestimmt hat, nach § 323 BGB vom Vertrag zurücktreten.

226 In erster Linie interessiert den Verkäufer eine Sicherung seines Erfüllungsanspruchs. Die Vollstreckungsmöglichkeit aus der notariellen Urkunde verstärkt die Rechtsstellung des Verkäufers, ohne den Käufer unangemessen zu benachteiligen.

227 **Checkliste zur Sicherung des Verkäufers für den Fall, dass der Käufer den Kaufpreis nicht oder nicht pünktlich zahlt**

(1) Eigentumsumschreibung erst nach Kaufpreiszahlung (s. Rn. 447ff.); anderenfalls Belehrungspflicht des Notars über die Risiken einer ungesicherten Vorleistung (*OLG Rostock* DNotZ 1996, 123);
(2) Verzug des Käufers ohne das Erfordernis der Mahnung mit Zugang der Fälligkeitsmitteilung des Notars;
(3) In Einzelfällen: Vereinbarung einer höheren Verzugsschadenspauschale und/oder eines vertraglichen Rücktrittsrechts;

▶

2. Teil. Allgemeine Fragen des Grundstückskaufvertrages

> ▼ **Fortsetzung: Checkliste zur Sicherung des Verkäufers für den Fall, dass der Käufer den Kaufpreis nicht oder nicht pünktlich zahlt**
>
> (4) Nachweis des Eigenkapitals und der Finanzierung (Finanzierungsbestätigung der Bank) vor Abschluss des Vertrages;
> (5) Ist die Kaufpreisfälligkeit hinausgeschoben (der Verkäufer nutzt bis zu diesem Zeitpunkt das Kaufobjekt weiter), will der Käufer vor Kaufpreiszahlung Renovierungsarbeiten am Kaufobjekt ausführen oder soll der Besitz vor Kaufpreiszahlung übergehen: Anzahlung auf den Kaufpreis: entweder sofortige Hinterlegung auf Anderkonto oder Zahlung an den Verkäufer nach einer Mitteilung des Notars, dass er die Eintragung der Vormerkung beantragt und sich bei Antragstellung davon überzeugt hat, dass die Vormerkung die bedungene Rangstelle erhält, weiterhin sichergestellt ist, dass der Restkaufpreis zur Ablösung der dinglich gesicherten Darlehensverbindlichkeiten des Verkäufers ausreicht (Bestätigung der Bank);
> (6) Besitzübergang erst nach Kaufpreiszahlung;
> (7) Sicherstellung der Löschung der Vormerkung bei Nichtdurchführung des Vertrages (s. Rn. 424 ff.).

a) Verzug

228 Leistet der Schuldner bei Fälligkeit nicht, verletzt er eine Pflicht aus dem Schuldverhältnis und ist dem Gläubiger zum Ersatz des hierdurch entstehenden Schadens verpflichtet, es sei denn, er hat die Pflichtverletzung nicht zu vertreten (§ 280 I BGB). Schadensersatz wegen Verzögerung der Leistung kann der Gläubiger nur unter der zusätzlichen Voraussetzung des § 286 BGB verlangen (§ 280 II BGB). Der Verzug des Schuldners setzt einen durchsetzbaren und fälligen Anspruch des Gläubigers und Mahnung voraus. Steht dem Käufer wegen eines Sachmangels die Einrede des nicht erfüllten Vertrags zu (§ 320 BGB) und verweigert er die Zahlung des Kaufpreises, kommt er nicht in Verzug.

229 Die Mahnung ist die an den Schuldner gerichtete Aufforderung des Gläubigers, die geschuldete Leistung zu erbringen. Sie muss nach Fälligkeit erfolgen, vorher ausgesprochen ist sie wirkungslos. Eine Fristsetzung ist nicht erforderlich. Eine Fristbestimmung i.S.d. § 281 I oder § 323 I BGB ist stets auch Mahnung i.S.d. § 286 I BGB. Der Mahnung stehen die Erhebung der Klage auf die Leistung sowie die Zustellung eines Mahnbescheides im Mahnverfahren gleich.

230 Die Mahnung ist entbehrlich, wenn vertraglich für die Leistung eine Zeit nach dem Kalender bestimmt ist. Bei Grundstückskaufverträgen kommt eine Kaufpreiszahlung zu einem bestimmten Kalendertag nur bei Hinterlegung auf Anderkonto in Betracht und auch nur dann, wenn keine Hinterlegungsvoraussetzungen vereinbart sind, z.B. Eingang der Genehmigung eines voll machtlos vertretenen Vertragsteils. Hier ist – wie bei direkter Kaufpreiszahlung – auf die Fälligkeitsmitteilung des Notars als verzugsbegründendes Ereignis abzustellen.

> **Formulierungsbeispiel: Fälligkeitsregelung bei Einzahlung in Anderkonto** 231
>
>
>
> Der Kaufpreis ist fällig am ... und zu hinterlegen auf das Anderkonto des Notars .... Der Käufer kommt in Verzug, wenn er den Kaufpreis bei Fälligkeit nicht zahlt. Der Notar hat die Beteiligten darauf hingewiesen, dass der gesetzliche Verzugszinssatz für das Jahr fünf Prozentpunkte über dem Basiszinssatz beträgt.

232 Sind beide Vertragsparteien Unternehmer i.S.d. § 14 BGB, beträgt der Zinssatz acht Prozentpunkte über dem Basiszinssatz.

233 Kommt der Verkäufer seiner Verpflichtung nicht nach, das Kaufobjekt bis zu einem bestimmten Datum zu räumen, kommt er ohne Mahnung in Verzug. Der Käufer kann Schadensersatz wegen Verzögerung der Leistung nach §§ 280 I, 286 BGB verlangen.

234 Bei **direkter Kaufpreiszahlung** bestimmt der Vertrag in aller Regel, dass der Kaufpreis (frühestens) zu einem bestimmten Datum fällig ist, „jedoch nicht vor Ablauf einer Woche nach Zugang einer schriftlichen Mitteilung des Notars an den Käufer, dass folgende Voraussetzungen erfüllt sind …".

235 Nach § 286 II Nr. 2 BGB ist eine Mahnung nicht erforderlich, wenn der Leistung ein Ereignis vorauszugehen hat und eine angemessene Frist für die Leistung in der Weise bestimmt ist, dass sie sich von dem Ereignis an nach dem Kalender berechnen lässt. Unbestritten ist, dass die Fälligkeitsmitteilung des Notars als „Ereignis" für den Verzug vereinbart werden kann (*Hertel* DNotZ 2001, 915). Abzustellen ist auf den Zugang der Mitteilung beim Käufer, nicht auf die Absendung durch den Notar. Vor dem Zugang der Mitteilung kommt der Schuldner nicht in Verzug, weil die Kaufpreiszahlung infolge eines Umstandes unterbleibt, den er nicht zu vertreten hat (§ 286 IV BGB); Verzug tritt dann erst nach Mahnung ein (*BGH* NJW-RR 2003, 1238). Die Frist von einer Woche ist für die Geldschuld eine „angemessene Zeit für die Leistung", da der Käufer auch dann rechtzeitig zahlt, wenn der Überweisungsauftrag vor Fristablauf bei der Bank eingeht und auf dem Konto Deckung vorhanden ist. Wird für die Fälligkeit der Zahlung auf die Gutschrift beim Verkäuferkonto abgestellt, sollte die Frist um drei Tage verlängert werden. Nach § 675s I 1 BGB ist die Bank verpflichtet, eine inländische Überweisung spätestens am Ende des auf den Zugangszeitpunkt des Zahlungsauftrags folgenden Geschäftstags auf das Konto des Begünstigten zu bewirken.

236 **Formulierungsbeispiel: Verzug**

Der Käufer kommt in Verzug, wenn er den Kaufpreis nicht innerhalb einer Woche nach Zugang der Mitteilung des Notars zahlt, jedoch nicht vor dem vereinbarten Fälligkeitsdatum. Der Notar hat die Beteiligten darauf hingewiesen, dass der gesetzliche Verzugszinssatz für das Jahr fünf Prozentpunkte über dem Basiszinssatz beträgt.

237 Verpflichtet sich der Verkäufer zur Räumung des Kaufobjekts vor Zahlung des Kaufpreises, kann diese weitere Fälligkeitsvoraussetzung als verzugsbegründendes Ereignis vereinbart werden. „Ereignis" ist aber nur eine Handlung oder ein anderer sinnlich wahrnehmbarer Umstand (Palandt/*Grüneberg* § 286 Rn. 21), der Käufer muss also Kenntnis von der Räumung durch Mitteilung des Verkäufers erhalten. Nichts anderes gilt, wenn die Fälligkeit des Kaufpreises davon abhängig ist, dass das Kaufobjekt mietfrei übergeben werden kann.

238 **Formulierungsbeispiel: Fälligkeit bei zusätzlichen Voraussetzungen (Räumung)**

Der Kaufpreis ist fällig am …, jedoch nicht vor vollständiger Räumung des Hauses durch den Verkäufer und nicht vor Ablauf einer Woche nach Zugang einer schriftlichen Mitteilung des Notars an den Käufer, dass folgende Voraussetzungen erfüllt sind …
Der Käufer kommt in Verzug, wenn er den Kaufpreis nicht innerhalb einer Woche nach Zugang der Mitteilung des Notars zahlt, jedoch nicht vor dem vereinbarten Fälligkeitsdatum und Räumung des Hauses, die der Verkäufer dem Käufer mitgeteilt hat. Der Notar hat die Beteiligten darauf hingewiesen, dass der gesetzliche Verzugszinssatz für das Jahr fünf Prozentpunkte über dem Basiszinssatz beträgt.

239 Der Mahnung bedarf es auch nicht, wenn der Schuldner die Leistung ernsthaft und endgültig verweigert, oder aus besonderen Gründen unter Abwägung der beiderseitigen

2. Teil. Allgemeine Fragen des Grundstückskaufvertrages A I

Interessen der sofortige Eintritt des Verzugs gerechtfertigt ist (§ 286 II Nr. 3, 4 BGB). Der Ablauf einer 30-Tages-Frist nach Rechnungszugang ist nach § 286 III BGB nur noch ein weiterer den Verzug begründender Tatbestand („Spätestensverzug") und für den Grundstückskaufvertrag ohne Bedeutung.

Die Höhe der gesetzlichen Verzugszinsen bei einer Geldschuld, beläuft sich auf fünf Prozentpunkte über dem jeweiligen, (zum 1.1. und 1.7. eines Jahres neu bekannt gemachten) Basiszinssatz nach § 247 BGB (bei Verträgen, an denen ausschließlich Unternehmer beteiligt sind, acht Prozentpunkte über dem jeweiligen Basiszinssatz). Dies wird von den Vertragsbeteiligten in aller Regel als ausreichend angesehen. Der Verzugszins steht dem Gläubiger als objektiver Mindestschaden zu; ob dem Gläubiger tatsächlich ein Schaden entstanden ist oder nicht, ist gleichgültig. § 288 BGB lässt den Gegenbeweis nicht zu, dass dem Gläubiger kein oder ein geringerer Schaden entstanden ist. Neben dem Mindestschaden nach § 288 I, II BGB kann der Gläubiger einen weiteren Schaden geltend machen, der beim Verkäufer insbesondere in der Aufwendung von höheren Kreditzinsen entstehen kann, § 288 IV BGB. Die Vereinbarung eines höheren als des gesetzlichen Verzugszinssatzes als Pauschalierung des Verzugsschadens ist im Individualvertrag zulässig; beim Formular-/Verbrauchervertrag ist das Klauselverbot des § 309 Nr. 5b BGB zu beachten, wonach dem anderen Vertragsteil **ausdrücklich** der Nachweis eines geringeren Schadens gestattet werden muss. Im Formular-/Verbrauchervertrag ist nach § 309 Nr. 6 BGB die Vereinbarung einer vom Käufer zu zahlenden Vertragsstrafe im Falle des Zahlungsverzugs unwirksam.

240

Formulierungsbeispiel: Verzugszinsen 241

Bei Verzug ist der Kaufpreis mit ... v.H. jährlich zu verzinsen. Dem Käufer bleibt der Nachweis eines geringeren Schadens, dem Verkäufer der Nachweis eines höheren Schadens vorbehalten.

In kaufvertraglichen Fälligkeitsregelungen liegt der Natur nach eine zinslose Stundung der (sonst gem. § 271 I BGB) sofort fälligen Kaufpreisschuld bis zum Eintritt und zum Nachweis bestimmter, den Käufer absichernder Ereignisse. Eine Verzinsung des Kaufpreises ab seiner Fälligkeit („**Fälligkeitszinsen**"), also Eintritt des auslösenden Umstandes, während der Erfüllungsfrist bis zur tatsächlichen Entrichtung (zu unterscheiden von der Verzugsverzinsung) wird zwar bei einem beiderseitigen Handelsgeschäft vermutet (§ 353 S. 1 HGB, Höhe: 5% gem. § 352 I 1 HGB). Außerhalb dieses Anwendungsbereichs sind Fälligkeitszinsen ungebräuchlich, wenn auch im Individualvertrag bei ausreichend klarer Regelung zulässig; im Formular- oder Verbraucherverträgen verstoßen sie vor Besitzübergang – also solange es sich nicht um Nutzungszinsen, § 452 BGB a.F., handelt – gegen § 309 Nr. 4 BGB (Erfordernis der Mahnung) bzw. gegen die Generalklausel des § 307 II Nr. 1 BGB.

242

In Bezug auf die Verpflichtung des Verkäufers zur Räumung des Vertragsobjektes empfehlen sich pauschalierte (i.d.R. am doppelten Mietwert orientierte) Ausgleichsvereinbarungen, ebenso die Vereinbarung eines Termins, bei dessen Überschreitung die Pflichtverletzung „nicht nur unerheblich" i.S.d. § 323 V 2 BGB ist:

243

Formulierungsbeispiel: Räumungsverpflichtung 244

Der Verkäufer verpflichtet sich, die Wohnung bis zum 31. August ... vollständig zu räumen. Wegen seiner Verpflichtung zur Räumung unterwirft sich der Verkäufer der sofortigen Zwangsvollstreckung aus dieser Urkunde. Bei Überschreitung der Frist schuldet der Verkäufer unabhängig von seinem Verschulden für jede angefangene Woche im Voraus einen Betrag von ... EUR.

▼ Fortsetzung: **Formulierungsbeispiel: Räumungsverpflichtung**

Diese Beträge sind, sofern die erteilten Auflagen zur Lastenfreistellung noch erfüllbar bleiben, bei Fälligkeit vom Kaufpreis in Abzug zu bringen. Die Verpflichtung zur Räumung besteht fort. Der Nachweis eines höheren oder geringeren Schadens bleibt beiderseits vorbehalten; ebenso weiter gehende Ansprüche auf Schadensersatz bei Verschulden. Ab einer Fristüberschreitung von ... Wochen kann der Käufer ferner vom Vertrag zurücktreten.

b) Zwangsvollstreckungsunterwerfung

245 Die Erklärung der Zwangsvollstreckungsunterwerfung selbst ist gem. § 794 I Nr. 5 ZPO beurkundungsbedürftig, nicht dagegen die (widerrufliche) **Vollmacht** zur Unterwerfung (§§ 80 ff. ZPO; *BGH* DNotZ 2004, 360) oder die Verpflichtung hierzu (*BGH* MittBayNot 2008, 204). Für die Vollmacht zur Vollstreckungsunterwerfung gelten weder § 79 ZPO (*Lindemeier* RNotZ 2009, 37) noch § 10 FamFG (*Grziwotz* ZfIR 2008, 821). Hat ein Vertreter die Unterwerfung des Schuldners unter die sofortige Zwangsvollstreckung erklärt, ist die Zwangsvollstreckung nur zulässig, wenn die Vollmacht des Vertreters oder – bei vollmachtslosem Handeln – die Genehmigung von dessen Erklärungen seitens des Vertretenen durch öffentlich oder öffentlich beglaubigte Urkunden dem Schuldner zugestellt worden sind oder mit dem Beginn der Vollstreckung zugestellt werden (*BGH* MittBayNot 2007, 337 m. Anm. *Bolkart*).

246 Der Notar ist grundsätzlich nicht verpflichtet, den Verkäufer auf die Möglichkeit hinzuweisen, eine Unterwerfungsklausel unter die sofortige Zwangsvollstreckung (§ 794 I Nr. 5 ZPO) in die Urkunde aufzunehmen. Eine Hinweispflicht hat das *OLG Düsseldorf* (MittBayNot 1977, 250) ausnahmsweise bejaht, wenn ein Teil des Kaufpreises erst nach Eigentumsumschreibung gezahlt werden soll. Die Kritik an der Praxis der Vollstreckungsunterwerfung verkennt, dass das Synallagma der Vertragsabwicklung empfindlich gestört würde, „wenn der Verkäufer, der sich vertraglich gebunden hat und mit Bewilligung der Vormerkung auch vorgeleistet hat, auf die im Erkenntnisverfahren mit quälender Langsamkeit arbeitenden Mühlen der Justiz verwiesen würde" (*Wolfsteiner* DNotZ 1990, 531, 549 m. N. der Rspr.). Soweit der Eintritt der Fälligkeitsvoraussetzungen nicht vom Notar überwacht wird (z. B. Räumung des Hauses durch den Verkäufer), ist eine Anweisung der Beteiligten, auch **ohne Nachweis** der Fälligkeit dem Verkäufer vollstreckbare Ausfertigung zu erteilen, unverzichtbar, da andernfalls die Vollstreckungsunterwerfung sinnlos wäre. Außerhalb des Anwendungsbereichs der §§ 3, 12 MaBV (*BGH* MittBayNot 1998, 458) und bei anderen als Werkverträgen (*BGH* NJW 2002, 138; *OLG München* MittBayNot 2009, 462) bestehen hiergegen keine Bedenken, auch nicht im Formular- oder Verbrauchervertrag, auch nicht gestützt auf Erwägungsgrund „q" der EG-Richtlinie 93/13 (*Krauß* Rn. 160).

247 Unterwerfungsfähig sind nach § 794 I Nr. 5 ZPO neben Zahlungsansprüchen insbesondere Räumungs- und Herausgabeansprüche sowie Ansprüche auf Vornahme vertretbarer wie unvertretbarer Handlungen, insbesondere auf eine Werkleistung. Ausgenommen sind Ansprüche, die auf Abgabe einer Willenserklärung gerichtet sind und den Bestand eines Mietverhältnisses über Wohnraum betreffen. Andere Mietverhältnisse als solche über Wohnraum fallen nicht unter die Beschränkung (*Wolfsteiner* DNotZ 1999, 306). Da nach der amtlichen Begründung durch die Neuregelung „Waffengleichheit" hergestellt werden soll, werden die Notare, soweit sich der Käufer wegen der Zahlung des Kaufpreises der sofortigen Zwangsvollstreckung unterwerfen soll, darauf hinwirken, dass auch der Käufer etwa für seinen Anspruch auf Räumung oder Vornahme von Renovierungsarbeiten einen Vollstreckungstitel erhält.

248 Grundsätzlich gilt, dass bei Vorliegen der formellen Voraussetzungen der Notar die Erteilung einer vollstreckbaren Ausfertigung nur verweigern kann, wenn zweifelsfrei

feststeht, dass der titulierte Anspruch nicht besteht. Ein solcher Ausnahmefall liegt nicht vor, wenn der Gläubiger zunächst die Erfüllung bestätigt, diese aber im Klauselerteilungsverfahren bestreitet (*BayObLG* DNotZ 2000, 368). Der Notar kann die Erteilung einer vollstreckbaren Ausfertigung ablehnen, wenn durch öffentliche oder öffentlich beglaubigte Urkunden nachgewiesen oder sonst für ihn offenkundig ist, dass der materielle Anspruch nicht (mehr) besteht, z. B. nach Hinterlegung des Kaufpreises auf Anderkonto (*BayObLG* DNotZ 1998, 194; 2000, 368; *Winkler* § 52 BeurkG Rn. 18).

Formulierungsbeispiel: Vollstreckungsunterwerfung wegen Kaufpreiszahlung	249
Der Käufer unterwirft sich wegen der Zahlung des Kaufpreises dem Verkäufer gegenüber der sofortigen Zwangsvollstreckung aus dieser Urkunde. Dem Verkäufer kann jederzeit ohne Nachweis der die Fälligkeit der Forderung begründenden Tatsachen vollstreckbare Ausfertigung dieser Urkunde erteilt werden, jedoch nicht vor Eintritt der vom Notar zu überwachenden Fälligkeitsvoraussetzungen.	

Der Schuldner muss sich in der Urkunde wegen des „zu bezeichnenden Anspruchs" 250 der sofortigen Zwangsvollstreckung unterwerfen. Unzulässig sind danach pauschale Unterwerfungserklärungen wegen „aller in dieser Urkunde enthaltenen, der Zwangsvollstreckungsunterwerfung zugänglichen Ansprüche" (*BGH* DNotZ 2013, 120).

Wenn auch **Verzugszinsen** in die Vollstreckungsunterwerfung einbezogen werden sol- 251 len, muss deren Höhe allein aus der Urkunde und dem Gesetz heraus bestimmbar sein, und der Zinsbeginn sich aus der Urkunde ohne Weiteres ergeben (*BGH* ZIP 1999, 2024). Abgestellt werden könnte etwa auf die gesetzlichen Verzugszinsen (wobei anzugeben ist, ob § 288 I oder II BGB maßgeblich ist, also fünf oder acht Prozentpunkte über dem Basiszinssatz geschuldet sind) oder aber auf einen abstrakt anzuerkennenden Zinssatz, der auch die gem. § 288 III BGB aus einem anderen Rechtsgrund möglicherweise geschuldeten höheren Zinsen abdeckt. Bzgl. des **Verzinsungsbeginns** (*BGH* DNotZ 2001, 379) kann zugrunde gelegt werden das Datum der Beurkundung oder aber – so die moderne Praxis – das Datum der Erteilung einer vollstreckbaren Ausfertigung oder aber ein anderer kalendermäßig berechenbarer Termin (z. B. ein Monat nach Beurkundung), auch wenn dadurch der vollstreckbare Anspruch vermutlich weiter gefasst sein wird als die gesicherte Forderung selbst.

Ist der Kaufpreis auf Anderkonto zu hinterlegen, hat der Notar dies bei der Voll- 252 streckungsklausel zu vermerken, damit der Gerichtsvollzieher nicht an den Verkäufer leistet.

c) Rücktritt

Das Schuldrechtsmodernisierungsgesetz hat die Voraussetzungen für den Rücktritt des 253 Gläubigers vom Vertrag gegenüber dem früheren Recht (§ 326 BGB a. F.) erleichtert. Der Gläubiger ist auch dann zum Rücktritt berechtigt, wenn der Schuldner die Pflichtverletzung (Nichtleistung oder nicht vertragsgemäße Leistung) nicht zu vertreten hat. Jede Pflichtverletzung (bei nicht vertragsgemäßer Bewirkung der Leistung: soweit sie nicht unerheblich ist, § 323 V 2 BGB) berechtigt zum Rücktritt. Voraussetzung für den Rücktritt ist neben der Pflichtverletzung nur der erfolglose Ablauf einer dem Schuldner gesetzten angemessenen Frist. Zu den Pflichten des Rückgewährschuldners, insbesondere auf Wertersatz nach § 346 I 2 Nr. 2 BGB: *BGH* ZNotP 2008, 492.

Daher besteht für die Vereinbarung eines vertraglichen Rücktrittsrechts, bei dem auf 254 das Erfordernis der Fristsetzung verzichtet wird, nur noch in Ausnahmefällen ein berechtigtes Interesse. Nach § 437 Nr. 2 BGB kann der Käufer unter den Voraussetzungen des § 323 BGB, also nach erfolgloser Fristsetzung zur Nacherfüllung, vom Kaufvertrag wegen eines Sach- oder Rechtsmangels zurücktreten. Erklärt der Gläubiger den Rücktritt, ist nach § 325 BGB ein Anspruch auf Schadensersatz nicht ausgeschlossen.

255 Während nach dem früheren Recht häufig eine sachliche Berechtigung bestand, über ein vertragliches Rücktrittsrecht dem Verkäufer den Rücktritt zu erleichtern, dürfte nach dem neuen Recht eher die Notwendigkeit bestehen, über das Schriftformerfordernis für Fristsetzung und Rücktritt und Vereinbarung einer ausreichenden bestimmten Frist den Verkäufer vor einem unbedachten Rücktritt und den Käufer vor den gravierenden Folgen des Rücktritts (und vor allem der Schadensersatzpflicht) zu schützen.

256 **Formulierungsbeispiel: Nachfristsetzung bei Verzug mit Kaufpreiszahlung**

> Zahlt der Käufer den Kaufpreis bei Fälligkeit nicht, kann der Verkäufer vom Kaufvertrag zurücktreten, wenn er dem Käufer erfolglos eine Frist von 14 Tagen zur Zahlung bestimmt hat. Fristsetzung und Rücktritt bedürfen der Schriftform. Der Notar hat den Käufer darauf hingewiesen, dass der Verkäufer Schadensersatz verlangen kann.

257 Die Festlegung einer Mindestdauer der Frist schützt insbesondere den zahlungswilligen Käufer bei Auszahlungsschwierigkeiten der finanzierenden Bank, die Schriftform schützt den Verkäufer vor einer übereilten Erklärung, die zum Verlust seines Erfüllungsanspruchs (Anspruch auf Zahlung des Kaufpreises) und seines Vollstreckungstitels aus der notariellen Urkunde führt. Da der Verkäufer ohne Mahnung (aufgrund der Fälligkeitsmitteilung des Notars) Verzugszinsen verlangen kann, ist für ihn eine Frist von 14 Tagen nicht unzumutbar. Angemessen ist bereits eine Frist von einer Woche für die Zahlung des Kaufpreises (*BGH* NJW 1985, 323, 1985, 857), bei besonderer Eilbedürftigkeit kann sogar eine Frist von zwei Tagen ausreichend sein (*OLG Köln* NJW-RR 1993, 949).

258 Für das Rücktrittsrecht des Käufers bei nicht rechtzeitiger Räumung des Kaufobjekts durch den Verkäufer, die unverschuldet sein kann, etwa weil das eigene Haus vom Bauträger nicht rechtzeitig fertig gestellt wurde, gelten die gleichen Überlegungen. Die Vereinbarung einer Schadenspauschale (s. Formulierungsbeispiel Rn. 244), die der Verkäufer bei einem verspäteten Auszug an den Käufer zu zahlen hat, führt zu einer interessengerechten Vertragsgestaltung und erlaubt es, das Rücktrittsrecht des Käufers im Einzelfall für eine weitere zu bestimmende Frist auszuschließen.

259 Im **Formular-/Verbrauchervertrag** kann nach § 309 Nr. 8a BGB das Recht des Käufers als Verbraucher bei einer vom Verkäufer (Verwender oder Unternehmer) zu vertretenen Pflichtverletzung, vom Vertrag zurückzutreten, nicht ausgeschlossen oder eingeschränkt werden (etwas anderes gilt für den Rücktritt wegen eines Mangels der Kaufsache). Verkauft ein Unternehmer an einen Verbraucher eine vermietete Eigentumswohnung zur Eigennutzung mit der Verpflichtung, diese zu einem bestimmten Datum mietfrei und geräumt dem Käufer zu übergeben, oder verpflichtet er sich, bis zu einem bestimmten Zeitpunkt Renovierungsarbeiten auszuführen, kann das Rücktrittsrecht des Käufers bei Verzug des Verkäufers nicht ausgeschlossen werden. Der Ausschluss des „Wandelungsrechtes" ist daher insbesondere in Bauträgerverträgen (*BGH* DNotZ 2002, 215) wie auch in Erwerberverträgen über neu hergestellte oder werkvertraglich sanierte Immobilien (*BGH* MittBayNot 2007, 210) unwirksam.

260 Die Vereinbarung eines **vertraglichen** Rücktrittsrechts kann in Sonderfällen für den Verkäufer oder den Käufer unverzichtbar sein. Finanziert der Käufer den Kaufpreis mit öffentlichen Mitteln, muss nach den Wohnungsförderungsbestimmungen im Vertrag ein Rücktrittsrecht für den Fall vereinbart werden, dass die öffentliche Förderung nicht bewilligt wird. Der Verkäufer wird sich ein vertragliches Rücktrittsrecht vorbehalten, wenn er das Grundstück zu einem Zeitpunkt verkauft, zu dem sein Eigentumserwerb aus dem Ankaufsvertrag nicht sichergestellt ist, oder er nicht garantieren kann, dass der Mieter das Kaufobjekt fristgerecht räumt, das der Käufer zur Eigennutzung erwirbt. Besteht ein Altlastenverdacht, wird sich der Käufer ein vertragliches Rücktrittsrecht vorbehalten, falls ein Sachverständigengutachten Altlasten oder schädliche Bodenveränderungen feststellt. Gestaltungshinweise beim Verkauf eines Baugrundstücks gibt *Grziwotz* (ZfIR

2. Teil. Allgemeine Fragen des Grundstückskaufvertrages

2002, 246), vgl. auch *Krauß* Rn. 2336 ff. Ein Rücktrittsvorbehalt des Verkäufers ist ferner unverzichtbar beim Bestehen eines Vorkaufsrechts nach § 1094 BGB oder des Mietervorkaufsrechts beim Verkauf von Wohnungseigentum nach § 577 BGB.

In den geschilderten Fällen ist auch im Formular-/Verbrauchervertrag ein Rücktrittsvorbehalt zulässig, weil ein sachlich gerechtfertigter Grund vorliegt (§ 308 Nr. 3 BGB). **261**

Regelungsbedürftig ist insbesondere bei einem vertraglichen Rücktrittsrecht, ob der Verkäufer dem Käufer die **Vertragskosten** zu erstatten hat, insbesondere die Notar- und Gerichtsgebühren. Der Käufer, der zu einem privaten Zweck erwirbt, kann die Vertragskosten nach § 284 BGB „anstelle des Schadensersatzes" als Ersatz vergeblicher Aufwendungen nur verlangen, wenn der Verkäufer den Rücktrittsgrund zu vertreten hat. Kann der Verkäufer beweisen, dass er die Pflichtverletzung nicht zu vertreten hat, oder sind im Vertrag Schadensersatzansprüche des Käufers ausgeschlossen bzw. im Verbrauchervertrag auf die Fälle des § 309 Nr. 7b BGB beschränkt, sehe ich ein Regelungsbedürfnis für die Vertragskosten, die richtigerweise unabhängig von einem Verschulden des Verkäufers dem Käufer zu erstatten sind, falls der Rücktrittsgrund in der Sphäre des Verkäufers liegt. Für den Ersatz der (vergeblichen) Finanzierungskosten des Käufers sollte es dagegen bei der gesetzlichen Regelung bleiben (*Amann/Brambring/Hertel* S. 499). Der Anspruch auf Erstattung der Notar- und Gerichtskosten ist auch bei einem Rücktritt des Käufers wegen eines Mangels vertraglich zu begründen (entsprechend der früheren Regelung in § 467 S. 2 BGB). **262**

Bei einem vertraglichen Rücktrittsrecht sind zu regeln: **263**
- der Rücktrittsgrund, der exakt festzulegen ist,
- Form und Frist der Rücktrittserklärung, insbesondere die Befristung des Rücktrittsrechts bis zu einem bestimmten Zeitpunkt oder nach Eintritt eines bestimmten Ereignisses,
- die Verpflichtung zum Schadensersatz oder Beschränkung des Schadensersatzes auf einen bestimmten Betrag oder Ausschluss von Schadensersatzansprüchen,
- Regelung der Vertragskosten (zu den Maklerkosten vgl. *OLG Karlsruhe* MittBayNot 2005, 130: Courtage entfällt bei Ausübung eines im Vertrag vorbehaltenen vertraglichen freien Rücktrittsrechtes, anders jedoch bei Ausübung eines gesetzlichen – *BGH* NZM 2005, 711 – oder eines an bestimmte Voraussetzungen gebundenen vertraglichen Rücktrittsrechts, es sei denn, nach Inhalt und Motiv des an bestimmte Umstände anknüpfenden Rücktrittsvorbehalts sollte der Vertrag noch in der Schwebe gehalten werden, wie etwa beim Rücktritt im Fall der Nichtbebaubarkeit: *BGH* NJW-RR 1998, 1205; vgl. *Bomhard/Voßwinkel* ZfIR 2009, 529, 537),
- Sicherstellung der Löschung der Vormerkung (vgl. Rn. 424 ff.).

Ist zugunsten des Käufers, der sich das Recht zum Rücktritt vorbehalten hat, eine Vormerkung eingetragen, verletzt der Notar seine Amtspflicht, wenn er für den Fall des Rücktritts im Vertrag nicht geregelt hat, dass der hinterlegte Kaufpreis erst an den Käufer zurückgezahlt werden darf, wenn der Käufer Löschungsbewilligung für die Auflassungsvormerkung erteilt hat (*BGH* DNotZ 1988, 383). **264**

Bei einem vertraglichen Rücktrittsrecht sollte grundsätzlich ein Leistungsaustausch (Kaufpreiszahlung, Besitzübergang) erst erfolgen, wenn feststeht, dass das Rücktrittsrecht nicht ausgeübt wird oder infolge Fristablaufs nicht mehr ausgeübt werden kann. **265**

IV. Finanzierung des Kaufpreises unter Mitwirkung des Verkäufers

Darlehen zur Finanzierung des Kaufpreises erhält der Käufer meist nur, wenn am gekauften Grundstück für seine Bank eine Grundschuld eingetragen wird. Dazu ist der Käufer erst in der Lage, wenn er Eigentümer des Kaufgrundstücks ist (§§ 873 I BGB, 19 GBO). Hierzu muss er in der Regel den gesamten Kaufpreis bezahlen, also über das Bankdarlehen verfügen können. Dieses Dilemma hat die Praxis früher durch **Hinter-** **266**

legung des Kaufpreises, insbes. des **Kaufpreisdarlehens**, auf Notaranderkonto überwunden. An den Verkäufer ausgezahlt kann dabei der Kaufpreis erst werden, wenn das Eigentum auf den Käufer umgeschrieben und die von ihm bestellte Grundschuld eingetragen ist. Das hat folgende **Nachteile**:
- Die Zeitspanne zwischen der Darlehenslastschrift beim Käufer (Einzahlung auf dem Anderkonto) und der Kaufpreisgutschrift beim Verkäufer (Auszahlung vom Anderkonto) ist relativ lang.
- Eine zwischenzeitliche Pfändung oder Verpfändung des Übereignungsanspruchs des Käufers oder seiner Anwartschaft gefährdet den Rang der bestellten Grundschuld (*BGH DNotZ* 1968, 488; *BayObLG DNotZ* 1972, 536).
- Die Einrichtung eines Notaranderkontos ist unvermeidlich.

267 Diese Nachteile lassen sich vermeiden, indem der Verkäufer bei der Bestellung der Grundschuld mitwirkt, so dass diese unabhängig von der Eigentumsumschreibung schon eingetragen ist, wenn der Kaufpreis fällig wird.

268 Mit diesem verbreiteten Verfahren verbunden, aber weitgehend beherrschbar sind folgende **Risiken**:
- Haftung des Verkäufers mit dem Grundstück für die Darlehensrückzahlung, obwohl er den Kaufpreis nicht erhalten hat;
- Haftung des Verkäufers mit dem Grundstück für Darlehenszinsen und Disagio des Käufers;
- Haftung des Verkäufers für die Kosten der Grundschuldbestellung;
- Pfändung der Rückgewähransprüche durch Gläubiger des Verkäufers, die auf diese Weise nicht valutierte Teile der Grundschuld erlangen können und den Käufer mit Vollstreckung bedrohen können, obwohl er den Kaufpreis bezahlt hat;
- Unbrauchbarkeit der Grundschuld für Finanzierungswünsche, die der Käufer nach Bezahlung des Kaufpreises hat (*BGH DNotZ* 1989, 757; 1990, 60).

269 Der Notar hat diese für die Beteiligten schwer erkennbaren Risiken primär durch vertragliche Vorkehrungen auszuschließen und – soweit die Beteiligten dazu nicht bereit sind – darüber zu belehren (*BGH DNotZ* 1998, 621; *DNotI-Report* 1999, 103; *NJW* 2000, 2110).

270 Die Mitwirkungspflicht des Verkäufers und die Vorkehrungen gegen vorstehend aufgeführte Risiken sind bereits in den Kaufvertrag aufzunehmen, nicht erst in die Grundschuldbestellungsurkunde, um § 311b I BGB gerecht zu werden und um den Übereignungsanspruch des Käufers so zu modifizieren, dass solche Grundschulden nicht anspruchswidrig sind und daher etwa durch Pfändung des Übereignungsanspruchs des Käufers erlangte Sicherungshypotheken Dritter nur im Rang danach entstehen können).

---

271 **Formulierungsbeispiel: Finanzierungsmitwirkung des Verkäufers**

1. Der Verkäufer verpflichtet sich, bei der Bestellung vollstreckbarer (§ 800 ZPO) Grundschulden zugunsten deutscher Kreditinstitute als derzeitiger Eigentümer mitzuwirken. Diese Mitwirkungspflicht besteht nur, wenn in der Grundschuldbestellungsurkunde folgende von den Beteiligten bereits jetzt getroffenen Bestimmungen wiedergegeben werden:

a) Sicherungsabrede

Die Grundschuldgläubigerin darf die Grundschuld nur insoweit als Sicherheit verwerten oder behalten, als sie tatsächlich Zahlungen mit Tilgungswirkung auf die Kaufpreisschuld des Käufers geleistet hat. Alle weiteren Zweckerklärungen, Sicherungs- und Verwertungsvereinbarungen innerhalb oder außerhalb dieser Urkunde gelten erst, nachdem der Kaufpreis vollständig bezahlt ist, in jedem Fall ab Eigentumsumschreibung. Ab dann gelten sie für und gegen den Käufer als neuen Sicherungsgeber.

2. Teil. Allgemeine Fragen des Grundstückskaufvertrages   A I

▼ Fortsetzung: **Formulierungsbeispiel: Finanzierungsmitwirkung des Verkäufers**

b) Zahlungsanweisung

Soweit der Kaufpreis nicht anderweitig zur Freistellung des verkauften Grundbesitzes von eingetragenen Belastungen zu verwenden ist, sind Zahlungen gemäß a) zu leisten auf das Konto des Verkäufers ...

c) Persönliche Zahlungspflichten, Kosten

Der Verkäufer übernimmt im Zusammenhang mit der Grundschuldbestellung keine persönlichen Zahlungspflichten. Der Käufer hat den Verkäufer von allen Kosten und sonstigen Folgen der Grundschuldbestellung freizustellen.

d) Fortbestand der Grundschuld

Die bestellte Grundschuld darf auch nach Eigentumsumschreibung auf den Käufer bestehen bleiben. Alle Eigentümerrechte und Rückgewähransprüche, die mit ihr zu tun haben, werden hiermit mit Wirkung ab Bezahlung des Kaufpreises, in jedem Fall ab Eigentumsumschreibung, auf den Käufer übertragen. Entsprechende Grundbucheintragung wird bewilligt.

2. Der Verkäufer erteilt dem Käufer Vollmacht, ihn bei allen vorstehenden Rechtshandlungen zu vertreten. Diese

Vollmacht

gilt nur dann, wenn die Grundschuldbestellungsurkunde bei der Notarstelle ... beurkundet oder entworfen wird und in der Bestellungsurkunde die vorstehend unter a), b), c) und d) getroffenen Bestimmungen wiedergegeben werden. Die Vollmacht kann ausgeübt werden, bevor erforderliche behördliche Genehmigungen (bei Wohnungs- und Teileigentum: die erforderliche Verwalterzustimmung) erteilt sind.

Anzumerken ist zu diesem Formulierungsvorschlag noch Folgendes: Einen **Höchstbetrag** für die unter Mitwirkung des Verkäufers zu bestellenden Grundschulden vorzusehen, ist möglich, aber häufig unzweckmäßig (Unklarheit über den Finanzierungsbedarf, spätere Investitionen des Käufers). Die fehlende Begrenzung auf einen Höchstbetrag erhöht die Kosten des Kaufvertrags nicht, aber das Haftungsrisiko des Verkäufers (§§ 29, 32 I GNotKG) für die Kosten der Grundschuld (dazu *LG Nürnberg-Fürth* MittBayNot 2007, 218 m. Anm. *Fahl*). Vor den anderen Gefahren schützt den Verkäufer die in Rn. 271 enthaltene Sicherungsabrede. 272

Eigentümergrundschulden sowie Grundschulden für Privatpersonen sind dem Verkäufer wegen der damit verbundenen zusätzlichen Risiken nicht zumutbar (*Reithmann/Albrecht* Rn. 581), Grundschulden für ausländische Kreditinstitute allenfalls dann, wenn in der Sicherungsabrede (dazu Rn. 274) zusätzlich (als Vorsorgemaßnahme – vgl. DNotI-Report 2005, 97) die Anwendung deutschen Rechts und die Zuständigkeit deutscher Gerichte ausbedungen wird. 273

Die eingeschränkte **Sicherungsabrede** (Rn. 271) ist das **Kernstück** der gesamten Gestaltung (*Ertl* MittBayNot 1989, 62). Der Verkäufer als derzeitiger Eigentümer gibt der Bank die Grundschuld als Sicherheit. Die in der Grundschuld steckende Rechtsmacht darf die Bank nur ausüben, soweit es ihr ein mit dem Sicherungsgeber (Verkäufer) abgeschlossener Sicherungsvertrag erlaubt. Zu diesem Sicherungsvertrag gelangt die Bank nur, wenn sie das entsprechende Vertragsangebot des Verkäufers (ausdrücklich oder schlüssig) annimmt (*LG Karlsruhe* DNotZ 1995, 892 m. Anm. *Reithmann*; *Schöner/Stöber* Rn. 3158). Die dem Schutz des Verkäufers dienenden Besonderheiten der Sicherungsabrede müssen der Bank verlässlich zur Kenntnis gebracht werden, am besten durch Wiederholung in der Grundschuldurkunde (Rn. 289). Kraft dieses Sicherungsvertrages darf die Bank die Grundschuld nur **verwerten** (insbes. die Versteigerung nur be- 274 treiben) wegen der Beträge (ohne Zinsen, Disagio), die sie tatsächlich mit Tilgungswirkung auf die Kaufpreisschuld geleistet hat, sei es an den Verkäufer, seinem Gläubiger oder über Notaranderkonto. Scheitert der Kauf, z. B. weil die anderen Kaufpreisteile nicht bezahlt werden, so darf sie die Grundschuld nicht **behalten,** wenn ihr diese Beträge (ohne Zinsen, Disagio u. Ä.) zurückerstattet werden; sie muss also Zug um Zug gegen Rückzahlung des auf die Kaufpreisschuld geleisteten Betrags die Löschung bewilligen. Zu weitergehenden (aber nicht generell praktizierbaren) Vorkehrungen gegen die Gefahr, dass andere Kaufpreisteile nicht fließen, *Reymann* MittBayNot 2008, 272.

275 Dass die Bank einen **weitergehenden Sicherungsvertrag** mit dem Verkäufer und/oder dem Käufer schließen möchte, ist nicht ungewöhnlich und sollte berücksichtigt werden. Den Verkäufer gefährdet dies nicht mehr, sobald er den gesamten Kaufpreis erhalten hat. Die Bank hat ein legitimes Interesse daran, dann auch die Darlehenszinsen und etwaige weitere Verbindlichkeiten des Käufers dem Schutz der Grundschuld zu unterstellen. Es dient den Interessen aller Beteiligten, das Verhältnis zwischen der engen ursprünglichen und der weiten folgenden Sicherungsabrede und den Zeitpunkt klarzustellen, zu welchem Letztere Erstere ablöst und der Käufer Sicherungsgeber wird. Aus der Sicht des Verkäufers darf dieser Wechsel eintreten, sobald der gesamte Kaufpreis bezahlt ist. Der Bank wird die Arbeit erleichtert, wenn sie sich insoweit auch auf den (in der Regel von der Kaufpreiszahlung abhängigen) Eigentumswechsel verlassen darf.

276 Die **Zahlungsanweisung** (Rn. 271) sagt der Bank des Käufers, wie sie mit ihrer Zahlung Tilgungswirkung erreichen kann. Bindungswirkung zugunsten des Verkäufers gemäß § 784 BGB würde sie nur entfalten, wenn die Bank sie annimmt (vgl. *Tröder* DNotZ 1984, 367), was in der Praxis kaum vorkommt, angesichts der eingeschränkten Sicherungsabrede aber auch nicht nötig ist.

277 Vielfach wird versucht, den Verkäufer zu schützen, indem der Käufer seinen Anspruch gegen die Bank auf Auszahlung des Darlehens an den Verkäufer abtritt. Eine solche Abtretung scheitert häufig bereits daran, dass der Darlehensvertrag oder die AGB der Banken sie gemäß § 399 BGB ausschließen (vgl. *Schöner/Stöber* Rn. 3158). Außerdem schützt die Abtretung den Verkäufer nicht gegen eine Inanspruchnahme des Grundstücks für die Darlehenszinsen und das Disagio des Käufers, wenn zwar die Bank die Fremdmittel an den Verkäufer auszahlt, der Käufer aber den aus Eigenmitteln aufzubringenden Restkaufpreis nicht zahlt (dazu *Reymann* MittBayNot 2008, 272). Als Abwehr gegen eine Pfändung des Darlehensauszahlungsanspruchs durch Gläubiger des Käufers genügt die eingeschränkte Sicherungsabrede (*Schöner/Stöber* Rn. 3158, auch dortige Fn. 61). Die Abtretung kann die eingeschränkte Sicherungsabrede keinesfalls ersetzen (*Ertl* MittBayNot 1989, 61). Bei Unwirksamkeit des Darlehensvertrags kann sie zu einem Rückzahlungsanspruch der Bank gegen den Verkäufer führen (*BGH* DNotZ 2008, 923).

278 Abschnitt c) des Formulierungsvorschlags (Rn. 271) sowie die Übernahme aller **Kosten** und sonstigen Folgen der Grundschuldbestellung durch den Käufer dient der Klarstellung gegenüber anders lautenden oder unklaren Grundschuldformularen. Die Kostenhaftung (§§ 29, 32 I GNotKG) kann der Käufer dem Verkäufer allerdings nur intern abnehmen.

279 Die Bestimmungen über den **Fortbestand der Grundschuld** (Rn. 271 Abschnitt d) klären das Schicksal der Grundschuld und der damit zusammenhängenden Rechte ab Kaufpreiszahlung bzw. Eigentumsumschreibung. Sie verhindern gleichzeitig, dass Gläubiger des Verkäufers auf die erwähnten Rechte Zugriff nehmen können, § 161 I BGB (vgl. Rn. 268).

280 Die Wirksamkeit der Grundschuld gegenüber der Eigentumsvormerkung wird herkömmlicherweise durch Rangrücktritt der Eigentumsvormerkung hinter die Grundschuld zum Ausdruck gebracht. Stattdessen kann aber auch ein sog. **Wirksamkeitsvermerk** bei Grundschuld und Eigentumsvormerkung eingetragen werden (*BGH* DNotZ 1999, 1000 m. w. N.). Während die h. M. wahlweise Rangrücktritt oder Wirksamkeitsvermerk zulässt (vgl. *Gursky* DNotZ 1998, 276), hält *Schubert* (DNotZ 1999, 967) nur

2. Teil. Allgemeine Fragen des Grundstückskaufvertrages

noch den Wirksamkeitsvermerk für zulässig. Die Wirkungen beider in der Zwangsversteigerung sind identisch (*Stöber* § 48 ZVG Rn. 3.3). Da für den Rangrücktritt hinter eine Auflassungsvormerkung seit dem 1.8.2013 mangels eines Kostentatbestands keine Kosten mehr anfallen, besteht jedenfalls kein Kostenvorteil. Für den Notar empfiehlt es sich, bei der Wahl zwischen Rangrücktritt und Wirksamkeitsvermerk die Wünsche der Bank zu respektieren.

Wenn am verkauften Grundbesitz **dingliche Vorbehaltsrechte** für den Verkäufer einzutragen sind, wie z. B. Wegerecht, Sicherungshypothek, muss vorgesorgt werden, dass deren bedungener Vorrang nicht durch die vorzeitige Eintragung der Grundschuld vereitelt wird. Entweder sind die Vorbehaltsrechte vorweg einzutragen oder die Grundschuldbestellung bzw. die Vollmacht dazu ist von einem Rangvorbehalt für diese dinglichen Rechte des Verkäufers abhängig zu machen (vgl. DNotI-Report 1997, 176). **281**

Im Vordergrund stehen die Sicherheitsvorkehrungen, an denen der Verkäufer mitwirkt. Ob er sich bei dieser Mitwirkung vertreten lässt, ist demgegenüber zweitrangig. Die **Gefahren** für den Verkäufer aus **der Vollmacht** lassen sich am zuverlässigsten vermeiden, wenn die Vollmacht daran geknüpft ist, dass die wesentlichen Sicherheitsvorkehrungen in der Grundschuldurkunde selbst wiedergegeben werden (vgl. Rn. 289). Die Ausübung der Vollmacht an eine oder mehrere Notarstellen zu binden, ist zweckmäßig, aber nicht unbedingt notwendig (vgl. *Wilke* MittBayNot 1996, 260; *Wolfsteiner* MittBayNot 1996, 356; *Amann* MittBayNot 1996, 420). Hat der Verkäufer sich bei Abschluss des Kaufvertrags vollmachtlos vertreten lassen, so wird durch seine Genehmigung des Kaufvertrags auch die Vollmacht zur Grundschuldbestellung *ex tunc* wirksam (*Schippers* DNotZ 1997, 683). Anders könnte dies sein, wenn der Kaufvertrag durch (Käufer)angebot und (Verkäufer)annahme zustande kommt und der Käufer im Termin der Beurkundung des Angebots zugleich die Grundschuldbestellungsurkunde „aufgrund der Belastungsvollmacht" unterzeichnet: Die Annahme wirkt nur *ex nunc,* so dass insofern der Käufer hinsichtlich seines Finanzierungsgrundpfandrechts als Nichtberechtigter handelt. M. E. handelt es sich hier jedoch um ein Scheinproblem: Kunstgerechterweise werden in der Annahmeurkunde Vollmachtserklärungen des Verkäufers, da als einseitige Willenserklärungen nicht annahmefähig, ohnehin stets wiederholt. Dann ist ein Handeln aufgrund (in Wahrheit: „noch zu erteilender") Vollmacht jedenfalls dann unproblematisch, wenn die Grundschuldbestellung erst nach ihrer eigentlichen Beurkundung in der Annahme erfolgt. Im Übrigen steht aber auch nichts dem entgegen, diese Wiederholung der (Finanzierungs)vollmacht bei der Annahme zugleich als Genehmigung der Vorausverfügung des Käufers anzusehen bzw. auszulegen. **282**

Die Finanzierungs-Vollmacht besteht bereits vor Erteilung der zur Wirksamkeit des Kaufvertrags erforderlichen Genehmigungen (vgl. *KG* DNotZ 2004, 795). Der Erstkäufer kann die Belastungsvollmacht ohne ausdrückliche Zustimmung des Verkäufers nicht durch Untervollmacht an den Zweitkäufer weitergeben (*OLG Düsseldorf* MittBayNot 1999, 379). Eine umfassende Verkaufsvollmacht erstreckt sich nicht ohne weiteres auf die Belastung des verkauften Grundbesitzes mit Grundpfandrechten (*OLG Oldenburg* MittBayNot 2003, 291). **283**

Die in der Vergangenheit regional gebräuchliche vom Käufer erteilte Untervollmacht an Notariatsangestellte zur Grundschuldbestellung verstößt zwar nicht gegen § 305c I BGB (vgl. *BGH* DNotZ 2003, 203), wohl aber gegen § 17 I a 2 Nr. 1 BeurkG (h. M.; s. Kap. A VI. Rn. 36). **284**

Eine Mitwirkung von Gemeinden, Kirchen und sonstigen **Körperschaften des öffentlichen Rechts** als Verkäufer bei der Bestellung von Finanzierungsgrundschulden des Käufers ist möglicherweise mit den für solche Körperschaften geltenden Vorschriften unvereinbar, was Nichtigkeit der Grundschuld (vgl. DNotI-Report 1995, 176) bis zum Eigentumserwerb des Käufers (§ 185 II 1 BGB) zur Folge haben kann. **285**

Die **Genehmigung** des **Familiengerichts** zu einem Kaufvertrag, der die Bestellung einer Grundschuld zur Kaufpreisfinanzierung vorsieht, erstreckt sich **286**

- wenn der Verkäufer minderjährig ist, nicht auf die eigentliche Grundschuldbestellung (vgl. *Schöner/Stöber* Rn. 3688, *OLG Zweibrücken* DNotI-Report 2005, 24), so dass eine gesonderte Genehmigung nötig ist;
- wenn der Käufer minderjährig ist, auch auf die Grundschuldbestellung (*BayObLG* DNotZ 1993, 399 m. Anm. *Weidlich*; *BGH* DNotZ 1998, 490; krit. *Schöner/Stöber* Rn. 3688).

Dies gilt *mutatis mutandis* auch für Genehmigungen des **Betreuungsgerichts**.

287 Der Käufer sollte die dingliche Zwangsvollstreckungsunterwerfung auch im eigenen Namen erklären, damit die Bank nach seinem Eigentumserwerb keine Umschreibung der Vollstreckungsklausel benötigt (*KG* DNotZ 1988, 238) und es bei einer Zwangsvollstreckung auf die Zustellung der vom Verkäufer erteilten Vollmacht gemäß § 750 ZPO (*BGH* DNotZ 2007, 33) nicht ankommt (vgl. *LG Cottbus* NotBZ 2007, 224).

288 Die Sicherheitsvorkehrungen, unter denen der Verkäufer bei der Grundschuldbestellung mitwirkt, sind zwar in den Kaufvertrag aufzunehmen. Sie müssen aber der Bank zur Kenntnis gebracht und gegenüber unklaren oder anders lautenden Bestimmungen des Grundschuldformulars zur Geltung gebracht werden (vgl. *BGH* DNotZ 1998, 621; problematischer Vereinfachungsvorschlag bei *Kesseler* ZNotP 2004, 433).

---

289 **Formulierungsbeispiel: Bestimmung der Verkäufermitwirkung zur Aufnahme in die Grundschuldbestellungsurkunde**

Der Pfandbesitz ist derzeit noch vorgetragen im Eigentum von ... – nachfolgend auch „Verkäufer" genannt.

Die Eheleute ... – nachfolgend auch „Käufer" genannt – haben den Pfandbesitz mit Urkunde vom ... des amtierenden Notars (Urk.-Rolle-Nr. .../....) – nachfolgend auch „Kaufvertrag" genannt – vom Verkäufer gekauft.

Der Käufer tritt mit der im Kaufvertrag für ihn bewilligten Eigentumsvormerkung hinter die bestellte Grundschuld samt Nebenleistungen im Range zurück. Er bewilligt und beantragt, diesen Rangrücktritt im Grundbuch einzutragen.

Der Verkäufer wirkt bei dieser Grundschuldbestellung nur als derzeitiger Eigentümer mit. Die Beteiligten haben daher folgende Bestimmungen getroffen:

a) Sicherungsabrede
b) Zahlungsanweisung
c) Persönliche Zahlungspflichten, Kosten
d) Fortbestand der Grundschuld

(a) bis d) wie in Rn. 271).

Der Käufer stimmt dem gesamten Inhalt dieser Urkunde zu und wiederholt die Zwangsvollstreckungsunterwerfung in den Pfandbesitz wegen der Grundschuld samt Grundschuldnebenleistungen hiermit auch im eigenen Namen.

V. Übergang von Besitz, Nutzen und Lasten

290 Nach § 446 BGB geht mit der Übergabe der verkauften Sache die Gefahr des zufälligen Untergangs und der zufälligen Verschlechterung auf den Käufer über. Von der Übergabe an gebühren dem Käufer die Nutzungen und trägt er die Lasten.

291 Soweit nichts anderes vereinbart, schuldet der Verkäufer die Übergabe Zug um Zug gegen Kaufpreiszahlung (§ 320 BGB). Regelmäßig wird im Kaufvertrag vereinbart, dass der Besitz und die Nutzungen, die Gefahr des zufälligen Untergangs und der zufälligen Verschlechterung und die Lasten mit dem Tage der Kaufpreiszahlung auf den Käufer übergehen bzw. zu übergeben sind (bei Abwicklung der Kaufpreiszahlung über Ander-

konto: mit dem Tage der Hinterlegung des Kaufpreises); noch genauer kann dahingehend differenziert werden, dass die Lasten jedenfalls dann bereits auf den Käufer übergeben, wenn er mit der Kaufpreiszahlung in Verzug gerät.

Lasten nach § 103 BGB sind die auf der Sache liegende Verpflichtung zu Leistungen, die aus der Sache zu entrichten sind, also insbesondere die Grundsteuer und die Prämien der Sachversicherung (*OLG Düsseldorf* NJW 1973, 146). **292**

Hinsichtlich der **Sachversicherung** gilt: Nach § 95 I VVG tritt der Erwerber in die während der Dauer seines Eigentums aus dem Versicherungsverhältnis sich ergebenden Rechte und Pflichten des Versicherungsnehmers (= Verkäufers) ein, also erst mit Eigentumsübergang. Der Veräußerer und der Erwerber haften für die Prämie, die auf die zur Zeit des Eintritts des Erwerbers laufende Versicherungsperiode entfällt, als Gesamtschuldner (insoweit bedarf es einer vertraglichen Regelung, nach der der Käufer ab Besitzübergang im Innenverhältnis die Prämie zu zahlen hat). Nach § 97 I VVG ist die Veräußerung dem Versicherer vom Veräußerer oder Erwerber unverzüglich anzuzeigen. Nach § 95 I VVG muss der Versicherer den Eintritt des Erwerbers erst gegen sich gelten lassen, wenn er hiervon Kenntnis erlangt hat. Nach § 96 II VVG ist der Erwerber berechtigt, das Versicherungsverhältnis mit sofortiger Wirkung oder für den Schluss der laufenden Versicherungsperiode zu kündigen. Das Kündigungsrecht erlischt, wenn es nicht innerhalb eines Monats nach dem Erwerb, bei fehlender Kenntnis des Erwerbers von dem Bestehen der Versicherung innerhalb eines Monats ab Erlangung der Kenntnis, ausgeübt wird. Wird eine Folgeprämie nicht rechtzeitig gezahlt, kann der Versicherer nach § 38 I VVG dem Versicherungsnehmer eine Zahlungsfrist bestimmen, die mindestens zwei Wochen betragen und einen bestimmten Inhalt haben muss. Tritt der Versicherungsfall nach Fristablauf ein und ist der Versicherungsnehmer bei Eintritt mit der Zahlung der Prämie in Verzug, ist der Versicherer nicht zur Leistung verpflichtet; der Versicherer kann nach Fristablauf den Vertrag ohne Einhaltung einer Frist kündigen, sofern der Versicherungsnehmer mit der Zahlung der geschuldeten Beträge in Verzug ist (§ 38 III VVG). Zahlt der Verkäufer die Prämie nicht, muss die Mahnung des Versicherers über den fälligen Beitrag der Gebäudeversicherung an den Verkäufer ergehen. Eine Mitteilung an den Käufer ist auch dann nicht erforderlich, wenn der Versicherer bereits Kenntnis von der Veräußerung hat (*OLG Jena* DNotI-Report 2007, 144; *Berger* MittBayNot 2010, 164). Hieraus ergeben sich Risiken für den Käufer, wenn bei einem Schadensereignis vor Eigentumsübergang der Versicherungsschutz nicht mehr besteht. **293**

Da die **Verkehrssicherungspflichten**, insbesondere die Streupflicht, dem Eigentümer obliegen, bedarf es einer ausdrücklichen Vereinbarung, dass diese vom Käufer bereits mit dem Besitzübergang übernommen werden (und nicht erst mit Eigentumsumschreibung). Die Formulierung „mit der Übergabe gehen Gefahren, Nutzungen und Lasten auf den Käufer über" genügt nicht (*BGH* MittBayNot 1990, 25). **294**

Formulierungsbeispiel: Übergang von Besitz, Nutzungen und Lasten **295**

Der Besitz und die Nutzungen, die Gefahr und die Lasten einschließlich aller Verpflichtungen aus den den Grundbesitz betreffenden Versicherungen sowie die allgemeinen Verkehrssicherungspflichten gehen auf den Käufer über mit dem Tage der Kaufpreiszahlung. Der Notar wies darauf hin, dass die bestehenden Wohngebäudeversicherungen mit Eigentumsübergang auf den Käufer übergehen und dem Käufer ein Kündigungsrecht zusteht, das innerhalb eines Monats nach Eigentumsumschreibung ausgeübt werden muss und die Veräußerung dem Versicherer unverzüglich anzuzeigen ist.

Ist Kaufgegenstand ein unbebautes Grundstück oder ein leer stehendes Einfamilienhaus (eine leer stehende Eigentumswohnung), wird häufig von beiden Vertragsteilen **der sofortige Besitzübergang** gewünscht. Der Notar hat den Verkäufer auf das Risiko dieser **296**

Vorleistung hinzuweisen, da im Falle der Nichtdurchführung des Vertrages (der Vertrag wird nicht rechtswirksam, ein Vorkaufsrecht wird ausgeübt, der Kaufpreis wird nicht gezahlt) Rückabwicklungsschwierigkeiten auftreten können, insbesondere wenn der Käufer das Vertragsobjekt bereits bezogen oder bauliche Investitionen vorgenommen hat. Die dem Notar dabei obliegende „doppelte Belehrungspflicht" umfasst auch das Aufzeigen der Wege zur Schadensabwendung (*BGH* DNotZ 2008, 925), z.B. einer Anzahlung oder wiederkehrender Nutzungsentschädigungen mit Rücktrittsmöglichkeiten vom Gesamtvertrag bei deren Ausbleiben, von Vollstreckungsunterwerfungen etc.)

297 Bleibt es beim Besitzübergang Zug um Zug gegen Kaufpreiszahlung, will der Käufer aber vorher Renovierungsarbeiten durchführen, ist vertraglich zu regeln, dass der Käufer diese auf eigene Kosten und eigenes Risiko ausführt, die Verbrauchskosten (das Wohngeld) und die Gefahr der zufälligen Verschlechterung mit Beginn der Arbeiten auf ihn übergeht, er auch keine Erstattung dieser Kosten vom Verkäufer verlangen kann, wenn der Vertrag aus Gründen nicht zur Durchführung gelangt, die der Verkäufer nicht zu vertreten hat (bzw. der Käufer, nach Wahl des Verkäufers, auf eigene Kosten den früheren Zustand wieder herzustellen hat). Auf eine Anzahlung sollte auch in diesem Fall nicht verzichtet werden, um die Schadensersatzansprüche des Verkäufers zu sichern.

298 Wird das Hausgrundstück/die Eigentumswohnung vom **Verkäufer selbst genutzt**, gebietet das Interesse des Käufers regelmäßig, die Kaufpreisfälligkeit von der vollständigen Räumung des Hauses/der Wohnung durch den Verkäufer abhängig zu machen. Dies gilt auch bei Kaufpreishinterlegung. Soll ausnahmsweise der Kaufpreis bereits vorher hinterlegt werden, darf die Auszahlungsvoraussetzung nicht so formuliert werden, dass sie auf die tatsächliche Räumung abstellt, da diese vom Notar nicht festgestellt werden kann; abzustellen ist auf eine schriftliche Bestätigung des Käufers über die Räumung an den Notar. Der Verkäufer hat sich im Vertrag zu verpflichten, bis zu einem bestimmten Zeitpunkt das Vertragsobjekt vollständig zu räumen; zu den Sanktionen bei Verletzung dieser Pflicht vgl. Rn. 112 mit Formulierungsvorschlag.

299 Beim Verkauf eines **vermieteten Objekts** ist zunächst zu klären, ob der Käufer das Mietverhältnis übernimmt oder nicht. Miet- und Pachtverhältnisse sind Rechtsmängel i.S.v. § 435 BGB. Gesetzlich ist der Verkäufer daher verpflichtet, dem Käufer das Vertragsobjekt mietfrei zu übergeben, anderenfalls diesem die Rechte nach § 437 BGB zustehen. Die Rechte des Käufers sind nach § 442 BGB ausgeschlossen, wenn er bei Abschluss des Kaufvertrages Kenntnis vom tatsächlichen Mietverhältnis hat; die Beweislast hierfür trägt der Verkäufer. Verpflichtet sich der Verkäufer, das Kaufobjekt mietfrei zu übergeben, und erwirbt es der Käufer zur Eigennutzung, ist es sachgerecht, die Räumung durch den Mieter als Kaufpreisfälligkeitsvoraussetzung zu bestimmen. Der Verkäufer wird die Übergabe des Hauses oder der Wohnung im geräumten Zustand zu einem bestimmten Zeitpunkt nur dann zusagen können, wenn bereits die Beendigung des Mietverhältnisses als solchen (Kündigung des Mieters, Aufhebungsvertrag) sichergestellt ist.

300 Wird (wie i.d.R.) das **Miet- oder Pachtverhältnis übernommen** (Überblick bei *Derleder* NJW 2008, 1189), ist dies zur Vermeidung einer Inanspruchnahme des Verkäufers nach § 435 S.1 BGB im Vertrag ausdrücklich zu vereinbaren oder zumindest der Bestand des Mietvertrags (also des Rechtsmangels) dem Käufer nach § 442 I BGB spätestens bei Beurkundung zur Kenntnis zu geben. Der „Eintritt des Käufers" (tatsächlich entsteht ein neues, inhaltsgleiches Mietverhältnis mit dem Erwerber, *BGH* NJW 2012, 1881) in die Rechte und Pflichten erfolgt gem. § 566 I BGB erst mit Eigentumserwerb. Es handelt sich um einen unmittelbaren Rechtserwerb für alle ab dem Eigentumserwerb fällig werdenden Vermieterforderungen, ferner – ohne diese zeitliche Zäsur – für alle Vermieterforderungen, die das Mietverhältnis als Ganzes betreffen, z.B. auch den Anspruch auf Leistung der noch ausstehenden Kaution (*BGH* DNotZ 2012, 940), verbunden mit der Haftung für alle ab dann entstehenden Schäden, auch wenn noch der Verkäufer hinsichtlich der Mängelbeseitigung in Verzug (§ 536a I Alt. 3 BGB) geraten war („Fortgeltung der Verzugslage gegen den Erwerber"). Bestehen Optionsrechte des Ver-

mieters (Bsp.: Verzicht auf die Umsatzsteuerfreiheit gem. §§ 9 I, 4 Nr. 12 UStG), ist der Käufer als neuer Vermieter freilich nicht an die frühere Ausübung dieser – pesonenbezogenen – Rechte durch den Verkäufer gebunden (*OLG München* NotBZ 2012, 473).

Vor Eigentumsumschreibung stehen dem Käufer keine Rechte aus dem Mietvertrag zu, er kann insbesondere den Mietvertrag nicht kündigen, auch keine Mieterhöhung verlangen. Der Verkäufer kann den Käufer ermächtigen, einen bestehenden Mietvertrag im eigenen Namen zu kündigen, schon bevor der Käufer mit der Eintragung im Grundbuch in den Mietvertrag eintritt (*BGH* DNotZ 1998, 807; *Mayer* ZMR 1990, 121), jedoch nicht zur Eigenbedarfskündigung (DNotI-Report 1998, 93). Ergänzend sollte vereinbart werden, dass der Verkäufer insoweit von jeder Haftung freigestellt wird. Eine vom Verkäufer ausgesprochene wirksame Kündigung bleibt auch nach Eigentumsumschreibung auf den Käufer bestehen (anders bei Eigenbedarfskündigung des Verkäufers). Nach § 566 II 1 haftet der Verkäufer dem Mieter für den von dem Käufer zu ersetzenden Schaden wie ein Bürge, der auf die Einrede der Vorausklage verzichtet hat. Erlangt der Mieter von der Veräußerung durch Mitteilung des Vermieters Kenntnis, wird der Vermieter von der Haftung befreit; dies gilt nicht für Ansprüche, die in der Zeit vor der Veräußerung fällig geworden sind und in die der Käufer nicht eingetreten ist.

Für die **Mietsicherheit (Kaution bzw. Bürgschaft)** gilt die für Verkäufer oder Käufer gleichermaßen gefährliche Vorschrift des § 566a BGB (vgl. *Plagemann* NotBZ 2013, 2):
– Der Käufer tritt nicht nur in die durch die geleistete Sicherheit begründeten Rechte, sondern auch in die Pflichten ein, insbesondere zur Rückgewähr der Mietsicherheit, unabhängig davon, ob er die Sicherheit vom Verkäufer erhalten hat oder die Rückgewährpflicht durch Vereinbarung mit dem Verkäufer übernommen hat (Schuldbeitritt kraft Gesetzes); bei einer Barkaution muss er auch die Zinsen gemäß § 551 III 3 BGB auszahlen.
– Kann bei Beendigung des Mietverhältnisses der Mieter die Sicherheit von dem Käufer nicht erlangen, ist der frühere Vermieter weiterhin zur Rückgewähr verpflichtet, und zwar auch dann, wenn er die Mietsicherheit auf den Käufer übertragen hat. Darüber sind die Vertragsbeteiligten vom Notar zu belehren. Der Verkäufer als Erstvermieter wird von dieser Verpflichtung nur frei, wenn der Mieter die befreiende Schuldübernahme gem. § 415 BGB genehmigt; die bloße Zustimmung zur „Übertragung der Sicherheit auf den Erwerber" dagegen bestätigt lediglich die Rechtslage, genügt also nicht, vgl. *BGH* NotBZ 2012, 92). Ist diese Genehmigung nicht zu erlangen, legen vorsichtige Verkäufer daher Wert darauf, die Verpflichtungen aus ihren Mietsicherheitenvereinbarungen unmittelbar ggü. den Mietern zu erfüllen (durch Rückgewähr der abgerechneten Kaution, allerdings unter Klarstellung (wegen *LG Berlin* RNotZ 2011, 605, vgl. *BGH* ZfIR 2012, 125 Tz. 19 m. Anm. *Jaeger* und *BGH* DNotZ 2012, 940), dass darin kein Angebot auf einvernehmliche Aufhebung der Sicherungsvereinbarung im Mietvertrag liege, sodass der Käufer sie aus dem übergehenden Mietvertrag neuerlich verlangen kann.

> **Formulierungsbeispiel: Übergang von Mietverhältnissen**
>
> Miet- und Pachtverhältnisse bestehen und werden vom Käufer übernommen. Der Inhalt der Verträge ist dem Käufer bekannt. Der Verkäufer garantiert, dass zur Zeit keine Mietrückstände bestehen, keine Mietstreitigkeiten außergerichtlich oder gerichtlich geführt werden und Mieter eine Mietminderung oder einen Mieteinbehalt nicht geltend machen.
> Der Verkäufer garantiert, dass die dieser Niederschrift als Anlage beigefügte Aufstellung über die Mietverhältnisse richtig und vollständig ist.
> Die Beteiligten vereinbaren, dass im Innenverhältnis der Käufer bereits mit Besitzübergang in die Mietverhältnisse eintritt. Der Verkäufer garantiert, dass die Mieter nur die in den Mietverträgen verzeichneten Sicherheiten geleistet haben. Der Verkäufer hat dem Käufer bei Besitzübergang die von den Mietern geleisteten Sicherheiten einschließlich Zinsen zu übertragen.

▼ Fortsetzung: **Formulierungsbeispiel: Übergang von Mietverhältnissen**

Der Notar hat den Verkäufer darauf hingewiesen, dass er zur Rückgewähr der Sicherheiten verpflichtet bleibt, wenn die Mieter diese bei Beendigung des Mietverhältnisses vom Käufer nicht erlangen können, es sei denn sie stimmen der Übertragung der Sicherheiten zu. Der Verkäufer wird die Mieter vom Verkauf unterrichten und ihre Zustimmung zur Übertragung der Sicherheiten einholen.

304   Beim Verkauf eines **Mehrfamilienhauses** als Renditeobjekt erwartet der Käufer über die Aushändigung der Mietverträge hinaus nähere Angaben zu den Mietverhältnissen, insbesondere über Mietrückstände, Mietstreitigkeiten, auch über die Höhe der derzeitigen Mieten und Nebenkosten, Kautionshöhen etc., die der Verkäufer garantiert. Ein bestimmter Mietertrag des Grundstücks kann eine vereinbarte Beschaffenheit sein, auch bei Mietpreisbindung nach dem Wohnungsbindungsgesetz. Werden die tatsächlich erzielten Mieterträge in einem Grundstückskaufvertrag aufgeführt und ausdrücklich zum Gegenstand der Vereinbarungen gemacht, spricht dies regelmäßig für eine vertragsmäßige Zusicherung/Garantie (*BGH* NJW 1990, 902). Garantieren wird der Verkäufer allein die vereinbarte Miete, nicht einen bestimmter Reinertrag oder gar den tatsächlichen Eingang der Mieten. Die Beifügung einer Mietaufstellung mit Angaben über die derzeitigen Kaltmieten, Nebenkosten und Kautionen zum Kaufvertrag ist üblich. Die Mietaufstellung als Bestandsverzeichnis kann nach § 14 BeurkG (eingeschränkte Vorlesungspflicht) mitbeurkundet werden.

305   Nach § 577a BGB kann sich der Käufer auf berechtigte Interessen i.S.d. § 573 III Nr. 2 oder 3 BGB (**Eigenbedarfs- oder Verwertungskündigung**) erst nach Ablauf von drei Jahren seit der Veräußerung berufen und mit der Frist des § 573c BGB (*BGH* NJW 2003, 3265) kündigen, wenn an vermieteten Wohnräumen nach der Überlassung an den Mieter **Wohnungseigentum** begründet und das Wohnungseigentum veräußert worden ist. Nach § 577a II BGB kann die Frist auf bis zu zehn Jahre durch Rechtsverordnung der Landesregierung verlängert werden, wenn die ausreichende Versorgung der Bevölkerung mit Mietwohnungen zu angemessenen Bedingungen in einer Gemeinde oder einem Teil einer Gemeinde besonders gefährdet ist. So ist beispielsweise in NRW die Kündigungssperrfrist durch Verordnung seit 10.2.2012 für Düsseldorf, Köln und Münster auf acht, in weiteren 33 Kommunen auf fünf Jahre verlängert worden; ähnlich ist die Rechtslage in Bayern, Berlin, Hamburg, Hessen; die Sperrfristverordnung für Baden-Württemberg ist zum 31.12.2006 ausgelaufen.

306   Ist Kaufgegenstand eine vermietete Wohnung in einem Mehrfamilienhaus und ist nach der Überlassung der Wohnung an den Mieter Wohnungseigentum begründet worden, steht dem Mieter das Vorkaufsrecht nach § 577 BGB zu (vgl. Rn. 189 ff.). Das Vorkaufsrecht gilt nur für den ersten Verkaufsfall. Unterliegt das Kaufobjekt der Wohnungsbindung/sozialer Wohnraumförderung, darf der Käufer eine Wohnung nur dann selbst beziehen, wenn er einen **Wohnberechtigungsschein** hat; die Miete ist nach den Bestimmungen über die Kostenmiete festgelegt. Dies kann auch nach Rückzahlung der öffentlichen Mittel für einen weiteren Zeitraum gelten.

VI. Rechts- und Sachmängel

1. Rechtsmängel

307   Gem. § 433 I 2 BGB hat der Verkäufer dem Käufer die Sache frei von (Sach- und) **Rechtsmängeln** zu verschaffen. Nach § 435 BGB ist die Sache frei von Rechtsmängeln, wenn Dritte in Bezug auf die Sache keine oder nur die im Kaufvertrag übernommenen Rechte gegen den Käufer geltend machen können. Einem Rechtsmangel steht es gleich, wenn im Grundbuch ein Recht eingetragen ist, das nicht besteht (sog. Buchrecht). Nach

2. Teil. Allgemeine Fragen des Grundstückskaufvertrages　　　　A I

§ 442 II BGB hat der Verkäufer ein im Grundbuch eingetragenes Recht zu beseitigen, auch wenn es der Käufer kennt – es bedarf also insbesondere im Hinblick auf Abt. II – Rechte, die nicht zu beseitigen sind, nunmehr (anders als in § 439 S. 2 BGB a. F.) einer ausdrücklichen Übernahme gem. § 435 BGB. Da die Unterschiede der Rechtsfolgen bei einem Sach- oder Rechtsmangel weitgehend beseitigt sind (und z. B. nun auch ein Rechtsmangel zur Minderung berechtigt), ist die früher erforderliche Abgrenzung nahezu bedeutungslos geworden. Gestalterisch bestehen jedoch weiterhin bedeutende Unterschiede: Ein genereller Ausschluss der Haftung des Verkäufers für Rechtsmängel verbietet sich. Übernimmt der Käufer vertraglich im Grundbuch eingetragene Belastungen und Beschränkungen oder einen Mietvertrag, liegt nach § 435 BGB bereits kein Rechtsmangel vor, für den auch kein Haftungsausschluss vereinbart werden muss.

> **Checkliste der Rechtsmängel eines Grundstücks**　　　　308
>
> (1) Alle in Abt. II und III des Grundbuchs eingetragenen Rechte und Beschränkungen, auch eine beschränkte persönliche Dienstbarkeit (*BGH* NJW 2000, 803), das Vorkaufsrecht und die Vormerkung, auch soweit sie nach Vertragsschluss, aber vor Eigentumsübergang zur Eintragung gelangen. Wird mit Rang nach der Vormerkung eine Zwangssicherungshypothek für den Gläubiger des Verkäufers eingetragen, kann der Verkäufer den Käufer nicht darauf verweisen, diese Belastung sei vormerkungswidrig und relativ unwirksam (§ 883 II 1 BGB), und er selbst könne deshalb deren Löschung nach § 888 I BGB durchsetzen (*BGH* DNotZ 1986, 275). Der Käufer hat vielmehr den Anspruch aus § 433 I 2 BGB gegen den Verkäufer auf Verschaffung lastenfreien Eigentums und kann bis zur Löschung die Zahlung des Kaufpreises nach § 320 BGB verweigern (*BGH* DNotZ 2004, 464 m. Anm. *Oppermann*).
> (2) Miet- und Pachtverhältnisse (§ 566 BGB), auch wenn diese später enden als vertraglich vorausgesetzt (*BGH* NJW 1991, 2700), oder eine bestehende Verlängerungsoption (*BGH* DNotZ 1998, 364).
> (3) Sozialbindung (*BGH* NJW 2000, 1256).
> (4) Die Verpflichtung, als Straßenland ausgewiesenes Gelände an die Gemeinde zu veräußern (*BGH* DNotZ 1983, 36); Ausweisung des Kaufgrundstücks im Bebauungsplan als öffentliche Verkehrsfläche oder Gemeinschaftstiefgarage (*OLG Köln* MittBayNot 1999, 59); Überbau (*OLG Koblenz* DNotZ 2008, 279).
> (5) Unbebaubarkeit des Erbbaugrundstücks aufgrund Veränderungssperre (*BGH* DNotZ 1986, 286: Die Erfüllung eines Kaufvertrages über ein noch zu bestellendes Erbbaurecht ist objektiv unmöglich i. S. d. § 275 BGB, wenn im Zeitpunkt der Bestellung das Erbbaugrundstück infolge eines Bebauungsplanes nicht mehr bebaut werden darf).
> (6) Baulast, soweit sie ein Nutzungsrecht zum Inhalt hat (*OLG Hamm* DNotZ 1988, 700).
> (7) Mitverkauf eines Raums, an dem weder Sondereigentum noch ein Sondernutzungsrecht besteht (*BGH* DNotZ 1998, 51), oder Verkauf eines in der Teilungserklärung als Speicher ausgewiesenen Raums als Wohnraum (*BGH* DNotZ 2004, 145).
> (8) Verkauf eines Teileigentums als Wohnungseigentum bei Untersagung der Umwandlung durch andere Wohnungseigentümer (*OLG Düsseldorf* DNotZ 1998, 369); Verkauf eines Ladenlokals zur Nutzung als Gaststätte (*BGH* NJW-RR 1995, 715).

Liegt ein Rechtsmangel vor, kann der Käufer vom Verkäufer dessen Beseitigung verlangen und die Zahlung des Kaufpreises verweigern (§ 320 BGB). Beseitigt der Verkäufer den Rechtsmangel nicht innerhalb angemessener Frist, oder verweigert er sie nach § 439 III BGB, kann der Käufer vom Vertrag unter den Voraussetzungen des § 323 BGB zurücktreten oder nach § 441 BGB den Kaufpreis mindern und nach den allgemeinen Vorschriften Schadensersatz oder nach § 284 BGB Ersatz vergeblicher Aufwendungen verlangen. Schadensersatz steht dem Käufer jedoch nur zu, wenn der Verkäufer den　　　　309

Rechtsmangel zu vertreten hat, was in aller Regel der Fall sein wird. Übernimmt der Verkäufer eine Garantie für die Löschung eines eingetragenen Rechts oder das Nichtbestehen von Wohnungsbindung oder Wohnungsbauförderung, haftet er nach § 276 I 1 BGB verschuldensunabhängig. Die Verjährungsfrist beträgt nach § 438 I Nr. 3 BGB zwei Jahre, bei einem im Grundbuch eingetragenen Recht, das der Käufer nicht übernommen hat, 30 Jahre (§ 438 I Nr. 1b BGB).

310 **Formulierungsbeispiel: Freiheit von Rechtsmängeln**

> Der Verkäufer hat dem Käufer den Grundbesitz frei von im Grundbuch eingetragenen Belastungen und Beschränkungen zu verschaffen, soweit sie nicht vom Käufer übernommen worden sind. Der Verkäufer garantiert, dass Wohnungsbindung oder Wohnungsbauförderung nicht bestehen.

311 Es empfiehlt sich, bereits im Eingang der Urkunde nach dem Bericht über die Grundbucheinsicht eine Regelung aufzunehmen, welche Rechte vom Käufer übernommen werden und welche nicht (§ 435 BGB), da allein die Kenntnis des Käufers von der Grundbucheintragung die Verpflichtung des Verkäufers zur Löschung nicht beseitigt (§ 442 II BGB).

312 **Formulierungsbeispiel: Übernahme einzelner Belastungen**

> Der Käufer übernimmt die Dienstbarkeit Abteilung II Nr. 2 mit den zugrunde liegenden Verpflichtungen. Die Grundpfandrechte werden vom Käufer nicht übernommen. Die hierdurch gesicherten Verbindlichkeiten des Verkäufers sind aus dem Kaufpreis Zug um Zug gegen Löschung der Grundpfandrechte im Grundbuch abzulösen.

313 Zu den Erschließungsbeiträgen und sonstigen Anliegerbeiträgen vgl. Rn. 377 ff.
314 Nach § 436 II BGB haftet der Verkäufer eines Grundstücks nicht für die Freiheit des Grundstücks von anderen öffentlichen Abgaben und von anderen öffentlichen Lasten, die zur Eintragung in das Grundbuch nicht geeignet sind. Dazu zählen die Grundsteuer, kommunale Abgaben, Straßenanliegerbeiträge, Müllabfuhrgebühren etc.
315 In den **neuen Ländern** gehören gem. Art. 231 § 5 I EGBGB u. a. die Gebäude, Anlagen, Anpflanzungen und Einrichtungen, die nach DDR-Recht als unabhängiges Eigentum behandelt wurden, nicht zu den wesentlichen Bestandteilen des Grundstücks. Fehlt jedoch ein Vermerk im Grundbuch des belasteten Grundstücks (wie regelmäßig bei Gebäudeeigentum auf der Grundlage der „Bereitstellungsverordnung" vom 9.9.1976, gemäß § 27 LPG-Gesetz und nach § 459 ZGB), wird der gute Glaube des Erwerbers oder Belastungsgläubigers gem. Art. 233 § 4 II und Art. 231 § 5 III EGBGB seit dem 1.1.2001 geschützt. Das selbständige Gebäude- oder Anpflanzungseigentum geht unter; der Grundstücksveräußerer ist zum Wertersatz verpflichtet; sofern an dem (unter Umständen selbständig gebuchten, jedoch nicht im Grundstücksgrundbuch verankerten) Gebäudeeigentum Grundpfandrechte eingetragen waren, setzen sich diese am Wertausgleichsanspruch fort.
316 Baulichkeiten sind allerdings weiterhin „immun" gegen gutgläubigen Wegerwerb, da sie schuldrechtlich (mit mobiliarrechtlicher Komponente) angeknüpft werden (§ 566 BGB analog).
317 Nicht gebuchte Mitbenutzungsrechte („Dienstbarkeiten") in den neuen Ländern i. S. d. §§ 321 und 322 ZGB sind überraschenderweise materiell-rechtlich gemäß § 8 GBBerG untergegangen, wenn sie nicht vor dem 1.1.2001 in verjährungsunterbrechender Weise geltend gemacht wurden (*Böhringer* VIZ 2000, 441; *BGH* VIZ 2003, 488).
318 § 9 GBBerG (hierzu *Maaß* NotBZ 2001, 280; *Schmidt-Räntsch* VIZ 2004, 473) enthält eine komplexe Regelung über die gesetzliche Begründung von Dienstbarkeiten zur Sicherung **leitungsgebundener Anlagen** der Energie- und Wasserversorgung und Abwasserentsorgung gegen eine Entschädigung, die gemäß *OLG Dresden* NotBZ 2005, 81 demjenigen zusteht, der am 25.12.1993 Eigentümer war (vorsorgliche Abtretung emp-

2. Teil. Allgemeine Fragen des Grundstückskaufvertrages A I

fehlenswert!). Die gesetzlichen Dienstbarkeiten können erst seit 1.1.2011 gutgläubig wegerworben werden. Ihre Löschung erfolgt aufgrund Bescheinigung gemäß § 9 VII GBBerG i. V. m. § 10 SachenR-DV.

2. Sachmängel

Der Verkäufer hat nach § 433 I 2 BGB dem Käufer die Sache frei von **Sachmängeln** zu verschaffen. Die Definition des Sachmangels in § 434 I 1 BGB stellte in erster Linie darauf ab, ob die Sache bei Gefahrübergang die **vereinbarte** Beschaffenheit hat. Ob ein Sachmangel vorliegt oder nicht, bestimmt sich zunächst nach dem Inhalt der von den Vertragsparteien getroffenen Vereinbarung. Soweit die Beschaffenheit nicht vereinbart ist, kommt es darauf an, ob die Sache sich für die nach dem Vertrag vorausgesetzte Verwendung eignet, sonst ob sie sich für die gewöhnliche Verwendung eignet und die Beschaffenheit aufweist, die bei Sachen der gleichen Art üblich ist und die der Käufer nach der Art der Sache erwarten kann. Bei einem Sachmangel des Grundstücks oder des Gebäudes kann der Käufer nach § 439 I BGB zunächst nur die Beseitigung des Mangels verlangen. Beim Kauf eines Grundstücks (Wohnungseigentums, Teileigentums, Erbbaurechts) ist zwar die Ersatzlieferung nicht von vorneherein ausgeschlossen (*BGH* NJW 2006, 2839), in aller Regel aber unmöglich. Etwas anderes kann beim Verkauf eines Bauplatzes gelten, wenn der Verkäufer über weitere angrenzende gleichartige und gleichwertige Baugrundstücke verfügt. Der Käufer kann auch die Beseitigung eines unerheblichen Mangels verlangen, es sei denn der Verkäufer kann sie nach § 439 III BGB verweigern, insbesondere wenn sie nur mit unverhältnismäßigen Kosten möglich ist. Nach erfolglosem Ablauf der Frist zur Beseitigung des Mangels oder unter den Voraussetzungen der §§ 439 III, 440 BGB kann der Käufer von dem Vertrag zurücktreten oder den Kaufpreis mindern und Schadensersatz oder Ersatz vergeblicher Aufwendungen verlangen, soweit die Voraussetzungen der jeweiligen Vorschrift vorliegen. Der Käufer ist nicht berechtigt, den Mangel selbst zu beseitigen und vom Verkäufer Ersatz ersparter Aufwendungen zu verlangen. 319

Die Ansprüche des Käufers wegen eines Mangels bei einem Bauwerk verjähren in fünf Jahren, wegen eines Mangels des Grundstücks in zwei Jahren. Die Verjährung beginnt bei Grundstücken mit der Übergabe (§ 438 BGB). Die gleichen Verjährungsfristen gelten für den Rücktritt und die Minderung (§§ 438 IV, V i. V. m. § 218 BGB). Nach § 218 BGB ist der Rücktritt wegen eines Mangels unwirksam, wenn der Nacherfüllungsanspruch nach § 438 BGB verjährt ist. Hat der Verkäufer den Mangel arglistig verschwiegen, verjähren die Ansprüche des Käufers in der regelmäßigen Verjährungsfrist von drei Jahren (§ 195 BGB) mit dem Verjährungsbeginn nach § 199 BGB. 320

Nach § 442 BGB sind die Rechte des Käufers wegen eines Sachmangels ausgeschlossen, wenn er bei Vertragsschluss den Mangel kennt oder ihm ein Mangel infolge grober Fahrlässigkeit unbekannt geblieben ist. 321

Checkliste der Sachmängel eines Grundstücks 322

(1) Unbebaubarkeit oder beschränkte Bebaubarkeit eines Grundstücks, insbesondere durch öffentliches Baurecht (*BGH* NJW 1979, 2200; *Johlen* NJW 1979, 153);
(2) Baurechtswidriger Zustand (ohne Baugenehmigung errichtetes Haus, *BGH* WM 1985, 230; mbau eines Trockenspeichers zu Wohnraum, *BGH* NJW 1991, 2138); fehlende Baugenehmigung für einen Teil des Gebäudes (*OLG Hamm* NJW-RR 1997, 77); ausgeschlossene oder beschränkte Benutzbarkeit von Räumen (*BGH* NJW 2001, 65);
(3) Pflicht zur Duldung eines Überbaus nach § 912 I BGB (*BGH* NJW 1981, 1362);
(4) Stellplatzauflage (*OLG Karlsruhe* NJW 1992, 1104);
(5) Bestehender Denkmalschutz (*OLG Celle* DNotZ 1988, 702; *OLG Saarbrücken* NJW-RR 1996, 692);

▶

▼ Fortsetzung: **Checkliste der Sachmängel eines Grundstücks**

(6) Unterschreiten der Wohnfläche einer Eigentumswohnung um rund 10% (*KG NJW-RR* 1989, 459) oder Abweichung von der vereinbarten Wohnfläche (*BGH NJW-RR* 1998, 1169; *MittBayNot* 1999, 372 – Mangel i. S. d. § 633 I BGB beim Bauträgervertrag);

(7) Beseitigter Schwammbefall, wenn Verdacht besteht, er könne neu auftreten (*BGH NJW-RR* 1987, 1415);

(8) Schäden an den Außenwänden angrenzender Gartenhof-Reihenhäuser (*BGH NJW* 1988, 2238);

(9) Asbestbelastung der Außenwände des Gebäudes, selbst wenn sie bei der Errichtung zulässig war (*BGH ZfR* 2009, 560 m. Anm. *Everts*; *Kirchhof ZfIR* 2009, 853) – anders, wenn Asbest lediglich in Bauteilen verwendet wurde, in die üblicherweise nur eine Fachfirma eingreift, etwa bei einem Kaminabzug oder einer Dacheindeckung. Die Fertigbauweise eines verkauften Hauses ist jedoch kein Fehler (*OLG Düsseldorf NJW* 1989, 2001);

(10) Baulast (*BGH DNotZ* 1978, 621);

(11) Bebaubarkeit eines Nachbargrundstücks, wenn Unbebaubarkeit vertraglich vorgesehen ist (*BGH NJW* 1993, 1323);

(12) Frühere Verwendung als wilde Müllkippe bei Baugrundstück (*BGH NJW* 1991, 2900) oder als Werksdeponie (*BGH NJW* 1995, 1549); erhebliche Geruchsbelästigung (*BGH NJW-RR* 1988, 10), Lärm einer Flugschneise (*OLG Köln NJW-RR* 1995, 531) und unzureichender Schutz vor Überschwemmungen (*BGH NJW* 2007, 835);

(13) Bodenverunreinigungen, insbesondere Altlasten (*Müggenberg NJW* 2005, 2810) bereits der Verdacht hierauf (*OLG München NJW* 1995, 2566; *OLG Düsseldorf NJW* 1996, 3284; vgl. *Knoche NJW* 1995, 1985).

a) Beschaffenheitsvereinbarung

323 Die **Beschaffenheit** der Sache ist nach § 434 BGB der neue zentrale Begriff des Sachmängelrechts. Das Gesetz definiert den Begriff „Beschaffenheit" nicht, er umfasst jedoch, wie bisher „Eigenschaft", auch Umstände, die außerhalb der Sache selbst liegen (*Krauß* Rn. 2195 ff.). Ist eine bestimmte Beschaffenheit vereinbart, ist die Sache mangelhaft, wenn ihre tatsächliche Ist-Beschaffenheit von der im Vertrag vereinbarten Soll-Beschaffenheit zum Nachteil des Käufers abweicht (es gibt nicht mehr, wie in § 459 I 2 BGB a. F., einen „Geringfügigkeitsfilter", wonach „eine unerhebliche Minderung des Wertes oder der Tauglichkeit"! außer Betracht bleibe, so dass ggf. vertragliche Vorkehrungen ratsam sind). Die Vereinbarung einer konkreten Beschaffenheit muss beim Grundstückskaufvertrag mitbeurkundet werden (Willenserklärung – anders verhält es sich bei der Widergabe von Wissenserklärungen auf der Tatbestandsseite, § 442 BGB, die zwar die Beweislage verbessern, aber nicht zwingend sind). Gegenstand der Vereinbarung kann eine „positive" Beschaffenheit sein, z. B. Funktionsfähigkeit der Heizung, aber auch eine „negative", z. B. die fehlende Funktionstauglichkeit der Heizung, die der Käufer zu erneuern hat.

324 | Formulierungsbeispiel: Negative Beschaffenheitsvereinbarung

Die Beteiligten vereinbaren als Beschaffenheit des Gebäudes: Es handelt sich um einen Altbau aus dem Jahre 1959, der nicht modernisiert worden ist. Insbesondere sind die Wasser- und Elektroleitungen nicht erneuert, so dass der Käufer damit rechnen muss, dass es zu einem Schaden kommen kann.

2. Teil. Allgemeine Fragen des Grundstückskaufvertrages

> **Formulierungsbeispiel: Positive Beschaffenheitsvereinbarung (Bebaubarkeit)** 325
>
> Die Beteiligten vereinbaren die Bebaubarkeit des Grundstücks mit einem zweigeschossigen Einfamilienhaus als Beschaffenheit i. S. d. § 434 I 1 BGB, ohne dass der Verkäufer hierfür eine Garantie übernimmt. Sollte die Bebaubarkeit nicht gegeben sein, kann der Käufer ohne weitere Fristsetzung vom Kaufvertrag zurücktreten, nicht allerdings die Herabsetzung des Kaufpreises (Minderung) oder Schadensersatz verlangen. Im Falle des Rücktritts trägt der Verkäufer die Notar- und Gerichtskosten.

Verfehlt ist die anfangs geäußerte Ansicht (*Kornexl* ZNotP 2002, 86; *Heinze/Salzig* NotBZ 2002, 1), die Vertragsparteien könnten pauschal die tatsächliche Ist-Beschaffenheit (mit versteckten Mängeln) als vertraglich geschuldete Soll-Beschaffenheit vereinbaren („gekauft wie besichtigt"), so dass ein ganzer oder teilweiser Haftungsausschluss für Sachmängel entbehrlich werde (dagegen auch *Hertel* ZNotP 2002, 126). Wäre die vorgenannte Meinung richtig, könnten die zwingenden Verbraucherschutzvorschriften selbst beim Verbrauchsgüterkauf nach § 475 BGB „ausgehebelt" werden. 326

Den Verkäufer trifft die Nebenpflicht, dem Käufer über die das Kaufobjekt betreffenden rechtlichen Verhältnisse Auskunft zu erteilen und ihm die als Beweise des Rechts dienenden Urkunden, soweit sie sich in seinem Besitz befinden, auszuliefern, z.B. Bauunterlagen, Betriebsanleitungen, Wartungsverträge etc. Zur „Einweisungspflicht" vgl. *Krauß* Rn. 2615 ff. 327

b) Beschaffenheitsgarantie

Von der Beschaffenheitsvereinbarung strikt zu trennen ist die **Beschaffenheitsgarantie** i. S. d. § 443 BGB. Übernimmt der Verkäufer die Garantie für eine bestimmte Beschaffenheit des Grundstücks oder Gebäudes in dem Sinne, dass er für alle Folgen des Fehlens einstehen wird (*BGH* NJW 2007, 1346), haftet er nach §§ 276 I, 278 BGB verschuldensunabhängig im Umfang der Garantie. Die Rechte des Käufers wegen eines Mangels aus § 437 BGB bestehen daneben. Die Rechte des Käufers wegen eines Mangels, der ihm infolge grober Fahrlässigkeit unbekannt geblieben ist, sind nicht ausgeschlossen (§ 442 I 2 BGB). Der Verkäufer kann sich nicht auf die Vereinbarung berufen, durch welche die Rechte des Käufers wegen eines Mangels ausgeschlossen oder beschränkt werden (§ 444 BGB). Dies gilt sowohl für den Formular-/Verbrauchervertrag als auch für den Individualvertrag. Über diese Rechtsfolgen hat der Notar den Verkäufer nach § 17 I BeurkG („rechtliche Tragweite") zu belehren. Die Übernahme einer Beschaffenheitsgarantie ist nach § 311b I BGB beurkundungsbedürftig. 328

> **Formulierungsbeispiel: Beschaffenheitsgarantie** 329
>
> Der Verkäufer garantiert als Beschaffenheit des Gebäudes die Dichtigkeit des Flachdachs und der Kelleraußenwände. Der Notar hat den Verkäufer darauf hingewiesen, dass dem Käufer die gesetzlichen Rechte zustehen, wenn die garantierte Beschaffenheit bei Gefahrübergang nicht gegeben ist, der Käufer insbesondere unter den gesetzlichen Voraussetzungen vom Kaufvertrag zurücktreten und Schadensersatz verlangen kann, ohne dass es auf ein Verschulden des Verkäufers ankommt. Die Verjährungsfrist beträgt fünf Jahre ab Übergabe des Grundstücks.

Durch das Wort „soweit" (statt „wenn") in § 444 und in § 639 BGB ist klargestellt, dass sich der Verkäufer insoweit auf einen Haftungsausschluss (oder eine Haftungsbeschränkung) nicht berufen kann, als dieser mit der Garantie im Widerspruch steht. Es kommt also auf den Inhalt der Garantie an. Danach können z.B. die Schadensersatzansprüche des Käufers auf einen bestimmten Höchstbetrag begrenzt werden, auch kann die 330

Verjährungsfrist verkürzt werden. Im Umfang der Beschaffenheitsgarantie haftet der Verkäufer verschuldensunabhängig. Ist der Verkäufer nicht bereit, eine Beschaffenheitsgarantie zu übernehmen, will er aber dafür einstehen, dass eine bestimmte Beschaffenheit gegeben ist, ist die **Beschaffenheitsvereinbarung** die richtige vertragliche Lösung.

331　Im Individualvertrag ist es bei der Beschaffenheitsvereinbarung rechtlich zulässig, die Rechte des Käufers wegen eines Mangels zu beschränken, im Formular-/Verbrauchervertrag ist dagegen ein Ausschluss der Schadensersatzansprüche nach § 309 Nr. 7 BGB auch bei grober Fahrlässigkeit sowie – unabhängig vom Grad des Verschuldens – bei verschuldeter Verletzung von Leben, Körper oder Gesundheit unzulässig; für solche Ansprüche gilt dann auch zwingend die Verjährungsfrist von fünf Jahren bei Mängeln des Bauwerks nach § 438 I Nr. 2a BGB.

c) Einzelne Beschaffenheitsvereinbarungen; Altlasten

332　Es obliegt der Aufklärungs-, Belehrungs- und Formulierungspflicht des Notars, den Willen der Parteien eindeutig zu erforschen und unmissverständlich wiederzugeben. So kann z. B. der **Verkauf eines Grundstücks „als Bauplatz"** zum Inhalt haben:
– eine **Beschaffenheitsgarantie** i. S. d. § 443 I Alt. 1 BGB,
– eine **Eigenschaftszusicherung** als Abdingung des Verschuldensmerkmals, also Garantiezusage i. S. d. § 276 I a. E. BGB,
– eine **bloße Beschaffenheitsvereinbarung** gem. § 434 I BGB (des Inhalts, dass der Bebauung im Zeitpunkt des Gefahrübergangs keine objektiven baurechtlichen Hindernisse entgegenstehen), die sich gem. § 434 I 3 BGB möglicherweise auch aus öffentlichen Ankündigungen (Inseraten in der Zeitung) ergeben kann,
– die Erhebung eines Umstandes zur **Geschäftsgrundlage** gem. § 313 BGB oder
– eine **schlichte Wissenserklärung** des Verkäufers, deren wissentliche Falschheit Arglist begründen würde (mit der Folge der Sonderverjährung des § 438 III BGB, der Unwirksamkeit etwaiger allgemeiner vertraglicher Haftungsausschlüsse, § 444 BGB, der Entbehrlichkeit einer Nachfristsetzung vor dem Rücktritt und des Abschneidens des Einwandes grob fahrlässiger Unkenntnis des Käufers über einen Mangel, § 442 I 2 BGB).

333　Beim **Teilflächenkaufvertrag** besteht durch den Wegfall der Genehmigungspflicht nach BauGB für den Käufer im späteren Baugenehmigungsverfahren die Gefahr, dass die mit der Teilung bezweckte Nutzung mit den Festsetzungen des Bebauungsplans nicht vereinbar ist oder dass infolge der Teilung im unbeplanten Innenbereich (§ 34 BauGB) ein Grundstück entstanden ist, auf dem das vom Käufer vorgesehene Vorhaben unzulässig ist, weil es sich nicht nach § 34 I BauGB in die Umgebung einfügt. Nach § 19 BauGB dürfen durch die Teilung eines Grundstücks im Geltungsbereich eines Bebauungsplans keine Verhältnisse entstehen, die den Festsetzungen des Bebauungsplans widersprechen.

334　**Formulierungsbeispiel: Beschaffenheitsvereinbarung (Mindestbebauung)**

> Die Beteiligten vereinbaren die Bebaubarkeit des Grundstücks mit einem fünfgeschossigen Mehrfamilienhaus (mit Tiefgarage) mit einer Wohn-/Nutzfläche von mindestens ... qm als Beschaffenheit, ohne dass der Verkäufer hierfür eine Garantie übernimmt. Sollte diese Bebaubarkeit nicht gegeben sein, kann der Käufer vom Vertrag zurücktreten, jedoch nicht die Herabsetzung des Kaufpreises (Minderung) oder Schadensersatz verlangen. Das Rücktrittsrecht ist bis zum ... befristet und vom Käufer gegen Nachweis der Nichtgenehmigungsfähigkeit gegenüber dem Verkäufer durch Einschreiben mit Rückschein zu erklären. Mit Ablauf der Frist erlischt das Rücktrittsrecht. Im Falle des Rücktritts trägt der Verkäufer sämtliche Notar- und Gerichtskosten, auch die der Rückabwicklung des Vertrags.

335　Zum Gesetz zum Schutz vor **schädlichen Bodenveränderungen** und zur Sanierung von **Altlasten** (Bundes-Bodenschutzgesetz – BBodSchG, vgl. *Oyda* RNotZ 2008, 246; Recht-

2. Teil. Allgemeine Fragen des Grundstückskaufvertrages A I

sprechungsübersicht: *Kügel* NJW 2004, 1570; zur Sachmängelhaftung: *Müggenborg* NJW 2005, 2810; mit Formulierungsvorschlägen: *Krauß* Rn. 2318 ff). Die gesetzliche Regelung ist für den Notar bei der Vertragsgestaltung von großer Bedeutung, wenn schädliche Bodenveränderungen bekannt sind, d. h. Beeinträchtigungen der Bodenfunktionen, die geeignet sind, Gefahren, erhebliche Nachteile oder erhebliche Belästigungen für den Einzelnen oder die Allgemeinheit herbeizuführen (§ 2 III BBodSchG), oder der Verdacht schädlicher Bodenveränderungen besteht („Verdachtsflächen", § 2 IV BBodSchG). Da die Altlast (§ 2 BBodSchG) eine besondere Erscheinungsform schädlicher Bodenveränderungen ist, sollte dieser Begriff in Grundstückskaufverträgen nicht mehr verwendet werden, sondern durch „schädliche Bodenveränderungen und Altlasten" ersetzt werden.

Beim Verkauf eines Grundstücks bleibt der Verkäufer als früherer Eigentümer nach **336** § 4 VI BBodSchG zur Sanierung verpflichtet, wenn er „die schädliche Bodenveränderung oder Altlast" zu diesem Zeitpunkt kannte oder kennen musste, es sei denn, dass er beim Erwerb des Grundstücks darauf vertraut hat, dass solche nicht vorhanden sind, und sein Vertrauen unter Berücksichtigung der Umstände des Einzelfalles schutzwürdig ist.

Nach § 24 II BBodSchG besteht ein Ausgleichsanspruch mehrerer Verpflichteter un- **337** abhängig von ihrer Heranziehung, bei dem bei mehreren Zustandsstörern auf den Grad der Verursachung abgestellt wird mit einer dem § 852 BGB entsprechenden Verjährungsregelung. Der Ausgleichsanspruch steht unter dem Vorbehalt anderweitiger vertraglicher Regelung (§ 24 II 2 BBodSchG: „soweit nichts anderes vereinbart wird"). Übernimmt der Verkäufer die Kosten der Beseitigung schädlicher Bodenveränderungen und Altlasten oder stellt der Käufer den Verkäufer insoweit umfassend frei, ist zusätzlich der Ausgleichsanspruch nach § 24 II 1 BBodSchG auszuschließen. Ein Ausschluss des Ausgleichsanspruchs im Innenverhältnis zwischen den Vertragsbeteiligten ändert an der Weiterhaftung des Verkäufers bei Vorliegen der Voraussetzungen nach § 4 VI BBodSchG nichts („Ewigkeitshaftung"). Übernimmt der Käufer die Kosten der Beseitigung bekannter schädlicher Bodenveränderungen oder Altlasten, oder übernimmt er bei einer Verdachtsfläche das Risiko der Sanierung, wird dies bei der Höhe des Kaufpreises berücksichtigt; das Risiko bei Zahlungsunfähigkeit des Käufers verbleibt aber beim Verkäufer.

Übernimmt der Käufer vertraglich bei einer bereits erfassten Altlast die Kosten der **338** Sanierung (Formulierungsbeispiel bei *Pützenbacher* NJW 1999, 1137, 1141), sollte der Notar den Verkäufer auf seine fortbestehende Sanierungspflicht (§ 4 VI BBodSchG) hinweisen und die Möglichkeit der Sicherung z. B. durch eine vom Käufer zu stellende Bankbürgschaft. Besteht der Verdacht schädlicher Bodenverunreinigungen oder Altlasten, hat der Verkäufer dem Käufer ihm bekannte Tatsachen zu offenbaren, die den Verdacht des Vorhandenseins begründen, und für die Richtigkeit seiner Erklärung einzustehen. Will sich der Käufer verpflichten, den Verkäufer insoweit umfassend freizustellen, und soll auch der Ausgleichsanspruch nach § 24 II BBodSchG ausgeschlossen werden, sollte der Notar wegen des unkalkulierbaren Risikos der Kosten der Sanierung empfehlen, vor Abschluss des Vertrages einen Gutachter einzuschalten, der ein Schadensgutachten mit Kostenschätzung erstellt. Soll das Gutachten erst nach Abschluss des Kaufvertrages eingeholt werden, sind vertragliche Regelungen zu empfehlen, nach denen die Fälligkeit des Kaufpreises auch von der Vorlage des Gutachtens abhängig gemacht wird und weiterhin bestimmt wird, welcher Vertragsteil bis zu welcher Höhe die Kosten trägt, letztlich der Käufer zum Rücktritt vom Vertrag berechtigt ist, falls die Kosten den kalkulierten Betrag überschreiten, soweit der Verkäufer nicht bereit ist, diese Mehrkosten zu übernehmen (vgl. hierzu *Schürmann* MittRhNotK 1994, 1, 18).

Beim Weiterverkauf eines Grundstücks mit der Vereinbarung eines Haftungsaus- **339** schlusses für Sachmängel, dessen Belastung mit einem Ölschaden vom Erstverkäufer arglistig verschwiegen wurde, kann nach den konkreten Umständen des einzelnen Falles Raum für eine ergänzende Vertragsauslegung dahingehend sein, dass die Parteien des Zweitvertrages die Abtretung etwaiger Ansprüche des Verkäufers gegen den Erstverkäufer vereinbart hätten (*BGH* DNotZ 1998, 40).

d) Gesetzliche Rechte des Käufers wegen eines Sachmangels

340 Beim Verkauf eines unbebauten Grundstücks oder eines Grundstücks mit einem Altbau werden im Kaufvertrag nahezu ausnahmslos die Rechte und Ansprüche des Käufers nach § 437 BGB wegen eines Sachmangels ausgeschlossen. In Einzelfällen wird die Bebaubarkeit oder eine bestimmte Bebaubarkeit des Grundstücks als Beschaffenheit vereinbart oder die Beschaffenheit von Teilen des Gebäudes (Dichtigkeit des Flachdachs, keine Feuchtigkeit im Keller) vom Haftungsausschluss ausgenommen. In diesen Fällen werden jedoch die Rechte und Ansprüche des Käufers gegenüber der gesetzlichen Regelung modifiziert, z. B. dahin, dass der Käufer bei Unbebaubarkeit des Grundstücks vom Kaufvertrag zurücktreten, jedoch weder den Kaufpreis mindern noch Schadensersatz verlangen kann, oder bei Undichtigkeit des Flachdachs oder Feuchtigkeit im Keller zwar die Ansprüche auf Beseitigung des Mangels und Minderung des Kaufpreises gegeben sind, der Käufer jedoch nicht vom Kaufvertrag insgesamt zurücktreten kann.

341 Beim Verbrauchsgüterkauf (Mitverkauf von Einrichtungsgegenständen durch Unternehmer an Verbraucher) ist ein Haftungsausschluss nach § 475 BGB unzulässig. Hier bleiben nur die Vereinbarung einer „mangelhaften" Beschaffenheit im Einzelfall bzw. die Bekanntgabe der Mängel, also die Willens- oder die Wissens-Gestaltungsvariante (§§ 434 I, 442 BGB) auf der Tatbestandsseite.

342 Nach der gesetzlichen Regelung hat der Käufer zunächst den **Anspruch auf Beseitigung des Mangels** (§ 439 I BGB). Wegen des Vorrangs der Nacherfüllung (§ 439 BGB) ist der Käufer nicht berechtigt, den Mangel selbst zu beseitigen, ohne dem Verkäufer zuvor ergebnislos eine erforderliche Frist zur Nacherfüllung gesetzt zu haben. Beseitigt er den Mangel selbst, verliert er seinen Nacherfüllungsanspruch (er wird nach § 275 I BGB unmöglich), er kann auch nicht die aufgewendeten Kosten vom Verkäufer als ersparte Aufwendungen aus § 326 II 2, IV BGB direkt oder analog, aus GoA oder aus ungerechtfertigter Bereicherung verlangen. Dies ist inzwischen gefestigte Rechtsprechung des *BGH* (NJW 2005, 1348; 2006, 88), der anders lautender Ansicht der Literatur nicht gefolgt ist. Im Übrigen kennt das Kaufrecht (anders als das Werkvertragsrecht) ein Recht zur Selbstvornahme nicht.

343 Etwas anderes kann ausnahmsweise dann gelten, wenn eine Notmaßnahme zur Erhaltung des Kaufgegenstandes erforderlich ist, die der Verkäufer nicht rechtzeitig veranlassen konnte (*BGH* NJW 2005, 3211).

344 Nach ergebnislosem Ablauf einer angemessenen Frist (Ausnahme: § 440 BGB) oder wenn der Verkäufer die Beseitigung des Mangels verweigert, kann der Käufer vom Vertrag zurücktreten oder den Kaufpreis mindern. **Minderung** ist auch möglich bei einem unerheblichen Mangel. Die Minderung ist nunmehr ein Gestaltungsrecht, durch dessen Ausübung der Kaufpreis unmittelbar herabgesetzt wird. An die Erklärung der Minderung ist der Käufer gebunden, er kann also nicht mehr vom Vertrag zurücktreten. Die Erklärung der Minderung ist eine zugangsbedürftige Willenserklärung und bedarf keiner Form. Bei der Minderung ist der Kaufpreis in dem Verhältnis herabzusetzen, in welchem zur Zeit des Vertragsschlusses der Wert der Sache in mangelfreiem Zustand zu dem wirklichen Wert gestanden haben würde.

345 Erklärt der Käufer den **Rücktritt** (die Erklärung bedarf keiner Form, ist bedingungsfeindlich und unwiderruflich), sind nach § 346 I BGB die empfangenen Leistungen zurückzugewähren und die gezogenen Nutzungen herauszugeben. Der Verkäufer hat den gezahlten Kaufpreis an den Käufer zu erstatten. Der Käufer ist verpflichtet, Löschungsbewilligung für die eingetragene Vormerkung zu erteilen. Die unter Mitwirkung des Käufers bestellten Finanzierungsgrundpfandrechte sind im Grundbuch zu löschen Zug um Zug gegen Ablösung des Darlehens aus dem zu erstattenden Kaufpreis. Der Käufer hat das Kaufobjekt zu räumen und dem Verkäufer zu übergeben. Die sich aus dem Rücktritt ergebenden Verpflichtungen der Vertragsparteien sind Zug um Zug zu erfüllen (§ 348 BGB); sie verjähren in drei Jahren (*BGH* DNotZ 2007, 304).

2. Teil. Allgemeine Fragen des Grundstückskaufvertrages

Nach § 323 V 2 BGB kann der Käufer vom Kaufvertrag nicht zurücktreten, wenn die 346 Pflichtverletzung „unerheblich" ist. Dies ist in aller Regel bei einem unerheblichen Mangel der Fall. Bestehen Zweifel über die (gewollte) Rücktrittsberechtigung – z. B. im Falle einer Inanspruchnahme des Verkäufers aus seiner gesetzlichen Mithaftung auf die Grunderwerbsteuerschuld des Käufers – sollte daher vorsorglich ein vertragliches Rücktrittsrecht vereinbart werden. Bei **arglistiger Täuschung** ist eine unerhebliche Pflichtverletzung zu verneinen (*BGH* NJW 2006, 1960). Hat der Verkäufer dem Käufer einen Mangel bei Abschluss des Vertrages arglistig verschwiegen, kann der Käufer ohne Fristsetzung nach § 323 II Nr. 3 BGB sofortige Rückabwicklung des Vertrages und nach § 281 II Alt. 2 BGB Schadensersatz statt der Leistung verlangen (*BGH* DNotZ 2007, 216).

Schadensersatz wegen eines Sachmangels kann der Käufer verlangen (auch nach 347 Rücktritt oder Minderung), wenn der Verkäufer die Pflichtverletzung, also die Lieferung der mangelhaften Sache, zu vertreten hat (§§ 437 Nr. 3, 280 I BGB). Der Verkäufer hat den Mangel zu vertreten, wenn ihm ein zumindest fahrlässiges Verhalten vorgeworfen werden kann. Das vorwerfbare Verhalten kann in der Verursachung des Mangels liegen (z. B. der Verkäufer hat das Flachdach als Terrasse genutzt in Kenntnis, dass es hierfür nicht geeignet ist und er es dadurch beschädigt), oder in einem pflichtwidrigen Unterlassen, das den Mangel herbeigeführt hat (z. B. unterbliebene Wartung der Heizungsanlage, die der Hersteller vorschreibt).

Schadensersatz kann der Käufer erst nach erfolgloser Fristsetzung zur Beseitigung ver- 348 langen, er kann also die mangelhafte Sache behalten und verlangen, so gestellt zu werden, als ob gehörig erfüllt worden wäre. Der Anspruch richtet sich auf Ersatz des Wertunterschieds zwischen mangelfreier und mangelhafter Sache, umfasst aber nicht die dem Käufer entstandenen Finanzierungskosten (*BGH* NJW-RR 2002, 1593).

Der Käufer kann bei einem Sachmangel Schadensersatz statt der ganzen Leistung ver- 349 langen, es sei denn, die Pflichtverletzung ist unerheblich. In diesem Fall erfolgt die Rückabwicklung des Vertrages nach den §§ 346–348 BGB (§ 281 V BGB). Steuervorteile, die der Käufer durch Absetzung für Abnutzung erzielt hat, hat er sich nicht im Wege der Vorteilsausgleichung anrechnen zu lassen (*BGH* ZNotP 2008, 408). Daneben kann der Käufer Ersatz eines weitergehenden Schadens (Mangelfolgeschadens) vom Verkäufer verlangen.

Der Käufer kann „anstelle des Schadensersatzes statt der Leistung", also bei einer zu 350 vertretenden Pflichtverletzung des Verkäufers, **Ersatz der Aufwendungen** verlangen, die er im Vertrauen auf den Erhalt der Leistung gemacht macht und billigerweise machen durfte, es sei denn, deren Zweck wäre auch ohne die Pflichtverletzung des Verkäufers nicht erreicht worden. Danach kann der Käufer, der ein Einfamilienhaus zur Eigennutzung erworben hat, neben den Vertragskosten (Notar- und Gerichtsgebühren) auch die Finanzierungskosten, Maklerkosten, Planungskosten etc. ersetzt verlangen.

e) Haftungsausschluss; Arglisthaftung

Bei der Vereinbarung, mit der die Rechte des Käufers wegen eines Sachmangels ausge- 351 schlossen oder beschränkt werden sollen, ist zu unterscheiden zwischen
- einem Individualvertrag, an dem ausschließlich Verbraucher oder als Verkäufer ein Verbraucher und als Käufer ein Unternehmer beteiligt sind, und hierbei zu differenzieren, ob es sich um den Verkauf eines Altbaus oder eines Neubaus bzw. eines zu renovierenden/bereits renovierten Altbaus handelt;
- einem Formularvertrag bzw. einem Verbrauchervertrag nach § 310 III, also einem Vertrag zwischen einem Unternehmer und einem Verbraucher, gleichgültig ob der Verbraucher Käufer oder Verkäufer ist (vgl. hierzu Rn. 704 ff.);
- beim Mitverkauf beweglicher Sachen (Inventar), ob es sich um einen Verbrauchsgüterkauf i. S. d. § 474 BGB handelt, bei dem also der Verbraucher als Käufer vom Verkäufer eine bewegliche Sache kauft.

352 Weiterhin ist zu unterscheiden, ob die Vertragsbeteiligten lediglich eine Beschaffenheitsvereinbarung treffen, oder ob der Verkäufer für eine bestimmte Beschaffenheit die Garantie übernimmt.

353 Die Frage der Zulässigkeit der Vereinbarung des vollständigen oder teilweisen Ausschlusses der Rechte des Käufers wegen eines Sachmangels des Kaufobjekts stellt sich nur, wenn die Rechte nicht bereits gesetzlich ausgeschlossen sind.

354 Ob ein Sachmangel vorliegt oder nicht, bestimmt sich zunächst nach dem Inhalt der von den Vertragsparteien getroffenen Vereinbarung im Grundstückskaufvertrag. Ist Kaufgegenstand ein renovierungsbedürftiger Altbau oder gar ein Gebäude, das vom Käufer zum Abriss bestimmt ist, ist die vereinbarte Beschaffenheit eine andere als beim Verkauf eines Neubaus oder eines in den letzten Jahren grundlegend modernisierten und renovierten Altbaus. Die Vertragsparteien haben überdies die Möglichkeit, eine „negative" Beschaffenheit zu vereinbaren, also z. B. Feuchtigkeit in den Kellerräumen oder die fehlende Funktionstauglichkeit der Heizung, die damit kein Mangel sind.

355 Die Rechte des Käufers wegen eines Mangels sind ausgeschlossen, wenn er bei Vertragsschluss den Mangel kennt oder ihm der Mangel infolge grober Fahrlässigkeit unbekannt geblieben ist (§ 442 BGB), z. B. weil er darauf verzichtet, das Kaufobjekt, wie angeboten, zu besichtigen. Dieser Ausschlusstatbestand gilt, wie sich aus der Verweisung in § 475 I 1 BGB ergibt, auch beim Verbrauchsgüterkauf und beim Formular-/Verbrauchervertrag. Da der Verkäufer insoweit die Beweislast trägt, ist es richtig, die Kenntnis des Käufers von bestimmten Mängeln des Kaufobjekts im Vertrag festzuhalten. Die „negative" Beschaffenheitsvereinbarung, die notariell beurkundungsbedürftig ist, führt zugleich zum Ausschluss der Rechte des Käufers wegen Kenntnis.

356 **Formulierungsbeispiel: Kenntnis von Sachmängeln**

Der Käufer hat das Kaufobjekt besichtigt; er kauft es im gegenwärtigen, altersbedingten Zustand. Dem Käufer ist bekannt, dass die Heizungsanlage nicht funktionstüchtig ist und von der rückwärtigen Außenwand des Hauses Feuchtigkeit in die Kellerräume eindringt.

357 Für die Zulässigkeit eines Ausschlusses oder einer Beschränkung der Rechte des Käufers wegen Sachmängeln des Grundstücks und/oder des Gebäudes ist strikt zu unterscheiden zwischen dem Individualvertrag und dem Formular-/Verbrauchervertrag.

358 Im **Individualvertrag** ist ein vollständiger Haftungsausschluss für Sachmängel des Grundstücks und des Gebäudes weiterhin zulässig, sachgerecht und wird auch vom Käufer als selbstverständlich angesehen. Zu bedenken ist, dass damit auch Ansprüche auf Schadensersatz und auf Ersatz vergeblicher Aufwendungen (§§ 437 Nr. 3, 280, 281, 284 BGB) ausgeschlossen werden. Nach § 276 III BGB kann die Haftung wegen Vorsatzes dem Schuldner nicht im Voraus erlassen werden.

359 **Formulierungsbeispiel: Ausschluss der Sachmängelrechte**

Die Rechte des Käufers wegen eines Sachmangels des Grundstücks und des Gebäudes sind ausgeschlossen, ausgenommen Fälle des Vorsatzes oder der Arglist.
Der Käufer hat das Kaufobjekt besichtigt, er kauft es im gegenwärtigen, gebrauchten Zustand.

360 Bei einem neu errichteten Gebäude hat der Verkäufer die ihm zustehenden Rechte wegen eines Mangels gegen seinen Verkäufer bzw. die am Bau beteiligten Dritten an den Käufer abzutreten (vgl. hierzu Rn. 73 ff. und dort zum „formelhaften Gewährleistungsausschluss" auch *BGH* DNotZ 2007, 822 und *OLG Köln* DNotZ 2012, 126 m. Anm. *Krauß*).

2. Teil. Allgemeine Fragen des Grundstückskaufvertrages   A I

Auf eine Vereinbarung, durch welche die Rechte des Käufers wegen eines Sachmangels 361
ausgeschlossen oder beschränkt werden, kann sich der Verkäufer nach § 444 BGB nicht berufen, wenn ihm **Arglist** zur Last fällt. Ein danach unwirksamer Haftungsausschluss berührt die Wirksamkeit des Kaufvertrages im Übrigen nicht. Arglist kann sich verwirklichen durch *dolus directus* (unmittelbare Lüge), durch *dolus eventualis* (Erklärung ins Blaue hinein, Bsp.: *OLG Koblenz* NotBZ 2012, 141), oder durch Verschweigen eines Umstandes trotz Bestehens einer Offenlegungspflicht. Stets ist jedoch Kenntnis des Verkäufers oder derjenigen Personen, deren Kenntnis er sich zuzurechnen lassen hat, erforderlich. Fahrlässige Unkenntnis genügt nicht: Wer **gutgläubig** falsche Angaben macht, handelt nicht arglistig, mag der gute Glaube auch gar auf Leichtfertigkeit beruhen (*BGH* NotBZ 2012, 295 m. Anm. *Krauß*). Die Offenbarungspflicht kann entfallen, wenn der Käufer durch ein „Expertenteam" (Architekt, Bankkaufmann) unterstützt wird (*OLG Koblenz* ZMR 2010, 298), oder wenn der Mangel sich aus übergebenen Objektunterlagen ergibt (nicht ausreichend ist es jedoch, wenn sich der Mangel aus Unterlagen ergibt, die für die den Käufer finanzierende Bank bestimmt sind, vgl. *BGH* ZNotP 2011, 68) bzw. bei einer gewöhnlichen **Besichtigung leicht zu erkennen** ist (*OLG Hamm* MDR 2005, 621). Es genügt allerdings nicht, dass lediglich äußere Spuren eines Symptoms sichtbar sind, diese jedoch keinen tragfähigen Rückschluss auf die Art und den Umfang des eigentlichen Mangels, insbesondere die Ursache, erlauben (*BGH* NotBZ 2012, 295 m. Anm. *Krauß*). Der Kreis der **offenbarungspflichtigen Tatsachen** wird immer weiter gezogen.

Beispiele:
- das Unterbleiben einer vertraglich geschuldeten Untersuchung durch den Verkäufer (z. B. einer Bodenuntersuchung in Bezug auf Gründungsmängel des Grundstücks), *BGH* ZfIR 2012, 289;
- die baurechtswidrige Nutzung einer Immobilie auch ohne Untersagungsverfügung (*BGH* NJW-RR 1988, 1290), erst Recht das Fehlen einer Baugenehmigung *BGH* NJW 2003, 2380);
- das Fehlen einer gesicherten Zufahrtsmöglichkeit oder Wasserversorgung (*BGH* ZfIR 2011, 657 m. Anm. *Grziwotz);*
- Leerstände (auch bei Vorliegen einer Mietgarantie), *BGH* NJW 2008, 3699; erhebliche Mietrückstände (*OLG Celle* NJW-RR 1999, 280); möglicherweise auch konkrete Kenntnis über drohende wirtschaftliche Schwierigkeiten des Hauptmieters (*BGH* NJW-RR 2003, 700; kritisch *Derleder* NJW 2008, 1193);
- das Bestehen einer Mietpreisbindung (*BGH* ZfIR 1998, 71);
- das Bestehen einer Baulast, welche die Änderung der äußeren Gebäudegestalt untersagt (*Arnold* MittBayNot 2012, 39);
- besondere, nicht ohne Weiteres erkennbare Gefahr einer Überflutung (*BGH* NJW-RR 1992, 334), ebenso das Fehlen einer Absicherung gegen das Eindringen zu erwartenden Hochwassers;
- konkrete Kontaminationen (*BGH* NJW 2002, 1867), auch wenn allgemeiner Altlastenverdacht eingeräumt wurde oder dem Käufer bekannt war;
- Verwendung gesundheitsgefährdender Baustoffe (Asbest), auch wenn diese z. Zt. der Errichtung als unbedenklich galten (*BGH* ZfIR 2009, 560 m. Anm. *Everts*; vgl. auch *Kirchhof* ZfIR 2009, 853, 859) – anders, wenn eine Gesundheitsgefährdung durch die Art und Weise der Verwendung zuverlässig ausgeschlossen werden kann;
- Betrieb einer Wäscherei auf dem Gelände vor über 25 Jahren, auch wenn seitdem ein Lebensmitteleinzelhandel dort beanstandungsfrei geführt wurde, ebenso die frühere Nutzung als wilde Müllkippe (*BGH* NJW 1991, 2900) bzw. allgemein als Mülldeponie (*BGH* NJW 1992, 1953), Werksdeponie (*BGH* NJW 1995, 1549) oder als Tankstelle (*BGH* ZfIR 1999, 897);
- die Durchführung von Sanierungsmaßnahmen zur Altlastenbeseitigung in der Vergangenheit, nicht jedoch das Vorhandensein ordnungsgemäß verfüllter Tanks (*OLG Bremen* OLGR 2003, 519) oder der Umstand, dass im angebotenen Wohnhaus in den 1970er Jahren das Holzschutzmittel „Xyladecor" verwendet wurde *LG Arnsberg* BeckRS 2007, 06679);
- die Eintragung des Grundstücks im Altlastenkataster wegen des dadurch begründeten hinreichenden Verdachts (*OLG Düsseldorf* NJW 1996, 3284);
- konkreter Hausschwammverdacht (*BGH* ZNotP 2003, 185) oder früherer Hausschwammbefall, auch wenn er vor 25 Jahren behandelt wurde (da der Immobilie dann nach der Verkehrsanschauung ein dauernder merkantiler Minderwert anhaftet, *BGH* BeckRS 2013, 00849 Tz. 19 ff.);

- nicht erkennbare (also anders, wenn der Verkäufer nach dem äußeren Erscheinungsbild des Kellers darauf vertrauen durfte, dass der Käufer den Mangel bei Besichtigung erkannt hat, *OLG Saarbrücken* OLGR 2008, 151) Kellerdurchfeuchtung aufgrund unzureichender Isolierung der Außenwände; ebenso erneutes Auftreten von Wölbungen nach einer feuchtigkeitsbedingten Fassadensanierung (*BGH* NJW 1993, 1703);
- Denkmaleigenschaft (*OLG Celle* DNotZ 1988, 702);
- Geruchsbelästigungen (*BGH* DNotZ 1988, 618);
- Lärmbelästigung („Hellhörigkeit": *BGH* GE 2009, 582; keine Offenbarungspflicht bei „laut schnarchenden Nachbarn": *AG Bonn* NJW-RR 2010, 1235), wobei zwischenzeitlich die Wertung des § 22 I a BImSchG (Kinderlärm) zu berücksichtigen ist – Fluglärm ist i. d. R. allgemein wahrnehmbar; es besteht jedoch Aufklärungspflicht, wenn ein ortsfremder Käufer den Lärm wegen vorübergehender Schließung der Startbahn nicht wahrnehmen konnte (*OLG Köln* ZMR 1995, 71) –;
- Bestehen tiefgreifender und den Vertragszweck gefährdender Planungen über eine Verkehrsumgestaltung (*OLG Frankfurt* NJW-RR 2002, 523);
- vom äußeren Erscheinungsbild abweichende rechtliche Grundstücksgrenzen;
- Angabe des Fertigstellungsjahres des Gebäudes als Baujahr ohne Offenlegung der Tatsache, dass der Bau jahrelang im Rohbaustadium „steckengeblieben" ist (*OLG Rostock* OLGR 2009, 934);
- Versicherung der Richtigkeit erzielter Mieten eines Einkaufszentrums ohne gleichzeitigen Hinweis darauf, dass diese kein zutreffendes Bild der Ertragskraft (mehr) vermitteln, da erhebliche Flächen zu sehr viel niedrigerem Mietzins untervermietet sind (*BGH* NotBZ 2013, 257 m. Anm. *Krauß*);
- Durchführung solcher Arbeiten in Eigenleistung, die ein baulicher Laie üblicherweise nicht selbst durchführt (also nicht bei Umbaumaßnahmen zu DDR-Zeiten, wo – notgedrungen – auch solche Eigenleistungen üblich waren: *OLG Brandenburg* v. 31.5.2006 – 4 U 216/05); dagegen ist der Einsatz von Schwarzarbeitern nicht per se offenbarungspflichtig, sofern keine Leistungen minderer Qualität erbracht wurden (*BGH* DNotZ 1980, 38);
- das Bestehen einer tiefgreifend zerstrittenen WEG-Gemeinschaft (*OLG Düsseldorf* MittRhNotK 1997, 29) oder schikanöses Verhalten von Nachbarn (*OLG Frankfurt* BauR 2005, 1821).

362 Der *BGH* (DNotZ 2003, 687) hat entschieden, dass ein vereinbarter Ausschluss der Rechte des Käufers „in der Regel nicht solche **Mängel, die nach Vertragsschluss und vor Gefahrübergang entstehen,** erfasst; wollen die Parteien auch solche Mängel von der Haftung ausschließen, müssen sie dies deutlich machen (vgl. hierzu *Amann* DNotZ 2003, 643). Der Verkäufer könne die Risiken einer zufällig eintretenden Verschlechterung der Kaufsache nach Vertragsschluss, solange die Gefahr noch nicht übergegangen ist, eher beherrschen. Das Gesetz weise ihm daher diese Risiken zu (§ 446 BGB).

363 Angesichts dessen erscheint es nicht sachgerecht, den Haftungsausschluss auch auf solche Mängel zu erstrecken, die nach Vertragsschluss und vor Gefahrübergang entstehen, z. B. dadurch, dass die Vertragsparteien den Gefahrübergang rechtsgeschäftlich auf den Zeitpunkt des Vertragsschlusses vorverlegen. Wünschen die Beteiligten einen so weitgehenden Haftungsausschluss, darf dies nur für eine zufällige Verschlechterung gelten, nicht für Mängel, die vom Verkäufer verschuldet worden sind. Soll es jedoch bei der gesetzlichen Regelung bleiben, kann das vorstehende Formulierungsbeispiel wie folgt ergänzt werden:

364 | **Formulierungsbeispiel: Sachmängel nach Vertragsschluss**

Sachmängel, die nach Vertragsschluss und vor Übergabe entstehen, und über bloße Abnutzung hinausgehen, hat der Verkäufer auf seine Kosten zu beseitigen. Hierfür wird die Verjährungsfrist jedoch auf drei Monate ab Übergabe verkürzt.

365 Stellt der Käufer vor Übergabe einen nach Vertragsschluss entstandenen Mangel fest, stehen ihm nicht die Rechte nach § 437 BGB zu. Er hat weiterhin den (Erfüllungs-) Anspruch aus § 433 I 2 BGB. Er kann Beseitigung des Mangels verlangen und nach erfolglosem Ablauf einer Frist Schadensersatz nach §§ 280, 281 I 1 BGB verlangen oder vom Vertrag zurücktreten. Bis zur Beseitigung des Mangels kann er nach § 320 BGB die Zahlung des Kaufpreises verweigern. Fraglich ist, ob er die Zahlung des Kaufpreises insgesamt oder nur eines Teils in Höhe der voraussichtlichen Mängelbeseitigungskosten verweigern kann. Grundsätzlich kann der Käufer die mangelhafte Kaufsache gemäß § 266 BGB zurückweisen und die Einrede aus § 320 BGB wegen vollständiger Nichterfüllung geltend machen. Bei einem geringfügigen Mangel verstößt allerdings die Verweigerung der Kaufpreiszahlung gegen Treu und Glauben. Der Käufer ist auch in diesem Fall nicht berechtigt, den Mangel selbst zu beseitigen und vom Verkäufer Erstattung der Kosten zu verlangen. Ihm steht zunächst nur der Anspruch auf Beseitigung des Mangels durch den Verkäufer zu. Die Hinterlegung eines angemessenen Teils des Kaufpreises (in Höhe des Zweifachen der für die Beseitigung des Mangels erforderlichen Kosten, § 641 III BGB) auf Anderkonto bis zur Mängelbeseitigung und die Abwicklung des Kaufvertrages im Übrigen (insbesondere Besitzübergabe) bieten sich als sachgerechte Lösung an.

Im **Formular-/Verbrauchervertrag**, mit dem ein Verbraucher Grundbesitz an einen Unternehmer verkauft, können die Rechte des Unternehmer-Käufers wegen Sachmängeln vollständig (also bis auf die auch bei einem Individualvertrag nicht beseitigbaren Pflichten im Fälle des Vorsatzes, der Arglist oder einer Garantie) ausgeschlossen werden. Bei einem Formularvertrag i. S. d. § 305 BGB oder bei einem Verbrauchervertrag i. S. d. § 310 III BGB, mit dem ein Unternehmer Grundbesitz an einen Verbraucher verkauft, unterliegen Haftungsausschlussklauseln der Inhaltskontrolle nach §§ 307–309 BGB; für Sachmängel sind insbesondere die strikten Klauselverbote in § 309 Nr. 7 (Schadensersatzansprüche bei grober Fahrlässigkeit und bei Körper-, Lebens- und Gesundheitsschäden) und Nr. 8 BGB (Ansprüche wegen eines Mangels) zu beachten. Die strikten Klauselverbote in § 309 BGB indizieren eine unangemessene Benachteiligung auch gegenüber Unternehmern. Eine Freizeichnung auch für Schäden aus Verletzung des Lebens, des Körpers oder Gesundheit und für sonstige Schäden bei grobem Verschulden (§ 309 Nr. 7 BGB) ist auch im Geschäftsverkehr zwischen Unternehmern unwirksam (*BGH* DNotZ 2008, 365). 366

Beim Verkauf einer „neu hergestellten Sache" oder bei Werkleistungen (Umbau- oder Renovierungspflicht des Verkäufers) verbietet § 309 Nr. 8b BGB den Ausschluss oder die Beschränkung der Rechte des Käufers auf Nacherfüllung und Minderung, dagegen kann bei einer Bauleistung (Renovierungspflicht) das Rücktrittsrecht ausgeschlossen werden (nicht im Bauträgervertrag, *BGH* DNotZ 2002, 215; MittBayNot 2007, 204; auch nicht beim Verkauf über ein umfassend saniertes Objekt, *BGH* MittBayNot 2007, 210). Die fünfjährige Verjährungsfrist darf nicht verkürzt werden (Einzelheiten Rn. 70 ff.). 367

Beim Verkauf eines Altbaus sind im Verbrauchervertrag die **zwingenden Klauselverbote in § 309 Nr. 7 BGB** zu beachten. Allzu schnell wird im Kaufvertrag der vollständige Haftungsausschluss vereinbart. Der Zusatz „soweit gesetzlich zulässig" hilft nicht (Verstoß gegen das Transparenzgebot, § 307 I 2 BGB). Verstößt der Inhalt einer Klausel teilweise gegen die §§ 307 ff. BGB, ist die Klausel grundsätzlich im Ganzen unwirksam, führt also bei einer teilweisen Unwirksamkeit des Haftungsausschlusses zur Totalnichtigkeit der Klausel (Verbot einer geltungserhaltenden Reduktion). In diesem Fall stehen dem Käufer die gesetzlichen Rechte auch wegen eines solchen Mangels zu (auf die Dauer von fünf Jahren), die wirksam hätten ausgeschlossen werden können. Der Ausschluss der Haftung des Verkäufers auf Schadensersatz wegen eines Mangels muss also beim Verbrauchervertrag und beim Vertrag unter Unternehmern um die Fälle des § 309 Nr. 7 BGB eingeschränkt werden, wobei ich mich dafür ausspreche, einen für den juristischen Laien verständlichen Text zu verwenden. 368

Formulierungsbeispiel: Ausschluss der Sachmängelrechte bei Klauselkontrolle	369
Die Rechte des Käufers wegen eines Sachmangels des Grundstücks und des Gebäudes sind ausgeschlossen. Davon ausgenommen sind Ansprüche auf Schadensersatz aus der Verletzung des Lebens, des Körpers oder der Gesundheit, wenn der Verkäufer die Pflichtverletzung zu vertreten hat, und auf Ersatz sonstiger Schäden, die auf einer vorsätzlichen oder grob fahrlässigen Pflichtverletzung des Verkäufers beruhen.	

> ▼ Fortsetzung: **Formulierungsbeispiel: Ausschluss der Sachmängelrechte bei Klauselkontrolle**
>
> Einer Pflichtverletzung des Verkäufers steht die eines gesetzlichen Vertreters oder Erfüllungsgehilfen gleich.
> Der Verkäufer versichert, dass ihm versteckte Mängel nicht bekannt sind. Der Käufer hat das Kaufobjekt besichtigt; er kauft es im gegenwärtigen altersbedingten Zustand.

370 Diese Klausel ist in **allen Kaufverträgen** zu verwenden, es sei denn beide Vertragsparteien sind Verbraucher oder der Verkäufer ist Verbraucher und der Käufer ist Unternehmer. Die verbotswidrige Begrenzung der Haftung um die in § 309 Nr. 7 Buchst. a) und b) BGB aufgeführten Fälle hat zur Folge, dass die Klausel (hier: Verkürzung der Verjährungsfrist) generell unwirksam ist. Um zu einem inhaltlich zulässigen Klauselinhalt zu gelangen, müsste die Klausel um eine Ausnahmeregelung für die in § 309 Nr. 7 BGB aufgeführten Schadensersatzansprüche ergänzt werden (*BGH* DNotZ 2007, 364).

f) Energieeinsparverordnung

371 Zu der am 1.10.2007 in Kraft getretenen Energieeinsparverordnung (EnEV) vgl. *Krauß* ZNotP 2007, 302 (mit Formulierungsvorschlägen); *Hertel* DNotZ 2007, 486; *Manger* ZfIR 2008, 642.

372 Ist der Verkäufer im Besitz eines Energieausweises (§§ 16 ff. EnEV), der eine Gültigkeitsdauer von zehn Jahren hat (§ 17 VI EnEV), und hat der Aussteller (zur Ausstellungsberechtigung vgl. § 21 EnEV) den Energiebedarf und den Energieverbrauch selbst ermittelt (also der Eigentümer nicht die erforderlichen Daten bereit gestellt, § 16 V EnEV), kann im Kaufvertrag die Haftung des Verkäufers für die Richtigkeit des Ausweises ausgeschlossen werden. Der Energieausweis ist ab 1.1.2008 für alle Wohngebäude, die bis Ende 1965 fertig gestellt wurden, bzw. ab 1.7.2008 für alle später fertig gestellten Wohngebäude und für Nichtwohngebäude ab 1.1.2009 verpflichtend, allerdings trat bisher die Fälligkeit der Vorlagepflicht nur „auf Verlangen" ein. Die zum 1.5.2014 in Kraft getretene Verschärfung der EnEV sieht jedoch die Pflicht zur Vorlage „unverzüglich jedenfalls nach Abschluss des Kaufvertrags" vor.

373 **Formulierungsbeispiel: Übergabe eines Energieausweises**

> Der Verkäufer hat dem Käufer den Energieausweis nach der Energieeinsparverordnung 2007/2009/2014 ausgehändigt. Der Energieausweis dient lediglich der Information. Der Verkäufer erklärt, die verlangten Angaben zu Gebäude, Heizung und Energieverbrauch nach bestem Wissen gemacht zu haben und tritt etwaige gegen den Aussteller bestehende Ansprüche, insbesondere aus Pflichtverletzung, dem dies annehmenden Käufer aufschiebend bedingt mit dem Tage der Kaufpreiszahlung ab.

374 Eine Pflicht des Notars, den Käufer darauf hinzuweisen, dass er nach § 16 II EnEV einen Energieausweis vom Verkäufer verlangen kann und/oder eine Belehrungspflicht über die Folgen des Fehlens eines Energieausweises, sehe ich nicht (ebenso *Hertel* a. a. O.). Er darf aber (auch um den Verkäufer vor der Gefahr zu bewahren, durch Nichtvorlage des Ausweises nach Beurkundung eine Ordnungswidrigkeit i.S.d. § 27 II Nr. 3 EnEV zu begehen) den Energieausweis ansprechen, ohne gegen seine Neutralitätspflicht zu verstoßen:

2. Teil. Allgemeine Fragen des Grundstückskaufvertrages

> **Formulierungsbeispiel: Hinweis auf Energieausweis im Entwurfsübersendungsschreiben** 375
>
> Den Verkäufer darf ich darauf hinweisen, dass seit 1.5.2014 gem. § 16 II 3 Energieeinsparverordnung (EnEV 2014) ein Energieausweis, der nicht älter als zehn Jahre sein darf, sowie etwaige begleitende Modernisierungsempfehlungen unverzüglich jedenfalls nach Abschluss des Kaufvertrags (im Original oder in Kopie) dem Käufer übergeben werden müssen; andernfalls kann eine Geldbuße gem. § 27 II Nr. 3 EnEV drohen. Ich empfehle Ihnen daher, sofern nicht eine der seltenen Ausnahmen des § 1 III EnEV vorliegt, die rechtzeitige Beschaffung eines solchen Ausweises.

Nicht zu empfehlen ist eine Beschaffenheitsvereinbarung, die die Richtigkeit des Energieausweises zum Gegenstand hat, zumindest dann nicht, wenn dieser nicht auf den vom Verkäufer bereitgestellten Daten beruht (§ 17 V EnEV). Nach § 10 EnEV mussten grundsätzlich Heizkessel, die vor dem 1.10.1978 eingebaut oder aufgestellt worden sind, bis zum 31.12.2008 außer Betrieb genommen werden. Bei Wohngebäuden mit nicht mehr als zwei Wohnungen, von denen der Eigentümer eine Wohnung ab dem 1.2.2002 selbst bewohnt hat, muss der alte Heizkessel innerhalb von zwei Jahren nach dem ersten Eigentumsübergang außer Betrieb genommen werden (§ 10 II EnEV). Eine Offenbarungspflicht des Verkäufers, der seine Verpflichtung zur Nachrüstung des Heizkessels kennt, dürfte zu bejahen sein. Wird dies im Vertrag offen gelegt, ist ein Ausschluss der Rechte des Käufers wegen des Zustands des Heizkessels sachgerecht, zumal der Käufer bei einem Heizkessel, der bereits 1978 eingebaut wurde, davon ausgehen muss, dass er kurzfristig zu erneuern ist. 376

3. Erschließungskosten und sonstige öffentliche Lasten

> **Checkliste zu Erschließungskosten** 377
>
> (1) Ermittlung des beitragsrechtlichen Zustands des Grundstücks (Kopien der ergangenen Bescheide, Anliegerbescheinigung der Gemeinde).
> (2) Kaufpreisbemessung: mit oder ohne, ggf. inkl. welcher Erschließungskosten.
> (3) Haftung im Außenverhältnis (ggf. Sicherungen, Rechtsbehelfe gegen Beitragsbescheide), Erstattungen und Anrechnung von Vorausleistungen.
> (4) Sonderfälle: Gemeindeeigenes Grundstück, vorliegender oder gleichzeitiger Ablösungsvertrag, Erschließungsvertrag mit oder ohne Fremdanliegerklausel, gestundete Beiträge.

Das Fehlen der für die Bebauung eines Grundstücks erforderlichen gesicherten Erschließung (vgl. §§ 30 I, II, 33 I Nr. 4, 34 I 1, 35 I, II BauGB; zur Erschließung i. S. v. § 116 I Nr. 2 SachenRBerG s. *BGH* NJW-RR 2009, 1028; zur straßenreinigungsrechtlichen Erschließung s. *Dahmen/Küas* BauR 2011, 1928), und zwar auch eines Außenbereichsgrundstücks (vgl. *VGH Mannheim* DÖV 2009, 914; NVwZ-RR 2010, 163), kann einen Sachmangel darstellen (vgl. *BGH* MDR 2001, 149; *OLG Hamm* DNotI-Report 2002, 164). Das Merkmal der gesicherten Erschließung grenzt Rohbauland von baureifen Grundstücken ab (§ 5 III, IV ImmoWertV). Da für die Durchführung der Erschließung regelmäßig Abgaben erhoben werden, handelt es sich bei der Erschließung zugleich um eine Kostenlast (vgl. *OLG Düsseldorf* RNotZ 2002, 230). In diesem Sinne ist der beitrags- und abgabenrechtliche Zustand eines Grundstücks ein wertbildender Faktor (§ 6 III ImmoWertV). Eine gesetzliche Definition oder eine Unterscheidung hinsichtlich der verschiedenen Arten der Erschließungskosten existiert nicht (vgl. *Quaas* BauR 1999, 1113). Der *BGH* (NJW 1982, 1278) ging zur Rechtslage vor der Schuldrechtsmoderni- 378 sierung davon aus, dass mangels einer vertraglichen Vereinbarung der Erwerber eines Grundstücks die nach der Übergabe fällig werdenden öffentlichen Lasten, insbesondere Erschließungskosten, zu tragen habe. Dies entsprach der früheren **gesetzlichen Regelung** (§§ 446, 103 BGB a. F.). Nach § 436 BGB a. F. haftete der Veräußerer eines Grundstücks zudem nicht für dessen Freiheit von öffentlichen Abgaben und anderen öffentlichen Lasten, die zur Eintragung in das Grundbuch nicht geeignet sind. Der *BGH* (DNotZ 1995, 403, vgl. auch *BGH* BauR 2003, 863), der die frühere gesetzliche Regelung für überraschend und unbillig hielt, forderte vom Notar, dass er mit den Beteiligten bei Beurkundung eines Grundstücksgeschäfts die Problematik nicht abgerechneter Erschließungsbeiträge erörterte und ihnen, falls sie dies wünschten, eine entsprechende vertragliche Regelung vorschlug (krit. dazu *Grziwotz* NJW 1995, 641). Nach der geltenden gesetzlichen Regelung (§ 436 I BGB) hat mangels abweichender Vereinbarung der Verkäufer eines Grundstücks Erschließungsbeiträge und sonstige Anliegerbeiträge für Maßnahmen zu tragen, die bis zum Tage des Vertragsschlusses bautechnisch begonnen sind, unabhängig vom Zeitpunkt des Entstehens der Beitragsschuld. Im Übrigen haftet der Verkäufer weiterhin nicht für die Freiheit des Grundstücks von anderen öffentlichen Abgaben und von anderen öffentlichen Lasten, die zur Eintragung in das Grundbuch nicht geeignet sind (§ 436 II BGB). Öffentliche Lasten sind insbesondere die Grundsteuer, die Erschließungsbeiträge nach §§ 127 ff. BauGB bzw. dem entsprechenden Landesrecht, die KAG-Beiträge für die Wasserversorgung, die Entwässerung und (teilweise) den Straßenausbau, die Geldleistungen in der Umlegung, die Bodenschutzlast (§ 25 BBodSchG) und die Schornsteinfegergebühren, nicht aber der Ausgleichsbetrag im Rahmen einer Sanierung oder Entwicklungsmaßnahme. Die gesetzlich geregelte **Beginnlösung** ist in der Praxis nicht üblich. Sie ist zudem für beide Vertragsteile unbefriedigend; vor allem ist der bautechnische Beginn bei einer Anliegerstraße möglicherweise noch erkennbar, nicht aber bei anderen Erschließungsmaßnahmen (ausführlich *Grziwotz* BauR 2008, 471, 472). Der vom Gesetzgeber verwendete Begriff „Erschließungsbeiträge" knüpft an die §§ 127– 135 BauGB bzw. die entsprechende landesrechtliche Regelung an. Die ebenfalls in der gesetzlichen Regelung genannten sonstigen Anliegerbeiträge umfassen die Beiträge für die Wasserversorgung und die Entwässerung nach dem LandesKAG sowie die Straßenausbaubeiträge. Strittig ist dies für die Kostenerstattung hinsichtlich des naturschutzrechtlichen Ausgleichs (§§ 135a ff. BauGB; bejahend Amann/Brambring/*Hertel* S. 141; verneinend Dauner-Lieb/Konzen/Schmidt/*Grziwotz* S. 485; *Grziwotz* ZfIR 2002, 583, 584; vgl. DNotI-Report 2011, 157) sowie der Kostenerstattung für die Haus- und Grundstücksanschlüsse. Umstritten ist ferner, wann der bautechnische Beginn vorliegt, insbesondere ob hierzu bereits die Vermessungsarbeiten gehören (*Grziwotz* NotBZ 2001, 383). Da das Gesetz nur von Beiträgen spricht, ist ferner fraglich, was bei einer Abrechnung der Wasserversorgung nach der AVBWasserV gilt (verneinend MünchKomm/*Westermann* § 436 Rn. 2; für weite Auslegung *OLG Brandenburg* BeckRS 2008, 15463). Da es sich um eine Neuregelung im Rahmen der Schuldrechtsreform handelt und die diesbezüglichen Probleme bekannt waren, dürfte keine Amtspflicht für den Notar mehr bestehen, die Schwierigkeiten der gesetzlichen Regelung von sich aus anzusprechen (möglicherweise abw. bei ungesicherten Vorausleistungen *BGH* DNotZ 2008, 280). Die gesetzliche Regelung ist – auch im Formularvertrag – abdingbar. Regelmäßig dürfte dies von den Parteien gewünscht sein, da die Beginnlösung meist nicht passt (ähnlich *Kroiß/Bülow*, Klauselbuch Schuldrecht, 2003, § 11 Rn. 51).

379 Eine gerechte Verteilung der Erschließungs- und sonstiger Anliegerbeiträge fällt nicht leicht. Grund hierfür ist, dass derartige Kosten mitunter erst lange Zeit nach der Herstellung der beitragspflichtigen Maßnahmen abgerechnet werden (zu Schadensersatzansprüchen bei einer verzögerten Abrechnung vgl. *BGH* NJW 1999, 3630) und bis zu diesem Zeitpunkt keine zuverlässigen Kostenschätzungen möglich sind. Auch den Beteiligten selbst und sogar Maklern sind die Möglichkeit einer Mehrfacherschließung (vgl. *VGH Mannheim* DÖV 2012, 978), der Beitragspflicht eines Hinterliegergrundstücks (vgl.

2. Teil. Allgemeine Fragen des Grundstückskaufvertrages A I

BVerwG NVwZ 2010, 910; *OVG Weimar* LKV 2009, 475; *VGH Kassel* DÖV 2012, 734), die Voraussetzungen der endgültigen Herstellung von Erschließungsanlagen (vgl. *VGH Mannheim* DÖV 2012, 815), der Erschließungsbeitragspflicht trotz Bestehens eines Erschließungsvertrags (s. *OVG Saarlouis* BeckRS 2012, 53057), die Nacherhebung von Beiträgen trotz eines bereits erlassenen Beitragsbescheids (*OVG Weimar* LKV 2009, 35) und selbst der erschließungsrechtliche Zustand eines Grundstücks häufig nicht bekannt. Grundstücke werden am Immobilienmarkt wegen des Vorhandenseins einer Straße teilweise als „voll erschlossen" angeboten, obwohl Beiträge bisher nicht abgerechnet oder lediglich Vorausleistungen gefordert wurden. Ob ein Anspruch auf eine rechtlich verbindliche Bescheinigung der Gemeinde (sog. **Anliegerbescheinigung**; vgl. *Grziwotz* KommJur 2009, 15), vor allem hinsichtlich abgerechneter Erschließungskosten besteht, ist umstritten (bejahend *Grziwotz* ZfIR 2002, 583). Vertreter von Gemeinden geben bei Beurkundungen nicht selten unzutreffende Erklärungen über den beitragsrechtlichen Zustand eines Grundstückes ab. Dabei ist zu beachten, dass Erklärungen der Gemeinde zur Beitragspflicht eines Grundstücks in der Regel keinen Verzicht auf noch nicht abgerechnete Beiträge enthalten (vgl. *OVG Münster* NVwZ-RR 1990, 435). Eine unzutreffende Auskunft rechtfertigt in der Regel auch keinen Teilerlass von Beiträgen (*OVG Lüneburg* NVwZ-RR 2007, 275; *OLG Jena* DNotI-Report 2008, 53; zu den Voraussetzungen eines Erlasses nach § 135 V BauGB s. *BVerwG* DÖV 2006, 925). Allerdings kann sich aus einer unrichtigen Auskunft einer Gemeinde über Erschließungskosten ein Amtshaftungsanspruch ergeben (*BGH* MDR 2001, 29 und ZfIR 2003, 87; *OLG Jena* DNotI-Report 2008, 53).

Die **gesetzliche Regelung der Erschließungskosten** ist auf verschiedene Gesetze verstreut und zudem landesrechtlich uneinheitlich (vgl. *Wilhelms* DNotZ 2004, 33). Hinsichtlich der Beitragspflicht für Erschließungsanlagen i. S. d. § 127 II BauGB, nämlich die öffentlichen zum Anbau bestimmten Straßen, Wege und Plätze, Wohn- und Fußwege, Sammelstraßen, selbständige Parkflächen (Flächen zum Parken von Fahrzeugen) und Grünanlagen (einschließlich unselbständiger Kinderspielplätze; vgl. *BVerwG* NVwZ 1996, 803) sowie Immissionsschutzanlagen gelten die Vorschriften der §§ 127 ff. BauGB fort, bis entsprechendes Landesrecht erlassen wird. Von dieser Gesetzgebungskompetenz haben bisher nur Bayern und Baden-Württemberg ausdrücklich Gebrauch gemacht. In Bayern ist das Erschließungsbeitragsrecht seit 1.1.1997 Landesrecht (Art. 5a BayKAG; vgl. *VGH München* MittBayNot 2003, 240 und *BVerwG* MittBayNot 2003, 241; vgl. dazu *Hesse* BayGTzeitung 2002, 438 und *Grziwotz* MittBayNot 2003, 200). In Baden-Württemberg haben die §§ 33 ff. KAG am 1.10.2005 das Erschließungsbeitragsrecht abgelöst. In Berlin besteht seit dem 25.3.2006 wohl ebenfalls Landesrecht (§§ 1 ff. EBG; ebenso *Driehaus*, Erschließungs- und Ausbaubeiträge, 9. Aufl. 2012, § 1 Rn. 14). In Hamburg gelten ohnehin die §§ 44 ff. HWG. Die Ausbaubeiträge für nicht leitungsgebundene öffentliche Einrichtungen und Anlagen, insbesondere Verkehrsanlagen, sind landesrechtlich geregelt (vgl. Art. 5 BayKAG, §§ 1 ff. BerlStrABG, §§ 8 f. BbgKAG, § 17 BremGebBeitrG, § 11 HessKAG, §§ 51 ff. HWG, § 8 KAGMV, §§ 6, 7 NdsKAG, §§ 8 f. KAGNRW, §§ 9 f. KAGRhPf, §§ 8 f. SaarlKAG, §§ 26 ff. SächsKAG, § 6 KAGLSA, § 8 KAGSH, § 7 ThürKAG; zur Abgrenzung *BVerwG* NVwZ 2008, 905). Nach § 8 I 3 BraKAG kann aufgrund einer vertraglichen Vereinbarung auf der Basis des Aufwandes ohne Abzug eines Gemeindeanteils oder Zuwendungen Dritter abgerechnet werden (vgl. *Halter* LKV 2004, 443). Ferner kann für Maßnahmen an leitungsgebundenen öffentlichen Einrichtungen und Anlagen, z. B. für die durch diese vermittelte Anschlussmöglichkeit an die Wasserversorgung und die Entwässerung, zur Deckung des Aufwands bzw. in Sachsen zur Ausstattung mit Betriebskapital (*Wehr* LKV 2006, 241) ein kommunaler Anschlussbeitrag erhoben werden, der ebenfalls landesrechtlich geregelt ist (vgl. §§ 29 ff. KAGBW, Art. 5 BayKAG, § 8 BgbKAG, § 11 HessKAG, §§ 7, 9 KAGMV, § 6a NdsKAG, § 8 KAGNRW, § 9 KAGRhPf, § 8 SaarlKAG, §§ 17 ff. SächsKAG, § 6 KAGLSA, §§ 8, 9 KAGSH, § 7 ThürKAG). Anstelle der einmaligen Beiträge für bestimmte Maßnahmen

380

lassen manche Länder auch wiederkehrende Beiträge für die jährlichen Investitionsaufwendungen zu (§ 11a HessKAG, § 10a KAGRhPf, § 8a SaarlKAG, § 6a KAGLSA, § 8a KAGSH, § 7a ThürKAG). Mitunter werden Vereinbarungen und privatrechtliche Entgelte über die Beitragserhebung bzw. Kostenerstattung zugelassen (Art. 5 IX 3, 9 IV 3 BayKAG, § 1 III KAGMV, § 7 IX KAGRhPf, § 1 I ThürKAG). Zudem bestehen in Ländern teilweise Regelungen über den Aufwendungsersatz hinsichtlich der Grundstücks- und Hausanschlüsse für die Wasserversorgung und Entwässerung (vgl. § 42 KAGBW, Art. 9 BayKAG, § 10 BbgKAG, § 12 HessKAG, § 10 KAGMV, § 8 NdsKAG, § 10 KAGNRW, § 13 KAGRhPf, § 10 SaarlKAG, § 33 SächsKG, § 8 KAGLSA, § 9a KAGSH, § 14 ThürKAG, *OVG Münster* NVwZ 2007, 359; zum Begriff s. VGH Mannheim VBlBW 2014, 230). In den neuen Bundesländern muss hinsichtlich der Erschließungsanlagen geprüft werden, ob diese vor dem Wirksamwerden des Beitritts bereits nach dem technischen Ausbauprogramm oder den örtlichen Ausbaugepflogenheiten (§ 242 IX 2 BauGB) hergestellt waren (*BVerwG* DVBl. 2007, 1366; NVwZ 2010, 910). Bei der Wasserversorgung und Abwasserentsorgung ist fraglich, ob vor der Wiedervereinigung überhaupt eine Herstellung i. S. d. jeweiligen KAG möglich war (verneinend *OVG Greifswald* LKV 2000, 161; 2001, 516; 2005, 76; NVwZ-RR 2002, 687). Die Gas- und Elektrizitätsversorgung werden in der Regel, die Wasserversorgung wird teilweise nicht unmittelbar durch die kommunale Körperschaft, sondern durch juristische Personen des privaten Rechts betrieben. Das Benutzungsverhältnis ist dann privatrechtlich geregelt, wobei Baukostenzuschüsse und die Erstattung der Kosten für die Erstellung der Hausanschlüsse aufgrund der allgemeinen Versorgungsbedingungen, die Vertragsbestandteil werden, gefordert werden können (§§ 9, 10 NAV, §§ 9, 10 NDAV, §§ 9 I, 10 V AVBWasserV; vgl. auch §§ 9 I, 10 V AVBFernwärmeV u. § 8 IX BraKAG; zum Beginn der Verjährung vgl. *KG* IMR 2009, 325; zur zeitlichen Geltung in den neuen Bundesländern *BGH* IMR 2007, 403). Eine vertragliche Kostentragungsregelung gilt nach dem Willen der Beteiligten, die von diesen Besonderheiten regelmäßig keine Kenntnis haben, auch für eine privatrechtliche Abrechnung, selbst wenn sie diese nicht ausdrücklich erwähnt. Bestehen Anhaltspunkte für eine derartige Abrechnung, kann die Vereinbarung entsprechend angepasst werden. Beim Verkauf eines „erschlossenen Grundstücks" kann die Herstellungspflicht hinsichtlich der Erschließungsanlagen deshalb auch einen Privatweg umfassen (*OLG Schleswig* MittBayNot 2009, 489).

---

381 | **Formulierungsbeispiel: Kostentragungsregelung**

Die vorstehende Regelung der Kostenverteilung gilt im Verhältnis der Vertragsteile auch, wenn eine Abrechnung nicht durch Beitragsbescheid der Gemeinde *(ggf.: der beitragserhebenden Körperschaft)*, sondern, z. B. auf privatrechtlicher Grundlage oder aufgrund einer Vereinbarung zwischen dem Grundstückseigentümer und der Gemeinde *(ggf.: der beitragserhebenden Körperschaft)*, erfolgt.

---

382 Für die Erhebung von Beiträgen ist grundsätzlich erst Raum, nachdem für die betreffende Anlage oder Maßnahme die **sachlichen Beitragspflichten** entstanden sind. Bei § 133 II BauGB handelt es sich um den Zeitpunkt der endgültigen Herstellung der Erschließungsanlage. Mit Entstehen der sachlichen Beitragspflicht entsteht auch die öffentliche Last (vgl. § 134 II 1 BauGB, § 27 KAGBW, Art. 5 VII BayKAG, § 8 X BbgKAG, § 21 BremGebBeitrG, § 11 XI HessKAG, § 7 VI KAGMV, § 6 IX NdsKAG, § 8 IX KAGNRW, § 7 VII KAGRhPf, § 8 XII SaarlKAG, §§ 24, 31 SächsKAG, § 6 IX KAGLSA, § 8 VII KAGSH, § 7 XI ThürKAG) als dingliche Sicherung (zur öffentlichen Last bei Löschung eines Erbbaurechts *VG Hamburg* NVwZ-RR 2009, 411). Die Bestimmung des Eigentümers, Erbbauberechtigten oder dinglich Nutzungsberechtigten, der **persönlich beitragspflichtig** ist, erfolgt entweder durch Beitragsbescheid (vgl. § 134 I BauGB, § 21

I 1 KAGBW, § 19 BremGebBeitrG, § 11 VII HessKAG, § 7 II KAGMV, § 6 VIII NdsKAG, § 8 VIII SaarlKAG, §§ 21, 31 SächsKAG, § 6 VIII KAGLSA, § 8 V KAGSH; zum Bescheidserlass gegenüber dem Insolvenzverwalter s. *OVG Berlin-Brandenburg* NVwZ-RR 2010, 494, 495), fällt mit der sachlichen Beitragspflicht zusammen (vgl. Art. 5 VI 1 BayKAG, § 8 VII BgbKAG, § 55 HWG, § 11 IX HessKAG, § 8 VII KAGNRW, §§ 7 IV, 10 VI KAGRhPf, § 7 VI, VII 1 ThürKAG) oder erfolgt durch Regelung in der Beitragssatzung (vgl. § 21 I 2 KAGBW, § 7 VIII 2 ThürKAG; zur Beitragspflicht einer BGB-Gesellschaft s. *VGH Mannheim* MittBayNot 2007, 247; *OVG Magdeburg* NVwZ-RR 2008, 819; *OVG Greifswald* BeckRS 2009, 39110; *VGH München* BayVBl. 2011, 273; *OVG Berlin-Brandenburg* BeckRS 2013, 45366). Maßgeblich ist grundsätzlich das grundbuchrechtliche Grundstück und nur ausnahmsweise ein wirtschaftlicher Grundstücksbegriff (*OVG Weimar* LKV 2011, 30; *OVG Bautzen* LKV 2009, 79). Vorsicht ist bei einer Grundstücksteilung zur Vermeidung einer Beitragspflicht geboten; sie kann unwirksam sein oder einen Missbrauch rechtlicher Gestaltungsmöglichkeiten (§ 42 I AO) darstellen (*VGH Mannheim* VBlBW 2009, 26; *OVG Münster* DÖV 2014, 447; vgl. *VGH München* BeckRS 2012, 47382).

Für ein Grundstück, für das eine Beitragspflicht noch nicht oder nicht in vollem Umfang entstanden ist, können **Vorausleistungen** verlangt werden (vgl. § 133 III 1 BauGB, § 25 KAGBW, Art. 5 V 1 BayKAG, § 8 VIII BbgKAG, § 20 BremGebBeitrG, § 11 X HessKAG, § 7 IV KAGMV, § 6 VII 1 NdsKAG, § 8 VIII KAGNRW, § 7 V 1 KAGRhPf, § 8 IX 1 SaarlKAG, §§ 23 I 1, 31 SächsKAG, § 6 VII 1 KAGLSA, § 8 V 4 KAGSH, § 7 VIII 1 ThürKAG). Eine zu Unrecht als Verbesserungsbeitrag erhobene Vorausleistung kann als Vorauszahlung auf einen Herstellungsbeitrag aufrecht erhalten werden (*VGH München* BayVBl. 2006, 108 und 248). Während die Beitragspflicht durch einen späteren Eigentumswechsel nicht berührt wird, ist die Vorausleistung bei einem Eigentumswechsel, der nach Anforderung der Vorausleistung erfolgt, nur dann zu verrechnen, wenn dies das Gesetz ausdrücklich anordnet (so § 133 III 2 BauGB, § 25 III 2 KAGBW, Art. 5 V 2 BayKAG, § 8 VIII 5 BbgKAG, § 11 X 2 HessKAG, § 7 IV 3 KAGMV, § 6 VII 2 NdsKAG, § 7 V 3 KAGRhPf, § 8 IX 1 SaarlKAG, §§ 23 I 2, 31 SächsKAG, § 6 VII 2 KAGLSA, § 8 V 5 KAGSH, § 7 VIII 2 ThürKAG; zur Zulässigkeit *BayVerfGH* BayVBl. 2006, 697), andernfalls hat eine Rückerstattung an den Leistenden zu erfolgen. 383

Die vertragliche Regelung zwischen den an einem Grundstücksgeschäft Beteiligten lässt die **öffentliche Beitragsschuld unberührt.** Dies ist nicht nur zur Vermeidung ungesicherter Vorausleistungen, sondern auch im Hinblick auf Rechtsbehelfe zu berücksichtigen, wenn ein Beitragsbescheid einem Vertragsteil zugestellt wird, der im Innenverhältnis nicht kostentragungspflichtig ist. Erfolgt eine Abrechnung aufgrund der Allgemeinen Versorgungsbedingungen, gehen die daraus folgenden Verpflichtungen ohne besondere Vereinbarung nicht auf einen Grundstückserwerber über (*BGH* NJW 1990, 2130 und NJW-RR 1991, 408); auch eine dingliche Haftung des Grundbesitzes besteht nicht. 384

Als **Maßstab** für eine gerechte Regelung der Erschließungskostentragungspflicht ist das Kriterium des Verkaufs einer Immobilie, „so wie sie liegt und steht, also an einer asphaltierten oder nicht asphaltierten Straße, mit oder ohne Anschlussmöglichkeit an einen Abwasserkanal" wenig hilfreich (vgl. *Grziwotz* ZRP 1994, 175). Die beitragspflichtigen Erschließungsanlagen nach dem BauGB umfassen nämlich z. B. auch Grün- und Immissionsschutzanlagen, die weder vom Veräußerer noch vom Erwerber in die Kalkulation einbezogen oder gar besichtigt werden. Auch von der Möglichkeit einer Mehrfacherschließung und dem Begriff des Hinterliegergrundstücks haben die Beteiligten meist keine Kenntnis (zum Grundstücksbegriff in diesem Fall s. BVerwGE 71, 363; *BVerwG* DÖV 2004, 716; *OVG Münster* NVwZ-RR 2007, 125; *BVerwG* BayVBl. 2008, 154; *OVG Lüneburg* NVwZ-RR 2007, 129; 2007, 343, 344 und *OVG Münster* NVwZ-RR 2006, 63). Hinsichtlich der Anschlussbeitragspflicht für die Wasserversorgung und die Entwässerung ist zu beachten, dass sich der einzelne Grundeigentümer in den meisten Ländern an dem Investitionsaufwand für die Gesamtanlage beteiligt, die aus den zentralen Einrichtungen 385

(z. B. Klärwerk), dem Leitungssystem, den Hebeeinrichtungen und den Hauptsammlern besteht (anders § 17 SächsKAG, wonach der Beitrag der Ausstattung mit Betriebskapital dient). Der Beitrag stellt somit keinen Ersatz für die tatsächlichen Kosten der Wasser- und Kanalleitungen vor den einzelnen Grundstücken oder im Erschließungsgebiet dar, sondern wird für die Möglichkeit der Inanspruchnahme einer kommunalen Gesamteinrichtung erhoben (*VGH München* BayVBl. 2007, 597; zur Auslegung einer „Kostenklausel" *OLG Hamm* MittBayNot 2007, 346). Beitragspflichtige Änderungen an den zentralen Anlagen entziehen sich häufig der Kenntnis der Beteiligten. Aus diesem Grunde hat der *BGH* als Gerechtigkeitsmaßstab für die Kostentragung hinsichtlich der Erschließungskosten den **„Erschließungsvorteil"** genannt (*BGH* DNotZ 1994, 52). Die Erklärung des Grundstücksverkäufers im Kaufvertrag, die Kosten der Erschließung seien im Preis enthalten, enthält dementsprechend eine von der gesetzlichen Regelung abweichende Bestimmung, wer im Innenverhältnis die Erschließungskosten zu tragen hat (*BGH* DNotZ 1994, 52; anders noch *BGH* NJW 1981, 1600; vgl. auch *OLG München* ZMR 1989, 15 und *OLG Hamm* NJW-RR 1989, 335). Der Verkäufer eines Grundstücks haftet selbst bei anderslautender vertraglicher Regelung wegen Verschuldens bei Vertragsschluss, sofern entgegen seinen Angaben, z. B. in einem Zeitungsinserat oder im Exposé des von ihm entsprechend informierten oder mit den Vertragsverhandlungen beauftragten Maklers, nur ein geringer Teil der Erschließungskosten bezahlt ist (*BGH* NJW-RR 1994, 76). Für die Frage der gerechten Verteilung der Erschließungskosten kommt es deshalb auf den Einzelfall an. Ist der Preis danach bemessen worden, dass es sich um erschlossenes Bauland handelt, ist es richtig, dass der Verkäufer die Erschließungskosten jedenfalls für die Ersterschließung trägt. Haben die Parteien bei der Preisgestaltung die Erschließung nicht einbezogen, ist es Sache des Käufers, für diese Kosten aufzukommen. Hiervon gehen auch § 6 III ImmoWertV sowie § 19 II 3 Nr. 1 SachenRBerG aus. Dem Notar wird freilich die Kalkulation, die zur Festlegung des Kaufpreises geführt hat, im Normalfall nicht bekannt sein. Aus diesem Grunde kann er nur die Beteiligten anhalten, sich selbst hinsichtlich der Erschließungskosten zu informieren, und sodann aufbauend auf dieser von ihm regelmäßig nicht überprüfbaren Basis eine Vereinbarung vorschlagen.

386 Die vertragliche Regelung (vgl. auch *Quaas* BauR 1999, 1113, 1116 ff.) sollte zunächst zur Streitvermeidung den **Begriff** der Erschließungskosten möglichst unter Bezugnahme auf die gesetzlichen Vorschriften bezeichnen. Die Formulierungen „Erschließungskosten nach dem BauGB" und „an die Gemeinde zu zahlende Erschließungskosten" können auch die landesrechtlichen Anliegerbeiträge sowie die Hausanschlusskosten beinhalten (vgl. *VGH Kassel* NJW 1984, 2716; *OLG Hamm* NJW-RR 1994, 339; *OLG Koblenz* BauR 2003, 391). Die „Kosten für bis heute bereits durchgeführte Erschließungsmaßnahmen im weitesten Sinne (nach dem BauGB und nach anderen Vorschriften)" beschränken sich nicht auf die Erschließungsbeiträge. Zu den „Anlagen im Sinne von § 123 BauGB" gehören nicht nur Anlagen zur verkehrsmäßigen Erschließung und zum Schutz des Baugebiets vor Immissionen, sondern auch die Anlagen zur Versorgung der Grundstücke mit Elektrizität, Wärme und Gas, die Anlagen zur Be- und Entwässerung und die Anlagen zur Abfallentsorgung (*BGH* MittBayNot 2005, 177). Die Kosten „für die vollständige erstmalige Erschließung" können auch die Errichtung eines privaten Stichweges umfassen, der dazu dient, von der öffentlichen Straße zu dem veräußerten Grundstück zu gelangen (*OLG Düsseldorf* BauR 1995, 559; vgl. aber zur fehlenden Erschließungssicherung bei einem Privatweg *OVG Schleswig* BauR 2009, 952). Enthält der Vertrag keine ausdrückliche Regelung zu den Kosten naturschutzrechtlicher Ausgleichsmaßnahmen, kann die Erschließungskostenregelung einen Anhaltspunkt für die diesbezügliche Vertragsauslegung geben. Im Zweifel wird sie zu einem Regelungsgleichlauf führen (vgl. DNotI-Report 2011, 157, 158). Haben die Vertragsteile nur die Verteilung der Erschließungsbeiträge und der Abgaben nach dem KAG beispielsweise nach dem Zugang von diesbezüglichen Beitragsbescheiden geregelt, kann im Normalfall nicht auf die Beginnlösung des § 436 I BGB für die nicht explizit erwähnten Kosten des naturschutzrechtlichen Ausgleichs lückenfüllend zurückgegriffen werden. Vertragliche Regelungen sind als Vereinbarungen darüber, welche Leistungen und Kosten mit dem Preis abgegolten sind und wer sie im Innenverhältnis der Vertragsparteien letztlich zu tragen hat, so auszulegen, dass sie einen Sinn geben. Deshalb kann eine Bescheidslösung, die mit der Erklärung verbunden ist, dass alle Beiträge bezahlt sind, soweit sie auf Leistungen zurückzuführen sind, die bis zum Tag der Beurkundung erbracht worden sind, als Garantie hinsichtlich des Kostenaufwands für die bereits durchgeführten Erschließungsleistungen zu verstehen sein (vgl. *BGH* RNotZ 2002, 230). Enthält die Regelung eine Lücke, kommt es auf das Kriterium des Erschließungsvorteils an; ergibt sich auch danach keine eindeutige Lösung, können die Kosten von beiden Teilen gleichmäßig zu tragen sein (*BGH* NJW-RR 1987, 458 und MittBayNot 2000, 316). In Ländern, in denen die §§ 127 ff. BauGB bereits derzeit oder künftig landesrechtlich geregelt sind, ist der Begriff „Erschließungsbeiträge nach dem BauGB" unproblematisch so zu verstehen, dass damit die nunmehr in Landesrecht überführten Erschließungsbeiträge gemeint sind. Dies gilt insbesondere, wenn der Landesgesetzgeber – wie z. B. in Bayern – auf eine vollständige Regelung verzichtet.

Die Vereinbarungen zwischen den Kaufvertragsparteien über die Tragung der Erschließungskosten wirken nur im Innenverhältnis. Sie lassen eine öffentlich-rechtliche Beitragspflicht und damit die **Haftung im Außenverhältnis** unberührt. Der *BGH* (DNotZ 2008, 280; vgl. auch *OLG Köln* BeckRS 2009, 22802) hat den Notar bei einem im Bauträgervertrag vereinbarten Festpreis inklusive Ersterschließung für verpflichtet gehalten, erstens auf die Vorausleistung des Käufers hinzuweisen und zweitens Sicherungen zu ihrer Vermeidung vorzuschlagen. Ein Abweichen auf Wunsch des Bauträgers stellt nach der Rechtsprechung eine zum Schadensersatz verpflichtende Amtspflichtverletzung dar. Inwieweit eine notarielle „Belehrungspflicht" gegenüber der nunmehrigen gesetzlichen Regelung in § 436 II BGB generell besteht, ist fraglich (krit. *Grziwotz* MittBayNot 2007, 520 und DNotZ 2008, 284). **387**

Beim Kaufvertrag zwischen Privaten über ein **unerschlossenes Grundstück** ist es ausreichend, wenn darauf hingewiesen wird, dass Erschließungskosten einschließlich Kostenerstattungen im Kaufpreis nicht enthalten sind und vom Erwerber entrichtet werden müssen. Soll der Veräußerer an den Erschließungskosten beteiligt werden, so kommen hierfür grundsätzlich zwei Lösungen in Betracht: Nach der sog. **Ausbauzustandslösung** hat der Veräußerer sämtliche Erschließungskosten für bis zum Tag der Beurkundung hergestellte Erschließungsanlagen nach dem BauGB und dem LandesKAG zu tragen, und zwar unabhängig davon, wem der Beitragsbescheid zugestellt wird. Die mit dieser Lösung verbundenen Abrechnungsprobleme, die sich daraus ergeben, dass die Gemeinde keine Kostenberechnung für den jeweiligen Tag der Beurkundung erstellt, sind nach der Rechtsprechung (*BGH* DNotZ 1995, 403; *OLG Hamm* RNotZ 2013, 49) hinzunehmen. Der Begriff der Maßnahmen sollte allerdings bautechnisch und nicht erschließungsrechtlich verstanden werden (*BGH* DNotZ 1993, 328). Probleme ergeben sich zudem bei einem bisher unbebauten Grundstück hinsichtlich der Anliegerbeiträge, wenn eine Bebauung durch den Erwerber geplant ist und Beitragsmaßstab die tatsächliche Bebauung sein soll. Insofern bezieht sich die Regelung auf die satzungsmäßige Abrechnung der Gemeinde für ein unbebautes Grundstück; diese geht häufig von einer fiktiven Geschossfläche aus. Da der Grundstückserwerber mit dem Kaufgrundstück sowie eventuell sogar persönlich für die Erschließungsbeiträge haftet, ist er bei der Ausbauzustandslösung auf einen Freistellungsanspruch gegen den möglicherweise zahlungsunfähigen Verkäufer angewiesen. Eine besondere Belehrungspflicht besteht diesbezüglich allerdings wohl nicht (*OLG Hamm* BauR 2004, 110; unklar *OLG Köln* RNotZ 2013, 49, 54). Dieser Freistellungsanspruch geht bei einer Weiterveräußerung nach h. M. nicht gem. § 311c BGB auf den Zweiterwerber über (*BGH* MDR 1993, 976), sondern muss ausdrücklich an diesen abgetreten werden (a. A. nur Erman/*Grziwotz* § 311c Rn. 1). Die Freistellungspflicht besteht auch, wenn die Beitragserhebung wegen nachträglicher Satzungsänderung erst viele Jahre nach dem Kauf erfolgt (*OLG Saarbrücken* DNotZ 2007, 35). Wird Freistellung von den Erschließungskosten geschuldet, so kann der Zahlungs- **388** pflichtige die Zahlung von der Einlegung von Rechtsbehelfen gegen den Beitragsbescheid und von der Abtretung der für den Fall des Erfolges sich ergebenden Erstattungsforderung abhängig machen (*BGH DNotZ 1993, 328* und *MDR 1993, 976*).

389 **Formulierungsbeispiel: Ausbauzustandslösung**

Erschließungsbeiträge nach dem BauGB *(ggf. landesrechtliche Vorschrift ergänzen)*, Anliegerbeiträge nach § ... KAG sowie Kostenerstattungsforderungen nach § ... KAG und §§ 135a ff. BauGB für bis heute ganz oder teilweise baulich erstellte Anlagen bzw. Maßnahmen hat der Veräußerer zu tragen. Alle derartigen Kosten für künftig bautechnisch erstellte Anlagen bzw. Maßnahmen hat der Erwerber zu tragen. Anschlusskosten und -gebühren treffen denjenigen, der anschließt. Gleichgültig ist dabei, wann diese Beiträge und Kosten fällig und wem sie in Rechnung gestellt werden. Auf die Haftung des Erwerbers für die Beitragsschuld und die eventuell hiermit verbundene Vorausleistung wurde hingewiesen; Sicherungen, wie z. B. eine Bankbürgschaft und der Zurückbehalt eines Kaufpreisteils, werden nicht gewünscht.

Vorausleistungen werden kraft Gesetzes mit der endgültigen Beitragsschuld verrechnet; Vorausleistungen sind im Innenverhältnis der Vertragsteile und ohne Sicherung zum Zeitpunkt der endgültigen Beitragspflicht zu erstatten, soweit der Leistende nach den vorstehenden Vereinbarungen nicht zur Tragung der Kosten verpflichtet ist. Überschüssige Vorausleistungen sind demjenigen zu erstatten, der sie erbracht hat; dies gilt auch bei der Rückzahlung von Vorausleistungen.

Die Zahlung kann davon abhängig gemacht werden, dass der nach den vorstehenden Vereinbarungen Zahlungspflichtige nur Zug um Zug gegen Abtretung eventueller künftiger Rückzahlungsansprüche des anderen Vertragsteils gegen die beitragserhebende Körperschaft bezahlt. Jeder Vertragsteil verpflichtet sich, auf Verlangen und auf Kosten des im Innenverhältnis Zahlungspflichtigen Rechtsbehelfe gegen Beitrags- und Kostenerstattungsforderungsbescheide einzulegen.

390 Die **Bescheidslösung** stellt auf den Zeitpunkt des Zugehens entsprechender Beitragsbescheide ab, wobei zur Vermeidung von Zufälligkeiten regelmäßig der Tag der Beurkundung und nicht der des Besitzüberganges (vgl. *KG LKV 2005, 564*) gewählt werden sollte. Bei dieser Lösung kann der Erwerber, der sich nicht bei der Gemeinde erkundigt hat, durch Beitragsforderungen für bereits erstellte Erschließungsanlagen überrascht werden. Dies ist dann unbillig, wenn der Kaufpreis bereits erstellte, aber noch nicht abgerechnete Erschließungsanlagen umfasst.

391 **Formulierungsbeispiel: Bescheidslösung**

Erschließungsbeiträge nach dem BauGB *(ggf. landesrechtliche Vorschrift ergänzen)*, Anliegerbeiträge nach § ... KAG sowie Kostenerstattungsforderungen nach § ... KAG und §§ 135a ff. BauGB, für die ein Bescheid ab heute zugestellt wird, hat der Erwerber zu tragen bzw., falls Bescheide vor Kaufpreisfälligkeit zugestellt werden, mit dem Kaufpreis zinslos gegen Zahlungsnachweis zu erstatten. Diesem ist bekannt, dass derartige Bescheide auch für umlegungsfähigen Aufwand aus früherer Zeit ergehen können. Alle bis zum vorgenannten Zeitpunkt zugestellten Bescheide hat der Veräußerer zu bezahlen. Er versichert dazu, dass ihm unbezahlte Bescheide nicht vorliegen.

Vorausleistungen und etwaige Erstattungsansprüche aufgrund aufgehobener Bescheide werden an den Erwerber abgetreten und sind mit dessen endgültiger Beitragsschuld zu verrechnen, und zwar auch dann, wenn überschüssige Leistungen zu erstatten sind; die Vertragsteile werden die Abtretung der Gemeinde selbst anzeigen.

392 In Einzelfällen kann es sein, dass es die Parteien bei der gesetzlichen Regelung (sog. Beginnlösung) belassen wollen. Dies kann dann der Fall sein, wenn ein Grundstück „voll erschlossen" verkauft wird und nur unsicher ist, ob alle Maßnahmen bereits vollständig fertig gestellt sind. Das Abstellen auf den Baubeginn enthält in dieser Konstellation eine **Fertigstellungslösung.**

> **Formulierungsbeispiel: Beginnlösung** 393
>
> Der Notar hat mit den Beteiligten die gesetzliche Regelung zur Verteilung der Erschließungsbeiträge und sonstigen Anliegerbeiträge erörtert, insbesondere die Zufälligkeiten, die sich aus dem Abstellen auf den Baubeginn hinsichtlich solcher Maßnahmen ergeben. Hierzu erklären die Beteiligten, dass sie sich diesbezüglich bei der Gemeinde *(ggf. der zuständigen Körperschaft)* erkundigt haben und es bei der gesetzlichen Regelung belassen wollen. Diese soll auch auf Kostenerstattungen nach den §§ 135a ff. BauGB Anwendung finden.

Denkbar ist auch eine Kombination verschiedener Lösungen. So kann beispielsweise 394 hinsichtlich der Erschließungsbeiträge grundsätzlich die Ausbauzustandslösung und im Übrigen die Bescheidslösung gewählt werden.

> **Formulierungsbeispiel: Kombinationslösung** 395
>
>
>
> Erschließungsbeiträge nach dem BauGB *(ggf. landesrechtliche Vorschrift ergänzen)* für bis heute ganz oder teilweise erstellte und bautechnisch lediglich begonnene Anlagen hat der Veräußerer zu tragen. Alle derartigen Kosten für künftig bautechnisch begonnene, der Erschließungsbeitragspflicht unterliegende Anlagen hat der Erwerber zu tragen. Gleichgültig ist dabei, wann diese Beiträge und Kosten fällig und wem sie in Rechnung gestellt werden. Auf die Haftung des Erwerbers für die Beitragsschuld und die eventuell hiermit verbundene Vorausleistung wurde hingewiesen.
> Die Anliegerbeiträge nach § … KAG sowie die Kostenerstattungsforderungen nach § … KAG und §§ 135a ff. BauGB, für die ein Bescheid ab heute zugestellt wird, hat der Erwerber zu tragen bzw., falls Bescheide vor Kaufpreisfälligkeit zugestellt werden, mit dem Kaufpreis zinslos gegen Zahlungsnachweis zu erstatten. Diesem ist bekannt, dass derartige Bescheide auch für umlegungsfähigen Aufwand aus früherer Zeit ergehen können. Bis zum vorgenannten Zeitpunkt zugestellte diesbezügliche Bescheide hat der Veräußerer zu bezahlen.
> Vorstehende Vereinbarung gilt entsprechend für Vorausleistungen; solche wurden nach Erklärung der Vertragsteile bisher nicht entrichtet. Überschüssige Vorausleistungen sind demjenigen zu erstatten, der sie erbracht hat; dies gilt auch bei der Rückzahlung von Vorausleistungen.
> Die Zahlung kann davon abhängig gemacht werden, dass der nach den vorstehenden Vereinbarungen Zahlungspflichtige nur Zug um Zug gegen Abtretung eventuell künftiger Rückzahlungsansprüche des anderen Vertragsteils gegen die beitragserhebende Körperschaft bezahlt. Jeder Vertragsteil verpflichtet sich, auf Verlangen und Kosten des im Innenverhältnis Zahlungspflichtigen Rechtsbehelfe gegen Beitrags- und Kostenerstattungsforderungsbescheide einzulegen.

Beim **Kauf** eines Grundstücks **von der Gemeinde** ist zu beachten, dass die Erschlie- 396 ßungsbeitragspflicht nach Bundesrecht erst mit dem Eigentumswechsel bzw. der Bestellung eines Erbbaurechtes entsteht (*BVerwG* DVBl. 1984, 188 und NVwZ 1985, 912). Dies gilt überwiegend auch hinsichtlich der KAG-Beiträge, sofern nicht die Gemeinde ihr eigener Beitragsschuldner sein kann (so aber *VGH München* BayVBl. 1986, 84 und *OVG Lüneburg* NVwZ-RR 1991, 42; zur internen Verrechnung §§ 16, 24 KAGBW). Ist das Erschließungsbeitragsrecht in Landesrecht überführt und lässt dieses eine Beitragsschuld der Gemeinde zu, kann insoweit eine Änderung eintreten (vgl. *Grziwotz* Mitt-

BayNot 2003, 200, 203). Aufgrund der Beitragserhebungspflicht der Gemeinde (s. nur *OVG Weimar* LKV 2006, 178; *OVG Jena* DÖV 2006, 179; *OVG Magdeburg* LKV 2008, 139; *OVG Bautzen* LKV 2008, 130; *VG Dessau* DÖV 2006, 180) ist zu beachten, dass die vertragliche Regelung keinen unzulässigen Beitragsverzicht enthalten darf (vgl. Kap. A XI. Rn. 35 und ausführlich *Grziwotz* ZfIR 2000, 161). Sämtliche betroffenen Eigentümer dürfen erwarten, dass alle erschlossenen Grundstücke in die Verteilung des beitragsfähigen Aufwands einbezogen werden (vgl. *BVerwG* NVwZ 2007, 81). Ob sich aus § 436 I BGB eine Einschränkung der öffentlich-rechtlichen Beitragserhebungspflicht ergibt, ist fraglich (*Grziwotz* BauR 2008, 471; vgl. auch *BVerwG* ZfIR 2013, 205). Der Grundsatz der Abgabengleichheit und -gerechtigkeit dürfte einer „BGB-Ablösung" entgegenstehen. Die Anforderungen der abgabenrechtlichen Gleichbehandlung und des Äquivalenzprinzips sind zudem bei jeder Form der Abrechnung zu beachten (*VGH München* DVBl. 2007, 709).

397 Der **Kauf vom Bauträger** wird regelmäßig durch eine Festpreisabrede dergestalt gekennzeichnet, dass der Erwerber ein schlüsselfertiges Gebäude oder eine bezugsfertige Eigentumswohnung zu einem bestimmten Preis erwirbt und mit keinen zusätzlichen Kosten (ausgenommen Notar- und Grundbuchkosten sowie Grunderwerbsteuer) belastet werden soll. Die Preisvereinbarung im Bauträgervertrag hinsichtlich der Erschließungskosten bedeutet, dass die Kosten der „Ersterschließung" im Kaufpreis enthalten sind (a. A. *Pauly* MDR 2004, 16, 18). Auch hier ist freilich eine sachliche und zeitliche Präzisierung erforderlich (vgl. *LG Gießen* NotBZ 1999, 34). Regelmäßig wird der Bauträger diejenigen Kosten zu tragen haben, die der Erwerber, wenn er auf einem eigenen Grundstück selbst als Bauherr das Kaufobjekt errichten würde, an die Gemeinde zu entrichten hätte. Hierzu gehören im Normalfall auch die Hausanschlusskosten (vgl. *OLG Celle* BauR 2003, 390). Zusätzlich hat der Bauträger diejenigen Erschließungskosten zu entrichten, die für ihn leichter zu kalkulieren sind als für den Erwerber. Es handelt sich um die Beiträge für diejenigen Maßnahmen, die von der Gemeinde beschlossen wurden oder im (planreifen) Bebauungsplan enthalten sind (vgl. die Formulierung Kap. A II. Rn. 58 sowie *Grziwotz* NotBZ 1999, 18 f.). Sie werden auch durch eine MaBV-Bürgschaft gesichert (anders *BGH* ZfIR 2003, 58, 59 für den Ausgleichsbetrag im Sanierungsgebiet). Der *BGH* (DNotZ 2008, 280; vgl. auch *OLG Köln* BeckRS 2009, 22 802) hält den Notar für verpflichtet, beim Verkauf zum „Komplettpreis" und nicht abgerechneten Erschließungskosten auch die ungesicherte Vorausleistung des Erwerbers deutlich hinzuweisen und Sicherungen, wie z. B. einen Kaufpreisrückbehalt oder eine Bürgschaft, soweit diese zulässig ist, vorzuschlagen.

398 Beim Kauf eines Bauplatzes vom **Erschließungsunternehmer,** der mit der Gemeinde einen Erschließungsvertrag abgeschlossen hat, ist zunächst zu prüfen, ob der Erschließungsunternehmer aufgrund einer vertraglichen Verpflichtung gegenüber dem Käufer Bauleistungen auf dem Kaufgrundstück erbringt. Ist dies der Fall, sind unstreitig die MaBV und die Sicherungen für Abschlagszahlungen bei Bauträgerverträgen anwendbar, wobei die Raten entsprechend anzupassen sind. Erbringt der Erschließungsunternehmer nur Bauleistungen auf Grundstücken, die an die Gemeinde übereignet werden oder im Eigentum Dritter stehen, so ist umstritten, ob die MaBV auch diesen Fall umfasst (bejahend *Basty* Rn. 114; verneinend *Grziwotz* MDR 1996, 978 und ZfIR 1998, 595; *Blank* Rn. 961; offen das Arbeitspapier der Notarkammer Mecklenburg-Vorpommern, NotBZ 1997, 105; vgl. *OLG Naumburg* IBR 2001, 546). Unabhängig von dieser Streitfrage sollte der Erwerber vor einer ungesicherten Vorausleistung an den Erschließungsunternehmer geschützt werden (vgl. hierzu die Musterformulierungen *Grziwotz* ZfIR 1998, 596 und Ernst/Zinkahn/Bielenberg/*Grziwotz* § 11 BauGB Rn. 428 ff.).

399 Besteht ein **Ablösungsvertrag** (vgl. hierzu Kap. A XI. Rn. 35 ff.), so kann bei Eintritt der Ablösungswirkung eine Beitragspflicht nicht mehr entstehen. Lediglich wenn die Geschäftsgrundlage für den Ablösungsvertrag wegfällt, könnten Beiträge erhoben werden. Dieser eventuelle Fall kann in der Vertragsgestaltung kaum berücksichtigt werden. Bestehen diesbezüglich begründete Bedenken, so kann eine „Auffangregelung" getroffen werden.

> **Formulierungsbeispiel: Hilfsregelung Ablösung** 400
>
> Sollte die vorstehende Ablösungsvereinbarung unwirksam sein oder werden, insbesondere ihre Geschäftsgrundlage wegfallen, so gelten für die Beitragserhebung die gesetzlichen Bestimmungen und die gemeindliche Satzung. In diesem Fall soll die aufgrund des Ablösungsvertrages geleistete Zahlung eine vertraglich vereinbarte Vorausleistung des Erwerbers darstellen und mit dessen endgültiger Beitragsschuld verrechnet werden.

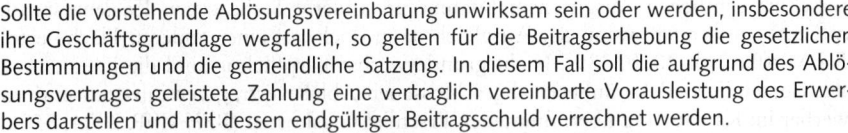

Erhebt die Gemeinde **Vorausleistungen** auf die Beitragspflicht, so sehen manche Gesetze vor (vgl. Rn. 383), dass die Vorausleistung mit der künftigen Beitragsschuld unabhängig vom Eigentum des Leistenden zu verrechnen ist. Ist dies nicht der Fall, so steht dem früheren Eigentümer ein Erstattungsanspruch zu. Dies gilt ferner dann, wenn die spätere Beitragspflicht übersteigende Vorausleistungen erbracht wurden (*VGH Kassel* BWGZ 1996, 801; anders nur § 25 III 3 KAGBW und § 7 V 3 KAGRhPf), die Vorausleistung aufgrund verzögerter Herstellung der Erschließungsanlagen zurückgestattet werden muss oder eventuell auch bei Erlöschung der Vorausleistungsforderung infolge Eintritts der Zahlungsverjährung (*BVerwG* MittBayNot 2009, 328). Hat in diesem Fall der Veräußerer die Vorausleistungen über den Kaufpreis auf den Erwerber überwälzt, sollte diesem der Erstattungsanspruch zustehen (vgl. hierzu die Musterformulierung oben Rn. 389). Zu beachten ist, dass die Abtretung des Erstattungsanspruches aufgrund der Verweisung in den LandesKAG auf § 46 AO auf einem dafür vorgesehenen Vordruck erfolgen müsste, aber derartige Vordrucke bisher – soweit bekannt – nicht existieren (ausführlich *Grziwotz* KommJur 2010, 96). 401

Zu beachten ist schließlich, dass im **Sanierungs- und Entwicklungsgebiet** grundsätzlich keine Erschließungsbeiträge nach §§ 127 ff. BauGB anfallen, ausgenommen für beitragspflichtige Erschließungsanlagen außerhalb des entsprechenden Gebietes. Die Erschließungsbeiträge werden über den Ausgleichsbetrag (§§ 154, 169 I Nr. 7 BauGB) abgegolten. Im Sanierungsgebiet kann der Ausgleichsbetrag auch ausgehend vom Aufwand für die Erweiterung oder Verbesserung von Erschließungsanlagen im Sinne von § 127 II 1 bis 3 BauGB berechnet werden (§ 154 II a BauGB). Ein Erlass des Ausgleichsbetrags ist nur ausnahmsweise (§ 135 V BauGB) zulässig (*BVerwG* BauR 2007, 80). KAG-Beiträge fallen auch im Sanierungs- und Entwicklungsgebiet an. 402

Die Regelung der Erschließungskostentragung hat ferner Auswirkungen auf die **Grunderwerbsteuer** (vgl. hierzu *Grziwotz/Gottwald* UVR 2005, 13 und *Gottwald/Mehler* MittBayNot 2001, 438 sowie die koordinierten Länder-Erlasse MittBayNot 2003, 78, abweichend bei Beitragspflicht der Gemeinde *BayFinMin* DB 1990, 1696 – vgl. *Grziwotz* DB 1990, 1694 – und *FinMin BW* DB 2010, 140). Ist ein Erschließungsträger eingeschaltet, kommt es entscheidend darauf an, was Gegenstand des Kaufvertrages ist, das erschlossene oder das unerschlossene Grundstück. Nur im ersten Fall kann eine sonstige Leistung (§ 9 I 1 GrEStG) vorliegen, die in die Bemessungsgrundlage einzubeziehen ist (*BFH* ZfIR 2001, 773). Ist Gegenstand des Erwerbsvorgangs das unerschlossene Grundstück, fehlt es an der kausalen Verknüpfung zwischen Grundstückserwerb und Erschließungskostentragungspflicht (*BFH* ZfIR 2008, 339). Anders ist dies, wenn der Veräußerer sich verpflichtet hat, einem privaten Dritten „Kosten" zu „erstatten" und der Erwerber diese Verpflichtung übernimmt. Zudem gilt, dass die Übernahme von künftig entstehenden öffentlichen Abgaben, deren Schuldner der Erwerber selbst ist, keine grunderwerbsteuerliche Gegenleistung sein kann (*Boruttau/Loose*, GrEStG, 17. Aufl. 2011, § 9 Rn. 284). Dies ist unabhängig davon, ob die Gemeinde die Erschließung selbst durchführt oder auf einen Erschließungsunternehmer überträgt (*BFH* DStR 2007, 912; *Gott-* 403 *wald* MittBayNot 2007, 460, 463). Sind im Zeitpunkt des Abschlusses des Kaufvertrages die Erschließungsanlagen bereits vorhanden und naturschutzrechtliche Ausgleichsmaßnahmen schon durchgeführt, gehört auch der hierfür enthaltene Kaufpreisteil zur Bemessungsgrundlage der Grunderwerbsteuer (*BFH* MittBayNot 2010, 335; *FinMinBW* DB 2010, 140). Gleiches gilt, wenn sich die veräußernde Gemeinde zur Durchführung einer naturschutzrechtlichen Ausgleichsmaßnahme an anderer Stelle gegen Kostenerstattung verpflichtet, und auch, wenn der Ausgleich dann doch auf einer anderen Fläche erfolgt (*BFH* MittBayNot 2010, 339). Nicht grunderwerbsteuerpflichtig sind die in einem zwischen Gemeinde und Veräußerer abgeschlossenen Ablösevertrag vereinbarten und vom Erwerber im Kaufvertrag übernommenen Erschließungskosten (*BFH* ZfIR 2004, 550).

VII. Eigentumsvormerkung

404 In der Regel soll der Kaufpreis schon vor dem Eigentumswechsel fällig werden. Der Käufer indessen hat ein berechtigtes Interesse, den Kaufpreis erst zu zahlen, wenn sein Eigentumserwerb nicht mehr gefährdet werden kann durch anderweitige Verfügungen des Verkäufers, durch Zwangsvollstreckungsmaßnahmen gegen den Verkäufer oder durch einen sonstigen Verlust der Verfügungsmacht des Verkäufers. Die beim Kauf beweglicher Sachen übliche Sicherung beider Vertragsteile durch bedingte Übereignung (Eigentumsvorbehalt) ist beim Immobilienkauf nicht möglich (§ 925 II BGB). Der Immobilienkäufer kann aber in vergleichbarer Weise durch eine Vormerkung nach § 883 BGB geschützt werden, die seinen schuldrechtlichen Anspruch aus § 433 I BGB auf Verschaffung des Eigentums und auf Freiheit von nach der Vormerkung entstehenden grundbuchersichtlichen Rechtsmängeln (vgl. BGH LM § 883 BGB Nr. 6 am Anfang; *Amann* MittBayNot 2004, 165) sichert (§§ 883 II, 888 I BGB). Herkömmlicherweise wird diese als **„Auflassungsvormerkung"** bezeichnet. Da der Käufer aber nicht nur die Leistungshandlung „Auflassung", sondern den Leistungserfolg „Eigentum" beanspruchen kann, ist es nach wie vor juristisch treffender und allgemein verständlicher, sie **„Eigentumsvormerkung"** zu nennen (*Weirich* DNotZ 1982, 669; Staudinger/*Gursky* § 883 Rn. 90).

405 Soll der Käufer Vorleistungen an den Verkäufer (und nicht nur auf Notaranderkonto) erbringen, bevor für ihn eine wirksame (dazu Rn. 413 ff.) Vormerkung eingetragen ist, alle Genehmigungen erteilt sind und die Lastenfreistellung gesichert ist (dazu Rn. 206 ff.), so muss ihn der **Notar** über die damit verbundenen Risiken **belehren** und Wege zur Vermeidung dieser Risiken aufzeigen (*BGH* DNotZ 1989, 449; *Reithmann/Albrecht* Rn. 478). Die Abtretung des Übereignungsanspruchs des noch nicht als Eigentümer eingetragenen Erstkäufers an den Zweitkäufer mit Abtretungsvermerk bei der Eigentumsvormerkung des Erstkäufers bietet dem Zweitkäufer keinen gleichwertigen Schutz wie eine originäre Eigentumsvormerkung (Rn. 94).

1. Sicherungswirkungen

406 Die wirksame (Rn. 413 ff.) Eigentumsvormerkung sichert den Käufer dagegen, dass sein Eigentumsverschaffungsanspruch nachträglich vereitelt oder beeinträchtigt wird durch:
– **rechtsgeschäftliche Verfügungen** des Verkäufers, wie z. B. Auflassung an einen Dritten, vertragswidrige Belastung (§§ 883 II 1, 888 I BGB), was insbesondere auch bei einem zwischenzeitlichen Versterben des Verkäufers von Bedeutung sein kann, wenn andernfalls die „nichtsahnenden Erben" (nochmals) veräußern,
– **Zwangsvollstreckungsmaßnahmen** gegen den Verkäufer und sonstige Maßnahmen der in § 883 II 2 BGB genannten Art,
– **Insolvenzverfahren** über das Vermögen des Verkäufers (§ 106 I InsO). Insolvenzfest ist auch die Vormerkung, welche einen künftigen Übereignungsanspruch sichert (dazu

2. Teil. Allgemeine Fragen des Grundstückskaufvertrages A I

Rn. 418). Der vorgemerkte Übereignungsanspruch ist nach § 106 I 2 InsO auch dann insolvenzfest, wenn der Verkäufer zu weiteren Leistungen verpflichtet ist, die der Insolvenzverwalter nach § 103 InsO ablehnen kann, wie z. B. beim Kauf vom Bauträger die Bauleistungen (*BGH* DNotZ 1981, 556; 1977, 234). Zu den Pflichten des Insolvenzverwalters s. *Amann* MittBayNot 2004, 165; 2005, 111; *Kesseler* MittBayNot 2005, 108.

Den Schutz der Vormerkung erlangt der Käufer schon weitgehend mit dem **Antrag**, 407 die Vormerkung einzutragen, nämlich
- den Schutz gegen vormerkungswidrige Übereignung und vormerkungswidrig Belastung über § 17 GBO,
- den Schutz gegen nachträgliche Verfügungsbeschränkungen unter den Voraussetzungen des § 878 BGB (Palandt/*Bassenge* § 885 Rn. 11),
- den Schutz gegen Unrichtigkeit des Grundbuchs gemäß §§ 892, 893 BGB (Palandt/*Bassenge* § 885 Rn. 12, 13).

Ob diese Bestimmungen dem Käufer zugute gekommen sind, kann allerdings zuverläs- 408 sig nur nach Eintragung der Vormerkung beurteilt werden. Der Kaufpreis sollte daher in der Regel nicht nach beantragter, sondern erst nach eingetragener Vormerkung an den Verkäufer fließen (vgl. Rn. 99).

Die Eigentumsvormerkung hindert nicht anderweitige rechtsgeschäftliche Verfügun- 409 gen des Verkäufers oder Zwangsvollstreckungsmaßnahmen gegen ihn. Sie bewirkt **keine Grundbuchsperre** (Palandt/*Bassenge* § 883 Rn. 22) und keine Einstellung eines Versteigerungsverfahrens. Zum vormerkungsgestützten Eigentumserwerb im Zwangsversteigerungsverfahren s. *Kesseler* DNotZ 2010, 404.

Der vorgemerkte Käufer kann aber gemäß §§ 883 II, 888 I BGB von jedem vormer- 410 kungswidrigen späteren Dritterwerber Zustimmung zur Erfüllung seines Eigentumsverschaffungsanspruchs verlangen, also von einem neuen Eigentümer Zustimmung gemäß § 19 GBO zu der vom ursprünglichen Verkäufer zu erklärenden oder erklärten Auflassung, vom Gläubiger einer nachträglichen vormerkungswidrigen Belastung Zustimmung zur Löschung (Palandt/*Bassenge* § 888 Rn. 5). Dabei ist nicht Voraussetzung, dass der Vormerkungsberechtigte bereits als Eigentümer in das Grundbuch eingetragen ist (*BGH* DNotZ 2011, 125; zum Zustimmungsanspruch *Muthorst* DNotZ 2011, 729). Dadurch wird jedoch der Verkäufer nicht frei von seiner Pflicht zur Lastenfreistellung; demgemäß behält der Käufer seine deswegen bestehende Einrede des nicht erfüllten Vertrags aus § 320 BGB (vgl. *BGH* DNotZ 2004, 464 m. Anm. *Oppermann*).

Wegen der Schutzwirkungen der Eigentumsvormerkung bei einem gegen den Verkäufer 411 eingeleiteten Insolvenz- oder Zwangsversteigerungsverfahren s. Rn. 406, 421, 674 ff.

Die Schutzwirkungen einer wirksamen Eigentumsvormerkung sind freilich nicht un- 412 begrenzt. Sie bietet **keine Handhabe**
- dagegen, dass Genehmigungen, die zur Wirksamkeit oder zur Erfüllung des Kaufvertrags erforderlich sind, versagt werden (dazu Rn. 105 ff.),
- dafür, dass vorrangige Belastungen beseitigt werden (dazu Rn. 206 ff.),
- dafür, dass nachrangige Belastungen zügig und ohne Kostenrisiko beseitigt werden können (vgl. *Franck* DNotZ 2012, 439; DNotI-Report 2012, 2; *Oppermann* DNotZ 2004, 465),
- dafür, dass der nach § 888 BGB Zustimmungspflichtige die Kosten seiner Zustimmung bezahlen kann (zur Zustimmungspflicht des Insolvenzverwalters Rn. 406),
- dafür, dass sonstige dem Käufer zu bestellende dingliche Rechte, z. B. Wegerechte am Restbesitz des Verkäufers, rangrichtig entstehen; der Anspruch hierauf kann und muss vielmehr durch eine eigene hierauf gerichtete Vormerkung gesichert werden, solange solche Rechte nicht eingetragen sind (dazu *Franck* MittBayNot 2012, 439, 440 f.; Kap. A VII. Rn. 6)

2. Sicherungsvoraussetzungen

413 Die Eigentumsvormerkung schützt den Käufer nur, soweit **drei Voraussetzungen** für ihre Entstehung vorliegen und sich inhaltlich decken, nämlich
- vormerkungsfähiger **Eigentumsverschaffungsanspruch,**
- materiell-rechtliche **Bewilligung** (§ 885 I 1 BGB) des mit dem Anspruchsschuldner identischen Eigentümers (sog. Identitätsgebot, vgl. Rn. 104 a. E.), die formfrei ist,
- **Eintragung** der Vormerkung am zu übereignenden Grundbesitz, die Bewilligung und Antrag nach den §§ 19, 29, 13 GBO voraussetzt.

414 Die Vormerkung ist **streng akzessorisch.** Besteht kein vormerkungsfähiger Anspruch, so nützen Bewilligung und Eintragung der Vormerkung nichts. Reicht der Anspruch auf Eigentumsverschaffung weiter als die Bewilligung oder als die Eintragung der Vormerkung, so besteht materiell die Vormerkung und damit der Vormerkungsschutz nur, soweit alle Entstehungsvoraussetzungen sich decken. Daher ist die Vormerkung materiell wirkungslos, wenn der **Kaufvertrag** wegen eines Verstoßes gegen § 311b I BGB **unwirksam** ist. Gemäß § 125 BGB entsteht aus einem solchen Kaufvertrag auch kein vormerkungsfähiger künftiger Anspruch gemäß Rn. 418 ff. (*BGH NJW 1970, 1541*) und kein Recht des Käufers, die Löschung der unwirksamen Vormerkung von der Rückzahlung des bereits entrichteten Kaufpreises abhängig zu machen (*BGH DNotZ 2002, 635, 656*). Die Heilung des Formmangels durch Eigentumserwerb des Käufers (§ 311b I 2 BGB) wirkt erst, wenn der Käufer Eigentümer geworden ist (vgl. *BGH NJW 1983, 1545*), ihren Schutz also nicht mehr benötigt. Heilen die Beteiligten den Formmangel durch formgerechte Bestätigung, so gelten die Ausführungen in Rn. 416. Falls eine **Teilfläche** verkauft wird und deren Grenzen nach dem Kaufvertrag nicht hinreichend bestimmbar sind, kann dies zur Unwirksamkeit des Kaufvertrags und damit zur Wirkungslosigkeit der Vormerkung führen (dazu Rn. 33).

415 Str. ist, ob das **Grundbuchamt** sich mit einer bloßen formellen Bewilligung der Vormerkung nach den §§ 19, 29 GBO begnügen muss (so zu Recht die h. M.) oder ob es die **Vorlage des Kaufvertrags** verlangen kann, um die Begründung eines vormerkbaren Anspruchs prüfen zu können (vgl. zu dieser Problematik *Schöner/Stöber* Rn. 1514, 1515 m. w. N.; *Amann* DNotZ 2008, 520, 526 f.).

416 Erlischt ein Kaufvertrag durch **Rücktritt** oder einvernehmliche **Aufhebung,** so erlischt *materiell* die darauf beruhende Eigentumsvormerkung. Wird der Kaufvertrag erneut geschlossen, kann die materiell wirkungslose Vormerkung den neu begründeten Eigentumsverschaffungsanspruch sichern, wenn Schuldner, Gläubiger und Anspruchsziel unverändert bleiben und für den neuen Anspruch eine formfreie materiellrechtliche Bewilligung gemäß § 885 I 1 BGB gegenüber Käufer oder Grundbuchamt abgegeben wird (*BGH DNotZ 2000, 639 m. Anm. Wacke*). Die wirksame Wiederverwendung der erloschenen Vormerkung hängt laut BGH weder davon ab, dass die neue Bewilligung im Grundbuch vermerkt wird, noch davon, dass sonstige Bedingungen des Kaufvertrags, z. B. der Kaufpreis, unverändert geblieben sind. Dasselbe gilt, wenn die Entstehung des Anspruchs nachträglich erleichtert wird (*BGH DNotZ 2008, 514 m. Anm. Amann*). Voraussetzung ist lediglich, dass neuer Anspruch, neue Eintragung und neue Bewilligung kongruent zur bisherigen Lage sind (*BGH ZfIR 2012, 598*), was aber in diesen Fällen ja regelmäßig der Fall sein wird (anders, wenn die Vormerkung wegen Erfüllung des gesicherten Anspruchs erlischt, Rn. 422). Dies heißt aber umgekehrt auch, dass in diesem Stadium die **Löschbarkeit** wegen behaupteter Grundbuchunrichtigkeit **erschwert** ist: Denn es besteht immer die Möglichkeit – die spätestens vom Grundbuchamt aus Anlass des späteren Löschungsantrags nach § 22 GBO unterstellt wird –, dass sich die Beteiligten des ersten Kaufvertrags erneut einig wurden/werden und die Vormerkung bereits insofern wieder erstarkt(e). Man wird daher in den Rücktritts- und Aufhebungsfällen die bestehende Vormerkung nicht mehr aufgrund eines materiellen Aufhebungsvertrags gleichsam „ignorieren" können, sondern stets auf einer Löschungsbewilligung (und Löschung) der vormaligen Vormerkung

2. Teil. Allgemeine Fragen des Grundstückskaufvertrages   A I

bestehen, bevor der Kaufpreis aus dem neuen Kaufvertrag fällig gestellt wird (*Everts* ZfIR 2012, 589, 592). Drittberechtigten gegenüber, deren Rechte vor der neuen materiellrechtlichen Bewilligung entstanden sind, wirkte die „wiederbelebte" oder erweiterte Vormerkung laut BGH ohnehin nicht, DNotZ 2009, 639), so dass sich schon deshalb die Weiterverwendungslösung verbat.

Falls das Grundstück von mehreren Personen gekauft wird, ist das **Gemeinschaftsverhältnis**, in welchem diesen der Eigentumsverschaffungsanspruch zusteht, bei der Eigentumsvormerkung einzutragen (§ 47 GBO). Am einfachsten ist es, wenn ihnen Anspruch und Vormerkung im gleichen Anteils- oder Gemeinschaftsverhältnis eingeräumt werden, wie sie später Eigentümer werden, z. B. zu gleichen Bruchteilen. Anspruch und Vormerkung können den Käufern aber auch als Mitberechtigten nach § 432 BGB oder als Gesamtberechtigten nach § 428 BGB zustehen, während das Anspruchsziel Miteigentum nach Bruchteilen ist (vgl. *Amann* DNotZ 2008, 324, 333). Gehört der Anspruch zu einem Gesamthandsvermögen (Gütergemeinschaft, BGB-Gesellschaft, Erbengemeinschaft), so überlagert dieses ein etwa vereinbartes anderes Gemeinschaftsverhältnis, z. B. gemäß § 741 BGB, § 432 BGB oder § 428 BGB (vgl. *Schöner/Stöber* Rn. 1498 ff. m. w. N.). **417**

Bedingte und **künftige Übereignungsansprüche** können gemäß § 883 I 2 BGB bereits durch Vormerkung gesichert werden, **bevor** die aufschiebende Bedingung eingetreten oder die auflösende Bedingung ausgefallen oder der Anspruch sonst endgültig entstanden ist. Voraussetzung dafür ist, dass der Schuldner sich rechtsgeschäftlich gebunden hat und diese Bindung nicht mehr durch einseitige Willenserklärung, z. B. freien Widerruf, vorraussetzungslosen Rücktritt, abschütteln kann (s. i. E. *Amann* MittBayNot 2007, 13 und die Nachw. bei Palandt/*Bassenge* § 883 Rn. 15 ff.; Staudinger/*Gursky* § 883 Rn. 118 ff.). **418**

Für die **praktisch relevanten Fallgruppen** ergibt sich die Vormerkbarkeit aus der folgenden **Aufstellung**: **419**

Noch fehlende Umstände zum voll wirksamen unbedingten Anspruch	Vormerkungsfähigkeit
(1) Auf der Veräußererseite bestehende Geschäftsunfähigkeit oder beschränkte Geschäftsfähigkeit, wenn die Genehmigung des gesetzlichen Vertreters (Vormunds, Betreuers, Pflegers) und des Betreuungs-/Familiengerichts (§§ 108, 1643, 1821 I Nr. 1 und 4 BGB) noch nicht vorliegt oder noch nicht wirksam (§ 1829 I 2 BGB) ist:	Nein (*OLG Oldenburg* DNotZ 1971, 484; *LG Stade* MDR 1975, 933; Palandt/*Bassenge* § 883 BGB Rn. 15; teilweise abweichend MünchKomm/*Wacke* § 885 Rn. 27).
(2) Auf der Erwerberseite bestehende Mängel der in (1) genannten Art:	Ja (vgl. *BayObLG* DNotZ 1994, 182 und (4)).
(3) Vertreter ohne (alleinige) Vertretungsmacht oder Organ ohne (alleinige) Vertretungsmacht oder Vertreter (Organ) unter Verstoß gegen § 181 BGB auf der Veräußererseite:	Nein (vgl. BayObLGZ 1972, 397; *BayObLG* Rpfleger 1977, 361; *KG* DR 1943, 802).
(4) Mängel wie in (3) auf der Erwerberseite:	Ja (*KG* DNotZ 1971, 418; *BayObLG* DNotZ 1990, 297).
(5) Noch nicht erteilte Zustimmung eines Gesamthänders, Testamentsvollstreckers, Insolvenzverwalters u. ä. auf der Veräußererseite:	Nein (*KG* NJW 1973, 430; *RG* DR 1943, 802).
(6) Mängel wie in (5) auf der Erwerberseite:	Ja.

Noch fehlende Umstände zum voll wirksamen unbedingten Anspruch	Vormerkungsfähigkeit
(7) Noch fehlende Ehegattenzustimmung im Falle des § 1365 BGB auf der Veräußerer- oder Erwerberseite:	Ja (*BayObLG* DNotZ 1976, 421; *Tiedtke* FamRZ 1976, 320; *KG* NJW 1973, 430).
(8) Noch nicht erteilte Verwalterzustimmung nach § 12 WEG:	Ja (BayObLGZ 1964, 237).
(9) Noch ausstehende Genehmigungen nach öffentlich-rechtlichen Vorschriften:	Ja, z. B. nach § 2 GrdstVG (vgl. RGZ 108, 94), § 51 I Nr. 1 BauGB (vgl. *BayObLG* DNotZ 1970, 152), § 144 II BauGB (*LG Halle* DNotI-Report 1996, 214), § 2 I 1 Nr. 1 GVO (*KG* DNotZ 1992, 234), § 67 III ThürKO (*LG Erfurt* NotBZ 2008, 128 m. Anm. *Döbereiner*).
(10) Noch fehlende Zeugnisse, ohne die das Grundbuchamt die Eigentumsumschreibung nicht vollziehen darf, z. B. Unbedenklichkeitsbescheinigung des Finanzamts, Vorkaufsrechtszeugnis der Gemeinde:	Ja.
(11) Bindendes, formgerechtes Vertragsangebot des Veräußerers auf Abschluss eines Grundstückskaufvertrags oder anderen Vertrags, der die Übereignung eines Grundstücks zum Gegenstand hat:	Ja (vgl. *BGH* NJW 1981, 446; *BayObLG* MittBayNot 1995, 126; einschr. *OLG Oldenburg* DNotZ 1987, 369, wenn Anbietender die Annahme beeinflussen kann).
(12) Angebot des Erwerbers wie in (11):	Nein.
(13) Bindender, formgerechter Vorvertrag, der auf Abschluss eines die Übereignungspflicht begründenden Hauptvertrages gerichtet ist:	Ja (*BGH* LM Nr. 13 zu § 883 BGB; *BGH* DNotZ 1975, 546). Dies gilt nicht, wenn der Schuldner sich aus der (vor)vertraglichen Bindung jederzeit lösen kann (*BayObLG* Rpfleger 1977, 60).
(14) Verträge, die bedingte Übereignungspflichten begründen:	Ja (*OLG Frankfurt* DNotZ 1972, 180; vgl. *BGH* DNotZ 2002, 775 m. Anm. *Schippers*).
(15) Formgerecht begründete bedingte oder künftige Ansprüche aus einem Ankaufsrecht bzw. einer Option:	Ja, da das Ankaufsrecht je nach gewählter Gestaltung unter (11) oder (13) fällt (vgl. *BGH* DNotZ 1963, 230; WM 1973, 208; *KG* HRR 1939 Nr. 411; *BayObLG* DNotZ 1956, 206; MünchKomm/*Wacke* § 883 Rn. 33).
(16) Ansprüche aus einem schuldrechtlichen Vorkaufsrecht gemäß §§ 463 ff. BGB:	Ja (vgl. *BayObLG* NJW 1978, 700; Palandt/*Weidenkaff* Vorbem. 6 vor § 463 BGB). Das dingliche Vorkaufsrecht nach §§ 1094 ff. BGB ist bereits vom Gesetz (§ 1098 II BGB) mit Vormerkungswirkung ausgestattet und daher nicht gesondert vormerkungsfähig.
(17) Übereignungsanspruch aus einem vereinbarten Wiederkaufsrecht gemäß den §§ 456 ff. BGB, das nur rechtswirksam vereinbart, aber noch nicht ausgeübt sein muss:	Ja (BGHZ 75, 288; *BayObLG* DNotZ 1977, 39; *BGH* DNotZ 1995, 205; *Ertl* Rpfleger 1977, 352).

2. Teil. Allgemeine Fragen des Grundstückskaufvertrages   A I

Bei bedingten und künftigen Übereignungsansprüchen ersetzt die **Vormerkung nicht** 420 den Eintritt der aufschiebenden oder den Wegfall der auflösenden **Bedingung** und auch keine andere Entstehungsvoraussetzung des Anspruchs. Die Eigentumsvormerkung sichert den Käufer aber bereits in der Zeitspanne zwischen der Begründung und der endgültigen Entstehung des Anspruchs.

Insolvenzschutz nach § 106 I InsO genießen nicht nur vorgemerkte bedingte, sondern 421 auch vorgemerkte künftige und vorgemerkte schwebend unwirksame Ansprüche, und zwar selbst dann, wenn die noch fehlenden Voraussetzungen für die Entstehung eines solchen Anspruchs erst nach Eröffnung des Insolvenzverfahrens eintreten (*BGH* DNotZ 2002, 275 m. Anm. *Preuß; Amann* MittBayNot 2007, 13).

3. Verfrühte Löschung

Wenn der vorgemerkte Anspruch des Käufers erfüllt ist, hat die Vormerkung ihre 422 Funktion verloren. Sie kann gelöscht werden. Seinen Löschungsantrag sollte der Käufer nicht nur davon abhängig machen, dass er **Eigentümer** geworden ist, sondern zusätzlich davon, dass **nach** der **Vormerkung nichts eingetragen** worden ist, also keine Rechte entstanden sind, zu deren Beseitigung nach §§ 883 II, 888 I BGB er die Vormerkung benötigt. Sonst läuft der Käufer Gefahr, dass sein Löschungsantrag als materiell-rechtliche Aufgabeerklärung i. S. d. § 875 BGB angesehen wird (vgl. Staudinger/*Gursky* § 886 Rn. 28), die zusammen mit der Löschung die Vormerkung materiell aufhebt und damit den Käufer hindert, vormerkungswidrige Belastungen zu beseitigen (vgl. *BGH* NJW 1973, 323). Selbst wenn die gelöschte Vormerkung materiell-rechtlich fortbesteht, können Dritte vormerkungswidrige Zwischenrechte gutgläubig erwerben (*BGH* DNotZ 1991, 757). Der Löschungsantrag sollte daher an die **beiden** vorgenannten Bedingungen geknüpft werden; diese sind für das Grundbuchamt feststellbar und damit im Grundbuchverfahren zulässig (*BGH* a. a. O.), so dass es insbesondere keiner expliziten Bewilligung der Löschung bedarf, da es sich um einen Fall der Grundbuchunrichtigkeit nach § 22 GBO handelt. Hieran hat die aktuelle Rspr. zur „Wiederaufladung" der Vormerkung nichts geändert (s. Rn. 416), denn es ist aufgrund des Untergangs des solchermaßen spezifizierten Anspruchs wegen Erfüllung kein anderer, ebensolcher kongruenter Anspruch nebst Bewilligung und Eintragung (mehr) möglich, was Voraussetzung zur Weiterverwendbarkeit und damit neuerdings der erschwerten Löschbarkeit wäre (vgl. *BGH* DNotZ 2012, 763, für den Fall eines bereits erloschenen Rückkaufanspruchs; ZfIR 2012, 598; anders ist dies im Falle von Aufhebung und Rücktritt, vgl. Rn. 416). Steht er unter diesen Bedingungen, so kann er zur Vereinfachung und Kostenersparnis bereits im Voraus in den Kaufvertrag aufgenommen werden. Davon, dass nach der Vormerkung nicht nur nichts eingetragen, sondern auch nichts **beantragt** ist, braucht der Löschungsantrag nicht abzuhängen, denn nach Eigentumsumschreibung sind nur noch Eintragungsanträge vollziehbar, zu denen eine Bewilligung des Käufers (§ 19 GBO) vorliegt (missverständlich *BGH* a. a. O.).

Formulierungsbeispiel: Vormerkungslöschung „Normalfall"	423
Der Käufer beantragt schon jetzt, die Vormerkung wieder zu löschen, wenn er als Eigentümer eingetragen wird und bis dahin nach der Vormerkung nichts eingetragen worden ist.	

4. Löschung der Vormerkung bei gescheitertem Kauf

Falls der Käufer den Kaufpreis nicht (vollständig) bezahlt, kann der Verkäufer nach 424 § 323 BGB vom Kaufvertrag zurücktreten und nach Maßgabe der §§ 280 ff. BGB Schadensersatz verlangen. Macht der Verkäufer hiervon Gebrauch, so verliert der Käufer seinen Übereignungsanspruch. Seine Vormerkung wird **materiell-rechtlich** wirkungslos. Solange sie aber im Grundbuch eingetragen ist, hindert sie den Verkäufer **faktisch** an jeder weiteren Verfügung. Um sie im Grundbuch zu löschen, muss der Verkäufer gemäß § 22 I 1 GBO die Unrichtigkeit des Grundbuchs nachweisen. Dies gelingt ihm nur, wenn der Kaufvertrag in der Form des § 29 GBO einvernehmlich aufgehoben worden ist (dazu Rn. 942 ff.). Ansonsten benötigt er zur Berichtigung des Grundbuchs eine Bewilligung des Käufers (§§ 22 I, 19 GBO). Hierauf hat er einen Rechtsanspruch (§ 894 BGB). Diesen gegen den (häufig zahlungsunfähigen oder nicht erreichbaren) Käufer durchzusetzen, kann aber viel Zeit und Geld kosten. Vorkehrungen hiergegen sind ohne besonderes Anliegen des Verkäufers nicht geboten (vgl. *BGH* NJW 1993, 2744), aber z. B. dann zu erwägen, wenn die Zahlungsfähigkeit des Käufers zweifelhaft ist oder der Käufer keinen inländischen Wohnsitz/Sitz hat. Die Praxis geht vor allem folgende Wege (s. i. E. *Hagenbucher* MittBayNot 2003, 249):

425 Der eine Weg besteht darin, die Löschung zu erleichtern durch vorweg dem Notar oder seinen Mitarbeitern erteilte **Vollmacht** zur Abgabe einer rein grundbuchrechtlichen Löschungsbewilligung (sog. **Schubladenvollmacht**). Diese ist nicht bereits in der üblichen Vollzugsvollmacht des Notars enthalten (vgl. *OLG Jena* MittBayNot 2003, 298). Die Löschung darf freilich nicht bloß von einer einseitigen Erklärung des Verkäufers abhängen, er sei vom Kaufvertrag zurückgetreten. Sonst ist der Käufer schutzlos. Umgekehrt darf die Löschung nicht vom vollen Nachweis ihrer materiell-rechtlichen Voraussetzungen abhängen, da diese nur ein Gericht, nicht der Notar verlässlich feststellen kann. Die Löschung wird also gekoppelt an eine vereinfachte, überschlägige Darlegung ihrer Voraussetzungen. Die entsprechenden Vereinbarungen hierüber sind Bestandteil des Kaufvertrags und daher nach § 311b I BGB beurkundungspflichtig (*Reithmann/Albrecht* Rn. 498). Dies gilt entsprechend, wenn der Käufer statt der Löschungsvollmacht bereits im Voraus Löschungsbewilligung zu erteilen hat (sog. **Schubladenlöschungsbewilligung**), für die Vereinbarungen über ihre Verwendung. Zu beachten ist jeweils vor allem Folgendes:

– Die Eigentumsvormerkung darf erst eingetragen werden, wenn die Löschungsbewilligung oder -vollmacht gemäß den getroffenen Vereinbarungen wirksam erteilt ist; Löschungsbewilligung oder -vollmacht eines nicht existierenden oder nicht wirksam vertretenen Käufers sind nutzlos (übersehen von *BGH* NJW 1993, 274); Entsprechendes gilt, wenn ein Vertretungsnachweis des Käufers nicht beigebracht werden kann. Diese Fälle drohen insbesondere bei einem Erwerb durch ausländische Gesellschaften, zumal wenn diese nach Angaben möglicherweise noch im Gründungsstadium sind, oder trotz § 899a BGB bei einem zwischenzeitlichen Gesellschafterwechsel in einer kaufenden GbR (vgl. DNotI-Report 2012, 129). Hier hilft entweder nur ein Anderkonto (s. Rn. 429) oder eine auflösend bedingte Vormerkung mit Nachweis des Bedingungseintritts durch Eigenurkunde des Notars (*Hagenbucher* MittBayNot 2003, 249, 255 f.).
– Eine Abtretung des Übereignungsanspruchs des Käufers sollte ausgeschlossen sein. Sonst kann die Abtretung oder Verpfändung des Übereignungsanspruchs – sobald sie dem Grundbuchamt bekannt ist – der Löschung entgegenstehen. Kauft eine GbR, so gilt die von dieser erteilte Löschungsvollmacht weiterhin, auch wenn danach ein Gesellschafterwechsel stattfindet.
– Der Notar muss die Fälligkeit aus seinen Akten, den Verzug, die Fristsetzung und den Rücktritt primär aus den Erklärungen des Verkäufers und typisierten sonstigen Umständen feststellen; dabei kann es bei einem Formularvertrag oder Verbrauchervertrag (§ 310 III BGB) zu Konflikten mit § 308 Nr. 3, 5, 6 BGB kommen.
– Für alle Kaufpreisteile müssen Konten angegeben sein, auf welche die Kaufpreisgutschrift zu erfolgen hat, damit der Käufer dem Notar die Gutschrift nachweisen kann.
– Schlüssiger Vortrag des Käufers, wonach ihm Zurückbehaltungsrechte oder Einwendungen zustehen, z. B. wegen arglistiger Täuschung, wird nur berücksichtigt, wenn der

2. Teil. Allgemeine Fragen des Grundstückskaufvertrages A I

Käufer deswegen ein gerichtliches Verfahren anhängig gemacht hat (vgl. *Hagenbucher* MittBayNot 2003, 254).
- Wenn die Vormerkung gelöscht wird, treffen den Verkäufer in der Regel Löschungskosten und bereits angefallene Eintragungskosten sowie noch nicht bezahlte Notarkosten. Zu beachten ist, dass früher im Kosteninteresse gegebene Gestaltungsempfehlungen seit dem 1.8.2013 – GNotKG – überholt sind.

Formulierungsbeispiel: „Schubladenlöschung" Vormerkung des Käufers 426

Der Käufer bevollmächtigt den Notar unwiderruflich, in seinem Namen die Löschung der Eigentumsvormerkung nach § 19 GBO zu bewilligen und zu beantragen. Die Vollmacht umfasst nicht die Aufgabe der Vormerkung nach materiellem Recht. Der Notar darf von dieser Vollmacht nur unter folgenden Voraussetzungen, deren Vorliegen dem Grundbuchamt nicht nachzuweisen ist, Gebrauch machen:

a) Die Fälligkeitsmitteilung des Notars wurde *per Einwurfeinschreiben* an die im Eingang dieser Urkunde genannte Anschrift des Käufers oder an eine vom Käufer dem Notar schriftlich mitgeteilte andere Anschrift des Käufers gesandt. Ist die Fälligkeitsmitteilung als unzustellbar an den Notar zurückgeleitet worden, so genügt ein zweites Verschicken der Fälligkeitsmitteilung gemäß den vorstehenden Bestimmungen, selbst wenn die zweite Mitteilung ebenfalls als unzustellbar an den Notar zurückgeleitet wird.

b) Der Verkäufer hat dem Notar schriftlich mitgeteilt, dass er vom Kaufvertrag zurückgetreten ist.

c) Der Notar hat eine Kopie dieser Mitteilung per Einwurfeinschreiben an den Käufer gesandt und dabei den Käufer darauf hingewiesen, dass die Löschung seiner Vormerkung droht, wenn er nicht innerhalb von sechs Wochen ab dem Datum, das auf dem gerade genannten Schreiben des Notars steht, dem Notar nachgewiesen hat, dass
- entweder der Kaufpreis bezahlt ist
- oder ein gerichtliches Verfahren zur Feststellung der Unwirksamkeit des Rücktritts des Verkäufers rechtshängig ist.

Im Übrigen gelten für dieses Schreiben des Notars die unter a) getroffenen Bestimmungen.

d) Der Käufer hat den Nachweis innerhalb der Sechswochenfrist dem Notar nicht erbracht.

Der Notar ist verpflichtet, von der Vollmacht Gebrauch zu machen, wenn die vorgenannten Voraussetzungen erfüllt sind und der Verkäufer ihn schriftlich dazu anweist. Der Notar kann den Gebrauch der Vollmacht davon abhängig machen, dass der Löschungsantrag auch namens des Verkäufers gestellt wird.

Im Rahmen der vorstehenden Bestimmungen kann jeder Verkäuferteil alle übrigen Verkäuferteile einzeln vertreten. Bei Unzustellbarkeit von Sendungen an den Käufer gemäß vorstehenden Buchstaben a) oder c) ist der Notar nicht zu Nachforschungen verpflichtet, auch nicht zu einer Einholung einer Auskunft bei Behörden oder beim Registergericht.

Der Käufer kann seinen Anspruch auf Verschaffung des Eigentums nicht abtreten oder verpfänden.

Der Notar hat den Käufer insbesondere darüber unterrichtet, dass er
- jeden Wechsel seiner Anschrift unverzüglich dem Notar schriftlich mitteilen sollte und
- auf Schreiben des Notars stets reagieren sollte,

um sicherzustellen, dass er seine Eigentumsvormerkung nicht verliert und daher nicht Gefahr läuft, den Kaufpreis zu zahlen, ohne das Grundstück zu erhalten.

(in Anlehnung an *Hagenbucher* a. a. O.)

427 Bei Käufern mit Anschrift im Ausland empfiehlt es sich, die schräg gedruckten Worte „per Einwurfeinschreiben" wegzulassen, da diese Zustellungsart dort möglicherweise unbekannt oder unmöglich ist.

428 Die vorstehenden „Schubladenlösungen" scheitern zum Einen dann, wenn die Handlungsbefugnis des Vormerkungsberechtigten nicht in grundbuchfähiger Form „beim Aufziehen der Schublade" dem Grundbuchamt in der Form des § 29 GBO nachgewiesen werden kann (s. oben Rn. 424), zum Anderen dann, wenn der Käufer in Insolvenz gerät. Nach § 117 InsO erlöschen nämlich mit Eröffnung des Insolvenzverfahrens erteilte Vollmachten, was jedenfalls bei vorsichtiger Betrachtung auch für die mit der Schubladenlöschungsbewilligung verbundene „Notaranweisung" gelten dürfte. Hier hilft nur eine entsprechend durch die Insolvenz auflösend bedingte Vormerkung mit Feststellung dieses Bedingungseintritts des Notars durch Eigenurkunde. Die Voraussetzungen, die zur entsprechenden notariellen Feststellung führen, sind identisch mit denen, die im Formulierungsbeispiel in Rn. 426 den Notar zum Gebrauchmachen der Vollmacht bzw. der Löschungsbewilligung berechtigen (zur Formulierung im Einzelnen s. *Hagenbucher* MittBayNot 2003, 249, 255 f.). Diese Gestaltung ist insolvenzfest und löst ebenfalls keine Mehrkosten aus. Dieser Weg ist somit eigentlich in *allen* Fällen der juristisch „beste" – aufgrund des mit Eigenurkunden stets verbundenen gesteigerten Haftungsrisikos ist aber dem Notar kein Vorwurf zu machen, wenn er in den „Insolvenzfällen" gleichwohl die in Rn. 425 f. dargestellten „Schubladenlösungen" verfolgt, wenn er für eine Insolvenz keine Anhaltspunkte hat, insbesondere die Beteiligten sich hierzu nicht besonders verhalten. Ferner ist jedenfalls bei den in diesem Abschnitt des Buches behandelten gegenseitigen Verträgen doch die Gefahr für den Verkäufer, auf seinem Objekt vormerkungsbelastet sitzen zu bleiben, ohne den Kaufpreis zu erhalten, im Ergebnis durch die Vorschrift über das Wahlrecht des Insolvenzverwalters (§ 103 InsO) wirtschaftlich praktisch nicht gegeben, weil bei Ablehnung der Erfüllung durch den Insolvenzverwalter der Anspruch auf Löschung der Vormerkung im Rückgewährschuldverhältnis – letztlich Grundbuchberichtigung! – keine Insolvenzforderung ist, sondern vom Insolvenzverwalter ohne Weiteres erfüllbar ist. Richtigerweise handelt es sich bei den dadurch ausgelösten Löschungskosten sogar um eine Masseverbindlichkeit, da auf dem Entschluss des Insolvenzverwalters beruhend, so dass den Verkäufer auch insoweit kein Risiko trifft.

429 Der dritte Weg besteht darin, die Vormerkung erst einzutragen, nachdem der Kaufpreis auf **Notaranderkonto** eingezahlt ist oder jedenfalls ein Kaufpreisteil, der ausreicht, um etwaige Schäden des Verkäufers abzudecken. Dieser Weg vermeidet die in Rn. 428 dargestellten Nachteile, verzögert aber die Eintragung der Vormerkung und kann Mehrkosten auslösen (vgl. *Klein* RNotZ 2004, 253), weshalb auch insofern der zweite Weg (auflösend bedingte Vormerkung, s. zuvor Rn. 428) vorzugswürdig ist. Die Frist für die Einzahlung sollte jedenfalls im Interesse des Käufers relativ kurz sein, um den Käufer möglichst früh durch Vormerkung zu schützen.

430 | **Formulierungsbeispiel: Kostenrisikoabdeckung auf Anderkonto**

> Innerhalb von zwei Wochen ab heute muss ein Kaufpreisteil von … EUR auf dem Anderkonto des Notars Kto.Nr. … bei der … gutgeschrieben sein, und zwar unabhängig von Vormerkung, Lastenfreistellung und behördlichen Genehmigungen. Dieser Kaufpreisteil muss auflagenfrei gutgeschrieben sein, auch wenn der Käufer den Kaufpreis ganz oder teilweise durch Darlehen finanziert.
> Durch die Hinterlegung dieses Kaufpreisteils soll u. a. dem Verkäufer Sicherheit geschaffen werden wegen etwaiger ihm zustehender Ersatzansprüche für den Fall, dass er wegen Zahlungsverzugs des Käufers vom Kaufvertrag zurücktritt. Dies ist auch vom Notar zu beachten, wenn der Verkäufer solche Ersatzansprüche schlüssig behauptet. Bis zur Hinterlegung dürfen keine Ausfertigungen oder beglaubigte Abschriften erteilt werden, welche die Eintragung der Eigentumsvormerkung ermöglichen.

2. Teil. Allgemeine Fragen des Grundstückskaufvertrages A I

Auszahlungsvoraussetzungen, Anlagemodalitäten, Hinterlegungskosten sind wie üblich zu regeln. Falls Grundpfandrechtsgläubiger abzulösen sind, sollte auch der Restkaufpreis über Anderkonto fließen. **431**

Wegen der Aufnahme des Sicherungszwecks der Hinterlegung vgl. *KG DNotI-Report* 1997, 230. Verfügt der Käufer über kein Eigenkapital für diese Anzahlung, so steigt das Risiko des Verkäufers, so dass allenfalls Einzahlung des gesamten Kaufpreises auf Anderkonto durch das Kreditinstitut des Käufers in Betracht kommt (Formulierungsvorschlag dafür bei *Hagenbucher* MittBayNot 2003, 257). Dieser Weg ist aber nur gangbar, wenn das Kreditinstitut des Käufers ausschließlich Treuhandauflagen macht, die der Verkäufer ohne Mitwirkung des Käufers erfüllen kann, also z. B. die Auszahlung vom Anderkonto nicht an ein abstraktes Schuldversprechen des Käufers mit Zwangsvollstreckungsunterwerfung knüpft (dazu Kap. A VI. Rn. 26 ff.). **432**

Zur bloßen Abschreckung von Gaunern kann bereits ein in Abstimmung mit dem Verkäufer verlangter Vorschuss auf die Notar- und Grundbuchkosten genügen. Dagegen ist bei Ausländern, jedenfalls außerhalb eines gesicherten Rechtsraumes wie der EU oder des EWR, die angeblich keine Finanzierungsgrundschuld benötigen, die Hinterlegung des gesamten Kaufpreises einschließlich Grunderwerbsteuer sowie von Vorschüssen auf die Notar- und Grundbuchkosten vor Eintragung der Eigentumsvormerkung ein Weg, der nicht nur den Verkäufer sichert, sondern auch die Abwicklung beschleunigt (Grunderwerbsteuer und Grundbuchkostenvorschüsse brauchen nicht bei ausländischer Adresse angefordert zu werden) und vom Käufer als umfassender Service verstanden wird. **433**

VIII. Auflassung

1. Form und Inhalt

Die Auflassung muss nach § 925 BGB bei gleichzeitiger Anwesenheit von Veräußerer und Erwerber vor einer zuständigen Stelle erklärt werden. Sie ist nach II unwirksam, wenn sie unter einer Bedingung oder einer Zeitbestimmung erfolgt. Ist die Auflassung unwirksam, erwirbt der Käufer trotz Eintragung im Grundbuch kein Eigentum; § 311b I 2 BGB setzt eine rechtswirksame Auflassung voraus. Das Eigentum an dem mitveräußerten Zubehör geht nach § 926 BGB mit dem Eigentum am Grundstück auf den Käufer über; eine Übergabe ist nicht erforderlich. Zum Erwerb des Eigentums an mitverkauften Einrichtungsgegenständen, die nicht Zubehör sind, bedarf es der Einigung und Übergabe (§ 929 BGB). Der Verkäufer wird die Einigung nur unter der aufschiebenden Bedingung der Kaufpreiszahlung erklären. **434**

a) Zwingende Voraussetzung ist die **gleichzeitige Anwesenheit** beider Vertragsteile. Ein Vermerk des Notars in der Urkunde, mit dem dies festgestellt wird, ist nicht erforderlich (*LG München I* MittBayNot 1989, 31). Zur Auflassung bei Beurkundung des Kaufvertrages durch Antrag und Annahme vgl. Rn. 900. Die Vollmacht zur Erklärung der Auflassung muss dem Grundbuchamt gegenüber in der Form des § 29 GBO nachgewiesen werden, ebenso die Genehmigung des vollmachtlosen Vertreters oder die Vollmachtsbestätigung bei mündlicher oder privatschriftlicher Vollmachtserteilung. Die Einwilligung des Eigentümers in die Auflassung eines Grundstücks durch einen Dritten bedarf nicht der Form des § 925 BGB, wenn ihre freie Widerruflichkeit (§ 183 BGB) keiner Einschränkung unterliegt (*BGH* DNotZ 1999, 40). Ausreichend ist die notarielle Beglaubigung. Bei einem rechtskräftigen Urteil nach § 894 ZPO genügt die Erklärung der Auflassung durch den verbleibenden Beteiligten unter Vorlage (*BayObLG* Rpfleger 1983, 93) einer vollstreckbaren (gem. § 894 I 2 i.V.m. § 726 II ZPO durch den Urkundsbeamten der Geschäftsstelle erst nach dem Nachweis dieser Leistung oder des Gläubigerannahmeverzuges zu erteilenden) Ausfertigung des rechtskräftigen Urteils vor einem deutschen Notar, von welchem dieser beglaubigte Abschrift fertigt. Hierdurch wird die Anwesen- **435** heit des Verurteilten fingiert; die Willenserklärung gilt als bereits i. R. d. Urteils abgegeben (*BayObLG* DNotI-Report 2005, 103).

436 Zuständig zur Entgegennahme der Auflassung ist nur der **deutsche Notar,** im Ausland der Konsularbeamte (§ 12 Nr. 1 i. V. m. § 19 KonsG). Zur Auflassung im gerichtlichen Vergleich und im Insolvenzplanverfahren vgl. Palandt/*Bassenge* § 925 Rn. 8.

437 Die Beurkundung einer Auflassung durch einen ausländischen Notar erfüllt nicht die Wirksamkeitsvoraussetzung des § 925 I 2 BGB und ist deshalb für im Geltungsbereich des BGB belegene Grundstücke unwirksam (*KG* DNotZ 1987, 44). Ist der Kaufvertrag von einem ausländischen Notar beurkundet worden, so ist umstritten, ob für die Beurkundung der Auflassung durch einen deutschen Notar eine Ermäßigung der Gebühr nach Nr. 21102 KV-GNotKG (statt Nr. 21100 KV-GNotKG) eintritt (vgl. dazu Kap. J Rn. 61A).

438 **b)** Bei der Auflassung muss das **Grundstück eindeutig bezeichnet** werden. Ist in der Urkunde das Grundstück an anderer Stelle genau bezeichnet, genügt die Erklärung, dass die Beteiligten darüber einig sind, dass das Eigentum an dem „verkauften Grundstück" auf den Käufer übergeht. Zur Auflassung beim Verkauf einer bislang nicht vermessenen Teilfläche vgl. Rn. 608 f. Ist das Grundstück falsch bezeichnet, ist die Auflassung gleichwohl wirksam, wenn beide Vertragsteile dasselbe Grundstück gemeint haben; es bedarf allerdings einer Berichtigung der Auflassung in der Form des § 29 GBO. Wird der Gegenstand der Auflassung von den Beteiligten versehentlich falsch bezeichnet, ist die Auflassung nur hinsichtlich des Objekts erklärt worden, auf das sich der übereinstimmende Wille erstreckte (*falsa demonstratio: OLG Naumburg* NotBZ 2006, 215, vgl. umfassend *Bergermann* RNotZ 2002, 557), während für den äußerlich umschriebenen Gegenstand nur scheinbar eine Einigung vorliegt, es insoweit aber in Wirklichkeit an einer Auflassung fehlt (*BGH* ZNotP 2002, 149).

439 **c)** Bei der Auflassung an mehrere Personen ist die Angabe des konkreten **Gemeinschaftsverhältnisses** (§ 47 GBO; vgl. hierzu *Amann* DNotZ 2008, 324) notwendiger Inhalt der Auflassung. Fehlt sie, ist die Auflassung unwirksam und muss durch alle Vertragsparteien nachgeholt werden (Palandt/*Bassenge* § 925 Rn. 16). Mehrere Personen können das Eigentum erwerben: zu Bruchteilen (§ 1008 BGB), Eheleute in Gütergemeinschaft, ausländische Staatsangehörige im Beteiligungsverhältnis gemäß dem maßgeblichen gesetzlichen Güterstand ihres Heimatrechts („Errungenschafts"- oder „Gütergemeinschaft"). Ist das Gemeinschaftsverhältnis unrichtig angegeben (z. B. Erwerb zu Bruchteilseigentum bei Eheleuten, die in Gütergemeinschaft leben), ist die Auflassung wirksam; es genügt Berichtigungsantrag des Käufers (vgl. *BGH* DNotZ 1982, 692; *BayObLG* DNotZ 1983, 754; *Schöner/Stöber* Rn. 3312 m. w. N.). Erwirbt eine GbR – also ein rechtsfähiger Verband mit eigener Rechtspersönlichkeit –, sind die Gesellschafter gem. § 47 II 1 GBO anzugeben, um die Gutglaubenswirkung des § 899a BGB (jedenfalls in Bezug auf die dingliche Rechtsänderung) zu eröffnen.

440 **d)** Die Auflassung darf nicht unter einer **rechtsgeschäftlichen Bedingung** oder einer Zeitbestimmung erfolgen, § 925 II BGB. Um jeden Zweifel zu vermeiden, dass eine Bedingung oder Befristung des schuldrechtlichen Vertrags nicht für die Auflassung gilt, sollte die Einigung über den Eigentumsübergang in einem eigenen Abschnitt der Urkunde erklärt werden. Eines ausdrücklichen Vermerks, dass die Auflassung „unbedingt" erklärt ist, bedarf es nicht. Zulässig sind Weisungen der Beteiligten an den Notar, nur nach Eintritt bestimmter Voraussetzungen (insbesondere der Kaufpreiszahlung) den Antrag auf Eigentumsumschreibung zu stellen; sie berühren die Unbedingtheit der Auflassung nicht. Zulässig ist auch eine Bestimmung, dass die Eigentumsumschreibung nicht ohne gleichzeitige Eintragung der in der Urkunde bestellten dinglichen Rechte erfolgen darf (§ 16 II GBO). Typische Beispiele sind die Restkaufpreishypothek, ein Nießbrauch, eine Reallast oder eine Rückauflassungsvormerkung zugunsten des Verkäufers. Häufig wird in diesen Fällen die gleichzeitige Eintragung von Rechten zugunsten des Verkäufers durch eine übereinstimmende Weisung der Beteiligten an den Notar sichergestellt, die mehreren Anträge nur gemeinsam dem Grundbuchamt zum Vollzug einzureichen. Vorzuziehen ist hier die Möglichkeit nach § 16 II GBO, also die Bestimmung des Antragstellers, dass die eine Eintragung nicht ohne die andere erfolgen soll. Eine solche Bestimmung hat das Grundbuchamt zu beachten, selbst wenn aufgrund eines Büroversehens bei Stellung des Umschreibungsantrags vergessen wird, die Eintragung der zugunsten des Verkäufers bestellten Rechte zu beantragen.

e) Der Käufer kann (vor Kaufpreiszahlung) seinen Anspruch auf Eigentumsübertragung und nach Eintragung der Vormerkung sein Anwartschaftsrecht auf einen Dritten übertragen. Die Auflassung enthält dann keine Ermächtigung an den Käufer, das Grundstück ohne Zwischeneintragung an einen Dritten zu veräußern, wenn der Erwerb des Dritten einer vertraglichen Zweckbestimmung zuwiderliefe (*BGH* DNotZ 1998, 281: ob eine Ermächtigung zur Verfügung in der Auflassung liegt, ist eine Frage der Auslegung). **441**

Es empfiehlt sich, die **Abtretung** des Eigentumsübertragungsanspruchs vertraglich gem. § 399 I BGB **auszuschließen**, um die Löschung der Vormerkung bei Scheitern des Vertrages sicherzustellen (vgl. Rn. 425). Der vertragliche Ausschluss der Abtretbarkeit eines durch Vormerkung gesicherten Anspruchs gehört zu den im Grundbuch einzutragenden Merkmalen des dinglichen Rechtes „Vormerkung" (*OLG Köln* MittBayNot 2004, 263). **442**

> **Formulierungsbeispiel: Auflassungserklärung** **443**
>
> Die Beteiligten sind darüber einig, dass das Eigentum an dem verkauften Grundbesitz auf den Käufer im Beteiligungsverhältnis zu je ½ Anteil übergeht.
> Sie bewilligen die Eintragung des Eigentumswechsels in das Grundbuch.
> Die Abtretung des Anspruchs auf Übereignung wird ausgeschlossen.
> Der Verkäufer bewilligt und der Käufer beantragt die Eintragung einer Vormerkung zur Sicherung des nicht abtretbaren Anspruchs des Käufers auf Eigentumsübertragung im Grundbuch im angegebenen Beteiligungsverhältnis.
> Der Käufer bewilligt schon jetzt die Löschung dieser Vormerkung gleichzeitig mit der Eigentumsumschreibung, vorausgesetzt dass keine Zwischeneintragungen ohne seine Zustimmung erfolgt sind.

f) Eine bestimmte **Form** ist für die Auflassung nicht vorgeschrieben. Die Auflassung bedarf jedoch gegenüber dem Grundbuchamt des Nachweises durch öffentliche Urkunde, die den zwingenden Formerfordernissen des Beurkundungsgesetzes genügt. Die fehlende Unterschrift eines Beteiligten kann nicht durch eine notarielle Eigenurkunde geheilt werden (*BayObLG* DNotZ 2001, 557, 560 m. Anm. *Reithmann*). Die vor dem Notar erklärte Auflassung ist materiell wirksam, wenn die Unterschrift eines Beteiligten unter der Niederschrift fehlt (*OLG Rostock* DNotZ 2007, 220). **444**

Das Grundbuchamt ist weder verpflichtet noch berechtigt, die **Gültigkeit des Verpflichtungsgeschäfts** zu prüfen. Es reicht daher die Vorlage einer auszugsweisen beglaubigten Abschrift oder Ausfertigung der Urkunde, die die Auflassung enthält, und in der der Vertragsgegenstand genau beschrieben ist, für den grundbuchlichen Vollzug der Eigentumsumschreibung aus (*BayObLG* DNotZ 1981, 570). Das Grundbuchamt hat nur zu prüfen, ob die Auflassung ordnungsmäßig beurkundet ist. **445**

Ist mit dem Antrag auf Eintragung der Vormerkung dem Grundbuchamt eine beglaubigte Abschrift/Ausfertigung der Urkunde (auszugsweise ohne Auflassung) zu den Grundakten hereingereicht worden, genügt es, wenn mit dem Antrag auf Eigentumsumschreibung ein Auszug der Urkunde, der die Auflassung enthält, vorgelegt wird. Zur **446** leichteren Trennung der jeweiligen Teile der Urkunde nehmen einige Notare die Erklärung der Auflassung in eine Anlage zur Niederschrift über den Kaufvertrag.

2. Aussetzung der Auflassung oder beurkundungsrechtliche bzw. verfahrensrechtliche Lösung

447 Die Frage, ob es richtiger ist, beim Grundstückskaufvertrag die Auflassung bis zur Bezahlung des Kaufpreises auszusetzen, oder die Auflassung bereits mit dem Kaufvertrag zu beurkunden, wird in der Praxis unterschiedlich beantwortet (vgl. einerseits *Kanzleiter* DNotZ 1996, 242 – für getrennte Beurkundung der Auflassung und andererseits *Brambring*, FS Hagen, 1999, S. 251 – für Mitbeurkundung der Auflassung; *Amann* MittBayNot 2001, 150). Die getrennte Beurkundung der Auflassung löst eine 0,5 Gebühr nach Nr. 21101 KV-GNotKG bei Beurkundung durch denselben Notar und eine 1,0 Gebühr nach Nr. 21102 KV-GNotKG bei Beurkundung durch einen anderen Notar aus, sodass einige OLG hierin eine unrichtige Sachbehandlung gem. § 21 I GNotKG sehen (*OLG Köln* MittRhNotK 1997, 328; *OLG Düsseldorf* DNotZ 1996, 324; a.A. jedoch *OLG Hamm* MittBayNot 1998, 275) oder dieses Verfahren gar disziplinarisch ahnden wollen (*OLG Celle* DNotZ 2004, 196 mit zu Recht abl. Anm. *Kanzleiter*). Außerdem werden die Beteiligten den zweiten Termin beim Notar als unnötige Förmelei empfinden. Auch könnte umgekehrt dem Käufer das Risiko drohen, dass der Verkäufer nach Erhalt des Kaufpreises nicht mehr erreichbar ist, verstirbt oder beurkundungsunwillig ist; es drohen erhebliche prozessuale Mehrkosten (Gebührenstreitwert einer Klage auf Auflassung ist der Grundbesitzwert: *BGH* DNotZ 2002, 216).

448 Für die **Mitbeurkundung der Auflassung** spricht entscheidend, dass die Beteiligten an die Einigung gebunden sind (§ 873 II Alt. 1 BGB). Nur wenn bereits die Auflassung erklärt ist, erwirbt der Käufer mit Eintragung der Eigentumsübertragungsvormerkung ein Anwartschaftsrecht und damit Deliktsschutz (*BGH* DNotZ 1992, 293; ausführlich hierzu *Brambring*, FS Hagen, 1999, S. 251).

449 Einige Notare arbeiten auch heute noch formularmäßig mit einer **Bevollmächtigung ihrer Mitarbeiter** zur Erklärung der Auflassung. Diese Vollmacht verstieß möglicherweise gegen § 1 RBerG – gegen das seit 1.7.2008 an dessen Stelle getretene RDG wohl nur in den seltenen Fällen, in denen der Rechtsuchende besondere rechtliche Aufklärung gerade vom Vertreter, nicht vom Notar, erwartet –; jedoch wohl nicht gegen § 17 II a BeurkG („Vollzugsgeschäft" i.S.d. Richtlinienempfehlungen der *BNotK* DNotZ 1999, 258). Die Vollmachtslösung krankt ferner an der grds. stets gegebenen Widerruflichkeit von Vollmachten sowie daran, dass eine möglicherweise (z.B. wegen Formmangels) gegebene Unwirksamkeit des Kaufvertrages auch die Vollmacht erfassen würde, sodass mangels wirksamer Auflassung die Heilung des Formmangels nicht gem. § 311b I 2 BGB eintreten könnte. Sofern an der Kaufvertragsbeurkundung ihrerseits Bevollmächtigte beteiligt sind, müssen diese zur Erteilung von Untervollmachten ermächtigt sein. Ist die Auflassung noch nicht erklärt, bedürfen Vertragsänderungen, sofern es sich nicht um geringe technische Anpassungen handelt, in jedem Fall der Beurkundungsform. Dem steht als Vorteil gegenüber, dass eine vom Grundbuchamt etwa unachtsamerweise vorgenommene Umschreibung, da ja die Auflassung auch materiellrechtlich noch nicht erklärt wurde, nicht zum Eigentumsverlust führt. Auch aus haftungsrechtlichen Gründen ist von einer Mitarbeitervollmacht zur Erklärung der Auflassung dringend abzuraten (vgl. *BGH* ZNotP 2003, 71). Dem beurkundenden Notar selbst kann die Auflassungsvollmacht nicht erteilt werden, weil er diese vor einem anderen Notar erklären müsste; die Errichtung einer Eigenurkunde (nur bei verfahrensrechtlichen Erklärungen möglich) scheidet hier aus.

450 Beim Kaufvertrag über eine Grundstücksteilfläche bedarf es zur Eigentumsumschreibung der Identitätserklärung (§ 28 GBO), in der das Grundstück entsprechend dem Veränderungsnachweis unter Angabe des Flurstücks bezeichnet wird. Da es sich hierbei um

ein Vollzugsgeschäft handelt, ist eine Mitarbeitervollmacht unbedenklich, auch (vorsorglich) zur erneuten Auflassung (vgl. Rn. 608 f.).

Wird die Auflassung bereits mit dem Grundstückskaufvertrag erklärt, muss der Verkäufer davor geschützt werden, dass der Käufer vertragswidrig vor Kaufpreiszahlung seine Eintragung als Eigentümer betreibt. **451**

a) Manche Notare arbeiten auch heute noch mit einem **Antragsverzicht,** also einem Verzicht des Käufers, selbst die Eigentumsumschreibung zu beantragen, oder mit einer das eigene Antragsrecht verdrängenden Vollmacht auf den Notar (*OLG Hamm* DNotZ 1975, 686). Im Anschluss an das gesamte Schrifttum (Nachw. bei *Stöber/Schöner* Rn. 88) haben *OLG Frankfurt* DNotZ 1992, 389 und *OLG Hamm* FGPrax 1998, 154 deutlich zu verstehen gegeben, dass ein **Verzicht auf das Antragsrecht unwirksam** ist. **452**

b) In der Praxis noch weit verbreitet ist die sog. **beurkundungsrechtliche Lösung** der Vollzugs- und Ausfertigungssperre. Die Beteiligten weisen den Notar in der Urkunde übereinstimmend an, vor Nachweis der Kaufpreiszahlung weder die Eigentumsumschreibung zu beantragen, noch dem Käufer oder dem Grundbuchamt eine Ausfertigung oder beglaubigte Abschrift der Urkunde zu erteilen, die die Auflassung enthält. Beurkundungsrechtlich ist dieses Verfahren unbedenklich. Nach § 53 BeurkG gilt die Verpflichtung des Notars zur unverzüglichen Einreichung der Urkunde beim Grundbuchamt zum Vollzug nicht, wenn „alle Beteiligten gemeinsam etwas anderes verlangen". Nach §§ 42 III, 49 V BeurkG kann eine beglaubigte Abschrift oder eine Ausfertigung auf Antrag auch auszugsweise, also auch ohne Auflassung, erteilt werden. Nach § 51 II BeurkG kann ein Beteiligter auf sein Recht verzichten, sofern eine vollständige Ausfertigung der Urkunde zu verlangen. **453**

Formulierungsbeispiel: Auflassungssperre durch auszugsweise Ausfertigung	**454**
Der Notar wird angewiesen, die Eintragung des Eigentumswechsels erst zu veranlassen, wenn ihm die Zahlung des Kaufpreises nachgewiesen ist. Vorher darf er dem Käufer und dem Grundbuchamt keine Ausfertigung oder beglaubigte Abschrift dieser Urkunde erteilen, die die Auflassung enthält.	

c) Auf *Ertl* (MittBayNot 1992, 102) und ihm folgend *Weser* (MittBayNot 1993, 253, 263) geht die modernere **verfahrensrechtliche Lösung** zurück. Sie geht davon aus, dass nach dem Bewilligungsgrundsatz des § 19 GBO zur Eigentumsumschreibung neben dem Nachweis der materiellrechtlichen Auflassung eine Eintragungsbewilligung als verfahrensrechtliche Erklärung erforderlich ist. Nach *Demharter* (MittBayNot 2008, 124) entspricht dies inzwischen allgemeiner Meinung (a. A. noch *Kesseler* ZNotP 2005, 176). Bei der verfahrensrechtlichen Lösung erklären die Vertragsbeteiligten die Auflassung, stellen jedoch ausdrücklich klar, dass hierin keine Eintragungsbewilligung liegt. Grundsätzlich wird davon ausgegangen, dass die Auflassung auch die verfahrensrechtliche Eintragungsbewilligung enthält, so dass die Eigentumsumschreibung ohne eine ausdrückliche Bewilligung des Verkäufers erfolgt. Etwas anderes gilt, wenn die Eintragungsbewilligung vorbehalten wird. Bei der verfahrensrechtlichen Lösung weisen die Beteiligten den Notar an, die Eintragung des Eigentumswechsels durch Eigenurkunde zu bewilligen, sobald ihm die Kaufpreiszahlung nachgewiesen ist; die Eigenurkunde ist dann Bestandteil des (gesiegelten) Antragsschreibens für den Endvollzug beim Grundbuchamt. Dieser Weg hat den Vorteil, dass **nur eine** (komplette) **Ausfertigung** den Beteiligten und dem Grundbuchamt erteilt wird, dass der Notar selbst bei Endvollzug das »fehlende Element« hinzufügt und bei dieser Gelegenheit prüfen kann, ob die Voraussetzungen hierfür vorliegen, und dass auch bei der Fertigung von Ausfertigungen oder beglaubigten Abschriften für Dritte (Finanzierungsgläubiger, Makler etc.) keine Vorsicht walten muss. Der grund- **455**

buchrechtliche Weg empfiehlt sich auch zur Verschlankung der Grundbuchakten (vgl. § 24a GBV).

456 **Formulierungsbeispiel: Ausgesetzte Bewilligung als Auflassungssperre**

Die Beteiligten sind darüber einig, dass das Eigentum an dem verkauften Grundstück auf den Käufer übergeht.
In der Auflassung ist ausdrücklich keine Bewilligung des Verkäufers zur Eintragung des Eigentumsübergangs auf den Käufer enthalten.
Die Beteiligten weisen den Notar an, die Eintragung des Eigentumswechsels zu bewilligen und zu beantragen, sobald ihm der Verkäufer die Zahlung des geschuldeten Kaufpreises originalschriftlich bestätigt oder der Käufer die Zahlung des geschuldeten Kaufpreises durch Bankbestätigung nachgewiesen hat.

457 Sobald die Kaufpreiszahlung nachgewiesen ist und die sonstigen für die Eigentumsumschreibung notwendigen Unterlagen (insbesondere Unbedenklichkeitsbescheinigung) dem Notar vorliegen, bewilligt und beantragt er die Eintragung des Eigentumswechsels durch Eigenurkunde.

458 **Formulierungsbeispiel: Abgabe der ausgesetzten Bewilligung**

Als Verfahrensbevollmächtigter der Beteiligten des vorgenannten Kaufvertrages, der dem Grundbuchamt in beglaubigter Abschrift vorliegt, bewillige und beantrage ich die Eigentumsumschreibung auf den Käufer in dem angegebenen Beteiligungsverhältnis.

459 Das Schreiben an das Grundbuchamt ist gemäß § 29 GBO zu siegeln.

460 Bei der beurkundungsrechtlichen und der verfahrensrechtlichen Lösung stellt sich in gleicher Weise die Frage, wie dem Notar die **Kaufpreiszahlung dem Notar nachzuweisen** ist. Bei Abwicklung der Kaufpreiszahlung über Anderkonto des Notars ist dies unproblematisch. Bei direkter Kaufpreiszahlung ist grundsätzlich auf die (je nach Vereinbarung originalschriftlichen oder auch gefaxten) **Bestätigung des Verkäufers** abzustellen. Gleichwohl sollte die Formulierung so gefasst werden, dass die Kaufpreiszahlung auch in anderer Weise dem Notar nachgewiesen werden kann. Weigert sich der Verkäufer nämlich nach Erhalt des Kaufpreises, die Bestätigung abzugeben, müsste der Käufer Klage erheben. Werden aus dem Kaufpreis Darlehensverbindlichkeiten des Verkäufers abgelöst, kann der Verkäufer auch nur den Erhalt des Restkaufpreises bestätigen. Erforderlich ist dann weiter die Bestätigung des Gläubigers über die Erledigung des erteilten Treuhandauftrags, damit der Notar die Löschungsunterlagen dem Grundbuchamt zum Vollzug einreichen kann, die ihm zu treuen Händen vorliegen.

461 Es gilt die Empfehlung, dem Verkäufer mit Übersendung einer Kopie der Fälligkeitsmitteilung an den Käufer ein vorbereitetes Schreiben an den Notar beizufügen, in dem der Verkäufer die Zahlung des Kaufpreises bzw. des betragsmäßig anzugebenden Restkaufpreises (bei Ablösung von Darlehensverbindlichkeiten aus dem Kaufpreis) bestätigt. Solange Verkäufer und Käufer darüber streiten, ob der Kaufpreis in voller Höhe erbracht ist, ist der Notar befugt, die Stellung des Antrags auf Eigentumsumschreibung zu verweigern (*OLG Köln* MittRhNotK 1986, 269). Ist der Notar angewiesen, den Antrag auf Eigentumsumschreibung erst zu stellen, wenn der „Kaufpreis einschließlich etwaiger Verzugszinsen" gezahlt ist, kommt allerdings regelmäßig nur die schriftliche Bestätigung des Verkäufers in Betracht. Richtigerweise sollte die Eigentumsumschreibung nicht vom Ausgleich entstandener Verzugszinsen abhängig gemacht werden (*OLG Hamm* DNotI-Report 2003, 126).

2. Teil. Allgemeine Fragen des Grundstückskaufvertrages   A I

Ist Vollzugsreife gegeben, hat der Notar die Urkunde beim Grundbuchamt zur Eigentumsumschreibung einzureichen (§ 53 BeurkG). Er darf hiervon nicht auf Weisung nur eines Beteiligten absehen (*BayObLG* DNotI-Report 2005, 43). Nur in Ausnahmefällen und unter besonderen Umständen kann der Notar berechtigt sein, auf einseitige Weisung nur eines von mehreren Beteiligten seine Vollzugstätigkeit aufzuschieben (ausführlich hierzu *Winkler* § 53 BeurkG Rn. 25 ff.). Ein solcher Sachverhalt kann vorliegen, wenn der Beteiligte dem Notar einen ausreichend substantiierten und glaubhaften Sachverhalt vorträgt, der einen Anfechtungs- oder Unwirksamkeitsgrund des Kaufvertrages oder einer seiner Bestimmungen als nahe liegend und offensichtlich gegeben erscheinen lässt, und der andere Beteiligte dagegen keine durchgreifenden Einwendungen vorbringen kann (*BGH* ZNotP 2004, 295). Eine Weigerung des Notars kann ferner berechtigt sein, wenn eine hohe Wahrscheinlichkeit dafür spricht, dass durch den Vollzug der Urkunde das Grundbuch unrichtig werden würde (*BayObLG* MittBayNot 1998, 200; DNotZ 1998, 645; *OLG Jena* NotBZ 1998, 239; *BayObLG* FGPrax 2000, 267; *Seeger* MittBayNot 2003, 11, 21). Die Rechtslage ist vergleichbar mit der des einseitigen Widerrufs der Verwahrungsanweisung, §§ 54c, 54d BeurkG. Wie dort ist daher dem Notar im Zweifelsfall zu raten, den Vollzug um bspw. 4 Wochen auszusetzen, um Gelegenheit zur Erwirkung eines Erwerbsverbots gegen den Käufer im Wege einstweiligen Rechtsschutzes zu schaffen (*OLG Hamm* DNotZ 2006, 682) oder aber durch beschwerdefähigen (§ 15 II 1 BNotO) **Vorbescheid** anzukündigen, er werde den Vollzug gleichwohl weiter betreiben, sofern nicht binnen kurzer Frist Beschwerde eingelegt werde (*OLG Köln* FGPrax 2007, 96).   462

IX. Kosten, Steuern, Maklerklausel

1. Kostentragung, Grunderwerbsteuer

Nach § 448 II BGB trägt der Käufer eines Grundstücks die Kosten der Beurkundung des Kaufvertrags und der Auflassung, der Eintragung ins Grundbuch und der zu der Eintragung erforderlichen Erklärungen. Die gesetzliche Regelung ändert nichts daran, dass eine vertragliche Vereinbarung über die Notar- und Gerichtskosten notwendig bleibt.   463

Zweifelhaft ist bereits, ob die Gerichtsgebühren für die Eintragung der Eigentumsübertragungsvormerkung und ihrer späteren Löschung bei Eigentumsumschreibung gesetzlich vom Käufer zu tragen sind. Die Kosten der Vermessung des Grundstücks trägt der Verkäufer nach § 448 I BGB als Kosten der Übergabe. Ob hierzu auch die Kosten der Gebäudeeinmessung zählen, ist fraglich. Zu den vom Käufer zu tragenden, „zu der Eintragung erforderlichen Erklärungen" zählen die Kosten der erforderlichen Genehmigungen, der Vorkaufsrechtsverzichtserklärung der Gemeinde, der nach WEG erforderlichen Genehmigung des Verwalters, wohl auch die Kosten für die vertraglich für den Verkäufer oder einen Dritten in das Grundbuch einzutragenden Rechte, z.B. Restkaufpreishypothek, Nießbrauch, Reallast, Vorkaufsrecht oder Dienstbarkeit.   464

Da der Verkäufer nach § 433 I 2 BGB dem Käufer das Grundstück frei von Rechtsmängeln zu verschaffen hat, hat er die Kosten der Löschung nicht übernommener Belastungen zu tragen, auch die der Grundbuchberichtigung und eines etwaigen Erbscheins nach dem verstorbenen eingetragenen Eigentümer. Die einheitliche Vollzugsgebühr gem. Nr. 22110 KV-GNotKG (aus dem vollen Geschäftswert, § 112 GNotKG) kann ausgelöst werden sowohl durch Tätigkeiten, die im Interesse des Erwerbers liegen, als auch solche, bei denen der Veräußerer seine – gesetzliche bzw. vertraglich konkretisierte – Pflicht zur Lastenfreistellung erfüllt; daher wird eine **Kostenteilung** erforderlich. Würde z.B. im „Auftragsbereich des Käufers" lediglich die Vorkaufsrechtsnegativanfrage gegenüber der Gemeinde und die Einholung der sanierungsrechtlichen Genehmigung anfallen (also mit Gebühren von regelmäßig je 50 EUR zzgl. Umsatzsteuer: Nr. 22112 KV-GNotKG), je-   465 doch Löschungstätigkeit im Interesse des Verkäufers hinzukommen, müsste der Verkäufer denjenigen Anteil der Vollzugsgebühr tragen, der über 100 EUR zzgl. Umsatzsteuer hinausgeht. Andererseits dürfte es nicht (mehr) standardmäßig zu empfehlen sein, dass sich Verkäufer und Käufer die „große Vollzugsgebühr" hälftig teilen sollen, wenn für jede Seite Tätigkeiten aus dem Katalog der Nrn. 3 ff. der Vorbemerkung 2.2.1.1 I 2 KV-GNotKG anfallen, da der Gesetzgeber § 448 II BGB nicht geändert hat, obwohl nun der umfassende (auch die Lastenfreistellung umfassende) Vollzugsbegriff gesetzlich (und nicht nur, wie zuvor, richterrechtlich: *BGH* MittBayNot 2008, 71 m. Anm. *Tiedtke* MittBayNot 2008, 23) festgeschrieben ist.

---

466 | **Formulierungsbeispiel: Teilung der Notarkosten**

> Die Kosten dieser Urkunde und ihres Vollzugs sowie die Grunderwerbsteuer trägt der Käufer; der Verkäufer trägt die (Mehr-)Kosten etwaiger Lastenfreistellung bei Notar, Gläubiger und Grundbuchamt.

---

467 Viele Notare nehmen einen Hinweis auf, dass die Vertragsbeteiligten, ungeachtet der internen Kostenverteilung, für die Gerichts- und Notargebühren als Gesamtschuldner haften (§ 32 I GNotKG). In Einzelfällen ist eine derartige pauschale Kostenregelung nicht sachgerecht, so dass es schnell zu einem Streit über die Kostentragungspflicht kommt. Dies gilt insbesondere für folgende Fallgestaltungen:

- Tritt für den Verkäufer (oder einen von mehreren Verkäufern) ein mündlich Bevollmächtigter oder vollmachtloser Vertreter auf, ist die Gebühr der Vollmachtsbestätigung bzw. Genehmigung grundsätzlich von dem vertretenen Vertragsteil zu tragen.
- Die Kosten der Bestellung eines dinglichen Rechts zugunsten des Verkäufers, z. B. eines Wegerechts am verkauften Grundstück oder eines Vorkaufsrechts, können vom Verkäufer zu tragen sein.
- Geregelt werden sollte, wer die Kosten der gerichtlichen Genehmigung trägt, wenn der Vertrag auf der Verkäuferseite genehmigungsbedürftig ist.
- Da § 448 II BGB nur gilt, wenn der Kaufvertrag wirksam zustande kommt und etwa vereinbarte aufschiebende Bedingungen eintreten (*BGH* NotBZ 2013, 180 m. Anm. *Krauß*); ist eine vertragliche Kostenregelung unverzichtbar, welche Vertragspartei die Kosten bei Versagung einer Genehmigung oder Nichteintritt einer aufschiebenden Bedingung trägt. Der Verkäufer ist darauf hinzuweisen, dass die Notargebühren zu seinen Lasten gehen, wenn der Käufer bei Abschluss des Vertrages nicht ordnungsgemäß vertreten ist und seine Genehmigung versagt.
- Bestimmt der Vertrag allgemein, dass der Käufer die Kosten des Vertrages trägt, gilt das auch für die Hinterlegungsgebühr. Dies ist dann nicht richtig, wenn die Hinterlegung ausschließlich oder überwiegend im Interesse des Verkäufers erfolgt (mehrere Verkäufer können sich über die Aufteilung des Kaufpreises nicht einigen), oder die Notwendigkeit einer Hinterlegung von ihm zu vertreten ist (Hinterlegung eines Kaufpreisteils bei einem notwendigen Aufgebotsverfahren wegen Verlusts des Hypotheken- oder Grundschuldbriefs). Grundsätzlich ist der Notar nicht verpflichtet, über die Hinterlegungskosten zu belehren (*BayObLG* DNotZ 1984, 110; *LG Aachen* MittRhNotK 1989, 255).
- Eine schriftliche Verpflichtung des Angebotsempfängers, die Kosten der Angebotsurkundung auch im Falle der Nichtannahme des Angebots zu tragen, ist formungültig; diese Verpflichtung ist nach § 311b BGB beurkundungsbedürftig (*OLG München* MittBayNot 1991, 19). Daher ist die Mitwirkung des Angebotsempfängers bei der Beurkundung des Angebots erforderlich und seine Erklärung, die Notar- und Gerichtskosten der späteren Löschung der Vormerkung zu tragen.
- Da die Vertragskosten bei Rücktritt des Käufers vom Vertrag nur dann vom Verkäufer als vergebliche Aufwendungen i. S. d. § 284 BGB zu erstatten sind, wenn der Verkäufer

2. Teil. Allgemeine Fragen des Grundstückskaufvertrages

den Rücktrittsgrund zu vertreten hat (als Voraussetzung für Schadensersatzansprüche nach § 280 BGB), ist insbesondere bei einem vertraglichen Rücktrittsrecht die Frage der Erstattung der Vertragskosten zu regeln.
– Grundsätzlich gilt, dass bei Mehrkosten gegenüber einer normalen Kaufvertragsabwicklung (z. B. Löschung einer Sicherungshypothek auf dem Miteigentumsanteil eines Verkäufers oder Kosten der Genehmigung eines von mehreren Käufern) diese auch von demjenigen zu tragen sind, der sie verursacht.

Eine Pflicht des Notars, die Beteiligten auf die Höhe der anfallenden Gebühren hinzuweisen, besteht nicht, es sei denn, er wird ausdrücklich danach gefragt. **468**

Für die **Grunderwerbsteuer** haften die Vertragsparteien als Gesamtschuldner, so dass nach § 426 I 1 BGB Käufer und Verkäufer diese Steuer je zur Hälfte zu tragen hätten. Ob die Unbedenklichkeitsbescheinigung des Finanzamts zu den zur Eigentumsumschreibung „erforderlichen Erklärungen" i. S. d. § 448 II BGB zu rechnen ist, ist zumindest bislang nicht entschieden (bejahend zum alten Recht *OLG Bremen* DNotZ 1975, 95). Vertraglich wird daher vereinbart, dass der Käufer die Grunderwerbsteuer zu zahlen hat. Die Verpflichtung des Notars aus § 19 BeurkG, auf das Erfordernis der Unbedenklichkeitsbescheinigung für die Eigentumsumschreibung hinzuweisen, beinhaltet keine Pflicht, allgemein über die Entstehung von Grunderwerbsteuer zu belehren; auch nicht zur Belehrung über die „Möglichkeit" der Steuerpflicht (*BGH* DNotZ 1979, 228). Wird der Verkäufer als Zweitschuldner auf die vom Käufer nicht gezahlte Grunderwerbsteuer in Anspruch genommen, sollte ihm jedenfalls (wegen § 323 V 2 BGB ratsam) vertraglich ein Rücktrittsrecht eingeräumt sein, um die Grunderwerbsteuer entfallen zu lassen, § 16 GrEStG. **469**

2. Maklerklausel

Die Aufnahme und der Inhalt einer **Maklerklausel** auf Wunsch des Maklers ist für den Notar ein heikles Thema (vgl. insbes. Rundschreiben Nr. 7/2002 der Rheinischen Notarkammer zu Maklerklauseln in Grundstückskaufverträgen; Überblick bei *Suppliet* DNotZ 2012, 270; *Bethge* ZfIR 1997, 368; *Büchner* ZfIR 1999, 418; *Wälzholz* MittBayNot 2000, 357; *Althammer* ZfIR 2012, 765 ff. sowie (monografisch) *Althammer*, Die Maklerklausel im notariellen Grundstückskaufvertrag, 2004; zu den kostenrechtlichen Folgen vgl. *Bund* NotBZ 2006, 46). In Betracht kommen: **470**

Formulierungsbeispiel: Deklaratorische Maklerklausel	471
Der Käufer/der Verkäufer bestätigt, dass dieser Vertrag durch Vermittlung des Maklers ... zustande gekommen ist und dass dem Makler aus der mit ihm getroffenen Vereinbarung eine Maklerprovision i. H. v. ..., fällig am ..., zusteht.	

Formulierungsbeispiel: Vollstreckungsbewehrtes Anerkenntnis der Maklertätigkeit	472
Der Käufer/der Verkäufer bestätigt, dass dieser Vertrag durch Vermittlung des Maklers ... zustande gekommen ist und dass dem Makler aus der mit ihm getroffenen Vereinbarung eine Maklerprovision i. H. v. ..., fällig am ..., zusteht. Der Käufer/der Verkäufer unterwirft sich wegen dieser Zahlungsverpflichtung dem Makler gegenüber der sofortigen Zwangsvollstreckung aus dieser Urkunde in sein gesamtes Vermögen mit der Maßgabe, dass dem genannten Makler auf Antrag vollstreckbare Ausfertigung auf Antrag erteilt werden darf.	

Gemäß § 311b I BGB beurkundungspflichtige – und damit als einzige Variante der Maklerklausel die Zwei-Wochen-Wartefrist des § 17 II a 2 Nr. 2 BeurkG auslösende – Freistellungspflicht des Käufers ggü. dem Verkäufer: **473**

474 Formulierungsbeispiel: Erfüllungsübernahme, Überwälzungsfall (§ 329 BGB)

Die Vertragsparteien bestätigen, dass dieser Vertrag durch Vermittlung des vom Verkäufer beauftragten Maklers ... zustande gekommen ist. Der Käufer verpflichtet sich gegenüber dem Verkäufer, die durch letzteren geschuldete Maklerprovision i. H. v. ..., fällig am ..., zu zahlen. Eine Erweiterung der Verpflichtungen aus dem Maklervertrag liegt hierin nicht, auch erlangt hierdurch der Makler keinen eigenen Forderungsanspruch gegen den Käufer.

475 Davon zu trennen ist die Frage, ob der Makler aus der Klausel einen eigenen Anspruch erhalten soll (also eine Vereinbarung gem. § 328 BGB vorliegt, Rn. 476) oder nicht:

476 Formulierungsbeispiel: Vereinbarung zugunsten des Maklers als Drittem (§ 328 BGB)

Dieser Vertrag kam durch Vermittlung des ... zustande. Der Käufer erkennt – ohne seine Verpflichtungen aus dem Maklervertrag zu erweitern oder auf Einreden zu verzichten – an, dem genannten Makler eine Provision i. H. v. ... % des Kaufpreises zuzüglich Umsatzsteuer in der Weise zu schulden, dass durch diese Verpflichtung des Käufers gegenüber dem Verkäufer ein eigenes Forderungsrecht des Maklers begründet wird (§ 328 BGB). Eine Übernahme von Verpflichtungen des Verkäufers liegt hierin nicht.

477 Maklerklauseln nicht lediglich deklaratorischer Natur sind bei der Geschäftswertermittlung kostenrechtlich zu berücksichtigen (Vertrag zugunsten Dritter: 2,0-Gebühr, Vollstreckungsunterwerfung: 1,0-Gebühr mit Vergleichsberechnung nach § 94 GNotKG); *Frohne* NotBZ 2008, 58 ff. Eine standardmäßig ohne Belehrung aufgenommene, nicht im Interesse der Beteiligten liegende Maklerklausel darf nach *OLG Hamm* (FGPrax 2012, 269) nicht bewertet werden (§ 21 I GNotKG).

478 Übernimmt wirtschaftlich der Käufer eine an sich vom Verkäufer geschuldete Gebühr, ist diese Vereinbarung gem. § 311b I 1 BGB beurkundungspflichtig (*Piehler* DNotZ 1983, 22, 24); sie führt als weitere Gegenleistung zu einer Erhöhung der Grunderwerbsteuer (*OFD Hannover* RNotZ 2003, 337). Umgekehrt reduziert die Übernahme der an sich vom Käufer geschuldeten Maklercourtage an dessen Stelle durch den Verkäufer die Bemessungsgrundlage für die Grunderwerbsteuer (*BFH* ZfIR 2013, 699).

479 Ob die Aufnahme einer Maklerklausel in den Vertrag veranlasst ist und welche materiellrechtliche Gestaltung dafür angemessen ist, hängt von dem Willen der Vertragsbeteiligten ab.

480 Als standesrechtlich bedenklich werden Maklerklauseln angesehen, in welchen zugunsten des Maklers im Wege eines echten Vertrages zugunsten Dritter ein eigener unmittelbarer Anspruch auf Vergütung gegen den Käufer und/oder den Verkäufer unabhängig von einem Maklervertrag geschaffen wird, eine Zwangsvollstreckungsunterwerfung wegen der Provision zugunsten des Maklers, die auf einseitigen Wunsch des Maklers aufgenommene Abtretung eines entsprechenden Teils des Kaufpreises an den Makler wegen seines Provisionsanspruchs gegen den Verkäufer, oder die Fälligkeit der Maklerprovision vor Rechtswirksamkeit des Kaufvertrages (vgl. Rundschreiben der Rheinischen Notarkammer, a. a. O.). Nach dem Rundschreiben der Bundesnotarkammer Nr. 16/2003 verbietet es die Neutralitätspflicht des Notars insbesondere, eine Klausel aufzunehmen, wonach weitere Voraussetzung zur Eigentumsumschreibung die schriftliche Bestätigung des Maklers sein soll, dass seine Maklergebühren gezahlt sind.

481 Denkbar sind auch **selbstständige Provisionsversprechen**, für die § 652 BGB nicht gilt, etwa in Verflechtungsfällen (Hausverwalter, der gem. § 12 WEG zuzustimmen hat, ist zugleich Makler (*BGH* NJW 2003, 1249), sofern der Versprechende die Verflechtung kennt (*BGH* NotBZ 2009, 176 m. Anm. *Suppliet*) oder aber wenn der Makleranspruch unabhängig vom Zustandekommen des Hauptvertrags (§ 652 I 2 BGB) sofort entstehen

soll oder bei einem Verkauf/Kauf unabhängig davon entstehen soll, ob die Maklerleistung hierfür kausal war oder nicht.

3. Vollzugsauftrag – Vollmacht für den Notar, Eigenurkunde

Literatur: *Grein,* Vollzugstätigkeiten des Notars, RNotZ 2004, 115; *Milzer,* Die notarielle Eigenurkunde, ZNotP 2012, 35.

Ist die zu einer Eintragung erforderliche Erklärung von einem Notar beurkundet oder **482** beglaubigt, so gilt er als ermächtigt, im Namen der Beteiligten die Eintragung beim Grundbuchamt zu beantragen (§ 15 GBO). Macht der Notar von dieser Ermächtigung Gebrauch und leitet er die in der Urkunde enthaltenen Anträge nicht lediglich als „Bote" weiter, ist er auch befugt, die von ihm gestellten Anträge zurückzunehmen (§ 24 III BNotO). Die Rücknahmeerklärung ist wirksam, wenn sie mit der Unterschrift und dem Amtssiegel des Notars versehen ist. Anträge, die der Notar aufgrund der Ermächtigung bei Eintragung eines Grundpfandrechts zugleich im Namen des Gläubigers stellt, können von einem Beteiligten nicht einseitig zurückgenommen werden.

Nach § 53 BeurkG soll der Notar die Einreichung beim Grundbuchamt nach Voll- **483** zugsreife unverzüglich veranlassen. Die Anforderung der Rspr. an die Einreichungsfrist (*BGH* DNotZ 1979, 311: Tag der Beurkundung, spätestens am darauf folgenden Tag) sind überzogen und verkennen die praktischen Erfordernisse einer sorgfältigen Bearbeitung des Urkundsgeschäfts (so auch *Winkler* § 53 BeurkG Rn. 18). Dem Notar ist eine Bearbeitungszeit von sieben Tagen einzuräumen, die bei besonderer Eilbedürftigkeit und ohne eine Prüfung der Vollzugsreife auch kürzer sein kann.

Trotz Vollzugsreife hat der Notar von der Einreichung der Urkunde beim Grundbuch- **484** amt abzusehen, wenn alle Beteiligten gemeinsam dies verlangen (§ 53 BeurkG). Typisches Beispiel beim Grundstückskaufvertrag ist die sog. Vollzugs- oder Vorlagesperre für die Eigentumsumschreibung, die der Notar erst beantragen darf, wenn ihm die Kaufpreiszahlung nachgewiesen ist. Diese Weisung ist in die Niederschrift aufzunehmen. Auch im Bauträgervertrag sichert die Vorlagesperre eine Zug-um-Zug-Abwicklung (§ 320 BGB) und führt nicht zu einer Vorleistungspflicht des Käufers (so aber *BGH* DNotZ 2002, 42), da sie die Verpflichtung des Bauträgers unberührt lässt, dem Käufer das Eigentum Zug um Zug gegen Zahlung des geschuldeten Kaufpreises zu verschaffen. Die verfahrensrechtliche Anweisung an den Notar, erst beim Nachweis der Kaufpreiszahlung die Eigentumsumschreibung zu beantragen, ist allein vor dem Hintergrund seiner gesetzlichen Verpflichtung zu sehen, unverzüglich nach Vollzugsreife, also unabhängig davon, ob der Kaufpreis gezahlt ist oder nicht, die Umschreibung zu veranlassen (vgl. *Keim* MittBayNot 2003, 21).

Nicht immer einfach ist die Frage zu beantworten, ob der Notar den (späteren) einsei- **485** tigen Widerruf eines Beteiligten zu beachten hat, die Urkunde nicht zum Vollzug einzureichen. Grundsätzlich gilt, dass der einseitige Widerruf für den Notar unbeachtlich ist. Anderes gilt, wenn der Widerrufende schlüssig vorträgt, dass der beurkundete Vertrag nichtig ist, oder er seine Erklärungen angefochten hat (ausführliche Darstellung bei *Winkler* § 53 BeurkG Rn. 24 ff.).

Zur Herbeiführung der Vollzugsreife ist der Notar nur verpflichtet, wenn er hierzu **486** von den Urkundsbeteiligten beauftragt und bevollmächtigt ist. Den Vollzugsauftrag kann (und wird in aller Regel) der Notar annehmen, eine Amtspflicht besteht hierfür jedoch nicht. Bei der Vollzugstätigkeit ist der Notar an die erteilten Weisungen gebunden.

Zu den typischen Vollzugstätigkeiten des Notars gehört die Einholung von privat- **487** rechtlichen, öffentlich-rechtlichen und gerichtlichen Genehmigungen, die Einholung von Vorkaufsverzichtserklärungen bzw. Negativattesten und die Einholung der zur Lastenfreistellung erforderlichen Unterlagen, sowie die Fälligkeitsmitteilung, schließlich die Überwachung der Eigentumsumschreibung mit Vorlage- und Ausfertigungssperre.

488 Formulierungsbeispiel: Vollzugsauftrag

> Die Beteiligten beauftragen und bevollmächtigen den Notar mit dem Vollzug des Kaufvertrages. Erforderliche Genehmigungen sollen vom Notar eingeholt und mit Eingang bei ihm wirksam werden. Er soll auch bei der Gemeinde die Verzichtserklärung oder Negativbescheinigung hinsichtlich gesetzlicher Vorkaufsrechte anfordern.

489 Der Formulierungsvorschlag von *Grein* (RNotZ 2004, 115, 136) ist als allgemeiner Abschnitt eines Grundstückskaufvertrages nicht zu empfehlen, weil hier besondere Fälle berücksichtigt werden (gerichtliche Genehmigung, Schuldübernahme, Mietervorkaufsrecht), die für den normalen Grundstückskaufvertrag nicht zutreffen.

490 Viele Notare arbeiten weiterhin mit umfangreichen **Vollmachten auf die Mitarbeiter,** die teilweise sogar zu materiell-rechtlichen Änderungen des Kaufvertrages berechtigen. Hiergegen bestehen nicht nur Bedenken nach § 17 II a Nr. 1 BeurkG, sondern auch aus Haftungsgründen (vgl. nur *BGH* ZNotP 2003, 71 und *OLG Schleswig* ZNotP 2007, 430). In jedem Fall sollte die Ausübung der Vollmacht der Überwachung durch den Notar unterliegen (z.B. Vollmacht zur Löschung der Vormerkung bei Nichtzahlung des Kaufpreises). Unbedenklich sind Vollmachten, die Mitarbeitern des Notars zum Vollzug erteilt werden, z.B. um verfahrensrechtliche Eintragungshindernisse zu beseitigen. Obgleich die Berichtigungsbewilligung des Mitarbeiters mit Aufwand verbunden ist (Unterschriftsbeglaubigung, Eintragung in die Urkundenrolle), halten viele Notare hieran fest. Vorzuziehen ist eine **Bevollmächtigung des Notars** selbst, mittels **Eigenurkunde** die verfahrensrechtlichen Erklärungen der Beteiligten zu ergänzen und zu ändern.

491 Formulierungsbeispiel: Recht auf Antragstellung des Notar (getrenntes Antragsrecht)

> Der Notar ist berechtigt, Anträge aus dieser Urkunde getrennt und eingeschränkt zu stellen und sie in gleicher Weise zurückzunehmen. Die Beteiligten bevollmächtigen den Notar, für sie alle verfahrensrechtlichen Erklärungen abzugeben, die zur Durchführung des Vertrages noch erforderlich sind.

492 Es ist heute unbestritten, dass eine eigene Erklärung des Notars als bewirkende öffentliche Urkunde i.S.d. § 415 ZPO anzusehen ist (*BGH* DNotZ 1981, 118; *BayObLG* DNotZ 1983, 434; *OLG Frankfurt* MittBayNot 2001, 225), mit der ein Notar verfahrensrechtliche Erklärungen aufgrund ausdrücklicher Vollmacht im Namen der Beteiligten zu von ihm selbst beurkundeten oder beglaubigten Grundbucherklärungen abgibt und die Urkunde vom Notar unterschrieben und gesiegelt ist. Die Anerkennung einer notariellen Eigenurkunde als öffentliche Urkunde ist an mehrere Voraussetzungen gebunden:
– Der Errichtung muss eine Beurkundung dieses Notars entweder in der Form der Niederschrift oder in der Form der Unterschriftsbeglaubigung vorangegangen sein.
– In dieser Niederschrift oder in der notariell beglaubigten Erklärung hat der Beteiligte, dessen verfahrensrechtliche Erklärung in Rede steht, dem Notar ausdrücklich Vollmacht erteilt, seine Erklärung nachträglich zu berichten, zu ergänzen oder grundbuchlichen Erfordernissen inhaltlich anzupassen.
– Gegenstand der Eigenurkunde ist die Ergänzung, Berichtigung oder Anpassung verfahrensrechtlicher Erklärungen, also von Anträgen und Eintragungsbewilligungen. Die Ausstellung einer Eigenurkunde kommt nicht in Betracht, wenn materiellrechtlich für das Rechtsgeschäft die Beurkundung vorgeschrieben ist.
– Die Eigenurkunde muss vom Notar unterzeichnet und gesiegelt sein.
Praktische Anwendungsfälle für notarielle Eigenurkunden sind
– Rücknahmeerklärung, wenn der Antrag von dem Beteiligten persönlich gestellt worden ist;

2. Teil. Allgemeine Fragen des Grundstückskaufvertrages A I

- Rangbestimmung, z. B. bei Eintragung mehrerer Grundpfandrechte (*Demharter* § 45 GBO Rn. 51);
- Fehlende Zustimmung (Bewilligung, Antrag) des Eigentümers zur Löschung von Grundpfandrechten;
- Beanstandungen von Teilungserklärungen (fehlerhafte Bezeichnung der Wohnungseigentumsrechte, Bestimmungen der Gemeinschaftsordnung);
- Identitätserklärung beim Verkauf einer Teilfläche nach Vorlage des Veränderungsnachweises;
- Bestätigung, dass eine vormundschaftsgerichtliche Genehmigung entgegengenommen, dem anderen Vertragsteil mitgeteilt und die Mitteilung wiederum für diesen entgegengenommen wurde;
- überhaupt alle verfahrensrechtlichen Erklärungen, wie Bewilligungen, Zustimmungen, Anträge.

Mit der dem Notar erteilten Vollmacht können z. B. durch Eigenurkunde die nachstehend aufgeführten Vollzugsschwierigkeiten ausgeräumt werden: **493**

- Die vereinbarte Freistellung des verkauften Grundstücks von einer Belastung verzögert sich. Das Eigentum soll schon zuvor auf den Käufer umgeschrieben werden. Das Grundbuchamt sieht Eigentumsumschreibung und Vollzug der bedungenen Lastenfreistellung als von den Beteiligten (stillschweigend) verbundene Anträge i. S. d. § 16 II GBO an.
- Der Notar hat einen Kaufvertrag und eine Grundschuld zur Finanzierung des Kaufpreises beurkundet, bei deren Bestellung der Verkäufer mitgewirkt hat. Er hat beide Urkunden mit gleicher Post zur Eintragung der Eigentumsvormerkung und der Grundschuld dem Grundbuchamt vorgelegt. In der Grundschuldurkunde ist über den Rang der Grundschuld nichts gesagt. Der Rechtspfleger will Eigentumsvormerkung und Grundschuld gemäß § 17 GBO im Gleichrang eintragen.
- Im Kaufvertrag sind ein dingliches Vorkaufsrecht und eine Dienstbarkeit für den Verkäufer bestellt worden. Die Eintragungsbewilligungen hierfür sollten am Schluss der Kaufvertragsurkunde aufgenommen werden, wurden dann aber vergessen.
- Die Grundschuldbestellung enthält eine präzise Rangbestimmung. Die Einholung der zur Rangbeschaffung erforderlichen Unterlagen verzögert sich. Die Eintragung der Grundschuld soll an zunächst rangbereiter Stelle erfolgen.

Die materiellen Eigenurkunden sind nicht in die Urkundenrolle einzutragen.

Verfahrensrechtlich genügt ein Schreiben (nach Zwischenverfügung des Grundbuch- **494** amts), mit dem der Notar erklärt, dass er als Bevollmächtigter der Beteiligten aufgrund der ihm in der Kaufvertragsurkunde erteilten Vollmacht die Berichtigungsbewilligung abgibt, das Schreiben unterzeichnet unter Beifügung des Siegels.

X. Umfang der Beurkundungsbedürftigkeit

Literatur: *Armbrüster*, Grundstücksbezogene Treuhandverhältnisse und Formzwang nach § 313 S. 1 BGB, DZWiR 1997, 281; *Basty*, Beurkundungspflichten bei Ankaufsrechten, DNotZ 1996, 630; *Ganter*, Die Rechtsprechung des Bundesgerichtshofs zur Notarhaftung seit 1996, WM 2000, 641; *Heckschen*, Formbedürftigkeit mittelbarer Grundstücksgeschäfte, 1987; *Heckschen*, Anmerkung zum Urteil des BGH v. 12.2.2009 – VII ZR 230/07, NotBZ 2009, 325; *Kanzleiter*, Die Beurkundungsbedürftigkeit von Rechtsgeschäften, die mit einem Grundstücksgeschäft im Zusammenhang stehen, DNotZ 1984, 421; *ders.*, Die Beurkundungsbedürftigkeit des „Verknüpfungswillens" bei zusammenhängenden Rechtsgeschäften – ein Scheinproblem!, DNotZ 2004, 178; *Keim*, § 313 BGB und die Beurkundung zusammengesetzter Verträge, DNotZ 2001, 827; *Korte*, Handbuch der Beurkundung von Grundstücksgeschäften, 2005; *Ulmer/Löbbe*, Zur Anwendbarkeit des § 313 BGB im Personengesellschaftsrecht, DNotZ 1998, 711; *Weigl*, Nochmals: Zur Beurkundungsbedürftigkeit des „Verknüpfungswillens", DNotZ 2004, 339; *Wesser/Saalfrank*, Formfreier Grundstückserwerb durch Miterben, NJW 2003, 2937; *Wolf,* Rechtsgeschäfte im Vorfeld von Grundstücksübertragungen und ihre eingeschränkte Beurkundungsbedürftigkeit, DNotZ 1995, 179; *Wufka,* Formfreiheit oder Formbedürftigkeit der Genehmigung von Grundstückskaufverträgen, der Ausübung von Wiederkaufs-, Vorkaufs- und Optionsrechten sowie der Anfechtung, des Rücktritts und der Wandlung? DNotZ 1990, 339.

1. Allgemeines

495 § 311b BGB verlangt die Beurkundung des **gesamten Vertrages,** der eine Verpflichtung zum Erwerb oder zur Veräußerung eines Grundstückes enthält und nicht nur die Beurkundung der entsprechenden Verpflichtungserklärung. Vielmehr müssen alle Vereinbarungen, aus denen das schuldrechtliche Veräußerungsgeschäft nach dem Willen der Parteien besteht, beurkundet werden (*OLG Köln* OLGR 1998, 94). Der Übertragung von Grundstücken ist gemäß § 11 ErbbauRG die Übertragung von Erbbaurechten (so auch *BGH* NJW 1994, 720) und gem. Art. 231 § 5 EGBGB die Übertragung von **selbständigem Gebäudeeigentum** in den neuen Bundesländern gleichgestellt. Für **Wohnungs- oder Teileigentum** als Miteigentum an einem Grundstück gilt die Formpflicht ohne weiteres. Es genügt für die Bezeichnung des zu verkaufenden Wohnungseigentums die Angabe des betr. Wohnungsgrundbuches (*BGH* WM 1994, 1078). Auf die Teilungserklärung muss nicht Bezug genommen werden, wenn diese im Grundbuch vollzogen ist. Es muss sich nicht um das Grundstück des Veräußerers handeln, auch die Übertragungsverpflichtung bezüglich eines **fremden Grundstücks** wird von § 311b I BGB erfasst (*OLG München* NJW 1984, 243). Gleiches gilt, wenn die Verpflichtung gegenüber einem Dritten, der nicht am Vertrag beteiligt ist, eingegangen wird. Es bedarf nur die Verpflichtung bezüglich eines **konkreten Grundstücks** der Beurkundung (MünchKomm/*Kanzleiter* § 311b Rn. 12; *Heckschen* S. 59).

496 Unzweifelhaft zu beobachten ist, dass die Rechtsprechung, um den Zielsetzungen des § 311b I BGB gerecht zu werden, im Zweifel die Norm **extensiv auslegt,** auch wenn damit eine gewisse Rechtsunsicherheit verbunden ist und die Rechtsprechung zur Frage des Umfangs der Formpflicht kasuistisch erscheint. Obwohl die **Normziele** des § 311b BGB keine Tatbestandsmerkmale sind, kommt ihnen entscheidendes Gewicht bei der Beantwortung der Formfrage zu.
(1) Angesichts der typischerweise großen Bedeutung von Grundstücksgeschäften für die Beteiligten soll die Form die Beteiligten vor Übereilung schützen (**Übereilungsschutz**).
(2) Allein durch die Pflicht zur notariellen Beurkundung und den Zwang, das Rechtsgeschäft beim Notar abzuschließen, sollen die Beteiligten auf die besondere Bedeutung des Rechtsgeschäfts hingewiesen werden (**Warnfunktion**).
(3) Die notarielle Beurkundung dient der Beweissicherung der Vereinbarungen (**Beweisfunktion**).
(4) Die Einschaltung des Notars dient der Beratung und damit dem Schutz der Beteiligten; § 17 BeurkG (*BGH* NJW 1974, 271) (**Schutzfunktion**).
(5) Unter besonderer Berücksichtigung der Bedeutung, die klare Verhältnisse am Grundstücksmarkt haben, dient die Einschaltung des sachkundigen, mit der Vorbereitung, Abfassung und Abwicklung von Grundstückskaufverträgen vertrauten Notars der Sicherung der Gültigkeit des abgeschlossenen Geschäfts (**Gültigkeitsgewähr**).

497 Auch wenn die besonderen Umstände des Einzelfalls einen **Schutz der Beteiligten** für entbehrlich erscheinen lassen, entfällt damit nicht die Anwendung der Norm (*BGH* NJW 1994, 3347). Der Notar ist nicht verpflichtet, auf den Vollzug eines Grundstücksgeschäftes und damit dessen Heilung gem. § 311b I 2 BGB hinzuwirken, wenn er Anhaltspunkte für die Nichtigkeit des Verpflichtungsgeschäftes hat (*OLG Hamm* FGPrax 2008, 128 bei formunwirksamem Kaufvertrag). Dabei muss es sich jedoch um massive Zweifel an der Wirksamkeit des Vertrages handeln (*BayObLG* Grundeigentum 1998, 297).

498 Der Notar darf sich nicht darauf beschränken, in der Urkunde nur die Hauptleistungspflichten der Beteiligten zu regeln. Er schuldet eine umfassende, ausgewogene und

interessengerechte Vertragsgestaltung (*Ganter* WM 2000, 641). Er muss den Willen der Beteiligten erforschen, den Sachverhalt klären und die Beteiligten über die rechtliche Tragweite des Geschäfts belehren. Wenn Zweifel bestehen, ob das Geschäft dem Gesetz oder dem wahren Willen der Beteiligten entspricht, muss er die Bedenken mit den Beteiligten erörtern.

Er darf sich zwar grundsätzlich auf die tatsächlichen Angaben der Beteiligten auch ohne Nachprüfung verlassen, jedoch muss er dabei bedenken, dass die Beteiligten im Regelfall juristische Laien sind. Regelungsbedürftige Fragen muss der Notar unter Auswertung der Kautelarjurisprudenz ansprechen und den diesbezüglichen Willen der Beteiligten erforschen. Er darf nicht erwarten, dass die Beteiligten diese Fragen selbst erkennen (*BGH* NJW 1996, 520, 521). Er muss die erforderlichen Belehrungen erteilen und bei Bedarf entsprechende Regelungen vorschlagen (*Ganter* WM 2000, 641 m.w.N.). Wenn sich eine unzutreffende Erfassung des Sachverhalts oder des Willens der Beteiligten nicht ausschließen lässt, muss der Notar entsprechende Fragen stellen (*Ganter* a.a.O., S. 703).

499

Insbesondere ist der Notar auch verpflichtet, die Beteiligten auf Umstände hinzuweisen, die geeignet sind, die in einem von ihm beurkundeten Vertrag begründeten Rechte zu vereiteln, soweit ihm diese Umstände bekannt sind und er nicht davon ausgehen darf, dass den Beteiligten diese Gefährdung bewusst ist. Insbesondere muss er in einem solchen Fall die Beteiligten auf Möglichkeiten einer anderen Vertragsgestaltung hinweisen, wenn damit den Interessen aller Beteiligten ebenso bzw. besser gedient ist und die befürchtete Gefährdung der Rechte eines Beteiligten bei dieser Vertragsgestaltung nicht droht (*BGH* NJW 1996, 522, 523).

500

Vor diesem Hintergrund kommt der Frage nach dem Umfang der Abreden der Beteiligten besondere Bedeutung zu. Die Frage nach Nebenabreden sollte ebenso zum Standard gehören wie der Hinweis auf die Rechtsfolgen unvollständiger oder unzutreffender („Schwarzkauf") Beurkundung. Die Formnichtigkeit des Grundstückskaufvertrages führt aber regelmäßig nicht zu einer Haftung des Erwerbers gem. § 990 BGB, da er grundsätzlich von einer baldigen Heilung gem. § 311b I 2 BGB ausgehen wird und somit nicht bösgläubig ist (*OLG Celle* OLGR 1996, 265). Kannten die Parteien die Formnichtigkeit eines Teils ihrer Vereinbarungen, gilt nur das Beurkundete (*OLG Köln* OLGR 1998, 94).

501

2. Nebenabreden

In vollem Umfang sind alle **anlässlich eines Grundstückskaufvertrages** getroffenen Abreden – gleichgültig ob wichtig oder nebensächlich – formbedürftig. So sind zum Beispiel Absprachen zu Renovierungsarbeiten, über Vorausleistung, die Übertragung von Zubehör und die Vereinbarung zu einem Nutzungsentgelt bei verspäteter Rückgabe beurkundungsbedürftig. Bei der Übernahme einer Verbindlichkeit des Verkäufers aus einem anderen Schuldverhältnis im Grundstückskaufvertrag ist die Verlesung des Inhalts der übernommenen Verpflichtung nicht erforderlich (*BGH* WM 1994, 1078), das Schuldverhältnis muss nur genau bezeichnet werden. Nicht entscheidend ist, ob die Nebenabrede so wichtig ist, dass eine der Parteien ohne ihre Beurkundung das gesamte Grundstücksgeschäft nicht vorgenommen hätte. Davon zu unterscheiden ist der Fall, dass die Parteien bestimmte unwesentliche Punkte bewusst offen lassen, um sie einer späteren Klärung zuzuführen. Formfrei sind die Abreden, die keine Regelungen enthalten, die Rechtswirkung entfalten sollen (*BGH* NJW 1983, 563; 1989, 898: sehr instruktiv). Wenn sich aus der notariellen Urkunde ergibt, dass sie den Beteiligten vorgelesen und von ihnen unterschrieben wurde, wird vermutet, dass auch die als Anlage bezeichneten Schriftstücke bei der Unterzeichnung der Urkunde beigefügt waren (*BGH* WM 1994, 984).

502

Dem Notar obliegt es aufgrund seiner Pflicht, den Sachverhalt zu klären und den Willen der Beteiligten zu erforschen, nach dem Bestehen von **Nebenabreden** zu fragen. Ein Beispiel aus der Rechtsprechung mag zeigen, an welche Gesichtspunkte der Notar zu

503

denken hat. Beim Verkauf einer landwirtschaftlichen Fläche hatten die Beteiligten vergessen, die Frage zu klären, ob Zuckerrübenlieferungsrechte, die dem Betrieb des Veräußerers zustanden und unter anderem an die Grundstücksfläche gekoppelt waren, mit übergehen sollten oder nicht. Solche Abreden (vgl. auch EG-Quoten) sind beurkundungsbedürftig und entscheidende Merkmale eines solchen Vertrages (*BGH* MittBayNot 1990, 238).

3. Koppelgeschäfte, Zusammengesetzte Verträge

504 Rechtsunsicherheit herrscht in dem Bereich, wo es zu beurteilen gilt, ob Vereinbarungen, die **parallel zum Grundstückskaufvertrag** geschlossen werden, zu beurkunden sind. Die Rechtsprechung behilft sich bei der Beantwortung der Frage, ob sogenannte zusammengesetzte Verträge oder Parallelvereinbarungen formbedürftig sind, mit der Formel: „Sollen nach dem Willen auch nur einer der Parteien, auf den sich die andere Seite einlässt, die verschiedenen Verträge miteinander stehen und fallen, so sind beide Verträge beurkundungsbedürftig" (*BGH* DNotZ 1990, 658). Bei Vertragswerken mit steuerlicher Zielrichtung kann der **wirtschaftliche Zusammenhang** ein entscheidendes Indiz auch für die rechtliche Einheit der Verträge sein (vgl. *BGH* NJW 1987, 1069; 1988, 132; NJW-RR 1988, 348, 351). Ein wirtschaftlicher Zusammenhang ist nicht immer schon dann gegeben, wenn sich aus einem Vertrag, der im Hinblick auf den Grunderwerb geschlossen wurde, ein wirtschaftlicher Druck auf den Erwerber ergeben kann. Auf Verträge über die Finanzierung von Grundstücksgeschäften ist § 311b I BGB daher auch nicht analog anzuwenden (*OLG Köln* OLGR 1997, 143). Nach Ansicht des BGH bleibt eine solche nicht beurkundungsbedürftige Vereinbarung vom Formerfordernis des § 311b I BGB dann frei, wenn sie vom Grundstücksgeschäft abhängig ist, dieses aber nicht von ihr (**sog. einseitige Abhängigkeit**) (*BGH* DNotI-Report 2000, 33; MittRhNotK 2000, 27). Für die Beurteilung von „Koppelgeschäften" im Grundstücks-/Baubereich hat diese Entscheidung jedoch in der Regel keine Konsequenzen: Der Verkäufer schließt den Kaufvertrag in der Regel ebensowenig ohne Bauvertrag ab, wie der Käufer dies häufig wünscht (einheitlicher Preis) (vgl. dazu *OLG Hamm* FGPrax 2008, 128). Nach *BGH* BauR 2002, 1541 genügt aber allein die wirtschaftliche Verquickung der beiden Verträge nicht, um zu begründen, dass der Grundstückskaufvertrag vom Bauvertrag abhängt (einschränkend auch *OLG Celle* OLGR 2007, 439). Es genügt ausdrücklich nicht, dass der Bauvertrag Anlass zum Grundstückskauf gegeben hat oder diesen erst ermöglichte. Da die Abgrenzung für die Baubeteiligten und auch für die Gerichte schwer zu ziehen ist, empfiehlt sich in allen nicht ganz klaren Fällen die Beurkundung.

505 Für die notarielle Praxis sind besonders die **Fertighauskaufverträge** (vgl. *OLG Jena* DNotI-Report 1996, 1; *OLG Hamm* BB 1995, 1210), **Bauwerksverträge** und **Sanierungsvereinbarungen** über Gebäude und Eigentumswohnungen anlässlich des Abschlusses eines Grundstückskaufvertrages relevant (vgl. zu letzterem einerseits *OLG Hamm* FGPrax 2008, 128 andererseits *OLG Celle* OLGR 2007, 439). Im **Regelfall** sind diese Verträge **beurkundungspflichtig**, da bei Abschluss für den Fertighauslieferanten und den Werkunternehmer erkennbar ist, dass nach dem Willen des Käufers der Fertighauskauf-/Werkvertrag bzw. die Sanierungsvereinbarung mit dem Bestand des Grundstückskaufvertrages **stehen und fallen** sollen. Ein einheitlicher Vertrag i. d. S. kann auch vorliegen, wenn nur eine der Vertragsparteien einen Verknüpfungswillen zeigt und die andere Partei diesen anerkennt oder hinnimmt. Zwar wird durch den Umstand, dass die Vereinbarungen in mehreren Vertragsurkunden niedergelegt sind und evtl. auch die Vertragspartner auf Veräußerer-/Auftragnehmerseite nicht stets dieselben sind, eine Indizwirkung gegen einen solchen Einheitswillen begründet, jedoch ist dennoch von einem einheitlichen Vertrag auszugehen, wenn die Abreden in den Nebenverträgen nach dem Willen aller Beteiligten in den rechtlichen Zusammenhang der Grundstückskaufverträge einbezogen werden sollten. Ein Anzeichen hierfür ist beispielsweise die Reduzierung des

2. Teil. Allgemeine Fragen des Grundstückskaufvertrages   A I

Kaufpreises bei gleichzeitiger Zahlung des Differenzbetrages auf die Leistungen, die in den Nebenverträgen vereinbart wurden (*KG* KGR 1997, 271). Vielfach ergibt sich die Beurkundungspflicht dieser Verträge auch daraus, dass sie **mittelbaren Zwang** zum Erwerb eines Grundstücks dadurch ausüben, dass sie dem Käufer Zahlungspflichten (Aufwandsentschädigung, Vertragsstrafen, Messegebühren) für den Fall auferlegen, dass der Käufer die Leistungen nicht abnimmt, wenn er ein in Aussicht genommenes Grundstück nicht erwirbt (vgl. Rn. 508). Auch wenn die Käufer bzw. Bauherren des Fertighauses zur Durchführung des Vertrages ein Grundstück kaufen müssen, kann es gleichwohl an einer rechtlichen Einheit mit dem Grundstückskaufvertrag fehlen. Dies ist nach Ansicht des *LG Berlin* dann der Fall, wenn im Bauvertrag für den Erwerber ein einseitiges Rücktrittsrecht vereinbart wurde, selbst wenn der Erwerber hierfür Schadensersatz in Höhe von 10% der Vertragssumme zahlen muss, mit der Möglichkeit, einen geringeren Schaden nachzuweisen (*LG Berlin* WiB 1997, 657). Die Pflicht des Notars zur Erforschung des Sachverhalts richtet sich gerade auch auf die **Nachfrage** nach derartigen – in der Regel unwirksamen – Koppelgeschäften.

Sind Fertighauskaufvertrag, Werkvertrag oder Sanierungsvereinbarung ausnahmsweise nicht beurkundungspflichtig, so sollte der Notar gleichwohl aus Gründen des **Verbraucherschutzes** auf eine notarielle Beurkundung von Grundstückskaufvertrag und Fertighaus-/Werkvertrag drängen. Für den Käufer besteht das Risiko, in der Regel auf den Fertighauskauf- oder Bauwerkvertrag **vorzuleisten**, ohne dass seine Erwerbsansprüche für den Grundbesitz abgesichert sind.   506

Ein weitverbreiteter Irrtum ist, dass sich durch die **Aufspaltung in zwei Verträge** – notarieller Kaufvertrag und privatschriftlicher Fertighauskauf-/Werkvertrag – **Grunderwerbsteuer** sparen ließe. Für die Höhe der Grunderwerbsteuer kommt es allein darauf an, dass Grundstückskauf und Bauwerkerrichtung eine wirtschaftliche Einheit darstellen. Der *BFH* zieht auch dann parallel zum Grundstückskaufvertrag abgeschlossene Vereinbarungen zur Bemessung der Besteuerung heran, wenn kein rechtlicher Zusammenhang vorliegt und die Vereinbarungen unabhängig voneinander lösbar sind (*BFH* BB 1990, 1613). Ausreichend ist ein enger sachlicher Zusammenhang, so dass bei objektiver Betrachtungsweise der Erwerber das bebaute Grundstück als einheitlichen Leistungsgegenstand erhält. Entscheidend ist nach Ansicht des *BFH*, ob letztlich die Abreden darauf gerichtet sind, ein bebautes Grundstück zu verkaufen (*BFH* BStBl. II 1990, 181; BStBl. II 1995, 331; NV 1994, 339; 2003, 1446; BStBl. II 2006, 269). Dies ist dann der Fall, wenn dem Erwerber aufgrund einer bautechnisch konkreten und dem Zustand der Baureife nahen Vorplanung ein Grundstück zu einem weitgehend feststehenden Preis angeboten wird und er dieses Angebot nur als einheitliches annehmen kann oder tatsächlich annimmt (BFH/NV 1995, 337). Dies ist auch dann der Fall, wenn bei verschiedenen Personen auf Veräußerer-/Bauunternehmerseite dem Erwerber ein abgestimmtes Angebot vorgelegt wird (*BFH* BeckRS 2004, 25009340). Die Reihenfolge des Abschlusses der verschiedenen Verträge ist unerheblich. Entscheidend ist nur, dass der Erwerber die zur Umsetzung des von ihm hingenommenen einheitlichen Angebotes erforderlichen Verträge auch abschließt. Treten auf Veräußererseite mehrere Personen auf, liegt der enge sachliche Zusammenhang vor, wenn im Zeitpunkt des Abschlusses des Grundstückskaufvertrages bereits eine vertragliche Bindung des Erwerbers hinsichtlich der Bebauung besteht und die auf Veräußererseite handelnden Personen miteinander verbunden sind, erkennbar zusammenwirken oder sich erkennbar abgestimmt verhalten. Allein die Verpflichtung des Erwerbers gegenüber dem Veräußerer, an dessen Stelle in einen Bauwerkerrichtungsvertrag einzutreten, führt noch nicht zu dem engen sachlichen Zusammenhang (*BFH* BStBl. II 1994, 48). Selbst wenn der Erwerber die Planung selber mit betrieben hat, kann dennoch ein einheitliches Vertragswerk bestehend aus Grundstückskauf und Bauvertrag zu bejahen sein (BFH/NV 2006, 686). Erfolgt die Aufspaltung willkürlich, um das Finanzamt darüber hinwegzutäuschen, dass an sich ein einheitlicher wirtschaftlicher Vorgang vorliegt, der darauf gerichtet ist, dem Käufer Eigentum an einem bebauten   507

Grundstück/sanierten Grundstück zu verschaffen, kann dies sogar zu einer **strafbaren Steuerhinterziehung** führen.

4. Mittelbarer Zwang

508 Die Belehrung und Warnung der Vertragsbeteiligten ist in dem Moment zu gewährleisten, in dem diese sich binden. Aus dieser Überlegung heraus hat die Rechtsprechung zu Recht festgelegt, dass auch solche Vereinbarungen, die einen – **wirtschaftlichen** – Zwang zur Abgabe der entsprechenden Verpflichtungserklärung auslösen, formbedürftig sind (vgl. *BGH* NJW 1970, 1915; 1971, 557; 1979, 307; DNotZ 1990, 656). Formbedürftig sind daher jedwede Vereinbarungen, die durch die Festlegung eines wirtschaftlichen Nachteils für den Fall des Scheiterns des Vertrages die Entscheidungsfreiheit des potentiellen Erwerbers beeinträchtigen. Die Bezeichnung als **Beratungshonorar, Aufwendungsersatz** etc. spielt keine Rolle. Es ist allerdings formfrei möglich, den Ersatz tatsächlich entstandener Aufwendungen oder einer im Vergleich zum Aufwand angemessenen Pauschale zu vereinbaren (*BGH* DNotZ 1990, 656; 1990, 653 m. Anm. *Heckschen*). Betroffen sind vor allem **Maklerverträge, Bauverträge** und **Fertighauskaufverträge**.

5. Belehrungen und Beurkundungstechnik

509 Der **Belehrungshinweis,** dass alle Vereinbarungen beurkundungsbedürftig sind und die Nichtbeurkundung zur Unwirksamkeit des gesamten Vertrages führen kann, erweist sich häufig als heilsam und sollte daher in der Urkunde nicht fehlen. Beurkundungstechnisch ist darauf zu achten, dass bei Vorliegen einer rechtlichen Einheit dem Beurkundungserfordernis nicht bereits durch die getrennte Beurkundung der verschiedenen voneinander abhängigen Vereinbarungen genügt wird. Die **Verknüpfungsabrede** ist in der zeitlich später errichteten Urkunde selber zum Ausdruck zu bringen (*BGH* NJW-RR 1991, 688; *OLG Hamm* ZfIR 1997, 395, 398; diff. *Kanzleiter* DNotZ 2004, 178; *Weigl* DNotZ 2004, 339).

510 **Formulierungsbeispiel: Verknüpfungsabrede**

Der hier abgeschlossene Kaufvertrag steht nach dem Willen der Parteien in einem unlösbaren Zusammenhang mit dem am 1.1.1990 geschlossenen Bauvertrag (UR-Nr. 10/2005 des beurkundenden Notars). Sollte der Bauvertrag keinen rechtlichen Bestand haben, so ist auch der vorliegende Kaufvertrag mit Wirkung vom Datum seines Abschlusses an rückabzuwickeln (auflösende Bedingung).

511 Wenn der Käufer in Anrechnung auf den Kaufpreis eine grundschuldgesicherte Darlehensverbindlichkeit übernimmt, muss der beurkundende Notar über das Erfordernis der Genehmigung gem. § 415 I BGB belehren (*Ganter* WM 1996, 701, 704 m. w. N.).

512 Wenn lediglich eine Annahmeerklärung beurkundet wird, kann eine Pflicht zur betreuenden Belehrung bestehen, wenn ein sorgfältiger Notar erkennen kann, dass der Annehmende im Fall der Annahme in seinen Vermögensinteressen gefährdet wird (*Ganter* a. a. O. m. w. N.).

6. ABC zur Formbedürftigkeit

513 A **Abstandszahlung:** Vereinbarung von Abstandszahlungen in Bauverträgen, Fertighauskaufverträgen etc. machen diese Vereinbarungen formbedürftig, wenn damit Einfluss auf die Entscheidungsfreiheit zum Abschluss des Grundstückskaufvertrages ausgeübt wird (*OLG München* NJW 1984, 243; unzutreffend und im Widerspruch zur übrigen Rechtsprechung *BGH* NJW 1980, 829).

2. Teil. Allgemeine Fragen des Grundstückskaufvertrages A I

Abtretung: Nach h. M. ist sowohl der schuldrechtliche Vertrag, der die Abtretung des Auflassungsanspruches zum Gegenstand hat, formfrei als auch die Abtretung selber (BGHZ 89, 45; *BGH* NJW 1994, 1346). Ist für den Abtretenden bereits ein Anwartschaftsrecht entstanden, d. h. Antrag auf Eintragung einer Vormerkung oder Eigentumsumschreibung gestellt, so gelten sowohl für die Übertragung des Anwartschaftsrechts (BGHZ 83, 400) als auch für die Aufhebung (BGHZ 83, 389; *BGH* NJW-RR 88, 265; *Pohlmann* DNotZ 1993, 357) dessen die §§ 311b, 925 BGB entsprechend, da dieses dem Vollrecht gleichsteht. Die Abtretung des Anspruchs auf Rückübertragung von Grundstücken, Gebäuden und Unternehmen nach dem Vermögensgesetz unterfällt dem Beurkundungserfordernis ebenso wie das zugrunde liegende Kausalgeschäft (*Weimar/Alfes* DNotZ 1992, 624).

Änderungen: Nachträgliche Änderungen oder Ergänzungen des Grundstückskaufvertrages sind grundsätzlich formbedürftig, und zwar unabhängig davon, ob es sich um wesentliche oder unwesentliche Änderungen handelt. Dem Formzwang unterliegen somit beispielsweise die Vereinbarung über die Anrechnung oder Aufrechnung von Leistungen (*BGH* NJW 1984, 974; MittBayNot 2005, 222); Änderung eines bedingten in ein unbedingtes Kaufangebot (*BGH* NJW 1982, 882) oder die Erschwerung des Rücktritts (*BGH* NJW 1988, 3263). Eine Ausnahme bilden die drei folgenden Fälle:
- Die Veräußerungs- oder Erwerbspflicht wird weder unmittelbar noch mittelbar verschärft oder erweitert, einziges Rechtsprechungsbeispiel für diesen engen Anwendungsbereich ist die Fristverlängerung für ein vertragliches Rücktrittsrecht (BGHZ 66, 270);
- Vereinbarungen zur Behebung unvorhergesehen aufgetretener Schwierigkeiten bei der Vertragsabwicklung (**Abwicklungsabrede**) sind nicht formbedürftig, wenn sie die beiderseitigen Verpflichtungen im Kern nicht wesentlich verändern (*BGH* NJW-RR 1988, 186; NJW 2001, 1932). Etwas anderes gilt jedoch dann, wenn der Kaufpreis teilweise erlassen oder langfristig gestundet werden soll (*BGH* NJW 1982, 434). Die Vereinbarung eines anderen Zahlungsweges (*BGH* NJW 1998, 1483), die Übernahme einer Verbindlichkeit (*BGH* ZIP 1999, 143), die Vereinbarung einer Fristverlängerung für die Ausübung eines Wiederkaufs- oder Rücktrittsrechtes (*BGH* NJW 1973, 37; *OLG Brandenburg* NJW-RR 1996, 724), die Vereinbarungen über Rechts- oder Sachmängel (*BGH* WM 72, 557) oder die Festlegung einer Frist für den Baubeginn und Einräumung eines Rücktrittsrechts bei Fristversäumung bei Überwindung eines unvorhersehbaren Hindernisses (*BGH* NJW 2001, 1932) ist jedoch formfrei möglich;
- **Änderungen nach erklärter Auflassung** sind nicht formbedürftig (*BGH* NJW 1985, 266; *OLG Hamm* ZfIR 1997, 398; *OLG Bamberg* MDR 1999, 151), weil die Erwerbs- und Übereignungsverpflichtung bereits erfüllt sind (vgl. hierzu im Einzelnen Rn. 960 ff.). Anders liegt es jedoch, wenn im notariellen Vertrag zwar die Auflassung unbedingt erklärt wurde, der grundbuchrechtliche Vollzug der Eigentumsumschreibung aber in das freie Belieben des Veräußerers gestellt ist und gerade diese Vereinbarung abgeändert werden soll: Dann ist gleichwohl eine Beurkundung erforderlich, da die Veräußerungspflicht in diesem Fall verschärft wird (*OLG Düsseldorf* DNotZ 1998, 949). Änderungen nach Auflassung und Eintragung sind formfrei, formbedürftig ist aber eine Rückkaufsvereinbarung (*BGH* NJW 2012 3173).

Anfechtung: Kann formfrei erfolgen.

Ankaufsrecht: Stets formbedürftig, da auch jede bedingte Übertragungsverpflichtung von § 311b erfasst wird (*BGH* LM § 433, 16; *OLG München* OLGR 1997, 121). Ist das Ankaufsrecht bspw. mit einem Mietvertrag verbunden, so ist es nach *Basty* (DNotZ 1996, 630) sowie *OLG Schleswig* (OLGR 1998, 3), entgegen der Ansicht des *OLG Düsseldorf* (DNotZ 1996, 39) erforderlich, auch den Mietvertrag zu beurkunden, wenn sich aus dem Vertrag oder aus dem Parteiwillen ergibt, dass beide Vereinbarungen miteinander stehen und fallen sollen. Ein Mietvertrag, der ein Ankaufsrecht des Mieters nach Beendigung des auf 20 Jahre abgeschlossenen Mietvertrags beinhaltet,

bedarf der notariellen Beurkundung (*OLG Stuttgart* OLGR 2007, 881). Nicht erforderlich sei es allerdings, dass in der Ankaufsrechtsvereinbarung ein Maßstab für die Bemessung der einem evtl. Sondereigentum zuzuordnenden Miteigentumsanteile und Vorgaben für den näheren Inhalt der Gemeinschaftsordnung enthalten ist. Der Notar sollte jedoch, zur Streitvermeidung, dennoch umfassende Regelungen anregen (anders wieder *OLG Düsseldorf* a. a. O., das diesbezügliche Angaben für zwingend erforderlich hält). Der wesentliche Inhalt des durch Ausübung des Ankaufsrechts zustande kommenden Vertrages sollte mindestens bestimmbar sein. Im Regelfall wird wohl die Einräumung eines Leistungsbestimmungsrechts gem. § 315 BGB i. d. R. für den Grundstückseigentümer erforderlich sein, welches allerdings nicht zu umfassend sein darf. Ratsam ist ebenfalls eine Auflassungsvormerkung zugunsten des Ankaufsberechtigten. Zwar ist das Ankaufsrecht als solches nicht im Grundbuch eintragbar und kann insoweit nicht durch Vormerkung im Grundbuch gesichert werden. Jedoch kann der aus dem Ankaufsrecht entspringende künftige Anspruch durch Auflassungsvormerkung gesichert werden (*BayObLG* NJW 1968, 553). Das Ankaufsrecht kann in drei Formen begründet werden (BGHZ 47, 387f):
- in Form eines befristeten Verkaufsangebotes, das vom Berechtigten durch Erklärung, d. h. Ausübung des Ankaufsrechts, angenommen wird (RGZ 169, 71). Außer dem Angebot bedarf dann auch die spätere Annahmeerklärung der Form des § 311b I (Staudinger/*Beckmann* Vorb. §§ 433 ff. Rn. 155). Der Eigentümer kann sich in einem Verkaufsangebot einen Widerruf vorbehalten, welches auch die Befristung des Angebotes zur Folge hätte. Möglich ist auch ein weiterer Vorbehalt zum Widerruf des Widerrufs. Die Erklärung des Widerrufs ist nicht formbedürftig (*BGH* NJW-RR 2004, 952);
- in Form eines aufschiebend bedingten Kaufvertrages (*Basty* DNotZ 1996, 630; vgl. aber auch *BGH* NJW 1967, 153, wonach die Bedingung in den freien Willen beider Parteien gestellt werden kann). Wird durch Abschluss eines aufschiebend bedingten Vertrages ein Optionsrecht für den Käufer begründet, so ist die Optionserklärung formfrei möglich (*BGH* NJW-RR 1996, 1167; *OLG Köln* NJW-RR 2003, 375). Ebenso verhält es sich mit der Ausübung des Ankaufsrechtes, auch sie ist formfrei möglich (*BGH* WM 1996, 1734; MittBayNot 1996, 367; BB 1996, 2379);
- durch einen Vorvertrag, aus dem für einen Vertragsteil ein Recht auf ein Vertragsangebot des anderen mit dem bereits im Vorvertrag bestimmten Inhalt erwächst (RGZ 154, 355, 359; 169, 71). Sowohl einseitig bindender Vorvertrag als auch Hauptvertrag sind formbedürftig (*BGH* LM § 433 Nr. 16).

Anlagevermittler: Vgl. Beratungsvertrag, formbedürftig (*BGH* DNotZ 1990, 651 m. Anm. *Heckschen*); vgl. Vollmacht (*BGH* DNotZ 2004, 787).

Anrechnungsabrede: Treffen die Parteien eine Abrede, nach der eine Vorauszahlung auf den Kaufpreis anzurechnen ist oder nicht, so ist eine solche Vereinbarung nach ständiger Rechtsprechung formbedürftig, da sie konstitutive rechtliche Bedeutung hat (*BGH* DNotZ 1986, 246, 248; NJW 1994, 720; NJW-RR 1998, 1470). Dies gilt sinngemäß auch für die Anrechnung anderer Leistungen (*BGH* NJW-RR 1999, 927).

Anwachsung: Der Eigentumsübergang durch Anwachsung unterliegt nicht der Regelung des § 311b I BGB, da es sich hierbei nicht um eine rechtsgeschäftliche Übertragung handelt. Daher kann beispielsweise die Übertragung von Mitgliedschaftsrechten an einer Grundstücksgesellschaft, der Eintritt in eine solche Gesellschaft oder entsprechende Verpflichtungsgeschäfte formfrei erfolgen (BGHZ 86, 370; *BGH* NJW 1998, 376; *OLG Frankfurt* NZG 2008, 19). Gleiches gilt für den Fall des Ausscheidens von Miterben aus einer Erbengemeinschaft, die über Grundbesitz verfügt (*BGH* NJW 1998, 1557; *LG Köln* NJW 2003, 2993; *Wesser/Saalfrank* NJW 2003, 2937). Auch kann das Gesellschaftsvermögen einer zweigliedrigen OHG oder GbR durch Anwachsung formfrei auf den allein verbleibenden Gesellschafter übergehen (*BGH* NJW 1990, 1171).

Anwartschaft: Vgl. Abtretung, Übertragung; formbedürftig (vgl. BGHZ 83, 400).

Architektenvertrag: Kann grundsätzlich formfrei zustande kommen. Schriftform ist üblich und zweckmäßig und nach § 4 HOAI nur für bestimmte Honorarvereinbarungen notwendig (Staudinger/*Jacoby*/*Peters* Vorb. §§ 631 ff. Rn. 130). Auch wenn der Kaufinteressent in der Erwartung, demnächst ein bestimmtes Grundstück zu erwerben, einen Architekten mit der Entwurfsplanung beauftragt und sich verpflichtet – unter der Bedingung des Grundstückserwerbes – dem Architekten weitere Architektenleistungen zu übertragen, bedarf es nicht der Form des § 311b BGB (*OLG Köln* NJW-RR 1991, 642).

Aufhebung: Ist formbedürftig, wenn der Kaufvertrag durch Auflassung und Eintragung vollzogen ist und seine Aufhebung damit die Verpflichtung zur Übertragung und zum Rückerwerb des Grundstücks begründet (*BGH* NJW 1982, 1639; *OLG Köln* NJW-RR 1995, 1107). Formbedürftigkeit besteht auch, wenn ein Anwartschaftsrecht entstanden ist, d. h. Antrag auf Eintragung einer Vormerkung nach erklärter Auflassung oder Antrag auf Eigentumsumschreibung gestellt ist (vgl. Rn. 942 ff.; *OLG Düsseldorf* OLGR 1995, 233; 1992, 170; DNotZ 1990, 370; *OLG Saarbrücken* NJW-RR 1995, 1105; angenommen auch in *OLG Hamm* DNotZ 1991, 149; davor formlos möglich: *OLG Köln* NJW-RR 1995, 1107). Nach *Tiedtke* (JZ 1994, 526) ist die Aufhebung des Grundstückskaufvertrages auch dann noch möglich, wenn bereits ein akzessorisches Anwartschaftsrecht des Käufers besteht. Durch die Aufhebung des Kaufvertrages verpflichte sich der Käufer nicht, das Anwartschaftsrecht aufzugeben, sondern es entfalle automatisch, da es auf der akzessorischen Auflassungsvormerkung beruht, die entfällt, wenn der durch sie zu sichernde Anspruch wegfällt. Daher sei § 311b BGB nicht tangiert, der Käufer bedürfe keines Schutzes vor Übereilung (ähnlich auch *BGH* JZ 1994, 524). Ist der Kaufvertrag noch nicht vollzogen und besteht für den Käufer auch keine Anwartschaft, ist dieser formfrei, da die Aufhebung weder eine Übertragungs- noch eine Erwerbspflicht begründet (*BGH* NJW 1982, 1639; NJW-RR 1988, 265).

Auflassungsvollmacht: Formbedürftig, wenn sie unwiderruflich erteilt wird; Unwiderruflichkeit kann auch dann vorliegen, wenn die Vollmacht zwar nicht ausdrücklich unwiderruflich erteilt wurde, nach den Umständen des Einzelfalls ein Widerruf aber praktisch nicht mehr möglich ist, wobei insbesondere eine Befreiung von § 181 BGB oder die in Aussicht genommene kurzfristige Durchführung des Geschäfts von Bedeutung sein können (*OLG Schleswig* DNotZ 2000, 777; *OLG Brandenburg* BeckRS 2012, 07377).

Auftrag: Der Auftrag zur Ersteigerung eines Grundstückes kann unter dem Gesichtspunkt einer Erwerbspflicht des Auftragnehmers und dem einer Erwerbspflicht des Auftraggebers nach § 311b BGB formbedürftig sein (*BGH* NJW 1983, 566; Münch-Komm/*Seiler* § 622 Rn. 6; *OLG Köln* BeckRS 2010, 13302). Der Bundesgerichtshof hat bei Auftragsverhältnissen wiederholt betont, dass der Formzwang für die Erwerbsverpflichtung des Auftraggebers nicht dem Schutze des Auftragnehmers diene (vgl. BGHZ 85, 245 ff.; 127, 175 ff.). Dies kann aber dann anders zu beurteilen sein, wenn der Auftragnehmer zunächst das „Risiko" des Erwerbsgeschäfts trägt, weil er das Grundstück zunächst mit weitgehend eigenen Mitteln erwirbt und deren Erstattung durch den Auftraggeber nicht sicher ist (vgl. *BGH* NJW 1996, 1960, 1961). Im Auftragsverhältnis kann sich ein Grundstücksherausgabeanspruch aus § 667 BGB ergeben, da sich der Anspruch aus Gesetz ergibt, bedarf er entgegen der ihm zugrundeliegenden Abrede keiner Form (*OLG Köln* BeckRS 2010, 13302).

Ausbietungsgarantie: Abgabe und Annahme des Angebots müssen analog § 311b I BGB notariell beurkundet werden, soll eine Ausbietungsgarantie zum Erwerb eines Grundstücks im Zwangsversteigerungsverfahren übernommen werden. Dass die Garantie nur unter der Bedingung in Anspruch genommen wird, dass im Zwangsversteigerungsverfahren ein höheres Angebot abgegeben wird, macht das Geschäft gerade nicht formfrei (BGHZ 110, 321; *OLG Celle* NJW-RR 1991, 867; *OLG Hamburg* Mitt-BayNot 2003, 294). Nicht beurkundungspflichtig ist dagegen eine reine Ausfallgarantie, da sie keine Verpflichtung zur Abgabe eines Gebots im Versteigerungstermin enthält (*AG Hannover* WM 1979, 1197).

Auseinandersetzungsvereinbarung: Eine Auseinandersetzungsvereinbarung ist dann formbedürftig, wenn sie nicht genau gemäß § 752 BGB erfolgt (vgl. *OGH* NJW 1949, 64), also von den gesetzlichen Regelungen abweicht (*BGH* DNotZ 1973, 472; NJW 2002, 2560 und DNotZ 2002, 941). Siehe auch Erbengemeinschaft, Gemeinschaft und Gütergemeinschaft.

Auslandsgrundstück: Formbedürftig, wenn deutsches Recht anwendbar ist (*BGH* NJW 1969, 1760). Siehe auch im Ausland belegenes Grundstück.

Auslobung: Als einseitige nichtempfangsbedürftige Willenserklärung nach h. M. dann formbedürftig nach § 311b I BGB (MünchKommBGB/*Kanzleiter* § 311b Rn. 24; BeckOK-BGB/*Gehrlein* § 311b Rn. 9), wenn der Auslobende für die Vornahme einer bestimmten Handlung die Übereignung eines Grundstücks verspricht. Formvoraussetzung der Auslobung selbst, ist die öffentliche Bekanntmachung (MünchKommBGB/ *Seiler* § 657 Rn. 4 f.; BeckOK-BGB/*Marggraf* § 657 Rn. 8).

Ausübung des Vorkaufs-/Wiederkaufsrechts: Formfrei nach § 464 I 2 BGB, § 456 I 2 BGB (*OLG Frankfurt* NJW-RR 1999, 16; *BGH* DNotI-Report 1996, 158; vgl. *Wufka* DNotZ 1990, 339; *Heckschen* S. 52 ff.). § 456 I 2 BGB kommt aber dann nicht zur Anwendung, wenn vereinbart wurde, dass für den Wiederverkauf ein weiterer Vertrag abzuschließen ist (*BGH* NJW 1999, 941).

513B **Baubeschreibung/Baupläne:** Unterliegen dem Formerfordernis des § 311b I BGB, wenn sich Inhalt und Umfang der Pflichten daraus ergeben (*BGH* NJW-RR 2002, 1050; 2005, 1356; 2008, 1506). Gem. §§ 9 I 3, 13 I 1 BeurkG kann die Beurkundung durch Verweisung auf beizufügende Anlagen erfolgen. Eine in Bezug genommene DIN-Regelung braucht jedoch eben so wenig, wie ein zu berücksichtigendes Bodengutachten mitbeurkundet werden (*BGH* NJW-RR 2003, 1136). Baupläne können die vertraglich geschuldete Ausführung eines Bauvorhabens, auch ohne Vertragsbestandteil des notariellen Kaufvertrages zu sein, dann näher festlegen, wenn die eine Auslegung nach §§ 133, 157 BGB nichts anderes zulässt und der Formmangel nach § 311b I 2 BGB geheilt wird (*OLG Hamm* NJOZ 2003, 2331).

Baubetreuungsvertrag: Der Baubetreuungsvertrag unterliegt der Formbedürftigkeit des § 311b BGB, wenn er mit dem Grundstückskaufvertrag in der Weise verbunden ist, dass beide Verträge miteinander stehen und fallen sollen (siehe auch Vollmacht). Dies ist insbesondere der Fall, wenn der Baubetreuer ein Grundstück auf eigene Rechnung kaufen oder ein vorhandenes eigenes Grundstück bebauen und liefern soll (*BGH* LM § 313 Nr. 40, 48; NJW 1998, 730). Auch wenn der Baubetreuungsvertrag keine Grundstücksübertragungsverpflichtung zum unmittelbaren Inhalt hat, ist er in der Regel wegen der Einheitlichkeit mit dem Kaufvertrag und oftmals auch wegen eines mittelbaren Zwangs zum Abschluss des Grundstückskaufvertrages (Vertragsstrafen etc.) formbedürftig (vgl. *BGH* DNotZ 1980, 344 mit Anm. *Wolfsteiner*; *OLG Stuttgart* MittBayNot 1979, 63). Selbiges gilt für Baubetreuungsvorverträge (*OLG Düsseldorf* BauR 1992, 413). Auch die nachträgliche Abänderung eines Bauträgervertrages in einen Baubetreuungsvertrag unterliegt der Form des § 311b (*OLG Hamm* NJW-RR 1994, 296).

Baugenehmigung: Verpflichtet sich ein Verkäufer eines Grundstückes, die Baugenehmigung nach vorher erstellter Planung einzuholen, ist diese Vereinbarung formbedürftig (*OLG Hamm* OLGR 1992, 177). Werden im Grundstückskaufvertrag auch die Rechte an einer bereits vorhandenen Baugenehmigungsplanung übertragen, so ist zwar die Verpflichtung zur Übertragung beurkundungsbedürftig, die Planungsunterlagen selbst müssen jedoch nicht mit beurkundet werden, da diese keine Regelungen in Bezug auf den Vertrag enthalten (*BGH* DNotZ 1999, 50 m. Anm. *Kanzleiter*; DNotI-Report 2012, 56). Ausdrückliche Regelungen können sich aber aus anderen Gründen empfeh-

2. Teil. Allgemeine Fragen des Grundstückskaufvertrages

A I

len. Bspw. wegen bestehender Urheberrechte des bislang mit dem Baugenehmigungsverfahren betrauten Architekten (*OLG Celle* NJOZ 2011, 1059; *OLG Frankfurt* NZBau 2007, 322; DNotI-Report 2012, 56). Ein durch notariellen Kaufvertrag im Wege der Einzelrechtsnachfolge übernommener Bauvorbescheid schützt nur das rechtliche Vertrauen auf die planungsrechtliche Bebaubarkeit und rechtfertigt keinen Schutz des Vertrauens eine spätere – von Auflagen und Beschränkungen freie – Baugenehmigung, die im Verfahren über eine Bauvoranfrage nicht geklärt werden (*OLG Celle* NJOZ 2003, 2660).

Bauherrenmodell: Es ist zu beachten, dass das Bauherrenmodell aus einem Bündel von Verträgen besteht. Die einzelnen der Vereinbarungen sind formbedürftig, wenn sie zumindest für eine Seite in einem für beide erkennbaren untrennbaren rechtlichen und wirtschaftlichen Zusammenhang mit dem Grundstückskaufvertrag stehen und miteinander „stehen und fallen" sollen (vgl. BGHZ 101, 397; *BGH* DNotZ 1980, 344; NJW 1994, 295; 2004, 3330; NJW-RR 2009, 953). Formbedürftig ist die darin enthaltene Vollmacht zum Grundstückserwerb (*BGH* DB 1992, 1925). Dies gilt wegen der durch sie erzeugten faktischen Bindung erst recht für sog. Basisvollmachten, die dem Treuhänder eine umfassende Stellung einräumen. Bildet die Vollmacht mit dem ihrer Erteilung zugrunde liegenden Auftrag oder Treuhandverhältnis eine Einheit, ist dieses mit zu beurkunden (*Schmenger* BWNotZ 1996, 28 m.w.N.; *BGH* DNotI-Report 1997, 5). Auch ein den Beitritt zum Bauherrenmodell vorbereitender Vertrag ist formbedürftig, wenn dem Anlagevermittler unabhängig vom Zustandekommen des Geschäftes ein Entgelt zu zahlen ist, welches wegen seiner Höhe nur als vorweggenommene Vermittlungsprovision verstanden werden kann (*BGH* EWiR 1989, 1179).

Bauvertrag/Bauwerkvertrag: In der Regel formbedürftig, da in rechtlicher Einheit mit einem Grundstückskaufvertrag (*BGH* BauR 1990, 228; *OLG Brandenburg* OLG-NL 2002, 261; *OLG Hamm* FGPrax 2008, 128); nicht notwendig ist, dass Werkunternehmer und Verkäufer identisch sind (so grds. *OLG Koblenz* NotBZ 2002, 187; *BGH* DNotI-Report 2010, 194). Ein einheitlicher Vertrag kann schon dann vorliegen, wenn nur eine der Vertragsparteien einen solchen Einheitswillen erkennen lässt und der andere Partner ihn anerkennt oder zumindest hinnimmt (*OLG Hamm* MDR 1993, 537; 1992, 583; 1989, 909; *OLG Schleswig* NJW-RR 1991, 1175). Indiz für den einheitlichen Vertragswillen ist z.B. ein ausdrücklicher Bezug der versprochenen Bauleistung auf ein konkretes, wenn auch vom Eigenheiminteressenten noch zu erwerbendes Grundstück (*BGH* NJW 1994, 721; *Schmenger* BWNotZ 1996, 28) oder dass der Grundstückskaufvertrag geschlossen wird, um das Bauvorhaben zu ermöglichen (*BGH* NJW 2002, 2559) oder das Grundstück und der Bauvertrag als ein Paket beworben werden (*OLG Hamm* FGPrax 2008, 128). Eine rechtliche Einheit kann auch dann vorliegen, wenn der Bauvertrag noch vor Abschluss des Grundstückskaufvertrages geschlossen wurde. Entscheidend ist der Wille – auch nur einer Partei – die Verträge in der Weise zu verknüpfen, dass der eine mit dem anderen stehen und fallen soll (*BGH* BeckRS 2010, 2056; DNotI-Report 2010, 194; NJW-Spezial 2010, 588; *Heckschen* NotBZ 2009, 325). Im Übrigen oftmals Formpflicht aus dem Gesichtspunkt des mittelbaren Zwanges (*OLG Hamm* DNotZ 1982, 367; NJW-RR 1989, 1367; *OLG Hamburg* DNotZ 1983, 625; *OLG Düsseldorf* NJW-RR 1993, 667; *BGH* NJW 2002, 1972). Der rechtliche Zusammenhang – der die Beurkundungspflicht auch auf ein grundsätzlich formlos gültiges Rechtsgeschäft erstreckt – kann entfallen, wenn die jeweiligen Rechtsgeschäfte in verschiedenen Urkunden niedergelegt sind. Hieraus spricht die widerlegbare Vermutung, dass die Parteien die Rechtsgeschäfte nicht als Einheit wollen (*KG* BeckRS 2009, 28276). Die Einheitlichkeit von Werk- und Grundstücksvertrag kann sich auch aus weitreichenden Einflussmöglichkeiten des Bauunternehmers auf die Durchführung des Kaufvertrages ergeben. Fehlt es an dieser Einflussmöglichkeit müssen weitere Umstände hinzutreten, um die Verknüpfung und damit die Beurkundungspflicht zu begründen. Daran fehlt es insbesondere, wenn bei einem Hausbauvertrag nicht auf ein konkretes Grundstück Bezug genommen wird und Informationen über mögliche Grundstücke nicht mehr als eine unverbindliche Serviceleistung des Bauunternehmers sind (*OLG Naumburg* NJW-RR 2011, 743; NotBZ 2011, 188).

Bedingte Verpflichtung: Auch lediglich bedingte Verpflichtungen sind beurkundungsbedürftig (*BGH* DNotZ 1973, 542; NJW-RR 2008, 824 für eine sog. Reservierungsvereinbarung). Die bedingte Verpflichtung muss nicht unmittelbar auf die Veräußerung oder den Erwerb von Grundeigentum gerichtet sein. Es reicht aus, wenn der Vertrag Regelungen enthält, welche an die Nichtveräußerung oder den Nichterwerb des Grundeigentums wesentliche wirtschaftliche Nachteile knüpfen, die mittelbar zur Veräußerung oder zum Erwerb des Grundeigentums zwingen (*BGH* NJW 1980, 829; 1990, 390; NJW-RR 2008, 824).

Bedingungen: Sind für den Grundstückserwerb mit zu beurkunden (*LArbG Kiel* DB 1989, 1975). Wird anstelle eines aufschiebend bedingt gewollten Kaufvertrages ein unbedingter beurkundet, ist die Bedingung daher nach § 125 BGB nichtig. Hier lässt sich der Vertrag nicht i. S. d. § 139 BGB in einen wirksamen und einen unwirksamen Teil aufspalten, so dass der Vertrag auch nicht im beurkundeten Umfang wirksam ist (*BGH* DB 1999, 143).
Es kann jedoch genügen, wenn die Bedingung in der notariellen Urkunde allgemein bezeichnet wird (behördliche Genehmigung des Gewerbebetriebs des Käufers), aber nicht das näher Vereinbarte erwähnt (Autowaschanlage), denn „die Besonderheit des Vereinbarten kommt in dem gewählten Oberbegriff ‚Gewerbebetrieb' in einer den Zwecken des § 311b BGB genügenden Weise zum Ausdruck" (*BGH* WM 1996, 1735). Die Ausübung der Bedingung ist jedoch formfrei möglich (*BGH* NJW-RR 1996, 1167).

Beratungsvertrag: Formbedürftig, wenn durch Vereinbarung eines übersetzten Beratungshonorars mittelbarer Zwang zum Abschluss eines Grundstückskaufvertrages ausgeübt wird. Oftmals handelt es sich um eine bloße Falschetikettierung; der Berater möchte eine erfolgsunabhängige Maklerprovision (vgl. *BGH* DNotZ 1990, 651 mit Anm. *Heckschen*).

Bierbezugsvertrag: In der Regel formbedürftig, wenn im Zusammenhang mit Grundstückskaufvertrag geschlossen. Brauerei würde das Grundstück ohne Abschluss des Bierbezugsvertrages nicht veräußern (MünchKomm/*Kanzleiter* § 311b Rn. 55).

Bindungsentgelt: Formbedürftig, vgl. *OLG Düsseldorf* NJW 1983, 181; *BGH* DB 1986, 379.

Bodengutachten: Ein Bodengutachten, welches nach der Baubeschreibung zu beachten ist, nicht aber die vertragliche Beschaffenheit des Gebäudes bestimmt, bedarf keiner Beurkundung (*BGH* NJW-RR 2003, 1136).

Bürgschaft: Eine Bürgschaft über die Veräußerungs- oder Erwerbspflicht ist formfrei möglich (BGH NJW-RR 1988, 1197). Nach wohl h. M. nur dann formbedürftig, wenn im rechtlichen Zusammenhang mit Grundstückskaufvertrag vereinbart. Dies ist dann der Fall, wenn die Bürgschaft Bestandteil des Veräußerungsvertrages sein soll (vgl. *BGH* NJW 1962, 586; sehr zweifelhaft).

Break up Fee: Formbedürftigkeit ist zu bejahen, wenn im Letter of Intent (LOI) eine brake up Fee (Vertragsstrafe für den Fall, dass es nicht zum Vertragsschluss kommt) eines asset oder share deal vereinbart wird, die Zwang zum Grundstückskauf/-verkauf bzw. Unternehmenskauf auslöst. So unterliegt u. a. eine Vereinbarung, nach der sich jeder Gesellschafter verpflichtet, den anderen Gesellschaftern ein „break up fee" für den Fall zu zahlen, dass er die für eine Verschmelzung erforderlichen Beschlüsse nicht mitträgt (*LG Paderborn* MittRhNotK 2000, 441). Vergleiche auch Kap. D V. Rn. 8.

513C Closing Protokoll: Siehe Vollzugsprotokoll.

Darlehensvertrag: Siehe auch zusammengesetzte Verträge; kann im Rahmen eines Bauherrenmodells, aber auch im Übrigen formbedürftig sein, wenn rechtlicher Zusammenhang mit Grundstückskaufvertrag besteht (*BGH* NJW 1986, 1983; WM 1984, 857; ZIP 2006, 459/61). Dies ist dann der Fall, wenn die Verträge nach dem Willen der Parteien nicht für sich allein gelten sollen, sondern miteinander „stehen und fallen" sollen (*BGH* NJW 2004, 3330; WM 2010, 1817). Ausreichend ist dabei die einseitige Abhängigkeit des Grundstückskaufvertrages vom Darlehensvertrag (*BGH* NJW-RR 2009, 953; WM 2010, 1817). Die Formbedürftigkeit ist daher insbesondere gegeben, wenn das Darlehen Teil der Gegenleistung ist (*BGH* DNotZ 1985, 279) oder der Grundstücksvertrag von der Gewährung des Darlehens abhängen soll (*BGH* NJW 1986, 1984). Die Möglichkeit wirtschaftlichen Drucks bzw. ein bloß wirtschaftlicher Zusammenhang reicht jedoch nicht aus (*OLG Köln* OLGR 1997, 143; *BGH* NJW 1986, 1984; ZIP 2006, 459/61).

Datsche: Soweit es sich um bauliche Anlagen auf dem Gebiet der ehemaligen DDR handelt, ist die Besonderheit des Bodenrechts der ehemaligen DDR zu beachten. Hiernach war selbständiges Eigentum an Gebäuden losgelöst von dem Grundstück zulässig. Das selbständige Eigentum an Gebäuden blieb nach dem Einigungsvertrag bestehen und wurde nicht wesentlicher Bestandteil des Grundstücks i. S. v. § 94 BGB vgl. Art. 231 § 5 I EGBGB. Das Gebäudeeigentum ist eigenständig verkehrsfähig. Für Verfügungen gelten die Vorschriften des BGB nach Maßgabe des Art. 233 § 4 I, III EGBGB (*Böhringer* DtZ 1994, 266). Somit ist für den schuldrechtlichen Vertrag, die Form des § 311 b BGB zu wahren.

DDR: Bis zum In-Kraft-Treten des *ZGB* am 1.1.1976 galt das Formerfordernis des (heutigen) § 311 b BGB auch in der DDR (*OLG Brandenburg* RAnB 1995, 143–145). Das ZGB enthielt darüber hinaus in § 297 ebenfalls eine dem § 311 b I 1 BGB entsprechende Regelung (siehe z. B. *OLG Rostock* AgrarR 1993, 311; *OLG Naumburg* OLG-NL 1994, 1). Wurde ein Grundstück unentgeltlich überlassen, war auch die wesentliche Vereinbarung der Unentgeltlichkeit zu beurkunden (*BezG Dresden* NJ 1993, 227). Fraglich ist allerdings, ob die zu § 311 b BGB entwickelte extensive Rechtsprechung zur Formbedürftigkeit so ohne weiteres auf § 297 I ZGB übertragen werden kann (*LG Berlin* ZOV 1992, 108).

Es gab aber keine dem § 311 b I 2 BGB entsprechende Heilungsmöglichkeit (*OLG Naumburg* a. a. O.). Ist die Grundstücksveräußerung so wegen Formmangels nach § 297 ZGB nichtig, hat der Erwerber auch durch Eintragung kein Eigentum erworben (*BezG Cottbus* ZIP 1992, 737). Die Heilungsmöglichkeit wurde zumindest für die Frage der Formunwirksamkeit von vor dem Beitrittszeitpunkt (3.10.1990) durch bundesdeutsche oder Westberliner Notare beurkundete Verträge über in der DDR belegene Grundstücke durch Einführung des Art. 231 § 7 I EGBGB mit dem 2. VermRÄndG geschaffen. Die Norm wirkt *ex tunc* (*BGH* DtZ 1993, 372). Nach Art. 231 § 7 II EGBGB bleiben jedoch bis dahin rechtskräftig entschiedene Fälle unberührt (*LG Berlin* DtZ 1991, 411; *Kreisgericht Leipzig-Stadt* DtZ 1991, 771; *Steiner* DtZ 1991, 372).

Ein zum damaligen Zeitpunkt dort zur Umgehung des staatlichen Vorkaufsrechts als Grundstücksschenkungsvertrag beurkundeter verdeckter Kaufvertrag ist formnichtig (*BezG Cottbus* ZIP 1992, 737), kann aber u. U. nach Treu und Glauben als wirksam zu behandeln sein (*BGH* NJW 1994, 655). Wurde zum Schein zur legalen Ausreise ein Kaufvertrag beurkundet, war zwischen den Parteien aber nur ein Treuhandvertrag gewollt, so ist der „Erwerber" wegen Formnichtigkeit nicht Eigentümer geworden (*BGH* DB 1993, 1462).

Drittvereinbarungen: Vereinbarungen mit einem Dritten unterliegen dann dem Formzwang des § 311b, wenn sie nach dem Willen der Parteien des Grundstückskaufvertrages mit diesem eine rechtliche Einheit bilden sollen (*BGH* NJW-RR 1991, 1031). Ausreichend ist, dass nur eine der Parteien einen solchen Willen erkennen lässt und ihn die andere Partei anerkennt oder wenigstens hinnimmt (vgl. *BGH* NJW 2002, 2560 m. w. N.). Grundsätzlich kommt es nicht darauf an, ob der Vertrag nur Verpflichtungen zwischen den Parteien begründen soll. Auch Ansprüche eines Dritten, also Verpflichtungen zugunsten eines Dritten – sei es als echter oder unechter Vertrag zugunsten Dritten – sind formbedürftig (*BGH* NJW 1970, 1915; 1983, 1543; DNotZ 1990, 656).

513E **Einberufungsvertrag:** Ein Einberufungsvertrag, mit welchem sich der Grundstückseigentümer verpflichtet, das Grundstück an den Bieter zu verkaufen, ist beurkundungsbedürftig nach § 311b I BGB.
Einseitige Rechtsgeschäfte: Auch einseitige Rechtsgeschäfte wie beispielsweise Stiftungsgeschäfte (§§ 80, 82 BGB) oder die Auslobung (§ 657 BGB) unterliegen dem Formzwang des § 311b I BGB entsprechend (BGHZ 15, 182; *OLG Schleswig* DNotZ 1996, 770).
Einwilligung: Die Einwilligung in die Auflassung eines Grundstücks ist formfrei möglich, wenn sie ohne Einschränkung frei widerruflich ist (*BGH* DNotZ 1999, 40 m. abl. Anm. von *Einsele*).
Entschädigungsabrede: Vor allem in Verträgen mit Gemeinden über die Straßenlandübertragung fehlt häufig die zwischen den Gemeinden und dem Veräußerer getroffene Abrede über eine Entschädigung wegen des Verlustes von Aufwuchs etc. Solche Entschädigungs- oder auch Ausfallabreden sind formpflichtige Nebenvereinbarungen (*BGH* NJW 1989, 898).
Erbbaurecht: Übertragung eines schon bestellten Erbbaurechts ist nach § 11 II ErbbauRG (mit Wirkung vom 30.11.2007 wurde die ErbbauVO ohne inhaltliche Änderungen in das ErbbauRG umbenannt) beurkundungspflichtig. Der schuldrechtliche Vertrag über die Bestellung und den Erwerb eines noch nicht bestellten Erbbaurechts ist nach § 11 I ErbbauRG beurkundungspflichtig. Da § 925 BGB in § 11 II ErbbauRG nicht genannt ist, ist auch – die an sich formlos wirksame – (dingliche) Einigung über die Bestellung des Erbbaurechts beurkundungspflichtig, wenn das Kausalgeschäft und die Einigung nach dem Parteiwillen eine Einheit gemäß § 139 BGB darstellen (Staudinger/*Schumacher* § 311b I Rn. 13). Anders als bei der Auflassung steht beim Erbbaurecht nicht das Abstraktionsprinzip entgegen (*Wufka* DNotZ 1985, 651; a. A. *OLG Oldenburg* DNotZ 1985, 712). Umstritten ist die Formbedürftigkeit von Verpflichtungen zur Änderung des Inhalts des Erbbaurechts (für Formfreiheit: Palandt/*Bassenge* ErbbauRG § 11 Rn. 11; für Formpflicht: Staudinger/*Rapp* ErbbauRG § 11 Rn. 23). Jedenfalls ist die Änderung immer dann formbedürftig, wenn es sich um eine Teil-Aufhebung oder Teil-Neubestellung handelt und dadurch die Rechtsidentität des Erbbaurechts berührt (Palandt/*Bassenge* ErbbauRG § 11 Rn. 11; Staudinger/*Rapp* ErbbauRG § 11 Rn. 23). Dies ist immer dann der Fall, wenn der gem. § 1 I ErbbauRG notwendige gesetzliche Inhalt des Erbbaurechts betroffen ist.
Erbengemeinschaft/Auseinandersetzung: Die Auseinandersetzungsvereinbarung der Erbengemeinschaft gem. § 2047 I i. V. m. § 752 BGB (*BGH* NJW 1973, 1611) ist dann formbedürftig, wenn sie nicht genau gemäß § 752 BGB erfolgt (vgl. OGH NJW 1949, 64), also von den gesetzlichen Regelungen abweicht (*BGH* DNotZ 1973, 472; NJW 2002, 2560 und DNotZ 2002, 941).
Erbteilsübertragung: Aus dem Gesichtspunkt des § 311b nach h. M. nicht formbedürftig, da Gegenstand der Übertragung auch bei einer Erbschaft, die nur aus Grundbesitz besteht, nicht der Grundbesitz, sondern der Anteil am Gesamtvermögen ist; aber § 2371 BGB. Zur Abschichtung vgl. Kap. C Rn. 463.
Erschließungsvertrag: Häufig formbedürftig, da sich Erschließungsträger verpflichtet, nach Durchführung der Erschließung Grundbesitz (z. B. öffentl. Verkehrs- oder Grünfläche) an Kommune zu übertragen. Öffentlich-rechtliche Erschließungsverträge nach § 124 BauGB sind notariell zu beurkunden, wenn sie entweder selbst eine Verpflich-

2. Teil. Allgemeine Fragen des Grundstückskaufvertrages A I

tung zur Übertragung eines Grundstücks enthalten oder wenn sie als Vorvertrag mit einem Grundstücksüberlassungsvertrag derart rechtlich verbunden sind, dass eine wechselseitige Abhängigkeit besteht (*OVG Schleswig* NJW 2008, 601; vgl. auch Stichwort „Öffentlich-rechtliche Verträge").

Ersteigerungsauftrag: Der Auftrag, ein Grundstück zu ersteigern, ist formbedürftig, da auch der über den Zuschlag in der Zwangsversteigerung vermittelte Erwerb formauslösend ist (BGHZ 85, 250; *BGH* WM 1996, 1143; 2003, 376). Unter bestimmten Umständen ist es jedoch dem Beauftragten nach § 242 BGB verwehrt, sich auf einen Formmangel zu berufen, da der Formzwang nicht dem Schutz des Beauftragten dient. Es sind jene Fälle, in denen es mit Treu und Glauben schlechterdings nicht zu vereinbaren ist, wenn der Beauftragte das ersteigerte Grundstück für sich behält. Ein solcher Fall liegt dann nicht vor, wenn die für den Erwerb aufgebrachten Mittel überwiegend vom Beauftragten erbracht wurden und der Auftraggeber hinsichtlich der Finanzierung keine eigenen Verpflichtungen eingegangen ist (*BGH* WM 1996, 1143). Siehe auch Vollmacht: Die Ersteigerungsvollmacht bedarf dann nicht der Form des § 311b BGB, wenn danach lediglich ein Gebot zum Mindestgebot abgegeben werden soll, der Vollmachtgeber sich aber die Abgabe höherer Gebote vorbehält (*OLG Brandenburg* NJW-RR 2010, 1166).

Fertighausvertrag: In der Regel beurkundungsbedürftig (siehe oben Rn. 505 f.); abweichend *BGH* NJW 1980, 829; zutreffend jedoch *OLG Hamm* DNotZ 1983, 626; *OLG Köln* MittBayNot 1997, 99; *OLG Frankfurt* OLGR 2002, 61; MünchKomm/ *Kanzleiter* § 311b Rn. 55. Ist der Erwerber des Kaufes eines Fertighauses bereits Eigentümer eines entsprechenden Grundstücks, bedarf der Kaufvertrag keiner Beurkundung. Der Vertrag über ein Fertighaus ist dann beurkundungspflichtig, wenn er eine unmittelbare Erwerbsverpflichtung bzgl. des Grundstücks enthält und der Grundstückskaufvertrag im rechtlichen Zusammenhang mit dem Fertighauskaufvertrag steht (*OLG Köln* NJW-RR 1996, 1484). Auch hier genügt die einseitige Abhängigkeit (*BGH* NJW 2000, 951). Zur „Einheit" von Fertighausvertrag und Grundstücksvertrag: *OLG Dresden* NotBZ 2005, 364; *OLG Karlsruhe* BeckRS 2011, 15243. Der BGH verneint die Beurkundungspflicht bei Vorliegen einer nur mittelbaren Erwerbsverpflichtung (*BGH* NJW 1980, 829; DNotZ 1985, 298).

513F

Flächennutzungsplan: Die Bezugnahme auf einen noch nicht rechtskräftigen Flächennutzungsplan im notariellen Kaufvertrag reicht nicht zur Wahrung der Form des § 311b BGB aus, da das Grundstück nicht hinreichend bestimmt ist (*OLG Karlsruhe* DNotZ 1990, 422).

Fremdes Grundstück: Auch Verpflichtung, die sich auf Grundstück eines Dritten bezieht, ist formbedürftig (*OLG München* NJW 1984, 243). Daher ist beispielsweise ein Lotterievertrag, in dem ein fremdes Grundstück als Gewinn ausgesetzt ist, beurkundungspflichtig (DNotI-Report 2009, 33).

Garage: Siehe Datsche.

513G

Garantie: Eine im Garantievertrag vereinbarte Ausbietungsgarantie (Erfüllung der Garantiepflicht durch Abgabe eines gültigen Gebots im ersten Versteigerungstermin über ein Grundstück in Höhe der Gesamtforderung und durch Zahlung im Verteilungstermin) unterliegt dem Formzwang des § 311b BGB (*BGH* NJW-RR 1993, 14; BGHZ 110, 319; *OLG Celle* NJW-RR 1991, 866). Wahlweise daneben vereinbarte Verpflichtung zur Darlehenstilgung ist aber formfrei möglich, da damit kein mittelbarer Zwang zum Grundstückserwerb auf den Garanten ausgeübt wird (*BGH* NJW-RR 1993, 14; a.A. *OLG Köln* VersR 1993, 321). Beurkundungspflicht tritt dann ein, wenn sich der Garant des Erwerbspflichtigen bedingt zum Erwerb des Grundstücks verpflichtet (Staudinger/*Schumacher* § 311b Rn. 68).

Gebrauchsüberlassung: Wird z.B. im Rahmen eines Gesellschaftsvertrages als Beitrag lediglich die Gebrauchsüberlassung eines Grundstückes geschuldet, so ist der Gesellschaftsvertrag deswegen nicht formbedürftig (RGZ 109, 383; ausführlich *Heckschen* S. 125 ff.).

Gegenleistungen: Formzwang erstreckt sich auch auf alle Abreden, die die Gegenleistung betreffen (Art, Höhe und Modalitäten), wie beispielsweise die Verrechnung von Gegenforderungen (*BGH* NJW 2000, 2100) oder die Vereinbarung von Zusatzentgelten, etwa für eine baldige Räumung (RGZ 114, 233).

Gemeinschaft (Auseinandersetzung): In jedem Falle formpflichtig, wenn Auseinandersetzung nicht genau gemäß § 752 BGB (vgl. *BGH* NJW 1949, 64) vollzogen wird, also von den gesetzlichen Regelungen abweicht (*BGH* DNotZ 1973, 472; NJW 2002, 2560 und DNotZ 2002, 941). Daher in der Regel formpflichtig (*BGH* DNotZ 1973, 472). Für eine Auseinandersetzungsvereinbarung nach beendigter Gütergemeinschaft gem. § 1477 I i.V.m. § 752 BGB, der Erbengemeinschaft gem. § 2047 I i.V.m. § 752 BGB (*BGH* NJW 1973, 1611) sowie der Auflösung einer Gesellschaft gilt entsprechendes (Staudinger/*Schumacher* § 311b Rn. 103).

Genehmigung: Formfrei nach § 182 II BGB sowie gefestigter Rechtsprechung (*BGH* NJW 1994, 1344; *OLG Köln* Rpfleger 1993, 440; DB 1991, 2280; zustimmend *Dilcher* JZ 1995, 101 und *Schmenger* BWNotZ 1996, 28; a.A. *OLG Karlsruhe* DNotZ 1990, 368; *OLG Köln* NJW-RR 1993, 1364; *Wufka* DNotZ 1990, 339). Bei der Beurkundung eines Grundstückskaufvertrages mit Auflassung durch einen Nichtberechtigten muss der Notar die Beteiligten über das Erfordernis der Genehmigung durch den Berechtigten und die Folgen einer Versagung der Genehmigung belehren. Für die Behauptung, die Belehrung sei entbehrlich, da sie schon im Vorfeld stattgefunden habe, trifft den Notar die Beweislast (*BGH* DB 1996, 2333). Die Genehmigung selbst kann ausnahmsweise – in dem seltenen Fall – formbedürftig sein, wenn sich aus dem zugrundeliegenden Kausalgeschäft eine unmittelbare oder mittelbare Verpflichtung zur Genehmigung des Vertretergeschäfts ergibt und sie mit dem Kausalgeschäft eine Geschäftseinheit i.S.d. § 139 BGB bildet (MünchKomm/*Kanzleiter* § 311b Rn. 39). Mit der Genehmigung wird gem. § 177 I BGB auch ein durch nicht formgerecht bevollmächtigten Vertreter abgeschlossener und im übrigen der Form des § 311b I BGB entsprechende schuldrechtliche Vertrag, sowie die etwa erklärte Auflassung wirksam (RGZ 108, 129; *BGH* WM 1964, 184; offen gelassen in *BGH* NJW 1989, 164).

Genossenschaftliche Satzung: Nach h.M. selbst dann formfrei, wenn durch sie Erwerbsanspruch der Genossen begründet wird (st. Rspr.: RGZ 110, 241; 126, 221; 147, 207; 156, 216; BGHZ 15, 182); dagegen zu Recht MünchKomm/*Kanzleiter* § 311b Rn. 24 sowie Staudinger/*Schumacher* § 311b Rn. 127.

Gesamthandseigentum: Die Umwandlung von Gesamthandseigentum in Bruchteils- oder Alleineigentum oder umgekehrt wird von § 311b I BGB erfasst (*OLG München* DNotZ 1971, 544). Gleiches gilt für die Übertragung des Grundstücks einer Gesamthandsgemeinschaft auf eine andere (*BayObLG* 1980, 305), beispielsweise von einer Gesellschaft auf eine andere personengleiche Gesellschaft, denn es handelt sich jeweils um selbständige Gesamthandsgemeinschaften (*KG* NJW-RR 1987, 1321; zur GbR nunmehr die Grundlagenentscheidungen *BGH* NJW 2001, 1056; 2006, 3716; 2008, 1378; 2009, 594). Die Auseinandersetzung einer Gemeinschaft durch Vertrag ist jedoch formfrei möglich, wenn sie der Regelung des § 752 BGB voll entspricht (*OGH* NJW 1949, 64). Ist dies nicht der Fall, bedarf der Auseinandersetzungsvertrag der Form des § 311b I BGB (*BGH* NJW 2002, 2560).

Geschäftsanteilsübertragungsvertrag: Nach BGH auch dann formfrei, wenn das Vermögen der Gesellschaft im Wesentlichen aus Grundbesitz besteht, denn die Grundstücksübertragung ist nicht Vertragsgegenstand, sondern lediglich Rechtsfolge des Anteilswerbers (BGHZ 86, 370; *Ulmer/Löbbe* DNotZ 1998, 712; *OLG Frankfurt* NZG 2008, 19). Die Grenze liegt nach der Rechtsprechung dort, wo eine Umgehung beabsichtigt ist (*BGH* a.a.O., vgl. *K. Schmidt* AcP 182, 510; *Wertenbruch* NZG 2008, 454).

2. Teil. Allgemeine Fragen des Grundstückskaufvertrages A I

Geschäftsbesorgungsvertrag: Der im Rahmen eines Bauherrenmodells abgeschlossene Geschäftsbesorgungsvertrag, der sich u. a. darauf richtet, dem Geschäftsherrn Eigentum zu verschaffen, ist grundsätzlich formbedürftig, da er mit dem Grundstückskaufvertrag eine rechtliche Einheit bildet und mit diesem „stehen und fallen" soll (*BGH* DNotZ 1990, 658; NJW 2004, 3330; NJW-RR 2000, 953).

Gesellschaftsanteile an GbR: Die Anteilsübertragung ist grds. formfrei (*BGH* NJW 1983, 1110); auch die Übertragung der Miteigentumsanteile an einem Grundstück von den Gesellschaftern einer BGB-Gesellschaft auf die – von ihnen personengleich geführte – Gesellschaft bedarf nicht mehr der Form des § 311b da es sich um selbständige Gesamthandsgemeinschaften handelt (früher: *OLG Frankfurt* OLGR 1995, 74; Grundlagenentscheidung zur GbR: *BGH* NJW 2001, 1056; 2006, 3716; 2008, 1378; 2009, 594). Im Übrigen siehe Geschäftsanteilsübertragungsvertrag.

Gesellschaftsvertrag: In jedem Falle formpflichtig, wenn durch ihn die Pflicht zum Erwerb oder zur Veräußerung eines konkreten Grundstückes für einen Gesellschafter (Individualverpflichtung) oder die Gesellschaft (Gesamthandsverpflichtung) begründet wird (*BGH* NJW 1996, 1279; *OLG Koblenz* NJW-RR 1992, 614; *Petzoldt* BB 1975, 907; *Binz/Mayer* NJW 2002, 3054). Anders, wenn der Gesellschaftszweck allgemein mit „Verwaltung und Verwertung" beschrieben ist, da es hier an einer konkreten Verpflichtung i. S. d. § 311b BGB fehlt (*BGH* WiB 1996, 588; *Edelmann* WiB 1996, 589; siehe auch *BGH* NJW 1998, 376). Formbedürftigkeit entfällt auch dann, wenn Grundstück nur zum Zwecke der Nutzung oder nur dem Wert nach in die Gesellschaft eingebracht werden soll (*OLG Hamburg* NJW-RR 1996, 803) oder eine bloße Innengesellschaft gegründet werden soll (*BGH* NJW 1974, 2279). Auch hier besteht jedoch der Formzwang dann, wenn eine bedingte Übereignungsverpflichtung vorgesehen ist (*OLG Hamm* MDR 1984, 843). Dies ist beispielsweise der Fall, wenn dem Gesellschaftszweck die Weiterveräußerung zugrunde liegt, denn häufig ist damit die Abrede über die Bildung von Wohnungseigentum verbunden. Aufgrund des rechtlichen Zusammenhangs und soweit § 4 II WEG einschlägig, ist der gesamte Gesellschaftsvertrag beurkundungspflichtig (*BayObLG* DNotZ 1982, 770).

Gestaltungsrechte: Ausübung grundsätzlich formfrei (RGZ 137, 296; MünchKomm/*Kanzleiter* § 311b Rn. 28); gilt beispielsweise für die Anfechtung, den Rücktritt, das Vorkaufsrecht oder das Wiederkaufsrecht. Etwas anderes gilt aber dann, wenn das Wiederkaufsrecht einen schuldrechtlichen Anspruch auf Abschluss eines Rückkaufvertrages zum Inhalt hat (*BGH* ZIP 1999, 143). Die Einräumung eines schuldrechtlichen Vorkaufsrechts (*BGH* DNotZ 1968, 93) sowie eines vertraglichen Wiederkaufsrechts (*BGH* NJW 1973, 37; zum alten Recht RGZ 126, 312) ist gem. § 311 I BGB formbedürftig.

Grundstücksbestandteile: Übertragung ist nicht gemäß § 311b I BGB formbedürftig, es sei denn, es handelt sich um eine Nebenabrede oder es wird mittelbarer Zwang zum Kaufvertrag ausgeübt (vgl. MünchKomm/*Kanzleiter* § 311b Rn. 15).

Grundstückszubehör: Übertragung ist grundsätzlich nicht formbedürftig, es sei denn, der Vertrag über das Zubehör und der Grundstückskaufvertrag sollen miteinander stehen und fallen (*BGH* NJW 1961, 1764). Nach § 311c BGB ist das Zubehör aufgrund der wirtschaftlichen Einheit mit der Hauptsache „im Zweifel" vom Kaufvertrag umfasst. Die Auslegungsregel führt zur Vertragserleichterung. Danach ist Zubehör nur mit aufzuführen, wenn es nicht mit veräußert werden soll (*BGH* NJW 2000, 354).

Gründung einer GbR: Dann formbedürftig gem. § 311b I BGB, wenn durch den Gründungsvertrag eine Gesellschaft zur Einbringung eines Grundstücks verpflichtet wird oder mit der Gründung der GbR gleichzeitig eine Verpflichtung der GbR zum Erwerb eines konkreten Grundstücks begründet werden soll. Die Angabe „Grundstückserwerb" als Gesellschaftszweck macht den Gesellschaftsvertrag jedoch nicht formbedürftig (*OLG Köln* MittRhNotK 2000, 439). Formbedürftig, wenn im Rahmen der Gründung ein Gesellschafter sich verpflichtet, ein (auch fremdes) Grundstück einzubringen oder sich alle einzelnen Gesellschafter verpflichten, von der Gesellschaft Grundstücke/Wohnungen/Teileigentum/Erbbaurechte zu erwerben. Im Übrigen siehe Gesellschaftsvertrag.

Gutachten: Ein Bodengutachten, welches laut Baubeschreibung im Vertrag „zu beachten" ist, muss nicht beurkundet werden, weil es nicht der vertraglichen Beschaffenheit des noch zu errichtenden Gebäudes diene (*BGH* DNotZ 2003, 698; kritisch dazu Staudinger/*Schumacher* § 311b Rn. 157, 161). Wird bei Übertragung eines landwirtschaftlichen Betriebes zur Bezeichnung des beweglichen Betriebsvermögens auf ein Gutachten verwiesen, so ist dieses mitzubeurkunden (*OLG Düsseldorf* DNotI-Report 1994, Nr. 22, 7).

Gütergemeinschaft/Auseinandersetzung: Die Auseinandersetzungsvereinbarung nach beendigter Gütergemeinschaft ist dann formbedürftig gem. § 1477 I i. V. m. § 752 BGB, wenn sie nicht genau gemäß § 752 BGB erfolgt (vgl. *OGH* NJW 1949, 64), also von den gesetzlichen Regelungen abweicht (*BGH* DNotZ 1973, 472; NJW 2002, 2560 und DNotZ 2002, 941).

513H **Hofübergabevertrag:** Formlos im Bereich der Höfeordnung (*BGH* MDR 1991, 150; AgrarR 1991, 194; MDR 1993, 240), dabei ist der geschützte Personenkreis aber auf den oder die Abkömmling(e) des Hofeigentümers beschränkt, wenn diese(r) nach außen erkennbar – formlos – zum Hoferben bestimmt wird/werden. Außerhalb der Höfeordnung sind die Grundsätze des formlosen sog. Hofüberlassungsvertrag nicht übertragbar (*BGH* NJW 1965, 813; DNotZ 1976, 94). Allerdings steht der Berufung auf den Formmangel u. U. Treu und Glauben entgegen. Dies wurde insbesondere bei Existenzgefährdung (*BGH* NJW 1972, 1189) oder besonders schwerer Treuepflichtverletzung (*BGH* NJW-RR 1994, 317) angenommen.

Hamburger Modell: Gesellschaftsvertrag, der vorsieht, dass Gesellschafter letztlich Wohnungseigentum von der Gesellschaft erhalten, ist formbedürftig (*BGH* NJW 1978, 2505). Im Übrigen siehe Gesellschaftsvertrag.

513 I **Im Ausland belegene Grundstücke:** Bei der Veräußerung im Ausland belegener Grundstücke ist § 311b BGB anwendbar, wenn die Beteiligten deutsches materielles (Schuld-)Recht als Geschäftsstatut und damit Formstatut vereinbart haben (*BGH* NJW 1996, 1760; 1970, 999; 1972, 715; MünchKommBGB/*Kanzleiter* § 311b Rn. 8; Staudinger/*Schumacher* § 311b Rn. 31). Andererseits genügt bei der Veräußerung eines deutschen Grundstückes im Ausland nach Art. 11 I 2 EGBGB die Einhaltung der Ortsform (MünchKommBGB/*Kanzleiter* § 311b Rn. 8; Palandt/*Grüneberg* § 311b Rn. 4).

Immobilien-Fonds-Gesellschaft: Beitritt ist formfrei, wenn Abfindung mittels Immobilie nur als Möglichkeit ohne Verpflichtung zu Angebot und Annahme vorgesehen ist (*OLG München* NJW-RR 1994, 37; vgl. dazu insgesamt Kap. A X.; *BGH* NJW 1996, 1272).

Innengesellschaft: Gründung einer reinen Innengesellschaft ist auch dann formfrei möglich, wenn sich ein Gesellschafter verpflichtet, Grundbesitz in die Gesellschaft einzubringen (*BGH* NJW 1974, 2279).

Inventar/Inventarkauf: Kann als Nebenabrede zum Grundstückskaufvertrag, aber auch aus dem Gesichtspunkt der rechtlichen Einheit mit Grundstückskaufverträgen formbedürftig sein (*BGH* DNotZ 1971, 410; DB 2004, 2692; *OLG Hamm* NJW 1976, 1212). Ein separat neben dem eigentlichen Grundstückskaufvertrag bestehender Inventarkaufvertrag bedarf der Form des § 311b BGB, wenn Abschluss und Inhalt des Grundstückskaufvertrages von ihm abhängen. Hierbei kommt es darauf an, ob der Grundstückskaufvertrag in der Weise mit dem Inventarvertrag zu einer Geschäftseinheit verbunden ist, dass die Vereinbarung nach dem Willen der Parteien oder zumindest nach dem erkennbaren und von der anderen Seite gebilligten Willen eine rechtliche Einheit bilden soll (BGHZ 76, 43, 48; 101, 393, 396; *BGH* NJW 2000, 951; 2004, 3330, 3331; Palandt/*Grüneberg* § 311b Rn. 32). Ist der nicht beurkundungsbedürftige Inventarvertrag von dem Grundstücksgeschäft abhängig, dieses aber nicht von ihm, bleibt der Inventarvertrag von der Form des § 311b BGB frei (*BGH* DNotZ 2000, 635; *OLG Oldenburg*, NotBZ 2008, 82), es sei denn der Inventarkaufvertrag wird mit Rücksicht auf das erwartete Grundstücksgeschäft abgeschlossen (Münch-KommBGB/*Kanzleiter* § 311b Rn. 55). Siehe auch Grundstückszubehör.

IPR: Über Art. 11 I Alt. 1 EGBGB ist § 311b I BGB dann für den schuldrechtlichen Veräußerungsvertrag über ein im Ausland belegenes Grundstück maßgeblich, wenn die Beteiligten die Anwendung deutschen Rechts vereinbaren (*BGH* NJW 1969, 1760, *OLG München* NJW-RR 1989, 665). Für die Veräußerung oder den Erwerb eines inländischen Grundstücks im Ausland bedarf es nach Art. 11 I Alt. 1 EGBGB grundsätzlich der Form des § 311b BGB, es genügt jedoch nach Art. 11 I Alt. 2 EGBGB auch die Ortsform (RGZ 79, 78; 121, 157). Beurkundungspflicht ist aber immer dann gegeben, wenn der Vertragsschluss zur Umgehung in Ausland verlegt wird (*Winkler* NJW 1972, 983; *Geimer* DNotZ 1981, 410). Zu beachten sind für den Notar die mit dem Vollzug verbundenen Risiken sowie Anforderungen an die Belehrungspflichten bei einem Vertrag über eine ausländische Immobilie (*OLG Frankfurt* NJW 2011, 392).

Konsumgenossenschaften: Bei Übertragung konsumeigener Grundstücke an die Regierung der DDR ist die Nichteinhaltung des damals (1956) auch dort geltenden § 311b BGB unbeachtlich, da kein Eigentumserwerb unter Privaten, sondern zwischen Trägern staatlicher Gewalt aufgrund eines Hoheitsaktes vorlag (*LG Zwickau* OV spezial 1995, 367; a. A. *BezG Dresden* VIZ 1993, 313 sowie *OLG Rostock* VIZ 1997, 112: Solange das BGB in der DDR galt, konnte durch Ersitzung kein Volkseigentum entstehen. Danach, ab 1.1.1976, war eine Ersitzung nicht möglich, da gem. § 11 GBVfO (DDR) die maßgebliche Frist 20 Jahre betrug, die bis zum 3.10.1990 nicht ablaufen konnte. Ein regulärer Eigentumserwerb war nicht möglich, da es sich um privatschriftliche Verträge handelte, bei denen die notariell beurkundete Auflassung fehlte; anders *OLG Brandenburg* OLGR 1997, 62: Zwar habe kein wirksamer Erwerb von Volkseigentum stattgefunden, der Grundbuchberichtigungsanspruch sei jedoch verwirkt wegen Ablaufs von über 30 Jahren und nicht erfolgter Geltendmachung in dieser Zeit; sehr zw.).

Kaufpreis: Nach Ansicht des *LG Halle* begründet die Beurkundung eines ungeraden Kaufpreises (hier: 198.000,– DM) die Vermutung eines Scheingeschäftes, die nicht durch Vorlage der notariellen Urkunde widerlegt werden könne (*LG Halle* DZWiR 1997, 294 ff. m. abl. Anm. *Smid*).

Leasing: Hier werden in der Regel drei Vereinbarungen nach dem beiderseitigen Parteiwillen untrennbar miteinander verknüpft. Der Eigentümer verkauft an die Leasinggesellschaft, schließt mit dieser einen Leasingvertrag, der die weitere Nutzung des Grundstückes sicherstellt, und erhält nach Ablauf der Leasingzeit ein Ankaufsrecht (sog. Sale-and-Lease-back vgl. *LG Düsseldorf* WM 1989, 1127). Alle Vereinbarungen sind formbedürftig und bei getrennter Beurkundung durch Verknüpfungshinweise miteinander zu verbinden (*LG Düsseldorf* WM 1989, 1126), wenn sie nach dem Parteiwillen eine rechtliche Einheit bilden sollen (*BGH* NJW 2002, 2559). Gleiches gilt für den Fall, dass ein Fremdobjekt zugleich von der Leasingfirma auf Wunsch des Leasingnehmers gekauft und diesem zur Verfügung gestellt wird (sog. buy and lease). Hier sind Leasingvertrag und Ankaufsrecht in der Regel wegen des wirtschaftlichen Zusammenhangs zwischen Laufzeit und Ausübungszeitpunkt untrennbar miteinander verbunden (*Keim* RNotZ 2005, 102). Soweit das Gebäude lediglich aufgrund der Einräumung von Erbbaurechten errichtet wird, gilt für den Erbbaurechtsvertrag das Gleiche.

Letter of Intent: Formbedürftigkeit ist zu bejahen, wenn im Letter of Intent (LOI) eine brake up Fee vereinbart wird, die Zwang zum Grundstückskauf/-verkauf bzw. Unternehmenskauf auslöst. Siehe auch Kap. D V. Rn. 8, 70, 80).

Lotterievertrag: Ein Lotterievertrag, in dem ein fremdes Grundstück als Gewinn ausgesetzt ist, ist beurkundungspflichtig (DNotI-Report 2009, 33).

513M **Maklervertrag:** Grundsätzlich formfrei, es sei denn er enthält eine unmittelbare oder mittelbare Kaufverpflichtung. Dann bedarf er ohne Rücksicht auf die Höhe der Entschädigung, die sich der Makler für den Fall der Nichterfüllung der Erwerbsverpflichtung ausbedungen hat, der notariellen Beurkundung (*BGH* NJW-RR 1990, 57; DNotZ 1990, 656). Mittelbare Bindungen kommen insbesondere im Fall der Nichtveräußerung, des Nichterwerbs oder Widerrufs in Betracht. Beispielsweise aufgrund: Vereinbarung über Zahlung einer Vertragsstrafe (*OLG Düsseldorf* NJW-RR 1993, 667), Provisionszahlung (*BGH* NJW 1990, 390; *OLG Düsseldorf* NJW-RR 1993, 667), Vereinbarung über Zahlung einer Reservierungsgebühr (BGHZ 125, 218; zu „Time-Sharing-Verträgen" *Hildebrand* NJW 1996, 3249), Projektentwicklungsgebühren (*OLG Zweibrücken* BauR 2006, 1948) oder Zahlung eines vertraglichen Schadenersatzes (*BGH* NJW 1979, 307). Soweit Maklerverträge Klauseln vorsehen, die den Kunden unabhängig vom Zustandekommen des Grundstückskaufvertrages zu einer Zahlung an den Makler verpflichten, die über einen geringen Prozentsatz der für den Erfolgsfall anfallenden Maklerprovision hinausgehen, sind diese Vereinbarungen beurkundungsbedürftig (schon 15% der Provision sind zu viel: *BGH* NJW 1980, 1622; 1987, 54; *OLG München* NJW 1984, 243; *OLG Köln* NJW-RR 1994, 1108; nach *OLG Dresden* BB 1997, 2342 liegt die Grenze bei 10% der erwarteten üblichen Käuferprovision; *OLG Koblenz* WuM 2010, 322). Auf die Bezeichnung der „Gebühr" kommt es nicht an. Die Vereinbarung einer Ersatzpflicht für nachgewiesene und angemessene Aufwendungen ist dagegen formfrei möglich. Gleiches soll für die Verpflichtung in einem Makleralleinauftrag zur Zahlung des Maklerlohns nur für den Fall, dass der Grundstückskaufvertrag tatsächlich wirksam geschlossen wird, gelten, auch wenn eine Bindungsfrist des Auftraggebers vereinbart wird (*OLG Frankfurt* AIZ Allgemeine Immobilienzeitung A 103, B 161). Heilung des formnichtigen Vertrages tritt mit Abschluss des Hauptvertrages ein (*BGH* WM 1989, 918).

Mehrheit von Grundstückskaufverträgen: Sollen mehrere Grundstückskaufverträge rechtlich eine Einheit bilden, muss ihre Abhängigkeit voneinander mindestens in einer Urkunde ihren Ausdruck finden und dort mitbeurkundet werden (*KG* MDR 1991, 346).

Mehrwertsteuerausweisung: Die Vereinbarung über eine gesonderte Ausweisung der Mehrwertsteuer beim gewerblichen Grundstückskauf unterliegt der Form des § 311b (*OLG Stuttgart* DNotZ 1994, 309); vgl. nunmehr auch § 9 III 2 UStG.

Mietgarantie- und Mietverwaltungsvertrag: Die grundsätzlich nicht formbedürftige Vereinbarung ist dann notariell zu beurkunden, wenn sie nach dem Vorstellungsbild auch nur eines Vertragsbeteiligten mit einem Grundstückskaufvertrag eine rechtliche Einheit bilden soll (*BGH* NJW-RR 2004, 873). Siehe ausführlich: zusammengesetzte Verträge.

Mietkauf: Mietvertrag formbedürftig, wenn mit dem Optionsvertrag kraft Parteiwillens eine Einheit bildend (*OLG Köln* MittRhNotK 1989, 191; *BGH* NJW 1987, 1069; 2002, 2559)

Mietpoolvereinbarung: Als Nebenabrede des eigentlichen Grundstückskaufvertrages ist eine Mietpoolvereinbarung dann der Form des § 311b BGB unterworfen, wenn sie mit dem Grundstückskaufvertrag eine Geschäftseinheit i.S.d. § 139 BGB bildet (*BGH* NJW 2002, 2559; Staudinger/*Schumacher* § 311b Rn. 80).

Miteigentumsanteil: Steht dem Grundstück gleich; Übertragung unterfällt daher auch dem Beurkundungserfordernis nach § 311b BGB (*BGH* NJW 1994, 3346; *BayObLG* DNotZ 1999, 212).

2. Teil. Allgemeine Fragen des Grundstückskaufvertrages　　　　A I

Miteigentümervereinbarungen: Die Verpflichtung ein Miteigentumsanteil oder einen Teil davon zu übertragen, bedarf ebenso der notariellen Form, wie die Verpflichtung zur Übertragung eines Grundstückes (*BayObLG* DNotZ 1999, 212). Eine Miteigentümervereinbarung über den Ausschluss des Rechts zur Aufhebung der Gemeinschaft, bedarf – als Belastung des Anteils – der Eintragung im Grundbuch, § 1010 I BGB. Die Eintragung erfordert die Einigung der Miteigentümer nach § 873 BGB sowie den Eintragungsantrag gem. § 13 GBO und die Eintragungsbewilligung in öffentlicher oder öffentlich beglaubigter Form gem. §§ 19, 29 GBO (Staudinger/*Gursky* § 1010 Rn. 7).
Mitgliedschaftsrechte an einer Grundstücksgesellschaft: Siehe auch Anwachsung; Übertragung der Mitgliedschaftsrechte ist formfrei möglich (RGZ 82, 160; *BGH* MDR 1957, 733; BGHZ 86, 370; NJW 1998, 376). Anders ist nur zu entscheiden, sofern die Gesellschaft in bewusster Umgehung zur vereinfachten Übertragung von Grundstücksanteilen gegründet wurde (BGHZ 86, 367; *K. Schmidt* AcP 182, 510ff.).
Mündliche Abreden: Ob mündlich Besprochenes, auf das in der notariellen Urkunde Bezug genommen wird, beurkundungsbedürftig war, lässt sich grundsätzlich nur beurteilen, wenn sein Inhalt bekannt ist (*BGH* DNotZ 2006, 854; NJW-RR 2012, 341).
Nacherbenzustimmung: Die Zustimmung des Nacherben zu einer Grundstücksveräußerung seitens der Vorerben ist zu beurkunden (*BGH* MDR 1972, 496). Einer Zustimmung des Ersatznacherben bedarf es nicht (*BayObLG* NJW-RR 2005, 956). Erforderlich ist aber auch die Zustimmung eines nur bedingt eingesetzten Nacherben (*OLG Hamm* DNotZ 1970, 360) sowie eines weiteren Nacherben (*OLG Zweibrücken* NJW-RR 2011, 666).

Nachträgliche Vereinbarungen: Die Formvorschrift des § 311b BGB findet Anwendung, **513N** sofern dadurch eine bereits formgültig begründete Verpflichtung in rechtlich erheblicher Weise verändert wird; dies gilt grundsätzlich auch für die nachträgliche Verlängerung der Frist zur Ausübung des Wiederkaufsrechts (*BGH* ZIP 1996, 79; MittBayNot 1996, 26). Dies gilt jedoch nicht für eine nach erklärter Auflassung erfolgte Herabsetzung des Kaufpreises (*OLG Bamberg* MDR 1999, 151).
Wird die in einem Grundstückskaufvertrag vereinbarte Hinterlegungsanweisung erst nach Erklärung der Auflassung geändert, gilt der Beurkundungszwang des § 311b nicht mehr (*OLG Düsseldorf* Gerlinginformationen für wirtschaftsprüfende, rechts- und steuerberatende Berufe 1995, 201).
Negative Verpflichtungen: Die Verpflichtung, ein Grundstück nicht zu veräußern oder nicht zu erwerben, unterliegt nicht dem Formzwang des § 311b I BGB (BGHZ 31, 19; 103, 238; *OLG Hamm* OLGZ 1974, 123; beachte aber auch *OLG Köln* NJW 1978, 47 zu § 138).
Nichtbietungsvereinbarung: Kann in Ausnahmefällen, wenn sie einer Veräußerungspflicht gleichkommt, beurkundungspflichtig sein (*OLG Hamm* OLGZ 1974, 123). Insbesondere in den Fällen, in denen sich ein Miteigentümer eines Grundstückes gegenüber einem Dritten dazu verpflichtet, im Rahmen einer Teilungsversteigerung gem. § 180 ZVG zugunsten des Dritten nicht mitzubieten – um dem Dritten das gesamte Grundstück zu verschaffen – bedarf die Vereinbarung der Form des § 311b BGB (*OLG Hamm* DNotZ 1974, 507).
Nichtveräußerungsverpflichtung: Grundsätzlich formfrei, es sei denn, dass sie im rechtlichen Zusammenhang mit Grundstückskaufvertrag steht (vgl. MünchKomm/*Kanzleiter* § 311b Rn. 20). Dies ist beispielsweise der Fall, wenn die Nichtveräußerungsverpflichtung Teil der Gegenleistung des Erwerbers eines Grundstücksveräußerungsvertrages ist (*BGH* WM 1965, 1115) oder eine Rückübereignungsverpflichtung an die Verletzung der Nichtveräußerungsverpflichtung geknüpft ist (*Pikalo* DNotZ 1972, 644). Die Sicherung der Nichtveräußerungsverpflichtung mit einer Vertragsstrafe ist nicht formpflichtig (Staudinger/*Schumacher* § 311b Rn. 76; a.A. *OLG Köln* NJW 1971, 1942).

A I   Grundstückskauf

Nießbrauchsbestellung: Bei gleichzeitiger Grundstücksübertragung u. U. auch formlos möglich (BFH/NV 1991, 157). Die Verpflichtung zur Bestellung eines Nießbrauchs ist immer formlos möglich. § 311b I BGB ist dann einschlägig, wenn die rechtliche Eigentumszuordnung verändert werden soll, nicht bei Änderung der lediglich wirtschaftlichen Verfügungsgewalt (*RG* NJW 1925, 1109).

Nutzungsüberlassung: Soll ein Grundstück nur zur Nutzung in eine Gesellschaft eingebracht werden, greift die Regelung des § 311b I BGB nicht ein.

Sonderbetriebsvermögen: Möchte ein Gesellschafter seinen Mitunternehmensanteil an der Gesellschaft veräußern, ist zu beachten, dass dieser den Geschäftsanteil und das Sonderbetriebsvermögen umfasst (*BFH* vom 19.3.1991, BStBl. II, 635). Handelt es sich bei dem Sonderbetriebsvermögen um ein Grundstück, löst dies bei der Übertragung das Mitunternehmeranteils das Formerfordernis des § 311b BGB aus.

513O **Öffentlich-rechtliche Verträge:** Formpflicht gilt für öffentlich-rechtliche Verträge, die eine Grundstücksübertragung zum Inhalt haben, entsprechend (vgl. *BVerwG* DVBl. 1985, 299; *VGH Mannheim* NJW-RR 1995, 721; *OVG Münster* NJW 1989, 1879; *OLG Hamm* BauR 1991, 621; unstreitig auch in *OLG Oldenburg* OLGR 1995, 125 sowie *BVerwG* Buchholz 316 § 59 VwVfG Nr. 11 angenommen). Ausnahmen können sich aber aus Sondervorschriften ergeben, wie beispielsweise aus § 110 BauGB für die Einigung im Enteignungsverfahren (*BGH* NJW 1973, 657) oder aus dem Preußischen Enteignungsgesetz (BGHZ 88, 173; *OLG Schleswig* DNotZ 1981, 563). Auch die vor Einleitung eines Enteignungsverfahrens abgeschlossene Teileinigung über den Besitzübergang bedarf keiner Form (*BayObLG* DVBl. 1982, 360). Jedoch unterliegt die außerhalb eines förmlichen Enteignungsverfahrens getroffene Einigung der Form des § 311b I BGB (BGHZ 88, 171). Gleiches gilt für die Verpflichtung zur Flächenabtretung im Vorgriff auf eine spätere Umlegung (*VGH Mannheim* NJW-RR 1995, 721).

Option, Optionsrecht, Optionserklärung: Einräumung eines Optionsrechtes ist formbedürftig, die Ausübungserklärung soll es nicht sein (*BGH* LM § 433 Nr. 16; NJW 1987, 1069; NJW-RR 1996, 1167; *OLG Hamburg* NJW-RR 1992, 20; *OLG Köln* NJW-RR 2003, 375; zur Optionsentschädigung vgl. *BGH* NJW 1986, 246). Siehe auch Ankaufsrecht und Mietkauf.

513P **Parallelvereinbarungen mit Dritten:** Formbedürftig, wenn ein Vertragsteil dadurch bereits wirtschaftlich gebunden wird, dass für den Fall des Unterbleibens des Grundstückserwerbs ins Gewicht fallende wirtschaftliche Nachteile vereinbart werden (*BGH* EWiR 1990, 131).

Parzellierungsvertrag: Ist nach der Rechtsprechung formbedürftig (RGZ 68, 62).

Planskizze: Nicht formbedürftig (*BGH* DNotZ 1998, 944).

Planung: Formbedürftig (*OLG Hamm* OLGR 1992, 177; *OLG Düsseldorf* NJW-RR 1993, 667).

Preisnachlass: Ist formbedürftig (*BGH* NJW-RR 1992, 589). Formfrei, wenn Auflassung bereits erklärt wurde (*OLG Bamberg* MDR 1999, 151; fraglich allerdings, wenn Auflassung mit Ausfertigungssperre oder Vorlagevorbehalt versehen wird, vgl. *Kanzleiter* DNotZ 1984, 421).

Prozessvergleich: Ersetzt nach § 127a BGB die notarielle Beurkundung. Ein Prozessvergleich wird nicht dadurch unwirksam, dass neben der protokollierten Grundstücksübertragung die Übertragung weiterer Vermögenswerte (hier: Bankguthaben) versehentlich nicht protokolliert wurde (*OLG Oldenburg* MDR 1997, 781).

Publikums-KG: Der Beitritt zu einer Publikums-KG ist formbedürftig, soweit damit die Verpflichtung verbunden ist, eine Eigentumswohnung zu erwerben (*BGH* NJW 1978, 2505).

2. Teil. Allgemeine Fragen des Grundstückskaufvertrages A I

Räumung: Die Vereinbarung eines Zusatzentgeltes für eine baldige Räumung ist formbedürftig, da es sich hierbei um eine Nebenabrede handelt (RGZ 114, 233).   513R

Rechtswahl: Beim Abschluss eines Kaufvertrages über ein in Spanien belegenes Grundstück können die Beteiligten für die einzuhaltende Form spanisches Recht und im Übrigen deutsches Recht vereinbaren, mit der Folge, dass § 311b BGB nicht gilt (*OLG Hamm* DNotI-Report 1996, 55; offen gelassen bei *BGH* NJW-RR 1990, 248). Auch eine stillschweigende Rechtswahl ist möglich (*OLG Nürnberg* NJW-RR 1997, 1484). Siehe auch IPR.

Reservierungsvereinbarung: *BGH* bejaht Formpflicht jedenfalls dann, wenn Reservierungsgebühr über 10% einer üblichen Maklergebühr hinausgeht (BGHZ 103, 239). Eine unwiderrufliche Reservierungsvereinbarung in Bezug auf ein Grundstück kommt einem Vorkaufsrecht gleich und bedarf der notariellen Beurkundung (*OLG Rostock* NJ 2007, 312 m. Anm. *Maue*). Die bloße Zusage ein Grundstück nicht anderweitig zu verkaufen, löst die Beurkundungspflicht nicht aus (*BGH* NJW 1988, 1716). Soll jedoch aus der Reservierungsvereinbarung eine Veräußerungspflicht folgen, ist die Beurkundungspflicht gegeben (*BGH* NJW-RR 2008, 824).

Restitutionsansprüche: Schuldrechtliche und dingliche Rechtsgeschäfte sind nicht nach § 311b BGB, aber nach § 3 VermG beurkundungsbedürftig (*Weimar/Alfes* DNotZ 1992, 624).

Rückkaufsvereinbarung: Formbedürftig (BGHZ 104, 277).

Rücktritt: Ausübung des Rücktrittsrechts ist nach h. M. formfrei (vgl. MünchKomm/*Kanzleiter* § 311b Rn. 28). Nachträgliche Vereinbarung eines Rücktrittsrechts ist formfrei, wenn damit nachträglich aufgetretene Schwierigkeiten bei der Vertragsabwicklung beseitigt werden sollen und damit keine wesentliche Änderung des ursprünglichen Vertrages einhergeht (*BGH* EWiR 2001, 569 m. abl. Anm. *Grziwotz* = DNotZ 2001, 798 m. Anm. *Kanzleiter*).

Rückübertragungsverpflichtung: Eine außerhalb der notariellen Kaufvertragsurkunde getroffene Vereinbarung der Parteien eines Grundstückskaufvertrages wonach der Käufer gegenüber dem Käufer verpflichtet sein soll diesem das Grundstück unter bestimmten Voraussetzungen zurück zu übertragen, bedarf der notariellen Beurkundung. Die Heilung dieser formnichtigen Wiederkaufsabrede tritt schon mit der Auflassung und Eintragung des Eigentumswechsels in das Grundbuch zugunsten des Käufers und nicht erst mit der Rückauflassung an den Verkäufer und seiner Eintragung im Grundbuch ein (*BGH* RNotZ 2010, 133).

Scheinbestandteile: Verfügungen über Scheinbestandteile (§ 95 BGB) sind formfrei möglich. Siehe auch Grundstücksbestandteile.   513S

Schenkungsversprechen: Auch die mit einem Schenkungsversprechen über eine noch zu schaffende Eigentumswohnung als Gegenleistung verbundene Verpflichtung des „Beschenkten" zur Freistellung des Grundstückseigentümers von der Grundstücksbelastung ist zu beurkunden (*OLG Celle* OLGR 1995, 65). Nicht nur das Schenkungsversprechen nach § 518 BGB sondern auch die Erklärung des Annehmenden bedarf der notariellen Beurkundung (RGZ 82, 152; 110, 392).

Schiedsvertrag: Soll nach *BGH* DNotZ 1978, 151 für sich formfrei sein. Er ist jedoch dann beurkundungspflichtig, wenn der Grundstücksvertrag nach dem Parteiwillen zumindest einseitig von den Schiedsvereinbarungen abhängt (*BGH* NJW 2000, 951; 2000, 2017).

Schuldübernahme: Siehe auch Vertragsübernahme; Übernahme von Verbindlichkeiten; Übernahme der Veräußerungs- oder Erwerbspflicht ist formbedürftig, jedoch nicht die Übernahme der Kaufpreisschuld (*BGH* NJW 1996, 2503). Beurkundungsbedürftig ist auch die Schuldübernahme, die sich auf ein an sich nicht beurkundungspflichtiges Rechtsgeschäft bezieht, und nur aus Gründen des Vollständigkeitsgrundsatzes in einem Grundstückskaufvertrag mitbeurkundet werden muss (BGHZ 125, 235). Es ist

jeweils immer nur die Schuldübernahme beurkundungsbedürftig, nicht jedoch das Rechtsgeschäft auf das sie sich bezieht.
Sicherungsabrede: Kann formbedürftig sein, wenn Darlehensnehmer zur Absicherung eines Darlehens Kaufvertragsangebot macht (*BGH* DNotZ 1983, 231).
Sondereigentum an Gebäuden nach ZGB: Übertragung ist formbedürftig nach § 311b BGB.
Sonderwunschvereinbarungen: Nachträgliche Vereinbarungen von Sonderwünschen bei Bauträgerverträgen sind grundsätzlich formbedürftig, wenn nicht die Auflassung bereits erklärt ist. Davon zu unterscheiden ist das nicht formbedürftige Leistungsbestimmungsrecht des Käufers gem. § 315 BGB bei der Auswahl unter mehreren Alternativen oder zusätzlichen Leistungen des Bauträgers, die im Bauträgervertrag bereits nach Inhalt und Preis genau beschrieben sind (*Weigl* MittBayNot 1996, 10).
Stiftungsgeschäft: Auf das Stiftungsgeschäft als einseitiges Rechtsgeschäft ist ebenso wie auf die Auslobung § 311b BGB anwendbar (vgl. *Staudinger/Wufka* § 313 Rn. 83); a. A. insofern *OLG Schleswig* (SchlHA 1995, 303, 304 und DNotZ 1996, 770): einfache Schriftform reicht für das Stiftungsgeschäft auch dann aus, wenn die Übertragung von Grundeigentum auf die Stiftung zugesichert wird; und mit Verweisung auf die ausreichende Garantie durch das Erfordernis staatlicher Genehmigung *LG Kiel* SchlHA 1995, 134. Dies ist nicht überzeugend, da die staatliche Genehmigung und die notarielle Beurkundung völlig unterschiedlichen Zwecken dienen (so auch *Wochner* Anm. zu *OLG Schleswig* DNotZ 1996, 773).

513T **Teilungserklärung und Gemeinschaftsordnung:** Konkretisieren die mit dem Erwerb von Wohnungseigentum verbundenen Rechte und Pflichten und sind daher mit zu beurkunden (*OLG Frankfurt* OLGR 1993, 1; *BGH* NJW 2002, 1050; DNotI-Report 2002, 84), es sei denn, die Teilungserklärung ist bei Abschluss des Kaufvertrages bereits im Grundbuch eingetragen und ihr Inhalt – einschließlich der Regelung des Gemeinschaftsverhältnisses – war bereits Inhalt des zu veräußernden Sondereigentums (vgl. § 10 II WEG). Der Notar kann aber bei der Beurkundung des Kaufvertrages auf die „gesetzmäßige Teilungserklärung" Bezug nehmen (*OLG Hamm* OLGR 1992, 96).
Time-Sharing-Modell: Für den Kauf von Miteigentumsanteilen im sog. Time-Sharing-Modell gilt unabhängig von der dinglichen Seite des Rechtsgeschäftes für den schuldrechtlichen Teil dann die Vorschrift des § 311b BGB, wenn beide Vertragspartner Deutsche sind und der in DM gezahlte Kaufpreis auf das Konto einer Bank in Deutschland gezahlt werden sollte (*OLG Frankfurt* RIW/AWD 1995, 1033). A. A. *LG Hamburg* NJW-RR 1991, 823: Für einen Urlaubssparvertrag über ein Dauernutzungsrecht für ein Teileigentum-Appartement soll notarielle Beurkundung nicht notwendig sein. Hinsichtlich der Sittenwidrigkeit eines solchen Vertrages kommt es nicht auf die Marktpreise für normale Eigentumswohnungen an. Die Sittenwidrigkeit kann sich auch aus dem Gesamtcharakter des Vertrages ergeben. Hier sind auch die Umstände zu berücksichtigen, die zum Vertragsschluss geführt haben. Bei „time-sharing-Verträgen" kann sich eine mittelbare Erwerbspflicht und damit die Beurkundungspflicht aus einer Reservierungsvereinbarung ergeben (*BGH* DNotZ 1994, 764; *Hildebrand* NJW 1996, 3249).
Treuhandvertrag: Der im Rahmen von Bauherrenmodellen vereinbarte Treuhandvertrag ist regelmäßig beurkundungspflichtig (*BGH* BB 1990, 1997; NJW 1990, 2755; DNotZ 1988, 547; 1990, 658). Gleiches gilt für andere Treuhandvereinbarungen, wenn darin eine Grundstückserwerbsverpflichtung enthalten ist (*BGH* NJW 1983, 566), sowie dann, wenn ein Grundstückskaufvertrag einen am selben Tag geschlossenen Treuhandvertrag (bezüglich der Renovierung des Kaufobjekts) inhaltlich voraussetzt und auf diesen Bezug nimmt (*BGH* NJW-RR 1993, 1421). Bei Aufträgen zum treuhänderischen Erwerb von Grundstücken und Miteigentumsanteilen verbunden mit der Verpflichtung zur Weiterübertragung auf den Auftraggeber soll die Weiter-

2. Teil. Allgemeine Fragen des Grundstückskaufvertrages A I

übertragungsverpflichtung dagegen nicht beurkundungsbedürftig sein, da sich diese Verpflichtung bereits aus § 667 BGB ergebe (*OLG Köln* OLGR 1995, 301; *BGH* BGHR BGB § 313 S. 1 Treuhand 2). Nach einer Entscheidung des BGH soll aus diesem Grunde auch der Auftrag selbst nicht beurkundungsbedürftig sein (*BGH* NJW 1994, 3346; WM 1994, 2202); anders, wenn noch Erwerbspflicht des Auftraggebers oder Auftragnehmers hinzutritt. Dies gilt jedoch nicht für Treuhandverträge, die vor 1976 in der ehem. DDR abgeschlossen wurden. § 311b I BGB in der damals dort geltenden Fassung verlangte für Verträge, die die Pflicht zum Erwerb eines Grundstücks beinhalteten, keine notarielle Beurkundung (*BGH* DZWiR 1997, 288 m. Anm. *Armbrüster* DZWiR 1997, 281).

Übernahme einer Verbindlichkeit: Siehe auch Schuldübernahme; bei der Übernahme einer Verbindlichkeit aus einem anderen Schuldverhältnis muss deren Inhalt nicht mitbeurkundet werden; die nähere Bezeichnung der Verpflichtung dient hier nur der Identifizierung (*BGH* NJW 1998, 3197; siehe auch *BGH* ZIP 1999, 143). 513U

Übernahmerecht bei Vermögensgemeinschaft: Die Ausübung des Übernahmerechtes aus § 1477 II BGB ist formfrei möglich (*OLG München* FamRZ 1988, 1277).

Umwandlung: Die Umwandlung von Gesamthandseigentum in Bruchteils- oder Alleineigentum ist formbedürftig (*OLG München* DNotZ 1971, 544), sofern dem Auseinandersetzungsvertrag nicht nur die gesetzlichen Regelungen zugrunde liegen.

Umwandlung i. S. d. UmwG: Bei einer Umwandlung nach den Bestimmungen des UmwG 1994 geht das Vermögen im Wege der (partiellen) Gesamtrechtsnachfolge über. Für Grundstücke gilt daher § 311b BGB **nicht**, aber § 6 UmwG ist zu beachten. Wird eine „Umwandlung" im Wege der Einzelübertragung der Aktiva und Passiva durchgeführt und zählen zu den Aktiva auch Grundstücke, so ist die Gesamtvereinbarung zu beurkunden.

Unternehmenskauf: Beim Unternehmenskauf ist zu unterscheiden, ob ein Anteilskauf (nach h. M. formfrei, BGHZ 86, 370, aber ggf. § 15 GmbHG) oder Übernahme des Vermögens im Wege der Einzelrechtsübertragung vereinbart wird. Im letzteren Falle besteht Formpflicht, wenn auch Immobilien Gegenstand des Vertrages sind (*BGH* MDR 1979, 469), die sich im Regelfall wegen des unlösbaren rechtlichen Zusammenhangs mit den anderen Vereinbarungen auf den gesamten Vertrag erstreckt (vgl. zum Unternehmenskaufvertrag auch *Wiesbrock* DB 2002, 2311, *Stiller* BB 2002, 2622; *Heckschen* NZG 2006, 772 sowie *Morshäuser* WM 2007, 337). Formpflicht kann auch aus § 311b Abs. 5 BGB folgen.

Verfallklausel: Die Vereinbarung, nach der eine bestimmte Anzahlung verfällt, wenn es nicht zum Abschluss des Grundstückskaufvertrages kommt, ist formbedürftig (*BGH* NJW 1979, 307; *OLG Köln* NJW-RR 1994, 1108). 513V

Vergleich: In der Regel formbedürftig, wenn Erwerbs- oder Veräußerungsverpflichtung erstmalig begründet oder erneut übernommen oder abgeändert wird (*BGH* LM § 313 Nr. 5; Staudinger/*Wufka* § 313 Rn. 42). Der gerichtliche Vergleich ersetzt gem. § 127a BGB die notarielle Beurkundung.

Vermittlung eines Grundstückskaufs: Wird mit einem Rechtsanwalt, der mit der Vermittlung eines Grundstückes beauftragt ist, eine Vereinbarung ähnlich einer erfolgsunabhängigen Maklerprovision dahin gehend getroffen, dass die Vergütung auch ohne Zustandekommen eines Kaufvertrages gewährt wird, so ist diese Vereinbarung zu beurkunden (*BGH* NJW 1990, 390; *OLG Hamm* NJW-RR 1995, 951).

Verpflichtung zur Veräußerung oder zum Erwerb eines Grundstücks: Formbedürftig; § 311b BGB gilt auch dann, wenn wegen besonderer Umstände des Einzelfalls die Parteien nicht schutzbedürftig sind (*BGH* NJW 1994, 3347); anders beim sog. Letter of Intent, da hier keine wirkliche Bindung begründet wird (*Wolf* DNotZ 1995, 193).

Verpflichtung zur Zustimmung zur Grundstücksveräußerung durch Nacherben: Die Verpflichtung des Nacherben, dem Verkauf eines zum Nachlass gehörenden Grundstücks zuzustimmen, ist formbedürftig, da es der Begründung einer Veräußerungsverpflichtung gleich steht (*BGH* LM § 2120 Nr. 2/3).

Verpflichtungsübernahme durch den Käufer aus anderem Schuldverhältnis: Inhalt der übernommenen Verpflichtung muss nicht mitbeurkundet werden (*BGH* NJW 1994, 1347). Siehe auch Schuldübernahme.

Verrechnungsvereinbarung: Eine dahin gehende Vereinbarung, dass der Grundstückskaufpreis mit bestimmten Forderungen des Käufers verrechnet werden soll, bedarf der notariellen Beurkundung (*BGH* NJW 2000, 2100). Es handelt sich nicht um die deklaratorische Bezeichnung eines Rechts, welches den Parteien ohnehin nach § 387 BGB zusteht, sondern um eine vertragliche Einigung bzgl. der Art der Erbringung des Kaufpreises, da sie dem Beklagten die Möglichkeit nimmt, den Kaufpreis auf andere Weise zu entrichten und auch den Verkäufer auf die Aufrechnung festlegt. Unschädlich ist die fehlende Beurkundung für die Wirksamkeit des übrigen Kaufvertrages aber dann, wenn der Käufer die Belegung des Kaufpreises beweist und damit die Vermutung des § 139 BGB widerlegt (*BGH* NJW 2000, 2100).

Verschmelzung: Bei der Verschmelzung findet eine Gesamtrechtsnachfolge statt, Formpflicht folgt nicht aus § 311b BGB, sondern aus § 6 UmwG.

Versteigerung: Auch der im Wege der freiwilligen Versteigerung geschlossene Vertrag über ein Grundstück unterliegt dem Formzwang des § 311b BGB (*KG* KGR 1995, 193 zu § 313 BGB a. F.). Damit ist auch § 13 BeurkG anzuwenden. Dies bedeutet, i. V. m. § 15 BeurkG, dass die entsprechende notarielle Urkunde dem Ersteher und dem Auktionator selbst vorgelesen und von diesen genehmigt und unterschrieben werden muss. Für den Ersteher kann die Sonderregel des § 15 S. 2 BeurkG eingreifen, für den Auktionator gilt sie nicht. Bei Vorlesung, Genehmigung und Unterschrift auf Seiten des Auktionators ist angesichts des Wortlauts und des Regelungszwecks des § 13 BeurkG („selbst") eine Stellvertretung ausgeschlossen (*BGH* WM 1998, 1402). Der sog. Einberufungsvertrag, mit welchem sich der Grundstückseigentümer verpflichtet, das Grundstück an den Bieter zu verkaufen, ist beurkundungsbedürftig nach § 311b I BGB.

Vertrag über gegenwärtiges Vermögen: Formbedürftig gem. § 311b III BGB; der Regelung des § 311b III BGB kommt insbesondere eine Warnfunktion zu, gleichzeitig soll aber auch eine sachgerechte Beratung der Parteien gewährleistet werden, § 17 BeurkG.

Vertragsanbahnung: Absprachen vor dem Abschluss eines Grundstückskaufvertrages sind dann beurkundungsbedürftig, wenn der Kaufinteressent Ersatz für Aufwendungen des potentiellen Verkäufers verspricht, welche ihm nur bei Ankauf des Grundstückes Vorteile bringen (*OLG Hamm* DNotZ 1992, 423 für vereinbarte Umbauarbeiten gegen eine auf den Kaufpreis anzurechnende Vorausleistung des Interessenten).

Vertragsstrafe: Formbedürftig, da ein mittelbarer Zwang zum Grundstückserwerb ausgeübt wird (vgl. *BGH* NJW 1970, 1916; 1987, 54; *OLG Köln* NJW-RR 1994, 1108; *OLG Düsseldorf* NJW-RR 1993, 667; *OLG Hamm* DNotZ 1992, 423 für ein Entgelt, das der Erwerbsinteressent für einen vorweg durchzuführenden Umbau zusagt). Dabei ist es unerheblich, wie das Entgelt bezeichnet wird („Abstandssumme", „Provision", „Aufwandsentschädigung") (vgl. hierzu beispielsweise *OLG Dresden* BB 1997, 2342 zur Vereinbarung einer erfolgsunabhängigen Maklerprovision; siehe auch *OLG Hamburg* NJW-RR 1992, 20). Vgl. auch „break up Fee".

Vertragsübernahme: Werden im Rahmen eines beurkundungspflichtigen Vertrages von einem der Vertragspartner Rechte und Pflichten aus einem anderweitig abgeschlossenen Vertragsverhältnis übernommen, so ist nur der Eintritt bzw. die Übernahme als solches formbedürftig. Die Beurkundung der Rechte, in die eingetreten wird, und der übernommenen Schuld sowie deren einzelner Bedingungen ist nicht erforderlich

(*BGH* NJW 1994, 1347). Dies soll auch dann gelten, wenn die übernommene Verpflichtung darauf gerichtet ist, den Erwerber auszutauschen, obwohl in der Person des neuen Schuldners eine Verpflichtung nach § 311b BGB begründet wird (*Schmenger* BWNotZ 1996, 28 m. w. N.).

Wird der Vertragseintritt auf der Verkäuferseite erklärt, um den Rangrücktritt der Auflassungsvormerkung des Käufers zu erreichen, kann die Berufung auf den Formmangel des Vertragseintritts gegen Treu und Glauben verstoßen, wenn sich der Verkäufer nach erfolgtem Rangrücktritt ohne Grund von dem Vertrag lösen will (*BGH* DNotZ 1997, 307).

Verwaltervertrag: Macht der Verkäufer den Abschluss des Kaufvertrages davon abhängig, dass er einen Vertrag als Verwalter der Immobilie erhält, ist dieser Vertrag mit zu beurkunden. Miteigentümer können eine Verwaltungsregelung für das Grundstück als Belastung in Abteilung II des Grundstückes eintragen lassen. Die Eintragung erfordert die Einigung der Miteigentümer nach § 873 BGB, den Eintragungsantrag gem. § 13 GBO und die Eintragungsbewilligung in öffentlicher oder öffentlich beglaubigter Form gem. §§ 19, 29 GBO.

Volkseigenes Gut: Zur Eigentumsumschreibung eines umgewandelten volkseigenen Gutes reicht die Bescheinigung der Treuhandanstalt, die Form des § 311b BGB muss nicht gewahrt werden (*BezG Dresden* ZIP 1992, 141).

Vollmacht: Formbedürftig, wenn aus rechtlichen oder tatsächlichen Gründen unwiderruflich oder in untrennbarem rechtlichem Zusammenhang mit Grundstückskaufvertrag (BGHZ 89, 47; *BGH* NJW-RR 1988, 351; 1989, 1100; 1993, 1421; *BayObLG* DNotI-Report 1996, 90). Dies gilt auch für Vollmachten, die zwar rechtlich widerrufen werden können, aber tatsächlich die gleiche Bindungswirkung eintreten sollte und nach Vorstellung des Vollmachtgebers auch eingetreten ist (*Schmenger* BWNotZ 1996, 28 m. w. N.). Das der Vollmachtserteilung zugrunde liegende Geschäft bedarf der Beurkundung (*BayObLG* MittBayNot 1996, 197).

Das Recht zum jederzeitigen Widerruf der Vollmacht kann nur durch Vertrag wirksam ausgeschlossen werden, der der notariellen Beurkundung bedarf. Es müssen die Erklärungen beider Vertragsparteien beurkundet werden (*BayObLG* NJW-RR 1996, 848). Für die Wirksamkeit der in der ehemaligen DDR erteilten Grundstücksveräußerungsvollmachten ist das zum Erteilungszeitpunkt dort geltende Recht zu beachten (so auch *KG* KGR 1995, 229). Die Übertragung der Verfügungsberechtigung für ehemals volkseigene Grundstücke in der DDR durch den Bundesfinanzminister an die Treuhandanstalt ist keine Vollmacht und unterliegt so nicht der Form des § 311b BGB, auch wenn in ihr das Recht eingeschlossen ist, über das betroffene Grundstück zu verfügen (*LG Chemnitz* ZOV 1994, 193). Eine Haftung des Vollmachtgebers ist jedoch auch bei – wegen fehlender Beurkundung – unwirksamer Vollmacht möglich, wenn das Vertrauen eines Dritten auf den Bestand der Vollmacht nach den Grundsätzen über die Duldungsvollmacht schutzwürdig erscheint und der Vollmachtgeber wissentlich einen diesbezüglichen Rechtsschein veranlasst hat (*BGH* WM 1996, 2230). Diese Grundsätze sind auch auf die Vollmacht zur Übertragung eines Erbteils übertragbar (*OLG Dresden* ZEV 1996, 461 sowie *BGH* ZEV 1996, 462 m. Anm. *Keller*).

Eine Notarbestätigung bzgl. einer Angebotsabgabe ersetzt keine beurkundete Vollmacht und begründet keine Duldungsvollmacht (*BGH* DNotZ 2004, 787). Wenn ein Baubetreuungsvertrag in der Weise mit einem Grundstückskaufvertrag verbunden ist, dass beide Verträge miteinander stehen und fallen, bedarf in Ausnahme zu § 167 II BGB auch die dem Baubetreuer erteilte Vollmacht einer notariellen Beurkundung (BGHZ 101, 393, 397; *BGH* NJW-RR 2009, 953), es sei denn der Baubetreuungsvertrag ist zwar vom Grundstückskaufvertrag abhängig, dieser aber nicht vom Baubetreuungsvertrag (*BGH* NJW 2002, 2559). Die nicht formwirksam erteilte Vollmacht kann ggf. nach Rechtsscheingrundsätzen Wirkungen erzeugen (*BGH* NJW 1988, 697).

Eine Ersteigerungsvollmacht (vgl. auch Bietvollmacht), bedarf nicht als unwiderrufliche bindende Vollmacht der Form des § 311b BGB, wenn danach lediglich ein Gebot zum Mindestgebot abgegeben werden sollte, der Vollmachtgeber sich aber die Abgabe höherer Gebote vorbehalten hat (*OLG Brandenburg* NJW-RR 2010, 1169).

Vollzugsprotokoll/Closing-Memorandum (Closing Protokoll): Grundsätzlich bedarf es keiner besonderen Form, insbesondere findet § 15 III und IV GmbHG keine Anwendung (*Hasselmann* NZG 2009, 486, 491; *Stoppel* GmbHR 2012, 828), denn der Zweck eines Vollzugsprotokolls, Erklärungen und Handlungen im Rahmen eines Unternehmenskaufs „protokollarisch" festzuhalten, ist rein deklaratorischer Natur. Der Eintritt bestimmter Tatsachen soll dokumentiert werden, so dass hierdurch keine Rechte oder Pflichten der Parteien begründet, aufgehoben, modifiziert oder Verfügungen vorgenommen werden. Es dient somit in erster Linie der Rechtssicherheit zwischen den Parteien.

Das Vollzugsprotokoll ist jedoch dann beurkundungspflichtig, wenn es eine Änderung der dinglichen Einigung enthält. Denkbar ist vor allem, wenn im Rahmen des Vollzugsprotokolls auf den Eintritt bestimmter aufschiebender Bedingungen für den Anteilsübergang verzichtet wird und dahinter die Absicht steht, den dinglichen Übergang des Geschäftsanteils mit Abschluss des Vollzugsprotokolls zu vollziehen. Der Verzicht auf die aufschiebende Bedingung stellt grundsätzlich eine Änderung der dinglichen Einigung da und ist nach § 15 III GmbHG formbedürftig.

Aber auch Änderungen auf schuldrechtlicher Ebene können die Beurkundungspflicht auslösen. Dies ist insbesondere denkbar, wenn in dem Vollzugsprotokoll die schuldrechtliche Verpflichtung zur Anteilsübertragung modifiziert wird, insbesondere wenn die Abtretung des Geschäftsanteils erst mit Abschluss des Vollzugsprotokolls erfolgen soll. Eine solche Änderung auf schuldrechtlicher Ebene löst das Formerfordernis des § 15 IV GmbHG aus.

Vorauszahlung: Soll eine Vorauszahlung auf den Kaufpreis angerechnet werden, ist diese grundsätzlich ebenfalls zu beurkunden. Eine Ausnahme gilt für den Fall, dass der Käufer die Vorauszahlung gegen Quittung erbracht hat und diese daher beweisen kann (*Schmenger* BWNotZ 1996, 28 m. w. N.).

Vorbereitungsverträge: Nicht formbedürftig, auch wenn sie mit wirtschaftlichen Belastungen verbunden sind, die nutzlos werden, wenn es nicht zu dem beabsichtigten Grundstückskauf/-verkauf kommt (*OLG Köln* NJW-RR 1994, 1108); zw., siehe „Vertragsanbahnung".

Vorkaufsrecht: Sowohl die Bestellung wie aber auch die Verpflichtung zur Bestellung eines Vorkaufsrechts bedürfen der Form des § 311b BGB (*BGH* DNotZ 1968, 93; NJW 1987, 1069 für vergleichbare Konstellation; *BGH* DNotZ 2003, 426; NJW-RR 1991, 206; *OLG Hamm* OLGR 1992, 273). Wird ein solches in einem Mietvertrag vereinbart, bedarf der gesamte Vertrag der Form des § 311b BGB (*BGH* DWW 1994, 283). Formbedürftig ist auch die Einräumung eines Vorkaufsrechts an einem Erbbaurecht (*BGH* NJW-RR 1991, 205). Entgegen einer neueren Ansicht in der Literatur ist jedoch die Ausübung des Vorkaufsrechts formfrei möglich (*OLG Frankfurt* NJW-RR 1999, 16; *Sarnighausen* NJW 1998, 37). Die Ausübung kann auch schon vor Erteilung der Grundstücksverkehrsgenehmigung erklärt werden, die Erklärungsfrist läuft dennoch erst nach Mitteilung des genehmigten Vertrages (*BGH* DNotZ 1998, 895).

Vorvertrag: Stets formbedürftig (vgl. *BGH* NJW 1989, 166; *OLG Jena* OLG-NL 1995, 230). Ein wegen privatschriftlich vorgenommener Modifizierungen formunwirksamer Vorvertrag kann nur dann nach § 311b I 2 BGB durch den Abschluss eines formgültigen Kaufvertrages geheilt werden, wenn der Abschluss des Kaufvertrages in Erfüllung des zuvor formunwirksam vorgenommenen Verpflichtungsgeschäftes erfolgte (Nachw. bei Staudinger/*Wufka* § 311b Rn. 328). An einem solchen Erfüllungszusammenhang fehlt es, wenn die Annahme eines unterbreiteten Angebotes auf Abschluss eines Grundstückskaufvertrages unterbleibt, der Anbietende aber, ohne hierzu verpflichtet

2. Teil. Allgemeine Fragen des Grundstückskaufvertrages   A I

zu sein, auf Vermittlung seines Vertragspartners das Grundstück in einem separaten Kaufvertrag an einen Dritten verkauft und übereignet (*BGH* MittBayNot 2005, 222; vgl. zum Vorvertrag auch *Freitag* AcP 207, 287).

Wahlschuld: Auch wenn die Erwerbs- oder Veräußerungsverpflichtung nur wahlweise geschuldet wird, ist der entsprechende Vorvertrag formbedürftig (vgl. *BGH* NJW 1983, 1545; *OLG Köln* VersR 1993, 321; MünchKomm/*Kanzleiter* § 311b Rn. 35). 513W

Weilheimer Modell: Die Sicherung der Bevorzugung einheimischer Bewerber bei der Vergabe von Bauland durch die Gemeinde durch Verträge der Gemeinde mit den Grundstückseigentümern unterliegt der Form des § 311b BGB (*BVerwG* DVBl. 1993, 654).

Werkvertrag: Siehe Bauvertrag/Bauwerkvertrag; in der Regel formbedürftig.

Widerruf: Es ist zulässig, sich bei Abgabe eines Angebotes auf Abschluss eines Grundstückskaufvertrages vorzubehalten, das Angebot mit der Folge widerrufen zu können, dass das Angebot bei Ausübung des Widerrufs nur noch befristet Gültigkeit hat. Erfolgt später die Rücknahme des Widerrufs zu einem Zeitpunkt, in dem das Angebot noch wirksam ist, so bedarf die Rücknahmeerklärung nicht der notariellen Beurkundung, da hierin nicht die Abgabe eines neuen Kaufvertragsangebotes gesehen werden kann (*BGH* MittBayNot 2005, 34).

Wiederkaufsrecht: Siehe Vorkaufsrecht und Rückübertragungsverpflichtung; stets ist die Einräumung oder die Verpflichtung zur Einräumung eines Wiederkaufsrechts formbedürftig, die Ausübung hingegen nicht, auch nicht der Verzicht (*BGH* DNotZ 1988, 560; *OLG Frankfurt* NJW-RR 1999, 16). Die nachträgliche Verlängerung eines im Kaufvertrag eingeräumten Wiederkaufsrechtes bedarf der Beurkundung (*BGH* MittBayNot 1996, 26). Auch die Begründung eines Wiedererwerbsrechtes im Sale-and-lease-back-Verfahren ist formbedürftig (*LG Düsseldorf* WM 1989, 1127).

Wiederkehrende Leistungen: Sind als Gegenleistung für den Grundstückserwerb formbedürftig, wenn das eine Geschäft mit dem anderen stehen und fallen soll (BFH/NV 1992, 306).

Wohnungseigentum: Verfügung über Wohnungseigentum ist formbedürftig. Für die vertragliche Einräumung und Aufhebung des Sondereigentums i. S. v. § 3 WEG ergeben sich Formerfordernisse aus § 4 II 1, III WEG. Hiernach bedarf es für die Wirksamkeit der dinglichen Einigung nach § 4 II 1 WEG der qualifizierten Form des § 925 I BGB. Für das Verpflichtungsgeschäft wird nach § 4 III WEG der § 311b BGB für entsprechend anwendbar erklärt. Für die Veräußerung von WE gelten die Regeln für die Veräußerung von Grundstücken entsprechend. Somit ergibt sich, wie zuvor, für das Verpflichtungsgeschäft der Formzwang nach § 311b BGB und für das Verfügungsgeschäft der Formzwang entsprechend nach §§ 873, 925 BGB. Werden neben der Verpflichtung zum Erwerb oder zur Veräußerung des WE weitere Verpflichtungen eingegangen und besteht der Wille der Parteien die Verpflichtungen in einer Weise zu verknüpfen, dass der eine mit dem anderen stehen und fallen soll, so erstreckt sich die Beurkundungspflicht auch auf die nicht einer bestimmten Form unterworfenen Verpflichtungserklärungen. Entscheidend ist auch hier, der Verknüpfungswille der Parteien (*BGH* NJW 2002, 2559).

Wohnungsrecht: Vereinbarungen über die Ausübung eines bestehenden dinglichen Wohnungsrechtes unterliegen nicht der Form des § 311b BGB (*OLG Köln* ZMR 1998, 226).

Zusammengesetzte Verträge: Formzwang erstreckt sich grundsätzlich auf gesamten Vertrag, sofern die einzelnen Vertragsteile eine rechtliche Einheit bilden. Ausreichend ist eine einseitige Abhängigkeit des Grundstückskaufvertrages von dem anderen Vertrag (*BGH* MittBayNot 2003, 46; NJW 2001, 266). Wird dagegen der Grundstückskaufvertrag unbedingt abgeschlossen und soll der Nebenvertrag nur im Falle der Grund- 513Z stücksveräußerung gelten, erstreckt sich der Formzwang des § 311b I BGB nicht auf den Nebenvertrag (*BGH* NJW 2000, 951; 2001, 226; *OLG Celle* RNotZ 2006, 191; *Keim* DNotZ 2001, 827). Besondere Vorsicht ist geboten, wenn die einzelnen Geschäfte getrennt voneinander beurkundet werden. Sollen die Verträge nach dem Parteiwillen miteinander stehen und fallen, muss der rechtliche Zusammenhang zumindest aus der zeitlich nachfolgenden Urkunde ersichtlich sein (*BGH* NJW 2000, 2017; NJW-RR 2003, 1565; krit. hierzu *Kanzleiter* DNotZ 2004, 178; *Weigl* DNotZ 2004, 339), da anderenfalls die Urkundentrennung die rechtliche Selbständigkeit der Geschäfte vermuten lassen kann (BGHZ 78, 349; *OLG Koblenz* DNotZ 1994, 773). Eine rechtliche Einheit kann beispielsweise angenommen werden zwischen: Grundstückskaufvertrag und Treuhandauftrag zur Hausrenovierung (*BGH* NJW-RR 1993, 1421), zwischen Options- und Mietvertrag im Rahmen des sog. Mietkaufmodells (*BGH* NJW 1987, 1069), zwischen Kauf- und vorgeschaltetem Mietvertrag (*OLG München* NJW-RR 1987, 1042), zwischen Pachtvertrag und Begründung eines Erwerbsrechtes für den Pächter (*BGH* NJW 1988, 2881; *Basty* DNotZ 1996, 631), zwischen Kaufvertrag und Schuldanerkenntnis (*BGH* NJW 1988, 131), zwischen Kaufvertrag und Sicherungsübereignung zugunsten eines Käuferanspruchs (*BGH* NJW 1994, 2885). Ein bloß wirtschaftlicher Zusammenhang zwischen Darlehensvertrag und Grundstückskaufvertrag ist nicht ausreichend, um eine rechtliche Einheit zwischen beiden Geschäften und somit die Formbedürftigkeit auch des Darlehensvertrages annehmen zu können (*BGH* NJW 1986, 1984). Der Darlehensvertrag ist jedoch dann formbedürftig, wenn das Darlehen (ein Teil der) Gegenleistung ist (*BGH* DNotZ 1985, 279) oder wenn der Grundstückskaufvertrag von der Darlehensgewährung abhängen soll (*BGH* NJW 1986, 1984; vgl. aber auch *BGH* WM 1979, 868).

Zusicherung: Jede Zusicherung ist im Rahmen eines Grundstückskaufvertrages eine wesentliche Nebenabrede, die mitbeurkundet werden muss (*BGH* NJW 1989, 2050; *KG* MDR 1995, 37; *OLG Hamm* OLGR 1996, 182; *OLG Koblenz* OLGR 2006, 89).

XI. Hinweise zum Beurkundungsverfahren

1. Vermerkpflichten, Belehrungsvermerke

514 § 18 BeurkG schreibt vor, dass der Notar die Beteiligten auf die erforderlichen gerichtlichen und behördlichen **Genehmigungen** oder Bestätigungen oder etwa darüber bestehende Zweifel hinweist und dies in der Niederschrift vermerkt (zu den Genehmigungserfordernissen vgl. Rn. 105 ff.). Ein pauschaler Vermerk genügt insoweit nicht (*BGH* NJW 1993, 648, 649; *Winkler* § 18 BeurkG Rn. 46). Der Notar hat daher über die erforderlichen Genehmigungen, z. B. nach § 2 GrdstVG, zu belehren und diese konkret zu vermerken. Ergibt sich weder aus dem Grundbuch noch aus den Angaben der Beteiligten oder den besonderen Umständen des Einzelfalls (anders z. B. Verkauf eines Grundstücks durch einen Minderjährigen) ein Anhaltspunkt für ein bestimmtes Genehmigungserfordernis, genügt jedoch ein allgemeiner Vermerk.

515 Nach § 19 BeurkG hat der Notar die Beteiligten darauf hinzuweisen, dass die Eigentumsumschreibung erst erfolgen kann, wenn die **Unbedenklichkeitsbescheinigung** des Finanzamts (§ 22 GrEStG) vorliegt. Dies ist in der Niederschrift zu vermerken. Diese Vorschrift darf nicht dahin missverstanden werden, der Notar sei zur Belehrung über die steuerlichen Auswirkungen des Kaufvertrages verpflichtet, vgl. Rn. 26 ff.

516 Nach § 20 BeurkG hat der Notar darauf hinzuweisen, dass ein **gesetzliches Vorkaufsrecht** in Betracht kommen könnte, und dies in der Niederschrift zu vermerken. Die Hinweispflicht des Notars erstreckt sich nur darauf, dass die abstrakte rechtliche Möglichkeit eines Vorkaufsrechts besteht. Der Notar ist nicht bereits kraft Gesetzes zur Einholung des Negativzeugnisses der Gemeinde nach § 28 I 2 BauGB ermächtigt. Die

Beteiligten müssen daher den Notar ausdrücklich bevollmächtigen, der Gemeinde den Vertrag mitzuteilen und die Ausstellung des Negativzeugnisses zu beantragen. Zu den Vorkaufsrechten vgl. Rn. 164 ff.

Die „**Pflichtvermerke**" werden textlich regelmäßig in einem eigenen „**Belehrungstextblock**" zusammengefasst, etwa nach folgendem Muster: 517

Formulierungsbeispiel: Belehrungspflichtvermerke 518

Der Notar bzw. sein amtlicher Vertreter hat die Vertragsbestimmungen erläutert und abschließend auf Folgendes hingewiesen:

a) Das Eigentum geht nicht schon heute, sondern erst mit der Umschreibung im Grundbuch auf den Käufer über.

b) Voraussetzung hierfür sind das Vorliegen der Unbedenklichkeitsbescheinigung des Finanzamts (nach Zahlung der Grunderwerbsteuer), der Genehmigung nach dem Grundstücksverkehrsgesetz und der Verzichtserklärung der Gemeinde auf gesetzliche Vorkaufsrechte.

c) Der jeweilige Eigentümer haftet kraft Gesetzes für nicht bezahlte öffentliche Lasten (z. B. Erschließungskosten, Grundsteuer, Ausgleichsbetrag nach dem BundesbodenschutzG).

d) Unabhängig von den internen Vereinbarungen in dieser Urkunde haften beide Vertragsteile kraft Gesetzes für die Grunderwerbsteuer und die Kosten als Gesamtschuldner.

e) Alle Vereinbarungen müssen richtig und vollständig beurkundet werden, sonst kann der ganze Vertrag unwirksam sein.

Besteht der Urkundsbeteiligte, der eine ungesicherte Vorleistung erbringen soll, nach eingehender Belehrung des Notars über die damit verbundenen Risiken und entgegen dessen Vorschlägen zur Vermeidung dieser Risiken, auf der außergewöhnlichen, risikoträchtigen Vertragsgestaltung, obliegt also dem Notar die doppelte Belehrungspflicht, ist ein aussagekräftiger Belehrungsvermerk unverzichtbar. Dieser darf sich inhaltlich nicht mit einem lapidaren Satz, auf die mit dieser Vertragsgestaltung verbundenen Risiken habe der Notar hingewiesen, beschränken, sondern sollte nicht nur den Vertragsbeteiligten in einer deutlichen Sprache die konkrete Gefahr vor Augen führen, sondern auch die (vergeblichen) Vorschläge des Notars zur Risikovermeidung dokumentieren. Soll z. B., wie in dem vom *BGH* (ZNotP 2008, 213) entschiedenen Fall, der Besitz vor Kaufpreiszahlung auf den Käufer übergehen (mit oder ohne Zahlung einer Nutzungsentschädigung), könnte der Belehrungsvermerk wie folgt lauten: 519

Formulierungsbeispiel: Hinweis auf Risiken vorzeitigen Besitzübergangs 520

Der Notar hat den Verkäufer darauf hingewiesen, das die Besitzüberlassung an den Käufer vor Kaufpreiszahlung eine ungesicherte Vorleistung ist, die, sollte der Käufer den Kaufpreis bei Fälligkeit nicht zahlen und der Verkäufer vom Kaufvertrag zurücktreten, dazu führen kann, dass er seinen Anspruch auf Räumung gegen den Käufer gerichtlich geltend machen muss, ihm darüber hinaus ein erheblicher Schaden entstehen kann. Der Notar hat vorgeschlagen, die Besitzüberlassung von einer Anzahlung auf den Kaufpreis abhängig zu machen und eine Unterwerfungserklärung des Käufers unter die Zwangsvollstreckung bezüglich des Rückgabeanspruchs der Kaufsache in die Urkunde aufzunehmen. Er hat auch auf die Möglichkeit der Sicherung durch eine Bankbürgschaft hingewiesen und – nach Ablehnung seiner Vorschläge – nachdrücklich empfohlen, die Besitzüberlassung von der Zahlung des Kaufpreises abhängig zu machen. Gleichwohl bestand der Verkäufer auf der vertraglichen Regelung.

521 Soll z. B. der Kaufpreis ganz oder teilweise bereits bei Vertragsunterzeichnung gezahlt werden, kann es sich zur späteren Beweissicherung empfehlen, dass der Notar den Vertragsentwurf wie üblich vorbereitet (mit den klassischen Fälligkeitsvoraussetzungen) und, falls die Beteiligten trotz eindringlicher Warnung an einer sofortigen Kaufpreiszahlung festhalten, den Entwurfstext in der Verhandlung handschriftlich ändert, um so zu dokumentieren, dass die Vertragsgestaltung nicht auf Vorschlag des Notars, sondern gegen seinen Rat verlangt wurde.

2. Mitbeurkundung von Anlagen, Verweisen und Bezugnahme

522 Die Niederschrift über den Kaufvertrag muss den Beteiligten **vollständig vorgelesen** werden, einschließlich der nach § 9 I 2 BeurkG als Anlage beigefügten Schriftstücke (§ 13 BeurkG). Nicht vorlesungspflichtig sind der Schlussvermerk und die nach § 12 BeurkG der Niederschrift beizufügenden Vollmachten und Ausweise über die Berechtigung eines gesetzlichen Vertreters (z. B. Testamentsvollstreckerzeugnis). Das Vorlesen der Niederschrift ist das Essentiale der Beurkundung, deren Nichtbeachtung zur Formnichtigkeit gemäß § 125 S. 1 BGB und damit zur Unwirksamkeit des beurkundeten Rechtsgeschäfts führt (*BGH* DNotZ 1995, 26).

523 Auf das Verlesen können die Beteiligten nicht verzichten. Das Gesetz gestattet dies nur beim Verweisen auf eine andere notarielle Niederschrift (§ 13a I BeurkG) und in den Fällen des § 14 BeurkG (eingeschränkte Vorlesungspflicht).

524 Beim Grundstückskaufvertrag gehören zu den sonstigen „**Bestandsverzeichnissen**" über Sachen, Rechte und Rechtsverhältnisse" i. S. v. § 14 BeurkG die Liste des mitverkauften Inventars, die Aufstellung über die Mietverhältnisse, jedoch nicht die Baubeschreibung, auch nicht ein Verzeichnis über den zu übertragenden Grundbesitz (DNotI-Report 2003, 17; großzügiger *DNotV* notar 2008, 236), die stets als verlesene Anlage mitbeurkundet werden müssen.

525 Für das Beurkundungsverfahren nach § 14 BeurkG ist zwingend erforderlich, dass auf dieses Schriftstück in der Niederschrift verwiesen wird, also die Beteiligten erklären, dass der Inhalt des Schriftstücks Gegenstand ihrer Vereinbarung ist, die Beteiligten auf das Vorlesen verzichten und dies vom Notar in der Niederschrift festgestellt wird (§ 14 III BeurkG), weiterhin das Schriftstück der Niederschrift beigefügt wird, also nach § 44 S. 2 BeurkG mit Schnur und Prägesiegel mit der Niederschrift verbunden wird. Besteht das Schriftstück aus mehreren Seiten, ist jede Seite von allen Beteiligten zu unterzeichnen; dies gilt auch bei einem Schriftstück, auf das bei Bestellung eines Grundpfandrechts verwiesen wird. Streitig ist, ob für die Unterzeichnung eine Paraphe genügt (so *Kanzleiter* DNotZ 1999, 292, 299).

526 | Formulierungsbeispiel: Verweisung nach § 14 BeurkG

Wegen des mitverkauften Inventars und der Aufstellung der Mietverhältnisse verweisen die Beteiligten auf die der Niederschrift beigefügten Anlagen. Die Beteiligten verzichteten auf das Vorlesen. Die Anlagen wurden den Beteiligten zur Kenntnisnahme vorgelegt und von ihnen auf jeder Seite unterschrieben.

527 Nach § 9 I 2 BeurkG können Willenserklärungen auch in der Weise beurkundet werden, dass die Beteiligten in der Niederschrift auf ein Schriftstück verweisen. Diese Verweisung führt dazu, dass die in dem Schriftstück enthaltenen Erklärungen ebenso beurkundet sind wie die Erklärungen in der Niederschrift selbst. Auf die sog. Anlage muss in der Niederschrift **verwiesen** werden; dazu muss die Verweisung als Erklärung der Beteiligten protokolliert werden und den Willen erkennen lassen, dass die Erklärungen in der beigefügten Anlage Gegenstand der Beurkundung sein sollen (*BGH* DNotZ 1995, 35).

2. Teil. Allgemeine Fragen des Grundstückskaufvertrages　　　　　　A I

Sämtliche Verfahrensvorschriften und Amtspflichten des Notars gelten in gleicher Weise für die Anlage, die also insbesondere vollständig vorgelesen werden muss. Die Anlage muss weder von den Beteiligten noch von dem Notar unterschrieben werden; eine Unterzeichnung durch die Beteiligten kann aus Gründen der Beweissicherung empfehlenswert sein. Das Schriftstück muss im Zeitpunkt der Beurkundung bereits vorliegen und darf nicht nachgereicht werden (*BGH* DNotZ 1995, 26) und muss der Niederschrift „beigefügt" werden; die Verbindung hat mittels Schnur und Prägesiegel zu erfolgen (§ 44 BeurkG, § 29 II DONot). Als Anlage werden üblicherweise solche Schriftstücke mitbeurkundet, die die Beteiligten selbst aufgesetzt haben, z.B. die Baubeschreibung, Inventarlisten, Aufstellung über Mietverhältnisse. Ergibt sich aus der Niederschrift der notariellen Urkunde, dass diese den Beteiligten vorgelesen und von ihnen unterschrieben worden ist, so wird vermutet, dass auch die als Anlage bezeichneten Schriftstücke bei Unterzeichnung der Urkunde beigefügt waren (*BGH* DNotZ 1995, 26).

Geben die Beteiligten Erklärungen unter Verwendung von Karten, Zeichnungen oder **528** Abbildungen ab, gilt:
– Die Karte, z.B. der Katasterplan beim Kauf einer Teilfläche, kann nicht „isoliert" beurkundet werden, d.h. die Beteiligten müssen in der Niederschrift eine Erklärung abgeben, die sich auf die Karte als Erklärungsmittel bezieht. Die bloße Beiheftung der Karte zur Urkunde genügt nicht und führt zur Formunwirksamkeit (*BGH* DNotZ 1982, 228).
– Der Plan muss den Beteiligten nach § 13 I 1 BeurkG anstelle des Vorlesens zur Durchsicht vorgelegt werden; dies soll in der Niederschrift festgestellt werden.
– Eine besondere Unterzeichnung des Plans durch die Beteiligten oder den Notar ist nicht erforderlich.

Für den Notar stellt sich bei der Beurkundung eines Kaufvertrages häufig die Frage, **529** ob ein Schriftstück mitbeurkundet werden muss oder nicht. Insbesondere beim Kaufvertrag über Wohnungseigentum ist zu entscheiden, ob die Teilungserklärung und die Baubeschreibung mitzubeurkunden sind. Hier sind zwei Fragen zu unterscheiden. Die erste Frage gilt dem Umfang der Beurkundungspflicht, *was* bei dem formbedürftigen Rechtsgeschäft zu beurkunden ist. Sind danach die Teilungserklärung und die Baubeschreibung nach dem materiellen Recht (§ 311b BGB) beurkundungspflichtig, stellt sich die weitere Frage, *wie* zu beurkunden ist, welche verfahrensrechtlichen Möglichkeiten der Mitbeurkundung gegeben sind. Ist ein Teil des beurkundungsbedürftigen Rechtsgeschäfts bereits notariell beurkundet (notarielle Beglaubigung reicht nicht aus), so kann auf diese andere notarielle Niederschrift in dem **vereinfachten Verfahren nach § 13a BeurkG** verwiesen werden. Die Vereinfachung liegt allein darin, dass die Beteiligten auf das Vorlesen und Beifügen dieser anderen Niederschrift verzichten können. Ist dagegen der im Schriftstück enthaltene beurkundungsbedürftige Teil des Rechtsgeschäfts nicht in einer anderen notariellen Niederschrift enthalten, so muss es als Anlage nach § 9 I 2 BeurkG beurkundet werden, also insbesondere den Beteiligten vorgelesen und der Niederschrift beigefügt werden.

Vor der verfahrensrechtlichen Frage steht stets die materiell-rechtliche Frage der **Be- 530 urkundungspflicht**. Beurkundungsbedürftig sind alle konstitutiven Vereinbarungen, d.h. alle Erklärungen, die Rechtswirkungen erzeugen sollen, die Umfang und Inhalt der vertraglichen Leistung bestimmen. Im Beispiel des Verkaufs einer Eigentumswohnung ist bei der Beurkundungspflicht wie folgt zu unterscheiden:

Ist die Wohnanlage fertig gestellt und das Wohnungseigentum im Grundbuch gebildet, **531** ist die Teilungserklärung nicht beurkundungsbedürftig; sie gehört nicht mehr zum Regelungsinhalt des Kaufvertrages, da sie bereits Inhalt des Wohnungseigentums geworden ist (§ 10 II WEG). Die Baubeschreibung und die Aufteilungspläne müssen dagegen beurkundet werden. Die Beurkundungspflicht besteht unabhängig davon, ob und inwieweit der Veräußerer (Bauträger) die geschuldete Werkleistung zum Zeitpunkt des Vertragsschlusses tatsächlich bereits ausgeführt hat (*BGH* DNotZ 2005, 467). Ist das Wohnungseigentum bei Abschluss des Kaufvertrages noch nicht im Grundbuch gebildet, muss die Teilungserklärung (nebst Aufteilungsplänen) mitbeurkundet werden. Ist die Teilungserklärung in Form der Niederschrift beurkundet, kann hierauf nach § 13a BeurkG verwiesen werden (unter Verzicht auf das Vorlesen und Beifügen dieser Niederschrift). Die Teilungserklärung mit den Aufteilungsplänen (s. DNotI-Report 1997, 58) muss bei der Beurkundungsverhandlung in beglaubigter Abschrift vorliegen. Ist die Teilungserklärung dagegen lediglich notariell beglaubigt, muss sie als (verlesene) Anlage nach § 9 I 2 BeurkG mitbeurkundet werden. Die Aufteilungspläne müssen den Beteiligten nach § 13 I 1 BeurkG zur Durchsicht vorgelegt werden.

532 **Formulierungsbeispiel: Verweisung nach § 13a BeurkG**

Wegen der Teilungserklärung, der Aufteilungspläne und der Baubeschreibung, die Gegenstand dieses Vertrages sind, verweisen die Beteiligten auf die Urkunde des amtierenden Notars ... (UR.Nr. ...), die in Urschrift bei der heutigen Verhandlung vorlag.
Der Käufer hat bereits vor der heutigen Verhandlung vom Verkäufer eine beglaubigte Abschrift dieser Urkunde (ohne Aufteilungspläne) erhalten. Die Aufteilungspläne wurden den Erschienenen zur Durchsicht vorgelegt.
Der Notar hat die Beteiligten darüber belehrt, dass der Inhalt dieser Urkunde als Teil ihrer Vereinbarungen mit Abschluss dieses Vertrages für sie verbindlich ist. Die Beteiligten erklärten, dass ihnen der Inhalt dieser Urkunde bekannt ist und sie auf das Vorlesen und das Beifügen dieser Urkunde zur heutigen Niederschrift verzichten.

533 Beim Verkauf von Wohnungseigentum (Bauträgervertrag) gilt daher die Empfehlung, die Teilungserklärung mit der Baubeschreibung in Form der Niederschrift (§§ 8 ff. BeurkG) vorab zu beurkunden, um hierauf in den Kaufverträgen nach § 13a BeurkG verweisen zu können. Die gleiche Empfehlung gilt beim Verkauf von Einfamilienhäusern hinsichtlich der Baubeschreibung und der Baupläne.

534 Das Verweisen setzt **verfahrensrechtlich** voraus, dass die Verweisungsurkunde eindeutig bezeichnet wird (Datum, UR. Nr., Name und Amtssitz des Notars). Fehlt in der Niederschrift die Feststellung, dass die Beteiligten erklären, auf das Vorlesen der anderen notariellen Niederschrift zu verzichten, da ihnen der Inhalt bekannt sei (§ 13 I 2 BeurkG), steht dies der Wirksamkeit nicht entgegen (*BGH* DNotZ 2004, 188). Gleichwohl verstößt der Notar gegen seine Amtspflicht und provoziert möglicherweise einen Rechtsstreit über die Formwirksamkeit der Urkunde.

535 In gleicher Weise erlaubt § 13a IV BeurkG die Verweisung auf Karten oder Zeichnungen, die von einer **öffentlichen Behörde** im Rahmen ihrer Amtsbefugnis **gesiegelt** wurde, bspw. also die zeichnerische Darstellung eines bereits in Kraft getretenen (also nicht lediglich im Entwurf vorhandenen) Bebauungsplanes. Hinsichtlich dessen textlicher Festsetzungen genügt – wie bei jeder anderen Rechtsnorm – eine untechnische Verweisung. Bei Bebauungsplanentwürfen bedarf es für die textlichen wie die zeichnerischen Festsetzungen der unmittelbaren Beurkundung (durch Verlesen Ersterer bzw. Vorlage zur Durchsicht Letzterer).

536 Wird in der Niederschrift lediglich zur Verdeutlichung und Erläuterung des beurkundeten Inhalts auf Erklärungen in einem anderen Schriftstück, auf Rechtsverhältnisse oder tatsächliche Umstände hingewiesen, die also selbst nicht zum beurkundungsbedürftigen Inhalt des Rechtsgeschäfts gehören, spricht man von einer **Bezugnahme** (unechte Verweisung). Erklärungen in einem Schriftstück, auf das Bezug genommen wird, sind also nicht Inhalt der Niederschrift und somit nicht beurkundet; sie bedürfen aber auch nach materiellem Recht nicht der Mitbeurkundung.

2. Teil. Allgemeine Fragen des Grundstückskaufvertrages   A I

Checkliste der Fälle, in denen eine Bezugnahme ausreicht 537

(1) Bei der (beurkundungspflichtigen) Änderung, Ergänzung oder Aufhebung eines beurkundeten Rechtsgeschäfts auf diese Niederschrift: „Die Beteiligten nehmen Bezug auf den Kaufvertrag ... (UR.Nr. ... des amtierenden Notars), den sie in Abschnitt III Ziff. 5 wie folgt ändern ..."

(2) Bei Annahme eines Angebots auf die Angebotsurkunde (*BGH* DNotZ 1990, 356, 358). Dem Annehmenden muss allerdings eine **Ausfertigung** des Angebots (§ 47 BeurkG) zugegangen sein, worauf er jedoch in der Annahme verzichten können soll (*OLG Dresden* ZNotP 1999, 394). Die Ausfertigung muss bei der Annahme selbst nicht vorliegen. Eine förmliche Verweisung auf das Angebot i. S. d. § 13a BeurkG ist dagegen erforderlich, wenn in diesem Erklärungen des Annehmenden enthalten sind, die er sich durch Verweisung zu eigen machen muss, sofern sie nicht neu abgegeben werden (Vollmachten, Bewilligungen, Vollstreckungsunterwerfungen.) Anderenfalls genügt die genaue Identifizierung des Angebots (regelmäßig durch Angabe der Urkundsnummer).

(3) Gleiches gilt bei Beurkundung einer in notarieller Form zu erteilenden Genehmigung der von einem vollmachtlosen Vertreter abgegebenen Erklärung (*BGH* DNotZ 1990, 356).

(4) Bei einem Kaufvertrag über Wohnungseigentum, wenn die Teilungserklärung bereits im Grundbuch vollzogen ist und damit einen sachenrechtlich verbindlichen Inhalt hat. Auch wenn die Wohnanlage bei Vertragsschluss bereits vollständig fertig gestellt ist, sind die Aufteilungspläne und die Baubeschreibung weiterhin beurkundungspflichtig, so dass es sich empfiehlt, auch hier auf die (beurkundete) Teilungserklärung nach § 13a BeurkG zu verweisen (s. vorstehendes Formulierungsbeispiel).

(5) Auf gesetzliche Vorschriften kann stets Bezug genommen werden. Dies ist auch anerkannt für Normen oder allgemeine Regeln, die für jedermann feststehen und in Amtsblättern des Bundes oder der Länder veröffentlicht sind (z. B. DIN-Normen (*OLG Düsseldorf* DNotZ 1985, 626), die TA-Luft, Lebenshaltungskostenindices), wohl auch für die Verdingungsordnung für Bauleistungen (VOB) und Tarifverträge im öffentlichen Dienst.

(6) Beim Kauf eines vermieteten Objekts tritt der Käufer nach § 566 BGB anstelle des Verkäufers (= Vermieters) in die sich aus dem Mietverhältnis ergebenden Rechte und Verpflichtungen kraft Gesetzes ein; eine rechtsgeschäftliche Vereinbarung ist daher nur insoweit erforderlich, wenn der Käufer das Mietverhältnis übernimmt (§ 435 BGB). Eine Mitbeurkundung der Mietverträge ist – selbstverständlich – nicht erforderlich.

(7) In Fällen der Schuldübernahme, der Abtretung einer Forderung oder der Vertragsübernahme unterliegt zwar die Vereinbarung i. S. d. §§ 398, 415 BGB als Teil des beurkundungsbedürftigen Vertrages der Beurkundungsform, nicht jedoch der Darlehnsvertrag, die Grundschuldbestellungsurkunde, der Erbbaurechtsvertrag etc., da bereits der Vertrag über die Schuldübernahme bzw. die Abtretung gesetzlich zum Übergang von Rechten und Pflichten auf den Dritten führt mit dem Inhalt, wie sie bestehen. (*BGH* NJW 1994, 1347: „Übernimmt in einem Grundstückskaufvertrag der Käufer eine Verbindlichkeit des Verkäufers aus einem anderen Schuldverhältnis, muss der Inhalt der übernommenen Verpflichtung nicht mitbeurkundet werden.").

(8) Für die Bestätigung des formgerecht abgeschlossenen Vertrages reicht es aus, dass die Bestätigungsurkunde auf die Urkunde, die das bestätigende Rechtsgeschäft enthält, hinweist (*BGH* DNotZ 2000, 288). Ist dagegen das zu bestätigende Rechtsgeschäft formungültig, ist eine Neubeurkundung erforderlich.

▶

▼ Fortsetzung: **Checkliste der Fälle, in denen eine Bezugnahme ausreicht**

(9) Wissenserklärungen der Beteiligten bedürfen ebenfalls keiner Beurkundung (daher auch keine Beurkundungspflicht für die Erteilung einer Quittung über den Erhalt des Kaufpreises, auch wenn in der Urkunde enthalten: *KG* ZfIR 2011, 153), allerdings Willenserklärungen, die sich daran knüpfen, soweit sie vom Gesetz (§ 442 BGB) abweichen.

(10) Wer an der Niederschrift, auf die verwiesen wird, beteiligt war, ist unerheblich; es können dieselben Beteiligten, nur einer von ihnen oder Dritte gewesen sein (*OLG Düsseldorf* FGPrax 2003, 88). Das gilt z. B. für die erforderliche Nachbeurkundung mit dem Mieter, wenn dieser sein Vorkaufsrecht ausgeübt hat. Der Belehrung kommt in diesen Fällen besondere Bedeutung zu.

538 Für die Bezugnahme gibt es keine verfahrensrechtlichen Vorschriften. Beim Kaufvertrag über ein Wohnungseigentum oder ein Erbbaurecht sollte der Notar darauf hinwirken, dass der Verkäufer dem Käufer vor dem Beurkundungstermin eine Abschrift der Teilungserklärung bzw. des Erbbaurechtsbestellungsvertrages aushändigt, und in der Niederschrift vermerken, dass dem Käufer der Inhalt dieser Urkunde bekannt ist. Vorsorglich sollte eine Vertragsübernahme erklärt werden, da die Teilungserklärung/der Erbbaurechtsbestellungsvertrag Bestimmungen enthalten können, die nur schuldrechtlich wirken.

XII. Kostenberechnung

539 Für die Beurkundung des Kaufvertrags ist eine 2,0-Gebühr Nr. 21100 KV-GNotKG, mindestens 120 EUR, zu erheben. Geschäftswert ist der Kaufpreis. Zinsen (und deshalb eine Nebenentschädigung, die eine Verzinsung des Kaufpreises für die Zeit zwischen Besitzübergang und Kaufpreiszahlung darstellen soll; *OLG München* MittBayNot 2008, 152) erhöhen den Geschäftswert nicht. Etwa zu zahlende Umsatzsteuer erhöht den Geschäftswert ebenfalls nicht; zu bewerten ist allerdings seit 1.8.2013 (abweichend von der bisherigen Rechtsprechung; *BGH* NJW-RR 2011, 591) der Verzicht auf die Umsatzsteuerbefreiung (§ 110 Buchst. 2 Nr. c GNotKG; Vorschlag: 10 % der zu zahlenden Umsatzsteuer). Hat der Käufer den Grundbesitz bereits auf eigene Kosten bebaut, ist dies (anders als nach § 20 I 2 KostO) irrelevant. Eigenleistungen des Käufers beim Bauträgervertrag erhöhen den Geschäftswert jedoch nicht (*OLG Köln* JurBüro 2000, 41). Eine **Maklerklausel** erhöht den Geschäftswert nicht, wenn sie sich auf die Wiedergabe einer Vereinbarung der Beteiligten beschränkt; werden dagegen Erklärungen gegenüber dem Makler abgegeben, so sind diese neben dem Kaufvertrag zu bewerten. Da eine solche Erklärung ausschließlich dem Interesse des Maklers, nicht der Beteiligten dient (richtig *OLG Frankfurt* FGPrax 2012, 269), liegt hierin regelmäßig kostenrechtlich falsche Sachbehandlung (§ 21 GNotKG). Beim **Kauf auf Rentenbasis** ist der zu zahlende Rentenbetrag nach § 52 GNotKG zu kapitalisieren (zur Berechnung bei Zahlung von Renten bis zum Ableben mehrerer Personen vgl. *LG Hagen* Rpfleger 2001, 569).

540 **Gegenstandsgleich** i. S. d. Kostenrechts und daher nach § 109 I GNotKG nicht gesondert zu bewerten sind:
– der Kaufvertrag und die mitbeurkundete Auflassung,
– die Zwangsvollstreckung wegen des Kaufpreises,
– die Erklärungen des Käufers wegen eines in Anrechnung auf den Kaufpreis übernommenen Darlehens gegenüber dem Käufer (nicht dagegen die Erklärungen gegenüber Dritten; § 110 Nr. 2 Buchst. a GNotKG),
– die Übernahme bestehender Rechte in Abteilung II des Grundbuchs, die nicht einseitig ablösbar sind,

2. Teil. Allgemeine Fragen des Grundstückskaufvertrages

- ein subjektiv-persönliches Vorkaufs- oder Wiederkaufsrecht, das sich der Verkäufer vorbehält, es sei denn, dass dadurch ein wirtschaftliches Interesse des Verkäufers geschützt werden soll (*OLG Zweibrücken* JurBüro 2000, 427),
- die Übernahme noch nicht fälliger Erschließungskosten (auch für bereits bestehende Erschließungsmaßnahmen),
- die mitbeurkundeten Löschungszustimmungen des Verkäufers zur Löschung von Grundpfandrechten am Kaufgegenstand ohne Rücksicht auf deren Höhe (§ 109 I 4 und 5 GNotKG),
- Vollmachten zur Belastung des Kaufgegenstands durch den Käufer ohne Rücksicht auf Zweck und Höhe (§ 109 I 4 und 5 GNotKG).

Nicht gegenstandsgleich und daher zusätzlich zu bewerten (§ 35 I GNotKG) sind: 541
- Erklärungen zur Finanzierung des Kaufpreises gegenüber Dritten, insbesondere die Übernahme einer unvalutierten Grundschuld oder einer solchen, deren Valutierung aus dem Kaufpreis abgelöst wird, für eigene Kreditzwecke des Käufers, wenn er gegenüber der Bank die persönliche Haftung übernimmt und deswegen die Unterwerfung unter die sofortige Zwangsvollstreckung erklärt (Gebühr Nr. 21200 KV-GNotKG),
- andere Rechte als ein Vorkaufs- oder Wiederkaufsrecht, die sich der Verkäufer vorbehält, sowie alle subjektiv-dinglichen Rechte (§ 110 Nr. 2 Buchst. b GNotKG); wegen der Bewertung beachte §§ 50, 51 GNotKG,
- die Übernahme von Erschließungskosten, die bereits fällig sind (*OLG Hamm* FGPrax 1995, 125) und die vom Käufer eingegangene Verpflichtung, Vorauszahlungen auf künftige Erschließungskosten zu leisten (Teilwert, vgl. *BayObLG* JurBüro 1998, 489),
- eine Bauverpflichtung, Investitionsverpflichtung oder Beschäftigungsverpflichtung (zum Wert siehe § 50 GNotKG).

Neben der Beurkundungsgebühr wird in den Fällen der Vorbem. 2.2.1.1 KV-GNotKG 542
die **Vollzugsgebühr** Nr. 22110 KV-GNotKG erhoben, insbesondere für:
- die Einholung der Vorkaufsrechtsbescheinigung nach dem BauGB und landesrechtlichen Bestimmungen, und zwar ohne Rücksicht darauf, ob diese Vollzugsvoraussetzung sind oder nicht,
- die Einholung einer Genehmigung (GrdstVG, Betreuungsgericht, Familiengericht usw.),
- die Einholung von Pfandfreigabe- und Löschungserklärungen für die vom Verkäufer geschuldete Lastenfreistellung,
- die Einholung der Zustimmung unmittelbar oder mittelbar Beteiligter (vollmachtslos Vertretene, Verwalter nach WEG, Eigentümer nach ErbbauRG usw.).

Die Stellung des Messungsantrags fällt nicht unter Vorbem. 2.2.1.1 KV-GNotKG; eine 543
Gebühr kann hierfür daher nicht erhoben werden (str.).

Die Vollzugsgebühr fällt auch bei mehreren Vollzugstätigkeiten nur einmal an (§ 93 544
I 1 GNotKG); Geschäftswert ist in jedem Fall der Geschäftswert der Urkunde (§ 112 S. 1 GNotKG). Der Gebührensatz ist 0,5; allerdings kann für bestimmte Tätigkeiten (Erklärung und Bescheinigung nach öffentlich-rechtlichen Vorschriften; gerichtliche Entscheidung oder Genehmigung mit Ausnahme einer solchen des Familien-, Betreuungs- oder Nachlassgerichts) maximal eine Gebühr von 50 EUR je Tätigkeit gefordert werden (Nr. 22112 KV-GNotKG). Neben der Vollzugsgebühr fällt keine Entwurfsgebühr an (Vorbem. 2.2 Abs. 2 KV-GNotKG).

Neben der Vollzugsgebühr fällt eine **Betreuungsgebühr** an, wenn einer der Fälle der 545
Anm. zu Nr. 22200 KV-GNotKG gegeben ist. Hierunter fallen insbesondere:
- die Mitteilung der Kaufpreisfälligkeit,
- die Entgegennahme der Anweisung, den Kaufpreis erst nach Vorliegen bestimmter Voraussetzungen dem Grundbuchamt vorzulegen; dafür genügt allerdings – abweichend von der bisherigen Rechtsprechung (*BGH* NotBZ 2005, 289) – nicht, dass die Vorlage nur von der Zustimmung des Verkäufers abhängt,
- die Anzeige einer Schuldübernahme an den Gläubiger, wenn sie sich nicht auf Übersendung einer Urkundenausfertigung beschränkt,

- die Überwachung der vom Käufer im Kaufvertrag für den Fall des Rücktritts des Verkäufers vom Kaufvertrag erteilten Löschungsbewilligung für seine Auflassungsvormerkung (s. oben Rn. 425),
- die Prüfung und Beachtung der Auszahlungsvoraussetzungen bei der Kaufpreishinterlegung. Diese Gebühr fällt (anders als nach der Rechtsprechung zur Kostenordnung, BGH NJW-RR 2012, 255) neben der Verwahrungsgebühr Nr. 25300 KV-GNotKG an.

546 Die Betreuungsgebühr fällt auch bei mehreren Betreuungstätigkeiten nur einmal an (§ 93 I 1 GNotKG); Geschäftswert ist der Geschäftswert der Urkunde (§ 113 I GNotKG). Der Gebührensatz ist 0,5. Da die Betreuungsgebühr in aller Regel bereits mit der Mitteilung der Kaufpreisfälligkeit entsteht, lösen weitere Betreuungstätigkeiten keine zusätzlichen Kosten mehr aus. Die Rechtsprechung des BGH zur Kostenordnung, der Notar dürfe im Kosteninteresse keine überwachungsbedürftige Löschungsbewilligung für die Auflassungsvormerkung des Käufers mehr in den Vertrag aufnehmen, sondern müsse sich auf die Erteilung einer Löschungsvollmacht für diesen Fall beschränken (BGH MittBayNot 2013, 78), ist deshalb überholt: sowohl die Löschungsvollmacht als auch die überwachungsbedürftige Löschungsbewilligung lösen keine weiteren Kosten aus; für den in Rn. 428 beschriebenen Weg (auflösend bedingte Vormerkung) gilt nichts anderes.

547 Neben der Betreuungsgebühr fällt für die Beachtung von Treuhandaufträgen mittelbar Beteiligter (insbesondere bei der Übersendung von Grundbucherklärungen unter Treuhandauflage) eine **Treuhandgebühr** Nr. 22201 an; der Gebührensatz ist ebenfalls 0,5; Geschäftswert ist jedoch der Wert des Sicherungsinteresses (§ 113 II GNotKG). Die Treuhandgebühr entsteht für jeden Treuhandauftrag gesondert.

548 Ist beim Kauf einer zu vermessenden Teilfläche die Auflassung im Kaufvertrag bereits erklärt, so bedarf es nach Vermessung einer **Identitätserklärung;** 10 % des Kaufpreises sind als Wert angemessen. Erfolgt die Auflassung in gesonderter Verhandlung, dann entsteht bei dem Notar, der den Kaufvertrag beurkundet hat, eine 0,5 Gebühr Nr. 21101 KV-GNotKG, mindestens 30 EUR, bei einem anderen Notar eine 1,0 Gebühr Nr. 21102 KV-GNotKG, mindestens 60 EUR; Geschäftswert ist dann der volle Kaufpreis. Ändert sich infolge des Messungsergebnisses der Kaufpreis und sind Nachzahlungs- und Rückzahlungsverpflichtungen zu beurkunden, ist im Umfang der Änderung eine Gebühr Nr. 21100 KV-GNotKG zu erheben. Bei kleinen Geschäftswerten ist zu prüfen, ob nicht die Erhebung einer 2,0 Gebühr Nr. 21100 KV-GNotKG aus dem (endgültigen) Kaufpreis für den Kostenschuldner günstiger ist. Ob beim Ansatz von Gebühren Nr. 21100, 21101 KV-GNotKG jeweils die Mindestgebühr zu beachten ist oder es sich um Gebührenteile handelt, die erst zusammenzurechnen und dann erforderlichenfalls auf die Mindestgebühr der Nr. 21100 KV-GNotKG anzuheben sind, ist umstritten.

3. Teil. Abwicklung des Grundstückskaufvertrages

Die Abwicklung der Grundstücksverträge unterliegt keinen starren Regeln. Die Praxis 549
hat im Einzelnen sehr unterschiedliche Handhabungen dafür entwickelt. Durch die weiter
fortschreitende Einführung von EDV-Anlagen werden sich wohl die Methoden der Urkundsabwicklung immer mehr vereinheitlichen. Praktisch bewährt haben sich so genannte „Verfügungsbogen". Auf ihnen sind die regelmäßig oder häufiger vorkommenden „Ausgänge" vorgedruckt. Der Tag des „Ausgangs" wird darin vermerkt, ebenso alle „Eingänge". Nach Eintragung des Vertrages in die Urkundenrolle wird verfügt (in der Regel vom Bürovorsteher, sonst vom Notar selbst), was zu geschehen hat. Zum Beispiel Folgendes:
- Antrag auf Eintragung der Eigentumsübertragungsvormerkung unter Beifügung einer auszugsweisen (ohne Auflassung) Ausfertigung oder beglaubigten Abschrift der Urkunde,
- Antrag auf Erteilung eines Zeugnisses über die Nichtausübung oder das Nichtbestehen eines Vorkaufsrechts gemäß §§ 24 ff. BauGB,
- Veräußerungsanzeige gegenüber dem Finanzamt – Grunderwerbsteuerstelle – gemäß § 18 GrEStG,
- Abschrift des Vertrages für die Kaufpreissammlung zur Geschäftsstelle des Gutachterausschusses gemäß § 195 BauGB,
- zunächst einfache Abschrift an Verkäufer und Käufer.

I. Behandlung der Urkunde
(Abschriften, Ausfertigungen, Eintragung in die Urkundenrolle)

Der IV. Abschnitt des Beurkundungsgesetzes (§§ 44–54) enthält Bestimmungen über 550
die Behandlung der Urkunden und Vorschriften über das Verfahren nach dem Abschluss der Beurkundung. Ergänzt werden die gesetzlichen Regelungen durch die Dienstordnung für Notare (DONot), die den technisch-praktischen Ablauf betreffen.

1. Äußere Form der Niederschriften und Vermerke

Nach § 29 DONot sind Urschriften, Ausfertigungen und beglaubigte Abschriften no- 551
tarieller Urkunden so herzustellen, dass sie gut lesbar, dauerhaft und fälschungssicher sind. Es ist festes, holzfreies weißes oder gelbliches Papier in DIN-Format zu verwenden.

Bei Unterschriftsbeglaubigungen, für Abschlussvermerke in Niederschriften, für Ver- 552
merke über die Beglaubigung von Abschriften sowie für Ausfertigungsvermerke ist der Gebrauch von Stempeln unter Verwendung von haltbarer schwarzer oder dunkelblauer Stempelfarbe zulässig.

Vordrucke, die dem Notar von einem Urkundsbeteiligten zur Verfügung gestellt wer- 553
den, müssen den Anforderungen dieser Dienstordnung an die Herstellung von Urschriften genügen; insbesondere dürfen sie keine auf den Urheber des Vordrucks hinweisenden individuellen Gestaltungsmerkmale (Namensschriftzug, Firmenlogo, Signet, Fußzeile mit Firmendaten) aufweisen; der Urheber soll am Rand des Vordrucks angegeben werden. Dies gilt nicht bei Beglaubigungen ohne Entwurf.

2. Auszugsweise Ausfertigung zur Eintragung der Vormerkung

Die Ausfertigung besteht in einer Abschrift der Urschrift, die mit dem Ausfertigungs- 554
vermerk versehen ist und in der Überschrift als Ausfertigung bezeichnet ist (§ 49 I BeurkG). Der Ausfertigungsvermerk soll den Tag und den Ort der Erteilung angeben, die

Person bezeichnen, der die Ausfertigung erteilt wird, und die Übereinstimmung der Ausfertigung mit der Urschrift bestätigen. Er muss unterschrieben und mit dem Siegel des Notars versehen sein (§ 49 II BeurkG). § 49 V BeurkG gestattet es, auf Antrag Ausfertigungen auch auszugsweise zu erteilen. Darf von der Niederschrift ein bestimmter Teil – so wie regelmäßig vereinbart – die Auflassung derzeit nicht ausgefertigt werden (um den Erwerber daran zu hindern, selbst vorzeitig die Eigentumsumschreibung zu bewirken), so wird eine auszugsweise Ausfertigung erteilt. In dem Ausfertigungsvermerk muss der Gegenstand des Auszugs angegeben und bezeugt werden, dass die Urschrift keine weiteren Bestimmungen über diesen Gegenstand enthält (§ 49 V i. V. m. § 42 III BeurkG).

---

555 | **Formulierungsbeispiel: Vermerk für eine auszugsweise Ausfertigung**

Diese auszugsweise gleich lautende Ausfertigung, die nur den Kaufvertrag enthält (nicht die Auflassung), wird Herrn ... in ... erteilt. Zugleich wird bescheinigt, dass die Urkunde keine weiteren Bestimmungen über den Kaufvertrag enthält.

Ort, Datum
Siegel
Unterschrift des Notars

---

3. Anspruch auf Erteilung von Ausfertigungen und Abschriften

556 Nach § 51 I BeurkG kann bei Niederschriften über Willenserklärungen jeder Ausfertigungen verlangen, der eine Erklärung im eigenen Namen abgegeben hat oder in dessen Namen eine Erklärung abgegeben worden ist (Vertretener), bei anderen Niederschriften jeder, der die Aufnahme der Urkunde beantragt hat, sowie die Rechtsnachfolger dieser Person.

557 Die Beteiligten können gemeinsam in der Niederschrift oder durch besondere Erklärung etwas anderes bestimmen, insbesondere also auch die Erteilung von Ausfertigungen an dritte Personen vorsehen (§ 51 II BeurkG). Wer Anspruch auf Ausfertigungen hat, kann auch einfache oder beglaubigte Abschriften verlangen und die Urschrift einsehen (§ 51 III BeurkG). Der Notar muss nach § 14 II BNotO die Erteilung von Ausfertigungen verweigern, wenn ihm nach der Beurkundung Ablehnungsgründe erkennbar werden, aufgrund derer er die Beurkundung nach § 4 BeurkG hätte ablehnen müssen (*OLG Jena* DNotI-Report 1999, 169).

4. Vermerke auf der Urschrift

558 Auf der Urschrift ist zu vermerken, wem und an welchem Tage eine Ausfertigung erteilt worden ist (§ 49 IV BeurkG). Der Vermerk sollte zweckmäßigerweise auch vom Notar mit seiner vollen Unterschrift und nicht nur mit seiner Paraphe unterschrieben werden. Er beweist die Erteilung der Ausfertigung, insbesondere die Erteilung einer **vollstreckbaren** Ausfertigung, um sicherzustellen, dass nicht eine weitere Ausfertigung mit Vollstreckungsklausel erteilt wird. Dies ist besonders wichtig bei beurkundeten Vollmachten. Die Vertretungsmacht bleibt bestehen, bis die Vollmachtsurkunde zurückgegeben oder für kraftlos erklärt wird (§ 172 II BGB). Ist die Vollmacht widerrufen, ist dies auf der Urschrift zu vermerken; eine weitere Ausfertigung darf nicht erteilt werden. Die nach § 19 VI GNotKG zu den Akten zu bringende Abschrift der Kostenrechnung wird häufig ebenfalls mit einem Kostenstempel oder Formblatt auf der letzten Seite der Urschrift angebracht. Vielfach vermerkt man hier auch die Übermittlung von Abschriften an die Steuer-, Genehmigungs- und sonstigen Behörden und an das Grundbuchamt.

5. Urkundenrolle

559 Vgl. Kap. M Rn. 100 ff.

3. Teil. Abwicklung des Grundstückskaufvertrages **A I**

II. Anzeigepflichten des Notars

1. Steuerliche Anzeigepflichten, Grunderwerbsteuer

Maßgebend sind §§ 18, 20, 21 GrEStG sowie § 102 IV AO. Die Anzeigen sind an das 560
für die Besteuerung, in den Fällen des § 17 II, III GrEStG an das für die gesonderte Feststellung zuständige Finanzamt zu richten (§ 18 V GrEStG). Für die Besteuerung ist das **Finanzamt örtlich zuständig**, in dessen Bezirk das Grundstück oder der wertvollste Teil des Grundstücks liegt. Betrifft der Erwerbsvorgang Grundbesitz im Bereich verschiedener Länder, so sind die Finanzämter jedes Landes für die Besteuerung insoweit zuständig, als die Grundstücke in ihren Bezirken liegen (§ 17 I GrEStG).

Dem zuständigen Finanzamt ist **Anzeige** nach amtlich vorgeschriebenem Vordruck zu er- 561
statten über die folgenden **Rechtsvorgänge**, die der Notar beurkundet oder über die er eine Urkunde entworfen und darauf eine Unterschrift beglaubigt hat, wenn die Rechtsvorgänge ein Grundstück im Geltungsbereich dieses Gesetzes betreffen (§ 18 I Nr. 1 GrEStG):
- Grundstückskaufverträge und andere Rechtsgeschäfte, die den Anspruch auf Übereignung eines Grundstücks begründen (z. B. Tauschverträge, Einbringungsverträge, Übergabeverträge, Auseinandersetzungsverträge, Annahme von Kauf- und Verkaufsangeboten, Ausübung von Optionen bzw. Vor- und Wiederkaufsrechten);
- Auflassungen, wenn kein Rechtsgeschäft vorausgegangen ist, das den Anspruch auf Übereignung begründet;
- Rechtsgeschäfte über ein Grundstück, die den Anspruch auf Abtretung eines Übereignungsanspruchs oder der Rechte aus einem Meistgebot begründen;
- Rechtsgeschäfte, die den Anspruch auf Abtretung der Rechte aus einem Grundstückskaufangebot oder auf Abtretung der Rechte aus einem Angebot zum Abschluss eines anderen Vertrags begründen, kraft dessen die Übereignung eines Grundstücks verlangt werden kann;
- Rechtsvorgänge, die es ohne Begründung eines Anspruchs auf Übereignung einem anderen rechtlich oder wirtschaftlich ermöglichen, ein Grundstück auf eigene Rechnung zu verwerten (z. B. Begründung und Auflösung eines Treuhandverhältnisses, Wechsel des Treugebers);
- Rechtsgeschäfte, die die Übertragung von Anteilen einer Personen- oder Kapitalgesellschaft betreffen, wenn zum Vermögen der Gesellschaft ein Grundstück gehört;
- Übertragung eines Anteils an einem Nachlass, zu dem ein Grundstück gehört oder ein Anteil an einem anderen Nachlass, der ein Grundstück enthält;
- Vorverträge, Optionsverträge sowie Kauf- und Verkaufsangebote. Die Einräumung eines Vorkaufsrechts ist nicht anzeigepflichtig.

Die Anzeige ist auch für nachträgliche Änderungen oder Berichtigungen eines der vor- 562
genannten Vorgänge zu erstatten (§ 18 I Nr. 4 GrEStG). Die Anzeigepflicht bezieht sich auch auf Vorgänge, die ein Erbbaurecht oder ein Gebäude auf fremdem Boden betreffen. Anzeigepflichtig ist weiterhin die Begründung von Wohnungseigentum. Anträge auf Berichtigung des Grundbuchs, die der Notar beurkundet oder über die er eine Urkunde entworfen und darauf eine Unterschrift beglaubigt hat, sind anzuzeigen, wenn der Antrag darauf gestützt wird, dass der Grundstückseigentümer gewechselt hat.

Die Anzeigen sind auch dann zu erstatten, wenn ein Rechtsvorgang von der Besteue- 563
rung ausgenommen ist (§ 18 III 2 GrEStG) bzw. nach den bestehenden Verwaltungsanweisungen eine Unbedenklichkeitsbescheinigung i. S. v. § 22 GrEStG nicht zu erteilen ist. In Bayern, Baden-Württemberg, Hamburg, Mecklenburg-Vorpommern, Niedersachsen, Nordrhein-Westfalen, Rheinland-Pfalz, Saarland, Schleswig-Holstein ist die Vorlage der Unbedenklichkeitsbescheinigung für den Grundbuchvollzug entbehrlich beim Grundstückserwerb durch den Ehegatten des Veräußerers und Rechtsvorgängen zwischen Personen, die miteinander in gerader Linie verwandt sind. Den Abkömmlingen stehen die

Stiefkinder gleich. Den Verwandten in gerader Linie sowie den Stiefkindern stehen deren Ehegatten gleich (§ 3 Nr. 4, 6 GrEStG).

564 Die Anzeige muss auf einem amtlich vorgeschriebenen Vordruck (**Veräußerungsanzeige**) erfolgen unter Beifügung einer einfachen Abschrift der Urkunde. Der Inhalt ergibt sich aus § 20 GrEStG. **Ausnahme für Notare in Hessen:** Der hessische Minister der Finanzen hat mit Schreiben vom 21.9.1987 (Az: S 4540 A 26 II A 41) den Finanzämtern mitgeteilt, dass die Notare ihre Anzeigepflicht durch Übersendung von zwei Vertragsabschriften erfüllen.

565 Die Anzeige ist nach § 18 III GrEStG innerhalb von **zwei Wochen** nach der Beurkundung oder der Unterschriftsbeglaubigung zu erstatten, und zwar auch dann, wenn die Wirksamkeit des Rechtsvorgangs vom Eintritt einer Bedingung, vom Ablauf einer Frist oder von einer Genehmigung abhängig ist.

566 Die Absendung der Anzeige ist auf der Urschrift der Urkunde, in den Fällen, in denen eine Urkunde entworfen und beglaubigt worden ist, auf der zurückbehaltenen beglaubigten Abschrift zu vermerken (§ 18 IV GrEStG), und zwar der Absendetag, das Finanzamt (die Finanzämter), an welches die Anzeige erfolgt ist. Urkunden, die einen anzeigepflichtigen Vorgang betreffen, dürfen den Beteiligten erst ausgehändigt und Ausfertigungen oder beglaubigte Abschriften den Beteiligten erst erteilt werden, wenn die Anzeigen an das Finanzamt abgesandt sind (§ 21 GrEStG).

567 Die obersten Finanzbehörden mehrerer Länder haben Merkblätter über die Beistandspflichten der Notare auf dem Gebiet der Grunderwerbsteuer (Erbschaft-/Schenkungsteuer) herausgegeben.

2. Mitteilungspflicht nach dem Baugesetzbuch

568 Jeder Vertrag, durch den sich jemand verpflichtet, das Eigentum an einem Grundstück gegen Entgelt, auch im Wege des Tausches, zu übertragen oder ein Erbbaurecht zu begründen, ist dem **Gutachterausschuss** anzuzeigen, § 195 I BauGB. Gutachterausschüsse bestehen bei allen kreisfreien Städten und den Landkreisen. Durch die Anzeige soll dem Gutachterausschuss eine Übersicht über die Entwicklung der Kaufpreise ermöglicht werden, die ihn in den Stand versetzt, Wertgutachten über andere vergleichbare Grundstücke abzugeben.

III. Vollzug, Schriftverkehr

569 Der Notar kommt seinen Anzeigeverpflichtungen nach, beschafft im Auftrag der Vertragsparteien behördliche Genehmigungen und Verzichtserklärungen und stellt bei Vollzugsreife die Anträge beim Grundbuchamt. Dies geschieht in der Praxis meist unter Verwendung von Formbriefen. Zur Überwachung des Vollzugs ist zu bemerken: Eine gesetzlich geregelte Überwachungspflicht besteht für den Notar nicht. Der BGH hat jedoch eine Amtspflicht des Notars bejaht, den erteilten Erbschein zu prüfen, ob er dem beantragten entspricht (DNotZ 1988, 372). Danach ist davon auszugehen, dass der Einreichungspflicht des Notars auch eine Pflicht zur Überwachung des Vollzugs entspricht (*Winkler* § 53 BeurkG Rn. 56).

> Praxishinweis:
>
> Der Notar sollte prüfen, ob die von ihm beantragten Eintragungen im Grundbuch vollzogen wurden. Die Überwachungspflicht umfasst nicht nur die Pflicht zu genauer Prüfung der Eintragungsnachrichten des Grundbuchamts, sondern auch die Pflicht, die zur Beseitigung von Hindernissen erforderlichen Schritte zu übernehmen und gegebenenfalls die Beteiligten zur Abgabe noch erforderlicher Erklärungen aufzufordern (*BGH* DNotZ 1968, 318).

3. Teil. Abwicklung des Grundstückskaufvertrages **A I**

Nachfolgend werden zehn Muster für den Schriftverkehr des Notars beispielhaft wiedergegeben.

Übersicht

	Rn.
(1) Anzeigen/Mitteilungen/Einholung von Genehmigungen	570
(2) Anzeige an das Finanzamt – Grunderwerbsteuerstelle –	571
(3) Anfrage an Gemeinde wegen des Vorkaufsrechts (ohne Übersendung einer Abschrift des Vertrages)	572
(4) Antrag auf Genehmigung nach dem Grundstücksverkehrsgesetz	574
(5) Antrag auf Eintragung der Vormerkung	575
(6) Schreiben an den Verkäufer	576
(7) Schreiben an den Käufer	577
(8) Mitteilung an den Käufer über die Fälligkeit des Kaufpreises	578
(9) Antrag auf Eigentumsumschreibung und Löschung der Vormerkung	580
(10) Schreiben an den Käufer nach Eigentumsumschreibung	581

Muster für Anzeigen/Mitteilungen/Einholung von Genehmigungen an die Gemeinde: — 570

Vertrag vom ... — URNr. / –
Vertragsparteien: ...

Sehr geehrte Damen und Herren,
im Namen der Vertragsparteien wird Kopie des oben genannten Vertrages überreicht, mit dem Antrag, gemäß § 28 I BauGB ein Zeugnis über die Nichtausübung oder das Nichtbestehen eines Vorkaufsrechts gemäß §§ 24 ff. BauGB und Denkmalschutzgesetz auszustellen;
für die Kaufpreissammlung der Geschäftsstelle des Gutachterausschusses gemäß § 195 BauGB;
mit dem Antrag, im förmlich festgelegten Sanierungsgebiet das Rechtsgeschäft nach § 144 I BauGB zu genehmigen und den Genehmigungsbescheid oder ein Negativzeugnis zu erteilen;
mit dem Antrag auf Grundstücksverkehrsgenehmigung. Bei uneingeschränkter Genehmigung wird auf Einlegung von Rechtsmitteln verzichtet (§ 2 GrdstVG).

Muster einer Anzeige an das Finanzamt – Grunderwerbsteuerstelle –: — 571

Finanzamt
– Grunderwerbsteuerstelle –
Kaufvertrag und Auflassung vom – Urkunde/–

Sehr geehrte Damen und Herren,
gemäß § 18 I GrEStG übersende ich in der Anlage Abschrift der vorgenannten Urkunde. Eine Veräußerungsanzeige ist beigefügt.
Ich beantrage die Erteilung der Unbedenklichkeitsbescheinigung.

Eine Vielzahl von Notaren vertritt die Auffassung, dass es angezeigt sein kann, statt **572** eine Abschrift des Kaufvertrages zu übersenden, lediglich eine Anfrage an die Gemeinde zu richten, in der weder die Höhe des Kaufpreises noch der Käufer angegeben sind. Nach der Entscheidung des *OVG Münster* (DNotZ 1979, 617) muss die Gemeinde diese Anfrage beantworten. Muster für eine solche Anfrage:

Hagemann 167

A I
Grundstückskauf

573 **Muster einer Anfrage an die Gemeinde oder Stadt wegen des Vorkaufsrechts nach dem Baugesetzbuch und Denkmalschutzgesetz:**

Stadt-/Gemeindeverwaltung
Vorkaufsrechtserklärung zu dem Kaufvertrag vom – Urkunde/–

Sehr geehrte Damen und Herren,
in dem vorgenannten Kaufvertrag ist der Grundbesitz Gemarkung … Flur … Flurstück … verkauft worden.
Ich frage an, ob an diesem Grundbesitz ein Vorkaufsrecht nach dem Baugesetzbuch oder dem Denkmalschutzgesetz besteht.
Ich bitte, mir ggf. ein Negativattest oder eine Verzichtserklärung zuzusenden.
Sollte ein Vorkaufsrecht in Frage kommen, so bitte ich um einen formlosen Hinweis. Ich werde Ihnen dann eine beglaubigte Abschrift des Vertrages nach Eintritt der Rechtswirksamkeit zusenden.

574 **Muster eines Antrags auf Genehmigung nach dem Grundstücksverkehrsgesetz:**

An den
Geschäftsführer der Kreisstelle der
Landwirtschaftskammer/oder an
das Amt für Landwirtschaft u.
(Zuständigkeit in den einzelnen Bundesländern verschieden)
Landentwicklung
Grundstücksverkehrsgesetz
hier: Kaufvertrag/
vom – Urkunde/–

Sehr geehrte Damen und Herren,
ich beantrage hiermit gemäß den Bestimmungen des GrdstVG zu dem in der anliegenden Abschrift enthaltenen Rechtsgeschäft ein Negativattest, hilfsweise die Genehmigung zu erteilen.
Anfechtbare Entscheidungen, insbesondere eine Genehmigungsversagung, eine eingeschränkte Genehmigung und die Erklärung über die Ausübung des Vorkaufsrechts, bitte ich unmittelbar den Beteiligten zuzustellen und mir eine Abschrift davon zu erteilen. Im Falle der Erteilung eines Zwischenbescheides oder einer anfechtbaren Entscheidung bitte ich, mit Rücksicht auf § 6 GrdstVG, auf dem Bescheid den Tag des Eingangs des Antrags zu vermerken.

575 **Muster eines Antrags auf Eintragung einer Eigentumsübertragungsvormerkung:**

Amtsgericht
– Grundbuchamt –
Grundstückskaufvertrag/
vom – Urkunde/–
Grundakten:

Sehr geehrte Damen und Herren,
in der Anlage übersende ich auszugsweise Ausfertigung der im Betreff genannten Urkunde und beantrage die Eintragung der Vormerkung zur Sicherung des Anspruchs des Käufers auf Eigentumsübertragung im Grundbuch.
Für meine Akten bitte ich nach Eintragung um Überlassung eines auf den neuesten Stand gebrachten Grundbuchauszuges.
Kosten trägt der Käufer.

168 *Hagemann*

3. Teil. Abwicklung des Grundstückskaufvertrages

Muster eines Schreibens an den Verkäufer: 576

Kaufvertrag mit
vom – Urkunde/–

Sehr geehrte …,
in der Anlage erhalten Sie eine einfache Abschrift der oben genannten Urkunde für Ihre Akten.
Um die behördlichen Genehmigungen, die Verzichtserklärung der zuständigen Gemeinde nach dem Baugesetzbuch und um die steuerliche Unbedenklichkeitsbescheinigung habe ich nachgesucht.
Sobald die Voraussetzungen zur Zahlung des Kaufpreises gemäß Abschnitt III Ziff. 2 des Vertrages geschaffen sind, werde ich erneut berichten.

Muster eines Schreibens an den Käufer: 577

Kaufvertrag mit
vom – Urkunde/–

Sehr geehrte …,
in der Anlage erhalten Sie eine einfache Abschrift des Kaufvertrages für Ihre Akten. Um die behördlichen Genehmigungen, die Verzichtserklärung der zuständigen Gemeinde nach dem Baugesetzbuch und um die steuerliche Unbedenklichkeitsbescheinigung habe ich nachgesucht.
Sobald die Fälligkeitsvoraussetzungen zur Zahlung des Kaufpreises gemäß Abschnitt III Ziff. 2 des Kaufvertrages geschaffen sind, werde ich erneut berichten.
Meine Kostenrechnung füge ich mit der Bitte um Begleichung bei.

Muster einer Mitteilung an den Käufer über die Fälligkeit des Kaufpreises: 578

Kaufvertrag mit
vom – Urkunde/–

Sehr geehrte …,
gemäß Abschnitt III Ziff. 2 des vorbezeichneten Kaufvertrages bestätige ich, dass folgende Voraussetzungen erfüllt sind:
a) Zur Sicherung Ihres Anspruchs auf Eigentumsübertragung ist eine Vormerkung im Grundbuch an ausschließlich erster Rangstelle eingetragen.
b) Die zu diesem Vertrag erforderliche Genehmigung nach dem Grundstücksverkehrsgesetz liegt hier vor.
c) Die zuständige Gemeinde hat bestätigt, dass ein gesetzliches Vorkaufsrecht nicht besteht.
Damit ist der Kaufpreis zur Zahlung fällig. Ich darf Sie bitten, die Überweisung des Betrages an den Verkäufer auf das im Kaufvertrag angegebene Konto vorzunehmen. Den Verkäufer, der eine Durchschrift dieses Schreibens erhält, bitte ich, mir zu gegebener Zeit den Eingang des Kaufpreises schriftlich zu bestätigen.

Nachdem der Verkäufer den Eingang des Kaufpreises bestätigt hat oder dem Notar 579 die Kaufpreiszahlung durch den Käufer nachgewiesen ist und die steuerliche Unbedenklichkeitsbescheinigung vorliegt, kann die Eintragung des Eigentumswechsels beantragt werden. Der Notar ist hierzu sowohl nach den Bestimmungen des Vertrages als auch nach § 53 BeurkG verpflichtet.

A I Grundstückskauf

580 Muster eines Antrags auf Eigentumsumschreibung und Löschung der Vormerkung:

Amtsgericht
– Grundbuchamt –
Grundstückskaufvertrag/
vom – Urkunde/–
Grundakten:

Sehr geehrte Damen und Herren,
in der Anlage übersende ich Ausfertigung der im Betreff genannten Urkunde mit Auflassungserklärung.
Beigefügt sind:
1 Genehmigung nach dem Grundstücksverkehrsgesetz,
2. Verzichtserklärung der Gemeinde,
3. Unbedenklichkeitsbescheinigung des Finanzamts.
Ich beantrage die Eintragung des Eigentumswechsels und die Löschung der Vormerkung;
Letzteres nur, sofern keine Zwischeneintragungen ohne Zustimmung des Käufers erfolgt sind.
Grundbuchnachrichten erbitte ich an mich.
Nach durchgeführter Eigentumsumschreibung bitte ich um Erteilung eines auf den neuesten Stand gebrachten unbeglaubigten Grundbuchauszuges.

581 Muster eines abschließenden Schreibens an den Käufer nach Eigentumsumschreibung:

Betreff:
Kaufvertrag mit
vom – Urkunde/–

Sehr geehrte …,
in der Anlage erhalten Sie einen auf den neuesten Stand gebrachten Grundbuchauszug.
Wie Sie daraus entnehmen wollen, sind Sie als Eigentümer des von Ihnen erworbenen Grundbesitzes im Grundbuch eingetragen.
Gleichzeitig erhalten Sie eine Ausfertigung des Kaufvertrages mit Auflassungserklärung.
Die Angelegenheit ist damit zum Abschluss gebracht.

IV. Einholung von Löschungsunterlagen, Treuhandauftrag

582 Im Rahmen der Abwicklung eines Grundstückskaufvertrages wird der Notar regelmäßig mit der Einholung von Löschungsunterlagen beauftragt.

583 Soweit zu treuen Händen Löschungsunterlagen erbeten werden, sollten die Formschreiben so gefasst sein, dass der Notar von den Gläubigern Treuhandauflagen erhält, die von ihm auch akzeptiert werden können.

584 Formulierungsbeispiel: Einholung von Löschungsunterlagen zur freien Verfügung

Darlehensnehmer:
Darlehensnummer:
Grundbesitz:

Sehr geehrte Damen und Herren,
im Grundbuch von … Blatt … ist zu Lasten des im Betreff genannten Grundbesitzes in Abteilung III lfd. Nr. 1 eine Briefhypothek in Höhe von EUR 65.000,– zu Ihren Gunsten eingetragen.

3. Teil. Abwicklung des Grundstückskaufvertrages **A I**

> ▼ Fortsetzung: **Formulierungsbeispiel: Einholung von Löschungsunterlagen zur freien Verfügung**
>
> Nach Mitteilung der Grundstückseigentümer soll eine Forderung hieraus nicht mehr bestehen.
> Ich bitte deshalb um Erteilung der Löschungsbewilligung in grundbuchmäßiger Form und um Überlassung des Hypothekenbriefes.
> Die entstehenden Kosten bitte ich den Darlehensnehmern aufzugeben.

> **Formulierungsbeispiel: Einholung von Löschungsunterlagen zu treuen Händen** 585
>
> Darlehensnehmer:
> Darlehensnummer:
> Grundbesitz:
>
> Sehr geehrte Damen und Herren,
> im Grundbuch von ... Blatt ... ist zu Lasten des im Betreff genannten Grundbesitzes in Abteilung III lfd. Nr. 2 eine Grundschuld mit Brief in Höhe von EUR 120.000,– zu Ihren Gunsten eingetragen.
> Die Grundstückseigentümer haben das Pfandobjekt verkauft. Aus dem Kaufpreis soll Ihre bestehende Restforderung per ... abgelöst werden.
> Ich bitte im Auftrag der Eigentümer um Übersendung der Löschungsbewilligung und um Überlassung des Grundschuldbriefes zu treuen Händen.
> Ferner bitte ich, mir den Ablösungsbetrag zum Stichtag möglichst in einer Summe mitzuteilen und in diesen Betrag auch sämtliche Nebenkosten, wie Beglaubigungskosten und Bearbeitungsgebühren, mitaufzunehmen. Zusätzlich bitte ich auch die Tageszinsen anzugeben, die anfallen, wenn die Ablösung nicht zum genannten Stichtag erfolgen kann, und um Angabe des Kontos, auf das gezahlt werden soll. Dem Eigentümer bitte ich eine Kopie Ihres Treuhandschreibens zuzuleiten.
> Ich übernehme die amtliche Haftung dafür, dass ich die von Ihnen zu übersendenden Unterlagen nur dann dem Grundbuchamt zum Vollzug einreichen werde, wenn mir Ihre Bestätigung über den Eingang des Betrages vorliegt.

V. Eintragung des Finanzierungsgrundpfandrechts, Notarbestätigung

1. Eintragung des Finanzierungsgrundpfandrechts

Der Kaufvertrag sieht regelmäßig die Mitwirkung des Verkäufers bei der Beleihung 586 des Kaufgegenstandes zur Kaufpreisfinanzierung vor. Dies bedarf einer umfassenden Sicherung des Verkäufers. Die Interessen des Käufers und der Darlehensgeber sind gleichfalls zu berücksichtigen. In der Praxis bewährt hat sich eine besondere **Anlage zur Grundschuldbestellungsurkunde.**

> **Formulierungsbeispiel: Eingeschränkte Sicherungszweckerklärung bei einer Grundschuld** 587
>
>
>
> Anlage zur Grundschuldbestellungsurkunde vom ...
> Der Pfandbesitz ist derzeit noch eingetragen im Eigentum von ... – nachfolgend auch „der Verkäufer" genannt –.
> Die Eheleute ... – nachfolgend auch „der Käufer" genannt – haben den Pfandgrundbesitz mit Urkunde vom ... des amtierenden Notars (Urk.-Rolle-Nr./) – nachfolgend auch „Kaufvertrag" genannt – vom Verkäufer gekauft.

Hagemann

A I Grundstückskauf

▼ Fortsetzung: **Formulierungsbeispiel: Eingeschränkte Sicherungszweckerklärung bei einer Grundschuld**

Der Käufer tritt mit der im Kaufvertrag für ihn bewilligten Eigentumsvormerkung hinter die bestellte Grundschuld samt Nebenleistungen im Range zurück. Er bewilligt und beantragt, diesen Rücktritt im Grundbuch einzutragen.
Der Verkäufer wirkt bei dieser Grundschuldbestellung nur als derzeitiger Eigentümer mit. Die Beteiligten haben daher folgende Bestimmungen getroffen:
a) Sicherungsabrede
   Die Grundschuldgläubigerin darf die Grundschuld nur insoweit als Sicherheit verwerten oder behalten, als sie tatsächlich Zahlungen mit Tilgungswirkung auf die Kaufpreisschuld des Käufers geleistet hat. Alle weiteren Zweckbestimmungserklärungen, Sicherungs- und Verwertungsvereinbarungen innerhalb oder außerhalb dieser Urkunde gelten erst, nachdem der Kaufpreis vollständig gezahlt ist, in jedem Fall ab Eigentumsumschreibung. Ab diesem Zeitpunkt gelten sie für und gegen den Käufer als neuen Sicherungsgeber.
b) Zahlungsanweisung
   Soweit der Kaufpreis nicht anderweitig zur Freistellung des verkauften Grundbesitzes von eingetragenen Belastungen zu verwenden ist, sind Zahlungen gemäß a) zu leisten auf das Konto des Verkäufers Nr. ... bei der ...
c) Persönliche Zahlungspflichten, Kosten
   Der Verkäufer übernimmt im Zusammenhang mit der Grundschuldbestellung keinerlei persönliche Zahlungspflichten. Der Käufer verpflichtet sich, den Verkäufer von allen Kosten und sonstigen Folgen der Grundschuldbestellung freizustellen.
d) Fortbestand der Grundschuld
   Die bestellte Grundschuld darf auch nach der Eigentumsumschreibung auf den Käufer bestehen bleiben. Alle Eigentümerrechte und Rückgewähransprüche, die mit ihr zu tun haben, werden hiermit mit Wirkung ab Bezahlung des Kaufpreises, in jedem Fall ab Eigentumsumschreibung, auf den Käufer übertragen. Entsprechende Grundbucheintragung wird bewilligt.
Der Käufer stimmt dem gesamten Inhalt dieser Urkunde zu und wiederholt die Zwangsvollstreckungsunterwerfung in den Pfandbesitz wegen der Grundschuld samt Grundschuldnebenleistungen hiermit auch im eigenen Namen.

588 Hat in der Grundschuldbestellungsurkunde auch der Käufer bereits die dingliche Zwangsvollstreckungsunterwerfung erklärt, so braucht die dingliche Vollstreckungsklausel nach Eigentumsübergang nicht auf den Käufer umgeschrieben zu werden (*KG* DNotZ 1988, 238; vgl. Rn. 126).

589 Bei Verwendung der Anlage zur Grundschuldbestellung empfiehlt sich das nachstehende

590 **Formulierungsbeispiel: Schreiben an den Darlehensgeber**

Sehr geehrte Damen und Herren,
in der Anlage erhalten Sie
a) vollstreckbare Ausfertigung der vorgenannten Urkunde,
b) Abschrift des in der Anlage zur Grundschuldbestellung bezeichneten Kaufvertrages.
Ich verweise ausdrücklich auf die zwischen Ihrem Darlehensnehmer und dem Verkäufer im Kaufvertrag und in der Anlage zur Grundschuldbestellung getroffenen Vereinbarungen; insbesondere auf die Sicherungsabrede und Zahlungsanweisung. Die Eintragung des Grundpfandrechts im Grundbuch werde ich beantragen, sobald mir eine Bestätigung Ihrerseits vorliegt, aus der hervorgeht, dass Sie vom Inhalt der Anlage der Grundschuldbestellungsurkunde Kenntnis genommen haben und entsprechend verfahren werden. Zum Zwecke der Arbeitserleichterung füge ich eine Kopie dieses Schreibens mit der Bitte um Unterzeichnung und Rückgabe bei.

2. Notarbestätigung

Kreditinstitute zahlen Darlehen in der Regel erst aus, wenn die bestellten Grund- **591** pfandrechte im Grundbuch eingetragen sind und, falls es sich um Briefrechte handelt, sie im Besitz des Briefes sind; denn erst dann ist das Grundpfandrecht zu ihren Gunsten entstanden. Dem Schuldner verhilft eine so genannte „Notarbestätigung" oder „Rangbescheinigung" schneller zu dem Geld des Gläubigers. Bescheinigt der Notar dem Geldinstitut, dass er den Antrag auf Eintragung des Grundpfandrechts beim Grundbuchamt eingereicht hat und das Grundpfandrecht die verlangte Rangstelle im Grundbuch erhalten wird, so zahlt es dem Schuldner das Darlehen bereits aufgrund dieser Bescheinigung aus. Bevor der Notar die Rangbescheinigung erteilt, muss er anhand der Grundbuchlage, insbesondere aber auch durch Einsicht in die Grundakten feststellen, ob das Grundpfandrecht mit dem ausbedungenen Rang in das Grundbuch eingetragen wird. Hier übernimmt der Notar eine große Verantwortung. Nach wie vor werden von den Banken und Sparkassen vom Notar Bestätigungen in einer Form gefordert, die er nicht abzugeben in der Lage ist.

Die Bundesnotarkammer hat mit Rundschreiben vom 17.2.1999 (DNotZ 1999, 369) **592** Formulierungsvorschläge für die Notarbestätigung und den Treuhandauftrag der den Kaufpreis finanzierenden Bank bei Überweisung auf Notaranderkonto gemacht, die mit den im Zentralen Kreditausschuss zusammengeschlossenen Verbänden der deutschen Kreditwirtschaft abgestimmt wurden.

4. Teil. Kaufvertrag über eine Grundstücksteilfläche

I. Vertragsgestaltung

1. Genaue Beschreibung der verkauften Teilfläche

593 Ist Kaufgegenstand eine noch zu vermessende Teilfläche aus einem oder mehreren Flurstücken, verlangt § 311b BGB eine so genaue Beschreibung des Grundstücksteils in der Niederschrift, dass auch außenstehende Dritte Lage und Grenzen eindeutig feststellen können. Zur Vermeidung der Formnichtigkeit bedarf es in der Regel der Angabe der Umgrenzungslinien, etwa von Verbindungslinien zwischen Markierungspunkten, die im Gelände vorhanden sind, oder der Angabe der Flächengröße und geometrischen Form (*BGH* DNotZ 1969, 286; NJW 1988, 1262 – Haftungsfall; *OLG Schleswig* MittBayNot 1973, 80). Da dies durch Erklärungen der Beteiligten, durch eine Beschreibung in Worten, regelmäßig nicht möglich ist, ist eine **maßstabsgerechte Skizze**, in dem die Grenzen der verkauften Teilfläche eingezeichnet sind, als Anlage zur Niederschrift i. S. d. § 9 I 2 BeurkG zu nehmen, die mit der Niederschrift mit Schnur und Prägesiegel verbunden wird (§ 44 BeurkG).

594 Für das Beurkundungsverfahren unter Verwendung eines Lageplans gilt:
– Der Lageplan kann nicht „isoliert" beurkundet werden, d. h., es muss stets in der Niederschrift selbst eine Erklärung abgegeben werden, die sich auf die Karte als Erklärungsmittel bezieht. Die bloße Beiheftung der Karte zur Urkunde genügt nicht und führt zur Formunwirksamkeit (*BGH* DNotZ 1982, 228).
– Der Plan muss den Beteiligten zur Durchsicht vorgelegt werden (§ 13 I 1 BeurkG); dies soll in der Niederschrift festgestellt werden.
– Eine besondere Unterzeichnung des Plans durch die Beteiligten ist nicht erforderlich, aber gerade beim Verkauf einer Teilfläche zu empfehlen zur Sicherung des Nachweises, dass der zwingenden Formvorschrift des § 13 I 1 BeurkG Genüge getan ist. Eine Unterzeichnung des Plans durch den Notar ist überflüssig.
– Befinden sich auf dem Katasterplan Worte und Zahlen, so brauchen diese nicht vorgelesen zu werden.

595 Beim Verkauf einer Teilfläche sollte möglichst ein **Katasterplan** verwendet werden; zwingend erforderlich ist das nicht. Die verkaufte Teilfläche kann auch dann hinreichend bestimmt sein, wenn die Grenzziehung, die in der notariellen Urkunde durch einen maßstabsgerechten Plan angegeben ist, mit der beurkundeten Flächenmaßangabe nicht übereinstimmt. Ist die Planskizze nicht maßstabsgetreu, kann nach dem übereinstimmenden Willen der Vertragsbeteiligten der Vertrag dann wirksam sein, wenn einer Partei ein Bestimmungsrecht (§ 315 BGB) zugestanden ist.

596 Werden noch zu vermessende Teilflächen aus mehreren Grundstücken verkauft, ist die Flächengröße der Teilfläche eines jeden Flurstücks anzugeben (*BGH* DNotZ 1969, 486). Da die unzureichende Bestimmung der Teilfläche als Kaufgegenstand schnell zu einem Rechtsstreit der Vertragsparteien (vgl. zuletzt *KG* DNotI-Report 2004, 53) und zu einem Haftungsfall des Notars führt und die Einräumung eines Bestimmungsrechts einer Vertragspartei oder eines Dritten in aller Regel von den Vertragsparteien nicht gewünscht wird, sollte der Notar auf der Mitbeurkundung eines Katasterplans bestehen. Die Teilfläche ist dann unzweifelhaft bestimmt, wenn der Vermessungsingenieur allein anhand der Urkunde die Vermessung vornehmen kann.

597 Steht bei der Beurkundung ein Katasterplan oder eine sonstige Karte nicht zur Verfügung, ist zur Vermeidung der Nichtigkeit des Kaufvertrages peinlichste Sorgfalt bei der Festlegung des Kaufgrundstücks erforderlich. Nicht ausreichend ist die Erklärung der Beteiligten, ihnen sei die Teilfläche nach Lage und Größe genau bekannt (*BGH* DNotZ 1979, 403), die Angabe der ungefähren Größe oder einer bestimmten Größe allein ohne Bezeich-

nung deren Lage auf dem Grundstück (*BayObLG* DNotZ 1974, 176; FGPrax 1998, 48) oder die Kombination von Größen und Grenzangaben, die einander in der wörtlichen Beschreibung und zeichnerischen Festlegung widersprechen (*BGH* DNotZ 1971, 95). Der Vertrag ist unwirksam, wenn die verkaufte Teilfläche weder aufgrund der Angaben im Kaufvertrag noch außerhalb der dem Vertrag beigefügten Skizze genau ermittelt werden kann (*BGH* DNotZ 2000, 121, hierzu *von Campe* DNotZ 2000, 109; *Kanzleiter* MittBayNot 2002, 393). Grundsätzlich ist nicht anzunehmen, dass bei nicht ausreichenden Angaben über die Teilfläche einem Vertragsteil ein Bestimmungsrecht nach § 315 BGB eingeräumt ist, so dass die unzureichende Identifikation regelmäßig zur Nichtigkeit des Kaufvertrages führt (*BGH* NJW 1988, 1262; DNotZ 1969, 286; 1989, 41). Nach *BGH* (NJW 1995, 957; hierzu DNotI-Report 1995, 25 und 107; *Böhmer* MittBayNot 1998, 329) hat der Käufer keinen Auflassungsanspruch, wenn das verkaufte Teilgrundstück von dem zur Kaufvertragsanlage gemachten maßstabsgerechten Plan nach Vermessung erheblich abweicht, also die Einzeichnung im Plan der Kaufvertragsurkunde und der Veränderungsnachweis nicht identisch sind. Im entschiedenen Fall war das Grundstück in seiner Länge um mehr als fünf Meter kürzer, dafür zwei Meter breiter.

Weitere Probleme ergeben sich, wenn das Vermessungsergebnis zwar in den Grenzen **598** mit dem Plan übereinstimmt, jedoch die Flächengröße abweicht bzw. das neue Katastergrundstück die richtige Größe hat, aber die Grenzziehung anders verläuft. Im Kaufvertrag ist daher eindeutig festzulegen, ob sich die Teilfläche letztlich nach den im Lageplan eingezeichneten Grenzen (also unabhängig von der Flächengröße) bestimmt, oder ob ein bestimmtes Flächenmaß (unabhängig vom Grenzverlauf) maßgeblich ist. Der Veränderungsnachweis gibt dann Auskunft, ob das neu gebildete Grundstück identisch mit dem Kaufgrundstück ist oder nicht. Wird die Teilfläche sowohl durch eine bestimmte Grenzziehung in einem maßstabsgerechten Plan als auch durch eine Circaflächenmaßgabe bestimmt, so ist bei Flächendifferenzen in der Regel allein die angegebene Grenzziehung maßgeblich (*BGH* DNotZ 1981, 235; 2000, 121). Hat der Verkäufer eine Teilfläche „zu circa 564 qm" verkauft, die im Lageplan eingezeichnet war, kann bei einer Abweichung des Vermessungsergebnisses von 78 qm der Käufer Schadensersatz verlangen, wenn die Auslegung des Vertrages ergibt, dass der Verkäufer eine bestimmte Grundstücksgröße zugesichert hat (*BGH* DNotZ 1986, 284; heute: garantiert hat).

2. Kaufpreis

Beim Verkauf einer noch zu vermessenden Teilfläche kann der Kaufpreis als Festpreis **599** (also unabhängig vom Vermessungsergebnis) oder pro Quadratmeter vereinbart werden, so dass sich die Höhe des Kaufpreises aus der Grundstücksgröße des Veränderungsnachweises ergibt. Beim Verkauf von Baugrundstücken ist es sachgerechter, für den Kaufpreis auf die endgültige Grundstücksgröße abzustellen. Wegen des vorläufig berechneten Kaufpreises kann sich der Käufer der sofortigen Zwangsvollstreckung unterwerfen.

Der Vertrag sollte ausdrücklich regeln, ob der Verkäufer oder der Käufer die Vermes- **600** sung in Auftrag gibt und wer die Kosten trägt. Fehlt eine Vereinbarung, trägt sie der Verkäufer nach § 448 I BGB.

Das Erfordernis der **Teilungsgenehmigung** nach § 19 BauGB ist entfallen, kann sich aber **601** aus der Landesbauordnung ergeben; ferner sind Teilungen im Umlegungs- (§ 51 I Nr. 1 BauGB), im Enteignungsverfahren (§ 109 I BauGB), im förmlich festgelegten Sanierungs- (§ 144 II Nr. 5 BauGB) und städtebaulichen Entwicklungsbereich (§ 169 I Nr. 1 BauGB) noch genehmigungspflichtig. Während nach der bis Ende 2001 geltenden Rechtslage die Versagung der Teilungsgenehmigung bei a priori fehlenden Genehmigungsvoraussetzungen als anfängliche objektive Unmöglichkeit zu werten war (mit der Folge der Unwirksamkeit des Kaufvertrages gem. § 306 BGB a. F. und einer Ersatzpflicht bzgl. des Vertrauensschadens gem. § 307 I 1 BGB a. F. allenfalls dann, wenn der Verkäufer die Unmöglichkeit kannte oder kennen musste), haftet nunmehr der Verkäufer bei **anfänglicher Unmöglich-**

keit gem. § 311a II BGB stets auf das positive Interesse, es sei denn, dass er das Hindernis weder kannte noch seine Unkenntnis zu vertreten hat. Wenn also beide Parteien das Hindernis (fehlende Genehmigungsfähigkeit) hätten erkennen können, wird das Haftungsrisiko zwischen beiden gem. § 254 BGB verteilt. I. d. R. wird es sachgerecht sein, solche Schadensersatzansprüche beiderseits vertraglich auszuschließen. Dies kann z. B. dadurch erreicht werden, dass für diesen Fall ein vertragliches Rücktrittsrecht vereinbart wird, oder aber durch Vereinbarung einer aufschiebenden Bedingung, vgl. *Krauß* Rn. 777 (versagte Genehmigungen nach z. B. GVO oder GrdStVG führen bereits per se zur Unwirksamkeit des Vertrages; die Teilungsgenehmigung ist lediglich Vollzugsvoraussetzung).

602 Fälligkeitsvoraussetzungen für die Zahlung des Kaufpreises ist neben der Eintragung der Vormerkung, dem Vorliegen der zum Vertrag erforderlichen Genehmigungen und der Vorkaufsrechtsverzichtserklärung der Gemeinde bei einem mit einem Grundpfandrecht belasteten Grundstück die **Lastenfreistellung**. Hierfür kann entweder (nach dem Muster des § 3 I 1 Nr. 3 MaBV) eine schriftliche schuldrechtliche Freigabeverpflichtung des Gläubigers (ggf. unter Treuhandauflagen) eingeholt werden; nach Vorlage des katasteramtlichen Veränderungsnachweises und Entrichtung der Treuhandauflage erteilt der Gläubiger die so genannte Pfandfreigabe in Form des § 29 GBO für das Kaufgrundstück. Alternativ kann die Freigabeerklärung als solche sogleich in grundbuchmäßiger Form erteilt werden, allerdings unter Wahrung ausreichender Bandbreite („eine gem. Kaufvertrag .../2013 des Notars ... zu vermessende Teilfläche von ca. 600 m², oder mehr oder weniger, je nach Ergebnis der amtlichen Vermessung"). Soll bei zu erwartender langer Vollzugs- (insb. Vermessungs-)dauer auch das Risiko einer Abtretung des Grundpfandrechtes oder der Insolvenz des Gläubigers (§ 106 InsO!) bzw. einer Zwangsverfügung über das betreffende Grundpfandrecht (§ 883 II 2 BGB) vor Vollzug der Freigabe abgesichert sein, kann die ggü. dem Eigentümer eingegangene Verpflichtung zur Freigabe durch eine vom Gläubiger zu bewilligende, beim Grundpfandrecht (und ggf. auf dem Grundschuldbrief!) einzutragende „**Freigabevormerkung**" gesichert werden (*Wörner* MittBayNot 2001, 450 ff.) Ein solchermaßen vorgemerkter Freigabeanspruch ist auch einem eventuellen Zessionar bzw. Insolvenzverwalter ggü. durchsetzbar, die tatsächliche Bewilligung kann also über §§ 883 II, 888 BGB bzw. § 106 InsO erzwungen werden.

603 | **Formulierungsbeispiel: Freigabebewilligung**

Der Berechtigte des einleitend bezeichneten Rechtes verpflichtet sich hiermit unwiderruflich, die o. g. Teilfläche, so wie sie sich hinsichtlich Ausmaß, Größe und Beschrieb nach der amtlichen Vermessung aus dem künftigen Fortführungsnachweis samt Messungsanerkennung ergibt, von seinem Recht in Haupt- und Nebensache freizugeben und bewilligt bereits heute die dementsprechende Pfandfreigabe. Soweit es sich um auf Zahlung gerichtete Rechte handelt, verzichtet er auf sein Recht, bzgl. dieser Teilfläche die Zwangsversteigerung durchzuführen.
Zur vorläufigen Sicherung bis zum Vollzug der o. g. Freigabe bewilligt der Berechtigte die Eintragung einer Vormerkung bei seinem oben bezeichneten Recht zugunsten des derzeitigen Eigentümers, bei mehreren als Berechtigte gem. § 432 BGB.
Die Eintragung der Freigabevormerkung sowie der Pfandfreigabe nach amtlicher Vermessung in das Grundbuch wird vom Berechtigten bewilligt.
Der Berechtigte des vorbezeichneten Rechtes bevollmächtigt vorsorglich darüber hinaus den Notar ... sowie dessen Vertreter und Nachfolger im Amt, die freigegebene Teilfläche nach Vorliegen des amtlichen Messungsergebnisses genau zu bezeichnen und die Freigabeerklärung zu wiederholen, wobei eine Mehrfläche von bis zu 10 % als unschädlich gilt.
Er verpflichtet sich weiter, alles zu tun, was zur endgültigen Freistellung der oben bezeichneten Teilfläche von seiner Seite noch erforderlich sein sollte.
Kosten trägt der Berechtigte für diese Erklärung und ihren grundbuchamtlichen Vollzug nicht.

4. Teil. Kaufvertrag über eine Grundstücksteilfläche A I

Finanziert der Käufer den Kaufpreis und ist dieser vor Bildung des Kaufgrundstücks 604
als selbständiges Flurstück zu zahlen, kann das Finanzierungsgrundpfandrecht nur an
dem ungeteilten Flurstück eingetragen werden. Ergibt sich die Notwendigkeit einer Finanzierungsbelastung schon vor diesem Zeitpunkt, stehen mehrere Alternativen zur
Wahl:
1. Der Käufer könnte, gestützt auf die allgemeine Finanzierungsvollmacht, die rechtsgeschäftliche Beurkundung des Grundpfandrechts sofort vornehmen. Aus dem darin regelmäßig enthaltenen „**persönlichen Titel**" (abstraktes Schuldversprechen i. S. d. § 780 BGB mit Vollstreckungsunterwerfung) kann sich der Gläubiger sofort (und ohne Beschränkung auf Finanzierungszwecke etc.) befriedigen. Zur weiteren Absicherung des Gläubigers im Zwischenstadium bis zur Vermessung (und Bewilligung der Grundpfandrechtseintragung an dem dann gem. § 28 S. 1 GBO bezeichenbaren Grundstück, typischerweise i. R. d. Messungsanerkennungs- und Auflassungsurkunde) sind zwei Verfahren denkbar, deren jedoch lediglich eines gebräuchlich ist:
    – Der Verkäufer bewilligt (regelmäßig durch eigene Erklärung, da die typische Finanzierungsvollmacht hierzu nicht berechtigt) die Eintragung einer **Vormerkung** zugunsten des Gläubigers zur Sicherung seiner, des Verkäufers, bestehenden (wenngleich eingeschränkten) Verpflichtung **zur dinglichen Belastung** der noch zu vermessenden Erwerbsfläche. Die Art der Belastung (Grundschuld/Hypothek/Grundpfandrecht) und der Höchstbetrag an Kapital, sowie Zinsen und Nebenleistungen hieraus, muss bestimmt sein. Um auch materiell-rechtlich gesichert zu sein, sollte dann jedoch die Bindungswirkung gem. § 873 II BGB nicht nur zwischen Gläubiger und Käufer, sondern auch zum derzeitigen Eigentümer (Verkäufer) eingetreten oder durch den Notar herbeigeführt worden sein.
    – Gebräuchlicher ist die verstärkende **Verpfändung des Eigentumsverschaffungsanspruchs** durch den Käufer zur Sicherung der Darlehensverpflichtung bzw. der Verpflichtung aus dem in der Grundschuldurkunde enthaltenen abstrakten Schuldversprechen. Diese als einseitige Erklärung in der Grundpfandrechtsbestellung enthaltene Erklärung nimmt der Gläubiger durch Entgegennahme einer Ausfertigung dieser Urkunde stillschweigend (§ 151 BGB) an, sie ist jedoch durch den Käufer dem Drittschuldner (dem Verkäufer) gem. § 1280 BGB als Voraussetzung ihrer Wirksamkeit anzuzeigen, oder Verkäufer und Käufer erteilen dem Notar „Doppelvollmacht", diese Anzeige vorzunehmen und entgegenzunehmen, um den Nachweis des Zugangs zu ersparen. Darüber errichtet er dann eine Eigenurkunde. Im eigentlichen Finanzierungsgrundpfandrecht wird die Verpfändung regelmäßig auflösend bedingt eine logische Sekunde vor Eintragung des eigentlichen Grundpfandrechts vereinbart, um zu vermeiden, dass die sonst kraft Gesetzes entstehende Sicherungshypothek (§ 1287 BGB) neben der eigentlichen Grundschuld eingetragen wird, ferner dass der Verpfändungsgläubiger an der Entgegennahme der Auflassung und der Bewilligung der Löschung seines Verpfändungsvermerks mitwirken müsste oder aber die Auflassung an einen Sequester (§ 848 II ZPO) zu erklären wäre (*Krauß* Rn. 1378*).* Die Anzeige nach § 1280 BGB entfällt, wenn (selten) auch das etwa bereits entstandene Anwartschaftsrecht (2,0 Gebühr!) verpfändet werden sollte.
2. In Betracht kommt schließlich – das Einverständnis des Verkäufers vorausgesetzt – die Möglichkeit einer **Beleihung des gesamten Grundbuchgrundstücks**, solange bis das Grundpfandrecht (durch Freigabe) auf die eigentliche Belastungsfläche beschränkt werden kann. Der Verkäufer wird hierzu nur dann bereit sein, wenn eine Grundpfandbelastung der Restfläche (durch ihn selbst oder durch Erwerber jener Fläche) bis zur Vermessung des Verkaufsstücks nicht zu erwarten ist, da sich Kreditinstitute regelmäßig am „optischen" Vorrang des Erstkäufergrundpfandrechts stören. Der Gläubiger muss sich verpflichten, nach Vermessung auf seine bzw. des Käufers Kosten die nicht veräußerte Fläche auflagenfrei freizugeben; diese Verpflichtung kann (bei entsprechender Bewilligung des Gläubigers in grundbuchmäßiger Form) durch eine Frei-

gabevormerkung, die beim Grundpfandrecht einzutragen ist, gesichert und insolvenzfest ausgestaltet werden (ähnlich der Freigabevormerkung zur Absicherung eines Teilflächenkäufers, oben Rn. 603). Fehlt eine solche Freigabevormerkung, wird sich der Gläubiger verpflichten müssen, das Grundpfandrecht nicht oder nur unter Weitergabe der Verpflichtungen an andere Gläubiger abzutreten.

605 Formulierungsbeispiel: Freigabeverpflichtung bei Gesamtbelastung

Der Notar wird angewiesen, eine Verpflichtungserklärung des Gläubigers dahin gehend einzuholen, dass dieser nach Vermessung den nicht betroffenen Grundstücksteil auflagenfrei freigeben wird, vor Vollzug der Vermessung nicht die Versteigerung in den nicht betroffenen Grundstücksteil betreibt und das Grundpfandrecht nur unter Weitergabe dieser Verpflichtungen an Dritte abtreten wird. Bindungswirkung gem. § 873 II BGB darf erst nach Vorliegen dieser Verpflichtungserklärung eintreten; Antrag auf Eintragung erst dann gestellt werden.

3. Eigentumsvormerkung

606 Eine Eigentumsvormerkung kann auf dem ungeteilten Grundstück für den Käufer eingetragen werden; dagegen kann die Teilfläche nicht selbständig belastet werden. Der Verkäufer kann ein Interesse daran haben, dass die Vormerkung auch bereits vor Eigentumsumschreibung auf der nicht verkauften Restfläche nach Vorliegen des Veränderungsnachweises gelöscht wird.

607 Formulierungsbeispiel: Vormerkung beim Teilflächenverkauf

Um den vereinbarten Eigentumserwerb zu sichern, bewilligt der Verkäufer und **beantragt** der Käufer, zu dessen Gunsten eine Vormerkung gem. § 883 BGB an dem in § 1 bezeichneten (Gesamt-) Grundbesitz ohne weitere Voraussetzungen an nächst offener Rangstelle einzutragen. Der Käufer bewilligt, die Vormerkung mit Vollzug des Fortführungsnachweises nach Vermessung auf die verkaufte Teilfläche zu beschränken und bei Eigentumsumschreibung wieder zu löschen, sofern nachrangig keine Eintragungen bestehen bleiben, denen er nicht zugestimmt hat.

4. Auflassung

608 Die Auflassung kann bereits mit dem Kaufvertrag beurkundet werden. Ihrer Wirksamkeit steht nicht entgegen, dass die Teilfläche nicht katastermäßig bezeichnet ist, wie dies § 28 GBO vorschreibt (*BayObLG* DNotZ 1988, 117). Für den grundbuchlichen Vollzug bedarf es aber einer Ergänzungsurkunde (in der Form des § 29 GBO), in der das Grundstück entsprechend dem Veränderungsnachweis unter Angabe des Flurstücks bezeichnet wird, so genannte **Identitätserklärung**. Zur Abgabe dieser Identitätserklärung können die Beteiligten Mitarbeiter des Notars bevollmächtigen, aber auch den Urkundsnotar. Ist der Urkundsnotar zur Nachholung der Bezeichnung durch die Beteiligten ermächtigt, genügt eine notarielle Eigenurkunde. Ausreichend ist die Unterzeichnung der Erklärung durch den Notar unter Beifügung des Siegels; die Eigenurkunde wird nicht in die Urkundenrolle eingetragen (Formulierungsbeispiel für die Vollmacht auf den Notar und für die Identitätserklärung in notarieller Eigenurkunde bei *Schöner/Stöber* Rn. 882, 883). Die aufgrund Vollmacht von einem Mitarbeiter oder vom Notar selbst abgegebene Identitätserklärung reicht aber nur dann aus, wenn das vermessene Grundstück mit dem im Kaufvertrag beurkundeten und aufgelassenen genau übereinstimmt. Ist das nicht der Fall, bedarf es einer erneuten Auflassung (die frühere Auflassung ist mangels Einigung über das richtige Grundstück unwirksam; keine Heilung nach § 311b I 2 BGB durch

Eintragung!). Ergeben sich aus dem Veränderungsnachweis auch nur geringfügige Abweichungen gegenüber der im Lageplan bezeichneten Teilfläche, sollte die Auflassung zumindest vorsorglich erneut erklärt werden.

Es sprechen daher gute Gründe für die Empfehlung (*Schöner/Stöber* Rn. 879; *Böttcher* ZNotP 2008, 258), die Auflassung nach Vorliegen des Veränderungsnachweises stets erneut zu erklären. Häufig werden darin auch Eintragungsbewilligungen für wechselseitige Dienstbarkeiten etc abgegeben. Zu dieser Messungsanerkennung und Auflassung kann (ohne Verstoß gegen § 17 II a BeurkG: Vollzugsgeschäft) auch Vollmacht an Mitarbeiter des Notars erteilt werden. Von der Vollmacht sollte nur Gebrauch gemacht werden, wenn das aufgrund des Veränderungsnachweises neu gebildete Flurstück in Größe, Lage und Grenzverlauf mit dem im Kaufvertrag durch Einzeichnung in den Katasterplan beschriebenen Kaufgrundstück übereinstimmt. Bei geringfügigen Abweichungen sollte die schriftliche Bestätigung der Vertragsbeteiligten eingeholt werden (unter Übersendung einer Abschrift des Veränderungsnachweises), dass von der Vollmacht Gebrauch gemacht werden kann (auch aus haftungsrechtlichen Gründen). Bei erheblichen Abweichungen haben die Beteiligten selbst die Auflassung zu erklären, die Auflassungsvollmacht berechtigt nicht zur Auflassung des vom Kaufvertrag abweichenden Grundstücks (DNotI-Report 1997, 225).

5. Verkauf von mehreren Teilflächen (Baugrundstücken) aus einem Flurstück

Verkauft der Eigentümer (Bauträger) an mehrere Käufer zu vermessende Teilflächen aus einem Flurstück als Baugrundstücke (der Bauträger mit der Verpflichtung zur Errichtung eines Einfamilienhauses), wird häufig eine Kaufpreisfälligkeit vor katasteramtlicher Fortschreibung (die bis zu einem Jahr und mehr dauern kann) gewünscht. Die Vertragsgestaltung und -abwicklung ist in diesen Fällen höchst anspruchsvoll und verlangt zunächst, dass alle Kaufverträge bei ein und demselben Notar beurkundet werden, der bei allen Folgeverträgen zu prüfen hat, ob die nunmehr zu verkaufende Teilfläche nicht bereits ganz oder teilweise Gegenstand eines früheren Kaufvertrages war. Da die einzutragenden Vormerkungen jeweils den Anspruch auf Übertragung des Eigentums an einer unterschiedlichen Teilfläche betreffen, entsteht kein Rangverhältnis; § 883 II BGB gilt insoweit nicht. Die Löschung des Globalgrundpfandrechts des Verkäufers ist durch eine schuldrechtliche Verpflichtung zur Pfandfreigabe der verkauften Teilfläche sicherzustellen. Die rangrichtige Eintragung des Finanzierungsgrundpfandrechts des Käufers ist sichergestellt, sobald die Gläubiger bereits eingetragener oder zur Eintragung beantragter Finanzierungsgrundpfandrechte aller weiteren Erwerber sich gegenüber dem Käufer verpflichtet haben, die an ihn verkaufte Teilfläche nach Bildung der Einzelgrundstücke auflagenfrei aus der Mithaft freizugeben.

Formulierungsbeispiel: Kaufvertrag über eine noch zu vermessende Teilfläche aus einem mit einem Grundpfandrecht belasteten Flurstück

Verkauf

1. Der Verkäufer verkauft dem dies annehmenden Käufer im Beteiligungsverhältnis zu je 1/2 Anteil aus dem Flurstück 4711 eine noch zu vermessende unbebaute Teilfläche in einer Größe von ca. 340 qm.
   Die Teilfläche ist in dem dieser Niederschrift als Anlage beigefügten Katasterplan rot umrandet eingezeichnet. Der Katasterplan wurde den Beteiligten zur Durchsicht vorgelegt. Maßgeblich für die Vermessung ist die Einzeichnung im Katasterplan.
2. Der Verkäufer wird die Vermessung des Grundstücks unverzüglich in Auftrag geben. Die Kosten der Vermessung (nicht der späteren Gebäudeeinmessung) trägt der Verkäufer.

A I Grundstückskauf

▼ Fortsetzung: **Formulierungsbeispiel: Kaufvertrag über eine noch zu vermessende Teilfläche aus einem mit einem Grundpfandrecht belasteten Flurstück**

Kaufpreis

1. Der Kaufpreis beträgt 100,– EUR pro Quadratmeter.
Das ergibt bei der angenommenen Grundstücksgröße von 340 qm einen vorläufig berechneten Kaufpreis von 34.000,– EUR (in Worten: vierunddreißigtausend EUR).

2. Sollte das Ergebnis der Vermessung und Fortschreibung des Liegenschaftskatasters eine Mehr- oder Mindergröße gegenüber dem angenommenen Flächenwert ergeben, ist die Differenz nach Vorlage des katasteramtlichen Veränderungsnachweises auf der Basis von 100,– EUR/qm zwischen den Beteiligten unmittelbar auszugleichen, jedoch nicht vor Eintritt der nachstehend vereinbarten Fälligkeitsvoraussetzungen.

3. Der vorläufig berechnete Kaufpreis ist fällig am ..., jedoch nicht vor Ablauf einer Woche nach Zugang einer schriftlichen Mitteilung des Notars an den Käufer, dass folgende Voraussetzungen erfüllt sind:

    a) zur Sicherung des Anspruchs des Käufers auf Übertragung des Eigentums an der Teilfläche eine Vormerkung im Grundbuch eingetragen ist, und zwar mit Rang nur nach der Grundschuld Abteilung III Nr. 1) bzw. mit Rang nach Grundpfandrechten, bei deren Bestellung der Käufer mitgewirkt hat,

    b) die zuständige Gemeinde bestätigt hat, dass ein gesetzliches Vorkaufsrecht nicht besteht oder nicht ausgeübt wird,

    c) der Gläubiger der Grundschuld Abteilung III Nr. 1) sich gegenüber dem Käufer verpflichtet hat, nach Vorlage des Veränderungsnachweises die verkaufte Teilfläche auflagenfrei oder aber gegen Zahlung eines Betrages bis zur Höhe des Kaufpreises aus der Mithaft freizugeben.

    Soweit Finanzierungsgrundpfandrechte der Erwerber anderer Teilflächen aus dem Flurstück 4711 der Vormerkung des Käufers im Rang vorgehen, ist weitere Voraussetzung die Verpflichtung der Gläubiger, die hier verkaufte Teilfläche nach Vorlage des Veränderungsnachweises auflagenfrei aus der Mithaft freizugeben.

4. Die Beleihungsvollmacht wird erteilt zur Belastung des Flurstücks 4711 insgesamt und ist zu ergänzen:
Der Notar wird angewiesen, den Antrag auf Eintragung der Finanzierungsgrundpfandrechte des Käufers erst zu stellen, wenn sich der Gläubiger gegenüber dem Verkäufer und den Erwerbern anderer Teilflächen unwiderruflich verpflichtet hat, die nicht verkaufte Teilfläche nach katasteramtlicher Fortschreibung auflagenfrei aus der Mithaft zu entlassen.

Auflassung und Grundbuchanträge

1. Die Beteiligten sind sich darüber einig, dass das Eigentum an dem verkauften Grundbesitz auf den Käufer im Beteiligungsverhältnis zu je 1/2 Anteil übergeht.

2. Die Beteiligten bevollmächtigen ... und ..., Notarfachangestellte bei dem amtierenden Notar, und zwar jeden einzeln und unter Befreiung von den Beschränkungen des § 181 BGB, nach Vorliegen des katasteramtlichen Veränderungsnachweises die hier verkaufte Teilfläche gegenüber dem Grundbuchamt zu bezeichnen, die Auflassung erneut zu erklären und entgegenzunehmen, die Eintragung des Eigentumswechsels zu bewilligen, Pfandfreigaben zuzustimmen und diese zu beantragen, überhaupt alles zu tun, was zur Eigentumsumschreibung auf den Käufer erforderlich oder zweckmäßig ist, auch die Löschung der Vormerkung auf der nicht verkauften Teilfläche zu bewilligen und zu beantragen.

II. Abwicklung

612 Grundsätzlich legt das Katasteramt dem zuständigen Grundbuchamt ein Exemplar des Veränderungsnachweises vor, mit dem Antrag, den alten Bestand (z. B. Flur 3 Nr. 644 = 497 qm) im Wege der Flurstückszerlegung und Flächenberichtigung als neuen Bestand (z. B. Flur 3 Nr. 644/2 = 421 qm und Nr. 644/1 = 76 qm) im Grundbuch einzutragen. Die Eintragung des neuen Bestandes erfolgt von Amts wegen unter einer laufenden Nummer im Grundbuch. Der neue Bestand bildet zunächst ein Grundstück im Rechtssinne. Eine getrennte Veräußerung oder Belastung setzt die grundbuchmäßige Abschreibung voraus. Antrag des Eigentümers in der Form des § 29 GBO ist erforderlich. Nach der Neufassung des § 19 BauGB entfällt die Vorlage einer Teilungsgenehmigung oder eines Negativattestes. Der Erwerber, gegebenenfalls auch der Eigentümer, werden durch die Katasterbehörden häufig gebeten zu veranlassen, die Flurstücke, die künftig ein Besitzstück bilden, im Grundbuch unter einer laufenden Nummer eintragen zu lassen (Vereinigung gemäß § 890 I BGB), damit diese danach verschmolzen werden können. Vereinigung mehrerer Grundstücke (§ 890 I BGB, § 5 GBO): Mehrere, demselben Eigentümer gehörende Grundstücke können auf seinen Antrag „vereinigt" werden, wenn keine Verwirrung, d.h. keine Unübersichtlichkeit des Grundbuchs, zu befürchten ist. Nach Vereinigung bilden die bisher selbständigen Grundstücke nur noch Bestandteile des neuen Grundstücks. Die vor der Vereinigung auf den einzelnen Grundstücken lastenden Rechte bleiben bestehen. Ihre erhebliche Verschiedenheit kann aber zur Verwirrung führen und deshalb die Vereinigung verhindern. In der Praxis wird deshalb meist versucht, das Nebengrundstück, das mit dem Hauptgrundstück vereinigt werden soll, lastenfrei zu machen. Bei der Vereinigung nach § 890 I BGB erstrecken sich die Belastungen auf dem Hauptgrundstück nicht – was aber meist gewollt ist – auf das Nebengrundstück. Wenn Grundpfandrechte des Hauptgrundstücks auf das Nebengrundstück ausgedehnt werden sollen, bedarf es eines Erstreckungsantrages und häufig auch der Zwangsvollstreckungsunterwerfung bezüglich des Nebengrundstücks. Die Zuschreibung als Bestandteil (§§ 890 II, 1131 BGB, § 6 GBO) wird deshalb der Vereinigung gerade dann vorzuziehen sein, wenn die Grundpfandrechte des Hauptgrundstücks ausgedehnt werden sollen. Bei der Zuschreibung geht das Nebengrundstück durch die Einverleibung in dem Hauptgrundstück auf. Dies braucht nicht zwingend das größere oder wirtschaftlich bedeutendere zu sein. Die Belastungen des Hauptgrundstücks in Abt. III des Grundbuchs gehen auf das zugeschriebene Grundstück ohne weiteres über (kein Erstreckungsantrag mit erneuter Zwangsvollstreckungsunterwerfung).

---

613 **Formulierungsbeispiel: Aufnahme in die Urkunde über die getrennte Auflassung – Teilungsantrag**

Im Grundbuch von ..., Blatt ... ist Herr ... als Alleineigentümer des Grundbesitzes Gemarkung ... Flur ... Nr. ... eingetragen.

Aufgrund des Auszuges aus dem Veränderungsnachweis des Katasteramtes für die Gemarkung ... Nr. ... Jahrgang ... wird der vorbenannte Grundbesitz im Wege der Flurstückszerlegung und Flächenberichtigung unter einer lfd. Nr. wie folgt im Grundbuch eingetragen:

Flur 3 Nr. ... /1
Flur 3 Nr. ... /2

Der Grundstückseigentümer beantragt die Teilung und Eintragung der vorgenannten Flurstücke unter jeweils einer gesonderten lfd. Nr. im Grundbuch.

A I Grundstückskauf

614 **Formulierungsbeispiel: Aufnahme in die Urkunde über die getrennte Auflassung – Zuschreibungsantrag gem. § 890 II BGB**

Im Grundbuch von ..., Blatt ... sind die Eheleute ... je zur Hälfte als Eigentümer des Grundbesitzes Flur ... Nr. ... eingetragen.

Die Grundstückseigentümer beantragen, das aufgelassene neugebildete Grundstück Flur ... Nr. ... dem Grundstück Flur ... Nr. ... gem. § 890 II BGB als Bestandteil zuzuschreiben.

615 **Formulierungsbeispiel: Aufnahme in die Urkunde über die getrennte Auflassung – Erstreckungsantrag bei Rechten in Abt. II des Grundbuchs**

Im Grundbuch von ..., Blatt ... sind in Abt. II zu Lasten des Grundstücks Flur ... Nr. ... folgende Rechte eingetragen:

lfd. Nr. 1 Grunddienstbarkeit (Hochspannungsfreileitungsrecht für den jeweiligen Eigentümer des Grundstücks Gemarkung ... Flur ... Nr. ...)

lfd. Nr. 2 Auflassungsvormerkung (Wiederkaufsrecht) für die Gemeinde ...

Wir, die Eigentümer des Grundstücks Flur ... Nr. ... bewilligen und beantragen, diese vorgenannten Rechte auf das aufgelassene neugebildete Grundstück Flur ... Nr. ... zu erstrecken.

5. Teil. Kaufverträge mit Besonderheiten in der Person des Verkäufers oder des Käufers

I. Vertragsschluss durch Bevollmächtigten/Vertreter ohne Vertretungsmacht

Vgl. hierzu Kap. F. **616**

II. Zustimmung des Ehegatten nach § 1365 BGB; Art. 5 des Abkommens zur Wahlzugewinngemeinschaft

Das absolute Veräußerungsverbot nach § 1365 BGB ist für den Grundstückskaufvertrag von Bedeutung, wenn eine verheiratete Person Vertragsbeteiligte ist, soweit sie nicht durch Ehevertrag Gütertrennung vereinbart (§ 1365 BGB gilt nur für die Zugewinngemeinschaft) oder unter Beibehaltung des gesetzlichen Güterstands die Verfügungsbeschränkung des § 1365 BGB ausgeschlossen hat. Das Veräußerungsverbot nach § 1365 BGB bereitet der Praxis immer wieder Schwierigkeiten, weil es aus dem Grundbuch nicht ersichtlich ist, auch ein gutgläubiger Erwerb und eine Heilung nach § 311b I 2 BGB durch Eigentumsumschreibung im Grundbuch ausscheiden. Bedarf der Vertrag der Zustimmung des anderen Ehegatten, sind sowohl das Verpflichtungsgeschäft als auch die Auflassung schwebend unwirksam. Verweigert der andere Ehegatte die Genehmigung, ist der Vertrag nach § 1366 IV BGB unwirksam. Der spätere Widerruf dieser Verweigerung ist wirkungslos (*BGH DNotZ 1995*, 149). Der andere Ehegatte kann nach § 1368 BGB im eigenen Namen die sich aus der Unwirksamkeit ergebenden Rechte geltend machen (auch nach Scheidung der Ehe, *BGH NJW 1984*, 609). Er kann insbesondere vom Käufer Zustimmung zur Grundbuchberichtigung dahin verlangen, dass der veräußernde Ehegatte wieder als Eigentümer eingetragen wird (*BGH NJW 1984*, 609). Dem Käufer steht wegen des gezahlten Kaufpreises kein Zurückbehaltungsrecht zu, dagegen ist Aufrechnung zulässig (*BGH NJW 2000*, 1947). In der notariellen Praxis stehen die Fragen des Anwendungsbereichs der Vorschrift und der Belehrungspflicht des Notars im Vordergrund. **617**

Checkliste zu den Voraussetzungen des § 1365 BGB beim Grundstückskaufvertrag **618**

(1) Die Vorschrift greift nicht nur ein, wenn ein Ehegatte sein Vermögen im Ganzen (vgl. § 311b III BGB) überträgt, sondern auch bei Übertragung eines Einzelgegenstandes, wenn dieser nahezu das ganze Vermögen ausmacht. Dies ist bei der Veräußerung eines Grundstücks oder einer Eigentumswohnung nicht selten der Fall.

(2) Bei der Frage, ob das veräußerte Grundstück nahezu das gesamte Vermögen ausmacht, hat ein Wertvergleich mit dem sonstigen Vermögen des Ehegatten (ohne Berücksichtigung des Kaufpreises) stattzufinden. Bei einem „kleinen" Vermögen ist § 1365 BGB nicht erfüllt, wenn dem veräußernden Ehegatten Werte von 15 % seines ursprünglichen Gesamtvermögens verbleiben (*BGH DNotZ 1981*, 43); bei größerem Vermögen – über etwa 150.000 EUR –, wenn 10 % verbleiben (*BGH DNotZ 1992*, 239).

▶

▼ Fortsetzung: **Checkliste zu den Voraussetzungen des § 1365 BGB beim Grundstückskaufvertrag**

(3) Beim Vermögensvergleich bleibt der Kaufpreis als Gegenleistung für das Grundstück auch dann außer Ansatz, wenn er dem Wert des Grundstücks entspricht (BGHZ 66, 129; 93, 138).

(4) Beim Wertvergleich sind dingliche (valutierte) Belastungen des Grundstücks abzuziehen. Das Gleiche gilt, soweit das Grundstück zugunsten von betreibenden bzw. beigetretenen Gläubigern in der Zwangsversteigerung verhaftet ist, hinsichtlich der jeweiligen Haftungssumme (BGHZ 66, 217, 220).

Berechnungsbeispiel: Ehefrau A veräußert ein Grundstück zum Kaufpreis von 300.000,– EUR. Aus dem Kaufpreis sind dinglich gesicherte Darlehensverbindlichkeiten in Höhe von 200.000,– EUR abzulösen; der Restkaufpreis in Höhe von 100.000,– EUR ist an Frau A zu zahlen, die über sonstiges Vermögen von 5.000,– EUR verfügt. Nach Abwicklung des Kaufvertrages verlangt Ehemann A vom Käufer die Zustimmung zur Grundbuchberichtigung. Der nach § 1365 BGB erforderliche Wertvergleich ergibt: Vor der Veräußerung hatte Frau A ein Vermögen von insgesamt 110.000,– EUR (310.000,– EUR abzüglich Darlehensverbindlichkeiten); nach der Veräußerung verbleibt ein Vermögen von 10.000,– EUR, da der an sie gezahlte Kaufpreis von 100.000,– EUR unberücksichtigt bleibt. Da sie nach der Veräußerung über ein Vermögen von weniger als 10 % ihres früheren Vermögens verfügt, ist § 1365 BGB insoweit anwendbar, als Frau A über das nahezu ganze Vermögen verfügt hat.

(5) Nach der subjektiven Theorie findet die Vorschrift nur Anwendung, wenn der Käufer weiß, dass das verkaufte Grundstück das ganze oder nahezu das ganze Vermögen des veräußernden Ehegatten darstellt, zumindest die Verhältnisse kennt, aus denen sich dies ergibt. Umstritten war, auf welchen Zeitpunkt für die Kenntnis abzustellen ist. Der BGH hat entschieden, dass es für die Kenntnis auf den Abschluss des schuldrechtlichen Vertrages ankommt (*BGH NJW 1989, 1609*: „Weiß der Vertragspartner in diesem Zeitpunkt nicht, dass nahezu das ganze Vermögen betroffen ist, so muss er darauf vertrauen können, durch Abschluss des Vertrages einen rechtsbeständigen Erfüllungsanspruch zu erwerben"). Dieses Urteil ist aus Gründen der Rechtssicherheit zu begrüßen, da es den „gutgläubigen" Käufer davor schützt, nach Zahlung des Kaufpreises nicht Eigentümer zu werden und den Kaufpreis zu verlieren (§ 818 III BGB). Zugleich dürfte damit das leidige Problem der Prüfungsbefugnis des Grundbuchamts erledigt sein, weil eine Beanstandung durch Zwischenverfügung voraussetzt, dass dem Grundbuchamt konkrete Anhaltspunkte dafür vorliegen, dass der Käufer bei Abschluss des Vertrages wusste, dass das Grundstück nahezu das gesamte Vermögen des veräußernden Ehegatten ausmacht.

(6) Bei der Prüfung der Erforderlichkeit einer Zustimmungen zu **Belastungen** ist der Verkehrswert vor und nach der Belastung zu vergleichen; dabei werden bereits eingetragene Grundschulden nur in Höhe ihrer aktuellen Valutierung, die zusätzlich einzutragende Grundschuld aber i. H. d. Nominalbetrages, der Nebenleistung und der dinglichen Zinsen für 2 1/2 Jahre (*BGH ZfIR 2012, 93 m. Anm. Zimmer = MittBayNot 2012, 222 m. krit. Anm. Gladenbeck*) berücksichtigt. Gerade bei den in der Praxis häufigen 80 % – Beleihungen kann dies vermehrt zur schwebenden Unwirksamkeit der Grundschuldbestellung führen (§ 1366 I, IV BGB).

(7) Eine Vollstreckungsunterwerfungserklärung unterliegt als prozessuale Erklärung nicht dem Zustimmungserfordernis des § 1365 BGB (*BGH ZNotP 2008, 461*).

5. Teil. Kaufverträge mit Besonderheiten in der Person des Verkäufers oder des Käufers A I

Als weitgehend geklärt kann die Frage angesehen werden, ob der Notar von sich aus die Vertragsbeteiligten über Bestehen und Rechtswirkungen des § 1365 BGB aufklären muss. Weiß der Notar, dass es sich um ein zustimmungsbedürftiges Rechtsgeschäft nach § 1365 BGB handelt, hat er nicht nur die Pflicht zur Belehrung und Aufnahme eines Belehrungsvermerks nach § 17 II 2 BeurkG, er darf auch keine Vollzugsanträge stellen (*OLG Frankfurt* DNotZ 1986, 244). Vorsorglich sollte der Notar in den Fällen, in denen er keine positive Kenntnis hat, auf die Mitwirkung des anderen Ehegatten hinwirken oder nachträglich dessen Genehmigung einholen. Die Zustimmung/Genehmigung des anderen Ehegatten ist formlos gültig; dem Grundbuchamt ist sie in notariell beglaubigter Form nachzuweisen. Fehlen konkrete Anhaltspunkte, dass objektiv und subjektiv (Kenntnis des Käufers) die Voraussetzungen des § 1365 BGB vorliegen, hat der Notar von sich aus Nachforschungen darüber, ob der Verkäufer verheiratet ist, in welchem Güterstand er lebt, ob das veräußerte Grundstück sein nahezu ganzes Vermögen darstellt und welche Kenntnisse der Käufer insoweit hat, nicht anzustellen (*BGH* DNotZ 1975, 628). Zutreffend weist der BGH darauf hin, dass der Notar mit der Offenlegung der persönlichen und wirtschaftlichen Verhältnisse in vielen Fällen überhaupt erst die Voraussetzungen für das Eingreifen des § 1365 BGB schaffen würde und den Käufer erst „bösgläubig" macht. Die Klausel: „Der Verkäufer versichert, dass er nicht über sein gesamtes oder nahezu gesamtes Vermögen verfügt", hilft freilich dem Käufer bei Kenntnis ihrer Unrichtigkeit nicht, ebenso wenig die umgekehrte Nichtwissenerklärung des Käufers: „Vom Notar auf die gesetzliche Bestimmung des § 1365 BGB hingewiesen, erklärt der Käufer, ihm seien die Vermögensverhältnisse des Verkäufers weder mitgeteilt worden noch sonst bekannt". 619

Veräußert ein verheirateter Ehegatte den ihm allein gehörenden Grundbesitz, ist es heute unbestritten, dass das Grundbuchamt nur ausnahmsweise eine Prüfungspflicht und Prüfungsbefugnis im Hinblick auf § 1365 BGB hat. Das Grundbuchamt ist nur dann berechtigt und verpflichtet, die Zustimmung des anderen Ehegatten oder den Nachweis weiteren Vermögens zu verlangen, wenn zur Zeit der Entscheidung über den Eintragungsantrag *OLG Frankfurt* NotBZ 2012, 225) konkrete Anhaltspunkte dafür vorliegen, dass es sich um das überwiegende Vermögen handelt (*OLG Schleswig* MittBayNot 2006, 38 m. Anm. *Bauer*) und der Käufer bei Abschluss des Vertrags „bösgläubig" war (*BGH* ZNotP 2013, 1049). Allein der hohe Wert des Übertragungsobjekts genügt nicht als „Anhaltspunkt" (*OLG München* MittBayNot 2008, 119 m. Anm. *Bauer*); ebenso wenig die Behauptung des „übergangenen Ehegatten", der Käufer habe die Verhältnisse gekannt (*OLG München* RNotZ 2009, 651). 620

Das Abkommen vom 4.2.2010 zum deutsch-französischen Wahlgüterstand, BGBl. 2012 II 178 (durch § 1519 BGB als „Wahl-Zugewinngemeinschaft" ins deutsche Recht übernommen – Überblick bei *Braun* MittBayNot 2012, 89 sowie *Süß* ZErb 2010, 281 und *Jäger* DNotZ 2010, 804) schafft zwischen den Vertragsstaaten (derzeit lediglich Deutschland und Frankreich) materielles Einheitsrecht auf der Grundlage der Zugewinngemeinschaft des BGB unter Hereinnahme von Elementen französischen allgemeinen Ehe- und Güterrechts. Der Güterstand kann seit 1.5.2013 (durch notarielle Beurkundung, mit Registrierung im Zentralen Testamentsregister – wegen des Einflusses auf die gesetzliche Erbfolge, § 78b II 1 Fall 3 BNotO, und zwar als „sonstige Urkunde" i. S. d. § 1 S. 1 Nr. 4 ZTRV!) begründet werden. 621

Art. 5 I des Abkommens normiert die Unwirksamkeit von Verpflichtungs- und Verfügungsgeschäften über Haushaltsgegenstände und „über Rechte, durch die die **Familienwohnung** sichergestellt wird", es sei denn, solche Rechtsgeschäfte würden vom anderen Ehegatten (oder dessen Bevollmächtigten) genehmigt bzw. die Genehmigung familiengerichtlich ersetzt. Bei dieser Beschränkung, die Art. 215 III CC nachgebildet ist, dürfte es sich aus deutscher Sicht (anders als im französischen Recht: Anfechtbarkeit) um eine absolute Verfügungsbeschränkung handeln, die bspw. bei der Veräußerung der Familienwohnung, ihrer Belastung mit Verwertungsrechten (Grundschulden!), der Bestellung ei- 622 nes Nutzungsrechts zugunsten eines Dritten an der Familienwohnung, der Vermietung der Familienwohnung, aber auch bei der Löschung eines Nießbrauchs- oder Wohnungsrechts, das bisher zur Eigennutzung für die Familie in Anspruch genommen wurde, einschlägig sein kann (vgl. im Einzelnen *Amann* DNotZ 2013, 252). Art. 16 I EGBGB bewirkt keinen Gutglaubensschutz, da es sich nicht um einen ausländischen, sondern um einen inländischen Güterstand handelt. § 1412 BGB würde zwar an sich gelten; seine Anwendung wird jedoch durch § 1519 S. 3 BGB ausdrücklich ausgeschlossen. Als absolute Verfügungsbeschränkung ist das Vorliegen eines deutsch-französischen Wahlgüterstands im Grundbuch nicht eintragungsfähig; das Grundbuchamt darf Eintragungen nur ablehnen, wenn es positive Anhaltspunkte für ihr Vorliegen hat. Die genannte Verpflichtungs- und Verfügungsbeschränkung kann auch nicht durch Ehevertrag abbedungen werden (Art. 3 III des Abkommens). Damit steht kein taugliches Schutzinstrument für die Vertragsgestaltung zur Verfügung (ausgenommen die vorsorgliche Mitwirkung des Nichteigentümer-Ehegatten bei Geschäften in Bezug auf das Familienheim).

III. Minderjähriger, Betreuter, gerichtliche Genehmigung

623 Ein **Minderjähriger** als Verkäufer oder Käufer eines Grundstücks, wird durch seine Eltern gemeinschaftlich vertreten (§ 1629 I 2 BGB). Ein Elternteil vertritt das Kind allein, soweit es die elterliche Sorge allein ausübt (nach dem Tode des anderen Elternteils, § 1680 I BGB), oder ihm die Entscheidung nach § 1628 BGB durch das Gericht übertragen worden ist. Bei der gemeinschaftlichen Vertretung des Kindes bleibt es auch, wenn die Eltern nicht nur vorübergehend getrennt leben (§ 1687 I BGB), solange nicht das Familiengericht die elterliche Sorge einem Elternteil allein übertragen hat (§ 1671 BGB). Der Nachweis ist durch die Entscheidung des Familiengerichts zu führen.

624 Sind die Eltern bei der Geburt des Kindes nicht miteinander verheiratet, steht der Mutter des Kindes die elterliche Sorge zu, es sei denn, es liegt eine Sorgeerklärung vor (§ 1626a I Nr. 1 BGB) oder das Familiengericht überträgt auf Antrag die elterliche Sorge an beide gemeinsam (§ 1626a II BGB). Die Ausfertigung der notariellen Urkunde mit der Sorgeerklärung erbringt den Nachweis der gemeinsamen Sorge und damit der gemeinschaftlichen Vertretung.

625 Die elterliche Vermögenssorge (und damit die Vertretung) erstreckt sich nicht auf das Vermögen, welches das Kind von Todes wegen oder unter Lebenden unentgeltlich mit der Bestimmung erworben hat, dass es die Eltern nicht verwalten sollen (§ 1638 BGB); Anordnungen über die Verwaltung haben die Eltern zu beachten (§ 1639 BGB). Auf Angelegenheiten des Kindes, für die dem Kind ein Pfleger bestellt ist, erstreckt sich die elterliche Sorge nicht (§ 1630 I BGB); die Eltern sind insoweit von der Vertretung des Kindes ausgeschlossen.

626 Die Haftung für Verbindlichkeiten, die die Eltern im Rahmen ihrer gesetzlichen Vertretungsmacht durch Rechtsgeschäfte mit Wirkung für das Kind begründet haben, beschränkt sich auf den Bestand des bei Eintritt der Volljährigkeit vorhandenen Vermögens des Kindes; das gilt auch für Verbindlichkeiten aus Rechtsgeschäften, zu denen die Eltern die Genehmigung des Familiengerichts erhalten haben (§ 1629a BGB). Eine Hinweispflicht des Notars auf diese Möglichkeit der Haftungsbeschränkung kommt wohl nur dann in Betracht, wenn der Kaufpreis über die Volljährigkeit des kaufenden Minderjährigen hinaus gestundet oder eine Rentenzahlung vereinbart wird. Nach § 1629a III BGB werden Rechte aus einer für die Forderung bestellten Sicherheit (Kaufpreisresthypothek, Reallast) oder aus einer deren Bestellung sichernden Vormerkung von der Möglichkeit der Haftungsbeschränkung nicht berührt.

627 Mit dem Inkrafttreten des FamFG zum 1.9.2009 wurde das Vormundschaftsgericht abgeschafft, das Familiengericht ist ausschließlich zuständig. Nach § 23c GVG wurden ferner bei den Amtsgerichten **Betreuungsgerichte** gebildet, zuständig für die Bestellung

5. Teil. Kaufverträge mit Besonderheiten in der Person des Verkäufers oder des Käufers A I

eines Betreuers (§ 1897 I 1 BGB), und für die Genehmigung nach §§ 1821, 1822 Nr. 1–4, 6–13 BGB. Das Verfahren in Betreuungssachen ist in §§ 271 ff. FamFG geregelt. Der Betreuer erhält vom Betreuungsgericht eine Urkunde über seine Bestellung (§ 290 FamFG).

Wollen die Eltern ein Grundstück des Kindes verkaufen oder für das Kind kaufen, bedürfen sie nach § 1643 I BGB der **Genehmigung des Familiengerichts** (§§ 1643 I, 1821 BGB). **628**

Wollen die Eltern ein eigenes Grundstück an das Kind verkaufen oder ein Grundstück des Kindes kaufen, können sie das Kind insoweit nicht vertreten (§§ 1629 III, 1795 II, 181 BGB). Nach § 1795 I Nr. 1 BGB kann ein Elternteil das Kind auch nicht vertreten bei einem Rechtsgeschäft zwischen seinem Ehegatten oder einem seiner Verwandten in gerader Linie einerseits und dem Kind andererseits, es sei denn, dass das Rechtsgeschäft ausschließlich in der Erfüllung einer Verbindlichkeit besteht. § 181 BGB findet keine Anwendung, wenn die Eltern im eigenen Namen und als Vertreter des Kindes „parallele" Willenserklärungen abgeben, also etwa beim Verkauf eines Grundstücks, das den Eltern/einem Elternteil und dem Kind zu Miteigentum oder in einer Erbengemeinschaft gehört (*BayObLG* FGPrax 1995, 20; *OLG Jena* NJW 1995, 3126). Für den anschließenden Erbauseinandersetzungsvertrag hinsichtlich des Kaufpreises gilt § 181 BGB. **629**

Da ein Kaufvertrag für das Kind in keinem Fall „lediglich rechtlich vorteilhaft" ist (§ 107 BGB), ist in den Fällen, in denen die Eltern das Kind nicht vertreten können, eine Ergänzungspflegschaft nach § 1909 I BGB durch das Familiengericht auf Anzeige der Eltern anzuordnen; für die erforderliche Genehmigung ist das Familiengericht zuständig. Der Notar hat nach § 18 BeurkG die Beteiligten auf die erforderliche Genehmigung des Familiengerichts hinzuweisen und dies in der Niederschrift zu vermerken. Die Genehmigung des Gerichts wird dem anderen Vertragsteil gegenüber erst wirksam, wenn sie ihm von den Eltern bzw. dem Pfleger mitgeteilt worden ist, § 1829 I 2 BGB. Eine Vereinbarung, dass die Genehmigung mit ihrem Eingang beim Notar wirksam wird, ist ungültig (*OLG Frankfurt* DNotZ 1985, 244). Im Grundbuchverfahren ist die Mitteilung (und deren Zugang beim anderen Vertragsteil) in der Form des § 29 GBO nachzuweisen. Zur familiengerichtlichen Genehmigung und „Doppelbevollmächtigung des Notars" vgl. Rn. 157. **630**

Die Entscheidung des Familiengerichts über Erteilung oder Verweigerung der Genehmigung ist eine Ermessensentscheidung; maßgeblich hierfür sind allein die Interessen des Kindes. Zu empfehlen ist, dass die Eltern (der Pfleger) vor Beurkundung des Kaufvertrages die Frage der Genehmigung mit dem Gericht klären. In der Regel ist ein Verkehrswertgutachten vorzulegen. **631**

Minderjährige Kinder, die nicht unter elterlicher Sorge stehen, z. B. weil beide Eltern verstorben sind, werden durch einen Vormund vertreten (§§ 1773, 1793 I 1 BGB). Der Vormund kann den Mündel in den Fällen des § 1795 BGB nicht vertreten. **632**

Kann ein Volljähriger aufgrund einer psychischen Krankheit oder einer körperlichen, geistigen oder seelischen Behinderung seine Angelegenheiten ganz oder teilweise nicht besorgen, so bestellt das Betreuungsgericht auf seinen Antrag oder von Amts wegen einen **Betreuer**. Der Betreuer vertritt nach § 1902 BGB in seinem Aufgabenkreis den Betreuten gerichtlich und außergerichtlich. Das Betreuungsgericht kann anordnen, dass der Betreute zu einer Willenserklärung, die den Aufgabenkreis des Betreuers betrifft, dessen Einwilligung bedarf (Einwilligungsvorbehalt), soweit dies zur Abwendung einer erheblichen Gefahr für die Person oder das Vermögen des Betreuten erforderlich ist (§ 1903 BGB). Ist ein Einwilligungsvorbehalt angeordnet, so bedarf der Betreute dennoch nicht der Einwilligung seines Betreuers, wenn die Willenserklärung ihm lediglich einen rechtlichen Vorteil bringt (§ 1903 III BGB). **633 634**

Der Betreuer bedarf nach § 1908i I BGB für die in §§ 1821, 1822 Nr. 1–4, 6–13 BGB genannten Rechtsgeschäfte der betreuungsgerichtlichen Genehmigung, also insbesondere zum Verkauf oder Kauf eines Grundstücks. Entgegen dem Urteil des *OLG Köln* (NJW-RR 2001, 652) besteht ein Genehmigungserfordernis bei Grundstücksgeschäften durch einen **Vorsorgebevollmächtigten** auch dann nicht, wenn der Vollmachtgeber zwischen- **635**

A I Grundstückskauf

zeitlich geschäftsunfähig geworden ist (DNotI-Report 2003, 113). Vormund, Pfleger und Betreuer weisen sich aus durch Vorlage der Urkunde über ihre Bestellung, die in Urschrift vorzulegen ist. Aus der Bestellungsurkunde des Betreuers ergibt sich der Aufgabenkreis des Betreuers und bei Anordnung eines Einwilligungsvorbehalts die Bezeichnung des Kreises der einwilligungsbedürftigen Willenserklärungen (§ 290 FamFG).

636 Aufgrund der Entscheidung des *BVerfG* (DNotZ 2000, 387) ist dem Betreuten vor Erteilung der gerichtlichen Genehmigung rechtliches Gehör zu gewähren; ist er hierzu selbst nicht in der Lage, ist ihm ein Verfahrenspfleger zu bestellen (§ 276 I FamFG). Die (häufig überlange) Verfahrensdauer birgt die Gefahr, dass der Betreute vor Wirksamwerden der gerichtlichen Genehmigung verstirbt. Der Kaufvertrag ist dann unwirksam, wenn er nicht von den Erben genehmigt wird. Ferner könnte der andere Vertragsteil durch Anfrage die Vier-Wochen-Frist des § 1829 II BGB in Gang setzen, nach deren Ablauf die Genehmigung als versagt gilt, so dass sich der andere Vertragsteil anderweit entscheiden kann. Hiergegen könnte wie folgt vorgesorgt werden:

637 **Formulierungsbeispiel: Vorkehrung gegen § 1829 II BGB**

> Die Beteiligten vereinbaren angesichts der zu erwartenden längeren Verfahrensdauer ferner: Sollte der andere Vertragsteil den gesetzlichen Vertreter (Empfangsvollmacht an den Notar ist insoweit nicht erteilt) zur Mitteilung darüber auffordern, ob die Genehmigung erteilt ist, wird die gesetzliche 4-Wochen-Frist in ihrem Lauf so lange gehemmt als das gerichtliche Genehmigungsverfahren noch betrieben wird.

638 Die Belastung eines Grundstücks des Betreuten mit einem Grundpfandrecht ist nach § 1821 I Nr. 1 BGB genehmigungsbedürftig; dies gilt nach Nr. 4 auch zur Eingehung einer Verpflichtung zur Bestellung eines Grundpfandrechts. Hat das Gericht den Kaufvertrag mit (sachgerechter) Belastungsvollmacht genehmigt, verlangen Grundbuchämter zusätzlich die gerichtliche Genehmigung zur Grundschuldbestellungsurkunde (vgl. DNotI-Report 2003, 129; *Schöner/Stöber* Rn. 3688; OLG Zweibrücken DNotZ 2005, 634). Da die Erteilung der Genehmigung zur Grundschuldbestellungsurkunde (aus i.d.R. nicht nachvollziehbaren Gründen) erhebliche Zeit in Anspruch nimmt, kommt der Käufer schnell in Verzug. Hat das Betreuungsgericht auf ausdrücklichen Antrag den Kaufvertrag und die Belastungsvollmacht genehmigt und damit die Verpflichtung des Betreuten zur Mitwirkung bei der Bestellung des Finanzierungsgrundpfandrechts des Käufers begründet, darf es die Genehmigung zur Grundschuldbestellungsurkunde nicht mehr versagen. Richtig ist, dass die Genehmigung zu der Verpflichtung bereits die Verfügung selbst, also die Bestellung der Grundschuld, umfasst (*Braun* DNotZ 2005, 730).

IV. Erbengemeinschaft, Testamentsvollstrecker, Vorerbe

1. Verkauf eines Grundstücks durch Alleinerben oder Erbengemeinschaft

639 Eine **Voreintragung** des oder der Erben ist nach § 40 I GBO nicht erforderlich, wenn die Übertragung des Eigentums auf den Käufer eingetragen werden soll; das Gleiche gilt für die Eintragung der Eigentumsvormerkung. Diese Vorschrift, die den Grundbuchverkehr erleichtern und den Beteiligten Kosten sparen will, kann zu einer bösen Falle werden. *Vollhard* (MittBayNot 1986, 114) hat nachgewiesen, dass auf die Voreintragung des Erben nicht verzichtet werden sollte. Ergibt sich die Erbfolge aus einem notariellen Testament/Erbvertrag, genügt es nach § 35 I 2 GBO, wenn diese Verfügung und die Niederschrift über die Eröffnung vorgelegt werden. Wird auf die Voreintragung des Erben im Grundbuch verzichtet, ist ein gutgläubiger Erwerb ausgeschlossen, da die Voraussetzungen weder des § 892 BGB noch des § 2366 BGB vorliegen.

5. Teil. Kaufverträge mit Besonderheiten in der Person des Verkäufers oder des Käufers A I

Ist ein Dritter wirklicher Erbe (z. B. aufgrund einer zunächst unbekannten zeitlich späteren Verfügung von Todes wegen), kann er auch nach Eigentumsumschreibung Herausgabe des Grundstücks und Grundbuchberichtigung verlangen. Die Voreintragung des Erben ist dringend zu empfehlen. Ist ein Erbschein erteilt, muss der Käufer nach § 2366 BGB auch noch im Zeitpunkt der Eigentumsumschreibung gutgläubig sein, während nach § 892 II BGB für die Kenntnis des Käufers der Zeitpunkt des Antrags auf Eigentumsumschreibung bzw. Eintragung einer Vormerkung maßgeblich ist. Der *BGH* (DNotZ 1972, 365) hat allerdings entschieden, dass die Vormerkung in diesem Fall gutgläubig mit der Folge erworben werden kann, dass der gute Glaube auch für den späteren Erwerb des Eigentums maßgebend ist. Gleichwohl ist auch hier die vorherige Grundbuchberichtigung unverzichtbar (zumal sie nach Nr. 14110 KV-GNotKG innerhalb von zwei Jahren seit dem Erbfall kostenfrei ist!), da § 40 GBO nicht für die Eintragung eines unter Mitwirkung des Erben als Verkäufer vom Käufer bestellten Finanzierungsgrundpfandrechts gilt. 640

Für die **Grundbuchberichtigung** ist der Nachweis der Erbfolge nach § 35 I GBO durch Vorlegung der Urschrift oder einer Ausfertigung des Erbscheins zu führen; eine beglaubigte Abschrift des Erbscheins ist nicht ausreichend (*BGH* DNotZ 1982, 159). Die Vorlage des Erbscheins kann aber ersetzt werden durch Verweisung auf die Nachlassakten, sofern diese beim selben Amtsgericht geführt werden (*BGH* a. a. O.). Bestätigt der Notar in der Kaufvertragsurkunde, dass ihm der Erbschein in Ausfertigung vorgelegen hat, und fügt er eine beglaubigte Abschrift der Niederschrift bei, genügt dies zumindest dann, wenn kurzfristig danach der Antrag gestellt wird (*KG* DNotZ 1972, 615; *OLG Köln* Rpfleger 1984, 182; *OLG Frankfurt* FGPrax 1996, 208; a. A. *Schöner/Stöber* Rn. 782); es ist nicht einzusehen, warum für den Erbschein etwas anderes gelten soll als für die Vollmachtsurkunde, die im Grundbuchverfahren nicht in Ausfertigung/Urschrift vorgelegt werden muss, wenn der Notar in der Niederschrift bescheinigt, dass ihm diese in Urschrift/Ausfertigung vorgelegt wurde. Die praktische Notwendigkeit ergibt sich daraus, dass einzelne Nachlassgerichte sich weigern, mehr als eine Ausfertigung des Erbscheins zu erteilen. 641

Beruht die Erbfolge auf einer Verfügung von Todes wegen, die in einer öffentlichen Urkunde enthalten ist (notarielles Testament oder Erbvertrag), genügt es nach § 35 I 2 GBO, wenn diese Verfügung und die Niederschrift über die Eröffnung vorgelegt werden; Vorlage in beglaubigter Abschrift reicht aus. Wird der Nachweis der Erbfolge durch eine Verfügung von Todes wegen, die notariell beurkundet ist, geführt, darf das Grundbuchamt die Vorlage eines Erbscheins nicht deswegen fordern, weil die abstrakte Möglichkeit des Vorhandenseins einer späteren Verfügung besteht oder weil die Erbfolge nicht zweifelsfrei bestimmt werden könne (*OLG Schleswig* MittBayNot 2007, 509). Nur beim Vorliegen konkreter Anhaltspunkte dafür, dass tatsächlich eine wirksame spätere Verfügung von Todes wegen vorliegt, durch die die Erbfolge geändert worden ist, kann das Grundbuchamt den Nachweis der Erbfolge durch einen Erbschein verlangen (*OLG Frankfurt* MittBayNot 1999, 184). Sind die Erben in der letztwilligen Verfügung nicht zweifelsfrei bezeichnet (z. B.: „Ich setze meine Kinder zu Erben ein"), kann das Grundbuchamt einen Erbschein verlangen, es sei denn, die Zweifel können mit Hilfe einer anderen öffentlichen Urkunde (z. B. Personenstandsurkunde) ausgeräumt werden (*BayObLG* DNotZ 2001, 385; *Schöner/Stöber* Rn. 790). Auch eine eidesstattliche Versicherung kann das Grundbuchamt verwerten, z. B. wenn die letztwillige Verfügung eine Pflichtteilsstrafklausel (*OLG Hamm* MittBayNot 2012, 146 m. Anm. *Reimann*) oder einen voraussetzungslosen Rücktrittsvorbehalt (*OLG München* MittBayNot 2012, 293 m. zu Recht krit. Anm. *Braun*) enthält. Der Notar hat zu prüfen, ob sich aus der Verfügung von Todes wegen für den Erben Verfügungsbeschränkungen ergeben. 642

Eine Grundbuchberichtigung ist entbehrlich, wenn aufgrund einer **post- oder transmortalen Vollmacht** des Verstorbenen gehandelt wird, wobei die aufgrund dieser Vollmacht abgegebenen Bewilligungen solche des/der (zumindest teilweise vom Bevollmäch- 643 tigten personenverschiedenen: *OLG Hamm* ZEV 2013, 341 m. krit. Anm. *Lange* – auch dann ist die Erklärung gleichwohl wirksam, wenn der „Bevollmächtigte" hilfsweise im eigenen Namen handelt: *Amann* MittBayNot 2013, 367, 371). Erben sind – beschränkt auf den Nachlass –, nicht des Erblassers. Der aufgrund solcher Vollmacht Handelnde braucht weder die Erben namhaft zu machen, für die er handelt (*OLG Dresden* ZEV 2012, 339), geschweige denn einen Erbnachweis hierzu vorzulegen (*OLG Frankfurt* DNotZ 2012, 140; anders, wenn im Namen der Erben ein Grundstück erworben werden soll sowie wenn der Bevollmächtigte die Berichtigung des Grundbuches auf die – angeblichen – Erben begehrt: *Sagmeister* MittBayNot 2013, 107, 108). Auch wenn die Erbfolge bereits eingetragen ist, gilt die post- oder transmortale Vollmacht, da auf den (fortbestehenden) Nachlass bezogen, weiter, solange sie nicht widerrufen wird – was, sofern nicht ausgeschlossen (unzulässig ist allerdings ein Widerrufsausschluss alleine zu Lasten der Erben, vgl. *BGH* WM 1976, 1130, 1132), durch jeden Erben einzeln (*KG* DNotZ 1937, 813, a. A. *Madaus* ZEV 2004, 448) oder einen Testamentsvollstrecker erfolgen kann.

2. Verkauf durch Testamentsvollstrecker

644 Verkauft der Testamentsvollstrecker ein Nachlassgrundstück, hat er das Testamentsvollstreckerzeugnis in Ausfertigung vorzulegen; eine beglaubigte Abschrift genügt nicht. Dem Grundbuchamt ist das Testamentsvollstreckerzeugnis in Ausfertigung vorzulegen, soweit nicht der Notar in der Urkunde bescheinigt hat, dass ihm das Zeugnis in Ausfertigung bei der Beurkundung vorgelegen hat und hiervon eine beglaubigte Abschrift der Niederschrift beigefügt ist. Handelt der Testamentsvollstrecker vor Erteilung des Zeugnisses, hat er nachzuweisen, dass er sein Amt gegenüber dem Nachlassgericht angenommen hat (§ 2202 II BGB). Der Notar hat das Testamentsvollstreckerzeugnis darauf zu prüfen, ob sich aus ihm Beschränkungen der Verfügungsbefugnis ergeben. Nach *BGH* (NJW 1984, 2462) ist die Verfügungsbefugnis des Testamentsvollstreckers auch „dinglich ausgeschlossen", wenn sie in Widerspruch zu einer Anordnung des Erblassers steht. Ein Veräußerungsverbot muss in diesem Fall aber im Testamentsvollstreckerzeugnis angegeben werden (§ 2368 I BGB). Das Gleiche gilt für gegenständliche Beschränkungen, etwa die Anordnung des Erblassers, dass ein bestimmtes Nachlassgrundstück nicht der Verwaltung des Testamentsvollstreckers unterliegen soll. Ist ein Erbe minderjährig, bedarf der Testamentsvollstrecker zur Veräußerung des Nachlassgrundstücks nicht der familiengerichtlichen Genehmigung.

645 Zu **unentgeltlichen Verfügungen** ist der Testamentsvollstrecker nach § 2205 S. 2 BGB nicht befugt (es sei denn er handelt in Erfüllung einer Verpflichtung, etwa eines Vermächtnisses). Die Entgeltlichkeit bei Veräußerung eines Grundstücks ist dem Grundbuchamt nachzuweisen. In Zweifelsfällen ist die Mitwirkung der Erben als Urkundsbeteiligte zu empfehlen, weil mit Zustimmung aller Erben (auch etwaiger Nacherben) der Testamentsvollstrecker auch unentgeltlich verfügen kann (*BGH* DNotZ 1972, 90). Die Zustimmung der Vermächtnisnehmer ist nur erforderlich, wenn das Vermächtnis bislang nicht erfüllt ist. Verkauft der Testamentsvollstrecker ein Nachlassgrundstück an einen Dritten, ist eine Zwischenverfügung des Grundbuchamts, mit der der Nachweis der Entgeltlichkeit aufgegeben wird, (ärgerliche) Regel. Das *BayObLG* (DNotZ 1989, 182) und *OLG München* MittBayNot 2012, 292; hierzu *Amann* S. 267 ff., hat das Grundbuchamt für berechtigt und verpflichtet angesehen, bei der Prüfung dieser Frage Regeln der Lebenserfahrung und der Wahrscheinlichkeit anzuwenden, und in den Begriff der Unentgeltlichkeit ein subjektives Tatbestandsmerkmal aufgenommen. Danach kann von – auch nur teilweiser – Unentgeltlichkeit nicht schon dann ausgegangen werden, wenn ein besserer Preis erzielbar gewesen wäre oder wenn Leistung und Gegenleistung nicht völlig ausgeglichen sind. Zusätzlich muss ein subjektives Element vorliegen, d.h., der Testa-

mentsvollstrecker muss wissen, dass dem Nachlass keine gleichwertige Gegenleistung zufließt, er hätte dies zumindest erkennen müssen. Danach kann das Grundbuchamt einen Nachweis über die Entgeltlichkeit (z. B. Verkehrswertgutachten) nur verlangen, wenn es sich auf konkrete Anhaltspunkte berufen kann, die objektiv und subjektiv Zweifel an der Entgeltlichkeit aufkommen lassen. Die Form des § 29 GBO muss bei Beweisnot nicht eingehalten werden, vgl. DNotI-Report 2011, 135

Auf Antrag des Testamentsvollstreckers oder von Amts wegen nach § 84 GBO ist mit der Umschreibung des Eigentums auf den Käufer der Testamentsvollstreckervermerk im Grundbuch zu löschen. Auf Insichgeschäfte des Testamentsvollstreckers, z. B. Auflassung eines Nachlassgrundstücks an sich selbst, ist § 181 BGB entsprechend anwendbar, sie können ihm aber vom Erblasser gestattet worden sein (*BayObLG* DNotZ 1983, 176; Palandt/*Weidlich* § 2205 Rn. 30). Das Verbot gilt nicht, wenn es um die Erfüllung einer Verbindlichkeit geht, z. B. wenn der Erblasser dem Testamentsvollstrecker das Grundstück vermacht hat (*BayObLG* a. a. O.). Wirkt der Testamentsvollstrecker bei der Bestellung eines Grundpfandrechts für die Bank des Käufers mit, bedarf es gegenüber dem Grundbuchamt keiner weiteren Nachweise, wenn sichergestellt ist, dass das Darlehen zunächst nur zur Zahlung des Kaufpreises verwendet werden darf. **646**

Ein ungelöstes Problem ist der Fall, dass nach Beurkundung des Grundstückskaufvertrages, aber vor Eigentumsumschreibung das Amt des Testamentsvollstreckers durch Tod oder Niederlegung endet, was zum Fortfall seiner Verfügungsbefugnis führt. Nach richtiger Ansicht gilt § 878 BGB mit Eingang des Antrags auf Eintragung der Vormerkung beim Grundbuchamt (*Schöner/Stöber* Rn. 124 m. N. der entgegenstehenden Rspr., z. B. OLG Köln MittRhNotK 1981, 139; *BayObLG* MittBayNot 1975, 228 f. und wohl auch ZEV 1999, 69; *Heil* RNotZ 2001, 269, dessen Lösungsvorschlag als sicherster Weg recht aufwendig ist; vgl. auch *Kesseler* RNotZ 2004, 462 und *ders*. ZNotP 2008, 117: nach Eigentumsumschreibung erneute Prüfung, ob der Testamentsvollstrecker noch im Amt ist als Voraussetzung für die Löschung der Vormerkung). Die Problematik ist beim Insolvenzverwalter und Nachlassverwalter nicht anders. **647**

3. Verkauf durch den Vorerben

Ist der Veräußerer Vorerbe, kann er zwar über ein zur Erbschaft gehörendes Grundstück verfügen, seine Verfügung, insbesondere eine Veräußerung des Grundstücks, ist jedoch im Falle des Eintritts der Nacherbfolge nach § 2113 I BGB insoweit unwirksam, als sie das Recht des Nacherben vereiteln oder beeinträchtigen würde. Der Erblasser kann den Vorerben von den Beschränkungen des § 2113 I BGB befreien, jedoch nicht von der für unentgeltliche Verfügungen nach § 2113 II BGB geltenden Beschränkung (§ 2136 BGB). Zur Veräußerung eines Grundstücks durch den nicht befreiten Vorerben ist daher die Zustimmung aller Nacherben (nicht der Ersatznacherben, *BGH* DNotZ 1964, 623) erforderlich, damit der Erwerb für den Käufer auch gegenüber dem Nacherben wirksam ist. Ist der Vorerbe gesetzlicher Vertreter eines minderjährigen Nacherben, ist es streitig, ob § 181 BGB gilt; in jedem Fall bedarf die Zustimmung der familiengerichtlichen Genehmigung gemäß § 1821 I Nr. 1 BGB (*OLG Hamm* DNotZ 1966, 102). Will der nicht befreite Vorerbe ein Nachlassgrundstück veräußern, sollte der Notar darauf hinwirken, dass der oder die Nacherben als Beteiligte beim Abschluss des Kaufvertrages mitwirken. Ist das nicht möglich, ist die Kaufpreisfälligkeit vom Eingang der Genehmigung (in der Form des § 29 GBO) abhängig zu machen. **648**

Auch bei der Veräußerung eines Grundstücks durch den **befreiten Vorerben** sprechen gute Gründe für die Mitwirkung des oder der Nacherben. Ein späterer Streit zwischen Vor- und Nacherbe über die Entgeltlichkeit wird so vermieden. Stimmt der Nacherbe zu und bewilligt die Löschung des Nacherbschaftsvermerks, bedarf es in keinem Fall eines Nachweises der Entgeltlichkeit gegenüber dem Grundbuchamt (zum Nachweis der Entgeltlichkeit gegenüber dem Grundbuchamt vgl. *BayObLG* DNotZ 1989, 182; *OLG* **649**

Hamm DNotI-Report 1999, 121 und die Hinweise zur Veräußerung durch den Testamentsvollstrecker).

650 Stimmt der Nacherbe der Veräußerung zu oder verfügt der befreite Vorerbe entgeltlich, ist der Nacherbenvermerk mit Eigentumsumschreibung auf den Käufer auch ohne eine besondere Bewilligung des Nacherben zu löschen (*BayObLG* DNotZ 1983, 320). Verfügt der (bislang im Grundbuch nicht eingetragene) Vorerbe über ein Nachlassgrundstück zugunsten eines Dritten, so kann der Dritte ohne Voreintragung des Vorerben als Eigentümer nach dem Erblasser eingetragen werden, wenn zugleich der Nacherbe auf die Eintragung des Nacherbenvermerks verzichtet (*BayObLG* DNotZ 1990, 56).

V. Gütergemeinschaft

651 Gehört Grundbesitz zum Gesamtgut einer Gütergemeinschaft, so kann der Ehegatte, der das Gesamtgut allein verwaltet, ohne Mitwirkung des anderen nicht einmal einen wirksamen Vertrag über den Verkauf solchen Grundbesitzes schließen (§ 1424 S. 1 Hs. 2 BGB). Der Ehegatte, der das Gesamtgut nicht (allein) verwaltet, kann zwar einen wirksamen Vertrag über den Verkauf solchen Grundbesitzes schließen (Palandt/*Brudermüller* § 1422 Rn. 3); dem Käufer Eigentum verschaffen kann er aber nach § 1438 BGB nur, wenn der andere Ehegatte zustimmt oder die Übereignung ausnahmsweise ohne Zustimmung für das Gesamtgut wirksam ist nach den §§ 1429–1431 BGB (vgl. Palandt/*Brudermüller* § 1438 Rn. 1).

652 Der gutgläubige Käufer ist allerdings gegen die ihm daraus erwachsenden Gefahren geschützt gemäß §§ 1412, 892 BGB. Ist jedoch die Zugehörigkeit des Grundstücks zum Gesamtgut aus dem Grundbuch ersichtlich und fehlt die Zustimmung des anderen Ehegatten, so müssen dem Grundbuchamt die Voraussetzungen der §§ 1429–1431 BGB in der Form des § 29 GBO nachgewiesen werden, was in den Fällen der §§ 1429, 1431 BGB praktisch kaum einmal möglich ist.

653 Wenn dem Notar die auf der Verkäuferseite bestehende Gütergemeinschaft bekannt ist, hat er darauf hinzuweisen, dass der Kaufvertrag unwirksam oder unerfüllbar sein kann, solange nicht beide Ehegatten zustimmen (§ 17 II 2 BeurkG). Dies gilt auf die Gefahr hin, dass erst der Hinweis des Notars dem Käufer die Möglichkeit nimmt, diese Hindernisse durch guten Glauben zu überwinden (vgl. *OLG Frankfurt* DNotZ 1986, 244).

654 Besteht auf der Käuferseite Gütergemeinschaft, so kann jeder Ehegatte – auch der nicht (allein) verwaltende – einen wirksamen Kaufvertrag schließen (Palandt/*Brudermüller* § 1422 Rn. 3). Der nicht (allein) verwaltende Ehegatte kann den Kaufpreis aber nur dann aus dem Gesamtgut zahlen, wenn der andere Ehegatte zustimmt oder die sonstigen Voraussetzungen des § 1438 BGB erfüllt sind). Andernfalls haftet er nur mit seinem (meist nicht vorhandenen) Vorbehaltsgut oder Sondergut (Palandt/*Brudermüller* § 1437 Rn. 7). Ebenso kann aufgrund einer Unterwerfungserklärung des nicht (allein) verwaltenden Ehegatten grundsätzlich nicht in das Gesamtgut vollstreckt werden (§§ 794 I Nr. 5, 795, 740, 741 ZPO).

655 Die Auflassung an einen der Ehegatten, die in Gütergemeinschaft leben, ist wirksam, gleichgültig wer das Gesamtgut verwaltet. Das Grundstück fällt mit Eigentumserwerb oder eine logische Sekunde danach – jedenfalls aber nicht kraft Auflassung, sondern nach § 1416 BGB – in das Gesamtgut (vgl. KEHE/*Munzig* § 20 GBO Rn. 79). Wenn das Grundbuchamt das Bestehen der Gütergemeinschaft aus den Angaben des Käufers oder aus den Grundakten kennt, darf es nach § 82 GBO den kaufenden Ehegatten nicht als Alleineigentümer eintragen (*BayObLG* Rpfleger 1975, 302). Zur Eintragung beider Ehegatten in Gütergemeinschaft ist ein entsprechender Antrag (§ 13 GBO) erforderlich und die Bewilligung des eingetragenen oder erwerbenden Ehegatten sowie (str.) die Zustimmung des anderen Ehegatten (§§ 19, 22 II GBO) in der Form des § 29 GBO oder Vorlage des Ehevertrags (*Schöner/Stöber* Rn. 760).

Weiß der Notar von der Gütergemeinschaft auf der Käuferseite, so wird er diese Erfordernisse bereits im Kaufvertrag berücksichtigen, jedenfalls aber auf sie hinweisen. Aus all diesen Gründen ist es zu empfehlen, auch bei Gütergemeinschaft auf der Käuferseite beide Ehegatten am Kaufvertrag mitwirken zu lassen (Kauf und Auflassung zum Gesamtgut, Zahlungspflicht und Zwangsvollstreckungsunterwerfung beider). 656

Kaufen Ehegatten, die in Gütergemeinschaft leben, irrtümlich als Miteigentümer nach Bruchteilen, so sind Kaufvertrag und Auflassung wirksam (*BGH* DNotZ 1982, 692). Die erworbenen Miteigentumsanteile fallen materiell-rechtlich nach § 1416 BGB in das Gesamtgut. Wenn das Grundbuchamt weiß, dass Gütergemeinschaft besteht, verlangt es gemäß § 82 GBO einen Antrag, das Grundbuch entsprechend zu berichtigen. Die formellen Voraussetzungen einer solchen oder von den Beteiligten selbst eingeleiteten Berichtigung sind in Rn. 438 f. dargestellt. 657

Geben Ehegatten beim Kauf an, zwischen ihnen bestehe Gütergemeinschaft, obwohl sie im gesetzlichen Güterstand leben, und führt dies zu einer Auflassung des Grundstücks an die Käufer in Gütergemeinschaft, so ist nach h. M. dieses unzutreffende Gemeinschaftsverhältnis zwar Bestandteil der Auflassung (*BayObLG* DNotZ 1976, 174; Staudinger/*Pfeifer* § 925 Rn. 54; a. A. *Schöner/Stöber* Rn. 762, 3312). Es ist aber materiell-rechtlich umdeutbar in eine Auflassung an die Ehepartner als Miteigentümer je zur Hälfte (*BayObLG* DNotZ 1983, 754; Staudinger/*Pfeifer* § 925 Rn. 56). Wird der Irrtum entdeckt, bevor die Eheleute als Eigentümer in Gütergemeinschaft eingetragen sind, so ist nach h. M. verfahrensrechtlich (§ 20 GBO) eine berichtigte Auflassung gemäß den §§ 925 BGB, § 29 GBO erforderlich. Bei dieser braucht der Verkäufer jedoch nicht mehr mitzuwirken, weil in der früheren Auflassung seine Einwilligung zu der berichtigten Auflassung enthalten ist (vgl. *OLG Köln* Rpfleger 1980, 16; KEHE/*Munzig* § 20 GBO Rn. 81). Für den Fall, dass die Käufer bereits im Grundbuch eingetragen sind, ist noch nicht abschließend geklärt, ob die Korrektur in gleicher Weise oder gemäß Rn. 655 oder von Amts wegen erfolgen kann (vgl. Staudinger/*Pfeifer* a. a. O.). 658

Die vorstehenden Grundsätze können m. E. auch weiterhelfen, wenn Gemeinschaftsverhältnisse ausländischen Güterrechts bei der Auflassung nicht oder unzutreffend angegeben worden sind (dazu Rn. 439, 673). 659

VI. Auslandsbezug

Allgemein zur Auslandsberührung bei Beurkundungen vgl. Kap. H. Ist der Verkäufer oder der Käufer ausländischer Staatsangehöriger, so stellen sich folgende Fragen: 660
– Ist der ausländische Staatsangehörige der deutschen Sprache mächtig? Ist ein Beteiligter nach seinen Angaben oder nach der Überzeugung des Notars der deutschen Sprache nicht hinreichend kundig, gilt für das Beurkundungsverfahren § 16 BeurkG.
– Ist der ausländische Staatsangehörige nach seinem Heimatrecht geschäftsfähig (Art. 7 EGBGB)?
– Ist der ausländische Staatsangehörige verheiratet oder ledig/verwitwet/geschieden?
– Will ein verheirateter ausländischer Staatsangehöriger Grundbesitz verkaufen, stellt sich die Frage nach der Verfügungsbefugnis, auch wenn er als Alleineigentümer im Grundbuch eingetragen ist.
– Erwerben ausländische Staatsangehörige Grundbesitz, ist das Beteiligungsverhältnis (§ 47 GBO) festzustellen. Will ein ausländischer Staatsangehöriger Grundbesitz zu Alleineigentum erwerben, kann dem das maßgebliche Recht entgegenstehen.

Ist der ausländische Staatsangehörige **unverheiratet** (verwitwet oder geschieden), ergeben sich keine Besonderheiten. Lästige Rückfragen und Zwischenverfügungen des Grundbuchamts lassen sich vermeiden, wenn der Notar in der Urkunde vermerkt, dass der Beteiligte mit ausländischer Staatsangehörigkeit nach seinen Angaben ledig, verwitwet oder geschieden ist. 661

A I   Grundstückskauf

662 Will ein verheirateter ausländischer Staatsangehöriger ein Grundstück **veräußern**, kann er, auch wenn er als Alleineigentümer im Grundbuch eingetragen ist, nach Eheschließung aufgrund des maßgeblichen ausländischen Güterrechts in der Verfügung beschränkt sein. Das ist der Fall, wenn der maßgebliche ausländische Güterstand „Gütergemeinschaft" oder „Errungenschaftsgemeinschaft" ist. Hierbei unterscheiden die meisten ausländischen Rechtsordnungen zwischen dem vorehelichen Vermögen und dem während der Ehe erworbenen Vermögen; nur für das Letztere gilt die „gesamthänderische Bindung". Schließlich ist denkbar, dass nach dem maßgeblichen ausländischen IPR auch für das Güterrecht die lex rei sitae oder das Recht des gewöhnlichen Aufenthalts gilt, also deutsches Recht zur Anwendung kommt (vgl. hierzu die Länderübersicht zum ausländischen Güterrecht, Kap. H. Rn. 168; weiterführend *Schotten/Schmellenkamp*, Das Internationale Privatrecht in der notariellen Praxis, 2. Aufl. 2007, mit Länderübersicht in Anhang II; *Krauß* Rn. 650 ff.). Ist auf der Verkäuferseite ein verheirateter ausländischer Staatsangehöriger beteiligt und zweifelhaft, ob er einer güterrechtlichen Verfügungsbeschränkung unterliegt, ist die Mitwirkung seines Ehegatten (auch nur vorsorglich) zu empfehlen. Unterliegt der alleinveräußernde ausländische Ehegatte nach seinem maßgeblichen Güterrecht einer Verfügungsbeschränkung und hat er seinen gewöhnlichen Aufenthalt im Inland (oder betreibt hier ein Gewerbe), genießt der Käufer den Schutz des guten Glaubens nach Art. 16 I EGBGB, wenn der ausländische Güterstand nicht im Güterrechtsregister eingetragen ist und der Käufer bei Vertraganschluss nicht positiv weiß, dass die Ehegatten in einem ausländischen Güterstand leben (*Schotten/Schmellenkamp* Rn. 313).

663 Das Grundbuchamt darf den Antrag auf Eintragung des Käufers als Eigentümer oder auf Eintragung einer Eigentumsvormerkung nicht zurückweisen und auch keine Zwischenverfügung erlassen, weil es Zweifel hat, ob der als Alleineigentümer eingetragene Verkäufer einer Verfügungsbeschränkung des ausländischen Güterrechts unterliegt. Soweit die Voraussetzungen des Art. 16 I EGBGB vorliegen, darf das Grundbuchamt einen gutgläubigen Erwerb nur verhindern, wenn es positiv weiß, dass der Verkäufer einer güterrechtlichen Verfügungsbeschränkung unterliegt (*Amann* MittBayNot 1986, 222).

664 Schwieriger sind in der notariellen Praxis die Fälle, in denen ein verheirateter ausländischer Staatsangehöriger ein Grundstück zu Alleineigentum **erwerben** will oder beide Ehegatten gemeinsam ein Grundstück erwerben wollen und zumindest einer von ihnen ausländischer Staatsangehöriger ist.

665 Den Beteiligten ist nicht damit gedient, wenn der Notar über die Auslandsberührung „ein Tuch des Schweigens breitet" (*Amann* MittBayNot 1986, 227). Auch wenn der Notar zur Belehrung über ausländisches Recht nicht verpflichtet ist (§ 17 III BeurkG), sollte er an einer Klärung der güterrechtlichen Fragen mit dem Ziel einer sachgerechten Vertragsgestaltung mitwirken. In den meisten Fällen mit Auslandsberührung gibt die Länderübersicht (Kap. H. Rn. 168) Auskunft über den gesetzlichen Güterstand und sich daraus ergebende Verfügungsbeschränkungen.

666 Die in (zu vielen) Grundstückskaufverträgen unter Beteiligung eines ausländischen Ehegatten standardmäßig aufgenommene Rechtswahlklausel nach Art. 15 II Nr. 3 EGBGB, vor allem beim Kauf durch türkische Ehegatten, ist mehr als ärgerlich (auch wegen der damit verbundenen zusätzlichen Notargebühren: § 104 GNotKG: 30% Teilwert). Gesetzlicher Güterstand des **türkischen** Rechts ist die Errungenschaftsbeteiligung, die der deutschen Zugewinngemeinschaft ähnlich ist. Jeder Ehegatte ist allein verfügungsbefugt und kann Alleineigentum erwerben; die türkischen Ehegatten können zu Bruchteilseigentum erwerben (DNotI-Report 2004, 93; *Baumann* RNotZ 2003, 343). Eine Besonderheit gilt für die Veräußerung der Familienwohnung, die nur mit ausdrücklicher Zustimmung des anderen Ehegatten erfolgen kann.

667 Ähnlich ist die Rechtslage in der Schweiz, in den Niederlanden und in den nordischen Staaten. Die Errungenschaftsgemeinschaft ist gesetzlicher Güterstand in Frankreich, Italien, Spanien, Portugal, Belgien, Luxemburg und den meisten osteuropäischen Staaten

5. Teil. Kaufverträge mit Besonderheiten in der Person des Verkäufers oder des Käufers   A I

der ehemaligen Sowjetunion. Gütertrennung ist gesetzlicher Güterstand in England, den USA (mit Ausnahme einzelner Bundesstaaten) sowie im islamischen Rechtskreis.

Checkliste zur Ermittlung des Güterrechtsstatuts 668

(1) Nach dem deutschen IPR unterliegen die güterrechtlichen Wirkungen der Ehe dem bei der Eheschließung für die allgemeinen Wirkungen der Ehe maßgebenden Recht, Art. 15 EGBGB. Nach Art. 14 I Nr. 1 EGBGB unterliegen die allgemeinen Wirkungen der Ehe grundsätzlich dem Recht des Staates, dem beide Ehegatten angehören. Sind z. B. beide Eheleute belgische Staatsangehörige, ist ihr gesetzlicher Güterstand die Errungenschaftsgemeinschaft belgischen Rechts; Erwerb während der Ehe wird Gesamtgut (soweit die Mittel nicht aus dem vorehelichen Vermögen stammen).

(2) Enthält das maßgebliche ausländische IPR eine Rückverweisung auf das deutsche Recht, oder erklärt es bei Grundstücken die lex rei sitae auch in Bezug auf das Güterrecht für maßgeblich?

(3) Haben die Eheleute durch Ehevertrag in ihrem Heimatland einen anderen Güterstand (Gütertrennung) vereinbart?

(4) Ergibt die Prüfung, dass nach dem ausländischen Güterrecht der Erwerb des Grundstücks nur gemeinsam als Gesamtgut einer Errungenschafts- oder Gütergemeinschaft möglich ist, will aber ein Ehegatte das Grundstück zu Alleineigentum erwerben oder wollen die Eheleute zu Miteigentum nach Bruchteilen erwerben, ist mit ihnen die Möglichkeit zu erörtern, durch Ehevertrag deutsches Güterrecht (Zugewinngemeinschaft oder Gütertrennung) zu wählen. Nach Art. 15 II EGBGB können die Ehegatten deutsches Güterrecht wählen, wenn einer von ihnen im Inland seinen gewöhnlichen Aufenthalt hat. Ist das nicht der Fall oder wünschen die Eheleute keine allgemeine Rechtswahl, können sie deutsches Güterrecht beschränkt für ihr unbewegliches Vermögen im Inland wählen.

(5) Bei einer gemischt nationalen Ehe (der Mann ist Belgier, die Frau ist Deutsche) unterliegen die güterrechtlichen Wirkungen der Ehe dem Recht des Staates, in dem beide Ehegatten bei der Eheschließung ihren gewöhnlichen Aufenthalt hatten. Erklären die Eheleute, dass sie nach dem 8.4.1983 geheiratet haben (vgl. zu diesem Datum Art. 220 III EGBGB) und zur Zeit der Heirat ihren gewöhnlichen Aufenthalt in der Bundesrepublik Deutschland hatten, gilt deutsches Güterrecht (Art. 15 I EGBGB i. V. mit Art. 14 I Nr. 2 EGBGB). Es ist zu empfehlen, diese Erklärung in die Urkunde aufzunehmen.

Formulierungsbeispiel: Erklärungen zum Güterstand 669

Der Ehemann ist belgischer Staatsangehöriger, die Ehefrau ist deutsche Staatsangehörige. Der Ehemann versichert, der deutschen Sprache mächtig zu sein. Wir erklären, dass wir im Jahr 1999 in der Bundesrepublik Deutschland die Ehe geschlossen haben und zu diesem Zeitpunkt im Inland unseren gemeinsamen gewöhnlichen Aufenthalt hatten. Wir gehen daher davon aus, dass wir im gesetzlichen Güterstand der Zugewinngemeinschaft nach deutschem Recht leben.

Bei einer Heirat vor dem 1.4.1953 gilt für das Güterrechtsstatut Art. 15 I EGBGB alte 670 Fassung (grundsätzlich ist das Heimatrecht des Mannes maßgeblich mit der Möglichkeit der Rechtswahl nach Art. 15 II, 220 III 6 EGBGB). Bei Heirat nach dem 31.3.1953 und vor dem 9.4.1983 gilt die Übergangsregelung in Art. 220 III 1–4. In den Fällen, in denen die Übergangsregelung des Art. 220 EGBGB Anwendung findet oder das Ehewirkungsstatut nicht nach Art. 14 I Nr. 1 und 2 EGBGB ermittelt werden kann, ist den Eheleuten zu einer Wahl des deutschen Güterrechts nach Art. 15 II EGBGB – auch nur vorsorglich – zu raten, wenn sie sich dem deutschen Recht am engsten verbunden fühlen (vgl. zu diesem Fragenkreis *Krauß* Rn. 675 ff.).

671 Von einer auf den inländischen Grundbesitz (oder gar auf das zu erwerbende Grundstück) beschränkte Rechtswahl ist abzuraten, da diese zu einer Güterrechtsspaltung führen kann, die bei einer Scheidung zu erheblichen Komplikationen führt. Die in Grundstückskaufverträgen anzutreffende „Standard-Rechtswahlklausel", mit der Gütertrennung (gegebenenfalls beschränkt auf inländischen Grundbesitz) vereinbart wird (die bereits im Vertragsentwurf des Notars enthalten ist), wird der Bedeutung der Rechtswahl und vor allem der nachteiligen Wirkungen der Gütertrennung in keiner Weise gerecht. In den meisten Fällen ist es zudem richtig, ehevertragliche Vereinbarungen um letztwillige Verfügungen der ausländischen Staatsangehörigen zu ergänzen und hierbei für im Inland belegenes unbewegliches Vermögen deutsches Recht zu wählen (Art. 25 II EGBGB), solange nicht (ab August 2015) die EU-ErbrechtsVO zumindest teilweise für Einheitlichkeit sorgt.

672 Steht als Ergebnis fest, dass nach dem maßgeblichen ausländischen Güterstand der Erwerb des Grundstücks nur zum Gesamtgut einer Errungenschafts- oder Gütergemeinschaft erfolgen kann, scheidet der Erwerb zu Alleineigentum eines Ehegatten aus. Erwerben Eheleute gemeinsam, ist wegen § 47 GBO das für die Gemeinschaft maßgebende Rechtsverhältnis zu bezeichnen. Dabei sollten die Begriffe „Errungenschaftsgemeinschaft" oder „Gütergemeinschaft" nicht ohne Zusatz verwendet werden, da sie im Zweifel mit den deutschen Rechtsbegriffen nicht übereinstimmen. Zu empfehlen ist, bei der Auflassung zu formulieren: „Die Beteiligten sind darüber einig, dass das Eigentum an dem verkauften Grundbesitz auf die Käufer in Errungenschaftsgemeinschaft gemäß dem gesetzlichen Güterstand des belgischen Rechts übergeht."

673 Wollen Eheleute gemeinsam ein Grundstück erwerben und kann die Frage des Güterrechtsstatuts im Beurkundungstermin nicht sicher beantwortet werden, oder wünschen die Eheleute eine Beratung des Notars über eine Rechtswahl, kann im Kaufvertrag die Auflassung zu Miteigentum erfolgen. Nach der Entscheidung des *BayObLG* (DNotZ 1986, 487) ist heute unstreitig, dass die Eigentumsvormerkung einzutragen ist, ohne dass festgestellt werden müsste, welches Güterrecht anwendbar ist und ob es den Erwerb zu Miteigentum zulässt oder nicht. Da diese Entscheidung offenbar nicht allen Rechtspflegern beim Grundbuchamt bekannt ist, kommt es immer wieder zu unnötigen Zwischenverfügungen. Ein Hinweis in der Urkunde, dass die Frage des Beteiligungsverhältnisses noch geklärt werden soll, kann helfen. Wählen die Eheleute deutsches Recht, legt der Notar bei Stellung des Umschreibungsantrags die Urkunde in beglaubigter Abschrift vor. Stellt sich heraus, dass nach dem maßgeblichen Güterrecht ein Erwerb zu Miteigentum nicht zulässig ist, bedarf es nicht einer erneuten Auflassung, es genügt die Bewilligung der Käufer in der Form des § 29 GBO, in Gemeinschaft gemäß dem gesetzlichen Güterstand des ausländischen Rechts eingetragen zu werden (*BGH* DNotZ 1982, 692). Gleiches gilt, falls ein Ehegatte allein erworben hat, obwohl nach dem einschlägigen Güterrecht nur ein gemeinsamer Erwerb möglich ist.

VII. Insolvenz- und Zwangsversteigerungsvermerk

674 Mit Eröffnung des Insolvenzverfahrens geht nach § 80 InsO die Verwaltungs- und Verfügungsbefugnis über das zur Insolvenzmasse gehörende Vermögen auf den Insolvenzverwalter über (Überblick zum Folgenden: *Piegsa* RNotZ 2010, 433; monografisch: *Reul/Heckschen/Wienberg*, Insolvenzrecht in der Gestaltungspraxis, 2012, S. 29 ff.). Die Eröffnung des Insolvenzverfahrens ist nach § 32 I, II InsO auf Ersuchen des Insolvenzgerichts oder auf Antrag des Insolvenzverwalters in das Grundbuch einzutragen.

5. Teil. Kaufverträge mit Besonderheiten in der Person des Verkäufers oder des Käufers   A I

Bei Veräußerung eines Grundstücks durch den **Insolvenzverwalter** hat sich dieser **675** durch die Urkunde über seine Bestellung (§ 56 II InsO) auszuweisen; eine beglaubigte Abschrift ist nach § 12 BeurkG der Niederschrift beizufügen. Das Insolvenzgericht hat auf Antrag das Grundbuchamt um Löschung des Insolvenzvermerks zu ersuchen; die Löschung kann auch im Kaufvertrag vom Insolvenzverwalter beantragt werden (§ 32 III InsO). Ein gutgläubiger Erwerb vom Insolvenzverwalter ist nicht möglich. Die Eigentumsumschreibung auf den Käufer ist unwirksam, wenn die Auflassung von einem Insolvenzverwalter erklärt wird, der zum Zeitpunkt des Grundbuchvollzugs (§ 878 BGB) nicht mehr im Amt ist. Empfohlen wird, die Löschung der Vormerkung wegen § 106 InsO erst dann zu beantragen, wenn sich der Notar nach Eigentumsumschreibung vom Fortbestand der Verfügungsbefugnis des Insolvenzverwalters zum Zeitpunkt des Grundbuchvollzugs überzeugt hat (*Kesseler* ZNotP 2008, 117).

Wird nach **Abschluss des Kaufvertrages,** aber vor Eigentumsumschreibung auf den **676** Käufer über das Vermögen des Verkäufers das **Insolvenzverfahren eröffnet,** geht bereits mit der Eröffnung (nicht erst mit Eintragung des Vermerks im Grundbuch) die Verfügungsbefugnis auf den Insolvenzverwalter nach § 80 I InsO über. Ist der schuldrechtliche Kaufvertrag formwirksam beurkundet, die Auflassung erklärt und der Eintragungsantrag des Notars beim Grundbuchamt eingegangen, ist der Eigentumserwerb insolvenzfest (§ 91 II InsO i. V.m. § 878 BGB); einer Mitwirkung des Insolvenzverwalters bedarf es nicht. Wird vor Eröffnung des Insolvenzverfahrens eine **Vormerkung** für den Käufer **eingetragen,** ist nach § 106 I 1 InsO der Anspruch auf Eigentumsverschaffung insolvenzfest. Ein Insolvenzverwalterwahlrecht besteht wegen § 106 InsO nicht. Mit der Eröffnung des Insolvenzverfahrens erlöschen dagegen vom Schuldner erteilte Vollmachten (insbesondere die im Kaufvertrag dem Käufer erteilte Beleihungsvollmacht, dem Notar oder seinen Mitarbeitern erteilte Vollmachten), ebenso ein zugrunde liegender Auftrag oder Geschäftsbesorgungsvertrag (§§ 115–117 InsO).

Ist die Auflassung ohne Bewilligung erklärt und dem Notar entsprechende Vollmacht erteilt, erlischt diese nach § 117 I InsO, es bedarf also der Bewilligung des Insolvenzverwalters zur Eigentumsumschreibung. Das Ergebnis überzeugt nicht, wenn der Insolvenzverwalter zur Abgabe der entsprechenden Erklärung nach § 106 I InsO verpflichtet ist. Es ist daher daran zu denken, § 117 I InsO entsprechend anzuwenden auf das „wirtschaftlich bereits aus dem Schuldnervermögen insolvenzfest ausgeschiedene Grundstück". Ist das aufgrund Vollmacht bestellte Finanzierungsgrundpfandrecht nicht bereits vor Eröffnung des Insolvenzverfahrens im Grundbuch eingetragen (oder der Eintragungsantrag beim Grundbuchamt gestellt), ist die Mitwirkung des Insolvenzverwalters erforderlich (eine Verpflichtung hierzu besteht nicht). Voraussetzung für die Fälligkeitsmitteilung des Notars ist in diesen Fällen zusätzlich die Mitwirkung des Insolvenzverwalters bei der Auflassung und dessen Zustimmung zur Löschung nicht übernommener Grundpfandrechte. Hierbei sollte geregelt werden, wer die Kosten der Lastenfreistellung trägt. **677**

Ist bereits vor Abschluss des Kaufvertrages das Insolvenzverfahren eröffnet worden **678** (oder vor Eröffnung des Verfahrens ein allgemeines Verfügungsverbot erlassen und gleichzeitig ein vorläufiger Insolvenzverwalter bestellt, § 21 II Nr. 1, 2 InsO), so geht gemäß § 80 I InsO (bzw. § 22 InsO) das Verwaltungs- und Verfügungsrecht auf den Insolvenzverwalter (bzw. den vorläufigen Insolvenzverwalter) über. Verfügungen des Schuldners nach der Eröffnung des Insolvenzverfahrens (bzw. nach Anordnung einer Verfügungsbeschränkung aus § 21 II Nr. 2 InsO) sind nach § 81 I InsO (bzw. § 24 I InsO) unwirksam. Solange die Eröffnung des Insolvenzverfahrens nicht nach § 32 InsO (bzw. die Verfügungsbeschränkung nach § 23 III InsO) im Grundbuch eingetragen ist, ist nach § 81 I 2 InsO (bzw. § 24 I InsO) ein gutgläubiger Erwerb des Eigentums am Grundstück, auch einer Vormerkung, möglich. Strittig ist, ob das Grundbuchamt die Vormerkung einzutragen hat, wenn es nach Eingang des Antrags von der Eröffnung des Insolvenzverfahrens (Anordnung einer Verfügungsbeschränkung) Kenntnis erhält. Ist die Vormerkung vom Schuldner vor Eröffnung des Insolvenzverfahrens bewilligt und der

A I
Grundstückskauf

Antrag auf Eintragung gestellt, ist sie wegen § 878 BGB einzutragen (§ 91 II InsO). Sie ist unwirksam, wenn der Eintragungsantrag erst nach Eröffnung des Insolvenzverfahrens beim Grundbuchamt eingeht (*BGH* DNotI-Report 2005, 94). Wird dagegen erst nach Eröffnung des Verfahrens der Kaufvertrag geschlossen, in dem die Eintragung der Vormerkung bewilligt ist, ist streitig, ob sie in das Grundbuch auch dann einzutragen ist, wenn das Grundbuchamt Kenntnis von der Eröffnung des Insolvenzverfahrens hat und ihm keine konkreten Anhaltspunkte dafür vorliegen, dass der Käufer Kenntnis von der Eröffnung des Verfahrens hatte (*OLG Karlsruhe* NJW-RR 1998, 445; *OLG Dresden* NotBZ 1999, 261 m. Anm. *Scheer*).

679 Hat der Notar aufgrund Grundbucheinsicht Kenntnis von der Eröffnung des Verfahrens bzw. der Verfügungsbeschränkung (§§ 32 I, 23 III InsO), hat er die Beurkundung des Kaufvertrages durch den Schuldner abzulehnen.

680 Erhält der Notar vor oder bei der Beurkundung des Grundstückskaufvertrages Kenntnis von einer drohenden Zahlungsunfähigkeit des Verkäufers und bestehen keine Anhaltspunkte dafür, dass das Grundstück unter Wert verkauft wird, kommt nach § 142 InsO eine Insolvenzanfechtung nur in Betracht, wenn die Voraussetzungen des § 133 I InsO vorliegen, also der Käufer weiß, dass die Zahlungsunfähigkeit des Schuldners droht und der Verkauf die Gläubiger benachteiligt.

681 Die Beschlagnahme des Grundbesitzes nach § 20 ZVG hat die Wirkung eines relativen Veräußerungsverbots nach §§ 136, 135 BGB, so dass der Eigentümer trotz Anordnung der **Zwangsversteigerung** das Grundstück veräußern, auch die Eintragung einer Eigentumsvormerkung bewilligen kann (zur Veräußerung von Grundbesitz nach Anordnung der Zwangsversteigerung vgl. *Franck* MittBayNot 2012, 345 und 439; *Jursnik* MittBayNot 1999, 125; *Krauß* Rn. 2109 ff.).

682 Die Eintragung der Vormerkung für den Käufer sollte sofort beantragt werden; sie bietet Schutz (§ 833 II BGB) vor später beitretenden Gläubigern. Der Notar hat die Beteiligten darüber zu belehren, dass der Verkäufer dem Käufer zwar Eigentum verschaffen kann, allerdings der Erwerb gegenüber den betreibenden Gläubigern nach § 23 I ZVG i. V. m. §§ 136, 135 BGB unwirksam ist, und das Versteigerungsverfahren auch nach Eigentumsumschreibung fortgeführt wird. Wird die Zwangsversteigerung eines Grundstücks aus einem Recht betrieben, das einer vor der Beschlagnahme eingetragenen Auflassungsvormerkung im Rang vorgeht, hat eine nach der Beschlagnahme erfolgte Umschreibung des Eigentums auf den Vormerkungsberechtigten keinen Einfluss auf den Fortgang des Verfahrens (*BGH* DNotZ 2007, 686). Erforderlich ist daher, dass sämtliche betreibenden Gläubiger zur Rücknahme des Versteigerungsantrags bereit sind, so dass das Zwangsversteigerungsverfahren von Amts wegen aufgehoben werden kann (§ 29 ZVG). Die Fälligkeit des Kaufpreises (bzw. die Auszahlung vom Anderkonto) ist daher davon abhängig zu machen, dass dem Notar von allen betreibenden Gläubigern die Rücknahmeerklärungen mit Auflagen vorliegen, die aus dem Kaufpreis erfüllt werden können. Da betreibender Gläubiger auch ein nicht im Grundbuch eingetragener dinglich Berechtigter sein kann, können diese nur aus den Versteigerungsakten ermittelt werden (Anfrage des Notars beim Vollstreckungsgericht auf Erteilung einer Bescheinigung hinsichtlich der betreibenden Gläubiger). In aller Regel besteht hier ein berechtigtes Sicherungsinteresse des Käufers für eine Kaufpreiszahlung über Anderkonto. Die die Zwangsversteigerung betreibenden Gläubiger werden das Verfahren nur dann vorläufig einstellen (§ 30 ZVG), wenn ihnen der Notar bestätigt hat, dass der Kaufpreis hinterlegt ist. Die abzulösenden Gläubiger sind nur bereit, Löschungsbewilligung für ihr Grundpfandrecht auch ohne volle Befriedigung ihrer Forderung zu erteilen, wenn eine kurzfristige Zahlung sichergestellt ist. Der Käufer ist jedoch zu belehren, dass auch nach Hinterlegung des Kaufpreises auf Anderkonto die Durchführung des Vertrages scheitern kann, weil die Forderungen aus dem Kaufpreis nicht in voller Höhe erfüllt werden können, und ihm hieraus ein Schaden entstehen kann (vgl. hierzu *Jursnik* MittBayNot 1999, 125, 129 ff.). Es kann daher richtig sein, die Hinterlegung des Kaufpreises auf Anderkonto

davon abhängig zu machen, dass alle betreibenden Gläubiger dem Verkauf zu dem vereinbarten Kaufpreis zugestimmt haben. Vor Fälligstellung/Auszahlung hat sich der Notar durch Rückfrage beim Vollstreckungsgericht zu vergewissern, dass kein weiterer Gläubiger dem Verfahren beigetreten ist. Tritt ein Gläubiger nach Eintragung der Vormerkung dem Verfahren bei, ist eine Zwangsversteigerung deshalb nicht ausgeschlossen. Wird der Vormerkungsberechtigte vor Zuschlag als Eigentümer eingetragen, so ist das Verfahren aufzuheben (§ 28 ZVG).

VIII. Gesellschaft
(GbR, Personenhandelsgesellschaft, juristische Person)

1. Gesellschaft bürgerlichen Rechts

Nach der Grundsatzentscheidung des *BGH* (DNotZ 2001, 234) ist die GbR, ohne juristische Person zu sein, (teil-)rechtsfähig, soweit sie durch Teilnahme am Rechtsverkehr eigene Rechte und Pflichten begründet. Die Anerkennung der Teilrechtsfähigkeit der GbR führt dazu, dass eine GbR auch Eigentum an Grundstücken und grundstücksgleichen Rechten sowie beschränkte dingliche Rechte an Grundstücken und grundstücksgleichen Rechten erwerben kann. Das Grundstück, als dessen Eigentümer mehrere natürliche Personen mit dem Zusatz „als Gesellschafter bürgerlichen Rechts" (entsprechend der bisherigen Praxis der Grundbuchämter) eingetragen sind, ist nicht (gesamthänderisch gebundenes) Eigentum dieser natürlichen Personen, sondern **Eigentum der GbR** (*BGH NJW* 2006, 3716). *BGH ZfIR* 2009, 93 m.abl. Anm. *Volmer* führte den mit der Anerkennung der materiellen (Teil-) Rechtsfähigkeit der GbR begonnenen Weg auch formellrechtlich konsequent weiter: Aus der (Teil-) Rechtsfähigkeit der GbR ergebe sich ihre Grundstückserwerbsfähigkeit und daraus zwingend, da das Grundbuchrecht nur dienende Funktion habe, auch die formale **Grundbucheintragungsfähigkeit**. 683

Die damit aufgeworfenen Probleme des Grundstücksverkehrs sollten durch die am 18.8.2009, in Kraft getretene Reform der Grundbuchordnung (§§ 47 II, 82 GBO), des Grundbuchverfahrensrechts (§ 15 III GBV) und des materiellen Rechts (Einfügung des § 899a BGB) gelöst werden, was allerdings nur teilweise gelang, nämlich (1) beschränkt auf das Eigentum an Immobilien bzw. auf beschränkt dingliche Grundbuchrechte, also ohne Auswirkungen auf den Erwerb oder die Veräußerung von beweglichen Sachen oder Forderungen; (2) weiterhin beschränkt auf Verfügungen (Eigentumsübertragungen/Übertragung beschränkt dinglicher Rechte) bereits eingetragener Gesellschaften bürgerlichen Rechts, also nicht mit Wirkung für die Erwerberseite; (3) mit ungewissen Auswirkungen auf die zugrunde liegenden schuldrechtlichen Vereinbarungen; und (4) schließlich beschränkt auf solche GbR, die unter gleichzeitiger Nennung von Gesellschaftern eingetragen sind, also nicht mit Wirkung für Altfälle sog. „Namens-GbR". 684

Im Grundkonzept erklärt die Gesetzesnovelle den mit anzugebenden Gesellschafterbestand wieder zum Inhalt des Grundbuchs (und nicht lediglich als Identifikationsbehelf zur Bezeichnung der namenlosen GbR), sodass sich die Gutglaubenswirkungen der Eintragung auch hierauf erstrecken und mittelbar (über die Vermutungsregelung des §§ 709, 714 BGB) damit auch das Vertrauen darauf geschützt wird, dass jedenfalls die eingetragenen Gesellschafter gemeinsam (bei Fehlen positiver Kenntnis von der Existenz anderer oder zusätzlicher Gesellschafter) die GbR wirksam aktiv vertreten können; auf der Passivseite genügt dagegen stets die Zustellung bei einem der Gesellschafter (nur über diese Brücke – die gem. §§ 899a i.V.m. 892 BGB gesetzlich vermutete Identität der Vertretungsbefugnis mit der Gesamtheit aller Gesellschafter – wird die Erweiterung der Gutglaubensbasis auf der Seite verfügender GbRs für die Praxis nutzbar). 685

Gegen die Erstreckung des Gutglaubensschutzes hinsichtlich der Vertretungsbefugnis auch auf den Abschluss schuldrechtlicher Verpflichtungsgeschäfte (*Krüger* NZG 2010, 686

801, 805) spricht die systematische Stellung des § 899a BGB im Sachenrecht (und nicht in §§ 172 ff. oder §§ 705 ff. BGB), ebenso der Wortlaut „in Ansehung des eingetragenen Rechtes", sowie der mehrfach vorgetragene Hinweis in den Materialien, kein allgemeines GbR-Register in Gestalt des Grundbuchs schaffen zu wollen. Bis zu einer (gerichtlichen oder gesetzlichen) Klärung der Reichweite des Gutglaubensschutzes hinsichtlich der **schuldrechtlichen Vertretungsmacht** sollte jedoch zumindest eine teilweise Verbesserung der Situation des Erwerbers geschaffen werden, indem die Auflassung auch hilfsweise der Erfüllung einer daneben geschaffenen Übereignungsverpflichtung der handelnden Personen dient und damit kondiktionsfest ist. (War die GbR bei der dabei im Innenverhältnis getroffenen Abrede, mit der Auflassung die Verpflichtung der Gesellschafterpersonen zu erfüllen, nicht existent oder nicht wirksam vertreten, führt dies nur zu einem Bereicherungsausgleich zwischen der „Schein-GbR" und ihren „Schein-Gesellschaftern", wegen des Vorrangs der Leistungskondiktion aber nicht ggü. dem Erwerber, da aus dem Empfängerhorizont darin jedenfalls eine – mit Rechtsgrund erfolgte – Leistung der Schein-Gesellschafter liegt, *Hartmann* ZNotP 2011, 139, 141).

687 | **Formulierungsbeispiel: Schuldrechtliche Doppelverpflichtung bei GbR**

Die Erschienenen A und B (also die im Grundbuch eingetragenen Gesellschafter der veräußernden GbR) verpflichten sich zugleich persönlich, über ihre gesetzliche Haftung für die GbR hinaus, zur Übertragung des vorgenannten Grundbesitzes; die seitens der GbR nachstehend erklärte Auflassung dient zugleich der Erfüllung dieser Übertragungsverpflichtung, so dass darin eine Leistung der für die GbR auftretenden Personen liegt. Den Beteiligten ist bekannt, dass das Gesetz unmittelbar nur das Vertrauen darauf schützt, die GbR sei Eigentümer der Immobilie und könne diese wirksam übertragen, wenn sie dabei durch die im Grundbuch eingetragenen Gesellschafter vertreten wird. Um einen jedenfalls wirksamen Rechtsgrund zum Behaltendürfen dieses Eigentums zu schaffen, verpflichten sich die handelnden Gesellschafter auch selbst; der Notar hat jedoch darauf hingewiesen, dass die durch die GbR bewilligte Vormerkung wohl nur dann wirksam ist, wenn auch die GbR sich wirksam verpflichtet hat, was er nicht prüfen kann. Von einer vorherigen Übertragung des Eigentums an die auftretenden Gesellschafter als Bruchteilseigentümer oder einer „Umwandlung" in eine oHG oder einer Abwicklung über Anderkonto mit Auszahlung erst nach Umschreibung sehen die Beteiligten ab.

688 In Bezug auf eine **erwerbende GbR** wurde die Lähmung des Grundbuchverkehrs, die als Folge der strengen Linie einiger Oberlandesgerichte eintrat (derzufolge die GbR bereits als „klinisch tot" bezeichnet wurde: *Bestelmeyer* Rpfleger 2010, 169 ff.), beendet durch *BGH* NJW 2011, 1958 = ZfIR 2011, 487 m. Anm. *Böttcher* ZfIR 2001, 461. Darin findet der *BGH* eine das sonstige Grundbuchrecht nicht beschädigende, also § 29 GBO nicht unter Rückgriff auf die Grundsätze der Beweisnot (Anwendung der subsidiären Beweisvorschriften der freiwilligen Gerichtsbarkeit in §§ 29 bis 31 FamFG) aufweichende, Lösung, und zwar durch Rückgriff auf den Willen des Gesetzgebers, der sich in der systematischen Stellung der § 47 II GBO manifestiert: Wie auch i. R. d. § 47 I GBO, also beim Anteils- oder Gemeinschaftsverhältnis mehrerer Personen, die Auflassungsempfänger sind, werden die von den Beteiligten geäußerten Angaben vom Grundbuchamt nicht auf ihre materielle Richtigkeit geprüft, insb. kann kein Nachweis in der Form des § 29 I GBO verlangt werden, es sei denn, es bestünden Anhaltspunkte dafür, dass das Grundbuch durch die Umsetzung der Angaben der Beteiligten unrichtig würde. Dies gilt auch für eine anderswo bereits eingetragene GbR. Nur der Klarheit halber sei an dieser Stelle nochmals darauf hingewiesen, dass der *BGH* NJW 2011, 1958 zwar die vielerorts gegebene grundbuchliche Blockade für den Erwerb durch eine bereits bestehende GbR „gebrochen" hat, die materielle Wirksamkeit sowohl der schuldrechtlichen wie auch der dinglichen Erklärungen der angeblich erwerbenden GbR aber weiterhin ungewiss bleibt.

5. Teil. Kaufverträge mit Besonderheiten in der Person des Verkäufers oder des Käufers A I

Zusätzliche Probleme ergeben sich, wenn – wie regelmäßig – der Verkäufer bei der Bestellung der Finanzierungsgrundschuld durch den Käufer, hier die (angebliche) GbR, vertreten wird („Vorwegfinanzierungsvollmacht"). Existiert die GbR tatsächlich nicht, kann sie auch nicht Bevollmächtigte sein und keine wirksamen Erklärungen abgeben, weder dingliche (§ 873 BGB), noch schuldrechtliche (§ 780 BGB; Sicherungsabrede, Darlehensvertrag als causa etc), noch prozessuale (§§ 794 I Nr. 5, 800 ZPO) oder grundbuchrechtliche (§ 19 GBO). § 899a BGB, § 47 II GBO helfen in diesem Fall nicht, auch nicht in ihrer durch *BGH* NJW 2011, 1958 vermittelten Ausprägung, da ja nicht die GbR einzutragen ist, sondern der Verkäufer als Besteller durch sie vertreten werden können soll. Der Notarpraxis ist also zu raten, die Vorwegfinanzierungsvollmacht ausdrücklich ebenso jedem für die (Schein-) GbR auftretenden Gesellschafter zu erteilen (und diesen sodann in der Grundschuldbestellung auch als – zugleich – selbst Bevollmächtigten auftreten zu lassen): 689

Formulierungsbeispiel: Finanzierungsvollmacht für erwerbende GbR	690
Der Verkäufer erteilt daher der erwerbenden BGB-Gesellschaft, ebenso jedem für diese auftretenden Beteiligten persönlich, jeweils befreit von § 181 BGB, folgende Vollmacht: ... *[folgt weiterer Inhalt der Finanzierungsvollmacht].* *[Der Urkundseingang der Grundschuldbestellung gibt sodann die Funktionen der Handelnden auf Erwerberseite wie folgt wieder:]* [Es erscheinen .....] die Herren A und B, persönlich bekannt, handelnd als persönlich Bevollmächtigte und in gemeinsamer Vertretung für die ebenfalls bevollmächtigte, erwerbende BGB-Gesellschaft; jeder Bevollmächtigte wiederum handelt zugleich eigenen Namens – als möglicher Kreditnehmer, Schuldner, und künftiger Eigentümer – wie auch für Herrn und Frau C als Verkäufer und derzeitiger Eigentümer, jeweils aufgrund der Vollmacht, die in § 9 des dem Grundbuchamt zeitgleich vorgelegten Kaufvertrags vom heutigen Tag enthalten ist. Derzeitiger und künftiger Eigentümer werden nachstehend auch zusammenfassend „der Eigentümer" oder „der Sicherungsgeber" genannt.	

Als – auch schuldrechtlich – sicherster Weg bleibt die Eintragung der GbR als vermögensverwaltende OHG oder KG in das Handelsregister, aus welchem die Vertretungsverhältnisse ersichtlich sind, ebenso die Möglichkeit, dass die Gesellschafter die GbR in eine reine Innengesellschaft umwandeln und sich nach außen hinsichtlich des Grundstücks in der Weise auseinandersetzen, dass sie Miteigentümer nach Bruchteilen werden (daher als Eigentümer im Grundbuch eingetragen werden) und anschließend in ihrer Eigenschaft als Miteigentümer das Grundstück an den Käufer veräußern. 691

Wollen mehrere Personen, die nicht miteinander verheiratet sind, z. B. Partner einer nichtehelichen Lebensgemeinschaft, ein Grundstück erwerben, sollte der Notar die Möglichkeit ansprechen, das Grundstück in GbR zu kaufen. Den Vorteilen (gesamthänderische Bindung, grunderwerbsteuerfreie Übertragung der Beteiligung an einen Dritten oder Veränderung der Beteiligungsquoten unter den Gesellschaftern) sind die Nachteile (gesamtschuldnerische Haftung, Auflösung der GbR durch Tod eines Gesellschafters, jederzeitige Kündigung durch einen Gesellschafter) gegenüberzustellen. Gute Gründe sprechen für die Mitwirkung des Notars bei der Abfassung des Gesellschaftsvertrages, da die §§ 705 ff. BGB bei einer GbR, deren alleiniger Zweck der Erwerb und das Halten eines Grundstücks ist, nicht zu interessengerechten Ergebnissen kommen. Der Gesellschaftsvertrag ist nach § 311b BGB nur dann beurkundungsbedürftig, wenn Zweck der Gesellschaft der Erwerb eines bestimmten Grundstücks ist. Dagegen ist die Gründung einer Gesellschaft zum Zwecke des Grundstückserwerbs nicht formbedürftig, soweit nicht eine auch nur bedingte Erwerbspflicht begründet wird. Liegt der schriftliche Gesellschaftsvertrag bei Abschluss des Grundstückskaufvertrages nicht vor, empfehle ich, in 692 der Urkunde zu vermerken, zu welchen Anteilen die Gesellschafter am Gesamthandsvermögen beteiligt sind, die Gesellschaft durch den Tod eines Gesellschafters nicht aufgelöst wird und gegebenenfalls die Gesellschaft für eine bestimmte Zeit eingegangen wird (mit Ausschluss des ordentlichen Kündigungsrechts).

693 Es ist keineswegs selten, dass ein Ehegatte die Eigenmittel zum Kauf ganz oder überwiegend aus seinem (nicht ausgleichspflichtigen) Anfangsvermögen aufbringt. Werden die Ehegatten Miteigentümer zu je ½ Anteil, führt die ehebedingte (unbedachte) Zuwendung bei Scheidung der Ehe als Rechnungsposten beim Zugewinnausgleich zum hälftigen Verlust des Zugewendeten. Es sollten von vorne herein die Miteigentumsanteile entsprechend gebildet, oder in GbR (mit Festsetzung der Beteiligungsquote) erworben werden. Stehen die gesamten Aufwendungen für das Kaufobjekt (z. B. Renovierungskosten) nicht fest, können die Ehegatten vereinbaren, dass sie an dem Gesellschaftsvermögen zu den Anteilen beteiligt sind, zu denen ein jeder von ihnen hierzu beigetragen hat. Das ist eine flexible Lösung, die das Hausgrundstück insgesamt bei Scheidung der Ehe aus dem Zugewinnausgleich herausnimmt (zur Vermögenszuordnung unter Ehegatten vgl. *Brambring*, Ehevertrag, 6. Aufl. 2008, Rn. 138 ff.; Formulierungsbeispiel zur „quotenbeweglichen GbR" bei *Krauß* Rn. 452).

694 **Beurkundungsbedürftig** ist die Umwandlung von Gesamthands- in Bruchteilseigentum oder Alleineigentum oder von einer Gesamthandsgemeinschaft auf eine andere, etwa von einer Erbengemeinschaft auf eine personengleiche GbR. In allen Fällen ist eine Auflassung erforderlich, auch bei Übereignung eines Grundstücks von der fortbestehenden auf eine andere GbR, selbst wenn die Gesellschafter die gleichen Personen sind (*OLG Hamm* DNotZ 1983, 750; *KG* NJW-RR 1987, 1321).

2. Personenhandelsgesellschaft, juristische Person

695 Veräußert oder erwirbt eine in einem deutschen Register eingetragene Gesellschaft (Verein, Genossenschaft, Partnerschaft) ein Grundstück, hat der Notar zu prüfen, ob die Gesellschaft ordnungsgemäß vertreten wird (*BGH* NJW 1993, 2744). Der Notar ist daher grundsätzlich verpflichtet, entweder vor der Beurkundung das Handelsregister einzusehen, oder auf der Vorlage eines beglaubigten Handelsregisterauszuges neuesten Datums zu bestehen. Hat der Notar die Vertretungsmacht nicht geprüft und ergeben sich Zweifel an der Vertretungsmacht (im entschiedenen Fall war Käufer eine ausländische Gesellschaft), so hat der Notar die sich daraus abzuleitenden Bedenken mit den Beteiligten zu erörtern und – falls diese gleichwohl auf der Beurkundung bestehen – einen entsprechenden Vorbehalt in die Niederschrift aufzunehmen (*BGH* a. a. O.). Zum Nachweis der Prüfung durch den Notar ist zu empfehlen, die Vertretungsbescheinigung nach § 21 BNotO in die Niederschrift selbst aufzunehmen.

696 Die Befugnis zur Vertretung ist dem Grundbuchamt nach § 32 GBO durch ein Zeugnis des Registergerichts nachzuweisen. Ist das Grundbuchamt zugleich das Registergericht, so genügt statt des Zeugnisses die Bezugnahme auf das Register, § 34 GBO. Für das Beurkundungsverfahren gilt: Ergibt sich die Vertretungsbefugnis aus einer Eintragung im Handelsregister (Vereins-, Genossenschafts-, Partnerschaftsregister), so genügt zum Nachweis der Vertretungsbefugnis die **Bescheinigung des Notars** nach § 21 BNotO. Die Registerbescheinigung hat die gleiche Beweiskraft wie ein Zeugnis des Registergerichts. Bei einer vollmachtgebenden öffentlichen Corporation genügt die Feststellung des Notars in der Vollmachtsurkunde, wer nach der Satzung vertretungsberechtigt ist (*BGH* ZNotP 2000, 30).

697 Durch die Neufassung des § 21 BNotO ist die Zuständigkeit des Notars zur Erteilung von Bescheinigungen über eine Eintragung im Handelsregister (oder einem ähnlichen Register) über die Vertretungsbescheinigung hinaus auch auf Bescheinigungen „über das Bestehen oder den Sitz einer juristischen Person oder Handelsgesellschaft, die Firmenänderung, eine Umwandlung oder sonstige rechtserhebliche Umstände" erweitert worden.

Diese erweiterte Zuständigkeit bringt auch erhebliche Erleichterungen im Grundbuchverfahren (z. B. Verkauf eines Grundstücks durch eine Gesellschaft nach ihrer Umwandlung). Nach § 21 II BNotO darf der Notar die Bescheinigung nur ausstellen, wenn er sich zuvor über die Eintragung Gewissheit verschafft hat, die auf Einsichtnahme in das Register oder in eine beglaubigte Abschrift hiervon beruhen muss. Er hat den Tag der Einsichtnahme in das Register oder den Tag der Ausstellung der Abschrift in der Bescheinigung anzugeben. Die Neufassung der Vorschrift stellt klar, dass der Notar das Register nicht persönlich einsehen muss. Eine Vertretungsbescheinigung dürfte nur dann beweiskräftig sein, wenn die Einsicht nicht länger als vier Wochen zurückliegt (*OLG Frankfurt* Rpfleger 1995, 248; *OLG Saarbrücken* MittBayNot 1993, 398).

Formulierungsbeispiel: Vertretungsbescheinigung im Grundstückskaufvertrag 698

Aufgrund Einsicht in das elektronische Handelsregister des Amtsgerichts ... vom heutigen Tage bescheinige ich, der amtierende Notar, dass unter HRB ... die ... GmbH eingetragen ist und die Herren ... und ... als Geschäftsführer gemeinsam zur Vertretung der Gesellschaft berechtigt sind.

Das Eintragungsverfahren beim Grundbuchamt wird beschleunigt, wenn der Notar 699 auch dann eine Vertretungsbescheinigung in die Kaufvertragsurkunde aufnimmt, wenn das Grundbuch und das Register vom selben Amtsgericht geführt werden.

Bei einer **ausländischen Gesellschaft** als Käufer oder Verkäufer hat der Notar deren 700 Existenz und die Vertretungsberechtigung der handelnden Personen zu prüfen (*BGH* NJW 1993, 2744). Ist die Gesellschaft in einem öffentlichen Register eingetragen, kann der Vertretungsnachweis durch Vorlage einer öffentlich beglaubigten Registerblattabschrift geführt werden. Die Vertretungsbescheinigung eines ausländischen Notars aus dem Bereich des lateinischen Notariats genügt, wenn sie den für eine solche Bescheinigung geltenden Bestimmungen des ausländischen Rechts entspricht (*LG Kleve* RNotZ 2008, 30). Zum Erfordernis der Legalisation/Apostille vgl. Kap. H Rn. 343; Länderübersicht zu den vertretungsberechtigten Organen und dem Nachweis der Vertretungsmacht bei Bauer/von Oefele/*Schaub*, GBO, Internationale Bezüge, Rn. 26 ff. und *Krauß* Rn. 603 ff). Mödl (RNotZ 2008, 1, 18) warnt eindringlich vor der Vertretungsbescheinigung einer Zweigniederlassung, insbesondere einer britischen Limited, da die im Inland eingetragene Gesellschaft nach dem Heimatrecht bereits erloschen sein kann (vgl. auch *Süß* DNotZ 2005, 180).

Vorgänge nach dem **Umwandlungsgesetz** (vgl. *Böhringer* Rpfleger 2001, 59; *Volmer* 701 WM 2002, 428) führen materiell-rechtlich zu einer vollständigen oder partiellen Gesamtrechtsnachfolge (Verschmelzung, Spaltung, Vermögensübertragung) bzw. bei einer Umwandlung durch Formwechsel zu einer gesetzlich fingierten Identität des bisherigen mit dem neuen Rechtsträger. Mit der Wirksamkeit der Verschmelzung (Eintragung der Verschmelzung in das Register des übernehmenden Rechtsträgers) gehen das Eigentum und sonstige Rechte an Grundstücken auf den übernehmenden Rechtsträger über (§ 20 I Nr. 1 UmwG). Eine Auflassung ist nicht erforderlich; es genügt ein Antrag auf Grundbuchberichtigung, dem ein beglaubigter Handelsregisterauszug der übernehmenden Gesellschaft beizufügen ist (oder eine Notarbescheinigung nach § 21 I 1 Nr. 2 BNotO). Bei der Spaltung wird das Grundbuch ebenfalls mit Rechtswirksamkeit der Spaltung, die mit Eintragung im Register des übertragenden Rechtsträgers eintritt (§ 131 UmwG), unrichtig. Im Spaltungs- und Übernahmevertrag bzw. Spaltungsplan sind die Grundstücke genau zu bezeichnen (§ 28 S. 1 GBO). Zu den Anforderungen BGH ZNotP 2008, 163 m. Anm. *Leitzen*; *Krüger* ZNotP 2008, 466, *Leitzen* ZNotP 2008, 272, *Link* RNotZ 2008, 358; *Weiler* MittBayNot 2008, 310; abschwächend *OLG Düsseldorf* ZfIR 2010, 842 m. zust. Anm. *Ising* S. 821). Dem Antrag auf Grundbuchberichtigung ist eine beglaubigte Abschrift des Spaltungs- und Übernahmevertrages bzw. Spaltungsplans beizufügen (Einzelheiten bei *Schöner/Stöber* Rn. 995).

3. Gesellschaft in Gründung

702　Für eine **OHG/KG/EWIV/Partnerschaft in Gründung** (also vor ihrer Eintragung in das Register) kann eine Eigentumsvormerkung in das Grundbuch eingetragen werden, wenn der Gesellschaftsvertrag bereits geschlossen ist, sie aber mit Wirkung gegenüber Dritten noch nicht die Rechtsform der KG erlangt hat, weil sie kein Handelsgewerbe i. S. d. § 1 II HGB (§ 105 II HGB) betreibt (*BayObLG* DNotZ 1986, 156). In diesem Fall können die Mitglieder der Gesellschaft unter Angabe der Firma und des Sitzes der Kommanditgesellschaft mit dem Zusatz „KG in Gründung" als Vormerkungsberechtigte eingetragen werden (*BayObLG* a. a. O.). Umstritten ist, ob eine KG in Gründung bereits als Eigentümer eines Grundstücks im Grundbuch eingetragen werden kann (vgl. Nachw. bei *BayObLG* DNotZ 1984, 567, 568). Die Auflassung eines Grundstücks an eine KG vor der Eintragung im Handelsregister ist zulässig, lediglich der Vollzug dieser Auflassung im Grundbuch ist erst nach Eintragung der Gesellschaft im Handelsregister möglich (*BayObLG* DNotZ 1984, 567, 569). Die gleichen Grundsätze gelten für EWIV und die Partnerschaft.

703　Zugunsten einer **GmbH in Gründung**, die mit notarieller Urkunde errichtet, aber noch nicht im Handelsregister eingetragen ist, kann bereits eine Eigentumsvormerkung in das Grundbuch eingetragen werden, auch wenn der beabsichtigte Grunderwerb nicht mit der Einbringung einer Sacheinlage in die Gesellschaft zusammenhängt (*OLG Hamm* DNotZ 1981, 582). Unbestritten ist, dass bei den juristischen Personen des Handelsrechts (AG, GmbH u. a.) schon vor deren Eintragung im Handelsregister eine Auflassung an die künftige Rechtsperson zulässig ist (*BayObLG* DNotZ 1984, 567, 569). Die Vor-GmbH ist grundbuchfähig. Die Auflassung ist (auch bei Einbringung eines Grundstücks als Sacheinlage) an die werdende GmbH zu erklären, die durch den oder die Geschäftsführer vertreten wird. Dem Grundbuchamt sind die Gründungsurkunde mit der Geschäftsführerbestellung in der Form des § 29 GBO vorzulegen. Die Vor-GmbH kann als Eigentümer im Grundbuch eingetragen werden. Nach Eintragung der Gesellschaft im Handelsregister bedarf es nicht einer erneuten Auflassung; es genügt eine Grundbuchberichtigung. Der Nachweis der Eintragung wird durch einen beglaubigten Handelsregisterauszug oder die Vertretungsbescheinigung des Notars nach § 21 BNotO geführt.

IX. Verbrauchervertrag

1. Verbraucher/Unternehmer

704　Nach der Legaldefinition des § 310 III BGB ist ein Verbrauchervertrag ein Vertrag zwischen einem Unternehmer und einem Verbraucher. Allgemeine Geschäftsbedingungen gelten als vom Unternehmer gestellt, es sei denn, dass sie durch den Verbraucher in den Vertrag eingeführt wurden. Bei Verbraucherverträgen kommt es daher nicht darauf an, ob der Unternehmer die Vertragsbedingungen „stellt" i. S. d. § 305 I BGB. Verbraucherverträge unterliegen der Inhaltskontrolle nach §§ 307–309 BGB. Ein Verbrauchervertrag liegt auch dann vor, wenn die vorformulierte Regelung nicht auf Verlangen des Unternehmers, sondern auf Vorschlag eines Dritten, etwa eines Notars, Vertragsinhalt geworden ist (*BGH* NJW 1999, 2180). Da Notare richtigerweise bei der Vorbereitung notarieller Urkunden auf Vertragsmuster oder vorformulierte Vertragsklauseln zurückgreifen, sind alle Standardverträge der Notare „vorformuliert". Eine Inhaltskontrolle notariell beurkundeter Grundstückskaufverträge findet nicht statt, wenn der Verbraucher als Verkäufer oder Käufer den Notar mit der Fertigung des Urkundenentwurfs beauftragt hat, beide Vertragsbeteiligte Unternehmer oder beide Vertragsbeteiligte Verbraucher sind,

5. Teil. Kaufverträge mit Besonderheiten in der Person des Verkäufers oder des Käufers   A I

eine „zur einmaligen Verwendung bestimmte", individuelle, zumeist atypische Vertragsklausel in den Vertrag aufgenommen wird, auf deren Inhalt der Verbraucher Einfluss genommen hat, oder vorformulierte Klauseln zwischen Unternehmer und Verbraucher „im Einzelnen ausgehandelt sind" i. S. d. § 305 I 3 BGB. Die Beweislast dafür, dass es sich um eine vom Verbraucher eingeführte Klausel oder um eine Individualvereinbarung handelt, trägt der Unternehmer. In der literarischen Diskussion kommt die Neutralitätspflicht des Notars zu kurz. Die Anfertigung von Urkundsentwürfen gehört nach § 24 I 1 BNotO zu dem Amt des Notars. Er hat seine Amtspflichten unparteiisch zu erfüllen, insbesondere darf er niemanden bevorzugen und niemanden benachteiligen; er ist eben nicht Vertreter einer Partei, sondern unparteiischer Betreuer der Beteiligten. Unsinnig ist die Vorstellung, Notare hätten zu jedem Vertragsmuster zwei Varianten, eine „verkäufergünstige" und eine „käufergünstige". Beim „Einzelvertrag" (im Unterschied zum „Serienvertrag") zwischen Unternehmer und Verbraucher stammt der Vertragsentwurf – ohne Einflussnahme des Unternehmers – vom Notar. Überzeugt dieser die Vertragsbeteiligten nach gründlicher Erörterung von der Sachgerechtigkeit der Regelung, ist eine Inhaltskontrolle nicht geboten. Anders ist es bei „Serienverträgen", auch wenn der Entwurf vom Notar stammt. Hier „stellt" der Unternehmer die Vertragsbedingungen, die er mit dem Vertragsentwurf dem Verbraucher vorgibt. Hier genügt für ein Aushandeln zweifelsfrei nicht, dass der Verbraucher über Bedeutung und Tragweite der vorformulierten Klauseln vom Notar belehrt worden ist (vgl. zuletzt *BGH NJW* 1992, 2579). Vielmehr muss der Unternehmer zu Verhandlungen über den Vertragsinhalt bereit sein; seine Verhandlungsbereitschaft muss dem Verbraucher gegenüber unzweideutig erklärt werden und ernsthaft sein.

Ein Verbrauchervertrag liegt nicht vor, wenn die Vertragsbedingungen durch den Verbraucher in den Vertrag eingeführt wurden, also z. B. der anwaltliche Vertreter des Verbrauchers den Vertragsentwurf gefertigt hat. **Verbraucher** ist nach § 13 BGB jede natürliche Person, die ein Rechtsgeschäft zu einem Zweck abschließt, der weder ihrer gewerblichen noch ihrer selbständigen beruflichen Tätigkeit zugerechnet werden kann. **Unternehmer** ist nach § 14 BGB eine natürliche oder juristische Person oder eine rechtsfähige Personengesellschaft, die bei Abschluss eines Rechtsgeschäfts in Ausübung ihrer gewerblichen oder selbständigen beruflichen Tätigkeit handelt. Juristische Personen des privaten und des öffentlichen Rechts und Personenhandelsgesellschaften sind keine Verbraucher. Dagegen ist die vermögensverwaltende GbR, zu der sich mehrere natürliche Personen zusammengeschlossen haben, Verbraucher (*BGH NJW* 2002, 68). Der Existenzgründer ist kein Verbraucher (*BGH DNotZ* 2005, 680). Der Bauträger ist ebenso Unternehmer wie eine Immobiliengesellschaft, die Bauplatzgrundstücke oder Wohnungseigentum in einem aufgeteilten Altbau verkauft. Unternehmer sind auch die Angehörigen der freien Berufe (z. B. Rechtsanwälte, Notare, Wirtschaftsprüfer, Steuerberater, Architekten), soweit sie in Ausübung ihrer selbständigen beruflichen Tätigkeit handeln. Kauft z. B. ein Rechtsanwalt eine Büroetage, um sie als Praxis zu nutzen, erwirbt er als Unternehmer, kauft er eine Immobilie als Kapitalanlage oder für eigene Wohnzwecke, ist er Verbraucher. Der Insolvenzverwalter dürfte (auch in der Insolvenz einer Privatperson) Unternehmer sein. In der Regel steht für den Notar eindeutig fest, ob es sich um einen Verbrauchervertrag handelt; in Zweifelsfällen hat er dies durch Rückfrage bei den Beteiligten zu klären.

2. Klauselverbote

Auf den Verbrauchervertrag finden die Klauselverbote mit und ohne Wertungsmöglichkeit der §§ 308, 309 BGB uneingeschränkt Anwendung. Bei der Beurteilung der unangemessenen Benachteiligung i. S. d. § 307 BGB sind nach § 310 III Nr. 3 BGB „auch die den Vertragsschluss begleitenden Umstände zu berücksichtigen", also einerseits die Ausnutzung einer Überrumpelungssituation oder geschäftlichen Unerfahrenheit, ande-

rerseits die Geschäftserfahrenheit des Verbrauchers als Jurist oder in der Immobilienbranche Tätigen. Für den Grundstückskaufvertrag als Verbrauchervertrag, der nicht Bauträgervertrag ist, sind insbesondere folgende Klauselverbote von Bedeutung:
- § 308 Nr. 1 BGB: Der Unternehmer darf sich für die Annahme des Angebots des Verbrauchers keine unangemessen lange Frist vorbehalten. Angemessen ist i. d. R. eine Frist von vier Wochen (vgl. hierzu Rn. 901 ff.). Schuldet der Unternehmer Renovierungsarbeiten, ist ein verbindlicher Fertigstellungstermin zu bestimmen.
- § 308 Nr. 3 BGB: Ein vertragliches Rücktrittsrecht des Unternehmers ist nur aus einem sachlich gerechtfertigten im Vertrag angegebenen Grund zulässig, z. B. beim Mietervorkaufsrecht.
- § 308 Nr. 4 BGB: Übernimmt der Unternehmer eine Renovierungspflicht, sind die von ihm zu erbringenden Leistungen in einer detaillierten Baubeschreibung (Transparenzgebot) zu bezeichnen. Der Unternehmer kann sich Änderungen der Bauausführung vorbehalten, soweit sie sich nicht wert- oder gebrauchsmindernd auf das Kaufobjekt auswirken und dem Käufer zumutbar sind.
- § 308 Nr. 5 BGB: Darunter fällt insbesondere die Abnahmefiktion der vom Unternehmer geschuldeten Renovierungsarbeiten.
- § 308 Nr. 7 BGB: Die Bestimmung eines unangemessen hohen Ersatzes von Aufwendungen, den der Verbraucher an den Unternehmer bei einem Rücktritt vom Vertrag zu zahlen hat.
- § 309 Nr. 2 BGB: Der Ausschluss oder die Einschränkung des Leistungsverweigerungsrechts, das dem Verbraucher nach § 320 BGB zusteht, z. B. Kaufpreiseinbehalt bei einem Mangel bei Übergabe oder nicht fristgerechter Fertigstellung der Renovierungsarbeiten.
- § 309 Nr. 3 BGB: Verbot der Aufrechnung mit unbestrittenen oder rechtskräftig festgestellten Forderungen.
- § 309 Nr. 4 BGB: Verzicht auf das Erfordernis der Mahnung nach § 286 I BGB. Vereinbaren die Beteiligten die Fälligkeitsmitteilung des Notars als verzugsbegründendes Ereignis (§ 286 II Nr. 2 BGB), liegt kein Verstoß gegen dieses Klauselverbot vor.
- Verzicht auf das Erfordernis der Fristsetzung nach §§ 281, 323 BGB: Der Unternehmer kann vom Vertrag bei Zahlungsverzug des Käufers erst zurücktreten (und Schadensersatz verlangen), wenn er dem Verbraucher erfolglos eine angemessene Frist gesetzt hat.
- § 309 Nr. 5 BGB: Pauschalierung von Schadensersatzansprüchen, soweit nicht dem Verbraucher ausdrücklich der Nachweis gestattet wird, ein Schaden sei überhaupt nicht entstanden oder wesentlich niedriger als die Pauschale.
- § 309 Nr. 6: Verbot der Vertragsstrafe bei Zahlungsverzug des Verbrauchers oder für den Fall, dass dieser vom Vertrag zurücktritt.
- § 309 Nr. 7 BGB: Verbot des Haftungsausschlusses bei Verletzung von Leben, Körper, Gesundheit und bei grobem Verschulden. Das strikte Klauselverbot gilt auch für Schadensersatzansprüche wegen eines Sachmangels und ist in jedem Verbrauchervertrag strikt zu beachten.
- § 309 Nr. 8a BGB: Ausschluss oder Einschränkung des Rücktrittsrechts des Verbrauchers wegen einer Pflichtverletzung des Unternehmers, soweit es nicht um das Rücktrittsrecht wegen eines Mangels der Kaufsache geht.
- § 309 Nr. 8b BGB: Beim Kaufvertrag über eine neu hergestellte Sache (Neubauobjekt) oder bei Vereinbarung von Werkleistungen (Renovierungspflicht) dürfen die Rechte des Verbrauchers wegen eines Mangels nicht ausgeschlossen oder eingeschränkt werden. Soweit eine Bauleistung (Renovierungspflicht) Gegenstand der Mängelhaftung ist, kann das Rücktrittsrecht des Verbrauchers ausgeschlossen werden. Die gesetzlichen Verjährungsfristen dürfen nicht verkürzt werden.

3. Amtspflichten des Notars (§ 17 II a BeurkG)

Eine Verbesserung des Verbraucherschutzes bezweckt auch § 17 II a 2 BeurkG als verfahrensrechtliche Vorschrift, die bei Verbraucherverträgen zusätzliche Amtspflichten begründet, bei Grundstückskaufverträgen unabhängig davon, ob der Verbraucher Käufer oder Verkäufer ist, soweit nur der andere Vertragsteil Unternehmer ist.

Hiernach soll der Notar (gem. § 17 II a 2 Nr. 1 BeurkG) zum einen darauf hinwirken, dass die rechtsgeschäftlichen Erklärungen des Verbrauchers (z.B. beim Erwerb einer Immobilie oder der Bestellung eines Grundpfandrechts, also auch außerhalb der Beurkundungspflicht gem. § 311b I 1 und III BGB, jedoch mit Ausnahme reiner Erfüllungs- und Vollzugsgeschäfte) von diesem persönlich oder durch eine Vertrauensperson (also nicht durch die andere Vertragspartei, jener nahe stehende Beteiligte, Makler, Notarangestellte – *Hertel* ZNotP 2002, 288; *Sorge* DNotZ 2002, 603; *Schmucker* ZNotP 2003, 243; *Brambring* ZfIR 2002, 597; a.A. *Litzenburger* NotBZ 2002, 281; *Maaß* ZNotP 2004, 216; *Helms* ZNotP 2005, 18) vor dem Notar abgegeben werden. Nicht zu den Vollzugsgeschäften gehört die Bestellung von Finanzierungsgrundpfandrechten.

Zum anderen soll der Notar (gem. § 17 II a 2 Nr. 2 BeurkG) darauf hinwirken, dass dem Verbraucher ausreichend Gelegenheit gegeben wird, sich vorab mit dem Gegenstand der Beurkundung auseinander zu setzen. Bei Verbraucherverträgen, die der Beurkundungspflicht nach § 311b I 1 und III BGB unterliegen, also Kaufverträgen über Grundstücke, Wohnungseigentum und Erbbaurechte geschieht Letzteres nach dem Gesetzestext im Regelfall dadurch, dass dem Verbraucher der **beabsichtigte Text des Rechtsgeschäfts zwei Wochen vor der Beurkundung zur Verfügung** gestellt wird. Die Frist soll den Beteiligten Gelegenheit geben, den Vertragsentwurf genau zu studieren, aber auch sich über den Wert des Objektes und seine Tauglichkeit klar zu werden, die steuerlichen Folgen zu prüfen, die Höhe der Vorfälligkeitsentschädigung zu ermitteln, aber auch bauliche Untersuchungen vorzunehmen (Stichworte: Fundamente, Stahlträger, Feuchtigkeitsbefall, Dachstuhl, Feuchtigkeitsschäden, Schall- und Wärmeschutz, Flachdächer, Asbest, gesundheitsgefährdende Holzbauteile). Die 2-wöchige Überlegungsfrist gilt bspw. nicht bei der Bestellung von Grundpfandrechten, da die Pflicht zur Beurkundung dort nicht auf § 311b I BGB beruht, sondern auf § 794 I Nr. 5 ZPO. Die Maklerklausel „infiziert" einen nur unter Verbrauchern abgeschlossenen Kaufvertrag nur in den unter § 311b I BGB fallenden „Überwälzungsfällen" (vgl. Rn. 473). Ein Rücktrittsrecht **zugunsten des Verbrauchers** ist der gesetzlichen Vorgabe nicht gleichwertig.

Die zweiwöchige Frist ist als „Regelfall" ausgestaltet. Es ist also in **Ausnahmefällen** denkbar, bspw. bei in Grundstücksgeschäften versierten Verbrauchern (*KG* DNotZ 2009, 47) oder aus Gründen der privaten Zeitplanung (bspw. gebuchte Urlaubsreise des Verbrauchers; Sorge vor einem anderweitigen Verkauf des Objektes) von der Regelfristvorgabe abzusehen, wenn (1) einer der vorgenannten sachlichen Gründe vorliegt und (2) der Notar sich davon überzeugt hat, dass der Verbraucher sich mit dem Inhalt des Rechtsgeschäfts und der Investition ausreichend beschäftigt hat, also der vom Gesetz bezweckte Überlegungsschutz in anderer Weise gesichert ist. Beide Voraussetzungen können etwa gegeben sein, wenn zur Vermeidung von Steuernachteilen („Neujahrsfalle" bei der früheren Eigenheimzulage) die Beurkundung noch im alten Jahr durchgeführt werden muss und gewährleistet ist, dass sich der Verbraucher über Tragweite und Inhalt des Rechtsgeschäfts im Klaren ist. Keinesfalls allein ausschlaggebend ist der bloße Wunsch der Beteiligten als solcher, ohne dass ein „nachvollziehbarer Grund vorläge, der – auch unter Berücksichtigung der Schutzinteressen des Verbrauchers – es rechtfertige, die dem Verbraucher zugedachte Schutzfrist zu verkürzen". Die Regelfrist steht nicht zur Disposition der Parteien selbst (*BGH* MittBayNot 2013, 325 m.Anm. *Rieger* – Haftungsfall!).

In der Urkunde ist, auch zum Schutz des Notars vor eigener Haftung und zur Ermöglichung einer Amtsprüfung, bei einer Nichteinhaltung der „Wartefrist" der objektive

Grund anzugeben (ist dieser glaubhaft und nachvollziehbar vorgetragen, muss der Notar von seinem tatsächlichen Vorliegen ausgehen). Maßgeblich für die vom Notar vorzunehmende Prüfung, ob der Schutzzweck der Wartefrist auch ohne ihren Ablauf erreicht werden kann, sind die Umstände des jeweiligen Einzelfalls, z. B. (a) das Maß der Fristunterschreitung, (b) die Komplexität des Rechtsgeschäfts bzw. des Investitionsvorgangs, (c) die rechtliche und wirtschaftliche Vorbildung und Erfahrung des Verbrauchers, (d) die erfolgte Einschaltung anderer Sachverständiger (Rechtsanwalt, Architekt etc.), (e) die „Ungefährlichkeit" des Unternehmens (insbesondere bei branchenfremden Geschäften: Landwirt veräußert Teilfläche), (f) der Umstand, dass die Finanzierungsgrundschuld im Termin mit bestellt wird, also offensichtlich die Finanzier- und Beleihbarkeit geklärt sind, (g) der am Markt tatsächlich bestehende (und nicht nur durch die Vertriebsorganisation dem Verbraucher suggerierte) Nachfragedruck in Bezug auf das Vertragsobjekt etc.

712 Formulierungsbeispiel: Nichteinhaltung der Zwei-Wochen-Frist

Der Notar hat darauf hingewiesen, dass § 17 II a BeurkG im Regelfall die Übersendung eines Entwurfes zwei Wochen vor der Beurkundung verlangt, um dem Verbraucher ausreichend Gelegenheit zu geben, sich vorab mit dem Gegenstand der Beurkundung auseinander zu setzen. Diese Frist ist bisher nicht abgelaufen, sodass der Notar dringend empfohlen hat, die Beurkundung zu verschieben. Der Verbraucher besteht jedoch auf der heutigen Beurkundung und erklärt, er sei sich über die rechtliche und wirtschaftliche Tragweite des Geschäftes im Klaren und wisse auch, dass der Notar Wert, Beschaffenheit und Finanzierbarkeit des Objektes nicht prüft. Auch die Vereinbarung eines befristeten Rücktrittsrechts werde nicht gewünscht. Das Abwarten der Prüfungsfrist sei ihm nicht zumutbar, weil *(folgt ausführliche Schilderung, z. B.: er den Entwurf zwar erst vor 10 Tagen erhalten habe, aber am morgigen Tag eine längere und nicht ohne Schaden verschiebbare Geschäftsreise antreten müsse, und zu befürchten sei, dass das Kaufobjekt nach seiner Rückkehr bereits verkauft sei ...; auch kenne er das Objekt aus eigener Anschauung und habe den Entwurf des Vertrages gelesen und verstanden. Die Finanzierung der Investition sei geklärt).*

713 Mit Wirkung vom 1.10.2013 wurde § 17 II a 2 Nr. 2 BeurkG dahingehend verschärft, dass (a) die Übersendung des Entwurfs aus durch den Notar (bzw. seine Mitarbeiter) selbst – also nicht durch den Makler, Verkäufer oder die Vertriebsorganisation – zu erfolgen habe. Der Notar soll dadurch bereits im Vorfeld, zur Überwindung einer „Beratungsisolation", als die für den Vertrag verantwortliche Person wahrgenommen werden. Es ist ratsam (gleichwohl freilich nicht vorgeschrieben!), das Datum der Übermittlung im Urkundseingang wiederzugeben, so dass die Unterschrift des Verbrauchers auch diesen Sachverhalt bestätigt. Weiterhin sind (anders als früher) (b) die Gründe für eine etwaige Fristunterschreitung in der Urkunde anzugeben. Dadurch wird sichergestellt, dass der Verbraucher (als Folge des Verlesens) Kenntnis von der zweiwöchigen Prüffrist erhält; ferner wird die spätere Wahrnehmung der Dienstaufsicht erleichtert. Ein wiederholter grober Pflichtverstoß kann zur Amtsenthebung führen (Änderung des § 50 I Nr. 9b BNotO).

714 Formulierungsbeispiel: Einhaltung der Zwei-Wochen-Frist

Der Käufer/Verkäufer bestätigt, dass ihm gem. § 17 II a BeurkG mindestens zwei Wochen vor der heutigen Beurkundung (nämlich per Post/Fax/E-Mail am ...) der beabsichtigte Text des Vertrages zur Prüfung und Durchsicht durch das Notariat zur Verfügung gestellt wurde, so dass er ausreichend Gelegenheit hatte, sich mit dem Gegenstand der Urkunde *(beim Käufer Zusatz: und der geplanten Investition)* auseinander zu setzen.

5. Teil. Kaufverträge mit Besonderheiten in der Person des Verkäufers oder des Käufers A I

Formulierungsbeispiel: Anschreiben an den Verbraucher als Käufer	715

Sehr gehrte Eheleute …,
beigefügt erhalten Sie den von mir erstellten Entwurf des Kaufvertrages mit der … Immobilien GmbH zur Prüfung.
Sollten Sie hierzu Fragen haben oder Änderungen wünschen, rufen Sie mich bitte an. Ich stehe Ihnen selbstverständlich auch zu einer persönlichen Besprechung zur Verfügung.
Das Gesetz sieht vor, dass Sie bei der Beurkundung persönlich anwesend sind. Dies liegt in Ihrem Interesse, damit Sie Ihre Fragen stellen und ich Ihnen den Vertragsinhalt erläutern kann. Sollten Sie daran gehindert sein, bitte ich in jedem Fall um Ihren Anruf.
Ich habe Sie darauf hinzuweisen, dass das Gesetz Ihnen eine Prüfungs- und Überlegungsfrist von zwei Wochen einräumt, bevor die Beurkundung stattfindet. Diese Frist beginnt mit dem Erhalt des Vertragsentwurfs oder bereits früher zu dem Zeitpunkt, zu dem Ihnen das von mir ausgearbeitete allgemeine Vertragsmuster ausgehändigt wurde. Diese Überlegungsfrist bezweckt auch, Ihnen ausreichend Zeit zu geben, das Kaufobjekt zu besichtigen (bzw. die Baubeschreibung zu prüfen) und die Finanzierung des Kaufpreises durch eine Bank sicher zu stellen.
Als Notar bin ich für den rechtlichen Inhalt des Vertrages und für seine Abwicklung zuständig und verantwortlich. Sollten Sie wirtschaftliche oder steuerliche Fragen haben, müssen Sie sich an einen hierfür sachkundigen Berater wenden.

Bei allen Verbraucherverträgen hat der Notar ferner „darauf hinzuwirken", dass der Verbraucher persönlich an der Beurkundungsverhandlung teilnimmt, weil nur so der Notar seinen Prüfungs- und Belehrungspflichten sachgerecht nachkommen kann. Richtig ist aber, dass dies nicht als unbedingte Amtspflicht (also ohne Ausnahmen) zu verstehen ist. Der Notar soll **grundsätzlich** das Beurkundungsverfahren so gestalten, dass ein materiell Beteiligter nicht vollmachtlos vertreten wird oder durch Erteilung einer Vollmacht von einer Beurkundungsverhandlung ausgeschlossen wird (*Brambring* FGPrax 1998, 201). Der Notar darf daher von sich aus kein Beurkundungsverfahren vorschlagen, bei dem der Verbraucher vollmachtlos vertreten wird, insbesondere dann nicht, wenn dies planmäßig vom Verkäufer (Bauträger, Strukturvertrieb) gewünscht wird. Anders ist es, wenn dieses Beurkundungsverfahren auf den ausdrücklichen Wunsch des materiell Beteiligten zurückgeht, etwa weil er die Anreise von einem auswärtigen Wohnort ablehnt. In diesen Fällen kann ein Vermerk in die Urkunde aufgenommen werden. **716**

Formulierungsbeispiel: Vollmachtlose Vertretung eines Verbrauchers	717

Herr … wird auf seinen ausdrücklichen Wunsch bei der heutigen Beurkundung vollmachtlos vertreten. Er bestätigt durch seine Nachgenehmigung, von dem Notar vor der heutigen Beurkundung den Vertragsentwurf erhalten zu haben mit der Aufforderung, von ihm gewünschte Änderungen mitzuteilen und eine telefonische Beratung des Notars in Anspruch zu nehmen.
Herr … hat mit Schreiben vom … bestätigt, dass er mit dem Inhalt des Vertrages und seiner vollmachtlosen Vertretung bei der Beurkundungsverhandlung einverstanden ist.

Eine vollmachtlose Vertretung des Verbrauchers ist zulässig, wenn hierfür ein sachlicher Grund (auswärtiger Wohnort, Krankenhausaufenthalt) gegeben ist und das zu beurkundende Rechtsgeschäft eine besondere persönliche Beratung und Belehrung dieses Vertragsteils nicht erfordert (was regelmäßig beim Bauträgervertrag nicht der Fall ist). **718**

X. Miteigentümervereinbarung, § 1010 BGB

719 Erwerben mehrere Käufer ein Grundstück zu Bruchteilen (§ 741 BGB), können sie nach § 745 BGB die Verwaltung und Benutzung regeln und/oder nach § 749 II BGB das Recht, die Aufhebung der Gemeinschaft zu verlangen, für immer oder auf Zeit ausschließen. Haben die Miteigentümer eines Grundstücks die Verwaltung und Benutzung geregelt oder das Recht, die Aufhebung der Gemeinschaft zu verlangen, ausgeschlossen, so wirkt die getroffene Bestimmung gegen den Sondernachfolger eines Eigentümers nur, wenn sie als Belastung des Anteils im Grundbuch eingetragen ist (§ 1010 I BGB).

> **Praxishinweis Steuern:**
>
> Diese Vereinbarungen finden auch steuerlich Anerkennung, vgl. *FG München* MittBayNot 2008, 77.

720 Die Vereinbarung kann zugunsten eines von mehreren, aber auch zugunsten aller anderen Miteigentümer getroffen und eingetragen werden, jedoch nicht zugunsten eines Dritten. Typische Beispiele für eine Vereinbarung im vorgenannten Sinne sind ein Wegegrundstück oder ein Grundstück, das als Garagenhof oder Grünfläche genutzt wird und neben dem Hausgrundstück von mehreren Käufern zu Bruchteilen erworben wird. Kaufen zwei Käufer ein Zweifamilienhaus, das nicht in Wohnungseigentum aufgeteilt werden soll, werden sie eine Nutzungsvereinbarung in der Weise treffen, dass jeweils ein Käufer das Nutzungsrecht an einer Wohnung erhält.

721 **Eintragungsfähig** ist die Vereinbarung der Miteigentümer eines Grundstücks, mit der das Recht, die jederzeitige Aufhebung der Gemeinschaft zu verlangen, ausgeschlossen wird (möglich ist auch der Ausschluss für bestimmte Zeit, *BayObLG* DNotZ 1999, 1011), auch die Vereinbarung, nach der die Benutzung des Hauses nach Stockwerken und Räumen, des Gartens etc. in der Weise geregelt ist, dass jeweils einem Miteigentümer die ausschließliche Nutzung zusteht. Bei einem gemeinschaftlichen Grünflächengrundstück kann eine anderweitige Nutzung ausgeschlossen werden.

722 **Nicht eintragungsfähig** sind Vereinbarungen, nach denen das Recht, die Aufhebung der Gemeinschaft aus wichtigem Grund zu verlangen, ausgeschlossen wird; eine Vereinbarung über die Kostentragung (str., *LG Köln* MittRhNotK 1984, 104; Palandt/*Bassenge* § 1010 Rn. 3; a. A. *LG Traunstein* MittBayNot 1978, 157); Vereinbarungen über die Durchführung der Teilung des Grundstücks (*OLG Köln* DNotZ 1971, 373; *OLG Frankfurt* Rpfleger 1976, 397); Absicherung eines Bebauungsrechts (DNotI-Report 1997, 33).

723 Belastungsgegenstand kann nur der Anteil eines Miteigentümers sein; die Vereinbarung kann daher erst mit Eigentumsumschreibung auf den Bruchteilseigentümer erfolgen. Die Eintragungsbewilligung muss den zu belastenden Anteil, den Berechtigten und die als Belastung einzutragende Verwaltungs- und/oder Nutzungsregelung und/oder den vereinbarten Ausschluss des Aufhebungsrechts bestimmt bezeichnen. Zur Bezeichnung des Berechtigten genügt die Angabe „zugunsten der jeweiligen Eigentümer der übrigen Miteigentumsanteile des Grundstücks". Formulierungsbeispiel für eine umfassende Vereinbarung der Eigentümer eines Zweifamilienhauses bei *Schöner/Stöber*, Rn. 1459.

5. Teil. Kaufverträge mit Besonderheiten in der Person des Verkäufers oder des Käufers A I

> **Formulierungsbeispiel: Parkplatzgrundstück** 724
>
> Die Miteigentümer des im Grundbuch des Amtsgerichts ... von ... Blatt ... eingetragenen Grundstücks Flur ... Flurstück ... schließen das Recht, die Aufhebung der Gemeinschaft zu verlangen, für immer aus, es sei denn aus wichtigem Grund.
> Die Miteigentümer regeln die Benutzung des Grundstücks in der Weise, dass dem Miteigentümer ... das ausschließliche Nutzungsrecht als PKW-Stellplatz an der Grundstücksfläche zusteht, die im beigefügten Plan rot umrandet ist, dem Miteigentümer ... usw.
> Jeder Miteigentümer bewilligt und beantragt, in das Grundbuch als Belastung seines Anteils zugunsten der jeweiligen Miteigentümer den Ausschluss des Rechts, die Aufhebung der Gemeinschaft zu verlangen, und die Benutzungsregelung einzutragen.
> Der Lageplan wurde den Beteiligten zur Durchsicht vorgelegt.

6. Teil. Kaufverträge mit Besonderheiten bei der Kaufpreiszahlung

I. Übernahme von Darlehensverbindlichkeiten des Verkäufers in Anrechnung auf den Kaufpreis

725 Die Übernahme eines auf dem Kaufgrundstück durch Grundpfandrecht gesicherten Darlehens in Anrechnung auf den Kaufpreis („Schuldübernahme": *Ogilvie* MittRhNotK 1990, 145 ff.; *Krauß* Rn. 1059 ff.) kann im Interesse sowohl des Verkäufers als auch des Käufers liegen. Bei langer Restlaufzeit des Darlehens spart der Verkäufer eine u. U. beträchtliche Vorfälligkeitsentschädigung (der Käufer zahlt allerdings einen höheren als den aktuellen Zins); der Käufer spart die Kosten einer Neufinanzierung (Wertgutachten, Notar- und Gerichtskosten). Beim Kauf eines Erbbaurechts entfällt die Zustimmung des Grundstückseigentümers zur Belastung des Grundstücks (und etwa erforderliche Vorrangseinräumungserklärungen). Von dieser Fallgestaltung zu unterscheiden ist die in der Praxis weit häufigere Übernahme einer Grundschuld durch den Käufer, die nicht mehr valutiert, oder deren gesicherte Darlehnsverbindlichkeit des Verkäufers abgelöst wird (vgl. unter II), zur „Neuvalutierung". *Amann* (MittBayNot 2002, 245) rät zu einer allgemein gefassten Verpflichtung zur Freistellung des Verkäufers statt einer Schuldübernahme, um so dem Käufer die spätere Entscheidung zu überlassen, ob er mit dem Gläubiger eine befreiende Schuldübernahme vereinbart oder die Verbindlichkeit tilgt und den Kaufpreis finanziert.

726 Wird die Schuldübernahme zwischen Verkäufer und Käufer vereinbart, hängt ihre Wirksamkeit von der Genehmigung des Gläubigers ab (§ 415 I 1 BGB). Nach § 416 BGB kann der Gläubiger die Schuldübernahme nur genehmigen, wenn der Käufer sie ihm mitteilt; die Mitteilung kann erst erfolgen, wenn der Käufer als Eigentümer im Grundbuch eingetragen ist. Die gesetzliche Regelung und der Umstand, dass keine Bank unbesehen einen guten Schuldner gegen einen schlechten tauscht, sollte für den Notar Anlass sein, den Beteiligten zu raten, vor der Beurkundung des Kaufvertrages die Schuldübernahme mit der Bank abzustimmen, und die Zustimmung des Gläubigers nur nach § 415 BGB, nicht nach § 416 BGB einzuholen.

727 **Checkliste zur Schuldübernahme**

(1) Stellt die Bank die Genehmigung zur Schuldübernahme zu den bisherigen Konditionen in Aussicht?
(2) Wie hoch sind die Zinsen? In welcher Höhe fällt eine Bearbeitungsgebühr an?
(3) Verlangt die Bank im Zusammenhang mit der Schuldübernahme ein persönliches Schuldanerkenntnis mit Zwangsvollstreckungsunterwerfung? Das ist regelmäßig der Fall. Es löst allerdings zusätzliche Notarkosten aus, da es sich um einen gem. § 110 Nr. 2a GNotKG verschiedenen Beurkundungsgegenstand handelt.
(4) Erteilt die Bank Löschungsbewilligung für den nicht mehr valutierenden letztrangigen Teilbetrag des Grundpfandrechts?
(5) Wie hoch ist der Schuldenstand zum Übernahmestichtag?
(6) Ist die Bank bereit, einem weiteren Finanzierungsgrundpfandrecht des Käufers (der Gläubiger verlangt erstrangige Eintragung) den Vorrang einzuräumen?

728 Eine Amtspflicht des Notars, mit den Beteiligten die Frage zu erörtern, ob der Gläubiger der Schuldübernahme zustimmen wird, besteht grundsätzlich nicht (*KG* DNotZ 1972, 250).

6. Teil. Kaufverträge mit Besonderheiten bei der Kaufpreiszahlung   A I

Ist diese Frage bei Abschluss des Kaufvertrages nicht oder nicht vollständig geklärt, sollte im Vertrag vorsorglich dem Fall Rechnung getragen werden, dass die Bank die Schuldübernahme nicht genehmigt und das Darlehen aus Anlass der Veräußerung des Grundstücks fristlos kündigt (fristlose Kündigung ist zulässig, *BGH* DNotZ 1980, 475). Ist für den Käufer entscheidend, dass er das zinsgünstige Darlehen übernehmen kann, sollte ihm für den Fall der Nichterteilung der Genehmigung ein Rücktrittsrecht vorbehalten werden, andernfalls ist er zu verpflichten, das Darlehen in Anrechnung auf den Kaufpreis abzulösen. 729

Wird die Genehmigung zu der im Grundstückskaufvertrag unter Anrechnung auf den Kaufpreis vereinbarten Übernahme einer durch Grundpfandrecht gesicherten Darlehensverbindlichkeit des Verkäufers vom Gläubiger verweigert, so ist entgegen der Auslegungsregel des § 415 III BGB eine bloße Erfüllungsübernahme auch dann nicht gewollt, wenn Verkäufer und Käufer für diesen Fall zwar keine ausdrückliche anderweitige Regelung getroffen haben, jedoch aus dem Vertrag hervorgeht, dass der Käufer das Risiko eines Scheiterns der Schuldübernahme tragen soll (*BGH* DNotZ 1992, 27). Dieses Ergebnis fordert das Interesse des Verkäufers, der bei verweigerter Genehmigung allein durch die Ablösung des Darlehens aus dem Kaufpreis Befreiung von seiner Verbindlichkeit erhält. 730

Umstritten ist, ob auf die zwischen dem Veräußerer als Altschuldner und dem Erwerber als Übernehmer vereinbarte Schuldübernahme §§ 506 ff. BGB entsprechend anwendbar sind. Dies wird überwiegend verneint (*OLG Düsseldorf* MittBayNot 2001, 313; *Kurz* DNotZ 1997, 552; *Volmer* WM 1999, 212). Anders als bei der Schuldübernahme nach § 414 BGB oder einer Vertragsübernahme durch dreiseitige Vereinbarung unter Einbeziehung des Gläubigers (insoweit bejahend *BGH* NJW 1999, 2664) besteht bei der privaten Schuldübernahme nach § 415 BGB nur ein Vertrag zwischen Altschuldner und Übernehmer, auf den die Vorschriften der §§ 491 ff. BGB mangels Kreditgebereigenschaft des Altschuldners nicht analog angewendet werden können. Etwas anderes gilt, wenn die Schuldübernahme auf der Initiative des Kreditgebers beruht. Dies ist aber bei der Übernahme einer durch Grundpfandrecht gesicherten Schuld nach § 416 BGB regelmäßig nicht der Fall. 731

Dagegen sind die vorgenannten Vorschriften auf den **Schuldbeitritt** (Schuldmitübernahme) zu einem Kreditvertrag entsprechend anwendbar (*BGH* DNotZ 1998, 29; NJW 2000, 3133; 2006, 431), auch auf eine befreiende Schuldübernahme durch Vertrag zwischen Kreditgeber und Neuschuldner gemäß § 414 BGB. Die Entlassung eines Gesamtschuldners aus der Mithaft fällt dagegen nicht unter diese Vorschriften. 732

Formulierungsbeispiel: Befreiende Schuldübernahme   733

Kaufpreis

1. Der Kaufpreis beträgt 200.000,– EUR (in Worten: zweihunderttausend EUR).

2. Der Käufer übernimmt in Anrechnung auf den Kaufpreis folgende Darlehnsverbindlichkeiten des Verkäufers mit den Grundpfandrechten nach dem Inhalt der die Grundpfandrechte und die persönlichen Forderungen betreffenden Urkunden mit den Zinsen und allen sonstigen Nebenleistungen vom … an:

   a) 38.800,– EUR restliche Schuld gegenüber der A-Bank, die der Hypothek Abt. III Nr. 1 zugrunde liegt, verzinslich mit 7 % jährlich,

   b) 98.700,– EUR restliche Schuld gegenüber der B-Bank, gesichert durch die Grundschuld Abt. III Nr. 2 zu 100.000,– EUR nebst 18 % Zinsen jährlich und einer einmaligen Nebenleistung von 10 % des Grundschuldkapitals.

▼ Fortsetzung: **Formulierungsbeispiel: Befreiende Schuldübernahme**

> Soweit die übernommenen Verbindlichkeiten zusätzlich durch ein abstraktes Schuldanerkenntnis oder Schuldversprechen gesichert sind, übernimmt der Käufer auch diese Verbindlichkeiten im Nennbetrag des jeweiligen Grundpfandrechts und seiner Nebenleistungen. Der Käufer unterwirft sich wegen der übernommenen Zahlungsverbindlichkeiten der sofortigen Zwangsvollstreckung aus dieser Urkunde. Mehrere Käufer haften als Gesamtschuldner. Dem Gläubiger kann jederzeit ohne Nachweis der das Entstehen und die Fälligkeit der Forderung begründenden Tatsachen eine vollstreckbare Ausfertigung dieser Urkunde erteilt werden.
> Die angeführten Beträge beruhen auf den Angaben der Beteiligten. Sollte sich herausstellen, dass die übernommenen Verbindlichkeiten am Tage der Übernahme höher oder niedriger als hier angegeben sind, so haben die Beteiligten den Differenzbetrag unmittelbar untereinander auszugleichen, sobald die tatsächliche Höhe feststeht, jedoch nicht vor Fälligkeit des Restkaufpreises.
> Der Notar hat den Verkäufer darauf hingewiesen, dass er bis zur Genehmigung der Schuldübernahme den Gläubigern weiter haftet. Der Notar wird beauftragt, die Genehmigung zur Schuldübernahme einzuholen. Die Entscheidung ist den Beteiligten selbst mitzuteilen; eine Abschrift wird an den Notar erbeten. Der Käufer verpflichtet sich, bis zur Erteilung der Genehmigung den Verkäufer von jeder Inanspruchnahme der Gläubiger im Innenverhältnis freizustellen; Zahlungen an die Gläubiger erfolgen auf eigene Verbindlichkeit des Käufers. Sollte ein Gläubiger aus Anlass der Schuldübernahme einmalige Leistungen fordern, so gehen diese zu Lasten des Käufers.
> Sollte ein Gläubiger die Genehmigung der Schuldübernahme versagen oder das Darlehen aus Anlass der Veräußerung kündigen, so hat es der Käufer aus dem Kaufpreis abzulösen. Eine dabei anfallende Vorfälligkeitsentschädigung und sämtliche mit der Ablösung verbundenen Kosten gehen zu Lasten des Verkäufers.
> Anteilige Eigentümerrechte und sonstige Ansprüche, die durch Tilgung oder aus anderen Gründen bis zur Eigentumsumschreibung entstehen, tritt der Verkäufer mit dem Tage der Eigentumsumschreibung an den Käufer im angegebenen Erwerbsverhältnis ab, einschließlich aller zur Durchführung der Abtretung erforderlichen Hilfsansprüche.
>
> 3. Der restliche Kaufpreis in Höhe von ... EUR ist fällig ...
> 4. Der Notar wird angewiesen, die Eigentumsumschreibung erst zu veranlassen, wenn ihm die Zahlung des Restkaufpreises nachgewiesen ist und die Gläubiger entweder die Schuldübernahme genehmigt oder schriftlich zugesichert haben, die Schuldübernahme nach Mitteilung über die Eigentumsumschreibung zu genehmigen. Wird die Genehmigung versagt oder das Darlehen gekündigt, so darf die Eigentumsumschreibung erst nach vollständiger Ablösung der Darlehnsverbindlichkeit des Verkäufers erfolgen.

734 Notwendig ist die Angabe eines **Datums**, zu dem die Schuldübernahme erfolgt. Dieser Zeitpunkt sollte so gewählt werden, dass auch die Voraussetzungen für die Fälligkeit des bar zu zahlenden Kaufpreisteils mit großer Sicherheit vorliegen. Beurkundungspflichtig ist die Schuldübernahme als solche; eine Mitbeurkundung des Darlehnsvertrages oder der Grundschuldbestellungsurkunde ist nicht erforderlich (*BGH* NJW 1994, 1347). Da die Urkunde Vollstreckungstitel für den Gläubiger ist, muss sie alle für die Vollstreckung maßgeblichen Angaben enthalten. Da das abstrakte Schuldanerkenntnis des Käufers in aller Regel dem Nennbetrag des Grundpfandrechts und der Höhe der eingetragenen Zinsen und Nebenleistungen entspricht, sind diese Angaben aus dem Grundbuch zu übernehmen (vgl. *Ogilvie* MittRhNotK 1990, 145).

735 Da die Schuldübernahme abstrakt ist (vgl. § 417 II BGB), wird vorgeschlagen, zur Sicherung des Käufers ausdrücklich zu bestimmen, dass die Schuldübernahme „rückwirkend ihre Wirksamkeit (auflösende Bedingung) verliert, wenn dieser Vertrag in anderer Weise als durch einverständliche Aufhebung seine Wirksamkeit verlieren und der Käufer deshalb nicht als Eigentümer in das Grundbuch eingetragen werden sollte". Das – richtige – Ergebnis ergibt sich m. E. bereits aus § 139 BGB, da sich die Gesamtnichtigkeit des Kaufvertrages bei einer Schuldübernahme „in Anrechnung auf den Kaufpreis" auch auf den Übernahmevertrag erstreckt. Zudem wird in aller Regel die Genehmigung erst nach Eigentumsumschreibung erteilt.

Unverzichtbar ist die **Abtretung der Eigentümerrechte** und der sonstigen Ansprüche, die durch Tilgung oder aus anderen Rechtsgründen bis zur Eigentumsumschreibung entstehen, da sie andernfalls beim Verkäufer verbleiben (und von seinen Gläubigern gepfändet werden können). Die Abtretung erfolgt unter der aufschiebenden Bedingung der vertragsgerechten Eigentumsumschreibung. Es wird vorgeschlagen (*Ogilvie* a. a. O., S. 149, 150 und Formulierungsvorschlag S. 157, 158), bei der Schuldübernahme eine Verpflichtung von Verkäufer und Käufer aufzunehmen, „zusammen mit dem Gläubiger Sicherungszweckerklärungen so zu ändern, dass zukünftig nur noch Verbindlichkeiten des Erwerbers gesichert werden". M. E. liegt in der Genehmigung der Schuldübernahme zwingend das Einverständnis des Gläubigers mit der Änderung des Sicherungsvertrages (vgl. hierzu auch *BGH* DNotZ 1992, 35). Der Gläubiger darf auch nicht mehr aus dem persönlichen Schuldanerkenntnis gegen den Verkäufer vorgehen (DNotI-Report 2003, 121).

II. Übernahme von Grundschulden (ohne gesicherte Darlehen)

Die Übernahme eines Grundpfandrechts gegen Ablösung der Verbindlichkeiten des Verkäufers ist praktisch nur bei der Grundschuld sinnvoll. Sie kommt in aller Regel dann in Betracht, wenn der Käufer den Kaufpreis mit dem eingetragenen Grundschuldgläubiger finanziert (ansonsten Abtretung an den Finanzierungsgläubiger). Verkäufer und Käufer haben regelmäßig allein aus Kostengründen (Ersparnis der Kosten der Löschung und der Neubestellung einer Grundschuld) ein Interesse an der Übernahme einer Grundschuld. Gleichwohl sollte der Notar grundsätzlich nicht dazu raten, zumal die Kostenersparnis gering ist. Für das von der Bank geforderte Schuldanerkenntnis (mit Zwangsvollstreckungsunterwerfung) des Käufers fällt in jedem Fall eine 1,0-Gebühr an, vgl. §§ 94 I, 110 Nr. 2a GNotKG. Die Übernahme der Grundschuld verlangt neben der Abtretung der Rückgewähransprüche und Eigentümerrechte insbesondere eine Änderung des Sicherungsvertrages, da andernfalls der Bank die Grundschuld auch nach Ablösung des Verkäuferdarlehns weiterhin als Sicherheit für alle Forderungen gegen den Verkäufer dient (*Pfeifer* ZNotP 1999, 117). Die Übernahme einer Grundschuld (ohne die gesicherte Verbindlichkeit) fällt nicht unter §§ 506 ff. BGB (wohl aber der abzuschließende Verbraucherdarlehensvertrag).

Formulierungsbeispiel: Grundschuldübernahme zur Neuvalutierung
Der Käufer übernimmt die in Abteilung III unter Nr. 1 eingetragene Grundschuld der A-Bank im Betrage von 800.000,– EUR nebst 18 v. H. Zinsen jährlich, jedoch ohne die gesicherte Darlehensverbindlichkeit des Verkäufers, die aus dem Kaufpreis abzulösen ist. Der Käufer wird den Kaufpreis teilweise über ein Darlehen der A-Bank finanzieren. Er erkennt an, der Gläubigerin einen Betrag in Höhe der Grundschuldsumme nebst 18 vom Hundert Zinsen jährlich seit dem heutigen Tage zu schulden (abstraktes Schuldanerkenntnis i. S. d. § 780 BGB) und unterwirft sich insoweit der sofortigen Zwangsvollstreckung aus dieser Urkunde in sein gesamtes Vermögen. Der Gläubigerin soll sofort eine vollstreckbare Ausfertigung dieser Urkunde erteilt werden. Die Grundschuld der A-Bank soll künftig zur Sicherung von Verbindlichkeiten des Käufers verwendet werden. Rechte des Eigentümers an dieser Grundschuld werden hiermit mit Wirkung ab Eigentumsumschreibung auf den Käufer übertragen. Entsprechende Grundbucheintragung wird bewilligt.

▼ Fortsetzung: **Formulierungsbeispiel: Grundschuldübernahme zur Neuvalutierung**

Zur weiteren Verwendung der Grundschuld treffen die Beteiligten die nachfolgenden Vereinbarungen, auch namens der A-Bank vorbehaltlich deren Bestätigung:

1. Ansprüche auf Rückgewähr der Grundschuld richten sich ab sofort nur auf Löschung, nicht auf Abtretung oder Verzicht. Die A-Bank gibt dem Notar die Beträge bekannt, welche aus dem Kaufpreis auf die bisher durch die Grundschuld gesicherten Verbindlichkeiten des Verkäufers zu zahlen sind.
2. Mit Zahlung der unter 1. genannten Beträge treten ohne weiteres Zutun der Beteiligten folgende Wirkungen ein:
   a) Der Käufer tritt an Stelle des Verkäufers in den Sicherungsvertrag ein.
   b) Der Sicherungsvertrag wird dahingehend geändert, dass die Grundschuld nur noch Verbindlichkeiten des Käufers gegenüber der A-Bank aus Darlehen zur Finanzierung des Kaufpreises und aus sonstiger Geschäftsverbindung sichert. Im Interesse des Verkäufers gilt bis zur Bezahlung des Kaufpreises, längstens bis zur Eigentumsumschreibung, hierfür die Einschränkung, dass die A-Bank die Grundschuld nur insoweit als Sicherheit für Verbindlichkeiten des Käufers verwerten oder behalten darf, als sie tatsächlich Zahlungen mit Tilgungswirkung auf die Kaufpreisschuld des Käufers geleistet hat.
3. Der Notar wird beauftragt, bei der A-Bank eine schriftliche Bestätigung einzuholen, dass sie den unter 1. und 2. getroffenen Vereinbarungen zustimmt und nach Ablösung der Verbindlichkeit des Verkäufers die vorbezeichnete Grundschuld ausschließlich der Sicherung von Forderungen gegen den Käufer dient und sie mit der Grundschuld nur nach Weisung des Käufers verfahren wird.

739 Bei den Voraussetzungen für die Kaufpreisfälligkeit (bzw. für die Auszahlung des Kaufpreises vom Anderkonto) ist zu ergänzen:

740 **Formulierungsbeispiel: Nichtvalutierungserklärung bei Kaufpreishinterlegung**

Weitere Voraussetzung für die Fälligkeit des Kaufpreises ist die Bestätigung der A-Bank mit dem vorstehend vereinbarten Inhalt unter Bekanntgabe der abzulösenden Verbindlichkeiten des Verkäufers.

III. Stundung eines Kaufpreisteils mit Sicherung durch Restkaufpreishypothek

741 Diese Vertragsgestaltung hat aus guten Gründen kaum praktische Bedeutung. Der Verkäufer ist regelmäßig nicht bereit, über einen längeren Zeitraum einen Teil des Kaufpreises zu stunden. Wird das Eigentum auf den Käufer umgeschrieben und der gestundete Kaufpreisteil bei Fälligkeit nicht gezahlt, kann der Verkäufer zwar vom Vertrag zurücktreten, er erhält aber, wenn der Käufer den bereits gezahlten Kaufpreisteil finanziert hat, mit Grundpfandrechten belastetes Eigentum zurück (möglicherweise auch noch belastet mit seiner Hypothek im Range nachgehenden Sicherungshypotheken). Der Verkäufer ist regelmäßig nicht daran interessiert, über die Zwangsversteigerung des Grundstücks sein Geld zu bekommen. In Einzelfällen ist zu empfehlen, den Anspruch des Verkäufers auf Rückübereignung nach Rücktritt durch Eintragung einer Vormerkung zu sichern.

742 Die Vertragsgestaltung sollte daher nur gewählt werden, wenn ein Kaufpreisteil für längere Zeit gestundet wird und/oder in laufenden Raten zu zahlen ist. Wünscht der Käufer die Stundung eines Kaufpreisteils für einen kürzeren Zeitraum, sollte statt der sofortigen Eigentumsumschreibung mit Eintragung einer Restkaufpreishypothek richtiger die Eigentumsumschreibung bis zur vollständigen Kaufpreiszahlung ausgesetzt werden („Vorlagesperre").

Bei einer langfristigen Stundung eines Kaufpreisteils ist die Grundschuld der Hypothek vorzuziehen. Als Inhalt der Grundschuld zugunsten des Verkäufers ist zu vereinbaren, dass sie nur mit Zustimmung des Käufers abgetreten werden kann. Bei Fälligkeit des Restkaufpreises kann die Grundschuld Zug um Zug gegen Zahlung an die finanzierende Bank abgetreten werden (gegen Aufhebung der Abtretungsbeschränkung). Hierdurch werden die Kosten für die Löschung der Restkaufpreishypothek und Neueintragung der Finanzierungsgrundschuld gespart. 743

Praxishinweis Steuern:
Zu den grunderwerbsteuerlichen Folgen einer Kaufpreisstundung vgl. *BFH* BStBl. 1989 II 576; zum Umkehrfall einer vorzeitigen Kaufpreiszahlung vgl. *FG Berlin* EFG 2005, 556 = DStRE 2006, 558.

IV. Verrentung des Kaufpreises

Der Grundstückskauf gegen Zahlung einer lebenslänglichen Rente (*Krauß* Rn. 1048 ff.; Gesamtvertragsmuster Rn. 3906) kann eine für beide Vertragsteile interessengerechte Vertragsgestaltung sein („Verflüssigung des Betongoldes"), allerdings sind gerade hier bei Verträgen unter Familienfremden häufig unlautere Absichten des Käufers im Spiel. Älteren Leuten, denen die Verwaltung ihres Mietshauses zur Last fällt, werden die Vorzüge einer „sicheren Altersversorgung" gerühmt, allerdings gegen Zahlung einer Leibrente, die gemessen am Verkehrswert des Grundbesitzes und dem Lebensalter der Berechtigten viel zu niedrig festgesetzt werden soll. Wird der Hinweis nicht aufgegriffen, zunächst ein Sachverständigengutachten über den Verkehrswert des Grundbesitzes einzuholen, sollte der Notar in der Urkunde vermerken, dass er sich an der Ermittlung der Höhe der Rente nicht beteiligt hat. 744

Bei der Beratung der Beteiligten wird der Notar auch darauf hinweisen, dass der Kauf gegen Zahlung einer lebenslänglichen Rente sowohl für den Verkäufer als auch für den Käufer ein Risikogeschäft ist. Stirbt der Verkäufer kurz nach Vertragsschluss, hat der Käufer ein gutes Geschäft gemacht, die Erben des Verkäufers gehen leer aus. Schlägt der Verkäufer der „Sterbetafel" ein Schnippchen, zahlt der Käufer mehr, als das Grundstück wert ist. Diese Risiken können gemildert werden, wenn die Leibrente mit einer Zeitrente kombiniert wird (Rente auf Lebenszeit des Verkäufers, mindestens aber für die Dauer von zehn Jahren) oder die Dauer der Rentenzahlung zeitlich begrenzt wird oder ab einem bestimmten Zeitpunkt gekürzt wird. 745

Die Höhe der Rente ist nach dem Verkehrswert des Grundstücks, dem Lebensalter des Berechtigten und der Zahl der Berechtigten (Eheleute als Gesamtgläubiger) und dem so genannten Rechnungszins zu bemessen; zu berücksichtigen ist ferner der Wert eines etwa vorbehaltenen Wohnungsrechtes. 746

Zur Verrentung von Kaufpreisen vgl. *Heubeck* DNotZ 1978, 643; 1985, 469, 606; *Schöner/Stöber* Rn. 3241 ff. (mit Sterbetafel, Verrentungstabellen und weiteren Hinweisen). 747

Rentenansprüche sind durch Vereinbarung einer Wertsicherungsklausel und durch Eintragung einer Reallast (möglichst erstrangig) im Grundbuch zu sichern; ggf. kombiniert mit einer nachrangigen Grundschuld, aus der vorgegangen wird, um etwaige rückständige Einzelraten beizutreiben, ohne das Stammrecht der Reallast zu verlieren (vgl. *Oppermann* RNotZ 2004, 90 und Kap. A V. Rn. 423 ff.). 748

Für den Verkäufer sollte ein vertragliches Rücktrittsrecht vorgesehen werden, falls der Käufer trotz Mahnung mit der Zahlung der Rente in Verzug gerät; der bedingte Anspruch auf Rückübereignung muss durch eine Vormerkung (im Rang vor der Reallast) 749 gesichert werden. Es sollte festgelegt werden, ob und inwieweit dem Käufer Erstattungsansprüche für bereits erbrachte Rentenzahlungen zustehen (in der Regel sind diese ausgeschlossen), falls der Verkäufer das Rücktrittsrecht ausübt.

750 Formulierungsbeispiel: Leibrentenverpflichtung

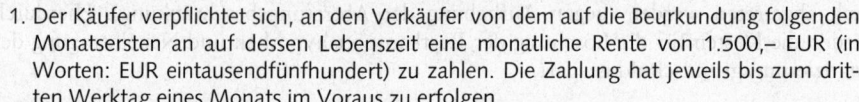

1. Der Käufer verpflichtet sich, an den Verkäufer von dem auf die Beurkundung folgenden Monatsersten an auf dessen Lebenszeit eine monatliche Rente von 1.500,– EUR (in Worten: EUR eintausendfünfhundert) zu zahlen. Die Zahlung hat jeweils bis zum dritten Werktag eines Monats im Voraus zu erfolgen.
Ändert sich künftig der vom Statistischen Bundesamt ermittelte Verbraucherpreisindex für Deutschland gegenüber dem Index für den Monat der Beurkundung um 5 % (nicht: Punkte), so erhöht oder vermindert sich die Rente vom Beginn des folgenden Monats an unter Berücksichtigung der gesamten prozentualen Veränderung in dem gleichen Verhältnis. Jede Indexveränderung um erneut 5 % führt sodann erneut zu einer Veränderung der Rente.
2. Zur Sicherung der vorstehend begründeten Zahlungsverpflichtung in Höhe des Ausgangsbetrags von 1.500,– EUR monatlich und der durch die Änderung des Lebenshaltungskostenindex ausgelösten Änderungen dieses Ausgangsbetrages bestellt der Käufer eine entsprechende Reallast zugunsten des Verkäufers am übertragenen Grundbesitz.
3. Der Käufer unterwirft sich wegen der von ihm übernommenen Verpflichtung zur Zahlung der Leibrente in Höhe von 1.500,– EUR monatlich der sofortigen Zwangsvollstreckung in sein gesamtes Vermögen und aus der Reallast in den Grundbesitz.
Der Notar wird angewiesen, vollstreckbare Ausfertigung zu erteilen, ohne dass es des Nachweises der die Vollstreckbarkeit begründenden Tatsachen bedarf.
4. Kommt der Käufer mit der Zahlung der Rente trotz Mahnung des Verkäufers länger als zwei Monate in Verzug, ist der Verkäufer zum Rücktritt vom heutigen Kaufvertrag berechtigt. Der Rücktritt ist durch Einschreiben/Rückschein gegenüber dem Käufer zu erklären. Im Falle des Rücktritts sind die bis dahin gezahlten Rentenbeträge nicht an den Käufer zu erstatten. Zur Sicherung des bedingten Anspruchs des Verkäufers auf Eigentumsübertragung bewilligt und beantragt der Käufer die Eintragung einer Vormerkung in das Grundbuch, im Rang vor der Reallast.
5. Die Beteiligten bewilligen und beantragen die Eintragung der Reallast mit Rang nach der Vormerkung (Rangbestimmung) in das Grundbuch. Die Beteiligten bestimmen gemäß § 16 II GBO, dass die Eintragung des Eigentumswechsels nicht ohne die Eintragung der Reallast und der Vormerkung erfolgen darf. Der Reallast und der Vormerkung dürfen in Abteilung II und III des Grundbuchs keine Rechte vorgehen.

Praxishinweis Steuern:

Die Beteiligten sollte dringend aufgefordert werden, sich wegen der steuerlichen Auswirkungen der Rentenvereinbarung beraten zu lassen. Maßgeblich für die steuerliche Behandlung sind insbesondere die im BMF-Schreiben vom 11.3.2010, BStBl. I, 227 (sog. Vierter Rentenerlass), unter Tz. 69 ff. niedergelegten Grundsätze. Sofern die Immobilie steuerlich verstrickt ist (Betriebsvermögen, Spekulationsfrist) stellt der Rentenbarwert bzw. – bei Privatvermögen – der in den Rentenzahlungen enthaltene Tilgungsanteil die Gegenleistung dar, die ggf. zur Annahme eines steuerpflichtigen Veräußerungserlöses führt. Beim Erwerber ergeben sich aus diesem Rentenbarwert die (ggf. abschreibungsfähigen) Anschaffungskosten. Unabhängig davon enthalten die Rentenzahlungen einen – nach der Tabelle in § 22 I Nr. 1 S. 3 lit. a) bb) S. 4 EStG zu bestimmenden – Ertragsanteil, der beim Rentenbezieher steuerpflichtig ist, vom Erwerber eines Vermietungsobjektes aber als Werbungskosten geltend gemacht werden kann.

7. Teil. Kaufpreisabwicklung über Notaranderkonto

Literatur: *Brambring*, Das „berechtigte Sicherungsinteresse" als Voraussetzung für notarielle Verwahrungstätigkeit, DNotZ 1999, 381; *ders.*, Widerruf notarieller Verwahrungsanweisung, ZfIR 1999, 333; *Franken*, Rechtsprobleme nach Kaufpreishinterlegung auf Notaranderkonto beim Grundstückskauf, RNotZ 2010, 597; *Hertel*, Verwahrung auf Notaranderkonto nach der Neuregelung des Beurkundungsgesetzes, ZNotP Beilage 3/98; *Tönnies*, Kaufpreisabwicklung über Notaranderkonto – gem. § 54a II Nr. 1 BeurkG ein Auslaufmodell, ZNotP 1999, 419; *Weingärtner*, Berechtigtes Sicherungsinteresse i. S. des § 54a II BeurkG, DNotZ 1999, 393.

I. Beratungs-Checkliste

Beratungs-Checkliste 751

(1) Zulässigkeit der Verwahrung
   (a) Besteht ein besonderes berechtigtes Sicherungsinteresse? (Rn. 735 ff.)
   (b) Kann diesem Interesse nur mit Verwahrung oder jedenfalls deutlich besser mit als ohne Verwahrung entsprochen werden? (Rn. 753 ff.)
(2) Erforderlichkeit bzw. Nützlichkeit der Verwahrung
   (a) Ist es möglich, den oder die Gläubiger des Verkäufers mit Eigen- und Fremdmitteln des Käufers aus einer Hand (durch eine Bank) zu befriedigen? (Rn. 774)
   (b) Kann der Verkäufer vor den Risiken einer Finanzierungsvollmacht durch Vereinbarung einer eingeschränkten Sicherungsabrede geschützt werden? (Rn. 776)
   (c) Kann der Verkäufer vor den Risiken einer vor Kaufpreiszahlung erfolgenden Eintragung der Vormerkung durch Vereinbarung einer Löschungsvollmacht gesichert werden? (Rn. 782)
   (d) Sprechen vernünftige Gründe dafür, dass der Käufer schon vor Mitteilung der vom Notar zu überwachenden Fälligkeitsvoraussetzungen zahlt? (Rn. 785)
   (e) Soll Besitzübergang vor Vorliegen der üblichen Fälligkeitsvoraussetzungen erfolgen und kann dies nicht ohne Verwahrung, etwa durch Teilzahlung, bewerkstelligt werden? (Rn. 785).
   (f) Sprechen steuerliche Gründe für eine Verwahrung? (Rn. 794)
   (g) Besteht ein Bedürfnis für einen festen Zahlungstermin? (Rn. 797)
(3) Inhalt von Verwahrungsvereinbarung und Verwahrungsanweisung
   (a) Muss der Käufer hinterlegen oder ist es ihm freigestellt, ob er unmittelbar an den Verkäufer zahlt oder hinterlegt? (Rn. 832)
   (b) Soll zu einem bestimmten Zeitpunkt hinterlegt werden oder erst nach Vorliegen bestimmter Hinterlegungsvoraussetzungen? (Rn. 840)
   (c) Wem stehen die Verwahrungszinsen zu? (Rn. 846)
   (d) Wer trägt Bankkosten der Verwahrung? (Rn. 847)
   (e) Wer trägt Notarkosten der Verwahrung? (Rn. 848)
   (f) Sollen Löschungskosten aus dem verwahrten Betrag beglichen werden? (Rn. 849)
   (g) Steht zu erwarten, dass der Kaufpreis für längere Zeit auf dem Anderkonto verbleiben wird? Sollen die damit verbundenen Zinsnachteile durch eine Festgeldanlage verringert werden? (Rn. 852)
   (h) Kann der Notar den Eintritt der vereinbarten Auszahlungsvoraussetzungen selbst prüfen oder ist er, wie etwa bezüglich der Räumung des Grundbesitzes, auf eine Mitteilung durch Dritte angewiesen? (Rn. 866)
   (i) Bestehen konkrete Anhaltspunkte dafür, dass eine Auszahlungsvoraussetzung nicht eintreten könnte, und soll die Rückzahlung des verwahrten Betrages für diesen Fall konkret geregelt werden? (Rn. 868)

II. Die gesetzliche Regelung der Verwahrung (§§ 54a–54e BeurkG)

752   Der Gesetzgeber hat die Verwahrung in §§ 54a–54e BeurkG geregelt.

III. Zulässigkeit der Verwahrung. Besonderes berechtigtes Sicherungsinteresse i. S. v. § 54a II Nr. 1 BeurkG

753   Bis zur 2. Auflage dieses Handbuches richtete sich die Frage, ob Kaufpreisabwicklung über Notaranderkonto vorgenommen werden soll oder nicht, praktisch ausschließlich nach Zweckmäßigkeitserwägungen (s. u. Rn. 770). Eine gesetzliche Regelung dazu, wann eine Hinterlegung überhaupt zulässig ist, gab es hingegen nicht.

754   Dies ist seit 1998 anders. In den §§ 54a bis 54e BeurkG wurde das vorher nur in der DONot geregelte notarielle Verwahrungsverfahren gesetzlich kodifiziert. In § 54a BeurkG ist gesetzlich geregelt, unter welchen Voraussetzungen eine Verwahrung von Geld überhaupt zulässig ist. Entsprechend der früheren Regelung in § 11 DONot setzt die Verwahrung unverändert einen schriftlichen Verwahrungsantrag und eine schriftliche, gewisse Mindestvoraussetzungen enthaltende Verwahrungsanweisung voraus, die der Notar beide schriftlich annehmen muss (§ 54a II Nr. 2 und 3, IV, V BeurkG). Der Sache nach neu und daher im Folgenden eingehend zu untersuchen ist die in § 54a II Nr. 1 BeurkG enthaltene Regelung, durch die der Gesetzgeber nunmehr im Ergebnis der Kaufpreisabwicklung ohne Einschaltung eines Notaranderkontos (unmittelbare Kaufpreiszahlung nach Fälligkeitsmitteilung durch den Notar) den grundsätzlichen Vorrang gegenüber der Kaufpreisabwicklung über Notaranderkonto einräumt (s. dazu auch *Tönnies* ZNotP 1999, 419).

755   Zu der Frage, wann ein „berechtigtes Sicherungsinteresse" im Einzelfall anzunehmen ist, schweigt das Gesetz. Angesichts der zahlreichen, sich teilweise widersprechenden denkbaren Sicherungsinteressen der an einem Kaufvertrag beteiligten Personen hat der Gesetzgeber die Ausfüllung dieses unbestimmten Rechtsbegriffs im Einzelfall mit guten Gründen der Rechtsprechung überlassen. Wie noch im Einzelnen aufzuzeigen sein wird, ist der Versuch, einen abschließenden Positiv- oder Negativkatalog aufzustellen („Kaufpreisabwicklung über Notaranderkonto ist nur zulässig, wenn ..., nicht hingegen zulässig, wenn ...") von vornherein zum Scheitern verurteilt.

756   Mit dieser Feststellung soll keinesfalls gegen die im Zusammenhang mit der Prüfung der Zulässigkeit einer Hinterlegung übliche Fallgruppenbildung (*Brambring*/Sandkühler/ Starke, Das Gesetz der Bundesnotarordnung und des Beurkundungsgesetzes, DAI-Tagungsskript, 1998, S. 111 ff.; *Hertel* ZNotP Beilage 3/98, S. 3 f.; Rundschreiben Nr. 1/96 der Bundesnotarkammer vom 11.1.1996, abgedruckt bei *Weingärtner,* Das notarielle Verwahrungsgeschäft, S. 127 ff.) zu Felde gezogen werden. Im Gegenteil ist diese Fallgruppenbildung, die auch nachfolgend unter „Zweckmäßigkeit der Kaufpreishinterlegung", Rn. 770, vorgenommen wird, sinnvoll und hilfreich, um dem Notar für die in jedem Einzelfall erforderliche Prüfung der Zulässigkeit eines Verwahrungsgeschäfts Entscheidungshilfen an die Hand zu geben.

757   Einen wichtigen Hinweis zur Auslegung von § 54a II Nr. 1 BeurkG gibt die amtliche Begründung. Im Gesetzentwurf der Bundesregierung (BT-Drucks. 13/4184) heißt es auf S. 37 f.:

„Absatz 2 konkretisiert darüber hinaus die Voraussetzungen für die Übernahme von Verwahrungsgeschäften, indem hierfür ein – nach objektiven Kriterien – vorliegendes berechtigtes Sicherungsinteresse gefordert wird. Hierdurch soll einer ‚formularmäßig' vorgesehenen Verwahrung entgegengewirkt werden."

7. Teil. Kaufpreisabwicklung über Notaranderkonto

Den in der amtlichen Begründung verwandten Begriffen „**nach objektiven Kriterien**" 758
und „**formularmäßig**" lassen sich immerhin zwei einigermaßen griffige Abgrenzungskriterien entnehmen:

1. Objektives Sicherungsinteresse

Indem der Gesetzgeber ausdrücklich auf objektive Kriterien zur Bestimmung eines be- 759
rechtigten Sicherungsinteresses abstellt, scheidet der bloße Hinweis darauf, dass die Beteiligten oder auch nur ein Beteiligter unbedingt auf die Vereinbarung einer Verwahrung bestanden hätten, nunmehr als – jedenfalls alleinige – Begründung für ein berechtigtes Sicherungsinteresse aus. Auch der bloße Umstand, dass die den Kaufpreis allein finanzierende Bank auf eine Ablösung der Verkäufergläubiger durch den Notar besteht, rechtfertigt von nun an als solcher die Verwahrung nicht. Weder der Wille der Beteiligten noch die lieb gewordenen Gepflogenheiten der Banken vermögen als solche das gesetzliche Tatbestandsmerkmal des objektiv berechtigten Sicherungsinteresses zu ersetzen. Wenngleich dies mit Überzeugungsarbeit verbunden sein kann, muss der Notar sich gegebenenfalls der Mühe unterziehen, die Beteiligten und/oder deren Banken über das Fehlen eines objektiv berechtigten Sicherungsinteresses aufzuklären.

2. Keine formularmäßige Verwahrung

Von entscheidender Bedeutung ist der vom Gesetzgeber beabsichtigte Ausschluss einer 760
„formularmäßigen" Verwahrung. Diese erklärte Intention des Gesetzgebers enthält den Schlüssel zum Verständnis des „berechtigten Sicherungsinteresses" i. S. v. § 54a II Nr. 1 BeurkG.

Wenngleich die faktische Gleichstellung sogenannter „formelhafter" Klauseln mit 761
Formularverträgen i. S. d. § 305 I BGB m. E. zu einer zu weitgehenden Inhaltskontrolle von Individualverträgen durch die Rechtsprechung geführt hat (*Tönnies* VersR 1989, 1023), ist der Begriff der „Formularmäßigkeit" bzw. „Formelhaftigkeit" doch so stark durch die Diskussion um die Inhaltskontrolle von Verträgen geprägt, dass es nahe liegt, die inzwischen gefestigte Rechtsprechung des *BGH* zur Formelhaftigkeit einer Klausel als Auslegungshilfe heranzuziehen:

> „Dabei liegt eine formelhafte Klausel nach Auffassung des Senats immer dann vor, wenn diese üblicherweise in Formularverträgen zu finden und nicht auf den Individualvertrag zugeschnitten ist" (BGHZ 101, 354).

Überträgt man diese Definition auf das nunmehrige Verbot einer formularmäßigen 762
Verwahrung, bedeutet dies im Ergebnis Folgendes: Die Verwahrung des Kaufpreises auf Notaranderkonto hat im Standardentwurf bzw. Grundmuster des Notars zu einem Kaufvertrag grundsätzlich nichts mehr zu suchen. Sicherungsinteressen, die bei jedem oder nahezu jedem Kaufvertrag bestehen oder jedenfalls bestehen können, vermögen als solche grundsätzlich kein berechtigtes Sicherungsinteresse im Sinne des Gesetzes zu begründen. Mit *Brambring* (FGPrax 1998, 204) ist vielmehr ein **besonderes** berechtigtes Sicherungsinteresse zu verlangen, also ein solches, das nicht jedem oder nahezu jedem Kaufvertrag anhaftet, sondern aufgrund besonders gelagerter Umstände im Einzelfall ausnahmsweise die Verwahrung erforderlich macht.

Folgende bei jedem oder nahezu jedem Kaufvertrag bestehende Sicherungsinteressen 763
vermögen allein eine Verwahrung des Kaufpreises nicht zu rechtfertigen:

a) Ablösung der Verkäufergläubiger aus dem Kaufpreis

In ca. neun von zehn Fällen ist der verkaufte Grundbesitz belastet. Solange es ohne 764
größere Schwierigkeiten und vor allem Risiken möglich ist, dass der Käufer bzw. dessen Banken die Gläubiger des Verkäufers unmittelbar befriedigen, kann das Vorhandensein

abzulösender Gläubiger als solches eine Verwahrung grundsätzlich nicht rechtfertigen. Im Übrigen wird bezüglich der Ablösung der Verkäufergläubiger auf Rn. 774 verwiesen.

b) Belastung des Grundbesitzes für Finanzierungsgläubiger des Käufers vor Kaufpreiszahlung

765   In ca. neun von zehn Fällen finanziert der Käufer den Kaufpreis jedenfalls teilweise und sind die Banken des Käufers zur Auszahlung der Darlehensvaluten erst nach vorheriger grundpfandrechtlicher Sicherung bereit. Wegen der Möglichkeiten, den Verkäufer gegen die sich daraus ergebenden Risiken zu schützen, s. Rn. 266. Der Umstand allein, dass ein Käufer vor Kaufpreiszahlung Grundpfandrechte eintragen lassen möchte, vermag als solcher eine Verwahrung nicht zu rechtfertigen.

c) Eintragung einer Vormerkung zugunsten des Käufers vor Kaufpreiszahlung

766   Ca. 99 von 100 Kaufverträgen sehen zum Schutz des Käufers als Fälligkeits- oder Auszahlungsvoraussetzung die vorherige Eintragung einer Vormerkung zugunsten des Käufers vor. Der Verkäufer wird somit regelmäßig in seiner Verfügungsmacht faktisch zu einem Zeitpunkt eingeschränkt, zu dem der Käufer noch nicht erfüllt hat. Wegen der diesbezüglichen Einzelheiten wird auf Rn. 782 verwiesen. Die regelmäßige teilweise Vorleistung des Verkäufers als solche rechtfertigt jedenfalls die Vereinbarung einer Verwahrung noch nicht.

d) Risiko bezüglich Bonität des Käufers

767   Bei ausnahmslos jedem Kaufvertrag könnte sich der Verkäufer aus durchaus nachvollziehbaren Gründen auf den Standpunkt stellen: „Ich möchte mich in keiner Weise vertraglich binden und insbesondere meine Verkaufsbemühungen nicht einstellen, wenn nicht bei bzw. unmittelbar nach Vertragsbeurkundung der Kaufpreis gezahlt oder eben wenigstens hinterlegt ist." Dieses „Sicherungsinteresse", dem man im Übrigen bei berechtigten Zweifeln auch auf andere Art als durch Verwahrung gerecht werden kann (etwa durch Vorlage einer Finanzierungsbestätigung), besteht typischerweise bei jedem Kaufvertrag und scheidet somit ohne ganz besondere Umstände des jeweiligen Einzelfalls als Rechtfertigung für eine Verwahrung aus.

e) Ermöglichung der Zug-um-Zug-Abwicklung

768   Eine 100%-ige Zug-um-Zug-Abwicklung eines Immobilien-Kaufvertrages ist nicht möglich. Übereignung der Immobilie, Übereignung des Kaufpreises und Besitzverschaffung sind schlechterdings nicht gleichzeitig möglich. Auch die den Beteiligten häufig besonders wichtige Räumung des Grundbesitzes durch den Verkäufer sowie Zahlung des Kaufpreises durch den Käufer sind ohne Verwahrung grundsätzlich nicht uneingeschränkt Zug um Zug abzuwickeln, was in Einzelfällen für eine Verwahrung sprechen kann (s. u. Rn. 791). Grundsätzlich gilt dies jedoch keineswegs. Dass etwa ein Verkäufer, der seinen Auszug in aller Regel von langer Hand plant (z. B. Umzug, Neubau oder Anmietung einer neuen Wohnung, berufliche Veränderung), tatsächlich erst und nur dann zum Auszug aus seinem Haus bereit ist, wenn der Käufer vorher gezahlt hat, dürfte bei näherem Hinsehen eher die Ausnahme sein.

3. Sicherungsinteresse gerade für die Verwahrung („hierfür")

769   Es muss nicht nur – irgendein – besonderes berechtigtes Sicherungsinteresse eines Vertragsbeteiligten bestehen, sondern dieses Interesse muss sich gerade auf die Kaufpreisabwicklung über Notaranderkonto als solche beziehen. Aus diesem, sich aus dem Wort

"hierfür" in § 54 II Nr. 1 BeurkG ergebenden Umstand folgt, dass der Notar es nicht bei dem Auffinden eines besonderen berechtigten Sicherungsinteresses im Einzelfall bewenden lassen kann. Auch ein ganz besonderes, aufgrund der Umstände des Einzelfalls ermitteltes, typischerweise nicht bei jedem oder nahezu jedem Kaufvertrag bestehendes Sicherungsinteresse rechtfertigt eine Verwahrung nur dann, wenn diesem Interesse nur oder jedenfalls besser durch Verwahrung als durch unmittelbare Kaufpreiszahlung entsprochen werden kann.

IV. Zweckmäßigkeit der Verwahrung

Nachdem das bereits in den ersten beiden Auflagen empfohlene **Regel-Ausnahme-Verhältnis** in § 54a II Nr. 1 BeurkG Gesetz geworden ist, indem der Gesetzgeber ein besonderes berechtigtes Sicherungsinteresse ausdrücklich als Zulässigkeitsvoraussetzung für eine Abwicklung über Notaranderkonto aufgestellt hat, kann von einem prinzipiellen gleichwertigen Nebeneinander zweier verschiedener Abwicklungsmodalitäten keine Rede mehr sein. 770

Bevor unter Abwägung der nachfolgend beschriebenen Vorzüge und Nachteile über die **Zweckmäßigkeit** der Verwahrung im Einzelfall nachgedacht wird, ist zunächst die in vorstehendem Abschnitt III beschriebene Hürde der **Zulässigkeit** zu nehmen. Für die Vereinbarung einer Verwahrung reicht es keineswegs aus, wenn im Einzelfall einer der nachfolgend beschriebenen Vorzüge einer Verwahrung gegenüber der unmittelbaren Kaufpreiszahlung auszumachen ist. Irgendein Vorzug der Verwahrung gegenüber der unmittelbaren Kaufpreiszahlung wird mit etwas Phantasie bei praktisch jedem Kaufvertrag auszumachen sein. 771

Erforderlich ist vielmehr, dass die betreffenden Vorzüge im Einzelfall ein besonderes berechtigtes Sicherungsinteresse an der Verwahrung i. S. d. § 54a II Nr. 1 BeurkG begründen, das gerade nicht bei nahezu jedem Kaufvertrag besteht und dem ohne Verwahrung nicht ebenso gut entsprochen werden kann. 772

Dass die Zulässigkeit der Verwahrung keine Pflicht zur Verwahrung begründet, versteht sich von selbst. Eine Pflicht zum Tätigwerden besteht nach § 15 BNotO nur für Urkundstätigkeiten i. S. d. §§ 20 bis 22 BNotO, nicht aber für Übernahme von Verwahrungsgeschäften. Auch dann, wenn ein besonderes berechtigtes Sicherungsinteresse eines Beteiligten an der Hinterlegung besteht und damit die grundsätzliche Zulässigkeit der Verwahrung zu bejahen ist, kann der Notar unter Berücksichtigung aller nachfolgend geschilderten Vorzüge und Nachteile von einer Verwahrung aus Zweckmäßigkeitserwägungen absehen. 773

1. Vorzüge

a) Abwicklungserleichterung bei Ablösung der Verkäufergläubiger und gleichzeitiger Kaufpreisfinanzierung durch den Käufer

Die Finanzierungsgläubiger des Käufers sind regelmäßig nur dann bereit, den Kaufpreis an den Verkäufer bzw. auf dessen Weisung an Dritte auszuzahlen, wenn die rangrichtige Eintragung der Finanzierungsgrundpfandrechte sichergestellt ist. Ist der verkaufte Grundbesitz mit abzulösenden Grundpfandrechten der Verkäufergläubiger belastet, ist die rangrichtige Eintragung der Finanzierungsgrundpfandrechte des Käufers nur dann sichergestellt, wenn die Verkäufergläubiger entsprechend ihren dem Notar erteilten Treuhandauflagen befriedigt werden. Finanziert der Käufer den Kaufpreis nicht, ist keine Verwahrung erforderlich. Der Notar teilt dem Käufer mit, dass Lastenfreistellung erfolgt, sofern der Käufer die Verkäufergläubiger A, B und C wie im Einzelnen aufgeführt befriedigt. Nimmt der Käufer aufgrund dieser Anweisungen die Zahlungen an die Verkäu- 774

A I Grundstückskauf

fergläubiger vor, ist er ebenso sichergestellt, wie wenn er auf Notaranderkonto hinterlegen und der Notar abschließend auszahlen würde. Gleiches kann dann gelten, wenn der gesamte Kaufpreis über einen Finanzierungsgläubiger des Käufers, etwa dessen Hausbank, gezahlt wird, weil der Käufer den gesamten Kaufpreis bei einer Bank finanzieren lässt oder der vom Käufer gezahlte Eigenkapitalanteil sich auf einem Konto des Finanzierungsgläubigers befindet. Dem Gläubiger ist es bei einer solchen **Kaufpreiszahlung aus einer Hand** ohne weiteres möglich, die Befriedigung der Verkäufergläubiger gemäß den Mitteilungen des Notars vorzunehmen und so die rangrichtige Eintragung der Finanzierungsgrundpfandrechte herbeizuführen.

775   Schwieriger wird es dann, wenn die Fremd- und/oder Eigenkapitalanteile des Käufers von verschiedenen Banken überwiesen werden. In diesem Fall kann jeder beteiligte Käufergläubiger sich nur dann des gewünschten Erfolges sicher sein, wenn er weiß, dass auch die anderen Käufergläubiger entsprechend der Mitteilung des Notars zahlen. In diesem Fall führt die Verwahrung zu einer erheblichen **Abwicklungserleichterung**. Der Notar sammelt zunächst den gesamten Kaufpreis auf Notaranderkonto und zahlt erst dann aus, wenn er weiß, dass er die Treuhandauflagen sämtlicher hinterlegender Gläubiger erfüllen kann. Es soll nicht verschwiegen werden, dass auch in letzterem Fall die Verwahrung vermieden werden kann, wie das in Süddeutschland gängige Verfahren der Einschaltung einer **Zentralbank** zeigt (eine Bank des Käufers sammelt die Gelder aller beteiligten Käufergläubiger bzw. überwacht deren gemeinsame Kaufpreisauszahlung). Dieses Modell setzt aber eine entsprechende Mitwirkungsbereitschaft aller Banken voraus und macht das Verfahren sicherlich nicht einfacher als die Hinterlegung auf Notaranderkonto. Meines Erachtens sollte dann, wenn auf Seiten des Käufers mehrere Banken beteiligt und aus dem Kaufpreis Belastungen des Verkäufers abzulösen sind, regelmäßig entweder eine Zentralbank eingeschaltet oder über Notaranderkonto abgewickelt werden.

b) Schutz des Verkäufers vor Risiken der dem Käufer erteilten Finanzierungsvollmacht

776   Der Verkäufer soll sein Eigentum nicht vor vollständiger Kaufpreiszahlung verlieren. Der Käufer kann den Kaufpreis nicht ohne Belastung des ihm nicht gehörenden Grundbesitzes aufbringen, weshalb der Verkäufer ihm wiederum Vollmacht erteilt, seinen Grundbesitz zu belasten. Der aufgrund einer solchen **Finanzierungsvollmacht** bestehenden Gefahr der dinglichen Haftung des Verkäufers für tatsächlich nicht erhaltene Beträge kann grundsätzlich auf zwei verschiedene Arten begegnet werden: In der Regel ist es möglich, anlässlich der Grundpfandrechtsbestellung mit dem Finanzierungsgläubiger eine **eingeschränkte Sicherungsabrede** zu vereinbaren (näheres s. Rn. 274). Dieser Einschränkung bedarf es dann nicht, wenn der Notar angewiesen wird, das Finanzierungsgrundpfandrecht erst dann eintragen zu lassen, wenn der gesamte Kaufpreis auf Notaranderkonto hinterlegt und die Auszahlung an den Verkäufer sichergestellt ist. Wegen der Nachteile, die mit der Verwahrung verbunden sein können (s. nachfolgend Rn. 801 ff.), besteht jedoch nicht in jedem Fall, in dem Finanzierungsvollmacht erteilt wird, Veranlassung, Verwahrung zu vereinbaren. Zunächst sollte der in aller Regel mögliche Weg über die Einschränkung der Sicherungsabrede gewählt werden. Nur dann, wenn ein Finanzierungsgläubiger mit dieser Einschränkung nicht einverstanden ist – etwa wegen des vorübergehend nicht abgesicherten Disagios –, ist Verwahrung angezeigt. Sofern bei Beurkundung des Kaufvertrages noch nicht bekannt ist, bei welchem Gläubiger der Käufer finanziert und ob dieser Gläubiger mit der eingeschränkten Sicherungsabrede einverstanden ist, sollte die Finanzierungsvollmacht vorsorglich alternativ wie folgt eingeschränkt werden:

7. Teil. Kaufpreisabwicklung über Notaranderkonto

Formulierungsbeispiel: Eingeschränkte Sicherungsabrede oder Hinterlegung 777

Die Vollmacht berechtigt nur zur Abgabe von Erklärungen, die von dem Notar beurkundet oder beglaubigt werden.
Der Notar darf die Eintragung von Grundpfandrechten nur beantragen, wenn
a) entweder ... (die Sicherungsabrede eingeschränkt ist)
oder
b) der gesamte Kaufpreis für den Verkäufer auf Notaranderkonto hinterlegt und die Auszahlung an den Verkäufer gesichert ist.

Teilweise ist es üblich, zur Vermeidung einer Belastung des Kaufgegenstandes vor Kaufpreiszahlung und Eigentumsumschreibung keine Finanzierungsvollmacht in den Vertrag aufzunehmen, sondern nach Hinterlegung des Kaufpreises auf Notaranderkonto und Vorliegen aller sonstigen Eigentumsumschreibungsvoraussetzungen Eigentumsumschreibung sowie am gleichen Tag Eintragung der vom Käufer im eigenen Namen bestellten Grundpfandrechte zu beantragen. 778

Wenngleich dieses Verfahren nunmehr nach § 54a II Nr. 1 BeurkG ohnehin unzulässig ist (der Umstand allein, dass der Käufer den Kaufpreis ganz oder zum Teil finanzieren muss, ist sicherlich kein besonderes berechtigtes Sicherungsinteresse gemäß § 54a II Nr. 1 BeurkG, s. o. Rn. 753 ff.), soll an dieser Stelle nicht unerwähnt bleiben, dass dieses Verfahren mit Blick auf § 848 II 2 ZPO ausgesprochen riskant ist. Wurde der Eigentumsverschaffungsanspruch des Käufers durch Zustellung eines Pfändungs- und Überweisungsbeschlusses an den Verkäufer (§ 829 III ZPO) gepfändet, wovon der Notar keineswegs Kenntnis erlangen muss, erlangt der Pfändungsgläubiger gemäß § 848 II 2 ZPO mit dem Übergang des Eigentums eine (nicht im Grundbuch eingetragene!) Sicherungshypothek. Diese Sicherungshypothek geht den erst mit Eigentumsumschreibung wirksam werdenden Finanzierungsgrundpfandrechten im Rang vor (*Hansmeyer* MittRhNotK 1989, 151). Den Treuhandauftrag der den Kaufpreis finanzierenden Bank, die Auszahlung des Kaufpreises dürfe erst nach Sicherstellung des ersten Ranges der Finanzierungsgrundschuld erfolgen, kann der Notar somit praktisch nicht bzw. nur dann erfüllen, wenn er sichere Kenntnis von der Nichtpfändung des Übereignungsanspruches hat. Auch dann, wenn ausnahmsweise Kaufpreisabwicklung über Notaranderkonto erfolgt, sollte also die Eintragung der Grundpfandrechte in jedem Fall aufgrund Finanzierungsvollmacht vor Eigentumsumschreibung erfolgen. 779

Dem denkbaren Einwand, die vorbeschriebenen Risiken seien praktisch zu vernachlässigen, da der Notar wohl von einer Pfändung durch den (aufgeregt anrufenden) Verkäufer rechtzeitig informiert werde, sei Folgendes entgegengehalten: Hat der Käufer bereits ein Anwartschaftsrecht erworben, kann dieses durch ausschließliche Zustellung an den Käufer gepfändet werden (DNotI-Report 2002, 138 m. w. N.). Auch kann der Käufer seinen Eigentumsverschaffungsanspruch gemäß § 1287 S. 2 BGB formfrei und ohne Kenntnis des Verkäufers und/oder Notars verpfänden (a. a. O.). 780

Milzer (DNotZ 2009, 334) weist daher mit Blick auf die sich aus § 848 II ZPO ergebenden Risiken zu Recht darauf hin, dass auch bei einer Vertragsabwicklung mit Notaranderkonto eine Mitwirkung des Verkäufers bei der Grundpfandrechtsbestellung unverzichtbar ist. 781

c) Schutz des Verkäufers vor Risiko der Vorleistung durch Eintragung einer Vormerkung zugunsten des Käufers

Fälligkeitsvoraussetzung ist regelmäßig eine vorherige rangrichtige Eintragung einer **Eigentumsvormerkung** zugunsten des Käufers. Der Grundbesitz des Verkäufers wird in diesen Fällen zu einem Zeitpunkt, in dem der Käufer seine Leistung noch nicht erbracht 782 hat, zugunsten des Verkäufers (zwar nicht rechtlich, aber faktisch) blockiert. Zahlt der Käufer endgültig nicht, kann der Verkäufer bis zur Löschung der Vormerkung ungeachtet des Umstands, dass die Vormerkung nicht zu einer Grundbuchsperre führt, tatsächlich nicht verfügen. Dieses Risiko des Verkäufers kann dadurch vermieden werden, dass die Eintragung der Vormerkung erst nach vollständiger Kaufpreishinterlegung beantragt wird. Die abstrakt bestehende Gefahr, dass der Käufer nicht zahlt und die erforderliche Löschungsbewilligung für die Vormerkung nicht erteilt, darf aber nicht dazu führen, in jedem Fall Hinterlegung vor Eintragung der Vormerkung zu vereinbaren. Die Gefahr, dass ein Käufer doppelt pflichtwidrig handelt – Nichtzahlung und Nichtbewilligung –, insbesondere spurlos verschwindet, ist ohne Vorliegen besonderer Anhaltspunkte rein tatsächlich zu gering, als dass es gerechtfertigt wäre, jedem Käufer bei jedem Kaufvertrag die mit einer Verwahrung unter Umständen verbundenen Zinseinbußen und Hebegebühren aufzubürden. Zudem kann dem **Vorleistungsrisiko** des Verkäufers auch anders als durch Verwahrung, etwa durch eine Vollmacht zur Abgabe der Löschungsbewilligung oder die Aufnahme einer unbedingten Löschungsbewilligung des Käufers unter Angabe der im Innenverhältnis vom Notar zu überwachenden Voraussetzungen (zu beiden Möglichkeiten s. Rn. 424 ff. und *Möller* MittRhNotK 1990, 34) begegnet werden. „Wasserdicht" sind derartige Lösungen im Übrigen nur dann, wenn die Abtretbarkeit der Vormerkung im Kaufvertrag ausgeschlossen wird. Auch eine unwiderrufliche Löschungsvollmacht geht ins Leere, wenn der Vollmachtgeber infolge Abtretung gar nicht mehr als Vormerkungsberechtigter eingetragen ist.

783 Nachdem der *BGH* in einem, wenn auch besonders gelagerten (Käufer ausländische Gesellschaft) Fall die Amtspflicht des Notars betont hat, anlässlich der vereinbarten Eintragung einer Vormerkung auf die damit verbundenen Vorleistungsrisiken des Verkäufers hinzuweisen (*BGH* NJW 1993, 2744), sollte das Vorleistungsrisiko des Verkäufers in jedem Fall angesprochen, gegebenenfalls durch ein geeignetes Mittel (Verwahrung, Löschungsvollmacht oder treuhänderisch übergebene Löschungsbewilligung) gemildert oder gar ausgeschlossen werden.

d) Schutz des Käufers vor Risiko der Kaufpreisvorleistung

784 Das Interesse des Käufers daran, dass der Verkäufer erst nach Sicherstellung der lastenfreien Eigentumsumschreibung den Kaufpreis erhalten soll, scheint auf den ersten Blick der nächstliegende Grund für eine Kaufpreisverwahrung zu sein. Bei näherem Hinsehen erweist sich aber gerade diese, dem juristischen Laien am ehesten einleuchtende Begründung für eine Verwahrung als nicht stichhaltig, da der Käufer ebenso gut wie durch die Verwahrung durch notarielle **Überwachung der Fälligkeitsvoraussetzungen** geschützt werden kann. Ob der Notar selbst erst nach Vorliegen der vereinbarten Auszahlungsvoraussetzungen an den Verkäufer auszahlt oder ob der Käufer unmittelbar an den Verkäufer zahlt, nachdem der Notar ihm das Vorliegen ebendieser Auszahlungsvoraussetzungen bestätigt hat, macht hinsichtlich des Käuferschutzes im Ergebnis keinen Unterschied. Nur dann, wenn vernünftige Gründe dafür bestehen, dass der Käufer schon vor Sicherstellung der lastenfreien Eigentumsumschreibung zahlt, ist zur Sicherstellung des Käufers die Zwischenschaltung eines Notaranderkontos erforderlich.

e) Herbeiführung möglichst frühzeitigen Besitzübergangs

785 Zum Schutz des Verkäufers sollte der Notar vorschlagen, dass der Besitz erst mit vollständiger Kaufpreiszahlung bzw. -hinterlegung auf den Käufer übergeht. Bei vorzeitigem Besitzübergang besteht für den Verkäufer das Risiko, dass er bei Nichtdurchführung des Kaufvertrages u. U. Ärger mit angefangenen Renovierungsarbeiten hat, den Käufer aus dem Haus hinausklagen muss etc. In Fällen, in denen der Käufer Zug um Zug gegen möglichst schnelle Zahlung möglichst schnellen Besitzübergang wünscht, bietet sich die Hinterlegung auf Notaranderkonto an. Der Käufer kann zu einem bestimmten Termin

zahlen und so den Besitzübergang herbeiführen. Der Verkäufer ist von diesem Zeitpunkt an hinreichend gesichert, erhält das Geld aber erst nach Sicherstellung der lastenfreien Eigentumsumschreibung ausgezahlt.

Dieses Verfahren birgt allerdings für den Käufer Gefahren, auf die er jedenfalls dann besonders hinzuweisen ist, wenn – etwa mit Blick auf die Höhe der im Grundbuch eingetragenen Belastungen – Zweifel am Vollzug des Kaufvertrages angebracht sind. Mit vertragsgemäßer Hinterlegung ist der Verkäufer zwar in der Tat rechtlich weitgehend abgesichert. Der Käufer hingegen erhält durch Hinterlegung zwar den Besitz, jedoch keinerlei Gewähr dafür, dass er später Eigentümer wird und den Besitz letztlich auch behalten darf. **786**

Soll der Besitzübergang vor Eintritt der Fälligkeitsvoraussetzungen erfolgen und scheint dies bei Berücksichtigung der Gesamtumstände auch als sachgerecht (z. B.: nahezu lastenfreies Haus steht leer und soll vom Käufer kurzfristig renoviert und bezogen werden), wird man in vielen Fällen beiden Seiten damit gerecht, dass der Besitzübergang gegen eine sofortige Anzahlung in angemessener Höhe erfolgt. Dem Verkäufer steht diese Anzahlung dann als mögliche Verrechnungsmasse im Fall einer Räumungsklage zur Verfügung. Der Käufer leistet zwar in geringem Umfang ungesichert vor, hat dafür aber die vorzeitige Nutzung des Grundbesitzes und bei Nichterfüllung seitens des Verkäufers immerhin einen schuldrechtlichen Rückzahlungsanspruch. **787**

> **Formulierungsbeispiel: Freiwillige Anzahlung** **788**
>
> Besitz, Nutzungen, ... gehen auf den Erwerber mit Zahlung eines Kaufpreisteilbetrages von 20.000 EUR über. Der Käufer ist berechtigt, nicht jedoch verpflichtet, diesen Betrag vor Vorliegen der vom Notar zu überwachenden Fälligkeitsvoraussetzungen zu zahlen.

Diese Formulierung hat den Vorzug der Flexibilität. Der Käufer, der nicht selten im Beurkundungstermin überfordert sein wird, die Risiken seiner Vorleistung richtig einzuschätzen, kann sich noch nach Beurkundung in aller Ruhe überlegen, ob er zur Vorleistung bereit ist oder nicht. Hat er bezüglich einer Fälligkeitsvoraussetzung (z. B. Zustimmung des Verwalters) besondere Sorge, bleibt es ihm ungenommen, die ungesicherte Anzahlung erst vorzunehmen, nachdem er sich von deren Vorliegen überzeugt hat. **789**

Im Übrigen ist gerade dann, wenn vollständige Kaufpreiszahlung zur Beschleunigung des Besitzüberganges sehr kurzfristig nach Beurkundung des Kaufvertrages erfolgen soll, besonders auf den mit Hinterlegung vor Auszahlungsreife verbundenen Zinsverlust zu achten (s. u. Rn. 803). **790**

f) Zug-um-Zug-Abwicklung betreffend Räumung und Kaufpreiszahlung

Gerade dann, wenn der Käufer in das Kaufobjekt selbst einziehen möchte, stellt die Räumung des Grundbesitzes durch den Verkäufer beziehungsweise dessen Mieter für den Käufer eine so zentrale Verpflichtung des Verkäufers dar, dass er häufig vor deren Erfüllung durch den Verkäufer den Kaufpreis zu zahlen nicht bereit ist. Üblich und grundsätzlich durchaus sachgerecht ist es daher, neben den vom Notar zu überwachenden und mitzuteilenden Fälligkeitsvoraussetzungen vorzusehen, dass der Käufer erst nach Räumung des Grundbesitzes durch den Verkäufer zahlen muss. **791**

Diese Regelung führt allerdings insoweit zu einer Vorleistungsverpflichtung des Verkäufers, als er zu einem Zeitpunkt räumen muss, zu dem der Käufer noch nicht gezahlt hat. Sind beide Parteien nicht zu einer Vorleistung bereit, bleibt letztlich nur die Verwahrung. Der Verkäufer muss einerseits erst nach Kaufpreishinterlegung räumen. Die Auszahlung erfolgt andererseits erst dann, wenn der Käufer dem Notar die Räumung bestätigt hat. **792**

793　Dieses abstrakt denkbare Sicherungsinteresse rechtfertigt es jedoch keineswegs, bei allen Verträgen mit Räumungsverpflichtung grundsätzlich Verwahrung vorzusehen. Erforderlich ist vielmehr eine sorgsame Prüfung im jeweiligen Einzelfall, ob tatsächlich und vernünftigerweise keine Bereitschaft zur Vorleistung besteht. Dem Käufer etwa, der sein Eigen- und/oder Fremdkapital (Bereitstellungszinsen!) zu einem bestimmten Zeitpunkt zahlen kann und will, wird mit einer angemessenen Schadenersatzpauschale des Verkäufers für den Fall der nicht rechtzeitigen Räumung u. U. eher gedient sein als mit einer schlecht bis gar nicht verzinsten Verweildauer des Kaufpreises auf einem Notaranderkonto. Und der Verkäufer, der sich unter Umständen beruflich oder aus sonstigen Gründen örtlich verändert oder in einen Neubau einzuziehen gedenkt, wird seinen von langer Hand geplanten Umzug nur in ganz seltenen Fällen davon abhängig machen oder auch nur verschieben wollen, weil der Käufer nicht oder nicht rechtzeitig zahlt.

g) Steuerliche Gründe

794　Zum Jahresende steigt das Interesse an der Abwicklung über Notaranderkonto gerade auf Käuferseite deutlich. Vor Beginn des neuen Jahres soll noch schnell
- der Kaufpreis „gezahlt",
- der Besitzübergang herbeigeführt,
- das Disagio abgezogen werden.

795　Der Notar sollte sich diesbezüglich zwar einerseits mit gutgemeinten „Steuertipps" zurückhalten, wenn er sich nicht ausnahmsweise über die konkreten steuerlichen Folgen bei den Beteiligten im Klaren ist. Andererseits besteht natürlich auch keine Veranlassung, die Mitwirkung zu rein steuerlich motivierten Vertragsgestaltungen zu versagen, solange keine zivilrechtlichen Bedenken bestehen. Sollen kurz vor Jahresschluss noch „Zahlungen" vom Käufer erfolgen, etwa zur Ermöglichung von Sonderabschreibungen, ist zu beachten, dass nach der Rechtsprechung des *BFH* ein Zahlungsabfluss zwar schon vorliegt, wenn Geldmittel auf Konten eingezahlt werden, über die der Zahlungsempfänger noch nicht verfügen kann (*BFH* BStBl. II 1987, 219), dass aber andererseits Werbungskosten nicht im Zeitpunkt des Abschlusses anerkannt werden, wenn sie ohne wirtschaftlich vernünftigen Grund vorausgezahlt werden (*BFH* BStBl. II 1989, 702).

796　Bedenken, ob „lediglich" steuerliche Interessen eines Vertragsbeteiligten ein „berechtigtes Sicherungsinteresse" i. S. v. § 54a II Nr. 1 BeurkG zu begründen vermögen, bestehen im Übrigen nicht. Ungeachtet der gebotenen restriktiven Handhabung dieses Begriffes (s. o. Rn. 793 ff.) erscheint es nicht angebracht, zwischen „rechtlichen", „wirtschaftlichen" oder gar „steuerrechtlichen" Risiken zu differenzieren. Der Verkäufer, der davor geschützt werden soll, bei Nichterfüllung des Käufers Zinsverluste und Prozesskosten in Höhe von 20.000 EUR tragen zu müssen, ist nicht mehr oder weniger schützenswert als der Käufer, der durch entsprechende Vertragsgestaltung Steuervorteile in Höhe von 20.000 EUR sichergestellt haben möchte.

h) Sonstige Abwicklungserleichterungen, insbesondere bei festem Hinterlegungstermin

797　Bei unmittelbarer Zahlung des Käufers an den Verkäufer ist die Vereinbarung eines **festen Fälligkeitstermins** praktisch ausgeschlossen. Zumindest muss einem solchen (relativ) festen Fälligkeitstermin der Zusatz beigefügt werden, dass die Fälligkeit nicht vor der Mitteilung des Notars über das Vorliegen der vereinbarten Fälligkeitsvoraussetzungen eintreten soll. Der Käufer weiß somit in aller Regel bei Abschluss des Kaufvertrages nicht mit letzter Sicherheit, wann er welchen Betrag auf welches Konto zu überweisen hat. Er muss sich vielmehr bereithalten, um nach entsprechender Mitteilung des Notars rechtzeitig zu reagieren. Die dabei u. U. auftretenden Probleme (z. B. Bereitstellungszinsen bei der finanzierenden Bank, **urlaubsbedingte Abwesenheit des Käufers** bei Mitteilung der Fälligkeitsvoraussetzungen) können durch Hinterlegung zu einem festen Termin vermieden werden. Auch dann, wenn kein fester Hinterlegungszeitpunkt vereinbart ist, sondern die Hinterlegung selbst von bestimmten Voraussetzungen abhängt, besteht für den Käufer der – geringfügige – Vorteil, dass er nur eine Überweisung vornehmen muss, ihm insbesondere die Befriedigung der Verkäufergläubiger, gegebenenfalls unter Errechnung der angefallenen Tageszinsen, erspart bleibt. Die zuletzt genannten Abwicklungserleichterungen allein können aber wohl nur in Ausnahmefällen, z. B. bei besonders unbeholfenen Käufern, eine Abwicklung über Notaranderkonto rechtfertigen.

Die rein technischen Schwierigkeiten bei der vertragsgemäßen Kaufpreiszahlung, insbesondere etwa bei der Berechnung von Tageszinsen, sind im Übrigen auch bei unmittelbarer Kaufpreiszahlung nicht vom Käufer selbst, sondern in aller Regel von dessen Bank zu bewältigen. Es hat sich bewährt, den Käufer anlässlich der Mitteilung der vom Notar zu überwachenden Fälligkeitsvoraussetzungen etwa wie folgt darauf hinzuweisen: 798

Formulierungsbeispiel: Hinweis auf finanzierende Bank	799
Sofern Sie den Kaufpreis ganz oder teilweise finanzieren, empfehle ich Ihnen, mit dieser Mitteilung bei Ihrem Finanzierungsgläubiger vorstellig zu werden und diesen um weitere Veranlassung zu bitten.	

Die vorbeschriebenen Abwicklungserleichterungen werden bei der Frage nach der Zweckmäßigkeit der Verwahrung nicht selten eine Rolle spielen. Die Zulässigkeit der Verwahrung i. S. v. § 54 II Nr. 1 BeurkG werden sie indes in aller Regel allein nicht zu begründen vermögen. Der Umstand etwa, dass der Zeitpunkt der Kaufpreisfälligkeit jedenfalls auch von vom Notar zu überwachenden Fälligkeitsvoraussetzungen abhängt und damit nicht 100%-ig feststeht, betrifft grundsätzlich jeden Kaufvertrag und scheidet damit als solcher zunächst als **besonderes** berechtigtes Sicherungsinteresse aus (s. o. Rn. 759). 800

2. Nachteile

Franken (RNotZ 2010, 597) beschäftigt sich in seinem immerhin 22-Seiten langen Aufsatz „Rechtsprobleme nach Kaufpreishinterlegung auf Notaranderkonto beim Grundstückskauf" mit spezifisch die Abwicklung über Notaranderkonto betreffenden Problemen. Lesenswert ist dieser Aufsatz für den mit der Entscheidung pro und contra Anderkonto befassten Notar schon allein deshalb, weil die dort besprochenen Probleme, z. B. „Nachschieben und Widerruf von Treuhandaufträgen finanzierender Banken" (a. a. O. S. 610 ff.), „Pfändung in das Notaranderkonto" (a. a. O. S. 612 ff.), „Insolvenz eines Vertragsbeteiligten" (a. a. O. S. 616 ff.), eindrucksvoll veranschaulichen, mit welchen Problemen die Anderkontenabwicklung verbunden sein kann, die es bei unmittelbarer Kaufpreiszahlung nicht oder jedenfalls nicht im selben Maße gibt. 801

Im Folgenden sollen nur einige besonders häufig auftretende und damit praktisch bedeutsame Probleme dargestellt werden. 802

a) Unnötige Zinseinbußen

Anderkonten werden in der Regel nicht oder nur sehr geringfügig verzinst. Eine **Festgeldanlage** kommt nur bei entsprechender Weisung der Beteiligten und nur dann in Betracht, wenn sich die zeitliche Verzögerung der Auszahlungsvoraussetzungen in etwa absehen lässt (zur Festgeldanlage Rn. 818). In der Regel ist somit das auf Anderkonto befindliche Geld praktisch totes Kapital. Der Käufer zahlt beginnend mit der Kaufpreishinterlegung Finanzierungszinsen, ohne dass ihm oder dem Verkäufer entsprechende Guthabenzinsen zugute kommen. Dieser zwingend entstehende Zinsverlust lässt sich nur durch unmittelbare Kaufpreiszahlung vom Käufer an den Verkäufer verhindern. Bei Abwicklung über Notaranderkonto gibt er dem Notar zudem Anlass, nach Kräften für eine 803 möglichst kurze Verweildauer des hinterlegten Betrages auf dem Anderkonto Sorge zu tragen. Ist etwa ein Kaufpreis von 500.000 EUR ohne Not einen Monat lang auf Anderkonto – ohne Festgeldanlage – hinterlegt, entsteht bei einem geschätzten Zinsverlust von 3 % per anno ein Verlust von 1.250 EUR im Monat.

b) Unnötige Hebegebühren

804 Grundsätzlich hat der Notar nicht den billigsten, sondern den sichersten und den Interessen aller Beteiligten am ehesten gerecht werdenden Weg zu wählen. Aus diesem Grunde soll im Folgenden auch nicht im Einzelnen untersucht werden, in welchem Umfang im Einzelfall eine Abwicklung mit Anderkonto teurer ist als eine solche ohne. Jedenfalls ist die Abwicklung über Anderkonto nach dem GNotKG teurer als die Abwicklung ohne Anderkonto, so dass auch aus Kostengesichtspunkten im Zweifel von einer Verwahrung Abstand zu nehmen ist.

c) Haftungsrisiko des Notars

805 Die im Kaufvertrag vereinbarten Auszahlungsvoraussetzungen bei Verwahrung (s. u. Rn. 861) entsprechen im Wesentlichen den vom Notar zu überwachenden Fälligkeitsvoraussetzungen bei unmittelbarer Kaufpreiszahlung durch den Käufer. Zusätzlich hat der Notar bei Verwahrung die Verwahrungsanweisungen der hinterlegenden Finanzierungsgläubiger zu beachten, wobei er nicht selten vor Annahme zunächst darauf hinwirken muss, überhaupt eine erfüllbare Weisung zu bekommen. Neben den ihm erteilten Verwahrungsanweisungen hat der Notar §§ 54a–54e BeurkG und die Dienstordnung für Notare genau zu beachten. Insgesamt eröffnet die Verwahrung somit für den Notar eine Vielzahl von **Fehlerquellen**, die bei unmittelbarer Zahlung des Käufers an den Verkäufer nicht bestehen. Zudem haftet der Notar im Rahmen der Verwahrung gemäß § 19 I 2 Hs. 2 BNotO nicht nur subsidiär. Das damit verbundene erhöhte Haftungsrisiko rechtfertigt zwar nicht eine grundsätzlich ablehnende Haltung gegenüber der Abwicklung über Notaranderkonto, ist aber ein weiterer Grund dafür, in der Regel von Kaufpreishinterlegung abzusehen.

d) Probleme bei Leistungsstörungen

806 Zur Verdeutlichung der möglichen Probleme seien hier zunächst einige Beispiele angeführt:

Beispiel 1: Der aufgeregte Käufer ruft den Notar nach Kaufpreishinterlegung und vor Auszahlung vom Notaranderkonto an. Der Verkäufer habe ihn offensichtlich arglistig über den Zustand des gekauften Hauses getäuscht. Es hätten sich schwerwiegende Mängel herausgestellt, von denen der Verkäufer Kenntnis gehabt haben müsse. Er habe den Kaufvertrag wegen arglistiger Täuschung angefochten und trete hilfsweise zurück. Vorsorglich widerrufe er die gemeinsam mit dem Verkäufer erteilte Verwahrungsanweisung.

Beispiel 2: Wie Beispiel 1, der Käufer hat jedoch nicht angefochten und ist noch nicht zurückgetreten. Er prüft noch seine rechtlichen Möglichkeiten.

Beispiel 3: Wie Beispiel 1, der Käufer macht jedoch Minderung geltend und weist den Notar an, zur Durchführung der dringend erforderlichen Reparaturarbeiten 30.000 EUR einzubehalten.

807 Der Widerruf einer gemeinsam erteilten Verwahrungsanweisung ist erfreulicherweise in § 54c BeurkG gesetzlich geregelt. Ohne hier die Darstellung dieser Regelung vorwegzunehmen (s. u. Rn. 876 ff.), sei bereits erwähnt, dass § 54c BeurkG dem Notar zwar für den Fall des Widerrufs zunächst Entscheidungskriterien und ein Verfahren in die Hand gibt, anhand derer er sein Verhalten mit hinreichender Eindeutigkeit ausrichten kann, ihm diese scheinbare Rechtssicherheit jedoch durch § 54d BeurkG (Absehen von Auszahlung) wenn schon nicht ganz, so doch jedenfalls zu einem erheblichen Teil wieder genommen wird.

7. Teil. Kaufpreisabwicklung über Notaranderkonto

Ob der Notar im Einzelfall nach § 54d BeurkG von der Auszahlung abzusehen hat, weil 808

„1. hinreichende Anhaltspunkte dafür vorliegen, dass er bei Befolgung der unwiderruflichen Weisung an der Erreichung unerlaubter oder unredlicher Zwecke mitwirken würde, oder
2. einem Auftraggeber im Sinne des § 54a durch die Auszahlung des verwahrten Geldes ein unwiederbringlicher Schaden erkennbar droht",

kann im Einzelfall äußerst schwierig zu beantworten sein. Der Notar muss ähnlich einem Richter darüber entscheiden, ob die vom Käufer vorgetragen und u. U. durch Sachverständigengutachten oder Ähnliches belegten Angaben ausreichen, um „ausnahmsweise" von der Auszahlung abzusehen. Bei unmittelbarer Zahlung vom Käufer an den Verkäufer besteht hingegen die sich aus § 54d BeurkG ergebende Gefahr, dass der Notar eine ihm nicht zugedachte **quasirichterliche Entscheidung** treffen muss, nicht. Unabhängig von behaupteten Leistungsstörungen kann er ohne weiteres die vertraglich vereinbarten, von ihm zu überwachenden Fälligkeitsvoraussetzungen mitteilen und es dem Käufer selbst überlassen, ob er aufgrund dieser Mitteilung zahlt oder nicht. Bei dieser Mitteilung sollte im Übrigen darauf geachtet werden, dass der Notar dem Käufer nicht „die Fälligkeit" schlechthin (die ja aufgrund vom Notar nicht nachprüfbarer Leistungsstörungen entfallen kann), sondern nur „das Vorliegen der in Abschnitt ... des Kaufvertrages vereinbarten Fälligkeitsvoraussetzungen" mitteilt.

e) Mangelnde Flexibilität bei Berücksichtigung des dispositiven Rechts und nachträglicher Vertragsänderungen

Im Verhältnis zwischen den Vertragsparteien gilt neben der zwischen diesen getroffenen vertraglichen Verwahrungsvereinbarung subsidiär das materielle Zivilrecht. 809

Auch bei noch so guter und sorgfältiger Vorbereitung eines Kaufvertrages lässt es sich nicht immer verhindern, dass ein Vertrag letztlich anders abgewickelt wird, als es sich aus seinem ursprünglichen Inhalt ergibt. Dabei ist nicht nur an die vorstehend (Rn. 806) angesprochenen „kranken Fälle" (Leistungsstörungen wie z. B. Anfechtung, Minderung, Rücktritt), sondern durchaus auch an einvernehmliche Vertragsgestaltungen zu denken, in denen es aufgrund nachträglicher Abtretung der Kaufpreisforderung, Aufrechnung durch den Käufer, vorzeitige Kaufpreiszahlung, freiwillige vorzeitige Besitzeinräumung, Geltendmachung beiderseits anerkannter Zurückbehaltungsrechte und nicht zuletzt mannigfacher – nach Auflassung grundsätzlich formlos möglicher (*BGH* NJW 1985, 266) – Kaufvertragsänderungen zu Abweichungen von der ursprünglich vorgesehenen Vertragsabwicklung kommt. 810

All dies ist bei unmittelbarer Zahlung vom Käufer an den Verkäufer grundsätzlich unproblematisch. Bestätigt der Verkäufer dem Notar, er habe den Kaufpreis erhalten bzw. der Notar solle Eigentumsumschreibung beantragen, ist alles in Ordnung. Bestätigt der Verkäufer dies nicht und begehrt der Käufer dennoch Eigentumsumschreibung, ist es Sache der Gerichte – und nicht des Notars – darüber zu befinden, ob der Käufer seinen Verpflichtungen unter Berücksichtigung des beurkundeten Vertrages, etwaiger nachträglicher Vertragsänderungen und nicht zuletzt des subsidiär anwendbaren materiellen Rechts erfüllt hat oder nicht. 811

Bei Vereinbarung der Verwahrung ist dies alles etwas schwieriger. Auch bei noch so gutem Einvernehmen der Beteiligten kann der Notar den Vertrag erst abwickeln, wenn die Verwahrungsanweisung und damit der Vertrag vorher mindestens privatschriftlich geändert wurde (§ 54a IV BeurkG). Bei Streit – sprich einseitigem Widerruf der Verwahrungsanweisung (s. u. Rn. 876) – ist es nicht möglich, dass der Notar gar keine Entscheidung trifft. Er muss in jedem Fall entscheiden, ob er auszahlt oder nicht. 812

f) Vortäuschen nicht bestehender Sicherheiten

813 Das Vortäuschen einer nicht bestehenden Sicherheit scheidet insofern als „Nachteil" einer Verwahrung grundsätzlich aus, als es in diesem Fall in aller Regel gar nicht erst zu einer Verwahrung kommen dürfte. Zu differenzieren sind folgende drei Fälle:

> **Beispiel 1:** Der Kaufpreis ist auf Anderkonto zu hinterlegen. Der Notar wird angewiesen, den Kaufpreis ohne weitere Prüfung auf einseitige Weisung des Verkäufers auszuzahlen.

814 Die Hinterlegung ist nach § 54a II Nr. 1 BeurkG unzulässig, da sie dem Käufer überhaupt keine Sicherheit gibt. Sie war im Übrigen auch schon vor Inkrafttreten von § 54a II Nr. 1 BeurkG unzulässig. Nach einhelliger Meinung darf der Notar an einem Verwahrungsgeschäft nicht mitwirken, wenn dem Geschäft durch die Verwahrung lediglich ein „Anstrich von Seriosität" verliehen werden soll (*Weingärtner*, Das notarielle Verwahrungsgeschäft, 2. Aufl. 2004, Rn. 10 m. w. N.).

> **Beispiel 2:** Der Käufer, der den Kaufpreis nicht finanziert, hinterlegt den Kaufpreis auf Notaranderkonto. Der Notar wird angewiesen, den hinterlegten Kaufpreis nach Vorliegen der allgemein üblichen Auszahlungsvoraussetzung an die abzulösenden Verkäufergläubiger und den Verkäufer selbst auszuzahlen.

815 Tritt kein weiteres, aus dem geschilderten Sachverhalt nicht ersichtliches besonderes berechtigtes Sicherungsinteresse hinzu, ist die Verwahrung gemäß § 54a II Nr. 1 BeurkG unzulässig. Die Verwahrung bietet dem Käufer zwar tatsächlich eine Sicherheit, aber eben nur eine solche, die auf andere Art und Weise (unmittelbare Kaufpreiszahlung nach Fälligkeitsmitteilung durch den Notar) ebenso herbeizuführen wäre.

> **Beispiel 3:** Zur Herbeiführung eines frühzeitigen Besitzübergangs hinterlegt der Käufer den vollen Kaufpreis von 500.000 EUR zwei Wochen nach Beurkundung. Er zieht ein, renoviert das Haus rundum und vertraut im Übrigen darauf, der Notar werde alles Weitere zur gegebenen Zeit richten. sechs Monate später teilt ihm der Notar mit, der Verkäufer sei leider mit seinen Banken nicht klar gekommen. Die Forderungen seien einfach zu hoch. Er, der Käufer, könne sein Geld nunmehr zurück haben.

816 Zinsen? Renovierungskosten? Schadensersatz? Fragen über Fragen. Gerade in den Fällen, in denen es nicht klappt – und das sind die Fälle, in denen sich ein Vertrag zu bewähren hat! –, ist jedenfalls der Käufer bei unmittelbarer Kaufpreiszahlung deutlich besser geschützt als bei teilweiser Vorleistung durch Hinterlegung auf Notaranderkonto.

817 Im Beispiel 3 wäre die Verwahrung nach § 54a II Nr. 1 BeurkG zulässig, da ein besonderes berechtigtes Sicherungsinteresse (Sicherstellung des Verkäufers bei Besitzübergang vor Vorliegen der Fälligkeitsvoraussetzungen) vorliegt. Dennoch besteht nicht selten Anlass zu dem Hinweis, dass der Vollzug des Kaufvertrages durch die Verwahrung als solche noch nicht gewährleistet ist. Interessanterweise besteht gerade auf Seiten des Käufers – für den die Verwahrung gegenüber unmittelbarer Zahlung nach Fälligkeitsmitteilung in keinem Fall zu einem Mehr an Sicherheit führt! – der Irrglaube, mit Hinterlegung auf Notaranderkonto sei für ihn, den Käufer, praktisch und rechtlich alles gelaufen.

g) Verantwortung für Rendite des hinterlegten Kaufpreises

818 Nach § 54b I 2 BeurkG ist der Notar „zu einer bestimmten Art der Anlage nur bei einer entsprechenden Anweisung der Beteiligten verpflichtet". Dies deckt sich mit der schon bislang nahezu einhellig in Schrifttum und Rechtsprechung vertretenen Auffassung, dass der Notar eine Festgeldanlage nur dann vornehmen darf, wenn die Beteiligten ihm einen entsprechenden Auftrag erteilt haben (siehe Nachweise bei *BGH* DNotZ 1997, 54).

819 Eine andere Frage ist, ob und in welchem Maße der Notar im Einzelfall verpflichtet ist, auf eine entsprechende Weisung der Beteiligten hinzuwirken. Eine solche Verpflich-

tung hat der *BGH* (DNotZ 1997, 53 m. Anm. *Tönnies*) jedenfalls dann bejaht, „wenn mit einer längeren Hinterlegungszeit als üblich zu rechnen ist". Dem bislang gängigen Argument, dass die sofortige Verfügbarkeit Vorrang vor möglichst hohen Zinserträgen hat, hat der *BGH* mit Recht entgegengehalten, dass dieses Argument jedenfalls dann nicht sticht, wenn – wie nachweisbar im zu entscheidenden Fall – die Möglichkeit bestanden hätte, das Festgeld vorzeitig zu kündigen.

Die rechtlichen und tatsächlichen Schwierigkeiten im Zusammenhang mit der Festgeldanlage sind äußerst kompliziert. Unter Bezugnahme auf die diesbezügliche Urteilsanmerkung des Verfassers (DNotZ 1997, 57) seien hier nur einige der Fragen genannt, die sich im Einzelfall stellen können: Welche Verwahrungszeit ist „länger als üblich" i. S. d. Rechtsprechung des *BGH*? Muss der Notar sich bei seiner Hausbank nach den Möglichkeiten einer vorzeitigen Freigabe erkundigen? Muss er dies auch bei anderen Banken tun? Kann er sich im Regressfall auf den Einwand verlassen, er habe von der Möglichkeit einer vorzeitigen Festgeldkündigung im konkreten Fall nichts gewusst? Muss der Notar bei Eintritt der Auszahlungsreife selbst ausrechnen, ob für die Beteiligten eine mit Zinsverlusten verbundene vorzeitige Festgeldkündigung und sofortige Auszahlung oder aber ein Abwarten bis zur Fälligkeit des Festgeldes günstiger ist? Soll die Möglichkeit einer vorzeitigen Festgeldkündigung von vornherein in die Verwahrungsanweisung aufgenommen werden? (siehe hierzu Formulierungsbeispiel Rn. 852). 820

Zu welchen Lösungen auch immer man im Einzelfall kommen wird: Fest steht, dass der Notar bei Verwahrung jedenfalls eine (Mit-)Verantwortung für die Rendite des verwahrten Betrages trägt, die er im Falle der unmittelbaren Kaufpreiszahlung nicht hat. Verzögert sich die Versendung der Fälligkeitsmitteilung um Tage, Wochen oder auch Monate, ist es allein Sache des Käufers darüber zu entscheiden, ob und gegebenenfalls wie er die bereitstehenden Finanzierungsmittel anlegt. Der an den Notar gerichtete Vorwurf des Käufers, bis zur Fälligkeit hätte der Notar das Geld rentierlicher anlegen bzw. auf eine solche Anlegung hinwirken müssen, ist von vornherein ausgeschlossen. 821

h) Probleme hinsichtlich nicht vertragskonformer Weisungen der Finanzierungsgläubiger

Bei unmittelbarer Kaufpreiszahlung ohne Einschaltung eines Anderkontos gibt es bei Fälligkeit zwei Möglichkeiten. Entweder der Käufer zahlt oder er zahlt nicht. 822

Bei der Abwicklung über Notaranderkonto gibt es hingegen eine nicht selten mit Problemen verbundene dritte Möglichkeit: Der Käufer hinterlegt zwar; aufgrund von Verwahrungsanweisungen der finanzierenden Bank kann der Notar jedoch nicht auszahlen. Zu denken ist etwa an die durch nichts gerechtfertigte, jedoch immer wieder anzutreffende Auflage des Finanzierungsgläubigers, dass der verwahrte Betrag erst bei „Sicherstellung der Eigentumsumschreibung" – und damit nach Vorliegen der Unbedenklichkeitsbescheinigung – ausgezahlt werden dürfe. 823

Der „Hinweis" des Notars, dass die Auszahlung an den Verkäufer erst nach Erfüllung der Weisungen des hinterlegenden Kreditinstitutes erfolgen könne, führt in diesem Zusammenhang nicht weiter. Jedenfalls stellt ein solcher Hinweis nicht die Vereinbarung einer entsprechenden Auflage der Kaufparteien an den Notar dar, welche dieser bei Auszahlung zu beachten hätte. Er enthält nämlich in Wahrheit überhaupt keine Erklärung der Vertragsparteien, sondern eine solche des Notars (*BGH* DNotZ 2002, 213, 214). 824

Auf die Pflichten bzw. Möglichkeiten des Notars, auf derartige die vertragsgerechte Auszahlung verhindernde Verwahrungsanweisungen zu reagieren (insbesondere durch Hinweise an den Käufer und die finanzierende Bank), soll hier nicht im Einzelnen eingegangen werden (siehe dazu *Müller-Magdeburg* ZNotP 2003, 213). Fest steht jedenfalls, dass sich aus den Weisungen der hinterlegenden Bank Probleme ergeben können, die es bei unmittelbarer Kaufpreiszahlung nicht gibt. 825

V. Rechtliche Qualifikation von Verwahrungsvereinbarung und Verwahrungsanweisung

826 Wegen der Einzelheiten der rechtlichen Qualifikation wird auf die grundlegenden Darstellungen von *Zimmermann* (DNotZ 1980, 451) und *Brambring* (DNotZ 1990, 615, 623) verwiesen. Da sich praktische Konsequenzen der unterschiedlichen Qualifikationen ausschließlich bei der Frage nach der Beachtlichkeit des einseitigen Widerrufs einer mehrseitigen Verwahrungsanweisung ergaben, diese Frage aber inzwischen durch § 54c BeurkG geklärt ist, erscheint es vertretbar, im Rahmen eines für den Praktiker geschriebenen Handbuches auf die Darstellung der inzwischen weitgehend nur noch akademischen Meinungsunterschiede zu verzichten.

VI. Dienstordnung für Notare

827 Während die §§ 11 bis 13 der früheren Dienstordnung für Notare (DONot) früher die einzige Regelung der den Notaren in § 23 BNotO zugewiesenen Verwahrungsgeschäfte enthielten, enthält das Gesetz selbst seit 1998 in §§ 54a bis 54e BeurkG detaillierte Regelungen der Verwahrung.

828 Das Verhältnis zwischen Gesetz und DONot ergibt sich aus dem Gesetzentwurf der Bundesregierung zu §§ 54a bis 54e BeurkG. Dort (BT-Drucks. 13/4184, S. 37) heißt es:

„Das notarielle Verwahrungsverfahren ist bislang – abgesehen von der Zuständigkeitsbestimmung des § 23 BNotO – nicht gesetzlich, sondern lediglich teilweise durch Verwaltungsvorschriften (§§ 11 bis 13 DONot) geregelt. Dies erscheint unzureichend, soweit dem Notar hiermit ein für diesen Bereich seiner hoheitlichen Tätigkeit maßgebliches Verfahrensrecht und wesentliche Berufspflichten vorgeschrieben werden. Es soll daher eine gesetzliche Regelung erfolgen. Bestimmungen, die durch Dokumentationspflichten lediglich die Information der Aufsichtsbehörden bezwecken und damit der Durchführung der Aufsicht dienen, können hingegen weiterhin der Regelung durch Verwaltungsvorschrift der Länder vorbehalten bleiben."

829 Der Regelungsbereich der neuen DONot ist daher folgerichtig auf Dokumentationspflichten beschränkt.

830 Wegen der in der DONot geregelten Führung des Verwahrungs- und Massenbuches wird im Übrigen auf Kap. M verwiesen.

VII. Inhalt der Verwahrungsvereinbarung

831 „Der Notar darf Geld zur Verwahrung nur entgegennehmen, wenn ... ihm ein Antrag auf Verwahrung verbunden mit einer Verwahrungsanweisung vorliegt, in der hinsichtlich der Masse und ihrer Erträge der Anweisende, der Empfangsberechtigte sowie die zeitlichen und sachlichen Bedingungen der Verwahrung und die Auszahlungsvoraussetzungen bestimmt sind, ..." (§ 54a II Nr. 2 BeurkG). Auf die Einhaltung dieser Mindestvoraussetzungen sowie eine darüber hinausgehende möglichst umfassende und präzise Verwahrungsanweisung sollte der Notar mit größter Sorgfalt hinwirken. Im Einzelnen sind folgende Punkte zu bedenken:

1. Pflicht zur Verwahrung – fakultative Verwahrung

832 In der Regel wird bei Vertragsbeurkundung feststehen, ob unter Berücksichtigung der oben aufgezeigten Vor- und Nachteile eine Kaufpreisverwahrung geboten ist oder nicht. Erscheint sie geboten, ist eine eindeutige Hinterlegungsverpflichtung zu vereinbaren: „Der Kaufpreis ist auf Anderkonto ... zu hinterlegen." Erscheint die Verwahrung nicht

geboten, ist unmittelbare Kaufpreiszahlung vorzusehen. Nicht selten stellt sich jedoch erst nach Beurkundung heraus, dass Verwahrung – wider Erwarten – doch erforderlich ist, etwa weil ein Finanzierungsgläubiger des Käufers aus berechtigten Gründen auf Verwahrung besteht. Da der Notar gemäß § 54a IV BeurkG Geld nur nach Vorliegen einer schriftlichen Verwahrungsanweisung annehmen darf, erscheint es ratsam, in Zweifelsfällen folgende **fakultative Verwahrungsvereinbarung** und -anweisung in Kurzfassung zu formulieren:

Formulierungsbeispiel: Fakultative Verwahrungsvereinbarung	833
Der Kaufpreis muss bei Fälligkeit an den Verkäufer gezahlt werden. Falls aus dem Kaufpreis Belastungen abzulösen sind, müssen bei Fälligkeit die entsprechenden Beträge unmittelbar an den Gläubiger gezahlt werden. Der Käufer ist zur Hinterlegung des Kaufpreises berechtigt, wenn sich hierfür ein berechtigtes Sicherungsinteresse herausstellen sollte. Wenn der Käufer den Kaufpreis auf Anderkonto hinterlegt, hat er diesen bei dem Notar so zu hinterlegen, dass der Notar den Kaufpreis rechtzeitig bis zur Fälligkeit an den Verkäufer bzw. an die abzulösenden Gläubiger überweisen kann. Der Notar wird für den Fall der Hinterlegung angewiesen, bei Fälligkeit aus dem hinterlegten Betrag die von den Gläubigern des Verkäufers angegebenen Forderungen abzulösen und alsdann einen etwaigen Restbetrag einschließlich der Hinterlegungszinsen abzüglich entstandener Bankkosten an den Verkäufer nach dessen Weisung auszuzahlen.	

Eine Verpflichtung zur Hinterlegung besteht danach für den Käufer nicht. Wenn er dennoch hinterlegt, liegt jedenfalls eine den Mindestanforderungen des § 54a II Nr. 2 BeurkG entsprechende Hinterlegungsanweisung vor. 834

Nachdem der Gesetzgeber in § 54a BeurkG geregelt hat, dass ein berechtigtes Sicherungsinteresse **objektiv** bestehen muss, reicht es für die Zulässigkeit einer Verwahrung eindeutig nicht aus, wenn der Käufer oder dessen Bank dies ohne vernünftige Begründung wünschen. Der Notar hat die Möglichkeit, das Vorliegen eines berechtigten Sicherungsinteresses zu verneinen und die Hinterlegung durch Nichtmitteilung der erforderlichen Anderkontonummer zu verhindern. 835

2. Erfüllungswirkung der Verwahrung

Erfüllungswirkung hat die Verwahrung nach der Rechtsprechung des *BGH* nur dann, wenn die Parteien dies ausnahmsweise vereinbaren (DNotZ 1983, 549). Von einer solchen (Vorleistungs-)Vereinbarung ist mit Blick auf die Risiken des Käufers bei Insolvenz des Verkäufers (*BGH* DNotZ 1983, 552; *Zimmermann* DNotZ 1980, 460) abzuraten. Ob Erfüllungswirkung erst mit Auszahlung an den Verkäufer (so *OLG Köln* DNotZ 1989, 261) oder bereits bei Vorliegen der Auszahlungsvoraussetzungen (*Brambring* DNotZ 1990, 615, 633 und *Zimmermann* DNotZ 1989, 262) eintritt, hat der *BGH* (DNotZ 1983, 552) ausdrücklich offengelassen. Ungeachtet der Frage, ob der Zeitpunkt der Erfüllungswirkung rein tatsächlich von großer praktischer Bedeutung ist oder nicht – das *OLG Köln* (DNotZ 1989, 261) begründet etwa seine Auffassung, der Notar sei ohne ausdrückliche Gestattung der Betroffenen nicht befugt, seine in anderen Sachen entstandenen Gebührenforderungen gegen den Verkäufer von dem hinterlegten Kaufpreis zu entnehmen, auch damit, Erfüllung trete erst mit Auszahlung ein – sollte sie ebenso eindeutig wie kurz geklärt werden: „Die Erfüllung des Kaufpreisanspruchs tritt mit Auszahlungsreife ein." 836

Mit Urteil vom 17.2.1994 (*BGH* NJW 1994, 1404) ist der *BGH* im Wege der Auslegung „mit Rücksicht auf den Hinterlegungszweck und die damit verbundene Interessenlage der Vertragsparteien" zu dem Schluss gekommen, nach dem Willen der Vertragsparteien habe Erfüllung mit Auszahlung eintreten sollen. Wenngleich der *BGH* dabei 837 ausdrücklich offen gelassen hat, in welchem Zeitpunkt bei Hinterlegung auf Anderkonto grundsätzlich Erfüllungswirkung eintritt, ist diese Entscheidung insofern von richtungsweisender Bedeutung, als der konkret ermittelte Hinterlegungszweck (Sicherung der Erfüllung der wechselseitigen Vertragspflichten und Schutz vor Vorleistung) weniger als besonders gelagerter Einzelfall, sondern vielmehr als der Regelfall der Hinterlegung angesehen werden kann.

3. Angabe des Anderkontos

838 „Das Notaranderkonto muss bei einem im Inland zum Geschäftsbetrieb befugten Kreditinstitut oder der Deutschen Bundesbank eingerichtet sein. Die Anderkonten sollen bei Kreditinstituten in dem Amtsbereich des Notars oder den unmittelbar angrenzenden Amtsgerichtsbezirken desselben Oberlandesgerichtsbezirks eingerichtet werden, sofern in der Anweisung nicht ausdrücklich etwas anderes vorgesehen wird oder eine andere Handhabung sachlich geboten ist. Für jede Verwahrungsmasse muss ein gesondertes Anderkonto geführt werden, Sammelanderkonten sind nicht zulässig" (§ 54b II BeurkG).

839 Bei der Auswahl des Kreditinstituts sind allein praktische Gesichtspunkte ausschlaggebend. Die Verwahrung auf einem Anderkonto beim Finanzierungsgläubiger des Käufers kann die Einzahlung auf, die Verwahrung beim abzulösenden Gläubiger des Verkäufers die Auszahlung vom Anderkonto geringfügig beschleunigen. Von nicht zu unterschätzender Bedeutung kann ferner sein, zu welcher Bank der Notar aufgrund laufender Geschäftsbeziehungen besonders guten Kontakt hat. So kann es etwa hilfreich sein, auf bestimmte Einzahlungen vorab telefonisch aufmerksam gemacht zu werden. In der Regel wird das Anderkonto, auf das zu hinterlegen ist, bereits im Kaufvertrag angegeben. Zwingend geboten ist dies indes nicht. Für die sofortige Angabe spricht die **Klarheit** für alle Beteiligten sowie der Umstand, dass der Notar nicht in einem weiteren Arbeitsgang ein Anderkonto schriftlich mitteilen muss. Dagegen kann sprechen, dass bei Nichtdurchführung des Vertrages unnötigerweise ein Anderkonto angelegt wurde, dass die Möglichkeit verfrühter Hinterlegung eröffnet wird und dass schließlich u. U. bei Vertragsbeurkundung die Kriterien für die Auswahl des Anderkontos – etwa Finanzierungsgläubiger des Käufers – noch nicht feststehen. Bei lediglich fakultativer Hinterlegung (Rn. 832) sollte von der Angabe eines konkreten Anderkontos abgesehen werden. Ansonsten scheint aus Gründen der Klarheit regelmäßig eine konkrete Angabe im Kaufvertrag empfehlenswert.

4. Hinterlegungszeitpunkt

840 Ein bestimmter Hinterlegungszeitpunkt schafft Klarheit über die Pflichten des Käufers. Er kann seinem Finanzierungsgläubiger rechtzeitig konkrete Auszahlungsanweisungen erteilen und braucht nicht zu befürchten, bei urlaubs- oder krankheitsbedingter Abwesenheit von einer Fälligkeitsmitteilung überrascht zu werden. Der bestimmte Hinterlegungszeitpunkt ermöglicht zudem die Vereinbarung eines ebenso bestimmten, an die Hinterlegung gekoppelten **Besitzübergangstermins**. Der Käufer braucht nicht zu befürchten, dass der ihn besonders interessierende Besitzübergang sich für unbestimmte Zeit hinauszögert. Der Nachteil eines bestimmten und damit von dem Vorliegen der Auszahlungsvoraussetzungen unabhängigen Hinterlegungszeitpunkts besteht in den u. U. erheblichen **Zinsverlusten** bei endgültiger Nichtdurchführung des Kaufvertrages. Stellt sich etwa einige Monate nach Hinterlegung des Kaufpreises heraus, dass die Lastenfreistellung des verkauften Grundbesitzes aus dem Kaufpreis nicht möglich oder die als Auszahlungsvoraussetzung vereinbarte Räumung des Grundbesitzes durch den Mieter nicht erfolgt ist, kann die Inanspruchnahme des Verkäufers wegen entstandener Zinsverluste für den Käufer mit erheblichen rechtlichen und tatsächlichen Schwierigkeiten verbunden sein. Wegen der im Einzelfall erforderlichen Abwägung lassen sich auch hier keine all-

gemeinverbindlichen Patentrezepte geben. Aus Gründen der höheren Klarheit für alle Beteiligten erscheint in der Regel ein bestimmter Hinterlegungszeitpunkt angebracht: „Der Kaufpreis muss dem vorgenannten Anderkonto bis zum ... gutgeschrieben sein".

Bestehen konkrete Anhaltspunkte dafür, dass die Durchführung des Kaufvertrages unsicher ist, sollte die Verwahrung von bestimmten **Hinterlegungsvoraussetzungen** abhängig gemacht werden: 841

Formulierungsbeispiel: Hinterlegungsmitteilung 842

Der Kaufpreis muss dem vorgenannten Anderkonto bis zum ... gutgeschrieben sein, nicht jedoch vor dem Ablauf von 14 Tagen, nachdem der Notar die schriftliche Mitteilung an den Käufer abgesandt hat, dass die Auszahlungsvoraussetzungen gemäß ... Buchst. ... vorliegen.

Hinterlegungsvoraussetzung sollte regelmäßig das Vorliegen sämtlicher zur Wirksamkeit des Vertrages erforderlichen **Genehmigungen**, insbesondere die Genehmigung einer vollmachtlos vertretenen Vertragspartei sein. Zum einen erscheint die Durchführung eines schwebend unwirksamen Kaufvertrages regelmäßig unsicher. Zum anderen, und das dürfte entscheidend sein, gibt es bei unwirksamem Kaufvertrag noch keine wirksame Verwahrungsanweisung, aufgrund derer der Notar Geldbeträge annehmen könnte. 843

Auf die **Gutschrift auf Anderkonto** sollte aus folgenden Gründen abgestellt werden: Ob eine Geldschuld entsprechend der früheren BGH-Rechtsprechung (BGHZ 44, 178) und entsprechenden herrschenden Meinung auch im Lichte der Zahlungsverzugsrichtlinie noch als qualifizierte Schickschuld (so *Schwab* NJW 2011, 2833) oder nunmehr als Bringschuld (so Palandt/*Grüneberg* § 270 Rn. 1) zu qualifizieren ist, ist umstritten. Zur Vermeidung von Streitigkeiten sollte durch das Abstellen auf die Gutschrift eindeutig eine **Bringschuld** vereinbart werden. Dies entspricht in aller Regel dem Rechtsgefühl der Beteiligten und erleichtert eine etwaige Verzugszinsenberechnung. 844

5. Auszahlungsempfänger, Verwahrungszinsen, Verwahrungsbankkosten, Löschungskosten

Der Notar muss genau wissen, wann (dazu Rn. 861) er welche Beträge an wen auszuzahlen hat. Zunächst sind aus dem verwahrten Kaufpreis die im Rang vor der Eigentumsvormerkung eingetragenen Gläubiger zu befriedigen. In diesem Zusammenhang sollte vermieden werden, dass sich der Notar die Richtigkeit der von den Gläubigern angegebenen Forderungen vom Verkäufer bestätigen lassen oder diese Richtigkeit gar selbst prüfen muss, da anderenfalls die Gefahr besteht, dass die Abwicklung des Kaufvertrages wegen eines zwischen dem Verkäufer und seinen Gläubigern bestehenden Streits über Ablösungsbeträge, Vorfälligkeitsentschädigung oder sonstige Nebenkosten erheblich verzögert wird. Jedenfalls dann, wenn ein der deutschen Bankenaufsicht unterliegendes Kreditinstitut Gläubiger ist, erscheint es vertretbar, ohne weiteres auf „die von den Grundpfandrechtsgläubigern des Verkäufers **angegebenen Forderungen**" abzustellen. Sollten sich diese Angaben nachträglich als falsch erweisen, bleibt es dem Verkäufer unbenommen, ungeachtet der bereits erfolgten Abwicklung des Kaufvertrages von seinem Gläubiger zuviel erhaltene Beträge zurückzuverlangen. Anders sieht es naturgemäß bei privaten Gläubigern des Verkäufers aus, denen gegenüber dem Verkäufer nicht ohne weiteres ein Rückforderungsrisiko aufgebürdet werden kann. Hier sollte das Problem der Forderungshöhe angesprochen und nach Möglichkeit ein konkreter Ablösungsbetrag vor Kaufvertragsabschluss ermittelt werden. 845

Bei der Frage, wem die **Verwahrungszinsen** zustehen, ist darauf zu achten, wem im jeweiligen Hinterlegungszeitpunkt die Nutzungen an dem verkauften Grundbesitz zustehen. Im Ergebnis sollte vermieden werden, dass einer Vertragspartei zu irgendeinem 846

Zeitpunkt sowohl die Nutzungen an dem Grundbesitz (insbesondere Mieten) als auch die Nutzungen an dem verwahrten Kaufpreis zustehen. In der Regel wird vereinbart, dass die Nutzungen mit Kaufpreishinterlegung übergehen. In diesem Fall sollten dem Verkäufer sämtliche Verwahrungszinsen zustehen.

847 Die geringfügigen **Verwahrungsbankkosten** sollte aus rein praktischen Erwägungen derjenige tragen, dem die Verwahrungszinsen zustehen, da die Anderkonten führenden Kreditinstitute die Guthabenzinsen mit den Kontoführungsgebühren teilweise ohne Ausweis der Einzelpositionen saldieren.

848 Wenngleich der Notar auch ohne entsprechende ausdrückliche Regelung berechtigt ist, seine **Gebührenforderung** gegen den Auszahlungsempfänger aus dem hinterlegten Betrag zu befriedigen (für die Hebegebühr ergibt sich dies bereits aus Nr. 25300 KV-GNotKG Anm.), sollte ein entsprechender Passus in die Verwahrungsvereinbarung aufgenommen werden. Bei der Berechnung der Hebegebühr bleibt die entnommene Hebegebühr (nur diese! *LG Mönchengladbach* MittRhNotK 1983, 249) selbst im Übrigen außer Ansatz. Die mit der **Löschung** nicht übernommener Belastungen verbundenen Gerichts- und Notarkosten trägt üblicherweise der Verkäufer. Die Löschung nicht übernommener Belastungen ist daher erst dann sichergestellt, wenn
– der Verkäufer die Löschungskosten selbst bezahlt hat,
– die Löschungskosten durch den Notar vom Notaranderkonto bezahlt werden sollen und entsprechende Beträge vorhanden sind oder
– der Notar sich für die Löschungskosten stark sagt.

849 Die erste Möglichkeit scheidet praktisch aus, da Löschungsanträge regelmäßig erst nach Befriedigung der Gläubiger eingereicht werden dürfen. Die zweite Möglichkeit ist grundsätzlich sicherlich die beste, praktisch indes mit nicht unerheblichen Umständen verbunden. Der Notar muss selbst alle **Gerichtskosten** zahlen und die künftig anfallenden Gerichtskosten bei Auszahlung an den Verkäufer im Voraus berücksichtigen. Entscheidet sich der Notar für diesen Weg, müssen entsprechende Vereinbarungen und Anweisungen in den Kaufvertrag aufgenommen werden. Zum einen ist zu vereinbaren, dass der Notar auch die Löschungskosten vom Notaranderkonto befriedigen soll. Zum anderen ist bei den Auszahlungsvoraussetzungen (Rn. 861) darauf zu achten, dass nicht nur die von den Gläubigern angegebenen Forderungen, sondern auch die mit der Löschung verbundenen Notar- und Gerichtskosten aus dem Kaufpreis befriedigt werden können müssen. Bei Kostenstarksagung durch den Notar entfallen vorbezeichnete Schwierigkeiten und Vertragsergänzungen. Es ist im Einzelfall abzuwägen, ob der Notar zum Zwecke der Vereinfachung dem **Kostenhaftungsrisiko** oder der etwas umständlicheren Abwicklung den Vorzug gibt. Bei einem Kaufvertrag, der Nutzungsübergang bei Kaufpreishinterlegung vorsieht, könnte die Auszahlungsanweisung etwa wie folgt aussehen:

850 **Formulierungsbeispiel: Auszahlungsanweisung**

Der Notar wird angewiesen, aus dem verwahrten Kaufpreis die von den Grundpfandrechtsgläubigern des Verkäufers angegebenen Forderungen abzulösen (u. U.: die anlässlich der Löschung anfallenden Notar- und Gerichtskosten zu begleichen) und alsdann einen etwaigen Restbetrag einschließlich der Verwahrungszinsen, abzüglich entstandener Bankkosten an den Verkäufer auf dessen Konto Nr. ... bei der ... BLZ ... auszuzahlen.

851 Vom Auszahlungsempfänger zu tragende Kosten und Auslagen kann der Notar von den Auszahlungsbeträgen in Abzug bringen und dem Anderkonto entnehmen.

6. Festgeldanlage

852 Gemeinsam erteilte Verwahrungsanweisungen können grundsätzlich nur gemeinsam geändert oder zurückgenommen werden (Rn. 876 ff.). Dies sollte zur Klarstellung in die

Verwahrungsvereinbarung aufgenommen und dabei gleichzeitig geregelt werden, ob und ggf. ab wann für eine etwaige Festgeldanlage anderes gelten soll. An einer Festgeldanlage wird regelmäßig nur die Vertragspartei interessiert sein, der die Verwahrungszinsen zustehen. Ist dies, was in der Regel der Fall ist und wovon hier ausgegangen wird, der Verkäufer, so erscheint es nicht unproblematisch, eine Festgeldanlage von einer Mitwirkung des Käufers abhängig zu machen. Eine Festgeldanlage auf einseitige Weisung des Verkäufers erscheint andererseits vor **Auszahlungsreife** problematisch. Wird der Kaufpreis etwa vor Auszahlungsreife auf einseitige Weisung des Verkäufers für sechs Monate festgelegt und stellt sich kurze Zeit darauf heraus, dass Auszahlungsreife endgültig nicht eintreten wird, ist eine langfristige Anlage für den Käufer nicht zumutbar. Der folgende Formulierungsvorschlag stellt für den Fall, dass dem Verkäufer alle Verwahrungszinsen zustehen, den Versuch eines angemessenen Ausgleichs vorbezeichneter Verkäufer- und Käuferinteressen dar:

| **Formulierungsbeispiel: Fakultative Festgeldanlage bei Verweisung** | 853 |

Der Notar ist berechtigt, hinterlegte Beträge auf einseitige schriftliche Weisung des Verkäufers als Festgeld anzulegen, vor Vorliegen der Auszahlungsvoraussetzungen jedoch nur für maximal einen Monat und nur dann, wenn der Käufer dem nicht schriftlich widersprochen hat. Alle übrigen in dieser Urkunde enthaltenen Verwahrungsanweisungen werden durch Käufer und Verkäufer zweiseitig und unter Verzicht auf einseitigen Widerruf erteilt.

Ist ausnahmsweise schon bei Beurkundung des Kaufvertrages mit Sicherheit zu erwarten, dass der Kaufpreis für einen längeren Zeitraum auf dem Anderkonto bleiben wird, sollte gar nicht erst auf eine spätere Weisung des Verkäufers gewartet, sondern vielmehr sofort eine solche in den Kaufvertrag aufgenommen werden, etwa: 854

| **Formulierungsbeispiel: Anweisung zur Festgeldanlage bei Verwahrung** | 855 |

Schon jetzt weist der Verkäufer den Notar an, hinterlegte Beträge für einen Monat mit jeweils automatischer Verlängerung für einen weiteren Monat als Festgeld anzulegen, bis nachfolgend vereinbarte Auszahlungsvoraussetzungen vorliegen.

BGH DNotZ 1997, 53 m. Anm. *Tönnies* hat im Ergebnis eine Verpflichtung des Notars festgestellt, jedenfalls bei „einer längeren Hinterlegungszeit als üblich" auf eine Festgeldanlage hinzuwirken. Dem möglichen Einwand des wegen entstandener Zinsverluste in Anspruch genommenen Notars, bei einer Festgeldanlage sei die jederzeitige Verfügbarkeit des hinterlegten Kaufpreises nicht gewährleistet, hat der *BGH* mit Recht entgegengehalten, dass auch bei einer Festgeldanlage jedenfalls faktisch die Möglichkeit zur vorzeitigen Kündigung bestehe. Dem *BGH* ist im Ergebnis zuzustimmen. Der Umstand, dass unter Umständen bei einer vorzeitigen Festgeldkündigung die Zinsen für den laufenden Anlagemonat verlorengehen, kann nicht ernsthaft als Begründung dafür herangezogen werden, für einen Zeitraum von mehreren Monaten gar keine Festgeldanlage vorzunehmen. 856

Im Detail ist die Festgeldanlage nicht nur lästig, sondern auch im Einzelfall rechtlich durchaus problematisch. Ob der Notar es will oder nicht: Verwahrt er längere Zeit Fremdgelder auf Notaranderkonto, übernimmt er damit jedenfalls potentiell die (Mit-)Verantwortung für eine angemessene Rendite. Darauf, dass dieser Umstand ein grundsätzlicher Nachteil der Abwicklung über Notaranderkonto gegenüber der unmittelbaren Kaufpreiszahlung ist, wurde bereits hingewiesen (Rn. 818). 857

Der eleganteste Ausweg aus diesem Dilemma des Notars dürfte es sein, wenn es ihm gelingt, mit seiner Bank eine so hohe Verzinsung des Anderkontos zu vereinbaren, dass 858 eine Festgeldanlage praktisch überflüssig wird. Wird etwa das Anderkonto mit 1% verzinst, wird eine Festgeldanlage bei dem derzeitigen Zinsniveau in aller Regel nicht angezeigt sein. Die geringfügig geringere Verzinsung des Anderkontos würde im Regelfall dadurch mindestens kompensiert, dass jeder eingehende (auch kleinere) Betrag ab sofort verzinst wird und im Falle einer sofortigen Auszahlung bei Auszahlungsreife kein rückwirkender Zinsverlust droht.

859 Wenn der Notar weiß, dass das das Anderkonto führende Institut fristlose Kündigungen der Festgeldkonten so akzeptiert, dass diese nur für den jeweils angebrochenen Anlagezeitraum zu rückwirkenden Zinsverlusten führen, sollte er – wenn das Anderkonto nicht nahezu wie ein Festgeldkonto verzinst wird – aufgrund der Rechtsprechung des *BGH* nunmehr **immer** eine Verwahrungsanweisung vorschlagen, die etwa folgenden Wortlaut haben könnte:

860 **Formulierungsbeispiel: Festgeldkündigung bei Verwahrung**

Der Notar wird angewiesen, auf dem Anderkonto eingehende Beträge, die mindestens 10.000 EUR betragen, für einen Monat mit jeweils automatischer Verlängerung für einen weiteren Monat als Festgeld anzulegen, bis die Auszahlungsvoraussetzungen vorliegen. Liegen diese vor, sind bei sofort vorzunehmender Auszahlung etwaige Festgeldkonten trotz damit verbundener Zinsverluste bezüglich des jeweils angebrochenen Anlagezeitraumes fristlos zu kündigen.

7. Auszahlungsvoraussetzungen

861 Durch die Kaufpreisabwicklung über Notaranderkonto soll (jedenfalls auch) verhindert werden, dass der Käufer den Kaufpreis verliert, bevor die lastenfreie Umschreibung des Kaufgrundbesitzes auf den Käufer sichergestellt ist. Die Auszahlungsvoraussetzungen, die sich im Übrigen teilweise mit etwaigen vereinbarten Hinterlegungsvoraussetzungen decken werden, entsprechen daher weitgehend den bei unmittelbarer Zahlung vom Käufer an den Verkäufer vom Notar zu überwachenden **Fälligkeitsvoraussetzungen**. In der 1. Auflage dieses Handbuches (Rn. 374) wurde empfohlen, zusätzlich zu den üblicherweise vom Notar zu überwachenden Fälligkeitsvoraussetzungen vereinbaren zu lassen, dass Auszahlungen erst nach **vollständiger Kaufpreishinterlegung** erfolgen dürfen (so auch *Brambring* DNotZ 1990, 629). Diese, in der konkreten Abwicklung nicht selten die Auszahlung hindernde Regelung erscheint indes nicht sachgerecht.

> **Beispiel:** Kaufpreis 800.000 EUR. Forderungen abzulösender Gläubiger 700.000 EUR. Hinterlegter Kaufpreisteilbetrag 790.000 EUR. Käufer, der Einbehalt des Disagios nicht berücksichtigt hat, ist urlaubsbedingt abwesend.

862 Sind aus dem Kaufpreis Gläubiger des Verkäufers zu befriedigen, darf eine Auszahlung nicht erfolgen, bevor aus dem hinterlegten Betrag alle Forderungen aller Gläubiger befriedigt werden können. Die sonst etwa erforderliche Prüfung, welche Gläubiger zuerst zu befriedigen oder ob u. U. auch Teilablösungen vorzunehmen sind, wird oft zu viele Unsicherheiten bergen, als dass der Notar sie verantworten könnte.

863 Darüber hinaus, wenn also die Ablösung aller Gläubiger und damit – bei Kaufpreisfinanzierung durch den Käufer – zugleich die rangrichtige Sicherstellung der Gläubiger des Käufers gewährleistet ist, scheint ein Schutz des Käufers davor, dass er den Kaufpreis endgültig nicht vollständig zahlt, nicht erforderlich. Vor den Gefahren, die mit einer teilweisen Kaufpreiszahlung für den Käufer selbst verbunden sein können, wird der Käufer auch bei unmittelbarer Kaufpreiszahlung, also ohne Einschaltung eines Anderkontos, in keiner Weise geschützt. Dies ist auch richtig so. Jede Vertragspartei ist vor etwaiger Nichterfüllung der anderen Partei zu schützen, nicht hingegen vor eigener Nichterfüllung.

7. Teil. Kaufpreisabwicklung über Notaranderkonto

Auch der Umstand, dass die Finanzierungsgläubiger des Käufers aufgrund der üblicherweise eingeschränkten Sicherungsabrede erst ab vollständiger Kaufpreiszahlung vollständig, also z.B. auch hinsichtlich eines etwaigen Disagios, gesichert sind, zwingt nicht dazu, die vollständige Kaufpreiszahlung als vertragliche Auszahlungsvoraussetzung aufzunehmen. Macht die hinterlegende Bank die vollständige Kaufpreiszahlung zur Auflage, ist dies – wie alle anderen Treuhandauflagen der Bank auch – zu beachten. Tut sie dies nicht – was die Regel ist –, trägt die Bank wie bei unmittelbarer Kaufpreiszahlung auch vorübergehend ein geringfügiges Sicherungsrisiko (z.B. bezüglich Disagio und Kosten) oder sie kümmert sich selbst darum, dass der Käufer vollständig zahlen kann und wird. 864

Schließlich bedarf auch der Verkäufer grundsätzlich keines Schutzes davor, dass der Käufer (vorläufig oder endgültig) nur Teilzahlungen vornimmt. Abgesehen davon, dass Teilzahlungen auch im Regelfall der unmittelbaren Kaufpreiszahlung vom Käufer an den Verkäufer grundsätzlich nicht zu verhindern sind, wird der Verkäufer etwaige Nichterfüllungsschäden in vielen Fällen durch Einbehalt aus der erfolgten Teilzahlung realisieren können. Trotz etwaiger Schwierigkeiten mit den Banken des Verkäufers steht dieser sich schon mit Blick auf etwaige Zinsgewinne bei Teilzahlung in aller Regel nicht schlechter als bei Nichtzahlung. 865

Bei Formulierung der Auszahlungsvoraussetzungen sollte ebenso wie bei den vom Notar zu überwachenden Fälligkeitsvoraussetzungen sorgsam darauf geachtet werden, dass der Notar das Vorliegen der Voraussetzungen tatsächlich selbst überprüfen kann. Bei nicht aus den Akten des Notars ersichtlichen Umständen wie etwa der **Räumung** des Grundbesitzes durch den Verkäufer oder der Durchführung bestimmter **Renovierungsarbeiten** ist daher als Auszahlungsvoraussetzung nicht die Räumung etc. selbst, sondern die Bestätigung des Käufers oder eines sonstigen Dritten über die Räumung etc. vorzusehen. Insgesamt könnten die Auszahlungsvoraussetzungen demnach wie folgt lauten: 866

Formulierungsbeispiel: Auszahlungsvoraussetzungen 867

Auszahlungen vom Anderkonto darf der Notar erst vornehmen, wenn

a) die Eigentumsvormerkung für den Käufer im Grundbuch eingetragen ist,

b) dem Notar die Löschungs- bzw. Freigabeunterlagen bezüglich nicht übernommener Rechte, die der Eigentumsvormerkung im Range vorgehen, auflagenfrei oder so vorliegen, dass die von den Gläubigern angegebenen Forderungen (u. U.: und die anlässlich der Lastenfreistellung anfallenden Notar- und Gerichtskosten) aus dem verwahrten Betrag befriedigt werden können,

c) die zuständigen Behörden dem Notar bestätigt haben, dass ein gesetzliches Vorkaufsrecht nicht besteht bzw. nicht ausgeübt wird,

d) die zur Wirksamkeit oder Durchführung dieses Vertrages erforderlichen Genehmigungen und Erklärungen mit Ausnahme der Unbedenklichkeitsbescheinigung des Finanzamtes in grundbuchmäßiger Form vorliegen,

e) der Käufer dem Notar schriftlich die vollständige Räumung des Grundbesitzes durch den Verkäufer bestätigt hat.

---

8. Rückzahlung bei Nichteintritt der Auszahlungsvoraussetzungen

Auch die genaueste Formulierung der Auszahlungsvoraussetzungen hilft dann nicht weiter, wenn die vereinbarten Voraussetzungen über einen längeren Zeitraum oder sogar endgültig nicht eintreten. Übersteigen etwa die von den Gläubigern des Verkäufers angegebenen Forderungen den Kaufpreis und gelingt es dem Verkäufer trotz monatelanger 868

Vergleichsverhandlungen oder teilweiser Befriedigung der Forderungen nicht, dass diese den Kaufpreis nicht mehr übersteigen, stellt sich für den Notar die Frage, ob, wann und an wen er auch ohne Vorliegen der Auszahlungsvoraussetzungen auszahlen kann. *Brambring* (DNotZ 1990, 631) empfiehlt, die Verwahrungsvereinbarung regelmäßig auf den Fall der ordnungsgemäßen Durchführung zu beschränken und über die Frage, an wen bei **Vertragsstörungen** auszuzahlen ist, notfalls die Gerichte entscheiden zu lassen. Die Gründe etwaiger Leistungsstörungen seien so vielgestaltig, dass es nicht möglich sei, für jede denkbare Fallgestaltung die Auszahlung sachgerecht festzulegen (a. a. O. S. 631). Dem ist grundsätzlich zuzustimmen. §§ 54a–54e BeurkG sehen folgerichtig keine Verpflichtung des Notars vor, die Rückzahlung bei Nichteintritt der Auszahlungsvoraussetzungen zu regeln. Auch die neue DONot, die sich bezüglich der Verwahrung auf Dokumentationspflichten des Notars beschränkt, enthält eine derartige Regelung – anders als § 11 I DONot a. F. – nicht mehr. Besteht konkreter Anlass zu der Sorge, dass es nicht zur Auszahlungsreife kommen könnte, sollte

– entweder gar keine Hinterlegung auf Anderkonto, sondern unmittelbare Kaufpreiszahlung vereinbart werden,
– oder aber das konkret gesehene Risiko (z. B. Belastungen höher als Kaufpreis) nicht nur bei den Auszahlungs-, sondern bereits bei den Hinterlegungsvoraussetzungen Berücksichtigung finden (z. B. Hinterlegung erst, nachdem dem Notar die Löschungsunterlagen unter erfüllbaren Auflagen vorliegen).

9. Verzugsregelung

869 Dem Verkäufer ist wenig damit gedient, wenn der Käufer zwar rechtzeitig durch seinen Finanzierungsgläubiger auf Anderkonto hinterlegen lässt, die Treuhandauflagen eben dieses Gläubigers aber nicht erfüllt werden können. Die **Hinterlegungspflicht** des Käufers sollte daher wie folgt konkretisiert werden: „Der Käufer hat den Kaufpreis zu vorbezeichnetem Zeitpunkt so zu hinterlegen, dass der Notar bei Vorliegen der Auszahlungsvoraussetzungen darüber verfügen kann." Kommt der Käufer dieser Verpflichtung ganz oder teilweise nicht nach, so stellt sich die Frage, wann er in Verzug gerät und welche Verzugszinsen er für welche Beträge zu zahlen hat. Bei bestimmtem Hinterlegungszeitpunkt kommt der Käufer gemäß § 286 II 1 BGB ohne **Mahnung** in Verzug. Ist die Hinterlegung innerhalb einer bestimmten Frist nach Mitteilung des Notars vorzunehmen, ist nach § 286 II 2 BGB ebenfalls keine Mahnung erforderlich.

870 Ist der Käufer in Verzug, stellt sich die weitere Frage, ob er den gesamten oder nur den rückständigen Betrag zu verzinsen hat und ob die Verzinsung bereits mit dem vereinbarten Hinterlegungszeitpunkt oder erst mit dem wesentlich später erfolgenden Eintritt der Auszahlungsvoraussetzungen beginnt.

871 Insgesamt ist die Regelung des Verzugszinses bei der Abwicklung über Notaranderkonto komplizierter als bei unmittelbarer Kaufpreiszahlung und bedarf daher einer besonders sorgfältigen Formulierung. Ist etwa die vollständige Kaufpreishinterlegung Auszahlungsvoraussetzung (wovon allerdings abzuraten ist, s. Rn. 861), erhält der Verkäufer auch bei 99%-iger Kaufpreishinterlegung noch nichts. Die sonst übliche Verzinsung nur der „rückständigen Beträge" ist in diesem Fall somit nicht sachgerecht, es sei denn, dass mit „rückständigem Betrag" der nicht ausgezahlte und nicht der nicht hinterlegte Kaufpreisteil gemeint ist. Stehen die Verwahrungszinsen bis zur Auszahlungsreife dem Käufer zu und ist Auszahlungsreife noch nicht eingetreten, entsteht dem Verkäufer auch bei Verstreichenlassen des vertraglich vereinbarten Hinterlegungstermines bis zur Auszahlungsreife kein Schaden. Unterstellt, die Verwahrungszinsen sollen ab Hinterlegung dem Verkäufer zustehen (weil Käufer gleichzeitig Besitzer werden soll) und 100%-ige Kaufpreishinterlegung ist nicht Auszahlungsvoraussetzung, könnte eine Verzugszinsregelung wie folgt lauten:

7. Teil. Kaufpreisabwicklung über Notaranderkonto

Formulierungsbeispiel: Verzugszinsen bei Verwahrung	872
Verzugszinsen sind (unmittelbar an den Verkäufer, also nicht auf das Anderkonto) zu zahlen a) für nicht rechtzeitig hinterlegte Beträge sowie b) für solche Beträge, die zwar rechtzeitig hinterlegt werden, aber aus ausschließlich vom Käufer zu vertretenden Gründen nicht ausgezahlt werden können.	

Da eine Verzugszinsregelung ohne weiteres einen gewissen Strafcharakter haben kann bzw. soll, wird dabei bewusst in Kauf genommen, dass der Verkäufer für nicht ausgezahlte, u. U. als Festgeld angelegte Kaufpreisteilbeträge vorübergehend Verzugs- und Festgeldzinsen erhält. 873

10. Verwahrungsgebühr

Die Verwahrungsgebühr nach Nr. 25300 KV-GNotKG wird vom jeweiligen **Auszahlungsbetrag** erhoben. Wegen der Degression der Gebührentabelle führt das dazu, dass bei Auszahlung mehrerer kleiner Beträge höhere Verwahrungsgebühren anfallen als bei Auszahlung eines großen Betrages. Die Verwahrungsgebühr bei Auszahlung eines Betrages von 100.000 EUR beträgt 273 EUR, die bei Auszahlung zweier Beträge von 50.000 EUR zweimal 165 EUR = 330 EUR. Im Ergebnis fallen somit dann höhere Verwahrungsgebühren an, wenn ein oder mehrere Gläubiger des Verkäufers aus dem verwahrten Kaufpreis zu befriedigen sind. Es erscheint nur folgerichtig, dass dem Verkäufer, der ja auch bei unmittelbarer Kaufpreiszahlung üblicherweise die Kosten der Lastenfreistellung zu tragen hat, die durch die Befriedigung seiner Gläubiger bedingten Verwahrungskosten aufzuerlegen: „Kosten der Lastenfreistellung einschließlich hierdurch bedingter Mehrkosten der Verwahrung trägt der Verkäufer." Diese Lösung, die einer undifferenzierten **Kostentragung** durch den Käufer sicherlich vorzuziehen ist, erscheint jedoch aus folgenden Gründen nicht unbedenklich: Beruht die Abwicklung über Anderkonto allein darauf, dass auf Verkäuferseite mehrere Gläubiger zu befriedigen sind, werden nicht nur irgendwelche „Mehrkosten", sondern die gesamten Verwahrungskosten durch den Verkäufer verursacht. Umgekehrt kann es sein, dass zwar mehrere Verkäufer-Gläubiger zu befriedigen sind, die Hinterlegung aber dennoch allein auf einem Interesse des Käufers (z. B. schneller Besitzübergang) beruht, sodass der Käufer richtigerweise alle Verwahrungskosten tragen sollte. Beruht die Verwahrung auf den Sphären bzw. Interessen beider Vertragsparteien erscheint daher folgende Regelung angemessen: „Verwahrungskosten tragen Käufer und Verkäufer je zu ½-Anteil." 874

Angenehmer Nebeneffekt dieser sachgerechten Lösung ist im Übrigen, dass so die mühsame und für den Laien nur schwer nachvollziehbare Berechnung der Verwahrungsmehrkosten entfällt. 875

VIII. Widerruf der Auszahlungsanweisung

Kernstück der gesetzlichen Neuregelung des einseitigen Widerrufs einer mehrseitigen Auszahlungsanweisung bildet § 54c III BeurkG, wonach ein solcher Widerruf grundsätzlich nur dann vom Notar zu beachten ist, wenn der Widerrufende behauptet, „dass das mit der Verwahrung durchzuführende Rechtsverhältnis **aufgehoben, unwirksam oder rückabzuwickeln** sei". Wenngleich davon auszugehen ist, dass der juristische Laie, jedenfalls bei seiner ersten schriftlichen oder auch nur telefonischen Meldung beim Notar, sich nicht immer mit der wünschenswerten Präzision ausdrücken wird, insbesondere nicht unbedingt Begriffe wie Anfechtung oder Rücktritt verwenden wird, so ist doch immerhin zu 876

hoffen, dass der Notar sich – gegebenenfalls durch Rückfragen – mit hinreichender Sicherheit Klarheit darüber verschaffen kann, ob der hinterlegende Käufer
- den Kaufpreis endgültig nicht zahlen möchte, was im Ergebnis auf die Aufhebung, Unwirksamkeit oder Rückabwicklung des Vertrages hinausläuft, oder
- den Kaufpreis lediglich vorübergehend oder teilweise zurückbehalten oder mindern möchte, und damit nicht an eine gänzliche Aufhebung, Unwirksamkeit oder Rückabwicklung des Vertrages denkt.

877 Begründet der Widerrufende seinen Widerruf auf Aufhebung, Unwirksamkeit oder Rückabwicklung des Vertrages, gibt das Gesetz dem Notar in § 54c III 3 BeurkG ein Verfahren an die Hand, das hinsichtlich Klarheit und Praktikabilität nichts zu wünschen übrig lässt. Insbesondere ist nunmehr mit hinreichender Deutlichkeit kodifiziert, dass und wie die Vertragsbeteiligten selbst letztlich vor den Gerichten ihre Meinungsverschiedenheiten über den Bestand des Vertrages einschließlich der darin enthaltenen Verwahrungsanweisung auszutragen haben.

878 Gründet der Widerrufende seinen Widerruf hingegen nicht auf Aufhebung, Unwirksamkeit oder Rückabwicklung des Vertrages, macht er also z. B. Minderung des Kaufpreises wegen eines arglistig verschwiegenen Mangels geltend, ist die Rechtslage für den Notar – und damit auch für die Vertragsbeteiligten – trotz oder gar wegen der gesetzlichen Regelung ebenso diffus wie davor: Nach § 54c III 1 BeurkG ist ein solcher Widerruf zwar eindeutig unbeachtlich. Gemäß § 54d BeurkG hat der Notar aber auch im Falle eines nach § 54c BeurkG grundsätzlich unbeachtlichen Widerrufs von der Auszahlung abzusehen, wenn

„1. hinreichende Anhaltspunkte dafür vorliegen, dass er bei Befolgung der unwiderruflichen Weisung an der Erreichung unerlaubter oder unredlicher Zwecke mitwirken würde, oder
2. einem Auftraggeber im Sinne des § 54a durch die Auszahlung des verwahrten Geldes ein unwiederbringlicher Schaden erkennbar droht."

879 Die von der Rechtsprechung entwickelten Ausnahmen von der grundsätzlichen Unbeachtlichkeit des einseitigen Widerrufs einer mehrseitigen Auszahlungsanweisung sind damit Gesetz geworden. Ziffern 1 und 2 des § 54d BeurkG entsprechen exakt der bisherigen Rechtsprechung (Ziffer 1: *OLG Düsseldorf* DNotZ 1995, 497, 498 m.w.N.); (Ziffer 2: *OLG Düsseldorf* DNotZ 1995, 497, 498; *BGH* DNotZ 1978, 373, 374). Bis zur 2. Auflage wurde an dieser Stelle kritisiert, dass diese Rechtsprechung dem Notar (und damit mittelbar auch den Beteiligten selbst) Steine statt Brot gibt. Einen „unredlichen oder unerlaubten Zweck" verfolgt der Verkäufer bereits dann, wenn er einen 5.000 EUR teuren Schaden arglistig verschweigt. Auch droht dem Käufer durch die Auszahlung angesichts des Insolvenzrisikos bereits dann ein „unwiederbringlicher Schaden", wenn auch nur die Möglichkeit besteht, dass er sich Bruchteile davon im Wege der Minderung zurückholen muss.

880 Mit Blick auf diese Bedenken ist es bedauerlich, dass die durch § 54c BeurkG neu gewonnene Rechtssicherheit jedenfalls zu einem erheblichen Teil durch die in § 54d BeurkG enthaltene Kodifizierung der bisherigen Rechtsprechung wieder eingeschränkt wird. Dass es dazu in der amtlichen Begründung (BT-Drucks. 13/4184, S. 39) heißt, durch § 54d BeurkG solle die allgemeine Amtspflicht des Notars gemäß § 14 II BNotO (Verbot der Mitwirkung an unerlaubten oder unredlichen Zwecken) für den Bereich der Verwahrungstätigkeit nochmals betont werden, vermag gesetzestechnisch nicht zu überzeugen. Eine vor die Klammer gezogene „allgemeine Berufspflicht", wie § 14 BNotO sie für jede Amtstätigkeit des Notars begründet, bedarf naturgemäß grundsätzlich bei keiner einzelnen besonderen Regelung einer Wiederholung. Anders gesagt: § 14 BNotO hätte auch ohne § 54d BeurkG für den Bereich der Verwahrung gegolten.

881 Damit der zu begrüßenden Neuregelung in § 54c BeurkG für Minderungs- und andere Fälle, in denen der Widerrufende letztlich am Vertrag festhalten möchte, nicht zuviel von ihrer klärenden Wirkung genommen wird, bleibt zu hoffen, dass die Rechtsprechung für

die in § 54d enthaltenen Tatbestandsmerkmale „hinreichende Anhaltspunkte", „unerlaubter oder unredlicher Zweck", „unwiederbringlicher Schaden" und „Erkennbarkeit" eine hohe Messlatte ansetzt. In diesem Sinne – „hohe Messlatte" für ausnahmsweises Absehen von der Auszahlung- äußert sich, soweit ersichtlich, bislang das gesamte zu § 54d BeurkG veröffentlichte Schrifttum (z. B. *Franken* RNotZ 2010, 608 ff. m. w. N.). Vermeiden lassen sich die im Zusammenhang mit § 54d BeurkG denkbaren Probleme des Notars, wie ein Richter über etwaige „unredliche Zwecke" oder „unwiederbringliche Schäden" entscheiden zu müssen, letztlich nur dadurch, dass von einer Abwicklung über Notaranderkonto ganz Abstand genommen wird. Das in § 54a II BeurkG enthaltene Gebot, ohne Vorliegen eines besonderen berechtigten Sicherungsinteresses von einer Verwahrung Abstand zu nehmen (Rn. 753 ff.), erhält durch die aus § 54d BeurkG ersichtlichen denkbaren Schwierigkeiten bezüglich eines etwaigen Absehens von einer Auszahlung zusätzliches Gewicht.

IX. Zusammenfassende Musterformulierung

Muster setzen zahlreiche nicht erkennbare Prämissen voraus. Sie verbergen die zwischen den Zeilen stehenden **Weichenstellungen** und vernachlässigen **Alternativen**. Nachfolgender Versuch einer Standardformulierung ist daher nur mit größter Vorsicht und nur unter Berücksichtigung folgender Annahmen zu verwenden:
- Bei Beurkundung steht fest, dass hinterlegt werden muss.
- Bei Beurkundung steht fest, auf welches Anderkonto zu hinterlegen ist.
- Sowohl Lastenfreistellung als auch die rechtzeitige Räumung des Grundbesitzes durch den Verkäufer/Mieter scheinen unsicher, weshalb nicht vor Vorliegen dieser Voraussetzungen hinterlegt werden soll und auf die Vorzüge eines festen Hinterlegungszeitpunktes verzichtet wird.
- Besitzübergang soll schon bei Hinterlegung, nicht erst bei Auszahlung an den Verkäufer erfolgen, so dass dem Verkäufer ab Hinterlegung die Zinsen zustehen.
- Die Höhe und die Art (Sicherungshypotheken) der eingetragenen Belastungen lässt es ratsam erscheinen, von einer Kostenstarksagung durch den Notar abzusehen und stattdessen auch die Begleichung der Löschungskosten vom Anderkonto vorzunehmen.
- die Verwahrung beruht ausschließlich darauf, dass die Gläubiger des Verkäufers und die von diesem zu tragenden Kosten aus dem Kaufpreis gezahlt werden sollen, so dass alleinige Kostentragung durch den Verkäufer angemessen erscheint.

Formulierungsbeispiel: Vollständige Verwahrungsvereinbarung
Kaufpreis, Notaranderkonto
1. Der Kaufpreis beträgt ... EUR (in Worten: ... EUR).
2. Er ist auf Anderkonto des Notars Nr. ... bei der ... BLZ ... zu hinterlegen.
3. Der Kaufpreis muss dem vorgenannten Anderkonto bis zum ... gutgeschrieben sein, nicht jedoch vor dem Ablauf von 14 Tagen, nachdem der Notar die schriftliche Mitteilung an den Käufer abgesandt hat, dass die Auszahlungsvoraussetzungen gemäß Absatz 7 Buchstaben b, d und e vorliegen.
4. Der Notar wird angewiesen, aus dem verwahrten Kaufpreis die von den Grundpfandrechtsgläubigern des Verkäufers angegebenen Forderungen abzulösen, die vom Verkäufer im Zusammenhang mit der Verwahrung und der Lastenfreistellung anfallenden Notar- und Gerichtskosten zu begleichen und alsdann einen etwaigen Restbetrag einschließlich der Zinsen abzüglich entstandener Bankkosten an den Verkäufer auf dessen Konto Nr. ... bei der ... BLZ ... auszuzahlen.

A I Grundstückskauf

▼ Fortsetzung: **Vollständige Verwahrungsvereinbarung**

Vom Auszahlungsempfänger zu tragende Kosten und Auslagen kann der Notar von den Auszahlungsbeträgen in Abzug bringen und dem Anderkonto entnehmen.

5. Der Notar wird beauftragt, erforderliche Löschungs- und Freigabeunterlagen einzuholen und für die Beteiligten entgegenzunehmen.
6. Der Notar ist berechtigt, verwahrte Beträge auf einseitige schriftliche Weisung des Verkäufers als Festgeld anzulegen, vor Vorliegen der Auszahlungsvoraussetzungen jedoch nur für maximal einen Monat und nur dann, wenn der Käufer dem nicht schriftlich widersprochen hat. Alle übrigen in dieser Urkunde enthaltenen Verwahrungsanweisungen werden durch Käufer und Verkäufer zweiseitig und unter Verzicht auf einseitigen Widerruf erteilt.

   Schon jetzt weist der Verkäufer den Notar an, hinterlegte Beträge für jeweils einen Monat mit automatischer Verlängerung für jeweils einen weiteren Monat als Festgeld anzulegen, bis nachfolgende Auszahlungsvoraussetzungen vorliegen. Liegen diese vor, sind bei sofort vorzunehmender Auszahlung etwaige Festgeldkonten trotz damit verbundener Zinsverluste bezüglich des jeweils angebrochenen Anlagezeitraumes fristlos zu kündigen.
7. Auszahlungen vom Anderkonto darf der Notar erst vornehmen, wenn

   a) die Eigentumsvormerkung für den Käufer im Grundbuch eingetragen ist,

   b) dem Notar die Löschungs- bzw. Freigabeunterlagen bezüglich nicht übernommener Rechte, die der Eigentumsvormerkung im Range vorgehen, auflagenfrei oder so vorliegen, dass die von den Gläubigern angegebenen Forderungen und die anlässlich der Lastenfreistellung anfallenden Notar- und Gerichtskosten aus dem hinterlegten Betrag befriedigt werden können,

   c) die zuständigen Behörden dem Notar bestätigt haben, dass ein gesetzliches Vorkaufsrecht nicht besteht bzw. nicht ausgeübt wird,

   d) die zur Wirksamkeit oder zur Durchführung dieses Vertrages erforderlichen Genehmigungen und Erklärungen mit Ausnahme der Unbedenklichkeitsbescheinigung des Finanzamtes in grundbuchmäßiger Form vorliegen,

   e) der Käufer dem Notar schriftlich die vollständige Räumung des Grundbesitzes durch den Verkäufer/Mieter bestätigt hat.

   Mit Auszahlungsreife tritt Erfüllung des Kaufpreisanspruchs ein.
8. Der Käufer hat den Kaufpreis zu dem vorbezeichneten Zeitpunkt so zu hinterlegen, dass der Notar bei Vorliegen der Auszahlungsvoraussetzungen darüber verfügen kann.
9. Hinterlegungskosten tragen Käufer und Verkäufer je zu 1/2.
10. Verzugszinsen sind (unmittelbar an den Verkäufer, also nicht auf das Anderkonto) zu zahlen

    a) für nicht rechtzeitig hinterlegte Beträge sowie

    b) für solche Beträge, die zwar rechtzeitig hinterlegt werden, aber aus ausschließlich vom Käufer zu vertretenden Gründen nicht ausgezahlt werden können.
11. Der Käufer unterwirft sich wegen seiner Verpflichtung zur Hinterlegung des Kaufpreises auf das Anderkonto sowie zur Zahlung der etwaigen Verzugszinsen in Höhe des gesetzlichen Verzugszinses unmittelbar an den Verkäufer dem Verkäufer gegenüber der sofortigen Zwangsvollstreckung aus dieser Urkunde. Eine vollstreckbare Ausfertigung kann dem Verkäufer jederzeit ohne weiteren Nachweis erteilt werden, wenn die vom Notar gemäß Ziffer 3 mitzuteilenden Auszahlungsvoraussetzungen vorliegen.
12. Der Notar darf die Eintragung des Eigentumswechsels erst beantragen, wenn der gesamte Kaufpreis an den Verkäufer bzw. auf dessen Weisung an Dritte gezahlt ist.

8. Teil. Getrennte Beurkundung von Angebot und Annahme

I. Beratungs-Checkliste

Beratungs-Checkliste 884

(1) Verstößt die **systematische** Aufspaltung des Vertrages in Angebot und Annahme gegen die Amtspflicht des Notars aus § 17 II a BeurkG zur Gestaltung des Beurkundungsverfahrens? Nach den Richtlinienempfehlungen der Bundesnotarkammer (DNotZ 1999, 258) soll, soweit die Aufspaltung aus sachlichen Gründen gerechtfertigt ist, das Angebot vom belehrungsbedürftigeren Vertragsteil ausgehen (vgl. hierzu *Winkler* MittBayNot 1999, 1, 16).

(2) Wird die sukzessive Beurkundung des Kaufvertrages durch Angebot und Annahme allein deshalb gewünscht, weil der eine Vertragsteil (auswärtiger Wohnort) am Beurkundungstermin nicht teilnehmen kann? In diesem Fall ist es häufig – auch unter kostenrechtlichen Gesichtspunkten – vorzugswürdig, dass der abwesende Vertragsteil vollmachtlos vertreten wird.

(3) Macht der Verkäufer oder der Käufer das Angebot auf Abschluss des Kaufvertrages? Nur beim Antrag des Verkäufers kann vor Annahme eine Eigentumsübertragungsvormerkung zugunsten des Angebotsempfängers eingetragen werden. Nur beim Antrag des Käufers kann sich dieser in der Angebotsurkunde wegen der Verpflichtung zur Zahlung des Kaufpreises der sofortigen Zwangsvollstreckung unterwerfen.

(4) Das wirksame Angebot setzt voraus, dass der *gesamte* Inhalt des Kaufvertrages festgelegt und beurkundet wird. Da die Auflassung nur bei gleichzeitiger Anwesenheit erklärt werden kann (also nicht in Form von Angebot und Annahme), erteilt regelmäßig der Anbietende dem Angebotsempfänger Vollmacht zur Erklärung der Auflassung.

(5) Bestimmung einer (ausreichend langen) Bindungsfrist (bei nicht fristgerechter Annahme erlischt der Antrag) oder Differenzierung zwischen einer kurzen Bindungsfrist und anschließend fortbestehender Annahmefähigkeit des Angebots (unbefristet oder mit Endtermin) bei jederzeitiger Widerruflichkeit (das Angebot kann dann bis zum Zugang der Widerrufserklärung angenommen werden).

(6) Dient das Angebot des Grundstückseigentümers der Sicherung des Grundstückserwerbs eines Kaufinteressenten, der seine Kaufentscheidung nicht sofort, sondern erst später, z.B. nach Klärung des Baurechts, treffen will („Ankaufsrecht" oder „Option"), empfiehlt sich der Abschluss eines sog. Angebotsvertrages, bei welchem der Angebotsempfänger zu dem Verkaufsangebot des Eigentümers eigene, ihn verpflichtende Erklärungen abgibt (insbesondere Übernahme der Notargebühr für das Angebot, der Gerichtsgebühr für die Eintragung der Vormerkung, Erteilung einer Vollmacht zur Löschung der Vormerkung bei Nichtannahme des Angebots – vorzugswürdig ist aber die auflösend bedingte Vormerkung –, Verpflichtung zur Zahlung eines Reservierungs-/Optionsentgelts bis zur Annahme, ggf. Verpflichtung, sich nach Kräften um Bedingungseintritt zu bemühen).

(7) Ist der Abschluss eines aufschiebend bedingten Kaufvertrags, der durch die Ausübung der Option (Potestativbedingung) oder durch Eintritt eines bestimmten Ereignisses, z.B. Erteilung der Baugenehmigung, wirksam wird, die vorzugswürdige Vertragsgestaltung?

▶

▼ Fortsetzung: **Beratungs-Checkliste**

(8) Sofern es sich – jedenfalls bei der angeordneten Frist – um AGB handelt oder ein Verbrauchervertrag i. S. v. § 310 III BGB vorliegt: Ist die Bindungs- bzw. die bloße Annahmefrist bzw. im Optionsvertrag die Frist zur Ausübung der Option unangemessen lang (§§ 308 Nr. 1, 307 I 1, II Nr. 1 BGB, ggf. i. V. m. § 310 III BGB)? Ausgangspunkt der Angemessenheitsprüfung ist grundsätzlich die vom BGH postulierte Regelbindungsfrist von vier Wochen (BGH DNotZ 2010, 913; DNotZ 2014, 41).

(9) Der Abschluss eines Vorvertrages ist u. a. wegen der zusätzlichen Notargebühren in aller Regel nicht zu empfehlen.

(10) Soll für den Kaufinteressenten vor Annahme oder Ausübung der Option eine Eigentumsübertragungsvormerkung eingetragen werden, ist die Löschung der Vormerkung für den Fall des Nichtzustandekommens des Vertrages sicherzustellen (vorzugswürdig: auflösend bedingte Vormerkung, vgl. *Herrler*, in: MünchVertrHdb V, I 15a, Angebot I Abs. 6, Anm. 10).

(11) Zur Grunderwerbsteuer bei Verkaufsangeboten: *Holland* ZNotP 1999, 90.

II. Allgemeine Hinweise

885 Die mit der notariellen Belehrung nach § 17 BeurkG verbundenen Zielsetzungen lassen sich bei getrennter Beurkundung von Angebot und Annahme in aller Regel nicht vollumfänglich erfüllen. Es besteht die Gefahr einer Verkürzung der Vertragsfreiheit – das Angebot muss bereits sämtliche Regelungen enthalten, aus denen sich der Vertrag nach dem Willen der Beteiligten zusammensetzen soll – und der Belehrung auf Seiten des Annehmenden, der das Angebot nur so annehmen kann, wie es ihm gemacht wird. Zwar lassen sich diese Probleme durch verfahrensmäßige Vorkehrungen verringern (Anfertigung und Zusendung eines Entwurfes, schriftliche Belehrung und ausreichend lange Überlegungsfristen). Gleichwohl handelt es sich bei einer derartigen Aufspaltung des Vertragsschlusses **stets nur** um ein **Mittel zweiter Wahl,** von dem zurückhaltend Gebrauch gemacht und auf das nur bei Vorliegen eines triftigen sachlichen Grundes zurückgegriffen werden sollte (*Vaasen/Starke* DNotZ 1998, 661, 674 f.; *Winkler* § 17 BeurkG Rn. 18 ff.), zumal der Annahmenotar nach ständiger höchstrichterlichen Rechtsprechung nicht zur Belehrung über den Inhalt des Angebots, d. h. über die kaufvertraglichen Regelungen, verpflichtet ist (vgl. jüngst *BGH* DNotZ 2012, 356, 358, auch zur Gegenauffassung); er hat nach § 17 I BeurkG lediglich zu prüfen, ob das Angebot noch annahmefähig ist und ob etwaige Annahmebedingungen zu beachten sind (Belehrung bei nicht vorliegendem Angebotstext!, vgl. Rn. 918 f.). Als sachliche Gründe werden u. a. eine große räumliche Entfernung zwischen den Vertragsparteien oder Terminschwierigkeiten von einiger Erheblichkeit angesehen. Wird die Trennung in Angebot und Annahme nur deshalb gewünscht, weil ein Vertragsteil am Beurkundungstermin – etwa wegen auswärtigen Wohnorts – nicht teilnehmen kann, dürfte aber regelmäßig die vollmachtlose Vertretung des abwesenden Vertragsteils vorzuziehen sein (zu den verfahrensmäßigen Vorkehrungen siehe oben). Sofern eine Aufspaltung in Angebot und Annahme aus anderen Gründen gewünscht wird, sollte das Angebot in Gestalt eines **Angebotsvertrages**, d. h. unter Beteiligung des Angebotsempfängers, beurkundet werden, da auf diese Weise beide Parteien vom Notar belehrt werden und unmittelbar auf den Inhalt des Angebots Einfluss nehmen können.

886 Eine **systematische Aufspaltung** von Kaufverträgen in Angebot und Annahme ist gem. § 17 II a 1 BeurkG (berufsrechtlich) unzulässig. Gleiches gilt für eine systematische Beurkundung mit vollmachtlosen Vertretern (Richtlinienempfehlungen der *BNotK* DNotZ

8. Teil. Getrennte Beurkundung von Angebot und Annahme

1999, 258, 259 f.; *Brambring* DNotI-Report 1998, 184, 187; *Winkler* MittBayNot 1999, 1, 16 f.). Besteht zwischen den Parteien ein strukturelles Gefälle (**Verbraucher-Unternehmer**), hat das Angebot nach § 17 II a 1 BeurkG grundsätzlich **vom belehrungsbedürftigeren Vertragsteil** auszugehen (Richtlinienempfehlungen der *BNotK* DNotZ 1999, 258; *Winkler* MittBayNot 1999, 1, 16). Wird hiergegen verstoßen, darf der um die Beurkundung der Annahme ersuchte Notar die Beurkundung ablehnen (gegen ein generelles Ablehnungsrecht *Winkler* § 17 BeurkG Rn. 68–70, allerdings auf der Grundlage einer weitreichenden Belehrungspflicht des Annahmenotars), anderenfalls sollte er sich seiner Amtshaftung für den Inhalt der Angebotsurkunde bewusst sein.

1. Das Angebot

Das Angebot (Vertragsantrag) ist eine einseitige, empfangsbedürftige Willenserklärung. Sie enthält die Verpflichtung zur Übertragung oder zum Erwerb eines Grundstücks, so dass sowohl der Antrag als auch dessen Annahme beurkundungspflichtig sind. Die Angebotsurkunde sollte unterteilt werden in das **eigentliche Angebot** und den (vollständigen) Inhalt des angebotenen Kaufvertrages, welcher der Niederschrift in der Regel als Anlage nach § 9 I 2 BeurkG beigefügt wird. Ein häufiger Fehler des Angebots ist es, dass der **Inhalt des Kaufvertrages** nicht **vollständig beurkundet** wird, sondern lediglich Kaufgegenstand, Kaufpreis und Fälligkeit angegeben werden. Das Angebot kann jedoch nur angenommen werden, wenn sämtliche Vereinbarungen, aus denen sich der schuldrechtliche Vertrag nach dem Willen der Beteiligten zusammensetzen soll, bereits beurkundet sind und es zum Zustandekommen des Vertrages nur noch des Wortes „ja" seitens des Annehmenden bedarf. Bei noch offenen Punkten können Leistungsbestimmungsrechte nach §§ 315 ff. BGB helfen. Bei ihnen besteht allerdings die im Extremfall auch auf die Wirksamkeit des Vertrages durchschlagende Gefahr des einseitigen Diktats der Vertragsbedingungen durch eine Partei (dazu *Weber* MittRhNotK 1987, 37, 38 ff.).

887

Der Angebotsteil enthält die Bindungs- bzw. Annahmefrist (vgl. Rn. 901 ff.), ggf. die Bewilligung der Vormerkung (i. d. R. samt Vorkehrungen zur Löschung derselben bei Nichtannahme, siehe sogleich) und die Bedingungen für die Annahme (insbesondere Zwangsvollstreckungsunterwerfung des Käufers wegen der Verpflichtung zur Zahlung des Kaufpreises). Außerdem ist zu bestimmen, welcher Notar mit der Abwicklung des Kaufvertrages beauftragt wird. Sofern der **Angebotsempfänger** ebenfalls bereits **Verpflichtungen übernehmen** soll (Kostenübernahme bei Nichtannahme des Antrags, Zahlung eines Reservierungsentgelts etc.), muss auch er mitwirken. **Erklärungen** des Angebotsempfängers, die sich auf das Angebot beziehen, sind unabhängig davon **beurkundungspflichtig**, ob sie bereits eine bedingte Verpflichtung zum Erwerb des Grundstücks begründen oder nicht (Übernahme der Notar- und Gerichtsgebühren, vgl. *OLG München* MittBayNot 1991, 19; Versprechen des Angebotsempfängers, bei Nichtannahme des Angebots eine Entschädigung oder bis zur Annahme des Angebots eine „Bietungsgebühr" zu zahlen, vgl. *BGH* DNotZ 1986, 264; 1983, 231). Demgegenüber bedarf es der Mitwirkung des Angebotsempfängers bei der Beurkundung des Angebots nicht, um die Löschung der Vormerkung bei Nichtannahme des Angebots zu gewährleisten (auflösend bedingte Vormerkung, vgl. Rn. 894; anders noch in der 5. Aufl. Rn. 387).

888

a) Zwangsvollstreckungsunterwerfung; Annahmebedingungen

Beim **Inhalt** des Angebots kommt es darauf an, ob es vom Verkäufer oder vom Käufer stammt. Gibt der **Verkäufer** das Angebot ab, erklärt der Annehmende die in seinem Namen im Angebot formulierten einseitigen Erklärungen bei Annahme materiell-rechtlich durch (auch untechnische) Bezugnahme auf das Angebot stillschweigend mit. Gleichwohl empfiehlt es sich, sämtliche materiell-rechtlichen und v. a. prozessualen einseitigen Erklärung in der Annahmeurkunde ausdrücklich zu wiederholen oder diese im Wege der

889

Verweisung nach § 13a BeurkG zum Inhalt der Annahme zu machen. Die Zwangsvollstreckungsunterwerfung muss als Prozesshandlung explizit erklärt werden und dem vollstreckungsrechtlichen Bestimmtheitsgebot des § 794 I Nr. 5 ZPO genügen, so dass die Verweisungsurkunde bei einem Vorgehen nach § 13a BeurkG in beglaubigter Abschrift beizufügen wäre (*Schöner/Stöber* Rn. 2652). Zur Vermeidung vollstreckungsrechtlicher Schwierigkeiten ist daher die **ausdrückliche Wiederholung der Zwangsvollstreckungsunterwerfung** seitens des Käufers unter Angabe des Kaufpreises vorzugswürdig („Der Käufer unterwirft sich wegen der Verpflichtung zur Zahlung des Kaufpreises in Höhe von 244.000,– EUR der sofortigen Zwangsvollstreckung"; *Winkler* DNotZ 1971, 354, 355; vgl. *BayObLG* MittBayNot 1992, 190).

890 Um zu gewährleisten, dass eine Vollstreckungsunterwerfung durch den Käufer vorliegt, sollte die Annahmefähigkeit des Angebots im Sinne einer **Annahmebedingung** an deren Abgabe geknüpft werden. Häufig enthalten Angebote weitere, meist überflüssige Bedingungen, z. B. ausdrückliche Bestätigung der vom Annehmenden in der Angebotsurkunde erteilten Vollmachten (durch Annahme erteilt Annehmender die im Angebot erteilten Vollmachten, *OLG Celle* DNotI-Report 2005, 93). Übersieht der die Annahme beurkundende Notar auch nur eine Bedingung, ist das Zustandekommen des Vertrages fraglich, selbst wenn die Bedingung nicht der Wahrung der Interessen des Anbietenden dient (vgl. *OLG Dresden* ZNotP 1999, 123). Daher sollte von Annahmebedingungen im Übrigen eher zurückhaltend Gebrauch gemacht werden.

891 Gibt umgekehrt der **Käufer** das **Angebot** ab, kann er sich wegen seiner Verpflichtung zur Zahlung des Kaufpreises der Zwangsvollstreckung unterwerfen. Allerdings möchte er ggf. sichergestellt haben, dass sich der Verkäufer wegen seiner Verpflichtung zur Räumung und Übergabe des Vertragsobjekts ebenfalls der Zwangsvollstreckung unterwirft. Insoweit gelten die vorstehenden Ausführungen entsprechend.

b) Vormerkung

892 Zur Sicherung des künftigen Anspruchs des Angebotsempfängers (§ 883 I 2 Var. 2 BGB) kann aufgrund Bewilligung und Antrag des Eigentümers als Anbietendem eine **Vormerkung** in das Grundbuch eingetragen werden (*BGH* NJW 1981, 446), es sei denn, der Anbietende kann die Bindung willkürlich beseitigen (z. B. „Angebot einseitig jederzeit frei widerruflich"; vgl. *OLG München* MittBayNot 2010, 471). Die Widerruflichkeit des Angebots nach Ablauf einer (auch kurzen) Bindungsfrist führt somit zur (späteren) Unwirksamkeit der Vormerkung (fehlender Rechtsboden; vgl. *Amann* MittBayNot 2007, 13, 17 f.). Demgegenüber ist die Eintragung der Vormerkung bei einem Angebot des Erwerbsinteressenten erst ab Annahme möglich. In diesem Fall genügt es, wenn die Bewilligung – wie auch sonst üblich – Bestandteil des angebotenen Kaufvertrages ist.

893 Der Vormerkungsschutz besteht auch in der **Insolvenz** (§ 106 InsO). Die Annahme des Angebots erst nach Eröffnung des Insolvenzverfahrens schadet nicht (*BGH* DNotZ 2002, 275 m. Anm. *Preuß*). Unklar ist, wem gegenüber die Annahme im Fall der Verkäuferinsolvenz zu erklären ist; daher empfiehlt sich die Annahme gegenüber beiden (vgl. *Piegsa* RNotZ 2010, 433, 443). Noch nicht abschließend geklärt ist ferner, ob der Angebotsempfänger die (ggf. mehrjährig) Bindungs- bzw. Annahmefrist im Insolvenzfall stets ausschöpfen darf oder ob er die Annahme nach Aufforderung durch den Insolvenzverwalter unverzüglich erklären muss.

894 Wird die Vormerkung noch vor Annahme des Angebots bewilligt und im Grundbuch eingetragen, liegt darin eine **ungesicherte Vorleistung** des Anbietenden. Je nachdem, ob die Schutzwirkung der Vormerkung unter Abwägung der beiderseitigen Interessen schon vor Annahme des Angebots erforderlich erscheint, kann es sich daher für den Anbietenden empfehlen, entweder den Angebotsempfänger zur Bewilligung der Vormerkung nach fristgerechter Annahme des Angebots zu bevollmächtigen oder – bei Eintragungsbewilligung bereits im Angebot – den Notar anzuweisen, die Vormerkung erst nach Annahme

8. Teil. Getrennte Beurkundung von Angebot und Annahme A I

des Angebots und Übersendung einer Ausfertigung zur Eintragung zu bringen. Sofern die sofortige Eintragung der Vormerkung gewünscht wird, sollten geeignete Schutzmaßnahmen für den Fall der Nichtannahme des Angebots (ggf. zusätzlich für den Fall der Nichterfüllung der vertraglichen Pflichten seitens des Käufers) ergriffen werden. Hier bietet es sich an, die sofort zur Eintragung zu bringende Vormerkung unter eine **auflösende Bedingung** zu stellen. Andere Schutzmechanismen (sog. „Schubladenlöschung" oder Löschungsvollmacht, s. Formulierungsvorschlag Rn. 425 ff.) setzen die Mitwirkung des Berechtigten voraus bzw. sind wegen § 117 InsO nicht insolvenzfest. Auf diese Weise ist gewährleistet, dass der Eigentümer bei Nichtannahme des Angebots die bereits eingetragene Vormerkung zur Löschung bringen kann. Wichtig ist, die Bedingung so zu gestalten, dass deren Eintritt in grundbuchtauglicher Form nachgewiesen werden kann (§§ 22, 29 GBO). Um den Angebotsempfänger vor dem (ggf. unberechtigten) Verlust seiner quasidinglichen Sicherung zu schützen, sollte zusätzlich angeordnet werden, dass der Notar die Erklärung erst abgeben darf, nachdem er den Angebotsempfänger zuvor furchtlos zum Nachweis der Angebotsannahme aufgefordert hat.

> **Formulierungsbeispiel: Auflösend bedingte Vormerkung (Angebot)** 895
>
> Ich bewillige und beantrage die Eintragung einer Vormerkung zur Sicherung des künftigen Erwerbsanspruchs des Angebotsempfängers im Grundbuch. Die Vormerkung steht unter der auflösenden Bedingung, dass der beurkundende Notar eine vom Grundbuchamt inhaltlich nicht zu prüfende Erklärung bei diesem einreicht, dass der gesicherte Anspruch nicht besteht. Der Notar wird angewiesen, diese Erklärung nur zu erstellen und dem Grundbuchamt einzureichen, wenn ich ihn dazu schriftlich auffordere, ihm nicht innerhalb von acht Wochen nach Ablauf der Bindungsfrist gemäß Ziffer ... eine nach Aktenlage wirksame, insbesondere fristgerechte und den Angebotsbedingungen Rechnung tragende, Annahmeerklärung des Angebotsempfängers in Ausfertigung oder beglaubigter Abschrift vorliegt und er den Angebotsempfänger mindestens vier Wochen vor Einreichung der Erklärung fruchtlos schriftlich zum Nachweis der Annahme aufgefordert hat (Übersendung der Aufforderung an die dem Notar zuletzt mitgeteilte Adresse genügt).

Mit der Annahme des Angebots ändert sich der Inhalt des gesicherten Anspruchs trotz 896 der damit verbundenen Wandelung von einem künftigen in einem bestehenden Anspruch nicht. Daher ist dieser Umstand weder eintragungsbedürftig noch eintragungsfähig (*BayObLG* DNotZ 1995, 311).

c) Verlängerung bzw. Verkürzung der Angebotsfrist

Wird die **Angebotsfrist vor ihrem Ablauf verlängert,** handelt es sich um eine beurkun- 897 dungspflichtige, zugangsbedürftige Inhaltsänderung des Angebots (*BGH* NJW 1996, 452). Die Verlängerung der Angebotsfrist braucht bei der Eigentumsvormerkung jedoch nicht eingetragen zu werden, weil der *BGH* (DNotZ 2000, 639) die Bindungsdauer nicht zum Inhalt des künftigen Eigentumsverschaffungsanspruchs zählt. Unklar ist, ob der Vormerkungsschutz insoweit nur gegenüber zeitlich nachfolgenden Belastungen greift (so *Amann* MittBayNot 2000, 197; a. A. MünchKommBGB/*Kohler* § 883 Rn. 36 m.w.N., da Drittbelastung bei sofortiger Annahme unter Vorbehalt eines befristeten Rücktrittsrechts identisch). Soll hingegen ein weiteres Grundstück oder eine größere Teilfläche Gegenstand des zu ändernden Angebots sein, erstreckt sich der Schutz der bereits eingetragenen Vormerkung hierauf nur, wenn diese Anspruchserweiterung bei der bisherigen Vormerkung als Inhaltsänderung vermerkt wird. Etwas anders gilt ggf. bei nachträglicher Modifikation des Angebots in „die Eigentumsverschaffungspflicht nicht berührenden Nebenpunkten" (vgl. *OLG Düsseldorf* MittRhNotK 1986, 195, 196;

Staudinger/*Gursky* § 883 Rn. 192). Hierauf sollte man sich aber nicht verlassen, sondern stets auf einen Vermerk hinwirken bzw. eine neue Vormerkung eintragen lassen.

898 **Nach Ablauf der Annahmefrist** bedarf deren „Verlängerung" eines neuen beurkundungsbedürftigen Angebots. Nach *BGH* (DNotZ 2000, 639) soll eine erloschene Eigentumsvormerkung lediglich durch erneute Bewilligung – und ohne Grundbuchberichtigung sowie inhaltsgleiche Neueintragung – wieder zur Sicherung eines neuen deckungsgleichen Anspruchs verwendet werden können. Allerdings bestimmt sich der Rang der neu bewilligten Vormerkung nicht nach der alten Eintragung, sondern nach dem Zeitpunkt der neuen Bewilligung. Es ist allerdings noch nicht abschließend geklärt, unter welchen Umständen eine „alte, erloschene" **Vormerkung wiederverwendet** werden kann. Mit seiner Entscheidung vom 3.5.2012 hat sich der *BGH* von einem allzu liberalen Verständnis der Wiederverwendbarkeit distanziert und klargestellt, dass die eingetragene, erloschene Vormerkung für einen neuen Anspruch nur dann verwendet werden kann, wenn **Anspruch, Eintragung und Bewilligung kongruent** sind (DNotZ 2012, 609; s. auch o. Rn. 416). Angesichts dieses restriktiven Ansatzes erscheint es jedenfalls nicht gesichert, dass eine Vormerkung bei bloßer Verlängerung der Bindungsfrist ohne Verlautbarung im Grundbuch „wiederverwendet" werden kann (in diesem Sinne aber jüngst OLG *Düsseldorf* Beschl. v. 20.6.2013 – 3 Wx 82/13, FGPrax 2013, 244 sowie Staudinger/*Gursky* § 883 Rn. 357; krit. *Reymann* MittBayNot 2013, 456, 458 m. w. N., dessen Differenzierung zwischen „Wiederaufladung" mit inhaltsgleichem Anspruch – identische Bindungsfrist, also z. B. nochmals ein Jahr – und schlichter Fristverlängerung um ein Jahr wertungsmäßig aber zweifelhaft ist). Daher **empfiehlt sich stets** die **Eintragung einer „neuen" Vormerkung** (Rechtsschutzbedürfnis stets aus Gründen der Rechtssicherheit zu bejahen, vgl. *Amann* MittBayNot 2010, 451, 454). War das ursprüngliche Angebot nicht befristet, sondern dem Anbietenden nach Ablauf der Bindungsfrist lediglich das Recht zum Widerruf des Angebots bei fortbestehender Annahmefähigkeit eingeräumt (zur Unzulässigkeit einer formularmäßigen Fortgeltungsklausel jüngst *BGH* DNotZ 2013, 923, vgl. auch Rn. 903), bedarf es bis zum Wirksamwerden eines etwaigen Widerrufs keines neuen Angebots (*Promberger* DNotZ 1994, 249, 252). Zu Problemen bei Abänderung und Widerruf von Grundstückskaufangeboten *Keim* MittBayNot 2005, 10.

899 Eine einseitige **Verkürzung** der Angebotsfrist kommt wegen der Bindungswirkung grundsätzlich nicht in Betracht. Etwas anderes gilt jedoch, wenn sich der Anbietende dies im (grundsätzlich unwiderruflichen) Antrag vorbehalten hat. Sofern eine Verkürzung der Angebotsfrist in Gestalt eines Widerrufsrechts mit „Auslauffrist" (Antrag erlischt innerhalb von zwei Monaten ab Zugang des Widerrufs) vorgesehen war, kann der Antragende den erklärten Widerruf nach Ansicht des *BGH* formlos zurücknehmen, solange das Angebot noch nicht erloschen ist (*BGH* DNotZ 2004, 846).

d) Auflassung

900 Soll der Angebotsempfänger bei Annahme die Auflassung erklären, ist ihm eine entsprechende Vollmacht im Angebot zu erteilen (Erfordernis der gleichzeitigen, nicht notwendig persönlichen Anwesenheit beider Teile, § 925 I 1 BGB). Wird der Käufer als Angebotsempfänger bevollmächtigt, muss sichergestellt werden, dass der Grundbuchvollzug erst nach Zahlung des Kaufpreises veranlasst werden kann. Zur Wahl stehen insoweit die sog. beurkundungsrechtliche Lösung der Vollzugs- und Ausfertigungssperre (keine Ausfertigung oder beglaubigte Abschrift mit der Auflassung vor Zahlung des Kaufpreises) und die sog. verfahrensrechtliche Lösung, bei welcher klargestellt wird, dass in der Auflassung noch keine Eintragungsbewilligung enthalten ist bzw. dass die Auflassungsvollmacht keine Befugnis zur Abgabe einer Eintragungsbewilligung vermittelt (näher Rn. 447 ff. mit Formulierungsbeispielen).

2. Bindungs- bzw. Annahmefrist

a) Allgemeines

Sofern es sich bei der Bindungs- bzw. Annahmefrist nicht um Allgemeine Geschäftsbedingungen handelt und auch kein Verbrauchervertrag vorliegt, bestehen **keine grundsätzlichen Bedenken gegen** eine **langfristige Bindung** des Anbietenden bzw. eine langfristige Aufrechterhaltung der Annahmefähigkeit des Angebots bei jederzeitiger Widerruflichkeit (vgl. *BGH* DNotZ 2013, 923 Tz. 10). Mit Ablauf der Bindungsfrist erlischt der Antrag (§ 146 BGB), es sei denn, der Anbietende hat bestimmt, dass dessen Annahmefähigkeit bis zu einem Widerruf des Antrags aufrechterhalten bleiben soll. Der Widerruf des Angebots muss nicht notwendig sofort zum Erlöschen des Antrags führen; vielmehr kann damit eine letzte (kurze) Annahmefrist verbunden werden (s. Formulierungsmuster Rn. 920. 901

Ist hingegen der **Anwendungsbereich der §§ 307–309 BGB** eröffnet, ist die Länge der Bindungs- bzw. Annahmefrist an § 308 Nr. 1 BGB bzw. § 307 I 1, II Nr. 1 BGB zu messen. Nach Ansicht des *BGH* benachteiligt eine **vier Wochen erheblich übersteigende Bindungsfrist** auch bei finanzierten, beurkundungsbedürftigen Verträgen, deren Abschluss eine Bonitätsprüfung vorausgeht, den Anbietenden grundsätzlich unangemessen in seiner Dispositionsfreiheit (§ 308 Nr. 1 BGB). Welche Fristüberschreitung gerade noch zulässig ist, wird in der Literatur unterschiedlich beurteilt (vgl. *Herrler* notar 2013, 71, 74). Jüngst hat der V. Zivilsenat klargestellt, dass eine erhebliche Überschreitung der Regelbindungsfrist erst **ab** einer **Überschreitung von relativ 50 %** anzunehmen ist. Ob zusätzlich eine absolute Obergrenze eingreift, wurde offen gelassen („allenfalls bei Überschreitung um zwei Wochen", vgl. *BGH* DNotZ 2014, 358). Mit anderen Worten: Eine formularmäßige Bindungsfrist von sechs Wochen stellt grundsätzlich eine unangemessene Benachteiligung des Klauselgegners dar, eine nur unwesentlich kürzere Bindungsfrist (fünf Wochen und sechs Tage) ist nach den insoweit eindeutigen Ausführungen des *BGH* hingegen unschädlich. Ein wenig Zurückhaltung kann gleichwohl nicht schaden. 902

Auch ein Angebot, das nach Ablauf einer kurzen Bindungsfrist nicht erlöschen, sondern in jederzeit widerruflicher Weise **unbefristet** fortbestehen soll (sog. **Fortgeltungsklausel**), stellt sich als **unangemessen benachteiligend** i. S. v. § 308 Nr. 1 BGB dar. Zwar beschränkt eine bloße Fortgeltungsklausel den anderen Teil nicht in gleicher Weise wie ein nach § 145 BGB bindendes Angebot in seiner Dispositionsfreiheit. Hierdurch werden die mit einer unbefristeten Fortgeltungsklausel für den Antragenden verbundenen Nachteile nach Ansicht des BGH allerdings nicht annähernd ausgeglichen (ggf. sehr lange Ungewissheit über das Zustandekommen des Vertrages; Zustandekommen des Vertrages noch nach Monaten oder Jahren – Überraschungseffekt, vgl. *BGH* DNotZ 2013, 923 Tz. 24). In einem *obiter dictum* äußert der V. Zivilsenat auch grundsätzliche **Zweifel an** der Zulässigkeit einer **befristeten Fortgeltungsklausel** (*BGH* DNotZ 2013, 923 Tz. 26: § 150 I BGB als gesetzliches Leitbild i. S. v. § 307 II Nr. 1 BGB?; Formulierungsvorschlag MünchVertrHdb V, S. 225), doch erscheint insoweit ein pauschales Unangemessenheitsverdikt nicht gerechtfertigt, da es sich bei der Angebotsfiktion nach § 150 I BGB nicht um ein gesetzliches Leitbild handelt und daher eine einzelfallbezogene Angemessenheitsprüfung vorzunehmen ist (näher *Herrler* DNotZ 2013, 887, 900 ff.). In der Praxis sollte man derartige Gestaltungen einstweilen freilich nur sehr bewusst einsetzen. Angesichts der Argumentation des *BGH* dürfte wohl auch ein Verzicht auf jegliche Bindung, d.h. die Abgabe eines „**freibleibenden**", also jederzeit widerruflichen Angebots, einen hinausgeschobenen Endtermin nicht rechtfertigen. Sofern man hingegen die Annahme durch den Klauselverwender von der **vorherigen Ankündigung der Annahmeabsicht** mit angemessener Frist abhängig macht, dürften mE keine Bedenken gegen eine auch längerfristig fortbestehende Annahmefähigkeit bestehen, da die Entscheidung über das Zustandekommen des Vertrags auf diese Weise bei wertender Betrachtung 903 in den Händen des Anbietenden liegt (Formulierungsvorschlag MünchVertrHdb V, S. 229 f.).

904　Ist die vorgegebene **Bindungs- bzw. Annahmefrist unangemessen lang,** tritt an ihre Stelle die übliche Frist nach § 147 II BGB, welche nach dem BGH mit maximal vier Wochen zu bemessen ist (Regelbindungsfrist). Nach Ablauf dieser Frist erlischt das Angebot (§ 146 BGB). Wird das Angebot anschließend „angenommen", liegt in der vermeintlichen Annahme durch den Klauselverwender ein neuer Antrag (§ 150 I BGB), welcher in alle Regel in der Folge nicht konkludent angenommen wurde. Denn bei Vornahme der Vollzugshandlungen (insbesondere Zahlung des Kaufpreises) fehlt dem ursprünglich Anbietenden das (aktuelle oder auch nur potentielle) Erklärungsbewusstsein (*BGH* DNotZ 2013, 923 Tz. 27; 2010, 913 Tz. 14–16). Mangels *causa* bestehen somit **bereicherungsrechtliche Rückabwicklungsansprüche.** Dem Anspruch des Klauselverwenders dürfte jedoch § 242 BGB entgegenstehen (anders ggf. bei Geltendmachung des Anspruchs durch dessen Insolvenzverwalter als Sachwalter der Gläubiger). Noch nicht abschließend geklärt ist, ob die eingetragene Eigentumsvormerkung ihre Schutzwirkungen zu entfalten vermag bzw. ob der Eigentumsübergang bei Erklärung der Auflassung durch den Klauselverwender aufgrund einer im Angebot enthaltenen Auflassungsvollmacht geglückt ist (näher *Herrler* DNotZ 2013, 887, 918 f. m. w. N., auch zum Umgang mit „Altfällen": Stopp des Vollzugs, Nachholung der Einigung).

b) (Potentielle) Sachgründe für längere Bindungsfrist

905　Aufgrund der strengen Behandlung auch der bloßen Annahmefrist durch den *BGH* stellt sich die Frage, welche besonderen Umstände im Einzelfall eine längere formularmäßige Bindungsfrist zu rechtfertigen vermögen. Voraussetzung ist ein schutzwürdiges, gegenüber den Belangen des Kunden vorrangiges Interesse des Klauselverwenders (*BGH* DNotZ 2014, 41 Tz. 14; 2010, 913 Tz. 8). Im Interesse der Transparenz sollte der jeweilige, zur Rechtfertigung einer längeren Bindungsfrist herangezogene **Sachgrund** in jedem Fall **ausdrücklich im Vertrag angegeben** und ggf. erläutert werden (*Blank*, Bauträgervertrag, 4. Aufl. 2010, Rn. 215).

906　Einvernehmen besteht dahingehend, dass **Sonderwünsche des Kunden,** deren Abklärung einen erheblichen zeitlichen und finanziellen Aufwand erfordert, der bei Nichtzustandekommen des Vertrags verloren wäre, eine Verlängerung der Bindungsfrist rechtfertigen können. Dies gilt freilich nur für noch nicht geprüfte und kalkulierte Sonderwünsche (*Hertel* ZfIR 2013, 769, 771). Demgegenüber soll eine etwa erforderliche **Bonitätsprüfung des Kunden** seitens des Verwenders keinesfalls einen die Verlängerung der Regelbindungsfrist rechtfertigenden Grund darstellen, ebenso wenig die Abklärung der eigenen Erfüllungsfähigkeit im Hinblick auf die etwa notwendig werdende **Pfandfreistellung** des Vertragsobjekts (*BGH* DNotZ 2010, 913 Tz. 9). Generell dürften der **Sphäre des Vertragspartners** zuzuordnende Umstände im Grundsatz geeignet sein, eine Fristverlängerung zu rechtfertigen. Unklar ist freilich, in welchem Ausmaß. Die **Art der Immobilienverwendung** durch den Erwerber ist allerdings grundsätzlich nicht als ein eine Fristverlängerung rechtfertigender Umstand anzusehen (vgl. *Herrler* notar 2013, 71, 75 m. w. N.; jetzt auch *Hertel* ZfIR 2013, 769, 770). Dass sich eine vier Wochen (ganz) erheblich übersteigende Bindungsfrist bei **Zahlung eines Bindungsentgelts** seitens des Verwenders nicht notwendig als unangemessen benachteiligend darstellt, ist ebenfalls konsensfähig (*Ph. Müller/Klühs* RNotZ 2013, 81, 95 f. m. w. N.). In der Regel wird es sich empfehlen, die Höhe des Bindungsentgelts in Relation zur Dauer der Bindungsfrist zu setzen. Die bloße Übernahme der Angebotskosten bei Nichtannahme durch den Unternehmer dürfte demgegenüber keine längere Frist rechtfertigen. Ob darüber hinaus auch **der Verwendersphäre zuzuordnende Umstände** im Einzelfall eine Fristverlängerung zu rechtfertigen vermögen, ist noch nicht abschließend geklärt. In der Praxis geht es hierbei vor allem um das sog. Platzierungsinteresse sowie die noch ausstehende Klärung der baurechtlichen Zulässigkeit.

aa) Platzierungsinteresse (Abverkaufsquote).
Handelt es sich bei dem Vertragsgegenstand nicht um eine bereits fertiggestellte, sondern um eine noch zu errichtende Immobilie, muss der Bauträger seiner finanzierenden Bank vielfach als „Eigenkapitalersatz" die Platzierung einer hinreichenden Anzahl von Einheiten nachweisen, bevor der Kredit freigegeben wird (sog. Platzierungsinteresse). Gerade bei größeren Bauprojekten dürfte eine über vier Wochen hinausgehende Bindungsfrist bzw. jedenfalls eine nach Ablauf von vier Wochen fortbestehende Annahmefähigkeit des Angebots vielfach überhaupt erst die Finanzierung und damit die Realisierung des Vorhabens ermöglichen. Insbesondere bei sehr großen Wohnungseigentumsanlagen dürfte sich die von finanzierenden Banken häufig verlangte **Abverkaufsquote** von z. B. 70% kaum je innerhalb eines vierwöchigen Zeitraums erreichen lassen, zumal wohl nahezu ausnahmslos die Zweiwochen-Frist des § 17 II a 2 Nr. 2 BeurkG zu beachten ist.

907

Gleichwohl hat der *BGH* festgestellt, dass die **vierwöchige Regelbindungsfrist** i. S. v. § 147 II BGB auch beim Bauträgervertrag gilt, da eine derartige Platzierungsphase nicht generell erforderlich, sondern von der Finanzkraft des Bauträgers und den Vermarktungschancen des Vorhabens abhängig sei. In diesem Zusammenhang hat der Senat zutreffend darauf hingewiesen, dass das Interesse an einer längeren Bindungsfrist mit Erreichen der geforderten Abverkaufsquote entfalle und vor diesem Zeitpunkt mit jedem weiteren Angebot kontinuierlich abnehme, selbst wenn eine Platzierungsphase im Einzelfall notwendig ist (DNotZ 2014, 41 Tz. 12). Somit wäre bei der Beurkundung eines jeden Angebots zu überprüfen, ob die nötige Abverkaufsmenge bereits erreicht ist bzw. wie viele Angebote bereits vorliegen, um **bezogen auf den jeweiligen Einzelfall** zu ermitteln, ob und wenn ja, inwieweit eine Überschreitung der vierwöchigen Regelbindungsfrist gerechtfertigt ist (vgl. bereits *Stresemann* in: DAI-Skript, 11. Jahresarbeitstagung des Notariats, 2013, S. 1, 13 f.). Im Falle eines „Ein-Notar-Modells", bei welchem sowohl die Angebote als auch die Annahmen (nahezu) ausnahmslos bei demselben Notar beurkundet werden, mag dies (gerade) noch praktikabel sein. Sobald – bei Kapitalanlegermodellen, die überregional vertrieben werden – zahlreiche Notare beteiligt sind, dürften die Grenzen des Machbaren aber schnell erreicht sein. Auch vor diesem Hintergrund ist eine pauschale Verlängerung der Regelbindungsfrist wegen der noch nicht gesicherten Finanzierung des Vorhabens problematisch. Für die gesetzliche Bindungsfrist nach § 147 II BGB spielt all das ohnehin nur dann ein Rolle, wenn die **maßgeblichen Umstände dem Anbietenden** bekannt oder ihm **jedenfalls erkennbar** sind. Andernfalls verbleibt es bei der vierwöchigen Regelbindungsfrist. Der *BGH* scheint generell von einer vierwöchigen Regelbindungsfrist auszugehen und die vorstehenden Erwägungen „nur" im Rahmen von § 308 Nr. 1 BGB anzustellen (*BGH* DNotZ 2014, 41 Tz. 13: „... welche Frist angemessen im Sinne von § 308 Nr. 1 BGB"), was m. E. angesichts der Konzeption des § 147 II BGB jedoch nicht überzeugt. Eine gewisse Ausstrahlungswirkung des § 308 Nr. 1 BGB ist freilich nicht zu leugnen (näher *Herrler* MittBayNot 2014, 109, 111 ff.; differenzierend *Schmidt-Räntsch* ZfIR 2014, 113, 118 f.: § 147 II BGB betreffe nur „äußeren Ablauf des Annahmeprozesses").

908

Ungeachtet dessen ist eine über die gesetzliche Bindungsfrist hinausgehende Frist indes nicht generell unzulässig. Vielmehr kann im Einzelfall ein **schutzwürdiges Interesse** des Klauselverwenders vorliegen, welches das Interesse des anderen Teils an einer zeitnahen Entscheidung über die Annahme überwiegt und daher eine längere Bindung rechtfertigt. Zwar ist die **Sicherstellung der Finanzierung** des Projekts grundsätzlich allein Sache des Verkäufers. Dem einzelnen Erwerber wäre aber nicht damit gedient, wenn der Bauträger das Angebot nach Ablauf einer kurzen Bindungsfrist „auf gut Glück" annehmen würde. Gerade mit Blick auf das vom Erwerber zu tragende **Fertigstellungsrisiko** liegt die Gesamtfinanzierung des Projekts ebenfalls in seinem Interesse (so der VIII. Zivilsenat, wenngleich in anderem Kontext, *BGH* DNotZ 2011, 273, 275 f. m. Anm. *Herrler;* offen *BGH* DNotZ 2014, 41 Tz. 15). Unter Umständen können auch die Vorgaben steuerlicher Vorschriften einen längeren Fristlauf rechtfertigen (z. B. § 7i I 5 EStG). Ergänzend

909

mag zu berücksichtigen sein, dass der Erwerbsinteressent vielfach über die Mühen und ggf. auch Kosten eines erneuten Gangs zum Notar zwecks Verlängerung der Bindungsfrist bzw. Abgabe eines neuen Angebots nicht erbaut sein wird. Jedenfalls im Rahmen der Angemessenheitsprüfung ist die Erkennbarkeit der schutzwürdigen Belange des Verwenders für den anderen Teil von Relevanz (strenger wohl BGH DNotZ 2014, 41 Tz. 13). Der *BGH* hat allerdings klargestellt, dass eine **Bindungsfrist von mehr als drei Monaten in keinem Fall angemessen** i. S. v. § 308 Nr. 1 BGB ist (Arg.: Verkäufer völlig frei in Annahmeentscheidung, gänzlicher Verlust der Dispositionsfreiheit auf Seite des Anbietenden; BGH DNotZ 2014, 41 Tz. 16f.).

910   **bb) Klärung der baurechtlichen Zulässigkeit.** Zu der Frage, ob eine noch ausstehende Klärung der baurechtlichen Zulässigkeit des Vorhabens einen Sachgrund für eine längere Bindungsfrist darstellen kann, fehlt bislang jegliche Stellungnahme des *BGH*. Die überwiegende Auffassung hält dies grundsätzlich für möglich, wobei zur Vermeidung einer unangemessenen Beschränkung der Dispositionsfreiheit des Anbietenden empfohlen wird, die Bindungsfrist auf einen bestimmten Zeitraum nach Klärung der baurechtlichen Lage zu begrenzen (*Basty*, Der Bauträgervertrag, 7. Aufl., Rn. 173; *Krauß*, Immobilienkaufverträge in der Praxis, 7. Aufl., Rn. 2951 f.). Dem wird entgegengehalten, der Bauträger könne die Frage der Bebaubarkeit des Grundstücks bzw. der Realisierbarkeit des konkreten Projekts bereits im Vorfeld des Vertragsschlusses klären. Für die Abwälzung dieses Risikos auf den Erwerbsinteressenten bestehe bei wertender Betrachtung somit keine Rechtfertigung (vgl. Grziwotz/Koeble/*Riemenschneider*, Handbuch Bauträgerrecht, 2004, Teil 3 Rn. 699 f.). Bei Abgabe eines schlichten Angebots seitens des Klauselgegners ist darüber hinaus zu berücksichtigen, dass dem Verwender einerseits aufgrund der noch ausstehenden Baugenehmigung mehr Zeit bleibt, über die Annahme zu entscheiden, er sich andererseits aber selbst bei Erteilung der Baugenehmigung aus Opportunitätsgründen – bei Vorliegen eines wirtschaftlich attraktiveren Angebots – gegen die Annahme entscheiden kann. Gleichwohl erscheint mir eine längere Bindungsfrist gerechtfertigt, wenn bereits eine **Vorklärung der baurechtlichen Zulässigkeit** erfolgt, jedoch mit einer langen Verfahrensdauer bis zur Erteilung der Baugenehmigung zu rechnen ist, und dieser Umstand **in der Urkunde dokumentiert** wird, da der Klauselverwender dann bereits alles seinerseits Erforderliche getan hat und eine Realisierung des Bauvorhabens im Falle der Nichterteilung der Baugenehmigung ohnehin ausgeschlossen ist.

c) Veräußerungskonstellation

911   Die bisherigen Entscheidungen der Oberlandesgerichte und des BGH betrafen ausschließlich die sog. Erwerbskonstellation, in welcher der Klauselverwender auf Veräußererseite auftritt und der Erwerbsinteressent ihm die Entscheidung über das Zustandekommen des Vertragsschlusses durch Abgabe eines bindenden bzw. nach Ablauf der Bindungsfrist jedenfalls weiterhin annahmefähigen Angebots überlässt. In der sog. Veräußerungskonstellation sind die Rollen vertauscht, d. h. der **Klauselverwender** handelt **auf Erwerberseite** und lässt sich vom derzeitigen Eigentümer des Grundstücks eine für längere Zeit gültige Erwerbsmöglichkeit einräumen. Ob und wenn ja, inwieweit die vorstehend beschriebenen Grundsätze zur Zulässigkeit formularmäßiger Bindungsfristen auf die Veräußerungskonstellation übertragen werden können, ist noch nicht abschließend geklärt. Kontrollmaßstab sind auch insoweit § 308 Nr. 1 und § 307 BGB.

912   Ob schlicht unter Verweis darauf, bei einem Grundstück handele es sich um einen weniger liquiden Vermögensgegenstand, in der Veräußerungskonstellation ganz allgemein längere Bindungsfristen als angemessen anzusehen sind, erscheint zumindest zweifelhaft (Beispiel: Verkauf einer bereits errichteten Eigentumswohnung). Wird dem Klauselverwender indes ein (noch unbebautes) Grundstück angeboten, hat er ein schutzwürdiges Interesse an einem längeren Bindungszeitraum, wenn er die **technische und baurechtliche Realisierbarkeit** des anvisierten Projekts (ggf. auch den Hinzuerwerb der ferner benötig-

ten Grundstücke) noch **abklären** muss (Planungskosten wären sonst verloren), welches in der Regel auch bei einer Abwägung mit den Interessen des anderen Teils überwiegt (vgl. DNotI-Report 2008, 19, 20; *Hertel* ZfIR 2013, 769, 770 f.: anders u. U. bei anderweitiger, gleichwertiger Veräußerungsmöglichkeit ohne Prüfungszeitraum).

Sofern der anvisierte **Verkaufspreis** den derzeitigen **Verkehrswert des Grundstücks** offenkundig erheblich übersteigt, etwa weil der Klauselverwender beabsichtigt, die Baureife von Ackerflächen herbeizuführen, und der Verkaufspreis in gewissem (nicht ganz unerheblichem) Umfang bereits die künftige Nutzbarkeit des Grundstücks widerspiegelt, ist m. E. auch eine vier Wochen erheblich übersteigende Bindungsfrist nicht ohne weiteres zu beanstanden. Denn wirtschaftlich betrachtet **erkauft sich der Eigentümer die Chance auf einen erheblichen Mehrerlös** mit der Einschränkung seiner Dispositionsfreiheit (*Herrler* DNotZ 2011, 276, 280; *Ph. Müller/Klühs* RNotZ 2013, 81, 85 f., jew. m. w. N.). Im Interesse der Transparenz sollte die Wertrelation in der Urkunde kurz erläutert werden. 913

Generell großzügiger dürften **vertragliche Gestaltungsmodelle** (Optionsvertrag mit Bindungsentgelt, Rücktrittsvorbehalt) zu behandeln sein (*BGH* DNotZ 2014, 41 Tz. 17). Unter Umständen lässt sich eine Angemessenheitskontrolle der Rücktrittsfrist gänzlich vermeiden, wenn man beim Verkauf von Ackerland zunächst einen Kaufpreis in Höhe des derzeitigen Verkehrswertes festlegt und einen Preisanpassungsmechanismus bei Eintritt der Baureife vorsieht verbunden mit dem Recht allein des Klauselgegners zum Rücktritt bei Nichteingreifen des Preisanpassungsmechanismus bis zu einem bestimmten Datum (vgl. *Herrler* DNotZ 2011, 276, 278). 914

3. Die Annahme

a) Wirksamkeitsvoraussetzungen

Die Annahme des Antrags setzt dessen Wirksamwerden durch Zugang beim Angebotsempfänger voraus (§ 130 I BGB). Nach ständiger Rechtsprechung (*BGH* DNotZ 1996, 967, 968; *OLG Koblenz* MittBayNot 2006, 35) werden empfangsbedürftige, einem Abwesenden gegenüber abgegebene Willenserklärungen, die der notariellen Beurkundung bedürfen, erst wirksam, wenn dem Erklärungsempfänger eine **Ausfertigung** der notariellen Urkunde zugeht. Nach § 47 BeurkG vertritt (nur) die Ausfertigung der Niederschrift die Urschrift im Rechtsverkehr, nicht dagegen eine beglaubigte Abschrift oder eine Faxkopie. Erst nach körperlichem Erhalt der Ausfertigung des Antrags kann dieser also wirksam angenommen werden. Allerdings lässt der *BGH* einen formlosen Vertrag über den **Verzicht auf den Zugang der Ausfertigung** zu. Wird beispielsweise dem Käufer vom Verkäufer oder in dessen Auftrag vom Angebotsnotar der Antrag per Fax oder Email übermittelt, liegt darin ein Angebot zum Abschluss eines Vertrages über den Verzicht auf das Zugangserfordernis, welches der Käufer durch die Erklärung der Annahme zur notariellen Urkunde schlüssig annimmt (*BGH* DNotZ 1996, 967, 969). Auch wenn die BGH-Entscheidung zu § 15 IV GmbHG ergangen ist, spricht vieles für die Übertragbarkeit des Verzichtsgedankens auf den Grundstückskaufvertrag (ebenso *OLG Dresden* ZNotP 1999, 394; *Armbrüster* NJW 1996, 438; *Kanzleiter* DNotZ 1996, 931, 935; *Schöner/Stöber* Rn. 900; offen DNotI-Report 1995, 145, 148; kritisch 5. Aufl. Rn. 388). Gleichwohl empfiehlt es sich, für den Zugang einer Ausfertigung zu sorgen. 915

Die Ausfertigung muss indes nicht notwendig bei der Beurkundung der Annahmeerklärung vorgelegt werden, es sei denn, der Annehmende möchte von **Vollmachten** Gebrauch machen, die ihm im Antrag erteilt wurden, z. B. bei Erklärung der Auflassung (vgl. § 12 BeurkG). Sofern eine **Bezugnahme nach § 13a BeurkG** auf das Angebot erfolgen soll, muss aber **jedenfalls** eine **beglaubigte Abschrift** vorliegen (Amtspflicht nach § 13a I 3 BeurkG). Zur Beurkundung der Annahme ohne Kenntnis des Angebots vgl. Rn. 918. 916

917 Die wirksame Annahme setzt grundsätzlich lediglich voraus, dass die Angebotsurkunde hinreichend genau bezeichnet wird (s. Formulierungsbeispiel Rn. 922). Der Angebotsempfänger kann das Angebot nur so annehmen, wie es ihm zugeht. Eine **Annahme unter Erweiterungen, Einschränkungen oder sonstigen Änderungen** gilt nach § 150 II BGB als Ablehnung verbunden mit einem neuen Antrag; der Kaufvertrag kommt also erst mit der Annahme des ursprünglich Anbietenden zustande. Erfolgt die Annahme nach Ablauf der hierfür bestimmten oder der gesetzlichen Frist, geht die Annahme ins Leere und gilt gemäß § 150 I BGB als neuer Antrag. Für die **Rechtzeitigkeit der Annahme** ist im gesetzlichen Regelfall nicht der Zugang der Erklärung maßgeblich, da der (beurkundungsbedürftige) Grundstückskaufvertrag bereits mit Beurkundung der Annahmeerklärung zustande kommt (§ 152 BGB). Setzt der Antragende eine bestimmte Annahmefrist, ist **§ 152 BGB** ggf. stillschweigend abbedungen (*BGH* NJW-RR 1989, 198, 199). Daher sollte im Angebot stets ausdrücklich geregelt werden, ob es für das wirksame Zustandekommen des Vertrages des Zugangs der Annahme bedarf. Eine hiervon zu trennende Frage ist, ob es für die Fristwahrung auf den Zugang der Annahme ankommt (vgl. § 355 I 2 Hs. 2 BGB).

b) Pflichten des Annahmenotars

918 Der die Annahme beurkundende Notar hat die **Annahmefähigkeit** des Angebots zu **prüfen** (noch nicht abgelaufene Bindungs- bzw. Annahmefrist, Erfüllung etwaiger Annahmebedingungen). Die Beurkundung der Annahme gänzlich ohne Vorlage einer Abschrift (Kopie, Fax, Email), also ohne Kenntnis vom Inhalt des Angebots, sollte deshalb nach Möglichkeit vermieden werden, da sonst die Gefahr besteht, dass im Antrag enthaltene Annahmebedingungen oder die Annahmefrist nicht beachtet werden. Über dieses Risiko hat der Notar zu belehren (*BGH* DNotZ 2012, 356, 358). Fehlende Kenntnis des Notars vom Inhalt des Angebots berechtigt diesen ferner, die Beurkundung abzulehnen, ungeachtet dessen, dass seine Amtspflicht zur **Rechtsbelehrung nach § 17 I BeurkG** nur gegenüber den formell (§ 6 II BeurkG) an der Beurkundung Beteiligten besteht, also nur gegenüber dem Annehmenden, und sich die Aufklärungs- und Belehrungspflichten auf die rechtliche Bedeutung der Annahme beschränken (*BGH* DNotZ 2012, 356, 358). Auch wenn der Inhalt des Vertragsangebotes nicht zur rechtlichen Tragweite dieses Urkundsgeschäfts gehört, steht es dem Notar selbstverständlich frei, den angebotenen Kaufvertrag inhaltlich zu prüfen und den Annehmenden auf etwaige Bedenken hinzuweisen.

919 Unbeschadet der beschränkten Reichweite der Rechtsbelehrungspflicht nach § 17 I BeurkG kann dem sogenannten Zentralnotar, der nur die Vertragsannahme beurkundet, gegenüber dem Anbietenden eine betreuende Belehrungspflicht obliegen, z. B. bezüglich zwischenzeitlich eingetragener Belastungen (*BGH* DNotZ 2004, 843). Im entschiedenen Fall hatte ein Zentralnotar Angebote zum Kauf von Eigentumswohnungen entworfen, die von Kapitalanlegern bei verschiedenen Ortsnotaren angenommen wurden. Vor Annahme des Angebots bestellte der Bauträger eine Dienstbarkeit mit einer Nutzungsbeschränkung (Studentenwohnungen), von der die Erwerber erst später Kenntnis erhielten. Nach dem *BGH* schuldet der die Annahme beurkundende Notar den an diesem Urkundsgeschäft (materiell) Beteiligten eine „betreuende Belehrung" (§ 14 I 2 BNotO), „wenn er bei gebotener Sorgfalt erkennen kann, dass der mit der Annahme bewirkte Vertragsschluss ihre Vermögensinteressen gefährdet". Der *BGH* bejaht den Schadensersatzanspruch der Erwerber gegen den Notar (jedenfalls in Höhe des Kaufpreises Zug um Zug gegen Übertragung der Eigentumswohnungen!). In jüngster Zeit hat das *OLG Celle* eine betreuende Belehrungspflicht des Zentralnotars angenommen, der bei Beurkundung einer Annahmeerklärung nach Ablauf der Annahmefähigkeit des Angebots die sich hieraus ergebenden Rechtsfolgen (§ 150 I BGB) nach § 4 BeurkG bzw. § 14 I 2 BNotO (auch) zum Schutz des Anbietenden in der Annahmeurkunde zu dokumentieren habe, dies insbesondere dann, wenn er mit der Vertragsabwicklung betraut ist (*OLG Celle* Urt. v. 5.10.2012 – 3 U 42/12, n. v.).

8. Teil. Getrennte Beurkundung von Angebot und Annahme A I

Formulierungsbeispiel: Angebot des Verkäufers auf Abschluss eines Grundstückskaufvertrages (unter Mitwirkung des Angebotsempfängers)

920

Der Erschienene erklärte das folgende

Angebot auf Abschluss eines Kaufvertrages

I. Angebot, Angebotsfrist, Vormerkung, Auflassung

1. Ich biete Herrn ..., geboren am ..., wohnhaft ... den Abschluss des Kaufvertrages an, der dieser Niederschrift als Anlage beigefügt ist.
2. An dieses Angebot halte ich mich bis zum ... unwiderruflich gebunden. Wird das Angebot nicht bis zu diesem Zeitpunkt in notariell beurkundeter Form angenommen, so erlischt es nicht, kann jedoch jederzeit von mir mit einer Fristsetzung von zehn Tagen widerrufen werden. Fristsetzung und Widerruf bedürfen der Schriftform.
Auf den Zugang der Annahmeurkunde innerhalb der Frist verzichte ich.
3. Ich bewillige die Eintragung einer Vormerkung zur Sicherung des künftigen, nicht abtretbaren Anspruchs des Angebotsempfängers auf Eigentumsübertragung im Grundbuch.
4. Ich bevollmächtige Herrn ... unter Befreiung von den Beschränkungen des § 181 BGB und über meinen Tod hinaus, in meinem Namen die Auflassung zu erklären. Diese Vollmacht vermittelt dem Angebotsempfänger nicht die Befugnis zur Bewilligung der Eigentumsumschreibung. Vielmehr bevollmächtige ich den beurkundenden Notar, seinen Vertreter oder Amtsnachfolger unwiderruflich, über den Tod hinaus und unter Befreiung von den Beschränkungen des § 181 BGB zur Bewilligung der Eigentumsumschreibung sowie zur Stellung des Eintragungsantrags. Er wird angewiesen, diese Erklärungen erst dann abzugeben, wenn ich ihm den Erhalt des Kaufpreises schriftlich bestätigt habe oder Herr ... die Zahlung des Kaufpreises nachgewiesen hat.

II. Bedingungen für die Annahme

1. Die Annahme des Angebots ist nur wirksam, wenn sie zur Niederschrift des amtierenden Notars erklärt wird.
2. Das Angebot kann nur angenommen werden, wenn sich der Angebotsempfänger bei der Annahme wegen der Verpflichtung zur Zahlung des Kaufpreises der sofortigen Zwangsvollstreckung in sein gesamtes Vermögen unterwirft und den Notar anweist, ohne Nachweis der Fälligkeit vollstreckbare Ausfertigung zu erteilen.
3. Das Recht des Angebotsempfängers auf Annahme ist nicht abtretbar.

III. Erklärungen des Angebotsempfängers

Bei der heutigen Verhandlung war mit erschienen Herr ... als Angebotsempfänger.
Dieser erklärte:
1. Ich trage die Notar- und Gerichtsgebühren für das Angebot und die Eintragung der Vormerkung, gegebenenfalls auch für die Löschung der Vormerkung.
2. Ich beantrage die Eintragung der Vormerkung im Grundbuch.
3. Ich bevollmächtige die Notarfachangestellten ... und ..., und zwar jeden einzeln, die Löschung der zu meinen Gunsten eingetragenen Vormerkung zu bewilligen und zu beantragen. Von der Vollmacht kann nur durch Erklärung vor dem amtierenden Notar Gebrauch gemacht werden.
Die Beteiligten weisen den Notar an, die Löschungsbewilligung für die Vormerkung dem Grundbuchamt erst zum Vollzug vorzulegen, wenn die Annahme des Angebots nicht innerhalb der Angebotsfrist zur Niederschrift des amtierenden Notars vertragsgerecht erklärt ist und der Anbietende dem Notar mitgeteilt hat, dass er das Angebot nach Ablauf der Annahmefrist und nach Fristsetzung widerrufen hat, es sei denn, die Annahme ist innerhalb der Frist erklärt. *(Anm.: Anstelle der nicht insolvenzfesten (§ 117 InsO) Löschungsvollmacht kann die Vormerkung auch aufschiebend bedingt bestellt werden (s. Formulierungsvorschlag Rn. 895)).*

> ▼ Fortsetzung: **Formulierungsbeispiel: Angebot des Verkäufers auf Abschluss eines Grundstückskaufvertrages (unter Mitwirkung des Angebotsempfängers)**
>
> **IV. Vollzug**
>
> Die Beteiligten beauftragen den amtierenden Notar mit dem Vollzug des Kaufvertrages und bevollmächtigen ihn, für sie alle verfahrensrechtlichen Erklärungen gegenüber dem Grundbuchamt abzugeben.
>
> Von dieser Urkunde erhalten:
> – die Beteiligten je eine Ausfertigung,
> – das Finanzamt – Grunderwerbsteuerstelle – eine einfache Abschrift.

921 Als Anlage zur Angebotsurkunde ist der vollständige Kaufvertrag mitzubeurkunden mit folgenden Besonderheiten:

– Die Zwangsvollstreckungsunterwerfung des Käufers wegen der Zahlung des Kaufpreises entfällt;
– die Bewilligung des Verkäufers auf Eintragung einer Vormerkung entfällt, wenn sie bereits in der Angebotsurkunde enthalten ist. Soll dagegen die Vormerkung erst nach Annahme des Angebots eingetragen werden, ist sie in den Text des Kaufvertrages aufzunehmen.

922

> **Formulierungsbeispiel: Annahme des Angebots**
>
> 1. Am ... (UR.Nr. ... des Notars ... in ...) hat mir Herr ... ein Angebot auf Abschluss eines Kaufvertrages gemacht. Eine Ausfertigung der Angebotsurkunde habe ich erhalten. Der Inhalt ist mir bekannt. Das Angebot kann bis zum ... angenommen werden. *(ggf. zusätzlich Verweisung nach § 13a BeurkG)*
> 2. Hiermit nehme ich das Angebot seinem gesamten Inhalt nach an.
> 3. Wegen meiner Verpflichtung zur Zahlung des Kaufpreises in Höhe von ... EUR unterwerfe ich mich der sofortigen Zwangsvollstreckung aus dieser Urkunde. Der Notar wird angewiesen, dem Verkäufer vollstreckbare Ausfertigung ohne Nachweis der Fälligkeit zu erteilen, jedoch nicht vor Eintritt der vom Notar zu überwachenden Fälligkeitsvoraussetzungen.
> 4. Handelnd im eigenen Namen und als von den Beschränkungen des § 181 BGB befreiter Bevollmächtigter des Verkäufers erkläre ich, dass wir uns darüber einig sind, dass das Eigentum an dem verkauften Grundbesitz auf den Käufer übergeht (Auflassung). Ich beantrage die Eigentumsumschreibung im eigenen Namen.
> 5. Ich bewillige schon jetzt die Löschung der zu meinen Gunsten im Grundbuch eingetragenen Vormerkung gleichzeitig mit der Eigentumsumschreibung, vorausgesetzt dass keine Zwischeneintragungen ohne meine Zustimmung erfolgt sind.

923 Formulierungsbeispiel für ein Angebot an einen noch zu benennenden Dritten: MünchVertrHdb V S. 235 f.

III. Alternativgestaltungen

924 Anstelle des Vertragsschlusses durch Angebot und Annahme stehen der aufschiebend bedingte Kaufvertrag bzw. der Optionsvertrag und der Vertragsschluss unter Rücktrittsvorbehalt zur Wahl. Beiden vorgenannten Gestaltungsvarianten ist gemein, dass die letztverbindliche Entscheidung über die Begründung der wechselseitigen Rechte und Pflichten hinausgeschoben wird. Gerade im Anwendungsbereich der §§ 307–309 BGB kann dadurch aufgrund der stärkeren Einbindung des anderen Teils unter Umständen ein längerer Schwebezeitraum gerechtfertigt werden (vgl. *BGH* DNotZ 2014, 41 Tz. 17).

8. Teil. Getrennte Beurkundung von Angebot und Annahme A I

1. Optionsvertrag

Unter **Optionsrecht** versteht man das Recht, durch einseitige Erklärung einen bereits 925
inhaltlich festgelegten Vertrag zustande zu bringen. Bei einer Option auf einen Kaufvertrag spricht man auch von „Ankaufsrecht". Durch die Einräumung eines Optionsrechts soll der Grundstückseigentümer gebunden werden, während sich der Kaufinteressent die freie (oder eingeschränkte) Entscheidung vorbehält, ob der Vertrag zustande kommt. Das Optionsrecht kann begründet werden durch
- ein längerfristiges bindendes Vertragsangebot („Festofferte");
- Abschluss eines Angebotsvertrages;
- Abschluss eines Optionsvertrages, d.h. eines Kaufvertrages, der aufschiebend bedingt durch die Ausübung des Optionsrechts durch den Begünstigten wirksam wird.

Hiervon zu unterscheiden ist der **Vorvertrag**, der durch die verbindliche Einigung zu- 926
stande kommt, einen seinem wesentlichen Inhalt nach bestimmten oder unter Berücksichtigung allgemeiner Auslegungsregeln sowie des dispositiven Rechts zumindest bestimmbaren Hauptvertrag zu schließen, und die Einräumung einer sog. **Vorhand**, bei der sich der Eigentümer verpflichtet, das Grundstück, bevor er es anderweitig veräußert, dem Berechtigten anzubieten. Der Optionsvertrag, der Vorvertrag und die Einräumung einer Vorhand als Angebotsvorhand sind beurkundungsbedürftig, nicht hingegen die Verhandlungsvorhand, bei welcher dem Berechtigten lediglich Angebote anderer Interessenten mitzuteilen sind, ohne dass weitere Verpflichtungen begründet werden (vgl. DNotI-Report 1999, 25; *OLG München* OLGReport 1997, 134; Palandt/*Ellenberger* Einf v § 145 Rn. 24).

Sofern in den vorgenannten Gestaltungsvarianten bereits ein aufschiebend bedingter, 927
hinreichend konkreter Anspruch auf Eigentumsverschaffung begründet wird, kann dieser durch **Vormerkung** gesichert werden. Bei der bloßen Verhandlungsvorhand fehlt es jedoch stets am nötigen „Rechtsboden".

a) Vorzüge des Optionsvertrages

Der **Optionsvertrag** (i. S. eines bedingten Kaufvertrages) hat erhebliche **Vorteile** ge- 928
genüber der Einräumung eines Optionsrechts durch ein Angebot („Festofferte"). Da der Angebotsempfänger bei der Beurkundung des Angebots vielfach wegen der Übernahme von Pflichten (Kostentragung; Verpflichtung zur Angebotsannahme bei Eintritt bestimmter Ereignisse etc.) mitwirken muss, sprechen keine praktischen Gründe dagegen. Die „Fallstricke" bei der getrennten Beurkundung von Angebot und Annahme werden vermieden, da es sich um einen „normalen" Kaufvertrag (mit Auflassung) handelt mit der alleinigen Besonderheit, dass die Wirksamkeit des schuldrechtlichen Vertrages unter einer aufschiebenden Bedingung steht. Aufschiebende Bedingung kann allein die Erklärung des Käufers sein, von der Option Gebrauch zu machen (Potestativbedingung), oder der Eintritt bestimmter Voraussetzungen, die im Interesse des Käufers vor Wirksamwerden des Vertrages erfüllt sein sollen, z.B. (ggf. bestandskräftige) Erteilung der Baugenehmigung. Die Optionserklärung ist formfrei (*BGH* NJW-RR 1996, 1167; NJW 1991, 2698; *OLG Köln* NJW-RR 2003, 375).

Wird die Option nicht zeitlich befristet (zur Inhaltskontrolle formularmäßiger Aus- 929
übungsfristen sogleich Rn. 931 f.), ist dem Verkäufer ein vertragliches Rücktrittsrecht vorzubehalten, falls die Option nicht bis zu einem bestimmten Zeitpunkt ausgeübt wurde oder die Bedingung (z.B. Erteilung der Baugenehmigung) nicht bis zu einem bestimmten Zeitpunkt eingetreten ist. Die Löschung der Vormerkung des Käufers ist für diesen Fall sicherzustellen (z.B. durch auflösende Bedingung, Löschungsvollmacht, vgl. oben Rn. 895, 920).

Die Grunderwerbsteuer entsteht – anders als beim unbedingten Kaufvertrag mit einem 930
vertraglichen Rücktrittsrecht – gemäß § 14 Nr. 1 GrEStG erst mit Eintritt der Bedingung (Wirksamwerden des schuldrechtlichen Kaufvertrages). Nach dem *BFH* (MittBayNot 2005, 523) führt auch die wegen § 925 II BGB stets unbedingt zu erklärende Auflassung

nicht zur Entstehung der Grunderwerbsteuer, wenn sie auf einem Kaufvertrag beruht, dessen Wirksamkeit noch vom Eintritt einer Bedingung abhängig ist, soweit durch weitere Vereinbarungen sichergestellt ist, dass von der Auflassung erst nach Bedingungseintritt und nur durch den beurkundenden Notar Gebrauch gemacht werden kann.

b) Optionsausübungsfrist (AGB-Problematik)

931 Im Anwendungsbereich der §§ 307–309 BGB (AGB, Verbrauchervertrag i. S. v. § 310 III BGB) gilt es zu beachten, dass die Optionsausübungsfrist an **§ 308 Nr. 1 BGB in analoger Anwendung** zu messen ist (Staudinger/*Coester-Waltjen* § 308 Nr. 1 Rn. 9) und damit einer Angemessenheitskontrolle unterliegt. Gleichwohl ist u. U. ein (deutlich) längerer Schwebezustand hinnehmbar. Erbringt der Unternehmer für die zeitlich befristete Einschränkung der Dispositionsfreiheit des Klauselgegners eine **echte Gegenleistung** (Bindungsentgelt, ggf. auch Sachleistung), stehen sich die eingeräumte Option und das Entgelt als nach § 307 III 1 BGB grundsätzlich nicht kontrollfähige Leistung und Gegenleistung gegenüber (Ausnahme: § 306a BGB). Im Übrigen dürfte es – ein schutzwürdiges Verwenderinteresse vorausgesetzt – maßgeblich darauf ankommen, welchen Einfluss der Klauselverwender auf den Bedingungseintritt hat. Im Fall eines auf die Abgabe einer **im Belieben des Unternehmers** stehenden Gestaltungserklärung aufschiebend bedingten Kaufvertrags gilt im Ergebnis nicht anderes als beim Angebot-Annahme-Modell (vierwöchige Regelbindungsfrist). Hieran ändert auch ein etwa bestehendes Rücktrittsrecht des anderen Teils nichts. Liegt der Eintritt der Bedingung hingegen **außerhalb des Einflussbereichs** des Klauselverwenders, wird die Dispositionsfreiheit beider Vertragspartner in gleicher Weise eingeschränkt, sodass eine deutlich längere Bindung als vier Wochen zulässig sein dürfte (Wolf/Lindacher/Pfeiffer/*Dammann*, AGB-Recht, § 308 Nr. 1 BGB Rn. 24: § 308 Nr. 1 BGB nicht anwendbar; *Herrler* DNotZ 2013, 887, 909).

932 Hat der Unternehmer zwar einen **gewissen Einfluss** auf den Bedingungseintritt, ohne dass dieser zu seiner freien Disposition steht (Erreichen einer bestimmten Abverkaufsquote, Erteilung der Baugenehmigung), und verpflichtet er sich, sich redlich um den Bedingungseintritt zu bemühen, scheint mir ebenfalls ein längerer Schwebezustand hinnehmbar, da bei Vereitelung des Bedingungseintritts die Eintrittsfiktion des § 162 I BGB greift und es dem Klauselverwender daher verwehrt ist, aus Opportunitätsgründen ein bestimmtes Angebot trotz Realisierung des Projekts abzulehnen. Ein etwaiges Vollzugsdefizit (Nachweisproblematik) besteht insoweit wohl nur bei Nichtrealisierung des Projekts (vgl. *Herrler* DNotZ 2013, 887, 910 m. w. N.). Ist die Bedingungseintrittsfrist unangemessen lang, ist sie durch eine angemessene Frist zu ersetzen (Wertung von § 147 II BGB), was vielfach dazu führen wird, dass der Bedingungseintritt nicht rechtzeitig erfolgt und es folglich an einem wirksamen Vertragsschluss fehlt (str., vgl. im Überblick *Ph. Müller/Klühs* RNotZ 2013, 81, 95).

---

933 **Formulierungsbeispiel: Abverkaufsquote als aufschiebende Bedingung**

Vorbemerkung
Dem Erwerber ist bekannt, dass der Veräußerer für die Realisierung des Projekts (Errichtung von bis zu acht Eigentumswohnungen auf dem Grundstück ..., Veräußerung an einzelne Erwerber nach Aufteilung in Wohnungseigentum) auf eine Zwischenfinanzierung angewiesen ist. Diese wird seitens der finanzierenden Bank nur gewährt, wenn die abgeschlossenen Bauträgerverträge betreffend das vorgenannten Bauvorhaben ein Gesamtkaufpreisvolumen von ... EUR erreichen (erforderliche Abverkaufsquote). Bislang ist dies noch nicht der Fall. Um dem Veräußerer den Abschluss der erforderlichen weiteren Bauträgerverträge zu ermöglichen, erklärt sich der Erwerber mit einer Bindung bis zum ... *(Datum)* einverstanden.
...

8. Teil. Getrennte Beurkundung von Angebot und Annahme   A I

▼ Fortsetzung: **Formulierungsbeispiel: Abverkaufsquote als aufschiebende Bedingung**

Aufschiebende Bedingung

Die schuldrechtlichen Regelungen des Bauträgervertrages werden erst wirksam, wenn der Veräußerer bis spätestens mit Ablauf des ... *(Datum)* Bauträgerverträge gemäß Anlage 1 betreffend die vertragsgegenständliche Wohnungs- und Teileigentumsanlage mit einem Gesamtkaufpreisvolumen von ... EUR abgeschlossen hat (Abverkaufsquote). *(ggf. ausdrückliche Verpflichtung des Veräußerers zu weiteren Abverkaufsbemühungen)* Der Veräußerer ist berechtigt, durch schriftliche Erklärung, die dem Erwerber bis spätestens ... *(Datum)* zugehen muss, auf vorstehende Bedingung zu verzichten. Der Erwerber nimmt diesen Verzicht bereits jetzt an.

Der Veräußerer verpflichtet sich gegenüber dem Erwerber, dem beurkundenden Notar den Bedingungseintritt bzw. den Verzicht auf die Bedingung unverzüglich schriftlich mitzuteilen.

Sofern dem beurkundenden Notar nicht bis spätestens mit Ablauf des ... *(Datum)* eine entsprechende schriftliche Mitteilung des Veräußerers vorliegt, gilt die Bedingung als endgültig ausgefallen. Hierüber wird der Notar den Erwerber und den Veräußerer unverzüglich unterrichten.

Beruht der Ausfall der Bedingung darauf, dass die erforderliche Abverkaufsquote nicht erreicht wurde, und ist dem Veräußerer insoweit weder Vorsatz noch grobe Fahrlässigkeit vorzuwerfen, hat der Veräußerer lediglich die durch die Beurkundung des Vertrages entstandenen Kosten zu tragen. Die Geltendmachung weiterer Schadensersatzansprüche ist in diesem Fall ausgeschlossen.

2. Vertragsschluss unter Rücktrittsvorbehalt

a) Allgemeines

Im Gegensatz zum Optionsvertrag werden die gegenseitigen vertraglichen Rechte und Pflichten beim Rücktrittsmodell unmittelbar begründet. Allerdings behält sich ein Vertragsteil (oder beide) das Recht vor, sich durch einseitige Ausübung des Rücktrittsrechts wieder vom Vertrag zu lösen. Je nach Ausgestaltung des Rücktrittsrechts (Rücktrittsfrist, freies oder an Eintritt bestimmter Umstände geknüpftes Lösungsrecht) wird der Leistungsaustausch vertragsgemäß erst nach Erlöschen des Rücktrittsrechts erfolgen. Insoweit gleichen sich Optionsvertrag und Vertragsschluss unter Rücktrittsvorbehalt. Aus steuerlicher Sicht hat das Rücktrittsmodell den Nachteil, dass die **Grunderwerbsteuerpflicht** zunächst entsteht und eine nachträgliche Aufhebung der Steuerfestsetzung nur in den Grenzen des § 16 I und II GrEStG möglich ist, sodass der Options- bzw. aufschiebend bedingte Kaufvertrag grundsätzlich dem Rücktrittsrecht vorzuziehen ist. 934

| Praxishinweis Steuern: |

Sollte man dennoch einen Rücktrittsvorbehalt in Betracht ziehen, so ist darauf zu achten, dass insbesondere bei freien Rücktrittsrechten die Grunderwerbsteuerfestsetzung gem. § 16 I Nr. 1, II Nr. 1 GrEStG nur aufgehoben wird, wenn die Rückabwicklung innerhalb von zwei Jahren nach Entstehung der Steuer stattfindet; zur Differenzierung zwischen freien Rücktrittsvorbehalten und Rückabwicklung aufgrund nachträglich eintretender Umstände vgl. Boruttau/*Loose* § 16 GrEStG Rn. 37 ff.

b) Formularmäßiges Rücktrittsrecht

Ungeachtet dieses steuerlichen Nachteils ist der Vertragsschluss unter Rücktrittsvorbehalt im Anwendungsbereich der §§ 307–309 BGB tendenziell vorzugswürdig, zum einen, weil auf Rechtsfolgenseite selbst bei Unwirksamkeit des Rücktrittsrechts zeitnah für 935

Rechtsklarheit gesorgt werden dürfte, zum anderen, weil angesichts der deutlich stärkeren Position des Klauselgegners m. E. längere Rücktrittsfristen zulässig sind. Zu beachten sind allerdings die Vorgaben des § 308 Nr. 3 BGB, d. h. das Rücktrittsrecht des Verwenders muss sachlich gerechtfertigt sein und der Rücktrittsgrund muss im Vertrag selbst angegeben werden (Transparenzgebot).

936 **aa) Position des Klauselgegners.** Auch wenn ein befristetes, formularmäßiges Rücktrittsrecht einer formularmäßigen Bindungsfrist beim Angebot-Annahme-Modell in gewisser Weise ähnelt, ist das **Rücktrittsmodell** aus Sicht des Klauselgegners (erheblich) **weniger belastend** als ein bindendes Angebot, zum einen, weil der Unternehmer zur Beseitigung der Bindungswirkung aktiv werden muss, zum anderen, weil der Dispositionsspielraum des Klauselverwenders gegenüber dem Angebot-Annahme-Modell deutlich geringer ist. Während ein etwa vorhandener Sachgrund für die Bestimmung einer Bindungsfrist beim Angebotsmodell ein bloßes Motiv des Klauselverwenders darstellt und allenfalls für die Bemessung der nach § 308 Nr. 1 BGB höchstzulässigen Bindungsdauer von Bedeutung ist – der Angebotsempfänger kann das Angebot grundsätzlich willkürlich ausschlagen –, ist im Fall des Vertragsschlusses unter Rücktrittsvorbehalt bereits eine Bindung (auch) des Klauselverwenders eingetreten, von der er sich nur lösen kann, wenn es zum Eintritt des klar umrissenen Rücktrittsgrundes kommt. Führt er den Eintritt des Rücktrittsgrundes wider Treu und Glauben herbei, ist ihm die Berufung auf das vertragliche Rücktrittsrecht verwehrt (Fiktion des § 162 II BGB in analoger Anwendung; vgl. DNotI-Report 2007, 157, 160). Ein relevantes Vollzugsdefizit besteht auch insoweit nicht (vgl. Rn. 932). Aufgrund der stärkeren Position des anderen Teils erscheint mir ein **(deutlich) längerer Schwebezeitraum als beim Angebotsmodell hinnehmbar** (*Herrler* DNotZ 2013, 887, 911 ff.; so tendenziell auch *BGH* DNotZ 2014, 41 Tz. 17; a. A. *Hertel* ZfIR 2013, 769, 771), wobei stets auf den jeweiligen Rücktrittsgrund abzustellen ist (dazu sogleich).

937 **bb) Sachlich gerechtfertigter Rücktrittsgrund.** Ein i. S. v. § 308 Nr. 3 BGB anzuerkennender Rücktrittsgrund liegt nur vor, wenn dieser bei Abwägung der beiderseitigen Interessen durch ein überwiegendes oder zumindest anerkennenswertes Interesse des Verwenders gerechtfertigt ist (*BGH* NJW 1987, 831, 833 m. w. N.). Ob diese Anforderungen bei Nichterreichen der erforderlichen Abverkaufsquote bzw. Nichterteilung der Baugenehmigung erfüllt sind, ist nicht abschließend geklärt. Die bloß abstrakte Vorhersehbarkeit des Eintritts des Rücktrittsgrundes bei Vertragsschluss schadet grundsätzlich nicht. Gleiches gilt für ein Vertretenmüssen des Berechtigten, sofern die Grenzen der Abdingbarkeit des Leistungsstörungsrechts (insb. § 309 Nr. 7 BGB) beachtet werden (*BGH* NJW 1987, 831, 833; Staudinger/*Coester-Waltjen* § 308 Nr. 3 Rn. 13 m. w. N.). Im Übrigen dürfte im Rahmen der Interessenabwägung die (maximale) Dauer des Schwebezustands (d. h. die Rücktrittsfrist) von Relevanz und somit bei kurzen Fristen keine allzu hohen Anforderungen an den Rücktrittsgrund zu stellen sein (Syst. § 308 Nr. 1 BGB; *Herrler* DNotZ 2013, 887, 913; vgl. auch MünchKommBGB/*Wurmnest* § 308 Nr. 3 Rn. 6).

938 (1) Unter Berücksichtigung des Vorstehenden dürfte die **Nichterteilung der beantragten Baugenehmigung** (bis zu einem bestimmten Zeitpunkt) grundsätzlich als statthafter Rücktrittsgrund anzusehen sein, sofern dies nicht bereits im Zeitpunkt des Vertragsschlusses mit einiger Gewissheit absehbar war und dem Klauselverwender an ihrer Versagung weder Vorsatz noch grobe Fahrlässigkeit vorzuwerfen sind, zumal ohne Erteilung der Genehmigung ohnehin die Durchführung des Bauvorhabens scheitert. Dies gilt umso mehr, wenn vor Vertragsschluss bereits eine hinreichend belastbare **Vorklärung der baurechtlichen Zulässigkeit** stattgefunden hat, was stets sinnvoll ist. Unter diesen Umständen liegt regelmäßig keine ungerechtfertigte Risikoabwälzung auf den Erwerber vor. Dies gilt in besonderem Maße dann, wenn der frühzeitige Vertragsschluss vor abschließender Klärung der baurechtlichen Zulässigkeit (ebenfalls) im Interesse des Erwerbsinteressenten lag („Filetstück"). Gerade bei potentiell länger andauerndem Schwebezustand dürfte es sich empfehlen, nach einem kurzen Zeitraum, in welchem lediglich dem Klau-

selverwender das Rücktrittsrecht zusteht (sechs bis acht Wochen), auch dem anderen Teil im Sinne der Waffengleichheit ein Rücktrittsrecht bis zur endgültigen Verbindlichkeit des Vertrages einzuräumen (Dispositionsfreiheit, vgl. *Herrler* DNotZ 2013, 887, 914f. m.w.N. auch zur Gegenauffassung).

(2) Die vorstehenden Erwägungen gelten grundsätzlich *mutatis mutandis* für das **939 Nichterreichen einer bestimmten Abverkaufsquote** als Rücktrittsgrund, sofern sich der Verwender verpflichtet, sich redlich um den weiteren Absatz zu bemühen. Trotz der diesbezüglich kritischen Literaturstimmen (u.a. *Basty*, Der Bauträgervertrag, 7. Aufl., Rn. 286; Grziwotz/Koeble/*Riemenschneider*, Handbuch Bauträgerrecht, Teil 3 Rn. 669f.) kann der Verwender nicht beliebig über den Rücktrittsgrund Abverkaufsquote disponieren, sondern unterliegt – jedenfalls wenn er das Projekt weiterhin realisieren will – bereits einer rechtlichen wie faktischen Bindung (kein strukturelles Vollzugsdefizit, s. Rn. 932). Hinzu kommt, dass nur ein allgemeiner Leistungsvorbehalt mit § 308 Nr. 3 BGB unvereinbar ist, während im Einzelfall ein an den Vermarktungserfolg des Produkts geknüpfter Rücktrittsgrund als sachlich gerechtfertigt angesehen werden kann (vgl. RegBegr., BT-Drs. 7/3919 v. 6.8.1975, S. 26: Mindestteilnehmerzahl bei Veranstaltung von Individualreisen; ebenso *OLG München* VuR 1993, 182). Sofern das Rücktrittsrecht nach einem kurzen Bindungszeitraum nicht nur dem Klauselverwender, sondern im Interesse der „Waffengleichheit" zugleich dem Erwerber eingeräumt wird, erscheint mir eine Rücktrittsfrist von drei bis vier, vielleicht auch von sechs Monaten grundsätzlich möglich (ansatzweise auch *BGH* DNotZ 2014, 41 Tz. 17).

Formulierungsbeispiel: Rücktrittsrecht wegen Platzierungsinteresse 940

Vorbemerkung

Dem Erwerber ist bekannt, dass der Veräußerer für die Realisierung des Projekts (Errichtung von bis zu acht Eigentumswohnungen auf dem Grundstück ..., Veräußerung an einzelne Erwerber nach Aufteilung in Wohnungseigentum) auf eine Zwischenfinanzierung angewiesen ist. Diese wird seitens der finanzierenden Bank nur gewährt, wenn die abgeschlossenen Bauträgerverträge betreffend das vorgenannten Bauvorhaben ein Gesamtkaufpreisvolumen von ... EUR erreichen (erforderliche Abverkaufsquote). Vor Erreichen der erforderlichen Abverkaufsquote kann mit dem Bauvorhaben nicht begonnen werden.
...

Rücktrittsrecht

1. Sofern der Veräußerer nicht bis zum ... *(Datum – maximal sechs Wochen nach dem Tag der Beurkundung)* Kaufverträge betreffend das in der Vorbemerkung bezeichnete Bauvorhaben mit einem Gesamtkaufpreisvolumen in Höhe von ... EUR abgeschlossen hat, ist er berechtigt, durch schriftliche Erklärung gegenüber dem Erwerber vom Vertrag zurückzutreten, es sei denn, ihm ist insoweit Vorsatz oder grobe Fahrlässigkeit vorzuwerfen.
Dem Erwerber steht ebenfalls ein entsprechendes Rücktrittsrecht zu, sofern der Veräußerer nicht bis zum ... *(Datum – maximal sechs Wochen nach dem Tag der Beurkundung)* durch schriftliche Erklärung gegenüber dem Erwerber auf sein Rücktrittsrecht verzichtet oder bestätigt hat, dass die erforderliche Abverkaufsquote erreicht wurde. Der Erwerber nimmt diesen Verzicht bereits jetzt an. Der Veräußerer verpflichtet sich, den Erwerber und den beurkundenden Notar unverzüglich über das Erreichen der erforderlichen Abverkaufsquote zu informieren.
2. Veräußerer und Erwerber können ihr jeweiliges Rücktrittsrecht nur bis spätestens ... *(Datum – drei bis vier, ggf. auch sechs Monate nach dem Tag der Beurkundung)* ausüben. Maßgeblich ist der Zugang der Rücktrittserklärung beim jeweils anderen Vertragsteil. Danach erlischt das Rücktrittsrecht. Die zurücktretende Partei hat den beurkundenden Notar unverzüglich durch Übersendung einer Kopie der Rücktrittserklärung über den Rücktritt zu unterrichten. *(ggf. Bevollmächtigung des beurkundenden Notars zur Entgegennahme der Rücktrittserklärung)*

> ▼ Fortsetzung: **Formulierungsbeispiel: Rücktrittsrecht wegen Platzierungsinteresse**
>
> 3. Wird die erforderliche Abverkaufsquote nach dem ... *(Datum, siehe Ziffer 1)* erreicht, erlischt das noch nicht ausgeübte Rücktrittsrecht des Veräußerers. Gleiches gilt für das noch nicht ausgeübte Rücktrittsrecht des Erwerbers, wenn der Veräußerer gegenüber dem Erwerber auf sein Rücktrittsrecht verzichtet oder er das Erreichen der erforderlichen Abverkaufsquote bestätigt.

941 **cc) Rechtsfolgen bei Nichtanerkennung des Rücktrittsgrundes.** Im Unterschied zu den anderen Gestaltungsvarianten drohen bei Unangemessenheit des formularmäßigen Rücktrittsrechts (§ 308 Nr. 3 BGB) nicht Rückabwicklungs- bzw. Haftungsstreitigkeiten lange Zeit nach Abschluss und Durchführung des Vertrages, da der wirksame Vertragsschluss von der Unwirksamkeit des Rücktrittsrechts nicht berührt wird. § 306 III BGB wird kaum je eingreifen. Meinungsverschiedenheiten hinsichtlich der Wirksamkeit des Rücktrittsrechts dürften zudem wegen der zu beachtenden Rücktrittsfrist einigermaßen zeitnah nach Vertragsschluss geklärt werden.

9. Teil. Aufhebung, Änderung und Bestätigung des Kaufvertrages

I. Aufhebung des Kaufvertrages

1. Beurkundungserfordernis

Bei der Aufhebung eines Kaufvertrages stellt sich zunächst die Frage nach der **Form-** **942** **bedürftigkeit.** Soll der Vertrag einvernehmlich zwischen den Beteiligten aufgehoben werden, ist für die Beurkundungspflicht dieses Vertrages (ebenso wie für seinen Inhalt, hierzu Ziff. 2) nach dem Abwicklungsstadium zu unterscheiden (vgl. *BGH* DNotZ 1982, 619).

a) Aufhebung eines vollzogenen Kaufvertrages

Ist der Kaufvertrag durch Auflassung und Eintragung des Eigentumsübergangs im **943** Grundbuch **vollzogen,** bedarf seine Aufhebung nach § 311b I 1 BGB der **notariellen Beurkundung,** da sich der Käufer im schuldrechtlichen Aufhebungsvertrag dem Verkäufer gegenüber zur Rückübereignung des Grundstücks verpflichtet (vgl. *BGH* DNotZ 1982, 619). Ob eine Vertragsaufhebung ohne Begründung einer Rückübereignungspflicht formfrei möglich wäre (so *Krüger,* FS Brambring, 2011, S. 235, 240 ff.; vgl. auch *BGH* DNotZ 1995, 529, 531 f.), ist nicht abschließend geklärt (*BGH* DNotZ 1982, 619 für analoge Anwendung des § 311b I 1 BGB). In jedem Fall läuft eine derartige Vertragsgestaltung den Parteiinteressen zuwider (klare Regelung der Rückabwicklung, Vermeidung ungesicherter Vorleistung), zumal der Notar unter diesen Umständen durch § 925a BGB an der Beurkundung der Auflassung gehindert wäre.

b) Aufhebung eines Kaufvertrages vor Begründung eines Anwartschaftsrechts des Käufers

Hat der Käufer noch **kein Anwartschaftsrecht** erworben, kann der Kaufvertrag **form-** **944** **frei** aufgehoben werden, da durch die Aufhebung weder eine Übertragungs- noch eine Erwerbspflicht begründet wird (vgl. jüngst *BGH* NJW-RR 2005, 241, 242). Ein Anwartschaftsrecht im Sinne einer rechtlich gesicherten Erwerbsposition erlangt der Käufer, wenn die Auflassung bindend erklärt wurde (§ 873 II BGB) **und** der Erwerber bereits einen Antrag auf Eigentumsumschreibung gestellt hat oder zugunsten des Käufers bereits eine Eigentumsvormerkung im Grundbuch eingetragen wurde (*BGH* DNotZ 1992, 293; 1982, 619; vgl. Palandt/*Bassenge* § 925 Rn. 23 ff.). Anstelle der Eintragung der Vormerkung genügen auch die bindende Eintragungsbewilligung und der vom Berechtigten gestellte Eintragungsantrag (*OLG Düsseldorf* DNotZ 1981, 130).

Sofern **zumindest** ein **teilweiser Leistungsaustausch** stattgefunden hat (z.B. Anzahlung **945** auf den Kaufpreis oder Besitzübergang), sollte den Parteien von einem privatschriftlichen, u.U. gar mündlichen Aufhebungsvertrag aber dringend abgeraten werden, da ansonsten Streit vorprogrammiert ist. Unabhängig von einem etwa begonnenen Leistungsaustausch sollte der Notar in jedem Fall auf einer übereinstimmenden schriftlichen Mitteilung beider Vertragsteile bestehen, den Vertrag nicht weiter abzuwickeln (Mitteilung an das Finanzamt zwecks Nichtfestsetzung der Grunderwerbsteuer oder deren Erstattung). In der Vereinbarung über die Aufhebung sollte auch geregelt werden, welcher Vertragsteil die Notarkosten trägt.

c) Aufhebung eines Kaufvertrages nach Begründung eines Anwartschaftsrechts

946 Sobald der Käufer ein **Anwartschaftsrecht** erworben hat (vgl. Rn. 944), ist die Vertragsaufhebung **beurkundungsbedürftig**. Früher wurde das Beurkundungserfordernis aus der Verpflichtung zur Aufgabe bzw. Rückübertragung des Anwartschaftsrechts abgeleitet (*BGH* DNotZ 1982, 619, 621; 1984, 319; 1988, 560), heute allerdings überwiegend unmittelbar auf § 311b I 1 BGB gestützt (*BGH* DNotZ 1995, 529; hierzu *Hagen,* FS Schippel, 1996, S. 172; Palandt/*Grüneberg* § 311b Rn. 40).

947 Mit Erlöschen des Anwartschaftsrechts, etwa durch formlose Aufhebung der Auflassung (*BGH* NJW 1993, 3323, 3325), Rücknahme des Umschreibungsantrags oder Erteilung der Löschungsbewilligung für die Vormerkung, fällt das Beurkundungserfordernis zwar grundsätzlich weg. Gleichwohl handelt es sich hierbei jedenfalls dann nicht um einen empfehlenswerten Weg, wenn bereits ein Leistungsaustausch stattgefunden, z. B. der Käufer den Kaufpreis ganz oder teilweise gezahlt hat, ein Finanzierungsgrundpfandrecht eingetragen ist oder dem Käufer bereits der Besitz eingeräumt wurde. Die Formbedürftigkeit des Aufhebungsvertrages ist in diesem Fall auch unter dem Gesichtspunkt sachgerechter Vertragsgestaltung unverzichtbar. Ohne Mitwirkung des Notars getroffene Vereinbarungen zur Aufhebung eines Kaufvertrages sind regelmäßig fehlerhaft, da die Beteiligten die rechtlichen Risiken nicht erkennen, insbesondere Vorleistungsrisiken nicht bedacht werden (näher Rn. 949 ff.). Ob ein (nachträgliches) Erlöschen des Anwartschaftsrechts (z. B. durch Löschung der Vormerkung) nach formnichtiger Aufhebung des Kaufvertrages entsprechend § 311b I 2 BGB zur **Heilung des Formmangels** führt (so *OLG Hamm* DNotZ 1991, 149; *OLG Düsseldorf* DNotZ 1990, 370), erscheint mit Blick auf die Zielsetzungen des Formgebots aber sehr zweifelhaft (MünchKommBGB/ *Kanzleiter,* § 311b I Rn. 60; *Brambring* DNotZ 1991, 150; skeptisch auch *OLG Saarbrücken* NJW-RR 1995, 1105, 1106).

d) Grenzen des Formerfordernisses

948 Weder die Erklärung der **Anfechtung** nach §§ 119, 123 BGB noch die Ausübung eines (vertraglichen oder gesetzlichen, vgl. § 323 BGB) **Rücktrittsrechts** bedarf der Form des § 311b I 1 BGB.

2. Inhalt des Aufhebungsvertrages

949 Hat der Käufer den **Kaufpreis bereits ganz oder teilweise gezahlt**, sollte der Kaufvertrag keinesfalls unbedingt aufgehoben werden, ohne dass die Rückzahlung sichergestellt ist. Denn mit Aufhebung des Vertrages erlischt der gesicherte Anspruch und damit auch die akzessorische Vormerkung (*BayObLG* DNotZ 1989, 363; vgl. jüngst *BGH* DNotZ 2009, 434 zum Parallelfall des Rücktritts); eine Löschungsbewilligung des Käufers ist nicht erforderlich, da die Unrichtigkeit des Grundbuchs durch öffentliche Urkunde nachgewiesen ist (§ 22 I 1 GBO). In diesen Fällen ist es daher unverzichtbar, die Aufhebung des Kaufvertrages unter der **aufschiebenden Bedingung** der Erstattung des Kaufpreises zu vereinbaren. Der Notar wird angewiesen, die Löschung der Vormerkung erst zu beantragen (und vorher keine beglaubigte Abschrift oder Ausfertigung der Urkunde zu erteilen), wenn ihm die Erstattung des Kaufpreises nachgewiesen ist. Wird der Vertrag insgesamt aufgehoben, bedarf es grundsätzlich keiner besonderen Erklärung über die Aufhebung der Auflassung. Allerdings empfiehlt sich bei aufschiebend bedingter Aufhebung eine Klarstellung, dass die Aufhebung der Auflassung unbedingt erfolgt (§ 925 II BGB, vgl. Würzburger Notarhandbuch Teil 2 Kap. 2 Rn. 819). Ist zum Zeitpunkt der Aufhebung des Kaufvertrages das **Eigentum bereits auf den Käufer umgeschrieben**, ist zusätzlich die Auflassung zu erklären.

9. Teil. Aufhebung, Änderung und Bestätigung des Kaufvertrages

Erfolgte die **Kaufpreiszahlung** (teilweise) **durch die Finanzierungsbank** des Käufers 950 und wurden in diesem Zusammenhang Grundpfandrechte eingetragen, wird vielfach die **Rückabwicklung über Notaranderkonto** empfohlen (berechtigtes Sicherungsinteresse i. S. v. § 54a II Nr. 1 BeurkG wegen der Koordinierung der Erstattung des Kaufpreises an die Bank – und ggf. an den Käufer – Zug um Zug gegen Vorlage der Löschungsunterlagen betreffend die Grundpfandrechte und die Vormerkung, vgl. 5. Aufl. Rn. 398; Würzburger Notarhandbuch Teil 2 Kap. 2 Rn. 819).

Im Aufhebungsvertrag sollte ferner geregelt werden, ob und wenn ja, welche weiteren 951 Folgen die Vertragsaufhebung für die Parteien hat (Rückabwicklungsregime, etwaige Schadensersatzansprüche; vgl. *BGH* DNotZ 1995, 529). Wird der Vertrag mit Wirkung *ex tunc* aufgehoben, kann eine bereits erbrachte Leistung nur nach den Vorschriften über die ungerechtfertigte Bereicherung (§ 818 III BGB!) zurückgefordert werden (zudem Erlöschen der Vormerkung). Ein bereits entstandener Anspruch auf Schadensersatz aus Verzug entfällt (*OLG Bremen* DNotZ 1985, 769). Nur wenn der Vertrag mit Wirkung *ex nunc* aufgehoben wird, erfolgt die Rückabwicklung nach §§ 346 ff. BGB. Vorzugswürdig ist aber ohnehin eine **abschließende Regelung der Folgen der Aufhebung im Aufhebungsvertrag selbst**. Dabei hat der Notar darauf hinzuweisen, dass durch den Aufhebungsvertrag die spätere Geltendmachung von Schadensersatzansprüchen aus dem aufgehobenen Vertrag ausgeschlossen wird (vgl. *OLG Bremen* DNotZ 1985, 769).

3. Kosten

Für die Aufhebung eines Grundstückskaufvertrags ist es seit dem 1.8.2013 ohne Be- 952 deutung, ob der aufzuhebende Vertrag ganz oder teilweise oder gar nicht erfüllt ist. Es fällt in jedem Falle eine 1,0-Gebühr Nr. 21102 KV-GNotKG an.

4. Steuern

Wird der Kaufvertrag aufgehoben, bevor das Eigentum auf den Käufer übergegangen 953 ist, wird nach § 16 I GrEStG auf Antrag die **Grunderwerbsteuer** nicht festgesetzt oder die Steuerfestsetzung aufgehoben, wenn die Rückgängigmachung innerhalb von zwei Jahren nach Entstehung der Steuer stattfindet.

Wird der Vertrag nach Eigentumsübergang aufgehoben, wird auf Antrag sowohl für 954 den Rückerwerb als auch für den vorausgegangenen Erwerbsvorgang die Steuer nicht festgesetzt oder die Steuerfestsetzung aufgehoben, wenn der Rückerwerb innerhalb von zwei Jahren seit der Entstehung der Steuer für den vorausgegangenen Erwerbsvorgang stattfindet **und** innerhalb der Frist die Auflassung erklärt **und** die Eintragung im Grundbuch beantragt wird (§ 16 II Ziff. 1 GrEStG; vgl. hierzu insb. Erlass des *FinMin Baden-Württemberg* v. 18.5.2001, ZNotP 2002, 429; *Schuhmann* ZfIR 1999, 503). Für den Lauf dieser Frist ist es unerheblich, ob zum Erwerbsvorgang bereits eine steuerliche Unbedenklichkeitsbescheinigung erteilt worden ist oder nicht (*BFH* MittBayNot 2006, 364).

Die jeweilige Zweijahresfrist entfällt, wenn die Rückabwicklung auf nachträglich ein- 955 getretenen Umständen, insbesondere auf zivilrechtlichen Ansprüchen (Nichterfüllung von Vertragsbedingungen) beruht, vgl. § 16 I Nr. 2, II Nr. 3 GrEStG.

Die Rückgängigmachung i. S. v. § 16 GrEStG setzt nach ständiger Rechtsprechung des 956 *BFH* voraus, dass der ursprüngliche Vertrag vollständig aufgelöst wird und der Veräußerer seine Rechtsstellung, v. a. seine Dispositionsfreiheit, wieder erlangt (vgl. *BFH* BStBl. II 2003, 770; BStBl. II 2007, 726; NZG 2014, 217). Jede Möglichkeit der Einflussnahme des Erstkäufers auf die anschließende Weiterveräußerung durch den Verkäufer an einen Dritten ist daher kritisch und bedarf genauer steuerlicher Prüfung.

Zu beachten ist, dass in den Fällen des § 1 II–III a GrEStG, also z. B. bei einer durch 957 den Verkauf von GbR-Anteilen ausgelösten Steuerfolge, die Aufhebung bzw. Nichtfestsetzung der Grunderwerbsteuer gem. § 16 GrEStG ausgeschlossen ist, wenn der Erwerbsvorgang nicht ordnungsgemäß grunderwerbsteuerlich angezeigt wurde (§ 16 V GrEStG), vgl. hierzu *BFH* DStR 2012, 1342 sowie gleichlautender Ländererlass vom 4.6.2013, DStR 2013, 2580.

958 **Formulierungsbeispiel: Aufhebung eines Kaufvertrages**

Wir schließen folgenden Vertrag über

Aufhebung eines Kaufvertrages

I.

1. Mit Kaufvertrag vom ... (UR.Nr. ... des amtierenden Notars) hat der Verkäufer dem Käufer den im Grundbuch von ... eingetragenen Grundbesitz ... zum Kaufpreis von ... verkauft. Gleichzeitig ist die Auflassung erklärt worden. Auf den Kaufpreis hat der Käufer 50.000,– EUR gezahlt.
2. Eigentumsumschreibung auf und Übergabe an den Käufer sind bislang nicht erfolgt. Für den Käufer ist eine Eigentumsvormerkung im Grundbuch eingetragen. Grundpfandrechte zur Kaufpreisfinanzierung sind vom Käufer nicht bestellt worden.
   Den Grundbuchinhalt hat der Notar am ... festgestellt. Er ist – mit Ausnahme der Vormerkung für den Käufer – gegenüber dem Zeitpunkt des Abschlusses des Kaufvertrages unverändert.
3. Der Käufer hat die Grunderwerbsteuer gezahlt; die Unbedenklichkeitsbescheinigung des Finanzamts liegt vor.

II.

1. Die Beteiligten heben den vorbezeichneten Kaufvertrag seinem gesamten Inhalt nach unter der aufschiebenden Bedingung der Erstattung des Betrages von 50.000,– EUR an den Käufer auf. Die Aufhebung der Auflassung erfolgt allerdings unbedingt.
2. Für die Rückabwicklung treffen die Beteiligten die nachstehenden, abschließenden Vereinbarungen.
    a) Der Verkäufer verpflichtet sich, dem Käufer innerhalb von 14 Tagen den bereits gezahlten Kaufpreisteil von 50.000,– EUR zu erstatten auf dessen Konto Nr. ... bei der ... (Zahlungseingang).
    b) Die Beteiligten sind sich darüber einig, dass weitere Ansprüche, gleich aus welchem Rechtsgrund, insbesondere Schadensersatzansprüche, aus der Nichtdurchführung des Kaufvertrages nicht bestehen, und verzichten vorsorglich gegenseitig auf derartige Ansprüche.
    c) Die mit dem Kaufvertrag und seiner bisherigen Durchführung verbundenen Notar- und Gerichtskosten, die Kosten des heutigen Aufhebungsvertrages und der Löschung der Vormerkung trägt der Käufer.
    d) Der Käufer beantragt gemäß § 16 I Ziff. 1 GrEStG die Aufhebung der Steuerfestsetzung und Erstattung der gezahlten Grunderwerbsteuer auf das vorgenannte Konto. Der Notar wird beauftragt, dem Finanzamt eine einfache Abschrift der Urkunde mit der Unbedenklichkeitsbescheinigung zu übersenden.
    e) Der Käufer bewilligt und beantragt die Löschung der zu seinen Gunsten im Grundbuch eingetragenen Vormerkung.

Die Beteiligten weisen den Notar übereinstimmend an, die Löschung der Vormerkung erst zu beantragen, wenn ihm der Käufer bestätigt oder der Verkäufer nachgewiesen hat, dass der Betrag von 50.000,– EUR an den Käufer gezahlt worden ist. Vorher darf der Notar keine Ausfertigung oder beglaubigte Abschrift der heutigen Urkunde erteilen.

II. Änderung des Kaufvertrages

1. Beurkundungserfordernis

Änderungen eines Grundstückskaufvertrages sind **im Grundsatz beurkundungsbedürf- 959 tig**. In den folgenden drei Konstellationen sollen aber nach verbreiteter bzw. teilweiser Auffassung formfreie Änderungen möglich sein:

a) Änderungen nach Erklärung der Auflassung (h. M.)

Bei der Frage der Formbedürftigkeit der Änderung eines Grundstückskaufvertrages 960 unterscheidet der *BGH* in ständiger Rechtsprechung danach, ob die Änderung zeitlich vor oder nach Erklärung der Auflassung erfolgt. Änderungen vor Erklärung der Auflassung sind grundsätzlich beurkundungspflichtig, Änderungen nach Erklärung der Auflassung **grundsätzlich formlos möglich** (*BGH* DNotZ 1985, 284). Die Rechtsprechung überzeugt nicht und ist wohl nur historisch zu rechtfertigen, da früher die Auflassung erst erklärt wurde, nachdem die Verpflichtungen aus dem schuldrechtlichen Vertrag im Übrigen bereits erfüllt waren und daher der Normzweck des § 311b I 1 BGB durch eine Änderung des Vertrages nicht berührt wurde. Da die Auflassung heute regelmäßig bereits bei Abschluss des Kaufvertrages erklärt wird, können Änderungen des Kaufvertrages unmittelbar die Verpflichtung zur Veräußerung bzw. zum Erwerb eines Grundstücks betreffen. Wenn man überhaupt die Formfreiheit vor Erfüllung der Eigentumsverschaffungspflicht durch Grundbucheintrag bejahen möchte, müsste man jedenfalls auf den Zeitpunkt der Vollzugsreife (d. h. freie Verwendbarkeit der Auflassung) abstellen (vgl. insoweit auch *OLG Düsseldorf* DNotZ 1999, 949 m. Anm. *Kanzleiter*: Beurkundungspflicht, wenn Zeitpunkt der grundbuchrechtlichen Vollziehung der Eigentumsumschreibung trotz erklärter Auflassung im freie Belieben des Übertragenden). In Anbetracht dessen, dass der **Schutzzweck des § 311b I 1 BGB** auch den Erwerber erfasst, ist jedoch ohnehin nicht recht einzusehen, weshalb dessen Schutzwürdigkeit nach Erklärung der Auflassung entfallen sollte (näher MünchKommBGB/*Kanzleiter* § 311b Rn. 59; Staudinger/*Schumacher* § 311b I Rn. 207–210). Mündliche oder privatschriftliche Änderungen des Kaufvertrages können von wesentlicher Bedeutung sein und weitreichende Auswirkungen für einen Vertragsteil haben. Nicht zuletzt deshalb sollten Änderungsvereinbarungen auch dann beurkundet werden, wenn die Auflassung bereits mit Abschluss des Kaufvertrages erklärt wurde. Etwas anderes gilt mit Blick auf die Heilungsvorschrift des § 311b I 2 BGB **erst nach erfolgter Eigentumsumschreibung**.

Unabhängig von vorstehendem Meinungsstreit gilt der Grundsatz der Formfreiheit 961 von Veränderungen nach Auflassung jedenfalls nicht für solche Vereinbarungen, die eine durch die Auflassung noch nicht erfüllte Übereignungspflicht betreffen, z. B. eine Vereinbarung, durch welche die Voraussetzungen, Rechtsfolgen oder die Ausübung eines Wiederkaufsrechts geändert werden (*BGH* DNotZ 1989, 233; NJW 1973, 37; vgl. zur grundsätzlichen Erstreckung der Heilungswirkung § 311b I 2 BGB auf eine in dem Veräußerungsvertrag vereinbarte Rückübertragungsverpflichtung MünchKommBGB/*Kanzleiter* § 311b Rn. 85 m. w. N.).

b) Nachträgliche Beseitigung unvorhergesehener Schwierigkeiten bei Vertragsabwicklung

Ferner sollen nach Ansicht des *BGH* Änderungen nicht beurkundungsbedürftig sein, 962 „wenn durch eine nachträgliche Vereinbarung nur unvorhergesehen aufgetretene Schwierigkeiten bei der Vertragsabwicklung beseitigt werden sollen und wenn die zu diesem Zweck getroffene Vereinbarung die beiderseitigen Verpflichtungen aus dem Grundstückskaufvertrag nicht wesentlich verändert" (*BGH* DNotZ 2001, 798; 1982, 310). Zu

Recht wird in der Literatur u. a. auf die mit vorstehender Ausnahme verbundenen Abgrenzungsschwierigkeiten hingewiesen und die Änderungsvereinbarung stattdessen als formloser, letztlich nur eingeschränkt verbindlicher **Vorschlag für eine ergänzende Vertragsauslegung** qualifiziert (*Kanzleiter* DNotZ 2001, 799, 800), was den mit dem Beurkundungserfordernis nach § 311b I 1 BGB verfolgten Zielen eher gerecht wird. Aus diesem Grund empfiehlt sich auch bei Abwicklungsschwierigkeiten stets eine Beurkundung der Änderungsvereinbarung.

c) Keine Verschärfung der Veräußerungs- oder Erwerbsverpflichtung

963 Mitunter werden als weitere Fallgruppe der formfreien Änderungsmöglichkeit Vereinbarungen angeführt, durch welche die Veräußerungs- oder Erwerbsverpflichtung weder unmittelbar noch mittelbar verschärft oder erweitert wird (Palandt/*Grüneberg* § 311b Rn. 43). Diese Ansicht überzeugt weder mit Blick auf den Schutzzweck von § 311b I 1 BGB (so zu Recht MünchKommBGB/*Kanzleiter* § 311b Rn. 57) noch wird sie von der hierfür in Bezug genommenen Entscheidung des *BGH* (NJW 1976, 1842) gestützt, da dort lediglich die Verlängerung einer vertraglichen Rücktrittsfrist einer (in konkreto formfreien) Vertragsaufhebung vor Erklärung der Auflassung gleichgestellt wird (zutr. Würzburger Notarhandbuch Teil 2 Kap. 2 Rn. 811).

d) Fallgruppen (Beurkundungserfordernis)

964 Insbesondere die folgenden Änderungen eines Grundstückskaufvertrages sind demnach – jedenfalls vor Erklärung der Auflassung (vgl. zuletzt *BGH* DNotZ 1988, 548) – beurkundungsbedürftig:
– Herabsetzung oder Erhöhung des Kaufpreises (*BGH* DNotZ 1982, 310); ebenso eine Vereinbarung über die Stundung und Tilgung des Restkaufpreises (*BGH* DNotZ 1985, 284);
– Ersetzung der Barzahlung durch Ablösung von Verbindlichkeiten oder durch sonstige Leistungen an Erfüllungs statt (*BGH* NJW 1971, 1459);
– Inhaltsänderung der Verpflichtung zur Einräumung von Sondereigentum und Änderung der Regelung für die Pflicht zur Tragung von Kosten und Lasten (*BGH* NJW 1984, 612);
– Änderung des Inhalts des veräußerten Sondereigentums (*BGH* DNotZ 1987, 208);
– Verschärfung der Voraussetzungen für einen Rücktritt von einem Grundstückskaufvertrag (*BGH* DNotZ 1989, 228; anders bei bloßer Verlängerung der Rücktrittsfrist, vgl. *BGH* NJW 1976, 1842);
– nachträgliche Verlängerung der Frist zur Ausübung eines Wiederkaufsrechts (*BGH* NJW 1996, 452) oder eines Ankaufsrechts;
– nachträgliche Sonderwunschvereinbarungen beim Bauträgervertrag (*Weigl* MittBayNot 1996, 10).

e) Fazit

965 Da das Dogma von der Formfreiheit der Änderungsvereinbarung nach Erklärung der Auflassung wenig überzeugend und in der Rechtsprechung im Übrigen keine klare Linie zu erkennen ist, wird der Notar **stets die Beurkundung der Änderungsvereinbarung empfehlen**, nicht zuletzt auch aus Beweisgründen (vgl. *Schwarz* MittBayNot 1999, 55). Die Wirksamkeit des formgerecht geschlossenen Vertrages bleibt indes von einem etwaigen Formmangel der Änderungsabrede unberührt (RGZ 65, 390, 392; anders bei nachträglicher Genehmigung nur des formunwirksam geänderten Vertrages, vgl. *BGH* DNotZ 1989, 228).

9. Teil. Aufhebung, Änderung und Bestätigung des Kaufvertrages **A I**

2. Bezugnahme auf ursprünglichen Kaufvertrag; Anzeigepflicht (§ 18 I 1 Nr. 4 GrEStG)

Beurkundungsrechtlich ist es ausreichend, bei der Beurkundung der Änderung auf den 966 ursprünglichen Kaufvertrag (untechnisch) Bezug zu nehmen; eine Mitbeurkundung in Form des Verweisens nach § 13a BeurkG ist nicht notwendig.

Nachträgliche Änderungen sind gem. § 18 I 1 Nr. 4 GrEStG dem Finanzamt anzuzeigen. 967

3. Steuern

Bei einer einvernehmlichen Herabsetzung des Kaufpreises innerhalb von zwei Jahren 968 seit Entstehung der Steuer oder bei einer Minderung des Kaufpreises wegen eines Mangels wird nach § 16 III GrEStG auf Antrag die Grunderwerbsteuer entsprechend niedriger festgesetzt oder die Steuerfestsetzung geändert.

III. Bestätigung des Kaufvertrages

Die **Bestätigung** eines nichtigen Grundstückskaufvertrages nach § 141 I BGB ist auch 969 dann **nach § 311b I 1 BGB formbedürftig,** wenn die Nichtigkeit des zu bestätigenden Geschäfts nicht auf der Verletzung des Formgebots beruhte (*BGH* DNotZ 1985, 64). Das infolge einer Genehmigungsverweigerung endgültig unwirksame Rechtsgeschäft kann ebenfalls in entsprechender Anwendung von § 141 I BGB bestätigt werden (*BGH* NJW 1999, 3704). Die Bestätigung nach § 141 BGB erfordert eine **neue Einigung der Vertragsbeteiligten,** bezieht sich aber nur darauf, dass das bisher fehlerhafte Rechtsgeschäft als gültig anerkannt wird. Es genügt, dass sich die Parteien in Kenntnis der Abreden „auf den Boden des Vertrages stellen" (*BGH* NJW 1999, 3704, 3705 m.w.N.). Mit der Bestätigung kann eine Vertragsänderung oder -ergänzung verbunden werden (*BGH* NJW 1982, 1981).

Zur Bestätigung eines formgerecht abgeschlossenen Vertrages soll es nach Ansicht des 970 *BGH* genügen, wenn auf die Urkunde, die das zu bestätigende Rechtsgeschäft enthält, (untechnisch) hingewiesen wird; eine vollständige Neubeurkundung (etwa durch Verweisung nach § 13a BeurkG) soll nicht erforderlich sein, da die Bestätigung nach § 141 I BGB als Neuvornahme gilt (*BGH* DNotZ 2000, 288). Allerdings erscheint es mit Blick auf den Schutzzweck von § 311b I 1 BGB **vorzugswürdig, die in der Ausgangsurkunde enthaltenen Regelungen,** die nunmehr für die Parteien Wirkungen entfalten, entweder durch erneute Verlesung oder durch Verweisung nach § 13a BeurkG **zum Inhalt der Bestätigungsurkunde zu machen** (zutr. Staudinger/*Schumacher* § 311b I Rn. 97 m.w.N.). Sofern die Ausgangsurkunde an einem Beurkundungsmangel leidet (z.B. fehlende Verlesung einer Anlage), soll eine wirksame Verweisung nach § 13a BeurkG ausscheiden und eine Neubeurkundung des gesamten Vertragswerks erforderlich sein. Nach überwiegender Ansicht soll es nicht darauf ankommen, ob dieser Mangel aus der Urkunde selbst ersichtlich ist (z.B. versehentlich nicht mitbeurkundete Baubeschreibung, fehlende Unterschrift; Arg. keine ordnungsgemäße Verlesung nach § 13 BeurkG), vgl. Armbrüster/Preuß/Renner/*Piegsa* § 13a BeurkG Rn. 13 m.w.N., was aus Verkehrsschutzgründen aber bedenklich ist.

Die wegen Nichtigkeit des Kaufvertrages zunächst ebenfalls **unwirksame Vormerkung** 971 **kann** infolge der Bestätigung ungeachtet der mittlerweile restriktiveren Rechtsprechung des *BGH* **wiederverwendet werden.** Eintragung und (nachträgliche) Bewilligung der Vormerkung betreffen den gleichen sicherungsfähigen, auf dingliche Rechtsänderung gerichteten Anspruch bzw. – nach neuerer, etwas strengerer Diktion des *BGH* – Anspruch, Eintragung und Bewilligung sind kongruent (*BGH* DNotZ 2012, 609). Zu beachten ist indes, dass die neuerlich bewilligte Vormerkung keine auf den alten Eintragungszeitpunkt zurückreichende Sicherungswirkung entfaltet (näher zur Wiederverwendung der Vormerkung Rn. 416, 422).

A II. Bauträgervertrag

Dr. Hans-Dieter Kutter

Übersicht

	Rn.
I. Beratungs-Checkliste	1
II. Allgemeines zum Bauträgervertrag – Vorüberlegungen bei der Konzeption	2–43
1. Vorbemerkungen	2–6
2. Vertragsgegenstand	7–15
3. Qualifikation des Veräußerers	16–19
4. Qualifikation des Vertrages, anzuwendende Vorschriften	20–23
5. Beurkundungsverfahren	24–27
6. Erbbaurecht	28
7. Steuerliche Aspekte	29–34
8. Notar- und Grundbuchkosten	35, 36
9. Vollzugsfragen	37–39
10. Belehrungen	40
11. Bauträgerobjekte in den neuen Bundesländern	41
12. Auslandsberührung	42, 43
III. Vertrag über ein Einfamilienhaus	44–117
1. Grundbuchstand	44
2. Leistungsumfang – Vertragsgegenstand	45–51
3. Leistungszeit	52, 53
4. Auflassungspflicht, Eigentumsvormerkung	54–57
5. Kaufpreis	58–61
6. Fälligkeit	62–90
7. Mehrere Erwerber	91
8. Zwangsvollstreckungsunterwerfung	92–93
9. Besitz- und Lastenübergang, Gefahrübergang	94
10. Abnahme	95–96
11. Haftung für Mängel	97–107a
12. Rücktritt	108
13. Kosten, Steuern	109
14. Belastungsübernahme	110, 111
15. Finanzierung, Mitwirkungspflichten, Vollmacht	112–114
16. Vollzugsvollmachten für Notar bzw. dessen Angestellte	115
17. Spätere Änderungs- und Belastungsmöglichkeiten	116
18. Sonstiges	117
IV. Vertrag über eine Eigentumswohnung	118–129a
1. Grundsatz	118
2. Aufteilung in Wohnungseigentum	119
3. Vertragsgegenstand	120
4. Eigentumsvormerkung	121, 122
5. Baufortschritt i. S. d. § 3 II MaBV	123
6. Eigentümergemeinschaft, Gemeinschaftsordnung	124
7. Abnahme	125–126a
8. Haftung für Mängel	127, 128
9. Änderungsvollmachten	129, 129a
V. Vertrag über ein Renovierungsobjekt	130–136
1. Aufteilungsplan und Abgeschlossenheitsbescheinigung, Zweckentfremdungsgenehmigung	131
2. Baubeschreibung	132
3. Baufortschrittsraten	133, 133a
4. Besitzübergang	134
5. Haftung für Mängel	135
6. Vollmachten	136
VI. Besondere Bau-Modelle	137–151
1. Arten, Sprachgebrauch, Wesensmerkmale	138–146
2. Praktische Bedeutung	147

	Rn.
3. Beurkundungsrecht	148
4. Risiken der aktuellen Modelle	149, 150
5. Steuerlicher Überblick bei den aktuellen Modellen	151

Literatur: *Albrecht,* Der Tausch mit dem Bauträger, DNotZ 1997, 269; *Basty,* Der Bauträgervertrag, 7. Aufl. 2011; *ders.,* Die Abnahme beim Bauträgervertrag, Der Bauträger 2002, 12; *ders.,* Verbraucherschutz im Bauträgervertrag: Eigenheimerwerb ohne Risiko?, DNotZ 2002, Sonderheft S. 118; *ders.,* Keine Vorauszahlungen gegen Bürgschaft nach § 7 MaBV, DNotZ 2005, 94; *ders.,* Das Notaranderkonto im Bauträgervertrag, Festschrift für Thode, 2005, S. 217; *ders.,* Das Bauträgerrecht – Bestandsaufnahme und Ausblick, MittBayNot 2007, 189; *ders.,* Forderungssicherungsgesetz und Bauträgervertrag, DNotZ 2008, 891; *ders.,* Die Nachzüglerproblematik beim Bauträgervertrag, BauR 2011, 316; *Bischoff/Mauch,* Haftung und Haftungsbegrenzung beim Bauträgervertrag über sanierte oder modernisierte Altbauten, DNotZ 2004, 342; *Blank,* Bauträgervertrag, 4. Aufl. 2010; *ders.,* Wohn- und Nutzflächenangaben im Bauträgervertrag, ZfIR 2001, 781; *ders.,* Das „Aus" für den Bauträgervertrag?, ZfIR 2001, 85; *ders.,* Bürgschaft im Bauträgervertrag, ZfIR 2001, 785; *ders.,* Neue Probleme im Bauträgervertrag: Die Bauabzugsbesteuerung, NotBZ 2001, 415; *ders.,* Nochmals: Die Bauabzugsbesteuerung, NotBZ 2002, 20; *ders.,* Das Freigabeversprechen gemäß § 3 MaBV und die Löschung der Auflassungsvormerkung, ZfIR 2005, 678; *ders.,* Einzelfragen des Bauträgervertragsrechts und ihre Darstellung gegenüber dem Verbraucher – Ein kritischer Blick auf das neu gefasste „Bauträgermerkblatt", NotBZ 2006, 126; *ders.,* Bedarf es einer Stärkung der Rechte des Verbrauchers im Bauträgervertrag, BauR 2010, 5; *ders.,* Gestaltungshinweise des BGH für den Bauträgervertrag, DNotZ 2014, 166; *Bohrer,* Notarsperre für Verbraucherverträge?, DNotZ 2002, 579; *Brambring,* Schuldrechtsreform und Grundstückskaufvertrag, DNotZ 2001, 590, 904; *ders.,* Sperrfrist für Beurkundungstermine, ZfIR 2002, 597; *ders.,* Wer schützt den Verbraucher vor dem Verbraucherschutz?, ZNotP 2003, 42; *Brandhofer,* Haftung der Bank wegen vorschriftswidriger Formulierung der Bürgschaftsurkunde gem. § 7 MaBV?, NZBau 2001, 305; *Bundesnotarkammer (Ausschuss für Schuld- und Liegenschaftsrecht),* Diskussionsentwurf über eine Regelung des Bauträgervertrages im Bürgerlichen Gesetzbuch, BauR 2005, 1708; *Derleder,* Der Bauträgervertrag nach der Schuldrechtsmodernisierung – Die Auswirkungen auf die Sachmängelgewährleistung, NZBau 2004, 237; *ders.,* Die gemeinschaftsbezogenen Mängelrechte gemäß § 10 VI 3 WEG gegenüber dem Bauträger, ZWE 2009, 1; *Drasdo,* MaBV, 2. Aufl. 1996; *ders.,* Die Makler- und Bauträgerverordnung: Das unbekannte (öffentlich-rechtliche) Wesen – Sicherungsinstrumente im Kundeninteresse, NZM 2009, 601; *ders.,* Mehr- und Reihenhausanlagen unter MaBV, NZM 2003, 961; *ders.,* Rechtsfolgen des Verstoßes gegen MaBV-Normen, NJW 2007, 2741; *Everts,* Die Auswirkungen des FoSiG auf die notarielle Praxis, insbesondere auf Bauträgerverträge, MittBayNot 2009, 190; *Ewenz,* Der Sicherungszweck der Bürgschaft nach § 7 MaBV, ZfIR 2000, 8; *Fischer,* Reichweite der Bürgschaften nach der Makler- und Bauträger-Verordnung, ZNotP 2003, 122; *Frerick,* Modifizierter Entwurf eines Forderungssicherungsgesetzes, ZfBR 2004, 627; *Ganten,* Wie sollte ein „Forderungssicherungsgesetz" im BGB aussehen?, ZfBR 2006, 203; *Gottschalg,* Bauträger-, Verwalter- und Vermieteridentität, NZM 2002, 841; *Graßnack,* Die Abtretung von Gewährleistungsansprüchen gegen die am Bau beteiligten Unternehmer im Vertrag des Bauträgers mit dem Erwerber von Wohneigentum, BauR 2006, 1394; *Grziwotz,* Baulanderschließung, 1993; *ders.,* Zivil-, steuer- und erschließungsrechtliche Probleme beim Verkauf noch zu erschließender Baugrundstücke, ZfIR 1998, 595; *ders.,* Vertragsgestaltung im Niemandsland – Nachruf auf den Bauträgervertrag?, NotBZ 2001, 1; *ders.,* „Aus" für den „alten" Bauträgervertrag – Nachdenken über einen gerechten Interessenausgleich, ZfIR 2001, 521; *ders.,* Freistellungsverpflichtung und Wahlrecht der Bank beim Bauträgervertrag, ZIP 2002, 825; *ders.,* „Aus" für den MaBV-Bauträgervertrag durch „Hinweisbrief" des Bundesgerichtshofs?, ZfIR 2005, 267; *ders.,* Neue Sachmängelhaftung beim Hauskauf?, ZfIR 2006, 77; *ders.,* Neuregelung des Bauträgervertrages im BGB, ZfIR 2006, 353; *Grziwotz/Koeble,* Handbuch Bauträgerrecht, 2004; *Habscheid,* Makler- und Bauträgerverordnung als Schutzgesetz und Insolvenz des Bauträgers, NZI 2001, 176; *Hartmann,* Die Aufspaltung des Bauträgervertrages in Kauf- und Werkvertrag, MittRhNotK 2000, 11; *Hartung,* Die Abnahme im Baurecht, NJW 2007, 1099; *Häublein,* Die Gestaltung der Abnahme gemeinschaftlichen Eigentums beim Erwerb neu errichteter Eigentumswohnungen, DNotZ 2002, 608; *Heinemann,* Mängelhaftung im Bauträgervertrag nach der Schuldrechtsreform, ZfIR 2002, 167; *Herchen,* Die Änderung der anerkannten Regeln der Technik nach Vertragsschluss und ihre Folgen, NZBau 2007, 139; *Herrler,* Fälligkeit des Zahlungsanspruchs und Rückforderbarkeit geleisteter Zahlungen im Falle eines gegen § 3 MaBV verstoßenden Ratenplans, DNotZ 2007, 895; *ders.,* Formularmäßige Bindungsfristen beim Immobilienkaufvertrag, DNotZ 2013, 887; *ders.,* Regelbindungsfrist von vier Wochen auch beim Bauträgervertrag, Mitt-

BayNot 2014, 109; *Herrler/Suttmann*, Bindungs- und Annahmefrist beim Immobilienkaufvertrag im Anwendungsbereich von § 308 Nr. 1 BGB, DNotZ 2010, 883; *Hertel*, Kauf vom Bauträger, in: MünchVertrHdb Band 5, 7. Aufl. 2013, 394, 513, 538; *Heyers*, Unangemessene Benachteiligungen durch antizipierte Vergütungsforderungszessionen von Bauträgern?, RNotZ 2012, 435; v. *Heymann*, Bauträgerverträge als operationelles Risiko nach Basel II, Festschrift für Thode, 2005, S. 259; *Hildebrand/Schäfer*, Wirksamkeit und Zweckmäßigkeit von Leistungsbestimmungsrechten und Änderungsvorbehalten im Bauträgervertrag, ZfIR 2006, 81; *Hildebrandt*, Die rechtliche Einordnung des Bauträgervertrages nach der Schuldrechtsmodernisierung: Kaufvertrag, ZfIR 2003, 489; *Hogenschurz*, Bauträgervertrag – Die Abnahme des Gemeinschaftseigentums, MDR 2012, 386; *Hügel*, Mängelrechte beim Immobilienkauf vom Bauträger, NotBZ 2004, 377; *Joussen*, Sicherungsumfang einer MaBV-Bürgschaft, NZBau 2011, 275; *Kanzleiter*, Quo vadis? Was wird aus dem Bauträgervertrag?, DNotZ 2001, 165; *ders.*, Neues zur Bürgschaft nach § 7 MaBV und zur Vereinbarung von Vorauszahlungen im Bauträgervertrag, DNotZ 2002, 819; *ders.*, Vertragsfreiheit und Bauträgervertrag nach der Schuldrechtsreform, DNotZ 2006, 246; *ders.*, Wer bestimmt das gesetzliche Leitbild des Bauträgervertrages? Oder: Ist ein Konsens über Verbesserungen des Erwerberschutzes beim Bauträgervertrag möglich?, ZNotP 2006, 377; *ders.*, Bundesnotarkammer und Verbraucherschutz – Die Schaffung der Makler- und Bauträgerverordnung 1974/1975, DNotZ 2011 Sonderheft 50 Jahre Bundesnotarkammer, S. 89; *Keim*, „Schlüsselfertig, Grunderwerbsteuer und Notarkosten nur auf den Grundstücksteil"(?) – zu Beurkundungspflicht und Grunderwerbsteuer beim mit einem Grundstückskauf verbundenen Bauvertrag, DNotZ 2011, 513; *Kesseler*, Die Insolvenz des Bauträgers, RNotZ 2004, 176; *ders.*, Das gesetzliche Leitbild des Bauträgervertrages – eine fehlgeleitete Diskussion, ZfIR 2006, 701; *ders.*, Gefahren für den Bauträgervertrag jenseits der MaBV: Die Erfüllungswahl des Insolvenzverwalters, MittBayNot 2006, 17; *Klühs*, Preisanpassungsklauseln in Bauträgerverträgen, ZfIR 2012, 850; *Klühs/Müller*, Bindung durch Angebot, Bedingung und Rücktrittsrecht bei Grundstücksgeschäften, RNotZ 2013, 81; *Kniffka*, Verbotswidriger Einzug von Raten durch Bauträger, NZBau 2000, 552; *Koeble*, Strukturprobleme des Bauträgervertrages, Festschrift für Thode, 2005, S. 267; *Korbion/Locher/Sienz*, AGB-Gesetz und Bauerrichtungsverträge, 4. Aufl. 2006; *Krick/Sagmeister*, Die Baubeschreibung in Bauträgerverträgen, MittBayNot 2014, 205; *Kunze*, Der Umfang der Bürgschaft nach § 7 MaBV, ZfIR 2003, 540; *Kutter*, Aktuelle Fragen des Bauträgertrages, in: RWS-Forum 13 Immobilienrecht 1998, 193; *Leitzen*, Das Forderungssicherungsgesetz und seine Auswirkungen auf den Inhalt von Bauträgerverträgen, ZNotP 2009, 3; *Lichtenberger*, Zum Umfang des Formzwanges und zur Belehrungspflicht, DNotZ 1988, 531; *Litzenburger*, Das neue Schuldrecht und der Bauträgervertrag, RNotZ 2002, 23; *Locher*, Das private Baurecht, 6. Aufl. 1996; *Magel*, Verdeckte Bauherrenmodelle – Fragen zum Anwendungsbereich der MaBV und Rechtsfolgen vermeintlicher „Umgehungsgeschäfte", ZNotP 2011, 202; *Manteufel*, Grundlegende und aktuelle Fragen der Mängelhaftung im Bauvertrag, NZBau 2014, 195; *Marcks*, Makler- und Bauträgerverordnung, 8. Aufl. 2009 mit Nachtrag 2010; *Messerschmidt/Leidig*, Rechtsfolgen unwirksamer Abnahmeklauseln zum Gemeinschaftseigentum in notariellen Bauverträgen, BauR 2014, 1; *Meyer*, Ausgewählte Probleme des Bauträgervertrags, RNotZ 2006, 497; von *Oefele*, Abnahmeregelung für das Gemeinschaftseigentum im Bauträgervertrag nach der WEG-Novelle, DNotZ 2011, 249; *Ott*, Die Abnahme des Werkes bei Gemeinschaftseigentum, ZWE 2010, 157; *Pauly*, Neue höchstrichterliche Rechtsprechung zur Frage des Sicherungsumfangs der MaBV-Bürgschaft, BauR 2004, 19; *ders.*, Zur Frage der Verjährung von Ratenzahlungsansprüchen aus dem Bauträgervertrag, ZfIR 2006, 47; *ders.*, Zur Problematik der Zahlung nach Baufortschritt beim Bauträgervertrag, ZMR 2006, 10; *Pause*, Bauträgerkauf und Baumodelle, 5. Aufl. 2011; *ders.*, Abschlagszahlungen und Sicherheiten nach § 632 a BGB, BauR 2009, 898; *ders.*, Bauträgerverträge – Strukturelle Probleme und unzulässige Klauseln, ZfIR 2014, 127; *ders.*, Erwerb modernisierter, sanierter und ausgebauter Altbauten vom Bauträger, NZBau 2000, 234; *ders.*, Der Bauträgervertrag nach dem modernisierten BGB, Der Bauträger 2002, 7; *ders.*, Bauträgervertrag: Gesetzliche Defizite bei der Abnahme und der Mängelhaftung?, ZfIR 2006, 356; *ders.*, Die Entwicklung des Bauträgerrechts seit 2001, NZBau 2006, 342; *ders.*, WEG-Novelle und Mängelansprüche aus dem Bauträgervertrag, NZBau 2009, 425; *ders.*, Trotz WEG-Novelle 2007 offene Fragen bei der Haftung wegen Mängeln am Gemeinschaftseigentum, BauR 2011, 305; *Peters*, Das Gesetz zur Modernisierung des Schuldrechts nach fünf Jahren, NZBau 2007, 1; *Popescu*, Sekundäransprüche des Bestellers beim Verzug des Bauträgers mit der Fertigstellung des Bauvorhabens, BauR 2012, 1314; *ders.*, Zur Vergemeinschaftung der gemeinschaftsbezogenen Abnahme, ZWE 2014, 109; *Quack*, Zur Leistungsbeschreibung im Bauträgervertrag – Die Bedeutung der baubetrieblichen Sicht für die vertragsrechtliche Leistungsbeschreibung, ZfBR 2003, 315; *Radünz*, Zur Bedeutung präziser Baubeschreibungen für private Bauherrn, Bauunternehmer und Gutachter, DNotZ 2000, 592; *Rapp*, Bauträgervertrag und Abschlagszahlungen, MittBayNot 2001, 145; *ders.*, Abnahme und Gewährleistung bezüglich des Gemeinschaftseigentums, MittBayNot 2012, 169; *ders.*, Gemeinschaftsordnung und Bauträgervertrag bei Betreutem Wohnen, MittBayNot 2012, 432; *Reich/Böhme,* Steuerabzug bei Bauleistungen – Überlegungen zum Bauträgervertrag, DNotZ 2001, 924; *Reithmann,* Altbausanierung im Generalübernehmermodell, ZfIR 1997, 449; *ders.*, Erwerber, Bauträger, Bank-Interessenausgleich im Bauträgervertrag, NJW 1997, 1816; *Reithmann/Meichssner/von Heymann,* Kauf vom Bauträger, 7. Aufl. 1995; *Reul,* Gewährleistungsansprüche in der Insolvenz des Bauträgers, Sonderband „Zehn Jahre Deutsches Notarinstitut" 2003, S. 49; *Rösler,* Bauträgerfinanzierung nach der Bauträger-I-Entscheidung, ZfIR 2001, 259; *Schmid,* Warum es keine Zuständigkeit der WEG für die sog. „Mängel am Gemeinschaftseigentum" gibt, BauR 2009, 727; *D. Schmidt,* Fallstricke der Baubeschreibung, ZfIR 2004, 405; *F. Schmidt,* Abnahme im Bauträgervertrag und MaBV, BauR 1997, 216; *ders.*, Bauträgervertrag im Umbruch, ZWE 2001, 203; *ders.*, Bauträgervertrag und Abnahme nach der Schuldrechtsmodernisierung, Festschrift für Deckert, 2002, S.. 443; *ders.*, GbR als Beauftragte für Mängelrechte gegenüber Bauträger – Auslegung von Beschluss über Gewährleistungsansprüche, ZWE 2009, 301; *Schulz,* Ausschließliche Abnahmezuständigkeit Dritter in Bauträgerverträgen unwirksam, BWNotZ 2012, 62; *Schuska,* Die Wirksamkeit des Haftungsausschlusses für Sachmängel beim Erwerb sanierter Altbauten, NZM 2009, 108; *Sienz,* Das Transparenzgebot im Bauträgervertrag, BauR 2009, 361; *Speck,* Die Bürgschaft gemäß § 7 MaBV in Bauträgerverträgen, MittRhNotK 1995, 117; *Staudinger,* Der Bauträgervertrag auf dem Prüfstand des Gemeinschaftsrechts, DNotZ 2002, 166; *Tersteegen,* Die Bautenstandsmitteilung in der Praxis des Bauträgervertrages, NotBZ 2005, 233; *Thode,* Bauträgervertrag – Gestaltungsfreiheit im Rahmen der neuen Gesetzgebung und Rechtsprechung, in: RWS-Forum 19 Immobilienrecht 2000, 267; *ders.*, Die wichtigsten Änderungen im BGB-Werkvertragsrecht: Schuldrechtsmodernisierung und erste Probleme – Teil 1, NZBau 2002, 297; *ders.*, Transparenzgebot und Bauträgervertrag – Baubeschreibung und Vergütung, ZNotP 2004, 131; *ders.*, Das gesetzliche Leitbild des Bauträgervertrages, ZNotP 2006, 208; *ders.*, Freizeichnung aus der Verletzung von Aufklärungs-, Beratungs- und anderen Nebenpflichten, Die Rechtsprechung des BGH, ZNotP 2007, 162; *ders.*, Schiedsvereinbarungen in Verbraucher-Bauträgerverträgen, DNotZ 2007, 404; *Tiedtke,* Bürgschaften im Bauvertragsrecht, Der Betrieb 2006, 2162; *Ullmann,* Der Bauträgervertrag – quo vadit?, NJW 2002, 1073; *Ulmer/Brandner/Hensen,* AGB-Recht Kommentar, 11. Aufl. 2011; *Vogel,* Die Abnahme des Gemeinschaftseigentums – ein (immer noch) ungelöstes Problem der Bauträgerpraxis, NZM 2010, 377; *ders.*, Fertigstellungstermine in Bau- und Bauträgervertrag, BTR 2007, 54; *ders.*, Sicherungen beim Bauträgervertrag – einige unerkannte Probleme aus der Praxis, BauR 2007, 224; *ders.*, Verhältnis zwischen der Bank des Bauträgers und dem Erwerber/Wohnungseigentümer – Die Lastenfreistellungserklärung, NZM 2009, 71; *Vogelheim,* Die Behandlung von Sonderwünschen beim Bauträgervertrag, BauR 1999, 117; *Volmer,* Klauselkontrolle am Beispiel der MaBV-Bürgschaft, ZfIR 2004, 460; *ders.*, Zehn Thesen zur Integration des Bau(träger)vertrages in das BGB, ZfIR 2006, 191; *Wagner,* Die europarechtliche Seite des Bauträgervertrages, ZNotP Beilage 1/2002; *ders.*, Bauträgervertrag und Geschoßwohnungsbau, ZNotP 2004, 4; *ders.*, Der Bauträgervertrag und die Verbraucherschutzrichtlinie, ZfBR 2004, 317; *Weis/Rösler,* Das Wahlrecht der finanzierenden Bank im Rahmen einer Freistellungsverpflichtungserklärung, ZIP 2002, 1520; *Weise,* Ein Gesetzentwurf für den Bauträger? Anmerkungen zu dem Diskussionsentwurf der BNotK, NZBau 2006, 486; *Werner,* Rechtsfolgen einer unwirksamen förmlichen Abnahme des Gemeinschaftseigentums im Rahmen eines Bauträgervertrags, NZBau 2014, 80; *Wolfsteiner,* Zwangsvollstreckungsunterwerfung im Bauträgervertrag – Erwiderung zu Blank, NotBZ 2006, 126, NotBZ 2006, 196; *Wudy,* Die Insolvenz des Bauträgers aus bevorzugt notarieller Sicht, MittBayNot 2000, 489.

Vertragsformulare finden sich u. a. in: *Basty,* Der Bauträgervertrag, 7. Aufl. 2011, S. 485; *Blank,* Bauträgervertrag, 4. Aufl. 2010; *Grziwotz/Koeble,* Handbuch Bauträgerrecht, 2004, S. 522; *Kersten/Bühling,* S. 548; MünchVertrHdb V, S. 394, 513, 538.

I. Beratungs-Checkliste

Konzeption und Inhalt des Vertrages werden in einem Beratungsgespräch mit dem Mandanten entwickelt, das zugleich der Informationsaufnahme dient. Folgende Schritte und Fragen erscheinen als hilfreich:

Beratungs-Checkliste

(1) Welches Bauwerk/welche Bauwerke soll(en) veräußert werden?
  (a) Gewerbliche(s) Gebäude (Büro, Praxis, Sonstiges)
  (b) Mischform Wohn-/gewerbliche(s) Gebäude
  (c) Wohngebäude:
    (aa) Mehr-, Ein- oder Zweifamilienhaus/-häuser (Einzel-, Doppel-, Reihen-, Eckhaus)
    (bb) Eigentumswohnanlage
  (d) Nebengebäude/Nebenanlagen – gegebenenfalls anteilig – ohne Rücksicht auf die Rechtsform: Garage(n), Stellplatz/-plätze, Mülltonnenstellplatz, Vorhof, Privatweg, Schwimmbad, Sonstiges

(2) Welche Gestalt hat das Baugrundstück? Liegt ein Plan vor? Sonst ungefähre Skizze auf Beiblatt anfertigen!

(3) Prüfung anhand des Planes oder der Skizze:
  (a) Wo verlaufen die Ver- und Entsorgungsleitungen?
  (b) Wo liegen etwaige Abstandsflächen?
  (c) Wo liegt die Zufahrt/liegen die Zufahrten?
  Zu a) bis c) einzeichnen in Plan bzw. Skizze!

(4) Wie viele Grundstücke sind betroffen?
  (a) Ein ganzes: Fl. Nr. .../Mehrere ganze: Fl. Nrn. ...
  (b) Teilfläche(n) aus Fl. Nr.(n): ...
    (aa) schon vermessen? Liegt Veränderungsnachweis schon vor? VN-Nr.:
    (bb) noch nicht vermessen? Vermessung schon beantragt?

(5) Wer ist Eigentümer des Grundstücks/der Grundstücke?
  (a) Name, Adresse:
  (b) Ist dieser mit dem Bauherrn und Veräußerer identisch?
    (aa) Wenn ja: Bauträgervertrag!
    (bb) Wenn nein:
      – Dritter veräußert an Bauträger, dieser an Erwerber: Bauträgervertrag!
      – Dritter veräußert direkt an Erwerber (ohne Zwischenerwerb des Bauträgers):
      – Wobei Vertrag über den Grundstückserwerb und Bauvertrag in Abhängigkeit zueinander stehen: Generalübernehmer-Modell
      – Wobei der Grundstückskauf völlig unabhängig vom Vertrag über die Bauleistungen erfolgt (selten!): Grundstückskauf und separater Bauvertrag
  (c) Falls Vorerwerb durch den Bauträger nötig: Ist dieser
    (aa) schon beurkundet? Verfahrensstand?
    (bb) dem Grundbuchamt zum Vollzug bereits eingereicht?

(6) Ist der Veräußerer Bauherr? Wenn ja: Bauträgervertrag! Wenn nein: Bauherrenmodell!

(7) Welche Belastungen bestehen am betroffenen Grundbesitz?
  (a) Abteilung II: Inhalt? Ist Löschung möglich? Bei welchen? Ist Übernahme nötig? Bei welchen?

▶

▼ Fortsetzung: **Beratungs-Checkliste**

(b) Abteilung III: Inhalt? Gläubiger? Übernahme zur Finanzierung (u. U. Aufteilung)? Löschung erfolgt sofort (Löschungsreife gegeben: Löschungsunterlagen liegen schon vor?)/über Vorerwerb/über Abwicklung des Bauträgervertrags

(8) In welcher Herstellungsphase befindet sich das Bauwerk?
  (a) Neuobjekt, noch zu errichten
    – Baugenehmigung liegt vor/noch nicht vor/ist nicht erforderlich
    – Bauplan schon erstellt/noch nicht erstellt
    – Architekt: ...
  (b) Neuobjekt, ganz oder teilweise errichtet
    – Noch nicht bezugsfertig; ausstehende Arbeiten: ...
    – Bezugsfertig seit:
    – Bewohnt (vermietet) seit:
  (c) Altobjekt
    (aa) mit Umbau
      – Totalsanierung
      – Teilsanierung, folgende Arbeiten: ...
    (bb) mit Renovierung
    (cc) ohne Renovierung oder mit fakultativer Renovierung unabhängig vom Kauf: Reiner Grundstückskaufvertrag!

(9) Welche rechtliche Gestaltung für das Objekt bietet sich an?
  (a) Bei Mehrfamilienhaus/-häusern:
    (aa) Komplex bleibt geschlossen
    (bb) Aufteilung in Wohnungseigentum
  (b) Bei Einzel-, Doppel- oder Reihenhaus/-häusern:
    (aa) Parzelle mit Haus wird/bleibt Einzelgrundstück
    (bb) Aufteilung in Wohnungseigentum
      – weil Teilung baurechtlich (fehlende Abstandsflächen o. Ä.) unmöglich
      – weil Teilung aus tatsächlichen Gründen (Gestaltung möglicher Teilgrundstücke) nicht sinnvoll.
  (c) Eigentumswohnanlage
    (aa) Aufteilung in Wohnungseigentum
    (bb) Nur ausnahmsweise: Bruchteilseigentum mit Teilungsausschluss und Benutzungsregelung (§ 1010 BGB): Kein Äquivalent für Wohnungseigentum (vgl. Rn. 145 und Kap. A III. Rn. 1).
  (d) Garagen/Stellplätze
    (aa) auf Einzelparzelle des Hauptbauwerks (nicht möglich bei Wohnungseigentum)
    (bb) auf separater Einzelparzelle (eigene Flurnummer)
    (cc) Sondereigentum nach WEG (bei Stellplatz nur möglich, wenn im Gebäude und dauerhaft abgegrenzt; Dach mit vier Pfosten genügt nicht, vgl. Kap. A III. Rn. 32; bei Duplex-Stellplätzen kein einzelnes Sondereigentum möglich, vgl. Kap. A III. Rn. 29b, 29d, 57), selbständig oder unselbständig
    (dd) Sondernutzungsrecht(e)
    (ee) Dienstbarkeit an anderem Grundstück
  (e) Keller und/oder sonstige Sonderflächen im Gebäude bei Wohnungseigentum:
    (aa) Sondereigentum möglich bei räumlicher Abgrenzung (vgl. Kap. A III. Rn. 32); ggf. auch Sondereigentum für mehrere, evtl. mit Sondernutzungsrechten für einzelne von ihnen (vgl. Kap. A III. Rn. 29d, 57)
    (bb) Sondernutzungsrecht(e) möglich

▶

I. Beratungs-Checkliste A II

▼ Fortsetzung: **Beratungs-Checkliste**

- (f) Sonstige Sonderflächen außerhalb des Gebäudes bei Wohnungseigentum:
  - (aa) Sondernutzungsrechte möglich
  - (bb) Wegmessung der Fläche als Einzelparzelle
  - (cc) Wegmessung der Parzelle für mehrere als Bruchteilseigentum mit Benutzungsregelung
- (g) Vorhof/Mülltonnenplatz/Privatweg etc.
  - (aa) In der Regel Gemeinschaftseigentum ohne Sondernutzungsrecht(e) bei Wohnungseigentum
  - (bb) Bei sonstigen Objekten oder räumlicher Trennung von Wohnungseigentum: Bruchteilseigentum
    - Unter Umständen Teilungsausschluss, eventuell Benutzungsregelung gewünscht

(10) Welche rechtlichen Eigenschaften hat der Veräußerer (Bauträger)?
  - (a) Firma? Rechtsform?
  - (b) Bauträgerzulassung nach § 34c GewO?
  - (c) Architekt? Dann Verbot beachten (vgl. Rn. 18)
  - (d) Privatperson, die nicht gewerblich tätig wird: MaBV nicht direkt anwendbar

(11) Welche Qualifikation wird der Vertrag nach dem AGB-Recht haben?
  - (a) Formular- oder Verbrauchervertrag: AGB-Recht direkt anwendbar
  - (b) Individualvertrag
    - (aa) im Ganzen: AGB-Recht nicht anwendbar, aber richterliche Inhaltskontrolle nach § 242 BGB
    - (bb) in einzelnen Punkten: AGB-Recht insoweit nicht anwendbar, aber insoweit richterliche Inhaltskontrolle

(12) In welchem Verfahrensstadium wird Beurkundung gewünscht?
  - (a) Grundstück:
    - (aa) Bereits gebildet, Fläche steht fest
    - (bb) Noch zu vermessen, nur ca-Fläche benennbar
      - Möglichst genau ca-Fläche ermitteln!
      - Ist Garantie einer bestimmten Mindestfläche gewünscht?
      - Möglichst exakter (maßstabsgetreuer!) Lageplan!
    - (cc) Mischform: Hauptfläche vermessen, Nebenflächen noch unvermessen
  - (b) Bauwerk:
    - (aa) Vor Errichtung
      - Volle Baubeschreibung nötig
      - Ratenplan nach MaBV voll anwendbar
    - (bb) Teilerrichtung schon erfolgt:
      - Baubeschreibung für ausstehende Arbeiten
      - Ratenplan für ausstehende Arbeiten
    - (cc) Errichtet, bezugsfertig: Vorletzte Rate nach MaBV erst nach Abnahme, letzte Rate erst nach vollständiger Fertigstellung
    - (dd) Wahlrecht, Ausstattungsdetails (reguläre Ausstattung, keine Sonderwünsche)?

(13) Aufspaltung in Angebot/Annahme gewünscht?
  - (a) Nur ausnahmsweise (widerspricht dem Sinn des Beurkundungsverfahrens, vgl. Rn. 27)
  - (b) Wer bietet an? Im Regelfall: Erwerber wegen Belehrung (vgl. Rn. 27)
  - (c) Angebotsfrist: Höchstgrenze (i. d. R. vier Wochen) beachten!
  - (d) Mitwirkung des anderen Vertragsteils an Angebotsurkunde (z. B. wegen Kostenübernahme bei Nichtannahme)?

▶

▼ Fortsetzung: **Beratungs-Checkliste**

(14) Was gehört zum Leistungsumfang?
    (a) Grundstück
        (aa) Hauptfläche; bei ca-Fläche Garantie einer Mindestfläche? Preisausgleich bei Differenz?
        (bb) Nebenflächen; bei ca-Fläche Garantie einer Mindestfläche? Preisausgleich bei Differenz?
    (b) Bauwerk
        (aa) Genaue Baubeschreibung, soweit noch nicht errichtet
        (bb) Verfahren bezüglich Baubeschreibung
          – in Mutterurkunde mit Verweisung
          – im ersten Veräußerungsvertrag, später Verweisung
          – in jedem Einzelvertrag
    (c) Umfang etwaiger Zusatzausstattungen
    (d) Sonderwünsche, Eigenleistungen
        (aa) Schon feststehend? Im Vertrag mitzubeurkunden!
        (bb) Liste wird angeboten: Erwerber hat Wahl nach §§ 315 ff. BGB
          – Direkte Vereinbarung mit Bauträger: Anpassung der Raten, Mängelhaftung des Bauträgers
          – Direkte Vereinbarung mit Bauhandwerker: Keine Änderung der Raten, direkte Zahlung an Handwerker, Mängelhaftung des Handwerkers
        (cc) Spätere Vereinbarung mit Bauträger: Nachtrag zu beurkunden (falls Auflassung noch nicht erklärt ist), Anpassung der Raten, Mängelhaftung des Bauträgers
        (dd) Spätere Vereinbarung mit einzelnem Bauhandwerker: Keine Beurkundung, Zahlung an Handwerker, Mängelhaftung durch ihn
    (e) Erschließungskosten und Anliegerbeiträge
        (aa) Private Erschließung durch Bauträger selbst: Zahlung an ihn, Abrechnung mit ihm
        (bb) Öffentlich-rechtliche Erschließung
          – Voll im Festpreis enthalten (mit jetzigem Planungsstand): Endabrechnung der Gemeinde über Bauträger; aber: Haftungsrisiko des Erwerbers
          – Nur Pauschalbetrag (etwa: in Höhe der Vorauszahlungen) im Festpreis enthalten: Endabrechnung der Gemeinde mit Erwerber
          – Volle Abrechnung allein über Gemeinde
          – Vorausleistungen noch nicht erbracht
          – Vorausleistungen erbracht, insoweit Erstattung an Bauträger

(15) Wie bestimmt sich die Leistungszeit:
    (a) Fertigstellungstermin benennbar
        (aa) Gewollte Rechtsfolge: Garantie?
        (bb) Bei Überschreitung: Vertragsstrafe? Schadensersatz? Rücktrittsrecht?
        (cc) Zwangsvollstreckungsunterwerfung wegen Herstellungspflicht?
    (b) Baubeginn benennbar und Verpflichtung zur unverzüglichen Fertigstellung: Gewollte Rechtsfolge bei Überschreitung?

(16) Welche Eigentumsvormerkung (Auflassungsvormerkung) ist möglich?
    (a) Originäre: Bauträger bestellt sie für den Erwerber
    (b) Bei Eigentumswohnung vor Vollzug der Aufteilung:
        (aa) Vormerkung auf Bildung des Wohnungseigentums (vgl. Rn. 121)
        (bb) Eigentumsvormerkung, wenn bestimmt oder bestimmbar (vgl. Rn. 121)
        (cc) Sicherung beider Ansprüche durch eine Vormerkung (vgl. Rn. 121)
        (dd) Genügt die konkret bewilligte Vormerkung zur Kaufpreisfälligkeit nach § 3 I MaBV?
    (c) Vor Vollzug des Vorerwerbs des Bauträgers: Abtretung genügt nicht, § 3 I MaBV erfordert nach ganz h. M. originäre Vormerkung (vgl. Rn. 63)

▶

I. Beratungs-Checkliste · A II

▼ Fortsetzung: **Beratungs-Checkliste**

(17) Ist die Auflassung
 (a) sofort möglich und sinnvoll? Erst nach Vermessung!
 (b) sofort gewollt? Dann Vorlageanweisung an den Notar (Kosten: 0,5 Betreuungsgebühr Nr. 22200 KV-GNotKG i. d. R. schon für die Fälligkeitsmitteilung angefallen, unten Frage 19g), die auch den Fall einer Minderzahlung berücksichtigen muss, vgl. Rn. 55
 (c) auszusetzen, so dass nur Auflassungsverpflichtung besteht? Dann ist
  (aa) Auflassung später zu erklären, Kosten: 0,5 Gebühr Nr. 21101 KV-GNotKG (sofern gleicher Notar)
  (bb) Vollmacht des Erwerbers an Bauträger zur Erklärung der Auflassung sinnvoll
(18) Wie hoch ist der Preis, was umfasst er?
 (a) Höhe des Gesamtpreises, korrespondierend mit dem Leistungsumfang; i. d. R. Festpreis
 (b) Aufteilung? Sinnvoll wegen unterschiedlicher steuerlicher Abschreibung!
  (aa) Grundstück
   – feste Fläche
   – ca-Fläche, aber Festpreis
   – ca-Fläche mit Ausgleich nach Vermessung
  (bb) Herstellungskosten für Hauptbauwerk
  (cc) Herstellungskosten für Garage/Stellplatz
  (dd) Herstellungskosten für Nebenanlagen
  (ee) Kosten von Sonderausstattungen (Mobiliar etc.)
  (ff) Sonderwünsche, Eigenleistungen
   – fest vereinbarte: Schon berücksichtigt im Gesamtkaufpreis?
   – Preisliste für künftig wählbare
  (gg) Erschließungskosten (vgl. oben Frage 14 e)
(19) Fälligkeit? Beachte Merkblatt der Landesnotarkammer Bayern
 (a) Allgemeine Fälligkeitsvoraussetzungen
  (aa) § 3 I MaBV direkt anwendbar
  (bb) § 3 I MaBV analog anwendbar, da er Mindesterfordernisse des Erwerberschutzes regelt; Abweichungen nur ausnahmsweise, dann AGB-Kontrolle
 (b) Alternativ: § 7 MaBV – Bürgschaft
 (c) Zahlung nach Baufortschritt, § 632a BGB
  (aa) MaBV gilt direkt:
   – § 3 II MaBV: Ratenplan
   – Abweichung geboten wegen erkennbarem Missverhältnis zum Wert der Leistung? Vorleistungsverbot nach AGB-Recht und HausbauVO!
  (bb) MaBV nicht direkt anwendbar: AGB-rechtliches Vorleistungsverbot zu beachten, MaBV analog als Richtschnur gegen Vorleistungen
  (cc) § 632a BGB:
   – Einbehalt oder Sicherheitsleistung?
   – Wahlmöglichkeit für Bauträger noch im Vertrag?
 (d) Wahl- bzw. Umstiegsmöglichkeit zwischen § 3 und § 7 MaBV gewünscht? Schranken beachten (vgl. Rn. 80)
 (e) Art des Nachweises des Baufortschritts? Z. B. Architektenbestätigung, keine Notarbestätigung!
 (f) Verzugsfolgen: Schadensersatz
  (aa) Zinsen
   – nach § 309 Nr. 4 BGB nicht ohne Verzug
   – Höhe mit Einzelnachweis bei Kreditaufnahme

▶

▼ Fortsetzung: **Beratungs-Checkliste**

- Höhe pauschaliert, i. d. R. gesetzlicher Zins: 5 Prozentpunkte über Basiszins (vgl. Rn. 85)
    - (bb) sonstiger Schaden mit Einzelnachweis
- (g) Fälligkeitsmitteilung durch Notar? Kosten: 0,5 Betreuungsgebühr Nr. 22200 KV-GNotKG
    - (aa) i. d. R. bezüglich aller allgemeinen Fälligkeitsvoraussetzungen (u. U. mit Ausnahme der Baugenehmigung)
    - (bb) nicht bezüglich der Baufortschrittsraten, insoweit Architektenbestätigung

(20) Wie erfolgt Zahlungsabwicklung?
  (a) Direkt an Bauträger, wenn keine Lastenfreistellung nötig
  (b) Über Baukonto bei Globalbelastung
    (aa) Lastenfreistellungsunterlagen (Löschung, Freigabe, Brief) oder Freistellungsverpflichtung schon beim Notar
    (bb) Lastenfreistellungsunterlagen oder Freistellungsverpflichtung
      – kommen von der Bank
      – müssen vom Notar angefordert werden (mit Entwurf?)
    (cc) Abbuchungsautomatik gewünscht?
      – Nur widerruflich
      – Abbuchung erst nach Baufortschrittsmitteilung und angemessener Frist
      – Folge: Zwischenkredit der Bank? Problematische Regelung im Bauträgervertrag (vgl. Rn. 88)
    (dd) Lastschriftverfahren gewünscht?
    (ee) Abtretungen notwendig?
      – Zahlungsanspruch des Bauträgers an Globalgläubigerin
      – Darlehensansprüche des Erwerbers an (zwischenfinanzierende?) Globalgläubigerin
  (c) Hinterlegung gewünscht? Vorleistungsverbot beachten (vgl. Rn. 89); Kostenfolge: 1,0-Gebühr Nr. 25300 KV-GNotKG

(21) Zwangsvollstreckungsunterwerfung gewünscht?
  (a) wegen Kaufpreiszahlungspflicht: Laut BGH kaum mehr möglich (vgl. Rn. 93)
  (b) wegen Herstellungspflicht: Selten sinnvoll (vgl. Rn. 92)

(22) Zeitpunkt des Besitz-, Lasten- und Gefahrenübergangs
  (a) Gefahrenübergang ab wann?
  (b) Lastenübergang ab wann?
  (c) Besitzübergang: I. d. R. ab Abnahme
    (aa) Verfahren der Abnahme: Genaue Definition!
    (bb) Fingierte Abnahme: I. d. R. Verfahren nach § 640 I 3 BGB

(23) Art und Umfang der Haftung für Mängel
  (a) Für Grundstück
    (aa) grundsätzlich Ausschluss der Sachmängelhaftung; u. U. Garantie für (Mindest-)Größe
    (bb) Altlastenproblematik
      – exakte Regelung, falls Altlasten bekannt oder zu vermuten
      – im Übrigen: Versicherung, dass keine Altlasten bekannt sind; Hinweis auf Haftung
  (b) Bei Baumängeln:
    (aa) Verjährungsfrist
      Grundsatz: fünf Jahre nach Werkvertragsrecht (ebenso bei Kaufrecht)

▶

I. Beratungs-Checkliste

▼ Fortsetzung: **Beratungs-Checkliste**

  (bb) Ausnahmen:
   – Normale Abnutzung
   – Natürliche Lebensdauer (z. B. Anstriche)
   – Bewegliche Gegenstände (elektrische Geräte etc.); aber: fünf Jahre, sofern Grundstücksbestandteil
  (cc) Inhalt der Rechte bei Mängeln
   – Nacherfüllung
   – Aufwendungsersatz bei Selbstvornahme
   – Rücktritt (Ausschluss unzulässig!) oder Minderung bei Fehlschlag
   – Schadensersatz (nicht mehr alternativ zum Rücktritt!): Neues Recht beachten, sorgfältig prüfen, inwieweit evtl. gewünschter Ausschluss durch Rspr. zugelassen wird!
  (dd) Anspruchsgegner
   – Bauträger selbst
   – einzelne Bauhandwerker, soweit Abtretung erfolgt
   – parallele Haftung des Bauträgers bleibt; sinnvoll: Nur aufschiebend (durch Verzug) und auflösend (durch Erfüllung) bedingte Sicherungsabtretung
   – Beschränkung auf nur subsidiäre Haftung des Bauträgers: Unzulässig

(24) Welche Besonderheiten bestehen bei Sanierungs- oder Renovierungsobjekt?
 (a) Abweichungen beim Ratenzahlungsplan (vgl. Rn. 133)
 (b) Abweichungen bei Mängelhaftung: Frist und Umfang (vgl. Rn. 135)

(25) Werden Belastungen übernommen?
 (a) Dienstbarkeiten, eventuell Reallasten
 (b) Finanzierungsgrundpfandrechte

(26) Wie wird finanziert? Bestehen Mitwirkungspflichten?
 (a) Finanzierungsplan sinnvoll
 (b) Wer bestellt die Grundpfandrechte?
  (aa) Der Erwerber allein unter Verpfändung des Eigentumsverschaffungsanspruchs
  (bb) Bauträger (dinglich) und Erwerber (abstraktes Schuldanerkenntnis) unter entsprechender Einschränkung der Zweckbestimmungsvereinbarungen
 (c) Ist Finanzierungsvollmacht vorgesehen?
  (aa) Bis zu welcher Gesamthöhe?
  (bb) Wer wird bevollmächtigt? I. d. R. der Erwerber! Ausnahmsweise (beachte aber Beschränkung des § 17 II a BeurkG!) der Bauträger (dann auch Vollmacht für Rangrücktritt der Vormerkung, abstraktes Schuldanerkenntnis, Zweckvereinbarung)
  (cc) Ausübbarkeit der Vollmacht nur beim beurkundenden Notar?
 (d) Soll Bürgschaft nach § 7 MaBV zur Finanzierung herangezogen werden?

(27) Wer trägt Kosten und Steuern?
 (a) I. d. R. der Erwerber, ausgenommen Lastenfreistellung
 (b) Ist Sonderregelung gewollt für z. B. Vermessung, spätere Baueinmessung, nachträgliche Genehmigungen?

(28) Übliche Vollzugsvollmachten gewollt für Notar und Angestellte?

(29) Weitere Besonderheiten bei Aufteilung in Wohnungseigentum: Sind Mitwirkungspflichten, eventuell auch Vollmachten vorgesehen für spätere Änderungen?
 (a) Ver- und Entsorgungsdienstbarkeiten, evtl. Reallasten, Abstandsflächendienstbarkeiten

▶

▼ Fortsetzung: **Beratungs-Checkliste**

    (b) Änderungen der Grundstücksgröße
        (aa) ohne finanziellen Ausgleich
        (bb) mit finanziellem Ausgleich
    (c) Änderung der Teilungserklärung (soweit eigenes Sondereigentum nicht betroffen ist), evtl. der Gemeinschaftsordnung?
(30) Welche Vereinbarungen bestehen darüber hinaus?
    (a) Sind weitere Tätigkeiten des Bauträgers gewollt?
        (aa) Alle oder einzelne Tätigkeiten im Sinne eines Bauträger-Modells (vgl. Rn. 142)
        (bb) Sonstige Nebentätigkeiten
    (b) Wird ein Makler eingeschaltet? Soll Honorarvereinbarung in den Vertrag aufgenommen werden?
(31) Sind alle übrigen Fragen geklärt, die üblicherweise bei einem Grundstückskaufvertrag anfallen? Hinweis auf gesetzliche Vorkaufsrechte (Vorkaufsrecht nach BauGB, nicht bei Eigentumswohnung), auf Genehmigung nach Grundstücksverkehrsgesetz etc.
(32) Abschlussprüfung: Sind alle vorgesehenen Vertragsformulierungen klar und eindeutig, ist der Vertrag übersichtlich aufgebaut? Transparenzgebot, § 307 I 2 BGB: Keine überraschenden Klauseln; Regelungen nur an der systematisch richtigen Stelle!
(33) Hinwirkungspflicht nach § 17 II a 2 BeurkG erfüllt, insb. persönliche Anwesenheit des Verbrauchers oder Vertretung durch Vertrauensperson?
(34) Einhaltung der Regelfrist von zwei Wochen zur Textprüfung (§ 17 II a 2 Nr. 2 BeurkG)
    – Übersendung durch den Notar erforderlich
    – möglich
    – ausnahmsweise (!) nicht möglich: Wie wird anderweitige gründliche Information des Verbrauchers sichergestellt?
    – Dokumentationspflicht

II. Allgemeines zum Bauträgervertrag – Vorüberlegungen bei der Konzeption

1. Vorbemerkungen

a) Bedeutung des Bauträgervertrags im Rechtsleben

2   Verträge über den Erwerb privaten Wohneigentums – die Hauptanwendungsfälle des Bauträgervertrages – genießen im Blick der Bevölkerung eine **Sonderstellung**
– wegen der **Einmaligkeit** des Vorgangs – die Mehrzahl der Bürger erwirbt (wenn überhaupt) nur einmal im Leben ein Haus oder eine Wohnung für eigene Wohnzwecke;
– wegen des **finanziellen** Volumens – der Kaufpreis erschöpft meist alle Ersparnisse und führt überdies zu einer langjährigen Verschuldung;
– wegen der **emotionalen** Bindung an künftiges Eigentum – das neue Wohnheim wird zum wichtigsten materiellen Objekt im Leben vieler Erwerber;
– wegen der **nachhaltigen Auswirkung** von **Pflichtverletzungen des Bauträgers** auf die finanzielle Lage des Erwerbers (Furcht vor Totalverlust seiner Ersparnisse, Furcht vor dem Mängelbeseitigungsrisiko), aber auch auf sein persönliches Leben (Beeinträchtigung der Wohnqualität durch wiederholte Mängelbeseitigungsversuche oder durch deren Fehlschlagen).

II. Vorüberlegungen bei der Konzeption **A II**

So wird der Bauträgervertrag zum wichtigsten (Notar-)Vertrag im Leben vieler Mitbürger.

Eine lesenswerte Schilderung der historischen Entwicklung des Bauträgervertrages findet sich bei *Kanzleiter*, Bundesnotarkammer und Verbraucherschutz – Die Schaffung der Makler- und Bauträgerverordnung 1974/1975, DNotZ 2011, Sonderheft 50 Jahre Bundesnotarkammer, S. 89.

b) Risiken für den Notar

Anders als für den Erwerber ist der Bauträgervertrag für den Bauträger und den Notar ein Routinegeschäft mit den dafür typischen Risiken: **3**
- In aller Regel liegt ein **Formular- oder Verbrauchervertrag** vor, der dem AGB-Recht (§§ 305 ff. BGB) unterliegt.
- Die **Initiative** zur Beurkundung geht i. d. R. allein vom **Bauträger** aus, der die Gesamtkonzeption bestimmt und positive wie negative Erfahrungen verwerten will und auch darf: So obliegt der **Erwerberschutz** allein dem **Notar**, der für eine ausgewogene Vertragsgestaltung zu sorgen hat. Besondere Beachtung verdienen dabei **§ 17 II a BeurkG** (s. dazu Rn. 24) und das **Transparenzgebot** des § 307 I 2 BGB (vgl. *Sienz* BauR 2009, 361), welches **klare** und **verständliche** Regelungen erfordert; hierzu gehören ein übersichtlicher Vertragsaufbau (Zusammengehöriges sollte nicht dort stehen, wo es nicht vermutet wird) und der Verzicht auf überraschende oder versteckte Klauseln, die berechtigte Erwartungen des Erwerbers enttäuschen könnten. Der Vertrag muss trotz aller Regelungsbedürfnisse noch lesbar (und auch seinem Umfang nach noch vorlesbar!) bleiben, er darf sich nicht in den Details verlieren (vgl. den richtigen Appell von *Lotter* DNotZ 2002, 741).
- Da der Beurkundungsauftrag i. d. R. vom Bauträger kommt, ist die Gefahr einer Abhängigkeit des Notars vom Bauträger besonders sorgfältig zu vermeiden, auf seine **Unparteilichkeit** muss ganz besonders geachtet werden.
- Aus Zeitgründen wünscht der Bauträger bei größeren Anlagen häufig **Sammelbeurkundungen** mit mehreren Erwerbern, was Ziff. II 1. e) der Richtlinienempfehlungen der Bundesnotarkammer bis zu fünf (in Bayern bis zu drei) Erwerbern toleriert. Wenngleich mehrere Erwerber eine größere Zahl von Problempunkten finden und ansprechen können – sofern sie sich nicht zu Unrecht vor der „Blamage" einer töricht erscheinenden Frage fürchten –, muss doch bei einer Sammelbeurkundung besonders sorgfältig darauf geachtet werden, dass jeder Erwerber die Erläuterungen des Notars verstanden und von seinem selbstverständlichen Fragerecht Gebrauch gemacht hat. Dem Erwerber sollte gesagt werden, dass mit der Sammelbeurkundung **keine Kostenersparnis** verbunden ist. Wünscht er eine Einzelbeurkundung, so ist dem Wunsch selbstverständlich zu entsprechen.
- Aus der Vielzahl von Bauträgerverträgen bei größeren Wohnanlagen folgt, dass sich **Fehler** im Mustervertrag **multiplizieren** – und mit ihnen die Haftungsrisiken.
- **Konzeptionsfehler** des Bauträgers, des Architekten oder des Notars (z. B. Übersehen einer zu übernehmenden Dienstbarkeit) sind nach der Veräußerung einer größeren Zahl von Objekten nur noch **schwer korrigierbar**, da eine **Vielzahl** von Beteiligten (Erwerber, Finanzierungsgläubiger) mit der Korrektur in der Form des § 29 GBO einverstanden sein muss.

Wegen all dieser Besonderheiten bedürfen Konzeption, Vorbereitung, Beurkundung **4** und Abwicklung von Bauträgerverträgen der ganz **besonderen Sorgfalt** des Notars. Diese Sorgfalt bestimmt nicht zuletzt, welches Ansehen der Notar in der Öffentlichkeit genießt.

c) Begriff und Rechtsnatur des Bauträgervertrages

Der heute übliche Sprachgebrauch verwendet den Begriff „**Bauträgervertrag**", wenn **5** ein **Gewerbetreibender** (= Bauträger) auf eigenem Grundstück im **eigenen Namen** auf eigenes Risiko für eigene oder fremde Rechnung ein Bauvorhaben durchführt, um dieses zu verkaufen (vgl. BGH NJW 1986, 925). § 632a BGB definiert ihn als einen Vertrag, der die Errichtung oder den Umbau eines Hauses oder eines vergleichbaren Bauwerks zum Gegenstand hat und zugleich die Verpflichtung des Unternehmers enthält, dem Besteller das Eigentum an dem Grundstück zu übertragen oder ein Erbbaurecht zu bestellen oder zu übertragen. Der Bauträger ist Bauherr, er ist Vertragspartner des Architekten und des Bauunternehmers bzw. der einzelnen Bauhandwerker. Ihm wird die Baugenehmigung erteilt (vgl. zur Begriffsbestimmung MünchVertrHdb V S. 410).

6   Auch wenn der Bauträgervertrag in der Praxis häufig noch als „Kaufvertrag" bezeichnet wird, ist er in Wahrheit ein im BGB nicht geregelter eigener Vertragstyp, bei welchem die Rechtsprechung bisher auf den Grundstücksteil Kaufrecht, auf die Bauherstellung und insbesondere die Gewährleistung für Baumängel Werkvertragsrecht und auf sonstige Betreuungsleistungen Auftrags- und Geschäftsbesorgungsrecht angewendet hat (*BGH* NJW 1984, 2573; 1986, 925; *Jagenburg* NJW 1987, 3107; MünchVertrHdb V S. 410). Seit der Neuordnung von Kauf- und Werkvertrag durch die Schuldrechtsmodernisierung kommt diesen Unterscheidungen nur noch geringe praktische Bedeutung zu. Dennoch bleibt der Bauträgervertrag ein aus Kauf- und Werkvertragsrecht zusammengesetzter Vertrag eigener Art (a.M. *Litzenburger* RNotZ 2002, 23; *Hildebrandt* ZfIR 2003, 489, die den Bauträgervertrag als reinen Kaufvertrag sehen und dabei den Mischtyp verkennen; dazu MünchVertrHdb V S. 411). Die Bezeichnung als „Kaufvertrag" ist dabei unerheblich.

Lediglich beim Erwerb eines bereits **vollständig hergestellten** Objekts gilt **Kaufrecht** (*Hertel* DNotZ 2002, 6, 18; *Basty* Rn. 6, 12; *Amann/Brambring/Hertel* S. 230; MünchVertrHdb V S. 411; Grziwotz/Koeble/*Riemenschneider* 3. Teil Rn. 779 ff., je m. w. N.; a. M. *Thode* NZBau 2002, 297), wobei die Unterschiede zwischen Kauf- und Werkvertragsrecht – wie schon gesagt – nur noch geringe praktische Bedeutung haben. Nach *Thode* NZBau 2002, 299, kann die Anwendung von Werkvertragsrecht allerdings auch beim vollständig hergestellten Objekt vereinbart werden (so auch *Basty* Rn. 13 f.).

Wegen seines Grundstücksteils bedarf der Bauträgervertrag der **Beurkundung** nach § 311b I BGB, und zwar der **ganze** Vertrag (*Kanzleiter* DNotZ 1984, 421). Die Aufspaltung in einen beurkundungspflichtigen Grundstückskauf und einen beurkundungsfreien Bauvertrag genügt nicht den Anforderungen des § 311b I BGB, der das ganze einheitliche Rechtsgeschäft umfasst.

Eine lesenswerte Analyse des geltenden Bauträgerrechts samt Ausblick in die Zukunft unternimmt *Basty* DNotZ 2002, Sonderheft S. 118.

Kritik am Sicherungssystem des Bauträgervertrags gibt es immer wieder (vgl. statt vieler *Blank* BauR 2010, 5), vor allem wegen der Gefahren der Ratenzahlung im Falle eines Steckenbleibens des Baus, insbesondere bei größeren Eigentumswohnanlagen. Andere europäische Länder sehen bei vorgezogenen Zahlungen eine Absicherung über eine Rückzahlungsbürgschaft vor (Belgien, Frankreich, Italien, Spanien) oder sie verschieben die Gesamtfälligkeit auf die Übergabe (Großbritannien, Irland), vgl. *Blank* a. a. O.

Der Bauträgervertrag ist *kein* Ratenlieferungsvertrag i. S. d. § 505 I BGB, da zwar typischerweise in (Abschlags-)Raten gezahlt, aber nicht eine Mehrheit von Sachen geliefert wird; daher besteht auch kein entsprechendes Widerrufsrecht.

Der Bauträgervertrag ist – wie auch der Werkvertrag über Lieferung und Errichtung eines Ausbauhauses, *BGH* DNotZ 2006, 355 – im Regelfall auch *kein* Teilzahlungsgeschäft i. S. d. § 499 II BGB, da dieses zwingend einen Zahlungsaufschub voraussetzt; ein solcher liegt aber – abgesehen vom Sonderfall einer verzinslichen Stundung, s. dazu Rn. 90 – beim Bauträgervertrag nicht vor, und zwar unabhängig davon, ob Raten nach § 3 MaBV vereinbart sind oder vom Zahlungsplan der MaBV zugunsten des Erwerbers ohne ausdrücklichen Preisaufschlag abgewichen wird. Auch im letzteren Fall wird die Fälligkeit der Vergütung nicht hinausgeschoben, es wird nur vom Recht auf Vereinbarung von Abschlagszahlungen kein oder nur teilweiser Gebrauch gemacht. Ein Wider-

II. Vorüberlegungen bei der Konzeption   **A II**

rufsrecht nach §§ 501, 495, 358 BGB besteht daher im Regelfall nicht, über ein solches muss somit auch nicht (wegen der Widerrufsfrist nach § 355 II BGB) belehrt werden.

2. Vertragsgegenstand

Wird – i. d. R. vom Veräußerer – der Wunsch nach Erstellung eines Vertrages über den Erwerb eines Kaufeigenheimes an den Notar herangetragen, so bestimmen sich der Vertragstyp und die konkrete Vertragsgestaltung in erster Linie nach dem Vertragsobjekt, also dem Grundstück bzw. dem Grundstücksanteil und den Eigentumsverhältnissen daran, der Art des Bauwerks, der Zeit seiner Herstellung und der Art seiner Erschließung. 7

a) Grundstücksverhältnisse

Erwirbt der Erwerber **vom Bauträger** selbst, ist oder wird also der Bauträger Eigentümer des betroffenen Grundstücks, so handelt es sich um den klassischen Bauträgervertrag (vgl. Rn. 44 ff.). 8

Erwirbt der Erwerber das Grundstück direkt **von einem Dritten**, aber durch **Vermittlung** des Bauträgers oder von einer mit dem Bauträger verflochtenen Firma, so liegen formell zwei Verträge, nämlich ein Grundstückskaufvertrag mit dem Dritten und ein Generalübernehmervertrag mit dem Initiator vor (vgl. Rn. 143), die aber als **einheitliches Vertragswerk** insgesamt der Beurkundungspflicht des § 311b I BGB unterliegen. Nach *Warda* (MittBayNot 1988, 1, 3) und *Basty* Rn. 122 kann auch in diesem Falle Bauträgerschaft i. S. d. MaBV vorliegen, so dass danach die MaBV Anwendung fände. Nach h. M. ist dies nicht der Fall (vgl. Rn. 22 f., 143). Der Grundstücksverkäufer kann jedoch eine Haftung für die Bauleistung ausschließen; dann haftet für diese allein der Werkunternehmer (*OLG Hamm* OLG-Report 2006, 718).

Erwirbt der Erwerber das Grundstück direkt **von einem Dritten**, jedoch **ohne Zutun** des Baubetreuers und unabhängig vom Zustandekommen des Bauvertrages, so liegen getrennte Verträge vor: Ein beurkundungspflichtiger Grundstückskaufvertrag und ein nicht beurkundungspflichtiger Bauvertrag. Ein Bauvertrag kann allerdings auch beurkundungsbedürftig sein, wenn er vor dem Grundstückskaufvertrag geschlossen wird und die Parteien nicht identisch sind: Er bedarf dann der Beurkundung, wenn die Parteien des Bauvertrags übereinstimmend davon ausgehen, dass der Grundstückskauf nach dem Willen der Parteien des Grundstückskaufs vom Zustandekommen des Bauvertrags abhängt (*BGH* DNotZ 2011, 196; dazu *Keim* DNotZ 2011, 513; vgl. auch *OLG Karlsruhe* BeckRS 2011, 1524). In jedem Fall ist äußerste **Vorsicht** geboten: Häufig wird die rechtliche Selbständigkeit beider Verträge nur vorgetäuscht, um Notar- und Gerichtskosten sowie Grunderwerbsteuer zu „sparen" (zu hinterziehen!) – mit der verheerenden Folge der **Nichtigkeit** beider Verträge. Der Notar wird bei Zweifeln die Vertragsteile auf diese Rechtsfolge sowie darauf hinweisen, dass ein verdeckter Zusammenhang spätestens dann offenbar wird, wenn sich ein Beteiligter aus Gründen, die heute noch gar nicht erkennbar sind, vom Vertrag wieder lösen will. Bei entsprechender Aufklärung wird kein Vertragspartner bereit sein, ein derartiges Risiko zu übernehmen.

Ist der Erwerber **schon Eigentümer** des Grundstücks, so handelt es sich bezüglich der Herstellung des Bauwerks um einen reinen, nicht beurkundungspflichtigen Bauvertrag. Er ist ein Geschäftsbesorgungsvertrag mit Werkvertragscharakter (*BGH* WM 1969, 1139).

b) Art des Bauwerks und seiner Verknüpfung mit dem Grundstück

Beim betroffenen Bauwerk und seiner Verknüpfung mit dem Grundstück kann es sich handeln beim **Hauptgebäude** um 9
– ein Einzelhaus auf einer Einzelparzelle (Ein- oder Mehrfamilienhaus),
– ein Reihenhaus auf einer Einzelparzelle mit Grenzbebauung,

- ein Reihenhaus oder (seltener) Einzelhaus als Wohnungseigentum i. S. d. WEG, wenn eine Parzellierung des Gesamtgrundstücks nicht möglich ist, weil etwa eine vorgeschriebene Mindestgröße des Grundstücks unterschritten wird oder Grenzabstände nicht eingehalten werden können,
- eine Eigentumswohnung mit Sonder- und Gemeinschaftseigentum,
- Teileigentum (nicht für Wohnzwecke),
- Wohneigentum in der Form bloßen Bruchteilseigentums mit Benutzungsregelung, wobei eine bestimmte Wohnung zur alleinigen Nutzung zugewiesen wird (der Begriff „Eigentumswohnung" sollte hier nicht verwendet werden, bei der Wahl dieser Konstruktion ist größte Zurückhaltung geboten, vgl. Rn. 146) oder
- Wohneigentum im Wege einer Gesellschaftsbeteiligung (BGB-Gesellschaft, Kommanditgesellschaft), etwa bei einem offenen oder geschlossenen Immobilien-Fonds;

10 bei **Nebengebäuden und -anlagen** (Garagen, Stellplätzen, Gemeinschaftsflächen und -gebäuden wie Privatwegen, Grünflächen, Spielplätzen, Teichanlagen, Schwimmbädern etc.) um
- Einzelparzellen
- Sondereigentum nach WEG
- Sondernutzungsrechte nach § 15 WEG; solche können auch einem Miteigentumsanteil an einer Sondereigentumseinheit zugeordnet werden (*BGH* DNotZ 2012, 769; *OLG Nürnberg* MittBayNot 2012, 42 m. Anm. *Kühnlein*)
- Bruchteilseigentum mit Benutzungsregelung
- Dienstbarkeiten an fremden Grundstücken.

c) Neues oder altes Bauwerk, Sanierung oder Renovierung

11 Soll das Bauwerk erst erstellt werden oder ist es soeben fertig gestellt worden, so handelt es sich um ein **Neuobjekt**. „Neu" i. S. d. Bauträgerrechtes sind aber auch seit längerer Zeit fertig gestellte Objekte wie ein Musterhaus (*BGH* NJW 1982, 2243) mit der Folge, dass auch insoweit noch Werkvertragsrecht mit der entsprechend langen Gewährleistung Anwendung findet. Dies gilt sogar bei zwischenzeitlicher Vermietung (*BGH* NJW 1985, 1551). Als **Faustregel** wird man annehmen können: Ein **leer stehendes** Objekt ist **zwei Jahre** nach Fertigstellung nicht mehr „neu", ein **bewohntes** Objekt bereits nach **einem Jahr** (vgl. Rn. 100). Ist das Bauwerk nicht mehr „neu" i. S. d. Bauträgerrechtes, so handelt es sich beim Verkauf dieses **Altobjektes** um einen reinen Grundstückskauf.

12 Zu differenzieren ist dagegen, wenn ein Altobjekt nicht unverändert verkauft wird, sondern im Zuge der Veräußerung
- **saniert** und damit umgebaut wird: Hier liegt ein Bauträgervertrag vor, zumindest für die Umbauleistungen (bei Totalsanierung auch für die Altbausubstanz, vgl. Rn. 135) gilt Werkvertragsrecht; bzw. wenn das Altobjekt
- **renoviert** wird: Für die Renovierungsleistungen gilt Werkvertragsrecht. Wird dagegen die Renovierung ausnahmsweise nur als mögliche Leistung angeboten, aber in das Belieben des Erwerbers gestellt, so liegt ein Grundstückskauf mit separatem Renovierungsvertrag vor, wenn beide Verträge in ihrem Bestand unabhängig voneinander sind. Denkbar ist dies nur bei einem Einzelhaus oder bei einer Renovierungsbedürftigkeit allein der Eigentumswohnung, nicht des Gemeinschaftseigentums. Bei gleichzeitigem Abschluss beider Verträge oder bei Abschluss des Renovierungsvertrages vor dem Grundstückskauf spricht immer eine Vermutung für die Abhängigkeit beider Verträge mit der Folge einer gemeinsamen Beurkundungspflicht nach § 311b I BGB.
Bei Vereinbarung lediglich geringfügiger Renovierungsarbeiten oder bloßer Schönheitsreparaturen liegt kein Bauvorhaben nach der MaBV vor, da die kaufvertraglichen Elemente die werkvertraglichen Teile des Rechtsgeschäfts ganz in den Hintergrund treten lassen (*BayObLG* NotBZ 2005, 37).

II. Vorüberlegungen bei der Konzeption A II

d) Art der Erschließung, Ver- und Entsorgung

Die Erschließung im weiten Sinne (Straßenbau und Errichtung öffentlicher Ver- und 13
Entsorgungsleitungen) kann rein öffentlich-rechtlich durch die Gemeinde bzw. Versorgungsunternehmen oder privat durch den Bauträger aufgrund eines öffentlich-rechtlichen Erschließungsvertrages (vgl. dazu eingehend *Schmittat* DNotZ 1991, 288 und *Grziwotz*, Baulanderschließung, S. 272 ff., 317 ff., je m. w. N.) durchgeführt werden, wobei auch Mischformen bezüglich der einzelnen Leistungen (Straße, Wasser, Kanal, Gas, Strom, Wärme) möglich sind. Entscheidend für die Konzeption des Vorhabens ist die **Sicherstellung der Erschließung** als Voraussetzung für die Erteilung einer **Baugenehmigung** oder schon der Teilungsgenehmigung, falls eine solche erforderlich ist. Bei der Vertragsgestaltung ist darauf zu achten, dass der Umfang der im Kaufpreis enthaltenen Erschließungskosten und Anliegerbeiträge ganz präzise beschrieben wird (vgl. Rn. 58 f.) und die Zahlung der im Kaufpreis enthaltenen Erschließungskosten durch den Bauträger an die Gemeinde sichergestellt wird, da sonst bei Insolvenz des Bauträgers eine doppelte Inanspruchnahme des Erwerbers erfolgt, nachdem Erschließungskosten und Anliegerbeiträge als öffentliche Lasten auf dem Grundstück ruhen (§ 134 BauGB) und damit vom jeweiligen Eigentümer geschuldet werden. Zur aus dieser Problematik folgenden **doppelten Belehrungspflicht** des Notars s. ausf. Rn. 77d.

e) Lage der Zuwege und der Ver- und Entsorgungsleitungen

Zuwege zum Vertragsobjekt können 14
- öffentlicher (gewidmeter) Grund sein;
- auf dem privaten Grund des Erwerbers – bei Wohnungseigentum aller Wohnungseigentümer – liegen, auf welchem sich auch das Bauwerk befindet;
- im Miteigentum aller oder mehrerer Erwerber stehen, wobei das Bauwerk nicht auf dieser Parzelle steht – die Sicherung erfolgt durch Grunddienstbarkeiten, als Voraussetzung der Baugenehmigung auch zugleich als beschränkte persönliche Dienstbarkeiten zugunsten des Landes oder der Kommune; u. U. wird ergänzend eine Benutzungsregelung getroffen;
- im privaten Grund anderer am Gesamtobjekt beteiligter Erwerber liegen – auch hier erfolgt Sicherung über Dienstbarkeiten (Grund- und beschränkte persönliche Dienstbarkeiten);
- im privaten Grund unbeteiligter Dritter liegen – Sicherung ebenfalls durch Dienstbarkeiten (Grund- und beschränkte persönliche Dienstbarkeiten).

Gleiches gilt für **Ver- und Entsorgungsleitungen** aller Art sowie für Zugangs- und Entsorgungsmöglichkeiten in Sonderfällen (Regenwasserableitung, Gerüstaufstellung, Mülltonnenentsorgung etc.).

f) Nutzungsbeschränkungen des Objektes

Soll die Anlage nur für bestimmte Nutzungszwecke Verwendung finden können, etwa 15
als **Hotelanlage** oder als **Ferienwohnanlage,** so erfolgen entsprechende Beschränkungen bei einer Eigentumswohnanlage durch Beschränkung des Nutzungszweckes in der Gemeinschaftsordnung, was jedoch nur Innenwirkung innerhalb aller beteiligten Eigentümer erzeugt. oder/und durch beschränkte persönliche Dienstbarkeiten gegenüber Land oder Kommune, die dann ohne Zustimmung des Berechtigten nicht mehr geändert werden können (eingehend dazu *Ertl* MittBayNot 1985, 177).

Zu den Besonderheiten der Gemeinschaftsordnung und des Bauträgervertrages beim **Betreuten Wohnen** s. *Rapp* MittBayNot 2012, 432, mit Formulierungsvorschlägen.

3. Qualifikation des Veräußerers

a) Bauträger

16 Der Begriff des Bauträgers setzt eine **gewerbliche** Tätigkeit voraus (vgl. Rn. 5). Sie bedarf nach § 34c I 2a GewO der behördlichen **Erlaubnis**. Folge dieser Qualifikation ist die Anwendung der **MaBV**, sofern der Vertrag ein Bauträgervertrag ist (vgl. Rn. 5).

Ein **als Bürge** i. S. d. § 7 MaBV **tauglicher** Bauträger (Bank, Versicherungsunternehmen) bedarf nach der Ratio des § 7 keiner gesonderten Bürgschaft; er unterliegt daher analog § 7 I 1 MaBV **nicht den Beschränkungen** des § 3 I und II MaBV (*Basty* Rn. 126).

b) Gemeinnütziger Bauträger oder Organ der staatlichen Wohnungspolitik

17 Ein gemeinnütziger oder als Organ der staatlichen Wohnungspolitik anerkannter Bauträger unterlag früher nicht der MaBV (§ 34c V 1 GewO i. V. m. § 37 II des II. WoBauG); die Privilegierung wurde zum 31.12.1993 beseitigt (§ 37 II 1 II. WoBauG).

c) Architekten und Ingenieure

18 Sie dürfen nach Art. 10 § 3 des Mietrechtsverbesserungsgesetzes (BGBl. I 1971, 1749) keine Bauträgertätigkeit ausüben (sehr bedenklich, vgl. MünchVertrHdb V S. 413). Das Koppelungsverbot gilt allerdings nicht, soweit sie die **Erlaubnis** nach § 34c GewO besitzen (*BGH* DNotZ 1989, 749 m. Anm. *Schmidt*). Architekten und Ingenieure können außerdem über eine Bauträger-GmbH tätig werden (*BGH* NJW 1975, 259).

Bindet der Verkäufer den Käufer eines Grundstücks zur Errichtung von Eigentumswohnungen an einen bestimmten Architekten, so liegt darin kein Verstoß gegen das Koppelungsverbot (*BGH* NJW 1986, 1811).

d) Privatperson

19 Veräußert ausnahmsweise eine Privatperson, **ohne gewerblich** tätig zu werden, so liegt kein Bauträgervertrag vor. Die MaBV findet keine Anwendung, der Vertrag enthält bei Vorliegen der übrigen Merkmale eines Bauträgervertrages aber auch hier werkvertragliche Elemente, so dass insoweit die Ausführungen zum Bauträgervertrag sinngemäß gelten.

> **Praxishinweis Steuern:**
>
> Steuerlich wird in diesen Fällen der Bereich der privaten Vermögensverwaltung schnell verlassen, es liegt dann ein „gewerblicher Grundstückshandel" vor. Ausreichend ist bei bauträgerähnlichen Geschäften u. U. schon die Veräußerung eines einzigen Objektes, vgl. *BFH* DStR 2006, 225.

4. Qualifikation des Vertrages, anzuwendende Vorschriften

a) Formularvertrag nach §§ 305 ff. BGB; Verbrauchervertrag nach § 310 III BGB

20 In aller Regel soll der Bauträgervertrag für mehrere Objekte eines Bauträgers verwendet werden, er unterliegt daher dem § 305 BGB. Verwender ist der Bauträger, auf den Verfasser kommt es nicht an. Die Beurkundung ändert an der AGB-Eigenschaft nichts (§ 305 I 2 BGB).

Eine ähnliche Inhaltskontrolle auch bei nur **ein** oder **zwei** Verträgen erfolgt, wenn ein „Verbrauchervertrag" i. S. d. § 310 III BGB vorliegt, d. h. der Erwerber eine natürliche Person ist, „die den Vertrag zu einem Zweck abschließt, der weder einer gewerblichen noch einer selbständigen beruflichen Tätigkeit zugerechnet werden kann".

b) Individualvertrag mit Inhaltskontrolle nach § 242 BGB

Handelt es sich ausnahmsweise um keinen Formular- oder Verbrauchervertrag, so unterliegt er doch nach den sehr umstrittenen Grundsätzen der richterlichen Inhaltskontrolle auch notarieller Verträge einer solchen Kontrolle nach § 242 BGB (vgl. *Rieder* DNotZ 1984, 226; *Brambring* NJW 1987, 97; *Eickels* MittRhNotK 1990, 121).

Insbesondere ist ein formelhafter Sachmängelgewährleistungsausschluss beim Erwerb neu errichteter oder so zu behandelnder Häuser auch in einem Individualvertrag nach § 242 BGB unwirksam, wenn der Ausschluss nicht mit dem Käufer unter ausführlicher Belehrung über die einschneidenden Rechtsfolgen eingehend erörtert worden ist (*BGH* DNotZ 2012, 126 m. Anm. *Krauß*, welcher ein Formulierungsbeispiel bringt; *OLG Köln* MittBayNot 2011, 480 m. Anm. *Brambring*).

c) Direkter Anwendungsfall der MaBV und der HausbauVO

Trotz der Qualifikation des Veräußerers als Bauträger setzt die direkte Anwendbarkeit der MaBV voraus, dass der konkrete Vertrag auch tatsächlich ein Bauträgervertrag ist. Ob dazu der (Zwischen-)Erwerb des Grundstücks durch den Bauträger nötig ist, ist streitig (vgl. Rn. 8; Näheres bei *Warda* MittBayNot 1988, 1 und – zur Anwendung der MaBV auf Verdeckte Bauherrenmodelle und zu den Rechtsfolgen der „Umgehungsgeschäfte" – *Magel* ZNotP 2011, 202). Unzweifelhaft direkt gilt die MaBV nur, wenn der Bauträger auch das Eigentum am Grundstück zu verschaffen hat. Dann aber gelten zwingend die Fälligkeitsbestimmungen nach § 3 bzw. § 7 MaBV, insbesondere der Ratenzahlungsplan im Falle des § 3. Zur MaBV s. grundlegend *Drasdo* NZM 2009, 601.

Die MaBV ist nach der systematischen Einordnung ihrer Ermächtigungsgrundlage **Gewerberecht** und bindet primär den Bauträger, der Zahlungen nur nach den § 3 und 7 MaBV entgegennehmen darf. Der alte Streit, inwieweit ihr daneben auch zivilrechtliche Bedeutung zukommt, wurde durch den Gesetzgeber entschieden: Art. 244 EGBGB bestimmt, durch Rechtsverordnung

„auch unter Abweichung von § 632a BGB zu regeln, welche Abschlagszahlungen bei Werkverträgen verlangt werden können, die die Errichtung eines Hauses oder eines vergleichbaren Bauwerks zum Gegenstand haben, insbesondere wie viele Abschläge vereinbart werden können, welche erbrachten Gewerke hierbei mit welchen Prozentsätzen der Gesamtbausumme angesetzt werden können, welcher Abschlag für eine in dem Vertrag enthaltene Verpflichtung zur Verschaffung des Eigentums angesetzt werden kann und welche Sicherheit dem Besteller hierfür zu leisten ist".

Aufgrund dieser Ermächtigungsnorm regelt nunmehr die „Verordnung über Abschlagszahlungen bei Bauträgerverträgen" (kurz „**HausbauVO**") vom 23.5.2001 (BGBl. I, 981) zwar nicht alle Hausbauverträge, wie ursprünglich intendiert und immer noch geplant, wohl aber zunächst den Teilbereich des Bauträgervertrages. Durch § 1 dieser Verordnung werden für Bauträgerverträge die Zahlungsregelungen der **§§ 3 und 7 MaBV ins Zivilrecht transformiert.**

Nachdem zuvor kritische Stimmen (allen voran *Thode* ZfIR 2001, 345) in der Anwendung des § 3 MaBV einen Verstoß gegen § 632a BGB gesehen hatten, wurde damit **Rechtsklarheit** geschaffen: Das Verfahren der Zahlungsabwicklung nach §§ 3 und 7 MaBV i. V. m. § 1 HausbauVO kann weiterhin zulässig und wirksam in Bauträgerverträgen vereinbart werden (vgl. eingehend *Amann/Brambring/Hertel* S. 258 ff.; *Basty* Rn. 56 ff., je m. w. N.). Die heute ganz herrschende Meinung teilt diese Bedenken nicht (vgl. *Basty* a. a. O.). Ein etwaiger europarechtlicher Verstoß müsste von den nationalen Gerichten festgestellt werden, nicht vom *EuGH* (*EuGH* NotBZ 2004, 226 m. zust. Anm. *Kanzleiter*; vgl. zu dieser Entscheidung *Volmer* ZfIR 2004, 460).

Die Transformation der §§ 3 und 7 MaBV in das Zivilrecht ist allerdings mit der ausdrücklichen Einschränkung verbunden, dass § 1 HausbauVO nur die Leistung von „**Abschlagszahlungen**" zulässt. Soweit also Vorausleistungen nicht schon AGB-rechtlich unzulässig sind (vgl. Rn. 77b f.), verbietet sie nunmehr die HausbauVO. Maßgeblich für die Abgrenzung zwischen Abschlagszahlung und Vorausleistung kann nicht der objektive Wert der erbrachten Teilleistung sein, entscheidend ist die Vorstellung der Vertragspartner von der Gleichwertigkeit der von ihnen zu erbringenden Leistungen. Bleibt also der vereinbarte Gesamtkaufpreis um 10 % hinter dem objektiven Verkehrswert zurück, so wird auch die Teilleistung und deren Preis mit einem entsprechenden Abzug zu versehen sein. *Basty* (Rn. 62) spricht hier von „subjektiver Äquivalenz". Die gewerberechtlich starren Raten nach § 3 II MaBV erhalten damit zivilrechtlich den Charakter von Höchstbeträgen (*Basty* Rn. 67).

Für die Praxis ergeben sich freilich keine großen Änderungen. Auch dem Ratenplan der MaBV liegt nach dem Verordnungszweck eine **Vermutung** für die **Angemessenheit** von Leistung und Gegenleistung zugrunde, der Notar darf daher in aller Regel von der Angemessenheit des Ratenplanes ausgehen, wenn er der MaBV entspricht. Anders ist es nur, wenn sich dem Notar die Wertverhältnisse so klar darstellen, dass das Missverhältnis von Leistung und Gegenleistung als sicher erscheint. Drängen sich lediglich erhebliche Zweifel auf, genügt es, wenn der Notar die Beteiligten auf die mit einer ungesicherten Vorleistung verbundenen Gefahren hinweist (s. Rn. 77b; vgl. zum Ganzen eingehend *Basty* Rn. 70 ff.).

Die §§ 3 und 7 MaBV sind **Schutzgesetze** i. S. d. § 823 II BGB (*BGH* NJW 2009, 673) mit der Konsequenz, dass bei einer Bauträger-GmbH nicht nur diese, sondern auch deren **Geschäftsführer persönlich haftet**, wenn durch den Verstoß gegen die §§ 3 und/oder 7 MaBV eine unerlaubte Handlung begangen hat.

d) Analoge Anwendung der MaBV und der HausbauVO

23   Rechtspolitisch dringend geboten erscheint die Anwendung der MaBV auch dann, wenn das Grundstück von Dritten erworben wird, im Übrigen aber alle Merkmale des Bauträgervertrages vorliegen (**Generalübernehmermodell** oder verdecktes **Bauherrenmodell**, vgl. Merkblatt der Landesnotarkammer Bayern, www.dnoti.de/DOC/2009/bautraegermerkblatt_Mai_2009.pdf). Soweit ein **Formular- oder Verbrauchervertrag** anzunehmen ist (so der Regelfall), bietet die MaBV unter dem Gesichtspunkt des Vorleistungsverbotes (§ 309 Nr. 2 BGB) „Anhaltspunkte" für einen angemessenen Interessenausgleich zwischen Bauträger und Käufer (Merkblatt der Landesnotarkammer Bayern, a. a. O.). Liegt kein Formular- oder Verbrauchervertrag vor, so können die Grundgedanken der MaBV über § 242 BGB analog herangezogen werden. Freilich kann der Ratenzahlungsplan des § 3 MaBV dann nicht schematisch angewandt werden, er bedarf entsprechender Anpassung.

5. Beurkundungsverfahren

a) § 17 II a BeurkG

24   Zu § 17 II a BeurkG in dessen bis 30.9.2013 geltender Fassung hat die BNotK mit Rundschreiben Nr. 20/2003 vom 28.4.2003 „Anwendungsempfehlungen" gegeben, www.dnoti.de/DOC/2003/BNotK_RS_2003_20.pdf.

25   Zu den wichtigsten Punkten einschließlich der ab 1.10.2013 geltenden Neuregelungen (Geltungsbereich, „Vertrauensperson", Zwei-Wochen-Frist, „beabsichtigter Text", Pflicht zur Übersendung durch den Notar, keine Dispositionsfreiheit der Beteiligten über die Einhaltung der Zwei-Wochen-Frist etc.) siehe eingehend Kap. A I. Rn. 707 ff.

b) Zeitpunkt der Beurkundung und Verfahrensstadium

26   Der Bauträger wünscht die Beurkundung in einem möglichst **frühen** Stadium, um den Erwerber zu **binden** und an den **Kaufpreis** – zumindest an die erste Rate – zu kommen.

II. Vorüberlegungen bei der Konzeption   A II

Dem ersten Anliegen kann und sollte Rechnung getragen werden, wenn die wesentlichen Voraussetzungen gegeben sind, nämlich
- der Grundstückserwerb und
- die Erteilung der Baugenehmigung – soweit erforderlich – sowie
- auf der Erwerberseite die Finanzierung

als tatsächlich gesichert erscheinen; die fehlende rechtliche Sicherung kann durch Rücktrittsrechte und Hinausschieben der Kaufpreisfälligkeit kompensiert werden. Die Kostenfolge ist natürlich zu bedenken, nach entsprechendem Hinweis sollte der Notar allerdings nicht zögern, einem Beurkundungswunsch zu folgen, da ansonsten alle Varianten privatschriftlicher Vorverträge versucht werden, welche allesamt nach § 311b I BGB nichtig sind.

Dem zweiten Anliegen einer möglichst frühen Kaufpreisfälligkeit kann dagegen erst nach Vorliegen aller Voraussetzungen der MaBV oder bei deren Nichtanwendbarkeit entsprechender Sicherungen nach dem AGB-Recht bzw. § 242 BGB (vgl. Rn. 21) entsprochen werden (vgl. dazu eingehend Rn. 78 ff.).

c) Aufspaltung in Angebot und Annahme

Eine **systematische** Aufspaltung des einheitlichen Vertrages in eine getrennte Beurkundung von Angebot und Annahme muss **abgelehnt** werden, da die Aufspaltung dem Zweck des Beurkundungsverfahrens zuwiderläuft, ein Verhandeln beider Vertragsteile unter gleichzeitiger Beratung durch den Notar zu ermöglichen. Besteht der Bauträger aber dennoch auf der Trennung, so hat der **Erwerber,** nicht der Bauträger das **Angebot** (das alle Bestandteile der Erwerbsurkunde enthalten muss) abzugeben, um dem Unerfahrenen die **Belehrung** durch den Notar zukommen zu lassen (Ziff. II 1. d der Richtlinienempfehlungen der Bundesnotarkammer, www.bnotk.de/_downloads/Richtlinien/Empfehlungen_BNotK.pdf; vgl. auch MünchVertrHdb V S. 422). Erfolgt die Trennung nicht aus Bequemlichkeitsgründen (Ersparnis der Anreise, Zeitersparnis für den Bauträger), sondern um dem Bauträger den Ausstieg aus dem Gesamtprojekt zu ermöglichen, bis eine bestimmte Anzahl von Einzelobjekten platziert ist, so darf die **Bindungsfrist** für den Erwerber **nicht unangemessen lang** sein, § 308 Nr. 1 BGB (so bereits *OLG Dresden* NotBZ 2004, 356: höchstens vier Wochen). Auch nach *BGH* (NJW 2010, 2873 m. Anm. *Blank* = MittBayNot 2011, 49 m. Anm. *Kanzleiter* = RNotZ 2010, 530 m. Anm. *Kessler* = NotBZ 2010, 335 m. Anm. *Kraus*; vgl. ferner *Herrler/Suttmann* DNotZ 2010, 883) kann beim finanzierten Immobilienkauf, dessen Abschluss eine Bonitätsprüfung vorausgeht, der Eingang der Annahmeerklärung regelmäßig innerhalb von vier Wochen erwartet werden (§ 147 II BGB), wobei allerdings diese regelmäßige Bindungsfrist so lange noch nicht „unangemessen" i. S. d. § 308 Nr. 1 BGB überschritten wird, als die Überschreitung nur unwesentlich ist. Nach *OLG Dresden* (DNotZ 2012, 374) ist bei einer Bindungsfrist von **sechs Wochen** eine wesentliche Überschreitung noch nicht anzunehmen. Mit einer solchen moderaten Verlängerung der Bindungsfrist wird das Interesse des Erwerbers, nach angemessener Zeit Klarheit über die Annahme seines Angebots zu bekommen, noch hinreichend berücksichtigt (*OLG Dresden* a. a. O.). Nach *BGH* (DNotZ 2013, 923; MittBayNot 2014, 42 m. krit. Anm. *Suttmann*) kann der Erwerber auch bei Bauträgerverträgen unter regelmäßigen Umständen eine Annahme innerhalb von längstens **vier Wochen** erwarten. In der gleichen Entscheidung wendet der BGH die zehnjährige Verjährungsfrist des § 196 BGB für „Ansprüche auf Übertragung des Eigentums an einem Grundstück ... sowie die Ansprüche auf die Gegenleistung" auch auf die Rückabwicklungsansprüche aus dem nicht zustande gekommenen Vertrag an und lässt zudem nach § 199 I Nr. 2 BGB die Verjährung des Bereicherungsanspruchs erst mit der Kenntnis des Erwerbers von der Nichtigkeit des Bauträgervertrages beginnen. *Kanzleiter* (MittBayNot 2012, 461) kritisiert beides zu Recht, da diese lange und erst spät beginnende Verjährung auch aus der Sicht der Rechtsordnung zu unangemessenen Rechtsfolgen für die Beteiligten und einer unerfreulichen Rechtsunsicherheit über lange Zeit führt.

27

Folge einer unangemessen langen Bindungsfrist soll nach *BGH, OLG Dresden, OLG München* je a. a. O. sein, dass das Angebot nur bis zu dem Zeitpunkt, in welchem der Anbieter den Eingang der Annahmeerklärung unter regelmäßigen Umständen erwarten darf, angenommen werden kann (§ 147 BGB). Nun liegt es nahe, in der Reaktion des Anbieters auf die (verspätete) Annahme eine Gegenannahme des darin liegenden Gegenangebotes i. S. d. § 150 I BGB zu sehen. Diesen Weg gehen die zitierten Entscheidungen jedoch nicht mit, da die Qualifizierung eines Verhaltens als schlüssige Annahmeerklärung grundsätzlich das Bewusstsein voraussetze, für das Zustandekommen des Vertrags sei zumindest möglicherweise noch eine Erklärung erforderlich. Daran aber fehle es beim Anbieter, der die (verspätete) Annahme als rechtzeitig gewertet habe. Diese Sicht widerspricht jedoch jedem Verbraucherschutz, da bei verspäteter Annahme Zahlungen des Erwerbers ungesichert wären – mangels wirksamen Vertrages hätte die Eigentumsvormerkung keinerlei Schutzwirkung. Gerade der Verbraucherschutz gebietet daher, dass das Angebot wirksam bleibt, allerdings mit einem freien Rücktrittsrecht des Erwerbers, wenn es nicht unverzüglich angenommen wird (MünchVertrHdb V S. 424; *Cremer/Wagner* a. a. O.; *Basty* Rn. 174 f., der allerdings den Verbraucher schon dadurch als geschützt ansieht, dass die verspätete Annahme ein neues Angebot darstellt, § 150 I BGB).

In der Praxis wurde daher zunächst eine Kombination aus **kurzer Bindungsfrist** des Angebots, **anschließendem Weiterbestehen mit freier Widerruflichkeit** und einem späten Endtermin empfohlen (Würzburger Notarhandbuch Teil 2 Kap. 3 Rn. 32 f. m. w. N.; vgl. auch *Herrler/Suttmann* DNotZ 2010, 883, 890, welche den Gedanken des § 177 II BGB heranziehen, der das Ingangsetzen der dortigen Zwei-Wochen-Frist auch nicht zeitlich begrenzt). Allerdings hat der *BGH* (DNotZ 2013, 923; MittBayNot 2014, 42 m. krit. Anm. *Suttmann)* eine zeitlich **unbefristete** Weitergeltung des Angebots trotz seiner Widerruflichkeit als für den Anbieter unangemessen benachteiligend und daher nach § 308 Nr. 1 BGB unwirksam erklärt und in einem *obiter dictum* zudem Zweifel an der Wirksamkeit einer **befristeten** Fortgeltung geäußert, da auch hier abweichend von der gesetzlichen Regelung der verspäteten Annahme (§ 150 I BGB) faktisch nicht der Anbieter, sondern stets der Verwender das „letzte Wort" über das Zustandekommen des Vertrags habe (s. eingehend hierzu *Herrler* DNotZ 2013, 887 und MittBayNot 2014, 109; *Blank* DNotZ 2014, 166).

Als gesichert kann daher nach dem derzeitigen Stand der *BGH*-Rechtsprechung festgehalten werden, dass die **Regelbindungsfrist von vier Wochen auch für das Angebot zum Abschluss eines Bauträgervertrages gilt.**

Nur bei Vorliegen **besonderer sachlicher Gründe**, die allerdings in der Angebotsurkunde dargelegt werden müssen (*Blank* DNotZ 2014, 166) – ausdrücklich nennt der *BGH* (DNotZ 2014, 41) das Erfordernis der Platzierung einer bestimmten Anzahl von Objekten zur Baufinanzierung – kommen auch längere Fristen in Betracht, nach *BGH* (a. a. O.) **höchstens drei Monate.**

Zweifelhaft ist, ob die Problematik nach dem heutigen Stand der BGH-Rechtsprechung durch ein **Ausweichen auf ein Rücktrittsrecht** des Bauträgers oder auf **Optionsgestaltungen** umgangen werden kann (s. eingehend *Herrler* DNotZ 2013, 887 und MittBayNot 2014, 109; *Blank* DNotZ 2014, 166; MünchVertrHdb V S. 424; *Basty* Rn. 286; *Grziwotz/Koeble/Riemenschneider* 3. Teil Rn. 699, je m. w. N.). Dies dürfte ausgeschlossen sein bei freiem Rücktrittsrecht oder Optionsgestaltungen, die einen begründungsfreien „Ausstieg" des Bauträgers ermöglichen. M. E. muss die Rechtslage aber anders sein, wenn ein Rücktritt nur aus bestimmten sachlichen Gründen zulässig ist, etwa wenn nicht ein bestimmter Stand verkaufter Objekte erreicht und deshalb die Finanzierung nicht gesichert ist. Ein derartiges Rücktrittsrecht oder eine analoge Optionsgestaltung halte ich für zulässig bis zu einer Befristung von ca. sechs Monaten, bei besonderen Objekten und entsprechenden sachlichen Gründen auch länger. Erfahrungsgemäß vermarktet ein Bauträger „Filetstücke" sehr schnell, der „frühe" Erwerber hat hier den Vorzug der freien Auswahl. Dann ist ihm aber auch ein längeres, sachlich begründetes Rück-

II. Vorüberlegungen bei der Konzeption

trittsrecht des Bauträgers zumutbar. Die Angemessenheit längerer Fristen wird gestärkt durch die Kostenübernahme des Bauträgers bei Rücktritt und durch Zahlungsfristen, die es dem Erwerber ermöglichen, die eigene Finanzierung erst nach Ablauf des Rücktrittsrechts endgültig festzulegen. Auch der *BGH* (DNotZ 2014, 41) **differenziert** insoweit, wenn er zur Begründung der Höchstdauer von drei Monaten für die Bindungsfrist eines Angebots trotz Vorliegens besonderer sachlicher Gründe wörtlich ausführt: „Hält der Bauträger diese Frist für nicht ausreichend, darf er nicht den Weg der Sukzessivbeurkundung von Angebot und Annahme gehen. Vielmehr muss er sich für einen einaktigen Vertragsschluss entscheiden und versuchen, seine Interessen z. B. durch die Vereinbarung einer Rücktrittsklausel zu wahren."

Nimmt der Bauträger – was durchaus erwünscht ist – bei Angeboten des Erwerbers an der Beurkundungsverhandlung teil und unterschreibt er gar die Urkunde mit (etwa wegen einer Kostenübernahme für den Fall, dass er das Angebot nicht annimmt), so muss der Erwerber nachdrücklich darüber **belehrt** werden, dass die Annahme zu **gesonderter Urkunde** erst noch erfolgen muss und dass sie im Belieben des Angebotsempfängers steht. Er darf die Beurkundungsverhandlung nicht verlassen im (falschen) Bewusstsein, einen „Bauträgervertrag geschlossen" zu haben.

6. Erbbaurecht

Sieht der Bauträgervertrag die Errichtung eines Bauwerks im Erbbaurecht vor, so gelten die hier gemachten Hinweise sinngemäß mit folgenden Besonderheiten: An die Stelle des Grundstückskaufteils im Bauträgervertrag tritt der Erwerb des Erbbaurechts mit dem Eintritt in den Erbbaurechtsvertrag. § 3 II MaBV sieht dementsprechend veränderte Zahlungsraten vor. Bei komplexen Wohnanlagen kann es vorkommen, dass der Erwerber neben dem Erbbaurecht am Hauptbauwerk Eigentum oder Miteigentum an Stellplatz-, Garagen- oder Gemeinschaftsflächen, Zuwegen etc. erwirbt. Dann sollte für den Heimfall des Erbbaurechts eine Verklammerung vorgesehen werden, wonach der Eigentümer des Erbbaugrundstücks beim Heimfall auch derartige Eigentumsflächen gegen entsprechende Entschädigung miterwirbt, damit wirtschaftliche Einheiten nicht getrennt werden. Dieses Erwerbsrecht kann durch eine Vormerkung gesichert werden. 28

7. Steuerliche Aspekte

a) Einkommensteuer

Bei **Fremdnutzung** (Vermietung) des Objekts bleibt nach Wegfall der degressiven Abschreibung (§ 7 V EStG) für Erwerbsvorgänge seit dem 1.1.2006 nur die **reguläre** Abschreibung nach § 7 IV EStG mit jährlich 2 % aus dem Gebäudewert (nicht aus dem Grund und Boden). Mitveräußerte Wirtschaftsgüter mit **kürzerer** Nutzungsdauer können allerdings unabhängig davon bei Fremdnutzung mit dem der Nutzungsdauer entsprechenden höheren Prozentsatz abgeschrieben werden. 29

Zumindest bei Fremdnutzung sollten daher nicht nur Grund und Boden einschließlich der Erschließungskosten (nicht abzugsfähig) sowie Gebäude (lange Nutzungsdauer), sondern auch die sonstigen Anlagen und Einbauten (mit kürzerer Nutzungsdauer) und etwa miterworbenes Mobiliar mit getrennten Erwerbspreisen ausgewiesen werden. Das Finanzamt wird der Aufteilung allerdings nur dann folgen, wenn sie den wirklichen Wertverhältnissen entspricht. 30

Sonderabschreibungen sind zulässig für Gebäude in Sanierungsgebieten und städtischen Entwicklungsbereichen (§ 7h EStG), für Baudenkmäler (§ 7i EStG bzw. § 82i EStDV) und für Wohnungen mit Sozialbindung (§ 7k EStG). 31

b) Umsatzsteuer

32 Der Erwerb ist nach § 4 Nr. 9a UStG umsatzsteuerfrei, da er der Besteuerung nach dem Grunderwerbsteuergesetz unterliegt. Eine Mehrwertsteueroption (§ 9 I UStG) mit anschließendem Vorsteuerabzug ist für Wohnbauten, die nach dem 31.3.1985 fertig gestellt wurden und vermietet werden sollen, nach §§ 9 II, 27 UStG nicht mehr möglich. Sie gibt es nur noch für gewerblich oder freiberuflich genutzte Objekte – werden sie vermietet, so muss der Mieter zum Vorsteuerabzug berechtigt sein (§ 9 II 1 UStG), wenn die Gebäudeerrichtung nach dem 9.11.1993 begonnen oder nach dem 31.12.1997 fertig gestellt wird (§ 27 II UStG) – oder für Wohnbauvorhaben zur Vermietung im Rahmen des Nato-Truppen-Statuts (vgl. Rn. 151).

c) Grunderwerbsteuer und Grundsteuer

33 Hinsichtlich der Grunderwerbsteuer, welche sich aus dem Kaufpreis errechnet (§§ 8, 9 I 1, 11 GrEStG), hat die Föderalismusreform die Festsetzung des Steuersatzes den Ländern übertragen (Art. 105 II a 2 GG). Der Steuersatz liegt derzeit zwischen 3,5 % (Bayern, Sachsen) und 6,5 % (Schleswig-Holstein). Eigenleistungen werden dem Kaufpreis nicht hinzugerechnet, bleiben also unbesteuert, Sonderwünsche werden ihm zugerechnet und damit besteuert – und zwar unabhängig davon, ob sie mitbeurkundet sind oder, da erst später gewünscht, nicht. Nicht selten werden solche Sonderwünsche vom Finanzamt durch Fragebogen ermittelt. Erschließungskosten zählen nicht zur Bemessungsgrundlage, soweit sie nur Vorausleistungen darstellen; vgl. *Grziwotz*, Baulanderschließung, S. 360 m. w. N.

Vorausleistungen, die über die Abschlagszahlungen nach § 3 MaBV hinausgehen, begründen nach *BFH* (MittBayNot 2003, 242 m. Anm. *Frantzen*) einen grunderwerbsteuerpflichtigen geldwerten Vorteil.

Seit 1.1.1990 ist die Grundsteuervergünstigung nach § 92a des II. WoBauG entfallen.

> **Praxishinweis Steuern:**
>
> Häufig wird der Verkäufer selbst interessiert sein, eine Wohnung in dem zu erstellenden Gebäude zu erwerben. Hierzu haben sich unter der Sammelbezeichnung „Tausch mit dem Bauträger" verschiedene Modelle entwickelt, wobei in der Regel ein Rückkauf oder Tausch vereinbart wird, vgl. Darstellung *Spiegelberger/Spindler/Wälzholz*, Die Immobilie im Zivil- und Steuerrecht, Kap. 3.VI. Grunderwerbsteuerlich liegen hier zwei getrennte Steuerfälle vor, wobei jedoch die anteilige Steuerbefreiung für den Grundstücksverkauf und die vollständige Befreiung für den Rückkauf erreicht werden kann, wenn der Rückkauf innerhalb von zwei Jahren nach Abschluss des Grundstücksverkaufs vollzogen werden kann (§ 16 II Nr. 1 GrEStG).

d) Bauabzugsteuer

34 Mit den §§ 48 ff. EStG – eingefügt mit Wirkung ab 1.1.2002 – wurde die sog. Bauabzugsteuer eingeführt. Erbringer von Bauleistungen haben danach unter den im Gesetz genannten Vorgaben 15 % des Entgelts einzubehalten und an das Finanzamt abzuführen. Für einen nicht abgeführten Abzugsbetrag haftet auch der Leistungsempfänger, § 48 III 1 EStG. Nach dem BMF-Schreiben vom 27.12.2002 (IV A 5 – S 2272–1/02) Nr. 18 ist Empfänger einer „Bauleistung" i.S. d: Bauabzugsteuer nur ein „**Bauherr**" i.S. d. BMF-Schreibens vom 31.8.1990 (BStBl. I S. 366). Dies trifft auf den **Erwerber** beim Bauträgervertrag **nicht** zu, da er Planung und Ausführung des Bauvorhabens weder rechtlich noch tatsächlich in der Hand hat und zudem der vereinbarte Festpreis die Bauherreneigenschaft ausschließt. Vertragliche Regelungen zur Bauabzugsteuer sind im Bauträgervertrag daher entbehrlich.

II. Vorüberlegungen bei der Konzeption A II

8. Notar- und Grundbuchkosten

a) Notarkosten

- Beurkundungsgebühr: 2,0-Gebühr aus dem vollen Wert (Kaufpreis), Nr. 21100 KV-GNotKG
- Vollzugsgebühr: 0,5-Gebühr Nr. 22110 aus dem vollen Wert (die jedoch nur anfällt, wenn einer der Tatbestände der Vorbem. 2.2.1.1 KV-GNotKG gegeben ist)
- Vertretungsbescheinigung: 15 EUR je eingesehenes Registerblatt, Nr. 25200 KV-GNotKG
- Betreuungsgebühr für Fälligkeitsmitteilung, Anweisung, Auflassung erst nach Zahlung vorzulegen: 0,5-Gebühr aus dem vollen Wert (Kaufpreis), Nr. 22200 KV-GNotKG (bei separater Beurkundung der Auflassung zusätzlich 0,5-Gebühr Nr. 21101 KV-GNotKG)
- Gegenstandsgleich (§ 108 I 4 Nr. 1 GNotKG) sind insbesondere Belastungsvollmacht (dazu Kap. A I. Rn. 266 ff.) und Abtretung des Kaufpreisanspruchs an Globalgläubiger
- Dokumentenpauschale, Nr. 32000–32003 KV-GNotKG (näher Kap. J Rn. 36)
- Auslagen: Nr. 32004–32005 KV-GNotKG
- Auswärtsgebühr Nr. 26002 KV-GNotKG, Unzeitgebühr Nr. 26000 KV-GNotKG
- gegebenenfalls Kosten für Löschung und Freigabe von Globalbelastungen (trägt der Bauträger) und Rangrücktritt der Globalrechte hinter Einzelfinanzierungsrechte (trägt i. d. R. der Erwerber).

35

b) Grundbuchkosten

- Eigentumsvormerkung: 0,5-Gebühr Nr. 14150 KV-GNotKG aus vollem Wert (Grundstück und Gebäude)
- deren Löschung: 25 EUR, Nr. 14152 KV-GNotKG
- Eigentumsumschreibung: 1,0-Gebühr Nr. 14110 KV-GNotKG
- Katasterfortführungsgebühr nach Landesrecht, vgl. in Bayern Art. 1 des Gesetzes über Gebühren für die Fortführung des Liegenschaftskatasters (KatFortGebG) vom 12.12.1973 (BayRS 2013-1-19-F): Die Gebühr beträgt 30 % der Gebühr für die Eigentumsumschreibung.

36

9. Vollzugsfragen

Der Vollzug des Bauträgervertrages erfolgt grundsätzlich wie der Vollzug eines Grundstückskaufvertrages. Soweit Wohnungseigentum zu begründen ist, vgl. Kap. A III. Rn. 19 ff. Besonderheiten gibt es wegen der Vielzahl der Beteiligten bei der Veräußerung großer Anlagen:

Grundstückswegmessungen sollten **frühzeitig** vollzogen werden, um Pfandfreigaben bei späteren Belastungen zu vermeiden.

37

Rechte in Abteilung II des Grundbuchs, die neu bestellt werden müssen, sollten **frühzeitig** bestellt werden, da später viele Beteiligte zustimmen müssen; die Verpflichtung zur Zustimmung und der erste Rang sollten gegebenenfalls durch **Vormerkung** gesichert werden; bei Zwischeneintragung von Grundpfandrechten ist die **erste Rangstelle** später meist unerreichbar; bei Versteigerung eines entsprechenden Objektes (Wohnungseigentum) erlischt eine nachrangige Dienstbarkeit am Gesamtgrundstück an allen Objekten!

38

Für künftige **Änderungen** sind rechtzeitig **Vollmachten** vorzusehen; besondere Sorgfalt erfordert, sie nicht zu weit zu fassen (Erwerberschutz! Zu beachten ist auch § 17 IIa 2 BeurkG, der nur noch für Durchführungsgeschäfte eine Vollmacht an eine andere als eine „Vertrauensperson" zulässt, s. Kap. A I. Rn. 708), sie aber auch nicht zu eng zu formulieren, um bei Änderungen ohne wirkliche Beeinträchtigung des formell Betroffenen dessen erneute Unterschrift entbehrlich zu machen. Um derartige Vollmachten grund-

39

buchtauglich zu machen, empfiehlt es sich, sie im **Außenverhältnis** entsprechend **weit** zu fassen und **Beschränkungen** nur für das **Innenverhältnis** vorzusehen; ggf. kann die Vollmachtsausübung zu Überwachungszwecken auf eine bestimmte Notarstelle beschränkt werden (vgl. auch Rn. 116, 129).

Der Bauträger ist nachdrücklich hinzuweisen auf die Notwendigkeit der **Übereinstimmung** von **Aufteilungsplan** und **Bauausführung**, da bei Abweichungen das Risiko der Nichtigkeit der gesamten Aufteilung besteht.

10. Belehrungen

40 Alle üblichen Belehrungen im Rahmen eines Grundstückskaufvertrages sind auch hier angebracht. Besonders hinzuweisen ist auf **Globalrechte** und die Art ihrer Ablösung: Die Abwicklung erfolgt wegen des Inhalts der Freistellungsverpflichtung über ein Konto bei der betreffenden Bank. Hinzuweisen ist ferner darauf, dass die Zahlung nach Baufortschritt nur teilweise vor **Überzahlungen** schützt, da in den Raten größere „Sprünge" liegen als im kontinuierlichen Baufortschritt, und dass die Zahlung nach Baufortschritt nicht das **Fertigstellungsrisiko** deckt. Ist bei Beurkundung ein **Zwangsversteigerungsvermerk** im Grundbuch eingetragen, muss der Notar den Erwerber besonders nachdrücklich auf die Indizwirkung dieser Eintragung für eine wirtschaftliche Schieflage des Bauträgers hinweisen (*BGH* NJW 2010, 3243).

Steuerliche Belehrungen werden i. d. R. nicht vorgenommen; werden sie vom Notar ausnahmsweise erteilt, so haftet er für ihre Richtigkeit.

11. Bauträgerobjekte in den neuen Bundesländern

41 In den neuen Bundesländern gelten keine rechtlichen Besonderheiten für Bauträgerverträge, abgesehen von den allgemeinen **Sonderregeln** des Grundstücksrechts nach dem **Einigungsvertrag** und seinen **Folgegesetzen**, insbesondere vom Genehmigungserfordernis nach § 1 GVO (wegen Genehmigung des Vorerwerbs meist entbehrlich) und von den immer noch vereinzelt bestehenden praktischen Schwierigkeiten (ungeklärte Eigentumsverhältnisse, unbekannte Beteiligte, Rückgabeansprüche etc.).

12. Auslandsberührung

a) Beurkundungen im Inland

42 Auslandsberührung kommt auch bei Beurkundungen in Deutschland in mehrfacher Hinsicht in Betracht:

– Ausländische Erwerber eines Inlandsobjektes: Hier ist bei Ehegatten der maßgebliche eheliche Güterstand zu ermitteln, bei unterschiedlicher Staatsangehörigkeit nach dem IPR vgl. Art. 15 EGBGB.
– Inländische Erwerber eines Auslandsobjekts: Hier ist Zurückhaltung bei Beurkundungen geboten, soweit nicht der Notar über Spezialkenntnisse des maßgeblichen ausländischen Rechts verfügt. Ohne derartige Kenntnisse sollte der Kunde an einen deutschen Spezialisten (Adressen sind meist über die Notarkammern oder das DNotI zu erhalten) oder an einen Notar im betreffenden Ausland verwiesen werden; eigene Beratungen sollten sich auf die allgemeinen Grundsätze der Sicherung einer Zug-um-Zug-Leistung beschränken.

OLG Koblenz NJW-RR 2003, 17, qualifiziert einen in Deutschland vereinbarten und dann in Korsika vereinbarungsgemäß beurkundeten Appartementkauf als Bauträgervertrag.

b) Beurkundungen im Ausland

Sie kommen in Betracht, wenn Auslandsbezug vorliegt, etwa 43
- der Bauträger seine Niederlassung im Ausland hat,
- der Erwerber seinen gewöhnlichen Aufenthalt im Ausland hat,
- das Objekt im Ausland liegt oder
- das Vertriebsgebiet des Bauträgers sich im Ausland befindet;

oder wenn versucht werden soll, deutsche bzw. EU- und EWR-europäische Käuferschutzvorschriften (etwa die fünfjährige zwingende Gewährleistungsfrist) über die Anwendung eines EU- oder EWR-fremden Schuldstatuts zu beseitigen. Hier sichert in der EU die Verordnung (EG) Nr. 593/2008 des Europäischen Parlaments und des Rates vom 17.6.2008 über das auf vertragliche Schuldverhältnisse anzuwendende Recht (**Rom I – VO**) – durch welche der nur für das deutsche Recht geltende § 29a I, II EGBGB bzw. der vor diesem geltende § 12 AGBG abgelöst wurden – unter den dort genannten Voraussetzungen die Anwendung des deutschen oder des betroffenen EU- oder EWR-europäischen Verbraucherschutzrechtes als eines Mindeststandards, hinter dem das Vertragsstatut zum Nachteil des Verbrauchers nicht zurückbleiben darf. Vgl. zum ganzen Komplex ausführlich *Pause* Rn. 169 ff.

III. Vertrag über ein Einfamilienhaus

1. Grundbuchstand

Da im Vorfeld von Bauträgerverträgen Grundstücke häufig erst neu gebildet werden, 44
ist der aktuelle Grundbuchstand bei Beurkundung und seine gegebenenfalls noch erforderliche Entwicklung zum Vertragsobjekt mit besonderer Sorgfalt darzustellen:
- Beschreibung des Grundbesitzes:
  Die Fl. Nr. des Grundstücks, die derzeit eingetragene Flächengröße, geplante oder schon beurkundete, aber nicht vollzogene Veränderungen sind hier anzugeben.
- Belastungen in Abteilung II:
  Aufzuführen sind insbesondere Dienstbarkeiten aller Art, Reallasten, Eigentumsvormerkungen für Drittberechtigte und die Voraussetzungen ihres Erlöschens.
- Belastungen in Abteilung III:
  I. d. R. bestehen Finanzierungsrechte für den Grundstücksankauf, Globalrechte für die Vorfinanzierung des Bauvorhabens.
- Situation von Sonderflächen:
  Für eventuelle separate Garagen und Stellplätze, Vorhöfe, sonstige Gemeinschaftsflächen, Privatwege, Mülltonnenstellplätze etc. ist die Situation dieser Sonderflächen darzustellen.

2. Leistungsumfang – Vertragsgegenstand

a) Grundstück

Ist das Grundstück **schon gebildet** und damit vermessen, so verbleibt es beim Be- 45
schrieb nach dem Grundbuchblatt (hilfsweise nach dem Messungsergebnis). Eine **Flächenangabe** ist Beschaffenheitsangabe i. S. d. § 434 BGB, bei unrichtiger Angabe bestehen daher Mängelansprüche nach § 437 BGB. Nur bei einer Beschaffenheits**garantie** nach § 443 I BGB hat der Erwerber weitergehende Rechte nach § 444 BGB. Eine Garantie muss aber wohl ausdrücklich erklärt sein.
Wird das Grundstück **erst gebildet,** so sollte seine Lage in einem möglichst exakten maßstabsgerechten **Plan** mit nachprüfbaren Fixpunkten (Einzeichnung des Altgrund-

stückes oder der unverändert bleibenden Nachbargrundstücke, Straßen etc., Angabe der Himmelsrichtung) festgehalten und die **Flächengröße** als ca-Fläche angegeben werden. Nach *BGH* (NJW 1999, 3115) droht bei einem ungenauen Lageplan Nichtigkeit (etwas milder *OLG Düsseldorf* MittBayNot 2002, 44, und *BGH* MittBayNot 2002, 390, je m. Anm. *Kanzleiter*) des Vertrages, insbesondere bei falschen Maßangaben; bei verbleibenden Zweifeln vermeidet ein Leistungsbestimmungsrecht des Bauträgers nach § 315 BGB die Nichtigkeit (MünchVertrHdb V S. 426). Der Plan ist der Urkunde nach §§ 9 I 3, 13 I 1 BeurkG als Anlage beizufügen und den Beteiligten zur Durchsicht vorzulegen. Die ca-Flächenangabe ist auch hier i. d. R. Beschaffenheitsangabe, keine Beschaffenheitsgarantie, geringfügige Abweichungen sind in den gleichen Toleranzgrenzen wie beim früheren Fehlerbegriff unschädlich (vgl. *BGH* MittBayNot 1984, 175). Dies gilt auch für den ein Sondernutzungsrecht ausweisenden Plan, der der Kennzeichnung der Fläche dient, hinsichtlich der Flächengröße jedoch unverbindlich sein soll: Auch hier muss die Fläche im wesentlichen der Darstellung im Plan entsprechen, Abweichungen dürfen also allenfalls geringfügig sein (*OLG München* NZM 2009, 747).

Anders ist es, wenn der Bauträger für eine gewisse Mindestgröße **einstehen** will (*BGH* NJW 1986, 920), was auch in einer Prospektwerbung zum Ausdruck kommen kann (*BGH* DNotZ 1979, 336). Bei größeren Abweichungen liegt ein Mangel vor (vgl. *BGH* NJW 1999, 1859). Die angegebene ca-Fläche ist jedenfalls mit größter Sorgfalt zu ermitteln.

Das Problem der Flächengröße entschärft sich etwas, wenn bei einer Änderung eine **Preisanpassung** vorgesehen wird (vgl. Rn. 60). Auch dann darf sich der Charakter des Gesamtobjekts nicht durch eine Flächenänderung verändern.

Sorgfalt sollte auch bei der Beschreibung mitveräußerter **Nebenflächen** verwandt werden. Wenn deren genaue Lage und Gestalt, Flächengröße oder die Zahl künftiger Miteigentümer ausnahmsweise noch nicht endgültig feststeht, sollte dieser Umstand und der Grad der möglichen Abweichungen in der Urkunde festgehalten werden. Dem Bauträger wird ein Leistungsbestimmungsrecht nach § 315 BGB eingeräumt. Größere Wertunterschiede sollten auch hier durch Preisausgleich kompensiert werden.

b) Erschließung

46 Zum Leistungsumfang gehören i. d. R. die komplette Erschließung im weitesten Sinne und alle Hausanschlüsse. Festzulegen bei der Konzeption des Vertrages ist daher weniger deren Umfang, sondern **wer** deren **Kosten zu tragen** hat: der Erwerber zusätzlich zum Kaufpreis oder der Bauträger, so dass sie in den Kaufpreis eingerechnet und mit seiner Zahlung abgegolten sind (vgl. Rn. 60).

Vgl. hierzu eingehend *Grziwotz* NotBZ 1999, 16; *Basty* MittBayNot 1999, 211.

Zur **doppelten Belehrungspflicht** des Notars über die Gefahr einer doppelten Inanspruchnahme des Erwerbers bei Zahlungsunfähigkeit des Bauträgers und mögliche vertragliche Sicherungen hierzu s. Rn. 77d.

c) Bauwerk, Baubeschreibung

47 Das Bauwerk hat den **anerkannten Regeln der Baukunst** zu entsprechen, bei vereinbarten **höheren** Anforderungen jedoch diesen (*OLG Hamm* IBR 2006, 268). Nach ganz h. M. kommt es hierfür auf den Zeitpunkt der **Abnahme**, nicht des Vertragsschlusses an (*BGH* DNotZ 2005, 464 m. Anm. *Basty*; *OLG Zweibrücken* DNotZ 2008, 187 m. Anm. *Pause*, MünchVertrHdb V S. 430 m. w. N.; eingehend dazu auch *Herchen* NZBau 2007, 139). Die Vereinbarung eines **überholten** Standards verstößt ohne **ausdrücklichen** Hinweis gegen das Transparenzgebot des § 307 I 2 BGB (*OLG München* MittBayNot 2007, 1,16; *Amann/Brambring/Hertel* S. 239).

III. Vertrag über ein Einfamilienhaus

Je nach Bautenstand ist zu unterscheiden:

aa) Ist das Bauwerk schon **fertig gestellt,** so genügt an sich seine knappe Beschreibung, da der Leistungsgegenstand tatsächlich bereits existiert und damit feststeht. Nur **ausstehende** Arbeiten müssen exakt beschrieben werden. In der Praxis wird jedoch dem Erwerber auch bei fertig gestellten Bauwerken meist eine **Baubeschreibung ausgehändigt;** dann bestimmt sie auch hier den Leistungsgegenstand, sie wird Vertragsbestandteil und muss daher **mitbeurkundet** werden (*BGH* DNotZ 2005, 467 m. Anm. *Basty*; *BGH* DNotZ 2006, 280 m. Anm. *Blank*; *Thode* ZNotP 2005, 166).

bb) Befindet sich das Bauwerk noch in der **Planung** oder ist es erst **teilweise erstellt,** so muss der Leistungsgegenstand **exakt beschrieben** werden, im Regelfall durch **48**
- **Baupläne** (am besten die in der Baugenehmigung genehmigten oder die Eingabepläne zur Baugenehmigung, um Widersprüche zu vermeiden), die den Vertragsgegenstand zeichnerisch wiedergeben: Sie sind der Urkunde nach §§ 9 I 3, 13 I 1 BeurkG als Anlage beizufügen und den Beteiligten zur Durchsicht vorzulegen;
- **verbale Baubeschreibung,** die die wesentlichen Bau- und Ausstattungsmerkmale in Worten beschreibt. Auf sie ist **größte Sorgfalt** zu verwenden, da sie die „vereinbarte Beschaffenheit" i. S. d. § 633 II 1 BGB festlegt, Unklarheiten gehen zu Lasten des Bauträgers (vgl. eingehend *Amann/Brambring/Hertel* S. 234 ff.). „Fallstricke" der Baubeschreibung erläutert ausführlich *D. Schmidt* ZfIR 2004, 405; wichtige Empfehlungen zur Prüfung der Baubeschreibung durch den Notar geben *Krick/Sagmeister* MittBayNot 2014, 205. Auch das **Transparenzgebot** des § 307 I 2 BGB erfordert eine möglichst präzise Baubeschreibung (MünchVertrHdb V S. 428; *Thode* ZNotP 2004, 131); es gebietet auch, materiell-rechtliche Regelungen nicht in der Baubeschreibung zu „verstecken", sondern in den Hauptteil der Urkunde zu übernehmen. Abweichungen von Baubeschreibung und/oder vorvertraglichen Erklärungen (Prospekten etc.) sind ausdrücklich unter exakter Beschreibung der Abweichung (also nicht nur mit einer allgemeinen Formel, dass vorvertraglich gemachte Angaben unmaßgeblich sind) in der Haupturkunde zu regeln (vgl. *D. Schmidt* a. a. O.). Für die Beurteilung der Frage, welche werkvertragliche Verpflichtung der Bauträger übernimmt, kann nämlich auch ein dem Erwerber übergebener Prospekt ausschlaggebend sein (*BGH* DNotZ 2008, 609 m. Anm. *Koeble*). Die Baubeschreibung ist der Urkunde als Anlage nach § 9 I 2 BeurkG beizufügen und mitzuverlesen. § 14 BeurkG (eingeschränkte Vorlesungspflicht) gilt nicht für die Baubeschreibung (*Winkler* MittBayNot 1999, 19). Zum geschuldeten **Schallschutz** vgl. *BGH* MittBayNot 2009, 460.

Für die Angabe einer **Wohnfläche** gelten die Ausführungen zur *Grundstücks*fläche (s. Rn. 45) sinngemäß. Auch sie ist i. d. R. Beschaffenheitsangabe, nicht Garantie (vgl. *Amann/Brambring/Hertel* S. 240). Gesetzlich ist der Begriff „Wohnfläche" nicht definiert, ein allgemeiner, völlig eindeutiger Sprachgebrauch hat sich bislang auch nicht entwickelt (*BGH* NJW 2004, 2230). Da die Wohnfläche aber zu den zentralen Beschaffenheitsmerkmalen des Objekts gehört, sollten sie und ihre **Berechnungsgrundlage in der Urkunde** angegeben werden, z. B. die Wohnflächenverordnung (WoFlV – Verordnung zur Berechnung der Wohnfläche) *oder* DIN 283 *oder* nach Rohbaumaßen – zu den Unterschieden s. *Amann/Brambring/Hertel* a. a. O.; *Blank* ZfIR 2004, 320; *Basty/Vogel* ZfIR 2004, 327. **Im Zweifel** wird die Berechnung nach der **WoFlV** gewollt sein, eine Berechnung nach DIN 283 nur dann, wenn letztere als Berechnungsmethode ortsüblich oder nach der Art der Wohnung nahe liegender ist (*BGH* NJW 2007, 2624). Nach der WoFlV ist die Wohnfläche nach lichten Maßen zu berechnen, eine alternative Berechnung nach Rohbaumaßen mit pauschalem Abzug für Putz ist nicht mehr vorgesehen. Unterschiede bestehen vor allem bei der Anrechnung von Dachschrägen, Nebenflächen, Balkonen und Terrassen: Nach DIN 283 werden Loggien, Balkone und gedeckte Freisitze zu einem Viertel angerechnet, nach der WoFlV grundsätzlich zu ebenfalls einem Viertel, wobei aber auch eine Anrechnung zur Hälfte zulässig ist. Flächen mit lichter Höhe über zwei Metern sind voll, Flächen zwischen ein und zwei Metern lichter Höhe nur zur Hälfte anzurechnen. Angesichts der Wahlmöglichkeiten sollte in der Urkunde auch angegeben werden, mit welchem **Anteil Balkone, Terrassen** und sonstige **Freiflächen** in der Wohnfläche enthalten sind (*Basty/Vogel* a. a. O.). Ob **Toleranzklauseln** bis zu 3% nach § 308 Nr. 4 BGB auch ohne Preisausgleich noch zulässig sind, hat der *BGH* (NJW 2004, 2156) ausdrücklich offen gelassen. Nach bisher ganz h. M. (*Amann/Brambring/Hertel* S. 240 f. m. w. N.) war dies der Fall, angesichts verfeinerter Bau- und Vermessungstechniken könnte eine Absenkung auf 1 bis 2% geboten sein (*Blank* Rn. 125: auf 1%). Bei höheren Prozentsätzen rettet evtl. – je nach Größe der Abweichung – im Falle einer Verkleinerung der Wohnfläche eine Preisanpassung **zugunsten** des Erwerbers die Klausel. Dagegen verbietet sich im Normalfall – jedenfalls bei Angabe eines „Festpreises" – bei Vergrößerung jede Aufzahlungspflicht als überraschende Klausel, der Bauträger hat eben exakt zu planen (*Amann/Brambring/Hertel* S. 241; *Basty* Rn. 907). Anders wäre es nur, wenn – wie beim Teilflächenkauf – ausdrücklich nur eine „vorläufige Wohnfläche" mit „vorläufigem Kaufpreis" vereinbart würde, ergänzt um eine Ausgleichungspflicht (*Basty* Rn. 908). **Fehlt** eine Wohnflächenangabe im Vertrag, gilt an deren Stelle die einseitige **Käufervorstellung,** wenn sie der Bauträger kennt oder ihm die Kenntnis von Hilfspersonen samt Untervermittlern zurechenbar ist (*BGH* NJW 2004, 2156).

Weichen Baubeschreibung und Baupläne voneinander **ab,** so wird sich die Annahme eines Dissenses meist durch Auslegung vermeiden lassen (*BGH* MittBayNot 2003, 216). Je präziser die Baubeschreibung ist, desto mehr treten nach der Verkehrsanschauung die Pläne in ihrer Bedeutung zurück (*BGH* a. a. O.). Der grundsätzliche Nachrang der Pläne sollte geregelt werden, eine Schranke bildet das Transparenzgebot.

§ 13a BeurkG bietet die Möglichkeit, Baubeschreibung und/oder Baupläne dadurch in die Urkunde einzuführen, dass auf eine andere notarielle Urkunde (**Mutterurkunde**) verwiesen wird, wobei die Verfahrensvorschriften des § 13a BeurkG genau einzuhalten sind. Um Mehrkosten zu vermeiden, werden häufig beim Verkauf des **ersten** Objektes Baubeschreibung und Pläne mitbeurkundet, bei allen folgenden Veräußerungen wird dann darauf verwiesen. Stattdessen kann aber auch vorweg eine **separate** Angebotsurkunde die Baubeschreibung und die Pläne enthalten, wobei das Angebot dann in jedem Kauf angenommen wird. Wegen der Pläne kann nach § 13a IV BeurkG alternativ auch auf die **genehmigten Baupläne** verwiesen werden.

Ohne Beurkundung der Baubeschreibung und der Pläne ist der Wille der Vertragsteile nicht vollständig beurkundet, die Urkunde ist nach § 311b I BGB **nichtig** (*BGH* NJW 1979, 1984). Da Baubeschreibung und Baupläne nicht alle Details wiedergeben können, kann für etwaige **Ergänzungen** dem Bauträger ein **Leistungsbestimmungsrecht** nach § 315 BGB vorbehalten werden, wobei die Schranken des § 307 BGB zu beachten sind: Nach *BGH* DNotZ 2006, 174 m. Anm. *Basty* = MittBayNot 2006, 140 m. Anm. *Riemenschneider* muss die Klausel die triftigen Gründe für das einseitige Leistungsbestimmungsrecht des Bauträgers nennen und in ihren Voraussetzungen und Folgen erkennbar die Interessen des Erwerbers angemessen berücksichtigen. Die Änderung muss dem Erwerber überdies zumutbar sein. Dies ist der Fall, wenn ein verständiger Erwerber sie billigen würde.

48a **Formulierungsbeispiel: Bauwerk – Leistungsgegenstand**

Der Bauträger verpflichtet sich, das Vertragsobjekt schlüsselfertig nach der Baubeschreibung und den Bauplänen herzustellen, wie diese in der Urkunde des Notars ... vom ..., URNr...., enthalten sind. Auf diese Urkunde wird verwiesen mit der Folge, dass deren Inhalt rechtlich auch Inhalt der vorliegenden Niederschrift wird. Diese Urkunde liegt in Urschrift vor, ihr Inhalt ist den Beteiligten bekannt; sie verzichten auf deren Vorlesen und Beifügen zu dieser Niederschrift. Die Pläne wurden den Beteiligten zur Durchsicht vorgelegt und von ihnen genehmigt.

Die Baubescheinigung geht etwaigen anders lautenden Einzeichnungen in den Bauplänen vor.

III. Vertrag über ein Einfamilienhaus A II

> ▼ Fortsetzung: **Formulierungsbeispiel: Bauwerk – Leistungsgegenstand**
>
> Soweit Leistungen durch Baubeschreibung, Baupläne und diese Urkunde nicht bestimmt sind, darf sie der Bauträger nach billigem Ermessen bestimmen.
> Die Leistungen sind technisch einwandfrei nach den anerkannten Regeln der Baukunst und den Bauvorschriften entsprechend zu erbringen. Abweichungen sind zulässig, wenn sie auf behördlichen Auflagen beruhen oder wenn sie aus technischen oder wirtschaftlichen Gründen erforderlich oder zweckmäßig und dem Erwerber zumutbar sind. Sie dürfen den Wert und die Gebrauchsfähigkeit des Vertragsobjekts nicht mindern.
> Eine Abweichung der Wohn- oder Nutzfläche – berechnet nach der Wohnflächenverordnung – ist nur vertragswidrig, wenn die Flächenänderung mehr als ein Prozent beträgt.

cc) Kommen **Sonderwünsche** in Betracht oder sind **Eigenleistungen** möglich, so gilt 49
Folgendes:
(1) Vereinbarung mit dem **Bauträger:**
Stehen sie bei Beurkundung des Bauträgervertrages bereits fest, so sind sie **mitzubeurkunden.** Werden sie später vereinbart, so verändern sie den Leistungsumfang des Gesamtvertrages, bedürfen also – *solange die Auflassung noch nicht* erklärt ist – einer **Nachtragsbeurkundung.** Dass dieses Erfordernis in der Praxis meist ignoriert wird, ändert nichts an der Problematik: Die nachträglichen Vereinbarungen sind formnichtig, sie werden erst mit Vollzug der Eigentumsumschreibung im Grundbuch geheilt. Vorsichtige Bauträger, die solche Nachtragsvereinbarungen nicht beurkunden wollen, erklären daher frühzeitig die Auflassung – ab diesem Zeitpunkt sind Nachträge nach allg. M. formfrei wirksam.
Bietet der Bauträger eine Sonderwunsch-Liste zu festgelegten Preisen an und ist diese mitbeurkundet, so wird dem Erwerber ein Leistungsbestimmungsrecht nach § 315 BGB eingeräumt. Die spätere Wahl einer so angebotenen Zusatzleistung bedarf daher keiner Beurkundung mehr. In allen genannten Fällen erhöht sich der Gesamtkaufpreis, der Ratenzahlungsplan nach § 3 II MaBV ist entsprechend anzupassen.
(2) Vereinbarung mit dem einzelnen **Bauhandwerker:** 50
Der Bauträgervertrag kann auch vorsehen, dass Sonderwünsche vom Erwerber unmittelbar mit den einzelnen Bauhandwerkern vereinbart werden können. Der Preis wird entweder frei vereinbart oder vorher zwischen Bauträger und Handwerker festgelegt, was dem Erwerber mitzuteilen ist. Die Sonderwunschvereinbarung bedarf dann keiner Beurkundung. Für die Ausführung haftet der Handwerker allein, für vorbereitende Tätigkeiten hierzu (Planung, Bauaufsicht etc.; auch für die Prüfung, ob sich der Sonderwunsch störungsfrei in das Gesamtkonzept der übrigen Bauleistungen einfügen lässt; *OLG Hamm* DNotZ 2007, 291 m. Anm. *Pause*) der Bauträger; für Letzteres anfallende Honorare sollten vorher vereinbart werden.
(3) Vereinbarung mit **unbeteiligten Handwerkern:**
Dies wird die Ausnahme bilden und nur dort in Betracht kommen, wo auch Eigenleistungen zulässig sind, die nach der Abnahme erbracht werden sollen.
(4) **Eigenleistungen** (negative Sonderwünsche):
Sie können von vornherein aus Leistungsumfang und Kaufpreis ausgenommen sein, oder es kann dem Erwerber vorbehalten sein, bestimmte Leistungen durch einseitige Erklärung abzuwählen und den Kaufpreis um einen hierfür vorher festgelegten Betrag zu vermindern. Schwierige Probleme können sich für Bauaufsicht und Gewährleistung ergeben, wenn Eigenleistungen größeren Umfangs erfolgen (vgl. MünchVertrHdb V S. 438). Zu den Hinweis- und Belehrungspflichten des Bauträgers, wenn der Erwerber die **Kellerabdichtung** in Eigenleistung übernimmt, vgl. *OLG Hamm* BauR 2011, 700.

(5) **Keine Vereinbarung:**
Ist nichts vereinbart, so besteht grundsätzlich kein Rechtsanspruch auf Berücksichtigung von Sonderwünschen. Aus der Verkehrssitte (§ 242 BGB) kann sich ein Anspruch auf Zulassung aber ergeben, wenn sich der Sonderwunsch ohne nennenswerte Mehrbelastung oder Interessenbeeinträchtigung des Bauträgers durchführen lässt.

d) Innenausstattung, Außenanlagen

51 Gehören zum Leistungsumfang auch Teile der Innenausstattung (Mobiliar) oder der gärtnerischen Außenanlagen, so sind auch diese in der Bau- bzw. Leistungsbeschreibung genau zu bezeichnen.

e) Nebenleistungen (Mietgarantie, Finanzierungsvermittlung etc.)

Häufig wird der Bauträgervertrag um **Zusatzvereinbarungen erweitert,** wenn z. B. der Bauträger sich verpflichtet, eine (Mindest-)**Miete** auf eine bestimmte Laufzeit zu garantieren oder eine **Finanzierung** des Kaufpreises zu vermitteln (beachte aber das Verbraucherkreditrecht, vgl. Rn. 88). Die Grenzen zum Bauträgermodell (s. Rn. 142) sind dann fließend.

Derartige Zusatzvereinbarungen bedürfen nach § 311b I BGB der **Beurkundung,** wenn wie im Regelfall der Bauträgervertrag ohne sie nicht zustande käme.

Die Vergütung für solche Zusatzleistungen kann unabhängig von § 3 MaBV (allgemeine Fälligkeitsvoraussetzungen; Ratenplan) oder § 7 MaBV (Bürgschaft) fällig gestellt werden, da die MaBV beim Bauträgervertrag nur die Entgegennahme von Zahlungen „zur Vorbereitung und Durchführung des Bauvorhabens" regelt (vgl. § 4 I Nr. 2 MaBV; *Basty* Rn. 255). Das Vorleistungsverbot des § 309 Nr. 2 BGB ist allerdings auch hier zu beachten.

3. Leistungszeit

52 Ist sie nicht bestimmt, so gilt grundsätzlich § 271 BGB (sofortige Leistung, d. h. Beginn alsbald nach Vertragsschluss und zügige Durchführung in angemessener Zeit, *BGH* DNotZ 2001, 767). Daher sollte im beiderseitigen Interesse die **Zeit der bezugsfähigen** und der **vollständigen Fertigstellung** (so *Amann/Brambring/Hertel* S. 242), **mindestens** aber der **Baubeginn** und die Verpflichtung zur **unverzüglichen** Erstellung des Baus festgelegt werden. Jedenfalls die Bezugsfertigkeit sollte kalendermäßig bestimmt sein, wobei darin ohne ausdrückliche Vereinbarung keine Garantie mit verschuldensunabhängiger Haftung zu sehen ist (*Grziwotz/Koeble/Riemenschneider* 3. Teil Rn. 377). Die Bauzeit darf nicht unangemessen lang sein (§ 308 Nr. 1 BGB). Nach *OLG München* (RNotZ 2012, 503) gehört die termingerechte Herstellung eines Wohnhauses oder einer Wohnung zu den Kardinalpflichten des Bauträgers, die Haftung für einfache Fahrlässigkeit kann daher formularmäßig nicht ausgeschlossen werden, eine Haftungsbeschränkung auf Vorsatz und grobe Fahrlässigkeit ist nach § 307 II Nr. 1 BGB unwirksam. Der Bauträger hat deshalb Vorkehrungen zu treffen, dass der zugesagte Termin eingehalten wird, insbesondere durch genügend große Zeitpuffer, die Spielraum zur Behebung unvorhergesehener Hemmnisse zulassen.

Für Überschreitungen gilt Folgendes: Die darin liegende Pflichtverletzung begründet einen Anspruch auf Schadensersatz nach § 280 I BGB wegen Verzögerung, der nach §§ 280 II, 286 BGB Verzug voraussetzt. Dieser tritt auch ohne Mahnung ein (§ 286 II Nr. 1 BGB). Bei vom Bauträger nicht zu vertretenden Verzögerungen (Streik, höhere Gewalt etc.) kann aber vereinbart werden, dass die Herstellungsfrist sich um die Dauer der Behinderung verlängert (vgl. eingehend hierzu MünchVertrHdb V S. 435; *Amann/Brambring/Hertel* S. 242).

53 Klare Vereinbarungen zu den Verspätungsfolgen sind hilfreich, etwa ein Vertragsstrafeversprechen (vgl. *OLG Köln* BauR 1995, 708) oder Schadensersatzpauschalen (vgl. *Amann/Brambring/Hertel* S. 243), die §§ 306 ff. BGB zugunsten des Erwerbers nicht

III. Vertrag über ein Einfamilienhaus   A II

verbieten. Der Erwerber muss sich allerdings bei Abnahme des Vertragsobjekts die Geltendmachung einer Vertragsstrafe vorbehalten, damit sie nicht verfällt (§ 341 S. 3 BGB). Zu einzelnen Vertragsformulierungen s. *Vogel* BTR 2007, 54.

4. Auflassungspflicht, Eigentumsvormerkung

a) Auflassungspflicht

Im Regelfall wird die Auflassung im Bauträgervertrag noch nicht erklärt, sondern bis zur Erfüllung der Erwerberpflichten, insbesondere bis zur Abnahme und Bezahlung **ausgesetzt.** Dies gilt vor allem, wenn noch Vermessungen ausstehen, damit in der späteren Auflassung dann auch das Messungsergebnis anerkannt wird. Regelmäßig wird der Bauträger **bevollmächtigt,** die Auflassung später auch im Namen des Erwerbers zu erklären. 54

b) Sofortige Auflassung mit Vollzugsanweisung

Nur ausnahmsweise – etwa bei Veräußerung eines bereits fertig gestellten Objekts oder wenn der Bauträger eine Nachtragsbeurkundung wegen nachträglicher Sonderwünsche oder Eigenleistungen vermeiden und diese Vereinbarung nur privatschriftlich abschließen will, vgl. Rn. 49 – wird die Auflassung sofort miterklärt, der **Notar** jedoch **angewiesen,** die Urkunde dem Grundbuchamt zum Vollzug der Auflassung erst vorzulegen, wenn dem Notar die Abnahme und die Kaufpreiszahlung durch Bestätigung des Bauträgers oder Beleg des Erwerbers (Abnahmeprotokoll, Bankbestätigung über Zahlung) nachgewiesen ist. Bis dahin dürfen Ausfertigungen und beglaubigte Abschriften der Urkunde nur auszugsweise, d. h. ohne Auflassung, erteilt werden. 55

Allerdings hat der *BGH* (DNotZ 2002, 41 m. Anm. *Basty* = NotBZ 2001, 462 m. Anm. *Hertel*) eine Klausel verworfen, in welcher die Vollzugsanweisung an den Notar daran geknüpft war, dass „der in bar zu entrichtende Kaufpreis … voll gezahlt ist". Hierin liege eine gegen § 307 II Nr. 1 BGB verstoßende Vorleistungspflicht des Käufers. Ob dies zutrifft, erscheint zweifelhaft; richtiger Ansicht nach enthält die Klausel nur eine verfahrensrechtliche Anweisung an den Notar, begründet aber keine materiell-rechtliche Vorleistungspflicht des Erwerbers, da dessen Anspruch gegen den Bauträger, etwa bei Minderung einer früheren Grundbuchvorlage durch den Notar zuzustimmen, unberührt bleibt (*Hertel* a. a. O.; *Amann/Brambring/Hertel* S. 248). Den Bedenken des *BGH* kann aber begegnet werden, indem auf die Zahlung des „geschuldeten" Kaufpreises abgestellt *und* die Grundbuchvorlage an die Zustimmung des Bauträgers geknüpft wird, nachdem der Notar dann nicht mehr prüfen kann, ob die geleistete Zahlung der geschuldeten entspricht (vgl. *Basty* Rn. 773 f.; MünchVertrHdb V S. 475). Der Nachteil dieser Regelung liegt allerdings darin, dass es der Zustimmung des Verkäufers auch dann bedarf, wenn der Käufer den ganzen Kaufpreis voll bezahlt hat; dem könnte durch eine entsprechende Einschränkung des Zustimmungserfordernisses Rechnung getragen werden.

> **Formulierungsbeispiel: Vollzugsanweisung nach Auflassung** 55a
>
> Die Vertragsteile weisen den Notar unwiderruflich an, diese Urkunde dem Grundbuchamt zum Vollzug der Auflassung erst vorzulegen, wenn der Verkäufer dem schriftlich zugestimmt hat; hierzu ist der Verkäufer verpflichtet, wenn der geschuldete Kaufpreis bezahlt ist. Einer Zustimmung des Verkäufers bedarf es jedoch nicht, wenn dem Notar die Zahlung des vollen für die laut dieser Urkunde vertragsgemäße Leistung vereinbarten Kaufpreises nachgewiesen ist.
> Vor vollständiger Erbringung der vertragsgemäßen Leistung hat der Verkäufer dem Vollzug der Auflassung mit dem erreichten Bautenstand zuzustimmen, sobald sein Unvermögen zur weiteren Leistung feststeht, Zug um Zug gegen Zahlung des dem erreichten Bautenstand entsprechenden Kaufpreisteils.

c) Eigentumsvormerkung

56 (= Auflassungsvormerkung, vgl. Kap. A I. Rn. 99). Sie ist das **wichtigste Sicherungsmittel** für den Erwerber (vgl. dazu ausführlich Kap. A I. Rn. 99 ff.) und daher Fälligkeitsvoraussetzung für den Kaufpreis, insbesondere auch nach § 3 I MaBV. Wegen der relativen Unwirksamkeit späterer Verfügungen gegenüber dem Vormerkungsberechtigten (§ 883 II BGB) gewährt § 888 I BGB einen Löschungsanspruch gegen nachrangige Berechtigte. Zur analogen Wirkung in der Insolvenz vgl. § 106 InsO. Wegen § 878 BGB wirkt der Schutz der Vormerkung bereits ab Eingang des Eintragungsantrags beim Grundbuchamt. Werden unvermessene Teilflächen veräußert und lasten daher andere Vormerkungen am Gesamtgrundstück, so empfiehlt sich eine Vollmacht an den Notar, die betroffenen Teilflächen nach Vorliegen des Messungsergebnisses zu bezeichnen, wobei der Erwerber die nicht betroffenen Teilflächen vorab bereits pfandfrei stellt. Der Empfehlung im Münch-VertrHdb V S. 474, in Zweifelsfällen den Vormerkungsberechtigten beizuziehen, ist nachdrücklich beizupflichten.

d) Abtretung eines Auflassungsanspruchs – Berichtigung bei der Vormerkung

57 Ist der Vorerwerb durch den Bauträger noch nicht vollzogen, kann dessen Auflassungsanspruch gegen den Eigentümer an den Erwerber abgetreten werden, selbst wenn im Vorerwerbsvertrag die Auflassung schon erklärt wurde (*BGH* DNotZ 1995, 47) – gegebenenfalls auch an mehrere Erwerber bezüglich einzelner Teilflächen (*BayObLG* DNotZ 1972, 233; *Ertl* DNotZ 1977, 81). Im Wege der Grundbuchberichtigung wird die (Teil-) Abtretung bei der Vormerkung des Bauträgers im Grundbuch eingetragen.

5. Kaufpreis

a) Höhe

58 Beim Kaufpreis handelt es sich regelmäßig um einen **Festpreis,** welcher die Kosten für das Grundstück, die Baukosten, Nebenkosten wie Planung, Bauaufsicht, Genehmigung, Vermessung, Vermarkung, die Kosten für die Erschließung, Anliegerbeiträge, Anschlusskosten und die Kosten der Gebäudeeinmessung – soweit nichts anderes vereinbart ist (vgl. *Grziwotz* MittBayNot 1988, 115) – einschließt. Anzugeben ist der Gesamtkaufpreis einschließlich vereinbarter **Sonderwünsche** abzüglich zugestandener **Eigenleistungen** und einschließlich der **Erschließungskosten** und Anliegerleistungen, soweit diese zum Leistungsumfang gehören; dieser ist exakt zu beschreiben (vgl. Rn. 13, 46).

58a **Formulierungsbeispiel: Festpreisdefinition**

Der Kaufpreis ist ein Festpreis. Er enthält alle Aufwendungen für die schlüsselfertige Erstellung des Vertragsobjektes, die anteiligen Grundstückskosten und die Bau- und Baunebenkosten. Er enthält auch sämtliche Kosten für die Herstellung der öffentlichen und privaten Anlagen zur Erschließung (Straßenherstellung mit -entwässerung und -beleuchtung), zur Ableitung von Abwasser und zur Versorgung des Vertragsobjektes, soweit sie nach Baugesetzbuch, Kommunalabgabengesetz, den derzeit geltenden örtlichen Erschließungssatzungen, Erschließungsverträgen oder der Baugenehmigung nach der für die Baumaßnahme derzeit maßgeblichen Planung der Gemeinde/Stadt im Erschließungsabrechnungsgebiet vorgesehen sind – unabhängig davon, wann die Beiträge anfallen und wann die Bescheide zugehen.

Soweit der Bauträger derartige Beiträge zu tragen hat, ist er auch allein berechtigt und verpflichtet, mit den berechtigten Stellen darüber abzurechnen, Aufzahlungen zu leisten und Überzahlungen in Empfang zu nehmen.

III. Vertrag über ein Einfamilienhaus **A II**

b) Aufteilung

Wegen der unterschiedlichen steuerlichen Abschreibbarkeit empfiehlt sich die Aufteilung des Kaufpreises (vgl. Rn. 29 ff.). 59

c) Anpassung an Veränderungen

ca-Fläche: Preisausgleich nach endgültiger Vermessung oder Festpreis; vorzuziehen ist 60
der Ausgleich (ausgenommen bei Nebenflächen, sofern die exakte Größe keine praktischen Auswirkungen hat). Bei Festpreis oder bei übergroßer Differenz trotz Preisausgleich: U. U. fehlt eine garantierte Beschaffenheit bei Flächenänderung, vgl. Rn. 45.

Erschließungskosten-Abrechnung: Je nach Leistungsumfang (genaue Definition) erfolgt Abrechnung
- bei Festpreis auch insoweit zwischen Bauträger und Erschließungsträger (Ausgleich ist Risiko des Bauträgers),
- bei Abrechnungsvorbehalt zwischen Bauträger und Erwerber,
- bei Begrenzung des Festpreises auf bisher angefallene Kosten (eventuell nur Vorausleistungsbeträge) zwischen Erwerber und Erschließungsträger.

Zur doppelten Belehrungspflicht des Notars für den Fall, dass von der Gemeinde nicht angeforderte Erschließungskosten im Festpreis enthalten sind, vom Erwerber auch bezahlt werden, dann aber vom Bauträger nach Anforderung nicht mehr bezahlt werden können (etwa bei Insolvenz), s. Rn. 77b.

Spätere **Sonderwünsche**, Eigenleistungen: Vgl. Rn. 49 ff.

d) Verjährung

Nach § 196 BGB gilt eine **zehnjährige** Verjährungsfrist für alle Ansprüche auf Über- 61
tragung des Eigentums an einem Grundstück und auf Erbringung der Gegenleistung
(ausführlich zur Neuregelung der Verjährung *Hertel* DNotZ 2002, 6; *Amann* DNotZ
2002, 94). Häufig empfiehlt sich eine vertragliche **Verlängerung**, zulässig nach § 202 II
BGB auf **maximal 30 Jahre**.

Die Rechtsfolge der kurzen Verjährung von zwei Jahren nach dem alten § 196 I 1
BGB war das Hauptproblem des Streits um die Zulässigkeit einer Zwangsvollstreckungsunterwerfung des Erwerbers wegen der Kaufpreiszahlungsverpflichtung im Bauträgervertrag. Durch die zehnjährige Verjährung mit Verlängerungsmöglichkeit ist dieses
Problem entfallen; vgl. im Übrigen Rn. 92.

6. Fälligkeit

Bei der Kaufpreisfälligkeit sind besonders die Vorschriften des **AGB-Rechts** (§§ 305 ff. 62
BGB) und der **MaBV/HausbauVO** zu beachten, soweit sie Anwendung finden. Häufigste Fälligkeitsregelung ist die nachfolgend dargestellte, von der ganz h. M. unverändert
als zulässig angesehene sog. „Vormerkungslösung" mit Ratenzahlung nach Baufortschritt (ebenso heftig wie nachhaltig, aber auch einsam kritisiert wegen angeblicher
Europarechtswidrigkeit von *Thode* ZNotP 2004, 210, und *Wagner* ZfBR 2004, 317;
überzeugend wendet sich gegen diese Kritik mit einem Aufruf zur „Gelassenheit" *Kanzleiter* BTR 2004, 74).

Die §§ 3 und 7 MaBV sind **Schutzgesetze** i. S. d. § 823 II BGB (*BGH* NJW 2009, 673).
Nimmt daher der **Geschäftsführer** einer Bauträger-GmbH Zahlungen unter Verstoß gegen diese Schutzgesetze entgegen, **haftet** er auch **persönlich** aus unerlaubter Handlung.

Ist trotz korrekter Vereinbarung eine verbotene Vorleistung – z. B. wegen einer fehlerhaften Fälligkeitsmitteilung – erfolgt, steht dem Erwerber gegen den Bauträger ein Schadensersatzanspruch in Höhe der durch die Abschlagszahlungen gezogenen Zinsvorteile

(*OLG Karlsruhe* BauR 2010, 1111) bzw. eines höheren eigenen Zinsschadens des Erwerbers (*OLG Stuttgart* NotBZ 2012, 152; *OLG Karlsruhe* BauR 2011, 567) zu.

Bisweilen wird erwogen, den Bauträger durch eine **Unternehmensanleihe** zu finanzieren, die auch oder sogar vorwiegend durch Kaufanwärter gezeichnet und evtl. mit den Baufortschrittsraten verrechnet werden soll. Jede derartige Verknüpfung verstößt gegen § 3 MaBV, eine evtl. noch ohne konkrete Kaufabsicht in zulässiger Weise hingegebene Anleihe müsste spätestens mit Abschluss des Bauträgervertrags zurückgezahlt werden. S. eingehend zu den denkbaren Varianten DNotI-Report 2013, 81.

a) Allgemeine Fälligkeitsvoraussetzungen

63   Zu den allgemeinen Fälligkeitsvoraussetzungen gehören:

aa) Eigentumsvormerkung (= Auflassungsvormerkung, vgl. Kap. A I. Rn. 99): Sie muss im Grundbuch **eingetragen** sein (§ 3 I 1 Nr. 2 Hs. 1 MaBV). Die bloße Vorlage des Eintragungsantrags an das Grundbuchamt (§ 3 I 1 Nr. 2 Alt. 2 MaBV a. F.) genügt wegen der **Neufassung** der MaBV vom 7.11.1990 (BGBl. I, 2479) seit 1.3.1991 nicht mehr; der Notar konnte nämlich eine Notarbestätigung über unerledigte Eintragungsanträge nur abgeben, wenn er eine bindende Auskunft des Grundbuchamtes erlangt hatte, zu deren Erteilung dieses aber nicht verpflichtet war. Zudem war das Insolvenzrisiko auch durch die Notarbestätigung nicht ausgeschlossen. Daher wurde dieses untaugliche Sicherungsmittel zu Recht als ungenügend angesehen (vgl. näher *Basty* DNotZ 1991, 18, 21).

Bei der Veräußerung einer **Teilfläche** genügt die Eintragung am ungeteilten **Gesamtgrundstück**, nachdem § 19 BauGB keine **Teilungsgenehmigung** mehr vorsieht. Wegen der auftretenden **Finanzierungsprobleme** empfiehlt es sich dennoch, den Kaufpreis erst nach **Vollzug** der Teilung im Grundbuch fällig zu stellen (vgl. *Basty* DNotZ 1991, 18, 21). Äußerst str. ist seit jeher, ob nach § 3 I 1 Nr. 2 MaBV auch die **Abtretung** des Auflassungsanspruches mit Berichtigung bei der Vormerkung des Bauträgers genügt (vgl. Rn. 57; *Basty* DNotZ 1991, 18, 21, a. A. *Marcks* § 3 Rn. 10). **Risiko** dieser Konstruktion ist der fehlende Gutglaubensschutz, so dass auch nach der Auffassung derer, die die abgetretene Vormerkung für MaBV-konform halten, der Vorerwerbsvertrag rechtswirksam sein muss und der Voreigentümer zumindest bestätigen sollte, dass ihm kein gesetzliches oder vertragliches Rücktrittsrecht (mehr) zusteht und ihm eine Abtretung oder Pfändung des Auflassungsanspruchs nicht bekannt ist (*Reithmann/Meichssner/v. Heymann* Rn. B 166). Insbesondere muss also der Kaufpreis für den Vorerwerb **bezahlt** und die Abtretung dem Erstverkäufer (Eigentümer) **mitgeteilt** sein. *Basty* (Rn. 325) hat seine frühere positive Haltung zur MaBV-Konformität der abgetretenen Vormerkung wegen Bedenken gegen die Sicherheit in einer Insolvenz des Bauträgers inzwischen aufgegeben. Insbesondere die letztgenannte Erwägung, aber auch die fehlende gesicherte Rechtsprechung zu den Wirkungen der abgetretenen Vormerkung lassen es angezeigt erscheinen, nur noch eine **originäre** Vormerkung als § 3 I 1 Nr. 2 MaBV entsprechend anzunehmen (ebenso jetzt MünchVertrHdb V S. 442).

Die Vormerkung muss an der **vereinbarten Rangstelle** eingetragen sein. Die **Lastenfreistellung** von vorgehenden Grundpfandrechten wird durch § 3 I 1 Nr. 3 MaBV geregelt. Für **Rechte in Abt. II** ist im Bauträgervertrag zu vereinbaren, ob (und wann) sie zur Löschung kommen oder übernommen werden. Wegerechte und ähnliche **Dienstbarkeiten** werden im Regelfall übernommen (vgl. Rn. 110), ebenso eine Eigentumsvormerkung (nicht aber die Bauverpflichtung selbst!) für die Gemeinde, wenn sie deren **Wiederkaufsrecht** bei nicht fristgerechter Bebauung sichert. Die Gemeinde wird i. d. R. nicht zum Rangrücktritt bereit sein. Über die Risiken der Vormerkung ist freilich zu belehren, auch sollten dem Erwerber zumindest die Ansprüche des Bauträgers gegen die Gemeinde bei Ausübung des Wiederkaufsrechts abgetreten werden (*Basty* Rn. 318). Besser geschützt ist der Erwerber mit einer Absicherung durch Bürgschaft nach § 7 MaBV, sofern diese Lösung trotz der damit verbundenen Kosten durchgesetzt werden kann.

III. Vertrag über ein Einfamilienhaus

Nicht als Ideallösung, aber zur **Verbesserung des Schutzes** des Erwerbers ist die Kombination folgender Gestaltungselemente denkbar (siehe *Kutter*, RWS-Forum Immobilienrecht 1998, 207 f.): Bereits im Vertrag zwischen der Gemeinde und dem Bauträger wird vorgesehen, dass der Rückübertragungsanspruch vorzeitig mit dem Beginn der Erdarbeiten erlischt, soweit die Durchführung des Bauvorhabens wirtschaftlich gesichert ist, etwa durch einen näher zu definierenden Verkaufsstand und eine Bankbestätigung über die Sicherstellung der Gesamtfinanzierung des Vorhabens. Eine Sicherung des dann noch bestehenden Fertigstellungsrisikos durch Herstellungsbürgschaft einer Bank wird wohl nur in Ausnahmefällen zu erlangen sein. 63a

Denkbar und weithin üblich ist es auch, den Rückübertragungsanspruch der Bank bereits mit Rohbaufertigstellung erlöschen zu lassen. Hier würde es genügen, nur die Baubeginnsrate durch eine Bürgschaft nach § 7 MaBV abzusichern. Die Fälligkeit der Rohbaufertigstellungsrate würde dann vom Vorliegen der Löschungsbewilligung zur Rückauflassungsvormerkung abhängig gemacht werden.

bb) Sicherung der Lastenfreistellung durch 64

- **(Teil-)Schuldübernahme**, die aufschiebend bedingt sein muss (ggf. in Teilbeträgen) durch das Vorliegen der übrigen Voraussetzungen des § 3 I und II – Bautenstand! – MaBV, vgl. *Marcks* § 3 Rn. 28; *Basty* Rn. 336;
- Vorliegen einer **Löschungsbewilligung** – so i. d. R. bei Einzelbelastung – oder **Pfandfreigabeerklärung** – bei Globalbelastung – (ggf. samt **Brief**) beim Notar, eventuell verbunden mit der Auflage, gegen Leistung einer entsprechenden Ablösezahlung davon Gebrauch zu machen; die **Ablösezahlung** muss aus dem Kaufpreis erfüllbar sein, beim „Steckenbleiben" des Baus aus einem entsprechenden Bruchteil, der (wie im Falle einer Freistellungsverpflichtung) nur an die geschuldete Vertragssumme anknüpfen darf, nicht an einen evtl. höheren Schätzwert; nach *OLG Stuttgart* (NotBZ 2012, 152) beinhaltet eine notarielle Pfandfreigabeerklärung als deren Rechtsgrund auch eine Freistellungsverpflichtung, so dass sie auch **ohne** Vorliegen des **Grundschuldbriefs** den Anforderungen des § 3 I 1 Nr. 3 MaBV genügt.
- **Freistellungsverpflichtung** i. S. d. § 3 I 1 Nr. 3 MaBV – so i. d. R. bei Globalbelastung –, die auch den Fall der Nichtbeendigung des Baues regeln muss (vgl. grundlegend *Schöner* DNotZ 1974, 346; *Schöner/Stöber* Rn. 3214; *BGH* DNotZ 1984, 322). Sie ist nicht nur Vertrag zugunsten Dritter zwischen Bank und Bauträger, sondern Angebot einer Garantieerklärung an den Erwerber, das dieser mit Beurkundung des Bauträgervertrages oder späterem Zugang der Freistellungsverpflichtung annimmt (*Behmer* DNotZ 1985, 196; *Schelter* DNotZ 1984, 332; vgl. zur Rechtsnatur ausf. *Basty* Rn. 342 m. w. N.). Zum Muster einer solchen Freistellungsverpflichtung vgl. MünchVertrHdb V S. 511 f.

Im Einzelnen gilt für die **Freistellungsverpflichtung** Folgendes: 65

(1) Die **Ablösezahlung** darf nur von der **Vertragssumme** ausgehen, nicht von einem eventuellen höheren Schätzwert. Vertragssumme ist nur die bei Baufertigstellung geschuldete, nicht die volle, wenn – z. B. wegen Mängeln, die zur Minderung führen – Einwendungen oder Einreden der vollen Forderung entgegenstehen (vgl. *Basty* DNotZ 1991, 18, 22). Bei **Steckenbleiben** des Baus (also nicht schon bei vorübergehender Baueinstellung oder Fristüberschreitung) ist nur der **dem erreichten Bautenstand entsprechende Teil** der ursprünglich geschuldeten Vertragssumme zu zahlen. Als **geschuldeter Betrag** kommt in Betracht (vgl. dazu *Kutter*, RWS-Forum Immobilienrecht 1998, 208):

(a) Derjenige Betrag, der sich ergibt, wenn von der ursprünglich geschuldeten Vertragssumme alle **Gegenforderungen** des Erwerbers aus der Nicht- bzw. Schlechterfüllung des Vertrages – Minderung, Schadensersatz wegen Nichterfüllung etc. – abgezogen werden (Aufrechnungsmethode).

(b) Derjenige **Prozentsatz** der ursprünglich geschuldeten Vertragssumme, der dem Verhältnis der **Selbstkosten** des Bauträgers für die erbrachte **Teilleistung** zu den gesamten (kalkulierten) Selbstkosten des fertigen Objekts entspricht, wobei für vom Bauträger selbst erbrachte Teilleistungen den Selbstkosten der kalkulierte Gewinn aus der betreffenden Teilleistung jeweils hinzuzurechnen ist (Selbstkostenmethode).

(c) Derjenige **Prozentsatz** der ursprünglich geschuldeten Vertragssumme, der dem Verhältnis von objektivem **Verkehrswert** der erbrachten **Teil**leistung (Grundstück plus unfertiges Gebäude, abzüglich eventueller Eigenleistungen hierauf) zum vollen hypothetischen objektiven Verkehrswert des fertigen Objekts (abzüglich eventueller im Kaufpreis bereits berücksichtigter Eigenleistungen) entspricht (Verkehrswertmethode).

66 Die Aufrechnungsmethode entspricht am ehesten den Intentionen der **MaBV**, vgl. Nr. 3.3.1.3. S. 3 MaBVwV: „Etwaige Erwerbspreisminderungen, z. B. wegen festgestellter Mängel oder Aufrechnung mit Gegenforderungen, hat der Gewerbetreibende gegen sich gelten zu lassen." Dies kann nicht nur für das fertig gestellte, aber mängelbehaftete Objekt gelten, sondern es gilt – erst recht – auch für den stecken gebliebenen Bau. Der Erwerber soll andererseits durch die Einschaltung des Globalgläubigers nicht besser und nicht schlechter gestellt sein als ohne dessen Beteiligung. Er darf also zur Lastenfreistellung nicht mehr aufwenden müssen, als er nach dem Kaufvertrag – auch bei Leistungsstörungen – dem Bauträger selbst schuldet (*BGH* DNotZ 1984, 322, 325 f. m. Anm. *Schelter* a. a. O. S. 333).

Die Selbstkostenmethode entspräche dagegen eher den Bedürfnissen des Globalgläubigers, da der so errechnete Betrag nicht hinter den (gegebenenfalls voll finanzierten) Aufwendungen des Bauträgers zurückbleibt, solange ein auch nur minimaler Gewinn unterstellt wird. Allerdings muss der Erwerber dem Globalgläubiger zur Erlangung der Lastenfreistellung möglicherweise mehr zahlen, als er dem Bauträger schuldet.

Zu Zwischenwerten zwischen der Aufrechnungs- und der Selbstkostenmethode wird i. d. R. die Verkehrswertmethode führen: Die meist höher als beim Bauträger liegenden Fertigstellungskosten des Erwerbers (oder eines beliebigen Dritten) werden den objektiven Verkehrswert der erbrachten Teilleistung mindern, allerdings fließt kein weiterer Schadensersatz wegen Nichterfüllung in die Berechnung ein, und die Minderung wird bei gegenüber der Vertragssumme gestiegenem Verkehrswert des fertigen Objekts nur anteilig berücksichtigt, nicht voll wie bei der Aufrechnungsmethode.

Nach *BGH* (a. a. O.) dürften auch die Selbstkosten- und die Verkehrswertmethode noch **MaBV-konform** sein, da jedenfalls auch hier verhindert wird, „dass der Erwerber zur Enthaftung seines Grundstücks wegen der Globalgrundschuld mehr aufwenden muss, als es dem Wert der vom Bauträger erbrachten Leistung entspricht" (*BGH* DNotZ 1984, 326). Sollte der objektive Verkehrswert des fertigen Objekts hinter der Vertragssumme zurückbleiben, so liegt darin kein Widerspruch, da für die Wertberechnung nur die Vorstellung der Beteiligten bei Vertragsschluss maßgeblich sein kann.

Um Unklarheiten zu vermeiden, empfiehlt es sich, eine der MaBV-konformen Berechnungsmethoden in der Freistellungsverpflichtung ausdrücklich zu vereinbaren.

Gravierende Unterschiede in den Ergebnissen der einzelnen Berechnungsmethoden werden freilich dadurch abgeschwächt, dass die Freistellungsverpflichtung als solche keine Rückzahlungspflicht des Gläubigers begründet (s. unten).

Die **Abrechnung** des stecken gebliebenen Baus erfolgt **unabhängig von den Baufortschrittsraten** des § 3 II MaBV. Bleibt der Bau also kurz vor Rohbaufertigstellung stecken, so ist die erbrachte Teilleistung anteilig zu bezahlen, obwohl die zweite Baufortschrittsrate noch nicht fällig gewesen wäre. Der Erwerber hat eine entsprechende **Nachzahlung** für den sog. „**Mehrwert**" zu leisten – unabhängig davon, ob der Gläubiger sich dies in der Freistellungsverpflichtung ausdrücklich vorbehalten hat oder nicht. Allerdings ist die Freistellungsverpflichtung im Zweifel dahingehend auszulegen, dass der Globalgläubiger Grund und Höhe des Zahlungsanspruchs des Bauträgers im Einzelnen darzulegen und zu beweisen hat (*OLG Karlsruhe* MittBayNot 2009, 39).

Liegt die jetzt noch geschuldete Vertragssumme dagegen unter der Summe der bereits geleisteten Ratenzahlungen, so ist der Erwerber auf **Rück**zahlungsansprüche gegen den

III. Vertrag über ein Einfamilienhaus　　　　　　　　　　　　　　　　A II

Bauträger verwiesen, die meist wegen dessen Insolvenz nicht realisierbar sein werden. Eine **Rückzahlungspflicht des Gläubigers** enthält die Freistellungsverpflichtung i. d. R. nicht.

Wählt bei eröffnetem Insolvenzverfahren der Insolvenzverwalter nach § 103 InsO die Erfüllung, so sieht *Kesseler* MittBayNot 2006, 17, die Gefahr, dass der Erwerber eine Wertdifferenz zwischen geleisteten Zahlungen und einem etwaigen niedrigeren Wert des Bauwerks nochmals zu zahlen hätte. Dies wäre jedoch nur richtig, wenn der Bauträgervertrag teilbare Leistungen i. S. d. § 105 InsO vorsähe, was wohl kaum angenommen werden kann. Besondere Belehrungen oder andere Vorkehrungen sind daher entbehrlich (a. M. *Kesseler* a. a. O.).

(2) Nach § 3 I 3 MaBV ist dem Bauträger ein **Rückzahlungsvorbehalt** gestattet, der – **67** wenn er in die Freistellungsverpflichtung aufgenommen wird – dem Bauträger die **Wahl** lässt, anstelle der Freistellung die vertragsgemäß im Rahmen des § 3 II MaBV geleisteten Zahlungen bis zur Höhe des anteiligen Wertes des Vertragsobjekts zurückzuzahlen. Der Bauträgervertrag hat zu regeln, ob eine Freistellungsverpflichtung mit oder ohne einen solchen Vorbehalt als vertragsgemäß gilt (*Basty* Rn. 365 m. w. N.; MittBayNot 1995, 367). Die Ausgestaltung des Vorbehalts als **Wahlschuld** führt allerdings dazu, dass die Wahl im Ergebnis auf den Erwerber übergeht (*BGH* DNotZ 2005, 380 m. Anm. *Schmucker* = ZfIR 2004, 983 m. Anm. *Grziwotz*: Das Rücktrittsrecht des Erwerbers bei Insolvenz des Bauträgers stellt der *BGH* einer Unmöglichkeit der Freistellungsverpflichtung gleich, nach § 265 BGB beschränkt sich die Wahl daher auf die Rückzahlung). Soll die Wahl beim Bauträger bzw. beim Kreditinstitut verbleiben, empfiehlt sich eine **Ersetzungsbefugnis** (*Schmucker* DNotZ 2005, 383; Grziwotz/Koeble/*Schmucker* 3. Teil Rn. 492).

Wird der Vorbehalt ausgeübt (was unverzüglich zu geschehen hat, a. M. *Basty* Rn. 371 mit Hinweis darauf, die Wahlschuld begründe keine Rechtspflicht, es gelte § 264 I BGB), so sind **nur Zahlungen** (also keine Zinsen; auch Eigenleistungen sind nicht zu vergüten) zurückzugewähren, die vertragsgemäß im Rahmen des § 3 II MaBV erfolgt sind: Sie müssen also i. d. R. – da im Vertrag regelmäßig so ausbedungen – an den Gläubiger geflossen sein. Hat der Erwerber **Überzahlungen** geleistet, so sind diese an sich nicht „vertragsgemäß". Die Berufung hierauf ist aber treuwidrig, soweit auch solche Zahlungen an den Gläubiger geflossen sind (so richtig *Basty* Rn. 378 f.; MittBayNot 1995, 367, 368). Begrenzt ist die Rückzahlungspflicht auf den **objektiven Verkehrswert** der erbrachten Teilleistung. Das Risiko, bereits mehr bezahlt zu haben (weil eben erst eine Rate bezahlt wurde oder weil ohnehin das Objekt überteuert war), trägt der Erwerber. Dies erscheint als hart, doch erhielte der Erwerber bei Wahl der Freistellungsalternative wertmäßig auch nicht mehr (vgl. *Basty* MittBayNot 1995, 367, 369). Zu Recht weist *Basty* (Rn. 378) allerdings darauf hin, dass in der Wahl der Rückzahlung ein Rücktritt des Gläubigers vom Vertrag über die Freistellungsverpflichtung liegt. **Weitergehende** Rückzahlungsansprüche (hinsichtlich aller dem Gläubiger zugeflossenen Zahlungen) nach §§ 346 ff. BGB kann und will die MaBV nicht ausschließen.

§ 242 BGB setzt der Ausübung des Rückzahlungsvorbehalts freilich Schranken. Abzuwägen sind das Gläubigerinteresse an der Stellung im Zwangsvollstreckungsverfahren (wirtschaftlich sinnvoll ist oft nur die Verwertung des Gesamtobjekts) und das Erwerberinteresse, das mit dem erreichten Bautenstand zunimmt, vgl. hierzu eingehend *Basty* Rn. 380 ff.; MittBayNot 1995, 367, 370).

Str. ist, inwieweit die Rückzahlung von der **Zug um Zug** zu erfolgenden **Löschung der** **68** **Eigentumsvormerkung** des Erwerbers (und gegebenenfalls seiner Finanzierungsgrundpfandrechte, auch soweit diese Rang nach den Globalrechten haben) abhängig gemacht werden darf. Die früher h. M. hielt dies für zulässig, *Basty* (Rn. 384 ff.; MittBayNot 1995, 367, 370 f.) und *Pause* (Rn. 267, 277) und ausdrücklich ihnen folgend *OLG München* (DNotZ 2011, 929 m. Anm. *Basty*) sowie die heute h. M. (offen gelassen allerdings in *BGH* DNotZ 2014, 275) lehnen dies mit überzeugenden Argumenten ab (s. jetzt auch MünchVertrHdb V S. 446): Die Rückzahlung beseitigt nur die Freistellungsverpflichtung des Gläubigers, sie sollte den Bauträgervertrag selbst und die Rechte des Erwerbers gegenüber dem Bauträger unberührt lassen. Gerade durch die Beschränkung der Rückzahlung auf den objektiven Verkehrswert würden weitergehende Zahlungsansprüche gegen den Bauträger entgegen § 309 Nr. 2a BGB ungesichert bleiben, die Verknüpfung ist daher unwirksam, eine derartige Wahl beseitigt die Freistellungsverpflichtung nicht (*Basty* a.a.O.). Anders wäre es nur, wenn den Finanzierungsrechten des Käufers der Vorrang vor den Globalrechten des Gläubigers eingeräumt worden wäre.

69 (3) Die Freistellungsverpflichtung kann an **Bedingungen** geknüpft sein (z.B. Mindestkaufpreis, Zahlungen auf bestimmtes Gläubigerkonto, Abtretung des Zahlungsanspruchs des Bauträgers an Gläubiger etc., vgl. *Basty* Rn. 392ff.; zur grundsätzlichen Wirksamkeit einer sicherungshalber erfolgenden Vorausabtretung des Zahlungsanspruchs des Bauträgers an die Finanzierungsbank s. *BGH* DNotZ 2008, 436). Wirksam ist sie nur dann, wenn diese Bedingungen mit dem Inhalt des Bauträgervertrages korrespondieren und dort auch wirksam – insbesondere nach MaBV und AGB-Recht zulässig – vereinbart sind. Nach *BGH* DNotZ 2014, 275 m. Anm. *Volmer* und OLG *München* DNotZ 2011, 929 m. Anm. *Basty* ist eine Freistellungsverpflichtung *nur* für den Fall, dass der Erwerber die Nichtvollendung des Baus **nicht zu vertreten** hat, MaBV-widrig; die Unzulässigkeit dieser Klausel führt nach *BGH* a.a.O. allerdings nicht gemäß § 139 BGB zur Gesamtnichtigkeit des Freigabeversprechens – was den Erwerberschutz konterkarieren würde –, sondern nur zur partiellen Unwirksamkeit der Einschränkung. Das im übrigen wirksame Freigabeversprechen bleibt infolgedessen aber auch eine taugliche Fälligkeitsvoraussetzung (a.M. noch OLG *München* a.a.O.). Zu einzelnen Klauseln (Aufrechnungsausschluss, Befristung, Bedingung, Form, Gutachten, Kaufpreiszahlung und -abtretung, Kostentragung, Sicherstellung eines Mindestpreises, Mehrwertabschöpfung, Definition des „Steckenbleibens" des Baus u.a.) s. eingehend *Basty* Rn. 392 ff.

70 (4) Ist die Freistellungsverpflichtung **unklar** oder mehrdeutig, so wird die **Auslegung** i.d.R. ergeben, dass sie inhaltlich so gewollt ist, wie dies den Erfordernissen des § 3 MaBV entspricht. Der Notar sollte aber auf eine Klarstellung hinwirken.

71 (5) Nach § 3 I 4 MaBV muss die Freistellungsverpflichtung dem Erwerber ausgehändigt sein. Daher ist Schriftform erforderlich, die Aushändigung einer Kopie genügt. Dem Notar sollte allerdings das Original der Erklärung vorliegen.

72 (6) Nach § 3 I 5 MaBV muss auf eine vorliegende Freistellungsverpflichtung im Bauträgervertrag Bezug genommen werden; hierzu genügt ein bloßer Hinweis (*Marcks* § 3 Rn. 19), es handelt sich um keine beurkundungsrechtliche Bezugnahme. Liegt die Verpflichtung dagegen noch nicht vor, muss der Bauträgervertrag einen ausdrücklichen Hinweis auf die **Aushändigungspflicht** des Bauträgers und auf den notwendigen Inhalt der Verpflichtungserklärung enthalten. Der Hinweis kann kurz sein, wenn der Notar später den Inhalt überprüft, etwa vor Erteilung der Fälligkeitsmitteilung (*Basty* Rn. 429).

(7) Ist der Bauträgervertrag nichtig, hat der Erwerber einen Anspruch auf Rückzahlung der geleisteten Raten auch gegen den Globalgläubiger (*BGH* DNotZ 2005, 467 m. Anm. *Basty*), allerdings aus § 812 I BGB, nicht aus der Freistellungsverpflichtung.

(8) Zulässig ist eine sicherungshalber erfolgte **Vorausabtretung** des Kaufpreisanspruchs des Bauträgers an den Globalgläubiger, sie ist nicht wegen Verstoßes gegen §§ 4 I Nr. 2, 6 I i.V.m. § 12 MaBV, § 134 BGB unwirksam (*BGH* ZfIR 2007, 841 m. Anm. *Blank;* zustimmend auch *Heyers* RNotZ 2012, 435 mit der zutreffenden Einschränkung, dass Bauträger und Globalgläubiger die Abtretung mit der Zweckbindungsvereinbarung einer auf das konkrete Bauvorhaben bezogenen Verwendung der ausgereichten Darlehen

III. Vertrag über ein Einfamilienhaus **A II**

verbinden müssen, da die Abtretung ansonsten nach § 134 BGB, aber auch nach § 307 BGB nichtig wäre).

(9) Bei „unsicheren" Gläubigern (etwa privaten Kreditgebern, ausländischen Gläubigern) schützt den Erwerber im Insolvenzfall des Gläubigers ein **Aussonderungsrecht**, das im Regelfall dadurch entsteht, dass der Gläubiger die Grundschuld auch als Treuhänder des Erwerbers hält (*Vierling* MittBayNot 2009, 78). Als zusätzliche Sicherheit könnte zur Sicherung des Freistellungsanspruchs des Erwerbers eine **Vormerkung** zu dessen Gunsten an der Grundschuld eingetragen werden (*Vierling* a. a. O.). Wird allerdings bei einem solchen „unsicheren" Gläubiger die freizugebende Grundschuld trotz der Freistellungsverpflichtung an einen Dritten abgetreten, so verliert die Freistellungsverpflichtung ihre Eignung als Fälligkeitsvoraussetzung, da dann die Freistellung nicht mehr gesichert ist (*KG* BauR 2012, 103).

cc) Rechtswirksamkeit des Vertrages: Alle rechtsgeschäftlichen und öffentlich-recht- **73** lichen Genehmigungen des Vertrages müssen wirksam, nicht aber unanfechtbar (vgl. *Schmidt* MittBayNot 1992, 114) vorliegen, d. h., es dürfen zumindest keine Gründe ersichtlich sein, die gegen die Wirksamkeit des Vertrages sprechen (vgl. *Basty* DNotZ 1991, 18, 20). Zum Verstoß gegen ausländische Devisenbestimmungen, der den Anspruch u. U. undurchsetzbar macht, vgl. *Schütze* (BWNotZ 1992, 170). Die **Verwalterzustimmung** (§ 12 WEG) ist nach *BGH* (DNotZ 1991, 888) auch zur Erstveräußerung erforderlich, soweit die Teilungserklärung dies nicht anders regelt (Altfälle vor dem 15.1.1994 heilt aber § 61 WEG). Zur Genehmigung nach GVO vgl. Rn. 40.

dd) Zum Vollzug erforderliche Genehmigungen: Hierzu gehört die Genehmigung zur **74** Sicherung von Gebieten mit Fremdenverkehrsfunktion nach § 22 BauGB, nicht aber die steuerrechtliche Unbedenklichkeitsbescheinigung (§ 22 GrEStG) oder die Vorkaufsrechtserklärung der Gemeinde (§§ 24, 28 I 2 BauGB). Allerdings empfiehlt es sich im Einzelfall, über § 3 MaBV hinaus die Fälligkeit auch an die Vorkaufsrechtserklärung der Gemeinde zu knüpfen. Dies kann u. U. sogar durch § 307 BGB geboten sein (vgl. *Basty* DNotZ 1991, 18, 19 m. w. N.).

ee) Baugenehmigung, hilfsweise Fiktionsbestätigung der Behörde, hilfsweise Fiktions- **75** bestätigung des Bauträgers, hilfsweise Baubeginns-Zulässigkeitsbestätigung des Bauträgers und bei Bestätigungen des Bauträgers Ablauf der einmonatigen Wartefrist:

(1) Die Baugenehmigung muss das gesamte Vertragsobjekt umfassen, eine bloße Teilbaugenehmigung genügt nicht. Sie muss **wirksam** sein, Unanfechtbarkeit wird nicht verlangt.

(2) Die Zweite VO zur Änderung der MaBV vom 6.9.1995 (BGBl. I, 1134) trägt dem Umstand Rechnung, dass die Baugenehmigungspflicht für kleinere Bauvorhaben in den meisten Landesbauordnungen abgeschafft worden ist zugunsten unterschiedlicher Kombinationen von Anzeige-, Genehmigungsfreistellungs- und vereinfachten Baugenehmigungsverfahren (mit oder ohne Genehmigungsfiktion). An die Stelle der nicht zwingenden Baugenehmigung tritt die **Fiktionsbestätigung** der zuständigen Behörde als gleichwertige Sicherheit. Ist eine solche Bestätigung nicht vorgesehen, so lässt die MaBV – wohl oder übel – eine **Bestätigung des Bauträgers** (dass die Genehmigung als erteilt gilt oder nach den baurechtlichen Vorschriften mit dem Bauvorhaben begonnen werden darf) genügen – eine zweifelhafte Sicherheit, wie auch der Verordnungsgeber erkannt hat: Zahlungen sind deshalb erst einen Monat nach Eingang der Bestätigung des Bauträgers beim Erwerber zulässig, damit dieser die Richtigkeit der Bestätigung notfalls durch eigene Rückfragen bei der Baubehörde nachprüfen kann ... Der Landesgesetzgeber hofft natürlich darauf, dass im Regelfall keine Rückfragen kommen, denn sonst wäre ja die schöne

Verwaltungsvereinfachung dahin: kein Musterbeispiel für gelungenen Verbraucherschutz!

76 **ff) Fälligkeitsmitteilung:** Sie umfasst i.d.R. die Voraussetzungen nach aa), bb) und – zwingend, § 3 I 1 Nr. 1 MaBV – auch nach cc) und dd); sie ist Ausfluss der Betreuungstätigkeit des Notars nach § 24 BNotO und erfordert entsprechende **Sorgfalt**, insbesondere bei der Überprüfung der rangrichtigen Eintragung der Vormerkung (vgl. *BGH* DNotZ 1985, 48; *Reithmann/Meichssner/v. Heymann* Rn. B 87, 104). Sie hat nicht die Wirkung einer Mahnung des Bauträgers (*OLG Düsseldorf* DNotZ 1985, 767 m.Anm. *Reithmann*).

b) Ratenzahlung nach Baufortschritt

77 **aa)** § 3 II MaBV wurde zum 1.6.1997 neu gefasst. An die Stelle der starren sechs Raten der alten Fassung sind folgende dreizehn Abschnitte getreten, die aber in sieben Raten zusammengefasst werden müssen:
– 30,0 % nach Beginn der Erdarbeiten
– 28,0 % nach Rohbaufertigstellung, einschließlich Zimmererarbeiten
– 5,6 % für die Herstellung der Dachflächen und Dachrinnen
– 2,1 % für die Rohinstallation der Heizungsanlagen
– 2,1 % für die Rohinstallation der Sanitäranlagen
– 2,1 % für die Rohinstallation der Elektroanlagen
– 7,0 % für den Fenstereinbau, einschließlich der Verglasung
– 4,2 % für den Innenputz, ausgenommen Beiputzarbeiten
– 2,1 % für den Estrich
– 2,8 % für die Fliesenarbeiten im Sanitärbereich
– 8,4 % nach Bezugsfertigkeit und Zug um Zug gegen Besitzübergabe
– 2,1 % für die Fassadenarbeiten
– 3,5 % nach vollständiger Fertigstellung.

Vgl. zu den einzelnen Raten eingehend MünchVertrHdb V S. 450 ff., und *Basty* Rn. 500 ff. Im zweiten Abschnitt („nach Rohbaufertigstellung") wurde durch den Zusatz „einschließlich Zimmererarbeiten" und durch Einfügung eines weiteren Abschnitts „für die Herstellung der Dachflächen und Dachrinnen" eine alte Streitfrage gelöst: Zur Rohbaufertigstellung gehören zwar die Zimmererarbeiten, nicht aber die Dacheindeckung; Gleiches gilt für die Fassadenarbeiten – Sie werden in dem neuen Abschnitt 12 separat aufgeführt.

Die alte Rate „Rohinstallation einschließlich Innenputz, ausgenommen Beiputzarbeiten" wurde in vier Abschnitte gegliedert, nämlich „Heizungsanlagen", „Sanitäranlagen", „Elektroanlagen" und „Innenputz, ausgenommen Beiputzarbeiten".

An die Stelle der „Schreiner- und Glaserarbeiten, ausgenommen Türblätter" ist der „Fenstereinbau einschließlich Verglasung" getreten; es ist also für die Fälligkeit nunmehr ohne Bedeutung, ob Holz- oder Kunststoff-Fenster eingebaut werden. Die Türzargen gehören nicht mehr zu dieser Rate, die daraufhin aber von 10,5 % auf 7 % vermindert wurde; sie haben überhaupt keinen eigenen Abschnitt, sondern müssen erst bei Bezugsfertigkeit eingebaut sein.

Neu sind eigene Abschnitte für Estrich (2,1 %), Fliesenarbeiten im Sanitärbereich (2,8 %) und Fassadenarbeiten (2,1 %). Die Fassadenarbeiten gehören also ausdrücklich nicht mehr zur Bezugsfertigkeit, was bisher streitig war. Rechnete man sie dazu, so ist die jetzige Lösung eine Besserstellung des Bauträgers, rechnete man sie nicht dazu, stellt sich der Bauträger jetzt schlechter. Die Reihenfolge der Raten ist nicht zwingend, sie kann bei einem anderen Bauablauf auch anders gestaltet sein (*Basty* Rn. 485).

77a Nach § 3 II 1 MaBV hat der Bauträger aus diesen **dreizehn** Abschnitten „bis zu sieben Raten entsprechend dem Bauablauf" zu bilden, in denen er die Zahlungen des Käufers entgegennehmen darf. **Streitig** ist jedoch, ob diese sieben Raten **schon im Bauträger-**

III. Vertrag über ein Einfamilienhaus A II

vertrag festgelegt sein müssen (so *Marcks* § 3 Rn. 23a m. w. N.) oder ob der Bauträgervertrag die Festlegung dem Bauträger überlassen darf, der die sieben Raten dann erst entsprechend dem tatsächlichen Bauablauf nach seinem Ermessen abrufen kann (so *Basty* Rn. 488 ff.; MünchVertrHdb V S. 451; Grziwotz/Koeble/*Riemenschneider* 3. Teil Rn. 540 ff.; Würzburger Notarhandbuch Teil 2 Kap. 3 Rn. 189), was einem einseitigen Leistungsbestimmungsrecht gleichkommt.

Der Wortlaut des § 3 II 1 MaBV lässt beide Möglichkeiten zu. Nach § 307 BGB ist ein einseitiges Leistungsbestimmungsrecht allerdings nur zulässig, wenn hierfür wegen der Unvorhersehbarkeit künftiger Entwicklungen eine sachliche Rechtfertigung besteht und die Unvorhersehbarkeit nicht der Risikosphäre des Verwenders zuzurechnen ist (*Ulmer/Brandner/Hensen*, AGBG, Anh. §§ 911 Rn. 470). Die Unvorhersehbarkeit des tatsächlichen Bauablaufs liegt dagegen allein in der Risikosphäre des Bauträgers (*Hermanns* ZfIR 1997, 578). Aber auch die MaBV geht davon aus, dass aus Gründen der Planungs- und Finanzierungssicherheit typischerweise die Einzelfälligkeiten bei Vertragsschluss festzustehen haben (*Marcks* § 3 Rn. 23 f.), zumal nach der praktischen Erfahrung keine überwiegenden Interessen der Bauträger eine Offenhaltung gebieten: Fünf Raten stehen in der Praxis meist ohnehin nicht zur Disposition (vgl. *Reithmann* NotBZ 1997, 196): 30 % bei Baubeginn, 28 % bei Rohbaufertigstellung (ggf. zzgl. 5,6 % für Dachflächen und Dachrinnen, wenn diese bis zur Rohbaufertigstellung bereits montiert sind), 8,4 % bei Bezugsfertigkeit, ggf. zzgl. Fassade mit 2,1 %, wenn diese bei Bezugsfertigkeit schon fertig sein sollte, ansonsten eben später, und 3,5 % bei vollständiger Fertigstellung. Es verbleiben zur variablen Gestaltung dann nur zwei, maximal drei Raten, die sich je nach geplantem Bauablauf auf den Innenausbau verteilen, häufig eine Rate nach Rohinstallation (11,9 % einschließlich Dachflächen und Dachrinnen, sonst ohne) und die andere nach Einbau von Fenstern und Verglasung, Innenputz, Estrich und Fliesenarbeiten im Sanitärbereich (zusammen 16,1 %). Richtiger Ansicht nach sind deshalb die **sieben Raten bei Vertragsschluss** bereits festzulegen.

§ 3 II 3 MaBV regelt nunmehr ausdrücklich den Wegfall von Gewerken: Fallen einzelne der in den dreizehn Abschnitten genannten Leistungen nicht an, so wird der jeweilige Prozentsatz anteilig auf die übrigen Raten verteilt. **77b**
Schuldet der Bauträger z. B. nur Grundstück und Rohbau, so wird der Gesamtkaufpreis im Verhältnis 30:28 aufgeteilt. So meint das der neue § 3 II 3 MaBV mit der anteiligen Verteilung, die also nicht gleichmäßig zu einem Siebtel erfolgen muss (wohl aber darf; angesichts der beiden hohen ersten Raten wäre eine solche gleichmäßige Verteilung immer ein zulässiges Zurückbleiben hinter den zulässigen Höchstbeträgen des § 3 II MaBV), sondern im Verhältnis der geschuldeten Raten. Im Beispielsfall sähe die Rechnung so aus:

Für die Baubeginnsrate x:
x: 100 = 30: 58; x = 51,724

Für die Rohbaurate y:
y: 100 = 28: 58; y = 48,276.

Trotz der Regelung des § 3 II MaBV ist das **Vorleistungsverbot** der HausbauVO (s. **77c** Rn. 22) und des § 309 Nr. 2 BGB (s. Rn. 78) auch hier zu beachten: Jedenfalls bei **erheblichen Wertdifferenzen** (sehr niedriger Grundstückswert; erhebliche Eigenleistungen schon beim Rohbau o. Ä.) sollte eine hinter den Raten des § 3 II MaBV zurückbleibende Zahlungsweise vereinbart werden. Erkennt der Notar die Wertdifferenz, hat er die Vertragsteile über die **Risiken** einer ungesicherten Vorleistung zu belehren (*BGH* DNotZ 1995, 407; *Basty* Rn. 70).

Besondere Probleme bereiten im Festpreis enthaltene, aber von der Gemeinde oft erst **77d** nach Jahren angeforderte **Erschließungskosten:** Sollten sie mit der ersten Rate fällig gestellt werden, so enthält diese Vertragsgestaltung eine ungesicherte Vorleistung, die eine **doppelte Belehrungspflicht** des Notars auslöst (*BGH* DNotZ 2008, 280 m. Anm.

Grziwotz; MittBayNot 2008, 313 m. Anm. *Basty*); er hat auf die **Folgen** hinzuweisen, die bei Leistungsunfähigkeit des Bauträgers eintreten – Gefahr der Doppelzahlung bei Inanspruchnahme des Erwerbers durch die Gemeinde –, und **Lösungswege aufzuzeigen**, wie diese Risiken vermieden werden können. Der *BGH* (a. a. O.) nennt vier Möglichkeiten:

(1) Die Erschließungskosten werden ganz oder teilweise aus dem Kaufpreis **herausgenommen**, der Erwerber hat sie zusätzlich zum Kaufpreis bei Anforderung an die Gemeinde zu entrichten. Diese Lösung ist sicher, verstößt aber gegen den Gedanken des Festpreises, der Erwerber trägt das Kalkulationsrisiko, seine Finanzierung wird komplizierter. Zudem muss hier besonders sorgfältig geprüft werden, ob die erste Rate zu 30 % nicht zu vermindern ist, um eine verbotene Vorleistung zu vermeiden.

(2) Der Bauträger stellt dem Erwerber, besser noch der Gemeinde eine **Bürgschaft** über sämtliche offenen Erschließungs- und Anschlusskosten – unbegrenzt oder in ausreichender Höhe (mit Sicherheitsspielraum) –, soweit nicht Vorausleistungen erhoben und bezahlt sind. Bei einer solchen Bürgschaft gegenüber der Gemeinde kann der Erwerber öffentlich-rechtlich nicht mehr in Anspruch genommen werden. Auch eine Bürgschaft gegenüber dem Erwerber ist MaBV-konform, sie verstößt nicht gegen das Vermischungsverbot des § 7 MaBV (a. M. *Grziwotz* a. a. O.).

(3) Bauträger und Erwerber vereinbaren ein besonderes, betragsmäßig bestimmtes **Zurückbehaltungsrecht** eines entsprechenden Teils der ersten Kaufpreisrate, welche die Erschließungskosten im Regelfall mit abdeckt. Je später die Erschließungskosten angefordert werden, desto problematischer ist dann die Sicherung des Bauträgers bei Zahlungsschwierigkeiten des Erwerbers.

(4) Der entsprechende Teil der ersten Rate fließt auf ein dem alleinigen Zugriff des Bauträgers entzogenes „geschütztes" Konto, also sinnvoller Weise auf ein **Notaranderkonto**.

Welche Lösung vorzuziehen ist, hängt von den Besonderheiten des Einzelfalls ab.

77e Zum **Nachweis** des erreichten **Bautenstandes** wird häufig vereinbart, dass dieser durch den Architekten oder Bauleiter schriftlich **mitgeteilt** wird. Diese Mitteilung kann eine Fälligkeit der entsprechenden Rate nur begründen, wenn der Bautenstand auch **tatsächlich** erreicht ist. Stellt der Wortlaut der Fälligkeitsvereinbarung nur auf die Mitteilung ab, kann er im vorstehenden Sinne ausgelegt werden (*KG* RNotZ 2004, 571). Erstellt ein Sachverständiger eine Fertigstellungsbescheinigung, so hat der Auftrag des Bauträgers an ihn **Schutzwirkung für Dritte**, also für den Erwerber (*KG* NZM 2010, 824).

77f **Verstößt** die vertragliche Regelung gegen die **§§ 3 bzw. 7 MaBV**, was dem Bauträger nach § 12 MaBV verboten ist, so ist die gesamte Fälligkeitsvereinbarung **unwirksam**; dann gilt § 641 I BGB, die Gesamtfälligkeit tritt also erst mit **Abnahme** ein (*BGH* NJW 2007, 1947, im Anschluss an *BGH* DNotZ 2001, 201). Bereicherungsrechtlich entsteht daraus eine Art Schaukel: Nach § 813 II BGB können schon geleistete Zahlungen nicht kondiziert werden, wohl aber nach § 817 S. 1 BGB wegen Verstoßes gegen das gesetzliche Verbot der MaBV – dort aber nur, soweit die Zahlung über einen zulässigen Ratenplan hinausgegangen ist; soweit dies nicht der Fall ist, verbleibt es beim Kondiktionsausschluss nach § 813 II BGB (*BGH* a. a. O.; *OLG Naumburg* NJW-RR 2010, 1323; vgl. dazu *Drasdo* NJW 2007, 2741; differenzierend *Herrler* DNotZ 2007, 895; *Hildebrandt* ZfIR 2007, 621).

78 **bb)** Ist die MaBV nicht anwendbar, gilt aber das **AGB-Recht**, so ist das **Vorleistungsverbot** des § 309 Nr. 2 BGB auf beiden Seiten zu beachten: Abschlagszahlungen sind entgegen § 641 BGB verkehrsüblich und sachlich gerechtfertigt, daher auch in § 3 II MaBV (vgl. auch § 16 Nr. 1 VOB/B) vorgesehen. Andererseits müssen sie dem anteiligen Wert der erbrachten Teilleistungen in etwa entsprechen, so dass § 3 II MaBV als Anhaltspunkt für einen **angemessenen Interessenausgleich** analog herangezogen werden kann. Sachlich durch die wahren Wertverhältnisse begründete Abweichungen von den Prozentsätzen des § 3 II MaBV sind bei der nur analogen Anwendung allerdings gerechtfertigt.

cc) Durch vereinbarte Ratenzahlungen wird der Bauträgervertrag aber **nicht** zu einem **Ratenlieferungsvertrag** oder einem **Teilzahlungsgeschäft**, s. Rn. 6.

dd) Zum 1.1.2009 hat das **Forderungssicherungsgesetz** (FoSiG, BGBl. I 2008, 2022) § 632a BGB neu gefasst. Zu den Auswirkungen auf Bauträgerverträge s. ausf. *Leitzen* ZNotP 2009, 3; *Wagner* ZfBR 2009, 312; *Everts* MittBayNot 2009, 190; krit. dagegen *Pause* BauR 2009, 898. § 632a I BGB erleichtert allgemein das Verlangen des Werkunternehmers nach Abschlagszahlungen. § 632a II BGB bestätigt die zwingende Sonderregelung, wonach im Bauträgervertrag Abschlagszahlungen nur nach Maßgabe von HausbauVO/MaBV verlangt werden dürfen, er erfasst aber nun auch den Fall des „Hausumbaus" in Anlehnung an § 3 Nr. 5 HOAI, also eine Umgestaltung, die mit wesentlichen Eingriffen in Konstruktion und Bestand des Anwesens verbunden ist – möglicherweise etwas enger zu verstehen als das „Bauvorhaben" beim Altbau nach § 3 II 4 MaBV (*Basty* DNotZ 2008, 891; DNotI-Report 2009, 1). 78a

§ 632a III BGB verlangt bei Bauträger-, aber auch bei Generalübernehmerverträgen, die seit dem 1.1.2009 zustande gekommen sind, eine **Fertigstellungssicherheit** in Höhe von **5 %** des Vergütungsanspruchs. Die Regelung ist nicht zwingend, sie kann im Individualvertrag abbedungen werden, sie schafft jedoch ein *gesetzliches Leitbild*, so dass Abweichungen in Formular- oder Verbraucherverträgen zu Ungunsten des Verbrauchers im Regelfall nach § 307 II BGB unwirksam sind. Auch § 309 Nr. 2 BGB wird eine Beschränkung verbieten (*Basty* a. a. O.; DNotI-Report a. a. O.).

Zur Fertigstellungssicherheit gilt im Einzelnen:

(1) Sie kann als Sicherheitsleistung i. S. d. §§ 232 ff. BGB durch Realsicherheit (Hinterlegung oder Verpfändung von Geld oder Wertpapieren) oder durch Personalsicherheit erbracht werden, und zwar nach § 632a IV BGB „auch durch eine Garantie oder ein sonstiges Zahlungsversprechen eines im Geltungsbereich dieses Gesetzes zum Geschäftsbetrieb befugten Kreditinstituts oder Kreditversicherers" – in der Praxis also meist durch Bankbürgschaft in der Form einer **Erfüllungsbürgschaft**.

(2) **Alternativ** ist die Sicherheitsleistung nach § 632a II 3 BGB durch **Einbehalt** dergestalt zu erbringen, dass der Besteller die Abschlagszahlungen bis zu dem Gesamtbetrag der geschuldeten Sicherheit zurückbehält. Die erste Rate von 30 % vermindert sich dann also auf **25 %** (beim Erbbaurecht von 20 % auf 15 %).

(3) Das **Wahlrecht** hat der **Bauträger**, nicht der Erwerber.

(4) Die maßgeblichen 5 % errechnen sich aus dem **gesamten** Vergütungsanspruch einschließlich des Grundstücksanteils, nicht nur aus der Bauleistung. Die Sicherheit ist schon bei der ersten Rate in **voller** Höhe zu erbringen, nicht nur in Höhe von 5 % der jeweiligen Rate (a. M. *Elsäßer* BWNotZ 2009, 115).

(5) Die Sicherheit wird erbracht für die **rechtzeitige** Herstellung des Werkes **ohne wesentliche Mängel**. Bürgschaft oder Einbehalt sichern damit die **Vertragserfüllung**, keine Gewährleistungsansprüche – eine Gewährleistungssicherheit könnte nur individuell vereinbart werden. Die Bürgschaft ist daher *zurückzugeben* bzw. der Einbehalt ist zur Zahlung *fällig*, wenn

– rechtzeitig, d. h. vertragsgemäß
– Abnahmereife eingetreten ist und
– keine wesentlichen Mängel zu dieser Zeit mehr bestehen bzw. diese behoben sind.

Nicht gesichert sind damit unwesentliche Mängel sowie Mängel, die erst nach Abnahmereife auftreten, und Mängel, die bei der Abnahme nicht gerügt wurden. Insoweit ist nur ein Mängeleinbehalt mit Druckzuschlag zulässig (nach § 641 III BGB n. F. dem Doppelten der voraussichtlichen Kosten der Mängelbeseitigung, nicht mehr dem Dreifachen).

Ist die Abnahmereife nicht rechtzeitig eingetreten, hat die Bürgschaftsrückgabe bzw. die Zahlung des Einbehalts erst nach Ersatz des Verzögerungsschadens zu erfolgen.

(6) Bei Sicherheitsleistung durch *Einbehalt* wird es i.d.R. nicht möglich sein, einfach die letzte Rate von 3,5 % auf 8,5 % zu erhöhen – die Voraussetzungen sind i.d.R. nicht deckungsgleich, da die Fälligkeit des Einbehalts auch die *rechtzeitige* Leistung erfordert. Es empfiehlt sich also, eine eigene **achte Rate** zu bilden, die mangels deren Regelung in der MaBV nicht auf die Höchstzahl von sieben Teilbeträgen nach § 3 II 1 MaBV angerechnet wird. Bei Stellung einer **Bürgschaft** kann deren Rückgabe zur Voraussetzung der Besitzübergabe erhoben werden, wenn die Rückgabe im Übrigen erst nach rechtzeitiger und im Wesentlichen mängelfreier Fertigstellung zu erfolgen hat (*Basty* a.a.O.).

(7) Eine Sicherheitsleistung durch Bürgschaft wird **nicht durch eine § 7 MaBV-Bürgschaft** ersetzt, sie tritt wegen des unterschiedlichen Sicherungszwecks kumulativ **neben** diese – die Bürgschaft nach § 7 MaBV sichert zwar weitergehend auch Rückzahlungsansprüche wegen Mängeln, nicht aber einen Verzögerungsschaden.

(8) Das Erfordernis einer Fertigstellungssicherheit hat **keine Auswirkungen** auf die **Freistellungsverpflichtung** nach § 3 I 1 Nr. 1 MaBV, da die Höhe der geschuldeten Vertragssumme bzw. der dem erreichten Bautenstand entsprechenden Vertragssumme nicht verändert wird. Erforderlich und ausreichend ist nur, dass der Erwerber die gesicherten Ansprüche auch bei der Einbehaltslösung der zur Freistellung verpflichteten Bank entgegenhalten kann.

(9) Der Bauträger kann die **Wahl** der zu leistenden Sicherheit (Bürgschaft oder Einbehalt) **vor** oder **nach** Beurkundung des Vertrages treffen. Eine vorher getroffene Wahl der Bürgschaftslösung kann – muss aber nicht – die sichernde Bank benennen, die Sicherheit kann – muss aber nicht – bei Beurkundung schon vorliegen. Zu Formulierungsvorschlägen für die entsprechenden Alternativen s. *Basty* DNotZ 2008, 891, 899 f.

(10) Bei vorheriger Wahl der Lösung über den **Einbehalt** ist die erste Rate um 5 Prozentpunkte zu vermindern. Der einbehaltene Betrag ist in Ergänzung des Ratenplans nach § 3 II MaBV **fällig** zu stellen.

78b

> **Formulierungsbeispiel: Sicherheitseinbehalt nach § 632a II 3 BGB**
>
> 5 % des Kaufpreises sind fällig, wenn der Vertragsgegenstand rechtzeitig und ohne wesentliche Mängel fertiggestellt ist. Trifft dies nicht zu, bestimmt sich die Fälligkeit nach dem Gesetz.

(11) Will sich der Bauträger die **Wahl** der Sicherheit noch **offen halten,** ist die erste Rate um 5 Prozentpunkte zu vermindern und der einbehaltene Betrag in Ergänzung des Ratenplans nach § 3 II MaBV fällig zu stellen.

78c

> **Formulierungsbeispiel: Sicherung nach § 632a II BGB mit Wahlrecht**
>
> 5 % des Kaufpreises sind fällig, wenn nach Wahl des Bauträgers
> a) entweder eine Bürgschaft der …-Bank als Sicherheit für die rechtzeitige Herstellung des Vertragsgegenstandes ohne wesentliche Mängel in Höhe von 5 % des Kaufpreises dem Erwerber zugegangen und die Fälligkeit der ersten Rate zu 25 % des Kaufpreises eingetreten ist,
> b) oder der Vertragsgegenstand rechtzeitig und ohne wesentliche Mängel fertiggestellt ist. Trifft dies nicht zu, bestimmt sich die Fälligkeit nach dem Gesetz.
>
> Bei Stellung einer Sicherheit nach a) ist diese vom Erwerber zurückzugeben, wenn der Sicherungsfall nicht mehr eintreten kann.

III. Vertrag über ein Einfamilienhaus A II

(12) Bei der Bürgschaftslösung kann die Bürgschaftsurkunde auch vom **Notar verwahrt** werden (vgl. *Basty* DNotZ 2008, 891, 899 f. mit Formulierungsvorschlägen).

c) Bürgschaft nach § 7 MaBV

§ 7 MaBV bietet dem Bauträger die Möglichkeit, Sicherheit durch eine selbstschuldnerische **Bankbürgschaft** zu leisten; dann entfallen seine Bindungen an die §§ 2–6 MaBV, insbesondere an § 3 I; es entfällt auch seine strenge Bindung an den Ratenzahlungsplan des § 3 II MaBV. Die Bürgschaft sichert neben der **Fertigstellung** der geschuldeten Bauleistung auch den **Eigentumsverschaffungsanspruch**. Vor Eintragung der Eigentumsvormerkung kommt eine Rückgabe der Bürgschaft trotz vollständiger Fertigstellung daher nicht in Betracht (*OLG München* BauR 2006, 1919). Für die **Bürgschaft nach § 7 MaBV** gilt **im Einzelnen** Folgendes: 79

aa) Die Bürgschaftsurkunde ist dem Erwerber auszuhändigen (§§ 7 I 2, 2 IV 3 MaBV). Eine Hinterlegung beim Notar durch Bank oder Bauträger genügt hierfür nicht (*BGH* ZfIR 2007, 233 m. Anm. *Grziwotz* = MittBayNot 2007, 397m. krit. Anm. *Basty*; *Marcks* § 7 Rn. 9). Anders ist es, wenn der Erwerber den Notar beauftragt, nach seinen Weisungen die Bürgschaftsurkunde in Empfang zu nehmen und für ihn zu verwahren; einseitige Weisungen der Bank oder des Bauträgers oder ein einseitiges Rückgabeverlangen von dieser Seite sind auszuschließen. Die Bürgschaft ist grundsätzlich aufrechtzuerhalten, bis die Voraussetzungen des **§ 3 I MaBV erfüllt** sind und das Vertragsobjekt vollständig fertig gestellt ist. Die Bürgschaft erlischt nicht zwingend mit der Rückgabe der Bürgschaftsurkunde, selbst wenn eine Klausel dies vorsieht (*OLG München* OLGR 2002, 151).

bb) Ausdrücklich zulässig ist allerdings ein **völliger Austausch** der Sicherungen des § 3 und des § 7 MaBV (§ 7 I 4 MaBV). Ein Übergang von § 3 nach § 7 setzt aber voraus, dass eine Bürgschaft über den **vollen Betrag** möglicher Ansprüche des Erwerbers, nicht etwa nur über den gegenüber § 3 II MaBV überschießenden Betrag gestellt wird (vgl. *Basty* DNotZ 1991, 18, 26). 80

cc) Unzulässig ist es deshalb, §§ 3 II und 7 MaBV so zu **mischen**, dass höhere Beträge durch Bürgschaft gesichert und deshalb vorzeitig fällig gestellt werden oder dass sich die Bürgschaft mit Baufortschritt reduziert (*BGH* NotBZ 2003, 264). Dies gilt insbesondere auch für die letzten beiden Raten (vgl. eingehend MünchVertrHdb V S. 460; *Schelter* MittBayNot 1985, 12; *Marcks* § 7 Rn. 4; vgl. aber Rn. 89 zur Frage, ob anstelle einer Hinterlegung nicht auch eine Bürgschaft i. S. d. § 648a II BGB für die letzte Rate zulässig sein könnte).

dd) Die Bürgschaft hat alle etwaigen Ansprüche des Erwerbers **auf Rückgewähr oder Auszahlung** seiner Vermögenswerte i. S. d. § 2 I 1 MaBV zu sichern; sie reicht damit weiter als die Bürgschaft nach § 2 MaBV. Auch ein **vertraglicher** Rückzahlungsanspruch ist abgesichert, wenn zur Zeit der Vereinbarung ein Rücktritt des Erwerbers bereits möglich gewesen wäre (*BGH* DNotZ 2005, 380). Gesichert ist ferner ein Rückzahlungsanspruch des Erwerbers bei mangels ordnungsgemäßer Beurkundung formnichtigem Bauträgervertrag unabhängig davon, wer die Formnichtigkeit zu vertreten hat (*BGH* DNotZ 2008, 511). 81

Einige *BGH*-Entscheidungen aus jüngster Zeit haben den **Umfang** des Bürgschaftsschutzes erheblich erweitert und neu definiert (vgl. eingehend *Kunze* ZfIR 2003, 540): Nach *BGH* DNotZ 1999, 482 m. Anm. *Basty* = MittBayNot 1999, 279 m. Anm. *Eue* sind Ansprüche auf Schadensersatz wegen Sachmängeln jedenfalls bei Vorausleistung (hier wegen Förderung nach dem Fördergebietsgesetz) des Erwerbers durch die Bürgschaft gesichert, nach *BGH* DNotZ 2002, 209 m. Anm. *Reiß* ebenfalls Ansprüche wegen Mängeln, die allerdings bereits vor der Abnahme geltend gemacht worden sind, wobei der *BGH* in DNotZ 2003, 117, klargestellt hat, dass die Bürgschaft keine Ansprüche wegen der *nach* einer als mangelfrei durchgeführten Abnahme auftretenden Sachmängel sichert. Im Vorlagebeschluss DNotZ 2002, 652 m. Anm. *Basty* DNotZ 2002, 567 und Anm. *Vollrath* MittBayNot 2002, 254, hat der *BGH* schließlich festgehalten, dass alle aus einer Störung des Gleichgewichts zwischen geleisteter Zahlung und dem Wert des erbrachten Bautenstands (Äquivalenzstörung) resultierenden Geldansprüche des Erwerbers durch die Bürgschaft gesichert sind. Alle diese Entscheidungen sind zu Vorleistungsfällen ergangen, so dass sich folgende Differenzierung ableiten lässt, die der *BGH* in DNotZ 2011, 351 m. Anm. *Wippler* = NJW 2011, 1347 m. Anm. *Basty* = ZfIR 2011, 239 m. Anm. *Salzig* = NotBZ 2011, 172 m. Anm. *Krause* auch selbst so vornimmt (vgl. auch eingehend MünchVertrHdb V S. 462 m. w. N.; *Blank* Rn. 263):

- In **Vorausleistungsfällen** verliert der Erwerber sein Zurückbehaltungsrecht nach § 320 BGB und die Möglichkeit der Aufrechnung mit Gegenansprüchen. Daher sichert die Bürgschaft in Vorausleistungsfällen alle auf Geldersatz gerichteten Haftungsansprüche (Aufwendungsersatz wegen Mangelbeseitigung, Vorschuss hierfür, Schadensersatz, Minderung; nach *BGH* MittBayNot 2003, 216 allerdings nicht Ansprüche aus einem Verzugsschaden, a. M. *Kunze* ZfIR 2003, 540, 545).
- **Ohne Vorausleistung** (wenn die Bürgschaft also lediglich fehlende Fälligkeitsvoraussetzungen nach § 3 I MaBV ersetzt und nach Baufortschritt gezahlt wird) sichert die Bürgschaft nach § 7 MaBV dagegen keine Mängelansprüche, da es an einer Äquivalenzstörung fehlt. Der Erwerberschutz durch Bürgschaft muss also nicht weiter reichen als der Schutz nach § 3 MaBV.

Unvermeidliche Folge dieser Unterscheidung ist allerdings, dass **ein und dieselbe Bürgschaft** je nach ihrem **Sicherungszweck** einen **unterschiedlichen Inhalt** hat. Nach *Joussen* (NZBau 2011, 275) lässt nun gerade dieser Umstand Zweifel aufkommen, ob die Differenzierung AGB-rechtlich – was der *BGH* im konkreten Fall nicht zu prüfen hatte! – hält. Nach § 305c II BGB lässt sich der Bürgschaftstext im Regelfall auch außerhalb der Vorausleistungsfälle so auslegen, dass Mängelansprüche unter die gesicherten Ansprüche fallen können; dann aber gehen Unklarheiten zu Lasten des Verwenders mit der Folge, dass die Differenzierung des *BGH* jedenfalls aus **AGB-Sicht** nicht mehr zu halten sein dürfte. *Basty* (Rn. 632), *Wippler* (DNotZ 2011, 356, 361) und *Kilian* (notar 2012, 86) empfehlen daher zu Recht, in den Bauträgervertrag und in die Bürgschaft eine **Regelung aufzunehmen**, wonach „Ansprüche wegen Mängeln des Vertragsobjekts, sofern solche nicht eine Rückgewähr der vom Erwerber geleisteten Vermögenswerte zum Inhalt haben, nicht gesichert werden" (*Basty* a. a. O.; ebenso *Kilian* notar 2012, 86).

Die Bürgschaft muss nicht von Anfang an über die volle Vertragssumme lauten. Es genügt, sie auf die jeweils fälligen Raten zu beschränken, wobei es gleichgültig ist, ob bei jeder fällig werdenden Rate eine zusätzliche Bürgschaft in deren Höhe gestellt oder die alte Bürgschaft gegen eine neue über die gesamten bisher fälligen (und teilweise schon bezahlten) Beträge ausgetauscht wird. Zur unzulässigen Vermischung siehe oben Rn. 80.

ee) Allerdings beseitigt auch § 7 MaBV nicht das **Vorleistungsverbot** der HausbauVO (s. Rn. 22) und des § 309 Nr. 2 BGB (MünchVertrHdb V S. 459; *Dietrich* MittBayNot 1992, 178; *Schmidt* DNotZ 1995, 171; *ders.* MittBayNot 1992, 114; a. M. *Grziwotz* NJW 1994, 2745; *Speck* MittRhNotK 1995, 117). Eine Abweichung von den Raten des § 3 II MaBV ist in den Fällen des § 7 MaBV nur gerechtfertigt, soweit Ratenzahlungsplan und Wert der Teilleistungen sich im Einzelfall nicht decken (*Schmidt* MittBayNot 1992, 114). Weitergehende Vorauszahlungen wird der *BGH* gegen eine Bürgschaft nach § 7 MaBV nicht mehr zulassen, sondern nur gegen eine umfassende Bürgschaft für Erfüllungs- und Mängelansprüche, welche die durch das Vorleistungsverbot geschützten Interessen in entsprechender Weise sichert (*Basty* DNotZ 2005, 94).

82 **ff)** Etwaige **Bedingungen** und sonstige **Modifizierungen** müssen stets MaBV- und (soweit ein Formularvertrag vorliegt) AGB-Rechts-konform sein. Zu einzelnen Klauseln (Anpassung an Baufortschritt, Bedingungen, Befristungen, gerichtliche Feststellung des

III. Vertrag über ein Einfamilienhaus   A II

Rückzahlungsanspruchs, Hinterlegung, Kosten der Bürgschaft, Verweisung auf Allgemeine Geschäftsbedingungen, Verzicht auf Rechte aus einem Freigabeversprechen, Zahlung auf bestimmtes Konto, Abhängigkeit von voller Kaufpreiszahlung) s. ausf. *Basty* Rn. 668 ff. Unzulässig ist nach *BGH* (DNotZ 2007, 229) eine Klausel, wonach Fälligkeit und Höhe des Rückzahlungsanspruchs durch rechtskräftiges Urteil, rechtskräftigen Vergleich oder eine übereinstimmende Erklärung von Bauträger und Erwerber nachgewiesen sein müssen.

gg) Zur **Abtretung** der Rechte aus der Bürgschaft im Rahmen der **Kaufpreis(zwischen)finanzierung** s. Rn. 113.

hh) Unpraktikabel, wenn auch nicht grundsätzlich ausgeschlossen, ist eine **Globalbürgschaft** (*Speck* MittRhNotK 1995, 117; *Reithmann/Meichssner/von Heymann* Rn. B140; *Basty* Rn. 654 ff.). Schwierigkeiten bereiten
- die Aushändigung der Urkunde in einer im Urkundsprozess tauglichen Weise (vgl. *Speck* a. a. O.),
- die Rückgabe einer vom Notar verwahrten Bürgschaftsurkunde bei Weigerung auch nur eines einzigen Erwerbers,
- die Festlegung des Betrags der Bürgschaft, d. h. die Überprüfung durch Notar oder einzelne Erwerber, ob der konkrete Betrag auch wirklich die Rückzahlungsansprüche aller Erwerber absichert; dagegen ist die Wirksamkeit einer unbegrenzten Globalbürgschaft zweifelhaft (*Basty* Rn. 657 m. w. N.),
- die Verwendung zur Zwischenfinanzierung des Kaufpreises (s. Rn. 113) des einzelnen Erwerbers (*Speck* a. a. O.). Sofern nicht alle Erwerber ihre Finanzierung über die gleiche Bank abwickeln, ist eine Weitergabe der Bürgschaft nach § 402 BGB an eine Bank unmöglich.

d) Zurückbehaltungsrechte

Etwaige **Zurückbehaltungsrechte** des Erwerbers wegen Mängeln können nach dem Vorleistungsverbot des § 309 Nr. 2 BGB nicht ausgeschlossen oder eingeschränkt werden, der Zahlungsplan des § 3 II MaBV oder die Bürgschaft nach § 7 MaBV ändern daran nichts (*BGH* DNotZ 1985, 301). Diese Schranken sind auch bei Sicherheitsleistungen für fällige Raten zu beachten; eine unwiderrufliche Zahlungsanweisung ist deshalb unzulässig (*BGH* DNotZ 1985, 280 mit Anm. *Schelter*; die Kaufpreishinterlegung beim Notar ist dadurch eingeschränkt, *BGH* DNotZ 1985, 287 mit Anm. *Reinartz* = MittBayNot 1985, 10 mit Anm. *Schelter*). 83

e) Sonderwünsche

Sonderwünsche, die bei Beurkundung oder in einem Nachtragsvertrag mit dem Bauträger vereinbart werden, sind in den Ratenzahlungsplan einzuarbeiten, bei späterer Vereinbarung ist er entsprechend anzupassen. Werden Sonderwünsche dagegen unmittelbar mit Bauhandwerkern vereinbart, ändern sich die Raten nicht. 84

f) Zinsen

§ 309 Nr. 4 BGB erlaubt einen Zinsbeginn erst **ab Verzug**, nicht schon ab einfachem Zahlungsrückstand (vgl. ausführlich *Keim* DNotZ 1999, 612). Der gesetzliche Verzugszins beträgt 5 Prozentpunkte über dem nach § 247 BGB festzulegenden Basiszins (§ 288 II BGB); dieser wird zum 1.1. und 1.7. im Bundesanzeiger veröffentlicht (§ 247 II BGB). § 309 Nr. 5a BGB begrenzt die Zinshöhe insofern, als Zinsen **pauschalierte Schadensersatzansprüche** sind (*BayObLG* BB 1981, 1418), soweit höhere als die gesetzlichen Verzugszinsen vorgesehen werden. Sie haben sich – sofern der Bauträger Bankkredit in Anspruch nimmt – am **marktüblichen** Zinsniveau zu orientieren. Der Gläubiger kann jedoch einen höheren, der Schuldner einen niedrigeren Schaden nachweisen. § 309 85

Nr. 5b BGB verlangt nunmehr, dem Erwerber den **Nachweis eines niedrigeren** Schadens nicht nur nicht abzuschneiden, vielmehr muss diesen Nachweis der Vertragswortlaut ausdrücklich gestatten.

Zur Zulässigkeit eines Bauzeitzinses (ohne Verzug) als eines klar und eindeutig ausgewiesenen zusätzlichen Kaufpreisteils vgl. *Dietrich* MittBayNot 1992, 178; *Blank* DNotZ 1998, 339; *Basty* Rn. 243; ablehnend *Keim* DNotZ 1999, 612 (620).

g) Mehrwertsteueranpassungsklausel

86 Die Vertragsleistung im Bauträgervertrag ist grundsätzlich **nicht** umsatzsteuerpflichtig, § 4 Nr. 9a UStG (Rn. 30). Da jedoch der Bauträger auf die Leistungen seiner Subunternehmer Umsatzsteuer zu zahlen hat, führt eine Erhöhung der Umsatzsteuer zu einer **Kostenerhöhung** für den Bauträger, die er über eine Preisanpassung weitergeben möchte. § 309 Nr. 1 BGB verbietet jede Preisanpassung für Leistungen, die innerhalb von vier Monaten zu erbringen sind, eine Preisanpassung ist deshalb nur für solche Leistungsabschnitte zulässig, die erst **nach** Ablauf von **vier** Monaten erbracht werden. Erfolgt der Baubeginn erst nach vier Monaten, so ist dennoch eine Preisanpassung für die erste Rate nicht sachgerecht (*Basty* Rn. 221) – sie deckt den umsatzsteuerfreien Grundstückserwerb und i. d. R. schon erbrachte Planungsleistungen.

86a Eine Umlage der dem Bauträger tatsächlich entstehenden Mehrkosten auf den Kaufpreis wird in der Praxis an der Schwierigkeit scheitern festzustellen, welches Baumaterial und welche Vorleistungen zu welchem Zeitpunkt auf die Baustelle gelangt bzw. erbracht worden sind. Die Praxis versucht deshalb, über Pauschallösungen die Einzelabrechnung zu vermeiden. Am einfachsten werden die nach der Steueränderung fälligen Kaufpreisraten um den gleichen Prozentsatz erhöht, um den sich auch der vorher gültige Umsatzsteuersatz erhöht hat – wiederum unter Beachtung der Viermonatsfrist des § 309 Nr. 1 BGB. Vorteil dieser Lösung ist die leichte Berechenbarkeit. Modifikationen lassen die Abrechnung gerechter, aber auch komplizierter werden: Eine Erhöhung der ersten Rate sollte ausgeschlossen sein, da auf das Grundstück keine Umsatzsteuer anfällt und die in der ersten Rate enthaltenen Planungsleistungen bei Vertragsabschluss meist schon erbracht und zum alten Umsatzsteuersatz in Rechnung gestellt sind. Teilweise wird stattdessen eine nur teilweise Weitergabe der Umsatzsteuererhöhung in Höhe von 80 % vorgeschlagen (MünchVertrHdb V S. 470 m. w. N). Will man die Umsatzsteuerfreiheit von Grund und Boden berücksichtigen, so ist die Herausnahme der ersten Kaufpreisrate sachgerechter.

Eine bloße Weitergabe der Umsatzsteuererhöhung in Höhe von 80 % rechtfertigt sich allerdings aus der Überlegung, dass in der Rate, die erhöht werden soll, bereits die bisherige Umsatzsteuer berücksichtigt war. Wird also eine Umsatzsteuererhöhung um 1 % zum Anlass genommen, die betreffende Rate auch um 1% zu erhöhen, so erfolgt in Wirklichkeit eine leicht überproportionale Erhöhung. Berücksichtigt man weiter, dass in der maßgeblichen Rate nicht nur die Vorkosten des Bauträgers, sondern auch sein Gewinn stecken, so erscheint dieser Weg im Ergebnis als der sachgerechteste.

Damit werden die anderen Lösungen nicht unzulässig. In jeder Pauschalierung liegen zwangsläufig Unschärfen, doch ist deren Ausmaß hier so gering, dass auch die Erhöhung der weiteren Raten um den Prozentsatz der Steuererhöhung für noch sachgerecht und im Zuge einer vereinfachten Abrechnung zulässig sein muss. Bei jeder der vorgeschlagenen Pauschalierungen würde man in der Praxis mit Sicherheit größere Abweichungen feststellen, sollte eine Einzelabrechnung durchgeführt werden können.

h) Preisanpassungsklausel

86b Die Sorge um die Stabilität des EUR in der weltweiten Banken- und Finanzkrise hat bei einzelnen Bauträgern die Frage entstehen lassen, ob Währungsrisiken durch die Vereinbarung einer Preisanpassungsklausel im Bauträgervertrag begegnet werden kann und

III. Vertrag über ein Einfamilienhaus

– gerade vom verantwortungsbewussten Bauträger – auch begegnet werden muss. Die Frage betrifft einen Grundpfeiler des Bauträgervertrages – nämlich die durchgängige Festpreisvereinbarung mit der Übernahme des Kalkulationsrisikos durch den Bauträger.

Ein Gutachten des *DNotI* (DNotI-Report 2013, 4) und in seiner Folge *Klühs* (ZfIR 2012, 850) haben sich – soweit ersichtlich – als erste mit dieser Frage befasst. Die Koppelung des Kaufpreises an einen allgemeinen Lebenshaltungskosten- bzw. Preisindex würde gegen das Preisklauselverbot des § 1 I PreisklauselG verstoßen, in Betracht kommen aber die Ausnahmen nach § 1 II PreisklauselG, nämlich eine

– **Kostenelementeklausel**, bei welcher der Kaufpreis von der Entwicklung der Selbstkosten des Bauträgers (etwa für Material und Löhne) abhängig gemacht wird, wobei jedoch die Veränderung eines Kostenelements nur so weit auf den gesamten Kaufpreis übertragen werden darf, wie dies dem Anteil des Kostenelements am Gesamtpreis entspricht; oder eine
– **Spannungsklausel**, bei welcher an die Wertentwicklung gleichartiger bzw. vergleichbarer Bauträgerobjekte angeknüpft wird, soweit solche zur Verfügung stehen – der vom Bundesamt für Statistik ermittelte Häuserpreisindex mit dem Subindex „Schlüsselfertig neu hergestellte Wohnimmobilien" dürfte allerdings nicht geeignet sein, da er nicht nach Art des Bauträgerobjektes und Standort differenziert, so dass die Gleichartigkeit nicht gegeben sein dürfte; oder eine
– **Leistungsvorbehaltsklausel**, bei welcher der Leistungsvorbehalt etwa an die Veränderung des Verbraucherpreisindex geknüpft wird, wobei hier branchenspezifisch zusätzlich der erwähnte Häuserpreisindex in die Ermessensausübung einbezogen werden könnte.

Zu prüfen wäre allerdings weiter, ob derartige Preisanpassungsklauseln AGB-rechtlich zulässig wären, da sie als Preisnebenabreden in vollem Umfang der Inhaltskontrolle nach §§ 307ff. BGB unterliegen (s. dazu *DNotI* a.a.O. und *Klühs* a.a.O.): Zu beachten sind die Vier-Monats-Frist des § 309 Nr. 1 BGB, das Transparenzgebot und das Gebot einer Interessenabwägung, in welcher geprüft würde, ob die Preisanpassung vom Vorliegen eines sachlichen Grundes abhängt, nach § 307 I 1 BGB. Nach dem Transparenzgebot müssten Preisanpassungen für den Verbraucher derart nachvollziehbar sein, dass eine unzulässige Gewinnerhöhung mit Sicherheit ausgeschlossen werden könnte. Für das Vorliegen eines sachlichen Grundes könnte sprechen, dass bei langfristigen Austauschverträgen immer schon ein Bedürfnis gesehen wurde, das bei Vertragsschluss bestehende Verhältnis von Leistung und Gegenleistung über die gesamte Vertragsdauer im Gleichgewicht zu halten. Gegen den sachlichen Grund könnte sprechen, dass zwischen Abschluss des Bauträgervertrages und Fertigstellung bzw. Schlusszahlung doch ein überschaubarer Zeitraum liegt, in welchem dem Bauträger die Kalkulation der Inflationsrisiken bei der Gestaltung des Festpreises zugemutet werden kann. Zudem wären Preisanpassungen nach oben sehr schnell geeignet, den durchschnittlichen Eigenheiminvestor in existentielle Nöte zu bringen.

Insgesamt dürfte deshalb jede denkbare Preisanpassungsklausel derzeit mit so großen Risiken verbunden sein, dass sie nicht als normales Gestaltungselement in einen Bauträgervertrag aufgenommen werden kann. Völlig unklar ist außerdem, wie Finanzierungsinstitute auf derartige Anpassungsklauseln reagieren würden – im günstigsten Falle wohl mit einer Limitierung auf einen bestimmten prozentualen Aufschlag. Einen größeren Aufschlag könnte dann aber auch der Erwerber nicht akzeptieren. Die weitere Diskussion in der Literatur wird also abzuwarten sein, wobei sich ein rasanter Beschleunigungseffekt spätestens dann ergeben würde, wenn instabile Verhältnisse eintreten sollten – eine Entwicklung, die sich niemand wünscht.

i) Baukonto

Weitgehend üblich ist die Abwicklung der Zahlungen über ein auf den Namen des Erwerbers lautendes **Baukonto** bei der **globalfinanzierenden** Bank. Zweck ist

– die Einhaltung der Bedingungen in der Freistellungsverpflichtung und
– die Abrufung der Kaufpreisraten durch den Bauträger, wenn ihm eine Abbuchungsvollmacht erteilt wird;
– gegebenenfalls die Zwischenfinanzierung der Kaufpreisraten (vgl. unten).

§ 3 II MaBV darf dabei nicht umgangen werden: Der **Baufortschritt** muss vor Abbuchung der Bank **nachgewiesen** sein (**Architektenbestätigung**).

§ 309 Nr. 2 BGB verbietet unwiderrufliche Abbuchungsvollmachten, da sonst gesetzliche **Leistungsverweigerungsrechte** ausgeschlossen wären (*BGH* NJW 1984, 2816). Der Erwerber muss zudem jede einzelne Abbuchung **verhindern können**, so dass die **Fälligkeitsmitteilung rechtzeitig** (etwa ein bis zwei Wochen) vor Abbuchung ihm zu übersenden ist.

Einwendungen gegen den Bauträger greifen auch gegenüber der (zwischen-)finanzierenden Bank durch, wenn diese Aufgaben und Funktionen des Bauträgers im Zusammenwirken mit ihm wahrnimmt (*BGH* BauR 1987, 108).

Ist ein **Zwischenkredit** eingeräumt, so wird er mit Kontoüberziehung durch Abbuchung in Anspruch genommen; dafür fallen Kreditzinsen – nicht Verzugszinsen – an, deren Höhe mit der Bank zu vereinbaren ist.

88 Vor einer **Zwischenkreditvereinbarung im Bauträgervertrag** muss aber nachdrücklich **gewarnt** werden: Das **Verbraucherkreditrecht** (nunmehr integriert in das BGB, §§ 491ff.) wirft erhebliche **Probleme** auf: Bauträgervertrag und Zwischenkreditvertrag sind i. d. R. **verbundene Geschäfte** i. S. d. § 358 III BGB, da das Kreditverhältnis zwischen Erwerber und Bank meist durch den Bauträger angebahnt wird. Der Bauträgervertrag wird deshalb erst mit **Erlöschen des Widerrufsrechts** nach § 495 BGB wirksam – ohne entsprechenden Hinweis also **ein Jahr** nach Abgabe der auf Kreditvertragsabschluss gerichteten Erklärung des Erwerbers bzw. nach vollständiger Leistungserbringung beider Vertragsteile. **Anders** wäre es nur, wenn auch der **Kreditvertrag** – also auch die Willenserklärung der Bank – **beurkundet** würde, und zwar mit seinem vollständigen Inhalt, also einschließlich der Jahreszinsen, Abschlusskosten und aller Voraussetzungen für deren Änderung. Zudem berechtigen Leistungsverweigerungsrechte gegenüber dem Bauträger auch zu **Einwendungen** gegenüber dem zwischenfinanzierenden Institut, § 359 BGB. Auf all diese Rechtsfolgen hat der Notar nach § 17 BeurkG **hinzuweisen**, wenn der Bauträgervertrag eine derartige Zwischenfinanzierung vorsieht. Aber auch ein **nachträglich vermittelter** Kreditvertrag kann den Kaufvertrag noch zum verbundenen Geschäft i. S. d. § 358 III BGB machen, sein Widerruf kann auf den Kaufvertrag zurückwirken. Es empfiehlt sich daher, auf eine Zwischenkreditvereinbarung nach Vermittlung des Bauträgers ganz **zu verzichten,** oder aber – wenn sie getroffen werden soll und evtl. sogar (wenn der Kaufvertrag ohne sie nicht geschlossen werden soll) wegen § 311b I BGB mitbeurkundet werden muss – exakt die Bestimmungen des VerbrKrG zu beachten. Enthält der Kaufvertrag keine Hinweise auf eine (geplante) Kreditvermittlung und ergeben sich solche auch nicht aus der Beurkundungsverhandlung, so ist ein **klarstellender Vermerk**, wonach eine Kreditvermittlung durch den Bauträger nicht erfolgt oder erfolgen wird, zwar nicht notwendig, aber empfehlenswert.

Im Regelfall werden Zahlungsansprüche, die über das Baukonto abgewickelt werden, an die betreffende Bank **abgetreten**, und zwar
– der **Kaufpreisanspruch** des Bauträgers, damit dessen Gläubiger ihn nicht pfänden können; dem Bauträger selbst sollte aber das Recht zur Einziehung verbleiben;
– die **Darlehensauszahlungsansprüche** des Erwerbers gegen seine Finanzierungsgläubiger, um so eine Sicherheit für einen etwaigen Zwischenkredit auf dem Baukonto zu stellen.

j) Hinterlegung

89 Eine Hinterlegung des Kaufpreises beim Notar wird nur ausnahmsweise in Betracht kommen. Bei jeder Hinterlegung ist zu beachten, dass die unwiderrufliche Einzahlung auf ein Notaranderkonto eine unzulässige Umgehung der Vorleistungspflicht des Bauträgers nach § 3 II MaBV darstellen kann (wenn z. B. eine Bautenstandsmitteilung des Architekten einzige noch fehlende Auszahlungsvoraussetzung sein soll). Auch ein Verstoß gegen das Vorleistungsverbot der HausbauVO (s. Rn. 22) und des § 309 Nr. 2 BGB ist denkbar, wenn ohne Rücksicht auf vorhandene Baumängel hinterlegt werden muss (*Basty* Rn. 137 m. w. N.).

Brambring (DNotZ 1990, 615, 620) hält die Hinterlegung der **letzten** Rate für sachgerecht und zulässig. Ihre Auszahlung setze aber eine Bestätigung des Erwerbers über die vollständige Fertigstellung und die Behebung aller bei Abnahme gerügten Mängel voraus. *Basty* (Rn. 142 f.) hält wegen der Beeinträchtigung der Zurückbehaltungsrechte des Erwerbers Hinterlegungsvereinbarungen in Bauträgerverträgen für grundsätzlich unzulässig und unwirksam, auch bezüglich der letzten Rate. Er selbst (Rn. 144) diskutiert jedoch die Möglichkeit, die Neuregelung des **§ 648a II 2 BGB als Leitbild** heranzuziehen und in der Hinterlegung der letzten Rate dann keinen Verstoß gegen § 309 Nr. 2 BGB zu sehen, wenn die Auszahlungsvoraussetzungen des § 648a II 2 BGB nachgebildet sind (Anerkenntnis des Zahlungsanspruchs oder vorläufig vollstreckbares Urteil und Vorliegen der Voraussetzungen für den Beginn der Zwangsvollstreckung – alternativ zum Anerkenntnis: Der Notar kündigt dem Erwerber die Auszahlung an, und dieser widerspricht nicht binnen angemessener Frist) **und** bei Einzahlung der letzten Rate auf Anderkonto der Erwerber den dreifachen Betrag des Mängelbeseitigungsaufwands zurückbehalten darf, wenn zu dieser Zeit Mängel bekannt und unstreitig sind (*Dietrich* MittBayNot 1992, 178; kritisch *Blank* DNotZ 1997, 298, 305). Hält man die Hinterlegung der letzten Rate unter den genannten Einschränkungen für zulässig, so müsste mit den gleichen Argumenten auch die Stellung einer Bürgschaft des Käufers zur Sicherung der Zahlung der letzten Rate unter den gleichen Kautelen zulässig sein (so auch *Basty* Rn. 145). Dies ist nicht zu verwechseln mit einer umgekehrten Bürgschaft des Bauträgers bei Zahlung der letzten Rate, welche nach § 7 MaBV unzulässig bleibt (vgl. Rn. 80).

Soll ein nicht neutraler Dritter (z. B. ein Bauleiter) einen bestimmten Baufortschritt bestätigen und soll diese Bestätigung Auszahlungsvoraussetzung für Auszahlungen vom Notaranderkonto sein, so trifft den Notar eine besondere Belehrungspflicht über die mit einer solchen Regelung verbundenen Risiken (*BGH* DNotZ 2009, 45).

k) Stundung

Sieht der Bauträgervertrag neben der üblichen Kaufpreisfälligkeit eine **alternative spätere Zahlung** vor, wobei für die Zwischenzeit **Zins** bezahlt werden muss, so kann auf diese Stundungsvereinbarung das **Verbraucherkreditrecht** anwendbar sein (*Dietrich* MittBayNot 1992, 178; *Zimmermann* BWNotZ 1994, 49), sofern die Stundung für (möglicherweise) **mehr als drei Monate** erfolgt (§ 499 I BGB). Eine solche Stundung liegt aber sicher nicht in einer bloßen Abweichung (zugunsten des Erwerbers) vom Zahlungsplan des § 3 MaBV (s. Rn. 6). Liegt eine Stundung vor, auf die das Verbraucherkreditrecht Anwendung findet, so sind in der (beurkundeten) Stundungsvereinbarung der Jahreszins, etwaige sonstige Kreditkosten und mögliche Änderungsvoraussetzungen anzugeben (§ 491 III 2 BGB); auch dieser Angabe bedarf es freilich nicht, wenn nur die zu bestimmten Terminen fälligen Beträge genannt werden (§ 502 I BGB), da dann „der Kreditgeber nur gegen Teilzahlungen Sachen liefert oder Leistungen erbringt".

7. Mehrere Erwerber

Wird das Vertragsobjekt von mehreren Erwerbern (etwa zwei Ehegatten) erworben, so ist **deren Rechtsverhältnis** im Vertrag festzulegen (Erwerb in Bruchteilseigentum, Erwerb zum Gesamtgut einer Gütergemeinschaft, Erwerb als BGB-Gesellschafter etc.). Mehrere Erwerber eines Objektes haften für den Kaufpreis regelmäßig als **Gesamtschuldner**.

8. Zwangsvollstreckungsunterwerfung

a) Herstellungspflicht

92 Seit 1.1.1999 besteht die Möglichkeit, sich grundsätzlich wegen aller Ansprüche aus dem Bauträgervertrag in der Notarurkunde der sofortigen Zwangsvollstreckung zu unterwerfen, insbesondere auch wegen der Herstellungspflicht des Bauträgers. Damit sollte die Waffengleichheit der Vertragspartner hergestellt werden, nachdem der Gesetzgeber im Jahre 1997 davon ausgegangen ist, der Käufer dürfe sich wie bisher wegen seiner Zahlungspflicht ebenfalls der Zwangsvollstreckung unterwerfen (vgl. zur heutigen Rechtsprechung aber Rn. 93).

92a | **Formulierungsbeispiel: Vollstreckungsunterwerfung**

> Wegen dieser Verpflichtung zur Herstellung des Vertragsobjektes unterwirft sich der Bauträger der sofortigen Zwangsvollstreckung aus dieser Urkunde. Vollstreckbare Ausfertigung darf jederzeit ohne Fälligkeitsnachweis erteilt werden.

Einen Weiterbau im Wege der Zwangsvollstreckung durchzusetzen, wird allerdings meist aufwendig und wenig Erfolg versprechend sein. Der praktische Wert einer solchen Vollstreckungsunterwerfung beim Bauträgervertrag ist daher zweifelhaft.

b) Kaufpreiszahlungspflicht

93 Nach *BGH* (DNotZ 1999, 53) ist die Zwangsvollstreckungsunterwerfung des Käufers mit Nachweisverzicht im Bauträgervertrag **unwirksam,** da es **gegen § 3 MaBV** verstoße, dem Bauträger einen Titel zu verschaffen, aus dem er schon vor Eintritt der dort geforderten Fälligkeitsvoraussetzungen vollstrecken könne. Die Entscheidung beendet eine alte Streitfrage (zum letzten Meinungsstand vor der Entscheidung vgl. *Wolfsteiner* MittBayNot 1995, 438; *Kutter*, RWS-Forum Immobilienrecht 1998, 202 ff.), sie vermag aber dogmatisch nicht zu überzeugen (vgl. eingehend *Wolfsteiner* DNotZ 1999, 99, 101 ff.; *Hertel* ZNotP 1999, 3, 4 ff.), und sie ist auch nicht käuferfreundlich, da in aller Regel der Käufer erst Eigentümer des Objektes wird, wenn er vollständig bezahlt hat. Seine Klage auf Auflassung und Lastenfreistellung ist mit dem Kostenrisiko aus dem vollen Kaufpreis behaftet (vgl. *Reithmann* NotBZ 1998, 235; *Wolfsteiner* DNotZ 1999, 100). Nach *BGH* (MittBayNot 2002, 112) ist aber auch die Zwangsvollstreckungsunterwerfung unter Verzicht auf den Nachweis der Fälligkeit des Anspruchs in einem nicht der MaBV unterliegenden Generalunternehmervertrag wegen Verstoßes **gegen § 9 AGBG unwirksam.** Man wird daher annehmen dürfen, dass auch Klauseln mit **eingeschränktem Nachweisverzicht** vom VII. Zivilsenat des *BGH* verworfen werden (vgl. *Basty* Rn. 708). Unwirksam ist die Zwangsvollstreckungsunterwerfung insbesondere auch, wenn der Nachweis des Baufortschritts zwar erforderlich, aber von der Erklärung eines Architekten oder Bauleiters abhängig gemacht ist (*OLG München* BauR 2009, 1760).

Die Streitfrage hat allerdings an **praktischer Bedeutung** verloren: Folge einer fehlenden oder unwirksamen Vollstreckungsunterwerfung war bisher der Wegfall der Verjährungsfrist-Verlängerung nach § 218 I 2 (alt) BGB. Nach Neufassung des § 196 BGB wurde die zweijährige gesetzliche **Verjährung** auf **zehn** Jahre verlängert und in § 202 II BGB die Möglichkeit einer weiteren **vertraglichen** Verlängerung auf maximal **30 Jahre** eröffnet (vgl. Rn. 61). Aus diesem Grund hat die Praxis von Zwangsvollstreckungsunterwerfungserklärungen in Bauträgerverträgen Abschied genommen (MünchVertrHdb V S. 466 m.w.N.).

Erteilt der Notar zu seinen früher beurkundeten Unterwerfungserklärungen mit Nachweisverzicht noch eine vollstreckbare Ausfertigung, so begeht er keine Amtspflichtverletzung, solange er die BGH-Entscheidung für falsch hält; der Notar entscheidet in persönlicher und sachlicher Unabhängigkeit nach eigenem Urteil über die positive Rechtslage und ist an Präjudizien ebenso wenig gebunden wie der Richter (so richtig *Wolfsteiner* DNotZ 1999, 103). Allerdings wird der Notar den Antragsteller auf die BGH-Rechtsprechung hinweisen und die Prüfung anregen, ob der Antrag noch als zweckmäßig erscheint (*Wolfsteiner* a. a. O.). Nach *Wolfsteiner* (a. a. O.) hat der Notar die Klausel sogar dann noch zu erteilen, wenn er in der Sache dem BGH folgen will.

9. Besitz- und Lastenübergang, Gefahrübergang

Da mit dem **Besitz- und Lastenübergang** die Nutzungsbefugnis übergeht, hat zuvor die **Abnahme** (vgl. Rn. 95 f.) zu erfolgen. Trotz Abnahme ist der Bauträger zur Besitzübergabe nur verpflichtet, wenn die bis dahin fälligen Bauraten bezahlt sind. Zug um Zug gegen Übergabe fällig ist die vorletzte Rate nach der Neufassung des § 3 II MaBV. Zur Bedeutung der Besitzübergabe (wirtschaftliches Eigentum) nach dem EigZulG siehe Rn. 29. 94

Die **Gefahr** des zufälligen Untergangs und der zufälligen Verschlechterung wird im Regelfall mit dem Besitz **übergehen**, soweit dies nicht mit einer vorangehenden Abnahme schon erfolgt ist (§ 644 BGB).

Die baurechtliche Verantwortung trägt bis zum Eigentumsübergang der Bauträger (*VGH München* BauR 1980, 159), so dass er alle Bauauflagen zu erfüllen hat und die Schlussabnahme durch die Baubehörde durchführen lassen muss.

10. Abnahme

Durch die Abnahme nach § 640 BGB wird das Vertragswerk als **in der Hauptsache vertragsgemäße Leistung** anerkannt (*BGH* NJW 1985, 731; Palandt/*Sprau* § 640 Rn. 3). 95

Der Zeitpunkt ist im Vertrag möglichst genau so zu regeln, dass er den Interessen beider Partner entspricht. Regelmäßig wird dies bei **Bezugsfertigkeit** der Fall sein. Meist fehlen bei Bezugsfertigkeit des Hauptbauwerks noch Restarbeiten an Stellplätzen, Wegen, Außenanlagen. Dann kann eine **Teilabnahme** erfolgen, während die **restliche Abnahme** (deren Regelung darf nicht vergessen werden, vgl. *Amann/Brambring/Hertel* S. 244) nach Fertigstellung **aller** Anlagen vorgenommen wird. Ein **schriftliches** Abnahmeprotokoll ist nicht vorgeschrieben, aber zu Dokumentationszwecken dringend zu empfehlen.

> **Formulierungsbeispiel: Abnahmeverpflichtung** 95a
>
> Zum Zwecke der Abnahme des bezugsfertigen Vertragsobjekts sind die Vertragsteile verpflichtet, an einem vom Bauträger zwei Wochen vorher schriftlich mitzuteilenden Abnahmetermin das Vertragsobjekt gemeinsam zu besichtigen und etwaige sichtbare Mängel und ausstehende Leistungen – auch soweit sie streitig sind – in einem Abnahmeprotokoll festzuhalten.

Mit der Abnahme **beginnt** die **Verjährungsfrist der Mängelansprüche** zu laufen, § 634a II BGB. Werden bekannte – grob fahrlässige Unkenntnis genügt nicht – Mängel nicht gerügt, so gelten sie als **hingenommen**. Die Beweislast für Mängel kehrt sich um: Nach Abnahme auftretende Mängel hat der Erwerber zu beweisen (*BGH* NJW 1973, 1792). Die **Gefahr** geht auf ihn über (§ 644 BGB). 96

I. d. R. war im Bauträgervertrag bisher eine Abnahme**fiktion** vorgesehen für den Fall, dass der Erwerber einer zweimaligen Aufforderung des Bauträgers zur Abnahme jeweils grundlos nicht gefolgt ist; § 308 Nr. 5 BGB (bisher § 10 Nr. 5 AGBG: Angemessene Fristsetzung, etwa vierzehn Tage, und Hinweis bei Fristbeginn auf die Folgen der Fristversäumung) war genau zu beachten. Seit 1.5.2000 ist die **fingierte Abnahme** in § 640 I 3

BGB gesetzlich geregelt: Der Abnahme steht es gleich, wenn der Erwerber das Werk nicht innerhalb einer ihm vom Bauträger bestimmten angemessenen Frist abnimmt, obwohl er hierzu verpflichtet ist. Des Hinweises bei Fristbeginn auf die Folgen der Fristversäumung nach § 308 Nr. 5b BGB bedarf es dazu nicht mehr. Als „angemessen" erscheint i.d.R. eine Frist von 14 Tagen. Allerdings tritt der Rechtsverlust für bekannte Mängel (§ 640 II BGB gilt nur für die Abnahme nach § 640 I 1 BGB!) bei der Fiktion nicht ein. Will der Bauträger dieses Risiko ausschließen, bleibt ihm nur die Klage auf Abnahme.

Nicht gesetzlich geregelt ist wie bisher der vertragswidrige **vorzeitige Bezug** – er wird als fingierte Abnahme deklariert werden können (MünchVertrHdb V S. 480), auch kann er eine stillschweigende Abnahme sein (*BGH* NJW 1985, 731); allerdings hat der *BGH* in DNotZ 2001, 201 m.Anm. *Schmidt* die Anforderungen verschärft. Darauf kommt es aber praktisch nicht mehr an: Der Bauträger kann nach widerrechtlichem Bezug den Erwerber zur Abnahme **auffordern** und die **Fiktion** nach § 640 I 3 BGB herbeiführen; wegen des schon erfolgten Bezugs wird auch eine kurze Frist „angemessen" sein.

Ist – etwa für verspätete Fertigstellung – eine **Vertragsstrafe** vereinbart, muss der Erwerber sie sich bei Abnahme ausdrücklich **vorbehalten** (§ 341 S. 3 BGB).

Der Abnahme gleich steht eine **Fertigstellungsbescheinigung** nach § 641a I BGB: Das dort vorgesehene Verfahren stellt allerdings auf den normalen Bauvertrag ab, in welchem i.d.R. die Fälligkeit der Vergütung von der Abnahme abhängt. Beim Bauträgervertrag ist nur eine Rate bei „Übergabe" fällig, und selbst diese fällt nicht zwingend mit der Abnahme zusammen. I.d.R. verbietet sich daher ein Vorgehen nach § 641a BGB beim Bauträgervertrag, es erscheint sogar als ratsam, die Anwendbarkeit des § 641a BGB im Bauträgervertrag auszuschließen.

11. Haftung für Mängel

a) Grundstück

97 Die Haftung für Mängel des Grundstücks richtet sich nach Kaufrecht (§ 433 II BGB). Ein **Haftungsausschluss** ist jedoch die Regel und begegnet keinen Bedenken. Wegen der Grundstücksgröße vgl. Rn. 45. Ein Hinweis auf altrechtliche Dienstbarkeiten wird sich jedenfalls bei Neubauobjekten erübrigen.

b) Bauleistungen

98 Die Haftung für Baumängel bestimmt sich nach den **werkvertraglichen** Regelungen der §§ 633 ff. BGB. Dies gilt nach *BGH* auch, wenn ein **vollständig fertig** gestelltes Objekt verkauft wird (*BGH* DNotZ 2005, 464 m.Anm. *Basty*); nach richtiger Ansicht findet hier Kaufrecht (§ 434 BGB) Anwendung (MünchVertrHdb V S. 485 m.w.N.). Da der Sachmängelbegriff und die Verjährungsfrist von fünf Jahren bei beiden Vertragstypen identisch sind, ist die praktische Bedeutung dieser Frage gering.

Der Bauträger hat dem Erwerber das Werk frei von Sach- und Rechtsmängeln zu verschaffen. Sach- und Rechtsmängel sind nach dem neuen Schuldrecht in den Rechtsfolgen gleichgestellt, beide sind Pflichtverletzungen i.S.d. § 280 BGB, die frühere Differenzierung ist bewusst aufgegeben worden.

Die Mängelhaftung ist nicht abdingbar, soweit – wie im Regelfall – auf den Bauträgervertrag AGB-Recht Anwendung findet, insbesondere als Verbrauchervertrag (§ 310 III BGB).

Eine Vereinbarung von § 13 VOB/B anstelle von Werkvertragsrecht ist inzwischen endgültig ausgeschlossen, da § 309 Nr. 8b) ff) BGB nur die Vereinbarung der *ganzen* VOB/B zulässt, diese aber für Bauträgerverträge nicht passt (vgl. eingehend *Pause* Rn. 163 ff. m.w.N.; *Kanzleiter* DNotZ 1987, 651; *Mehrings* NJW 1998, 3457); unabhängig davon hätte die Attraktivität der früheren Alternative durch die Verlängerung der Verjährungsfrist in § 13 VOB/B auf nunmehr vier Jahre gelitten.

III. Vertrag über ein Einfamilienhaus   A II

Verschweigt der Bauträger **Mängel arglistig,** so gilt die regelmäßige Verjährungsfrist von drei Jahren (§§ 195, 634a III BGB), mindestens jedoch die fünfjährige Verjährungsfrist nach § 634a I Nr. 2 BGB (§ 634a III 2 BGB). Dies erscheint zunächst paradox, doch kann sich wegen der subjektiven Tatbestandsvoraussetzungen nach § 199 I BGB (Verjährungsbeginn nicht ohne Kenntnis oder grob fahrlässige Unkenntnis) und dem objektiven Verjährungseintritt spätestens zehn Jahre (§ 199 III Nr. 1 BGB) bzw. bei Verletzung von Leben, Körper, Gesundheit oder Freiheit spätestens 30 Jahre (§ 199 II BGB) nach Entstehung des Anspruchs eine längere als die fünfjährige Verjährungsfrist ergeben. Gleiches gilt wohl unverändert – wie nach bisherigem Recht – bei **fahrlässiger Unkenntnis** des Mangels, d. h., wenn dem Bauträger der Mangel durch sein **Organisationsverschulden** verborgen geblieben ist (*BGH* DNotZ 1993, 675 m. Anm. *Merl*; *Basty* Rn. 1057; *Amann/Brambring/Hertel* S. 311).

Zur Produkthaftung für Baumaterialien vgl. *Bottke/Mayr* ZfBR 1991, 183 und 233 m. w. N.

Prüft der Bauträger Mängelrügen, so ist die Verjährung **gehemmt** (§ 203 BGB). Dies gilt auch bei Beschwichtigung der Käufer durch den Bauträger, er werde seine Ansprüche gegen die Handwerker durchsetzen (Hemmung bis zum Abschluss des Gerichtsverfahrens zwischen Bauträger und Handwerker, *OLG Hamm* NJW-RR 1996, 1301).

c) Architekten- und Ingenieurleistungen samt Planung

Auch insoweit gilt Werkvertragsrecht, die Ausführungen in Rn. 98 gelten sinngemäß.   99

Ein Anspruch auf Herausgabe von Bau- und Planungsunterlagen gegen den Bauträger besteht nur bei entsprechender vertraglicher Vereinbarung oder wenn ein besonderes, konkret begründetes rechtliches Interesse des Erwerbers besteht, wozu es des Vortrags konkreter Baumängel bzw. konkreter Umbau- und Reparaturplanungen oder -maßnahmen bedarf (*LG Krefeld* BauR 2009, 860; *LG München I* BauR 2007, 1431).

d) Sonstige Betreuungsleistungen

Für Betreuungsleistungen sonstiger Art gilt Auftrags- und Geschäftsbesorgungsrecht.

e) Ausnahmsweise Verkürzung der Mängelhaftungsfrist, Abgrenzung Neubau-Altbau

Liegt die Fertigstellung eines Neubaus schon längere Zeit zurück, war das Haus insbesondere schon **genutzt** (Vermietung, Musterhaus) oder stand es **leer,** so besteht ein praktisches Bedürfnis, die Gewährleistungsfrist von fünf Jahren an diesen Umstand anzupassen, sie also etwa bereits mit Fertigstellung des Bauwerks beginnen zu lassen. Hier ist zu unterscheiden: 100

Für **neu** hergestellte Bauten **verbietet** § 309 Nr. 8b) ff) BGB jede derartige Verkürzung ausnahmslos. Denkbar ist eine Verkürzung bei einem (noch) „neuen" Objekt nur als **Individualvereinbarung,** die
- in einer Notarurkunde nach ständiger Rechtsprechung nicht „formelhaft" sein darf, was wohl besagen will, dass die Vereinbarung die üblichen juristischen Termini enthalten darf, dann aber mit laienverständlichen, beispielhaften Umschreibungen und **Erläuterungen** den besonderen Charakter dieser Sondervereinbarung deutlich kennzeichnen muss, wobei alle einschlägigen mündlichen Belehrungen schriftlich festgehalten werden sollten, und die
- inhaltlich sachgerecht und **ausgewogen** sein muss, damit sie der bei Individualvereinbarungen geübten richterlichen Inhaltskontrolle nach § 242 BGB standhält. So sollte deutlich zum Ausdruck gebracht werden, dass die Individualvereinbarung auch eine **Absenkung des Kaufpreises** mitumfasst.

Von einer eingehenden Erörterung und ausführlichen Belehrung kann nur ausnahmsweise abgesehen werden, wenn sich der Notar davon überzeugt hat, dass sich der Erwerber über die Tragweite des Haftungsausschlusses und des damit verbundenen Risikos vollständig im Klaren ist und den Ausschluss dennoch ernsthaft will (*BGH* MittBayNot 2008, 201 m. Anm. *Kilian*).

Keine Anwendung findet § 309 Nr. 8b) ff) BGB, wenn das Objekt nach der Verkehrsanschauung **nicht mehr „neu"** ist, weil sich das Gewährleistungsrisiko durch den Zeitablauf erheblich erhöht hat. Bei einem **leer stehenden** Objekt wird dies nach **zwei Jahren** anzunehmen sein, bei einem **bewohnten** Objekt schon erheblich früher (etwa nach **einem Jahr**, vgl. *Kanzleiter* DNotZ 1987, 651; *Eickels* MittRhNotK 1990, 121 und ausf. *Basty* Rn. 1063 ff., je m. w. N.).

f) Kürzere Mängelhaftung kraft Gesetzes

101 Es versteht sich von selbst, dass **normaler Verschleiß** keine Sachmängelhaftung auslösen kann. Hat etwa ein Anstrich, der vielleicht besonders umweltfreundlich ist, nur eine „Lebensdauer" von vier Jahren, muss er also nach dieser Zeit erneuert werden, so ist die nötige Erneuerung eine vom Erwerber zu tragende Verschleißreparatur (eingehend dazu *Grziwotz* NJW 1989, 193).

Ist bewegliches **Zubehör** mitveräußert (elektrische Geräte etc.), so gilt hierfür Kaufrecht (*BGH* NZBau 2009, 644) und die Gewährleistungsfrist für bewegliche Sachen (vgl. *Grziwotz* a. a. O.). **Anders** ist es, soweit bewegliche Gegenstände **Gebäudebestandteile** geworden sind; dann unterliegen sie als Teile des Bauwerks der fünfjährigen Gewährleistung, soweit nicht Verschleiß anzunehmen ist.

101a **Formulierungsbeispiel: Gewährleistung bei Verschleißteilen**

> Für dem Verschleiß unterliegende Gewerke (z. B. Außenanstriche) haftet der Bauträger nur, wenn und soweit der Erwerber die erforderliche Wartung und Instandhaltung ordnungsgemäß vornimmt.
> Für bewegliche Verschleißteile (Lüfter in Bädern, Brenner, Umlaufpumpen etc.) – soweit sie nicht Gebäudebestandteile geworden sind – haftet der Bauträger zwei Jahre.

g) Inhalt der Rechte aus der Mängelhaftung

102 Ist das Werk mangelhaft, kann der Erwerber nach § 634 BGB
– Nacherfüllung verlangen, § 635 BGB,
– den Mangel selbst beseitigen und Ersatz der erforderlichen Aufwendungen verlangen, § 637 BGB,
– vom Vertrag zurücktreten, §§ 636, 323, 326 V BGB, oder die Vergütung mindern, § 638 BGB,
– Schadensersatz verlangen, §§ 636, 280, 281, 283, 311a BGB,
– Ersatz vergeblicher Aufwendungen verlangen, § 284 BGB.

Voraussetzung für die Geltendmachung der übrigen Rechte und Ansprüche ist i. d. R. die Setzung einer angemessenen Frist zur Nacherfüllung (§§ 637, 636, 323 I, 638 BGB).

Im Einzelnen gilt Folgendes (vgl. eingehend *Amann/Brambring/Hertel* S. 250 ff.; *Ott* NZBau 2003, 233; *Derleder* NZBau 2004, 237):

103 **aa) Nacherfüllung.** Die Nacherfüllung nach § 635 BGB ist an die Stelle der „Nachbesserung" alten Rechts getreten. Der Unternehmer kann nach seiner Wahl den Mangel beseitigen oder ein neues Werk herstellen. Der Erwerber hat dem Bauträger hierzu eine angemessene Frist zu setzen (§ 281 I 1 BGB), soweit dies nicht nach den §§ 281 II, 323 II oder 636 BGB entbehrlich ist.

104 **bb) Rücktritt.** § 634 Nr. 3 BGB eröffnet den Weg zum allgemeinen Rücktrittsrecht nach § 323 BGB wegen nicht oder nicht vertragsgemäß erbrachter Leistung. Der Rücktritt ist ein **Gestaltungsrecht**. Er kann also nach seiner Erklärung nicht mehr zurückgenommen werden. Nach § 323 V 2 BGB ist das Rücktrittsrecht allerdings ausgeschlossen,

III. Vertrag über ein Einfamilienhaus A II

wenn der Mangel (als Pflichtverletzung) **unerheblich** ist. Wurde jedoch über das Vorhandensein eines unwesentlichen Mangels **arglistig getäuscht,** so ist dies eine erhebliche Pflichtverletzung (*BGH* DNotZ 2006, 828). Noch zum alten Recht der Wandelung hat der *BGH* (NJW 2002, 511) die alte Streitfrage entschieden, ob ein **Ausschluss** der Wandelung im Bauträgervertrag nach § 11 Nr. 10b AGBG (jetzt § 309 Nr. 8b) bb) BGB) vereinbart werden kann: Nach *BGH* (a. a. O.) ist dies **nicht** möglich, da der Bauträger **keine** „**Bauleistung**" i. S. d. AGB-Rechts erbringt. Gleiches gilt nunmehr für den Rücktritt (bestätigt durch *BGH* NJW-RR 2007, 59).

Bei nur teilweiser Nichterfüllung (z. B. Steckenbleiben nach Erstellung des Rohbaus) kommt auch ein **Teilrücktritt** nach § 323 V BGB bezüglich der ausstehenden Leistungen in Betracht, s. dazu eingehend *Amann/Brambring/Hertel* S. 247.

Der Vertrag sollte regeln, dass der Bauträger dem Erwerber nach dessen Rücktritt auch die **Kosten des Vertrages** und seiner Rückabwicklung zu ersetzen hat (*Amann/Brambring/Hertel* S. 251); ansonsten erhielte der Erwerber dies als Schadens- oder Aufwendungsersatz nur bei Verschulden des Bauträgers (§§ 280, 284 BGB).

cc) Minderung. Die Minderung steht nach § 634 Nr. 3 BGB alternativ neben dem Rücktritt, sie kann also nach einem wirksam erklärten Rücktritt nicht mehr verlangt werden.

dd) Schadensersatz. Anders als im alten Recht stehen Rücktritt und Schadensersatz **nicht mehr alternativ** zueinander. Wegen eines Rechts- oder Sachmangels kann der Erwerber deshalb Schadensersatz auch dann verlangen, wenn er zuvor wirksam zurückgetreten sein oder Minderung verlangt haben sollte. Selbst ein Schadensersatz statt der ganzen Leistung (§ 281 BGB) ist durch den Rücktritt nicht ausgeschlossen. Er kann wegen § 307 I BGB auch nicht auf den Fall grober Fahrlässigkeit oder von Vorsatz beschränkt werden (*BGH* DNotZ 2007, 22).

Die früher gängige Unterscheidung zwischen Mangelschaden und Mangelfolgeschaden ist **aufgegeben.** Fraglich ist deshalb, ob der bisher übliche **Haftungsausschluss** für Mangelfolgeschäden – die das Gesetz nicht mehr von Mangelschäden unterscheidet – noch möglich ist (vgl. MünchVertrHdb V S. 485; Würzburger Notarhandbuch Teil 2 Kap. 3 Rn. 308; *Amann/Brambring/Hertel* S. 252; *von Westphalen* BB 2002, 209). Da es sich bei der Herstellungspflicht des Bauträgers um eine sog. **Kardinalpflicht** i. S. d. § 307 II 2 BGB handelt, wird ein Ausschluss von Schadensersatzansprüchen auch bei nur leichter Fahrlässigkeit unwirksam sein (*von Westphalen* a. a. O.; *Blank* Rn. 376; *Heinemann* ZfIR 2002, 148, 170; *Litzenburger* NJW 2002, 1244 und RNotZ 2002, 23, 32 hält bei leichter Fahrlässigkeit einen Ausschluss des Schadensersatzes statt der ganzen Leistung für unzulässig, einen Ausschluss des einfachen Schadensersatzes dagegen für zulässig; ähnlich differenzierend *Amann/Brambring/Hertel* S. 252 f.: Eine Kardinalpflicht ist nur verletzt, wenn Bewohnbarkeit oder Nutzbarkeit des Gebäudes beeinträchtigt sind; so auch MünchVertrHdb V S. 485; nach Grziwotz/Koeble/*Riemenschneider* 3. Teil Rn. 352 ist der Ausschluss wegen des Transparenzgebotes nur für einzelne, ausdrücklich benannte Nebenpflichten zulässig). Kardinalpflicht ist auch die **termingerechte** Herstellung, so dass die Haftung für leichte Fahrlässigkeit bei Verzugsschäden AGB-rechtlich nicht ausgeschlossen werden kann (*OLG München* IBR 2012, 330).

Unwirksam ist jedenfalls ein Ausschluss oder eine Beschränkung der Haftung für die Fälle der Verletzung von **Leben, Körper und Gesundheit** hinsichtlich **jeder** Fahrlässigkeit und für die **grobe** Fahrlässigkeit in **sonstigen** Fällen (§ 309 Nr. 7 BGB).

ee) Verhältnis der unterschiedlichen Rechte zueinander. Der Anspruch auf Nacherfüllung nach § 635 BGB ist der Primäranspruch; alle anderen Ansprüche und Rechte setzen in der Regel das Verstreichen einer angemessenen Nachfrist zur Nacherfüllung voraus, §§ 637, 636, 323 I, 638 BGB. Die genannten sekundären Ansprüche und Rechte stehen kumulativ nebeneinander, mit einer Ausnahme: Erklärter Rücktritt und Minderung sind nach § 634 Nr. 3 BGB alternativ, sie schließen sich also gegenseitig aus.

ff) Verschulden. Alle genannten Ansprüche und Rechte sind verschuldensunabhängig, mit Ausnahme des Anspruchs auf Schadensersatz: Er setzt, sofern keine Garantien nach §§ 276 I 1, 639 BGB übernommen worden sind, Verschulden voraus.

107 **gg) Abtretung der Mängelhaftungsansprüche gegenüber Subunternehmern.** Die schon bisher wegen der Verjährungsprobleme nicht empfehlenswerte Abtretung der Haftungsansprüche des Bauträgers gegen seine Subunternehmer an den Erwerber unter Fortbestand lediglich seiner Subsidiärhaftung hat der *BGH* (NJW 2002, 2470) unter Aufgabe seiner bisherigen Rechtsprechung für unwirksam erklärt, die **Primärhaftung** des Bauträgers kann **nicht mehr abbedungen** werden, § 309 Nr. 8b) aa) BGB. Sinnvoll ist allerdings unverändert die **parallele Doppelsicherung** des Erwerbers, d. h. die Abtretung unter gleichzeitiger Aufrechterhaltung der originären Haftungsansprüche gegen den Bauträger, damit der Erwerber bei Insolvenz des Bauträgers sich möglichst aus den abgetretenen Ansprüchen schadlos halten kann. Durch eine Vollabtretung verliert allerdings der Bauträger die Möglichkeit, seinerseits gegen den einzelnen Bauhandwerker vorzugehen. Interessengerecht dürfte daher eine **Sicherungsabtretung** sein – **aufschiebend bedingt** durch Verzug und Untätigkeit (binnen angemessener Frist) des Bauträgers (vgl. *Basty* Rn. 1079) und **auflösend bedingt** durch die ordnungsgemäße Mängelbeseitigung.

107a **Formulierungsbeispiel: Abtretung von Gewährleistungsansprüchen des Bauträgers**

Ansprüche gegen Vorlieferanten und die sonstigen am Bau Beteiligten tritt der Bauträger sicherungshalber an den Erwerber ab. Die eigene Mängelhaftung des Bauträgers bleibt unberührt. Die Sicherungsabtretung wird wirksam, wenn und soweit der Bauträger mit der Mängelbeseitigung in Verzug ist und den Mangel binnen angemessener Nachfrist nicht behoben hat; sie erlischt, wenn und soweit der Mangel vom Bauträger oder dem am Bau Beteiligten behoben ist.

12. Rücktritt

108 § 3 I MaBV verbietet die Kaufpreisfälligkeit, wenn und solange **vertragliche Rücktrittsrechte** des Bauträgers bestehen. § 56 des II. WoBauG beschränkt Rücktrittsrechte bei öffentlich geförderten Objekten. In anderen Fällen ist ein Rücktrittsrecht zulässig, muss aber wegen § 308 Nr. 3 BGB dem Rücktrittsgrunde nach genau im Vertrag beschrieben sein.

Modalitäten und Folgen des Rücktritts aus **gesetzlichen Rücktrittsrechten** (§ 323 BGB) können geregelt werden, etwa durch Vereinbarung der **Schriftform** (Beschränkung auf „Einschreiben" unzulässig, § 309 Nr. 13 BGB). Widerrufliche gegenseitige Empfangsvollmachten mehrerer Erwerber eines Objektes sind zulässig.

Wird der **Erwerb mit öffentlichen Mitteln gefördert,** darf er meist erst nach deren Bewilligung abgeschlossen werden. Häufig gestattet die Bewilligungsstelle den vorzeitigen Abschluss, wenn dem Erwerber für den Fall der Versagung öffentlicher Mittel ein Rücktrittsrecht eingeräumt wird.

13. Kosten, Steuern

109 Vgl. dazu Rn. 29 ff., 35 f.

14. Belastungsübernahme

a) Rechte in Abteilung II des Grundbuchs

110 (1) **Dienstbarkeiten, Reallasten:** Dabei handelt es sich um Geh- und Fahrtrechte, Ver- und Entsorgungsleitungsrechte, Abstandsflächendienstbarkeiten, Heizwärmebezugsverpflichtungen, aber auch Wohnungsbesetzungsrechte, Fremdenverkehrsdienstbarkeiten etc.

III. Vertrag über ein Einfamilienhaus

Besondere Sorgfalt erfordert die Frage, welche dieser Rechte
- bestehen und nicht übernommen werden müssen, weil sie
  - insgesamt löschungsreif sind oder
  - nach § 1026 BGB abgeschrieben werden können oder
  - Freigaben zu erlangen sind;
- bestehen und übernommen werden müssen – solche Rechte sollten (alle!) in der Urkunde genannt und bei der Belehrung eingehend erläutert werden –;
- noch nicht eingetragen, aber bestellt sind und übernommen werden müssen – auf die Bestellungsurkunden sollte nach § 13a BeurkG verwiesen oder der Inhalt der Dienstbarkeit sollte wörtlich in den Bauträgervertrag aufgenommen werden –;
- erst noch bestellt werden müssen, aber derzeit noch nicht bestellt werden können, weil erforderliche Daten noch fehlen. Soweit möglich, sollte die Eintragung der Dienstbarkeit und ihr Rang durch eine Vormerkung gesichert werden. Im Bauträgervertrag sollten solche Rechte mit ihrem möglichen Inhalt beschrieben und der Erwerber zu ihrer Bestellung verpflichtet werden; dem Bauträger sollte gegebenenfalls Vollmacht – je nach Bedeutung des Rechtes kann sie aber gefährlich sein! – zur Bestellung erteilt werden.

(2) **Eigentumsvormerkungen** (= Auflassungsvormerkungen, vgl. Kap. A I. Rn. 99): Ihre Übernahme kommt ausnahmsweise in Betracht, wenn Flächen übertragen werden, die sich im späteren Verlauf noch verkleinern werden, etwa weil andere Bauplätze, Stellplätze, Grünflächen, Straßen, Gehwege noch weggemessen werden müssen. Hier ist sorgfältig darauf zu achten, dass übernommene Verpflichtungen die eigentliche Vertragsfläche wirklich nicht betreffen. Finanzierungsgläubiger verlangen u. U. Rangrücktritte dieser Vormerkungen. Wer deren Kosten und die Kosten späterer Freigaben und Löschungen trägt, sollte klar geregelt sein.

Zur (vorübergehenden) Übernahme einer Vormerkung der Gemeinde zur Sicherung ihres Wiederkaufsrechts bei nicht fristgerechter Bebauung s. Rn. 63.

b) Finanzierungsrechte

Globalrechte werden u. U. auf die einzelnen Objekte verteilt. **Einzelfinanzierungsrechte** können nach den allgemeinen Grundsätzen einer befreienden Schuldübernahme (auf die aber das Verbraucherkreditrecht anwendbar sein kann, vgl. *BGH NJW* 1999, 2664) übernommen werden. Dies bedarf der Genehmigung des Gläubigers. Für den Fall ihrer Versagung muss geregelt werden, ob der Erwerber dann vom Vertrag zurücktreten kann, ob er verpflichtet ist, den entsprechenden Betrag in bar zu erbringen, d. h. in anderer Weise zu finanzieren, oder ob (ausnahmsweise) eine bloße Erfüllungsübernahme gewünscht wird.

111

15. Finanzierung, Mitwirkungspflichten, Vollmacht

a) Finanzierungsplan

Im Interesse beider Vertragsteile liegt es, vor der Beurkundung des Bauträgervertrages den voraussichtlichen Finanzierungsplan durchzusprechen, damit
- der Erwerber sieht, ob und wie er das Bauvorhaben finanzieren kann,
- der Bauträger von der Erwartung ausgehen kann, der Vertrag werde nicht an der Zahlungsunfähigkeit des Erwerbers scheitern,
- der Notar überblicken kann, welche Sicherheiten für die Finanzierungsgläubiger bestellt werden müssen.

112

Die Aufnahme des voraussichtlichen Finanzierungsplans in die Urkunde ist zweckmäßig, aber nicht notwendig.

b) Grundpfandrechte

113 Das wichtigste Sicherungsmittel sind Grundpfandrechte, also Grundschulden, seltener Hypotheken. Es ist Sache des Bauträgers, das Vertragsobjekt so zu gestalten, dass die zur rangrichtigen Eintragung der Grundpfandrechte und zur Darlehensauszahlung notwendigen Sachvoraussetzungen geschaffen werden (Vermessung, Anlegung des Wohnungsgrundbuchs, Beschaffung von Plänen, Baubescheid, Abnahmeschein etc.). Die Bestellung der Grundpfandrechte erfolgt entweder durch den **Erwerber** als künftigen Eigentümer, wobei dieser bis zur Eintragung der Grundpfandrechte nach Eigentumsumschreibung als Übergangssicherheit seinen **Eigentumsverschaffungsanspruch** an den Gläubiger **verpfändet**, was bei der Eigentumsvormerkung im Wege der Grundbuchberichtigung eingetragen wird (vgl. Kap. A VI. Rn. 158), oder durch den **Bauträger**, der im Auftrag und für Rechnung des Erwerbers noch vor Eigentumsumschreibung die Grundpfandrechte eintragen lässt, die dann bei Eigentumsumschreibung vom Erwerber übernommen werden; hier muss sichergestellt sein, dass die Grundpfandrechte bis zur vollständigen Kaufpreiszahlung **nur zu diesem Zwecke valutiert** werden (eingehend dazu *Ertl* MittBayNot 1989, 53); dazu muss die **Zweckerklärung** gegenüber der Bank entsprechend **eingeschränkt** sein.

Wird der Kaufpreis nach § 7 MaBV gegen **Bürgschaft** fällig gestellt (vgl. Rn. 79 ff.), können die Finanzierungsrechte des Käufers meist noch nicht im Grundbuch eingetragen werden. Als **Übergangssicherheit** können daher die durch Bürgschaft **gesicherten Ansprüche** an den Finanzierungsgläubiger **abgetreten** werden mit der Folge, dass die Rechte aus der Bürgschaft nach § 401 BGB übergehen und er die Urkunde nach § 402 BGB erhält. Probleme entstehen hier, wenn Erlöschen der Bürgschaft und Eintragung der Finanzierungsgrundschuld nicht aufeinander abgestimmt sind (**Sicherungslücke**, vgl. *Brambring* DNotZ 1995, 88). Der Finanzierungsgläubiger wird deshalb i. d. R. eine auf **ihn** ausgestellte Bürgschaft verlangen, aus der er selbst den Bürgen in Anspruch nehmen kann; zudem wird er Zahlungen an Bauträger oder Bürgen nur unter **Treuhandauflage** (Rückzahlung, falls Finanzierungsrecht nicht rangrichtig eingetragen wird) leisten. Denkbar ist, dass neben die Bürgschaft nach § 7 MaBV noch eine Darlehensbürgschaft des gleichen Bürgen gegenüber dem Finanzierungsgläubiger tritt. Vgl. hierzu *Basty* Rn. 1163 f. und – mit Formulierungsvorschlägen – *Vossius* MittBayNot 1995, 169.

c) Finanzierungsvollmacht

114 Aus Gründen der Vereinfachung wird häufig ein Vertragsteil bevollmächtigt, die erforderlichen Finanzierungsgrundpfandrechte zu bestellen. Die Vollmacht kann gegenseitig erteilt werden, wobei sie – wenn möglich – **im Regelfall vom Erwerber** ausgeübt werden sollte, damit diesem die erforderlichen Belehrungen erteilt werden können (vgl. Merkblatt der Landesnotarkammer Bayern, www.dnoti.de/DOC/2009/bautraegermerkblatt_Mai_2009.pdf). Ist (auch) der Bauträger zur Grundpfandrechtsbestellung bevollmächtigt, so muss er auch zum Rangrücktritt mit der Eigentumsvormerkung des Erwerbers, zur Abgabe eines etwa erforderlichen abstrakten Schuldanerkenntnisses und zum Abschluss der Zweckvereinbarung ermächtigt sein. Angesichts des besonderen Vertrauenscharakters solcher Vollmachten ist es standesrechtlich unbedenklich, wenn deren Ausübung auf ihre Anwendung im Büro des beurkundenden Notars beschränkt wird.

16. Vollzugsvollmachten für Notar bzw. dessen Angestellte

115 Sie empfehlen sich wie bei einem normalen Grundstückskaufvertrag. Es sollte sich um reine Vollzugsvollmachten handeln. Bedenklich sind – auch im Blick auf § 17 II a 2 BeurkG, s. Kap. A I. Rn. 707 ff. – Vollmachten, Nachtragserklärungen materiell-rechtlichen Inhalts abzugeben wie Belastungsübernahmen, Auflassungen, inhaltliche Vertrags-

änderungen. Hier drohen Haftungsgefahren, und der Notar gerät leicht in den Anschein der Parteilichkeit. Angestellten der Notarkasse in München (tätig in Bayern und der Pfalz) ist deshalb das Tätigwerden aufgrund anderer als reiner Vollzugsvollmachten untersagt.

17. Spätere Änderungs- und Belastungsmöglichkeiten

Von der reinen Vollzugsvollmacht (Rn. 115) zu unterscheiden ist die Frage, ob sich Vollmachten der Vertragspartner untereinander – meist Vollmachten des Erwerbers an den Bauträger – empfehlen, um in der Abwicklungsphase des Vertrages notwendige Anpassungen vornehmen zu können. In Betracht kommen 116

- Änderungen der **Grundstücksgrenze** mit oder ohne finanziellen Ausgleich,
- **Dienstbarkeiten** aller Art und **Reallasten**, etwa für Ver- und Entsorgungsleitungen, seien sie für öffentlich-rechtliche Erschließungsträger oder für private Nachbarn notwendig; im letzteren Fall wird meist eine zusätzliche beschränkte persönliche Dienstbarkeit für Land oder Kommune erforderlich sein. Ferner Dienstbarkeiten zur Sicherung von Abstandsflächen, Fremdenverkehrsbeschränkungen, Wohnungsbesetzungsrechten etc. Bei allen Dienstbarkeiten und Reallasten ist darauf zu achten, dass sie nach Möglichkeit **erste Rangstelle** erhalten, um nicht bei Verwertung des Objektes in ihrem Bestand gefährdet zu sein;
- Teilungsausschluss und/oder **Benutzungsregelungen** nach § 1010 BGB.

Zu beachten ist § 17 IIa BeurkG (s. Rn. 25), der solche Vollmachten an den Bauträger beim Verbrauchervertrag nur zulässt, wenn sie **Durchführungs**vollmachten sind, also die *Verpflichtung* zur entsprechenden Änderung bereits *im Vertrag* möglichst präzise begründet worden ist.

Eine derartige Vollmacht sollte im Regelfall **widerruflich** und zeitlich **befristet** sein, um Missbrauch möglichst einzuschränken. Oft empfiehlt es sich, die Ausübung auf Erklärungen vor dem beurkundenden Notar oder seinem Sozius zu beschränken. Inhaltlich sollte die Vollmacht möglichst präzise sein, aber dennoch alle wahrscheinlichen Ausübungsfälle umfassen. Beschränkungen können u.U. auch nur auf das Innenverhältnis bezogen sein (vgl. Rn. 129).

18. Sonstiges

Gesetzliche Vorkaufsrechte (vgl. Kap. A I. Rn. 164 ff.). 117
Genehmigungen (vgl. Kap. A I. Rn. 105 ff.).

IV. Vertrag über eine Eigentumswohnung

1. Grundsatz

Konzeption und Aufbau des Vertrages entsprechen grundsätzlich den für das Einfamilienhaus in **Abschnitt III.** gemachten Ausführungen. Im Folgenden wird nur noch auf zusätzliche **Besonderheiten** eingegangen. 118

2. Aufteilung in Wohnungseigentum

Folgende Abschnitte sind zu unterscheiden: 119

(1) Die Teilungserklärung ist noch nicht beurkundet: Hier sollte ein Bauträgervertrag nur ausnahmsweise beurkundet werden, etwa wenn die zu veräußernde Eigentumswohnung eindeutig festlegt, die Beurkundung der Teilungserklärung also nur zurückgestellt wurde, weil Fragen noch offen sind, die das konkrete Objekt nicht betreffen; die Lösbarkeit dieser Fragen darf aber nicht zweifelhaft sein. Die Bestimmung weniger wichtiger

Einzelheiten kann dem Bauträger durch ein Leistungsbestimmungsrecht nach § 315 BGB überlassen werden. Davon sollte aber sparsamer Gebrauch gemacht werden.

(2) **Die Teilungserklärung ist beurkundet, aber noch nicht vollzogen:** Hier muss sie samt der etwa schon vorliegenden Gemeinschaftsordnung **mitbeurkundet** oder durch **Verweisung** nach § 13a BeurkG in den Vertrag aufgenommen werden, da eine Verdinglichung nach § 10 II WEG noch nicht eingetreten ist. Die **Abgeschlossenheitsbescheinigung** sollte erteilt sein, ihre Rechtmäßigkeit darf nicht zweifelhaft sein.

(3) **Die Aufteilung ist vollzogen:** Hier ist die **Verdinglichung** nach § 10 II WEG eingetreten. Aus Teilungserklärung und/oder Gemeinschaftsordnung müssen aber solche Regelungen dennoch mitbeurkundet oder durch Verweisung nach § 13a BeurkG in die Urkunde aufgenommen werden, die **nur schuldrechtliche** Wirkung haben (Verpflichtung zur Erteilung einer Verwaltervollmacht etc., vgl. Kap. A III. Rn. 79).

3. Vertragsgegenstand

120   Der Vertragsgegenstand wird umfassen
- die eigentliche **Eigentumswohnung** samt Keller, eventuellem Speicheranteil und Gemeinschaftseigentum;
- **Garage** und/oder **Stellplatz** in einer der möglichen Rechtsformen (Sondereigentum, Sondernutzungsrecht, separate Einzelparzelle, Bruchteilseigentum mit Regelung nach § 1010 BGB an separater Einzelparzelle; vgl. auch die sehr anschauliche tabellarische Zusammenstellung der Gestaltungsmöglichkeiten für Garagen und Stellplätze im MünchVertrHdb VI S. 308 ff.). Soweit die konkrete Garage bzw. der Stellplatz noch nicht feststeht und die genaue Lage für den Erwerber von untergeordneter Bedeutung ist, kann dem Bauträger ein Leistungsbestimmungsrecht nach § 315 BGB eingeräumt werden. Dann empfehlen sich entsprechende Vollmachten für die spätere Zuweisung oder etwa erforderliche Änderungen der Aufteilung, vgl. Rn. 116;
- weitere **Nebenflächen, Sonderausstattungen** etc. (vgl. Rn. 45, 49 ff. zum Einfamilienhaus).

Zu den Sonderfragen, die sich bei in Wohnungseigentum aufgeteilten **Mehr- und Reihenhausanlagen** ergeben, vgl. ausführlich *Drasdo* NZM 2003, 961.

4. Eigentumsvormerkung

121   (1) **Möglicher Inhalt:** Welcher Anspruch wird gesichert?
- Anspruch auf Übereignung eines **schon gebildeten** Wohnungseigentums (vgl. Rn. 56 zum Einfamilienhaus),
- Anspruch **auf Bildung** eines bestimmten Wohnungseigentums (*BayObLG* DNotZ 1977, 544) **und dessen Übereignung,** sicherbar durch eine **einzige** Vormerkung.

(2) **Erfordernisse des § 3 I MaBV:** Welche dieser Vormerkungen als **Fälligkeitsvoraussetzung** nach § 3 I MaBV bestellt sein muss, war früher streitig. Seit der Neufassung der MaBV vom 7.11.1990 (BGBl. I 2479) ist Fälligkeitsvoraussetzung die Eigentumsvormerkung am schon **gebildeten** Sondereigentum, d. h. die Teilungserklärung muss im Grundbuch **vollzogen** sein (§ 3 I 1 Nr. 2 Hs. 2 MaBV).

122   (3) **Wirkung der Vormerkung in der Insolvenz des Bauträgers:** Ist die Eigentumswohnanlage bei Insolvenz des Bauträgers nur **teilweise erstellt,** so ergeben sich schwierige Probleme:

Die Vormerkung sichert nur den **Eigentumserwerb,** aber keine Verpflichtung der künftigen Wohnungseigentümer untereinander zur Fertigstellung.

Das Bestehen und der Inhalt einer solchen **gegenseitigen Fertigstellungspflicht** werden vom Umfang der noch ausstehenden Restarbeiten abhängen. Fehlen noch
- **geringe** Restarbeiten, so ist die Pflicht zu bejahen (*OLG Karlsruhe* NJW 1981, 466 m. insoweit zust. Anm. *Röll*);

IV. Vertrag über eine Eigentumswohnung   A II

- **größere** Restabschnitte, so wird die Pflicht ebenfalls zu bejahen sein; nach *BayObLG* NJW 2003, 2323, ist zumindest ein Mehrheitsbeschluss der Wohnungseigentümer zulässig und wirksam, wenn die Wohnanlage zu deutlich mehr als der Hälfte ihres endgültigen Werts hergestellt ist;
- **alle wesentlichen** Arbeiten am Grundstück, so dass das Grundstück ohne größere Verluste veräußert werden könnte, löst die Fertigstellung dagegen Mehrverpflichtungen aus, die diese Verluste deutlich übersteigen, so kann eine Fertigstellungspflicht nicht angenommen werden.

Besteht eine Verpflichtung zur Fertigstellung, die mit einer analogen Anwendung der §§ 21, 22 WEG begründet werden kann (*OLG Karlsruhe* NJW 1981, 466 m. insoweit zust. Anm. *Röll*; *Weitnauer* § 22 Rn. 11a), so ergeben sich weitere Probleme, wenn

- einzelne Einheiten noch **nicht verkauft** sind, der Insolvenzverwalter braucht diese Einheiten nicht fertig zu stellen;
- **unterschiedliche Zahlungen** von den einzelnen Erwerbern an den Bauträger geleistet sind: Diese sind zu berücksichtigen (*OLG Karlsruhe* a.a.O.; a.M. *Röll* a.a.O., soweit Mehrzahlungen gegenüber dem Bautenstand erbracht wurden).

5. Baufortschritt i.S.d. § 3 II MaBV

Ob sich der Baufortschritt nach dem einzelnen Wohnungseigentum beurteilt oder 123
nach dem Gesamtgebäude, ergibt sich aus dem Zweck der Rate (*Marcks* § 3 Rn. 34; *Basty* Rn. 504, 561 ff.; a.M. Grziwotz/Koeble/*Riemenschneider* 3. Teil Rn. 754):

- **Gesamtgebäude**
Baubeginn, Rohbaufertigstellung, Rohinstallation, Innenputz Treppenhaus und Gesamtfertigstellung verstehen sich bezogen auf das **Gesamt**gebäude, da mit diesen Abschnitten auch der entsprechende Wert des Gemeinschaftseigentums geschaffen wird.
- **Einzelwohnung (samt zugehöriger Teile des Gemeinschaftseigentums)**
Alle übrigen Raten beziehen sich auf das **Einzel**objekt und die zu seiner Nutzung unbedingt erforderlichen Teile des Gemeinschaftseigentums.

6. Eigentümergemeinschaft, Gemeinschaftsordnung

Wegen ihrer Entstehung und Bedeutung vgl. Kap. A III. Beurkundungsrechtlich ist zu 124
beachten: Die Gemeinschaftsordnung, in welche der Erwerber eintritt, muss **mitbeurkundet** (als Anlage beigefügt) oder es muss nach § 13a BeurkG auf sie verwiesen werden, wenn

- die Teilung in Wohnungseigentum im Grundbuch noch **nicht vollzogen** ist, die Verdinglichung nach § 10 II WEG also noch nicht eingetreten ist, oder
- in ihr auch Regelungen enthalten sind, die nach § 10 II WEG nicht verdinglicht werden, sondern **schuldrechtliche** Verpflichtungen bleiben.

7. Abnahme

Die Abnahme von Wohnungseigentum und Gemeinschaftseigentum kann getrennt er- 125
folgen (vgl. *Pause* NJW 1993, 553, 555):
Die Abnahme des **Wohnungseigentums** erfolgt, sobald dieses bezugsfertig ist (vgl. Rn. 95f. zum Einfamilienhaus).
Die Art der Abnahme des **Gemeinschaftseigentums** ist umstritten (vgl. zu allen Alter- 126
nativen *v. Oefele* DNotZ 2011, 249, 261 f. mit Formulierungsbeispielen):

- Nach der **gemeinschaftsrechtlichen Theorie** erfolgt sie in einem Akt durch die Eigentümergemeinschaft: Jeder Erwerber – auch wenn er erst nach der Abnahme des Gemeinschaftseigentums erwirbt – ist an diese Abnahme gebunden – so insb. *Rapp* MittBayNot 2012, 169 mit Formulierungsbeispielen, unter Hinweis auf die neue Rechtslage durch

Anerkennung der Rechtsfähigkeit der Wohnungseigentümergemeinschaft in § 10 VI WEG; krit. hierzu *Basty* Rn. 1008 und *Schmid* BauR 2009, 727. Die gemeinschaftsrechtliche Theorie führt zu vernünftigen Ergebnissen, wird aber vom *BGH* nur teilweise als mit dem Gesetz vereinbar anerkannt (*BGH* BauR 2007, 1223 für Mängelansprüche hinsichtlich des Gemeinschaftseigentums, nicht für die Abnahme).
- Nach der **individualrechtlichen Theorie** (*BGH* DNotZ 1985, 622; h. M.) wird auch das Gemeinschaftseigentum von jedem Erwerber für sich allein abgenommen. Abnahmefiktionen über die §§ 640 I 3, 641a BGB hinaus (s. Rn. 96) verbietet § 308 Nr. 5 BGB, so dass es durch jeden Erwerber einer förmlichen Abnahme bedarf (vgl. *Ott* ZWE 2010, 157; *Vogel* NZM 2010, 377). Folglich läuft bei zeitlich unterschiedlicher Abnahme für jeden Erwerber eine **andere Gewährleistungsfrist** (so ausdrücklich *BGH* a. a. O.). Der naheliegenden Empfehlung an den Bauträger, als vermeintlich sichersten Weg die Abnahme auch des Gemeinschaftseigentums mit jedem Erwerber individuell vorzunehmen (so – ausdrücklich auch bei größeren Anlagen! – *Basty* Rn. 1007), sind allerdings physische und psychische Grenzen gesetzt: Der durchschnittliche Erwerber wird kaum willens und in der Lage sein, nach einer vielleicht einstündigen Abnahme seines Sondereigentums noch eine oder mehrere Stunden für die eingehende Besichtigung des Gemeinschaftseigentums zu verwenden. Die Versuchung liegt dann nahe, vom Stockwerk der eigenen Wohnung aus den Blick im Treppenhaus nach oben und unten zu richten und mit einem „Passt schon" das Gemeinschaftseigentum abzunicken: Das wäre dann wohl keine schlampige Abnahme, sondern eine Nicht-Abnahme, was spätestens im Streitfall vom Erwerber auch vorgetragen würde. Zu weiteren Problemen der reinen Einzelabnahme s. *v. Oefele* DNotZ 2011, 249, 257.

Es gilt also, nach Ersatzlösungen zu suchen, die eine individuelle Abnahme auch des Gemeinschaftseigentums sicherstellen, eine Überforderung des Erwerbers aber vermeiden. So können die Erwerber einen **gemeinsamen Bevollmächtigten** bestellen, der dann im Namen eines jeden einzelnen Erwerbers die Abnahme vornimmt. Hierfür eignen sich der Verwalter (sofern er als neutral anzusehen ist, was nicht der Fall ist, wenn er vom Bauträger bestimmt wird (*BGH* DNotZ 2014, 39) oder gar mit dem Bauträger identisch oder rechtlich oder wirtschaftlich mit dessen Unternehmen verbunden ist, vgl. *Ott* ZWE 2010, 157), ein Verwaltungsbeirat, einzelne Wohnungseigentümer oder ein Sachverständiger (letzterer darf aber nicht vom Bauträger bestimmt sein, *OLG München* BauR 2009, 1444 und *OLG Karlsruhe* NJW 2012, 237, da dann dessen Neutralität nicht gewährleistet ist). Das Recht des Erwerbers, **selbst** an der Besichtigung **teilzunehmen** und die Abnahme selbst für sich zu erklären, muss daneben unbenommen bleiben (*LG Hamburg* BauR 2010, 1953), die Bevollmächtigung kann daher auch nur **widerruflich** erfolgen. Der **Termin** ist deshalb jedem Erwerber **rechtzeitig mitzuteilen**. S. dazu eingehend *Blank* DNotZ 2014, 166.

Zudem ist es naheliegend, die **technische** Abnahme des Gemeinschaftseigentums von der **rechtsgeschäftlichen** zu **trennen**. Gerade für größere Anlagen empfiehlt es sich daher, in zwei Stufen zunächst einen Termin zur technischen Abnahme durch einen von den Erwerbern bevollmächtigten Sachverständigen vorzuschalten – wobei auch hier jeder Erwerber zur eigenen Teilnahme eingeladen wird – und sodann das technische Abnahmeprotokoll jedem Erwerber zuzusenden mit der Bitte, selbst die individuelle rechtsgeschäftliche Abnahme schriftlich zu erklären. An diese Aufforderung kann in Anwendung der Grundsätze von *BGH* BauR 1992, 232 die Rechtsfolge geknüpft werden – worauf im Anschreiben hinzuweisen ist –, dass ein **Schweigen** des Erwerbers **als Zustimmung** gilt, wenn er sich nicht binnen angemessener Frist – etwa 14 Tagen – geäußert hat (so auch *Basty* Rn. 1030; *Schulz* BWNotZ 2012, 62). Entsprechende Regelungen in den Erwerbsverträgen sind dringend zu empfehlen.

S. zur Einschaltung eines **Sachverständigen** bei der Abnahme auch eingehend *Pause* notar 2013, 262.

IV. Vertrag über eine Eigentumswohnung A II

> **Formulierungsbeispiel: Abnahme des Gemeinschaftseigentums** 126a
>
>
>
> Die technische Abnahme des gemeinschaftlichen Eigentums erfolgt – soweit es dem Erwerber nicht zur Sondernutzung zugewiesen ist – nach Fertigstellung durch einen öffentlich bestellten und vereidigten Bausachverständigen, der hierzu vom Erwerber beauftragt und bevollmächtigt wird. Der Sachverständige wird vom Verwalter benannt. Er führt die Abnahme ausschließlich im Interesse des Erwerbers durch. Die Kosten trägt die Eigentümergemeinschaft. Der Bauträger hat mindestens 14 Tage vor dem Abnahmetermin – an dem der Erwerber teilnehmen kann – diesen Termin und die Person des Sachverständigen mitzuteilen. Der Erwerber kann innerhalb von 10 Tagen nach Erhalt dieser Mitteilung der Mitwirkung des Sachverständigen widersprechen, die Bevollmächtigung des Sachverständigen ist widerruflich.
>
> Der Erwerber erhält vom Bauträger innerhalb von 14 Tagen nach dem Abnahmetermin eine Abschrift des Abnahmeprotokolls zugesandt mit der Aufforderung, sich zur rechtsgeschäftlichen Abnahme schriftlich gegenüber dem Bauträger zu erklären, soweit dies nicht beim Abnahmetermin schon geschehen ist. Erklärt sich der Erwerber innerhalb einer Frist von 14 Tagen nach Zugang des Abnahmeprotokolls gegenüber dem Bauträger zur Abnahme nicht, gilt sein Schweigen als Billigung des Gemeinschaftseigentums als im Wesentlichen vertragsgemäß, wenn der Bauträger bei Übersendung des Abnahmeprotokolls auf diese Rechtsfolge hingewiesen hat.

Für **Nachzügler** wird zu **differenzieren** sein:
- Die bereits erfolgte **rechtsgeschäftliche** Abnahme des Gemeinschaftseigentums durch frühere Erwerber wird dem Nachzügler nicht zugerechnet werden können, eine entsprechende Klausel verstößt nach *LG Hamburg* (BauR 2010, 1953) gegen § 307 BGB.
- Die **technische** Abnahme durch einen Sachverständigen wird der Nachzügler im Bauträgervertrag anerkennen können, wenn er das technische Abnahmeprotokoll rechtzeitig vor der Beurkundung erhalten und die Möglichkeit gehabt hat, selbst das Gemeinschaftseigentum zu besichtigen und damit die Angaben des Sachverständigen zu überprüfen; dann wird er bei Vertragsschluss die **rechtsgeschäftliche** Abnahme mit Wirkung ex nunc erklären können.
- Wird ein Beginn der Gewährleistungsfrist vor Beurkundung gewünscht, so bleibt nur die Vereinbarung einer **Verkürzung** der Verjährungsfrist, was wohl nur in Betracht kommt, wenn das Gemeinschaftseigentum **nicht mehr „neu"** i. S. d. § 309 Nr. 8b BGB ist; allerdings dürfen auch dann die Ansprüche des Nachzüglers nicht früher verjähren als die Ansprüche früherer Vorerwerber (*BGH* NJW 1985, 1551). Vgl. zum ganzen Komplex *Basty* Rn. 1063 ff., 1121 f. und BauR 2011, 316.

8. Haftung für Mängel

a) Sondereigentum

Die Mängelhaftung regelt sich wie bei Einzelhäusern. 127

b) Gemeinschaftseigentum

Für die Mängelhaftung beim **Gemeinschaftseigentum** gibt es wiederum mehrere Theorien (vgl. eingehend *Hügel* NotBZ 2004, 377; *Pause* NJW 1993, 553 m. w. N.): 128
- **Individualrechtliche Theorie** (*BGH* NJW 1985, 1551; *Weitnauer* ZfBR 1981, 109): Nach dieser Theorie stehen auch am Gemeinschaftseigentum jedem Erwerber individuell Mängelhaftungsansprüche zu, die er unabhängig vom Verhalten oder der Rechtsposition anderer Miteigentümer durchsetzen kann.

- **Gemeinschaftsbezogene Theorie** (*Deckert* ZfBR 1984, 61 m. w. N.): Danach stehen die Mängelhaftungsansprüche am Gemeinschaftseigentum nur der Eigentümergemeinschaft zu.
- **Vermittelnde Theorie** (*BGH* NJW 1979, 2207; 1981, 1841; 1988, 1718; 1998, 2967): Danach stehen nur die **primären** Mängelhaftungsansprüche wie Nacherfüllung und Aufwendungsersatz dem einzelnen Erwerber zu, die **sekundären** Rechte (Minderung, Rücktritt, Schadensersatz) dagegen nur der Eigentümergemeinschaft, es sei denn, dass der Mangel am Gemeinschaftseigentum auch auf das Sondereigentum ausstrahlt, nicht behebbar ist und der Gemeinschaft ein über den Minderwert hinausgehender Schaden nicht entstanden ist: Dann kann auch der einzelne Erwerber Minderung verlangen (*BGH* MittBayNot 1990, 167). Nach *BGH* BauR 2007, 1221 eröffnet nunmehr § 10 VI 3 WEG der Eigentümergemeinschaft die Möglichkeit, durch **Mehrheitsbeschluss** gemeinschaftsbezogene **Mängelgewährleistungsansprüche an sich zu ziehen** (krit. dazu *Schmid* BauR 2009, 727). Dies hindert den einzelnen Erwerber aber jedenfalls dann nicht an einer individuellen Fristsetzung mit Ablehnungsandrohung gegenüber dem Bauträger, wenn dies mit den Interessen der Eigentümergemeinschaft nicht kollidiert (*BGH* NJW 2014, 1377; ZWE 2010, 404). Die Verjährung der Mängelbeseitigungsansprüche des einzelnen Erwerbers ist gehemmt, solange dann die Eigentümergemeinschaft mit dem Bauträger Verhandlungen über die Mängelbeseitigung führt (*BGH* a. a. O.). Dies führt zu einer Dreiteilung (vgl. dazu – allerdings kritisch – *Derleder* ZWE 2009, 1 und *Pause* BauR 2011, 305) der Mängelrechte in
- **Exklusiv-Kollektivrechte:** Rechte aus Minderung und auf den kleinen Schadensersatz,
- **Exklusiv-Individualrechte:** Rechte auf den großen Schadensersatz und auf Rücktritt, und
- Rechte, die die Gemeinschaft durch Mehrheitsbeschluss mit Ausschlusswirkung gegenüber dem individuellen Eigentümer an sich ziehen kann: Mängelbeseitigungsanspruch einschließlich des auf Mangelbeseitigung gerichteten Erfüllungs- und Nacherfüllungsanspruchs, Aufwendungsersatzanspruch und Vorschussanspruch.

Derleder (a. a. O.) kritisiert an dieser Dreiteilung, sie lasse „die notwendige Sensibilität gegenüber den Interessendivergenzen und den Unterschieden bei der Beeinträchtigung und Betroffenheit der einzelnen Wohnungseigentümer durch Mängel am Gemeinschaftseigentum vermissen", sie führe „zu einer Überpointierung der Verbandsrechte, die mit der Privatheit und Privatnützigkeit des Wohnungseigentums nicht vereinbar ist". Er fordert daher zu Recht Korrekturen, etwa dahingehend, dass das Kollektivrecht keine Sperrwirkung entfalten könne, wenn sich der Verband (noch) nicht genügend um die Mängelbeseitigung gekümmert hat, dass die Geltendmachung des Kollektivrechts die individuelle Geltendmachung eines weitergehenden Sanierungsanspruchs nicht ausschließe, dass die Selbstvornahme der Mängelbeseitigung durch einen Eigentümer mit der Folge des Aufwendungsersatzanspruchs nicht ohne weiteres einen unzulässigen Eingriff in die ordnungsgemäße Verwaltung darstelle, dass die Gemeinschaft Rücksicht zu nehmen habe auf erhobene Ansprüche und Klagen eines einzelnen Eigentümers, insbesondere bei dessen besonderer Beeinträchtigung oder Betroffenheit, und dass auch nach einem anderweitigen Mehrheitsbeschluss der einzelne Eigentümer wegen erheblicher Mängel des Gemeinschaftseigentums zurücktreten oder großen Schadensersatz verlangen und damit aus der Gemeinschaft wieder ausscheiden dürfe (*Derleder* ZWE 2009, 1).

Pause (BauR 2011, 305) lehnt die direkte Anwendung des § 10 VI 3 WEG auf die Ansprüche aus dem Erwerbsvertrag ab, kommt aber über dessen analoge Anwendung ebenfalls zu einer Dreiteilung, bei der er jedoch die internen Abgrenzungen anders vornimmt: Danach genügt es, die Zuständigkeit der Gemeinschaft auf Erfüllungs- und Nacherfüllungsansprüche einschließlich Aufwendungsersatz und Vorschuss zu beschränken, wobei sich *Pause* insoweit sogar für eine geborene Befugnis der Gemein-

IV. Vertrag über eine Eigentumswohnung   A II

schaft an Stelle einer fakultativen ausspricht, während Ansprüche auf Minderung und kleinen Schadensersatz in der individuellen Zuständigkeit verbleiben (solange die Erwerber sie nicht der Gemeinschaft zum Zwecke der Durchsetzung überlassen) – allerdings mit der Einschränkung, dass Minderung und kleiner Schadensersatz individuell erst geltend gemacht werden können, wenn die Gemeinschaft auf Nacherfüllung verzichtet und so die individuelle Verfolgung „freigegeben" hat.

Vertragliche Regelungen dieser Fragen erfolgen im Regelfall nicht, da sie nicht die unmittelbare Vertragsabwicklung betreffen.

Die teilrechtsfähige **Eigentümergemeinschaft** kann Ansprüche der Erwerber aus **Bürgschaften** nach § 7 MaBV in gewillkürter Prozessstandschaft geltend machen (*BGH DNotZ 2007, 933*). Die § 7 MaBV-Bürgschaft sichert das Vorauszahlungsrisiko eines Erwerbers auch wegen Mängeln am Gemeinschaftseigentum, obwohl der Erwerber die Erstattung von Mängelbeseitigungskosten nur an die Gemeinschaft verlangen kann (*BGH a.a.O.*). Die Bürgschaft umfasst allerdings nur den Anteil des Erwerbers, der seinem Haftungsanteil im Verhältnis zur Gemeinschaft für Instandsetzungsaufwendungen entspricht (*BGH a.a.O.*).

Zu den Pflichten des Verwalters nach § 27 I Nr. 2 WEG gehört auch die Überprüfung des Gebäudes auf Baumängel innerhalb der Gewährleistungsfrist (*OLG München DNotZ 2009, 220*). Er hat daher insbesondere nach Rüge und Anerkennung eines Mangels, etwa am Balkon, besonderen Anlass, das Bauwerk insgesamt auf vergleichbare Mängel zu untersuchen; wird der Bauträger selbst der erste Verwalter, so hat er bei einer solchen Überprüfung gerade auch seine Kenntnisse als Bauträger einzusetzen, auch wenn der Anspruch auf Beseitigung möglicher Schäden sich dann gegen ihn selbst richtet (*OLG München a.a.O.*).

9. Änderungsvollmachten

Mehr noch als bei einem Einzelhaus können sich **nachträgliche Belastungen** (vgl. Rn. 116) oder **nachträgliche Änderungen** der Teilungserklärung, eventuell auch der Gemeinschaftsordnung, als notwendig oder sinnvoll erweisen. Im praktischen Vollzug sind **Vollmachten** der Erwerber an den Bauträger hilfreich, da Änderungen vor Vollzug der Eigentumsumschreibung der Zustimmung der Vormerkungsberechtigten bedürfen, nach Eigentumsumschreibung der Zustimmung aller Wohnungseigentümer. Der Erwerberschutz (zu § 17 II a BeurkG vgl. Rn. 24 f.) gebietet allerdings, die Vollmacht so präzise wie möglich zu fassen, so dass sich ihr Inhalt durch die Erfordernisse der einzelnen Wohnanlage bestimmt. Eine Vollmacht zur „Änderung der Teilungserklärung" umfasst nicht die Befugnis zur Bestellung von Dienstbarkeiten, etwa für Ver- und Entsorgungsleitungen oder für Geh- und Fahrtrechte (*OLG München BauR 2009, 1341*). Derartiges muss ausdrücklich in der Vollmacht genannt sein, vgl. Rn. 116.

129

Eine allgemein gültige Formulierung ist nicht möglich. Unbedenklich erscheinen jedoch generell Änderungen (vgl. eingehend *Amann/Brambring/Hertel* S. 238 f.), die das einzelne Wohnungseigentum wirtschaftlich nicht betreffen, wie Änderungen der Aufteilung **anderer** Einheiten, auch soweit im Einzelfall dort gelegenes Gemeinschaftseigentum betroffen sein sollte, oder Änderungen der Garagen- und Stellplatz- oder der Kellereinteilung bzw. der Vorbehalt späterer Zuweisung entsprechender Sondernutzungsrechte. Bei Sondernutzungsrechten kann sich der Bauträger auch vorbehalten, deren Inhalt noch später – ohne zeitliche Begrenzung, aber mit der auch durch Auslegung zu ermittelnden Einschränkung, dass die Vollmacht mit der Veräußerung der letzten Sondereigentumseinheit an einen Erwerber erlischt – näher zu bestimmen oder zu ändern (*BGH DNotZ 2012, 528*). Wird keine klare zeitliche Grenze festgelegt, so ist im Zweifelsfall – ähnlich wie bei Grundbuchvollmachten – vom zeitlich geringeren Umfang der Zuweisungsbefugnis auszugehen (*OLG München MittBayNot 2013, 378 m. Anm. Kreuzer*). Zur Frage, ob und unter welchen Voraussetzungen die Zuweisungsbefugnis mit Veräußerung sämtlicher Miteigentumsanteile an Dritte erlischt, s. *OLG Zweibrücken* MittBayNot 2014, 48 m. Anm. *Kreuzer*. Der sachenrechtliche Bestimmtheitsgrundsatz gebietet allerdings, die für eventuelle Sondernutzungsrechte vorbehaltenen Flächen so präzise zu bezeichnen, dass sie bestimmbar sind – „Teile der Gartenflächen" genügt hierfür nicht (*BGH* DNotZ 2012, 684).

Zu unbestimmt und daher unwirksam ist allerdings eine Vollmacht zur Änderung, solange „dem Käufer keine zusätzlichen Verpflichtungen auferlegt werden, sein Sondereigentum unangetastet bleibt und die Benutzung des Gemeinschaftseigentums nicht eingeschränkt wird" (*BayObLG* DNotZ 1994, 233 m. krit. Anm. *Röll*; krit. auch *Schmidt* MittBayNot 1995, 434, 435). Daher empfiehlt es sich, derartige Änderungsvollmachten im **Außenverhältnis** entsprechend weit zu fassen und **Beschränkungen** nur für das **Innenverhältnis** vorzusehen; die Vollmachtausübung kann zu Überwachungszwecken auf eine bestimmte Notarstelle beschränkt werden (vgl. Rn. 38; kritisch zur Überwachungsmöglichkeit (-kriterien) durch den Notar s. *Schmidt* a.a.O.). Allerdings gibt es auch hier Schranken: Hat das Grundbuchamt – etwa aus ihm bekannten offensichtlichen und eindeutig gefassten internen Bindungsklauseln – sichere Kenntnis vom Missbrauch einer im Außenverhältnis unbeschränkten Vollmacht, dann kann und muss es die Eintragung ablehnen (*OLG München* MittBayNot 2013, 382).

129a | **Formulierungsbeispiel: Änderungsvollmacht zur Teilungserklärung**

Der Erwerber erteilt dem Bauträger unter Befreiung von den Beschränkungen des § 181 BGB Vollmacht, die Teilungserklärung mit Gemeinschaftsordnung nach Belieben abzuändern und alle hierzu erforderlichen oder zweckmäßigen Erklärungen abzugeben und entgegenzunehmen. Untervollmacht darf erteilt werden.
Evtl.: Zur Sicherung von Ver- und Entsorgungsleitungen oder nachbarlicher Geh- und Fahrtrechte dürfen auch Grund- und beschränkte persönliche Dienstbarkeiten bestellt werden.
Im Innenverhältnis vereinbaren die Vertragsteile, dass Sondereigentum und Sondernutzungsrechte des Erwerbers durch solche Änderungen nicht beeinträchtigt werden dürfen. Die Vollmacht erlischt zwei Jahre nach bezugs- und gebrauchsfertiger Erstellung aller Gebäudeteile. Vollmacht und Untervollmacht können nur an der Notarstelle der Notare ... ausgeübt werden.

V. Vertrag über ein Renovierungsobjekt

130 Grundsätzlich gelten die allgemeinen Hinweise in **Abschnitt III.** (Einzelhaus) bzw. **IV.** (Eigentumswohnung), aber mit folgenden **Besonderheiten:**

1. Aufteilungsplan und Abgeschlossenheitsbescheinigung, Zweckentfremdungsgenehmigung

131 Ob bei Altbauten die Vorschriften des Wärme- und Schallschutzes eingehalten sind, ist keine Frage der Abgeschlossenheit. Die Erteilung der Abgeschlossenheitsbescheinigung nach § 7 IV 2 WEG darf nicht davon abhängig gemacht werden (*GemS-OGB* DNotZ 1993, 48; *BGH* DB 1991, 697; a.M. zuvor *VGH München* DNotZ 1990, 247; *BVerwG* DNotZ 1990, 249).

Ob eine Baugenehmigung erforderlich ist, muss nach *OLG Nürnberg* (OLGR 2002, 392) auch der Notar prüfen und ggf. als Fälligkeitsvoraussetzung vorsehen.

Bei Altbauten bedarf es aber u.U. zusätzlich zur Baugenehmigung einer Zweckentfremdungsgenehmigung (vgl. *Basty* Rn. 461). Sie wird von § 3 I 1 Nr. 4 MaBV nicht gefordert, sollte aber im Problemfall vertraglich als Fälligkeitsvoraussetzung vereinbart werden (*Basty* a. a. O.).

2. Baubeschreibung

Der **Umfang** der vorzunehmenden **Renovierungs- oder Sanierungsarbeiten** muss in der Baubeschreibung genau bezeichnet werden. Anders als bei einem neu zu erstellenden Objekt gilt dies nicht nur für künftig noch auszuführende Arbeiten (also zur Beschreibung des Vertragsgegenstandes, der noch nicht existiert), sondern auch für die **Altsubstanz** und für **bereits ausgeführte** Renovierungs- oder Sanierungsarbeiten, da sich für die **Altsubstanz** einerseits und die durchgeführten **Arbeiten** andererseits **unterschiedliche Pflichten zur Mängelhaftung** ergeben können (vgl. Rn. 135). Einer solchen **Beschaffenheitsvereinbarung** kommt gerade wegen des nur beschränkt möglichen Ausschlusses einer Mängelhaftung (s. Rn. 135) erhebliche Bedeutung zu. Str. ist, wie konkret sie hinsichtlich der Altsubstanz und der schon durchgeführten Arbeiten zu sein hat:

Kornexl (ZNotP 2002, 86, 131) lässt eine **abstrakte** Beschaffenheitsvereinbarung („Das Vertragsobjekt ist vom Verkäufer nur in der Beschaffenheit geschuldet, die es zum Zeitpunkt der Besichtigung durch den Käufer gehabt hat") genügen. *Brambring* (in: Amann/Brambring/Hertel S. 466) verlangt eine **umrisshafte** Beschaffenheitsvereinbarung (z. B. „Die Beteiligten vereinbaren als Beschaffenheit des Gebäudes: Es handelt sich um einen Altbau aus dem Jahre ..., der nicht modernisiert worden ist. Insbesondere sind die [z. B. Wasser- und Elektro-]Leitungen nicht erneuert, so dass der Käufer damit rechnen muss, dass es zu einem Schaden kommen kann."). Eine **konkrete** Beschaffenheitsvereinbarung verlangt *Hertel* (ZNotP 2002, 126): Nur bei konkreter Benennung eines Mangels wisse der Käufer, worauf er sich einlasse – damit sei der Sollzustand festgelegt. Sähe man in „gekauft wie besichtigt" eine Beschaffenheitsvereinbarung, die bereits auf der Tatbestandsseite einen Mangel ausschließe, würden die Beschränkungen für Gewährleistungsausschlüsse ausgehöhlt. Nach *Basty* 4. Aufl. 2001, Ergänzungsheft Rn. 70 f. ist zu differenzieren: Einer konkreten Aufführung der Mängel bedarf es nicht, soweit der Käufer die Mängel kannte oder „bei hinreichender Aufmerksamkeit" hätte erkennen können oder soweit er mit ihnen „angesichts des Gesamtzustands des Objekts vernünftigerweise rechnen" musste. Nur wenn keiner dieser Fälle vorliege, bedürfe es einer (konkreten) Beschaffenheitsvereinbarung.

3. Baufortschrittsraten

§ 3 II 1 und 2 MaBV gehen von der Erstellung eines Neubaus aus, sie gelten aber nach dem neuen § 3 II 4 MaBV, wenn das Bauvorhaben einen Altbau betrifft, „mit der Maßgabe entsprechend, dass der hiernach zu errechnende Teilbetrag für schon erbrachte Leistungen mit Vorliegen der Voraussetzungen des Absatzes 1 entgegengenommen werden kann". Nach einhelliger Auffassung galt schon bisher die MaBV auch für die Bauträger, die Altbauten in Wohnungseigentum aufteilen und nach Modernisierung veräußern (*Pause* Rn. 50; *Warda* MittBayNot 1988, 1, 11 ff.).

§ 3 II 4 MaBV setzt ein **Bauvorhaben** voraus, **nicht** lediglich **geringfügige Renovierungsarbeiten** oder bloße **Schönheitsreparaturen**. Die Grenze ist fließend, Kriterien für ein Bauvorhaben sind in einer **Gesamtbetrachtung** (eingehend dazu *Basty* DNotZ 1991, 18, 24; *ders.* Rn. 811 ff.):
– Die Bedeutung der Maßnahmen für Konstruktion, Bestand, Erhaltung und Erneuerung des Bauwerkes
– der Wert der Maßnahmen im Verhältnis zum gesamten Objektswert
– das Erfordernis einer Baugenehmigung (das für sich allein als Abgrenzungskriterium aber nicht genügt, vgl. *Basty* a. a. O.).

Schmidt (MittBayNot 1995, 434, 435) stellt dagegen darauf ab, ob Bauleistungen in der allgemeinen Definition des § 1 VOB/A erbracht werden.

A II Bauträgervertrag

Liegt ein Bauvorhaben vor, so ist der **Ratenplan** des § 3 II 1 MaBV in der Höhe seiner Raten **zwingend** (a. M. *Schmidt* a. a. O.: Einzelkomplexe wie Heizung, Sanitär, Fußböden, Fenster, Außenputz usw. können in sich abgerechnet werden, nur Teilzahlungen hierauf sind vor Fertigstellung der Einzelleistung verboten), die Tatbestandsvoraussetzungen müssen aber in ihren auf den Neubau ausgerichteten Begriffen an den Altbau **angepasst** werden: Der Beginn der Modernisierungsmaßnahmen entspricht dem Baubeginn, die Erstellung von tragenden Wänden, Treppen etc. der Rohbaufertigstellung. Werden alle Tatbestandsvoraussetzungen einer Rate bereits von der Altsubstanz erfüllt, sind sie also nicht von Modernisierungsarbeiten betroffen, so kann diese Rate mit der ersten Rate fällig werden. Die Reihenfolge der Raten ist austauschbar je nach Baurhythmus (eingehend dazu *Basty* DNotZ 1991, 18, 25).

Die vorletzte Rate setzt auch hier stets Bezugsfertigkeit und als Zug-um-Zug-Leistung Besitzübergabe voraus, die letzte Rate vollständige Fertigstellung.

133a Allerdings gilt seit der Einfügung des Satzes 4 ab 1.6.1997, dass die „schon erbrachten" Leistungen mit Vorliegen der Voraussetzungen des § 3 I MaBV in Rechnung gestellt werden können. „Erbracht" ist dabei zu verstehen als „in der Natur schon vorhanden", in der verkauften Altbausubstanz also enthalten. Beim Altbau kann eine derartige Leistung nach § 3 I MaBV also schon vor Baubeginn fällig werden, beim Neubau wäre dies erst nach Baubeginn möglich. Nicht zweifelsfrei gelöst sind auch nach der Novellierung durch deren Wortlaut die Fragen der Baubeginnsrate bei einem Altbau. Ist beim Neubau der Beginn der Erdarbeiten eindeutig, so wirft er hier Abgrenzungsprobleme auf: Sind auch nur geringfügige Erdarbeiten vorgesehen (etwa die Erneuerung einer Drainageleitung), so tritt nach dem Wortlaut die Fälligkeit der 30 %-Rate nicht ein, auch wenn im Übrigen der Bau schon weit fortgeschritten ist. Dies kann nicht richtig sein. *Basty* (DNotZ 1997, 284, 292) hat bereits darauf hingewiesen, dass bei Vorhandensein einer gewissen Altbausubstanz das Bauvorhaben notwendig als „begonnen i. S. d. § 3 II 2 Nr. 1 MaBV" angesehen werden muss. Auf den Beginn der Modernisierungsarbeiten oder gar auf den Beginn der Erdarbeiten kann es deshalb für die Fälligkeit der ersten Rate nicht mehr ankommen.

Fraglich kann unter Umständen sein, ob das Bauvorhaben überhaupt einen Altbau betrifft oder ob ein Neubau entsteht. Bei Eigentumswohnungen wird auf das Gesamtobjekt abzustellen sein, so dass auch der erstmalige Dachgeschossausbau oder ein Anbau an die vorhandene Bausubstanz als Altbau i. S. d. Satzes 4 anzusehen sind (so auch *Basty* DNotZ 1997, 284, 292).

4. Besitzübergang

134 Für den Übergang von Besitz, Lasten und Gefahr gelten die allgemeinen Regelungen (vgl. Rn. 94). Soweit Altobjekte **vermietet** sind und erkennbar zum **Eigenbezug** erworben werden, ist der Erwerber auf den **besonderen Kündigungsschutz** des § 577a I BGB hinzuweisen: Innerhalb einer Frist von drei Jahren seit der Veräußerung kann nicht wegen Eigenbedarfs gekündigt werden; durch Rechtsverordnung der Landesregierung können auf die Dauer von jeweils höchstens zehn Jahren Gebiete ausgewiesen werden, in denen „die ausreichende Versorgung der Bevölkerung mit Mietwohnungen zu angemessenen Bedingungen ... besonders gefährdet" ist (§ 577a II BGB): In diesen Gebieten verlängert sich die Schutzfrist sogar auf zehn Jahre ab Veräußerung.

Zum unter der gleichen rechtspolitischen Zielsetzung eingeführten **Vorkaufsrecht** nach § 577 BGB vgl. Kap. A I. Rn. 189 ff.

5. Haftung für Mängel

135 Da auch bei der Veräußerung von Altobjekten, die der Veräußerer saniert oder renoviert (hat), ein Bauträgervertrag vorliegt, richtet sich die Mängelhaftung nach **Werkvertragsrecht** (*BGH* DNotZ 2005, 464 m. Anm. *Fabis* RNotZ 2005, 429; *BGH* NJW 2006,

214; *Pause* Rn. 632 ff.). **Anders** wäre es nur, wenn die Renovierungsarbeiten nach Umfang und Wert kaum ins Gewicht fielen; dann läge kein Bauträgervertrag, sondern ein einfacher Grundstücks**kauf** vor (*Pause* Rn. 639); hier ist ein Ausschluss der Haftung für Sachmängel unverändert zulässig (*BGH* NJW 2006, 214), soweit nicht beim Formular- bzw. Verbrauchervertrag der Schadensersatz auch für jede Fahrlässigkeit bei Verletzung des Lebens, des Körpers oder der Gesundheit und für grobe Fahrlässigkeit in sonstigen Fällen ausgeschlossen wird (§ 309 Nr. 7 BGB). Zur Wirksamkeit eines Haftungsausschlusses für Sachmängel beim Erwerb sanierter Altbauten s. ausf. *Schuska* NZM 2009, 108.

Kaufrecht findet auch Anwendung, wenn der Verkauf erst **nach** vollständiger Sanierung erfolgt (MünchVertrHdb V S. 549); dann gilt für Mängel am gesamten Bauwerk § 438 I Nr. 2a BGB mit einer fünfjährigen Verjährung. Eine vertragliche Verkürzung für Werkleistungen analog § 634a I Nr. 1 BGB auf zwei Jahre wird aber zulässig sein.

Für die Mängelhaftung nach **Werkvertragsrecht** gilt Folgendes: § 634a I BGB sieht eine fünfjährige Verjährungsfrist vor für ein „Bauwerk" und für „Planungs- oder Überwachungsleistungen hierfür" (Nr. 1), eine zweijährige Verjährungsfrist dagegen für die „Herstellung, Wartung oder Veränderung einer Sache" und für „Planungs- oder Überwachungsleistungen hierfür" (Nr. 2). Für die Definition des „Bauwerks" wird die Rechtsprechung zum früheren § 638 BGB herangezogen werden können, § 634a I Nr. 1 BGB entspricht dagegen bei einem Grundstück dem, was der frühere § 638 BGB mit „Arbeiten an einem Grundstück" (damals einjährige Verjährung) umschrieben hat. Nr. 1 meint also Reparatur-, Umbau- und Erneuerungsarbeiten, die **nicht** für Konstruktion, Bestand, Erhaltung und Benutzbarkeit des Gebäudes von wesentlicher Bedeutung sind und bei denen die eingebauten Teile auch nicht mit dem Gebäude fest verbunden werden (Palandt/*Sprau* § 634a Rn. 8, 10, 17).

Unverändert zulässig ist ein **Ausschluss** der Haftung für Mängel an der **Altbausubstanz**, wobei er nicht Mängel umfassen kann, die erkennbar waren und deren Beseitigung erforderlich gewesen wäre, um den Erfolg der Sanierung nachhaltig sicherzustellen (MünchVertrHdb V S. 558; *Amann/Brambring/Hertel* S. 254 f.; *Basty* Rn. 813 f., 818 f.). Unzulässig ist ein derartiger Haftungsausschluss auch dann, wenn die Herstellungspflicht des Bauträgers die Altbausubstanz im Sinne einer Neuherstellung des Gesamtobjekts umfasst (*BGH* NJW 2007, 3275; s. auch eingehend mit zahlreichen Abgrenzungsbeispielen *Bischoff/Mauch* DNotZ 2004, 342). Zum Erfordernis einer **Beschaffenheitsvereinbarung** für die Festlegung des Umfangs eines Mängelausschlusses s. Rn. 132.

6. Vollmachten

Soweit eine Aufteilung in Wohnungseigentum erfolgt ist, kommen Änderungen der Aufteilung im Zuge der Veräußerung ähnlich wie bei einem Neubauobjekt in Betracht. Entsprechende Vollmachten sind auch hier in Erwägung zu ziehen (vgl. Rn. 129). **136**

VI. Besondere Bau-Modelle

Neben dem Bauträgerkauf haben sich im Laufe der letzten dreißig Jahre zahlreiche **137** Sonderformen des Immobilienerwerbs entwickelt, die alle aus **steuerlichen** Erwägungen heraus geboren wurden und die man unter dem Sammelbegriff „**Bau-Modelle**" zusammenfassen kann (vgl. die ausführliche Darstellung in *Pause* Rn. 1100 ff.). Im Rahmen dieses Handbuchs können sie nur in **groben Zügen skizziert** werden.

1. Arten, Sprachgebrauch, Wesensmerkmale

(1) **Kölner Modell:** Diese Urform des Bauherrenmodells verwertete erstmals die Er- **138** kenntnis, es sei steuerlich günstiger, den Ersterwerber zum **Bauherrn** zu machen: Der

bisherige Bauträger wurde zum **Baubetreuer,** der aufgrund einer Vollmacht seine bisherige Bauträgertätigkeit formal im Namen des Bauherrn vornahm.

139 (2) **Bauherrenmodell:** Die Verfeinerung des Kölner Modells führte zur Anreicherung des Gesamtpreises mit **sofort abzugsfähigen Nebengebühren** aller Art, die nicht mehr dem einheitlichen Baubetreuer, sondern zahlreichen weiteren Funktionsträgern – dem neutralen (Basis-)**Treuhänder** und zahlreichen **Geschäftsbesorgern** wie Finanzierungsvermittler etc. – zufließen mussten, welche dafür (immer hart an der Grenze der steuerlichen Anerkennung) verschiedene mehr oder weniger sinnvolle Nebentätigkeiten zu erbringen hatten. Steuerlich als **Werbungskosten** anerkannt wurden seit dem Bauherrenerlass vom 13.8.1981 (DB 1981, 1903): Schuldzinsen, Damnum und Bearbeitungsgebühren in marktüblicher Höhe (sonst auf die Laufzeit zu verteilen), Finanzierungsvermittlungsgebühren, Kosten der Darlehenssicherung (Notar, Grundbuch), Treuhändergebühren für Geldbeschaffung und Vermietung, Kosten der Wirtschaftlichkeitsberechnung für Finanzierung und Vermietung, Gebühren für sinnvolle und wirtschaftlich erfüllbare Bürgschaften und Garantien im Rahmen der Zwischen- und Endfinanzierung, Mietgarantiegebühren, Versicherungsbeiträge für die Bauzeit – jeweils in **marktüblicher Höhe,** wobei im Bauherrenerlass pauschal anerkannte Prozentsätze des Gesamtaufwandes genannt waren. Weitere Gebühren wurden den Herstellungskosten zugeschlagen. Mit Urteil vom 14.11.1989 (NJW 1990, 729) hat der *BFH* das steuerliche **Ende** des Bauherrenmodells eingeläutet: Danach sind Anleger im Bauherrenmodell einkommensteuerrechtlich nicht Bauherrn, sondern Erwerber, wenn sie sich aufgrund eines von den Projektanbietern vorformulierten Vertragswerkes beteiligen und sich bei den damit zusammenhängenden Rechtsgeschäften durch die Projektanbieter vertreten lassen. Diese Rechtsprechung findet nach einem Schreiben des Bundesministers der Finanzen jedenfalls auf alle Fälle Anwendung, in denen sich Anleger nach dem 1.8.1990 an einem Bauherrenmodell beteiligen (MittBayNot 1990, 212 und 273).

140 (3) **Sanierungsmodell:** Es ist ein Bauherrenmodell unter Verwendung eines **Altbaus,** welcher von den zu einer Bauherrengemeinschaft zusammengeschlossenen Bauherren renoviert oder saniert wird.

(4) **Mietkaufmodell:** Ausgehend vom Kölner Modell wurde das vom privaten Anleger als Bauherr zu errichtende Objekt über einen gewerblichen Zwischenmieter zu günstigem Mietpreis an einen Dritten vermietet. Gleichzeitig wurde dem Mieter auf i.d.R. fünf Jahre befristet gegen eine Optionsgebühr der Kauf angeboten, wobei die Optionsgebühren bei späterem Kauf auf den Kaufpreis angerechnet wurden: Der Bauherr hatte das Objekt in der steuerlich interessanten Verlustphase auf Zeit, die geringen Mieteinnahmen sollten zu einer geringen Steuer führen, der Gewinn aus der Weiterveräußerung war steuerfrei. Das Modell wurde steuerlich nicht anerkannt, da es nicht auf die Erzielung von Überschüssen gerichtet war (**Liebhaberei;** BdF v. 8.12.1979, BB 1980, 31).

141 (5) **Hamburger Modell:** Ausgehend vom Kölner Modell wurde hier eine **Außengesellschaft** errichtet (meist eine KG), welche als Bauherr fungierte. Der Initiator wurde Komplementär, die Anleger wurden Kommanditisten. Die Kommanditeinlage entsprach dem Wert der Wohnung, die dem jeweiligen Kommanditisten bei der späteren Auflösung der Gesellschaft zufallen sollte. Dieses Erwerbsrecht wurde durch eine **Option** gesichert. Die Beschränkung des **Verlustabzugs** auf die **Höhe der Einlage** durch § 15a EStG hat diese Form des Bauherrenmodells uninteressant gemacht.

(6) **Ersterwerber-Modell:** Das Objekt ist bereits **erstellt,** Bauherr ist und bleibt der Veräußerer, wie beim Bauherrenmodell werden aber ein Treuhänder und weitere Funktionsträger eingeschaltet, die die üblichen Nebenleistungen erbringen, was zu sofort abzugsfähigen Werbungskosten führt. Für den Erwerber entfällt das Bauherrenrisiko, er hat die fünfjährige Gewährleistung, dafür sind die Steuervorteile eingeschränkt, weil z.B. keine Baubetreuungsleistungen anfallen.

VI. Besondere Bau-Modelle

(7) **Reines Erwerber-Modell:** Hier wird ein **Altobjekt** gekauft, es gilt Kaufrecht. Die modellartige Anreicherung führt zu Werbungskosten.

(8) **Bauträger-Modell:** Im Unterschied zum Ersterwerber-Modell wird das Bauwerk hier erst **noch errichtet.** Wie dort wird aber ein normaler **Bauträgervertrag aller Dienstleistungen entkleidet,** die nach dem Muster des Bauherrenmodells anderen Funktionsträgern übertragen werden (mit oder ohne Einschaltung eines Treuhänders). Dies führt wieder zu steuerlich sofort abzugsfähigen **Werbungskosten** – allerdings in geringerem Umfang als nach der ursprünglichen Konzeption des Bauherrenmodells, da Baubetreuungsleistungen hier entfallen. Bauherr ist der Bauträger, es gilt § 3 MaBV und die Gewährleistung nach Werkvertragsrecht. Die Mehrzahl der heute errichteten Eigentumswohnungen wird wohl im Bauträgermodell oder im klassischen Bauträgerkauf erworben (*Pause* Rn. 1101). 142

(9) **Generalübernehmer-Modell** (im Merkblatt der Landesnotarkammer Bayern, s. www.dnoti.de/DOC/2009/bautraegermerkblatt_Mai_2009.pdf, als „**Verdecktes Bauherrenmodell**" bezeichnet): Hier wird der an sich einheitliche Erwerbsvorgang aufgespalten in einen **Grundstückskauf** vom Eigentümer und in einen **Bauvertrag** mit dem **personenverschiedenen** Generalübernehmer (der bei gleichzeitigem Grundstücksverkauf Bauträger wäre). Der Initiator lässt sich i. d. R. vom Eigentümer ein befristetes Verkaufsangebot geben, in welchem er zur Benennung der Käufer berechtigt wird. Der Initiator benennt dann nur solche Käufer, die gleichzeitig mit Annahme des Angebots mit ihm einen Bauvertrag (Generalübernehmervertrag) abschließen. Der Generalübernehmer baut aber nicht selbst, sondern lässt **Subunternehmer** bauen. Er wird dadurch zum Auftraggeber, ohne Bauherr zu werden (*Pause* Rn. 1460). Nach dem Wortlaut des § 34c GewO ist der Generalübernehmer weder Bauträger, da ihm keine Übereignungspflicht obliegt, noch Baubetreuer, da er eine eigene Bauverpflichtung hat (vgl. *BGH* DNotZ 1978, 344; eingehend dazu auch *Pause* Rn. 1477 ff.). § 34c GewO und MaBV finden auf die Tätigkeit des Generalübernehmers daher grundsätzlich keine Anwendung, obwohl dies rechtspolitisch dringend geboten wäre. 143

Im Rundschreiben der Landesnotarkammer Bayern vom 18.4.1986 (abgedr. bei *Brych/Pause,* Bauträgerkauf und Baumodelle, 1. Aufl. 1989, Anh. VI) wird aber darauf hingewiesen, dass der Generalübernehmer dann wohl dem § 34c GewO und der **MaBV** unterliegen wird, wenn er „bestimmenden Einfluss auch auf die Abwicklung des Grundstückskaufes erhält, z.B. dadurch, dass er zur Erklärung der Annahme und der Auflassung durch den Erwerber und/oder den Grundstückseigentümer bevollmächtigt wird und so den Zeitpunkt des Eigentumsübergangs beeinflussen, u. U. bis zur vollständigen Erfüllung aller Ansprüche auch aus dem Generalübernehmervertrag hinausschieben kann und, wie die Erfahrung zeigt, auch tatsächlich hinausschiebt".

Nicht möglich ist es, durch ein Generalübernehmermodell die **Gewährleistung** nach **Werkvertragsrecht** zu vermeiden. Eine Anwendung des isolierten § 13 VOB/B scheitert wie beim Bauträgervertrag an § 309 Nr. 8b) ff) BGB, eine Anwendung der gesamten VOB/B an § 307 BGB, da der im Rahmen eines Generalübernehmermodells Erwerbende die ihm nach der VOB/B zustehenden Rechte faktisch ebenso wenig wahrnehmen könnte wie der Käufer beim Bauträgervertrag. Praktisch käme also die VOB/B nur insoweit zur Anwendung, als sie den Auftragnehmer begünstigt (kürzere Gewährleistung, Abnahmefiktion etc.), ein sachgerechter Interessenausgleich wäre nicht gegeben (eingehend dazu *Pause* Rn. 1484; a. M. *Koeble* NJW 1992, 1142, 1145).

(10) **Generalunternehmer-Modell:** Es unterscheidet sich vom Generalübernehmermodell nur dadurch, dass der Generalunternehmer **selbst** die **Bauleistungen** oder Teile davon erbringt. Bauherr bleibt i. d. R. der Erwerber (*Pause* Rn. 37, 1463). 144

(11) **Architekten-Modell:** Anstelle eines Generalübernehmers schließt ein **Architekt** die Bauverträge im Namen des Erwerbers (Bauherrn) ab (*Pause* Rn. 1463).

145 **(12) Mehrwertsteuer-Modell:** Nach der 18. EG-Richtlinie zur Harmonisierung der Umsatzsteuer soll das **Mehrwertsteuersystem** im Gemeinsamen Markt **vereinheitlicht** und damit die deutsche **Grunderwerbsteuer** bei gewerblichen Immobilien-Verkäufen (auch von Wohn-, nicht nur von Gewerbeobjekten!) durch die **Mehrwertsteuer ersetzt** werden. Über ein Generalübernehmermodell könnte versucht werden, den Anfall der Mehrwertsteuer auf den Grundstücksanteil zu **vermeiden** (vgl. ausführlich *Brych/Pause* NJW 1990, 545). Erfolgversprechend wäre dies freilich nur, wenn der *BFH* nicht seine Rechtsprechung zur **grunderwerbsteuerlichen** Behandlung des Generalübernehmermodells (s. Rn. 151) auch auf die **Umsatzbesteuerung** ausdehnen würde (vgl. *Pause* Rn. 1493).

146 **(13) Bruchteilseigentum mit Benutzungsregelung:** Diese Erwerbsform ist nicht einem bestimmten Baumodell zuzuordnen, sie kann als Bauträgervertrag oder in einem Baumodell erfolgen. Auslöser war der **Wegfall der Aufteilbarkeit von Altbauten** in Wohnungseigentum durch die – inzwischen überholte Rechtsprechung – (vgl. Rn. 131), nach der bei fehlendem Wärme- oder Schallschutz die Abgeschlossenheitsbescheinigung zu versagen war.

Der Erwerber erwirbt einen bloßen Miteigentumsanteil, und lediglich im Wege der Benutzungsregelung nach § 1010 BGB wird ihm eine bestimmte Wohnung zur alleinigen Nutzung zugewiesen. Die Beurkundung eines derartigen Erwerbs kann wegen der **gravierenden Unterschiede** zum Wohnungseigentum (fehlende Beleihbarkeit, **Risiko** der Gesamtverwertung bei Insolvenz anderer Miteigentümer etc.) nur erfolgen, wenn der Erwerber schon in der **Präambel** des Vertrages nachdrücklich auf diese Unterschiede **hingewiesen** wird.

2. Praktische Bedeutung

147 (Erst-)Erwerbermodelle und Bauträgermodelle haben unverändert große praktische Bedeutung, auch wenn die Steuervorteile mit denen des einstigen Bauherrenmodells nicht vergleichbar sind. Generalübernehmer-, Generalunternehmer- und Architektenmodelle spielen eine wieder zunehmende Rolle, weniger aus steuerlichen Gründen, sondern eher zur **Umgehung der Käuferschutzbestimmungen** (Ratenzahlung nach MaBV und Gewährleistung nach Werkvertragsrecht). Eine vorübergehende Erscheinung war der Erwerb zu bloßem Bruchteilseigentum mit Benutzungsregelung.

3. Beurkundungsrecht

148 Allen genannten Formen des Immobilienerwerbs gemeinsam ist die einheitliche Beurkundungspflicht nicht nur des Grundstücksverkaufs, sondern auch der auf die Errichtung des Bauwerks und dessen Durchführung gerichteten Verträge. Da keiner dieser Verträge jeweils ohne den anderen geschlossen würde, sind sie **alle** – auch bei Personenverschiedenheit vom Grundstücksverkäufer und Bauleistenden – **nach § 311b I BGB beurkundungspflichtig**.

4. Risiken der aktuellen Modelle

a) Formnichtigkeit mangels Beurkundung, verbotene Rechtsberatung

149 Häufig wurde gerade in der Anfangsphase des Bauherrenmodells nur der Grundstückskauf beurkundet bzw. die dem Treuhänder erteilte Vollmacht. Folge war die Nichtigkeit des gesamten Vertragswerks. Auch beim Generalübernehmermodell besteht die Versuchung, nur den Ankauf des Grundstücks beurkunden zu lassen: Erfährt der Notar vom einheitlichen Willen des Erwerbers, den Kauf nicht ohne einen Bauvertrag zu schließen, so muss er auf die Beurkundungspflicht auch des Bauvertrages hinweisen und notfalls die alleinige Beurkundung des Grundstückskaufs ablehnen.

VI. Besondere Bau-Modelle A II

Problematisch erschien bei allen Modellen die Einschaltung eines Geschäftsbesorgers/ Treuhänders, da dessen Tätigkeit ohne Genehmigung nach Art. 1 § 1 I 1 RBerG gegen das bis 30.6.2008 geltende **Rechtsberatungsgesetz** verstieß, wenn sie sich auf Vertragsabschlüsse etc. beschränkte, also nicht die umfassende Betreuung der Vorbereitung und Abwicklung des Bauvorhabens in technischer und wirtschaftlicher Hinsicht zum Gegenstand hatte (*BGH* MittBayNot 2003, 486). Der **Vertrag** und die erteilte **Vollmacht** waren dann **nichtig**, vom Treuhänder abgeschlossene Verträge konnten allerdings nach den §§ 171, 172 BGB sowie den allgemeinen Grundsätzen über die Duldungs- und Anscheinsvollmacht wirksam werden (*BGH* a.a.O.). Dies galt insbesondere auch für vom Treuhänder aufgrund der nichtigen Vollmacht abgeschlossene Kreditverträge (*BGH* MittBayNot 2004, 37; 2005, 36). Eine Berufung auf §§ 171, 172 BGB war jedoch ausgeschlossen, wenn der Vertragspartner (etwa der Bauträger) in die maßgebliche Konzeption des Geschäftsvorgangs eingebunden war (*BayObLG* MittBayNot 2004, 116). S. eingehend zu diesen Fragen Palandt/*Ellenberger* § 134 Rn. 21 m.w.N.

Dass mit dem seit 1.7.2008 geltenden **Rechtsdienstleistungsgesetz** eine liberalere Sicht der Problematik gekommen ist, kann derzeit noch nicht festgestellt werden. Beschränkt sich die Tätigkeit eines Geschäftsbesorgers/Treuhänders unverändert auf Vertragsabschlüsse etc., wird darin keine (erlaubte) bloße Nebenleistung i.S.d. § 5 I RDG gesehen werden können. Anders ist es wohl, wenn erhebliche andere Leistungen hinzutreten. Die Beurteilung erfolgt nach dem Inhalt, dem Umfang und dem sachlichen Zusammenhang der Nebenleistung mit der Haupttätigkeit unter Berücksichtigung der Rechtskenntnisse, die für die Haupttätigkeit erforderlich sind (§ 5 I 2 RDG).

b) Bauherrenrisiko

Soweit der Erwerber bei den genannten Modellen zum **Bauherrn** wird, trägt er auch die damit verbundenen **Risiken**
- der ordnungsgemäßen Herstellung
- der rechtzeitigen Fertigstellung
- der Einhaltung der Baukostenvoranschläge (eine Höchstpreisgarantie des Initiators wirkt nur im Innenverhältnis)
- der Mängelhaftung.

c) Eingeschränkter Erwerberschutz

Ist beim betreffenden Modell die MaBV nicht anwendbar, so wird ein **Schutz** gegen eine Vorleistungspflicht des Erwerbers **nur durch** § 309 Nr. 5 BGB gewährt. Ist Werkvertragsrecht nicht anwendbar, so wird häufig für Bauleistungen die VOB/B mit einer nur vierjährigen Gewährleistungsfrist vereinbart.

d) Gesellschaftsrechtliche Risiken

Bei einer Eigentumswohnanlage oder einer Anlage mit mehreren nur gemeinsam errichtbaren Reihenhäusern kann ein Erwerber als Bauherr sein Objekt nur verwirklichen, wenn alle beteiligten Bauherren bauen. Diese schließen sich daher zu einer **BGB-Gesellschaft** zusammen, deren Zweck der gemeinschaftliche Grundstückserwerb, der gemeinsame Bau und die Aufteilung in Sondereigentumseinheiten ist. Wird die Gesellschaft nicht geschlossen, werden also nicht alle Einheiten verkauft, ist die Verwirklichung des Vorhabens unmöglich, was durch eine **Schließungsgarantie** des Initiators abgesichert werden muss. Ein ähnliches Risiko besteht trotz der Schließung bei **Insolvenz** eines Gesellschafters.

5. Steuerlicher Überblick bei den aktuellen Modellen

Allen Baumodellen gemeinsam war die historische Wurzel steuerlicher Vorteile. Was ist davon geblieben?

a) Grunderwerbsteuer

Unabhängig vom einzelnen Modell und von der Anzahl der beteiligten Veräußerer unterliegt nach ständiger Rechtsprechung (vgl. *BFH* BStBl. II 1990, 590) das **gesamte** Bauvorhaben der **Grunderwerbsteuer** aus dem Gesamtaufwand, da sich das Vertragsbündel als einheitliches Vertragswerk darstellt.

b) Einkommensteuer

Fraglich ist bei jedem Modell, inwieweit Herstellungskosten anzunehmen sind, die damit der Gebäudeabschreibung (gegebenenfalls Sonderabschreibung) unterliegen, und inwieweit Einzelleistungen als **Werbungskosten** sofort abzugsfähig sind.

Seit dem *BFH*-Urteil vom 14.11.1989 (MittBayNot 1990, 200) ist der Werbungskostenabzug bei allen Modellen äußerst gefährdet.

c) Umsatzsteuer

> **Praxishinweis Steuern:**
>
> Während der Grundstückserwerb nach § 4 Nr. 9a UStG von der Umsatzsteuer befreit ist, gibt es keine solche Befreiung für isolierte Bauleistungen. Insbesondere bei den heute häufig anzutreffenden Generalübernehmer- oder Generalunternehmermodellen ist der Grundstücksveräußerer mit dem GU/GÜ nicht identisch, so dass nach Meinung des *BFH* keine Steuerbefreiung gewährt wird, obwohl die Leistungen (siehe vorstehend a) bereits der Grunderwerbsteuer unterliegen. Der *EuGH* (DStR 2009, 223) und das *BVerfG* (NJW 1992, 1219) haben dieses Nebeneinander von Umsatz- und Grunderwerbsteuer gebilligt. Dies führt andererseits dazu, dass der GU/GÜ – anders als der Bauträger – für seine Eingangsleistungen den Vorsteuerabzug geltend machen kann. Eine reale Mehrbelastung entsteht also (nur) für die Eigenleistungen bzw. für die Gewinnspanne des GU/GÜ.

Die **Mehrwertsteueroption bezüglich des Grundstückserwerbs** ist steuerlich nur noch möglich bei

- Bauten zur gewerblichen Vermietung (Büro, Hotel, Wohnheime), soweit der Mieter zum Vorsteuerabzug berechtigt ist (vgl. Rn. 30), oder
- Wohnbauten zur Vermietung nach dem Nato-Truppenstatut (Nato-Modell), vgl. Art. 67 III a (II) des Zusatzabkommens zum Nato-Truppenstatut (BGBl. II 1961, S. 1183, 1218): Danach ist die Vermietung bei Nutzung durch die Truppe oder ihr ziviles Gefolge umsatzsteuerfrei, während nach §§ 15 I, II, III 1a, 26 V Nr. 2 UStG der durch Option ermöglichte Vorsteuerabzug aus dem Haus- oder Wohnungskauf zulässig bleibt.

A III. Wohnungseigentum

Dr. Manfred Rapp

Übersicht

	Rn.
I. Allgemeines zum Wohnungseigentum	1–18
1. Gründe für die Wahl von Wohnungseigentum	3–8
2. Steuern und sonstige öffentliche Abgaben	9–13
3. Notar- und Grundbuchkosten	14–18
II. Die Begründung von Wohnungseigentum – dingliche Seite	19–43g
1. Die Grundstückssituation	19–22
2. Vertragliche/einseitige Begründung	23–28a
3. Aufteilungsplan, Sondereigentumsfähigkeit	29–31
4. Abgeschlossenheitsbescheinigung, behördliche/gerichtliche Genehmigung	32–34a
5. Die Größe der Miteigentumsanteile	35, 35a
6. Sukzessive Wohnungseigentums-Begründung (Mehrhausanlage) – Nachträgliche Begründung von Sondereigentum	36–40a
7. Zustimmung Drittberechtigter zur Wohnungseigentumsbegründung	41–43
8. Aufteilungsplanwidrige Bauausführung	43a–43g
III. Das Verhältnis der Wohnungseigentümer untereinander und über die Verwaltung	44–81b
1. Wohnungseigentum im Geschosswohnungsbau, Betreutes Wohnen	46–47h
2. Gemischte Nutzung Wohnung/Gewerbe, Beruf	48–51
3. Doppelhaushälften/Reihenhäuser in der Rechtsform des Wohnungseigentums	52–56a
4. Begründung von Sondernutzungsrechten	57–62b
5. Veräußerungsbeschränkung und ihre Aufhebung	63–64a
6. Nutzen und Lasten, Verteilungsschlüssel	65–69
7. Vorrecht für Hausgeldbeträge in der Zwangsversteigerung	69a, 69b
8. Eigentümerversammlung	70–73b
9. Mehrere Eigentümer eines Wohnungseigentums/Teileigentums	74–78
10. Verwalterbestellung	79, 80
11. Verwaltungsbeirat	81
12. Die Kompetenzen des Verwalters	81a, 81b
IV. Interne und externe Veränderungen am Wohnungseigentum	82–149h
1. Unterteilung von Wohnungseigentum	82–90a
2. Vereinigung bestehender Wohnungseigentumsrechte	91–95d
3. Neuzuordnung von sondereigentumsfähigen Räumen	96–104a
4. Nachträgliche An- oder Ausbauten	105–109
5. Umwandlung von Wohnungseigentum in Teileigentum und umgekehrt	110–113a
6. Dereliktion von Wohnungseigentum	113b
7. Änderungen der Gemeinschaftsordnung	114–125h
8. Veräußerung/Aufhebung von Sondernutzungsrechten	126–136a
9. Externe Veränderungen	137–145a
10. Teilrechtsfähigkeit und Grundbuchfähigkeit der Wohnungseigentümergemeinschaft	146–149h
V. Veräußerung von Wohnungseigentum	150–205
1. Bezeichnung des Vertragsgegenstandes	150–157
2. Gewährleistung bezüglich des Gemeinschaftseigentums	158–171d
3. Verwalterzustimmung	172–182b
4. Eintritt in die Rechtsverhältnisse der Gemeinschaft	183–199a
5. Umwandlungen von Mietwohnungen in Eigentumswohnungen	200–205
VI. Wohnungserbbaurecht	206–224
1. Rechtsgrundlagen	206–217
2. Begründungsvorgang	218–221
3. Veräußerung des Wohnungserbbaurechtes	222–224

A III

Literatur: *Abramenko*, Das neue WEG in der anwaltlichen Praxis, 2007; *Bamberger/Roth*, BGB, 3. Aufl. 2012 (WEG bearbeitet von *Hügel*); *Bärmann*, Wohnungseigentumsgesetz, Kommentar, 12. Aufl. 2013 (zitiert Bärmann/*Bearbeiter*); *Bärmann/Pick*, Wohnungseigentumsgesetz, 18. Aufl. 2007; *Bärmann/Seuß*, Praxis des Wohnungseigentums, 6. Aufl. 2013; Beck'sches Formularbuch Wohnungseigentumsrecht, 2. Aufl. 2011; *Häublein*, Sondernutzungsrechte und ihre Begründung im Wohnungseigentum, 2003; *Hügel/Elzer*, Das neue WEG-Recht, 2007; *Hügel/Scheel*, Rechtshandbuch Wohnungseigentum, 3. Aufl. 2011; *Ingenstau/Hustedt*, Kommentar zum Erbbaurecht, 9. Aufl. 2010; *Jennißen*, WEG, 3. Aufl. 2012; *Klaßen/Eiermann*, Das Mandat in WEG-Sachen, 3. Aufl. 2008; *Köhler*, Anwaltshandbuch Wohnungseigentumsrecht, 3. Aufl. 2013; *H. Müller*, Praktische Fragen des Wohnungseigentums, 5. Aufl. 2010; *M. Müller*, Änderungen des sachenrechtlichen Grundverhältnisses der Wohnungseigentümer, 2010; *Munzig*, Teilungserklärung und Gemeinschaftsordnung 2. Aufl. 2008; *Niedenführ/Kümmel/Vandenhouten*, WEG, 10. Aufl. 2012; NK-BGB, Band 3, 3. Aufl. 2012 (WEG bearbeitet von *Heinemann/Schulzky*); *Palandt*, BGB, 73. Aufl. 2014 (WEG bearbeitet von *Bassenge*); *Riecke/Schmid*, Fachanwaltskommentar Wohnungseigentumsrecht, 3. Aufl. 2010; *Röll/Sauren*, Handbuch für Wohnungseigentümer und Verwalter, 9. Aufl. 2007; *Sauren*, WEG, 5. Aufl. 2008; *Schmid/Kahlen*, Wohnungseigentumsgesetz, Kommentar, 2007; *Staudinger*, WEG, 2005 (WEG bearbeitet von *Bub, Kreuzer, Rapp, Spiegelberger, Wenzel*); *Timme*, WEG, 2010; *Weitnauer*, Wohnungseigentumsgesetz, 9. Aufl. 2005.

I. Allgemeines zum Wohnungseigentum

1   Das Wohnungseigentumsgesetz (WEG) vom 15. März 1951 war durch die katastrophale Wohnungssituation der Nachkriegszeit entstanden. Die Miteigentümergemeinschaft des BGB mit Verwaltungs- und Benutzungsregelung sowie Ausschluss des Rechts, die Auseinandersetzung zu verlangen (§§ 746, 751, 1008, 1010 BGB), konnte sich in der Praxis nicht durchsetzen. Der entscheidende Mangel der BGB-Gemeinschaft liegt darin, dass Miteigentumsanteile für sich allein von den Banken nicht als Kreditsicherheit akzeptiert wurden. Damit war eine Wohnungsbaufinanzierung bei einem Mehrfamilienhaus nur über eine zumindest dinglich gesamtschuldnerische Haftung aller Miteigentümer möglich. Die Miteigentümergemeinschaft nach BGB leidet ferner darunter, dass bei Vorliegen eines wichtigen Grundes (§ 749 BGB), bei Pfändung (§ 751 BGB) oder Insolvenz des Eigentümers (§ 84 II InsO) die **Aufhebung der Gemeinschaft** verlangt werden kann, auch wenn dieses Recht ansonsten vertraglich ausgeschlossen wurde. Die alsdann folgende zwangsweise Verwertung erstreckt sich nicht nur auf den Anteil desjenigen Miteigentümers, in dessen Person ein wichtiger Grund gegeben ist oder der gepfändet wurde, sondern auf das gesamte Grundstück. Die Bruchteilsgemeinschaft nach BGB hat deshalb keine garantierte Stabilität.

2   Demgegenüber brachte das WEG mit seiner Ausgestaltung des Wohnungseigentums sachenrechtliches Neuland. In Abweichung zu den §§ 93, 94 BGB wurde das **Sondereigentum** geschaffen, das echtes Eigentum an realen Teilen eines Gebäudes zulässt (§ 5 I WEG). Dieses Sondereigentum ist untrennbar mit einem Miteigentumsanteil nach Bruchteilen am Grundstück (und am sonstigen Gemeinschaftseigentum) verbunden (§§ 1 II, 6 I WEG). Die Wohnungseigentümergemeinschaft ist unauflöslich, selbst wenn ein wichtiger Grund vorliegt. Auch die Rechte des Pfändungsgläubigers (§ 751 BGB) sowie das Recht im Insolvenzverfahren (§ 84 II InsO), die Aufhebung der Gemeinschaft zu verlangen, sind ausgeschlossen (§ 11 WEG).

1. Gründe für die Wahl von Wohnungseigentum

a) Schaffung selbständig verfügbarer Einheiten

3   Die Schaffung rechtlich selbständiger, für sich allein verfügbarer in sich abgeschlossener Raumeinheiten ist der wichtigste Grund, Wohnungseigentum zu begründen. Wohnungseigentum kommt deshalb stets dann in Betracht, wenn sich auf einem Grundstück

I. Allgemeines zum Wohnungseigentum A III

ein Gebäude mit mehreren in sich abgeschlossenen Einheiten befindet und diese jeweils für sich alleine zum Gegenstand des Rechtsverkehrs gemacht werden sollen.

b) Ersatzlösung für nicht mögliche reale Grundstücksteilung

Die Begründung von Wohnungseigentum kommt auch als Ersatz für eine reale Grundstücksteilung in Betracht. Es ist möglich, dass durch örtliche Bauvorschriften bestimmte Mindestgrößen für Baugrundstücke vorgeschrieben sind, die bei Realteilung von Doppelhaushälftegrundstücken oder Reihenhausgrundstücken unterschritten werden. Möglicherweise wird auch, je nach örtlicher Anordnung der Gebäude, bei einer Realteilung auf einem Grundstücksteil die zulässige Geschossflächenzahl überschritten. Häufig kommt es auch vor, dass bei Reihenhäusern zahlreiche Dienstbarkeiten/Reallasten bestellt und eingetragen werden müssen, um die Ver- und Entsorgung der Gebäude sowie die Zufahrt sicherzustellen. Erfolgt hier die rechtliche Ausweisung nach dem WEG, so befinden sich diese Einrichtungen im Gemeinschaftseigentum mit dem Ergebnis, dass deren dingliche Sicherung entbehrlich ist. 4

In diesen Fällen kann mit der Konstruktion des Wohnungseigentums geholfen werden. Bezüglich der ansonsten real aufgeteilten unbebauten Grundstücksflächen wird ein **Sondernutzungsrecht zur umfassenden Benutzung** begründet. Die Vereinbarungen der Wohnungseigentümer untereinander über ihr Verhältnis können gemäß § 10 WEG in der Weise ausgestaltet werden, dass im wirtschaftlichen Ergebnis jeder Eigentümer so gestellt ist, als ob er Alleineigentümer seiner Sondernutzungsfläche und seines Gebäudes ist, auch soweit es sich um zwingendes Gemeinschaftseigentum handelt (s. u. Rn. 52 ff.). 5

c) Vorsorgliche Teilung

Anlass zur Begründung von Wohnungseigentum kann auch dann gegeben sein, wenn der Eigentümer befürchtet, dass die Begründung von Wohnungseigentum in Zukunft rechtlich ausgeschlossen oder erschwert wird oder wenn es sich um die Nichtanwendung von Mieterschutzvorschriften handelt. In der Wohnungspolitik wird regelmäßig aus politischen Gründen das **Verbot der Umwandlung** von Mietwohnungen in Eigentumswohnungen für Ballungszentren gefordert (vgl. *Schmidt* DNotZ 1990, 252). Hinzuweisen ist auch auf § 22 BauGB, wonach für Gemeinden, die durch den Fremdenverkehr geprägt sind, eine **Genehmigungspflicht** für die Begründung von Wohnungseigentum (nicht jedoch für eine Benutzungsregelung gemäß § 1010 BGB, *OLG Schleswig* DNotZ 2000, 779) statuiert werden kann (*BVerwG* MittBayNot 1996, 237) und die Genehmigung nicht durch dienstbarkeitsgesichertes Verbot der Nutzung als Zweitwohnung eingeklagt werden kann (abl. *Schmidt* MittBayNot 1996, 179; *Grziwotz* MittBayNot 1996, 181). Nach § 172 I 4 BauGB sind die Landesregierungen ermächtigt, im Geltungsbereich von **Erhaltungssatzungen** durch Rechtsverordnung mit einer Geltungsdauer von höchstens fünf Jahren zu bestimmen, dass die Begründung von Sondereigentum (Wohnungseigentum und Teileigentum gemäß § 1 des WEG) an Gebäuden, die ganz oder teilweise Wohnzwecken zu dienen bestimmt sind, nicht ohne Genehmigung erfolgen darf. Zum Grundbuchvollzug ist die Vorlage eines Genehmigungsbescheides bzw. eines Negativzeugnisses jedoch nur dann erforderlich, wenn das entsprechende Bundesland eine entsprechende Rechtsverordnung erlassen hat (*OLG Zweibrücken* MittBayNot 1999, 412, *OLG Hamm* DNotI-Report 1999, 122). Zu beachten ist auch § 577a BGB: Ist an den vermieteten Wohnräumen nach der Überlassung an den Mieter Wohnungseigentum begründet und das Wohnungseigentum veräußert worden, so kann sich der Erwerber auf berechtigte Interessen für eine Kündigung nicht vor Ablauf von drei Jahren seit der Veräußerung an ihn berufen (näheres hierzu Rn. 201). Die Frist kann durch Verordnung der Landesregierung sogar auf zehn Jahre ausgeweitet werden. Neben der Erschwerung der Kündigung steht dem Mieter bei Umwandlung ferner ein gesetzliches Vorkaufsrecht gemäß § 577 BGB zu, das schriftlich auszuüben ist und das bei Tod des Mieters auch 6 dem Nachfolgeberechtigten zusteht. Dieses Vorkaufsrecht ist rein schuldrechtlicher Natur (Palandt/*Weidenkaff* § 577 Rn. 6). Wird es von einem Verkäufer (Vermieter) nicht beachtet, so erwirbt der Dritte rechtmäßiges Eigentum und der vorkaufsberechtigte Mieter ist auf Schadensersatzansprüche angewiesen. Es liegt auf der Hand, dass diese Bestimmung die Umwandlung von Mietwohnungen in Eigentumswohnungen sowie die anschließende Veräußerung erschweren (*BGH* NJW 1994, 2544). Erwerber, die Eigenbedarf geltend machen können, kommen als Interessenten wohl kaum in Betracht.

7 Liegen Gründe der dargestellten Art vor, so empfiehlt sich die Begründung von Wohnungseigentum auch dann, wenn die Schaffung selbständig verfügbarer Einheiten momentan nicht erforderlich ist („Vorsorgeteilung").

d) Steuerliche Gründe für Begründung von Wohnungseigentum

8 Aus einkommensteuerrechtlicher Sicht gibt es keinen besonderen Anlass mehr, Wohnungseigentum zu begründen. Für das zu eigenen Wohnzwecken genutzte Wohnungseigentum gilt die Konsumgutlösung. Sie neutralisiert steuerlich das Wohnungseigentum in der Weise, dass weder Einkünfte hinzugerechnet werden noch Werbungskosten abgezogen werden können (NK-BGB/*Grziwotz* Band 3 Anhang Einkommensteuer Rn. 108). Erwirbt ein Steuerpflichtiger mehrere Einheiten, wovon er eine für eigene Wohnzwecke nutzen will, so kann er selbst bestimmen, auf welche Einheiten die aufgenommenen Fremdmittel angerechnet werden. Da bei der eigengenutzten Immobilie ein Schuldzinsenabzug nicht in Betracht kommt, wird eine Verrechnung sinnvoller Weise nur auf die fremdvermietete Einheit vorgenommen. Es steht dem Steuerpflichtigem frei, wie er Fremd- und Eigenmittel verwendet (*BMF* BStBl. 1999 I 1130; *BFH* BStBl. 1999 II 676, 678, 680). Das Erfordernis der Begründung von Wohnungseigentum zwecks Erzielung eines steuergünstigen Ergebnisses (*Spiegelberger* DNotZ 1988, 210, 228 ff.) besteht nicht mehr (Kap. E. Rn. 311).

2. Steuern und sonstige öffentliche Abgaben

a) Einkommensteuer

9 Bezüglich der allgemeinen Abschreibungsmöglichkeiten gibt es für Wohnungseigentum keine Besonderheiten gegenüber sonstigem Grundbesitz.

Praxishinweis Steuern:

Zu den Besonderheiten bei der Inanspruchnahme von § 7h EStG (Sonderabschreibung für Sanierungskosten) vgl. *FG Sachsen-Anhalt* EFG 2013, 1573; Rev. anhängig *BFH* – IX R 15–17/13. Zahlungen des Wohnungseigentümers in die Instandhaltungsrücklage sind für sich gesehen keine Werbungskosten bei Einkünften aus Vermietung und Verpachtung; der Werbungskostenabzug kommt erst in Betracht, wenn der Verwalter die Beträge auch tatsächlich verausgabt (*BFH* DStRE 2009, 524). Daran ändert nach Auffassung des *BFH* auch die zivilrechtliche Teilrechtsfähigkeit der Wohnungseigentümergemeinschaft nichts (BFH/NV 2013, 32; zum Parallelproblem bei bilanzierenden Gewerbeunternehmen, in deren Betriebsvermögen sich Wohnungseigentum befindet *BFH* DStR 2012, 173).
Sofern die Wohnungseigentümergemeinschaft Handwerkerleistungen in Auftrag gibt oder entsprechendes Personal anstellt, kommt für den einzelnen Eigentümer die Steuerermäßigung nach § 35a EStG in Betracht (BMF-Schreiben vom 15.2.2010, BStBl. I 140, Tz. 23).

I. Allgemeines zum Wohnungseigentum   A III

> **Praxishinweis Steuern:**
>
> Durch die Begründung eines eigentumsähnlichen Dauerwohn- oder Dauernutzungsrechtes gemäß §§ 31 ff. WEG kann dem Berechtigten steuerlich das wirtschaftliche Eigentum im Sinne von § 39 AO an einem Gebäude oder Gebäudeteil vermittelt werden. Wichtig ist hierbei insbesondere, dass dem Dauerwohnberechtigten bei Beendigung seines Rechtes ein Entschädigungsanspruch gegen den Eigentümer zusteht, vgl. BMF-Schreiben vom 31.12.1994, BStBl. 1994 I 887; vom 21.12.2004, BStBl. 2005 I 305; *BFH* BStBl. 1986 II 258; BStBl. 1960 III 289.

b) Umsatzsteuer

Der Verzicht auf die **Umsatzsteuerbefreiung** gemäß § 9 I UStG ist nur zulässig, soweit   10
der Unternehmer nachweist, dass das Grundstück weder Wohnzwecken noch anderen nicht unternehmerischen Zwecken dient oder zu dienen bestimmt ist (§ 9 II UStG). Die Leistungen der Wohnungseigentümergemeinschaft an die Wohnungseigentümer (z. B. Lieferung von Heizwärme) sind gemäß § 4 Nr. 13 UStG umsatzsteuerfrei (s. hierzu Riecke/Schmid/*Herrlein,* Steuerrecht, Rn. 206 ff.).

c) Grunderwerbsteuer

Hierzu gibt es keine Besonderheiten. Für Sondernutzungsrechte s. Rn. 133 ff. Die Be-   11
gründung von Wohnungseigentum gemäß § 8 WEG stellt keinen Erwerbsvorgang gemäß § 1 GrEStG dar, da kein Rechtsträgerwechsel stattfindet. Die Begründung von Wohnungseigentum gemäß § 3 WEG ist dagegen prinzipiell steuerpflichtig, da sie jedoch eine Auseinandersetzung gemeinschaftlichen Eigentums darstellt, greift der Befreiungstatbestand des § 7 I GrEStG, wonach die Steuer insoweit nicht erhoben wird, als der Erwerb dem bisherigen Miteigentumsanteil entspricht (Riecke/Schmid/*Herrlein,* Steuerrecht, Rn. 236).

> **Praxishinweis Steuern:**
>
> Auch findet § 7 II GrEStG entsprechend Anwendung, wenn Gesamthandseigentümer ein Grundstück nach § 8 WEG aufteilen und anschließend in einem gewissen zeitlichen Zusammenhang die Eigentumswohnungen unter den Gesamthandseigentümern verteilen (BFH/NV 2012, 2025).

Die Steuer wird vom Wert der Gegenleistung (§ 8 I GrEStG) erhoben. Dabei darf nur derjenige Anteil der Gegenleistung veranlagt werden, der für den Erwerb des Wohnungseigentums bezahlt wird. Das Verwaltungsvermögen der rechtsfähigen Wohnungseigentümergemeinschaft bleibt hierbei unberücksichtigt, was insbesondere die Instandhaltungsrücklage betrifft (*BFH* BStBl. 1992 II 152). Die Rechtsfähigkeit der Wohnungseigentümergemeinschaft ändert hieran nichts (Riecke/Schmid/*Herrlein,* Steuerrecht, Rn. 237; a. A. *FG Leipzig* v. 25.6.2014 – 6 K 193/12). Es empfiehlt sich deshalb, in den Kaufvertrag eine Erklärung der Vertragsteile über den aktuellen Stand der Rücklage, soweit sie auf den Vertragsgegenstand entfällt, aufzunehmen.

> **Praxishinweis Steuern:**
>
> Die Rechtsprechung des *BFH* zum einheitlichen Erwerbsgegenstand gilt auch für den Erwerb von unsanierten Eigentumswohnungen, der mit einem Sanierungsvertrag verbunden ist (*BFH* DStRE 2006, 1020).

d) Bewertungsgesetz

12 Einheitswerte werden nur noch für die Erhebung der **Grundsteuer** festgestellt. Danach gehören die Rechte nach dem WEG zum **Grundvermögen** gemäß § 68 I Nr. 3 BewG, soweit es sich nicht um land- und forstwirtschaftliches Vermögen oder um Betriebsgrundstücke handelt (§§ 33, 99 BewG). Die wirtschaftliche Einheit Wohnungseigentum entsteht jedoch, im Anschluss an die zivilrechtliche Wirkung des § 8 II WEG, erst mit der Eintragung im Wohnungsgrundbuch (*BFH* NJW 1993, 1672). Nach § 93 BewG bildet jedes Wohnungseigentum und Teileigentum eine wirtschaftliche Einheit. Das zu mehr als 80% Wohnzwecken dienende Wohnungseigentum ist im Wege des Ertragswertverfahrens zu bewerten. Das für den Eigentümer nachteilige Sachwertverfahren ist sonach bei Wohnungseigentum ausgeschlossen. Die Begründung von Wohnungseigentum führt danach bei aufwändig gestalteten Wohnungen zu einer erheblichen Grundsteuerersparnis.

Für die Erbschaft- und Schenkungsteuer gelten nicht mehr die Einheitswerte, sondern die Grundbesitzwerte. Diese werden gemäß § 138 V BewG gesondert festgestellt, wenn sie für die Erbschaftssteuer/Schenkungssteuer erforderlich werden (Bedarfsbewertung). Wohnungseigentum ist dabei grundsätzlich mit dem Vergleichswertverfahren zu bewerten (§ 182 II BewG). Dabei wird der Wert dieser Immobilien durch Vergleich mit den Kaufpreisen, die für vergleichbare Objekte bezahlt werden, ermittelt. Für Renditeobjekte wird das Ertragswertverfahren (§ 182 III BewG) angewendet. Falls sich kein Vergleichswert ermitteln lässt, kommt auch das Sachwertverfahren zur Anwendung (§ 182 IV BewG). S. hierzu Kap. A V. Rn. 42 ff.; NK-BGB/*Grziwotz* Band 3 Anhang Steuer Rn. 136 ff.

e) Erschließungsbeiträge und Beiträge nach Kommunalabgabengesetz

13 Im Erschließungsbeitragsrecht (§ 134 BauGB) und bei der Abgabepflicht auf landesrechtlicher Grundlage, insbesondere für Herstellungsbeiträge für Wasser und Abwasser, Verbesserungsbeiträge und Ausbaubeiträge, wird Wohnungseigentum und Teileigentum jeweils als **selbständiges Objekt der Abgabenpflicht** behandelt. Die verschiedenen Miteigentümer haften danach, wenn die Aufteilung vollzogen ist, für den auf das Grundstück entfallenden Beitrag nur noch entsprechend ihrem Miteigentumsanteil. Für Doppelhaushälften/Reihenhäuser in der Rechtsform des Wohnungseigentums s. Rn. 56.

3. Notar- und Grundbuchkosten

14 a) Der **Geschäftswert** bestimmt sich sowohl für die Notarkosten als auch für die Grundbuchkosten nach § 42 I GNotKG. Danach ist bei der Begründung von Wohnungseigentum (Teileigentum) – anders als nach der Kostenordnung – als Geschäftswert der Wert des bebauten Grundstücks bzw. der Wert des Grundstücks zuzüglich des Werts des zu errichtenden Bauwerks anzunehmen, wobei nach § 46 I GNotKG jeweils der Verkehrswert zugrunde zu legen ist.

15 b) Bei den **Notarkosten** für die Begründung von Wohnungseigentum ist zu unterscheiden zwischen der vertraglichen Begründung nach § 3 WEG und der einseitigen Begründung nach § 8 WEG:

16 – Die **vertragliche Begründung** nach §§ 3 I, 4 I WEG löst eine 2,0-Gebühr Nr. 21100 KV-GNotKG aus.

– Teilt der Eigentümer gemäß § 8 WEG durch Erklärung gegenüber dem Grundbuchamt das Eigentum auf, so handelt es sich kostenrechtlich um eine **einseitige Erklärung** gemäß Nr. 21200 des KV-GNotKG (1,0-Gebühr). Dabei spielt es keine Rolle, ob der Vorgang als Niederschrift beurkundet wird (§§ 9–13 BeurkG) oder ob der Notar den Inhalt der Urkunde entworfen hat und alsdann nur die Unterschrift des Eigentümers beglaubigt wird (Nr. 24101 KV-GNotKG; § 92 II GNotKG). Wegen der gleichen

Kostenbelastung ist einer Beurkundung durch Erstellung einer Niederschrift stets der Vorzug zu geben, da nur bei diesem Verfahren eine Bezugnahme gemäß § 13a BeurkG möglich ist.
- Wird dem Notar der fertige Entwurf der Teilungserklärung vorgelegt und wird lediglich die Unterschrift beglaubigt, dann fällt nur eine 0,2-Gebühr nach Nr. 25100 KV-GNotKG (Höchstbetrag 70 EUR) an.
- Die **Vollzugsgebühr** nach Nr. 22110 ff. KV-GNotKG fällt an, wenn der Notar namens eines Beteiligten die Abgeschlossenheitsbescheinigung beantragt (*OLG Zweibrücken* MittBayNot 2002, 310) oder eine Genehmigung zur Begründung von Wohnungseigentum/Teileigentum erforderlich ist, z. B. nach § 22 BauGB. Die Vollzugsgebühr ist für die vorgenannten Vollzugsmaßnahmen auf 50 EUR pro Vollzugstätigkeit begrenzt (Nr. 22112 KV-GNotKG). Die 0,5-Vollzugsgebühr nach KV-Nr. 22110 des GNotKG ohne Begrenzung auf einen Höchstbetrag fällt beispielsweise an, wenn im Falle einer vertraglichen Begründung nach § 3 WEG eine familien- oder betreuungsgerichtliche Genehmigung gemäß § 1643 I bzw. § 1908i I i. V. m. § 1821 I Nr. 1 BGB erforderlich und der Notar mit der Erwirkung derselben beauftragt ist.

c) Bei dem Verkauf von Wohnungseigentum ist zu beachten, dass nach § 24 II BauGB **17** das **gesetzliche Vorkaufsrecht** der Gemeinde beim Verkauf von Rechten nach dem WEG (nicht jedoch bei Bruchteilseigentum, *OLG Frankfurt* DNotZ 1996, 41) ausgeschlossen ist. Eine Vollzugsgebühr für die Anforderung des Vorkaufsrechtszeugnisses nach dem BauGB gibt es deshalb bei der Veräußerung von Wohnungseigentum nicht. Die auftragsgemäße Anforderung einer notwendigen Verwalterzustimmung löst dagegen die 0,5-Vollzugsgebühr nach Nr. 22110 KV-GNotKG aus. Wird der Notar beauftragt, den Entwurf der **Verwalterzustimmung** zu fertigen und dem Verwalter mit der Aufforderung zur Zustimmung zu übersenden, so fällt hierfür keine Entwurfsgebühr an. Die Erstellung des Entwurfes ist mit der Vollzugsgebühr abgegolten. Für die Beglaubigung der Unterschrift des Verwalters fällt die 0,2-Gebühr Nr. 25100 KV-GNotKG an, höchstens jedoch 70 EUR; der Geschäftswert der Zustimmungserklärung ist der halbe Kaufpreis (§ 98 I GNotKG). Die Gebühr fällt auch an, wenn die Unterschrift von dem Notar beglaubigt wird, der den Entwurf gefertigt hat, da für die Entwurfserstellung selbst keine Gebühr erhoben wird. Der Geschäftswert der Verwalterzustimmung ist identisch mit dem Wert des Wohnungseigentums. Für sonstige Vollzugstätigkeiten gelten keine Besonderheiten.

d) Bezüglich der **Grundbuchkosten** ist Nr. 14112 KV-GNotKG maßgeblich. Danach **18** wird für die Begründung von Wohnungseigentum – gleichgültig ob vertraglich oder nach § 8 erfolgt – die 1,0-Gebühr erhoben.

II. Die Begründung von Wohnungseigentum – dingliche Seite

1. Die Grundstückssituation

a) Grundstück, Grundstücksvereinigung

Nach §§ 3, 8 WEG kann Wohnungseigentum nur an *einem* Grundstück gebildet wer- **19** den. Die Begründung eines Wohnungserbbaurechtes setzt *ein* Erbbaurecht voraus (§ 30 WEG). An einem gemäß Art. 233 § 4 I EGBGB fortbestehenden Gebäudeeigentum gemäß §§ 288 IV oder 292 III DDR-ZGB kann Wohnungseigentum nicht begründet werden (*OLG Jena* DtZ 1996, 88; *Hügel* DtZ 1996, 66). Das Gebäudeeigentum ist ohne rechtliche Verbindung zum Grundstückseigentum. Es stellt eine Durchbrechung des Akzessionsprinzips dar. Wohnungseigentum setzt jedoch zwingend die Mitberechtigung am Grundstückseigentum voraus.

A III Wohnungseigentum

Nach § 1 IV WEG kann Wohnungseigentum nicht in der Weise begründet werden, dass das Sondereigentum mit Miteigentum an mehreren Grundstücken verbunden wird. Soll deshalb Wohnungseigentum begründet werden, das sich über mehrere Grundstücke erstreckt, so sind diese Grundstücke rechtlich gemäß **§ 890 BGB zu vereinigen**. Eine katastertechnische Verschmelzung ist nicht erforderlich. Die **rechtliche Vereinigung** erfolgt dadurch, dass auf Antrag des Eigentümers (Form § 29 GBO) die mehreren Grundstücke im Grundbuch unter einer laufenden Nummer des Bestandsverzeichnisses gebucht werden. Die Eigentumsverhältnisse an den mehreren Grundstücken müssen identisch sein. Das aufzuteilende Grundstück ist dem sachenrechtlichen Grundsatz entsprechend gemäß § 28 GBO entweder in Übereinstimmung mit dem Grundbuch – also unter Angabe der Flurstücksnummer – oder durch Hinweis auf das Grundbuchblatt zu bezeichnen. Bei Aufteilung einer Teilfläche ist zur Wahrung des Bestimmtheitsgrundsatzes diese in einem (möglichst amtlichen) Lageplan zu kennzeichnen und anschließend, nach Vorlage des amtlichen Messungsergebnisses, eine Identitätserklärung vorzunehmen.

b) Wohnungseigentum und Überbau

20 Ergibt sich aus den **Aufteilungsplänen** (hierzu gehört auch ein amtlicher Lageplan), dass ein **Grenzüberbau** mit einem einheitlichen Bauwerk (DNotI-Report 2007, 1; s. hierzu auch *BGH* MittBayNot 2013, 299, 300) vorliegt (wobei objektive Größe und wirtschaftliche Bedeutung des überbauten Gebäudeteiles allein grundsätzlich keine Rolle spielen, BGHZ 110, 298; 62, 141), dann ist wie folgt zu verfahren:

Wohnungseigentum kann nur bei einem rechtmäßigen Überbau entstehen. Nur in diesem Falle erstreckt sich das Eigentum am Stammgrundstück auf die Gebäudeteile, die auf dem überbauten Grundstück liegen (BGHZ 27, 197). Ein solcher Fall ist nur gegeben, wenn der Eigentümer des überbauten Grundstücks zustimmt (*OLG Düsseldorf* DNotI-Report 1998, 202; ausführlich und vertieft *Tersteegen* RNotZ 2006, 452). Stimmt der Eigentümer des überbauten Grundstücks nicht zu, dann wird bei einem vorsätzlichen oder grob fahrlässigen Überbau der übergebaute Gebäudeteil **Eigentum des Nachbarn** (BGHZ 177, 253 Tz. 12; *BGH* NJW-RR 1989, 1039; Jennißen/*Zimmer* § 1 WEG Rn. 29). Damit kann dann kein Wohnungseigentum (Sondereigentum) entstehen, wenn der Sondereigentumsbereich vollständig auf dem überbauten Grundstück liegt; der entsprechende Miteigentumsanteil ist ohne Sondereigentum, da dieses im Eigentum des Nachbarn steht. Ein Problem der Abgeschlossenheit der Sondereigentumseinheiten besteht dagegen beim Überbau nicht: § 3 II WEG gilt nur im Verhältnis der Sondereigentumseinheiten untereinander und zur Abgrenzung zum Gemeinschaftseigentum, nicht jedoch als Abgrenzung zum Grundstücks-Nachbareigentum (*BayObLG* NJW-RR 1991, 593; *LG München I* MittBayNot 1988, 237). Die Zustimmung des Eigentümers des überbauten Grundstücks ist in der Form des § 29 GBO bei ersichtlicher Grenzüberbauung als Entstehungsvoraussetzung des Wohnungseigentums nachzuweisen (*Tersteegen* RNotZ 2006, 453; Riecke/Schmid/*Schneider* § 7 WEG Rn. 108). Ein Überbau gemäß § 912 BGB besteht auch, wenn nur im Luftraum mit einem Gebäudeteil die Grundstücksgrenze überschritten wird (überhängender Überbau, z.B. Erker). Der überbaute Grundstücksteil ist hier eindeutig dem Eigentümer des Stammgrundstücks zuzuordnen (*Hügel/Scheel* Teil 2 Rn. 37; *Tersteegen* RNotZ 2006, 453).

20a | **Formulierungsbeispiel: Überbau**

Der Eigentümer des Grundstücks FlNr. ... hat Kenntnis davon, dass nach den genehmigten/noch zu genehmigenden Bauplänen des Eigentümers des Nachbargrundstücks FlNr. ... ein Überbau auf sein Grundstück FlNr. ... stattfinden soll. Das Ausmaß des Überbaues ergibt sich aus den Bauplänen. Der Eigentümer von FlNr. ... stimmt diesem Überbau unwiderruflich zu.

> ▼ Fortsetzung: **Formulierungsbeispiel: Überbau**
>
> Für den Fall der Veräußerung des überbauten Grundstücks verpflichtet sich ..., einem Einzelrechtsnachfolger bei Veräußerung des Grundstücks die Zustimmungsverpflichtung aufzuerlegen mit der Maßgabe der Weiterübertragung unter der Voraussetzung, dass zum Zeitpunkt der Veräußerung mit dem Überbau noch nicht begonnen worden ist. Anstelle einer Überbaurente wird ein einmaliger Geldbetrag in Höhe von ... EUR bezahlt. Eine Grunddienstbarkeit ist nicht einzutragen.

Die Eintragung einer **Grunddienstbarkeit** zulasten des überbauten Grundstücks und zugunsten des jeweiligen Eigentümers des Stammgrundstücks ist nicht erforderlich (Bamberger/Roth/*Hügel* § 1 WEG Rn. 14). Auf diese allein abzustellen würde den Bestand des Wohnungseigentums vom Bestand der Dienstbarkeit abhängig machen. Die Dienstbarkeit kann nämlich durch Vereinbarung der beteiligten Eigentümer wieder aufgehoben werden oder in einer Zwangsversteigerung, wenn sie nicht im geringsten Gebot liegt, untergehen. Von diesen Zufälligkeiten kann jedoch der Bestand des Wohnungseigentums nicht abhängig sein. Aus diesem Grund ist auch der Widerruf einer Gestattung eines Überbaues nach Ausführung desselben unbeachtlich (*OLG Düsseldorf* DNotI-Report 1998, 202). Wird eine Grunddienstbarkeit eingetragen, so erstreckt sich das Eigentum an dem Gebäude des Stammgrundstücks auf den überbauten Gebäudeteil des Nachbargrundstücks nur dann, wenn die Bebauung „in Ausübung eines Rechtes" erfolgt (§ 95 I BGB). Die Grunddienstbarkeit ist deshalb vor Baubeginn einzuräumen, da nur in diesem Falle die Bebauung in Ausübung des Rechtes erfolgt (a. A. *Tersteegen* RNotZ 2006, 449; *Wicke* DNotZ 2006, 259).

Wird zwischen Sondernutzungsbereichen überbaut, so sind § 912 BGB und die vorstehenden Grundsätze entsprechend anwendbar (zum Rechtsweg in diesen Fällen *OLG Köln* NJW-RR 1989, 1040). 21

Liegen mehrere Grundstücke eines Eigentümers vor, die überbaut werden sollen, so kann Wohnungseigentum nicht begründet werden, da die eigentumsmäßige Zuordnung der Gebäudeteile sich nach der Absicht und dem Interesse des Erbauers bestimmt, was mit den Grundsätzen der dinglichen Rechtssicherheit unvereinbar ist (*BGH* NJW 1985, 789). Trifft der Eigentümer jedoch eine Gestattungserklärung oder durch die Bestellung einer Grunddienstbarkeit eine objektiv nachvollziehbare Zuordnung des überbauten Gebäudeteiles zum Stammgrundstück, so ist eine Bildung von Wohnungseigentum auch beim Vorliegen eines Eigengrenzüberbaues möglich. Dieser unterscheidet sich insofern nicht von den anderen Fällen des Überbaues (*Tersteegen* RNotZ 2006, 455; s. auch Staudinger/*Rapp* § 1 WEG Rn. 33; Weitnauer/*Briesemeister* § 3 WEG Rn. 10). 22

2. Vertragliche/einseitige Begründung

a) Vertragliche Begründung

Eine vertragliche Begründung von Wohnungseigentum kommt gemäß § 3 I in Betracht, wenn zwei oder mehr Miteigentümer eines Grundstücks vorhanden sind. Dabei muss es sich um **Miteigentum nach Bruchteilen** handeln, wie sich aus der Verweisung auf § 1008 BGB ergibt. Gesamthänderisches Miteigentum (Erbengemeinschaft, Gütergemeinschaft, Gesellschaft des bürgerlichen Rechts) kann nicht durch Vertrag nach § 3 I in Wohnungseigentum umgewandelt werden (Weitnauer/*Briesemeister* § 3 WEG Rn. 11). In diesen Fällen hat zuerst eine Auseinandersetzung des Gesamthandseigentums in Bruchteilseigentum zu erfolgen. Davon zu unterscheiden ist die Möglichkeit, dass die gesamthänderisch verbundenen Eigentümer eine einseitige Erklärung nach § 8 abgeben, was zur Folge hat, dass sich das gesamthänderische Gemeinschaftsverhältnis an allen durch die Erklärung gemäß § 8 gebildeten Einheiten fortsetzt. 23

A III Wohnungseigentum

24 Mit jedem Miteigentumsanteil muss ein Sondereigentum verbunden werden. So genannte „freie Miteigentumsanteile" können bei rechtsgeschäftlicher Begründung von Wohnungseigentum nicht entstehen (*BGH* DNotZ 1990, 377). Es dürfen danach nur so viele Miteigentumsanteile bestehen, wie Sondereigentumseinheiten vorhanden sind. Umgekehrt können jedoch mit einem Miteigentumsanteil **mehrere Sondereigentumseinheiten** verbunden sein (BayObLGZ 1971, 102). Sind deshalb mehr Miteigentumsanteile vorhanden als Sondereigentumsrechte, so sind die Miteigentumsanteile entsprechend der Anzahl der Sondereigentumsrechte und gemäß der geplanten Größe zusammenzulegen. Gegebenenfalls sind Veräußerungen mit Auflassungen zwischen den Miteigentümern durchzuführen, um die gewünschte Größe der Miteigentumsanteile herzustellen.

25 Eine **Unterbruchteilsgemeinschaft** ist unzulässig (BGHZ 13, 133, 141). Es wurde deshalb angenommen, dass diejenigen Partner, die ein Wohnungseigentum begründen wollen, ihre Miteigentumsbruchteile in eine Gesellschaft bürgerlichen Rechts einbringen und diese Gesellschaft die Vereinbarung nach § 3 WEG abschließt. BGHZ 86, 393 hat die Frage jedoch dahingehend entschieden, dass die Zahl der Miteigentumsanteile mit denjenigen des Sondereigentums erst dann übereinstimmen muss, wenn Wohnungseigentum begründet ist. Vor und bei der Begründung kann die Zahl differieren; der Umweg über eine Gesellschaft bürgerlichen Rechts ist nicht erforderlich. Die Verlautbarung der Zusammenlegung der Miteigentumsanteile erfolgt erst im Wohnungsgrundbuch.

25a **Formulierungsbeispiel: Vertragliche Begründung**

> In Ansehung des Grundstücks FlNr. ... ist A Miteigentümer zu ½, B und C jeweils zu ¼. Die Miteigentümer beschränken nunmehr ihre Miteigentumsanteile in der Weise, dass jedem Miteigentümer abweichend von § 93 BGB das Sondereigentum wie folgt zusteht:
> – Dem Miteigentümer A an der im Aufteilungsplan vom ... mit Nr. 1 bezeichneten Wohnung samt zwei Kellerräumen und einer Garage, im Aufteilungsplan ebenfalls mit Nr. 1 bezeichnet;
> – den Miteigentümern B und C gemeinschaftlich zum Miteigentum zu je ½ die im Aufteilungsplan vom ... mit Nr. 2 bezeichnete Wohnung samt Kellerraum, Dachspeicherraum und Garage, jeweils ebenfalls mit Nr. 2 bezeichnet.
> Die Beteiligten sind sich über die entsprechende Einräumung von Sondereigentum einig und bewilligen und beantragen die dementsprechende Eintragung im Grundbuch.

26 Entsprechend § 873 I BGB bestimmt § 4 I WEG, dass zur Einräumung (und zur Aufhebung) des Sondereigentums die **Einigung der Beteiligten** über den Eintritt der Rechtsänderung und die Eintragung in das Grundbuch erforderlich ist. Diese Einigung ist ein **auflassungsähnlicher** Vorgang, da die sondereigentumsfähigen Gegenstände vom Miteigentum in Alleineigentum überführt werden. Konsequenterweise schreibt deshalb § 4 II 1 WEG für diese Einigung die Form der Auflassung (§ 925 BGB) vor. Bedingtes oder befristetes Sondereigentum ist nicht möglich.

b) Einseitige Begründung

27 Die Teilung durch den Eigentümer nach § 8 I WEG ist eine **einseitige, amtsempfangsbedürftige Willenserklärung** gegenüber dem Grundbuchamt. Dabei werden Miteigentumsanteile gebildet und mit Sondereigentum an einer bestimmten Wohnung in einem auf dem Grundstück errichteten oder zu errichtenden Gebäude verbunden. Sind mehrere Personen Grundstückseigentümer, so können sie die Teilung nach § 8 WEG nur gemeinschaftlich vornehmen. Das Anteils- bzw. Gemeinschaftsverhältnis, das bezüglich des ganzen Grundstücks besteht, setzt sich an den einzelnen Einheiten fort.

28 Bei einer **Erbauseinandersetzung** mit dem Ziel, jedem Miterben Alleineigentum an einer in sich abgeschlossenen Wohnung zu verschaffen, ist sowohl eine Teilung nach § 8

II. Die Begründung von Wohnungseigentum – dingliche Seite A III

WEG möglich mit anschließendem Erbauseinandersetzungsvertrag als auch vorweg die Erbauseinandersetzung in eine Bruchteilsgemeinschaft und anschließende Wohnungseigentumsbegründung gemäß §§ 3, 4 WEG.

> **Praxishinweis Kosten:**
>
> Der erstgenannte Weg löst kostenmäßig für die Teilung eine 1,0-Gebühr und für die Erbauseinandersetzung eine 2,0-Gebühr, je aus dem ganzen Grundstückswert aus. Der zweite Weg begründet eine 2,0-Gebühr für die Erbauseinandersetzung sowie eine 2,0-Gebühr für die vertragliche Wohnungseigentumsbegründung, je aus dem vollen Grundstückswert. Unter dem Gesichtspunkt des **kostengünstigsten Weges** ist daher der erstbeschriebene Weg einzuschlagen.

c) Time-Sharing-Modelle

Das Verbot der zeitlichen Befristung des Eigentums schließt auch wechselndes Eigentum in zeitlichen Intervallen (Time-Sharing) aus. Es ist danach bei einer Ferienwohnung nicht möglich, dass A im Monat Januar, B im Monat Februar usw., im jährlichen Turnus wechselnd, Eigentümer sind. Eine solche Regelung kann vom Ergebnis her nur über eine Verwaltungs- und Benutzungsregelung gemäß § 1010 BGB erreicht werden, wobei die verschiedenen Eigentümer Miteigentümer des Wohnungseigentums nach Bruchteilen werden müssen (Riecke/Schmid/*Schneider* § 4 WEG Rn. 5). Diese Regelung ist nicht pfändungs- und insolvenzsicher, da das Aufhebungsrecht nach § 751 BGB und § 84 II InsO nicht ausgeschlossen werden kann (Rn. 1). Time-Sharing ist danach nach deutschem Recht auf der Basis zeitlich befristeten Eigentums nicht möglich (Staudinger/*Martinek* Vor § 481 BGB Rn. 15). Möglich ist es jedoch, ein Grundstück mit einem Dauerwohn- bzw. Dauernutzungsrecht gemäß §§ 31 ff. WEG zu belasten. Dieses ist eine besondere Art einer beschränkt persönlichen Dienstbarkeit und abweichend von dieser übertragbar und vererblich. Eine Dienstbarkeit verlangt jedoch nicht eine ununterbrochene, sondern lediglich eine Nutzung von längerer Zeitdauer (*BGH* MittBayNot 1996, 93; 1995, 383; Staudinger/*Spiegelberger* Vor §§ 31 ff. WEG Rn. 11; Jennißen/*Grziwotz* § 31 WEG Rn. 2, 7). Zu weiteren Formen von Time-Sharing-Modellen siehe Palandt/*Weidenkaff* § 481 Rn. 1; *Tonner,* Das Recht des Time-Sharing an Ferienimmobilien, 1997; Staudinger/*Martinek* Vor § 481 BGB Rn. 15 ff.).

28a

3. Aufteilungsplan, Sondereigentumsfähigkeit

Der Aufteilungsplan ist zwingend der Eintragungsbewilligung (Teilungsvereinbarung oder Teilungserklärung) als Anlage beizufügen (§ 7 IV Nr. 1 WEG). Nach der Legaldefinition handelt es sich dabei um eine von der Baubehörde (oder, falls durch Landesrecht eingeführt, Sachverständiger) mit Unterschrift und Siegel oder Stempel versehene **Bauzeichnung,** aus der die Aufteilung des Gebäudes sowie die Lage und Größe der im Sondereigentum und der im gemeinschaftlichen Eigentum stehenden Gebäudeteile ersichtlich ist. Hierzu gehören grundsätzlich Grundrisse, Schnitte und Ansichten (*BayObLG* DNotZ 1998, 378; 1980, 749; zu den Anforderungen beim Dauerwohnrecht s. *BayObLG* DNotZ 1998, 374) aller Gebäude, in denen Sondereigentum bestehen soll. Der Grundrissplan ist auch für einen im Gemeinschaftseigentum stehenden Dachspitzboden erforderlich, wenn dieser sinnvoll genutzt werden kann. Fehlt es aufgrund der räumlichen Dimensionen im Dachspitzboden an einer sinnvollen Nutzungsmöglichkeit, dann ist ein Grundrissplan insoweit entbehrlich (*BayObLG* DNotZ 1996, 27). Der Aufteilungsplan ist damit für die Abgrenzung der verschiedenen Eigentumssphären (**Gemeinschaftseigentum/Sondereigentum**) entscheidend (BGHZ 177, 338). Er stellt mit zeichne-

29

rischen Mitteln die Abgrenzung der Eigentumsbereiche in gleicher Weise dar, wie ein amtlicher Lageplan die Grundstücksgrenzen. Der Aufteilungsplan muss bei bestehenden Gebäuden eine **Baubestandszeichnung** sein und bei zu errichtenden Gebäuden den bauaufsichtlichen (baupolizeilichen) Vorschriften entsprechen. Maßgebend ist die allgemeine Verwaltungsvorschrift für die Ausstellung von Bescheinigungen gemäß § 7 IV Nr. 2 und § 32 II Nr. 2 des WEG vom 19.3.1974 (BAnz. 1974 Nr. 58, abgedruckt bei *Weitnauer* S. 931, *Hügel/Scheel* Rn. 699). Bei zu errichtenden Gebäuden wird ein behördlich bestätigter Aufteilungsplan erst erteilt, wenn die Baugenehmigung vorliegt. Erst zu diesem Zeitpunkt ist sicher, dass das Gebäude den bauaufsichtlichen Vorschriften entspricht. Sieht das Landes-Bauordnungsrecht vor, dass ein Baugenehmigungsverfahren nicht durchgeführt wird (Genehmigungsfreistellung), so ist die entsprechende Bescheinigung der Gemeinde der Baubehörde vorzulegen.

Der Bezeichnung von Räumlichkeiten im Aufteilungsplan kommt in der Regel, anders als bei der Bezeichnung in der Teilungserklärung, nicht die Bedeutung einer Zweckbestimmung mit Vereinbarungscharakter zu (*BGH* ZWE 2013, 168; 2010, 178; *OLG München* ZMR 2008, 71). Dies gilt auch, wenn in einer Baubestandszeichnung für ein bestimmtes Gebäude eine Nutzung angegeben wird – „bestehender Geräteschuppen" – (*BayObLG* MittBayNot 2004, 439; *OLG München* DNotI-Report 2007, 164).

29a Die räumlichen Ausübungsbereiche von **Sondernutzungsrechten** sind im Aufteilungsplan oder in einem gesonderten Sondernutzungsplan nach dem Bestimmtheitsgrundsatz darzustellen, wie er für Grunddienstbarkeiten verlangt wird (*BGH* NJW 2012, 677 Tz. 13; BGHZ 59, 11; BayObLGZ 1985, 204; *BayObLG* WE 1990, 30; *OLG Frankfurt* DNotZ 2007, 470). Eine wörtliche Umschreibung der Sondernutzungsbereiche wird nur in Ausnahmefällen mit der geforderten Bestimmtheit möglich sein. Bei der Eintragung der Sondernutzungsrechte in das Grundbuch kann zur Darstellung des räumlichen Ausübungsbereiches sowie des Inhalts des Rechtes gemäß § 7 III WEG auf die Vereinbarung oder Teilungserklärung Bezug genommen werden (*OLG Frankfurt* NotBZ 2007, 330). Sind Sondernutzungsbereiche im behördlich bestätigten Aufteilungsplan dargestellt, so bezieht sich die behördliche Bestätigung gemäß § 7 IV Nr. 1 WEG sowie die Abgeschlossenheitsbescheinigung gemäß §§ 7 IV Nr. 2, 3 II WEG hierauf nicht. Ein Aufteilungsplan, in dem beispielsweise ein Gartensondernutzungsbereich mit derselben Nummer gekennzeichnet ist wie die Wohnung, zu der er als Sondernutzungsrecht gehören soll, kann deshalb nicht mit der Begründung beanstandet werden, die Abgeschlossenheit eines nicht sondereigentumsfähigen Gegenstandes (Grundstücksfläche) sei behördlich bestätigt worden.

29b Im Aufteilungsplan sind alle zu demselben Wohnungseigentum gehörenden Einzelräume mit der jeweils gleichen Nummer zu kennzeichnen (§ 7 IV Nr. 1 Hs. 2 WEG). Dies bedeutet aber nicht, dass die identische Nummer in jedem Raum, der zur selben Einheit gehört, eingetragen sein muss (*Grziwotz* DNotZ 2009, 407). Die Vorschrift dient der Grundbuchklarheit. Nebenräume müssen danach mit derselben Nummer wie die Wohnung gekennzeichnet werden. Bestehen in einem Gebäude Wohnungseigentum und Teileigentum nebeneinander, müssen diese verschiedene Nummern oder entsprechende Zusätze tragen, beispielsweise WE 1, TE 1. Bei **Duplex-Parkern** ist sowohl eine Kennzeichnung mit einer Ziffer als auch mit zwei Ziffern möglich, wobei im letzteren Falle – um das Missverständnis auszuschließen, es handle sich um zwei selbständige Einheiten (zur umstrittenen Sondereigentumsfähigkeit der einzelnen Einheiten siehe *BGH* ZWE 2012, 81; *Hügel/Scheel* Teil 1 Rn. 40; Staudinger/*Rapp* § 3 WEG Rn. 20a) – in der Erklärung zur Begründung von Sondereigentum darzustellen ist, dass beide Nummern eine Einheit bilden. Dies ermöglicht eine präzise Beschreibung des unteren und des oberen Doppelparker-Stellplatzes.

29c Bei der Erklärung zum Sondereigentum ist der **sachenrechtliche Bestimmtheitsgrundsatz** zu beachten. Es muss demnach eindeutig sein, was Sondereigentum wird und was gemeinschaftliches Eigentum bleibt (*BGH* DNotZ 1996, 289; *OLG München* ZMR 2008, 96; *OLG Frankfurt* ZMR 2012, 31). Gehören zu einer Wohnung Nebenräume

II. Die Begründung von Wohnungseigentum – dingliche Seite   A III

(z. B. Kellerraum) und wird in der Aufteilungsurkunde Lage und Größe der Wohnung beschrieben (z. B. Dreizimmer-Wohnung, gelegen im 2. OG vom Aufgang her rechts gesehen), so dürfen zur Begründung von Sondereigentum die Nebenräume nicht unerwähnt bleiben. Zulässig, und zur Vermeidung von Fehlern zweckmäßig ist es jedoch, zur Ausweisung des Sondereigentums auf den Aufteilungsplan Bezug zu nehmen und das Sondereigentum zu beschreiben als „... Wohnung samt Nebenräumen, im Aufteilungsplan sämtliche mit Nr. ... bezeichnet" (*OLG Frankfurt* DNotZ 1998, 387).

Sondereigentumsfähig sind nach § 5 I WEG zunächst „die gemäß § 3 I bestimmten **29d** Räume". Fehlt die **Raumeigenschaft,** kann Sondereigentum gemäß § 5 I Alt. 1 WEG nicht gebildet werden. Dies gilt beispielsweise für Terrassen, Dachterrassen, Balkone, Loggien, Carports, Doppelstockgaragen (*OLG Düsseldorf* MittBayNot 2000, 110; a. A. *BGH* DNotZ 1985, 622; wohl auch *BGH* MittBayNot 2013, 128 Rn. 9; *Hügel/Scheel* Teil 1 Rn. 40; Bamberger/Roth/*Hügel* § 5 WEG Rn. 10; *OLG München* MittBayNot 2012, 215; die Rechtslage ist vor allem für Balkone umstritten, s. Staudinger/*Rapp* § 5 WEG Rn. 7 f.), auch für offene Stellplätze auf dem Dach eines Garagengebäudes (für Sondereigentumsfähigkeit von Stellplätzen auf Garagendach: *OLG Hamm* DNotZ 1999, 216; *OLG Köln* DNotZ 1984, 700; *OLG Frankfurt* OLGZ 1984, 32; Balkon sondereigentumsfähig: *BayObLG* MittBayNot 1999, 288; *OLG München* DNotZ 2007, 691 m. Anm. *Rapp*; *Schmidt* MittBayNot 2001, 442). Hier ist vieles umstritten (vgl. Weitnauer/*Briesemeister* § 5 WEG Rn. 10; Staudinger/*Rapp* § 5 WEG Rn. 8). Der sicherste Weg wird dann begangen, wenn die Raumeigenschaft im Sinne einer allseitigen festen Abgeschlossenheit als Voraussetzung der Sondereigentumsfähigkeit zugrunde gelegt wird. In allen anderen Fällen kann mit Sondernutzungsrechten geholfen werden. Nebenräume einer Wohnung sind sondereigentumsfähig.

Sondereigentumsfähig sind ferner gemäß § 5 I WEG „die zu diesen Räumen gehörenden Bestandteile des Gebäudes". Darunter fallen jedoch nur wesentliche Bestandteile des Grundstückes oder des Gebäudes (*BGH* DNotZ 2012, 20; BGHZ 87, 227; 73, 308). Während § 5 I WEG eine positive Umschreibung des Sondereigentums enthält, stellt § 5 II WEG eine negative Umschreibung des Sondereigentums und damit eine positive Umschreibung des Gemeinschaftseigentums dar. Zwingendes Gemeinschaftseigentum sind danach Teile des Gebäudes, die für dessen Bestand oder Sicherheit erforderlich sind sowie Anlagen und Einrichtungen, die dem **gemeinschaftlichen Gebrauch** der Wohnungseigentümer dienen, selbst wenn sie sich im Bereich der im Sondereigentum stehenden Räume befinden. Konstruktive Teile eines Gebäudes, die für dessen Bestand oder Sicherheit erforderlich sind, sind zwingendes Gemeinschaftseigentum (*BGH* MittBayNot 2001, 479 zu Bodenplatten von Balkonen und darauf angebrachter Isolierung). Dasselbe gilt für alle Anlagen und Einrichtungen des gemeinschaftlichen Gebrauchs (Treppenhäuser, Flure, Zugangsräume zum Gemeinschaftseigentum, Heizungsanlagen, die nur die Wohnanlage versorgen, BGHZ 73, 310; *BayObLG* DNotZ 1992, 492; *OLG Schleswig* MittBayNot 2008, 47; *OLG München* ZMR 2006, 713; DNotI-Report 1997, 17). § 5 II letzter Hs. WEG schließt es nicht aus, dass eine Gemeinschaftsanlage wie die Heizung, sich in einem Raum befindet, der Sondereigentum ist. Bei einem Kellerraum, indem sich die Heizungsanlage befindet, kommt es jedoch darauf an, ob der Raum nach seiner Art, Lage und Beschaffenheit, insbesondere auch seiner Größe, objektiv geeignet ist, neben der Unterbringung der Heizungsanlage noch andere, zumindest annähernd gleichwertige Nutzungszwecke zu erfüllen (*BGH* Rpfleger 1979, 256; *OLG Schleswig* ZMR 2006, 886; *OLG Saarbrücken* MittRhNotK 1998, 361; Bamberger/Roth/*Hügel* § 5 WEG Rn. 15). Ist hiernach ein Gebäudebestandteil nicht sondereigentumsfähig, so kann die dementsprechende Erklärung im Einzelfall dahin umgedeutet werden, dass zugunsten des begünstigten Eigentümers ein Sondernutzungsrecht mit entsprechender Instandhaltungspflicht begründet werden sollte (*OLG Hamm* MDR 1992, 258).

Der *BGH* hat in MittBayNot 2012, 212 ausgeführt, dass Heizkörper und dazugehörige Leitungen zum Anschluss an eine Zentralheizung durch die *Teilungserklärung* oder durch *nachträgliche Vereinbarung* dem *Sondereigentum* zugeordnet werden können. Dasselbe gelte dann vorbehaltlich ausdrücklicher anderweitiger Regelung in der Teilungserklärung auch für Heizungs- und Thermostatventile und ähnliche Aggregate. Dieser Aussage kann jedenfalls dann nicht gefolgt werden, wenn der BGH von einer Wahlfreiheit der Eigentümer in dem Sinne ausgehen wollte, dass die aufgeführten Gegenstände entweder dem Gemeinschaftseigentum oder dem Sondereigentum zugeordnet werden. Eine solche Wahlfreiheit besteht nicht; die Zuordnung zu einem der beiden Eigentumsbereiche wird ausschließlich kraft Gesetzes gemäß § 5 I, II WEG vorgenommen. Dies ergibt sich auch daraus, dass ein Wahlrecht nur im Rahmen des § 5 III WEG besteht (s. Rn. 45). Entsprechende Aussagen in der Teilungserklärung/Gemeinschaftsordnung können deshalb, wenn sie aus dem Blickwinkel des § 5 I, II WEG zutreffend sind, nur deklaratorische Bedeutung haben (*Hügel/Elzer* DNotZ 2012, 4, 7f; *Schmidt* MittBayNot 2012, 181; *Jennißen* ZMR 2011, 974).

Sollen **nicht sondereigentumsfähige Stellplätze** an Erwerber außerhalb der Wohnungseigentumsanlage veräußert werden, so ist folgender Umweg geboten:

Die Stellplätze sind als Sondernutzungsrechte auszubilden, die mit einem selbständigen Teileigentum (z. B. Kellerraum, Tiefgaragenstellplatz) verbunden werden. Die außenstehenden Erwerber erwerben einen Miteigentumsanteil nach Bruchteilen gemäß §§ 741 ff. BGB am Teileigentum. Die Benutzung eines einzelnen Stellplatzes erfolgt entweder über eine Benutzungsregelung gemäß § 15 I WEG oder über eine solche gemäß § 1010 BGB (*Reinold* MittBayNot 2001, 540; DNotI-Report 2007, 185). Die (künftige) Regelung gemäß § 1010 BGB kann auch durch Vormerkung gemäß § 883 BGB gesichert werden.

29e Für die rechtliche Gestaltung von **Kellerräumen** ergibt sich Folgendes: Befindet sich dort eine im Gemeinschaftseigentum stehende **Heizungsanlage,** so verlangt § 5 II WEG, dass alle Wohnungseigentümer dieses Gemeinschaftseigentum erreichen können, und zwar ausschließlich über Gemeinschaftseigentum. Die Zuweisung von Sondereigentum an Kellerräumen wird dadurch häufig erschwert. Die Ausweichlösung besteht darin, dass die für den Zugang zur Heizung notwendigen Kellerräume im Gemeinschaftseigentum verbleiben, einzelnen Eigentümern jedoch Sondernutzungsrechte hieran eingeräumt werden mit der Einschränkung, dass die anderen Wohnungseigentümer über den Sondernutzungsbereich zum gemeinschaftlichen Eigentum gelangen können (*BayObLG* DNotZ 1992, 490; 1989, 433; 1986, 494).

Diese Grundsätze gelten jedoch nicht, wenn ein im gemeinschaftlichen Eigentum stehender Raum seiner Beschaffenheit nach nicht dem ständigen Mitgebrauch aller Wohnungseigentümer dient (z. B. nicht ausgebauter Speicherraum). Hier ist ein Mitgebrauch aller Wohnungseigentümer gemäß § 13 II WEG von der tatsächlichen Seite her nicht gegeben; ein Dachspeicherraum muss beispielsweise nur für Instandsetzungs- und Instandhaltungsmaßnahmen am Dach betreten werden können. Hier verpflichtet § 14 Nr. 4 WEG den Wohnungseigentümer, durch dessen Wohnung der im gemeinschaftlichen Eigentum stehende Raum erreicht werden kann, das Betreten und die Benutzung seines Sondereigentums für diesen Fall zu gestatten. Die einzige Zugangsmöglichkeit über Sondereigentum schadet deshalb nicht (*BayObLG* MittBayNot 2001, 480; 1995, 206; BayObLGZ 1991, 165; *OLG Schleswig* MittBayNot 2008, 47; die von der h. M. vertretene Rechtsauffassung ist umstritten, siehe Staudinger/*Rapp* § 5 WEG Rn. 27b).

29f Die behördlich bestätigten Aufteilungspläne (sowie die Abgeschlossenheitsbescheinigung) sind nach § 7 IV WEG der Eintragungsbewilligung bezüglich der Begründung von Wohnungseigentum „als Anlagen beizufügen". Der Begriff der Anlage ist hier nicht im beurkundungsrechtlichen Sinne des § 9 I 3 BeurkG zu verstehen (*Hügel* NotBZ 2003, 149; *BayObLG* MittBayNot 2003, 149), was sich schon daraus ergibt, dass das BeurkG im Verhältnis zum WEG das jüngere Gesetz ist. Die behördlich bestätigten Aufteilungspläne und die Abgeschlossenheitsbescheinigung stellen öffentliche Urkunden (jedoch nur im Falle der Ausstellung durch die Baubehörde, nicht durch den Sachverständigen, § 7

II. Die Begründung von Wohnungseigentum – dingliche Seite

IV 5 WEG) im Sinne des § 13a BeurkG dar. Der Grundbuchvollzug erfordert jedoch, dass in der Eintragungsbewilligung zur Begründung von Wohnungseigentum (also in dem Vertrag gemäß §§ 3, 4 WEG oder der Erklärung gemäß § 8 WEG) herausgestellt wird, dass die Teilung auf der Basis des behördlich bestätigten Aufteilungsplanes erfolgt (DNotI-Report 1999, 18) und dass Plan und Urkunde zusammengehören (*BayObLG* MittBayNot 2003, 127).

> **Formulierungsbeispiel: Aufteilungsplan und Abgeschlossenheitsbescheinigung** 29g
>
> Zur Beurkundung liegt vor der behördlich bestätigte Aufteilungsplan vom ..., ausgestellt vom Landratsamt A, AZ: XYZ, samt Abgeschlossenheitsbescheinigung derselben Behörde vom ... Die nachfolgenden Erklärungen beziehen sich auf diesen behördlich bestätigten Aufteilungsplan samt Abgeschlossenheitsbescheinigung. Diese werden dieser Eintragungsbewilligung gemäß § 7 IV WEG als Anlagen beigefügt.

Bei den oft langwierigen Baugenehmigungsverfahren besteht ein Bedürfnis, Urkunden 30 über die Begründung von Wohnungseigentum und hieran anschließende Veräußerungen von Wohnungseigentum bereits zu einem früheren Zeitpunkt, also noch vor Erteilung der Baugenehmigung, zu errichten bzw. abzuschließen. Zwar sind diese Vorgänge wegen Fehlens der Voraussetzungen des § 7 IV WEG zunächst nicht vollziehbar, gleichwohl kann jedoch eine Bindung der Vertragsteile herbeigeführt werden. Der Urkunde über die Begründung von Wohnungseigentum sind zu diesem Zeitpunkt **vorläufige Aufteilungspläne** beizufügen. Diese sollten den zur Genehmigung eingereichten Bauplänen entsprechen. Die Pläne sind der Aufteilungsurkunde als Anlage gemäß § 9 I 2 und 3 BeurkG beizufügen (vgl. *Morhard* MittBayNot 2003, 129). Die vorläufigen Aufteilungspläne werden dadurch Bestandteil einer notariellen Niederschrift und damit bezugnahmefähig gemäß § 13a BeurkG.

Nach Vorliegen der behördlich bestätigten Aufteilungspläne samt Abgeschlossenheits- 31 bescheinigung ist in einer Nachtragsurkunde zur Teilungserklärung durch den Eigentümer die grundbuchmäßige **Beschreibung der gebildeten Einheiten** anhand von Aufteilungsplänen und Abgeschlossenheitsbescheinigung vorzunehmen (DNotI-Report 1999, 19; Staudinger/*Rapp* § 7 WEG Rn. 15a; a.A. *BayObLG* DNotZ 2003, 275: nicht erforderlich bei Identität der Pläne). Diese Nachtragsurkunde ist jedenfalls dann zwingend erforderlich, wenn die vorläufigen Aufteilungspläne und die amtlich bestätigten Aufteilungspläne Unterschiede ausweisen, was jedoch im Zweifel vom Notar nicht geprüft werden kann (*Hügel* NotBZ 2003, 150; *BayObLG* MittBayNot 2003, 127). Damit wird die Verbindung zwischen der Aufteilungsurkunde und den gemäß § 7 IV WEG beizufügenden Anlagen hergestellt. Es gilt hier nichts anderes als bei einem Teilflächenkauf: Auch hier muss in einer späteren Erklärung die Identität der Vertragsfläche gemäß der Haupturkunde mit der Fläche gemäß dem amtlichen Messungsergebnis verlautbart werden.

4. Abgeschlossenheitsbescheinigung, behördliche/gerichtliche Genehmigung

Nach § 3 II 1 WEG soll Sondereigentum nur eingeräumt werden, wenn die Wohnun- 32 gen oder sonstigen Räume in sich abgeschlossen sind. Dies ist nach § 7 IV Nr. 2 WEG durch Bescheinigung der Baubehörde nachzuweisen. Die Voraussetzungen für die Erteilung dieser Bescheinigung sind in entsprechenden Richtlinien (s. o. Rn. 29) geregelt.

Abgeschlossenheit im Sinne von § 3 II 1 WEG bedeutet die feste und dauerhafte räumliche Abgrenzung und Abschließbarkeit einer jeden Wohnung gegenüber den anderen Wohnungen und dem gemeinschaftlichen Eigentum (*GemS* BGHZ 119, 46; BGHZ 110, 36; *BayObLG* MittBayNot 1994, 225). Dabei handelt es sich um eine Soll-Vorschrift, deren Verletzung gleichwohl das Entstehen von Sondereigentum nicht hindert (BGHZ 177, 338 Rn. 14). Die Abgeschlossenheit ist ein tatsächlicher Zustand; die Baubehörde übernimmt mit der Bescheinigung die Verantwortung dafür, dass sie bei Begründung des Wohnungseigentums oder bei der Unterteilung desselben gegeben ist. Die Bescheinigung ist kein Verwaltungsakt und deshalb auch nicht mit der Verpflichtungsklage, sondern mit der allgemeinen Leistungsklage im Verwaltungsrechtsweg einzuklagen (*BVerwG* NJW 1997, 71; DNotZ 1988, 703). Die Bescheinigung bezieht sich nur auf die Abgeschlossenheit; sie darf deshalb nicht mit der Begründung versagt werden, ein bestehendes Bauwerk sei bauordnungswidrig errichtet worden (*VGH München* NJW-RR 1986, 816) oder aus den Aufteilungsplänen ergebe sich, dass eine nicht genehmigte Nutzung ausgeübt werde (*BVerwG* DNotZ 1988, 703; *VGH München* DNotZ 1990, 246; DNotI-Report 1997, 4; 1996, 12). Um eine wahrheitsgemäße Bescheinigung ausstellen zu können, ist der teilende Eigentümer verpflichtet, der Baubehörde eine dem tatsächlichen Baubestand entsprechende Bauzeichnung vorzulegen (*BayObLG* MittBayNot 1994, 225). Heben benachbarte Wohnungseigentümer durch einen Mauerdurchbruch die tatsächliche Abgeschlossenheit auf, so sah hierin das *BayObLG* (MittBayNot 1995, 281 – überholt durch BGHZ 146, 248) für die übrigen Wohnungseigentümer einen Nachteil, den diese nicht hinzunehmen verpflichtet sind (krit. hierzu *Rapp* MittBayNot 1995, 282). Bei einem Dauerwohnrecht kommt es für die Abgeschlossenheit nur darauf an, dass die Wohnung des Dauerwohnberechtigten in sich abgeschlossen ist. Nach dem Sinn und Zweck des Abgeschlossenheitserfordernisses ist es nicht geboten, dass alle anderen Wohnungen des Gebäudes in sich abgeschlossen sind (BayObLGZ 1997, 166; *Lotter* MittBayNot 1999, 354).

Für **Garagenstellplätze** wird die Abgeschlossenheit fingiert, wenn ihre Flächen durch dauerhafte Markierungen ersichtlich sind (§ 3 II 2 WEG). Zur Sondereigentumsfähigkeit von Stellplätzen s. Rn. 29d.

33 Zeitweise wurde die Erteilung einer Abgeschlossenheitsbescheinigung für Altbauten davon abhängig gemacht, dass die heutigen bauordnungsrechtlichen Vorschriften hinsichtlich Lärm-, Wärme- und Brandschutz bezüglich der Wohnungswände und -decken eingehalten werden. Der *Gemeinsame Senat der Obersten Gerichtshöfe des Bundes* (BGHZ 119, 51) hat jedoch klargestellt, dass es nicht der Zweck des WEG sein kann, die Begründung von Wohnungseigentum zu erschweren. Das WEG ist kein Mieterschutzgesetz. Es ist auch unter verfassungsrechtlichen Gesichtspunkten nicht angängig, den **bundesrechtlichen Begriff der Abgeschlossenheit**, wie er im § 3 II WEG verwendet wird, unter landesrechtlichen Gesichtspunkten auszulegen (BGHZ 119, 54; *BGH* NJW 1991, 1613).

34 Der Zweck der Abgeschlossenheit besteht darin, **eindeutige Eigentumszuordnungen** zu gewährleisten, damit der Streitpunkt wegen unklarer Grenzziehungen, wie er beim **Stockwerkseigentum** (Rechtsgrundlage: Art. 182 EGBGB, Art. 62 BayAGBGB) bestanden hat, vermieden wird (*GemSOBG* BGHZ 119, 51; *BGH* NJW 1990, 1112). Dieser Gesetzeszweck verlangt es nicht, auf die bauordnungsrechtlichen Vorschriften über Schall-, Wärme- und Feuerschutz abzustellen. Die Bescheinigung darf deshalb weder aus bauordnungsrechtlichen noch aus bauplanungsrechtlichen Gesichtspunkten („Schwarzbau", nicht genehmigte Nutzung etc.) versagt werden (*BVerwG* DNotZ 1988, 703; *VGH München* DNotZ 1990, 246; NJW-RR 1986, 816; *OVG Lüneburg* DNotZ 1984, 390; DNotI-Report 1997, 4). Dies wäre eine unzulässige Koppelung verschiedener Verwaltungszwecke.

Wurde eine Abgeschlossenheitsbescheinigung erteilt und dem Grundbuchamt vorgelegt, so ist es im Grundbuchverfahren unzulässig, nachzuprüfen, ob die Baubehörde die Erfüllung bautechnischer Anforderungen überprüft und zutreffend bejaht hat (*BayObLG* DNotZ 1990, 260). Der Zweck des § 7 IV 1 Nr. 2 WEG besteht gerade darin, diese Entscheidung einer hierfür fachlich kompetenten Behörde und nicht dem Grundbuchamt zu übertragen. Eine „Kraftloserklärung" der Abgeschlossenheitsbescheinigung durch die Baubehörde aus bauordnungsrechtlichen Gründen ist für das Grundbuchamt

II. Die Begründung von Wohnungseigentum – dingliche Seite   A III

unbeachtlich (*BayObLG* DNotZ 1991, 474). Das Grundbuchamt ist an die Abgeschlossenheitsbescheinigung nicht gebunden, sondern hat diesbezüglich ein eigenes Prüfungsrecht (BGHZ 119, 42; Staudinger/*Rapp* § 7 WEG Rn. 28 ff.).

Behördliche Genehmigungen sind unter den Voraussetzungen des § 22 BauGB (Fremdenverkehrsgemeinden, s. hierzu Rn. 6) und des § 172 BauGB (Geltungsbereich einer Erhaltungssatzung) zur Begründung von Wohnungseigentum erforderlich. **34a**

5. Die Größe der Miteigentumsanteile

Gesetzliche Vorschriften über die Bestimmung der Größe der Miteigentumsanteile bestehen nicht. Zu beachten ist jedoch, dass gemäß § 16 WEG mangels einer anderweitigen Regelung sich Nutzen und Lasten des gemeinschaftlichen Eigentums nach dem **Verhältnis der Miteigentumsanteile** bestimmen. Diese sind zwingende Berechnungsgrundlage im öffentlichen Abgabenrecht, z. B. § 134 I 3 BauGB, Art. 5 VI 2 BayKAG, vgl. auch § 93 III BewG. Nach § 10 VIII 1 WEG haftet jeder Wohnungseigentümer im Außenverhältnis einem Gläubiger nach dem Verhältnis seines Miteigentumsanteils für Verbindlichkeiten der Gemeinschaft der Wohnungseigentümer, die während seiner Zugehörigkeit zur Gemeinschaft entstanden oder während dieses Zeitraums fällig geworden sind. Dabei handelt es sich um eine nicht abdingbare Haftung gegenüber Dritten (*Hügel/Elzer* § 3 Rn. 192). Die sachgerechte Bemessung der Größe der Miteigentumsanteile gewinnt unter diesem Gesichtspunkt eine zusätzliche Bedeutung. Allerdings schließt die gesetzlich vorgesehene teilschuldnerische Haftung im Endergebnis eine Haftung in unbegrenzter Höhe für den einzelnen Eigentümer nicht aus. Sollten bei einer Umlage einzelne oder gar alle anderen Wohnungseigentümer aufgrund finanzieller Probleme ausfallen, so ist der fehlende Betrag im Wege einer weiteren Sonderumlage von den anderen (zahlungsfähigen) Wohnungseigentümern einzuziehen (*Hügel/Elzer* § 3 Rn. 193; *Abramenko* § 6 Rn. 27). Der zahlungspflichtige Wohnungseigentümer hat dann jedoch Ausgleichsansprüche gegenüber den nichtzahlenden Wohnungseigentümern, die nach dem neu geschaffenen § 10 I Nr. 2 ZVG nach Maßgabe der dort genannten Begrenzungen vorrangig zu befriedigen sind. Es ist also darauf zu achten, dass die Rückgriffsansprüche 5% des Verkehrswertes der Einheiten der nichtzahlenden Wohnungseigentümer nicht übersteigen. **35**

Durch die Schaffung der rechtsfähigen Wohnungseigentümergemeinschaft gibt es nunmehr im Bereich des WEG zwei verschiedene Gemeinschaften nämlich **35a**
– die Bruchteilsgemeinschaft gemäß §§ 741 ff. BGB als sachenrechtliche Eigentümerin des Grundstücks und seiner wesentlichen Bestandteile, ausgenommen des Sondereigentums und
– die rechtsfähige Wohnungseigentümergemeinschaft als Eigentümerin des Verbandsvermögens.

Siehe hierzu *Rühlicke* ZWE 2007, 266; *Hügel/Elzer* § 3 Rn. 9 ff., wo auch die Gegenposition, die annimmt, dass es nur *eine* Gemeinschaft gebe (so *Bub* ZWE 2006, 257), dargestellt wird.

6. Sukzessive Wohnungseigentums-Begründung (Mehrhausanlage) – Nachträgliche Begründung von Sondereigentum

Von einer **Mehrhausanlage** spricht man, wenn auf einem Grundstück mehrere Gebäude in der Rechtsform des Wohnungseigentums errichten werden sollen. Der Eigentümer (Bauträger) geht dabei mit der Planung und Bauerrichtung gebäudeweise vor. Er passt sich der Marktlage an. Die Problematik besteht darin, dass bei bestehendem Wohnungseigentum nachträglich weiteres Sondereigentum, verbunden mit einem Miteigentumsanteil am Grundstück, gebildet werden soll. Sie tritt auch auf, wenn in einem bestehenden Gebäude beispielsweise nachträglich das Dachgeschoß, welches bisher im Gemeinschaftseigentum stand, zu Wohnraum ausgebaut werden soll und weitere Wohnungs- **36** eigentumseinheiten gebildet werden sollen. Schließlich gibt es dieselbe Thematik beim „Eingangsflurproblem", wo anlässlich der Unterteilung eines Sondereigentums solches in gemeinschaftliches Eigentum umgewandelt werden muss.

Die Umwandlung von Gemeinschaftseigentum in Sondereigentum oder umgekehrt kann dabei auf folgenden Wegen verwirklicht werden:

a) Kleine Aufteilung

37   Es wird eine so genannte kleine Aufteilung durchgeführt. Aufgeteilt wird nur entsprechend der Anzahl der Wohnungen, die im aktuellen Bauabschnitt realisiert werden. Die Erwerber müssen sich dabei verpflichten, bei Realisierung weiterer Bauabschnitte an den Eigentümer (Verkäufer) Miteigentumsanteile zu übertragen, die alsdann mit Sondereigentum an den neu zu schaffenden Wohnungen verbunden werden. Diese Vereinbarung ist rein schuldrechtlicher Natur. Um sie im Falle der Veräußerung oder Belastung des Wohnungseigentums Dritten gegenüber durchsetzen zu können, ist die Eintragung von **Auflassungsvormerkungen an jedem Wohnungseigentum** gemäß § 883 BGB, die sowohl den Anspruch auf Übertragung eines Miteigentumsanteils als auch denjenigen auf Begründung von weiterem Sondereigentum sichern, erforderlich. Durch die eingetragenen Vormerkungen wird die Finanzierung (Beleihung) des Kaufpreises bei dem ersten Käufer erschwert, da die Vormerkung, soll sie vollstreckungssicher sein, im Range vor den Käufergrundpfandrechten eingetragen werden muss. Wird von dem Miteigentumsanteil ein Miteigentumsanteil abgespalten und auf den Verkäufer zurückübertragen (zum Zwecke der Verbindung mit Sondereigentum), so ist die **Zustimmung aller Drittberechtigten** am Wohnungseigentum erforderlich. Verweigert ein Wohnungseigentümer die Mitwirkung, so muss er auf Abgabe der entsprechenden Erklärungen verklagt werden. Die Begründung des weiteren Wohnungseigentums kann sich dadurch erheblich verzögern. Die Erteilung von Vollmachten, auch von unwiderruflichen, gibt keine absolute Garantie, da solche aus wichtigem Grund widerrufen werden können. Diese „kleine Aufteilung" ist deshalb nicht ratsam.

b) Aufteilung mit überdimensional großem Miteigentumsanteil

38   Bei diesem Verfahren erfolgt die Aufteilung entsprechend den aktuell zu realisierenden Wohnungen, wobei mit einer Wohnung (die vermutlich am schwierigsten zu verkaufen sein wird) oder einem Tiefgarageabstellplatz ein überdimensional großer Miteigentumsanteil verbunden wird. Dabei ist zu schätzen, wie viel Wohn- bzw. Nutzfläche in allen Bauabschnitten zusammen erstellt werden wird. Dementsprechend ist der überdimensional große Miteigentumsanteil zu berechnen. Bei Verwirklichung der weiteren Bauabschnitte werden von diesem überdimensional großen Miteigentumsanteil wiederum Miteigentumsanteile abgespalten und mit Sondereigentum aus weiteren Bauabschnitten verbunden. Die Problematik der Entstehung von weiterem Sondereigentum liegt darin, dass bei bereits bestehendem Sondereigentum neues Sondereigentum gemäß §§ 3 I, 4 WEG nur durch **Einigung der betroffenen Eigentümer** entstehen kann (*BGH* NJW 1998, 3712; *BayObLG* DNotZ 1995, 235; MittBayNot 1996, 29; 1994, 41; *Hügel* ZMR 2004, 551; *Schmidt*, FS Bärmann und Weitnauer, 1990, S. 558, der auch die analoge Anwendung von § 8 mit Zustimmung der anderen Eigentümer für möglich hält). Danach ist ein Vertrag unter Mitwirkung der bereits vorhandenen Wohnungseigentümer erforderlich. Das *BayObLG* (DNotZ 1995, 235) beschreibt diesen Weg als Aufhebung des Sondereigentums, dessen Umwandlung in Gemeinschaftseigentum sowie Neuverbindung mit Sondereigentum, das durch Umwandlung von Gemeinschaftseigentum geschaffen wird (Errichtung eines weiteren Gebäudes). Damit besteht aber dieselbe Problematik wie bei der kleinen Aufteilung.

39   Die bisherige Lösung der verdinglichten Ermächtigung des Eigentümers des überdimensionalen Miteigentumsanteils, das kraft Gesetzes entstehende Gemeinschaftseigen-

II. Die Begründung von Wohnungseigentum – dingliche Seite A III

tum an der Bausubstanz der weiteren Bauabschnitte – soweit es sondereigentumsfähig ist – in Sondereigentum umzuwandeln, ist nach der neueren Rechtsprechung des *BayObLG* (DNotZ 2002, 149; 2000, 466; 1998, 379; zustimmend *BGH* DNotZ 2003, 538) nicht mehr möglich (zu diesem Konzept siehe 3. Aufl. Rn. 39; *Rapp* MittBayNot 1998, 79).

Ein Erfolg versprechendes neues Konzept zur Problematik der abschnittsweisen Begründung von Wohnungseigentum hat *Hügel* (DNotZ 2003, 517) entwickelt. Er geht davon aus, dass, nicht zuletzt im Interesse der Lasten- und Kostentragung, die Realisierung aller konzipierten Bauabschnitte auf dem Wohnungseigentumsgrundstück im Interesse aller Eigentümer liegt. Hieraus ergibt sich eine diesbezügliche Förderungspflicht der Wohnungseigentümer, die zum Verhältnis derselben untereinander zu rechnen ist und die deshalb als Inhalt des Sondereigentums gemäß § 10 II, III WEG vereinbart werden kann. Im Erwerbsvertrag der Ersterwerber vom Bauträger wird diese Förderungsverpflichtung dadurch erfüllt, dass eine Verpflichtung zur Schaffung von weiterem Sondereigentum – vormerkungsgesichert – eingegangen wird und dem Bauträger eine unwiderrufliche Vollmacht zum Abschluss der hier erforderlichen weiteren Rechtsgeschäfte erteilt wird. Veräußert der Ersterwerber weiter, ist er verpflichtet, dafür zu sorgen, dass auch sein Rechtsnachfolger diese Verpflichtungen erfüllt. Als Sicherheit hierfür könnte eine Veräußerungszustimmung gemäß § 12 WEG statuiert werden. Zustimmungsberechtigt wäre der Bauträger. Erteilt ein nachfolgender Käufer nicht die erforderlichen Vollmachten, verstößt er gegen seine Förderverpflichtung aus dem Gemeinschaftsverhältnis. Die Veräußerungszustimmung könnte in diesem Falle gemäß § 12 WEG verweigert werden (*Hügel* DNotZ 2003, 529). Der Vorschlag von *Hügel* ist lediglich noch dahingehend zu ergänzen, dass die Veräußerungszustimmung dadurch auflösend bedingt angeordnet ist, dass alle ursprünglich vorgesehenen Bauabschnitte grundbuchmäßig gebildet sind. Zu diesem Zeitpunkt hat die Veräußerungszustimmung ihren Zweck erfüllt und kann, wenn sie nicht aus sonstigen Gründen beibehalten werden soll, für die Zukunft entfallen. Die Lösung von *Hügel* kann sowohl bei der kleinen Aufteilung als auch bei einer Aufteilung mit einem überdimensionalen Miteigentumsanteil praktiziert werden.

Gegen den Lösungsweg von *Hügel* sind von *Armbrüster* (ZMR 2005, 249) und von Riecke/Schmid/*Schneider* § 12 WEG Rn. 146 (ebenso *M. Müller*, Grundverhältnis, S. 307) gravierende Bedenken vorgetragen worden. Der Schwerpunkt der Bedenken ist darin begründet, dass es sich bei der Verpflichtung zur Erteilung der Vollmachten nicht um eine **wohnungseigentumsrechtlich begründete Pflicht** handle. Die Vollmacht diene der reibungslosen Fortentwicklung der Anlage im Interesse des Bauträgers, nicht jedoch im Interesse der Eigentümergemeinschaft (in dieser Tendenz auch *Häublein* DNotZ 2000, 454).

Schließlich ist auch darauf hinzuweisen, dass nach § 12 IV WEG die Wohnungseigentümer durch Stimmenmehrheit beschließen können, dass eine Veräußerungsbeschränkung gemäß § 12 I WEG aufgehoben wird. Diese Befugnis kann auch nicht durch Vereinbarung eingeschränkt oder ausgeschlossen werden. Diese Gesetzesbestimmung beeinträchtigt die rechtliche Sicherheit des Weges von *Hügel*.

Zustimmungserklärungen (Pfandfreigabeerklärungen) sind von den Berechtigten an dem überdimensionalen Miteigentumsanteil erforderlich (*BayObLG* DNotZ 1996, 301). Darüber hinaus verlangt das *BayObLG* (DNotZ 1996, 301) auch die Zustimmung der Gläubiger an allen bereits bestehenden Einheiten in den grundbuchmäßig bestehenden Bauabschnitten. Zur Begründung wird ausgeführt, der Miteigentumsanteil umfasse das gemeinschaftliche Eigentum; dieses werde durch die Bildung von neuem Sondereigentum in dem weiteren Bauabschnitt geschmälert. Die Belastungen an den umgewandelten Teilen würden erlöschen. Eine Beeinträchtigung der Rechte der dinglich Berechtigten sei damit nicht auszuschließen.

Diese Entscheidung bedeutet eine erhebliche Erschwerung der Sukzessivbegründung von Wohnungseigentum. Sie verdient aber auch sachlich Kritik: So bleibt unberücksichtigt, dass sowohl die Eigentümer als auch die Drittberechtigten an den Einheiten der

39a

aufgeteilten Bauabschnitte ihre Rechte von vornherein mit dem entsprechenden Änderungsvorbehalt erworben haben. Die Rechte der Gläubiger sind immer Rechte, die von den Eigentümern abgeleitet werden. Sie können daher auch niemals weiter gehen als die Eigentümerrechte. Die Entscheidung steht auch im Widerspruch zu *BayObLG* DNotZ 1986, 479: Ist danach ein Wohnungseigentümer bereits vom Mitgebrauch eines Teiles des gemeinschaftlichen Eigentums ausgeschlossen und soll an einem solchen Teil einem anderen Wohnungseigentümer ein Sondernutzungsrecht eingeräumt werden, so ist die Zustimmung der dinglich Berechtigten an demjenigen Wohnungseigentum, das bereits ausgeschlossen ist, nicht erforderlich. Hier bietet sich ein Ansatz zur Lösung der Problematik, die durch *BayObLG* DNotZ 1996, 301 entstanden ist. Der Grundstücksbereich der weiteren Bauabschnitte ist zum Sondernutzungsbereich des Inhabers des überdimensionalen Miteigentumsanteils zu erklären. Als Inhalt des Sondernutzungsrechtes ist festzulegen, dass weitere Gebäude errichtet werden können. Bei der Umwandlung in Sondereigentum wären die Wohnungseigentümer früherer Bauabschnitte nicht betroffen (*Schmidt* MittBayNot 1996, 30).

39b Als Konsequenz aus *BayObLG* DNotZ 1998, 379; 1996, 301 sollte als Erstes geprüft werden, ob eine Sukzessivbegründung von Wohnungseigentum unter Bildung eines überdimensionalen Miteigentumsanteils überhaupt zwingend erforderlich ist oder ob nicht eine Realteilung des Grundstücks für die einzelnen Bauabschnitte durchgeführt werden kann. Nach dem Wegfall der Teilungsgenehmigung gemäß § 19 BauGB dürfte einer Realteilung in den seltensten Fällen ein unüberwindliches Hindernis entgegenstehen. Versorgungs- und Abnahmeverpflichtungen sowie Mitbenützungsrechte für gemeinsame Einrichtungen beider Wohnungseigentumsanlagen müssen durch entsprechende Grunddienstbarkeiten, beschränkt persönliche Dienstbarkeiten zugunsten des Trägers der Baugenehmigungsbehörde und/oder Reallasten bzw. soweit landesrechtlich vorgesehen, durch Baulasten abgesichert werden.

39c Sollte eine Realteilung nicht in Betracht kommen, kann dadurch geholfen werden, dass der Bauträger so lange Alleineigentümer aller Einheiten bleibt, bis die Aufteilung der weiteren Bauabschnitte auch grundbuchmäßig vollzogen ist. In den Kaufverträgen aus dem 1. Bauabschnitt ist die Zustimmung der Käufer als Vormerkungsberechtigte gemäß §§ 877, 876 S. 3 BGB aufzunehmen. Bei der einzutragenden Käufervormerkung ist die erteilte Zustimmung zur weiteren Unterteilung des überdimensionalen Miteigentumsanteils zu vermerken. Die Zustimmung wirkt auch gegenüber einem Rechtsnachfolger des ersten Käufers, schließt also einen Weiterverkauf des Objektes durch diesen nicht aus. Dieser Sonderrechtsnachfolger kann sich aufgrund der bei der Erstvormerkung vermerkten Zustimmung nicht auf einen gutgläubigen Erwerb gemäß § 892 I BGB berufen (Palandt/*Bassenge* § 876 Rn. 5; Staudinger/*Gursky* § 876 Rn. 34; *OLG Hamm* DNotZ 1995, 633). Alternativ kann auch die Abtretung des Eigentumsverschaffungsanspruches des Erstkäufers gegenüber dem Verkäufer (Bauträger) durch Vereinbarung gemäß § 399 BGB von der Zustimmung des Bauträgers abhängig gemacht werden, wobei dieser zur Zustimmung für den Fall verpflichtet wird, dass der Zweitkäufer seinerseits die Zustimmung zur weiteren Begründung von Wohnungseigentum durch den Bauträger diesem gegenüber erteilt.

39d Schließlich ist auch an eine Vollmacht zu denken, die die Käufer des ersten Bauabschnittes dem Bauträger erteilen und die zur Umwandlung von Gemeinschaftseigentum in Sondereigentum berechtigt. Eine solche Vollmacht ist auch ohne ausdrückliche Erklärung unwiderruflich. Das entsprechende Rechtsverhältnis ist der Kaufvertrag (*BayObLG* DNotZ 2002, 153; *OLG München* MittBayNot 2011, 129). Die Lösung hat allerdings den Nachteil, dass sie gegenüber einem Rechtsnachfolger nicht wirkt und die Vollmacht im Übrigen aus wichtigem Grund widerrufen werden kann; hier hilft jedoch (mit dem dort beschriebenen Vorbehalt, der sich aus § 12 IV WEG ergibt) die Lösung von *Hügel* (Rn. 39) oder die in Rn. 39c beschriebenen Wege.

II. Die Begründung von Wohnungseigentum – dingliche Seite

c) Sofortige endgültige Aufteilung

Diese ist nur möglich, wenn für sämtliche Bauabschnitte bereits von Anfang an die Planung festliegt und die allgemeinen Voraussetzungen für die Begründung von Wohnungseigentum, insbesondere gemäß § 7 IV WEG, gegeben sind.

d) Nichterstellter Bauteil

Fall (nach *BayObLG* MittBayNot 2002, 43): Bei einer vor 30 Jahren errichteten Wohnanlage war eine Tiefgaragenanlage vorgesehen. Bei der Aufteilung in Wohnungseigentum/Teileigentum entfiel auf diese ein Miteigentumsanteil von $^{120}/_{1000}$. Die Kosten-/Lastenverteilung war für die gesamte Anlage nach Miteigentumsanteilen geregelt. Die Tiefgaragenanlage wurde nie gebaut. Die jetzigen Wohnungseigentümer haben auch kein Interesse daran, die Tiefgaragenanlage nachträglich zu erstellen. Teileigentümer der Tiefgaragenanlage (nicht erstellt) ist nach wie vor der ursprüngliche Bauträger.

Das Wohnungseigentum/Teileigentum bleibt bestehen, auch wenn das Sondereigentum an der Tiefgaragenanlage nicht erstellt wird. Dieses besteht also in der Substanz nur aus einem Miteigentumsanteil. Gleichwohl liegen keine isolierten Miteigentumsanteile vor, da die Tiefgarage nach wie vor gebaut werden könnte und deshalb ein Anwartschaftsrecht auf Entstehung des Sondereigentums besteht. Bei dieser Sachlage sieht das *BayObLG* einen Anspruch nach § 242 BGB darauf, dass das Sondereigentum an der Tiefgarage aufgehoben wird und der Miteigentumsanteil den anderen Eigentümern unentgeltlich übertragen wird. Die andauernde Lasten- und Kostentragungsverpflichtung des Teileigentümers sei diesem nicht zuzumuten, da er lediglich einen Miteigentumsanteil am Grundstück ohne Nutzungsmöglichkeit für Sondereigentum habe. Für die Übertragung erhält der Teileigentümer jedoch keine Entschädigung, da es seine wirtschaftliche Entscheidung war, vom Bau der Tiefgarage abzusehen, und die Wohnungseigentümer keinen Vorteil durch die Übertragung der Miteigentumsanteile erhalten. Die Auffassung des *BayObLG* hat allerdings zur Folge, dass sich die Kostenlast der vorhandenen Einheiten erhöht. Die Entscheidung ist deshalb mit dem Prinzip der Rechtssicherheit nicht zu vereinbaren. Es wird das Unternehmerrisiko auf unbeteiligte Eigentümer abgewälzt (Staudinger/*Rapp* § 3 WEG Rn. 73b a. E.).

7. Zustimmung Drittberechtigter zur Wohnungseigentumsbegründung

a) Entstehung von Gesamtbelastungen

Lastet ein dingliches Recht oder eine Verfügungsbeschränkung am ganzen Grundstück, so setzt sich die Eintragung nach Aufteilung in Wohnungseigentum an allen neu gebildeten Wohnungseigentumsrechten fort. Die Zustimmung der Berechtigten ist entbehrlich. Die Summe aller Wohnungseigentumsrechte ist mit dem ungeteilten Grundstückseigentum identisch. Dies gilt auch nach Einführung des Rangklassenprivilegs für rückständiges Wohngeld gemäß § 10 I Nr. 2 ZVG, welche eine gesetzlich angeordnete Rangverschlechterung für eingetragene Grundpfandrechte zur Folge hat (*BGH* DNotZ 2012, 431; *OLG München* NJW 2011, 3588; *Schmidt-Räntsch* ZWE 2012, 445; a. A. *Kesseler* NJW 2010, 2317). Die gesetzliche Rangverschlechterung wurde vom Gesetzgeber gesehen und als verfassungsrechtlich unbedenklich eingestuft mit dem Hinweis, dass die gemäß § 10 I Nr. 2 ZVG bevorrechtigten Beträge im Wesentlichen auch dem einzelnen Wohnungseigentum als Belastungsgegenstand zugute kommen. Der mögliche Rangverlust eines Grundpfandrechtes gemäß § 10 I Nr. 2 ZVG gehört also seit dem 1.7.2007 zum gesetzlichen Inhalt eines solchen.

Ist die **Zwangsversteigerung** des ungeteilten Grundstücks angeordnet, so verstößt die Aufteilung des Grundstücks in Wohnungseigentum gegen das Veräußerungsverbot aus § 23 I 1 ZVG, §§ 135, 136 BGB. Die Aufteilung ist deshalb nur gegenüber dem betreibenden Gläubiger wirksam, wenn dieser ihr innerhalb des Vollstreckungsverfahrens zugestimmt hat (*BGH* ZWE 2012, 270). Die Schaffung von Wohnungseigentum würde nämlich zu einer Verfahrensverzögerung führen, da für die neugebildeten Wohnungseigentumseinheiten eine neue Wertfestsetzung erfolgen müsste. Im Versteigerungstermin wäre weiter § 63 ZVG zu beachten (*BGH* ZWE 2012, 270).

b) Zustimmungsbedürftigkeit bei Einzelbelastungen

42 Besteht ein Recht nur an einem (oder auch mehreren, aber nicht allen) Miteigentumsanteil, so ist die **Zustimmung der Berechtigten gemäß §§ 875, 877 BGB** erforderlich, da sich der Inhalt des belasteten Rechts verändert. So kann z. B. ein Pfandgläubiger an einem Miteigentumsanteil gemäß § 751 S. 2 BGB die Aufhebung der Gemeinschaft verlangen, was jedoch nach Begründung von Wohnungseigentum gemäß § 11 ausgeschlossen ist. Dieser Berechtigte ist zweifelsohne in seinem Recht betroffen, was formellrechtlich seine **Bewilligung gemäß § 19 GBO** erforderlich macht. Dies gilt auch, wenn ein Vorkaufsrecht lediglich an einem Miteigentumsanteil lastet (DNotI-Report 2002, 59).

c) Dienstbarkeiten am Grundstück

43 Wird ein **dingliches Wohnrecht** (§ 1093 BGB) entsprechend der Eintragungsbewilligung nur in einer bestimmten Wohnung ausgeübt, so ergibt sich aus § 1026 BGB, dass mit Aufteilung des Grundstücks in Wohnungseigentum nur noch die Teile mit einer Dienstbarkeit belastet bleiben, auf denen das Recht ausgeübt werden darf. Die anderen Wohnungen werden kraft Gesetzes dienstbarkeitsfrei (*OLG Hamm* MittBayNot 2000, 440; *OLG Oldenburg* NJW-RR 1989, 273 m. w. N.). Voraussetzung für die Anwendung des § 1026 BGB ist dann lediglich, dass mit grundbuchmäßiger Bestimmtheit nachgewiesen werden kann, welche Einheit belastet bleibt und welche nicht.

8. Aufteilungsplanwidrige Bauausführung

43a Die **rechtlichen Grenzen** zwischen den verschiedenen Sondereigentumseinheiten sowie zwischen Sondereigentum und Gemeinschaftseigentum werden durch den Aufteilungsplan definiert, der Inhalt des Grundbuches ist (BGHZ 130, 159; *BGH* NJW 1994, 651). Der räumliche Umfang des Sondereigentums und des Gemeinschaftseigentums kann dabei gemäß § 4 I, II WEG nur in gleicher Weise geändert werden wie beim allgemeinen Grundstückseigentum, nämlich durch dingliche Einigung (Auflassung) und dementsprechende Grundbucheintragung. Ohne Einhaltung dieser Formvorschriften kann eine rechtswirksame Änderung der Eigentumsverhältnisse nicht bewirkt werden.

43b Wird Wohnungseigentum bezüglich erst noch zu errichtender Gebäude begründet (§§ 3 I, 8 I WEG), sind Abweichungen in der tatsächlichen Bauausführung gegenüber dem behördlich bestätigten Aufteilungsplan (der seinerseits identisch ist mit dem genehmigten Bauplan) nicht selten. Sie beruhen meist auf nachträglich gewonnenen Erkenntnissen des Bauherren (des Bauträgers) über eine optimalere Baugestaltung, aber auch auf Wünschen von Käufern des Wohnungseigentums.

43c Rechtlich unbedeutend sind dabei Veränderungen, die sich **innerhalb der Grenzen eines Sondereigentums** vollziehen (*OLG Frankfurt* ZMR 2012, 31; *OLG Hamm* DNotI-Report 2006, 153). Die Außengrenzen des Sondereigentums sind hierbei nicht berührt. Dies gilt auch dann, wenn innerhalb des Sondereigentums eine tragende Wand versetzt wird. Dies kann zwar ein gemeinschaftswidriges Verhalten darstellen, dem die anderen Wohnungseigentümer im Verfahren gemäß §§ 43 ff. WEG begegnen können, für das Grundbuchamt, das die Eigentumsverhältnisse zu dokumentieren hat, ist eine solche Veränderung jedoch irrelevant (Staudinger/*Rapp* § 3 WEG Rn 75).

Werden zusätzliche, im Aufteilungsplan **nicht vorgesehene Einheiten** errichtet, so stehen diese bzw. die entsprechenden Räume im Gemeinschaftseigentum (*BayObLG* DNotZ 1982, 244; 1973, 611; *OLG München* DNotI-Report 2007, 78; *OLG Celle* ZWE 2009, 128). Die Umwandlung in Sondereigentum erfordert einen Vertrag aller beteiligten Miteigentümer (BayObLGZ 1973, 267). Dabei ist eine neue Abgeschlossenheitsbescheinigung samt geändertem Aufteilungsplan erforderlich, aus denen sich die Sondereigentumsfähigkeit ergibt. Werden dagegen **Einheiten**, die im Aufteilungsplan vorgesehen sind, **nicht erstellt**, so ist dies für die Entstehung von Wohnungseigentum bei den übrigen Eigentumseinheiten unbeachtlich. Insbesondere können die Eigentümer der Miteigentumsanteile, bei denen das dazugehörige Sondereigentum noch nicht erstellt ist, nicht die Aufhebung der Gemeinschaft verlangen. Das Wohnungseigentum (bei den nicht erstellten Einheiten die entsprechende Anwartschaft) bleibt erhalten (*BGH* NJW 1990, 1111; *BayObLG* MittBayNot 2002, 43, zu diesem Sonderfall siehe Rn. 40a; *Dreyer* DNotZ 2007, 603).

Werden dagegen die „**Grenzmauern**" zwischen verschiedenen Sondereigentumseinheiten und/oder zwischen Sondereigentum/Gemeinschaftseigentum **abweichend vom Aufteilungsplan** errichtet, so entsteht Wohnungseigentum gleichwohl nur in den Grenzen des Aufteilungsplanes (BGHZ 177, 338). Bei planabweichender Bauausführung können deshalb an *einem Raum* verschiedene Eigentumsverhältnisse bestehen, die durch die nicht sichtbare Grenze des Aufteilungsplanes („Luftschranke") getrennt werden (BGHZ 177, 338 Rn. 12; *F. Schmitt* ZWE 2008, 424). Die beiden Räume sind damit gegeneinander nicht abgeschlossen; dies ändert aber an der Wirksamkeit des entstandenen Wohnungseigentums nichts (a. A. *Hügel* PiG 93, 157). **43d**

Dies gilt jedenfalls dann, wenn die einzelnen Einheiten unter Anwendung des **sachenrechtlichen Bestimmtheitsgrundsatzes** identifiziert werden können. Die abweichende Bauausführung ändert deshalb die rechtlichen Grenzen nicht (*BayObLG* DNotZ 1999, 212; DNotZ 1982, 242; *OLG Zweibrücken* ZWE 2006, 187; Staudinger/*Rapp* § 3 WEG Rn. 73 ff.). Eine Heilung ist nur durch entsprechenden Vertrag der beteiligten Eigentümer und, wenn Gemeinschaftseigentum betroffen ist, aller Eigentümer möglich. Eine Beschlussfassung der Wohnungseigentümerversammlung, auch wenn diese einstimmig erfolgt sein sollte, hat keinerlei Heilungswirkung, da diese das formpflichtige dingliche Rechtsgeschäft (Einigung und Eintragung) nicht ersetzen kann (BGHZ 127, 103; *BayObLG* DNotZ 1999, 212).

Formulierungsbeispiel: Vom Aufteilungsplan abweichende Bauausführung **43e**

Die Vertragsteile vereinbaren, dass abweichend vom genehmigten Bauplan und vom Aufteilungsplan die Trennmauer zwischen den Wohnungen Nrn. 2 und 3 um 0,6 m nach Osten verschoben wird, wodurch sich die Einheit Nr. 2 – vertragsgegenständliche Einheit – um ca. 3 qm vergrößert.

Der Verkäufer ist verpflichtet, entsprechend geänderten behördlich bestätigten Aufteilungsplan beizubringen und die Aufteilungserklärung dementsprechend abzuändern. Die Änderung ist in einem vorläufigen Plan, der dieser Urkunde beigefügt ist und der den Beteiligten zur Durchsicht vorgelegt und von ihnen genehmigt wurde, rot eingezeichnet. Bei der Änderung der Teilungserklärung ist ferner der Miteigentumsanteil der Einheit Nr. 2 um 17/1000 zu vergrößern und derjenige der Einheit Nr. 3 um 17/1000 zu verkleinern. Vertragsgegenstand ist somit ein auf 153/1000 Miteigentumsanteil vergrößerter Miteigentumsanteil, der künftig verbunden ist mit dem Sondereigentum an der im Aufteilungsplan mit Nr. 2 bezeichneten Einheit, erweitert gemäß Plan, der dieser Urkunde beigefügt ist.

Der Verkäufer verpflichtet sich, die für die Vormerkungseintragung zugunsten des Käufers erforderlichen Bewilligungen abzugeben, sobald der behördlich bestätigte geänderte Aufteilungsplan vorliegt. *(Im Hinblick auf das Erfordernis der MaBV, dass die Käufervormerkung am Vertragsgegenstand eingetragen sein muss, ist die entsprechende Änderung im Grundbuch für die Vormerkungseintragung abzuwarten; im Anwendungsbereich der MaBV – s. Kap. A II Rn. 121 – ist es danach unzulässig, eine Vormerkung bei der Wohnung Nr. 2 und bezüglich eines 17/1000 Anteils, verbunden mit dem Teil-Sondereigentum von ca. 3 qm bei der Wohnung Nr. 3 einzutragen.)*

Kann dagegen bei Anlegung der Grundsätze der sachenrechtlichen Bestimmtheit die Identifizierung der einzelnen Einheiten gemäß der tatsächlichen Bauausführung mit dem bestätigten Aufteilungsplan nicht mehr erfolgen, so ist Sondereigentum nicht entstanden mit der Folge, dass die Einheiten Gemeinschaftseigentum bleiben (*BayObLG* DNotI-Report 1998, 210; DNotZ 1973, 611; *OLG Frankfurt* ZMR 2012, 31; *OLG Hamm* DNotZ 1987, 225).

Ist Wohnungseigentum entstanden, so richtet sich das Rechtsverhältnis der beteiligten Wohnungseigentümer bzw. eines Wohnungseigentümers zur Gemeinschaft der Wohnungseigentümer bei missglückten Grenzänderungen nach den Regeln des Überbaues, §§ 912 ff. BGB (str.; vgl. Staudinger/*Rapp* § 3 WEG Rn. 78; Bamberger/Roth/*Hügel* § 3 WEG Rn. 21; Riecke/Schmid/*Schneider* § 1 Rn. 210; § 7 Rn. 204; Riecke/Schmid/*Elzer* § 3 Rn. 85 ff; *OLG Köln* DNotI-Report 1998, 174).

43f Der sachliche Inhalt der **Aufteilungsurkunde** muss mit dem **Aufteilungsplan übereinstimmen.** Liegt zwischen beiden ein Widerspruch vor, so hat weder die Aufteilungsurkunde noch der Aufteilungsplan Vorrang (*BGH* DNotZ 1996, 289; *OLG München* MittBayNot 2011, 228). Das Grundbuch ist in sich selbst widersprüchlich mit der Folge, dass die Begründung von Wohnungseigentum gescheitert ist (*BGH* DNotZ 1996, 293; BayObLGZ 1987, 393).

43g Wegen den gravierenden Folgen von Abweichungen der Bauausführung im Verhältnis zum Aufteilungsplan soll der Notar bei der Beurkundung von Wohnungseigentumsbegründungen hierauf hinweisen und darauf hinwirken, dass ihm jede vom Aufteilungsplan abweichende Bauausführung zur Beurteilung der Frage vorgelegt wird, welche rechtlichen Schritte veranlasst sind.

III. Das Verhältnis der Wohnungseigentümer untereinander und über die Verwaltung

44 Die Vereinbarungen über das Verhältnis der Wohnungseigentümer untereinander (§§ 10 bis 19) und über die Verwaltung (§§ 20 bis 29) können zum **Inhalt des Sondereigentums** gemacht werden (§§ 5 IV, 8 II). Dies ist jedoch nur fakultativ; sind solche Vereinbarungen nicht getroffen, so entsteht Wohnungseigentum mit gesetzlichem Inhalt. Dann bestimmt sich das Verhältnis der Wohnungseigentümer untereinander zunächst nach den Vorschriften des WEG und, soweit dieses keine besonderen Bestimmungen enthält, nach den Vorschriften des BGB über die Gemeinschaft (§ 10 II 1WEG). Abweichende Vereinbarungen von den Vorschriften des WEG (und auch von den Vorschriften des BGB) sind jedoch zulässig, soweit nicht etwas anderes „ausdrücklich bestimmt ist". Das Gesetz gibt damit einen weiten Rahmen für die Ausarbeitung sachgerechter Vereinbarungen über das Verhältnis der Wohnungseigentümer untereinander. Solche Vereinbarungen werden üblicherweise **Gemeinschaftsordnung** (GO) genannt. Bei der Ausarbeitung einer Gemeinschaftsordnung muss vor einer Schematisierung gewarnt werden.

Von dem wohnungseigentumsrechtlichen Verhältnis der Eigentümer untereinander sind zu unterscheiden die Verpflichtungen, die mehrere Miteigentümer gemeinschaftlich zur Erstellung des Bauwerkes eingehen (Staudinger/*Rapp* § 3 WEG Rn. 38). Hierbei besteht zwischen den Eigentümern regelmäßig eine Gesellschaft des bürgerlichen Rechts, deren Zweck die gemeinschaftliche Bauerstellung ist. Für „Aufbauschulden" besteht jedoch grundsätzlich nur eine anteilige Haftung der Gesellschafter, insbesondere auch bei einem geschlossenen Immobilienfonds. Eine gesamtschuldnerische Haftung ist dem einzelnen Teilhaber weder zumutbar noch kann sie vernünftigerweise vom Rechtsverkehr erwartet werden (*BGH* NJW 2002, 1643).

45 Eine sachgerechte Lösung kann sich lediglich an **Fallgruppen** (siehe hierzu *Jerschke* DNotZ 1989, SoH 39 ff.) orientieren. Um diese zu erkennen, ist ein **Studium der Aufteilungspläne durch den Notar** unerlässlich. Zweck einer Gemeinschaftsordnung ist es, im

III. Das Verhältnis der Wohnungseigentümer untereinander und über die Verwaltung   A III

Voraus mögliche Konflikte im rechtlichen Zusammenleben der Eigentümer innerhalb einer Wohnungseigentümergemeinschaft zu erkennen und diese einer von den Eigentümern akzeptierten Lösung zuzuführen. Die Konfliktfelder sind vielfältig: Sie können sich sowohl auf die **Art und den Umfang der Benutzung einzelner Einheiten** (nur wohnungsmäßige Nutzung, Berufs- bzw. Gewerbeausübung, Ruhezeiten), auf die **Lastentragung** (Zuordnung einzelner Lasten nach dem Verursacherprinzip, Verteilungsschlüssel), auf den **Inhalt von Sondernutzungsrechten** bis zu speziellen Problemen der Eigentümerversammlung und der Abrechnung der Bewirtschaftungskosten beziehen. Auch die Möglichkeit späterer interner oder externer Veränderungen beim Wohnungseigentum (vgl. Rn. 82 ff.) muss in der Gemeinschaftsordnung berücksichtigt werden.

1. Wohnungseigentum im Geschosswohnungsbau, Betreutes Wohnen

Folgende Problemkreise sind anzusprechen und zu regeln: Umfang des Sondereigentums, Tiefgaragenstellplätze als Bestandteil der Eigentumswohnung, als separates Teileigentum oder lediglich als Sondernutzungsrecht, wohnungsmäßige Nutzung mit Verbot der Überbelegung, Ausnahmen von der wohnungsmäßigen Nutzung (nicht störende berufliche oder gewerbliche Tätigkeit, Zustimmungsbedürftigkeit entweder durch Verwalter oder durch Eigentümerversammlung), bauliche Veränderungen (Kabelanschluss, Markise, Balkonverglasung, Pergolaabdeckung, Wintergarten, Gartenhäuschen, Wand- und Deckendurchbruch etc.), Lastentragung (Trennung zwischen Tiefgarage und Wohnungen), Verteilungsschlüssel: Miteigentumsanteile oder (beispielsweise) Verhältnis der Wohn- und Nutzflächen (wenn Letzteres: Bestimmung der Vorschrift, wie Wohn-/Nutzfläche berechnet wird – einschlägige DIN-Norm oder Wohnflächenverordnung v. 25.11.2003, Liftkostenschlüssel, Nichtbeteiligung einzelner Eigentümer an Kosten, die für sie keinen Nutzen haben (BGHZ 92, 18; *OLG Düsseldorf* NJW-RR 1986, 95: Liftkosten, wenn Benutzung nicht möglich ist); alleinige Verpflichtung zur Instandhaltung/Instandsetzung von Teilen des Gemeinschaftseigentums, die ausschließlich von einem Wohnungseigentümer alleine genutzt werden, z. B. Balkone, Wohnungseingangstüren (*OLG München* ZMR 2007, 725; DNotZ 2007, 690); Instandsetzungsrücklage – getrennt für Tiefgarage und Wohnungen; Aufbringungsschlüssel: hier sollte derselbe Schlüssel gewählt werden wie bei der sonstigen Lastentragung; Stimmrecht in der Eigentümerversammlung: auch hierfür sollte derselbe Schlüssel gelten wie bei der Lastentragung. Zugegebenermaßen ist ein Stimmrecht nach dem Verhältnis der Miteigentumsanteile oder dem Verhältnis der Wohn-/Nutzfläche in der Ergebnisermittlung komplizierter. Es sollte jedoch bei der Ausgestaltung des Stimmrechtes unter allen Umständen verhindert werden, dass eine Eigentümergruppe, die bei der Lastentragung eine Minderheit bildet, beim Stimmrecht zu einer Mehrheit gelangen kann. Ein **Objektstimmrecht** – pro Eigentumswohnung eine Stimme (s. u. Rn. 71) – ist deshalb nur dann zu empfehlen, wenn alle Einheiten in etwa dieselbe Größe haben. Es bringt auch bei einer späteren Unterteilung der Einheit Probleme (s. u. Rn. 85). Bestellung, Bestellungszeitpunkt und Bestellungsdauer für den Verwalter; Aufgaben und Befugnisse des Verwalters, vor allem auch Vollzug der Beschlüsse der Eigentümerversammlung und Einzug des Hausgeldes im eigenen Namen oder namens der Gemeinschaft (§ 27 I Nr. 4). 46

Liegt eine **Mehrhausanlage** vor, so kann es zweckmäßig sein, soweit nur die Eigentümer eines bestimmten Gebäudes betroffen sind, das Stimmrecht der Eigentümer in anderen Gebäuden auszuschließen (*OLG München* ZMR 2007, 392; *OLG Köln* DNotI-Report 1998, 129), die Lastentragung getrennt nach Gebäuden zu ermitteln und – soweit möglich – getrennte Instandhaltungsrücklagen zu bilden (zur Gestaltung der Gemeinschaftsordnung bei einer Mehrhausanlage s. *Häublein* ZWE 2010, 149). Die Gemeinschaftsordnung kann auch vorsehen, dass Beschlusskompetenzen, die sich auf gemeinschaftliche Angelegenheiten beziehen, einem Ausschuss der Eigentümerversammlung (z. B. „großer Verwaltungsbeirat") übertragen werden (*OLG Celle* NJW 2007, 2781). 47

A III Wohnungseigentum

> **Formulierungsbeispiel: Mehrhausanlage**
>
> Unbeschadet des Umstandes, dass die Wohngebäude A und B eine einheitliche Wohnungseigentumsanlage bilden, soll die Verwaltung der beiden Gebäude soweit als rechtlich möglich getrennt werden. Angelegenheiten, die nur das gemeinschaftliche Eigentum in einem Gebäude betreffen, werden nur von den Wohnungseigentümern, die im betroffenen Gebäude ihr Sondereigentum haben, entschieden. Lasten des gemeinschaftlichen Eigentums, die sich nur aus einem Gebäude ergeben, werden nur von den Wohnungseigentümern dieses Gebäudes getragen. Ferner sind getrennte Instandhaltungsrücklagen zu bilden. Gemeinschaftlich genutzt sind die Heizungsanlage und die Außenanlagen; insoweit besteht Stimmrecht und Lastentragung aller Wohnungseigentümer. Ferner ist hierfür eine eigene Instandhaltungsrücklage zu bilden.

47a Als eine neue Form des Wohnens hat sich in den letzten Jahren das „**Betreute Wohnen**" herausgebildet (*Rapp* MittBayNot 2012, 432; *Heinemann* MittBayNot 2002, 76; *Forst* RNotZ 2003, 298). Ziel dieser Wohnform ist es, den Umzug älterer Menschen in Alten- und Pflegeheime zu verhindern oder jedenfalls so lange als möglich hinauszuschieben. Kennzeichen des Betreuten Wohnens sind, dass für die Bewohner ständige Hilfe verfügbar ist oder jedenfalls vermittelt werden kann. Dies wird über eine rund um die Uhr besetzte Notrufeinrichtung erreicht. Zu den Standardleistungen gehören tägliche Wohlbefindlichkeitskontrollen, Vermittlung von Handwerkern, Beratung in sozialen Angelegenheiten, Vermittlung von Pflegehilfsmitteln und von Hausbesuchen durch Pflegepersonal, Lieferung von „Essen auf Rädern" oder gastronomische Dienstleistungen. Um diese Leistungen erbringen zu können, sind in den behindertengerecht zu errichtenden Gebäuden umfangreiche Räumlichkeiten für medizinische, sportliche, kulturelle oder freizeitmäßige Gemeinschaftseinrichtungen erforderlich. Ferner müssen Pflegedienste zur Verfügung stehen. Der finanzielle Aufwand für alle Betreuungseinrichtungen und Betreuungsunternehmen ist für den einzelnen Bewohner umso günstiger, je mehr Personen die Leistungen in Anspruch nehmen. Die Initiatoren von Anlagen für das Betreute Wohnen wünschen deshalb, dass eine solche **Bewohnerstruktur rechtlich gesichert** wird, die die angebotenen Leistungen zumindest potentiell benötigt, wobei darüber hinaus im Interesse einer Kostenoptimierung auch eine Abnahmepflicht angestrebt wird.

47b Wohnungseigentumsrechtlich kann dies folgendermaßen erreicht werden: Nach § 15 I WEG kann der **Gebrauch des Sondereigentums und des Gemeinschaftseigentums** durch Vereinbarung (über § 8 WEG auch durch den teilenden Eigentümer allein) geregelt werden. Regelungsinhalt kann bezüglich des Gebrauchs alles sein, was nicht gegen höherrangiges Recht oder die guten Sitten verstößt (Staudinger/*Kreuzer* § 15 WEG Rn. 9). Danach kann die Benutzung der Einheiten Personen ab einem bestimmten Alter oder einer bestimmten Betreuungsbedürftigkeit vorbehalten bleiben (*BGH* NJW 2007, 213; *Klein* ZWE 2007, 470; *Kahlen* ZMR 2007, 671; *Drasdo* NJW-Spezial 2007, 193; *Hügel/Scheel* Teil 6 Rn. 25 ff; *Forst* RNotZ 2003, 295). Für Eigentümer, die nicht zu diesem Personenkreis gehören, kann als Regelung zur Benutzung des Sondereigentums eine Vermietungspflicht begründet werden, auch an einen gewerblichen Zwischenmieter (*BayObLG* DNotI-Report 1998, 140 – Nutzung als Ferienhäuser mit Vermietungsverpflichtung; *BayObLG* Rpfleger 1982, 15, 63 – Hotelappartement; *BayObLG* WuM 1994, 156 – Studentenheim; Staudinger/*Kreuzer* § 10 WEG Rn. 129; § 15 WEG Rn. 72; MünchKomm/*Commichau* § 10 WEG Rn. 31. Zur Regelung mittels einer beschränkt persönlichen Dienstbarkeit s. *BGH* DNotZ 2003, 533). In Betracht kommt auch ein Vormietrecht für Personen, die zur Nutzung der Anlage berechtigt sind.

Im Hinblick auf mögliche Veränderungen der gesellschaftlichen oder der wirtschaftlichen Rahmenbedingungen für das Betreute Wohnen empfiehlt es sich, eine Öffnungsklausel für andere Nutzungen vorzusehen, falls die zunächst vorgesehene Nutzung sich sinnvoller Weise nicht mehr realisieren lässt (*Rapp* MittBayNot 2012, 434; *Heinemann* MittBayNot 2002, 71; *Forst* RNotZ 2003, 295).

> **Formulierungsbeispiel: Betreutes Wohnen – Nutzerkreis**
>
> Die Wohnanlage dient dem seniorengerechten Wohnen mit der Zielsetzung, im Falle der Pflegebedürftigkeit eines Bewohners auf dessen Wunsch hin den Umzug in ein Pflegeheim nach Möglichkeit auszuschließen. Jedes Sondereigentum darf deshalb nur von Personen genutzt werden, die das 60. Lebensjahr vollendet haben oder die infolge Erwerbsunfähigkeit Versorgungsbezüge erhalten – bei mehreren nutzenden Personen muss dies bei mindestens einer Person zutreffen – oder die pflegebedürftig im Sinne des Pflegeversicherungsgesetzes sind. Nutzt ein Wohnungseigentümer seine Einheit nicht persönlich, ist er verpflichtet, diese einer Person zur Nutzung zu überlassen, die einer der vorstehend beschriebenen Personengruppen angehört.
> Ist eine nutzungsberechtigte Person verstorben, so ist eine andere Person, die mit dem Verstorbenen einen gemeinsamen Haushalt geführt hat, berechtigt, die Nutzung fortzusetzen, auch wenn in ihrer Person die Voraussetzungen hierfür nicht vorliegen.
> Steht eine Einheit seit mindestens drei Monaten leer, weil eine Nutzung durch eine nutzungsberechtigte Person zu hausüblichen Bedingungen trotz nachgewiesener Bemühungen des Eigentümers nicht vereinbart wurde, so ist der Eigentümer berechtigt, die Einheit für allgemeine Wohnzwecke zu nutzen. Der Eigentümer hat die Voraussetzungen für diese Ausnahme dem Verwalter glaubhaft zu machen. Die Verpflichtung zur Kostentragung, auch soweit sie auf dem Betreuten Wohnen beruht, bleibt hiervon unberührt.
> Die Wohnungseigentümer können mit einer Mehrheit von drei Viertel aller vorhandenen Stimmen beschließen, dass die Zweckbestimmung der Wohnanlage für das Betreute Wohnen aufgehoben wird und diese zukünftig dem allgemeinen Wohnen dient. Der Beschluss wird erst wirksam nach Ablauf von zwei Jahren, nachdem er unanfechtbar wurde. Voraussetzung für eine dementsprechende Beschlussfassung ist, dass in der Wohnanlage aufgrund der vorstehenden Öffnungsklausel bereits mindestens die Hälfte aller Wohnungen für das allgemeine Wohnen freigegeben wurde.

In Einrichtungen des Betreuten Wohnens sind häufig Räumlichkeiten vorgesehen, deren Benutzung durch die Eigentümer geregelt werden soll. Dabei handelt es sich meistens um Räumlichkeiten, die für verschiedene Dienstleistungen geeignet sind. Eine Festlegung der Nutzung durch Vereinbarung ist in diesen Fällen unzweckmäßig, da sie nicht flexibel genug ist, um entweder Bedürfnissen der Bewohner oder Möglichkeiten der Anbieter gerecht zu werden. Hier bietet § 15 II WEG die Möglichkeit der Beschlussfassung durch die Eigentümer zur Benutzungsregelung. Die Beschlussfassung erfolgt durch die Eigentümer in einer Versammlung, der Vertragsschluss selbst mit dem Anbieter von Dienstleistungen wird durch die rechtsfähige Wohnungseigentümergemeinschaft vorgenommen (Palandt/*Bassenge* § 15 WEG Rn. 11).

47c

> **Formulierungsbeispiel: Betreutes Wohnen – Nutzung Gemeinschaftseigentum**
>
> Die im Aufteilungsplan dargestellten, im Erdgeschoss gelegenen Räume mit den Bezeichnungen „diverse Dienstleistungen" stehen im gemeinschaftlichen Eigentum. Die Wohnungseigentümer beschließen, welche Dienstleistungsangebote zur Nutzung in diesen Räumen zugelassen werden. Es sollen nur solche Angebote zugelassen werden, für die voraussichtlich ein Bedarf durch die Bewohner der Anlage besteht, z.B. für eine Arztsprechstunde, Physiotherapeut, Friseur, Bankberatung oder Unterhaltungsangebote. Nach Beschlussfassung durch die Eigentümerversammlung schließt der Verwalter namens der Eigentümergemeinschaft die entsprechenden Verträge mit den Anbietern ab.

47d Die **Kostentragungspflicht** für das erweiterte Gemeinschaftseigentum ergibt sich aus § 16 WEG. Danach können beispielsweise die Kosten der Notrufeinrichtung in gleicher Weise umgelegt werden wie die Kosten sonstiger Gemeinschaftseinrichtungen ohne Rücksicht darauf, ob die Einrichtung durch den einzelnen Eigentümer tatsächlich benutzt wird. Jeder Wohnungseigentümer ist nämlich verpflichtet, die Lasten und Kosten des gemeinschaftlichen Eigentums nach dem Verhältnis der Miteigentumsanteile (oder nach dem sonst vereinbarten Kostentragungsschlüssel) zu tragen, wobei die Nichtbenutzung einer Gemeinschaftseinrichtung durch einen Wohnungseigentümer nicht zu einer Kostenbefreiung führt (BGHZ 92, 18; Staudinger/*Bub* § 16 WEG Rn. 194 ff.; Palandt/*Bassenge* § 16 WEG Rn. 2). Vertragspartner für den Notrufservice ist die rechtsfähige Gemeinschaft der Wohnungseigentümer. Die Einrichtung dient der **vereinbarten Nutzung** der einzelnen Einheiten; ihre Vorhaltung im Gemeinschaftseigentum ist deshalb eine Verwaltungsmaßnahme. Werden Betreuungs- und Pflegeleistungen im gemeinschaftlichen Eigentum angeboten (z. B. Essen in einem Restaurant), kommt eine Zahlungspflicht nur bei tatsächlicher Inanspruchnahme aufgrund Einzelvertrages in Betracht. Durch § 15 I WEG kann nämlich nur der **Gebrauch des gemeinschaftlichen Eigentums** geregelt werden, nicht jedoch eine Verbrauchs- und/oder Abnahmeverpflichtung statuiert werden. Insoweit wäre lediglich eine schuldrechtliche Abnahmeverpflichtung denkbar. Unter Gebrauch i. S. v. § 15 WEG ist dabei die Nutzung des gemeinschaftlichen Eigentums gemäß § 13 WEG zu verstehen; es geht also um Regelungen, wer, zu welchem Zeitpunkt, zu welchem Zwecke und in welchem Ausmaße gemeinschaftliches Eigentum nutzen darf (Riecke/Schmid/*Abramenko* § 15 WEG Rn. 1, 6; Bärmann/*Klein* § 15 WEG Rn. 2, 4). Es kann auch festgelegt werden, dass nur bestimmte Personen/Unternehmen zur Erbringung von Betreuungs- und Pflegeleistungen zugelassen werden. Rechtstechnisch kann dies dadurch erfolgen, dass die Erbringung solcher Dienste gemäß § 15 I WEG generell untersagt wird, es sei denn, dass die Wohnungseigentümergemeinschaft durch Beschlussfassung bestimmte Personen/Unternehmen zulässt. In Analogie zur Regelung bei Unterlassungsdienstbarkeiten muss auch hier das Verbot der übermäßig langen Bindung (mehr als 10 Jahre) berücksichtigt werden (Palandt/*Bassenge* § 1018 Rn. 25; Staudinger/*Mayer* § 1018 Rn. 119 f.).

> **Formulierungsbeispiel: Betreutes Wohnen – Pflegeleistungen**
>
> Soweit unter Benutzung des Gemeinschaftseigentums Pflegeleistungen im Sinne des Pflegeversicherungsgesetzes erbracht werden sollen, ist dies nur nach einer entsprechenden Beschlussfassung der Wohnungseigentümer zulässig. Diese können nur einen gemäß dem Pflegeversicherungsgesetz anerkannten Pflegedienst und zeitlich höchstens begrenzt auf zehn Jahre zulassen. Die Kosten der Inanspruchnahme von Pflegeleistungen unterfallen nicht den Kosten gemäß § 16 II WEG. Die Eigentümergemeinschaft stellt insoweit lediglich räumliche/technische Voraussetzungen zur Verfügung.

47e In der Praxis ist häufig folgende Konstruktion anzutreffen: Der Bauträger schließt mit einem Betreuungsunternehmen oder einem Wohnfahrtsverband einen **Betreuungsvertrag** ab. In ihm werden die Leistungen vereinbart, die zur Erreichung der Zwecke des Betreuten Wohnens – Erhaltung der Selbständigkeit in einer eigenen Wohnung (Rn. 47a) – erforderlich sind. Der Betreuungsvertrag enthält dabei Leistungen der Grundversorgung, vor allem den Betrieb einer Notrufeinrichtung rund um die Uhr sowie (meistens) eine tägliche Wohlbefindlichkeitskontrolle, die für alle Eigentümer verbindlich sind. Darüber hinaus enthält er ein Angebot zum Bezug weiterer Leistungen, z. B. Pflegeleistungen nach dem Pflegeversicherungsgesetz oder „Essen auf Rädern". Dieses Angebot ist für die Bewohner fakultativ; es kann, muss aber nicht angenommen werden.

Der Abschluss des Betreuungsvertrages erfolgt dabei durch den Bauträger vor Verkaufsbeginn der Wohnungseigentumseinheiten, da den Kaufinteressenten das Leistungsprogramm bezüglich der Betreuung vorgestellt werden soll, da dieses für den Kaufentscheid mitbestimmend ist. Beim Bestehen einer Wohnungseigentümergemeinschaft stellt der Abschluss eines Betreuungsvertrages eine Verwaltungsmaßnahme gemäß den §§ 21 ff. WEG dar, da sie der Zweckerreichung der Wohnanlage dient. § 10 VI 3 WEG bestimmt in diesem Zusammenhang, dass die Wohnungseigentümergemeinschaft die gemeinschaftsbezogenen Rechte der Wohnungseigentümer ausübt und die gemeinschaftsbezogenen Pflichten derselben wahrnimmt, ebenso sonstige Rechte und Pflichten der Wohnungseigentümer, soweit diese gemeinschaftlich geltend gemacht werden können oder zu erfüllen sind. Bei den gemeinschaftsbezogenen Rechten und Pflichten der Wohnungseigentümer besteht dabei eine zwingende, die einzelnen Wohnungseigentümer verdrängende gesetzliche Zuständigkeit der Gemeinschaft („geborene Ausübungsbefugnis"; *Wenzel* NJW 2007, 1907). Dabei ist zu beachten, dass mit dieser Ausübungsbefugnis keine Rechtsübertragung einhergeht; Rechtsinhaber bezüglich des gemeinschaftlichen Eigentums sind nach wie vor die Wohnungseigentümer selbst. Nur die Ausübung der Eigentümerrechte geht bei der geborenen Ausübungsbefugnis kraft Gesetzes auf die rechtsfähige Gemeinschaft über. Durch den Betreuungsvertrag in Verbindung mit dem dazugehörigen Nutzungsüberlassungsvertrag wird die Nutzung des gemeinschaftlichen Eigentums entsprechend der Zweckbestimmung der Wohnanlage für das Betreute Wohnen geregelt. Es liegt deshalb eine Gemeinschaftsbezogenheit gemäß § 6 II 3 Alt. 1 WEG vor, aus der sich eine zwingende Zuständigkeit der rechtsfähigen Gemeinschaft ergibt (vgl. Bärmann/*Klein* § 10 WEG Rn. 248).

> **Formulierungsbeispiel: Betreutes Wohnen – noch abzuschließender Betreuungsvertrag**
>
> Die rechtsfähige Gemeinschaft nimmt diejenigen Rechtshandlungen vor, die zur Umsetzung des Zweckes der Wohnanlage als einer solchen, die dem „Betreuten Wohnen" dient, erforderlich oder zweckmäßig sind. Dazu gehören der Abschluss und auch die Beendigung eines Betreuungsvertrages mit einem Betreuungsunternehmen oder einem Wohlfahrtsverband, in dem die Dienstleistungen desselben zugunsten der Bewohner der Wohnanlage und auch evtl. weitere Angeboten desselben geregelt werden.
> Der Abschluss des Betreuungsvertrages erfolgt nach einer Ausschreibung der Leistungen, die in einer vorhergehenden Eigentümerversammlung definiert werden. Über die Vergabe entscheidet die Eigentümerversammlung.

Bei einer Bauträgermaßnahme besteht jedoch naturgemäß vor Verkaufsbeginn – und zu diesem Zeitpunkt soll ja der Betreuungsvertrag bereits vorhanden sein – noch keine Eigentümergemeinschaft. Der Betreuungsvertrag wird deshalb (s. o.) vom Bauträger abgeschlossen. Dabei bedient sich dieser der Rechtsfigur des Vertrages zugunsten Dritter gemäß § 328 I BGB. Die dritte Person kann auch eine erst geplante juristische Person betreffen (BGHZ 129, 305; *OLG München* NJW 2000, 1423). Die dritte Person ist hier die künftig entstehende rechtsfähige Wohnungseigentümergemeinschaft. Im Bauträgervertrag (Kaufvertrag) ist deshalb eine Regelung des Inhalts aufzunehmen, dass die rechtsfähige Wohnungseigentümergemeinschaft Vertragspartner des Betreuungsunternehmens werden soll und den durch den Bauträger abgeschlossenen Betreuungsvertrag übernimmt. Der Bauträger-Käufer muss sich dabei in dem Kaufvertrag gegenüber dem Verkäufer verpflichten, in der ersten Eigentümerversammlung für eine entsprechende Vertragsübernahme zu stimmen. Der Betreuungsvertrag, der im Endergebnis mit der rechtsfähigen Wohnungseigentümergemeinschaft besteht, ist ein Verbrauchervertrag gemäß § 310 III BGB. Dies ist damit zu begründen, dass die Wohnungseigentümergemeinschaft Verbraucher gemäß § 13 BGB ist, da sie ausschließlich für eigene Zwecke tätig wird, die nicht einer gewerblichen oder selbständigen beruflichen Tätigkeit am allgemeinen Markt zugerechnet werden kann. Die Verbrauchereigenschaft der WEG lässt sich daraus herleiten, dass ihre Mitglieder für die Verbindlichkeiten ihres Verbandes gemäß

§ 10 VIII 1 BGB unmittelbar, zunächst jedoch teilschuldnerisch, im schlechtesten Fall jedoch gesamtschuldnerisch, haften. Dies bewirkt die besondere Schutzbedürftigkeit ihrer Mitglieder. Der Betreuungsvertrag unterliegt deshalb der Inhaltskontrolle gemäß §§ 305 f. BGB mit der Wirkung, dass für seine Laufzeit gemäß §§ 310 III Nr. 2, 309 Nr. 9a BGB eine zeitliche Beschränkung von zwei Jahren besteht (*BGH* NJW 2013, 1963 Rn. 29; 2007, 213 Rn. 15). Wird gegen § 309 Nr. 9a BGB verstoßen, so treten bei dem hier maßgeblichen Dienstvertragsrecht gemäß § 306 II BGB die §§ 620 II, 621 BGB an die Stelle der unwirksamen Klausel (*BGH* a. a. O.). Der Vertrag kann also ab einer Laufzeit von zwei Jahren vorzeitig gekündigt werden, auch wenn in ihm selbst eine längere Laufzeit vereinbart worden sein sollte. Die Kündigung erfolgt durch die rechtsfähige Wohnungseigentümergemeinschaft nach einem entsprechenden Beschluss der Eigentümerversammlung, der durch den Verwalter zu vollziehen ist.

> **Formulierungsbeispiel: Betreutes Wohnen – bereits abgeschlossener Betreuungsvertrag**
>
> Der Verkäufer hat bereits mit der Firma „Seniorengerechtes Leben GmbH" einen Betreuungsvertrag für die vertragsgegenständliche Wohnanlage abgeschlossen. Der Vertrag ist als Vertrag zugunsten Dritter gemäß § 328 BGB für die künftige rechtsfähige Wohnungseigentümergemeinschaft zustande gekommen. Der Käufer hat Kenntnis von diesem Vertrag; er wurde ihm in einfacher Ablichtung vor Beurkundung ausgehändigt. Er wird diesem Kaufvertrag als (lediglich) informatorische Anlage beigefügt. Der Käufer verpflichtet sich, in einer Eigentümerversammlung einer diesbezüglichen Vertragsübernahme durch die Wohnungseigentümergemeinschaft zuzustimmen und für eine Freistellung des Verkäufers bezüglich aller künftigen Verpflichtungen, die sich aus dem Vertrag ergeben, einzustehen.

47f Nachdem der Betreuungsvertrag regelmäßig vor dem ersten Bauträger-Kaufvertrag abgeschlossen wird, liegt es nahe, bzw. kann nicht ausgeschlossen werden, dass der Inhalt des Betreuungsvertrages ein maßgebliches Motiv für den Abschluss des Kaufvertrages darstellt. Es stellt sich deshalb die Frage, ob der Betreuungsvertrag zusammen mit dem Kaufvertrag beurkundet werden muss.

Hier ist zunächst festzuhalten, dass der Betreuungsvertrag, betrachtet man seinen Inhalt alleine, keiner Formvorschrift unterliegt. Er begründet auch zwischen den Vertragsparteien des Kaufvertrages keine unmittelbaren Rechte und Verpflichtungen. Die einzigen diesbezüglichen Verpflichtungen sind dahingehend anzunehmen, dass der Verkäufer ohne Zustimmung des Käufers den Betreuungsvertrag seinem Inhalt nach weder verändern darf noch ihn aufheben darf. Der Käufer hat sich zu verpflichten, in einer Eigentümerversammlung für die Vertragsübernahme zu stimmen. Die Rechte und Verpflichtungen aus dem Betreuungsvertrag selbst sind jedoch zwischen dem Käufer und dem Betreuungsunternehmen zu erfüllen. Die Situation ist damit vergleichbar, dass die rechtsfähige Gemeinschaft Verträge mit Dritten abgeschlossen hat, z. B. Versorgungsverträge oder Wartungsverträge, die Leistungen auch zugunsten der einzelnen Wohnungseigentümer enthalten. Eine vergleichbare Situation liegt auch bei der Übernahme eines Mietvertrages vor. Es verbleibt deshalb in Ansehung des Betreuungsvertrages bei dem allgemeinen Grundsatz, dass ein anderweitig bereits bestehender Vertrag nicht der Beurkundungspflicht unterliegt, wenn der Käufer eine Verbindlichkeit aus diesem Vertrag übernimmt (Palandt/*Grüneberg* § 311b Rn. 25).

Beurkundungsrechtlich bedeutet dies, dass es sich nicht um eine verlesungspflichtige Anlage gemäß § 9 I Nr. 2 S. 2 BeurkG handelt. Er gehört deshalb auch nicht zum „Vertrag" im Sinne von § 311b I BGB. Gleichwohl sollte der Notar im Hinblick auf das Transparenzgebot des § 307 I 2 BGB in den notariellen Vertrag eine Erklärung des Käufers aufnehmen, dass dieser den Betreuungsvertrag inhaltlich kennt, weshalb eine informatorische Beifügung empfehlenswert ist (*Forst* RNotZ 2003, 308).

III. Das Verhältnis der Wohnungseigentümer untereinander und über die Verwaltung   A III

Das bisherige Heimgesetz galt nach der Föderalismusreform gemäß Art. 125a I GG **47g** als Bundesrecht in den Bundesländern fort, konnte aber dort durch eigene Gesetze ersetzt werden. Hiervon hat z. B. Bayern mit dem Pflege- und Wohnqualitätsgesetz vom 8.7.2008 (GVBl. S. 346) Gebrauch gemacht. In Art. 2 II dieses Gesetzes ist der Begriff des „Betreuten Wohnens" erstmals in einem Gesetz verwendet. Die Vorschrift besagt, dass das Gesetz nicht anzuwenden ist, wenn ein Mieter oder ein Käufer vertraglich lediglich dazu verpflichtet wird, allgemeine Betreuungsleistungen wie Notrufdienste, die Vermittlung von Dienst- und Pflegeleistungen oder Informationen und Beratungsleistungen (Grundleistungen) von bestimmten Anbietern abzunehmen und die über die Grundleistungen hinausgehenden Betreuungs- und Pflegeleistungen (Zusatzleistungen) von den Bewohnern frei wählbar sind. Zwischenzeitlich hat jedoch der Bundesgesetzgeber wieder von seiner Kompetenz Gebrauch gemacht und das Wohn- und Betreuungsvertragsgesetz vom 29.7.2009 (BGBl. I 2319) erlassen (abgedruckt und kommentiert in Palandt/*Weidenkaff* S. 2925). Nach § 1 I 3 des WBVG ist das Gesetz jedoch nicht anzuwenden, wenn der Vertrag neben der Überlassung von Wohnraum ausschließlich der Erbringung von allgemeinen Unterstützungsleistungen sowie die Vermittlung von Pflege- oder Betreuungsleistungen, Leistungen der hauswirtschaftlichen Versorgung oder Notrufdiensten zum Gegenstand hat. Sachlich hat sich damit an dem Begriff des „Betreuten Wohnens" durch die vorgenannten Gesetze nichts geändert. Entscheidendes Kriterium für Betreutes Wohnen ist nach wie vor die Selbständigkeit des Bewohners, die sich in der Führung eines eigenen Haushaltes ausdrückt. Eine vertragliche Verpflichtung der Bewohner zur Abnahme von allgemeinen Betreuungsleistungen wie Notrufdiensten oder Vermittlung von Dienst- und Pflegeleistungen von bestimmten Anbietern oder hausmeisterlichen Diensten unterfällt nicht der Gesetzgebung über Heime, weder nach Bundesrecht noch nach Landesrecht. Es wird erst anwendbar, wenn die Eigentümer/Mieter vertraglich verpflichtet sind, Verpflegung und weitergehende Betreuungsleistungen von bestimmten Anbietern anzunehmen (DNotI-Report 2002, 7). Die Anwendbarkeit des Heimgesetzes (oder der landesrechtlichen Folgegesetze) setzt eine erhöhte Abhängigkeit des Bewohners vom Leistungsspektrum des Heimbetreibers voraus, wobei faktisch der gesamte Lebensbedarf des Bewohners betroffen sein muss.

Zur Sicherstellung der Zweckbindung einer Wohnungseigentumsanlage für Betreutes **47h** Wohnen ist es sinnvoll, zur Veräußerung die Verwalterzustimmung vorzusehen (*Forst* RNotZ 2003, 296). Dies ist rechtlich gesehen die einzig wirksame Möglichkeit, den Eigentumserwerb von Personen zu behindern, welche die Zweckbindung nicht einhalten wollen. Die vereinbarungswidrige Nutzungsabsicht ist ein wichtiger Grund gemäß § 12 WEG, der es rechtfertigt, die Verwalterzustimmung zu versagen (Staudinger/*Kreuzer* § 12 WEG Rn. 49). Da Vertragspartner des Betreuungsvertrages die rechtsfähige Wohnungseigentümergemeinschaft ist, bedarf es bei der Veräußerung eines Wohnungseigentums keines Vertragseintritts des Erwerbers in denselben. Es gilt hier dasselbe wie beispielsweise für den Verwaltervertrag oder für Versorgungsverträge.

2. Gemischte Nutzung Wohnung/Gewerbe, Beruf

Es liegt auf der Hand, dass bei einer gemischten Nutzung leicht Konflikte zwischen **48** den Eigentümern ausbrechen können. Die Wohnungseigentümer empfinden die Berufs-/Gewerbeausübung als Störung ihres Rechtes auf ungestörtes Wohnen, die Eigentümer der Teileigentumseinheiten empfinden Einschränkungen als Störung ihres Rechtes auf freie berufliche Entfaltung. Bei einem gemischt genutzten Gebäude sind deshalb folgende Problemkreise zu entscheiden:

In welchen Einheiten dürfen berufliche/gewerbliche Tätigkeiten ausgeübt werden? **49** Welche **Arten von Berufen oder gewerblichen Tätigkeiten** dürfen ausgeübt werden? Sind Konkurrenzschutzklauseln zulässig? Wo und in welcher Größe dürfen Werbeanlagen angebracht werden? Gerade zu diesem Fragenkreis gibt es wegen unpräziser Festlegungen in den Gemeinschaftsordnungen Streit. So wird häufig eine Einheit als „Teileigentum" ausgewiesen, nähere Festlegungen fehlen. Diese Fragen betreffen gerade das „Verhältnis der Wohnungseigentümer" i. S. d. § 10 II, III WEG und können deshalb durch Vereinbarung geregelt werden. Im Aufteilungsplan ist die Einheit ausgewiesen mit einer bestimmten Bezeichnung, z. B. „Laden" oder „Gaststätte" (vgl. *OLG München* DNotI-Report 2007, 164). Darf in einem Laden ein Sexshop (*BayObLG* MittBayNot 1995, 42; NJW 1992, 919) betrieben werden und in einer Gaststätte ein Spielsalon? Klärung in der Gemeinschaftsordnung ist notwendig (Beck'sches Formularbuch Wohnungseigentumsrecht, *H. Müller* D. V. § 2 Anm. 4). Als Grundsatz kann jedoch festgehalten werden dass, falls eine Vereinbarung über eine Nutzung vorliegt, eine anderweitige Nutzung regelmäßig dann erlaubt ist, wenn diese das Gemeinschaftsverhältnis nicht mehr als die vereinbarte Nutzung beeinträchtigt (*OLG Düsseldorf* NJW-Spezial 2008, 35). Die Nutzungsangabe im Aufteilungsplan bezeichnet zivilrechtlich nur die Nutzungsart, die zunächst vorgesehen ist, enthält jedoch keine Festlegung über spätere Nutzungsmöglichkeiten oder Nutzungsänderungen (*BGH* ZWE 2010, 178; hierzu *Langhein* notar 2010, 197; 2009, 209). Nutzungsbeschränkungen können deshalb nur durch Vereinbarung gemäß § 15 I WEG getroffen werden. Nur soweit eine widerspruchsfreie Einschränkung vorliegt, entfällt bei einem Teileigentum die umfassende Nutzungsmöglichkeit (*BayObLG* ZWE 2000, 130, *OLG München* ZMR 2008, 71; *OLG Düsseldorf* ZWE 2000, 538). Wird, wie vorstehend vorgeschlagen, in der Gemeinschaftsordnung auf übliche Geschäftszeiten oder auf das Ladenschlussgesetz verwiesen, so liegt eine dynamische Verweisung auf die öffentlich-rechtlichen Ladenöffnungszeiten vor. Treten hier Veränderungen ein, ist auch wohnungseigentumsrechtlich eine Nutzung des Teileigentums entsprechend den geänderten Vorschriften zulässig (*OLG Hamm* NJW 2008, 302).

49a | **Formulierungsbeispiel: Nutzungsbeschreibung von Teileigentum**

In den Teileigentumseinheiten ist jede gewerbliche/berufliche Nutzung, die nach öffentlichem Recht in der Einheit zulässig ist, gestattet. Die im Aufteilungsplan angegebene Nutzung ist nicht maßgeblich; maßgeblich ist nur diese Gemeinschaftsordnung.
In den Teileigentumseinheiten ist jede gewerbliche/berufliche Tätigkeit zulässig, jedoch nur zu den üblichen Geschäftszeiten, wie sie durch das Ladenschlussgesetz und örtliche Gepflogenheiten bestimmt sind.
In Teileigentumseinheiten sind ausgeschlossen:
– Anstößige Gewerbe oder Tätigkeiten, z. B. Sexshop oder Bordellbetrieb,
– Gewerbe, die für die anderen Eigentümer mit unzumutbaren Lärm- oder Geruchsbelästigungen oder Erschütterungen verbunden sind.

50 Besonderes Augenmerk ist bei der gemischten Nutzung auf die **Lastentragung** zu legen: Soweit technisch möglich und wirtschaftlich vertretbar, sollte eine **getrennte Lastentragung** (Beck'sches Formularbuch Wohnungseigentumsrecht/*H. Müller* D. V. Anm. 12 ff.) für die Teileigentumseinheiten einerseits und die Wohnungseigentumseinheiten andererseits statuiert werden. Dabei sind die Lasten nach dem Verursacherprinzip zuzurechnen. Mögliche Beschlussfassungen gemäß § 16 III WEG sollten in der GO antizipiert werden und damit überflüssig werden. In Verfolgung dieser Linie sollte bezüglich des Stimmrechtes bestimmt werden, dass Angelegenheiten, die nur die Teileigentümer betreffen, von diesen allein, Angelegenheiten, die nur die Wohnungseigentümer betreffen, nur von diesen allein entschieden werden. Hat bei Angelegenheiten, die alle Eigentümer betreffen, eine Gruppe – Wohnungen/Teileigentum – in der Eigentümerversammlung eine deutliche Mehrheit, so ist zu erwägen, ob nicht ein **Minderheitenschutz** in der Weise eingeführt werden muss, dass zu einer Beschlussfassung mindestens ein bestimmter Teil der Minderheitengruppe zustimmen muss. Auch bei der Besetzung eventueller Ämter im **Verwaltungsbeirat** ist dieser Gesichtspunkt zu berücksichtigen.

III. Das Verhältnis der Wohnungseigentümer untereinander und über die Verwaltung **A III**

Es ist zu erörtern, ob die einzelnen Eigentümer die Möglichkeit haben sollen, ihre **51** Einheiten von Wohnungseigentum in Teileigentum oder umgekehrt umzuwandeln. Eine solche **Umwandlung** ist eine Änderung der Vereinbarung im Sinne des § 10 WEG und deshalb, wenn in der Gemeinschaftsordnung nicht ein einseitiges Umwandlungsrecht vorgesehen ist, nur einstimmig durch neue Vereinbarung möglich (*BayObLG* DNotZ 1990, 42; *KG* ZWE 2011, 84). Das Einstimmigkeitserfordernis kann jedoch eine sinnvolle Nutzung einer Einheit beeinträchtigen (die bisherige Teileigentumseinheit, die als Arztpraxis genutzt wird, soll künftig als Wohnung genutzt werden). Zur Umwandlung s. Rn. 110 ff.

3. Doppelhaushälften/Reihenhäuser in der Rechtsform des Wohnungseigentums

Werden Doppelhaushälften/Reihenhäuser in der Rechtsform des Wohnungseigentums **52** begründet, so hat dies meist in öffentlich rechtlichen Planungsvorgaben seine Ursache (vgl. hierzu Rn. 4, 5). Die Interessenlage der Eigentümer der Doppelhaushälften/Reihenhäuser ist jedoch (im Regelfalle) eine völlig andere, was die Ausgestaltung der Gemeinschaftsordnung anbelangt, im Vergleich zu „klassischem Wohnungseigentum" bei Stockbauweise. Diese Eigentümer wollen im wirtschaftlichen Ergebnis so gestellt werden, als ob sie reales Grundstückseigentum, vermessen und ohne die Beschränkungen des WEG, erworben hätten. Es ist deshalb eine **individualistische Gemeinschaftsordnung** erforderlich.

Die **Sondernutzungsfläche** wird im Regelfall in einem Sondernutzungsplan zeichne- **52a** risch dargestellt. Häufig besteht jedoch der Wunsch, für die Sondernutzungsbereiche ein **amtliches Messungsergebnis**, ausgewiesen in einer amtlichen Flurkarte, zu haben. Eine weitere Annäherung an das Alleineigentum kann dadurch erreicht werden, dass die Sondernutzungsbereiche amtlich vermessen werden, eine eigene Flurstücks-Nummer erhalten, somit eine katastermäßige Teilung des Grundstücks vorgenommen wird und diese in das Grundbuch übertragen wird. Die mehreren Flurstücke bilden dabei ein Grundstück im Rechtssinne.

Im Einzelnen ergeben sich hieraus folgende Konsequenzen: Der Wohnungseigentümer **53** hat das **ausschließliche Sondernutzungsrecht** an der sein Sondereigentum umgebenden Grundstücksfläche. Dieses Sondernutzungsrecht berechtigt zu jeder gärtnerischen und freizeitmäßigen Nutzung, ferner zur Errichtung weiterer Bauwerke (Garage, Wintergarten, Gartenhaus), ebenso zur Beseitigung von Gebäuden. Bei einer nach dem öffentlichen Baurecht möglichen weiteren Grundstücksbebauung ist Folgendes zu beachten: Die bauliche Ausnutzungsmöglichkeit, insbesondere die Geschossflächenzahl, bestimmt sich nach dem Gesamtgrundstück, nicht nach den Sondernutzungsbereichen. Es ist deshalb in Ausführung des vorstehend formulierten Obersatzes festzulegen, dass ein Wohnungseigentümer **weiteres Baurecht** nur entsprechend seinem Miteigentumsanteil am gesamten Grundstück (oder entsprechend seiner Sondernutzungsfläche) ausnutzen darf. Bezüglich weiterer zu erstellender Bauwerke besteht entweder ein Sondernutzungsrecht oder es erfolgt Umwandlung in Sondereigentum, wofür dann allerdings ein ergänzender Aufteilungsplan erforderlich ist. Die Zustimmung des anderen Wohnungseigentümers kann nicht mit dinglicher Wirkung antizipiert werden (s. hierzu Rn. 39 ff.), jedoch kann eine schuldrechtliche Verpflichtung mit Weitergabeverpflichtung statuiert werden, an neu geschaffenen Räumen Sondereigentum einzuräumen.

Das **Sondernutzungsrecht** besteht ferner an den im zwingenden Gemeinschaftseigentum stehenden Gebäudeteilen.

Unterhaltungs- und Betriebskosten sind gebäudeweise vollkommen zu trennen. Die **54** Unterhaltungspflicht erstreckt sich auch auf die im Sondernutzungsrecht stehenden zwingenden Teile des Gemeinschaftseigentums. Die Instandhaltungs- und Instandsetzungspflicht bezüglich des zwingenden Gemeinschaftseigentums, das sich im Bereich des jeweiligen Sondereigentums befindet, ist abweichend von § 21 I, V 2 WEG dem einzelnen Wohnungseigentümer zu übertragen. Die Verfolgung von Mängelrechten gegenüber dem Bauträger (s. hierzu Rn. 167 ff.) steht demnach nicht der rechtsfähigen Gemeinschaft der Wohnungseigentümer sondern dem Einzeleigentümer zu. Der Gemeinschaft fehlt insoweit das Verwaltungsrecht gemäß § 21 I und damit auch die Beschlusskompetenz. Dennoch gefasste Beschlüsse sind von Anfang an nichtig (*Becker* ZWE 2007, 489; *OLG München* ZWE 2007, 491 nimmt demgegenüber nur Anfechtbarkeit an).

55 Bezüglich der Grenzen, die sich zwischen den Sondernutzungsbereichen ergeben, sind die **allgemeinen Nachbarvorschriften** für entsprechend anwendbar zu erklären (*BGH* NJW 2007, 3636; *Klein* ZWE 2007, 469). Möglicherweise sind jedoch über das allgemeine Nachbarrecht hinausgehende **Bepflanzungsbeschränkungen** zweckmäßig. Jeder Wohnungseigentümer ist auch ermächtigt, nicht nur bezüglich seines Sondereigentums, sondern auch bezüglich seiner Sondernutzungsbereiche alle Rechte und Ansprüche geltend zu machen, die einem Alleineigentümer zustehen, auch im Prozesswege, und zwar in gewillkürter Prozessstandschaft. Er hat auch insoweit den anderen Eigentümer vollumfänglich freizustellen.

Für Verletzungen der **Verkehrssicherungspflicht** sowie für **nachbarrechtliche Störungen** hafteten nach dem alten WEG-Recht die Wohnungseigentümer als Gesamtschuldner (§ 830 I BGB), weswegen gemeinschaftlicher Versicherungsschutz zu empfehlen war. Nach dem neuen Recht – § 10 VI 2 WEG – ist die rechtsfähige Gemeinschaft jedoch auch Inhaberin der „gesetzlich begründeten" Pflichten. Die gesetzliche Begründung der Pflicht ist, was die Verkehrssicherung oder das Nachbarschaftsverhältnis anbelangt, zu bejahen, allerdings trifft diese Pflicht den Grundstückseigentümer als solchen (*Elzer* ZMR 2006, 229) und nicht die rechtsfähige Gemeinschaft. Nach § 10 VI 3 WEG nimmt die rechtsfähige Gemeinschaft jedoch auch die gemeinschaftsbezogenen Pflichten der Wohnungseigentümer wahr, ebenso sonstige Pflichten der Wohnungseigentümer, soweit diese gemeinschaftlich zu erfüllen sind. Bei § 10 VI 3 WEG handelt es sich also nicht um Verpflichtungen der rechtsfähigen Gemeinschaft, sondern um Verpflichtungen der einzelnen Wohnungseigentümer (*Wenzel* ZWE 2006, 466; *Armbrüster* ZWE 2006, 473; Bamberger/Roth/*Hügel* § 10 WEG Rn. 48 f.). Die Verkehrssicherungspflicht ist demnach von der Wohnungseigentümergemeinschaft zu erfüllen (*OLG München* ZMR 2006, 226; Bärmann/*Klein* § 10 Rn. 271, 313; *Schmid* ZWE 2009, 296). Im Verhältnis zwischen der rechtsfähigen Gemeinschaft und dem einzelnen Wohnungseigentümer ist danach die erstere gemäß § 10 VI 3 WEG verpflichtet, die gemeinschaftsbezogenen Pflichten zu erfüllen. Die rechtsfähige Gemeinschaft ist danach ein gesetzlich berufener Erfüllungsgehilfe gemäß § 278 BGB für den einzelnen Wohnungseigentümer. Kommt dieser seinen Verpflichtungen schuldhaft nicht nach, so haftet der einzelne Wohnungseigentümer gemäß § 278 BGB. Diese Haftung ist nicht quotal beschränkt entsprechend § 10 VIII WEG (Jennißen/*Jennißen* § 10 Rn. 66a, der sich jedoch zu Unrecht hierbei auf *OLG München* NZM 2006, 110 = ZMR 2006, 227, beruft), da es sich um eine eigene Verbindlichkeit des Wohnungseigentümers handelt und nicht um eine Verbindlichkeit der Gemeinschaft.

Ein identisches Ergebnis ergibt sich aus der unmittelbaren Anwendung der nachbarrechtlichen Vorschriften gemäß §§ 903 ff. BGB. Es kann gegenüber Dritten keinen Unterschied machen, ob bei einem Grundstück, von dem Störungen ausgehen, die Eigentumsverhältnisse nach dem WEG oder nach den §§ 741 ff. BGB oder nach einem Gesamthandsverhältnis vorliegen. Demgegenüber nimmt *Wenzel* (NJW 2007, 1909) an, dass sich der Anspruch des Nachbarn wegen einer vom Gemeinschaftseigentum ausgehenden Störung nur gegen die Gemeinschaft richtet, weil die Sicherung des Gemeinschaftseigentums gegen von ihm ausgehende Störungen eine Angelegenheit der Verwaltung ist. Richtig daran ist, dass gemäß § 10 VI 3 WEG im Innenverhältnis zum Wohnungseigentümer eine Verpflichtung der Gemeinschaft vorliegt. Im Außenverhältnis knüpft die Verantwortlichkeit jedoch ausschließlich an das Eigentum an (*Elzer* ZMR 2006, 229), weshalb die einzelnen Wohnungseigentümer dem Nachbarn als Gesamtschuldner haften (*BGH* NJW 2007, 518 zur bisherigen Rechtslage).

III. Das Verhältnis der Wohnungseigentümer untereinander und über die Verwaltung A III

Ein **Verwalter** braucht nicht bestellt zu werden. Vereinbarungen über Stimmrechte, Eigentümerversammlung und Verwaltungsbeirat sind entbehrlich.

Nach zwingenden öffentlich-rechtlichen Vorschriften (z. B. § 134 I 3 BauGB, Art. 5 VI BayKAG) werden diverse öffentliche Abgaben nach dem Verhältnis der Miteigentumsanteile veranlagt. Die Erschließungsbeiträge und Kommunalabgaben hängen meist der Höhe nach von der Grundstücksgröße und der darauf errichteten Geschossfläche ab. Bei Wohnungseigentum wird die Grundstücksgröße insgesamt (nicht der Sondernutzungsbereich) sowie die Geschossfläche bei allen Bauwerken insgesamt zugrunde gelegt. Dies kann in der **Lastentragung** bei verschieden großen Sondernutzungsbereichen und verschieden großer – auch nachträglicher – baulicher Ausnutzung zu Unzuträglichkeiten in der Tragung dieser öffentlichen Abgaben führen. Es ist deshalb festzulegen, dass die Eigentümer im Verhältnis zueinander bezüglich dieser Abgaben zu einem **Ausgleich** in der Weise verpflichtet sind, dass für jeden die Abgaben in der Weise zu berechnen sind, dass sein Sondernutzungsbereich wie die Grundstücksfläche behandelt wird und ihm die Geschossfläche, die sich hierauf befindet, zugerechnet wird. Der Ausgleich ist jedoch nur im Innenverhältnis geschuldet; gegenüber dem Abgabegläubiger besteht die gesetzliche Beitragspflicht.

56

Formulierungsbeispiel: Teilungserklärung **56a**

1. Bezüglich der Gebäude steht jedem Wohnungseigentümer das ausschließliche Sondernutzungsrecht an denjenigen Teilen des zwingenden Gemeinschaftseigentums zu, die sich im Bereich seines Sondereigentums befinden, bezüglich der gemeinsamen Trennmauer bis zur Mitte derselben.

2. Bezüglich der unbebauten Teile des gemeinschaftlichen Grundstücks werden mit Ausnahme gemeinschaftlich genutzter Zugänge und Zufahrten Sondernutzungsrechte in der Weise begründet, dass die Nutzung dieser Flächen ausschließlich dem Eigentümer eines Wohnungseigentums zur beliebigen Benutzung im Rahmen des allgemeinen Nachbarrechtes zusteht: ...

3. Soweit das öffentliche Baurecht nicht entgegensteht, können die Sondernutzungsbereiche auch für eine weitere Bebauung genutzt werden. Ein für das Gesamtgrundstück vorhandenes weiteres Baurecht darf dabei von jedem Eigentümer nur entsprechend der Größe seines Sondernutzungsbereiches ausgenutzt werden.

4. Soweit Sondernutzungsrechte bestehen, hat der berechtigte Eigentümer insoweit gegenüber Dritten alle Rechte und Verpflichtungen, wie sie einem Alleineigentümer zustehen. Er ist ermächtigt, diese Rechte und Verpflichtungen im eigenen Namen geltend zu machen, auch im Prozesswege.

5. Auf gemeinsame Kosten ist eine Versicherung gegen Eigentümerhaftpflicht in ausreichender Höhe zu nehmen und zu unterhalten.

6. Jeder Eigentümer darf Teile des Gebäudes, in dem sich sein Sondereigentum befindet, beliebig verändern, soweit dadurch nicht die Sicherheit und der Bestand des Gebäudes gefährdet wird.

7. Jeder Eigentümer ist verpflichtet, die Räume und Anlagen seines Sondereigentums einschließlich aller Teile des Gebäudes, in dem sich die Räume seines Sondereigentums befinden, auch soweit sie gemeinschaftliches Eigentum sind, und die seiner Sondernutzung unterliegenden Teile des Grundstücks einschließlich der Einfriedung auf der Grundstücksgrenze auf seine Kosten in ordnungsgemäßem Zustand zu unterhalten, instandzusetzen und zu erneuern.

8. Soweit nach dem öffentlichen Abgabenrecht öffentliche Abgaben zwingend nach dem Verhältnis der Miteigentumsanteile veranlagt werden, sind die Eigentümer untereinander verpflichtet, sich in der Weise auszugleichen, dass auf jedes Wohnungseigentum der Betrag entfällt, der entfallen würde, wenn der jeweils zugewiesene Sondernutzungsbereich einschließlich der Gebräuchlichkeiten, die sich auf diesem befinden, Alleineigentum des entsprechenden Wohnungseigentümers wäre.

Zur Aufhebung von Wohnungseigentum bei Doppelhaushälften siehe *OLG Frankfurt* DNotZ 2000, 778 und *Röll* DNotZ 2000, 749. Eine Vereinbarung, das Wohnungseigentum bei Vorliegen bestimmter Voraussetzungen aufzuheben und das Grundstück real zu teilen, kann nicht Inhalt einer Vereinbarung gemäß § 10 II WEG sein. Sie wirkt nur schuldrechtlich und geht nicht automatisch auf den Rechtsnachfolger über (*BGH* DNotZ 2003, 536). Sie kann jedoch durch Vormerkung gesichert werden (BayObLGZ 1979, 421; Staudinger/*Rapp* § 4 WEG Rn. 18 m. w. N.).

4. Begründung von Sondernutzungsrechten

57 Unter Sondernutzungsrechten versteht man die Befugnis eines einzelnen Eigentümers (oder auch nur eines Miteigentümers nach Bruchteilen an einer Einheit, *BGH* DNotZ 2012, 769 Rn. 11) oder einer Gruppe von Eigentümern, Teile des Gemeinschaftseigentums (zur Darstellung s. Rn. 29a) unter Ausschluss aller anderen Eigentümer oder einer anderen Gruppe von Eigentümern zu nutzen (*KG* ZMR 2007, 449). Sie kommen in vielfältiger Weise vor. Das Nutzungsrecht muss dabei nicht auf eine bestimmte Art der Nutzung beschränkt werden, auch wenn dies in der Regel geschieht (*BayObLG* DNotZ 1999, 672). Die geläufigsten Sondernutzungsrechte bestehen bezüglich **oberirdischer PKW-Abstellplätze** (da diese nicht sondereigentumsfähig sind), bezüglich **Gartenflächen**, Nutzung des Gemeinschaftseigentums für Werbezwecke, als Ersatzlösung für Sondereigentum (z. B. Doppelhaushälfte, Balkone, Terrassen und Loggien), gemeinschaftliche Kellerräume, deren Nutzung jedoch nur den Eigentümern eines bestimmten Treppenaufganges vorbehalten ist. Anzutreffen sind auch Sondernutzungsrechte an **Dachspeicherräumen** für die Eigentümer der darunter liegenden Wohnung, mit der Befugnis, die Räume zu Wohnzwecken auszubauen.

Die Ausweisung von Sondernutzungsrechten muss dem sachenrechtlichen Bestimmtheitserfordernis genügen. Mit einer verbalen Beschreibung der Sondernutzungsfläche wird dies meistens nicht erreichbar sein. Erforderlich ist deshalb ein Lageplan, der jedoch nicht zwingend Teil des Aufteilungsplans gemäß § 7 IV 1 WEG sein muss (*BGH* NJW 2012, 677 Rn. 13; *BGH* ZMR 2012, 844; *OLG München* ZWE 2013, 319; *OLG Frankfurt* DNotZ 2007, 470).

Da bei einer **Duplexgarage** (Doppelstockgarage) der einzelne Stellplatz nach h. M. (s. Staudinger/*Rapp* § 3 WEG Rn. 20 m. w. N.) nicht sondereigentumsfähig ist, sondern nur die Duplexgarage insgesamt (*BGH* ZWE 2012, 81; *BayObLG* DNotZ 1995, 622; MittBayNot 1994, 538; BayObLGZ 1974, 470; Jennißen/*Zimmer* § 3 Rn. 24a; Riecke/Schmid/*Schneider* § 5 Rn. 43; zur Gegenmeinung s. *Hügel/Scheel* Teil 1 Rn. 40), besteht die Notwendigkeit, beim Erwerb eines solchen Sondereigentums durch zwei verschiedene Käufer deren Benutzungsrecht durch Miteigentümervereinbarung gemäß § 1010 BGB zu regeln.

57a **Formulierungsbeispiel: Duplex-Stellplatz**

Die Firma Schönes Bauen GmbH mit dem Sitz in A verkauft mit allen Rechten, Pflichten, Bestandteilen und Zubehör von dem in Abschnitt I.1. näher bezeichneten Teileigentum einen Miteigentumsanteil zur Hälfte an …

Hinsichtlich des Teileigentums (Duplex-Stellplatz) wird hiermit das Recht ausgeschlossen, die Aufhebung der Gemeinschaft zu verlangen. Die Benutzung wird dahingehend geregelt, dass der Käufer ausschließlich den unten/oben liegenden Stellplatz benutzen darf. Diese Vereinbarungen werden als Belastung eines jeden Miteigentumsanteils zugunsten des jeweiligen Inhabers des anderen Miteigentumsanteils zur Eintragung in das Grundbuch bewilligt und beantragt.

III. Das Verhältnis der Wohnungseigentümer untereinander und über die Verwaltung A III

Abweichend von dem Verständnis, wonach eine **Benutzungsregelung** (Sondernutzungsrecht) sich auf das gemeinschaftliche Eigentum bezieht, wendet die Rechtsprechung (*BayObLG* MittBayNot 1994, 439; *OLG Jena* ZWE 2000, 232; abl. mit der Begründung, das WEG kenne keine Untergemeinschaften *Hügel/Scheel* Teil 1 Rn. 40) § 15 I WEG in der Weise an, dass hiernach eine Rechtsgrundlage für die Gebrauchsregelung an einer Duplexgarage besteht. Sie ersetzt eine Regelung nach § 1010 BGB, die jedoch bei Erwerb von Bruchteilseigentum an einer Einheit anstelle einer Vereinbarung gemäß § 15 I WEG zulässig bleibt. Gegenüber einer Vereinbarung gemäß § 15 I WEG ist eine solche nach § 1010 BGB vorzugswürdig (*Schöner* Rpfleger 1997, 416), weil es dadurch möglich wird, den Miteigentumsanteil am erworbenen Teileigentum auf dem Grundbuchblatt des Wohnungseigentums zu buchen, wodurch nicht nur die wirtschaftliche Zusammengehörigkeit dargestellt wird (§ 3 IV, V GBO), sondern auch die sofortige einheitliche Belastung der wirtschaftlichen Einheit Wohnung/Tiefgaragenstellplatz vollzugsfähig wird.

Zu neuen Techniken bei automatischen Garagensystemen siehe DNotI-Report 1996, 91. Möglich ist es jedoch auch, die Duplexgarage insgesamt im Gemeinschaftseigentum zu belassen und an ihren einzelnen Stellplätzen ein Sondernutzungsrecht herkömmlicher Art einzuräumen (*Schmidt-Räntsch* ZWE 2012, 447; *Frank* MittBayNot 1994, 513).

Bei dem Sondereigentum einer Wohnung ist ein Mitgebrauch gemäß § 15 I WEG durch einen anderen Wohnungseigentümer zwar möglich, verstößt jedoch gegen das Abgeschlossenheitserfordernis des § 3 II WEG. Ein Mitbenutzungsrecht ist hier nur über den Weg einer Grunddienstbarkeit denkbar. Miteigentümer eines Wohnungseigentums können jedoch den Gebrauch des Sondereigentums auch gemäß § 1010 BGB regeln.

Rechtsgrundlage des Sondernutzungsrechtes sind §§ 5 IV, 13 ff. WEG: Danach können **58** die Wohnungseigentümer den **Gebrauch des gemeinschaftlichen Eigentums** durch Vereinbarung regeln. Das Sondernutzungsrecht hat danach eine doppelte Komponente: Zum einen wird einem Wohnungseigentum eine Nutzungsbefugnis zugewiesen, zum anderen wird sie (allen) anderen Wohnungseigentümern entzogen. Die entsprechenden Vereinbarungen werden daher in der Gemeinschaftsordnung getroffen.

Das Sondernutzungsrecht hat dabei, soweit die eingeräumte Nutzungsbefugnis tangiert wird, einen eigentumsähnlichen Schutz. Wird es, beispielsweise durch eine Maßnahme der Baubehörde (auf einer Sondernutzungsfläche eines einzelnen Eigentümers muss ein Kinderspielplatz für die gesamte Wohnanlage errichtet werden) beeinträchtigt oder gar entzogen, so steht dem betroffenen Sondernutzungsberechtigten ein Ausgleichsanspruch aus ungerechtfertigter Bereicherung gegen die anderen Wohnungseigentümer im Verhältnis von deren Miteigentumsanteilen zu (*KG* ZWE 2000, 138; *BayObLG* WE 1998, 509).

Für die PKW-Abstellplätze besteht das praktische Bedürfnis, dass die Verkäufer (Bau- **59** träger) den Käufern die freie Wahl unter den vorhandenen Stellplätzen einräumen wollen. Dem widerspricht es, wenn die einzelnen Sondernutzungsrechte an den Stellplätzen bereits mit der Wohnungseigentumsbegründung bestimmten Wohnungen zugeordnet werden. Der Aufwand bei späteren Änderungen wäre unübersehbar, Grundbuchunklarheiten wären nicht auszuschließen. Gelegentlich besteht auch das Bedürfnis, den Inhalt des Sondernutzungsrechtes (z.B. Stellplatz, Garten) erst bei dem Verkauf festzulegen. In der Praxis haben sich drei verschiedene Wege zur **Zuweisung der Sondernutzungsrechte** herausgebildet:

a) Begründung von Sondernutzungsrechten durch Ausschluss aller und Zulassung Einzelner

In der Gemeinschaftsordnung werden zunächst alle Wohnungseigentümer von der Be- **60** nutzung der Stellplätze ausgeschlossen. Dem derzeitigen Eigentümer (Bauträger; oder dem Verwalter) wird die (gemäß § 857 ZPO nicht pfändbare, *OLG Stuttgart* ZWE 2002, 542) Befugnis eingeräumt, einzelnen Wohnungseigentümern das **Sondernutzungsrecht zuzuweisen** und auch dessen Inhalt (z.B. Stellplatz, Gartenfläche etc.) zu bestimmen (*BGH* DNotZ 2012, 529 Tz. 12; ZWE 2012, 258; *KG* ZMR 2007, 387). Es entsteht alsdann mit entsprechender Eintragung im Grundbuch. Die Zuweisungsbefugnis erlischt, wenn der Bauträger nicht mehr Eigentümer zumindest einer Einheit ist (*BGH* DNotZ 2012, 529 Tz. 11 und 16; *OLG Frankfurt* MittBayNot 1998, 443); die Sondernutzungsbereiche stehen dann (vorbehaltlich einer anderweitigen Vereinbarung) dem gemeinschaftlichen Gebrauch offen. Auch die Zuweisung einer Grunddienstbarkeit zugunsten des Wohnungseigentumsgrundstücks als herrschendes Grundstück an einen Wohnungseigentümer zur Ausübung stellt eine Art Sondernutzungsrecht dar (*BayObLG* DNotZ 1991, 600). Die Grunddienstbarkeit zugunsten des Wohnungseigentumsgrundstücks stellt sich in diesem Falle als gemeinschaftliche Berechtigung dar (Gemeinschaftseigentum), und ist damit einer Gebrauchsregelung zugänglich. Davon zu unterscheiden ist der Fall, dass, was ebenfalls zulässig ist, zugunsten eines einzelnen Wohnungseigentums eine Grunddienstbarkeit an einem Nachbargrundstück bestellt wird. Diese ist dann Bestandteil gemäß § 96 BGB des herrschenden Wohnungseigentums.

61 Die **ausschließende Komponente des Sondernutzungsrechtes** besteht bei dieser Konstruktion von Anfang an. Für die Zuweisung der Sondernutzungsrechte (oder Grenzänderungen zwischen Sondernutzungsbereichen, *BayObLG* DNotZ 1999, 672) ist deshalb weder die Zustimmung der anderen Wohnungseigentümer, noch diejenige von Drittberechtigten (z.B. Grundpfandrechtsgläubigern *BGH* NJW 2012, 577; ZMR 2012, 884; *BayObLG* DNotZ 1986, 476; *OLG Frankfurt* DNotZ 1998, 395; zust. *Schmidt* MittBayNot 1998, 185) an den verschiedenen Einheiten erforderlich. Diese können durch den Vorgang nicht in ihren Rechten gemäß § 19 GBO betroffen sein.

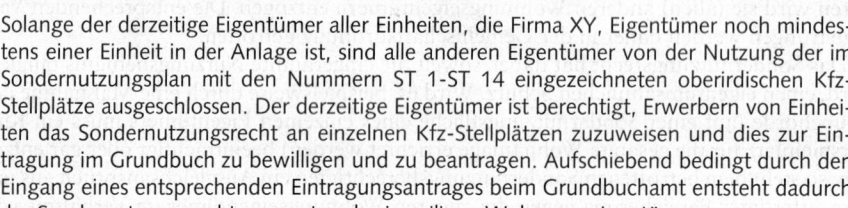

61a **Formulierungsbeispiel: Stellplatzzuweisung durch Ausschluss aller und Zuweisung einzelner**

Solange der derzeitige Eigentümer aller Einheiten, die Firma XY, Eigentümer noch mindestens einer Einheit in der Anlage ist, sind alle anderen Eigentümer von der Nutzung der im Sondernutzungsplan mit den Nummern ST 1-ST 14 eingezeichneten oberirdischen Kfz-Stellplätze ausgeschlossen. Der derzeitige Eigentümer ist berechtigt, Erwerbern von Einheiten das Sondernutzungsrecht an einzelnen Kfz-Stellplätzen zuzuweisen und dies zur Eintragung im Grundbuch zu bewilligen und zu beantragen. Aufschiebend bedingt durch den Eingang eines entsprechenden Eintragungsantrages beim Grundbuchamt entsteht dadurch das Sondernutzungsrecht zugunsten des jeweiligen Wohnungseigentümers.

b) Anbindung der Sondernutzungsrechte bei einer Einheit

62 Die Sondernutzungsrechte werden sofort gebildet und sämtliche mit einer Einheit (am besten mit dem nach Auffassung des Bauträgers am schlechtesten verkäuflichen Tiefgaragenabstellplatz) verbunden (*KG* ZMR 2007, 387). Die Verbindung kann auch nur mit einem Miteigentumsanteil nach Bruchteilen an einer Einheit erfolgen (*BGH* DNotZ 2012, 769 m. zust. Anm. *Kühnlein* MittBayNot 2013, 134; *Häublein* DNotZ 2004, 635). Wird ein Sondernutzungsrecht zusammen mit einer Wohnung verkauft, so wird mit Vollzug der Auflassung das **Sondernutzungsrecht von der bisherigen Einheit abgetrennt** und mit der neuen Einheit verbunden. Auch hier ist der Nutzungsausschließungseffekt von Anfang an gegeben mit der Konsequenz, dass die anderen Wohnungseigentümer und die Drittberechtigten – ausgenommen diejenigen an der Einheit, von der abgetrennt wird, § 5 IV 2, 3 WEG – der Übertragung **nicht** zustimmen müssen. Dieser Lösungsweg hat den Vorteil, dass zur Sicherung des Erwerbers bei der Einheit, von der das Sondernutzungsrecht abgetrennt wird, eine Vormerkung eingetragen werden kann (*Schmidt*, FS Bärmann und Weitnauer, 1990, S. 564).

Formulierungsbeispiel: Stellplatzzuweisung durch Anbindung des Sondernutzungsrechts an eine Einheit	62a

Dem Eigentümer des im Aufteilungsplan mit Nr. 14 bezeichneten Tiefgaragenstellplatzes steht das alleinige Sondernutzungsrecht an den im Sondernutzungsplan mit den Nummern St 1 bis St 4 bezeichneten oberirdischen Kfz-Abstellplätzen zu. Der Eigentümer dieser Teileigentumseinheit ist berechtigt, einzelne Sondernutzungsrechte von der Einheit abzutrennen und sie mit anderen Einheiten aus derselben Wohnanlage zu verbinden. Die Zustimmung anderer Wohnungseigentümer/Teileigentümer ist hierzu nicht erforderlich.

c) Ausschluss unter der Bedingung der Zuweisung eines Sondernutzungsrechtes

Die dritte Möglichkeit der Begründung eines Sondernutzungsrechtes geht zunächst davon aus, dass das gemeinschaftliche Eigentum gemäß § 13 II WEG allen Eigentümern zum Mitgebrauch offen steht. Die künftigen Erwerber können jedoch unter der aufschiebenden Bedingung der Zuweisung eines Sondernutzungsrechtes von der Mitbenutzung bestimmter Teile des gemeinschaftlichen Eigentums ausgeschlossen werden (*OLG Stuttgart* ZWE 2012, 487; *KG* ZMR 2007, 387). Dies bedarf weder der Mitwirkung der übrigen Miteigentümer noch der Zustimmung von Drittberechtigten am Wohnungseigentum (*BayObLG* NJW 2005, 444; BayObLGZ 1985, 378).

Formulierungsbeispiel: Stellplatzzuweisung durch Ausschluss unter der Bedingung der Zuweisung eines Sondernutzungsrechts	62b

Die Wohnungseigentümer sind von der Nutzung der im Aufteilungsplan mit ST 1 bis ST 20 bezeichneten PKW-Abstellplätze unter der aufschiebenden Bedingung ausgeschlossen, dass an diesen Abstellplätzen einzelnen Wohnungseigentümern ein Sondernutzungsrecht zur ausschließlichen Benutzung zugewiesen wird. Die Zuweisung kann nur durch den derzeitigen Eigentümer aller Einheiten, also die Firma XYZ, erfolgen. Sie erfordert eine Erklärung in grundbuchtauglicher Form gegenüber dem Grundbuchamt. Das Zuweisungsrecht erlischt, wenn der derzeitige Eigentümer nicht mehr Eigentümer mindestens einer Einheit der Anlage ist.

Bei dieser Konstruktion ist die ausschließende Wirkung des Sondernutzungsrechtes bereits aufschiebend bedingt erfolgt; die Zuweisung bringt das Recht zum Entstehen und ordnet es einem bestimmten Inhaber zu (*Häublein* S. 282). Zur nachträglichen Begründung eines Sondernutzungsrechtes s. Rn. 131.
Sowohl die Zuweisungsbefugnis als auch das Recht, den Inhalt des Sondernutzungsrechtes zu bestimmen, unterliegen einer Inhaltskontrolle gemäß § 242 BGB (*BGH* DNotZ 2012, 530 Tz. 14 ff.). Dabei kommt es darauf an, dass für die Erwerber die flächenmäßigen Ausübungsbereiche und die möglichen Inhalte der Sondernutzungsrechte klar erkennbar sind. Die entsprechende Ermächtigung endet mit der letzten Veräußerung einer Einheit an einen Erwerber. Bei Beachtung des sachenrechtlichen Bestimmtheitserfordernisses ist für eine weitergehende Inhaltskontrolle gemäß § 315 BGB kein Raum (a. A. wohl *Stresemann*, DAI 10. Jahresarbeitstagung 2012, S. 485).

d) Begründung eines Sondernutzungsrechtes aufgrund Öffnungsklausel

Denkbar ist es, dass eine weit gefasste Öffnungsklausel in einer GO eine Eigentümermehrheit auch dazu ermächtigt, durch Beschluss ein Sondernutzungsrecht zu begründen (Riecke/Schmid/*Elzer* § 10 WEG Rn. 280; Jennißen/*Elzer* § 23 WEG Rn. 7a, 8a; Palandt/*Bassenge* § 13 WEG Rn. 22; Hügel/*Elzer* § 3 WEG Rn. 139). Die Zulässigkeit eines solchen Beschlusses, also auch die Beschlusskompetenz, ergibt sich mittelbar aus § 10 IV 2 WEG. Die Vorschrift besagt ihrem Wortlaut nach, dass „Beschlüsse", die eine Vereinbarung ändern, zur Wirkung gegenüber Rechtsnachfolgern nicht der Eintragung in das

Grundbuch bedürfen. Es existiert dann ein nur schuldrechtlich zu verstehendes Sondernutzungsrecht außerhalb des Grundbuchs. Ein gutgläubiger Erwerb eines solchen Sondernutzungsrechtes ist mangels Grundbucheintragung ausgeschlossen (in diese Richtung tendierend *Hügel/Elzer* § 3 WEG Rn. 139). Die Zustimmung von Grundpfandrechtsgläubigern ist nach dem Wortlaut des § 5 IV 2 WEG nicht erforderlich, da dort der Abschluss einer (Änderungs-) Vereinbarung vorausgesetzt wird. Es ist allerdings zu erwägen, § 5 IV 2 WEG analog auch auf Beschlüsse anzuwenden, wenn damit Sondernutzungsrechte geschaffen werden. Es liegt insoweit eine planwidrige Gesetzeslücke vor (vgl. hierzu *Abramenko* ZMR 2007, 336; a. A. *Briesemeister* ZWE 2007, 422). Insbesondere wegen der fehlenden Möglichkeit des gutgläubigen Erwerbes sollte von einer Öffnungsklausel, die die Begründung von Sondernutzungsrechten zulässt, abgesehen werden (*F. Schmidt* ZWE 2007, 447).

5. Veräußerungsbeschränkung und ihre Aufhebung

63 Als Inhalt des Sondereigentums kann vereinbart werden, dass ein Wohnungseigentümer zur Veräußerung seines Wohnungseigentums der **Zustimmung der anderen Wohnungseigentümer** oder eines Dritten, insbesondere des **Verwalters**, bedarf.

Bei der Beratung des Notars mit den Beteiligten, ob eine solche Veräußerungsbeschränkung eingeführt werden soll oder nicht, ist auf den Gesetzeszweck der Vorschrift abzustellen. Durch die Veräußerungsbeschränkung soll verhindert werden, dass entweder wirtschaftlich nicht leistungsfähige oder in persönlicher Beziehung störende Personen in die Eigentümergemeinschaft gelangen. In der Praxis sind jedoch die diesbezüglichen Erkenntnismöglichkeiten des Verwalters, vor allem wenn dieser nicht ortsansässig ist, eingeschränkt. Dies deshalb, weil kein Erwerber von Wohnungseigentum eine vertragliche oder eine gesetzliche Verpflichtung gegenüber dem Verwalter zur Auskunftserteilung hat. Die Veräußerungsbeschränkung hilft deshalb nur, wenn die Tatbestände „stadtbekannt" sind. Als Inhalt des Sondereigentums kann auch vereinbart werden, dass ein Wohnungseigentümer zur Gebrauchsüberlassung der Wohnung an einen Dritten der Zustimmung des Verwalters oder anderer Wohnungseigentümer bedarf (BGHZ 37, 203; *LG Augsburg* MittBayNot 1999, 381: Verwalterzustimmung zur Nießbrauchsbestellung). Damit soll – insbesondere bei einer Familienwohnanlage – das Hinzutreten fremder Bewohner verhindert werden. Unter wirtschaftlichen Gesichtspunkten führt eine solche Regelung zur faktischen Unverkäuflichkeit und damit Unbeleihbarkeit des Wohnungseigentums. Von ihr muss deshalb abgeraten werden.

Gelegentlich wünschen Verwalter eine Veräußerungsbeschränkung unter dem Gesichtspunkt, dass sie von einem Eigentumswechsel Kenntnis erhalten. Dem kann jedoch durch entsprechende Anzeigepflichten Rechnung getragen werden.

64 Entschließt man sich zur Einführung der Verwalterzustimmung, so sollte gleichzeitig über **Ausnahmen** gesprochen werden. Solche sind erforderlich, um die Beleihbarkeit nicht zu erschweren. Zustimmungsfrei sollte deshalb veräußert werden können vom Insolvenzverwalter oder von einem Grundpfandrechtsgläubiger, der eine Einheit erstanden hat; zu prüfen ist auch, ob Veräußerungen an Ehegatten (auch nach Scheidung *OLG Schleswig* NJW-RR 1993, 1103; *KG* NJW-RR 1997, 78) oder Verwandte oder an einen anderen Wohnungseigentümer zustimmungsfrei möglich sein sollen. Zur Verwalterzustimmung bei Veräußerung des Wohnungseigentums s. Rn. 172 ff.

64a Seit 1.7.2007 können die Wohnungseigentümer durch Stimmenmehrheit beschließen, dass eine Veräußerungsbeschränkung gemäß § 12 I WEG aufgehoben wird (§ 12 IV WEG). Diese Befugnis kann durch Vereinbarung der Wohnungseigentümer nicht eingeschränkt oder ausgeschlossen werden.

Grund der Regelung war, dass mit der Verwalterzustimmung gemäß § 12 I WEG häufig ein Zeitverlust und regelmäßig ein Kostenaufwand (zusätzliche Verwaltervergütung s. Rn. 181; *Armbrüster* ZWE 2006, 182) verbunden ist. Zudem wurde die Sinnhaftigkeit

III. Das Verhältnis der Wohnungseigentümer untereinander und über die Verwaltung A III

der Regelung immer mehr angezweifelt (vgl. Rn. 63), weil sie mangels eines Informationsanspruchs des Verwalters gegenüber dem Erwerber nicht geeignet ist, gemeinschaftswidrige Gefahren abzuwenden. Gegenüber Vorschlägen, das Institut der Verwalterzustimmung ersatzlos aufzuheben, hat der Gesetzgeber einen Mittelweg eingeschlagen und den Wohnungseigentümern eine zwingende Beschlusskompetenz dahingehend eingeräumt, mit einfacher Stimmenmehrheit eine vereinbarte Verwalterzustimmung aufzuheben. Für die Berechnung der Stimmenmehrheit gelten die allgemeinen, für die betreffende Gemeinschaft geltenden Stimmrechtsregelungen (*Hügel/Elzer* § 4 WEG Rn. 12; *Riecke/Schmid/Schneider* § 12 Rn. 68c; *Bärmann/Klein* § 12 Rn. 52; *Jennißen/Grziwotz* § 12 Rn. 43; *Palandt/Bassenge* § 12 WEG Rn. 15), nicht die gesetzliche Stimmrechtsregelung des § 25 II WEG (so aber *Häublein* ZMR 2007, 410). Dies ergibt sich aus § 16 IV 2 WEG und § 22 II WEG: Wenn der Gesetzgeber von einer vereinbarten Stimmrechtsregelung abweichen will, hat er dies, wie in den zitierten Vorschriften geschehen, ausdrücklich verfügt. Eine vergleichbare Regelung fehlt zu § 12 IV WEG.

Nach dem Wortlaut des § 12 IV 1 WEG tritt mit entsprechender Beschlussfassung die Veräußerungsbeschränkung außer Kraft. Die Löschung im Grundbuch ist rein deklaratorischer Natur (*Hügel/Elzer* § 4 WEG Rn. 15, 19; *Wilsch* NotBZ 2007, 306; *Häublein* ZMR 2007, 414; *Palandt/Bassenge* § 12 WEG Rn. 15). Gleichwohl ist die Löschung im Grundbuch erforderlich, da die dort eingetragene Veräußerungsbeschränkung, solange die Eintragung besteht, vom Grundbuchamt von Amts wegen zu beachten ist. Die Löschung erfolgt aufgrund eines Grundbuchberichtigungsantrags, wobei zum Nachweis der Beschlussfassung § 26 III WEG entsprechend anzuwenden ist (§ 12 IV 5 WEG). Grundbuchrechtlich antragsberechtigt gemäß § 13 I 2 GBO ist jeder Wohnungseigentümer, da er durch eine gegenstandslose, im Grundbuch jedoch noch nicht gelöschte Veräußerungsbeschränkung in seiner freien Verfügungsbefugnis beeinträchtigt wird (*Wilsch* NotBZ 2007, 308). Die Antragsbefugnis des einzelnen Wohnungseigentümers ergibt sich auch daraus, dass die Beschlussfassung alle Wohnungseigentümer gleichmäßig betrifft und deshalb vom Grundbuchamt nur eine einheitliche Sachentscheidung – für alle Wohnungseigentümer gleich – getroffen werden kann.

Für die notarielle Praxis bedeutet dies, dass an Stelle der Verwalterzustimmung eine Kaufpreisfälligkeit auch dann eintreten kann, wenn dem Notar der Aufhebungsbeschluss vorgelegt wird. Allerdings ist zu berücksichtigen, dass der Notar nicht in der Lage sein wird, die Wirksamkeit des Beschlusses zu überprüfen. Die Beachtung des Gebotes des sichersten Weges verlangt deshalb in diesem Falle, die Löschung der Veräußerungsbeschränkung im Grundbuch abzuwarten. Nur in diesem Falle wäre ein gutgläubiger Erwerb bei Unwirksamkeit des Aufhebungsbeschlusses möglich (*Wilsch* NotBZ 2007, 307; *Abramenko* § 3 WEG Rn. 6).

6. Nutzen und Lasten, Verteilungsschlüssel

Verbrauchskosten im einzelnen Sondereigentum sollten, soweit technisch möglich und wirtschaftlich vertretbar, mit **Verbrauchsmessgeräten** erfasst und für jede Einheit gesondert abgerechnet werden. Für die **Heizkosten und Warmwasserkosten** ist dies gesetzlich vorgeschrieben (VO über Heizkostenabrechnung – HeizkostenV). Die Eigentümer haben dabei eine eingeschränkte Wahlmöglichkeit hinsichtlich der Verteilung der Heizkosten nach Verbrauchsmessung einerseits, Festverteilung andererseits. Mindestens 50%, höchstens 70% der gesamten Heizkosten (Warmwasserkosten) sind nach dem erfassten Verbrauch zu verteilen. Der Schlüssel kann gemäß § 10 VO durch die Gemeinschaftsordnung erhöht werden bis auf 100 %. Eine Unterschreitung der 50 %-Grenze ist jedoch ausgeschlossen (§ 2 VO). 65

Die Verbrauchskosten und die sonstigen Kosten und Lasten im Bereich des Gemeinschaftseigentums werden mangels anderweitiger Regelung gemäß **§ 16 II WEG nach dem Verhältnis der Miteigentumsanteile** verteilt. Die gesetzliche Lasten- und Kostenverteilung 66 kann jedoch durch Vereinbarung geändert werden. Eine Änderung durch Beschluss kommt (grundsätzlich) nur in Frage, wenn eine Öffnungsklausel besteht.

Differenzierungen sind jedoch auch hier geboten. So wird beispielsweise ein Lift von den Eigentümern der oberen Stockwerke mehr beansprucht als von den Eigentümern der unteren Stockwerke. Eine Kostenbelastung nach dem Maß der Inanspruchnahme ist nicht unbillig. Denkbar ist auch, dass eine Einrichtung des Gemeinschaftseigentums von einem Miteigentümer gar nicht genutzt werden kann. Er sollte deshalb auch nicht mit diesen Kosten belastet werden. Besonders streitanfällig sind die Instandhaltungskosten/Instandsetzungskosten für Balkone (Innenteile: Sondereigentum, Außenteile und tragende Teile: Gemeinschaftseigentum). Da ein Balkon regelmäßig nur von *einer* Einheit genutzt wird, kann abweichend von § 16 II die Instandhaltung und Instandsetzung, auch soweit es sich um zwingendes Gemeinschaftseigentum handelt, dem nutzungsberechtigten Eigentümer alleine auferlegt werden (*OLG München* ZMR 2007, 559). Haben Wohnungseigentümer die Möglichkeit, weitere Räume (typischer Fall Dachspitzboden) durch Ausbau in Wohnräume umzuwandeln, so ist vorzusehen, dass diese einen entsprechenden **Zuschlag zum monatlichen Hausgeld** zu entrichten haben, dessen Höhe der Verwalter nach billigem Ermessen bestimmt, sobald der Ausbau realisiert ist. Dasselbe gilt, wenn einem Wohnungseigentümer eine berufliche oder gewerbliche Nutzung seiner Einheit gestattet wird und dadurch eine größere Benutzung und Abnutzung des Gemeinschaftseigentums eintritt. Fehlt eine vereinbarte Kostenverteilung, erfolgt diese nach dem Verhältnis der Miteigentumsanteile auch dann, wenn die Kosten gegenüber der Wohnungseigentümergemeinschaft von einem außenstehenden Leistungserbringer (z.B. TV-Kabelanschluss) nach einem anderen Schlüssel verteilt werden (*BGH* ZMR 2007, 975).

67 Bei Mehrhausanlagen ist **getrennte Kostenermittlung pro Gebäude** sinnvoll. Lasten, die die Eigentümer in allen Gebäuden treffen, z.B. Kinderspielplatz und sonstige Außenanlagen, werden, wenn die endgültige Planung nicht von Anfang an festliegt, nach dem Verhältnis der Wohn-/Nutzflächen auf die Eigentümer verteilt. Der Verteilungsmaßstab nach Miteigentumsanteilen eignet sich hier weniger, da diese nur ein geschätztes, nicht aber ein genaues Spiegelbild der Wohnungsgrößen abgeben.

67a Die Rechtsfähigkeit der Wohnungseigentümergemeinschaft und die damit einhergehende Haftungsverfassung gemäß § 10 VIII 1 WEG bringen es mit sich, dass bei Verträgen, die der Verwalter namens der Gemeinschaft abschließt, alle Wohnungseigentümer der **Mehrhausanlage** haften, auch wenn sie – wirtschaftlich gesehen – von der Maßnahme nicht betroffen sind (z.B. Fassadenerneuerung bei Haus 1; keine Arbeit bei Haus 2). In diesen Fällen sollte die Auftragsvergabe durch den Verwalter in der Weise erfolgen, dass die Eigentümer der nichtbetroffenen Einheiten von einer Verpflichtung freigestellt sind.

67b | **Formulierungsbeispiel: Kostentragung bei Mehrhausanlage**

Entscheidet eine Untergemeinschaft (wirtschaftliche Einheit bezüglich eines Gebäudes) über die Durchführung einer Instandsetzungs- oder Instandhaltungsmaßnahme bzw. eine sonstige bauliche Veränderung, darf der Verwalter den entsprechenden Vertrag mit dem hierzu beauftragten Unternehmen erst dann abschließen, wenn die betreffende Untereigentümergemeinschaft über die erforderlichen finanziellen Mittel verfügt. (Formulierung nach *Hügel/Elzer* § 3 WEG Rn. 33).
Alternative: Der Verwalter darf Rechtsgeschäfte, die nur die Eigentümer in einer wirtschaftlichen Einheit betreffen, nur namens der Wohnungseigentümer dieser wirtschaftlichen Einheit abschließen. Diese Wohnungseigentümer sind verpflichtet, dem Verwalter hierzu ausdrückliche Vollmacht zu erteilen. Die Verpflichtung trifft auch diejenigen Wohnungseigentümer, die an der entsprechenden Versammlung nicht teilgenommen haben oder dem Beschluss widersprochen haben. Die betreffenden Wohnungseigentümer sind verpflichtet, die Vollmacht schriftlich dem Verwalter zu erteilen.

Derselbe Verteilungsschlüssel wie bei den Kosten und Lasten sollte auch bei der In- **68** standhaltungsrückstellung (§ 21 V Nr. 4 WEG) angewendet werden. Je nach Struktur der Anlage sind **getrennte Instandhaltungsrückstellungen** für Wohngebäude (bei mehreren für jedes) und Tiefgaragenanlage sachgerecht.

Die **Vergütung des Verwalters** sollte abweichend von den voraufgezeigten Verteilungs- **69** schlüsseln einheitlich mit einem **Pauschsatz pro Wohnung** festgelegt werden (vgl. *BGH NJW* 2007, 1873; Staudinger/*Bub* § 16 WEG Rn. 31). Der Verwaltungsaufwand für die einzelne Einheit hängt nicht von deren Größe oder Wert (*BGH NJW* 2007, 1873) ab. Die Höhe der Verwaltervergütung wird in dem zwischen den Wohnungseigentümern und dem Verwalter abzuschließenden Verwaltervertrag geregelt. In der Gemeinschaftsordnung kann jedoch festgelegt werden, dass bestimmte Höchstgrenzen nicht überschritten werden dürfen. Dies hat zur Folge, dass ein Eigentümerbeschluss, der hiergegen verstößt, nach §§ 23 IV, 43 I 4 WEG für ungültig erklärt werden kann. Aus Gründen der Verwaltungsökonomie sollte der Verwalter ermächtigt sein, das monatliche **Hausgeld im Lastschrifteinzugsverfahren** einzuziehen. Nach § 16 III WEG kann, falls eine Kostenverteilung vorstehenden Inhalts nicht vereinbart wurde, durch Mehrheitsbeschluss eine solche herbeigeführt werden (*Niedenführ NJW* 2007, 1842). Diese Beschlusskompetenz ist unabdingbar, § 16 V WEG.

7. Vorrecht für Hausgeldbeträge in der Zwangsversteigerung

Seit 1.7.2007 kann aus Hausgeldansprüchen die Zwangsversteigerung betrieben wer- **69a** den; diese Ansprüche gewähren ein Vorrecht auf Befriedigung insbesondere gegenüber Grundpfandrechtsgläubigern. Ein Recht auf Befriedigung aus dem Grundstück besteht nach § 10 I Nr. 2 ZVG gemäß folgender Neufassung des Gesetzes:

„Ein Recht auf Befriedigung aus dem Grundstück gewähren nach folgender Rangordnung, bei gleichem Rang nach dem Verhältnis ihrer Beträge: (...)
2. bei Vollstreckung in ein Wohnungseigentum die daraus fälligen Ansprüche auf Zahlung der Beiträge zu den Lasten und Kosten des gemeinschaftlichen Eigentums oder des Sondereigentums, die nach § 16 Abs. 2, § 28 Abs. 2 und 5 des WEG geschuldet werden, einschließlich der Vorschüsse und Rückstellungen sowie der Rückgriffsansprüche einzelner Wohnungseigentümer. Das Vorrecht erfasst die laufenden und rückständigen Beträge aus dem Jahr der Beschlagnahme und den letzten zwei Jahren. Das Vorrecht einschließlich aller Nebenleistungen ist begrenzt auf Beträge in Höhe von nicht mehr als fünf vom Hundert des nach § 74a Abs. 5 ZVG festgesetzten Wertes. Die Anmeldung erfolgt durch die Gemeinschaft der Wohnungseigentümer. Rückgriffsansprüche einzelner Wohnungseigentümer werden von diesen angemeldet."

Zur Zwangsversteigerung eines Wohnungseigentums bedarf es keines dinglichen Titels mehr, es genügt vielmehr jeder Zahlungstitel, auch ein Vollstreckungsbescheid (*Hügel/Elzer* § 15 WEG Rn. 4). In der notariellen Praxis wird die Vorschrift vor allem Bedeutung erlangen bei Verkauf eines Wohnungseigentums, bei dem die Zwangsversteigerung angeordnet ist. Titulierte Ansprüche der rechtsfähigen Gemeinschaft der Wohnungseigentümer, die von dieser geltend gemacht werden, sind vorrangig vor den Grundpfandrechtsgläubigern zu berücksichtigen, soweit sie 5 % des Verkehrswertes des Wohnungseigentums nicht überschreiten und im Jahr des Verkaufs oder in den beiden davor liegenden Jahren fällig geworden sind. Nachdem die Zwangsversteigerung bereits angeordnet worden ist, kann bei einer während dieser stattfindenden freiwilligen Veräußerung nichts anderes gelten als bei Durchführung derselben. Der Vorrang gilt jedoch nur mit der angegebenen quantitativen und zeitlichen Beschränkung. Hausgeldansprüche, die einen längeren Zeitraum zurückliegen oder das Volumen von 5 % des Verkehrswertes übersteigen, genießen das Vorrecht nicht. Sie können nur im Range nach den Grundpfandrechtsgläubigern befriedigt werden (§ 10 I Nr. 5 ZVG).

Der Gesetzgeber hat bei der Schaffung des Vorrangs für Hausgeldansprüche vor allem **69b** an die laufenden Bewirtschaftungskosten gedacht. Es sollte vermieden werden, dass ein zahlungsunfähiger Wohnungseigentümer auf Kosten der Gemeinschaft sein Wohnungseigentum nutzt. Der Anwendungsbereich ist jedoch damit nicht erschöpft. So sind Anwendungsfälle, vor allem auch bei Insolvenz eines Bauträgers bezüglich dessen unverkaufter Wohnungen denkbar. Dies gilt vor allem bezüglich Mängeln am Gemeinschaftseigentum, die gegenüber dem Bauträger wegen dessen Insolvenz nicht mehr erfolgreich vollstreckt werden können. Die Gemeinschaft der Wohnungseigentümer ist dann darauf angewiesen, ihre gesetzliche Aufgabe der ordnungsmäßigen Instandhaltung und Instandsetzung des gemeinschaftlichen Eigentums (§ 21 V Nr. 2 WEG) aus eigenen Mitteln durchzuführen. In dieser Situation ist regelmäßig eine Beschlussfassung über eine Sonderumlage erforderlich, mit deren Hilfe der Instandsetzungsaufwand gedeckt werden kann. Auch diese Sonderumlage hat im Rahmen der quantitativen und zeitlichen Beschränkung Vorrang vor den Grundpfandrechten am Eigentum des insolventen Bauträgers. Hier eröffnet sich für die rechtsfähige Gemeinschaft der Wohnungseigentümer ein neuer und aussichtsreicher Weg zur Mängelbeseitigung am gemeinschaftlichen Eigentum bei Insolvenz des Bauträgers. Zur Anwendung von § 10 I Nr. 2 ZVG auf Erwerber von Wohnungseigentum s. Rn. 193 ff.

8. Eigentümerversammlung

70 Gesetzliche Grundlagen der Eigentümerversammlung sind die §§ 23 bis 25 WEG. In den meisten Fällen ist über die gesetzliche Regelung hinaus regelungsbedürftig die Frage des Stimmrechts (a), die Frage der Ermittlung des Abstimmungsergebnisses (b) und die Möglichkeit der Vertretung des Eigentümers in der Versammlung bzw. Einschränkung der Vertretungsmöglichkeit (c) sowie Fertigung der Versammlungsniederschrift gemäß § 24 VI WEG (hierzu Rn. 184 f.).

a) Regelung des Stimmrechtes

71 Die positive Regelung des § 25 II 1 WEG bestimmt, dass jeder Wohnungseigentümer eine Stimme hat. Es kommt danach weder auf die Größe seines Miteigentumsanteils noch auf die Anzahl seiner Eigentumswohnungen an („Kopfstimmrecht", *BayObLG* DNotZ 1999, 215). Gilt das Kopfstimmrecht, so hat jede Rechtsgemeinschaft, die nicht personenidentisch mit anderen Wohnungseigentümern ist, *eine* Stimme (DNotI-Report 2008, 51; Palandt/*Bassenge* § 25 WEG Rn. 6). Unter dem Gesichtspunkt, dass die Mitbestimmungsrechte des Eigentümers mit seiner Verpflichtung zur Lastentragung kongruent sein sollten, empfiehlt es sich, das **Stimmrecht dem Lastentragungsschlüssel** anzupassen. Denkbar ist auch das so genannte Objektprinzip, das bedeutet pro Wohnung eine Stimme. Ein solches Stimmengewicht ist vertretbar, wenn die Einheiten in etwa gleich groß sind. Ist ein Wohnungseigentum mit einem **Nießbrauch** belastet, steht das Stimmrecht gleichwohl dem Eigentümer allein zu, da der Nießbraucher nicht Wohnungseigentümer ist (*BGH* NJW 2002, 1647; *BayObLG* DNotZ 1999, 585; *Schmidt* WE 1998, 2, 5; Jennißen/*Elzer* § 25 Rn. 34 f.; *Armbrüster* DNotZ 1999, 562, der jedoch über § 10 I 2 (jetzt § 10 II 2) WEG eine abweichende Regelung durch die Gemeinschaftsordnung zulässt).

b) Feststellung der Mehrheit

72 Die Eigentümerversammlung beschließt, soweit in der Gemeinschaftsordnung nichts anderes vorgesehen ist, mit der einfachen Mehrheit der in der Versammlung vertretenen Stimmen. Stimmenthaltungen sind nicht mitzuzählen (*BGH* DNotZ 1990, 31, im Anschluss an die zum Vereinsrecht ergangene Entscheidung *BGH* DNotZ 1982, 631). Zulässig ist ein durch die Gemeinschaftsordnung eingeräumtes Vetorecht eines Wohnungseigentümers (*BayObLG* DNotZ 1998, 970).

III. Das Verhältnis der Wohnungseigentümer untereinander und über die Verwaltung   A III

c) Abstimmungsberechtigung

Das Stimmrecht ist untrennbar mit dem Wohnungseigentum verbunden. Für die Frage der Stimmberechtigung ist ausschließlich maßgeblich die Grundbucheintragung zum Zeitpunkt der Wohnungseigentümerversammlung (*BGH* NJW 1989, 1087). Der Wohnungseigentümer kann sich jedoch in der Versammlung durch einen Bevollmächtigten vertreten lassen. Es ist zulässig, dass in der Gemeinschaftsordnung die Vertreterbestellung auf einen bestimmten Kreis von Bevollmächtigten (z. B. Ehegatten von Eigentümern, andere Miteigentümer, der Verwalter, Angehörige der rechtsberatenden Berufe) beschränkt wird (BGHZ 99, 90; *BayObLG* DNotZ 1998, 967; 1989, 428). 73

Bei **Mehrhausanlagen** besteht kraft Gesetzes das **Stimmrecht aller Eigentümer,** auch wenn bei einer zu beschließenden Maßnahme nur die Eigentümer eines bestimmten Gebäudes betroffen sind. Die Eigentümer eines Gebäudes bilden für sich kraft Gesetzes keine rechtlich verselbständigte Untergemeinschaft, jedoch kann eine solche, jedoch nur mit wirtschaftlicher Wirkung, durch die Gemeinschaftsordnung begründet werden (*BGH* ZMR 2012, 980). Aus diesen Gründen empfiehlt es sich, die Abstimmungsberechtigung für Maßnahmen, die nur die Eigentümer eines Gebäudes betreffen, auf diese Eigentümer zu begrenzen (*BGH* ZMR 2012, 979; *OLG Köln* DNotI-Report 1998, 129). Konsequenterweise ist dann auch für jedes Gebäude alleine eine eigene Instandhaltungsrückstellung zu bilden. Für Beschlüsse, die über den Kreis der Untergemeinschaft hinaus wirken, fehlt jedoch die Beschlusskompetenz mit der Folge ihrer Nichtigkeit (*BGH* ZMR 2012, 980). 73a

Fehlt in der Gemeinschaftsordnung einer Mehrhausanlage eine Kosten- und Lastenzuweisung zu den einzelnen Gebäuden, so eröffnet § 16 IV WEG (gültig seit 1.7.2007) nunmehr eine Kosten- und Lastentragungspflicht unter Berücksichtigung der Gebrauchsmöglichkeiten der einzelnen Wohnungseigentümer. Für Maßnahmen der Instandhaltung und Instandsetzung sowie für bauliche Veränderungen kann hier abweichend vom gesetzlichen oder vom vereinbarten (*Hügel/Elzer* § 5 WEG Rn. 57) Kostenverteilungsschlüssel eine am Gebrauchsvorteil orientierte neue Regelung beschlossen werden. Diese gilt jedoch nur für den Einzelfall und bedarf einer doppelt qualifizierten Mehrheit von drei Viertel aller stimmberechtigten Wohnungseigentümer und mehr als die Hälfte aller Miteigentumsanteile (§ 16 IV 2 WEG).

d) Beschluss-Sammlung

Seit 1.7.2007 ist für jede Wohnungseigentümergemeinschaft eine „Beschluss-Sammlung" zu führen (§ 24 VII WEG). In diese sind alle seit dem 1.7.2007 gefassten Beschlüsse und gerichtlichen Entscheidungen einzutragen. Zweck der Vorschrift ist es vor allem, für die Erwerber von Wohnungseigentum eine Informationsquelle über die Rechtslage in der Gemeinschaft zu schaffen, da die in der Vergangenheit gefassten Beschlüsse und gerichtlichen Entscheidungen gemäß § 10 IV WEG gegen sie wirken, auch wenn sie nicht im Grundbuch eingetragen sind. Gleichzeitig wurden die Beschlusskompetenzen der Eigentümer erheblich erweitert mit der Konsequenz, dass sich die Aussagekraft des Grundbuchs verringert. So kann mit einfacher Mehrheit gemäß § 16 III WEG eine Änderung des gesetzlichen Kostenverteilungsschlüssels beschlossen werden, ohne dass dies im Grundbuch eintragungsfähig wäre. Möglich sind auch Beschlüsse über die Kosten der Instandhaltung und Instandsetzung des gemeinschaftlichen Eigentums und die sich hieraus ergebenden Kosten, die von der gesetzlichen oder einer vereinbarten Kostenverteilung abweichen (§ 16 IV WEG). Hinzuweisen ist auch darauf, dass Beschlüsse zur Abänderung der Gemeinschaftsordnung auf der Grundlage einer Öffnungsklausel nunmehr gesetzlich anerkannt sind und ausdrücklich festgelegt wurde, dass auch solche die Gemeinschaftsordnung abändernden Beschlüsse nicht im Grundbuch einzutragen sind (§ 10 IV 2 WEG). Die für einen Sonderrechtsnachfolger gemäß § 10 IV WEG 73b maßgebliche Beschlusslage kann danach in großem Umfange von der Grundbuchlage abweichen; dies gilt auch für die besonders wichtigen Kostenverteilungsregelungen (Hügel/Elzer § 8 WEG Rn. 24; Häublein ZMR 2007, 415). Auf das Grundbuch kann mithin nicht mehr vertraut werden (Jennißen/Elzer § 24 WEG Rn. 149), aber auch nicht auf die Beschluss-Sammlung (Jennißen/Elzer § 24 WEG Rn. 172).

Dem Informationsbedürfnis der Erwerber und auch der Wohnungseigentümer selbst soll durch die Beschluss-Sammlung, die vom Verwalter zu führen ist, Rechnung getragen werden. In der notariellen Praxis sollte der Erwerber bei Übersendung eines Vertragsentwurfes auf diese Informationsquelle hingewiesen werden. Der Notar hat jedoch auch darauf hinzuweisen, dass man sich über die Richtigkeitsgewähr der Beschluss-Sammlung keine Illusionen machen darf. Die den Erwerber bindenden Beschlüsse und gerichtlichen Entscheidungen gelten für diesen auch dann, wenn sie in der Beschluss-Sammlung nicht oder nicht richtig wiedergegeben werden. Hinzuweisen ist auch darauf, dass die Beschluss-Sammlung nichtige Beschlüsse enthalten kann (a. A. Jennißen/Elzer § 24 WEG Rn. 155); eine rechtliche Kontrolle findet bei der Aufnahme in die Beschluss-Sammlung im Gegensatz zur Grundbucheintragung nicht statt. Es ist deshalb möglich, dass eine vom Gesetz abweichende Kostenverteilung beschlossen wurde, diese aber nicht in der Sammlung eingetragen ist. Sie gilt gleichwohl für den Rechtsnachfolger. Denkbar ist auch, dass auf der Grundlage einer allgemeinen Öffnungsklausel durch Mehrheitsbeschluss ein Sondernutzungsrecht für einen Wohnungseigentümer begründet wurde, das nicht im Grundbuch eingetragen ist. Der Rechtsnachfolger ist gleichwohl gebunden (Hügel/Elzer § 8 WEG Rn. 19).

Die Führung der Beschluss-Sammlung obliegt dem Verwalter und, falls ein solcher fehlt, dem Vorsitzenden der Wohnungseigentümerversammlung oder einem anderen Wohnungseigentümer, dem die Wohnungseigentümer durch Stimmenmehrheit diese Aufgabe übertragen haben (§ 24 VIII WEG). Die Verpflichtung des Verwalters zur Führung der Beschluss-Sammlung wird vom Gesetz als so wichtig betrachtet, dass eine diesbezügliche Pflichtverletzung regelmäßig als wichtiger Grund betrachtet wird, den Verwalter fristlos abzuberufen (§ 26 I 4 WEG). Ob der Verwalter darüber hinaus der rechtsfähigen Gemeinschaft der Wohnungseigentümer, einzelnen Wohnungseigentümern oder Erwerbern von Wohnungseigentum schadensersatzpflichtig ist, ist noch ungeklärt (Hügel/Elzer § 8 WEG Rn. 42 ff.; Jennißen/Elzer § 24 WEG Rn. 187).

Die Verpflichtung zur Führung der Beschluss-Sammlung kann ganz oder teilweise durch die GO abbedungen werden (Beck'sches Formularbuch Wohnungseigentumsrecht/H. Müller D. II. 1. Anm. 68; Palandt/Bassenge § 24 WEG Rn. 26; Bärmann/Merle § 24 Rn. 135; a. A. Jennißen/Elzer § 24 WEG Rn. 205; Bamberger/Roth/Hügel § 24 WEG Rn. 1; zweifelnd Timme/Steinmeyer § 24 WEG Rn. 301; Riecke/Schmid/Riecke § 24 WEG Rn. 154).

9. Mehrere Eigentümer eines Wohnungseigentums/Teileigentums

74 Eine gemäß dem WEG gebildete Einheit kann mehreren Berechtigten zustehen, und zwar entweder in Bruchteilsgemeinschaft oder in gesamthänderischer Verbundenheit (Gesellschaft bürgerlichen Rechts, Erbengemeinschaft, Gütergemeinschaft), wobei die Personenhandelsgesellschaften wegen ihrer eigenen Grundbuchfähigkeit unberücksichtigt bleiben können. Die Situation, dass mehrere Personen gemeinschaftlich eine Eigentumseinheit halten, ist vom Gesetz nur stiefmütterlich geregelt: Lediglich § 25 II 2 WEG bestimmt, dass in dieser Situation das Stimmrecht nur einheitlich ausgeübt werden kann.

75 Die **gesamtschuldnerische Haftung** mehrerer Berechtigter **einer Einheit** für alle Verpflichtungen, die sich aus dieser Einheit ergeben, insbesondere für die Lastentragung, ist unbestritten (OLG Hamm MittBayNot 1989, 152; Weitnauer/Gottschalg § 16 WEG Rn. 27). Zu prüfen ist jedoch, ob dies in allen Fällen der Billigkeit entspricht, oder ob nicht der Verwalter bei Nichteingang der geschuldeten Zahlung zunächst eine Umlegung auf alle Miteigentümer der betroffenen Einheit – wenn ihm nichts anderes bekannt ist zu

III. Das Verhältnis der Wohnungseigentümer untereinander und über die Verwaltung A III

gleichen Anteilen – vornehmen und nur wegen eines danach noch offenen Betrages die gesamtschuldnerische Haftung eines Mitberechtigten geltend machen sollte.

Was das **Stimmrecht** der mehreren Berechtigten anbelangt, so regelt dies § 25 II 2 WEG. Es kann jedoch nicht in Frage gestellt werden, dass jeder Berechtigte an dem Wohnungseigentum gemeinschaftlich mit den anderen Berechtigten „Wohnungseigentümer" im Sinne des WEG ist und die dementsprechenden Rechte für sich in Anspruch nehmen kann. Er ist damit in der Lage, das Stimmgewicht seines Personenverbandes durch gegenläufige Abstimmung, wie sie seine Vereinigung intern beschlossen hat, auszuschalten. **76**

Problematisch erscheint es auch, bei einem *gesamthänderisch* gehaltenen Wohnungseigentum die **Entziehung nach § 18 WEG** bereits dann zu befürworten, wenn die Voraussetzungen nur bei einem Gesamthänder erfüllt sind (Palandt/*Bassenge* § 18 WEG Rn. 1; Bärmann/*Klein* § 18 WEG Rn. 30; RGRK/*Augustin* § 18 WEG Anm. 11). Es sollte in diesem Falle zunächst dem Personenverband aufgegeben werden, den untragbaren Mit-Wohnungseigentümer aus ihrem Verband selbst auszuschließen und nur bei Erfolglosigkeit sollte die Möglichkeit der Entziehung der Gesamteinheit in Betracht kommen (Staudinger/*Kreuzer* § 18 WEG Rn. 21). **77**

Regeln, die sich der Personenverband intern gegeben hat, sind von der Wohnungseigentümergemeinschaft zu beachten, wenn sie dieser bekannt sind. Hat beispielsweise eine BGB-Gesellschaft durch Gesellschaftsvertrag die Geschäftsführung und Vertretung der Gesellschaft einer Person übertragen, so wird das Stimmrecht von dieser Person ausgeübt. Dies ergibt sich bereits aus ihrer Rechtsfähigkeit. Andere Gesellschafter sind alsdann in der Eigentümerversammlung nicht stimmberechtigt und auch nicht zu laden. Für die Gemeinschaftsordnung empfiehlt es sich in diesen Fällen festzulegen, dass Vereinbarungen über die Verwaltung der gemeinschaftlichen Einheit, die die mehreren Berechtigten getroffen haben, auch im Rahmen der WEG-Gemeinschaft wirken, wenn sie dieser bekannt gegeben worden sind. Die Wirkung reicht dort bis zu einer gegenteiligen Bekanntgabe. **78**

10. Verwalterbestellung

Die Verwalterbestellung erfolgt häufig in der Teilungserklärung/Gemeinschaftsordnung (*Bader*, FS Seuß, 1987, S. 11). Diese Befugnis endet jedoch grundsätzlich mit dem Entstehen einer faktischen Wohnungseigentümergemeinschaft (*BayObLG* MittBayNot 1994, 429). Mindestanforderung hierfür ist, dass die Wohnungseigentumskäufer die Eigentumswohnung in Besitz genommen haben und ihr Anspruch auf Eigentumsverschaffung durch eine Vormerkung gesichert ist (BGHZ 177, 53 Tz. 12, 14; BayObLGZ 1990, 102; 1991, 152). In dieser Situation ist die faktische oder werdende Wohnungseigentümergemeinschaft bereits selbst handlungsfähig, so dass es keinen Grund mehr gibt, auf die frühere Bestellungsermächtigung zurückzugreifen. Die häufig zu findende Formulierung, die Bestellung gelte ab Bezugsfertigkeit der ersten Wohnung, ist unzweckmäßig. Nach Ablauf einer gewissen Zeit lässt sich dieser Zeitpunkt meist nicht mehr mit Sicherheit bestimmen. Besser ist es deshalb, den Verwalter zu einem bestimmten Zeitpunkt und auf eine bestimmte Dauer zu bestellen. Klargestellt werden sollte auch, ob die Beschränkung der Abberufung auf das Vorliegen eines wichtigen Grundes nur für den gegenwärtig bestellten Verwalter gilt oder auch für die spätere Bestellung anderer Personen zum Verwalter. Eine Verwalterbestellung in der Teilungserklärung, die die Vorgaben aus § 26 I 2 bis 4 WEG beachtet, hält einer Inhaltskontrolle nach § 242 BGB stand und wäre auch – bei Anwendbarkeit der Vorschriften über allgemeine Geschäftsbedingungen – nicht unter dem Gesichtspunkt des § 307 BGB zu beanstanden. Die maximale Laufzeit eines Verwaltervertrages von fünf Jahren (der erste Verwalter darf nur auf drei Jahre bestellt werden, § 26 I 2 WEG) ist eine Sondervorschrift zu § 309 Nr. 9a BGB (*BGH* DNotI-Report 2002, 141). Eine auf diese Weise erfolgte Verwalterbestellung kann vom Eigentümer nur bis zum Ent- **79** stehen einer werdenden oder faktischen Wohnungseigentümergemeinschaft geändert werden, und zwar nur durch Änderung der Teilungserklärung.

Die „Begründung von Wohnungseigentum" setzt dabei sowohl im Falle des § 3 WEG als auch im Falle des § 8 WEG die Anlegung der Wohnungsgrundbücher voraus. Dies ergibt sich für die Teilung nach § 8 WEG aus § 8 II 2 WEG. Wird der Verwalter in der Teilungserklärung bestellt, so beginnt die Dreijahresfrist mit Vollzug derselben im Grundbuch (Palandt/*Bassenge* § 26 WEG Rn. 4). Ist in der Teilungserklärung ein erster Verwalter bestellt und endet dessen Amt vor Ablauf der Dreijahresfrist, so kann nach der ratio legis des § 26 I 2 WEG ein neuer Verwalter nur für die restliche Laufzeit der 3 Jahre bestellt werden (a. A. Jennißen/*Jennißen* § 26 WEG Rn. 51). Ein anders lautender Beschluss ist anfechtbar.

80   Zum Verwalter kann **nur eine Person bestellt** werden. Dies kann sowohl eine juristische Person sein (auch eine UG (haftungsbeschränkt), *BGH* DNotI-Report 2012, 152) wie auch eine natürliche oder eine Personenhandelsgesellschaft. Ausgeschlossen ist die Bestellung mehrerer Verwalter für ein und dieselbe Anlage (ausgeschlossen ist auch bei einer Mehrhausanlage die Bestellung eines Verwalters pro Gebäude, *Bader,* a. a. O., S. 3; Palandt/*Bassenge* § 26 WEG Rn. 1; Staudinger/*Bub* § 26 WEG Rn. 66; Weitnauer/*Lüke* § 26 WEG Rn. 2). Die Rechtsprechung nahm bisher an, dass eine Gesellschaft bürgerlichen Rechts nicht zum Verwalter bestellt werden kann (*BGH* DNotZ 1990, 34; *KG* MittBayNot 1994, 543; zu einem „Verwalterrat" s. *OLG Bremen* ZWE 2002, 417). Nachdem BGHZ 146, 131 jedoch die Rechtsfähigkeit der Gesellschaft bürgerlichen Rechts anerkannt hat, ist diese Rechtsprechung für nicht mehr anwendbar gehalten worden (MünchKomm/*Engelhardt* § 26 WEG Rn. 3; Staudinger/*Bub* § 26 WEG Rn. 91; *Lautner* MittBayNot 2001, 436; *Schäfer* NJW 2006, 2160). Der *BGH* (NJW 2006, 2189) hat jedoch zwischenzeitlich klargestellt, dass die Rechtsfähigkeit für sich alleine nicht ausreichend ist, um eine Verwalterposition gemäß WEG einnehmen zu können. Der Verwalter hat die Handlungsfähigkeit der Wohnungseigentümergemeinschaft im Rechtsverkehr sicher zu stellen. Dies setzt voraus, dass sowohl Wohnungseigentümer wie auch Dritte sich darauf verlassen können müssen, dass die als Verwalter handelnde Person auch tatsächlich diese Rechtsposition einnimmt. Dies ist bei einer GbR mangels Registerpublizität nicht gewährleistet. Auch die Empfangszuständigkeit nach § 27 II 3 WEG setzt voraus, dass über die Identität und die Befugnis des Verwalters zur Vertretung der Eigentümergemeinschaft kein Zweifel besteht. Auch dies lässt sich angesichts möglicher Gesellschafterwechsel nicht durch ein öffentliches Register nachweisen (*BGH* NJW 2006, 2189). Die Bestellung einer GbR zum Verwalter ist daher nichtig (kritisch hierzu *Armbrüster* ZWE 2006, 181).

11. Verwaltungsbeirat

81   Der Verwaltungsbeirat ist ein **fakultatives Verwaltungsorgan** der Gemeinschaft. Er kann installiert werden, auch wenn die Gemeinschaftsordnung ihn nicht vorsieht (§ 29 WEG). Die Zusammensetzung des Verwaltungsbeirats gemäß § 29 I 2 WEG – ein Wohnungseigentümer als Vorsitzender und zwei weitere als Beisitzer – ist durch die Gemeinschaftsordnung in jeder Weise abdingbar, und zwar sowohl dahin, dass die Mitgliederzahl verändert werden kann, als auch dahin, dass außenstehende Personen, die nicht oder nicht mehr Wohnungseigentümer sind, zum Verwaltungsbeirat berufen werden können (*KG* NJW-RR 1989, 460). Bei **Mehrhausanlagen** ist es zweckmäßig, dafür zu sorgen, dass jede Gruppe von Eigentümern vertreten ist. Entsprechendes gilt bei gemischt genutzten Gebäuden.

12. Die Kompetenzen des Verwalters

81a   Die Zuständigkeiten des Verwalters sind in § 27 WEG durch das WEG-ÄndG vom 26.3.2007 neu definiert worden. Dabei legt § 27 I WEG die Kompetenzen des Verwalters gegenüber den Wohnungseigentümern und gegenüber der Gemeinschaft der Wohnungseigentümer fest. Es handelt sich dabei um das Innenverhältnis, womit auch klargestellt wird, dass damit keine Vertretungsmacht nach außen begründet wird (Palandt/*Bassenge* § 27 WEG Rn. 4; *Niedenführ* NJW 2007, 1843). § 27 II WEG betrifft demgegenüber die Vertretung der Wohnungseigentümer nach außen, und zwar die einzelnen Eigentümer in Bezug auf ihr sachenrechtliches Bruchteilseigentum. Für die Gestaltung der Gemeinschaftsordnung bedeutsam ist hier besonders § 27 II 3 WEG, wonach der Verwalter Ansprüche gerichtlich und außergerichtlich geltend machen kann, sofern er hierzu durch Vereinbarung ermächtigt ist. Dabei handelt es sich um Ansprüche der einzelnen Wohnungseigentümer, nicht um solche der rechtsfähigen Gemeinschaft oder um solche der Wohnungseigentümer, für die jedoch die Gemeinschaft ausübungsbefugt ist (Palandt/*Bassenge* § 27 WEG Rn. 16). § 27 III WEG betrifft demgegenüber die Vertretung der rechtsfähigen Gemeinschaft der Wohnungseigentümer nach außen. Hier ist der Verwalter namens der rechtsfähigen Gemeinschaft berechtigt, Rechtsgeschäfte und Rechtshandlungen vorzunehmen, soweit er hierzu durch Vereinbarung oder Beschluss der Wohnungseigentümer mit Stimmenmehrheit ermächtigt ist (§ 27 III 7 WEG). Durch die Gemeinschaftsordnung kann sonach die Stellung des Verwalters gestärkt werden und eine umfassende Vertretungsmacht für die Gemeinschaft nach außen begründet werden.

Formulierungsbeispiel: Finanzierungsermächtigung des Verwalters	81b
Der Verwalter ist ermächtigt, im Namen der Gemeinschaft der Wohnungseigentümer alle Rechtsgeschäfte und Rechtshandlungen vorzunehmen, soweit es sich um einfache Geschäfte der laufenden Verwaltung handelt. Dies ist insbesondere dann gegeben, wenn die Finanzierung der Geschäfte aus den laufenden Einnahmen der Gemeinschaft entsprechend dem Wirtschaftsplan gewährleistet ist. Er ist darüber hinaus berechtigt, Instandsetzungs- bzw. Instandhaltungsmaßnahmen unter Entnahme von Mitteln aus der Rücklage in Auftrag zu geben, soweit die vertragliche geschuldete Leistung … EUR im Einzelfall nicht übersteigt. Im Übrigen ist die Versammlung der Wohnungseigentümer berechtigt, durch Beschluss mit Stimmenmehrheit weitere Ermächtigungen des Verwalters einzuführen.	

Aus § 27 II und III WEG ergibt sich, dass die „Wohnungseigentümergemeinschaft" in zwei verschiedenen rechtlichen Strukturen auftritt, nämlich einmal als die sachenrechtliche Bruchteilsgemeinschaft (II) und zum anderen Male als die rechtsfähige Gemeinschaft (III). Dies entspricht auch der Konzeption des Gesetzgebers (BT-Drucks. 16/887 S. 60; *Hügel/Elzer* § 3 WEG Rn. 8 ff.).

IV. Interne und externe Veränderungen am Wohnungseigentum

1. Unterteilung von Wohnungseigentum

a) Ideelle Unterteilung von Wohnungseigentum

Bestehen mehr Sondereigentumseinheiten als Miteigentumsanteile, so führt ein Vertrag nach §§ 3 I, 4 I WEG dazu, dass mit Miteigentumsanteilen mehrere Sondereigentumsrechte verbunden sind. Dies ist rechtlich zulässig (BayObLGZ 1971, 102; MittBayNot 2000, 319).

Zur Schaffung von einzelnen Wohnungseigentumsrechten ist eine weitere **Unterteilung** in entsprechender Anwendung des § 8 WEG erforderlich. Diese **ideelle Unterteilung** des Wohnungseigentums ist ohne Zustimmung der anderen Wohnungseigentümer zulässig (BGHZ 49, 252). Eine neue Abgeschlossenheitsbescheinigung ist nicht erforderlich, da sich die Grenzen des Sondereigentums nicht verändern.

Um Zweifelsfragen, insbesondere bezüglich des Stimmrechtes und der Lastentragung auszuschließen, empfiehlt sich die Aufnahme folgender Bestimmung in den Vertrag gemäß §§ 3, 4 WEG (oder in die Erklärung gemäß § 8 WEG): „Jeder Wohnungseigentümer ist berechtigt, sein Wohnungseigentum ohne Zustimmung der anderen Wohnungseigentümer beliebig zu unterteilen." Die **Zustimmung von Drittberechtigten,** deren Rechte am Gesamtgrundstück oder auch nur an dem unterteilten Miteigentumsanteil lasten, ist nicht erforderlich, da durch die Unterteilungen Gesamtbelastungen entstehen.

b) Unterteilung eines Wohnungseigentums im Wege der Realteilung

83   Wie bei einem Grundstück, so ist auch bei einem Wohnungseigentum eine reale räumliche Aufteilung möglich. Eine solche Unterteilung erfordert einerseits eine ideelle Teilung, da mit jedem Sondereigentum ein Miteigentumsanteil verbunden sein muss, andererseits auch eine reale Teilung, die zu einer flächenmäßigen Abgrenzung der neu zu bildenden Einheiten führt. Eine **gemischte ideell-reale Teilung** ist zulässig (grundlegend BGHZ 49, 250; 73, 150; 160, 366; *BayObLG* MittBayNot 1994, 225; 1986, 23; Bärmann/*Armbrüster* § 2 Rn. 93). Eine gleichzeitige Veräußerung ist nicht erforderlich; der Fall ist demjenigen vergleichbar, in dem ein Grundstück in der Natur vermessen und flächenmäßig aufgeteilt wird.

Bei der Unterteilung ist darauf zu achten, ob sich die **Grenzen des Sondereigentums/Gemeinschaftseigentums** gegenüber dem bisherigen Aufteilungsplan ändern. Dies setzt die Mitwirkung aller Wohnungseigentümer in Form einer Auflassung (§ 4 WEG) voraus (BGHZ 130, 168; *BGH* DNotI-Report 2004, 192). Bei der Unterteilung von Sondereigentum ist daher zunächst zu prüfen, ob im Hinblick auf § 5 II WEG zwingend Gemeinschaftseigentum wegen gemeinschaftlichen Gebrauchs bisher im Sondereigentum stehender Bereiche durch die Eigentümer der unterteilten Einheiten gebildet werden muss (z. B. Treppenhäuser, Flure, Zugangsräume zum Gemeinschaftseigentum, siehe Rn. 29). Diese Unterteilung ist also zu unterscheiden von einer solchen, bei der bezüglich des Gemeinschaftseigentums keinerlei Eigentumsveränderung eintritt. Die Umwandlung von Sondereigentum in Gemeinschaftseigentum kann nur unter Mitwirkung aller Wohnungseigentümer erfolgen (*BGH* NJW 1998, 3712).

Häufig ist das so genannte „**Eingangsflurproblem**": Bei Teilung einer Eigentumswohnung in zwei Einheiten wird ein bisher im Sondereigentum stehender Wohnungsbereich zum gemeinsamen Eingangsflur der unterteilten Einheiten. Da ein Mitsondereigentum der Eigentümer der unterteilten Einheiten nicht möglich ist (BGHZ 130, 168; *BGH* DNotZ 1996, 292 m. Anm. *Röll*; *OLG Schleswig* DNotZ 2007, 620; Staudinger/*Rapp* § 3 WEG Rn. 10; § 5 WEG Rn. 31) und außerdem der Zugang zum Sondereigentum nur über gemeinschaftliches Eigentum führen darf (§ 5 II WEG, s. o. Rn. 29: Der Zugang dient dem gemeinschaftlichen Gebrauch, *BayObLG* MittBayNot 1998, 181), kann eine Unterteilung hier nur durchgeführt werden, wenn der Vorflur von Sondereigentum in Gemeinschaftseigentum umgewandelt wird. Hierzu ist, da keinem Wohnungseigentümer zusätzliches Gemeinschaftseigentum aufgezwungen werden kann, die **Mitwirkung aller Eigentümer** notwendig, und zwar auch dann, wenn hieran die Umwandlung scheitern sollte (*BGH* DNotZ 1999, 661; *OLG München* DNotI-Report 2007, 164; *Rapp* MittBayNot 1998, 79; *Schüller* RNotZ 2011, 203, 212; a. A. *Röll* DNotZ 1998, 79, der Umwandlung in Gemeinschaftseigentum kraft Gesetzes annimmt).

In gleicher Weise zu behandeln ist der Fall, dass in einem Raum, der bisher zum Sondereigentum ausgewiesen wird, eine Heizungsanlage für mehrere Wohnungen eingebaut wird. Auch hier ist eine Umwandlung in gemeinschaftliches Eigentum notwendig; eine Umwandlung kraft Gesetzes ist ausgeschlossen.

Bei der Unterteilung müssen auch alle bisher im Sondereigentum stehenden Räume weiterhin mit einem Miteigentumsanteil verbunden sein. Wird beispielsweise bei der Unterteilung die Zuweisung eines bisher im Sondereigentum stehenden Kellerraumes an eine der unterteilten Wohnungen vergessen, so ist die Unterteilung nichtig (BayObLGZ 1987, 396; 1998, 70; MittBayNot 1999, 561). Ein gutgläubiger Erwerb soll hier ausgeschlossen sein (BayObLGZ 1987, 390; 1998, 73; kritisch hierzu Staudinger/*Rapp* § 6 WEG Rn. 4b).

Werden Flächen von Sondereigentum in Gemeinschaftseigentum umgewandelt, so sind die neuen Gemeinschaftsflächen von Rechten Dritter freizugeben, da schon zur Vermeidung von Grundbuchverwirrung am Gemeinschaftseigentum einheitliche Belastungsverhältnisse bestehen müssen. Die Zustimmung von Drittberechtigten an den Gemeinschaftseigentum erwerbenden Einheiten ist jedoch nicht erforderlich, auch wenn die gemeinschaftliche Unterhaltslast erhöht werden sollte, da dies nur eine wirtschaftliche, aber keine rechtliche Beeinträchtigung darstellt (*BayObLG* DNotZ 1999, 665).

Zur Frage der **Zustimmungsbedürftigkeit** dieser Unterteilung durch die anderen Wohnungseigentümer werden zwei Auffassungen vertreten: 84
(1) Veräußerliche Rechte können auch teilweise veräußert werden, und dies bedarf der Zustimmung der anderen Eigentümer nicht (*BayObLG* Rpfleger 1977, 140);
(2) Wegen § 25 II 1 WEG bedeutet eine solche Unterteilung eine Vermehrung der Stimmrechte und damit eine Verminderung des Einflusses der anderen Eigentümer in der Versammlung der Wohnungseigentümer. Aus diesem Grunde ist die Zustimmung der anderen Wohnungseigentümer erforderlich (*OLG Stuttgart* MittBayNot 1973, 361).

Nach der grundlegenden Entscheidung BGHZ 49, 250 bedarf jedenfalls die Unterteilung ohne gleichzeitige Veräußerung nicht der Zustimmung der anderen Wohnungseigentümer. Die Nutzungsbefugnis gemäß der ursprünglichen Aufteilung ändert sich durch die Unterteilung nicht (*BayObLG* DNotZ 1995, 625: keine Nutzung eines Dachspeichers als Wohnraum). 85

Die Auswirkungen einer Unterteilung auf das Stimmrecht, das mit der einzelnen Einheit verbunden ist, sind danach zu differenzieren, welche Stimmrechtsregelung in der Gemeinschaft gilt: 85a
– Besteht das Stimmrecht nach der gesetzlichen Regelung gemäß § 25 II 1 WEG, so hat jeder Wohnungseigentümer eine Stimme, und zwar ohne Rücksicht darauf, wie viele Einheiten ihm gehören. Allerdings liegt durch die Anzahl der Einheiten eine nach oben begrenzte Höchststimmzahl vor. Durch eine Unterteilung einer Einheit wird die Höchststimmzahl erhöht mit der Konsequenz, dass das Stimmrecht der übrigen Wohnungseigentümer an Gewicht verliert. Das verkleinerte Stimmrecht wird jedoch erst relevant, wenn der unterteilende Eigentümer die neu entstandene Einheit veräußert. In diesem Falle bedürfte also entweder die Unterteilung der Einheit der Zustimmung der anderen Eigentümer oder das Stimmrecht muss bei der aufgeteilten Einheit geteilt werden. Trifft die Gemeinschaftsordnung keine Entscheidung zu dieser Frage, so ist der letztgenannten Lösung der Vorzug einzuräumen. Die Unterteilung und Veräußerung einer Einheit führt also bei Geltung des Kopfstimmrechtes nicht zu einer Stimmenvermehrung (*BGH* NJW 2012, 2434 Tz. 8; *Schüller* RNotZ 2011, 203, 212; a. A. *OLG Düsseldorf* DNotI-Report 2004, 130; *KG* ZWE 2000, 314). Das Stimmrecht ist nach Auffassung des BGH (NJW 2012, 2434 Tz. 8 i. V. m. BGHZ 160, 367) nach gleichgroßen Stimmrechtsbruchteilen auszuüben. Hier erscheint es richtiger, gemäß § 10 II 1 WEG; § 745 I 2 BGB, das Bruchteilsstimmrecht nach dem Verhältnis der unterteilten Anteile zueinander an der Einheit zu bestimmen.
– Ist das Stimmrecht nach dem Verhältnis der Größe der Miteigentumsanteile oder nach dem Verhältnis der Wohnflächen der einzelnen Wohnungen zueinander geordnet (was auch im Hinblick auf § 26 I 5 WEG zulässig ist, BGHZ 191, 245 Rn. 8 ff.), dann ergibt sich durch die Unterteilung keine Verschlechterung für das Stimmgewicht der anderen Wohnungseigentümer (*OLG Frankfurt* ZWE 2012, 272). Eine Zustimmung der anderen Wohnungseigentümer ist daher nicht erforderlich.
– Ist das Stimmrecht in der Weise geordnet, dass pro Eigentumswohnung eine Stimme besteht (Objektstimmrecht, zulässig BGHZ 191, 245 Rn. 8 ff.), so führt die Vermehrung der Zahl der Eigentumswohnungen durch Unterteilung zu einer Verringerung des Stimmgewichtes der anderen Wohnungseigentümer, falls man jeder neuen Einheit *eine*

Stimme zubilligt. Die h. M. nimmt deshalb bei Geltung des Objektstimmrechtes an, dass sich das Stimmgewicht der unterteilten Einheit entsprechend der Anzahl der neuen Einheiten gleichmäßig aufteilt (BGHZ 160, 354, 367; *BGH* DNotZ 1989, 424; Bärmann/*Armbrüster* § 2 Rn. 113; *Schüller* RNotZ 2011, 203, 213). Wie beim Kopfstimmrecht sollte jedoch auch hier ein *Quotenstimmrecht* entsprechend der Größe der Anteile als ausgewogenere Lösung betrachtet werden. Eine analoge Anwendung des § 25 II 2 WEG auf die unterteilten Einheiten (so Riecke/Schmid/*Elzer* § 8 Rn. 73) kommt dagegen nicht in Betracht. § 25 II 2 WEG bezweckt, bei Geltung des Kopfprinzips keinem Wohnungseigentümer von vorne herein ein Stimmenübergewicht zu geben (Bärmann/*Merle* § 25 Rn. 27). Diese Möglichkeit ist jedoch bei Quotelung des Stimmrechts infolge der Unterteilung von vorne herein ausgeschlossen.

85b Abweichend hiervon kann jedoch die Gemeinschaftsordnung vorsehen, dass bei einer Unterteilung unter Geltung des Objektprinzips für jedes entstandene Wohnungseigentum eine ganze Stimme besteht (*BayObLG* NJW-RR 1991, 910; *M. Müller*, Grundverhältnis, S. 124).

86 Wegen des möglichen Eingriffes in die **Mitgliedschaftsrechte der anderen Wohnungseigentümer** empfiehlt es sich, gerade beim Vorratsbau die Befugnis des Eigentümers zur Unterteilung in die Teilungserklärung ausdrücklich aufzunehmen.

86a Ist die Verwaltervergütung nach Pauschalsätzen pro Wohnung festgelegt (Rn. 69), so ist nach Unterteilung für jede Einheit der volle Pauschalsatz geschuldet (Staudinger/*Bub* § 16 WEG Rn. 31).

87 Die **rechtliche Durchführung** der ideell-realen Teilung von Wohnungseigentum ist wie folgt vorzunehmen:
– Ideelle Unterteilung des bestehenden Miteigentumsanteiles in zwei (oder mehrere) neue Miteigentumsanteile;
– Aufteilungsplan und Abgeschlossenheitsbescheinigung für die neuen Einheiten erforderlich, da sich die Grenzen des Sondereigentums gegenüber dem bisherigen Rechtszustand verändern.

88 Für die **Veräußerung** von ideell-real geteiltem Wohnungseigentum gilt Folgendes: Liegt die Abgeschlossenheitsbescheinigung samt Aufteilungsplänen für die unterteilten Einheiten bereits vor, kann wie folgt verfahren werden:
(1) Der bisherige Wohnungseigentümer teilt in entsprechender Anwendung von § 8 WEG und veräußert alsdann die unterteilte Einheit.
(2) Der bisherige Eigentümer veräußert von seinem Miteigentumsanteil einen Bruchteil und vereinbart mit dem Erwerber in entsprechender Anwendung der §§ 3, 4 WEG unterteiltes Wohnungseigentum.

Bei dem Verfahren nach (1) handelt es sich um eine „**Teilung im eigenen Besitz**". Beim Kaufvertrag über die unterteilte Einheit muss in zulässiger Weise auf die „Unterteilungserklärung" verwiesen oder diese mitbeurkundet werden. Die Auflassungsvormerkung zugunsten des Käufers kann sofort am unterteilten Wohnungseigentum eingetragen werden. Beim Verfahren nach (2) kann zugunsten des Erwerbers eine **Vormerkung auf Bildung von Wohnungseigentum** eingetragen werden (*Schmidt*, FS Bärmann und Weitnauer, 1990, S. 552). Wegen der grundbuchmäßigen Bestimmtheit der Vormerkung muss der Aufteilungsplan oder ein sonstiger zulässiger Identifizierungsbehelf beim Grundbuchamt eingereicht werden. Die grundbuchmäßige Begründung der unterteilten Einheiten erfolgt in diesem Falle erst beim Endvollzug.

89 Liegt die **Abgeschlossenheitsbescheinigung** samt Aufteilungsplänen für die unterteilten Einheiten **noch nicht** vor, so gilt Folgendes:
(1) Zwecks Wahrung des grundbuchmäßigen Bestimmtheitsgrundsatzes ist in einer Ablichtung des bisherigen Aufteilungsplanes der Vertragsgegenstand, gegebenenfalls wie er nach Durchführung der erforderlichen baulichen Maßnahmen sich darstellt, einzuzeichnen. Veräußert wird alsdann ein Miteigentumsanteil, verbunden mit dem Sondereigentum an der im künftigen Aufteilungsplan mit Nr. ... bezeichneten Woh-

IV. Interne und externe Veränderungen am Wohnungseigentum A III

nung. Hierfür kann am bisherigen Wohnungseigentum eine Vormerkung eingetragen werden. Die **Auflassung** kann jedoch noch nicht erklärt werden, da eine grundbuchmäßige Bezeichnung des Vertragsgegenstandes infolge Fehlens der Abgeschlossenheitsbescheinigung derzeit noch nicht vorliegt. Zur Absicherung von Finanzierungsmitteln des Käufers ist die **Verpfändung des Auflassungsanspruchs** in entsprechender Anwendung der Grundsätze beim Teilflächenkauf möglich. Erfolgt die Veräußerung einer durch Unterteilung neu zu bildenden Eigentumswohnung aus zwei bestehenden Wohnungseigentums-Rechten, so ist anzugeben, welcher Miteigentumsbruchteil von jeder der betroffenen Wohnungseigentumseinheiten veräußert und mit dem künftig neu zu bildenden Wohnungseigentum verbunden wird.

(2) Bei jeder Unterteilung gelten die allgemeinen Vereinbarungen der bisherigen Teilungserklärung mit Gemeinschaftsordnung für die neu entstehenden Einheiten. Es können aber auch **besondere Vereinbarungen** für das Verhältnis der unterteilten Einheiten untereinander anlässlich der Unterteilung getroffen werden. Solche Vereinbarungen (z. B. Zustimmung zu Veräußerung gemäß § 12 WEG, Benutzungsbeschränkungen) gelten alsdann jedoch nur im Verhältnis der unterteilten Einheiten zueinander, nicht jedoch zu den übrigen Einheiten (Staudinger/*Rapp* § 6 WEG Rn. 11).

Ist mit einer zu unterteilenden Einheit ein **Sondernutzungsrecht** verbunden, so ist zu prüfen, ob das Sondernutzungsrecht künftig einer unterteilten neuen Einheit allein oder allen unterteilten Einheiten gemeinschaftlich zustehen soll. 90

Formulierungsbeispiel: Unterteilung 90a

Im Wohnungsgrundbuch von ... Band ... Blatt ... ist vorgetragen 153/1000 Miteigentumsanteil am Grundstück der Gemarkung X FlNr. 100, verbunden mit dem Sondereigentum an der im Aufteilungsplan mit Nr. 4 bezeichneten Wohnung, dem mit Nr. 4 bezeichneten Kellerraum sowie ferner verbunden mit dem im Aufteilungsplan mit Nr. 4 bezeichneten Tiefgaragenabstellplatz. Gemäß im Grundbuch eingetragener Gemeinschaftsordnung steht dem Eigentümer der Einheit Nr. 4 ferner das ausschließliche Sondernutzungsrecht an dem im Sondernutzungsplan mit Nr. ST 12 bezeichneten oberirdischen Pkw-Abstellplatz zu.
Der Wohnungseigentümer nimmt Bezug auf den vorliegenden, behördlich bestätigten geänderten Aufteilungsplan samt Abgeschlossenheitsbescheinigung, ausgestellt von Landratsamt X am 7.9.2012. Danach wird das Sondereigentum der Wohnung Nr. 4 ohne Veränderung des räumlichen Umfangs desselben unterteilt in die Einheiten Nr. 4 (neu) und Nr. 4a. Der Wohnungseigentümer unterteilt die bisherige Einheit Nr. 4 durch Erklärung gegenüber dem Grundbuchamt in entsprechender Anwendung des § 8 WEG wie folgt:
– Mit einem Miteigentumsanteil von 75/1000 am Grundstück FlNr. 100 wird verbunden das Sondereigentum an der im geänderten Aufteilungsplan vom 7.9.2012 mit Nr. 4 (neu) bezeichneten Wohnung samt Kellerraum Nr. 4 gemäß dem bisherigen Aufteilungsplan und
– mit einem Miteigentumsanteil von 78/1000 am Grundstück FlNr. 100 wird verbunden das Sondereigentum an der im geänderten Aufteilungsplan vom 7.9.2012 mit Nr. 4a bezeichneten Wohnung samt Tiefgaragenabstellplatz Nr. 4 gemäß dem bisherigen Aufteilungsplan.
Bezüglich des Sondernutzungsrechtes am oberirdischen Pkw-Stellplatz Nr. ST 12 wird festgelegt, dass im Verhältnis der beiden Einheiten zueinander ausschließlich der Eigentümer der Einheit Nr. 4 (neu) zur Ausübung desselben berechtigt ist.

---

2. Vereinigung bestehender Wohnungseigentumsrechte

a) Ohne bauliche Veränderungen

Vereinigungen bestehender Wohnungseigentumsrechte sind vor allem unter steuerlichen Aspekten notwendig. Die Vereinigung von zwei Eigentumswohnungen führt dazu, 91 dass nur eine Eigentumswohnung sowohl in zivilrechtlicher als auch in steuerrechtlicher Beziehung (*BFH* NJW 1992, 2504) vorliegt.

> **Praxishinweis Steuern:**
>
> Umgekehrt kann auch eine im Kaufvertrag selbst vorgenommene Unterteilung eines bis dahin einheitlichen Miteigentumsanteils bei Zuweisung mehrerer Objekte an den Käufer zur Annahme eines gewerblichen Grundstückshandels führen (*BFH* DStRE 2011, 876).

92 **Rechtliche Durchführung:** Der bisherige Eigentümer vereinigt gemäß § 890 I BGB (die Vorschrift wird auf Wohnungseigentum entsprechend angewandt: *BGH* DNotZ 2002, 127; *OLG Hamm* DNotZ 2007, 226) die beiden Eigentumswohnungen. Die bisherigen getrennten **Miteigentumsanteile** sind dabei **zusammenzurechnen**. Es entsteht ein einheitlicher, vereinigter Miteigentumsanteil, verbunden mit dem **Sondereigentum an zwei Wohnungen.** Dies ist zulässig (*BGH* DNotZ 1983, 487; BayObLGZ 1971, 102; *Schüller* RNotZ 2011, 203, 213; DNotI-Gutachten v. 26.7.2012 Abruf ah-ma 120.529-i-f-f), auch bei Wohnungserbbaurechten (*OLG Hamm* DNotZ 2007, 225). Die Zustimmung der anderen Wohnungseigentümer ist hierzu nicht erforderlich (*BayObLG* DNotZ 1999, 674; *OLG Hamm* MittBayNot 1999, 561; Bärmann/*Armbrüster* § 1 Rn. 97; § 3 Rn. 85). Bei verschiedenartigen Belastungen der beiden zu vereinigenden Eigentumswohnungen ist im Hinblick auf § 5 GBO Verwirrung zu besorgen; eine Rangregulierung ist deshalb erforderlich.

93 Besteht ein **Sondernutzungsrecht** nur für eine der vereinigten Wohnungen, so tritt in entsprechender Anwendung der Grundsätze über die Grunddienstbarkeit keine Erstreckung der Berechtigung auf die andere, nicht begünstigte Wohnung ein (Palandt/ *Bassenge* § 1018 Rn. 3). Wollte man eine Erstreckung annehmen, so bedürfte die Vereinigung der Zustimmung der anderen Wohnungseigentümer, da durch die Vergrößerung des Kreises der Berechtigten eine erhöhte Inanspruchnahme des Sondernutzungsrechtes und damit des Gemeinschaftseigentums die Folge wäre.

Gehören die zu vereinigenden Eigentumswohnungen demselben Eigentümer, so genügt zum Grundbuchvollzug ein Antrag in der Form des § 29 GBO.

94 Für das **Stimmrecht nach Vereinigung** gilt Folgendes:
- Stimmrecht gemäß Teilungserklärung nach Verhältnis der Miteigentumsanteile: Keine Veränderung.
- Pro Eigentumswohnung eine Stimme: Durch Vereinigung kann sich das Stimmgewicht der verbleibenden Wohnungseigentümer nicht erhöhen, deshalb Stimmrecht wie bisher.
- Jeder Wohnungseigentümer hat eine Stimme: Durch Vereinigung von zwei Einheiten, die demselben Eigentümer gehören, tritt keine Änderung ein.

94a Nutzt ein Wohnungseigentümer zwei Einheiten, ohne dass diese rechtlich vereinigt sind, schuldet er die Verwaltervergütung für zwei Einheiten. Nach grundbuchlicher Vereinigung ist, vorausgesetzt die Verwaltervergütung wird nach Pauschalsätzen pro Wohnung erhoben (Rn. 69), nur noch Vergütung für eine Wohnung geschuldet (Staudinger/*Bub* § 16 WEG Rn. 31; a. A. Weitnauer/*Gottschalg* § 16 WEG Rn. 20). Dies gilt auch für sonstige Kosten, die gemäß einem vereinbarten Kostenverteilungsschlüssel nach der Anzahl der Wohnungen umgelegt werden.

b) Vereinigung benachbarter Eigentumswohnungen mit baulichen Veränderungen (Wand- und Deckendurchbrüche)

95 Gehören räumlich benachbarte Eigentumswohnungen demselben Eigentümer, besteht häufig der Wunsch, diese faktisch zu vereinigen, was dadurch erfolgt, dass ein Mauer-

IV. Interne und externe Veränderungen am Wohnungseigentum A III

durchbruch oder ein Deckendurchbruch vorgenommen wird. Häufig schließt sich an die faktische Vereinigung eine rechtliche Vereinigung (Rn. 92) an.

Ist die zu durchbrechende **Wandmauer** eine **nichttragende,** so steht sie im Miteigentum zu gleichen Anteilen der Eigentümer der benachbarten Wohnungen (BGHZ 57, 248; 43, 129; Sauren DNotZ 1988, 675; Staudinger/*Rapp* § 5 WEG Rn. 120). Der Eigentümer, der hier einen Mauerdurchbruch vornehmen will, verletzt damit kein fremdes Eigentum, insbesondere auch kein Gemeinschaftseigentum. Damit ist auch § 22 I WEG nicht einschlägig. **95a**

Handelt es sich dagegen um eine **tragende Mauer,** so stellt ein Mauerdurchbruch eine bauliche Veränderung im Sinne des § 22 I WEG dar. Hierzu ist grundsätzlich unter dem Gesichtspunkt der statischen Sicherheit des Gebäudes die **Zustimmung aller Wohnungseigentümer,** deren Sondereigentum sich in dem betreffenden Gebäude befindet, erforderlich. Das Zustimmungserfordernis unter dem Gesichtspunkt der baulichen Veränderung entfällt jedoch dann, wenn durch Sachverständigengutachten nachgewiesen wird, dass die statische Sicherheit des Gebäudes durch die Maßnahme nicht beeinträchtigt wird und deshalb ein Fall des § 22 I 2 WEG vorliegt. Es empfiehlt sich, in der Gemeinschaftsordnung den Nachweis der statischen Unbedenklichkeit durch ein entsprechendes Gutachten, das dem Verwalter vorzulegen ist, führen zu lassen. Diese Grundsätze gelten auch für den Durchbruch durch Geschossdecken, da diese stets gemeinschaftliches Eigentum darstellen. Bei Durchbrüchen tragender Wände und Geschossdecken müssen ferner, um das Zustimmungserfordernis des § 22 I WEG auszuschließen, Beeinträchtigungen bezüglich Schall- und Wärmeisolation sowie Brandgefahr ausgeschlossen sein. **95b**

In allen Fällen der faktischen Vereinigung durch Schaffung eines Mauer- oder Deckendurchbruchs wird die Abgeschlossenheit der Wohnungen aufgehoben. Die Rechtsprechung sah hierin zunächst einen rechtswidrigen, der Teilungserklärung widersprechenden Zustand, der von den übrigen Eigentümern nach § 14 Nr. 1 WEG nicht hingenommen werden müsse (*BayObLG* MittBayNot 1997, 366; DNotZ 1995, 620; *KG* WE 1990, 91). Der *BGH* (NJW 2001, 1212) hat diese Rechtsprechung, auch unter Bezugnahme auf die Kritik in der Literatur (Staudinger/*Bub* § 22 WEG Rn. 71, 122; *Rapp* MittBayNot 1995, 282), korrigiert. Wand- und Deckendurchbrüche stellen nicht schon für sich alleine genommen einen für die anderen Wohnungseigentümer nicht hinnehmbaren Nachteil dar. Allerdings ist es erforderlich, dass bei Eingriffen in die Substanz des Gemeinschaftseigentums keine Gefahr für die konstruktive Stabilität des Gebäudes und dessen Brandsicherheit geschaffen wird. Sind solche Gefahren für die Wohnungseigentümer ausgeschlossen, sind diese Veränderungen nach § 14 Nr. 1 WEG hinzunehmen (*OLG Celle* ZWE 2002, 533). Dies ergibt sich auch daraus, dass die benachbarten Wohnungseigentümer ihre Wohnungen rechtlich vereinigen könnten, womit das Problem der Abgeschlossenheit beseitigt ist. Rechtlich ist hierzu ein neuer Aufteilungsplan für die beiden benachbarten Wohnungen samt Abgeschlossenheitsbescheinigung erforderlich und anschließend der rechtliche Weg, wie er in Rn. 92 ff. dargestellt ist. Diese Vereinigung ist ohne Zustimmung der anderen Wohnungseigentümer möglich (MünchKomm/*Commichau* § 3 WEG Rn. 26 f.; Staudinger/*Rapp* § 6 WEG Rn. 13; *KG* WE 1990, 22). **95c**

Das Erfordernis der Abgeschlossenheit dient im Übrigen ausschließlich den Eigentümern der benachbarten Wohnungen und hat keinerlei Wirkungen auf das Sondereigentum der anderen Wohnungseigentümer oder auf das gemeinschaftliche Eigentum. Unter dem Gesichtspunkt der Abgeschlossenheit ist daher weder die Zustimmung der anderen Eigentümer zu einem Mauer- oder Deckendurchbruch erforderlich noch kann deren Beseitigung unter Berufung auf § 14 Nr. 1 WEG verlangt werden (*BGH* NJW 2001, 1212; *Albrecht* MittBayNot 2002, 42).

Ergibt sich aus einem geänderten Aufteilungsplan, dass bei dem Mauer-/Deckendurchbruch **gemeinschaftliches Eigentum** beseitigt wurde, so kann das **Grundbuchamt** gleichwohl nicht den Nachweis der Zustimmung der übrigen Wohnungseigentümer zu der **95d**

Maßnahme verlangen (*BayObLG* DNotZ 1999, 210). Aufgabe des Grundbuchamtes ist es, die Eigentumsverhältnisse zu dokumentieren. Durch ein rein faktisches Verhalten wie einen Mauer-/Deckendurchbruch tritt jedoch keine Eigentumsänderung ein. Eine andere Frage ist es, ob die übrigen Wohnungseigentümer das Verhalten im Hinblick auf §§ 22, 14 WEG zu dulden haben. Diese Frage ist jedoch nicht im Grundbuchverfahren, sondern im Verfahren gemäß §§ 43 ff. WEG zu entscheiden.

3. Neuzuordnung von sondereigentumsfähigen Räumen

a) Ohne Miteigentumsanteil und ohne bauliche Veränderung

96 Sondereigentumsfähige Räume (das sind in sich abgeschlossene) können nach Begründung von Wohnungseigentum einer anderen Eigentumswohnung **desselben Eigentümers** zugeordnet werden. Die Befugnis des Eigentümers hierzu ergibt sich aus § 903 BGB (*BayObLG* DNotZ 1984, 381). Eine Auflassung ist, da ein Eigentumswechsel nicht stattfindet, nicht erforderlich. Zum grundbuchamtlichen Vollzug genügt ein Antrag in der Form des § 29 GBO. § 7 IV 1 letzter Hs. WEG („alle zu demselben Wohnungseigentum gehörenden Einzelräume sind mit der jeweils gleichen Nummer zu kennzeichnen") steht nicht entgegen, da diese Bestimmung nur für die erstmalige Begründung von Wohnungseigentum gilt (Staudinger/*Rapp* § 7 WEG Rn. 21). Ein geänderter Aufteilungsplan, in dem eine „Umnummerierung" der Räume dargestellt wird, ist nicht erforderlich.

97 Sind die Wohnungen mit einer Gesamtbelastung belastet, so ist die Zustimmung der Drittberechtigten zu der geänderten Raumzuordnung nicht erforderlich, da sich der Belastungsgegenstand insgesamt nicht verändert.

Sind die Wohnungen einzeln belastet, so sind **Freigabeerklärungen nach §§ 875, 877 BGB** von den Drittberechtigten erforderlich. Für Rechte in Abteilung II des Grundbuches ist eine Pfandunterstellung des neu mit dem Miteigentumsanteil verbundenen Sondereigentumsraumes im Hinblick auf § 5 GBO erforderlich. Für Rechte in Abteilung III ist fraglich, ob § 1131 BGB entsprechend anwendbar ist. Vorsorglich auch deshalb Pfandunterstellung (BayObLGZ 1993, 166; für gesetzliche Pfanderstreckung *OLG Karlsruhe* ZWE 2013, 208). Zur Auslegung einer Zustimmungserklärung des Grundpfandrechtsgläubigers als Freigabeerklärung s. *OLG Hamm* MittBayNot 1999, 290.

b) Veräußerung sondereigentumsfähiger Räume unter verschiedenen Eigentümern (Kellertausch, Garagentausch)

98 Die Zulässigkeit ergibt sich daraus, dass veräußerliche Rechte auch teilweise veräußert werden können (§ 903 BGB). Für die Form der Veräußerung ist **notarielle Beurkundung** gemäß § 4 III WEG, § 311b BGB erforderlich, ferner Auflassung gemäß § 4 II WEG, § 925 BGB (*OLG Köln* ZMR 2007, 555; Staudinger/*Rapp* § 6 WEG Rn. 19 ff.; *Schmidt* MittBayNot 1985, 244; *Tasche* DNotZ 1972, 710; Weitnauer/*Briesemeister* § 6 WEG Rn. 4; Palandt/*Bassenge* § 6 WEG Rn. 3; a. A. (Auflassung nicht erforderlich) Bärmann/*Armbrüster* § 2 Rn. 116).

99 Ein **neuer Aufteilungsplan** ist nicht erforderlich, da sich die Grenzen des Sondereigentums nicht verändern. § 7 IV 1 letzter Hs. WEG steht nicht entgegen, da die Vorschrift nur für die erstmalige Begründung von Wohnungseigentum anwendbar ist, Rn. 96. Für Lastenfreistellung und Pfandunterstellung gelten die Ausführungen zu Rn. 97 entsprechend. Sind mit einzelnen Wohnungen Sondernutzungsrechte verbunden, so ist klarzustellen, dass diese bei der Wohnung verbleiben und nicht mit dem vertauschten sondereigentumsfähigen Raum den Berechtigten wechseln.

IV. Interne und externe Veränderungen am Wohnungseigentum **A III**

Formulierungsbeispiel: Tausch von Sondereigentum gegen Sondereigentum 99a

Herr A ist Alleineigentümer des im Grundbuch von ... Band ... Blatt ... vorgetragenen Wohnungseigentums Nr. 17 am Grundstück FlNr. 100 der Gemarkung X, zu dem ausweislich des grundbuchamtlichen Bestandsverzeichnisses und des Aufteilungsplanes auch der Kellerraum Nr. 17 gehört. Das Wohnungseigentum ist lediglich in Abteilung III des Grundbuchs belastet mit einer Grundschuld ohne Brief zu 100 000 EUR für die Sparkasse S.
Die Eheleute B sind Miteigentümer zu gleichen Anteilen des im Grundbuch von ... Band ... Blatt ... vorgetragenen Wohnungseigentums Nr. 21 am Grundstück FlNr. 100 der Gemarkung X, zu dem ausweislich des grundbuchamtlichen Bestandsverzeichnisses und des Aufteilungsplanes auch der Kellerraum Nr. 21 gehört. Dieses Wohnungseigentum ist lediglich belastet mit einem Nießbrauch für Frau Katharina M.
Es vertauschen jeweils mit allen Rechten, Pflichten, Bestandteilen und Zubehör:
1. Herr A das Sondereigentum an dem im Aufteilungsplan mit Nr. 17 bezeichneten Kellerraum an die Eheleute B zum Miteigentum zu gleichen Anteilen und
2. die Eheleute B den im Aufteilungsplan mit Nr. 21 bezeichneten Kellerraum an Herrn A zum Alleineigentum.
Die Kellerräume Nr. 17 und Nr. 21 werden jeweils von dem Miteigentumsanteil, zu dem sie bisher gehören, abgetrennt und neu verbunden mit dem Miteigentumsanteil des jeweiligen Erwerbers. Das erworbene Sondereigentum wird dem Wohnungseigentum des jeweiligen Erwerbers als Bestandteil gemäß § 890 II BGB zugeschrieben. Das hinzuerworbene Sondereigentum wird allen Belastungen des Wohnungseigentums, zu dem es künftig gehört, als weiteres Pfand (ggf. mit Zwangsvollstreckungsunterwerfung) unterstellt.
Die Beteiligen sind über diesen Eigentumsübergang einig und bewilligen und beantragen die Eintragung der Rechtsänderung im Grundbuch.
Sie stimmen allen der Lastenfreistellung dienenden Erklärungen mit dem Antrag auf Grundbuchvollzug zu, ferner beantragen sie die Eintragung von Pfanderstreckungen in der Weise, dass das erworbene Sondereigentum allen Belastungen des Wohnungseigentums, zu dem es künftig gehört, unterstellt wird.

---

c) Veräußerung sondereigentumsfähiger Räume zusammen mit einem Miteigentumsanteil und evtl. baulichen Veränderungen

So wie von einem Grundstück eine Teilfläche veräußert werden kann, kann von einem 100
Wohnungseigentum ein Teil – ein sondereigentumsfähiger Raum – veräußert werden. Wegen der Veräußerung von Sondereigentum – und evtl. auch eines Miteigentumsanteiles – ist notarielle Beurkundung und Auflassung erforderlich (§§ 311b, 925 BGB). Der Auflassungsanspruch kann durch Vormerkung gesichert werden (*LG Kempten* MittBayNot 1977, 63). Der Vertragsgegenstand ist durch Beifügung eines Planes – wenn schon vorliegend, des **geänderten Aufteilungsplanes** – eindeutig zu identifizieren, wenn dies durch die bauliche Veränderung angezeigt ist.

Zum grundbuchamtlichen Vollzug ist ein geänderter Aufteilungsplan erforderlich, da die 101
Grenzen des Sondereigentums verändert werden. Die Mitveräußerung eines Miteigentumsanteiles ist nicht zwingend, da es für die Größe der Miteigentumsanteile, die mit dem jeweiligen Sondereigentum verbunden sind, keine zwingenden Vorschriften gibt (s. o. Rn. 35). Wegen der von der Größe des Miteigentumsanteiles jedoch abhängigen Verpflichtung zur Lastentragung und der teilschuldnerischen Außenhaftung gemäß § 10 VIII 1 WEG ist es zweckmäßig, einen Miteigentumsanteil abzutrennen und mitzuveräußern. Wegen der Lastenfreistellung und der Pfandunterstellung gelten die Ausführungen zu Rn. 97 entsprechend. Der Verbleib eines eventuellen Sondernutzungsrechtes ist zu klären.

Die Zustimmung zur baulichen Veränderung am Wohnungseigentum durch die betrof- 102
fenen Wohnungseigentümer braucht dem Grundbuchamt nicht nachgewiesen werden, da dieses weder in der Lage ist zu prüfen, inwieweit eine Zustimmungsbedürftigkeit vor-

liegt, noch welche Wohnungseigentümer „betroffen" sind. Es handelt sich um eine interne Frage der Wohnungseigentümer-Gemeinschaft (s. o. Rn. 95 d).

d) Tausch Gemeinschaftseigentum/Sondereigentum

103   **Beispiel:** Der Wohnungseigentümer A möchte seinen im Sondereigentum stehenden Kellerraum Nr. 1 gegen einen im Gemeinschaftseigentum stehenden Kellerraum tauschen.

Hierfür gibt es folgende Lösungen:
- An dem bisherigen gemeinschaftlichen Kellerraum ist Sondereigentum zu begründen. Hierzu ist die Mitwirkung **aller** Wohnungseigentümer erforderlich, und zwar in der Form des § 4 WEG (Auflassung, *Ertl* DNotZ 1988, 6; *BGH* NJW 1998, 3712; *BayObLG* DNotZ 1990, 37 m. zust. Anm. *Ertl* DNotZ 1990, 39). Da sich der Belastungsgegenstand verändert, ist auch die Zustimmung von Drittberechtigten erforderlich, sofern sie ihre Rechte nicht nur außerhalb des Bauwerkes ausüben (*BayObLG* NJW 1958, 2016; *OLG Düsseldorf* OLGZ 1970, 72). Die Lastenfreistellung des in Sondereigentum umzuwandelnden gemeinschaftlichen Kellerraumes kann deshalb sehr umfangreich und auch kostspielig (Bearbeitungsgebühren der Kreditinstitute und Bausparkassen) werden. Aufgrund des Vorbehaltes in Artikel 120 EGBGB haben die Länder Gesetze über Unschädlichkeitszeugnisse erlassen. Die Lastenfreistellung mittels eines Unschädlichkeitszeugnisses ist auch bei der Umwandlung von Gemeinschaftseigentum in Sondereigentum zulässig (*LG München I* MittBayNot 1967, 365; 1983, 174). Für die Wertgrenze ist maßgeblich der Anteil, der auf die einzelne Eigentumswohnung entfällt, nicht der Wert des Kellerraumes insgesamt. Das Unschädlichkeitszeugnis gilt allerdings nicht für die Freistellung von Auflassungsvormerkungen. Ist also beispielsweise eine Wohnung mit einer Auflassungsvormerkung belastet, so kann für den Grundbuchvollzug auf die Zustimmung des Vormerkungsberechtigten nicht verzichtet werden.

104 Das Sondereigentum an dem anderen Kellerraum ist aufzuheben. Auch hierzu ist die Mitwirkung aller Eigentümer erforderlich. Es handelt sich um einen auflassungsähnlichen Vorgang (§ 4 WEG). Ein einseitiger Verzicht auf das Sondereigentum gegenüber dem Grundbuchamt mit der Wirkung, dass dieses gemeinschaftliches Eigentum wird, in entsprechender Anwendung des § 928 BGB ist nicht möglich (Staudinger/*Rapp* § 1 WEG Rn. 50; *M. Müller*, Grundverhältnis, S. 75).
- Wegen der veränderten Grenzen des Gemeinschaftseigentums und des Sondereigentums ist ein geänderter Aufteilungsplan zum Grundbuchvollzug erforderlich. Dies auch deshalb, weil die Abgeschlossenheit des bisherigen gemeinschaftlichen Kellerraumes bescheinigt werden muss. Ein nicht abgeschlossener Kellerraum ist nicht sondereigentumsfähig. Ein berichtigter amtlicher Aufteilungsplan ist jedoch ausnahmsweise dann nicht erforderlich, wenn ein in Gemeinschaftseigentum umzuwandelnder Kellerraum auch ohne einen solchen in der Eintragungsbewilligung eindeutig und zweifelsfrei bezeichnet werden kann und auf diese Weise das sachenrechtliche Bestimmtheitserfordernis gewahrt wird (*BayObLG* DNotZ 1999, 208).

(Zum Tausch Gemeinschaftseigentum/Sondereigentum siehe *Tasche* DNotZ 1972, 710; *BayObLG* NJW 1977, 152).

e) Grundbuchmäßige Behandlung der Neuzuordnung sondereigentumsfähiger Räume

104a Gemäß § 7 III WEG ist das Grundbuchamt berechtigt, zur näheren Bezeichnung des Gegenstandes des Sondereigentums auf die Eintragungsbewilligung und damit insbesondere auch auf den Aufteilungsplan, Bezug zu nehmen. In allen Fällen der Neuzuordnung eines sondereigentumsfähigen Raumes bedarf es zum einen der Abschreibung des Raumes im Bestandsverzeichnis der bisherigen Einheit und der Zuschreibung dieses Raumes im Bestandsverzeichnis der neuen Einheit. Dabei genügt – im Interesse der Rechtssicherheit – eine Bezugnahme auf die Eintragungsbewilligung gemäß § 7 III WEG nicht; es ist vielmehr ein Vermerk auf den Grundbuchblättern der beteiligten Einheiten selbst erforderlich (*BGH* NJW 2007, 3777).

4. Nachträgliche An- oder Ausbauten

Bauliche Veränderungen können nicht gemäß § 21 III WEG (ordnungsgemäße Verwaltung durch Stimmenmehrheit) beschlossen oder gemäß § 21 IV WEG (Verwaltung, die dem Interesse der Gesamtheit der Wohnungseigentümer nach billigem Ermessen entspricht) verlangt werden (§ 22 I 1 WEG). Die Zustimmung eines Wohnungseigentümers zu solchen Maßnahmen ist insoweit nicht erforderlich, als durch die Veränderung dessen Rechte nicht über das in § 14 WEG bestimmte Maß hinaus beeinträchtigt werden (§ 22 I 2 WEG).

Eine bauliche Veränderung im Sinne des Gesetzes liegt jedoch nur dann vor, wenn der Bauzustand, wie er sich aus den Aufteilungsplänen ergibt, verändert werden soll (zu Wand- und Deckendurchbruch s. Rn. 95 ff.). Die erstmalige Herstellung von Bauwerken, auch wenn diese erst lange Zeit nach anderweitig bereits fertig gestellten Bauwerken erfolgen soll, stellt keine bauliche Veränderung dar (*BayObLG* DNotZ 2003, 539). Eine Zustimmung der Eigentümer ist daher entbehrlich (*OLG Hamm* DNotZ 1988, 32).

Besonders umstritten ist die Frage, ob der **Anschluss aller Eigentümer an das Breitbandkabel** der Deutschen Telekom AG eine bauliche Veränderung darstellt oder nicht (für bauliche Veränderung und damit Einstimmigkeit *OLG Karlsruhe* NJW-RR 1989, 1041; *LG Würzburg* NJW 1986, 66; für Maßnahme der ordnungsgemäßen Verwaltung *AG Hildesheim* NJW 1986, 64; *OLG Celle* NJW-RR 1987, 466; *Bielefeld*, FS Bärmann und Weitnauer, 1990, S. 10; zum Meinungsstand s. Staudinger/*Bub* § 21 WEG Rn. 173, 218 f.). Für den Einzelanschluss gilt § 21 V 6 WEG.

Die Wohnungseigentümer-Gemeinschaft ist unauflöslich. Deshalb hat jeder Miteigentümer ein begründetes Interesse daran, nicht durch Mehrheitsbeschluss zur Tragung von Kosten für bauliche Veränderungen gezwungen werden zu können, die beim Erwerb seines Wohnungseigentums nicht voraussehbar waren. Das Wohnungseigentum muss bei der Lastentragung kalkulierbar bleiben. Deshalb können bauliche Veränderungen grundsätzlich nur **einstimmig** von allen Wohnungseigentümern beschlossen werden (*BGH* NJW 1979, 817; *BayObLG* NJW-RR 1987, 717). Durch die Gemeinschaftsordnung kann jedoch, sachliche Gründe vorausgesetzt, eine bauliche Veränderung auch aufgrund Mehrheitsbeschlusses zugelassen werden (*BayObLG* DNotZ 1991, 156).

Ist der Wohnungseigentümergemeinschaft eine Baugenehmigung erteilt worden, so fehlt einem einzelnen Wohnungseigentümer die Klagebefugnis vor dem Verwaltungsgericht gegen diese Baugenehmigung (*BVerwG* NJW 1989, 3279). Gegen die Baumaßnahme kann sich der Eigentümer nicht vor dem Verwaltungsgericht, sondern nur im Verfahren gemäß § 43 WEG wehren. **Anbauten** können nur auf dem gemeinschaftlichen Grundstück errichtet werden. Wegen der dadurch bewirkten Schmälerung des Gemeinschaftseigentums ist Einstimmigkeit erforderlich. Durch die Gemeinschaftsordnung können jedoch abweichende Festlegungen getroffen werden.

In allen Fällen von Anbauten, Ausbauten oder Aufstockungen ersetzt eine erforderliche öffentlich-rechtliche Genehmigung (Baugenehmigung) nicht die Zustimmung der anderen Wohnungseigentümer (*OLG Stuttgart* WE 1980, 36), wie umgekehrt die Zustimmung der Wohnungseigentümer keine Baugenehmigung ersetzt (*OLG Hamm* NJW-RR 1987, 845). Die neu geschaffenen Räume stehen im Gemeinschaftseigentum (s. o. Rn. 43c).

Auch in Sondernutzungsbereichen darf grundsätzlich nur eine solche Nutzung verwirklicht werden, die der **Zweckbestimmung des Sondernutzungsbereiches** entspricht. Wurde in einem als Hoffläche ausgewiesenen Sondernutzungsbereich eine Halle errichtet, so ist dies durch die Zweckbestimmung nicht gedeckt mit der Konsequenz, dass etwaige Nutzungen der Halle (Mietzinsen) der Gemeinschaft der Eigentümer gebühren (*OLG Düsseldorf* NJW-RR 1987, 1163).

5. Umwandlung von Wohnungseigentum in Teileigentum und umgekehrt

110   Die Qualifikation einer Einheit als Wohnungseigentum oder Teileigentum hat Vereinbarungscharakter gemäß § 10 II 2 WEG (*BGH* DNotZ 2004, 145; *KG* ZMR 2007, 299; *OLG München* ZMR 2007, 304; Staudinger/*Rapp* § 1 WEG Rn. 11; *Hügel*, FS Bub, 2007, S. 138, 149; *Armbrüster* ZMR 2007, 324) weshalb eine Umwandlung nur einstimmig durch Änderung dieser Vereinbarung herbeigeführt werden kann (*BayObLG* MittBayNot 1998, 254; 1983, 124; DNotZ 1990, 42). Daneben sind §§ 873, 877 BGB nicht anwendbar, da Wohnungseigentum/Teileigentum eine von ihrer Struktur her identische Rechtsfigur darstellen (Miteigentumsanteil verbunden mit Sondereigentum), die über §§ 3, 8 WEG begründet wird, was den allgemeinen Vorschriften vorgeht (*Hügel*, FS Bub, 2007, S. 145; a.A. *Wenzel* ZWE 2006, 62). Nur bei einer **Änderungsvereinbarung** kann die Eintragung der Umwandlung in das Grundbuch erfolgen. Die Änderungsvereinbarung bedarf jedoch nicht der Form der Auflassung. Für die Grundbucheintragung genügt die **einseitige Bewilligung** gemäß §§ 19, 29 GBO, jedoch von allen Eigentümern (*BayObLG* DNotZ 1998, 379; MittBayNot 1996, 208; DNotZ 1990, 37; *Ertl* DNotZ 1990, 40) sowie eine geänderte Abgeschlossenheitsbescheinigung, weil das Ausstattungserfordernis für Wohnungseigentum/Teileigentum verschieden ist (*KG* ZWE 2013, 322; *Hügel*, FS Bub, 2007, S. 152; Staudinger/*Rapp* § 1 WEG Rn. 11; a.A. *OLG Bremen* ZWE 2002, 229; vgl. Staudinger/*Rapp* § 3 WEG Rn. 15; § 1 WEG Rn. 5). Der Einwand, die Umwandlung von Teileigentum in Wohnungseigentum sei eine freiwillige Nutzungsbeschränkung des Eigentümers, weil für die anderen Miteigentümer von einem Wohnungseigentum geringere Beeinträchtigungen ausgehen als von einem Teileigentum, wurde vom *BayObLG* MittBayNot 1983, 124 nicht anerkannt.

Nach der bis zum 30.6.2007 gültigen Rechtslage bedurfte diese Umwandlung nach §§ 876, 877 BGB der Zustimmung der dinglich Berechtigten an der von der Umwandlung betroffenen Einheit (BayObLGZ 1989, 18; DNotZ 1992, 714; MittBayNot 2001, 205; Staudinger/*Rapp* § 1 WEG Rn. 11ff.). Erforderlich war ferner die Zustimmung der Drittberechtigten an den anderen Einheiten in derselben Anlage. Die Qualifikation einer Einheit als Wohnungseigentum oder Teileigentum wird zum Inhalt des Sondereigentums aller Einheiten der Anlage und hat deshalb bei einer Umwandlung eine Änderung der rechtlichen Ausgestaltung der übrigen Einheiten zur Folge. Es tritt eine Inhaltsänderung des jeweiligen Sondereigentums ein (§ 877 BGB) mit der Folge, dass die dinglich Berechtigten gemäß §§ 877, 876 S. 1 BGB zustimmen müssen (BayObLGZ 1989, 28).

Nach der seit dem 1.7.2007 gültigen neuen Vorschrift des § 5 IV 2 WEG ist die Zustimmung jedoch nur erforderlich, wenn ein Sondernutzungsrecht begründet oder ein mit dem Wohnungseigentum verbundenes Sondernutzungsrecht aufgehoben, geändert oder übertragen wird. Sonstige Inhaltsänderungen des Sondereigentums werden von der Zustimmungsverpflichtung ausgenommen, wobei das Gesetz auf eine wirtschaftliche Betrachtungsweise nicht abstellt (*Hügel/Elzer* Rn. 18 ff.). So bleiben auch nachträgliche Nutzungsbeschränkungen einer Teileigentumseinheit von der Zustimmungspflicht ausgenommen (*Hügel/Elzer* Rn. 25). Hiervon ausgehend ist anzunehmen, dass auch die Umwandlung von Wohnungseigentum in Teileigentum und umgekehrt gemäß § 5 IV 2 WEG keiner Zustimmung der Grundpfandrechtsgläubiger mehr bedarf (*KG* ZWE 2011, 84; Bamberger/Roth/*Hügel* § 1 WEG Rn. 7; Palandt/*Bassenge* § 1 WEG Rn. 4). Wenn schon die Gläubiger der von der Umwandlung betroffenen Einheit nicht zustimmen müssen, so gilt dasselbe erst recht von den Grundpfandrechtsgläubigern der anderen, von der Umwandlung nicht unmittelbar betroffenen Einheiten.

Wohnungseigentum und Teileigentum sind nicht zwei verschiedene Sachenrechte, wie z.B. eine Grunddienstbarkeit und eine beschränkt persönliche Dienstbarkeit. Die Um-

IV. Interne und externe Veränderungen am Wohnungseigentum   A III

wandlung von einer Nutzungsart in eine andere erfordert deshalb auch keinen sachenrechtlichen Neubegründungsakt (*Hügel*, FS Bub, 2007, S. 145). Die Umwandlung ist der Veränderung des Gemeinschaftsverhältnisses zuzurechnen mit der Folge, dass die Zustimmung von Grundpfandrechtsgläubigern und Reallastgläubigern nach § 5 IV 2 WEG nicht (mehr) erforderlich ist (zu dem bis zum 1.7.2007 gültigen Rechtsstand s. Staudinger/*Rapp* § 1 WEG Rn. 13).

Eine nur **scheinbare (unechte) Umwandlung** liegt dagegen vor, wenn mit einem Wohnungseigentum Nebenräume verbunden sind, die bei einer Abtrennung nur als Teileigentum eingetragen werden können. Dies ist beispielsweise der Fall, wenn mit einem Wohnungseigentum das Sondereigentum an einem Tiefgaragenabstellplatz verbunden ist. Wegen des überwiegenden Charakters des Wohnungseigentums erfolgt Eintragung als solches. Erfolgt später eine Unterteilung, so ist der Tiefgaragenabstellplatz als Teileigentum einzutragen; die Zustimmung der anderen Miteigentümer ist nicht erforderlich (BGHZ 73, 150). **111**

Wurde auf einer Eigentümerversammlung mit Mehrheit beschlossen, der Umwandlung eines Wohnungseigentums in Teileigentum oder umgekehrt zuzustimmen, ohne dass dies die Gemeinschaftsordnung ausdrücklich zulässt, so liegt ein vereinbarungsändernder Beschluss vor, der nichtig ist (BGHZ 145, 158). Eine Vereinbarung kann (grundsätzlich, Ausnahme Rn. 118ff.) nur durch eine neue Vereinbarung, nicht aber durch einen Beschluss, geändert werden. Die zur Umwandlung von Wohnungseigentum in Teileigentum ergangene anders lautende Entscheidung des *BayObLG* (MittBayNot 1983, 125) kann nach der neuen BGH-Rechtsprechung keinen Bestand mehr haben. Näheres zu Änderungen von Vereinbarungen Rn. 114ff. **112**

Ist Wohnungseigentum verkauft, im Grundbuch aber Teileigentum eingetragen, so hat der Verkäufer so lange nicht erfüllt, bis entsprechende Grundbuchumschreibung erfolgt ist (*OLG Celle* MittBayNot 1983, 115). Erfolgt sie nicht, liegt ein Rechtsmangel vor (*BGH* DNotZ 2004, 145; *OLG Düsseldorf* DNotZ 1998, 369).

Gerade beim **Vorratsbau** steht die endgültige Nutzung der einzelnen Einheiten bei Erstellung der Teilungserklärung mit Gemeinschaftsordnung in der Regel noch nicht fest, da Käufer hierfür noch nicht vorhanden sind. Auch für eine spätere Veräußerung können sich Nutzungsbeschränkungen als Hemmnisse erweisen. In die Gemeinschaftsordnung ist deshalb eine entsprechende Regelung aufzunehmen. **113**

Formulierungsbeispiel: Umwandlung von Wohnungseigentum in Teileigentum   **113a**

Jeder Wohnungseigentümer ist berechtigt, sein Wohnungseigentum in Teileigentum umzuwandeln. In einem solchen Teileigentum sind jedoch nur nicht störende gewerbliche Betätigungen oder eine freiberufliche Berufsausübung zulässig. Tritt infolge der geänderten Nutzung nach Umwandlung eine stärkere Benutzung des Gemeinschaftseigentums ein, so bestimmt der Verwalter nach billigem Ermessen, dass dieser Eigentümer einen erhöhten Anteil an den gemeinschaftlichen Lasten und Kosten zu tragen hat.

Nur wenn die Gemeinschaftsordnung eine derartige **Umwandlungsmöglichkeit** vorsieht, ist die Zustimmung der anderen Eigentümer zu einer Umwandlung, die eine Inhaltsänderung des Eigentums im Sinne von § 877 BGB darstellt, entbehrlich (*BayObLG* DNotZ 1990, 44). Ist für einen Eigentümer eine Ausbaumöglichkeit vorgesehen, die zu Wohnraum führt, so besteht ein Anspruch gegen die anderen auf Zustimmung zur Umwandlung (*BayObLG* MittBayNot 1996, 208).

6. Dereliktion von Wohnungseigentum

Im Zusammenhang mit „Schrottimmobilien" ist die Frage aufgetaucht, ob ein Wohnungseigentümer sein Wohnungseigentum/Teileigentum gemäß § 928 BGB aufgeben **113b** kann. Nach verneinenden Entscheidungen des *BayObLG* (NJW 1991, 1962; *OLG Zweibrücken* ZMR 2003, 137) wollte das *OLG Düsseldorf* (ZMR 2007, 382) eine Dereliktion von Wohnungseigentum zulassen. Nachdem der *BGH* bereits die Dereliktion eines schlichten Miteigentumsbruchteils gemäß §§ 741 ff. BGB an einem Grundstück abgelehnt hatte (NJW 2007, 2254), verneinte er diese Möglichkeit auch bezüglich des Wohnungseigentums (*BGH* NJW 2007, 2547; ebenso *Briesemeister* ZWE 2007, 218). Wie bei dem schlichten Miteigentumsbruchteil erschöpft sich auch das Wohnungseigentum nicht allein in einer sachenrechtlichen Komponente. Die Miteigentümer sind, gleichgültig in welchem Typus sie dieses halten, zugleich in einer Miteigentümergemeinschaft berechtigt und verpflichtet und zwar so lange, bis diese in gesetzeskonformer Weise beendet wird. § 11 WEG bestimmt hier, dass eine Beendigung der Gemeinschaft durch deren Aufhebung, auch aus wichtigem Grund und im Falle der Insolvenz, ausgeschlossen ist. Eine Dereliktion hätte zur Folge, dass sich ein Wohnungseigentümer seiner aus § 16 II WEG ergebenden Verpflichtung zur Lastentragung bezüglich des gemeinschaftlichen Eigentums sowie zur Kostentragung bezüglich der Instandhaltung, Instandsetzung, sonstigen Verwaltung und eines gemeinschaftlichen Gebrauchs des gemeinschaftlichen Eigentums nach dem Verhältnis seines Miteigentumsanteils entziehen könnte. Die dadurch nicht gedeckten Kosten würden damit zwangsläufig den anderen Miteigentümern angelastet werden, ohne dass diesen – mangels Anwachsung – ein größeres Miteigentum an dem gemeinschaftlichen Grundstück zustünde. Eine Rechtfertigung für diese gesetzeswidrige Mehrbelastung gibt es nicht (*BGH* ZMR 2007, 797). Ein einseitiger **Eigentumsverzicht** gemäß § 928 BGB (Dereliktion) ist deshalb bei Wohnungseigentum nicht möglich (*BGH* NJW 2007, 2547; Staudinger/*Rapp* § 1 WEG Rn. 50).

7. Änderungen der Gemeinschaftsordnung

114 Das Gesetz spricht in § 10 III, IV WEG einerseits von „Vereinbarungen der Wohnungseigentümer", andererseits von „Beschlüssen der Wohnungseigentümer gemäß § 23". Der Vereinbarung steht gleich das vom teilenden Eigentümer gemäß § 8 festgelegte „Statut", das ebenfalls wie die Vereinbarungen zum Inhalt des Sondereigentums gemacht werden kann (§§ 8 II 1, 5 IV 1 WEG). Für Vereinbarungen der Wohnungseigentümer hat sich die Bezeichnung „**Gemeinschaftsordnung**" (GO) durchgesetzt.

Bei Änderungen der Gemeinschaftsordnung geht es um Änderungen der Rechtsbeziehungen der Wohnungseigentümer untereinander, nicht dagegen um eine dinglich wirkende Neuzuordnung des Eigentums am Grundstück und seiner wesentlichen Bestandteile, insbesondere des Gebäudes. Soll die Größe von Miteigentumsanteilen oder der räumliche Umfang von Sondereigentum/Gemeinschaftseigentum geändert werden, so ist zwingend die Form der Auflassung und die Grundbucheintragung vorgeschrieben (§ 925 BGB, § 4 WEG). Vereinbarungen der Wohnungseigentümer untereinander oder Beschlüsse der Versammlung der Wohnungseigentümer sind insoweit wegen Formverstoßes nichtig, § 125 BGB (*Kreuzer* ZWE 2002, 286).

115 In der Gestaltung und in der späteren Änderung dieser Beziehungen sind die Wohnungseigentümer, mit Ausnahme der unabdingbaren Vorschriften des WEG, frei. Inwieweit neben den Vereinbarungen Beschlüsse zulässig sind, ergibt sich zum einen aus dem Gesetz und zum anderen aus den Vereinbarungen selbst. Schwierigkeiten bereitet die Abgrenzung, ob ein einstimmiger Beschluss als Beschluss gemäß § 23 WEG oder als Vereinbarung aufzufassen ist. Die Abgrenzung zwischen Vereinbarung und Beschluss hat weitreichende Auswirkungen: Eine Vereinbarung bedarf, um Wirkung gegenüber einem Sonderrechtsnachfolger zu erzeugen, der Eintragung in das Grundbuch (§ 10 III WEG), ein Beschluss wirkt ohne Eintragung gemäß § 10 IV WEG gegenüber einem Sonderrechtsnachfolger. Eine Vereinbarung kann grundsätzlich nur durch eine neue Vereinbarung abgeändert werden, ausnahmsweise auch aufgrund eines Abänderungsanspruchs gemäß § 10 II 3 WEG. Ein Beschluss kann demgegenüber grundsätzlich durch einen

IV. Interne und externe Veränderungen am Wohnungseigentum **A III**

neuen Beschluss aufgehoben oder abgeändert werden. Die Abgrenzung ergibt sich daraus, was Beschlussgegenstand ist: Betrifft er das Verhältnis der Wohnungseigentümer in Ergänzung oder Abweichung von Vorschriften des WEG oder von eingetragenen Vereinbarungen, dann liegt eine Vereinbarung vor, ansonsten ein Beschluss (*BayObLG* NJW-RR 2003, 9; 1987, 1364; BayObLGZ 1984, 198; DNotZ 1984, 101; BayObLGZ 1978, 377; 1975, 201; 1973, 83; *Hügel* DNotZ 2001, 176; *Weitnauer* JZ 1985, 988; *Ertl* DNotZ 1979, 276; Palandt/*Bassenge* § 10 WEG Rn. 8; Weitnauer/*Lüke* § 10 WEG Rn. 28; Staudinger/*Kreuzer* § 10 WEG Rn. 132 ff.; *OLG Hamburg* ZMR 2008, 154; Jennißen/*Jennißen* § 10 Rn. 8; *Müller*, FS Bärmann und Weitnauer, 1990, S. 509; demgegenüber stellt *Häublein* (S. 177 ff.) auf den „verobjektivierten Parteiwillen", der durch normative Auslegung zu ermitteln ist, ab). Ist im Gesetz oder in den Vereinbarungen der Wohnungseigentümer eine Beschlussfassung vorgesehen, so ist auch ein **einstimmiger Beschluss** nicht als Vereinbarung anzusehen, weil jeder Wohnungseigentümer, der an der Beschlussfassung beteiligt ist, durch seine Stimmabgabe lediglich die konkrete Angelegenheit in einem bestimmten Sinne geregelt sehen will, nicht aber eine darüber hinausgehende Bindung beabsichtigt (*Weitnauer* JZ 1985, 988).

Vereinbarungen im Sinne des § 10 III WEG liegen nur dann vor, wenn von einer **116** dispositiven Norm des WEG abgewichen werden soll oder eine bereits in der Gemeinschaftsordnung enthaltene Vereinbarung ausdrücklich geändert werden soll und, in beiden Fällen, die **Regelung nicht nur für einen konkreten Einzelfall**, sondern generell und für Dauer getroffen werden soll. Beschlüsse können im Gegensatz zu Vereinbarungen durch die nächstfolgende Wohnungseigentümer-Versammlung wieder aufgehoben oder abgeändert werden (BGHZ 113, 200; 148, 335; BayObLGZ 1985, 57; *Weitnauer* JZ 1985, 987; Bamberger/Roth/*Hügel* § 10 WEG Rn. 42, § 23 WEG Rn. 24; zu Ausnahmen wegen einem schutzwürdigen Bestandsinteresse einzelner Wohnungseigentümer s. Staudinger/*Bub* § 23 WEG Rn. 122 ff.).

Damit Vereinbarungen für den Sondernachfolger bindend sind (§ 10 II WEG), bedarf es der Grundbucheintragung und hierzu der Eintragungsbewilligung gemäß § 29 GBO durch **alle** Wohnungseigentümer (*BayObLG* DNotZ 1984, 101; BayObLGZ 1978, 383).

a) Änderung durch Vereinbarung, Zustimmung Drittberechtigter

Da Vereinbarungen grundsätzlich nur durch **alle** Wohnungseigentümer getroffen werden **117** können, ist auch ihre Änderung nur mit Zustimmung aller Wohnungseigentümer zulässig. Dies ist die logische Konsequenz daraus, dass Vereinbarungen über § 5 IV WEG Inhalt des Sondereigentums sind und es dem Eigentumsbegriff widerspricht, dass der Inhalt des Eigentums durch Mehrheit geändert werden kann. Die Sicherheit und der Wert des Wohnungseigentums, insbesondere auch seine Beleihbarkeit, hängen davon ab, dass eine erworbene Rechtsstellung dem Erwerber nicht ohne seine Zustimmung, auch nicht durch Mehrheitsbeschluss, entzogen werden kann. Die Änderungsvereinbarung bedarf, wie die Vereinbarung selbst, keiner Form. Sie wirkt zwischen den Vertragsteilen vor Eintragung im Grundbuch zunächst nur schuldrechtlich; eine dingliche Wirkung gegenüber Rechtsnachfolgern (§ 10 III WEG) und damit auch eine Inhaltsveränderung des Sondereigentums wird jedoch nur bei Grundbucheintragung erreicht (Staudinger/*Rapp* WEG Einl. 78 ff. m.w.N.; *Häublein* (S. 49 ff.) geht demgegenüber auch bei eingetragenen Vereinbarungen nur von schuldrechtlichen Wirkung aus).

Zur Eintragung einer vereinbarten Inhaltsänderung des Sondereigentums in das **117a** Grundbuch ist – Anwendung der allgemeinen Vorschriften vorausgesetzt – die Zustimmung Drittberechtigter nach den §§ 877, 876 BGB erforderlich (BGHZ 91, 343). Bei bestehender Belastung des Wohnungseigentums mit einem Grundpfandrecht oder einer Reallast ist jedoch seit 1.7.2007 die Zustimmung des Dritten zur Inhaltsänderung grundsätzlich nicht mehr erforderlich, ausgenommen es wird ein Sondernutzungsrecht begründet oder ein mit dem Wohnungseigentum verbundenes Sondernutzungsrecht aufgehoben, geändert oder übertragen. Nach § 5 IV 3 WEG gibt es auch bei Sondernutzungsrechten Zustimmungsfreiheit für Grundpfandrechts- und Reallastgläubiger, „wenn durch die Vereinbarung gleichzeitig das zu seinen Gunsten belastete Wohnungseigentum mit einem Sondernutzungsrecht verbunden wird".

Die Neuregelung bezieht sich ausschließlich auf die Veränderung des **Inhalts des Sondereigentums,** nicht dagegen auf Veränderungen des Gegenstandes des Wohnungseigentums. Die Vorschrift ist also nicht anwendbar auf die Veränderung von Miteigentumsanteilen oder auf die Veränderung der Grenzen zwischen dem Sondereigentum und dem Gemeinschaftseigentum. Bei Veränderungen des Gegenstandes des Wohnungseigentums gelten nach wie vor die allgemeinen Vorschriften.

Bei Inhaltsänderungen gibt es jedoch, Sondernutzungsrechte ausgenommen, generelle Zustimmungsfreiheit. Sie gilt für Gebrauchsregelungen gemäß § 15 II WEG (z. B. statt Gaststätte darf nur noch ein Laden betrieben werden) ebenso wie für Veränderungen der Kostenverteilung (z. B. Liftkosten nach Stockwerkshöhe statt nach Miteigentumsanteilen). Freigestellt sind auch Vereinbarungen über die Verwaltung, ja sogar die Umwandlung von Wohnungseigentum in Teileigentum und umgekehrt (s. Rn. 100). Die Freistellung gilt sowohl für die Veränderung von Vereinbarungen als auch – nach durchgeführter Begründung von Wohnungseigentum – für den erstmaligen Abschluss von Vereinbarungen (*Hügel/Elzer* § 1 WEG Rn. 7). Nicht freigestellt vom Zustimmungserfordernis ist eine etwa erforderliche Zustimmung von Berechtigten der Abteilung II des Grundbuchs, z. B. beschränkt persönliche Dienstbarkeiten, Grunddienstbarkeiten, Nießbrauch, Wohnungsrecht sowie Dauerwohn- und Dauernutzungsrechte sowie für Vormerkungen (*Hügel/Elzer* § 1 WEG Rn. 27 f.). Auf diese Rechte – ausgenommen Vormerkung – sind jedoch die landesrechtlichen Gesetze über das Unschädlichkeitszeugnis analog Art. 120 EGBGB anwendbar (*BayObLG* MittBayNot 2004, 43; 1988, 175; *Kreuzer* ZWE 2002, 287; *Demharter* MittBayNot 2004, 17; Art. 5 IV 2 des Bay. Gesetzes über das Unschädlichkeitszeugnis v. 9.11.2012, BayGVBl. 2012, 534; s. hierzu *Demharter* MittBayNot 2013, 104).

b) Änderung aufgrund Öffnungsklausel

118 Es ist allerdings nicht zu verkennen, dass vielfach ein Bedürfnis besteht, eine Gemeinschaftsordnung, die über Jahrzehnte hinweg gilt, geänderten persönlichen Bedürfnissen der Mehrheit der Wohnungseigentümer oder neuen technischen Möglichkeiten anzupassen (zu Reformvorschlägen *Armbrüster* DNotZ 2003, 494).

> **Beispiel:** Bei Erstbezug einer WE-Anlage mit 50 Wohnungen haben in dieser 50 Kinder gewohnt. Es waren 10 Pkws vorhanden. Dementsprechend wurden der Kinderspielplatz dimensioniert und Stellplätze angeordnet. Nach 20 Jahren befinden sich in derselben Anlage nur noch 10 Kinder, dagegen 50 Kraftfahrzeuge. Kann die Versammlung der Wohnungseigentümer mit absoluter (oder Dreiviertel-)Mehrheit beschließen, den nunmehr überdimensionierten Kinderspielplatz entsprechend dem jetzigen tatsächlichen Bedürfnis zu verkleinern und stattdessen zusätzliche Stellplätze zu bauen? Die herrschende Meinung verneint dies.

119 **aa) Öffnungsklausel durch Gemeinschaftsordnung.** Der Mehrheitsbeschluss zielt auf eine Nutzungsänderung bzgl. des Gemeinschaftseigentums (Grundstücksflächen) und auf eine bauliche Veränderung, die nicht gemäß § 21 III WEG beschlossen oder gemäß § 21 IV WEG verlangt werden kann (vgl. *OLG Zweibrücken* NJW-RR 1987, 1359 – Mülltonnenstellplatz statt Grünfläche –; BayObLGZ 1971, 322; *OLG Stuttgart* OLGZ 1974, 404; *OLG Frankfurt* OLGZ 1980, 78). Der *BGH* erachtet es deshalb im Interesse der Flexibilität der Wohnungseigentümergemeinschaft als zulässig, dass in der Gemeinschaftsordnung eine Regelung besteht, die vorsieht, dass die in ihr enthaltenen Vereinbarungen (neben dem Weg der Abänderungsvereinbarung) auch durch Mehrheitsbeschluss geändert werden können (BGHZ 95, 137). Diese Rechtsprechung wurde jetzt auch durch den Gesetzgeber bestätigt, da die Regelung des § 10 IV 2 WEG (eingefügt durch

IV. Interne und externe Veränderungen am Wohnungseigentum   A III

das WEG-ÄndG) eine solche beschlussmäßige Abänderungsmöglichkeit voraussetzt. Eine solche Bestimmung nennt man eine Öffnungsklausel (*Armbrüster* DNotZ 2003, 494; Staudinger/*Kreuzer* § 10 WEG Rn. 57 ff.; *Hügel/Scheel* Rn. 268 ff.; *Hügel* ZWE 2002, 503; *Becker* ZWE 2002, 341; *Häublein* S. 210 ff.). Der sachliche Umfang der Öffnungsklausel wird durch diese selbst bestimmt (Staudinger/*Kreuzer* § 10 WEG Rn. 60; *Armbrüster* ZWE 2013, 242). Immanente Grenzen der Beschlusskompetenz sind jedoch auch bei einer Öffnungsklausel der Gesichtspunkt der ordnungsmäßigen Verwaltung (§ 21 III WEG). So erfordert z. B. die Abänderung eines Kostenverteilungsschlüssels einen sachlichen Grund und verbietet es, einzelne Wohnungseigentümer gegenüber dem bisherigen Rechtszustand unbillig zu benachteiligen (BGHZ 95, 137; OLG *Hamm* ZWE 2006, 230; 2007, 254; *Wenzel*, FS Deckert, S. 528). Es ist danach ausgeschlossen, dass sich eine „Koalition der Begünstigten" bildet. Diese Einschränkung gilt jedoch nicht gegenüber gesetzlichen Öffnungsklauseln, z. B. § 16 III WEG. Es gilt jedoch das Willkürverbot (*BGH* ZWE 2011, 324).

> **Beispiel:** Eine Gemeinschaftsordnung sieht vor, dass die im Erdgeschoß gelegenen Wohnungen an den Liftkosten nicht beteiligt werden. Die Wohnungseigentümer in den Stockwerken 2 bis 6 werden mit Sicherheit jedem Antrag zustimmen, der darauf abzielt, auch die Erdgeschoßeigentümer an den Liftkosten zu beteiligen, da dies für sie eine Kostenverringerung zur Folge hat. Ohne Hinzutreten eines sachlichen Grundes entspräche jedoch ein solcher Beschluss nicht ordnungsmäßiger Verwaltung. Wurde dagegen zwischenzeitlich eine Dachterrasse gebaut, die auch von den Eigentümern der Erdgeschoßwohnungen genutzt werden kann, so liegt ein sachlicher Grund für die Änderung des Kostenverteilungsschlüssels vor.

Der sachliche Grund und das Verbot der unbilligen Benachteiligung stellen sich demnach als eine besondere Ausprägung des Grundsatzes des Wegfalls der Geschäftsgrundlage dar, wie dieser im § 311 BGB geregelt ist (Staudinger/*Kreuzer* § 10 WEG Rn. 60).

Auf jeden Fall ist der **Rechtsgedanke des § 35 BGB**, wonach Sonderrechte eines **120** Mitglieds nicht ohne dessen Zustimmung durch Beschluss der Mitgliederversammlung beeinträchtigt werden dürfen, anwendbar. So kann einem Wohnungseigentümer ohne dessen Zustimmung auf keinen Fall ein Sondernutzungsrecht entzogen werden. Nicht möglich ist es auch, die vereinbarte Nutzung eines Sondereigentums gegen den Willen des Eigentümers zu ändern. Demnach kann ein qualifizierter Mehrheitsbeschluss zur Abänderung von Vereinbarungen vorgesehen werden für Angelegenheiten, die alle Wohnungseigentümer gleichermaßen betreffen (Einführung oder Aufhebung von Veräußerungsbeschränkungen gemäß § 12 WEG – unter Beachtung von § 12 IV 2 WEG; Bestellung und Abberufung des Verwalters, Einberufung der Wohnungseigentümer-Versammlung, Wirtschaftsplan, Rechnungslegung und Verwaltungsbeirat; bauliche Veränderungen und Aufwendungen zur Anpassung an veränderte Umstände.

Aus der grundlegenden Entscheidung BGHZ 95, 137 ergibt sich nicht, ob der Bundesgerichtshof einen Beschluss, der eine Vereinbarung ändert, rechtlich als Beschluss oder als Vereinbarung qualifizieren will. Die Frage hat für die Rechtssicherheit erhebliche Bedeutung. Da der Beschluss auf eine Änderung dispositiver Gesetzesbestimmungen bzw. auf die Schaffung von Vereinbarungen abzielt, liegt materiell betrachtet eine „**Mehrheitsvereinbarung**" vor (*Hügel* DNotZ 2001, 186 und ZWE 2002, 304; *Hügel/Scheel* Rn. 271 f.; *Hügel/Elzer* Rn. 137). Da diese Mehrheitsvereinbarungen auf eine dingliche Inhaltsänderung des Sondereigentums abzielen, bedürfen sie gemäß § 10 III WEG zu ihrer Wirksamkeit gegenüber Sonderrechtsnachfolgern der Eintragung im Grundbuch (*Hügel/Scheel* Rn. 272; *Hügel/Elzer* Rn. 137; *Bärmann/Merle* § 23 WEG Rn. 20; Staudinger/*Kreuzer* § 10 WEG Rn. 62; *Wenzel*, FS Deckert, S. 530; *Armbrüster* DNotZ 2003, 502 – jedenfalls de lege ferenda –; *ders.* ZMR 2007, 325; a. A. BGHZ 127, 104; *Demharter* DNotZ 1991, 31; *Häublein* S. 217 ff.; offen gelassen von BGHZ 95, 137).

bb) Eintragungsbedürftigkeit von Mehrheitsvereinbarungen. Die Diskussion um die **121** Frage der Eintragungsbedürftigkeit von vereinbarungsändernden/vereinbarungsersetzenden Beschlüssen, die aufgrund einer Öffnungsklausel gefasst wurden, hat der Gesetzgeber mit der Neuregelung des § 10 IV 2 WEG beendet, jedenfalls war dies seine Absicht (BT-Drucks. 16/887, S. 12, 20 f.). Die Neuregelung ergänzt § 10 IV 1 WEG, wo festgehalten wird, dass Beschlüsse der Wohnungseigentümer gemäß § 23 WEG zu ihrer Wirksamkeit gegenüber Sondernachfolgern der Eintragung in das Grundbuch nicht bedürfen. Dies bedeutet, dass sich die Rechtslage bezüglich Beschlussfassungen auf der Basis einer Öffnungsklausel nur mit außergrundbuchlichen Mitteln erschließen lässt, z. B. die Beschluss-Sammlung (§ 24 VII WEG, s. hierzu Rn. 73b) oder die Versammlungsniederschrift. Beide Informationsquellen haben jedoch nicht den öffentlichen Glauben des Grundbuchs für sich, so dass sich ein Erwerber auch nach ihrer gewissenhaften Einsicht nicht darauf berufen kann, dass dort nicht eingetragene oder nur fehlerhaft eingetragene vereinbarungsersetzende/vereinbarungsändernde Beschlüsse ihm gegenüber keine Wirkung entfalten (*Abramenko* § 2 WEG Rn. 5). Dies stellte eine Entwertung des Grundbuchs dar, der der *BGH* (DNotZ 2000, 854) gerade entgegen wirken wollte, da die sachenrechtliche Publizität des Grundbuch durch sie aufgehoben wird (*Rapp* DNotZ 2000, 185). Bei der Auslegung des Begriffs „Beschluss" gemäß § 10 IV 2 WEG ist deshalb nicht auf das formale Zustandekommen der Entscheidung in einer Versammlung der Wohnungseigentümer (oder in einem Umlaufverfahren) abzustellen, sondern auf den materiellen Inhalt der Entscheidung. Liegt materiell gesehen eine Vereinbarung vor, so bleibt diese eine solche auch dann, wenn sie zulässigerweise im Beschlusswege zustande gekommen ist (*Hügel/Elzer* § 3 WEG Rn. 143). Solche Mehrheitsvereinbarungen bedürfen also nach wie vor zur Wirksamkeit gegenüber Sondernachfolgern der Eintragung im Grundbuch, § 10 III WEG (*Hügel* DNotZ 2001, 191; *Hügel/Elzer* § 3 WEG Rn. 143; *Bamberger/Roth/Hügel* § 10 WEG Rn. 38; *Riecke/Schmid/Elzer* § 10 Rn. 304 f., 329; a. A. *OLG München* DNotZ 2010, 196; *Abramenko* § 2 WEG Rn. 5; *Armbrüster* ZWE 2013, 242; *Bärmann/Klein* § 10 Rn. 190; *Timme/Dötsch* § 10 Rn. 248 ff.; *Jennißen/Jennißen* § 10 WEG Rn. 52; *Schmid/Kahlen* § 10 WEG Rn. 109). Angesichts des sich nicht auf den ersten Blick klar erschließenden Inhalts des § 10 IV 2 WEG empfiehlt es sich deshalb, die Eintragungspflicht auch in der Gemeinschaftsordnung zu statuieren. Da etwas anderes nicht „ausdrücklich bestimmt" ist (§ 10 II 2 WEG), ist § 10 IV 2 WEG als dispositive Norm zu betrachten.

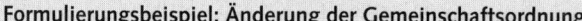

121a | **Formulierungsbeispiel: Änderung der Gemeinschaftsordnung**

> Die Wohnungseigentümer, auch diejenigen, die an der Beschlussfassung nicht teilgenommen haben oder dagegen gestimmt haben, sind verpflichtet, Mehrheitsvereinbarungen zur Eintragung in das Grundbuch zu bewilligen und zu beantragen. Die Kosten trägt die Eigentümergemeinschaft. Der Verwalter ist gemeinsam mit den Mitgliedern des Verwaltungsbeirats berechtigt und verpflichtet, namens aller Wohnungseigentümer unter Vorlage einer den Vorschriften des § 26 III WEG entsprechenden Niederschrift beim Grundbuchamt die Eintragung zu bewirken.

Mehrheitsvereinbarungen, ausgenommen solche, die die Begründung, Änderung oder Aufhebung eines Sondernutzungsrechtes betreffen, sind der typische Anwendungsfall der neuen Vorschrift des § 5 IV 2 WEG (s. Rn. 117a). Sie bedürfen deshalb nicht der Zustimmung von Grundpfandrechtsgläubigern und Reallastberechtigten gemäß §§ 877, 876 BGB. Dies gilt für Inhaltsänderungen jeglicher Art.

c) Änderung durch vereinbarungsersetzenden Beschluss

122 Da die meisten Gemeinschaftsordnungen bisher keine Öffnungsklausel enthalten haben, hat die Praxis der Wohnungseigentumsverwaltung den Ausweg des vereinbarungsändernden/vereinbarungsersetzenden Beschlusses gesucht. Einem Änderungsbedarf sollte

IV. Interne und externe Veränderungen am Wohnungseigentum   A III

dadurch Rechnung getragen werden, dass die Eigentümerversammlung ein Problem abweichend von einer dispositiven Gesetzesnorm oder einer getroffenen Vereinbarung durch Beschluss regelt. Gegenstand eines solchen Beschlusses sollte alles sein können, was die Eigentümer auch durch Vereinbarung hätten regeln können. Wurde dieser Beschluss nicht fristgerecht angefochten, so sollte er bestandskräftig werden und eine Rechtsgrundlage für die künftigen Maßnahmen der Eigentümergemeinschaft in den beschlussmäßig geregelten Bereichen abgeben. Auf diese Weise wurden Gebrauchsregelungen (Sondernutzungsrechte) ebenso begründet wie Kostenverteilungsschlüssel oder allgemeine Verwaltungsregelungen (BGHZ 127, 99; 54, 65; *BayObLG* DNotZ 2000, 203; 1997, 958; vgl. *Armbrüster* DNotZ 2003, 495). Da Beschlüsse gemäß § 10 IV nicht eintragungsfähig seien, würden sie jedoch gleichwohl gegenüber Rechtsnachfolgern wirken. Das sachenrechtliche Publizitätsprinzip verlor damit immer mehr an Bedeutung (*Rapp* DNotZ 2000, 185; *Derleder* NJW 2004, 3755). Mit der Grundsatzentscheidung des *BGH* vom 20.9.2000 (BGHZ 145, 158; s. auch BGHZ 156, 196 und 288) wurde diese Rechtsprechung aufgegeben und das Wohnungseigentum wieder auf seine sachenrechtlichen Grundlagen zurückgeführt. Eine **Beschlusskompetenz** besteht danach nicht für alle Angelegenheiten der Gemeinschaft der Wohnungseigentümer, sondern nur für diejenigen, für die eine solche ausdrücklich im Gesetz oder in einer eingetragenen Vereinbarung vorgesehen ist. Ohne Beschlusskompetenz fehlt der Mehrheit die Regelungsmacht über die Minderheit mit der Konsequenz, dass entsprechende Beschlüsse nichtig sind. § 23 IV WEG ist auf sie nicht anwendbar; die Nichtigkeit kann jederzeit geltend gemacht werden.

Gemäß § 15 II bzw. § 21 III WEG können die Wohnungseigentümer einen ordnungsmäßigen Gebrauch bzw. eine ordnungsmäßige Verwaltung des Gemeinschaftseigentums mit Mehrheit beschließen, soweit diese Fragen nicht durch eine Vereinbarung geregelt sind. Da die Ordnungsmäßigkeit des Gebrauchs und der Verwaltung stets von den Umständen des Einzelfalls abhängt, ist diese Frage im Interesse der Rechtssicherheit nicht kompetenzbegründend (BGHZ 145, 169; Bärmann/*Merle* § 23 WEG Rn. 10; kritisch hierzu *Häublein* S. 245). Der *BGH* geht danach davon aus, dass ein Rechtsnachfolger an einen bestandskräftig gewordenen Beschluss gebunden ist, der einen nicht ordnungsmäßigen Gebrauch des Gemeinschaftseigentums gemäß § 15 II WEG regelt. Dieses Ergebnis von BGHZ 145, 168 kann in der Gemeinschaftsordnung korrigiert werden. Die Beschlusskompetenz kann entsprechend eingeschränkt werden.

Formulierungsbeispiel: Gebrauch des Gemeinschaftseigentums   122a

Soweit eine Vereinbarung nicht entgegensteht, können die Wohnungseigentümer durch Stimmenmehrheit nur einen der Beschaffenheit der im Sondereigentum stehenden Gebäudeteile und des gemeinschaftlichen Eigentums entsprechenden ordnungsmäßigen Gebrauch beschließen, ein nichtordnungsmäßiger Gebrauch im Sinne des § 15 II WEG kann nur durch Vereinbarung begründet werden.

Ein Ausschluss des Gebrauchs des Sondereigentums, z. B. Vermietungsverbot, ist dagegen auch unter keinen Umständen des Einzelfalles ein ordnungsmäßiger Gebrauch, sondern eine Gebrauchsvorenthaltung, die, wenn sie beschlussmäßig gefasst wurde, zur Nichtigkeit des Beschlusses führt.

Enthält die Gemeinschaftsordnung eine Öffnungsklausel, so ist klarzustellen, ob diese Beschlussbeschränkung auch in ihrem Rahmen gilt oder nicht.

Folgt man der BGH-Rechtsprechung zur Beschlusskompetenz der Wohnungseigentümer bei der ordnungsmäßigen Nutzung/Verwaltung, so ergibt sich hieraus die Folge, dass
– der Beschluss weder eintragungsfähig noch eintragungsbedürftig ist und gemäß § 10 IV gegen Sondernachfolger wirkt
– der Beschluss – mangels Eintragung – keiner Zustimmung von Drittberechtigten am Wohnungseigentum bedarf.

123 Wegen der weittragenden Bedeutung einer Mehrheitsvereinbarung oder eines (noch zulässigen) vereinbarungsersetzenden Beschlusses sollte die Gemeinschaftsordnung vorsehen, dass dieser Beschluss allen Wohnungseigentümern gegen Empfangsbekenntnis mit Rechtsmittelbelehrung durch den Verwalter zugestellt wird (*Grebe* DNotZ 1987, 22; siehe hierzu auch *Armbrüster* DNotZ 2003, 506).

124 In der Tendenz der vorstehenden Rechtsauffassung liegt auch die **Heizkosten-Verordnung**. Durch sie wurde das Einstimmigkeitsprinzip bezüglich einer **Änderung des Verteilungsschlüssels**, der in der Gemeinschaftsordnung enthalten ist, durch das Prinzip des Mehrheitsbeschlusses ersetzt (*Zimmermann* DNotZ 1981, 532; *Walberer* NJW 1984, 109).

d) Änderung aufgrund Anpassungsverpflichtung

125 Auch im Wohnungseigentumsrecht gilt § 242 BGB. Die bisherige Rechtsprechung gewährt deshalb einen Anspruch auf Änderung einer Gemeinschaftsordnung, gestützt auf § 242 BGB, wenn deren Regelungen grob unbillig sind und einen Verstoß gegen Treu und Glauben darstellen (BGHZ 156, 196; 130, 312; 99, 90; *BayObLG* DNotZ 1995, 220). Da die Gemeinschaft der Wohnungseigentümer auch ein gesetzliches Schuldverhältnis zwischen diesen begründet, gilt hierfür auch § 241 II BGB (wohnungseigentumsrechtliche Treuepflicht, *Armbrüster* DNotZ 2003, 298). Ob eine grobe Unbilligkeit vorliegt wurde daran gemessen, ob der gemäß Gemeinschaftsordnung gültige Maßstab der Kostenverteilung einen sachgerechten Maßstab darstellt oder nicht. Als sachgerechter Maßstab wurde beispielsweise die Größe des Miteigentumsanteils oder das Verhältnis der Wohnflächen zueinander angesehen. Ist danach ein Kostenverteilungsmaßstab nicht sachgerecht, so ist die Abweichung zum sachgerechten Maßstab zu ermitteln und hieraus die Billigkeit oder Unbilligkeit abzuleiten. Die Rechtsprechung hierzu ist kasuistisch: Eine grobe Unbilligkeit wurde angenommen bei Kostenmehrbelastungen von 253 % (BayObLGZ 1991, 399), jedoch verneint bei einer Mehrbelastung von 17 % (BayObLGZ 1985, 50). Das Maß der Kostenmehrbelastung ist jedoch nicht der einzige Gesichtspunkt zur Beurteilung einer groben Unbilligkeit. Zu berücksichtigen sind vielmehr auch die gesamten Umstände des Einzelfalles, wozu auch gehört, ob die Auswirkungen einer nicht sachgerechten Kostenverteilung bereits beim Erwerb des Wohnungseigentums absehbar oder gar bekannt waren (*BGH* NJW 2010, 2129 Tz. 31; BayObLGZ 1987, 69; *Abramenko* § 3 WEG Rn. 54). Es gilt hier der Rechtsgedanke der §§ 442 I, 640 II BGB: Wer die Unbilligkeit einer Regelung bei Erwerb des Wohnungseigentums kennt, kann sich später hierauf nicht berufen. Die ungünstige Regelung der Gemeinschaftsordnung wirkt sich in diesen Fällen nämlich kaufpreismindernd aus, so dass dieser Wohnungseigentümer per Saldo nicht als benachteiligt angesehen werden kann.

Berücksichtigt werden muss auch, dass sich die anderen Wohnungseigentümer auf den geltenden Kostenverteilungsschlüssel eingestellt haben und sich insoweit ein Vertrauensschutz gebildet haben kann. Dabei muss auch beachtet werden, dass eine Änderung des Kostenverteilungsschlüssels lediglich eine Kostenumverteilung zur Folge hat, nicht eine Kostenminderung. Es besteht ein System der kommunizierenden Röhren: Die Kostenminderung, die sich aufgrund eines geänderten Schlüssels bei einem oder einigen Wohnungseigentümern ergibt, wirkt sich als Kostenmehrung bei anderen Wohnungseigentümern aus.

Durch das WEG-ÄndG wurde der bisher aus § 242 BGB abgeleitete gesetzliche Änderungsanspruch des Wohnungseigentümers kodifiziert:

„Jeder Wohnungseigentümer kann eine vom Gesetz abweichende Vereinbarung oder die Anpassung einer Vereinbarung verlangen, soweit ein Festhalten an der geltenden Regelung aus schwerwiegenden Gründen unter Berücksichtigung der Umstände des Einzelfalles, insbesondere der Rechte und Interessen der anderen Wohnungseigentümer, unbillig erscheint."

IV. Interne und externe Veränderungen am Wohnungseigentum

Die Begründung des Gesetzes spricht davon, dass die Änderungsvoraussetzungen gegenüber den bisherigen Anforderungen der Rechtsprechung erleichtert werden sollen (BT-Drucks. 16/887, S. 18). Bereits eine Abweichung von 25% (*OLG Köln* ZWE 2008, 395) zwischen der Wohn- und Nutzfläche und dem für die Kostenverteilung maßgeblichen Miteigentumsanteil soll danach als „schwerwiegender Grund" ausreichen. Dabei muss die Abweichung für den anspruchstellenden Wohnungseigentümer (*BGH* NJW 2010, 3296 Tz. 19) unbillig erscheinen. Die Möglichkeit, ein billiges Ergebnis durch Mehrheitsbeschluss aufgrund einer Öffnungsklausel herbeizuführen lässt den Anspruch aus § 10 II 3 nicht entfallen (*BGH* NJW 2010, 2129 Tz. 19).

Der Anspruch aus § 10 II 3 WEG betrifft lediglich den **Inhalt des Sondereigentums**, nicht dagegen den Gegenstand des Wohnungseigentums. Ansprüche auf Änderung von Miteigentumsanteilen oder auch Änderung der Bereiche des Sondereigentums/Gemeinschaftseigentums, also alle Fragen der sachenrechtlichen Zuordnung des Wohnungseigentums, werden von der neuen Vorschrift nicht erfasst (*BGH* NJW-RR 2012, 1036; *Schmidt-Räntsch* ZWE 2012, 446; *Merle* ZWE 2007, 473).

Der Anspruch des Wohnungseigentümers aus § 10 II 3 WEG geht auf den Abschluss einer Vereinbarung und zwar entweder auf eine abweichende Vereinbarung oder auf die Anpassung einer bestehenden Vereinbarung. Die anderen Wohnungseigentümer schulden danach die Abgabe einer Willenserklärung zum Zwecke des Zustandekommens eines Vertrages. Es besteht also ein gesetzlicher Kontrahierungszwang. Die Klage ist deshalb auf Abgabe einer Willenserklärung zu richten. Ihre Vollstreckung richtet sich nach § 894 ZPO. Da das Zustandekommen einer Vereinbarung Ziel des Anspruchs aus § 10 II 3 WEG ist, kann – aus Gründen der Verwaltungsökonomie – auch die Eintragung der Vereinbarung in das Grundbuch gemäß § 10 III WEG verlangt werden, da ansonsten das Verlangen stets erneut gegenüber einem Sonderrechtsnachfolger gestellt werden könnte. Die rechtsfähige Gemeinschaft der Wohnungseigentümer ist an dem Vorgang nicht beteiligt; insbesondere schuldet sie nicht die Abgabe der Willenserklärungen für die zu ändernde Vereinbarung. Dies ist und bleibt eine Individualverpflichtung der einzelnen Wohnungseigentümer (*Abramenko* § 3 WEG Rn. 46; *Jennißen/Jennißen* § 10 WEG Rn. 39).

Abramenko (§ 3 WEG Rn. 58; ZMR 2007, 424) ist der Auffassung, dass der Änderungsanspruch auch durch Beschlussfassung der Wohnungseigentümer erfüllt werden kann. Er begründet dies damit, dass der Wohnungseigentümer eine Änderung **verlangen** kann, was der Regelung des § 15 III oder § 21 IV WEG entspreche. § 10 II 3 WEG enthielte danach eine versteckte Beschlusskompetenz. Dieser Auffassung ist jedoch nicht zuzustimmen. In den §§ 15 II, 21 III WEG ist ausdrücklich definiert, dass über das jeweilige Verlangen mit Stimmenmehrheit beschlossen werden kann. Eine entsprechende Vorschrift fehlt in § 10 II 3 WEG (*Merle* ZWE 2007, 473; *Jennißen/Jennißen* § 10 Rn. 31a; *Bärmann/Klein* § 10 Rn. 166). Gegen die Auffassung von *Abramenko* spricht auch, dass ein Beschluss nicht eintragungsfähig wäre (§ 10 IV WEG) mit der Folge der weiteren Aushöhlung der Publizität des Grundbuchs.

Im Rechtsstreit auf Abgabe der Willenserklärungen sind die beklagten Wohnungseigentümer notwendige Streitgenossen (§ 62 I 1. Alt. ZPO) da das Rechtsverhältnis gegenüber allen Streitgenossen (Wohnungseigentümern) nur einheitlich festgestellt werden kann (*Riecke/Schmid/Elzer* § 10 Rn. 193). Die Abgabe der geforderten Willenserklärungen wird entweder von allen Beklagten in identischer Weise geschuldet oder von keinem Beklagten. Wird der Klage stattgegeben, so ersetzt das rechtskräftige Urteil die geforderte Willenserklärung. Bei der Eintragung im Grundbuch der auf diese Weise zustande gekommenen Vereinbarung ist die Zustimmung von Grundpfandrechtsgläubigern nicht erforderlich, da diese ihr Recht als mit der Abänderungsverpflichtung belastet erworben haben. Für die neue Rechtslage ergibt sich dies auch aus § 5 IV 2 WEG (a. A. Riecke/Schmid/*Elzer* § 10 Rn. 193).

Der schuldrechtliche Anspruch auf Abänderung ist auf eine Inhaltsänderung des Sondereigentums gerichtet und damit von seiner Rechtsnatur her vormerkungsfähig gemäß

§ 883 I BGB. Danach könnte auch die Eintragung einer Vormerkung aufgrund einstweiliger Verfügung gemäß § 885 BGB erwirkt werden. Hierzu bedürfte es nicht einmal der Glaubhaftmachung, dass eine Gefährdung des zu sichernden Anspruchs besteht. Allerdings wird man davon ausgehen müssen, dass bei einer Veräußerung des Wohnungseigentums, dessen Inhaber dem Änderungsanspruch ausgesetzt ist, sich der Änderungsanspruch kraft Gesetzes auch gegen den neuen Eigentümer richtet. Ein Rechtsverlust durch Veräußerung ist deshalb nicht zu befürchten. Aus diesem Grunde fehlt für die Eintragung einer Vormerkung das Rechtsschutzbedürfnis.

125d Wird ein Wohnungseigentum, gegen dessen Eigentümer ein Änderungsanspruch geltend gemacht wurde, während des Rechtsstreits veräußert, so gilt Folgendes: Die Einheiten der Beklagten sind als streitbefangen anzusehen, da sich der geltend gemachte Anspruch auf eine Änderung des Inhalts des Sondereigentums bezieht. Die Streitbefangenheit hindert jedoch die Veräußerung der Sache nicht, § 265 ZPO. Der Rechtsstreit wird mit dem bisherigen Beklagten fortgesetzt mit der Wirkung, dass sich die Rechtskraft auch gegenüber dem Rechtsnachfolger erstreckt und zwar gemäß § 325 ZPO. Da jeder Wohnungseigentümer dem Anspruch aus § 10 II 3 WEG ausgesetzt ist, kommt auch bei Rechtshängigkeit ein gutgläubiger Erwerb nicht in Frage mit der Konsequenz, dass die Eintragung eines Rechtshängigkeitsvermerks gemäß § 325 III ZPO nicht erforderlich ist.

125e Da der Anspruch aus § 10 II 3 WEG ein schuldrechtlicher Anspruch ist, stellt sich die Frage, ob er der Verjährung unterliegt. Nach § 196 BGB verjährt ein Anspruch auf Änderung des Inhalts eines Rechtes in Ansehung eines Grundstücks in 10 Jahren. Der Anspruch aus § 10 II 3 WEG ergibt sich aus dem Wohnungseigentum, so dass seine Zuordnung zu § 902 BGB sachgerecht ist. Der Anspruch ist mit einem Grundbuchberichtigungsanspruch vergleichbar, da er sich gegenüber den jeweils anderen im Grundbuch eingetragenen Wohnungseigentümern richtet. Er unterliegt daher nicht der Verjährung (a. A. – für 10-jährige Verjährung – *Schoch* ZMR 2007, 429; Riecke/Schmid/*Elzer* § 10 Rn. 183).

e) Neue gesetzliche Öffnungsklauseln

125f Durch das WEG-ÄndG wurden eine Reihe neuer **gesetzlicher** Öffnungsklauseln geschaffen:
– Aufhebung einer Veräußerungsbeschränkung durch Mehrheitsbeschluss gemäß § 12 IV WEG, s. hierzu Rn. 64a;
– Abänderung des Kostenverteilungsschlüssels durch Mehrheitsbeschluss bezüglich Betriebskosten und Verwaltungskosten gemäß § 16 III WEG;
– Abänderung des Kostenverteilungsschlüssels im Einzelfall bezüglich Instandhaltung/Instandsetzung oder bauliche Veränderungen gemäß § 16 IV WEG;
– Beschlusskompetenz für Modernisierungsmaßnahmen gemäß § 22 II WEG;
– Beschlusskompetenz zu Art und Weise von Zahlungen etc. gemäß § 21 VII WEG.

Für die notarielle Praxis von Bedeutung ist § 16 III WEG. Danach können die Wohnungseigentümer abweichend von § 16 II WEG durch Stimmenmehrheit beschließen, dass die Betriebskosten des gemeinschaftlichen Eigentums oder des Sondereigentums im Sinne des § 556 I BGB, die nicht unmittelbar gegenüber Dritten abgerechnet werden, und die Kosten der Verwaltung nach Verbrauch oder Verursachung erfasst und nach diesem oder nach einem anderen Maßstab verteilt werden, soweit dies ordnungsmäßiger Verwaltung entspricht.

Die Vorschrift enthält eine gesetzliche Öffnungsklausel gegenüber der gesetzlichen Kostenverteilung gemäß § 16 II WEG. Sachlich ist die Öffnungsklausel begrenzt auf die Betriebskosten des gemeinschaftlichen Eigentums gemäß § 556 I BGB sowie auf die Kosten der Verwaltung. Bezüglich den ebenfalls erwähnten Betriebskosten des Sondereigentums hat die Vorschrift keinen eigenständigen Regelungsgehalt, soweit es sich um Kosten handelt, die nach Verbrauch abgerechnet werden können, da dies bereits nach bisher geltendem Recht gemäß § 16 II WEG zulässig ist (*BGH* DNotZ 2004, 366). Die Beschlusskompetenz bezieht sich darauf, dass zum einen die Betriebskosten erfasst werden kön-

IV. Interne und externe Veränderungen am Wohnungseigentum A III

nen, zum anderen darauf, dass sie nach einem zu bestimmenden Maßstab auf die Wohnungseigentümer zu verteilen sind.

Im Verhältnis zu § 10 II 3 WEG ist zunächst festzuhalten, dass die neue Beschlusskompetenz nur die Betriebskosten sowie die Kosten der Verwaltung betrifft. Die Frage, ob es sich bei § 16 III um eine Sondervorschrift im Verhältnis zu § 10 II 3 WEG handelt, stellt sich also nur bezüglich dieser beiden Kostenpositionen. Man wird dem änderungswilligen Wohnungseigentümer unter dem Gesichtspunkt der Verwaltungsökonomie zunächst zumuten müssen, dass er zur Versammlung der Wohnungseigentümer einen entsprechenden Änderungsantrag einbringt. Erlangt er hierbei keine Stimmenmehrheit, so kann er den Anspruch auf ordnungsmäßige Verwaltung gemäß § 21 IV WEG geltend machen. Ein Vorgehen gemäß § 10 II 3 WEG ist jedoch durch die Beschlusskompetenz des § 16 III WEG nicht ausgeschlossen (*BGH* NJW 2010, 2129 Tz. 19; *Jennißen/Jennißen* § 10 WEG Rn. 32; a. A. – für lex specialis des § 16 III WEG im Verhältnis zu § 10 II 3 WEG – Bamberger/Roth/*Hügel* § 10 WEG Rn. 36; *Hügel/Elzer* § 3 WEG Rn. 131). Der Weg des § 10 II 3 WEG hat den Vorteil, dass die im Gerichtswege erstrittene geänderte Vereinbarung zur Eintragung in das Grundbuch gelangt, § 10 III WEG (s. Rn. 125a).

Eine Beschlussfassung gemäß § 16 III WEG hat zur Folge, dass der im Grundbuch **125g** wiedergegebene (gesetzliche) Inhalt des Sondereigentums (s. hierzu Staudinger/*Rapp* WEG Einl. Rn. 82 f.) sich ändert. Es gilt alsdann nicht mehr der gesetzliche Kostenverteilungsschlüssel des § 16 II WEG, wie er aus dem Grundbuch ersichtlich ist, sondern der mit Mehrheit beschlossene. Das Grundbuch taugt insoweit nicht mehr als Informationsquelle über die Rechtslage. *Hügel/Elzer* (§ 5 WEG Rn. 49; ihnen folgend Palandt/*Bassenge* § 16 WEG Rn. 7) schlagen deshalb vor, in das Grundbuch zur Wahrung eines Restes von Publizität einen Unrichtigkeitsvermerk einzutragen, wobei § 12 IV 5 WEG (Vorlage des Versammlungsprotokolls gemäß § 26 III WEG) zur entsprechenden Anwendung empfohlen wird. Dieser Weg ist jedoch weder nach dem materiellen noch nach dem formellen Grundbuchrecht gangbar. Nach dem materiellen Grundbuchrecht kann bei Unrichtigkeit des Grundbuchs in den Fällen des § 894 BGB ein Widerspruch in das Grundbuch eingetragen werden, § 899 I BGB. Er schützt bei einem unrichtigen Grundbuch gegen einen Rechtsverlust durch gutgläubigen Erwerb (Palandt/*Bassenge* § 899 WEG Rn. 1). Ein solcher ist jedoch im Recht des Wohnungseigentums ausgeschlossen, da (jedenfalls nach der Absicht des Gesetzgebers) bei einer beschlussmäßigen Änderung der Gemeinschaftsordnung der Beschluss auch ohne Eintragung im Grundbuch gegenüber Rechtsnachfolgern wirksam ist, § 10 IV WEG. Richtiger ist es in diesem Zusammenhang, die Überlegungen aufzugreifen, die bei einer Änderung der Gemeinschaftsordnung aufgrund Öffnungsklausel angestellt wurden (s. Rn. 118 ff.) und entsprechend auch im Falle des § 16 III WEG eine Eintragungspflicht im Grundbuch anzunehmen.

Die h. M. nimmt an, dass die Beschlusskompetenz des § 16 III WEG nicht nur gegen- **125h** über einem gesetzlichen, sondern auch gegenüber einem vereinbarten Kostenverteilungsschlüssel gilt (*BGH* NJW 2010, 2654; *Hügel/Elzer* § 5 WEG Rn. 42; Palandt/*Bassenge* § 16 WEG Rn. 7; *Schmid* ZMR 2007, 844; *Blankenstein*, WEG-Reform 2007, 106; *Häublein* ZMR 2007, 415; *Abramenko* § 3 WEG Rn. 17; *Jennißen/Jennißen* § 16 WEG Rn. 20, 24). Dem kann nicht zugestimmt werden. Aus den Gesetzesmaterialien ergibt sich, dass diese Frage dort nicht gesehen wurde (BT-Drucks. 16/887, S. 22). Allerdings hatte der Gesetzgeber die Rechtsprechung des *BGH* (DNotZ 2004, 366; ebenso OLG Hamm ZWE 2006, 232) vor Augen, wonach eine Beschlusskompetenz dann nicht besteht, wenn ein **vereinbarter** Kostenverteilungsschlüssel vorliegt. Die sprachliche Auslegung ergibt, dass § 16 III WEG ausdrücklich auf § 16 II WEG verweist und dort **nur** der gesetzliche Kostenverteilungsschlüssel definiert ist. Schließlich ist die h. M. auch aus der Sicht einer systematischen Gesetzesauslegung nicht haltbar: Wie die §§ 15 II, 21 III WEG zeigen, ist für eine Beschlussfassung der Wohnungseigentümer stets dann kein Raum (es fehlt also die Beschlusskompetenz), wenn der Regelungsgegenstand von einer Vereinbarung erfasst ist. Eine Beschlusskompetenz besteht mit anderen Worten positiv gesehen stets dann, wenn sie vom Gesetz oder von einer Vereinbarung eröffnet ist und negativ ausgedrückt, wenn der Regelungsgegenstand zwar durch Gesetz, nicht aber durch Vereinbarung geregelt ist. Liegt also ein vereinbarter Kostenverteilungsschlüssel vor, so gelten die Regeln über die Änderungsmöglichkeiten bei Vereinbarungen, insbesondere zur Anpassungsverpflichtung gemäß § 10 II 3 WEG (s. Rn. 125 ff.). Diese Auslegung hat im Übrigen den Vorteil, dass sie der Aushöhlung der Publizität des Grundbuchs entgegenwirkt, da Änderungen gemäß § 10 II 3 WEG in das Grundbuch einzutragen sind.

Dem steht auch § 16 V WEG nicht entgegen: Für die Frage der Nichtabdingbarkeit der Regelung des § 16 III WEG muss zunächst der Inhalt derselben ermittelt werden. Nur der so ermittelte Inhalt kann gemäß § 16 V WEG nicht eingeschränkt oder ausgeschlossen werden.

Dem steht auch § 16 IV WEG nicht entgegen. Die dort getroffene Aussage des Gesetzgebers bezieht sich auf Kosten der Instandhaltung/Instandsetzung, bauliche Veränderungen oder Aufwendungen gemäß § 22 I, 2 WEG. Hier kann im **Einzelfall** abweichend von Absatz 2 eine dem Gebrauch oder der Gebrauchsmöglichkeit entsprechende Kostenverteilung beschlossen werden. Dieser Beschluss bedarf jedoch – im Gegensatz zum Beschluss des § 16 III WEG – einer doppelt qualifizierten Mehrheit von drei Viertel aller stimmberechtigten Wohnungseigentümer im Sinne des § 25 II WEG und mehr als der Hälfte aller Miteigentumsanteile. Bei diesem Sachverhalt begegnet es keinen Bedenken, einen abweichenden Beschluss auch zu einer vereinbarten Kostenverteilung für möglich zu halten (*Hügel/Elzer* § 5 WEG Rn. 56). Die Regelung führt zu keiner Unrichtigkeit des Grundbuchs, da sie nur für den Einzelfall gilt und außerdem sehr hohe Anforderungen an die Mehrheiten stellt. Sie unterscheidet sich dadurch ganz erheblich von der generell und auch für die Zukunft maßgeblichen Beschlussfassung gemäß § 16 III WEG.

8. Veräußerung/Aufhebung von Sondernutzungsrechten

a) Form, Zustimmungsbedürftigkeit, gutgläubiger Erwerb

126   Die Übertragung eines Sondernutzungsrechtes kann materiell-rechtlich formfrei erfolgen, da dieses kein Grundstück oder grundstücksgleiches Recht ist. §§ 311b, 925 BGB sind nicht anwendbar. Jedoch ist die (formlos mögliche) **Einigung und Grundbucheintragung** gemäß §§ 877, 873 BGB nötig (*BGH* DNotZ 1979, 168; *BayObLG* Rpfleger 1979, 217; *Bärmann/Pick* § 15 WEG Rn. 18; a.A. *Ertl* DNotZ 1988, 18; *Häublein* S. 54: § 873 BGB nicht anwendbar; es gelten §§ 398 ff. BGB). Die Grundbucheintragung erfordert demnach die einseitige Eintragungsbewilligung gemäß §§ 19, 29 GBO durch den Veräußerer. Es gilt der sachenrechtliche Bestimmtheitsgrundsatz (*BayObLG* ZWE 2002, 403). Ist schuldrechtliches Grundgeschäft für die Übertragung des Sondernutzungsrechtes ein Kaufvertrag, so haftet der Veräußerer für den Bestand (Rechtsmängelhaftung, *OLG Koblenz* MittBayNot 1998, 252).

127   Die Zustimmung der anderen Wohnungseigentümer zur Veräußerung des Sondernutzungsrechtes ist nicht erforderlich, auch wenn für die Veräußerung des Wohnungseigentums selbst eine Verwalterzustimmung erforderlich wäre (BGHZ 73, 145; *BayObLG* ZWE 2002, 81; DNotI-Report 1999, 41; MittBayNot 1985, 74). In der Gemeinschaftsordnung selbst kann jedoch bestimmt werden, dass § 12 entsprechend auch auf die Veräußerung eines Sondernutzungsrechtes anwendbar ist (BGHZ 73, 150).

128   Das **Sondernutzungsrecht** kann auch in entsprechender Anwendung des § 893 BGB gutgläubig erworben werden, und zwar nicht nur, wenn es für den falschen Berechtigten eingetragen ist – materiell also existiert –, sondern auch, wenn es eingetragen ist, aber materiell überhaupt nicht besteht (*BayObLG* DNotZ 1990, 381 m. krit. Anm. *Weitnauer* DNotZ 1990, 385, 391; *OLG Hamm* ZWE 2009, 171; *OLG Stuttgart* OLGZ 1986, 35; *LG Nürnberg-Fürth* NJW 2009.3445; *LG München I* ZWE 2011, 232; *Ertl*, FS Seuß, S. 151; DNotZ 1988, 20; *Röll*, FS Seuß, S. 233; Staudinger/*Rapp* Einl. WEG Rn. 74; a. A. *Schnauder*, FS Bärmann und Weitnauer, 1990, S. 591).

IV. Interne und externe Veränderungen am Wohnungseigentum A III

Ist das Wohnungseigentum, von dem ein Sondernutzungsrecht abveräußert werden soll, mit Rechten Dritter belastet, so ist deren Zustimmung erforderlich, da sich deren Rechte auch auf das Sondernutzungsrecht erstrecken (BayObLGZ 1974, 217).

Zur Sicherung des Anspruches auf Übertragung des Sondernutzungsrechtes kann auch eine **Vormerkung am Wohnungseigentum** selbst eingetragen werden (*BayObLG* DNotZ 1979, 307).

b) Erwerberkreis

Erwerber des Sondernutzungsrechtes können nach absolut h. M. nur Eigentümer aus **129** derselben Wohnungseigentumsanlage sein (BGHZ 73, 145 m. N.). Denkbar ist jedoch die Gestaltung, dass mit einem untergeordneten Wohnungs-/Teileigentum zahlreiche Sondernutzungsrechte verbunden werden und ein Außenstehender einen Miteigentumsanteil an diesem Wohnungs-/Teileigentum erwirbt und dabei eine Benutzungsregelung auch mit Wirkung für die Sondernutzungsrechte gemäß § 1010 BGB vereinbart wird. Wegen des eingeschränkten Erwerberkreises kann das Wohnungseigentum nach h. M. auch nicht mit einer **Dienstbarkeit** des Inhaltes belastet werden, dass ein Dritter das Sondernutzungsrecht ausüben darf (*BayObLG* DNotZ 1998, 125 m. abl. Anm. *Ott*; DNotZ 1990, 496 m. krit. Anm. *Amann*; *OLG Schleswig* ZWE 2012, 42; *OLG Düsseldorf* DNotZ 1988, 31; BayObLGZ 1974, 396; *OLG Zweibrücken* MittBayNot 1999, 378; *Ertl* DNotZ 1988, 13; a. A. Staudinger/*Rapp* § 1 WEG Rn. 61; Riecke/Schmid/ *Schneider* § 1 WEG Rn. 114; Bärmann/*Klein* § 13 WEG Rn. 76; *Ott* DNotZ 1998, 130; zum Meinungsstand s. DNotI-Report 1999, 165). Jedoch ist eine schuldrechtliche Gestattung der Ausübung des Sondernutzungsrechtes durch Dritte zulässig, z. B. Vermietung (BayObLGZ 1974, 400).

c) Akzessorietät bei Wohnungsveräußerung

Wird ein Wohnungseigentum veräußert, das mit einem Sondernutzungsrecht ausge- **130** stattet ist, so geht dieses automatisch ohne zusätzliche Einigung und Eintragung auf den Erwerber über, da es Inhalt des veräußerten Sondereigentums ist (*BayObLG* MittBayNot 1987, 199). Eine besondere Erwähnung dahin gehend, dass das Sondernutzungsrecht mitveräußert sei, ist deshalb nicht geboten.

d) Nachträgliche Begründung von Sondernutzungsrechten

Wird bei einer bestehenden Wohnungseigentümer-Gemeinschaft nachträglich ein Son- **131** dernutzungsrecht begründet, so kann dies nur im Wege einer **einstimmigen Vereinbarung** erfolgen (*BGH* ZWE 2012, 259). Eine Wirkung gegenüber einem Sonderrechtsnachfolger kann gemäß § 10 II WEG nur dadurch erreicht werden, dass die Vereinbarung als Inhalt des Sondereigentums im Grundbuch eingetragen wird. Es ist sachdienlich und entspricht der Verkehrssitte (§ 157 BGB), Vereinbarungen in das Grundbuch einzutragen (*BayObLG* DNotZ 2004, 931). Die schuldrechtliche Wirksamkeit der Vereinbarung zwischen den vertragsschließenden Wohnungseigentümern hängt jedoch von der Grundbucheintragung nicht ab (*BayObLG* ZWE 2002, 584).

Beschlüsse der Wohnungseigentümer (gleichgültig ob es sich um allstimmige, einstimmige oder um mehrheitsmäßige handelt) können ein Sondernutzungsrecht nicht begründen, auch wenn sie nicht angefochten werden und deshalb (nach der früheren Rechtsprechung) als vereinbarungsersetzende Beschlüsse (Staudinger/*Kreuzer* § 10 WEG Rn. 58 ff.) behandelt werden (*BGH* NJW 2000, 3500; *OLG München* ZMR 2007, 561; *OLG Köln* NJW 1995, 202; Staudinger/*Kreuzer* § 15 WEG Rn. 78; *Häublein* S. 208 f.; *Wenzel*, FS Hagen, 1999, S. 238). Solche Beschlüsse entziehen den nichtbegünstigten Wohnungseigentümern ein elementares, sich aus dem Miteigentum ergebendes Recht, nämlich dasjenige zum Mitgebrauch gemäß § 13 II WEG.

Die **Drittberechtigten** an den einzelnen Wohnungseigentumseinheiten müssen wegen der Schmälerung des Gemeinschaftseigentums dieser Vereinbarung über die Begründung eines Sondernutzungsrechtes **zustimmen**. Dies gilt auch dann, wenn sich der teilende Eigentümer in der Gemeinschaftsordnung ausdrücklich die Befugnis vorbehalten hat, nachträgliche Sondernutzungsrechte zu begründen. Ist dieser Vorbehalt jedoch bereits grundbuchmäßig bestimmt und sind die Wohnungseigentümer, ggf. auch nur bedingt, von der Nutzung bereits ausgeschlossen, so können die Drittberechtigten durch die Begründung des Sondernutzungsrechtes nicht mehr in ihren Rechten betroffen sein, so dass ihre Zustimmung entbehrlich ist (*Schneider* ZWE 2012, 172). Sind die Sondernutzungsrechte bereits mit einer Einheit insgesamt verbunden, so bedarf die Abtrennung von dieser Einheit und die Neuverbindung mit einer anderen Einheit nicht der Zustimmung der anderen Wohnungseigentümer und der hieran Drittberechtigten (*BayObLG* DNotZ 1988, 30; *OLG Düsseldorf* NJW-RR 1987, 1491), da diese bereits von vornherein von der Nutzung ausgeschlossen waren. Dasselbe gilt, wenn Grenzen zwischen Sondernutzungsbereichen verschoben werden (*BayObLG* DNotZ 1999, 672). Durch gewohnheitsrechtliche Übung kann kein Sondernutzungsrecht entstehen (*KG* NJW-RR 1987, 654). Die tatsächliche Nutzung aufgrund eines Mehrheitsbeschlusses schafft keinen Vertrauenstatbestand, der einem dinglichen Recht gleichzusetzen wäre.

Der Schutz des § 892 I 1 BGB geht auch dahin, dass Vereinbarungen mit Wirksamkeit gegenüber dem Sonderrechtsnachfolger über den im Grundbuch ausgewiesenen Bestand hinaus nicht getroffen sind (*OLG Hamm* MittBayNot 1994, 130). Das sachenrechtliche Publizitätsprinzip kann nicht durch faktisches Handeln außerhalb des Grundbuchs außer Kraft gesetzt werden. Der Streit um den Geltungsbereich eines Sondernutzungsrechtes betrifft eine Frage der Gebrauchsregelung und nicht eine Frage der Eigentumszuordnung. Für diesen Streit ist das Verfahren gemäß § 43 I Nr. 1 WEG gegeben (*OLG Zweibrücken* ZWE 2002, 332).

e) Gemeinschaftliche Sondernutzungsrechte

132   Veränderungen in der Zusammensetzung des Kreises gemeinschaftlich sondernutzungsberechtigter Wohnungseigentümer sind ohne Zustimmung der jeweils anderen Mitberechtigten an dem gemeinschaftlichen Sondernutzungsrecht möglich. Es handelt sich um kein höchstpersönliches Recht, was sich auch daraus ergibt, dass die verbleibenden Berechtigten einen Personenwechsel dann hinnehmen müssen, wenn das berechtigte Wohnungseigentum veräußert wird. § 47 GBO gilt für gemeinschaftliche Sondernutzungsrechte nicht, da diese nicht als Belastung der einzelnen Wohnungseigentümer im Grundbuch eingetragen werden, sondern nur als Ausschluss der Benutzungsbefugnis der nichtberechtigten Wohnungseigentümer.

f) Veräußerung eines Sondernutzungsrechtes und Grunderwerbsteuer

133   Wird ein Wohnungseigentum zusammen mit einem Sondernutzungsrecht veräußert, so ist die gesamte Gegenleistung, auch soweit sie auf das Sondernutzungsrecht entfällt, grunderwerbsteuerpflichtig. Dies folgt daraus, dass das Sondernutzungsrecht Bestandteil des Wohnungseigentums ist.

134   Seit 1991 sind in § 2 II GrEStG „dinglich gesicherte Sondernutzungsrechte im Sinne des § 15 WEG" den Grundstücken gleichgestellt.

135   Damit ist auch die isolierte Veräußerung eines Sondernutzungsrechts grunderwerbsteuerpflichtig und trifft den Notar auch die Anzeigepflicht gemäß § 18 I 1 GrEStG.

g) Sondernutzungsrecht und Bewertungsgesetz

136   Bei der Einheitsbewertung wird ein Sondernutzungsrecht, zumindest soweit es sich um ein Bauwerk handelt (Tiefgaragenabstellplatz, oberirdische Garage), durch § 70 III

BewG erfasst, da es sich um ein Gebäude handelt, das einem anderen als dem Eigentümer des Grund und Bodens zuzurechnen ist, selbst wenn es wesentlicher Bestandteil des Grund und Bodens geworden ist (vgl. Steuerrichtlinien BewG Nr. 4 III).

h) Aufhebung von Sondernutzungsrechten

Die Aufhebung eines Sondernutzungsrechtes ist – im Vergleich zu einer Inhaltsänderung 136a desselben – nur eine weitergehende Regelung. Sie bedarf materiell-rechtlich einer neuen Vereinbarung aller Wohnungseigentümer. § 875 BGB – **einseitiger Verzicht auf das Sondernutzungsrecht** – ist nicht entsprechend anwendbar (BGHZ 145, 133; Bärmann/ *Klein* § 13 Rn. 130). Die Rechtsprechung lässt jedoch für den grundbuchmäßigen Vollzug der Aufhebung eines Sondernutzungsrechtes die einseitige Eintragungsbewilligung des Sondernutzungsberechtigten genügen (BGHZ 145, 133; *OLG Düsseldorf* ZWE 2013, 210). Zur Begründung wird darauf verwiesen, dass die Löschung nur die Wirkung des § 10 III WEG beseitige, aber die schuldrechtliche Vereinbarung über das Sondernutzungsrecht unberührt lasse. Werde das Sondernutzungsrecht im Grundbuch gelöscht, werde es bei Veräußerung oder Versteigerung nur eines Wohnungseigentums hinfällig, sofern nicht der Erwerber in die Vereinbarung eintritt. Bei dem hier vertretenen dinglichen Verständnis für Ausgestaltung des Sondereigentums stellt die Aufhebung eines Sondernutzungsrechtes eine Inhaltsänderung des Sondereigentums dar, die als Verfügungsgeschäft nur von allen Wohnungseigentümern gemeinschaftlich vorgenommen werden kann (kritisch zur Rechtsprechung des BGH auch Bärmann/*Klein* § 13 Rn. 132). Die Aufhebung des Sondernutzungsrechtes bedarf auch der Zustimmung der Berechtigten der Abteilung II des Grundbuchs (soweit betroffen), in jedem Fall jedoch der Zustimmung der Berechtigten der Abteilung III, jeweils der sondernutzungsberechtigten Einheit (BGHZ 91, 346).

9. Externe Veränderungen

a) Wegmessungen vom Wohnungseigentumsgrundstück

Eine **Verfügung über eine reale Teilfläche** aus dem gemeinschaftlichen Wohnungs- 137 eigentumsgrundstück kann nur von allen Wohnungseigentümern insgesamt vorgenommen werden (§ 10 II 1 WEG; § 747 S. 2 BGB). Die Veräußerung einer Teilfläche aus dem gemeinschaftlichen Wohnungseigentumsgrundstück ist auf ein Verfügungsgeschäft hin (Auflassung) gerichtet und deshalb keine in die Beschlusszuständigkeit der Wohnungseigentümerversammlung fallende Maßnahme. Dieser fehlt insoweit die Beschlusskompetenz mit der Folge, dass ein gleichwohl gefasster Beschluss nichtig ist. Allenfalls aus dem besonderen Treueverhältnis der Wohnungseigentümer untereinander kann sich ein Anspruch auf Zustimmung ergeben; dies erfordert jedoch solche außergewöhnlichen Umstände, die den Verkauf nahezu als zwingend erscheinen lassen, weil ansonsten mit einem nicht unerheblichen Nachteil für die anderen Wohnungseigentümer zu rechnen ist. Eine Abtretungsverpflichtung kann auch nicht durch eine entsprechende Vereinbarung gemäß § 10 II 3 WEG begründet werden, da sie nicht das Verhältnis der Wohnungseigentümer untereinander betrifft, sondern die sachenrechtliche Zuordnung (*BGH* NJW 2013, 1962 Rn. 8 ff.). Die veräußerte Teilfläche darf jedoch nicht mit einem im Sondereigentum stehenden Gebäudeteil bebaut sein, es sei denn, dass gleichzeitig insoweit das Sondereigentum aufgehoben wird (*KG* ZMR 2012, 462). Eine Auflassungsvormerkung kann nur an allen Einheiten gleichzeitig eingetragen werden (BayObLGZ 1974, 118; *OLG Düsseldorf* ZWE 2013, 208; vgl. § 3 V WE-GBVfg).

Für die **Abtretung von Straßengrund** wird allerdings die Auffassung vertreten, dass es 138 sich um eine **Maßnahme der ordnungsgemäßen Verwaltung** handelt, die durch Stimmenmehrheit beschlossen werden kann (§ 21 III WEG; Weitnauer/*Lüke* vor § 20 WEG Rn. 3; § 1 WEG Rn. 27 ff.; s. BGHZ 140, 68; *Häublein* ZWE 2007, 477). Weitnauer hält den Verwalter in diesem Falle für befugt, die Grundabtretung im Namen aller Wohnungseigentümer zu vollziehen.

139 Diese Auffassung berücksichtigt jedoch nicht, dass der Verwalter für die Eigentümer nur im Falle des § 27 II WEG bevollmächtigt ist, nicht jedoch im Falle des § 27 I 1 WEG, der nur das Innenverhältnis des Verwalters zu den Wohnungseigentümern betrifft, aber keine gesetzliche Vertretungsmacht des Verwalters begründet (BGHZ 78, 166; 67, 232).

Allerdings können die Befugnisse des Verwalters erweitert werden (§ 27 IV WEG). Daraus ergibt sich die Möglichkeit, Grundabtretungen auch bei einer Vielzahl von Einheiten praktisch vollziehbar zu machen. Die Beschlusskompetenz ergibt sich aus der Pflicht zur ordnungsgemäßen Verwaltung, da der Flächenabtretung eine öffentlich-rechtliche Verpflichtung zugrunde liegt (abl. *Reymann* ZWE 2013, 316).

139a **Formulierungsbeispiel: Verwalterkompetenz – Verfügungsgeschäft**

Der Verwalter ist nach vorherigem Mehrheitsbeschluss der Versammlung der Wohnungseigentümer zu solchen Verfügungen über das Wohnungseigentumsgrundstück ermächtigt, die nach einer Bestätigung der zuständigen Behörde auch im Wege der Zwangsenteignung oder der Zwangsbelastung durchgeführt werden können.

Bei einer solchen **Ermächtigung (im Sinne des § 185 BGB) des Verwalters** genügt alsdann zum Grundbuchvollzug die Vorlage des Beschlusses der Wohnungseigentümer-Versammlung und der Bestätigung der zuständigen Behörde. Für die Form des Beschlusses gilt § 26 IV WEG entsprechend.

Bei Vollendung der Grundabtretung ist zu erklären, dass das Wohnungseigentum an der weggemessenen Fläche aufgehoben wird (*Herrmann* DNotZ 1991, 609; *OLG Frankfurt* DNotZ 1991, 604; a. A. Weitnauer/*Briesemeister* § 1 WEG Rn. 33). Dies gilt auch dann, wenn die weggemessene Fläche bebaut ist. Das Sondereigentum ist insoweit aufzuheben; der dadurch entstehende freie Miteigentumsanteil ist mit (bereits bestehendem) Sondereigentum an der Restfläche zu verbinden.

140 Die **Lastenfreistellung** der weggemessenen Fläche kann durch **Unschädlichkeitszeugnisse** erleichtert werden (Art. 120 EGBGB in Verbindung mit den einschlägigen Landesgesetzen (z. B. das einschlägige Gesetz in Bayern v. 9.11.2012, BayGVBl. 2012, 534, s. hierzu *Demharter* MittBayNot 2013, 104; *LG München I* MittBayNot 1967, 365). Für die Wertgrenze ist maßgeblich der Anteil, der auf die einzelnen Eigentumswohnungen entfällt.

Bei einer nicht von hoher Hand erzwingbaren Veräußerung muss es jedoch beim Einstimmigkeitsgrundsatz verbleiben. Eine Zuständigkeit des Verwalters kann hierfür nicht begründet werden. Der Eigentümerversammlung fehlt die Beschlusskompetenz.

b) Hinzuerwerb einer Fläche zum Wohnungseigentumsgrundstück

141 Der Hinzuerwerb eines Grundstücks zum Wohnungseigentumsgrundstück ist durch **alle** Wohnungseigentümer möglich, jedoch nur im Verhältnis deren Miteigentumsanteile (*BayObLG* Rpfleger 1976, 13; *OLG Zweibrücken* DNotZ 1991, 605; *Elzer* ZWE 2011, 17). Das hinzuerworbene Grundstück ist dem Wohnungseigentumsgrundstück als Bestandteil zuzuschreiben (*OLG Frankfurt* DNotZ 1993, 612; *OLG Oldenburg* Rpfleger 1977, 22). Eine Verpflichtung zum Hinzuerwerb besteht jedoch, abgesehen davon, dass dies in den Fällen des § 10 II WEG von den Eigentümern vereinbart ist, nicht, auch nicht zu einem unentgeltlichen Erwerb (BayObLGZ 1973, 34). Eine Beschlusskompetenz der Wohnungseigentümer bezüglich eines Zuerwerbs besteht nicht, da ein solcher keine Verwaltung des bisherigen Verwaltungsgegenstandes darstellt (*Elzer* ZWE 2011, 17; Riecke/Schmid/*Elzer* § 20 Rn. 86).

Die hinzuerworbene Fläche ist in Wohnungseigentum aufzuteilen und der für das Wohnungseigentumsgrundstück gültigen Gemeinschaftsordnung zu unterstellen (*OLG Frankfurt* ZWE 2006, 345). Diese Aufteilung tritt nicht automatisch mit der Vereinigung gemäß § 890 I BGB ein. Es ist hierzu ein Vertrag nach § 3 WEG zwischen allen Wohnungseigentümern erforderlich (*OLG Zweibrücken* DNotZ 1991, 605; *Herrmann* DNotZ 1991, 611: für entsprechende Anwendung von § 8 WEG; a. A. Weitnauer/*Briesemeister* § 1 WEG Rn. 31 f.: Erklärung gemäß § 890 BGB genügt).

Für die **Lastenausdehnung** gelten die allgemeinen Bestimmungen: Bei Bestandteilszuschreibung erstrecken sich Grundpfandrechte gemäß § 1131 BGB auch auf den hinzuerworbenen Miteigentumsanteil (*LG Bochum* Rpfleger 1990, 291); Rechte in Abteilung II sind pfandzuunterstellen. **142**

Einem Wohnungseigentum kann auch ein Grundstück gemäß § 890 II BGB als Bestandteil zugeschrieben werden (BayObLGZ 1993, 70; Staudinger/*Rapp* § 1 WEG Rn. 41). Das Wohnungseigentum ist hier wie ein Grundstück, nicht wie ein schlichter Miteigentumsanteil zu behandeln. Ausgeschlossen ist jedoch die Vereinigung eines Wohnungseigentums mit einem Grundstück gemäß § 890 I BGB, da es an der Einheitlichkeit der neuen Sache fehlen würde.

Zum Hinzuerwerb einer Fläche durch die rechtsfähige Gemeinschaft der Wohnungseigentümer s. Rn. 146. **142a**

c) Das Wohnungseigentumsgrundstück als herrschendes Grundstück

Ist ein Wohnungseigentumsgrundstück **herrschendes Grundstück einer Grunddienstbarkeit**, so ist eine notwendig werdende Freigabeerklärung von allen Wohnungseigentümer abzugeben. Bei großen Wohnungseigentumsanlagen stößt dies auf praktische Schwierigkeiten. Bei der Bestellung der Dienstbarkeit ist deshalb, wenn deren Ausübung auf einen realen Grundstücksteil beschränkt sein soll, der Ausübungsbereich genau zu bezeichnen, am besten durch einen amtlichen Lageplan (*BGH* NJW 1981, 1781). Bei der Abmessung einer Teilfläche aus dem belasteten Grundstück kann alsdann § 1026 BGB angewendet werden. Der für das Grundbuchamt erforderliche Nachweis gemäß § 29 GBO dahingehend, dass die Abtretungsfläche die Ausübung der Dienstbarkeit nicht beeinträchtigt, kann durch eine Bescheinigung eines öffentlich bestellten Vermessungsingenieurs (*KG* DR 1939, 1174) oder des Vermessungsamtes (*LG Landshut* MittBayNot 1978, 215) erbracht werden. **143**

d) Das Wohnungseigentumsgrundstück als Nachbar im Sinne des Baurechtes

Nachbar im Sinne des Baurechtes sind die einzelnen Wohnungseigentümer, nicht die rechtsfähige Gemeinschaft, da diese nicht Grundstückseigentümerin ist. Nach Art. 71 III 2 BayBO z. B. genügt jedoch wegen der im Baugenehmigungsverfahren erforderlichen Nachbarunterschrift die Vorlage an den Verwalter. Seine Unterschrift gilt allerdings nicht als Zustimmung der einzelnen Wohnungseigentümer zu Abweichungen von nachbarschützenden Bestimmungen des öffentlichen Rechts. Die Zustellung der Baugenehmigung hat deshalb an alle einzelnen Wohnungseigentümer, nicht an den Verwalter, zu erfolgen (*Simon/Busse* BayBO, 2008, Art. 78 Rn. 13b; eine Adressierung an die „Wohnungseigentümergemeinschaft" mit Zustellung an den Verwalter soll jedoch genügen). Klageberechtigt ist jeder einzelne Wohnungseigentümer (*Simon* a. a. O., Rn. 33a). **144**

e) Erweiterte Zuständigkeit des Verwalters

Eine erweiterte Zuständigkeit des Verwalters für Straßengrundabtretungen wurde bereits oben Rn. 139 vorgeschlagen. Aber auch für die Fälle Rn. 143 f. ist eine solche Zuständigkeitserweiterung erwägenswert. Sie erleichtert, ja in vielen Fällen ermöglicht sie sogar erst, die ansonsten wegen Passivität oder Desinteresse der einzelnen Wohnungseigentümer erforderlichen Rechtshandlungen. **145**

145a | **Formulierungsbeispiel: Verwalterkompetenz – Nachbarrechte**

Der Verwalter ist ferner nach vorherigem Mehrheitsbeschluss der Wohnungseigentümer-Versammlung ermächtigt, über Rechte, die zu Gunsten des Wohnungseigentumsgrundstückes an anderen Grundstücken eingetragen sind, Verfügungen zu treffen und die einzelnen Wohnungseigentümer in öffentlich-rechtlichen Angelegenheiten, bei denen es sich um die Wahrnehmung von Nachbarrechten handelt, zu vertreten.

(Für Mitwirkung sämtlicher Wohnungseigentümer tritt ein Bärmann/Seuß/*Schmidt* A Rn. 599).

10. Teilrechtsfähigkeit und Grundbuchfähigkeit der Wohnungseigentümergemeinschaft

146 Mit Beschluss des *V. Zivilsenats* des *BGH* vom 2.6.2005 (NJW 2005, 2061) wurde in Abkehr von der früheren eigenen Rechtsprechung (BGHZ 142, 294; 78, 172) und der weit überwiegenden Ansicht in der Literatur (z.B. Bamberger/Roth/*Hügel* § 10 WEG Rn. 2f.; MünchKomm/*Commichau* Vor § 1 WEG Rn. 47; Staudinger/*Rapp* WEG Einl. Rn. 24ff.) das Recht des Wohnungseigentums dahin gehend fortgebildet, dass die Gemeinschaft der Wohnungseigentümer als rechtsfähig anzuerkennen sei, soweit sie bei der Verwaltung des gemeinschaftlichen Eigentums am Rechtsverkehr teilnehme. Diese Auffassung wurde begründet von *Bärmann* (Wohnungseigentümergemeinschaft 1986, S. 282) und zuletzt weiterentwickelt vorgestellt von *Häublein* (FS Wenzel, 2005, S. 175). Bei einer solchen Teilnahme am Rechtsverkehr sei die rechtsfähige Wohnungseigentümergemeinschaft als solche berechtigt und verpflichtet, nicht der einzelne Wohnungseigentümer.

Durch das WEG-ÄndG wurde die Rechtsprechung des BGH im Grundsatz kodifiziert, die Haftungsverfassung jedoch abweichend vom BGH-Konzept geregelt. Die zentrale Bestimmung findet sich nunmehr in § 10 VI WEG: § 10 VII befasst sich alsdann mit dem Vermögen der rechtsfähigen Gemeinschaft, das vom Gesetz als „Verwaltungsmögen" bezeichnet wird. § 10 VIII WEG enthält die neue Haftungsverfassung, die im Grundsatz von einer teilschuldnerischen Verpflichtung, entsprechend dem Miteigentumsanteil, ausgeht.

147 Nach der neuen Gesetzeslage kann es an der (Teil-) Rechtsfähigkeit der Wohnungseigentümergemeinschaft keine Zweifel mehr geben (s. die zusammenfassende Darstellung DNotI-Report 2007, 169ff.). Sie wird vom *BGH* (NJW 2005, 2061) als Verband „sui generis" bezeichnet, ist aber vom Typus her eher der rechtsfähigen Personengesellschaft gemäß § 14 II BGB als der juristischen Person zuzuordnen. Dies ergibt sich aus der Haftungsverfassung, die im Gegensatz zur juristischen Person eine (wenn auch teilschuldnerische) persönliche Haftung der Wohnungseigentümer vorsieht.

a) Die Bezeichnung der Wohnungseigentümergemeinschaft im Rechtsverkehr

148 Aus der Rechtsfähigkeit der Gemeinschaft der Wohnungseigentümer folgt, dass diese im Rechtsverkehr unter einer bestimmten Bezeichnung auftreten muss (§ 10 VI 4 WEG). Sie muss dabei die Bezeichnung „Wohnungseigentümergemeinschaft", gefolgt von der bestimmten Angabe des gemeinschaftlichen Grundstücks führen. Dementsprechend sollte zu Beginn einer jeden Gemeinschaftsordnung die Bezeichnung der Wohnungseigentümergemeinschaft vorausgestellt werden.

148a | **Formulierungsbeispiel: Bezeichnung der Wohnungseigentümergemeinschaft**

Die Wohnungseigentümergemeinschaft führt die Bezeichnung „Wohnungseigentümergemeinschaft Schönstadt, Hauptplatz 1 (FlNr. 1 Gemarkung Schönstadt)".

IV. Interne und externe Veränderungen am Wohnungseigentum   A III

Der Verwalter hat bei dem Handeln für die Wohnungseigentümergemeinschaft diese Bezeichnung zu führen, ebenso wie beispielsweise der Geschäftsführer einer GmbH bei dem Handeln für diese die Firma anzugeben hat. Das Gesetz unterscheidet zwischen der rechtsfähigen Gemeinschaft der Wohnungseigentümer und der sachenrechtlichen Bruchteilsgemeinschaft gemäß § 1 V WEG, der das gemeinschaftliche Eigentum gehört. Dies ergibt sich aus § 27 II, III WEG (*Hügel/Elzer* § 3 WEG Rn. 11 ff.). Der rechtsfähigen Gemeinschaft ist das Verwaltungsvermögen gemäß § 10 VII WEG, der Bruchteilsgemeinschaft das gemeinschaftliche Eigentum gemäß § 1 V WEG zugeordnet (*BGH* NJW 2007, 518).

b) Der sachliche Bereich der Rechtsfähigkeit

Der sachliche Bereich der Rechtsfähigkeit ist auf die gesamte Verwaltung des gemeinschaftlichen Eigentums bezogen. Dazu gehören alle Maßnahmen, die in tatsächlicher oder rechtlicher Hinsicht auf seine gewöhnliche Nutzung/Erhaltung/Verbesserung abzielen oder sich sonst als Geschäftsführung zugunsten der Wohnungseigentümer bezüglich des Gemeinschaftseigentums darstellen (Palandt/*Bassenge* § 10 WEG Rn. 26; *Häublein*, FS Seuß, 2007, S. 131; *BGH* ZfIR 1997, 284). Die Verwaltung ist damit nicht auf die in den §§ 20 ff. WEG genannten Maßnahmen beschränkt; sie erstreckt sich auch auf die Verwaltung des Gebrauchs des gemeinschaftlichen Eigentums sowie den Erwerb von Gegenständen aller Art. Zwar sind die wichtigsten Verwaltungsaufgaben im § 21 V WEG aufgezählt, die Verwaltung bezieht sich darüberhinaus jedoch auf das gesamte Innenverhältnis und auf alle Maßnahmen der Vertretung der rechtsfähigen Gemeinschaft nach außen (Staudinger/*Bub* § 20 WEG Rn. 4, 6, 9; *Hügel/Elzer* § 3 WEG Rn. 41).

149

Ausgenommen von der Verwaltung sind alle Verfügungsgeschäfte, also Veränderungen des Gegenstandes des Wohnungseigentums, insbesondere Veränderungen am Grundstück sowie Veränderungen in der Größe des Miteigentumsanteils oder zwischen den Bereichen des Sondereigentums und des gemeinschaftlichen Eigentums. Nicht zur Verwaltung gehören auch Neuerungen, insbesondere bauliche Veränderungen, die über die ordnungsmäßige Verwaltung hinausgehen (Staudinger/*Bub* § 20 WEG Rn. 6, 9). Das sachenrechtliche Eigentum gehört den einzelnen Wohnungseigentümern (§ 10 I) und nicht der rechtsfähigen Gemeinschaft (*BGH* NJW 2007, 517) mit der Folge, dass der rechtsfähigen Gemeinschaft diesbezüglich keinerlei Verfügungsbefugnis zusteht. Damit wird auch der Charakter des Wohnungseigentums als Eigentum im sachenrechtlichen Sinne gewahrt.

Die Verpflichtungen, die sich aus dem allgemeinen Nachbarschaftsrecht gemäß §§ 903 ff. BGB und auch aus der Verkehrssicherungspflicht ergeben, treffen jedoch den Grundstückseigentümer als solchen und nicht die Gemeinschaft. Es handelt sich dabei zwar um „gesetzlich begründete Pflichten" gemäß § 10 VI 2 WEG, diese Pflichten haben jedoch ihre Ursache in dem gemeinschaftlichen Eigentum. Nach § 10 VI 3 WEG nimmt die rechtsfähige Gemeinschaft jedoch auch die gemeinschaftsbezogenen Pflichten der Wohnungseigentümer wahr, ebenso sonstige Pflichten der Wohnungseigentümer, soweit diese gemeinschaftlich zu erfüllen sind. Dabei handelt es sich nicht um Verpflichtungen der rechtsfähigen Gemeinschaft sondern um Verpflichtungen der einzelnen Wohnungseigentümer (*Wenzel* ZWE 2006, 466; *Armbrüster* ZWE 2006, 473). Im Verhältnis zwischen der rechtsfähigen Gemeinschaft und dem einzelnen Wohnungseigentümer ist danach die erstere gemäß § 10 VI 3 WEG verpflichtet, die gemeinschaftsbezogenen Pflichten zu erfüllen. Die rechtsfähige Gemeinschaft ist danach ein gesetzlich berufener Erfüllungsgehilfe gemäß § 278 BGB für den einzelnen Wohnungseigentümer. Kommt dieser seinen Verpflichtungen schuldhaft nicht nach, so haftet der einzelne Wohnungseigentümer gemäß § 278 BGB. Diese Haftung ist nicht quotal beschränkt entsprechend § 10 VIII WEG, da es sich um eine eigene Verbindlichkeit des Wohnungseigentümers handelt und nicht um eine Verbindlichkeit der Gemeinschaft. Es macht also bezüglich der Eigentümerhaftung gegenüber Dritten keinen Unterschied, ob ein Grundstück in Wohnungseigentum aufgeteilt ist oder nicht. Demgegenüber nehmen *Wenzel* (ZWE

2006, 468) und *Hügel/Elzer* (§ 3 WEG Rn. 51 ff.; ebenso Jennißen/*Jennißen* § 10 WEG Rn. 66; Bärmann/*Klein* § 10 Rn. 313) an, dass die Verkehrssicherungspflicht eine Aufgabe des Verbandes sei (a. A. *Sauren* ZWE 2006, 260), weil die Sicherung des Gemeinschaftseigentums gegen von ihm ausgehende Störungen eine Angelegenheit der Verwaltung sein. Richtig daran ist, dass gemäß § 10 VI 3 WEG im Innenverhältnis zum Wohnungseigentümer eine Verpflichtung der Gemeinschaft vorliegt. Im Außenverhältnis knüpft die Verantwortlichkeit jedoch ausschließlich an das Eigentum an, weshalb die einzelnen Wohnungseigentümer dem Nachbarn als Gesamtschuldner persönlich haften. Der *BGH* (NJW 2007, 518) begründet dies auch damit, dass bei Verletzung von nachbarschaftlichen Verpflichtungen oder der Verkehrssicherungspflicht keine Teilnahme am Rechtsverkehr vorliege, wie dies insbesondere bei Rechtsgeschäften oder Rechtshandlungen im Außenverhältnis der Fall ist (BGHZ 163, 177); nur für diese Teilnahme am Rechtsverkehr bestehe die Rechtsfähigkeit der Gemeinschaft. Dem ist zuzustimmen.

Was für die Verpflichtungen der einzelnen Wohnungseigentümer gilt, gilt auch für deren Rechte. Die Abwehr von Störungen innerhalb der Wohnungseigentümergemeinschaft betrifft die einzelnen Wohnungseigentümer (*OLG München* NJW 2005, 3006), womit auch die Einzelpersonen klagebefugt sind. Die Gemeinschaft kann jedoch von den einzelnen Eigentümern beauftragt und bevollmächtigt werden, die Individualansprüche der Eigentümer aus § 15 III WEG, § 1004 BGB in Verfahrensstandschaft zu verfolgen (*OLG München* ZWE 2006, 339). Dies kommt vor allem bei Abwehransprüchen gegen Störungen in Frage, die eine Wohnanlage in ihrer Gesamtheit und sämtliche Eigentümer objektiv gleichermaßen betreffen.

c) Die Grundbuchfähigkeit der Wohnungseigentümergemeinschaft

149a Aus der Rechtsfähigkeit der Gemeinschaft der Wohnungseigentümer ergibt sich deren Grundbuchfähigkeit. Dies hat der BGH bezüglich einer Zwangssicherungshypothek bereits in seinem Beschluss vom 2.6.2005 ausgesprochen (*BGH* DNotZ 2005, 783). Sie wird heute uneingeschränkt bejaht (*OLG Hamm* NJW 2010, 1464 u. 3586; *OLG Celle* NJW 2008, 1537; *Wenzel* ZWE 2004, 464; 2006, 7; *Hügel* DNotZ 2005, 771; *Sauren* ZWE 2006, 263; *Häublein* ZWE 2007, 478); Nach dem Wortlaut des § 10 VI 1 WEG kommt es für die Rechtsfähigkeit nicht darauf an, dass die Verwaltungsmaßnahme „ordnungsmäßig" ist (Palandt/*Bassenge* § 10 WEG Rn. 26; *Hügel/Elzer* § 3 WEG Rn. 37; a. A. *LG Nürnberg-Fürth* ZMR 2006, 812). Es wäre für den Rechtsverkehr unerträglich, würde die Wirksamkeit eines Rechtsgeschäftes im Hinblick auf die Erwerbsfähigkeit eines Erwerbers von der Frage der Ordnungsmäßigkeit der Verwaltung abhängen. Diese Frage ist nämlich im Rechtsverkehr nach außen nicht ersichtlich und erst recht nicht überprüfbar. Es gilt hier dasselbe wie bei der Frage, ob die Ordnungsmäßigkeit eines Gebrauchs des Sondereigentums/Gemeinschaftseigentums eine Beschlusskompetenz begründet oder nicht (BGHZ 145, 169; siehe Rn. 122). Im Interesse der Rechtssicherheit ist deshalb das Kriterium der Ordnungsmäßigkeit nicht kompetenzbegründend. Nach den anerkannten Grundsätzen des deutschen Verbandsrechtes hängt die Handlungsfähigkeit von Verbänden nicht davon ab, dass der Verbandszweck eingehalten wird. Das Risiko der Einordnung eines Geschäfts als eine Angelegenheit der Verwaltung des gemeinschaftlichen Eigentums trägt daher die Gemeinschaft, nicht der Geschäftsgegner (Bärmann/*Klein* § 10 Rn. 210 ff; *Wenzel* ZWE 2006, 469; *Rühlicke* ZWE 2007, 270). Bei Überschreitung des Verbandszwecks gelten lediglich die allgemeinen Grundsätze zur Überschreitung der Vertretungsmacht, §§ 177 ff., 138 BGB (im Ergebnis ebenso *Schneider* ZMR 2006, 815; a. A. *LG Hannover* ZMR 2007, 893; *LG Nürnberg-Fürth* ZMR 2006, 812).

Die Rechtsfähigkeit und damit die Erwerbsfähigkeit ist deshalb für die Wohnungseigentümergemeinschaft stets dann zu bejahen, wenn das Geschäft abstrakt (vgl. *Rühlicke* ZWE 2007, 271) im Rahmen der Verwaltung vorkommen kann; auf die konkreten Verhältnisse der einzelnen Gemeinschaft kann es im Interesse der Rechtssicherheit nicht an-

IV. Interne und externe Veränderungen am Wohnungseigentum A III

kommen (zweifelnd Jennißen/*Jennißen* § 10 WEG Rn. 67a). Die rechtsfähige Gemeinschaft kann deshalb nicht nur Grundpfandrechtsgläubigerin sein, sie kann auch Berechtigte einer beschränkt persönlichen Dienstbarkeit sein (*Hügel* DNotZ 2007, 338; *Rapp* MittBayNot 2005, 458), wobei jedoch Vorsicht insoweit geboten ist, als mit Beendigung der Gemeinschaft (§ 9 I Nr. 3 oder § 10 VII 4 WEG) die beschränkt persönliche Dienstbarkeit erlischt. Die Gemeinschaft kann auch Wohnungseigentum oder ein Grundstück (*Häublein* ZWE 2007, 475 ff.; *Wenzel* ZWE 2006, 7; Hügel/*Elzer* § 3 WEG Rn. 72 ff.) erwerben, Kontoinhaberin (*Deckert* ZMR 2007, 215) oder Darlehensnehmerin (*Schmidt* ZMR 2007, 90; *LG Heilbronn* ZMR 2007, 649 m. abl. Anm. *Hügel*) sein.

Dem Grundbuchamt ist zum Nachweis der Zugehörigkeit des erworbenen Gegenstandes zum Verwaltungsvermögen der entsprechende Beschluss der Versammlung vorzulegen, wodurch auch die Vertretungsbefugnis des Verwalters gemäß § 27 III Nr. 7 WEG nachgewiesen wird (Gutachten, DNotI-Report 2007, 172). Ferner ist die Bestellung zum Verwalter nachzuweisen (*OLG Hamm* ZWE 2009, 453). Ob der Beschluss ordnungsmäßiger Verwaltung entspricht unterliegt nicht der Beurteilung durch das Grundbuchamt (*OLG Celle* NJW 2008, 1537; *Häublein* ZWE 2007, 485; Bärmann/ *Klein* § 10 Rn. 213, 224). Die Prüfung der Rechtmäßigkeit des Beschlusses unterfällt ausschließlich der Beschlussanfechtung gemäß § 43 WEG.

Praxisbeispiel: In einer größeren Wohnanlage soll eine Wohnung für Hausmeisterzwecke vorgehalten werden. **149b**
Es gibt zwei Gestaltungsalternativen:
- Die Wohnung wird, obwohl die Voraussetzungen dafür vorliegen, nicht zum Sondereigentum ausgewiesen. Sie bleibt gemeinschaftliches Eigentum und erhält folglich auch keinen Miteigentumsanteil, der mit Sondereigentum zu verbinden wäre.
- Die Wohnung wird zu Sondereigentum ausgewiesen; sobald die Gemeinschaft rechtsfähig geworden ist (hierzu müssen mindestens zwei verschiedene Personen Eigentümer geworden sein), wird die betreffende Wohnung vom Bauträger an die rechtsfähige Gemeinschaft aufgelassen.

Die zweite Lösung hat den Vorteil, dass die Wohnung verkehrsfähig ist. Sollte die Zweckbestimmung als Hausmeisterwohnung später entbehrlich werden, kann das Wohnungseigentum durch die rechtsfähige Gemeinschaft problemlos an einen Dritten veräußert werden. Zu den Fragen einer „Insichmitgliedschaft" s. *Häublein* ZWE 2007, 479; Bärmann/*Klein* § 10 Rn. 223, 289.

Von dem Erwerb von Grundstückseigentum durch die rechtsfähige Gemeinschaft ist **149c** zu unterscheiden die Veränderung am Wohnungseigentumsgrundstück selbst (externe Veränderungen, siehe hierzu Rn. 137 ff.).

d) Das Verwaltungsvermögen

Die rechtsfähige Gemeinschaft ist Inhaberin des Verwaltungsvermögens, § 10 VII **149d** WEG. Dessen Gegenstände werden im § 10 VII 2, 3 WEG näher umschrieben. Auf den Zeitpunkt des Erwerbs der Gegenstände kommt es dabei nicht an (Palandt/*Bassenge* § 10 WEG Rn. 33; Jennißen/*Jennißen* § 10 WEG Rn. 92; Hügel/*Elzer* § 3 WEG Rn. 151). Mit Inkrafttreten des WEG-ÄndG ist sonach das Verwaltungsvermögen, auch wenn es bereits früher erworben war, in das Eigentum der rechtsfähigen Gemeinschaft übergegangen.

Praxisbeispiel: Zur Abfindung von Mängeln am Gemeinschaftseigentum hat ein Bauträger allen Tiefgarageneigentümern zu unter sich gleichen Anteilen drei Tiefgaragenstellplätze übereignet. Eigentümerin ist seit 1.7.2007 die rechtsfähige Gemeinschaft. Das Grundbuch kann unter Bezugnahme auf den Erwerbsvorgang und auf § 10 VII WEG berichtigt werden.

Mit Beendigung der Wohnungseigentümergemeinschaft durch Aufhebung gemäß § 9 WEG endet auch die rechtsfähige Gemeinschaft. Dem stellt das Gesetz gemäß § 10 VII 4

WEG den Fall gleich, dass ein Wohnungseigentümer alle Einheiten erworben hat. In diesen Fällen tritt eine **partielle Gesamtrechtsnachfolge** in der Weise ein, dass das Verwaltungsvermögen dem Grundstückseigentümer zufällt. Die rechtsfähige Gemeinschaft ist damit beendet. Erwirbt ein Dritter später eine Einheit, so entsteht eine neue Gemeinschaft, die jedoch das Verwaltungsvermögen der erloschenen Gemeinschaft nicht erwirbt (*Hügel/Elzer* § 3 WEG Rn. 100, 162).

e) Die Haftungsverfassung

149e Einhergehend mit der Statuierung der Rechtsfähigkeit hat der Gesetzgeber in § 10 VIII WEG die Haftungsverfassung der rechtsfähigen Gemeinschaft neu geregelt. Die Außenhaftung wurde dabei § 128 HGB nachgebildet, jedoch mit der Maßgabe, dass anstelle einer gesamtschuldnerischen Haftung lediglich eine teilschuldnerische Haftung besteht. Die Außenhaftung ist zwingend und einer Vereinbarung der Wohnungseigentümer untereinander nicht mit Außenwirkung zugänglich (*Hügel/Elzer* § 3 WEG Rn. 192; *Palandt/Bassenge* § 10 WEG Rn. 36a; *Abramenko* § 6 WEG Rn. 34). Dies folgt daraus, dass es sich um Rechtsverhältnisse mit außenstehenden Dritten handelt und eine Haftungsbegrenzung oder ein Haftungsausschluss danach einen unzulässigen Vertrag zu Lasten Dritter darstellen würde. In Höhe der teilschuldnerischen Haftung besteht für einen Werkunternehmer auch ein Anspruch gemäß § 648 BGB (*Jennißen/Jennißen* § 10 WEG Rn. 74; *Hügel/Elzer* § 3 WEG Rn. 222 ff.; vgl. hierzu BGHZ 102, 95). Für die teilschuldnerische Außenhaftung ist es irrelevant, dass die Kostentragung gemäß § 16 II im Innenverhältnis abweichend von den Miteigentumsanteilen geregelt ist. Im Hinblick auf die zwingende Außenhaftung hat die Bestimmung der Größe der Miteigentumsanteile bei Begründung von Wohnungseigentum einen neuen Stellenwert erlangt (s. Rn. 35).

Die Außenhaftung gemäß § 10 VIII WEG schließt es nicht aus, dass Wohnungseigentümer zur Erhöhung der Kreditwürdigkeit oder auch im Falle einer Mehrhausanlage (Rn. 67 ff.) Verträge im eigenen Namen abschließen und hierzu den **Verwalter ausdrücklich bevollmächtigen** (*BGH* DNotZ 2005, 854), wodurch für die Wohnungseigentümer eine gesamtschuldnerische Haftung entsteht (*BGH* NJW 2010, 932 Rn. 12; 2012, 3719 Rn. 13). Bei einer **Mehrhausanlage** kann in der Gemeinschaftsordnung ein solches Vorgehen auch vorgeschrieben werden um zu erreichen, dass nur die Eigentümer der jeweils betroffenen wirtschaftlichen Einheit durch das Rechtsgeschäft belastet werden, nicht jedoch die nicht betroffenen Eigentümer. Alternativ kommt in Betracht, mit dem Werkunternehmer die teilschuldnerische Haftung der Wohnungseigentümer des betroffenen Gebäudes zu vereinbaren (vgl. *Jennißen/Jennißen* § 10 WEG Rn. 105). Hierzu ist jedoch die ausdrückliche persönliche Haftungsübernahme durch jeden Wohnungseigentümer erforderlich. Ein Mehrheitsbeschluss ist insoweit nichtig, da die Beschlusskompetenz fehlt (*BGH* NJW 2012, 3719 Rn. 13).

149f Zahlt ein Wohnungseigentümer gemäß § 10 VIII 1 WEG, erlangt er einen Ausgleichsanspruch gegen die Gemeinschaft gemäß § 426 I BGB analog. Der Umfang der Haftung gegenüber dem Gläubiger bleibt für die anderen Wohnungseigentümer gleich (*Palandt/Bassenge* § 10 WEG Rn. 39). Bezüglich öffentlicher Ver- und Entsorgungseinrichtungen ist davon auszugehen, dass bei privatrechtlicher Ausgestaltung die Wohnungseigentümergemeinschaft als rechtsfähiger Verband Vertragspartner ist und das Entgelt schuldet. Eine gesamtschuldnerische Haftung der Wohnungseigentümer kommt nur in Betracht, wenn sie auf einer ausdrücklichen gesetzlichen Anordnung beruht oder sich aus den Leistungsbedingungen in Verbindung mit den ihnen zugrunde liegenden landesgesetzlichen Normen klar und eindeutig ergibt, dass neben dem Verband auch der einzelne Wohnungseigentümer verpflichtet werden sollte (BGHZ 193, 10 Rn. 23 f.).

f) Beginn und Ende der Rechtsfähigkeit

149g Die Rechtsfähigkeit der Wohnungseigentümergemeinschaft beginnt mit deren Entstehung, also mit der Eintragung von mindestens zwei verschiedenen Eigentümern im

Grundbuch. Vor diesem Zeitpunkt kann jedoch eine „werdende Wohnungseigentümergemeinschaft" bestehen, auf die die Vorschriften des WEG Anwendung finden (BGHZ 177, 53), soweit nicht den Umständen nach eine Eintragung im Grundbuch notwendig ist. Sie kann ebenfalls bereits Verwaltungsvermögen bilden, so dass auch ihr Teilrechtsfähigkeit zukommt (*Hügel/Elzer* § 3 WEG Rn. 93; Jennißen/*Jennißen* § 10 WEG Rn. 96 ff.). Die Wohnungseigentümergemeinschaft endet in ihrer Rechtsfähigkeit mit Aufhebung des Wohnungseigentums gemäß § 9 WEG oder Vereinigung aller Wohnungseigentumsrechte in einer Person (§ 10 VII 4 WEG).

g) Einpersonen-Eigentümergemeinschaft?

Mit der gesetzlichen Anerkennung der Rechtsfähigkeit der Gemeinschaft der Wohnungseigentümer in § 10 VI wurde die Frage aufgeworfen, ob es eine *Einpersonen-Eigentümergemeinschaft* geben kann. Die Frage wurde bejaht von *Becker* (FS Seuß 2007, S. 19 ff; *ders*. ZWE 2007, 119; ebenso F. *Schmidt* ZMR 2009, 741; *J. H. Schmidt* PiG 93, 117, 135). In dem hier zu besprechenden Zusammenhang ist dabei lediglich zu diskutieren die Frage, ob es eine solche Gemeinschaft auch bereits in der Begründungsphase des Wohnungseigentums nach durchgeführter Teilung gemäß § 8 WEG geben kann. *Becker* (a. a. O. S. 21) weist zutreffend darauf hin, dass auch die *Bestellung eines Verwalters* durch den teilenden Alleineigentümer mit Wirkung für die künftige Gemeinschaft möglich ist (*BGH* ZWE 2002, 574; Bärmann/*Merle* § 26 Rn. 67). Nicht zu bestreiten ist es auch, dass ein Bedürfnis dafür besteht, dass bei Fertigstellung der Wohnanlage *Versorgungsverträge* abgeschlossen sein müssen, die eine Kontinuität der Vertragsverhältnisse gewährleisten (*J. H. Schmidt* PiG 93, 117). Dies sei rechtlich nur möglich wenn man eine Einpersonen-Gemeinschaft auch in der Begründungsphase für Wohnungseigentum anerkenne (*Becker,* FS Seuß, 2007, S. 21 ff.).

149h

Gleichwohl ist eine Einpersonen-Eigentümergemeinschaft **durch die Gesetzeslage nicht gedeckt** (*Wenzel*, FS Bub, 2007, S. 267 ff.; BeckOK-WEG/*Dötsch* § 10 Rn. 527 ff.; *ders*. ZWE 211, 386 Fn. 20; Spielbauer/*Then* § 2 Rn. 4; *Hügel* ZWE 2010, 124; *Elzer* ZMR 2008, 810; *OLG München* ZMR 2006, 208; *OLG Düsseldorf* ZWE 2006, 145). Das Gesetz geht, wie sich in § 10 VII 4 WEG zeigt (BGHZ 177, 53 Rn. 12), davon aus, dass mindestens zwei Personen Wohnungseigentümer sind. Die Wohnungseigentümergemeinschaft ist auch keine juristische Person, bei der eine Einpersonen-Gesellschaft zugelassen ist (§ 2 AktG, § 1 GmbHG), sondern ein *Personenverband sui generis* (*Wenzel* a. a. O. S. 264). Die Nähe zur Personengesellschaft legt auch den Schluss nahe, dass es, wie bei einer solchen, keine Einpersonen-Gemeinschaft geben kann (*Wenzel* a. a. O. S. 265).

Besonders gewichtig gegen eine Einpersonen-Gemeinschaft spricht jedoch der Umstand, dass sie das **Selbstverwaltungsrecht der Wohnungseigentümer** auf lange Zeit aushöhlen könnte. Gerade zu Beginn einer Gemeinschaft müssen zahlreiche Dauerschuldverhältnisse begründet werden. Man denke an Versorgungsverträge, Versicherungsverträge, Wartungsverträge, Arbeitsvertrag (z.B. mit Hausmeister) sowie an den Verwaltervertrag. Nur für den Letztgenannten gibt es eine gesetzlich zwingende Befristung bei der Erstbestellung auf drei Jahre (§ 26 I 2). Alle anderen Verträge können eine Laufzeit bis zur Grenze der Sittenwidrigkeit haben. AGB-rechtliche Fragen können hier unberücksichtigt bleiben. Anfechtungsmöglichkeiten für die Wohnungseigentumserwerber bestehen nicht, sofern die Anfechtungsfristen abgelaufen sind. Kontrollmöglichkeiten für die nachfolgenden Wohnungseigentümer bezüglich des Zeitpunktes und auch des Inhaltes der Beschlussfassungen durch den alleinigen Wohnungseigentümer gibt es nicht. Das Grundbuch gibt über Beschlüsse keine Auskunft (§ 10 IV). Diese Belastung mit Beschlussinhalten, deren Zustandekommen für die Wohnungseigentümer nicht transparent ist und die auch der Rechtssicherheit nicht entsprechen, sind unzulässig. Es ist hier ein Rechtsgedanke aus dem österreichischen WEG fruchtbar zu machen, der in § 18 solche Rechtsvorgänge für unwirksam erklärt (*Pittl* PiG 1993, 92).

Zur Bestellung des Verwalters in der Teilungserklärung s. *KG* ZWE 2012, 96 mit Anm. *Jacoby*.

V. Veräußerung von Wohnungseigentum

1. Bezeichnung des Vertragsgegenstandes

a) Teilungserklärung und Gemeinschaftsordnung sind beurkundet, aber noch nicht grundbuchamtlich vollzogen

150 Durch die Teilungserklärung und Gemeinschaftsordnung wird der Vertragsgegenstand in seiner tatsächlichen Lage und Dimension sowie in seiner rechtlichen Ausgestaltung beschrieben. Aus der Teilungserklärung und den dazugehörigen Aufteilungsplänen ergibt sich die Identifizierung der zu veräußernden Wohnung nach Größe des Miteigentumsanteiles, Lage und Wohnfläche. Liegen Aufteilungspläne noch nicht vor, so können auch die **Baupläne als Bestandteil der Teilungserklärung** (Rn. 30 f.) beigefügt werden. Hierbei ist allerdings Vorsicht geboten:

151 Nach der Allgemeinen Verwaltungsvorschrift für die Ausstellung von Bescheinigungen gemäß § 7 IV 2 WEG (abgedr. bei *Weitnauer* Anh. III 1) ist dem Antrag auf Abgeschlossenheitsbescheinigung bei **zu errichtenden Gebäuden** eine Bauzeichnung beizufügen, die den bauaufsichtlichen (baupolizeilichen) Vorschriften entspricht. Ist demnach ein noch nicht bauaufsichtlich genehmigter Plan beigefügt worden, so ist es nicht ausgeschlossen, dass diesbezüglich im Baugenehmigungsverfahren Änderungen des Planes erforderlich werden können. Erfolgen Veräußerungen von Wohnungen, bevor eine bestandskräftige Baugenehmigung vorliegt, so ist in die Kaufverträge ein dementsprechender Änderungsvorbehalt für den Verkäufer aufzunehmen.

152 Wird nach beurkundeter Teilungserklärung mit dem Verkauf begonnen, sind Teilungserklärung und Gemeinschaftsordnung aber noch nicht im Grundbuch vollzogen, so ist eine **Verweisung nach Maßgabe des § 13a BeurkG** zulässig. Eine Verweisung nach dieser Vorschrift setzt voraus, dass Teilungserklärung und Gemeinschaftsordnung *beurkundet* gemäß §§ 8 ff. BeurkG vorliegen. Auf eine lediglich der Unterschrift nach beglaubigte Teilungserklärung und Gemeinschaftsordnung kann nicht gemäß § 13a BeurkG verwiesen werden (*BGH* DNotZ 1979, 406).

153 Die Baubeschreibung kann zusammen mit der Teilungserklärung in einer Urkunde errichtet werden. Möglich ist es auch, sie zusammen mit dem ersten Kaufvertrag zu beurkunden und den späteren Käufern eine auszugsweise beglaubigte Abschrift dieses Kaufvertrages – enthaltend die Baubeschreibung – auszuhändigen. Bei beiden Verfahren ist eine Bezugnahme gemäß § 13a BeurkG möglich.

b) Teilungserklärung und Gemeinschaftsordnung sind grundbuchamtlich vollzogen, Änderungsvollmacht

154 Ist die Teilungserklärung grundbuchamtlich vollzogen, so ist eine Verweisung oder eine Mitbeurkundung nicht mehr erforderlich, da bereits ein sachenrechtlich wirksames Rechtsverhältnis entstanden ist (*BGH* NJW 1994, 1348; BGHZ 63, 364; DNotZ 1979, 479). Die Einreichung beim Grundbuchamt selbst genügt jedoch nicht, da die Verdinglichung erst mit Eintragung eintritt (§ 8 II 2 WEG). (Zur Verweisung auf die Teilungserklärung s. a. *Röll* MittBayNot 1980, 1.)

Zur grundbuchmäßigen Bezeichnung des Vertragsgegenstandes genügt es gemäß § 28 GBO, wenn das richtige Wohnungsgrundbuchblatt bezeichnet worden ist (*BGH* NJW 1994, 1348). Es ist weder erforderlich, dass die Größe des Miteigentumsanteils noch die nähere Bezeichnung des Gegenstandes und des Inhalts des Sondereigentums in der Kaufvertragsurkunde aufgeführt wird, auch wenn dies, aus Informationsgründen für die Vertragsbeteiligten, wünschenswert ist.

V. Veräußerung von Wohnungseigentum A III

Ist Wohnungseigentum veräußert und zugunsten eines Erwerbers eine Vormerkung eingetragen, so ist eine **Änderung der Teilungserklärung** mit Gemeinschaftsordnung gegenüber dem Vormerkungsberechtigten nur wirksam, wenn dieser gemäß §§ 877, 876 BGB zugestimmt hat (*BayObLG* DNotZ 1999, 667; MittBayNot 1995, 528; DNotZ 1994, 233; *KG* ZWE 2007, 238). Die Vormerkung sichert dem Erwerber den Erwerb des Wohnungseigentums mit dem Gegenstand und dem Inhalt, wie es im Grundbuch eingetragen ist. Soll hier eine Änderung eintreten, ist die Zustimmung des Vormerkungsberechtigten notwendig.

In der Vertragspraxis hat es sich deshalb eingebürgert, dass der Käufer im Kaufvertrag dem Verkäufer unter Befreiung von den Beschränkungen des § 181 BGB **Vollmacht** erteilt, die Zustimmung zur Abänderung der Teilungserklärung mit Gemeinschaftsordnung zu erklären. Voraussetzung hierfür ist, dass eine wirksame Vollmacht vorliegt (*BayObLG* MittBayNot 1998, 180; 1996, 29; DNotZ 1994, 233; *OLG München* MittBayNot 2011, 129; *LG Nürnberg-Fürth* MittBayNot 2011, 132), die dem grundbuchrechtlichen Bestimmtheitsgrundsatz genügt. Mit der Änderung der Teilungserklärung und Gemeinschaftsordnung muss auch ein Kaufvertrag, der über einzelne Einheiten bereits abgeschlossen wurde, geändert werden: Die sachenrechtliche Änderung des Wohnungseigentums führt dazu, dass sich der Leistungsgegenstand zwischen dem auf der früheren Grundbuchlage basierenden Kaufvertrag und der neuen Grundbuchlage ändert. Die Änderungsvollmacht muss sich deshalb auch auf den Kaufvertrag erstrecken. Die Änderungsvollmacht bezüglich des Kaufvertrages unterfällt der AGB-rechtlichen Grenze der §§ 308 Nr. 4, 307 II BGB. Die Problematik der Änderungsvollmacht besteht darin, ihre Reichweite so zu begrenzen, dass die Interessen des Käufers nicht unzumutbar beeinträchtigt werden (*M. Müller*, Grundverhältnis, S. 201 ff.; *Häublein* S. 295 ff.).

Eine gegenüber dem Grundbuchamt taugliche Vollmacht wird daher zweckmäßigerweise dahingehend formuliert, dass sie im **Außenverhältnis** gegenüber dem Grundbuchamt **unbeschränkt** ist und die inhaltlichen Beschränkungen der Vollmacht nur im Verhältnis der Vertragsteile wirksam sein sollen. Ein solcher *Änderungsvorbehalt* samt *Änderungsvollmacht* könnte folgenden Wortlaut haben:

Formulierungsbeispiel: Änderungsvollmacht beim Bauträgervertrag 154a

1. Der Käufer räumt dem Verkäufer unter Beachtung von § 308 Nr. 4 BGB das Recht ein, die hier vereinbarte vertragliche Leistung zu ändern, wenn hierfür auf Seiten des Verkäufers ein triftiger Grund gegeben ist. Ein solcher liegt insbesondere vor, wenn Änderungen planerischer, bautechnischer oder rechtlicher Art durch das Nachfrageverhalten eines Kaufinteressenten veranlasst sind oder öffentlich rechtliche Anforderungen der Baubehörde oder bautechnische Notwendigkeiten eine solche Änderung veranlassen.

2. Die Änderungen dürfen keine erhebliche Wertminderung des Vertragsgegenstandes zur Folge haben. Änderungen bezüglich des Sondereigentums und dazugehöriger Sondernutzungsrechte sind ausgeschlossen. Der Miteigentumsanteil darf nur geringfügig (maximal +/– 3 %) verändert werden. Eine Aufhebung, erhebliche Verkleinerung oder Verlegung von Verkehrsflächen und solcher Bereiche, bei denen dem Käufer ein zweckbestimmtes Mitgebrauchsrecht zusteht, sind ausgeschlossen. Es darf keine Kostenmehrbelastung von über 5% gegenüber dem früheren Zustand eintreten und das Stimmgewicht darf nicht über diese Größe hinaus vermindert werden. Schließlich darf die Eigenart der Anlage nicht verändert werden. Bei wirtschaftlicher Betrachtungsweise darf eine erhebliche Wertminderung des Vertragsgegenstandes nicht bewirkt werden (s. hierzu auch *Kilian* notar 2011, 89).

▼ Fortsetzung: **Formulierungsbeispiel: Änderungsvollmacht beim Bauträgervertrag**

3. Der Käufer erteilt dem Verkäufer unter Befreiung von den Beschränkungen des § 181 BGB die unwiderrufliche und über den Tod des Vollmachtgebers hinaus bestehende Vollmacht, Änderungen der Teilungserklärung mit Gemeinschaftsordnung vorzunehmen und dies zum Grundbuchvollzug zu bringen. Die Vollmacht erlischt, sobald der Verkäufer nicht mehr Eigentümer einer Einheit in der Wohnanlage ist. Die Vollmacht kann nur vor dem amtierenden Notar, seinem amtlich bestellten Vertreter oder Amtsnachfolger ausgeübt werden. Diese haben die Vollmachtsbeschränkungen im Innenverhältnis zu beachten und in Zweifelsfällen dem Vollmachtgeber (Käufer) rechtliches Gehör zu gewähren. Ein Widerruf des Käufers bezüglich der Vollmachtsausübung ist dann beachtlich, wenn der Käufer schlüssig Tatsachen vorträgt, aus denen sich ein wichtiger Grund für einen Vollmachtswiderruf ergibt.
Werden Änderungen durchgeführt, so kann hieraus weder ein einzelner Eigentümer noch die Eigentümergemeinschaft Rechte oder Ansprüche aus dem Kaufvertrag gegenüber dem Verkäufer herleiten.

4. Die Vollmacht ist im Außenverhältnis, insbesondere gegenüber dem Grundbuchamt, unbeschränkt. Die vorstehenden Einschränkungen gelten nur im Verhältnis der Vertragsteile zueinander und sind für das Grundbuchamt unbeachtlich.

5. Bedürfen die Änderungen einer Baugenehmigung, so wird ein Kaufpreis erst fällig, wenn diese erteilt und vom Verkäufer dem Käufer nachgewiesen wurde. Im baurechtlichen Freistellungsverfahren ist nachzuweisen, dass mit dem Bau gemäß der geänderten Planung begonnen werden darf.

Unter dem Gesichtspunkt der Beurkundungsbestimmtheit bestehen gegen eine solche Vollmacht keine Bedenken (vgl. *BGH* NJW 1986, 845). Mögliche Verletzungen des Innenverhältnisses durch den Bevollmächtigten können vom Grundbuchamt nur dann berücksichtigt werden, wenn sie offensichtlich sind (*OLG München* ZWE 2013, 84; 2009, 323; DNotZ 2007, 41).

Vollmachten des Käufers an den Verkäufer (Bauträger), die dem grundbuchrechtlichen Bestimmtheitsgrundsatz nicht genügen (z. B. „keine unzumutbare Änderung") sind unwirksam (*BayObLG* MittBayNot 1994, 527; 1994, 529; DNotZ 1994, 233; wirksam ist jedoch eine Vollmacht, „die Teilungserklärung zu ändern, sofern dadurch die im Sondereigentum stehenden Räume in ihrer Lage und Größe nicht verändert werden", *BayObLG* MittBayNot 1998, 182; zur Formbedürftigkeit einer Änderungsvollmacht s. *OLG Hamm* MittBayNot 1995, 531).

Eine instruktive Gesamtdarstellung der Problematik unter dem Gesichtspunkt der notariellen Praxis findet sich bei *Schüller* RNotZ 2011, 203 *M. Müller*, Grundverhältnis, S. 153 ff; DNotI-Gutachten v. 24.8.2012 Abruf-Nr. 114.351.

c) Teilungserklärung und Gemeinschaftsordnung sind noch nicht vorhanden

155 Ist eine Teilungserklärung mit Gemeinschaftsordnung noch nicht vorhanden, also weder beurkundet noch beglaubigt, so gilt Folgendes:

aa) Das in Wohnungseigentum aufzuteilende **Gebäude besteht** bereits:
Ein Aufteilungsplan ist nicht erforderlich, es genügt vielmehr – wie bei einer erst noch zu vermessenden Teilfläche eines Grundstückes – eine eindeutige Beschreibung des Vertragsgegenstandes nach Lage und Größe (BayObLGZ 1977, 155; *OLG Frankfurt* DNotZ 1972, 180).

bb) Bei erst zu **errichtenden Gebäuden** sind eindeutige Pläne, nicht jedoch unbedingt Aufteilungspläne, zur Identifizierung erforderlich. Am zweckmäßigsten wird auf genehmigte Baupläne gemäß § 13a IV BeurkG verwiesen.

cc) In allen Fällen, in denen eine Teilungserklärung und Gemeinschaftsordnung noch nicht vorliegt (weder beurkundet, noch beglaubigt) steht der rechtliche Inhalt des zu bildenden Wohnungseigentums, soweit von den Vorschriften des WEG abgewichen werden soll, noch nicht eindeutig fest. Häufig wird in diesen Fällen die Ausgestaltung der Gemeinschaftsordnung dem Verkäufer **nach billigem Ermessen** gemäß § 315 BGB überlassen.

Dies ist rechtlich zulässig (*BGH* ZWE 2002, 519; NJW 1986, 845). Ein Verstoß gegen Vorschriften des BGB liegt nicht vor. Gerade bei gemischtgenutzten Grundstücken, bei denen die späteren Nutzungsarten und damit die Bedürfnisse für die Sachgerechtigkeit einer Gemeinschaftsordnung vor Verkauf der einzelnen Einheiten noch nicht feststehen, kommt diese Entscheidung des *BGH* den Bedürfnissen der Praxis entgegen. (Zur Vormerkungsfähigkeit siehe auch *Reithmann/Meichssner/von Heymann*, Kauf vom Bauträger, 7. Aufl. 1995, Rn. 476 ff.; *Schmidt*, FS Bärmann und Weitnauer, 1990, S. 545). Gleichwohl sollte dieses Verfahren nicht zum Regelfall werden, da der Käufer den rechtlichen Inhalt des Wohnungseigentums weitgehend „blind" kauft. Unter AGB-rechtlichen Gesichtspunkten ist ein solcher Vertrag gemäß § 307 I 1 BGB auf jeden Fall grenzwertig, da er dem Verkäufer eine für ihn optimale Interessendurchsetzung ermöglicht. Im Kaufvertrag sollten deshalb zumindest die Grundzüge einer Gemeinschaftsordnung festgelegt werden.

156

d) Kaufpreisfälligkeit

In allen Fällen, in denen Teilungserklärung und Gemeinschaftsordnung grundbuchamtlich noch nicht vollzogen sind, können gemäß § 3 I 1 Nr. 2 MaBV Kaufpreise nicht fällig gestellt werden. Im Anwendungsbereich der MaBV ist nämlich Fälligkeitsvoraussetzung, dass die Vormerkung am gebildeten, vertragsgegenständlichen Wohnungseigentum eingetragen ist. Fälligkeiten aufgrund von Notarbestätigungen sind ausgeschlossen (Kap. A II. Rn. 121).

157

2. Gewährleistung bezüglich des Gemeinschaftseigentums

Nach der ständigen Rechtsprechung des *BGH* richten sich die Gewährleistungsansprüche des Erwerbers von neu herzustellendem Wohnungseigentum nach **Werkvertragsrecht** (BGHZ 96, 129; 82, 122, 125; 81, 375; 74, 204; DNotZ 1982, 626; 1985, 622; 1990, 167; NJW 1989, 2535; 2007, 3276 Tz. 19). Dies gilt auch für den Erwerb von sanierten Altbauobjekten, wenn der Erwerb mit einer Herstellungs- oder Sanierungsverpflichtung verbunden ist (*BGH* MittBayNot 2007, 211; DNotZ 2005, 464). Mit der Schuldrechtsmodernisierung wurden die Gewährleistungsfristen des Kauf- bzw. Werkvertragsrechtes in Ansehung von Bauwerken angeglichen, so dass der ursprüngliche Ansatz der Rechtsprechung, dem Erwerber eine fünfjährige Gewährleistung zu verschaffen und deshalb für die Bauerstellung Werkvertragsrecht anzuwenden, entfallen ist. Gleichwohl spricht auch nach dem neuen Recht die Interessenlage dafür, Werkvertragsrecht anzuwenden (*Basty* ZWE 2002, 384; Beck'sches Formularbuch Wohnungseigentumsrecht/ *Hügel* O. II. Anm. 1). Nur im Werkvertragsrecht gibt es eine Abnahme und ein Recht auf Ersatzvornahme. Die Entscheidung, welche Form der Nacherfüllung gewählt wird (Mangelbeseitigung oder Lieferung einer neuen Sache) steht, und dies ist bei einem Bauwerk sachgerecht (soweit von Lieferung einer neuen Sache hier überhaupt ausgegangen werden kann), dem Werkunternehmer zu. Werkvertragsrecht gilt deshalb nicht nur dann, wenn noch Bauleistungen zu erbringen sind, sondern auch dann, wenn das Bauwerk bereits fertig gestellt ist (*BGH* NJW 2005, 1115; *Klein* ZWE 2007, 466; für Kaufrecht in diesem Falle *Brambring* DNotZ 2001, 906; Palandt/*Sprau* vor § 633 Rn. 3).

158

Die werkvertraglichen Gewährleistungen gelten nur dann, wenn gegen den Veräußerer eine **Herstellungspflicht** (*BGH* MittBayNot 2007, 211, zur Altbausanierung) besteht. Werden dagegen **Altbauten in Wohnungseigentum** umgewandelt und **ohne** Umbau- oder

159

Renovierungsverpflichtung veräußert, so ist ein Gewährleistungsausschluss auch im Anwendungsbereich der §§ 305 ff. AGB zulässig (*BGH* DNotZ 1990, 156). (Zu den Grenzen des Gewährleistungsausschlusses bei Neubauobjekten und Veräußerung mittels Individualvertrag siehe *BGH* NJW 1989, 2748 im Anschluss an BGHZ 100, 391; 101, 365; zur Unzulässigkeit eines AGB-mäßigen Ausschlusses der Wandelung [des Rücktritts] *BGH* MittBayNot 2007, 204 und 210; DNotZ 2002, 215).

160 Die werkvertraglichen Gewährleistungsbestimmungen gelten sowohl für das Sondereigentum als auch für das Gemeinschaftseigentum. Die werkvertraglichen Gewährleistungsregelungen lassen sich wie folgt kurz umreißen:

– Der Besteller hat zunächst das Recht, von dem Unternehmer Nacherfüllung zu verlangen, §§ 634 Nr. 1, 635 BGB. Dabei hat der Unternehmer die Wahl, entweder den Mangel zu beseitigen oder ein neues Werk herzustellen. Letzteres wird im Bauträgerrecht nicht praktikabel werden. Die Mängelbeseitigung kann verweigert werden, wenn sie nur mit unverhältnismäßigen Kosten möglich ist (§ 635 III BGB). Zu demselben Erfolg wie die Nacherfüllung führt die Selbstvornahme durch den Besteller gemäß § 637 BGB: Er erhält ein mangelfreies Werk auf Kosten des Unternehmers. Die Nacherfüllung und die Selbstvornahme führen danach zu der vertraglich vereinbarten Leistung, nämlich dem mangelfreien Werk. Dies gilt auch für den Anspruch auf Zahlung eines Kostenvorschusses an die Gemeinschaft der Wohnungseigentümer zur Finanzierung der Mängelbeseitigung. Sie sind damit Ansprüche auf vollständige Erfüllung (primäre Gewährleistungsansprüche).

– Der Besteller kann ferner gemäß § 634 Nr. 3 BGB zurücktreten, wenn er eine Frist zur Nacherfüllung erfolglos gesetzt hat oder eine Fristsetzung ausnahmsweise entbehrlich ist (§ 636 BGB) oder nach § 638 BGB die Vergütung mindern.

– Der Besteller kann ferner nach § 634 Nr. 4 BGB Schadensersatz oder Ersatz vergeblicher Aufwendungen verlangen.

Die Rechte und Ansprüche gemäß § 634 Nr. 3, 4 werden als sekundäre Gewährleistungsansprüche bezeichnet.

a) Werkvertragsansprüche in Ansehung des Gemeinschaftseigentums

161 Die vorstehend beschriebenen werkvertraglichen Gewährleistungsansprüche setzen die **Abnahme** des bestellten Werkes durch den Besteller voraus (§ 640 I BGB). Mit der Abnahme erlischt der allgemeine Erfüllungsanspruch; er konkretisiert und beschränkt sich nunmehr auf die Gewährleistungsrechte (Palandt/*Sprau* vor § 633 Rn. 8; § 640 Rn. 11). Wegen unwesentlicher Mängel kann die Abnahme nicht verweigert werden (§ 640 I 1 BGB). Es tritt ferner ein Rechtsverlust ein, wenn sich der Besteller seine Rechte wegen eines Mangels bei der Abnahme nicht vorbehält (§ 640 II BGB).

162 Aus § 641 I 2 BGB ergibt sich, dass das Werk auch teilweise abgenommen werden kann. Hiervon ist beim Kaufvertrag über neu zu schaffendes Wohnungseigentum Gebrauch zu machen. Sondereigentum und Gemeinschaftseigentum sind, schon wegen den in der Regel verschiedenen Fertigstellungsterminen, jeweils gesondert abzunehmen. Eine **Abnahmefiktion** ist bezüglich beider unter den weiteren Voraussetzungen des § 308 Nr. 5 BGB unzulässig.

163 Die Abnahme ist eine Hauptverpflichtung des Bestellers (Palandt/*Sprau* § 640 Rn. 8), auch bezüglich des Gemeinschaftseigentums. Eine Abnahme des Sondereigentums, die nicht mit einer Begehung der gesamten Anlage verbunden wird, bewirkt deshalb keine Abnahme des Gemeinschaftseigentums (*Häublein* DNotZ 2002, 609). Eine gesamtschuldnerische Verpflichtung aller Erwerber zur Abnahme des Gemeinschaftseigentums besteht kraft Gesetzes nicht, auch nicht aus Gründen der Wohnungseigentümergemeinschaft (Staudinger/*Bub* § 21 WEG Rn. 243; Weitnauer/*Briesemeister* Anh. § 8 WEG Rn. 79; *Häublein* DNotZ 2002, 614; *Pause* NJW 1993, 555; a. A. *Deckert,* Mängel am Gemeinschaftseigentum, S. 93 ff.). Die **Folgen der Abnahme** bestehen deshalb für jeden Erwerber gesondert, insbesondere laufen auch bezüglich des Gemeinschaftseigentums bei

V. Veräußerung von Wohnungseigentum A III

Fehlen einer anderweitigen Regelung für jeden Erwerber eigene Gewährleistungsfristen (BGHZ 114, 383; *BGH* NJW 1985, 1551; *OLG Köln* NJW 1968, 2063; *OLG Stuttgart* MDR 1980, 496; *Brambring* NJW 1987, 99).

Hieraus ergibt sich ein dringendes Bedürfnis für eine gemeinschaftliche, einheitliche Abnahme des Gemeinschaftseigentums durch die Wohnungseigentumserwerber. Andernfalls bestünde die Möglichkeit, dass sich ein Erwerber weigert, die Abnahme vorzunehmen, mit der Folge, dass bezüglich des Gemeinschaftseigentums für ihn die Verjährungsfristen nicht zu laufen beginnen. Der Verkäufer wäre alsdann gehalten, den Käufer auf Abnahme zu verklagen (*BGH* MittBayNot 1996, 193). Erst mit Rechtskraft des dementsprechenden Urteils wäre alsdann die Abnahme erfolgt. Dadurch könnte die Gewährleistungsfrist auf unbestimmte Zeit verlängert werden, was wegen des individuellen Nacherfüllungsanspruches gemäß § 634 Nr. 1 BGB allen Erwerbern zugute käme.

Nach § 10 VI 3 WEG übt die rechtsfähige Gemeinschaft der Wohnungseigentümer die gemeinschaftsbezogenen Rechte der Wohnungseigentümer aus und nimmt die gemeinschaftsbezogenen Pflichten der Wohnungseigentümer wahr. Die Abnahme des Gemeinschaftseigentums ist zweifelsohne ein gemeinschaftsbezogener Vorgang. Es stellt sich deshalb die Frage, ob nach neuem Recht das Gemeinschaftseigentum beim Erwerb vom Bauträger von der rechtsfähigen Gemeinschaft (oder jedenfalls der werdenden rechtsfähigen Gemeinschaft) oder vom Einzelerwerber abzunehmen ist. Hier ist zunächst festzuhalten, dass Erwerber und Besteller im Sinne des Werkvertragsrechtes der einzelne Wohnungseigentümer und nicht die rechtsfähige Gemeinschaft ist. Eine Abnahme durch die Gemeinschaft gemäß § 10 VI 2 WEG kommt deshalb nicht in Betracht, weil Inhaberin der Rechte aus der werkvertraglichen Leistung nicht die Gemeinschaft, sondern der einzelne Erwerber ist. **164**

Zu diskutieren ist jedoch, ob eine Abnahme durch die Gemeinschaft gemäß § 10 VI 3 WEG zulässig oder gar erforderlich ist, da es um gemeinschaftsbezogene Rechte der Wohnungseigentümer geht. Die Vorschrift ist jedoch von ihrem Wortlaut her zu weit gefasst. Nach der Gesetzesbegründung (BT-Drucks. 16/887, S. 61) sollte mit dem Begriff der „Gemeinschaftsbezogenheit" lediglich der bisherige Rechtszustand festgeschrieben werden. Dieser sah jedoch nicht vor, dass gemeinschaftsbezogene Rechte generell nur von der Gemeinschaft geltend gemacht werden können. Es ist deshalb eine teleologische Reduktion der Vorschrift dahingehend vorzunehmen, dass die Gemeinschaft gemeinschaftsbezogene Ansprüche nur dann ausübt, wenn dies entweder im Interesse der Gemeinschaft oder zum Schutze des Gläubigers erforderlich ist (*Wenzel* NJW 2007, 1907). Geht man von diesem Verständnis der Norm aus, so ist festzuhalten, dass eine Abnahme durch die Gemeinschaft zum *Schutze des Schuldners (Bauträger)* geboten ist. Die Abnahme hat nicht nur den Zweck, dem Bauträger zu bescheinigen, dass dieser seine Herstellungsverpflichtung im wesentlichen erfüllt hat, sondern sie dient auch mit der Feststellung von Baumängeln der Durchsetzung der gesetzlichen Gewährleistungsansprüche. Beim Fehlen einer einheitlichen Abnahme des Gemeinschaftseigentums wird der Bauträger folgenden Risiken ausgesetzt: **165**

- Die Gewährleistungsansprüche beginnen und enden zu verschiedenen Zeitpunkten. Dies hat zur Folge, dass noch nicht verjährte Ansprüche erfüllt werden müssen, was zur Folge hat, dass die Käufer von Einheiten, deren Ansprüche verjährt sind, wegen der Unteilbarkeit der Gewährleistung eine Leistung erhalten, auf die sie keinen Anspruch mehr haben.
- Der Rückgriff des Bauträgers gegenüber dem bauausführenden Unternehmen kann dadurch gefährdet werden, dass eine Verjährung eintritt, die Gewährleistungsansprüche einzelner Käufer dagegen noch nicht verjährt sind. Damit entfällt die Rückgriffsmöglichkeit des Bauträgers.

Der Schutz des Bauträgers verlangt deshalb eine einheitliche Abnahme des Gemeinschaftseigentums, die für und gegen alle Wohnungseigentümer wirksam ist (Beck'sches Formularbuch Wohnungseigentumsrecht/*Hügel* O.I.2 Anm. 1, O.I.3 Anm. 1; Bärmann/

Klein Anh. § 10 Rn. 56 f.; *Rapp* MittBayNot 2012, 169; *AG München* NJW 2011, 2222; anders die h. M.; *Suilmann* ZWE 2013, 305; *Ott* ZWE 2013, 253; Jennißen/*Heinemann* § 21 Rn. 15; *Basty*, FS Wenzel, 2005, S. 108; Staudinger/Peters/*Jacoby* (2008) § 640 Rn. 22; *Basty*, Bauträgervertrag, 7. Aufl. 2012, Rn. 1008 ff; Palandt/*Sprau* § 640 Rn. 5; *OLG Karlsruhe* NJW 2012, 237).

165a **Formulierungsbeispiel: Abnahme des Gemeinschaftseigentums**

1. Das gemeinschaftliche Eigentum wird nach Baufertigstellung von der Gemeinschaft der Wohnungseigentümer abgenommen. Die Feststellung der technischen Voraussetzungen für die Abnahmeerklärung wird vom Verwalter getroffen, der hierzu einen einschlägig qualifizierten Sachverständigen zuzuziehen hat. Die Wohnungseigentümerversammlung kann jedoch beschließen, dass anstelle des Verwalters Wohnungseigentümer gemäß § 27 III 3 WEG beauftragt und bevollmächtigt werden.

2. Der Verwalter bzw. die beauftragten Wohnungseigentümer haben nach Feststellung der technischen Voraussetzungen der Abnahme der Wohnungseigentümerversammlung hierüber zu berichten und eine Empfehlung darüber abzugeben, ob die Abnahme erklärt oder verweigert werden soll. Hierüber beschließt alsdann die Wohnungseigentümerversammlung. In Vollzug dieses Beschlusses hat der Verwalter bzw. haben die besonderen Vertreter gegenüber dem Bauträger die Abnahme zu erklären bzw. zu verweigern.

3. Die erklärte Abnahme wirkt für und gegen alle Wohnungseigentümer und auch gegenüber ihren Sonderrechtsnachfolgern.

4. Derjenige Wohnungseigentümer, dem gegenüber die Abnahme zu erklären ist (Bauträger), ist in allen Angelegenheiten, die die Abnahme des gemeinschaftlichen Eigentums betreffen, von der Ausübung des Stimmrechtes ausgeschlossen.

165b Die Beschlussfassung der Wohnungseigentümerversammlung über das Ergebnis der technischen Abnahme führt zu der Frage, ob auch die rechtliche Abnahme gegenüber dem Bauträger erklärt werden soll. Wird die rechtliche Abnahme beschlossen, so wirkt gemäß § 10 IV WEG dieser Beschluss auch gegenüber Rechtsnachfolgern von Wohnungseigentümern. Damit lässt sich rechtlich sicher das Nachzüglerproblem lösen. Der Nachzügler-Käufer ist der Rechtsnachfolger eines Wohnungseigentümers (Bauträger) und damit an den Beschluss gebunden.

Der *BGH* (NJW 1985, 1551) anerkennt ausdrücklich das Interesse des Bauträgers an einer möglichst frühzeitigen und für alle, insbesondere auch für die künftigen, Wohnungseigentümer verbindlichen Abnahme. Aus diesem Grunde wurde in den früheren Auflagen dieses Werkes die Lösung vertreten, dass die Bauträgerkäufer einem bereits benannten Sachverständigen Vollmacht für die Abnahme des Gemeinschaftseigentums erteilen. Ein Nachzüglerkäufer sollte diese Abnahme für sich verbindlich gelten lassen, was zulässig ist (*OLG Koblenz* ZMR 2013, 912 m. abl. Anm. *Abramenko*). Die Einwände gegen die Vollmachtslösung sind jedoch gewichtig (*Basty*, Bauträgervertrag, 7. Aufl. 2012, Rn. 1010 ff.). Durch die Rechtsfähigkeit der Wohnungseigentümergemeinschaft (auch der werdenden) und durch § 10 VI 3 WEG hat sich jedoch ein neuer Weg eröffnet, der der zutreffend gesehenen Interessenlage des Verkäufers Rechnung tragen kann.

165c Anders verhält es sich, wenn die rechtsfähige Gemeinschaft selbst einen Werkvertrag abgeschlossen hat. In diesem Falle ist ausschließlich sie Vertragspartnerin des Werkunternehmers und damit Inhaberin der aus dem Werkvertrag rechtsgeschäftlich erworbenen Rechte und Pflichten, § 10 VI 2 WEG (*Lehmann/Richter* ZWE 2006, 414; *Wenzel* ZWE 2006, 110; Staudinger/*Rapp* WEG Einl. Rn. 71d). Die Abnahme hat deshalb durch die Gemeinschaft zu erfolgen. Sie erfolgt durch den Verwalter namens der Gemeinschaft

V. Veräußerung von Wohnungseigentum

der Wohnungseigentümer, wozu dieser gemäß § 27 III 3, 7 WEG berechtigt und verpflichtet ist.

b) Gewährleistungsfristen bezüglich des Gemeinschaftseigentums bei zeitlich versetzten Bauabschnitten

Fristenprobleme bezüglich der Gewährleistung am gemeinschaftlichen Eigentum ergeben sich auch bei der Erstellung einer Wohnungseigentumsanlage in **zeitlich** erheblich auseinander liegenden Abschnitten (DNotI-Report 1995, 205; *Pause* NJW 1993, 556; *Grziwotz* MittBayNot 2007, 208). Eine sachgerechte Lösung liegt darin, dass die Gewährleistungsfristen bezüglich des Gemeinschaftseigentums **verschieden laufen**, je nachdem, ob die Erwerber aus späteren Bauabschnitten ein Interesse an der Mangelfreiheit des Gemeinschaftseigentums von früheren Bauabschnitten haben oder nicht.

166

Formulierungsbeispiel: Abnahme bei Mehrhausanlagen

166a

Soweit Bauabschnitte in zeitlich aufeinander folgenden Zeiträumen erstellt werden, findet jeweils für jeden Bauabschnitt eine gesonderte Abnahme statt. Die Abnahme des Gemeinschaftseigentums erfolgt auch mit Wirkung für die Erwerber aus späteren Bauabschnitten. Dies gilt jedoch nur für solche Teile des Gemeinschaftseigentums, die von Erwerbern aus späteren Bauabschnitten nicht unmittelbar mitbenutzt werden (z. B. Dach, Außenputz, Treppenaufgänge, Ver- und Entsorgungsleitungen, Gemeinschaftsbeleuchtung). Wird Gemeinschaftseigentum aus einem früheren Bauabschnitt von Erwerbern aus einem späteren Bauabschnitt mitbenutzt (z. B. Heizung, Fernsehantenne), so findet eine Abnahme mit Wirkung für die Erwerber aus allen Bauabschnitten erst mit der Fertigstellung des letzten Bauabschnittes statt. Die Wirkungen der Abnahme treten erst mit dieser letzten Abnahme ein.

---

c) Legitimation zur Geltendmachung der verschiedenen Gewährleistungsansprüche

Die Legitimation zur Geltendmachung von Gewährleistungsansprüchen bezüglich des Gemeinschaftseigentums ist unterschiedlich, je nachdem welcher Anspruch/welches Recht geltend gemacht wird. Hier wirkt sich auch die Rechtsfähigkeit der Gemeinschaft der Wohnungseigentümer aus (§ 10 VI WEG); vgl. hierzu Kap. A II. Rn. 128.

167

aa) Individualansprüche und Verpflichtung der Gemeinschaft. Den Käufern von Wohnungseigentum stehen wegen Mängeln am Gemeinschaftseigentum gegenüber dem Verkäufer (Bauträger) aus den jeweils geschlossenen Verträgen werkvertragliche (inhaltlich möglicherweise verschieden ausgestaltete) Gewährleistungsansprüche zu. Die Teilrechtsfähigkeit der Wohnungseigentümergemeinschaft ändert daran nichts. Durch sie werden die Rechte aus § 634 BGB keine gemeinschaftliche Berechtigung der rechtsfähigen Wohnungseigentümergemeinschaft (*BGH* NJW 2007, 1953 Rn. 14; BGHZ 169, 1; *Wenzel* NJW 2007, 1906; *Grziwotz* MittBayNot 2007, 208; *Hügel/Elzer* § 3 WEG Rn. 182 ff.; Jennißen/*Heinemann* § 21 Rn. 8; Bärmann/*Klein* § 10 Anh. Rn. 9). Eine Geltendmachung der Mängelrechte durch die Gemeinschaft gemäß § 10 VI 1, 2 WEG kommt deshalb nicht in Betracht.

168

Bei der Mängelbeseitigung bezüglich des Gemeinschaftseigentums kollidiert der werkvertragliche Individualanspruch des einzelnen Erwerbers mit den wohnungseigentumsrechtlichen Verpflichtungen und Beschränkungen (vgl. Beck'sches Formularbuch Wohnungseigentumsrecht/*Hügel* O. II. Anm. 5), die sich aus der Verpflichtung zur ordnungsgemäßen Verwaltung des gemeinschaftlichen Eigentums gemäß § 21 I WEG ergeben. Zu der letztgenannten Verpflichtung gehört insbesondere gemäß § 21 V 2 WEG die ordnungsmäßige Instandhaltung und Instandsetzung des gemeinschaftlichen Eigentums, was auch die Beseitigung von anfänglichen Baumängeln einschließt (BGHZ 169, 7 Rn. 21;

Rapp

Wenzel NJW 2007, 1905; *ders.* ZWE 2006, 111). Der Anspruch auf Nacherfüllung kann dabei so lange geltend gemacht werden, bis die Zahlung des Vorschusses auf die Mängelbeseitigungskosten erfolgt ist (BGHZ 169, 8 Rn. 22).

169   bb) Die gemeinschaftsbezogenen Rechte der Wohnungseigentümer. Gemäß § 21 V Nr. 2 WEG gehört es zur ordnungsmäßigen Verwaltung, das gemeinschaftliche Eigentum instand zu halten und instand zu setzen. Es handelt sich dabei um eine Pflichtaufgabe der rechtsfähigen Gemeinschaft, die von dieser auszuführen ist. Diese Kompetenz und Verpflichtung der rechtsfähigen Gemeinschaft gilt auch bezüglich der Beseitigung anfänglicher Baumängel, da diese die Interessen der Wohnungseigentümer in gleicher Weise betreffen wie später, etwa nach Ablauf der Gewährleistungsfrist, auftretende Mängel (*BGH* NJW 2007, 1953; 2010, 933; *Wenzel* NJW 2007, 1907; *Klein* ZWE 2007, 466; Staudinger/*Bub* § 21 WEG Rn. 185; Hügel/*Elzer* § 3 WEG Rn. 183). Es besteht deshalb bei Baumängeln am Gemeinschaftseigentum einerseits der Individualanspruch des einzelnen Erwerbers, andererseits die Tätigkeitsverpflichtung der rechtsfähigen Gemeinschaft, die jedoch beide auf dasselbe Ziel gerichtet sind. Es liegt deshalb nahe, dass sich die rechtsfähige Gemeinschaft der vertraglichen Ansprüche ihrer Mitglieder bedient, um das Ziel zu erreichen. Der wohnungseigentumsrechtliche Ansatz hierzu ist § 21 I WEG.

Nach § 10 VI 3 WEG übt die Gemeinschaft die „gemeinschaftsbezogenen Rechte" der Wohnungseigentümer aus. Dabei handelt es sich um eine gesetzliche Ermächtigung (entsprechend § 185 BGB), mit der ein fremdes Recht, nämlich dasjenige der einzelnen Wohnungseigentümer, durch die rechtsfähige Gemeinschaft im eigenen Namen geltend gemacht wird. Man spricht insoweit von einer geborenen (*Wenzel* NJW 2007, 1907) oder verdrängenden (*Becker* ZWE 2007, 436) Ausübungsbefugnis. Die Interessen der Wohnungseigentümer werden dadurch gewahrt, dass sie als Mitglieder der Gemeinschaft durch Mehrheitsbeschluss über die Ausübung ihrer gemeinschaftsbezogenen Rechte gemäß § 21 III WEG entscheiden und jeder Wohnungseigentümer gemäß § 10 IV WEG an den entsprechenden Beschluss gebunden ist (*Becker* ZWE 2007, 436; *Pause/Vogel* ZMR 2007, 582). Zu den gemeinschaftsbezogenen Rechten zählt die Gesetzesbegründung jene aus dem individuellen Erwerbsvertrag mit dem Bauträger (BT-Drucks. 16/3843, S. 61). Dabei verweist die Gesetzesbegründung auf die Fälle, in denen die Gemeinschaft rechtmäßigerweise Mängelansprüche ihrer Mitglieder gegen den Verkäufer und Bauträger an sich gezogen hat. Der Wortlaut des § 10 VI 3 WEG geht jedoch über diese Fälle hinaus und erfasst alle Ansprüche der Käufer in Bezug auf Baumängel am Gemeinschaftseigentum gegenüber dem Verkäufer, also auch z. B. den Anspruch auf Nacherfüllung. Dies ist jedoch vom sachlichen Umfang her zu weit und von der bisherigen Rechtsprechung auch nicht gedeckt. Danach können die primären Gewährleistungsansprüche vom Erwerber selbst geltend gemacht werden, eine zwingende und alleinige Zuständigkeit der Gemeinschaft gibt es nur für solche Rechte, die ihrer Natur nach gemeinschaftsbezogen sind und ein eigenständiges Vorgehen des einzelnen Wohnungseigentümers nicht zulassen, nämlich die gemeinschaftsbezogenen Rechte auf Minderung und kleinen Schadenersatz (*BGH* NJW 2006, 2254; 2007, 1954). Es besteht deshalb Einigkeit darüber, dass der Begriff der „gemeinschaftsbezogenen Rechte", der eine verdrängende Ausübungsbefugnis zur Folge hat, einschränkend ausgelegt werden muss (*Wenzel* NJW 2007, 1907; *Becker* ZWE 2007, 435; *Pause/Vogel* ZMR 2007, 579).

Eine geborene oder verdrängende Ausübungsbefugnis ist lediglich bezüglich der sekundären Gewährleistungsansprüche der Minderung bzw. des kleinen Schadenersatzes gegeben. Hier erfordert der Schutz des Verkäufers vor einer doppelten Inanspruchnahme eine abschließende Entscheidung durch die Gemeinschaft. Es muss ausgeschlossen sein, dass ein Käufer, wenn auch nur für seine Einheit, Minderung durchsetzt und anschließend ein anderer Käufer Nacherfüllung erlangt, was wegen des gezahlten Minderungsbetrages zu einer ungerechtfertigten Mehrbelastung des Verkäufers führt (Beck'sches Formularbuch Wohnungseigentumsrecht/*Hügel* O. II. Anm. 12; *Suilmann* ZWE 2013, 304).

V. Veräußerung von Wohnungseigentum   A III

cc) Die fakultative Rechtsausübung durch die Gemeinschaft. Neben der geborenen 170
und verdrängenden Ausübungsbefugnis begründet § 10 VI 3 WEG die Zuständigkeit der
rechtsfähigen Gemeinschaft jedoch auch für „sonstige Rechte der Wohnungseigentümer", soweit diese gemeinschaftlich geltend gemacht werden können. Diese sonstigen
Rechte unterscheiden sich von den „gemeinschaftsbezogenen Rechten" dadurch, dass sie
nicht zwingend (geboren, verdrängend) von der Gemeinschaft ausgeübt werden müssen,
sondern lediglich eine fakultative Möglichkeit besteht („ausgeübt werden *können*")
(*Wenzel* NJW 2007, 1908; *Becker* ZWE 2007, 436; *Pause/Vogel* ZMR 2007, 583).
Wenzel spricht in diesen Fällen von einer „gekorenen" Ausübungsbefugnis (NJW 2007,
1907). Der *BGH* hat (noch zu der bis zum 30.6.2007 gültigen Rechtslage) entschieden,
dass die Wohnungseigentümergemeinschaft im Rahmen der ordnungsgemäßen Verwaltung des Gemeinschaftseigentums die Ausübung der auf die ordnungsgemäße Herstellung des Gemeinschaftseigentums gerichteten Rechte der einzelnen Erwerber aus den
Verträgen mit dem Veräußerer durch Mehrheitsbeschluss an sich ziehen kann. In gleicher
Weise kann die Wohnungseigentümergemeinschaft die gemeinschaftliche Durchsetzung
eines auf die Beseitigung von Mängeln des Gemeinschaftseigentums gerichteten Erfüllungs- oder Nacherfüllungsanspruchs beschließen. Ist ein solcher Beschluss gefasst, sind
die einzelnen Erwerber von der Verfolgung ihrer Rechte insoweit ausgeschlossen. Bei
Mängeln am Gemeinschaftseigentum ist ein solcher Beschluss regelmäßig im Rahmen
der ordnungsmäßigen Verwaltung (*BGH* NJW 2007, 1954; 2010, 933). Zieht die Wohnungseigentümergemeinschaft die Durchsetzung der auf die ordnungsgemäße Herstellung des Gemeinschaftseigentums gerichteten Rechte an sich, begründet sie damit ihre
alleinige Zuständigkeit. Dies schließt ein selbstständiges Vorgehen der Erwerber aus
(Beck'sches Formularbuch Wohnungseigentumsrecht/*Hügel* O. II. Anm. 10; Bärmann/
Klein § 10 Anh. Rn. 37; *Suilmann* ZWE 2013, 305, 306) in Bezug auf die Verfolgung der
Primäransprüche. Der Erwerber kann aber weiterhin den Rücktritt oder den Anspruch
auf großen Schadensersatz selbständig geltend machen (*Wenzel* ZWE 2006, 115 und
2007, 114; Bärmann/*Klein* § 10 Anh. Rn. 39). Dies gilt auch dann, wenn sich die Gemeinschaft für Minderung oder kleinen Schadensersatz entschieden hat (*Schulze-Hagen*
ZWE 2007, 117).
    Die entsprechende Beschlussfassung begründet also eine Kompetenzverlagerung vom
einzelnen Wohnungseigentümer auf die Gemeinschaft der Wohnungseigentümer.

dd) Vergleichsabschluss durch die Gemeinschaft. Ist eine solche Kompetenzverlage- 171
rung beschlossen worden, so umfasst die alleinige Zuständigkeit der Gemeinschaft auch
die Möglichkeit des Abschlusses eines Vergleiches betreffend die Baumängel am Gemeinschaftseigentum, in dem anstatt der Nachbesserung die Zahlung eines Minderungsbetrages vereinbart werden kann (*OLG München* ZWE 2007, 491; Bärmann/*Klein* § 10 Anh.
Rn. 25; *Becker* ZWE 2007, 488; *Pause/Vogel* ZMR 2007, 581; Beck'sches Formularbuch Wohnungseigentumsrecht/*Hügel* O. II. Anm. 12).

ee) Vorrang des Gemeinschaftsrechtes gegenüber Individualanspruch. Die Verlage- 171a
rung der Kompetenz zur Geltendmachung von Gewährleistungsansprüchen ausschließlich auf die rechtsfähige Gemeinschaft führt also dazu, dass der Erwerber auch mit
seinen primären Ansprüchen (Erfüllung, Nacherfüllung) ausgeschlossen ist. Der BGH
begründet dies damit, dass eine derartige Einschränkung des Erwerbers in der Ausübung
seiner aus dem Vertrag mit dem Veräußerer abgeleiteten Rechte dem jeweiligen Vertrag
immanent sei. Mit dieser inhaltlichen Beschränkung werde das Vertragsverhältnis bereits
begründet. Die Erwerber müssten es hinnehmen, dass über die Durchsetzung ihrer Rechte mit Mehrheitsbeschluss von der Gemeinschaft entschieden wird und dementsprechend
die individuelle Rechtsverfolgungskompetenz von der aus dem Gesetz abgeleiteten Befugnis der Wohnungseigentümergemeinschaft überlagert werde (*BGH* NJW 2007,
1954). Der *BGH* leitet also die Kompetenz der Gemeinschaft im Ergebnis zu Recht aus
deren allgemeiner Verwaltungskompetenz gemäß § 21 I WEG ab. Der tiefere Grund für

die vom BGH gesehene „vertragsimmanente Einschränkung" liegt jedoch im gemeinschaftsrechtlichen Treueverhältnis der Wohnungseigentümer (*Armbrüster,* FS Merle, 2000, S. 1). Die Geltendmachung der vertraglichen Gewährleistungsansprüche des einzelnen Erwerbers durch die rechtsfähige Gemeinschaft schadet dem Ersteren nicht; sie nützt jedoch der Zweitgenannten, da die Inanspruchnahme des Dritten (Bauträger) keinen Aufwand verursacht im Gegensatz zur Beauftragung eines Fremdunternehmens mit der Mängelbeseitigung, wozu die Gemeinschaft ansonsten verpflichtet wäre. Der Grundsatz der ordnungsmäßigen Verwaltung gebietet es deshalb, den kostengünstigsten Weg zur Erfüllung der gesetzlichen Aufgabe „Instandhaltung/Instandsetzung des gemeinschaftlichen Eigentums" zu wählen und dies ist die Inanspruchnahme des Bauträgers.

171b   **ff) Auswirkungen auf die Vertragspraxis.** Für die Praxis des Notars haben die vorstehenden Ausführungen Bedeutung für die Fälle der **Veräußerung von Wohnungseigentum.** Dabei sind zwei Fallgruppen zu unterscheiden:
– Die Gemeinschaft der Wohnungseigentümer hat im Wege der geborenen oder verdrängenden Ausübungsbefugnis bezüglich eines Mangels am Gemeinschaftseigentum eine Entscheidung entweder bezüglich Minderung oder kleiner Schadensersatz getroffen. Bei dieser Sachlage kann kein weiterer neuer Käufer mehr in Ansehung des betroffenen Mangels einen primären Gewährleistungsanspruch geltend machen. Im Kaufvertrag des Käufers, der der Beschlussfassung nachfolgt, ist jedoch diesbezüglich kein ausdrücklicher (möglicherweise problematischer) Gewährleistungsausschluss erforderlich. Die Bindung dieses Käufers folgt vielmehr aus § 10 IV 1 WEG. Dieser Käufer ist an den Beschluss der Versammlung der Wohnungseigentümer, mit dem das Wahlrecht ausgeübt wurde, gebunden, ohne Rücksicht darauf, ob er ihn kennt.
– Hat darüber hinaus die Wohnungseigentümergemeinschaft beschlossen, die primären Gewährleistungsansprüche aus den Erwerbsverträgen auf die Gemeinschaft zu übertragen, so sind weitere, nachfolgende Erwerber ebenfalls von der selbstständigen Geltendmachung der Rechte ausgeschlossen. Sie können ihre Rechte ab Beschlussfassung nur noch im Rahmen der gemeinschaftlichen Verwaltung ausüben. Die Wirkung gegen Nachfolgekäufer ergibt sich ebenfalls aus § 10 IV 1 WEG.
Der Notar wird im Rahmen seiner Belehrungspflicht gemäß § 17 BeurkG auf diese Möglichkeiten hinzuweisen haben.

171c Formulierungsbeispiel: Baumängel – Gemeinschaftseigentum

Der Notar hat darauf hingewiesen, dass bezüglich Baumängeln am Gemeinschaftseigentum von der Versammlung der Wohnungseigentümer Beschlüsse gefasst werden können, die die Geltendmachung von Gewährleistungsansprüchen durch den Käufer einschränken oder ausschließen, da der Erwerber an solche Beschlüsse gebunden ist.

Empfehlenswert ist es auch, in der Gemeinschaftsordnung eine Regelung darüber aufzunehmen, wer zu welchem Zeitpunkt und mit welchem Umfange berechtigt ist, Gewährleistungsansprüche bezüglich Baumängeln am Gemeinschaftseigentum geltend zu machen.

171d Formulierungsbeispiel: Baumängel – Anspruchsberechtigung

1. Jeder Wohnungseigentümer ist berechtigt, seine sich aus dem Erwerbsvertrag ergebenden Ansprüche auf Nacherfüllung einschließlich des Anspruchs auf Ersatzvornahme und auf Kostenvorschuss hierfür alleine und ohne Mitwirkung der übrigen Wohnungseigentümer in der Weise geltend zu machen, dass er Leistung an alle Wohnungseigentümer verlangt.

V. Veräußerung von Wohnungseigentum

▼ Fortsetzung: **Formulierungsbeispiel: Baumängel – Anspruchsberechtigung**

Die Ansprüche auf Schadenersatz statt der gesamten Leistung (großer Schadenersatzanspruch) und das Recht auf Rücktritt können ebenfalls von jedem Wohnungseigentümer alleine geltend gemacht bzw. ausgeübt werden. Die Gemeinschaft kann jedoch beschließen, dass Ansprüche auf Erfüllung bzw. Nacherfüllung bezüglich der ordnungsmäßigen Herstellung des Gemeinschaftseigentums gemeinschaftlich durchzusetzen sind. Der Anspruch auf Minderung oder auf Schadenersatz statt der Leistung (kleiner Schadenersatzanspruch) kann nur geltend gemacht werden, wenn vorher ein entsprechender Beschluss der Wohnungseigentümer mit Stimmenmehrheit gefasst worden ist. Der aufteilende Grundstückseigentümer (Bauträger) hat hierbei kein Stimmrecht. Mit entsprechenden Beschlussfassungen der Wohnungseigentümergemeinschaft und Zugang des Beschlusses bei dem Verkäufer können Ansprüche auf Nacherfüllung nicht mehr neu geltend gemacht werden.

2. Stehen die in Absatz 1 bezeichneten Ansprüche bzw. Rechte vertraglich der Gemeinschaft der Wohnungseigentümer zu (§ 10 VI 2 WEG), so ist gleichwohl jeder einzelne Wohnungseigentümer ermächtigt, den Anspruch auf Nacherfüllung, auf Ersatzvornahme sowie auf Kostenvorschuss hierfür alleine im eigenen Namen mit der Maßgabe geltend zu machen, dass die Leistung an die Gemeinschaft der Wohnungseigentümer zu erfolgen hat.

3. Verwalterzustimmung

a) Voraussetzungen und Nachweis

Die Zustimmung des Verwalters oder eines Dritten zur Veräußerung des Wohnungseigentums ist nur dann erforderlich, wenn dies in der Gemeinschaftsordnung vereinbart oder gemäß § 8 festgelegt worden ist. Solange die Verwalterzustimmung nicht erteilt ist, ist das Rechtsgeschäft sowohl im schuldrechtlichen wie im dinglichen Teil schwebend unwirksam (BGHZ 33, 76). Eine erforderliche Verwalterzustimmung muss im **Bestandsverzeichnis** des Grundbuchblatts **vermerkt** werden (§ 3 II WE-GBVfg). Die h. M. sieht dies jedoch nur als Ordnungsvorschrift an mit der Konsequenz, dass deren Verletzung an der materiell-rechtlich wirksamen Veräußerungsbeschränkung nichts ändert, wenn wegen des näheren Inhaltes des Rechtes auf die Eintragungsbewilligung Bezug genommen wurde (Weitnauer/*Lüke* § 12 WEG Rn. 7; Palandt/*Bassenge* § 12 WEG Rn. 5; Bärmann/*Klein* § 12 Rn. 9; Riecke/Schmid/*Schneider* § 12 Rn. 17; NK-BGB/*Schultzky* § 12 Rn. 2). Dieser Auffassung kann nicht gefolgt werden (*Niedenführ/Kümmel/Vandenhouten* § 12 WEG Rn. 4; Staudinger/*Kreuzer* § 12 WEG Rn. 10; MünchKomm/*Commichau* § 12 WEG Rn. 10; Jennißen/*Grziwotz* § 12 Rn. 4; Bamberger/Roth/*Hügel* § 12 Rn. 3; ders. in Rechtshandbuch Teil 15 Rn. 6; Timme/*Hogenschurz* § 12 Rn. 13). Die Möglichkeit einer Bezugnahme auf die Eintragungsbewilligung gemäß § 7 III WEG ist in das Ermessen des Grundbuchamtes gestellt. Dieses Ermessen ist durch die gesetzliche Vorschrift des § 3 III WE-GBVfg für den Bereich der Veräußerungsbeschränkungen beim Wohnungseigentum zulässigerweise ausgeschlossen worden. Das Grundbuchamt ist danach verpflichtet, Veräußerungsbeschränkungen und die Ausnahmen hiervon in das Grundbuch einzutragen. Die Eintragung hat deshalb konstitutive Bedeutung mit der Folge, dass bei Nichteintragung die Veräußerungsbeschränkung nicht besteht. Für die Praxis ist hieraus der Schluss zu ziehen, dass sich der Notar darauf verlassen kann, dass eine Veräußerungsbeschränkung nicht besteht, wenn sie nicht im Bestandsverzeichnis des Grundbuchblatts vermerkt ist.

Ist die Veräußerungsbeschränkung nicht eingetragen, so erwirbt ein gutgläubiger Erwerber das Wohnungseigentum frei von derselben. Die Weiterveräußerung durch ihn ist dann frei von der Veräußerungsbeschränkung gemäß § 12 WEG. Dies gilt auch dann, wenn die diesbezügliche Vereinbarung der Wohnungseigentümer nachträglich im Grundbuch eingetragen wird. Nach § 10 II WEG wirken Vereinbarungen gegenüber Rechtsnachfolgern nur, wenn sie – beim Erwerb – im Grundbuch eingetragen waren oder wenn sie der Wohnungseigentümer ausdrücklich akzeptiert. Eine nachträgliche Eintragung beim gutgläubig erworbenen Wohnungseigentum kommt deshalb nur mit Zustimmung von dessen Eigentümer in Betracht.

173 Besteht das Erfordernis der Verwalterzustimmung, so gilt dies auch für die Erstveräußerung durch den Bauträger (BGHZ 113, 374). Durch die Neufassung des § 61 WEG wurden die Ersterwerbe, bei denen Verwalterzustimmungen nicht vorlagen, gesetzlich geheilt. § 61 WEG gilt jedoch nur für einen Erwerb, der sich an eine Teilung nach § 8 WEG anschließt (*KG* MittBayNot 1994, 544) nicht jedoch bei einer Teilung nach § 3 WEG. Bei der Letzteren greift nämlich nicht der Gesichtspunkt, dass sich der Veräußerer (Bauträger) nicht selbst beim Verkauf behindern wolle, da bereits zumindest ein weiterer Wohnungseigentümer vorhanden ist. Freistellungen für die Erstveräußerung sind jedoch genauso zu empfehlen wie bei Veräußerungen im Wege der Zwangsvollstreckung oder durch den Insolvenzverwalter (Gesichtspunkte der Beleihungsfähigkeit sprechen hierfür), sowie in den Fällen der Verwandten/Ehegattengeschäfte.

174 Die Zustimmung aller Wohnungseigentümer **ersetzt die Verwalterzustimmung**, gleichgültig ob ein solcher bestellt ist oder nicht (*BayObLG* DNotZ 1980, 751; *OLG Saarbrücken* DNotZ 1989, 439; *OLG Zweibrücken* NJW-RR 1987, 269; Jennißen/*Grziwotz* § 12 WEG Rn. 19).

175 Bei vereinbarter Verwalterzustimmung ist diese auch erforderlich für die Übertragung eines ideellen Miteigentumsanteiles am Wohnungseigentum (*OLG Celle* Rpfleger 1974, 438) sowie bei einer schenkweisen Übertragung des Wohnungseigentums (*KG* ZWE 2012, 426) und auch dann, wenn der Erwerber selbst bereits Wohnungseigentum in derselben Wohnanlage hat (BayObLGZ 1977, 40; *KG* DNotZ 1979, 31), ebenso bei Übertragung eines Miteigentumsanteiles ohne Sondereigentum und umgekehrt (Weitnauer/*Lüke* § 12 WEG Rn. 2), bei der Übertragung aufgrund Teilungsanordnung oder Vermächtniserfüllung (BayObLGZ 1982, 46). Gehört zu einem Nachlass ein Wohnungseigentum, so bedarf eine Erbanteilsübertragung keiner Verwalterzustimmung (*OLG Hamm* NJW 1980, 1397), ebenso nicht die Übertragung eines Wohnungseigentums von der Erbengemeinschaft auf sämtliche Miterben zu Bruchteilen, da hierdurch die schutzwürdigen Interessen der Eigentümergemeinschaft nicht nachteilig berührt werden. Die Miterben haften auch als Bruchteilseigentümer gesamtschuldnerisch für die Kosten und Lasten des Wohnungseigentums (*OLG Karlsruhe* ZWE 2012, 490). Entsprechendes gilt für die Übertragung eines Gesellschaftsanteils an einer Gesellschaft bürgerlichen Rechts (*OLG München* NJW 2007, 1537). Zustimmungspflichtig ist auch der Verkauf von Wohnungseigentum von einer GmbH & Co. KG auf ihren alleinigen Kommanditisten (*OLG Hamm* RNotZ 2007, 34). Wird nach einer Vertragsaufhebung eine Rückauflassung durchgeführt, so ist auch dieser Fall zustimmungspflichtig (BayObLGZ 1976, 328), nicht jedoch wenn eine Verpflichtung zu einer Rückübertragung besteht, z. B. bei Rücktritt vom Kaufvertrag oder Anfechtung desselben (a. A. *KG* NJW-RR 1988, 1426). Werden gleichzeitig alle Einheiten einer Anlage veräußert oder ist Erwerber der rechtsfähige Verband der Wohnungseigentümer selbst, so entfällt aufgrund des Schutzzweckes der Veräußerungszustimmung dieselbe (Timme/*Hogenschurz* § 12 WEG Rn. 19).

Aus der Rechtsfähigkeit der GbR (BGHZ 146, 341) zieht das *OLG München* (NJW 2007, 1536) den Schluss, dass eine vereinbarte Zustimmungsfreiheit für die Veräußerung von Wohnungseigentum für bestimmte Personenkreise dann nicht anzuwenden ist, wenn die Veräußerung von einer GbR an einen ihrer Gesellschafter erfolgt, auch wenn alle Gesellschafter als Einzelpersonen von der Zustimmungsverpflichtung ausgenommen wären.

176 Die Zustimmungsverpflichtung kann auch begründet werden für die Belastung des Wohnungseigentums mit einem Dauerwohnrecht oder einer beschränkten persönlichen Dienstbarkeit nach § 1093 BGB (BGHZ 43, 203). Auch die Vermietung des Wohnungs-

V. Veräußerung von Wohnungseigentum A III

eigentums kann von der Zustimmung des Verwalters abhängig gemacht werden. Für eine solche Nutzungsbeschränkung sind §§ 15 I, 12 II 1 WEG entsprechend anwendbar (*BayObLG* NJW-RR 1988, 17). Zur Eintragung einer Auflassungsvormerkung ist jedoch die Verwalterzustimmung noch nicht erforderlich (*BayObLG* DNotZ 1964, 722).

Ergibt sich die Verwalterbestellung aus der Teilungserklärung, so genügt zur Legitimation des Verwalters die Verweisung auf diese (*OLG Oldenburg* DNotZ 1979, 33). Bei einer Änderung in der Person des Verwalters ist ein Protokoll gemäß § 26 IV WEG (Niederschrift über den Bestellungsbeschluss mit beglaubigten Unterschriften des Versammlungsvorsitzenden, einem Wohnungseigentümer und, falls ein Verwaltungsbeirat besteht, von dessen Vorsitzendem oder seinem Vertreter) erforderlich. Dabei genügt als Nachweis das Protokoll. Nachweis darüber, dass die Unterzeichneten desselben die gesetzlich vorgegebenen Funktionen innehaben, können nicht verlangt werden (*LG Lübeck* Rpfleger 1991, 309). Wurde der Verwalter im Umlaufwege schriftlich, also ohne Versammlung der Wohnungseigentümer, bestellt, so ist zur Legitimation des Verwalters die beglaubigte Erklärung **aller** Wohnungseigentümer erforderlich. § 26 IV WEG gilt in diesem Falle nicht (*BayObLG* NJW-RR 1986, 565). Die Fortdauer der Bestellung ist nur bei begründetem Zweifel nachzuweisen (*BayObLG* NJW-RR 1991, 978). 177

Außerhalb des Eintragungsverfahrens (also in der Regel bei einem Eigentumswechsel) besteht keine Verpflichtung des Grundbuchamtes, einen Nachweis bezüglich des Verwalterwechsels zu den Grundakten zu nehmen. Das Grundbuchamt hat keine registergerichtliche Funktion (BayObLGZ 1975, 266; Staudinger/*Bub* § 26 WEG Rn. 520; Weitnauer/*Lüke* § 26 WEG Rn. 45). 178

Manche Verwalter legen Wert darauf, in die Verwalterzustimmung die Erklärung aufzunehmen, dass diese keinen Verzicht auf die Geltendmachung rückständiger Leistungen des Veräußerers gegenüber der Wohnungseigentümergemeinschaft darstellt. Diesem Wunsch kann nachgekommen werden. 179

Bedenklich ist es, wenn ein Verwalter, dessen Zustimmung zur Veräußerung einer Wohnung erforderlich ist, den Wohnungseigentümern seine Dienste als Immobilienmakler beim Verkauf anbietet, da hier ein Interessenkonflikt zwischen der Verwalterstellung und der Maklertätigkeit besteht (BayObLGZ 1997, 153). Als Verwalter hat er nämlich die Interessen der Wohnungseigentümer wahrzunehmen; diese können jedoch mit dem Provisionsinteresse des Maklers kollidieren (Riecke/Schmid/*Schneider* § 12 WEG Rn. 83; Hügel/*Scheel* Teil 9 Rn. 11). Es wird deshalb in diesem Falle angenommen, dass zwar die Verwalterzustimmung gemäß § 12 WEG wirksam ist (DNotI-Report 2008, 57), wegen des institutionalisierten Konflikts mit den Interessen des Käufers der Verwalter jedoch nicht dessen Makler sein kann (BGHZ 112, 240), mit der Folge, dass ein Anspruch auf Maklerlohn nicht besteht. Der Verwalter als Makler ist danach gehindert, wirksam eine Provisionsvereinbarung einzugehen. Keine Bedenken bestehen jedoch, wenn ein Verwalter Wohnungsvermietungen vermittelt (*BGH* NJW 2003, 1393). 179a

b) Anspruch auf Veräußerungszustimmung; Unwiderruflichkeit

Der Anspruch auf Zustimmung ist gemäß § 12 II WEG unabdingbar. Durch die Vereinbarung der Wohnungseigentümer kann ein unwichtiger Grund nicht zu einem wichtigen Grund gemacht werden (BayObLGZ 1980, 29). Die Voraussetzungen für eine Versagung der Zustimmung sind jedoch geringer als die für eine Entziehung des Wohnungseigentums (*BayObLG* MittBayNot 2003, 54). Bei ungerechtfertigter Versagung der Verwalterzustimmung ist der Verwalter schadensersatzpflichtig (*OLG Karlsruhe* OLGZ 1985, 133, 140). 180

Zur Vorbereitung seiner Entscheidung benötigt der Verwalter Informationen über den anstehenden Eigentumswechsel und vor allem über die Person des Erwerbers. Ein eigener Anspruch des Verwalters auf Erteilung einer beglaubigten (einfachen) Abschrift oder Ausfertigung eines Erwerbsvertrages besteht jedoch gemäß § 51 BeurkG nicht. Den Umfang der Verwalterinformation bestimmen deshalb die Vertragsteile. Es empfiehlt sich, nur eine **auszugsweise Abschrift** zu erteilen, aus der sich die Personalien der Vertragsteile, das Vertragsobjekt sowie der Zeitpunkt des Überganges von Besitz, Nutzen und Lasten (Verpflichtung zur Zahlung des Hausgeldes!) ergeben. Der sonstige Vertragsinhalt, insbesondere die Höhe des Kaufpreises und die Finanzierung des Käufers, sind für die Entscheidungsfindung des Verwalters irrelevant. Darüber hinaus ist der Veräußerer gegenüber dem Verwalter wohnungseigentumsrechtlich zu weiteren Informationen verpflichtet (*BayObLG* WE 1983, 26; *OLG Frankfurt* ZMR 1994, 124).

Die Verwalterzustimmung ist, sobald die für die Beurteilung erforderlichen Informationen vorliegen, unverzüglich zu erteilen. Erfolgt die Erteilung verspätet, so liegt eine Pflichtverletzung aus dem Verwaltervertrag vor (§ 280 I BGB) mit der Konsequenz der Schadensersatzpflicht des Verwalters (*OLG Düsseldorf* RNotZ 2004, 91; Staudinger/ *Kreuzer* § 12 WEG Rn. 64).

181 Ein wichtiger Grund liegt nur vor, wenn die Veräußerung eine **gemeinschaftswidrige Gefahr** für andere Wohnungseigentümer herbeiführt (Erwerber unzumutbar wegen seiner Persönlichkeit oder fehlender wirtschaftlicher Leistungsfähigkeit). Der wichtige Grund muss in der Person des Erwerbers liegen (*BayObLG* NJW-RR 1988, 1425). Zweckmäßigkeitserwägungen (z. B. eine Wohnung war bisher als Hausmeisterwohnung vermietet, ohne dass eine dementsprechende vereinbarungsgemäße Bindung bestand und soll nunmehr an jemand veräußert werden, der die Hausmeistertätigkeit nicht ausübt) rechtfertigen eine Versagung nicht (BayObLGZ 1972, 348; vgl. auch *BayObLG* MittBayNot 1981, 190: kein Zurückbehaltungsrecht wegen rückständiger Hausgeldforderungen). Die Verwalterzustimmung schuldet der Verwalter, nicht der Veräußerer. Sie kann deshalb auch nicht von einer Kostenübernahme durch den Veräußerer abhängig gemacht werden (*OLG Hamm* NJW-RR 1989, 974). Allerdings ist seit 1.1.2002 in § 448 II BGB geregelt, dass der Erwerber auch die Kosten „der zu der Eintragung erforderlichen Erklärungen" zu tragen hat. Man wird abzuwarten haben, ob durch die Neufassung eine sachliche Änderung bewirkt wird. Für die Praxis ist daraus der Schluss zu ziehen, dass eine Regelung im Kaufvertrag über die Tragung der Kosten der Verwalterzustimmung jedenfalls im Innenverhältnis der Vertragsteile vorzusehen ist. Eine Sondervergütung für die Erteilung der Verwalterzustimmung steht dem Verwalter nur zu, wenn dies im Verwaltervertrag vereinbart wurde. Die Vergütung wird fällig mit Erteilung der Veräußerungszustimmung; zahlungspflichtig ist, wenn nicht etwas anderes vereinbart ist, die Eigentümergemeinschaft. Eine Erwerberhaftung für Verwaltervergütungen, die vor Eintritt des Erwerbers in die Eigentümergemeinschaft entstanden und fällig geworden sind, besteht nicht (*KG* DNotZ 1998, 390). Was die Höhe der Verwaltervergütung anbelangt, hält das *KG* (NJW-RR 1989, 975) eine Vergütung in Höhe von 150 EUR zuzüglich Mehrwertsteuer noch für vertretbar, jedoch nicht eine Vergütung in Höhe von 0,5 % des Kaufpreises, falls dadurch die gesamte normale Jahresvergütung um ein Mehrfaches überschritten wird (*KG* DNotZ 1998, 390). Die Verwalterzustimmung muss inhaltlich (bedingungsfeindlich) und formal grundbuchtauglich sein (*BayObLG* NJW-RR 1993, 280).

182 Bedarf die Veräußerung des Wohnungseigentums der Zustimmung des Verwalters und ist Verwalter der veräußernde Wohnungseigentümer, so kann dieser der Veräußerung seines Wohnungseigentums in seiner Eigenschaft als Verwalter ohne Verstoß gegen § 181 BGB durch Erklärung gegenüber dem Erwerber zustimmen (*BayObLG* MittBayNot 1986, 180; *OLG Düsseldorf* DNotZ 1985, 441; *LG München I* MittBayNot 1984, 258; a. A. Bärmann/*Klein* § 12 WEG Rn. 27; Riecke/Schmid/*Schneider* § 12 WEG Rn. 82).

Die Verwalterzustimmung ist ein einseitiges, empfangsbedürftiges Rechtsgeschäft. Sie kann sowohl gegenüber dem Veräußerer als auch gegenüber dem Erwerber abgegeben werden (§ 182 BGB). In entsprechender Anwendung des § 19 GBO genügt für den Grundbuchvollzug der formgerechte Nachweis (§ 29 GBO) der Abgabe der Erklärung; auf den Nachweis des Zugangs bei dem Veräußerer/Erwerber in grundbuchmäßiger Form kann verzichtet werden. Bei Abgabe der Erklärung handelt der Verwalter als Treu-

V. Veräußerung von Wohnungseigentum A III

händer aller Wohnungseigentümer in verdeckter (mittelbarer) – und nicht in offener – Stellvertretung (BayObLGZ 1997, 152). Gibt deshalb der Verwalter bei Veräußerung seines eigenen Wohnungseigentums die Zustimmung gegenüber dem Erwerber ab, so steht er in seiner Eigenschaft als Verwalter nicht auf beiden Seiten des Rechtsgeschäftes, so dass § 181 BGB nicht einschlägig ist. Auch § 25 V ist als besondere Ausformung des § 181 BGB auf das Stimmrecht des Wohnungseigentümers beschränkt. Sie kann nicht auf die Vertretungsmacht des Verwalters übertragen werden.

Die Verwalterzustimmung ist sowohl zum schuldrechtlichen als auch zum dinglichen **182a** Teil des Rechtsgeschäftes erforderlich (BGHZ 33, 76 zu § 5 ErbbauRG). Wird allerdings – der Praxis entsprechend – nach Abschluss des schuldrechtlichen Kaufvertrages die Verwalterzustimmung erteilt, so wird der Kaufvertrag damit von Anfang an gemäß § 184 I BGB rechtswirksam. Hierfür ist ausreichend, dass sie entweder gegenüber den Vertragsparteien oder dem mit dem Vollzug beauftragten Notar erklärt wird und dort zugeht (Bärmann/*Klein* § 12 WEG Rn. 33). Die Genehmigung hat in diesem Falle rechtsgestaltende Wirkung und ist deshalb unwiderruflich (BGHZ 40, 164). Sobald die Zustimmung zum schuldrechtlichen Geschäft unwiderruflich geworden ist, kann auch diejenige zur Auflassung nicht mehr widerrufen werden (MünchKomm/*Commichau* § 12 WEG Rn. 35; DNotI-Report 2004, 166). Zur Aufhebung einer Veräußerungsbeschränkung s. Rn. 64a.

Wegen der rechtsgestaltenden Wirkung kommt ein Widerruf der Verwalterzustim- **182b** mung gemäß § 183 BGB nicht in Betracht. Es kommt deshalb auch nicht darauf an, ob zum Zeitpunkt des Eingangs des Antrages auf Eigentumsumschreibung beim Grundbuchamt der unterzeichnende Verwalter diese Funktion noch inne hat oder nicht. Seine Erklärungen werden deshalb nicht dadurch unwirksam, dass seine Bestellung vor dem Antrag auf Eigentumsumschreibung erlischt oder aufgehoben wird (*BGH* NJW 2013, 299; *BGH* NJW 2013, 299 Rn. 12 ff; *KG* DNotZ 2012, 773; Bärmann/*Klein* § 12 WEG Rn. 33; Bamberger/Roth/*Hügel* § 12 WEG Rn. 8; Timme/*Hogenschurz* § 12 Rn. 35; Jennißen/*Grziwotz* § 12 WEG Rn. 34). § 878 BGB ist daher auf die Verwalterzustimmung nicht anzuwenden. Die Erklärung des Verwalters erfolgt in Ausübung der den Wohnungseigentümern gem. § 21 WEG zustehenden Verwaltungsbefugnis.

4. Eintritt in die Rechtsverhältnisse der Gemeinschaft

Die **Beschlüsse der Wohnungseigentümer-Versammlung** wirken nach § 10 IV WEG **183** auch gegen Sondernachfolger. Sie sind nicht eintragungsbedürftig (im Gegensatz zu Vereinbarungen) und deshalb auch nicht eintragungsfähig (*OLG Frankfurt* Rpfleger 1980, 231; *Tasche* DNotZ 1973, 433).

a) Unanfechtbar gewordene Beschlüsse der Gemeinschaft

Rechtmäßige oder unanfechtbar gewordene Beschlüsse der Wohnungseigentümer- **184** Versammlung gelten für den **Sondernachfolger** auch dann, wenn sie ihm **unbekannt** sind. Dabei kommt es nicht darauf an, ob der Sondernachfolger die Beschlüsse hätte kennen müssen. Jeder Wohnungseigentümer kann sich gemäß § 24 V WEG Kenntnis von den Beschlüssen verschaffen. Jedoch bietet dies keine absolute Garantie dagegen, dass Beschlüsse einem Wohnungseigentümer unbekannt bleiben, da zum einen § 24 VI 1 WEG abdingbar ist (Palandt/*Bassenge* § 24 WEG Rn. 16) zum anderen ein Verstoß gegen die Vorschrift die Gültigkeit des Beschlusses nicht berührt (*OLG Hamm* DNotZ 1967, 38; BayObLGZ 1973, 68; *Röll*, FS Bärmann und Weitnauer, 1990, S. 532). Auch die Beschlusssammlung gemäß § 24 VII WEG gibt keine Garantie für das Nichtvorhandensein belastender Beschlüsse (s. Rn. 73b). Zweckmäßig sind Regelungen, die eine korrekte Wiedergabe der Beschlüsse gewährleisten (z.B. Mitunterzeichnung der Niederschrift durch zwei Wohnungseigentümer, die an der Versammlung teilgenommen haben und von dieser hierzu bestimmt wurden). Aus dieser Rechtslage sind für die Gestaltung der Teilungserklärung und Gemeinschaftsordnung folgende Konsequenzen zu ziehen:

185 | **Formulierungsbeispiel: Niederschrift über die Beschlüsse der Eigentümerversammlung**

> Der Verwalter ist verpflichtet, über die Beschlüsse der Versammlung der Wohnungseigentümer eine Niederschrift gemäß § 24 IV WEG anzufertigen. Er hat diese Niederschrift jedem Wohnungseigentümer an die ihm zuletzt bekannt gegebene Adresse bis spätestens zwei Wochen nach dem Versammlungstermin zuzusenden und über die Absendung in seinen Akten einen Vermerk anzufertigen.

Die Beachtung von Protokollierungsvorschriften (§ 24 VI WEG oder hiervon abweichende Festlegung gemäß der Gemeinschaftsordnung) kann zur Voraussetzung für die Gültigkeit eines Beschlusses gemacht werden. Ein Verstoß macht alsdann den Beschluss anfechtbar (*BGH* DNotZ 1997, 955).

Bei einer solchen Regelung ist die größtmögliche Sicherheit dafür gegeben, dass jeder Wohnungseigentümer Kenntnis von den Beschlüssen erlangt. Der Notar hat gemäß § 17 BeurkG die Beteiligten darüber zu belehren, dass der Erwerber kraft Gesetzes in getroffene und unanfechtbare Beschlüsse eintritt. Die Niederschrift ist eine Privaturkunde im Sinne von § 416 ZPO, der keine gesetzliche Beweiskraft zukommt. Auch andere Beweismittel zum Nachweis des Vorhandenseins oder des Inhalts von Beschlüssen der Eigentümerversammlung sind zulässig (*BayObLG* NJW-RR 1990, 210). Der oft zu findende Hinweis, dass der Erwerber rechtsgeschäftlich in Beschlüsse und in Entscheidungen gemäß § 43 WEG eintritt, ist entbehrlich; es handelt sich hier um eine gesetzliche Folge.

186 Der Eintritt in die Beschlüsse bezieht sich nicht nur auf Verwaltungsregelungen und laufende Zahlungen, sondern auch auf **einmalige Umlagen.** Hier können sich mit zunehmendem Älterwerden der Wohnanlagen erhebliche Probleme dann ergeben, wenn keine ausreichende Instandhaltungsrücklage gebildet worden ist. Fehlt eine solche, so können Beschlüsse über die Erhebung einer einmaligen Sonderumlage notwendig werden. Die **Haftung des Erwerbers** für solche **Sonderumlagen** besteht jedenfalls dann, wenn in der Gemeinschaftsordnung eine dementsprechende Haftung festgelegt ist (was zulässig ist, *BGH* NJW 1994, 2950; *Wenzel* DNotZ 1993, 310; a. A. *KG* MittBayNot 1994, 43) oder wenn zwar der Beitrags- oder Umlagebeschluss während der Eigentumszeit des Veräußerers gefasst, aber die Zahlungspflicht erst nach Eigentumserwerb des Erwerbers fällig wird (§ 10 IV WEG; so auch BGHZ 142, 299; 104, 201; Weitnauer/*Gottschalg* § 16 WEG Rn. 50; Palandt/*Bassenge* § 16 WEG Rn. 23; Bärmann/*Klein* § 10 WEG Rn. 192). Wird ein Sondernachfolger ohne seine Kenntnis bei Abschluss des Kaufvertrages mit einer solchen Sonderumlage rechtmäßig belastet, so müsste eine Sachmängelhaftung des Verkäufers nach § 434 I BGB verneint werden, da der tatsächliche Zustand der Sache nicht betroffen ist.

187 Es empfiehlt sich deshalb, den Verkäufer **versichern zu lassen,** dass die Versammlung der Wohnungseigentümer keine Maßnahmen beschlossen hat, die durch eine einmalige Sonderumlage der Wohnungseigentümer bezahlt werden müssen. Dadurch wird die Freiheit des Vertragsobjektes von einer solchen Sonderumlage zu einer „**vereinbarten Beschaffenheit**" im Sinne des § 434 I BGB. Eine solche Eigenschaft ist auch z. B. bereits für steuerliche Abschreibungsmöglichkeiten anerkannt (BGHZ 79, 183; vgl. auch die Zusicherung der Zahlung von Erschließungsbeiträgen *OLG München* NJW 1970, 664; a. A. *OLG Hamm* MDR 1980, 228).

b) Abrechnung der Bewirtschaftungskosten

188 Es empfiehlt sich, den Verkäufer versichern zu lassen, dass Rückstände an laufenden Hausgeldzahlungen bzgl. des Vertragsobjektes nicht vorliegen.

189 Der im Grundbuch eingetragene Wohnungseigentümer hat die Lasten und Kosten nach § 16 II WEG auch dann zu tragen, wenn er das Wohnungseigentum veräußert hat,

V. Veräußerung von Wohnungseigentum　　　　　　　　　　　　　　　　A III

Besitzübergang erfolgt ist und für den Erwerber eine Auflassungsvormerkung im Grundbuch eingetragen ist (BGHZ 98, 138; *BGH* ZWE 2012, 90).

Der *BGH* lässt offen, ob der Erwerber haftet (so *OLG München* NJW 1986, 139 unter Bezugnahme auf die Lehre vom werdenden oder faktischen Wohnungseigentum). Selbst wenn der Erwerber haftet, schließt dies die Haftung des Veräußerers nicht aus. Dieser gehört rechtlich noch zur Wohnungseigentümergemeinschaft. Die Grundbuchklarheit würde beeinträchtigt, entließe man ihn aus der gesetzlichen Lastentragungsverpflichtung. Auch die Rechtssicherheit wäre gefährdet, da nicht eindeutig ersichtlich ist, ab wann ein werdender, faktischer oder wirtschaftlicher Wohnungseigentümer vorliegt. Dem eingetragenen Wohnungseigentümer stehen auch noch die Nutzungen gemäß § 16 I WEG zu. Bis zur Eintragung eines neuen Eigentümers kommt es deshalb für die Lastentragungsverpflichtung ausschließlich auf die **dingliche Grundbuchlage** an (*BGH* NJW 1994, 2940; 1989, 2697; *KG* NJW-RR 1986, 444). Der bloße Bucheigentümer (der fälschlicherweise als Eigentümer eingetragen ist) haftet jedoch nicht (*BGH* NJW 1994, 3352). Der „werdende" Wohnungseigentümer (damit ist der Fall des Zweiterwerbs gemeint) haftet nicht für Verbindlichkeiten, die vor seinem Eigentumserwerb begründet und fällig wurden (siehe hierzu auch Weitnauer/*Gottschalg* § 16 WEG Rn. 45 ff.; *Röll* NJW 1989, 1070 und *OLG Stuttgart* NJW-RR 1989, 654: Haftung des Erwerbers für Sonderumlagen anlässlich Reparaturen). Auch der Rechtsweg nach §§ 43 ff. ist nicht gegeben für einen beteiligten Käufer, der noch nicht als Eigentümer eingetragen ist (*KG* NJW-RR 1987, 841). Bei einer mit einem Nießbrauch belasteten Einheit ist im Verhältnis zur Eigentümergemeinschaft alleiniger Kostenschuldner der Eigentümer (*Schmidt* WE 1998, 46).

Für die **Vertragspraxis** bedeutet dies, dass die Regelungen über den Übergang von Besitz, Nutzen und Lasten nur im Verhältnis zwischen den Vertragsteilen, aber nicht zwischen diesen und der Wohnungseigentümer-Gemeinschaft wirken. Eine **vertragliche Regelungsbedürftigkeit,** auf die der BGH auch verweist (BGHZ 87, 144), liegt deshalb vor. Dies gilt insbesondere dann, wenn zwischen Besitzübergang und Eigentumsumschreibung eine längere Zeit liegt, z.B. weil dem Erwerber ein letzter Kaufpreisteil auf längere Zeit gestundet ist und die Eigentumsumschreibung erst nach vollständiger Kaufpreiszahlung vorgenommen werden soll.

Zur **Sicherung des Verkäufers** sollte vereinbart werden: Wird die Auflassung gleich erklärt, so ist für den Verkäufer ein vertragliches Rücktrittsrecht für den Fall zu vereinbaren, dass er nach § 16 II WEG für Lasten in Anspruch genommen wird, die im Innenverhältnis der Vertragsteile den Käufer treffen. Wird die Auflassung nicht sofort erklärt, so ist zu vereinbaren, dass die Auflassung erst zu erklären ist, wenn der Käufer sämtlichen, ihn im Innenverhältnis treffenden Verpflichtungen gegenüber der Wohnungseigentümer-Gemeinschaft nachgekommen ist.

c) Haftung für rückständige Lasten

Eine Haftung für rückständige laufende Hausgeldzahlungen besteht nach der Rechtsprechung für den Erwerber nur dann, wenn dies in der Gemeinschaftsordnung vorgesehen ist (BGHZ 99, 358; *BayObLG* Rpfleger 1979, 352; *OLG Frankfurt* OLGZ 1980, 420; Weitnauer/*Gottschalg* § 16 WEG Rn. 53; Bärmann/*Klein* § 10 WEG Rn. 192; a. A. *Bärmann* NJW 1989, 1058). Die Erwerberhaftung besteht hier in voller Höhe auch dann, wenn gegen den Veräußerer nur eine Insolvenzforderung geltend gemacht werden könnte (vgl. § 43 InsO). Allein durch einen Eigentümerbeschluss kann eine solche Haftung nicht begründet werden (BGHZ 87, 145; BayObLGZ 1984, 198; Weitnauer/*Gottschalg* § 16 WEG Rn. 53).

Bei Erwerb in der Zwangsversteigerung besteht für den Ersteher auch bei einer entsprechenden Festlegung in der Gemeinschaftsordnung eine Haftung nicht (BGHZ 99, 358; 88, 302; a. A. *OLG Köln* DNotZ 1981, 584). Ist in der Person eines Eigentümers eine Handlungspflicht entstanden – z.B. Reparatur am Gemeinschaftseigentum – und wird dieses Wohnungseigentum in der Zwangsversteigerung zugeschlagen, so trifft den Ersteher diese Pflicht (gemäß § 56 S. 2 ZVG) nicht (*KG* ZWE 2002, 531). Ein dementsprechender Beschluss der Eigentümerversammlung ist nichtig, da er sich zulasten Dritter (nämlich der Grundpfandrechtsgläubiger) auswirkt (*BayObLG* DNotZ 1985, 416). Erst recht besteht natürlich keine Haftung des Erstehers, wenn in der Gemeinschaftsordnung eine solche nicht festgelegt ist (BGHZ 95, 118). Die Zahlungsverpflichtung des Eigentümers im Verhältnis zur Eigentümergemeinschaft setzt eine **entsprechende Beschlussfassung** gemäß § 28 V WEG voraus. Erst durch eine solche wird die Zahlungsverpflichtung konkretisiert und fällig. Die vorstehend aufgeführten Entscheidungen betrafen Fälle, in denen vor Eigentumsübergang (gleichgültig ob rechtsgeschäftlich oder durch Zuschlagserteilung) Beschlussfassungen vorlagen. Für diese Fälle besteht danach eine Haftung nur bei dem rechtsgeschäftlichen Erwerber und auch nur dann, wenn dies die Gemeinschaftsordnung vorsieht.

195   Umstritten war dagegen lange die Situation, dass die **Beschlussfassung erst nach Eintragung des Erwerbers** als neuer Eigentümer stattfand, die konkretisierte Zahlungsverpflichtung einen Zeitraum betraf, in dem der Erwerber noch nicht Eigentümer war. Der *BGH* (BGHZ 95, 118) hat zunächst eine Haftung dieses Erwerbers verneint, später aber, auf erneuten Vorlagebeschluss des *OLG Karlsruhe* (NJW-RR 1987, 1354) seine Auffassung geändert und die Haftung des Erwerbers auch für diesen Fall bejaht (*BGH* DNotZ 1989, 148). Gegenteilig hat erneut das *KG* entschieden (DNotZ 1989, 152). Der *BGH* verbleibt jedoch nunmehr bei seiner Auffassung von DNotZ 1989, 148: Er entschied, dass die Zahlungsverpflichtung erst und nur mit der Beschlussfassung entsteht (*BGH* DNotZ 1990, 44; so auch *Wenzel* DNotZ 1993, 301). Ist zu diesem Zeitpunkt das Insolvenzverfahren eröffnet, so ist die Forderung Masseverbindlichkeit im Sinne von § 55 I Nr. 2 InsO (BGHZ 108, 49). Verbindlich beschlossene, vor der Insolvenzeröffnung fälliggewordene Vorschussleistungen bleiben aber Insolvenzforderungen, auch wenn über sie nach Insolvenzeröffnung im Rahmen der Jahresabrechnung beschlossen wird. Nur ein dabei festgestellter Saldo zugunsten der Gemeinschaft begründet erstmalig eine Verbindlichkeit des Wohnungseigentümers und ist deshalb eine Masseverbindlichkeit (*BGH* NJW 1994, 1867; Weitnauer/*Gottschalg* § 16 WEG Rn. 51). Darum haftet auch ein ausgeschiedener Wohnungseigentümer weiter für die beschlossenen und während seiner Eigentümerzeit fällig gewordenen Vorschussleistungen (*BGH* NJW 1996, 725). Der Erwerber haftet sonach für die nach seinem Eigentumserwerb durch Beschlussfassung festgestellte „Abrechnungsspitze", auch wenn sie die Eigentumszeit des Voreigentümers betrifft (*OLG Zweibrücken* WE 1996, 277; *Jennißen* NJW 1998, 2257).

Ein Wohnungseigentümer haftet sonach für Verbindlichkeiten gegenüber der Gemeinschaft, die einen Zeitraum betreffen, zu dem er noch nicht Wohnungseigentümer war, nur unter folgenden Voraussetzungen:

- der die Zahlungsverpflichtung begründende **Beschluss gemäß § 28 V WEG** ist nach dem Zeitpunkt seiner Eintragung als Eigentümer gefasst worden oder
- der Beschluss wurde vor dem Zeitpunkt der Eintragung als Eigentümer gefasst, die **Fälligkeit** der beschlossenen Verpflichtung tritt jedoch gemäß dem Beschluss erst zu einem Zeitpunkt ein, zu dem der **Erwerber** bereits als **Eigentümer** eingetragen ist (Weitnauer/*Gottschalg* § 16 WEG Rn. 50; *KG* WE 1988, 169) oder
- die **Gemeinschaftsordnung** legt fest, dass der rechtsgeschäftliche Erwerber für Zahlungsverpflichtungen des früheren Eigentümers gegenüber der Gemeinschaft **haftet.**

196   Für die **Vertragsgestaltung** hat diese Rechtslage zur Folge, dass der rechtsgeschäftliche Erwerber gegen Forderungen der Eigentümergemeinschaft, die den Zeitraum vor dem Besitzübergang betreffen, gesichert werden muss. Es empfiehlt sich deshalb zunächst, den **Verkäufer versichern zu lassen,** dass alle abgelaufenen Wirtschaftsjahre der Eigentümergemeinschaft **unanfechtbar abgerechnet** sind und dass Rückstände für Vorschüsse, die vom Verwalter gemäß dem beschlossenen Wirtschaftsplan abgerufen werden, nicht bestehen (§ 28 II WEG). Kann oder wird eine solche Versicherung nicht abgegeben, so

V. Veräußerung von Wohnungseigentum A III

sind Sicherheitsleistungen zu diskutieren. Ein Kaufpreisrückbehalt des Käufers, mit dem eventuell aufgerechnet werden könnte, ist hierfür aber wenig geeignet, da er dazu führt, dass die Eigentumsumschreibung und damit die Entlastung des Verkäufers im Verhältnis zur Eigentümergemeinschaft nicht stattfindet. Geeignet wäre die Einzahlung eines eventuellen Nachforderungsbetrages auf ein Sperrkonto zu Gunsten des Verwalters mit der Ermächtigung an diesen, nach unanfechtbarer Feststellung der Zahlungsverpflichtung darüber zu verfügen.

Durch das WEG-Änderungsgesetz wurde mit Wirkung vom 1.7.2007 die Bestimmung des § 10 I Nr. 2 ZVG geschaffen, die den Hausgeldansprüchen quantitativ und zeitlich beschränkt einen Vorrang vor den Grundpfandrechten einräumt (zum Gesetzestext siehe Rn. 69a). Aus dem Eingangssatz der Vorschrift („ein Recht auf Befriedigung aus dem Grundstück gewähren ...") entnimmt die zwischenzeitlich h. M. (Palandt/*Bassenge* § 16 WEG Rn. 29; Bärmann/*Becker* § 16 WEG Rn. 185; Riecke/Schmid/*Elzer* § 16 WEG Rn. 220; Hügel/*Scheel* Rechtshandbuch Teil 16 Rn. 58; *Müller*, FS Merle, 2010, S. 261; Beck'sches Formularbuch Wohnungseigentumsrecht M. I.9 Anm. 3; *Becker* ZMR 2012, 30; *LG Stuttgart* ZMR 2012, 731; *LG Berlin* ZMR 2011, 156; *Schneider* ZWE 2013, 249; 2012, 440, *ders.* ZMR 2012, 749, 794; a. A. *Kesseler* NJW 2009, 121; Jennißen/*Jennißen* § 16 WEG Rn. 183b, 183c; *LG Landau* ZMR 2012, 813; *BGH* MittBayNot 2014, 239 mit zust. Anm. *Kreuzer* MittBayNot 2014, 242) das Ergebnis, dass für die in § 10 I 2 ZVG bezeichneten Hausgeldansprüche eine dingliche Haftung des Wohnungseigentums bestehe mit der Folge, dass auch ein Sonderrechtsnachfolger hierfür hafte. Der *BGH* (NJW 2011, 3098 Rn. 17) hat für Hausgeldansprüche, die zur Zeit der Eröffnung des Insolvenzverfahrens über das Vermögen des Hausgeldschuldners fällig sind, ein dingliches Recht auf abgesonderte Befriedigung gemäß § 49 InsO aus dem Wohnungseigentum im Vorrangbereich des § 10 I Nr. 2 ZVG gewährt. Dieser h. M. sollte nicht beigetreten werden. Zum einen ist darauf hinzuweisen, dass der Eingangssatz des § 10 I ZVG in der heutigen Fassung schon immer bestanden hat. Gleichwohl ist anerkannt, dass z. B. die Ansprüche gemäß § 10 I Nr. 5 ZVG persönliche Ansprüche sind, für die eine dingliche Haftung des Grundbesitzes nicht besteht. Das gleiche gilt für die Ansprüche gemäß § 10 II 2 ZVG. § 10 I ZVG konstituiert demnach keine neuen dinglichen Rechte, sondern regelt die Verteilung des Versteigerungserlöses. Dabei ist von dem Grundsatz auszugehen, dass eine dingliche Haftung vom Grundbesitz gemäß dem Publizitätsprinzip des Sachenrechtes nur in Betracht kommt, wenn das entsprechende Recht aus dem Grundbuch ersichtlich ist. Eine Ausnahme besteht im Prinzip nur als fiskalische Privilegierung für Steuern und öffentliche Abgaben, wobei in den einschlägigen Gesetzen das Bestehen einer öffentlichen Last außerhalb des Grundbuchs ausdrücklich angeordnet ist (§ 12 Grundsteuergesetz; § 134 II BauGB für Erschließungsbeiträge; Art. 9 BayKAG für einmalige Abgaben nach dem Kommunalabgabenrecht). Für die Hausgeldbeträge nach dem WEG besteht jedoch eine solche Privilegierung nicht. Sie ist weder gesetzlich angeordnet noch besteht ein Bedürfnis für eine solche. Es ist Aufgabe des Verwalters, solche Ansprüche rechtzeitig zu titulieren und gegen den Eigentümer und Hausgeldschuldner durchzusetzen. § 10 I 2 ZVG ist demnach nur auf solche Eigentümer anzuwenden, die auch in ihrer Person das Hausgeld schulden. Dass ein Sonderrechtsnachfolger keine dingliche Haftung für Hausgeldrückstände seines Voreigentümers hat, folgt auch aus § 38 WEG (Jennißen/*Jennißen* § 16 WEG Rn. 183c).

Für die sichere Vertragsgestaltung in der notariellen Praxis genügt es jedoch im Regelfall, den Verkäufer die in Rn. 196 angegebene Versicherung abgeben zu lassen und ggf. die dort beschriebenen Sicherheitsleistungen zu empfehlen.

d) Stimmrecht des Erwerbers

Der „werdende", „faktische", „wirtschaftliche" Wohnungseigentümer hat nach einer weit verbreiteten Meinung bereits ein Stimmrecht in der Versammlung der Wohnungseigentümer; er kann zumindest vom bisherigen Eigentümer hierzu ermächtigt werden (BayObLGZ 1981, 50; diese Lehre wird auch auf den Verfahrensweg nach §§ 43 ff.

196a

196b

197

WEG angewendet: *BayObLG* NJW-RR 1986, 178). Daneben hat auch der bisherige Eigentümer noch ein Stimmrecht (*KG* OLGZ 1978, 142), das jedoch entsprechend § 25 II 2 WEG nur gemeinschaftlich ausgeübt werden kann. Die Entscheidungen betrafen Fälle des Zweiterwerbes von Wohnungseigentum von einem bereits eingetragenen Eigentümer, der jedoch nicht der Bauträger war.

198 Diese in der Rechtsprechung vertretenen Auffassungen müssen nach der Entscheidung BGHZ 87, 138 als überholt betrachtet werden (*BGH* NJW 1988, 1087; *KG* DNotZ 1989, 155; *OLG Celle* ZWE 2002, 475). Was für die Lastentragung gilt (s. o. Rn. 188), muss auch für das Stimmrecht gelten. Das Stimmrecht steht sonach dem eingetragenen Eigentümer für die Dauer seines grundbuchmäßigen Eigentums allein zu (a. A. *OLG Hamm* ZMR 2007, 712 m. abl. Anm. *Elzer*).

Für den Kaufvertrag ist daraus die Folgerung zu ziehen, dass im Innenverhältnis zwischen Verkäufer und Käufer ab dem Zeitpunkt des Besitzüberganges der Verkäufer das Stimmrecht nur im **Einvernehmen mit dem Käufer** ausüben darf (*Röll* NJW 1989, 1071 schlägt Vollmacht des Verkäufers an den Käufer vor; dies ist jedoch problematisch, da durch die Gemeinschaftsordnung Vollmachtserteilungen oft nur an einen bestimmten Personenkreis möglich ist). Fallen durch eine Beschlussfassung der Wohnungseigentümer Kosten an, die im Verhältnis der Vertragsteile den Käufer treffen, so sollte für den Verkäufer das Recht der Sicherheitsleistung vorbehalten werden.

e) Verwaltungsvermögen und Rechtsnachfolge

199 Nach § 10 VI 1 WEG kann die Gemeinschaft der Wohnungseigentümer im Rahmen der gesamten Verwaltung des gemeinschaftlichen Eigentums gegenüber Dritten und Wohnungseigentümern selbst Rechte erwerben und Pflichten eingehen. Der Gesetzgeber hat damit die Rechtsprechung des *BGH* (BGHZ 163, 154) kodifiziert. Ergänzend bestimmt § 10 VII 1 WEG, dass das Verwaltungsvermögen der (teilrechtsfähigen) Gemeinschaft der Wohnungseigentümer gehört. Es besteht aus den im Rahmen der gesamten Verwaltung des gemeinschaftlichen Eigentums gesetzlich begründeten und rechtsgeschäftlich erworbenen Sachen und Rechten sowie den entstandenen Verbindlichkeiten (§ 10 VII 2, 3 WEG). Das Verwaltungsvermögen gehört danach der teilrechtsfähigen Gemeinschaft der Wohnungseigentümer. Die bisherige Diskussion über die sachenrechtliche Zuordnung desselben (Staudinger/*Rapp* WEG Einl. Rn. 36 ff.; *Wicke* ZfIR 2005, 301) hat sich damit erledigt. Bei der Veräußerung eines Wohnungseigentums bedarf es deshalb keiner Übertragung von Gegenständen an den Erwerber. Es bedarf auch keines Eintritts in Vertragsverhältnisse mehr, insbesondere in Dauerschuldverhältnisse. Dem Veräußerer steht **kein Anteil am Verwaltungsvermögen zu,** den er übertragen könnte. Berechtigter des Verwaltungsvermögens ist ausschließlich die teilrechtsfähige Gemeinschaft der Wohnungseigentümer (*Hügel/Elzer* § 3 WEG Rn. 156; Palandt/*Bassenge* § 10 WEG Rn. 33). Am Vermögen der rechtsfähigen Gemeinschaft ist der einzelne Wohnungseigentümer nur über seine Mitgliedschaft an derselben beteiligt, die kraft Gesetzes mit Eigentumserwerb erlangt und mit dessen Verlust wieder verloren wird. Es ist insbesondere nicht mehr erforderlich, eine Beteiligung an der Instandsetzungsrücklage auf einen Erwerber zu übertragen.

f) Nachhaftung des Veräußerers

199a Nach § 10 VIII 1 WEG haftet jeder Wohnungseigentümer einem Gläubiger nach dem Verhältnis seines Miteigentumsanteils für Verbindlichkeiten der Gemeinschaft der Wohnungseigentümer, die während seiner Zugehörigkeit zur Gemeinschaft entstanden oder während dieses Zeitraums fällig geworden sind. Für die Haftung nach Veräußerung des Wohnungseigentums ist § 160 HGB entsprechend anzuwenden. Die Außenhaftung ist zwingend; sie kann nicht durch die Gemeinschaftsordnung modifiziert oder abbedungen werden (Palandt/*Bassenge* § 10 WEG Rn. 36). Die Außenhaftung betrifft nicht das Ver-

V. Veräußerung von Wohnungseigentum   A III

hältnis der Wohnungseigentümer untereinander, sondern ihr Verhältnis gegenüber Dritten und ist deshalb einer Regelung gemäß § 10 II 2, III WEG nicht zugänglich. Die teilschuldnerische Haftung gegenüber Dritten setzt voraus, dass die Verbindlichkeit entweder während der Zugehörigkeit des Veräußerers zur Gemeinschaft entstanden ist oder während dieses Zeitraumes fällig geworden ist.

> **Beispiel:** Wohnungseigentümer W hat sein Wohnungseigentum an B verkauft und aufgelassen, ist jedoch (weil der Kaufpreis noch nicht bezahlt ist) noch als Wohnungseigentümer im Grundbuch eingetragen. In dieser Phase beschließt die Gemeinschaft die Ausführung eines Reparaturauftrages im Werte von 10 000 EUR. Der Verwalter vergibt den Auftrag entsprechend dem gefassten Beschluss an den Handwerker H. Ein Werkvertrag wird geschlossen. Nachdem H die Arbeiten ausgeführt hat wird seine Leistung von der Wohnungseigentümergemeinschaft, vertreten durch den Verwalter, abgenommen. Damit tritt die Fälligkeit der Werklohnforderung ein. Zu diesem Zeitpunkt ist jedoch bereits B als Wohnungseigentümer im Grundbuch eingetragen. Für die anteilige Werklohnforderung haften im Außenverhältnis W und B als Gesamtschuldner (Palandt/*Bassenge* § 10 WEG Rn. 36; Jennißen/*Jennißen* § 10 WEG Rn. 103). Mangels einer anderweitigen Vereinbarung ist W dem in Anspruch genommenen B gemäß § 426 BGB zur Hälfte ausgleichungspflichtig.

Wegen der möglichen gesamtschuldnerischen Haftung von Veräußerer und Erwerber sollte im Veräußerungsvertrag eine Regelung über die Ausgleichungspflicht zwischen beiden vorgenommen werden. Dabei sollte darauf abgestellt werden, ob zum Zeitpunkt des Vertragsabschlusses die Verbindlichkeit der Gemeinschaft gegenüber dem Dritten und damit die teilschuldnerische Haftung des Veräußerers bereits entstanden ist oder nicht. Ist sie entstanden, so hatte der Veräußerer die Möglichkeit der Einflussnahme und sollte deshalb im Innenverhältnis zum Erwerber für die Verbindlichkeit alleine aufkommen. Ist sie noch nicht entstanden, so sollte es bei einer alleinigen Haftung des Erwerbers bleiben. Die entsprechende Anwendung des § 160 HGB bedeutet, dass die Haftung des Veräußerers auf die Dauer von fünf Jahren nach seinem Ausscheiden aus der Gemeinschaft besteht, wenn sie vor Ablauf dieser fünf Jahre fällig ist und die Ansprüche gegen ihn nach Maßgabe des § 197 I Nr. 3, 5 BGB, § 160 II HGB festgestellt sind oder eine Vollstreckungshandlung gegen ihn vorgenommen oder beantragt ist.

5. Umwandlungen von Mietwohnungen in Eigentumswohnungen

Die Umwandlung von Mietwohnungen in Eigentumswohnungen ist bürgerlich-rechtlich ohne Schwierigkeiten möglich. Es gelten die allgemeinen Grundsätze für die Begründung von Wohnungseigentum. Für die Fortsetzung des Mietverhältnisses gilt § 566 BGB. Der Erwerber einer vermieteten Eigentumswohnung bleibt dabei aufgrund enger Auslegung der Ausnahmevorschrift des § 566 BGB alleiniger Vermieter auch wenn Gemeinschaftseigentum durch den Mieter mitbenutzt werden darf, selbst wenn dies sondereigentumsfähig wäre (*BGH* NJW 1999, 2177). **200**

a) Besondere Kündigungsschutzvorschriften für den Mieter

Die Vorschrift des § 577a BGB (früher § 564b BGB) setzt voraus, dass nach der Überlassung von Wohnraum an den Mieter vom bisherigen Eigentümer oder auch von seinem Rechtsvorgänger Wohnungseigentum gemäß § 8 WEG begründet worden ist und dieses alsdann veräußert wurde. Es setzt jedoch voraus, dass eine Wohnungseigentumsbegründung nach § 8 WEG stattfindet; beim Begründungsweg des § 3 WEG besteht das Vorkaufsrecht nicht (*BGH* Urt. v. 22.11.2013 – V ZR 96/12). Es könnte sich nämlich bei dieser Situation nur auf einen Miteigentumsanteil ohne Sondereigentum beziehen. Dabei erfolgt die Veräußerung an einen Erwerber, der bis zu seinem Erwerb *nicht* Vermieter war (*BGH* NJW 1994, 2543; 2003, 3265). **201**

Der zur Kündigung berechtigende **Eigenbedarf** bzw. das wirtschaftliche Verwertungsinteresse kann dann erst nach Ablauf von drei Jahren ab der Veräußerung an den Erwerber von diesem geltend gemacht werden. Die 3-Jahres-Frist wird mit Beginn der Vollendung des Erwerbes gemäß §§ 925, 873 BGB berechnet, also erst ab Grundbucheintragung des Erwerbers als neuem Eigentümer (Palandt/*Weidenkaff* § 577a Rn. 4; Staudinger/*Rolfs*, 2011, § 577a Rn. 18; § 564b Rn. 79; die Frist gilt auch bei Erwerb in der Zwangsversteigerung, *BayObLG* NJW-RR 1992, 1166).

Die 3-Jahres-Frist kann nach Maßgabe landesrechtlicher Bestimmungen in einzelnen Gemeinden bis zu zehn Jahren verlängert werden, § 577a II BGB.

Wird von einem ersten Erwerber das Wohnungseigentum weiterveräußert, beginnt die Frist nicht erneut (*BayObLG* NJW 1982, 451). Dies ist sachgerecht, da sich der Mieter bereits bei der ersten Veräußerung auf den Eigenbedarf des Erwerbers einstellen muss.

Der Erwerber und Vermieter des Wohnungseigentums darf erst **nach** Ablauf der dreijährigen Wartezeit wegen Eigenbedarfs kündigen und dann mit der gesetzlichen Frist (*OLG Hamm* NJW 1981, 584). Die Vorschrift des § 577a BGB ist dagegen nicht anwendbar, wenn nach der Überlassung der Wohnung an den Mieter das Hausgrundstück von mehreren Personen in Bruchteilsgemeinschaft von einem Dritten erworben wurde und die Erwerber Wohnungseigentum gemäß § 3 WEG begründen (*BGH* NJW 1994, 2542; 2009, 2738; Urt. v. 22.11.2013 – V ZR 96/12). Auf den Schutz vor einer unabhängig von der Umwandlung bestehenden Eigenbedarfslage ist die Bestimmung nach ihrem Normzweck jedoch nicht zugeschnitten. Die Gefahr für den Mieter besteht darin, dass bereits gebildetes Wohnungseigentum veräußert wird. Ein Miteigentümer nach Bruchteilen kann sich bereits vor der Umwandlung ohne Rücksicht auf seine quotielle Beteiligung auf Eigenbedarf für sich und seine Familienangehörigen berufen (*BGH* NJW 1994, 2544). Für die notarielle Praxis bedeutet dies, dass bei Vorhandensein einer entsprechenden Anzahl von Erwerbern zunächst **Miteigentumsanteile nach Bruchteilen** am ungeteilten Objekt veräußert werden sollten und die Miteigentümer erst nachfolgend Wohnungseigentum gemäß § 3 WEG begründen. Die Mieterschutzbestimmung des § 577a BGB findet dann keine Anwendung. Da § 577a BGB eine Ausnahmevorschrift zu den allgemeinen Kündigungsregeln darstellt, ist eine enge Auslegung geboten. An ein Umgehungsgeschäft sind deshalb strenge Anforderungen zu stellen (*BGH* NJW 2009, 2738).

b) Das gesetzliche Mietervorkaufsrecht

201a   Seit 1.9.1993 besteht an vermieteten Wohnräumen, an denen nach der Überlassung an den Mieter Wohnungseigentum begründet worden ist oder begründet werden soll, ein gesetzliches Vorkaufsrecht des Mieters (§ 577 BGB). Es besteht für den ersten Verkaufsfall (*BGH* NJW 2007, 2699). Auf nachfolgende Verkäufe erstreckt es sich auch dann nicht, wenn die Möglichkeit zur Ausübung des Vorkaufsrechtes bei dem ersten Verkauf nicht bestand, weil die Wohnung an einen Familien- oder Haushaltsangehörigen verkauft wurde (§ 577 I 2 BGB; *BGH* MittBayNot 2008, 115), oder wenn die Ermittlung des anteiligen Preises, der für die dem Vorkaufsrecht unterfallende Eigentumswohnung zu zahlen ist, für den Mieter schwierig gewesen wäre (*BGH* NJW 2007, 2699).

Das Vorkaufsrecht des § 577 BGB ist schuldrechtlicher Art. Dies bedeutet, dass anders als beim dinglichen Vorkaufsrecht, zugunsten des vorkaufsberechtigten Mieters keine Vormerkungswirkung gemäß § 1098 II BGB besteht (*Falkner* MittBayNot 2012, 519). Schließt deshalb der Verkäufer mit dem Erstkäufer ohne Bedingungen und ohne Rücktrittsklausel einen Kaufvertrag ab, so kann der Erstkäufer die Erfüllung des Vertrages auch dann durchsetzen, wenn infolge Ausübung des Vorkaufsrechtes durch den Mieter ein zweiter, inhaltsgleicher Kaufvertrag über das identische Objekt, zustande kommt. Dem Verkäufer ist damit die Erfüllung des mit dem Mieter nach Ausübung des Vorkaufsrechtes zustande gekommenen Kaufvertrages unmöglich geworden mit der Konsequenz, dass der Verkäufer gemäß § 280 I BGB schadensersatzpflichtig ist. Auf diese Rechtsfolge hat der Notar gemäß § 17 BeurkG hinzuweisen und auf entsprechende Vertragsgestaltung (Rücktrittsrecht des Verkäufers gegenüber dem Erstkäufer bei Ausübung des Mietervorkaufsrechtes) hinzuwirken. Auf das gesetzliche Vorkaufsrecht des § 577 BGB ist ferner nach § 20 BeurkG hinzuweisen. Zum gesetzlichen Vorkaufsrecht gemäß § 577 BGB siehe *Brambring* DNotI-Report 1993, 5; *Wirth* MittBayNot 1998, 9; *Falkner* MittBayNot 2012, 519. Für die Ausübung des Vorkaufsrechts ist Schriftform vorgeschrieben (§ 577 III BGB).

Bei einem **rechtsgeschäftlichen** Vorkaufsrecht kann der Vorkaufsberechtigte bereits vor Abschluss des Drittkaufvertrages durch Erlass mit dem Vorkaufsverpflichteten nach § 397 BGB auf sein Vorkaufsrecht verzichten (BGHZ 60, 201). Dies ist dagegen bei dem gesetzlichen Mietervorkaufsrecht nach § 577 BGB vor Abschluss des Drittkaufvertrages unwirksam (*Langhein* DNotZ 1993, 663; Palandt/*Weidenkaff* § 577 Rn. 2; Staudinger/ *Rolfs*, 2011, § 577 Rn. 82; *Falkner* MittBayNot 2012, 520). Dies folgt aus § 577 V BGB, wonach eine zum Nachteil des Mieters abweichende Vereinbarung zu dessen gesetzlichen Vorkaufsrecht unwirksam ist. Nach § 577 II BGB besteht jedoch eine Verpflichtung des Verkäufers, dem Mieter nicht nur den Inhalt des Kaufvertrages mitzuteilen, sondern diesen auch über das Bestehen des gesetzlichen Vorkaufsrechtes zu unterrichten. Der Gesetzgeber erwartet deshalb, dass eine sachgerechte Entscheidung des vorkaufsberechtigten Mieters über die Ausübung des Vorkaufsrechtes erst nach der Unterrichtung über das Bestehen und den endgültigen Inhalt des Drittkaufvertrages möglich ist. Dem würde ein vorzeitiger Verzicht zuwiderlaufen.

c) Sondervorschriften für Sozialbauwohnungen

Sind die umgewandelten Mietwohnungen **Sozialwohnungen,** so gelten zusätzlich zu den Mieterschutzvorschriften wie vorstehend beschrieben, die Vorschriften des WoBindG i. d. F. vom 13.9.2001 (BGBl. I S. 2166). 202

Dem betroffenen Mieter steht ein **gesetzliches Vorkaufsrecht** zu (s. Rn. 201a). Öffentlich geförderte Wohnungen dürfen nur an Wohnungssuchende zum Gebrauch überlassen werden, deren Berechtigung hierzu sich durch eine Bescheinigung der zuständigen Behörde ergibt. Dies bedeutet, dass beim Erwerb einer Sozialbauwohnung ein **Eigenbedarf** des Erwerbers nicht geltend gemacht werden kann. 203

Die Eigenschaft einer Wohnung als „öffentlich gefördert" mit den sich hieraus ergebenden besonderen Verpflichtungen, kann nach Maßgabe des § 16 WoBindG vorzeitig beendet werden. Hierfür ist die Rückzahlung der Darlehen erforderlich. Allerdings besteht auch bei Rückzahlung der Darlehen noch eine Nachwirkungsfrist auf die Dauer von zehn Jahren. 204

Die Einzelheiten ergeben sich aus § 16 WoBindG. 205

VI. Wohnungserbbaurecht

1. Rechtsgrundlagen

a) Wohnungserbbaurecht, Teilerbbaurecht

Nach § 30 I, II WEG kann an Erbbaurechten durch Teilungsvereinbarung oder durch Teilungserklärung Wohnungserbbaurecht begründet werden, wenn es sich um Wohnungen handelt, oder Teilerbbaurecht, wenn es sich um Räume handelt, die nicht zu Wohnzwecken zu dienen bestimmt sind. Diese Möglichkeit lässt das Verbot, das Erbbaurecht auf ein Stockwerk zu beschränken (Stockwerkserbbaurecht) gemäß § 1 III ErbbauRG unberührt. 206

Da ein Erbbaurecht auch an mehreren Grundstücken begründet werden kann und es sich dabei um ein einheitliches Recht handelt (BGHZ 65, 345; BayObLGZ 1989, 354; 1995, 381; 1984, 107; Staudinger/*Rapp* § 1 ErbbauRG Rn. 22), kann ein solches Gesamterbbaurecht ohne Verstoß gegen § 1 IV WEG in Wohnungs- und Teilerbbaurechte aufgeteilt 207 werden (BayObLGZ 1989, 356; *LG Wiesbaden* MittBayNot 1986, 28; RGRK/ *Augustin* § 30 Rn. 21; MünchKomm/*Engelhardt* § 30 WEG Rn. 3; *Demharter* DNotZ 1986, 460; a. A. Weitnauer/*Mansel* § 30 WEG Rn. 21). Das Wohnungserbbaurecht entspricht dabei dem Wohnungseigentum, das Teilerbbaurecht dem Teileigentum. Ist Gegenstand des Erbbaurechtes ein Bauwerk, das nicht ein Gebäude ist (z. B. ein Golfplatz BGHZ 117, 19), so kann hieran ein Wohnungserbbaurecht/Teilerbbaurecht nicht begründet werden. Der Erbbauberechtigte muss ferner Eigentümer des Gebäudes sein; ein aufzuteilendes Erbbaurecht besteht danach z. B. nicht, wenn das Gebäude lediglich Scheinbestandteil gemäß § 95 BGB des Erbbaurechtes ist (Jennißen/*Grziwotz* § 30 WEG Rn. 6).

208   aa) Gemeinschaftliche Berechtigung. Wie beim Wohnungseigentum das Gemeinschaftseigentum besteht, besteht beim Wohnungserbbaurecht die gemeinschaftliche Berechtigung am Erbbaurecht. Diese ist eine Bruchteilsgemeinschaft nach §§ 741 ff., 1008 BGB. Die entsprechende Anwendung der Vorschriften über das Wohnungseigentum (§ 30 III 2 WEG) bedeutet dabei i. V. m. § 12 ErbbauRG, dass sowohl Gemeinschaftseigentum i. S. v. § 1 V WEG als auch, soweit rechtlich möglich und dazu bestimmt, Sondereigentum nach § 5 I, III WEG besteht. Der Bruchteil am Erbbaurecht ist also verbunden mit dem Sondereigentum einerseits und der Beteiligung am gemeinschaftlichen Eigentum andererseits.

209   bb) Sondereigentum. Da die Erbbauberechtigten Eigentümer des Gebäudes sind (Weitnauer/*Mansel* § 30 WEG Rn. 5; RGRK/*Augustin* § 30 Rn. 5), besteht auch bei Wohnungserbbaurecht an den Wohnungen bzw. den nicht zu Wohnzwecken dienenden Räumen Sondereigentum. Wohnungserbbaurecht ist danach die Mitberechtigung an einem Erbbaurecht in Verbindung mit dem Sondereigentum an einer in sich abgeschlossenen Wohnung.

b) Geltung des Erbbaurechtsvertrages

210   Der dingliche Inhalt des Erbbaurechtsvertrages wird durch die Begründung von Wohnungserbbaurecht nicht verändert (BayObLGZ 1989, 359; RGRK/*Augustin* § 30 Rn. 11). Er kann von den Wohnungserbbauberechtigten weder aufgehoben noch geändert werden. Hierzu ist ein Vertrag zwischen dem Grundstückseigentümer und den Wohnungserbbauberechtigten notwendig.

Enthält der Erbbaurechtsvertrag gemäß § 2 Nr. 1 ErbbauRG eine Verwendungsbestimmung bezüglich des Bauwerkes dahin gehend, dass eine Vermietung nur mit Zustimmung des Grundstückseigentümers möglich ist, so gilt diese Beschränkung auch für den Wohnungserbbauberechtigten (vgl. Ingenstau/Hustedt/*Hustedt* § 2 ErbbauRG Rn. 14 zum Streit, ob diese Regelung dingliche oder nur schuldrechtliche Wirkung hat). Bei Zuwiderhandlung durch den Wohnungserbbauberechtigten ist der Grundstückseigentümer befugt, gegenüber dem Mieter die Herausgabe des Mietobjektes an den Erbbauberechtigten zu verlangen (*BGH* DNotZ 1968, 302; RGRK/*Augustin* § 30 Rn. 11; a. A. Weitnauer/*Mansel* § 30 WEG Rn. 10). Zwar ist der Erbbauberechtigte Eigentümer des Gebäudes, der Inhalt dieses Eigentums ist jedoch durch den Erbbaurechtsvertrag dahingehend modifiziert, dass eine Zuwiderhandlung gegen die Verwendungsbeschränkung vom Eigentümer nicht hingenommen werden muss und dieser deshalb in entsprechender Anwendung des § 986 BGB Herausgabe verlangen kann.

211   Ist als Inhalt des Erbbaurechts gemäß § 5 I, II ErbbauRG vereinbart, dass zur Veräußerung und zur Belastung des Erbbaurechts mit Hypotheken, Grund- oder Rentenschulden oder Reallasten die Zustimmung des Eigentümers erforderlich ist, so gilt diese Verfügungsbeschränkung auch für jedes einzelne Wohnungserbbaurecht (*OLG Hamm* Rpfleger 1979, 24). Wird die Zustimmung ohne ausreichenden Grund verweigert, so kann sie auf Antrag des Wohnungserbbauberechtigten gemäß § 7 III ErbbauRG vom Amtsgericht ersetzt werden (*OLG Frankfurt* ZMR 1980, 154). Allerdings ist jeder einzelne Wohnungserbbauberechtigte in der Lage, mit dem Grundstückseigentümer für sein Recht eine abweichende Vereinbarung zu treffen. Dabei handelt es sich nicht um eine Verfügung, die sich ihrem Inhalt nach nur auf den ganzen Gegenstand und nicht auf einen Anteil beziehen kann und die deshalb trotz § 747 S. 1 BGB ein einzelner Teilhaber vornehmen kann (BayObLGZ 1989, 357). Die Zustimmung der dinglich Berechtigten an dem Wohnungserbbaurecht und der anderen Wohnungserbbauberechtigten ist zu einer solchen Vereinbarung nicht erforderlich, denn der Zweck der aufgehobenen Vereinbarung liegt nicht im Schutz der dinglich Berechtigten oder der anderen Wohnungserbbauberechtigten, sondern im Schutz des Grundstückseigentümers (Jennißen/*Grziwotz* § 30 WEG Rn. 18). Die dinglich Berechtigten werden deshalb durch die Aufhebung der Veräußerungs-/Belastungszustimmung nicht berührt (BayObLGZ 1989, 359).

Ist gemäß § 2 Nr. 4 der ErbbauRG ein Heimfallanspruch vereinbart, kann dieser auch 212 gegenüber dem Wohnungserbbauberechtigten geltend gemacht werden. Liegt ein Heimfalltatbestand vor, so kann die Übertragung des Erbbaurechtes auf den Grundstückseigentümer sowohl bezüglich einzelner Einheiten als auch bezüglich aller Einheiten verlangt werden (Weitnauer/*Mansel* § 30 WEG Rn. 13; RGRK/*Augustin* § 30 WEG Rn. 31; Jennißen/*Grziwotz* § 30 Rn. 25; NK-BGB/*Heinemann* § 30 WEG Rn. 8; a.A.v. Oefele/ *Winkler*, Handbuch des Erbbaurechts, 5. Aufl. 2012, Rn. 3, 126; Bärmann/*Pick* § 30 Rn. 76; Palandt/*Bassenge* § 30 WEG Rn. 2). Dieses Ergebnis ist für solche Wohnungserbbauberechtigte hart, die am Vorliegen eines Heimfallanspruches kein Verschulden trifft oder in deren Person ein Heimfallanspruch gar nicht entstanden ist. Durch die Begründung von Wohnungserbbaurecht darf sich aber die Position des Grundstückseigentümers nicht verschlechtern. Da er der Begründung von Wohnungserbbaurecht nicht zustimmen muss (RGRK/*Augustin* § 30 WEG Rn. 16; Weitnauer/*Mansel* § 30 WEG Rn. 7; BayObLGZ 1978, 157; LG Augsburg MittBayNot 1979, 68; *LG München I* MittBayNot 1977, 68) und er nicht einmal im Erbbaurechtsvertrag als Inhalt des Erbbaurechts – sondern nur schuldrechtlich – vereinbaren kann, dass die Aufteilung in Wohnungserbbaurechte seiner Zustimmung bedarf (*OLG Celle* Rpfleger 1981, 22), lässt sich an der aufgezeigten Konsequenz nichts ändern.

Erlischt das Erbbaurecht durch Zeitablauf (§§ 27 ff. ErbbauRG), so erlöschen auch die Sondereigentumsrechte. Dem Wohnungserbbauberechtigten steht stattdessen ein Anteil an der Entschädigungsforderung zu (RGRK/*Augustin* § 30 Rn. 30). Dabei handelt es sich um eine Bruchteilsgemeinschaft gemäß §§ 741 ff. BGB, die sich im bezahlten Entschädigungsbetrag fortsetzt. Für das Gesamtgebäude wird danach eine einheitliche Entschädigung geleistet, ohne Rücksicht darauf, dass die einzelnen Sondereigentumsrechte wegen ihrer Ausstattung oder ihrem Erhaltungszustand einen verschiedenen Basispreis (Quadratmeterpreis) haben können. Der Ausgleich zwischen den (ehemaligen) Wohnungserbbauberechtigten hat nach §§ 30 III 2, 17 S. 1 WEG nach dem Verhältnis des Wertes der Wohnungserbbaurechte zum Zeitpunkt des Erlöschens des Erbbaurechtes zu erfolgen. Die Größe des Mitberechtigungsanteils am Erbbaurecht ist nicht maßgeblich. Eine Verlängerung des Erbbaurechtes gemäß § 27 III 1 ErbbauRG zur Vermeidung Entschädigungszahlung kommt nur für das Erbbaurecht insgesamt, nicht jedoch für einzelne Einheiten in Betracht. Dem stünde auch § 1 III ErbbauRG entgegen (*v.Oefele/Winkler*, Handbuch des Erbbaurechts, 5. Aufl. 2012, Rn. 3.128).

c) Wohnungserbbaurecht und Erbbauzins

Ist als Gegenleistung für die Einräumung des Erbbaurechtes eine Erbbauzinszahlung 213 vereinbart, dann kann diese dinglich am Erbbaurecht durch eine Erbbauzinsreallast abgesichert werden, § 9 I 1 ErbbauRG, § 1105 ff. BGB. Für die einzelnen Erbbauzinsbeträge haftet der Erbbauberechtigte nicht nur dinglich, sondern gemäß § 9 I 1 ErbbauRG, § 1108 I BGB auch persönlich. Die Erbbauzinsreallast ist untrennbar mit dem herrschenden Grundstück verbunden; sie kann – auch soweit sie auf einem Wohnungserbbaurecht lastet – nicht so getrennt werden, dass sie nur dem jeweiligen Inhaber eines bestimmten Miteigentumsanteils zusteht (BayObLGZ 1990, 212).

Bei Begründung von Wohnungserbbaurechten hat dies zur Folge, dass nach § 9 I 1 ErbbauRG, § 1108 II BGB für jeden Wohnungserbbauberechtigten eine dingliche Gesamthaft und eine persönliche Gesamtschuld entsteht (BayObLGZ 1978, 157; Weitnauer/*Mansel* § 30 WEG Rn. 7; *v.Oefele/Winkler* Rn. 3.119; *Rethmeier* MittRhNotK 1993, 151; a.A. Bärmann/*Pick* § 30 WEG Rn. 24: Gesamterbbauzinsreallast ist unzulässig, der Erbbauzins ist auf die einzelnen Wohnungserbbauberechtigten aufzuteilen). Der Ausgleich unter den Gesamtschuldnern richtet sich nach § 426 I BGB.

Diese dingliche und persönliche Gesamtschuld aller Wohnungserbbauberechtigten stellt ein großes Risiko für diese dar. Es ist deshalb Aufgabe der Gemeinschaftsordnung, die auch für die Wohnungserbbaurechte vereinbart werden kann (§§ 30 III 2, 5 IV, 8 II, 10 I 2, II WEG) Sicherheit zu verschaffen. Die beste Sicherheit wäre eine Aufteilung des Erbbauzinses auf die einzelnen Wohnungserbbaurechte und damit die Beseitigung der gesamtschuldnerischen Haftung. Dies erfordert jedoch einen Vertrag zwischen den Wohnungserbbauberechtigen und dem Grundstückseigentümer. Eine einseitige Aufteilung ist nicht möglich (*OLG Düsseldorf* DNotZ 1977, 305), da sie den Haftungsgegenstand zulasten des Grundstückseigentümers schmälern würde. Erfolgt eine Aufteilung des Erbbauzinses, so ist auch die Zustimmung der am Grundstück-Realberechtigten gemäß § 876 S. 2 BGB erforderlich (*v.Oefele/Winkler* Rn. 3.121). Die Zustimmung der am Erbbaurecht gleich- oder nachrangig dinglichen Berechtigten ist dagegen gemäß § 876 S. 1 BGB nur erforderlich, wenn an einer Einheit eine Erhöhung eintritt (*v. Oefele/Winkler* Rn. 3.121. Das Vorkaufsrecht der Erbbauberechtigten am Erbbaugrundstück wird ein gemeinschaftliches Vorkaufsrecht gemäß § 472 BGB (*v. Oefele/Winkler* Rn. 3.123).

214 Durch die Gemeinschaftsordnung kann jedoch vereinbart werden, dass der Erbbauzins wie eine Last der gemeinschaftlichen Berechtigung gemäß § 16 II zu behandeln ist (Staudinger/*Bub* § 16 WEG Rn. 123; nach *OLG Karlsruhe* Justiz 1962, 89 soll dies auch ohne Vereinbarung bei einem auf sämtlichen Erbbaurechten lastenden Erbbauzins der Fall sein; es handelt sich um eine privatrechtliche Last). Dabei kann bestimmt werden, dass der Verwalter die Zahlung in monatlichen Teilbeträgen einzieht; eine unmittelbare Zahlung an den Grundstückseigentümer befreit dann nicht von der Zahlungspflicht gegenüber den Miterbbauberechtigten (*BayObLG* NJW 1958, 1824). Dies kann wegen § 27 I Nr. 4, IV WEG nicht abbedungen werden. Dies ermöglicht eine fortlaufende Kontrolle der Zahlungen. Der Verwalter leitet alsdann bei Fälligkeit der Erbbauzinsen den Betrag an den Grundstückseigentümer weiter. Ist vereinbart, dass die Verpflichtung zur Zahlung der Erbbauzinsen als Last des gemeinschaftlichen Eigentums gemäß § 16 II WEG besteht, dann ist auch die Entziehung des Wohnungserbbaurechtes gemäß § 18 I, II Nr. 2 WEG möglich. Durch die Entziehung des Wohnungserbbaurechtes kann einem möglichen Heimfallanspruch des Grundstückseigentümers rechtzeitig vorgebeugt werden (§ 9 IV ErbbauRG), da dieser voraussetzt, dass der Erbbauberechtigte mit dem Erbbauzins mindestens in Höhe zweier Jahresbeträge im Rückstand sein muss (vgl. hierzu Staudinger/*Rapp* § 9 ErbbauRG Rn. 30). Ist der Erbbauzins nicht auf die einzelnen Einheiten verteilt, so ist für die Frage, ob zwei Jahresbeträge erreicht sind, der gesamte Erbbauzins maßgebend. Ist dagegen der Erbbauzins auf die einzelnen Einheiten verteilt, so hat der Grundstückseigentümer auf die gesamtschuldnerische Haftung der Wohnungserbbauberechtigten verzichtet, mit der Konsequenz, dass ein Heimfall auch dann geltend gemacht werden kann, wenn der Erbbauzins, der auf eine einzelne Einheit entfällt, in Höhe zweier Jahresbeträge dieser Einheit im Rückstand ist. Der Heimfall kann hier jedoch nur bezüglich der einzelnen Einheit, nicht der übrigen Einheiten, geltend gemacht werden.

215 Zusätzlich empfiehlt es sich, bei nicht verteiltem Erbbauzins eine gesonderte Rücklage für nicht bezahlte Erbbauzinsen zu bilden, die beim Verwalter neben der Instandhaltungsrücklage anzusammeln ist. Auch dies ist durch Vereinbarung der Wohnungserbbauberechtigten möglich. Der Verwalter sollte zu Verfügungen über diese Rücklage

VI. Wohnungserbbaurecht **A III**

ermächtigt werden. Sie dient dazu, ausfallende Erbbauzinsbeträge zu begleichen und dadurch die gesamtschuldnerische Inanspruchnahme eines einzelnen Wohnungserbbauberechtigten zu verhindern.

Wird die Erbbauzinsreallast nicht auf die einzelnen Wohnungserbbaurechte verteilt, 216
entstehen Probleme bei der Belastung der einzelnen Wohnungserbbaurechte. Dies gilt unabhängig davon, ob es sich um eine „alte" Erbbauzinsreallast (Rechtslage vor dem 1.10.1994) oder um eine neue, vollstreckungssichere Erbbauzinsreallast gemäß § 9 III ErbbauRG handelt. Da der Erbbauzinsgläubiger mit seinem Recht in den wenigsten Fällen hinter Grundpfandrechte zurücktritt (um zu verhindern, dass die Erbbauzinsreallast in der Zwangsversteigerung erlischt und das Erbbaurecht ohne Erbbauzins fortbesteht, vgl. Palandt/*Bassenge* § 9 ErbbauRG Rn. 18), ist der Beleihungswert des einzelnen Objektes (möglicherweise) erschöpft. Bei einer nachrangigen Beleihung ist alsdann der Ausgleichsanspruch des Erbbauberechtigten gemäß § 1109 I 2 BGB an das Finanzierungsinstitut mit zu verpfänden. Die Rücklage für den Erbbauzins gehört dagegen zum Verwaltungsvermögen (§§ 30 III 2, 10 VII 3 WEG), so dass ein Wohnungserbbauberechtigter hierüber nicht verfügen kann.

Ist die Erbbauzinsreallast auf die einzelnen Wohnungserbbaurechte nicht verteilt, so 217
kann eine Umstellung des Erbbauzinses auf die neue Rechtslage, wie sie seit 1.10.1994 vereinbart werden kann (§ 9 III ErbbauRG; s. Kap. A IV. Rn. 94 ff.) nur vom Grundstückseigentümer und allen Wohnungserbbauberechtigten vereinbart werden. Ist dagegen die Erbbauzinsreallast auf die einzelnen Wohnungserbbaurechte verteilt, kann zwischen jedem einzelnen Wohnungserbbauberechtigten und dem Grundstückseigentümer eine dem § 9 III ErbbauRG entsprechende Vereinbarung getroffen werden (vgl. BayObLGZ 1990, 215, wo eine selbständige Verfügung über den Erbbauzinsanspruch – Aufhebung – zugelassen wird).

2. Begründungsvorgang

a) Teilbares Erbbaurecht

Für die Teilung nach § 30 III 2 i.V.m. §§ 3, 8 WEG kommt ein Erbbaurecht alter Art 218
nach §§ 1012 ff. BGB oder neuer Art nach der ErbbauRG in Betracht. Ausgenommen hiervon sind Erbbaurechte alter Art, die an einem schon bebauten Grundstück bestellt wurden, da bei diesen der Grundstückseigentümer Eigentümer des Gebäudes blieb (Ingenstau/Hustedt/*Hustedt* § 1 ErbbauRG Rn. 86). Wegen § 1 IV WEG kann nur *ein* Erbbaurecht geteilt werden. Besteht ein Gesamterbbaurecht über mehrere Grundstücke hinweg, so handelt es sich um eine einheitliche Berechtigung, die ebenfalls aufgeteilt werden kann. Teilbar ist auch ein Untererbbaurecht (vgl. § 6a GBO) und ein vom Eigentümer für sich selbst bestelltes Erbbaurecht, ein so genanntes Eigentümererbbaurecht (*BGH* Rpfleger 1982, 143). Die Teilung gemäß Abs. 1 setzt in entsprechender Anwendung von § 3 WEG das Bestehen einer Bruchteilsgemeinschaft in Ansehung des Erbbaurechts voraus, so dass eine Gesamthandsgemeinschaft vor der Teilung in eine Bruchteilsgemeinschaft überführt werden muss (Ingenstau/Hustedt/*Hustedt* § 1 ErbbauRG Rn. 89). Für die Teilung nach § 30 II WEG findet die Vorschrift des § 8 WEG entsprechende Anwendung.

b) Form, Zustimmung

§ 30 III 2 WEG verweist für das Wohnungserbbaurecht auf die Vorschriften über das 219
Wohnungseigentum. Umstritten ist jedoch, ob damit für die dingliche Einigung über die Entstehung des Sondereigentums die Formpflicht des § 4 II WEG besteht (bejahend MünchKomm/*Engelhardt* § 30 WEG Rn. 2; Palandt/*Bassenge* § 30 WEG Rn. 1; verneinend Weitnauer/*Mansel* § 30 Rn. 14; RGRK/*Augustin* § 30 WEG Rn. 14). Da für das Erbbaurecht selbst – und zwar sowohl anlässlich der Begründung als auch bei einer

späteren Übertragung – die Formpflicht des § 925 BGB nicht besteht, weil diese Bestimmung in § 11 II 1 ErbbauRG ausdrücklich für nicht anwendbar erklärt wird, muss angenommen werden, dass die Formpflicht auch nicht für den Sonderfall des Wohnungserbbaurechtes besteht. Davon unberührt bleibt die Formpflicht des § 311b BGB für das schuldrechtliche Grundgeschäft.

Ist im Erbbaurechtsvertrag gemäß § 5 ErbbauRG vorgesehen, dass zur Veräußerung des Erbbaurechtes die Zustimmung des Grundstückseigentümers erforderlich ist, so gilt dies zwar für die Einräumung einer Mitberechtigung am Erbbaurecht, nicht aber die Einräumung von Sondereigentum gemäß §§ 3, 8 WEG (BayObLGZ 1978, 161 für Teilung nach Abs. 2 i. V. m. § 8 WEG; *LG München I* MittBayNot 1977, 68; *LG Augsburg* MittBayNot 1979, 68 für Teilungsvereinbarung nach Abs. 2 i. V. m. § 3 WEG; *v. Oefele/ Winkler* Rn. 3.110ff.; a.A. Ingenstau/Hustedt/*Hustedt* § 1 ErbbauRG Rn. 116 zur Teilung gemäß Abs. 1 i. V. m. § 3 WEG mit der Begründung, diese komme einer Rechtsübertragung nahe und beeinträchtige die Rechte des Grundstückseigentümers beim Heimfall). Ein Zustimmungserfordernis kann im Erbbaurechtsvertrag auch nicht mit dinglicher Wirkung vereinbart werden (BayObLGZ 1978, 161; *OLG Celle* Rpfleger 1981, 22; *LG München I* MittBayNot 1977, 68). Eine Zustimmungspflicht ergibt sich auch nicht aus § 876 BGB, da sich die Reallast als Gesamtreallast an den Wohnungs- und Teilerbbaurechten fortsetzt (BayObLGZ 1978, 61; *Lutter* DNotZ 1960, 80 [83]; *Weitnauer* DNotZ 1960, 115 [123]) und die formelle Rechtsposition des Grundstückseigentümers nicht verschlechtert wird. Sie folgt auch nicht aus den §§ 877, 873 BGB, da die Umwandlung des Erbbaurechts in Wohnungs- und Teilerbbaurechte gemäß Abs. 1 und Abs. 2 eine Mitwirkung des Grundstückseigentümers nicht vorsieht (Ingenstau/ Hustedt/*Hustedt* § 1 ErbbauRG Rn. 94).

c) Inhalt des Wohnungserbbaurechtes

220 Hier sind Vereinbarungen in gleicher Weise und im selben Umfange möglich wie beim Wohnungseigentum. Ist eine Veräußerungsbeschränkung nach § 12 WEG vereinbart und außerdem bezüglich des Erbbaurechtes eine Veräußerungsbeschränkung nach § 5 I ErbbauRG, so ist zur Veräußerung eine zweifache Zustimmung notwendig. Ist im Falle einer Veräußerungsbeschränkung nach § 12 WEG der Grundstückseigentümer zustimmungspflichtig, so darf dieser seine Zustimmung nicht von einer Erhöhung des Erbbauzinses oder von der Vereinbarung einer Gleitklausel abhängig machen (BayObLGZ 1978, 157). Die Zahlung des Erbbauzinses ist kein bei § 12 WEG schützenswerter Gesichtspunkt.

Bei der Bestellung des Erbbaurechtes kann nach § 1 II ErbbauRG vereinbart werden, dass sich dieses auch auf einen für das Bauwerk nicht erforderlichen Teil des Grundstücks erstreckt, sofern das Bauwerk wirtschaftlich die Hauptsache bleibt. Für diesen nicht überbauten Teil können Gebrauchsregelungen, auch Sondernutzungsrechte nach § 15 I WEG vereinbart werden (RGRK/*Augustin* § 30 Rn. 27).

d) Besonderes Grundbuchblatt

221 § 30 III 1 WEG bestimmt, dass für jeden Anteil von Amts wegen ein besonderes Erbbaugrundbuchblatt anzulegen ist (Wohnungserbbaugrundbuch, Teilerbbaugrundbuch). Die Vorschrift entspricht § 7 I 1 WEG. Ein gemeinschaftliches Wohnungserbbaugrundbuch ist danach ausgeschlossen, da die Verweisung auf das Wohnungseigentum in § 30 III 2 WEG § 7 II WEG nicht umfassen kann (a. A. Weitnauer/*Mansel* § 30 WEG Rn. 8, der eine entsprechende Anwendung von § 7 II WEG bejaht). Wäre von der Verweisung auch § 7 II WEG umfasst, wäre die Vorschrift von § 30 III 1 WEG überflüssig.

Mit der Anlegung des Wohnungs- oder Teilerbbaugrundbuches entsteht das Wohnungs- oder Teilerbbaurecht (Ingenstau/Hustedt/*Hustedt* § 1 ErbbauRG Rn. 89, 90).

3. Veräußerung des Wohnungserbbaurechtes

a) Schuldrechtliches Grundgeschäft

Für die Veräußerung eines Wohnungserbbaurechtes gelten gegenüber dem Wohnungseigentum keine Besonderheiten. Auf das schuldrechtliche Grundgeschäft findet § 311b BGB Anwendung (§ 11 II ErbbauRG). Während der Erwerber in den vertragsmäßigen, im Grundbuch eingetragenen Inhalt des Erbbaurechtes kraft Gesetzes eintritt, ist für die lediglich schuldrechtlich wirkenden Vereinbarungen im Erbbaurechtsvertrag ein vertraglicher Eintritt des Erwerbers vorzusehen. Dies ist erforderlich, um Schadenersatzverpflichtungen des Veräußerers gegenüber dem Erbbaurechtsausgeber vermeiden.

b) Dingliches Geschäft

Zur Entstehung des Erbbaurechtes und auch zur Übertragung desselben ist die dingliche Einigung gemäß § 873 BGB erforderlich (§ 11 I 1 ErbbauRG). Eine formpflichtige Auflassung gemäß § 925 BGB ist nicht notwendig. Zur Grundbucheintragung besteht die Formpflicht des § 29 GBO.

c) Eigentümerzustimmung, Verwalterzustimmung

Ist zur Veräußerung des Erbbaurechtes die Eigentümerzustimmung vereinbart (§ 5 I ErbbauRG), so gilt dies auch bei Veräußerung eines einzelnen Wohnungserbbaurechtes (*OLG Hamm* Rpfleger 1979, 24); vgl. zur Ersetzung der Zustimmung gemäß § 7 III ErbbauRG *OLG Frankfurt* ZMR 1980, 154. Daneben kann auch eine Verwalterzustimmung nach § 12 WEG notwendig sein, wenn diese als Inhalt des Sondereigentums vereinbart wurde.

A IV. Erbbaurecht

Sven Eichel

Übersicht

	Rn.
I. Beratung der Beteiligten	1–21
1. Motivlage	1–3
2. Beratungs-Checkliste	4, 5
3. Wahl des Vertragstyps/Arten des Erbbaurechts	6–15
4. Neue Bundesländer/SachenRBerG	16
5. Kosten	17
6. Steuern	18–21
II. Begründung eines Erbbaurechts	22–31
1. Grundlagen	22, 23
2. Dingliche Einigung	24
3. Eintragung im Grundbuch	25–31
III. Erbbaurechtsvertrag	32–119
1. Grundlagen	32
2. Form	33
3. Gesetzlicher Mindestinhalt	34–41
4. Vertragsmäßiger (dinglicher) Inhalt	42–73
5. Sonstiger (schuldrechtlicher) Inhalt	74–79
6. Erbbauzins	80–114
7. Grundbucherklärungen	115
8. Qualifizierung als Rechtskauf	116–119
IV. Bestehende Erbbaurechte	120–140
1. Veräußerung	121–123
2. Belastung mit Rechten in Abt. II des Grundbuches	124, 125
3. Belastung mit Rechten in Abt. III des Grundbuches	126
4. Aufteilung nach dem WEG	127, 128
5. Realteilung	129
6. Vereinigung	130
7. Inhaltsänderungen	131–133
8. Aufhebung und Erlöschen	134–140

Literatur: *Böttcher,* Praktische Fragen des Erbbaurechts, 6. Aufl. 2011; *ders.,* Zulässigkeit und Probleme von Gesamtrechten an Grundstücken, MittBayNot 1993, 129. *ders.,* Entwicklungen beim Erbbaurecht und Wohnungseigentum seit 2005, Rpfleger 2007, 526; *Dedekind,* Der Konflikt zwischen Erbbauzinsreallast und Finanzierungsgrundpfandrecht, MittRhNotK 1993, 109; *Demharter,* Zur Begründung von Wohnungserbbaurechten an einem Gesamterbbaurecht, DNotZ 1986, 457; *Dürkes,* Die Wertsicherung von Erbbauzinsen, BB 1980, 1609; *Eichel,* Neuregelung des Erbbauzinses nach dem SachenRÄndG, MittRhNotK 1995, 193; *ders.,* Praktische Fragen des Erbbaurechts, RNotZ 2003, 85; *Falk,* Zur Auslegung von § 9a ErbbauRG, NJW 1992, 540; *Groth,* Erbbaurecht ohne Erbbauzins?, DNotZ 1983, 652 und 1984, 372; *Habel,* Rechtliche und wirtschaftliche Fragen zum Untererbbaurecht, MittBayNot 1998, 315; *v. Heynitz,* Zur Euroeinführung – Ein neues deutsches Sonderrecht für Erbbauzinsvereinbarungen, MittBayNot 1998, 398; *Kappelhoff,* Zustimmung des Grundstückseigentümers zur Zwangsversteigerung des Erbbaurechts, Rpfleger 1985, 281; *Kesseler,* der Heimfallspruch im Insolvenzfall, ZNotP 2007, 303; *König,* Verlängerungsmöglichkeiten beim Erbbaurecht, MittRhNotK 1989, 261; *Limmer,* Wertsicherungsklauseln und die Neuregelung durch das Euro-Einführungsgesetz, ZNotP 1999, 148; *Linde/Richter,* Erbbaurecht und Erbbauzins in Recht und Praxis, 1987; *v. Oefele,* Zur Hauptsacheneigenschaft des Bauwerks gem. § 1 II ErbbauRG, MittBayNot 1992, 29; *v. Oefele/Winkler,* Handbuch des Erbbaurechts, 4. Aufl. 2007; *Räfle,* Erbbaurechtsverordnung, 1986; *Rethmeier,* Rechtsfragen des Wohnungserbbaurechts, MittRhNotK 1993, 145; *Reul,* Insolvenzbedingte Lösungsklauseln auf dem Prüfstand, DNotZ 2008, 824; *Schmenger,* Aktuelle Rechtsfragen beim Erbbaurecht, BWNotZ 2006, 73; *Schneider,* Das Untererbbaurecht, DNotZ 1976, 411; *Schöner/Stöber,* Grundbuchrecht, 15. Aufl. 2012; *Stöber,* Die nach Inhaltsvereinbarung bestehen bleibende Erbbauzinsreallast, Rpfleger 1996, 136; *Uibel,* Grundstückswertminderung und Erbbauzins, NJW 1983, 211.

I. Beratung der Beteiligten

1. Motivlage

1 Zweck der Bestellung eines jeden Erbbaurechtes ist es, selbständiges, vom Eigentum an dem betreffenden Grundstück weitgehend losgelöstes **Eigentum an Bauwerken** zu begründen. Das aufgrund eines Erbbaurechts errichtete oder bereits vorhandene Bauwerk wird (regelmäßig für eine bestimmte Zeit = Dauer des Erbbaurechts) veräußerliches, vererbliches und beleihbares Eigentum des Erbbauberechtigten. Daneben bleibt nach wie vor das Eigentum an dem betreffenden Grundstück, so dass sich bei jedem Erbbaurecht stets zwei Eigentümer gegenüber stehen: hier der Grundstückseigentümer und dort der Erbbauberechtigte als Eigentümer des betreffenden Bauwerkes.

2 Solchermaßen verselbständigtes Eigentum an Bauwerken kann für beide Beteiligte wirtschaftlich von hohem Interesse sein. Es ermöglicht einerseits Investoren, Bauwerke (z. B. Geschäftshäuser, Einkaufsgalerien, Wohngebäude, Supermärkte, Industrieanlagen usw.) als Eigentum zu errichten und zu nutzen, ohne das Grundstück erwerben zu müssen. Die wirtschaftliche Nutzung umfasst dabei nicht nur die laufenden Erträgnisse, sondern im Falle der Beleihung oder Veräußerung des Erbbaurechtes auch die Realisierung des Substanzwertes. Andererseits verliert der Grundstückseigentümer sein Eigentum nicht, sondern stellt es nur für eine bestimmte Zeit zur Verfügung, erhält ohne weitere eigene Investitionen regelmäßige Einkünfte und behält Einfluss auf Art und Umfang der baulichen Nutzung seines Grundstücks.

Letzteres ist vor allem für öffentliche Planungsträger von Bedeutung und kann insbesondere durch sachgerechten Einsatz des äußerst flexiblen Instrumentes der Heimfallregelung umgesetzt werden. Ein Beispiel hierfür sind sog. Einheimischen-Modelle in Form von Erbbaurechten, bei denen fast jede gewollte Bau- und Nutzungsbeschränkung durch Heimfallregelung erfasst werden und damit als Inhalt des Erbbaurechts verdinglicht werden kann.

Ursprünglich als wohnungspolitisches Instrument gedacht, erfreut sich das Erbbaurecht gerade wegen dieser Flexibilität inzwischen einer ständig steigenden Beliebtheit in den verschiedensten Bereichen. Wohl auch aus diesem Grund hat der Gesetzgeber nunmehr die aus dem Jahre 1919 stammende ErbbauVO ihrer tatsächlichen Rechtsnatur entsprechend umbenannt in Erbbaurechts-Gesetz (ErbbauRG), ohne dabei deren Inhalt zu ändern (Gesetz vom 23.11.2007, BGBl. I 2614).

3 Aus wirtschaftlicher Sicht sollten die Beteiligten wegen der üblicherweise langen Laufzeiten von Erbbaurechten folgende Wertfaktoren im Auge behalten: Künftige Wertsteigerungen des Grund und Bodens kommen nicht dem Erbbauberechtigten, sondern ausschließlich dem Grundstückseigentümer zugute. Demgegenüber trifft bei einem wertgesicherten Erbbauzins das Inflationsrisiko alleine den Erbbauberechtigten. Wenn das Bauwerk noch nicht vorhanden ist, sondern von dem Erbbauberechtigten erstellt und damit finanziert werden soll, kann dies im Laufe der Zeit zu erheblichen wertmäßigen Disparitäten führen. Das Problem lässt sich ggf. durch Einräumung eines Ankaufsrechtes des Erbbauberechtigten am Grundstück entschärfen, das ausgeübt werden kann, sobald seine Finanzierungskredite getilgt sind. Will man dabei die Position des Grundstückseigentümers stärken, kann das Ankaufsrecht gleichzeitig mit einer entsprechenden Ankaufsverpflichtung des Erbbauberechtigten gekoppelt werden.

2. Beratungs-Checkliste

4 Bei **Begründung** eines Erbbaurechtes sind zunächst folgende grundsätzliche Vorfragen zu klären:

I. Beratung der Beteiligten **A IV**

> **Beratungs-Checkliste**
>
> (1) Selbständiges Eigentum oder bloßes Nutzungsrecht wie z. B. Nießbrauch, Dienstbarkeit usw. gewünscht?
> (2) Voraussetzungen bezüglich Belastungsgegenstand erfüllt?
> (3) Voraussetzungen eines Bauwerkes erfüllt?
>
> Sodann empfiehlt es sich, die Einzelheiten des Erbbaurechtsvertrages nach folgenden **Sachkomplexen** zu durchdenken:
>
> (1) Einzelheiten betreffend Bauwerk, insbesondere Errichtung, Nutzung, Erhaltung, Lastentragung,
> (2) Erstreckung auf nicht bebaute Grundstücksteile,
> (3) Dauer des Erbbaurechts, Verlängerungsmöglichkeiten,
> (4) Entschädigung bei Zeitablauf,
> (5) vorzeitige Beendigung (Heimfall), Entschädigung hierbei,
> (6) Verfügungsbeschränkungen,
> (7) gegenseitige Erwerbs- oder Vorkaufsrechte,
> (8) Gegenleistung, z. B. Erbbauzins einschließlich Wertsicherung,
> (9) weitere Vereinbarungen zum Grundstück, insbesondere wirtschaftlicher Übergang, Mängelhaftung,
> (10) Grundbucherklärungen zum Grundstücksgrundbuch,
> (11) Grundbucherklärungen zum Erbbaugrundbuch,
> (12) Finanzierungsfragen/Rangverhältnisse.

Beim Umgang mit bereits **bestehenden Erbbaurechten** (Verkauf, Belastung usw.) gelten 5 weitgehend die Vorschriften des BGB und der GBO über Grundstücke. Einzelprobleme hierzu werden zusammengefasst in Abschnitt IV. behandelt (Rn. 120 ff.).

3. Wahl des Vertragstyps/Arten des Erbbaurechts

a) Vorhandenes Bauwerk

Ist das Bauwerk bereits vorhanden, besteht die Aufgabe des Erbbaurechtsvertrages 6 neben der dinglichen Begründung des Erbbaurechtes (= Bauwerkeigentums) in der Regelung des zukünftigen Rechtsverhältnisses zwischen Grundstückseigentümer und Erbbauberechtigtem. Jeder Erbbaurechtsvertrag wirkt nicht nur rechtsbegründend, sondern auch rechtsgestaltend. Da es sich um ein auf lange Zeit angelegtes Dauer-Rechtsverhältnis handelt, ist ein hohes Maß an rechtschöpferischer Einzelfallregelung notwendig und verbietet sich die schematische Verwendung von Standardformulierungen hier ganz besonders. Anders als z. B. der Grundstückskaufvertrag ist ein Erbbaurechtsvertrag mit grundbuchlichem Vollzug keineswegs erledigt, sondern zeigt sich oft erst nach Jahren, ob und wie sorgfältig der Verfasser gearbeitet hatte.

b) Zu errichtendes Bauwerk

Ist das Bauwerk noch zu errichten, müssen zusätzlich konkrete Bestimmungen über 7 Art und Umfang des Bauwerkes aufgenommen werden, ggf. unter Begründung einer entsprechenden Bauverpflichtung des Erbbauberechtigten. Unzureichende Bezeichnung des Bauwerkes kann zur Nichtigkeit führen.

c) Gesamterbbaurecht

Ein Gesamterbbaurecht ist ein einheitliches Erbbaurecht zulasten mehrerer Grundstü- 8 cke. Es entsteht durch anfängliche Bestellung zulasten mehrerer Grundstücke, durch spätere Teilung des Grundstücks oder durch spätere Erstreckung auf ein weiteres Grundstück. Gehören die Grundstücke verschiedenen Eigentümern, muss dem durch besondere Regelungen z. B. für Heimfall (nur einheitlich möglich), Abfindung, Verlängerungsmöglichkeiten sowie Erbbauzins (Gesamt- oder Teilgläubigerschaft?) Rechnung getragen werden.

Gesetzlich erstmals erwähnt wird das Gesamterbbaurecht in § 39 II SachenRBerG. Durch den 1993 eingefügten § 6a GBO ist die Zulässigkeit nunmehr endgültig gesichert. Danach müssen die betroffenen Grundstücke nicht unbedingt aneinander grenzen, sondern genügt es vielmehr, dass sie in einem gewissen räumlichen Zusammenhang nahe beieinander liegen und sich z. B. auf dem einen Grundstück das Bauwerk und auf dem anderen Grundstück zugehörige Nebenanlagen befinden (*Schöner/Stöber* Rn. 1699).

Grundsätzlich zulässig ist ferner die Vereinigung mehrerer Einzel-Erbbaurechte gem. § 890 BGB zu einem Gesamterbbaurecht, und zwar ohne dass es hierzu der Zustimmung des Grundstückseigentümers bedarf. Voraussetzung ist jedoch, dass die beiden Einzel-Erbbaurechte dieselbe Restlaufzeit und im Wesentlichen gleichen Inhalt haben (*BayObLG* MittBayNot 1996, 34). Insbesondere wegen der Frage des „im Wesentlichen gleichen Inhalts" dürfte hierbei in der Praxis Vorsicht geboten sein und muss jedenfalls der gesamte dingliche Inhalt der beiden Einzel-Erbbaurechte sorgfältig verglichen werden.

Nicht möglich ist demgegenüber die Bestellung eines Gesamterbbaurechts zulasten eines Grundstücks und eines anderen Erbbaurechts (§ 6a II GBO).

d) Nachbarerbbaurecht

9 Von einem Nachbarerbbaurecht spricht man, wenn sich ein Bauwerk über mehrere, verschiedenen Eigentümern gehörende Grundstücke erstreckt und diese mit dem Erbbauberechtigten nicht einen einheitlichen Erbbaurechtsvertrag, sondern entsprechend der Grundstückszugehörigkeit mehrere Erbbaurechtsverträge schließen. Dies dürfte allenfalls dann zulässig sein, wenn es sich um vertikal getrennte selbständig nutzbare Gebäudeteile handelt (zust. *OLG Stuttgart* NJW 1975, 786; abl. *v. Oefele/Winkler* Rn. 3.79, 3.85; MünchKomm/*v. Oefele/Heinemann* § 1 Rn. 52 ff.; *OLG Köln* RNotZ 2013, 482). Erstmals gesetzlich erwähnt ist das Nachbarerbbaurecht in § 39 III SachenRBerG, wobei es sich jedoch offensichtlich um eine spezielle Regelung ausschließlich für die dem Kontrahierungszwang unterliegenden Erbbaurechte in den neuen Bundesländern handelt (4. Aufl. Rn. 19 ff.).

Unabhängig von der Frage der Zulässigkeit ist für die Praxis anzumerken, dass der mit einem Nachbarerbbaurecht gewollte Endzustand eines einheitlichen Erbbaurechts über mehrere, verschiedenen Eigentümern gehörende Grundstücke im Regelfall ohne weiteres auch durch die Bestellung eines entsprechenden und sicher zulässigen Gesamterbbaurechts erreicht werden kann.

e) Eigentümererbbaurecht

10 Ein Eigentümererbbaurecht kann entstehen bei späterem Hinzuerwerb des Erbbaurechtes durch den Grundstückseigentümer (z. B. Heimfall) oder durch anfängliche Bestellung aufgrund einseitiger Erklärung des Grundstückseigentümers. Letzteres kann sinnvoll sein, wenn z. B. bei geplanten Serienverkäufen im Wohnungsbau einheitliche Erbbaurechte oder eine Vorratsteilung gem. § 8 WEG gewollt sind.

Problematisch ist, inwieweit bei einem anfänglich bestellten Eigentümererbbaurecht auch die schuldrechtlichen Teile des Erbbaurechtsvertrages, insbesondere also die Erbbauzinsregelung, bereits verbindlich geregelt werden können. Da begrifflich niemand sein eigener Schuldner sein kann, ist zwar eine Festlegung der Einzelheiten in der Bestellungsurkunde möglich; rechtliche Verbindlichkeit gegenüber dem ersten Erwerber des Erbbaurechtes erhalten derart schuldrechtliche Regelungen aber erst, wenn sie von dem Erwerber ausdrücklich übernommen werden. Bei jeder Erstveräußerung eines anfänglich bestellten Eigentümererbbaurechtes ist deshalb darauf zu achten, dass der Erwerber (ggf. unter Verweisung gem. § 13a BeurkG) ausdrücklich in die betreffenden Bestimmungen eintritt.

I. Beratung der Beteiligten A IV

Wichtigster Teil der zunächst lediglich schuldrechtlich wirkenden Bestimmungen des 11
Erbbaurechtsvertrages ist die Erbbauzinsregelung. Hier ist zu differenzieren: Der eigentliche Erbbauzins ist eine Reallast und kann also – da eine Eigentümerreallast zulässig ist – bereits bei der Bestellung des Eigentümererbbaurechtes festgelegt werden. Die Aufnahme einer Wertsicherungsvereinbarung a. F. (s. u. Rn. 88 ff.) mit Anpassungsvereinbarung ist demgegenüber in diesem Stadium nicht möglich, sondern kann frühestens bei Veräußerung/Erwerb erfolgen (*BGH* Rpfleger 1992, 143). Bei einer Wertsicherungsklausel n. F. (s. u. Rn. 91 ff.) kann diese Einschränkung nicht mehr gelten, da zwischenzeitlich gem. § 1105 BGB feststeht, dass die klassische Indexkoppelung an den Verbraucherpreisindex zum dinglichen Inhalt der Erbbauzinsreallast selbst gemacht werden kann (so ausdrücklich jetzt auch *v. Oefele/Winkler* Rn. 6.91). Bei der Bestellung eines Eigentümererbbaurechts kann deshalb nunmehr ohne Weiteres die gesamte Erbbauzinsregelung einschließlich Wertsicherung n. F. aufgenommen werden.

f) Untererbbaurecht

Beim Untererbbaurecht ist Belastungsgegenstand nicht ein Grundstück, sondern ein 12
anderes, bereits bestehendes (Ober-)Erbbaurecht. Rechtsprechung und überwiegende Literaturmeinung hielten dies schon seit längerem für zulässig, ausdrücklich geregelt ist es seit 1993 in § 6a I GBO. Die praktische Bedeutung erscheint zunächst relativ gering, da auch das Untererbbaurecht im Grundbuch die ausschließlich erste Rangstelle beansprucht und damit zulasten eines Obererbbaurechts immer nur ein einziges Untererbbaurecht bestehen kann.

Sinn macht die Bestellung eines Untererbbaurechtes allerdings dann, wenn es in Wohnungserbbaurechte aufgeteilt werden soll, der Grundstückseigentümer rechtliche Beziehungen aber nur mit einem einzigen Partner wünscht. So kann z. B. eine Gemeinde einem Wohnungsunternehmen ein (Ober-)Erbbaurecht bestellen, an dem letzteres ein Untererbbaurecht bestellt und dieses zum Zwecke der Veräußerung der einzelnen Einheiten gem. WEG aufteilt. Auch nach Veräußerung der Wohnungserbbaurechte an Dritte hat die Gemeinde als Grundstückseigentümer dann nach wie vor ausschließlich Rechtsbeziehungen zu dem Wohnungsunternehmen, nicht aber zu der Vielzahl der Wohnungserbbauberechtigten am Untererbbaurecht.

Die Bestellung eines Untererbbaurechtes bedarf nicht der Zustimmung des Grundstückseigentümers und kann auch nicht im Rahmen des dinglichen Inhaltes des Erbbaurechts von dessen Zustimmung abhängig gemacht werden (*LG Augsburg* MittBayNot 1995, 211). Im Rahmen der Verfügungsbeschränkung (s. u. Rn. 66) tritt an die Stelle der Zustimmung des Grundstückseigentümers diejenige des jeweiligen Inhabers des Obererbbaurechtes.

Ein Untererbbaurecht kann als Belastung des betroffenen Obererbbaurechts selbstverständlich nicht mehr und keine andere Befugnis umfassen, als die bereits Gegenstand des Letzteren sind (*Schöner/Stöber* Rn. 1702). Darüber hinaus ist die Bestellung eines Untererbbaurechtes regelmäßig ausgeschlossen, wenn das betreffende Obererbbaurecht bereits seinerseits nach den Bestimmungen des WEG aufgeteilt ist.

Ein kaum lösbares **Problem** bei jedem Untererbbaurecht liegt in § 33 I ErbbauRG, 13
wonach beim **Heimfall des Obererbbaurechts** ein daran bestelltes Untererbbaurecht kraft Gesetzes erlischt. Diese zwingende Bestimmung stellt eine ständige Bedrohung des Untererbbauberechtigten dar. Obwohl er keinerlei Einfluss auf den Heimfall des Obererbbaurechts hat, verliert er sein Eigentum am Bauwerk und bleibt ihm lediglich eine – meist in der Durchsetzbarkeit dann auch noch gefährdete – Entschädigungsforderung gegen den Obererbbauberechtigten.

Der Versuch das Problem zu lösen, in dem man einen schuldrechtlichen, durch Vormerkung gesicherten Anspruch des Untererbbauberechtigten gegenüber dem Obererbbauberechtigten auf Neubestellung eines inhaltsgleichen Untererbbaurechts begründet, ist wohl als all zu offenkundige Umgehung von § 33 I ErbbauRG von Anfang an zum

Eichel

Scheitern verurteilt. Wenn schon das Erbbaurecht kraft Gesetzes erlischt, kann eine Vormerkung auf inhaltsgleiche Neubestellung auch keinen Bestand haben.

Der nächst denkbare Ansatz wäre, den durch Vormerkung gesicherten Anspruch auf Neubestellung des Untererbbaurechts unmittelbar gegenüber dem Grundstückseigentümer zu begründen, wobei die Vormerkung im Grundstücksgrundbuch einzutragen wäre. Es fragt sich, warum ein Grundstückseigentümer, der ja gerade mit dem Untererbbauberechtigten nichts zu tun haben will, hierzu bereit sein sollte.

Der neueste Lösungsversuch geht dahin, den Entschädigungsanspruch des Untererbbauberechtigten bei Verlust seines Eigentums wegen Heimfall des Obererbbaurechts in voller Höhe des jeweils dann vorhandenen Wertes des Bauwerks zu bemessen und diesen Zahlungsanspruch durch ein Grundpfandrecht dinglich zu sichern (*Habel* MittBayNot 1998, 321). Zwar ist richtig, dass ein derartiges Grundpfandrecht im Grundbuch des Obererbbaurechts bei dessen Heimfall gem. § 33 I ErbbauRG nicht unterginge. Dennoch scheint mir auch dieser Weg abgesehen davon, dass er nicht das Eigentum, sondern lediglich einen Zahlungsanspruch schützt, letztlich nicht umsetzbar.

Die Höhe des Anspruchs und damit der Betrag des Grundpfandrechts sind im Voraus kaum festzulegen. Das Grundpfandrecht würde zudem den Beleihungsrahmen des Obererbbauberechtigten erheblich einschränken. Vor allem aber wäre für die Bestellung des Grundpfandrechts regelmäßig die Zustimmung des Grundstückseigentümers erforderlich, die kaum zu erreichen sein dürfte. Denn letzterer würde sich damit u. U. die Ausübung seines Heimfallanspruches faktisch unmöglich machen (s. u. Rn. 54 ff.).

Nach allem kann nur geraten werden, mit der Rechtsfigur des Untererbbaurechts äußerst vorsichtig umzugehen.

g) Wohnungserbbaurecht

14 Wohnungserbbaurechte bzw. Teilerbbaurechte entstehen, wenn ein bestehendes Erbbaurecht gem. WEG aufgeteilt worden ist. Dies kann sowohl als Vorratsteilung gem. § 8 WEG – oder bei – mehreren Erbbauberechtigten – in Form einer Teilungsvereinbarung gem. § 3 WEG geschehen. § 1 III ErbbauRG steht dem nicht entgegen, da dort nur die Beschränkung des Erbbaurechtes selbst auf einzelne Gebäudeteile untersagt ist bei Mitwirkung aller betroffenen Grundstückseigentümer kann ohne weiteres auch ein Gesamt-Erbbaurecht nach WEG aufgeteilt werden.

Anstelle des Miteigentumsanteils am Grundstück tritt ein entsprechender „Miteigentumsanteil" am Erbbaurecht. Das Grundstück selbst wird eigentumsmäßig nicht betroffen, so dass insbesondere kein Miteigentum der Wohnungserbbauberechtigten am Grundstück entsteht. War das Erbbaurecht, wie durchweg üblich, gem. § 1 II ErbbauRG auf nicht bebaute Grundstücksflächen erstreckt, steht diese Nutzung demgegenüber selbstverständlich nunmehr den Wohnungserbbauberechtigten gemeinschaftlich zu.

Weitere Einzelheiten s. u. Rn. 127 und Kap. A III. Rn. 206 ff.

h) Mehrere Erbbauberechtigte

15 Steht ein Erbbaurecht mehreren Berechtigten zu, so ist deren Beteiligungsverhältnis entsprechend den für das Eigentum geltenden Bestimmungen festzulegen und im Eintragungsantrag anzugeben. Strittig ist nach wie vor, ob dabei Gesamtberechtigung i. S. von § 428 BGB möglich ist (MünchKomm/*v. Oefele/Heinemann* § 1 Rn. 63 ff. m. w. N.). Besonderer Beachtung bedürfen in solchen Fällen wiederum die Regelungen über Heimfall (nur einheitlich möglich), Erbbauzins (Gesamt- oder Teilschuldnerschaft) und Abfindung bei Zeitablauf oder vorzeitiger Beendigung wie z. B. Heimfall.

4. Neue Bundesländer/SachenRBerG

16 Im Bereich der ehemaligen DDR bewirkte das am 1.1.1976 in Kraft getretene **ZGB** unter Aufhebung der bis dahin geltenden Vorschriften des BGB und der ErbbauVO eine

I. Beratung der Beteiligten

tief greifende Neuregelung der Eigentumsformen; das betraf sowohl bestehende Erbbaurechte als auch die Schaffung neuer Arten von selbständigem Gebäudeeigentum. Nach dem Beitritt erfolgte durch das am 1.10.1994 in Kraft getretene **SachenRBerG** zum Zwecke der Anpassung an das BGB erneut eine umfassende Neuregelung dieses Komplexes. Zu beachten waren darüber hinaus Übergangsvorschriften auf der Grundlage des Einigungsvertrages (Art. 231 § 5, Art. 233 § 4 EGBGB).

Das SachenRBerG ist als Artikel 1 Teil des SachenRÄndG und galt im Gegensatz zu letzterem nur im Bereich der neuen Bundesländer. Die eigentliche Sachenrechtsänderung erfolgte sodann insbesondere durch Artikel 2 § 1 des Gesetzes, wobei diese Bestimmungen bundesweit gelten und insbesondere für die Erbbauzinsregelung von Bedeutung sind (s. u. Rn. 85).

Mangels fortbestehender Aktualität für die Praxis wird zu Fragen des Erbbaurechts im Zusammenhang mit ZGB und SachenRBerG verwiesen auf die 5. Aufl., Kap. A IV.Rn. 14 ff.

5. Kosten

Für den **Vertrag über die Begründung des Erbbaurechts** wird eine 2,0-Gebühr **17** Nr. 21100 KV-GNotKG erhoben. Zur Ermittlung des Geschäftswerts sind 80 % des Grundstückswerts (bei Beschränkung der Ausübung auf einen realen Teil des Werts dieser Fläche, § 49 II Hs. 2 GNotKG; bei bereits erfolgter Bebauung zuzüglich des Werts der errichteten Bauwerke) und der kapitalisierte Erbbauzins miteinander zu vergleichen; der höhere Wert ist maßgeblich (§§ 43, 49 II GNotKG). Für die Kapitalisierung gilt § 52 GNotKG. Gleichen Gegenstand haben Bauverpflichtung des Erbbauberechtigten, Heimfallrecht, Belastungs- und Veräußerungszustimmungserfordernis und Vorkaufsrecht des Erbbauberechtigten am Grundstück. Das Vorkaufsrecht am Erbbaurecht ist besonders zu bewerten, und zwar auch bei Notwendigkeit einer Veräußerungszustimmung mit 50 % des Werts des Erbbaurechts (80 % der Summe von Grundstücks- und Gebäudewert, §§ 49 II, 51 I 2 GNotKG); nur „besondere Umstände des Einzelfalls" können eine niedrigere Bewertung rechtfertigen (*BGH* NJW-RR 2012, 219). 0,5-Vollzugsgebühr Nr. 22100, soweit eine Vollzugstätigkeit erforderlich ist. Eine Wertsicherung des Erbbauzinses darf nicht bewertet werden (§ 52 VII GNotKG).

Für den **Kaufvertrag betreffend ein bestehendes Erbbaurecht** wird eine 2,0-Gebühr Nr. 21100 KV-GNotKG erhoben. Zu vergleichen sind der Kaufpreis und 80 % der Summe von Grundstückswert und Gebäudewert; der höhere Wert ist maßgebend (§§ 47, 49 II, 97 III GNotKG); der Wert des Erbbauzinses spielt keine Rolle.

Zustimmung zur Veräußerung und Belastung des Erbbaurechts in besonderer Erklärung: 1,0-Gebühr Nr. 21200 KV-GNotKG aus dem halben Wert des Kaufvertrags bzw. dem Betrag des Grundpfandrechts, höchstens 1.000.000 EUR erhoben (§ 98 I GNotKG). Rangrücktritte mit Erbbauzins, Erhöhungsvormerkung und Vorkaufsrecht sind nicht gesondert zu bewerten (§ 108 I 4 Nr. 3 GNotKG entsprechend). Erklärung des Grundstückseigentümers zum Vorkaufsrecht: 1,0-Gebühr Nr. 21200 aus einem Bruchteilswert (§ 36 I GNotKG; angemessen: 10 % des Kaufpreises). Bei Abgabe dieser Erklärung im Kaufvertrag bzw. der Grundpfandrechtsbestellungsurkunde: erfolgt keine gesonderte Bewertung.

Bei Verlängerung des Erbbaurechts vor Ablauf ist als Geschäftswert der kapitalisierte Erbbauzins (§ 52 GNotKG) anzunehmen. Nach Ablauf des Erbbaurechts ist keine „Verlängerung" möglich, sondern nur Neubestellung, die auch als solche zu bewerten ist (*BayObLG* ZNotP 2002, 283).

Für die **Aufhebung des Erbbaurechts** wird eine 0,5-Gebühr Nr. 21201 KV-GNotKG erhoben; Geschäftswert ist der Wert des Erbbaurechts (*OLG Celle* Rpfleger 2004, 652 ist überholt); keine besondere Bewertung für die Löschung der am Erbbaurecht eingetragenen Belastungen. Dagegen ist die Löschung des Vorkaufsrechts am Grundstück besonders zu bewerten (hälftiger Grundstückswert, § 51 I GNotKG).

6. Steuern

18   Im Rahmen der **Grunderwerbsteuer** steht das Erbbaurecht weitgehend einem Grundstück gleich (§ 2 II Ziff. 1 GrEStG). Der Grunderwerbsteuer unterliegen somit
– die vertragliche Bestellung eines Erbbaurechts bzw. die Begründung eines entsprechenden Anspruches,
– die Übertragung eines Erbbaurechts bzw. die Begründung eines entsprechenden Anspruches,
– die Vereinbarung der Verlängerung eines Erbbaurechts bzw. die Ausübung eines Vorrechtes auf Erneuerung,
– die Aufhebung oder der Verzicht auf ein Erbbaurecht,
– die Ausübung des Heimfallrechts.

19   Bei einer entgeltlichen rechtsgeschäftlichen Übertragung, insbesondere also in einem **Kaufvertrag** über ein Erbbaurecht, ist zu beachten, dass Bemessungsgrundlage für die Grunderwerbsteuer nicht nur die einmalige Gegenleistung (z.B. Kaufpreis) ist, sondern auch der gem. den gesetzlichen Bestimmungen kapitalisierte restliche Erbbauzins. Ein Erlöschen des Erbbaurechts durch Zeitablauf löst demgegenüber keine Grunderwerbsteuer aus (*BFH* MittRhNotK 1995, 215).

> **Praxishinweis Steuern:**
>
> Die Bestellung eines Erbbaurechtes und der Vertrag zur Errichtung eines Gebäudes können derart zueinander in Beziehung stehen, dass auch die Bauleistungen der Grunderwerbsteuer unterworfen werden. Hierfür gilt die bei Grundstücksverkäufen entwickelte Lehre vom einheitlichen Erwerbsgegenstand entsprechend (BFH/NV 2011, 303; *BFH* DStRE 2013, 1064 zu einem Gesamterbbaurecht).

Die Befreiungen des § 3 GrEStG (z.B. Schenkung, Ehegatten, Abkömmlinge) gelten uneingeschränkt. Die Befreiung gem. § 16 II Ziff. 3 GrEStG kann bei vorbehaltenem Heimfall ggf. sowohl für Bestellung/Erwerb als auch für Rückübertragung/Heimfall eingreifen.

20   Erwirbt der Erbbauberechtigte das Grundstück hinzu, greift § 2 I Ziff. 3 GrEStG. Danach gilt der Anspruch auf den zukünftigen Erbbauzins grunderwerbsteuerlich nicht als Teil des Grundstücks. Der hierauf entfallende Kaufpreisteil gehört deshalb nicht zur steuerpflichtigen Gegenleistung, so dass bei Berechnung der Grunderwerbsteuer der Kaufpreis um den kapitalisierten Wert des restlichen Erbbauzinses gekürzt werden kann (*v. Oefele/Winkler* Rn. 10.62).

> **Praxishinweis Steuern:**
>
> Die Bewertung von Erbbaurechten und Erbbaugrundstücken für Zwecke der Erbschaft- und Schenkungsteuer ist in den §§ 192 ff. BewG gesondert geregelt. Ausführliche Rechenbeispiele finden sich in Abschn. H B 194 und H B 195 ErbStH 2011.

21   Einkommensteuerliche Fragen im Zusammenhang mit der Bestellung und Veräußerung eines Erbbaurechts (AfA, Einkünfte aus Vermietung und Verpachtung, Werbungskosten) liegen außerhalb des notariellen Aufgabenfeldes, so dass die Beteiligten hier auf fachkundigen Rat verwiesen werden sollten. Anzumerken ist lediglich, dass die Bestellung eines Erbbaurechts im Rahmen der **Einkommensteuer** grundsätzlich nicht als Veräußerungsvorgang im Rahmen der sog. Drei-Objekte-Regelung gilt (*BFH* ZNotP 2007, 434); zum Handel mit Erbbaurechten vgl. aber *BFH* DStR 1996, 914; 2005, 1223.

II. Begründung eines Erbbaurechts   A IV

> **Praxishinweis Steuern:**
>
> Erwirbt der Erbbauberechtigte das belastete Grundstück hinzu und veräußert anschließend – nach Aufhebung des Erbbaurechts – das unbelastete Grundstück weiter, dann ist der Veräußerungsgegenstand zumindest teilidentisch mit dem Erwerbsobjekt, so dass ein privates Veräußerungsgeschäft i. S. v. §§ 22, 23 EStG vorliegen kann (*BFH* DStR 2013, 1937).
> Erbbaurechte werden häufig eingesetzt, um die Entnahme von Baugrundstücken aus einem (landwirtschaftlichen) Betriebsvermögen zu vermeiden. Nach der Rechtsprechung des *BFH* führt die Bestellung entgeltlicher Erbbaurechte grds. nicht zu einer Entnahme, soweit der Charakter des landwirtschaftlichen Betriebes nicht verdrängt wird. Unschädlich ist dabei die Bestellung von Erbbaurechten an bis zu 10 % der landwirtschaftlichen Flächen, ohne dass es auf einen Vergleich der daraus resultierenden Erträge mit den landwirtschaftlichen Erträgen ankommt (BStBl. II 1993, 342; DStR 2002, 2212). Die verbilligte Überlassung eines solchen Erbbaurechtes führt dabei nur dann zu einer Grundstücksentnahme, wenn der Erbbauzins eine Geringfügigkeitsgrenze von 10 % des ortsüblichen Erbbauzinses unterschreitet; anderenfalls ist eine solche verbilligte Überlassung als Nutzungsentnahme zu behandeln (*BFH* DStRE 2011, 923).

II. Begründung eines Erbbaurechts

1. Grundlagen

Das aufgrund eines Erbbaurechts errichtete bzw. bereits vorhandene Bauwerk ist wesentlicher Bestandteil des Erbbaurechts (§ 12 ErbbauRG). Die **eigentumsmäßige Zuordnung** der §§ 93 ff. BGB, wonach Gebäude grundsätzlich wesentliche Bestandteile des betreffenden Grundstücks sind und damit nicht Gegenstand besonderer Rechte sein können, wird durch die ErbbauRG durchbrochen mit der Folge, dass das Bauwerk hier nicht im Eigentum des Grundstückseigentümers steht, sondern Eigentum des Erbbauberechtigten wird. Dies umfasst alle Rechte und Pflichten aus dem Eigentum, insbesondere die Befugnis des Erbbauberechtigten, das Erbbaurecht und damit wirtschaftlich gesehen sein Bauwerk während der Dauer des Erbbaurechts veräußern, vererben und belasten zu können. 22

Während das Erbbaurecht in diesem Sinne ein grundstücksgleiches Recht ist, stellt es andererseits gleichzeitig eine dingliche Belastung des betreffenden Grundstücks dar (**Doppelnatur**). Beim Umgang mit Erbbaurechten sind deshalb sowohl die Bestimmungen über das Eigentum an Grundstücken als auch diejenigen über dingliche Belastungen zu beachten. Für die Begründung des Erbbaurechts gelten die Bestimmungen über die Begründung dinglicher Rechte. Erforderlich sind somit dingliche Einigung und Eintragung im Grundbuch. 23

2. Dingliche Einigung

Die dingliche Einigung bedarf keiner besonderen Form, da § 925 I BGB für den Bereich des Erbbaurechts nicht anwendbar ist (§ 11 ErbbauRG). Die Begründung eines Eigentümererbbaurechtes kann deshalb durch Eintragungsantrag mit notarieller Unterschriftsbeglaubigung erfolgen. 24

3. Eintragung im Grundbuch

a) Beteiligte Grundbücher

Die Eintragung im Grundbuch erfolgt als Belastung in Abt. II des Grundstücksgrundbuches. Mit dieser Eintragung entsteht das Erbbaurecht, wobei das Grundstücksgrund- 25 buch (anders als bei Wohnungseigentum) nicht geschlossen, sondern im Übrigen unverändert fortgeführt wird. Die Anlegung des Erbbaugrundbuches, in dessen Bestandsverzeichnis das Erbbaurecht und in dessen Abt. I der Erbbauberechtigte eingetragen werden, erfolgt von Amts wegen. Im Erbbaugrundbuch werden sodann die weiteren, das Erbbaurecht selbst betreffenden Eintragungen vorgenommen (Belastungen, Veräußerung usw.). Beide Grundbücher sollten insbesondere bei den grundbuchlichen Erklärungen eines Vertrages oder einer sonstigen Urkunde über ein Erbbaurecht stets auseinander gehalten werden.

b) Belastungsgegenstand

26   Ein Erbbaurecht kann nur an einem oder mehreren Grundstücken im Ganzen (Grundstück i. S. der GBO) begründet werden. Die Bestellung zulasten von Miteigentumsanteilen oder realer Teile eines Grundstücks ist nicht möglich. Hieraus folgt zugleich, dass auch die Bestellung eines Erbbaurechts zulasten eines einzelnen Wohnungs- oder Teileigentumsrechtes ausgeschlossen ist.

27   Demgegenüber kann die tatsächliche räumliche Ausübung für die Errichtung des Bauwerkes und die Nutzung zugehöriger Grundstücksflächen ohne weiteres auf reale Teile beschränkt werden (v. Oefele/Winkler Rn. 3.5), wobei ggf. auf einen beigefügten Lageplan Bezug genommen werden sollte. Folge einer derartigen Gestaltung ist, dass das auf der Ausübungsfläche befindliche oder zu errichtende Bauwerk Eigentum des Erbbauberechtigten wird, während ein z. B. auf der Restfläche vorhandenes Bauwerk im Eigentum des Grundstückseigentümers verbleibt (OLG Zweibrücken MittBayNot 1996, 299). Dinglicher Belastungsgegenstand ist aber auch in diesem Falle das Gesamtgrundstück i. S. GBO.

Durch Beschränkung der tatsächlichen räumlichen Ausübung auf einen bestimmten Teil des Grundstücks kann auch ein bereits in Wohnungs- und Teileigentumsrechte aufgeteiltes Grundstück nachträglich noch mit einem Erbbaurecht belastet werden. Voraussetzung hierbei ist jedoch, dass sich die Ausübung ausschließlich auf solche Teile des Grundstücks beschränkt, an denen kein Sondereigentum und kein Sondernutzungsrecht besteht. Anstelle der Eintragung in dem bereits geschlossenen Grundstücksgrundbuch erfolgt die Eintragung des Erbbaurechtes sodann in Abt. II sämtlicher Wohnungs- und Teileigentumsgrundbücher, wobei wiederum auch insoweit die ausschließlich erste Rangstelle erforderlich ist (DNotI-Report 1998, 13).

Von einer derartigen Beschränkung der tatsächlichen räumlichen Ausübung des Erbbaurechts streng zu unterscheiden ist dessen Erstreckung auf nicht bebaute Grundstücksflächen (s. u. Rn. 46).

c) Erste Rangstelle

28   Ein Erbbaurecht kann im Grundstücksgrundbuch nur zur **ausschließlich ersten Rangstelle** eingetragen werden (§ 10 ErbbauRG). Vor- und gleichrangige Rechte in Abt. II und III des Grundstücksgrundbuches sind während der gesamten Dauer des Erbbaurechts grundsätzlich ausgeschlossen, und zwar auch dann, wenn sie wirtschaftlich unbedeutend sind oder tatsächlich einen anderen Teil des Grundstücks betreffen. Ausgeschlossen ist damit insbesondere die Bestellung mehrerer Erbbaurechte zulasten eines Grundstücks. Die Bestellung mehrerer Erbbaurechte setzt deshalb grundbuchliche Verselbständigung und ggf. katasteramtliche Vermessung voraus.

Bei Erbbaurechten, die aufgrund des Kontrahierungszwanges gem. **SachenRBerG** in den neuen Bundesländern bestellt wurden, war ausnahmsweise die Bestellung mehrerer gleichrangiger Erbbaurechte auf einem Grundstück verbunden mit einer Verpflichtung zur Vermessung und Abschreibung möglich (§ 39 I SachenRBerG).

29   **Nicht störend** sind demgegenüber Umlegungsvermerk, Sanierungs- oder Entwicklungsbereichsvermerk (MünchKomm/v. Oefele/Heinemann § 10 Rn. 4). Gleiches gilt für

II. Begründung eines Erbbaurechts

den **Nacherbenvermerk** dann, wenn die Nacherben der Bestellung zugestimmt haben oder es sich um eine entgeltliche Verfügung des befreiten Vorerben handelt (sonst Verstoß gegen § 1 IV ErbbauRG; *v. Oefele/Winkler* Rn. 2.152). Auch bei als Gegenleistung vereinbartem Erbbauzins wird sich die erforderliche Voll-Entgeltlichkeit jedoch kaum jemals mit der notwendigen Sicherheit feststellen lassen, so dass der Praxis nur empfohlen werden kann, auch bei befreiter Vorerbschaft für die Begründung des Erbbaurechts stets die Zustimmung der Nacherben einzuholen.

Ein **Zwangsversteigerungsvermerk** hindert die Eintragung des Erbbaurechts grundsätzlich, da es sich wegen § 23 ZVG ebenfalls um ein auflösend bedingtes Erbbaurecht handeln würde (*Schöner/Stöber* Rn. 1.737). Anderes soll ausnahmsweise dann gelten, wenn alle betreibenden Gläubiger der Erbbaurechtsbestellung zugestimmt haben (*Schöner/Stöber* Rn. 1737), wobei sich für die Praxis dann aber die Frage stellt, welcher Zeitpunkt maßgeblich ist und wie festgestellt werden kann, ob sich weitere Gläubiger dem Verfahren angeschlossen haben. Das dingliche Vorkaufsrecht des Erbbauberechtigten am Grundstück kann Inhalt des Erbbaurechts selbst sein und deshalb gleichrangig eingetragen werden (*BGH* NJW 1954, 1443). **29a**

Da das Erbbaurecht und damit auch sämtliche im Erbbaugrundbuch vorgesehenen Belastungen einschließlich der Erbbauzinsreallast nur entstehen können, wenn im Grundstücksgrundbuch die erste Rangstelle im vorstehenden Sinne zur Verfügung steht, empfiehlt es sich, eine entsprechende Verpflichtung des Grundstückseigentümers in den Erbbaurechtsbestellungsvertrag aufzunehmen. Dies gilt insbesondere im Hinblick auf die zwischenzeitliche Neuregelung der Gewährleistungsregelung durch die Schuldrechtsmodernisierung (s. u. Rn. 116). **30**

Formulierungsbeispiel: Erste Rangstelle **30a**

Der Notar hat darauf hingewiesen, dass die Bestellung des Erbbaurechtes nur zur ausschließlich ersten Rangstelle im Grundbuch erfolgen kann. Der Grundstückseigentümer ist verpflichtet, die hierzu erforderliche Lastenfreistellung des Grundbesitzes bzw. entsprechende Rangrücktrittserklärungen auf eigene Kosten innerhalb von längstens ... zu bewirken. (Ggf. ergänzen durch Garantie des Grundstückseigentümers/Rücktrittsrecht des Erbbauberechtigten.)

Die Notwendigkeit der ersten Rangstelle für das Erbbaurecht besteht uneingeschränkt auch bei sog. **existenznotwendigen Dienstbarkeiten** (z.B. öffentlicher Kanal, U-Bahn, Versorgungsleitungen). Um ein Erbbaurecht bestellen zu können, müssen auch derartige Dienstbarkeiten im Rang zurücktreten, was im konkreten Einzelfall zu erheblichen Schwierigkeiten führen kann. Wegen der Bedeutung seiner Dienstbarkeit wird der Dienstbarkeitsberechtigte zumindest verlangen, dass gleichzeitig zulasten des Erbbaurechtes zumindest eine inhaltsgleiche Dienstbarkeit ausschließlich und dauernd erstrangig bestellt wird. **31**

Auch damit ist das Problem jedoch nur unvollständig gelöst, da beide Dienstbarkeiten alles andere als sicher sind: Die im Range zurückgetretene Dienstbarkeit im Grundstücksgrundbuch würde bei Erlöschen des Erbbaurechts durch Zeitablauf gem. § 28 ErbbauRG im Range nach der Entschädigungsforderung des früheren Erbbauberechtigten stehen und bei einer Vollstreckung hieraus untergehen. Und die Dienstbarkeit im Erbbaugrundbuch würde trotz ihrer Erstrangigkeit bei jedem Heimfall des Erbbaurechts gem. § 33 I ErbbauRG erlöschen.

Ob und inwieweit man beide Probleme durch vertragliche Gestaltungen dinglich ausräumen kann (Vorschlag bei *v. Oefele/Winkler* Rn. 2.100), erscheint zumindest fraglich, da beide gesetzliche Bestimmungen zwingend sind und deshalb nicht ohne weiteres mit gar noch dinglicher Wirkung vertraglich umgangen werden können. Hinzu kommt, dass ein gesetzlicher Anspruch des Grundstückseigentümers auf Rangrücktritt der Dienstbarkeit allenfalls aus § 242 BGB abgeleitet werden könnte und damit die Voraussetzungen des Anspruches gerade bei einer existenznotwendigen Dienstbarkeit von der Rechtsprechung relativ hoch angesetzt werden dürften.

Nach der Rechtsprechung ist im Grundstücksrecht inzwischen eine Umwandlung von wesentlichen in Scheinbestandteile durch einfache Übereignung an einen Dritten grundsätzlich möglich geworden (*BGH* DNotZ 2006, 319). Jedenfalls für Versorgungsleitungen und sonstige bauliche Anlagen auf oder im betreffenden Grundstück sollte man deshalb m. E. zumindest als flankierende Maßnahme daran denken, diese vor Begründung des Erbbaurechts durch Übereignung z. B. an den Versorgungsträger zu Scheinbestandteilen zu machen. Die Rechtsposition des Trägers wäre damit unabhängig vom Rang seiner Dienstbarkeit durch klar definiertes Eigentum nicht unwesentlich gestärkt.

III. Erbbaurechtsvertrag

1. Grundlagen

32 Neben die dingliche Seite der Begründung tritt das (abgesehen vom Eigentümererbbaurecht) zugrunde liegende schuldrechtliche Geschäft des Erbbaurechtsvertrages, in dem die weiteren Einzelheiten des Rechtsverhältnisses zwischen Grundstückeigentümer und Erbbauberechtigtem festgelegt werden. Bei der Vertragsgestaltung sind außer den Formvorschriften wegen ihrer verschiedenen rechtlichen Wirkung **drei Inhaltsarten** zu unterscheiden

- der gesetzliche Mindestinhalt, der gewahrt sein muss, damit ein Erbbaurecht überhaupt entstehen kann,
- der vertragsmäßige (dinglich wirkende) Inhalt,
- der sonstige (nur schuldrechtlich wirkende) Inhalt.

Die beiden letztgenannten Inhaltsarten sollten im Vertrag klar getrennt werden, da sonst die Gefahr droht, dass einzelne, zum dinglichen Vollzug erforderliche Erklärungen vergessen werden.

2. Form

33 Der Erbbaurechtsvertrag bedarf gem. § 311b BGB stets der notariellen Beurkundung (§ 11 II ErbbauRG). Die Beurkundungspflicht ist entsprechend den für Grundstücksübertragungen geltenden Grundsätzen umfassend. Sie gilt auch bezüglich der über das eigentliche Erbbaurecht hinausgehenden Vereinbarungen, insbesondere also für den Erbbauzins und die sonstigen schuldrechtlichen Vereinbarungen beider Seiten. Heilung von Formmängeln gem. § 311b I 2 BGB ist möglich, wobei anstelle der nicht erforderlichen Auflassung hier die dingliche Einigung tritt.

3. Gesetzlicher Mindestinhalt

34 Ein Erbbaurecht kann nur entstehen, wenn der gesetzliche Mindestinhalt gem. § 1 ErbbauRG gegeben ist. Hierzu gehört, dass ein Erbbaurecht nur an einem **Bauwerk** bestellt werden kann und dass es **veräußerlich und vererblich** sein muss. Fehlt eine dieser Voraussetzungen oder wird sie unzulässigerweise eingeschränkt, so entsteht kein Erbbaurecht. Eine dennoch erfolgte Eintragung wäre gem. § 53 I 2 GBO von Amts wegen zu löschen. Heilung entsprechend § 311b I 2 BGB ist ausgeschlossen. Fehler bei der Vertragsgestaltung führen hier trotz Eintragung im Grundbuch grundsätzlich zur Nichtigkeit der Erbbaurechtsbestellung.

III. Erbbaurechtsvertrag   A IV

a) Begriff des Bauwerks

Bauwerk ist jede mit dem Erdboden fest verbundene unbewegliche Sache. Der Begriff ist weiter als der des Gebäudes, setzt andererseits aber feste Verbindung mit dem Grundstück voraus. **35**

Bauwerke sind demnach **nicht nur Häuser**, sondern Einrichtungen und Anlagen jeder Art, sofern sie erbaut und mit dem Grundstück fest verbunden sind, z. B. Brücken, Hochspannungsleitungen, Gleisanlagen, Hafenanlagen. Sie müssen nicht von außen erkennbar sein, sondern können auch vollständig unter der Oberfläche liegen, z. B. Stollen, gemauerte oder betonierte Fernleitungen, Tiefgaragen. Wenn eine bauliche Herstellung vollständig fehlt, kann kein Erbbaurecht bestellt werden, z. B. Nutzung ausschließlich zum Anbau landwirtschaftlicher Güter; Fernleitungen, wenn ohne Fundament lediglich im Boden verlegt; bloße Ausschachtung; Sportplätze ohne Gebäude, wenn zur Anlegung ausschließlich Erdarbeiten erfolgen; Golfplatz (*BGH* NJW 1992, 1679; weitere Beispiele: *v. Oefele/Winkler* Rn. 2.11 ff.).

Das Bauwerk muss noch nicht vorhanden sein. Anders als z. B. Sondereigentum nach dem WEG entsteht das Erbbaurecht unabhängig von der Errichtung des Bauwerkes in vollem Umfange bereits mit der Eintragung im Grundbuch. Weicht die tatsächliche Bebauung anfänglich oder später erheblich von den Festlegungen des Erbbaurechtsvertrages ab, besteht die Gefahr, dass ein Eigentumserwerb durch den Erbbauberechtigten nicht erfolgt und das Bauwerk damit Eigentum des Grundstückseigentümers ist bzw. wird (str.; wie hier *v. Oefele/Winkler* Rn. 2.43 ff.). **36**

Steht aufgrund eines dauernden **öffentlich-rechtlichen Bauverbots** fest, dass das betreffende Grundstück auf Dauer nicht bebaut werden kann, ist die Bestellung eines Erbbaurechts ausgeschlossen (*BGH* NJW 1987, 2674). Entfällt die Befugnis zur Bebauung aus öffentlich-rechtlichen Gründen erst später, bleiben sowohl das Erbbaurecht als auch die Verpflichtung zur Zahlung des dinglichen Erbbauzinses bestehen (*OLG Düsseldorf* DNotZ 2001, 705).

Wegen der Bedeutung des Erbbaurechts als grundstücksgleiches Recht muss das Bauwerk bei der Begründung hinreichend **konkret bestimmt** sein. Bloße Wiederholung des Gesetzestextes („Recht, ein Bauwerk zu haben") genügt nicht und führt regelmäßig zur Nichtigkeit (*Schöner/Stöber* Rn. 1705). Erforderlich sind vielmehr Mindest-Festlegungen sowohl bezüglich der Art als auch bezüglich der Nutzung des Bauwerkes (*BGH* DNotZ 1976, 16). Eine Auslegung der entsprechenden Eintragungsbewilligung im Erbbaurechtsvertrag ist möglich. Dabei können nach neuer Rechtsprechung auch außerhalb der Urkunde liegende Umstände herangezogen werden, soweit sie von Anfang an für jedermann erkennbar waren (*OLG München* RNotZ 2013, 226). Der Praktiker sollte sich nicht auf eine derart wohlwollende Auslegung seiner Urkunde verlassen, da auch in dem zitierten Fall durchaus Nichtigkeit des Erbbaurechts drohte. **37**

Ist das Bauwerk schon vorhanden, genügt eindeutige Bezugnahme auf dieses. Soll das Bauwerk erst später errichtet werden, können Schwierigkeiten entstehen, wenn die endgültigen Einzelheiten der Planung und Nutzung noch nicht feststehen. Meist ist es sachgerecht, dem Erbbauberechtigten hier z. B. über § 315 BGB einen gewissen Spielraum einzuräumen.

Nach dem von der Rechtsprechung zunächst entwickelten **gemäßigten Bestimmtheitsgrundsatz** genügt die Festlegung der ungefähren Beschaffenheit und Zweckbestimmung des Bauwerkes (Geschäftshaus, Warenhaus, Wohnhaus usw.) und der Anzahl der zulässigen Gebäude (*v. Oefele/Winkler* Rn. 2.22). Bei vorhandenem oder zu erstellendem Bebauungsplan genügt darüber hinaus Bezugnahme auf dessen Festsetzungen (*BGH* NJW 1987, 2674), wobei das Risiko späterer Änderungen des Bebauungsplanes dann allerdings den Erbbauberechtigten trifft (*BGH* MittBayNot 1987, 246).

Der BGH hat seine Rechtsprechung zwischenzeitlich dahingehend erweitert, dass ein Erbbaurecht auch mit dem Inhalt bestellt werden kann, dass der Erbbauberechtigte jede **38** baurechtlich zulässige Zahl und Art von Bauwerken errichten darf (*BGH* DNotZ 1994, 886). Ob dies noch dem Inhalt eines immerhin grundstücksgleichen Sachenrechts entspricht, sei dahingestellt; jedenfalls dient eine derart weite Formulierung sicher nicht dem Beurkundungszweck, für die Beteiligten während der gesamten Dauer des Erbbaurechtes eine sichere Rechtsgrundlage zu schaffen. Welchen Sinn macht z. B. eine Wiederherstellungsverpflichtung des Erbbauberechtigten und als Sanktion bei Verstoß ein entsprechender Heimfallanspruch des Grundstückseigentümers, wenn ersterer bei Zerstörung „jede baurechtlich zulässige Zahl und Art von Bauwerken" zu errichten hat bzw. errichten darf? Aus diesem Grunde kann nur geraten werden, auch zukünftig zumindest nach dem gemäßigten Bestimmtheitsgrundsatz zu verfahren (so wohl auch *v. Oefele/ Winkler* Rn. 2.23).

39 Bei **mehreren Bauwerken** kann das Erbbaurecht auf einzelne oder eines derselben beschränkt werden, mit der Folge, dass nur diese Eigentum des Erbbauberechtigten werden und die übrigen im Eigentum des Grundstückseigentümers verbleiben (s. o. Rn. 26). Gleichermaßen möglich ist die Bestellung bezüglich eines vertikal getrennten Gebäudeteiles, wobei dieser nach h. M. jedoch selbständig nutzbar sein muss (*v. Oefele/Winkler* Rn. 2.33). Ausgeschlossen ist demgegenüber die Bestellung bezüglich einzelner Stockwerke i. S. einer horizontalen Teilung (§ 1 III ErbbauRG).

b) Veräußerliches und vererbliches Recht

40 Veräußerlichkeit und Vererblichkeit sind ebenfalls **zwingende gesetzliche Voraussetzungen** für die Entstehung eines Erbbaurechts, so dass auch hier besondere Vorsicht geboten ist. Einschränkungen durch auflösende Bedingungen (§ 1 IV ErbbauRG) oder Vereinbarung eines zwar sicher eintretenden, aber zeitlich ungewissen Endtermins (*BGH* DNotZ 1970, 32) sind ausgeschlossen, und zwar mit der Folge, dass bei Verstoß die Erbbaurechtsbestellung insgesamt nichtig ist und eine dennoch erfolgte Eintragung von Amts wegen zu löschen wäre (*Schmenger* BWNotZ 2006, 80). Es kann deshalb nicht vereinbart werden, dass das Erbbaurecht z. B. beim Tode des Erbbauberechtigten, bei Vererbung außerhalb eines bestimmten Personenkreises, bei einer Veräußerung an Dritte oder bei Zerstörung des Bauwerks automatisch erlöschen soll.

Da beim Heimfall das Erbbaurecht gerade nicht erlischt, sondern als solches fortbesteht (s. u. Rn. 50), können derartige Regelungen aber ohne weiteres als Heimfallgrund vereinbart werden.

41 Einzige Ausnahme von dem Grundsatz der freien Veräußerlichkeit bilden die gesetzlich vorgesehenen **Verfügungsbeschränkungen** zugunsten des Grundstückseigentümers (s. u. Rn. 61 ff.). Ist lediglich vereinbart, dass der Erbbauberechtigte verpflichtet ist, beim Eintreten bestimmter Voraussetzungen dessen Löschung zu bewilligen, so kann sich der Grundstückseigentümer hierauf nicht berufen (§ 1 IV 2 ErbbauRG). Eine solche Regelung führt deshalb nicht zur Nichtigkeit der gesamten Erbbaurechtsbestellung, sondern lediglich zur Nichtigkeit der betreffenden Vereinbarung (*v. Oefele/Winkler* Rn. 2.155).

4. Vertragsmäßiger (dinglicher) Inhalt

42 Die weiteren Rechtsbeziehungen zwischen Grundstückseigentümer und Erbbauberechtigtem können grundsätzlich frei gestaltet werden. Dabei bietet das Gesetz unter dem Begriff „vertragsmäßiger Inhalt des Erbbaurechts" einige besonders wichtige Regelungsbereiche an, die zum Inhalt des Erbbaurechts selbst gemacht werden können und damit (ähnlich dem Inhalt des Sondereigentums nach dem WEG) **dingliche Wirkung** erhalten. Bei der Vertragsgestaltung ist deshalb die Unterscheidung zwischen vertragsmäßigem Inhalt des Erbbaurechts einerseits und den weiteren, nur schuldrechtlich wirkenden Teilen des Erbbaurechtsvertrages andererseits wichtig. In letzterem Bereich kann eine Verdinglichung nur durch zusätzliche Maßnahmen (Vormerkungen usw.) erreicht werden.

III. Erbbaurechtsvertrag

Die **Regelungsbereiche**, die zum dinglichen Inhalt des Erbbaurechts gemacht werden können, sind abschließend in §§ 2, 5, 27 I, 32 I ErbbauRG enthalten und betreffen sachlich geordnet folgende Gegenstände:
- Bauwerk: Errichtung, Nutzung, Erhaltung, Kostentragung,
- Erstreckung auf nicht bebaute Grundstücksteile,
- Dauer des Erbbaurechts: Zeitablauf, Entschädigung, vorzeitige Beendigung, Verlängerung,
- Verfügungsbeschränkungen,
- Vorkaufsrechte,
- Vertragsstrafen.

Voraussetzung für die dingliche Wirkung ist, dass derartige, in der Praxis regelmäßig notwendige Regelungen ausdrücklich als vertragsmäßiger Inhalt vereinbart, von der dinglichen Einigung (Grundbucherklärungen) umfasst und als solche (durch Bezugnahme) im Grundbuch eingetragen werden.

a) Regelungen bezüglich des Bauwerks

Zum Inhalt eines Erbbaurechtsvertrages gehören außer der Bezeichnung des Bauwerkes (Art und Nutzung) Regelungen über dessen **Errichtung, Instandhaltung, Versicherung, Wiederaufbau** im Falle der Zerstörung und Tragung der öffentlichen und privatrechtlichen **Lasten und Abgaben** (§ 2 Nr. 1–4 ErbbauRG).

Diese Punkte haben besondere wirtschaftliche Bedeutung für den Grundstückseigentümer, da ihm nach Bestellung des Erbbaurechts anstelle der eigenen Nutzungsmöglichkeit lediglich der Anspruch auf den Erbbauzins verbleibt, der seinerseits auf Dauer aus dem bzw. den Bauwerken erwirtschaftet werden soll. Ist das betreffende Bauwerk noch nicht vorhanden, empfiehlt es sich deshalb, eine zeitlich fixierte Bebauungsverpflichtung zum Inhalt des Erbbaurechts zu machen und diese bei Verstoß durch einen Heimfallanspruch des Grundstückseigentümers abzusichern. Gleichermaßen kann darüber hinaus z. B. auch eine Verpflichtung zum Unterlassen eines Abbruches oder einer wesentlichen Veränderung des Bauwerkes zum dinglichen Inhalt des Erbbaurechts gemacht werden (*BayObLG* DNotZ 2002, 294). Bei all diesen Regelungen muss jedoch die üblicherweise lange Laufzeit des Erbbaurechts beachtet und dem Erbbauberechtigten ein angemessener Spielraum bezüglich der konkreten Gestaltung eingeräumt werden.

Die Verkehrssicherungspflicht kann demgegenüber seltsamerweise nicht zum dinglichen Inhalt des Erbbaurechts gemacht werden (*BayObLG* Rpfleger 2000, 61), so dass hierzu eine gesonderte schuldrechtliche Vereinbarung erforderlich ist.

b) Erstreckung auf sonstige Grundstücksflächen

Eine Erstreckung des Erbbaurechts auf nicht bebaute Grundstücksflächen kann ebenfalls zum Inhalt des Erbbaurechts gemacht werden (§ 1 II ErbbauRG). Sie ist regelmäßig erforderlich (Zufahrt, Parkplatz, sonstige Nebenflächen), da sich das Erbbaurecht ansonsten nur auf das Bauwerk beschränken würde. Voraussetzung ist jedoch, dass das Bauwerk wirtschaftlich die Hauptsache bleibt, die betreffenden Grundstücksflächen also dem Bauwerk und seiner Nutzung dienen (ausführlich *v. Oefele* MittBayNot 1992, 29).

Formulierungsbeispiel: Erstreckung auf nicht bebaute Grundstücksteile
Das Erbbaurecht erstreckt sich auf die nicht bebauten Teile des Grundstücks, wie diese auf dem beigefügten Lageplan mit den Buchstaben ... gekennzeichnet sind, zur Nutzung als ... Voraussetzung hierbei ist, dass das vorstehend näher bezeichnete Bauwerk des Erbbauberechtigten wirtschaftlich die Hauptsache bleibt. Die Festlegung der weiteren Einzelheiten bezüglich der Nutzung der nicht bebauten Flächen obliegt dem Erbbauberechtigten.

Von einer derartigen („negativen") Erstreckung des Erbbaurechts nur auf bestimmte Teilflächen des Grundstücks zu unterscheiden ist die Festlegung einer Teilfläche als Ausübungsstelle (s. o. Rn. 27). Bei letzterer geht es darum, auf welcher Teilfläche der Erbbauberechtigte Eigentum am Bauwerk erwirbt, während des bei der Erstreckung gem. § 1 II ErbbauRG um die diesem Bauwerk dienenden Nebenflächen geht.

c) Dauer und Entschädigung

47 Die **Dauer** eines Erbbaurechts ist gesetzlich nicht geregelt, auch nicht in Form einer Höchst- oder Mindestdauer, so dass ohne weiteres auch ein zeitlich nicht begrenztes „ewiges" Erbbaurecht möglich ist (*Schöner/Stöber* Rn. 1680). Nicht vorgeschrieben ist insbesondere die häufig anzutreffende Laufzeit von 99 Jahren, die aus dem 1. WoBauG stammt.

47a Die damit in der Praxis regelmäßig notwendige Festlegung der Dauer des Erbbaurechts wird sich ausrichten an der zu erwartenden Nutzungsdauer des Bauwerkes sowie den beiderseitigen wirtschaftlichen Interessen, insbesondere Umfang und Art der Investitionen des Erbbauberechtigten. Bei Gebäuden üblich sind Laufzeiten von mindestens 30 bis 50 Jahren. Darüberhinaus kann i. S. einer aufschiebenden und damit ohne weiteres zulässigen Bedingung festgelegt werden, dass sich das Erbbaurecht bei Eintritt bestimmter Voraussetzungen quasi automatisch (Grundbuchberichtigung erforderlich) um eine festgelegte Dauer verlängert (*v. Oefele/Winkler* Rn. 2.143).

48 Da bei Erlöschen des Erbbaurechts der Erbbauberechtigte kraft Gesetzes sein Eigentum am Bauwerk verliert, ist in diesem Zusammenhang auch die sodann an ihn zu zahlende **Entschädigung** zu regeln. Im sozialen Wohnungsbau muss die Entschädigung mindestens $^2/_3$ des dann vorhandenen gemeinen Wertes betragen (§ 27 II ErbbauRG). Für alle übrigen Fälle fehlt eine zwingende gesetzliche Bestimmung, so dass Höhe und Fälligkeit der Entschädigung bzw. deren völlige Ausschließung als vertragsmäßiger Inhalt des Erbbaurechts vereinbart werden können.

49 Der Grundstückseigentümer kann die Zahlung der Entschädigung **abwenden,** indem er dem Erbbauberechtigten eine Verlängerung des Erbbaurechts für die voraussichtliche Standdauer des Bauwerkes anbietet; lehnt dieser die Verlängerung ab, erlischt sein Anspruch auf Entschädigung (§ 27 III ErbbauRG). Diese gesetzliche Regelung ist nicht zwingend (*v. Oefele/Winkler* Rn. 5.222), muss aber – da in der Praxis regelmäßig so nicht gewollt – ausdrücklich abbedungen oder modifiziert werden.

49a **Formulierungsbeispiel: Abwendung der Entschädigungszahlung**

Als Inhalt des Erbbaurechts wird ferner vereinbart, dass das Recht des Grundstückseigentümers, die Zahlung der Entschädigung gem. § 27 III ErbbauRG abzuwenden, ausgeschlossen ist.

d) Heimfall

50 Zum Standardinhalt eines Erbbaurechtsvertrages gehört die Regelung der vorzeitigen Beendigung durch Heimfall (§ 2 Nr. 4, §§ 32 ff. ErbbauRG). Entgegen der griffigen Bezeichnung handelt es sich nicht um ein automatisches Erlöschen des Erbbaurechts, sondern lediglich um den **Anspruch** des Grundstückseigentümers, unter bestimmten Voraussetzungen die Übertragung des Erbbaurechts auf sich oder einen Dritten verlangen zu können. Dies dient zum Schutz des Grundstückseigentümers bei vertragswidrigem Verhalten des Erbbauberechtigten. Der Anspruch ist mit dem Eigentum am Grundstück verbunden und kann deshalb nicht selbständig abgetreten werden (*OLG Düsseldorf* DNotZ 1974, 177).

51 **aa) Heimfallgründe.** Die **Voraussetzungen** des Heimfallanspruches sind als vertragsmäßiger Inhalt des Erbbaurechts zu regeln. Hier ist zunächst auf den üblichen Katalog

III. Erbbaurechtsvertrag A IV

von Gründen für die vorzeitige Beendigung von Dauerschuldverhältnissen (Insolvenz, Zwangsversteigerung usw.) zu verweisen. Wegen der wirtschaftlichen Bedeutung sollten auch Verstöße des Erbbauberechtigten gegen seine Erhaltungspflichten bezüglich des Bauwerkes und gegen seine Verpflichtung zur Zahlung des Erbbauzinses einbezogen werden. **Zahlungsverzug** des Erbbauberechtigten kann den Heimfall jedoch zwingend nur dann begründen, wenn der Rückstand mindestens die Summe zweier Jahresbeträge ausmacht (§ 9 III ErbbauRG). Der Verstoß gegen eine als Inhalt des Erbbaurechtes vereinbarte Verfügungsbeschränkung (s. u. Rn. 61 ff.) kann grundsätzlich nicht als Heimfallgrund vereinbart werden (*BayObLG* MittBayNot 1992, 45).

Regelmäßig wird aus naheliegenden Gründen auch eine spätere **Insolvenz** des Erbbauberechtigten als **Heimfallgrund** vereinbart. Obwohl sachlich durchaus sinnvoll, bestehen inzwischen erhebliche Zweifel an der praktischen Durchsetzbarkeit einer derartigen Regelung. Ausgehend von der ersten Entscheidung in 2007 für den Fall eines entschädigungslosen Heimfalles bei Insolvenz (*BGH* DNotZ 2007, 682) hat der BGH seine Rechtsprechung zwar mehrfach modifiziert, damit gleichzeitig aber auch verfestigt (zuletzt *BGH* DNotZ 2008, 838). Danach ist jetzt wohl davon auszugehen, dass derartige Lösungsklauseln für den Insolvenzfall zwar auch als Inhalt eines Erbbaurechts zulässig bleiben, dem Insolvenzverwalter aber ein Anfechtungsrecht wegen Gläubigerbenachteiligung gem. § 131 I InsO zusteht, und zwar im Grunde unabhängig von der Frage der Entschädigung (vgl. zum Ganzen *Reul* DNotZ 2008, 824). 52

Im Übrigen sind die Beteiligten bei Festlegung der Heimfallgründe in den Grenzen aus §§ 138, 242 BGB grundsätzlich unbeschränkt. Praktisch jedes Ereignis unabhängig von Verschulden kann als den Heimfall auslösend vereinbart werden und führt damit zu einer hohen Flexibilität der vertraglichen Einzelfallgestaltung. Obwohl § 2 Nr. 4 ErbbauRG von „bestimmten Voraussetzungen" spricht, ist auch die Verwendung **unbestimmter Rechtsbegriffe** wie unbillige Härte, wichtiger Grund etc. zulässig (Beispiele aus der Rechtsprechung: *BGH* ZNotP 2003, 391; *Schmenger* BWNotZ 2006, 88). Ggf. zu beachten sind andererseits die sich aus § 307 BGB ergebenden Beschränkungen der Vertragsgestaltung, so dass z. B. bei sog. Einheimischen-Modellen eine Bindungsfrist von 20 Jahren unwirksam sein kann (*OLG Frankfurt* MittBayNot 2010, 236). 53

bb) Folgen der Ausübung. Zur Regelung des Heimfallanspruches gehört wiederum die Festlegung der bei seiner Ausübung durch den Grundstückseigentümer zu zahlenden **Entschädigung**. Da regelmäßig vertragswidriges Verhalten des Erbbauberechtigten vorliegt und/oder dessen Belange nicht in gleichem Maße schützenswert sind wie bei normalem Zeitablauf, wird die Entschädigung hier regelmäßig niedriger anzusetzen sein. 54

Die weiteren **Folgen der Ausübung des Heimfallrechtes** ergeben sich aus § 33 ErbbauRG. Diese gesetzlichen Folgen sind für alle Beteiligten von erheblicher, vor allem wirtschaftlicher Bedeutung und dürfen nicht übersehen werden. 55

Gemäß § 33 ErbbauRG bleiben beim Heimfall des Erbbaurechts nur im Erbbaugrundbuch eingetragene Hypotheken, Grundschulden und Reallasten (also auch die Erbbauzinsreallast) sowie Vormerkungen für bestimmte Sicherungshypotheken bestehen, während alle übrigen im Erbbaugrundbuch eingetragenen Belastungen einschließlich Auflassungsvormerkungen, Dienstbarkeiten usw. und damit auch ein ggf. bestehendes Untererbbaurecht grundsätzlich ersatzlos erlöschen. Lediglich ein zu Lasten des Erbbaurechts eingetragenes Dauerwohnrecht bleibt gem. § 42 WEG ebenfalls bestehen. Das im Übrigen gesetzlich angeordnete Erlöschen der betreffenden Rechte erfolgt zwangsläufig und unabhängig davon, ob die Berechtigten etwas mit dem Eintreten des Heimfallgrundes zu tun oder auch nur davon Kenntnis hatten.

Besonders wichtig für die Praxis ist dabei, dass bei allen im Erbbaugrundbuch eingetragenen Grundpfandrechten eine etwaige **persönliche Haftung** des Erbbauberechtigten gem. § 33 II ErbbauRG kraft Gesetzes ebenfalls auf den Grundstückseigentümer übergeht. Diese zwingende gesetzliche Bestimmung und ihre Folgen werden leider oft überse- 56 hen und können im konkreten Fall dazu führen, dass dem Grundstückseigentümer die Ausübung des Heimfallrechtes trotz Vorliegen eines Heimfallgrundes faktisch unmöglich wird. Das ist z. B. dann der Fall, wenn die übergehende persönliche Haftung bzw. die betreffenden Verbindlichkeiten erheblich höher sind als der bei einer Veräußerung des Bauwerkes tatsächlich erzielbare Zeitwert.

Zwar sieht das Gesetz vor, dass die übergehenden Verbindlichkeiten auf die dem Erbbauberechtigten beim Heimfall zustehende Entschädigung anzurechnen sind und diese damit entsprechend mindern. Für den Heimfall wird jedoch regelmäßig eine geringere Entschädigung vereinbart als beim Erlöschen durch Zeitablauf, so dass immer die **Gefahr** besteht, dass die auf dem Grundstückseigentümer übergehende persönliche Haftung höher ist als die Entschädigung. Zumindest sollte also an dieser Stelle geregelt sein, dass der Erbbauberechtigte schuldrechtlich verpflichtet ist, den Grundstückseigentümer insoweit freizustellen bzw. für eine Rückführung der Verbindlichkeiten zu sorgen.

57   Unabhängig davon zeigt sich hier, welch erhebliche Bedeutung es für den Grundstückseigentümer hat, Belastungen des Erbbaurechtes mit Grundschulden nur in einem bestimmten Rahmen und nur unter Einschränkung der Zweckvereinbarung zuzulassen. Ist eine Grundschuld mit umfassendem Sicherungszweck und voller persönlicher Haftung erst einmal im Erbbaugrundbuch eingetragen, lässt sich an den aufgezeigten Folgen aus § 33 II ErbbauRG nichts mehr ändern.

e) Verlängerung

58   Das vom Gesetz als vertragsmäßiger Inhalt angebotene **Vorrecht auf Erneuerung** (§§ 2 Nr. 6, 31 ErbbauRG) ist praktisch weitgehend bedeutungslos. Es greift ähnlich wie das Vorkaufsrecht des BGB nur, wenn der Grundstückseigentümer mit einem Dritten einen Folge-Erbbaurechtsvertrag mit gleicher wirtschaftlicher Nutzung vereinbart. Ist demgegenüber ein wirklich durchgreifendes Recht des Erbbauberechtigten auf Verlängerung bzw. Neubestellung gewollt, so muss dieses außerhalb des vertragsmäßigen Inhaltes des Erbbaurechts zusätzlich vereinbart und z. B. wie bei einem schuldrechtlichen Ankaufsrecht durch Vormerkung dinglich gesichert werden (zum Ganzen: *König* MittRhNotK 1989, 261).

58a **Formulierungsbeispiel: Anspruch auf Verlängerung**

Der Erbbauberechtigte kann von dem Grundstückseigentümer durch Einschreiben gegen Rückschein unter Wahrung einer Frist von 6 Monaten vor Ablauf der Dauer des Erbbaurechtes dessen Verlängerung um bis zu ... Jahre verlangen. Voraussetzung hierfür ist, dass ... (z. B. bis dahin vertragstreues Verhalten/Einigung über zukünftige Höhe des Erbbauzinses ggf. mit Schiedsgutachterklausel usw.). Der hiernach ggf. bestehende Anspruch des Erbbauberechtigten auf Verlängerung des Erbbaurechts ist durch Eintragung der nachstehenden bewilligten Vormerkung im Grundstücksgrundbuch zu sichern.

f) Vorkaufsrechte

59   Als vertragsmäßiger Inhalt des Erbbaurechts kann eine Verpflichtung des Grundstückseigentümers zum Verkauf des Grundstücks an den Erbbauberechtigten vereinbart werden (§ 2 Nr. 7 ErbbauRG). Die Voraussetzungen der Verpflichtung und die Konditionen des Verkaufs können frei vereinbart werden, wobei der Kaufpreis jedoch zumindest nach objektiven Merkmalen bestimmbar sein muss (*v. Oefele/Winkler* Rn. 4.157). Bei entsprechender Gestaltung kann damit das häufig gewollte **Vorkaufsrecht des Erbbauberechtigten** am Grundstück zum dinglichen Inhalt des Erbbaurechts selbst gemacht werden und bedarf dann keiner gesonderten Eintragung im Grundbuch. Andernfalls muss es gesondert dinglich im Grundstücksgrundbuch gesichert werden.

III. Erbbaurechtsvertrag A IV

Das **Vorkaufsrecht des Grundstückseigentümers** am Erbbaurecht kann demgegenüber 60 nicht zum Inhalt des Erbbaurechts selbst gemacht werden. Hier ist stets gesonderte Vereinbarung und dingliche Sicherung im Erbbaugrundbuch notwendig.

Aus Gründen der Übersichtlichkeit empfiehlt es sich jedoch, beide Vorkaufsrechte zusammen im schuldrechtlichen Teil des Erbbaurechtsvertrages zu regeln und je gesondert in beiden Grundbüchern eintragen zu lassen.

g) Verfügungsbeschränkungen

a) Grundlagen. Als vertragsmäßiger Inhalt des Erbbaurechts kann weiter vereinbart 61 werden, dass der Erbbauberechtigte zur **Veräußerung** sowie zur **Belastung** des Erbbaurechts mit Hypotheken, Grundschulden, Rentenschulden oder Reallasten der Zustimmung des Grundstückseigentümers bedarf (§ 5 ErbbauRG). Derartige Regelungen finden sich in fast jedem Erbbaurechtsvertrag und dienen dem im Zusammenspiel mit § 7 ErbbauRG wohl verstandenen Schutz der wirtschaftlichen Belange des Grundstückseigentümers.

Die GBV schreibt zwar vor, die als Inhalt eines Erbbaurechts vereinbarte Verfügungs- 61a beschränkung im Grundbuch auszuweisen. Erfolgt die Eintragung nicht, bleibt – anders als bei § 7 WEG – die Verfügungsbeschränkung dennoch uneingeschränkt wirksam (*Schmenger* BWNotZ 2006, 80), so dass an dieser Stelle in der Praxis stets besondere Vorsicht geboten ist.

Der Katalog der möglichen zustimmungspflichtigen Verfügungen in § 5 ErbbauRG ist 61b abschließend. Einzige Ausnahme bildet das Dauerwohnrecht i. S. d. §§ 31 ff. WEG, dessen Bestellung über den Gesetzeswortlaut hinaus ebenfalls von der Zustimmung des Grundstückseigentümers abhängig gemacht werden kann (*v. Oefele/Winkler* Rn. 4.224). **Aufteilung nach WEG** und **Vermietung/Verpachtung** sind demgegenüber im Gesetz nicht erwähnt und können deshalb nicht von der Zustimmung des Grundstückseigentümers abhängig gemacht werden (*BayObLG* DNotZ 2002, 294). Will man auch für diesen Bereich eine dinglich wirkende Regelung treffen, bleibt nur der „Umweg" über den Heimfall, indem man die entsprechenden Tatbestände als Heimfallgrund vereinbart. Genauso ist es ausgeschlossen, die jeweilige Verfügung des Erbbauberechtigten etwa von der vorherigen Erteilung der Zustimmung des Grundstückseigentümers abhängig zu machen (*OLG Zweibrücken* DNotZ 2004, 934).

Eine im Erbbaurechtsvertrag vereinbarte Veräußerungsbeschränkung sollte nach frü- 62 herer Rechtsprechung auch dann eingreifen, wenn Inhaber des Erbbaurechts eine GbR ist und dort ein Gesellschafterwechsel stattfindet (*OLG Köln* MittRhNot 1991, 114 m. krit. Anm. *Tönnies*). Nach inzwischen feststehender Rechtsfähigkeit der GbR ist dies obsolet geworden, so dass ein Gesellschafterwechsel selbst dann keine Veräußerung i. S. v. § 5 ErbbauRG darstellt, wenn das Erbbaurecht das einzige Vermögen der Gesellschaft ist (*v. Oefele/Winkler* Rn. 4.186). Eine vereinbarte Belastungsbeschränkung gilt auch für die Eintragung z. B. einer Zwangssicherungshypothek, so dass selbst bei einem Eigentümererbbaurecht deren Eintragung dann nur mit Zustimmung des Grundstückseigentümers möglich ist (*BayObLG* MittBayNot 1996, 299). Dabei kann der Gläubiger jedoch aus eigenem Recht gerichtliche Ersetzung der fehlenden Zustimmung des Grundstückseigentümers beantragen (*BayObLG* MittBayNot 1997, 172).

bb) Wirtschaftliche Bedeutung. Die wirtschaftliche Bedeutung der Belastungszustim- 63 mung des Grundstückseigentümers darf vor allem wegen der drohenden persönlichen Haftung beim Heimfall aus § 33 ErbbauRG (s. o. Rn. 56) nicht unterschätzt werden. Unabhängig davon, ob insoweit im Einzelfall eine Belehrungspflicht besteht, sollte der Notar deshalb z. B. bei einer Grundschuldbestellung nicht etwa einfach die Zustimmung des Grundstückseigentümers „einholen", sondern Letzterem zumindest Gelegenheit zur Prüfung der Einzelheiten der vorgesehenen Belastung geben.

Veräußerungs- und Belastungszustimmung dürfen nicht miteinander verwechselt wer- 64 den und können im konkreten Fall nebeneinander erforderlich und zu beurteilen sein. So ersetzt z. B. bei einem Kaufvertrag über ein Erbbaurecht mit Verpflichtung zur Finanzierungs-Mitwirkung des Verkäufers die Zustimmung des Grundstückseigentümers zur Veräußerung keineswegs etwa auch die Zustimmung zur Belastung des Erbbaurechtes mit einer Finanzierungsgrundschuld. Letztere muss gesondert eingeholt und kann ggf. auch bei bereits erteilter Zustimmung zur Veräußerung versagt werden. Es liegt auf der Hand, dass dies zu einer empfindlichen Verzögerung der Abwicklung führen kann und bei der Regelung der Kaufpreisfälligkeit berücksichtigt werden sollte. Nach der Haftungsrechtsprechung obliegt dem Notar diesbezüglich regelmäßig eine **doppelte Belehrungspflicht** (*BGH* MittBayNot 2005, 514).

65 Räumt der Grundstückseigentümer Grundpfandrechten zulasten des Erbbaurechts den Vorrang gegenüber seiner Erbbauzinsreallast ein, so kann hierin aus meiner Sicht keinesfalls die **konkludente Erteilung** einer Belastungszustimmung i. S. v. § 5 ErbbauRG gesehen werden. Dies gilt auch dann, wenn der Vorrang – wie nunmehr möglich – gem. § 9 III Nr. 2 ErbbauRG bereits von Anfang an als Inhalt der Erbbauzinsreallast vereinbart ist. Das Zustimmungserfordernis ist die einzige Handhabe des Grundstückseigentümers, sich insbesondere im Hinblick auf die Gefahren des Überganges der persönlichen Haftung beim Heimfall (s. o. Rn. 56) vor einer übermäßigen Belastung des Erbbaurechts zu schützen und darf deshalb nicht damit verwechselt werden, welche Rangverhältnisse er im Erbbaugrundbuch bezüglich seiner Erbbauzinsreallast zulassen will. Um eine falsche Auslegung zu vermeiden, sollte deshalb ggf. klargestellt werden, dass die Einräumung eines derartigen Rangvorbehaltes nicht als konkludente Belastungszustimmung gewertet werden kann.

66 **cc) Anspruch auf Zustimmung.** In allen Fällen einer als Inhalt des Erbbaurechts vereinbarten Verfügungsbeschränkung hat der Erbbauberechtigte unter bestimmten Voraussetzungen einen gesetzlichen **Anspruch auf Zustimmung** und kann eine ohne ausreichenden Grund verweigerte Zustimmung durch das Gericht ersetzt werden (§ 7 ErbbauRG). Diese gesetzliche Regelung ist ebenfalls zwingend, so dass der Anspruch auf Erteilung der Zustimmung vertraglich weder ausgeschlossen noch eingeschränkt werden kann. Als Inhalt des Erbbaurechts kann deshalb auch nicht etwa vereinbart werden, dass die Zustimmung davon abhängig sein soll, dass der Erbbauberechtigte die mit ihr verbundenen Kosten trägt (*OLG Hamm* DNotZ 1992, 368). Zulässig ist danach lediglich eine rein schuldrechtliche Vereinbarung dahingehend, dass der Erbbauberechtigte die Kosten der Zustimmung zu tragen hat, die aber sodann beiderseits auf jeweilige Rechtsnachfolger übergeleitet werden muss.

67 Die **Voraussetzungen**, unter denen der Grundstückseigentümer zur Erteilung der Zustimmung zu einer Veräußerung oder Belastung des Erbbaurechts verpflichtet ist und diese ggf. gerichtlich ersetzt werden kann, ergeben sich aus § 7 I bzw. II ErbbauRG. Bezüglich der Belastung mit banküblichen Grundschulden folgt daraus, dass der Grundstückseigentümer regelmäßig zur Versagung der Zustimmung berechtigt ist, wenn der Grundschuld eine uneingeschränkte Sicherungsabrede zu Grunde liegt und sie jederzeit neu valutiert werden kann (*OLG Hamm* MittRhNotK 1995, 201). Im Übrigen dürfte sich eine Beleihung des Erbbaurechts bis zu ca. 60% seines Verkehrswertes noch im Rahmen einer „**ordnungsgemäßen Wirtschaft**" halten (*BayObLG* Rpfleger 1974, 357), wobei es jedoch immer auf den Einzelfall ankommt und der Notar deshalb oft kaum in der Lage sein dürfte, verbindliche Angaben zu machen.

68 Fest steht inzwischen lediglich, dass die Zustimmung zur Veräußerung des Erbbaurechts nicht abhängig gemacht werden kann von Änderungen, insbesondere Erhöhungen des Erbbauzinses und Anpassung der Erbbauzinsreallast an geänderte wirtschaftliche Verhältnisse. Dies wurde eine Zeit lang regelmäßig z. B. von öffentlichen Rechtsträgern als Grundstückseigentümer beim Verkauf von Alterbbaurechten versucht, von der Rechtsprechung aber zwischenzeitlich unterbunden (*OLG Hamm* Rpfleger 2006, 259). Das gilt auch dann, wenn der betreffende Erbbaurechtsvertrag überhaupt keine Wertsiche-

III. Erbbaurechtsvertrag

rung oder einen nach heutigen Verhältnissen sehr niedrigen Erbbauzins vorsieht und die betreffende Gemeinde versucht, das Manko auf dem Umweg über die Versagung der Veräußerungszustimmung zu beseitigen.

Offensichtliche Einzelfallentscheidungen sind ergangen z. B. zur Frage der Veräußerungen innerhalb gesellschaftsrechtlicher Strukturen (*OLG Hamm* RNotZ 2006, 118) und zur Veräußerung an einen ausländischen Finanzinvestor (DNotI-Report 2008, 99). Zur Frage, ob ein bestimmter Kaufpreis dermaßen spekulativ sei, dass der Grundstückseigentümer zur Versagung seiner Zustimmung berechtigt wäre, besteht demgegenüber eine relativ breite Rechtsprechung (*BGH* NJW-RR 1998, 1387; vgl. auch *Keller* BWNotZ 1966, 98). 69

Im Übrigen entspricht die Regelung der des WEG: Ohne die erforderliche Zustimmung getroffene Verfügungen sind unwirksam (§ 6 ErbbauRG). Die Zustimmung ist dem Grundbuchamt nachzuweisen (zum Widerruf vgl. *OLG Köln* Rpfleger 1996, 106), so dass **öffentliche Beglaubigung** notwendig ist. Maßgeblicher Zeitpunkt ist der Eingang des betreffenden Eintragungsantrages beim Grundbuchamt, so dass die Zustimmung des dann im Grundstücksgrundbuch eingetragenen Eigentümers vorliegen muss. Eine vorher erteilte Zustimmung eines früheren Grundstückseigentümers reicht nach der bisherigen Rechtsprechung grundsätzlich nicht aus (*OLG Düsseldorf* MittRhNotK 1996, 276); es ist allerdings zweifelhaft, ob hieran nach der Rechtsprechung des BGH zur Verwalterzustimmung bei der Veräußerung von Wohnungseigentum (*BGH* NJW 2013, 299) festzuhalten ist. 70

Bei Abfassung des Kataloges der zustimmungspflichtigen Geschäfte ist die spätere **Beleihbarkeit des Erbbaurechts** zu wahren (keine Zustimmung bei Verfügung durch Insolvenzverwalter, bei Zwangsversteigerung usw.), da andernfalls ein Zuschlag in der Zwangsversteigerung nur mit Zustimmung des Grundstückseigentümers möglich wäre (*BGH* NJW 1987, 1942). 71

Formulierungsbeispiel: Verfügungsbeschränkungen 71a

Eine ganze oder teilweise Veräußerung des Erbbaurechtes sowie seine Belastung mit Grundpfandrechten, Reallasten, Dauerwohn- oder Dauernutzungsrechten ist nur mit Zustimmung des jeweiligen Grundstückseigentümers zulässig. Dies gilt nicht bei einer Veräußerung im Wege der Zwangsvollstreckung oder durch einen Insolvenzverwalter.
Bei der Bestellung von Grundschulden ist der Grundstückseigentümer im Rahmen von § 7 ErbbauRG nur dann zur Zustimmung verpflichtet, wenn durch entsprechende Zweckvereinbarung sichergestellt ist, dass die entsprechenden Mittel ausschließlich für werterhaltende oder wertsteigernde Maßnahmen bezüglich der dem Erbbaurecht unterliegenden Gegenstände verwendet werden. Unabhängig davon liegt in der Einräumung eines Rangvorbehaltes oder einem entsprechenden Rangrücktritt des Grundstückseigentümers mit der Erbbauzinsreallast keine konkludente Zustimmung zu der betreffenden Belastung.

---

h) Vertragsstrafen

Schließlich können auch vom Erbbauberechtigten ggf. zu zahlende Vertragsstrafen als Inhalt des Erbbaurechts vereinbart werden (§ 2 Nr. 5 ErbbauRG), sofern sie Sanktion für einen Verstoß des Erbbauberechtigten gegen den vertragsmäßigen (dinglichen) Inhalt des Erbbaurechts sind (*BGH* DNotZ 1991, 391). 72

Eine Vertragsstrafe für den Fall des Zahlungsverzuges beim Erbbauzins fällt nicht hierunter, da die Erbbauzinsregelung nicht zum dinglichen Inhalt des Erbbaurechts gehört. Zulässig ist es allerdings, bei Zahlungsverzug ein Heimfallrecht des Grundstückseigentümers zu vereinbaren und dieses zusätzlich mit einer entsprechenden Vertragsstrafe zu bewehren. Anspruch auf Heimfall und dingliche Vertragsstrafe können für denselben Sachverhalt nebeneinander bestehen (*v. Oefele/Winkler* Rn. 4.134). 73

5. Sonstiger (schuldrechtlicher) Inhalt

74 Alle sonstigen, zur Regelung des Rechtsverhältnisses zwischen Grundstückseigentümer und Erbbauberechtigtem erforderlichen Einzelheiten können nicht dinglich wirkender Inhalt des Erbbaurechts sein, sondern lediglich schuldrechtlich vereinbart werden. Eine in diesem Bereich gewollte dingliche Wirkung gegenüber beiderseitigen Sonderrechtsnachfolgern kann nur durch zusätzliche Sicherung (Vormerkung usw.) und damit zusätzliche Eintragungen im Grundstücks- bzw. Erbbaugrundbuch erreicht werden.

a) Erbbauzins

75 Der Erbbauzins kann nach wie vor nicht zum Inhalt des Erbbaurechts selbst gemacht werden, sondern bedarf einer Regelung im schuldrechtlichen Teil des Erbbaurechtsvertrages und dementsprechend gesonderter Eintragung im Erbbaugrundbuch. (Einzelheiten Rn. 80 ff.).

b) Vorkaufsrechte/Ankaufsrechte

76 Das **Vorkaufsrecht** des Grundstückseigentümers **am Erbbaurecht** kann nicht zum vertragsmäßigen Inhalt gemacht werden (s. o. Rn. 60). Es muss deshalb im Rahmen der schuldrechtlichen Vereinbarungen ggf. begründet und durch zusätzliche Eintragung im Erbbaugrundbuch dinglich gesichert werden.

Das Vorkaufsrecht des Erbbauberechtigten **am Grundstück** kann bei entsprechender Gestaltung als dinglicher Inhalt des Erbbaurechts vereinbart werden (s. o. Rn. 64). Häufiger und wegen der Übersichtlichkeit der Grundbücher auch zweckmäßiger ist es jedoch, auch dieses Vorkaufsrecht innerhalb der sonstigen schuldrechtlichen Vereinbarungen zu begründen und durch gesonderte Eintragung im Grundstücksgrundbuch dinglich zu sichern.

77 Vorkaufsrechte greifen nur im Falle des Verkaufs an einen Dritten. Sind demgegenüber im Einzelfall ein echtes **Ankaufsrecht** und/oder eine echte Ankaufsverpflichtung eines oder beider Beteiligter gewollt, muss dies ausdrücklich vereinbart werden, und zwar unter Festlegung der Voraussetzungen für die Ausübung des jeweiligen Anspruches, der dann zu erbringenden Gegenleistung sowie deren Fälligkeit. Darüber hinaus sollten die jeweiligen Ansprüche ggf. durch entsprechende Vormerkungen im betroffenen Grundbuch gesichert werden.

c) Anspruch auf Verlängerung

78 Als möglicher dinglicher Inhalt des Erbbaurechts vom Gesetz angeboten wird lediglich ein sogen. Vorrecht auf Erneuerung (§§ 2 Nr. 6; 31 ErbbauRG) Ähnlich einem Vorkaufsrecht greift dieses Vorrecht nur, wenn der Grundstückseigentümer bei Zeitablauf einem Dritten ein inhaltlich gleiches Anschuss-Erbbaurecht bestellen will, und ist damit für die Praxis eher bedeutungslos.

Ist demgegenüber ein wirklicher Anspruch des Erbbauberechtigten gewollt, vor Ablauf der zunächst festgelegten Laufzeit eine Fortsetzung des Erbbaurechts für eine bestimmte weitere Zeitdauer zu verlangen. Da ein derartiger Anspruch nicht vertragsmäßiger Inhalt des Erbbaurechts sein kann, muss er im schuldrechtlichen Teil des Vertrages vereinbart und durch gesonderte Vormerkung im Grundstücksgrundbuch mit Rang unmittelbar nach dem Erbbaurecht dinglich gesichert werden. Festzulegen sind dabei die Voraussetzungen des Anspruches (z. B. bisherige Vertragstreue), die Art seiner Geltendmachung (Form, Frist) sowie ggf. Einzelheiten bezüglich des dann geltenden Erbbauzinses.

d) Sonstige Regelungen

79 Zum schuldrechtlichen Teil eines Erbbaurechtsvertrages gehören schließlich die Bestimmungen über die Sach- und Rechtsmängelhaftung des Grundstückseigentümers in

III. Erbbaurechtsvertrag

Ansehung des Grundstücks, über den Zeitpunkt des wirtschaftlichen Überganges auf den Erbbauberechtigten, über die bisher etwa angefallenen oder noch ausstehenden Erschließungskosten sowie über die mit der Beurkundung und ihrem Vollzug verbundenen Kosten und Steuern. Hierzu kann auf die entsprechenden Regelungen im Rahmen eines Grundstückskaufvertrages verwiesen werden.

Für den Zeitpunkt des Besitzüberganges und die Verpflichtung zur **Kostentragung** bestehen beim Erbbaurecht gesetzliche Sonderregelungen, die allerdings dispositiv sind und deshalb ggf. abweichend geregelt werden müssen (s. u. Rn. 116).

6. Erbbauzins

a) Grundlagen

Die Regelung des für die Bestellung des Erbbaurechts ggf. zu zahlenden Entgeltes gehört nicht zum vertragsmäßigen Inhalt des Erbbaurechts, sondern zum sonstigen, nur schuldrechtlichen Inhalt des Erbbaurechtsvertrages. Entgeltlichkeit und/oder Art der Gegenleistung sind gesetzlich nicht vorgeschrieben. Möglich sind deshalb auch **Unentgeltlichkeit** oder einmalige Gegenleistung entsprechend einem Kaufpreis. 80

Gesetzlich geregelt ist lediglich der Erbbauzins (§§ 9 ff. ErbbauRG). Diese in der Praxis allerdings häufigste Art der Gegenleistung liegt vor, wenn der Erbbauberechtigte wiederkehrende Leistungen zu erbringen hat, wobei nicht erforderlich ist, dass die Leistungen im gleichen zeitlichen Abstand oder gleicher Höhe zu erbringen sind. 81

Für den Erbbauzins gelten die Bestimmungen des BGB über die Reallast entsprechend (§ 9 I ErbbauRG). Er ist demnach als **Reallast** zulasten des Erbbaurechts zu bestellen und in das Erbbaugrundbuch einzutragen. Es handelt sich zwingend um eine subjektiv-dingliche Reallast (*v. Oefele/Winkler* Rn. 6.19). Der Anspruch steht dem jeweiligen Grundstückseigentümer zu, so dass er nicht selbständig übertragen werden kann und auch eine teilgläubigerartige Zuordnung z. B. zu einzelnen Miteigentumsanteilen am Grundstück ausgeschlossen ist (*BayObLG* DNotZ 1991, 398). Aus demselben Grunde ist es auch nicht möglich, dass der Grundstückseigentümer seinen Anspruch auf künftigen Erbbauzins z. B. zu Finanzierungszwecken an eine Bank o. Ä. abtritt. Für die während der Zeit der Inhaberschaft fällig werdenden Leistungen haftet der Erbbauberechtigte auch persönlich. Die Verjährung des Erbbauzinses richtet sich – obwohl wirtschaftlich „Gegenleistung" – nicht nach § 196 BGB, sondern nach § 195 BGB (*BGH* MittBayNot 2011, 54). Verzugszinsen auf den Erbbauzins sind gesetzlich ausgeschlossen (*OLG Düsseldorf* DNotZ 2001, 705). 82

Höhe und Fälligkeit des Erbbauzinses sind im schuldrechtlichen Teil des Erbbaurechtsvertrages zu regeln und – ggf. einschließlich einer diesbezüglichen Wertsicherungsvereinbarung – zur Eintragung als Reallast im Erbbaugrundbuch zu bewilligen und zu beantragen. Ermittlung und Festlegung der Höhe des Erbbauzinses im Einzelfall gehören aus meiner Sicht genauso wenig zu den Aufgaben des Notars, wie z. B. die Festlegung der Höhe eines Grundstücks-Kaufpreises (Einzelheiten *v. Oefele/Winkler* Rn. 6.65 ff.). 83

Der Erbbauzins und damit die diesbezügliche Zahlungsverpflichtung des Erbbauberechtigten entstehen als solche erst mit der Eintragung der Reallast im Erbbaugrundbuch, was seinerseits die vorherige Eintragung des Erbbaurechtes im Grundstücksgrundbuch einschließlich der Lösung aller dort ggf. bestehenden Rangprobleme voraussetzt. 84

Wird wie üblich ein früherer Zeitpunkt des wirtschaftlichen Überganges vereinbart, so kann es zweckmäßig sein, für die Zeit bis zur Eintragung der Reallast eine entsprechende schuldrechtliche Zahlungsverpflichtung des Erbbauberechtigten in Höhe des vereinbarten Erbbauzinses für die Zeit bis zu dessen Eintragung im Erbbaugrundbuch festzulegen.

84a Formulierungsbeispiel: Erbbauzins ab wirtschaftlichem Übergang

Ab dem Zeitpunkt des wirtschaftlichen Überganges bis zur erstmaligen Fälligkeit des Erbbauzinses aufgrund der im Erbbaugrundbuch einzutragenden Reallast zahlt der Erbbauberechtigte an den Grundstückseigentümer – ggf. zeitanteilig – eine jährliche Nutzungsentschädigung in Höhe des vorstehend vereinbarten Erbbauzinses. Für die Fälligkeit gelten die hierzu vorstehend getroffenen Vereinbarungen sinngemäß.

b) Wertsicherung

85 **aa) Gesetzliche Grundlagen.** Im Hinblick auf die lange Laufzeit von Erbbaurechten ist regelmäßig eine Wertsicherung des Erbbauzinses erforderlich, die jedoch auf der Grundlage des bis zum 30.9.1994 geltenden § 9 ErbbauVO a.F. mit gewissen Schwierigkeiten verbunden war. Hier hatte zunächst das am 1.10.1994 in Kraft getretene SachenRÄndG durch gänzliche Neufassung des § 9 ErbbauVO erhebliche Erleichterungen gebracht. Die dabei aufgetretenen Auslegungsprobleme wurden mit der abermaligen Neufassung von § 9 ErbbauVO und gleichzeitigen Ergänzung von § 1105 BGB durch das EuroEG vom 9.6.1998 endgültig ausgeräumt.

Für Wohnungserbbaurechte erfolgte eine weitere bedeutsame Neuregelung durch das Gesetz zur Änderung des WEG vom 26.3.2007 wegen der dortigen Einführung einer neuen Rangklasse in § 10 I Nr. 2 ZVG. Und schließlich wurden die allgemeinen Bestimmungen zur Wertsicherungsklausel dahingehend geändert, dass vom 1.1.1999 bis 13.9.2007 an Stelle des bisherigen § 3 WährG die Bestimmungen des PreisG und der PrKVO galten und ab dem letztgenannten Zeitpunkt gem. dem seitdem geltenden PreisKG die Notwendigkeit der Erteilung einer behördlichen Genehmigung insgesamt weggefallen ist, während die zwischenzeitlichen Bestimmungen über die Wirksamkeit/Zulässigkeit unverändert blieben.

86 Sämtliche vorgenannten Gesetzesänderungen lassen jedoch Erbbauzinsregelungen in Alt-Erbbaurechtsverträgen auf der Grundlage der früheren Bestimmungen unverändert fortbestehen. Darüber hinaus ist auch bei neu bestellten Erbbaurechten nach wie vor eine Wertsicherung gemäß den früheren Bestimmungen grundsätzlich möglich. Deshalb ist die Kenntnis sowohl der alten als auch der neuen Rechtslage erforderlich (ausführlich *Eichel* MittRhNotK 1995, 193).

87 Es empfiehlt sich, bei der Neubestellung von Erbbaurechten ausschließlich nach der neuen Rechtslage zu verfahren und Alt-Erbbaurechte bei sich bietendem Anlass auf die neue Rechtslage gem. § 9 ErbbauRG n.F. umzustellen.

Wegen der Vielzahl der noch bestehenden Alt-Erbbaurechte mit Wertsicherungsvereinbarungen a.F. werden im Folgenden zunächst die bisherige Rechtslage und die neue Rechtslage zur eigentlichen Wertsicherungsvereinbarung und später gesondert die Veränderungen bezüglich des Genehmigungsverfahrens dargestellt.

88 **bb) Alte Rechtslage/Altverträge.** Höhe des Erbbauzinses und Zeitpunkt der Fälligkeit der einzelnen Raten mussten gem. § 9 ErbbauRG a.F. für die gesamte Dauer des Erbbaurechts im Voraus **bestimmt** sein. Objektive Bestimmbarkeit oder die Festlegung eines Mindest- und Höchstbetrages genügten nicht (MünchKomm/*v. Oefele/Heinemann* § 9 Rn. 34). Die Vereinbarung einer unmittelbaren Wertsicherung z.B. durch automatische Index-Koppelung und die Eintragung des Erbbauzinses als wertgesicherte Reallast waren deshalb nicht möglich.

89 Diese Einschränkung galt jedoch nur für die Erbbauzinsreallast selbst. Eine **mittelbare Wertsicherung** durch zusätzliche schuldrechtliche Vereinbarung verstieß nicht gegen § 9 II ErbbauRG a.F. (*BGH* DNotZ 1957, 300), war also ohne weiteres möglich und wurde in Alt-Erbbaurechtsverträgen wie folgt vereinbart: Zusätzlich zu der für die gesamte Dauer des Erbbaurechts fest bestimmten Erbbauzinsreallast verpflichteten sich

III. Erbbaurechtsvertrag

beide Seiten schuldrechtlich, den Erbbauzins bei Eintritt bestimmter Voraussetzungen jeweils anzupassen. Abgestellt werden konnte hierbei (mit Ausnahme von Wohngebäuden, s. u. Rn. 95 ff.) auf Wertmaßstäbe jeder Art wie z. B. Lebenshaltungskosten, Baukosten, Grundstückspreise usw., wobei die Bestimmungen des WährG zu beachten waren.

Der sich hieraus ergebende Anspruch auf Anpassung des Erbbauzinses und damit der Erbbauzinsreallast musste gesondert dinglich gesichert werden, und zwar entweder durch eine **Vormerkung auf Inhaltsänderung** der Reallast oder eine Vormerkung zur Bestellung jeweils zusätzlicher Reallasten im Falle der Erhöhung. In letzterem Falle genügte eine einheitliche Vormerkung für alle etwaigen zukünftigen Reallasten (*Schöner/Stöber* Rn. 1830). 90

cc) Rechtslage nach SachenRÄndG/EuroEG. Die entscheidende Änderung der durch das SachenRÄndG neu gefassten (zwischenzeitlich insoweit allerdings bereits wieder aufgehobenen) Bestimmung des § 9 II ErbbauRG in der zwischenzeitlichen Fassung bestand darin, dass es nunmehr genügte, wenn die Höhe des Erbbauzinses für die Laufzeit des Erbbaurechtes „bestimmbar" war. Damit war erstmals der Weg eröffnet, die gewollte Wertsicherung als Inhalt der Erbbauzinsreallast selbst zu vereinbaren und sie damit quasi zu verdinglichen, so dass jedenfalls vom Ansatz her die bisher übliche schuldrechtliche Anpassungsverpflichtung mit zusätzlicher Anpassungsvormerkung überflüssig wurden (*BayObLG* MittBayNot 1996, 372). 91

Durch das **EuroEG** wurden die Bestimmungen in Abs. 2 n. F. ersatzlos gestrichen, es also bei der von Anfang an bereits in Abs. 1 festgelegten pauschalen Verweisung auf die BGB-Bestimmungen über Reallasten belassen. Gleichzeitig wurde stattdessen in § 1105 I BGB als Satz 2 klargestellt, dass als Inhalt einer jeden Reallast (also auch einer Erbbauzinsreallast) eine Wertsicherung vereinbart werden kann, „wenn anhand der in der Vereinbarung festgelegten Voraussetzungen Art und Umfang der Belastung des Grundstücks bestimmt werden können". Gemeint ist damit zweifelsfrei nichts anderes, als in der Neufassung von § 9 II ErbbauRG i. d. F. des SachenRÄndG mit **„bestimmbar"** gewollt war. 92

Für die Bestimmbarkeit gelten die allgemeinen grundbuchlichen Regeln über wertgesicherte Reallasten (*v. Oefele/Winkler* Rn. 6.79; *Eichel* MittRhNotK 1995, 193 [194]). Ohne weiteres zulässig ist damit insbesondere die Koppelung der Höhe der zukünftigen Erbbauzinsraten an einen den allgemein zugänglichen VPI. Bei der Anknüpfung an andere Wertmaßstäbe ist im Einzelfall zu prüfen, ob diese grundbuchlich hinreichend bestimmbar sind (zur früheren Rechtsprechung vgl. *v. Oefele/Winkler* Rn. 6.211).

Festzuhalten ist nach allem, dass spätestens nach dem EuroEG gem. § 1105 I BGB auch Erbbauzinsreallasten **unmittelbar z. B. durch Indexkoppelung** wertgesichert werden können. Der mühsame Weg über Anpassungsvormerkung und bei jeder Erhöhung Eintragung entsprechender Inhaltsänderungen bei der ursprünglichen Reallast ist damit für neu zu bestellende Erbbaurechte endgültig überflüssig geworden. Bei einer wertgesicherten Erbbauzinsreallast neuer Form hat die jeweilige Erhöhung des Erbbauzinses vielmehr auch ohne zusätzliche Eintragung im Grundbuch unmittelbar dingliche Wirkung (*BayObLG* DNotI-Report 1996, 137), und zwar auch dann, wenn es sich nicht um eine echte (automatische) Gleitklausel handelt, sondern die Verpflichtung zur Zahlung von dem vorherigen Verlangen des anderen Teiles abhängt (*Wilke* MittRhNotK 1996, 277). Unabhängig davon ist es allerdings möglich, den jeweiligen Erhöhungsbetrag in der Veränderungsspalte des Erbbaugrundbuches eintragen zu lassen (*BayObLG* MittRhNotK 1996, 278), was insbesondere bei bevorstehenden Zwangsversteigerungsverfahren im Hinblick auf die Festsetzung des geringsten Gebotes sinnvoll sein kann. 93

Voraussetzung für diese neue Form der Wertsicherung ist es aber in jedem Fall, dass die Wertsicherungsvereinbarung ausdrücklich als **Inhalt der Erbbauzinsreallast** vereinbart, von der Eintragungsbewilligung umfasst und als solche im Erbbaugrundbuch eingetragen wird.

Bei einer Umstellung alter Erbbauzinsregelungen handelt es sich um eine Inhaltsänderung der bestehenden Erbbauzinsreallast. Da § 9 II ErbbauRG i. d. F. des SachenRÄndG 94 ersatzlos aufgehoben ist, gelten bei einer derartigen Umstellung ausschließlich die allgemeinen Vorschriften des BGB über die Inhaltsänderung dinglicher Rechte.

c) Wertsicherung bei Wohngebäuden

95 Betrifft das Erbbaurecht ein Wohngebäude, gilt darüber hinaus in beiden Fällen nach wie vor die **zeitliche und betragsmäßige Begrenzung** der jeweiligen Anpassung gem. § 9a ErbbauRG: Eine Erhöhung ist nur in Abständen von jeweils drei Jahren möglich und darf unter Berücksichtigung aller Umstände des Einzelfalles nicht unbillig sein. Unbilligkeit liegt vor, wenn die Erhöhung über die tatsächlich eingetretenen Veränderungen der allgemeinen wirtschaftlichen Verhältnisse hinausgeht, die regelmäßig nicht mit einem der üblichen Lebenshaltungskosten-Indizes identisch sind; vielmehr ist auch die Entwicklung der Einkommensverhältnisse sowohl der Arbeiter als auch der Angestellten angemessen zu berücksichtigen (grundlegend *BGH* DNotZ 1981, 258; *Dürkes* BB 1980, 1609; Formulierungsbeispiel: MünchVertrHdb VI, Muster VII. 2, S. 125).

96 Bei der **Vertragsgestaltung** genügt wohl eine angemessene Wiedergabe der gesetzlichen Regelung des § 9a ErbbauRG. Die Aufnahme der vom BGH ursprünglich entwickelten, äußerst komplizierten Berechnungsklausel ist demgegenüber nicht ratsam, da es sich hierbei um reines Richterrecht handelt, das sich ändern kann, während die Erbbauzinsregelung für die Dauer des gesamten Erbbaurechtes Bestand haben muss. So sind Modifikationen der Rechtsprechung bereits erfolgt z. B. für die Berücksichtigung der konkret erzielbaren Mieten bei sozialem Wohnungsbau (*BGH* DNotZ 2001, 699) und bei der Frage, inwieweit der Wert des Grundstücks eine Rolle spielen kann (*BGH* NZM 2010, 253).

Wichtig für die Praxis ist, dass ein Verstoß gegen § 9a ErbbauRG nicht zur Unwirksamkeit der betreffenden Wertsicherungsklausel führt und damit nicht deren Eintragung im Grundbuch hindert, sondern lediglich das jeweilige Anpassungsverlangen kraft Gesetzes der Höhe nach begrenzt (*v. Oefele/Winkler* Rn. 6.176).

d) Rangverhältnisse, Stillhaltevereinbarungen

97 Von großer wirtschaftlicher Bedeutung ist die Frage des Rangverhältnisses zwischen der Erbbauzinsreallast einerseits und zulasten des Erbbaurechts einzutragenden Grundpfandrechte andererseits. Auch hier hat das SachenRÄndG mit Wirkung ab dem 1.10.1994 wesentliche Erleichterungen gebracht, wobei jedoch für Erbbauzinsreallasten a. F. nach wie vor die frühere Rechtslage gilt.

98 **aa) Alte Rechtslage.** Räumen eine Erbbauzinsreallast a. F. und zugehörige Anpassungsvormerkung den Vorrang ein, würden sie bei einer Zwangsversteigerung aus dem vorrangigen Recht erlöschen. Der Ersteher erhielte ein erbbauzinsfreies Objekt, was bei noch längerer Restlaufzeit des Erbbaurechts zu einem unvertretbaren wirtschaftlichen Verlust auf Seiten des Grundstückseigentümers führt. Andererseits muss insbesondere bei noch zu erstellendem Bauwerk dem Erbbauberechtigten die Finanzierung der Baukosten möglich sein. Dabei werden dessen Finanzierungsgläubiger nicht mit einem uneingeschränkten Vorrang der Erbbauzinsreallast einverstanden sein, da ihnen ansonsten bei einer Zwangsversteigerung die vorrangige Kapitalisierung aller noch ausstehenden Erbbauzinsraten droht.

99 Der Interessenkonflikt ließ sich am ehesten durch sog. **Stillhaltevereinbarungen** (ausführlich *Dedekind* MittRhNotK 1993, 109) zwischen Grundstückseigentümer und Grundpfandrechtsgläubiger gem. § 59 ZVG lösen, wobei vom Ansatz her zwei Möglichkeiten bestehen: Räumen Reallast und Anpassungsvormerkung den Vorrang ein, verpflichtet sich der Finanzierungsgläubiger, diese im Falle der Zwangsversteigerung ohne Kapitalisierung in das geringste Gebot aufnehmen zu lassen. Behalten Reallast und Anpassungsvormerkung den Vorrang, so verpflichtet sich der Grundstückseigentümer im Falle der Zwangsversteigerung aus dem nachrangigen Grundpfandrecht, auf die Kapita-

III. Erbbaurechtsvertrag

lisierung der künftigen Erbbauzinsraten zu verzichten. Welcher Weg gewählt wird, hängt von dem Verhandlungsgeschick der Beteiligten ab (Formulierungsbeispiele Münch-VertrHdb VI, Muster VII 23 und 24).

Bei Erbbauzinsreallasten a. F. in vor dem 1.10.1994 oder in danach unter Verwendung der früheren Rechtslage abgeschlossenen Erbbaurechtsverträgen stellen sich diese Probleme nicht nur bei der erstmaligen, sondern auch bei jeder späteren Bestellung von Grundpfandrechten und der Einräumung von Rangvorbehalten. Da die genannten Stillhaltevereinbarungen nur schuldrechtlich wirken, müssen sie darüber hinaus bei jeder Sonderrechtsnachfolge auf Seiten eines der Beteiligten ausdrücklich auf den betreffenden Rechtsnachfolger übergeleitet werden. 100

bb) Rechtslage nach SachenRÄndG. Gemäß § 9 III ErbbauRG n. F. kann als Inhalt der Erbbauzinsreallast neben der Wertsicherung auch vereinbart werden, dass im Falle der Zwangsversteigerung des Erbbaurechts die Reallast mit ihrem Hauptanspruch (also ohne Kapitalisierung) grundsätzlich **unabhängig von ihrem Rang bestehen bleibt** (zum ZVG-Verfahren: *Stöber* Rpfleger 1996, 136). Zusätzlich kann dem jeweiligen Erbbauberechtigten das Recht eingeräumt werden, das betreffende Erbbaurecht jederzeit vorrangig vor der Erbbauzinsreallast mit Grundpfandrechten oder Rentenschulden in festzulegender Höhe zu belasten. Dabei kann diese gesetzliche Regelung über das Bestehenbleiben der Erbbauzinsreallast für alle Fälle vereinbart werden, in denen der Grundstückseigentümer aus dieser Reallast oder der Inhaber eines (im Erbbaugrundbuch) im Range vorgehenden oder gleichstehenden dinglichen Rechts oder der Inhaber der in § 10 I Nr. 2 ZVG genannten Ansprüche die Zwangsversteigerung betreibt. 101

Die letztgenannte Regelung wurde erst im Zusammenhang mit der zum 1.7.2007 in Kraft getretenen Änderung des WEG eingefügt und betrifft sachlich nur Wohnungserbbaurechte, muss aber natürlich auch ausdrücklich als dinglicher Inhalt der Reallast vereinbart werden; andernfalls würde bei jeder Zwangsversteigerung aus derartigen Ansprüchen der Wohnungseigentümergemeinschaft gegen einzelne Wohnungseigentümer die Erbbauzinsreallast ersatzlos untergehen (*Böttcher* Rpfleger 2007, 526). Auch wenn konkret noch keine Aufteilung nach WEG geplant ist, kann nur empfohlen werden, bei jedem Erbbaurecht über Wohngebäude von Anfang an auch die letztgenannte Regelung in die Erbbauzinsreallast aufzunehmen, da bei der üblicherweise langen Laufzeit nicht ausgeschlossen werden kann, dass zu irgendeinem späteren Zeitpunkt doch eine WEG-Aufteilung erfolgen soll. 102

Unabhängig davon scheint bei jeder Art von Erbbaurechten eine gewisse Gesetzeslücke für den Fall zu bestehen, dass ein Insolvenzverwalter gemäß §§ 170 ff. InsO Ansprüche auf den Verwertungserlös zu Gunsten der Insolvenzmasse geltend macht. Eine auf dieser Grundlage erfolgte Zwangsversteigerung würde nicht mehr aus einem der Reallast vorgehenden oder gleichstehenden dinglichen Recht erfolgen und damit u. U. ebenfalls zum Erlöschen der Erbbauzinsreallast führen. Einziger Ausweg hierfür dürfte sein, eine etwaige Insolvenz des Erbbauberechtigten wie i. d. R. üblich als Heimfallgrund zu vereinbaren. 103

Unter Berücksichtigung der vorstehenden Einschränkungen kann damit die Erbbauzinsreallast einschließlich einer als deren Inhalt vereinbarten Wertsicherung weitgehend **versteigerungsfest** gemacht werden (*v. Oefele/Winkler* Rn. 6.271), so dass dem Grundstückseigentümer zumindest bezüglich seines Hauptanspruches einschließlich Wertsicherung kein Verlust mehr droht, wenn er fremden Grundpfandrechten den Vorrang im Erbbaugrundbuch einräumt. Folgerichtig kann deshalb eine solche Erbbauzinsreallast von Anfang an auch mit einem bestimmten, mehrfach ausübbaren Rangvorbehalt versehen werden. Da dieser Rangvorbehalt dem jeweiligen Erbbauberechtigten zusteht, geht er bei einer Zwangsversteigerung des Erbbaurechtes nicht verloren und ist damit seinerseits ebenfalls vollstreckungsfest. Allerdings sollte der Grundstückseigentümer bei der Bemessung des Rangvorbehaltes unbedingt die für den Fall des Heimfalles drohenden Gefahren der persönlichen Haftung aus § 33 II ErbbauRG beachten (s. o. Rn. 56). 104

105 Bei einer derartigen Regelung des Erbbauzinses auf der Grundlage von § 9 III ErbbauRG n. F. erübrigen sich damit die früher notwendigen Stillhaltevereinbarungen. Auch diese Regelungen müssen jedoch ausdrücklich als Inhalt der Erbbauzinsreallast vereinbart, von der betreffenden Eintragungsbewilligung umfasst und als solche im Grundbuch eingetragen werden.

106 Wegen der erheblichen Vorteile sollten Erbbauzinsregelungen in Alt-Verträgen bei sich bietendem Anlass auch in diesem Punkt der neuen Rechtslage angepasst werden. Zu der hiermit verbundenen Inhaltsänderung ist die Zustimmung der dann dinglich Berechtigten an dem betreffenden Erbbaurecht in grundbuchmäßiger Form erforderlich (§ 9 III 2 ErbbauRG n. F.). Über den Wortlaut der Vorschrift hinaus empfiehlt es sich, nicht nur die Zustimmung der vorgehenden oder gleichstehenden, sondern auch der dem Erbbauzins nachrangigen Berechtigten einzuholen (*Eichel* MittRhNotK 1995, 193, 199).

106a **Formulierungsbeispiel: Wertsicherung Erbbauzins n. F.**

Zur Wertsicherung des Erbbauzinses wird Folgendes vereinbart: Ändert sich in Zukunft der vom statistischen Bundesamt ermittelte Verbraucherpreisindex Deutschland auf der Basis ... = 100 gegenüber dem für den Monat des vorliegenden Vertragsabschlusses bzw. dem für die letzte Veränderung maßgeblichen Monat geltenden Index, so erhöht oder vermindert sich die Höhe des zu zahlenden Erbbauzinses nach Maßgabe der nachstehenden Einzelheiten von dem auf die Bekanntgabe folgenden Monat in demselben Verhältnis.

Dabei erfolgt eine Änderung des Erbbauzinses jedoch nur, wenn sich der Index gegenüber dem vorgenannten Ausgangsmonat bzw. gegenüber dem für die letzte Veränderung maßgeblichen Monat um mehr als 10 Punkte verändert hat.

Soweit das Erbbaurecht Wohnzwecken dient, kann eine Änderung des Erbbauzinses darüber hinaus frühestens nach Ablauf von 3 Jahren gerechnet ab dem heutigen Tage und sodann frühestens jeweils nach Ablauf weiterer 3 Jahre nach der jeweils letzten Änderung verlangt werden und besteht ein Anspruch auf Erhöhung des Erbbauzinses nur, soweit die Erhöhung unter Berücksichtigung aller Umstände des vorliegenden Falles nicht unbillig im Sinne von § 9a ErbbauRG ist. Der Notar hat über die Bestimmung des § 9a ErbbauRG und die derzeitige Rechtsprechung des BGH hierzu belehrt. Die Beteiligten sehen insoweit übereinstimmend von der Festlegung weiterer Einzelheiten im Rahmen dieser Urkunde ab. Der Erbbauzins einschließlich der vorstehenden Anpassungsvereinbarung ist im Erbbaugrundbuch als wertgesicherte Reallast einzutragen.

Hierzu wird als dinglicher Inhalt des Erbbauzinses gem. § 9 III ErbbauRG weiter vereinbart

– dass die Reallast mit ihrem Hauptanspruch bestehen bleibt, wenn der jeweilige Grundstückseigentümer aus der Reallast oder der Inhaber eines dieser im Range vorgehenden oder gleichstehenden dinglichen Rechtes oder der Inhaber der in § 10 I Nr. 2 ZVG genannten Ansprüche die Zwangsversteigerung des Erbbaurechtes betreibt, und

– dass der jeweilige Erbbauberechtigte berechtigt ist, das Erbbaurecht mit Rang vor der Reallast mit Grundschulden oder Hypotheken in Höhe von bis zu insgesamt EUR ... nebst bis zu ...% Zinsen jährlich ab Eintragungsbewilligung des betreffenden Grundpfandrechtes und sonstigen Nebenleistungen bis zu ...% des jeweiligen Grundpfandrechtsbetrages im Erbbaugrundbuch zu belasten.

Das Zustimmungserfordernis des Grundstückseigentümers zu Belastungen des Erbbaurechts bleibt von diesem Rangvorbehalt unberührt.

---

e) Genehmigung der Wertsicherungsvereinbarung

107 Vom 1.1.1999 bis zum 19.9.2007 galten die Bestimmungen des PreisG und der PrKV. Für den Bereich der Erbbaurechte enthielt § 1 Nr. 4 PrKV dabei eine Sonderregelung dahingehend, dass (auch echte) Preisklauseln von dem Indexierungsverbot befreit waren, wenn die Laufzeit der Zahlungsverpflichtung 30 Jahre oder mehr betrug. Eine Geneh-

III. Erbbaurechtsvertrag

migung war also grundsätzlich nur dann erforderlich, wenn die Dauer der Erbbauzinsverpflichtung – bei Umstellung von Alterbaurechten: die restliche Dauer – weniger als 30 Jahre betrug.

Mit Wirkung ab dem 20.9.2007 ist zwar jegliche Genehmigungsbedürftigkeit von Wertsicherungsklauseln generell entfallen, also auch für Wertsicherungen jeder Art im Rahmen von Erbbaurechtsverträgen. Gleichzeitig ist aber zu beachten, dass die materielle Rechtslage im Wesentlichen unverändert geblieben ist und lediglich redaktionell die PrKV aufgehoben und deren Bestimmungen in das nunmehr geltende PrKG übernommen wurden (DNotI-Report 2007, 177).

Hierzu hat das Bundesamt für Wirtschaft und Ausfuhrkontrolle alsbald mitgeteilt, dass dementsprechend auch keine Negativzeugnisse mehr erteilt werden. Somit ist es nunmehr den Beteiligten und damit auch dem Notar überlassen, anhand der gesetzlichen Bestimmungen und des Systems sog. „Legalausnahmen" im Einzelfall selbstverantwortlich dafür Sorge zu tragen, dass eine gewollte Wertsicherungsvereinbarung auch tatsächlich wirksam ist.

Die bisherige Bereichsausnahme für Erbbaurechte mit einer Laufzeit von mindestens 30 Jahren blieb unberührt und gilt unverändert fort. Ist diese Laufzeit-Voraussetzung erfüllt, ist also auch zukünftig praktisch jede Wertsicherungsklausel unabhängig von ihrem konkreten Inhalt im Rahmen von Erbbaurechtsverträgen zulässig und wirksam (ausf. *Reul* MittBayNot 2007, 445). Beträgt die Restlaufzeit weniger als 30 Jahre, ist die Wertsicherungsklausel dennoch wirksam und eintragungsfähig, wenn sie den allgemeinen Bestimmungen des PrKG entspricht (unmittelbar wirkende Anknüpfung an VPI/Laufzeit mindestens 10 Jahre/Anpassungen nach oben und unten, vgl. *OLG Celle* DNotZ 2008, 779).

Erst bei einer Restlaufzeit von weniger als 10 Jahren besteht also z.B. bei der Umstellung von alten Erbbauzinsreallasten ein wirkliches Risiko, dem nur durch entsprechende salvatorische Klausel in Richtung schuldrechtliche Anpassungsverpflichtung einschließlich Weitergabeverpflichtung begegnet werden kann.

f) Vollstreckungsunterwerfung

Eine Vollstreckungsunterwerfung des Erbbauberechtigten wegen des Erbbauzinses in seiner zunächst vereinbarten Höhe ist ohne weiteres möglich und regelmäßig sachgerecht.

Ob eine Unterwerfung auch **bezüglich zukünftiger Erhöhungen** aufgrund einer Wertsicherungsvereinbarung uneingeschränkt zulässig ist, erscheint wegen der erforderlichen vollstreckungsrechtlichen Bestimmtheit des Anspruches nach wie vor zweifelhaft. Dabei bestehen starke Tendenzen, die Unterwerfung zumindest bei der Koppelung an Lebenshaltungskosten-Indizes oder Beamtengehälter auch insoweit zuzulassen (*OLG Düsseldorf* NJW 1971, 436; *v. Oefele/Winkler* Rn. 6.249; ausdrücklich offen gelassen: *BGH* MittRhNotK 1995, 140). Wenn das Erbbaurecht ein Wohngebäude betrifft, dürfte eine derartige Unterwerfung aber schon wegen der Unbilligkeitsklausel gem. § 9a ErbbauRG in jedem Falle kritisch sein.

Der sicherere Weg ist es deshalb nach wie vor, die Unterwerfung nur wegen des anfänglich geltenden Erbbauzinses aufzunehmen. Wegen der langen Dauer eines Erbbaurechtes sollte zusätzlich eine Verpflichtung des Erbbauberechtigten begründet werden, sich wegen späterer Erhöhungsbeträge erneut der Vollstreckung zu unterwerfen und die Erteilung einer vollstreckbaren Ausfertigung ohne besonderen Nachweis zu gestatten.

Formulierungsbeispiel: Vollstreckungsunterwerfung Erbbauzins

Wegen der vorstehend übernommenen Zahlungsverpflichtung in ihrer derzeitigen Höhe unterwirft sich der Erbbauberechtigte – mehrere als Gesamtschuldner haftend – dem Grundstückseigentümer gegenüber der sofortigen Zwangsvollstreckung aus dieser Urkunde in sein Vermögen persönlich.

▼ Fortsetzung: **Formulierungsbeispiel: Vollstreckungsunterwerfung Erbbauzins**

Dies gilt sowohl bezüglich der Zahlungsverpflichtung aus der Erbbauzinsreallast als auch bezüglich der bis zu deren Eintragung im Erbbaugrundbuch übernommenen schuldrechtlichen Zahlungsverpflichtung des Erbbauberechtigten. Die Erteilung einer vollstreckbaren Ausfertigung ohne besonderen Nachweis ist gestattet.
Im Falle der Erhöhung des Erbbauzinses gem. der vorstehenden Wertsicherungsvereinbarung ist der Erbbauberechtigte verpflichtet, sich auf eigene Kosten und jederzeitiges schriftliches Verlangen des jeweiligen Grundstückseigentümers diesem gegenüber wegen des Erhöhungsbetrages der sofortigen Zwangsvollstreckung aus notarieller Urkunde zu unterwerfen und die Erteilung einer vollstreckbaren Ausfertigung ohne besonderen Nachweis zu gestatten.

Bei Koppelung an den VPI und außerhalb des Anwendungsbereiches von § 9a ErbbauRG dürften inzwischen auch für Vollstreckungszwecke hinreichende Bestimmbarkeit gegeben sein und damit die vorgenannte Einschränkung entfallen. Nach neuerer Rechtsprechung ist bei Koppelung an den VPI sogar eine Titulierung der auch zukünftigen Erbbauzinsraten gem. § 258 ZPO zulässig (*BGH* NJW 2007, 294).

Eine Vollstreckungsunterwerfung gegen den jeweiligen Inhaber des Erbbaurechts entsprechend § 800 ZPO ist nicht möglich.

g) Fehlende Wertsicherung/alte Indizes

113 Fehlt bei einem bestehenden Erbbaurechtsvertrag eine Wertsicherung des Erbbauzinses gänzlich, bleibt zur wertmäßigen Anpassung nur der Rückgriff auf § 242 BGB z.B. nach den Grundsätzen über den **Wegfall der Geschäftsgrundlage**. Ein Anspruch des Grundstückseigentümers auf Anpassung des Erbbauzinses wurde unter diesem Gesichtspunkt von der Rechtsprechung z.B. zugelassen bei einer Erhöhung der Lebenshaltungskosten seit Abschluss des Vertrages um mehr als 150% (BGHZ 90, 227; 119, 222). Dabei handelt es sich jedoch lediglich um einen Anspruch auf einmalige Anpassung, so dass auf diesem Wege keinesfalls für die Zukunft die Einführung einer Wertsicherungsklausel erreicht werden kann.

Mit Wirkung ab dem 1.1.2003 wird durch das Statistische Bundesamt nur noch der „Preisindex für die Lebenshaltung aller privater Haushalte in Deutschland" veröffentlicht, nunmehr kurz bezeichnet als **„Verbraucherpreisindex Deutschland (VPI)."** Sind bei einem bereits bestehenden Erbbaurecht ältere Indizes vereinbart und bleiben die Beteiligten untätig, so erfolgt eine Umstellung jedenfalls im Wege der **ergänzenden Vertragsauslegung** automatisch (DNotI-Report 2003, 9).

114 Unabhängig davon empfiehlt es sich jedoch bei gegebenem Anlass wie z.B. einer Umstellung der gesamten Wertsicherungsvereinbarung auf § 9 n.F. ErbbauRG, gleichzeitig zu einem klar definierten Zeitpunkt auf den VPI überzugehen. Die entsprechende Vereinbarung zwischen Grundstückseigentümer und Erbbauberechtigten dürfte als solche abweichend von § 311b BGB formlos möglich sein (*BGH* NJW 1985, 266). Da die Änderung jedoch bei der Erbbauzinsreallast im Grundbuch eingetragen werden muss, ist unabhängig davon jedenfalls die Form aus § 29 GBO zu beachten. Wird darüber hinaus eine erneute Zwangsvollstreckungsunterwerfung des Erbbauberechtigten wegen des derzeit geltenden Erbbauzinses gewünscht, ist schließlich ohnehin notarielle Beurkundung zwingend erforderlich.

7. Grundbucherklärungen

115 Wegen der Vielzahl der verschiedenen grundbuchlichen Erklärungen empfiehlt es sich beim Erbbaurechtsvertrag ganz besonders, diese in einem gesonderten Abschnitt zusammenzufassen. Dabei sind Grundstücksgrundbuch und Erbbaugrundbuch auseinander zu halten. Regelmäßig sind folgende Anträge und Bewilligungen erforderlich:

III. Erbbaurechtsvertrag **A IV**

Grundstücksgrundbuch
- ggf. Freimachung der 1. Rangstelle,
- Eintragung des Erbbaurechts,
- Eintragung des vertragsmäßigen Inhaltes des Erbbaurechts (vollständige Bezugnahme auf die betreffenden Bestimmungen der Urkunde),
- ggf. Vormerkung bei echtem Anspruch auf Verlängerung/Neubestellung,
- ggf. Vorkaufsrecht bzw. Vormerkung für Ankaufsrecht des Erbbauberechtigten.

Erbbaugrundbuch
- Erbbauzinsreallast, ggf. mit Inhalt gem. § 9 II und III ErbbauRG n. F.,
- ggf. Vormerkung auf Inhaltsänderung/Neubestellung bei Wertsicherungsvereinbarung gem. § 9 ErbbauRG a. F.,
- ggf. Vorkaufsrecht oder Vormerkung für Ankaufsrecht des Grundstückseigentümers,
- ggf. Rangvorbehalt bei allen vorstehenden Rechten für Finanzierungsgrundpfandrechte (beachte aber Rn. 98 ff.).

8. Qualifizierung als Rechtskauf

Während die entgeltliche Bestellung eines Erbbaurechts nach der bis zum 31.12.2001 **116** geltenden Rechtslage als kaufähnliches Rechtsgeschäft gewertet wurde (*BGH* NJW 1965, 532), unterliegt ein derartiger Vertrag seit 1.1.2002 unmittelbar der Bestimmung des § 453 BGB über den **Rechtskauf**. Dies gilt unabhängig davon, ob das betreffende Bauwerk bereits vorhanden oder durch den Erbbauberechtigten erst noch zu errichten ist (*v. Oefele/Winkler* Rn. 5.6).

Deshalb bleibt der Erbbaurechtsvertrag auch in Fällen anfänglicher **Unmöglichkeit** gem. § 311a BGB in jedem Falle wirksam, und zwar unabhängig davon, ob es sich um objektive Unmöglichkeit oder subjektives Unvermögen handelt. Kann also z. B. mangels erster Rangstelle oder wegen eines dauernden öffentlich-rechtlichen Bauverbots ein Erbbaurecht überhaupt nicht entstehen, so bleibt demnach nunmehr der Erbbaurechtsvertrag wirksam und wandelt sich lediglich die Primärpflicht des Grundstückseigentümers um in eine Schadensersatzpflicht, wenn er das Leistungshindernis kannte oder kennen musste.

Grundlage der **Mängelhaftung** des Grundstückseigentümers ist § 453 III BGB. Danach **117** ist der Verkäufer eines Rechtes, das zum Besitz einer Sache berechtigt, verpflichtet, die Sache selbst frei von Sach- und Rechtsmängeln zu übergeben. Maßstab für die Schadensersatzpflicht auch bei etwaigen Rechtsmängeln ist gem. § 280 I BGB die primäre Leistungspflicht des Grundstückseigentümers, woraus sich ergibt, dass gerade auch in Erbbaurechtsverträgen diese Leistungspflicht hinreichend konkret beschrieben sein sollte. Dies gilt insbesondere im Hinblick auf eine ggf. erforderliche Freimachung der ersten Rangstelle, so dass es sich auch aus diesem Grund unbedingt empfiehlt, hier eine konkrete Verpflichtung des Grundstückseigentümers u. U. verbunden mit einer bestimmten Frist zu begründen.

Abgesehen von Fällen des Verbrauchervertrages kann im Übrigen die Ersatzpflicht vertraglich modifiziert werden. Dabei ist sowohl eine Verschärfung der Haftung des Grundstückseigentümers durch Übernahme einer Garantie als auch eine Entschärfung z. B. durch betragsmäßige Begrenzung möglich. Ein gänzlicher Haftungsausschluss des Grundstückseigentümers ist allerdings nur für solche Punkte sinnvoll, die das Entstehen des Erbbaurechts als solches nicht unmittelbar berühren, wie z. B. Zustand des Grundstücks usw.

Der **Zeitpunkt des Gefahrenüberganges** ist gem. §§ 353 III, 446 BGB der Zeitpunkt **118** der Übergabe, wobei diese Regelung allerdings ebenfalls dispositiv ist.

Schließlich sind gem. § 453 II BGB die **Kosten der Begründung und Übertragung** eines Erbbaurechts von dem Grundstückseigentümer bzw. Verkäufer zu tragen. Dies entspricht sicher nicht der gängigen Praxis und muss deshalb im Einzelfall ausdrücklich anders geregelt werden.

119 Unabhängig davon sind bei der vertraglichen Bestellung eines Erbbaurechts auch die Bestimmungen der §§ 305 ff. BGB über den **Verbrauchervertrag** zu beachten. Bestellt z. B. eine Gemeinde oder ein Wohnungsunternehmen eine Vielzahl von gleichartigen Erbbaurechten in einem Gesamtobjekt, sind regelmäßig Voraussetzungen aus § 310 III BGB erfüllt, es sei denn, die Vertragsbedingungen sind im jeweiligen Einzelfall ausnahmsweise ausgehandelt. Hieraus ergeben sich die bekannten, erheblichen Beschränkungen der Möglichkeit eines Haftungsausschlusses auf Seiten des Grundstückseigentümers, insbesondere aus § 309 Nr. 7 und 8 BGB, die demnach dann auch im Erbbaurechtsvertrag im Rahmen der schuldrechtlichen Gewährleistungsregelungen (s. o. Rn. 79) zu beachten sind. Handelt es sich auf Seiten des Grundstückseigentümers darüber hinaus um einen **Unternehmer** i. S. v. § 14 BGB, ist schließlich auch § 17 II a BeurkG einschlägig und damit grundsätzlich die dort vorgeschriebene Zweiwochenfrist einzuhalten (vgl. hierzu jüngst *BGH* NJW 2013, 1451).

IV. Bestehende Erbbaurechte

120 Beim Umgang mit bereits bestehenden Erbbaurechten kommt deren Doppelnatur zum Tragen (s. o. Rn. 23). Während bei Veräußerung, Belastung und Aufteilung nach WEG das Wesen als grundstücksgleiches Recht im Vordergrund steht, richten sich Inhaltsänderung, Aufhebung und Erlöschen weitgehend nach den Bestimmungen über dingliche Belastungen.

1. Veräußerung

121 Ein Erbbaurecht kann grundsätzlich wie ein Grundstück veräußert werden, insbesondere also auch verkauft werden. Wirtschaftlich handelt es sich um die Übertragung des auf die Dauer des Erbbaurechts befristeten Eigentums an dem betreffenden Bauwerk.

Der **Kauf-/Übertragungsvertrag** bedarf der Form des § 311b BGB. Da die Übertragung des Erbbaurechts selbst nur dessen dinglichen Inhalt erfasst, regelmäßig aber auch die nur schuldrechtlich wirkenden Regelungen des Erbbaurechtsvertrages auf den Erwerber übergehen bzw. von ihm übernommen werden sollen, **muss** dies im Übertragungsvertrag **ausdrücklich geregelt** werden. Das gilt insbesondere für die Erbbauzinsregelung einschließlich Wertsicherungsvereinbarung alter Form (vgl. Rn. 88 ff.) (*BGH* DNotZ 1987, 360) und Vollstreckungsunterwerfung und auch für die im Zusammenhang mit der Beleihung des Erbbaurechts oft getroffenen Stillhaltevereinbarungen mit Darlehensgebern, wobei naturgemäß deren Mitwirkung erforderlich ist.

122 Beachtet werden müssen ferner die fast stets zum Inhalt des Erbbaurechts gehörende Verfügungsbeschränkung gegenüber dem Grundstückseigentümer sowie – bei einer entgeltlichen Veräußerung – dessen ggf. bestehendes Vorkaufsrecht. Bei einem **Kaufvertrag mit Finanzierungsregelung** kann doppeltes Zustimmungs-Erfordernis bestehen, so dass der Notar – abgesehen von einer angemessenen Vertragsgestaltung – ggf. doppelt belehrungspflichtig sein kann (s. o. Rn. 64). Alle diesbezüglichen Erklärungen des Grundstückseigentümers bedürfen der Form des § 29 GBO. Die auch bei einem Kaufvertrag über ein Erbbaurecht übliche Vormerkung kann nach h. M. bereits vor Erteilung der Zustimmung des Grundstückseigentümers im Grundbuch eingetragen werden (*v. Oefele/ Winkler* Rn. 4.302 mit weiteren Nachweisen).

123 Die **dingliche Übertragung** des Erbbaurechts erfolgt sodann durch Einigung und Eintragung des Inhaberwechsels im Erbbaugrundbuch. § 925 I BGB ist nicht anwendbar, so dass eine förmliche Auflassung entfällt (§ 11 ErbbauRG). Entsprechend § 925 II BGB ist jedoch die (dingliche) Übertragung unter einer Bedingung oder Zeitbestimmung unwirksam (§ 11 I 2 ErbbauRG). Schuldrechtliche Vereinbarungen oder Anweisungen an den

IV. Bestehende Erbbaurechte

Notar, den dinglichen Vollzug erst beim Vorliegen bestimmter Voraussetzungen vorzunehmen, sind demgegenüber ohne weiteres möglich.

2. Belastung mit Rechten in Abt. II des Grundbuches

Ein Erbbaurecht kann grundsätzlich wie jedes Grundstück i. S. der GBO mit Belastungen und Beschränkungen in Abt. II des Erbbaugrundbuches versehen werden. Möglich ist damit vor allem die Eintragung einer **Vormerkung** zur Sicherung des Übertragungsanspruches bei Veräußerung des Erbbaurechts, so dass diese Sicherung des Erwerbers in der bei Grundstückskaufverträgen üblichen Art auch hier verwendet werden kann. Zur Eintragung der Vormerkung bereits vor Erteilung der Zustimmung des Grundstückseigentümers zum Verkauf s. o. Rn. 122. **124**

Dienstbarkeiten können nur in dem Rahmen bestellt werden, in dem der Erbbauberechtigte selbst zur Nutzung berechtigt ist. Dies gilt auch für die im Erbbaurechtsvertrag festgelegte Nutzungsart und auch für die nicht bebauten Grundstücksflächen, auf die das Erbbaurecht ggf. erstreckt ist (*Schöner/Stöber* Rn. 1840.). Eine von dem Bauwerk völlig losgelöste Nutzung kann deshalb nicht zum Inhalt einer Dienstbarkeit gemacht werden. **125**

Zur Bestellung eines **Untererbbaurechts** s. o. Rn. 12 ff.

3. Belastung mit Rechten in Abt. III des Grundbuches

Die Bestellung von Grundpfandrechten jeder Art zulasten des Erbbaurechts ist, soweit eine nach dem Erbbaurechtsvertrag etwa erforderliche Zustimmung des Grundstückseigentümers vorliegt, ebenfalls ohne weiteres möglich. Die in §§ 18 ff. ErbbauRG enthaltenen Einschränkungen betreffen lediglich die Frage der Mündelsicherheit und die Beleihung durch Hypothekenbanken und private Versicherungsgesellschaften. **126**

Zur ggf. erforderlichen **Zustimmung des Grundstückseigentümers** und den mit der Erteilung bzw. Versagung verbundenen Problemen s. o. Rn. 61 ff.

4. Aufteilung nach dem WEG

Wenn bei einem einheitlichen Grundstück die Ausübung des Erbbaurechts auf bestimmte Teilflächen beschränkt ist, steht dies einer Aufteilung nach den Bestimmungen des WEG grundsätzlich nicht entgegen (*OLG Hamm* DNotI-Report 1998, 110). **127**

Ist bei einem gem. WEG aufgeteilten Erbbaurecht auch die Erbbauzinsreallast entsprechend auf die einzelnen Wohnungs- und Teilerbbaurechte aufgeteilt, so steht eine diesbezügliche unterschiedliche Belastung der Zusammenlegung bzw. Vereinigung von einzelnen Wohnungs- und Teileigentumsrechten nicht entgegen (*OLG Hamm* MittBayNot 2007, 490).

Wird ein nach WEG aufgeteiltes Erbbaurecht später einverständlich aufgehoben oder erlischt es z. B. durch Zeitablauf, setzt sich die Aufteilung nicht an dem betreffenden Grundstück fort (*BayObLG* MittBayNot 1999, 375). Sollen in einem derartigen Falle die Wohnungs- bzw. Teileigentumsrechte fortbestehen, ist eine neue Teilungsvereinbarung unter Einbeziehung des Grundstückseigentümers erforderlich.

Wegen der weiteren Einzelheiten zu Wohnungs- und Teilerbbaurechten s. o. Rn. 14 und Kap. A. III Rn. 206 ff. **128**

5. Realteilung

Die Unterteilung eines Erbbaurechts in mehrere Einzelerbbaurechte ist unter Mitwirkung des Grundstückseigentümers möglich, wenn es sich um selbständig nutzbare Bauwerksteile handelt und die einzelnen Grundstücksteile selbständige Grundstücke i. S. der GBO sind bzw. werden. Mangels abweichender Regelung gilt der Inhalt des ursprünglichen Erbbaurechts auch für die entstehenden Einzelerbbaurechte und setzen sich im Erbbaugrundbuch eingetragene Belastungen als Gesamtbelastungen fort. **129**

Da regelmäßig eine Aufteilung des Erbbauzinses gewollt ist, muss diese ausdrücklich vereinbart werden. Notwendig ist dabei zugleich eine grundbuchliche Teilung der Erbbauzinsreallast (Muster s. *v. Oefele/Winkler* S. 522).

6. Vereinigung

130 Die Vereinigung zweier Erbbaurechte zu einem Gesamterbbaurecht ist nur möglich, wenn beide dieselbe Laufzeit und im Wesentlichen gleichen Inhalt haben (*BayObLG* MittBayNot 1996, 34). Liegen diese Voraussetzungen vor, kann die Vereinigung nach den Regeln der Bestandteilszuschreibung erfolgen. Eine Zustimmung der Grundstückseigentümer ist hierzu grundsätzlich nicht erforderlich.

7. Inhaltsänderungen

131 Jede spätere Änderung des Erbbaurechts selbst und/oder seines vertragsmäßigen Inhaltes ist Inhaltsänderung eines dinglichen Rechtes und bedarf daher gem. §§ 876, 877 BGB der dinglichen Einigung, der Zustimmung der dinglich Berechtigten und der Eintragung im Grundstücksgrundbuch.

Dies gilt insbesondere für Änderungen jeder Art bezüglich des Bauwerkes, seiner Nutzung und Erhaltung, der Dauer des Erbbaurechts sowie der Heimfall- und Entschädigungsregelungen (*v. Oefele/Winkler* Rn. 4.33; DNotI-Report 2012, 197). Änderungen bezüglich der sonstigen, nur schuldrechtlichen Vereinbarungen des Erbbaurechtsvertrages wie z. B. der Erbbauzinsregelung fallen nicht hierunter, es sei denn, sie sind gesondert dinglich gesichert.

132 Bei der erforderlichen **Zustimmung dinglich Berechtigter** ist zu unterscheiden, ob der Inhalt des Erbbaurechts verkürzt oder erweitert wird (*Schöner/Stöber* Rn. 1858). Bei einer Verkürzung sind die dinglich Berechtigten am Erbbaurecht selbst, insbesondere also etwaige Grundpfandrechtsgläubiger zulasten des Erbbaurechts betroffen. Bei einer Erweiterung sind die etwa nachrangig dinglich Berechtigten am Grundstück betroffen.

133 Da außerdem jede Inhaltsänderung des Erbbaurechts selbst und/oder seines vertragsmäßigen Inhaltes gleichzeitig eine Verkürzung entweder der Rechte des Grundstückseigentümers oder derjenigen des Erbbauberechtigten bedeutet, bedarf der Vertrag über eine derartige Inhaltsänderung der **Form** der notariellen Beurkundung gem. § 311b BGB (so jetzt wohl auch *v. Oefele/Winkler* Rn. 4.34).

8. Aufhebung und Erlöschen

134 Für die **vertragsmäßige Aufhebung** eines Erbbaurechts als denkbar stärkste Form der Inhaltsänderung gelten die vorstehenden Ausführungen sinngemäß. Erforderlich sind demnach dingliche Einigung, Zustimmung aller dinglich Berechtigter am Erbbaurecht in öffentlicher Form und Eintragung des Erlöschens im Grundstücksgrundbuch.

134a Eine Zustimmung der an dem Erbbaurecht dinglich Berechtigten ist dann nicht erforderlich, wenn deren Rechte durch entsprechende Eintragungen nach dem Wegfall des Erbbaurechts mit gleichem Inhalt und gleicher Rangstelle im Grundstücksgrundbuch weiter bestehen (*LG Bayreuth* MittBayNot 1997, 39; *LG Krefeld* Rpfleger 1998, 284; *v. Oefele/Winkler* Rn. 5.200).

134b Der Vertrag über die Aufhebung bedarf der notariellen Beurkundung gem. § 311b BGB. Liegen die notwendigen Zustimmungserklärungen der dinglich Berechtigten vor, sind zum grundbuchmäßigen Vollzug keine zusätzlichen Löschungsbewilligungen mehr erforderlich (DNotI-Report 2000, 157).

135 Kommt es demgegenüber zum **Zeitablauf**, so erlischt das Erbbaurecht automatisch ohne besondere Erklärung der Beteiligten. Das Grundbuch wird unrichtig, so dass zur Löschung grundsätzlich ein einfacher Löschungsantrag genügt und Zustimmungserklärungen der dinglich am Erbbaurecht Berechtigten nicht erforderlich sind. Wer Rechte an

IV. Bestehende Erbbaurechte

einem Erbbaurecht erwirbt, muss wissen, dass es i. d. R. nur auf eine bestimmte Zeit bestellt ist.

Die höchstrichterliche Rechtsprechung hat diesen Grundsatz inzwischen erheblich eingeschränkt: Voraussetzung der Löschung im Wege der Grundbuchberichtigung ist nunmehr in jedem Fall, dass – auch nach Ablauf der Jahresfrist aus §§ 23, 24 GBO – gleichzeitig mit dem Erlöschen des Erbbaurechts im Grundstücksgrundbuch die Entschädigungsforderung des früheren Erbbauberechtigten (s. u. Rn. 137) eingetragen wird. Daraus folgt für die Praxis, dass künftig ein Antrag auf Grundbuchberichtigung wegen Erlöschens des Erbbaurechts infolge Zeitablaufs nur dann sinnvoll ist, wenn dabei gleichzeitig die Eintragung der Entschädigungsforderung in Abt. II des Grundstücksgrundbuches – ggf. auch ohne Bezifferung – beantragt wird (zum Ganzen *BGH* DNotZ 2013, 850).

Die **Folgen** des Erlöschens sind in beiden Fällen gleich: Das Bauwerk wird wieder wesentlicher Bestandteil des Grundstücks und damit Eigentum des Grundstückseigentümers. Der Erbbauberechtigte hat bei Erlöschen durch Zeitablauf einen Entschädigungsanspruch gem. dem Inhalt des Erbbaurechts oder mangels entsprechender Regelung im Erbbaurechtsvertrag gem. §§ 27 ff. ErbbauRG, bei der einverständlichen Aufhebung gemäß den im Aufhebungsvertrag getroffenen Vereinbarungen. **136**

Die **Entschädigungsforderung** lastet bei Erlöschen des Erbbaurechts durch Zeitablauf als gesetzliche Forderung auch ohne Eintragung auf dem Grundstück, und zwar mit Rang und anstelle des früheren Erbbaurechts, demnach erstrangig. Der Erbbauberechtigte kann jederzeit die Eintragung im Wege der Grundbuchberichtigung bewirken. Die inzwischen h. M. geht von einem reallastähnlichen Recht eigener Art aus, das dementsprechend in Abt. II des Grundstücksgrundbuches einzutragen ist (*Schöner/Stöber* Rn. 1874; jetzt auch *BGH* DNotZ 2013, 850). Die Höhe der Entschädigungsforderung muss dabei nicht beziffert und somit auch nicht im Grundbuch eingetragen werden und braucht auch nicht festzustehen (*OLG Hamm* DNotZ 2007, 750). **137**

Beim Erlöschen des Erbbaurechts im Erbbaugrundbuch eingetragene **Belastungen** und **Beschränkungen** erlöschen als solche kraft Gesetzes. Dies gilt uneingeschränkt auch für Grundpfandrechte jeder Art. Wenn eine Fortsetzung am Grundstück gewünscht ist, müssen derartige Rechte inhaltsgleich neu bestellt und nunmehr im Grundstücksgrundbuch eingetragen werden, wobei auf die ursprünglich gewollte Rangfolge zu achten ist. Dem Versuch, diesen umständlichen Weg durch eine Bestandteilszuschreibung des Grundstücks zum Erbbaurecht gem. § 890 II BGB zu umgehen, hat die Rechtsprechung inzwischen eine Absage erteilt (*KG* DNotZ 2011, 283). **138**

Waren beim Erlöschen durch Zeitablauf Grundschulden, Hypotheken oder Reallasten zulasten des Erbbaurechts vorhanden, haben deren Gläubiger jedoch ein gesetzliches Pfandrecht an der Entschädigungsforderung des Erbbauberechtigten (§ 29 ErbbauRG), das ebenfalls im Wege der Grundbuchberichtigung bei seiner Reallast eingetragen werden kann. **138a**

Rechte in Abteilung II des Grundbuchs zu Lasten des Erbbaurechts gehen mit dessen Erlöschen grundsätzlich ersatzlos unter, so dass insbesondere bei Dienstbarkeiten ggf. eine Neubestellung zu Lasten des Grundstücks erforderlich ist. Grunddienstbarkeiten zu Gunsten des jeweiligen Erbbauberechtigten gehen demgegenüber nicht unter, sondern werden mit Erlöschen des Erbbaurechts Bestandteile des betreffenden Grundstücks, wenn es sich dabei um Wege- oder Leitungsrechte handelt (*BGH* DNotZ 2012, 760). **139**

Für Miet- und Pachtverhältnisse am früheren Erbbaurecht gelten gemäß der zwingenden Verweisung in § 11 I ErbbauRG die Regelungen der § 566 ff. BGB, so dass der Grundstückseigentümer in diese Rechtsverhältnisse kraft Gesetzes eintritt. Ihm steht sodann jedoch ein Sonderkündigungsrecht gem. § 30 II ErbbauRG zu. **140**

A V. Grundstückszuwendung

Sebastian Herrler/Dr. Hans-Frieder Krauß

Übersicht

	Rn.
I. Grundlagen	1–135
1. Motive	3–6
2. Schwächen der Schenkung	7–23
3. Schenkungsteuer	24–73
4. Grunderwerbsteuer	74, 75
5. Einkommensteuer	76–86
6. Erbrechtliche Ausgleichung	87–98
7. Pflichtteilsfragen	99–135
II. Vertragstypen der Grundstückszuwendung	136–283
1. Schenkung	136–162
2. Zuwendung an Minderjährige	163–170
3. Mittelbare Schenkungen	171–176
4. Ausstattung	177–184
5. Zuwendungen in oder aufgrund der Ehe	185–203
6. Zuwendungen unter Lebensgefährten	204–210
7. „Familienpool"	211–244
8. Schenkung auf den Todesfall	245–250
9. Gegenseitige Zuwendungsversprechen auf den Todesfall	251–255
10. Betriebsnachfolge	256–283
III. Vorbehaltene Rechte und Gegenleistungen bei Grundstückszuwendungen	284–531
1. Nießbrauch	286–342
2. Wohnungsrecht	343–388
3. Leibrente und dauernde Last	389–438
4. Pflegeklauseln	439–451
5. Absicherung durch Altenteil (Leibgeding)	452–464
6. Rückforderungsrechte	465–507
7. Berücksichtigung staatlicher Leistungspflichten	508–531
IV. Sozialrechtliche Aspekte	532–556
1. Die Übertragung als „Tatbestandsmerkmal" des Sozialrechts	534, 535
2. Die sozialrechtlich bedingte Sittenwidrigkeit der Vermögensübertragung	536
3. Sittenwidrigkeit einzelner Rechtsakte	537–543
4. Übersicht: Zulässigkeit erbrechtlicher Gestaltung mit nachteiligen Wirkungen für Dritte	544
5. Die Grundsicherung für Arbeitsuchende („Hartz IV", SGB II)	545–556

Literatur: *Dauner-Lieb/Grziwotz/Hohmann-Dennhardt*, Pflichtteilsrecht, 1. Aufl. 2010; *Krauß*, Vermögensnachfolge in der Praxis, 3. Aufl. 2012; *Langenfeld/Günther*, Grundstückszuwendungen zur lebzeitigen Vermögensnachfolge, 6. Aufl. 2010; *J. Mayer/Geck*, Der Übergabevertrag, 3. Aufl. 2013; *J. Mayer/Süß/Tanck/Bittler/Wälzholz*, Handbuch des Pflichtteilsrechts, 3. Aufl. 2013; *C. Münch*, Ehebezogene Rechtsgeschäfte, 3. Aufl. 2011; *Schlitt/Müller* (Hrsg.), Handbuch Pflichtteilsrecht, 2010; *Spiegelberger*, Unternehmensnachfolge, Gestaltung nach Zivil- und Steuerrecht, 2. Aufl. 2009; *Spiegelberger*, Vermögensnachfolge, Gestaltung nach Zivil- und Steuerrecht, 2. Aufl. 2010; *Spiegelberger/Spindler/Wälzholz*, Die Immobilie im Zivil- und Steuerrecht, 2008; *Waldner*, Vorweggenommene Erbfolge für die notarielle und anwaltliche Praxis, 2. Aufl. 2011.

I. Grundlagen

1 Die Grundstückszuwendung tangiert in aller Regel persönliche, zivil-, sozial- und steuerrechtliche Elemente, die sich in unterschiedlicher Gewichtung überlagern. Es ist deshalb von besonderer Bedeutung, zunächst die individuelle Interessenlage der Beteiligten zu erfassen. Ferner sind unterschiedliche Zeitschranken zu berücksichtigen. Die nachstehenden Hinweise können angesichts der Lebensvielfalt nur typische Sachverhalte ansprechen.

2
Beratungs-Checkliste

(1) Beteiligte
  (a) Eltern/Kinder: Schenkung mit Modifikationen/Ausstattung/Gesellschaft
  (b) Ehegatten: Ehebedingte Zuwendung
  (c) Zuwendung an Fremde: Versorgungsvertrag
(2) Gegenstand
  (a) Privat:
    (aa) Objekt zur freien Verfügung (z. B. Bauplatz)
    (bb) Gemeinsam genutztes Familienobjekt
    (cc) Fremdgenutztes Renditeobjekt
  (b) Betrieb/Hof
(3) Zuwendungsmotive
  (a) Bereicherung des Erwerbers
    (aa) Freigebige Zuwendung
    (bb) Pflichtschenkung
    (cc) Belohnende Schenkung
    (dd) Private Starthilfe
    (ee) Existenzgründungshilfe
  (b) Gestaltungsziel des Veräußerers
    (aa) Herstellung der Vermögensparität
    (bb) Vorweggenommener Zugewinnausgleich
    (cc) Entlastung von Verantwortung
    (dd) Überwachung des Erwerbers
  (c) Starke Eigeninteressen des Veräußerers
    (aa) Verlagerung aus Haftungsgründen
    (bb) Private Altersvorsorge (z. B. Abfindung, Altenteil)
    (cc) Vorweggenommene Erbfolge
      – Veränderung der Erbrechtspositionen
      – Erhaltung des Vermögens in einer Hand
      – Sicherstellung von weichenden Erben
    (dd) Unternehmensnachfolge
      – Erhaltung des Betriebes durch planvolle Überleitung
      – „Betriebliche" Altersversorgung
(4) Berücksichtigung Dritter
  (a) Rechte für Dritte (z. B. Gleichstellungsgelder)
  (b) Mitwirkung Dritter (z. B. Pflichtteilsverzicht gegen Abfindung)
  (c) Schutz vor Ansprüchen Dritter (z. B. Anfechtungsrecht)
  (d) Beachtung staatlicher Leistungspflichten
  (e) Verhinderung ungewollter Rechtsnachfolge

▶

▼ Fortsetzung: **Beratungs-Checkliste**

(5) Ingangsetzen von Fristen
   (a) Ein Jahr: Verzeihung, § 532 BGB
   (b) Zwei Jahre: Anfechtung entgeltlicher Leistungen unter Angehörigen, § 133 II InsO, § 3 II AnfG (Rn. 21)
   (c) Vier Jahre: Anfechtung unentgeltlicher Leistungen, § 134 InsO, § 4 AnfG (Rn. 20)
   (d) Fünf Jahre: Behaltensfrist im Modell teilweiser Schenkungsteuerfreistellung bei Betriebsvermögen (Rn. 68)
   (e) Sieben Jahre: Behaltensfrist im Modell vollständiger Schenkungsteuerfreistellung (Rn. 68)
   (f) Zehn Jahre:
      (aa) Ausschluss der Rückforderung wegen Verarmung des Schenkers (§ 529 I BGB, Rn. 159)
      (bb) Ausschluss der Pflichtteilsergänzung (§ 2325 III BGB, Rn. 319 ff.)
      (cc) Vorerwerbe bei der Erbschaft- und Schenkungsteuer (§ 14 ErbStG, Rn. 35)
      (dd) Steuerpflicht bei privaten Veräußerungsgeschäften (§ 23 EStG, Rn. 77)
      (ee) Absichtsanfechtung (§ 3 I AnfG, § 133 I InsO, Rn. 19)
(6) Steuerliche Aspekte
   (a) Schenkungsteuer:
      (aa) Mehrfachnutzung von Freibeträgen
      (bb) Kettenschenkung (Rn. 186)
   (b) Einkommensteuer:
      (aa) Nutzung von Progressionsunterschieden
      (bb) „Betriebsaufspaltung" zwischen Eheleuten
      (cc) Verschaffung eigener Steuerbefugnisse (Anschaffungskosten)
      (dd) Privatvermögen: Anschaffungskosten entstehen in bestimmten Fällen (Rn. 79 ff.)
      (ee) Betriebsvermögen: Veräußerungsgewinne (Rn. 80 ff.)?, Abziehbarkeit von Versorgungsleistungen gem. § 10 I Nr. 1a EStG (Rn. 429 ff.)
   (c) Umsatzsteuer: Vorsteuerberichtigung nach § 15a UStG vermeiden (Kap. E Rn. 136)

1. Motive

Zwischen 2010 und 2020 sind Vermögenswerte in Höhe von ca. 2,6 Billionen EUR zu übertragen, das sind 27 % des Vermögensbestands aller privaten Haushalte in Deutschland. Mehr als die Hälfte davon entfällt auf Immobilien.

Hauptmotive für die lebzeitige Übertragung sind – interessanterweise in dieser Reihenfolge (vgl. *Bengel* MittBayNot 2003, 270, 275) –

(1) die Ausnutzung der 10-Jahres-Fristen für die Wiedergewährung der schenkung-/erbschaftsteuerrechtlichen Freibeträge, insbesondere angesichts der 1996 und erneut 2009 eingetretenen höheren Bewertung von Immobilien,
(2) die Verteilung des Vermögens unter Mitwirkung der Kinder in einer streitvermeidenden einvernehmlichen Weise,
(3) die Sicherstellung der Versorgung des Veräußerers im Alter,
(4) die Vermeidung künftigen Sozialhilferegresses,
(5) die Existenzsicherung des Erwerbers.

5 Für die lebzeitige Übertragung („aus warmer Hand") im Unterschied zur letztwilligen Zuwendung sprechen

(1) der sofortige Entlastungseffekt beim Veräußerer,
(2) die Möglichkeit, Konsens und Ausgleich unter mehreren Nachkommen herbeizuführen,
(3) schenkungsteuerliche Überlegungen (Ausnutzung der 10-Jahres-Fristen für die Freibeträge, Abzugsfähigkeit vorbehaltener Nutzungsrechte seit der Streichung des § 25 ErbStG im Jahr 2009),
(4) die Chance, nach Ablauf von zehn Jahren seit der Schenkung dem Rückforderungsregress späterer Sozialleistungsträger zu entgehen (§ 528 BGB)
(5) die Chance, unliebsame dritte Pflichtteilsberechtigte vom „ordentlichen Pflichtteil" auf den (unter Umständen abschmelzenden) Pflichtteilsergänzungsanspruch zu verweisen, der zudem um in der Vergangenheit erhaltene Schenkungen per se gekürzt wird (§ 2327 BGB im Unterschied zu § 2315 BGB: „Flucht in die Pflichtteilsergänzung").

6 Die Zuwendung durch letztwillige Verfügung ist dagegen überlegen hinsichtlich der dinglichen Wirkungen von kontroll- und verfügungsentziehenden Elementen (Testamentsvollstreckung, Vor- und Nacherbfolge, auch hinsichtlich ihrer gläubigerabwehrenden Wirkung: §§ 2115, 2214 BGB), ebenso im Hinblick auf die Möglichkeit, Planänderungen bis zum letzten Moment zu berücksichtigen und die fortbestehende eigene Verfügungsmacht über Substanz und Ertrag des Vermögens bis zum letzten Atemzug.

2. Schwächen der Schenkung

a) Übersicht

7 Unter den Erwerbsformen des BGB ist die Schenkung die schwächste. Dies wird sowohl deutlich im Verhältnis zwischen den Vertragsbeteiligten selbst (Widerruf bei grobem Undank, § 530 BGB, Rn. 161; Rückforderung bei Verarmung des Schenkers, § 528 BGB, Rn. 159) als auch im Verhältnis zu Dritten.

8 Sie hat insbesondere folgende Schwächen:

(1) Der redliche, aber unentgeltliche Erwerb vom Nichtberechtigten wird gemäß § 816 I 2 BGB schuldrechtlich rückabgewickelt.
(2) Unentgeltliche Verfügungen eines Bereicherungsschuldners führen gemäß § 822 BGB dazu, dass der Zweitbeschenkte wie ein rechtsgrundloser Erwerber zur Herausgabe verpflichtet ist.
(3) Der unentgeltliche Erwerb ist stets unmittelbar, auch ohne Kenntnis, einer bestehenden Anfechtungslage ausgesetzt: § 145 II InsO, § 15 II AnfG.
(4) Schenkungen des Erblassers zulasten des Vertragserben, denen kein lebzeitiges Eigeninteresse zugrunde liegt, unterliegen der Rückforderung nach Bereicherungsrecht gemäß § 2287 BGB.
(5) Der Ehegatte, dessen Zugewinnausgleichsforderung durch Schenkungen verkürzt worden ist, kann gemäß § 1390 BGB den Drittempfänger konditionsrechtlich in Anspruch nehmen, und zwar nicht nur allein auf Herausgabe, sondern unmittelbar auf Zahlung in Geld.
(6) Bereits auf der Berechnungsebene sind unentgeltliche Zuwendungen, die ein Ehegatte an Dritte getätigt hat, seinem Endvermögen zuzurechnen (§ 1375 II Nr. 1 BGB), es sei denn, sie lägen länger als zehn Jahre zurück oder wären mit (nicht formgebundener) Einwilligung des anderen Ehegatten erfolgt.
(7) Schenkungen zulasten eines Pflichtteilsberechtigten können gemäß § 2329 BGB unter Umständen vom Beschenkten nach Bereicherungsrecht herausgefordert werden, soweit der zur Pflichtteilsergänzung unmittelbar verpflichtete Erbe ihn nicht zu erfüllen braucht.

I. Grundlagen

(8) Unentgeltliche Verfügungen eines Vorerben, auch eines befreiten, werden gemäß § 2113 II 1 Alt. 1 BGB mit Eintritt des Nacherbfalls eo ipso unwirksam.

(9) Gesetzliche Vertreter, z.B. Eltern, Vormünder, Betreuer, Pfleger, Testamentsvollstrecker, unterliegen dinglichen Schenkungsverboten (vgl. §§ 1425 I, 1641, 1804, 2205 S. 3 BGB), von denen auch gerichtlich nicht Dispens erteilt werden kann.

b) Bindende Erbfolge (§§ 2287, 2288 BGB)

Das BGB hat sich in bewusster Entscheidung im Rahmen des § 2286 BGB dazu bekannt, die **Freiheit des Erblassers** zur Vornahme von Rechtsgeschäften unter Lebenden in weitem Umfang anzuerkennen, auch wenn er erbvertraglich oder durch gemeinschaftliches Testament mit Wechselbezüglichkeit (analoge Anwendung; BGHZ 82, 274, 276) gebunden ist. Schadensersatzansprüche gem. § 826 BGB gegen den Beschenkten werden demnach nur unter strengen Voraussetzungen anerkannt; ebenso zurückhaltend ist die Rechtsprechung in der Annahme der Nichtigkeit beeinträchtigender Schenkungen als sog. „Aushöhlungsgeschäfte". Bei Übergabeverträgen nach der Höfeordnung durch einen erbvertraglich gebundenen Hofeigentümer gelten strengere Grundsätze (analoge Anwendung des § 2289 I 2 BGB), so dass allenfalls eine negative Hoferklärung gem. § 1 IV 1 HöfeO in Betracht kommt (vgl. *Gehse* RNotZ 2008, 218). Mitunter wird allerdings bei Hinzutreten weiterer Umstände ein begleitender konkludenter lebzeitiger „**Verfügungsunterlassungsvertrag**" konstruiert, dessen Verletzung zur Schadensersatzpflicht im Wege der Naturalrestitution führe (z.B. *OLG München* ErbR 2009, 385 m. Anm. *Rudy*). 9

Als Ausnahme hiervon führt § 2287 BGB bei „**böslichen Schenkungen**" zu einem Bereicherungsanspruch des „geschädigten Vertragserben" gegen den Beschenkten; es gelten demnach auch die Vorschriften über Wertersatz (§ 818 II BGB), den Wegfall der Bereicherung im Stadium der Gutgläubigkeit (§ 818 III BGB), sowie die Haftung des Zweitbeschenkten (§ 822 BGB). Aus § 242 BGB bestehen parallele Auskunftsansprüche (*OLG Düsseldorf* ZEV 2012, 156). Der Anspruch verjährt gem. § 2287 II BGB binnen drei Jahren nach dem Anfall der Erbschaft an den Vertragserben ohne Rücksicht darauf, ob der Vertragserbe Kenntnis von der Schenkung, von seiner Berufung zum Erben und von der Beeinträchtigungsabsicht des Erblassers hatte. Er ist ausgeschlossen, wenn der Vertragserbe der Schenkung des Erblassers (vor oder nach ihrer Vornahme) zustimmt, und zwar – analog § 2352 BGB – in notariell beurkundeter Form (*BGH* DNotZ 1990, 803). Formfrei ist jedoch der Erlassvertrag zwischen Beschenktem und Vertragserben nach Eintritt des Erbfalls (§ 397 BGB). 10

Gläubiger des Anspruchs wird der Vertragserbe, erst, nachdem ihm die Erbschaft angefallen ist. Der Anspruch entsteht originär in der Person des Vertragserben, fällt also nicht in den Nachlass, ist nicht in Erbauseinandersetzungen einzubeziehen, schmälert sich nicht um „anrechnungspflichtige" Vorerwerbe i.S.d. § 2050 BGB und unterliegt auch keiner Testamentsvollstreckung. Bis zum Eintritt des Nacherbfalls steht der Anspruch dem Vertrags-Vorerben, sodann dem Nacherben zu. Vor dem Erbfall stehen demgegenüber auch Verfahren des einstweiligen Rechtsschutzes (Arrest oder einstweilige Verfügung) nicht zur Verfügung, da kein sicherungsfähiger Anspruch besteht (BayObLGZ 1952, 289), es sei denn, im Erbvertrag läge eine (gemäß § 137 S. 2 BGB naturgemäß nur schuldrechtlich wirkende) Verfügungsunterlassungsverpflichtung, die durch ein einstweiliges Veräußerungs- und Belastungsverbot durchgesetzt werden kann (*OLG Stuttgart* BWNotZ 1959, 70). 11

Ein Anspruch aus § 2287 II BGB besteht nur in dem Maße, in dem in erbvertragliche Bindungen eingegriffen wird. So tritt z.B. durch Schenkungen des Erblassers an einen konkret Pflichtteilsberechtigten keine Beeinträchtigung der Vertragserben ein, sofern die Schenkungen den Pflichtteil nicht übersteigen (der pflichtteilsberechtigte Beschenkte kann sozusagen gegen den Bereicherungsanspruch des Vertragserben „aufrechnen", sogar ohne eine entsprechende Einrede zu erheben (*BGH* ZEV 1996, 25, 26). 12

13 Neben dem Vorliegen einer Schenkung ist weiter erforderlich die Absicht, den Vertragserben zu beeinträchtigen. Entscheidend ist dabei nicht die – mit jeder Schenkung notwendig einhergehende – wirtschaftliche Schmälerung des Erblasservermögens, sondern die subjektive Einstellung des Erblassers. Da dieser gesetzliche Ausforschungsauftrag auf unüberwindliche Beweisschwierigkeiten trifft, stellt der *BGH* seit 1972 (BGHZ 59, 350) anstelle einer Abwägung und Gewichtung verschiedener Motive entscheidend darauf ab, ob ein **lebzeitiges Eigeninteresse** des Erblassers an der Vermögensdisposition anzuerkennen ist. Dies liegt regelmäßig bei Pflicht- und Anstandsschenkungen vor (vgl. § 534 BGB), z. B. auch Geschenken zu Geburtstagen, Hochzeiten etc., möglicherweise auch bei Schenkungen zu ideellen Zwecken oder aus persönlichen Rücksichten, auf jeden Fall aber bei Schenkungen zu materiellen Zwecken, etwa zur Sicherung der eigenen Altersversorgung (*OLG Köln* ZEV 2000, 317) oder um die jüngere Ehefrau für zu erwartende Phasen der Betreuungsbedürftigkeit „an sich zu binden" (*BGH* NJW 1992, 2630, 2631), sowie bei Betriebsübertragungen in der Absicht, den Bestand des Unternehmens zu erhalten (*OLG Oldenburg* BeckRS 2011, 23182). Eine Schenkung als Ausgleich für Pflegeleistungen ist demnach regelmäßig privilegiert. Die Pflege- und Unterstützungsleistung muss im Übertragungsvertrag nicht als „Gegenleistung" ausbedungen werden, vielmehr genügt es, dass der Beschenkte sie tatsächlich erbringt und auch weiter erbringen will (*BGH* notar 2012, 22 m. Anm. *Odersky*). Handelt es sich um „echte Gegenleistungen", wirken sie sich allerdings doppelt günstig aus: sie reduzieren den Schenkungsanteil und belegen – hinsichtlich der verbleibenden Schenkung – das lebzeitige Eigeninteresse.

14 Die **Anforderungen** an das „Eigen"-interesse sind **streng**: der Wunsch, durch lebzeitige Verfügung für eine Gleichbehandlung der Abkömmlinge zu sorgen, soll nicht ausreichen (*BGH* ZEV 2005, 479), ebenso wenig der Wunsch, die Zuneigung zum zweiten Ehegatten zu dokumentieren und diesen zu versorgen (*OLG Celle* RNotZ 2006, 477). Auch das bloße Bestehen einer nichtehelichen Lebensgemeinschaft genügt nicht als Rechtfertigung (*OLG Köln* NJW-RR 1992, 200); ebenso wenig, dass die Schenkung nur der nachträglichen Korrektur einer erbvertraglichen Verteilung zugunsten einer nunmehr genehmeren Person dienen soll (*BGH* WM 1977, 201), oder aufgrund der Erkenntnis vorgenommen wird, den (nun beschenkten) Ehegatten zu gering bedacht zu haben, bzw. erfolgt, weil nachträglich unerwartet ein erheblicher Vermögenszuwachs stattfand, den man bei der Abfassung des Erbvertrages gar nicht habe berücksichtigen können (*BGH* NJW 1982, 1100).

15 Wer durch Erbvertrag oder gemeinschaftliches Testament bindend als **Sachvermächtnisnehmer** eingesetzt ist, bedarf eines weiter gehenden Schutzes als der Vertragserbe. Sein Anspruch könnte nämlich auch durch bloßes Wegschaffen des vermachten Gegenstands (Verkauf, Verschenken, Zerstörung) vereitelt werden, §§ 2279, 2169, 2171 BGB. Der Vertragsvermächtnisnehmer wird daher in § 2288 BGB auch gegen Beeinträchtigung durch **tatsächliche Maßnahmen** (Zerstörung, Beschädigung etc. – § 2288 I BGB) geschützt, ebenso gegen Veräußerung oder Belastung, gleichgültig, ob **gegen Entgelt** oder unentgeltlich, § 2288 II BGB. Auch auf Rechtsfolgenseite gewährt § 2288 BGB nicht nur – wie § 2287 BGB – einen (schwachen) Bereicherungsanspruch, sondern darüber hinaus einen Wertersatz- oder Verschaffungsanspruch vermächtnisrechtlicher Art gegen den Erben.

c) Gläubigeranfechtung

16 Deutlich wird die Bestandsschwäche der Schenkung ferner im Recht der **Gläubiger- und Insolvenzanfechtung**, das (neben dem Strafrecht, §§ 283 ff. StGB) dem Bemühen des pfändungsgefährdeten Vermögensinhabers, sich zur Erreichung der „asset protection" auch kurzfristig von seinen Gütern zu trennen (möglichst ohne den wirtschaftlichen Zugriff hierauf aufgeben zu müssen), Grenzen setzt:

I. Grundlagen A V

Zur Gläubigeranfechtung **berechtigt** ist jeder (auch nach der Vornahme der anfechtbaren Rechtshandlung hinzugekommene) Gläubiger, der einen vollstreckbaren Schuldtitel erlangt hat, sofern die Vollstreckung in das sonstige Vermögen des Schuldners nicht zu einer vollständigen Befriedigung geführt hat; berechtigt zur Insolvenzanfechtung ist lediglich der Insolvenzverwalter (§ 129 InsO). Rechtsfolge der Insolvenzanfechtung ist gemäß § 143 InsO ein schuldrechtlicher Anspruch auf Rückgewähr der gegebenen Leistung bzw. auf Wertersatz; Rechtsfolge der Gläubigeranfechtung gemäß § 11 AnfG ist die Duldung der Zwangsvollstreckung aus dem Gläubigertitel in den anfechtbar weggegebenen Gegenstand. 17

Zwischen den Anfechtungstatbeständen herrscht ein **Stufenverhältnis** mit strenger werdenden Anforderungen bei zunehmender zeitlicher Entfernung zur Insolvenzeröffnung/Anfechtungserklärung, abnehmender Nähebeziehung zwischen Schuldner und Vertragspartner sowie Kenntnis des Vertragspartners von den Umständen und zunehmender Entgeltlichkeit: 18

(1) Erfolgte die Rechtshandlung oder das ihr gleichstehende Unterlassen in Benachteiligungsabsicht (wobei dolus eventualis genügt), kann die Anfechtung bis zu zehn Jahre zurückliegende Rechtshandlungen erfassen. Die notwendige Kenntnis des Vertragspartners von der Benachteiligungsabsicht wird widerleglich vermutet, wenn er zumindest von der objektiven Benachteiligungswirkung der drohenden Zahlungsunfähigkeit des Schuldners wusste. In den Fällen der **Absichtsanfechtung** (§ 3 I AnfG, § 133 I InsO) genügt auch eine lediglich mittelbare Gläubigerbenachteiligung, die z. B. in der gegenständlichen Umschichtung des Gläubigervermögens von sicheren zu flüchtigeren Werten liegen kann oder als Folge der Erhöhung des Verkehrswerts des anfechtbar veräußerten Objekts zwischen der Vornahme der Handlung und der Anfechtung selbst eintreten kann. 19

(2) Die Vornahme einer objektiv **unentgeltlichen Leistung**, gleich mit welchem Vertragspartner, berechtigt zur Anfechtung binnen vier Jahren (§ 4 AnfG, § 134 InsO). Bei gemischten Schenkungen geht die h. M. von der Anfechtung des gesamten Rechtsgeschäfts aus, gerichtet auf Rückgewähr der Leistung Zug um Zug gegen Erstattung der aus dem Vermögen des Beschenkten erbrachten Gegenleistung, es sei denn, der Anfechtungsgegner wendet die Rückgewähr durch anteiligen Wertersatz in Geld ab. 20

(3) **Entgeltliche Verträge** mit nahestehenden Personen (§ 3 II AnfG, § 133 II InsO) während der zurückliegenden zwei Jahre, die zu einer unmittelbaren Gläubigerbenachteiligung führen, sind erleichtert anfechtbar; die Benachteiligungsabsicht des Schuldners und die Kenntnis des Vertragspartners hiervon werden kraft Gesetzes widerleglich vermutet. Hauptanwendungsfall ist die Erfüllung zuvor durch Güterstandswechsel geschaffener Zugewinnausgleichsansprüche durch Geld- oder Sachübertragungen unter Ehegatten (vgl. *BGH* MittBayNot 2010, 493; *Hosser* ZEV 2011, 174). 21

(4) Lediglich im Vorfeld einer Insolvenz sollen schließlich §§ 130 bis 132 InsO dem Prinzip der gleichmäßigen Gläubigerbefriedigung bereits ab dem Zeitpunkt des Offenbarwerdens der Krise Geltung verschaffen. Findet eine Sicherung oder Befriedigung statt, die dem späteren Insolvenzgläubiger nicht, nicht auf diese Weise oder nicht zu diesem Zeitpunkt zugestanden hätte, oder erfolgt die Befriedigung im letzten Monat vor dem Antrag auf Insolvenzeröffnung bzw. nach diesem Antrag, bedarf die Anfechtung keiner weiteren objektiven oder subjektiven Voraussetzungen (§ 131 I Nr. 1 InsO). Gleiches gilt bei solchen („inkongruenten") Rechtshandlungen innerhalb des zweiten oder dritten Monats vor dem Eröffnungsantrag, wenn der Schuldner objektiv zahlungsunfähig war oder der Anfechtungsgegner von der objektiven Benachteiligung der Insolvenzgläubiger Kenntnis hatte. Bei einer kongruenten, also auf diese Weise beanspruchbaren Deckung, gestattet § 130 InsO die Anfechtung bei Rechtshandlungen binnen drei Monaten vor Eröffnungsantrag allerdings nur, wenn zusätz- 22

lich der Schuldner zu diesem Zeitpunkt bereits zahlungsunfähig war und der Gläubiger davon Kenntnis hatte. Die Anfechtung solcher kongruenter Rechtsgeschäfte ist gemäß § 142 InsO ausgeschlossen, wenn es sich um Bargeschäfte handelt, also ein enger zeitlicher Zusammenhang zwischen Leistung und Gegenleistung vorliegt, was auch bei Grundstücksgeschäften, die ohne Vorleistung binnen ein bis zwei Monaten abgewickelt werden, gegeben sein kann (*BGH* NJW 1977, 718).

23 Für die Vertragsgestaltung besonders gefährlich ist die Anfechtung gem. §§ 130, 131 InsO in den **letzten drei Monaten vor Insolvenzeröffnung** wegen kongruenter oder inkongruenter Deckung, da insoweit mittelbare Gläubigerbenachteiligung genügt und geringe Anforderungen an den subjektiven Tatbestand gestellt werden. Kommt es zur Anfechtung, sind zwar alle Zahlungen, die zur Ablösung bevorrechtigter (dinglicher) Gläubiger geleistet werden, „gesichert", Zahlungen an den (späteren) Gemeinschuldner allerdings nicht (§ 144 II 2 InsO). Es kann sich daher empfehlen, Leistungen des potentiellen Anfechtungsgegners (Erwerbers) erst nach Ablauf von drei Monaten fällig werden zu lassen oder erst dann aus dem Anderkonto auszuzahlen, wenn kein Insolvenzverfahren beantragt wurde, vgl. *Reul* MittBayNot 2011, 363, 368.

3. Schenkungsteuer

a) Grundsätzliches

24 Der Beschluss des BVerfG vom 7.11.2006 (ZEV 2007, 76, 101) führte mit Wirkung ab 1.1.2009 zu neuen bewertungs- und schenkung-/erbschaftsteuerrechtlichen Bestimmungen, die jedoch wiederum der **verfassungsrechtlichen Überprüfung** ausgesetzt sind (Vorlagebeschluss BFH DStR 2012, 2063), so dass seit dem 14.11.2012 Steuerbescheide nur noch vorläufig gemäß § 165 I 2 Nr. 3 AO ergehen. In der Aufforderung an das BMF, dem Verfahren beizutreten, hat der *BFH* (ZEV 2011, 672) eindrucksvolle Beispiele für die gleichheitssatzwidrige Begünstigung von Betriebsvermögen vorgetragen (Übermaßbegünstigung durch gestufte Beteiligungsverhältnisse mit Verwaltungsvermögen von nicht mehr als 50% durch den positiven Kaskadeneffekt, „Cash-GmbHs", Aufspaltungen in vermögenslose Besitzgesellschaft mit Arbeitnehmern und vermögende Besitzgesellschaft ohne Lohnsummenkontrolle, internes Verkaufsmodell etc.). Die mündliche Verhandlung am 8.7.2014 lässt es als durchaus wahrscheinlich erscheinen, dass bereits im Spätherbst 2014 der Gesetzgeber aufgefordert wird, binnen Frist gleichheitssatzwidrige Aspekte des Gesetzes zu beseitigen.

25 Die am 19.12.2011 verabschiedeten **ErbStR 2011** samt begleitender Hinweise (ErbStH 2011, Sondernr. 1/11 des BStBl. I) integrieren die gleichlautenden Anwendungserlasse vom Sommer 2009, ebenso den „Pool-Erlass" vom Oktober 2010 und die Anwendungserlasse vom Mai 2011 zu gemischten Schenkungen sowie vom August 2011 zu Nachschenkungen.

26 **Grundtatbestand** für die Besteuerung freigebiger Zuwendungen unter Lebenden ist § 7 I ErbStG, der in Nr. 1 eine dauerhafte Bereicherung des Empfängers auf Kosten des Zuwendenden verlangt. Aufschiebend bedingte Leistungen oder Gegenleistungspflichten sind erst mit **Bedingungseintritt** zu beachten (§ 12 I ErbStG i. V.m. § 6 BewG); gleiches gilt für Gegenleistungen mit unbestimmter Fälligkeit (§ 9 I Nr. 1 lit. a i.V.m. § 1 II ErbStG). Auch unentgeltliche **Nutzungsüberlassungen** oder die Zinslosigkeit gewährter Darlehen (§ 15 I BewG: 5,5 %!) können der Besteuerung unterliegen. Gleiches gilt gemäß § 7 I Nr. 4 ErbStG für die bei Vereinbarung des Güterstands der **Gütergemeinschaft** erfahrene Bereicherung, für lebzeitige **Abfindungen** für Erb- oder Pflichtteilsverzichte (§ 7 I Nr. 5, 7, 10 ErbStG), den **Stiftungserwerb** (§ 7 I Nr. 8, 9 ErbStG) und bestimmte **gesellschaftsrechtliche Vorgänge** (§ 7 V bis VIII ErbStG), z.B. den Zuerwerb beim Ausscheiden eines Gesellschafters, übermäßige Gewinnbeteiligungen oder die mittelbare

I. Grundlagen
A V

Bereicherung begünstigter Mitgesellschafter bei Leistungen eines Gesellschafters an „seine" Gesellschaft oder umgekehrt im Rahmen von Übermaßzuwendungen der Gesellschaft an ihre Gesellschafter (zum teilweise missglückten § 7 VIII ErbStG vgl. auch *BMF* BStBl. 2012 I 331 sowie *Hutmacher* ZNotP 2012, 170 und *Korezkij* ZEV 2012, 303).

Unbeachtlich bleibt jedoch die beim Erben mittelbar eintretende Bereicherung, die im schlichten Unterlassen der Geltendmachung eines **Pflichtteilsanspruchs** liegt (vgl. § 13 I Nr. 11 ErbStG), auch wenn der Pflichtteilsanspruch zivilrechtlich mit dem Erbfall entsteht (§ 2317 I BGB). Ist der Pflichtteil jedoch geltend gemacht, führt dies zu einem Erwerb von Todes wegen gemäß § 3 I Nr. 1 Alt. 4 ErbStG; ein Verzicht auf diesen geltend gemachten Anspruch löst dann wiederum eine Besteuerung nach § 7 I Nr. 1 ErbStG zugunsten des Erben aus! Ist der Pflichtteilsanspruch zwar zivilrechtlich entstanden, wird er jedoch nicht geltend gemacht, weil für dieses Unterlassen der Geltendmachung eine Abfindung geleistet wird, unterliegt wiederum die Abfindung der Besteuerung als Erwerb von Todes wegen gemäß § 3 II Nr. 4 ErbStG. 27

Um die Abmilderung der erbschaftsteuerlichen Nachteile des Berliner Testaments durch „einvernehmliche" Geltendmachung des Pflichtteilsanspruchs nicht zu gefährden, sollten etwaige **Pflichtteilsstrafklauseln** entweder nur fakultativ wirken oder aber lediglich an die Geltendmachung „gegen den Willen des Erben" anknüpfen. Auch die **Ausschlagung gegen Abfindung** (letztere unterliegt gemäß § 3 II Nr. 4 Alt. 2 ErbStG der Besteuerung, und zwar als Erwerb vom Erblasser, nicht von demjenigen, der die Abfindung erbringt) bietet sich zur Optimierung des Berliner Testaments an; zumal die Besteuerung an den Gegenstand der Abfindung anknüpft, so dass die Übertragung des Familienheims an den Ehegatten bzw. das Kind die Freistellungen der § 13 I Nr. 4b oder c ErbStG vermitteln kann. **Ertragsteuerlich** wird allerdings die Ausschlagung gegen Abfindung so behandelt, als hätte der Nachlass zunächst dem „vorläufigen" Erben gehört, der ihn sodann gegen Entgelt auf den Ersatzerben „übertragen" hat, so dass in Bezug auf Betriebsvermögen und steuerverhaftetes Privatvermögen (§§ 17, 23 EStG!) Veräußerungsgewinne entstehen können. 28

Werden **Vermächtnisse** (i.d.R. konkludent) angenommen, entsteht Erbschaftsteuer gemäß §§ 1 I Nr. 1, 3 I Nr. 1 ErbStG im Zeitpunkt des Ablebens des Erblassers (§ 9 I Nr. 1 ErbStG – anders nur bei aufschiebend bedingten Vermächtnissen: Entstehung erst mit Bedingungseintritt, § 9 I Nr. 1a ErbStG); bei Ausschlagung unterbleibt eine Besteuerung, es sei denn, es würde hierfür wiederum eine Abfindung gewährt, § 3 II Nr. 4 Alt. 4 ErbStG. 29

Schenkungsteuer entsteht im Zeitpunkt der „**Ausführung der Schenkung**", § 9 I Nr. 2 ErbStG, also der zivilrechtlichen Wirksamkeit, wobei Vorbehaltsnutzungsrechte und sogar freie Widerrufsvorbehalte, auch in Kumulation, nicht schädlich sind (*BFH* BStBl. 1989 II 1034). Grundstücksschenkungen gelten bereits als ausgeführt, wenn die Auflassung erklärt ist und Antrag auf Eigentumsumschreibung durch den Beschenkten gestellt werden kann (R E 9.1 ErbStR 2011). Bei Teilflächenschenkungen gilt gemäß H E 9.1, letzter Spiegelstrich, ErbStH 2011 dasselbe, so dass vorsichtshalber (auch wenn grundbuchrechtlich nicht verwendbar) die Auflassung der noch nicht vermessenen Teilfläche miterklärt werden sollte. Anders als im bürgerlichen Recht (§ 184 I BGB) wirken behördliche oder privatrechtliche Genehmigungen nicht auf den Tag des Vertragsschlusses zurück, so dass die Schenkung erst mit deren Erteilung als schenkungsteuerrechtlich ausgeführt gelten kann. Gemäß R E 9.1 III 4 ErbStR 2011 genügt es jedoch, den Antrag auf behördliche/gerichtliche Genehmigung in gehöriger Form gestellt zu haben. Anstelle vollmachtloser Vertretung empfiehlt sich in entsprechender Weise das Auftreten mündlich Bevollmächtigter mit späterer Vollmachtsbestätigung in grundbuchtauglicher Form. 30

Der Stichtag des Wirksamwerdens der Schenkung (Entstehung der Steuer) ist auch **Bewertungsstichtag** (§ 10 ErbStG). Übernimmt der Schenker als Teil der Zuwendung auch die Schenkungsteuer, erhöht dies gemäß § 10 II ErbStG den steuerpflichtigen Er- 31 werb (allerdings kann der Schenker die durch die Übernahme der Schenkungsteuer zusätzlich angefallene Schenkungsteuer dem Erwerber erstatten, ohne dass die Steuer sich dadurch weiter erhöhen würde, da § 10 II ErbStG insoweit abschließend ist).

32   Nach Maßgabe der formalen familiären Nähebeziehung zum Erblasser/Schenker sieht § 15 ErbStG eine Einteilung in **drei Steuerklassen** vor, die maßgeblich ist für die Höhe der Freibeträge (§ 16 ErbStG), den Steuersatz (§ 19 ErbStG), die Vergünstigungen beim Mehrfacherwerb (§ 27 ErbStG) und bestimmte sachliche Befreiungen hinsichtlich des Hausrats (§ 13 I Nr. 1 ErbStG). Adoptionen – auch die Volljährigen-Adoptionen mit schwachen Wirkungen – führen zu Steuerklasse I, zu der auch Stiefkinder zählen.

33   Nachstehende Tabelle verdeutlicht (im Vergleich zum früheren Rechtszustand) die für Erwerbe ab 1.1.2009 geltenden Freibeträge:

34

Verhältnis zum Erblasser/Schenker	Steuerklasse	Neu	Bisher	Differenz in EUR
Ehegatte (falls nicht geschieden)	I Nr. 1	500.000	307.000	+ 193.000
Kinder, Stiefkinder	I Nr. 2	400.000	205.000	+ 195.000
Kinder, Kinder verstorbener Kinder und Stiefkinder	I Nr. 2	400.000	205.000	+ 195.000
Kinder, nicht verstorbener Kinder und Stiefkinder	I Nr. 3	200.000	51.200	+ 148.800
Eltern, Großeltern usw. bei Erwerben von Todes wegen	I Nr. 4	100.000	51.200	+ 148.800
Eltern, Großeltern usw. bei Schenkung unter Lebenden	II Nr. 1	20.000	10.300	+ 9.700
Geschwister	II Nr. 2	20.000	10.300	+ 9.700
Nichte/Neffe	II Nr. 3	20.000	10.300	+ 9.700
Stiefeltern	II Nr. 4	20.000	10.300	+ 9.700
Schwiegerkinder (= Schwiegersohn, -tochter)	II Nr. 5	20.000	10.300	+ 9.700
Schwiegereltern (= Schwiegervater, -mutter)	II Nr. 6	20.000	10.300	+ 9.700
Geschiedener Ehegatte, Ehegatte bei einer für nichtig erklärten Ehe	II Nr. 7	20.000	10.300	+ 9.700
Eingetragener Lebenspartner	I Nr. 1	500.000	5.200 (vor JStG 2010!)	+ 494.800
Alle übrigen Erwerber	III	20.000	5.200	+ 14.800
Zweckzuwendungen	III	20.000	5.200	+ 14.800

35   **§ 14 ErbStG** dient einerseits der Vermeidung mehrfacher Ausnutzung der Freibeträge innerhalb der 10-Jahres-Grenze, also der Abwehr des Unterlaufens der Steuersatzprogression bei höheren Erwerben durch Zerlegung in mehrfache Teilzuwendungen, andererseits der Milderung der Steuer für den Letzterwerb durch Verrechnung der hohen Steuerlast aus dem früheren Erwerb (§ 14 I 3 ErbStG – im Anschluss an hochbesteuerte Zuwendungen zur DDR-Zeit konnten nach der Wende Folgeschenkungen sogar gänzlich steuerfrei bleiben!)

I. Grundlagen

Unbeschränkte Steuerpflicht tritt gemäß § 2 ErbStG ein, wenn entweder der Schenker/Erblasser oder der Beschenkte/Erbe Inländer ist (also im Fall natürlicher Personen hier seinen Wohnsitz oder gewöhnlichen Aufenthalt hat bzw. im Fall juristischer Personen sich hier sein Sitz oder die Geschäftsleitung befindet). Erfasst ist sodann aller Erwerb („Weltvermögen"), was die erhöhte Gefahr von Doppelbesteuerungen heraufbeschwört. Wer zwar keinen inländischen Wohnsitz mehr hat, aber als deutscher Staatsbürger sich noch nicht fünf Jahre lang im Ausland dauernd aufhält („Wegzügler"), unterliegt gemäß § 2 I Nr. 1 S. 2 lit. a ErbStG der sogenannten **erweiterten unbeschränkten Steuerpflicht** (und regelmäßig zugleich der Steuerpflicht im Auslandsstaat). § 2 I Nr. 3 ErbStG schafft schließlich eine **beschränkte Steuerpflicht** für Inlandsvermögen i. S. d. § 121 BewG, also hier gelegenen Grundbesitz, inländisches Betriebsvermögen, eine mindestens 10%-ige Beteiligung an inländischen Kapitalgesellschaften, nicht jedoch für inländische Bankkonten oder Forderungen gegen inländische Schuldner. § 4 i. V. m. § 2 AStG kennt schließlich noch eine **erweitert beschränkte Erbschaftsteuerpflicht**, die bis zu elf Jahren nach Wegzug greifen kann. Erst dann sind der Steuerpflichtige und sein Erwerb der deutschen Schenkung/Erbschaftsteuerpflicht endgültig „entflohen" (vgl. *Watrin/Kappenberg* ZEV 2011, 105) 36

Der Abmilderung doppelter Belastung dienen die (noch wenigen) **Doppelbesteuerungsabkommen** (für Erbschaften: Schweiz, Israel, Griechenland bzw. für Erbschaften und Schenkungen: Dänemark, Frankreich, Schweden, USA), die entweder der Freistellungs- oder der Anrechnungsmethode folgen. Hilfsweise führt § 21 ErbStG zur zumindest teilweisen Anrechnung der im Ausland auf dort belegenes Vermögen entrichteten, der Art nach gleichartigen Steuer. 37

Der Erwerber eines an sich nur beschränkt steuerpflichtigen Vermögensanfalls in Deutschland (§ 16 II ErbStG: Freibetrag lediglich 2.000 EUR!) kann gemäß § 2 III ErbStG seit 13.12.2011 auf **Antrag** diesen Erwerb mit allen Konsequenzen der **unbeschränkten Steuerpflicht unterwerfen**, sofern der Erblasser/Schenker oder der Erwerber zur Zeit der Entstehung der Steuer seinen Wohnsitz in einem Mitgliedsstaat der EU oder des EWR hat. Die Option erfasst (wegen § 14 ErbStG) alle Erwerbe im 10-Jahres-Zeitraum vor und nach dem gegenwärtigen Vermögensanfall (Gestaltungsempfehlung gezielter Nachschenkung zur Eröffnung des Optionsrechts bei *Ihle* notar 2013, 45, 48). Zu den Anzeigepflichten gemäß § 30 ErbStG vgl. Kap. E Rn. 22. 38

Steuerschuldner sind bei Schenkung unter Lebenden sowohl der Erwerber als auch der Schenker selbst als Gesamtschuldner (§ 20 I Hs. 1 ErbStG). Erfolgt eine Nachversteuerung begünstigten Betriebsvermögens wegen eines Verstoßes gegen die Behaltensregelung oder die Lohnsummenanforderungen (Rn. 70), will die Finanzverwaltung im Erlasswege (Anwendungserlass vom 25.6.2009, BStBl. 2009 I 713, 719; die ErbStR 2011 enthalten diesen Hinweis jedoch nicht mehr!) den Schenker von einer Inanspruchnahme freistellen, es sei denn, er hätte den Betrag der Steuer gemäß § 10 II ErbStG ebenfalls mitgeschenkt (vgl. oben Rn. 31). Daher sollte die Verpflichtung zur Übernahme der Schenkungsteuer solche Nachversteuerungsbeträge niemals miterfassen! 39

b) Bewertung

Unbebaute Grundstücke (§ 178 BewG) werden nach dem Bodenrichtwert, der vom Gutachterausschuss zuletzt zu ermitteln war, bewertet, wobei Abweichungen (insbesondere abweichende Geschossflächenzahl, Übergröße/Grundstückstiefe, abweichender Erschließungszustand) vom „Standard-Bodenrichtwert-Grundstück" durch Zu- oder Abschläge zu erfassen sind. 40

Für **bebaute Grundstücke** (§ 182 BewG) gilt: Bei **Wohnungs- oder Teileigentum** sowie **Ein- oder Zweifamilien-Häusern** ist – soweit verfügbar – das **Vergleichswertverfahren** anzuwenden (anhand von Vergleichspreisen oder Vergleichsfaktoren). Andernfalls gilt für diese Objekte das **Sachwertverfahren**, das eine Addition des Bodenwerts (Bodenrichtwert mal Grundstücksfläche), einerseits, und des Gebäudeertragswerts (Regelherstel- 41 lungskosten, Teil 2 der Anlage 24 zum BewG, multipliziert mit der Brutto-Grundfläche, abzüglich Alterswertminderung – abhängig von der wirtschaftlichen Gesamtnutzungsdauer, Anlage 22 zum BewG –) andererseits, vorsieht; dieser vorläufige Sachwert wird mit einer Wertzahl (Anlage 25 zum BewG) multipliziert.

42

Bewertungsschema Sachwertverfahren (im Regelfall ohne Außenanlagen und sonstige Anlagen)	
Bodenrichtwert (ggf. angepasster Bodenrichtwert) × Grundstücksfläche = Bodenwert	Gebäuderegelherstellungskosten (Anl. 24) × Bruttogrundflächen des Gebäudes = Gebäuderegelherstellungswert ./. Alterswertminderung (Anl. 22) = Gebäudesachwert
vorläufiger Sachwert × Wertzahl (Anl. 25) = Grundstückswert (ggf. Nachweis des niedrigeren gemeinen Werts, § 198 BewG)	

43 **Beispiel** nach *Drosdzol* ZEV 2008, 180: Einfamilienhaus; Grundstücksfläche 600 qm; Bodenrichtwert 195 EUR/qm; Gebäude Baujahr 1979; Dachgeschoss ausgebaut, Keller, Brutto-Grundfläche 360 qm, mittlere Ausstattung, durchschnittlicher Erhaltungszustand; Einzelgarage (Brutto-Grundfläche = 18 qm); Verkehrswert geschätzt auf 290.000 EUR. Der Grundstückswert wird wie folgt ermittelt:

    Bodenwert = Bodenrichtwert × Grundstücksfläche
    195 EUR/qm × 600 qm =   117.000 EUR
+ Gebäudesachwert
   Wohngebäude
   Regelherstellungskosten =
   770 EUR/qm Brutto-Grundfläche = 360 qm
   = Gebäudeherstellungswert = 277.200 EUR
   Garage
   Regelherstellungskosten =
   290 EUR/qm × Brutto-Grundfläche = 18 qm
   = Gebäudeherstellungswert = 5.220 EUR
   = Summe Gebäudeherstellungswerte = 282.420 EUR
   ./. Alterswertminderung:
   29 Jahre × 1,25 % × 282.420 EUR = 102.377 EUR
   = Gebäudesachwert =   180.043 EUR
= vorläufiger Sachwert   297.043 EUR
× Wertzahl (Anl. 25) = 0,9
= Grundstückswert   267.338 EUR
= Prozent vom Verkehrswert   92,2 %

44 Für **Mietwohngrundstücke, Geschäftsgrundstücke** und **gemischt genutzte Grundstücke** ist dagegen, sofern das Vergleichswertverfahren nicht zum Zuge kommt, grundsätzlich das **Ertragswertverfahren** anzuwenden, §§ 184 ff. BewG. Auch hier wird der Bodenwert (als Multiplikation von Bodenrichtwert und Grundstücksfläche) mit dem Gebäudeertragswert addiert; letzterer ergibt sich aus dem Rohertrag (Jahresmiete bzw. übliche Miete), abzüglich der Bewirtschaftungskosten (hilfsweise zu ermitteln gemäß An-

I. Grundlagen A V

lage 23 zum BewG), weiter abzüglich der Bodenwertverzinsung (hilfsweise nach § 188 II BewG) – Ergebnis ist der sogenannte „Gebäudereinertrag", der mit einem Vervielfältiger (Anlage 21 zum BewG) multipliziert wird. Die Summe ergibt dann den Grundbesitzwert. Mindestwert ist jedoch der reine Bodenwert. Fehlt es an einer am örtlichen Grundstücksmarkt ermittelbaren üblichen Miete, gilt auch hier das Sachwertverfahren.

Bewertungsschema Ertragswertverfahren	45

	Rohertrag
	(Jahresmiete bzw. übliche Miete)
	./.
	Bewirtschaftungskosten (Anl. 23)
	=
	Reinertrag des Grundstücks
	./.
	Bodenwertverzinsung
	(Bodenwert × Liegenschaftszinssatz)
Bodenrichtwert	= Gebäudereinertrag
(ggf. angepasster Bodenrichtwert)	
×	×
Grundstücksfläche	Vervielfältiger (Anl. 21)
=	=
Bodenwert	Gebäudeertragswert
	Grundstückswert
	(ggf. Nachweis des niedrigeren gemeinen Werts, § 198 BewG)

Beispiel nach *Drosdzol* ZEV 2008, 179: Mietwohngrundstück, Grundstücksfläche 800 qm; Bodenrichtwert 205 EUR/qm; Gebäude Baujahr 1955; Jahresmiete 24.600 EUR; Kaufpreis 335.000 EUR; durchschnittlicher Erhaltungszustand. Der Grundstückswert wird wie folgt ermittelt: **46**

    Bodenwert = Bodenrichtwert × Grundstücksfläche: 205 EUR/qm × 800 qm = 164.000 EUR
+ Gebäudeertragswert:
    Jahresmiete = 24.600 EUR
    ./. Bewirtschaftungskosten (Anl. 23) (27%) = 6.642 EUR
    = Grundstücksreinertrag = 17.958 EUR
    ./. Bodenwertverzinsung (5% von 164.000 EUR) = 8.200 EUR
    = Gebäudereinertrag = 9.758 EUR
    × Vervielfältiger, Anl. 21 (Restnutzungsdauer = 27 Jahre;
       Liegenschaftszinssatz 5%) = 14,64
    = Gebäudeertragswert =   142.857 EUR
= Grundstückswert   306.857 EUR
= Prozent vom Kaufpreis   92%

Für Erbbaurechte (§ 193 BewG), erbbaubelastete Grundstücke (§ 194 BewG) und Gebäude auf fremdem Grund und Boden (§ 195 BewG) gelten Sonderregelungen. **47**

Die „Escape-Klausel" (§ 198 BewG) erlaubt dem Steuerpflichtigen (auf seine Kosten) den niedrigeren gemeinen Wert nachzuweisen, beispielsweise anhand eines zeitnahen Verkaufs des Objekts, oder aber durch ein Sachverständigengutachten am Bewertungsstichtag nach Maßgabe der seit 1.7.2010 geltenden Immobilienwertermittlungsverordnung und der Wertermittlungsrichtlinien. **48**

Land- und forstwirtschaftliche Betriebe werden gemäß §§ 158 ff. BewG samt der hierzu ergangenen Anlagen 14 bis 20 zum BewG bewertet (hierzu *Hutmacher* ZEV 2008, 182; 2009, 22, ZNotP 2010, 282; 2011, 211) In der Praxis ist häufig der zusammengesetzte Mindestwert aus Einzelertragswert des Grund und Bodens und Einzelertragswert des Besatzkapitals maßgeblich. Da mit der pauschalierten Hektarbewertung des Besatz- **49**

kapitals auch wertvolle Wirtschaftsgebäude, Maschinen und ähnliches miterfasst sind, ergibt sich insgesamt eine deutliche Besserstellung gegenüber dem Verkehrswert.

50   **Einzelunternehmen, Anteile an Personengesellschaften sowie Kapitalgesellschaftsanteile** werden einheitlich, § 109 BewG, nach dem vereinfachten Ertragswertverfahren (§§ 199 ff. BewG) bewertet, sofern keine Verkaufserlöse unter fremden Dritten, die weniger als ein Jahr zurückliegen, zur Verfügung stehen. Der gemeine Wert des Unternehmens ergibt sich danach als Summe aus (1) dem Ertragswert (Jahresertrag mal Kapitalisierungsfaktor), zuzüglich (2) des gemeinen Werts des nicht betriebsnotwendigen Vermögens der Beteiligungsgesellschaften und (3) des gemeinen Werts „junger Wirtschaftsgüter" (§ 200 II bis IV BewG), wobei nur die im Zusammenhang mit den drei letztgenannten Positionen stehenden Schulden subtrahiert werden.

51   Der nachhaltig erzielbare Jahresertrag, der in den ersten Faktor einfließt, ist der tatsächlich erzielte Durchschnittsertrag der letzten drei abgelaufenen Wirtschaftsjahre, gekürzt um 30 % zur pauschalen Abgeltung der latenten Ertragsteuerlast; der Kapitalisierungsfaktor wird jährlich neu anhand der Zinsstrukturdaten für öffentliche Anleihen der Bundesbank ermittelt (für 2014 beträgt er 14,10, für 2013 15,29, für 2012 14,41). Schulden im eigentlichen Betriebsvermögen werden jedoch nicht abgezogen, da der Zinsdienst bereits zu einer Reduzierung des zu multiplizierenden Durchschnittsertrags geführt hat.

52   Die Sonderbehandlung „junger", also noch nicht zwei Jahre zugehöriger Wirtschaftsgüter (und zwar gleichgültig ob es sich um Verwaltungsvermögen oder produktives Vermögen handelt) rechtfertigt sich daraus, dass „junges" Vermögen noch nicht nachhaltig zum Jahresergebnis beitragen konnte.

53   Untergrenze der Bewertung ist jedoch der Substanzwert (Summe der gemeinen Werte unter Annahme der Fortführung des Unternehmens, abzüglich der Schulden).

54   Führt das vereinfachte Ertragswertverfahren (wie angesichts der hohen Kapitalisierungsfaktoren naheliegend) zu „**offensichtlich unzutreffenden Ergebnissen**", kann der Steuerpflichtige ein anderes anerkanntes Ertragswertverfahren anwenden, beispielsweise das „Discounted Cash Flow Verfahren", Multiplikatorenverfahren nach Empfehlungen berufsständischer Kammern, oder die AWH-Empfehlungen des Zentralverbands des Deutschen Handwerks bzw. das vom Institut der Wirtschaftsprüfer empfohlene Verfahren „IDW S 1" (2008).

55   Zugewendete (bzw. vorbehaltene und damit abzuziehende) **Nutzungs- oder Duldungsrechte** (Wohnungsrecht oder Nießbrauch) sowie **wiederkehrende Leistungen** (Rentenansprüche) werden mit ihrem Jahreswert (jedoch gedeckelt gemäß § 16 BewG auf den 18,6-ten Teil des Steuerwerts des belasteten Objekts selbst), multipliziert mit einem Multiplikationsfaktor, ermittelt. Der Faktor bemisst sich bei Rechten von bestimmter Dauer nach Tabelle 6 des Ländererlasses vom 10.10.2010, BStBl. 2010 I 805, bei immerwährenden Rechten beträgt der Faktor 18,6, bei Rechten von unbestimmter Dauer 9,3 und – praktischer Regelfall – bei auf Lebenszeit befristeten Rechten ergibt sich der Faktor aus den gemäß § 14 I 4 BewG jährlich neu bekanntgegebenen Multiplikatoren, die auf der jeweils letzten aktuellen Sterbetafel basieren (ab 1.1.2013: *BMF-Schreiben* BStBl. 2012 I 950).

56   **Gegenleistungen und Auflagen** werden – beide identisch bewertet, die bis 2008 geltende sogenannte „Verhältnisrechnung" bei gemischten Schenkungen entfällt – abgezogen, bedingte Rechte allerdings erst dann, wenn die Bedingung eingetreten ist. Entfallen ist – infolge Streichung des § 25 ErbStG – auch das frühere Abzugsverbot für Nutzungs- und Duldungsauflagen (also insbesondere Wohnungsrechte und Nießbrauch) zugunsten des Veräußerers und/oder dessen Ehegatten, so dass Vorbehalt des Wohnungsrechts oder Nießbrauchs nicht mehr wie früher zu einer Stundung, sondern zur dauerhaften und erheblichen Reduzierung der Steuer führt. Darin liegt ein **entscheidender Vorteil** der vorweggenommenen Erbfolge.

57   Gestaltungsziel ist, diesen Vorteil des Abzugs auf die Bewertungsebene möglichst lange zu erhalten, also erst so spät wie möglich eine zusätzliche Besteuerung des Nutzungs-

I. Grundlagen

rechts als Zuwendungsgegenstand zu erreichen (daher so lange wie möglich Vorbehaltsnießbrauch, so spät wie möglich Zuwendungsnießbrauch zugunsten einer anderen Person als des jetzigen Veräußerers). Da der unentgeltliche Verzicht auf ein eingeräumtes oder zugewendetes Wohnungs-/Nießbrauchsrecht nun – also für ab 2009 realisierte Sachverhalte – seinerseits als Schenkung gilt, ist zusätzlich zu erwägen, den Zuwendungsnießbrauch nicht automatisch, mit dem Erlöschen des Vorbehaltsnießbrauch, eintreten zu lassen, sondern lediglich als Anspruch (mit Grundbuchsicherung durch Vormerkung), so dass die Nichtausübung des Optionsrechts innerhalb der eingeräumten Frist lediglich zum Erlöschen der Option, also Nichteintritt der weiteren aufschiebenden Bedingung führt und damit insgesamt kein Zuwendungssteuertatbestand verwirklicht wird (und auch zivilrechtlich keine Schenkung vorliegt, § 517 BGB).

Werden Objekte, z. B. Mietwohnimmobilien gemäß § 13c ErbStG, begünstigt bewertet (z. B. dort mit einem Abschlag von 10 %), sind auch die damit im Zusammenhang stehenden Schulden und Lasten entsprechend zu **kürzen** (vgl. § 10 VI 5 ErbStG). **58**

Rückforderungsvorbehalte werden – als lediglich bedingte Rechte – nicht abgezogen, führen jedoch für den Fall ihrer Ausübung zum rückwirkenden Erlöschen der Schenkungsteuer (§ 29 ErbStG), so dass weder die vergangene Zuwendung noch die Rückabwicklung besteuert werden. Gleiches gilt für gesetzliche Rückabwicklungstatbestände, etwa gem. § 527 BGB wegen Nichtvollziehen einer Auflage, gem. § 528 BGB wegen Verarmung des Schenkers, gem. § 530 BGB wegen groben Undanks, Konditions- oder Herausgabefälle gem. §§ 2287, 2329 BGB und die Herausgabe infolge Gläubigeranfechtung. Besteuert werden in diesen Fällen lediglich die gezogenen Nutzungen (§ 29 II ErbStG). **59**

c) Steuerbefreiungen und -begünstigungen

Der konkret ermittelte **Zugewinnausgleich** ist gemäß § 5 ErbStG (als Erfüllung eines gesetzlichen Anspruchs) nicht schenkungsteuerbar, sowohl der erbrechtliche (§ 5 I ErbStG) als auch der güterrechtliche (§ 5 II ErbStG). Dies ist Grundlage der Schenkungsvermeidung durch Güterstandswechsel (vgl. nachstehend Rn. 149 f.), so dass die Beratungspraxis empfiehlt, den gesetzlichen Güterstand lediglich durch teilweisen oder ganzen Ausschluss im Scheidungsfall, nicht jedoch für den Fall der Beendigung der Ehe durch Tod oder den Fall des Wechsels des Güterstands zu modifizieren und nicht von vornherein Gütertrennung zu wählen. Besteht Gütertrennung, kann jedoch rückwirkend der gesetzliche Güterstand neu begründet werden und sodann – durch erneute Vereinbarung der Gütertrennung – der gesamte entstandene güterrechtliche Ausgleich steuerfrei gestellt werden (§ 5 I 4 ErbStG, R E 5.2 II Satz 4 ErbStR 2011, *Geck* ZEV 2012, 130, 132). Eine „Mindestverweildauer" im gewechselten Güterstand besteht nicht (*BFH* ZEV 2005, 490); allerdings dürfte eine zivilrechtliche Schenkung nur dann rechtssicher vermieden sein, wenn der „Zwischengüterstand" auch tatsächlich gelebt wird (§ 117 BGB – vgl. RGZ 87, 301 zur kurzzeitigen Begründung der Gütergemeinschaft mit sofortiger Aufhebung unter neuer Vermögenszuordnung). **60**

Zu bedenken ist weiterhin, dass das zum Ausgleich des Zugewinns Geleistete auch ertragsteuerrechtlich als veräußert gilt, also eine ungewollte Besteuerung stiller Reserven etwa bei Betriebsvermögen oder steuerverhafteten Gegenständen des Privatvermögens (§§ 17, 23 EStG) eintreten kann. **61**

Sachliche Steuerbefreiungen enthalten §§ 13 I Nr. 1 bis 18 ErbStG, insbesondere in bezug auf Hausrat, Kunstgegenstände, Leistungen für Pflege, den Erwerb durch erwerbsgehinderte Personen, die Rückvererbung geschenkten Vermögens etc. **62**

Von besonderer Praxisbedeutung ist insoweit die Befreiung der („ehebedingten") **Zuwendung des selbstgenutzten Familienheims** (§ 13 I Nr. 4a ErbStG) an den Ehegatten (Rn. 185 ff.), die ohne Objekt- oder Wertbeschränkung zu einer (sofortigen und endgültigen) Freistellung führt, ohne anschließende Behaltensfristen. Der Güterstand der Eheleute spielt hierbei keine Rolle, auch eine Mindestbesitzzeit zuvor muss nicht verwirk- **63** licht sein. Begünstigt ist auch die mittelbare Familienheimschenkung durch zweckgebundene Zuwendung von Mitteln oder Übernahme des Schuldendienstes; ebenso die Zuwendung von Immobilien im EU- oder EWR-Ausland, solange sie den Hauptwohnsitz bilden. Eine teilweise Fremdvermietung ist nach heutigem Recht nicht mehr insgesamt begünstigungsschädlich, sondern nimmt lediglich den betroffenen Wertanteil aus.

64 Seit 2009 ist ferner die **Vererbung des Familienheims** an den Ehegatten gemäß § 13 I Nr. 4b ErbStG steuerfrei gestellt, allerdings nur, wenn sodann eine zehnjährige Selbstnutzungsphase eingehalten wird oder aus wichtigen Gründen nicht eingehalten werden muss. Ist der überlebende Ehegatte zunächst nur Miterbe, erlaubt das Gesetz nun den Begünstigungstransfer auf ihn, wenn ihm das verbleibende Eigentum übertragen wird, gleichgültig ob dies aufgrund letztwillig angeordneten Vermächtnisses oder in Teilungsanordnung geschieht oder aus freien Stücken. Die bloße Zuwendung eines Nießbrauchs- oder Wohnungsrechts genügt jedoch nicht. Wichtige Gründe, die die Nachversteuerung etwa im Fall eines Verkaufs oder einer Vermietung ausschließen, sind insbesondere gesundheitliche Umstände (Pflegebedürftigkeit), möglicherweise auch wirtschaftliche Gründe (Arbeitsplatzwechsel), wohl jedoch nicht persönliche Motive (Umzug zu einem neuen Partner).

65 Die **Vererbung** (nicht die lebzeitige Übertragung) des **Familienheims an Abkömmlinge** zur Selbstnutzung ist schließlich gemäß § 13 I Nr. 4c ErbStG ebenfalls seit 2009 steuerfrei gestellt, allerdings nur, soweit die Wohnfläche 200 m² nicht übersteigt (bei größerer Wohnfläche erfolgt eine anteilige Kürzung). Auch hier ermöglicht das Gesetz einen Begünstigungstransfer an das letztendlich selbstnutzende Kind.

66 **Vermietete** oder zur Vermietung bestimmte **Wohnimmobilien** innerhalb der EU/des EWR, die nicht zu einem Betriebsvermögen gehören, genießen schließlich gemäß § 13c ErbStG einen Abschlag von 10% auf die Bemessungsgrundlage; Nachversteuerungen bei vorzeitiger Beendigung der Vermietung während eines Beobachtungszeitraums finden insoweit nicht statt.

67 **Betriebsvermögen** genießt (seit 2009) besondere Vergünstigungschancen sowohl beim Erwerb von Todes wegen wie auch beim lebzeitigen Erwerb. Die Ermittlung des begünstigungsfähigen Betriebsvermögens erfolgt in drei Schritten: Es muss

(1) dem Grunde nach begünstigungsfähiges Vermögen vorliegen (§ 13b I ErbStG – erfasst sind Betriebe, Teilbetriebe, Mitunternehmeranteile sowie Anteile an Kapitalgesellschaften, an denen der Erblasser/Schenker allein im Pool zu mehr als 25 % unmittelbar beteiligt ist), das

(2) den Verwaltungsvermögenstest am Stichtag besteht (§ 13b II ErbStG – Verwaltungsvermögen liegt vor bei Dritten zur Nutzung überlassenen Grundstücken – es sei denn, es handelt sich um Sonderbetriebsvermögen, Betriebsaufspaltungs-, Betriebsverpachtungs-, oder Konzernfälle oder um Wohnungsunternehmen –, ferner bei Anteilen an Gesellschaften, die ihrerseits mehr als 50 % Verwaltungsvermögen halten, bei Wertpapieren und vergleichbare Forderungen, Kunstgegenständen und, seit 6.6.2013, Geldguthaben und Geldforderungen über 20 % des Betriebsvermögens etc.) und

(3) schließlich um sogenanntes junges, noch nicht mindestens zwei Jahre zum Betriebsvermögen zählendes Verwaltungsvermögen zu bereinigen ist.

68 Beträgt der Verwaltungsvermögensanteil zwischen 10 % und 50 %, wird gemäß § 13a I ErbStG ein Verschonungsabschlag in Höhe von 85% des insgesamt begünstigten Vermögens gewährt, die restlichen 15 % werden sofort besteuert (abzüglich eines abschmelzenden Abzugsbetrags von 150.000 EUR, § 13a II ErbStG). Beträgt der Verwaltungsvermögensanteil weniger als 10 %, besteht sogar die Chance auf eine vollständige Steuerbefreiung (§ 13a VIII Nr. 4 i. V. m. § 13b IV ErbStG). Zusätzlich werden – gleichgültig ob die Teil- oder die vollständige Steuerbefreiung angestrebt wird – gemäß § 19a ErbStG auch beim Erwerb von Betriebsvermögen durch Personen der Steuerklasse II und III die Steuersätze (nicht aber die Freibeträge) der Steuerklasse I zugrunde gelegt (**Tarifbegrenzung**).

I. Grundlagen A V

Auch beim Betriebsvermögen besteht die Möglichkeit unmittelbarer Allokation bei demjenigen, der das Unternehmen fortführt, §§ 13b III 1, 13a III ErbStG. 69

Die angestrebte Steuerbefreiung steht allerdings unter der zusätzlichen Voraussetzung, dass während eines Beobachtungszeitraums von fünf Jahren (bei vollständig angestrebter Befreiung: von sieben Jahren) bestimmte **Lohnsummen** nicht unterschritten werden (vgl. im einzelnen § 13a I 2, IV ErbStG – dieses Kriterium entfällt allerdings gänzlich bei Kleinbetrieben von weniger als 20 Beschäftigten im Besteuerungszeitpunkt), ebenso wenn während der genannten Beobachtungsfristen wesentliche Betriebsgrundlagen gemäß § 13a V ErbStG **veräußert oder aufgegeben** werden, übertragene Kapitalgesellschaftsanteile veräußert werden, **Überentnahmen** stattfinden, eine Pool-Vereinbarung, die zum Überschreiten der notwendigen Schwelle von 25% zur Begünstigungsfähigkeit geführt hatte, aufgehoben wird etc. Für die Zeiträume, in denen die erforderlichen Kriterien nicht eingehalten wurden, findet eine anteilige Nachbesteuerung pro rata statt. 70

d) Gestaltungshinweise

Beim Betriebsvermögen steht im Vordergrund, die Voraussetzungen für die Inanspruchnahme der Vergünstigungen nach § 13a ErbStG herbeizuführen, etwa durch 71

(1) rechtzeitigen Abschluss von Pool-Verträgen,
(2) die Entfernung überschüssigen Verwaltungsvermögens vor dem relevanten Stichtag bzw.
(3) die Beimischung aktiven Betriebsvermögens, gegebenenfalls auch
(4) die rechtzeitige Auffüllung von Verwaltungsvermögen bis zur angestrebten Prozentquote länger als zwei Jahre vor dem Stichtag sowie
(5) das Verpacken des Verwaltungsvermögens in Tochter- und Enkelgesellschaften mit weniger als 50% Verwaltungsvermögensanteil (positiver Kaskadeneffekt).

Hinzu kommen Vorbereitungs- und Monitoring-Maßnahmen zur Einhaltung der Lohnsummenkontrolle und der Behaltensregelungen. 72

Bei Privatvermögen ist insbesondere zu nennen: 73

(1) die Reduzierung des anzusetzenden Wertes durch den Nachweis geringerer Verkehrswerte (Rn. 48),
(2) die Nutzung des Abzugspotentials in Gestalt vorbehaltener Nießbrauchs- oder Wohnungsrechte, deren allmähliche Wertreduzierung nicht der Steuer unterworfen ist,
(3) die Verbesserung der Steuerklasse durch (Erwachsenen-)Adoption,
(4) die möglichst gleichmäßige Verteilung des Vermögens in der Elterngeneration, etwa durch vorangehende Schenkungen oder entgeltliche Übertragungen anstelle des Zugewinnausgleichs, um die Freibeträge nach beiden Eltern zu nutzen,
(5) die sinnvolle Aneinanderreihung nicht verknüpfter Schenkungen zum Erreichen eines näheren Verwandtschaftsgrads,
(6) Schenkungen im 10-Jahres-Takt zur neuerlichen Ausnutzung der Freibeträge,
(7) die Einbeziehung der Enkel, etwa auch in Gestalt eines mehrere Generationen umfassenden Familien-Pools,
(8) die Nutzung der durch die Reform erweiterten Freistellungsmöglichkeiten bei Übertragungen des Familienheims an Ehegatten bzw. Vererbung an Ehegatten oder Kinder,
(9) die (mittelbare oder unmittelbare) Schenkung vermieteten Grundbesitzes zur Nutzung des 10%-igen Verschonungsabschlags gemäß § 13c ErbStG,
(10) die Nutzung der Güterstandsschaukel, also des Entgeltlichkeitspotentials in Gestalt des Zugewinns gemäß § 5 I oder II ErbStG, auch im Sinn einer nachträglichen Verrechnung früherer Ehegattenzuwendungen mit entstehendem Zugewinn gemäß § 1380 BGB (§ 29 I Nr. 3 ErbStG),
(11) erbschaftsteuerlich ferner die Geltendmachung von Pflichtteilsansprüchen (auch nach Eintritt der Verjährung) sowie

(12) die gezielte, einvernehmliche Ausschlagung gegen Abfindung.
(13) Steuerklauseln wiederum dienen als Reparatur- und Rettungsmöglichkeit unter Ausnutzung des § 29 I Nr. 1 ErbStG.

4. Grunderwerbsteuer

74 Wegen § 3 Nr. 2 S. 1 GrEStG verdrängt die Anwendbarkeit des Schenkungsteuergesetzes die Erhebung der Grunderwerbsteuer (selbst dann, wenn wegen Unterschreitens der Freibeträge keine Schenkungsteuer anfällt). Grunderwerbsteuer erhoben wird demzufolge gemäß § 3 Nr. 2 S. 2 GrEStG auf diejenigen Gegenleistungen und Vorbehalte, die (bei gemischten Schenkungen oder Schenkungen unter Auflagen) zu einer Minderung der Schenkungsteuer führen, gleichgültig ob es sich um Leistungsverhalte oder (seit 2009: Abschaffung des § 25 ErbStG, vgl. oben Rn. 56 f.) Duldungs- bzw. Nutzungsvorbehalte handelt. Erhoben wird also – je nach Bundesland – 3,5 % bis 6,5% des kapitalisierten Werts des Nießbrauchs, der wie oben in Rn. 55 bezeichnet ermittelt wird.

75 Sehr häufig liegen jedoch die Befreiungstatbestände des § 3 Nr. 3 (Erbauseinandersetzung) oder Nr. 4 (Erwerb unter Ehegatten bzw. – seit 14.12.2010 – unter eingetragenen Lebenspartnern) oder Nr. 5 (Erwerb durch den ehemaligen Ehegatten bzw. – seit 14.12.2010 – den ehemaligen eingetragenen Lebenspartner aus Anlass einer Scheidung/Trennung) oder Nr. 6 (Erwerb unter Verwandten in gerader Linie bzw. Stiefkindern bzw. deren jeweiligen Ehegatten) GrEStG vor. Bei Übertragung an entferntere Verwandte, Geschwister, Neffen etc. kann jedoch durchaus Grunderwerbsteuer anfallen.

5. Einkommensteuer

a) Privatvermögen

76 Für die **einkommensteuerrechtliche Bewertung** des Übertragungsvorgangs insgesamt ist entscheidend, welche „Gegenleistungen" insoweit Entgeltcharakter haben, also die Unentgeltlichkeit nicht nur i. S. d. § 516 BGB oder als Abzugsposten bei der Schenkungsteuer, sondern auch im einkommensteuerrechtlichen Sinn mindern:

77 Bei Wirtschaftsgütern des Privatvermögens, ebenso einzelnen Wirtschaftsgütern des Betriebsvermögens, die nicht ihrerseits einen Teilbetrieb darstellen, sowie Anteilsübertragungen an lediglich vermögensverwaltende Personengesellschaften und bei der Übertragung von Kapitalgesellschaftsanteilen findet dabei nach der sogenannten **Trennungsmethode** eine Aufteilung in einen (im einkommensteuerrechtlichen Sinn) vollentgeltlichen und einen vollunentgeltlichen Teil statt. Das Wertverhältnis der beiden Anteile bestimmt sich nach dem Prozentverhältnis der tatsächlich im Sinn des EStG als Entgelt zu berücksichtigenden Gegenleistungen zum Verkehrswert, wobei allerdings die Anschaffungsnebenkosten (Notar- und Gerichtskosten in voller Höhe) dem entgeltlichen Teil zugerechnet werden (*BFH* BStBl. 1991 II 793). Hinsichtlich des unentgeltlichen Anteils setzt der Erwerber gemäß § 11d EStDV die Abschreibungsreihe des Veräußerers fort, während der entgeltliche Teil neue Abschreibungsreihen in Gang setzt. Aus Veräußerersicht besteht die Gefahr der Besteuerung privater Veräußerungsgewinne (§§ 23, 17 EStG, einbringungsgeborene Anteile sowie einbringungsverstrickte Anteile nach SEStEG gemäß §§ 20, 21 UmwStG).

> **Beispiel**: Eine im Jahr 2007 für 400.000 EUR angeschaffte Immobilie (Restbuchwert nach zwischenzeitlichen Abschreibungen im Jahr 2013: 370.000 EUR) hat nun einen Verkehrswert (insbesondere aufgrund der Steigerung des Werts des Grund und Bodens) von 500.000 EUR. Sie wird unter Ausbedingung von Gegenleistungen, die im einkommensteuerrechtlichen Sinn 250.000 EUR erreichen, an die Tochter übertragen. In Höhe des Anteils von 50% (Verhältnis 250.000 : 500.000 EUR) liegt ein entgeltlicher Vorgang vor, so dass für diesen entgeltlichen Anteil eine Besteuerung privater Veräußerungserlöse in Höhe von 250.000 EUR minus (1/2 von 370.000 EUR=) 185.000 EUR = 65.000 EUR stattfindet! Bezüglich des entgeltlichen Anteils setzt der Erwerber einen neuen 10-Jahres-Zeitraum gemäß § 23 EStG sowie neue Abschreibungsreihen in Gang, im Übrigen führt er die bisherige Abschreibungsreihe fort.

I. Grundlagen

Werden im übertragenen Anwesen verschiedene Nutzungen verwirklicht (mit der Folge, dass im ertragsteuerlichen Sinn **unterschiedliche Wirtschaftsgüter** vorliegen – Beispiel: fremdvermietete Wohnung im Obergeschoß, eigengenutzte Wohnung im Erdgeschoß), werden die Entgeltbeträge an sich einheitlich auf alle Wirtschaftsgüter nach Maßgabe der Wertverhältnisse verteilt (mit der Folge, dass die Anschaffungskosten, die auf den eigengenutzten Anteil entfallen, nicht berücksichtigt werden können). Allerdings folgen Rechtsprechung und Finanzverwaltung einer von den Vertragsparteien vorgenommenen, nachvollziehbaren Aufteilung des Kaufpreises auf einzelne Wirtschaftsgüter (*BMF* BStBl. 2004 I 464, *BFH* BStBl. 2009 II 663). 78

Seit dem Beschluss des Großen Senats des *BFH* vom 5.7.1990 (BStBl. 1990 II 847) und dem BMF-Schreiben zur ertragsteuerlichen Behandlung der vorweggenommenen Erbfolge vom 13.1.1993 (BStBl. 1993 I 80) gelten folgende Leistungen als **Anschaffungskosten**: 79

(1) Gelder an den Veräußerer (gleichgültig ob aus eigenem Vermögen des Erwerbers oder aus dem übernommenen Vermögen selbst geleistet) oder sonstige geldwerte Leistungen, die dem Veräußerer geschuldet sind und erbracht werden (etwa die Errichtung einer Wohnung für ihn durch den Erwerber), ebenso nachträgliche Zahlungen zur Ablösung vorbehaltener Nutzungsrechte. Wird eine Geldleistung unverzinslich, da später als ein Jahr nach dem steuerrechtlich relevanten Zeitpunkt (Besitzübergang) fällig, liegen Anschaffungskosten nicht in Höhe des Nennbetrags der Forderung, sondern in abgezinster Höhe vor (der Abzinsungszins beträgt gemäß § 12 III BewG zwingend 5,5 %); die verbleibende Differenz, der Zinsanteil, bildet beim Zuwendungsempfänger steuerpflichtige Einkünfte gemäß § 2 I Nr. 5 i. V. m. § 20 I Nr. 7, VIII EStG im Jahr des Zuflusses. Die Abzinsung findet jedoch nicht statt bei lediglich bedingten Leistungspflichten.

(2) Anschaffungskosten liegen ferner vor bei Verrechnung mit Geldansprüchen gegenüber dem Veräußerer, beispielsweise wirksam entstandene Zugewinnausgleichsforderung, oder bei (tatsächlich bestehenden) Bereicherungsansprüchen gemäß §§ 951, 812 BGB wegen Investitionen, die der Erwerber ohne Schenkungswillen in das Objekt getätigt hat.

(3) Ebenfalls Anschaffungskosten i. S. d. EStG bilden naturgemäß Gleichstellungsgelder an Geschwister (zivilrechtlich handelt es sich in der Regel um ein Leistungsversprechen des Erwerbers an den Veräußerer, letzterer tritt den Anspruch auf die Leistung an das weichende Geschwister ab, ohne für die Bonität der Forderung selbst einzustehen). Auch insoweit tritt die oben unter Punkt (1) geschilderte Abzinsung bei über mehr als ein Jahr zinsfrei gestundeten oder betagten Forderungen ein.

(4) Auch die Übernahme von Verbindlichkeiten (als Alternative zur Direktzahlung) schafft Anschaffungskosten (zur insoweit anderen Differenzierung bei Betriebsvermögen vgl. unten Rn. 81).

(5) Ebenso wiederkehrende Leistungen mit Gegenleistungscharakter (sogenannte „Kaufpreisrenten" im Unterschied zu einkommensteuerrechtlich irrelevanten Unterhaltsrenten sowie schließlich zu Versorgungsrenten, die lediglich den Sonderausgabenabzug eröffnen), vgl. Rn. 429 ff.

b) Betriebsvermögen

Liegt jedoch Betriebsvermögen vor – auch für den Laien nicht unmittelbar erkennbares „verdecktes Betriebsvermögen", etwa (i) hinsichtlich des Besitzunternehmens bei einer Betriebsaufspaltung, (ii) hinsichtlich sogenannten „Sonderbetriebsvermögens" bei Gesellschaftern einer Personenhandelsgesellschaft, (iii) in Gestalt von Vermögen, bezüglich dessen das Verpächterwahlrecht zugunsten einer Betriebsaufgabe gemäß § 16 III b 1 Nr. 1 EStG noch nicht ausgeübt wurde, sowie (iv) bei Immobilien, die zum Umlaufvermögen eines gewerblichen Grundstückshandels zählen –, in gleicher Weise jedoch beim 80

Vorliegen „geborenen" Betriebsvermögens" in der Hand von Kapitalgesellschaften sowie gewerblichen Personengesellschaften nicht lediglich vermögensverwaltender Natur (gleichgültig ob es sich um gewerblich tätige, gewerblich infizierte oder gewerblich geprägte Personengesellschaften handelt) – gilt jedoch abweichend folgendes:

81 Sofern Betriebe, Teilbetriebe, Mitunternehmer(teil)anteile in bezug auf gewerblich tätige oder geprägte Personengesellschaften übertragen werden – also nicht Einzelwirtschaftsgüter eines Betriebsvermögens oder Anteile an einer Kapitalgesellschaft -, bemisst sich die Frage nach der einkommensteuerlichen Entgeltlichkeit oder Unentgeltlichkeit nach der sogenannten „**Einheitstheorie**", d. h. die Übertragung ist insgesamt entweder in vollem Umfang einkommensteuerrechtlich entgeltlich (sofern die Gegenleistungen das Kapitalkonto des Veräußerers nach der Übergabe übersteigen) oder sonst im vollem Umfang unentgeltlich. Entgelttaugliche Leistungskomponenten sind die oben in Rn. 79 genannten, allerdings mit der Besonderheit, dass die Übernahme betrieblicher Verbindlichkeiten nicht als Gegenleistung zählt, sondern die übergehende Sachgesamtheit (Aktiva minus Passiva) definiert. Dies hat die fatale Folge, dass bei einem negativen Kapitalkonto ein (auch nur geringes) Entgelt im Sinn des Einkommensteuerrechts zur Steuerpflicht der gesamten Differenz zwischen dem Buchwert und der Gegenleistung führt (Übernahme einer privaten Schuld in Höhe von 1.000 EUR bei einem negativen Buchwert von 1 Million EUR führt zu einer Steuerpflicht in Höhe von 1.001.000 EUR als Veräußerungsgewinn!) In solchen Fällen kann es sich beispielsweise empfehlen, anstelle von Gleichstellungsgeldern für Geschwister (im Zusammenhang mit der Übertragung des Betriebs/Teilbetriebs/Mitunternehmerteilanteils etc.) die Vergütung ausdrücklich als Abfindung für einen getrennten Pflichtteilsverzicht zu deklarieren, bei dem es sich nicht um ein einkommensteuerrechtliches Entgelt handelt.

82 Solange die Summe der ertragsteuerlichen Entgelte (wie erläutert, ohne die Übernahme betrieblicher Verbindlichkeiten, ebenso ohne sonstige Zahlungen, die nicht als einkommensteuerrechtliches Entgelt zu werten sind wie etwa Versorgungsrenten, Rn. 429 ff.) das Kapitalkonto nicht übersteigt, findet Buchwertfortführung gemäß § 6 III EStG statt.

83 Liegt (unter Beachtung der Einheitstheorie) eine einkommensteuerrechtliche entgeltliche Veräußerung vor, führt dies beim Veräußerer zu einem Veräußerungsgewinn gemäß § 16 I EStG (mit Besonderheiten, wenn das Entgelt in wiederkehrenden Kaufpreisraten besteht – Aufteilung in Tilgungs- und Zinsanteile, möglicherweise mit Wahlrechten zwischen der Sofortversteuerung und der Zuflussversteuerung), beim Erwerber zu weiteren Anschaffungskosten (allenfalls, einmalig bei Erwerbsunfähigkeit oder Vollendung des 55. Lebensjahres tarifbegünstigt gemäß § 34 II EStG).

84 Ein Mitunternehmeranteil geht im ertragsteuerlichen Sinn allerdings nur dann tatsächlich über, wenn auch das (zivilrechtlich dem Gesellschafter persönlich gehörende, ertragsteuerrechtlich jedoch zum Mitunternehmeranteil zählende) **Sonderbetriebsvermögen** übertragen wird. Bleibt letzteres zurück, tritt insoweit (zumindest) eine Entnahme ein – mit der Folge der Versteuerung der stillen Reserven im Sonderbetriebsvermögen – möglicherweise gar eine Aufgabe des gesamten Mitunternehmeranteils, wenn es sich beim zurückgebliebenen Sonderbetriebsvermögen um wesentliche Betriebsgrundlagen handelt mit der katastrophalen Konsequenz der Versteuerung aller stillen Reserven sowohl im Gesamthandsanteil als auch im Sonderbetriebsvermögen (§ 16 III EStG).

85 Werden lediglich Teile eines Mitunternehmeranteils übertragen, kann allerdings unschädlich Sonderbetriebsvermögen zurückbehalten werden (§ 6 III 2 EStG), sofern nicht der Anteilserwerber binnen fünf Jahren den erworbenen Mitunternehmeranteil entgeltlich weiterveräußert oder aufgibt (die Folgen treffen also den ursprünglichen Schenker, so dass regelmäßig entsprechende Sanktionen bei Verstoß gegen die ertragsteuerliche Sperrklausel zulasten des Erwerbers vereinbart werden!) Wird Sonderbetriebsvermögen überquotal übertragen, kann auch insoweit eine Buchwertfortführung gemäß § 6 V 3 EStG in Betracht kommen, allerdings unter einer Haltefrist von drei Jahren.

I. Grundlagen A V

Für die Übertragung einzelner Wirtschaftsgüter des Betriebsvermögens gelten zur 86 Ermittlung der Entgeltlichkeit die obigen Grundsätze für das Privatvermögen (Rn. 76 ff.); findet ein Wechsel zwischen verschiedenen Betriebsvermögen (mit oder ohne Rechtsträgerwechsel) statt, sind zusätzlich die Bestimmungen des § 6 V EStG (früherer Mitunternehmererlass) zu beachten. Besonderheiten (Buchwertfortführung) gelten gemäß § 16 III 2 bis 4 EStG auch, wenn bei der Realteilung einer gewerblich tätigen oder geprägten Personenhandelsgesellschaft Einzelwirtschaftsgüter an die Gesamthänder übertragen werden, die diese in eigenes Betriebsvermögen überführen.

6. Erbrechtliche Ausgleichung

Wird die Ausgleichung gemäß §§ 2050 ff. BGB ausdrücklich oder hilfsweise kraft Ge- 87 setzes angeordnet („**Anrechnung auf den Erbteil**"), führt dies zu einem Verrechnungsanspruch im Rahmen der Erbauseinandersetzung unter Abkömmlingen, im Pflichtteilsrecht zu einer Verschiebung zugunsten des ausgleichsbegünstigten Geschwisters bei insgesamt gleicher Zahllast (§ 2316 BGB). Das Gesetz differenziert zwischen „geborenen" Ausgleichungstatbeständen in § 2050 I BGB (Ausstattung sowie Übermaßzuschüsse zu Einkünften und Übermaßaufwendungen zum Beruf) und in § 2057a BGB (Dienstleistungen), einerseits, und „gekorenen" Ausgleichungstatbeständen durch entsprechende rechtzeitige (spätestens mit der Zuwendung erfolgende) Bestimmung des Veräußerers gemäß § 2050 III BGB andererseits.

Der Erb- und gegebenenfalls Pflichtteil des Ehegatten wird vorab ohne Berücksich- 88 tigung der Ausgleichungsvorgänge ermittelt, welch letztere lediglich zwischen Abkömmlingen Auswirkungen zeitigen. Alle Abkömmlinge – mit Ausnahme derer, die auf ihr gesetzliches Erbrecht verzichtet haben (§ 2316 I 2 BGB) – nehmen an der Ausgleichung teil, jedoch nur, wenn sie untereinander im Verhältnis der gesetzlichen Quoten (gleichanteilig) gesetzlich oder testamentarisch berufen sind. „Geborene" Ausgleichungstatbestände können ausdrücklich (wiederum durch Anordnung spätestens bei der Zuwendung) von der Ausgleichung ausgenommen werden; die im Rahmen der Erbrechtsreform 2010 erwogene Möglichkeit nachträglicher Anordnung oder Aufhebung der „Anrechnung auf den Erbteil" wurde nicht Gesetz, ebenso wenig wie die i. R. d. Erbrechtsreform 2010 ins Auge gefasste Ausgleichung von ambulanten Pflegeleistungen zugunsten des Erblassers im Kreis aller gesetzlichen Erben (§ 2057b BGB-E).

Formulierungsbeispiel: Ausschluss der Ausgleichung von Pflegeleistungen unter Kindern gem. § 2057a BGB
Entgegen §§ 2052, 2057a BGB sind erbrachte Pflegeleistungen im Rahmen einer Erbauseinandersetzung unter Kindern nicht zu berücksichtigen, da sie bereits lebzeitig ausgeglichen wurden.

89

Die Auswirkungen (und Grenzen) einer ausdrücklich angeordneten (gekorenen) Aus- 90 gleichsanordnung erläutert nachfolgender Textbaustein:

Formulierungsbeispiel: Ausdrückliche („gekorene") Ausgleichungsanordnung (Standardfall)
Der Schenker ordnet an, dass der unentgeltliche Teil der Zuwendung gem. § 2050 III BGB im Verhältnis zu den Geschwistern des Erwerbers zur Ausgleichung zu bringen ist. Der Notar hat hierzu erläutert, dass – die Ausgleichung nur unter Geschwistern stattfindet – sofern diese keinen Erbverzicht erklärt haben –, wenn gesetzliche Erbfolge oder eine der gesetzlichen Erbfolge identische testamentarische Erbfolge eintritt, ferner

91

> ▼ Fortsetzung: **Formulierungsbeispiel: Ausdrückliche („gekorene") Ausgleichungsanordnung (Standardfall)**
>
> – der heutige Betrag der unentgeltlichen Zuwendung sich gemäß der Entwicklung des Verbraucherpreisindex anpasst,
> – die Ausgleichung unabhängig davon stattfindet, wie viel Zeit bis zum Erbfall noch verstreicht,
> – die Ausgleichung sich auch auf die Pflichtteilsansprüche von Geschwistern erhöhend auswirkt und schließlich
> – ein Ausgleich aus dem Eigenvermögen des Erwerbers nicht stattfindet, auch nicht wenn der Nachlass so gering ist, dass eine Ausgleichung nicht mehr durchgeführt werden kann (§ 2056 BGB).

92 Eine Ausgleichungsanordnung ist daher fehl am Platze, wenn die übrigen Abkömmlinge bereits Zuwendungen ohne Ausgleichsanordnung erhalten haben und eine Gleichstellung beabsichtigt ist.

93 Die Ausgleichungsanordnung kann auch auflösend bedingt für den Fall erfolgen, dass es zu einer von der gesetzlichen Erbfolge abweichenden, gewillkürten Erbfolge kommt, also Pflichtteilsansprüche entstehen können – dies vermeidet den Eintritt der Pflichtteilsverschiebungswirkung des § 2316 I – nicht III – BGB.

94 **Formulierungsbeispiel: Gekorene Ausgleichungspflicht ohne Pflichtteilsfernwirkung, „Abbedingung des § 2316 I BGB"**

> Im Hinblick auf § 2316 I BGB ist die Pflicht zur Ausgleichung für den Fall nicht angeordnet, dass letztwillige Anordnungen nach dem Tod des Zuwendenden zu Pflichtteilsansprüchen eines Abkömmlings führen; sie soll also in diesem Fall, da auflösend bedingt, keinen Einfluss auf die Höhe des Pflichtteils haben.

95 Eine einmal getroffene Ausgleichsbestimmung kann **nicht nachträglich einseitig zurückgenommen werden**, ihre Wirkung kann allenfalls (außer natürlich mittels einer Änderung der Erbquoten) durch Anordnung eines Vorausvermächtnisses zugunsten des Ausgleichspflichtigen im Testament wirtschaftlich beseitigt werden, wobei jedoch die pflichtteilsrechtliche Fernwirkung des § 2316 BGB dadurch nicht außer Kraft gesetzt wird, da Vermächtnisansprüche gegenüber Pflichtteilsansprüchen nachrangig sind (vgl. § 326 InsO). Die Konsequenzen für den Pflichtteil lassen sich nur durch einen gegenständlich auf den Ausgleichungspflichtteil (den „Erhöhungsanteil") beschränkten Pflichtteilsverzicht zwischen dem Erblasser und dem nicht vorempfangenden Abkömmling beseitigen.

96 Hat der Ausgleichspflichtige vorab „zu viel" erhalten, ist er gem. § 2056 BGB nicht zur Herausgabe des Mehrbetrags verpflichtet, sofern vertraglich nicht anders vereinbart:

97 **Formulierungsbeispiel: Ausgleichungspflicht selbst bei Nachlasserschöpfung, „Abbedingung des § 2056 BGB"**

> Im Hinblick auf § 2056 BGB vereinbaren Veräußerer und Erwerber jedoch für den Fall, dass eine Ausgleichung mit den Geschwistern des Erwerbers dem Grunde nach stattfindet: Soweit wegen Erschöpfung des Nachlasses die rechnerische Ausgleichung nicht zur vollständigen Gleichstellung zwischen dem Erwerber und seinen ausgleichungsberechtigten Geschwistern führt, ist der Erwerber zur Einzahlung des an der Gleichstellung fehlenden Betrags in den Nachlass in voller Höhe (*Alternativ: zur Hälfte, zu einem Drittel etc.*) verpflichtet.

I. Grundlagen A V

Stammt die ausgleichungspflichtige Zuwendung (zumindest teilweise) aus dem Vermögen des erstversterbenden Ehegatten und gelangen die Kinder("**Berliner Testament**") erst nach dem Tod des Längerlebenden Elternteils zur Erbfolge, geht die Anrechnungsbestimmung ins Leere. Eine „allseitige postmortale Ausgleichungsvereinbarung" zur Gleichstellung im Schlusserbfall unabhängig von der Versterbensreihenfolge kommt als schuldrechtliche Vereinbarung unter künftigen Miterben nach § 311b V BGB (Erbschaftsvertrag) in Betracht, Formulierungsvorschlag bei *Krauß* Rn. 1666.

7. Pflichtteilsfragen

a) Pflichtteilsanrechnung

Nur der Pflichtteilsergänzungsberechtigte muss sich stets und ohne zeitliche Beschränkung zuvor erhaltene Zuwendungen anrechnen lassen (§ 2327 II BGB), während der ordentliche Pflichtteil durch Vorauszuwendungen nur gemindert wird, wenn dies bei der Zuwendung ausdrücklich, zumindest eindeutig konkludent angeordnet wird (§ 2315 BGB) – ist diese Anordnung unterblieben, kann dies zur **Flucht in den Pflichtteilsergänzungsanspruch** führen, also zur bewussten Auslösung des § 2325 BGB durch lebzeitige Zuwendungen hinsichtlich des Restvermögens an andere Personen:

> **Formulierungsbeispiel: Pflichtteilsanrechnung**
>
> Die Zuwendung ist, soweit unentgeltlich, auf den Pflichtteil des Erwerbers anzurechnen.

Diese Bestimmung muss dem Erwerber spätestens mit der Zuwendung so bekannt gegeben werden, dass er den Erwerb im Hinblick auf seine pflichtteilsmindernde Folge noch zurückweisen kann.

Nach der der wohl herrschenden Meinung führt die Anrechnungsbestimmung gegenüber einem **Minderjährigen** zum Wegfall des lediglich rechtlich vorteilhaften Charakters des Rechtsgeschäfts (ferner ist analog § 2347 II BGB die familiengerichtliche Genehmigung für die Mitwirkung des gesetzlichen Vertreters erforderlich).

Zur **Berechnung** wird der Nachlass durch Addition des Vorempfangs zum Realnachlass ergänzt, hieraus der fiktive Pflichtteil errechnet und der zu entrichtende Pflichtteilsbetrag sodann durch Abzug des Vorempfangs (wertbereinigt) hiervon ermittelt.

> **Beispiel:** Ein verwitweter Elternteil hat dem Sohn 500.000 EUR (wertbereinigt) unter Pflichtteilsanrechnung zugewendet; die Tochter (das einzige weitere Kind) erbt beim Tod dessen Nachlass im Wert von 2 Mio. EUR. Der Sohn hat noch einen Pflichtteilsanspruch in Höhe von (2.000.000 + 500.000) : 4 = 625.000 abzüglich 500.000 = 125.000 EUR. Bei mehreren Anrechnungspflichtigen ist für jeden der fiktive ergänzte Nachlass anhand seines Vorempfangs getrennt zu bestimmen.

Eine Kombination von Pflichtteilsanrechnung und Ausgleichungsbestimmung kann sich nachteilig auswirken: Der Anteil des Ehepartners ist beim Ausgleich vorab auszuscheiden, andererseits wird der auf den Ausgleichserbteil angerechnete Vorempfang insgesamt nur hälftig berücksichtigt, so dass eine geringere Reduzierung des Pflichtteils eintritt als bei unmittelbarer Anrechnung nur auf den Pflichtteil nach § 2315 BGB. Soll gleichwohl die maximale pflichtteilsentlastende Wirkung erreicht werden, auch wenn im Zeitpunkt des Erbfalls der Ehegatte noch lebt, empfiehlt sich folgende Vorsorge:

> **Formulierungsbeispiel: Auflösend bedingte Ausgleichungsanordnung (Kombination von Ausgleichung und Anrechnung mit Optimierung der Pflichtteilsreduzierung)**
>
> Der Erwerber hat sich den Wert des unentgeltlichen Anteils der heutigen Zuwendung sowohl auf seinen Pflichtteil nach § 2315 BGB anrechnen zu lassen als auch nach §§ 2050 ff. BGB im Verhältnis zu Geschwistern zur Ausgleichung zu bringen.

▼ Fortsetzung: **Formulierungsbeispiel: Auflösend bedingte Ausgleichungsanordnung (Kombination von Ausgleichung und Anrechnung mit Optimierung der Pflichtteilsreduzierung)**

Sofern jedoch nach dem Tod des Veräußerers dessen Ehegatte oder Lebenspartner erbrechtlich zu berücksichtigen ist, findet bei einer etwa notwendigen Ermittlung des Pflichtteils des Erwerbers lediglich eine Anrechnung nach § 2315 BGB statt, nicht aber eine Ausgleichung nach §§ 2050, 2316 ff. BGB, falls wegen § 2316 IV BGB sonst ein höherer Pflichtteilsanspruch bestünde. Die Ausgleichungsanordnung ist also für diesen Fall auflösend bedingt.

b) Pflichtteilsergänzung

106   Das Ziel des Pflichtteilsrechts, nahen Angehörigen (Kindern, Ehegatten, ggf. Eltern) einen Mindestanteil zu sichern, könnte durch unentgeltliche Zuwendungen unter Lebenden vereitelt werden. Hiergegen soll der Pflichtteilsergänzungsanspruch (§§ 2325, 2329 BGB) als eigener, neben den ordentlichen Pflichtteil (§§ 2303, 2315, 2316 BGB, samt Pflichtteilsrest, § 2307 I 2 BGB) tretender Anspruch Abhilfe schaffen. Da er nicht voraussetzt, dass ein Anspruch auf den ordentlichen Pflichtteil gem. § 2303 BGB besteht, kann er auch dem gesetzlichen oder gewillkürten Mit- oder Alleinerben zustehen (vgl. § 2326 BGB) und geht auch durch eine Ausschlagung der Erbschaft (die bekanntlich außerhalb der §§ 2306 I, II, 1371 III BGB zum Verlust des ordentlichen Pflichtteilsanspruchs führt) nicht verloren. Verzicht (§ 2346 II BGB), Erlass (§ 397 BGB), Abtretung (§§ 398, 2317 BGB) oder Pfändung bzw. Verpfändung (§ 852 II ZPO) sollten daher immer beide Ansprüche aufführen.

107   Erfasst ist der **unentgeltliche Anteil** von Schenkungen (§§ 516 ff. BGB), ebenso aber ehebedingten („unbenannten") Zuwendungen (*BGH* NJW 1992, 564), in analoger Anwendung auch freigiebige Transferleistungen, denen ein Element des Schenkungsbegriffes fehlt, z.B. bei der Einbringung von Vermögen in eine „eigene" noch nicht rechtsfähige Stiftung (kein Vertrag, sondern einseitige nicht empfangsbedürftige Willenserklärung in Gestalt des Stiftungsaktes; anders bei der späteren Zustiftung: unmittelbare Anwendung des § 2325 BGB, Vertrag).

108   Außer bei Schenkungen unter Ehegatten und eingetragenen Lebenspartnern (§ 2325 III 3 BGB, § 10 VI 2 LPartG) sind Schenkungen nur dann ergänzungspflichtig, wenn z.Zt. des Erbfalls zehn Jahre seit der „Leistung" des verschenkten Gegenstands noch nicht verstrichen sind. „Leistung" erfordert dabei sowohl den **rechtlichen Leistungserfolg** als auch die **wirtschaftliche Ausgliederung**:

109   **Checkliste: Zeitpunkt des rechtlichen Leistungserfolgs**

(1) Aufschiebend bedingte oder befristete Übertragungen sind erst mit Eintritt der Bedingung/der Frist geleistet.
(2) Genügt zur Aufhebung eines Rechts der Verzicht durch Erlassvertrag (§ 397 I BGB), ist die Leistung bereits damit bewirkt; bedarf es zur Aufhebung eines Rechts zusätzlich der Löschung im Grundbuch (§ 875 I 1 BGB), beginnt die Frist erst mit Vollzug dieser Löschung.
(3) Bei der schenkweisen Aufnahme eines Gesellschafters ist der Zeitpunkt des Eintritts maßgebend, sofern der neue Gesellschafter seine Rechte als Mitunternehmer tatsächlich wahrnehmen kann. Ist (wie Kommanditbeteiligungen im Hinblick auf § 176 HGB üblich) die Wirksamkeit der Abtretung an die (deklaratorische) Registereintragung geknüpft, ist dieser Zeitpunkt maßgeblich.
(4) Bei der Schenkung von Grundstücken beginnt die Frist erst mit der Umschreibung im Grundbuch, nicht bereits mit Erwerb eines Anwartschaftsrechts.

▶

I. Grundlagen

▼ Fortsetzung: **Checkliste: Zeitpunkt des rechtlichen Leistungserfolgs**

(5) Die Zuwendung eines widerruflichen Bezugsrechts bei einer Lebensversicherung bedeutet die Schenkung der Versicherungssumme, die erst im Todeszeitpunkt als Leistung stattfindet. Wird ein unwiderrufliches Bezugsrecht zugewendet, beginnt die Zehnjahresfrist bereits dann zu laufen.

(6) Bei der Zuwendung an eine „Vor-Stiftung" tritt der Leistungserfolg mit behördlicher Anerkennung der Stiftung (da das Stiftungsgeschäft zuvor gem. § 81 II BGB widerruflich ist) und deren Eigentumserwerb ein.

(7) Sofern in Gesellschaftsverträgen das abfindungslose Ausscheiden beim Ableben eines Gesellschafters (Fortsetzungsklausel mit Abfindungsausschluss) eine ergänzungspflichtige Zuwendung darstellt, tritt der Leistungserfolg erst mit dem Tod des Gesellschafters ein; Gleiches gilt bei der rechtsgeschäftlichen Nachfolgeklausel sowie der rechtsgeschäftlichen Eintrittsklausel (sowohl in Gestalt der Abtretungslösung als auch der Treuhandlösung).

(8) Wird einem Dritten eine sog. „Oder-Konto-Berechtigung" eingeräumt, beginnt die Frist erst mit dem Tod des Erblassers zu laufen, da er bis zu diesem Zeitpunkt noch mitverfügen konnte.

Über den Eintritt des rechtlichen Leistungserfolgs hinaus fordert BGHZ 98, 232 und 125, 397, dass der Erblasser einen Zustand geschaffen hat, dessen Folgen er selbst noch zehn Jahre lang zu tragen hat und der ihn schon im Hinblick darauf von einer böslichen Schenkung zum Nachteil des Pflichtteilsberechtigten abhalten könne. Der Schenker muss also nicht nur seine Rechtsstellung als Eigentümer endgültig aufgeben, sondern auch darauf verzichten, den verschenkten Gegenstand aufgrund vorbehaltener dinglicher oder vereinbarter schuldrechtlicher Ansprüche im Wesentlichen weiterhin zu nutzen. Erforderlich ist demnach zusätzlich eine „**wirtschaftliche Ausgliederung**".

Checkliste: Wirtschaftliche Ausgliederung

(1) Sie fehlt beim vollständigen Rückbehalt des Nießbrauchs zugunsten des Veräußerers (wohl auch zugunsten dessen Ehegatten, sofern letzterer für den Fall einer Scheidung durch einen darauf aufschiebend bedingten eigenen Nießbrauchsvorbehalt ersetzt wird).

(2) Bei einem Bruchteilsnießbrauch beginnt die Frist hinsichtlich des betroffenen Bruchteils nicht zu laufen; bei einem Quotennießbrauch wird nach der Höhe der Quote und der Bedeutung der tatsächlich erwirtschafteten Erträge zu differenzieren sein (über 50 % Quote liegt stets ein schädlicher Rückbehalt vor, unter 10 % niemals, bei dazwischen liegenden Quoten nur, wenn sie für den Nießbraucher wesentliche Erträge erwirtschaften).

(3) Das vorbehaltene Wohnungsrecht am Gesamtobjekt ist stets schädlich, dasjenige an einer von mehreren abgeschlossenen Wohnungen nur für den betroffenen Wertanteil (vergleichbar dem Bruchteilsnießbrauch), das Wohnungsrecht in Bezug auf lediglich einzelne Räume dagegen nicht.

(4) Bei bloßen Benutzungsdienstbarkeiten für Nebennutzungen dürfte die Frist anlaufen.

(5) Die Übertragung eines Gegenstands gegen (abänderbare) dauernde Last oder (statische) Leibrente lässt nach h. M. die wirtschaftliche Ausgliederung ebenfalls eintreten.

▶

▼ Fortsetzung: **Checkliste: Wirtschaftliche Ausgliederung**

(6) Die Übertragung einer Immobilie unter gleichzeitiger Vereinbarung eines Mietvertrags mit dem Veräußerer wird ebenso wenig als „Vorbehalt" der wesentlichen Nutzung angesehen.

(7) Fraglich ist, ob ein Rückforderungs-, Rücktritts- oder Widerrufsvorbehalt der wirtschaftlichen Ausgliederung entgegensteht. Dafür spricht, dass der Wegfall der jedenfalls faktischen Verfügungsbefugnis das Eigentum noch stärker kennzeichnet als das Fehlen der Nutzungsmöglichkeit; dagegen spricht, dass während der Nichtausübung des Rückforderungsvorbehalts ein Genussverzicht gerade stattfindet, wenn es aber zur Rückforderung kommt, der Pflichtteilsberechtigte nicht mehr schutzbedürftig ist, da der zurückgeleistete Gegenstand nun dem unmittelbaren Pflichtteilsrecht unterliegt. Für das enumerative Rückerwerbsrecht geht die ganz herrschende Meinung in der Literatur sowie die untergerichtliche Rechtsprechung (*LG München I* BeckRS 2008, 24625) ohnehin davon aus, dass es – jedenfalls sofern der Rückerwerbsfall nicht willkürlich herbeigeführt werden kann – kein Fristhindernis darstelle (a. A. aber *OLG Düsseldorf* ZEV 2008, 525 m. abl. Anm. *Herrler* bzgl. eines Rückforderungsrechts für den Fall der Veräußerung oder Belastung). Möglicherweise bewirkt demnach allerdings auch das bloß enumerative Rückforderungsrecht im Verein mit weiteren Vorbehalten (Wohnungsrecht an den bisher bewohnten Räumen), dass der Veräußerer sich auf keinen Genussverzicht einzurichten brauchte, „**Summationseffekt**" (*OLG München* ZEV 2008, 480 m. abl. Anm. *Herrler*).

(8) Die Vermögensausstattung einer **Stiftung** lässt die Frist wohl selbst dann anlaufen, wenn der Zuwendende zugleich zum Kreis der Begünstigten dieser Stiftung zählt. Möglicherweise liegt jedoch dann noch kein Genussverzicht vor, wenn der Zuwendende alleiniger Vorstand der Stiftung ist oder jedenfalls maßgeblichen Einfluss auf ihre Entscheidungen hat.

(9) Die bloß tatsächliche Weiternutzung durch den Veräußerer auch ohne ausdrückliche vertragliche Absprache kann – jedenfalls bei verfestigten Sachverhalten – der wirtschaftlichen Ausgliederung entgegenstehen.

112 Wird das fristschädliche vorbehaltene Recht jedoch endgültig aufgegeben (durch Erlassvertrag bei schuldrechtlichen Ansprüchen; materiell-rechtliche Aufgabeerklärung gem. § 875 BGB und Löschung bei dinglichen Rechten), beginnt die (für Sterbefälle seit 2010 abschmelzende) Zehn-Jahres-Frist des § 2325 III BGB ab diesem Zeitpunkt zu laufen (wobei allerdings zu berücksichtigen ist, dass die kompensationslose Aufgabe vorbehaltener Rechte wiederum eine Schenkung darstellt, die insoweit eine neue Zehn-Jahres-Frist auslöst, und mit den zusätzlichen zivilrechtlichen Schwächen einer Schenkung – § 528 BGB, Anfechtungsgefahren etc. – behaftet ist; schenkungsteuerlich wurde bei Nießbrauchsvorbehalten bis Ende 2008 die Stundungsphase des § 25 ErbStG a. F. beendet, für danach vorbehaltene Nießbräuche wird eine neuerliche Schenkung verwirklicht. Unschädlich ist dagegen der Austausch vorbehaltener Nutzungsrechte gegen „unschädliche" Gegenleistungen, etwa eine dauernde Last, oder die Surrogation eines aufgegebenen Nutzungsrechtes an einem neu angeschafften Folgeobjekt.

113 **Berechtigte des Pflichtteilsergänzungsanspruchs** sind die abstrakt in § 2303 BGB genannten Berechtigten, sofern deren Recht nicht durch § 2309 BGB oder in anderer Weise (z. B. Pflichtteilsentziehung) ausgeschlossen ist. Ergänzungsberechtigt kann daher auch sein, wer zugleich gesetzlicher oder gewillkürter (Mit)Erbe oder Vermächtnisnehmer ist, § 2326 BGB – hierin zeigt sich die Selbstständigkeit der Pflichtteilsergänzung ggü. dem ordentlichen Pflichtteil (§§ 2303 ff. BGB).

114 Nach überwiegender Meinung in der Literatur und nunmehr auch Ansicht des *BGH* (DNotZ 2012, 860) lösen auch solche Schenkungen Pflichtteilsergänzungsansprüche

I. Grundlagen

aus, bei deren Vollziehung das abstrakt zum Pflichtteil berechtigende Verwandtschaftsverhältnis noch nicht bestand (**Ablehnung des Kriteriums der sog. Doppelberechtigung**). Schenkungen, die (wohl) vor der neuerlichen Heirat an die Kinder aus erster Ehe durchgeführt wurden oder vor einer Adoption bzw. der Zeugung oder Vaterschaftsanerkennung oder Erlangung der Pflichtteilsberechtigung eines weiteren Kindes geschahen, lösen also ebenfalls Pflichtteilsergänzungsansprüche zugunsten der später hinzutretenden Berechtigten aus. Früher insoweit empfohlene Ausweichgestaltungen („erst schenken, dann heiraten") sind also nicht mehr tragfähig, selbst vergangene Sterbefälle rechtfertigen nun (bis zur Verjährungsgrenze) für vor der Eheschließung/eigenen Geburt erfolgte Schenkungen Pflichtteilsnachforderungen (sofern nicht z.B. eine Abfindung mit Generalquittung vereinbart wurde). Der Anwendungsbereich des § 2325 BGB wurde durch diese Änderung der Rechtsprechung des *BGH* also deutlich ausgeweitet.

Bei Schenkungen an Dritte (die selbst pflichtteilsberechtigt sein können) berechnet **115** sich der Ergänzungspflichtteil gem. § 2325 I BGB in fünf Schritten:
(1) Bildung eines fiktiven, ergänzten Nachlasses durch Zurechnung der Schenkung,
(2) anschließend Bildung des fiktiven Ergänzungserbteils aufgrund der gesetzlichen Erbquote des Berechtigten,
(3) Bildung des Ergänzungspflichtteils im Wege der Halbierung des fiktiven Ergänzungserbteils,
(4) Feststellung des Ergänzungsbetrags durch Subtraktion des ordentlichen Pflichtteils vom Ergänzungspflichtteil.
(5) Für Sterbefälle ab dem 1.1.2010 gilt weiter: Jedes volle Zeitjahr, das vom Erbfall zurückgerechnet seit der Leistung des verschenkten Gegenstands verstrichen ist, reduziert die Anrechnungshöhe (inflationsbereinigt) um jeweils ein Zehntel – allerdings nur, sofern die Frist überhaupt angelaufen ist.

Vergangene Schenkungen an den Ergänzungsberechtigten selbst sind gem. § 2327 I 1 **116** BGB stets, auch ohne Anrechnungsbestimmung, von der Ergänzungsforderung abzuziehen, und zwar **ohne Rücksicht auf die Zehnjahresgrenze** des § 2325 III 3 BGB, die nur bei Dritt-, nicht bei Eigenschenkungen gilt. Wurde demnach eine rechtzeitige Anrechnungsbestimmung bei einer Direktzuwendung (§ 2315 BGB) versäumt, bleibt die „**Flucht in die Pflichtteilsergänzung**", indem weitere lebzeitige Zuwendungen an Dritte einen (mit den Jahren gem. § 2325 III BGB abnehmenden) Pflichtteilsergänzungsanspruch des Erstbeschenkten auslösen, der sodann durch seinen früheren Erwerb kompensiert wird; zugleich sinkt durch die weiteren Wegschenkungen der verbleibende ordentliche Pflichtteil.

c) Pflichtteilsverzicht

Der Verzicht auf den möglichen künftigen Pflichtteil durch Vertrag gemäß § 2346 II BGB **117** mit dem Erblasser stellt, da aleatorisches Geschäft, seinerseits kein taugliches Gegenleistungselement dar, das eine zivilrechtliche Minderung der Unentgeltlichkeit herbeiführen könnte, so dass auch umgekehrt eine für einen solchen Verzicht entrichtete Abfindung ihrerseits Schenkung bleibt (und auch schenkungsteuerlich so behandelt wird, vgl. Rn. 28).

Im Pflichtteilsverzicht selbst liegt (vgl. § 517 BGB: Verzicht auf ein nicht endgültig er- **118** worbenes Recht) seinerseits **keine Schenkung** (an den entlasteten Erben); der Verzicht ist sogar durch den Gemeinschuldner während der Insolvenz möglich (trotz § 80 I InsO, der sich nicht auf künftiges Vermögen erstreckt) und stellt keinen Obliegenheitsverstoß im Rahmen der Wohlverhaltensphase auf dem Weg zur Restschuldbefreiung dar, insbesondere keinen Verstoß gegen § 295 I Nr. 2 InsO. Sogar während des Bezugs steuerfinanzierter Sozialhilfeleistungen kann auf den künftigen Pflichtteil (der sonst gemäß § 93 I SGB XII auf den Sozialhilfeträger nach seiner Entstehung übergeleitet werden könnte) wirksam verzichtet werden, insbesondere ist ein solcher Verzicht nicht sittenwidrig (*BGH* ZEV 2011, 258; ebenso die Sozialgerichte: *SG Stuttgart* NotBZ 2012, 398, erst recht nicht unter dem Gesichtspunkt fehlender „Abfindung" für den Verzicht).

119 Bei einem durch den Betroffenen selbst wirksam abgegebenen (oder durch das Betreuungsgericht gemäß § 2347 I BGB genehmigten) Verzicht des Behinderten auf den ersten Sterbefall lässt sich demnach der Einsatz der klassischen Instrumente des Behindertentestaments (Vor- und Nacherbfolge, Testamentsvollstreckung) auf den zweiten Sterbefall hinausschieben. Die für die Gestaltungspraxis segensreiche Einschätzung des BGH dürfte auch für den Bezieher von Grundsicherungsleistungen (zur Vermeidung der kraft Gesetzes erfolgenden Überleitung auf den Grundsicherungsträger, § 33 I SGB II) gelten (*Ivo* DNotZ 2011, 387, 389; hierzu tendierend auch *Wendt* ZNotP 2011, 362).

120 Der **Erbverzicht** gemäß § 2346 I BGB, dessen wichtigste Unterform der Pflichtteilsverzicht ja bildet, ist demgegenüber in der notariellen Praxis eher selten und häufig ein Kunstfehler, führt er doch wegen § 2310 S. 2 BGB zur Erhöhung der Pflichtteilsquote derjenigen Abkömmlinge, die nicht verzichtet haben oder gar zum Entstehen des Pflichtteilsrechts entfernterer Verwandter (d. h. der Eltern).

> **Beispiel:** Gelingen dem Erblasser – Vater von vier Kindern – immerhin mit drei seiner Kinder Erbverzichte, ist bei seinem Tod weiterhin der volle „Gesamtpflichtteil" auszuzahlen, allerdings an das vierte Kind allein.

121 Der umfassende Verzicht auf das Pflichtteilsrecht als solches erfasst auch
- den **Pflichtteilsrestanspruch** gem. §§ 2305, 2307 BGB sowie
- den **Pflichtteilsergänzungsanspruch** nach §§ 2325 ff. BGB einschließlich
- des **Verfolgungsanspruchs gegen den Beschenkten** selbst, § 2329 BGB und
- die **Pflichtteilserhöhungswirkung ausgleichungspflichtiger Zuwendungen** an Geschwister, § 2316 BGB (Ausgleichungspflichtteil).
- Daneben nimmt der universelle Pflichtteilsverzicht die Möglichkeit, sich auf § 2306 BGB zu berufen, so dass Beschränkungen und Beschwerungen der in § 2306 I 1 BGB a. F. (bei Sterbefällen vor dem 1.1.2010) genannten Art auch bei Erbeinsetzung lediglich zur Pflichtteilsquote oder darunter aufrechterhalten blieben und seit 2010 trotz Ausschlagung des beschwerten Erbteils kein Pflichtteilsanspruch entsteht.
- Auch auf die **Verteidigungsrechte** der §§ 2318 II BGB und § 2319 BGB (Kürzungsgrenze bei der Verteilung der Pflichtteilslast) und § 2328 BGB (Verweigerung der Pflichtteilsergänzung zur Wahrung des eigenen Pflichtteils) kann sich der Verzichtende nicht mehr berufen.

122 Der Verzicht bedarf gemäß § 2348 BGB **der notariellen Beurkundung**; dies gilt auch für das zu seiner Abgabe verpflichtende, zugrundeliegende schuldrechtliche Geschäft (*OLG Köln* DNotZ 2011, 344); anzuzeigen beim Zentralen Testamentsregister (ZTR) der Bundesnotarkammer ist jedoch nur der Erb-, nicht der schlichte Pflichtteilsverzicht. Eine Aufspaltung in Antrag und Annahme ist möglich (§ 128 BGB). Hinsichtlich des Erblassers ist persönliche Anwesenheit erforderlich (mit Ausnahme der gesetzlichen Vertretung bei Geschäftsunfähigkeit gemäß § 2347 II 1, 2 BGB); der Verzichtende selbst kann (formfrei) nachgenehmigen oder Vollmacht erteilen.

123 Erscheint der Veräußerer (künftige Erblasser) überraschenderweise nicht zur Beurkundung, ist der Pflichtteilsverzicht daher umzugestalten in ein Angebot des Verzichtenden an den Erblasser oder aber eine zumindest für ausreichende Zeit unwiderrufliche Vollmacht an den Erblasser zu erteilen, den Verzicht mit Wirkung auch für den Verzichtenden zu erklären. Wird dennoch versehentlich „vorbehaltlich Nachgenehmigung des Veräußerers" beurkundet und diese (unwirksam) erteilt, soll die Formnichtigkeit nach fragwürdiger Ansicht des *OLG Düsseldorf* (RNotZ 2011, 499) auch die Überlassung selbst erfassen, in deren Zug der Pflichtteilsverzicht erklärt werden sollte (richtigerweise ist sowohl das den Pflichtteilsverzicht zugrundeliegende Kausalgeschäft, bei dem Stellvertretung möglich ist, wirksam – so dass hieraus auf die Abgabe der wirksamen dinglichen Erklärung geklagt werden kann – als auch die wertneutrale dingliche Auflassung selbst). Der dingliche Verzicht muss ferner noch zu Lebzeiten zustande gekommen sein (*BGH* DNotZ 1997, 422).

I. Grundlagen

Erfolgt der Pflichtteilsverzicht gegen Abfindung, ist der abstrakte Verfügungsvertrag selbst typischerweise auf deren Erhalt aufschiebend bedingt (§ 158 BGB); denkbar ist aber auch eine Verknüpfung i. S. d. § 320 BGB (Zurückbehaltungsrecht hinsichtlich der Abgabe des Verzichts bis zur Leistung der Abfindung) oder aber ein Rücktrittsrecht bei Nichtleistung der Abfindung (mit der Folge der Verpflichtung zur Aufhebung des Erbverzichts als Rückgewähr des Erlangten, §§ 346, 2351 BGB).

Es empfiehlt sich, die schwankende Tatsachengrundlage für die „Berechnung" einer Verzichtsabfindung offenzulegen, um spätere Ansprüche aus § 313 BGB auszuschließen:

> **Formulierungsbeispiel: Endgültiger Charakter einer Abfindungsvereinbarung bei Erb- oder Pflichtteilsverzicht**
>
> Die vorstehend getroffene Vereinbarung über eine Abfindung für die Abgabe und Aufrechterhaltung des Erb-/Pflichtteilsverzichts ist ihrer Art, Höhe und Fälligkeit nach unabhängig vom derzeitigen Bestand und Wert des Vermögens wie auch von Bestand und Wert des künftigen Nachlasses des beteiligten Erblassers; eine Anfechtung oder auch Anpassung, etwa in Fällen des Irrtums oder wegen einer Änderung oder des Wegfalls der Geschäftsgrundlage, ist daher ausgeschlossen.

Da sich die Zulässigkeit des Pflichtteilsverzichts nach dem **Erbstatut des Erblassers** richtet, ist vorsorglich darauf hinzuweisen, dass ein Verzicht zu Lebzeiten des Erblassers nach zahlreichen ausländischen Rechtsordnungen (insbesondere Belgien, England, Frankreich, Griechenland, Irland, Israel, Italien, Luxemburg, Portugal, Rumänien, Spanien, Serbien, Slowakei, Tschechien) unzulässig ist (möglich ist er jedoch insbesondere in Dänemark, Finnland, Japan, Norwegen, Österreich, Polen, Schottland, Schweden, der Schweiz, Türkei, Ungarn und in den meisten Bundesstaaten der USA). Für alle Sterbefälle ab dem 17.8.2015 führt die **Europäische Erbrechtsverordnung** (EuErbVO) zu einem Paradigmenwechsel: Die gesamte Rechtsnachfolge von Todes wegen (vgl. Art. 21 I, 22 und 23 I EuErbVO) unterliegt dann einheitlich dem Recht des gewöhnlichen Aufenthalts des Erblassers, nicht mehr den nationalrechtlichen Anknüpfungen (also aus Sicht des deutschen Rechts gemäß Art. 25 EGBGB der Staatsangehörigkeit des Erblassers). Hat also ein Erblasser, der zuvor an einem Erb- oder Pflichtteilsverzicht beteiligt war, vor seinem Tod den gewöhnlichen Aufenthalt in ein Land verlegt, das einen Erb- oder Pflichtteilsverzicht nicht akzeptiert, würde der früher wirksam geschlossene Vertrag seine Wirksamkeit verlieren.

Dieses Risiko (vgl. *Odersky* notar 2014, 139 ff.) wird nicht dadurch gebannt, dass Art. 25 EuErbVO auch für den Pflichtteils- oder Erbverzicht (bei dem es sich um einen „Erbvertrag" im Sprachsinn des Art. 25 EuErbVO handelt, *Nordmeier* ZEV 2013, 117, 120) die „Zulässigkeit, materielle Wirksamkeit und Bindungswirkung" des Verzichtsvertrags dem sogenannten hypothetischen Erbstatut (bzw. „**Vertragsstatut**") des (jeweiligen) Erblassers, also dem Recht seines gewöhnlichen Aufenthaltsorts zum Zeitpunkt des Abschlusses des Vertrags, unterstellt. Damit wird nämlich nur sichergestellt, dass die formalen Zulässigkeitsvoraussetzungen sowie die in Art. 26 EuErbVO aufgeführten Details zum Vertragsabschluss dauerhaft rechtskonform bleiben. Auch bei anderen vertraglichen Regelungen, etwa Ausgleichs- oder Anrechnungsbestimmungen, gilt gemäß Art. 23 II i EuErbVO das allgemeine Erbstatut (letzter gewöhnlicher Aufenthalt), nicht das Vertragsstatut (Aufenthalt zum Zeitpunkt des Vertragsschlusses), vgl. *Everts* ZEV 2013, 124, 126. Demnach bliebe ein Erb- oder Pflichtteilsverzichtsvertrag, der in Deutschland wirksam geschlossen wurde, auch beim Wegzug des (späteren) Erblassers zwar „**formal wirksam, aber materiell wirkungslos**". Ist der Erblasser zum Zeitpunkt des Pflichtteilsverzichts Staatsangehöriger eines Staates, der den Erb- oder Pflichtteilsverzicht anerkennt, ist daher zu raten, dass er (vorsorglich, dann aber mit universeller Wirkung, kostenrechtlich zu berücksichtigen und beim Zentralen Testamentsregister zu melden) sein **Staatsan-**

gehörigkeitsrecht gemäß Art. 22 EuErbVO wählt, so dass auch das materielle Erbstatut (und nicht nur das Vertragsstatut) dauerhaft maßgeblich bleibt, dem Pflichtteilsverzicht also nicht der Boden entzogen wird (Formulierungsvorschlag bei *Krauß* Rn. 2988). Möglicherweise kann eine solche Rechtswahl – jedenfalls nach Maßgabe des deutschen Erbrechts – auch erbvertraglich bindend erfolgen (um sicherzustellen, dass der durch den Pflichtteilsverzicht Begünstigte nicht durch ein späteres, eine abweichende Rechtswahl enthaltendes Testament des Erblassers Schaden nimmt), da durch die Rechtswahl mittelbar auch die Erbfolge i. S. d. § 2278 III BGB geregelt wird (vgl. *Döbereiner* MittBayNot 2013, 437, 443 f. m. w. N.).

128 Im Zweifel erstreckt sich der Pflichtteilsverzicht auch auf nachrückende Abkömmlinge (§ 2349 BGB).

129 **Formulierungsbeispiel: Allgemeiner Pflichtteilsverzicht**

> ... *(Verzichtender)* verzichtet hiermit mit Wirkung für sich und seine (auch künftigen) Abkömmlinge auf das Pflichtteilsrecht am künftigen Nachlass des ... *(Erblasser)*, der diesen Verzicht entgegen- und annimmt.
> Den Beteiligten ist dabei Folgendes bewusst: Der Verzicht umfasst neben dem „ordentlichen Pflichtteilsanspruch", der etwa als Folge einer Enterbung entsteht, auch Pflichtteilsergänzungsansprüche und Ausgleichspflichtteilsansprüche als Folge unentgeltlicher lebzeitiger Zuwendungen an Dritte, und zwar gleichgültig, ob diese Ansprüche sich gegen die Erben oder gegen den Beschenkten richten würden. Umfasst ist weiter der Verzicht auf den Pflichtteilsrestanspruch bei Erb- oder Vermächtniszuwendung unterhalb der „Pflichtteilsquote" sowie die Möglichkeit, eine unter Beschränkungen oder Beschwerungen (z. B. Vor- und Nacherbfolge, Testamentsvollstreckung, Teilungsanordnung, Vermächtnisbelastung etc.) erfolgte Erbeinsetzung auszuschlagen und anstelle dessen den unbelasteten Pflichtteil in Geld zu verlangen (§ 2306 BGB). Der Pflichtteilsverzicht gilt unabhängig von den Vermögensverhältnissen der Beteiligten und ihrer künftigen Entwicklung.
> Die gesetzliche Erbfolge bleibt jedoch durch diesen Pflichtteilsverzicht unberührt. Will also der Erblasser diese verändern, bedarf es eines Testaments oder Erbvertrags. Auch soweit der Verzichtende und/oder dessen Abkömmlinge jetzt oder künftig durch Testament oder Erbvertrag bedacht sind oder werden, hat der Pflichtteilsverzicht keine über § 2306 BGB hinausgehende Auswirkungen. Der Verzichtende hat also hinzunehmen, ob und in welchem Umfang er durch den Erblasser bedacht wird, sofern nicht zwischen beiden eine Bindung aufgrund eines Erbvertrags besteht.
> Der Notar hat darauf hingewiesen, dass die Wirksamkeit dieses Pflichtteilsverzichts nur gewährleistet ist, wenn das deutsche Erbrecht auf die künftige Beerbung des Erblassers anwendbar bleibt. Bei Sterbefällen bis 17.8.2015 ist hierfür das Recht der letzten Staatsangehörigkeit, bei danach eintretenden Sterbefällen das Recht des letzten Wohnsitzes maßgebend. Sollte also der Erblasser seinen Wohnsitz dauerhaft ins Ausland verlegen und das dann anwendbare ausländische Recht (wie in vielen Ländern Europas) die Wirksamkeit eines Pflichtteilsverzichts nicht anerkennen, wäre die Urkunde unwirksam.
> Der Notar hat vorgeschlagen, vorsorglich eine (universelle) Rechtswahl zugunsten des jetzigen Staatsangehörigkeitsrechtes, also des deutschen Rechts, zu treffen; dies wünschen die Beteiligten jedoch derzeit nicht.

130 Beim **Pflichtteilsverzicht des Ehegatten** empfiehlt sich zusätzlich ein Hinweis auf § 1586b BGB (dessen Wirkungen durch Vereinbarung zwischen den Beteiligten ausgeschlossen werden können); oft ist ein solcher gegenständlicher Pflichtteilsverzicht des Ehegatten mit einer umfassenden Zustimmung verbunden:

I. Grundlagen

Formulierungsbeispiel: Umfassende Zustimmung des Ehegatten des Veräußerers mit gegenständlichem Pflichtteilsverzicht auch mit Wirkung gem. § 1586b BGB 131

Der mit erschienene Ehegatte stimmt dieser Übertragung hiermit umfassend zu. Dies geschieht, ggf. vorsorglich,
- im Hinblick auf § 1365 BGB (Verfügung über das wesentliche Vermögen),
- als Einverständnis damit, dass diese Schenkung bei einem etwa künftig notwendig werdenden Zugewinnausgleich weder dem Endvermögen des Veräußerers hinzuzurechnen ist (§ 1375 BGB) noch beim Beschenkten wirtschaftlich herausverlangt werden kann (§ 1390 BGB),
- zur Mitwirkung bei der schuld- und sachenrechtlichen Übertragung, falls außerhalb des Grundbuches der Ehegatte am Eigentum mitbeteiligt sein sollte,
- auch wenn als Folge der Schenkung seine etwa bindend angeordnete Stellung als späterer Erbe oder Vermächtnisnehmer beeinträchtigt werden sollte (§§ 2287, 2288 BGB),
- mit der Wirkung eines hiermit vereinbarten Verzichtes auf Pflichtteilsergänzungsansprüche des Ehegatten bezüglich des übertragenen Objektes,
- im Bewusstsein, dass aufgrund des vorgenannten Verzichtes sich die Haftung der Erben des Veräußerers für dessen etwaige künftige nacheheliche Unterhaltspflichten reduzieren kann (§ 1586b BGB).

Aus Sicht des Erwerbers ist es wünschenswert, den Verzicht so zu formulieren, dass er 132 nicht ohne dessen Mitwirkung wieder aufgehoben (§ 2351 BGB) werden kann. Dies gelingt z. B. dadurch, dass auch gegenüber dem Erwerber (§ 2329 BGB!) auf Pflichtteilsergänzungsansprüche verzichtet wird:

Formulierungsbeispiel: Verzicht auf Pflichtteilsergänzungsansprüche auch gem. § 2329 BGB gegenüber dem Beschenkten 133

Darüber hinaus verzichtet ..... (*Verzichtender, z. B. weichendes Geschwister oder Ehegatte*) auch gegenüber dem Beschenkten, dem Vertragsbeteiligten zu ..., auf etwaige unmittelbar gegen den Beschenkten gerichteten Pflichtteilsergänzungsansprüche gem. § 2329 BGB, also dessen bereicherungsrechtliche „Ausfallhaftung". Dieser Verzicht kann demnach nur unter Mitwirkung des Beschenkten wieder aufgehoben werden.

Da es sich beim Pflichtteilsanspruch um einen Geldanspruch handelt, kann der Ver- 134 zicht – wie bei jedem Geldanspruch – in vielfältiger Weise begrenzt werden (vgl. im einzelnen *Krauß* Rn. 3273 ff., mit Formulierungsbeispielen). Häufige Erscheinungsformen sind beispielsweise
- der Verzicht auf lediglich einen Bruchteil des ideellen Pflichtteils,
- der Verzicht auf lediglich den Pflichtteilsrestanspruch gemäß §§ 2305, 2307 BGB,
- der Verzicht auf lediglich den Pflichtteilsergänzungsanspruch gemäß §§ 2325, 2329 BGB,
- die Abbedingung des § 2306 BGB,
- der Verzicht auf die pflichtteilserhöhende Wirkung anderweitiger Ausstattungen oder ausgleichspflichtiger Zuwendungen (also Abbedingung des Ausgleichspflichtteils gemäß § 2316 BGB),
- der umfassende, also alle Anspruchsgrundlagen umfassende, jedoch gegenständlich beschränkte Pflichtteilsverzicht,
- die Vereinbarung abweichender Bewertungsverfahren und eines abweichenden Wertes der Zuwendung,
- die Vereinbarung eines Pflichtteilshöchstbetrags,
- die Vereinbarung einer Ertragswertklausel unabhängig vom Vorliegen des § 2312 BGB,

- die Stundung (allerdings mit dem Hinweis, dass die Nutzung der Freibeträge nach beiden Eltern dann wohl nicht erreicht werden kann, § 6 IV ErbStG analog, *BFH* ErbStB 2007, 291),
- eine vertragliche Pflichtteilsanrechnungsvereinbarung ohne Vorliegen der Voraussetzung des § 2315 BGB, z. B. bei der Zuwendung durch einen Dritten,
- der Verzicht nur auf den ersten Sterbefall der Eltern,
- der Verzicht nur zugunsten bestimmter Personen (sogenannter „persönlich beschränkter Verzicht"),
- die Herabstufung des Pflichtteilsverzichts zur Naturalobligation, so dass der Pflichtteilsanspruch zwar noch *causa* (Rechtsgrund zum Behaltendürfen) bei tatsächlich geleisteten Pflichtteilszahlungen bleibt, dem Anspruch jedoch die Möglichkeit der (gegebenenfalls klageweisen) Geltendmachung fehlt (*Hartmann* DNotZ 2007, 817).

135 Verwandt sind Verzichte auf höferechtliche Abfindungsansprüche gemäß § 12 Höfeordnung sowie Nachabfindungsansprüche gemäß § 13 HöfeO, vgl. *Ivo* ZEV 2004, 317.

II. Vertragstypen der Grundstückszuwendung

1. Schenkung

a) Voraussetzungen

136 Die Schenkung ist ein **Vertrag**, bedarf also der Annahme seitens des Beschenkten, die freilich nicht der Formpflicht des § 518 I BGB unterliegt (ebenso wie schenkweise zugewendete dingliche Rechte nicht gem. § 328 BGB bestellt werden können, sondern eine dingliche Einigung gem. § 873 BGB erfordern). Dies wird mitunter im Rahmen einer vorweggenommenen Erbfolge („vertikale Schenkung") parallel sich vollziehenden Schenkungen auf horizontaler Ebene (Zuwendungsnießbrauch an den Ehegatten des Schenkers, Zuwendung eines Anspruchs auf Gleichstellungszahlung an das weichende Geschwister des Erwerbers) übersehen.

137 Objektiv ist gem. § 516 I BGB erforderlich eine **Bereicherung des Empfängers**. Sie kann in einer Vermehrung der Aktiva, aber auch in einer Verminderung der Passiva (Schuldenerlass, *pactum de non petendo*, Aufgabe einer Sicherheit) bestehen. Die Bereicherung muss dauerhaft sein, also nicht z. B. unter dem Vorbehalt des Rückgriffs (Stellung einer Bürgschaft für fremde Schuld: Regress gem. § 774 BGB) stehen. Auch Zuwendungen an Stiftungen oder gemeinnützige Organisationen – und zwar nicht nur in den Deckungsstock, sondern auch als zum zeitnahen Einsatz bestimmte Spenden – sind Schenkungen („Dresdener Frauenkirche", *BGH* ZEV 2004, 115 m. Anm. *Kollhosser*). Die Bereicherung muss **Folge der Zuwendung** aus dem Vermögen des Schenkers sein, wobei jedoch die Bereicherung des Beschenkten und die Entreicherung des Schenkers nicht durch denselben Gegenstand einzutreten brauchen (z. B. bei der sog. „mittelbaren Grundstücksschenkung": Abfluss von Geld, Zufluss einer Immobilie). Anders als im allgemeinen Sprachgebrauch setzt also eine Schenkung im rechtlichen Sinne eine Verminderung des gegenwärtigen Vermögens voraus, so dass der bloß zugunsten einer anderen Person unterlassene Vermögenserwerb, der Verzicht auf ein angefallenes, noch nicht endgültig erworbenes Recht oder die Ausschlagung einer Erbschaft oder eines Vermächtnisses bzw. das Unterlassen einer Ausschlagung in den Fällen des § 2306 BGB nicht genügen (§ 517 BGB).

138 Die Zuwendung muss weiter **unentgeltlich** erfolgen, wofür nicht allein die Bezeichnung des Rechtsgeschäfts, z. B. als „vorweggenommene Erbfolge" (*BGH* MittBayNot 2001, 570), genügt. Bei auf Austausch gerichteten Verträgen sind Verknüpfungen mit Gegenleistungen auf den drei möglichen, nachfolgend genannten Ebenen zu untersuchen (1) **synallagmatisch** im Sinne eines gegenseitigen Vertrags gem. §§ 320 ff. BGB, z. B. häufig bei der gemischten Schenkung, (2) **konditional** in dem Sinne, dass das Eingehen einer Verpflichtung

II. Vertragstypen der Grundstückszuwendung

oder das Bewirken einer Leistung die Bedingung (§ 158 BGB) der Zuwendung sei, so dass bei Zweckverfehlung eine Rückabwicklung gem. § 812 I 1 Alt. 1 oder § 812 I 2 Alt. 1 BGB stattfindet, oder (3) **kausal**, indem die Zuwendung rechtlich (und nicht nur tatsächlich oder wirtschaftlich) auf der Geschäftsgrundlage beruht, dass dafür (ggf. von einem Dritten) eine Verpflichtung eingegangen oder eine Leistung bewirkt werde.

Auch **bereits erbrachte Zuwendungen** des Erwerbers können die Unentgeltlichkeit 139
mindern (z.B. Investitionen, auf dem nunmehr überlassenen oder einem anderen Grundstück des Veräußerers, die zu Verwendungsersatzansprüchen geführt hätten, erbrachte Pflegeleistungen: *OLG Düsseldorf* DNotZ 1996, 652 und NotBZ 2002, 151; *OLG Oldenburg* NJW-RR 1997, 263). Es ist sogar möglich, im Wege einer **nachträglichen Vereinbarung der Entgeltlichkeit** eine bereits als unentgeltlich erbrachte Leistung zur vorweggenommenen Erfüllungshandlung für einen nunmehr abzuschließenden Übertragungsvertrag „umzuwidmen" (*BGH* ZEV 2006, 265 m. Anm. *Ruby/Schindler* ZEV 2006, 471) oder für eine bereits vollzogene Übertragung Gegenleistungen erst durch „Nachtrag" zu vereinbaren oder zu erhöhen, und zwar auch mit Wirkung gegenüber pflichtteilsergänzungsberechtigten Dritten (*BGH* MittBayNot 2008, 225 m. Anm. *Dietz*; *OLG Schleswig* MittBayNot 2013, 59 m. Anm. *Everts*).

Insbesondere in der Krise übernehmen Gesellschafter ggü. „ihrer" Gesellschaft „frei- 140
willige" Verpflichtungen, ohne durch Satzung oder Beschluss hierzu verpflichtet zu sein, zur Erhaltung bzw. Stärkung des Wertes ihrer Beteiligung an dieser Gesellschaft („*causa societatis*"). Diese kausale Verknüpfung schließt das Vorliegen einer Schenkung im Verhältnis zur Gesellschaft aus, auch schenkungsteuerlich; allerdings können zivil- und steuerrechtliche (§ 7 VIII ErbStG) Zuwendungen an die Mitgesellschafter vorliegen. Zuwendungen an eine Familienstiftung sind jedoch zivilrechtlich und schenkungsteuerlich (mangels zu stärkender „Beteiligung" an der Stiftung) Schenkung, selbst wenn der Zuwendende als Destinatär mittelbar wiederum von der Zuwendung profitiert.

Keine ausreichende Gegenleistung, mit der eine Zuwendung verknüpft sein mag, liegt 141
dagegen in der mit einer Schenkung verbundenen **Abstattung von Dank** (sog. „belohnende oder remuneratorische Schenkung" im Unterschied zur „entlohnenden Zuwendung") sowie in der mit einer Zuwendung verbundenen **Erfüllung einer sittlichen oder gesellschaftlichen „Pflicht"** (sog. „Pflicht- oder Anstandsschenkung", § 534 BGB).

Subjektiv ist die (auch stillschweigende) Einigung der Vertragsparteien über die Un- 142
entgeltlichkeit der Zuwendung erforderlich. Ein auffallendes, grobes **Missverhältnis** zwischen den wirklichen Werten von Leistung und Gegenleistung (*BGH* NJW 1993, 559) führt allerdings zu einer Beweiserleichterung in Form einer der Lebenserfahrung entsprechenden tatsächlichen Vermutung zugunsten einer Einigung der Beteiligten über die zumindest teilweise Unentgeltlichkeit der Zuwendung. Auf diese Beweiserleichterung können sich jedenfalls Dritte berufen, die aus einer behaupteten Schenkung Rechte herleiten (z.B. §§ 2287, 2325 BGB etc.); sie gilt jedoch nicht für denjenigen, der sich zur Abwehr eines Anspruchs auf eine Schenkung beruft (etwa i. R. d. § 1374 II BGB mit dem Ziel der Reduzierung einer Zugewinnausgleichsschuld). Umgekehrt können gerade Angehörige, deren Vertragsbeziehungen nicht von kaufmännischer Abgewogenheit geprägt sind, auch Leistungen, die bei strenger Bewertung um ca. 20% (*OLG Koblenz* ZErb 2006, 282) differieren, als ihrer Überzeugung nach gleichwertig betrachten und damit dem Schenkungsrecht entziehen (sog. Prinzip der „**subjektiven Äquivalenz**" als Ausfluss der Privatautonomie, vgl. *OLG Oldenburg* NJW-RR 1992, 779; FamRZ 1998, 516; *OLG Hamm* AgrarR 1997, 441.

b) Entgeltwirkung der Duldungs-, Leistungs-, Rückforderungsvorbehalte

Ihrem zivilrechtlichen Typus nach lassen sich die bei der Vermögensübertragung typi- 143
scherweise vorbehaltenen bzw. ausbedungenen „Gegenrechte" einteilen in (1) Duldungsauflagen – z. B., in aufsteigender Intensität, Mitbenutzungsrecht, Wohnungsrecht, Nieß-

brauch –, (2) Leistungsvorbehalte – z. B. die Verpflichtung zur Entrichtung eines Abstandsgeldes an den Veräußerer bzw. zur Übernahme bestehender Verbindlichkeiten im Wege der Schuld- oder zumindest der Erfüllungsübernahme, zur Entrichtung wiederkehrender Geldrentenleistungen oder von Dienstleistungen wie hauswirtschaftlicher Verrichtungen oder Pflegetätigkeiten, zur Leistung eines Gleichstellungsgeldes an weichende Geschwister etc – und (3) Rückforderungsvorbehalte (Recht zur freien Rückforderung oder aber zumindest bei Eintritt bestimmter, ungewollter Umstände, wie etwa eigenmächtiger Veräußerung oder Belastung, Pfändung/Insolvenz, Vorversterben, Scheidung, charakterliche Entgleisungen, Entstehen von Schenkungsteuer etc, gesichert bei Grundbesitz durch eine Vormerkung, bei beweglichen Sachen und Rechten durch aufschiebend bedingte Rückübereignung bzw. -abtretung, § 161 BGB).

144 Solche Vorbehalte reduzieren die zivilrechtliche Unentgeltlichkeit und erhöhen damit die Rechtsbeständigkeit der Vermögensübertragung. Bei auf Lebenszeit des Berechtigten vereinbarten wiederkehrenden Leistungen oder Nutzungsvorbehalten (Wohnungsrecht, Nießbrauch, Leibrente) ist der Jahreswert der Nutzung/Leistung zu kapitalisieren, und zwar durch abstrakte „ex ante" Bewertung (vgl. *OLG Celle* NotBZ 2008, 469) nach den jeweils aktuellen Werten der allgemeinen Sterbetafel, abzuzinsen mit einem Zinssatz von derzeit ca. 2,5–3 % – *Gehse* RNotZ 2009, 361, 375; handelsrechtlich bestimmt § 253 II HGB den durchschnittlichen Marktzinssatz der letzten sieben Geschäftsjahre - (nicht nach dem überhöhten, lediglich für die Finanzverwaltung verbindlichen, gesetzlichen Abzinsungszinssatz von 5,5 % gem. § 12 III BewG). Die Übernahme von Verbindlichkeiten des Veräußerers (nicht lediglich der dinglichen Sicherung) wird mit dem Kapitalbetrag am Stichtag, Abstandszahlungen oder (zur Weitergabe an weichende Geschwister bestimmte) Gleichstellungsgelder sind mit dem Nominalbetrag (bei zinsfreier Stundung über mehr als ein Jahr in allerdings abgezinster Höhe) anzusetzen. Für die Übernahme der Bestattungskosten können pauschal 5.000 EUR, für die Grabpflege je nach Liegedauer weitere 1.000–2.000 EUR veranschlagt werden, *Müller* Erbrecht effektiv 2008, 31.

145 **Bedingte Leistungsverpflichtungen** (z. B. Pflegeverpflichtungen) sind (anders als im Schenkungsteuerrecht – dort Berücksichtigung erst ab dem Zeitpunkt der Erbringung –) mit einem Wahrscheinlichkeitswert *ex ante* auch dann anzusetzen, wenn sich das Risiko (noch) nicht verwirklicht haben sollte (*BGH* DNotZ 1996, 104; *OLG Oldenburg* FamRZ 1998, 516; *OLG Koblenz* RNotZ 2002, 338). Die Bemessung des Wertes solcher „Leistungen an einer Person" ist schwierig, so dass in der Urkunde enthaltene gemeinsame Wertansätze zu akzeptieren sind, auch wenn sich dadurch der Veräußerer die Pflege „etwas kosten lässt" (*OLG Oldenburg* NJW-RR 1997, 263: 3.000 DM/Monat; in diese Richtung auch *BGH* notar 2012, 22 m. Anm. *Odersky* im Rahmen des § 2287 BGB). Fehlen ausdrückliche Wertansätze, ist die i. S. d. § 612 II BGB übliche Vergütung zu ermitteln. Letztere war i. d. R. bisher orientiert an dem Pflegegeldbetrag der jeweiligen Stufe (Stufe I ab 90 Minuten durchschnittlichen täglichen Aufwandes: 235 EUR; Stufe II ab 180 Minuten täglich: 440 EUR; Stufe III ab 300 Minuten: 700 EUR monatlich; Zahlen jeweils seit 1.1.2013). Im Lichte des (aus anderen Gründen nicht umgesetzten) § 2057b BGB-E (Erbrechtsreform 2010) werden nunmehr die Pflegesachleistungsbeträge der betreffenden Stufe angesetzt (§ 36 SGB XI: 450, 1.100 bzw. 1.550 EUR/Monat für Pflegestufe 1, 2 bzw. 3 seit 1.7.2012); ebenso bereits *OVG Mannheim* NJW 2000, 376; *Müller* Erbrecht effektiv 2008, 32. Die **schuldrechtliche „Verfügungssperre"** führt zu einem Abschlag zwischen 10 % (*OLG Koblenz* RNotZ 2002, 338) und 33 % (*OLG München* MittBayNot 2001, 85), je nach Wahrscheinlichkeit des Eintritts aus ex ante Sicht.

c) „Verrechnung" mit erb- und familienrechtlichen Positionen

146 Der Erb- oder Pflichtteilsverzicht (§ 2346 BGB) ist wegen seines abstrakten, aleatorischen Charakters als Verzicht auf einen ungewissen künftigen Anspruch kein taugliches Gegenleistungselement, so dass die Abfindung für einen Pflichtteilsverzicht ihrerseits Schenkung bleibt (lediglich im Rahmen des § 2325 BGB hat *BGH* ZEV 2009, 77 die

II. Vertragstypen der Grundstückszuwendung

Abfindung für einen *Erb*verzicht als Gegenleistung gewertet, weil sonst der Pflichtteilsergänzungsberechtigte doppelt begünstigt würde, auch durch die Erhöhung der Pflichtteilsquote gem. § 2310 S. 2 BGB). Demgegenüber ist der bereits entstandene Pflichtteilsanspruch ohne Zweifel als Verrechnungselement entgelttauglich.

Die **Ausschlagung** stellt (als bloßes Unterlassens eines Erwerbs) ebenso wenig eine **147** Schenkung (an den Ersatzerben) dar, § 517 Alt. 3 BGB. Sie steht auch in der Regelinsolvenz (§ 83 I 1 InsO) sowie während der Wohlverhaltensphase (*BGH* NotBZ 2011, 212 m. Anm. *Krauß*) zur Verfügung und kann ohne Verstoß gegen § 138 BGB auch während des Bezugs steuerfinanzierter Fürsorgeleistungen erfolgen (*BGH* ZEV 2011, 258 m. Anm. *Zimmer* gegen *OLG Stuttgart* ZEV 2002, 367 und *OLG Hamm* ZEV 2009, 471 m. zust. Anm. *Leipold*). Das „vergessene" Behindertentestament kann also in kurzer Frist noch durch Ausschlagung gegen Abfindungsleistungen, die dem Betroffenen ergänzend zu den staatlichen Hilfen zugute kommen, „nachgeholt" werden.

Der **entstandene Pflichtteilsanspruch** entzieht sich dem Zugriff des „normalen" Gläubi- **148** gers wegen § 852 I ZPO, ebenso des Insolvenzverwalters (§ 36 I 1 InsO), auch des Treuhänders während der Wohlverhaltensphase (*BGH* MittBayNot 2010, 52 m. Anm. *Menzel*). Wird der Anspruch allerdings nach Beendigung der Insolvenz erfüllt, findet eine Nachtragsverteilung analog § 203 I Nr. 3 InsO statt (*BGH* ZEV 2011, 87 m. Anm. *Reul*). Der **Sozialhilfeträger** als Gläubiger ist hingegen gem. § 93 I 4 SGB XII uneingeschränkt berechtigt, den Pflichtteilsanspruch (auch vor dessen Geltendmachung) auf sich überzuleiten und einzufordern, da die Pfändbarkeits- und Abtretbarkeitsbeschränkung ihm gegenüber nicht gilt (*BGH* RNotZ 2005, 176; *Litzenburger* RNotZ 2005, 162). Auf den Träger der Grundsicherung für Arbeitsuchende („Hartz IV") geht der Pflichtteilsanspruch sogar gem. § 33 SGB II kraft Gesetzes über, i. H. d. bereits gewährten Leistungen. Daher ist der präventive, auch gegenüber dem Sozialleistungsträger wirksame (Rn. 118) Pflichtteils- bzw. Pflichtteilsergänzungsverzicht von entscheidender Bedeutung, auch als flankierende Maßnahme z. B. bei Schenkungen „am Verzichtenden vorbei" (Zuwendung der Großeltern an die Enkel: Verzicht des „übersprungenen" Sozialleistungsempfängers zur Vermeidung eines übergeleiteten/überleitbaren Anspruchs aus § 2325 BGB beim Ableben des Zuwendenden in den folgenden zehn Jahren, da nur Eigengeschenke an ihn selbst, nicht an seinen Stamm, gem. § 2327 BGB angerechnet werden). Ist der Pflichtteilsanspruch (durch Enterbung oder Ausschlagung) entstanden, **bevor** steuerfinanzierte Fürsorgeleistungen nach SGB II oder SGB XII beantragt wurden, zählt der Pflichtteilsanspruch als solcher zum berücksichtigungsfähigen Vermögen i. S. d. § 12 I SGB II bzw. § 90 I SGB XII, das die Hilfebedürftigkeit des Pflichtteilsberechtigten ausschließt. Im Einzelfall kann allerdings gem. § 12 III Nr. 6 Alt. 1 SGB II die Verwertung wegen „Unwirtschaftlichkeit" nicht geschuldet sein, wenn etwa eine Pflichtteilsstrafklausel als Folge der Geltendmachung zum quantifizierbaren, viel höheren Verlust der Schlusserbschaft führen würde, oder gem. § 12 III Nr. 6 Alt. 2 SGB II (ebenso § 90 III SGB XII) wegen Vorliegens einer „besonderen Härte" entfallen (*BSG* ZEV 2010, 585; vgl. näher *Krauß* Rn. 107 ff.).

Der zivilrechtlich wirksam (aufgrund Beendigung der Zugewinngemeinschafts- oder **149** Wahlzugewinngemeinschafts-, § 1519 BGB – Ehe unter Lebenden bzw. von Todes wegen oder aber durch ehevertraglichen Wechsel des genannten Güterstands bei Fortbestand der Ehe) entstandene **Zugewinnausgleichsanspruch** ist in seiner tatsächlichen Höhe ebenfalls als Gegenleistung zur Vermeidung von Schenkungen unter Ehegatten (die wegen § 2325 III 3 BGB in besonderem Maße nachteilig sind) geeignet. Der „statusverändernde" Wechsel des Güterstandes als solcher ist nicht anfechtbar, allerdings der „Ausführungsvertrag" zur Erfüllung des entstandenen Anspruchs in Geld- oder Sachwerten: entgeltliche Vereinbarung zwischen nahestehenden Personen i. S. d. § 3 II AnfG, § 133 II InsO, so dass im Regelfall eine Risikoverkürzung auf zwei Jahre eintritt (*BGH* MittBayNot 2010, 493 m. Anm. *Lotter*; ausführlich *Hosser* ZEV 2011, 174). Der güterrechtlich ermittelte Betrag unterliegt gem. § 5 II und III ErbStG ebenso wenig der Schenkungsteuer, stellt allerdings auch im Ertragsteuerrecht „Kaufpreis" dar (*Sagmeister* DStR

2011, 1589), was mitunter zur ungewollten Besteuerung von Veräußerungs„buch"-gewinnen führen kann (§ 23 EStG, Betriebsvermögen etc.).

150 Die sofortige Neubegründung des gesetzlichen Güterstands nach seiner vertraglichen Beendigung („Schaukelmodell") ist zwar für die schenkungsteuerliche Privilegierung unbedenklich (*BFH* ZEV 2005, 490 m. Anm. *Münch*); zivilrechtlich liegt es allerdings nahe, dass der *BGH* in der Gesamttransaktion wegen Verfolgens „ehewidriger Zwecke" (ähnlich wie bei Missbrauchsfällen der Gütergemeinschaft, vgl. RGZ 87, 301 und *RG* Recht 1908 Nr. 1550) eine Schenkung i. S. d. § 2325 BGB sieht (monographisch *Apelt*, Güterstandswechsel: Schenkung im Sinne des Pflichtteilsergänzungsrechts? 2011). Daher empfiehlt sich zur zivilrechtlichen Schenkungsvermeidung die Einhaltung einer „Schamperiode" von ca. sechs Monaten.

d) BGB-Regelungen zum Schenkungsrecht

151 Das BGB behandelt in § 516 BGB die „Handschenkung" als den Normalfall, bei der die für den Vertragsschluss erforderliche Willenserklärung zumindest einer Partei typischerweise durch die Handlung (Bewirkung des Leistungserfolgs) schlüssig erklärt wird. Das bei wirtschaftlich gewichtigeren Sachverhalten i. d. R. gegebene **Schenkungsversprechen** ist – anders als Ausstattungsversprechen, § 1624 BGB, Rn. 177 ff. – zum Schutz des Schenkers vor übereilten Entschlüssen formgebunden, § 518 BGB. Das „Bewirkung der versprochenen Leistung" heilt den Formmangel (§ 518 II BGB); darin liegt zugleich, weitgehend deckungsgleich, die für die Entstehung der Schenkungsteuer maßgebliche „Ausführung der Zuwendung" i. S. d. § 9 I Nr. 2 ErbStG. Es genügt hierfür, dass der Schenker (Schuldner) alles getan hat, was seinerseits für den Vollzug erforderlich ist, so dass auch bedingter oder befristeter Vollzug (§§ 158, 163 BGB) oder der Vorbehalt eines Rückforderungsrechtes ausreicht. Das Vollzugsgeschäft selbst muss jedoch wirksam sein.

152 §§ 516 bis 534 BGB enthalten **Privilegierungen des Schenkers:**
153 Gerät der Schenker in finanzielle Kalamitäten, bevor das Schenkungsversprechen erfüllt wurde, steht ihm eine (aufschiebende) **Notbedarfseinrede** gem. § 519 BGB (*lex specialis* zu § 313 BGB) zu.
154 Eine **schenkweise zugewendete Rente** erlischt im Zweifel mit dem Tod des Schenkers, § 520 BGB.
155 **Schadensersatzpflichten des Schenkers** bei leichter Fahrlässigkeit sind gem. § 521 BGB ausgeschlossen.
156 Die **Haftung für Rechtsmängel** (bei Schenkung von Sachen und Rechten) ist gem. § 523 I BGB auf arglistig verschwiegene Mängel beschränkt. Geschuldet ist nur das negative Interesse (Vertrauensschaden, z. B. sonst unterlassene Aufwendungen für den Gegenstand). Der Beschenkte ist also so zu stellen, wie er stünde, wenn er sich mit dem Schenker niemals eingelassen hätte (Umkehrschluss zu § 523 II BGB, wo bei erst noch zu beschaffenden Gegenständen das Erfüllungsinteresse zu ersetzen ist).
157 Auch die **Haftung für Sachmängel** bei Schenkungsversprechen in Bezug auf Sachen aus eigenem Vermögen (nicht Rechte) ist auf arglistig verschwiegene Tatbestände beschränkt. Die Privilegierung gilt nicht für garantierte Eigenschaften (Rechtsgedanke des § 444 BGB)! I. R. d. § 524 BGB ist ebenfalls nur der Vertrauensschaden geschuldet, einschließlich des Folgeschadens (str.); es besteht also kein Anspruch auf Erstattung der Aufwendungen zur Beseitigung des Fehlers.
158 **Schenkung unter Auflage (§§ 525 bis 527 BGB):** Der gesetzlich nicht definierte Begriff der Auflage wird in ständiger Rechtsprechung verstanden i. S. einer der Schenkung hinzugefügten Bestimmung, dass der Empfänger zu einer Leistung (Tun, Dulden oder Unterlassen, auch ohne vermögensrechtlichen Wert) verpflichtet sein soll, die aus dem Zuwendungsobjekt zumindest wirtschaftlich zu entnehmen ist (z.B. Zuwendung einer Immobilie unter Vorbehalt des zu bestellenden Nießbrauchs, Übereignung eines Geldbetrags unter der Auflage, die zugewendete Summe als Darlehen dem Schenker zurückzu-

II. Vertragstypen der Grundstückszuwendung

gewähren). Die **Vollziehung der Auflage** kann erst verlangt werden, wenn die Schenkung geleistet ist; eine Befreiung von der Auflage ist möglich bei nachträglicher Unmöglichkeit gem. § 275 I BGB sowie bei Entwertung des geschenkten Gegenstands (analog § 526 BGB: RGZ 112, 210). Sofern wegen eines Rechts- oder Sachmangels der Wert der Zuwendung hinter den Aufwendungen zur Erfüllung der Auflage zurückbleibt, gewährt § 526 BGB ein Leistungsverweigerungsrecht (gleiches gilt nach h. M. auch, wenn dieses Missverhältnis schon von Anfang an bestand). Wird die Auflage nicht vollzogen, hat der Schenker weiterhin den Anspruch aus § 525 BGB sowie ggf. auf Schadensersatz.

Die Regelung über die **Rückforderung wegen Notbedarfs** gem. §§ 528, 529 BGB setzt 159 die Notbedarfseinrede gem. § 519 BGB für die Zeit nach Vollziehung der Schenkung (diese wird – anders als bei § 2325 BGB – nicht durch den Vorbehalt des Nießbrauchs gefährdet, BGH MittBayNot 2012, 34; Evert MittBayNot 2012, 23; vgl. auch Herrler ZEV 2011, 669) fort, als Ausprägung der Geschäftsgrundlagenlehre (clausula rebus sic stantibus). Von Bedeutung ist das Rückforderungsrecht insbesondere aufgrund seiner Überleitungsfähigkeit durch Verwaltungsakt auf den Sozialhilfeträger gem. § 93 I SGB XII (die eingeschränkte Abtretbarkeit und Pfändbarkeit – § 852 II ZPO, § 400 BGB – wird durch § 93 I 4 SGB XII überwunden). Maßgeblich für den Tatbestand, welcher bis zum Ablauf der an die Vollziehung anschließende 10-Jahres-Frist für die Verwirklichung des Anspruchs einzutreten bzw. zu bestehen hat, ist die Verarmung im Sinne des (wegen Fehlens einzusetzenden Einkommens und Vermögens) rechtmäßigen Inanspruchnahme nachrangiger Sozialleistungen oder von Zuwendungen Dritter, auf die kein oder noch kein gesetzlicher Anspruch besteht. Auch ist nicht etwa eine „Kausalität" in dem Sinne zu verlangen, dass die Verarmung ihrerseits sich als Folge der früheren Schenkung darstellen müsse (vgl. Wortlaut „nach" statt „infolge", so dass § 528 BGB auch verwirklicht wird, wenn während des fortlaufenden Sozialleistungsbezugs (Schon-)Vermögen übertragen wird. § 528 BGB geht gesetzlichen Unterhaltsansprüchen vor (die Existenz des Anspruchs lässt demnach die Bedürftigkeit entfallen). Demnach ist durch den Sozialhilfeträger zunächst § 93 SGB XII geltend zu machen, erst dann § 94 SGB XII.

Hinsichtlich des Inhalts des Rückforderungsanspruchs ist aufgrund der Verweisung 160 auf das Bereicherungsrecht zu differenzieren zwischen vier Sachverhalten:

(1) Der Aktivwert des Geschenks ist niedriger als die bereits akkumulierte Bedarfslücke, deren Deckung im Weg des § 528 BGB geltend gemacht wird: Hier richtet sich der Anspruch originär auf die **Rückgabe des geschenkten Gegenstands in Natur** (ggf. Zug um Zug gegen Erstattung der Gegenleistung), nicht lediglich auf Wertersatz, § 812 I BGB.

(2) Macht bei vorstehendem Sachverhalt der Beschenkte von seiner Ersetzungsbefugnis gem. § 528 I 2 BGB Gebrauch, wird im Wege der Novation eine Unterhaltspflicht begründet, die auch dann nicht erlischt, wenn der zu zahlende Unterhaltsbetrag den Wert des Geschenks übersteigt. Gem. §§ 528 I 3, 760, 1613 II BGB haftet der Erwerber in diesem Fall für den laufenden Unterhaltsbedarf, welcher gem. § 760 BGB jeweils auf drei Monate im Voraus zu befriedigen ist, sowie für den Sonderbedarf (z.B. außergewöhnlich hohe Aufwendungen wegen Übersiedlung in ein Alters- oder Pflegeheim) des vorangegangenen Jahres, und zwar auch ohne Vorliegen von Verzug oder Rechtshängigkeit.

(3) Davon zu unterscheiden ist der – bei Grundbesitzübertragungen in aller Regel vorliegende – Sachverhalt, dass der (Aktiv-)Wert des zugewendeten Gegenstands den Betrag der geltend gemachten und auszugleichenden Unterhaltslücke übersteigt, der Gegenstand jedoch nicht teilbar ist. Der Anspruch richtet sich dann (vgl. § 528 I 1 BGB „soweit") gem. § 818 II BGB auf monatlichen **Wertersatz in Geld** zur Schließung der Bedarfslücke, solange bis der Nettobetrag der Schenkung (Zuwendung abzüglich des Wertes vereinbarter Gegenleistungen oder vorbehaltener Auflagen) aufgezehrt ist (unter Geltung des Grundsatzes „Geld hat man zu haben", es handelt sich also um keine Unterhaltsschuld!). Bis zur verschärften Haftung steht allerdings die

Einrede der Entreicherung (§ 818 III BGB) zu Gebote. Ein Weiterverschenken befreit nicht, § 822 BGB, auch nicht bei ehebedingter Zuwendung, *BGH* ZNotP 2000, 27.

(4) Aufgrund Analogie zu § 528 I 2 BGB steht dem Beschenkten in der regelmäßig verwirklichten Fallgruppe (3) auch eine „umgekehrte Ersetzungsbefugnis" zur Verfügung, sich von der wiederkehrenden Pflicht zur Leistung von Wertersatz durch Rückgabe der geschenkten Sache selbst, also Leistung eines *aliud*, zu beseitigen (*BGH* NotBZ 2010, 141 m. Anm. *Krauß*). Der Beschenkte kann also zwischen Einkommens- oder Vermögenseinsatz wählen.

161 §§ 530 bis 533 BGB gewähren ein Recht zum **Widerruf wegen groben Undanks** des Beschenkten in Gestalt einer schweren Verfehlung gegen den Schenker oder dessen nahen Angehörigen (auch Lebensgefährten!). Es handelt sich um ein höchstpersönliches Recht, das nicht abtretbar (und daher nicht pfändbar) sowie nur eingeschränkt vererblich ist. Der Widerruf ist **ausgeschlossen** bei endgültiger Verzeihung (analog § 2337 BGB), nach Ablauf eines Jahres ab Kenntniserlangung von den Widerrufsgründen sowie nach dem Tod des Beschenkten (§ 532 BGB). Ein **Verzicht** auf das Widerrufsrecht kann nicht im Vorhinein erklärt werden, sondern allenfalls durch einseitige Willenserklärung nach Kenntnis der Umstände, die den Undank begründen (§ 533 BGB). Der Widerruf erfolgt durch Erklärung gegenüber dem Beschenkten und lässt den Rechtsgrund der Schenkung entfallen, so dass ein Anspruch auf Herausgabe nach den Grundsätzen der ungerechtfertigten Bereicherung besteht. Im Fall einer **gemischten Schenkung** bei Überwiegen des Schenkungselements (andernfalls findet § 530 BGB bereits dem Grunde nach keine Anwendung, vgl. *OLG Celle* RdL 2013, 95) ist der Anspruch so eingeschränkt, dass er nur Zug um Zug gegen Wertausgleich des entgeltlichen Teils geltend gemacht werden kann. Die als Widerrufsgrund erforderliche **schwere Verfehlung** kann sich z. B. auch aus konsequenter Weigerung zur Vertragserfüllung, Gefährdung der Veräußererrechte durch Geschehenlassen der Versteigerung aus vorrangigen Rechten (*OLG Köln* RNotZ 2002, 280), Weiterveräußerung des geschenkten Gegenstands ohne vereinbarte Rücksprache mit dem Schenker (*BGH* ZEV 2005, 213) ergeben, ebenfalls aus grundlosen Strafanzeigen, Beleidigungen, körperlicher Misshandlung etc.

162 Eine Sonderrolle spielen die **Pflicht- und Anstandsschenkungen** des § 534 BGB, z. B. Zuwendungen an bedürftige Geschwister, Stiefkinder oder den nichtehelichen Lebensgefährten, Patenkinder oder als Abfindung an den verlassenen Lebensgefährten (also ohne Bestehen einer gesetzlichen Unterhalts- oder Ausgleichspflicht). Hier ist das Recht auf Rückforderung wegen Verarmung oder Widerruf wegen groben Undanks ausgeschlossen; auch eine Pflichtteilsergänzung findet gem. § 2330 BGB nicht statt. Weitere Privilegierungen enthalten §§ 1425 II, 1641, 1804, 2113 II, 2205, 2207 BGB (Ausnahmen vom Schenkungsverbot bei gesetzlichen Vertretern und Nacherbenbeschränkungen).

2. Zuwendung an Minderjährige

163 Das beschränkt geschäftsfähige Kind kann selbst handeln – bzw. die Eltern können das erwerbende geschäftsunfähige Kind trotz §§ 1795 II, 181 Alt. 1 bzw. Alt. 2 BGB, der in diesen Fällen teleologisch reduziert wird, bei eigener Zuwendung oder Zuwendung durch andere Verwandte in gerader Linie selbst vertreten – bei allen Vorgängen, die dem Kind einen lediglich rechtlichen Vorteil i. S. d. § 107 BGB vermitteln (ausführlich *Kölmel* RNotZ 2010, 618; zum Erfordernis familiengerichtlicher Genehmigung, *Rupp* notar 2011, 300). Gleiches gilt für Rechtsgeschäfte, die lediglich der Erfüllung einer entstandenen und fälligen Verbindlichkeit dienen, etwa bei der Entgegennahme von Gegenständen zur Erfüllung eines zu Gunsten des Kindes zu Lasten der Eltern als Erben angeordneten Vermächtnisses (*OLG München* ZEV 2011, 658 m. Anm. *Keim,* zustimmend *Röhl* MittBayNot 2012, 111; abl. *Rupp/Spieker* notar 2013, 55; anders noch *OLG München* NotBZ 2011, 186).

II. Vertragstypen der Grundstückszuwendung

Checkliste: Lediglich rechtlich vorteilhafte Natur einer Zuwendung 164

(1) Der Vorbehalt eines Nießbrauchs oder Wohnungsrechts, jedenfalls sofern der Eigentümer nicht zum Aufwendungs- und Kostenersatz gem. §§ 1049, 667 ff. BGB verpflichtet ist,
(2) der Vorbehalt der Beleihungsmöglichkeit durch den Veräußerer,
(3) die Übernahme dinglicher Belastungen ohne Verbindlichkeiten – anders also im Fall einer Reallast wegen der persönlichen Haftung während der eigenen Eigentumszeit aus § 1108 BGB,
(4) die Übernahme von Dienstbarkeiten, sofern nicht dem Grundstückseigentümer die Unterhaltung einer Anlage unterliegt mit der reallastähnlichen Haftung des §§ 1021 III, 1108 I BGB,
(5) die Übernahme dinglicher Vorkaufsrechte oder vorgemerkter Wiederkaufsrechte,
(6) die Anordnung der Ausgleichspflicht nach § 2050 III BGB (BGHZ 15, 168) sowie
(7) die Vereinbarung eines Rückforderungsvorbehalts bei Beschränkung der Haftung des Minderjährigen auf das Objekt analog § 818 III BGB („Bereicherung"), *BayObLG* ZEV 2004, 340 und
(8) die allgemeine, durch das Innehaben des Eigentums begründete Verpflichtung zur Tragung jedenfalls der wiederkehrenden öffentlich-rechtlichen Grundstückslasten (*BGH* NJW 2005, 415 und NJW 2005, 1430) sowie
(9) die durch das Rechtsgeschäft als solche ausgelöste Pflicht zur Tragung der Notar- und Gerichtskosten sowie der Grunderwerb- bzw. Schenkungsteuer (*OLG Köln* MittBayNot 1998, 106) stehen der lediglich rechtlich vorteilhaften Natur einer Zuwendung nicht entgegen.

Checkliste: Stets rechtlich nachteilige Natur einer Zuwendung 165

(1) Die Überlassung eines vermieteten Objekts, auch wenn Vermieter zunächst der Veräußerer bleibt, aufgrund vorbehaltenen Nießbrauches (*BGH* ZNotP 2005, 227 m. insoweit zust. Anm. *Feller*),
(2) die Übertragung einer Eigentumswohnung, jedenfalls seit 1.7.2007 (als Folge der in § 10 VIII WEG geschaffenen, im Außenverhältnis unbeschränkbaren, primären, akzessorischen, anteiligen Haftung für die Verbindlichkeiten eines Dritten, des Verbandes der Wohnungseigentümer sowie möglicherweise auch als Folge der Wirkung nicht im Grundbuch eingetragener Beschlüsse gegen den Rechtsnachfolger gem. § 10 IV WEG, v. a. wenn eine Öffnungsklausel vereinbarungs- und gesetzesändernde Beschlüsse ermöglicht) – zuvor jedenfalls wenn die Gemeinschaftsordnung vom dispositiven Recht des WEG nachteilig abweicht (BGHZ 78, 32) bzw. beim Eintritt in einen Verwaltervertrag (*OLG Hamm* Rpfleger 2000, 449),
(3) auch die vom Veräußerer rechtzeitig angeordnete Anrechnung auf den künftigen Pflichtteil (§ 2315 BGB) – wegen ihrer Vergleichbarkeit zum beschränkten Pflichtteilsverzicht – jedenfalls nach h. M. (a. A. jedoch zu Recht *OLG Dresden* MittBayNot 1996, 291).

Als rechtlich nachteilhaft wertet die Rspr. auch die nachträgliche Gewährung solcher **166** Rechte zugunsten des Veräußerers, die bei Vorbehalt i. R. d. Übertragung selbst lediglich den Umfang der Schenkung mindern würden (etwa des für den Eigentümer leistungsfreien Nießbrauchs). Daher sollten Umschreibungsantrag und Antrag auf Eintragung beschränkt dinglicher Rechte zugunsten des Veräußerers gem. § 16 II 2 GBO verbunden sein (Gerichte nehmen eine solche Verbindung, allerdings zum Schutz des Veräußerers vor der Eintragung störender „Zwischenrechte", ohnehin an, *OLG München* Rpfleger 2006, 68; krit. hierzu *Bestelmeyer* Rpfleger 2006, 318).

167 Besteht nach den vorstehenden Grundsätzen ein Vertretungsausschluss, bedarf es einer **Ergänzungspflegschaft, § 1909 BGB**, die – i. d. R. auf Anregung der Beteiligten – durch das FamG angeordnet wird. Zuständig ist dabei das AG, in dessen Bezirk das betreffende Kind seinen gewöhnlichen Aufenthalt hat, § 152 II FamFG. Zuständig ist der Rechtspfleger, § 3 Nr. 2a RPflG, sowohl für die Anordnung der Pflegschaft als auch hinsichtlich der Auswahl und Bestellung des Pflegers, §§ 151 Nr. 5, 111 Nr. 2 FamFG. Soll er erst durch das Gericht bestellt werden (so dass seine in der Urkunde abgegebenen Erklärungen an sich nach Bestellung zum Pfleger in dieser Eigenschaft zu wiederholen wären), erleichtert folgendes Verfahren, das schlüssiges Handeln mit Erklärungswert belegt, den Vollzug:

168 **Formulierungsbeispiel: Noch vorzunehmende Bestellung eines Pflegers**

Die Vertragsteile bevollmächtigen den Notar ferner, für sie die Bestellung des Pflegers anzuregen, sodann den Bestallungsausweis von ihm entgegenzunehmen, und hierüber befreit von § 181 BGB eine Eigenurkunde zu errichten. In der Aushändigung des Bestallungsausweises an den Notar liegt die Nachgenehmigung des als Pfleger vorgesehenen Beteiligten zu den heute von ihm abgegebenen Erklärungen in seiner künftigen Eigenschaft als Ergänzungspfleger.

169 Von der Prüfung bestehender elterlicher Vertretungshindernisse (vorstehend Rn. 163 ff.) zu unterscheiden ist die Frage des Erfordernisses **familiengerichtlichen Genehmigung** für den in § 1643 I BGB genannten Ausschnitt an Rechtsgeschäften. Ist der Veräußerer minderjährig, erstreckt sich die Genehmigung auch auf das dingliche Geschäft, ist – wie regelmäßig – der Erwerber minderjährig, nur auf das schuldrechtliche (mit der Folge, dass sie vom Grundbuchamt gem. § 20 GBO nicht verlangt werden kann, vom Notar jedoch gleichwohl einzuholen ist). Praxisrelevant ist v. a. der „entgeltliche Erwerb eines Grundstücks" i. S. d. **§§ 1643 I, 1821 I Nr. 5 BGB**. Allein der (kraft Gesetzes sich vollziehende) Eintritt in einen Mietvertrag gilt dabei nicht als „Entgelt" (*LG München II* MittBayNot 2005, 234), ebenso wenig der Vorbehalt des Nießbrauchs oder von Rückforderungsrechten (*BGH* NotBZ 2011, 94 m. Anm. *Krauß*).

170 Zur Beteiligung Minderjähriger im Rahmen gesellschaftsrechtlicher Vorgänge, etwa bei Einrichtung eines „Familienpools", vgl. Rn. 235 ff.

3. Mittelbare Schenkungen

171 Zivilrechtlich besteht keine zwingende Identität zwischen dem Vermögensopfer des Schenkenden und dem Zuwendungsgegenstand beim Beschenkten (BGHZ 112, 40). Auch das Steuerrecht erfordert keine Identität des Entreicherungs- und Bereicherungsgegenstands, da gem. § 7 I Nr. 1 ErbStG nur eine Bereicherung des Bedachten „auf Kosten des Zuwendenden" notwendig ist. Im Fall der sog. „mittelbaren Grundstücksschenkung" erfolgt die zivil- und schenkungsteuerliche Beurteilung so, wie wenn der Veräußerer dem Erwerber unmittelbar das Grundstück zugewendet hätte. Von Todes wegen (Wunsch des Erblassers, mit Geldmitteln des Nachlasses ein bestimmtes Grundstück zu erwerben) gelten diese Grundsätze nicht (*BFH* ErbStB 2003, 377).

172 Unter Geltung des am 1.1.2009 in Kraft getretenen Bewertungsrechtes bleibt die **mittelbare Grundstücksschenkung** attraktiv in Bezug auf das selbst genutzte Eigenheim (bei Schenkung durch den Ehegatten: § 13 I Nr. 4a ErbStG), aber auch in Bezug auf den Erwerb vermieteter Wohnimmobilien zur Erzielung des 10%-igen Bewertungsabschlags gem. § 13c ErbStG. Eine mittelbare Grundstücksschenkung im steuerrechtlichen Sinn liegt vor, wenn der Schenker einen nicht ganz unerheblichen Teil (mehr als 10%) des

II. Vertragstypen der Grundstückszuwendung A V

Kaufpreises eines **genau bestimmten** Grundstücks oder eines zu erwerbenden Anspruchs auf Übereignung eines genau bestimmten Grundstücks (*BFH* ZEV 2005, 126) schenkweise zur Verfügung stellt oder zu mehr als 10% die Kosten für die Errichtung eines konkreten Bauvorhabens trägt („mittelbare Baukostenschenkung", R E 7.3. (3) ErbStR 2011). Auch die Übernahme der Kosten für konkrete Um-, Aus- oder Anbauten genügt, nicht aber die Zuwendung von Mitteln für Reparaturmaßnahmen oder bloße Erhaltensaufwendungen. Die Geldzuwendung durch einen steuerlich nicht anzuerkennenden „Scheindarlehensvertrag" steht gem. § 42 AO der Schenkung gleich (*BFH* DStRE 2007, 301). Zwischen dem Zeitpunkt der Zuwendungszusage einerseits und dem Erwerb des Grundstücks andererseits sollte kein größerer zeitlicher Abstand liegen (Finanzverwaltung: max. etwa ein Jahr); auf jeden Fall aber muss die Schenkungszusage (sei sie auch entgegen § 518 I BGB lediglich privatschriftlich) vor dem Abschluss des Kaufvertrages (*BFH* DStRE 2005, 833) bzw. vor der Eingehung der Kaufpreisschuld (*BFH* ZEV 2005, 29) in Herstellungsfällen vor Fertigstellung des Gebäudes/Abschluss der Sanierungsmaßnahmen (*Hartmann* ErbStB 2005, 225) erfolgen.

Da (mittelbar) der Grundbesitz Schenkungsgegenstand ist, beziehen sich gesetzliche **173** (§§ 527, 528, 530 BGB) wie auch vertragliche Rückforderungsrechte auf Grundbesitz, nicht auf den geschenkten Geldbetrag.

Formulierungsbeispiel: Mittelbare Grundstücksschenkung durch die Eltern mit Nießbrauchs- und Rückforderungsvorbehalt (als Bestandteil eines Grundstückskaufvertrages) **174**

Herr ... und Frau ..., die Eltern des Käufers, versprechen ihrem Sohn ... den Kaufpreis des Vertragsobjektes zuzüglich der für den Erwerb anfallenden Erwerbsnebenkosten (Notar, Grundbuch, Grunderwerbsteuer)

zum Erwerb des in § 1 genannten Kaufobjektes zu

s c h e n k e n,

mit der Auflage, dass der geschenkte Betrag zum Erwerb des Vertragsgegenstandes zu verwenden ist. Eltern und Tochter sind einig, dass Gegenstand der Schenkung nicht das Geld sondern der vertragsgegenständliche Grundbesitz ist (mittelbare Grundstücksschenkung).

Der beurkundende Notar wies darauf hin, dass geschenkte Beträge ausschließlich auf das in der Kaufurkunde angegebene Konto des Verkäufers bzw. des Grundpfandrechtsgläubigers zur Lastenfreistellung einzuzahlen sind. Eigene Verfügungsgewalt erhält der Beschenkte über den Geldbetrag daher nicht.

Wirtschaftlich und steuerrechtlich handelt es sich also bei der heutigen Zuwendung um einen Erwerb der Immobilie durch die Eltern mit anschließender Übertragung auf ihre Tochter, auch wenn der Grundbuchvollzug unmittelbar auf ihren Sohn erfolgt. Die Eltern des Käufers – nachstehend „die Berechtigten" genannt – behalten sich jedoch am gesamten übertragenen Vertragsbesitz ein

Nießbrauchsrecht

(also ein Recht zur Eigennutzung oder Vermietung) vor, das jedoch nicht an Dritte überlassen werden kann. Abweichend vom Gesetz trägt der Nießbraucher auch die Tilgung bestehender Verbindlichkeiten sowie außerordentliche Lasten, Ausbesserungen und Erneuerungen, auch wenn sie über die gewöhnliche Unterhaltung der Sache hinausgehen. Dem Nießbraucher stehen keine Verwendungsersatzansprüche und Wegnahmerechte zu, während umgekehrt der Eigentümer keine Sicherheitsleistung (§ 1051 BGB) verlangen kann.

Die gesamten Lasten und Kosten des Vertragsbesitzes sowie die Verkehrssicherungspflicht verbleiben demnach beim Nießbraucher. Dieser ist zur vorzeitigen Aufgabe des Nießbrauchs berechtigt.

▼ Fortsetzung: **Formulierungsbeispiel: Mittelbare Grundstücksschenkung durch die Eltern mit Nießbrauchs- und Rückforderungsvorbehalt (als Bestandteil eines Grundstückskaufvertrages)**

Die Eintragung des Nießbrauchsrechts – für beide als Berechtigte gemäß § 428 BGB – am Vertragsbesitz wird

bewilligt und beantragt,

wobei zur Löschung der Nachweis des Todes des Berechtigten genügen soll. Das Recht erhält nächstoffene Rangstelle.

Weiter ist vereinbart:

Der Erwerber und seine Gesamtrechtsnachfolger sind gegenüber den schenkenden Eltern als Berechtigten verpflichtet, den betreffenden Vertragsbesitz zurückzuübertragen, wenn und soweit ein Rückforderungsgrund eintritt und die Rückforderung vertragsgemäß d. h. binnen zwölf Monaten nach Kenntnis vom Rückforderungstatbestand und in notariell beglaubigter Form, aufgrund höchstpersönlicher Entscheidung erklärt wird. Das Rückforderungsrecht ist nicht vererblich oder übertragbar und kann nicht durch gesetzliche Vertreter oder Insolvenzverwalter ausgeübt werden. Es kann sich auch lediglich auf Teile des Vertragsbesitzes erstrecken.

Macht zu Lebzeiten beider Berechtigter nur einer das Rückforderungsrecht geltend, oder ist der andere Berechtigte verstorben, ist nur an den verbleibenden Berechtigten aufzulassen, der auch die Verpflichtungen alleine übernimmt. Andernfalls ist an beide zu je hälftigem Miteigentum unter gesamtschuldnerischer Übernahme der Verpflichtungen aufzulassen.

Ein Rückforderungsgrund tritt jeweils ein, sobald der jeweilige Eigentümer

a) den Vertragsbesitz ganz oder teilweise ohne schriftliche Einwilligung des Berechtigten (bzw. seines gesetzlichen Vertreters oder Bevollmächtigten) veräußert oder sonst das Eigentum daran verliert, belastet oder eingetragene Belastungen revalutiert, oder während des Nießbrauchs vermietet,

b) von Zwangsvollstreckung in den Grundbesitz betroffen ist, sofern die Maßnahme nicht binnen zwei Monaten aufgehoben wird,

c) in Insolvenz fällt, die Eröffnung des Verfahrens mangels Masse abgelehnt wird, oder er die eidesstattliche Versicherung abgibt

d) vor dem Berechtigten verstirbt

e) von seinem (künftigen) Ehegatten/Lebenspartner getrennt lebt im Sinne des § 1567 BGB, es sei denn, durch vertragliche Vereinbarung ist sichergestellt, dass der Vertragsbesitz im Rahmen des Zugewinnausgleichs nicht berücksichtigt wird, sondern allenfalls tatsächlich getätigte Investitionen oder Tilgungsleistungen zu erstatten sind

f) der Drogen- oder Alkoholsucht verfällt, oder

g) Mitglied einer im Sektenbericht des Bundestages aufgeführten Sekte oder einer unter Beobachtung des Verfassungsschutzes stehenden Vereinigung ist

h) geschäftsunfähig wird.

i) Ein Recht zur Rückforderung besteht auch, wenn für die heutige Zuwendung Schenkungsteuer erhoben werden sollte oder wenn sich das Schenkungsteuerrecht oder seine Anwendung nach dieser Zuwendung in einer Weise ändert, dass sich nach dieser Änderung für die heutige Übertragung im Vergleich zum geltenden Recht eine geringere Steuerbelastung, eine spätere Fälligkeit der Steuer, ihr gänzlicher Wegfall oder die Möglichkeit ihrer Vermeidung bei Eintritt zusätzlicher Bedingungen ergibt bzw. zusätzliche Anforderungen zur Erreichung der Steuerfreiheit entfallen.

Der Berechtigte hat die im Grundbuch eingetragenen Rechte und Grundpfandrechte dinglich zu übernehmen, soweit sie im Rang vor der nachstehend bestellten Auflassungsvormerkung eingetragen sind.

II. Vertragstypen der Grundstückszuwendung

▼ **Fortsetzung: Formulierungsbeispiel: Mittelbare Grundstücksschenkung durch die Eltern mit Nießbrauchs- und Rückforderungsvorbehalt (als Bestandteil eines Grundstückskaufvertrages)**

> Aufwendungen aus dem Vermögen des Rückübertragungsverpflichteten werden – maximal jedoch bis zur Höhe der noch vorhandenen Zeitwerterhöhung – gegen Rechnungsnachweis erstattet bzw. durch Schuldübernahme abgegolten, soweit sie nicht nur der Erhaltung des Anwesens im derzeitigen Zustand, sondern der Verbesserung oder Erweiterung des Anwesens gedient haben und mit schriftlicher Zustimmung des Berechtigten oder seines Vertreters durchgeführt wurden. Im Übrigen erfolgt die Rückübertragung unentgeltlich, also insbesondere ohne Ausgleich für geleistete Dienste, wiederkehrende Leistungen, Tilgungen, geleistete Zinsen, Arbeitsleistungen, oder die gezogenen Nutzungen. Hilfsweise gelten die gesetzlichen Bestimmungen zum Rücktrittsrecht.
>
> Die Kosten der Rückübertragung hat der Anspruchsberechtigte zu tragen. Mit Durchführung der Rückübertragung entfällt die ggf. angeordnete Anrechnung der Zuwendung auf den Pflichtteilsanspruch des heutigen Erwerbers sowie ein etwa mit ihm in dieser Urkunde vereinbarter Pflichtteilsverzicht (auflösende Bedingung).
>
> Zur Sicherung des bedingten Rückübertragungsanspruchs nach wirksamer Ausübung eines vorstehend eingeräumten Rückforderungsrechtes oder des gesetzlichen Widerrufs gemäß § 530 BGB („grober Undank") bestellt hiermit der Käufer zugunsten beider Eltern als Gesamtberechtigter gem. § 428 BGB eine
>
> Vormerkung
>
> am Vertragsbesitz und
>
> bewilligt und beantragt
>
> deren Eintragung im Grundbuch. Die Vormerkung ist als Sicherungsmittel auflösend befristet. Sie erlischt mit dem Tod des jeweiligen Elternteils.
>
> Die Eintragung des vorgenannten Nießbrauchsrechtes und des Rückforderungsvorbehaltes zugunsten der Eltern erfolgen zusammen mit der Umschreibung des Eigentums auf den Sohn als Erwerber, § 16 II GBO.
>
> Der Nießbrauchsvorbehalt mindert den derzeitigen Schenkungswert sowohl zivilrechtlich als auch steuerrechtlich, der Rückforderungsvorbehalt jedenfalls zivilrechtlich. Der verbleibende Schenkungsbetrag ist auf den Pflichtteil des Erwerbers nach jedem Elternteil je zur Hälfte anzurechnen; eine Anrechnung auf den Erbteil ist jedoch derzeit nicht angeordnet.

Begrifflich sind solche mittelbaren Schenkungen auch in Bezug auf andere Objekte als **175** Grundstücke denkbar, etwa in Bezug auf **Betriebsvermögen**. Sie haben insoweit freilich wenig Verbreitung gefunden, weil die schenkung-/erbschaftsteuerlichen Betriebsvermögensprivilegien jedenfalls nach Ansicht der Finanzverwaltung (R E 13b.2 (2) Satz 1 ErbStR 2011), möglicherweise auch des *BFH* (BStBl. 2005 II 411) nur gewährt werden, wenn das Betriebsvermögen bereits beim Veräußerer/Erblasser vorhanden war. Die „mittelbare Betriebsschenkung" wird bisher nur in den Fällen anerkannt, in denen Geld zweckgebunden zur Beteiligung am Betriebsvermögen des Schenkers (nicht eines Dritten) zugewendet wird (R E 13b.2 (2) Satz 2 ErbStR 2011).

Wird Vermögen (z. B. Gesellschaftsanteile) eines Betriebs übertragen, dessen Verkauf **176** bereits eingeleitet wurde, kann darin die mittelbare Schenkung des Verkaufserlöses liegen. Dies ist insbesondere anzunehmen, wenn die Verkaufsabsicht bereits in einem Letter of Intent festgehalten ist, und der Beschenkte sich den Verfügungen des Schenkers in Bezug auf die Verkaufsverhandlungen unterzuordnen hat, von ihm vertreten wird und selbst geschäftsunerfahren ist (*BFH* ErbStR 2012, 264). Schenkungsteuer entsteht dann erst in dem Zeitpunkt, in dem der Beschenkte über den Verkaufserlös verfügen kann.

4. Ausstattung

177 Wenn Eltern als Veräußerer und ein Kind als Erwerber an einer Grundstückszuwendung beteiligt sind, kann es sich um eine Ausstattung (dazu *Everts* MittBayNot 2011, 107) handeln, bei der Schenkungsrecht nur nach Maßgabe des § 1624 BGB anwendbar ist. Drei Merkmale müssen hierfür gegeben sein:

178 **Beteiligte:** Eltern auf Veräußererseite, deren Kind(er) (wohl auch Enkel: *OLG Karlsruhe* ZEV 2011, 531) auf Erwerberseite; Zuwendungen an sonstige Empfänger, wie etwa Verlobte oder Schwiegerpartner, können also nicht Gegenstand einer Ausstattung sein.

179 **Anlass und Zuwendungszweck:** Verheiratung („Aussteuer, Mitgift"), Erlangung einer angemessenen Lebensstellung (Haushaltsgründung; Start in die eigene berufliche Existenz), die Erhaltung der Lebensstellung oder der Wirtschaft (z. B. bei der Tilgung von Verbindlichkeiten des Kindes auf dem Familieneigenheim oder in seiner betrieblichen Sphäre).

180 **Angemessenheitskriterium:** Ein den Vermögensverhältnissen der Eltern (also ihrem eigenen Unterhaltsbedarf und den Bedürfnissen der vorhandenen weiteren Geschwister) entsprechendes Maß.

181 Der Vertragszweck der Haushalts- oder Existenzgründung bzw. -sicherung sollte wegen der eigenständigen Rechtsform der Ausstattung in der Urkunde zum Ausdruck kommen (§ 17 I BeurkG: Erforschung des Willens), zumal die Beteiligten die Ausstattungsabsicht bei der Zuwendung ausschließen können. Fehlen nähere Angaben, ist bei größeren Zuwendungen das Vorliegen einer Ausstattung zu vermuten, sofern die weiteren Kriterien erfüllt sind (*AG Stuttgart* NJW-RR 1999, 1449).

182 Für den Vertragstypus der Ausstattung sind wegen ihres endgültigen Charakters **Nutzungsvorbehalte** untypisch; **Rückforderungsvorbehalte** sind mit ihm allenfalls insoweit vereinbar, als es um die Abwehr externer Zugriffe (Insolvenz, Zwangsversteigerung) oder zweckwidriger Verwendung geht (*Schindler* ZEV 2006, 391).

183 Rechtsfolgen sind:
– **Schenkungsrecht** (also auch die Formpflicht des Schenkungsversprechens aus § 518 BGB, das Rückforderungsrecht wegen Verarmung gem. § 528 BGB) gilt nur für das sog. Übermaß, das nicht mehr den Angemessenheitskriterien genügt. In schenkungsteuerlicher Hinsicht allerdings wird die Ausstattung der Schenkung gleichgestellt.
– Die Ausstattung unterliegt wohl **nicht** der **Gläubigeranfechtung** nach § 4 AnfG = § 134 InsO (Anfechtung von unentgeltlichen Leistungen innerhalb von vier Jahren), allerdings der Anfechtung nach § 3 II AnfG = § 133 II InsO (Anfechtung innerhalb von zwei Jahren bei entgeltlichen Verträgen mit nahestehenden Personen).
– Die Ausstattung **unterliegt nicht der Pflichtteilsergänzung** nach § 2325 BGB (allerdings den möglicherweise noch nachteiligeren Folgen des § 2316 BGB, der weder eine zeitliche Grenze noch ein Abschmelzen kennt, allerdings auch keine Fortsetzung des Anspruchs gegen den Beschenkten selbst wie in § 2329 BGB).
– Die **Ausgleichung bei gesetzlicher Erbfolge** wird gesetzlich im Zweifel angeordnet (§ 2050 I BGB), kann aber ausdrücklich ausgeschlossen werden, ausführlich *Kerscher* ZEV 1997, 354.

Praxishinweis:

Eine ausdrückliche Regelung zur Frage der „Anrechnung auf den Erbteil" ist zu empfehlen, auch eine Stellungnahme zur Frage der Anrechnung der Ausstattung und des Übermaßes auf den Pflichtteil nach § 2315 BGB, welche allerdings nicht gesetzlich vermutet werden. Pflichtteilsrechtlich ist jedoch stets § 2316 III BGB zu beachten, wonach kein Ausschluss zum Nachteil eines Pflichtteilsberechtigten erfolgen kann.

II. Vertragstypen der Grundstückszuwendung

Praxishinweis:

Auch eine vertragliche Regelung, dass keine Ausgleichungspflicht bestehe, hindert also nicht, dass die frühere Ausstattung zu einer Erhöhung des Pflichtteils des nicht ausgestatteten Geschwisters führt, und zwar ohne zeitliche Befristung, da die Zehnjahresgrenze des § 2325 BGB bei der Ausstattung nicht gilt, so dass demzufolge auch keine Abschmelzung eintreten kann. In diesem Kontext ist also die Ausstattung u. U. der Schenkung gegenüber nachteilig. Gegensteuern kann ein gegenständlich auf den Ausgleichspflichtteil (Erhöhungswirkung) beschränkter Verzicht der nicht ausgestatteten Geschwister gegenüber dem Veräußerer.

Formulierungsbeispiel: Umfang und Folgen der Ausstattung 184

Die Zuwendung erfolgt als Ausstattung gem. § 1624 BGB anlässlich der Heirat des Erwerbers am ... Der Wert der Ausstattung beträgt ... EUR, der Wert des Übermaßes beträgt ... EUR. Beide sind auf den Pflichtteil des Erwerbers i. S. d. § 2315 BGB anzurechnen. Eine Ausgleichung bei gesetzlicher Erbfolge unter Geschwistern ist entgegen § 2050 I BGB nicht angeordnet. Uns ist bekannt, dass gem. § 2316 III BGB gleichwohl deren Ausgleichspflichtteile sich erhöhen; gegenständlich beschränkte Pflichtteilsverzichte sollen jedoch entgegen der Empfehlung des Notars nicht eingeholt werden.

5. Zuwendungen in oder aufgrund der Ehe

a) Ehebedingte Zuwendungen

aa) Anwendungsfälle. Zuwendungen eines Ehegatten an einen anderen, die nicht unterhaltsrechtlich „geschuldet" sind und denen die Vorstellung oder Erwartung zugrunde liegt, die Ehe werde Bestand haben, lassen sich in Bezug auf Übertragung von Grundbesitz insbesondere folgenden typischen Sachverhaltsgestaltungen zuordnen: 185

- schlüsselfertige Errichtung eines Eigenheims auf gemeinsam erworbenem Bauplatz oder schlüsselfertiger Erwerb eines Eigenheims je zur Hälfte vom Bauträger aus Mitteln, die allein ein Ehegatte zur Verfügung stellt;
- „Weitergabe" eines Miteigentumsanteils an bereits vorhandenem Grundbesitz an den anderen Ehegatten;
- Verwendung von Geld oder Arbeitskraft auf das im Alleineigentum des anderen Ehegatten stehenden Familienheim oder dessen Betrieb ohne Abschluss eines angemessenen Darlehens- oder Arbeitsvertrages;
- Übertragung einer Immobilie an den Ehegatten zur Vermeidung etwaiger Gläubigerzugriffe;
- Erwerb einer Immobilie durch den jüngeren Ehegatten mit Mitteln des älteren Ehegatten zur Altersversorgung des jüngeren Ehegatten;
- Erwerb einer Immobilie allein durch einen Ehegatten mit Mitteln des anderen Ehegatten zur Ermöglichung steuergünstiger Verpachtung an den Betrieb des finanzierenden Ehegatten.

Schenkungsteuerlich werden ehebedingte Immobilienzuwendungen zur Eigennutzung gefördert durch die Freistellung in § 13 I Nr. 4a ErbStG, vgl. Rn. 63. Verschenkt ein Erwerber das Erhaltene oder Teile davon weiter an seinen Ehegatten („**Kettenschenkung**"), handelt es sich schenkungsteuerlich um einen getrennten Vorgang, wenn der Erwerber insoweit einen eigenen Entscheidungsspielraum hatte. Letzteres kann sogar bei Beurkundung in zwei unmittelbar aufeinanderfolgenden Urkunden bei Verzicht auf die Zwischeneintragung der Fall sein (*BGH* DNotZ 2014, 103). 186

A V   Grundstückszuwendung

187 Verwandt sind die Einräumung eines unwiderruflichen oder auch widerruflichen Bezugsrechtes bei einer Lebensversicherung (*BGH* FamRZ 1995, 232), ebenso an die Errichtung von Oder-Konten i. H. d. hälftigen Einzahlung (zum Steuerrecht *FG Nürnberg* ErbStB 2010, 330) sofern der andere Ehegatte tatsächlich und rechtlich über das Geld verfügen kann, wobei Unterhaltsbeiträge herauszurechnen und vorrangige abweichende Abreden denkbar sind (vgl. *Götz* ZEV 2011, 408).

188 **bb) Rückabwicklung bei Scheitern der Ehe.** Der BGH lehnt im Regelfall eine Rückabwicklung ehebedingter Zuwendungen bei Scheitern der Ehe nach **Bereicherungsvorschriften** ab: § 812 I 2 Alt. 1 BGB (*condictio ob causam finitam*) scheidet aus, da die Ehe als solche kein Rechtsgrund der Zuwendung sein kann, weil das Eherecht zu solchen Zuwendungen nicht verpflichtet. § 812 I 2 Alt. 2 BGB (*condictio ob rem*) scheidet aus, da Zweck der Ehegattenzuwendung nicht der Fortbestand der Ehe als solcher ist, sondern ein einzelner Erfolg im Rahmen dieser Ehe, etwa die Verwirklichung der ehelichen Lebensgemeinschaft, die Schaffung eines Familienheims, die Erhaltung des Betriebs als Grundlage des Unterhalts beider Ehegatten etc.

189 Kondiktionsrecht gelangt freilich zum Einsatz, wenn die Schenkung erfolgreich angefochten wird, etwa weil die beschenkte Ehefrau dem schenkenden Ehemann verschwiegen hat (§ 123 I BGB), dass er mutmaßlich nicht der Vater des „gemeinsamen" Kindes sei (z. B. *BGH* FamRZ 2012, 779 und 1363 und 1623).

190 Insbesondere in den Fällen, in denen etwa aus haftungsrechtlichen oder steuertechnischen Gründen gemeinsame Beiträge beider Ehegatten sich im Allein-Außeneigentum eines Ehegatten niederschlagen, ist eine teilweise Rückabwicklung der Zuwendung über die **Auseinandersetzungsvorschriften einer Innengesellschaft** (§§ 738 ff. BGB) zu diskutieren. An die bloß stillschweigende oder angebliche mündliche Vereinbarung einer **Ehegatten-Innengesellschaft** sind jedoch besondere Anforderungen zu stellen (*BGH* ZNotP 2009, 27), insbesondere hinsichtlich des erforderlichen gemeinsamen Zwecks (*BGH* MittBayNot 2008, 233). Der *BGH* hat wiederholt erhebliche Sach- oder Arbeitsleistungen für den Handwerks- oder Gewerbebetrieb des anderen als gesellschaftsrechtliche Leistungen qualifiziert, was ihm den Vorwurf einer nachträglichen richterlichen Fiktion eingehandelt hat. Erforderlich ist ferner Erbringung eines „wesentlichen Beitrages" in der „Absicht gemeinschaftlicher Wertschöpfung" (*BGH* ZNotP 2004, 67). Die Instanzrechtsprechung bleibt insoweit restriktiver (*OLG München* ErbR 2010, 59 m. Anm. *Rudy*).

191 Wird eine bestehende Ehegatten-Innengesellschaft durch den Tod des nach außen allein auftretenden Vermögensträgers beendet, kann der Auseinandersetzungsanspruch (§ 738 BGB) des anderen Ehegatten den Wert des Nachlasses gem. § 2311 BGB auch ggü. einem Pflichtteilsberechtigten mindern (vgl. *Wall* ZEV 2007, 249).

192 In ähnlicher Weise hat der *BGH* (NJW 1982, 2236) einen konkludenten „**besonderen familienrechtlichen Vertrag**" als Vertragstyp sui generis dann angenommen, wenn etwa ein Gegenstand als Belohnung für gegenwärtige oder künftig zu leistenden Geld- und Arbeitsleistungen übereignet wurde, es jedoch wegen Scheidung der Ehe nicht zur Erbringung dieser Arbeitsleistungen kommen kann, oder bei Zuwendungen unmittelbar vor der Eheschließung.

193 Wird die Rückforderung wegen **groben Undanks** (§ 530 BGB) aufgrund (behaupteter) Verantwortung für das Scheitern der Ehe geltend gemacht, ist der Vorrang des für diesen Risikofall speziellen Normenwerks, insbesondere des Zugewinnausgleichs, zu beachten, wenn die Beteiligten im gesetzlichen Güterstand leben (*BGH* FamRZ 2003, 234).

194 § 313 BGB kann im Fall einer Trennung eine gegenständliche Rückabwicklung ehebedingter Zuwendungen rechtfertigen in besonders krassen Einzelfällen, in denen der gesetzliche Zugewinnausgleich zu einem „geradezu unerträglichen Ergebnis" führen würde, eine gegenständliche Rückabwicklung rechtfertigen (*OLG Karlsruhe* RNotZ 2001, 453). Andernfalls würde der Vorrang des Güterrechts als Spezialregelung zu den Folgen einer Scheidung der Ehe verletzt.

II. Vertragstypen der Grundstückszuwendung

Dies gilt sowohl bei vertraglicher Vereinbarung einer **Gütertrennung** (mit der Folge eines gemeinsamen Bekenntnisses zur grundsätzlichen Bestandskraft sämtlicher Vermögensverschiebungen) als auch bei Scheidung im gesetzlichen Güterstand. Das Funktionieren des schematisch-rechnerischen gesetzlichen Zugewinnausgleichs setzt geradezu voraus, dass die vielfältigen Zufälle und Motivationen von Vermögensübertragungen während der Ehezeit keine Rolle spielen (Rechtsprechungsübersichten bei *Wever* zuletzt FamRZ 2013, 741). Uneingeschränkt auf § 313 BGB stützen lassen sich dagegen Rückforderungsansprüche aus **vorehelichen** Zuwendungen nach Scheitern der Ehe (*OLG Köln* ZEV 2002, 578). 195

> **Praxishinweis:**
>
> Im Ergebnis ist also festzuhalten: Sofern bei Zuwendungen unter Ehegatten – mögen sie ehebedingte Zuwendungen oder reine Schenkungen sein – keine vertraglichen Rückforderungsrechte vereinbart werden, bleibt in aller Regel bei Scheitern der damit verfolgten Zwecke nur die Berücksichtigung der Zuwendung im Zugewinnausgleichsverfahren, also ohne tatsächliche Rückerwerbsmöglichkeit bzgl. des Gegenstands selbst.

cc) Berücksichtigung im Zugewinnausgleich. Der *BGH* (FamRZ 1987, 791) hat § 1374 II BGB zu Recht **teleologisch** dahin gehend **reduziert**, dass die Hinzurechnung zum Anfangsvermögen des Erwerbers bei reinen Schenkungen unter Ehegatten gerade nicht stattfindet, auch dann nicht, wenn es sich um unentgeltliche Zuwendungen unter Ehegatten „mit Rücksicht auf ein künftiges Erbrecht" handelt (*BGH* ZEV 2011, 37; fundamentalkritisch hierzu *Jeep* DNotZ 2011, 590). § 1374 II BGB gilt im Ergebnis also nur bei Schenkungen von dritter Seite. 196

Schwiegereltern galten bis Anfang 2010 bei gleichzeitigen Zuwendungen an ihr Kind und das Schwiegerkind insoweit jedenfalls beim Vorliegen vorweggenommener Erbfolge an das eigene Kind nicht als echte „Dritte": Der *BGH* (NJW 1995, 1989) behandelte zunächst Zuwendungen der Schwiegereltern im Zugewinnausgleich der beschenkten Ehegatten so, als hätten sie zunächst ihr eigenes Kind beschenkt (mit der Folge der Erhöhung des Anfangsvermögens dieses Kindes nach § 1374 II BGB) und als ob dieses Kind sodann an seinen Ehegatten weitergeschenkt hätte (mit der Folge, dass nur das Endvermögen des beschenkten Ehegatten, nicht aber dessen Anfangsvermögen erhöht würde). Mit dieser Anerkennung von „ehebedingten Zuwendungen seitens der Schwiegereltern" wurde dem eigenen Kind bei Scheidung die Chance eröffnet, immerhin maximal die Hälfte des Wertes der Zuwendung aus Zugewinnausgleichsgrundsätzen zurückzuerhalten. 197

Im Jahre 2010 hat der XII. Senat des *BGH* diese **Sonderbehandlung schwiegerelterlicher Zuwendungen** als „Rechtsverhältnisse eigener Art" aufgegeben (FamRZ 2010, 958 m. Anm. *Wever*; *Koch* DNotZ 2010, 861; *Bruch* MittBayNot 2011, 144). Er qualifiziert sie vielmehr, auch wenn sie um der Ehe des eigenen Kindes willen erfolgt sind, als Schenkungen i. S. d. §§ 516 ff. BGB, zumal sie – anders als ehebedingte Zuwendungen unter Ehegatten – im Bewusstsein dessen erfolgten, am Gegenstand künftig nicht mehr partizipieren zu können. Soweit es sich bei den ehebedingten Zuwendungen nicht um bloße „Gelegenheitsgeschenke" i. S. d. § 1380 I 2 BGB handelt und die Anrechnung nicht ausdrücklich ausgeschlossen ist, wirkt sich die Zuwendung im Zugewinnausgleichsmechanismus u. U. aber als „anzurechnende Vorausleistung" gem. § 1380 BGB aus, falls die Zugewinnausgleichsforderung des Empfängers höher ist als der Wert der damaligen Zuwendung. 198

Die Anrechnung findet in der Weise statt, dass der Wert der Zuwendung (im damaligen Zeitpunkt) dem Vermögen und damit dem Zugewinn des Ehegatten hinzugerechnet wird, der die Zuwendung gemacht hat (§ 1380 II 1 BGB), und (was das Gesetz als selbstverständlich voraussetzt) zugleich vom Vermögen des Zuwendungsempfängers abgezo- 199 gen wird (*BGH* FamRZ 1982, 246). Auf den dann sich ergebenden Zugewinnausgleichsanspruch wird der Wert der Zuwendung inflationsbereinigt angerechnet. § 1380 BGB führt demnach zu einer Abweichung vom unmittelbaren Rechenergebnis, das sich (die Nichtanwendbarkeit des § 1374 II BGB mit der ganz überwiegenden Auffassung vorausgesetzt) nach allgemeinen Zugewinnausgleichsgrundsätzen ergäbe, nur wenn die Zuwendung im Endvermögen des Empfängers nicht mehr vorhanden, z. B. weggefallen oder durch neue Verbindlichkeiten zumindest „wirtschaftlich" untergegangen ist („Werterhaltungsfunktion" des § 1380 BGB, gem. § 1373 BGB kann der Zugewinn definitionsgemäß nicht negativ werden).

200 **dd) Geltung schenkungsrechtlicher Normen.** Der *BGH* lässt keinen Zweifel daran, dass auch im Hinblick auf andere Schenkungsnormen allein die subjektive Verfolgung besonderer Zwecke durch die Ehegatten sich nicht zum Nachteil von Drittbeteiligten auswirken kann und somit die Rechtsfolgen der ehebedingten Zuwendung denen einer unmittelbarer Schenkung gleichen. Unbenannte Zuwendungen sind demnach unentgeltlichen Zuwendungen im Rahmen von § 2287 BGB (bösliche Schenkungen bei vertraglichen Testamentsbindungen) gleichgestellt (*BGH* MittBayNot 1992, 150), sind anfechtbar als unentgeltliche Zuwendung i. S. d. § 3 I Nr. 4 AnfG a. F. (*BGH* NJW 1991, 1610). Gleiches gilt bei § 822 BGB (*BGH* ZNotP 2000, 27 gegen *OLG Koblenz* NJW-RR 1991, 1218) und – besonders praxiswichtig im Rahmen des § 2325 BGB (*BGH* NJW 1992, 564) und des § 2327 BGB (*LG Ellwangen* BeckRS 2008, 08132).

b) Zuwendungen durch Schwiegereltern

201 Bei lebzeitigen Zuwendungen (zu letztwilligen vgl. *Reimann* ZEV 2011, 636), die während intakter Ehe zugleich an das eigene Kind und das Schwiegerkind unentgeltlich erbracht werden – was allerdings wegen der schenkungsteuerlichen Diskriminierung selten vorkommt –, differenzierte die Rechtsprechung bis Anfang 2010 wie folgt: Die Zuwendung an das eigene Kind sei Schenkung, die an das Schwiegerkind dagegen wie eine ehebedingte Zuwendung zu behandeln, so als ob sie vom eigenen Kind erfolgt wäre.

202 Seitdem diese Sonderbehandlung schwiegerelterlicher Zuwendungen als „Rechtsverhältnisse eigener Art", ähnlich ehebedingter Zuwendungen, aufgegeben wurde (oben Rn. 198), handelt es sich um schlichte Schenkungen i. S. d. §§ 516 ff. BGB, zumal sie – anders als ehebedingte Zuwendungen unter Ehegatten – im Bewusstsein dessen erfolgten, am Gegenstand künftig nicht mehr partizipieren zu können. Regelmäßig sei **Geschäftsgrundlage**, dass die eheliche Lebensgemeinschaft fortbestehe und das eigene Kind demnach in den dauernden Genuss der Schenkung (etwa in Gestalt einer schuldenfreien Wohnung) komme. Dies gelte auch, wenn Kind und Schwiegerkind in Zugewinngemeinschaft leben, zumal (a) die schwiegerelterliche Zuwendung nunmehr gem. § 1374 II BGB ohnehin weitgehend neutralisiert werde, so dass die Gefahr einer doppelten Inanspruchnahme nicht drohe, und (b) die Schwiegereltern nicht auf den zugewinnausgleichsrechtlichen Halbteilungsgrundsatz verwiesen werden können. Die Höhe des aus § 313 BGB resultierenden Rückforderungsanspruchs orientiert sich an der beim Schwiegerkind noch vorhandenen Vermögensmehrung (*BGH* FamRZ 2012, 273 m. Anm. *Wever*).

203 Daneben kommen Rückforderungsansprüche aus § 530 BGB (grober Undank) und aus Bereicherungsrecht (Zweckverfehlung) in Betracht, die sich allerdings wieder ihrerseits auf den Zugewinn auswirken (vgl. *Schlecht* FamRZ 2010, 1021; *Hoppenz* FamRZ 2010, 1027 und 1718).

6. Zuwendungen unter Lebensgefährten

a) Richterliche Rückabwicklung

204 Die Rechtsprechung betont die rein tatsächliche und damit endgültige Natur von Zuwendungen – laufender oder einmaliger Art – während intakter Beziehung (sog. **Ab-**

II. Vertragstypen der Grundstückszuwendung A V

wicklungs-, Abrechnungs- und Verrechnungsverbot). Nur im Einzelfall kann eine „Rückabwicklung" von Zuwendungen nach Beendigung des nichtehelichen Zusammenlebens verlangt werden, etwa auf der Grundlage

(1) eines Ausgleichsanspruchs in entsprechender Anwendung der §§ 730 ff. BGB (*BGH FamRZ* 2006, 607). Erforderlich ist jedoch stets die Absicht, einen „gemeinschaftlichen Wert" zu schaffen, der nicht nur für die Dauer der Lebensgemeinschaft gemeinsam genutzt werden, sondern beiden auch wirtschaftlich dauerhaft zugutekommen sollte (*BGH FamRZ* 2008, 1828 m. Anm. *Grziwotz*). Dies ist in erster Linie denkbar bei Vermögenswerten, die zur Einkünfteerzielung dienen (Mietobjekte, Unternehmen, Freiberuflerpraxen), während das Familienwohnhaus eher als Teil der Verwirklichung der nichtehelichen Lebensgemeinschaft als solchen gesehen werden wird (*Löhnig DNotZ* 2009, 59, 60). Endet die Lebensgemeinschaft durch den Tod des Zuwendenden, sind allerdings Rückforderungsansprüche der Erben (ähnlich der Auflösung eines Verlöbnisses durch Tod: § 1301 II BGB) regelmäßig ausgeschlossen (*BGH FamRZ* 2008, 247 m. Anm. *Grziwotz*); die Erben sind lediglich durch §§ 2325, 2329 BGB geschützt.

(2) In Abkehr von der bisherigen Rechtsprechung zieht der *BGH* heute – sofern keine vorrangigen vertraglichen bzw. quasi vertraglichen Regelungen zur Innengesellschaft feststellbar sind (etwa wegen Fehlens eines über die Lebensgemeinschaft hinausgehenden Zwecks) – eine zumindest teilweise Rückabwicklung auch nach bereicherungsrechtlichen Vorschriften, gestützt auf eine Zweckverfehlung i. S. d. § 812 I 2 Alt. 2 BGB, in Betracht (*BGH FamRZ* 2008, 1828 und *ZNotP* 2009, 199). Erforderlich ist dann jedoch eine konkrete Zweckabrede, wie sie etwa vorliegen kann, wenn die Partner zwar keinen gemeinsamen Vermögenswert schaffen wollten (wie es für die Innengesellschaft erforderlich wäre), der eine aber das Vermögen des anderen in der Erwartung vermehrt habe, an dem geschaffenen Gegenstand langfristig partizipieren zu können.

(3) Im Einzelfall können schließlich auch unter Lebensgefährten „unbenannte", sog. „**gemeinschaftsbezogene Zuwendungen**" vorliegen, für die bei lebzeitigem Scheitern der Lebensgemeinschaft § 313 BGB eine Anpassung verlangt (*OLG Naumburg NJW* 2006, 2418) – allerdings auch im Fall der direkten Zuwendung eines Grundstücks selten durch dingliche Rückgewähr, sondern durch finanziellen Ausgleich. Der *BGH* (*MittBayNot* 2009, 137 m. Anm. *Bruch*) bejaht (wiederum in Abkehr von der früheren Rechtsprechung) solche Ansprüche, soweit der gemeinschaftsbezogenen Zuwendung, die über alltägliche Beiträge hinaus gehen muss, die Vorstellung und Erwartung zugrunde lag, die Lebensgemeinschaft, deren Ausgestaltung sie diente, werde Bestand haben (diese Vorstellung muss sich nicht zu einer Zweckabrede i. S. d. Bereicherungsrechts verdichtet haben). Ein korrigierender Eingriff sei allerdings nur gerechtfertigt, wenn dem Leistenden die Beibehaltung der geschaffenen Vermögensverhältnisse nach Treu und Glauben nicht zumutbar sei, insb. wenn die Vermögensmehrung beim Anderen noch dauerhaft vorhanden ist (*BGH NotBZ* 2011, 390 m. Anm. *Krause*). Die „faktische Lebensgemeinschaft" hat sich damit im Fall gemeinsamer Investitionen zwischenzeitlich zu einer „**Zusammenlebens-Rechtsgemeinschaft**" fortentwickelt (so plakativ *Grziwotz FamRZ* 2008, 1829).

Anders verhält es sich nach h. M., wenn die nichteheliche Lebensgemeinschaft durch den Tod eines Partners beendet wird, und zwar sowohl beim Tod des „spendablen Partners" (*BGH FamRZ* 2010, 277 m. Anm. *Grziwotz; Muscheler ZEV* 2010, 147) als auch beim Tod des „Zuwendungsempfängers" (*OLG Brandenburg EE* 2010, 167 m. zust. Anm. *Möller*): I. d. R. wollen die Beteiligten dann gerade nicht, dass in der Person ihrer Erben Ausgleichsansprüche gegen den anderen entstehen; den Erben stehen allenfalls gesetzliche Ansprüche aus §§ 2325, 2329, 2287 BGB zu, wobei die „wirtschaftliche Ausgliederung" i. S. d. § 2325 III BGB wohl erst mit Beendigung der Mitnutzung i. R. d. nichtehelichen Lebensgemeinschaft eintrat (vgl. *Schlögel MittBayNot* 2010, 400).

205

b) Gestaltungsalternativen

206 Die Palette möglicher Gestaltungen ist breit. Selten gewählt wird die – wohl formfreie – Vereinbarung, sich schuldrechtlich so zu stellen, als bestünde seit Beginn der gemeinsamen Investition eine Ehe mit gesetzlichem Güterstand („**Ehefiktion**"). Häufiger ist die Vereinbarung eines **Darlehens**. Die Darlehensgewährung umfasst nur solche Zuwendungen, die unmittelbar der Errichtung bzw. dem Ausbau oder der Ausstattung einer Immobilie dienen oder zum Zweck der Tilgung bestehender hauserrichtungsbedingter Verbindlichkeiten erbracht werden. Zuwendungen zur laufenden Unterhaltung und Verwaltung des Anwesens, die Beteiligung an den Kosten des Verbrauchs, der Grundsteuer, Versicherung etc. werden regelmäßig nicht davon erfasst, ebenso wenig i. d. R. die Beteiligung an Schuldzinsen, da diese ein Ausgleich für die durch das gemeinsame Bewohnen vermittelten Nutzungsvorteile darstellen. Das Darlehen wird regelmäßig bis zur Rückzahlungsfälligkeit **unverzinslich** sein (die zinsfreie Gewährung bildet weiteren Ausgleich für das Bewohnen und die gemeinschaftliche Nutzung i. R. d. Lebensgemeinschaft). Rückzahlungsfälligkeit wird eintreten bei der Veräußerung des finanzierten Anwesens an einen Dritten, bei der Zwangsvollstreckung von dritter Seite oder Insolvenzeröffnung bzw. Ablehnung der Eröffnung mangels Masse, beim Versterben des Darlehensnehmers, beim Versterben des Darlehensgebers (sofern das Darlehen dann nicht als erlassen gelten soll) sowie im Fall einer Kündigung nach mindestens sechsmonatigem Getrenntleben analog § 1567 BGB. Zur Sicherung der Darlehensansprüche und der ab Rückzahlungsfälligkeit geschuldeten Zinsen wird typischerweise eine Grundschuld im Rang nach Fremdfinanzierungsgrundpfandrechten bestellt werden; teilweise wird auch der bedingt rückzahlungspflichtige Partner zum Abschluss einer Risikolebensversicherung angehalten sein.

207 Klärungsbedürftig ist auch das Schicksal solcher Aufwendungen im Fall einer künftigen **Eheschließung**. Folgende Lösungen sind denkbar:

- Das Darlehen soll in diesem Fall nur für Aufwendungen bis zur Heirat gelten, im Übrigen findet jedoch der Zugewinnausgleich statt; die Darlehensverpflichtung bzw. -berechtigung ist dann im Anfangsvermögen zu berücksichtigen.
- Denkbar ist natürlich der Fortbestand der Darlehensvereinbarung (dann regelmäßig gepaart mit einer Vereinbarung, dass im Übrigen das Hausanwesen beim Zugewinnausgleich nicht berücksichtigt werden soll, so dass allein das Darlehen zu einer teilweisen Rückvergütung führt).
- Wird das Darlehen insgesamt aufgehoben, dürfte es sachgerecht sein, den Stichtag für die Bemessung des Anfangsvermögens rückzubeziehen auf den tatsächlichen Baubeginn, um die bereits in der Vergangenheit (bisher durch das Darlehen i. H. d. Aufwands abgegoltene) tatsächliche Wertsteigerung des Anwesens hälftig (also nicht notwendig i. H. d. Darlehenssumme!) zu erfassen.
- Häufig werden jedoch solche tatsächlich gemeinschaftlich finanzierten Investitionen nach Heirat zur ehebedingten Zuwendung i. H. e. Halbanteils am Grundbesitz führen, im Rahmen dessen die bisherige Darlehensvereinbarung, möglicherweise auch die Rückbeziehung des Zugewinnausgleichsstichtags aufgehoben werden können.
Details und Formulierungsvorschläge bei *N. Meyer* ZNotP 1999, 384; *Everts* MittBayNot 2012, 258 und 337.

208 Denkbar ist des weiteren, bereits im Zeitpunkt der gemeinsamen Investition ein- oder gegenseitige Erwerbsrechte, gerichtet auf den Hinzuerwerb des Miteigentums- bzw. Gesamthandsanteils des anderen Partners, für den Fall des Scheiterns der Lebensgemeinschaft zu vereinbaren. Solche „Ankaufsrechte" dürften – vergleichbar Rückforderungsrechten bei Ehegattenzuwendungen für den Fall des Scheiterns der Ehe, gestützt auf den Rechtsgedanken des § 852 II ZPO (Zugewinnausgleich) – nicht pfändbar sein. Regelungsbedürftig ist:

II. Vertragstypen der Grundstückszuwendung

(1) zum einen, wer bei gegenseitigen Ankaufsrechten zunächst zur Ausübung befugt ist. Denkbar ist bspw., insoweit auf die Höhe der bisher erbrachten Tilgungsleistungen abzustellen (wobei zur Vermeidung von Missbräuchen Sondertilgungen nach Eintritt der Trennung oder auch in einem knappen Rückwirkungszeitraum zuvor nicht mehr berücksichtigt werden sollten) oder aber demjenigen Partner, der gemeinsame Kinder bis zu einem bestimmten Lebensalter betreut, das Vorrecht zu gewähren oder aber das Los entscheiden zu lassen.

(2) Festzulegen ist weiterhin der Übernahmepreis (anteiliger Verkehrswert, der ggf. durch einen Sachverständigen als Schiedsgutachter festzusetzen ist, oder aber anteiliger Verkehrswert abzgl. eines „Lebensgefährtenabschlags" von z. B. 15 % oder aber die tatsächliche Höhe des eingebrachten Eigenkapitals zuzüglich einer geringen Verzinsung, wobei jedoch insoweit – vergleichbar der Darlehenslösung – Beiträge zu laufenden Aufwendungen und wohl auch die Tragung der Zinslasten, als Äquivalent zur ersparten Miete, nicht berücksichtigt werden können).

(3) Zu bestimmen ist weiter die Ausübungsfrist; nach deren fruchtlosem Ablauf wird dasselbe Erwerbsrecht dem anderen Partner zustehen; macht keiner der Partner hiervon Gebrauch, wird teilweise vereinbart, dass sodann jeder der Beteiligten die Mitwirkung beim Verkauf an Dritte verlangen kann, sofern mindestens 90 % des von einem Sachverständigen ermittelten Verkehrswerts erzielt werden. Besteht die Befürchtung, dass die Erfüllung der wechselseitigen Erwerbsrechte bei Miteigentumsanteilen durch (auch fraudulente) Belastung oder rasche Veräußerung vereitelt werden kann, sollten die bedingten Ansprüche durch wechselseitige Vormerkungen gesichert werden.

Formulierungsvorschlag bei *Krauß*, Vermögensnachfolge, Rn. 2863.

Interessant ist schließlich die Verwendung einer **Außengesellschaft bürgerlichen Rechts** als Erwerbsform unter Lebensgefährten bei ungewissen künftigen Finanzierungsbeiträgen, da sie „bewegliche Beteiligungsquoten" ermöglicht. Würde die starre Bruchteilsgemeinschaft gewählt, könnten überobligationsmäßige Finanzierungsbeiträge eines Beteiligten nämlich Schenkungsteuer gem. § 7 I Nr. 1 ErbStG auslösen, sobald sie über den geringen Freibetrag hinausgehen; ferner unterliegt die Quotenverschiebung unter bestehenden Gesellschaftern gem. § 1 III GrEStG erst der Grunderwerbsteuer, wenn mindestens 95 % in einer Hand vereinigt sind (dann bezogen auf die Zuerwerbe in den vorangehenden fünf Jahren).

Formulierungsbeispiel: GbR auf Erwerberseite mit Quotenanpassungsabrede nach Finanzierungsbeiträgen

Die Erwerber erklären, dass die jeweilige Beteiligung am Vermögen der erwerbenden Gesellschaft bürgerlichen Rechts sowie am Liquidationserlös und etwaigen laufenden Gewinnen, ebenso die für die Abfindung eines Gesellschafters beim Ausscheiden maßgebliche Höhe der Beteiligung, dem Anteil des Gesellschafters an den jeweils zum Ende eines Kalenderjahres insgesamt ab heute geleisteten Finanzierungs- und Investitionsbeiträgen zueinander entspricht.

Als zu berücksichtigende Beiträge gelten dabei Eigenkapitalleistungen auf die vereinbarten Gegenleistungen und künftige Aufwendungen zur Instandhaltung des Objekts sowie Bestandserweiterungen (nicht jedoch bloße Unterhaltungsmaßnahmen) sowie Tilgungsleistungen auf objektbezogene Darlehen (nicht jedoch Zinszahlungen, ebenso wenig laufende Kosten wie Grundsteuer, Versicherung, Verbrauchskosten, Reparaturen etc.). Arbeitsleistungen werden zusätzlich berücksichtigt, wenn hierdurch Fremdhandwerkerleistungen erspart wurden, allerdings nur in Höhe eines Stundenwerts von 15 EUR. Dienstleistungen zugunsten des Veräußerers, die im Rahmen des Erwerbsvertrages eingegangen wurden (z. B. hauswirtschaftliche Verrichtungen oder Pflegeleistungen) werden mit 5 EUR Stundenwert angesetzt.

▼ Fortsetzung: **Formulierungsbeispiel: GbR auf Erwerberseite mit Quotenanpassungsabrede nach Finanzierungsbeiträgen**

Leistungen von Eltern oder Geschwistern eines Gesellschafters sind dem betreffenden Gesellschafter zuzurechnen. Die Beteiligten verpflichten sich, über die wechselseitigen Beiträge, auch der zuzurechnenden Angehörigen, Buch zu führen und den Jahresendstand jeweils als Prozentverhältnis auszudrücken sowie diesen zu unterzeichnen; dies gilt schuldrechtlich und dinglich als Übertragung der entsprechenden Anteile mit Wirkung auf das betreffende Jahresende. Sie geben die entsprechenden Übertragungserklärungen bereits heute dem Grunde nach ab und nehmen sie entgegen.

Nutzungsentschädigungen wegen unterschiedlicher Beteiligungshöhe können erst ab einer Kündigung in Höhe der anteiligen ortsüblichen Kaltmiete verlangt werden, ebenso sind dann die hälftigen (bei Alleinnutzung ausschließlichen) Verbrauchs- und Nebenkosten zu tragen.

Die Gesellschaft kann vor dem ... (z. B. 15 Jahre ab heute) nur aus wichtigem Grund gekündigt werden; als solcher gilt

– die Beendigung der nichtehelichen Lebensgemeinschaft über länger als sechs Monate durch schriftliche Mitteilung an den anderen Gesellschafter oder behördliche Ummeldung;
– ebenso die Pfändung des Gesellschaftsanteils des anderen Gesellschafters oder die Insolvenzeröffnung bzw. dessen Ablehnung mangels Masse sowie das Ableben des anderen Gesellschafters.

Mit Wirksamwerden einer Kündigung hat der Kündigende binnen drei Monaten, im Fall der Kündigung wegen Beendigung der Lebensgemeinschaft zunächst binnen sechs Wochen der Gesellschafter mit der aktuell höheren Beteiligung, sodann binnen sechs weiterer Wochen der andere Gesellschafter, das Recht, vom Mitgesellschafter anstelle einer Abfindung die Übernahme der im Gesellschaftsvermögen befindlichen Immobilie zu verlangen. Übernahmepreis ist die (auch im Außenverhältnis schuldbefreiende) Übernahme der für Erwerb, Umbau und Erhaltung des Objektes eingegangenen Verbindlichkeiten, gleich ob solche der Gesellschaft oder des ausscheidenden Gesellschafters, und der gegenüber dem Veräußerer ggf. noch zu erbringenden Pflichten (gleich ob auf Zahlen, Tun, oder Dulden gerichtet) mindestens jedoch – sofern der anteilige, hierauf anzurechnende Schuldübernahme- und Pflichtenerbringungsbetrag geringer ist – achtzig vom Hundert des anteiligen Verkehrswertes der im Gesellschaftsvermögen befindlichen Immobilie im Zeitpunkt des Übernahmeverlangens.

Kommt über den Verkehrswert binnen eines Monats ab Übernahmeverlangen keine Einigung zwischen den Beteiligten zustande, bestimmt ihn der örtlich zuständige Gutachterausschuss gem. § 315 BGB; hinsichtlich der Gutachtenskosten gilt § 92 ZPO. Wird ein Übernahmeverlangen nicht fristgerecht gestellt oder bereits zuvor darauf verzichtet, ist das Gesellschaftsvermögen zu räumen und bestmöglich zu verkaufen; nach Ablauf von sechs Monaten kann jeder Beteiligte den Verkauf zum dann bestehenden Meistgebot ohne weiteres Zuwarten verlangen. Nach Begleichung der Veräußerungsnebenkosten und Tilgung aller für Erwerb, Umbau und Erhaltung eingegangenen Verbindlichkeiten ist der verbleibende Erlös im Verhältnis der dann bestehenden Beteiligungsquoten auszukehren.

Verfügungen über Gesellschaftsanteile bedürfen der Zustimmung beider; die Geschäftsführung und Vertretung wird ebenfalls durch beide gemeinschaftlich wahrgenommen.

Beim Tod eines Gesellschafters wird die Gesellschaft mit seinen Erben fortgesetzt.

Alternative: Beim Tod eines Gesellschafters wächst dessen Beteiligung, sofern nicht zuvor gekündigt, mit allen Aktiva und Passiva dem anderen Gesellschafter, der somit Alleineigentümer wird, an; die Beteiligung ist also nicht vererblich.

II. Vertragstypen der Grundstückszuwendung A V

▼ **Fortsetzung: Formulierungsbeispiel: GbR auf Erwerberseite mit Quotenanpassungsabrede nach Finanzierungsbeiträgen**

Eine Abfindung erhalten die Erben bzw. Vermächtnisnehmer des Verstorbenen nicht; sie können jedoch vom verbleibenden Gesellschafter uneingeschränkte Freistellung aus der (Mit-)schuld oder (Mit-)haftung von Verbindlichkeiten verlangen, die zur Finanzierung des Erwerbs, Umbaus und der Erhaltung des Gesellschaftsvermögens eingegangen wurden, gleich ob es sich um eine Gesellschafts- oder eine Gesellschafterschuld handelt, sowie Freistellung hinsichtlich aller etwa weiterhin noch an den Veräußerer zu erbringenden Leistungen verlangen. gleich ob auf Zahlung, Tun oder Dulden gerichtet. Der wechselseitige Abfindungsausschluss beruht auf dem beiderseits etwa gleich hohen Risiko des Vorversterbens und ist im Interesse des jeweils Überlebenden vereinbart, stellt also nach Einschätzung der Beteiligten keine Schenkung dar.

7. „Familienpool"

a) Anwendungsfälle

Gerade bei **hohen Grundstückswerten**, welche die schenkungsteuerlichen Freibeträge 211 überschreiten, ferner in **psychologisch schwierigen Fällen**, in denen sich der Veräußerer nicht sofort vom gesamten Vermögen trennen möchte, kommt die Übertragung von **Grundbesitz an eine „Familien-"Gesellschaft** in Betracht, an der die Veräußerer mitbeteiligt bleiben. Der Erwerb in Gesamthand birgt gegenüber dem Erwerb zu Miteigentumsanteilen eine Reihe von Vorteilen:

– Aufgrund der gesamthänderischen Bindung kann der Erwerber über den ihm bereits übertragenen Anteil ohne Zustimmung des Veräußerers nicht verfügen, und zwar auch über das 18. Lebensjahr bzw. die erbrechtlich maximale Befristungsperiode von 30 Jahren hinaus, und über die Laufzeit i.d.R. auf die Lebensdauer des Veräußerers befristeter Rückforderungsrechte hinaus.
– Weiterhin lassen sich im Gesellschaftsvertrag etwa hinsichtlich der Geschäftsführung und Vertretung abweichende Regelungen treffen, (z.B. abweichend von der Vermögensbeteiligung gewichtete Stimmrechte, sog. „reziproker Pool"); ferner sind individuelle Zuteilungen der Erträge (quotenabweichende Gewinnbeteiligungen) möglich.
– Ist lediglich eine wertvolle Immobilie vorhanden, wird das Problem der „Aufteilung" vermieden.
– Übertragungen der Gesellschaftsanteile sind bis zur Anwachsung bzw. zur Vereinigung von 95 % der Anteile in einer Hand (§ 1 I Nr. 3, II a GrEStG) grunderwerbsteuerfrei (was vor allem beim Erwerb zwischen Geschwistern von Bedeutung ist).
– Fortsetzungsklauseln und qualifizierte Nachfolgeklauseln erlauben den transmortalen Erhalt der Gesellschaft und eine gezielte punktuelle Erbfolge (Gesellschaftsrecht geht vor Erbrecht)
– Gesellschaftsrechtliche Regelungen ermöglichen es dem „geschäftsführenden Gesellschafter", im „Fondsvermögen" befindliche Gegenstände zu veräußern oder gegen andere „auszutauschen".
– Nach Ablauf des 10-Jahres-Zeitraumes können (formfrei) weitere Gesellschaftsanteile unter erneuter Ausnutzung des persönlichen Freibetrages übertragen werden. Soweit Vermögenserträge den Kindern zustehen, werden dort bestehende Freibeträge ausgeschöpft bzw. die Ausschüttungen decken den Unterhaltsbedarf der Kinder, der andernfalls aus versteuertem Elterneinkommen bestritten werden müsste („Familiensplitting").
– Die Verlagerung der Substanz bestehender Einkunftsquellen lässt zu erwartende Wertsteigerungen unmittelbar in der Person der Kinder entstehen.

b) GbR, KG oder gewerblich geprägte KG?

212 **aa) GbR.** Seit dem Grundsatzurteil des *BFH* DStR 1995, 94 wird bei Einbringung in eine GbR nicht die Gesellschaft als solche als Erwerber angesehen (Steuerklasse III!), sondern der jeweilige Gesellschafter (schenkungsteuerliche Transparenz der Personengesellschaft). Hieran hat die Teilrechtsfähigkeit der GbR – jedenfalls bisher – nichts geändert. Schenkungsteuerlich ist seitdem der Erwerb etwa durch mehrere Geschwister in GbR möglich und durchaus üblich geworden.

213 Die GbR bietet gesellschaftsrechtlich den Vorteil der höchsten Gestaltungsflexibilität und geringsten Kostenaufwandes. Nachteilig ist insb. das jederzeitige **Kündigungsrecht der Gesellschafter** mit nur geringen Möglichkeiten der Abweichung von der Verkehrswertabfindung gem. §§ 723, 738 BGB. Bei **Beteiligung Minderjähriger** sorgt weiter das **Sonderkündigungsrecht** bei Erreichen der Volljährigkeit (§ 723 I 3 Nr. 2 BGB) für Risiken. Ferner ist die **gesamtschuldnerische Haftung für Gesellschaftsschulden** riskant; sie kann Anlass sein, es entgegen der bisherigen Praxis bei der gesetzlichen Regelung der Vertretung durch alle Gesellschafter (§ 709 BGB) zu belassen (zur allseitigen Kenntnis des Verpflichtungsumfangs). Von Nachteil ist ferner, dass die Zulässigkeit der **Anordnung einer Testamentsvollstreckung** über GbR-Anteile nicht vollständig geklärt ist. Schließlich ist der Gestaltungsaufwand zur **Erreichung ungleicher Machtverteilung** unter den Gesellschaftern höher als bei der KG, wo die „Minderposition" der Kommanditisten bereits gesetzlich angelegt ist.

214 Muster eines „GbR-Familienpools" bei *Krauß*, Vermögensnachfolge, Rn. 5373.

215 **bb) Vermögensverwaltende Kommanditgesellschaft.** Die **Kommanditgesellschaft** löst dieses Haftungsproblem jedenfalls für Kommanditisten, deren Einlage geleistet (und später nicht zurückgewährt) wurde (§ 171 HGB). Beim **Erwerb von Kommanditanteilen** ist jedoch § 176 II HGB zu beachten: demnach haftet der (eintretende) Kommanditist für die zwischen seinem Beitritt und seiner Eintragung in das Handelsregister begründeten Verbindlichkeiten grds. wie ein Komplementär, so dass die dingliche Übertragung des Gesellschaftsanteils aufschiebend bedingt auf den Registereintrag erfolgen sollte. Die KG besitzt neben der jetzt auch der GbR zuerkannten Rechtsfähigkeit diejenigen Attribute, die der GbR versagt bleiben werden – v. a. die Registerfähigkeit sowie die Handelsregisterpublizität. Die rein vermögensverwaltende (also weder gewerblich tätige, noch i. S. d. § 15 III Nr. 2 EStG gewerblich geprägte, noch gem. § 15 III Nr. 1 EStG durch über 1 % hinausgehende gewerbliche Tätigkeit oder Beteiligung an gewerblichen Unternehmen gewerblich infizierte) KG bietet weiter den Vorteil, dass die Einbringung von Grundbesitz gegen Gewährung von Gesellschaftsrechten zur Buchwertfortführung berechtigt, also keinen Veräußerungsfall darstellt (anders lediglich bei disproportionaler Gegenleistung, z. B. aufgrund Übernahme privater Verbindlichkeiten oder bei Erhöhung der Beteiligung des Gesellschafters ggü. der bisherigen Quote am Grundstück). Andererseits erlaubt sie nicht, die Aufdeckung stiller Reserven etwa im Fall einer Betriebsaufgabe zu verhindern, indem dieses in die Gesellschaft eingebracht wird – hierzu bedürfte es einer gewerblich geprägten und damit unabhängig von ihrer tatsächlichen Aktivität stets als gewerblich tätig zu qualifizierenden KG (hierzu Rn. 223 ff.)

216 Vorteile der vermögensverwaltenden KG gegenüber der GbR liegen **gesellschaftsrechtlich**, in der **Konzentration der Geschäftsführung** beim persönlich haftenden Gesellschafter (sofern im Vertrag nicht abweichend geregelt: § 114 HGB) und in der gesetzlich vermuteten **Einzelvertretungsbefugnis** des Komplementärs im Außenverhältnis (§ 125 HGB); auch die gesetzliche (dispositive) Rechtsfolge beim **Tod eines Gesellschafters** ist praxisnäher (GbR: Auflösung der Gesellschaft, § 727 BGB; KG: Tod des Kommanditisten, Vermutung der „einfachen Nachfolgeklausel", also Fortsetzung mit den Erben, § 170 HGB; beim Tod eines Komplementärs Vermutung der Fortsetzung mit den verbleibenden Gesellschaftern, sofern noch ein Komplementär vorhanden (§ 131 III Nr. 1 HGB).

II. Vertragstypen der Grundstückszuwendung
A V

Weiterhin ist jedenfalls am Kommanditanteil eine **Dauertestamentsvollstreckung** umfassend möglich, wenn der Gesellschaftsvertrag dies zulässt oder die Gesellschafter durch Beschluss dem zustimmen, und im Handelsregister eintragungsfähig: *BGH* DNotZ 2012, 788 (bei der GbR-Beteiligung sowie am Komplementäranteil widerspricht die durch die Testamentsvollstreckung begründete beschränkte erbrechtliche Haftung, § 2214 BGB, der gesellschaftsrechtlichen (akzessorischen) Vollhaftung, so dass die Testamentsvollstreckung allenfalls an der „Außenseite" der Beteiligung möglich ist oder Ersatzlösungen (Vollmacht, Treuhandschaft) erforderlich sind; das Sonderkündigungsrecht des § 723 I 3 Nr. 2 BGB bei Erreichen der Volljährigkeit besteht bei Kommanditisten, deren Einlage vollständig geleistet wurde, nicht. 217

Handelsrechtlich ist jedoch die KG (genauer: ihr Komplementär) – anders als die GbR – zur Buchführung verpflichtet (§ 238 I 1 HGB), da sie kraft Eintragung im Handelsregister die Kaufmannseigenschaft besitzt, wobei freilich handelsrechtliche Sanktionen – trotz § 140 AO – nur bei der GmbH & Co. KG drohen (§ 264a HGB). Die handelsrechtliche Buchführungspflicht allein führt allerdings bei der rein vermögensverwaltenden KG nicht notwendig auch zu einer steuerrechtlichen Buchführungs- und Bilanzierungspflicht. Weiter sind die Handelskaufvorschriften anwendbar (z.B. § 377 II HGB), da die KG Formkaufmann ist. 218

Die ausschließlich vermögensverwaltende Personengesellschaft hält **steuerlich** i.d.R. (sofern nicht die Grenzen zum gewerblichen Grundstückshandel oder zur großgewerblichen Verwaltung außerordentlich umfangreichen Vermögens überschritten sind) „**Privatvermögen**" und weist daher den Gesellschaftern im Weg der gesonderten und einheitlichen Feststellung der Besteuerungsgrundlagen gem. § 180 I Nr. 2 lit. a AO Einkünfte z.B. aus Kapitalvermögen oder aus Vermietung und Verpachtung zu (zur Rechtslage bei sog. „Zebragesellschaften" *BFH* DStR 2005, 1274, EStB 2012, 277; hierzu *Levedag* GmbHR 2013, 243, 244). Die **Verlustverrechnung** ist zu Lasten des Kommanditisten allerdings (über die allgemeinen Grenzen der §§ 2 III, 10d, 23 III EStG hinaus) zusätzlich durch § 15a EStG bei negativem Kommanditkapital eingeschränkt. 219

Auch hinsichtlich des Fehlens einer **Gewerbesteuerpflicht** ist die vermögensverwaltende Personengesellschaft (GbR, KG ohne gewerbliche Prägung) privilegiert; es handelt sich einkommensteuerlich nicht um Einkünfte aus Gewerbebetrieb, sondern aus Vermietung und Verpachtung, Kapitalvermögen, oder sonstige Einkünfte. Für rein vermögensverwaltende Gesellschaften besteht auch keine IHK-Zwangsmitgliedschaft (*Spiegelberger* ZEV 2003, 399). 220

Die schenkungs-/erbschaftsteuerlichen Vergünstigungen für die Übertragung von Betriebsvermögen (§§ 13a, 19a ErbStG) wurden weder vor 2008 noch seit 2009 bei der GbR oder der vermögensverwaltenden KG gewährt. 221

Muster eines „KG-Familienpools" bei *Langenfeld* ZEV 2010, 18f. sowie *Krauß*, Vermögensnachfolge, Rn. 5372. 222

cc) Gewerblich geprägte GmbH & Co. KG. Eine Personengesellschaft gilt gem. § 15 III Nr. 2 S. 2 EStG als „gewerblich geprägt", wenn 223

– bei ihr ausschließlich eine oder mehrere (auch ausländische) Kapitalgesellschaften persönlich haftende Gesellschafter sind.
– lediglich diese Kapitalgesellschaften oder dritte Personen, die ihrerseits nicht Gesellschafter sind, zur Geschäftsführung befugt sind. Eine solche gewerbliche Prägung entfällt also, wenn auch eine natürliche Person, die zugleich Kommanditist ist, zum Geschäftsführer der KG, § 170 HGB, bestellt ist oder wird – sog. **Entprägung** – (zur organschaftlichen Vertretung kann ein Kommanditist ohnehin nicht berufen sein).

Die gewerbliche Prägung fingiert im steuerlichen Sinne die Gewerblichkeit der Personengesellschaft, so dass diese ebenfalls notwendig **gewerbliches Betriebsvermögen** hält. Aus diesem Grund ist die gewerblich geprägte GmbH & Co. KG das Mittel der Wahl in allen Fällen, in denen es um die Erhaltung der Betriebsvermögenseigenschaft geht. 224

A V
Grundstückszuwendung

Beispiele:
- die Auflösung stiller Reserven, die bei einer sonst sich vollziehenden Entnahme oder Betriebsaufgabe droht, soll durch steuerliche Einbringung (als Gesamthands- oder zumindest Sonderbetriebsvermögen) in eine gewerblich geprägte Personengesellschaft vermieden werden;
- die Gewährung von Investitionszulagen setzt Betriebsvermögen voraus;
- gem. § 6 I AStG führt der Wohnsitzwechsel ins Ausland zu einem fiktiven Veräußerungsvorgang bei im Privatvermögen gehaltenen Kapitalgesellschaftsbeteiligungen i. S. d. § 17 EStG – ratsam ist daher die Einbringung in eine gewerblich geprägte Personengesellschaft zur Bildung von Betriebsvermögen (und zwar – zur Vermeidung eines Veräußerungsvorgangs mit Besteuerungsfolge – als verdeckte Sacheinlage, nicht gegen Gewährung von Gesellschaftsrechten);
- die bei Betriebsvermögen erhöhte Immobilienabschreibung (3% p. a.) soll genutzt werden.

225 Alle Personenhandelsgesellschaften, bei denen keine natürliche Person unbeschränkt haftet, unterliegen gem. Art. 48 EGHGB, § 264a i. V. m. §§ 325 ff. HGB, den Regeln für Kapitalgesellschaften im Hinblick auf Rechnungslegung, Prüfung und **Offenlegung** des Jahresabschlusses. Weitere Nachteile sind die Zwangszugehörigkeit zur IHK-Mitgliedschaft (§ 2 I IHK-Gesetz), die zeitlich unbegrenzte Einkommensbesteuerung realisierter Wertzuwächse im Betriebsvermögen, sowie die Gewerbesteuerpflicht, soweit keine Freistellungen (Ertragskürzungen) möglich sind (§ 9 Nr. 1 S. 1–5 GewStG, vgl. *Krauß*, Vermögensnachfolge, Rn. 4487 ff.).

226 **Schenkung-/erbschaftsteuerlich** wird auch nach der **Erbschaftsteuerreform 2009** in § 13b I Nr. 2 ErbStG dem Grunde nach auch die gewerblich geprägte Personengesellschaft als taugliches Betriebsvermögensobjekt qualifiziert; allerdings handelt es sich bei nicht betrieblich genutzten Immobilien um „Verwaltungsvermögen" i. S. d. § 13b II ErbStG, so dass die Betriebsvermögensprivilegierung insgesamt entfällt, wenn dessen Anteil mehr als 50% ausmacht, vgl. Rn. 68.

227 Weiteres Motiv für die Attraktivität dieser Rechtsform ist die **Flexibilität hinsichtlich der steuerrechtlichen Gestaltung ihrer Vermögensausstattung**: Die „Einbringung" in eine gewerblich geprägte, eine gewerblich tätige oder gewerblich infizierte Personengesellschaft kann als „entgeltlicher" = „tauschähnlicher" Vorgang realisiert werden oder aber „unentgeltlich", als „verdeckte Sacheinlage", sich vollziehen:

228 (1) Die Einbringung von Gegenständen des **Privatvermögens** (z. B. im Privatvermögen gehaltene Kapitalgesellschaftsanteile) in eine gewerblich tätige, infizierte oder geprägte (§ 15 III Nr. 2 EStG), also Betriebsvermögen haltende, Personengesellschaft gegen **Gewährung oder Erweiterung von Gesellschaftsrechten** also im Wege der „**offenen Sacheinlage**", ist als **tauschähnlicher entgeltlicher Vorgang** zu werten. Dies führt auf der Ebene des Übertragenden zu einem Veräußerungs- und auf der Ebene der aufnehmenden Gesellschaft zu einem Anschaffungsvorgang. Erforderlich ist die Gutschrift auf einem Festkapitalkonto des Einbringenden (Erhöhung des Kapitalkontos I (*BFH* BStBl. 2000 II 230) oder II (BMF-Schreiben BStBl. 2011 I 713), sofern dort auch Verluste gebucht werden, wobei es nicht schadet, wenn die Gutschrift nur z. T. auf einem solchen Festkapitalkonto, i. Ü. auf einem gesamthänderisch gebundenen Rücklagenkonto erfolgt (*BFH* GmbHR 2008, 548). Ebenso liegt Entgeltlichkeit vor, soweit (Trennungstheorie) die Überführung von Privatvermögen
- gegen Barentgelt (Teilentgeltlichkeit liegt vor, wenn bei der Übertragung ausdrücklich ein den gemeinen Wert unterschreitender Wertansatz vereinbart wird) bzw.
- gegen die Übernahme von Verbindlichkeiten (gleich ob diese mit dem übertragenen Objekt im Zusammenhang stehen oder nicht) erfolgt oder
- wenn der Einlagewert dem Inferenten auf einem Privat- oder Verrechnungskonto gutgeschrieben wird, er also dafür eine schuldrechtliche (Darlehens-) Forderung gegen die Gesellschaft erhält.

229 (2) Privatvermögen wird dagegen jedenfalls nach Ansicht der Finanzverwaltung (BMF-Schreiben BStBl. 2011 I 713) **unentgeltlich** eingebracht in eine Personengesellschaft im Fall der **verdeckten Sacheinlage**, also nicht gegen Gewährung von Gesellschaftsrechten und sonstige Gegenleistungen etwa die Einräumung eines Darlehens bzw. Übernahme von Verbindlichkeiten, sondern z. B. im Wege der Buchung auf ein gesamthänderisch gebundenes Rücklagenkonto (§ 264c II 1, Position II, und S. 8 HGB). Dies gilt sogar bei einer Ein-Mann-GmbH & Co KG.

(3) Für bereits vorhandenes **Betriebsvermögen** gilt: Wirtschaftsgüter des Betriebsvermögens sind gem. § 6 V 3 Nr. 1, 2 EStG zwingend zu Buchwerten in das Betriebsvermögen einer gewerblich geprägten (oder gewerblich tätigen) Personengesellschaft einzubringen, soweit die Einbringung unentgeltlich (d. h. unter Buchung der Einlage auf ein gesamthänderisch gebundenes Rücklagenkonto) erfolgt. **230**

Rechtsdogmatisch läge allerdings eine Veräußerung i. S. eines tauschähnlichen Vorgangs vor, wenn als Gegenleistung für die Einbringung betrieblicher Einzelwirtschaftsgüter Gesellschaftsrechte gewährt werden (also das Festkapitalkonto, „Kapitalkonto I", zumindest teilweise angesprochen wird); dies gälte also in gleicher Weise wie bei eingebrachtem Privatvermögen und auch hinsichtlich des die Festkapitalerhöhung übersteigenden Anteils. Allerdings wird die gewinnrealisierende „Tauschähnlichkeit" durch den Gesetzgeber nicht mehr umgesetzt, da § 6 V 3 EStG bei der Einbringung aus einem Betriebsvermögen in ein anderes Betriebsvermögen den **Buchwertansatz vorschreibt**, also auch bei der offenen Sacheinlage. **231**

Eine Auflösung stiller Reserven bei der Betriebseinbringung wird ferner vermieden bei **232**
– Verpachtung des gesamten Betriebes;
– Überführung eines einzelnen Wirtschaftsgutes von einem in ein weiteres Betriebsvermögen nach § 6 V 2 EStG;
– Einbringung eines Betriebes oder Teilbetriebes gegen Gewährung von Gesellschaftsrechten (Buchung auf Kapitalkonto I oder II des Einbringenden) mit achtmonatiger Rückwirkung und Buchwertmöglichkeit gem. § 24 UmwStG (§ 24 UmwStG umfasst alle Fälle der Einbringung in das Gesellschaftsvermögen gegen Gewährung von Mitunternehmeranteilen, also bspw. die Aufnahme eines Gesellschafters gegen Geld- oder Sacheinlage in ein Einzelunternehmen/eine bereits bestehende Personengesellschaft, ferner die Einbringung eines Betriebs/Teilbetriebs/Mitunternehmeranteils in ein Einzelunternehmen/eine bestehende Personengesellschaft, sowie der Zusammenschluss mehrerer Einzelunternehmer in einer neu gegründeten Personengesellschaft).

(4) Eine **entgeltliche**, zu Veräußerungserlös/Anschaffungskosten führende **Einbringung von Betriebsvermögen** liegt dagegen tatsächlich und im Rechtssinne vor, wenn dem Inferenten als Gegenleistung eine Forderung gegen die Gesellschaft oder die Befreiung von einer Verbindlichkeit eingeräumt wird, sowie bei einem echtem Verkauf zum Fremdverkaufspreis. Bei der entgeltlichen Einbringung betrieblicher Einzelwirtschaftsgüter können § 6 b-Rücklagen zur Neutralisierung gebildet werden. **233**

Allgemein zur Rechtsformwahl, auch im Vergleich zur Familienkapitalgesellschaft (hierzu ausführlich *Krauß*, Vermögensnachfolge, Rn. 2328 ff.) vgl. *Ivens* ZErb 2012, 65 und 93. **234**

c) Beteiligung Minderjähriger

aa) Vertretungsfragen. Sofern Minderjährige an der **Gründung** einer **GbR** zusammen mit zumindest einem Elternteil beteiligt sind, muss (für jedes Kind je) ein Ergänzungspfleger bestellt werden (vgl. Rn. 163 ff.), da das Rechtsgeschäft aufgrund der persönlichen Haftung – § 128 HGB analog – nicht lediglich rechtlich vorteilhaft ist. Auch die Beteiligung an der Gründung einer **AG oder GmbH, einer stillen Beteiligung oder Unterbeteiligung** mit einem Elternteil erfordert wegen der Verpflichtung zur Einlageleistung die Bestellung von Ergänzungspflegern. Gleiches gilt für die Gründungsbeteiligung an einer KG, aufgrund der Beitragspflichten im Gesellschaftsvertrag, sowie der persönlichen Haftung im Gründungsstadium gem. § 176 I BGB (vgl. *Menzel/Wolf* MittBayNot 2010, 186). **235**

236 Beim rechtsgeschäftlichen **Erwerb** von Gesellschaftsanteilen durch **Minderjährige** von Verwandten in gerader Linie ist hinsichtlich der Einschaltung eines Ergänzungspflegers zu differenzieren: Auch die Schenkung einer Beteiligung an einer **GbR** oder einer **OHG** bzw. der Komplementärstellung an einer KG führt wegen der Haftung für Alt- und Neuverbindlichkeiten (§§ 128, 130 HGB; bei der GbR in analoger Anwendung) zu rechtlichen Nachteilen; allerdings würde – entgegen der vielerorts noch herrschenden Praxis – bei einer Mehrheit von Minderjährigen ein gemeinsamer Ergänzungspfleger für alle erwerbenden Kinder genügen (*OLG München* ZEV 2010, 647; eingehend *Ivo* ZEV 2005, 195). Wird eine Beteiligung an einer bestehenden stillen Gesellschaft geschenkt, bedarf es eines Ergänzungspflegers, wenn der minderjährige Erwerber auch am Verlust beteiligt würde oder sich einer Nachzahlungspflicht ausgesetzt sehen kann.

237 Hingegen kann die Übertragung voll eingezahlter (auch gem. § 55 AktG vinkulierter) **Aktien** vom mindestens sieben Jahre alten Kind selbst (sonst durch die Eltern ohne Ergänzungspfleger) vorgenommen werden. Der Schenkungserwerb von **GmbH-Anteilen**, auch wenn sie voll eingezahlt sind, ist jedoch nicht lediglich rechtlich vorteilhaft wegen des damit verbundenen Risikos einer Ausfallhaftung für andere Gesellschafter (z.B. bei einer künftigen Kapitalerhöhung sowie für verbotene Rückzahlungen an andere Gesellschafter, §§ 24, 31 III GmbHG). In der schenkweisen Übertragung voll eingezahlter **Kommanditanteile** sieht ein Teil der Rechtsprechung (*OLG Frankfurt* ErbStB 2009, 41) sowie der Literatur (*Rust* DStR 2005, 1946) ebenfalls kein lediglich rechtlich vorteilhaftes Geschäft, bspw. wegen der Gefahr des Wiederauflebens der Haftung bei Einlagenrückgewähr (§ 172 IV HGB) und der Haftung für Verbindlichkeiten in der Zeit zwischen dem „Eintritt" in die Gesellschaft und der Eintragung in das Handelsregister, § 176 II HGB. Die OLG-Rechtsprechung ist bei der unentgeltlichen Übertragung eingezahlter Kommanditanteile an rein vermögensverwaltenden Gesellschaften großzügiger (*OLG Bremen* GmbHR 2008, 1263; *OLG München* GmbHR 2008, 1264 m. Anm. *Werner*); die Praxis sollte gleichwohl vorsichtigerweise vom Erfordernis der Ergänzungspflegschaft ausgehen (anders natürlich z.B. beim Erwerb des Anteils im Wege der Vermächtniserfüllung, vgl. § 181 Hs. 2 BGB: Erfüllung einer Verbindlichkeit).

238 Bei **Beschlüssen der Gesellschaft** können Minderjährige durch ihre Eltern auch dann vertreten werden, wenn diese selbst Mitgesellschafter sind, § 181 BGB ist auf Maßnahmen der Geschäftsführung („**Sozialakte**") nicht analog anwendbar. Anders verhält es sich wegen ihres auch rechtsgeschäftlichen Charakters bei Beschlüssen über **Änderungen des Gesellschaftsvertrages** einer Personengesellschaft oder einer GmbH (BGHZ 65, 93; ausführlich *Bürger* RNotZ 2006, 156, 180) und wohl auch für die Geschäftsführerbestellung einer GmbH, nicht jedoch (wegen der Gestattung der Mehrfachvertretung in § 135 AktG) bei Satzungsänderungen einer AG, sowie für unmittelbare rechtsgeschäftliche Erklärungen im Rahmen solcher Beschlussvorgänge (etwa Zustimmungen bei Umwandlungen).

239 **bb) Familiengerichtliche Genehmigung.** Der Abschluss eines Gesellschaftsvertrages durch Minderjährige bedarf unter den Voraussetzungen des § 1822 Nr. 10 BGB (bei Übernahme einer fremden Verbindlichkeit) sowie des § 1822 Nr. 3 BGB (erwerbswirtschaftliche Tätigkeit, auch bei auf längere Dauer eingegangenen Gesellschaften, die Immobilien von erheblichem Wert verwalten und vermieten) der **familiengerichtlichen Genehmigung**. Dies gilt sowohl für die Gründung einer GbR als auch einer KG, einer AG (§ 1822 Nr. 3 Alt. 2 BGB: Handelndenhaftung nach § 41 I AktG), einer GmbH § 1822 Nr. 3 Alt. 2 BGB: Handelndenhaftung nach § 11 II GmbHG, § 1822 Nr. 10 BGB: Haftungsrisiken für andere Gesellschafter gem. §§ 16 III, 24, 31 III GmbHG), wohl auch einer stillen Gesellschaft nach §§ 230 ff. HGB (*Rust* DStR 2005, 1944; *BFH* BStBl. 1968 II 67).

240 Für den **rechtsgeschäftlichen Erwerb** von Anteilen an einer **GbR** oder **Personengesellschaft** (auch Kommanditanteilen) gilt dasselbe, gestützt auf § 1822 Nr. 10 BGB (§§ 128,

II. Vertragstypen der Grundstückszuwendung

130 HGB in ggf. analoger Anwendung!) bzw. auf § 1822 Nr. 3 Alt. 2 BGB (da in der Zustimmung zum Eintritt eines weiteren Gesellschafters nach überwiegender Auffassung der Abschluss eines neuen Gesellschaftsvertrages liegt, auch bei der schenkweisen Übertragung des Anteils, sofern die Voraussetzungen eines „Erwerbsgeschäftes" nach obigen Kriterien bejaht werden). Bei rein vermögensverwaltenden Personengesellschaften ist die Rechtsprechung jedoch großzügig (*OLG Bremen* GmbHR 2008, 1263; *OLG München* GmbHR 2008, 1264 m. Anm. *Werner*). Die Beteiligung eines Minderjährigen an einer stillen Gesellschaft wiederum wird, obwohl das Handelsgewerbe gem. § 230 I HGB „ein anderer betreibt", jedenfalls dann für genehmigungsbedürftig gehalten, wenn er auch Verluste übernehmen müsste oder an der Betriebsführung beteiligt ist (*LG München II* NJW-RR 1999, 1018). Der letztwillige Erwerb von KG-Anteilen ist niemals genehmigungspflichtig (vgl. die Grundwertung des § 1643 II 1 BGB: nicht die Annahme, sondern nur die Ausschlagung einer Erbschaft bedarf der gerichtlichen Genehmigung).

Der **Erwerb von Anteilen an einer GmbH** oder von **Aktien** ist dann genehmigungsbedürftig, wenn im konkreten Sachverhalt alle oder zumindest die unternehmerische Mehrheit (jedenfalls ab 50 %: *BGH* DNotZ 2004, 152) der Anteile entgeltlich übertragen werden (Übernahme eines Erwerbsgeschäftes, § 1822 Nr. 3 Alt. 1 BGB) oder aber wenn noch nicht alle Anteile an einer GmbH vollständig einbezahlt sind (§ 1822 Nr. 10 BGB: §§ 16 III, 24 GmbHG). Hierbei sind – orientiert ausschließlich am Interesse des Mündels – die Vor- und Nachteile des Rechtsgeschäfts insgesamt zu würdigen. **241**

In gleicher Weise erfordert die **Veräußerung von Gesellschaftsanteilen Minderjähriger** an einer Personengesellschaft unabhängig von der Beteiligungshöhe stets, bei Kapitalgesellschaften nur dann eine gerichtliche Genehmigung, wenn mehr als die Hälfte des Kapitals betroffen ist (§ 1822 Nr. 3 Alt. 1 BGB) oder wenn nur Minderjährige an der Gesellschaft beteiligt sind (*BGH* ZEV 2003, 375 m. krit. Anm. *Damrau*; vgl. DNotI-Report 2007, 13). Die Kündigung einer Gesellschaft durch den Minderjährigen bedarf keiner familiengerichtlichen Genehmigung (da § 1643 I BGB nicht auf § 1823 BGB verweist), ebenso wenig der Beschluss über die Auflösung einer Gesellschaft. **242**

Auch wenn der Beitritt des Minderjährigen zu einer **Gesellschaft des bürgerlichen Rechts** oder seine Mitwirkung bei der Gründung bereits gerichtlich genehmigt wurde, muss die Veräußerung von Grundstücken durch vermögensverwaltende Gesellschaften unter Beteiligung Minderjähriger nach überwiegender Rechtsprechung wiederum familiengerichtlich genehmigt werden, § 1821 I Nr. 1 und Nr. 4 BGB (*OLG Koblenz* NJW 2003, 1401, was fragwürdig erscheint angesichts der Rechtsfähigkeit der GbR, aber dennoch von der Rechtsprechung so aufrechterhalten wird, *OLG Nürnberg* DNotZ 2013, 33). Anders mag es liegen bei erwerbswirtschaftlich tätigen Gesellschaften, bei denen bereits im Rahmen des § 1822 Nr. 3 BGB der Handel mit Grundstücken in die Genehmigung des Beitritts (oder einer diesbezüglichen Änderung des Gesellschaftsvertrags) einbezogen wurde (DNotI-Report 2004, 31). **243**

Eine gerichtliche Genehmigung ist zu satzungsändernden **Beschlüssen** einer Kapitalgesellschaft nicht erforderlich (*Reimann* DNotZ 1999, 199), sofern nicht eine Neugründung (etwa bei errichtenden Umwandlungen) damit verbunden ist. Erst recht bedarf es keiner Genehmigung zu schlichten Beschlüssen, auch nicht zur Bestellung eines Geschäftsführers (*OLG Düsseldorf* MittBayNot 2007, 327). Bei Personengesellschaften reicht die Palette der vertretenen Ansichten von der generellen Entbehrlichkeit einer Genehmigung (*BGH* DNotZ 1976, 107) über deren Erforderlichkeit nur bei „wesentlichen Änderungen" bis zur jedesmaligen Notwendigkeit (*Brüggemann* FamRZ 1990, 127). **244**

8. Schenkung auf den Todesfall

Zum Schutz vor Umgehungen werden unentgeltliche Schenkungsversprechen (§ 518 BGB), die unter einer **echten Überlebensbedingung** stehen (also nur unter der Bedingung gelten, dass der Beschenkte den Schenker überlebt – die Schenkung darf also nicht etwa **245**

dem Erben des ursprünglich zu Beschenkenden zugute kommen), durch § 2301 I BGB hinsichtlich der (auch Form-) Voraussetzungen und Rechtsfolgen den Bestimmungen des Erbrechts unterstellt. Solche Versprechen gelten also, wenn letztere Voraussetzungen erfüllt sind (notarielle Beurkundung, gleichzeitige Anwesenheit), schlicht als erbvertragliches Vermächtnis. Gestalterisch interessant sind jedoch
- Handschenkungen (§ 516 BGB) bei Forderungen und beweglichen Sachen, die hinsichtlich des Vollzuges auf den Tod des Schenkers aufschiebend befristet sind,
- auf den Tod befristete Schenkungsversprechen ohne echte Überlebensbedingung, § 518 BGB (nachstehend Rn. 246) und
- bereits zu Lebzeiten vollzogene Schenkungsversprechen auf den Tod unter echter Überlebensbedingung, § 2301 II BGB (nachstehend Rn. 249).

246 Steht eine Grundstücksschenkung nicht unter einer **Überlebensbedingung**, soll aber erst auf den **Tod des Schenkers vollzogen** werden, kann entweder die Auflassung bereits in der Schenkungsversprechensurkunde miterklärt werden, verbunden mit der Anweisung an den Notar, diese bei Vorliegen einer Sterbeurkunde des Schenkers dem Grundbuchamt vorzulegen. Stattdessen kann auch dem Beschenkten bzw. seinen gem. § 35 GBO legitimierten Erben unwiderrufliche Auflassungsvollmacht erteilt werden, die erst nach Vorliegen einer Sterbeurkunde des Schenkers verwendet werden kann.

247 Der aufschiebend befristete Erwerbsanspruch des Beschenkten kann (anders als bei einem Vermächtnis) durch eine Eigentumsvormerkung im Grundbuch gesichert werden. Die Vertragsabwicklung erfolgt am Nachlass vorbei, somit auch außerhalb etwaiger dort angeordneter Testamentsvollstreckungen oder sonstiger (Nacherben-)Bindungen.

248 **Formulierungsbeispiel: Auf den Tod des Schenkers vollzugsbefristete Grundstücks-Versprechensschenkung ohne echte Überlebensbedingung mit sofortiger Erklärung der Auflassung**

Der Veräußerer verspricht hiermit dem Erwerber bzw. dessen Erbe(n) gemäß § 518 I BGB die Schenkung des vorstehend genannten Grundstücks samt Gebäude und wesentlicher Bestandteile in dem Zustand, in dem es sich zum Zeitpunkt des Schenkungsvollzugs tatsächlich befinden wird, jedoch rechtlich lediglich belastet mit den im Rang vor der nachstehend bewilligten Vormerkung eingetragenen Rechten. Der Anspruch aus der Versprechensschenkung ist zwar vererblich, jedoch nicht übertragbar (Verbot der Einzelrechtsnachfolge).
Veräußerer und Versprechensempfänger sind über den vereinbarten Eigentumsübergang einig und erklären, ohne Befristung oder Bedingung, die Auflassung. Sie beauftragen und bevollmächtigen jedoch den amtierenden Notar, seinen Vertreter oder Nachfolger im Amt, die Bewilligung zum Vollzug dieser Auflassung, die in jener nicht enthalten ist, durch Eigenurkunde erst dann zu erklären, wenn entweder der Versprechensempfänger eine Sterbeurkunde des Schenkers vorlegt oder Erben des Versprechensempfängers, die sich in der Form des § 35 GBO zu legitimieren haben, eine solche Sterbeurkunde vorlegen. In letzterem Fall ist die Auflassung zugunsten dieser Erben zum Vollzug zu bringen.
Besitz, Nutzungen und Lasten, Haftung, Verkehrssicherung und Gefahr gehen auf den Versprechensempfänger bzw. dessen Erben mit dem Tod des Schenkers über.

249 Steht das Grundstücksschenkungsversprechen jedoch unter der Bedingung des Überlebens des Erwerbers (soll es also nicht dessen Erben zugute kommen), muss dem Versprechensempfänger (zu Lebzeiten des Schenkers), um in den Anwendungsbereich des § 2301 II BGB zu gelangen, zumindest ein dingliches Anwartschaftsrecht zugewendet worden sein, wie es durch Erklärung der Auflassung und Umschreibungsantrag des Erwerbers oder zumindest Erklärung der Auflassung und Eintragung der Vormerkung zu seinen Gunsten entstehen kann. Alternativ könnte auch der Versprechensempfänger bereits durch Vollzug der Auflassung zu Lebzeiten Eigentümer geworden sein, jedoch der

bedingte Rückübertragungsanspruch des Schenkers (für den Fall, dass der Versprechensempfänger zuvor verstirbt: „echte Überlebensbedingung!") durch eine Vormerkung gesichert werden.

Zu Verträgen zugunsten Dritter auf den Todesfall (§ 331 BGB) vgl. Kap. C Rn. 386 ff. 250

9. Gegenseitige Zuwendungsversprechen auf den Todesfall

Bedingen sich zwei Leistungspflichten „spiegelbildlich" in dem Sinn, dass die des jeweils erstverstorbenen Beteiligten auf dessen Ableben hin zu erfüllen ist, liegt das „Entgelt" in der jeweils bedingten Pflicht des Anderen. Haben also zwei Ehepartner oder Lebensgefährten (bei denen die Frage transfersteuerlich von größerer Bedeutung ist!) etwa gleiche Lebenserwartung, liegt Entgeltlichkeit vor, wenn sie sich gegenseitig zur Übertragung ihrer je hälftigen Immobilienmiteigentumsanteile auf den Todesfall verpflichten (ähnlich wie das abfindungslose Ausscheiden eines verstorbenen Gesellschafters aus einer Personengesellschaft ohne Abfindung der Erben bei etwa gleich hoher Sterbewahrscheinlichkeit); differiert die Sterbewahrscheinlichkeit deutlich, müssten die Miteigentumsanteile jeweils unterschiedliche Höhe haben, so dass das beiderseitige Produkt aus Mortalität und Erwerbsobjekt wieder gleich hoch ist. 251

Die objektiv gegebene und vom subjektiven Willen getragene Entgeltlichkeit dürfte auch im Hinblick auf § 2325 BGB anzuerkennen sein (vgl. *Egerland* NotBZ 2002, 234). Auch im **Schenkungsteuerrecht** hat der *BFH* die Frage der objektiven Entgeltlichkeit von gesellschaftsvertraglichen Öffnungsklauseln mit Abfindungsausschluss ausdrücklich offengelassen (sie war wegen der für diesen Fall in §§ 7 VII und 3 I Nr. 2 S. 2 ErbStG ausdrücklich angeordneten Besteuerung auch nicht entscheidungserheblich), *BFH* BStBl. 1992 II 927 f.; vgl. hierzu *Neumayer/Imschweiler* DStR 2010, 20. Die Konstruktion weicht zwar vom einfachsten rechtlichen Weg (erbvertragliches Vermächtnis) ab und ist damit „unangemessen" i. S. d. § 42 AO, führt auch zu einer Steuerreduzierung, ist allerdings – so lässt sich mit guten Gründen darlegen – durch außersteuerliche Motive gerechtfertigt; so geht z.B. der Vormerkungsschutz im Grundbuch weiter als § 2287 BGB. 252

Es entsteht also lediglich (unter Lebensgefährten, natürlich nicht unter Ehegatten) Grunderwerbsteuer, da der Befreiungstatbestand des § 3 I Nr. 2 GrEStG (vorrangige Schenkungsteuerpflicht) nicht greift, und zwar mit Bedingungseintritt (erster Sterbefall; § 14 I GrEStG). 253

Würde der betreffende Grundbesitz demgegenüber in einer „**Familien-GbR**" gehalten, aus welcher der jetzt versterbende Gesellschafter abfindungslos ausscheidet, wird zwar auch hierdurch pflichtteilsergänzungsrechtlich eine Schenkung vermieden (*BGH* NJW 1981, 1957; vgl. *Krauß*, Vermögensnachfolge, Rn. 130), allerdings führt § 3 I Nr. 2 S. 2 ErbStG zur Erhebung von Erbschaftsteuer bei Fortsetzungs- oder Übernahmeklauseln, soweit der Steuerwert des Anteils den Abfindungsanspruch des Erben (hier: null) übersteigt. Bei der Bruchteilsgemeinschaft fehlt es an einer solchen Besteuerungsnorm. 254

> **Formulierungsbeispiel: Gegenseitige entgeltliche Zuwendungsversprechen auf den Todesfall** 255
>
>
>
> Die Beteiligten verpflichten sich gegenseitig, ihren hälftigen Miteigentumsanteil an dem in § 1 beschriebenen Grundbesitz mit allen wesentlichen Bestandteilen und dem Zubehör auf den jeweils anderen Beteiligten zu übertragen. Die Verpflichtung zur Übertragung steht jeweils unter der aufschiebenden Bedingung, dass der Übertragende verstirbt und der Erwerber den Übertragenden überlebt (echte Überlebensbedingung); sie ist auflösend bedingt durch Erwerb des anderen Miteigentumsanteils und durch die Erklärung des nachstehend vorbehaltenen Rücktritts durch den anderen Beteiligten. Die Übertragung erfolgt im Weg des entgeltlichen Rechtsgeschäfts unter Lebenden auf den Todesfall zur Vermögensnachfolge außerhalb der Formen des Erbrecht.

▼ Fortsetzung: **Formulierungsbeispiel: Gegenseitige entgeltliche Zuwendungsversprechen auf den Todesfall**

Die volle Entgeltlichkeit ergibt sich aus der Gleichwertigkeit der Leistungsgegenstände und der Tatsache, dass unsere Lebenserwartungen angesichts unseres etwa gleichen Lebensalters und des Fehlens atypischer Umstände, etwa bekannter schwerer Krankheiten, gefährlichen Berufs etc., nicht deutlich unterschiedlich hoch sind (aleatorisches Geschäft).
Der Besitz am Vertragsgegenstand ist unverzüglich nach dem Tod des Übertragenden zu übergeben.
Zur Sicherung des vorstehend begründeten Anspruchs des jeweils anderen Beteiligten auf Übertragung des Miteigentumsanteils bewilligen und beantragen beide Beteiligte die Eintragung einer Eigentumsvormerkung zulasten ihres jeweiligen Anteils in das Grundbuch. Jeder Beteiligte bevollmächtigt den jeweils anderen, befreit von § 181 BGB, über den Tod hinaus und mit dem Recht zur Erteilung von Untervollmacht, die Auflassung des Halbanteils des Erstverstorbenen an den Längerlebenden an der Amtsstelle des amtierenden Notars zu erklären und entgegenzunehmen.
Ein jeder der Beteiligten behält sich den Rücktritt von diesem Übertragungsversprechen und der vorstehend erteilten Vollmacht vor mit der Maßgabe, dass
– der Rücktritt nur mit Zugang auch an der Amtsstelle des amtierenden Notars wirksam wird und
– mit Zugang des Rücktritts beim anderen Beteiligten zugleich die auflösende Bedingung für dessen Übertragungsversprechen eintritt und beide Vormerkungen wegen Gegenstandslosigkeit zur Löschung zu bewilligen sind.

10. Betriebsnachfolge

a) Grundlagen

256   Die grundlegenden Regelungsziele der Vermögensnachfolgeplanung bei Betrieben, insbesondere mittelständischen Familienunternehmen, ähneln denen der Übertragung von Privatvermögen, nämlich
– ein **optimaler Vermögenserhalt**
– bei **bestmöglicher Versorgung der Familie des Übergebers** (einschließlich der Freistellung aus übernommenen Bürgschaften und sonstigen Haftungsrisiken)
– unter gleichzeitiger **Absicherung des Erwerbers** durch möglichst geringe finanziellen Belastungen (Reduzierung von Schenkung- bzw. Erbschaftsteuer und/oder Abfindungs- bzw. Pflichtteilszahlungen).

257   Für den Veräußerer spielt gerade bei eigentümerdominierten Unternehmen weiterhin die **Wahrung des Familiencharakters** eine Rolle. Dieser kann gefährdet sein durch die Veräußerung des Betriebs oder von Mitunternehmeranteilen an Außenstehende – beispielsweise auch im Rahmen einer private-equity-Beteiligung –, die Gefahr einer „Verschleppung" an Schwiegerkinder bzw. an eine „neue Familie" nach Ehescheidung bzw. als Folge des Ehegattenerbrechts oder durch mangelnde testamentarische Vorsorge mit der Folge einer Zersplitterung der Anteile.

258   In psychologischer Hinsicht ist schließlich unabdingbare Voraussetzung, die **Management- und Betriebsführungsqualitäten** der vorgesehenen **Nachfolger** rechtzeitig und realistisch einzuschätzen („Der Vater erstellt's, der Sohn erhält's, beim Enkel verfällt's"). Ist derzeit kein „geeigneter" und „fortführungswilliger" Angehöriger vorhanden, besteht aber noch Aussicht, dass ein solcher sich finden wird, kann der Ehegatte ggf. die Lücke überbrücken (bei der letztwilligen Alternative des Unternehmertestaments wird dann dem Ehegatten oder einem Dritten gem. § 2151 II BGB die Auswahl des Vermächtnisnehmers bzw. gem. § 2048 S. 2 BGB die Durchführung der Teilungsanordnung überantwortet). Besteht keine Chance auf eine familieninterne Nachfolge, empfiehlt sich (ggf.

II. Vertragstypen der Grundstückszuwendung   A V

nach Umwandlung in eine dafür geeignete Gesellschaftsform, also die GmbH & Co. KG oder eine Kapitalgesellschaft) die Einsetzung einer **Fremdgeschäftsführung**.

Vorbereitend ist die Bildung ausreichenden Privatvermögens durch genügende Entnahmen anzuraten, um die Abfindung weichender Geschwister zu ermöglichen und den eigenen Lebensabend aus den Einnahmen des Privatvermögens zu finanzieren. Entscheidend ist dabei die **Freistellung des Privatvermögens von Kreditsicherungsbelastungen** (Grundschulden, Bürgschaften) für betriebliche Verbindlichkeiten (benachteiligt ist der „gutmütige" Unternehmer, der nicht bzw. nicht rechtzeitig „zugriffsfreies" Vermögen – etwa beim Ehegatten, mit Nutzungs- und/oder Eigentumsabsicherung im Scheidungsfall – gebildet hat). Für den Notfall sollten ferner „Betriebsfortführungsvollmachten" bereitliegen. Zu diskutieren ist weiter der rechtzeitige **Abschluss von Eheverträgen** auf Erwerberseite, regelmäßig im Sinne einer Modifizierung der Zugewinngemeinschaft durch Herausnahme der betrieblichen Aktiva und Passiva, Verzicht auf Vollstreckung wegen sonstiger Forderungen in das betriebliche Vermögen und hierauf bezogenen Pflichtteilsverzicht. Wichtig ist weiter die Schaffung der richtigen **gesellschaftsrechtlichen Struktur**, auch zu Haftungsabschirmung und Minimierung der Steuerlast, möglicherweise gar als „Auffangregelung" in Bereitschaft für den Zeitpunkt der lebzeitigen oder erbrechtlichen Übertragung. Die Übertragung ist dann auf den auf die Eintragung der Strukturveränderung im Handelsregister folgenden Tag zu befristen (§ 9 I 2 ErbStG). 259

Stehen schließlich mehrere „Prätendenten" bereit, ist oft die **Realteilung des Betriebs** eine sinnvolle Lösung, andernfalls sind **Maßnahmen zur Konfliktbereinigung** und -lösung unabdingbar (z.B. **Beirat** – hierzu *Groß* ErbStB 2010, 216 und 252 mit Formulierungsvorschlägen – mit mehr als nur beratender, vielmehr streitschlichtender oder gar schiedsrichterlicher Funktion bei Patt-Situationen, Schiedsgerichtsklauseln – hierzu *Hauschild/ Böttcher* DNotZ 2012, 577, begrenztes fortdauerndes Mitsprache- oder Vetorecht des Veräußerers etc.). 260

b) Übertragung von Einzelunternehmen/Personengesellschaften

Auch wenn die einzelnen Gegenstände (Rechte und Sachen), die zu einem **einzelkaufmännischen Unternehmen** gehören, bilanziell zusammengefasst sind, sind zivilrechtlicher Übergabegegenstand die einzelne Bestandteile, die (als „asset deal") nach den jeweils hierfür geltenden Vorschriften übertragen, abgetreten bzw. aufgelassen werden müssen. Sind **Grundstücke** enthalten, erfasst § 311b I BGB (Beurkundungspflicht) wegen der wirtschaftlichen und rechtlichen Geschäftseinheit den gesamten Übertragungsvorgang. Dem zivilrechtlichen Bestimmtheitsgrundsatz wird jedoch regelmäßig durch Bezugnahme auf die Stichtagsbilanz und Inventarlisten, Sachanlageverzeichnisse etc. Genüge getan. Es hat sich darüber hinaus eingebürgert, **Dauerschuldverhältnisse**, in die ein Eintritt zu erfolgen hat, sowie besonders bedeutsame Verpflichtungen (Bankverbindlichkeiten) und **gewerbliche Schutzrechte** (z.B. Lizenzen) einzeln zu benennen. 261

Arbeitsrechtlich gilt (auch für unentgeltliche Betriebsübertragungen) § 613a BGB samt der Hinweispflicht des § 613a V BGB (zu letzterer *BAG* NZA 2006, 1268: „präzise, aber dem Laien verständliche Beschreibung der rechtlichen Folgen im Detail") Damit tritt der Betriebsübernehmer zugleich in die Versorgungsanwartschaften der aktiven Arbeitnehmer ein, hinsichtlich der bestehenden Ruhestandsverhältnisse ist eine Rechtsnachfolge gem. § 4 BetrAVG möglich, soweit sie insolvenzgesichert sind (Pensionssicherungsverein). Änderungen bestehender Zusagen sind nach Betriebsübergang nur beschränkt möglich. 262

Für das einzelkaufmännische Unternehmen einer Firma ist das **Handelsregister zu berichtigen**, im Fall der Firmenfortführung bzw. der Fortführung des Kernbestands des Unternehmens (*BGH* DStR 2010, 177) ist an die Vereinbarung und zeitnahe (sofern die Anmeldung sofort erfolgt, genügt die Eintragung binnen ca. fünf Monaten: *OLG Düsseldorf* NJW-RR 2003, 1120) Veröffentlichung (Handelsregistereintragung beim Erwer- 263 ber) eines **Haftungsausschlussvermerks** zu denken (§ 25 II HGB), dessen Eintragung durch das Registergericht nur abgelehnt werden kann, wenn eine Haftung des neuen Unternehmensträgers gem. § 25 I HGB schlechterdings nicht in Betracht kommen kann (*BGH* MittBayNot 2010, 216 m. Anm. *Wachter* samt Formulierungsvorschlag, zur „faktischen Unternehmensfortführung": identische Geschäftätigkeit, Übernahme von Teilen des Personals, identische Telefon- und Faxnummer; zur Abgrenzung DNotI-Report 2011, 165). Einer Vorlage der Ausschlussvereinbarung bedarf es nicht (*OLG München* GmbHR 2011, 1039). Als „Unternehmensfortführung" genügt dabei auch die Übernahme des – aus Sicht des Rechtsverkehrs – wesentlichen Teilbereiches (*BGH* NotBZ 2010, 218 m. Anm. *Vossius*); daneben kommt auch eine Haftung aus Rechtsscheingesichtspunkten in Betracht (*BGH* NotBZ 2012, 374 m. Anm. *Vossius*). Bei Veräußerung durch den Insolvenzverwalter gilt § 25 HGB nach h. M. nicht, da andernfalls eine unzulässige Besserstellung der Alt-Geschäftsgläubiger gegenüber den Alt-Privatgläubigern in der Insolvenz einträte (*BGH* DNotZ 2006, 629, 641).

264 | **Formulierungsbeispiel: Anmeldung des Haftungsausschlusses gem. § 25 II HGB beim die Firma fortführenden Rechtsträger**

Die A GmbH/A oHG etc hat ihren Geschäftsbetrieb mit dem Recht der Firmenfortführung an die (z. B.) B GmbH veräußert. Der Übergang der im erworbenen Geschäftsbetrieb begründeten Forderungen sowie die Haftung für die im erworbenen Geschäftsbetrieb begründeten Verbindlichkeiten sind ausgeschlossen. Die Firma der B GmbH wurde geändert in ... GmbH.

265   Gem. § 75 AO besteht eine nicht ausschließbare Haftung des Erwerbers für betriebliche Steuern (außer beim Verkauf durch den Insolvenzverwalter, § 75 II AO). Regelmäßig übernimmt der Erwerber die Erfüllung bestehender, auch latenter, Verpflichtungen aus Sachmängeln veräußerter Produkte auch für die Vergangenheit, und die Pflicht zur Nachzahlung etwaiger betrieblicher Steuern und Einkommensteuer als Ergebnis einer Betriebsprüfung, die ohnehin häufig aus Anlass einer Betriebsübertragung durchgeführt wird (die Übernahme von Einkommensteuernachzahlungen, auch soweit aufgrund betrieblicher Einnahmen beruhend, ist allerdings „Gegenleistung" im ertragsteuerlichen Sinn, führt also bei negativem Kapitalkonto zu einer Gewinnrealisierung).

266   Im Fall einer **stufenweisen Nachfolge**, also der lediglich teilweisen Beteiligung des Nachfolgers am Einzelunternehmen, kommt der Rückbehalt des Nießbrauches am Einzelunternehmen in Betracht, ebenso die Verpachtung des Unternehmens an den prospektiven Nachfolger: Der Pächter wird gem. § 22 II HGB in das Handelsregister eingetragen, der Verpächter kann aufgrund seines Wahlrechts den „ruhenden" Betrieb zur Vermeidung der Auflösung stiller Reserven fortführen und erzielt demnach Einkünfte aus Gewerbebetrieb, die aber wegen § 9 Nr. 1 S. 2 GewStG nicht der Gewerbesteuer unterliegen. Daneben kommen gesellschaftsrechtliche Lösungen in Betracht: Will der Veräußerer zunächst möglichst wenig Leitungsmacht „aus der Hand geben", bietet sich die Eingehung einer **stillen Gesellschaft** an. Ist Letztere „atypisch" ausgestaltet, kann sie durchaus in die Nähe echter Mitunternehmerschaft rücken.

267   Volle Personengesellschaftsbeteiligung kann bspw. erreicht werden durch die „Vorab-Gründung" einer solchen Gesellschaft mit dem Nachfolger, in die der Veräußerer sodann sein Unternehmen gegen Gewährung von Gesellschaftsrechten zu Buchwerten (§ 21 UmwStG) einbringt. Anschließend werden Gesellschaftsanteile schenkweise auf den Nachfolger übertragen (Bsp: *BGH* ZEV 2005, 71 m. Anm. *Reimann*). Denkbar ist jedoch auch die „abkürzende" Einbringung des Einzelunternehmens sowohl für eigene als auch für Rechnung des Erwerbers in eine neue Personengesellschaft; Schenkungsgegenstand ist dann der durch Einbuchung entstehende Anteil (Bsp.: Benteler-Urteil *BGH* NJW 1990, 2616): da Entreicherungs- und Bereicherungsgegenstand nicht identisch sein

II. Vertragstypen der Grundstückszuwendung

müssen, kann auch eine vorher mangels Gesellschaft nicht im Vermögen des Schenkers vorhandene Beteiligung verschenkt werden.

Ist Gegenstand der Übertragung die Beteiligung an einer bestehenden **Personen- oder** 268 **Kapitalgesellschaft**, sind zunächst die gesellschaftsrechtlichen Regelungen zur Übertragbarkeit des Anteils zu prüfen. Ggf. sind vorab Satzungsänderungen erforderlich, auch im Hinblick auf die Beibehaltung oder gar Stärkung des Einflusses des möglicherweise noch beteiligten Veräußerers.

Die Aufnahme in eine **Personengesellschaft** erfolgt in der Weise, dass der Gesellschafts- 269 vertrag geändert wird und die jeweiligen Kapitalkonten umgebucht werden. Allerdings geht die ständige Rechtsprechung des *BGH* (z. B. NJW 1981, 1956; 1990, 2616) dahin, eine schenkweise Übertragung von OHG-Anteilen nur unter sehr engen Voraussetzungen anzunehmen. Grundsätzlich sei nämlich die Übernahme der Haftung und die Verpflichtung zur Arbeitsleistung als Gegenleistung zu werten, die eine – auch gemischte – Schenkung ausschließe. Schenkungsobjekt kann jedoch die geleistete Einlage sein.

Bei der Übertragung der Gesellschaftsanteile kann sich der Veräußerer Vorsorgeleis- 270 tungen durch Nießbrauchsvorbehalt oder disquotale Gewinnbezugsrechte zurückbehalten bzw. Versorgungsrenten vereinbaren, die den Erwerber zum Sonderausgabenabzug berechtigen.

c) Besonderheiten bei landwirtschaftlichen Übergaben

Im Vordergrund steht die Erhaltung des landwirtschaftlichen Betriebs als **wirtschaftli-** 271 **che Einheit** und als wesentliche Lebensgrundlage der nächsten Generation, weshalb sie auch **kostenrechtlich privilegiert** ist (§ 48 GNotKG). Sie wird oft frühzeitig eingeleitet (z. B. durch gemeinsame Bewirtschaftung in GbR, Anpachtung des Betriebs).

Die Versorgung des Veräußerers spielt seit der Einführung der Altershilfe für Landwir- 272 te, die mit Abgabe (*LSG München* MittBayNot 1993, 168) des landwirtschaftlichen Betriebs ab Vollendung des 65. Lebensjahrs den Bezug von **Altersgeld** ermöglicht, nicht mehr die allein entscheidende Rolle. Austrags- und Leibgedingsleistungen ergänzen vielmehr die Geldversorgung aus diesem Sicherungssystem, die auch für Bäuerinnen eine selbstständige Berechtigung schafft, und dienen v. a. der Deckung des Bedarfs an Dienstleistungen, die durch den Erwerber erbracht werden können (hauswirtschaftliche Versorgung, Pflegeleistung), um den teuren (und unpersönlichen) Einkauf solcher Leistungen bei gewerblichen Anbietern zu vermeiden.

Weichende Geschwister schließlich erwarten eine angemessene Abfindung weniger für 273 die Hofübernahme als solche (insoweit werden die Sonderbewertung des § 2312 BGB [Ertragswertprivileg], und ggf. der Höfeordnung im Regelfall akzeptiert), sondern vielmehr für den Fall der Veräußerung nicht betriebsnotwendiger Baulandflächen (Nachabfindung). Sie wünschen weiterhin, von den Soziallasten der Eltern, einschließlich etwaiger Unterhaltsansprüche, möglichst weitgehend freigestellt zu sein.

Beratungsbedarf besteht hinsichtlich der Problematik des **Rückbehalts** von Grund- 274 stücken, vgl. hierzu Rn. 534.

Zum land- und forstwirtschaftlichen Betriebsvermögen gehören die Grundstücke ein- 275 schließlich des Bauerwartungslands und der Betriebsgebäude, nicht jedoch die spätestens seit Ende des Veranlagungszeitraums 1998 steuerfrei in das Privatvermögen entnommene Wohnung des Landwirts und die Altenteilerwohnung samt des zugehörigen Grund und Bodens. Unliebsame Folgen können daher im **Einkommensteuerrecht** erwachsen, wenn wesentliche Teile (*BFH* MittBayNot 1990, 210: 18 % der Fläche) des Betriebsvermögens nicht übergeben werden: Es liegt keine buchwertneutrale (§ 6 III 1 EStG) Betriebsübertragung mehr vor, sondern eine gewinnrealisierende Betriebsaufgabe; werden einzelne, nicht zu den wesentlichen Betriebsgrundlagen zählende Grundstücke zurückbehalten, entsteht insoweit ein Entnahmegewinn, welcher zudem nicht nach §§ 14, 34 EStG begünstigungsfähig ist.

276 Weitgehend unproblematisch sind lediglich der Rückbehalt von Bauernwaldgrundstücken, da diese fast immer einen eigenen forstwirtschaftlichen „Kleinst-"Betrieb darstellen, sowie der Rückbehalt eines weiter bewirtschafteten verkleinerten Betriebes.

277 Näherer Definition bedarf der Übertragungsgegenstand: Inventar, Zubehör (§§ 97, 98 S. 2 BGB), alle landwirtschaftlichen Maschinen, Büroeinrichtungen, das Vieh (lebendes Inventar) und die landwirtschaftlichen Erzeugnisse. Für **zugepachtete Grundstücke** gewährleistet § 593a BGB den Eintritt des Übernehmers in den Pachtvertrag, für verpachtete Grundstücke gilt gem. § 593b BGB der Grundsatz „Grundstücksübertragung bricht nicht Pacht" (§§ 566 ff. BGB) mit im Zweifel zeitanteiliger Aufteilung des Pachtzinses (§ 101 BGB).

278 Zu beachten ist auch die Übertragung von Ansprüchen (und Pflichten) aus langfristigen **Lieferverträgen**, etwa von Zuckerrübenlieferrechten, die seit Inkrafttreten der EU-Marktordnung durch regionale Zuckerhersteller im Rahmen eigener, unterschiedlicher Vergabe- und Übergaberegelungen bestehen, ferner die Übernahme von **Mitgliedschaften** in Erzeugerringen, Maschinenringen, Produktions-, Verwertungs- und Kreditgenossenschaften (vgl. hierzu § 76 GenG).

279 Die sog. „**Milchquoten**" (Anlieferungsrechte bei der Molkerei) werden nach Maßgabe der Milchabgabenverordnung (MilchQuotV, BGBl. 2007 I 295) grds. über sog. Übertragungsstellen „West" und „Ost" zu festgesetzten Terminen und Preisen („Gleichgewichtspreis", § 17 MilchQuotV) innerhalb West- bzw. Ostdeutschlands übertragen („Börsenpflicht", mit sog. Basisabzug gem. § 31 III MilchQuotV). Außerhalb dieser Börse ist eine Übertragung von Milchreferenzmengen möglich (*Gehse* MittBayNot 2008, 336):
– in Verbindung mit der (entgeltlichen oder unentgeltlichen) Veräußerung oder Verpachtung des gesamten Milcherzeugungsbetriebs (§ 22 MilchQuotV),
– im Wege der vorweggenommenen Erbfolge (§ 21 I MilchQuotV) als dauerhafte Übertragung,
– durch schriftliche Vereinbarung zwischen Ehegatten, Verpartnerten bzw. Verwandten in gerader Linie (§ 21 II MilchQuotV) sowie
– bei Einbringung eines Betriebs in eine Gesellschaft, sofern der Einbringende dort zwei Jahre lang mitarbeitet (§ 23 MilchQuotV) und i. R. d. Auflösung von Gesellschaften bei der Verteilung ihrer Vermögenswerte an die Gesellschafter (§ 25 MilchQuotV).

280 Auch solche Übertragungen sind der Landesstelle anzuzeigen und von dieser zu bescheinigen (§ 27 I MilchQuotV).

281 Besonderheiten gelten auch für sog. **Zuckerrübenlieferrechte**, vgl. *Gehse* RNotZ 2007, 73.

282 Die **EU-Agrarreform 2003** (*Schmitte* MittBayNot 2004, 95 und *Fischer* MittBayNot 2005, 273; *Gehse* RNotZ 2007, 61) führte ab 2005 zur Entkoppelung der bisher nach der Art des Produkts differenzierenden Agrarbeihilfen: Mit Ausnahme von Hopfen und Tabak (und teilweise Stärkekartoffeln sowie Trockenfutter) entfallen Direktzahlungen Jeder Betriebsinhaber erhält entsprechend der bisher von ihm bewirtschafteten Fläche Zahlungsansprüche als Rechengröße, bestehend aus einem zwischen Dauergrünland und Ackerland differenzierten Basisbetrag und dem betriebsindividuellen Prämienanteil (BIP)", Letzterer gemessen an den Direktbeihilfen der Referenzjahre 2000 bis 2002. Steuerrechtlich handelt es sich bei den zugeteilten Zahlungsansprüchen um immaterielle Wirtschaftsgüter des Anlagevermögens (*BMF* v. 25.6.2008, EStB 2008, 393). Die Zahlungsansprüche stehen demjenigen zu, der die Fläche am jeweiligen Stichtag (i. d. R. der 15.5.) in gutem landwirtschaftlichem Zustand hält, im Fall der Verpachtung also dem Pächter (*Krämer* NotBZ 2008, 133 und 216; zur Situation bei Pachtbeendigung: *BGH* MittBayNot 2008, 37 m. Anm. *Gehse*). Bei Vererbung oder **vorweggenommener Erbfolge** erhält der Erwerber die Zahlungsansprüche gegen Vorlage des Erbscheins bzw. Hofübergabevertrags zugewiesen (formulargebundene Anzeige: *OVG Lüneburg* BeckRS 2012, 46408), sofern er Betriebsinhaber ist/wird (woran es typischerweise fehlt, wenn sich der Veräußerer den umfassenden Nießbrauch zurückbehalten hat).

> **Formulierungsbeispiel: Mitübertragene Gegenstände bei landwirtschaftlicher Übergabe** 283
>
> An den Erwerber mit übergeben wird das gesamte beim landwirtschaftlichen Anwesen vorhandene lebende und tote landwirtschaftliche Inventar, Ein- und Vorrichtungen, Maschinen und die gesamten Wirtschaftsvorräte, der Hausrat und alle Rechte, insbesondere alle etwa dazugehörenden Gemeinde- und Nutzungsrechte und Genossenschaftsanteile sowie sonstige hier nicht aufgeführte Grundstücke, Miteigentumsanteile oder Rechte, die zum Vertragsanwesen gehören.
> **Ausgenommen** von der Übergabe sind die in der Austragswohnung des Veräußerers befindlichen Wohnungseinrichtungsgegenstände und der Hausrat sowie der im Eigentum des Veräußerers stehende Pkw der Marke „VW-Golf" mit dem amtlichen Kennzeichen ...
> Insbes. werden folgende Rechte/Anteile an den Erwerber zum Zeitpunkt des Besitzübergangs mitübergeben und abgetreten:
> Die Milchreferenzmengen gem. § 21 I und § 22 I der MilchQuotV, da ein milcherzeugender landwirtschaftlicher Betrieb als Einheit mit Rücksicht auf das künftige Erbrecht auf den Erwerber übertragen wird. Die Beteiligten werden die Anzeige bei der zuständigen Landesstelle selbst vornehmen und die zur Vorlage bei der Molkerei erforderliche Übertragungsbescheinigung einholen. Ihnen ist bekannt, dass eine Weiterveräußerung der erworbenen Milchquote binnen zwei Quotenjahren grundsätzlich zu deren ersatzloser Einziehung führt.
> Ansprüche auf Agrarförderung, auch auf flächenbezogene und betriebsindividuelle Zahlungen i. S. d. EU-Agrarreform 2003, soweit diese künftig fällig werden; es handelt sich um eine vorweggenommene Erbfolge i. S. d. Art. 33 I lit. b) der VO (EG) 1782/2003.
> ... Tonnen A-Rüben- und ... Tonnen B-Rüben-Lieferrechte bei der Südzucker AG. Der Veräußerer verpflichtet sich, die Übertragung mit Wirkung für das laufende Zuckerwirtschaftsjahr dem Erzeuger anzuzeigen.
> Ferner die Genossenschaftsanteile an der Trocknungsgenossenschaft ..., an der Milchversorgung ... e. G. und an der Besamungsgenossenschaft ...

III. Vorbehaltene Rechte und Gegenleistungen bei Grundstückszuwendungen

Lebzeitige Vermögensübertragungen erfolgen selten vorbehaltlos bzw. ohne jede Gegenleistung. In aller Regel wünscht der Übergeber eine Absicherung in der einen oder anderen Form, sei es, dass er sich (Nutzungs-)Rechte am überlassenen Grundbesitz vorbehält (Nießbrauch, Wohnungsrecht) und/oder ihm ein (vormerkungsgesichertes) Rückforderungsrecht eingeräumt wird, sei es, dass sich der Erwerber zur Erbringung einer echten Gegenleistung (einmalige oder regelmäßige Zahlung, Erbringung von Pflegeleistungen etc.) verpflichtet. Neben der Absicherung des Übergebers (ggf. und seines Ehegatten, Lebenspartners bzw. nichtehelichen Lebensgefährten), der Verhinderung eines Zugriffs Dritter auf den Zuwendungsgegenstand sowie der Bekräftigung gewisser Wohlverhaltenserwartungen spielen vielfach auch steuerliche Erwägungen eine Rolle, wobei lediglich vorbehaltene Nutzungsrechte (infolge der Streichung von § 25 ErbStG a. F. „passgenauer Zuschnitt" der Zuwendung möglich, vgl. oben Rn. 55) und echte Gegenleistungen den steuerpflichtigen Erwerb mindern, nicht hingegen vorbehaltene Rückforderungsrechte, die nach § 29 ErbStG nur im Falle der Ausübung zum nachträglichen Entfallen der Schenkung führen. 284

Während vorbehaltene Nutzungsrechte und (auch freie) Rückforderungsrechte der Ausführung der Schenkung i. S. v. § 9 I Nr. 2 ErbStG und damit dem Anlauf der 10-Jahresfrist nicht entgegenstehen (hierzu näher Rn. 30), hindern sie unter Umständen den Fristlauf nach § 2325 III BGB (fehlender „Genussverzicht", vgl. hierzu Rn. 319, 378 ff., 505 ff.). Für den Anlauf der 10-Jahresfrist gem. § 529 I Var. 2 BGB sollen vorbehaltene Rechten hingegen wiederum unschädlich sein (*BGH DNotZ 2012, 507 = ZEV 2011,* 285

666 m. Anm. *Herrler*). Gleiches dürfte wohl ebenfalls für die 4-jährige Anfechtungsfrist nach § 4 AnfG, § 134 InsO gelten, auch wenn es insoweit noch an einschlägigen Stellungnahmen in Rechtsprechung und Literatur fehlt. Nicht selten wird der Vertragsgestalter daher die widerstreitenden Interessen (Absicherung des Übergebers, ggf. Reduktion des steuerpflichtigen Erwerbs einerseits, Anlauf der Frist des § 2325 III BGB andererseits) in Ausgleich zu bringen haben.

1. Nießbrauch

286

Checkliste Nießbrauch

(1) **Berechtigter:** Einzelne oder mehrere Personen als Bruchteils-, Gesamt- oder Mitberechtigte; aufschiebende Bedingung

(2) **Beginn:** unmittelbar; definierter späterer Zeitpunkt

(3) **Beendigung:** Ableben des Berechtigten; Zeitablauf oder bestimmtes Ereignis, z. B. Verheiratung

(4) **Belastungsgegenstand**

(5) **Typus**
 – Quotennießbrauch
 – Bruchteilsnießbrauch

(6) **Inhalt**
 – gesetzlicher Nießbrauch
 – Nettonießbrauch
 – Bruttonießbrauch

(7) **Umfang**
 – Quotennießbrauch
 – Bruchteilsnießbrauch
 – Anlauf der 10-Jahresfrist des § 2325 III 1, 2 BGB?

(8) **Überlassung der Ausübung (§ 1059 S. 2 BGB)**

(9) **Grundbucheintragung**
 – auflösende/aufschiebende Bedingung/Befristung
 – Löschungserleichterung (§ 23 II GBO)
 – Rangwahrung

(10) **Steuer**
 – Einkommensteuer (AfA-Fortführung, Werbungskostenabzug)
 – Schenkungsteuer

287 Die Grundstückszuwendung unter Nießbrauchsvorbehalt führt zu einer Aufspaltung des betreffenden Vermögensgegenstandes. Während dem Erwerber die Verfügungsmacht über die Substanz zusteht, behält der Veräußerer das umfassende Nutzungsrecht, so dass zunächst **nur** der **mittelbare Besitz** übergeht, der unmittelbare hingegen erst bei Erlöschen des Nießbrauchs. Wegen des sachenrechtlichen Typenzwangs ist der so genannte „**Dispositionsnießbrauch**", d. h. die Einräumung auch der Verfügungsbefugnis, **unzulässig**, weil der Nießbrauch nur Sachnutzung, nicht aber Substanzverzehr ermöglicht (*BGH* NJW 1982, 31). Eine ähnliche (allerdings wegen der Widerrufsmöglichkeit nicht gleichermaßen bestandsfeste) Wirkung ist dadurch erzielbar, dass der Nießbraucher – unabhängig vom Nießbrauch – rechtsgeschäftlich zu Verfügungen ermächtigt (§ 185 BGB), vgl. *OLG Celle* DNotZ 1974, 731 m. Anm. *Winkler*) oder ihm Veräußerungsvollmacht erteilt wird. Da es sich beim Nießbrauch an einer Sache um eine Unterform der Dienstbarkeit handelt, können keine Leistungspflichten zulasten des Grundstückseigentümers,

III. Vorbehaltene Rechte und Gegenleistungen bei Grundstückszuwendungen   A V

sondern **nur Duldungs- und Unterlassungspflichten** begründet werden (*LG Bonn* RNotZ 2004, 232).

a) Entstehung, Beendigung, Löschungserleichterung

Wie jedes dingliche Recht entsteht der Nießbrauch an Grundstücken gem. § 873 BGB durch (formfreie) dingliche **Einigung und Eintragung** im Grundbuch (§ 29 GBO). Der Nießbrauch kann grundsätzlich auch vor der Überlassung der Immobilie als Eigentümerrecht bestellt werden, ohne dass es der Darlegung eines berechtigten Interesses bedarf (vgl. *BGH* DNotZ 2012, 137), was jedoch nur ausnahmsweise angezeigt ist.   **288**

Nach § 1061 BGB **erlischt** der Nießbrauch zwingend mit dem **Tod des Berechtigten** (bzw. mit Erlöschen der berechtigten juristischen Person, sofern keiner der in § 1059a BGB geregelten Sonderfälle vorliegt). Wurde der Nießbrauch **auflösend befristet bzw. bedingt** bestellt (Verlautbarung der Bedingung im Grundbuch erforderlich, Bezugnahme nach § 874 BGB unzureichend, vgl. *Schöner/Stöber* Rn. 1382), endet er mit Eintritt der Bedingung (z. B. Rechtskraft der Scheidung) bzw. mit Fristablauf. Die Bedingung ist so zu definieren, dass ihr Eintritt ohne größere Schwierigkeiten in der Form des § 29 GBO nachgewiesen werden kann, also nicht etwa „endgültige Trennung" der nichtehelichen Lebenspartner, sondern z. B. notariell beglaubigte Erklärung der Grundstückseigentümerin o. Ä. (vgl. *OLG München* DNotZ 2013, 444). Damit der Nießbrauch bei Tod des Berechtigten bzw. Eintritt der auflösenden Bedingung bzw. Befristung durch bloßen Unrichtigkeitsnachweis gem. § 22 GBO gelöscht werden kann, sollte in aller Regel eine **Löschungserleichterung** i.S.v. § 23 II GBO (ggf. i.V.m. § 24 GBO) vereinbart und eingetragen werden.   **289**

Der Berechtigte kann den Nießbrauch zudem **einseitig gem. § 875 I BGB aufheben** (materiell-rechtliche dingliche Aufgabeerklärung und Löschung des Nießbrauchs im Grundbuch), doch bleiben etwaige schuldrechtliche Verpflichtungen aus dem der Bestellung des Nießbrauchs zugrunde liegenden Kausalgeschäft hiervon unberührt. Insoweit ist ein Erlassvertrag nach § 397 BGB nötig, sofern keine einseitige Aufgabebefugnis vereinbart wurde. Zum Sonderfall der einseitigen Aufgabe eines Nießbrauchsrechts bei Gesamtberechtigung DNotI-Report 2012, 25 ff.   **290**

b) Belastungsgegenstand und Reichweite

Neben der Bestellung eines Nießbrauchs am gesamten **Grundstück** kann der Alleineigentümer das gesamte Grundstück mit einem teilweisen Nießbrauch belasten („**Quotennießbrauch**", hierzu *BGH* DNotZ 2004, 140, Muster: *Krauß* Rn. 1106, 1108). Ebenso kann der Anteil eines Miteigentümers Belastungsgegenstand sein („**Bruchteilsnießbrauch**" nach § 1066 BGB). Der Alleineigentümer kann schließlich einen ideellen Bruchteil, der Miteigentümer einen ideellen Anteil seines Anteils belasten (näher *Krauß* Rn. 1094 ff. mit Mustern, auch zur dann entstehenden Nutzungs- und Verwaltungsgemeinschaft analog §§ 741 ff. BGB).   **291**

Der Nießbrauch kann an einem realen Grundstücksteil ohne vorherige Vermessung und Abschreibung im Wege der **echten Teilbelastung** gemäß § 7 II i.V.m. § 2 III GBO bestellt werden, sofern Verwirrung nicht zu besorgen ist. Da hierfür ein amtlicher Lageplan benötigt wird, ist vielfach eine sog. **unechte Teilbelastung** vorzugswürdig, d. h. die Nießbrauchsbestellung am ganzen Grundstück mit **Beschränkung des Ausübungsbereichs** auf eine reale, hinreichend bestimmte Teilfläche (Muster: *Krauß* Rn. 1120).   **292**

Der Nießbrauch erstreckt sich auf **wesentlichen**, auch erst nachträglich eingefügte Bestandteile (§§ 93, 94 BGB) und mangels anderweitiger Vereinbarung ebenso auf **unwesentliche Bestandteile** des Grundstücks (einschließlich grundstücksbezogener Rechte i.S.v. § 96 BGB), nicht hingegen auf Scheinbestandteile. Aus diesem Grund kann ein Nießbrauch als grds. umfassendes Nutzungsrecht nicht lediglich an einer einzelnen Wohnung eines unaufgeteilten Grundstücks bestellt werden (unzulässige horizontale Be-   **293** schränkung). Möglich ist der **Ausschluss einzelner Nutzungsarten** (§ 1030 II BGB), z. B. die Beschränkung der Vermietung (*LG Aachen* Rpfleger 1986, 468), nicht hingegen die Bestellung nur für einzelne Nutzungsarten. Zubehör ist nach Maßgabe von § 1031 i. V. m. § 926 BGB erfasst.

294 Der Nießbrauch kann an einem **Wohnungs- bzw. Teileigentum** bestellt werden. Dem Nießbraucher steht **kein Stimmrecht** in der Eigentümerversammlung, auch nicht hinsichtlich einzelner Beschlussgegenstände. Eine Pflicht zur gemeinsamen Stimmrechtsausübung besteht seitens des Eigentümers nicht. Allerdings kann sich aus dem begleitenden Schuldverhältnis im Einzelfall die Verpflichtung ergeben, nach Weisung des Nießbrauchers zu handeln bzw. diesem Stimmrechtsvollmacht zu erteilen (*BGH* NJW 2002, 1647). Zur Beschlussanfechtung ist der Nießbraucher ebenfalls nicht berechtigt (*OLG Düsseldorf* NZM 2005, 380, str.). Allerdings kann der Eigentümer dem Nießbraucher im Rahmen der Nießbrauchsbestellung **Vollmacht** erteilen bzw. sich – im Falle von Vollmachtsbeschränkungen in der Gemeinschaftsordnung – verpflichten, sein Stimmrecht nur nach Weisung des Nießbrauchers auszuüben (Muster: *Dieckmann* in: Beck'sches Formularbuch, Form. IV A 15 Anm. 2). Ob derartige Vollmachtsbeschränkungen in Bezug auf den Nießbraucher als dinglich Berechtigten überhaupt zulässig sind, wird unterschiedlich beurteilt (vgl. Staudinger/*Bub* (2005) § 25 WEG Rn. 127 m. w. N.).

c) Berechtigter

295 Der Nießbrauch kann für eine oder mehrere natürliche oder juristische Personen bestellt werden. Behält sich der Übergeber den Nießbrauch vor, spricht man von „Vorbehaltsnießbrauch", anderenfalls, d. h. bei Nießbrauchsbestellung zugunsten eines Dritten von „Zuwendungsnießbrauch" (zu den steuerlichen Folgen dieser Unterscheidung unten Rn. 333 ff.). Auch ein Nießbrauch zugunsten des Eigentümers (**Eigentümernießbrauch**) ist zulässig und eintragungsfähig, ohne dass es des Nachweises eines berechtigten Interesses bedarf (*BGH* DNotZ 2012, 137).

296 **aa) Sukzessivberechtigung.** Steht die Immobilie nur im Eigentum eines Ehegatten, wird sich vielfach u. a. aus steuerlichen Gründen die Bestellung eines auf den Tod des zunächst Berechtigten aufschiebend bedingten und zugleich für den Fall der rechtskräftigen Scheidung der Ehe auflösend bedingten Nießbrauchs empfehlen (sog. **Sukzessivberechtigung**). Soll ein Automatismus vermieden werden, kann alternativ lediglich ein vormerkungsgesicherter Anspruch des anderen Ehegatten auf Nießbrauchsbestellung begründet werden.

297 **bb) Mehrere Berechtigte.** Wird der Nießbrauch **für mehrere gemeinschaftlich** bestellt, sind entweder die Anteile der einzelnen Berechtigten oder das **Berechtigungsverhältnis** anzugeben (§ 47 I GBO). Im Falle von Gütergemeinschaft ist die Eintragung eines Nießbrauchs zugunsten des Gesamtguts zulässig.

298 (1) Mehrere Personen können anerkanntermaßen – auch wenn die dogmatische Rechtfertigung nicht leicht fällt (vgl. Begründungsansatz bei *Frank* MittBayNot 2012, 387) – als **Gesamtgläubiger nach § 428 BGB** eingetragen werden. Dasselbe muss entgegen der h. M. konsequenterweise ebenso für die **Mitberechtigung nach § 432 BGB** gelten (vgl. *Amann* DNotZ 2008, 324; *Kesseler* DNotZ 2010, 123, 124 f.; a. A. aber *BGH* NJW 1981, 176, 177; *OLG München* DNotZ 2010, 120; *OLG Hamm* Rpfleger 1980, 21, 22). Möglich und erwägenswert ist zudem eine Modifikation der vorgenannten „Berechtigungsverhältnisse", etwa um Schwierigkeiten mit dem Grundbuchamt zu vermeiden, das nur die Gesamtgläubigerschaft nach § 428 BGB, nicht hingegen die Mitberechtigung nach § 432 BGB für eintragungsfähig hält (vgl. die Gestaltung, die der Entscheidung des *OLG Frankfurt* MittBayNot 2012, 386 m. Anm. *Frank*) zugrunde lag.

III. Vorbehaltene Rechte und Gegenleistungen bei Grundstückszuwendungen   A V

Formulierungsbeispiel: Modifizierte Gesamtgläubigerschaft nach § 428 BGB (in Anlehnung an *OLG Frankfurt* MittBayNot 2012, 386)	299
Die Beteiligten bewilligen und beantragen die Eintragung eines Nießbrauchs vorstehenden Inhalts am vertragsgegenständlichen Grundbesitz für Frau ... und Herrn ... als Gesamtgläubiger gemäß § 428 BGB, wobei das Berechtigungsverhältnis dahingehend modifiziert wird, dass kein Berechtigter allein zulasten des anderen über die Rechte verfügen kann, dass – sofern nicht ausdrücklich etwas anderes vereinbart wird – nach dem Tod eines Berechtigten die Rechte dem anderen ungeschmälert zustehen und dass die Leistung an einen Berechtigten allein keine Erfüllungswirkung gegenüber dem anderen hat, mit dem Vermerk, dass zur Löschung des jeweiligen Rechtes der Todesnachweis des Berechtigten genügt.	

(2) Alternativ können **mehrere gleichrangige, selbständige Rechte** eingetragen werden, die sich – solange sie nebeneinander bestehen – gegenseitig in der Ausübung beschränken (§§ 1024, 1060 BGB). Nach dem Tod des Erstversterbenden steht der Nießbrauch dem Längerlebenden – im Unterschied zu einer (kostenrechtlich günstigeren) Bruchteilsberechtigung – weiterhin ungeschmälert zu (vgl. *Schöner/Stöber* Rn. 1370). Einziger Nachteil: doppelte Eintragungskosten. 300

Formulierungsbeispiel: Mehrere gleichrangige, selbständige Rechte	301
Die Beteiligten bewilligen und beantragen die Eintragung je eines Nießbrauchs vorstehenden Inhalts am vertragsgegenständlichen Grundbesitz für Frau ... und Herrn ... mit dem Vermerk, dass zur Löschung des jeweiligen Rechtes der Todesnachweis des Berechtigten genügen sein soll. Die Rechte sind im Gleichrang untereinander einzutragen.	

(3) Denkbar ist schließlich die Bestellung des Nießbrauchs **zugunsten einer Gesellschaft**, beispielsweise zugunsten einer GbR (vgl. Anforderungen nach § 47 II GBO). Auf diese Weise werden bei (freilich nur mittelbarer) Berechtigung mehrerer Personen doppelte Eintragungskosten vermieden. Über das Vehikel GbR lässt sich der Nießbrauch – wiederum mittelbar – durch Abtretung der Gesellschaftsanteile entgegen § 1059 BGB übertragen. Zudem erlischt der Nießbrauch nicht automatisch durch Tod (vgl. § 1061 BGB). Da Letzteres vielfach nicht gewünscht sein wird, sollte der Nießbrauch in aller Regel auflösend befristet auf das Versterben aller (ursprünglichen) Gesellschafter bestellt werden. Eine (mittelbare) Übertragung lässt sich durch eine entsprechende auflösende Bedingung (aber: Nachweisproblematik) oder dadurch ausschließen, dass der Eigentümer Mitgesellschafter wird. 302

Formulierungsbeispiel: GbR als Berechtigter	303
Die Beteiligten bewilligen und beantragen die Eintragung eines auf den Tod des Längstlebenden der Beteiligten Frau ... und Herrn ... auflösend befristeten Nießbrauchs vorstehenden Inhalts am vertragsgegenständlichen Grundbesitz für die aus Frau ... und Herrn ... bestehende Gesellschaft bürgerlichen Rechts unter der Bezeichnung ... mit dem Vermerk, dass zur Löschung des Nießbrauchs der Todesnachweis beider Beteiligten genügen sein soll.	

d) Lastentragung

Der Nießbraucher ist kraft Gesetzes u. a. zur Unterhaltung der Sache (§ 1041 S. 2 BGB; bloße Abnutzung nicht umfasst, vgl. § 1050 BGB) und Tragung der in § 1047 BGB aufgeführten Kosten verpflichtet (vgl. näher *Krauß* Rn. 1147 ff.). Allerdings können Eigentümer und Nießbraucher die Lastentragung auch mit dinglicher Wirkung (für Eintra- 304 gung genügt Bezugnahme nach § 874 BGB) abweichend regeln. Die dingliche Veränderung des Nießbrauchs hat aber ihre Grenzen: Wegen des Typenzwangs des Sachenrechts muss der Grundsatz der **Substanzerhaltung** beachtet und es darf **keine Leistungspflicht** des Eigentümers zum Inhalt des dinglichen Rechts gemacht werden (*BayObLG* DNotZ 1978, 99).

305 **Unabdingbar** sind daher (Liste mit Anwendungsbeispielen bei *J. Mayer/Geck* § 11 Rn. 47):
- das **Besitzrecht** des Nießbrauchers (§ 1036 I BGB),
- das **Umgestaltungsverbot** (§ 1037 I BGB),
- die Pflicht zum **Wertersatz** bei übermäßiger Fruchtziehung (§ 1039 I 2 BGB),
- die **Erhaltungspflicht** hinsichtlich der körperlichen Beschaffenheit der Sache (z. B. Pflicht zur Wiederaufforstung) nach § 1041 S. 1 BGB.

306 Soweit eine Abänderung mit dinglicher Wirkung nicht möglich ist, sind **schuldrechtliche Abreden** im Rahmen des der Nießbrauchsbestellung zugrunde liegenden Kausalverhältnisses denkbar (Überblick bei *Schippers* MittRhNotK 1996, 197, 205), die stets ausdrücklich als solche gekennzeichnet werden sollten. Den Eigentümer belastende Regelungen sollten diesem mit der Pflicht zur Weiterübertragung auf den jeweiligen Rechtsnachfolger auferlegt werden. Schuldrechtliche Verpflichtungen des Nießbrauchers sollten auch zugunsten künftiger Eigentümer (§ 328 BGB) bestellt werden (*J. Mayer/ Geck* § 11 Rn. 46).

307 Die folgenden Punkte können demgegenüber auch **mit dinglicher Wirkung** geregelt werden:
- Erlass der dem Nießbraucher nach § 1041 S. 2 BGB grundsätzlich obliegenden **laufenden Unterhaltungskosten**, insbesondere normale Verschleißreparaturen (*BGH* DNotZ 2004, 140),
- **Übernahme der Kosten** der außergewöhnlichen Ausbesserungen oder Erneuerungen der belasteten Sache durch den Nießbraucher über § 1041 S. 2 BGB hinaus,
- Erlass der **Versicherungspflicht** für den Nießbraucher (§ 1045 BGB),
- Abweichungen von der **Lastentragung** (§ 1047 BGB),
- Erlass des Rechts auf **Sicherheitsleistung** (§ 1051 BGB),
- Ausschluss der **Überlassung der Ausübung** (§ 1059 S. 2 BGB, vgl. insoweit auch die umgekehrte Regelung beim Wohnungsrecht in § 1092 I 2 BGB). Eine derartige Vereinbarung ändert aber nichts an der Pfändbarkeit des Nießbrauchs (*BGH* DNotZ 1986, 23; vgl. unten Rn. 327).
- Ob eine Herabsetzung des Haftungsmaßstabs des Nießbrauchers auf **eigenübliche Sorgfalt** für die Substanzerhaltung nach § 1036 II BGB mit dinglicher Wirkung möglich ist, wird v. a. von der Rechtsprechung bezweifelt (*KG* DNotZ 2006, 470; jüngst *OLG Frankfurt* DNotI-Report 2014, 37 – Arg.: subjektiver Haftungsmaßstab mit Typenzwang unvereinbar; a. A. *Palandt/Bassenge* § 1036 Rn. 2; *Frank* DNotZ 2006, 472, 473 f.; *DNotI-Gutachten* Abruf-Nr. 11.523).

308 **aa) Weitgehende Entlastung des Nießbrauchers (sog. Bruttonießbrauch).** Soll der Nießbraucher weitestmöglich entlastet werden, spricht man von einem sog. **Bruttonießbrauch**. Durch die Modifikation des Nießbrauchs erwirbt der Berechtigte jedoch grds. keinen Anspruch gegen den Eigentümer auf laufende Unterhaltung etc. Ein solcher sollte daher begründet werden. Eine Verdinglichung ist im Rahmen des Nießbrauchs allenfalls eingeschränkt möglich (keine Leistungspflichten!). In Betracht kommt die Begründung schuldrechtlicher Ansprüche mit Weitergabeverpflichtung für den Fall der Veräußerung (näher *Krauß* Rn. 1159 ff. mit weiteren Formulierungsbeispielen).

III. Vorbehaltene Rechte und Gegenleistungen bei Grundstückszuwendungen   A V

Formulierungsbeispiel: Bruttonießbrauch 309

In Abweichung von den gesetzlichen Bestimmungen wird als dinglicher Inhalt des Nießbrauchs vereinbart, dass der Nießbraucher abweichend von §§ 1041, 1045, 1047, 1051 BGB die dort beschriebenen Lasten und Kosten des Objekts nicht zu tragen und nicht für die Erhaltung des Objekts in seinem wirtschaftlichen Bestand zu sorgen hat und auch nicht zur Sicherheitsleistung verpflichtet ist.
Der Eigentümer verpflichtet sich gegenüber dem Nießbraucher zur Tragung der vorstehend beschriebenen Lasten und Kosten und zur Erhaltung des Objekts in seinem wirtschaftlichen Bestand. Im Falle einer Weiterveräußerung hat er diese Pflichten seinem Rechtsnachfolger aufzuerlegen.

Ist das Objekt mit Grundpfandrechten belastet, ist beim Bruttonießbrauch sofortige **Schuldübernahme** vorzusehen. 310

bb) Weitgehende Belastung des Nießbrauchers (sog. Nettonießbrauch). Soll der 311 Nießbraucher als „wirtschaftlicher Eigentümer" weitgehend belastet bleiben, spricht man von einem sog. **Nettonießbrauch.**

Formulierungsbeispiel: Nettonießbrauch 312

Der Nießbraucher hat über den gesetzlichen Inhalt des Nießbrauchs hinaus alle Lasten und Aufwendungen einschließlich solcher zu tragen, die außergewöhnlich und zur Substanzerhaltung erforderlich sind. Dem Nießbraucher stehen keine Verwendungsansprüche und Wegnahmerechte nach § 1049 BGB zu.

Sind Grundpfandrechte vorhanden, ist die **Schuldübernahme** auf den Tod des Ver- 313 äußerers vorbehaltlich der dann einzuholenden Genehmigung des Gläubigers vorzusehen, damit die gesicherten Schulden nicht etwaige sonstige Erben als Nachlassverbindlichkeiten treffen (*Schippers* MittRhNotK 1996, 197).

Praxishinweis Steuern:

Die Vereinbarung eines Nettonießbrauches hat häufig einen einkommensteuerlichen Hintergrund. Wird eine Immobilie vermietet, so erzielt ausschließlich der Nießbraucher die Einkünfte aus Vermietung und Verpachtung; folglich kann nur er die Werbungskosten einschl. AfA steuerlich geltend machen. Dies gilt allerdings auch nur für solche Werbungskosten, die der Nießbraucher aufgrund der vereinbarten Lastenverteilung selbst zu tragen hat. Kosten, die nach der gesetzlichen oder vereinbarten Lastenverteilung dem Eigentümer obliegen, verfallen steuerlich ungenutzt.

e) Erbrechtliche Auswirkungen

aa) Anrechnung und Ausgleichung. Bei angeordneter **Pflichtteilsanrechnung** gem. 314 § 2315 BGB bzw. bei kraft Gesetzes oder aufgrund Anordnung stattfindender **Erbausgleichung** gem. §§ 2050 ff. (vgl. hierzu bereits Rn. 99 ff. und 87 ff.) muss der Nießbrauch als Gegenleistung abgezogen werden. Maßgeblich ist der kapitalisierte Wert des Rechts entsprechend der Lebenserwartung des Berechtigten aus *ex-ante*-Sicht (jährlicher Reinwert der Nutzung × Lebenserwartung nach amtlicher Sterbetabelle; vgl. zur parallelen Frage bei § 2325 MünchKommBGB/*Lange* § 2325 Rn. 54 m.w.N.).

bb) Pflichtteilsergänzung. (1) Schenkung i.S.v. § 2325 I BGB. Der Vorbehalt eines 315 Nießbrauchs kann in Verbindung mit einer Gegenleistung im Einzelfall bereits zur Verneinung einer ergänzungspflichtigen Schenkung i. S. v. § 2325 I BGB führen. Denn diese setzt objektiv eine Bereicherung des Erwerbers aus dem Vermögen des Erblassers und subjektiv Einigkeit über die Unentgeltlichkeit der Zuwendung voraus. In subjektiver Hinsicht besteht freilich keine völlige Bewertungsfreiheit der Beteiligten. Jedenfalls bei einem auffallenden Missverhältnis zwischen dem wirklichen Wert von Leistung und Gegenleistung wird das Vorliegen des subjektiven Elements vermutet. In objektiver Hinsicht ist daher der kapitalisierte Reinertrag des Nießbrauchs unter Berücksichtigung der (i. d. R. abstrakten) Lebenserwartung des Schenkers zu ermitteln. Nur im Einzelfall, z. B. bei schwerer Krankheit, ist die konkrete Lebensdauer maßgeblich (vgl. *Reiff* ZEV 1998, 241; DNotI-Report 2002, 178).

316 **(2) Niederstwertprinzip nach § 2325 II 2 BGB.** Für die Berechnung der ergänzungspflichtigen Schenkung bei Vorbehalt eines Nutzungsrechts gilt folgendes **Zwei-Stufen-Modell** (*BGH* NJW 1992, 2887; ZEV 2006, 265; str., vgl. *OLG Celle* ZErb 2003, 383):
– Ist der Wert des Gegenstandes zwischen Vollzug der Zuwendung und Erbfall inflationsbereinigt entweder *gleich geblieben oder gefallen* (z. B. von 100.000 EUR auf 90.000 EUR), ist der Nießbrauch nicht abzuziehen. Ergänzungspflichtig sind also nach dem Niederstwertprinzip 90.000 EUR.
– Ist von der Schenkung bis zum Erbfall eine indexierte *Werterhöhung* erfolgt (z. B. von 100.000 EUR auf 120.000 EUR), ist der nach der Lebenserwartung des Schenkers kapitalisierte Nießbrauch (z. B. 50.000 EUR) von dem Zuwendungswert von 100.000 EUR abzuziehen. Der Restwert von 50.000 EUR ist dem Nachlass für die Pflichtteilsergänzung inflationsbereinigt hinzuzurechnen.

317 Der (im Wege einer abstrakten Berechnung aus *ex-ante* Sicht zu ermittelnde, vgl. *BGH* NJW 1992, 2887) kapitalisierte Nießbrauchswert wird als Abzugsposten also nur berücksichtigt, wenn für die Bewertung entsprechend dem Niederstwertprinzip der Zuwendungszeitpunkt maßgeblich ist. Sinkt der Wert des Schenkungsobjekts bis zum Erbfall inflationsbereinigt, bleibt der Kapitalwert des Nießbrauchs unberücksichtigt; der – wenn auch niedrigere – Bruttowert des Schenkungsobjekts unterliegt in voller Höhe der Pflichtteilsergänzung. Ob man die Wertentwicklung durch Instandhaltungs-, Modernisierungsmaßnahmen oder gar Luxussanierung im gewünschten Sinne beeinflussen kann, erscheint zweifelhaft.

318 Die vom *BGH* in ständiger Rechtsprechung angewandte Berechnungsmethode wird von der Literatur zurecht ganz überwiegend abgelehnt, da sie zu Zufallsergebnissen und Wertungswidersprüchen (Wert des Nießbrauchs notwendig bei der Frage des Ob einer Schenkung i. S. v. § 2325 I BGB zu berücksichtigen) führt (*Link* ZEV 2005, 283; Staudinger/*Olshausen* § 2325 Rn. 100 ff.). Richtigerweise ist der Nießbrauch unmittelbar vom (inflationsbereinigten) Wert des Zuwendungsgegenstands im Schenkungszeitpunkt abzuziehen und anschließend ein Wertvergleich nach dem Niederstwertprinzip vorzunehmen.

319 **(3) Anlauf der 10-Jahresfrist des § 2325 III BGB.** Wegen des Nießbrauchsvorbehalts fehlt es an der für den **Anlauf der 10-Jahresfrist** nach § 2325 III BGB erforderlichen „wirtschaftliche Ausgliederung des Geschenks aus dem Vermögen des Erblassers" (*BGH* NJW 1994, 1791 und ZEV 2003, 416). Eine unwesentliche Weiternutzung berührt den Fristbeginn nach Ansicht des *BGH* hingegen nicht. Es ist allerdings noch nicht abschließend geklärt, wo die Grenze zur schädlichen „wesentlichen Weiternutzung" beim **Quoten-** bzw. **Bruchteilsnießbrauch** verläuft, insbesondere, ob insoweit ein objekt- (z. B. 50 % Quote) oder personenbezogener Ansatz (Anteil der Erträge aus dem Nießbrauch an den Gesamteinkünften) eingreift. Mit Blick auf die vom BGH angestrebte Vereitelung „böslicher Schenkungen" wird man beide Ansätze zu kombinieren haben, so dass auch eine geringe Quote schädlich sein kann, wenn die dadurch erzielten Einkünfte entweder absolut oder im Verhältnis zu den sonstigen Einkünften des Übergebers erheblich sind (zutreffend *Mayer/Geck* § 9 Rn. 91–93 m. w. N.). Ein **teilweiser Anlauf der Frist** kommt

III. Vorbehaltene Rechte und Gegenleistungen bei Grundstückszuwendungen **A V**

jedenfalls nicht in Betracht. Zu den Auswirkungen vorbehaltener Rechte und Gegenleistungen vor allem auf Entstehung und Höhe des Pflichtteilsergänzungsanspruchs s. Rn. 315 ff.

Die spätere **Aufgabe des Nießbrauchs** (z. B. nach § 875 BGB) führt zur wirtschaftlichen Ausgliederung und damit zum Anlauf der 10-Jahres-Frist *ex nunc*, stellt allerdings eine neue ergänzungspflichtige Schenkung dar (ggf. auch steuerlich nachteilig, vgl. *N. Mayer* ZEV 1994, 325, 330). Erwägenswert ist daher die „Umwandlung" des Nießbrauchs in ein nicht fristschädliches Recht (z. B. eine Leibrente, s. Rn. 389 ff., 410 f.). 320

Ob die **nachträgliche Begründung** des Nießbrauchs ohne Bedeutung für den weiteren Fristlauf ist oder diesen *ex nunc* hemmt, ist ungeklärt. M. E. ist die Frage der wirtschaftlichen Ausgliederung allein bezogen auf den Zeitpunkt des Eigentumswechsels (i. d. R. Umschreibung im Grundbuch) zu beurteilen. Die weitere Entwicklung ist für den Fristlauf irrelevant. Sofern die Beteiligten die spätere Nießbrauchsbestellung bereits bei Abschluss des Überlassungsvertrags verabredet haben („enger sachlicher und zeitlicher Zusammenhang" schädlich), fehlt es bereits von vornherein an einer wirtschaftlichen Ausgliederung und die 10-Jahresfrist hat nie zu laufen begonnen. 321

f) Güterrechtliche Folgen

Bei der Beurteilung, ob ein Gesamtvermögensgeschäft i. S. v. § 1365 BGB vorliegt, sollen **vorbehaltene dingliche Nutzungsrechte** – anders als echte Gegenleistungen (*BGH* NJW 1961, 1301) – **zu berücksichtigen** sein, da es sich hierbei um weiterhin dem Übergeber zustehendes, bewertungsfähiges Vermögen handelt (so *BGH* DNotZ 2013, 546; anders noch *OLG Hamm* MittBayNot 1997, 107). In problematischen Konstellationen (z. B. Zeitraum zwischen der Trennung und der rechtskräftigen Scheidung) lässt sich gegebenenfalls auf diese Weise ein Zustimmungserfordernis vermeiden. Lediglich schuldrechtliche Nutzungsrechte sind allerdings wohl nicht abzugsfähig (*BGH* DNotZ 2013, 546 Tz. 17). 322

Nach der höchstrichterlichen Rechtsprechung kann durch die altersbedingte Reduzierung des Wertes von Nutzungsvorbehalten, z. B. für Eltern, im Vermögen eines beschenkten Ehegatten Zugewinn entstehen, obwohl es sich bei der „gleitenden" Wertsteigerung des Grundstücks infolge Absinkens des Wertes des Nutzungsrechts ebenfalls um privilegierten Erwerb handelt (*BGH* DNotZ 2007, 849). Zur Vermeidung eines dadurch entstehenden Ausgleichspostens sollte man den betreffenden Vermögensgegenstand ehevertraglich aus dem ausgleichspflichtigen Vermögen ausnehmen. Flankierend empfiehlt sich ein Rückforderungsrecht für die Veräußerer (z. B. Eltern) bei Scheidung des erwerbenden Ehegatten, da diese ansonsten keine Möglichkeit zur Erzwingung bzw. Beibehaltung einer ehevertraglichen Regelung im vorstehenden Sinne haben (vgl. *Münch* DNotZ 2007, 795; *Schlögel* MittBayNot 2008, 98). 323

g) Vollstreckungszugriff

aa) **Zwangsversteigerung.** Hat der Nießbrauch bei der Zwangsversteigerung den Rang vor dem betreibenden Gläubiger, wird er in das geringste Gebot aufgenommen und bleibt auch nach dem Zuschlag bestehen (§§ 44 ff., 52 ZVG). Andernfalls erlischt er mit dem Zuschlag (§§ 52, 91 ZVG). Der Berechtigte erhält Wertersatz aus dem Erlös durch Zahlung einer Geldrente (§ 92 ZVG). Es wird je nach Lebenserwartung höchstens die 25-fache Jahresleistung gutgeschrieben (§ 121 ZVG). Das Gesamtkapital kann nicht vorzeitig ausgezahlt werden. Dies gilt auch dann, wenn der Nießbraucher selbst den Zuschlag erhält (unbeabsichtigtes „Zwangssparen", vgl. *Stöber* § 121 ZVG Rn. 3.13). Bei nach § 10 I Nr. 2 ZVG vorrangigen Wohngeldschulden gilt nicht das Prioritätsprinzip, sondern privilegierte Wohngeldschulden sind unabhängig vom Zeitpunkt der Eintragung des Nießbrauchs vorrangig (vgl. *BGH* NJW 2014, 2445). 324

325 Falls **vorrangige Grundpfandrechte** bestehen, sollte deren Valuta ausschließlich zur Wertsteigerung für das Grundstück verwendet werden (Einschränkung der Zweckbestimmungserklärung, Kap. A VI. Rn. 47). Weiterhin sollte der Nießbrauchsberechtigte die Löschung der Grundpfandrechte nach Tilgung des Darlehens verlangen können (Bestellung einer Löschungsvormerkung nach § 1179 BGB und Abtretung der Rückgewähransprüche). In jedem Fall ist eine **aussagekräftige Belehrung** über die mit vorrangigen Grundpfandrechten verbundenen Risiken angebracht (hierzu *BGH* DNotZ 2004, 841 m. Anm. *Ganter* ZNotP 2004, 458). Der nachrangige Nießbraucher hat zudem die Zinslasten der durch vorgehende Grundpfandrechte gesicherten Verbindlichkeiten zu tragen, die zur Zeit der Bestellung des Nießbrauchs eingetragen sind (§ 1047 BGB).

326 **bb) Zwangsverwaltung.** Im Rahmen der **Zwangsverwaltung** über das nießbrauchsbelastete Grundstück muss es der Nießbraucher ferner hinnehmen, dass der **Vollstreckungstitel** eines vorrangigen Grundpfandrechtsgläubigers im Wege der Klauselerweiterung (§ 727 ZPO) auch auf ihn **erweitert** wird (vgl. zu einer derartigen Titelaufspaltung DNotI-Report 2004, 3 sowie *DNotI-Gutachten* Nr. 93.754). Ohne einen auch auf den Nießbraucher lautenden Duldungstitel ist keine unbeschränkte Anordnung der Zwangsverwaltung möglich (*BGH* NJW 2003, 2164).

327 **cc) Zugriff auf den Nießbrauch.** Nicht nur die aus dem Nießbrauch resultierenden Rechte (z. B. Mietzinsen), sondern auch der Nießbrauch selbst ist – im Gegensatz zum Wohnungsrecht – **pfändbar**, selbst wenn die Ausübung Dritten entgegen § 1059 BGB nicht überlassen werden darf (§ 857 I, III i. V. m. § 851 II ZPO, vgl. *BGH* DNotZ 1986, 23, 25). Daher ist der Nießbrauch auch Bestandteil der **Insolvenzmasse** (§§ 35, 36 InsO). Die Pfändung kann und sollte klarstellend im Grundbuch vermerkt werden; sie führt nicht zur Räumung und Herausgabe, sondern nur zur Zwangsverwaltung (*BGH* NJW 2006, 1124), bei einem Bruchteilsnießbrauch allerdings nur zu einer pflichtgemäßen Verwaltungsvereinbarung (*BGH* NJW 2007, 149, vgl. *Eickmann* NotBZ 2008, 257).

328 Zu den Zugriffsmöglichkeiten eines öffentlichen Leistungsträgers s. Rn. 517 f.

h) Steuerrecht

329 **aa) Schenkungsteuer.** Der Nießbrauchsvorbehalt ist als Nutzungsauflage mit seinem Kapitalwert als bereicherungsmindernd von der Zuwendung abzuziehen (vgl. Rn. 55 ff.). Verstirbt der Nießbraucher vor Ablauf der in § 14 II BewG genannten Fristen, kommt es zu einer Neubewertung des Nießbrauches. Es wird dann nicht mehr die nach der Sterbetafel ermittelte hypothetische Dauer des Nießbrauches, sondern dessen tatsächliche Ausübungszeit angesetzt, was zu erheblichen Schenkungsteuernachforderungen führen kann.

330 Die unentgeltliche Zuwendung eines Nießbrauches stellt ihrerseits einen potentiell schenkungsteuerpflichtigen Vorgang dar, wobei für die Bewertung dieselben Grundsätze gelten (zur Entstehung der Steuer und Gestaltungsmöglichkeiten vgl. Rn. 57).

331 Die unentgeltliche **Aufgabe des Nießbrauchs** (§ 875 BGB) stellt eine eigenständige Zuwendung dar, die ihrerseits Schenkungsteuer auslösen kann. Dies gilt für Nießbrauchsrechte, die bei Schenkungen vor dem Jahr 2009 vorbehalten wurden und seinerzeit wegen § 25 ErbStG a. F. nicht bereicherungsmindernd angesetzt werden konnten, nur ausnahmsweise (vgl. *Moench* ZEV 2008, 227; *Götz* ZEV 2009, 609), für Neufälle (Schenkung unter Nießbrauchsvorbehalt ab 2009) jedoch regelmäßig.

332 **bb) Einkommensteuer.** Die ertragsteuerliche Praxis bei der Behandlung von Nießbrauchsfällen wird durch die einschlägigen BMF-Schreiben und die dort niedergelegte Verwaltungsauffassung geprägt. Ist das Objekt im Privatvermögen **vermietet**, gilt der Nießbraucherlass v. 30.9.2013 (BStBl. I, 1184). Soweit Nießbrauchsrechte im Zusammenhang mit Einkünften aus Kapitalvermögen bestellt werden, gilt z. T. noch der Nießbrauchserlass v. 23.11.1983 (BStBl. I, 508).

III. Vorbehaltene Rechte und Gegenleistungen bei Grundstückszuwendungen   A V

Entscheidend ist bei Vermietungsfällen die Unterscheidung zwischen Vorbehaltsnieß- **333** brauch und Zuwendungsnießbrauch. Ein **Vorbehaltsnießbrauch** i. d. S. liegt in drei Fällen vor (BMF-Schreiben v. 30.9.2013 Tz. 39):
1. der Eigentümer behält sich selbst (!) im Rahmen der Grundstücksübertragung den Nießbrauch vor;
2. dem Schenker im Rahmen einer mittelbaren Grundstücksschenkung wird ein Nießbrauch eingeräumt. Die Zahlung zum Erwerb der Immobilie wird also nicht als „Mietvorauszahlung" des Nießbrauchers/Wohnungsberechtigten an den Grundstückserwerber besteuert, s. auch BMF-Schreiben v. 30.9.2013 Tz. 32;
3. im Rahmen der Abfindung für die Ausschlagung einer Erbschaft wird ein Nießbrauch an Nachlassgegenständen bestellt.

Räumt dagegen in anderen Fällen der Eigentümer einem Dritten einen Nießbrauch **334** ein, handelt es sich um einen Zuwendungsnießbrauch, der entgeltlich oder unentgeltlich bestellt werden kann.

Der bei einer Grundstücksübertragung vorbehaltene Nießbrauch ist ertragsteuerlich – **335** unabhängig von der schenkungsteuerlichen und grunderwerbsteuerlichen Einordnung – kein Entgelt. Der Grundstückserwerber kann daher den Nießbrauch nicht den Anschaffungskosten zurechnen, sondern er führt – soweit die Übertragung auch ansonsten unentgeltlich ist – die Anschaffungskosten des Übergebers fort, § 11d EStDV. Für die Dauer des Nießbrauches erzielt der Erwerber keine Einkünfte aus dem Objekt, er kann daher auch keine Aufwendungen steuerlich geltend machen.

Die Gebäude-AfA steht für die Dauer des Nießbrauches dem Vorbehaltsnießbraucher **336** zu, und zwar auch dann in vollem Umfang, wenn er neben dem Nießbrauch noch andere Leistungen vom Erwerber erhalten hat (BMF-Schreiben v. 30.9.2013 Tz. 44). Der Nießbraucher kann die Aufwendungen, die er nach der gesetzlichen Lastenverteilung oder nach der vertraglichen Vereinbarung zu tragen hat, als Werbungskosten bei den Einkünften aus Vermietung und Verpachtung abziehen.

Wurde der Vorbehaltsnießbrauch im Rahmen der vorweggenommenen Erbfolge be- **337** stellt und nunmehr durch eine **Einmalzahlung abgelöst,** führt dies zu Anschaffungskosten beim Eigentümer, bleibt beim Nießbraucher dagegen steuerfrei (Tz. 57 f.; vgl. *Korn* DStR 1999, 1514).

Sofern nach den vorstehenden Grundsätzen ein unentgeltlicher Zuwendungsnieß- **338** brauch vorliegt, kann während des Nießbrauches weder vom Eigentümer noch vom Nießbraucher eine AfA geltend gemacht werden (Tz. 20 und 24 des BMF-Schreibens v. 30.9.2013). Für die Bestellung eines Zuwendungsnießbrauches entrichtete Entgelte sind beim Nießbraucher eines vermieteten Objektes abzugsfähig, beim Eigentümer steuerpflichtig, wobei beide Seiten die Zahlungen bei Rechten, die für längere Zeit als fünf Jahre bestellt werden, auf den Zeitraum verteilen können (vgl. Tz. 26, 28 des BMF-Schreibens v. 30.9.2013).

Durch die mit dem Jahressteuergesetz 2008 vorgenommene Einschränkung der **339** Abzugsfähigkeit von Versorgungsleistungen auf betriebliche Übertragungen (s. Rn. 432), ist die frühere Wahlfreiheit zwischen den Versorgungsinstituten Vorbehaltsnießbrauch und Leibrente/dauernde Last steuerlich aufgehoben worden. Sollen die Erträge des übertragenen Vermögens dem Übergeber zugute kommen, ist der Vorbehaltsnießbrauch nunmehr steuerlich nahezu konkurrenzlos. Allerdings muss beachtet werden, dass der Nießbrauch in mehrerlei Hinsicht nicht dieselbe Flexibilität bietet wie die Rentenvereinbarung, was ggf. durch begleitende Vereinbarungen ausgeglichen werden muss. Anders als der Rentenberechtigte hat der Nießbraucher die Einkünfteerzielung selbst zu verantworten. Daraus folgt nicht, dass er sämtliche Tätigkeiten persönlich erbringen muss, er kann selbstverständlich Verwaltungstätigkeiten wie jeder Vermieter auf Dritte delegieren. Allerdings verbleibt das Leerstands- und Mietausfallrisiko in vollem Umfang bei ihm. Sofern eine Verteilung der Erträge zwischen dem Erwerber und dem Übergeber beabsichtigt ist, kann die Einräumung eines Quotennießbrauchs geraten werden.

340 Die früher gängige Gestaltung, einen Vorbehaltsnießbrauch nachträglich gegen Zusage einer Leibrente / dauernden Last abzulösen, ist zumindest für Neufälle mit dem Jahressteuergesetz 2008 entfallen. Für Nießbrauchsrechte, die noch vor dem 1.1.2008 bestellt worden sind, kann die bei Ablösung vereinbarte Versorgungszahlung nach Auffassung der Finanzverwaltung (BMF-Schreiben v. 11.3.2010 Tz. 85) nur dann als Sonderausgabe nach § 10 EStG abgezogen werden, wenn die Ablösung und deren Zeitpunkt (!) bereits im Übergabevertrag festgelegt war, also praktisch nie (weitergehend *Spiegelberger* DB 2008, 1063, 1069; *Everts* ZEV 2007, 571).

341 Auch Gestaltungen wie dem sog. Stuttgarter Modell (vgl. *BFH* NJW 2004, 2119; *Hipler* ZEV 2004, 194) ist durch die neue gesetzliche Regelung die Grundlage entzogen. Nunmehr könnte eine *Gegenleistungsrente* in Frage kommen, so dass ein (teil-)entgeltlicher Erwerb vorliegt und aufgrund der Vermietung der Wohnräume an den Veräußerer AfA und Schuldzinsen abzugszulässig sind (vgl. im Einzelnen unten Rn. 434 ff.).

342 **cc) Grunderwerbsteuer.** Grunderwerbsteuerlich stellt der Vorbehaltsnießbrauch ein Entgelt dar. Sofern nicht bereits aufgrund des Verwandtschaftsverhältnisses eine Steuerbefreiung nach § 3 Nr. 4–6 GrEStG besteht, sondern die Steuerbefreiung nur nach § 3 Nr. 2 GrEStG in Betracht kommt (z. B. bei Übertragungen an Neffen/Nichten), muss also beachtet werden, dass der Nießbrauch zwar die Schenkungsteuerbelastung mindert, aber dafür Grunderwerbsteuer auslösen kann.

2. Wohnungsrecht

343 **Checkliste Wohnungsrecht**

(1) **Berechtigter:** Einzelne oder mehrere Personen als Bruchteils- oder Gesamtberechtigte; aufschiebende Bedingung

(2) **Beginn:** unmittelbar; definierter späterer Zeitpunkt

(3) **Beendigung:** Ableben des Berechtigten; Zeitablauf oder bestimmtes Ereignis, z. B. Verheiratung oder dauerhafter Umzug ins Pflegeheim (sog. Wegzugsklausel)

(4) **Vertragsgegenstand**
 – Wohnräume (genaue Beschreibung)
 – Mitbenutzung
  a) im Gebäude (Keller, Dachgeschoss, Garage)
  b) im Außenbereich (Garten, Hof, Zufahrt)
 – Anlauf der 10-Jahresfrist des § 2325 III 1, 2 BGB?

(5) **Kostentragung**
 – Betriebskosten (u. U. in Anlehnung an die seit 1.1.2004 gültige Betriebskostenverordnung v. 25.11.2003, BGBl. I, 2346), u. a. Wasser, Entwässerung, Heizung, Warmwasser, Aufzug, Straßenreinigung, Müllbeseitigung, Gebäudereinigung, Gartenpflege, Beleuchtung, Schornsteinreinigung, Sach- und Haftpflichtversicherung, Hauswart, Antenne/Kabel, lfd. öffentliche Lasten (Grundsteuer)
 – lfd. Kosten (Strom, Telefon)
 – Verwaltungskosten
 – Instandhaltungsreparaturen (vgl. § 1 II Nr. 1 BetrKV)
 – Schönheitsreparaturen (vgl. Palandt/*Weidenkaff* § 535 Rn. 41, 43)
 – öffentliche Lasten (z. B. Anlieger- und Erschließungsbeiträge)
 – private Lasten (z. B. Grundpfanddarlehen)

(6) **Benutzung durch Dritte**
 – Familienangehörige/Hauspersonal (§ 1093 II BGB)
 – nichteheliche Lebensgefährten (*BGH* NJW 1982, 1868)
 – sonstige Dritte (Gestattung nach § 1092 I 2 BGB)

III. Vorbehaltene Rechte und Gegenleistungen bei Grundstückszuwendungen A V

▼ Fortsetzung: **Checkliste Wohnungsrecht**

(7) **Grundbucheintragung**
- Löschungserleichterung (§ 23 II GBO)
- Rangwahrung
- Charakterisierung als Altenteil
- Zusammenfassung als Leibgeding

(8) **Steuer**
- Einkommensteuer
- Schenkungsteuer

Das dingliche Wohnungsrecht i. S. v. § 1093 BGB, also das Recht, ein Gebäude bzw. 344 einen Gebäudeteil unter Ausschluss des Eigentümers als Wohnung zu benutzen, führt ebenso wie der Nießbrauch zu einer Aufspaltung des betreffenden Vermögensgegenstandes hinsichtlich der Verfügungsmacht über die Substanz und der Nutzungsmöglichkeit. Als **Belastungsgegenstand** eines Wohnungsrechts kommen Grundstücke, reale Grundstücksteile, Wohnungseigentum sowie grundstücksgleiche Rechte, nicht hingegen ein bloßer Miteigentumsanteil in Betracht. Die dem Wohnungsrecht unterliegenden Räume und die daneben zur Mitbenutzung bestimmten Gemeinschaftsanlagen und -einrichtungen (die sich auch außerhalb des Gebäudes befinden können) sollten für die Bewertung in der Zwangsversteigerung genau beschrieben werden (§ 92 II ZVG). Bei der Belastung von Wohnungseigentum steht dem Wohnungsberechtigten ebenso wie dem Nießbraucher kein Stimmrecht in der Eigentümerversammlung zu (*OLG Hamburg* ZMR 2003, 701; a. A. *BGH* DNotZ 1978, 157, überholt durch *BGH* NJW 2002, 1647 zum Nießbrauch, oben Rn. 294. Vielfach wird der **Ausübungsbereich** des Wohnungsrechts auf bestimmte Räume des Gebäudes beschränkt, die bestimmt zu bezeichnen sind. Fehlt es hieran, erstreckt sich das Wohnungsrecht im Zweifel auf das gesamte Gebäude (vgl. *BayObLG* MittBayNot 1999, 561). Zur Abgrenzung von Belastungsgegenstand und Ausübungsbereich s. oben Rn. 292 f.

Soweit im Folgenden nichts Abweichendes aufgeführt ist, sind die Ausführungen zum 345 Nießbrauch ebenfalls für das Wohnungsrecht einschlägig, insbesondere im Hinblick auf Entstehung und **Beendigung**. Bei der Bestellung eines bedingten Wohnungsrechts ist darauf zu achten, dass der Bedingungseintritt in der Form des § 29 GBO nachweisbar ist (Rn. 289). Im Unterschied zum Nießbrauch sind beim Wohnungsrecht grundsätzlich keine Rückstände i. S. v. § 23 II GBO möglich, so dass eine Löschungserleichterung an sich entbehrlich ist. Etwas anderes gilt indes u. a. bei verdinglichten Nebenleistungspflichten des Eigentümers (vgl. Rn. 308 f.), im Falle der Pflicht zur Erhaltung mitbenutzter Gemeinschaftsanlagen bzw. zur Tragung laufender Betriebskosten. (Nur) In derartigen Konstellationen kann eine **Löschungserleichterung** nach § 23 II GBO vereinbart und eintragen werden, was sich dann auch regelmäßig empfiehlt.

a) **Abgrenzung**

aa) **Wohnungsrecht unter Ausschluss oder neben dem Eigentümer.** Das Wohnungs- 346 recht i. S. v. § 1093 BGB als Spezialform der beschränkten persönlichen Dienstbarkeit ist dadurch gekennzeichnet, dass sich der Veräußerer eines Hausgrundstücks die Nutzung seiner bisherigen Wohnung (bzw. zumindest eines der Wohnnutzung dienenden Zimmers) **unter Ausschluss des Eigentümers** vorbehält. Ein Mitbenutzungsrecht des Eigentümers an Nebenräumen und dem gemeinschaftlichen Gebrauch der Bewohner dienenden Anlagen und Einrichtungen ist allerdings unschädlich (§ 1093 III BGB). Wird das zu bestellende Recht als „Wohnungsrecht" bezeichnet, handelt es sich auch dann um ein Recht i. S. d. § 1093 BGB, wenn der Ausschluss des Eigentümers nicht besonders erwähnt ist (*OLG Zweibrücken* DNotZ 1997, 325).

347 Soll der Berechtigte hingegen lediglich zur **Mitbenutzung** von Wohnraum neben dem Eigentümer berechtigt sein – was z.B. bei einer Übertragung zwischen Ehegatten oder nicht ehelichen Lebenspartners gewünscht sein kann (vgl. Formulierungsvorschlag bei *Krauß* Rn. 1270f.) –, handelt es sich um eine **beschränkte persönliche Dienstbarkeit** gem. §§ 1090–1092 BGB. Zur Abgrenzung zwischen Wohnungsrecht bzw. Wohnrecht als beschränkte persönliche Dienstbarkeit *Milzer* BWNotZ 2005, 136.

348 **bb) Wohnungsreallast.** Eine andere Zielrichtung hat die Wohnungsreallast. Durch diese kann sich der Eigentümer zu einem aktiven Tun, d.h. zur **Gewährung von Wohnraum** (wenn auch nicht an bestimmten Räumen, gegebenenfalls aber an einem bestimmten Wohnungstyp) und Erhaltung im gebrauchsfähigen Zustand verpflichten (§ 1105 BGB). Während das Wohnungsrecht bei Zerstörung des Gebäudes erlischt, sichert die Reallast das Recht unabhängig vom jeweiligen Gebäudebestand (vgl. Rn. 413 ff.). Denkbar ist auch eine Vormerkung zur Sicherung des Anspruchs auf Neubestellung eines Wohnungsrechts für den Fall der Zerstörung in einem wieder aufgebauten Gebäude (sog. **Brandvormerkung**, vgl. *Langenfeld/Günther* Kap. 4 Rn. 26 Formulierungsvorschlag 4.4).

349 **cc) Vorbehalt eines Dauerwohnrechts nach WEG.** Im Gegensatz zum Nießbrauch nach §§ 1030 ff. BGB und zum Wohnungsrecht nach § 1093 BGB ist ein Dauerwohnrecht gemäß §§ 31 ff. WEG an einer abgeschlossenen Wohnung (zum Abgeschlossenheitserfordernis vgl. § 32 WEG) **veräußerlich und vererblich**, allerdings **nicht beleihbar**, da das Dauerwohnrecht im Unterschied zum Wohnungseigentum kein Sondereigentum vermittelt. Es wird lediglich als **Belastung in Abteilung II** eingetragen (ausführlich zum Dauerwohnrecht *Lehmann* RNotZ 2011, 1, auch zur Relevanz im Rahmen des „Wohn-Riester"). Der Aufteilungsplan kann sich mit der Darstellung der vom Dauerwohnrecht erfassten Räume begnügen (*BayObLG* DNotZ 1998, 374). Besonderes Augenmerk hat der Frage zu gelten, ob ein Anspruch auf „Heimfall" bei Tod des Berechtigten oder bei Veräußerung des Rechts vereinbart werden soll (*J. Mayer* DNotZ 2003, 908).

350 **Steuerlich** wird das eigentumsähnlich ausgestaltete Dauerwohnrecht wie wirtschaftliches Eigentum behandelt (R 49 VII BewRGr; vgl. *BFH* BStBl. III 1965, 8; BStBl. III 1960, 289; BStBl. II 1986, 258).

> **Praxishinweis Steuern:**
>
> Gemäß *FG Nürnberg* Urt. v. 14.7.1998 – I 234/96 entsteht kein wirtschaftliches Eigentum, wenn ein privatschriftlich vereinbartes Dauerwohnrecht nicht in das Grundbuch eingetragen worden ist. Nach Auffassung der Finanzverwaltung ist die Anerkennung eines Dauerwohnberechtigten als wirtschaftlicher Eigentümer Frage des Einzelfalles (vgl. BMF-Schreiben v. 21.12.2004, BStBl. I 2005, 305 Tz. 7). Maßgeblich sind dabei einerseits die Einräumung eigentümerähnlicher Rechte und Pflichten, insbes. Verfügungsbefugnisse, und die Einräumung einer Entschädigung bei Heimfall und Zeitablauf. Wird für die Vereinbarung des Dauerwohnrechtes der Mustervertrag Bundesbaublatt 1956, 615, verwendet, so wird das wirtschaftliche Eigentum ohne weitere Prüfung dem Dauerwohnberechtigten zugeordnet.

351 **Muster:** *Langhein* in: Kersten/Bühling § 58 Rn. 77 M; *Spiegelberger* in: MünchVertrHdb Bd. 6 Form. IX 29; *Schöner/Stöber* Rn. 3000).

b) Inhalt des Wohnungsrechts nach § 1093 BGB

352 Hauptzweck des Rechts muss das **Wohnen** sein. Demgemäß kann ein selbständiges Teileigentum nicht, auch nicht durch ein Gesamtrecht, mit einem Wohnungsrecht belastet werden (Alternative: eigenständige beschränkte persönliche Dienstbarkeit gem. § 1090 BGB bestellen oder Wohnungs- und Teileigentum vereinigen, *BayObLG* DNotZ

III. Vorbehaltene Rechte und Gegenleistungen bei Grundstückszuwendungen

1987, 223). Vergleichbare Fragen ergeben sich bei Hausgrundstücken und eigenständig im Grundbuch gebuchten Hof-, Garten- und Wegeflächen (hierzu *Heil* RNotZ 2003, 445). Der Mitbenutzung können auch weitere Wohnräume unterworfen werden (*OLG Saarbrücken* MittRhNotK 1996, 220). Beschränkt sich das Wohnungsrecht auf einen Teil des Gebäudes, kann der Berechtigte die zum gemeinschaftlichen Gebrauch bestimmten Anlagen und Einrichtungen mitbenutzen (§ 1093 III BGB).

Das dingliche **Wohnungsrecht am Wohnungseigentum** umfasst grundsätzlich alle damit verbundenen Sondernutzungsrechte (*OLG Nürnberg* NotBZ 2002, 69; *BayObLG* DNotZ 1998, 384, 385 f.: analog § 1093 III BGB). Wird ein mit einem Wohnungsrecht belastetes Grundstück in Wohnungseigentum aufgeteilt, kann die Beschränkung des Belastungsgegenstandes des Wohnungsrechts auf ein (oder mehrere) Wohnungseigentumsrechte nur dann eintreten, wenn der Ausübungsbereich der Dienstbarkeit mit der Nutzungsbefugnis eines oder mehrerer Sondereigentümer deckungsgleich ist (*OLG Hamm* DNotZ 2001, 216 m. Anm. *v. Oefele*). 353

aa) Wohnnutzung durch den Berechtigten (§ 1093 II BGB). Die Wohnnutzung durch den Berechtigten umfasst gem. § 1093 II BGB die Aufnahme von Familienangehörigen sowie des nichtehelichen Lebensgefährten (*BGH* NJW 1982, 1868; einschließlich des gleichgeschlechtlichen Lebensgefährten) sowie von Hauspersonal, ohne dass es hierfür eine besonderen Gestattung durch den Eigentümer bedarf. Erlaubt ist grundsätzlich nur die *Mit*benutzung durch Familienangehörige und Personal, welche nach Umzug des Berechtigten in ein Alten- bzw. Pflegeheim aber (faktisch) zur Alleinnutzung erstarken kann (vgl. *OLG Schleswig* ZMR 2007, 369, 370). § 1093 II BGB ist disponibel, so dass der Kreis der ohne besondere Gestattung nutzungsberechtigten Personen sowohl erweitert als auch eingeschränkt werden kann (*BGH* NJW 1982, 1868, 1869). 354

bb) Wohnnutzung durch Dritte (§ 1092 I 2 BGB). Sonstigen Dritten darf die Ausübung des Wohnungsrechts nur bei (dinglicher oder nur schuldrechtlicher) Gestattung nach § 1092 I 2 BGB überlassen werden. In diesem Fall können die Berechtigten die Räume auf eigene Rechnung vermieten. Die Gestattung der Ausübungsüberlassung kann auch bedingt erteilt werden, etwa für den Fall der Pflegebedürftigkeit oder nur bei Tragung aller Lasten durch den Berechtigten (Formulierungsvorschläge bei *Krauß* Rn. 1295 ff.). Die Gestattung der Drittüberlassung abweichend von § 1092 I 2 BGB bzw. ein hierauf gerichteter (ggf. an weitere Voraussetzungen geknüpfter) Anspruch dürfte im Regelfall wegen des dann nach § 93 SGB XII drohenden Zugriffs des Sozialhilfeträgers nicht erwünscht sein. Die vorübergehende Aufnahme von Besuch ist hingegen als Ausübung der eigenen Wohnnutzung ohne Gestattung zulässig. 355

cc) Berechtigter. Das Wohnungsrecht kann für eine oder mehrere **natürliche** oder **juristische Personen** (§§ 1092 II, 1059a BGB, vgl. *BGH* NJW 1967, 627, 628: Wohnnutzung aber notwendig durch natürliche Personen) bestellt werden. Die Einräumung eines Wohnungsrechts für den Miteigentümer ist ohne besondere Rechtfertigung zulässig (*BayObLG* DNotZ 1992, 366). Ungeachtet dessen, dass Inhalt des Wohnungsrechts die Nutzung „unter Ausschluss des Eigentümers" ist, gilt Gleiches für ein Wohnungsrecht **zugunsten des Eigentümers** selbst, welches bei nachfolgendem Auseinanderfallen von Berechtigtem und Eigentümer relevant wird (h. M., vgl. zum Meinungsstand Staudinger/*J. Mayer* (2009) § 1093 Rn. 19; s. auch Rn. 295). Die Bestellung zugunsten eines Dritten (z. B. „für die Erben" einer noch lebenden Person) kommt nicht in Betracht, da § 328 BGB keine Anwendung auf dingliche Verträge findet (vgl. *OLG München* RNotZ 2011, 245; DNotI-Report 2011, 75). 356

Bei **mehreren Berechtigten** ist die Vereinbarung der Gesamtberechtigung nach § 428 BGB (*BGH* DNotZ 1997, 401), die Bestellung von parallelen Wohnungsrechten im Gleichrang untereinander oder zum Gesamtgut der Gütergemeinschaft möglich. Entgegen der h. M. muss auch die Vereinbarung der Mitberechtigung nach § 432 BGB zulässig sein. Vgl. Formulierungsbeispiele zum Nießbrauch Rn. 299, 301, 303. 357

358 **dd) Unentgeltlichkeit.** Die durch das Wohnungsrecht vermittelte Wohnnutzung ist grundsätzlich unentgeltlich (*BayObLG* DNotZ 1989, 569, 570). Allerdings kann eine Pflicht zur (auch wiederkehrenden) Zahlung eines Entgelts **schuldrechtlich** vereinbart werden. Eine derartige Zahlungspflicht kann zwar nicht (unmittelbar) Inhalt des dinglichen Rechts sein, aber als **Bedingung** für die Ausübung oder den Bestand des Wohnungsrechts zu dessen dinglichem Rechtsinhalt gemacht werden. Vgl. zur Lastentragung Rn. 361 ff.

Ein **Wohnungsrecht** könnte wie folgt lauten:

359 | **Formulierungsbeispiel: Wohnungsrecht**

Zugunsten des Veräußerers wird hiermit ein Wohnungsrecht als beschränkte persönliche Dienstbarkeit nach § 1093 BGB in der Weise bestellt, dass der Berechtigte auf Lebensdauer unter Ausschluss des Eigentümers zur Nutzung der abgeschlossenen Wohnung im ersten Stock in dem Gebäude auf dem Grundstück Flst. Nr. ... der Gemarkung ... berechtigt ist. Das Recht zur Mitbenutzung der zum gemeinschaftlichen Gebrauch der Bewohner bestimmten Anlagen und Einrichtungen, insbesondere von ... ist eingeschlossen. Der Erwerber als künftiger Eigentümer hat die Räume stets bewohn- und beheizbar zu erhalten. Die Ausübung des Wohnungsrechts darf Dritten (nicht) überlassen werden. Die Eintragung des Wohnungsrechts mit diesem Inhalt im Rang nach ... wird bewilligt und beantragt, mit dem Vermerk, dass zur Löschung der Nachweis des Todes des Berechtigten genügt.
Der Jahreswert des Wohnungsrechts wird für Gebührenzwecke angegeben mit ... EUR.

360 Muster: *Langenfeld* in: MünchVertrHdb Bd. 6 Form. IX 24; *J. Mayer/Geck* § 5 Rn. 72; *Basty* in: Kersten/Bühling, § 65 Rn. 2 M; *Schöner/Stöber* Rn. 1234.

c) Lastentragung

361 **aa) Unterhaltungskosten.** Für das Wohnungsrecht gelten einige Vorschriften des Nießbrauchs (§ 1093 I 2 BGB). Demgemäß muss der Berechtigte die **gewöhnlichen Unterhaltungskosten** (Ausbesserungen, Erneuerungen) für das genutzte Objekt tragen (§ 1041 S. 2 BGB), also die laufenden Reparaturen. Zur Tragung der **außergewöhnlichen Unterhaltungskosten** ist hingegen weder der Berechtigte noch der Eigentümer verpflichtet (vgl. *Schöner/Stöber* Rn. 1250 „Pattsituation"), sofern keine landesrechtlichen Sonderregelungen i. S. v. Art. 96 EGBGB existieren. Die gewöhnlichen Unterhaltungskosten können allerdings dem Eigentümer **mit dinglicher Wirkung** ganz oder teilweise aufgebürdet werden (§§ 1093 I 1, 1090 II i. V. m. § 1021 BGB: Belastungsgegenstand als Anlage, vgl. *J. Mayer/Geck* § 5 Rn. 49f.). Der Pflichtenumfang des Eigentümers sollte möglichst präzise beschrieben werden (vgl. DNotI-Report 2003, 82 zur Auslegung der Klausel „Der Eigentümer hat die Wohnungsrecht unterliegenden Räume auf seine Kosten in stets gut bewohnbarem und beheizbarem Zustand zu erhalten."). Anstelle der unselbständigen Reallast i. S. v. § 1021 II BGB kommt auch die Bestellung einer eigenständigen Reallast in Betracht.

362 Nach der gesetzlichen Konzeption hat der Eigentümer die **allgemeinen Hauskosten** (Grundsteuer, Brandversicherung etc.) sowie die **sonstigen Grundstückslasten** (Erschließungskosten, Zinsen von Grundpfandrechten) zu tragen, da in § 1093 I 2 BGB nicht auf § 1047 BGB verwiesen wird (*BayObLG* DNotZ 1989, 569). Ob eine abweichende Lastenverteilung nur schuldrechtlich vereinbart oder zum Inhalt des dinglichen Rechts gemacht werden kann, ist noch nicht abschließend geklärt (vgl. Staudinger/*J. Mayer* (2009) § 1093 Rn. 47). Daher empfiehlt sich ein Vertrag zugunsten des künftigen Eigentümers.

363 **bb) Verbrauchsabhängige Kosten.** Ob der Eigentümer die verbrauchsabhängigen Kosten (Strom, Telefon, Wasser, Heizung und Müll) auch ohne eine entsprechende vertragliche Regelung auf den Wohnungsberechtigten umlegen darf, ist unklar (in diesem Sinne

III. Vorbehaltene Rechte und Gegenleistungen bei Grundstückszuwendungen   A V

wohl *BGH* DNotZ 2010, 193). Es sollte daher stets klar geregelt werden, wer welche verbrauchsabhängigen Kosten zu tragen hat. Auch insoweit kann der Wohnungsberechtigte mit dinglicher Wirkung entlastet werden, so dass der Eigentümer noch weitergehend derartige Kosten übernimmt (*Amann* DNotZ 1989, 531).

> **Formulierungsbeispiel: Bruttowohnrecht**   364
>
> Als Inhalt des Wohnungsrechts wird vereinbart, dass der Eigentümer die Kosten von Strom, sämtliche Betriebskosten im Sinn der Betriebskostenverordnung und alle Schönheitsreparaturen für die Räume, die dem Wohnungsrecht unterliegen, trägt. Auch sämtliche übrigen Aufwendungen trägt der Erwerber als künftiger Eigentümer ...
> Es wird bewilligt und beantragt, dieses Wohnungsrecht als beschränkte persönliche Dienstbarkeit nach § 1093 BGB im Grundbuch einzutragen, mit dem Vermerk, dass zur Löschung der Nachweis des Todes des Berechtigten genügt.

Soweit Leistungspflichten des Eigentümers mit dinglicher Wirkung als unzulässig angesehen werden (z. B. Kosten für Telefon), bleibt deren Sicherung durch Reallast oder mit schuldrechtlicher Wirkung möglich (*Schöner/Stöber* Rn. 1253 f.). 365

Vielfach besteht jedoch der Wunsch, dem Wohnungsberechtigten die **verbrauchsabhängigen Wohnkosten** aufzubürden. Eine derartige Abrede kann zwar (wohl) nicht zum dinglichen Inhalt des Wohnungsrechts gemacht werden, doch bietet der Vertrag zugunsten Dritter künftigen Eigentümern ausreichende Sicherheit. Im Interesse der Streitvermeidung sollte – sofern relevant (Mehrparteiennutzung) – der anzuwendende **Verteilungsschlüssel** (tatsächlicher Verbrauch, Pauschalierung) festgelegt werden (*J. Mayer/Geck* § 5 Rn. 56). Formulierungsvorschlag für sog. Nettowohnrecht bei *Krauß* Rn. 1325). 366

d) „Umzug ins Pflegeheim"

Das Wohnungsrecht als Unterfall der beschränkten persönlichen Dienstbarkeit erlischt, wenn es niemandem mehr einen Vorteil bietet, also bei dauerhaften tatsächlichen oder rechtlichen Ausübungshindernissen (*BGH* NJW 2012, 3572 Tz. 5; DNotZ 1964, 493). Ein derartiges Hindernis liegt bei einer nur in der Person des Berechtigten begründeten Hinderung (z. B. stationäre Pflegebedürftigkeit, sog. **subjektives Ausübungshindernis**) wegen der (jedenfalls abstrakten) Möglichkeit, die mit dem Wohnungsrecht belasteten Räume mit Zustimmung des Eigentümers Dritten zur Nutzung zu überlassen (vgl. § 1092 I 2 a. E. BGB), indes nicht vor (*BGH* NJW 2007, 1884). Unter Umständen ist dann weder der Wohnungsberechtigte noch der Eigentümer zur Nutzung der dem Wohnungsrecht unterliegenden Räume berechtigt (*BGH* NJW 2012, 3572 Tz. 17 m. Anm. *Herrler*). Zur Aufgabe des Wohnungsrechts s. Rn. 374 ff. 367

aa) Keine Pflicht des Eigentümers zur Vermietung. Mangels abweichender Regelung ist der Eigentümer in aller Regel weder zur Vermietung der Räume und Auskehrung des Erlöses noch zur Gestattung der Vermietung durch den Wohnungsberechtigten verpflichtet. Eine derartige Verpflichtung könnte sich lediglich aus einer **ergänzenden Auslegung** des Überlassungsvertrages ergeben, was aus Sicht des BGH aber allenfalls in besonders gelagerten Ausnahmefällen in Betracht kommt (Arg.: bewusste Entscheidung für Wohnungsrecht als höchstpersönliches Recht, näher *BGH* DNotZ 2009, 431 Tz. 18 ff.). Für eine Verpflichtung zur Vergütung einer etwaigen Eigennutzung ist ebenfalls nichts ersichtlich (vgl. *Herrler* DNotZ 2009, 408, 411 ff.). Die ergänzende Vertragsauslegung kann indes zu einer Beteiligung des Erwerbers an den Pflegeheimkosten in Höhe der durch den Auszug ersparten Aufwendungen führen (vgl. *BGH* NJW 2007, 1884 Tz. 24). Wegen der Vorhersehbarkeit der tatsächlichen Entwicklung scheidet eine **Vertragsanpassung nach § 313 I BGB** aus (*BGH* DNotZ 2009, 431 Tz. 11). Ein Anspruch auf Gestat- 368 tung der Vermietung gegenüber dem Eigentümer aus § 242 BGB besteht auch nicht im Falle der Bedürftigkeit des Wohnungsberechtigten (*BGH* NJW 2012, 3572 Tz. 15: ansonsten unzulässige Erweiterung um Elemente des Nießbrauchs). Denkbar ist ein Ersatzanspruch auf eine **Auszugsrente gemäß Art. 96 EGBGB** i.V.m. dem jeweiligen Landesrecht, welcher allerdings einen einschlägigen Leibgedingvertrag voraussetzt (unten Rn. 456). Nur soweit solche Ansprüche bestehen, sind sie nach § 93 SGB XII überleitungsfähig (unten Rn. 513).

369 **bb) Vermietung trotz fortbestehenden Wohnungsrechts.** Sofern die dem Wohnungsrecht unterliegenden Räume vermietet werden, stellt sich in Ermangelung einer Wegzugsklausel (s. Rn. 370; zur Möglichkeit der Aufgabe des Wohnungsrecht s.Rn. 374 ff.) die Frage nach der Verteilung des Erlöses. Existiert eine vertragliche Vereinbarung, ist diese auch im Hinblick auf §§ 528 f. BGB, § 93 SGB XII maßgeblich (Arg. § 517 BGB, vgl. *Herrler* DNotZ 2009, 408, 422). Anderenfalls fehlt es an einer Anspruchsgrundlage für eine Teilhabe des nicht vermietenden Teils, da der Mietzins weder dem Wohnungsberechtigten noch dem Eigentümer zugewiesen ist und es daher an einer Bereicherung „auf dessen Kosten" i.S.v. § 812 I 1 BGB fehlt (*BGH* NJW 2012, 3572 Tz. 9f.). Gänzlich schutzlos ist der Betroffene gleichwohl nicht, da ihm aufgrund des rechtswidrigen (und schuldhaften) Eingriffs in sein Eigentum bzw. Wohnungsrecht Beseitigungs- und Unterlassungsansprüche gegen den anderen gem. § 823 I i.V.m. § 249 I BGB sowie gem. bzw. analog § 1004 BGB zustehen. Im Zweifel erscheint eine hälftige Teilung des Nettomieterlöses angemessen, auch dann, wenn sich Eigentümer und Wohnungsberechtigter nur über das „Ob" der Fremdvermietung geeinigt und keine weiteren Abreden getroffen haben (*Herrler* DNotZ 2009, 408, 416 ff.).

370 **cc) Sog. Wegzugsklausel.** Um die vorbeschriebene gegenseitige Blockade sowie Diskussionen über die Verteilung etwaiger Mieteinnahmen vorausschauend zu vermeiden, ist ein auf den dauerhaften Auszug des Wohnungsberechtigten (vgl. *BayObLG* DNotZ 1998, 299: „Berechtigte [verlässt] das Anwesen nicht nur vorübergehend") **auflösend bedingtes Wohnungsrecht** (sog. Wegzugsklausel) unter Ausschluss jeglicher Geldersatzansprüche zu erwägen (*Auktor* MittBayNot 2008, 14; *J. Mayer* DNotZ 2008, 672). Die Bedingung muss dann hinreichend bestimmt und ihr Eintritt in der Form des § 29 GBO nachweisbar sein (z.B. amtsärztliches Attest, Bescheinigung der Meldebehörde; Formulierungsvorschlag bei *Krauß* Rn. 1323). Alternativ kann man erwägen, eine Vertrauensperson zur Abgabe der Löschungsbewilligung zu bevollmächtigen (Formulierungsvorschlag unten Rn. 522).

371 Sofern man einen Automatismus vermeiden will, kann man sich auf eine **Verpflichtung zur Aufgabe des Wohnungsrechts** beschränken. Durch die dann erforderliche Bewilligung entstehen zusätzliche Kosten. Im Gegenzug entfällt das grundbuchverfahrensrechtliche Nachweisproblem.

372

Formulierungsbeispiel: Verpflichtung zur Aufgabe des Wohnungsrechts
Der Veräußerer verpflichtet sich zur unverzüglichen Aufgabe seines Wohnungsrechts, wenn er die daraus resultierenden Rechte für einen zusammenhängenden Zeitraum von mindestens neun Monaten nicht mehr ausgeübt hat oder beabsichtigte, diese künftig nicht mehr auszuüben, und weder der Erwerber noch eine diesem nahe stehende Person die Nichtausübung zu vertreten hat.

373 Durch die Absichtsalternative im vorstehenden Formulierungsbeispiel soll eine frühzeitige Löschung, auch durch den Betreuer (s. Rn. 375 f.), ermöglicht werden. Für den Fall eines vorübergehenden Ausübungshindernisses kann ein „Ruhen" der Rechte und Pflichten vereinbart werden. Der *BGH* hat klargestellt, dass eine derartige Wegzugsklau-

III. Vorbehaltene Rechte und Gegenleistungen bei Grundstückszuwendungen A V

sel grundsätzlich **nicht sittenwidrig** ist (Arg.: Überlassung könnte auch ohne jede Gegenleistung/jedes vorbehaltene Recht erfolgen, *BGH* DNotZ 2009, 441 Tz. 11 f.). Da es sich bei dem Übernehmer aber vielfach um einen nahen Familienangehörigen handelt, kommt im Falle der Hilfebedürftigkeit des (ehemals) Wohnungsberechtigten – abgesehen von der auf zehn Jahre befristeten Rückforderung nach §§ 528 f. BGB – insbesondere eine unterhaltsrechtliche Inanspruchnahme in Betracht.

e) Einseitige Aufhebung des Wohnungsrechts

Können sich Eigentümer und Wohnungsberechtigter nicht über eine einvernehmliche Vermietung, insbesondere nicht über die Teilung des Mietzinses, einigen, kann sich das fortbestehende Wohnungsrecht für den Berechtigten aufgrund der damit ggf. verbundenen monatlichen Belastungen (Hausgelder, Nebenkosten etc.) als auf unabsehbare Zeit nachteilig darstellen, wenn eine persönliche Wohnnutzung in Zukunft (so gut wie) ausgeschlossen erscheint. Ebenso wie der Nießbrauch erlischt das Wohnungsrecht grundsätzlich mit dem Tod des Berechtigten bzw. mit dem Eintritt einer etwa vereinbarten auflösenden Bedingung bzw. Befristung (s. Rn. 289). Darüber hinaus besteht die Möglichkeit der einseitigen **Aufhebung** des dinglichen Rechts **nach § 875 BGB.** Hierbei wird es sich regelmäßig um eine Schenkung i. S. v. § 516 BGB handeln. 374

aa) Aufhebung durch den Betreuer und Schenkungsverbot. Nach Auffassung des BGH stellt ein derartiger „Verzicht" aber ausnahmsweise **keine Schenkung** dar, wenn die Aufgabe des Wohnungsrechts bei Abwägung aller damit verbundenen Vor- und Nachteile (auch) im Interesse des Berechtigten liegt, was wohl voraussetzt, wenn die persönliche und jede andere Nutzung des Wohnungsrechts durch den Berechtigten, insbesondere im Wege der Vermietung, ausgeschlossen erscheint (realer Vermögenswert des Rechts 0 oder wegen der Lasten gar negativ; wohl nur denkbar, wenn keine fortbestehende Lastentragungspflicht aus Begleitschuldverhältnis, vgl. DNotI-Report 2012, 25, 26). Unter diesen Voraussetzungen kann auch der **Betreuer** das Recht ohne jede Gegenleistung aufheben, ohne dass darin ein Verstoß gegen § 1804 BGB zu sehen wäre (*BGH* NJW 2012, 1956). Allein der Umstand, dass die Aufgabe für einen Dritten (den Eigentümer) vorteilhaft ist, führt nicht notwendig zu einem korrespondierenden Nachteil beim Berechtigten. In diesem Fall ist die nach §§ 1908i I 1, 1821 I Nr. 1 BGB genehmigungsbedürftige Aufhebungserklärung genehmigungsfähig. 375

Um eine reibungslose betreuungsgerichtliche Genehmigung im Falle der Aufhebung eines Wohnungsrechts zu gewährleisten, empfiehlt es sich, in der Löschungsbewilligung das Motiv für dieselbe (Befreiung von der monatlichen Kostenlast) hinreichend deutlich zum Ausdruck zu bringen. Sofern das Fortbestehen des Wohnungsrechts mit keinerlei Belastungen für den Berechtigten verbunden ist, etwa weil der Eigentümer nach der Vereinbarung sämtliche Kosten zu tragen hat, scheidet ein entschädigungsloser Verzicht durch den Betreuer aus. Gleiches gilt bei erkennbarer wirtschaftlicher Werthaltigkeit des Wohnungsrechts, wenn etwa der Eigentümer für den beabsichtigten Verkauf der Immobilie auf die Löschungsbewilligung angewiesen ist (*Zimmer* NJW 2012, 1919, 1921 m. w. N.). 376

bb) Aufhebung durch den Berechtigten und Rückforderung nach § 528 BGB. Die vorgenannten Maßstäbe greifen richtigerweise auch bei einer Aufhebung durch den Berechtigten selbst ein. Insoweit geht es freilich nicht um das Schenkungsverbot, sondern allein um ein etwaiges Rückforderungsrecht nach §§ 528 f. BGB. Zwar hat das *OLG Nürnberg* für die Zwecke der §§ 516 ff. BGB einen abweichenden Schenkungsbegriff zugrunde gelegt und daher unabhängig von einer Entreicherung seitens des Berechtigten einen Rückforderungsanspruch bejaht (*OLG Nürnberg* NotBZ 2013, 403). Unbeschadet dessen, dass dem Zivilrecht kein einheitlicher Schenkungsbegriff zugrunde liegt, sondern dieser schutzzweckbezogen zu bestimmen ist, verkennt das *OLG Nürnberg* 377 allerdings, dass die Aufgabe einer werthaltigen Vermögensposition unverzichtbarer Bestandteil einer Schenkung i. S. v. § 516 BGB ist. Hat das Wohnungsrecht keinen realen Vermögenswert mehr, scheidet eine Schenkung als Anknüpfungspunkt des Rückforderungsrechts nach §§ 528 f. BGB aus (so im Ergebnis auch *G. Müller* NotBZ 2013, 425).

f) Anlauf der 10-Jahresfrist nach § 2325 III BGB

378 **aa) Dingliches Wohnungsrecht. (1) Umfassendes Wohnungsrecht.** Trotz der hinter den Rechten aus dem Nießbrauch zurückbleibenden Rechte des Wohnungsberechtigten herrscht in der Literatur weitgehend Einigkeit, dass in der Konsequenz der Nießbrauchsentscheidung des *BGH* ein **umfassendes Wohnungsrecht** dem Anlauf der 10-Jahresfrist des § 2325 III BGB ebenfalls entgegensteht. Die vom *BGH* geforderte wirtschaftliche Ausgliederung liege mangels Verzichts auf die Nutzungen der Immobilie bei einem derartigen Wohnungsrecht nicht vor (vgl. *Gehse* RNotZ 2009, 361, 368; *Heinrich* MittRhNotK 1995, 157, 163; *Herrler* ZEV 2008, 461, 462).

379 **(2) Teilweises Wohnungsrecht.** Höchstrichterlich ebenfalls noch nicht geklärt und in der instanzgerichtlichen Rechtsprechung und in der Literatur heftig umstritten ist die Frage, ob bzw. unter welchen Voraussetzungen Gleiches für den Vorbehalt eines „teilweisen" Wohnungsrechts gilt (Überblick bei *Herrler* ZEV 2008, 461). Ein **gespaltener Fristbeginn** wird überwiegend unter Verweis auf die Nießbrauchsentscheidung **abgelehnt**, da der *BGH* den Anlauf der Frist bei wesentlicher Weiternutzung insgesamt ablehnt, bei unwesentlicher Weiternutzung insgesamt bejaht, wohl mit Blick darauf, dass es sich um einen einheitlichen Schenkungsgegenstand handelt (vgl. BGH NJW 1994, 1791 f.; *Schindler* ZEV 2005, 290, 293 f.; *Odersky* notar 2009, 296, 301, jew. m. w. N.; a. A. *N. Mayer* ZEV 1994, 325, 329: Wertrelation maßgebend). Einvernehmen besteht lediglich insoweit, als der **Reichweite des Nutzungsrechts zentrale Bedeutung** beigemessen wird (**gegenständlich** hinsichtlich der umfassten Räume sowie **personell** im Hinblick auf eine etwaige Gestattung der Ausübungsüberlassung an Dritte). Je geringer der Ausübungsbereich bzw. je schwächer die dem Übergeber verbleibenden Befugnisse ausgestaltet sind, desto wahrscheinlicher ist der Fristanlauf. Im Übrigen setzen die Gerichte – ausgehend vom Kriterium des „spürbaren Vermögensopfers" bzw. des „Genussverzichts" des Erblassers – unterschiedliche Akzente.

380 **(a) Meinungsstand in der Rechtsprechung.** Teilweise wird allein auf die **tatsächlichen Verhältnisse im Zeitpunkt der Übergabe** abgestellt. Soll bei schon bislang gemeinsamem Wohnen von Übergeber und Erwerber im selben Haus nach dem Willen der Beteiligten der *status quo* ohne wesentliche tatsächliche Veränderungen aufrechterhalten werden und umfasst demnach das Wohnungsrecht all diejenigen Räume, die der Übergeber vor der Überlassung genutzt hat, scheidet eine wirtschaftliche Ausgliederung grundsätzlich aus. Ein Verbot der Ausübungsüberlassung an Dritte ändere daran nichts (so insbesondere *OLG München* MittBayNot 2009, 158; *OLG Düsseldorf* FamRZ 1999, 1546). Teilweise wird hervorgehoben, dass der spätere Erblasser durch die Vermögensübertragung unter Vorbehalt eines lediglich teilweisen Wohnungsrechts seine **Stellung als „Herr im Haus"** verliere, da der Erwerber künftig über ein **eigenes (Mit-)Nutzungsrecht** verfüge und der spätere Erblasser den Erwerber insbesondere kaum mehr von der Nutzung der gemeinschaftlichen Räume ausschließen könne, was insbesondere im Streitfall eine erhebliche Verschlechterung der Rechtsstellung bedeute. Sofern die rechtliche Nutzungsbefugnis des Erwerbers daher nicht aufgrund der Reichweite des Wohnungsrechts völlig zu vernachlässigen sei, liege eine fristauslösende Leistung vor (so *OLG Karlsruhe* ZEV 2008, 244; *OLG Oldenburg* ZEV 2006, 80; *OLG Bremen* NJW 2005, 1726).

381 **(b) Meinungsstand in der Literatur.** In der Literatur wird vielfach ein **mathematischer Ansatz** verfolgt, wenngleich in unterschiedlichen Ausprägungen. Nach einer Auffassung soll es maßgeblich auf das Verhältnis der dem Wohnungsrecht unterliegenden Räume zur

III. Vorbehaltene Rechte und Gegenleistungen bei Grundstückszuwendungen

gesamten Nutzfläche des Gebäudes ankommen (**Flächenrelation**; Nutzungsquote des Übergebers von mehr als 50% bzw. bereits von 10% bis 20% schädlich, vgl. *Wegmann* MittBayNot 1994, 307, 308 bzw. *Heinrich* MittRhNotK 1995, 157, 162). Teilweise wird auf die **Wertrelation** zwischen dem unbelastet übertragenen Zuwendungsobjekt und dem vom Nutzungsvorbehalt erfassten Teil abgestellt (*Cornelius*, Der Pflichtteilsergänzungsanspruch, 2004, Rn. 736: Nutzungsvorbehalt von ¼ oder mehr schädlich). Nach a. A. soll die 10-Jahresfrist dann zu laufen beginnen, wenn sich die **Rechtsstellung des Übergebers** infolge der Überlassung **wesentlich verschlechtert** habe (*Herrler* ZEV 2008, 461, 463; *N. Mayer* ZEV 1994, 325, 328).

(c) **Stellungnahme.** Meines Erachtens liegt die Annahme eher fern, „der spätere Erblasser habe sich „von der Absicht (...) leiten lassen, die Pflichtteilsberechtigten zu benachteiligen", wenn lediglich ein teilweises Wohnungsrecht vereinbart und die Überlassung der Ausübung an Dritte nicht gestattet wird, jedenfalls dann, wenn sich das Wohnungsrecht nicht praktisch auf das gesamte Gebäude erstreckt. Denn der spätere Erblasser hat weite Teile seiner Eigentümerbefugnisse aufgegeben (kein Zugriff auf Substanzwert, eingeschränkte Nutzungsbefugnis). Die beschränkte Eigennutzungsbefugnis wird ferner dadurch beeinträchtigt, dass der Übergeber nicht mehr in der Lage ist, den Erwerber im Streitfall von der Nutzung der Gemeinschaftsräume und der nicht mit dem Wohnungsrecht belasteten Räume auszuschließen. Ein **spürbares Vermögensopfer** als Voraussetzung des Fristlaufs ist **bei einem teilweisen Wohnungsrecht** daher m. E. – vorbehaltlich sonstiger vorbehaltener Rechte (Gesamtbetrachtung!) – in aller Regel ohne weiteres **zu bejahen** (s. auch Umkehrschluss aus § 2325 II 3 BGB; Rechtsprechung zu § 529 I Var. 2 BGB, *BGH* ZEV 2011, 666 m. Anm. *Herrler*). **382**

Praxishinweis:

Angesichts der nach wie vor bestehenden Rechtsunsicherheit ist derzeit ein möglichst kleiner Ausübungsbereich des Wohnungsrechts empfehlenswert, der sich zudem nicht vollständig mit den bis zur Übergabe vom Übergeber bewohnten Räumen deckt, sondern dahinter zurück bleibt, wenn es dem Übergeber maßgeblich auf den Anlauf der 10-Jahresfrist ankommt.

bb) Schuldrechtliches Nutzungsrecht. Unter Verweis auf die Nießbrauchsentscheidung des *BGH* wird der Anlauf der 10-Jahresfrist von zahlreichen Stimmen verneint, wenn im Zuge der Überlassung lediglich ein **schuldrechtliches Nutzungsrecht** (z. B. Mietvertrag) begründet wird (*Schindler* ZEV 2005, 290, 293 m. w. N., vgl. BGH NJW 1994, 1791, 1792: „oder durch Vereinbarung schuldrechtlicher Ansprüche – im wesentlichen weiterhin [...] nutzen"). Für den Fall, dass ein entgeltlicher Nutzungsvertrag zu unter Dritten üblichen Bedingungen (Miethöhe, grds. ordentliches Kündigungsrecht) geschlossen wird, überzeugt diese Betrachtung indes auch unter Berücksichtigung des Schutzzwecks von § 2325 III BGB nicht. Freilich werden die Beteiligten einen etwaigen Mietvertrag in aller Regel nicht wie unter fremden Dritten üblich ausgestalten wollen. Zur rein tatsächlichen Weiternutzung, die vielfach als konkludenter Vertragsschluss zu qualifizieren sein wird, s. bereits Rn. 111 a. E. **383**

cc) Gestaltungsalternative: Aufteilung in Wohnungseigentum. Als Alternative zur Überlassung der gesamten Immobilie unter Vorbehalt eines teilweisen Wohnungsrechts mit der damit einhergehenden Rechtsunsicherheit hinsichtlich des Fristlaufs bieten sich bei geeigneten Objekten eine Aufteilung in Wohnungseigentum und die unbelastete Übertragung derjenigen Einheiten an, die der künftige Erblasser nicht selbst nutzt. Da es sich jeweils um eigenständige Zuwendungsgegenstände handelt, sind die Wohnungs- **384**

eigentumseinheiten für die Zwecke des § 2325 III BGB getrennt zu betrachten, so dass einer wirtschaftlichen Ausgliederung und damit einem Fristanlauf nichts entgegensteht (Vermeidung einer „Alles-oder-Nichts"-Entscheidung).

g) Vollstreckungszugriff

385 **aa) Zwangsversteigerung und Zwangsverwaltung.** Bei einer Zwangsversteigerung bzw. Zwangsverwaltung des mit dem Wohnungsrecht belasteten Grundstücks gelten die Ausführungen zum Nießbrauch entsprechend (Rn. 324 ff.). Die **Rangstelle im Grundbuch** ist somit von entscheidender Bedeutung. Sofern das Wohnungsrecht Bestandteil eines Altenteils ist, kommt ihm darüber hinaus ein **Zwangsversteigerungsprivileg** nach § 9 I EGZVG zugute. Ein derartiges Altenteil setzt eine landesrechtliche Ausführungsbestimmung i. S. v. Art. 96 EGBGB voraus (näher Rn. 455). Dabei entscheidet allerdings nicht die wörtliche Bezeichnung als Altenteil, sondern der sachliche Inhalt von Eintragung und Bewilligung (*OLG Hamm* Rpfleger 1986, 270 m. Anm. *Fuchs* Rpfleger 1987, 76). Ein Wohnungsrecht mit Pflege- und Versorgungsverpflichtung macht die Grundstücksübertragung aber nicht stets zum Altenteilsvertrag (*BGH* DNotZ 1996, 636 m. Anm. *J. Mayer; BGH* MittBayNot 2000, 223; *Everts* ZEV 2004, 495). Das Altenteil bleibt von der Zwangsversteigerung unberührt, auch wenn es bei der Feststellung des geringsten Gebots nicht berücksichtigt ist. Der hierdurch Beeinträchtigte kann seinerseits gemäß § 9 II EGZVG beantragen, das Erlöschen des Altenteils als Versteigerungsbedingung festzulegen. Ein solcher Antrag führt dann zu einem **Doppelausgebot** gemäß § 59 II, III ZVG (vgl. *BGH* NJW 1991, 2759; *Hagena* Rpfleger 1975, 75).

386 **bb) Kein Zugriff auf das Wohnungsrecht.** Das Wohnungsrecht ist aufgrund der höchstpersönlichen Ausübung (§ 1092 I 2 BGB) grundsätzlich **unpfändbar** (§§ 857 III, 851 II ZPO) und damit auch nicht Bestandteil der Insolvenzmasse, es sei denn die Überlassung der Ausübung an Dritte ist ausdrücklich gestattet (vgl. *BGH* MittBayNot 2007, 47). Bei erlaubter Überlassung der Ausübung kann der Sozialhilfeträger das Wohnungsrecht gem. § 93 SGB XII überleiten (s. unten Rn. 517; vgl. auch *Everts* ZEV 2004, 495; *Rosendorfer* MittBayNot 2005, 1 m. w. N.).

h) Wohnungsrecht neben dem Nießbrauch

387 Entgegen der obergerichtlichen Rechtsprechung (*OLG Frankfurt* MittBayNot 2009, 46 m. Anm. *Frank; OLG Hamm* MittRhNotK 1997, 390) ist die Bestellung eines Wohnungsrechts im Rang vor einem Nießbrauch mit identischem Ausübungsbereich grundsätzlich zulässig. Abgesehen davon, dass es selbst für die Bestellung eines Eigentümernießbrauchs grundbuchverfahrensrechtlich nicht des Nachweises eines berechtigten Interesses bedarf (s. Rn. 295), vermittelt das Wohnungsrecht im gesetzlichen Regelfall ein Mehr an Pfändungsschutz (*Krauß* Rn. 1283; *J. Mayer/Geck* § 5 Rn. 14; vgl. auch *LG Frankfurt/Oder* NotBZ 2010, 153). Zum aufschiebend bedingten Wohnungsrecht neben dem Nießbrauch *Frank* MittBayNot 2009, 47.

i) Steuer

388 Steuerlich gelten die für den Nießbrauch dargestellten Grundsätze bei Wohnungsrechten entsprechend, vgl. BMF-Schreiben vom 30.9.2013 Tz. 33, 49, 66.

III. Vorbehaltene Rechte und Gegenleistungen bei Grundstückszuwendungen A V

3. Leibrente und dauernde Last

Checkliste Renten

(1) **Rentenart:** Zeitrente, Leibrente, Leibrente mit Mindest- und/oder Höchstlaufzeit

(2) **Berechtigter:** Einzelne oder mehrere Personen (Gesamt-, Sukzessiv oder Bruchteilsberechtigung)

(3) **Rechnungsgrundlagen:** Berücksichtigung der Lebenserwartung nach Richttafeln

(4) **Zinssatz:** unter Umständen Anlagezins für Kapitalanlagen

(5) **Zahlungsweise**
 – wöchentlich, monatlich, jährlich (vgl. § 760 II BGB: quartalsweise)
 – vorschüssige oder nachschüssige Zahlungsweise

(6) **Dynamik**
 – Wertsicherungsklauseln
  Bezugsgröße (Index)
  Anpassung (automatisch oder auf Verlangen)
  Maßstab (Zeitablauf oder Schwellenwert)
 – Abhängigkeit der Zahlung vom Bedarf des Berechtigten und/oder von der Leistungsfähigkeit des Verpflichteten
 – spätere Anpassung der Zahlungspflicht an veränderte Umstände

(7) **Steuerliche Einordnung** (Schenkungsteuer und Einkommensteuer), unterschieden nach Veräußerungen im Privat- und im Betriebsvermögen

(8) **Grundbuchsicherung durch Reallast:** Reallastfähigkeit

(9) **Zwangsvollstreckungsunterwerfung:** Bestimmtheit

a) Leibrente – Allgemeines

Verpflichtet sich der Erwerber zur Zahlung einer **regelmäßig wiederkehrenden und gleichmäßigen lebenslangen Geldleistung** an den Veräußerer, so handelt es sich regelmäßig um eine Leibrente (§ 759 BGB). Zu klären sind die Höhe der Geldleistung pro Zahlungsabschnitt, der Beginn der Leistungspflicht, ihr Zeitabstand und die Fälligkeit der jeweiligen Leistungen. In aller Regel wird eine von § 760 II BGB (quartalsweise) abweichende Fälligkeitsregelung gewünscht sein. Eine **abgekürzte Leibrente** erlischt nach der bestimmten Höchstzeit, selbst wenn die Bezugsperson noch weiterlebt. Eine **verlängerte Leibrente** erstreckt sich auf die Lebensdauer eines Menschen, in jedem Fall aber auf eine bestimmte Mindestzeit, so dass der Tod vor deren Ablauf die Leibrente nicht zum Erlöschen bringt. Darüber hinaus empfiehlt sich eine Regelung zur (Nicht-)Vererblichkeit rückständiger Rentenzahlungen.

b) Verjährung

Ohne dass hier näher auf die Diskussion über die sog. „Stammrechtslehre", d. h. die Differenzierung zwischen dem Rentenstammrecht einerseits und den Einzelansprüchen andererseits, eingegangen werden soll (vgl. ausführlich Staudinger/*J. Mayer* (2008) Einl. zu §§ 759–761 Rn. 25 ff.), stellt sich bei Zugrundelegung dieser (abzulehnenden) Lehre seit der Schuldrechtsreform 2002 die Problematik der drohenden Verjährung des Rentenstammrechts in der kurzen dreijährigen Regelverjährungsfrist des § 195 BGB. Eine Titulierung löst das Problem wegen § 197 II BGB nicht. Bis zur abschließenden Klärung dürfte sich daher eine Verlängerung der gesetzlichen **Verjährungsfrist** betreffend das Stammrecht gem. § 202 II BGB **auf 30 Jahre** nach dem gesetzlichen Beginn bzw. Neubeginn empfehlen. Für die **Einzelleistungen** kann es bei der gesetzlichen Verjährungsfrist von drei Jahren bleiben. Insoweit könnten zudem die unterhaltsrechtlichen Grundsätze zur Verwirkung rückständiger Leistungen Anwendung finden (Verwirkung nach Ablauf eines Jahres nach Fälligkeit, vgl. *OLG Zweibrücken* ZEV 2008, 400).

> **392** **Formulierungsbeispiel: Verlängerung der Verjährungsfrist (nach *Amann* DNotZ 2002, 93, 117)**
>
> Die Beteiligten vereinbaren vorsorglich, dass das sog. Stammrecht der Leibrente erst dreißig Jahre nach dem gesetzlichen Beginn bzw. Neubeginn der Verjährung verjährt. Für die Einzelleistungen bleibt es bei der gesetzlichen Verjährungsfrist von drei Jahren.

c) Berechtigungsverhältnis

393 Sollen mehrere Personen rentenberechtigt sein, ist das Berechtigungsverhältnis festzulegen. Sofern die überlassene Immobilie im hälftigen Miteigentum der Übergeber steht, ist in aller Regel **Gesamtgläubigerschaft i. S. v. § 428 BGB** vorzugswürdig, u. a. weil die Rente nach dem Ableben eines Berechtigten dem Längerlebenden in voller Höhe verbleibt (§ 425 i. V. m. § 429 III 1 BGB). Bei Alleineigentum kommt die aufschiebend bedingte Bestellung einer weiteren Leibrente zugunsten des Ehegatten (Überlebensbedingung) in Betracht (**Sukzessivberechtigung**). Denkbar ist schließlich auch eine **Bruchteilsberechtigung**, welche zur anteiligen Reduzierung des Rentenbetrags bei Versterben eines Berechtigten führt. Zu den sozial- und steuerlichen Auswirkungen des Berechtigungsverhältnisses vgl. *J. Mayer/Geck* § 7 Rn. 20 ff.

d) Wertsicherung

394 **aa) Allgemeines.** Da Leibrenten typischerweise über einen längeren Zeitraum zu entrichten sind, ist der Rentenbetrag in aller Regel an die **Geldentwertung** anzupassen, insbesondere wenn der Veräußerer die Leibrente zu seinem Lebensunterhalt benötigt. Allerdings enthält auch das am 14.9.2007 in Kraft getretene **Preisklauselgesetz** (PrKlG, BGBl. I 2007, 2246) in § 1 I PrKlG ein **grundsätzliches Verbot von Wertsicherungsklauseln** (zu den Bereichsausnahmen sogleich Rn. 397 ff.). § 2 PrKlG stellt klar, dass das Verbot des § 1 nicht für die in §§ 3–7 genannten Preisklauseln gilt, und enthält Schranken für die Zulässigkeit der in § 3 (langfristige Verträge) genannten Klauseln.

395 Das behördliche Genehmigungssystem und demgemäß auch die Einholung von Negativzeugnissen ist seit dem 14.9.2007 abgeschafft, was mit einem nicht unerheblichen Verlust an Rechtssicherheit verbunden ist. Allerdings bleibt eine vereinbarte Wertsicherungsklausel nach **§ 8 PrKlG** bis zum Zeitpunkt des rechtskräftig festgestellten Verstoßes wirksam, soweit nicht eine frühere Unwirksamkeit vereinbart ist. Die in § 8 PrKlG angeordnete **auflösend bedingte Wirksamkeit** von Preisklauseln gilt ebenfalls für Wertsicherungsklauseln, die noch vor Inkrafttreten des neuen PrKlG vereinbart wurden, bis dahin weder genehmigungsfrei noch genehmigt waren und für die bislang keine Genehmigung beantragt war (*BGH* NJW 2014, 52). Die schwebende Wirksamkeit" erspart Probleme beim Grundbuchvollzug (h. L., vgl. *Reul* MittBayNot 2007, 445, 452: kein diesbezügliches Prüfungsrecht; a. A. *OLG Celle* DNotZ 2008, 779). Die übrigen vertraglichen Regelungen bleiben von der gerichtlichen Feststellung der Unwirksamkeit der Preisklausel unberührt. Im Übrigen besteht eine Verpflichtung der Parteien zur Vertragsanpassung (*BGH* NJW 1973, 1498). Gleichwohl erscheint eine (ggf. nur klarstellende) salvatorische Klausel zweckmäßig.

396 Überblick über das PrKlG bei *Reul* NotBZ 2008, 453; *Kirchhoff* DNotZ 2007, 913; *Wilsch* NotBZ 2007, 431; *Aufderhaar/Jaeger* ZfIR 2008, 121; *Stuppi* notar 2008, 62; Kommentierung des PrKlG bei Palandt/*Grüneberg* Anh. zu § 245.

III. Vorbehaltene Rechte und Gegenleistungen bei Grundstückszuwendungen   A V

bb) Typische verbotsfreie Klauseln (§ 1 II PrKlG)

- Leistungsvorbehaltsklauseln (§ 1 II Nr. 1 PrKlG): Hier muss für das Ausmaß der Änderung des geschuldeten Betrages ein **Ermessensspielraum** bleiben, der es ermöglicht, die neue Höhe der Geldschuld nach Billigkeitsgrundsätzen zu bestimmen. Eine automatische, betragsmäßig bestimmte Anpassung der Zahlungsverpflichtung ist hiermit nicht vereinbar. Wegen der damit einhergehenden Rechtsunsicherheit und des nicht unerheblichen Streitpotentials ist eine Leistungsvorbehaltsklausel in der Praxis nur in Verbindung mit einem Streitbeilegungsmechanismus empfehlenswert.   397
  Muster: *Krauß* Rn. 1475; *J. Mayer/Geck* § 7 Rn. 34.

- Spannungsklauseln (§ 1 II Nr. 2 PrKlG): Hier ist zwar ein Anpassungsautomatismus zulässig. Allerdings müssen die in ein Verhältnis zueinander gesetzten Güter oder Leistungen im Wesentlichen gleichartig oder **zumindest vergleichbar** sein, z. B. Kaufpreisrente abhängig vom Grundstücksertrag (*OLG München* NJW-RR 1994, 469).   398
  Muster: *Krauß* Rn. 1477; *J. Mayer/Geck* § 7 Rn. 36.

cc) Lohn- oder Gehaltsklauseln (§ 3 II PrKlG). Die Zulässigkeit von sog. Lohn- oder Gehaltsklauseln, d. h. die Koppelung der Rente an die Lohn- bzw. Gehaltsentwicklung, richtet sich nach § 3 II PrKlG. Derartige Klauseln sind danach von vornherein nicht bei verlängerten Leibrenten oder reinen Zeitrenten einsetzbar. Im Übrigen ist ihre **Eignung zweifelhaft,** zum einen, weil sie nicht nur vom Geldwert, sondern unter anderem auch von verteilungspolitischen Gesichtspunkten abhängig sind, zum anderen, weil ein differenziertes Besoldungssystem (Zuschläge, Sonderregelungen) und dessen strukturelle Veränderungen berücksichtigt und ggf. gar antizipiert werden müssen.   399

dd) Verbraucherpreisindexklauseln (§ 3 I PrKlG). (1) Ausnahme vom Indexierungsverbot. Die Regelung für zulässige Preisindexklauseln ist in § 3 I PrKlG enthalten. Ein Verbraucherpreisindex stellt auf die Änderung der Verbraucherpreise und -gewohnheiten ab. Hierfür ermittelt das Statistische Bundesamt ab Januar 2003 auf der Basis 2000 nur noch einen umfassenden Verbraucherpreisindex für Deutschland (**VPI**) für die Lebenshaltung aller privater Haushalte für ganz Deutschland monatlich bzw. jährlich. Alle gebiets- und haushaltsbezogenen Teilindizes sind ab dem Basisjahr 2000 weggefallen.   400

Die Indexreihe wird regelmäßig in der NJW und der DNotZ veröffentlicht (**Nachfragen** beim Statistischen Bundesamt, 65.180 Wiesbaden, Service-Nr. 0611/75–4777, www.destatis.de, E-Mail: verbraucherpreisindex@destatis.de). Die Ausgangsbasis wird alle fünf Jahre neu festgesetzt (zuletzt 2010).
Für die Umstellung von Wertsicherungsklauseln auf den Verbraucherpreisindex für Deutschland auf der Basis 2000 = 100 stehen **Umbasierungsfaktoren** bis Dezember 2002 zur Verfügung; sie werden seit 2003 nicht mehr berechnet und veröffentlicht (*Rasch* DNotZ 2003, 730). Die in diesem Zusammenhang entstehenden Rechtsfragen erörtert *Reul* DNotZ 2003, 92.

Allgemeine Voraussetzungen (§ 2 PrKlG): Jede Preisklausel muss hinreichend bestimmt sein (§ 2 II PrKlG), so dass z. B. die Bezugnahme auf die künftige Preisentwicklung im Allgemeinen nicht ausreicht. Im Übrigen sind Einseitigkeitsklauseln (z. B. nur Erhöhung) oder überproportionale Anpassungen gegenüber der Bezugsgröße (z. B. Gleichsetzung von Indexpunkten mit dem Prozentsatz der Änderung der Geldschuld) nicht zulässig (§ 2 III PrKlG).   401

(2) Gestaltung. Bei langfristigen Zahlungen richtet sich die Zulässigkeit nach § 3 I PrKlG. In Betracht kommt die Anknüpfung an den VPI oder an den „harmonisierten Verbraucherpreisindex" (**HVPI**) für die EU-Mitgliedstaaten. Letztere Bezugsgröße dürfte nach wie vor in aller Regel nicht empfehlenswert sein (*Reul* DNotZ 2003, 92, 95). Die Anpassung kann **in regelmäßigen Intervallen** (hierfür aus praktischer Erfahrung *Rasch* DNotZ 2003, 730) und/oder nach Erreichung eines bestimmten Schwellenwerts stattfinden.   402

403 | **Formulierungsbeispiel: Jährliche Anpassungsklausel**

> Die Zahlung ist jährlich im Februar an die Preisentwicklung anzupassen. Gemessen wird diese anhand der jahresdurchschnittlichen Veränderung des Verbraucherpreisindex für Deutschland für das abgelaufene Kalenderjahr.

404 Bei stufenweiser Anpassung ist die **prozentuale Angabe des Schwellenwertes** der Änderung in Punkten vorzuziehen, weil nur so das Verhältnis zwischen Index- und Rentenveränderung stets gleich bleibt. So bedeutet die Steigerung des Index von 120 auf 132 eine Zunahme von 12 Punkten, aber nur eine Steigerung um 10 %. Außerdem wird dadurch kürzer werdenden Zeitintervallen zwischen den Änderungen vorgebeugt. Die prozentuale Angabe ist zudem unabhängig vom Basisjahr (und die Angabe des Basisjahrs sogar missverständlich), weil man sofort den jeweiligen Monatswert durch die aktuelle Indexreihe ersetzen kann und auf dieser Grundlage die Erreichung des gewählten Schwellenwerts errechnet (*Reul* DNotZ 2003, 92, 94). Demgegenüber ist das Basisjahr des Index bei einem an die Veränderung in Punkten geknüpften Schwellenwert maßgeblich und sollte angegeben werden. Hier ist auch die Frage der Indexumstellung regelungsbedürftig.

405 | **Formulierungsbeispiel: Anpassungsklausel mit Schwellenwert**

> Ändert sich der vom Statistischen Bundesamt berechnete Verbraucherpreisindex für Deutschland (VPI) um mindestens 5%, so verändert sich der geschuldete Geldbetrag im gleichen prozentualen Verhältnis.

406 Internet-Programm zur eigenständigen Berechnung von Schwellenwerten: www.destatis.de. Weitere Hinweise bei *Schöner/Stöber* Rn. 3254 ff.

407 Anstelle eines Automatismus kann die Anpassung von einem entsprechenden (i. d. R. schriftlichen) **Verlangen** abhängig gemacht werden. In diesem Fall ist die Anpassung in aller Regel nur *ex nunc* geschuldet, was klargestellt werden sollte. Formulierungsbeispiel bei *Krauß* Rn. 1486.

408 ee) **Anpassungsklausel nach § 323a ZPO (bzw. § 239 FamFG); Kombinationsklauseln.** Heutzutage ist in aller Regel eine **materiell-rechtliche Abänderbarkeit** der wiederkehrenden Leistung, die bis zum 31.12.2007 vielfach erforderlich war, um den vollen Sonderausgabenabzug zu erhalten, über die Wertsicherung hinaus nicht mehr erforderlich. Vgl. zur verbliebenen Bedeutung eines Vorbehalts nach § 323a ZPO bzw. nach § 239 FamFG (bei Unterhaltsverpflichtungen) *J. Mayer/Geck* § 7 Rn. 51 ff. mit Formulierungsbeispielen.

409 Wird eine beiderseitig wirkende Verbraucherpreisindexklausel (bzw. Gehaltsklausel) im Einzelfall mit einer Anpassungsklausel nach § 323a ZPO (bzw. § 239 FamFG) kombiniert, ist von ihrer Unzulässigkeit auszugehen, wenn nur der Gläubiger die Änderung verlangen kann (**Einseitigkeitsabrede**) oder für beide Teile eine Unterschreitung des festgelegten Ausgangsbetrages ausgeschlossen ist (**Mindestklausel** oder **Plafondierung**, vgl. § 2 III PrKlG). Allerdings wird in Übergabeverträgen die Vereinbarung einer Rente, die sich nur an den Unterhaltsbedürfnissen des Veräußerers orientiert, nicht mehr als unangemessene Benachteiligung angesehen (Nachweis bei *Schöner/Stöber* Rn. 3257 Fn. 7).

e) Leibrente und Pflichtteilsergänzung

410 Gegenleistungen in Form von Rentenleistungen sind kapitalisiert nach der statistischen Lebenserwartung und abgezinst auf den Tag des Eigentumswechsels **vom Grundstückswert abzuziehen;** ergänzungspflichtig hinsichtlich des Pflichtteils ist nur die Differenz (*Reiff* ZEV 1998, 245). Da es sich bei der Leibrente um eine echte Gegenleistung handelt, hat der Abzug unabhängig davon zu erfolgen, ob nach dem Niederstwertprinzip der Zuwendungs- oder der Todeszeitpunkt für die Wertbemessung maßgeblich ist (s. Rn. 316).

III. Vorbehaltene Rechte und Gegenleistungen bei Grundstückszuwendungen   A V

Der **Beginn der 10-Jahres-Frist** wird durch die Vereinbarung einer Leibrente nicht gehemmt, auch dann nicht, wenn die Rente sich an den Nettomieterträgen der überlassenen Immobilie orientiert, da es sich nicht um ein vorbehaltenes Recht, sondern um eine echte Gegenleistung handelt, die der Erwerber unabhängig davon zu erbringen hat, ob die Immobilie Erträge abwirft. Die vom *BGH* geforderte wirtschaftliche Ausgliederung ist daher richtigerweise zu bejahen (Bamberger/Roth/*J. Mayer* § 2325 BGB Rn. 34 m. w. N.). Gleichwohl empfiehlt es sich, auf eine zu starke Ausrichtung der Rente an den Nettomieterträgen zu verzichten. 411

f) Güterrechtliche Auswirkungen

Die wertmäßige Entwicklung des Leibrentenversprechens ist bei der Berechnung des Zugewinns des erwerbenden Ehegatten zu berücksichtigen (*BGH* DNotZ 2006, 127; vgl. oben Rn. 323). 412

g) Sicherung durch Reallast

Neben der schuldrechtlichen Leibrentenverpflichtung (§ 759 BGB) kann eine **Rentenreallast** (§§ 1105 ff. BGB) bestellt werden, was sich regelmäßig empfehlen wird. Leibrente und Reallast sind in Entstehung, Übertragung und Fortbestand voneinander unabhängig, allerdings verknüpft durch eine Sicherungsabrede. Aus der Rentenreallast stehen dem Berechtigten folgende **Ansprüche** zu: 413
– Der **dingliche Anspruch** aus der Reallast nach §§ 1105 I, 1107 BGB, gerichtet auf Duldung der Zwangsvollstreckung (§ 1147 BGB).
– Der **persönliche Anspruch** gegen den Eigentümer des belasteten Grundstücks auf Zahlung der während der Dauer seines Eigentums fällig werdenden Einzelleistungen (§ 1108 I BGB), gerichtet auf Zahlung als schuldrechtlicher Begleitanspruch. Dieser Anspruch ist mit dinglicher Wirkung abdingbar.
– Regelmäßig der **persönliche Anspruch auf Zahlung der Leibrente** (§ 759 BGB).

Zweckmäßig ist eine **Sicherungsabrede** dergestalt, dass die jeweiligen Zahlungen gegenseitig anzurechnen sind, so dass an den Berechtigten nur einmal zu leisten ist. Das aus dieser Vereinbarung resultierende **Leistungsverweigerungsrecht** kann durch Grundbucheintragung bei der Reallast **verdinglicht** werden (*Grziwotz* MittBayNot 2010, 341 m. w. N.; Formulierungsbeispiel bei *Krauß* Rn. 1509). Bei einer subjektiv-persönlichen Reallast wird in aller Regel zudem die Eintragung einer Löschungserleichterungsklausel nach § 23 II GBO sinnvoll sein. 414

Der gleitende Leistungsumfang ist in § 1105 I 2 BGB ausdrücklich erwähnt. Die vereinbarte **Wertsicherung der Reallast**, auch wenn sie nur auf Verlangen des Gläubigers eintritt, ist auf dieser Grundlage als Inhalt des dinglichen Rechts **eintragungsfähig**, wenn Art und Umfang der Veränderungen anhand der Vereinbarung zuverlässig feststellbar sind (*BGH* DNotZ 1991, 803). Das Bestimmtheitserfordernis ist bei Koppelung an den VPI oder an die Entwicklung der Beamtengehälter gewahrt; problematisch hingegen „Gewährung standesgemäßen Unterhalts" (näher *Lange-Parpart* RNotZ 2008, 377, 388 ff.). Alternativ kann der Grundbetrag durch Reallast und die Anpassungsverpflichtung ggf. durch Vormerkung bzw. die Rente insgesamt durch eine Grundschuld gesichert werden (näher *Krauß* Rn. 1513 f.). 415

Die Indexanpassung kann nach Überleitung (Rn. 513) auch vom Sozialhilfeträger verlangt werden (*BGH* DNotZ 1996, 93). Das Landesrecht beschränkt die Reallast vielfach auf bestimmte Leistungsgegenstände (Palandt/*Bassenge* § 1105 BGB Rn. 4). Näher zu landesrechtlichen Beschränkungen der Reallast Staudinger/*Hönle* (2012) Art. 115 EGBGB. 416

h) Zwangsvollstreckungsunterwerfung

Um den Berechtigten die notwendigen Titel zu verschaffen, ist eine **dreispurige Zwangsvollstreckungsunterwerfung** geboten. Seit der 2. Zwangsvollstreckungsnovelle 417

Herrler 595

müssen die von der Vollstreckungsunterwerfung erfassten **Ansprüche konkret bezeichnet** werden (vgl. jüngst *BGH* DNotZ 2013, 120 zu einer zu unbestimmten Zwangsvollstreckungsunterwerfung).

418 | **Formulierungsbeispiel: Zwangsvollstreckungsunterwerfung**

Der Erwerber unterwirft sich der sofortigen Zwangsvollstreckung aus dieser Urkunde wegen der Verpflichtungen
- die vereinbarte Leibrente zu zahlen,
- die Leibrente aus dem Grundstück zu entrichten (Reallast) und
- wegen der Verpflichtung des Grundstückseigentümers, die während der Dauer seines Eigentums fällig werdenden Leistungen aus der Reallast auch persönlich zu entrichten.

419 Eine etwaige Wertsicherung kann ebenfalls Bestandteil des Vollstreckungstitels i.S.v. § 794 I Nr. 5 ZPO sein, wenn eine hinreichend bestimmte (andernfalls ggf. Sicherung des Erhöhungsanspruchs durch Vormerkung), automatische Anpassung vereinbart ist (§§ 3ff. PrKlG). Für die Vollstreckbarkeit einer Unterhaltsrente mit Wertsicherungsklausel nach Maßgabe eines vom Statistischen Bundesamt erstellten Verbraucherpreisindex für die Lebenshaltungskosten als allgemein zugängliche Quelle ist dies ausdrücklich vom *BGH* anerkannt worden (DNotZ 2005, 285). In jedem Fall sollte stets ausdrücklich geregelt werden, ob sich die Vollstreckungsunterwerfung auch auf die Wertsicherung beziehen soll oder nicht. Echte dauernde Lasten sind hingegen nicht ausreichend bestimmt i.S.v. § 794 I Nr. 5 ZPO. **Muster:** *Basty* in: Kersten/Bühling § 66 Rn. 9, 14 M.

420 Bezieht sich die Unterwerfung auf den wertgesicherten Anspruch, ist umstritten, ob die Wertsicherung im Klauselerteilungsverfahren vom Notar (so *Wolfsteiner*, Die vollstreckbare Urkunde, 3. Aufl. 2011, Rn. 16.32) oder vom Vollstreckungsorgan zu berücksichtigen ist (so *Krauß* Rn. 1501). **Muster:** *Wolfsteiner* in: Kersten/Bühling § 19 Rn. 161 M.

i) Durchsetzung von Leibrente und Reallast

421 **aa) Vollstreckungsvarianten.** Werden die Leistungen nicht erbracht, stehen dem Berechtigten folgende Ansprüche zu:
- Vollstreckung in das **gesamte Vermögen** des Verpflichteten aus den persönlichen Ansprüchen nach §§ 759 und 1108 BGB (Eintragung einer Zwangssicherungshypothek – Versteigerung bei weiteren vorrangigen Rechten aber vielfach undurchführbar, vgl. Definition des geringsten Gebots in § 44 I ZVG).
- Zugriff gemäß §§ 1107, 1123 BGB auf die **Mieterträge** des Grundstücks durch Zwangsverwaltung oder durch Pfändung und Überweisung.
- Vollstreckung wegen der Reallastleistungen in das **Grundstück** (§ 1107 BGB).

422 Denkbar ist darüber hinaus eine **Verfallvereinbarung,** wonach der Berechtigte bei einem bestimmten Zahlungsrückstand oder bei Eröffnung des Insolvenzverfahrens über das Vermögen des Grundstückseigentümers bzw. Ablehnung mangels Masse **Gesamtablösung der Reallast** verlangen kann (Sicherung durch Sicherungshypothek oder Grundschuld). Formulierungsvorschlag bei *Krauß* Rn. 1530.

423 **bb) Problematik „Erlöschen der Reallast".** Betreibt der Reallastgläubiger die Zwangsversteigerung, so fällt das **Stammrecht** nicht in das geringste Gebot, da es sich nicht um ein vorgehendes Recht handelt (§ 44 I ZVG). Damit **erlischt die Reallast gemäß §§ 52 I, 91 I ZVG** durch den Zuschlag auch hinsichtlich der erst künftig fällig werdenden Leistungen. Aus dem Erlös werden zunächst die in den letzten zwei Jahren fälligen Einzelleistungen bedient (§ 10 I Nr. 4 ZVG). Im Übrigen tritt an die Stelle der Reallast nach §§ 92, 121 ZVG aus dem verfügbaren Erlös ein kapitalisierter Deckungsstock. Der Berechtigte

III. Vorbehaltene Rechte und Gegenleistungen bei Grundstückszuwendungen   A V

erhält Wertersatz aus dem Erlös durch Zahlung einer Geldrente (§ 92 ZVG; s. oben Rn. 324).

(1) **Abweichende Feststellung der Versteigerungsbedingungen gem. § 59 I ZVG.** Um 424 dieses missliche Ergebnis zu vermeiden, kann eine **abweichende Feststellung des geringsten Gebots nach § 59 I ZVG** beantragt werden (Aufnahme des Stammrechts in das geringste Gebot i.S.v. § 44 I ZVG), welche aber zwecks Vermeidung eines Doppelausgebots wohl der Zustimmung des Eigentümers bedarf (*Krauß* Rn. 1523 m.w.N.).

(2) **(Nachträgliche) Aufspaltung der Reallast.** Alternativ wurde in der Vergangenheit 425 erwogen, die Reallast von vornherein in der Weise zu bestellen, dass die rückständigen Raten mit dinglicher Wirkung Rang nach dem Recht im Übrigen haben sollten. Dem hat der *BGH* eine Absage erteilt (DNotZ 2004, 615). Ob nach dieser Entscheidung noch Raum für eine nachträgliche **Aufspaltung der Reallast** in eine nachrangige Teilreallast betreffend die Rückstände und eine vorrangige Teilreallast betreffend die später fälligen Leistungen verbleibt, so dass die vorrangige Teilreallast in das geringste Gebot fällt (so *Amann* DNotZ 2004, 599 unter Hinweis auf § 1151 BGB; Überblick *Böttcher* ZfIR 2007, 791; *Schöner/Stöber* Rn. 1317ff.), erscheint zumindest zweifelhaft (krit. *Krauß* Rn. 1524; *Lange-Parpart* RNotZ 2008, 377, 407; s. auch *BGH* DNotZ 2004, 615, 616).

(3) **Vormerkungsgesicherte Anspruch auf Bestellung einer weiteren Reallast.** Der 426 *BGH* selbst hat auf die Möglichkeit hingewiesen, für die im Vollstreckungsfall noch nicht fällig gewordenen Raten einen Anspruch auf Bestellung einer weiteren Reallast einzuräumen und dieses Recht durch eine vorrangige Vormerkung zu sichern (DNotZ 2004, 615, 616; so auch *OLG München* DNotZ 2007, 296 m. Anm. *Amann*). Ein derartiges Vorgehen mindert allerdings den Beleihungswert des Grundstücks und verursacht nicht unerhebliche Eintragungs- und Löschungskosten. Zudem ist unklar, ob die Vormerkung mehrmals verwendet werden kann (vgl. *Lange-Parpart* RNotZ 2008, 377, 405; *Oppermann* RNotZ 2004, 84, 87f.).

(4) **Bestellung einer nachrangigen Grundschuld.** Die vorgenannten Nachteile werden 427 vermieden bzw. minimiert, wenn unmittelbar hinter der Reallast eine Grundschuld in geringer Höhe eingetragen wird, welche die schuldrechtlich vereinbarten wiederkehrenden Leistungen sichert (*Oppermann* RNotZ 2004, 84). Die Höhe sollte sich an der persönlichen „Vollstreckungsschwelle" des Gläubigers orientieren. Durch nachträgliche Teilung der Grundschuld ist eine mehrfach Verwendung möglich (*Krauß* Rn. 1525f. mit Formulierungsvorschlag).

j) Schenkungsteuer; Grunderwerbsteuer

Rentenzahlungen sind als Leistungsauflagen wie bei einer gemischten Schenkung als be- 428 reicherungsmindernd abzuziehen (vgl. Rn. 329). Grunderwerbsteuerlich stellen die Zahlungen – unabhängig von der nachstehenden einkommensteuerlichen Unterscheidung – ein Entgelt dar, so dass eine Übertragung gegen wiederkehrende Zahlungen außerhalb des nach § 3 GrEStG befreiten Personenkreises Grunderwerbsteuer auslösen kann.

k) Einkommensteuer

Zur historischen Entwicklung des Rechtsinstituts „Vermögensübergabe gegen Versor- 429 gungsleistungen" vgl. die Ausführungen in der 5. Aufl. Tz. 191f.; **Überblick** über das Recht der Versorgungsleistungen nach dem Jahressteuergesetz 2008: *Wälzholz* DStR 2008, 273; *ders.* MittBayNot 2008, 93; *Spiegelberger* DB 2008, 1063.

Steuerlich gesehen kann die Zusage einer wiederkehrenden Zahlung (Rente/dauernde 430 Last) einen entgeltlichen oder unentgeltlichen Charakter haben. Unentgeltlich in diesem Sinne sind insbesondere Unterhaltsrenten, die nach § 12 Nr. 1 und 2 EStG steuerlich irrelevant sind. Dagegen sind sog. Veräußerungsrenten ein Entgelt für eine Vermögensübertragung und werden letztlich als ein verrenteter Kaufpreis behandelt.

431 Zwischen diesen beiden Kategorien hat sich steuerlich das Sonderrecht der „privaten Versorgungsrente" entwickelt, die ebenfalls kein Entgelt darstellen soll, weil sich bei ihr der Übergeber einer Vermögenseinheit – ähnlich wie bei einem Vorbehaltsnießbrauch – die Erträge des übertragenen Vermögens vorbehält. Diese Erträge werden zwar aufgrund der allgemeinen steuerlichen Grundsätze dem Erwerber zugerechnet, jedoch können sie (ähnlich wie beim Realsplitting unter geschiedenen Ehegatten) auf den Übergeber verschoben werden, indem die wiederkehrende Zahlung beim Erwerber als Sonderausgabe abgezogen und beim Übergeber als sonstige Einkünfte versteuert wird.

432 Der Gesetzgeber hat das von der Rechtsprechung und Finanzverwaltung (Rentenerlasse I–III) entwickelte Sonderrecht der Vermögensübergabe gegen Versorgungsleistung mit dem Jahressteuergesetz 2008 erheblich eingeschränkt. Nach der seither geltenden Fassung des § 10 I Nr. 1a EStG (zu Altfällen vgl. § 52 XXIII g EStG sowie die Darstellung in der 5. Aufl. Rn. 193 ff.) können Versorgungszahlungen nur noch als Sonderausgabe abgezogen werden, wenn sie im Rahmen einer betrieblichen Übergabe zugesagt worden sind, nämlich bei Übertragung von
- Betrieben/Teilbetrieben einschl. des Wohnteils eines land- und forstwirtschaftlichen Betriebes,
- Mitunternehmeranteilen an einer gewerblich oder freiberuflich tätigen Personengesellschaft (gewerbliche Prägung reicht nicht!),
- Anteilen von mindestens 50 % an einer GmbH, in welcher der Übergeber als Geschäftsführer tätig war, wobei der Erwerber diese Tätigkeit übernimmt.

433 Bei der Übertragung von Privatvermögen, insbesondere von vermieteten oder selbstgenutzten Immobilien, kommt eine Anwendung des § 10 I Nr. 1a EStG folglich nicht mehr in Betracht.

434 Der Gesetzgeber hat sich leider nicht dazu geäußert, wie etwaige dennoch vereinbarte Versorgungszahlungen im Rahmen der Übertragung von Privatvermögen steuerlich behandelt werden sollen. Die Finanzverwaltung hat ihre Einschätzung der Rechtslage im sog. IV. Rentenerlass v. 11.3.2010 (BStBl. I, 227) dargestellt. Dort wird unter Tz. 57 ausgeführt, dass wiederkehrende Zahlungen, die – insbesondere wegen Übertragung von Privatvermögen – nicht mehr von § 10 I Nr. 1a EStG erfasst werden, stets nach den Grundsätzen über entgeltliche Renten (Veräußerungsrenten) zu besteuern sind. Dies hat folgende Konsequenzen:
- Die wiederkehrende Zahlung wird in einen Tilgungsanteil (Barwert) und einen Zinsanteil aufgeteilt. Die Aufteilung der Zahlung in Zins- und Tilgungsanteil geschieht entweder nach der Tabelle in § 22 Nr. 1 S. 3 lit. a) bb) EStG oder nach versicherungsmathematischen Grundsätzen. Für die Kapitalisierung des Tilgungsanteils kann auf § 14 I BewG oder auf versicherungsmathematische Grundsätze zurückgegriffen werden.
- Übersteigt der Barwert den Verkehrswert des übertragenen Vermögens, so ist der übersteigende Teil der Rente als Unterhaltszahlung nach § 12 Nr. 2 EStG zu behandeln.
- Entspricht der Rentenbarwert dem Verkehrswert, liegt eine vollentgeltliche Veräußerung vor.
- Unterschreitet der Barwert den Verkehrswert, liegt eine teilentgeltliche Veräußerung vor.

435 Die bisher (vgl. *BFH* BStBl. II 2004, 211) angenommene Vermutung der Unentgeltlichkeit von Vermögensübertragungen im Familienkreis ist daher nach Meinung der Finanzverwaltung im Fall wiederkehrender Zahlungen nicht mehr anwendbar.

436 Soweit danach ein entgeltlicher Vorgang vorliegt, wird der Rentenbarwert beim Erwerber als Anschaffungskosten angesetzt und unterliegt – wenn die Immobilie vermietet wird – mit dem Gebäudeteil der AfA (Tz. 69, 70). Beim Übergeber liegt ein Veräußerungserlös vor, der im Falle der Steuerverstrickung des übertragenen Vermögens (v. a. §§ 17, 20 II, 23 EStG) steuerpflichtig wird, sobald die Summe der tatsächlich zugeflossenen Leistungen den Betrag der fortgeschriebenen Anschaffungskosten übersteigt.

III. Vorbehaltene Rechte und Gegenleistungen bei Grundstückszuwendungen   A V

Der Ertragsanteil der Rente kann vom Erwerber bei Vermietungseinkünften als Wer- 437
bungskosten abgezogen werden; werden Wertpapiere (§ 20 IX EStG) oder vom Erwerber
selbstgenutzte Immobilien übertragen, scheidet ein Werbungskostenabzug aus. Ungeachtet dessen ist der Ertragsanteil beim Empfänger steuerpflichtig, und zwar entweder
nach § 20 EStG (dauernde Last) oder nach § 22 EStG (Veräußerungsleibrente).

Die Übertragung gegen Veräußerungsrente kann für Immobilien außerhalb der Speku- 438
lationsfrist durchaus eine steuerlich günstige Gestaltung sein, da beim Erwerber durch
den Zinsanteil und das neue AfA-Volumen Werbungskosten generiert werden. Sofern jedoch erreicht werden soll, dass die Vermögenszuflüsse tatsächlich nur bei dem versteuert
werden, der sie erhält (also der Übergeber), wird man auf eine Nießbrauchsgestaltung
zurückgreifen müssen; vgl. hierzu und zu weiteren Gestaltungsoptionen *Spiegelberger*
DStR 2010, 1880.

4. Pflegeklauseln

Infolge des Aufbrechens der traditionellen Familienstrukturen und der vielfach gefor- 439
derten beruflichen Mobilität auch in örtlicher Hinsicht sind häusliche Pflegeklauseln
heutzutage gerade im großstädtischen Milieu nur noch wenig verbreitet. Gleichwohl entspricht die häusliche Pflege nicht selten dem Wunsch des Übergebers, ist unter Gerechtigkeitsgesichtspunkten erwägenswert, wenn einer von mehreren Abkömmlingen den
Großteil des elterlichen Vermögens erhält (u. a. gewisser Schutz der übrigen vor Unterhaltsforderungen) und eignet sich zur Reduzierung des unentgeltlichen Anteils der Zuwendung bei drohenden Pflichtteilsergänzungsansprüchen.

a) Inhalt

Die häusliche Versorgung (**Versorgung und Pflege**) sollte aus sozialhilfe- und grund- 440
buchrechtlichen Gründen und im Interesse der Transparenz der vom Erwerber übernommenen Verpflichtungen in einer möglichst eindeutigen Pflegeklausel mit folgenden
Regelungspunkten zusammengefasst werden:

Checkliste Pflegeklauseln   441

(1) **Pflegeanlass:** Krankheit und/oder Gebrechlichkeit; Pflegebedürftigkeit gem. SGB XI
(2) **Durchführung:** persönlich und/oder durch Dritte (vgl. § 613 S. 1 BGB); Vererblichkeit
(3) **Ort:** im übergebenen Anwesen oder in der jeweiligen Wohnung des Erwerbers; Wegzugsklausel (Rn. 370 ff.)?
(4) **Art** und **Umfang:** Körperpflege, Ernährung, Mobilität, hauswirtschaftliche Versorgung
(5) **Zumutbarkeit** für die Pflegeperson: Zeitaufwand, Vereinbarkeit mit beruflicher und familiärer Belastung, Begrenzung bis zu einer bestimmten Pflegestufe, z. B. Pflegeaufwand bis zu täglich 90 Minuten nach Pflegestufe I, § 15 I, III SGB XI
(6) **Störfallvorsorge?** Konsequenzen der Nicht- (oder nicht ordnungsgemäßen – Überprüfbarkeit problematisch!) Erbringung der geschuldeten Pflegeleistungen (Vertragsstrafe, Rückerwerbsrecht)
(7) **Pflegeversicherung:** Pflicht zur Antragstellung; Pflicht zur Weiterleitung des Pflegegeldes
(8) **Ersatz von Aufwendungen?**
(9) Verhältnis zu Geschwistern des Pflegeverpflichteten: Eigenes Forderungsrecht? Freistellungsverpflichtung (Unterhaltsansprüche) s. Rn. 524 ff.

b) Pflegeversicherung (SGB XI)

442 Es ist zu erwägen, zur **Konkretisierung** auf die Begriffe des Pflegeversicherungsgesetzes vom 26.5.1994 (BGBl. I, 1014 = SGB XI), zuletzt geändert durch Gesetz vom 15.7.2013 (BGBl. I, 2423), Bezug zu nehmen. In aller Regel dürfte eine persönliche Pflegeverpflichtung nur bis **Pflegestufe I** (§ 15 I Nr. 1, III 1 SGB XI) in Betracht kommen (Ruhen für die Zeitdauer der Höhergruppierung; anders allenfalls bei Auskehrung des Pflegegeldes). Alternativ ist denkbar, den geschuldeten Pflegeumfang auf den maximalen Pflegeaufwand in Pflegestufe I zu begrenzen (näher *J. Mayer/Geck* § 6 Rn. 32 ff.). Eine Zuordnung zu Pflegestufe I (erhebliche Pflegebedürftigkeit) setzt einen durchschnittlichen täglichen Zeitaufwand von mindestens 90 Minuten, davon mehr als 45 Minuten für die Grundpflege, jedoch weniger als drei Stunden bzw. weniger als zwei Stunden für die Grundpflege voraus (§ 15 III 1 Nr. 1 und Nr. 2 SGB XI).

443 Das **Pflegegeld** wurde 2008, 2010 und 2012 erhöht und soll künftig in einem dreijährigen Turnus angepasst werden (§ 30 SGB XI). Im Hinblick auf die Höhe des Pflegegeldes wird zwischen Pflegesachleistungen (§ 36 SGB XI), ambulantem Pflegegeld (§ 37 SGB XI), teilstationärer Pflege und Kurzzeitpflege (§§ 41 f. SGB XI) und vollstationärer Pflege (§ 43 SGB XI) differenziert. Der Anspruch auf Pflegegeld steht nicht der pflegenden Person, sondern dem Pflegebedürftigen selbst zu (§ 37 I SGB XI). Gegebenenfalls sollte daher eine Pflicht des Übergebers zur **Auskehrung** des Pflegegeldes an den Erwerber statuiert werden (krit. *J. Mayer* ZEV 1997, 176, 179). Erfolgt eine zusätzliche Unterstützung durch ambulante Pflegedienste, wird das Pflegegeld anteilig um die beanspruchte Sachleistung gemindert (vgl. 38 S. 2 SGB XI), was bei einer etwaigen Weiterleitungspflicht berücksichtigt werden sollte (stets Auskehrung des Tabellenbetrags oder lediglich Auskehrung des Zahlbetrags). Näher *J. Mayer/Geck* § 6 Rn. 37 ff.

444 Ausführlicherer Überblick über die Grundzüge des SGB XI bei *Krauß* Rn. 358 ff.

c) Absicherung

445 Wart- und Pflegeleistungen können Gegenstand einer *Reallast* sein (§ 1105 BGB). Der Leistungsumfang muss zumindest *bestimmbar* sein. Dies ist bei voller Pflegebedürftigkeit der Aufwand für eine bezahlte Pflegekraft. Es ist ausreichend, wenn die Frage letztlich in einem gerichtlichen Verfahren abschließend geklärt werden kann. Der *BGH* hat deshalb eine bestimmbare Leistung bei Übernahme einer persönlichen Pflegepflicht bejaht, „soweit sie den Übernehmern unter Berücksichtigung ihrer beruflichen und familiären Verhältnisse, insbesondere unter Berücksichtigung der Betreuung von Kindern der Übernehmer und nach deren körperlichen Fähigkeiten und ihrem Vermögen zur Pflege nach ihrer Ausbildung und ihren Kenntnissen zumutbar ist" (*BGH* DNotZ 1996, 93; vgl. hierzu *Lange-Parpart* RNotZ 2008, 377, 388 f.). Mit dieser Entscheidung ist die Grundbuchsicherung der Pflegeklausel erleichtert. Zum Zwangsversteigerungsprivileg nach § 9 I ZVG bei Eintragung als Leibgeding i. S. v. § 49 GBO s. Rn. 458. Eine Pflegeklausel könnte wie folgt lauten (vgl. *Amann* DNotI-Report 1995, 64):

446 Formulierungsbeispiel: Pflegeklausel

Der Erwerber hat dem Veräußerer auf dessen Lebensdauer bei Krankheit oder Gebrechlichkeit sorgsame Versorgung und Pflege im übergebenen Anwesen, auch durch Dritte (ggf. durch Familienangehörige), zu gewähren. Dies umfasst nicht die Leistungen geschulten Personals, im Übrigen aber alle Verrichtungen im Ablauf des täglichen Lebens, zu denen der Veräußerer selbst nicht mehr in der Lage ist, insbesondere bei der Körperpflege, Ernährung, Mobilität und hauswirtschaftlichen Versorgung. Dabei sind persönliche, berufliche und familiäre Verhältnisse sowie Bedarf und Leistungsfähigkeit zu berücksichtigen.

III. Vorbehaltene Rechte und Gegenleistungen bei Grundstückszuwendungen A V

> ▼ Fortsetzung: **Formulierungsbeispiel: Pflegeklausel**
>
> Die Versorgung und Pflege durch den Erwerber ruht insoweit, als der Veräußerer Sachleistungen aus einer Pflegeversicherung beanspruchen kann. Bezieht der Veräußerer stattdessen Pflegegeld, verbleibt es bei den vereinbarten Leistungspflichten, soweit sie nicht schon anderweitig erbracht werden. Der Erwerber kann jedoch verlangen, dass ihm derjenige Teil des Pflegegeldes überlassen wird, welcher auf die von ihm vorzunehmenden Pflegeleistungen entfällt. Bei Meinungsverschiedenheiten über den auszukehrenden Betrag ist dieser gemäß § 317 BGB durch eine von beiden Seiten übereinstimmend benannte Person, hilfsweise durch den Hausarzt des Veräußerers verbindlich festzusetzen.
> Der Erwerber bestellt dem Veräußerer zur Sicherung der vereinbarten wiederkehrenden Leistungen eine entsprechende Reallast am gesamten übergebenen Grundbesitz. Es wird bewilligt und beantragt ...

Weitere Formulierungsvorschläge bei *Krauß* Rn. 1356, 1362, 1368, 1370; *J. Mayer/ Geck* § 6 Rn. 50. Ausführlicher zur Gestaltung von Pflegeklauseln: *Krauß* Rn. 1335 ff.; *J. Mayer/Geck* § 6. **447**

Zur Überleitung von Ansprüchen auf den Sozialhilfeträger vgl. Rn. 513 ff.; zum gesetzlichen Unterhaltsanspruch s. Rn. 527 f. **448**

d) Schenkungsteuer

Versorgungsleistungen sind bereicherungsmindernde Leistungsauflagen; zur Bewertung vgl. Abschn. H E 7.4 Abs. 1 ErbStH 2011 (Stichwort „Übernommene Pflegeleistungen als Gegenleistung"). Abgeltungen für Pflegeleistungen sind bis zu 20.000 EUR steuerfrei (§ 13 I Nr. 9 ErbStG 2009), wobei der *BFH* von einem umfassenden (nicht auf Leistungen i. S. d. SGB XI beschränkten) Pflegebegriff ausgeht, vgl. BFH ZEV 2013, 690. **449**

e) Einkommensteuer

Außerhalb der Übertragung von Betriebsvermögen und qualifizierten GmbH-Anteilen scheidet nach heutigem Recht ein Sonderausgabenabzug der Pflegeaufwendungen des Erwerbers aus; rein persönliche Dienstleistungen sind jedoch – anders als Sachleistungen oder die Bezahlung einer Ersatzkraft – auch im Anwendungsbereich des § 10 I 1 Nr. 1a EStG nicht abziehbar, vgl. BMF-Schreiben v. 11.3.2010 Tz. 45. **450**

Einnahmen des Pflegebedürftigen für Leistungen zur Grundpflege oder hauswirtschaftlichen Versorgung bis zur Höhe des Pflegegeldes unterliegen nicht der Einkommensteuer, wenn diese Leistungen von Angehörigen des Pflegebedürftigen oder von anderen Personen erbracht werden, die damit eine sittliche Pflicht erfüllen (§ 3 I Nr. 36 EStG; hierzu *BFH* DStR 1999, 1807). **451**

5. Absicherung durch Altenteil (Leibgeding)

Wünschen die Veräußerer eine umfassende Versorgung durch den Erwerber am gewohnten Ort, bezeichnet man die vorbehaltenen Nutzungsrechte und die vom Erwerber übernommenen Leistungspflichten zusammenfassend als Altenteil (auch Leibgeding, Austrag, Leibzucht u. Ä., vgl. Staudinger/*J. Mayer* Einl. zu § 1105 BGB Rn. 32 ff.). **452**

a) Begriff

Eine gesetzliche Definition des Altenteils (Leibgedings), welches aufgrund des Versorgungscharakters an vier Stellen im Gesetz **Privilegierungen** erfährt (Art. 96 EGBGB, § 49 GBO, § 9 I EGZVG, § 850b I Nr. 3, II ZPO, vgl. Rn. 455 ff.), existiert nicht. Den genannten Vorschriften liegt auch kein einheitliches Begriffsverständnis zugrunde. Der Versor- **453**

gungscharakter impliziert, dass Leistung und Gegenleistung nicht gegeneinander abgewogen sind. Außerdem dürfen nicht ausschließlich Geldleistungen vereinbart, sondern es müssen (zumindest auch) Sach- und Dienstleistungen geschuldet sein. Ob es notwendig einer örtlichen Beziehung des Berechtigten zu dem überlassenen Grundstück bedarf, auf oder aus dem die Leistungen gewährt werden, ist nicht abschließend geklärt (vgl. *BGH* DNotZ 1994, 881; *Krauß* Rn. 1433ff.).

454 Ob es darüber hinaus der **Übergabe einer die Existenz sichernden Wirtschaftseinheit** bedarf, wird im Hinblick auf die einzelnen gesetzlichen Privilegierungen unterschiedlich beurteilt. Für die Zwecke von Art. 96 EGBGB und § 850b I Nr. 3, II ZPO wird eine Grundstücksübertragung nicht allein dadurch zum Altenteil, dass ein Wohnrecht mit Versorgungsverpflichtung vereinbart wird. Hinzutreten muss, dass dem Übernehmer ein Gut oder Grundstück überlassen wird, aus dessen Nutzungen er sich eine Lebensgrundlage schaffen und gleichzeitig den dem Altenteiler geschuldeten Unterhalt zumindest teilweise gewinnen kann (*BGH* DNotZ 1996, 639 [Art. 96 EGBGB]; DNotZ 2008, 124 [§ 850b I Nr. 3, II ZPO]; hierzu kritisch *J. Mayer* DNotZ 1996, 620 und *Rosendorfer* MittBayNot 2005, 1). Für § 49 GBO bedarf es nicht der Übergabe einer die Existenz sichernden Wirtschaftseinheit (*BGH* NJW 1994, 1158; DNotZ 1996, 636). Zu § 9 I existiert bislang keine aktuelle Rechtsprechung (vgl. *Weyland* MittRhNotK 1997, 55, 71).

b) Funktionen

455 (1) **Schuldrecht:** Art. 96 EGBGB erlaubt landesgesetzliche Vorschriften über das sich aus dem Altenteilsvertrag ergebende Schuldverhältnis. Davon haben alle alten Bundesländer außer Hamburg und Bremen Gebrauch gemacht, ebenso Thüringen. Beim Leibgedingsvertrag werden durch das Landesrecht in unterschiedlichem Umfang u. a. Leistungsstörungsregelungen modifiziert, insbesondere Wertersatz für ein nicht wahrgenommenes Wohnungsrecht angeordnet (Überblick *Wirich* ZEV 2008, 372).

456 Vorausgesetzt ist, dass die Existenzgrundlage vom Übergeber bereits geschaffen wurde oder dass das Grundstück für den Übernehmer eine die Existenz zumindest teilweise begründende Wirtschaftseinheit darstellt (*BGH* NJW 2003, 1126, 1325). Der **vertragliche Ausschluss dieses Landesrechts** ist zulässig, vor allem, wenn es um die Vermeidung der Überleitbarkeit des Wertersatzes für ein Wohnungsrecht an den Sozialhilfeträger im Pflegeheimfall geht (vgl. Rn. 513). Umgekehrt mag es im Einzelfall zweckmäßig sein, die entsprechenden landesrechtlichen Bestimmung vertraglich zu vereinbaren, wenn es z. B. an der Übergabe einer existenzsichernden Wirtschaftseinheit fehlt (Formulierungsbeispiel bei *Krauß* Rn. 1447).

457 (2) **Grundbuch:** Nach § 49 GBO kann bei einem Altenteil über § 874 BGB hinaus auf die Eintragungsbewilligung Bezug genommen werden, ohne die gewährten Rechte im Einzelnen zu bezeichnen, ohne das Gemeinschaftsverhältnis anzugeben und ohne Angabe der im Einzelnen belasteten Grundstücke. Die Voraussetzung für ein Leibgeding nach Landesrecht i. S. v. Art. 96 EGBGB muss für § 49 GBO – wie bereits erwähnt (Rn. 454) – nicht erfüllt sein.

458 (3) **Vollstreckung:** Alle alten Bundesländer außer Bremen und Hamburg, ebenso Thüringen haben von dem **Zwangsversteigerungsprivileg des § 9 I EGZVG** für Altenteilsrechte Gebrauch gemacht (vgl. Rn. 455). Das Vorrecht ist nicht von der entsprechenden Bezeichnung als Altenteil im Grundbuch abhängig (*Demharter* § 49 GBO Rn. 7). Eine (jedenfalls teilweise) existenzsichernde Wirtschaftseinheit muss nicht übergeben sein (*Weyland* MittRhNotK 1997, 55, 71 unter Verweis auf RGZ 162, 52).

459 (4) **Pfändung:** Fortlaufende Einkünfte aufgrund eines Altenteils sind nur bedingt pfändbar (§ 850b I Nr. 3, II ZPO; hierzu *BGH* DNotZ 2008, 124).

III. Vorbehaltene Rechte und Gegenleistungen bei Grundstückszuwendungen

c) Ausschluss vom Altenteil

Nicht leibgedingsfähig sind 460
- ein isolierter Nießbrauch am gesamten überlassenen Grundbesitz wegen des fehlenden Versorgungsaspekts (*BayObLG* DNotZ 1975, 622; differenzierend Staudinger/*Frank* (2009) Vorbem. §§ 1030ff. Rn. 58),
- Grunddienstbarkeiten, subjektiv-dingliche Reallasten, Grundpfandrechte und das Dauerwohnrecht nach §§ 31ff. WEG,
- reine Geldzahlungspflichten bzw. Zahlungsreallasten, sofern im Übrigen keine örtliche Bindung an den belasteten Grundbesitz (z.B. durch Wohnungsrecht) besteht, und
- an sich leibgedingsfähige, aber wertmäßig mit der Gegenleistung abgewogene Leistungen (*BGH* NJW 1981, 2568).

Einzelheiten: *Böhringer* BWNotZ 1987, 29 = MittBayNot 1988, 103; *Wolf* MittBay- 461
Not 1994, 117; *Schöner/Stöber* Rn. 1320ff.

Muster: *Dieckmann* in: Beck'sches Formularbuch Form. IV 17. 462

d) Schenkungsteuer

Leistungsauflagen sind wie Gegenleistungen bei gemischten Schenkungen abzugsfähig, 463
ebenso Nutzungs- oder Duldungsauflagen nach neuer Rechtslage (oben Rn. 329).

e) Einkommensteuer

Auf einen Leibgedingsvertrag können bei Erfüllung der Voraussetzungen die Regeln der 464
Rechtsprechung und Finanzverwaltung zur Vermögensübergabe gegen Versorgungsleistungen bei Vertragsabschluss bis Ende 2007 auch künftig zur Anwendung kommen und damit zu ertragsteuerlichen Konsequenzen führen. Hinsichtlich der Wohnungsnutzung gelten unter der gleichen Voraussetzung die Regeln des III. Rentenerlasses 2004 Tz. 45. Wenn der Nutzungswert dem Übergeber zuzurechnen ist (z.B. bei Überlassung einer ganzen Wohnung), sind nur die tatsächlichen Aufwendungen, wie etwa für Strom, Heizung und Wasser anzusetzen, zu denen sich der Erwerber verpflichtet hat. Die vom Erwerber vertraglich übernommene Instandhaltungspflicht ist deshalb als dauernde Last abziehbar (*BFH* DStR 1999, 2111). Ein Abzug anteiliger Absetzung für Abnutzung, Schuldzinsen oder öffentlicher Lasten, die vom Erwerber geschuldet werden, scheidet aus.

6. Rückforderungsrechte

Checkliste Rückforderungsrecht 465

(1) **Eigenständiges vertragliches Rückerwerbsrecht:** Gesetzliches Rücktrittsregime (§§ 346ff. BGB) i.d.R. nicht sachgerecht
(2) **Rückforderungsgründe**
 - Freies Rückforderungsrecht (wohl nur aus schenkungsteuerlichen Gründen)
 - Enumerative Rückforderungsgründe (unberechtigte Veräußerung/Belastung; Vorversterben; Insolvenz oder Zwangsvollstreckungsmaßnahmen; Heirat ohne Ehevertrag; Scheidung; Fehlverhalten; unerwünschte steuerliche Folgen)
 - Anlauf der 10-Jahresfrist des § 2325 III 1, 2 BGB?
(3) **Berechtigungsverhältnis** bei mehreren Berechtigten
(4) **Begründung des Rückübereignungsanspruchs**: i.d.R. zweistufiger Mechanismus
 - Entstehung des Rückübereignungsanspruchs nur bei form- und fristgerechter Ausübung des Rückerwerbsrechts
 - Ausübung i.d.R. höchstpersönlich
 - Übertragbarkeit bzw. Vererblichkeit des Rückerwerbsrechts bzw. des entstandenen Rückübereignungsanspruchs

▶

> ▼ Fortsetzung: **Checkliste Rückforderungsrecht**
>
> (5) **Rückübereignung:** Erleichterung durch Erteilung einer Vollmacht
> (6) **Absicherung** des (bedingten) Rückübereignungsanspruchs
>   – Vormerkung
>   – Gewährleistung der Löschbarkeit nach Versterben des Berechtigten (auflösende Bedingung; ggf. auch Vollmacht – aber § 117 InsO!)
> (7) **Erstattung** einer etwaigen Gegenleistung bzw. sonstiger (werterhöhender) Aufwendungen

a) Relevanz

466 Gesetzliche Rückforderungsrechte kommen bei Schenkungen nur unter engen, äußerst streitanfälligen Tatbestandsvoraussetzungen („grober Undank", § 530 BGB) in Betracht. Daher sollten vertragliche Rückforderungsrechte **stets erörtert** und ein gänzlicher **Verzicht** auch in der Urkunde **dokumentiert** werden. Eine entsprechende Belehrungspflicht besteht jedoch nicht (*OLG Bamberg* DNotZ 2004, 718). Die Vereinbarung eines Rückforderungsrechts kann ganz unterschiedlich motiviert sein. Neben der Absicherung von **Wohlverhaltenserwartungen** des Übergebers bzw. dem **Schutz vor Gläubigerzugriff** können dadurch **steuerliche Ziele** verfolgt werden (Anlauf der 10-Jahresfrist des 14 ErbStG ohne relevanten Kontrollverlust). Mitunter kann sich der Übergeber durch die Abmilderung des Vermögensverlustes überhaupt erst zu einer lebzeitigen Übertragung durchringen. Rückforderungsrechte sollten aber, da sie mit einer nicht unerheblichen **Einschränkung** der persönlichen, rechtlichen und wirtschaftlichen **Entscheidungsfreiheit und Handlungsfähigkeit** des Erwerbers verbunden sein können (erschwerte Beleihbarkeit; Investitionshemmnis; ggf. Nichtanlauf der 10-Jahresfrist des § 2325 III 1, 2 BGB), **nur bewusst eingesetzt** werden. Vor einer undifferenzierten Aufnahme eines ganzen Rückforderungskatalogs ist zu warnen, weil sie den Erwerber unnötig disziplinieren. Das Rückforderungsrecht kann wert- und kostenmäßig mit 10% des Grundstückswerts angesetzt werden (*BayObLG* MittBayNot 1999, 492; *OLG Koblenz* RNotZ 2002, 338).

b) Rückerwerbsrechtsregime

467 **aa) Form- und fristgebundene, höchstpersönliche Geltendmachung des Rückerwerbsrechts.** Ist dem Übergeber daran gelegen, den Zuwendungsgegenstand unter bestimmten Voraussetzungen zurückzuerwerben, bietet sich auf den ersten Blick eine auflösend bedingte Schenkung (§ 158 II BGB) an. Der damit verbundene **Automatismus** entspricht jedoch vielfach nicht den Interessen der Beteiligten (keine Möglichkeit der einzelfallbezogenen Beurteilung des „Fehlverhaltens" des Erwerbers; Entstehung des Rückübertragungsanspruchs zur Unzeit [Insolvenz, drohende Zwangsvollstreckung etc.]). Zur Vermeidung eines derartigen Automatismus sollte vereinbart werden, dass der Rückübereignungsanspruch nur bei form- und fristgerechter Ausübung des Rückerwerbsrechts entsteht, welches wiederum (in aller Regel) an den Eintritt bestimmter, klar umrissener Ereignisse geknüpft ist. Durch eine derartige **Rückforderung auf Verlangen** (Optionsmodell) wird dem Veräußerer ein (zeitlich begrenztes) Entscheidungsrecht eingeräumt (*Weser* ZEV 1995, 353; *Spiegelberger* MittBayNot 2000, 1).

468 | **Formulierungsbeispiel: Form- und fristgerechte Geltendmachung**
>
> Das Verlangen auf Rückübertragung kann nur schriftlich und nur innerhalb von ... Monaten von dem Zeitpunkt an ausgeübt werden, in dem der Veräußerer von den Tatsachen Kenntnis erhält, die ihn zur Geltendmachung des Anspruchs berechtigen. Ohne dieses Verlangen entsteht der Anspruch nicht.

III. Vorbehaltene Rechte und Gegenleistungen bei Grundstückszuwendungen   A V

Damit ist für eine etwaige Pfändung (unten Rn. 486 f.) klargestellt, dass dem Veräuße- **469** rer zwei Rechte, nämlich ein eigenständiges Gestaltungsrecht und der dadurch entstehende Rückübertragungsanspruch zustehen. Wird das Gestaltungsrecht als „höchstpersönlich" qualifiziert, hindert dies die Ausübung durch den Betreuer oder den rechtsgeschäftlichen Vertreter. Weiterhin sollte geregelt werden, ob ein etwa entstandener Rückübereignungsanspruch veräußerlich und/oder vererblich ist oder beim Tod des Berechtigten vor Grundbuchvollzug des Rückerwerbs erlischt. Im Falle der Veräußerlichkeit bzw. Vererblichkeit sollte für die Löschung der Vormerkung (unten Rn. 500 ff.) Sorge getragen werden.

> **Formulierungsbeispiel: Höchstpersönliches Rückübertragungsverlangen** **470**
>
> Das Verlangen auf Rückübertragung kann ausschließlich durch den Veräußerer geltend gemacht werden. Es ist weder übertragbar noch vererblich. Hat der Veräußerer das Rückübertragungsverlangen wirksam geltend gemacht, ist der entstandene Übertragungsanspruch übertragbar und vererblich.

Bei Höchstpersönlichkeit des Gestaltungsrechts sollte zwecks Vermeidung einer dau- **471** erhaften Verfügungs- und damit ggf. Investitionssperre bestimmt werden, dass ein gesetzlicher oder rechtsgeschäftlicher Vertreter berechtigt ist, einer an sich verbotenen Verfügung zuzustimmen und ihr damit zur Wirksamkeit gegenüber der Vormerkung zu verhelfen (*Krauß* Rn. 1855).

bb) Eigenständige vertragliche Rückerwerbsregeln. Rechtsfolgenseits könnte man sich **472** grundsätzlich die §§ 346 ff. BGB nutzbar machen. In aller Regel wird jedoch die umfassende Pflicht zur Rückgewähr bzw. zum Wertersatz, auch im Hinblick auf gewährte Dienstleistungen des Erwerbers, nicht gewünscht sein (*Weser* ZEV 1995, 353, 356). Daher empfiehlt sich eine eigenständige vertragliche Regelung der Rechtsfolgen.

c) Rückforderungsgründe

aa) Freies Rückforderungsrecht. In aller Regel wird ein freies Rückforderungsrecht **473** vom Erwerber nicht akzeptiert, weil es ihn der Willkür des Veräußerers aussetzt. Das freie Rückforderungsrecht ist zudem pfändbar (unten Rn. 486). Im Grundsatz bestehen aber keine generellen zivilrechtlichen Bedenken gegen ein freies Rückforderungsrecht. Auch der *BFH* bejaht in ständiger Rechtsprechung die Ausführung einer Schenkung i. S. v. § 9 I Nr. 2 ErbStG trotz freier Widerruflichkeit (*BFH* NJW 1990, 1750; Arg.: Schenkung erlösche erst mit Ausübung des Widerrufsrechts und Herausgabe des Zuwendungsgegenstands nach § 29 I Nr. 1 ErbStG).

> **Praxishinweis Steuern:**
>
> Allerdings erwirbt der Beschenkte in einem solchen Fall regelmäßig keine Mitunternehmerstellung, wodurch die Anwendung der §§ 13a, 13b ErbStG ausscheidet, vgl. Abschn. H E 13b.5 ErbStH 2011. Im Hinblick auf die Einkommensteuer kann – auch im Privatvermögen – allenfalls an der Ernsthaftigkeit der Übertragung der Einkunftsquelle gezweifelt werden (vgl. *BFH* BStBl. 1983 II 631, wonach das wirtschaftliche Eigentum – entschieden allerdings aufgrund der Rechtslage vor Inkrafttreten der AO – bei Rückbehalt umfassender Nutzungs- und Widerrufsrechte nicht übergeht).

bb) Verfügungsbeschränkung. Die Rückforderung kann verlangt werden, wenn der **474** Erwerber über den Vertragsgegenstand zu Lebzeiten des Veräußerers ohne dessen (schriftliche) Zustimmung verfügt, z. B. veräußert oder belastet. Unter den untechnischen Begriff der Verfügung wird vielfach auch die Vermietung und die Neuvalutierung eines Grundpfandrechts gefasst. Eine unzulässige Verfügung liegt ferner bei Belastung mit einer Zwangshypothek vor (*BGH* MittBayNot 2009, 60).

475 cc) **Vermögensverfall.** Ein Rückforderungsrecht ist i.d.R. für den Fall zweckmäßig, dass über das Vermögen des Erwerbers das Insolvenzverfahren beantragt oder die Zwangsvollstreckung in das übergebene Grundstück betrieben wird und wenn die Zwangsmaßnahme nicht innerhalb kurzer Frist (4–8 Wochen) zurückgenommen oder zurückgewiesen wird.

476 An der Anerkennung von Lösungsklauseln in Übergabeverträgen (vgl. *Reul* DNotZ 2007, 649 im Anschluss an *BGH* DNotZ 2007, 682; *Zimmer* ZfIR 2008, 91, *DNotI-Gutachten* Nr. 11.548 und aktuell Nr. 126.920) dürfte sich auch durch die Entscheidung des *BGH* zur Unzulässigkeit insolvenzbedingter Lösungsklauseln in Energielieferungsverträgen (NJW 2013, 1159) nichts ändern, da bei Übergabeverträgen keine Beeinträchtigung des Insolvenzverwalterwahlrechts nach § 103 InsO in Rede steht (Überlassungsverträge i.d.R. keine gegenseitigen Verträge, zudem mit Eigentumsumschreibung auf Erwerber vollständig erfüllt) und der spätere Insolvenzschuldner von vornherein nur „belastetes" Eigentum erworben hat (ebenso *BGH* DNotZ 2013, 518; Reul/Heckschen/Wienberg/*Reul*, Insolvenzrecht in der Gestaltungspraxis, 2012, B Rn. 144f.; *Krauß* Rn. 1898). Entgegen *Huber* (ZIP 2013, 493, 499) ist m.E. kein Belehrungshinweis erforderlich.

477 Es ist denkbar, das Rückforderungsrecht von einer „wesentlichen Verschlechterung der Vermögensverhältnisse des Beschenkten" abhängig zu machen (*OLG München* MittBayNot 2008, 50 m. Anm. *Wartenburger*). Nicht ausreichend bestimmt ist die Bedingung, dass „ein Berechtigter außerstande ist, den bisherigen Lebensstandard aufrecht zu erhalten" (*OLG Düsseldorf* DNotZ 2008, 618 m. krit. Anm. *Volmer*). Im Übrigen ist eine Grundstücksschenkung, in der ein durch Vormerkung gesicherter Rückübertragungsanspruch bei Vermögensverfall oder Insolvenz des Begünstigten vereinbart wird, im Insolvenzverfahren des Begünstigten mangels objektiver Gläubigerbenachteiligung nicht anfechtbar, da niemals unbelastetes Eigentum seitens des Insolvenzschuldners existierte (*BGH* DNotZ 2008, 518 m. Anm. *Amann*; anders bei nachträglich vereinbartem Rückforderungsrecht). Jedenfalls werterhöhende Aufwendungen sollten dem Rückübertragungsverpflichteten aber erstattet werden (vgl. *Reul* DNotZ 2008, 824).

478 dd) **Tod des Erwerbers.** Das Rückforderungsrecht besteht, wenn der Erwerber vor dem Veräußerer verstirbt, da der überlassene Vermögensgegenstand anderenfalls von Todes wegen an den oder die gesetzlichen oder gewillkürten Erben des Erwerbers fiele, auf deren Auswahl der Übergeber in Ermangelung einer erbrechtlichen Bindung keinen Einfluss hat. Im Übrigen würde der Zuwendungsgegenstand im Nachlass die Bemessungsgrundlage etwaiger Pflichtteilsansprüche erhöhen. Sofern es dem Übergeber allein um die Familienbindung geht, kann dieses Rückforderungsrecht mit der Einschränkung versehen werden, dass es nur entsteht, wenn nach dem Erwerber nicht bestimmte Personen (z. B. dessen eheliche Kinder) von Todes wegen zum Zuge kommen.

479 ee) **Fehlverhalten des Erwerbers.** Ein Rückforderungsrecht kann auch an ein wie auch immer geartetes Fehlverhalten des Erwerbers (ggf. nur aus Sicht des Übergebers) geknüpft werden. Insbesondere bei einer gemischten Schenkung ist es zweckmäßig, den Tatbestand des § 530 BGB für die gesamte Zuwendung vertraglich zu vereinbaren. Der Anspruch ist vormerkungsfähig (*BGH* DNotZ 2002, 775 m. Anm. *Schippers*). Eine vergleichbare Sanktion kann durch die Bezugnahme auf das Recht der Pflichtteilsentziehung (§§ 2333ff. BGB) erreicht werden, das seit der Reform keine schwer greifbare Generalklausel mehr enthält. Denkbar, wenn auch streitanfällig, ist die Rückforderung bei Verletzung der im Vertrag vereinbarten Pflegeverpflichtung (*OLG Köln* MittRhNotK

III. Vorbehaltene Rechte und Gegenleistungen bei Grundstückszuwendungen A V

1999, 49). Besser handhabbar sind klar umrissene Tatbestände (Geschäftsunfähigkeit, Betreuungsbedürftigkeit, Abbruch des Studiums, Beitritt zu einer Sekte, ggf. auch Drogen- oder Spielsucht). Generell sollten im Interesse der Streitvermeidung nur solche Verhaltensweisen mit einem Rückforderungsrecht belegt werden, die **hinreichend bestimmt** gefasst werden können, zumal auch die Vormerkungsfähigkeit des Rückforderungsanspruchs hiervon abhängt (näher *Krauß* Rn. 1919 f. mit Formulierungsvorschlag und w. N.).

ff) Güterrecht. Die Rückforderung wird vorgesehen, falls der Erwerber nicht Gütertrennung vereinbart oder die Zuwendung durch Ehevertrag dem Zugewinnausgleich entzogen wird. Der Anspruch ist vormerkungsfähig (*BayObLG* DNotZ 2002, 784). Das gleiche Recht besteht bei Vereinbarung von Gütergemeinschaft durch den Erwerber, es sei denn, dass die Zuwendung zum Vorbehaltsgut (§ 1418 II Nr. 2 BGB) erklärt wird. Für ehebedingte Zuwendungen vgl. Rn. 185 ff. **480**

gg) Scheidung. Bei Veräußerung an den Ehegatten ist die Rückforderung möglich, falls die Ehe geschieden wird oder der Antrag auf Scheidung der Ehe durch … gestellt wird oder die Eheleute länger als … Monate getrennt leben (§ 1567 BGB; vgl. oben Rn. 188 ff.). Für eingetragene Lebenspartnern gilt Entsprechendes. **481**

hh) Steuerklausel. Die Rückforderung kann bei nicht erwarteten oder unerwartet hohen Schenkungsteuerbelastungen (insbesondere bei Nichtgewährung der Begünstigung von Betriebsvermögen nach §§ 13a, 19a ErbStG) oder bei unerwartet hoher Bewertung des Zuwendungsgegenstands verlangt werden. Dadurch fällt gem. § 29 ErbStG weder für die ursprüngliche Zuwendung noch für die Rückübertragung Schenkungsteuer an. **482**

Formulierungsvorschlag bei *Krauß* Rn. 1923. **483**

Darüber hinaus kann eine Rückforderung auch für den Fall vorbehalten werden, dass sich **nachträglich** die **Möglichkeit einer geringeren Steuerlast** ergibt (Reduzierung des Steuersatzes, gänzliches Entfallen der Schenkungsteuer o. Ä.). Nach Rückabwicklung und Erstattung der Steuer (§ 29 ErbStG) wird die Schenkung dann erneut unter den günstigeren Bedingungen ausgeführt. Ob hierin ein Missbrauch steuerlicher Gestaltungsmöglichkeiten nach § 42 AO zu sehen sein kann, ist noch nicht abschließend geklärt (vgl. *Krauß* Rn. 1922 ff.; *Wachter* ErbStB 2006, 312; Anwendungserlass v. 17.7.2008 zu § 42 AO, *BMF* BStBl. I, 694). **484**

Praxishinweis Steuern:
Eine durch Übergang des wirtschaftlichen Eigentums eingetretene Entnahme aus einem Betriebsvermögen kann nicht durch Ausübung eines Rückforderungsrechtes wieder rückgängig gemacht werden.

Zusammenfassendes Formulierungsbeispiel s. oben Rn. 174. **485**

d) Pfändung

aa) Allgemeines. Die Pfändbarkeit eines freien Rückforderungsrechts im Wege der **Doppelpfändung** von Gestaltungsrecht und Rückübertragungsanspruch wurde vom *BGH* bejaht (DNotZ 2004, 298 = ZEV 2003, 293 m. Anm. *Langenfeld*; *Berringer* DNotZ 2004, 245; *Meyer/Burrer* NotBZ 2004, 383). Hieran ändert im Grundsatz weder die Höchstpersönlichkeit noch die vertraglich vereinbarte fehlende Übertragbarkeit und Vererblichkeit etwas (Umkehrschluss aus § 852 II ZPO). Noch nicht geklärt, aber vielfach befürwortet werden **Pfändungsbeschränkungen in Anlehnung an § 852 I und II ZPO** bei ehebezogenen und familiären Rückforderungsgründen (Scheidung, Vorversterben, vgl. *Langenfeld* ZEV 2003, 295). Allerdings hindert dies nicht die Pfändung des in **486**

seiner Verwertbarkeit aufschiebend bedingten Anspruchs (vgl. *BGH* DNotZ 2009, 860 m. Anm. *Goltzsche*). Ob die beschränkte Pfändbarkeit auch auf den Fall der unberechtigten Verfügung Anwendung findet (Schutz des Familienvermögens), ist ebenfalls noch ungeklärt (vgl. *Meyer/Burrer* NotBZ 2004, 385).

487 **bb) Rückforderbarkeit bei Vermögensverfall/Vollstreckungszugriff.** Problematisch ist insbesondere die Rückforderbarkeit bei **Vermögensverfall** oder **Vollstreckungszugriff Dritter**, weil sie auch aus der Sicht des Gläubigers des Erwerbers im Ergebnis vollstreckungsfreies Vermögen schaffen würde. Die Pfändung kann bereits vor Ausübung des Gestaltungsrechts im Grundbuch vermerkt werden. Zu diesem Zweck kann die Eintragung einer bisher unterlassenen Vormerkung erzwungen werden. Die dadurch entstehende nicht unerhebliche Sperrwirkung (kein Rangrücktritt, keine Löschung der Vormerkung ohne Mitwirkung des Pfandgläubigers, ggf. auch kein Erlassvertrag) lässt sich nicht erfolgreich durch eine auflösende Bedingung des künftigen Rückforderungsanspruchs für den Fall der Pfändung oder Insolvenz des Rückforderungsgläubigers beseitigen (§ 138 I BGB, jedenfalls Anfechtbarkeit nach § 133 I InsO, § 3 I AnfG). Ob die Anfechtbarkeit ausgeschlossen ist, wenn die Beteiligten bei Begründung des Rückforderungsrechts vereinbaren, dass das Rückforderungsrecht erlischt, wenn der berechtigte Veräußerer nach entsprechender Aufforderung durch den Erwerber sein Recht nicht fristgerecht bestätigt (sog. **"Verschweigungslösung"** nach *Koch/Mayer* ZEV 2007, 55, 60 f., Formulierungsvorschlag bei *Krauß* Rn. 1802), erscheint mit Blick auf § 129 II InsO (auch Unterlassungen grundsätzlich anfechtbar) zumindest ungewiss. Unabhängig davon wird ein Rückforderungsrecht weiterhin für den Vermögensverfall empfohlen, wenn dieser mit größerer Wahrscheinlichkeit beim Erwerber zu erwarten ist (zusammenfassend *C. Münch* FamRZ 2004, 1329).

e) Mehrere Beteiligte

488 **aa) Auf Erwerberseite.** Bei mehreren **Erwerbern** ist nur derjenige zur Rückgabe verpflichtet, der die Voraussetzung erfüllt. Bei gesamthänderischer Berechtigung mehrerer Erwerber ist es zweckmäßig, die Rückforderung insgesamt zuzulassen, wenn der Tatbestand in der Person eines Erwerbers erfüllt ist. Um Vorsorge für eine etwaige Rechtsnachfolge auf Erwerberseite zu treffen, kann beim Tatbestand der Rückforderungsgründe ggf. auf die Verwirklichung durch den „jeweiligen Eigentümer" abgestellt werden (zu den damit verbundenen Problemen vgl. *Krauß* Rn. 1863 ff.).

489 **bb) Auf Berechtigtenseite.** Bei mehreren **Berechtigten** ist der einheitliche Übereignungsanspruch zu gleichen (oder verschiedenen) Teilen nach §§ 741 ff. BGB zuzuordnen und die weitere Frage zu klären, wer den Anspruch geltend macht und an wen zu leisten ist (als Mitberechtigten nach § 432 BGB oder als Gesamtgläubiger nach § 428 BGB, hierzu hilfreiche Abwägung bei *Amann* DNotZ 2008, 324). Gegebenenfalls steht die Berechtigung der Gesamthand der Gütergemeinschaft zu (Formulierungsvorschlag bei *Krauß* Rn. 1819). Stirbt einer der Berechtigten, so ist zu regeln, ob in diesem Fall dem Überlebenden das Rückforderungsrecht allein zusteht (was in aller Regel dem Willen der Beteiligten entspricht). Bei Gesamtgläubigerschaft ist dies gesetzliche Folge des Versterbens eines Berechtigten, Im Übrigen bedarf es einer vertraglichen Regelung (subsidiäre Gesamtberechtigung nach § 428 BGB: „... sodann dem Längerlebenden allein", weiteres, aufschiebend bedingtes Recht für den Längerlebenden oder auf den Todesfall aufschiebend bedingte Abtretung der Rechte des Erstversterbenden). Vgl. zur Vormerkung unten Rn. 497.

f) Rückabwicklung

490 **aa) Rückauflassung.** In allen Fällen der Rückforderung ist die Rückauflassung des Grundstücks unter Mitwirkung des Erwerbers oder seiner Erben erforderlich. Zumindest für den Fall des Vorversterbens des Erwerbers sollte dem Veräußerer zur Erleichterung der Rückabwicklung eine unwiderrufliche **Vollmacht** (hierzu *LG Itzehoe* ZErb 2004, 273) zur Rückauflassung erteilt werden. Diese Vollmacht kann in der Weise gebunden werden, dass von ihr nur beim amtierenden Notar (samt seinem Vertreter und Amtsnachfolger) Gebrauch gemacht werden kann, der wiederum übereinstimmend von den Beteiligten angewiesen wird, die Rückübereignung nur gegen Vorlage der Sterbeurkunde des Erwerbers zu veranlassen (zu den Rechtsfolgen für die Pflichtteilsberechnung bei Beerbung des Erwerbers durch den Veräußerer vgl. DNotI-Report 2004, 11).

bb) Gegenleistung. Hat die Rückforderung Strafcharakter, besteht grundsätzlich keine Veranlassung, etwaige Verwendungen des Erwerbers zu erstatten. Beim Vorversterben des Erwerbers sollten den Erben aber jedenfalls die nachweisbar aus eigenen Mitteln vorgenommenen Investitionen im Rahmen der **noch vorhandenen Wertsteigerung** erstattet werden (ggf. beschränkt auf solche Maßnahmen, die mit Zustimmung der Veräußerers vorgenommen wurden). Gleiches gilt für die Rückforderungsgründe Vermögensverfall und Zwangsvollstreckungsmaßnahmen in den Zuwendungsgegenstand, um eine Gläubigerbenachteiligung i. S. v. § 129 InsO auszuschließen. Anstelle einer differenzierten Lösung dürfte es sich vielfach empfehlen, generell eine Pflicht zur Erstattung werterhöhender Aufwendungen vorzusehen.

Formulierungsbeispiel: Bedingungen der Rückübertragung
1. Das Vertragsobjekt ist dem Veräußerer auf seine **Kosten** zu übertragen.
2. Im Grundbuch eingetragene **Belastungen** hat der Erwerber grundsätzlich auf eigene Kosten löschen zu lassen. Davon ausgenommen sind Rechte, die heute bereits im Grundbuch eingetragen sind, sowie Rechte, die Rang vor der Vormerkung haben, welche zur Sicherung des Übertragungsanspruchs noch eingetragen wird. Solche Belastungen hat der Übertragungsberechtigte zur weiteren dinglichen Haftung zu übernehmen.
3. Hat der Erwerber **Investitionen** in das Vertragsobjekt vorgenommen, kann er verlangen, dass ihm solche Aufwendungen ersetzt werden, allerdings nur, soweit durch sie der Wert des Vertragsobjektes bei der Rückübertragung noch erhöht ist. Im selben Umfang ist er von etwaigen Verbindlichkeiten freizustellen, die er zur Finanzierung dieser Investitionen eingegangen ist.

In allen einschlägigen Fällen sollte außerdem die Auswirkung auf etwaige Gleichstellungsgelder bzw. Pflichtteilserklärungen geregelt werden.

cc) Steuerliche Folgen. Die **Schenkungsteuer** erlischt rückwirkend, wenn ein Geschenk wegen eines Rückforderungsrechts herausgegeben werden muss. Allerdings muss der Nutzungsvorteil versteuert werden (§ 29 I Nr. 1, II ErbStG; hierzu *Jülicher* ZEV 2003, 350).

Wurde begünstigtes **Betriebsvermögen** vor dem 1.1.2011 lebzeitig oder durch Tod übertragen, das bereits Gegenstand einer vor dem 1.1.2007 ausgeführten Schenkung zwischen denselben Beteiligten war und wegen eines vertraglichen Rückforderungsrechts nach dem 11.11.2005 herausgegeben werden musste, ist § 13a ErbStG n. F. nicht anzuwenden (§ 37 III ErbStG n. F.). Die erneute Zuwendung von Betriebsvermögen nach einer Schenkung mit Rückforderungsvorbehalt nach dem 1.1.2007 wird also von dieser Strafklausel nicht erfasst.

g) Sicherung durch Vormerkung

Ein durch den Auslösungsgrund und durch die Geltendmachung mehrfach bedingter Rückübertragungsanspruch kann durch Vormerkung gesichert werden (*BGH* DNotZ 1997, 155). Die nachträgliche Erstreckung einer eingetragenen Vormerkung auf weitere

Rückforderungsgründe soll nach Ansicht des *BGH* möglich sein (DNotZ 2008, 514 m. krit. Anm. *Amann*; vgl. zur Wiederverwendung bzw. -aufladung der Vormerkung Rn. 416, 422). Im Zweifel dürfte sich mit Blick auf die aktuelle, wohl restriktivere Linie des BGH (DNotZ 2012, 609) die Eintragung einer weiteren Vormerkung empfehlen, auch um das Rangverhältnis deutlich zu machen. Sofern für den Veräußerer weitere Rechte (z.B. ein Nießbrauchs- oder Wohnungsrecht) im Grundbuch eingetragen werden, bedarf es nicht unbedingt der Eintragung der Vormerkung, soweit die Vormerkung (bzw. die Rückforderungsgründe) primär nur der (weiteren) Absicherung dieser anderen Rechte dient (vgl. *Reithmann/Albrecht* Rn. 665). Unter diesen Umständen mag man sich aus Kostengründen auf die Bewilligung mit vorbehaltener Antragstellung beschränken. Allerdings bewirkt nur die eingetragene Vormerkung eine wirksame Verfügungssperre (vgl. *Michael* notar 2008, 325). Sie stellt dann auch die Grundlage für die Eintragung eines Pfändungsvermerks dar (oben Rn. 487). Ggf. ist **Vorsorge für die Bestellung künftiger Grundpfandrechte** (zwecks Finanzierung notwendiger Instandhaltungs- und Instandsetzungsarbeiten) durch Rangvorbehalt zu treffen (vgl. *Krauß* Rn. 1964 ff. mit Formulierungsbeispielen).

497 **aa) Mehrere Berechtigte.** Steht der Rückübertragungsanspruch zunächst zwei Berechtigten, insbesondere Ehepartnern, gemeinsam zu und nach dem Tod des einen von ihnen dem Überlebenden allein, so wird darin ein Anspruch gesehen, der durch eine *einzige* Vormerkung gesichert werden kann (*BayObLG* DNotZ 1996, 366 m. Anm. *Liedel* = ZEV 1995, 294 m. Anm. *Lichtenberger* im Anschluss an *Amann* MittBayNot 1990, 225), was bei Gesamtberechtigung nach § 428 BGB unproblematisch ist.

498 | Formulierungsbeispiel: Gesamtberechtigung nach § 428 BGB

Zur Sicherung der Ansprüche der Veräußerer als Gesamtberechtigte nach § 428 BGB auf Rückerwerb des Eigentums an dem Grundbesitz zu je ½-Miteigentum, bedingt für jeden allein, nach Ausübung des Rückforderungsrechts wird die Eintragung einer Vormerkung bewilligt und beantragt.

499 Im Falle der Sukzessivberechtigung sollte bei der Eintragung der Vormerkung in das Grundbuch die vom Tod des erstversterbenden Ehegatten abhängige Erweiterung der Berechtigung auf den Überlebenden zum Ausdruck kommen (*OLG Frankfurt* ZErb 2004, 350).

500 **bb) Sicherstellung der Löschung.** Die Vormerkung zur Sicherung des bedingten Anspruchs auf Rückübertragung kann grundsätzlich nur aufgrund Bewilligung des Berechtigten bzw. dessen Rechtsnachfolger gem. § 19 GBO gelöscht werden, was zeit- und kostenaufwendig ist (insbesondere § 35 GBO). Unproblematisch möglich ist die Löschung der Vormerkung hingegen **unter Vorlage der Sterbeurkunde nach § 22 GBO**, wenn entweder bereits der (auch der bereits durch Ausübung entstandene) Rückübertragungsanspruch mit dem Tod des Berechtigten erlischt oder die Vormerkung auflösend befristet auf den Tod bestellt wird.

501 Ist der **Rückforderungsanspruch** – wie üblicherweise – für den Fall der lebzeitigen Geltendmachung **vererblich**, behält die Vormerkung ihre Sicherungsfunktion über den Tod des Berechtigten hinaus und sollte daher m.E. tendenziell nicht auf den Tod des Berechtigten auflösend befristet werden (a.A. wohl *Krauß* Rn. 1974). Auf diese Weise hängt die Löschung der Vormerkung von der im Falle der Nichtentstehung des Anspruchs erzwingbaren, gleichwohl aber zeit-, kosten- und ggf. streitintensiven Zustimmung der Erben bzw. des Testamentsvollstreckers ab (vgl. hierzu *BayObLG* DNotZ 1996, 20; 1999, 508). Bei Berücksichtigung der wechselseitigen berechtigten Interessen erscheint daher eine nicht auf den Tod, sondern **auf einen angemessenen Zeitraum nach**

dem Tod des Berechtigten auflösend befristete Vormerkung vorzugswürdig (Lambert-Lang/Tropf/Frenz/*Hertel*, Handbuch der Grundstückspraxis, Teil 2 Rn. 611), da dadurch dem berechtigten Sicherungsinteresse des Rechtsnachfolgers Rechnung getragen wird und gleichzeitig eine Löschung aufgrund Unrichtigkeitsnachweis möglich bleibt. Weniger geeignet ist hingegen die Löschungsvollmacht, zum einen wegen der mit deren Ausübung verbundenen höheren Kosten, zum anderen wegen der fehlenden Insolvenzfestigkeit (§ 117 InsO).

Eine **Löschungserleichterung** (§ 23 II GBO) bei Tod des Berechtigten kann nicht eingetragen werden, da es sich um ein eigenständiges Recht und nicht um einen Rückstand handelt (*BGH* NJW 1992, 1683; DNotZ 1996, 453). Ggf. lässt sich eine unwirksame Löschungserleichterung aber in eine Vollmacht zur Abgabe einer Löschungsbewilligung an den Erwerber umdeuten (*Amann* DNotZ 1998, 8; MittBayNot 1999, 76). **502**

h) Weiterleitungsklausel

Eine solche Vereinbarung hat zum Ziel, den Vertragsgegenstand nach Ablauf des eigentlichen Rückforderungsrechts unter vergleichbaren Bedingungen an Dritte, meist Geschwister oder Kinder des Erwerbers zu übereignen. Solche Klauseln sind zwar grundsätzlich zulässig, müssen in Voraussetzung und Wirkung aber sehr genau konstruiert werden (vgl. *Jülicher* ZEV 1998, 201, 285). In aller Regel sind keine unabsehbaren Bindungen gewünscht. Zudem muss das Valutaverhältnis zwischen Veräußerer und begünstigtem Dritten formgerecht geregelt werden (*Schöner/Stöber* Rn. 928). **503**

Muster: *C. Münch* Rn. 1104, 1192 (Erwerbsrecht der Kinder im Scheidungsfall). **504**

i) Anlauf der 10-Jahresfrist nach § 2325 III BGB

Höchstrichterlich noch ungeklärt ist die Frage, ob bzw. unter welchen Voraussetzungen eine lebzeitige Vermögensübertragung unter Vorbehalt von Rückforderungsrechten den Anlauf der 10-Jahresfrist nach § 2325 III 2 BGB hindert. **505**

aa) Freies Rückforderungsrecht. In der Konsequenz der BGH-Entscheidung zum Nießbrauchsvorbehalt steht eine umfassende Zugriffsmöglichkeit des Veräußerers auf den Substanzwert des Zuwendungsgegenstandes dem Anlauf der 10-Jahresfrist wohl entgegen, da **kein spürbares Vermögensopfer** vorliegt. Zwar wird dem entgegen gehalten, dem Erwerber stünden die Nutzungen uneingeschränkt zu. Der Pflichtteilsberechtigte sei auch nicht schutzwürdig, da sich der Zuwendungsgegenstand bei Geltendmachung des Rückforderungsrechts wieder im Vermögen des späteren Erblassers befinde und somit als Nachlassbestandteil in die Bemessungsgrundlage des ordentlichen Pflichtteilsanspruchs nach § 2311 BGB falle (*Ellenbeck* MittRhNotK 1997, 41, 53; *Heinrich* MittRhNotK 1995, 157, 165). Dennoch dürfte der Fristanlauf zu verneinen sein, da der Erwerber seine Eigentümerrechte nur „unter dem Damoklesschwert der Rückforderungsmöglichkeit" ausübt, deren Aktualisierung jederzeit droht. Der Übergeber kann den Substanzwert beliebig aktivieren. Durch diese Machtposition hat er ferner – zumindest faktisch – die Möglichkeit, Einfluss auf die Nutzung des Zuwendungsgegenstandes zu nehmen. Gleiches gilt für konkrete Rückforderungsgründe, deren Eintritt allein im Einflussbereich des Übergebers liegt (h. M., vgl. *Cornelius*, Der Pflichtteilsergänzungsanspruch, 2004, Rn. 744 ff.; *Herrler* ZEV 2008, 461, 463 f.; *Kollhosser* AcP 194 (1994), 231, 264). **506**

bb) Rückforderungsgründe außerhalb des Einflussbereichs des Übergebers. Rückforderungsgründe, die außerhalb des Einflussbereichs des Übergebers im Verhalten oder den Verhältnissen des Erwerbers begründet liegen (s. Rn. 474 ff.), stehen der wirtschaftlichen Ausgliederung und damit dem **Anlauf der 10-Jahresfrist** nach **ganz h. L.** nicht entgegen, da der Übergeber weder selbstbestimmt auf den Substanzwert zugreifen noch die Nutzung des Zuwendungsgegenstandes in seinem Sinne beeinflussen kann. Das *OLG Düsseldorf* hat allerdings den Anlauf der 10-Jahresfrist für den Rückforderungsgrund der **507**

Veräußerung oder Belastung ohne Zustimmung des Veräußerers verneint, da die Eigentümerposition des Erwerbers dadurch erheblich beeinträchtigt werde und darin die Absicht der Übergeberin zum Ausdruck komme, den wirtschaftlichen Wert der Grundstücke zu ihrer Verfügbarkeit zu halten (ZEV 2008, 525 m. abl. Anm. *Herrler* = DNotZ 2009, 67 m. abl. Anm. *Diehn*). Überzeugend ist dies nicht, da es für den Genussverzicht allein auf die Position des Übergebers und nicht auf eine etwaige Beeinträchtigung des Erwerbers ankommt (DNotI-Report 2011, 65, 66 f. m. w. N.).

7. Berücksichtigung staatlicher Leistungspflichten

508 Bei der Gestaltung des Übertragungsvertrages sollte besonderes Augenmerk darauf gerichtet werden, wie sich die einzelnen Bestimmungen auf staatliche Leistungspflichten auswirken. Zum einen können sich Kürzungen von Rentenrechten ergeben. Zum anderen kann die Überleitung von Rechtspositionen auf den Sozialhilfeträger die Interessenlage unvermutet verändern (vgl. im Einzelnen *Krauß* MittBayNot 1992, 77; *Weyland* MittRhNotK 1997, 55; *J. Mayer/Geck* § 3 Rn. 21 ff.; speziell zur Landwirtschaft *Plagemann* AgrarR 1989, 85). Vertragliche Versorgungsrechte bleiben von Leistungen nach dem Pflegeversicherungsgesetz (SGB XI) unberührt (*J. Mayer* DNotZ 1995, 571). Zum Sozialfürsorgerecht vgl. *Krauß* MittBayNot 2004, 330 und unten Rn. 545 ff.

a) Leistungskürzung durch Anrechnung

509 In folgenden Fällen können vertragliche Gegenleistungen zu anrechnungspflichtigen Einkünften führen (vgl. *Krauß* MittBayNot 1992, 77):

510 Erhält der Ehegatte des Veräußerers eigene Leistungen, kann seine unentgeltliche Familienkrankenversicherung gefährdet sein (§ 10 I Nr. 5 SGB V). Vertragliche Einnahmen in Geldern oder als Sachbezüge mindern die Hilfebedürftigkeit i. S. v. § 9 SGB II (Grundsicherung für Arbeitssuchende). Entsprechendes gilt für die Grundsicherung im Alter und bei Erwerbsminderung nach dem 4. Kapitel des SGB XII und für die Kriegsopferfürsorge nach § 27a BVG (Kriegsopferfürsorge).

511 Wenn der Veräußerer Kriegsbeschädigter ist, können seine Rentenansprüche nach dem Bundesversorgungsgesetz durch Gegenleistungen im Übertragungsvertrag verringert werden. Das gilt zwar nicht für die sog. Grundrente nach § 31 BVG, dafür jedoch um so mehr für die sog. **Ausgleichsrente** gemäß § 32 BVG. Vgl. *J. Mayer/Geck* § 3 Rn. 16 ff. Auf den sog. **Berufsschadensausgleich** nach § 30 BVG werden Altenteilsleistungen – allerdings unter strengen Voraussetzungen – ebenfalls angerechnet (vgl. *Gitter* DNotZ 1984, 600). Vergleichbare Auswirkungen gelten für Witwen, Waisen und Eltern von Kriegsbeschädigten (§§ 38 ff. BVG).

b) Auswirkungen auf das sozialhilferechtliche Pflegegeld nach § 64 SGB XII

512 Nachrangig zur Pflegeversicherung sind innerhalb der Einkommens- und Vermögensgrenzen Leistungen der Sozialhilfe zu erbringen, z. B. vor Erreichen einer Pflegestufe oder bei nicht durch eine Pflegestufe gedecktem Pflegebedarf (§§ 61 ff. SGB XII, vgl. *Krauß* Rn. 1008 ff.). Es ist davon auszugehen, dass das Pflegegeld (§ 64 SGB XII) bei einer Pflegevereinbarung um bis zu zwei Drittel gekürzt wird und der Aufwendungsersatz für Pflegepersonen nach § 65 SGB XII ganz oder teilweise entfällt (*Rastätter* ZEV 1996, 281).

c) Überleitung von Ansprüchen an den Sozialhilfeträger nach §§ 93, 94 SGB XII bzw. cessio legis nach § 33 SGB II

513 Nach diesen Vorschriften kann der Träger der Sozialhilfe Ansprüche des Hilfeempfängers gegen Dritte auf sich überleiten (ebenso gem. § 27g BVG für nachrangige Kriegsopferfürsorgeleistungen). Die Überleitungsanzeige geschieht durch Verwaltungsakt, der

III. Vorbehaltene Rechte und Gegenleistungen bei Grundstückszuwendungen　　A V

seit 1.1.2005 vor dem Sozialgericht angefochten werden kann (§ 51 I Nr. 6a SGG). Bezieht der Übergeber Hilfe für Arbeitssuchende nach SGB II (Erwerbsfähige vor Vollendung des 65. Lebensjahrs, vgl. § 7 I 1 SGB II), gehen die Ansprüche nach § 33 SGB II kraft Gesetzes auf den Leistungsträger über. Da die Kosten für stationäre Heimpflege z. T. erheblich über der Erstattungsgrenze für die Pflegesachleistung aus der Pflegeversicherung liegen (Pflegestufe III ab 1.1.2012 max. monatlich 1.550 EUR mit Anhebung in den Folgejahren, § 36 SGB XII), bleibt die Überleitung unverändert aktuell. Auf diesen Umstand sollte in der Urkunde allgemein hingewiesen werden.

Formulierungsbeispiel: Belehrungshinweis „Zugriff des Trägers der Sozialhilfe"	514
Vertragliche und unterhaltsrechtliche Ansprüche des Veräußerers gegen den Erwerber und gegen die anderen Kinder können nach einer Überleitung nach dem Sozialgesetzbuch XII – Sozialhilfe – auch vom Träger der Sozialhilfe, insbesondere bei Heimunterbringung, geltend gemacht werden.	

aa) Rechtsfolgen. Erfolgt die Übertragung zur Vereitelung des Rückgriffsanspruchs, 515 können schuldrechtlicher Vertrag und Auflassung im Ausnahmefall nach § 138 BGB nichtig sein. Dann besteht der überleitungsfähige **Herausgabeanspruch** nach § 985 BGB (*OVG Münster* NJW 1989, 2834).

(1) Schenkungswiderruf nach § 528 BGB. Überleitungsfähig ist insbesondere der 516 **Rückforderungsanspruch** des Veräußerers wegen Notbedarfs nach § 528 BGB innerhalb der Zehnjahresfrist des § 529 BGB (*BGH* NJW 1986, 1607; 2007, 60; vgl. *Ruby* ZEV 2005, 102). Vorbehaltene Nutzungsrechte hindern den Fristlauf nach § 529 BGB allerdings nicht (*BGH* ZEV 2011, 666). Auf den Anspruch kann vertraglich nicht im voraus verzichtet werden. Ein Erlassvertrag nach Entstehung des Anspruchs ist grundsätzlich sittenwidrig; ist die Überleitung bereits erfolgt, fehlt dem Veräußerer bereits die Verfügungsbefugnis. Der Rückforderungsanspruch geht dem Unterhaltsanspruch des Schenkers vor (*BGH* NJW 1991, 1824). Er gilt nicht nur für reine Schenkungen, sondern auch für gemischte Schenkungen und Schenkungen unter Auflage, nicht hingegen für Ausstattungen i. S. v. § 1624 BGB (s. oben Rn 377 zur Aufgabe eines Wohnungsrechts; zur Behandlung ehebezogener Zuwendungen vgl. *J. Mayer/Geck* § 3 Rn. 56 ff.). Der Anspruch nach § 528 BGB beschränkt sich bei unteilbarem Schenkungsgegenstand auf anteiligen Wertersatz in Geld (*BGH* NJW 1985, 2419). Der regelmäßig wiederkehrende Unterhaltsbedarf ist zu erfüllen, bis der Wert des Schenkungsgegenstandes erschöpft ist (*BGH* NJW 1996, 987). Die Rückgabe des Geschenks an den Schenker befreit den Beschenkten dann nicht (*BGH* NJW 1994, 1655). Der Beschenkte kann sich nicht auf den Schutz des „angemessenen Hausgrundstücks" für den Schenker in § 90 II Nr. 7 SGB XII berufen (hierzu *BGH* DNotZ 2005, 281 m. Anm. *Meisterernst*).

(2) Wohnungsrecht; Nießbrauch. Während das gesetzlich ausgestaltete (kein Gestat- 517 tung der Ausübungsüberlassung i. S. v. § 1092 I 2 BGB) **Wohnungsrecht** als nicht pfändbares, höchstpersönliches Recht **nicht überleitungsfähig** ist, unterliegt der Nießbrauch als umfassendes Nutzungsrecht dem Zugriff des Sozialleistungsträgers. Noch nicht abschließend geklärt ist indes, ob der **Nießbrauch** als Ganzes oder lediglich die sich aus dessen Ausübung ergebenden Ansprüche **überleitungsfähig** sind. Relevant wird diese Frage allenfalls dann, wenn eine Nutzung des Nießbrauchs unterbleibt (Leerstehenlassen des Objekts), da in diesem Fall keine überleitungsfähigen Zahlungsansprüche existieren und nur eine Kürzung der Hilfe in Betracht kommt (§ 26 I 1 SGB XII, § 31a I SGB II). Eine Vermietungspflicht des Nießbrauchers soll hingegen nicht bestehen (*OLG Köln* ZEV 2011, 670).

Wird umgekehrt der Erwerber hilfebedürftig, schließt die Belastung eines (Haus-) 518 Grundstücks mit einem Nießbrauch oder Wohnrecht dessen Verwertung als Vermögen

i. S. v. § 90 SGB XII bzw. § 12 I 1 SGB II nicht generell aus. Vielmehr ist im Einzelfall zu prüfen, ob eine Verwertungsmöglichkeit besteht (*BSG* MittBayNot 2013, 174 m. Anm. *Grziwotz* in Abgrenzung zu *BSG* MittBayNot 2008, 239).

519 **(3) Rückforderungsrechte.** Ob vertraglich vereinbarte Rückforderungsrechte (hierzu Rn. 473 ff.) unabhängig von ihrer konkreten Ausgestaltung als (doppelt) bedingtes, höchstpersönliches und ggf. nur eingeschränkt vererbliches Recht ebenfalls dem Zugriff des Leistungsträgers unterliegen, ist höchstrichterlich noch nicht geklärt. Angesichts dessen, dass auch Gestaltungsrechte pfändbar sind (*BGH* NJW 2003, 1858) und eine Überleitung und Geltendmachung des beschränkt pfändbaren Pflichtteilsanspruchs unabhängig vom Vorliegen der Voraussetzungen des § 852 I ZPO möglich ist (*BGH* DNotZ 2005, 296 m. Anm. *Spall*), dürfte auch das vertraglich vereinbarte Rückforderungsrecht überleitungsfähig sein (vgl. § 93 I 4 SGB XII; *Vaupel* RNotZ 2009.497, 521; *Auktor* notar 2012, 184, 190; *J. Mayer/Geck* § 3 Rn. 150 ff. m. w. N.; a. A. *Krauß* Rn. 1804). Eine Verwertung setzt freilich den Eintritt des Rückerwerbsfalls voraus. Verneint man eine Überleitungsfähigkeit, steht es dem Leistungsträger gleichwohl frei, den Rückforderungsberechtigten zur Ausübung des Rechts aufzufordern und bei Weigerung die Hilfe nach Maßgabe von § 26 I 1 SGB XII bzw. § 31a I SGB II zu kürzen).

520 **bb) Vertragsgestaltung.** Im Rahmen der Überleitung können auch **Altenteilsrechte** auf den Sozialhilfeträger übergehen, wenn der Veräußerer die Wohnung verlassen hat und in ein Alten- oder Pflegeheim aufgenommen wird. Insbesondere sehen die meisten Landesrechte vor, dass die durch den Wegzug ersparten Aufwendungen durch eine Geldrente ersetzt werden, sofern es sich um ein Altenteil (Leibgeding) i. S. v. Art. 96 EGBGB handelt (vgl. oben Rn. 456).

521 **(1) Wegzugsklausel.** Wie bereits erwähnt, sollte daher erwogen werden, die Altenteilsleistung auf die **häusliche Pflege** zu beschränken. Hierbei sollte auch berücksichtigt werden, dass leistungseinschränkende Pflegeklauseln von der Rechtsprechung in der Weise ausgelegt werden, dass sich der Altenteilsverpflichtete in Höhe der ersparten Aufwendungen an den Heimkosten zu beteiligen hat (*BGH* DNotZ 2002, 702 m. Anm. *Krauß* = ZEV 2002, 117 m. Anm. *Kornexl* sowie *BGH* MittBayNot 2004, 180 = ZEV 2003, 211 m. Anm. *J. Mayer*).

522 **Formulierungsbeispiel: Wegzugsklausel mit Löschungsvollmacht**

Der Erwerber gewährt dem Veräußerer auf dessen Lebensdauer sorgfältige Versorgung und Pflege im übergebenen Anwesen ... *(vgl. oben Rn. 446).* Die Entscheidung über die Erforderlichkeit der Pflege außer Haus sollte einer vom Erwerber neutralen Person überlassen werden, etwa dem eigenen Hausarzt des Berechtigten. Wird die auswärtige Pflege notwendig, ruhen die Verpflichtungen des Erwerbers ersatzlos. Bei ununterbrochener Abwesenheit von mehr als ... Monaten erlöschen die Rechte des Berechtigten ersatzlos, sofern weder der Erwerber noch eine diesem nahe stehende Person die Nichtausübung zu vertreten hat. Ersparte Aufwendungen werden nicht geschuldet. Für diesen Fall wird ... *[Vertrauensperson!]* – beschränkt im Innenverhältnis nur bei entsprechendem Nachweis – bevollmächtigt, die Löschung der Rechte auf Kosten des Erwerbers zu bewilligen.

523 Vgl. alternativen Gestaltungsvorschlag zur sog. **Wegzugsklausel** oben Rn. 372. Bei den Überlegungen zur Verhinderung des Zugriffs des Leistungsträgers sollte man das **Versorgungsinteresse des Veräußerers** aber nicht aus dem Blick verlieren. Im Übrigen haben reduzierte „Gegenleistungen" um so eher die Überleitung des Anspruchs aus § 528 BGB bzw. des gesetzlichen Unterhaltsanspruchs zur Folge.

524 **(2) Regelungen zum Schutz weichender Geschwister vor Unterhaltsansprüchen.** Reicht die Überleitung der vertraglich vereinbarten Ansprüche sowie des Anspruch aus

III. Vorbehaltene Rechte und Gegenleistungen bei Grundstückszuwendungen A V

§ 528 BGB zur Befriedigung der Vorleistungen des Sozialhilfeträgers nicht aus, sind die **gesetzlichen Unterhaltsansprüche** gem. §§ 1601 ff. BGB (zur Definition *Hußmann* ZEV 2005, 54, 248) gegen den Erwerber und die übrigen Abkömmlinge zu beachten. Nach § 94 SGB XII gehen solche Unterhaltsansprüche, von den im Gesetz genannten Ausnahmen abgesehen, bis zur Höhe der geleisteten Aufwendungen von Gesetzes wegen auf den Träger der Sozialhilfe über.

Rechtsstreitigkeiten sind von dem Zivilgericht zu entscheiden (zu § 91 BSHG bzw. **525** § 94 SGB XII *Schellhorn* FuR 1999, 4; *Fröhlich* FamRZ 1999, 758). Der *Deutsche Verein für öffentliche und private Fürsorge e. V.* hat ausführliche Empfehlungen für die Heranziehung Unterhaltspflichtiger in der Sozialhilfe veröffentlicht (www.deutscher-verein.de). Ein entsprechender Belehrungshinweis ist angebracht (oben Rn. 514).

Soweit die Grundsicherung für Arbeitsuchende nach dem neu geschaffenen SGB II **526** ohne Rücksicht auf bestehende Unterhaltsansprüche erbracht wird, findet ein Übergang von Unterhaltsansprüchen kraft Gesetzes nach Maßgabe von § 33 II SGB II statt. Die Rechtmäßigkeit der Überleitungsanzeige ist vor den Sozialgerichten zu klären (§ 51 I Nr. 4 SGG). Das Unterhaltsverfahren ist vor dem Familiengericht zu führen.

Haben Geschwister zugleich mit der Grundstückszuwendung ebenfalls Schenkungen **527** erhalten, z.B. Gleichstellungsgelder, haften sie unabhängig davon neben dem Erwerber im Rahmen des § 528 BGB gleichrangig als Gesamtschuldner bis zur Obergrenze des angemessenen Unterhaltsbedarfs (*BGH* DNotZ 1998, 875; zur Vertragsvorsorge für den Innenausgleich *Rundel* MittBayNot 2003, 177). Eine unterhaltsrechtliche Inanspruchnahme derjenigen (leistungsfähigen, § 1603 BGB) **Geschwister, die lebzeitig nichts oder nur wenig erhalten** und anlässlich der Übergabe zusätzlich **auf ihr Pflichtteilsrecht** (jedenfalls gegenständlich beschränkt) **verzichtet haben**, wird aber nicht selten als unangemessene Belastung empfunden. Diese Gefahr droht freilich nur, wenn kein vorrangiger Anspruch nach § 528 BGB gegen den Übernehmer besteht (Ablauf von 10 Jahren oder Entreicherung).

Ein Ausschluss der unterhaltsrechtlichen Inanspruchnahme im Außenverhältnis schei- **528** det wegen § 1614 I BGB aus. Möglich ist nur eine **Freistellungsverpflichtung im Innenverhältnis**. Eine unbeschränkte Freistellungspflicht ist in aller Regel nicht angemessen. Bei der Bemessung des Umfangs der Freistellungspflicht sind der Wert des übergebenen Anwesens und die vom Erwerber gegenüber dem Übergeber zu erbringenden Leistungen (Rente, Wart und Pflege etc.), Abfindungszahlungen an die weichenden Geschwister und zudem bereits geleistete Zahlungen des Erwerbers an den Sozialhilfeträger zu berücksichtigen. Aus Sicht des Erwerbers dürfte weiterhin der Umstand eine Rolle spielen, dass der (gegenständlich beschränkte) Pflichtteilsverzicht der weichenden Geschwister (in aller Regel) im Laufe der Zeit an Bedeutung verliert (10-Jahres-Frist, Abschmelzungsmodell, § 2325 III 1, 2 BGB) und er daher die Zustimmung seiner Geschwister nicht um jeden Preis erkaufen möchte. Aus Sicht des Übergebers mag dies wiederum anders zu beurteilen sein.

Es lässt sich jedenfalls festhalten, dass eine die vorstehenden Aspekte berücksichtigen- **529** de und zugleich leicht handhabbare, wenig streitanfällige Freistellungsverpflichtung den Vertragsgestalter vor eine sehr schwierige Aufgabe stellt (ausführlich *J. Mayer/Geck* § 3 Rn. 248 ff. m.w.N.). Die exakte Berechnung der wechselseitigen Leistungen dürfte in aller Regel nicht sinnvoll sein. Empfehlenswert ist vielmehr eine pauschalierende Lösung, die bei der Bemessung des Maximalbetrags der Freistellungspflicht insbesondere die mögliche künftige Inanspruchnahme des Erwerbers aufgrund vertraglicher Leistungspflichten berücksichtigt. Nicht vergessen werden sollte schließlich, dass die Freistellungsverpflichtung nur soviel wert ist wie die Bonität des Erwerbers reicht. Eine Absicherung (Sicherungshypothek, Bankbürgschaft) ist daher im elementaren Interesse der weichenden Geschwister, belastet den Erwerber aber nicht unerheblich.

530 Formulierungsbeispiel: Freistellungsverpflichtung weichender Geschwister

> Sollten Geschwister, die gegenüber dem Veräußerer auf ihr Pflichtteilsrecht mindestens aus dieser Übergabe verzichtet haben, aus übergeleiteten Ansprüchen vom Sozialhilfeträger herangezogen werden, so hat der Erwerber diese Geschwister hiervon freizustellen. Die Freistellungspflicht endet, wenn und soweit der Freistellungsbetrag ein Viertel [*oder andere Quote*] des Werts des übergebenen Vertragsobjekts, welchen die Beteiligten mit ... EUR beziffern, unter Berücksichtigung eigener Leistungen des Erwerbers an den Sozialhilfeträger übersteigt. Auf die Sicherungsmöglichkeiten dieser Freistellungsverpflichtung, z. B. durch Eintragung einer Sicherungshypothek oder die Stellung einer Bankbürgschaft, wurde vom Notar hingewiesen.

531 Weitere Formulierungsvorschläge bei *J. Mayer/Geck* § 3 Rn. 253 ff., insbesondere Rn. 273. Für denjenigen, dem die Freistellungsverpflichtung zu problematisch erscheint, kommt **alternativ** ein **auflösend bedingter Pflichtteilsverzicht** für den Fall der Inanspruchnahme durch den Leistungsträger (in bestimmter Höhe) in Betracht (Formulierungsvorschlag bei *J. Mayer/Geck* § 3 Rn. 279). Auf diese Weise werden die weichenden Geschwister so gestellt, als hätten sie sich nicht an der Überlassung beteiligt.

IV. Sozialrechtliche Aspekte

532 Die Wechselbeziehungen zwischen sozialrechtlichen Ansprüchen einerseits, und Vertragsgestaltung andererseits, sind als lediglich mittelbare Folgen der beurkundeten Willenserklärung zwar nicht Bestandteil des Pflichtumfangs notarieller Belehrung und Haftung, zählen aber zu den gerade in Zeiten knapper werdender öffentlicher Mittel intensiver nachgefragten Begleitthemen, deren zumindest rudimentäre Kenntnis der notariellen Praxis gut ansteht. Der Schwerpunkt liegt hierbei neben familienrechtlichen („Unterhaltsverzicht zu Lasten des Steuerzahlers") und erbrechtlichen Fragen („Bedürftigen-" bzw. „Behindertentestament") auf dem Gebiet der vorweggenommenen Erbfolge.

533 Neben den Kürzungen von Sozialleistungen aufgrund vertraglicher Ansprüche (Rn. 443) und den pflegefallspezifischen Fragen (Rn. 439 ff.) sowie dem Risiko einer Rückabwicklung nach § 528 BGB (Rn. 159 ff.) sind im Rahmen der Vermögensübertragung folgende Wechselbezüge von besonderer Bedeutung:

1. Die Übertragung als „Tatbestandsmerkmal" des Sozialrechts

534 Sie kann anspruchsbegründender oder anspruchsvernichtender Natur sein: Der Bezug des Altersgeldes für Landwirte nach dem ALG erfordert die Abgabe des Hofes, so dass der Rückbehalt des Eigentums an Grundstücken (vgl. *LSG München* MittBayNot 1993, 168) bzw. des Nießbrauchs daran (*BSG* SozR 5850 § 41 Nr. 14) beim Veräußerer schädlich sein kann. Sofern dieser Rückbehalt nämlich 1/4 der Existenzgrundlagengröße des § 1 V ALG überschreitet (oder das abgegebene Restunternehmen die genannte Basisgröße unterschreitet), liegt (noch) keine wirksame Abgabe vor (*Gitter* DNotZ 1984, 596); ALG-Altersgeld wird nicht gewährt (§ 21 VII ALG). Die Bezugsgröße wird durch die jeweilige Landwirtschaftliche Alterskasse festgelegt und variiert nach der Qualität der Böden und der vorgesehenen Kulturen (der Bundesdurchschnittswert liegt bei etwa 4 ha). Ferner kann bei erheblichem Rückbehalt die Erteilung der Genehmigung nach dem Grundstücksverkehrsgesetz gefährdet sein (§ 9 I Nr. 2, III GrdstVG), können die Ertragswertprivilegien (§§ 2312, 2049, 1376 IV BGB) hinsichtlich des zurückbehaltenen Teils mangels Landguteigenschaft entfallen und i. Ü. ebenfalls gefährdet sein.

IV. Sozialrechtliche Aspekte

Auch wird das Vorliegen eines Leibgedingsvertrags mitsamt der daran anknüpfenden Privilegien gefährdet (*OLG Zweibrücken* MittBayNot 1994, 136). Sozialhilferechtlich zählen zurückbehaltene landwirtschaftliche Grundstücke nicht zum Schonvermögen des Veräußerers, da sie nicht für dessen „Erwerbstätigkeit" unentbehrlich sind (§ 90 II Nr. 5 SGB XII). *Anspruchsbeendend* wirkt die Übertragung eines landwirtschaftlichen Betriebs hinsichtlich des Verlustes des gesetzlichen Unfallversicherungsschutzes gemäß § 2 I Nr. 5 SGB VII. 535

2. Die sozialrechtlich bedingte Sittenwidrigkeit der Vermögensübertragung

Die stärkste „gegenläufige" Einwirkung des Sozialrechts auf das Zivilrecht liegt in der möglichen Sittenwidrigkeit der Übertragung selbst (wobei § 138 BGB dann auch die an sich wertneutrale Auflassung erfasst und § 817 S. 2 BGB der Rückabwicklung nicht entgegensteht; *OVG Münster* NJW 1989, 2834). Der Wertung des § 26 I Nr. 1 SGB XII, wonach die in der Absicht des Sozialhilfebezugs vorgenommene Vermögensminderung nur zu einer Leistungskürzung führen solle (und nicht etwa zur weiteren Zurechnung des übertragenen Vermögens an den Leistungsberechtigten), ist allerdings zu entnehmen, dass diese Fälle (die zur Ablehnung der Beurkundung bzw. in Zweifelsfällen zur Anbringung eines entsprechenden Vermerks führen müssten) auf wenige Ausnahmen beschränkt sein werden, in denen zusätzliche Verschleierungs- oder Betrugsmomente hinzukommen (vgl. etwa *OVG Münster* NJW 1997, 2901 und *VG Freiburg* ZfF 1980, 17; erweiternd *OLG Frankfurt* FamRZ 2005, 60 – wohl aber bereits ein Fall des dinglichen Schenkungsverbotes aus § 1804 BGB). 536

3. Sittenwidrigkeit einzelner Rechtsakte

Nicht selten rekurriert(e) die Rechtsprechung allerdings auf das Verdikt der Sittenwidrigkeit einzelner Rechtsakte im Zusammenhang von Vermögensübertragungen: 537

(1) Die Geltendmachung eines vormerkungsgesicherten schuldrechtlichen Rückforderungsrechts beim Zugriff des Sozialleistungsträgers auf das Vermögen beim Erwerber soll gegen § 138 BGB verstoßen (solches Vermögen ist also gemäß *VG Gießen* DNotZ 2001, 784 m. zu Recht abl. Anm. *J. Mayer* gleichwohl i. S. d. § 90 I SGB XII „verwertbar"; in dieselbe Richtung *BGH* NJW 2007, 60: Mit Rückforderungsvorbehalt und Nießbrauch belastetes Vermögen ist, da nur zeitweise in der Verwertung gehindert, geeignet, die Verarmung i. R. d. § 528 BGB zu beseitigen). Die neuere sozialgerichtliche Judikatur setzt erfreulicherweise andere Akzente: *LSG Nordrhein-Westfalen* BeckRS 2008, 50560 sowie *BSG* MittBayNot 2013, 174 m. Anm. *Grziwotz* werten Vermögen, das mit vormerkungsgesichertem Rückforderungsvorbehalt gesichert ist, als unverwertbar, darüber hinaus *BSG* NotBZ 2008, 195 m. Anm. *Krauß* sogar lediglich nießbrauchsbelastetes Vermögen, sofern im Laufe des folgenden Jahres ein Verkauf mangels Nachfrage nicht zu erwarten sei. Die „Verwertbarkeit" i. S. d. § 12 I SGB II, § 90 I SGB XII habe neben der juristischen und wirtschaftlichen auch eine zeitliche Komponente; maßgeblich sind dabei die Umstände des Einzelfalls, so dass *BSG* MittBayNot 2013, 174 m. Anm. *Grziwotz* auch die grundsätzliche Verwertbarkeit eines mit einem (eine Teilfläche betreffenden) Wohnungsrecht belasteten Eigenheims dem Grunde nach anerkennt. 538

(2) Nach früherer Instanzenrechtsprechung soll die Ausschlagung durch einen Betreuer für einen sozialhilfebedürftigen Erben gegen § 138 BGB verstoßen, auch wenn im Gegenzug privatrechtliche Absicherung zugesagt wird (*OLG Stuttgart* ZEV 2002, 367; *OLG Hamm* NotBZ 2009, 457 m. Anm. *Krauß*); die versäumte Vorsorge in Gestalt eines „Behindertentestaments" ließe sich dann nicht mehr durch Ausschlagung „reparieren". Dem ist *BGH* ZEV 2011, 258 m. Anm. *Zimmer* = MittBayNot 2012, 138 m. Anm. *Spall* zu Recht (wenn auch *obiter*) entgegengetreten. 539

540 (3) Das *SG Mannheim* BeckRS 2011, 72.243 hat auch die spiegelbildliche Situation (Annahme einer aufgrund Testamentsvollstreckung und Nacherbenbeschränkung unverwertbaren Erbschaft) als sittenwidrig erachtet; ähnlich *SG Dortmund* ZEV 2010, 54 m. teilw. krit. Anm. *Keim:* die Anordnung der Testamentsvollstreckung selbst verstoße gegen die **guten Sitten**, wenn sie nicht (wie beim „Behindertentestament") in der gesundheitlichen Situation des Kindes begründet sei (so im Falle *LSG Baden-Württemberg* NotBZ 2008, 82 Tz. 10), sondern der Vermeidung des Zugriffs des Grundsicherungsträgers auf die Erbschaft eines Arbeitslosen diene („Bedürftigentestament").

541 (4) Eine Vereinbarung, wonach vorbehaltene Versorgungsleistungen nur so lange geschuldet sind, wie sie vom Verpflichteten im übernommenen Haus erbracht werden können („Leistungsbegrenzungsklausel") führt jedoch gemäß der nunmehr bemerkenswert deutlichen Aussage des *BGH* NotBZ 2009, 221 m. Anm. *Krauß* nicht zur Sittenwidrigkeit der **Nachrangvereinbarung** (mit der Folge, dass die andernfalls entstandene Lücke durch eine ergänzende Vertragsauslegung im Sinn einer Pflicht zur Erstattung ersparter Aufwendungen geschlossen werden müsste). Der *BGH* führt aus, der ausdrückliche Ausschluss von Zahlungsansprüchen anstelle der nicht mehr zu erbringenden Naturalleistungen sei wirksam: § 528 BGB ist der allgemeine Grundsatz zu entnehmen, dass die Übertragung als solche selbst bei späterer Verarmung aufrechterhalten bleibe und lediglich durch wertmäßige Rückforderung „geahndet" werde; diese Wertung gelte erst recht, wenn anstelle einer uneingeschränkt freigebigen Schenkung Versorgungsgegenleistungen gewährt würden.

542 (5) In den letzten Jahren hat der *BGH* schrittweise seine umstrittene Rechtsprechung vom „unzulässigen Vertrag zulasten Dritter (nämlich des Sozialhilfeträgers)" zurückgenommen.
(a) Die Entwicklung nahm ihren Ausgangspunkt in *BGH* (MittBayNot 2002, 179 m. Anm. *Mayer* S. 153; DNotZ 2002, 702 m. Anm. *Krauß*): die von der Vorinstanz (*OLG Hamm*) zugrunde gelegte Auslegung einer Vertragsklausel, wonach der Erwerber zwar (wie ausdrücklich geregelt) die Kosten der ambulanten Pflege, nicht aber (da nicht erwähnt) die Kosten einer stationären Pflege (sondern lediglich die ausdrücklich erwähnten nicht gedeckten Krankenhauskosten) zu übernehmen habe, wurde verworfen, und zwar mit dem überraschenden Vorwurf, sie sei sinnlos, da damit die Leistungsvereinbarung auf einen unwirksamen **Vertrag zulasten Dritter** (des Sozialhilfeträgers) gerichtet sei. Wäre dem zu folgen, würde auch eine ausdrücklich enthaltene Vertragsbestimmung, wonach der Übernehmer zwar im ambulanten Bereich bestimmte Verpflichtungen trage, nicht jedoch für die nicht gedeckten Kosten stationärer Unterbringung aufzukommen habe, als „Vertrag zulasten Dritter" unwirksam gewesen.
(b) Ähnlich das Judikat in *BGH* ZEV 2003, 211 m. Anm. *J. Mayer* MittBayNot 2004, 181: Durch notariellen Altenteilsvertrag des Jahres 1972 hatten sich übernehmender Sohn und dessen (nunmehr beklagte) Ehefrau „zur Erbringung sämtlicher häuslicher Arbeiten und zur Betreuung und Pflege in gesunden und kranken Tagen, solange kein Krankenhausaufenthalt notwendig wird", verpflichtet. Da der medizinisch indizierte Aufenthalt in einem Pflegeheim nicht erwähnt sei, handele es sich um eine Vertragslücke, die entgegen der (m.E. richtigen) Auffassung des Berufungsgerichts nicht durch eine Gleichstellung mit dem Krankenhausaufenthalt (mit der Folge des Erlöschens der Verpflichtung) zu schließen sei, sondern durch die Annahme einer finanziellen Beteiligung an den stationären Heimkosten i. H. d. **ersparten Aufwendungen** (immerhin 982,00 EUR pro Monat). Hierfür spreche der im Vertrag zum Ausdruck kommende umfassende Versorgungswille des Übergebers, dem – als Landwirt (?) – die Vorstellung, „der Allgemeinheit zur Last zu fallen", unerträglich sei.

(c) In seiner **dritten Leitentscheidung verschob der** *BGH* DNotZ 2009, 431 m. Anm. *Herrler* die Akzente: Ein „klassisches Wohnungsrecht", das auf Lebenszeit des Veräußerers ohne weitere Regelung bestellt wird, ist angesichts seiner höchstpersönlichen Natur und der familiären Verbundenheit zwischen Veräußerer und Erwerber, ungeachtet des Umstands, dass das Wohnungsrecht der Alterssicherung des Berechtigten dient, nicht durch ergänzende Vertragsauslegung dahin gehend zu ergänzen, dass bei Heimunterbringung eine Verpflichtung des Berechtigten zur Vermietung der Wohnung und Herausgabe des erzielten Erlöses bestehe (letzteres auch deshalb nicht, weil der Mietzins nicht auf Kosten des Berechtigten erlangt wurde – der Wohnungsberechtigte wäre selbst nicht zur Vermietung berechtigt gewesen: *BGH* NJW 2012, 3572 m. Anm. *Herrler*).

(d) Diesen Ansatz hat *BGH* NotBZ 2010, 182 m. Anm. *Krauß* schließlich auch auf das Schicksal ortsgebundener Leistungs- (nicht Duldungs-) Pflichten übertragen, wenn im Vertrag keine Regelung für den Fall getroffen war, dass der Veräußerer diese Leistungen aufgrund (i. d. R. gesundheitsbedingten) Wegzugs nicht mehr in Anspruch nehmen kann: Ein Ausgleich für ersparten tatsächlichen Dienstleistungszeitaufwand (in Bezug auf Pflege und hauswirtschaftliche Verrichtungen), also eine Abgeltung gewonnener Freizeit, sei als Ergebnis ergänzender Vertragsauslegung nur dann geschuldet, wenn die Beteiligten beim Abschluss des Übergabevertrags übereinstimmend davon ausgegangen waren, der Erwerber werde diese Leistungen nicht selbst erbringen, sondern hierfür eine Hilfskraft engagieren und bezahlen. Andernfalls bleibe es lediglich bei der Erstattung ersparter **Sachaufwendungen**.

(e) Der *BGH* stellt in NotBZ 2009, 222 m. Anm. *Krauß* weiter in Übereinstimmung mit der Literatur (*Mayer* DNotZ 2008, 678; *Auktor* MittBayNot 2008, 15; *Krauß* NotBZ 2007, 130) zutreffend fest, „bei der Vereinbarung eines lebenslangen Wohnungsrechtes musste jeder Vertragsteil grds. damit rechnen, dass der Berechtigte sein Recht wegen Krankheit und Pflegebedürftigkeit nicht bis zum Tod ausüben kann. Der Umzug in ein Pflegeheim ist daher i. d. R kein Grund, den der Bestellung zugrunde liegenden Vertrag nach § 313 BGB anzupassen". Tatsächlich geht es nicht um eine Änderung der Geschäftsgrundlagen, sondern allenfalls um eine „interessengerechte" Auslegung lückenhafter Vereinbarungen, die bei klarer Umgrenzung des Leistungsumfangs vermieden werden kann:

Formulierungsbeispiel: Begrenzung der Versorgungspflicht

Soweit der Erwerber *(ggf.: oder sein Ehegatte)* hierzu – insbesondere ohne Inanspruchnahme fremder Pflegekräfte – zumutbarerweise in der Lage ist, hat er bei Krankheit und Gebrechlichkeit des Veräußerers ferner dessen häusliche Pflege zu übernehmen. Dauerpflege ist nur in dem Umfang zu erbringen, der mit den notwendigen hauswirtschaftlichen Verrichtungen nach dem Urteil des Hausarztes des Veräußerers einem durchschnittlichen täglichen Zeitaufwand von insgesamt nicht mehr als eineinhalb Stunden entspricht. Vorstehende Verpflichtungen ruhen, soweit Pflegesachleistungen im Rahmen gesetzlicher Ansprüche, etwa auf Haushaltshilfe, häusliche Krankenpflege oder häusliche Pflegehilfe erbracht werden. Die Verpflichtungen sind nicht vererblich, bestehen jedoch auch bei Verlust des Eigentums fort.

---

4. Übersicht: Zulässigkeit erbrechtlicher Gestaltung mit nachteiligen Wirkungen für Dritte

Aus heutiger Sicht ergibt sich folgender „Frontverlauf" (vgl. *Ihrig* NotBZ 2011, 345; ähnlich *Wendt* ZNotP 2011, 362; *Krauß*, Vermögensnachfolge, Rn. 864 ff.):

(1) **Letztwillige Gestaltungen allein des Erblassers** verstoßen jedenfalls i. d. R. nicht gegen die guten Sitten bei behinderten Destinatären, ebenso wenig bei schlicht überschuldeten Destinatären; gewisse Unsicherheit besteht allerdings beim Bezug steuerfinanzierter SGB II-Leistungen.

(2) Gleiches gilt für Gestaltungen, an denen **sowohl der Erblasser als auch der Destinatär mitwirkt**, etwa beim lebzeitigen Pflichtteilsverzicht, der beim schlicht pfändungsgefährdeten oder überschuldeten/insolventen sowie Sozialhilfe beziehenden Destinatär sicher zulässig ist; offen – aber nach den Umständen des Einzelfalls im Regelfall deckungsgleich – ist die Rechtslage im SGB II-Fall.

(3) In Bezug auf Gestaltungen **nach dem Erbfall** begegnet das **passive Hinnehmen** nachteiliger erbrechtlicher Situationen (z. B. die Nichtausschlagung einer im Übermaß beschwerten Erbschaft, die Nichtgeltendmachung eines originär entstandenen Pflichtteilsanspruchs) außerhalb des Sozialleistungsbezugs keinen Bedenken. Der Sozialleistungs-(SGB XII oder SGB II)Träger allerdings kann den Pflichtteilsanspruch ohne weiteres auf sich überleiten bzw. wird bereits kraft Gesetzes dessen Inhaber; die Ausschlagungsentscheidung kann er hingegen nicht an sich ziehen).

(4) Auch die **aktive Ausschlagung** sonst anfallender Positionen muss der Gläubiger oder Insolvenzverwalter, nach richtiger Ansicht von *BGH* ZEV 2011, 258 aber wohl auch der Sozialleistungsträger (jedenfalls der Sozialhilfeträger) hinnehmen.

(5) Anders verhält es sich jedoch in Fällen, in denen bereits angefallenes Vermögen **nachträglich weggegeben** wird: § 138 BGB ist selten, § 528 BGB jedoch regelmäßig erfüllt.

5. Die Grundsicherung für Arbeitsuchende („Hartz IV", SGB II)

545 Personen zwischen dem 15. und 65. Lebensjahr, die (bei ausschließlich gesundheitlicher Betrachtung) mindestens drei Stunden täglich auf dem allgemeinen Arbeitsmarkt tätig sein können (§ 8 SGB II), erhalten bei Hilfebedürftigkeit seit 2005 anstelle der bisherigen Sozialhilfe Eingliederungs- und finanzielle Leistungen nach dem SGB II. Trotz der irreführenden Bezeichnung „Grundsicherung für Arbeitsuchende" können auch Arbeitnehmer und Selbständige mit ungenügendem Einkommen (zur Anrechnung § 30 SGB II; zur Einkommensermittlung: VO v. 17.12.2007, BGBl. I, 2942) „Arbeitslosengeld II" erhalten (auch letztere Bezeichnung ist irreführend; es handelt sich um steuerfinanzierte Fürsorge-, nicht um beitragsfinanzierte Versicherungsleistungen). Wer über 65 Jahre oder dauerhaft voll erwerbsgemindert ist, erhält die Grundsicherung nach dem 4. Kapitel des SGB XII; im Bereich der „klassischen" Hilfe zum Lebensunterhalt nach dem SGB XII verbleiben demnach Personen, die im sechsmonatigen Prognosezeitraum weniger als drei Stunden täglich arbeitsfähig, jedoch nicht dauerhaft voll erwerbsgemindert sind.

546 Bei der Ermittlung der **Hilfsbedürftigkeit** werden Einkommen und Vermögen des nicht getrennt lebenden Ehegatten, des Verpartnerten und des in ehe- oder lebenspartnerschaftsähnlicher Gemeinschaft Lebenden gemäß § 9 II SGB II einbezogen, ferner hinsichtlich des an minderjährige unverheiratete Kinder zu gewährenden Sozialgelds auch Einkommen und Vermögen der Eltern, soweit letztere über Mittelüberschüsse verfügen. Verfügen also Kinder über Vermögen, das sie von Außenstehenden oder vor mehr als zehn Jahren (§ 529 BGB!) von anderen Mitgliedern der Bedarfsgemeinschaft (§ 7 III SGB II) erhalten haben, wird dieses nicht den Eltern angerechnet; das Kind scheidet vielmehr aus der Bedarfsgemeinschaft aus (§ 7 III Nr. 4 SGB II) und erhält kein eigenes Sozialgeld.

547 Darüber hinaus wird gemäß § 9 V SGB II (widerlegbar) vermutet, dass andere Verwandte/Verschwägerte, die mit dem Hilfeempfänger zusammenleben, ihn im Rahmen einer so genannten „Haushaltsgemeinschaft" unterstützen (mithin also unter engeren

IV. Sozialrechtliche Aspekte   A V

Voraussetzungen als gemäß § 36 SGB XII bei der Hilfe zum Lebensunterhalt, wo auf das Verwandtschaftserfordernis verzichtet wird).

Bei der zur Ermittlung der Hilfebedürftigkeit (§ 9 I SGB II) erforderlichen Prüfung des **Vermögens** bleiben (wie in § 90 I SGB XII) „nicht verwertbare" Positionen außer Betracht. **548**

> **Beispiel:** Vermögen unter Nacherbschaftsbeschränkungen oder Testamentsvollstreckung; zur Tilgung eines Kredits verpfändete Lebensversicherung.

Gleiches gilt bei offensichtlicher Unwirtschaftlichkeit der Verwertung, § 12 III Nr. 6 SGB II (Netto-Erlös liegt mehr als 10% unter dem Substanzwert, wie etwa bei der Verwertung junger Lebensversicherungen oder von Kapitallebensversicherungen kurz vor Endfälligkeit). **549**

Das in § 12 III SGB II objektbezogen freigestellte Schonvermögen geht über den Katalog des § 90 II SGB XII hinaus. **550**

> **Beispiel:** Angemessener Pkw – Nettowert nicht über 7500 EUR – für jeden erwerbsfähigen Hilfebedürftigen, nicht kapitalisierbares Altersvorsorgevermögen bis 250 EUR/Lebensjahr, Riester- und Rürup-Rentenanwartschaften etc.

Für die notarielle Praxis maßgeblich ist die Schonung des dauerhaft selbstgenutzten Hausgrundstücks/Wohnungseigentums vor Verwertung (also auch vor fiktiver Anrechnung eines Vermietungswerts und vor dem Verlangen einer Beleihung). Voraussetzung ist, dass eine angemessene Größe hinsichtlich Wohnfläche (BSG NZS 2007, 428: ca. 90 m² für Ein- oder Zweipersonenhaushalt, für jede weitere Person 20 m² mehr, für Eigentumswohnungen 10 m² weniger) und Grundstücksfläche (ca. 500 m² im städtischen, 800 m² im ländlichen Bereich) nicht überschritten wird. **551**

Anders als in § 90 II Nr. 8 SGB XII (Kombinationstheorie von sieben Faktoren, einschließlich des Werts und der Ausstattung) soll nicht die bauliche Investition, sondern die private Heimstätte als Lebensmittelpunkt geschützt werden, so dass bei „Übergröße" lediglich der Wert abtrennbarer Grundstücksflächen oder separat veräußerbarer Einliegerwohnungen angerechnet wird, bei fehlender Abtrennbarkeit jedoch eine fiktive Mieteinnahme für die übersteigende Fläche berücksichtigt wird, während im Rahmen des SGB XII die Vermögensschonung insgesamt entfällt. Der Mietwert der „übergroßen" Wohnfläche ermittelt sich nach der ortsüblichen Miete, hilfsweise nach Maßgabe der Sozialversicherungsentgeltverordnung (3,88 EUR bzw. 3,17 EUR je Quadratmeter und Monat für Wohnungen mit/ohne Zentralheizung). **552**

Daneben tritt gemäß § 12 II Nr. 1 SGB II ein altersabhängiger Grundfreibetrag von 150 EUR je vollendetem Lebensjahr des volljährigen Hilfebedürftigen und seines Partners, mindestens jedoch 3.100 EUR, maximal 9.750 EUR (gemäß § 65 V SGB II erhöht auf 520 EUR pro Jahr, maximal also 33.800 EUR, für vor dem 1.1.1948 geborene Personen). Dieser Grundfreibetrag ist – anders als der kleinere Barbetrag gemäß § 90 II Nr. 9 SGB XII – nicht auf bare Mittel beschränkt, sondern erfasst alle Vermögenswerte, die nach Berücksichtigung der vorgängigen gegenständlichen Vermögensfreilassungen (Eigenheim, Pkw, Altersvorsorgevermögen etc.) noch verbleiben. Nicht ausgenutzte Freibeträge können unter Mitgliedern der Bedarfsgemeinschaft wechselseitig gutgebracht werden (nicht jedoch im Verhältnis zwischen Kindern und Kindern und Eltern). **553**

Die finanzielle Hauptleistung („Arbeitslosengeld II") orientiert sich nicht mehr wie die frühere Arbeitslosenhilfe am zuletzt bezogenen Netto-Einkommen, sondern pauschaliert den notwendigen Bedarf auf Sozialhilfeniveau (monatliche Regelleistung von (2014) 391 EUR, bei zwei erwerbsfähigen Bedarfsgemeinschaftsmitgliedern je 90 % hiervon, für weitere je achtzig vom Hundert hiervon, sowie angemessene Kosten für Unterkunft und Heizung – bei Wohnen im eigenen Heim in Höhe der Schuldzinsen ohne Tilgungsanteile, jedoch einschließlich Grundsteuer, Wohngebäudeversicherung, Erbbauzins, Instandhaltungs- und Heizkosten; bei Miethaushalten lediglich angemessene Flächen von ca. 15 m² **554** je Person), ergänzt um einen befristeten Zuschlag nach Bezug von Arbeitslosengeld in den ersten zwei Jahren gemäß § 24 SGB II. Hinzu kommen (Mindest-)Beiträge in der gesetzlichen Rentenversicherung sowie zur Kranken- und Pflegeversicherung.

555 Die **Regressmöglichkeiten** ähneln der Sozialhilfe, jedoch unter stärkerer Schonung der Heranziehung Unterhaltspflichtiger:
- Kostenersatz bei schuldhaftem Verhalten (§ 34 SGB II, vergleichbar § 103 SGB XII): gerichtet vor allem gegen sozialwidrige Unvernunft, etwa arbeitnehmerseitige Kündigung eines Arbeitsverhältnisses;
- Erbenhaftung (§ 35 SGB II, entspricht § 102 SGB XII) als – auf den Bestand des Nachlasses – also unter Abzug von Erblasser-, nicht jedoch Erbfallschulden – beschränkte Nachlassverbindlichkeit zu Lasten des Erben (nicht Nacherben), ohne gegenständliche Schonvermögensfreistellungen etwa hinsichtlich des früheren Eigenheims;
- „automatische" Überleitung sonstiger Ansprüche gegen Dritte (insbesondere des Rückforderungsanspruchs gemäß § 528 BGB) durch *cessio legis* gemäß § 33 SGB II (entspricht § 93 und 94 SGB XII). Gemäß § 33 II SGB II dürfen jedoch Unterhaltsansprüche gegen Verwandte nur übergeleitet werden, wenn der Inhaber sie selbst geltend gemacht hat (also Eltern beispielsweise den Aszendentenunterhalt eingefordert haben, vgl. zu dessen familienrechtlicher Bemessung *Krauß*, Vermögensnachfolge, Rn. 718 ff. sowie *Hauß*, Elternunterhalt, 2. Aufl. 2010); ausgenommen sind Unterhaltsansprüche minderjähriger oder bis 25 Jahre alter Kinder ohne abgeschlossene Berufsausbildung gegen ihre Eltern. Schoneinkommen und Schonvermögen stehen dem Unterhaltsverpflichteten in gleicher Höhe wie dem Bezieher des Arbeitslosengeldes II zu (§ 33 II 3 SGB II, während in § 94 SGB XII die so genannte sozialhilferechtliche Vergleichsbewertung seit 1.1.2005 abgeschafft ist).

556 Einen abgeschwächten Regress im Sinn eines Kürzungstatbestands schafft schließlich § 31 IV Nr. 1 SGB II (ähnlich § 26 I 1 Nr. SGB XII) bei Verminderung des Vermögens in der Absicht, die Voraussetzungen für die Gewährung des Arbeitslosengelds II herbeizuführen. Die Messlatte der Rechtsprechung („leichtfertiges und unlauteres Verhalten") ist hoch (Bsp.: keine Beanstandung erhöhten Konsums eines unfallbedingt Pflegebedürftigen aus der erhaltenen Versicherungsleistung, *OVG Hamburg* FEVS 41, 288).

A VI. Grundschulden

Dr. Arne Everts

Übersicht

	Rn.
I. Die Verdrängung der Hypothek durch die Grundschuld	1
II. Die Fremdgrundschuld	2–23
1. Währung, fehlende Akzessorietät, Risikobegrenzungsgesetz	2–4
2. Grundschuldkapital und Grundschuldzins	5–8
3. Volumen des Zinsanspruchs in der Zwangsversteigerung	9, 10
4. Sonstige Nebenleistungen	11–13
5. Buchgrundschuld oder Briefgrundschuld	14–19
6. Abtretungsausschluss und Abtretungsbeschränkung	20–23
III. Die dingliche und die persönliche Zwangsvollstreckungsunterwerfung	24–31
1. Dingliche Unterwerfung	25
2. Persönliche Unterwerfung	26–29
3. Vollstreckbare Ausfertigung	30, 31
IV. Form, Kosten und Verfahren der Grundschuldbestellung	32–36
V. Kostensparstrategien	37–45
1. Aufspaltung in vollstreckbare und nicht vollstreckbare Grundschuld	39–42
2. Unterwerfung wegen eines Teilbetrages	43, 44
3. Bloße Vollmacht zur Zwangsvollstreckungsunterwerfung	45
VI. Der Sicherungsvertrag (Sicherungsabrede, Zweckbestimmung, Zweckerklärung, Zweckbestimmungserklärung)	46–69
1. Bedeutung	46–49
2. Falltypen, Verstöße gegen §§ 305c I und 307 BGB	50–56
3. Belehrungspflichten des Notars	57–64
4. Der Rückgewähranspruch	65–69
VII. Die Abtretung der Fremdgrundschuld	70–96
1. Formulierungsbeispiel für die Abtretungserklärung	70
2. Erläuterungen zum Formulierungsvorschlag	71–82
3. Notarkosten der Abtretung	83–87
4. Umschreibung der Vollstreckungsklausel	88–96
VIII. Die Eigentümerbriefgrundschuld (§ 1196 BGB) und ihre Abtretung	97–112
1. Allgemeines	97–106
2. Die Abtretung der Eigentümerbriefgrundschuld	107
3. Die Eigentümerbriefgrundschuld bei Eigentumswechsel durch Sonderrechtsnachfolge	108–112
IX. Das belastete Objekt	113–126
1. Gesamtgrundschuld	113–115
2. Nachträgliche Mitbelastung	116–119
3. Löschung, Freigabe und Freigabeversprechen	120–122
4. Erbbaurecht	123–126
X. Zustimmung Dritter zur Grundschuldbestellung	127–137
1. Betreuungsgericht, Familiengericht	127–129
2. Nacherbe	130–132
3. Testamentsvollstrecker	133
4. Ehegatte	134
5. Umlegung/Sanierung	135, 136
6. Sonstiges	137
XI. Rangvorbehalt	138–146
1. Begründung (§ 881 BGB)	138–144
2. Ausnützung	145, 146
XII. Sicherheiten vor Eintragung der Grundschuld	147–166
1. Unwiderrufliche Bestellung	147, 148
2. Notarbestätigung	149–155
3. Verpfändung	156–166

Literatur: *Gaberdiel/Gladenbeck*, Kreditsicherung durch Grundschulden, 9. Aufl. 2011; *v. Oefele/Winkler*, Handbuch des Erbbaurechts, 5. Aufl. 2012; Rundschreiben Nr. 23/2008 der Bundesnotarkammer vom 26.8.2008 (zitiert als „Rundschreiben"); *Stöber*, Zwangsversteigerungsgesetz, 20. Aufl. 2012.

I. Die Verdrängung der Hypothek durch die Grundschuld

1 Die Grundschuld wird so gut wie immer bestellt, um die Erfüllung einer oder mehrerer Verbindlichkeiten zu sichern (**Sicherungsgrundschuld** gemäß § 1192 I a BGB – dazu i. E. Rn. 47 ff.). In der Kreditsicherungspraxis hat die Grundschuld die Hypothek fast völlig verdrängt. Selbst unter Privatleuten tritt die (dann sicherheitshalber als nicht abtretbar gestaltete; Rn. 20) Grundschuld zunehmend an die Stelle der Hypothek. Die Rentenschuld spielt praktisch überhaupt keine Rolle. Für diese Entwicklung gibt es zahlreiche Gründe (*Reithmann* DNotZ 1982, 67). Der wichtigste ist die **mehrfache** und **flexiblere Verwendbarkeit** der Grundschuld zur Sicherung verschiedener – auch künftiger – Verbindlichkeiten. Hypotheken spielen – außer im Zwangsvollstreckungsrecht – noch eine gewisse Rolle als Sicherungsmittel der Wahl bei privaten Darlehensverträgen (in Gestalt der Unterart „Sicherungshypothek") (*Everts* MittBayNot 2012, 258 und 337). Angesichts dieser Rechtswirklichkeit beschränkt sich die nachfolgende Darstellung auf die Grundschuld. Die für die Grundschuld geltenden Vorschriften des Hypothekenrechts werden dabei ohne die Verweisungsnorm des § 1192 I BGB zitiert.

II. Die Fremdgrundschuld

1. Währung, fehlende Akzessorietät, Risikobegrenzungsgesetz

2 Grundpfandrechte können nur noch in EUR, Schweizer Franken, US-Dollar und in den Währungen der nicht an der Währungsunion teilnehmenden EU-Staaten eingetragen werden. Die Umstellung bisheriger DM-Grundschulden ist in § 26a GBMaßnG geregelt. Sie kann von Amts wegen erfolgen; hierzu verpflichtet ist das Grundbuchamt aber nur, wenn bei dem Grundpfandrecht eine andere Eintragung vorzunehmen ist (§ 26a I 2–4 GBMaßnG). Für die Umstellung von Amts wegen wird keine Gebühr erhoben, für eine Umstellung auf Antrag oder einen Vermerk auf dem Grundschuldbrief eine Gebühr von 25 EUR (§ 26a II GBMaßnG).

3 Die Grundschuld entsteht und besteht losgelöst von einer gesicherten Forderung. Sie ist **abstrakt** und **nicht akzessorisch**. Deshalb braucht die Währung, in der die Grundschuld eingetragen ist, nicht mit der Währung der gesicherten Forderung übereinzustimmen.

4 Durch das **Risikobegrenzungsgesetz** vom 12.8.2008 (BGBl. I 2008, 1666) ist das Recht der Grundschulden geändert worden.

2. Grundschuldkapital und Grundschuldzins

5 Das Gesetz bezeichnet den Hauptsachebetrag der Grundschuld als **Grundschuldkapital** (§§ 1193 I, 1194 BGB). Nach § 1193 I BGB hängt die **Fälligkeit** des Grundschuldkapitals von einer **Kündigung** ab, für die eine Kündigungsfrist von sechs Monaten gilt. Zum Zeitpunkt, ab dem die Kündigung zulässig ist, *Bachner* DNotZ 2008, 644, 647. Nach § 1193 II BGB n. F. ist dieses Kündigungserfordernis zwingend, wenn die Grundschuld der **Sicherung** einer **Geldforderung** dient (dazu Rn. 47 ff.) und nach dem **19.8.2008** bestellt wurde oder wird (Art. 229 § 18 III EGBGB). Unter Bestellung ist nicht die Eintragung im Grundbuch zu verstehen, sondern der Tag der Errichtung der grundbuchtauglichen Eintragungsbewilligung. Bei Grundschulden, die danach unter § 1193 II BGB fallen, ist also die formularmäßige Bestimmung, wonach die Grundschuld (sofort) fällig ist, unwirksam. An die Stelle einer solchen unwirksamen Fälligkeitsregelung tritt die gesetzliche Fälligkeit gemäß § 1193 I BGB (§ 306 II BGB – vgl. *BGH* DNotZ 2014, 513; 1993, 322). Die Wirksamkeit der Grundschuld im Übrigen bleibt unberührt (§ 306 I BGB). Der Notar darf sich damit aber nicht begnügen. Nach § 17 I und II BeurkG hat er die unwirksame Fälligkeitsbestimmung des Grundschuldformulars

II. Die Fremdgrundschuld

zu streichen. Unterschiedliche Fälligkeitsbestimmungen auf verschiedenen Grundstücken, also insbesondere bei einer Gesamtgrundschuld, sind unschädlich, namentlich bei der Pfanderstreckung einer Altgrundschuld auf ein weiteres Grundstück nach dem 19.8.2008 (vgl. *BGH* DNotZ 2014, 513; 2010, 683). Kritisch zum Kündigungserfordernis nach dem Risikobegrenzungsgesetz *Volmer* MittBayNot 2009, 1.

Es ist üblich, die Grundschuld neben dem Hauptsachebetrag mit einem festen **Grund-** **6** **schuldzins** auszustatten (§ 1192 II BGB). Dieser ist **vom Darlehenszins unabhängig**, also ebenso wenig akzessorisch wie der Grundschuldhauptsachebetrag. Rechtlich ist ein variabler Grundschuldzins möglich (vgl. *BGH* DNotZ 2006, 526; *Kesseler* MittBayNot 2006, 468). In der Regel werden aber Festzinssätze vereinbart. Damit kann auch die Problematik eines negativen Basiszinssatzes bei Koppelung an diesen vermieden werden (vgl. DNotI-Report 2013, 21 ff.). Die Festzinssätze haben sich zwischen 12 % und 20 % jährlich eingependelt, obwohl der Darlehenszins in der Vergangenheit selten solche Höhen erreicht hat. Nach den üblichen Sicherungsabreden dient der Grundschuldzins nicht nur der Sicherung von Zinsforderungen. Er erweitert vielmehr das Volumen der Sicherheit insgesamt. Grundsätzlich ist dies zulässig (*BGH* NJW 1982, 2769) und dient auch den Interessen des Eigentümers. Im Umfang des Grundschuldvolumens ist nämlich eine etwaige spätere Erhöhung des Darlehenszinses und/oder der Darlehenshöhe vorweg gesichert. Allerdings mehren sich Stimmen, die angesichts des Volumens, das Grundschuldzinsen zwischen 14 % und 20 % in der Zwangsversteigerung annehmen (Rn. 9), eine planmäßige Übersicherung und einen Verstoß gegen §§ 305 I, 307 BGB kritisieren (*Clemente/Lenk* ZfIR 2002, 337; *Peters* JZ 2001, 1017; vgl. auch OLG Schleswig ZfIR 2012, 74: Sittenwidrigkeit von 48 % Grundschuldzinsen). Die **Fälligkeit** der Grundschuldzinsen braucht auch bei Grundschulden, die nach dem 19.8.2008 bestellt wurden und eine Geldforderung sichern, nicht von einer Kündigung abhängig gemacht zu werden, denn § 1193 BGB erstreckt das Kündigungserfordernis nur auf das Grundschuldkapital (Rundschreiben Ziffer I; a. A. *Clemente* ZfIR 2008, 589, 595 f., wonach analog § 1193 BGB die Verwertung der Grundschuldzinsen im Wege der Zwangsversteigerung von einer Kündigung abhängig sein soll).

Die **Rechtsmacht**, welche die Grundschuld dem Gläubiger verleiht, reicht wegen der **7** Grundschuldzinsen und oft auch wegen der Höhe des Grundschuldkapitals über die gesicherten Verbindlichkeiten hinaus. Sie ist nicht nach außen hin, sondern **nur intern** im Verhältnis zwischen Grundschuldgläubiger und Eigentümer durch die Sicherungsabrede (Rn. 46 ff.) **beschränkt**. Dies ist nur bei einem Gläubiger, dessen Fortbestand, Vertragstreue und Leistungsfähigkeit als gesichert gelten können, ungefährlich. Zur Begrenzung des Risikos gemäß § 1192 I a BGB sowie durch Abtretungsausschluss oder Abtretungsbeschränkung s. Rn. 20.

Die Höhe des Grundschuldzinses, seine Unabhängigkeit vom Darlehenszins und die **8** dadurch bedingte Erweiterung der Sicherheit sollte der **Notar** den Beteiligten in der Regel **erläutern**. Einfache Beispiele eignen sich dafür am besten wie etwa die Sicherungsübereignung einer Uhr im Wert von 100 EUR zur Sicherung einer Schuld von 70 EUR.

3. Volumen des Zinsanspruchs in der Zwangsversteigerung

Der übliche Grundschuldzins (Rn. 6) und die meist lange Dauer des Versteigerungs- **9** verfahrens können dazu führen, dass sich der **Hauptsachebetrag**, welcher dem Grundschuldgläubiger zuzuteilen ist, durch den Zinsanspruch **verdoppelt** (§§ 10 I Nr. 4, 13 I ZVG, im Übrigen § 10 I Nr. 8 ZVG). Die Verjährung der Grundschuldzinsen (*BGH* DNotZ 2000, 59) wirkt sich praktisch nicht aus, weil sie nur auf Rechtsmittel hin berücksichtigt wird und nach jeder Vollstreckungshandlung des Gläubigers neu beginnt (§ 212 I Nr. 2 BGB).

Auch wenn die Bank die dinglichen Zinsen nicht benötigt, um eine schuldrechtliche **10** Zinsforderung oder überhaupt eine Forderung abzudecken, ist sie berechtigt – nach verbreiteter Meinung sogar verpflichtet – alle realisierbaren **Grundschuldzinsen im Versteigerungsverfahren** geltend zu machen (in diese Richtung auch *BGH* DNotZ 2012, 445, für den betreibenden Grundschuldgläubiger, sofern die Mehranmeldung für den Grundschuldgläubiger nicht mit Risiken behaftet ist). Diejenigen Grundschuldgläubiger, die die Zwangsversteigerung nicht betreiben, sind demgegenüber grundsätzlich nicht verpflichtet, nicht angefallene Grundschuldzinsen im Zwangsversteigerungsverfahren geltend zu machen, auch nicht aufgrund des durch die Sicherungsabrede begründeten Treuhandverhältnisses (*BGH* DNotZ 2012, 440 m. Anm. *Kesseler* DNotZ 2012, 405). Der über die gesicherten Forderungen hinausgehende Teil des Erlöses ist an den Inhaber des Rückgewähranspruchs (Rn. 65) weiterzuleiten. Dies ist der Eigentümer (Sicherungsgeber), häufig aber auch ein nachrangiger Berechtigter, der den Rückgewähranspruch übertragen erhalten oder gepfändet hat (*BGH* NJW 1981, 1505; *Gaberdiel/Gladenbeck* Rn. 766, 851).

4. Sonstige Nebenleistungen

11 Unter dem Oberbegriff „Nebenleistungen" fassen die §§ 1115, 1191 II BGB **Zinsen** und **andere Nebenleistungen** (Beispiel dafür bei *Schöner/Stöber* Rn. 1966) zusammen. Die Grundschuldformulare mancher Banken sehen vor, dass die Grundschuld neben dem Hauptsachebetrag und den Grundschuldzinsen z. B. „eine einmalige, sofort fällige Nebenleistung von 5 % des Grundschuldbetrages" umfasst. Eine derartige Nebenleistung erweitert das Volumen der dinglichen Sicherheit, ohne dass dies zu höheren Notar- und Grundbuchkosten führt (§ 18 II KostO). Die **Fälligkeit** einer einmaligen Nebenleistung kann der Einfachheit halber an die Fälligkeit des Grundschuldkapitals angepasst werden, von einer Kündigung gemäß § 1193 BGB muss sie ebenso wenig abhängig gemacht werden wie die Fälligkeit des Grundschuldzinses (dazu Rn. 6 a. E.).

12 Nach bisher herrschender Rspr. (z. B. *OLG Stuttgart* Rpfleger 1986, 466) ist eine solche ihrer Art nach **nicht näher bezeichnete Grundschuldnebenleistung** auch in Höhe von 10% zulässig. Es gibt aber beachtliche Gegenstimmen, die eine nähere Spezifizierung verlangen (vgl. *Schöner/Stöber* Rn. 2295 ff.) und außerdem die in Rn. 6 erwähnte Kritik wegen planmäßiger Übersicherung.

13 In der Praxis potenziert die Grundschuldnebenleistung die mit dem Grundschuldzins verbundenen Verständnis- und **Belehrungsschwierigkeiten**. Bevor diese im Einzelfall unüberwindbar werden, erscheint es besser, die Nebenleistung (möglichst nach Rücksprache mit der Bank) aus dem Grundschuldformular zu streichen.

5. Buchgrundschuld oder Briefgrundschuld

14 Die **Briefgrundschuld** (§ 1116 BGB) ist gesetzlich die Regel, in der Praxis inzwischen die seltene Ausnahme. Sie kann außerhalb des Grundbuchs abgetreten werden durch schriftliche Abtretungserklärung und Briefübergabe (§ 1154 I 1 BGB), also – verglichen mit der Buchgrundschuld – schneller, für Dritte nicht erkennbar und ohne Grundbuchkosten. Diesem Vorteil stehen aber erhebliche **Nachteile** gegenüber:

15 **a)** 1,3-Gebühr Nr. 14120 KV-GNotKG statt 1,0-Gebühr Nr. 14121 KV-GNotKG beim Grundbuchamt.

16 **b)** Zur Geltendmachung der Grundschuld muss gemäß § 1160 BGB der **Brief vorgelegt** werden, wenn der Eigentümer dies verlangt, und unabhängig davon zu jeder Grundbucheintragung, wie z. B. Freigabe, Rangänderung, Löschung (§ 42 GBO).

17 **c)** Ein **Briefverlust** nötigt
– zu einem Aufgebotsverfahren, um den Brief für kraftlos zu erklären (§ 1162 BGB, §§ 946 ff., 1003 ff. ZPO),
– zum Nachweis der Übergabe des alten Briefs, damit nach dessen Kraftloserklärung ein neuer erteilt oder eine Abtretung der Grundschuld eingetragen werden kann (*BayObLG* DNotZ 1988, 120; 1989, 681).

Zu den Sorgfaltspflichten des Notars bei der Briefversendung *OLG Oldenburg* 18
DNotZ 1998, 651 m. Anm. *Waldner.*

d) Wenn die als Fremdgrundschuld bestellte Briefgrundschuld auch nur einmal durch 19
Abtretung, Verzicht (§ 1168 I BGB) oder Zahlung auf die Grundschuld selbst (§§ 1142,
1143 BGB) auf den Eigentümer übergegangen ist, **unterliegt sie dem gesetzlichen Löschungsanspruch** der nachrangigen Gläubiger (§ 1179a BGB). Wenn der gesetzliche Löschungsanspruch nicht ausgeschlossen wurde (§ 1179a V BGB), erschwert dies die von
den Beteiligten eigentlich erstrebte problemlose Wiederverwendung der Grundschuld als
Sicherungsmittel. S. dazu Rn. 97 f.

6. Abtretungsausschluss und Abtretungsbeschränkung

Wenn die Grundschuld nicht für ein inländische Kreditinstitut bestellt wird oder wenn 20
sie an einen Gläubiger abgetreten wird, der keine Genehmigung zum Kreditgeschäft im
Inland nach § 32 KWG hat, drohen dem Eigentümer daraus, dass die Grundschuld forderungsunabhängig ist, erhebliche Gefahren (i. E. *Domke/Sperlich* BB 2008, 342). Zwar
können nach § 1192 I a BGB bei einer Sicherungsgrundschuld Einreden aus dem Sicherungsvertrag jedem späteren Erwerber der Grundschuld entgegengehalten werden (s.
Rn. 49). Sobald jedoch die Grundschuld gemäß Rn. 25 ff. vollstreckbar ist, muss der Eigentümer dazu Vollstreckungsgegenklage erheben. Um ihm dies zu ersparen, kann die
Abtretbarkeit der Grundschuld von vorneherein ausgeschlossen (Palandt/*Bassenge*
§ 1191 BGB Rn. 8) oder beschränkt werden, letzteres gemäß folgendem

Formulierungsbeispiel: Abtretungsbeschränkung	21
Die Grundschuld und die Rechte aus dem vorstehend abgegebenen abstrakten Schuldversprechen *(dazu Rn. 26 ff.)* können nur abgetreten werden an Kreditinstitute, welche in dem Zeitpunkt, in welchem die Abtretung wirksam wird, ihre Hauptniederlassung in der Bundesrepublik Deutschland und für deren Gebiet eine Erlaubnis der Bundesanstalt für Finanzdienstleistungsaufsicht (BaFin) zum Betreiben des Kreditgeschäfts gemäß dem Gesetz über das Kreditwesen (KWG) in seiner jeweiligen Fassung haben. Es wird bewilligt und beantragt, diese Abtretungsbeschränkung bei der Grundschuld im Grundbuch einzutragen, und zwar im Grundbuch selbst, nicht durch bloße Bezugnahme auf die Eintragungsbewilligung.	

Ein Abtretungsausschluss oder eine Abtretungsbeschränkung kann jedoch Rechts- 22
nachfolgen nicht verhindern, die ohne Einzelübertragung von Vermögensgegenständen,
z. B. nach dem **Umwandlungsgesetz** oder durch **Anwachsung**, erfolgen. Die Bindungen
aus dem Sicherungsvertrag treffen dabei aber den neuen Grundschuldgläubiger entweder
kraft Gesamtrechtsnachfolge oder bei einer Sonderrechtsnachfolge nach dem 19.8.2008
gemäß § 1192 I a BGB (dazu Rn. 49).

Trotz eines Ausschlusses oder einer Beschränkung der Abtretbarkeit kann eine **Abtre-** 23
tung gleichwohl vereinbart werden, wenn der **Schuldner zustimmt.** Zur Eintragung einer
kraft Zustimmung wirksamen Abtretung muss die Zustimmung dem Grundbuchamt in
notariell beglaubigter Form nachgewiesen werden (§§ 19, 29 GBO). Die Zustimmung
wirkt nur *ex nunc* (*BGH* NJW 1990, 109).

III. Die dingliche und die persönliche Zwangsvollstreckungsunterwerfung

Die eingetragene Grundschuld allein ermöglicht noch nicht unmittelbar die Zwangs- 24
versteigerung oder Zwangsverwaltung des belasteten Grundstücks. Hierzu benötigt der

Gläubiger vielmehr zusätzlich einen **Vollstreckungstitel** (§ 16 I ZVG), nach dem der Eigentümer die Zwangsvollstreckung dulden muss (*Stöber* § 15 ZVG Rn. 40.1, 40.17). § 1147 BGB gibt dem Gläubiger den materiellen Duldungsanspruch hierauf.

1. Dingliche Unterwerfung

25   Die zum Vollstreckungstitel führende Klage erübrigt sich, wenn gemäß § 794 I Nr. 5 ZPO eine notarielle Urkunde errichtet wird, in der sich der Eigentümer wegen der Grundschuld der Zwangsvollstreckung unterwirft. Gegen einen späteren Eigentümer des belasteten Grundstücks wirkt der so geschaffene Vollstreckungstitel nur, wenn sich der Eigentümer der Zwangsvollstreckung in der Weise unterworfen hat, dass diese gegen den **jeweiligen** Eigentümer des Grundstücks zulässig sein soll **und** wenn diese sog. **dingliche Zwangsvollstreckungsunterwerfung** im Grundbuch eingetragen ist (§ 800 ZPO). Um die Kosten und Verzögerungen zu vermeiden, die mit einer Klage verbunden sind, verlangen die Banken in der Regel eine solche dingliche Zwangsvollstreckungsunterwerfung. Auch wenn diese formularmäßig erklärt wird, braucht sie nicht im Hinblick auf § 307 BGB auf den ursprünglichen Gläubiger beschränkt zu werden (*BGH* MittBayNot 2008, 405; *Bachner* DNotZ 2008, 644, 649 ff.; *Volmer* ZfIR 2008, 27; Rundschreiben Ziffer III; a. M. *Schimansky* WM 2008, 1049; *LG Hamburg* NJW 2008, 2784 m. Anm. *Dümig* = ZfIR 2008, 543 m. Anm. *Clemente*); dies ergibt sich aus § 799a ZPO, der auf dem Risikobegrenzungsgesetz (Rn. 4) beruht und andernfalls gegenstandslos wäre. Nach § 799a ZPO haftet nämlich der ursprüngliche Gläubiger dem Vollstreckungsschuldner verschuldensunabhängig für alle Schäden, die diesem aus einer ab dem 19.8.2008 (§ 37 EGZPO) für unzulässig erklärten Vollstreckung durch einen anderen Gläubiger oder wegen Leistungen zur Abwendung einer solchen Vollstreckung entstehen.

2. Persönliche Unterwerfung

26   Viele Grundschuldformulare sehen daneben auch ein **abstraktes Schuldversprechen** oder Schuldanerkenntnis in Höhe der Grundschuld einschließlich aller Grundschuldnebenleistungen vor. Nach dem eindeutigen Wortlaut des § 1193 BGB braucht dessen **Fälligkeit** nicht von einer Kündigung abhängig gemacht zu werden. Sofortige Fälligkeit entsprechend § 271 I BGB ist also auch formularmäßig zulässig (*BGH* DNotZ 2010, 542 Tz. 25; *BGH* MittBayNot 2008, 204; Rundschreiben Ziffer II; *Bachner* DNotZ 2008, 644, 647). Wegen dieses neben die Grundschuld tretenden Zahlungsanspruchs wird dann ebenfalls die Zwangsvollstreckungsunterwerfung nach § 794 I Nr. 5 S. 1 ZPO erklärt. Durch diese sog. **persönliche Zwangsvollstreckungsunterwerfung** erhält die Bank einen Vollstreckungstitel, der ihr die (meist einfachere und weniger einschneidende) Zwangsvollstreckung in das sonstige Vermögen ermöglicht. Auch diese persönliche Unterwerfung braucht nicht auf den ursprünglichen Gläubiger beschränkt zu werden (s. Rn. 25 a. E.).

27   Die Banken **kombinieren** diese beiden **Sicherheiten** derart, dass ihnen die Zwangsvollstreckung aus dem abstrakten Schuldversprechen/Schuldanerkenntnis unabhängig von Eintragung und Bestand der Grundschuld erlaubt ist. Auch wenn beide Sicherheiten für dieselbe Darlehensschuld hingegeben werden, hat der *BGH* hiergegen keine grundsätzlichen Bedenken (*BGH* MittBayNot 2008, 204 m. Anm. *Volmer*; *BGH* DNotZ 2006, 196; *Clemente* ZfIR 2004, 497), auch nicht gegen die Unterwerfung durch einen Bevollmächtigten (*BGH* DNotZ 2004, 360; s. dazu auch Rn. 45). Nicht empfehlenswert ist eine persönliche Unterwerfung gegenüber dem „jeweiligen" Grundschuldgläubiger, da dies zum Auseinanderfallen der Vollstreckbarkeit in dinglicher und persönlicher Vollstreckbarkeit führen kann – zumal zur Vollstreckung aus dem persönlichen Titel gleichwohl die Abtretung des Anspruchs gemäß § 727 ZPO nachgewiesen werden muss (*BGH* DNotZ 2012, 288 m. Anm. *Everts* DNotZ 2012, 245; *BGH* MittBayNot 2008, 405 m. Anm. *Everts* MittBayNot 2008, 356). Die **Verjährung** der Darlehensansprüche kann

weder der Grundschuld (§ 216 II 1 BGB) noch dem abstrakten Schuldversprechen entgegengehalten werden (*BGH* MittBayNot 2010, 123).

Die Bank darf aus beiden Sicherheiten vorgehen, aber nur, soweit der Sicherungsvertrag (Rn. 46 ff.) beide Sicherheiten deckt (*BGH* DNotZ 2005, 683; *OLG Saarbrücken* DNotZ 2004, 712 m. Anm. *Wochner*) und nur, bis sie einmal Befriedigung wegen eines Betrags in Höhe aller Ansprüche aus der Grundschuld erlangt hat (*BGH* DNotZ 1988, 487 und 1990, 559). Dem **Betrage** nach wird der **Sicherungsumfang** durch diese Kombination also **nicht erweitert**. Eine abweichende Vereinbarung wäre möglich, aber erst noch an den Maßstäben der §§ 305c I, 307 BGB zu messen; überdies würde sie den Geschäftswert der Grundschuldurkunde verdoppeln (was *Schmitz-Valckenberg* DNotZ 1988, 489 übersieht). 28

In der Regel ist Schuldner des persönlichen Zahlungsanspruchs ebenfalls der Grundstückseigentümer. Wenn dieser allerdings die Grundschuld zur **Sicherung** einer **fremden Verbindlichkeit** bestellt, sollte nur deren Schuldner das abstrakte Schuldversprechen/Schuldanerkenntnis abgeben (vgl. Rn. 47 f., 51 ff.); ein formularmäßig abgegebenes abstraktes Schuldversprechen/Schuldanerkenntnis des Eigentümers verstößt in diesem Fall gegen § 307 BGB (*BGH* DNotZ 1992, 91 m. Anm. *Stürner*) oder gegen § 305 I BGB (*Gaberdiel/Gladenbeck* Rn. 301). Zum Versuch, dies durch getrennte Urkunden zu vermeiden, vgl. DNotI-Report 1996, 221. 29

3. Vollstreckbare Ausfertigung

Rechtsgrundlagen: § 52 BeurkG, §§ 795, 725 ff. ZPO. **Rechtsmittel:** § 54 BeurkG. Die Person des Schuldners und der Umfang seiner Haftung brauchen in der Vollstreckungsklausel nicht angegeben zu werden, wenn sie sich (wie regelmäßig) aus der Urkunde selbst ergeben. Wenn die Grundschuld der **Sicherung** einer **Geldforderung** dient und nach dem 19.8.2008 bestellt wurde oder wird (Rn. 5), ist zur Erteilung einer vollstreckbaren Ausfertigung nach § 726 ZPO der Nachweis des Zugangs der Kündigung durch öffentliche Urkunde (Zustellungsurkunde des Gerichtsvollziehers) sowie der Ablauf der sechsmonatigen Kündigungsfrist gemäß § 1193 BGB erforderlich, wobei aber das Kündigungsschreiben selbst nicht der Form des § 726 ZPO bedarf. Die Beteiligten können auf den Nachweis der Kündigung als Vollstreckungsbedingung i. S. d. § 726 ZPO verzichten, indem sie bestimmen, dass eine vollstreckbare Ausfertigung „sofort ohne Nachweis der die Fälligkeit begründenden Tatsachen erteilt werden soll". Ein solcher vollständiger Nachweisverzicht ist und bleibt zulässig und verstößt nicht gegen §§ 307, 309 Nr. 12 BGB (DNotI-Report 2008, 161, *Schneid/Voss* DNotZ 2008, 740, 756). Er verstößt entgegen anderslautender Tendenzen (s. vor allem *Stöber* § 15 Rn. 15.1) auch nicht gegen § 134 BGB (ausf. *Everts* DNotZ 2013, 730); gleichwohl sind bereits Ausweichstrategien in der Praxis zu beobachten – Vereinbarung der sofortigen Fälligkeit einer „abstrakten Verkehrshypothek" zur Sicherung der Forderung aus dem abstrakten Schuldversprechen, vgl. *OLG Köln* DNotZ 2013, 768. Zulässig ist dementsprechend jedenfalls auch eine Nachweiserleichterung, etwa dahingehend, dass der Gläubiger Kopie des Kündigungsschreibens vorlegen muss, aus dessen Datum sich der Ablauf der Sechsmonatsfrist ergibt (vgl. *BGH* ZfIR 2006, 75; *OLG Stuttgart* NJW-RR 1986, 549). 30

Auf Wunsch des Gläubigers kann ihm die vollstreckbare Ausfertigung auch wegen der Grundschuld schon erteilt werden, bevor diese im Grundbuch eingetragen ist (h. M., Nachw. bei *Schöner/Stöber* Rn. 2056). Wenn der **Schuldner** die in der Grundschuldurkunde erteilte Ermächtigung, dem Gläubiger eine vollstreckbare Ausfertigung zu erteilen, vor Erteilung **widerruft**, darf dem Gläubiger eine solche nur erteilt werden, wenn er eine einfache Ausfertigung in Händen hat (dazu *BayObLG* DNotZ 2003, 847) oder (ausnahmsweise) nach § 51 I Nr. 1 BeurkG beanspruchen kann (*OLG Düsseldorf* DNotI-Report 2001, 94; *OLG Rostock* NotBZ 2002, 33). Zur **Umschreibung der Vollstreckungsklausel** s. Rn. 88 ff. 31

IV. Form, Kosten und Verfahren der Grundschuldbestellung

32 Die zur Entstehung der Grundschuld erforderliche Einigung (§ 873 I BGB) ist formfrei. Sie wird fast nie beurkundet (sonst 2,0 Gebühr Nr. 21100 KV-GNotKG). Klassische **Bausteine der Grundschuldbestellungsurkunde** sind dagegen:

33

Baustein	Form	Notargebühr
a) Eintragungsbewilligung (§ 19 GBO) und -antrag (§ 13 GBO)	Notarielle Beglaubigung für erstere (§ 29 GBO), Schriftform für letzteren (§ 13 I 2 GBO)	0,5-Gebühr Nr. 21201 Ziff. 4 KV-GNotKG für Beurkundung oder Entwurf, sonst Nr. 25100 KV-GNotKG
b) Dingliche Zwangsvollstreckungsunterwerfung	Notarielle Beurkundung (§ 794 I Nr. 5 ZPO)	1,0-Gebühr Nr. 21200 KV-GNotKG
c) Abstraktes Schuldversprechen/ Schuldanerkenntnis (§§ 780, 781 BGB)	Schriftform gemäß §§ 780, 781 BGB	1,0-Gebühr Nr. 21200 KV-GNotKG
d) Persönliche Zwangsvollstreckungsunterwerfung wegen c)	Notarielle Beurkundung (§ 794 I Nr. 5 ZPO)	1,0-Gebühr Nr. 21200 KV-GNotKG
e) Erklärung des Eigentümers zum Sicherungsvertrag (Zweckerklärung, Zweckbestimmungserklärung)	formfrei	1,0-Gebühr Nr. 21200 KV-GNotKG
f) Abtretung der Rückgewähransprüche, die gegen Gläubiger vorrangiger oder gleichrangiger Grundschulden bestehen	formfrei	1,0-Gebühr Nr. 21200 KV-GNotKG

34 Vgl. weiter Kap. J. Rn. 9 und 61G. Nicht jede Grundschuldurkunde enthält alle diese Bausteine. In der Praxis bestimmt
– der Baustein mit den höchsten Formansprüchen die **Form der gesamten Urkunde,**
– der Baustein mit dem höchsten Wert und Gebührensatz die **Gebühr für die ganze Urkunde** (Ausnahme: § 94 II 2 GNotKG), mit der dann alle übrigen vorgenannten Urkundsbausteine abgegolten sind.

35 Die **Eintragung** der Grundschuld **im Grundbuch** löst bei der Briefgrundschuld eine 1,3-Gebühr Nr. 14120 KV-GNotKG, bei der Buchgrundschuld eine 1,0-Gebühr Nr. 14121 KV-GNotKG aus, und zwar unabhängig davon, ob eine dingliche Zwangsvollstreckungsunterwerfung miteingetragen wird oder nicht.

36 Bestellt ein Verbraucher (§ 13 BGB) zugunsten eines Kreditinstituts oder eines sonstigen Unternehmers (§ 14 BGB) eine notariell beurkundete oder vom Notar entworfene Grundschuld, so ist § 17 IIa BeurkG zu beachten. Nach h. M. (*Winkler* § 17 Rn. 49ff., 123, 138; *Schmucker* ZNotP 2003, 243; a. M. *Keller* ZNotP 2003, 180; *Maaß* ZNotP 2004, 216) und den Anwendungsempfehlungen der BNotK in ihrem Rundschreiben vom 28.4.2003 an alle Notarkammern sind Grundschuldbestellungen Angebote zum Abschluss eines **Verbrauchervertrags**, also keine reinen Vollzugs- oder Erfüllungsgeschäfte. Der Notar ist daher verpflichtet, auf persönliche Beurkundung oder Beurkundung durch eine Vertrauensperson hinzuwirken (§ 17 IIa 2 Nr. 1 BeurkG). Bei Grundschulden zur Finanzierung des Kaufpreises widerspricht die vom Verkäufer dem Käufer erteilte Voll-

macht (Kap. A I. Rn. 284) nicht dem Zweck des § 17 II a 2 Nr. 1 BeurkG, wohl aber die vom Käufer dem Verkäufer oder Notarangestellten erteilte Vollmacht (vgl. *OLG Schleswig* DNotI-Report 2007, 182; *Winkler* a. a. O.). Nach § 17 II a 2 Nr. 2 BeurkG hat der Notar dem Verbraucher ferner ausreichend Gelegenheit einzuräumen, sich vorab mit dem Gegenstand der Grundschuldurkunde auseinander zu setzen. Der nackte Text eines Grundschuldbestellungsformulars ist hierfür denkbar ungeeignet, weil er den nicht vorgebildeten Verbraucher mehr verwirrt als informiert. Die Erläuterung durch den Notar ist unentbehrlich. M. E. genügt es in der Regel, wenn der Notar diese der Beurkundung voranschickt und dem Verbraucher dann die Entscheidung überlässt, ob er zur Beurkundung einen erneuten Termin wünscht (vgl. *Winkler* § 17 Rn. 155).

V. Kostensparstrategien

Beim **Grundbuchamt** lassen sich nur die Mehrkosten einer Briefgrundschuld vermeiden, indem eine Buchgrundschuld bestellt wird. Beim **Notar** können Kosten dadurch gespart werden, dass jede Zwangsvollstreckungsunterwerfung unterbleibt **und** 37

- die vom Notar entworfene Urkunde sich auf Eintragungsbewilligung und -antrag beschränkt, also keinen der Bausteine b) mit f) aus Rn. 33 enthält (dann 0,5-Gebühr Nr. 21201 Ziff 4 KV-GNotKG) bzw. – wenn ein solcher Baustein enthalten ist – der Notar nur die Bewilligung und/oder den Antrag ergänzt (dann 0,5-Gebühr Nr. 24102 KV-GNotKG i. V. m. Vorbem. 2.4.1 Abs. 3 und § 92 II GNotKG) **oder**
- der Notar keinen Entwurf fertigt, sondern nur die Unterschrift(en) beglaubigt (dann 0,2-Gebühr Nr. 25100 KV-GNotKG KostO, höchstens 70 EUR, und gegebenenfalls eine 0,3-Gebühr Nr. 22111).

Das Anliegen des Eigentümers, Notarkosten zu sparen, und das Anliegen der Bank, ohne gerichtliche Klage die Zwangsvollstreckung einleiten zu können, stehen in Widerspruch. Dass dennoch **Möglichkeiten** bleiben, **Notarkosten zu sparen,** beruht auf einer Besonderheit des Zwangsversteigerungsrechts: Wenn aus einer Grundschuld oder aus einem Grundschuldteil die Zwangsversteigerung betrieben wird, erlöschen mit dem Zuschlag der restliche Grundschuldteil und alle gleichrangigen oder nachrangigen Grundpfandrechte (§§ 91 I, 52, 44, 45, 49 ZVG). Diese werden aus dem Versteigerungserlös – soweit er reicht – befriedigt (arg. § 92 I ZVG – vgl. *Gaberdiel/Gladenbeck* Rn. 1078 ff.), auch wenn ihre Gläubiger das Zwangsversteigerungsverfahren nicht betreiben. Betreibt die Bank die Versteigerung aus einer Grundschuld oder einem Grundschuldteil, so kann sie also auch ihre restlichen Grundschulden und Grundschuldteile mitverwerten, soweit diese Nachrang oder Gleichrang haben, ohne für Letztere einen Vollstreckungstitel zu benötigen. 38

Die Praxis geht vor allem drei Wege:

1. Aufspaltung in vollstreckbare und nicht vollstreckbare Grundschuld

Hierzu folgendes **Beispiel:** Statt einer vollstreckbaren Grundschuld zu 3 Mio. EUR werden bestellt: 39
- eine vollstreckbare Grundschuld zu 600.000 EUR,
- eine Grundschuld ohne Zwangsvollstreckungsunterwerfung zu 2.400.000 EUR, für welche die Bank selbst die Eintragungsbewilligung und die Grundbuchanträge entwirft, unter welche der Notar lediglich die Unterschrift des Eigentümers beglaubigt.

An Notar- und Grundbuchkosten werden hierbei (ohne Berücksichtigung der Mehrwertsteuer) ca. 3.600 EUR gespart. Bei kleineren Grundschulden ist die Kostenersparnis allerdings bescheiden. Wird etwa eine Grundschuld zu 100.000 EUR aufgespalten in eine vollstreckbare Grundschuld zu 10.000 EUR und eine nicht vollstreckbare zu 40

90.000 EUR, so spart dies bei Notar und Grundbuchamt zusammen ca. 100 EUR. Spätere Löschungen und Freigaben verringern den Kostenvorteil oder verkehren ihn zu einem Kostennachteil, weil hierbei die Existenz zweier Grundschulden zu höheren Kosten führt (vgl. Kap. J. Rn. 19 ff. und 61P; *Basty* ZNotP 2000, 95; *Pfeifer* ZNotP 2000, 255).

41 Bei der Gestaltung des **Rangverhältnisses** wird die Bank m. E. auf den Vorrang der kleinen vollstreckbaren Grundschuld Wert legen müssen. Andernfalls muss sie befürchten, dass wegen des Fortbestands der vorrangigen (nicht vollstreckbaren) großen Grundschuld keine Gebote abgegeben werden.

42 Die **Nachteile** der Aufspaltung bekommt die Bank dann zu spüren, wenn sie aus der kleinen vollstreckbaren Grundschuld die Zwangsversteigerung betreibt, und der Eigentümer oder ein nachrangiger Gläubiger (§§ 1150, 268 BGB) die Vollstreckung zum Erliegen bringt, indem er auf die kleine Grundschuld, aus der vollstreckt wird, zahlt. Eine solche Zahlung kann die vollstreckende Bank nicht zurückweisen, selbst wenn sie abredewidrig ist (*BGH* DNotZ 1988, 487, 488). Je kleiner die vollstreckbare Grundschuld, je größer also die Kostenersparnis, desto größer wird für die Bank das Risiko, auf diese Weise ihren Vollstreckungstitel gegen Zahlung eines relativ kleinen Betrags zu verbrauchen.

2. Unterwerfung wegen eines Teilbetrages

43 Möglich ist es auch, eine nicht vollstreckbare Grundschuld ohne Entwurf des Notars zu bestellen, und zwar in unserem Beispielsfall über 3 Mio. EUR und wegen eines **Teilbetrags** von z. B. 600.000 EUR dieser Grundschuld eine dingliche **Zwangsvollstreckungsunterwerfung** zu beurkunden. Eine gleiche Kostenersparnis wie unter Rn. 39ff. lässt sich so nur erzielen, wenn beides in zwei verschiedenen Urkunden geschieht. Dabei darf kein Rangverhältnis zwischen vollstreckbarem und nicht vollstreckbarem Grundschuldteil hergestellt werden (*OLG Hamm* DNotZ 1988, 233); sonst müsste die Grundschuld geteilt werden (wieder Kosten).

44 Die Zwangsvollstreckungsunterwerfung wegen eines Grundschuldteilbetrags ist zulässig (*BGH* DNotZ 1990, 586 m. Anm. *Wolfsteiner*; DNotI-Report 1998, 53). Auch wenn der titulierte Teilbetrag als „zuletzt zu zahlender" bezeichnet ist, schützt dies in der Zwangsversteigerung die Bank aber nicht vor dem Titelverbrauch (s. o. Rn. 42). In der Versteigerung wird nämlich der Betrag getilgt, dessentwegen vollstreckt wird, auch wenn er als zuletzt zu zahlender bezeichnet ist (*BGH* DNotZ 2007, 675 m. Anm. *Wolfsteiner*). Löst ein nachrangiger Gläubiger den Grundschuldteil ab, aus dem die Bank vollstreckt, so behält die Bank mit der restlichen Grundschuld Vorrang vor dem abgelösten Teil (*Gaberdiel/Gladenbeck* Rn. 323). Darin und in der Vermeidung höherer Folgekosten für spätere Freigaben und Löschungen liegt ein **Vorteil** gegenüber Rn. 39ff.

3. Bloße Vollmacht zur Zwangsvollstreckungsunterwerfung

45 In der nur unterschriftsbeglaubigten Grundschuldbestellungsurkunde erteilt der Besteller der Bank unwiderrufliche Vollmacht, ihn der Zwangsvollstreckung zu unterwerfen. Dieser Weg scheitert nicht daran, dass eine solche Vollmacht notariell beurkundet werden müsste (*BGH* DNotZ 2004, 360 a. E.). Er ist aber für die Bank riskant, weil die Vollmacht einen späteren Eigentümer sowie einen Insolvenzverwalter nicht bindet und weil der Widerruf der Vollmacht nicht verlässlich ausgeschlossen werden kann (vgl. *Gaberdiel/Gladenbeck* Rn. 318).

VI. Der Sicherungsvertrag (Sicherungsabrede, Zweckbestimmung, Zweckerklärung, Zweckbestimmungserklärung)

1. Bedeutung

Die Grundschuld als abstraktes Recht trägt ihren Rechtsgrund nicht in sich selbst. Der 46 Grundschuldgläubiger darf die in der Grundschuld verkörperte forderungs**un**abhängige Rechtsmacht, die Zwangsvollstreckung zu betreiben, nur für sich in Anspruch nehmen, ausüben und behalten, soweit er hierfür einen rechtlichen Grund i. S. d. § 812 BGB hat.

Die Grundschuld wird so gut wie immer bestellt, um die Erfüllung einer oder mehre- 47 rer Verbindlichkeiten zu sichern (**Sicherungsgrundschuld** gemäß § 1192 I a 1 BGB). Der schuldrechtliche Sicherungsvertrag liefert den Rechtsgrund für die Grundschuldbestellung. Er regelt vor allem
- **dass** die Grundschuld als Sicherheit gestellt wird; str., vgl. *Gaberdiel/Gladenbeck* Rn. 566,
- **wer** die Grundschuld als Sicherheit stellt (typischerweise der Eigentümer – manchmal auch der bisherige Grundschuldgläubiger),
- **wessen** Verbindlichkeiten die Grundschuld sichert,
- **welche** Verbindlichkeiten die Grundschuld sichert,
- **worauf** Leistungen zu erbringen sind – ob auf die Grundschuld oder (wie regelmäßig) auf die gesicherten Verbindlichkeiten,
- **unter welchen Voraussetzungen** und in welcher Weise der Gläubiger die Grundschuld verwerfen darf (dazu *Schmid/Voss* DNotZ 2008, 740, 747),
- **welchen Voraussetzungen** und in welcher Weise die Grundschuld zurückzugewähren ist (dazu Rn. 65 ff.),

also die Zwecke, die mit der Grundschuldbestellung verfolgt werden (daher **Zweckerklärung**). Der Sicherungszweck der Grundschuld ändert sich durch die isolierte Abtretung der gesicherten Forderung (ohne gleichzeitige Abtretung der Grundschuld) nicht (*BGH* DNotZ 2010, 117). Haben Bruchteilseigentümer für eine auf ihrem Grundstück lastende Grundschuld gemeinsam eine Sicherungsvereinbarung mit dem Grundschuldgläubiger getroffen, können sie diese nur gemeinsam ändern (*BGH* DNotZ 2010, 375).

Wenn dem Gläubiger in der Grundschuldurkunde weitere Sicherheiten eingeräumt 48 werden – wie z. B. abstraktes Schuldversprechen, Abtretung oder Verpfändung von Forderungen – dann hat der dafür nötige Sicherungsvertrag (dazu *Zimmer* NJW 2008, 3185) in der Regel denselben Inhalt. Der Sicherungsvertrag ist formfrei (daher **Sicherungsabrede**). Zur Beweislast für seine Existenz und seinen Inhalt *BGH* DNotZ 1992, 90 m. Anm. *Stürner*; *BGH* DNotZ 1993, 112. Zum Verhältnis mehrerer abweichender Sicherungsverträge *BGH* DNotZ 2002, 614, 623 m. Anm. *Tiedtke*. Zur Anwendung des § 312 BGB auf den Sicherungsvertrag *BGH* DNotZ 1996, 531; NJW 2003, 885; *OLG Düsseldorf* MittBayNot 2005, 134.

Ein formularmäßiger Sicherungsvertrag, der eine Grundschuld betrifft, ist **ohne Frei- 49 gabeklausel** wirksam (*BGH* DNotZ 1995, 290; NJW 1996, 2092). Der Sicherungsvertrag wirkt grundsätzlich nur *inter partes*, nicht für und gegen den jeweiligen Eigentümer (*BGH* DNotZ 2003, 707). Bei Sicherungsgrundschulden, die nach dem 19.8.2008 erworben wurden, können jedoch **Einreden aus dem Sicherungsvertrag** gemäß § 1192 I a BGB auch jedem Erwerber der Grundschuld entgegengesetzt werden (Art. 229 § 18 II EGBGB), und zwar unabhängig davon, wann sie entstanden sind (vgl. *Bachner* DNotZ 2008, 644, 647). Im Grundbuch konnte schon bisher und kann weiterhin nicht eingetragen werden, ob die Grundschuld Sicherungsgrundschuld ist, zumal dies keine konstante Eigenschaft der Grundschuld ist, wie sich z. B. bei einer Rückabtretung an den Eigentümer zeigt. § 1192 I a BGB hindert infolgedessen einen gutgläubig einredefreien Erwerb einer Sicherungsgrundschuld.

2. Falltypen, Verstöße gegen §§ 305c I und 307 BGB

> **Fall 1:** Eigentümer E (als Sicherungsgeber) bestellt die Grundschuld zur Sicherung **seiner** Verbindlichkeiten aus dem unter Nr. . . . . vom Gläubiger zu gewährenden Darlehen:

50 Einfachster Fall, bei dem Sicherungsgeber und Schuldner identisch und die gesicherten Verbindlichkeiten eng abgegrenzt sind. In der Praxis kommt dieser Fall bei einer Grundschuld zugunsten eines privaten Gläubigers vor, aber auch bei Bankgrundschulden.

> **Fall 2:** E bestellt die Grundschuld formularmäßig zur Sicherung **seiner** Verbindlichkeiten gegenüber der Grundschuldgläubigerin, und zwar zur Sicherung **aller** gegenwärtigen und künftigen Verbindlichkeiten.

51 Häufiger Fall, bei dem wiederum Sicherungsgeber und Schuldner identisch sind, der Kreis der gesicherten Verbindlichkeiten aber umfassend weit ist. Rechtliche Bedenken dagegen bestehen grundsätzlich nicht (*BGH* DNotZ 2001, 109 m. Anm. *Tiedtke*). Nicht mehr gesichert sind hierbei bank**un**üblich entstandene Verbindlichkeiten des E (*Rastätter* DNotZ 1987, 463) sowie u. U. solche Verbindlichkeiten des E, die aus einer Einstandspflicht des E für fremde Verbindlichkeiten entstanden sind, z.B. aus einer Bürgschaft (vgl. *BGH* NJW 1987, 319; WM 1987, 571).

> **Fall 3:** E bestellt die Grundschuld zur Sicherung der Verbindlichkeiten **des/der S** (Freund, Ehefrau, Kind) aus dem Darlehen Nr. . . . ., das diese/r vom Gläubiger erhält.

52 Fall, bei dem Sicherungsgeber und Schuldner **nicht** identisch, die gesicherten Verbindlichkeiten aber eng abgegrenzt sind. Dieser Fall gleicht wirtschaftlich einer Bürgschaft und ist rechtlich unbedenklich (vgl. *BGH* NJW 1988, 558; *Rastätter* DNotZ 1987, 469). Die zur Sittenwidrigkeit einer Bürgschaft entwickelten Grundsätze sind auf die Sicherungsgrundschuld nicht übertragbar (*BGH* DNotZ 2002, 874).

> **Fall 4:** E bestellt die Grundschuld formularmäßig zur Sicherung **aller** gegenwärtigen und künftigen Verbindlichkeiten **des/der S** gegenüber dem Grundschuldgläubiger.

53 Hier sind Sicherungsgeber und Schuldner **nicht** identisch; der Kreis der gesicherten Verbindlichkeiten ist denkbar weit. Dieser Fall hat den *BGH* seit 1982 (DNotZ 1982, 314) in zahlreichen Varianten beschäftigt.

54 Der BGH betrachtet diese weite Sicherungsabrede als wirksam nur für solche Verbindlichkeiten, die **Anlass** der Grundschuldbestellung waren. Anlass der Grundschuldbestellung kann ein ganz **bestimmtes Darlehen** sein, aber auch ein Geschäftskredit des/der S in **laufender Rechnung**. Wird später eine Verbindlichkeit begründet, die mit dem Anlass der Grundschuldbestellung nichts zu tun hat, so verstößt deren Einbeziehung in den Sicherungszweck der Grundschuld nach gefestigter Rspr. des *BGH* (DNotZ 1992, 562) gegen § 305c I BGB (überraschende Klausel), jedoch nicht gegen § 307 BGB (unangemessene Benachteiligung, vgl. *BGH* DNotZ 1998, 578 m. Anm. *Schmitz-Valckenberg*). Dies gilt wegen § 310 I BGB auch, wenn E Unternehmer ist (*BGH* NJW 1988, 558, 560) sowie dann, wenn E und S Ehegatten sind (vgl. *BGH* NJW 1997, 2677), dagegen nicht, wenn S eine Gesellschaft ist, die von E beherrscht wird (*BGH* DNotZ 1987, 493; vgl. *Tiedtke* NJW 1991, 3242). Auch die Möglichkeit des Sicherungsgebers, die weite Sicherungsabrede mit Wirkung für die Zukunft zu kündigen (vgl. *Gaberdiel/Gladenbeck* Rn. 608 ff.), bewahrt die Bank nicht vor dem Einwand der Unwirksamkeit. Weitere Nachw. bei *Gaberdiel/Gladenbeck* Rn. 685 ff.

> **Fall 5:** Die Ehegatten E sind Miteigentümer je zur Hälfte. Sie bestellen die Grundschuld formularmäßig zur Sicherung **aller** gegenwärtigen und künftigen Verbindlichkeiten der Ehegatten E oder **eines** Ehegatten gegenüber der Bank. Anlass der Grundschuldbestellung war ein gemeinsam aufgenommenes Baudarlehen. Später nimmt der Ehemann allein ein Darlehen zur Beteiligung an einer Abschreibungsgesellschaft auf.

VI. Der Sicherungsvertrag

Sicherungsgeber (beide) und Schuldner des späteren Darlehens (Ehemann) sind hier nur teilweise identisch (beim halben Miteigentumsanteil des Ehemannes). Weil **Anlass der Grundschuldbestellung ein gemeinsames Darlehen** war, berechtigt die Einbeziehung des Darlehens des Ehemannes in den Sicherungszweck der Grundschuld die Bank jedenfalls nicht zu einer Zwangsversteigerung des Miteigentumsanteils der Ehefrau (*BGH DNotZ* 1989, 609 m. Anm. *Schmitz-Valckenberg*; 1992, 562), selbst dann nicht, wenn der Ehemann diesen Miteigentumsanteil später hinzuerwirbt (*BGH DNotZ* 2002, 853; weiterhin kritisch *Gaberdiel/Gladenbeck* Rn. 697).

Die Grundschuldgläubigerin kann die auf fehlender Identität zwischen Sicherungsgeber und Schuldner beruhenden Unwirksamkeitsrisiken nicht dadurch vermeiden, dass sie den Sicherungsgeber zum Kreditnehmer macht, obwohl dieser kein eigenes Interesse an der Kreditaufnahme hat (vgl. *BGH NJW* 2002, 2705). Dies gilt auch im vorstehenden Fall 4 (Rn. 52).

3. Belehrungspflichten des Notars

Die Erklärung des Eigentümers (= Angebot) zum Sicherungsvertrag (sog. **Zweckerklärung** oder **Zweckbestimmungserklärung**) ist in manchen Grundschuldformularen enthalten, in anderen nicht. Daraus ergeben sich für die Belehrungspflicht des Notars unterschiedliche Fallgruppen:

a) Die Zweckerklärung ist in der Grundschuldbestellungsurkunde **nicht enthalten**. Dann besteht keine Belehrungspflicht nach § 17 I 1 BeurkG (*Reithmann/Albrecht* Rn. 786). Auf die Bedeutung der Zweckerklärung hat der Notar allenfalls im Rahmen seiner allgemeinen Betreuungspflicht (*Winkler* § 17 Rn. 242 ff.) hinzuweisen, also nur dann, wenn er auf Grund besonderer Umstände Anlass zu der Sorge hat, einem Beteiligten drohe ein Schaden, weil dieser sich der Gefährdung seiner Interessen nicht bewusst ist. Wer deswegen vorsorglich belehrt, kann dies in der Urkunde durch folgenden Vermerk belegen:

> **Formulierungsbeispiel: Belehrung zur Zweckerklärung**
>
> Die Bank kann jederzeit aus der Grundschuldurkunde vorgehen. Ihre Sicherheit reicht erheblich über den Nennbetrag der Grundschuld hinaus, vor allem wegen der Grundschuldzinsen. Ob die Bank aus der Grundschuldurkunde vorgehen darf, ergibt sich aus der sog. Zweckerklärung. Diese regelt, welche Verbindlichkeiten durch die Grundschuld und durch die sonst eingeräumten Sicherheiten gesichert werden und wessen Verbindlichkeiten. Es ist mit Gefahren verbunden, wenn ein Beteiligter zulässt, dass Verbindlichkeiten gesichert werden, die ohne seine Mitwirkung begründet werden können. Es empfiehlt sich daher, Inhalt und Wirksamkeit der Zweckerklärung stets zu überprüfen.

Um Missverständnisse auszuschließen: Es kommt auf die Belehrung, nicht auf den Belehrungsvermerk an.

b) Die Zweckerklärung ist in der Grundschuldbestellungsurkunde formularmäßig **enthalten**. Es handelt sich um eine solche, welche die Rspr. bisher **nicht** oder nur in besonderen Ausnahmefällen **beanstandet** hat (s. Rn. 50 ff.). Hier ist nach § 17 I 1 BeurkG über den Sicherungsvertrag zu belehren, wenn dessen Bedeutung den Beteiligten nicht ohne weiteres klar ist. Dies gilt unabhängig davon, ob die Zweckerklärung im vorlesungspflichtigen oder im nicht vorlesungspflichtigen Teil (§ 14 BeurkG) der Urkunde steht (*Reithmann/Albrecht* Rn. 796).

Der Belehrungsvermerk kann gleich lauten wie in Rn. 59. Der letzte Satz behält seine Bedeutung im Hinblick auf besondere Fallkonstellationen, in denen der normalerweise wirksame Sicherungsvertrag unwirksam sein kann (vgl. *Rastätter* BWNotZ 1990, 62).

63 c) Die Zweckerklärung ist in der Grundschuldbestellungsurkunde formularmäßig **enthalten**. Es handelt sich um eine Fallgestaltung, wie in Rn. 52 ff., bei welcher die Zweckerklärung unwirksam ist für Verbindlichkeiten, die außerhalb des Anlasses der Grundschuldbestellung liegen. Eine abstrakte Belehrung des Notars, wonach aus irgendwelchen denkbaren, konkret noch nicht absehbaren Anlässen Verbindlichkeiten entstehen können, zu deren Sicherung die Grundschuld verwendet werden könnte (vgl. *Sostmann* DNotZ 1995, 266, 267), beseitigt den Überraschungseffekt nicht (vgl. *BGH* NJW 1996, 191, 192). Dieser entfällt vielmehr nur, wenn der Sicherungsgeber **individuell** über einen konkreten, bereits absehbaren Anlass belehrt wurde, aus dem eine Forderung entstehen kann, für welche der Eigentümer kraft der Grundschuld haftet (vgl. *BGH* NJW 1997, 2677; *Gaberdiel/Gladenbeck* Rn. 691). In der Regel kennt der Notar die Verhältnisse der Beteiligten zu wenig, um eine solche individuelle Belehrung zu erteilen (*Amann* MittBayNot 1997, 342).

64 Die möglicherweise unwirksame weite Zweckerklärung kann der Notar in solchen Fällen auf ihren wirksamen Kern zurückführen, indem er **dem Vordruck** der Zweckerklärung gemäß der Rspr. des *BGH* hinzufügt: „Soweit es sich nicht um eigene Verbindlichkeiten des Sicherungsgebers handelt, haftet dieser nur, wenn solche Verbindlichkeiten den Anlass der Grundschuldbestellung bilden oder er besonders zugestimmt hat" (*Reithmann/Albrecht* Rn. 800). Dies dient auch der Bank, weil diese einen wirksamen Sicherungsvertrag benötigt und weil der Zusatz die legitimen Gestaltungen abdeckt, andere dagegen ausgrenzt. Der Belehrungsvermerk kann hierbei gleich lauten wie in Rn. 59.

4. Der Rückgewähranspruch

65 Wenn keine durch die Grundschuld gesicherten Verbindlichkeiten (mehr) bestehen, kann der Sicherungsgeber (s. o. Rn. 50–52) vom Grundschuldgläubiger Rückgewähr der Grundschuld verlangen (ausf. hierzu *Ph. Müller* RNotZ 2012, 199 ff.). Der Gläubiger hat gegenüber diesem Anspruch kein Zurückbehaltungsrecht gemäß § 273 I BGB wegen einer Forderung, die gemäß Sicherungsvertrag durch die Grundschuld nicht gesichert ist (*BGH* DNotZ 2000, 700). Tritt der Gläubiger die Grundschuld ab, so wird nicht automatisch der gesamte Sicherungsvertrag auf den Zessionar übergeleitet. Die Pflichten aus dem Sicherungsvertrag bleiben vielmehr beim Zedenten, solange der Eigentümer einer Vertragsübernahme durch den Zessionar nicht zugestimmt hat. Damit richtet sich der Anspruch des Sicherungsgebers auf Rückgewähr der nicht mehr (voll) valutierten Grundschuld weiterhin gegen den ursprünglichen Grundschuldgläubiger. Kann dieser den Rückgewähranspruch nicht erfüllen, weil er die Grundschuld abgetreten hat und der Zessionar zur Rückgewähr nicht bereit ist, so ist er dem Sicherungsgeber schadenersatzpflichtig (vgl. Staudinger/*Wolfsteiner* [2002] vor §§ 1191 ff. Rn. 128; Staudinger/*Busche* [2005] § 401 Rn. 39) Bei Sicherungsgrundschulden, die nach dem 19.8.2008 erworben wurden, kann der Rückgewähranspruch gemäß § 1192 I a BGB auch jedem späteren Erwerber der Grundschuld entgegengesetzt werden (Rn. 49). Der Rückgewähranspruch richtet sich nach Wahl des Sicherungsgebers auf

– Übertragung der Grundschuld (§ 1154 BGB) oder
– Verzicht auf die Grundschuld (§ 1168 BGB) oder
– Aufhebung der Grundschuld (§§ 875, 1183 BGB).

66 Der Sicherungsvertrag kann die Voraussetzungen des Rückgewähranspruchs besonders regeln, z. B. durch Einmalvalutierungsabrede (*BGH* NJW 2002, 1578), oder das Wahlrecht des Sicherungsgebers unter den verschiedenen Arten der Rückgewähr einschränken (i. E. str. – vgl. *Gaberdiel/Gladenbeck* Rn. 754 ff.). Weitere Einzelheiten bei Palandt/*Bassenge* § 1191 Rn. 17 ff., 26 ff.; *Gaberdiel/Gladenbeck* Rn. 723 ff., 742 ff.).

67 Nachrangige Grundschuldgläubiger lassen sich den **Rückgewähranspruch,** der dem Eigentümer bezüglich vorrangiger oder gleichrangiger Grundschulden zusteht, in der

Regel als weitere Sicherheit abtreten (dazu Palandt/*Bassenge* § 1191 Rn. 29). Der Notar muss den nachrangigen Gläubiger über diese Möglichkeit aber nicht belehren (*BGH DNotZ 1989, 45*). Der Anspruch ist insolvenzfest, aber praktisch nur dann, wenn dem eine enge Zweckerklärung zugrunde liegt (vgl. *BGH DNotZ 2012, 931* m. Anm. *Reul DNotZ 2012, 883*). Der Rückgewähranspruch **verjährt** seit der Schuldrechtsreform nach § 196 BGB in zehn Jahren. In der Praxis werden nicht valutierte Bankgrundschulden massenhaft stehen gelassen, um sie später zur Sicherung neuer Verbindlichkeiten wiederzuverwenden. Hierbei beschwört die Zehnjahresfrist Verjährungsgefahren herauf, wenn man nicht ihren Beginn (§ 200 BGB) durch interessengerechte Auslegung des Sicherungsvertrags oder durch vorsorgliche Vereinbarung auf den Zeitpunkt verlagert, zu welchem der Sicherungsgeber den Rückgewähranspruch geltend macht (vgl. *Wolfsteiner DNotZ 2003, 321*).

> **Formulierungsbeispiel: Abweichende Grundschuldverjährung** 68
>
> Die Bank erhält die Grundschuld und die weiter eingeräumten Sicherheiten mit der Maßgabe, dass der Rückgewähranspruch erst mit Kündigung fällig wird und erst dreißig Jahre nach seiner Fälligkeit verjährt.

Der Rückgewähranspruch ist zu unterscheiden vom **gesetzlichen Löschungsanspruch** 69 nach § 1179a BGB, der nur entsteht, wenn der Eigentümer selbst die Grundschuld durch Abtretung (§ 1154 BGB), Verzicht (§ 1168 BGB) oder Zahlung auf die Grundschuld selbst (nicht also auf die gesicherte Forderung, vgl. *Gaberdiel/Gladenbeck* Rn. 727f., 820) erwirbt. Dies kommt selten vor und entzieht sich weitgehend dem Einfluss sowie dem Vormerkungsschutz (§ 1179a I 3 BGB) des Gläubigers des gesetzlichen Löschungsanspruchs (*BGH MittBayNot 2007, 45* m. Anm. *Amann*). Der Rückgewähranspruch hat daher erheblich größere praktische Bedeutung als der gesetzliche Löschungsanspruch (*Ph. Müller RNotZ 2012, 199, 220f.*).

VII. Die Abtretung der Fremdgrundschuld

1. Formulierungsbeispiel für die Abtretungserklärung

> **Formulierungsbeispiel: Abtretungserklärung** 70
>
> Im Grundbuch von ... Band ... Blatt ... ist an dem Grundbesitz Fl. Nr. ... (1) – Eigentümer ... – in Abt. III Nr. ... eine Buch-/Brief-Grundschuld zu ... EUR eingetragen für ...
> nachfolgend **„Altgläubiger"** genannt.
> Der Altgläubiger tritt diese Grundschuld mit den Zinsen seit Zinsbeginn (2) und mit allen Nebenleistungen (3) ab an ... (4)
> nachfolgend **„Neugläubiger"** genannt.
> Der Altgläubiger bewilligt, diese Abtretung im Grundbuch einzutragen. (5)
> *Nur bei Briefgrundschuld:*
> Der Altgläubiger übergibt dem Neugläubiger gleichzeitig den Grundschuldbrief. (6)
> Mitabgetreten werden alle sonstigen Ansprüche des Altgläubigers aus der Grundschuldbestellungsurkunde, insbesondere die Ansprüche aus der Übernahme der persönlichen Haftung mit Vollstreckungsunterwerfung. (7) Dies gilt auch für Rückgewähransprüche des Altgläubigers bezüglich vor- oder gleichrangiger Grundschulden. (8)
> Falls der Altgläubiger wegen etwaiger unberechtigter Vollstreckungsmaßnahmen des Neugläubigers oder eines späteren Gläubigers gemäß § 799a ZPO Schadenersatz leisten muss, hat der Neugläubiger den Altgläubiger hiervon vollständig freizustellen. (9)

2. Erläuterungen zum Formulierungsvorschlag

71 Die **Buchgrundschuld** wird durch Einigung und Eintragung im Grundbuch (§§ 1154 III, 873 BGB) abgetreten, die **Briefgrundschuld** durch
- Einigung, Eintragung und Briefübergabe (§§ 1154 II, 873 BGB) **oder**
- Einigung, Abtretungserklärung und Briefübergabe (§§ 1154 I, 873 BGB).

72 Die Einigung ist formfrei. Für die Eintragung ist eine beurkundete oder beglaubigte Bewilligung des Altgläubigers erforderlich (§§ 19, 29 GBO). Für die Abtretung einer Briefgrundschuld außerhalb des Grundbuchs genügt eine schriftliche Abtretungserklärung; regelmäßig verlangt der Neugläubiger aber Beglaubigung oder Beurkundung (§ 1154 I 2 BGB). Nur wegen dieser bzw. wegen der Bewilligung des Altgläubigers wird der Notar eingeschaltet. Die Erklärungen des Neugläubigers werden in der Praxis kaum einmal beurkundet oder beglaubigt (sonst Nr. 21100 KV-GNotKG). Eine Mitwirkung des Eigentümers ist auch materiell-rechtlich nicht erforderlich. Die Abtretbarkeit einer Grundschuld kann ausgeschlossen oder eingeschränkt werden (Rn. 20). Zum Anspruch auf Rückgewähr der nicht mehr (voll) valutierten Grundschuld nach ihrer Abtretung s. Rn. 65. Beim Erwerb einer Sicherungsgrundschuld nach dem 19.8.2008 kraft Abtretung muss der Erwerber gemäß § 1192 I a BGB alle Einreden aus dem Sicherungsvertrag gegen sich gelten lassen (Rn. 49). Zur Haftung des Zedenten bei unberechtigten Vollstreckungsmaßnahmen des Zessionars s. § 799a ZPO und Rn. 25, 82 a. E.

73 **Zu (1):** Die Rspr. (vgl. *BGH* DNotZ 1992, 784 Nr. 2) verlangt u. a. **genaue Bezeichnung**
- des belasteten Grundbesitzes nach Flurstücks-Nr. (entsprechend bei Wohnungseigentum und Erbbaurecht) oder durch Angabe der Grundbuchstelle,
- der abzutretenden Grundschuld (möglichst nach lfd. Nr. in Abt. III oder Rang),
- des alten und neuen Gläubigers.

74 Es empfiehlt sich, insoweit eher zu viel als zu wenig anzugeben (Einzelheiten bei *Schöner/Stöber* Rn. 2381 f.).

75 **Zu (2):** Der Zeitpunkt, von dem an die **Zinsen** abgetreten werden, ist ebenfalls anzugeben. Die Abtretung der Zinsen ab Zinsbeginn ist zulässig (*BayObLG* DNotZ 1984, 562; unklar *OLG Frankfurt* DNotZ 1994, 186), macht die Datumsangabe überflüssig und vermeidet, dass ein Zinsrest beim Altgläubiger verbleibt, der sich damit an einer Zwangsversteigerung beteiligen könnte (*Stöber* § 12 ZVG Rn. 1.3). Wenn allerdings schon der Altgläubiger die Grundschuld durch Abtretung erworben hat, kann er Zinsen nur in dem Umfang weiter abtreten, der sich aus der früheren Abtretung ergibt.

76 **Zu (3):** Falls neben den Zinsen keine sonstigen **Nebenleistungen** zur Grundschuld gehören, kann dieser Passus entfallen. Abtretung „mit allen Nebenleistungen" ist wie unter (2) zulässig und zweckmäßig.

77 **Zu (4):** Neugläubiger genau bezeichnen – bei juristischer Person mit Sitzangabe.

78 **Zu (5):** Dieser Satz ist bei einer Briefgrundschuld unnötig (§ 26 GBO), schadet aber nicht.

79 **Zu (6):** Eine Briefgrundschuld erwirbt der Neugläubiger, wenn zusätzlich der **Brief übergeben** wird (§ 1154 I 1 BGB). Zuvor hat der Neugläubiger keine Sicherheit.

80 **Zu (7):** Die Mitabtretung dieser Ansprüche ist in der Regel zweckmäßig, damit keine Sicherheiten beim Altgläubiger verbleiben und damit auch die **persönliche Vollstreckungsklausel** umgeschrieben werden kann (dazu Rn. 89). Wenn es sich um eine Buchgrundschuld handelt, und der Notar die Bewilligung des Altgläubigers entwirft, entsteht dadurch freilich statt einer halben Gebühr eine volle Gebühr (dazu Rn. 83 ff.).

81 **Zu (8):** Diese Ansprüche (Rn. 65 ff.) haben mit der Vollstreckungsklausel nichts zu tun. Ansonsten gilt dasselbe wie zu (7).

VII. Die Abtretung der Fremdgrundschuld A VI

Zu (9): Dieser Zusatz beruht auf dem Risikobegrenzungsgesetz und ist empfehlenswert, wenn die Grundschuldbestellungsurkunde eine dingliche und/oder persönliche Zwangsvollstreckungsunterwerfung enthält (dazu Rn. 25 ff.). Dadurch, dass der Neugläubiger die Abtretung annimmt, übernimmt er auch die mit ihr verbundene Freistellungspflicht, die er bei einer etwaigen Weiterabtretung zu seinem eigenen Schutz dem Zessionar auferlegen wird.

3. Notarkosten der Abtretung

Ganz vermeiden lassen sich Notarkosten nur bei der Briefgrundschuld, wenn diese schriftlich ohne Unterschriftsbeglaubigung abgetreten wird. Banken nehmen die damit für sie verbundenen Nachteile aber kaum einmal in Kauf (vgl. §§ 1160, 1155 BGB, Rn. 80 und *Gaberdiel/Gladenbeck* Rn. 447).

a) Bloße Unterschriftsbeglaubigung ohne Entwurf

0,2-Gebühr Nr. 25100, höchstens 70 EUR. Soll der Notar die Abtretung nicht nur als Bote an das Grundbuchamt weiterleiten, sondern den **Vollzug** der Abtretung betreiben, so löst dies eine 0,3-Gebühr Nr. 22111 KV-GNotKG aus, die nicht begrenzt ist.

b) Unterschriftsbeglaubigung mit Entwurf

Unterschriftsbeglaubigung mit Entwurf oder Beurkundung der Erklärungen des Altgläubigers 0,5-Gebühr Nr. 21201 Ziff. 4 KV-GNotKG für Abtretung einer Buchgrundschuld, wenn nur der Grundbuchantrag enthalten ist (dagegen 1,0-Gebühr Nr. 21200 KV-GNotKG, wenn Ansprüche aus der persönlichen Haftung für den Grundschuldbetrag mit abgetreten sind). Stets 1,0-Gebühr Nr. 21200 KV-GNotKG für Abtretung einer Briefgrundschuld. Die im letzten Satz des Formulierungsvorschlags enthaltene Freistellungspflicht ist kostenrechtlich gegenstandsverschieden: 1,0-Gebühr Nr. 21200 KV-GNotKG aus einem Teilwert von 10 % bis 20 % des Nennbetrags der Grundschuld, wobei § 94 I GNotKG zu beachten ist.

c) Entwurf oder Beurkundung eines Abtretungsvertrags

Kommt praktisch kaum vor: 2,0-Gebühr Nr. 21100 KV-GNotKG.

d) Umschreibung der Vollstreckungsklausel auf den Neugläubiger

0,5-Gebühr Nr. 23803 KV-GNotKG.

4. Umschreibung der Vollstreckungsklausel

Zuständig ist der Notar, der die Grundschuldbestellungsurkunde verwahrt (§ 797 II 1 ZPO), also der Notar, bei dem oder bei dessen Amtsvorgänger die Grundschuldbestellungsurkunde errichtet wurde (§ 48 BeurkG, §§ 45, 51 I BNotO), auch wenn ein anderer Notar die Abtretung beglaubigt oder beurkundet hat. Nach §§ 795, 727 I ZPO muss die Abtretung an den Neugläubiger durch öffentliche oder öffentlich beglaubigte Urkunden **nachgewiesen** sein (praktische Anleitung aktuell bei *Soutier* MittBayNot 2011, 181 und 275 und 366). Bei Gesamtrechtsnachfolgen gilt dasselbe, wobei neben Registerauszügen und Einsichten auch Notarbescheinigungen nach § 21 BNotO in Betracht kommen. Die Entscheidung *BGH* DNotZ 2013, 190, ist insofern zu eng und teilweise missverständlich (zutr. *Wolfsteiner* DNotZ 2013, 193, 197).

Enthält die Grundschuldbestellungsurkunde eine dingliche Zwangsvollstreckungsunterwerfung wegen der Grundschuld **und** eine persönliche Zwangsvollstreckungsunterwerfung wegen des abstrakten Schuldversprechens (zu beiden Rn. 25 ff.), so muss bei der

Umschreibung geprüft werden, ob nur die Abtretung der Grundschuld gemäß § 727 I ZPO nachgewiesen ist oder auch die Abtretung des Anspruchs aus dem Schuldversprechen (wie in dem Formulierungsvorschlag Rn. 70). Nur soweit der Nachweis geführt ist, kann die Vollstreckungsklausel umgeschrieben werden. Dies kann bei einer persönlichen Zwangsvollstreckungsunterwerfung gegenüber dem „jeweiligen Grundschuldgläubiger" zu Problemen führen (s. Rn. 27).

90 (1) **Umschreibung der dinglichen Vollstreckungsklausel bei der Buchgrundschuld.** Als Nachweis des Übergangs des dinglichen Grundschuldanspruchs genügt die Eintragung der Abtretung im Grundbuch. Dies gilt m. E. trotz § 1159 BGB auch für die abgetretenen rückständigen Grundschuldzinsen. Im Klauselerteilungsverfahren bedarf es regelmäßig des Nachweises des Eintritts in den Sicherungsvertrag durch den Neugläubiger nach wie vor nicht (*BGH* DNotZ 2011, 751 m. Anm. *Everts* DNotZ 2011, 724). Dieser Aspekt müsste vom Schuldner im Rahmen einer Klauselgegenklage nach § 768 ZPO geltend gemacht werden (vgl. den Fall *BGH* NJW 2012, 2354). Hier kann die behauptete Vollstreckungsbedingung (Eintritt des Zessionars in den Sicherungsvertrag) auch mit anderen Mitteln nachgewiesen werden und muss nicht in der Urkunde selbst zum Ausdruck kommen. Von einer Novellierung der Rechtsbehelfe kann daher keine Rede sein (a. A. offenbar *Schmidt-Räntsch* ZNotP 2012, 362, 364).

91 (2) **Umschreibung der dinglichen Vollstreckungsklausel bei der Briefgrundschuld entweder** aufgrund Eintragung der Abtretung im Grundbuch (wie in Rn. 79) **oder** aufgrund der Vorlage der Urschrift einer notariell beglaubigten oder der Ausfertigung einer notariell beurkundeten Abtretungserklärung des Altgläubigers (beglaubigte Abschrift genügt nicht); Nachweis des Zugangs und der Annahme ist dagegen entbehrlich (*BGH* NJW 1976, 567). Umstritten ist, ob der Brief vorgelegt werden muss (vgl. *Wolfsteiner* Rn. 46.83).

92 (3) **Umschreibung der persönlichen Vollstreckungsklausel** aufgrund der Vorlage der Urschrift einer notariell beglaubigten oder der Ausfertigung einer notariell beurkundeten Abtretungserklärung des Altgläubigers (vgl. Rn. 80), in welcher der Anspruch aus dem abstrakten Schuldversprechen mit abgetreten ist (vgl. Rn. 70). Ein Schuldner, der sich in einer notariellen Urkunde der sofortigen Zwangsvollstreckung in sein gesamtes Vermögen unterworfen hat, kann sich im Klauselerinnerungsverfahren nicht darauf berufen, die Unterwerfungserklärung sei wegen Verstoßen gegen § 307 I BGB unwirksam (*BGH* DNotZ 2009, 935, st. Rspr.; zur materiell-rechtlichen Wirksamkeit s. oben Rn. 50 ff.).

93 Abtretung der Grundschuld „mit allen Nebenrechten" genügt nicht (*LG München II* MittBayNot 1979, 126). Die Praxis begnügt sich damit, dass eine solche Abtretungserklärung in den Grundakten liegt und eine Rück- oder Weiterabtretung nicht ersichtlich ist.

---

94 | **Formulierungsbeispiel: Klauselumschreibung**

Die Grundschuld mit den Grundschuldzinsen seit ... ist abgetreten an ... . Die Abtretung ist im Grundbuch eingetragen. (Mit abgetreten sind alle Ansprüche aus dem abstrakten Schuldversprechen, was aus der Urschrift der vorliegenden/*in den Grundakten befindlichen* Abtretungserklärung hervorgeht). Die vorstehende Vollstreckungsklausel vom ... wird aufgehoben und diese mit der Urschrift übereinstimmende Ausfertigung nunmehr der ... zum Zwecke der Zwangsvollstreckung (im vorstehend aufgeführten Umfang) erteilt.

---

95 Ist der Übergang der persönlichen Ansprüche nicht nachgewiesen, so entfallen die Passagen in der ersten Klammer. Statt des Textes in der zweiten Klammer ist dann einzufügen: „wegen der Grundschuld und der Grundschuldzinsen seit ...".

VIII. Die Eigentümerbriefgrundschuld (§ 1196 BGB) und ihre Abtretung   A VI

Wenn dem Notar die **Abtretungserklärung** in der in Rn. 80 aufgeführten Form 96
vorliegt, empfiehlt es sich, eine beglaubigte Abschrift davon der umgeschriebenen vollstreckbaren Ausfertigung **beizuheften,** um deren in § 750 II ZPO vorgeschriebene Zustellung zu erleichtern. Dies dient dem Gläubiger und sollte ihn motivieren, die Abtretungserklärung dem Notar in der nach Rn. 80 erforderlichen Form vorzulegen. Entsprechendes gilt für die Nachweise der Gesamtrechtsnachfolge (vgl. *BGH* DNotZ 2013, 190 und Rn. 88).

VIII. Die Eigentümerbriefgrundschuld (§ 1196 BGB) und ihre Abtretung

1. Allgemeines

Die Eigentümerbriefgrundschuld hat neben den Vor- und Nachteilen jeder Briefgrund- 97
schuld (dazu Rn. 14 ff.)
- **den Vorteil,** dass sich zu keiner Zeit aus dem Grundbuch ein Hinweis darauf zu ergeben braucht, welche Bankverbindung besteht,
- **den Nachteil,** dass die Grundschuld ohne Abtretung nicht als Sicherheit verwendbar ist.

Formulierungsvorschläge für eine Eigentümerbriefgrundschuld finden sich in nahezu 98
allen Formularbüchern. Der **Notar** sollte vor allem **auf Folgendes achten:**

Bei mehreren Eigentümern muss nach § 47 GBO das Anteils- oder **Gemeinschaftsver-** 99
hältnis angegeben werden. Bestellen Bruchteilseigentümer die Grundschuld für sich, so ist diese teils Eigentümergrundschuld, teils Fremdgrundschuld. Eine Gläubigerschaft nach Bruchteilen ist hierbei zwar zulässig, aber nicht empfehlenswert, weil dies die mit der Doppelnatur einer solchen Grundschuld verbundenen Komplikationen verstärkt, insbesondere im Zusammenhang mit dem gesetzlichen Löschungsanspruch. Möglicherweise lassen diese sich durch Mitgläubigerschaft nach § 432 BGB oder Gesamtgläubigerschaft nach § 428 BGB vermeiden (vgl. *Schöner/Stöber* Rn. 2355).

Da die Grundschuld künftig den Zweck hat, einen Anspruch zu sichern, sollte die Fäl- 100
ligkeit des Grundschuldkapitals von einer Kündigung gemäß § 1193 BGB abhängig gemacht werden (dazu Rn. 5, 11). Wenn die Grundschuld an Kreditinstitute abgetreten werden soll, empfiehlt es sich, den **Zins** gemäß deren Gepflogenheiten auszugestalten (s. Rn. 9). Der Zinsbeginn kann schon vor der Eintragung der Grundschuld liegen (*BGH* DNotZ 1975, 617; *BayObLG* DNotZ 1976, 494; 1978, 550). Trotz § 1197 II BGB können auch Zinsen für die Zeit vor der Abtretung abgetreten werden (*BayObLG* DNotZ 1988, 116; *OLG Celle* DNotZ 1989, 678; *OLG Düsseldorf* DNotZ 1990, 747; offen gelassen von *BGH* NJW 1986, 314).

Werden mehrere Grundschulden bestellt, so kann der **gesetzliche Löschungsanspruch** 101
der nachrangigen und gleichrangigen Grundschuldgläubiger (§§ 1179a, b BGB) die Grundschuld als Sicherheit entwerten. Die Eigentümergrundschuld ist nach § 1196 III BGB davon bedroht, sobald ein Abtretungsempfänger sie an den Eigentümer zurückübertragen hat (*BGH* DNotZ 1987, 510; *OLG Braunschweig* DNotZ 1987, 515 jeweils m. Anm. *Schelter*). Ob dies geschehen ist, kann die Bank, der eine solche Grundschuld als Sicherheit angeboten wird, meist nicht zuverlässig feststellen (vgl. Rn. 19).

Der gesetzliche Löschungsanspruch kann gemäß § 1179a V BGB **ausgeschlossen** wer- 102
den. Dies sollte nicht nur bei Bestellung einer Eigentümergrundschuld erwogen werden, sondern
- bei Bestellung jeder Briefgrundschuld wegen § 1179b BGB,
- bei Bestellung jeder Buchgrundschuld, wenn dieser eine Eigentümerbriefgrundschuld oder eine andere Briefgrundschuld im Range vorgeht.

103 | **Formulierungsbeispiel: Ausschluss Löschungsanspruch**

> Als Inhalt der bestellten Grundschuld wird vereinbart, dass der gesetzliche Löschungsanspruch bezüglich der bestellten Grundschuld selbst (und bezüglich der vorrangigen und gleichrangigen Grundpfandrechte) ausgeschlossen ist.

104 Trotz § 1197 I BGB ist die **dingliche Zwangsvollstreckungsunterwerfung** (Rn. 25) auch bei einer Eigentümergrundschuld schon vor ihrer Abtretung zulässig (*Wolfsteiner* Rn. 28.72). Wirkungen entfaltet sie allerdings erst, wenn die Grundschuld abgetreten ist (dazu Rn. 107) oder das Eigentum am belasteten Grundstück gewechselt hat.

105 Ein in die Bestellungsurkunde aufgenommenes abstraktes Schuldversprechen mit **persönlicher Zwangsvollstreckungsunterwerfung** ist auszulegen als Angebot an den künftigen Abtretungsempfänger der Grundschuld zu einem Vertrag nach § 780 BGB, das dieser stillschweigend annehmen kann (*BGH* DNotZ 1976, 364). Eine solche persönliche Zwangsvollstreckungsunterwerfung ist aber allenfalls gegenüber dem **ersten** Abtretungsempfänger wirksam und kostenrechtlich gegenstandsgleich (DNotI-Report 1998, 189). Ob der jeweilige Abtretungsempfänger der erste ist, lässt sich indessen kaum nachweisen (*Reithmann* DNotZ 1982, 86). Deshalb ist es besser, die persönliche Zwangsvollstreckungsunterwerfung (wenn gewünscht) in die jeweilige (dann zu beurkundende) Abtretungsurkunde aufzunehmen (*Reithmann* a.a.O.). Wenn der Notar die Abtretungsurkunde ohnehin entwerfen muss, entstehen dadurch keine Mehrkosten (vgl. Rn. 83 ff.).

106 Wenn die Grundschuld schon bei ihrer Bestellung abgetreten wird, der **Abtretungsempfänger** aber **nicht** aus den Grundakten **erkennbar** werden soll, kann dieser gesichert werden, indem der Notar den Grundschuldbrief für ihn nach § 60 II GBO, § 1117 II BGB entgegennimmt (dazu *Schöner/Stöber* Rn. 2022 ff.). Fehlt es an einem entsprechenden Sicherungs- oder Geheimhaltungsinteresse, so kann es bei der Regel des § 60 I GBO oder einer unmittelbaren Übersendung an den Abtretungsempfänger nach § 60 II GBO, § 1117 II BGB bleiben.

2. Die Abtretung der Eigentümerbriefgrundschuld

107 Der in Rn. 70 enthaltene **Formulierungsvorschlag** ist auch hierfür geeignet. Enthält die Grundschuldbestellungsurkunde ein abstraktes Schuldversprechen mit persönlicher Zwangsvollstreckungsunterwerfung, so entsteht der Anspruch daraus unmittelbar in der Person des Abtretungsempfängers, braucht also nicht mit abgetreten zu werden (*BGH* NJW 1991, 228). Wenn in der Grundschuldbestellungsurkunde kein **abstraktes Schuldversprechen** mit Zwangsvollstreckungsunterwerfung enthalten ist, der Abtretungsempfänger ein solches aber wünscht, so kann dieses in die dann zu beurkundende (§ 794 I Nr. 5 ZPO) Abtretungserklärung aufgenommen werden (vgl. Rn. 94); eine vollstreckbare Ausfertigung hierüber erteilt dann der Notar, der die Abtretungsurkunde errichtet hat (§ 797 II 1 ZPO, § 25 I BNotO, § 48 BeurkG). **Zu warnen** ist vor einer Abtretung der Grundschuld „mit Zinsen ab dem Tag der Eintragung", weil dabei unklar bleibt, ob die Eintragung der Grundschuld oder die Eintragung der Abtretung gemeint ist.

3. Die Eigentümerbriefgrundschuld bei Eigentumswechsel durch Sonderrechtsnachfolge

108 Das BGB kennt keine „Eigentümergrundschuld" in dem Sinne, dass diese dem **jeweiligen** Grundstückseigentümer zustünde, also mit dem Eigentum untrennbar verbunden wäre.

109 **a)** Wenn das belastete Grundstück veräußert wird und der **Veräußerer Gläubiger** der Grundschuld ist (also nicht bloßer Buchberechtigter, der die Grundschuld außerhalb des

Grundbuchs abgetreten hat), bleibt die Eigentümergrundschuld auch nach Übergang des Eigentums beim Veräußerer. Mit Eigentumswechsel wird sie Fremdgrundschuld. Der Erwerber kann diese nicht zur Kreditsicherung verwenden und ist dem Risiko ausgesetzt, dass der Veräußerer aus der Grundschuld vollstreckt oder diese an einen Dritten abtritt, vererbt oder durch Zwangsmaßnahmen verliert. Daher sollte im Veräußerungsvertrag die dem Veräußerer zustehende (also nicht valutierte) **Grundschuld** mit Wirkung ab Eigentumswechsel an den Erwerber **abgetreten** und diese Abtretung im Grundbuch eingetragen werden, um den Charakter als Eigentümergrundschuld im Grundbuch zu dokumentieren.

Dies gilt grundsätzlich bei Übergabeverträgen und **Kaufverträgen.** Für einen Verkäufer ist es gefährlich, wenn er die Grundschuld schon dem Käufer abtritt, bevor dieser seine Pflichten aus dem Kaufvertrag erfüllt hat. Er sollte daher nur mit Wirkung ab Kaufpreiszahlung oder Eigentumsübergang abtreten. Diese Abtretung sollte aber bereits in den Kaufvertrag aufgenommen werden und der Brief beim Notar verwahrt werden, um den Käufer vor vertragswidriger Verwendung der Grundschuld zu schützen.

Das in Kap. A I. Rn. 737 ff. dargestellte Verfahren, mittels einer vorhandenen Grundschuld den **Kaufpreis zu finanzieren,** kann bei einer Eigentümergrundschuld nur als sicher gelten, wenn die Eigentümergrundschuld (ohne Zwischenerwerb des Käufers) unmittelbar vom Verkäufer an die Finanzierungsbank abgetreten wird und der Sicherungsvertrag mit dieser gemäß Rn. 725 ff. gestaltet wird.

b) Ist die Grundschuld valutiert und **vom Veräußerer** außerhalb des Grundbuchs **abgetreten,** so ist sie **Fremdgrundschuld** und bei jeder Veräußerung wie eine solche zu behandeln, also entweder vom Veräußerer zu löschen oder vom Erwerber mit der gesicherten Verbindlichkeit wie bei einer Schuldübernahme oder ohne die gesicherte Verbindlichkeit nach Kap. A I. Rn. 725 ff. zu übernehmen.

IX. Das belastete Objekt

1. Gesamtgrundschuld

Nach älterer Rspr. entsteht eine Gesamtgrundschuld an mehreren Grundstücken oder Miteigentumsanteilen (§ 1132 BGB) erst mit ihrer Eintragung an **allen** Pfandobjekten (*OLG München* DNotZ 1966, 371; *OLG Düsseldorf* DNotZ 1973, 613; vgl. aber *BGH* DNotZ 1975, 152). Die Belastung eines in Miteigentum stehenden Grundstücks durch alle Miteigentümer mit einer Grundschuld führt nicht zum Entstehen einer Einzelgrundschuld am Gesamtgrundstück. Es entsteht vielmehr eine Gesamtgrundschuld an allen Miteigentumsanteilen, mit der Folge, dass auch eine „Freigabe" von Miteigentumsanteilen möglich ist (*BGH* DNotZ 2010, 841).

Manchmal kann die Grundschuld nicht an allen Pfandobjekten gleichzeitig eingetragen werden, z. B. weil noch nicht alle im Eigentum des Bestellers stehen oder noch nicht alle vermessen sind (vgl. §§ 7 I, 2 III GBO). Um die Grundschuld unabhängig davon möglichst früh als Sicherheit entstehen zu lassen, hat sich folgende Formulierung eingebürgert:

> **Formulierungsbeispiel: Teilvollzug bei Gesamtgrundschuld**
>
> Wenn die Grundschuld zunächst nicht an allen Pfandobjekten eingetragen werden kann, soll sie bereits mit der Eintragung an einem Pfandobjekt als Einzelgrundschuld entstehen. Wird sie an mehreren, aber nicht an allen Pfandobjekten gleichzeitig eingetragen, so soll sie als Gesamtgrundschuld jeweils insoweit entstehen, als sie eingetragen wurde.

2. Nachträgliche Mitbelastung

116 Soll ein weiteres Pfandobjekt mitbelastet werden, nachdem die Grundschuld schon bestellt ist, so bieten sich folgende Möglichkeiten:

– Der nachträglich mitzubelastende Grundbesitz wird dem schon belasteten Grundstück als **Bestandteil** zugeschrieben (§§ 890 II, 1131 BGB); zu den grundbuchrechtlichen Voraussetzungen s. §§ 6, 5 II GBO. Die Bestandteilszuschreibung bewirkt, dass sich die Grundschuld einschließlich der dinglichen Zwangsvollstreckungsunterwerfung auf den zugeschriebenen Grundbesitz erstreckt (i. E. *Schöner/Stöber* Rn. 652). War die Grundschuld am bisherigen Pfandbesitz vor dem 20.8.2008 bestellt und eine frühere Fälligkeit des Grundschuldkapitals festgelegt als § 1193 BGB erlaubt (s. Rn. 5), z.B. sofortige Fälligkeit, so gilt die bisherige Fälligkeit auch für den zugeschriebenen Grundbesitz, denn seine Einbeziehung in die Mithaft erfolgt bei der Bestandteilszuschreibung kraft Gesetzes (§ 1131 BGB). Dies wird besonders daran deutlich, dass sich auch die dingliche Zwangsvollstreckungsunterwerfung ohne weitere Erklärung kraft Gesetzes auf den zugeschriebenen Grundbesitz erstreckt. Die kündigungsabhängige Fälligkeit gemäß § 1193 BGB ist dagegen nach dem 19.8.2008 nur dann zwingend vorgeschrieben, wenn eine Grundschuld rechtsgeschäftlich bestellt wird (Art. 229 § 18 Abs. 3 EGBGB).

– Die Grundschuld wird **rechtsgeschäftlich** auf den weiteren Grundbesitz **erstreckt** (§ 873 I BGB) und insoweit erneut die dingliche Zwangsvollstreckungsunterwerfung beurkundet (i. E. *Schöner/Stöber* Rn. 2646 ff.). Auf diese Weise kann der weitere Grundbesitz nach dem 19.8.2008 in die Mithaft nur einbezogen werden, indem jedenfalls bezüglich dieses Grundbesitzes die Fälligkeit des Grundschuldkapitals gemäß § 1193 BGB festgelegt wird (dazu Rn. 5 – vgl. *BGH* DNotZ 1981, 385; *Schöner/Stöber* Rn. 2648). Wurde die ursprüngliche Grundschuld vor dem 20.8.2008 mit kündigungsunabhängiger Fälligkeit des Grundschuldkapitals bestellt, so ist auch nach der Mitbelastung eine unterschiedliche Fälligkeit des Grundschuldkapitals am ursprünglichen Pfandbesitz und am nachträglich mitbelasteten Pfandbesitz zulässig (*BGH* MittBayNot 2011, 60 m. Anm. *Waldner*).

117 Die Bestandteilszuschreibung ist unkomplizierter und meist billiger, hat aber den Nachteil, dass **ein** Grundstück im Rechtssinne entsteht, welches grundsätzlich nur einheitlich und in gleicher Rangfolge belastet werden kann (vgl. §§ 7, 6 GBO).

118 Die Ausdehnung der Grundschuld gemäß der zweiten Alternative ist meist teurer und bei einer Briefgrundschuld nur problemfrei, wenn der wahre Gläubiger im Grundbuch eingetragen ist/wird (vgl. *Schöner/Stöber* Rn. 2649). Zur dinglichen Zwangsvollstreckungsunterwerfung sollten sicherheitshalber die Zins- und Nebenleistungsbestimmungen in die Mitbelastungsurkunde (nach § 13a BeurkG unter Beifügung der ursprünglichen Bestellungsurkunde) aufgenommen werden (vgl. *Schöner/Stöber* Rn. 2652).

119 Eine **neue** selbständige **Grundschuld** an dem weiteren Pfandobjekt ist häufig die einfachere Lösung, jedoch ungeeignet, falls die Bank ein einheitliches Aufgebot aller Pfandgrundstücke in der Zwangsversteigerung sicherstellen will (vgl. *Gaberdiel/Gladenbeck* Rn. 387).

3. Löschung, Freigabe und Freigabeversprechen

120 a) Bei der **Löschung** wird die Grundschuld an allen Pfandobjekten aufgehoben (zur ausreichenden Bezeichnung bei Gesamthaft vgl. *OLG Nürnberg* DNotZ 2012, 780), und zwar materiell-rechtlich durch Aufgabeerklärung des Gläubigers (§ 875 I BGB), Zustimmung des Eigentümers (§ 1183 BGB) und Löschung im Grundbuch (§ 875 I BGB, § 46 GBO); verfahrensrechtlich erfordert letztere schriftlichen Antrag (§ 13 GBO), Bewilligung des Gläubigers (§ 19 GBO), Zustimmung des Eigentümers (§ 27 GBO), und

zwar Bewilligung und Zustimmung in der Form des § 29 GBO, wobei eine Nacherbenzustimmung nicht nötig ist (*OLG Hamm* DNotZ 2012, 850). Zum Löschungsverfahren allgemein *Schöner/Stöber* Rn. 2747 ff., bei Verzicht des Gläubigers *Schöner/Stöber* Rn. 2704 ff., bei Quittung *Schöner/Stöber* Rn. 2725 ff.

b) Von **Freigabe** oder **Pfandfreigabe** spricht die Praxis, wenn der Gläubiger nach § 1175 I 2 BGB auf die Grundschuld an einem Teil des/der Pfandobjekts/e verzichtet, z. B. an einer verkauften Fläche. Hierzu ist keine Zustimmung des Eigentümers erforderlich. Zur Eintragung des Verzichts nach § 22 I GBO muss die Freigabe der Formvorschrift des § 29 GBO genügen und ein schriftlicher Antrag (§ 13 GBO) gestellt werden (*Schöner/Stöber* Rn. 2716 f.). 121

c) Durch **Freigabeversprechen** oder **Löschungsversprechen** verpflichtet sich der Gläubiger **schuldrechtlich**, (meist gegen Zahlung eines Geldbetrags) einen Teil des Pfandgrundbesitzes freizugeben oder die Grundschuld löschen zu lassen. Hierbei kann der Versprechensempfänger durch Vormerkung (§ 883 I BGB) dagegen gesichert werden, dass die Erfüllung des Freigabeversprechens an einem Verlust der Rechtszuständigkeit oder Verfügungsmacht des Grundschuldgläubigers scheitert (*Schöner* DNotZ 1974, 342). Bei Bankgrundschulden hält die Praxis eine solche Sicherung für entbehrlich. Bei Grundschulden zugunsten Privater ist sie dagegen empfehlenswert (dazu Kap. A I. Rn. 210). Besondere Bedeutung hat das Freigabeversprechen beim Kauf vom Bauträger (vgl. Kap. A II.). 122

4. Erbbaurecht

Bei einer Grundschuld am Erbbaurecht sind folgende Besonderheiten zu beachten: 123

a) In der Regel ist als Inhalt des Erbbaurechts nach § 5 ErbbauRG vereinbart, dass eine Veräußerung des Erbbaurechts oder eine Belastung mit Grundpfandrechten der **Zustimmung des Eigentümers** bedarf. Solange diese nicht in notariell beglaubigter Form vorliegt, trägt das Grundbuchamt die Grundschuld nicht ein. Die Zustimmung zur Veräußerung des Erbbaurechts umfasst nicht die Zustimmung zur Belastung, auch dann nicht, wenn der Veräußerungsvertrag die Belastung des Erbbaurechts mit Finanzierungsgrundschulden vorsieht. Die Zustimmungspflicht zur Belastung hängt nach § 7 II ErbbauRG von anderen Voraussetzungen ab als die Zustimmungspflicht zur Veräußerung (vgl. *v. Oefele/Winkler* Rn. 4.233 ff.). Eine Veräußerung, welcher der Eigentümer zugestimmt hat, kann undurchführbar werden, falls dazu eine Finanzierungsgrundschuld erforderlich ist und der Eigentümer die Zustimmung zur Belastung verweigern kann oder die für die Finanzierungsgrundschuld geforderte Rangstelle unerreichbar ist. Nach *BGH* DNotZ 2005, 847 muss der Notar bei Abschluss des Veräußerungsvertrags darauf hinweisen und Möglichkeiten aufzeigen, wie dieses Problem vermieden werden kann. 124

b) Der Zuschlag in der Zwangsversteigerung ist ebenfalls eine zustimmungspflichtige Veräußerung (*BGH* DNotZ 1961, 31). In der Zustimmung zur Bestellung der Grundschuld liegt noch nicht die **Zustimmung zum Zuschlag** in der Zwangsversteigerung, auch dann nicht, wenn aus derselben Grundschuld vollstreckt wird (*KG* DNotZ 1984, 384; *OLG Hamm* DNotZ 1987, 41; zur Lösung des Problems *BGH* NJW 1987, 1942; *Kappelhoff* Rpfleger 1985, 281; *v. Oefele/Winkler* Rn. 4.282). 125

c) Zum **Rangverhältnis** zwischen Erbbauzins und Grundschuld s. Kap. A IV. Rn. 97 ff. 126

X. Zustimmung Dritter zur Grundschuldbestellung

1. Betreuungsgericht, Familiengericht

127 Wenn der Eigentümer bei der Grundschuldbestellung durch seine Eltern, einen Vormund, Pfleger oder Betreuer vertreten wird, hängt die Entstehung der Grundschuld von der Genehmigung des Vormundschaftsgerichts oder Familiengerichts ab (§§ 1643 I, 1821 I Nr. 1, 1915 I, 1908i BGB). In der Praxis wird diese nachträglich erteilt und daher **erst wirksam,** wenn sie der Bank durch die Eltern (Vormund, Pfleger, Betreuer) mitgeteilt ist (§ 1829 I BGB). Auf die **Mitteilung** kann nicht verzichtet werden. Alle Vereinbarungen über eine andere Art des Wirksamwerdens sind unwirksam (*Schöner/Stöber* Rn. 3738). Vereinfacht wird das Verfahren, wenn der beurkundende **Notar** zur Mitteilung und (von der Bank) zur Entgegennahme bevollmächtigt wird; der Notar kann die Ausübung der Vollmacht in einer sog. Eigenurkunde dokumentieren (*BayObLG* DNotZ 1983, 369; *Schöner/Stöber* Rn. 3740).

128 Dem **Grundbuchamt** muss nur die Erteilung, nicht die Mitteilung der Genehmigung nachgewiesen werden. Zur Eintragung benötigt es nämlich nur eine Bewilligung des Eigentümers (§ 19 GBO), für die § 1829 BGB nicht gilt (*Schöner/Stöber* Rn. 3749).

129 Damit die Grundschuld **materiell-rechtlich** gemäß § 873 I BGB **entsteht,** muss die Genehmigung des Vormundschaftsgerichts der Bank aber tatsächlich mitgeteilt werden. Eine bloße Vollmacht des Notars genügt nicht, wenn die Mitteilung nicht tatsächlich der Bank zugeht (vgl. *Rastätter* BWNotZ 1990, 65). Hierzu reicht es aus, die Genehmigung der für die Bank bestimmten Ausfertigung der Grundschuldurkunde beizuheften.

2. Nacherbe

130 Wenn der Vorerbe die Grundschuld bestellt, muss das **Grundbuchamt** diese eintragen, auch wenn ein Nacherbenvermerk im Grundbuch eingetragen ist (*OLG Frankfurt* DNotZ 2012, 150; *BayObLG* Rpfleger 1980, 64; *Gaberdiel/Gladenbeck* Rn. 195, 199).

131 Mit Eintritt des Nacherbfalls ist die vom Vorerben bestellte Grundschuld aber dem **Nacherben gegenüber** grundsätzlich **unwirksam** (§ 2113 I BGB). Deshalb darf schon vor dem Nacherbfall auf einen Versteigerungsantrag des Grundschuldgläubigers hin kein Zuschlag erteilt werden, wenn nicht die Zustimmung des Nacherben oder ein Duldungstitel gegen ihn vorliegt (*Stöber* § 15 ZVG Rn. 30.8 ff.). Ist der Vorerbe **befreit** (§ 2136 BGB), so ist die Grundschuld dem Nacherben gegenüber nur unwirksam, wenn sie unentgeltlich bestellt wurde (§ 2113 II BGB), d. h. wenn dafür keine gleichwertige Leistung in den Nachlass oder an den Vorerben selbst geflossen ist (vgl. *Schöner/Stöber* Rn. 3480) und der Vorerbe dies erkennen musste (*BGH* NJW 1984, 366).

132 Kaum eine Bank wird die damit verbundenen Unsicherheiten in Kauf nehmen (vgl. *Gaberdiel/Gladenbeck* Rn. 196 ff.). Praktisch wird daher meist die **Zustimmung** aller **Nacherben** in der Form des § 29 GBO verlangt, um im Grundbuch eintragen zu können, dass die Grundschuld diesen gegenüber wirksam ist (vgl. *Schöner/Stöber* Rn. 3490). Die Zustimmung etwaiger Ersatznacherben ist nicht erforderlich (*Schöner/Stöber* Rn. 3478). Zur Vertretung der Nacherben bei der Zustimmung durch den Vorerben *OLG Hamm* DNotZ 2003, 635 einerseits, *Schöner/Stöber* Rn. 3484 andererseits.

3. Testamentsvollstrecker

133 Hat der Erblasser Testamentsvollstreckung angeordnet, so kann – sofern die Rechte des Testamentsvollstreckers nicht entsprechend eingeschränkt sind – nur der Testamentsvollstrecker eine Grundschuld am Nachlassgrundbesitz bestellen (§§ 2205, 2211 BGB). Der Testamentsvollstrecker ist allerdings zu **unentgeltlichen** Verfügungen grundsätzlich

nicht befugt (§ 2205 S. 3 BGB). Es gelten die in Rn. 131 dargelegten Grundsätze mit der Erschwernis, dass die Entgeltlichkeit dem Grundbuchamt dargetan werden muss (Palandt/*Edenhofer* § 2205 Rn. 31).

4. Ehegatte

Wenn der Eigentümer im **gesetzlichen Güterstand** lebt, braucht er zur Bestellung einer Grundschuld, aber nicht zur Zwangsvollstreckungsunterwerfung (*BGH* DNotZ 2008, 937), nach § 1365 BGB die Zustimmung seines Ehegatten, wenn 134

– der belastete Grundbesitz das nahezu ganze Vermögen darstellt (dazu Kap. B I. Rn. 74),
– die Grundschuld unter Berücksichtigung der schon eingetragenen Vorlasten den Verkehrswert des belasteten Grundbesitzes (nahezu) erschöpft (dazu *BGH* NJW 1991, 1793) und
– die Bank die Verhältnisse kennt, aus denen sich dies ergibt

(vgl. *Schöner/Stöber* Rn. 3360). Da sich eine kreditgebende Bank die Kenntnis der Verhältnisse in der Regel verschafft, wird sie auf die Zustimmung des Ehegatten nach § 1365 BGB vielfach nicht verzichten können (vgl. *Gaberdiel/Gladenbeck* Rn. 179). Dies gilt neuerdings umso mehr, als der *BGH* die Grundschuldzinsen bei der Berechnung der Gesamtvermögensbelastung mit einbezieht (NJW 2011, 3783), zumal angesichts des hohen Grundschuldzinsniveaus der Bankenpraxis (insofern zu Recht krit. *Schmidt-Räntsch* ZNotP 2012, 362, 367).

5. Umlegung/Sanierung

Ab Bekanntmachung des **Umlegungsbeschlusses** (§ 50 BauGB) kann eine Grundschuld wirksam nur noch mit schriftlicher Genehmigung der Umlegungsstelle (= in der Regel Gemeinde nach § 48 BauGB) entstehen (§ 51 I 1 BauGB). Die Verfügungsbeschränkung tritt also unabhängig von ihrer Eintragung im Grundbuch (§ 54 I BauGB) und unabhängig von der Benachrichtigung des Grundbuchamts ein. Sie kann nicht durch guten Glauben überwunden werden (*Schöner/Stöber* Rn. 3862). Das Grundbuchamt hat sie zu beachten, wenn sie ihm bekannt ist (§§ 54 II 2, 22 VI BauGB). Nach § 51 III BauGB darf die Genehmigung nur versagt werden, wenn Grund zu der Annahme besteht, dass die Grundschuld die Durchführung der Umlegung wesentlich erschweren würde. 135

Ab Bekanntmachung einer **Sanierungssatzung** (§ 143 BauGB) gelten die vorstehenden Ausführungen für die Bestellung einer Grundschuld sinngemäß (§§ 144 II Nr. 2, 145 II BauGB). Das Grundbuchamt benötigt zur Eintragung der Grundschuld einen Genehmigungsbescheid oder ein Negativzeugnis, wonach eine Genehmigung gemäß § 144 II Nr. 2 Hs. 2 BauGB nicht erforderlich ist, da das Grundbuchamt Letzteres nicht selbst feststellen kann (§§ 145 VI, 22 VI BauGB). 136

6. Sonstiges

Das Grundbuchamt darf die Eintragung einer Grundschuld nicht von einem grundbuchmäßigen Nachweis der Zustimmung der Depotbank gemäß § 26 I Nr. 3, II 1 InvG abhängig machen (*OLG Karlsruhe* DNotZ 2010, 842). Zur Zustimmung des Eigentümers bei der Belastung eines Erbbaurechts mit einer Grundschuld s. Rn. 124 ff. 137

XI. Rangvorbehalt

1. Begründung (§ 881 BGB)

138 | **Formulierungsbeispiel: Rangvorbehalt**

Der Eigentümer (1) behält sich das Recht vor, im Range vor der vorstehend bestellten Grundschuld (2) Grundpfandrechte (3) bis zu insgesamt 100.000 EUR mit Zinsen und sonstigen Nebenleistungen (4) bis zu 18% jährlich ab heute (5) am belasteten Grundbesitz eintragen zu lassen. Der Rangvorbehalt kann mehrfach ausgenützt werden. (6) Der Eigentümer bewilligt und beantragt, ihn im Grundbuch einzutragen.

139 Zu (1): Wird der Rangvorbehalt bereits mit der Bestellung des Rechts verbunden, dem das vorbehaltene Recht vorgehen darf, so genügt die Bewilligung des Eigentümers (§ 19 GBO). Wird er diesem Recht erst nachträglich beigefügt, so ist die Bewilligung des Inhabers dieses Rechts und bei Grundpfandrechten die Zustimmung des Eigentümers erforderlich.

140 Zu (2): Der Rangvorbehalt kann jeder Belastung in Abt. II und III beigefügt werden, wegen § 10 I ErbbauRG aber nicht einem Erbbaurecht.

141 Zu (3): Diese Formulierung erlaubt den Vorrang für Grundschulden, Hypotheken und Rentenschulden (vgl. *Schöner/Stöber* Rn. 2150).

142 Zu (4): Siehe Rn. 11 ff. Es kann zweckmäßig sein, auch einmalige Nebenleistungen bis zu 10 % vorzubehalten, da manche Grundschuldformulare solche vorsehen.

143 Zu (5): Der Anfangszeitpunkt für Zinsen und laufende Nebenleistungen und der Berechnungszeitraum (nicht dagegen der Fälligkeitstermin) müssen nach h. M. angegeben werden (vgl. *BGH* DNotZ 1996, 84 m. Anm. *Kutter*; *Schöner/Stöber* Rn. 2136).

144 Zu (6): Mehrmalige Ausnützbarkeit ist der gesetzliche Regelfall, einmalige Ausnützbarkeit kann zum Schutz des nachrangigen Gläubigers vereinbart werden (*Schöner/Stöber* Rn. 2134).

2. Ausnützung

145 | **Formulierungsbeispiel: Ausnützung Rangvorbehalt**

Der Eigentümer weist die in dieser Urkunde bestellte Grundschuld ein in den bei der Grundschuld Abt. III Nr. ... vorbehaltenen Rang.

146 Der Rangvorbehalt kann auch teilweise oder stufenweise ausgenützt werden. Wenn **vor** Ausübung des Rangvorbehalts andere Rechte in Abt. II oder III (sog. **Zwischenrechte**) eingetragen werden, zeigen die dann gemäß § 881 IV BGB durchzuführenden Rechenoperationen (vgl. Palandt/*Bassenge* § 881 Rn. 11), dass ein höherer Versteigerungserlös den Erlösanteil des vom Rangvorbehalt begünstigten Gläubigers **mindert**. Deshalb verlangen Banken, deren Grundschuld in einen Rangvorbehalt eingewiesen werden soll, den Rangrücktritt aller Zwischenrechte.

XII. Sicherheiten vor Eintragung der Grundschuld

1. Unwiderrufliche Bestellung

147 Viele Grundschuldvordrucke enthalten einen „unwiderruflichen" Antrag, die Grundschuld einzutragen. Dem **Grundbuchamt** gegenüber hindert dies den Antragsteller **nicht**,

XII. Sicherheiten vor Eintragung der Grundschuld

den von **ihm** oder **für ihn** (§ 15 GBO) gestellten Antrag gemäß § 31 GBO zurückzunehmen, selbst wenn er an die Einigung nach § 873 II BGB schon gebunden ist (BayObLGZ 1972, 215; *Nieder* NJW 1984, 330). Der **Bank** gegenüber hat sich der Grundschuldbesteller durch diese Formulierung **verpflichtet**, von seinem Rücknahmerecht keinen Gebrauch zu machen. Verstößt er hiergegen, so ist er der Bank schadenersatzpflichtig, was dieser meist wenig hilft.

Wenn sich die Bank gegen eine Antragsrücknahme wirksam schützen will, muss sie selbst oder der Notar in ihrem Namen (§ 15 GBO) die Eintragung der Grundschuld **beantragen** (§ 13 II GBO) und dem Grundbuchamt die Ausfertigung oder Urschrift der Grundschuldbestellung (Bewilligung) **vorlegen** können (*BGH* DNotZ 1983, 309; *Schöner/Stöber* Rn. 107). Dann berührt die Antragsrücknahme des Eigentümers das von der Bank betriebene Eintragungsverfahren nicht. Folge des eigenen Antrags der Bank ist ihre Haftung für die Grundbuchkosten nach § 2 Nr. 1 KostO und – soweit sie den Notar beauftragt – für die Notarkosten. 148

2. Notarbestätigung

Wenn sich die Eintragung der Grundschuld verzögert, machen die Banken die Auszahlung des Darlehens häufig von einer sog. Notarbestätigung abhängig. Diese ist vom Gesetz nicht ausdrücklich geregelt und hat keinen standardisierbaren Inhalt (grundlegend *Ertl* DNotZ 1969, 650; Anlage zum insoweit nach wie vor aktuellen Rundschreiben der Bundesnotarkammer v. 17.2.1999, DNotZ 1999, 369 mit Formulierungsvorschlag, abrufbar unter www.bnotk.de/Service/Hinweise und Empfehlungen; aktuell etwa *Keilich/Schönig* NJW 2012, 1841). 149

Die Notarbestätigung kann nur **feststellen**, inwieweit Sicherheiten bestehen, sie kann diese **nicht schaffen**; es ist deshalb gerade nicht – entgegen *Keilich/Schönig* NJW 2012, 1841, 1843 – Aufgabe des Notars, die Einigung zwischen Eigentümer und Gläubiger zu prüfen, auch nicht vor dem Hintergrund des § 873 II BGB (s. auch Rn. 36). Nicht nur deshalb muss auch davor gewarnt werden, Bestätigungsvordrucke von Banken ohne Rücksicht auf den Einzelfall zu verwenden. Der Notar haftet nach § 19 I BNotO dafür, dass die festgestellten Tatsachen wahr sind und seine gutachtliche Stellungnahme zutreffend ist. Er kann die Bank nicht auf eine anderweitige Ersatzmöglichkeit verweisen (§ 19 II letzter Hs. BNotO). Für die Verletzung von Verfahrensvorschriften durch das Grundbuchamt haftet der Notar nicht. Hat er aber eine unzutreffende Bestätigung abgegeben, so entlastet ihn ein hinzukommender Verstoß des Grundbuchamts gegen Verfahrensvorschriften im Verhältnis zum Geschädigten nicht (*BGH* NJW 2001, 2714). Insbesondere kommt es darauf an, ob der Grundschuldbesteller bereits als Eigentümer eingetragen ist, was auch bei einer Grundschuldbestellung durch den Käufer aufgrund Vollmacht des Verkäufers (Kap. A I. Rn. 266 ff.) zutrifft. 150

a) Wenn der Grundschuldbesteller bereits als **Eigentümer** des/der Pfandobjekte/s **eingetragen** ist, setzt eine Notarbestätigung m. E. auch stets voraus, dass 151

– die Eintragung der Grundschuld auch **von der Bank** oder namens der Bank **beantragt** ist und Ausfertigung oder Urschrift der Eintragungsbewilligung dem Grundbuchamt (auch) namens der Bank vorgelegt ist oder jedenfalls der Bank vorliegt (*Keilich/Schönig* NJW 2012, 1841, 1842; vgl. Rn. 148), wodurch Schutz vor Verlust der Verfügungsbefugnis gem. § 878 BGB geschaffen wird, nach h. M. aber nicht Schutz gem. § 892 BGB (vgl. *Kesseler* ZNotP 2004, 338);

– die **Rangstelle**, welche die Grundschuld erhalten soll, frei ist oder hierfür Rangänderungserklärungen vorliegen, deren Vollzug auch die Bank beantragt hat (Löschungen oder Freigaben schaffen keine gleichwertige Sicherheit, weil die Bank nach § 13 II GBO deren Vollzug **nicht** selbst **beantragen** kann – vgl. *Gaberdiel/Gladenbeck* Rn. 171 – hierauf ggf. hinweisen!);

- **Zustimmungen Dritter** zur Grundschuldbestellung nicht erforderlich sind oder so erteilt sind, dass sie nicht widerrufen werden können (teilweise einschränkend, aber mit nicht praktikabler Abgrenzung *Keilich/Schönig* NJW 2012, 1841, 1844; Bsp. dazu in Rn. 127 ff.);
- bei einer Briefgrundschuld nach § 1117 II BGB gesichert ist, dass die Bank den **Brief erhält** (vgl. *Gaberdiel/Gladenbeck* Rn. 162; *Keilich/Schönig* NJW 2012, 1841, 1844).

152 Diese Voraussetzungen lassen sich in der Regel aus den Akten des Notars und aus dem Grundbuch feststellen, wobei andere Erkenntnismittel dem Notar auch nicht angesonnen werden können. Auch deshalb kann die Prüfung der dinglichen Einigung (s. oben) nicht Teil des notariellen Ermittlungsprogramms sein. Um die Eintragung der Grundschuld zu beschleunigen, kann der Notar außerdem nach § 16 Nr. 3 GNotKG die Haftung für die Grundbuchkosten übernehmen, ohne gegen § 14 IV BNotO zu verstoßen. Falls die Grundschuld für ein in Deutschland zugelassenes Kreditinstitut bestellt wurde, ist dies unnötig, weil bereits das Kreditinstitut als Antragsteller haftet (Rn. 148).

153 Risikoreicher ist die meist von den Banken gewünschte Feststellung, dass dem Grundbuchamt **keine unerledigten Anträge** vorliegen, welche der Eintragung der Grundschuld an bedungener Rangstelle entgegenstehen. Ob und inwieweit eine solche Feststellung getroffen werden kann, hängt von den Verhältnissen beim konkreten Grundbuchamt ab (*Ertl* DNotZ 1969, 658). Wenn sie getroffen wird, sollte sie
- auf eine Einsicht in Grundbuch, Grundakten und Geschäftseingang gestützt werden, die **frühestens sieben Tage** nach Eingang des Eintragungsantrags beim Grundbuchamt durchgeführt wird (*Gaberdiel/Gladenbeck* Rn. 167, 170),
- klarstellen, **welche Grundakten** dieses Eigentümers oder anderer Eigentümer (wegen früher beantragter Gesamtbelastungen oder Tauschvorgänge) und welche Unterlagen sonst eingesehen wurden.

154 **b)** Wenn der Grundschuldbesteller noch **nicht als Eigentümer** eingetragen ist, bestehen folgende zusätzliche Risiken, welche weder die Bank noch der Notar beherrschen (vgl. *Gaberdiel/Gladenbeck* Rn. 126 ff.):
- Die Auflassung, die zum Eigentumserwerb führt, kann unwirksam sein oder werden oder unvollziehbar werden, z. B. weil der Grundschuldbesteller seinen Eintragungsantrag zurücknimmt und die Bank kein Antragsrecht zum Vollzug der Auflassung hat.
- Der Besteller kann die Verfügungsbefugnis verlieren, bevor er als Eigentümer eingetragen ist, z. B. durch ein Insolvenzverfahren. Dann erwirbt die Bank die Grundschuld auch nicht gemäß § 878 BGB (*Keilich/Schönig* NJW 2012, 1841, 1844).
- Der Übereignungsanspruch des Bestellers oder seine Eigentumsanwartschaft kann gepfändet oder verpfändet werden. Dann erwirbt der Pfandgläubiger mit Eigentumsumschreibung eine Sicherungshypothek (§ 1287 S. 2 BGB), die grundsätzlich der bestellten Grundschuld vorgeht, selbst wenn letztere früher beantragt wurde.

155 Bei dieser Fallgruppe ist eine Notarbestätigung ohne Hinweis auf solche Risiken für den Notar gefährlich, mit Hinweis auf diese Risiken für die Bank wenig hilfreich.

3. Verpfändung

156 Wenn der Grundschuldbesteller noch nicht Eigentümer ist, aber einen Übereignungsanspruch hat (z. B. aus § 433 I BGB), kann er seiner Bank eine Sicherheit bieten, wenn er ihr diesen **Übereignungsanspruch** zur Sicherung bestimmter Forderungen, z. B. eines abstrakten Schuldversprechens, **verpfändet** (Ausnahme: §§ 1274 II, 399 BGB). Typischerweise erfolgt diese Verpfändung in der formularmäßigen Grundschuldbestellungsurkunde zur Sicherung des dort ohnehin enthaltenen abstrakten Schuldversprechens, wenn die Grundschuld auch unter Mitwirkung des bisherigen Eigentümers (Kap. A I. Rn. 266 ff.) nicht (rechtzeitig) eingetragen werden kann, z. B. weil

XII. Sicherheiten vor Eintragung der Grundschuld

- der bisherige Eigentümer dazu nicht bereit oder nicht in der Lage ist,
- die Grundschuld an einer Teilfläche bestellt werden soll, zu deren Verselbständigung (§ 7 II GBO) noch die Vermessung oder das Messungsergebnis fehlt,
- jede Grundbucheintragung zu lange dauert, weil das Grundbuchamt überlastet ist.

Der Ausgangsfall sieht wie folgt aus: V verkauft eine noch zu vermessende Teilfläche **157** an K. K will der X Sicherheit leisten, indem er ihr seinen Übereignungsanspruch gegen V verpfändet. Die Verpfändung erfolgt ohne Grundbucheintragung durch formlosen **Verpfändungsvertrag** zwischen K und X (§§ 1274 I 1, 398 BGB) und **Anzeige** der Verpfändung **durch K** an V (§ 1280 BGB). Erst mit dieser Anzeige durch K entsteht das Pfandrecht. Anderweitige Kenntnis oder Anzeige durch eine andere Person genügen nicht. Eine Zustimmung des V ist nicht nötig. § 1193 BGB gilt nicht für die durch die Verpfändung gesicherte Forderung, z. B. aus einem abstrakten Schuldversprechen (vgl. Rn. 30), zumal aus der Verpfändung keine Grundschuld, sondern eine Sicherungshypothek entsteht (Rn. 160). § 1193 BGB ist lediglich für die im Zusammenhang mit der Verpfändung bestellte Grundschuld zu beachten (dazu Rn. 5).

Die Verpfändung kann (muss aber nicht) bei der Eigentumsvormerkung des K **eingetragen 158** werden, um einen gutgläubigen pfandrechtsfreien Erwerb Dritter (§ 892 I 2 BGB) und eine Eigentumsumschreibung auf K ohne Zustimmung der X (dazu Rn. 160) zu verhindern.

Das **Pfandrecht**, das die X erwirbt, ist **so stark** und so schwach wie der verpfändete **159** Übereignungsanspruch, also abhängig von seinem Bestand, seiner Übertragbarkeit sowie von allen Einwendungen und Einreden, die gegen ihn bestehen. Ein guter Glaube der X an Bestand, Übertragbarkeit und Durchsetzbarkeit des verpfändeten Übereignungsanspruchs wird nicht geschützt (*Schöner/Stöber* Rn. 1558).

Wenn das Eigentum auf K umgeschrieben wird, erwirbt X daran aufgrund der Verpfändung **kraft Gesetzes** (§ 1287 BGB) eine **Sicherungshypothek**, die ohne Eintragung im **160** Grundbuch entsteht. Die h. M. lässt einen Eigentumserwerb des K ohne Eintragung der Sicherungshypothek nur zu, wenn X zustimmt. I. E. ist vieles str. (vgl. *BayObLG* DNotZ 1987, 625; *Stöber* DNotZ 1985, 587; *Weirich* DNotZ 1987, 628; *Gaberdiel/Gladenbeck* Rn. 137 ff.; *Schöner/Stöber* Rn. 1564 ff.).

Die Sicherungshypothek hat **Rang** **161**
- **nach** allen Rechten, die im Erwerbsvertrag für V oder Dritte bestellt wurden,
- **nach** Sicherungshypotheken aufgrund anderer Verpfändungen oder Pfändungen, deren Entstehungsvoraussetzungen früher erfüllt waren (deshalb schnelle Anzeige nach § 1280 BGB wichtig),
- **vor** allen anderen allein durch K bestellten Rechten Dritter.

(Vgl. *Schöner/Stöber* Rn. 1562)

Formulierungsvorschläge für eine **Verpfändung** des Übereignungsanspruchs finden **162** sich in nahezu allen gängigen Formularbüchern. Häufig ist darin die Verpfändung auflösend bedingt durch die rangrichtige Entstehung bzw. Eintragung der Grundschuld. Mit dieser auflösenden Bedingung soll erreicht werden, dass ohne Mitwirkung der X das Eigentum auf K umgeschrieben und der Verpfändungsvermerk gelöscht werden kann. Nach st. Rspr. des *BayObLG* (zuletzt DNotZ 1987, 625) wird dadurch die Mitwirkung der X aber nicht entbehrlich. Daher ist eine Verpfändung, welche nicht auflösend bedingt ist und somit die mit der auflösenden Bedingung verbundenen Risiken (*Schöner* DNotZ 1985, 598) vermeidet, vorzuziehen. Formulierungsbeispiel hierfür bei *Schöner/Stöber* Rn. 1555.

163 | Formulierungsbeispiel: Verpfändungsanzeige

Betreff: Kaufvertrag vom ... – URNr. ... – mit ... – nachfolgend auch bei mehreren Personen „Käufer" genannt.
Sehr geehrte ...
Der Käufer hat in meiner Urkunde vom ... – URNr. ... – seine Ansprüche aus dem o. g. Kaufvertrag, insbesondere den Anspruch auf Verschaffung des Eigentums, verpfändet an
...
nachfolgend auch „Gläubigerin" genannt.
Für den Fall einer Unwirksamkeit, Aufhebung oder Rückabwicklung des Kaufvertrags hat der Käufer seine daraus entstehenden Ansprüche sicherungshalber an die Gläubigerin abgetreten.
Die Verpfändung und die Sicherungsabtretung zeige ich ihnen hiermit namens des Käufers an.

164 Entweder um schriftliche Empfangsbestätigung bitten oder Einschreiben mit Rückschein, notfalls **Zustellung** durch den Gerichtsvollzieher.

165 | Formulierungsbeispiel: Löschung Verpfändungsvermerk

Die Gläubigerin
– stimmt der Auflassung von V an K und der Eintragung des K als Eigentümer ohne gleichzeitige Eintragung der Sicherungshypothek zu,
– stellt selbst keinen Antrag auf Eintragung dieser Sicherungshypothek, ohne auf dieses Antragsrecht zu verzichten,
– bewilligt die Löschung des Verpfändungsvermerks bei der Vormerkung des K unter dem Vorbehalt (§ 16 II GBO), dass die mit Urkunde vom ... für die Gläubigerin bestellte Grundschuld unmittelbar im Rang nach der außerhalb des Grundbuchs entstehenden Sicherungshypothek im Grundbuch eingetragen wird,
– stimmt der Aufhebung der Sicherungshypothek zu unter der aufschiebenden Bedingung, dass ihre Grundschuld an bedungener Rangstelle entsteht.

166 Die ebenfalls mögliche **Verpfändung des Anwartschaftsrechts** des K auf Eigentumserwerb spielt in der Praxis kaum eine Rolle, vor allem aus folgenden Gründen: Sie setzt jedenfalls eine schon erklärte Auflassung voraus. Ihre sonstigen Voraussetzungen sind umstritten (*Medicus* DNotZ 1990, 275). Sie bedarf der Form des § 925 BGB, also einer Mitwirkung der X vor dem Notar, und löst eine 2,0-Gebühr gem. Nr. 21100 KV-GNotKG aus. Ob und wie die Verpfändung der Anwartschaft im Grundbuch eingetragen und dadurch vor gutgläubigem Erwerb von Rechten Dritter geschützt werden kann, ist fraglich und str. (*Schöner/Stöber* Rn. 1594).

A VII. Dienstbarkeiten

Dr. Arne Everts

Übersicht

	Rn.
I. Überblick	1–6
1. Grundstücke – Lageplan	1
2. Beurkundung oder Unterschriftsbeglaubigung	2
3. Urkundsbeteiligte	3
4. Kosten	4
5. Rangstelle	5
6. Verzögerungen bei der Eintragung	6
II. Belastungsgegenstand und Ausübungsbereich	7–13
1. Belastungsgegenstand	7
2. Ausübungsbereich	8
3. Unechte Teilbelastung	9
4. Dienstbarkeit an mehreren Grundstücken	10
5. Dienstbarkeit an Wohnungseigentum	11–13
III. Grunddienstbarkeit	14–21
1. Änderung der Verhältnisse	15
2. Vorteil des herrschenden Grundstücks	16
3. Dienstbarkeit für mehrere Grundstücke	17
4. Eigentümerdienstbarkeit	18
5. Uneingeschränktes Nutzungsrecht	19, 20
6. Aktivvermerk	21
IV. Beschränkte persönliche Dienstbarkeit	22–24
1. Unübertragbarkeit und Unvererblichkeit	22, 23
2. Mehrere Berechtigte	24
V. Inhalt und inhaltliche Schranken	25–31
1. Keine Leistungspflichten	26, 27
2. Kein Eingriff in die rechtliche Handlungsfreiheit	28, 29
3. Abgrenzung vom Nießbrauch	30
4. Zahlungspflichten, Bedingungen	31
VI. Typische Dienstbarkeiten	32–54
1. Geh- und Fahrtrecht, Leitungsrechte	33–35
2. Warenbezug	36–38
3. Wärmebezug	39
4. Immissionsschutz	40
5. Immissionsduldung	41–43
6. Nutzungsbeschränkung	44, 45
7. Wohnungsbesetzung	46, 47
8. Öffentliche Belange	48
9. Nutzungsrechte	49, 50
10. Steuern	51–54
VII. Zwangsvollstreckungsunterwerfung wegen Dienstbarkeiten	55–57
VIII. Löschungsproblem bei Grunddienstbarkeiten – Veränderung des herrschenden Grundstücks	58

Literatur: *Adamczyk,* Dienstbarkeiten in der notariellen Praxis, MittRhNotK 1998, 105; *Böttcher/Faßbender/Waldhoff,* Erneuerbare Energien in der Notar- und Gestaltungspraxis, 2014; *Dieckmann* in: *Hoffmann-Becking/Rawert,* Beck'sches Formularbuch Bürgerliches, Handels- und Wirtschaftsrecht, 11. Aufl. 2013; *Winkler* in: MünchVertrHdb, 6. Aufl. 2010, Abschnitt IX.

I. Überblick

1. Grundstücke – Lageplan

1   Um eine Dienstbarkeitsurkunde zu entwerfen, benötigt der Notar grundsätzlich den Grundbuchstand (§ 21 BeurkG), häufig aber auch einen hinreichend genauen – möglichst amtlichen – **Lageplan**. Jedenfalls bei Benutzungsrechten – z. B. Wegerechten, Leitungsrechten – kann in der Regel nur anhand des Lageplans zuverlässig beurteilt werden, *an* welchen Grundstücken und *für* welche Grundstücke die Dienstbarkeit bestellt werden muss oder schon besteht (vgl. *OLG München* MittBayNot 2007, 50 und Rn. 7 ff.).

2. Beurkundung oder Unterschriftsbeglaubigung

2   Da die zur Entstehung der Dienstbarkeit erforderliche Einigung (§ 873 I BGB) formfrei ist, hat es sich eingebürgert, vom Notar nur die Unterschriften unter die **Eintragungsbewilligung** (§ 19 GBO) beglaubigen zu lassen (§ 29 GBO). In dieser beglaubigten Eintragungsbewilligung wird dann der gesamte Inhalt der Dienstbarkeit wiedergegeben. Die bloße Unterschriftsbeglaubigung genügt nicht, wenn die Pflicht zur Bestellung der Dienstbarkeit mit einem anderen beurkundungspflichtigen Geschäft (z.B. Grundstückskauf, Vorkaufsrechtsbestellung) so zusammenhängt, dass sie selbst beurkundungspflichtig wird oder in der Urkunde Zwangsvollstreckungs-Unterwerfungserklärungen enthalten sind. Entwirft der Notar den Text der Eintragungsbewilligung, so entstehen für ihn dieselben **Belehrungspflichten** und dieselbe Gebühr (Nr. 21201 Ziff. 4 KV-GNotKG), gleichgültig, ob er die Eintragungsbewilligung beurkundet oder nur die Unterschrift(en) darunter beglaubigt. Die bessere Endkontrolle des Dienstbarkeitsinhalts, der von ewiger Dauer sein kann (Rn. 14), spricht für die Beurkundungsform. Eine Amtspflicht zur Wahl derselben besteht aber nicht.

3. Urkundsbeteiligte

3   Die Eintragungsbewilligung braucht nur der Eigentümer des belasteten Grundstücks abzugeben (§ 19 GBO). Dennoch empfiehlt es sich, den Dienstbarkeitsberechtigten bei der Bestellung mitwirken zu lassen, vor allem aus folgenden Gründen:
– Der Berechtigte hat das ausgeprägteste Interesse am Inhalt der Dienstbarkeit.
– Der Berechtigte soll im Innenverhältnis meist die Kosten übernehmen – auch die Kosten einer späteren Löschung oder späterer Freigaben von Teilflächen (regeln, aber nicht als Inhalt der Dienstbarkeit!).
– Solange die (formlose) Einigung der Beteiligten nicht nachweisbar ist, entsteht die Dienstbarkeit trotz Eintragung materiell-rechtlich nicht (§ 873 I BGB – *BayObLG* NJW 2003, 1402). Darüber muss der Notar belehren (*BGH* DNotZ 1995, 494).
– Um eine Kondiktion der (abstrakten) Dienstbarkeit auszuschließen, empfiehlt es sich, den Rechtsgrund für ihre Bestellung mitzubeurkunden, z. B. Schenkung oder entgeltliche Einräumung, aber auch „nachbarliches Gefälligkeitsverhältnis".

4. Kosten

4   Unterschriftsbeglaubigung ohne Entwurf: 0,2-Gebühr Nr. 25100 KV-GNotKG. Unterschriftsbeglaubigung mit Entwurf (nur) der Eintragungsbewilligung oder Beurkundung (nur) der Eintragungsbewilligung: 0,5-Gebühr Nr. 21201 Ziff. 4 KV-GNotKG. Beurkundung der Einigung (§ 873 I BGB) und/oder weiterer Vereinbarungen gemäß Rn. 32 ff.: 2,0-Gebühr Nr. 21100 KV-GNotKG. Die früheren Streitfragen zum „richtigen" Geschäftswert sind durch § 52 I GNotKG überholt: Maßgebend ist in jedem Fall (also auch

II. Belastungsgegenstand und Ausübungsbereich

bei Photovoltaikanlagenrechten u. dgl.) der Wert, den das Recht für den Berechtigten oder für das herrschende Grundstück hat. Dieser kann in der für die Einräumung der Dienstbarkeit vom Berechtigten gezahlten (einmaligen oder laufenden) Gegenleistung zum Ausdruck kommen (*OLG Brandenburg* ZNotP 2005, 76). Die Wertminderung des belasteten Grundstücks ist in keinem Fall maßgeblich.

5. Rangstelle

Die Dienstbarkeit gibt dem Berechtigten kein Recht zur Zwangsversteigerung oder Zwangsverwaltung. Sie kann aber durch Zwangsvollstreckungsmaßnahmen vorrangiger Grundpfandrechts- oder Reallastgläubiger erlöschen (§§ 52 I, 44, 91 ZVG). Dem Berechtigten bleibt dann nur ein Anspruch auf Geldersatz aus dem restlichen (meist unzureichenden) Versteigerungserlös (§ 92 ZVG) und ein schuldrechtlicher Ersatzanspruch gegen den zahlungsunfähigen Eigentümer. Je wichtiger die Dienstbarkeit für den Berechtigten ist, desto weniger sollten ihr also **Verwertungsrechte** im Rang vorgehen. Daher möglichst Rangrücktritt besorgen oder die Beteiligten über die Risiken (nachweisbar) belehren. Sonst drohen dem Notar Schadenersatzansprüche (*BGH* DNotZ 1993, 752; 1996, 569). 5

6. Verzögerungen bei der Eintragung

Ist das dienende und/oder das herrschende Grundstück noch nicht gebildet, so verzögert sich die Eintragung der Dienstbarkeit (§ 7 GBO – Palandt/*Bassenge* § 1018 Rn. 2, 3). Der Gefahr, dass die Eintragung der Dienstbarkeit später scheitert, z. B. wegen des Verlusts des Eigentums oder der Verfügungsmacht, kann mit folgenden **Vorsorgemaßnahmen** begegnet werden: 6
- Bestellung der Dienstbarkeit am Stammgrundstück, aus dem das dienende Grundstück gebildet wird, mit Feststellung, an welchen Flächen die Dienstbarkeit ausgeübt wird, damit später die nicht betroffenen Flächen nach § 1026 BGB oder durch Freigabe des Berechtigten freigestellt werden können.
- Bestellung der Dienstbarkeit für das Stammgrundstück, aus dem das herrschende Grundstück gebildet wird, mit Feststellung, welcher Fläche die Dienstbarkeit zum Vorteil gereicht, damit später die Dienstbarkeit für die übrigen Flächen nach § 1025 BGB oder durch Freigabe des Berechtigten erlischt.
- Vormerkung zur Sicherung des Anspruchs einer bestimmten Person auf Einräumung der Dienstbarkeit; die Vormerkung kann nach Bildung des herrschenden Grundstücks in eine Grunddienstbarkeit umgeschrieben werden (vgl. *Schöner/Stöber* Rn. 1495 a. E.) und wahrt dieser den Rang (§ 883 III BGB); oder
- Rangvorbehalt für die Dienstbarkeit (weniger empfehlenswert – vgl. DNotI-Report 1997, 176).

II. Belastungsgegenstand und Ausübungsbereich

1. Belastungsgegenstand

Belastungsgegenstand ist die Fläche, an der die Dienstbarkeit eingetragen wird (dazu auch Rn. 1). Belastungsgegenstand kann das ganze Grundstück sein oder unter den Voraussetzungen des § 7 II GBO eine Teilfläche (sog. **echte Teilbelastung**). Wenn die Dienstbarkeit nur an einer Teilfläche ausgeübt werden darf, empfiehlt es sich, sie gleichwohl am ganzen Grundstück eintragen zu lassen, also eine echte Teilbelastung zu vermeiden, weil diese zu einem Streit mit dem Grundbuchamt über die Voraussetzungen des § 7 II GBO führen kann (dazu *BGH* DNotZ 2006, 288; *Stöber* MittBayNot 2001, 281; *Morvilius* MittBayNot 2006, 229). Vgl. Rn. 9. Ein Sondernutzungsrecht nach WEG (z. B. 7

Pkw-Stellplatz) ist kein tauglicher Belastungsgegenstand (*OLG Schleswig* DNotZ 2012, 359).

2. Ausübungsbereich

8   Ausübungsbereich sind diejenigen Flächen, an denen die durch die Dienstbarkeit gestatteten Handlungen (z.B. Gehen, Fahren, Leitungen legen) erlaubt bzw. die durch sie untersagten Handlungen (z.B. Immissionen, Gewerbebetrieb) verboten sind (§ 1018 BGB). Ausübungsbereich kann das ganze belastete Grundstück sein oder auch nur eine Teilfläche (vgl. §§ 1023, 1026 BGB). Was **Ausübungsbereich** ist, muss sich aus der Dienstbarkeitsurkunde ergeben (dazu auch Rn. 1). Der Ausübungsbereich kann dabei

- als Inhalt der Dienstbarkeit **rechtsgeschäftlich** festgelegt werden, insbesondere durch ausdrückliche Verweisung (*BGH* DNotZ 1982, 228) auf einen Lageplan gemäß § 13 I 1 Hs. 2 BeurkG oder durch ausreichend klare verbale Beschreibung, wozu auch die Bezugnahme auf schon vorhandene Anlagen (z.B. Leitungen) ausreicht (*BayObLG* DNotZ 2004, 388), oder
- der **tatsächlichen** Handhabung des Berechtigten überlassen werden (*BayObLG* DNotZ 1984, 565; *BGH* DNotZ 2002, 721 m. Anm. *Dümig*).
- Unter den Voraussetzungen des § 1023 BGB kann der Eigentümer des dienenden Grundstücks eine **Verlegung** des Ausübungsbereichs verlangen. Ist der Ausübungsbereich rechtsgeschäftlich festgelegt, so wirkt die Verlegung dinglich gegenüber Rechtsnachfolgern nur, wenn sie mit Zustimmung etwaiger Zwischenberechtigter im Grundbuch eingetragen wird (*BGH* MittBayNot 2006, 226); andernfalls genügt wohl formlose Einigung. Abweichungen von § 1023 BGB können zugunsten des Eigentümers des dienenden Grundstücks in den Inhalt der Dienstbarkeit aufgenommen werden, dagegen nicht zu seinen Lasten (§ 1023 II BGB; vgl. Palandt/*Bassenge* § 1023 Rn. 1).

3. Unechte Teilbelastung

9   Praktisch häufig und empfehlenswert ist die sog. unechte Teilbelastung, bei der Belastungsgegenstand das ganze Grundstück ist, während der Ausübungsbereich rechtsgeschäftlich beschränkt wird (vgl. *BGH* NJW 1992, 1101). **Vorteile:**
- Kein Streit mit dem Grundbuchamt über § 7 II 1 GBO.
- Die Auswirkungen der Dienstbarkeit für den Eigentümer des belasteten Grundstücks sind örtlich begrenzt.
- Zur Kennzeichnung des Ausübungsbereichs genügt abweichend von § 7 II 2 GBO auch eine nichtamtliche Karte.
- Teilflächen, die später aus dem belasteten Grundstück veräußert werden, können u. U. ohne Freigabe lastenfrei abgeschrieben werden gemäß § 1026 BGB (vgl. *BayObLG* DNotZ 2004, 388; *OLG München* DNotZ 2012, 377).

4. Dienstbarkeit an mehreren Grundstücken

10   Wenn die Dienstbarkeit sinnvoll nur an mehreren Grundstücken ausgeübt werden kann (z.B. Zugang, der nur über alle davor liegenden Grundstücke führt), und/oder die Befugnisse an allen Grundstücken gleichartig sind – also nicht Gehen auf einem Grundstück, Leitungen legen im anderen (*BayObLG* DNotZ 1976, 228) – können mehrere Grundstücke mit einer einzigen Dienstbarkeit belastet werden (*Böhringer* BWNotZ 1988, 97; *BayObLG* DNotZ 1991, 254; *OLG Hamm* Rpfleger 1980, 486). Von dieser Möglichkeit sollte der Notar Gebrauch machen, wenn die belasteten Grundstücke auf einem Grundbuchblatt vorgetragen sind, um einer optischen Überfüllung der Abt. II entgegenzuwirken.

5. Dienstbarkeit an Wohnungseigentum

Greift die Dienstbarkeit nur in **Befugnisse des einzelnen Wohnungseigentü**mers ein (z. B. Wohnungsrecht an einer Eigentumswohnung, Beschränkung der beruflichen Nutzung einer Eigentumswohnung), so genügt es, sie an der betreffenden Eigentumswohnung einzutragen (vgl. *BGH* DNotZ 1990, 493 m. Anm. *Amann*). Auch eine entsprechende Dienstbarkeit zugunsten des jeweiligen Eigentümers eines anderen Wohnungseigentums ist zulässig (*OLG Zweibrücken* MittBayNot 1993, 86). 11

Erstrecken sich die Wirkungen der Dienstbarkeit dagegen in den Bereich hinein, welcher der **gemeinschaftlichen** Nutzung und/oder Verwaltung aller Wohnungseigentümer unterliegt (z. B. Wegerecht am gemeinsamen Grundstück), so kann die Dienstbarkeit nur entstehen und bestehen bleiben, wenn und solange sie an *allen* Wohnungs- und Teileigentumseinheiten eingetragen ist (*BGH* a. a. O.), und zwar mit einem Vermerk gemäß § 4 I WEGBVfg (*BayObLG* MittBayNot 1995, 288 m. abl. Anm. *Amann* S. 267). Ranggleichheit ist nicht erforderlich. Vorrangige Grundpfandrechte auch nur an einer Einheit sind aber gefährlich, weil bei einer von den Gläubigern betriebenen Zwangsversteigerung die nachrangige Dienstbarkeit an der betreffenden Einheit erlischt und damit insgesamt zusammenbricht (*OLG Frankfurt* Rpfleger 1979, 149). 12

Ob Dienstbarkeiten an **Sondernutzungsrechten** (insbesondere an Pkw-Stellplätzen) das Gemeinschaftseigentum tangieren und daher an allen Einheiten eingetragen werden müssen (so *BayObLG* DNotZ 1998, 125; *OLG Zweibrücken* MittBayNot 1999, 378), ist umstritten (vgl. *Amann* DNotZ 1990, 498; *Ott* DNotZ 1998, 128; dagegen z. B. *OLG Schleswig* DNotZ 2012, 359). Zu den Auswegen, wenn eine Dienstbarkeit am Gemeinschaftseigentum an der großen Zahl der Eigentümer scheitert, s. *Amann* DNotZ 1990, 500. 13

III. Grunddienstbarkeit

Die Grunddienstbarkeit steht dem **jeweiligen** Eigentümer des herrschenden Grundstücks zu. Wenn sie nicht befristet wird, ist sie von **ewiger** Dauer. Insbesondere unterliegt sie als solche nicht der Verjährung (*BGH* BeckRS 2014, 15949; DNotZ 2011, 281). Sie ist mangels anderer Bestimmung nicht durch Geldzahlung **ablösbar**. 14

1. Änderung der Verhältnisse

Besondere Probleme ergeben sich daraus, dass sich die Verhältnisse gegenüber der Zeit der Bestellung ändern (vgl. *BGH* DNotZ 1976, 20; 2003, 704; *OLG München* MittBayNot 2003, 219 m. Anm. *Mayer*; *Adamczyk* MittRhNotK 1998, 114). Beispiele: 15
- Die technische oder wirtschaftliche Entwicklung führt zu neuen oder unerwünschten Nutzungsarten (vgl. *BGH* MittBayNot 2004, 124; Formulierungsbeispiel im Hinblick darauf Rn. 33).
- Das herrschende Grundstück kann aus baurechtlichen oder bauplanerischen Gründen nicht mehr in der bisherigen Form genutzt werden – gleichwohl erlischt ein dafür eingetragenes Wegerecht nicht (*BGH* DNotZ 2009, 114; *OLG Nürnberg* MDR 2013, 513).
- Auch allgemein kann bei einer Dienstbarkeit praktisch nicht mit dem Wegfall der Geschäftsgrundlage argumentiert werden (vgl. *BGH* MittBayNot 2009, 374 m. zust. Anm. *Böhringer*, für eine beschränkte persönliche Dienstbarkeit zugunsten eines Verwaltungsträgers; *BGH* MittBayNot 2009, 228 m. Anm. *Bormann* für Löschungsansprüche bei Getränkebezugsdienstbarkeiten).
- Zur Nutzung des dienenden Grundstücks kann eine Verlegung des Ausübungsbereichs der Dienstbarkeit erforderlich sein (§ 1023 BGB – dazu Rn. 8).

– Die Dienstbarkeit kann die Verwertung des belasteten Grundstücks durch Vergabe eines Erbbaurechts behindern, weil Letzteres erste Rangstelle benötigt (§ 10 I 1 ErbbauRG), der Dienstbarkeitsberechtigte aber nicht zu einem Rangrücktritt verpflichtet ist (*BGH* DNotZ 1974, 692) – Lösungsvorschlag bei *Winkler* in: MünchVertrHdb VII. 7 2., 5. a. E.).

2. Vorteil des herrschenden Grundstücks

16 Schließlich entsteht eine Grunddienstbarkeit wirksam nur, wenn sie dem herrschenden Grundstück einen Vorteil bringt (§ 1019 BGB). Dies ist insbesondere bei Dienstbarkeiten zur Sicherung des Warenbezugs oder Wärmebezugs zu beachten (unten Rn. 36 ff.). Bei einer Teilung des herrschenden Grundstücks besteht daher die Dienstbarkeit nur für diejenigen Teile fort, denen sie zum Vorteil gereicht (§ 1025 S. 2 BGB – vgl. *BGH* MittBayNot 2004, 124; *BayObLG* DNotZ 2003, 352).

3. Dienstbarkeit für mehrere Grundstücke

17 Sollen mehrere Grundstücke (desselben oder verschiedener Eigentümer) berechtigt sein, so kann für jedes herrschende Grundstück eine eigene Dienstbarkeit eingetragen werden. Wenn der Dienstbarkeitsinhalt für alle herrschenden Grundstücke gleich ist, genügt aber auch die Eintragung **einer** Dienstbarkeit für alle herrschenden Grundstücke (*BayObLG* DNotZ 2002, 950). Eine solche führt nicht nur zu geringeren Grundbuchkosten und weniger Eintragungen in Abt. II. Sie ermöglicht vor allem, die Verteilung von Nebenpflichten (Rn. 27) unter den Berechtigten einheitlich zu regeln, erfordert aber Angabe eines Gemeinschaftsverhältnisses der herrschenden Grundstücke (*BayObLG* MittBayNot 2002, 288 m. Anm. *Mayer*), z. B. „analog §§ 1025 S. 1, 1024 BGB" (*LG Kassel* MittBayNot 2009, 377; *Amann* DNotZ 2008, 324, 339 – aber nach wie vor str. oder besser unklar; vgl. *Schöner/Stöber* Rn. 1124 einerseits, Rn. 1125 andererseits) oder als Mitberechtigte gemäß § 432 BGB (vgl. *Schöner/Stöber* Rn. 1125).

4. Eigentümerdienstbarkeit

18 Auch wenn dienendes und herrschendes Grundstück dem gleichen Eigentümer gehören, kann grundsätzlich eine Grunddienstbarkeit bestellt werden – sog. Eigentümerdienstbarkeit (vgl. *Schöner/Stöber* Rn. 1123). So kann ein Verkäufer z. B. eines Baugebiets Leitungs- und Wegerechte jenseits der öffentlich-rechtlichen Erschließung schon vor einer Veräußerung der erschlossenen und gestalteten Einzelgrundstücke sichern. Häufig kommt dies auch bei Bauträgerverträgen vor. In diesem Zusammenhang kann auch ganz allgemein die Bestellung einer solchen Eigentümerdienstbarkeit als Erhöhung der Kreditunterlage beim herrschenden Grundstück interessant sein, wenn und weil es bspw. mit einem Kiesabbaurecht zulasten eines anderen Grundstücks desselben Eigentümers verbunden ist. Ein besonderes „berechtigtes Interesse" war und ist bei Eigentümerdienstbarkeiten nicht nötig (vgl. *Böhringer* NotBZ 2012, 121). Eigentümerdienstbarkeiten sind jedoch kein Mittel, sich gegen Gläubiger abzuschirmen. Solche Maßnahmen wären nach dem AnfG (*BFH* DNotZ 2011, 116) und auch nach der InsO anfechtbar.

5. Uneingeschränktes Nutzungsrecht

19 Eine Grunddienstbarkeit, die ein uneingeschränktes Nutzungsrecht verleiht, also nicht nur Nutzung in einzelnen Beziehungen (§ 1018 BGB), ist unzulässig (*BayObLG* DNotIReport 2003, 77) und auch nicht umdeutbar in einen Nießbrauch, da ein solcher nicht für den jeweiligen Eigentümer eines anderen Grundstücks bestellt werden kann (§ 1030 I BGB).

20 Das soll auch gelten, wenn dieses Nutzungsrecht nur auf bestimmte Gebäudeteile/ Zimmer am dienenden Grundbesitz beschränkt ist (*OLG München* DNotZ 2010, 845

m. Anm. *Kanzleiter* = MittBayNot 2010, 388 m. Anm. *Demharter*), also eine Art „gegenständlich beschränkter dinglicher Nießbrauch", da sonst eine sachenrechtlich unzulässige Mischform mit dem Recht aus § 1093 BGB vorliege. In Wahrheit liegt eine solche „Vermischung" aber nicht vor, weil § 1093 BGB eben ein Sonderfall einer beschränkten persönlichen Dienstbarkeit als einer Art „Versorgungsrecht" ist, es hier aber um eine grundstücksbezogene Rechtseinräumung geht (und überdies auch für andere Nutzungsarten als „Wohnen"). Für die Praxis gilt jedoch, dass sie für die Konstruktion eines solchen Rechtes die Nutzungsarten im Einzelnen festlegen muss, dabei nicht die Nutzungsart „Wohnen" verwenden darf (*Demharter* MittBayNot 2010, 390, 391) und darauf achten muss, dass gem. der gesetzlichen Grundkonzeption das Mitnutzungsrecht des Eigentümers des dienenden Grundbesitzes ausgeschlossen bleibt (vgl. Palandt/*Bassenge* § 1018 Rn. 14); einer Doppelsicherung durch zusätzliche Unterlassungsdienstbarkeit bedarf es dann nicht (ähnlich *Kanzleiter* DNotZ 2010, 849, 852; a. A. *Demharter* MittBayNot 2011, 390, 391) bzw. dies wäre nicht möglich, da es wiederum keine reine umfassende „Verbotsdienstbarkeit" geben kann. Die verbleibende Sicherungslücke – in Bezug auf die dauerhafte Wohnnutzungssicherung – besteht somit gleichwohl und ist eklatant. Zur Abgrenzung s. ferner *BGH* NJW 1992, 1101; *OLG Köln* DNotZ 1982, 442; *BayObLG* DNotZ 1982, 438; 1986, 622 m. Anm. *Kanzleiter*; *Schöner* DNotZ 1982, 416). Zur Abgrenzung vom Nießbrauch Rn. 30.

6. Aktivvermerk

Die Grunddienstbarkeit kann im Bestandsverzeichnis des herrschenden Grundstücks 21 gemäß § 9 GBO vermerkt werden. Dieser Aktivvermerk ist **für die Entstehung** der Dienstbarkeit **bedeutungslos**. Er ist nur eine grundbuchrechtliche Vorkehrung (§ 21 GBO) dagegen, dass bei Verfügungen über das herrschende Grundstück das unabhängig davon bestehende (und meist übersehene) Erfordernis der Zustimmung der daran eingetragenen Drittberechtigten beachtet wird (§§ 876 S. 2, 877 BGB).

IV. Beschränkte persönliche Dienstbarkeit

1. Unübertragbarkeit und Unvererblichkeit

Die beschränkte persönliche Dienstbarkeit ist an die Person des Berechtigten gebun- 22 den, also nicht übertragbar und nicht vererblich (§ 1092 I 1 BGB). Sie „stirbt" mit dem Berechtigten. Insbesondere ist die Bestellung einer beschränkten persönlichen Dienstbarkeit für die Erben einer bestimmten (noch lebenden) Person nicht zulässig (vgl. DNotI-Report 2011, 75 f.). Nur die Ausübungsüberlassung ist nach § 1092 I 2 BGB möglich, aber auch nur auf die Dauer des Rechts (ihre Aufhebung ist nach den Gläubigerschutzvorschriften anfechtbar, *BGH* MittBayNot 2009, 136). Wer ihr daher längeren Bestand verschaffen will, hat folgende Möglichkeiten:
– Er kann sie für **eine juristische Person, OHG, KG** und angesichts der Rspr. des *BGH* auch für eine GbR bestellen (§ 1092 II, III BGB). Nach Maßgabe der dann geltenden §§ 1059 a–d BGB wird sie übertragbar (s. auch *Böttcher* notar 2012, 383, 387).
– Für den Fall des Erlöschens der beschränkten persönlichen Dienstbarkeit kann ein schuldrechtlicher **Anspruch** einer bestimmten Person oder des jeweiligen Eigentümers eines Grundstücks **auf Neubestellung** einer inhaltsgleichen Dienstbarkeit begründet und dieser im Grundbuch durch Vormerkung gesichert werden (*Schöner/Stöber* Rn. 261 f; *Adamczyk* MittRhNotK 1998, 110).
– Es besteht auch die Möglichkeit einer Überwindung der fehlenden Übertragbarkeit mittels **Vertrags zugunsten Dritter**. Dies hat besonders für Nutzungsrechte wie Windkraft-, Solar- und Photovoltaikdienstbarkeiten Bedeutung (Rn. 49; s. auch *Böttcher* notar 2012, 383, 387; *Kappler* ZfIR 2012, 265, 269; *Keller* DNotZ 2011, 99). So

kann sich der Eigentümer gegenüber dem Anlagenbetreiber und/oder dem Finanzierer als Versprechensempfänger verpflichten, zugunsten eines von diesem zu benennenden Rechtsnachfolgers im Wege eines Vertrags zugunsten Dritter inhaltsgleiche beschränkte persönliche Dienstbarkeiten zu bestellen. Zwar kann dann der Anspruch des (noch nicht benannten) Dritten mangels Bestimmbarkeit noch nicht durch Dienstbarkeitsvormerkung gesichert werden (*BGH* DNotZ 2009, 218, 219), wohl aber der des Versprechensempfängers, und zwar nach mittlerweile gefestigter Rechtslage durch nur eine Vormerkung (*OLG München* MittBayNot 2011, 231 m. Anm. *Preuß*), es sei denn, der Versprechensempfänger kann sich selbst benennen – dann ist auch für ihn eine Vormerkung nötig (*OLG München* MittBayNot 2012, 466; *Keller* MittBayNot 2012, 446).

23 Berechtigter der beschränkten persönlichen Dienstbarkeit kann **auch der Eigentümer** des belasteten Grundstücks sein, wenn ein schutzwürdiges Interesse diese Gestaltung rechtfertigt (*Schöner/Stöber* Rn. 1200).

2. Mehrere Berechtigte

24 Sollen mehrere Personen berechtigt sein, so entstehen die geringsten Probleme, wenn im Gleichrang für jeden Berechtigten eine eigene inhaltsgleiche Dienstbarkeit eingetragen wird (*Bader* DNotZ 1965, 673). Praktisch häufig ist die Eintragung *einer* Dienstbarkeit für die mehreren Berechtigten (Rn. 17). Dann muss allerdings ihr Gemeinschaftsverhältnis festgelegt und im Grundbuch eingetragen werden (dazu Rn. 17). Wenn Eheleute berechtigt sind, die Gütergemeinschaft haben, kann die Gütergemeinschaft ein anderes Gemeinschaftsverhältnis überlagern (*BayObLG* DNotZ 1996, 366, 369). Zu klären ist das Schicksal der Dienstbarkeit, wenn **einer der Berechtigten stirbt**. Meist soll sie dann dem überlebenden Berechtigten unverändert allein zustehen. Eine solche Sukzessivberechtigung kann und muss als Modifikation eines Gemeinschaftsverhältnisses nach § 432 BGB oder § 428 BGB in die Urkunde aufgenommen und in das Grundbuch eingetragen werden (vgl. *Amann* DNotZ 2008, 324, 333 ff.).

V. Inhalt und inhaltliche Schranken

25 Die §§ 1018, 1090 I, 1093 BGB regeln, welche Rechte und Pflichten den Inhalt einer Dienstbarkeit bilden können. Sie lassen Raum für eine Vielzahl von Gestaltungen. Die in der Praxis wichtigsten Typen sind in Rn. 32 ff. behandelt. Der inhaltlichen Gestaltung setzt das Gesetz insbes. folgende Schranken.

1. Keine Leistungspflichten

26 Durch Dienstbarkeit können grundsätzlich keine Leistungspflichten – keine Pflichten zu aktivem Tun – begründet werden, weder für den Eigentümer des belasteten Grundstücks noch für den Dienstbarkeitsberechtigten (*BGH* DNotZ 1989, 565), also z. B. keine Pflicht, einen Weg anzulegen, eine Zahlung zu leisten, Wärme entgeltlich abzunehmen (*BayObLG* DNotZ 1982, 252; *BGH* WM 1984, 126; 1985, 808), ein Grundstück in bestimmter Weise zu nutzen (*BayObLG* MittBayNot 2005, 307). Es schadet aber nicht, wenn sich die von der Dienstbarkeit gebotene Unterlassung (z. B. des Wärmebezugs) im praktischen Ergebnis ähnlich wie eine Leistungspflicht (entgeltliche Wärmeabnahme) auswirkt (vgl. Rn. 39).

27 Eine Pflicht des (jeweiligen) Berechtigten, sich an der Unterhaltung einer (von ihm allein oder gemeinsam genutzten) Anlage auf dem dienenden Grundstück zu beteiligen, kann sich bereits aus § 1020 S. 2 BGB ergeben (*BGH* DNotZ 2005, 617 m. Anm. *Amann*). Darüber hinaus können Leistungspflichten als so genannte *Nebenpflichten* rechtsgeschäftlich in den Dienstbarkeitsinhalt aufgenommen werden, wenn sie wirt-

V. Inhalt und inhaltliche Schranken

schaftlich untergeordnete Bedeutung haben und Probleme lösen, die sich unmittelbar aus der Ausübung der eigentlichen Dienstbarkeitsbefugnisse ergeben können (vgl. *BGH* NJW-RR 2006, 888; *Amann* DNotZ 1989, 531, 560); insoweit bleibt dem Notar Raum für Gestaltungen, die über die Vorgaben der §§ 1020–1022 BGB hinausgehen oder von ihnen abweichen, z. B. (*Amann* DNotZ 1989, 531, 543 ff.; Formulierungsbeispiel in Rn. 33):

– Wer Unterhaltungsmaßnahmen in welchem Umfang durchzuführen hat,
– wer in welchem Umfang Schäden zu beseitigen hat, welche ein Beteiligter oder ein Dritter anrichtet,
– wie im Innenverhältnis zwischen Eigentümer und Berechtigtem die Verkehrssicherungspflicht aufzuteilen ist,
– wer in welchem Umfang die Kosten für die vorstehenden Maßnahmen zu tragen hat.

2. Kein Eingriff in die rechtliche Handlungsfreiheit

Unzulässig sind Dienstbarkeiten, welche nicht die tatsächliche Nutzung des belasteten 28 Grundstücks beeinflussen, sondern die rechtliche Handlungsfreiheit des Eigentümers. Nicht dienstbarkeitsfähig ist daher die Pflicht, bestimmte Rechtsgeschäfte (mit bestimmten Personen) abzuschließen oder dies zu unterlassen oder auf Ansprüche zu verzichten. Die Abgrenzung ist schwierig und von der Formulierung abhängig.

Unzulässig	Zulässig
Vertrieb nur einer bestimmten Getränke- oder Mineralölmarke (*BGH* DNotZ 1972, 350)	Verbot jedes Getränke- oder Mineralölvertriebs (*BGH* DNotZ 1972, 350) oder des Vertriebs von Weißbier (*BayObLG* DNotZ 1998, 122)
Nutzung einer Wohnung nur als Hausmeisterwohnung (BayObLGZ 1979, 444)	Nutzung eines Gebäudes nur als Behindertenwerkstatt (*BayObLG* DNotZ 1986, 231)
Nutzung eines Hauses nur als Altenteilerhaus (BayObLGZ 1980, 232; *BayObLG* DNotZ 1990, 506 m. Anm. *Ring*)	dasselbe in anderer Formulierung (BayObLGZ 1989, 89; LG München II MittBayNot 2002, 400).
Nutzung einer Wohnung nur für Zwecke des Fremdenverkehrs (*BayObLG* NJW 1982, 1054)	dasselbe in anderer Formulierung (*BayObLG* DNotZ 1986, 228 m. Anm. *Ring*; *Kristic* MittBayNot 2003, 263)
	Sogenanntes Wohnungsbesetzungsrecht, da es Gewohnheitsrecht praeter § 1018 BGB ist (BayObLGZ 1982, 184) – vgl. Rn. 46 f.
Verzicht auf Schadensersatzansprüche wegen Wildschäden (BayObLGZ 1959, 306; 241; vgl. MünchKomm/*Falckenberg* § 1018 Rn. 38)	gemäß Rn. 41 ff.

Vorsicht ist daher bei der Gestaltung von typischen Sicherungsrechten für **natur-** 29 **schutzrechtliche** Eingriffs- und Ausgleichsmaßnahmen geboten. Ist auf Verlangen der Naturschutzbehörde ein Grundstück nur noch „extensiv zu nutzen", d. h. beispielsweise ungedüngt zu lassen, aber mit bestimmter Vegetation durchsetzt zu halten und zweimal jährlich zu mähen, so liegt in Wahrheit eine Unterlassungsverpflichtung, zu sichern durch Dienstbarkeit, und eine Handlungspflicht, zu sichern durch Reallast, vor. Die Verpflichtung zu „extensiver Nutzung" ist ohne die beschriebene Konkretisierung mangels Bestimmtheit weder in die eine noch die andere Richtung sicherbar.

3. Abgrenzung vom Nießbrauch

30 Die umfassende Nutzungsbefugnis, die ein Nießbrauch (Rn. 19) verleiht, kann nicht dem jeweiligen Eigentümer eines anderen Grundstücks eingeräumt werden. Wer solches annähernd erreichen will, muss bei der Grunddienstbarkeit bleiben und dazu die eingeräumten Nutzungsrechte am besten enumerativ jeweils als **Nutzung in einzelnen Beziehungen** formulieren, so dass dem Eigentümer des belasteten Grundstücks zumindest verbal oder an einer Teilfläche (*BGH* NJW 1992, 1101) noch Nutzungsmöglichkeiten verbleiben (vgl. die Nachw. in Rn. 19 f.; *BayObLG* MittBayNot 1990, 41 m. Anm. *Ertl*; *Adamczyk* MittRhNotK 1998, 112).

4. Zahlungspflichten, Bedingungen

31 **Zahlungspflichten** des Eigentümers des belasteten Grundstücks oder des Dienstbarkeitsberechtigten können nicht den Inhalt einer Dienstbarkeit bilden. Ausnahmen hiervon bestehen nur für so genannte Nebenpflichten (vgl. Rn. 27). Zahlungen des jeweiligen Dienstbarkeitsberechtigten für die Ausübung der Dienstbarkeit werden aber faktisch erzwingbar, wenn der Fortbestand oder jedenfalls die Ausübung der Dienstbarkeit an die **Bedingung** geknüpft ist, dass der Berechtigte bestimmte Zahlungen leistet. Eine solche Bedingung kann in die Dienstbarkeit selbst aufgenommen werden. Hängt der Fortbestand (und nicht nur die Ausübung) der Dienstbarkeit von ihr ab, so muss sie im Grundbuch selbst verlautbart werden; eine bloße Bezugnahme auf die Eintragungsbewilligung (§ 874 BGB) genügt dafür nicht (vgl. *Schöner/Stöber* Rn. 1149, 1160). Ein Beispiel hierfür kann das Erlöschen einer Nutzungs-Dienstbarkeit sein, die einen Mietvertrag flankiert (z.B. um den Mieter wirtschaftlich vor den Folgen von Vollstreckungsmaßnahmen in das Mietobjekt oder der Insolvenz des Vermieters zu schützen, s. § 57a ZVG, § 111 InsO, s. auch unten Rn. 49 f.), wenn der Mieter insolvent wird (vgl. *BGH* MittBayNot 2012, 63, die Kündigungssperre des § 112 InsO hindert das Erlöschen nicht!).

VI. Typische Dienstbarkeiten

32 Die folgenden Formulierungsbeispiele typischer Dienstbarkeiten sind exemplarisch. Im jeweiligen Einzelfall kann eine andersartige, kürzere oder umfassendere Gestaltung notwendig sein.

1. Geh- und Fahrtrecht, Leitungsrechte

33 **Formulierungsbeispiel: Geh-, Fahrt- und Leitungsrecht**

E bestellt an dem Grundstück Fl. Nr. . . . für den jeweiligen Eigentümer des Grundstücks Fl. Nr. . . . folgende in ihrer Ausübung auf einen . . . m breiten Streifen entlang der Nordgrenze des dienenden Grundstücks beschränkte Rechte:
- ein Geh- und Fahrtrecht,
- das Recht, alle Versorgungs- und Entsorgungsleitungen, z. B. für Wasser, Abwasser, Gas und Strom, in den vorgenannten Grundstückstreifen einzulegen, diese Leitungen zu benützen, instandzuhalten und zu erneuern.

Der betroffene Grundstückstreifen ist im beigefügten Lageplan, auf den die Beteiligten verweisen, gelb gekennzeichnet. Der Lageplan wurde den Beteiligten zur Durchsicht vorgelegt.

Die Grunddienstbarkeit darf nur ausgeübt werden im Rahmen der Nutzung des herrschenden Grundstücks als Wohnhaus- und/oder Gartengrundstück. Das Recht des Eigentümers des dienenden Grundstücks, den betroffenen Grundstückstreifen für gleiche Zwecke mitzubenutzen, bleibt unberührt.

VI. Typische Dienstbarkeiten

▼ Fortsetzung: **Formulierungsbeispiel: Geh-, Fahrt- und Leitungsrecht**

Die ordnungsgemäße Instandhaltung der Wegefläche und die Verkehrssicherungspflicht übernehmen der Eigentümer des dienenden Grundstücks und der Eigentümer des herrschenden Grundstücks je zur Hälfte. Der Eigentümer des herrschenden Grundstücks ist verpflichtet, dem Eigentümer des dienenden Grundstücks vollen Schadenersatz für alle Schäden am dienenden Grundstück zu leisten, die durch die Ausübung der Leitungsrechte, z. B. durch Grabungsarbeiten, auch unverschuldet entstehen. Es wird bewilligt und beantragt, die vorstehend bestellte Grunddienstbarkeit im Grundbuch einzutragen.

Wer statt eines Geh- und Fahrtrechts ein **Wegerecht** bestellt, erlaubt damit wohl auch Parken, Reiten und Viehtreiben (*BGH* NJW 1985, 385), aber nicht ohne weiteres eine Befestigung des Wegs (DNotI-Report 2004, 167). Zur Instandhaltung Rn. 27; zur Verdinglichung der Verkehrssicherungspflicht *BayObLG* DNotZ 1991, 257. Zu den Voraussetzungen, unter denen Dienstbarkeiten für öffentliche Versorgungsleitungen entbehrlich sind, s. *BGH* und *OLG Hamm* jeweils DNotZ 1992, 794; *OLG Düsseldorf* NJW 1999, 956; *OLG Oldenburg* NJW 1999, 957. Zur entsprechenden Regelung in § 57 TKG *BGH* NJW 2002, 678; *Kirchner* MittBayNot 2000, 202; *BVerfG* NJW 2003, 196. Zu dienstbarkeitsartiger Duldungspflicht aufgrund eines **nachbarlichen Gemeinschaftsverhältnisses** *BGH* NJW 2003, 1392. Es kann, gleichsam als „Gegenstück" zu einem Geh- und Fahrtrecht, auf ein Notwegerecht verzichtet werden. Um diesen Verzicht zu verdinglichen, muss er im Grundbuch des „verzichtenden" Grundstücks eingetragen werden, nicht des (Not)Wegegrundstücks (*BGH* DNotZ 2014, 622). 34

Bei beschränkten persönlichen Dienstbarkeiten gemäß § 1092 II, III BGB gehen schuldrechtliche Nebenpflichten bereits nach § 1059c BGB auf spätere Eigentümer und Berechtigte über. 35

2. Warenbezug

Formulierungsbeispiel: Warenbezugsverbot 36

E bestellt am Grundstück Fl. Nr. ... eine beschränkte persönliche Dienstbarkeit für die X-AG, wonach auf dem dienenden Grundstück kein Bier hergestellt, gelagert, verkauft oder sonst wie vertrieben werden darf.

Eine beschränkte persönliche Dienstbarkeit für eine juristische Person (Rn. 22) ist hier wegen der Unsicherheit, die von § 1019 BGB ausgeht, einer Grunddienstbarkeit vorzuziehen (vgl. *OLG München* MittBayNot 1980, 15 m. Anm. *Ring; BGH* NJW 1984, 2157). 37

Soll die Dienstbarkeit den Biervertrieb in Wirklichkeit nicht unterbinden, sondern zugunsten eines bestimmten Herstellers steuern (vgl. Rn. 28), so handelt es sich um eine sog. **Sicherungsdienstbarkeit**. Diese muss keine Zeitschranken enthalten, wie sie die Rspr. für entsprechende Warenbezugspflichten aufgestellt hat. Die Verbotsdienstbarkeit ist vielmehr abstrakt und mit der schuldrechtlichen Bezugspflicht nur durch eine Sicherungsabrede verbunden, ähnlich wie Grundschuld und gesicherte Verbindlichkeit (*BGH* DNotZ 1988, 572, 576 m. Anm. *Amann; BGH* NJW 1998, 2286; DNotI-Report 2004, 143). Es besteht daher auch nicht ohne Weiteres ein Löschungsanspruch (vgl. *BGH* MittBayNot 2009, 228 m. Anm. *Bormann*). 38

3. Wärmebezug

Es gelten dieselben Grundsätze und Gestaltungsempfehlungen wie bei einem Warenbezug (vgl. Rn. 36 ff. und Rn. 26). Nach *BGH* WM 1984, 820; 1985, 808 sind Wärme- 39

A VII Dienstbarkeiten

bezugsverbote, wie sie in den entschiedenen Fällen formuliert wurden, auch dann dienstbarkeitsfähig, wenn sie faktisch zu einem **Wärmeabnahmezwang** führen (ebenso OLG *München* MittBayNot 2006, 43).

4. Immissionsschutz

40 | Formulierungsbeispiel: Immissionsverbot

> Auf dem dienenden Grundstück dürfen keine Geräusche erzeugt werden, die an der Grenze zum herrschenden Grundstück zu irgendeinem Zeitpunkt ... dB übersteigen.

5. Immissionsduldung

41 | Formulierungsbeispiel: Immissionsduldungspflicht

> Der Eigentümer des dienenden Grundstücks duldet entschädigungslos alle Auswirkungen eines Stein- und/oder Schotterwerks, der sonstigen Gewinnung und/oder Verarbeitung von Bodenbestandteilen und/oder eines Handels mit solchen Gegenständen, auch wenn diese Auswirkungen, wie z. B. Lärm, Staub, Erschütterungen, sich künftig ihrem Umfang nach oder durch eine Änderung der hierbei angewandten Verfahren ändern. Er verzichtet insoweit auf Schadenersatzansprüche, die sich aus dem Eigentum ergeben.

42 Dazu *BayObLG* DNotZ 1991, 253 und 2004, 928 sowie Rn. 26. Falls der Inhalt einer Duldungsdienstbarkeit AGB (§ 305 BGB) ist oder in einem Verbrauchervertrag (§ 310 III BGB) vereinbart wird, kann er mit § 309 Nr. 7 BGB kollidieren und nach § 307 I 2 BGB (Verstoß gegen das Transparenzgebot) unwirksam sein, wenn die Grenzen des § 309 Nr. 7 BGB nicht in den Dienstbarkeitsinhalt aufgenommen werden (vgl. *Amann/Brambring/Hertel* Kap. G VII. 2. b).

43 Der Verzicht auf **Schadenersatzansprüche jeder Art** ist nicht dienstbarkeitsfähig. Zum **Rechtsmittelverzicht** als Inhalt einer Dienstbarkeit DNotI-Report 1997, 58.

6. Nutzungsbeschränkung

44 | Formulierungsbeispiel: Gewerbebetriebsbeschränkung

> Auf dem dienenden Grundstück darf kein Gewerbe ausgeübt werden und kein Beruf, der mit Publikumsverkehr, mit Geräuschen, mit Erschütterungen, mit Gerüchen oder anderen Immissionen für das herrschende Grundstück verbunden ist.

45 Nicht dienstbarkeitsfähig ist dagegen die Pflicht, das Grundstück in bestimmter Weise zu nutzen (vgl. Rn. 28). Zur Beschränkung auf eineinhalbgeschossige Bauweise durch Dienstbarkeit *BGH* NJW 2002, 1797.

7. Wohnungsbesetzung

46 | Formulierungsbeispiel: Wohnungsbesetzungsrecht

> Die auf dem dienenden Grundstück befindlichen Wohnungen dürfen bis zum Ablauf des Kalenderjahres ... nur Personen zur Nutzung überlassen werden, die von dem Dienstbarkeitsberechtigten benannt werden.

47 (*BayObLG* DNotZ 2001, 73 und MittBayNot 2001, 317). Typische Fälle von solchen Rechten sind die sog. „Austragshausdienstbarkeiten" (Nutzung eines Hauses nur als

Altenteilerhaus, BayObLGZ 1980, 232; *BayObLG* DNotZ 1990, 506 m. Anm. *Ring*). Der mit einer solchen Dienstbarkeit regelmäßig einhergehende „Druck" auf den Eigentümer des belasteten Grundbesitzes, z. B. zum Abschluss von Betreuungsverträgen, ist zulässig, sofern der berechtigte Eigentümer seine dingliche Rechtsstellung nicht zur Durchsetzung inhaltlich unzulässiger Vereinbarungen nutzt (*BGH* NJW 2013, 1963).

8. Öffentliche Belange

Dienstbarkeiten zur Sicherung öffentlicher Belange sind grundsätzlich zulässig (*BGH* DNotZ 1985, 34 m. Anm. *Quack*; *LG München II* MittBayNot 2004, 366), und zwar auch dort, wo **Baulasten** zulässig sind. Mehr noch: Baulasten bedürfen stets eines zivilrechtlichen Rechtsgrundes (sonst §§ 812, 818 II BGB), der in einer Dienstbarkeit oder in einem schuldrechtlichen Vertrag bestehen kann (*BGH* DNotZ 1986, 140; NJW 1995, 53). Umgekehrt kann sich nach st. Rspr. aus einer Dienstbarkeit die Pflicht ergeben, eine inhaltsgleiche Baulast zu bestellen (vgl. *BGH* DNotZ 1994, 885; *Klam* ZNotP 2003, 89). Auch die „Austragshausdienstbarkeiten" lassen sich hierunter fassen, wenn die Nutzung einer baulichen Anlagen von der Zustimmung einer öffentlichen Stelle abhängt (vgl. Rn. 26, 28, 46). Zur **Fremdenverkehrsnutzung** *Kristic* MittBayNot 2003, 263 und Rn. 28. Zur **Abstandsflächendienstbarkeit** Kersten/Bühling/*Wolfsteiner* § 71 Rn. 16. Zu naturschutzrechtlichen Eingriffs- und Ausgleichsmaßnahmen s. Rn. 29.

48

9. Nutzungsrechte

Nutzungsdienstbarkeiten kommen in der Praxis vor allem als beschränkte persönliche Dienstbarkeiten vor, und hier namentlich als „Sicherungsdienstbarkeiten" (Rn. 38), so z. B. zur Flankierung von Miet- und Pachtverträgen (Rn. 31) oder im Zusammenhang mit der Nutzung erneuerbarer Energien wie **Windkraft-, Solar und Photovoltaikanlagen** (zur Rechtsnachfolgeproblematik bei diesen s. Rn. 22, zur diesbezüglichen Ausgestaltung von Sicherungsvertrag und Dienstbarkeit vgl. *Böttcher* notar 2012, 383, 392; *Reymann* DNotZ 2010, 84, 88; aktueller Formulierungsvorschlag einer Photovoltaikdienstbarkeit z. B. bei *Kappler* ZfIR 2012, 265, 272; ausf. jetzt auch in *Böttcher/Faßbender/Waldhoff*, Erneuerbare Energien in der Notar- und Gestaltungspraxis, 2014).

49

Formulierungsbeispiel: Mietdienstbarkeit 50

Verkäufer und Käufer haben nach Angaben bereits vor der heutigen Beurkundung einen Mietvertrag miteinander abgeschlossen, wonach der Verkäufer mit Wirkung ab dem Zeitpunkt des Besitzübergangs den Vertragsgegenstand vom Käufer (zurück)mietet. Ein unmittelbarer Besitzwechsel findet also nicht statt. Die Bestimmungen dieses Mietverhältnisses sind allen Beteiligten bekannt, auf nachrichtliche Beifügung der entsprechenden Mietvertragsbestimmungen zur heutigen Urkunde wird verzichtet. Dieser Vertrag wird nachfolgend auch kurz „Mietvertrag" genannt, der Verkäufer auch „Mieter", der Käufer auch „Eigentümer".

Der Mietvertrag soll mit einer rechtlich eigenständigen beschränkten persönlichen Dienstbarkeit zugunsten des Mieters am Vertragsobjekt dinglich gesichert werden. Diese Abrede stellt zugleich den Rechtsgrund für die nachstehend eingeräumte Dienstbarkeit dar.

1. Der Eigentümer bestellt zugunsten des Mieters eine beschränkte persönliche Dienstbarkeit am verkauften Grundbesitz mit dem Inhalt, dass der jeweilige Dienstbarkeitsberechtigte den mit der Dienstbarkeit belasteten Grundbesitz zu Zwecken des Mietvertrages nutzen kann, und zwar zum Betrieb von (z. B.: Heimen, Tagesstätten, Bildungs- und Betreuungseinrichtungen) sowie damit zusammenhängende Dienstleistungen. Die Überlassung der Ausübung der Rechte aus dem Mietvertrag an Dritte ist ohne vorherige schriftliche Zustimmung des Eigentümers nicht gestattet.

▼ Fortsetzung: **Formulierungsbeispiel: Mietdienstbarkeit**

2. Die jeweilige beschränkte persönliche Dienstbarkeit erlischt, wenn eine der folgenden auflösenden Bedingungen eingetreten ist:
   a) Das zwischen Eigentümer und Mieter bestehende Mietverhältnis oder ein etwa an dessen Stelle getretenes Mietverhältnis zwischen Eigentümer und Mieter ist vom jeweiligen Dienstbarkeitsberechtigten gekündigt worden.
   b) Das zwischen Eigentümer und Dienstbarkeitsberechtigtem bestehende Mietverhältnis oder ein etwa an dessen Stelle getretenes Mietverhältnis zwischen Eigentümer und Mieter ist vom Eigentümer aus Gründen gekündigt worden, die der Dienstbarkeitsberechtigte zu vertreten hat.
   c) Das Mietverhältnis ist aufgrund einvernehmlicher Aufhebung beendet worden. Reiner Zeitablauf führt dagegen noch nicht zum Erlöschen der Dienstbarkeit.
   d) Über das Vermögen des Mieters ist von diesem selbst ein Insolvenzantrag gestellt worden oder ein solcher Antrag wurde von einem Dritten gestellt und das zuständige Gericht hat vorläufige Insolvenzsicherungsmaßnahmen beschlossen oder über das Vermögen des Mieters wurde das Insolvenzverfahren eröffnet oder die Eröffnung mangels Masse abgelehnt.
3. Die Löschung der Dienstbarkeit kann nicht verlangt werden, wenn im Zusammenhang mit Zwangsvollstreckungsmaßnahmen in den belasteten Grundbesitz, mit einem Insolvenzverfahren über das Vermögen des Vermieters oder mit Eintritt einer Nacherbfolge der Mietvertrag vorzeitig enden sollte. In diesem Fall ist der (bisherige) Mieter jedoch verpflichtet, für die weitere Dauer der Ausübung der Dienstbarkeit anstelle der Miete eine Ausübungsvergütung an den Grundstückseigentümer zu zahlen, die der Höhe der Miete nebst etwaiger Umsatzsteuer entspricht, die er ohne Beendigung oder Beeinträchtigung des Mietverhältnisses zu entrichten hätte.
4. Eigentümer und Mieter sind verpflichtet, Art und Umfang der Ausübung an den einschlägigen Bestimmungen des Mietvertrages auszurichten, auch wenn die Dienstbarkeit einen weitergehenden dinglichen Inhalt hat (z.B. auch, wenn nach vorstehendem Abs. 3. der Mietvertrag erloschen ist).

Die Beteiligten bewilligen und beantragen die Eintragung der vorstehend näher bezeichneten beschränkten persönlichen Dienstbarkeit in das Grundbuch. Die Dienstbarkeit hat Rang vor Grundpfandrechten zu erhalten.

10. Steuern

51   Die Einräumung einer beschränkten persönlichen Dienstbarkeit zugunsten der Gemeinde (im Fall: Nutzung einer Ausgleichsfläche) stellt keine Vermietung/Verpachtung dar und ist daher auch nicht nach § 4 Nr. 12 lit. c UStG von der Umsatzsteuer befreit (anders bei bloßer Sicherungsdienstbarkeit neben dem Abschluss eines Mietvertrages, vgl. *BFH* BStBl. II 1971, 473; zum Zuschuss einer Gemeinde für die öffentliche Nutzung einer Tiefgarage vgl. *BFH* DStR 1998, 118).

52   Führt die Bestellung einer Dienstbarkeit an einer im Privatvermögen stehenden Immobilie ausnahmsweise dazu, dass das wirtschaftliche Eigentum an einem Grundstücksteil dauerhaft verloren geht (im entschiedenen Fall: Errichtung einer U-Bahn-Station), so wird ein dafür gezahltes Entgelt als Veräußerungserlös behandelt und daher weder nach § 21 EStG noch nach § 22 Nr. 3 EStG besteuert, sondern höchstens nach § 22 Nr. 2 i.V.m. § 23 EStG in der sog. „Spekulationsfrist", *BFH* NJW 1978, 344. Im Regelfall allerdings handelt es sich bei den für die Bestellung einer Dienstbarkeit gezahlten Entgelten um Nutzungsentgelte, die der Einkommensteuer unterliegen; zur Verteilung von Einmalzahlungen BFHE 94, 369. Wird ein Entgelt für die Unterlassung einer bestimmten Nutzungsmöglichkeit (Gewerbebetriebsbeschränkung) oder für einen Rechtsverzicht (Duldung einer Nutzung benachbarter Einheiten) gezahlt, so gehört dies bei

Privatvermögen zu den Einkünften nach § 22 Nr. 3 EStG, BFHE 82, 319; *BFH* DStRE 1998, 220. Umgekehrt unterliegt der entgeltliche Verzicht auf eine Grunddienstbarkeit durch den Berechtigten nicht der Steuer nach § 22 Nr. 3 EStG, weil es sich hierbei um die Aufgabe einer Rechtsposition und damit um eine nicht steuerbare Vermögensumschichtung handelt, vgl. *BFH* DStRE 2001, 579.

Behält sich der Verkäufer eines Grundstückes weitere Nutzungsrechte vor, die ggf. durch Dienstbarkeiten gesichert werden, so liegt darin eine „sonstige Leistung", welche die Bemessungsgrundlage der Grunderwerbsteuer nach § 9 I Nr. 1 GrEStG erhöht. 53

Die Übernahme bestehender Dienstbarkeiten führt dagegen nach § 9 II Nr. 2 S. 2 GrEStG nicht zu einer Erhöhung der Grunderwerbsteuer; dies gilt allerdings nur, wenn die Dienstbarkeiten zum Zeitpunkt der Veräußerung bereits eingetragen sind und daher kraft Gesetzes auf den Erwerber übergehen (BFHE 122, 565; *BFH* DStRE 2005, 1031). 54

VII. Zwangsvollstreckungsunterwerfung wegen Dienstbarkeiten

§ 794 I Nr. 5 ZPO erlaubt die Zwangsvollstreckungsunterwerfung wegen Ansprüchen aus Dienstbarkeiten, z.B. wegen der in Rn. 44 erwähnten Dienstbarkeit gemäß folgendem 55

Formulierungsbeispiel: Zwangsvollstreckungsunterwerfung wegen einer Dienstbarkeit	56
Als Grundstückseigentümer unterwerfe ich, … *(Name)*, mich gegenüber der X-AG wegen dieser Unterlassungspflichten der sofortigen Zwangsvollstreckung aus dieser Urkunde (*Limmer* DNotI-Report 1998, 9).	

Eine solche Unterwerfung ist bei einer Grunddienstbarkeit auch gegenüber dem jeweiligen Eigentümer des herrschenden Grundstücks zulässig (vgl. *Wolfsteiner*, Die vollstreckbare Urkunde, 3. Aufl. 2011, Rn. 27.13 ff.). 57

VIII. Löschungsproblem bei Grunddienstbarkeiten – Veränderung des herrschenden Grundstücks

Ein die Praxis immer mehr belastendes Problem besteht in einer still verlaufenden **Berechtigtenvermehrung** gem. **§ 1025 S. 1 BGB** infolge Parzellierung des herrschenden Grundbesitzes nach Eintragung der Dienstbarkeit. Dies wird noch dadurch verkompliziert, das Trennflächen aus dem herrschenden Stammgrundstück im weiteren Verlauf mit anderem Grundbesitz verschmolzen worden sein können, so dass letztlich gar nicht mehr erkennbar ist, welches tatsächlich der materiell herrschende Grundbesitz ist. Eine Klärung mittels Planvergleich ist selten möglich, weil in der Praxis – zu Recht – in der Regel das gesamte ursprüngliche Stammgrundstück berechtigt wurde und keine Einschränkung auf bestimmte Teile dieses Grundbesitzes vorgenommen wird (anders bei der Beschreibung des Ausübungsbereichs am dienenden Grundbesitz). Ist nun die Löschung einer Grunddienstbarkeit unter Vorlage einer Löschungsbewilligung lediglich des Eigentümers des aus dem Grundbuch nach wie vor ausschließlich ersichtlichen ursprünglichen herrschenden Stammgrundstücks wegen nachfolgender Vermessungen dieses Grundstücks nicht möglich, so kann das Grundbuchamt die namentliche Ermittlung der Eigentümer dieser Teilflächen nicht dem Antragsteller aufbürden, sondern hat sie als materiell Beteiligte des Eintragungsverfahrens selbst festzustellen. Dem Antragsteller obliegt es dann, ihre Löschungsbewilligung oder den – in der Praxis kaum möglichen – Nachweis für das teilweise Erlöschen der Grunddienstbarkeit durch Wegfall des Vorteils beizubringen (*BayObLG* MittBayNot 1996, 376). Die erwähnte Problematik besteht sinngemäß, 58 wenn vom dienenden Grundbesitz Teilflächen lastenfrei abgeschrieben werden sollen, bei denen ein Planvergleich nach § 1026 BGB nicht möglich ist, so dass Freigaben oder zumindest grundbuchfähige Bestätigungen über die Nichtausübung an der betreffenden Teilfläche eingeholt werden müssen. Den Notar trifft jedoch in keinem der obigen „Vervielfältigungsfälle" eine Amtspflicht, von vornherein die Beteiligten zu belehren oder von Amts wegen zu ermitteln. Auch er darf, selbst bei lang zurückliegenden Belastungen, auf die Richtigkeit des Grundbuchs vertrauen. Eine Pflicht zur Einsicht in die Grundakten, aus denen sich die entsprechenden Entwicklungen erkennen ließen, besteht nicht. Auch bei einem Teilflächenverkauf besteht kein Anlass, den Stammgrundbesitz auf etwaige Berechtigungen hin zu analysieren, selbst bei bestehendem Aktivvermerk. Abgesehen davon, dass diese praktisch nicht recherchiert werden können und Aktivvermerke zudem selten und selten aktuell sind, hat dieser Punkt mit der allein bestehenden Vollzugspflicht betreffend den Trenngrundbesitz (und **seiner** Lastenfreistellung) nichts zu tun. Es wäre diesbezüglich also ein gesonderter Auftrag mit näheren Angaben des Verkäufers nötig.

A VIII. Vorkaufsrechte

Dr. Arne Everts

Übersicht

	Rn.
I. Form der Bestellung und Ausübung	1, 2
1. Bestellung	1
2. Ausübung	2
II. Gestaltungsmöglichkeiten bei der Person des Vorkaufsberechtigten	3–7
1. Subjektiv persönliches Vorkaufsrecht	3
2. Subjektiv dingliches Vorkaufsrecht	4, 5
3. Rein schuldrechtliches Vorkaufsrecht (§§ 463 ff. BGB)	6
4. Mehrheit von Berechtigten	7
III. Vorkaufsrecht für einen, mehrere oder alle Verkaufsfälle	8
IV. Gefahren bis zur Eintragung	9
V. Faktische Auswirkungen	10–16
1. Erschwerte Beleihbarkeit des Grundstücks	11
2. Hindernis für Erbbaurechtsbestellung	12
3. Abschreckung von Kaufinteressenten	13
4. Erschwerte Löschbarkeit	14, 15
5. Zeitlich unbeschränktes Vorkaufsrecht	16
VI. Umgehungsfestes Vorkaufsrecht für den ersten Verkaufsfall	17–19
VII. Ankaufsrecht, Option, Erwerbsrecht	20–25
VIII. Kosten	26–30
1. Wert	26
2. Gebühren	27–30
IX. Auslösung der Ausübungsfrist	31–33
X. Vorsorge im Kaufvertrag	34–37

I. Form der Bestellung und Ausübung

1. Bestellung

Jeder schuldrechtliche Vertrag, der die Pflicht begründet, ein Vorkaufsrecht zu bestel- 1 len, bedarf nach § 311b I 1 BGB der **notariellen Beurkundung** (*BGH* DNotZ 1968, 93). Ohne solche ist das bestellte Vorkaufsrecht kondizierbar (§ 812 I 1 BGB). Der Formmangel wird zwar durch die Eintragung des Vorkaufsrechts im Grundbuch entsprechend § 311b I 2 BGB geheilt, aber nur *ex nunc* und nur, wenn die Willensübereinstimmung zwischen den Parteien dann noch besteht. Zur Eintragung des Vorkaufsrechts im Grundbuch und damit zur Heilung ist neben dem Eintragungsantrag lediglich eine notariell beglaubigte Eintragungsbewilligung (§§ 19, 29 GBO) erforderlich (*Schöner/Stöber* Rn. 1399). Der Notar, dem eine fertig formulierte Eintragungsbewilligung vorgelegt wird, darf diese zwar beglaubigen, weil § 925a BGB nach h.M. nicht analog gilt (vgl. *Schöner/Stöber* a.a.O.). Er sollte zumindest aber auf den Formmangel des Verpflichtungsgeschäfts hinweisen. § 311b I 1 BGB hindert dagegen den Notar, eine nur zu beglaubigende Eintragungsbewilligung zu entwerfen, ohne das Verpflichtungsgeschäft zu beurkunden. Eine solche (vielerorts noch zu beobachtende) Praxis ist auch nicht mit der Nichtbeurkundung des Verpflichtungsgeschäfts im Rahmen des § 15 GmbHG zu vergleichen, weil dort das beurkundete Erfüllungsgeschäft **sofort** heilt, hier dagegen allenfalls der Grundbuchvollzug erst zu einem späteren, noch ungewissen Zeitpunkt.

2. Ausübung

2   Die **Ausübung** des Vorkaufsrechts ist nach h. M. **formfrei** (vgl. § 464 I 2 BGB – *BGH* DNotZ 2000, 764 m. Anm. *Rieger*). Der Berechtigte kann die Ausübung nach Abschluss des Kaufvertrags bereits vor Erteilung behördlicher Genehmigungen, die zu dessen Wirksamkeit erforderlich sind, mit Wirkung auf den Genehmigungszeitpunkt erklären (*BGH* DNotZ 1998, 895).

II. Gestaltungsmöglichkeiten bei der Person des Vorkaufsberechtigten

1. Subjektiv persönliches Vorkaufsrecht

3   Dieses Recht steht einer bestimmten natürlichen oder juristischen Person zu (§§ 1094 I, 1098 I 1, III, 463 ff. BGB). § 473 BGB erlaubt es, das Vorkaufsrecht in beliebiger Kombination unvererblich/vererblich, übertragbar/unübertragbar, zeitlich beschränkt/zeitlich unbeschränkt zu gestalten. Gesetzlich und praktisch die Regel ist das unvererbliche, unübertragbare und zeitlich nicht beschränkte Vorkaufsrecht (§§ 1098 I 1, 473 S. 1 BGB), Ausnahmen bedürfen bei einem Vorkaufsrecht nach §§ 1094 ff. BGB zu ihrer Wirksamkeit der Grundbucheintragung (vgl. z. B. *OLG München* MittBayNot 2013, 231, 232). Der Notar sollte die gewählte Gestaltung zum Ausdruck bringen, auch wenn er der gesetzlichen Regel folgt.

2. Subjektiv dingliches Vorkaufsrecht

4   Das Recht steht dem jeweiligen Eigentümer eines anderen Grundstücks zu (§§ 1094 II, 1098 I 1, 463 ff. BGB)
   – zeitlich unbeschränkt (vgl. § 1103 I BGB) und damit unsterblich und ohne Übereinkunft nicht ablösbar, oder
   – zeitlich beschränkt durch Aufnahme einer Befristung oder auflösenden Bedingung in den Inhalt des Vorkaufsrechts, die im Grundbuch selbst zu verlautbaren ist (keine Bezugnahme gemäß § 874 BGB).

5   Auch hier gilt die am Ende von Rn. 3 ausgesprochene Gestaltungsempfehlung.

3. Rein schuldrechtliches Vorkaufsrecht (§§ 463 ff. BGB)

6   – Zeitliche Dauer wie bei Rn. 3, kein Typenzwang,
   – Wirkung nur *inter partes*, nicht zu Lasten Dritter oder zu Lasten des jeweiligen Eigentümers (vgl. *OLG Düsseldorf* MittBayNot 2003, 50 m. Anm. *Berringer* S. 34),
   – Sicherung des rein schuldrechtlichen Vorkaufsrechts nicht durch dingliches Vorkaufsrecht gemäß §§ 1094 ff. BGB, sondern durch Vormerkung nach § 883 BGB (Formmängel werden dabei nicht entsprechend § 311b I 2 BGB geheilt; vgl. *OLG Zweibrücken* MittBayNot 2013, 43 m. Anm. *Niemeyer*).
   – Ein Vorkaufsrecht nach §§ 1094 ff. BGB kann nicht zu einem „limitierten Kaufpreis" vereinbart werden (sondern nur schuldrechtlich, zu sichern durch Vormerkung wie vor). Die gleichwohl getroffene Vereinbarung eines „limitierten Kaufpreises" führt aber nur zur Unwirksamkeit ebendieser Regelung, nicht aber zur inhaltlichen Unzulässigkeit einer etwaigen Grundbucheintragung i. S. v. § 53 I 2 GBO (vgl. *OLG Zweibrücken* DNotZ 2012, 452).
   – Ein schuldrechtliches Vorkaufsrecht kann zusätzlich neben einem Vorkaufsrecht nach §§ 1094 ff. BGB vereinbart werden; umgekehrt ist ein Vorkaufrecht nach §§ 1094 ff. BGB seiner Rechtsnatur nach nicht ein mit dinglicher Wirkung ausgestattetes Vorkaufsrecht, sondern ein eigenständiges Sachenrecht, das ein schuldrechtliches Vorkaufsrecht nicht voraussetzt; vielmehr sind „dingliches" und schuldrechtliches Vorkaufsrecht

grundsätzlich rechtlich unabhängig voneinander (*OLG Zweibrücken* MittBayNot 2013, 43 m. Anm. *Niemeyer*).

4. Mehrheit von Berechtigten

Bei mehreren Berechtigten eines persönlichen oder dinglichen Vorkaufsrechts ist im Grundbuch gemäß § 47 GBO ihr Gemeinschaftsverhältnis anzugeben. Der *BGH* (DNotZ 1998, 292) lässt die Verlautbarung des § 472 BGB genügen (a. M. *Schöner/Stöber* Rn. 1406ff.; dazu *Amann* DNotZ 2008, 324, 343). § 472 BGB ist auch materiellrechtlich das Mittel der Wahl, da es im Gesetz vorgegeben und dort dem Recht gemäß handhabbar ausgestaltet ist – insbesondere für den Fall, dass Mitberechtigte sich der Ausübung nicht anschließen (vgl. hierzu *BGH* DNotZ 2009, 625). Eine Übertragung einer bloßen Mitberechtigung auf einen anderen bereits Mitberechtigten ist sinnlos und daher abzulehnen (in diese Richtung auch *OLG München* MittBayNot 2013, 231, 232). 7

III. Vorkaufsrecht für einen, mehrere oder alle Verkaufsfälle

§ 1097 BGB bestätigt für das dingliche Vorkaufsrecht (Rn. 4f.), was sich beim rein schuldrechtlichen Vorkaufsrecht aus der Vertragsfreiheit ergibt (*Berringer* MittBayNot 2003, 34): Das Vorkaufsrecht kann für einen, mehrere oder alle Verkaufsfälle bestellt werden. In der Praxis dominieren 8
– das Vorkaufsrecht für den ersten Verkaufsfall (dazu Rn. 17ff.),
– das Vorkaufsrecht für alle Verkaufsfälle; dieses ist besonders einschneidend, vor allem, wenn es ohne zeitliche Beschränkung dem jeweiligen Eigentümer eines anderen Grundstücks eingeräumt wird (vgl. Rn. 4, 10ff.).

IV. Gefahren bis zur Eintragung

Wenn sich die Eintragung des Vorkaufsrechts verzögert und bereits vor der Eintragung ein Verkaufsfall eintritt, dann besteht in diesem Zeitpunkt noch kein dingliches Vorkaufsrecht i. S. d. §§ 1094ff. BGB (§ 873 I BGB). Ob dann der Berechtigte wenigstens schuldrechtlich zum Vorkauf berechtigt ist, steht nicht zweifelsfrei fest (*BGH* WM 1970, 1024; *OLG Düsseldorf* DNotZ 1999, 1015). Zweifel lassen sich durch die am Ende von Rn. 18 vorgeschlagene Formulierung vermeiden. 9

V. Faktische Auswirkungen

Die faktischen Auswirkungen, die ein Vorkaufsrecht für den Eigentümer des damit belasteten Grundstücks hat, werden weithin **unterschätzt**. Es bedeutet nicht nur Verkauf an den Vorkaufsberechtigten zu gleichen Bedingungen, sondern auch: 10

1. Erschwerte Beleihbarkeit des Grundstücks

Das dingliche Vorkaufsrecht hat gegenüber nachrangigen Grundpfandrechten die Wirkung einer Eigentumsvormerkung (§ 1098 II BGB). Der Vorkaufsberechtigte kann zwar keine Löschung eines nachrangigen Grundpfandrechts im Vorkaufsfall verlangen, wenn dieses bereits **vor** dem Verkaufsfall entstanden ist (*BGH* DNotZ 1973, 606). Die Bank kann aber bei der Kreditausreichung nicht zuverlässig feststellen, ob vor Entstehung ihres Grundpfandrechts noch ein Verkauf stattgefunden hat. Sie verlangt daher häufig einen Rangrücktritt des Vorkaufsberechtigten. Dieser muss dann über die Grundpfandrechtsbestellung unterrichtet werden und ist gleichwohl nicht verpflichtet zurückzutreten. 11

2. Hindernis für Erbbaurechtsbestellung

12 Der Vorkaufsberechtigte kann verhindern, dass der Eigentümer des belasteten Grundstücks daran ein Erbbaurecht bestellt, indem er den dafür erforderlichen Rangrücktritt (§ 10 I 1 ErbbauRG) verweigert (vgl. *BGH* DNotZ 1974, 692; s. auch Kap. A VII. Rn. 15).

3. Abschreckung von Kaufinteressenten

13 Kaufinteressenten erlangen die Gewissheit, dass ihr Kauf „klappt", erst nach Beginn (s. Rn. 31) und Ablauf der dem Vorkaufsberechtigten zustehenden Ausübungsfrist. Dies hält Interessenten, die schnelle Gewissheit brauchen, ab und veranlasst andere, günstigere Konditionen für sich auszuhandeln.

4. Erschwerte Löschbarkeit

14 Wird bei einem subjektiv-dinglichen Vorkaufsrecht der berechtigte Grundbesitz geteilt, so kommt es zu einer Vervielfältigung der Berechtigten, deren Gemeinschaftsverhältnis sich nach § 472 BGB regelt. Zwar kann daher richtigerweise der Verzicht einzelner subjektiv-dinglich Berechtigter (=Grundstückseigentümer) auf das Recht im Grundbuch berichtigend vermerkt werden (*OLG München* MittBayNot 2013, 231; *Jeep* MittBayNot 2010, 44, 45; offenbar a.A. noch *OLG München* MittBayNot 2010, 42). Allerdings besteht das Recht für die anderen berechtigten Grundstücke unverändert fort und ist zudem die Teilung des herrschenden Grundstücks nach Begründung des subjektiv-dinglichen Vorkaufsrechts im Grundbuch nicht zu vermerken (*OLG München* MittBayNot 2010, 42).

15 Auch subjektiv-persönliche Vorkaufsrechte sind mit unerwarteten Fallen ausgestattet: Der mit den Mitteln des § 29 GBO zu erbringende Nachweis, dass bei der als Berechtigte eines subjektiv-persönlichen Vorkaufsrechts eingetragenen GmbH nach Eintragung der Beendigung der Liquidation und des Erlöschens der Firma keinerlei Vermögen mehr vorhanden sei, diese daher nicht mehr existent sei und das Vorkaufsrecht deshalb untergegangen sei, setzt zusätzlich den Nachweis voraus, dass die GmbH das Vorkaufsrecht nicht vor ihrem Erlöschen im Rahmen einer Teilübertragung des Unternehmens nach § 1059a Nr. 2 BGB (mit-)übertragen hat (*OLG Düsseldorf* MittBayNot 2011, 303), was de facto nicht möglich ist und jedenfalls Nachtragsliquidation und gegebenenfalls Klage erfordert.

5. Zeitlich unbeschränktes Vorkaufsrecht

16 Besonderes Gewicht erlangen diese Nachteile, wenn das Vorkaufsrecht auch für alle künftigen Verkaufsfälle besteht und zeitlich nicht beschränkt ist. Ein solches Vorkaufsrecht mindert den Wert des damit belasteten Grundstücks erheblich.

VI. Umgehungsfestes Vorkaufsrecht für den ersten Verkaufsfall

17 Für den Eigentümer des belasteten Grundstücks empfiehlt es sich, das Vorkaufsrecht auf den **ersten** Verkaufsfall zu beschränken. Ein solches Vorkaufsrecht kann allerdings unversehens dadurch entfallen oder umgangen werden, dass das Eigentum am belasteten Grundstück durch Sonderrechtsnachfolge wechselt, z.B. durch Schenkung. § 1097 S. 1 BGB beschränkt ein solches Vorkaufsrecht nämlich auf einen Verkauf durch **denjenigen** Eigentümer, welchem das belastete Grundstück zur Zeit der Bestellung des Vorkaufsrechts gehört, oder durch seine Erben.

Beispiel: A bestellt ein Vorkaufsrecht für den ersten Verkaufsfall für X. A schenkt das Grundstück dann dem B. B verkauft es an C. Obwohl dies der erste Verkaufsfall ist, nützt das Vorkaufsrecht dem X nichts, weil es bereits mit dem Eigentumserwerb des B erloschen ist (*OLG Stuttgart* DNotZ 1998, 305 mit Anm. *Zeiß*; zur Löschung *Schöner/Stöber* Rn. 1432a).

> **Formulierungsbeispiel: Umgehungsfestes Vorkaufsrecht für den ersten Verkaufsfall** 18
>
> E bestellt am Grundstück Fl. Nr. ... ein unvererbliches und nicht übertragbares Vorkaufsrecht zugunsten des B für denjenigen ersten Verkaufsfall, bei welchem dem B erstmals eine Ausübung des Vorkaufsrechts rechtlich möglich ist. Das Vorkaufsrecht besteht also auch dann, wenn ein solcher Verkaufsfall erst bei einem späteren Eigentümer des belasteten Grundstücks eintritt. Es wird bewilligt und beantragt, dieses Vorkaufsrecht im Grundbuch einzutragen. Bis zu seiner Eintragung gilt das Vorkaufsrecht mit schuldrechtlicher Wirkung zwischen den Beteiligten.

Aufgrund der Rspr. des *BGH* (DNotZ 1996, 453 m. Anm. *Lülsdorf*) ist dem Vorkaufsrecht keine Löschungserleichterung beigefügt, obwohl *Schöner/Stöber* Rn. 1436 eine solche für zulässig halten. 19

VII. Ankaufsrecht, Option, Erwerbsrecht

Häufig stellen sich die Beteiligten unter einem Vorkaufsrecht Befugnisse vor, die ein 20 Vorkaufsrecht i. S. d. §§ 463, 1094 ff. BGB **nicht** verleiht, nämlich

- einen Erwerb zu Vorzugsbedingungen,
- ein Erwerbsrecht, das nicht nur bei einem Verkauf des Grundstücks entsteht, sondern auch in anderen Fällen, z. B. Tod, Insolvenz, Ehescheidung des Eigentümers u. Ä.

Derartige Erwerbsrechte können **nicht als dingliche Vorkaufsrechte** in das Grundbuch 21 eingetragen (*BGH* WM 1966, 891), wohl aber im Rahmen der Vertragsfreiheit (§ 311 BGB) vereinbart werden. Sie werden als Ankaufsrecht, Erwerbsrecht, Option o. Ä. bezeichnet. Eine gesetzliche Terminologie fehlt ebenso wie eine zusammenhängende gesetzliche Regelung.

Juristisch kann es sich hierbei handeln um 22

- ein einseitiges **Veräußerungsangebot** des Grundstückseigentümers oder um
- einen **Vorvertrag** auf Abschluss eines Veräußerungsvertrags oder um
- einen Kaufvertrag oder sonstigen **Veräußerungsvertrag**, der aufschiebend bedingt ist durch eine Ausübungserklärung des Erwerbers und eventuell durch sonstige Voraussetzungen.

Wegen der Einzelheiten s. *Schöner/Stöber* Rn. 1444 ff. 23

Sobald es um Grundbesitz geht, fallen alle diese Gestaltungen unter § 311b I BGB. 24 Daher müssen vor allem **beurkundet** werden die Voraussetzungen, unter denen das Erwerbsrecht bzw. die Veräußerungspflicht entstehen, und der Inhalt des zustande kommenden Vertrags, insbesondere die Gegenleistung, hilfsweise das Verfahren, wie der Vertragsinhalt gefunden wird (vgl. *LG Düsseldorf* DNotZ 1981, 743 m. Anm. *Ludwig* DNotZ 1982, 356).

Als **Sicherungsmittel** dient die **Vormerkung** zur Sicherung des bedingten oder künfti- 25 gen Übereignungsanspruchs (§ 883 I 2 BGB – vgl. Rn. 6). Es genügt **eine** Vormerkung, auch wenn verschiedene Tatbestände das Recht auslösen können (*BayObLG* DNotZ 2003, 435). Die Eintragung der Vormerkung heilt aber einen etwaigen Formmangel des Verpflichtungsgeschäfts nicht (Rn. 1, 6).

> **Praxishinweis Steuern:**
>
> Während die Einräumung eines Vorkaufsrechtes keine Grunderwerbsteuer auslöst und auch nicht der Grunderwerbsteuerstelle anzuzeigen ist, sind Vorgänge, mit denen sonstige Erwerbs- und Optionsrechte eingeräumt werden, zumindest anzeigepflichtig, vgl. etwa *LfSt Bayern*, Merkblatt über die steuerlichen Beistandspflichten der Notare auf den Gebieten der Grunderwerbsteuer, Erbschaftsteuer (Schenkungsteuer) und Ertragsteuern (Stand: Juni 2011), Tz. 2. 1. 11.
>
> Dabei ist zu beachten, dass bereits die Einräumung eines Ankaufsrechtes oder vergleichbaren Rechtes Grunderwerbsteuer nach § 1 II GrEStG auslösen kann, wenn die gewählte Gestaltung dazu führt, dass der Berechtigte faktisch nach seinem Belieben über die Immobilie verfügen kann (vgl. für Leasing-Verträge *BFH* DStR 2006, 1279; *Gottwald* MittBayNot 2007, 193; *Stoschek/Sommerfeld/Mies* DStR 2008, 2046). Sofern das Recht nur unter bestimmten Bedingungen ausgeübt werden kann und der Berechtigte zuvor keinen eigentümerähnlichen Zugriff auf das Grundstück hat, fällt die Grunderwerbsteuer erst bei Ausübung des Erwerbsrechtes an. Da die Grenzen jedoch durchaus fließend sind, empfiehlt sich im Zweifel die Einholung einer verbindlichen Auskunft des zuständigen Finanzamtes (§ 89 II AO).
>
> Die Ausübung des Rechtes, einen Dritten als Angebotsempfänger oder Ankaufsberechtigten zu benennen, löst gesondert Grunderwerbsteuer nach § 1 I Nr. 6, 7 GrEStG aus.

VIII. Kosten

1. Wert

26   § 51 I 2 GNotKG: der halbe Wert des belasteten Grundbesitzes. Hiervon darf nur nach den besonderen Umständen des **Einzelfalls** abgewichen werden; die frühere Rechtsprechung zur Abweichung vom Regelwert (die auch allgemeine Erfahrungswerte hinsichtlich der Wahrscheinlichkeit der Ausübung berücksichtigte) ist damit überholt; deshalb z. B. keine Abweichung mehr

– nach unten bei kurzer Zeitdauer des Vorkaufsrechts,
– nach oben bei zeitlich unbegrenztem Vorkaufsrecht für alle Verkaufsfälle.

2. Gebühren

27   a) Wird das Vorkaufsrecht in eigener Urkunde bestellt, so führt dies über § 311b I 1 BGB (vgl. Rn. 1) zu Nr. 21100 KV-GNotKG.

28   b) Ist das Vorkaufsrecht in einen anderen Vertrag (Kauf, Überlassung o. Ä.) eingebettet, z. B. Vorkaufsrecht für Veräußerer, Erwerber oder Dritten, so handelt es sich bei einem subjektiv-persönlichen Recht grundsätzlich um keine zusätzlich zu bewertende Leistung; ein subjektiv-dingliches Recht ist dagegen immer ein besonderer Beurkundungsgegenstand (§ 110 Nr. 2 Buchst. b GNotKG).

29   c) Räumen sich zwei Miteigentümer eines Grundstücks gegenseitig Vorkaufsrechte an den Miteigentumsanteilen ein, so ist wegen § 97 III GNotKG nur die höherwertige Rechtseinräumung zu bewerten.

30   Zu den kostenrechtlichen Folgen der Ausübung eines Vorkaufsrechts s. *H. Schmidt* NotBZ 2012, 441.

IX. Auslösung der Ausübungsfrist

Häufig übernimmt es der Notar, die Frist zur Ausübung des Vorkaufsrechts auszulösen. Dann muss der Notar auch erkennen, ob eine **Umgehungsgestaltung** inmitten steht, die trotz ihres Wortlauts Vorkaufsrechte gleichwohl auslöst. So ist die unentgeltliche Einbringung der vorkaufsbelasteten Sache in eine Gesellschaft und eine anschließende entgeltliche Übertragung der Anteile eine typische Maßnahme, die gleichwohl ein Vorkaufsrecht auslöst (*BGH* DNotI-Report 2012, 61, 65). Weitere **Fallstricke sind hierbei** ferner: 31

- Das Recht zur Ausübung des Vorkaufsrechts setzt das Zustandekommen eines rechtswirksamen Kaufvertrags voraus (*BGH* MittBayNot 2011, 216). Die Mitteilung setzt daher die Frist nur in Gang, wenn alle zur Wirksamkeit des Kaufvertrags erforderlichen **Genehmigungen erteilt** sind und auch dies **mitgeteilt** wird (*Schöner/Stöber* Rn. 1418), z. B. Genehmigung nach § 2 GrdstVG.
- Nur eine Mitteilung **namens** des V oder des K löst die Frist aus (§ 469 I 1 und 2 BGB). Der Notar muss also sein Handeln in dessen Namen **und** die ihm erteilte Vollmacht (vgl. *OVG Lüneburg* NJW 1996, 212) kundtun. Die übliche Vollzugsvollmacht (s. auch Kap. A I. Rn. 569 ff.) reicht nicht aus (*LG Frankfurt/Oder* MittBayNot 2004, 358). Zur Mitteilung würde eine einfache Abschrift des Kaufvertrags genügen; als Vollmachtsnachweis empfiehlt sich eine dem Notar selbst erteilte Ausfertigung.
- Der **Zugang** muss **nachweisbar** sein, am sichersten bei Zustellung durch den Gerichtsvollzieher.
- Die **Aufhebung** des (wirksamen!) Kaufvertrags beseitigt nicht den Vorkaufsfall (*BGH* MittBayNot 2011, 216) – d. h. umgekehrt, dass vor Eintritt der Vertragswirksamkeit die „Aufhebung" unschädlich ist. Hier eröffnen sich taktische Möglichkeiten: So können die Beteiligten den Notar anweisen, eine (wenn auch mangels Vertragswirksamkeit noch „unverbindliche") Vorkaufsrechtsanfrage beim Berechtigten zu stellen („Testballon") und erst von ihrem Ausgang den Weitervollzug abhängig machen (Einholung der Genehmigung z. B. erst nach dem GrdStVG auf ausdrückliches Anfordern des (Erst)käufers oder Verkäufers). Wegen § 53 BeurkG (Vollzugspflicht) müssen derartige Weisungen sicherheitshalber in der Urkunde enthalten sein. Dies liest sich auf den ersten Blick natürlich merkwürdig; berufsrechtliche Probleme sind hiermit gleichwohl nicht verbunden: Verhält sich der Notar ohne Zustellung seiner Urkunde nicht zum Anlauf der Vorkaufsrechtsfrist, sondern teilt nur den „Verkauf" i. S. d. Urkundsinhalts mit – mehr dürfte er schon im eigenen Haftungsinteresse nicht tun! –, entsteht dem Vorkaufsberechtigten in diesen Fällen kein Schaden (Umkehrschluss aus *BGH* MittBayNot 2003, 306).
- Der Vorkaufsberechtigte gibt entweder Nichtausübungserklärung/Löschungsbewilligung gleichwohl ab, auch wenn die Ausübungsvoraussetzungen formal noch nicht vorliegen mögen – dann ist dies sein eigener Entschluss und er nicht schutzwürdig. Oder er „übt aus" – dann mag man ihm mitteilen, dass dies derzeit ins Leere geht und sodann Kontakt mit den Vertragsbeteiligten wegen des weiteren Vorgehens aufnehmen, denn ein Vorkaufsrecht ist kein Erwerbsrecht. Sein eigenes Recht bleibt dem Berechtigten in diesem Fall aber unangetastet erhalten. Den Erstkaufbeteiligten bleibt nunmehr eine taktische Rückzugsmöglichkeit; sie haben dann nur die Beurkundungsgebühren vergebens aufgewendet. Oder der Berechtigte bleibt untätig – dann werden die Urkundsbeteiligten nach einer im Erstkauf bestimmten Frist und bei Vorliegen aller Wirksamkeitsvoraussetzungen über den Notar die Vorkaufsanfrage ohnehin „offiziell" über den Gerichtsvollzieher stellen, schon wegen der Vorkaufsfrist – jedoch kann dies in der Urkunde von einer vorherigen Kontaktaufnahme mit dem Notar und dessen Bestehen auf entsprechender schriftlicher Weisung abhängig gemacht werden.

32 | **Formulierungsbeispiel: Mitteilung an Vorkaufsberechtigten**

Durch Übersendung der beigefügten Ausfertigung des von mir unter URNr. ... beurkundeten Kaufvertrags teile ich Ihnen namens des Verkäufers und namens des Käufers aufgrund der mir in Ziffer ... des Kaufvertrags erteilten Vollmacht diesen Kaufvertrag mit. Die in Kopie beigefügten Genehmigung nach § 2 GrdstVG ist bereits rechtskräftig erteilt; weitere Genehmigungen sind zum Kaufvertrag nicht erforderlich. Durch diese Mitteilung wird die Frist zur Ausübung des Vorkaufsrechts in Lauf gesetzt.

33 Gibt der Notar die Dauer der Frist unzutreffend an, so kann dies Schadenersatzansprüche gegen ihn auslösen (*BGH* MittBayNot 2003, 306 m. Anm. *Reithmann*). Dasselbe gilt, wenn der Inhalt des Kaufvertrags dem Vorkaufsberechtigten unrichtig oder unvollständig mitgeteilt wird (vgl. *BGH* DNotZ 2003, 431), sowie möglicherweise auch dann, wenn die Mitteilung zu spät erfolgt (a.M. *OLG Celle* MittBayNot 2008, 376 m. abl. Anm. *Häublein*). Die Auslösung der Ausübungsfrist durch den Notar ändert nichts daran, dass der Berechtigte die Ausübung gegenüber dem Verkäufer erklären kann (§ 464 I 1 BGB), so dass Notar und Käufer im Ungewissen bleiben, ob der Berechtigte das Vorkaufsrecht ausgeübt hat. Die von der Nichtausübung abhängige Kaufpreisfälligkeit ist mit dieser Unsicherheit behaftet. § 1099 II BGB hilft dem Käufer nicht, solange er noch nicht Eigentümer ist. Die Vereinbarung einer Benachrichtigungspflicht des Verkäufers an den Käufer mildert das Problem, beseitigt es aber nicht.

X. Vorsorge im Kaufvertrag

34 Wird das Vorkaufsrecht ausgeübt, so tritt nach dem BGB nicht ein „Parteiwechsel" auf der Käuferseite ein. Neben dem **ersten Kaufvertrag** zwischen V und K entsteht vielmehr ein **zweiter Kaufvertrag** gleichen Inhalts zwischen V und B (Vorkaufsberechtigten) (s. auch *H. Schmidt* NotBZ 2012, 441). Zur Fälligkeit und Verzinsung des Kaufpreises *OLG München* MittBayNot 1994, 30 m. Anm. *Grziwotz*; zur Ausübung des Vorkaufsrechts nur an einem Teil der verkauften und mit dem Vorkaufsrecht belasteten Grundstücke *OLG Düsseldorf* DNotZ 2003, 436. Vollzugsvollmachten in dem Kaufvertrag mit dem Dritten werden nicht Inhalt des Kaufvertrags mit dem Vorkaufsberechtigten (*BGH* DNotZ 2012, 826). Der Vorkaufsberechtigte hat im Falle der Ausübung seines Vorkaufsrechts dem Drittkäufer die von diesem bereits bezahlten Notarkosten zu erstatten (*OLG Frankfurt* MittBayNot 2013, 125).

35 Übt K nach Rechtswirksamkeit des Kaufvertrags ein ihm vorbehaltenes **Rücktrittsrecht** aus, so beseitigt dies weder die mit Rechtswirksamkeit des ersten Kaufvertrags entstandene Möglichkeit des B, das Vorkaufsrecht auszuüben, noch den dadurch zustande kommenden zweiten Kaufvertrag zwischen V und B (*BGH* DNotZ 1977, 349, vgl. auch Rn. 31). Ein Rücktrittsrecht des V, das nicht unter § 465 BGB fällt und andere Sachgründe als die Umgehung des Vorkaufsrechts hat (z.B. Beschaffung von Ersatzland), müsste dagegen auch innerhalb des Kaufvertrags mit B wirken.

36 Das Nebeneinander zweier Kaufverträge führt im Übrigen zu folgenden Problemen (ausf., auch zur Vertragsgestaltung beim vorkaufsrechtsbelasteten Grundstück, unlängst *Maaß* notar 2013, 395): Den V trifft gegenüber K nach h. M. eine **Haftung** dafür, dass das Vorkaufsrecht nicht ausgeübt wird (vgl. Palandt/*Weidenkaff* Vor § 463 Rn. 8). Ansprüche des K auf **Erstattung** schon gezahlter Kaufpreisteile und sonstiger von ihm verauslagter Kosten richten sich grundsätzlich nur gegen V (vgl. Palandt/*Weidenkaff* Vor § 463 Rn. 9; *Schöner/Stöber* Rn. 1421). Die §§ 1100 und 1102 BGB gewähren dem K einen weitergehenden Schutz nur für den (unwahrscheinlichen) Fall, dass K schon als Eigentümer eingetragen war (vgl. Palandt/*Bassenge* § 1100 Rn. 1). Auch werden Vollzugsvollmachten in dem Kaufvertrag mit dem Dritten nicht Inhalt des Kaufvertrags mit dem Vorkaufsberechtigten (Rn. 34).

37 Formulierungsbeispiel: **Kap. A I. Rn. 203.**

A IX. Grundstücksrecht in den neuen Bundesländern

Dr. Hans-Frieder Krauß

Das Sonderrecht der neuen Länder hat sich – soweit nicht bereits die Rechtsvereinheitlichung durch den Einigungsvertrag eine Überführung in die klassischen Kategorien des BGB bewirkte – in den vergangenen 25 Jahren zu einer Spezialmaterie abweichender Bedeutung entwickelt, anfänglich geprägt durch eine Kette von „Bereinigungsgesetzen" (Hemmnissebeseitigungsgesetz, Zweites Vermögensrechtsänderungsgesetz, Registerverfahrensbeschleunigungsgesetz, Sachenrechtsbereinigungsgesetz, Schuldrechtsanpassungsgesetz, Grundstücksrechtsänderungsgesetz etc.), seither v. a. durch sich verdichtende Rechtsprechung (konzentrierte Darstellung der Judikatur 2000 bis 2010 bei *Böhringer* ZfIR 2011, 1 ff.). Soweit Besonderheiten für den Grundstücksverkehr in den neuen Ländern fortbestehen, sind diese an der thematisch zugehörigen Stelle behandelt (etwa in Bezug auf die GVO-Genehmigung Kap. A I. Rn. 131 ff.); als Überblick wird auf Kap. A IX. der 5. Auflage sowie auf *Krauß*, Immobilienkaufverträge in der Praxis, 7. Aufl. 2014, Rn. 4225 ff. verwiesen.

A X. Sonderformen des Immobilienerwerbs

Prof. Dr. Heribert Heckschen

Übersicht

	Rn.
1. Teil. Geschlossene Immobilienfonds	1–43d
I. Vorbemerkung	1–4
II. Beratungs-Checkliste	5
III. Gründung des Immobilienfonds	6–31
1. Allgemeines	6
2. Formfragen	7–14
3. Inhalt des Gesellschaftsvertrages	15–31
IV. Beitrittsverfahren	32–43a
1. Checkliste	32
2. Allgemeines; zivilrechtliche Grundlagen	33–37
3. Form der Beitrittserklärung	38–43a
V. Rückabwicklung kreditfinanzierter Fondsbeteiligungen	43b–43d
2. Teil. Immobilienleasing	44–58
I. Allgemeines	44–50
II. Zivilrechtliche Einordnung	51–53
III. Umfang der Beurkundung	54–57
IV. Kosten	58

Literatur: *Allmendinger*, Zur Berücksichtigung von Steuervorteilen bei der bereicherungsrechtlichen Rückabwicklung eines nach HWiG § 1 widerrufenen Darlehensvertrages, EWiR 2008, 23; *Altmeppen*, Rechtsentwicklung der GbR trotz § 899a BGB nicht aufzuhalten, NJW 2011, 1905; *Behrens*, Zur Grundbuchfähigkeit der GbR, ZfIR 2008, 1; *Bredow*, Vertragsgestaltung beim Erwerb von Grundstücksgesellschaften (Objektgesellschaften), WiB 1996, 102; *Elsing*, Alles entschieden bei der Gesellschaft bürgerlichen Rechts? – die Rechtsprechung zwischen Mosaik- und Meilensteinen, BB 2003, 909; *Gottschalk*, Einwendungs- und Rückforderungsdurchgriff bei kreditfinanziertem Erwerb von Fondsbeteiligungen, GWR 2010, 518; *Grunewald*, Das Beurkundungserfordernis nach § 313 BGB bei Gründung und Beitritt zu einer Personengesellschaft, FS Hagen, 1999, S. 277; *Heckschen*, Die Formbedürftigkeit mittelbarer Grundstücksgeschäfte, 1987; *Hartmann*, GbR und Grundbesitzerwerb – welche Fragen bleiben?, RNotZ 2011, 401; *Kesseler*, Die GbR und das Grundbuch, NJW 2011, 1909; *Koeble-Grziwotz*, Rechtshandbuch Immobilien, Band I, Stand April 2010, Kap. 35; *Korte*, Handbuch der Beurkundung von Grundstücksgeschäften, 2005; *Lambrich*, Die Haftung der GmbH & Co. KG, Jura 2007, 88; *Loritz/ Pfnür*, Der geschlossene Immobilienfond in Deutschland 2006; MAH Personengesellschaftsrecht, 2005; *Otter*, Rechtsformen beim geschlossenen Immobilienfonds, BauR 1991, 557; *Potsch*, Grundstücks-GbR und Grunderwerbsteuer, NZG 2012, 176; *Reimann*, Formerfordernisse bei Abschluss von Gesellschaftsverträgen, DStR 1991, 154; *ders.*, Der Minderjährige in der Gesellschaft – Kautelarjuristische Überlegungen aus Anlass des Minderjährigenbeschränkungsgesetzes, DNotZ 1999, 179; *Reinelt*, Zur Formbedürftigkeit des Gesellschaftsberichts bei geschlossenen Immobilienfonds, NJW 1992, 2052; *Rust*, Die Beteiligung von Minderjährigen im Gesellschaftsrecht – Vertretung, familien-/vormundschaftsgerichtliche Genehmigung und Haftung des Minderjährigen, DStR 2005, 1992; *Schmeinck*, Beurkundungsrechtliche Fragen bei Beteiligung von Personengesellschaften am Grundstücksverkehr, MittRhNotK 1982, 97; *K. Schmidt*, Personengesellschaft und Grundstücksrecht, ZIP 1998, 2; *ders.*, Gesellschaftsrecht, 4. Aufl. 2002; *ders.*, Gesellschaftsrecht: Persönliche Gesellschafterhaftung bei Grundstücksfonds, JuS 2011, 1124; *Schwanecke*, Formzwang des § 313 S. 1 BGB bei Durchgangserwerb von Grundeigentum, NJW 1984, 1585; *Tavakoli/Fehrenbacher*, Die Gesellschaft bürgerlichen Rechts ist grundbuchfähig!, DB 2007, 382; *Ulmer/Löbbe*, Zur Anwendbarkeit des § 313 BGB im Personengesellschaftsrecht, DNotZ 1998, 711; *van de Loo*, GbR und Grundbuchberichtigung – Bewilligung bei Gesellschafterwechsel und Eintritt weiterer Personen, GWR 2012, 80; *Wagner*, Umgang mit Not leidenden geschlossenen Immobilienfonds, WM 2003, 2257; *Westermann*, Der EuGH zur (fehlerhaften) Beteiligung an einem geschlossenen Immobilienfonds, DZWIR 2010, 265; *Wilde*, Nachschusspflichten in KG und GbR, NZG 2012, 215; *Wilhelm*, Die Grundbuchfähigkeit der Gesamthandsgesellschaft bürgerlichen Rechts, NZG 2011, 801; *Zacher*, Anlegerberatung bei Not leidenden Immobilienfonds, ZfIR 1997, 51.

1. Teil. Geschlossene Immobilienfonds

I. Vorbemerkung

1   Die Finanzierung von Grundstückserwerb und Bebauung oder Sanierung über einen begrenzten (geschlossenen) Anlegerkreis, der sich zu einer Gesellschaft zusammenschließt, hatte vor allem im Zeitraum von 1990 bis 1998 große Bedeutung gewonnen (zur Entwicklung und Bedeutung der Immobilienfonds vgl. *Koeble* Kap. 35; *Loritz/Pfnür* S. 17 ff.). Die so genannten geschlossenen Immobilienfonds verfolgten seinerzeit vor allem das Ziel, Immobilienprojekte unter Beteiligung einer unterschiedlich großen Anlegerzahl zu realisieren und diesen Anlegern steuerliche Vorteile, die mit dem Eigenerwerb und der Bebauung sowie Verwertung einer Immobilie verbunden sind, zu vermitteln. Heute trifft man vor allem sog. Rendite orientierte Fonds und solche, die sich Abschreibungen auf Denkmalschutzobjekte sichern wollen, an. Die Größe und Struktur der Fonds differiert stark. Kleinere Projekte in einer Größenordnung bis zu 5–10 Millionen werden häufig von einem überschaubaren, zum Teil persönlich oder geschäftsmäßig miteinander bekannten Anlegerkreis realisiert. Bei Großprojekten werben die Initiatoren heute zum Teil über 1.000 Anleger an. Die Beteiligungsgrößen für den einzelnen Anleger waren zum Teil weiter heruntergesetzt worden und Beteiligungssummen unter 5.000 EUR sind seinerzeit nicht selten gewesen. Damit war die Beteiligung an einem Immobilienfonds für weite Teile der Bevölkerung und insbesondere auch für wirtschaftlich unerfahrene und kapitalschwache Anleger eröffnet.

2   Gesetzliche Regelungen, die den geschlossenen Immobilienfonds erfassen, fehlen gänzlich. Die Beteiligung wird dem Anleger in der Regel über Vertriebsorganisationen angeboten mit dem Hinweis auf Steuersparmöglichkeiten. Es handelt sich um einen Rechtskauf, der **grundsätzlich keinen Formschranken** unterworfen ist (vgl. aber Rn. 38 ff.). Die Abgabe eines Angebots zur Beteiligung wurde häufig lediglich privatschriftlich oder in beglaubigter Form und über einen Treuhänder/Geschäftsbesorger erklärt. Gerade auf diesem Weg entstand durch eine für die Beteiligten recht unerwartete Entscheidung der Rechtsprechung Rechtsunsicherheit und für die Anleger die Gelegenheit, sich (zumindest teilweise) von der Beteiligung zu trennen. Der *BGH* entschied, dass der einem Geschäftsbesorger erteilte Auftrag und die (in der Regel) erteilte Vollmacht wegen eines Verstoßes gegen das (frühere) Rechtsberatungsgesetz nichtig war, wenn der Geschäftsbesorger ausschließlich oder hauptsächlich die rechtliche Abwicklung eines Grundstückserwerbs im Rahmen eines Bauträgermodells für den Erwerber besorgte (*BGH* NJW 2001, 70; 2002, 66; ZIP 2003, 165; 2004, 1395). Die seinerzeit handelnden Notare schützte der *BGH* durch die Annahme, dass die Amtspflichtverletzung nicht schuldhaft geschehen sei. Vor einer unveröffentlichten Entscheidung des *LG Karlsruhe* vom 21.8.1997 habe der beurkundende Notar keinen Anlass gehabt, an eine Erlaubnispflicht für den Geschäftsbesorger zu denken (*BGH* NJW 2001, 70, 72). Später stellte der *BGH* fest, dass sofern eine dem Treuhänder erteilte umfassende Vollmacht wegen Verstoßes gegen das Rechtsberatungsgesetz unwirksam war, der Treuhänder zum Abschluss des Darlehensvertrages für den Anleger gleichwohl befugt sein konnte, wenn ihm in einem Zeichnungsschein gesondert Vollmacht erteilt und dieser Zeichnungsschein der Bank vorgelegt worden ist. Die Anwendung der §§ 171, 172 BGB zugunsten der kreditgebenden Bank wird bei einer kreditfinanzierten Immobilienfondsbeteiligung ebenso wie bei einem finanzierten Grundstücksgeschäft auch in den Fällen nichtiger Vollmacht des seinerzeit gegen das Rechtsberatungsgesetz verstoßenden Treuhänders durch die Regeln über das verbundene Geschäft i. S. d. (heutigen) §§ 358, 359 BGB (vgl. dazu auch unten Rn. 43b) nicht ausgeschlossen oder eingeschränkt (*BGH* NJW 2006, 1957 gegen BGHZ 159, 300). Auch wenn die Nichtigkeit einer Vollmacht auf einem Verstoß gegen das

Rechtsberatungsgesetz beruht, verhält sich der Darlehensnehmer nach Ansicht des *BGH* treuwidrig, der sich schuldrechtlich verpflichtet, ein selbstständiges Schuldversprechen mit einer Vollstreckungsunterwerfungserklärung als die Grundschuld verstärkende Sicherheit abzugeben, wenn er versucht, aus der bisherigen Nichterfüllung seiner Verpflichtung Vorteile zu ziehen und zwar unabhängig davon, ob sich diese Verpflichtung in Allgemeinen Geschäftsbedingungen befindet (*BGH* MittBayNot 2008, 204).

Die Fondsgesellschaften waren in der Regel als Gesellschaften bürgerlichen Rechts oder Kommanditgesellschaften ausgestaltet. Das GbR-Modell basierte häufig auf der über Jahrzehnte gefestigten Rechtsprechung des *BGH,* nach der man über die sog. „GbR mbH" die Haftung der Gesellschafter auf das Gesellschaftsvermögen beschränken konnte (*BGH* NJW 1971, 1698; 1973, 1691; 1985, 619; NJW-RR 1990, 867). Nach der Aufgabe dieser Rechtsprechung (*BGH* NJW 1999, 3483) entstand zunächst große Rechtsunsicherheit für die in der Rechtsform der GbR aufgelegten Fonds. Mit einem Urteil aus dem Jahr 2002 hat der *BGH* vorerst in einer dogmatisch nur schwer nachzuvollziehenden Entscheidung die Anleger aus „Altfonds" (Fonds aus der Zeit vor dem 28.9.1999) geschützt. Die Ansicht, nach der die Haftungsbeschränkung auf das Gesellschaftsvermögen bestehen bleiben soll, soweit die Beschränkung dem Vertragspartner zumindest erkennbar war (*BGH* NJW 2002, 1642, 1643), ist nach Ansicht des *BFH* mit Verweis auf BGHZ 142, 315 überholt (*BFH* v. 13.9.2007 – IV B 32/07 Rn. 20 ff.). Möglich sei eine Haftungsbeschränkung nur durch individualvertragliche Vereinbarungen mit den Gesellschaftsgläubigern. Heute werden Fonds praktisch nur noch in der Rechtsform der KG aufgelegt. Ziel der Gesellschaft ist es in der Regel, nicht den Gesellschaftern selbst zu einem späteren Zeitpunkt real geteiltes (Wohnungs-)Eigentum zu vermitteln, sondern nach Tilgung der zur Finanzierung des Objektes aufgenommenen Verbindlichkeiten das Objekt zu verkaufen. In der Praxis sind **Konstruktionen** – auch im Wege des Immobilienleasings (vgl. *Mörtenkötter* MittRhNotK 1995, 330) – häufig, bei denen die Übernahme des oder der im Gesellschaftsvermögen befindlichen Objekte zu diesem Zeitpunkt bereits vertraglich sichergestellt ist. Im so genannten Hamburger-Modell (vgl. *BGH* NJW 1978, 2505; Assmann/Schütze/*Wagner*, Handbuch des Kapitalanlagerechts, 3. Aufl. 2007, § 15 Rn. 114 ff.) ist vorgesehen, dass der Anleger zu einem bestimmten Zeitpunkt selber nach Aufteilung in Wohnungseigentum eine Wohnungseigentumseinheit erwerben kann oder muss.

Trotz der in der Praxis immer wieder betonten Möglichkeit der Anteilsveräußerung über einen so genannten Zweitmarkt, ist darauf hinzuweisen, dass es einen allgemein zugänglichen, organisierten Handel von Beteiligungen an Immobilienfonds nicht gibt und es sich für den Anleger um eine Investition handelt, bei der das Kapital lange (15–25 Jahre) gebunden bleibt (vgl. weiter zur Beratung der Anleger *Zacher* ZfIR 1997, 51).

II. Beratungs-Checkliste

Vgl. auch die Checkliste der Rheinischen Notarkammer im Rundschreiben vom 10.3.1994.

Beratungs-Checkliste

(1) Schlüssigkeit des Gesamtkonzepts
 (a) Erwerbs- und Beteiligungskonzept (Ankauf der Immobilie/Verträge über Bebauung/Vermietung/Verwaltung)
 (b) Planungssicherheit
 (c) Finanzierungskonzept

▶

▼ Fortsetzung: **Beratungs-Checkliste**

(2) Wahl der Gesellschaftsform (GbR/KG)
(3) Fondsgesellschaft/Vorüberlegungen
    (a) GbR oder KG (Grundsatz: KG)
    (b) Haftungsverfassung
        – GbR: Vollhaftung
        – KG: differierende Haft- und Pflichteinlage
    (c) Direkteintragung des Fonds oder Grundbuch- und Vormerkungstreuhand
    (d) Beteiligung der Anleger über Treuhänder und/oder Direktbeteiligung
(4) Inhalt des Gesellschaftsvertrages (vgl. Rn. 17 ff.)
    (a) Gesellschaftszweck und Investitionsplan
    (b) Gesellschaftskapital, ggf. Nachschusspflicht oder Ausschluss
    (c) Beitrittsverfahren, Kapitalerhöhungsverfahren
    (d) Dauer und Kündigung
    (e) Geschäftsführung/Vertretung
    (f) Katalog zustimmungspflichtiger Maßnahmen
    (g) Haftung der Gesellschafter
    (h) Kontrollrechte der Gesellschafter
    (i) Einberufung und Abhaltung der Gesellschafterversammlung
    (j) Ggf. Regelung zu Beiräten
    (k) Übertragung und Vererbung der Beteiligung
    (l) Ausschluss und Abfindung
    (m) Aussetzung und Liquidation
(5) Beitrittsverfahren

III. Gründung des Immobilienfonds

1. Allgemeines

6   Die §§ 705 ff. BGB sehen für die Gründung der Gesellschaft bürgerlichen Rechts ebenso wenig besondere Formvorschriften vor, wie diese für die Gründung einer Kommanditgesellschaft entsprechend §§ 161, 105 ff. HGB, §§ 705 ff. BGB gelten. Bei der Wahl der Gesellschaftsform ist zu berücksichtigen, dass eine Kommanditgesellschaft, die nicht gewerblich tätig ist i. S. d. § 1 II HGB, zwar rechtlich möglich ist, aber gem. §§ 161 II, 105 II HGB erst mit Eintragung im Handelsregister die Rechtsform einer KG erwirbt (vgl. dazu MünchKomm/*Ulmer* § 705 Rn. 3; *K. Schmidt*, Gesellschaftsrecht, S. 1535; zur Frage der Formbedürftigkeit von Gesellschaftsverträgen, die auf den Erwerb und die Veräußerung von Grundstücken gerichtet sind vgl. *Ulmer/Löbbe* DNotZ 1998, 711, 733 ff. (vgl. dazu auch Kap. A I. Rn. 513G).

2. Formfragen

a) Allgemeines

7   Für die Form des Gesellschaftsvertrages ist vor allem § 311b I BGB zu beachten.

Checkliste zum Beurkundungserfordernis bei Immobilienfonds

(1) Beurkundungspflicht wegen Erwerbs- oder Veräußerungsverpflichtung eines Gesellschafters
    – Gesellschafter sollen ein Grundstück eines Dritten oder Anwartschaftsrecht in Gesellschaft einbringen.

▶

> ▼ Fortsetzung: **Checkliste zum Beurkundungserfordernis bei Immobilienfonds**
> – Gesellschafter ist verpflichtet, ein Grundstück zu beschaffen.
> – Gesellschafter sind verpflichtet, bei Liquidation oder zu anderem Zeitpunkt von der Gesellschaft Grundstück/Wohnungseigentum zu erwerben.
> (2) Gesamthänderische Verpflichtung zum Grundstückserwerb
> – Gesellschaftszweck ist auf Erwerb eines konkreten Grundstücks gerichtet.
> – Gesellschaftszweck ist auf Aufteilung eines Objektes in Wohnungseigentum und Abveräußerung an Gesellschafter oder Dritte gerichtet.

Will die Gesellschaft nicht Grundeigentum, sondern ein Erbbaurecht erwerben, so ist entsprechend den vorgenannten Grundsätzen § 11 II ErbbauRG zu beachten. 8

b) Gesellschaftsvertrag

Es ist möglich, den Gründungsgesellschaftsvertrag auch erst mit Beurkundung des Grundstücksankaufs zu beurkunden. Erklären die ankaufenden Initiatoren, dass sie in Gesellschaft bürgerlichen Rechts erwerben, so entsteht eine Gesellschaft, für die das gesetzliche Regelmodell der §§ 705 ff. BGB gilt. Dieses Verfahren kann gewählt werden, wenn die Gründungsgesellschafter – in der Regel Kapitalgesellschaften –, hinter denen die Initiatoren des Objektes stehen, zunächst nach dem Grundstückskaufvertrag das Objekt aufbereiten wollen und sich die Ausarbeitung eines auf die Bedürfnisse einer Publikumsgesellschaft ausgerichteten Gesellschaftsvertrages vorbehalten. Dieses Verfahren birgt jedoch Gefahren – gerade bei kleineren Fonds –, da das gesetzliche Regelmodell der §§ 705 ff. BGB durch die unter Rn. 17 ff. dargestellten Punkte abgeändert werden sollte. So ist beispielsweise die Abbedingung der Auflösung der Gesellschaft durch den Tod eines Gesellschafters (§ 137 HGB) bei Beteiligung natürlicher Personen im Gründerkreis eine wesentliche Voraussetzung für das Funktionieren des Fonds. 9

Der Gesellschaftsvertrag eines Immobilienfonds ist stets zu beurkunden. Eines der in vorstehender Übersicht genannten Kriterien wird immer erfüllt sein. Daran ändert auch eine Bestimmung des Gesellschaftsvertrages, dass die Gesellschaft ganz allgemein Grundstücke erwerben, veräußern und verwalten will, nichts. Maßgeblich ist, dass der Wille der Gesellschafter sich immer schon auf ein Objekt konkretisiert haben wird (vgl. dazu auch *Korte* S. 181; missverständlich insoweit *BGH* NJW 1996, 1279). 10

Mehrheitsklauseln. Das Prinzip der Einstimmigkeit und Zustimmung für Gesellschafterbeschlüsse aller zur Beschlussfassung berufenen Gesellschafter im Personengesellschaftsrecht wird praktischen Erfordernissen oftmals nicht gerecht. Es ist daher häufig sinnvoll, das Einstimmigkeitsprinzip durch Mehrheitsklauseln zumindest teilweise zu ersetzen, um insbesondere in Streitfällen die Handlungsfähigkeit der Gesellschaft sicherzustellen. Seit der „OTTO" – Entscheidung (*BGH* NJW 2007, 1685) unterzieht der *BGH* die Prüfung von Mehrheitsklauseln einem zweistufigen Verfahren. In einer Kombination aus Aspekten des Bestimmtheitsgrundsatzes und der „Kernbereichslehre" beginnt dabei die zweistufige Prüfung auf der Vertragsebene, mit einer formalen Prüfung der Bestimmtheit der Mehrheitsklausel und der Frage, ob sich aus dem Gesellschaftsvertrag eine Legitimation für eine mehrheitliche Entscheidung herleiten lässt. Auf der zweiten Stufe erfolgt dann, in Anlehnung oder Annäherung an die in der Literatur entwickelte Kernbereichslehre (vgl. Ebenroth/Boujong/Joost/*Goette* § 119 HGB Rn. 50 f.; Baumbach/Hopt/*Hopt* § 119 HGB Rn. 35), die Prüfung, ob der konkrete Mehrheitsbeschluss wirksam ist (vgl. *BGH* NJW 2007, 1685; 2009, 669; 2010, 65 und 2012, 1438). 10a

Im Rahmen der Prüfung auf der ersten Stufe geht es zunächst allein darum, ob die Mehrheitsklausel eine formale Legitimation für die auf ihrer Grundlage gefassten Beschlüsse darstellt. Sieht der Gesellschaftsvertrag dabei jedoch nur allgemein Mehrheitsentscheidungen vor, ist der Anwendungsbereich solcher Vertragsbestimmungen nur auf 10b

„gewöhnliche" Gesellschafterbeschlüsse beschränkt (*BGH* NJW 2007, 1685 m. Anm. *Wertenbruch* ZIP 2007, 798). Für Vertragsänderungen und anderen „die Grundlagen der Gesellschaft berührende oder in Rechte der Gesellschafter eingreifende Maßnahmen, die bei der im Gesellschaftsvertrag außerhalb eines konkreten Anlasses vereinbarten Unterwerfung unter den Mehrheitswillen typischerweise nicht in ihrer vollen Tragweite erfasst werden und angesichts der Unvorhersehbarkeit späterer Entwicklungen auch regelmäßig nicht erfasst werden können" ist auch nach der „OTTO"-Entscheidung eine hinreichende Festlegung der Beschlussgegenstände im Gesellschaftsvertrag erforderlich (*BGH* NJW 2007, 1685). Eine ungewöhnliche Vertragsänderung liegt z. B. vor bei der nachträglichen Erhöhung der Beiträge der Gesellschafter (vgl. unten Rn. 19; MünchKomm/*Ulmer/Schäfer* § 709 Rn. 85). Eine Änderung von Grundlagen, die ungewöhnlich ist und die die Rechtsstellung der Gesellschafter berührt, kann nur dann mit einer Gesellschaftermehrheit beschlossen werden, wenn jeder Gesellschafter dem – wenn auch antizipiert – zugestimmt hat. Von einer solchen antizipierten Zustimmung kann nur dann ausgegangen werden, wenn die Klausel die entsprechende Vertragsänderung eindeutig erfasst. Ausreichend ist dafür, dass sich aus dem Vertrag – ggf. durch Auslegung – eindeutig ergibt, dass der in Frage stehende Beschlussgegenstand einer Mehrheitsentscheidung unterworfen sein soll. Der BGH verzichtet dabei jedoch auf eine „minutiöse" Auflistung aller möglichen Beschlussgegenstände. Denn dies würde den Bestimmtheitsgrundsatz, der eine Verankerung der Mehrheitsmacht im Gesellschaftsvertrag nur als Eingangsvoraussetzung für die Gültigkeit einer Mehrheitsentscheidung verlangt, zu einer Förmelei denaturieren (*BGH* NJW 2007, 1685)

10c Auf einer zweiten Kontrollstufe erfolgt dann eine inhaltliche Wirksamkeitsprüfung, wobei es insbesondere um Aspekte der Treuepflichtverletzung durch die Mehrheit gegenüber der Minderheit geht. Diese Beschlusskontrolle findet dabei nicht nur bei gesellschaftsvertraglichen Grundlagengeschäften und bei Eingriffen in den Kernbereich der Mitgliedschaft statt, sondern greift auch bei sonstigen Gesellschafterbeschlüssen ein (*BGH* NJW 2009, 671 insoweit klarstellend gegenüber *BGH* NJW 2007, 1685). Zu untersuchen ist dann, ob trotz Zulassung der betreffenden Mehrheitsentscheidungen im Gesellschaftsvertrag ein Eingriff in schlechthin unentziehbare oder in „relativ unentziehbare" (*BGH* NJW 2007, 1685, 1687), d. h. in nur mit (antizipierter) Zustimmung des einzelnen Gesellschafters oder aus wichtigem Grund entziehbare Mitgliedschaftsrechte vorliegt. Bei Betroffenheit eines „relativ unentziehbaren" Rechts komme es darauf an, dass die Gesellschaftermehrheit die inhaltlichen Grenzen der ihr erteilten Ermächtigung eingehalten und sich nicht treupflichtwidrig über beachtenswerte Belange der Minderheit hinweggesetzt hat. Den Nachweis über eine treupflichtwidrige Mehrheitsentscheidung muss die Minderheit führen (*BGH* NJW 2007, 1685). Schlechthin unentziehbar ist jedenfalls ein Mindestmaß an Teilhaberechten an der internen Willensbildung, z. B. das Teilnahmerecht an Beratungen, das Antrags- und das Kontrollrecht, das Lösungsrecht aus wichtigem Grund, das Verbot der Hinauskündigung aus freiem Ermessen und die Wahrung des Gleichbehandlungsgrundsatzes (Ebenroth/*Goette* § 119 Rn. 53). Ausnahmsweise ergibt sich für den Gesellschafter gegenüber seinen Mitgesellschaftern eine aus der Treuepflicht abgeleitete Pflicht zur Zustimmung zu den Gesellschafterbeschlüssen (zur Pflicht zur Zustimmung zu einem Gesellschafterbeschluss, durch den eine Nachschussverpflichtung begründet wird, die im Gesellschaftsvertrag keine Grundlage hat *BGH* ZIP 2007, 1368; dazu unten Rn. 19; zuletzt aber auch im Zusammenhang mit Sanierungsfällen vgl. *BGH* NJW 2010, 65 m. Anm. *Haas* NJW 2010, 984). An eine solche Verpflichtung sind jedoch besonders hohe Anforderungen zu stellen, da ein Gesellschafter grundsätzlich nicht zu neuen Vermögensopfern gezwungen werden kann (*BGH* ZIP 2007, 1368). Eine Zustimmungspflicht kommt insbesondere dann in Betracht, wenn kumulativ folgende Voraussetzungen erfüllt sind. Die Zustimmung muss mit Rücksicht auf das bestehende Gesellschaftsverhältnis oder auf die bestehenden Rechtsbeziehungen der Gesellschafter untereinander dringend erforderlich und die Änderung des Gesellschaftsvertrages dem Gesellschafter unter Berücksichtigung seiner eigenen Belange zumutbar sein (vgl. *BGH NJW* 2010, 65).

Ein Mehrheitsbeschluss ohne hinreichende Grundlage im Gesellschaftsvertrag ist zumindest dem Gesellschafter gegenüber unwirksam, der dem Beschluss nicht zugestimmt hat. Diese Unwirksamkeit kann der betroffene Gesellschafter als Einwendung gegen die Zahlungsklage auch dann geltend machen, wenn nach dem Gesellschaftsvertrag Beschlussmängelstreitigkeiten innerhalb einer bestimmten Frist geltend gemacht werden müssen und diese Frist abgelaufen ist (*BGH ZIP* 2007, 1368).

Bei der Aufhebung von Mehrheitsklauseln ist zu beachten, dass wenn der Gesellschaftsvertrag einer Personengesellschaft grundsätzlich eine 3/4-Mehrheit für Vertragsänderungen vorsieht, jedoch unter bestimmten Voraussetzungen einstimmige Entscheidungen verlangt, dann kann dieses Einstimmigkeitserfordernis solange mit einer 3/4-Mehrheit aufgehoben werden, wie die Voraussetzungen für das Eingreifen des Einstimmigkeitserfordernisses – z. B. Vereinigung von 90% der Stimmen in der Hand von fünf oder weniger Gesellschaftern – (noch) nicht vorliegen (*BGH NZG* 2013, 57).

Änderungen des Gesellschaftsvertrages im Stadium zwischen Beurkundung des Kaufvertrages und Umschreibung sind entsprechend den Grundsätzen, die für die Änderung formbedürftiger Grundstückskaufverträge gelten, zu behandeln: Nach Wirksamkeit des Vertrages und erklärter Auflassung sind die Abänderungen formfrei möglich (vgl. auch *Korte* S. 186–189). Dies gilt jedoch nur, wenn nicht noch weitere Erwerbs- oder Veräußerungsverpflichtungen die Gesellschaft (z. B. bedingte Rückübertragungsverpflichtung aus Grundstücksankauf – häufig in den neuen Bundesländern) oder die Gesellschafter (z. B. Hamburger-Modell, vgl. *BGH NJW* 1978, 2505; *BFH NZG* 2012, 196; dazu unten Rn. 43) treffen. 11

Neben § 311b I BGB sind im Gründungsstadium und bis zur Eintragung der Gesellschaft als Eigentümer im Grundbuch folgende Formvorschriften zu beachten: 12
– § 4 WEG. Dieser spielt insbesondere dann eine Rolle, wenn Fondsvermögen nicht ein real geteiltes Grundstück, sondern beispielsweise eine Teileigentumseinheit (Supermarkt etc.) in einem größeren Objekt sein soll. Die Gesellschafter verpflichten sich dann mit dem Gesellschaftsvertrag zur Mitwirkung an der späteren Aufteilung.
– § 925 BGB. Dieser ist zu beachten, soweit die Auflassung aus dem Grundstücksankauf der Fondsgesellschaft noch nicht erklärt ist. Bei einem Gesellschafterwechsel zwischen Ankauf und Grundbucheintragung des Fonds bedarf es jedoch keiner erneuten Auflassung, sondern einer bloßen Grundbuchberichtigung (*BayObLG DNotZ* 1992, 155 m. zust. Anm. *Jaschke*).
– §§ 800, 795 I Nr. 5 ZPO. Unterwerfung unter die sofortige Zwangsvollstreckung in dinglicher und persönlicher Hinsicht. Soweit die Gesellschafter selbst für die Verbindlichkeiten der Gesellschaft im Zusammenhang mit der Fondsfinanzierung Vollstreckungsunterwerfungsklauseln abzugeben haben, sind diese in notarieller Form vorzunehmen. Hinsichtlich der Verpflichtung zur Abgabe dieser Erklärungen wird mit Hinweis auf den prozessrechtlichen Charakter dieser Erklärungen vertreten, dass die Verpflichtung einer Form bedarf (*Reinelt NJW* 1992, 2052; die Problematik ist ungeklärt).
– § 12 HGB. Soweit der Fonds als Kommanditgesellschaft konstruiert wird, bedarf jede Änderung der Anmeldung durch alle Komplementäre und Kommanditisten der öffentlich beglaubigten Form. Zweckmäßig ist die Erteilung einer öffentlich beglaubigten Registervollmacht, auch bereits durch die Gründer auf eine Person aus dem Gründerkreis.
– § 29 GBO. Wird nicht mit einem Grundbuch- und Vormerkungstreuhänder (siehe dazu Rn. 13) gearbeitet, sondern müssen die Gesellschafter sämtlich im Grundbuch eingetragen werden, so bedürfen Änderungen während der Gründungsphase und auch nach Eintragung des Fonds als Eigentümer der öffentlichen Beglaubigung, da diese Änderung im Grundbuch vermerkt werden muss. Für den Fall, dass ein Gesellschafter

aus der Gesellschaft ausscheidet, bedarf es für die Grundbuchberichtigung der öffentlich beglaubigten Berichtigungsbewilligung des ausscheidenden Gesellschafters. Ob es darüber hinaus auch der Bewilligung der übrigen Mitgesellschafter gemäß § 19 GBO bedarf, wird in der Rechtsprechung nicht einheitlich beantwortet (dafür, dass allein die Berichtigungsbewilligung des ausscheidenden Gesellschafters ausreichen soll, um eine Berichtigung des Grundbuchs zu vollziehen *OLG Jena* NJW-RR 2011, 1236; *KG* FGPrax 2011, 217; anders *OLG München* NZG 2011, 548; *Schöner/Stöber* Rn. 4270; zum Ganzen *van de Loo* GWR 2012, 80). Zu folgen ist der Ansicht, dass es sowohl des Berichtigungsantrages des neuen Gesellschafters als auch der Bewilligung der bisherigen Gesellschafter bedarf. Sieht der Gesellschaftsvertrag eine Abtretung ohne weiteres vor bzw. ergibt sich die Zustimmung der übrigen Gesellschafter bereits aus dem Gesellschaftsvertrag, so kann das Grundbuchamt nur die Vorlage des in öffentlicher Urkunde errichteten Gesellschaftsvertrages verlangen. Der Nachweis, dass der Vertrag nicht abgeändert ist, kann vom Grundbuchamt nur verlangt werden, wenn es aufgrund konkreter Anhaltspunkte Zweifel daran haben kann, ob die Fassung des Gesellschaftsvertrages noch aktuell ist (vgl. dazu *LG Tübingen* BWNotZ 1986, 69; *OLG Frankfurt* Rpfleger 1982, 469; *Schöner/Stöber* Rn. 4272).

c) Grundbuch- und Vormerkungstreuhänder

13 Wird der Immobilienfonds nicht selber im Grundbuch eingetragen, sondern hält ein so genannter Grundbuchtreuhänder den Grundbesitz für den Immobilienfonds, so ist der Vertrag mit dem Grundbuchtreuhänder unabhängig davon zu beurkunden, ob der Treuhänder bereits bei Abschluss des Vertrages eingetragener Eigentümer ist oder es erst noch werden muss. Die Grundbuchtreuhand wird gewählt, um die Eintragung der oft mehrere hundert Personen ausmachenden Gesellschafter und vor allem die Eintragung späterer Veränderungen zu vermeiden (vgl. dazu *Görlich* NWB Fach 18, 3275).

13a Lange Zeit ungeklärt war, ob die GbR als solche grundbuch- und damit eintragungsfähig ist. Hiervon zu unterscheiden ist die Frage, ob die GbR grundeigentumsfähig ist. Nach dem *BGH* umfasst die Rechtsfähigkeit der GbR (dazu grundlegend BGHZ 146, 341) auch die Fähigkeit, Eigentümer von Grundstücken zu sein (*BGH* BB 2006, 2490). Die Gegenansicht (*OLG Celle* NJW 2006, 2194) überging, dass allein die Verneinung der Möglichkeit, eine Gesellschaft bürgerlichen Rechts als solche unter der für diese von ihren Gesellschaftern vereinbarten Bezeichnung in das Grundbuch einzutragen, nicht dazu führt, dass die Gesellschaft bürgerlichen Rechts das Eigentum an einem Grundstück nicht erwerben könnte (*BGH* NJW 2008, 1378; DNotZ 2009, 115 mit Anm. *Hertel*; *Heil* DNotZ 2004, 380; *Altmeppen* NJW 2011, 1905). Sind also im Grundbuch die Gesellschafter einer Gesellschaft bürgerlichen Rechts mit dem Zusatz „als Gesellschafter bürgerlichen Rechts" als Eigentümer eingetragen, so ist die Gesellschaft Eigentümerin des Grundstücks.

13b Im Jahr 2008 hat der *BGH* die formelle Grundbuchfähigkeit ausdrücklich anerkannt (*BGH* NZG 2009, 137). Die Grundbuchfähigkeit hat in § 47 II GBO ihre gesetzliche Regelung gefunden. § 47 II 1 GBO sieht vor, dass neben der GbR, die das Recht erwerben soll, auch deren Gesellschafter im Grundbuch einzutragen sind. An § 47 II GBO knüpft der neu eingefügte § 899a BGB an (kritisch hierzu *Altmeppen* NJW 2011, 1905; *Wilhelm* NZG 2011, 801). Für das Sachenrecht gelten danach diejenigen Personen als Gesellschafter der GbR, die ins Grundbuch eingetragen sind. Durch die Regelung sollte das Problem entschärft werden, dass mit der Eintragung der GbR als eigenständiger Rechtspersönlichkeit der sichere Grundbuchverkehr dadurch gefährdet wurde, dass mangels Registers keine sichere Grundlage für die Ermittlung der Gesellschafter bestand und somit ein gutgläubiger Erwerb ausgeschlossen war (*Kesseler* NJW 2011, 1909, 1910).

13c Der grundbuchrechtliche Bestimmtheitsgrundsatz verlangt für die Eintragung, dass die Identität der Gesellschaft zweifelsfrei feststeht. Dieser Anforderung ist jedoch Genüge getan, wenn die GbR und ihre Gesellschafter in der notariellen Auflassungsverhandlung benannt sind und die für die GbR Handelnden erklären, dass sie deren alleinige Gesellschafter sind; weitere Nachweise der Existenz, der Identität und der Vertretungsverhältnisse dieser GbR bedarf es gegenüber dem Grundbuchamt nicht (*BGH* NJW 2011, 1958; *OLG München* NJW-RR 2011, 1311; *Hartmann* RNotZ 2011, 401). So darf das Grundbuchamt einen auf die rechtlichen Verhältnisse der GbR bezogenen und in der Form des § 29 GBO zu führenden Nachweis daneben grundsätzlich nicht verlangen (*OLG München* NJW-RR 2011, 1311).

Wird durch Rechtsübergang außerhalb des Grundbuchs die Eintragung eines Gesellschafters der GbR unrichtig (materiell rechtlich wird das Grundbuch durch den Wechsel der Gesellschafter nicht unrichtig, da Eigentümerin weiterhin die GbR ist), verpflichtet § 82 S. 3 GBO die Gesellschafter und deren Nachfolger das Grundbuch gemäß § 22 GBO zu berichtigen (*OLG Zweibrücken* NJW 2010, 384; insbesondere zu der Frage, wie die Varianten eines Gesellschafterwechsels bei der GbR im Grundbuch zu vollziehen sind und wann ein besonderer Nachweis der Bewilligungsbefugnis zu führen ist, *van de Loo* GWR 2012, 80). **13d**

Der Übertragungsanspruch gegen den Treuhänder muss durch eine Auflassungsvormerkung gesichert werden, damit nicht in der Insolvenz des Treuhänders der Verlust des Grundbesitzes droht. Um nun auch die Eintragung der Gesellschafter als Vormerkungsberechtigte zu vermeiden, wird in der Regel eine Bank ein so genannter Vormerkungstreuhänder für den Immobilienfonds zwischengeschaltet. Dieser Vormerkungstreuhänder erhält den Rückübertragungsanspruch aus der Treuhandvereinbarung übertragen und wird als Berechtigter der Vormerkung im Grundbuch vermerkt. Die Verträge mit dem Grundbuchtreuhänder und dem Vormerkungstreuhänder sind beurkundungsbedürftig. **13e**

d) Parallelverträge

Bei den weiteren im wirtschaftlichen Zusammenhang mit dem Gesellschaftsvertrag abgeschlossenen Verträgen ist jeweils zu prüfen, inwieweit diese entweder ihrerseits Grundstückserwerbs- oder -veräußerungsverpflichtungen enthalten oder in rechtlichem Zusammenhang mit dem Gesellschafts- und dem Grundstückskaufvertrag stehen. In der Regel wird neben dem bereits genannten Gesellschaftsvertrag und dem Grundstückskaufvertrag ein Vertragsbündel geschlossen, das dazu dient, umfassend die Realisierung des Objektes sicherzustellen (Vertriebsvertrag, Platzierungsgarantievertrag, Eigenkapitalgarantievertrag, Höchstkostengarantievertrag, Steuerberatungsvertrag, Vertrag über die Beschaffung einer Zwischenfinanzierung, Garantievertrag, Mietvermittlungsvertrag, Mietgarantievertrag, Bürgschaftsvertrag, Generalübernehmervertrag mit Bauunternehmen; vgl. dazu im Einzelnen Staudinger/*Schumacher* (2011) § 311b I Rn. 164f.). Der Platzierungsgarantievertrag beispielsweise ist aus sich heraus beurkundungsbedürftig, da er den Platzierungsgaranten verpflichtet, zu einem bestimmten Zeitpunkt die nicht platzierten Gesellschaftsanteile zu übernehmen. In der Regel ist zu diesem Zeitpunkt der Grundstückserwerb noch nicht abgeschlossen, der Platzierungsgarant tritt damit in eine offene Erwerbsverpflichtung ein. Inwieweit die weiteren genannten Verträge im untrennbaren rechtlichen Zusammenhang stehen, bedarf der Einzelfallprüfung (vgl. dazu ausführlich *Korte* S. 207; zur ähnlich gelagerten Problematik beim früheren Bauherren-Modell BGHZ 101, 396; *BGH* DNotZ 1985, 279; NJW 1986, 1983, 1984; NJW-RR 1990, 340). **14**

3. Inhalt des Gesellschaftsvertrages

a) Allgemeines

Bei der Wahl des Vertragsmusters ist zunächst danach zu differenzieren, ob es sich um einen Fonds mit kleiner überschaubarer Gesellschafterstruktur oder um eine Publikums- **15** gesellschaft mit mehreren hundert Gesellschaftern handelt oder handeln soll. Institutionen wie ein Beirat machen bei überschaubarem Gesellschafterkreis wenig Sinn. Unabhängig von der Wahl der Gesellschaftsform muss der Gesellschaftsvertrag einerseits die Gesellschafter vor unlauteren Initiatoren und einer nicht kompetenten oder unredlichen Geschäftsführung sichern. Andererseits muss der Gesellschaftsvertrag berücksichtigen, dass dem Mitgesellschafter auch Gefahren durch zahlungsunwillige oder zahlungsunfähige sowie querulatorische Gesellschafter drohen.

16 Der Gesellschaftsvertrag insgesamt unterliegt – soweit es sich um eine Publikumspersonengesellschaft handelt – einer richterlichen Inhaltskontrolle gemäß § 242 BGB (MAH Personengesellschaftsrecht/*Mutter* § 1 Rn. 163; BeckOK-BGB/*Schöne* § 709 Rn. 39 m.w.N.).

b) Einzelne Vertragsregelungen

17 Bei der Konzeption des Gesellschaftsvertrages ist auf folgende Punkte besonders zu achten:

18 **aa) Gesellschaftszweck und Investitionsplan.** Detaillierte und konkrete Angaben zum Gesellschaftszweck und die Aufstellung eines Investitionsplanes konkretisieren die Mitwirkungsverpflichtung der Gesellschafter und legen die Gesellschaft auf das projektierte Ziel fest.

19 **bb) Gesellschaftskapital, ggf. Nachschusspflicht oder Ausschluss.** Der Gesellschaftsvertrag soll die zu finanzierende Endsumme und die Art der Finanzierung (Eigen-/Fremdfinanzierung) darlegen. Es soll sichergestellt sein, dass Kapitalgeber als Gesellschafter nur dann aufgenommen werden können, wenn die Gesamtfinanzierung sichergestellt ist (werthaltige Platzierungsgarantie/rechtsverbindliche Darlehenszusage/Beitrittserklärungen finanzierungsfähiger Gesellschafter Finanzierungszusagen) im Wert des geplanten Eigenkapitals. Unzumutbare Risiken für die Gesellschafter bestehen dann, wenn Gesellschafter aufgenommen werden, ohne dass für sie sichergestellt ist, dass das Gesamtvorhaben durch Drittmittel oder durch andere Gesellschafter realisiert werden kann.

Eine begrenzte Nachschusspflicht kann sinnvoll sein, um unvorhersehbare Deckungslücken ausgleichen zu können (Ausfall von Bauunternehmen durch Insolvenz etc.) Nach dem *BGH* trägt eine Vertragsgestaltung nur dann den Anforderungen an die Bestimmtheit bzw. Bestimmbarkeit weiterer neben die Einlagepflicht tretender Beitragslasten Rechnung, wenn sich aus dem Gesellschaftsvertrag i.V.m. der zugehörigen Beitrittserklärung die maximale Höhe der den Gesellschafter treffenden Beitragspflicht ergibt (*BGH* BB 2008, 235). Nachschussverpflichtungen müssen somit aus dem Gesellschaftsvertrag eindeutig hervorgehen und der Höhe nach bestimmt oder zumindest objektiv bestimmbar sein (*BGH* BB 2007, 1016; NZG 2008, 65, 66). Daher ist der Gesellschafterbeschluss einer Personengesellschaft, durch den eine Nachschusspflicht begründet wird, die im Gesellschaftsvertrag keine Grundlage hat, jedenfalls gegenüber dem Gesellschafter grundsätzlich unwirksam, der dem Beschluss nicht zugestimmt hat (*BGH* NJW-RR 2007, 1477).

19a Unabhängig von einer gesellschaftsvertraglichen Regelung zu Nachschüssen müssen aber diejenigen Gesellschafter, die sich für den Nachschuss aussprechen, diesen bei einem wirksamen mehrheitlichen Beschluss auch leisten. Nur die Gesellschafter, die dem Beschluss nicht zugestimmt haben, unterliegen keiner Nachschusspflicht. Für den Krisenfall kann der Gesellschaftsvertrag zudem wirksam bestimmen, dass Nachschüsse durch einen mehrheitlich gefassten Gesellschafterbeschluss eingefordert werden können und dass die nicht zustimmenden Gesellschafter in der Gesellschaft verbleiben, aber in ihren Beteiligungsquoten verwässert werden dürfen (*BGH* NZG 2011, 510; *Wilde* NZG 2012, 215). In diesem Fall darf der Gesellschafter nicht gegen seinen Willen ausgeschlossen werden,

1. Teil. Geschlossene Immobilienfonds A X

wenn er der Sanierung nicht zustimmt („Sanieren oder Ausscheiden" *BGH* NJW 2010, 65; NZG 2011, 510). Die Geltendmachung der Unwirksamkeit von Nachschusspflichten kann nicht durch gesellschaftsvertraglich geregelte Fristen zur Anfechtung der zugrunde liegenden Gesellschafterbeschlüsse beschränkt werden (*BGH* NZG 2009, 501).

cc) Beitrittsverfahren, Kapitalerhöhungsverfahren. Es ist sicherzustellen, dass ein Ge- 20 sellschafter die Vollmacht hat, weitere Gesellschafter aufzunehmen, wobei diese Vollmacht im Innenverhältnis dahingehend beschränkt sein soll, dass das Angebot auf Aufnahme nur angenommen wird, wenn die Finanzierung des zu leistenden Eigenkapitals sichergestellt ist. Sollen die Gesellschafter ins Grundbuch eingetragen werden (GbR), so ist dafür zu sorgen, dass die Geschäftsführung zu Erklärungen gegenüber dem Grundbuchamt berechtigt ist. Bei der KG ist sicherzustellen, dass Aufnahmen nur vereinbart werden, wenn ein ins Handelsregister einzutragender Kommanditist gleichzeitig eine Handelsregistervollmacht erteilt hat.

dd) Dauer und Kündigung. Kündigungen sind für den Zeitraum, bis die zur Finanzie- 21 rung aufgenommenen Darlehen abgelöst sind, auszuschließen.

ee) Geschäftsführung/Vertretung. Bei der Kommanditgesellschaft sind nur die Kom- 22 plementäre zur Vertretung berechtigt. Bei der GbR kann die Geschäftsführung/Vertretung nur einem Gesellschafter (Prinzip der Selbstorganschaft) übertragen werden. Um eine jederzeitige Weisungsgebundenheit sicherzustellen, bietet es sich an, die gesamte Geschäftsführung per Geschäftsbesorgungsvertrag einem Dritten zu übertragen. Die Vertretungsbefugnis für die Gesellschaft kann dann sämtlichen Komplementären/geschäftsführenden Gesellschaftern überlassen bleiben. Abberufung/Ernennung des Geschäftsbesorgers sind jeweils der Gesellschafterversammlung vorzubehalten.

ff) Katalog zustimmungspflichtiger Maßnahmen. Ist die Geschäftsbesorgung nicht ei- 23 nem Dritten übertragen, so ist es sinnvoll, die Vertretungsbefugnis der Vertretungsorgane durch einen Katalog zustimmungspflichtiger Maßnahmen im Innenverhältnis zu beschränken.

gg) Haftung der Gesellschafter. BGB-Gesellschaft: Für die Haftung der Gesellschafter 24 galt früher die Theorie der so genannten Doppelverpflichtung, d. h., die Geschäftsführer der Gesellschaft verpflichten kraft der ihnen erteilten Vertretungsbefugnis das Gesellschaftsvermögen und – soweit nichts anderes bestimmt ist – jeden Gesellschafter persönlich. Der *BGH* hat diese bis 1999 vertretene Rechtsauffassung aufgegeben (NJW 1999, 3483). Der in eine GbR eintretende Gesellschafter hat für alle, also auch für vor seinem Beitritt begründete Verbindlichkeiten der Gesellschaft grundsätzlich persönlich und als Gesamtschuldner mit den Altgesellschaftern einzustehen, §§ 128, 130 HGB analog (BGHZ 154, 370; *BGH* NZG 2011, 1023, 1026). Diese Haftung gilt auch für Beitritte **vor** Bekanntwerden des Urteils BGHZ 154, 370 (*BGH* NZG 2011, 1023, 1026; *BVerfG* ZIP 2012, 2437). Auf Vertrauensschutz kann sich der Neugesellschafter trotz eines Beitritts **vor** Bekanntwerden der genannten Entscheidung aber weder mit Blick auf typischerweise vorhandene Altverbindlichkeiten berufen noch dann, wenn er die bestehenden Altverbindlichkeiten der Gesellschaft im Beitrittszeitpunkt kennt oder wenn er sie bei auch nur geringer Aufmerksamkeit hätte erkennen können (*BGH* NJW 2006, 765, 766; NZG 2011, 1023).

Haftungsbeschränkungen sind nur noch durch individualvertragliche Regelungen im 24a Einzelfall möglich. In Betracht kommt beispielsweise eine Vereinbarung zwischen der den Fonds finanzierenden Bank und den BGB-Gesellschaftern, mit der die Haftung der Gesellschafter quotal beschränkt wird (*BGH* NJW 2002, 1642; ZIP 2011, 914; NZG 2013, 214). In diesem Zusammenhang bezieht sich der Begriff „quotal" immer auf die ursprüngliche Darlehensschuld (*BGH* ZIP 2011, 1657 m. Anm. *Wertenbruch* EWiR 2011, 749 f.; *BGH* BeckRS 2012, 11290; 11289 und 11288; zu allen drei Entscheidungen Anm. *Imhof* GWR 2012, 269). Der Erlös aus der Verwertung von Sicherheiten (z. B. Grundstücksverwertungen) ist grundsätzlich nicht anteilig haftungsmindernd zugunsten der Gesellschafter zu berücksichtigen (*BGH* ZIP 2011, 914 m. Anm. *Schodder* EWiR 2011, 425; *BGH* ZIP 2011, 909 m. Anm. *Bendermacher* EWiR 2011, 423 und Anm. *Masuch* GWR 2011, 208). Eine (anteilige) Anrechnung der Verwertungserlöse muss vielmehr ausdrücklich vertraglich geregelt werden. Wer einer GbR als Gesellschafter beitritt, haftet im Außenverhältnis für die Gesellschaftsschulden auch dann, wenn er seine gesellschaftsrechtlichen Rechte gegenüber dem Grundbuchamt durch einen **Treuhänder** halten lässt. Denn der Grundsatz, dass die gesellschaftsrechtliche Außenhaftung nur den Treuhänder, nicht aber den Treugeber trifft, greift nur, wenn auch tatsächlich eine Treuhand vorliegt, also nur der Treuhänder Gesellschafter ist (*BGH* NZG 2011, 1023, 1025; *K. Schmidt* JuS 2011, 1124). Anderenfalls kommt es zu einer Außenhaftung des „Treugebers", §§ 128, 130 HGB analog.

25   **Kommanditgesellschaft:** Bei der Kommanditgesellschaft haften die Komplementäre unbeschränkt, während ab Leistung der so genannten Hafteinlage der Kommanditist nur noch beschränkt auf diese Einlage haftet. Im Innenverhältnis bestimmt die so genannte Pflichteinlage, welchen Beitrag der Gesellschafter zu leisten hat. Wiederum aus steuerlichen Gründen kann es sinnvoll sein, die Hafteinlage höher als die Pflichteinlage festzusetzen, um Abschreibungen bis zur Höhe der Hafteinlage zu ermöglichen (§ 15a EStG). Zu berücksichtigen ist jedoch, dass durch laufende Ausschüttungen die Haftung des Gesellschafters wieder aufleben kann. Eine Begrenzung ist durch die Vereinbarung einer unter der Pflichteinlage liegenden Hafteinlage möglich (vgl. zum Wiederaufleben der Haftung *BGH* BB 2007, 2249; *Lambrich* Jura 2007, 93).

Haftung Minderjähriger: Grundsätzlich haftet ein minderjähriger Gesellschafter in gleichem Maße wie seine volljährigen Mitgesellschafter (*Reimann* DNotZ 1999, 203). Einschränkungen der Haftung haben sich jedoch aus den durch das Minderjährigenhaftungsbegrenzungsgesetz vom 25.8.1998 (BGBl. I 1998, 2487) eingefügten Vorschriften ergeben. So sind im Innenverhältnis gem. § 1629a BGB die durch vertretungsberechtigte Dritte für den Minderjährigen begründeten Verbindlichkeiten mit Eintritt der Volljährigkeit auf die Höhe des zu diesem Zeitpunkt vorhandenen Vermögens begrenzt. Für die Haftung im Außenverhältnis ist eine analoge Anwendung des § 1629a BGB geboten (MünchKomm/*Huber* 1629a Rn. 17; vgl. zu den Haftungsbeschränkungen des Minderjährigen in Einzelkonstellationen *Rust* DStR 2005, 1992, 1994 sowie *Reimann* DNotZ 1999, 179).

26   **hh) Kontrollrechte der Gesellschafter.** Kontrollrechte sollten den Gesellschaftern zumindest nach Maßgabe des § 176 HGB unabhängig von der gewählten Rechtsform eingeräumt werden.

27   **ii) Einberufung und Abhaltung der Gesellschafterversammlung.** Bei Immobilienfonds handelt es sich häufig um große Publikumsgesellschaften. Bei den Versammlungen erscheint in der Regel nur ein Bruchteil der Gesellschafter. Umfassende Informations- und Berichtspflichten vor der Beschlussfassung stellen eine Mindestinformationsdichte bei dem einzelnen Gesellschafter sicher und ermöglichen es diesem, beispielsweise über Bevollmächtigungen, die der Gesellschaftsvertrag unbedingt vorsehen sollte, Einfluss auf die Abstimmung zu nehmen. Sicherzustellen ist, dass auch schriftliche Beschlussfassungen möglich sind und die Beschlussfassung bei geringer Präsenz trotz frühzeitiger Ankündigungen und ausführlicher Vorabinformationen gesichert ist.

28   **jj) Ggf. Regelung zu Beiräten.** Die Einrichtung von Kontroll- und Beratungsorganen im Sinne eines Beirates oder eines Aufsichtsrates kann die Kontrollmöglichkeiten der Gesellschafter erhöhen. Sicherzustellen ist der Einfluss der Gesellschafter auf die Wahl der Beiräte.

29   **kk) Übertragung und Vererbung der Beteiligung.** Es ist unbedingt sicherzustellen, dass Gesellschaftsanteile durch rechtsgeschäftliche Nachfolge und durch Gesamtrechtsnach-

folge im Erbwege fungibel sind. Um die Übersicht über den Gesellschafterkreis zu halten, ist es empfehlenswert, ein so genanntes Gesellschaftsbuch oder Gesellschafterverzeichnis zu führen. Der Gesellschaftsvertrag kann vorsehen, dass eine Übertragung von Anteilen erst wirksam wird, wenn sie auch der Gesellschaft angezeigt und im Gesellschaftsbuch verzeichnet ist. Beurkundungsbedürftig ist eine solche Anteilsübertragung nach § 311b BGB nicht (*K. Schmidt* ZIP 1998, 2). War der Veräußerer des Gesellschaftsanteils fälschlich im Grundbuch eingetragen, so war nach alter Rechtslage ein Erwerb des Grundeigentums nicht aufgrund des öffentlichen Glaubens des Grundbuchs möglich, weil Gegenstand der Anteilsveräußerung nicht die Beteiligung am Gesamthandsvermögen ist, sondern die Mitgliedschaft an sich war (*BGH* NJW 1997, 860; vgl. auch *K. Schmidt* ZIP 1998, 2; zum Erwerb einer Grundstücksgesellschaft als solcher vgl. *Bredow* WiB 1996, 102). Der neu eingefügte § 899a BGB verweist jedoch auf §§ 892–899 BGB, wodurch die Möglichkeit des gutgläubigen Erwerbs eröffnet ist. Um einen gutgläubigen Erwerb auszuschließen, etwa im Falle eines zwischenzeitlich erfolgten, jedoch im Grundbuch nicht vollzogenen Gesellschafterwechsels, kann insoweit ein Widerspruch eingetragen werden, §§ 899a, 894 BGB (*Schöner/Stöber* Rn. 4262).

Anteile am Grundstückseigentum können indirekt durch Übertragung des Anteils an der Gesellschaft formfrei und außerhalb des Grundbuchs veräußert werden, denn Gegenstand des der Anteilsübertragung zugrundeliegenden schuldrechtlichen Vertrages ist nicht das Grundstück als solches (Staudinger/*Schumacher* (2011) § 311b Rn. 119). Das Grundbuch ist lediglich zu berichtigen (dazu, dass bei drohender Insolvenz durch Rückdatierung auch die Anfechtungsfristen der InsO und des AnfG umgangen werden können *K. Schmidt* ZIP 1998, 2, 6). Zur Notwendigkeit der Berichtigung des Grundbuchs oben Rn. 13 (*OLG Zweibrücken* NJW 2010, 384, 385).

ll) Ausschluss und Abfindung. Insbesondere für den Fall der Nichtleistung der Einlage ist ein unkompliziertes und rasches Ausschlussverfahren im Interesse der Gesamtfinanzierung erforderlich. Ausschlussklauseln für den Fall der Insolvenz oder der Pfändung der Geschäftsanteile sind ebenfalls nicht unüblich. Es ist sicherzustellen, dass Abfindungszahlungen nur bei Ausschluss aus wichtigem Grund und ansonsten erst dann anfallen können, wenn nach Tilgung der aufgenommenen Verbindlichkeiten eine Kündigung ermöglicht ist. 30

mm) Auflösung und Liquidation. Hier ist sicherzustellen, dass nicht durch die Initiatoren eine Übervorteilung des Gesellschafters bei Liquidation der Gesellschaft stattfindet. 31

IV. Beitrittsverfahren

1. Checkliste

Checkliste zum Beitrittsverfahren	32

(1) Beitritt vor oder nach Vollzug des Grundstückserwerbs
(2) Beitritt über Treuhänder
(3) Ggf. Konzeption des Treuhandvertrages
(4) Beitritt vor Umschreibung auf Fonds
    (a) Sukzessivbeurkundung des Beitritts
    (b) Sukzessivbeurkundung des Treuhandvertrages
    (c) Einschaltung von Geschäftsbesorgern mit Vollmacht	

2. Allgemeines; zivilrechtliche Grundlagen

33 Bei der Konzeption des Fonds ist vorab zu klären, ob die Anleger unmittelbar an der Gesellschaft beteiligt werden sollen oder ob ihnen die Beteiligung über einen **Treuhänder** vermittelt werden soll. Bei der Gestaltung als Gesellschaft bürgerlichen Rechts wie auch der als KG sprechen praktische Argumente für Treuhandkonstruktionen (zum Grundbuchtreuhänder vgl. oben Rn. 13). Bei der KG, die selbst grundbuchfähig ist, stellt sich zudem die Problematik, dass bei Direkteintragung der Kommanditisten jede spätere Veränderung von diesen Kommanditisten mitbewirkt werden muss. Entscheidet man sich gegen eine Treuhandkonstruktion, so ist durch entsprechende unwiderrufliche Registervollmachten sicherzustellen, dass die Gesellschaft handlungs- und registerfähig bleibt.

34 Die Einschaltung des Treuhandgesellschafters wird insbesondere bei der Kommanditgesellschaft gewählt, um neben den vorgenannten Abwicklungsschwierigkeiten die oftmals ungewünschte Registerpublizität für den einzelnen Anleger zu vermeiden. Darüber hinaus bietet sich die Einschaltung des Treuhandkommanditisten auch als Zwischenlösung an, um bis zur Eintragung des Anlegers die Haftung aus § 176 HGB zu vermeiden. Will der Anleger vor allem zum Jahresende hin noch in die Gesellschaft eintreten, ist der sonst gewählte Weg eines unter der aufschiebenden Bedingung der Eintragung erklärten Beitritts nicht gangbar. Als Alternative steht die Beteiligung über den Treuhänder oder eine stille Beteiligung zur Verfügung.

35 Für den **Beitritt der Anleger** stehen grundsätzlich zwei Wege zur Verfügung:
a) Beitritt durch Aufnahme,
b) Übertragung von Anteilen an der Gesellschaft.

36 Die in der Praxis gängige Variante besteht darin, dass die Gesellschaft vertreten durch einen bereits im Gesellschaftsvertrag bestimmten Gesellschafter laufend neue Gesellschafter aufnimmt, bis sie das benötigte Gesamtkapital aufgebracht hat, d.h. der Fonds geschlossen ist. Nach diesem Zeitpunkt werden Veränderungen im Gesellschafterbestand dadurch ermöglicht, dass der Gesellschaftsvertrag die Übertragung von Anteilen an Dritte vorsieht.

37 Der **Abschluss des Beitrittsvertrages** kann durch Angebot und Annahme zustande kommen oder durch einen zur Abgabe der Beitrittserklärung bevollmächtigten Geschäftsbesorger. Gleiches gilt für den Abschluss eines Treuhandvertrages. In der Praxis werden den Anlegern häufig so genannte „Zeichnungsscheine" oder „Beitrittserklärungen" vorgelegt. Der Inhalt der Erklärung ist damit in der Regel unzutreffend beschrieben. Es bedarf in jedem Falle einer genauen Ermittlung des rechtlichen Charakters dieser Erklärung (vgl. zum Beitrittsverfahren auch *Koeble* Kap. 35 Rn. 30 f. für die vertragliche Gestaltung bei der BGB-Gesellschaft; Rn. 122 f. für die vertragliche Gestaltung und Abwicklung bei der KG).

3. Form der Beitrittserklärung

38 Die vorgenannten Beitritts-/Zeichnungserklärungen der Anleger werden in der Praxis häufig lediglich privatschriftlich oder in notariell beglaubigter Form abgegeben. Der auf diese Weise erklärte Beitritt zur Gesellschaft bzw. vereinbarte Abschluss des Treuhandvertrages kann formunwirksam sein.

39 Die **Beurkundungsbedürftigkeit** der Vereinbarungen folgt nach einer früher in der Lehre vertretenen Ansicht unabhängig von der gewählten Gesellschaftsform daraus, dass sich der Einzelne an einer Gesellschaft beteiligt, die noch nicht im Grundbuch als Eigentümer eingetragen ist oder aber die für die Zukunft noch Veräußerungs- oder Erwerbsverpflichtungen treffen (Stichwort: Bedingte Rückübertragungsverpflichtungen bei Kaufverträgen mit der öffentlichen Hand/BVS oder aus Ankaufs-/Andienungsverpflichtungen beim Immobilienleasing). Solange die Gesamthand diese Verpflichtung zu erfüllen hat, trifft sie auch den Einzelnen, der an ihrer Erfüllung als Gesamthänder mit-

zuwirken hat (vgl. *Koeble*, Rechtshandbuch Immobilien, Bd. 1, Nr. 35, Rn. 69d; *Reithmann* NJW 1992, 649; *Schmeinck* MittRhNotK 1982, 97; *Heckschen* S. 135 ff.; so auch Rundschreiben der Rheinischen Notarkammer vom 10.3.1994). Darüber hinaus kann die Formpflicht sich auch aus einer Individualverpflichtung des einzelnen Anlegers ergeben, der etwa zu einem späteren Zeitpunkt real geteiltes Eigentum oder in Wohnungseigentum aufgeteiltes Eigentum zu übernehmen verpflichtet ist. Der *BGH* hingegen ist der Auffassung, dass der Beitritt bereits dann formfrei erklärt werden kann, wenn die Fondsgesellschaft den Grundstückskaufvertrag abgeschlossen hat oder die Gesellschaft ein Ankaufsangebot abgegeben hat (*BGH* NJW 1996, 1279).

Auch wenn der Anleger nicht selber Gesellschafter werden soll, sondern sich lediglich 40 treuhänderisch an der Gesellschaft beteiligt, ist der **Abschluss des Treuhandvertrages** beurkundungsbedürftig, wenn der Beitritt selbst ebenfalls beurkundungsbedürftig wäre (so auch Rundschreiben der Rheinischen Notarkammer vom 10.3.1994; *Korte* S. 243; *Heckschen* S. 135 ff.). Die Beurkundungspflicht folgt daraus, dass der Treuhänder seinerseits aus dem Treuhandvertrag verpflichtet wird, an dem Erwerb des Grundbesitzes mitzuwirken und der Anleger selber aufschiebend bedingt mit der ihm jederzeit möglichen Kündigung des Treuhandvertrages diese Erwerbsverpflichtung zu übernehmen hat. Wird die Beteiligung dem Anleger durch einen Dritten dergestalt vermittelt, dass der Geschäftsbesorger in Vollmacht für den Anleger die entsprechenden Erklärungen abgibt, so ist der **Geschäftsbesorgungsvertrag** zu beurkunden. Der Vertrag, der dem Anleger eine Erwerbs- oder Veräußerungsverpflichtung vermittelt, bedarf nach den vom *BGH* entwickelten Grundsätzen (*BGH* LM § 313 BGB Nr. 90) der Beurkundung. Es kann hier im Übrigen auf die Rechtsprechung des *BGH* zu den Geschäftsbesorgungsverträgen im Rahmen des so genannten Bauherren-Modells Bezug genommen werden (*BGH* NJW 1992, 3237). Die **Heilung** formunwirksamer Erklärungen ist nach den vom *BGH* aufgestellten Grundsätzen über die formlos wirksame Genehmigung möglich (BGHZ 125, 219; so auch *OLG Köln* NJW-RR 1993, 1364).

Der Notar muss auch bei der bloßen **Beglaubigung einer Unterschrift** entsprechend 41 § 40 II BeurkG prüfen, ob Gründe bestehen, seine **Amtstätigkeit zu versagen**. Gerade bei der Beglaubigung von Beitrittserklärungen, Vollmachten, Zeichnungsscheinen etc. zu Immobilienfonds besteht angesichts des vorgeschilderten Sachverhaltes und der Rundschreiben der Landesnotarkammer Bayern vom 11.3.1992 und der Rheinischen Notarkammer vom 10.3.1994 Anlass zu einer Prüfung, ob die Amtstätigkeit zu versagen ist. An unwirksamen Geschäften darf der Notar nicht mitwirken. Steht nicht eindeutig fest, dass der Beitritt bzw. der Abschluss des Treuhandvertrages formfrei ist, so sollte die Beglaubigung versagt werden und auf einer Beurkundung nach ausführlicher Klärung und Beratung gemäß § 17 BeurkG bestanden werden. Bei der Beglaubigung von Handelsregistervollmachten ist zumindest darauf hinzuweisen, dass möglicherweise die Vollmacht im Rahmen eines unwirksam begründeten Gesellschaftsverhältnisses erteilt wird. Aus diesen Gründen ist im Zweifel die Beglaubigung erst nach umfassender Erörterung des Sachverhalts vorzunehmen. Auch durch das Beurkundungsverfahren ist sicherzustellen, dass gerade bei der Beteiligung eines Immobilienfonds geschäftlich Unerfahrene nicht überrumpelt werden (vgl. *OLG München* MittBayNot 1994, 373).

Wird der Beitrittsvertrag durch Angebot und Annahme erklärt, so gelten die Grund- 42 sätze, die die Bundesnotarkammer mit Rundschreiben vom 29.6.1984 (vgl. auch Rundschreiben der Rheinischen Notarkammer vom 30.9.1982) aufgestellt hat: Das Angebot soll vom Anleger ausgehen. Der sog. „Zentralnotar" muss die „Mutterurkunde", in der das Vertragsbündel enthalten ist, nicht nur zur Verfügung stellen, sondern auch erläutern (vgl. Rundschreiben der Rheinischen Notarkammer vom 10.3.1994).

Nach h. M. bedürfen Anteilsübertragungen nach Eintragung des Fonds als Eigentümer 43 im Grundbuch keiner Beurkundung, soweit nicht die Gesellschaft noch für die Zukunft zu erfüllende Erwerbs- oder Veräußerungsverpflichtungen treffen. Der *BGH* fordert nur dann eine Beurkundung, wenn es sich um einen offensichtlichen Umgehungstatbestand handelt (*BGH* NJW 1996, 1279 und 1983, 1110; dagegen zu Recht *Schöner/Stöber* Rn. 3103; *Schwanecke* NJW 1984, 1585; MünchKomm/*Ulmer/Schäfer* § 719 Rn. 35 f.; *Heckschen* S. 143 ff.). Ist die Beteiligung an einer Personengesellschaft mit einer besonderen Berechtigung an einem der Gesellschaft gehörenden Grundstück verbunden und kann der Gesellschafter gegebenenfalls durch einseitige Erklärung (Kündigung oder Auflösung der Gesellschaft) seine Gesellschafterstellung ohne Weiteres in einen Anspruch auf Übertragung des Eigentums an diesem Grundstück „umwandeln", steht der Erwerb eines solchen Gesellschaftsanteils im rechtlichen und wirtschaftlichen Ergebnis dem Erwerb des Eigentums an einem Grundstück gleich (*BFH* NZG 2012, 196, 197). Die auf Begründung eines Anspruchs auf Übereignung einer jeweils bestimmten Eigentumswohnung gerichteten Vereinbarungen (Gesellschaftsvertrag, Sondernutzungsvereinbarung und Anteilsübernahmeverträge) bedürfen deshalb der notariellen Beurkundung (*BFH* NZG 2012, 196; hierzu *Potsch* NZG 2012, 176). Die Grunderwerbsteuer gemäß § 1 II GrEStG fällt bei einem formnichtigen Vertrag nicht an, bei wirksamer Vereinbarung im Zeitpunkt des Beitritts zu der Grundstücks-GbR (*BFH* NZG 2012, 196).

43a Fraglich ist, ob eine Bewilligung nach § 19 GBO wirksam bleibt, wenn der Bewilligende vor Antragstellung beim Grundbuchamt bzw. vor Eintragung stirbt. Da die Bewilligung heute als rein verfahrensrechtliche Erklärung angesehen wird, ist § 130 II BGB nicht, auch nicht analog anwendbar (anders BeckOK-GBO/*Holzer* § 19 Rn. 33). Vielmehr muss der Erbe bzw. die Miterben die Bewilligung genehmigen, da die Bewilligung nur von demjenigen erteilt werden kann, dessen Recht von der Eintragung betroffen ist. Abzustellen ist auf den Zeitpunkt der Eintragung. Ist der Bewilligende zu diesem Zeitpunkt bereits verstorben, ist seine Bewilligung unwirksam. Eine Zurückweisung oder Zwischenverfügung durch das Grundbuchamt wird aber nur in Betracht kommen, wenn das Grundbuchamt Kenntnis von der fehlenden Bewilligungsbefugnis hat (DNotI-Report 1997, 65 mit Hinweis auf die teilweise abweichende Auffassung *Danharles*).

V. Rückabwicklung kreditfinanzierter Fondsbeteiligungen

43b Mit vier Grundsatzentscheidungen (*BGH* NJW 2006, 1788; 1952; 1955 und 1957) vom 25.4.2006 hat der XI. *BGH*-Senat über Ansprüche von Anlegern entschieden, die einem geschlossenen Immobilienfonds beigetreten waren und ihre Beteiligung mit einem Darlehen finanziert hatten. Der Senat hat festgestellt, dass der Beitritt zu einem geschlossenen Immobilienfonds und der in diesem Zusammenhang abgeschlossene Kreditvertrag ein verbundenes Geschäft i. S. d. heutigen § 358 III BGB darstellen. Die Rückabwicklung hat deshalb zwischen dem Kreditgeber und dem Partner des finanzierten Geschäfts zu erfolgen. Ansprüche gegen Gründungsgesellschafter, Fondsinitiatoren, maßgebliche Betreiber, Manager und Prospektherausgeber kann der Kreditnehmer aber nicht gem. § 359 BGB dem Rückzahlungsverlangen der Bank entgegensetzen (*BGH* NJW 2006, 1955 gegen BGHZ 159, 291 f.). Zudem kann er nur die von ihm selbst auf das Darlehen gezahlten Beiträge vom Kreditgeber zurückverlangen, nicht aber die ihm zugeflossenen Fondsausschüttungen. Wenn Beteiligung und Darlehensvertrag vom Anleger aufgrund einer „Haustürsituation" abgeschlossen wurden und nach den o. g. Grundsätzen ein verbundenes Geschäft zwischen Fondsbeitritt und Finanzierung der Beteiligung besteht, führt ein Widerruf gemäß § 1 I HWiG a. F. (§ 312 I BGB) dazu, dass der Bank kein Zahlungsanspruch mehr gegen den Anleger zusteht. Die bereits erbrachten Darlehenszahlungen muss die Bank – abzüglich der erhaltenen Ausschüttungen – dem Anleger zurückgewähren.

Ist der Darlehensnehmer zudem durch falsche Angaben zum Erwerb der Fondsbeteiligung bewogen worden, kann er auch der die Fondsbeteiligung finanzierenden Bank seine Ansprüche gegenüber die Fondsgesellschaft entgegenhalten und gem. § 9 III VerbrKrG a. F. (§ 359 BGB) die Rückzahlung des Kredits verweigern, soweit ihm gegen die Fonds-

1. Teil. Geschlossene Immobilienfonds A X

gesellschaft ein Abfindungsanspruch zusteht (Bestätigung von BGHZ 156, 46). Darüber hinaus kann er den mit dem Anlagevertrag gemäß § 9 I VerbrKrG a. F. (§ 358 III BGB) verbundenen Darlehensvertrag nach § 123 BGB anfechten, wenn die Täuschung auch für dessen Abschluss kausal war. Den daneben bestehenden Anspruch aus Verschulden bei Vertragsschluss gegen den Vermittler kann der Darlehensnehmer ebenfalls gegen die kreditgebende Bank geltend machen, da der Vermittler bei einem verbundenen Geschäft nicht Dritter i. S. v. § 123 II BGB ist. Der *BGH* stellte zudem klar, dass selbst bei notarieller Beurkundung des finanzierten Geschäfts aufgrund der Verbundenheit der beiden Verträge eine Befreiung des Kreditnehmers von der Pflicht zur Darlehensrückzahlung gem. § 3 HWiG a. F. geboten sein kann.

Nach jetziger Ansicht des *BGH* wird auch ein wegen fehlender Gesamtbetragsangabe nichtiger Darlehensvertrag gemäß § 6 II 1 VerbrKrG a. F. gültig, wenn dem Kreditnehmer die Darlehensvaluta nicht direkt zugeflossen, sondern vertragsgemäß unmittelbar an einen Treuhänder zwecks Erwerbs eines Fondsanteils ausgezahlt worden ist. Das soll auch dann gelten, wenn Darlehensvertrag und Fondsbeitritt ein verbundenes Geschäft gemäß § 9 I VerbrKrG a. F. darstellen (a. A. noch BGHZ 159, 294).

Bei der Rückabwicklung müssen die Beteiligten berücksichtigen, dass Steuervorteile mit zur Anrechnung kommen und dass es unklar ist, inwieweit die Finanzverwaltung die Vorgänge wieder aufgreift (vgl. zur Berücksichtigung von Steuervorteilen *Allmendinger* EWiR 2008, 23; *Geisler* jurisPR-BGHZivilR 28/2007 Anm. 1 und zur anspruchsmindernden Anrechnung unverfallbarer Steuervorteile auf den Rückforderungsanspruch des Darlehensnehmers *BGH* BB 2007, 1464).

Auf die Fälle eines widerruflichen und wirksam widerrufenen Gesellschafterbeitritts **43c** wendet die höchstrichterliche Rechtsprechung die Lehre von der fehlerhaften Gesellschaft an (*BGH* NZG 2008, 460, 461; 2010, 990). Der Gesellschafter scheidet hiernach zwar aufgrund seines Widerrufs mit Wirkung *ex nunc* aus der Gesellschaft aus; bis zu diesem Zeitpunkt ist er aber Gesellschafter und an den Rechten und Pflichten beteiligt, so dass er seine Einlage nicht ungekürzt zurückerhält und insbesondere auch ein negatives Auseinandersetzungsguthaben auszugleichen hat. Nach der Rechtsprechung des *EuGH* ist die Anwendung der Rechtsfigur in diesem Zusammenhang auch vereinbar mit der Richtlinie 85/577 EWG des Rates vom 20.12.1985 betreffend den Verbraucherschutz im Falle von außerhalb von Geschäftsräumen geschlossenen Verträgen (*EuGH* DZWIR 2010, 279; Vorlagebeschluss *BGH* NZG 2008, 460; zum Ganzen *Westermann* DZWIR 2010, 265).

Neben dem Abfindungsanspruch aus § 738 I 2 BGB können dem Anleger insbesondere **43d** auch Schadensersatzansprüche aus § 280 I BGB i. V. m. einem Anlageberatungsvertrag (bzw. aus Haftung wegen positiver Vertragsverletzung) wegen Verletzung der Pflichten aus dem Anlageberatungsvertrag zustehen; grob fahrlässige Unkenntnis des Anlegers hinsichtlich der Risiken liegt nicht schon dann vor, wenn dieser es bei der Anlageentscheidung unterlassen hat, den ihm vom Berater oder Vermittler übergebenen Prospekt zu lesen, und er deshalb eine Falschberatung oder unrichtige Auskunft nicht bemerkte (*BGH* NZG 2010, 947; *Gottschalk* GWR 2010, 518).

2. Teil. Immobilienleasing

Literatur: *Apel,* Leasing – eine sinnvolle Alternative zum Kredit?, BeraterBrief Betriebswirtschaft 2007, 373; *Büschgen,* Praxishandbuch Leasing, 1998; *Fittler/Mudersbach,* Leasing-Handbuch für die betriebliche Praxis, 8. Aufl. 2012; *Esche,* Immobilienleasing, BB 1992, Beilage 9; *Feinen,* Immobilien-Leasing-Fonds, BB 1994, Beilage 6; *Graf v. Westphalen,* Der Leasingvertrag, 6. Aufl. 2008; *ders.,* Immobilien-Leasing-Verträge – einige Aspekte zur notariellen Praxis, MittBayNot 2004, 13; *Lehr/Schäfer-Elmayer,* Steuerliche und bilanzielle Auswirkungen von Sale-and-lease-back-Transaktionen mit Immobilien, SteuK 2012, 153; *Mörtenkötter,* Immobilienleasing in der notariellen Praxis, MittRhNotK 1995, 329; *Weber,* Die Entwicklung des Leasingrechts, NJW 2005, 2195; NJW 2007, 2525.

I. Allgemeines

44 Das Immobilienleasing hatte aus steuerlichen Gesichtspunkten gegenüber einer herkömmlichen Finanzierung (vgl. dazu *Apel,* BeraterBrief Betriebswirtschaft 2007, 373; *Feinen* BB 1994, Beilage 6, 1; *Mörtenkötter* MittRhNotK 1995, 329) an Bedeutung gewonnen und wird zur Überwindung von Liquiditätsengpässen sowie als alternative Finanzierungsform im Bereich kommunaler Anschaffungen eingesetzt (*v. Westphalen/Hansen,* Leasingvertrag, S. 772). Der *BFH* hat klargestellt, dass keine die Grunderwerbsteuerpflicht auslösende Verwertungsbefugnis im Sinne des § 1 II GrEStG durch einen Leasingvertrag begründet wird, wenn dem Leasingnehmer lediglich das Recht eingeräumt wird, zum Vertragsablauf den Abschluss eines Kaufvertrages über das Leasingobjekt herbeizuführen (*BFH* MittBayNot 2007, 163). In diesem Fall ist der Leasingnehmer nämlich nicht in der Lage, das Grundstück nach eigenem Belieben zu verwerten. Nach § 1 II GrEStG ist es erforderlich, dass der Leasingnehmer jederzeit die Übereignung herbeiführen und sich somit den Wertzuwachs verschaffen kann, bei einer Übereignungsverpflichtung erst zum Ablauf des Leasingvertrages besteht diese Verwertungsmöglichkeit nicht. Ebenfalls nicht frei nach seinem Belieben wie ein Eigentümer über das Grundstück verfügen kann der Leasingnehmer, wenn ihm während der Vertragslaufzeit ein außerordentliches Ankaufsrecht zusteht, das er aber nur unter bestimmten Voraussetzungen ausüben kann. Eine spätere Ausübung des Ankaufsrechts löst einen grunderwerbsteuerrechtlichen Vorgang nach § 1 I Nr. 1 GrEStG aus. Bei der Ermittlung der Gegenleistung besteht dann die Möglichkeit neben dem vereinbarten Kaufpreis auch die Leasingraten als „sonstige Leistungen" nach § 9 I Nr. 1 GrEStG zu berücksichtigen, soweit diese den Rahmen der Angemessenheit und Verkehrsüblichkeit übersteigen und daher als Vorauszahlung auf den Kaufpreis anzusehen sind.

Immobilienleasing-Verträge sind durch eine langfristige Gebrauchsüberlassung von gewerblich oder kommunal genutzten Immobilien gekennzeichnet, in denen in weitem Umfang Verpflichtungen des Eigentümers dem Leasingnehmer übertragen werden. In der Regel wird dem Leasingnehmer der spätere (Rück-)Erwerb der Immobilie durch ein Ankaufsrecht eingeräumt, zum Teil ist er zum Erwerb verpflichtet (Andienungsrecht).

45 Von der **wirtschaftlichen Zielsetzung** her kann differenziert werden nach den Eigentumsverhältnissen am Leasinggut vor Abschluss des Vertrages:
– selten ist der Leasinggeber bereits vor Abschluss des Leasingvertrages Eigentümer des Grundstücks, da er die Leasingobjekte nicht auf Vorrat hält;
– der Leasinggeber erwirbt das Grundstück von einem Dritten (so genanntes buy and lease);
– der Leasinggeber erwirbt das Grundstück vom Leasingnehmer (so genanntes sale and lease back).

46 Hinsichtlich der **privatrechtlichen Zuordnung** des Leasingobjektes ist zu unterscheiden:
– Zum Teil bleibt das Eigentum an dem Grundstück beim Leasingnehmer, und der Leasinggeber erhält nur ein Erbbaurecht,

2. Teil. Immobilienleasing

- zum Teil ist der Leasinggeber Eigentümer von Grund und Boden und (zu schaffenden) Aufbauten.

Eine weitere Unterdifferenzierung ist hinsichtlich des **Bebauungszustandes** des Objektes zu machen:

- Leasing kann im Rahmen des so genannten sale and lease back bei bereits bebauten Objekten des Leasingnehmers ausschließlich dazu dienen, Liquiditäts- und bilanzielle Entlastung zu schaffen.
- Häufig wird Leasing eingesetzt, um ein noch zu erwerbendes Grundstück mit einem Betriebsgebäude zu bebauen oder eine dort befindliche Immobilie zu sanieren im Wege des buy and lease oder
- aber auch um ein im Eigentum des Leasingnehmers stehendes Objekt über ein sale and lease back zu bebauen oder zu sanieren.

In der Regel gründet das Leasingunternehmen für jedes Leasingobjekt eine so genannte Objektgesellschaft, die dem Leasingnehmer gegenüber als Leasinggeber auftritt. Es handelt sich dabei in der Regel um eine GmbH & Co. KG (oder aber auch OHG oder GmbH). Mit der Gründung der Objektgesellschaft soll vermieden werden, dass Finanzierungs- und andere Risiken aus anderen Leasingverträgen Einfluss auf das jeweilige mit dem einzelnen Leasingnehmer abgeschlossene Geschäft haben.

Immobilienleasing wird heute auch häufig kombiniert mit dem Gedanken des Immobilienfonds. Beim **Fondsleasing** werden Anleger an der als Leasinggeber auftretenden Objektgesellschaft in der oben unter Rn. 36 geschilderten Weise beteiligt. Dadurch wird es möglich gemacht, die Fremdfinanzierung in nennenswertem Umfang durch Eigenfinanzierung zu ersetzen. Die über die Anleger sichergestellte Eigenfinanzierung ist in der Regel günstiger als die Fremdfinanzierung, für die Anleger ist aufgrund steuerlicher Rahmenbedingungen dennoch die Rendite größer als bei anderen herkömmlichen Anlagearten.

Im rechtlichen und/oder wirtschaftlichen Zusammenhang mit Abschluss eines Leasingvertrages werden häufig folgende **Verträge** abgeschlossen:

- Neben dem Immobilienleasingvertrag wird häufig ein Mobilienleasingvertrag über zu verleasendes Anlagevermögen abgeschlossen, die Trennung ist aus steuerlichen Gründen notwendig (vgl. dazu *Mörtenkötter* MittRhNotK 1995, 329, 330 ff.);
- Ankaufsrechte für den Leasingnehmer;
- Andienungsrechte für den Leasinggeber;
- Grundstückskauf- oder Erbbaurechtsvertrag über die Immobilie;
- Gesellschaftsvertrag über die Gründung der Fondsgesellschaft;
- Ankaufsrechte für den Leasingnehmer hinsichtlich der Anteile an der Fondsgesellschaft;
- Andienungsrechte für den Leasingnehmer hinsichtlich der Anteile an der Fondsgesellschaft;
- Andienungsrechte für den Leasinggeber an den Anteilen der Fondsgesellschaft gegenüber dem Leasingnehmer;
- Bauerrichtungs-/Generalunternehmervertrag für die Errichtung/Sanierung der Immobilie zum Teil mit dem Leasinggeber, zum Teil mit dem Leasingnehmer selber.

II. Zivilrechtliche Einordnung

Der Immobilienleasingvertrag wird von der Rechtsprechung dem Grundsatz nach als **Mietvertrag** entsprechend den §§ 535 ff. BGB behandelt (*BGH* DNotZ 1989, 766; *v. Westphalen*, Leasingvertrag, S. 114 f.). Es handelt sich um einen so genannten Finanzierungsleasingvertrag (vgl. zur Einordnung und Unterscheidung zum sog. operating leasing *Mörtenkötter* MittRhNotK 1995, 329, 330 ff.), der aufgrund steuerlicher Vorgaben auf eine so genannte Teilamortisation ausgerichtet ist. Dies bedeutet, dass während der langjährigen Leasingdauer durch die Zahlungen des Leasingnehmers die Aufwendungen des Leasinggebers nur teilweise abgegolten werden. Entweder sieht der Leasingvertrag am Ende eine Zahlung für den Restwert durch den Leasingnehmer vor (so genanntes Restbuchwertmodell) oder der Leasingnehmer hat bereits vorher diese Aufwendungen durch ein sog. Mieterdarlehen aufgebracht, das dann nach Ablauf der Leasingdauer umgewandelt werden kann (Mietvorauszahlungsmodell).

52 Die Vorschriften zu Verbraucherdarlehensverträgen sind beim Abschluss von Immobilienleasingverträgen in der Regel nicht zu berücksichtigen. Sie finden keine Anwendung bei Existenzgründungen über 50.000 EUR (§ 507 BGB) oder wenn der Kredit nach dem Inhalt des Vertrages für eine bereits ausgeübte gewerbliche oder selbstständige berufliche Tätigkeit bestimmt ist oder der Verbraucher keine natürliche Person ist (§ 491 I i. V. m. § 13 BGB; dies ist der Regelfall).

53 Auch auf Immobilienleasingverträge können die §§ 305 ff. BGB anwendbar sein. Die Anwendbarkeit wird durch Klauseln, die eine angebliche individuelle Vereinbarung behaupten, nicht ausgeschlossen (vgl. *BGH* NJW 1977, 432 und 624). Auch aus dem Gesichtspunkt heraus, dass die Objektgesellschaft in der Regel zum ersten Mal und auch zum einzigen Mal einen solchen Vertrag abschließt, folgt nichts anderes. Der auf wiederholte Anwendung ausgerichtete Vertrag stammt vom Mutterunternehmen, das hinter der Objektgesellschaft steht. Dies führt zur Anwendbarkeit. Da es sich bei dem Leasingnehmer in der Regel um einen Kaufmann handelt, hat eine Wirksamkeitsprüfung nach § 307 I, II BGB zu erfolgen. Stichwortartig zusammengefasst gelten folgende Grundsätze:
– Vereinbarungen einmaliger Sonderzahlungen zur Abdeckung des Konzeptionsaufwands des Leasinggebers sind zulässig; soweit die Sonderzahlung bei Nichtabnahme verfällt, gelten die Grundsätze für die Behandlung pauschalierter Schadenersatzansprüche gemäß § 309 Nr. 5b BGB, d. h. Beweis eines niedrigeren Schadens muss zulässig sein.
– Ausschluss der Gewährleistung ist zulässig, wenn dem Leasingnehmer Gewährleistungsansprüche abgetreten werden (*BGH* DNotZ 1989, 766; vgl. im Einzelnen *Mörtenkötter* MittRhNotK 1995, 329, 330 ff.).
– Abwälzung der Gefahr des Untergangs und der Verschlechterung (Sach- und Preisgefahr) ist zulässig (*BGH* NJW 1988, 198), aber steuerschädlich (vgl. so genannter Teilamortisationserlass BStBl. I 1992, 13).
– Überwälzung von Versicherungs- und Erhaltungspflichten ist zulässig (*Mörtenkötter* MittRhNotK 1995, 329, 339).

III. Umfang der Beurkundung

54 Aus dem oben genannten Vertragsbündel ist in jedem Falle der Grundstückskaufvertrag gemäß § 311b I BGB formbedürftig. Entsprechend den unter Rn. 39 ff. dargelegten Grundsätzen ist weiter zu untersuchen, ob die übrigen Vereinbarungen aus sich heraus formbedürftig sind, weil sie für Leasinggeber oder Leasingnehmer eine Erwerbs- oder Veräußerungsverpflichtung begründen oder im rechtlichen Zusammenhang mit dem Grundstückskaufvertrag stehen (vgl. dazu insbesondere *v. Westphalen* MittBayNot 2004, 13). Danach ergibt sich Folgendes:

55 (1) In den Fällen des so genannten „sale and lease back" verpflichtet sich der Leasingnehmer nur dann zum Verkauf seines Grundstücks an den Leasinggeber, wenn er sicher sein kann, dass er das Grundstück im Leasingwege zurückerhält. Der Leasinggeber will das Grundstück auch nicht „auf Vorrat" erwerben, sondern nur im rechtlichen Zusammenhang mit dem Abschluss des Leasingvertrages. Schon aus diesem Gesichtspunkt heraus ist auch der Leasingvertrag selbst formbedürftig. Des Weiteren behält sich in aller Regel der Leasinggeber beim „sale and lease back" ein Ankaufsrecht für das Grundstück vor. Auch insoweit gilt, dass Grundstückskauf und Leasingvertrag sowie Ankaufsrecht

miteinander stehen und fallen sollen und daher insgesamt zu beurkunden sind (so im Ergebnis auch *v. Westphalen* MittBayNot 2004, 13). Werden die Abreden in mehrere Urkunden gegliedert, bedarf es einer Verbindung durch Verweis und der bedingungsmäßigen Verknüpfung oder einer Verknüpfung durch Rücktrittsrechte. Ist weiterhin vorgesehen, dass der Leasinggeber das Objekt bebauen soll, so ist in aller Regel auch insoweit ein rechtlicher Zusammenhang zum Bauvertrag zu bejahen. Die Leasingraten berücksichtigen die Bebauung, und der Leasinggeber benötigt den Abschluss des Vertrages, um seine Verpflichtungen aus dem Leasingvertrag erfüllen zu können. Ist hingegen die Bebauung durch den Leasingnehmer als Generalunternehmer vorgesehen, so wird der Leasingnehmer stets darauf bestehen, dass der mit dem Grundstückskaufvertrag untrennbar verbundene Immobilienleasingvertrag seinerseits auch untrennbar mit dem Generalübernehmervertrag für das Objekt verbunden wird. Der Leasingnehmer will sicherstellen, dass er und nicht ein anderer die Bebauung vornimmt, um seine Gestaltungsfreiheit bei der Ausführung der Bebauung zu behalten.

Zu prüfen ist weiterhin, ob bei Einschaltung von Objektgesellschaften dem Leasingnehmer **Optionsrechte** an den Gesellschaftsanteilen gewährt werden. Dies ist häufig zur Vermeidung von späterer Grunderwerbsteuer und trotz gewerbesteuerrechtlicher Bedenken vereinbart. Es stehen dann auch diese Optionsansprüche auf Verschaffung der Anteile an der Objektgesellschaft in der Regel im rechtlichen untrennbaren Zusammenhang und sind mit zu beurkunden. Aus dem Bereich der weiteren in der Praxis häufig im Rahmen eines Leasingvertrages abgeschlossenen Verträge ist jeweils zu prüfen, ob auch hier eine rechtliche Einheit mit den vorgenannten Verträgen vorliegt. Häufig wird dies – wie das Beispiel des Mietgarantievertrages belegt – der Fall sein. Werden die Leasingimmobilien nicht vollständig vom Leasingnehmer selber genutzt, so wird es ihm gerade angesichts schwieriger Verhältnisse auf dem gewerblichen Vermietungsmarkt darauf ankommen, dass der Leasinggeber selber oder ein Drittunternehmen aus dem Bereich der Leasinggesellschaft eine solche Mietgarantie übernimmt. Der Leasingnehmer wird nicht bereit sein, ohne den Abschluss eines derartigen Garantievertrages das Gesamtgeschäft zu unterzeichnen. Bei anderen Verträgen, wie Dienstleistungsverträgen betreffend Vermarktung und Verwaltung etc., ist allerdings negativ abgrenzend auch zu prüfen, ob diese Verträge lediglich anlässlich der Leasingabrede betroffen werden und ohne weiteres – insbesondere ohne wirtschaftlichen Nachteil für den Leasingnehmer – substituierbar sind. Eingehend zu den steuerlichen und bilanziellen Auswirkungen von Sale-and-lease-back-Transaktionen vgl. *Lehr/Schäfer-Elmayer* SteuK 2012, 153.

(2) Muss die Leasingimmobilie zunächst vom Leasinggeber angeschafft werden (**buy and lease**), so ist der Leasingvertrag ohne weiteres beurkundungsbedürftig, wenn zu diesem Zeitpunkt ein Ankaufs- oder ein Andienungsrecht für den Leasinggeber vorgesehen ist. Ist dies ausnahmsweise nicht der Fall, so hat auch gemäß Leasingvertrag der Leasinggeber die Leasingsache anzuschaffen und dann an den Leasingnehmer zu verleasen. Nach der zutreffenden Ansicht von *Mörtenkötter* (MittRhNotK 1995, 329, 343) ist entsprechend den Grundsätzen, die die Rechtsprechung zu Bauträgerverträgen aufgestellt hat, die Beurkundungspflicht zu bejahen (so auch *v. Westphalen* MittBayNot 2004, 13). Auch dort gilt, dass der Bauträgervertrag, der zu einem Zeitpunkt abgeschlossen wird, in dem der Bauträger noch nicht Grundstückseigentümer ist, beurkundungsbedürftig ist (vgl. BGH NJW 1976, 1931; 1989, 898; OLG Hamm DNotZ 1982, 367; str.).

IV. Kosten

Die gesamten Vereinbarungen sollten aus Kostengründen in einer Urkunde zusammengefasst werden. Die Vereinbarungen sind gegenstandsgleich i.S.d. § 109 I GNotKG (vgl. zur KostO *BayObLG* MittBayNot 1984, 145). Dies gilt unabhängig davon, ob es sich um „sale and lease back" handelt oder um „buy and lease". Der Geschäftswert bestimmt sich dann nach dem höchsten Einzelgeschäftswert. Dies wird häufig der Immobilienleasingvertrag sein, da nach der Auffassung des *BayObLG* (a. a. O.) hier nicht entsprechend § 99 I 2 Hs. 1 GNotKG vom fünfjährigen Wert auszugehen ist, sondern die grundsätzliche unkündbare Grundmietzeit (maximal 20-fache Jahresmiete) sein soll, § 99 I 2 Hs. 2 GNotKG. Dies erscheint zumindest überdenkenswert.

Es fällt eine 2,0-Gebühr Nr. 21100 KV-GNotKG an.

A XI. Verträge im Erschließungs- und Städtebaurecht

Prof. Dr. Dr. Herbert Grziwotz

Übersicht

	Rn.
I. Beratungs-Checkliste	1–4b
II. Städtebauliche Verträge	5–25c
1. Allgemeine Anforderungen	5–13a
2. Fallgruppen städtebaulicher Verträge	14–25c
III. Erschließungsvertrag, Ablösungs- und Vorauszahlungsvereinbarungen	26–44b
1. Der Erschließungsvertrag (§ 11 I 2 Nr. 1 BauGB)	26–34
2. Ablösungsvereinbarungen	35–42
3. Vorauszahlungsvereinbarungen	43–44a
4. Vereinbarungen über Haus-/Grundstücksanschlüsse	44b
IV. Der Durchführungsvertrag zum Vorhaben- und Erschließungsplan	45–60
1. Regelungssystematik	45–47
2. Abschluss des Durchführungsvertrages	48–59
3. Leistungsstörungen und Aufhebung der Satzung	60
V. Stadtumbauvertrag und Vertrag zu Maßnahmen der „Sozialen Stadt"	61–64
1. Der Stadtumbauvertrag (§ 171c BauGB)	61–63
2. Der Vertrag zu Maßnahmen der „Sozialen Stadt" (§ 171e V 4 BauGB)	64

Literatur: *Battis/Krautzberger/Löhr*, BauGB, 12. Aufl. 2014; *Bergmann/Schumacher*, Handbuch der kommunalen Vertragsgestaltung, Bd. 1 bis 4, 1998 ff.; *Bick*, Städtebauliche Verträge, DVBl. 2001, 154; *Birk*, Städtebauliche Verträge, 5. Aufl. 2013; *Bunzel;* Finanzierung städtebaulicher Folgeinvestitionen als Gegenstand städtebaulicher Verträge, DVBl. 2011, 796; *ders.*, Geänderter Rechtsrahmen für städtebauliche Verträge und Erschließungsverträge, KommPSpezial 2013, 133; *Bunzel/Coulmas/Schmidt-Eichstaedt*, Städtebauliche Verträge – ein Handbuch, 3. Aufl. 2007; *Burmeister*, Praxishandbuch – Städtebauliche Verträge, 3. Aufl. 2014; *Busse*, Die Grenzen städtebaulicher Verträge mit Beispielen aus der kommunalen Praxis, BayVBl. 2003, 129; *ders.*, Kommunaler Baulanderwerb und Planungsgewinn, BayGT 2006, 235; *ders.*, Städtebauliche Verträge im Lichte der Rechtsprechung, BayGT 2009, 356 = KommJur 2009, 241; *Busse/Dirnberger*, Gemeinde und Investor, 2011; *Busse/Dirnberger/Pröbstl-Haider/Schmid*, Die neue Umweltprüfung in der Bauleitplanung, 2. Aufl. 2013; *Busse/Grziwotz*, VEP – Der Vorhaben- und Erschließungsplan, 2. Aufl. 2006; *Chatziathanasiou/Towfigh*, Die Angemessenheit der Vertragserfüllungsbürgschaft bei städtebaulichen Verträgen, DVBl. 2013, 84; *Dieterich*, Baulandumlegung, 5. Aufl. 2006; *Dirnberger*, Angemessenheitsprinzip und Koppelungsverbot – Die Grundregeln städtebaulicher Verträge, BayGT 2008, 110; *ders.*, Novelle des Baugesetzbuchs 2012, BayGT 2012, 338; *Driehaus*, Erschließungs- und Ausbaubeiträge, 9. Aufl. 2012; *Ernst/Zinkahn/Bielenberg/Krautzberger*, BauGB, 2008 (Loseblatt); *Grziwotz*, Städtebauliche Verträge und AGB-Recht, NVwZ 2002, 391; *ders.*, Einführung in die Vertragsgestaltung im öffentlichen Recht, 2002; *ders.*, Angemessenheitsprüfung und Heilung von Koppelungsgeschäften, ZfIR 2004, 847; *ders.*, Baulanderschließung, 1993 (2. Aufl. 2013); *ders.*, Städtebauliche Verträge, in: Rechtshandbuch Immobilien, Bd. I, Teil 9; *ders.*, Probleme des Erschließungsvertrags, DVBl. 2005, 471; *ders.*, Verkauf von Baurecht?, BauR 2005, 812; *ders.*, Kommunaler Bauplatzverkauf, Baupflicht und Sicherung, KommJur 2007, 295; *ders.*, Risiken für Einheimischenmodelle und Gestaltungsvorschläge, KommJur 2007, 450; *ders.*, Koppelungsverbot, Angemessenheitsgebot und Schellenass, DVBl. 2007, 1125; *ders.*, Die BGB-Ablösung – Erschließungskostenregelung beim Bauplatzverkauf durch Gemeinden, BauR 2008, 471; *ders.*, Risiken bei der zivilrechtlichen Lösung von Immissionskonflikten, KommJur 2008, 172; *ders.*, Baulandausweisung und Abschöpfung von Planungsgewinnen, BayVBl. 2008, 709; *ders.*, Folgekosten, KommJur 2009, 293; *ders.*, Unvernünftiges Einheimischenmodell contra Menschenwürde, KommJur 2009, 376; *ders.*, Einheimischenmodelle ohne Einheimische, in: Hager (Hrsg.), Aktuelle Probleme zum Grundstücksrecht, Tagungsband, 2010, 9; *ders.*, Vergaberecht und EuGH, notar 2010, 308; *ders.*, Verbilligte Grundstücksveräußerungen durch Kommunen, KommJur 2010, 250; *ders.*, Verträge im Zusammenhang mit Baulandausweisungen und Bauplatzveräußerungen, MittBayNot 2010, 356; *ders.*, Verträge im Zusammenhang mit einer

Baulandausweisung, NotBZ 2010, 18; *ders.,* Angebotsmodelle im Vorfeld einer Baulandausweisung, KommJur 2011, 172; *ders.,* Grundstücksverträge mit städtebaulicher Zielsetzung, FS Birk 2013, S. 241; *ders.,* BauGB-Novelle 2013 und notarielle Vertragsgestaltung, NotBZ 2013, 369; *ders.,* Vom Erschließungsvertrag zum städtebaulichen Abgabenvertrag, PiG 94, 25; *Hillermeier/Bloeck,* Kommunales Vertragsrecht (Loseblatt); *Jachmann,* Rechtliche Qualifikation und Zulässigkeit von Einheimischen-Modellen als Beispiel für Verwaltungshandeln durch Vertrag, MittBayNot 1994, 93; *Jäde/Dirnberger/Weiß,* Baugesetzbuch, Baunutzungsverordnung, 7. Aufl. 2013; *Kämper,* Planungsleistungen als „Gegenleistung" in städtebaulichen Verträgen, 2007; *Krautzberger,* Zum Stellenwert von städtebaulichen Verträgen im heutigen Städtebau, UPR 2006, 1; *Krautzberger,* Der Durchführungsvertrag beim Vorhaben- und Erschließungsplan nach § 12 BauGB, NotBZ 2010, 241; *ders.,* Auswirkungen der BauGB-Novelle 2013 auf den Grundstücksverkehr, ZfIR 2013, 533; *Krüger,* Grundstückskaufverträge im Einheimischenmodell, ZNotP 2010, 450; *Kühling,* Künftige vergaberechtliche Anforderungen an kommunale Immobiliengeschäfte, NVwZ 2010, 1257; *Lenz/Mittermayr,* Die Kommune als Vertragspartner, 2005; *Lenz/Würtenberger,* BauGB-Verträge, 2011; *Mehde,* Vertragliche Absprachen im Baurecht, BauR 2002, 876; *Meißner/Horstkotte,* Der vorhabenbezogene Bebauungsplan, ZfIR 2000, 342; *Mitschang,* Die Kompensation von Eingriffen in Natur und Landschaft durch städtebauliche Verträge, BauR 2003, 183 und 337; *Oerder,* Praktische Probleme der Städtebaulichen Verträge nach § 11 BauGB, BauR 1998, 22; *ders.,* Praktische Probleme beim vorhabenbezogenen Bebauungsplan gemäß § 12 BauGB, BauR 2009, 744; *Pauly,* Der Erschließungsvertrag im Spiegel der neueren Rechtsprechung, ZfIR 2012, 413; *Quaas,* Erschließungskosten in der Bauland- und Projektentwicklung, BauR 1999, 1113; *Rastätter,* Probleme beim Grundstückskauf von Kommunen, DNotZ 2000, 17; *Reidt,* Rechtsfolgen bei nichtigen städtebaulichen Verträgen, NVwZ 1999, 149; *ders.,* Städtebauliche Verträge – Rechtsfolgen nichtiger Vereinbarungen, BauR 2001, 46; *ders.,* Städtebaulicher Vertrag und Durchführungsvertrag im Lichte der aktuellen Rechtsprechung, BauR 2008, 1541; *Reithmann,* Sicherung von Bank und Gemeinde beim Einheimischen-Modell, ZNotP 2004, 2; *Roithmaier,* Der gemeindliche Zwischenerwerb als Aufgabenerfüllungsvertrag, NVwZ 2005, 56; *Ruff,* Die wesentlichen Grundsätze beim Verkauf kommunaler Grundstücke, ZKF 2003, 167 und 233; *Schlichter/Stich/Driehaus/Paetow* (Hrsg.), Berliner Kommentar zum Baugesetzbuch, 3. Aufl. 2002; *Schliepkorte,* Der Vorhaben- und Erschließungsplan, 3. Aufl. 2001; *Schmidt-Eichstaedt,* Baulanderschließung durch kommunale Eigengesellschaften – Möglichkeiten und Grenzen –, ZfBR 2007, 316; *Schrödter,* BauGB, 7. Aufl. 2006; *Spannowsky,* Fortentwicklung des Rechts städtebaulicher Verträge, ZfBR 2012, 742; *Spannowsky/Krämer* (Hrsg.), Realisierung städtebaulicher Planungen und Projekte durch Verträge, 2003; *Stuber/Dirnberger,* Kommunale Grundstücksverkäufe und das Vergaberecht, BayGT 2010, 264; *Stüer,* Städtebaurechtsnovelle 2012, DVBl. 2012, 1017; *Stüer/Ehebrecht-Stüer,* Reformbedarf im BauGB?, DVBl. 2010, 1540; *Stüer/König,* Städtebauliche Verträge, ZfBR 2000, 528; *Swierczyna,* Praxisprobleme bei Abschluss des öffentlich-rechtlichen Durchführungsvertrags nach § 12 BauGB anhand der Rechtsprechung seit 2005, LKV 2009, 452; *Vierling,* Die Kostenbeteiligung von Bauwilligen im Rahmen von Baulandausweisungen, DNotZ 2006, 891; vhw (Hrsg.), Der Vertrag im Städtebau, 2001; *Walker,* Handbuch Städtebauliche Verträge, Bd. 1 u. 2, 1999; *Weber,* Gemeinden als „Dritte" im Sinne von § 124 Abs. 1 BauGB?, VBlBW 2001, 95; *Walter,* Der Erschließungsvertrag im System des Erschließungsrechts, 2010.

I. Beratungs-Checkliste

Beratungs-Checkliste

1. Allgemeine Anforderungen

Wenn keine spezialgesetzlichen Anforderungen bestehen, ist allgemein bei städtebaulichen Verträgen zu prüfen (Rn. 5 ff.):

(1) Öffentliche Aufgabenerfüllung und Zuständigkeit
(2) Angemessenheit der vereinbarten Leistungen
(3) Kein Anspruch des Bürgers auf die Leistung der Gemeinde
(4) Kein Verkauf von Hoheitsrechten (Aufwendungsersatz, Bereicherungsverbot, Koppelungsverbot)
(5) Eventuell weitere Anforderungen aufgrund der Qualifikation als privatrechtlicher oder öffentlich-rechtlicher Vertrag, wobei im letzten Fall weitere Anforderungen je nach der Einordnung als koordinationsrechtlicher oder subordinationsrechtlicher Vertrag hinzukommen
(6) Verbot vertraglicher Planungsbindung (§ 1 III 2 BauGB)
(7) Gleichbehandlungsgrundsatz
(8) Beachtung der Formerfordernisse
(9) Besonderheiten wie z. B. Ausschreibung des Vertrages, Beachtung der europarechtlichen Voraussetzungen bei Subventionen (Notifizierung, Grenzen)
(10) Spezielle Regelungen des Vertragstyps (z. B. Kausalität, Begriff des Einheimischen, Bindungsdauer etc.).

2. Gliederungspunkte bei einem Erschließungsvertrag

Folgende Regelungsinhalte können bei einem Erschließungsvertrag von Bedeutung sein (Rn. 26 ff.):

(1) Ausschreibungspflicht (Schwellenwerte, Verfahren, jedenfalls bei Versicherungsabrede)
(2) Festlegung des Erschließungsgebietes (nicht gesamtes Gemeindegebiet)
(3) Erschließungsunternehmer (nicht unbedingt Grundstückseigentümer, strittig, ob juristische Person mit Gemeinde als Gesellschafterin mit maßgeblichem Einfluss)
(4) Durchführung der Erschließungsmaßnahmen evtl. einschließlich Grundstücksanschlüsse und Übertragung der Erschließungsflächen, ggf. Ausschreibung der Leistungen, wenn der Vertrag nicht ausgeschrieben wurde; Beschränkung auf Erschließungsmaßnahmen in Zuständigkeit der Gemeinde
(5) Planerfordernis und planungsrechtliche Bindung
(6) Kostenübernahme (strittig, ob stets Eigenanteil)
(7) Weitere Maßnahmen (z. B. naturschutzrechtlicher Ausgleich, Folgemaßnahmen)
(8) Sicherung der Vertragserfüllung einschließlich Ersatz- bzw. Selbstvornahme
(9) Fremdanliegerproblematik, aber Kostenübernahme möglich
(10) Leitungsgebundene Einrichtungen
(11) Angemessenheitserfordernis (keine Luxuserschließung)
(12) Beachtung der Formerfordernisse.

3. Ablösungsvoraussetzungen

Folgende Voraussetzungen für die Zulässigkeit einer Ablösungsvereinbarung und Regelungspunkte im Hinblick auf ihre Wirkung sind zu beachten (Rn. 35 ff.):

(1) Zulässigkeit der Ablösung, insbesondere hinsichtlich der Beiträge nach dem KAG
(2) Beitragspflichtiges Grundstück, für das noch keine sachliche Beitragspflicht entstanden ist (Problem bei gemeindeeigenen Grundstücken)

▼ Fortsetzung: **Beratungs-Checkliste**

(4) Vorliegen ausreichender Ablösungsbestimmungen und Übereinstimmung mit diesen bei einer Ablösung der Erschließungsbeiträge nach dem BauGB nach Bundesrecht bzw. Beachtung der gesetzlichen oder von der Rechtsprechung entwickelten Ablösungsvoraussetzungen bei KAG-Beiträgen und landesrechtlichen Erschließungsbeiträgen

(5) Berücksichtigung des gemeindlichen Eigenanteils, falls zwingend oder wegen Gleichbehandlung erforderlich

(6) Festlegung des Ablösungsbetrages (Transparenz) und Fälligkeit

(7) Umfang der Ablösungswirkung

(8) Eintritt der Ablösungswirkung.

4. Regelungsinhalte des Durchführungsvertrages zum VEP | 4

Folgende Vereinbarungen sollten im Durchführungsvertrag zu einem Vorhaben- und Erschließungsplan enthalten sein (Rn. 45 ff.):

(1) Ausschreibung, falls erforderlich

(2) Geeigneter Vorhabenträger („bereit und in der Lage")

(3) Verpflichtung zur Durchführung eines bestimmten Vorhabens in einem bestimmten Zeitraum und gegebenenfalls Sicherstellung, Konkretisierung gegenüber der Satzung

(4) Verpflichtung zur Durchführung der Erschließungsmaßnahmen und grundsätzlich Sicherstellung

(5) Kostentragungsregelung

(6) Zeitpunkt des Vertragsabschlusses vor Satzungsbeschluss

(7) Allgemeine Anforderungen an städtebauliche Verträge, insbesondere Angemessenheit (str. bei bestehendem Baurecht)

(8) Weitere Regelungen (Wirksamkeit, Anpassungsverpflichtungen, zusätzliche städtebauliche Vereinbarungen, Ausschreibung der Leistungen)

(9) Beachtung der Formerfordernisse.

5. Regelungspunkte bei Kostenübernahmeverträgen | 4a

Folgende Punkte müssen bei Kostenübernahmeverträgen geprüft bzw. geregelt werden:

(1) Keine abschließende gesetzliche Regelung, die Vereinbarungen nicht zulässt bzw. Beachtung spezieller Ermächtigungsnormen

(2) Erstattungsfähige Aufwendungen (auch für eigene Verwaltungskosten, strittig für Rechtsanwalt der Gemeinde

(3) Ursächlichkeit eines Vorhabens für die zu erstattenden Aufwendungen

(4) Verteilungsmaßstab und Offenlegung der Abrechnung

(5) Gleichbehandlungsgrundsatz, kein unzulässiger Abgabenverzicht

(6) Teilweise: Kein bestehender Rechtsanspruch auf Genehmigung der die Aufwendungen auslösenden Maßnahmen

(7) Angemessenheit

(8) Fälligkeit und Sicherung der Zahlung.

6. Checkliste für Stadtumbauverträge | 4b

Bei der Gestaltung von Stadtumbauverträgen (Rn. 61 ff.) sind folgende Punkte zu beachten:

(1) Durchzuführende Maßnahmen, Voraussetzungen, Zeitplan und Anschlussnutzung (ggf. Ausschreibung)

(2) Betroffene Personen (Eigentümer, Drittberechtigte) und Beteiligung weiterer Behörden neben der Gemeinde

(3) Entschädigung und Verzicht auf eine Entschädigung

▶

> ▼ Fortsetzung: **Beratungs-Checkliste**
>
> (4) Ausgleich privatrechtlicher Ansprüche
> (5) Kostentragung
> (6) Sicherungsmittel und -maßnahmen
> (7) Durchführungsüberwachung, Anpassungspflichten und Konfliktmanagement
> (8) Allgemeine Anforderungen an städtebauliche Verträge, insbesondere Angemessenheit
> (9) Beachtung der Formerfordernisse.

II. Städtebauliche Verträge

1. Allgemeine Anforderungen

a) Gesetzliche Typen und Bodenvorratspolitik

§ 11 BauGB enthält die allgemeine **gesetzliche Regelung** der städtebaulichen Verträge. 5
Daneben gibt es eine Reihe von Spezialvorschriften. Für die notarielle Praxis sind insbesondere § 12 BauGB (Durchführungsvertrag zum Vorhaben- und Erschließungsplan), §§ 27, 27a ff. BauGB (Abwendungsvereinbarung und Baupflicht beim Vorkaufsrecht), § 11 I 2 Nr. 1 BauGB (Erschließungsvertrag), und § 133 III 5 BauGB (Ablösungsvereinbarung) von Bedeutung. Die praktische Relevanz des Stadtumbauvertrags (§ 171c BauGB) nimmt vor allem in den neuen Bundesländern und in Schrumpfungsgemeinden abseits der Metropolregionen zu. Daneben kommen eine Reihe von anderen Verträgen, insbesondere Ablösungsvereinbarungen im Bereich des Landes-KAG, die Übernahme von Stellplatzpflichten und ihre Ablösung (vgl. *OVG Koblenz* NVwZ-RR 2004, 243; vgl. zur Erstattung *BGH* ZfIR 2004, 531 und zur steuerlichen Behandlung *BFH* NZM 2004, 629) sowie Baudispensverträge vor. Bedeutung haben auch Vereinbarungen zum naturschutzrechtlichen Ausgleich (§ 1a III 4 BauGB; vgl. dazu *VGH München* BayVBl. 2011, 47; *Proelß/Blanke-Kießling* NVwZ 2010, 985 und *Schmidt-Eichstaedt* BauR 2010, 1865. Schließlich sind noch die Verträge des freihändigen Grunderwerbs zur Abwendung eines zwangsweisen Vorgehens im Vorfeld einer Enteignung zu erwähnen (vgl. *BGH* ZfIR 2003, 783; *VGH München* NVwZ-RR 2013, 296; s. auch *FinMin BW* DStR 2004, 1609). Viele Streitfragen zur Vertragsgestaltung wurden zwischenzeitlich höchstrichterlich entschieden (vgl. *Busse* KommJur 2009, 241 und *Grziwotz* MittBayNot 2010, 356). In der städtebaulichen Vertragspraxis werden diese Vorgaben von Kommunen, Projektentwicklern, Mediatoren und Investoren, aber auch von Juristen teilweise nicht beachtet. Dies kann zu haftungsrechtlichen Konsequenzen führen (vgl. *BGH* MDR 2001, 116, 117), und zwar für die Vertreter der Kommunen auch unmittelbar (§ 311 II BGB; *OLG Düsseldorf* BauR 2013, 1682; vgl. *Geis* NVwZ 2002, 385, 388). Bei Zuwendungen an die Gemeinde im Zusammenhang mit einer Baulandausweisung können sich zudem strafrechtliche Folgen für Bürgermeister ergeben (vgl. *Grziwotz* BauR 2000, 1437 und 2001, 1530; *ders.* BayVBl. 2008, 709; *Busse* BayVBl. 2003, 129; *Burmeister* BauR 2003, 1129; *Verjans*, FS Volks, 2009, S. 829 und *Kuhlen* JuS 2011, 673; s. auch *BGH* NJW 2006, 2050; 2007, 2932; 2008, 3580; 2011, 1374).

Neben die städtebaulichen Verträge tritt die **gemeindliche Bodenvorratspolitik** im Sin- 6
ne eines langfristigen Grunderwerbs, aber auch eines Durchgangs- oder Zwischenerwerbs im Vorfeld einer Baulandausweisung. Es handelt sich um privatrechtliche Grunderwerbs- oder Grundveräußerungsverträge (ausführlich *Grziwotz* NotBZ 1999, 148 und KommJur 2011, 172; s. auch *BGH* NVwZ 2013, 96). Die Gemeinde erwirbt meist die Gemeinbedarfsflächen sowie weitere Flächen, die sie im Rahmen ihrer Wohnungsbauförderung benötigt. Da die Grundeigentümer mitunter befürchten, dass die von der Ge-

meinde erworbenen Flächen aufgrund der Bauleitplanung ein höheres Baurecht erhalten, haben sich in der Praxis so genannte Miteigentums- und Rücktrittsmodelle eingebürgert. Bei den Erstgenannten erwirbt die Gemeinde nur einen ideellen Miteigentumsanteil am gesamten jeweiligen Grundstück; nach der Bauleitplanung wird die Auseinandersetzung zwischen den Miteigentümern durchgeführt. In der zweiten Fallgruppe ist der Grundeigentümer zum Rücktritt vom Kauf berechtigt, wenn seine Restfläche nicht ein bestimmtes Baurecht erhält (vgl. *OVG Münster* ZfIR 2001, 229). Die Ausübung eines „Planungsdrucks" auf die privaten Eigentümer dergestalt, dass die Gemeinde ohne den vorherigen Erwerb von Flächen oder Miteigentumsanteilen eine Planung nicht in Angriff nimmt, macht diese Praxis nicht rechtswidrig. Der Grunderwerb der Gemeinde muss allerdings durch eine öffentliche Aufgabenerfüllung und nicht allein durch die Absicht der Planungsgewinnabschöpfung gerechtfertigt sein (vgl. *OVG Berlin-Brandenburg* BauR 2013, 129 und *VGH Mannheim* ZfIR 2013, 35). Ferner darf sich die Gemeinde im Zusammenhang mit einer Baulandausweisung ihre Planungshoheit nicht abkaufen lassen, d.h. der gemeindliche Grunderwerb muss zu einem marktgerechten Preis erfolgen (*BGH* ZfIR 1998, 727 m. Anm. *Grziwotz* = DNotZ 1999, 398 m. Anm. *Busse; OLG Frankfurt* DVBl. 2008, 136). Entscheidend ist bei einem Kaufvertrag, der keine Regelung der Zweckbestimmung der späteren Verwendung enthält, der Zeitpunkt des Zustandekommens des Vertrages (*OLG München* NotBZ 1999, 177). Dies ist von besonderer Bedeutung bei den sog. **Angebotsmodellen;** die Gemeinde muss – unabhängig von der zusätzlichen Frage der Wirksamkeit überlanger Bindungsfristen – die Annahme spätestens dann erklären, wenn der vereinbarte Preis aufgrund der Planung erreicht ist (zur Gestaltung *Grziwotz* KommJur 2011, 172, 176). Andernfalls droht bei einem groben Missverhältnis zwischen Kaufpreis und Grundstückswert die Nichtigkeit des Vertrags (s. nur *BGH* NJW 2007, 2841; *OLG München* notar 2010, 343). Dabei darf die durch die Baulandausweisung bewirkte Wertsteigerung der Restgrundstücke nicht als Gegenleistung der Gemeinde einbezogen werden (anders bei der Prüfung der Angemessenheit, vgl. Rn. 8; verkannt von *LG München I* ZfIR 2004, 869; *Bleutge* MittBayNot 1996, 49; *ders.* MittBayNot 2005, 100 und *Reicherzer* ZfIR 2004, 981; teilw. abw. *ders.* BayVBl. 2007, 709; wie hier BVerwGE 111, 162 = ZfIR 2000, 720; *BGH* ZfIR 1998, 726; *OLG München* ZfIR 2000, 389; *VGH Mannheim* VBlBW 2004, 52; *VGH München* BayVBl. 2004, 692; *BFH* NVwZ 2005, 1343; *Busse* BayVBl. 1993, 231; *ders.* BayVBl. 2003, 129; *ders.* MittBayNot 2005, 103; *ders.* BayGT 2005, 42; *Dirnberger* BayGT 2001, 293, 295; *ders.* BayGT 2008, 110; *Labbé/Bühring* BayVBl. 2007, 289; *Grziwotz* BauR 2005, 812; *ders.* BayVBl. 2008, 709; *ders.* KommJur 2011, 172; *Jäde* BayVBl. 1992, 549, 555; *Seeger* in: 10 Jahre DNotI, 2003, S. 129, 135). Ein Vertrag, der dies nicht beachtet, ist nichtig. Dem Bürger ist die Berufung hierauf auch nicht verwehrt, wenn er „sein" Baurecht bekommen hat (BVerwGE 111, 162; NVwZ 2003, 993; *Ziekow/Siegel* VerwArch 2004, 281, 289; zur Verwirkung *OLG München* IBR 2006, 231). Die Gemeinde haftet zudem auf Schadensersatz bei Abschluss eines nichtigen Vertrages (*BGH* BGHR 2004, 298 und *Ziekow/Siegel* VerwArch 2004, 573, 582). Dies gilt auch für Grundstücksgeschäfte zwischen Eigentümern und Kommunen, bei denen zwar ein marktgerechter Preis vereinbart, der Vertrag aber nach der Baulandausweisung gegen Zahlung einer Abfindungssumme an die Gemeinde wieder aufgehoben wird (*BGH* ZfIR 2010, 75; vgl. auch *OLG München* BeckRS 2009, 87553). Ebenso ist dies bei nunmehr praktizierten Angebotsmodellen, bei denen der private Eigentümer trotz seiner diesbezüglichen Verpflichtung die Lastenfreistellung nicht beibringt, bis das Baurecht entstanden ist. Bei der dritten Variante der „städtebaulichen Verträge in der Praxis" entrichtet der Private an die Gemeinde für den Verstoß gegen die Verpflichtung zur Lastenfreistellung, die sich überraschenderweise beim späteren Verkauf an einen Dritten herbeiführen lässt, ebenfalls einen hohen Betrag als Schadensersatz (vgl. zu diesen „Gestaltungen" *Grziwotz* KommJur 2011, 172, 175. Die Gemeinde darf an derartigen Gestaltungen wegen ihrer Bindung an Recht und Gesetz nicht mitwirken. Sie befindet sich bei Grundstücksgeschäften im Zusammenhang

II. Städtebauliche Verträge

mit einer Bauleitplanung aufgrund ihrer Planungshoheit zudem in einer typisierten Überlegenheitssituation. Deshalb hat die Rechtsprechung besondere **Aufklärungspflichten** vor allem hinsichtlich etwaiger Planungen statuiert (*OLG Köln* EWiR 2002, 1075; vgl. auch *BGH* MDR 2001, 79; ZfIR 2003, 783; NVwZ-RR 2006, 634; *OLG Naumburg* LKV 2007, 382; *Haentjens* LKV 2007, 349). Bedeutung kann diese Situation aber auch bei der Gestaltung des Beurkundungsverfahrens haben (vgl. Rn. 11).

Für Grundstücksgeschäfte der Kommunen, mit denen ein öffentlicher Zweck verfolgt wird, gilt das Verwaltungsprivatrecht, und zwar auch, wenn eine Eigengesellschaft handelt (*BGH* DNotZ 2010, 112; NVwZ 2013, 96). Es besteht über die Grundrechtsbindung (Art. 1 III GG) hinaus eine weitergehende Beschränkung der handelnden Träger der mittelbaren Staatsverwaltung. Deshalb sind bei Grundstücksgeschäften der Gemeinden auch das Gemeinwohl und die grundlegenden Prinzipien des öffentlichen Finanzgebarens und kommunalrechtliche Beschränkungen wie z. B. das Verbot des Unterwertverkaufs zu beachten (*BGH* MittBayNot 2006, 494; NZM 2006, 32; *BayVerfGH* MittBayNot 2008, 412; *OLG Karlsruhe* MittBayNot 2012, 513; s. dazu *Wolff* NJW 2012, 812 und *Wachsmuth* ThürVBl. 2008, 153, 154). Auch ein Verstoß gegen den bei Abschluss eines dem Verwaltungsprivatrecht unterfallenden Vertrags zu beachtenden Grundsatzes der Verhältnismäßigkeit kann zur Vertragsnichtigkeit (§ 134 BGB) führen. Es gilt das zu beachtende Gebot einer angemessenen Vertragsgestaltung (*BGH* ZfIR 2010, 467). Auch im Kommunalrecht kommt es insoweit zu einer doppelten rechtlichen Kontrolle, nämlich einer Inhaltskontrolle hinsichtlich des Vereinbarten und einer Ausübungskontrolle zum Zeitpunkt der Geltendmachung der vereinbarten Rechte bei einem Verstoß gegen die vom Käufer eingegangenen Bindungen (*BGH* ZfIR 2010, 462; 2013, 292).

b) Verbot der Planungsbindung

Ein Anspruch auf die Aufstellung oder Änderung von Bauleitplänen kann vertraglich nicht begründet werden (§ 1 III 2 BauGB). **Vertragliche Zusagen** einer Gemeinde, einen inhaltlich näher bestimmten Bebauungsplan innerhalb einer bestimmten Zeit aufzustellen oder zumindest die Aufstellung in Übereinstimmung mit dem Vertragspartner zu fördern, entbehren der Wirksamkeit (*BVerwG* NJW 1980, 2538; NVwZ 2006, 458; BGHZ 76, 16; *OLG München* MittBayNot 1987, 189; *VGH Mannheim* VBlBW 1995, 205; teilw. abw. *Bick* DVBl. 2001, 154 [156]). Dies gilt in gleicher Weise für die Verpflichtung einer Gemeinde, eine bestimmte Bauleitplanung nicht zu ändern oder ein bestimmtes Gebiet nicht zu überplanen. Derartige Zusagen werden mitunter anlässlich einer Straßengrundabtretung gemacht (z. B. Verpflichtung, die Festsetzung der Straße im Bebauungsplan nicht zu ändern). Hiervon abzugrenzen sind so genannte „**Bauplanungsgarantien**", bei denen es sich um die Haftung für eine Beschaffenheitsgarantie, die Übernahme eines Beschaffungsrisikos oder eine Beschaffenheitsvereinbarung (vgl. *Grziwotz* ZfIR 2002, 246) hinsichtlich des von der Gemeinde veräußerten Grundstücks handelt und nicht um eine Garantie für eine bestimmte Planung (BGHZ 76, 16, 25). Die Unwirksamkeit eines städtebaulichen Vertrages führt – ausgenommen beim vorhabenbezogenen Bebauungsplan und ferner bei einer Fehleridentität (*VGH München* ZfIR 2005, 205) – nicht zur Unwirksamkeit des (Einzelfall-) Bebauungsplans. Prüfungsmaßstab ist für ihn das Abwägungsgebot (*OVG Münster* ZfIR 2001, 229 und *OVG Greifswald* BauR 2008, 1562).

c) Korrektiv der Angemessenheit, Bereicherungsverbot und AGB-Recht

Zum Schutz des Bürgers muss die von ihm versprochene Leistung den gesamten Umständen nach angemessen sein (§ 11 II 1 BauGB, § 56 I 2 VwVfG; vgl. auch § 15 II 1 WoFG und § 55 I 2 SGB X; zur Schutzwirkung zu Gunsten der Gemeinde s. *VG Halle* BeckRS 2012, 53730 und *Wilke/Düwel* NVwZ 2012, 1449). Die Angemessenheit ist unter Beachtung der gesamten Umstände des Vertrages und bei wirtschaftlicher Betrachtung des Gesamtvorganges objektiv zu beurteilen (*OVG Lüneburg* BauR 2006, 1703). Es darf sowohl beim Vertragspartner der Gemeinde als auch bei demjenigen, an den später die Kosten weitergegeben werden (z.B. Mieter oder Käufer von Wohnungen), keine unzumutbare Belastung entstehen (vgl. *Hellriegel* DVBl. 2007, 1211). Maßgebend ist nicht die subjektive Einschätzung der Vertragspartner, sondern eine aufgrund der Verhältnisse des Einzelfalls festzustellende objektive Ausgewogenheit. Die Frage der Angemessenheit ist für die Beteiligten nicht disponibel, weil sonst die Schutzwirkung der Vorschrift verloren ginge. **Kriterien** für die Beurteilung der Angemessenheit sind die durch das geschaffene Baurecht bewirkte Werterhöhung der dem Bauwilligen gehörenden Grundstücke (vgl. *OVG Lüneburg* BauR 2012, 70), der Gesamtumfang der von diesem getätigten Investitionen und der Gewinn der Privaten. Strittig ist, ob die Werterhöhung eine oberste Grenze darstellt, ob dem Eigentümer ein bestimmter Anteil des planungsbedingten Wertzuwachses belassen werden muss (vgl. *Gassner* in: vhw [Hrsg.], S. 31, 36; *Huber* DÖV 1999, 173; *Diehr* BauR 2000, 1; *Oerder* NVwZ 1997, 1190, 1192 und *Oehmen/Busch* BauR 1999, 1402, 1410, s. aber *BFH* NJW 1999, 3798 und *BVerfG* NJW 2006, 1191) oder ob in Einzelfällen wie z.B. einer Umplanung der Aufwendungsersatz auch die Werterhöhung übersteigen kann (so wohl *Pietzcker*, FS Hoppe, S. 439, 452). Eine Kompensation von Vertragsklauseln, die für sich genommen unangemessen sind, durch vorteilhafte Bestimmungen im übrigen Vertrag ist hinsichtlich des städtebaulichen Angemessenheitserfordernisses möglich (*BGH* DNotZ 2003, 341). Die gerichtliche Überprüfung städtebaulicher Verträge hinsichtlich der Angemessenheit soll den Gestaltungsspielraum der Beteiligten, der Vereinbarungen eigentümlich ist, respektieren. Dies gilt insbesondere dann, wenn der Investor nicht bereit ist, der Gemeinde gegenüber seine Kalkulation offen zu legen (so *Hien*, FS Schlichter 1995, S. 129, 137). Die Prüfung der Angemessenheit geht weiter als die Frage der Gleichwertigkeit von Leistung und Gegenleistung. So kann ein Grundstückskauf unangemessen sein, obwohl der vereinbarte Kaufpreis marktgerecht ist, wenn ein unangemessen hoher „Flächentribut" gefordert wird (*OVG Lüneburg* NVwZ-RR 2000, 201).

9 Die Gemeinde darf im Rahmen städtebaulicher Verträge nicht das alleinige Ziel verfolgen, den **Planungsgewinn** abzuschöpfen. Hierfür enthält § 11 BauGB keine rechtliche Grundlage (*Grziwotz* DVBl. 1994, 1048 und *Huber* DÖV 1999, 173). Damit im Zusammenhang steht das **Verbot der Bereicherung** der Gemeinde. Diese darf ihre Planungshoheit nicht an zusätzliche Abgaben des Bürgers knüpfen, sich insbesondere nicht für eine bestimmte Planung entsprechende Leistungen seitens des Bürgers versprechen lassen (*Busse* BayVBl. 1993, 231, 232; *ders.* BayGT 2001, 59; 2006, 235; *Dirnberger* BayGT 2008, 110; *Grziwotz* DVBl. 2007, 1125; vgl. auch *OLG München* MittBayNot 2008, 321 zur Nichtigkeit nach § 138 BGB). Auch ein grundsätzlich durch eine öffentliche Zweckverfolgung gerechtfertigtes Abtretungsverlangen muss angemessen sein (*OVG Lüneburg* NVwZ-RR 2000, 201). Keine Angemessenheitsprüfung erfolgt bei Verträgen, die gegen das sog. Koppelungsverbot verstoßen; sie sind nichtig (*BVerwG* ZfIR 2000, 720; NVwZ 2003, 993; *VGH München* MittBayNot 2009, 165). Dies gilt auch für angebliche „Schenkungen" an die Gemeinde im Hinblick auf eine erhoffte Baulandausweisung (zu Umgehungsgeschäften s. *Grziwotz* KommJur 2011, 172, 174. Vertragliche **Heilungsklauseln** helfen bei einem Verstoß gegen materielles Recht regelmäßig nicht. Sie enthalten zudem meist nur eine Beweislastumkehr. Ersetzungsklauseln sind zwar auch in städtebaulichen Verträgen trotz der Gesetzesbindung der Verwaltung zulässig (*BVerwG* NVwZ 2011, 125). Allerdings wird bei Nichtigkeit wesentlicher Vertragsbestimmungen der gesamte Vertrag nichtig (*OVG Weimar* NVwZ-RR 2001, 623, 626; vgl. zur Teilbarkeit *BGH* NJW 2009, 1135). Dies ist häufig bei einem Verstoß gegen das Koppelungsverbot der Fall. Pauschale Formulierungen, der Vertrag gelte im Zweifel als Vergleichsvertrag, und ein Einwendungsverzicht des Privaten bei Erhalt des Baurechts sind ebenfalls unwirksam bzw. ohne Heilungswirkung (ebenso *Reidt* BauR 2001, 46, 47f.).

II. Städtebauliche Verträge

Eine gesetzliche Heilungsnorm existiert derzeit nicht. Der Grundsatz von Treu und Glauben steht einer Berufung auf die Nichtigkeit des Vertrages nicht entgegen, da sonst die öffentliche Hand folgenlos rechtswidrig handeln könnte, wenn sie ihrerseits ihre (unzulässigerweise zugesagte) Leistung erbringt (*BVerwG* ZfIR 2000, 720, 724; 2009, 464; *Spannowsky* in: ders./Krämer, S. 11, 12; zu Reformbestrebungen s. NVwZ 2002, 834; krit. *Grziwotz* ZfIR 2002, 863 und *Stelkens* NWVBl. 2006, 1; zur Verjährung des Erstattungsanspruchs nach alter Rechtslage *VGH München* BayVBl. 2001, 54 und nunmehr *BGH* ZfIR 2010, 75; *OVG Weimar* LKV 2011, 520).

Das **AGB-Recht** war auf bis zum 31.12.1994 abgeschlossene städtebauliche Verträge nicht anwendbar (*BGH* DNotZ 2003, 341). Bei danach abgeschlossenen Verträgen dürfte das AGB-Recht zu beachten sein (vgl. Wolf/Lindacher/Pfeiffer, AGB-Recht, 6. Aufl. 2013, Art. 2 RiLi Rn. 12; NK-BGB/*Ring* § 14 Rn. 26; *Krautzberger* ZfIR 2003, 210, 212; *Pützhoven* NotBZ 2003, 237; ausführlich *Grziwotz* NVwZ 2002, 391; *Reidt* BauR 2004, 941 und *Ewer*, FS v. Westphalen, 2010, S. 135; *Ruttloff* DVBl. 2013, 1415). In der Praxis dürfte die Streitfrage allerdings keine große Relevanz haben, da es sich meist um Formularverträge handeln wird und über § 62 S. 2 (Landes-)VwVfG auf öffentlich-rechtliche städtebauliche Verträge auch die §§ 305 ff. BGB entsprechend anwendbar sind. Die Anforderungen an privatrechtliche städtebauliche Verträge dürften hiervon nicht abweichen. Auch dem Transparenzgebot kommt bei städtebaulichen Verträgen Bedeutung zu (vgl. allg. *BGH* NJW 2006, 996, 997; NJW-RR 2008, 251). Schließlich sind die strikten gesetzlichen Klauselverbote des § 309 BGB über den Verbraucher- bzw. AGB-Vertrag hinaus bei der Vertragsgestaltung zu beachten (vgl. *BGH* NJW 2007, 3774).

d) Kein Anspruch auf die Leistung der Behörde

Hat der Vertragspartner der Gemeinde einen Anspruch auf die Leistung der Behörde (z.B. Erteilung der Baugenehmigung), so ist die Vereinbarung einer von ihm zu erbringenden Leistung grundsätzlich unzulässig (§ 11 II 2 BauGB, § 56 II VwVfG). Eine Ausnahme gilt lediglich, wenn vom Bürger eine Leistung verlangt wird, die im entsprechenden Fall bei Erlass eines Verwaltungsaktes auch als Nebenbestimmung gemäß § 36 VwVfG zulässig wäre oder die als solche gesetzlich ohnehin zugelassen ist (vgl. Battis/Krautzberger/Löhr/*Reidt* § 11 Rn. 23). Grundsätzlich ist der Abschluss eines städtebaulichen Vertrages deshalb nur möglich, wenn der Gemeinde ein **Ermessen** zusteht. Bei **gebundenen Entscheidungen** kommt der Abschluss eines städtebaulichen Vertrages nur in zwei Konstellationen in Betracht: Die fehlende Sicherung der Erschließung kann durch Abschluss eines Erschließungsvertrages ausgeräumt werden. Anstelle einer Nebenbestimmung in der Baugenehmigung können Auflagen und Bedingungen auch im Rahmen eines städtebaulichen Vertrages geregelt werden (z.B. Bereitstellung zusätzlicher Stellplätze). Der Regelungsumfang ist in diesem Falle jedoch begrenzt auf dasjenige, was auch im Rahmen einer Abweichungs-, Befreiungs- oder Ausnahmeentscheidung getroffen werden könnte (z.B. Ablösung der Verpflichtung zur Errichtung von Stellplätzen als Voraussetzung für die Erteilung einer Baugenehmigung).

e) Verfahren und Formerfordernis

Verträge zwischen der öffentlichen Hand und dem Privaten unterliegen im öffentlich-rechtlichen Bereich besonderen Schutzvorschriften. Hierzu gehören verfahrensmäßige, aber inhaltliche Sicherungen (vgl. §§ 56, 57 VwVfG). Die Rechtsprechung (s. nur *BGH* DNotZ 1999, 398 und *BVerwG* ZfIR 2000, 720) und die h.L. (s. nur *Ehlers* NJW 1990, 800, 802; *Gaßner* BayVBl. 1998, 577; *Scherzberg* JuS 1992, 205, 208; *Ehlers/Krebs*, Grundfragen des Verwaltungsrechts und des Kommunalrechts, 2000, S. 41, 53; *Pietzcker*, FS Hoppe, 2000, S. 439, 451; a.A. nur *Birk* Rn. 21 und *Höflings/Krings* JuS 2000, 625, 628) haben sie auf sämtliche öffentlich-rechtlichen **Stadt-Bürger-Verträge** angewandt.

Die Einhaltung bestimmter Verfahren und ihre indizielle Bedeutung für die materielle Rechtmäßigkeit des Ergebnisses wirkt sich nicht nur in der Bauleitplanung aus. So wird beispielsweise die Enteignung durch zahlreiche verfahrensmäßige Sicherungen (§§ 104 ff. BauGB) geprägt. Wieso bei Einigungen außerhalb des Enteignungsverfahrens die Sicherungsstandards zugunsten der Bürger besonders niedrig sein sollen, bleibt unerfindlich. Die in § 17 IIa BeurkG geregelte Sicherung der Belehrung des Verbrauchers und die Wartefrist dürften deshalb unabhängig von der Frage, ob die Gemeinde beim Abschluss städtebaulicher Verträge als Unternehmer einzustufen ist (vgl. *BGH* DNotZ 2003, 333; NJW 2003, 2742; DB 2006, 1490; DNotZ 2009, 429, wonach eine Gewinnerzielungsabsicht nicht erforderlich ist), ein Leitbild der Gestaltung des Vertragsabschlussverfahrens darstellen. Dies gilt auch bei städtebaulichen Verträgen, die keiner Beurkundung bedürfen. Bisherige Vertragsabschlusspraktiken der öffentlichen Hand bedürfen deshalb der Überprüfung (so *Hagen* RNotZ 2001, 40; zur Vertragsgestaltung *Ruff* Gemeindehaushalt 2010, 58). Vollmachten für kommunale Bedienstete müssen die innergemeindliche Zuständigkeitsabgrenzung beachten (*BGH* NJW 2009, 289).

11 Für städtebauliche Verträge und Erschließungsverträge ist die **Schriftform** vorgeschrieben (§ 11 III BauGB; vgl. auch § 15 III WoFG; *Siems* BauR 2003, 1310 und *Schlemminger* NVwZ 2009, 223). Dies gilt allgemein für öffentlich-rechtliche Verträge (§ 57 VwVfG; vgl. auch § 56 SGB X). Schriftform bedeutet, dass der Vertragstext in eine einheitliche Urkunde aufzunehmen und von allen Vertragspartnern zu unterschreiben ist (*OVG Lüneburg* NJW 1992, 1404; vgl. auch *BGH* NZM 2004, 738 und *OVG Lüneburg* NJW 2008, 2520; zur Auslegung *OVG Münster* JuS 2009, 955). Strittig ist, ob eine Aufspaltung in Angebot und Annahme ausreicht (*BVerwG* NVwZ 2005, 1083). Zusätzlich sind die kommunalrechtlichen Anforderungen zu beachten (vgl. *OVG Schleswig* NVwZ-RR 2000, 377 und *OLG Saarbrücken* NZM 2011, 720).

12 Die Anordnung der Schriftform ist mit dem Zusatz versehen, dass sie nur dann ausreicht, soweit nicht durch Rechtsgeschäft eine andere Form vorgeschrieben ist. Dies sollte auf das **Erfordernis der notariellen Beurkundung** bei einer Grundstückserwerbs- oder Grundstücksveräußerungsverpflichtung hinweisen. Eine Aufspaltung des Vertrages in einen nicht zu beurkundenden städtebaulichen Teil und die notarielle Grundabtretung erfüllt das Formerfordernis nicht (*Gronemeyer,* BauGB, 1999, § 11 Rn. 79; *VGH München* BeckRS 2014, 45851; *VG Göttingen* NZBau 2009, 45; vgl. aber *BVerwG* DNotZ 2010, 549; zur Heilung *VGH München* BeckRS 2014, 45851; zum einheitlichen Rechtsweg *OVG Schleswig* NVwZ-RR 2008, 743). Ob sich die Nichtigkeit bei einer nicht beurkundeten Grundabtretung auf den gesamten Vertrag auswirkt oder nicht, ist eine Frage des Einzelfalls (*BVerwG* MittBayNot 1996, 387, 389; *OVG Schleswig* NJW 2008, 601; *OVG Magdeburg* NVwZ-RR 2011, 418). Bedenklich ist eine Aufspaltung auch dann, wenn im Erschließungsvertrag die – meist nicht ernst gemeinte – Erklärung abgegeben wird, dass eine Übertragung der Erschließungsflächen an die Gemeinde zwar beabsichtigt sei, aber noch nicht rechtlich verbindlich eingegangen werde (so jetzt auch MünchVertrHdb, Bd. 2, Muster VI. 1, § 12). Es handelt sich auch nicht um einen „echten" Fall einer einseitigen Abhängigkeit, wenn die Erschließungsbauleistungen und die Kostenregelung unter der Bedingung der Grundabtretung stehen. Die Grundabtretung ist nämlich der Kostenregelung zugeordnet (vgl. auch *OLG Köln* BauR 2001, 136). Ob bei einer derartigen ausdrücklichen Aufspaltung die Gemeinde die öffentlich gewidmeten Erschließungsflächen kostenfrei erwerben kann, wie dies § 11 II 3 BauGB für den Erschließungs- und Folgekostenvertrag vorsieht, wenn ein Rechtsnachfolger des Erschließungsträgers dies fordert, ist bei einer bewussten Ausklammerung der Grundabtretung aus dem Erschließungsvertrag zudem fraglich. Seitens der Gemeinde gibt es deshalb keinen Grund, auf einen formnichtigen Vertragsabschluss einzugehen. Angeblich „kostenbewussten Trennungsvorschlägen" (so *Kemper* BuW 2000, 1050, 1060) von Rechtsberatern der Investoren kann häufig mit einem Hinweis auf die Gebührenermäßigung nach § 91 GNotKG) und die Haftungsrechtsprechung begegnet werden.

II. Städtebauliche Verträge **A XI**

f) Zwangsvollstreckungsunterwerfung

In öffentlich-rechtlichen subordinationsrechtlichen Verträgen zwischen einem Bürger 13
und einer Gemeinde kann sich jeder der Vertragsschließenden gemäß § 61 VwVfG der sofortigen Zwangsvollstreckung unterwerfen. Dies gilt auch für öffentlich-rechtliche städtebauliche Verträge (*OVG Weimar* NVwZ-RR 2001, 623; *Oerder* in: vhw [Hrsg.], S. 55, 65). Die Behörde muss hierbei von einer in dieser Vorschrift genannten Person vertreten werden (*BVerwG* NJW 1996, 608). Eine Genehmigung der Zwangsvollstreckungsunterwerfung der Gemeinde und des Bürgers durch die fachlich zuständige Aufsichtsbehörde ist nicht mehr erforderlich. Die Beteiligung eines qualifizierten Behördenvertreters macht nochmals die Bedeutung des Verfahrens für den Vertragsinhalt deutlich. Ist ohnehin eine notarielle Beurkundung vorgeschrieben, so bietet sich an, eine Zwangsvollstreckungsunterwerfung in die Urkunde aufzunehmen (§ 794 I Nr. 5 ZPO). Eine Unterwerfung des Bürgers unter die sofortige **Zwangsvollstreckung zu notarieller Urkunde** ist auch beim öffentlich-rechtlichen Vertrag möglich (*BVerwG* NJW 1995, 1104; *BGH* DNotZ 2006, 189; zu Bedenken bei einem Formularvertrag s. *Quack* RpflStud. 2002, 145; zum Problem bereits *Grziwotz* NotBZ 2002, 51, 54 und *Knapp* MittBayNot 2003, 421).

g) Ausschreibungspflicht

Auch städtebauliche Verträge unterliegen trotz ihres öffentlich-rechtlichen Charakters 13a
einer **Ausschreibungspflicht** (*EuGH* ZfIR 2001, 666 und NZBau 2007, 185; vgl. *Wittig* KommJur 2011, 246; *Harms/Schmidt-Wottrich* LKV 2011, 537; *Stuber/Dirnberger* BayGT 2010, 264; *Seidler* NZBau 2010, 552; *Hertwig* NZBau 2011, 9; *van Kann/ Hettich* ZfIR 2010, 783). Eine Ausnahme gilt nur für In-house-Geschäfte; bereits eine Minderheitsbeteiligung eines Privaten ist jedoch schädlich (*EuGH* EuZW 2005, 86 und 727; DVBl. 2006, 101; zur Ausnahme bei beteiligten Eigengesellschaften *EuGH* BeckRS 2009, 71122; eine Unterausnahme besteht, wenn eine Tochtergesellschaft nicht unerheblich am Markt tätig ist, *OLG Düsseldorf* NZBau 2012, 50 und 63). Auch wenn mehrere Gebietskörperschaften einen Vertrag über eine grundsätzlich ausschreibungspflichtige Leistung schließen, bedarf es gemeinschaftsrechtlich keiner Ausschreibung (*EuGH* NVwZ 2009, 898). In die Ausschreibungspflicht wurden im Anschluss an die „Stadt-Roanne"-Entscheidung des *EuGH* (NZBau 2007, 185) städtebauliche Verträge mit einer Bauverpflichtung einbezogen, auch wenn die Kommune die errichteten Baulichkeiten nicht selbst erwerben oder nutzen wollte (*OLG Düsseldorf* ZfIR 2007, 859; NZBau 2008, 139 und 271 und 727; *OLG Bremen* NZBau 2008, 336). Das Vergaberecht ist auch auf öffentlich-rechtliche Verträge anwendbar; auch auf die Bezeichnung des Vertrages kommt es nicht an (*EuGH* EuZW 2010, 58). Bei einem Leistungsbündel kommt es auf den Hauptgegenstand des Vertrags an (*EuGH* NZBau 2011, 431). Eine Bauleistung muss in einem gegenständlichen körperlich zu verstehenden Sinn für den öffentlichen Auftraggeber beschafft werden; es genügt, wenn sie diesem unmittelbar wirtschaftlich zugute kommt (*EuGH* DNotZ 2013, 831). Dies ist nicht bereits bei der Ausübung städtebaulicher Regelungszuständigkeiten der Fall (*EuGH* EuZW 2010, 336; *OLG Düsseldorf* ZfBR 2010, 602; *OLG München* BeckRS 2011, 23466; vgl. auch die Schlussanträge des Generalanwalts *Mengozzi* KommJur 2010, 28). Ein unmittelbares wirtschaftliches Interesse der Gemeinde ist anzunehmen, wenn diese Eigentümer wird oder zumindest eine rechtliche Verfügung (z. B. Besetzungsrecht; vgl. *Dienon-Wies/ Kappelhoff* KommJur 2008, 361) erhält und bei einer finanziellen Beteiligung. Zudem muss ein einklagbarer Anspruch hinsichtlich einer Baupflicht vorliegen (ein Rücktrittsrecht genügt nicht). Schließlich muss es sich um einen entgeltlichen Vertrag handeln, wobei die Gegenleistung entweder in Geld oder in Übertragung eines befristeten Nutzungsrechts (Baukonzession) bestehen kann. Die Geldleistung kann auch im Wege der

Verrechnung oder durch Bereitstellung eines verbilligten Grundstücks erfolgen. Ist der Anwendungsbereich des Vergaberechts eröffnet, entscheiden bei Bau-, Liefer- und Dienstleistungsaufträgen die Schwellenwerte (geschätzter Auftragswert ohne Mehrwertsteuer), ob das Kartellvergaberecht einschlägig ist (§ 2 VgV). Für sie sind nicht nur die vom öffentlichen Auftraggeber gezahlten Beträge zu berücksichtigen, sondern auch Zahlungen von Dritten (z.B. Miete, Kaufpreis; *EuGH* EuZW 2007, 117). Handelt es sich um einen ausschreibungspflichtigen Vorgang darf der Vertragsschluss erst 15 Kalendertage nach Absendung der Information bzw. bei Übersendung per Fax oder auf elektronischem Weg 10 Kalendertage an die Mitbewerber erfolgen (§ 101a I GWB). Verträge oberhalb der Schwellenwerte, die unterlegene Bieter in ihren Informationsrechten verletzen, einschließlich sog. de-facto-Vergaben, sind nicht (anders als früher, vgl. *BGH* NZBau 2005, 530) von vornherein nichtig. Die Unwirksamkeit muss vielmehr sechs Monate nach Vertragsschluss bzw. bei Bekanntmachung der Auftragsvergabe im Amtsblatt der Europäischen Union 30 Kalendertage danach in einem Nachprüfungsverfahren geltend gemacht werden (§ 101b II GWB; zur Kenntnis s. *OLG München* NZBau 2013, 458). Allerdings kann bei bewusster Missachtung des Vergaberechts eine Nichtigkeit nach § 138 BGB in Betracht kommen (*OLG Düsseldorf* VergabeR 2004, 216; *LG München I* NZBau 2006, 269). Auch unterhalb der Schwellenwerte ist das primäre Gemeinschaftsrecht anwendbar (vgl. *Schaller* LKV 2011, 301). Besondere Bedeutung hat das grenzüberschreitende Interesse an einem öffentlichen Auftrag (*BGH* NZBau 2012, 46; *OLG Düsseldorf* NZBau 2012, 382; *Deling* NZBau 2012, 17). Die Vorgaben des Primärrechts verlangen stets ein Verfahren, das transparent und diskriminierungsfrei ist (s. nur *EuGH* NVwZ 2009, 833; EuZW 2012, 275; NZBau 2012, 376; *Koenig/Kühling* NVwZ 2003, 779). Inwieweit ein Rechtsschutz unterhalb dieser Schwellenwerte bei einem Verstoß gegen eine Ausschreibungspflicht besteht, ist umstritten (vgl. *OVG Münster* NVwZ 2006, 848; *OVG Koblenz* DÖV 2007, 39; *Huerkamp/Kühling* NVwZ 2011, 1409).

2. Fallgruppen städtebaulicher Verträge

14 § 11 I BauGB nennt beispielhaft fünf Fallgruppen städtebaulicher Verträge. Zu **Vertragsmustern** vgl. allgemein *Bunzel/Coulmas/Metscher/Schmidt-Eichstaedt* S. 56 ff. und *Grziwotz*, Baulanderschließung, S. 180 ff. sowie *Johlen/Oerder* in: MünchVertrHdb, Bd. 2, S. 959 ff. Weitere Hinweise zu einzelnen Vertragsmustern finden sich bei den jeweiligen Erläuterungen.

a) Maßnahmen- oder Planvorbereitungsverträge (§ 11 I 2 Nr. 1 BauGB)

15 In städtebaulichen Verträgen kann die **Vorbereitung oder Durchführung städtebaulicher Maßnahmen** durch den Vertragspartner der Gemeinde unter ganzer oder teilweiser Kostenübernahme vereinbart werden. Beispielhaft werden die Neuordnung der Grundstücksverhältnisse, die Bodensanierung (insbesondere Altlastenbeseitigung) und sonstige vorbereitende Maßnahmen sowie die Ausarbeitung der städtebaulichen Planungen einschließlich eines erforderlichen Umweltberichts genannt. Es handelt sich im Wesentlichen um die Freilegung von Grundstücken und (Boden-)Untersuchungen. Bei der Heranziehung von Architekten und Ingenieuren wird häufig wegen des umsatzsteuerrechtlichen Vorsteuerabzugs der Private Auftraggeber des Stadtplanungsbüros sein. In diesem Fall sollte die Einflussnahme der Gemeinde gesichert werden. Auch die Frage der Kostentragungspflicht bei einem Scheitern der Planung sollte in diesem Zusammenhang geregelt werden.

16 Die **freiwillige Umlegung** dient zur Vermeidung eines amtlichen Verfahrens und wird in Form einer Gesellschaft des Bürgerlichen Rechts, einer treuhänderischen Übertragung oder einem Ringtausch (vgl. *Grziwotz* JuS 1998, 1113, 1116 f.) durchgeführt. Unabhängig von der Gestaltung (s. dazu *Dieterich* Rn. 474 ff. und *Kuchler* BayGT 2003, 260)

sollen sich die Notarkosten wie bei einem Ringtausch nach dem Wert des teuersten Einlagegrundstücks bemessen (vgl. *BayObLG* BayVBl. 1988, 763 und *OLG Zweibrücken* FGPrax 1996, 36). Die freiwillige Umlegung ist – anders als die amtliche (§ 1 I Nr. 3 S. 2 lit. b GrEStG; vgl. *BFH* NVwZ 2000, 839 und ZfIR 2012, 99; vgl. aber das anhängige Verfahren *BVerfG* – 1 BvR 2880/11) – nicht von der Grunderwerbsteuerpflicht befreit. Der Übergang von Grundstücken und die Rückübertragung können unter die Begünstigung der §§ 5, 6 und 7 GrEStG fallen (vgl. *FinMin. Bad.-Württ.* NVwZ 1998, 595). Hinsichtlich der Gebühren beim Grundbuchamt besteht Gebührenfreiheit (§ 79 BauGB). Mit einer freiwilligen Umlegungsvereinbarung können auch weitere Elemente eines städtebaulichen Vertrages verbunden werden (*VGH Mannheim* BauR 2001, 612; vgl. auch *von und zu Franckenstein/Gräfenstein* BauR 2008, 463). Strittig ist, ob in der freiwilligen Umlegung eine höhere als die gesetzliche Landabgabe zugunsten der Gemeinde vereinbart werden kann. Das *BVerwG* (NJW 1985, 989 und MittBayNot 2001, 584) hat dies zum Ausgleich der zusätzlichen durch die private Umlegung entstehenden Kosten gebilligt. Vertragsfreiheit herrscht auch in der freiwilligen Umlegung nicht (so aber *Dieterich* Rn. 496). Das *BVerwG* weicht in seiner Judikatur zur freiwilligen Umlegung nicht von seinen Grundsätzen zu städtebaulichen Verträgen ab. *BVerwG* MittBayNot 2001, 584 lässt entgegen mancher Fehlinterpretationen diesen Schluss nicht zu (so *Paetow* in: Spannowsky/Krämer, S. 139, 143; nicht berücksichtigt von *Kirchberg*, FS Wenzel, 2005, S. 322, 341). Unzulässig ist ferner der in Mustern häufig vorgesehene Rechtsmittelverzicht gegenüber dem Bebauungsplan oder amtlichen Verfahrensschritten (vgl. aber *OVG Münster* NJW 2012, 872). Ein den Flächenbeitrag übersteigender Umlegungsvorbehalt kann in der amtlichen Umlegung in Geld ausgeglichen (§ 58 I 4 BauGB) werden.

b) Planverwirklichungs- oder Zielbindungsverträge (§ 11 I 2 Nr. 2 BauGB)

Städtebauliche Verträge in diesem Bereich dienen der **Verwirklichung der mit der Bauleitplanung** verfolgten Ziele. Das Gesetz nennt die Grundstücksnutzung, auch hinsichtlich einer Befristung oder einer Bedingung, die Durchführung des Ausgleichs im Sinne des § 1a III BauGB, die Deckung des Wohnbedarfs von Bevölkerungsgruppen mit besonderen Wohnraumversorgungsproblemen sowie des Wohnbedarfs der ortsansässigen Bevölkerung und baukulturelle Belange (§ 1 VI Nr. 5 BauGB). In dem Bereich der Wohnraumversorgung liegt der Schwerpunkt der notariellen Tätigkeit. Im Bebauungsplan kann auch ein „Baurecht auf Zeit" festgesetzt werden (§ 9 II BauGB). Entsprechend kann in städtebaulichen Verträgen die Grundstücksnutzung auch hinsichtlich einer Befristung oder einer Bedingung geregelt werden (vgl. *Schiefferdecker* BauR 2005, 320; *Kukk/von Heyl* VBlBW 2006, 302). Damit kann im Fall einer Nichterfüllung einer Baupflicht das Nutzungsrecht durch Planänderung entschädigungslos entzogen und zugleich eine Rückbaupflicht begründet werden. Dieses Recht könnte sich zu Lasten Dritter (Erwerber, Grundpfandrechtsgläubiger) auswirken. Zugunsten mehrerer Erwerber können in den einzelnen Kaufverträgen auch Erstellungs- und Nutzungsverpflichtungen vorgesehen werden (*BGH* ZfIR 2008, 192).

Die **Vergabe gemeindeeigener Grundstücke** erfolgt nach wohl noch h. M. in einem zweistufigen Verfahren. Zugrunde liegt ein Verwaltungsakt (*VG München* MittBayNot 1996, 392; *OVG Münster* NJW 2001, 698; *VGH München* BayVBl. 2008, 86; vgl. auch *OLG Naumburg* NVwZ 2001, 354 und *OLG Rostock* ZfIR 2009, 875; s. aber *Siegel* DVBl. 2007, 942), zu dessen Ausführung ein privatrechtlicher Grunderwerbsvertrag geschlossen wird. In diesem sind zur Sicherung der Zweckbindung regelmäßig eine Veräußerungsbeschränkung, eine Bauverpflichtung und teilweise auch Nutzungsbindungen enthalten (zum Geschäftswert *BGH* DNotZ 2006, 309). Nach neuerer Ansicht erfolgt die öffentlich-rechtliche Zweckverfolgung, insbesondere im Subventionsrecht, einstufig, d. h. allein mittels des Veräußerungsvertrages (*OVG Jena* BauR 2010, 893). Die Gemeinden sind auch gegenüber abgelehnten Bewerbern, zur Sicherstellung der Nutzungsbindungen verpflichtet, wobei untergeordnete berufliche oder gewerbliche Tätigkeiten einer Wohnnutzung nicht entgegenstehen (*OLG Köln* IMR 2011, 293). Entsprechend der Festsetzungsmöglichkeit eines Baurechts auf Zeit (§ 9 II BauGB) können auch im städtebaulichen Vertrag durch eine Bedingung oder Befristung eine bestimmte Zwischennutzung samt Anschlussnutzung sowie die zeitlich abgestimmten flankierenden Maßnahmen, z. B. der Altlastenbeseitigung und des Immissionsschutzes, geregelt werden. Anders als bei der hoheitlichen Festsetzung ist diese Möglichkeit nicht auf besondere Fälle beschränkt (vgl. *Grziwotz* DNotZ 2004, 674, 678; *Krautzberger* UPR 2006, 1, 4); allerdings sind bei entsprechenden Vereinbarungen die städtebauliche Zielsetzung und das Angemessenheitsgebot zu beachten (vgl. Kühling/*Grziwotz*, Die Einzelhandelsimmobilie, 2013, S. 67).

Die Fristen zur Realisierung des Bauvorhabens sollten bei Baugeboten beginnend ab dem Zeitpunkt, in dem eine Bebauung möglich ist, mindestens drei Jahre betragen (vgl. *OLG Karlsruhe* NJW-RR 1992, 18; zur Bewertung s. *OLG Hamm* RNotZ 2004, 416). Das Weiterveräußerungsverbot und die Nutzungsbindung betragen meist zehn bis fünfzehn Jahre (vgl. *BGH* DNotZ 2003, 341; NJW 2010, 3505; *Rastätter* DNotZ 2000, 17, 39; für zehn Jahre *Stavorinus* NotBZ 2001, 349, 375; ausführlich *Krüger* ZNotP 2010, 450). Entscheidend sind die städtebauliche Zweckverfolgung und die Höhe einer gewährten Verbilligung. Eine Bindung über 30 Jahre ist, abgesehen von erbbaurechtsähnlichen Gestaltungen, stets unzulässig. Bei einer Ermäßigung von 70 % ist eine Bindung von bis 30 Jahre (*OLG Düsseldorf* BauR 2012, 1410; MittBayNot 2013, 336) und bei 50 % Ermäßigung bis 20 Jahre möglich (*OLG München* ZNotP 1998, 150 und *LG Traunstein* EWiR 1998, 1009; anders *OLG Frankfurt* MittBayNot 2010, 236; vgl. *Grziwotz* KommJur 2009, 376). Der Frist von 10 bis 15 Jahren (vgl. § 5 I 3 BauGB a. F.) dürfte eine gewisse Leitbildfunktion zukommen. Auch die spätere Geltendmachung der Fristeinhaltung darf nicht treuwidrig sein; der Verwirklichung des allgemeinen Lebensrisikos muss die Gemeinde dabei allerdings nicht Rechnung tragen (*OLG Düsseldorf* BauR 2012, 1410).

19 Zur Sicherung der Gemeinde wird regelmäßig ein **Wiederkaufsrecht** vereinbart, für das im Grundbuch eine Auflassungsvormerkung eingetragen wird (vgl. *Ruff* ZKF 2003, 233, 237; zu erbbaurechtsersetzenden Wiederkaufsrechten *BGH* MittBayNot 2006, 324; ZfIR 2007, 32; MittBayNot 2012, 123 und *Kämmerer/Martini* BauR 2007, 1337). Die damit einhergehende faktische „Sperrwirkung" für weitere Eintragungen ist grundsätzlich nicht unangemessen (*VGH München* DNotZ 1999, 639; a. A. *OLG Hamm* NJW 1996, 2104; zur Wertminderung *OLG Brandenburg* NJW-RR 2004, 812). Auch wenn der Vertrag diesbezüglich keine Regelung enthält, ist die Gemeinde grundsätzlich verpflichtet, mit ihrer Rückauflassungsvormerkung hinter Finanzierungsgrundpfandrechte des Erwerbers zurückzutreten (*Grziwotz* JuS 1998, 1013, 1018; ähnlich *Reithmann* ZNotP 2004, 2; vgl. *BGH* ZfIR 2012, 713). Allerdings kann sie darauf bestehen, dass Grundpfandrechte nur bis zur Höhe des Wiederkaufspreises eingetragen werden, um sicherzustellen, dass bei einer zwangsweisen Verwertung eine Ablösung (§ 268 BGB) möglich ist. Bei der Vereinbarung eines Wiederkaufsrechts sollte ferner eine Ausübungsfrist festgelegt werden, da sonst fraglich ist, ob die dreißigjährige Ausschlussfrist gilt (§ 462 S. 1 BGB sowie *BGH* DNotZ 1992, 539). Der Wiederkaufspreis sollte den ursprünglichen Kaufpreis ohne Zinsen und Auslagen, jedoch einschließlich bezahlter Erschließungskosten nach dem BauGB, naturschutzrechtlicher Kostenerstattung (§§ 135a ff. BauGB) und Anliegerbeiträge nach dem KAG sowie Anschlusskosten und ferner werterhöhender Aufwendungen einschließlich derjenigen für bauliche Anlagen, aber ohne Berücksichtigung von Geldwertveränderungen, umfassen. Abschläge von diesem Wiederkaufspreis sind wohl unzulässig (vgl. *OLG Celle* NJW-RR 2005, 1332; *OLG Schleswig* NVwZ-RR 2010, 737; *LG Karlsruhe* DNotZ 1998, 483; *OLG Koblenz* DNotI-Report 1998, 25; *LG Traunstein* NVwZ 1999, 1026; NVwZ-RR 1999, 891; zur Aufklärungspflicht der Gemeinde über den Wiederkaufspreis s. *BGH* MDR 2001, 79). Die Beleihung kann auf ein bundesdeutsches oder ähnlich sicheres Kreditinstitut beschränkt werden.

II. Städtebauliche Verträge
A XI

Ist das Grundstück bereits ganz oder teilweise bebaut, ist die Rückübertragung prak- 20
tisch ohne Bedeutung (*BGH* ZfIR 2010, 467). Für diesen Fall wird meist eine **Aufzahlungsverpflichtung** vereinbart, um die Differenz zwischen dem im Hinblick auf die Wohnungsbauförderung ermäßigten Kaufpreis und dem tatsächlichen Verkehrswert im Falle eines Verstoßes des Erwerbers gegen die eingegangenen Bindungen nachzufordern (*OLG Frankfurt* IMR 2014, 262). Unabhängig von der Formulierung handelt es sich im Normalfall um keine Vertragsstrafe. Wird die Aufzahlung anstelle des Wiederkaufsrechts geltend gemacht, so soll nach einem Teil der Rechtsprechung der Zahlungsanspruch der Höhe nach auf den wirtschaftlichen Wert begrenzt sein, welcher der Gemeinde bei Ausübung des Wiederkaufsrechts zugeflossen wäre (*OLG München* MittBayNot 2000, 32; a. A. wohl *BGH* MittBayNot 2007, 306). Bei einer länger dauernden Nutzungsbindung empfiehlt es sich, die Aufzahlungsverpflichtung zu staffeln (vgl. *Grziwotz* ZfIR 1999, 254, 257 f.; *OLG München* NVwZ 1999, 1025; *OLG Celle* DNotI-Report 1999, 70; teilweise ablehnend *OLG München* BayVBl. 1995, 282 m. krit. Anm. *Jäde*), auch wenn dies nicht erforderlich ist (*BGH* MittBayNot 2007, 306; NJW 2010, 3505; a. A. noch *OLG Stuttgart* IBR 2006, 300). Dem Verpflichteten müssen die zwischenzeitlich eingetretenen marktbedingten Steigerungen des Grundstückswertes nicht verbleiben (*BGH* MittBayNot 2007, 306; *OLG Karlsruhe* DNotZ 2006, 511; *OLG Celle* KommJur 2009, 112). Auch eine Vertragsstrafe dürfte im Formularvertrag zulässig sein (*OLG Köln* BauR 2011, 1673). Ein Verstoß gegen § 309 Nr. 6 BGB liegt, wenn die Strafe nicht leichte Fahrlässigkeit betrifft, nicht vor (*OLG Celle* DNotI-Report 1999, 70; *Freuen* MittRhNotK 1996, 301, 308; a. A. *Rastätter* DNotZ 2000, 17, 36; unklar *OLG Koblenz* DNotI-Report 1998, 25). Ein Ausschluss der Herabsetzung nach § 343 BGB ist jedoch nicht zulässig. In Allgemeinen Geschäftsbedingungen ist eine überhöhte Vertragsstrafe allerdings unwirksam und wird nicht herabgesetzt (*OLG Hamburg* MDR 2000, 513). Zu einer ausführlichen Musterformulierung siehe *Grziwotz* KommJur 2007, 295.

Bei der **vertraglich vereinbarten Wohnraumförderung** sind zwei Alternativen zu unter- 21
scheiden: Bei der Verpflichtung, Wohnungen mit öffentlichen Mitteln zu errichten, muss nur die Verpflichtung zur Beantragung und Verwendung der Förderungsmittel geregelt werden (zur europäischen Beihilfenkontrolle s. *Bartosch* EuZW 2007, 559). Im Übrigen gelten sodann die Vorschriften des WoFG bzw. des Landeswohnungsbindungsrechts, und die Bestimmungen des Bewilligungsbescheids oder einer diesbezüglichen Vereinbarung (vgl. §§ 14, 15 WoFG). Beim Bau von „Sozialwohnungen" im Rahmen frei finanzierter Vorhaben dagegen verpflichtet sich der Vertragspartner der Gemeinde gegenüber, Wohnungen in den festgesetzten Förderungsgruppen (vgl. § 10 WoFG) zu errichten und nur an Personen zu veräußern oder zu vermieten, die die Voraussetzungen der **Wohnraumförderung** bzw. Wohnungsbindung erfüllen (vgl. *von Wehrs* in: Fischer-Dieskau/Pergande/Schwender, 2010, WoBauRecht § 15 WoFG Anm. 2.4). Die Bindungen dürfen dabei wohl nicht strenger sein, als im öffentlich geförderten Wohnungsbau. Ob vertraglich auch zusätzliche Pflichten übernommen werden können, ist streitig (vgl. *Bunzel/Coulmas/Schmidt-Eichstadt* S. 102 f. und *Grziwotz*, Rechtshandbuch Immobilien, I Teil 9 Rn. 227). Eine Sicherung ist durch ein Wohnungsbesetzungsrecht möglich (vgl. *BGH* NJW 1975, 381, 382; NJW-RR 2003, 733, 734; ZfIR 2013, 292; BayObLGZ 1982, 184; 1989, 89; 2000, 140). Die Ablösung einer freiwillig eingegangenen Bindung im Rahmen der Wohnraumförderung durch Zahlung eines Geldbetrages ist nach überwiegender Ansicht, da es sich um eine Wohnungsbauabgabe ohne gesetzliche Grundlage handeln würde, unzulässig (vgl. *Grziwotz* NVwZ 1996, 637, 638 f.; a. A. *Gronemeyer* § 11 BauGB Rn. 36). Zum Geschäftswert s. *BayObLG* NJW-RR 1999, 1519.

Verträge zur Deckung des Wohnbedarfs der ortsansässigen Bevölkerung haben insbe- 22
sondere im Bereich von Fremdenverkehrsgemeinden und Ballungszentren große praktische Bedeutung (vgl. das Muster bei *Grziwotz* JuS 1999, 36, 37 ff.; vgl. auch *Eckert*, GS Sonnenschein, 2003, S. 563 ff.). Es handelt sich nach überwiegender Ansicht um zivilrechtliche Verträge (*BVerwG* DNotZ 1994, 63; *BGH* DNotZ 2003, 341; MittBayNot

2007, 306 und NJW 2010, 3505). Sie lassen sich nach der Gestaltung in sog. Sicherungs- und Zwischenerwerbsmodelle unterteilen. Bei Ersteren gibt der Private vor Einleitung eines Bauleitplanverfahrens entweder gegenüber der Gemeinde ein Angebot ab oder räumt ihr ein Ankaufsrecht ein, von dem jeweils nur beim Verkauf an einen Nichteinheimischen Gebrauch gemacht werden darf (zur Gewinnrealisierung s. *FG München* DStR 2012, 1299). Die Bindung für derartige **Einheimischenmodelle** darf zwanzig Jahre nicht überschreiten (*OLG München* ZNotP 1998, 150). Dies kann auch durch Erbbaurechtsmodelle nicht umgangen werden (a. A. *Bergmann* in: Bergmann/Schumacher, Handbuch der kommunalen Vertragsgestaltung I, 1998, S. 173 ff.). Bei den sog. Erwerbsmodellen schließt die Gemeinde Ankaufsverträge mit Privaten vor Ausweisung einer bestimmten Fläche als Bauland ab. Allein der Umstand, dass die Gemeinde die Überplanung der beim Eigentümer verbleibenden Restflächen von der Veräußerung abhängig macht, stellt kein unzulässiges Koppelungsgeschäft dar (*BGH* ZfIR 1998, 727). Allerdings muss der vereinbarte Preis bei beiden Gestaltungen angemessen sein. Die Gemeinde darf auch bei Einheimischenmodellen keinen Planungsgewinn dadurch abschöpfen, dass sie im Hinblick auf das Baurecht für eine beim Eigentümer verbleibende Restfläche einen geringeren Kaufpreis als den Verkehrswert entrichtet. Dies schließt es jedoch nicht aus, dass der Preis für Grundstücke, die einer Einheimischenbindung unterliegen, unter dem liegt, der im sonstigen Immobilienverkehr bezahlt wird, da insoweit ein Sondermarkt für Einheimische existiert (*VGH München* MittBayNot 1990, 259). Zu beachten ist insbesondere, dass zum Zeitpunkt des Vertragsabschlusses noch kein Baurecht für den Privaten besteht, andernfalls ist eine vertragliche Einheimischenbindung nicht mehr zulässig (§ 11 II 2 BauGB). Die Gemeinde darf auch bei zurückgehender Nachfrage an der Einheimischenbindung festhalten, wenn es dafür städtebauliche Gründe (z. B. fehlende Ausweisungsmöglichkeiten) gibt (*OVG Koblenz* IMR 2010, 400). Durch Einheimischenmodelle darf kein Ausschluss Ortsfremder vom Grunderwerb und keine Benachteiligung von Gemeindebürgern aus anderen Ortsteilen (*VGH Mannheim* NVwZ-RR 2000, 814) erfolgen. Einheimischenmodelle müssen den Grundstückserwerb als Voraussetzung der Realisierung der Grundfreiheiten (Freizügigkeit, Arbeitnehmerfreizügigkeit, Niederlassungsfreiheit und freier Kapitalverkehr, Art. 21, 45, 49 und 63 AEUV) berücksichtigen. Eine unmittelbare Diskriminierung durch Anknüpfen an die Staatsangehörigkeit ist stets unzulässig (Art. 18 AEUV; vgl. *EuGH* JuS 2011, 851; 2013, 89). Gleiches gilt aber auch für eine mittelbare Diskriminierung, wenn durch die Regelung EU-Bürger offenkundig stärker betroffen sind als inländische Bürger, die die Anforderungen leichter erfüllen können. Bereits das Abstellen auf den Wohnsitz kann insoweit zu einer mittelbaren Diskriminierung führen (*EuGH* EuZW 2003, 186, 187; 2007, 215; *Wernsmann* JZ 2005, 224; *Grziwotz* KommJur 2007, 450; *Bröll* BayGT 2010, 101; 2011, 146; *Portz* KommJur 2010, 366; zu Regressmöglichkeiten gegen Kommunen *Schwarz* KommJur 2010, 45; *Wollenschläger* EuZW 2012, 885). Eine Ausnahme ist nur aus Gründen der öffentlichen Ordnung, Sicherheit und Gesundheit (*EuGH* JuS 2011, 1044), zu denen auch der Immobilienerwerb der weniger finanzstarken Bevölkerung und ihr Schutz vor Verdrängung gehören kann, zulässig. Die Vergabevoraussetzungen dürfen keinen Spielraum für eine Ungleichbehandlung lassen. Die Kriterien müssen im Hinblick auf das städtebauliche und wohnungspolitische Ziel so konkret sein, dass über den geförderten Personenkreis hinaus keine „Einheimischen" vor auswärtigen Interessenten Grundstücke erwerben können. Auch eine diskriminierungsfreie Beihilfe (z. B. Kinderförderung) ist möglich. Überlange Bindungsfristen können auch europarechtlich bedenklich sein (*EuGH* DNotZ 2013, 831). Ferner sind die Regeln des Anti-Diskriminierungsrechts zu beachten.

II. Städtebauliche Verträge A XI

> **Formulierungsbeispiel: Einheimischenangebotsmodell** 22a
>
> Die Gemeinde verpflichtet sich, das Angebot nicht anzunehmen, wenn
> - die Veräußerung an den Ehegatten, den eingetragenen Lebenspartner, die Eltern, Geschwister oder Abkömmlinge des Anbietenden erfolgt oder
> - die Veräußerung an einen Ortsansässigen erfolgt und dieser seinerseits ebenfalls ein Kaufangebot mit den in dieser Urkunde niedergelegten Vereinbarungen macht, wobei sich dieser jedoch zu seinen Gunsten die bei seinem Veräußerer oder dessen Rechtsvorgänger abgelaufene Zeit des Bindungszeitraums zu seinen Gunsten anrechnen lassen kann; er ist also nur noch hinsichtlich der restlichen Laufzeit an das Angebot gebunden.
>
> Ortsansässig in diesem Sinne ist, wer mindestens ... Jahre in der Gemeinde ... gelebt oder gearbeitet hat. Dabei kommt es nicht auf die Einhaltung der Anforderungen des melderechtlichen Hauptwohnsitzes an. Nicht entscheidend ist bei der Arbeit in der Gemeinde auch, ob es sich um ein abhängiges Arbeitsverhältnis oder eine selbständige Tätigkeit gehandelt hat. Gleichgestellt sind Personen, die nach europarechtlichen Vorschriften zur Aufnahme einer selbständigen oder abhängigen Arbeitsaufnahme in der Gemeinde ein Freizügigkeitsrecht oder eine Niederlassungsfreiheit in Anspruch nehmen können.

Praktiziert werden ferner **Nutzungsbindungen** im Rahmen des gemeindlichen Wirtschaftsverkehrs (vgl. *Busse* BayGT 1999, 228 und *Kahl/Röder* JuS 2001, 24; krit. *Bleutge* MittBayNot 1999, 453). Bei einer Förderung von Unternehmen ist europarechtliches Beihilfeverbot (Art. 107 I AEUV) zu beachten. Beihilfen über 200.000 EUR (ABl. 2013 L 352 v. 18.12.2003) in einem Zeitraum von drei Steuerjahren bedürfen der Notifizierung (ABl. L 379 v. 28.12.2006, S. 5; vgl. *Nordmann* EuZW 2007, 752). Bereits ein Verstoß eines Vertrages über diesem Schwellenwert gegen das formelle Verbot des Art. 108 III 3 AEUV, Beihilfemaßnahmen vor einer abschließenden (positiven) Kommissionsentscheidung durchzuführen, wirkte als Verbotsgesetz und führte damit zur Vertragsnichtigkeit (*BGH* EuZW 2003, 444 f.; 2004, 252 und 254). Nach nunmehriger Rechtsprechung des *BGH* (EuZW 2013, 753) ist nur der beihilferechtliche Teil des Kaufvertrages (z.B. niedriger Kaufpreis) zwingend beihilferechtlich unwirksam (vgl. auch *EuGH* EuZW 2008, 145). Allerdings wird der beihilferechtswidrige Vertrag meist – auch bei Aufnahme einer salvatorischen Klausel – insgesamt unwirksam sein, da keine Anhaltspunkte dafür bestehen, worauf sich die Vertragsparteien bei Nichtigkeit des beihilfewidrigen Teils verständigt hätten (*BGH* EuZW 2013, 753). Eine Beihilfe kann auch die verbilligte Grundstücksveräußerung einer Gemeinde an ein Unternehmen darstellen (vgl. *Eckert* NotBZ 2005, 345; *Grziwotz* ZfIR 2004, 53; *Höfinghoff* RNotZ 2005, 387; *Kilb* JuS 2003, 1071; *Quardt/Nielandt* EuZW 2004, 201; *Strievi/Werner* JuS 2006, 156; zur Gestaltung *Grziwotz* KommJur 2010, 250). Das Durchführungsverbot ist zudem Schutzgesetz zu Gunsten der Wettbewerber der Beihilfeempfänger (*BGH* EuZW 2011, 440; zur Schadensersatzpflicht bei unterbliebenem Hinweis auf Notifizierungs- und Rückzahlungspflichten *BGH* EuZW 2009, 28). Auch ein Konkurrent kann die Nichtigkeit des Vertrages mittels einer Klage geltend machen (*VG Neustadt* BauR 2013, 1156). Das Gericht muss die Maßnahme aussetzen und die Rückforderung bereits bezahlter Beträge anordnen; es kann hierzu auch einstweilige Maßnahmen erlassen (*EuGH* EuZW 2014, 65; *BGH* BayVBl. 2013, 671; vgl. auch *EuGH* DNotZ 2013, 831). Aufgrund der Nichtigkeit des europarechtswidrigen Kaufvertrages kann auch noch nach Jahren dessen Rückabwicklung gefordert werden (*OLG München* Beschl. v. 20.4.2006 – 24 U 523/05 – n.v.). Unabhängig davon muss auch das nationale Recht die Rückforderung der verbotenen Beihilfe gewährleisten (vgl. *EuGH* EuZW 2003, 110; 2005, 635; 2007, 56, 58; *BGH* NZG 2007, 791). Keine Probleme bestehen für die Vertragsgestaltung, wenn keine Beihilfe vorliegt. Dies kann durch einen Verkauf an den Meistbietenden, der in einem Bietverfahren festgestellt wird, und bei einem Verkauf zum Marktwert, der durch einen

Sachverständigen (z. B. Gutachterausschuss) festgestellt wurde (gestattet sind Abweichungen bis zu 5 %) erreicht werden.

23a Nutzungsbindungen im Zusammenhang mit einer **gewerblichen Betätigung** sind insbesondere die Fremdenverkehrsbindung und die Verhinderung von Zweitwohnungen durch sog. Fremdenverkehrsdienstbarkeiten (vgl. *Ertl* MittBayNot 1985, 177 und *Dirnberger* BayGT 2001, 31). Ähnliches gilt für die Errichtung von Senioren- und sonstigen Wohnheimen (*BGH* ZfIR 2013, 292), das Verbot der Aufteilung in Wohnungs- und Teileigentum, das nicht Inhalt einer Dienstbarkeit (BGHZ 29, 244; *BGH* NJW 1962, 486), möglicherweise aber einer Baulast (*OVG Lüneburg* BRS 46 Nr. 164) sein kann, und das Verbot der Vermietung an großflächige Einzelhandelsbetriebe, das nicht Inhalt einer Dienstbarkeit und einer Baulast sein kann (*VGH Mannheim* BauR 2008, 84). Bei einer Betriebsansiedlung kann trotz der Beitragserhebungspflicht nach § 127 I BauGB ein öffentliches Interesse der Gemeinde daran bestehen, zur Schaffung von Arbeitsplätzen und Gewerbesteuereinnahmen von der Erhebung des Erschließungsbeitrages ganz oder teilweise abzusehen (*BVerwG* ZMR 1969, 268). Dies gilt jedoch nicht für KAG-Beiträge, wenn das LandesKAG einen Billigkeitserlass im öffentlichen Interesse – wie das regelmäßig der Fall ist – nicht vorsieht. Arbeitsplatzgarantien sind ebenfalls häufig Gegenstand derartiger Verträge (*Goetzmann* KommJur 2009, 168). Für eine Industrieansiedlung, die die Gemeinde fördert, können ferner über den staatlichen Immissionsschutz hinausgehende Anforderungen seitens der Gemeinde gestellt werden (BVerwGE 84, 236). Soll im Rahmen einer Industrieansiedlung umgekehrt auf Immissionsschutzansprüche von Nachbarn verzichtet werden, so können entsprechende Dienstbarkeiten eine bauleitplanerische Konfliktbewältigung nicht ersetzen (*BVerwG* NVwZ-RR 2002, 329 und *VGH München* BayVBl. 1995, 150; *VGH Mannheim* BauR 2002, 1209). Der vertragliche **naturschutzrechtliche Ausgleich** wird durch §§ 1a III 4, 135a II 1 BauGB zugelassen (vgl. auch *BVerwG* NVwZ 1997, 1216; NVwZ-RR 1999, 426; BauR 2000, 424; *VGH München* BayVBl. 2011, 47). Vor Abschluss einer derartigen Vereinbarung muss sich die Gemeinde für ein ökologisches Ausgleichskonzept entscheiden. Sie kann die Ausgleichsmaßnahmen selbst vornehmen und mit dem Vorhabenträger eine Erstattung vereinbaren (Kostenübernahmevertrag; vgl. *Schmidt-Eichstaedt* DÖV 1995, 95; *Busse* BayGT 2001, 59, 60), und zwar einschließlich Vorauszahlungs- und Ablösevereinbarungen (zur steuerlichen Behandlung *OFD Frankfurt* DB 2006, 753). Sie kann aber auch mit dem Vorhabenträger vereinbaren, dass dieser die Ausgleichsmaßnahmen auf einem eigenen oder einem gemeindeeigenen Grundstück durch eine „ökologische Aufwertung" durchführt (Durchführungsvertrag; vgl. *OVG Koblenz* BauR 2014, 673; *Wagner/Mitschang* DVBl. 1997, 1137, 1143; *Mitschang* BauR 2003, 183 und 337; *Stich* BauR 2003, 1308, 1317; *Proelß/Blanke-Kießling* NVwZ 2010, 985). Die Ausgleichsflächen können auch außerhalb des Baugebiets liegen, die Gemeinde muss aber eine Abwägung über Ort und Umfang der erforderlichen Maßnahmen und eine Zuordnung vornehmen. Inhaltlich enthalten diesbezügliche Vereinbarungen die Übernahme der Kosten für die Planung, den Erwerb und die Freilegung der betroffenen Flächen sowie die Herstellung der ökologischen Maßnahmen. Dies umfasst auch die Anwuchspflege für zirka fünf Jahre. Umstritten ist, ob darüber hinausgehend Pflegemaßnahmen auch ohne zeitliche Beschränkung vereinbart werden können (vgl. *Schmidt-Eichstaedt* BauR 2010, 1865). Als Sicherungen gegen eine zweckwidrige Nutzung kommt eine Dienstbarkeit oder Baulast in Betracht, die allerdings bestimmt sein muss. Wiederkehrende Pflegemaßnahmen können durch eine Reallast gesichert werden, für deren Erfüllung der Eigentümer auch persönlich haftet (§ 1108 BGB). Während die Dienstbarkeit oder Baulast am Ausgleichsgrundstück einzutragen ist, sollte die Reallast das Eingriffsgrundstück belasten. Anders lautende Empfehlungen sind wegen der Möglichkeit der Dereliktion (§ 928 BGB) nicht sinnvoll. Hinsichtlich der inhaltlichen Bestimmtheit der Dienstbarkeit kann auf die entsprechende Festsetzung des Bebauungsplans Bezug genommen werden (vgl. auch *LG München II* MittBayNot 2004, 366). Bei mehreren Ausgleichspflichtigen sollte als Verteilungsmaßstab hinsichtlich der Kosten an § 135b BauGB angeknüpft werden.

Formulierungsbeispiel: Ausgleichsflächensicherung 23b
Für die Durchführung eines Bauvorhabens auf dem Grundstück FlSt. 111 der Gemarkung ... ist ein naturschutzrechtlicher Ausgleich erforderlich, der auf dem Grundstück FlSt. 222 der Gemarkung ... durchgeführt werden soll. Zur Sicherung wird Folgendes vereinbart: 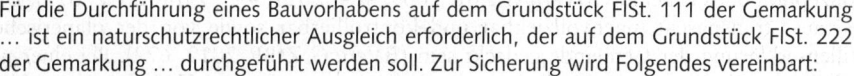 1. An dem Grundstück FlSt. 222 der Gemarkung ... wird eine beschränkte persönliche Dienstbarkeit zugunsten der Gemeinde ... mit dem Inhalt bewilligt, dass der Eigentümer es zu unterlassen hat, andere als die im beigefügten Pflanzplan, auf den verwiesen wird, im Einzelnen aufgeführten Anpflanzungen durchzuführen. Ferner hat der Eigentümer zu dulden, dass die Gemeinde ... das dienende Grundstück zu Kontrollgängen sowie zu Unterhaltungs- und Pflegemaßnahmen durch von ihr beauftragte Personen betreten und befahren lässt. Die Eintragung der beschränkten persönlichen Dienstbarkeit zugunsten der Gemeinde ... mit dem vorstehenden Inhalt an erster Rangstelle im Grundbuch wird bewilligt und beantragt. 2. Auf dem Grundstück FlSt. 222 der Gemarkung ... sind folgende Pflegemaßnahmen durchzuführen: ..., und zwar in folgenden zeitlichen Abständen ... Zur Durchführung dieser Pflegemaßnahmen verpflichtet sich hiermit ... als Eigentümer des Grundstücks FlSt. 111 der Gemarkung ... Zur Sicherung dieser Pflegemaßnahmen ... wird am Grundstück FlSt. 111 der Gemarkung ... eine Reallast zugunsten der Gemeinde ... mit dem vorstehenden Inhalt an erster Rangstelle in Abteilung III des Grundbuchs und in Abteilung II im Rang nach der Grunddienstbarkeit (Abstandsflächenübernahme) zugunsten von FlSt. 112 der Gemarkung ... bewilligt und beantragt. 3. ... verpflichtet sich ferner gegenüber der Gemeinde bis zum Ablauf des ... folgende naturschutzrechtliche Ausgleichsmaßnahmen (Anpflanzungen) durchzuführen: ... Zur Sicherung dieser Verpflichtung wird bei Vertragsschluss eine selbständige Bürgschaft der ... Bank in Höhe von ... EUR übergeben. Die Bürgschaft ist nach Durchführung dieser Ausgleichsmaßnahmen und mängelfreier Abnahme durch den Eigentümer und die Gemeinde unverzüglich zurückzugeben. Die Kosten der Bürgschaft trägt der Eigentümer des Grundstücks FlSt. 111 der Gemarkung ...

c) Kostenübernahmeverträge, insbesondere Folgekostenverträge (§ 11 I 2 Nr. 3 BauGB)

Die Gemeinde muss die **Kosten einer gemeindlichen Planung** grundsätzlich selbst tragen, soweit ihr nicht gesetzlich die Möglichkeit einer Kostenerstattung eingeräumt ist. Diese Regelung enthält § 11 I 2 Nr. 3 BauGB, wonach die Übernahme von Kosten oder sonstigen Aufwendungen, die der Gemeinde für städtebauliche Maßnahmen entstehen oder entstanden sind und die Voraussetzung oder Folge des geplanten Vorhabens sind, zugelassen wird. Zwischen dem Vorhaben und der zu finanzierenden Maßnahmen muss ein unmittelbarer Ursachenzusammenhang bestehen. Die Gemeinde darf durch derartige Vereinbarungen im Sinne eines Aufwendungsersatzes nur von Kosten entlastet werden. Dies gilt auch, wenn die Gemeinde eine Entwicklungsgesellschaft beauftragt (vgl. *KG* NVwZ-RR 2000, 765). Einen Eigenanteil muss die Gemeinde bis zur Grenze der Unangemessenheit nicht übernehmen (§ 11 II 3 BauGB; vgl. *BVerwG* ZfIR 2011, 495). 24

In der Praxis betrifft dies vorwiegend die Übernahme der so genannten **Nachfolgelasten** (vgl. das Muster bei *Grziwotz* JuS 1998, 1113, 1118; vgl. *Bunzel* DVBl. 2011, 796 und *Grziwotz* KommJur 2009, 293). Es handelt sich um Kosten für Anlagen und Einrichtungen des Gemeindebedarfs wie z.B. Schulen, Kindergärten, Altenheime, Jugend- und Freizeitheime, Senioreneinrichtungen, Bürgerzentren sowie Sport- und Spielplätze. Diese können auch außerhalb des betreffenden Baugebietes liegen (z.B. Kindergarten für zwei 25

Baugebiete). Das Gesetz stellt klar, dass auch die Bereitstellung von Grundstücken durch den Privaten erfolgen kann. Es muss stets eine Zuordnung zwischen Kosten und Maßnahmen in der Weise erfolgen, dass die zu finanzierenden Maßnahmen für den Vertragspartner der Gemeinde nachprüfbar sind. Die Kausalität (Voraussetzung oder Folge) ist streng einzuhalten (*VGH München* BayVBl. 2009, 722). Maßgeblich ist die planerische Konzeption der Gemeinde (*BVerwG* ZfIR 2009, 464; 2011, 495; ZfBR 2012, 672). Dieses muss transparent, nachvollziehbar und kontrollierbar sowie von der planerischen Willenserklärung der Gemeinde gedeckt sein (*BVerwG* ZfBR 2012, 672). Bei einer unteilbaren städtebaulichen Maßnahme ist jedes von mehreren Vorhaben ursächlich (*BVerwG* ZfIR 2009, 464; 2011, 495). Die Vereinbarung einer allgemeinen Zuzugsabgabe und einer Pauschale ohne Zuordnung ist dagegen unzulässig (*VGH München* ZfIR 2005, 205 und *OVG Lüneburg* BauR 2008, 57). Dies gilt auch dann, wenn die Gemeinde damit „droht", dass bei einem vom Bürger geforderten Einzelnachweis weitaus höhere Kosten anfallen (so aber noch *Wallraven-Lindl* BayBgm. 2000, 423). Folgekostenverträge sind jedoch nicht nur bei großen Vorhaben und einer sprunghaften Entwicklung zulässig, sondern können auch mit den einzelnen Grundstückseigentümern eines Baugebiets geschlossen werden (*BVerwG* BauR 2005, 1600; *VG Mannheim* BauR 2005, 1595). Im Rahmen der Angemessenheit kann es im Einzelfall geboten sein, die Kosten für Nachfolgelasten nur teilweise dem Privaten zu überbürden. Dies gilt insbesondere auch dann, wenn eine Einrichtung in nicht unerheblichem Maße der Allgemeinheit zur Verfügung steht und eine alleinige Kostenübernahme durch den Vorhabenträger unangemessen wäre. Ein vertraglicher Verzicht auf einen Erstattungsanspruch bei Abschluss eines unwirksamen Folgelastenvertrages ist nicht möglich. Auch § 814 BGB, der eine Rückforderung bei der Kenntnis der Unwirksamkeit ausschließt, ist auf den öffentlich-rechtlichen Erstattungsanspruch nicht anwendbar. Lediglich aus Treu und Glauben kann sich eine Einschränkung der Rückforderung in besonders gelagerten Ausnahmefällen, nicht jedoch bereits bei Schaffung des Baurechts seitens der Gemeinde ergeben (vgl. *BVerwG* ZfIR 2009, 464; *OVG Münster* NJW 1978, 1542; *BVerwG* DNotZ 2000, 760; *OVG Lüneburg* BauR 2008, 57). Wird die Übernahme von Folgekosten mit einem Grundstückskauf verbunden, handelt es sich um eine grunderwerbsteuerrechtlich relevante Gegenleistung (*OFD Karlsruhe* NVwZ 2000, 1025; s. aber *FG München* DStRE 2014, 36). Der Abschluss eines Folgekostenvertrages deutet jedoch nicht auf einen gewerblichen Grundstückshandel hin (*FinMin Bayern* DStR 2000, 554).

25a Bereits § 11 I 2 Nr. 1 BauGB enthält hinsichtlich der Vorbereitung und Durchführung städtebaulicher Maßnahmen durch den Vorhabenträger auch die Übernahme der damit zusammenhängenden Kosten. § 11 I 2 Nr. 3 BauGB ist insoweit die allgemeine **Erstattungsvorschrift von Aufwendungen** für städtebauliche Maßnahmen. Zu ihnen gehören neben den „klassischen" Folgekosten z. B. auch Aufwendungen für naturschutzrechtliche Ausgleichsmaßnahmen, die Baureifmachung, die Bodensanierung und nach wohl überwiegender Ansicht (vgl. Rn. 26) auch für Erschließungsmaßnahmen. Auch die **Übernahme verwaltungsinterner Kosten** ist zulässig (*BVerwG* DNotZ 2006, 905; *Vierling* DNotZ 2006, 891). Maßstab ist, ob die den geforderten Kosten zugrunde liegenden Maßnahmen auch auf außenstehende Private hätten übertragen werden können. Demnach sind auch verwaltungsinterne Kosten für die Erstellung von Planentwürfen und für die technische Vorbereitung von Verfahrensschritten übernahmefähig (*Dirnberger* BayGT 2006, 90, 92). Von der Abwälzbarkeit ausgenommen sind die Kosten für Aufgaben, die die Gemeinde zwingend durch eigenes Personal wahrnehmen muss. Im Vertrag müssen die abwälzbaren Kosten hinreichend konkret beschrieben und der tatsächliche Aufwand (z. B. zeitlicher Umfang der Planzeichnung) dargelegt werden; eine Pauschale, insbesondere in Höhe eines Angebots eines Architekten, ist nicht zulässig.

d) Nutzungspflichten von Anlagen der Kraft-Wärme-Kopplung und von Solaranlagen sowie Anforderungen an die energetische Qualität von Gebäuden (§ 11 I 2 Nr. 4 und 5 BauGB)

Bauplatzverkäufe werden von Gemeinden mitunter mit der Verpflichtung zur **Verwendung einer bestimmten Energieart** oder sogar zum Bezug einer bestimmten Energieart sowie die Nutzung bestimmter Energieversorgungssysteme (z. B. Windenergie) verbunden. Dies ist auch bei Beschränkung z. B. auf ein kommunales Werk wettbewerbsrechtlich zulässig (*BGH* DNotZ 2003, 333, anders noch *OLG Schleswig* DNotI-Report 2000, 194). Eine Sicherung ist durch eine Unterlassungsdienstbarkeit möglich (*BGH* MittBayNot 1994, 126 und *OLG München* MittBayNot 2006, 43; vgl. auch *OLG Zweibrücken* MittBayNot 2001, 481 und zur AGB-rechtlichen Zulässigkeit *OLG Düsseldorf* RNotZ 2008, 24). Allerdings ist fraglich, ob derartige Ewigkeitsbindungen bei einer Bindung an ein Werk angemessen sind. § 11 I 2 Nr. 4 BauGB nennt die Nutzung von Netzen und Anlagen der Kraft-Wärme-Kopplung für die Wärme- und Elektrizitätsversorgung ausdrücklich als Gegenstand städtebaulicher Verträge. Dies ist aber nicht abschließend (*Portz* BayGT 2009, 137, 140). Eingeschlossen sein sollen auch Vereinbarungen über die so genannte Kälteversorgung von Gebäuden. Eine Nutzungsbindung ist ferner für Solaranlagen vorgesehen. In einem städtebaulichen Vertrag kann somit die Errichtung und Nutzung von Anlagen und Einrichtungen zur dezentralen und zentralen Erzeugung, Verteilung, Nutzung und Speicherung von Strom, Wärme und Kälte aus erneuerbaren Energien oder Kraft-Wärme-Koppelung geregelt werden (*Stüer/Stüer* DVBl. 2011, 1117, 1121). Auch die Einhaltung von Mindeststandards zur Energieeffizienz und somit auch die Einhaltung von Energiekennzahlen kann geregelt werden. Allerdings ist für sämtliche Alternativen ein städtebaulicher Zusammenhang erforderlich. Ein vertraglicher Anschluss- und Benutzungszwang wird zudem die entsprechenden gesetzlichen Grenzen beachten müssen (vgl. *BVerwG* NVwZ 2005, 1072 und 2006, 690; *VGH Mannheim* VBlBW 2004, 337).

In städtebaulichen Verträgen können auch Vereinbarungen über die **energetische Qualität von Gebäuden** getroffen werden. Auch insoweit ist ein städtebaulicher Zusammenhang erforderlich. Die diesbezüglichen Vereinbarungen müssen den Zielen und zudem städtebaulichen Planungen oder Maßnahmen entsprechen (*Dirnberger* BayGT 2011, 360, 362). In städtebaulichen Verträgen sind sämtliche Maßnahmen zulässig, die die Energiebilanz von Gebäuden verbessern.

25b

25c

III. Erschließungsvertrag, Ablösungs- und Vorauszahlungsvereinbarungen

1. Der Erschließungsvertrag (§ 11 I 2 Nr. 1 BauGB)

a) Inhalt und Abgrenzung

Die Gemeinde kann die Erschließung durch öffentlich-rechtlichen Vertrag (*BVerwG* NVwZ 2008, 212; 2011, 690; *BayObLG* MittBayNot 2005, 81; *OVG Schleswig* NJW 2008, 601) auf einen Dritten übertragen (§ 11 I 2 Nr. 1 BauGB). Der Erschließungsunternehmer führt beim **echten Erschließungsvertrag** die Erschließung auf eigene Kosten und eigene Rechnung durch, ohne dass später eine Abrechnung durch die Gemeinde stattfindet. Demgegenüber übernimmt der Unternehmer beim so genannten unechten Erschließungsvertrag (**Vorfinanzierungsvertrag**) die Herstellung der Erschließungsanlagen, die anfallenden Kosten trägt er jedoch lediglich vorübergehend; er erhält sie zu einem mit der Gemeinde festgelegten Termin von dieser erstattet (vgl. *OVG Saarlouis* NVwZ-RR 1999, 796). Nach Ansicht des *BVerwG* (ZfIR 2011, 326 und 2013, 205; vgl. dazu *Anders* BauR 2011, 1455; *Birk* VBlBW 2011, 329; *Heinemann* BauR 2012, 1330;

26

Köster BauR 2011, 932) handelte es sich bei der bisherigen Regelung des Erschließungsvertrags in § 124 BauGB a. F. um eine Spezialvorschrift, die einen Rückgriff auf die allgemeine Norm der Kostenübernahmeverträge nach § 11 I 2 Nr. 3 BauGB verbot. Gesetzesinkongruente Abgabenverträge bedürfen einer besonderen Ermächtigung (*BVerwG* NVwZ 2012, 218); andernfalls sind sie nichtig (vgl. zu den Folgen *OLG Hamm* NVwZ-RR 2012, 776). Eine von der Gemeinde (ganz oder mehrheitlich) beherrschte Eigengesellschaft konnte nach der Rechtsprechung des *BVerwG* (ZfIR 2011, 326 und 2013, 796; *Bier* DVBl. 2013, 541) nicht Dritter und damit Erschließungsunternehmer sein. Ein Ausweichen auf den städtebaulichen Kostenübernahmevertrag war für Erschließungsmaßnahmen nicht möglich (a. A. noch *VGH Mannheim* DVBl. 2010, 185; ausführlich *Oertel*, Der Erschließungsvertrag mit der kommunalen Eigengesellschaft, 2009, S. 165 ff. und *Walter* S. 1142 ff.; zu den zivilrechtlichen Folgen entsprechender Vereinbarungen *OLG Hamm* BeckRS 2013, 19580). Teilweise ließ das Landeskommunalabgabenrecht (vgl. Art. 5a II BayKAG) ausdrücklich Vereinbarungen zu, wobei deren Umfang umstritten ist (*Grziwotz* MittBayNot 2003, 200). Durch das Gesetz zur Stärkung der Innenentwicklung in den Städten und Gemeinden und zur weiteren Fortentwicklung des Städtebaurechts ist der Erschließungsvertrag in § 11 I 2 Nr. 1 BauGB geregelt worden, wobei ein Vertragsschluss auch mit einer gemeindlichen Eigengesellschaft zugelassen wurde (§ 11 I 3 BauGB; vgl. *Bunzel* KommPSpezial 2013, 133; *Grziwotz* PiG 94, 25, 34; *ders.* NotBZ 2013, 369, 371). Dieser darf allerdings nicht den alleinigen Zweck haben, sich von Beschränkungen der beitragsrechtlichen Abrechnung gleichsam selbst zu befreien, insbesondere den gemeindlichen Eigenanteil zu sparen. Der Erschließungsvertrag ist ferner von einem Vertrag über die Errichtung einer Privatstraße (*OLG Koblenz* NJW-RR 2006, 554; zum Ausschluss der Aufhebung der Gemeinschaft bei einer Miteigentümerprivatstraße *BGH* DNotI-Report 2008, 37) und über Grundstückszufahrten (*Halter* KommJur 2007, 167) zu unterscheiden. Kein Erschließungsvertrag ist schließlich die Vereinbarung zweier Gemeinden über den Bau einer Gemeindeverbindungsstraße (*VGH München* NVwZ-RR 2006, 632).

27   Die Gemeinde selbst kann nicht **Erschließungsunternehmer** sein. Für zulässig wird es allerdings angesehen, dass der Erschließungsunternehmer die Gemeinde (Bauhof) werkvertraglich mit der technischen Durchführung der Arbeiten beauftragt. Er muss die übernommenen Arbeiten nämlich nicht selbst durchführen. Der Erschließungsunternehmer braucht auch nicht Eigentümer der im Erschließungsgebiet belegenen Grundstücke sein.

b) Regelungspunkte

28   Gegenstand eines Erschließungsvertrages können nach Bundes- oder Landesrecht beitragsfähige sowie nicht beitragsfähige **Erschließungsanlagen** in einem bestimmten Erschließungsgebiet sein (§ 11 I 2 Nr. 1 BauGB; zur Beschränkung auf einen Teil der Erschließung *BVerwG* KommJur 2012, 39; *VGH Kassel* DÖV 2008, 291, 292; *VGH München* BayVBl. 2011, 507 und *OVG Saarlouis* BeckRS 2012, 59057; zur umsatzsteuerlichen Behandlung s. *BFH* DB 2010, 2780; DStR 2011, 465; *BMF* DStR 2012, 1185). Neben der Herstellung der Erschließungsanlagen i. S. v. § 127 II BauGB kann auch die Herstellung von Teilen des Wasserleitungs- bzw. Kanalnetzes (ggf. Zuständigkeit eines Zweckverbandes beachten) sowie von nicht beitragsfähigen sonstigen Erschließungsanlagen (z. B. selbständige Kinderspielplätze und unselbständige Sackgassen), der Anlagen zur Versorgung mit Elektrizität, Gas und Fernwärme vereinbart werden. Es muss sich jedoch um eine Erschließungslast der Gemeinde handeln, so dass die Herstellung von Straßen, deren Straßenbaulastträger nicht die Gemeinde ist, nicht in Betracht kommt. Strittig ist, ob der Erschließungsvertrag auf die erstmalige Herstellung von Erschließungsanlagen beschränkt ist (bejahend *Driehaus* § 6 Rn. 29; verneinend *Birk* VBlBW 1993, 457, 460; Ernst/Zinkahn/Bielenberg/ Krautzberger/*Grziwotz* § 11 Rn. 347), sowie ferner, ob die Sicherung der Erschließung im Außenbereich und die Herstellung von An-

III. Erschließungsvertrag, Ablösungs- und Vorauszahlungsvereinbarungen

lagen zur Reinigung der Abwässer von Straßen Vertragsgegenstand sein können. § 11 I 2 Nr. 1 BauGB dürfte keine Sperrwirkung dergestalt entfalten, dass die Kostenübernahme hinsichtlich der vorbezeichneten Anlagen unzulässig wäre (vgl. *Döring* NVwZ 1994, 853; *Battis/Krautzberger/Löhr/Reidt* § 11 Rn. 20; s. auch *Driehaus* § 6 Rn. 29 Fn. 72, der insoweit einen Erschließungssicherungsvertrag zulässt; s. zu ihm *Bears* BauR 2013, 546).

Im Erschließungsvertrag muss zunächst das **Erschließungsgebiet** genau beschrieben **29** werden. Es darf sich nicht auf das gesamte Gemeindegebiet erstrecken. Es muss jedoch nicht mit dem Gebiet eines Bebauungsplans übereinstimmen. Soweit Gegenstand des Erschließungsvertrages eine beitragsfähige Erschließungsanlage ist, ist zu beachten, dass die Herstellungsverpflichtung dem Bebauungsplan grundsätzlich nicht widersprechen darf. Ist die Herstellung abweichend von den Festsetzungen des Bebauungsplans vereinbart, ist dies nur zulässig, wenn die Abweichung von § 125 III BauGB gedeckt ist. Der Erschließungsvertrag kann bereits vor In-Kraft-Treten des Bebauungsplanes abgeschlossen werden. Allerdings sollte ausdrücklich die Herstellungsverpflichtung an das In-Kraft-Treten des Bebauungsplanes geknüpft werden (vgl. *BVerwG* MittBayNot 1996, 387). Allein der Umstand, dass es sich um einen öffentlich-rechtlichen Vertrag handelt, entbindet nicht von der Ausschreibungspflicht (*EuGH* ZfIR 2001, 666; *VK Bad.-Württ.* ZfBR 2003, 81). Bei Überschreitung des Schwellenwertes von 5.186.000 EUR ist jedenfalls bei einer teilweisen bescheidsmäßigen Abrechnung bzw. einer Verrechnung, die entgegen einer in der Literatur geänderten Ansicht wegen der Herstellung der leitungsgebundenen Einrichtungen im Erschließungsgebiet der Regelfall ist, eine Ausschreibung des Erschließungsvertrages, ersatzweise zumindest der Bauleistungen erforderlich (*EuGH* ZfIR 2001, 666; vgl. aber *EuGH* NZBau 2011, 431 für einen Vertrag, der auch einen Dienstleistungsaspekt hatte). Unter diesem Schwellenwert ist eine Ausschreibung bei Fremdanliegern und leitungsgebundenen Einrichtungen ratsam. Im Übrigen ist das Erfordernis einer Ausschreibung unterhalb der Schwellenwerte umstritten, sofern das primäre europäische Recht keine Vergabe erfordert (vgl. *Ax/Keseberg* KommJur 2007, 6; *Seufert/ Tilmann* NVwZ 2007, 1273). Vergabevorschriften können eine Ausschreibung auch unterhalb der Schwellenwerte anordnen. Bei einem Verstoß gegen die europarechtliche Ausschreibungspflicht ist der Vertrag von Anfang an nichtig, wenn der Verstoß in einem Nachprüfungsverfahren festgestellt wird (§ 101b GWB). Ein derartiges Verfahren kann längstens innerhalb von sechs Monaten nach Vertragsschluss eingeleitet werden; bei einer Bekanntmachung im Amtsblatt der EU 30 Tage nach der Veröffentlichung (§ 101b II GWB; zu den beitragsrechtlichen Folgen *OVG Münster* NVwZ-RR 2008, 442).

Die **Herstellungsverpflichtung** des Erschließungsunternehmers sollte bezüglich der zu **30** errichtenden Erschließungsanlagen und deren Durchführung möglichst genau konkretisiert werden. Die Übertragungsverpflichtung hinsichtlich der Erschließungsflächen kann durch Eintragung einer Auflassungsvormerkung sichergestellt werden. Eine Sicherstellung ist auch hinsichtlich der weiteren vom Erschließungsunternehmer übernommenen Verpflichtungen regelmäßig geboten, da sich sonst die Gemeinde schadensersatzpflichtig machen kann (vgl. *Driehaus* § 6 Rn. 35). Regelmäßige Sicherungsmittel sind die Vertragserfüllungs- und Mängelbürgschaft (vgl. zum Austausch *OLG Hamm* NJW 2010, 2737); zur Angemessenheit s. *Chatziathanasiou/Towfigh* DVBl. 2013, 84, 89). Im Hinblick auf die Grundstücksübertragungsverpflichtung ist der Erschließungsvertrag insgesamt beurkundungsbedürftig (§ 11 III BauGB; vgl. nur *BGH* NJW 1972, 1364; *BVerwG* MittBayNot 1996, 387; *OVG Schleswig* NJW 2008, 601; *VG Göttingen* NZBau 2009, 45; *Büssemaker* BTR 2004, 17). Eine Aufspaltung in grundstücksbezogene und sonstige Rechtsgeschäfte ist unzulässig (vgl. *Battis/Krautzberger/Löhr/Reidt* § 11 Rn. 84; zur grunderwerbsteuerlichen Behandlung *OFD Düsseldorf* und *Münster* DB 2006, 18). Bezüglich der abzutretenden Erschließungsflächen enthält der Vertrag meist bereits die (auch einen Rechtsnachfolger bindende) Widmungszustimmung (*OVG Saarlouis* NVwZ-RR 2008, 76); sie allein dürfte zur Umgehung der Beurkundungspflicht nicht ausreichen.

31 Die im Erschließungsvertrag vereinbarten Leistungspflichten des Erschließungsunternehmers müssen den gesamten Umständen nach **angemessen** sein und in **sachlichem Zusammenhang** (§ 11 II 1 BauGB) mit der Erschließung stehen. Unwirksam sind danach „Luxuserschließungen", d. h. Erschließungen, die über das hinausgehen, was die Bebauung und der Verkehr im Erschließungsgebiet erfordern, die Herstellung von Anlagen, die in nicht unwesentlichem Umfang auch den Grundstücken außerhalb des Erschließungsgebiets zugute kommen, sowie Herstellungs- und Beitragspflichten des Erschließungsunternehmers, die für diesen zu einer Doppelbelastung führen (vgl. *Quaas* BauR 1999, 1113, 1121 f.). Zu beachten ist, dass die gesetzliche Einschränkung auch Personen, die vom Erschließungsunternehmer erwerben, schützen soll (vgl. *Grziwotz* NJW 1995, 1927). Das Gesetz lässt es ausdrücklich zu, dass sich der Erschließungsunternehmer auch zur Tragung des gemeindlichen Eigenanteils verpflichtet (§ 11 II 3 BauGB). Dies begegnet nach herrschender Meinung keinen Bedenken (vgl. Cholewa/Dyong/v. d. Heide/*Sailer*, BauGB, 1994, § 124 Anm. 6 und *Driehaus* in: BerlKomm. zum BauGB, 3. Aufl. 2002, § 124 Rn. 20; a. A. Battis/Krautzberger/*Löhr*, 11. Aufl. 2009, § 124 Rn. 8, der die Übernahme der Erschließungskosten in voller Höhe durch den Unternehmer nur dann für möglich hält, wenn die Gemeinde nachweisen kann, dass es sich um eine zusätzliche Erschließungsmaßnahme handelt, die die Gemeinde bei eigener Kostenbeteiligung zum gegenwärtigen Zeitpunkt und in absehbarer Zukunft nicht durchführen könnte, was gegebenenfalls im Erschließungsvertrag festgestellt werden sollte). Der Erschließungsvertrag muss zudem die Grundsätze der Gleichbehandlung, der Äquivalenz und der Kostendeckung beachten; deshalb ist eine gesetzlich nicht gedeckte Abgabenfreistellung unwirksam (*BGH* BGHR 2003, 984; zum öffentlich-rechtlichen Erstattungsanspruch *BVerwG* NVwZ 2008, 212). Unklar, aber wohl zu bejahen ist die Frage, ob ein Erschließungsvertrag auch noch geschlossen werden kann, wenn bereits ein Baurecht besteht.

32 Probleme bereiten häufig im Erschließungsgebiet vorhandene **Fremdanlieger**, d. h. Eigentümer von Grundstücken, die durch die im Erschließungsvertrag vereinbarten Maßnahmen einen Vorteil erlangen. Mit diesen kann der Erschließungsunternehmer privatrechtliche Erstattungsvereinbarungen treffen. Tut er dies nicht, hat er grundsätzlich keinen zivilrechtlichen Kostenerstattungsanspruch (*BGH* NJW 1974, 96; *OLG Schleswig* NVwZ 2004, 1528; *VG Potsdam* LKV 2012, 188; anders *BGH* NVwZ 2002, 511 bei Einflussnahme der Fremdanlieger auf Erschließungsmaßnahmen). Auch gegen die Gemeinde stehen ihm keine Erstattungsansprüche zu. Die Gemeinde kann die Fremdanlieger auch nicht zu Beträgen heranziehen, da sie mangels abweichender Vereinbarungen im Erschließungsvertrag keinen eigenen Aufwand hat (*BVerwG* MDR 1982, 1047). Ein in einem Erschließungsvertrag vereinbarter „Druck" zur Kostenerstattung durch die Versagung von Einleitungsgenehmigungen ist unwirksam (*OVG Greifswald* DÖV 2004, 40). Gegebenenfalls muss der Erschließungsvertrag von Anfang an dahin gehend modifiziert werden, dass die Gemeinde dem Erschließungsunternehmer die beitragsfähigen Aufwendungen in voller Höhe (nicht nur für die Grundstücke der Fremdanlieger!) erstattet, wobei die für die Grundstücke des Erschließungsunternehmers entstehenden Erschließungsbeitragsforderungen mit dem Erstattungsanspruch verrechnet werden können. Die Gemeinde kann in diesem Fall die Fremdanlieger zu Beiträgen heranziehen und diese sodann an den Erschließungsunternehmer abführen (vgl. *BVerwG* MittBayNot 1996, 387; ZfIR 2013, 515; *OVG Lüneburg* NVwZ-RR 2007, 341 und NVwZ-RR 2011, 381; a. A. *Driehaus* § 6 Rn. 53 ff.). Der Erschließungsunternehmer kann sich umgekehrt auch gegenüber der Gemeinde verpflichten, die gesamten Kosten, also auch diejenigen Anteile zu übernehmen, die bei einer Erhebung von Beiträgen auf die Fremdanlieger entfallen würden; der Erschließungsvertrag wird dadurch nicht unangemessen (*BVerwG* MittBayNot 2012, 411; vgl. *Wiggers* NJW-Spezial 2011, 172).

33 Stellt der Erschließungsunternehmer auch im Erschließungsgebiet befindliche **Leitungen** der Wasserversorgung und der Entwässerung her, darf durch die Beitragspflicht nach Maßgabe der Beitragssatzungen keine Doppelbelastung für den Erschließungsunternehmer entstehen. § 25 II 1 SächsKAG enthält insoweit einen allgemeinen Rechtsgrundsatz, wenn er anordnet, dass die für die erschlossenen Grundstücke nachgewiesenen beitragsfähigen Aufwendungen von der Beitragslast dieser Grundstücke abzusetzen sind (vgl. *OVG Lüneburg* KommJur 2007, 218 zur Durchführung der Abwasserbeseitigung durch Dritte). Zulässig ist eine Kostenregelung, nach der sich die Gemeinde verpflichtet, dem Erschließungsunternehmer die tatsächlichen Kosten für die leitungsgebundenen Einrichtungen zu erstatten. Möglich ist auch eine Ablösung dergestalt, dass Herstellungsforderung und Ablösungsbetrag gegeneinander verrechnet werden. Übersteigen die Aufwendungen des Erschließungsunternehmers die Beiträge, ist eine Mehrkostenübernahme zulässig (*Birk* VBlBW 1993, 457, 460). Denkbar ist schließlich auch eine Ablösung in der Weise, dass der Ablösungsbetrag nach Maßgabe des satzungsmäßigen Beitrags unter Berücksichtigung des auf die zentralen Einrichtungen und die Leitungen entfallenden Kostenanteils berechnet wird.

Im Vertrag können ferner noch die Auswirkungen von **Änderungen** des Planentwurfs auf die Herstellungspflicht des Erschließungsunternehmers, die Erstellung der Grundstücksanschlüsse sowie das Recht der Gemeinde zur Ersatzvornahme geregelt werden. Von Bedeutung ist ferner die Sicherung der Vertragserfüllung (*BGH* BauRB 2004, 222 keine Bürgschaft auf erstes Anfordern in AGB und der Rechte wegen Sachmängeln (*BGH* NJW-RR 2007, 319; *OLG Hamm* BauRB 2003, 226 keine Bürgschaft auf erstes Anfordern nach Muster der Gemeinde; zum Austausch *OLG Hamm* NJW 2010, 2736); gegebenenfalls muss die Verjährung der Ansprüche aus der Bürgschaft verlängert werden (*Grziwotz* DVBl. 2005, 471, 473; *KG* BauR 2007, 547; *OLG Hamm* IBR 2007, 193; *OLG München* BeckRS 2012, 13146). Eine abgetretene Bürgschaft gegen den bauausführenden Unternehmer ist wegen des Einwendungsrechts des Nachunternehmers meist keine ausreichende Sicherheit (vgl. *BGH* BauR 2005, 1926). Muster für Erschließungsverträge enthalten Ernst/Zinkahn/Bielenberg/Krautzberger/*Grziwotz* § 11 Rn. 426; *ders.*, Vertragsgestaltung im öffentlichen Recht, Rn. 243 und *Richarz/Steinmetz*, Erschließung in der kommunalen Praxis, 2. Aufl. 2000, S. 292 ff. 34

2. Ablösungsvereinbarungen

Gemeinden sind grundsätzlich verpflichtet, Erschließungskosten durch die Erhebung von Beiträgen oder, soweit zulässig, durch Gebühren nach Maßgabe der gesetzlichen Vorschriften und der gemeindlichen Satzungen auf die Eigentümer der erschlossenen Grundstücke umzulegen. Gesetzesinkongruente Abgabenverträge sind unwirksam (*BVerwG* NVwZ 2013, 218); dies gilt auch für Verträge, mit denen Einfluss auf die Satzungsgestaltung genommen werden soll (*OVG Magdeburg* NVwZ 2010, 396). Unwirksamkeit tritt auch ein, wenn in einem Vertrag eine von kommunalen Körperschaften beherrschte juristische Person des Privatrechts einen „Infrastrukturbeitrag" vereinbart (*BGH* NotBZ 2009, 487). Nur teilweise lassen Gesetze ausdrücklich Vereinbarungen zu (Art. 5 IX 3, Art 5a II BayKAG; § 8 IX BraKAG). Vereinbarungen über Beiträge sind im Übrigen nur als Ablösungsvertrag oder nach Maßgabe der gesetzlichen Billigkeitsregelungen zulässig (vgl. § 2 II KAG RP; zum Absehen von Erschließungsbeiträgen nach § 135 V BauGB bei einer Industrieansiedlung s. *BVerwG* ZMR 1969, 248; NVwZ 1999, 543). Ein vertraglicher Beitragsverzicht ist ohne gesetzliche Grundlage nicht zulässig (*BVerwG* NVwZ 2013, 218; *OVG Münster* NVwZ-RR 2003, 167). § 133 III 5 BauGB lässt die **Ablösung** des Erschließungsbeitrages im Ganzen vor Entstehen der Beitragspflicht bei Bestehen entsprechender Ablösungsbestimmungen zu. Hinsichtlich der landesrechtlichen Kommunalabgaben sehen einzelne Gesetze die Ablösung ausdrücklich vor (§ 26 KAGBW, Art. 5 IX 1 BayKAG, § 23 BerlStrABG, § 50 HWG, § 7 V KAGMV, § 6 VII 5 NdsKAG, § 2 II KAG RP; § 8 IX 4 SaarlKAG, §§ 25, 31 SächsKAG, § 6 VII 5 KAGLSA, § 8 VI 1 KAGSH, § 7 XIII ThKAG). Die Einzelheiten der Ablösung bestimmen sich meist nach der gemeindlichen Satzung (§ 26 I 2 KAGBW, Art. 5 IX 2 BayKAG, § 6 35

VII 5 NdsKAG, § 8 IX 4 SaarlKAG, §§ 25 I 2, 31 SächsKAG, § 6 VII 5 KAGLSA, § 8 VI 2 KAGSH, § 7 XIII 2 ThKAG). Soweit das Landesrecht keine entsprechenden Bestimmungen enthält, ist strittig, ob die Ablösung ein allgemeines Institut darstellt; dies dürfte jedoch zu bejahen sein (vgl. *VGH Kassel* KStZ 1980, 111; *OVG Münster* NVwZ 1991, 1106; *OVG Saarlouis* KStZ 1983, 76 und *VGH Mannheim* NVwZ-RR 1999, 194). Eine öffentlich-rechtliche Ablösungsvereinbarung (vgl. § 50 S. 3 HWG) kann auch in einem (sonst) privatrechtlichen Kaufvertrag enthalten sein (*OVG Magdeburg* LKV 2000, 185; *OLG Naumburg* KommJur 2007, 197; zur Frage der Urkundeneinheit *BVerwG* DNotZ 2010, 549).

36   Die Ablösung hinsichtlich der Erschließungsbeiträge nach dem BauGB ist – unter Beachtung abweichenden Landesrechts – nur für eine bestimmte, beitragspflichtige **Erschließungsanlage** möglich, die im Vertrag genau konkretisiert werden muss. Ferner darf für diese Erschließungsanlage die **sachliche Beitragspflicht** noch nicht entstanden sein. Schließlich muss es sich um ein **erschließungsbeitragspflichtiges** Grundstück handeln. Dagegen ist nicht erforderlich, dass für das betreffende Grundstück eine Baugenehmigung erteilt oder mit der Herstellung der Erschließungsanlage begonnen wurde oder mit der endgültigen Herstellung in absehbarer Zeit zu rechnen ist.

37   Gegenstand des Ablösungsvertrages kann nach dem Gesetzeswortlaut nur die Ablösung des Erschließungsbeitrages **im Ganzen** sein. Eine Teilablösung, z. B. der Kosten für die Herstellung der Befestigung, Entwässerung und Beleuchtung unter Ausschluss der Grunderwerbskosten, ist somit nicht zulässig. Dies gilt auch dann, wenn die Gemeinde satzungsmäßig im Wege der Kostenspaltung abrechnen könnte (vgl. *Klausing,* FS Weyreuther, 1993, S. 455, 464). Sieht ein Bebauungsplan „flexible" Grundstücksgrenzen vor, schließt dies eine Ablösung wohl nicht aus. Allerdings muss dann vereinbart werden, welche Geschossfläche jeweils abgelöst ist. Unerheblich für eine Ablösung ist, ob bereits eine Vorausleistung gefordert und entrichtet wurde (*BVerwG* NVwZ 1991, 1096).

38   Die Ablösung muss in der Erschließungsbeitragssatzung weder allgemein zugelassen noch in ihren Einzelheiten geregelt werden. Das Gesetz setzt für die Zulässigkeit der Ablösung nicht einmal die Existenz einer diesbezüglichen Satzung in der Gemeinde voraus (vgl. nur *Gaentzsch,* BauGB, 1991, § 133 Rn. 8). Erforderlich sind lediglich **Ablösungsbestimmungen,** die das nach der Kommunalverfassung zuständige Organ der Gemeinde in Form an die Verwaltung gerichteter allgemeiner Anforderungen erlässt. Sie sollen eine gleichmäßige Handhabung gewährleisten. Sie müssen deshalb die Ermittlung des mutmaßlichen Erschließungsaufwandes und dessen Verteilung regeln. Die Verteilungsmaßstäbe in der Satzung und in den Ablösungsbestimmungen müssen nicht identisch sein. Die Ablösungsvereinbarung muss mit den Ablösungsbestimmungen übereinstimmen, sonst ist sie nichtig (*BVerwG* NJW 1990, 1679; BeckRS 2002, 24115; *VGH Mannheim* NVwZ-RR 2007, 809; VBlBW 2011, 434). Ein diesbezüglicher Mangel erfasst, wenn die Ablösung in einem Kaufvertrag vereinbart wurde, den gesamten Vertrag (*BGH* NVwZ-RR 2009, 412; zur Rückabwicklung *BVerwG* DVBl. 2010, 575). Liegen Ablösungsbestimmungen bei Abschluss des Ablösungsvertrages noch nicht vor, ist er nur dann wirksam, wenn die Beteiligten bei Vertragsabschluss übereinstimmend den Wegfall des Verbots ins Auge gefasst haben und die vereinbarte Ablösezahlung erst nach Erlass der Ablösebestimmungen erfolgen soll (h. M.; *Ernst*/Zinkahn/Bielenberg/Krautzberger § 133 Rn. 75; vgl. *BVerwG* DVBl. 1982, 550, übersehen von *OVG Magdeburg* LKV 2004, 425).

39   Die Gegenleistung in einer Ablösungsvereinbarung kann auch durch Landabtretung und andere Sachleistungen erfolgen. Der gemeindliche Eigenanteil ist jedoch von der Gemeinde zu tragen. Eine Ablösung ist nur durch Vereinbarung, nicht durch einseitigen Ablösungsbescheid möglich (*VGH Mannheim* VBlBW 2011, 434). Ein Muster einer Vereinbarung enthält *Grziwotz,* Baulanderschließung, S. 343f. und *ders.* JuS 1998, 1013, 1015. Folge der Ablösung ist, dass eine Beitragspflicht nicht mehr entsteht. Umstritten ist, ob diese **Wirkung** schon mit Abschluss des Ablösungsvertrages oder erst mit Entrich-

tung der Gegenleistung durch den Eigentümer eintritt (*VGH Kassel* NVwZ-RR 2013, 733). Dies sollte im Ablösungsvertrag ausdrücklich im Sinne der letztgenannten Alternative geregelt werden. Stellt sich nach Wirksamkeit des Ablösungsvertrages heraus, dass der Beitrag vom Ablösebetrag abweicht, so handelt es sich um ein ablösungstypisches Risiko. Zu den ablösungstypischen Risiken zählen die nachfolgende Änderung des Bebauungsplans, eine Neufassung der satzungsmäßigen Verteilungsregelung, eine Abweichung in der Höhe des Erschließungs- oder Investitionsaufwands und eine Veränderung des Abrechnungsgebiets (*Driehaus* in: BerlKomm. zum BauGB, § 133 Rn. 83). Lediglich dann, wenn sich herausstellt, dass der Betrag, der dem abgelösten Grundstück zuzuordnen ist, das Doppelte oder mehr als das Doppelte oder die Hälfte oder weniger als die Hälfte des vereinbarten Ablösungsbetrages ausmacht, fällt die Geschäftsgrundlage weg (*BVerwG* NVwZ 1991, 1096). Hat die Gemeinde bei Abschluss des Ablösungsvertrags bereits Kenntnis von einer beabsichtigten Änderung des Bebauungsplans, muss sie dies offenbaren und darf es nicht verschweigen.

Besonderheiten ergeben sich hinsichtlich der **Ablösung beim Verkauf gemeindeeigener** **40** **Grundstücke.** Die Vereinbarung einer verdeckten Ablösung, d. h. eines Gesamtkaufpreises inklusive der Erschließung ist nichtig (*BVerwG* NJW 1990, 1679). Die Grundsätze der Abgabengerechtigkeit und -gleichheit verlangen die Offenlegung des Ablösebetrages, damit der Erwerber überprüfen kann, ob der Ablösebetrag in inhaltlicher Übereinstimmung mit den Ablösebestimmungen ermittelt worden ist (*VGH Mannheim* VBlBW 2008, 101; krit. *Schmittat* DNotZ 1991, 288). Das Verbot der Vereinbarung von verdeckten Ablösebeträgen kann wohl auch nicht dadurch umgangen werden, dass sich die Gemeinde verpflichtet, den Käufer von einer später entstehenden Erschließungsbeitragspflicht freizustellen (h. M., vgl. *Jachmann* BayVBl. 1993, 326, 334 und DNotI-Report 2007, 129; zu einem Ausnahmefall bei nicht berechenbaren Erschließungskosten s. *Grziwotz* ZfIR 2000, 161 mit Musterformulierung). Die zivilrechtliche Beginnlösung (§ 436 BGB) sollte nach dem Willen des Gesetzgebers nicht die öffentlich-rechtlichen Beitragsgrundsätze ändern (verkannt von *Miller* VBlBW 2007, 46; vgl. dazu auch *Panz* BWNotZ 2006, 25; *Bartlik* ZfBR 2009, 650, 653 und DNotI-Report 2006, 39). Warum es für Gemeinden so schwierig ist, diese einzuhalten, bleibt unerfindlich (*Grziwotz* BauR 2008, 471). Im Hinblick auf das Risiko der Nichtigkeit des gesamten Vertrags (*BGH* NVwZ-RR 2009, 412) sollten in der Vertragsgestaltung auch die öffentlich-rechtlichen Vorgaben beachtet werden. Der „Komplettpreis" ermöglicht dem Privaten wegen fehlender Transparenz nicht die Überprüfung, ob er abgabenrechtlich benachteiligt wird. Das Erfordernis der Offenlegung verlangt die getrennte Ausweisung der Ablöseanteile, die auf den Erschließungsbeitrag nach dem BauGB, auf die Beiträge nach dem KAG und die Hausanschlüsse sowie der naturschutzrechtlichen Ausgleichsmaßnahmen entfallen (*VGH Mannheim* VBlBW 2004, 224). Allerdings ist nach der Rechtsprechung der Verwaltungsgerichte dem Gebot der Offenlegung dann genügt, wenn der Ablösebetrag zwar nicht im Vertrag genannt wird, jedoch die Gemeinde dem Grundstückskäufer den Ablösebetrag vor Abschluss des Vertrages mitgeteilt hat. Umstritten, aber wohl zu verneinen ist, ob § 311b I 1 BGB die Angabe des Ablösungsbetrages erforderlich macht.

Da für gemeindeeigene Grundstücke die sachliche Beitragspflicht hinsichtlich der Er- **41** schließungsbeiträge erst mit Eigentumsumschreibung oder Bestellung eines Erbbaurechts zugunsten des Privaten entsteht, wäre eine Ablösung stets möglich. Die Grundsätze der **Abgabengerechtigkeit und -gleichheit** gebieten jedoch auch insoweit eine Einschränkung. Ist die sachliche Beitragspflicht nur wegen des gemeindlichen Eigentums noch nicht entstanden, ist der Abschluss eines Ablösungsvertrages lediglich möglich, wenn der Ablösebetrag dem Beitrag entspricht. Dies ist nur dann möglich, wenn die Ablösebestimmungen mit der satzungsmäßigen Abrechnung übereinstimmen. Andernfalls scheidet eine Ablösung aus. Ist sie möglich, sollte im Hinblick auf das Fehlen einer höchstrichterlichen Rechtsprechung vorsorglich eine Verrechnung mit der Beitragsschuld vereinbart werden. Dies gilt ebenso, wenn sich aufgrund der Ablösungsbestimmungen ein vom satzungsmäßigen Erschließungsbeitrag abweichender Ablösungsbetrag ergibt. In diesem Fall kann nämlich bei einer länger dauernden Abwicklung die Ablösungswirkung zu einem Zeitpunkt eintreten, zu dem die sachliche Beitragspflicht beim Eigentum eines Dritten vorliegen würde (ausführlich *Grziwotz* ZfIR 1998, 513).

41a **Formulierungsbeispiel: Ablösungsvereinbarung**

> Hinsichtlich des Erschließungsbeitrages für die ...straße soll die Beitragspflicht nach § 133 III 5 BauGB (ggf. landesrechtliche Vorschrift ergänzen) abgelöst werden. Nach den Ablösungsbestimmungen der Gemeinde vom ... ergibt sich für das Vertragsgrundstück zu ... qm ein Ablösebetrag von ... EUR. Dieser Betrag ist zusammen mit dem Kaufpreis für das Grundstück an die Gemeinde zu entrichten. Die Ablösungswirkung tritt mit Zahlung des Betrages und Vorliegen der gesetzlichen Voraussetzungen ein. Das Recht der Gemeinde zur Beitragserhebung bei Veränderung der Grundstücksgröße oder aufgrund anderer abgaberechtlicher Vorschriften bleibt unberührt. Sollte die Ablösung nicht zulässig sein, ist der vom Käufer bezahlte Ablösebetrag als Vorausleistung auf die per Bescheid zu erhebenden Erschließungsbeiträge anzurechnen; hierüber sind die Vertragsteile einig. Diese Vorauszahlung ist auch bei einem Eigentumswechsel mit der endgültigen Beitragsschuld zu verrechnen.

42 Eine Ablösungsvereinbarung hinsichtlich der **KAG-Beiträge** muss den diesbezüglichen gesetzlichen und satzungsmäßigen Anforderungen entsprechen. Bestehen solche nicht, ist eine Ablösung jedenfalls nur gegen eine angemessene Gegenleistung zulässig (Nachw. bei Rn. 35).

3. Vorauszahlungsvereinbarungen

43 Vorauszahlungsvereinbarungen werden allgemein sowohl im Bereich des Erschließungsbeitragsrechts nach dem BauGB als auch für die KAG-Beiträge für zulässig erachtet (h.M., vgl. Battis/Krautzberger/Löhr/*Reidt* § 133 Rn. 42). Eine ausdrückliche Regelung enthält § 2 II KAG RP (vgl. auch Art. 5 IX 3 und Art. 5a II BayKAG). Das VwVfG ist nicht anwendbar (*OVG Münster* NVwZ-RR 2000, 341; vgl. zur Zuständigkeit der Verwaltungsgerichte *BGH* ZfIR 2000, 733). Vorauszahlungen können unabhängig von dem Vorliegen der **Voraussetzungen** für den Erlass von Vorausleistungsbescheiden vereinbart werden. Auch Sachleistungen, z.B. die Übereignung von Grundstücksteilen insbesondere im Rahmen einer Straßengrundabtretung (vgl. *BVerwG* NVwZ 1994, 485; *OVG Münster* NVwZ-RR 2000, 537), sind zulässig. Die vereinbarte Vorauszahlung ruht nicht als öffentliche Last auf dem Grundstück (*BVerwG* NVwZ 1982, 377). Für die vertraglich vereinbarte Vorauszahlung bedarf es schließlich keiner Erschließungsbeitragssatzung.

44 Die Vorauszahlungsvereinbarung muss jedoch den ausdrücklichen oder sinngemäßen **Vorbehalt** enthalten, dass die endgültige Abrechnung auf der Grundlage der gesetzlichen Vorschriften durch Erlass von Beitragsbescheiden erfolgen wird. Auch die Verrechnung der vertraglichen Vorausleistung mit der endgültigen Beitragsschuld sollte vereinbart werden (vgl. hierzu die Musterformulierung bei *Grziwotz*, Baulanderschließung, S. 351).

44a **Formulierungsbeispiel: Vorauszahlungsvereinbarung**

> Zusätzlich zum Kaufpreis und zusammen mit diesem hat der Käufer an die Gemeinde ... folgende Vorausleistungen auf die Erschließungsbeiträge nach dem BauGB für ... und auf die Anliegerbeiträge für Wasser und Kanal zu bringen:
> – Vorauszahlung auf die Erschließungsbeiträge in Höhe von ... EUR pro Quadratmeter Grundstücksfläche, somit bei ... qm Grundstücksfläche ... EUR.

▼ Fortsetzung: **Formulierungsbeispiel: Vorauszahlungsvereinbarung**

– Vorauszahlung auf die Herstellungsbeiträge für die Wasserversorgung in Höhe von ... EUR pro Quadratmeter Grundstücksfläche und von ... EUR pro Quadratmeter Geschossfläche, somit bei ... qm Grundstücksfläche ... EUR und für eine fiktive Geschossfläche von ... qm ... EUR, jeweils zuzüglich der gesetzlichen Mehrwertsteuer.
– Vorauszahlung auf die Herstellungsbeiträge für die Entwässerung in Höhe von ... EUR pro Quadratmeter Grundstücksfläche und von ... EUR pro Quadratmeter Geschossfläche, somit bei ... qm Grundstücksfläche ... EUR und für eine fiktive Geschossfläche von ... qm ... EUR.
Mit Ausnahme der vorstehend vereinbarten Vorauszahlungen sind Erschließungsbeiträge nach dem BauGB (ggf. landesrechtliche Vorschrift) und Anliegerbeiträge nach § ... KAG im Kaufpreis nicht enthalten. Diese sind vom Käufer zu zahlen; dies gilt auch für bescheidmäßig erhobene Vorausleistungen. Für die Zahlungspflicht gelten die gesetzlichen Bestimmungen und die gemeindlichen Satzungen (ggf. bei Ländern, in denen die Gemeinde selbst Beitragsschuldner sein kann, ergänzen: Da die Gemeinde aufgrund der gesetzlichen Vorschriften selbst Beitragsschuldner sein kann, hat diese Beiträge unabhängig davon, wer Beitragsschuldner ist, einschließlich etwaiger Vorauszahlungen, der jeweilige Käufer zu tragen).
Die vereinbarten Vorauszahlungen sind mit der endgültigen Beitragsschuld zu verrechnen, und zwar auch dann, wenn das Eigentum zwischenzeitlich gewechselt hat. Überschüssige Vorauszahlungen sind demjenigen zu erstatten, demgegenüber der Beitragsbescheid ergeht (oder: der sie an die Gemeinde entrichtet hat).

4. Vereinbarungen über Haus-/Grundstücksanschlüsse

Eine Vereinbarung über Hausanschlüsse, die nach dem Landeskommunalabgabengesetz abgerechnet werden, ist, auch wenn sie in einem Grundstückskauf getroffen wird, öffentlich-rechtlich (*VG Gießen* IMR 2011, 378). Lasten diesbezügliche Kosten als öffentliche Last auf einem Grundstück soll der vereinbarte lastenfreie Eigentumsübergang keinen unzulässigen Verzicht auf diese Abgaben darstellen, wenn der Kaufpreis angemessen ist und/oder weitere Verpflichtungen zu Gunsten der Gemeinde vereinbart sind (so *VG Gießen* IMR 2011, 378). In der Notarurkunde sollte allerdings, um derartige Auslegungsprobleme zu vermeiden, die auf die Hausanschlusskosten entfallende Gegenleistung gesondert ausgewiesen werden. **44b**

IV. Der Durchführungsvertrag zum Vorhaben- und Erschließungsplan

1. Regelungssystematik

Der Vorhaben- und Erschließungsplan (sog. **vorhabenbezogener Bebauungsplan**, § 12 BauGB) ist anders als „normale" Bebauungspläne auf Verwirklichung angelegt (vgl. *VGH München* DVBl. 2004, 1123 und *Uechtritz* in: Immobilienrecht 2000, S. 29, 31). Es handelt sich um eine „Paketlösung" aus drei Teilen: dem Vorhaben- und Erschließungsplan des Investors, der gemeindlichen Satzung und dem zwischen Vorhabenträger und Gemeinde zu schließenden Durchführungsvertrag (s. nur *Reidt* BauR 2008, 1541, 1545). **45**

In der Vorbereitungsphase legt der Investor für ein bestimmtes Projekt einschließlich der Erschließung der Gemeinde einen **Plan**, gegebenenfalls samt Umweltbericht vor. Dieser muss nicht der Planzeichenverordnung entsprechen und kann auch Regelungen enthalten, die nach § 9 BauGB als Festsetzung in einem Bebauungsplan nicht möglich sind. Die Gemeinde kann bei der Bestimmung der baulichen Nutzung vom Typenzwang des § 1 II BauNVO abweichen und eigene Vorgaben aufstellen, sofern diese einer geordneten städtebaulichen Entwicklung entsprechen (*BVerwG* NVwZ 2003, 96; *Kuschnerus* BauR

2011, 602, 604). Auch eine Bindung an die BauNVO besteht nicht (§ 12 III 2 BauGB; vgl. *VGH Mannheim* NVwZ 1997, 699); die BauNVO ist jedoch bei der Konkretisierung der Anforderungen an eine geordnete städtebauliche Entwicklung als Leitlinie und Orientierung zu beachten (*BVerwG* DVBl. 2002, 1494). Der Plan muss sich ferner auf städtebauliche Angelegenheiten beschränken. Er kann sich auf ein oder mehrere Vorhaben beziehen (*Seidler* NZBau 2007, 499). Die allgemeine Festsetzung eines Baugebietes genügt auch (§ 12 III a BauGB; anders noch *BVerwG* BauR 2004, 286 und 1908). Die Zulässigkeit ist allerdings auf solche Vorhaben beschränkt, zu deren Realisierung sich der Vorhabenträger im Durchführungsvertrag verpflichtet (*Busse* KommJur 2008, 1, 4 und *Reidt* BauR 2008, 1541, 1545). Das Verfahren endet regelmäßig mit dem Antrag des Vorhabenträgers an die Gemeinde, für den von ihm vorgelegten, mit der Gemeinde abgestimmten Vorhaben- und Erschließungsplan das Satzungsverfahren einzuleiten. Ein Anspruch auf eine Bauleitplanung besteht auch in diesem Verfahren nicht. Es handelt sich um keinen Verwaltungsakt (*VGH Mannheim* DÖV 2000, 966). Gleiches gilt für die Mitteilung der Gemeinde, das Aufstellungsverfahren nicht fortsetzen zu wollen (*OVG Lüneburg* BauR 2009, 777).

46 Der abgestimmte Plan wird – anders als der Durchführungsvertrag – Inhalt der Plansatzung. Ohne ihn kann ein vorhabenbezogener Bebauungsplan nicht zustande kommen (*VGH München* BayVBl. 2012, 110; *VGH Mannheim* DÖV 2012, 246). Die Satzung muss nicht mehr als den abgestimmten Vorhaben- und Erschließungsplan enthalten, kann dies aber. Sind beide identisch, können sie in einer Planurkunde vereinigt werden. Die **Satzung** ist zu begründen. In die Begründung sind auch die wesentlichen Punkte des Durchführungsvertrages aufzunehmen. Die Satzung muss einer geordneten städtebaulichen Entwicklung entsprechen und grundsätzlich aus dem Flächennutzungsplan entwickelt sein. Nutzungskonflikte sind zu lösen (*BVerwG* BauR 2004, 975; zur Normenkontrolle *OVG Saarlouis* NVwZ-RR 2008, 769). Sie kann auch Flächen außerhalb des Plangebiets einbeziehen (§ 12 IV BauGB, vgl. *OVG Münster* BauR 2012, 1357).

47 Anders als im „normalen" Bebauungsplanverfahren ist eine Reihe von **Instrumentarien des BauGB** nicht anwendbar. Hierzu gehören insbesondere die Veränderungssperre, die Zurückstellung von Baugesuchen, das Vorkaufsrecht, die amtliche Umlegung sowie das Erschließungsbeitragsrecht und die Kostenerstattung für naturschutzrechtliche Ausgleichsmaßnahmen. In seinen Rechtswirkungen steht der vorhabenbezogene Bebauungsplan jedoch einem „normalen" Bebauungsplan gleich. Auch bei ihm sind Ausnahmen und Befreiungen möglich (*VGH Mannheim* BauR 2007, 1687).

2. Abschluss des Durchführungsvertrages
a) Rechtsnatur und Form, Ausschreibungspflicht

48 Der öffentlich-rechtliche Durchführungsvertrag verbindet den Vorhaben- und Erschließungsplan des Investors und die Satzung der Gemeinde. Er enthält die Einzelheiten der durchzuführenden Bau- und Erschließungsmaßnahmen sowie die Kostentragungsregelung. Es handelt sich um einen **Spezialfall des städtebaulichen Vertrages**. Sofern die Veräußerung von Erschließungsflächen an die Gemeinde vorgesehen ist, bedarf er der notariellen Beurkundung (*Busse* KommJur 2008, 1, 6). Da er zwingend Baupflichten enthält, findet auf ihn das Vergaberecht insoweit Anwendung (str., *OLG Schleswig* NZBau 2013, 453; *Reidt* BauR 2007, 1664); problematisch ist die vergaberechtliche Gegenleistung, die in Geld oder in der Übertragung eines befristeten Nutzungsrechts bestehen muss. Eine geldwerte Leistung kann auch die vergünstigte Bereitstellung eines Grundstücks darstellen. Vorhaben- und Erschließungsplan, Durchführungsvertrag und vorhabenbezogener Bebauungsplan müssen aufeinander abgestimmt sein und dürfen sich nicht widersprechen (*OVG Münster* BauR 2006, 1275). Zulässig ist es aber, in den Durchführungsvertrag weitere Elemente, z. B. Detailfestlegungen, aufzunehmen.

b) Zeitpunkt des Vertragsabschlusses

Der öffentlich-rechtliche Durchführungsvertrag muss vor dem Beschluss der Gemeinde nach § 10 I BauGB über den vorhabenbezogenen Bebauungsplan (Satzungsbeschluss) geschlossen werden (§ 12 I 1 BauGB; früher str., vgl. *OVG Bautzen* Beschl. v. 9.4.2008 – 1 BS 448/07; *OVG Münster* BeckRS 2008, 39423; *Swierczyna* LKV 2009, 452). Es soll allerdings ein bindendes Angebot des Vorhabenträgers genügen, das die Gemeinde vor dem Satzungsbeschluss noch nicht annehmen muss (*BVerwG* BauR 2012, 222; *OVG Münster* BauR 2012, 210; *VGH Mannheim* DVBl. 2009, 1110). Zulässig ist es, die Wirksamkeit des Durchführungsvertrages an das **In-Kraft-Treten der Satzung** zu knüpfen (*Krautzberger* in: Ernst/Zinkahn/Bielenberg/Krautzberger § 12 Rn. 99).

49

c) Vorhabenträger und Wechsel

Der **Vorhabenträger** muss zur Durchführung des Vorhabens bereit und in der Lage sein. Er muss ein hinreichend gesichertes Zugriffsrecht auf die Grundstücke im Geltungsbereich des vorhabenbezogenen Bebauungsplans haben. Er sollte im Regelfall Eigentümer der vom Vorhaben- und Erschließungsplan betroffenen Flächen sein. Ausreichend ist es jedoch auch, wenn der schuldrechtliche Erwerbsvertrag bereits geschlossen, die Vormerkung zugunsten des Vorhabenträgers im Grundbuch eingetragen oder zumindest beantragt ist und der Abwicklung keine Hindernisse mehr entgegenstehen (vgl. *VGH München* BayVBl. 2002, 113, 114; zum Bestehen eines Rücktrittsrechts *OVG Lüneburg* BauR 2014, 811). Ob auch schuldrechtliche oder dingliche Nutzungsrechte genügen (z.B. ein Pachtvertrag), ist eine Frage des Einzelfalls (offen für schuldrechtliches Nutzungsrecht *OVG Bautzen* BeckRS 2008, 35655; vgl. *Oerder* BauR 2009, 744, 748). Unverzichtbar für die Erfüllung der Durchführungsverpflichtung ist jedoch die privatrechtliche Befugnis zur baulichen oder sonstigen Nutzung.

50

Vorhabenträger kann grundsätzlich jede natürliche und juristische **Person** sein. Auch eine Gesellschaft des bürgerlichen Rechts (Projektgesellschaft, vgl. *OVG Saarlouis* BeckRS 2013, 56360) und eine Körperschaft des öffentlichen Rechts kommen als Vorhabenträger in Betracht. Dagegen kann die Gemeinde selbst nicht Vorhabenträger sein.

51

Nach h.M. (vgl. *BVerwG* BauR 2013, 71) kann Vorhabenträger jedoch eine juristische Person des Privatrechts sein, die ganz oder teilweise im Eigentum der Gemeinde steht, insbesondere eine städtische Wohnungsbaugesellschaft. Dies ist trotz der gegenteiligen Ansicht des *BVerwG* beim Erschließungsvertrag (vgl. Rn. 27) weiterhin unstreitig (s. nur Ernst/Zinkahn/Bielenberg/*Krautzberger* § 12 Rn. 59 und *Busse* in: BeckOK/Spannowsky/Uechtritz, Edition 5, § 12 Rn. 20). Allerdings hat der Umstand Auswirkungen auf die gerichtliche Überprüfung des Bebauungsplans.

52

Vorhabenträger kann nach dem eindeutigen Gesetzeswortlaut nur sein, wer eine Durchführungsverpflichtung übernimmt, also nicht der sog. „Aufschließer" oder „Projektentwickler", der Grundstücke nur „baureif" macht (ganz h.M., s. nur *Busse/Grziwotz* VEP Rn. 72). Die Durchführungsverpflichtung des Vorhabenträgers (vgl. Rn. 55) bedeutet jedoch nicht, dass er das Vorhaben selbst nach seiner Realisierung auch betreiben muss. Sie enthält nur eine Realisierungs-, aber keine Nutzungspflicht. So kann von vornherein eine Veräußerung, z.B. durch einen Bauträger, beabsichtigt sein. Die Durchführungsverpflichtung bleibt hiervon unberührt. Die Durchführungspflicht muss sich auf das gesamte Vorhaben beziehen; es können nicht einzelne Teile in das Belieben des Vorhabenträgers gestellt werden. Der Vorhabenträger, der eine Durchführungsverpflichtung (z.B. bezüglich eines Lärmschutzwalls) eingegangen ist, kann nicht diesbezüglich einen Normenkontrollantrag nach Realisierung der überwiegenden Zahl der Bauwerke gegen die Satzung stellen (*OVG Saarlouis* BauR 2009, 629). Soll der Vorhabenträger aus seiner Verpflichtung zur Durchführung des Vorhabens und der Erschließungsmaßnahmen entlassen werden, handelt es sich um einen Fall des **Wechsels des Vorhabenträgers**. Dieser

53

bedarf der Zustimmung der Gemeinde. Sie darf nur dann verweigert werden, wenn Tatsachen die Annahme rechtfertigen, dass die fristgemäße Durchführung des Vorhaben- und Erschließungsplans gefährdet ist (§ 12 V 2 BauGB). Die Gemeinde hat dagegen nicht das Recht, die Satzung aus Anlass des Wechsels des Vorhabenträgers aufzuheben. Eine diesbezügliche vertragliche Vereinbarung dürfte unwirksam sein (wie hier *Krautzberger* NotBZ 2010, 241, 242; weitergehend Krautzberger/*Söfker*, BauGB, 8. Aufl. 2007, Rn. 235).

d) Vertragsinhalt

54 Der Durchführungsvertrag, der nicht im Verfahren mitauszulegen ist, muss im Wesentlichen folgende **Punkte** regeln (vgl. die Muster bei *Busse/Grziwotz* VEP S. 244 ff.):

55 (1) **Verpflichtung zur Durchführung des Vorhabens:** Das zu realisierende Vorhaben sollte nach Art und Maß der baulichen Nutzung, der überbaubaren Grundstücksflächen und der Außengestaltung einschließlich naturschutzrechtlicher Ausgleichsmaßnahmen möglichst genau beschrieben werden. Es muss textlich und zeichnerisch so konkret beschrieben werden, dass eine Umsetzung der Durchführungsverpflichtung des Vorhabenträgers eindeutig feststellbar ist (*OVG Münster* BauR 2012, 210). Wurde im Bebauungsplan die bauliche und sonstige Nutzung nur allgemein festgelegt, ist im Durchführungsvertrag zu regeln, welche Vorhaben (z. B. Wohngebäude, Anlagen für soziale Zwecke) auf welchen Grundstücken realisiert werden sollen. Auf diese Weise wird die Verpflichtung des Vorhabenträgers, ein bestimmtes Vorhaben zu realisieren, festgelegt. Der Investor muss sich zur Durchführung dieses Vorhabens, und zwar insgesamt, wenn auch möglicherweise zeitlich gestaffelt, innerhalb eines bestimmten Zeitraums verpflichten. Die Fristen für die Abgabe des Bauantrags, des Baubeginns und der Fertigstellung sollten geregelt werden, wobei jedoch auch die Vereinbarung eines endgültigen Fertigstellungstermins ausreichend sein kann. Nicht ausreichend ist es, wenn sich der Vorhabenträger lediglich verpflichtet, innerhalb einer bestimmten Frist einen Bauantrag zu stellen. Es kann vereinbart werden, dass eine Verlängerung der Durchführungsfrist mit Zustimmung der Gemeinde möglich ist (*VGH Mannheim* NVwZ 1997, 699). Der Zeitraum bis zur endgültigen Fertigstellung darf nicht solange sein, dass eine Durchführungspflicht faktisch nicht mehr besteht. Bei einem bereits realisierten Vorhaben, das planungsrechtlich durch einen vorhabenbezogenen Bebauungsplan abgesichert werden soll, ist eine Durchführungsfrist überflüssig (*OVG Koblenz* ZfBR 2001, 560). Falls erforderlich, ist eine Koordinierung mit bodenordnenden Maßnahmen (z. B. Abriss bestehender baulicher Anlagen und Beseitigung von Bodenverunreinigungen) und mit naturschutzrechtlichen Ausgleichsmaßnahmen vorzusehen. Die Gemeinde ist grundsätzlich verpflichtet zu prüfen, ob der Vorhabenträger zur Durchführung des Vorhabens in der Lage ist. Nicht ausreichend ist, dass der Vorhabenträger finanziell in der Lage ist, die Erschließungskosten zu tragen (*OVG Münster* NVwZ-RR 2006, 673). Die Gemeinde soll nämlich nicht nur von dem Risiko entbunden werden, die Erschließungsmaßnahmen auf eigene Kosten durchführen zu müssen, sondern auch die Gewissheit haben, dass das konkrete Vorhaben, für das sie den vorhabenbezogenen Bebauungsplan aufstellt und beschließt, auch durchgeführt wird. Wie im Einzelnen die tatsächlich vorliegende Finanzkraft bezogen auf die Realisierbarkeit des geplanten Vorhabens durch den Investor nachgewiesen werden kann, ist eine Frage des konkreten Falls. Meist wird auch die vertragliche Sicherstellung der Durchführung des Vorhabens z. B. durch verbindliche Kreditzusagen, Bankbürgschaften oder Patronatserklärungen umfasst sein. Im Einzelfall kann jedoch wegen der Möglichkeit, das Baurecht zu entziehen (§ 12 VI BauGB), auf Sicherheiten verzichtet werden. Sowohl im vorhabenbezogenen Bebauungsplan als auch im Durchführungsvertrag können ein Baurecht auf Zeit samt Rückbaupflicht, eine Folgenutzung und ein dies absichernder Entschädigungsverzicht vereinbart werden (*Upmeier* BauR 2004, 1382, 1391).

IV. Der Durchführungsvertrag zum Vorhaben- und Erschließungsplan A XI

(2) Verpflichtung zur Erschließung: Vertragsinhalt ist ferner die Verpflichtung zur 56
Durchführung der Erschließungsmaßnahmen. Dieser Begriff ist in einem weiten Sinne zu verstehen und umfasst alle Anlagen, die erforderlich sind, um das Grundstück, wie dies nach der Durchführungsverpflichtung beabsichtigt ist, nutzen zu können. Über die in § 127 II BauGB genannten Einrichtungen hinaus fallen hierunter vor allem auch der Anschluss an Wasser, Elektrizität und Fernwärme sowie die Entwässerung (zur Beachtung der Abgabengleichheit *OVG Greifswald* DVBl. 1999, 410; zur Abrechnung s. *Friege* ZfIR 2001, 694). Grundlage ist der Erschließungsplan, der durch von der Gemeinde genehmigte Ausbaupläne regelmäßig konkretisiert wird. Hinsichtlich der Erschließungsmaßnahmen sollte ein Realisierungszeitraum festgelegt werden. Wichtiger als im Rahmen der Sicherung der Durchführung des Vorhabens ist bei der Verpflichtung zur Erschließung die Sicherung der Gemeinde. Diese wird regelmäßig durch eine Vertragserfüllungs- und eine Mängelbürgschaft erfolgen. Sind die betroffenen Grundstücke bereits voll erschlossen, kann das Instrument des vorhabenbezogenen Bebauungsplans nach herrschender Meinung dennoch zur Anwendung kommen (*VGH Mannheim* NVwZ 1997, 699; *Lüers* ZfBR 1997, 231, 236; a. A. *Bielenberg* ZfBR 1996, 6, 7). Unzulässig ist demgegenüber eine isolierte Straßenplanung (*VGH München* BayVBl. 2006, 665).

(3) Vereinbarungen hinsichtlich der Kostentragung: Die Gemeinde und der Investor 57
haben ferner eine Vereinbarung über die Tragung der Planungs- und Erschließungskosten zu treffen. Die Kosten der Planung beinhalten nicht nur diejenigen des Vorhaben- und Erschließungsplans, sondern darüber hinaus auch zusätzliche Planungskosten (z. B. Kosten für Altlastenuntersuchungen, den Umweltbericht und weitere Gutachten; vgl. *OVG Koblenz* NVwZ-RR 2011, 638). Das Gesetz lässt es zu, dass der Investor die gesamten oder nur einen Teil der Kosten trägt. Dies gilt nach überwiegender Ansicht auch für die mit der Durchführung der Erschließungsmaßnahmen verbundene Kostentragungspflicht (*Lüers* ZfBR 1997, 231, 236; *Menke* NVwZ 1998, 577, 579). Erfolgt die Übernahme der Erschließungskosten durch die Gemeinde gezielt zur Förderung einer Industrieansiedlung und betrifft diese Anlagen, die nur oder überwiegend dem Projekt zugute kommen, können sich allerdings Probleme aus Art. 107 AEUV ergeben. Danach bedürfen dem Unternehmen gewährte staatliche Beihilfen, die einen bestimmten Betrag übersteigen, der Genehmigung der EG-Kommission (s. dazu Rn. 23).

(4) Weitere Regelungsbereiche: Der Durchführungsvertrag kann weitere Elemente 58
eines städtebaulichen Vertrages enthalten, so z. B. eine Einheimischenbindung (*VGH Mannheim* DÖV 2001, 343). Allerdings können diese städtebaulichen Zielsetzungen alternativ dazu im vorhabenbezogenen Bebauungsplan enthalten sein. Auch eine doppelte Regelung ist möglich. Empfehlenswert sind Anpassungsklauseln, wenn sich im Rahmen des Satzungs- oder Baugenehmigungsverfahrens noch Änderungen hinsichtlich des Vorhabens ergeben. Der Durchführungsvertrag wird ferner grundsätzlich unter dem Vorbehalt des In-Kraft-Tretens der Satzung stehen; allerdings sollten hiervon diejenigen Teile ausgeklammert werden, die bereits vor dem In-Kraft-Treten der Satzung gelten sollen, wie z. B. Kostenübernahmeverpflichtungen und die Stellung von Sicherheiten. Hinsichtlich dieser Punkte sollte ferner geregelt werden, ob vom Vorhabenträger übernommene Kosten im Falle des Scheiterns der Bauleitplanung von der Gemeinde erstattet werden. Ohne eine diesbezügliche Vereinbarung besteht ein diesbezüglicher Anspruch nur in Ausnahmefällen. Ein solcher ist nicht bereits gegeben, wenn der (neu gewählte) Gemeinderat eine andere Planungskonzeption entwickelt (*BGH* ZfIR 2006, 770; vgl. auch *OLG Celle* BauR 2012, 1793 und *OLG München* BauR 2011, 1538).

Strittig ist, ob ein Vorhaben- und Erschließungsplan auch zulässig ist, wenn bereits ein 59
Baurecht besteht. Dies dürfte im Hinblick auf das alleinige Initiativrecht des Vorhabenträgers zu bejahen sein (ebenso *Schliepkorte* S. 18).

3. Leistungsstörungen und Aufhebung der Satzung

60 Leistungsstörungen bei Durchführung der vertraglich vereinbarten Verpflichtungen berühren zunächst nur den Durchführungsvertrag, nicht die Satzung. Der Gemeinde stehen insofern das **vertragliche Instrumentarium** und die dort vorgesehenen Sicherungsmaßnahmen zu. Zusätzlich fällt bei einer nicht fristgerechten Durchführung des Vorhaben- und Erschließungsplanes gleichsam die Geschäftsgrundlage des „Gesamtpaketes" weg. Die Gemeinde soll in diesem Fall den vorhabenbezogenen Bebauungsplan aufheben (§ 12 VI 1 BauGB; vgl. *OVG Berlin-Brandenburg* LKV 2009, 175). Unerheblich ist, ob den Vorhabenträger an der nicht fristgerechten Realisierung des Projektes ein Verschulden trifft (*Jäde* in: Jäde/Dirnberger/Weiß § 12 Rn. 75). Zum Schutz der Entscheidungsfreiheit der Gemeinde bestimmt das Gesetz, dass aus der **Aufhebung des vorhabenbezogenen Bebauungsplans** keine Ansprüche gegen die Gemeinde geltend gemacht werden können (§ 12 VI 2 BauGB). Dies gilt insbesondere für eventuelle Ansprüche aus dem Planungsschadensrecht und für vertragliche Ansprüche. Betroffen sind auch Ansprüche der Erwerber, die vom Vorhabenträger gekauft haben, da es sich hinsichtlich des Planungsschadensrechts lediglich um abgeleitete Positionen handelt (*Jäde* in: Jäde/Dirnberger/Weiß § 12 Rn. 78). Der gesetzliche Entschädigungsausschluss gilt jedoch nur für die Aufhebung der Satzung wegen Zweckverfehlung. Ein weitergehender vertraglicher Verzicht des Vorhabenträgers dürfte zulässig sein (früher str., vgl. *Pietzcker* NVwZ 2001, 968 und *Grziwotz* MittBayNot 1999, 44, 46). Die Gemeinde hat die Wahl, ob sie zunächst ihre Ansprüche aus dem Durchführungsvertrag geltend macht oder das Satzungsaufhebungsverfahren betreibt. Für die Entscheidung gilt jedoch das Verhältnismäßigkeitsprinzip. Unstrittig entfällt bei einer Aufhebung des Bebauungsplans die Geschäftsgrundlage für den Durchführungsvertrag. Ist der Durchführungsvertrag nicht wirksam oder fehlt er, so ist die Satzung nichtig (*VGH Mannheim* ZfIR 2003, 469; *VGH München* BayVBl. 2006, 665, 667). Ist der Durchführungsvertrag wegen eines Verstoßes gegen die Beurkundungspflicht nichtig, so tritt zwar mit Grundbuchvollzug des Grundstücksgeschäfts eine Heilung ein (§ 311b I 2 BGB). Diese erfolgt jedoch nur mit Wirkung ex nunc; der unwirksame vorhabenbezogene Bebauungsplan wird hiervon nicht erfasst. Eine Verpflichtung der Gemeinde zum nochmaligen Satzungsbeschluss besteht nicht.

V. Stadtumbauvertrag und Vertrag zu Maßnahmen der „Sozialen Stadt"

1. Der Stadtumbauvertrag (§ 171c BauGB)

61 Stadtumbaumaßnahmen (§§ 171a bis 171d BauGB) sind solche, durch die in von erheblichen städtebaulichen Funktionsverlusten betroffenen Gebieten Anpassungen zur Herstellung nachhaltiger städtebaulicher Strukturen vorgenommen werden. Funktionsverluste liegen insbesondere vor, wenn ein dauerhaftes Überangebot an baulichen Anlagen für bestimmte Nutzungen, namentlich für Wohnzwecke, besteht oder zu erwarten ist, und das sich vor allem durch einen Leerstand dokumentiert. Stadtumbaumaßnahmen sollen vor allem dazu beitragen, die Siedlungsstruktur den Erfordernissen von Bevölkerung und Wirtschaft anzupassen, die Wohn- und Arbeitsverhältnisse sowie die Umwelt zu verbessern, innerstädtische Bereiche zu stärken, nicht mehr bedarfsgerechte bauliche Anlagen einer Nutzung zuzuführen oder sie notfalls zurückzubauen, frei gelegte Flächen nachhaltig städtebaulich zu entwickeln oder zwischenzunutzen sowie innerstädtische Altbaubestände zu erhalten (§ 171a II und III BauGB). In einem ersten Schritt stellt zunächst die Gemeinde die Problemsituation und die erforderlichen Maßnahmen fest, bezeichnet das Stadtumbaugebiet und konkretisiert dann die erforderlichen Maßnahmen unter Beteiligung der betroffenen Bürger und Behörden und stellt in Abwägung der

V. Stadtumbauvertrag und Vertrag zu Maßnahmen der „Sozialen Stadt" A XI

öffentlichen und privaten Belange ein **städtebauliches Entwicklungskonzepts** auf. In ihm werden die beabsichtigten Ziele und Maßnahmen sowie der Mitteleinsatz (vgl. *Goldschmidt/Taubenek* LKV 2003, 446) dargestellt.

Zur Umsetzung dieses städtebaulichen Entwicklungskonzepts sollen die Gemeinden städtebauliche Verträge, insbesondere mit den beteiligten Eigentümern schließen. Der Einsatz hoheitlicher Maßnahmen, insbesondere der städtebaulichen Gebote und der flankierend vorgesehenen Stadtumbausatzung zur Unterbindung von Fehlentwicklungen (§ 171d BauGB) sind teilweise ungenügend. Der Stadtumbauvertrag (§ 171c BauGB) ist ein Sonderfall des städtebaulichen Vertrages (*Goldschmidt* DVBl. 2005, 81, 85). **Gegenstand dieser Verträge** sind insbesondere 62

– die Durchführung des Rückbaus baulicher Anlagen innerhalb einer bestimmten Frist,
– die Regelung der Kostentragung für den Rückbau,
– der Verzicht auf Ansprüche des Planungsschadensrechts (§§ 39 bis 44 BauGB) und
– der Ausgleich von Lasten zwischen den beteiligten Eigentümern.

Die Aufzählung im Gesetz (§ 171c S. 2 Nr. 1–3 BauGB) ist jedoch nicht abschließend. Hoheitliche Maßnahmen sind gegenüber derartigen Vereinbarungen subsidiär. Es besteht kein Kontrahierungszwang. Die Gemeinde soll die Möglichkeit einer vertraglichen Einigung lediglich ausloten. Dabei ist jedoch der Gleichbehandlungsgrundsatz zu beachten. Da es sich um eine Spezialregelung des städtebaulichen Vertrages handelt, haben daneben die allgemeinen Anforderungen des § 11 BauGB Bedeutung. Bei dem Stadtumbau liegt eine Gesamtmaßnahme vor, deshalb besteht regelmäßig bei den Vereinbarungen ein „Vertragsbündel". Einzelne Bestandteile dieses Vertragsbündels können ihren Schwerpunkt im öffentlichen oder privaten Recht haben. Auch gemischte Vereinbarungen sind möglich. Diesbezügliche Vereinbarungen setzen eine Prognose der Wertentwicklung voraus. Dementsprechend werden Ausgleichsleistungen in Geld oder durch Übertragung von Immobilien von den begünstigten Eigentümern an die benachteiligten vereinbart. Einzubeziehen sind bei Zahlungen auch die Grundpfandrechtsgläubiger. Neben finanziellen Transferleistungen (vgl. *Goldschmidt/Terboven* ZfIR 2005, 597) sind vor allem auch Baupflichten von Bedeutung; sie betreffen insbesondere den Rückbau (vgl. *Lege* NVwZ 2005, 880; *Goldschmidt* BauR 2006, 318; *v.u.z. Franckenstein* BauR 2006, 1080; *Krautzberger/Stüer* BauR 2012, 874; *dies.* Stadt und Gemeinde 2012, 487; *Schröer/Kulick* NZBau 2013, 27, 28). Bei einer Umplanung, insbesondere einer Herabstufung eines bestehenden Baurechts, kann ferner ein (auch bis zu einer bestimmten baulichen Qualität eingeschränkter) Entschädigungsverzicht vereinbart werden. Auch Miteigentümer- und Gesellschaftsmodelle sind denkbar. Der Umbauvertrag kann auch mit einer Fördervereinbarung verbunden werden. Neben den genannten Gegenständen können auch Zwischennutzungen, ein erforderlicher Mieterumzug oder eine Gewerbeauslagerung Bestandteil von Stadtumbauverträgen sein. Insofern spielt auch das Baurecht auf Zeit eine Bedeutung (vgl. *OVG Münster* BauR 2011, 1943; zum Muster für eine Rückbaupflicht *Grziwotz* KommJur 2009, 175, 178). Obwohl das Gesetz nur die beteiligten Eigentümer nennt, sind auch weitere Personen, nämlich Finanzierungsinstitute, Dienstbarkeitsberechtigte und Grundstückserwerber mit einzubeziehen. Anders als bei Baulandausweisungen geht es um die interessengerechte Verteilung eines „Mangels". In vielen Fällen wird eine bauliche Nutzungsperspektive für das betroffene Grundstück nicht mehr gegeben sein (*Reuter* Grund und Bodenforum 2004, 259, 264).

Die vertraglichen Vereinbarungen müssen nach den gesamten Umständen **angemessen** 63 sein. Insofern erweitert § 171c BauGB die Regelung des § 11 BauGB (ebenso *Stüer*, Handbuch des Bau- und Fachplanungsrechts, 4. Aufl. 2009, Rn. 2235). Der Investor kann im Rahmen der Angemessenheit auch Kosten für den Rückbau übernehmen, auf Entschädigungsansprüche nach den §§ 39 ff. BauGB verzichten und sich an einem internen Lastenausgleich zwischen den Eigentümern beteiligen. Eine Grenze bildet das Kriterium des angemessenen Lastenausgleichs zwischen der Gemeinde und den Eigentümern einerseits und den verschiedenen Eigentümern untereinander andererseits (so *Stüer*,

Handbuch des Bau- und Fachplanungsrechts, 4. Aufl. 2009, Rn. 2236). Allerdings bleibt insoweit ein ausreichender Spielraum. Im Rahmen der Angemessenheit muss insbesondere darauf geachtet werden, dass der „Trittbrettfahrereffekt", der durch den Rückbau einzelner Eigentümer eintritt, gleichmäßig auf die davon profitierenden anderen Eigentümer, die nach Beseitigung des Leerstands ihre Objekte wieder vermieten können, verteilt wird. Eine Unangemessenheit liegt jedenfalls vor, wenn die Belastung für den einzelnen Eigentümer mehr als das Doppelte ausmacht, als es bei einer wirtschaftlich gleichmäßigen Beteiligung der Fall wäre. Nachdem die Regelung des Stadtumbauvertrags keine Spezialvorschrift gegenüber den sonstigen Gesetzen darstellt, müssen zudem die verbraucherschützenden Normen des Zivilrechts, das Gewerberecht, insbesondere die MaBV, und sonstige öffentlich-rechtliche Bestimmungen beachtet werden. Gleiches gilt für verfahrensschützende Normen wie z. B. § 17 II a BeurkG (vgl. *Grziwotz* ZfIR 2003, 920, 935).

2. Der Vertrag zu Maßnahmen der „Sozialen Stadt" (§ 171e V 4 BauGB)

64   Maßnahmen der „Sozialen Stadt" liegen in der Behebung sozialer Missstände. Es handelt sich um investive und sonstige Maßnahmen, um erhebliche Nachteile zu beheben, die aufgrund der Zusammensetzung und wirtschaftlichen Situation in bestimmten Gemeindegebieten den dort lebenden und arbeitenden Menschen entstehen. Es geht um Orts- und Stadtteile, die durch hohe Arbeitslosigkeit, wirtschaftliche Probleme des mittelständischen Gewerbes, Defizite bei der Integration ausländischer Mitbürger, Vernachlässigung von Gebäuden und der öffentlichen Räume, Vandalismus und ähnlichen Erscheinungen belastet sind. Die diesbezüglichen Maßnahmen treten neben die herkömmlichen Instrumentarien des Städtebaurechts. Insoweit soll eine Bindung von investiven und sonstigen Maßnahmen vorgenommen werden (§ 171e II BauGB). Hierzu werden die gebietsbezogenen sozialen Missstände zunächst festgestellt. Sodann werden die Ziele und Maßnahmen der Sozialen Stadt unter Beteiligung der Betroffenen und der öffentlichen Aufgabenträger festgelegt, und zwar einschließlich des betroffenen Gemeindegebiets.

Auch insoweit sollen Vereinbarungen mit den Betroffenen und den Maßnahmenträgern zur Verwirklichung und zur Förderung der Ziele des Entwicklungskonzepts, das von den Beteiligten erarbeitet wurde, abgeschlossen werden (§ 171e V 4 BauGB). Mit ihnen kann vor allem die Übernahme von Kosten vereinbart werden. Es handelt sich im Wesentlichen um Baupflichten im Rahmen einer Modernisierung und eines Rückbaus und um die Tragung der damit verbundenen Kosten (vgl. Kühling/*Grziwotz*, Die Einzelhandelsimmobilie, 2013, S. 67.

B. Ehe- und Familienrecht

B I. Eheverträge

Prof. Dr. Dr. Herbert Grziwotz

Übersicht

	Rn.
I. Beratungs-Checkliste	1–5
II. Allgemeines	6–12
1. Vorbemerkung	6
2. Ehemodelle	7, 8
3. Regelungsbereiche und -grenzen	9–12
III. Das eheliche Zusammenleben	13–41a
1. Eheliche und persönliche Angelegenheiten	13, 14
2. Lebenszeit- und Verschuldensprinzip	15, 16
3. Lebensgemeinschaft, Wohnsitz, Geschlechtsgemeinschaft, Kinder, Verhaltenspflichten	17–20
4. Rollenverteilung und Familienunterhalt	21–30
5. Ehe- und Familienname	31–38b
6. Besteuerung der Ehegatten und Gestaltung	39–41a
IV. Das Güterrecht und das Nebengüterrecht	42–123
1. Verträge zwischen Ehegatten	42–43a
2. Generelle und spezielle Eheverträge, Rechte Dritter	44–49a
3. Dauer und Abschluss des Ehevertrages	50
4. Die Zugewinngemeinschaft	51–79
5. Die Gütertrennung	80–84
6. Die Gütergemeinschaft	85–108
7. Die Wahl-Zugewinngemeinschaft (§ 1519 BGB)	108a–108f
8. Verwaltungsverträge (§ 1413 BGB)	109–111
9. Das Güterrechtsregister (§§ 1412, 1558 ff. BGB)	112–115
10. Steuern	116–122
11. Mitteilungs- und Anzeigepflichten	123
V. Der Versorgungsausgleich	124–146
1. Grundgedanke und Durchführung	124–133
2. Vereinbarungen über den Versorgungsausgleich	134–145a
3. Steuern	146
VI. Vorsorgende Vereinbarungen über den nachehelichen Unterhalt	147–149m
1. Gesetzliche Unterhaltspflichten und Eigenverantwortung	147, 147a
2. Grenzen von vorsorgenden Vereinbarungen	148–149l
3. Steuern	149m
VII. Weitere Regelungsbereiche und Fehlerquellen	150–154b
VIII. Auslandsberührung	155
IX. Form und Kosten	156–161
1. Formvorschriften	156–158
2. Kosten	159–161
X. Präambeln und Belehrungen	162–165

Literatur: *Adam,* Die Unwirksamkeit von Ehevereinbarungen, BWNotZ 2006, 29; *Arens,* Gegenständlich beschränkter Zugewinnausgleich – Ausschluss von Unternehmen, Beteiligungen und Betriebsvermögen durch Ehevertrag, FamRB 2006, 88; *Bayer/Koch (Hrsg.),* Aktuelle Fragen des Familienrechts, 2009; *Bergmann,* Richterliche Kontrolle von Eheverträgen und Scheidungsvereinbarungen unter besonderer Berücksichtigung des Versorgungsausgleichs, FF 2007, 16; *dies.,* Der reformierte Versorgungsausgleich und die Übergangsvorschriften, FuR 2009, 421; *Bergner,* Der reformierte Versorgungsausgleich, NJW 2009, 1169; *Bergschneider,* Verträge in Familiensachen, 4. Aufl. 2010; *ders.,* Richterliche Inhaltskontrolle von Eheverträgen und Scheidungsvereinbarungen, 2008; *ders.,* Zur Neuregelung des Versorgungsausgleichs, RNotZ 2009, 457; *ders.,* Formelle Vorkehrungen gegen die Beanstandung von Eheverträgen, Scheidungsvereinbarungen usw., FS Spiegelberger, 2009, S. 971; *ders.,* Güterrecht und richterliche Inhaltskontrolle, FamRZ 2010, 1857; *ders.,* Der Ausgleich ehebedingter Nachteile im Scheidungsfolgenrecht und seine Berücksichtigung in der Vertragsgestaltung, FS Brambring, 2011, S. 33; *ders.,* Ist die Rechtsprechung des Bundesverfassungsgerichts und des Bundesgerichtshofs zur richterlichen Inhaltskontrolle von Eheverträgen noch zeitgemäß?, FS Hahne, 2012, S. 113; *Berringer/Menzel,* Das neue Unterhaltsrecht – Folgerungen für die notarielle Praxis, MittBayNot 2008, 165; *Bisle,* Der Güterstandswechsel als Gestaltungsmittel, DStR 2011, 2359; *Borth,* Inhaltskontrolle von Eheverträgen – Neue Rechtsprechung und offene Fragen, FamRB 2005, 177; *Brambring,* Ehevertrag und Vermögenszuordnung unter Ehegatten, 7. Aufl. 2012; *ders.,* Führt die Teilnichtigkeit zur Gesamtnichtigkeit von Eheverträgen?, FPR 2005, 131; *ders.,* Teil- oder Gesamtnichtigkeit beim Ehevertrag, NJW 2007, 865; *ders.,* Eheverträgliche Vereinbarungen nach neuem Recht, FPR 2009, 297; *ders.,* Vereinbarungen über den Versorgungsausgleich, NotBZ 2009, 429; *ders.,* Vereinbarungen über den Versorgungsausgleich und Familiengericht, FGPrax 2010, 7; *ders.,* § 1365 BGB und der Grundstücksverkauf in der notariellen Praxis, FamFR 2012, 460; *ders.,* § 1365 BGB bei anderen Rechtsgeschäften und Ersetzungsbefugnis, FamFR 2012, 483; *Braun,* Die Wahl-Zugewinngemeinschaft: Ein neuer Güterstand im deutschen (und französischen) Recht, MittBayNot 2012, 89; *Bredthauer,* Vereinbarungen über den Versorgungsausgleich, FPR 2009, 500; *Brudermüller,* Des „Pudels Kern" – Probleme der Kernbereichslehre bei Eheverträgen zum Güterrecht, FS Hahne, 2012, S. 121; *Brüggen,* Die Strukturreform des Versorgungsausgleichs – Auswirkungen auf die notarielle Praxis, MittBayNot 2009, 337; *Dauner-Lieb/Sanders,* Abdingbare Teilhabe – unabdingbare Verantwortung?, FPR 2005, 141; *Deisenhofer,* Unwirksamkeit des Ausschlusses des Versorgungsausgleichs bei Nichtigkeit des Ehevertrags, FPR 2007, 124; *Dethloff,* Familienrecht, 30. Aufl. 2012, §§ 12 ff.; *Dorsel,* Zur Inhaltskontrolle von Eheverträgen, RNotZ 2004, 496; *Dose,* Ehe und nacheheliche Solidarität, FamRZ 2011, 1341; *Eichenhofer,* Neuer Versorgungsausgleich – neue Aufgaben für Notare!, NotBZ 2009, 337; *Eickelberg,* Das neue Unterhaltsrecht – Hintergründe, ausgewählte Inhalte und Auswirkungen auf die notarielle Praxis, RNotZ 2009, 1; *Gageik,* Wirksamkeits- und Ausübungskontrolle von Eheverträgen unter Berücksichtigung der aktuellen Rechtsprechung seit der Entscheidung des BGH vom 11.2.2004, FPR 2005, 122; *Gerhardt/v. Heintschel-Heinegg/Klein* (Hrsg.), Handbuch des Fachanwalts Familienrecht, 9. Aufl. 2013; *Gernhuber/Coester-Waltjen,* Lehrbuch des Familienrechts, 5. Aufl. 2006, §§ 16ff.; *Giesen,* Familienrecht, 2. Aufl. 1997; *Goering,* Vereinbarungen über den Versorgungsausgleich, FamRB 2004, 64; *Gomille,* Feststellungsklagen über die Nichtigkeit des Ehevertrags, NJW 2008, 274; *Göppinger/Börger,* Vereinbarungen anläßlich der Ehescheidung, 9. Aufl. 2009; *Grziwotz,* Salvatorische Klauseln in Eheverträgen – Helfen sie noch?, FF 2004, 275; *ders.,* Eheverträgsranking oder Eheverträgsgerechtigkeit?, MDR 2005, 73; *ders.,* Eheverträge von Unternehmern, ZIP 2006, 9; *ders.,* Formbedürftigkeit ehevertraglicher Vereinbarungen im Rahmen von Gesamtbeurkundungen, FamRB 2006, 23; *ders.,* Eheverträge in der Landwirtschaft, FamRB 2006, 316; *ders.,* Nochmals: Eheverträge in der Landwirtschaft, FamRB 2008, 88; *ders.,* Eheverträgsgestaltung nach der Zugewinnausgleichsreform, NotBZ 2009, 343; *ders.,* Eheverträge in der Landwirtschaft, 2. Aufl. 2014; *Grziwotz/Hagengruber,* Das innere Maß des Scheidungsfolgenrechts – Teilhabegerechtigkeit in der Ehe, DNotZ 2006, 32; *Hahne,* Grenzen ehevertraglicher Gestaltungsfreiheit, DNotZ 2004, 84; *dies.,* in: Dt. Notarrechtl. Vereinigung (Hrsg.), Scheidung, Trennung, Scheidungs- und Trennungsvereinbarungen, 2008, S. 8ff.; *dies.,* Regelungsbefugnisse der Ehegatten nach der Strukturreform des Versorgungsausgleichs, FamRZ 2009, 2041; *Hauß,* Der neue Versorgungsausgleich, DNotZ 2009, 600; *ders.,* Bewertungs- und Berechnungsprobleme bei mit lebensabhängigen Nutzungsrechten belasteten Vermögenszuwendungen im Zugewinnausgleich (Wohnrecht), FPR 2009, 286; *Haußleiter/Schulz,* Vermögensauseinandersetzung bei Trennung und Scheidung, 5. Aufl. 2011; *Heiderhoff,* Der unterhaltserweiternde Vertrag als Antwort auf die aktuelle Rechtsprechung des BGH zum Betreuungsunterhalt, DNotZ 2012, 494; *Heinemann,* Das Güterrechtsregister – ein Register mit Zukunft, FamRB 2011, 194; *ders.,* Die Wahl-Zugewinngemeinschaft als neuer Güterstand, FamRB 2012, 129; *Henrich,* Familienrecht, 5. Aufl. 1995; *Hepting,* Ehevereinbarungen, 1984; *Herr,* Der Aspekt der Gesamtbeurkundung bei Trennungs- und Scheidungsfolgenverträgen, FuR 2005, 542; *Herrler,* Verstärkende Unterhaltsvereinbarungen nach der Reform und deren Bestandskraft bei Änderung der wirtschaftlichen Rahmenbedingungen, FPR 2009, 506; *Herrmann/Grobshäuser,* Steuerliche Aspekte bei Gestaltung von Eheverträgen und Scheidungsvereinbarungen, FPR 2005, 146; *Höhler-Heun,* Negatives Anfangsvermögen i. S. von § 1374 III BGB durch Erwerb mit Rücksicht auf ein künftiges Erbrecht, FamFR 2011, 507; *Höland/Sethe/Notarkammer Sachsen-Anhalt (Hrsg.),* Eheverträge und Scheidungsfolgenvereinbarungen, 2007; *Hohmann-Dennhardt,* Familienwelten im Wandel, FF 2007, 174; *Jaeger,* Die Wiederentdeckung der stillschweigenden Ehegatteninnengesellschaft als Instrument des Vermögensausgleichs nach gescheiterter Ehe, FS Henrich, 2000, S. 323; *ders.;* Der neue deutsch-französische Güterstand der Wahl-Zugewinngemeinschaft – Inhalt und seine ersten Folgen für die Gesetzgebung und Beratungspraxis, DNotZ 2010, 804 f; *Johannsen/Henrich,* Eherecht, 5. Aufl. 2010; *Jülicher,* Die frühzeitige Erbschaft- und Schenkungsteuergestaltung fängt schon beim Abschluss von Eheverträgen an!, ZEV 2006, 338; *Kanzleiter,* Ausschluss des Zugewinnausgleichs für den Fall der Ehescheidung und Ausübungskontrolle, FamRZ 2014, 998; *Kanzleiter/Wegmann,* Vereinbarungen unter Ehegatten, 6. Aufl. 2001; *Kappler,* Die Auseinandersetzung des Gesamtguts der Gütergemeinschaft, FamRZ 2010, 1294; *Kesseler,* Nichtige Eheverträge: ein steuerlicher Segen?, ZEV 2008, 27; *Klippstein,* Der deutsch-französische Wahlgüterstand der Wahl-Zugewinngemeinschaft, FPR 2010, 510; *Klühs,* Anfechtbarkeit ehevertraglicher Vereinbarungen wegen Unentgeltlichkeit, NotBZ 2010, 286; *Koch,* Richterliche Kontrolle von Eheverträgen, NotBZ 2004, 147; *dies.,* Haftungsrisiken bei Eheverträgen und Scheidungsfolgenvereinbarungen, FS Werner, 2009, S. 472; *Kogel,* Verfahrensstrategien bei sittenwidrigen Eheverträgen, FamRB 2006, 117; *Kornexl,* Ehevertragsgestaltung als Störfallvorsorge, FamRZ 2004, 1609; *ders.,* Faire Teilhabe am Zugewinn (besonders in Diskrepanzehen), FamRZ 2011, 692; *Krause,* Verzichtsmodifikationen beim Ehegattenunterhalt, notar 2012, 347; *Krause,* Vereinbarungen über den nachehelichen Unterhalt, FPR 295; *Kuckenburg,* Bewertungs- und Berechnungsprobleme unter Beachtung der neuen Rechtsprechung der FamRB 2009, 290; *Kuhn,* Der Versorgungsausgleich in der notariellen Praxis, BWNotZ 2004, 78; *Langenfeld,* Handbuch der Eheverträge und Scheidungsvereinbarungen, 6. Aufl. 2011; *ders.,* Anpassung von Alt-Eheverträgen an die Inhaltskontrolle-Rechtsprechung des BGH, FPR 2005, 134; *ders.,* Inhalts- und Ausübungskontrolle bei Vereinbarungen nach den Reformen, FPR 2009, 497; *ders.,* Wandlungen des Ehevertrags, NJW 2011, 966; *Langheim,* Nießbrauch, Wohnrechte, Leibrente & Co im Zugewinnausgleich, FF 2011, 481; *Löhnig,* Die neuen Leitlinien des BGH für die Kontrolle von Eheverträgen, JA 2005, 344; *J. Mayer,* Abhängigkeiten von Ehegüter- und Ehegattenerbrecht und Gestaltungsüberlegungen, FPR 2006, 129; *ders.,* Notarhaftung für „fehlerhafte" Eheverträge, FPR 2012, 563; *Meder,* Gütertrennung als Argument bei der richterlichen Inhaltskontrolle von Verträgen über den Ausschluss der Zugewinngemeinschaft, FamRZ 2012, 113; *Milzer,* Typische und atypische Vereinbarungen zum Versorgungsausgleich, notar 2013, 319; *Müller,* Beratung und Vertragsgestaltung im Familienrecht, 3. Aufl. 2010; *Münch,* Ehebezogene Rechtsgeschäfte, 3. Aufl. 2011; *ders.,* Vereinbarungen zum neuen Versorgungsausgleich, 2010; *ders.,* Die Unternehmerehe, 2007; *ders.,* Unterhaltsvereinbarungen nach der Reform, 2009; *ders.,* Steuerliche Gestaltung vorsorgender Eheverträge, FamRB 2007, 281; *ders.,* Vorweggenommene Erbfolge im Zugewinn – Vertragliche Regelung statt Gutachterstreit, DNotZ 2007, 795; *ders.,* Vereinbarungen zum Versorgungsausgleich und ihre steuerlichen Auswirkungen, FamRB 2008, 57; *ders.,* Die Reform des Zugewinnausgleichsrechts, MittBayNot 2009, 261; *ders.,* Unterhaltsvereinbarungen nach der Reform, FamRZ 2009, 171; *ders.,* Unterhaltsverstärkende Vereinbarungen, notar 2009, 286; *ders.,* Schenkungsteueroptimierung durch Ehevertrag – 9 praktische Vorschläge – , NotBZ 2009, 348; *ders.,* Vereinbarungen im Güterrecht, FPR 2009, 514; *ders.,* Missbrauchs- statt Halbteilungskontrolle – von § 1587o BGB zu § 8 Abs. 1 VersAusglG, FamRB 2010, 51; *ders.,* Das Ende der Wandelbarkeit, FamRB 2011, 90; *ders.,* Vereinbarungen zum Versorgungsausgleich, FPR 2013, 312; *ders.,* Unterhaltsverstärkende Vereinbarungen, MittBayNot 2012, 10; *ders.,* Neues zur Inhaltskontrolle von Eheverträgen, FamRB 2013, 160; *ders.,* Inhaltskontrolle bei Eheverträgen mit modifizierter Zugewinngemeinschaft, FamRB 2014, 71; *ders.,* Vertragsfreiheit im Eherecht, FamRZ 2014, 805; *Muscheler,* Familienrecht, 2. Aufl. 2012; *Norpoth,* Der neue Versorgungsausgleich, FamRB 2009, 288; *von Oertzen,* Steuerrechtliche Fallen zwischen Eherecht und ehelicher Lebensrealität, FamRZ 2010, 1785; *ders./Schienke-Ohletz,* Zugewinn und Steuern, FPR 2012, 103; *Ponath,* Vermögensschutz durch Güterstandswechsel, ZEV 2006, 49; *Rauscher,* Ehevereinbarungen: Die Rückkehr der Rechtssicherheit, DNotZ 2004, 524; *ders.,* Familienrecht, 2. Aufl. 2008; *Reetz,* Der durch Ehevertrag sittenwidrig überforderte Unterhaltsschuldner, NotBZ 2009, 37; *Reinecke,* Eheverträge – gesetzliche Regelungen und Rechtsprechung, Teil 1, ZFE 2009, 168; *Röthel,* Richterliche Inhaltskontrolle von Eheverträgen, NJW 2001, 1334; *Sanders,* Unwissende Ehegatten – Sittenwidrigkeit und Aufklärungspflichten beim Abschluß von Eheverträgen, FuR 2005, 104; *dies.,* Teilweise sittenwidrig? – Zur Teilnichtigkeit von Eheverträgen, insbesondere von Güterstandsvereinbarungen, FPR 2007, 205; *dies.,* Die geplante Hausfrau: Sittenwidrigkeit und Versorgungsausgleich bei der Inhaltskontrolle von Eheverträgen, FF 2009, 111; *dies.,* Inhaltskontrolle eines Ehevertrages bei geänderten Verhältnissen, FPR 2013, 239; *Sarres,* Salvatorische Klausel: Sicherheit für Eheverträge und Scheidungsvereinbarungen?, FF 2004, 253; *ders.,* Fortschreibung der Kernbereichslehre in der aktuellen Rechtsprechung des BGH zur Inhaltskontrolle von Eheverträgen, FPR 2006, 4; *Schaal,* Der neue Güterstand der Wahl-Zugewinngemeinschaft, ZNotP 2010, 162; *Schiffer/Böhne,* Ehevertrag für Unternehmer und Freiberufler: Auswirkungen der gesetzlichen Neuerungen zum Zugewinnausgleich, Versorgungsausgleich und Unterhalt, FamFR 2009, 158; *Schiffer/Reinke,* Schiedsvereinbarungen in Eheverträgen – Betrachtung am Beispiel der Unternehmerehe, ZFE 2005, 420; *Schlünder/Geißler,* Vereinbarungen zum gesetzlichen Güterstand aus schenkungsteuerlicher Sicht, FamRZ 2006, 1655; *Schlüter*, BGB-Familienrecht, 14. Aufl. 2013; *Schmitz*, Unterhaltsverstärkende Vereinbarungen, RNotZ 2011, 265; *Schnitzler* (Hrsg.), MAH Familienrecht, 3. Aufl. 2010; *Scholz/Kleffmann/Motzner* (Hrsg.), Praxishandbuch Familienrecht, 25. Aufl. 2013; *Schröder/Bergschneider* (Hrsg.), Familienvermögensrecht, 2. Aufl. 2007; *Schulz*, Ausgleichsansprüche für die Mitarbeit eines Ehegatten, FamRB 2005, 111 und 142; *Schwab*, Familienrecht, 20. Aufl. 2012; *ders.*, Handbuch des Scheidungsrechts, 6. Aufl. 2010; *ders.*, From Status to Contract?, DNotZ (SoH) 2001, 9; *ders.*, Zur neuen gerichtlichen Kontrolle von Eheverträgen und Scheidungsvereinbarungen, FS Holzhauer, 2005, S. 410; *Sengl*, Die Auswirkungen des deutsch-französischen Güterstandes der Wahl-Zugewinngemeinschaft auf das deutsche Grundbuchverfahren, Rpfleger 2011, 125; *Siegler*, Rechtssicherer Ehevertrag und steter Wandel – ein unlösbarer Widerspruch, MittBayNot 2012, 95; *Stein*, Vermeidung von Veräußerungsgewinnen bei Beendigung der Zugewinngemeinschaft, DStR 2012, 1063; *Stürner*, Der deutsch-französische Wahlgüterstand als Modell für die europäische Rechtsvereinheitlichung, JZ 2011, 545; *Volmer*, Bemerkungen zur Wirksamkeitskontrolle von Eheverträgen, ZNotP 2005, 242; *Wachter*, Neue Grenzen der Ehevertragsfreiheit, ZFE 2004, 132; *Wälzholz*, Steuerliche Aspekte der Güterstandswahl, FamRB 2003, 166; *ders.*, Steuerliche Geltendmachung von Aufwendungen aus Anlass der Scheidung, FamRB 2005, 89; *Waldner*, Eheverträge, Scheidungs- und Partnerschaftsvereinbarungen für die notarielle und anwaltliche Praxis, 2. Aufl. 2004; *Wegmann*, Eheverträge, 2. Aufl. 2002; *Weinreich/Klein* (Hrsg.), Fachanwaltskommentar Familienrecht, 5. Aufl. 2013; *Wetzel*, Anwendungsfälle des Ehegattenfreibetrags gem. § 5 ErbStG, BWNotZ 2001, 10; *Wever*, Vermögensauseinandersetzung der Ehegatten außerhalb des Güterrechts, 5. Aufl. 2009; *Winkler*, Eheverträge von Unternehmern – Gestaltungsmöglichkeiten zum Schutz des Unternehmens, FPR 2006, 217; *Zimmermann/Dorsel*, Eheverträge, Scheidungs- und Unterhaltsvereinbarungen, 5. Aufl. 2009.

I. Beratungs-Checkliste

1   Bei der Ermittlung des für eine Vereinbarung relevanten **Sachverhalts** sind güterrechtlich zunächst die Verhältnisse bei der (künftigen) Eheschließung von Bedeutung (für nach dem 31.3.1953 und vor dem 9.4.1983 geschlossene Ehen s. Art. 220 III 3 EGBGB und dazu *Schotten/Schellenkamp* DNotZ 2009, 518). Für Vertriebene, Flüchtlinge und Übersiedler ist das Gesetz über den ehelichen Güterstand von Vertriebenen und Flüchtlingen (abgedr. *Palandt* Anh. II zu Art. 15 EGBGB) zu beachten; umstritten ist die Anwendbarkeit auf Spätaussiedler i. S. v. § 4 BVFG, die ihre Heimat erst nach dem 31.12.1992 verlassen haben. Die geplante EuGüterVO knüpft an eine Rechtswahl und hilfsweise an den gemeinsamen gewöhnlichen Aufenthalt bzw. wiederum hilfsweise an die gemeinsame Staatsangehörigkeit an (s. *Pfeiffer* FamRBint 2012, 45). Bei verheirateten Paaren sind vorab das gelebte Ehemodell und der bisherige Eheverlauf zu klären. Bei ihnen und bei nicht verheirateten Partnern ist die künftige Eheplanung im Hinblick auf die verschiedenen Sachbereiche in die Überlegung mit einzubeziehen.

2   **Beratungs-Checkliste**

(1) Persönliche Verhältnisse bei Eheschließung:
  (a) Name, Geburtsdatum, Geburtsort (gegebenenfalls mit Standesamt), Geburtenregisternummer
  (b) Tag der Eheschließung
  (c) Gewöhnlicher Aufenthalt und Staatsangehörigkeit bei Eheschließung
  (d) Vor-, erst- und außereheliche Kinder, gegebenenfalls Einbenennung, Adoption und Sorgeerklärung
  (e) Schwangerschaft oder sonstige Umstände, die zu einer strukturellen Ungleichgewichtslage führen

▶

II. Allgemeines

> ▼ Fortsetzung: **Beratungs-Checkliste**
>
> (2) Bisheriger Eheverlauf bei verheirateten Paaren, Vermögens- und Einkommensverhältnisse sowie weitere Umstände:
> (a) Ehevertragliche Vereinbarungen einschließlich Überprüfung der Rechtswirksamkeit im Hinblick auf die richterliche Kontrolle, Rechtswahlverträge, Unterstellungserklärung, Verfügungen von Todes wegen
> (b) Rollenverteilung einschließlich Mitarbeit im Betrieb des Ehegatten
> (c) Kinder (einschließlich erst-, nicht-, außerehelicher und adoptierter, gegebenenfalls Schwangerschaft) und deren Betreuung bzw. Ausbildungsstand
> (d) Einkommens- und Vermögensverhältnisse, Verbindlichkeiten, bisherige ehebedingte Zuwendungen einschließlich Zuwendungen von den Schwiegereltern, Schenkungen und zu erwartende Erbschaften von Dritten sowie Ehegattenarbeitsverträge und Familiengesellschaften (Gesellschaftsverträge wegen Abfindungsregelung überprüfen), Auslandsvermögen
> (e) Versorgung im Alter und bei Invalidität
> (f) Besondere persönliche Umstände (z. B. Krankheit, selbständige Tätigkeit, Betreuung von Angehörigen), kurzfristig hohes Einkommen, Unterhaltspflichten gegenüber früherem Ehegatten oder Lebenspartner
>
> (3) Künftige Eheplanung:
> (a) Motiv für Ehevertragsabschluss (z. B. Unternehmen, gesellschaftsrechtliche Verpflichtung, Vermögenstrennung in Fortsetzungsfamilie, Steuer, Schuldenhaftung), Trennungs- und Scheidungsabsicht
> (b) Rollenverteilung, Kinderwunsch (Auswirkungen auf das Ehemodell), Mitarbeitssituation
> (c) Beabsichtigte Veränderungen in den Einkommens- und Vermögensverhältnissen, drohende Haftungen und bestehende Verbindlichkeiten (insbesondere voreheliche Überschuldung)
> (d) Verlegung des gewöhnlichen Aufenthalts und/oder Wechsel der Staatsangehörigkeit
> (e) Verhältnisse nach einer etwaigen Scheidung
>
> (4) „Problemzuwendungen":
> (a) Zuwendungen vor Eheschließung (nichteheliche Lebensgemeinschaft/Verlobung)
> (b) Zuwendungen aus privilegiertem Vermögen i. S. d. § 1374 II BGB
> (c) Verwendungen auf privilegiertes Vermögen des anderen Ehegatten, bevor dieser es erhält
> (d) Zuwendungen von Angehörigen mit umfangreichen vorbehaltenen Rechten und sich daraus ergebende Wertsteigerungen.

II. Allgemeines

1. Vorbemerkung

Der Gesetzgeber hat mit dem 1. Eherechtsreformgesetz (EheRG) das Leitbild der Hausfrauenehe beseitigt. Gleichzeitig hat er den Ehegatten die Gestaltung ihrer Lebensbeziehungen durch privatautonome Regelung überlassen. Der Privatisierung der Ehe (*Hattenhauer* ZRP 1985, 200) entspricht ein **erweiterter Ehevertragsbegriff,** der über die güterrechtlichen Verhältnisse (vgl. § 1408 I BGB) hinaus die Regelung des Gesamtbereichs der ehelichen Lebensgemeinschaft, des Ehegüterrechts und der Scheidungsfolgen zum Gegenstand hat (*Langenfeld* FamRZ 1987, 9, 10). Die Ehe ist eine Lebensgemeinschaft gleichberechtigter Partner (*BVerfG* DNotZ 2001, 222; vgl. auch *Papier* NJW 2002, 2129). Dies bedeutet zum einen, dass die aufgrund der Rollenverteilung jeweils erbrachten Leistungen unabhängig von ihrer ökonomischen Bewertung gleichwertig sind und die Ehegatten deshalb grundsätzlich auch Anspruch auf gleiche Teilhabe am gemeinsam Erwirtschafteten haben (*BVerfG* NJW 2002, 1185, 1186; vgl. auch *BFH* NJW 1995, 2807 und *Schwab* AnwBl. 2009, 557, 560). Konsequenz ist zum anderen, dass beide Partner auch die gleiche Chance zur vertraglichen Gestaltung ihrer Gemeinschaft haben müssen (*BVerfG* DNotZ 2001, 222 und 708). Die Gestaltung notarieller Beurkundungsverfahren muss deshalb vor allem auf Ungleichgewichtslagen reagieren. Allein aus der Unausgewogenheit einer (gewünschten) vertraglichen Regelung ergibt sich nach der Rechtsprechung jedoch keine Sittenwidrigkeit (*BGH* FamRZ 2013, 195; NJW 2014, 1101; *OLG Hamm* RNotZ 2011, 494). Allerdings wird man entsprechend der allgemeinen Dogmatik zur Sittenwidrigkeit zwischen einer Inhalts- und einer Umstandssittenwidrigkeit auch bei Eheverträgen unterscheiden müssen. Deshalb ist beispielsweise der Verzicht auf das Sorgerecht gegen Entgelt unabhängig von den Umständen des Vertragsschlusses nichtig; dagegen muss bei einem unausgewogenen Vertrag eine Gesamtwürdigung unter Berücksichtigung aller den Vertrag kennzeichnenden Umstände, also dem Zusammenspiel sämtlicher Elemente, erfolgen (vgl. *BGH* FamRZ 2012, 539, 541).

2. Ehemodelle

7   Bei der **Ermittlung des** persönlichen **Ehemodells** kommt der Erforschung des wirklichen Willens der Parteien besondere Bedeutung zu. Häufig bestehen bei den Beteiligten nämlich, wie der Wunsch nach Vereinbarung einer Gütertrennung zum Ausschluss der Haftung für Schulden des Ehegatten und sogar diesbezügliche Empfehlungen von Gerichtsvollziehern, Bankern und Steuerberatern (!) zeigen, eklatante Fehlvorstellungen über das gesetzliche Ehevermögensrecht und die Folgen von Eheverträgen.

8   Trotz der Abschaffung eines gleichsam „verordneten" gesetzlichen Eherollenmodells liegt dem Ehevermögensrecht, insbesondere dem Scheidungsfolgerecht, noch die Haushaltsführungsehe als Regelungsmodell des Gesetzgebers zugrunde (vgl. *Langenfeld* NJW 2011, 966). Nur bei ihr und einer ungefähr gleichen Ausbildung bzw. normalen Vermögensverhältnissen lässt sich das Halbteilungsprinzip rechtfertigen. Die Vertragsgestaltung wird ebenso wie der Gesetzgeber von **Fallgruppen gelebter Ehetypen** und daran anknüpfende, im Einzelfall zu überprüfende „Gerechtigkeitserwartungen" ausgehen (*Langenfeld*, Handbuch, Rn. 896 ff. und *Reineke* ZFE 2009, 168, 170). § 1356 BGB sind die beiden Typen der Erwerbstätigen- und der Haushaltsführungsehe zu entnehmen. Die soziologische Typenbildung ist vielfältiger: Zu nennen sind die Einverdiener-, Doppelverdiener-, Zuverdiener- und Mithelfendenehe. Diesen Fallgruppen lassen sich objektivierbare Kriterien für eine angemessene Ehevertragsgestaltung zuordnen. Dabei darf allerdings nicht übersehen werden, dass gerade bei jungen Paaren häufig eine spätere Kinderbetreuung einen zeitweiligen Wechsel des Modells zur Folge haben wird. Verfehlt wäre deshalb eine ehevertragliche „Versteinerung" des Status quo. Anpassungsklauseln haben auch im Hinblick auf eine spätere richterliche Inhaltskontrolle zunehmende Bedeutung. Die Vertragsgestaltung nach Ehetypen kann zudem eine Unwirksamkeit des Ehevertrages wegen einer einseitigen Pflichtenverteilung vermeiden. Phasenverschobene Ehen, Fortsetzungs-Familien (früher: Patchwork-Familien) und neue Formen des Zusammenlebens haben allerdings zu einem Verschwinden der „klassischen" Rollenmodelle und zu erhöhten Anforderungen an die Vertragsgestaltung geführt (vgl. *Hohmann-Dennhardt* ZKJ 2007, 382). Der Ausschluss-Ehevertrag, in dem die gesetzlichen Scheidungsfolgen ganz oder teilweise abbedungen werden, wird zunehmend von Eheverträgen verdrängt, die denjenigen Ehegatten, der ehebedingte Nachteile im gemeinsamen Interesse hinsichtlich seiner sozialen Biographie erfährt, sichern sollen, also verstärkend wirken (vgl. *Langenfeld* NJW 2011, 966, 967). Wollen Ehepaare für eine angemessene Vermö-

gensteilhabe des nicht erwerbstätigen Partners bereits während der Ehe und nicht erst nach einer Scheidung sorgen, sind sie ebenfalls gezwungen, durch ehevertragliche Regelung eine Vermögensauseinandersetzung herbeizuführen oder Gütergemeinschaft zu vereinbaren, um auf diese Weise die Qualifikation der Vermögensbeteiligung als Schenkung bei der Schenkungsteuer und im Verhältnis zu Dritten (Gläubigeranfechtung, Insolvenz, Pflichtteilsrecht) zu vermeiden. Auch insoweit geht es letztlich um eine Stärkung der Position des haushaltsführenden bzw. kinderbetreuenden Partners (vgl. *Langenfeld* NJW 2011, 966, 969), der jedoch nur den Gesichtspunkt der Steuerersparnis betont). Nachdem die Rechtsprechung (s. nur *BGH* FamRZ 2012, 776) ehebedingte Nachteile auf die Ehedauer beschränkt und ein voreheliches Zusammenleben selbst bei der Betreuung gemeinsamer Kinder ausklammert, ergibt sich auch insoweit ein Bedürfnis für diese Nachteile ausgleichende Vereinbarungen.

3. Regelungsbereiche und -grenzen

Das eheliche Zusammenleben, das Güterrecht, der Versorgungsausgleich und der nacheheliche Unterhalt bilden die „klassischen" vier Themen ehevertraglicher Vereinbarungen. Zu beachten ist, dass zwischen ihnen und ferner zu anderen Rechtsbereichen, insbesondere zum Erbrecht, eine enge Verbindung besteht (vgl. *LG Ravensburg* ZEV 2008, 598 und *Münch* ZEV 2008, 571). Die Vernachlässigung der **Zusammenhänge** kann vor allem im Scheidungsfolgenrecht zu Fehlern führen (*Langenfeld* FamRZ 1987, 9, 10).

Grenzen der Privatautonomie bilden für Eheverträge und -vereinbarungen zunächst die wenigen, vor allem im Interesse Dritter bestehenden zwingenden Rechtsnormen des Familienrechts und die Verbotsnormen der allgemeinen Gesetze (insb. § 138 BGB). Zwingend sind Vorschriften, die dem **Schutz des Rechtsverkehrs** dienen. Deshalb können die so genannte Schlüsselgewalt (§ 1357 BGB) und die Eigentumsvermutung des § 1362 BGB vertraglich nicht abgeändert werden. Außerordentlich umstritten ist, ob sich weitere Schranken aus dem sittlichen Wesen der Ehe und der privaten Autonomie des Einzelnen, verstanden als Freiheit von vertraglicher Bindung (Soergel/*Lange* § 1353 Rn. 20), ergeben.

Kontrovers diskutiert wird die Frage, ob und inwieweit **Verzichtsverträge,** in denen vom gesetzlichen „Modell" abgewichen wird, zulässig sind. Betroffen sind sowohl vorsorgende, d. h. vor Eheschließung oder kurz danach geschlossene Eheverträge, aber auch im Rahmen einer Ehekrise als Versuch eines „Neuanfangs" getroffene Vereinbarungen („Konfliktverträge"). Teile der Literatur gehen davon aus, dass Verträge zwischen Ehegatten aufgrund der sozioökonomischen Situation der Frau und ihrer psychologischen Unterlegenheit in Verhandlungen stets von einer strukturellen Unterlegenheit geprägt sind, die dazu führt, dass eine „Frau in der Regel nicht in der Lage ist, ihre Interessen denen des Mannes adäquat entgegenzusetzen" (so *Schwenzer* AcP 196 [1996], 88, 104 ff.; krit. zu diesen Argumenten *Grziwotz* DNotZ [SoH] 1988, 228, 26 und teilw. auch *Büttner* FamRZ 1998, 1, 5; vgl. *Habermas*, Strukturwandel der Öffentlichkeit, 1990, S. 87). Dem hat sich das *BVerfG* (DNotZ 2001, 222) im Fall einer schwangeren Verlobten und einer take-it-or-leave-it-Situation angeschlossen. Der Umstand der Eheschließung soll ehevertragliche Nachteile nicht kompensieren. Die frühere Rechtsprechung des *BGH* (FamRZ 1996, 1536; 1997, 156 und 800), die ehevertragliche Gesamtverzichte trotz einer bereits vorliegenden oder zu erwartenden Einschränkung der Berufstätigkeit eines Ehegatten wegen gemeinsamer Kinder im Hinblick auf die Eheschließungs- und Ehescheidungsfreiheit für grundsätzlich wirksam hielt, ist damit überholt. Das *BVerfG* (DNotZ 2001, 222 und 708) will die Unangemessenheit einer ehevertraglichen Regelung insbesondere danach beurteilen, inwieweit gesetzliche Rechte abbedungen oder zusätzliche Pflichten übernommen werden. Ferner soll die familiäre Konstellation maßgeblich sein, die die Vertragspartner anstreben und ihrem Vertrag zu

Grunde legen. Von Bedeutung ist schließlich die Drittbelastungswirkung von Vereinbarungen, insbesondere inwieweit sich diese zulasten gemeinsamer Kinder und deren Betreuung auswirken. Die Rechtsprechung hatte die Korrektur unbilliger Ergebnisse früher regelmäßig im Rahmen einer Ausübungskontrolle vorgenommen, die die Wirksamkeit des Vertrages unberührt ließ, es aber dem begünstigten Vertragsteil verwehrte, sich auf seine Rechtsfolgen zu beziehen (ausführlich *Langenfeld,* FS Schippel, 1996, S. 251). Betroffen waren nicht nur die Fälle einer nachträglichen unvorhergesehenen Entwicklung, sondern auch die einer anfänglich fehlenden Rücksichtnahme auf die Interessen des anderen Teils. Eine Sittenwidrigkeit wurde lediglich angenommen, wenn ein Ehegatte einseitig nach einer langen Ehedauer auf sämtliche während der Ehe geschaffenen Vermögenswerte sowie zu seinen Gunsten bestehende Ansprüche des Scheidungsfolgenrechts verzichtete und zusätzlich eine „Zwangssituation" vorlag (vgl. nur *OLG Karlsruhe* FamRZ 1991, 332; offen *BGH* NJW 2014, 1101).

11a Die Rechtsprechung der Instanzgerichte nach den verfassungsgerichtlichen Vorgaben war weitgehend einzelfallgeprägt und ließ keine Systematik erkennen (vgl. auch *Wachter* ZNotP 2003, 408). Der *BGH* (NJW 2004, 930) hat in seinem Grundsatzurteil die Vertragsfreiheit im Scheidungsfolgenrecht anerkannt. Er hat das Scheidungsfolgenrecht entsprechend den gesetzlichen Regeln als nicht zwingend angesehen; es gibt keinen unverzichtbaren Mindestgehalt an Scheidungsfolgen (a. A. *Goebel* FamRZ 2003, 1513). Die Eheschließungsfreiheit könne allerdings keinen einseitigen Ehevertrag rechtfertigen. Auch die notarielle Beurkundung allein biete keine Richtigkeitsgewähr für den Inhalt des Ehevertrags (übersehen von *Wegmann* DNotZ 2012, 731, 738). Die Familiengerichte prüfen, ob Umstände vorliegen, die auf eine subjektive Imparität, insbesondere infolge der Ausnutzung einer Zwangslage, sozialer oder wirtschaftlicher Abhängigkeit oder intellektueller Unterlegenheit hindeuten (*BGH* FamRZ 2013, 195 und 269; NJW 2014, 1101; *OLG Celle* NJW-RR 2009, 1302; *OLG Hamm* FamRZ 2009, 1678; *OLG Köln* RNotZ 2010, 55; *OLG Brandenburg* FamFR 2013, 191). Es geht um die Feststellung einer „Disparität der Willensmacht" (so *Schwab* in: Limmer (Hrsg.) Scheidung, Trennung – Scheidungs- und Trennungsvereinbarungen, 2008, S. 68, 70). Insofern hat ein Verfahren, das zu einer „Drucksituation" bei einem Beteiligten führt oder eine vorhandene Ungleichgewichtslage nicht auszugleichen versucht, erhebliche Bedeutung für die spätere richterliche Kontrolle und damit die Wirksamkeit des Vereinbarten (*BGH* FamRZ 2013, 195). Eine besonders sorgfältige Verfahrensgestaltung (vgl. zu ihr *Bergschneider,* FS Spiegelberger, 2009, S. 971) kann demgegenüber materiellrechtlich unausgewogene Verträge nicht mithilfe des Arguments „heilen", der benachteiligte Teil hätte dies in einem fair gestalteten Vertragsabschlussverfahren so gewollt (a. A. wohl *Krafka* DNotZ 2002, 677, 682; *Mayer* ZEV 2004, 40, 43; *Wachter* ZNotP 2003, 408). Die Einhaltung eines Verfahrens, das vor allem einen Übereilungsschutz gewährleistet, ist für die spätere richterliche Kontrolle jedoch von grundlegender Bedeutung (*BGH* NJW 2014, 1101). Dadurch kann eine Sittenwidrigkeit des Vereinbarten vermieden und die Vertragskontrolle zumindest auf eine Anpassung der unausgewogenen Vereinbarungen beschränkt sein. Im Rahmen der richterlichen Angemessenheitskontrolle erfolgt eine Einzelfallprüfung anhand objektiver (Einkommens- und Vermögensverhältnisse, geplanter oder verwirklichter Zuschnitt der Ehe, Auswirkungen auf Ehegatten und Kinder) und subjektiver Kriterien (Zweck der Abrede, sonstige Beweggründe für beide Ehegatten). Eine Vermutung für eine Benachteiligungsabsicht besteht nicht. Der *BGH* geht bei der Ehevertragskontrolle von einer **relativen Kernbereichslehre** aus, die auf die individuellen ehelichen Lebensverhältnisse abstellt (ausführlich *Brudermüller,* FS Hahne, 2012, S. 122; *Bergschneider*, Inhaltskontrolle, S. 40ff. und *Herr* FF 2011, 16; vgl. *BGH* NJW 2014, 1101; *OLG Hamm* FamFR 2013, 310). Vereinbarungsfeste Bereiche des Scheidungsfolgenrechts bestehen nicht. Im Rahmen der stets anzustellenden Gesamtkontrolle des Vertrages ist jedoch der Kinderbetreuungsunterhalt, jedenfalls die ersten drei Jahre nach der Geburt (§ 1570 I 1 BGB), nahezu vereinbarungsfest (vgl. *OLG Jena* NJW-RR 2010,

II. Allgemeines

649). Auf der nächsten Stufe folgen der Alters- und Krankheitsunterhalt sowie der Versorgungsausgleich, hinsichtlich derer ein Verzicht ohne angemessenen Ausgleich unwirksam ist. Danach kommen der Unterhalt wegen Erwerbslosigkeit, der Krankenvorsorge- und Altersvorsorgeunterhalt sowie der Aufstockungs- und Ausbildungsunterhalt. Am schwächsten ist das Güterrecht (s. nur *BGH* FamRZ 2013, 269). Auf sämtlichen Stufen sind Vereinbarungen zulässig. Entscheidend ist, ob ein schutzwürdiges Interesse seitens des begünstigten Ehegatten an einer Abbedingung der gesetzlichen Regelung vorliegt; auch insoweit darf allerdings die Vereinbarung nicht zu einer einseitigen Aufbürdung von Lasten führen. Dies betrifft aber in gleicher Weise verstärkende Unterhaltsvereinbarungen, die zu Lasten des unterhaltspflichtigen Ehegatten gehen (*BGH* FamRZ 2009, 198; vgl. *Reetz* NotBZ 2009, 37). Beim Versorgungsausgleich hat der *BGH* (FamRB 2005, 38; vgl. *AG Hamburg-Altona* NJW-RR 2005, 1380) nur den Ausgleich ehebedingter Nachteile gefordert (vgl. *Bergmann* FF 2007, 16 ff. und *Bißmaier* FamRB 2012, 18). Deshalb kann bei einer Doppelverdienerehe mit bereits gegebener Alters- und Invaliditätssicherung auch ein Globalverzicht wirksam sein (*BGH* FamRB 2005, 126). Das gesetzliche Leitbild der gleichen Teilhabe ist in allen Bereichen des Scheidungsfolgenrechts nicht zwingend (*BGH* NJW 2005, 2386). Die Ehegatten können die Leistungen des jeweiligen Partners abweichend von der Wertung des § 1360 S. 2 BGB, der Erwerbs- und Familienarbeit gleichstellt, festlegen. Dies hat Bedeutung beim Unterhalt in Diskrepanzehen (*BGH* NJW 2005, 2391). Andererseits können sich aber nicht nur aus dem Grundsatz, dass ehebedingte Nachteile auszugleichen sind, sondern auch aus dem Prinzip der nachehelichen Solidarität, insbesondere im Unterhaltsrecht (vgl. *Borth* FamRZ 2011, 153 und *Dose* FamRZ 2011, 1341) Einschränkungen für vertragliche Gestaltungen ergeben.

Der *BGH* geht zudem von einer **zweistufigen richterlichen Kontrolle** der bei Ehevertragsabschluss und später bei Scheidung gegebenen Lebens-, Versorgungs- und Vermögenssituation der Ehegatten aus (s. nur *BGH* FamRZ 2007, 1310; 2008, 386 und 582; vgl. auch § 8 I VersAusglG; *Gageik* FPR 2009, 497; *Langenfeld* FPR 2009, 497 und *Schwab*, FS Holzhauer, 2005, S. 410). Verträge, die von vornherein das gelebte oder angestrebte Ehemodell verfehlen, indem sie einem Partner Pflichten einseitig aufbürden und andererseits die sich daraus ergebenden ehebedingten Nachteile nicht ausgleichen, und die unter Ausnutzung einer unterlegenen Verhandlungsposition des benachteiligten Ehegatten zustande gekommen sind, unterliegen einer Inhaltskontrolle nach § 138 BGB, die an den Tag des Vertragsabschlusses anknüpft (**Wirksamkeitskontrolle**). Maßstab bildet der Grad der Abweichung des Vereinbarten vom geplanten oder gelebten Ehetypus. An die Stelle der unangemessenen und deshalb unwirksamen Vereinbarung tritt hier die gesetzliche Regelung. Ob eine Teil- oder Gesamtnichtigkeit des Ehevertrags eintritt, ist eine Frage des Einzelfalls (vgl. *Brambring* NJW 2007, 865 und *Sanders* FPR 2007, 205). Die Familiengerichte tendieren dazu, bei einer ungleichen Verhandlungsposition eine Gesamtnichtigkeit anzunehmen (vgl. *BGH* FamRB 2008, 358; *OLG Frankfurt* FamRB 2005, 318; 2006, 339; *OLG Koblenz* FamRZ 2007, 479; *OLG Hamm* FamRZ 2009, 1678). Führt demgegenüber ein Ehevertrag bei seinem Abschluss im Hinblick auf das gelebte oder angestrebte Ehemodell zu einem (einigermaßen) gerechten Ausgleich, ändert sich aber später das Ehemodell, ohne dass eine Anpassung durch die Parteien erfolgt, hat der Richter eine angemessene Lösung zu finden (**Ausübungskontrolle**, §§ 242, 313 BGB). Es erfolgt keine Ergänzung des Vertrages auf dem „niedrigsten Niveau", sondern nach Billigkeitskriterien. Der Richter hat diejenige Rechtsfolge anzuordnen, die den berechtigten Belangen beider Partner in der nunmehr eingetretenen Situation in angemessener Weise Rechnung trägt. Der Richter muss die vertragliche Regelung, ausgehend vom Vereinbarten, zu Ende denken. Meist wird er sich hierbei an der vom Gesetz vorgesehenen Rechtsfolge orientieren. Die obergerichtlichen Entscheidungen (vgl. *Münch* ZNotP 2007, 205) lassen erkennen, dass die richterliche Inhaltskontrolle zunimmt und insbesondere bei Schwangerschaft und späterer Kinderbetreuung Abweichungen vom nachehelichen

Unterhaltsrecht zur Sittenwidrigkeit des gesamten Ehevertrags führen können. Die Inhaltskontrolle gilt dabei nicht nur für vor der Ehe geschlossene Verträge, sondern auch für Trennungs- und Scheidungsvereinbarungen sowie für Prozessvergleiche und Verträge nach der Scheidung. Zudem besteht eine gewisse Tendenz der Gerichte, aus dem späteren Verlauf der Ehe auf das beabsichtigte Ehemodell zu schließen.

11c Für die Vertragsgestaltung dürften folgende „Eckpunkte" von Bedeutung sein: Ein Vertrag ist dann unausgewogen, wenn kein Ausgleich ehebedingter Nachteile erfolgt (zu diesem Kriterium *Diederichsen* FuR 2002, 289, 293; *Born* NJW 2014, 1484, 1485 und *Grziwotz/Hagengruber* DNotZ 2006, 32). Auch eine sich im Ergebnis zulasten einer Vertragspartei auswirkende Regelung dürfte nicht unwirksam sein, wenn sie für beide Teile zunächst Risiken beinhaltet; anders ist dies, wenn bei Vertragsschluss der Verlierer schon feststeht. Berechtigte Interessen eines Vertragsteils können auch seine Besserstellung rechtfertigen. Dies bedeutet allerdings nicht, dass die Gütertrennung der automatische Unternehmergüterstand ist (differenzierend *Winkler* FPR 2006, 217 und *Grziwotz* ZIP 2006, 9). Der Schutz vor Gläubigern kann jedenfalls einen Gesamtverzicht nicht rechtfertigen (a. A. NK-BGB/*Friederici* § 1408 Rn. 4). Schließlich kann keine Partei bei einer einseitigen Regelung, die keine Rücksicht auf bei Vertragsabschluss bereits erkennbare Belange des anderen nimmt, auf eine geltungserhaltende Reduktion hoffen (vgl. *Waldner* FamRB 2002, 217, 218; *OLG Brandenburg* NotBZ 2014, 41). Insofern dürften sich die Standpunkte in der Debatte zwischen richterlicher Inhalts- und Ausübungskontrolle (vgl. einerseits *Dauner-Lieb* AcP 201, 296 und andererseits *Grziwotz* FF 2001, 41) annähern (ebenso *Hahne* DNotZ 2004, 84, 94; vgl. *Sanders,* Statischer Vertrag und dynamische Vertragsbeziehung, 2008, S. 307 ff.). Eine richterliche Vertragsanpassung wird in den Fällen erfolgen, in denen gleichsam die Geschäftsgrundlage des Vertrages infolge einer geänderten Lebensplanung wegfällt. Dagegen werden es die Gerichte demjenigen Vertragsteil verwehren, sich auf eine ihm günstige Regelung zu berufen, der von vornherein eine einseitige, d. h. ehebedingte Nachteile verstärkende Lösung unter Ausnutzung einer besonderen Ungleichgewichtslage durchgesetzt hat. Für die Inhaltskontrolle verbleiben die wenigen krassen Benachteiligungsfälle, in denen keine Ungewissheit über die Lebensplanung mehr besteht (ähnlich im Ergebnis *OLG Köln* FPR 2002, 306, 307) und von vornherein eine eheverträgliche „Typenverfehlung" vorliegt. Ungelöst bleibt allerdings weiterhin das bereits aus der Rechtsprechung zu den „Geliebtentestamenten" bekannte Problem der Starrheit des § 138 BGB. Bei der späteren „Wohlverhaltensehe" tritt danach keine „Heilung" ein. So kann ein Ehevertrag eines jungen Paares mit Kinderwunsch und einer dann geplanten Aufgabe der Berufstätigkeit der Frau zunächst unangemessen erscheinen, aber, sofern sich der Kinderwunsch nicht erfüllt, durchaus gerecht sein. Gleiches gilt, wenn zum Zeitpunkt der Scheidung die Familienphase bereits vorbei ist und beide Ehegatten wieder berufstätig sind. Nur über die Anwendung von § 242 BGB, der in dieser Konstellation die Berufung auf die Sittenwidrigkeit versagen soll, lassen sich ungerechte Ergebnisse der Wirksamkeitskontrolle vermeiden, wenn z. B. bei dem (scheinbar) anfänglich benachteiligten Ehegatten nunmehr eine Ausgleichspflicht (z. B. durch Wertsteigerungen von geerbtem Grundbesitz) eintritt. Die Vertragsgestaltung wird – auch im Hinblick auf die spätere richterliche Kontrolle – auf das geplante „Ehemodell" und damit auf die „Geschäftsgrundlage" des Vertrages hinweisen, falls nicht ohnehin die Vereinbarung durch ein Rücktrittsrecht oder eine auflösende Bedingung unmittelbar vom Ehetypus abhängig gemacht wird. Ob **salvatorische Klauseln** und die Vereinbarung alternativer Rechtsfolgen helfen, ist in der Literatur umstritten (verneinend *Sanders* FF 2004, 251; *Grziwotz* FF 2004, 275; offen *Bergschneider* FamRZ 2004, 1757, 1764, der sie verwenden, aber gleichzeitig darauf hinweisen will, dass sie möglicherweise nicht halten). Nach der Rechtsprechung (*BGH* FamRZ 2006, 1097, 1098; 2008, 2011; 2013, 269) sind sie nicht von vornherein unbeachtlich. Liegt keine ungleiche Verhandlungsposition vor, kann eine salvatorische Klausel bei teilweiser Nichtigkeit eines Ehevertrages Indiz für die Aufrechterhaltung des restlichen Teils sein.

Anders ist dies, wenn ein einseitig belastender Ehevertrag vorliegt. In diesem Fall vermag auch die Erhaltensklausel an der Gesamtnichtigkeit nichts zu ändern. Denn dann hat sie lediglich die Funktion, im Interesse des begünstigten Ehegatten den Restbestand eines dem benachteiligten Ehegatten aufgedrängten Vertragswerks so weit wie möglich gegenüber der etwaigen Ungültigkeit einzelner Vertragsbestimmungen rechtlich abzusichern. In diesem Fall spiegelt sich auch in der Vereinbarung der salvatorischen Klausel selbst die auf ungleichen Verhandlungspositionen beruhende Störung der Vertragsparität zwischen den Ehegatten wider. Bei der Beurkundung sollte auf eine dem geplanten oder gelebten Ehemodell entsprechende Gestaltung hingewirkt werden (krit. gegenüber der Effizienz der notariellen Belehrung *Schubert* FamRZ 2001, 733, 736; a.A. *Hahne* DNotZ 2004, 84, 95). Bei durch faktische Zwänge verursachten Ungleichgewichtslagen (z.B. Schwangerschaft, feststehender Hochzeitstermin, Arbeitslosigkeit, Finanzbedarf für Haushaltsgründung nach Trennung) besteht kein Anlass, eine Beurkundung abzulehnen (*BGH* NJW 2005, 2386; 2006, 3142; 2008, 3426; 2009, 2124). Allerdings ist, sofern eine Terminverlegung möglich ist, diese empfehlenswert (ähnlich *Münch* DNotZ 2004, 901, 908; *Bergschneider*, FS Spiegelberger 2009, S. 971, 973; vgl. auch *Wachter* ZfE 2004, 132, 136 und *Sanders* FuR 2005, 104, 108). Der Übereilungsschutz des Beurkundungsverfahrens unter Einschluss einer Entwurfsversendung mit der Möglichkeit anwaltlicher Beratung hat auch insoweit besondere Bedeutung.

Während die Frage der Einführung der Nichtigkeit eines (älteren) Ehevertrages in das **11d** Scheidungsverfahren vielfach erörtert wurde (vgl. *Kogel* FamRB 2006, 117 und *Gomille* NJW 2008, 274), ist die Frage, ob ein **Anpassungsanspruch** eines Ehegatten bei einem nach früherer Rechtsprechung wirksamen, aber nach der Kernbereichslehre ganz oder teilweise unwirksamen Ehevertrag besteht, bisher kaum diskutiert worden (vgl. *Grziwotz* FamRB 2009, 19; ansatzweise *Siegler* MittBayNot 2012, 95, 102). Lässt sich diesbezüglich eine einvernehmliche Lösung – gegebenenfalls nach einer Mediation – finden, kann der bisherige Vertrag „nachgebessert" werden. Gleiches gilt, wenn sich ein Vertrag aufgrund einer späteren Entwicklung als nicht mehr passend erweist. Eine Heilung eines sittenwidrigen Ehevertrags setzt den formgerechten Abschluss eines neuen Ehevertrags voraus. Auch wenn dann beispielsweise die Schwangerschaft der Frau nicht mehr vorliegt, muss zudem bei kompensationslosen Eingriffen in den Kernbereich des Scheidungsfolgenrechts auch diese einseitige Regelung durch eine angemessene ersetzt werden (*KG* FamFR 2009, 77). Allerdings kann ein nichtiger Ehevertrag steuerlich für die Ehegatten auch vorteilhaft sein. Beispiel ist die im Zusammenhang mit einem Unterhaltsverzicht und einem Ausschluss des Versorgungsausgleichs bei Kinderbetreuung vereinbarte Gütertrennung, die nunmehr im Hinblick auf die Steuerfreiheit des Zugewinnausgleichs (§ 5 I ErbStG) mit steuerlicher Rückwirkung „korrigiert" werden soll (vgl. *Kesseler* ZEV 2008, 27; *Münch* DStR 2008, 26).

Weitgehend ungeklärt ist ferner die Frage nach der rechtlichen **Bindungswirkung** und **12** der **Durchsetzbarkeit** von Abreden über persönliche Ehewirkungen (vgl. Erman/*Kroll-Ludwigs* § 1356 Rn. 5 ff.). Nach h.M. stehen sie unter dem ausdrücklichen oder stillschweigenden Vorbehalt des Wandels der Verhältnisse (vgl. *Schwab* DNotZ [SoH] 2001, 9, 20). Unabhängig von der rechtlichen Qualifikation als Vertrag, Ordnung, Beschluss, Rechtsakt oder parallel laufende Erklärungen soll das willkürliche Abweichen einer Seite einen Pflichtenverstoß begründen. Eine einseitige Lösung von einem erzielten Einvernehmen soll nur bei einem wichtigen Grund zulässig sein. Wenn sich die Verhältnisse ändern oder sich herausstellt, dass von unzutreffenden Voraussetzungen ausgegangen wurde, kann, wenn beide Ehepartner keine einvernehmliche Anpassung vornehmen, eine Zustimmungspflicht zu einer einseitigen Anpassung bestehen (vgl. *Gernhuber/Coester-Waltjen* § 18 Rn. 19 ff.).

Schließlich ist noch umstritten, ob und inwieweit an die Verletzung persönlicher Verhaltenspflichten Sanktionen geknüpft werden können. Nach h.M. (MünchKomm/*Roth* § 1353 Rn. 5) verstößt das Versprechen einer **Vertragsstrafe** zur Sicherung eines bestimmten Verhaltens in der Ehe dem sittlichen Empfinden und ist grundsätzlich nach § 138 BGB nichtig (teilw. abw. *Hepting* S. 111 ff.; vgl. *Grziwotz* FPR 2005, 156). Anders kann dies bei einer Vereinbarung zwischen ausländischen Ehegatten sein, wenn deren Rechtsordnung eine Regelung der ehelichen Beziehungen unter Einsatz eines Vertragsstrafenversprechens zulässt (*OLG Hamm* NJW-RR 1998, 1542).

III. Das eheliche Zusammenleben

1. Eheliche und persönliche Angelegenheiten

13   Das Erfordernis des Einvernehmens beschränkt sich auf **gemeinschaftliche eheliche Angelegenheiten**. Inwieweit Vereinbarungen hierüber zulässig sind und binden, ist umstritten (ausführlich *Hepting* S. 62 ff.). Gleiches gilt für ihre Klagbarkeit (*Dethloff* § 4 Rn. 25). Der Umstand, dass sie nicht vollstreckbar sind (§ 120 III FamFG), macht sie allerdings nicht bedeutungslos. Sie stellen – im Rahmen der rechtlichen Grenzen – einen Beurteilungsmaßstab für die Ehewidrigkeit eines Verhaltens dar (vgl. *Sanders* FF 2005, 12). Sie können zudem über die Rollenverteilung und damit mittelbar über die etwaige Einseitigkeit vermögensrechtlicher Vereinbarungen Aufschluss geben. Sie sind ferner Ausfluss der Verpflichtung der Ehegatten, sich in wesentlichen Angelegenheiten zu einigen. Sagt sich ein Ehegatte von diesem Konsens los, was ihm freisteht, so ist die Ehe – zumindest in diesem Punkt – gescheitert.

14   Die alleinige Entscheidung über **rein persönliche Angelegenheiten** verbleibt dagegen jedem Ehegatten. So darf jeder über sein religiöses Bekenntnis, die politische Betätigung, Bekleidung und sonstige Körperaccessoires (z. B. Frisur, Färben der Haare, Bart, Schmuck, Piercing, Intimrasur etc.), Lektüre, Hobbys, Rauchen und andere Genussmittel für sich allein entscheiden, muss aber dabei auf den anderen Partner Rücksicht nehmen (*Grziwotz* MDR 1998, 1075, 1077). Zur vom Partner zu achtenden persönlichen Freiheitssphäre gehören auch der Umgang mit anderen Personen und eine nicht vollständig eingeschränkte Bewegungsfreiheit (Soergel/*Lipp* § 1353 Rn. 47). Eine Grenze für den Umgang mit Dritten bildet allerdings der räumlich-gegenständliche Bereich der Ehe zum Schutz vor Störungen durch Dritte (MünchKomm/*Roth* § 1353 Rn. 51); auch zur Aufnahme von erwachsenen Familienangehörigen des Ehegatten (z. B. wegen Pflegebedürftigkeit) in die gemeinschaftliche Wohnung ist eine Einigung der Ehegatten erforderlich. Zum Bereich der persönlichen Angelegenheiten gehört auch die Totenfürsorge. Sie steht, sofern der Verstorbene nicht selbst eine diesbezügliche Regelung getroffen hat, den Angehörigen, und zwar abgestuft nach der Nähe der Beziehung zu (vgl. dazu die Regelungen in den landesrechtlichen Bestattungsgesetzen und dazu *Grziwotz* FamRB 2012, 226). Danach ist der Ehegatte regelmäßig totenfürsorgeberechtigt. Jeder Ehegatte ist aber frei, eine bestimmte Person mit der Wahrnehmung der Totenfürsorge zu beauftragen (vgl. *LG Ansbach* FamRZ 2013, 149, 150).

2. Lebenszeit- und Verschuldensprinzip

15   Das in § 1353 I 1 BGB verankerte Prinzip der Lebenszeitehe schließt **Abreden über eine Scheidung** und die Schaffung zusätzlicher Scheidungsgründe aus (MünchKomm/*Roth* § 1353 Rn. 16). Gleiches gilt für die Aufhebungsgründe (§ 1314 BGB). Umgekehrt verstößt es aber auch gegen das Gesetz, wenn Ehegatten die Scheidung ihrer Ehe ausschließen oder sich verpflichten, (in bestimmten Fällen) künftig keinen Scheidungsantrag zu stellen (*BGH* NJW 1990, 703; FamRB 2007, 3; a. A. *Hattenhauer* ZRP 1985, 200). Ob die h. M. im Hinblick auf die Kinderschutzklausel des § 1568 I Alt. 1 BGB zutrifft, ist fraglich (vgl. *Grziwotz* FamRZ 2008, 2237). Unwirksam ist nach überwiegender Ansicht auch die Vereinbarung einer Zahlungsverpflichtung, die eine Scheidung zumindest erschweren soll. Zulässig sind dagegen ein **Verzicht auf das Scheidungsrecht**, soweit es be-

III. Das eheliche Zusammenleben   B I

reits erwachsen ist (*BGH* NJW 1986, 2046 und *AG Holzminden* FamRZ 1997, 1214), und die Vereinbarung einer Abfindungssumme für den Fall eines Scheidungsantrags, wenn der Versprechende dadurch nicht nach Art einer Konventionalstrafe von der Erhebung eines Scheidungsantrages abgehalten werden soll (*BGH* NJW 1990, 703 und *OLG Oldenburg* FamRZ 1994, 1454).

Mitunter wünschen Beteiligte immer noch, das bereits durch das 1. EheRG abge- **16** schaffte **Verschuldensprinzip im Scheidungsfolgenrecht** vertraglich wiedereinzuführen. Dies ist im Bereich des Güterrechts und des Versorgungsausgleichs nicht unproblematisch, da beide Institute die Aufteilung von Vermögenswerten betreffen, die während des Bestehens der Gemeinschaft, also in guten Tagen, erwirtschaftet worden sind (*BGH* NJW 1983, 165, 166). Darin liegt ein substantieller Unterschied zum nachehelichen Unterhaltsanspruch, der in die Zukunft gerichtet ist. Auch das frühere Recht sah nur die Abhängigkeit des nachehelichen Unterhalts vom Verschulden vor. Diesbezüglich war die Zulässigkeit derartiger Klauseln kaum umstritten (*BGH* NJW 1995, 1891, 1892). Ob dies auch bei Vereinbarungen zum Kinderbetreuungsunterhalt gilt, ist wegen des Eingriffs in die Rechte des Kindes fraglich. Bereits die Zweckmäßigkeit spricht gegen derartige Vereinbarungen, da eine einwandfreie Feststellung, welcher Ehegatte die Zerrüttung verursacht hat, selten gelingt. Ist sie möglich, helfen meist die §§ 1381, 1579 Nr. 7 BGB und § 27 S. 1 VersAusglG. Wollen Ehegatten umgekehrt die „Reste" des Verschuldensprinzips ausschließen, ist ein eheverträglicher Verzicht auf die Geltendmachung der Härteklauseln zulässig (vgl. *BGH* NJW 2001, 3335).

3. Lebensgemeinschaft, Wohnsitz, Geschlechtsgemeinschaft, Kinder, Verhaltenspflichten

Zur Ehe gehört regelmäßig eine **Lebens- und Verantwortungsgemeinschaft** der Ehe- **17** gatten (§ 1353 I BGB). Fraglich ist, ob Ehegatten – eventuell neben den vermögensrechtlichen Folgen der Ehe – auch ihre persönlichen Konsequenzen einvernehmlich abbedingen können. Nach dem Wortlaut des § 1314 II Nr. 5 BGB wäre eine derartige Ehe aufhebbar. Zudem soll bereits der Standesbeamte die Möglichkeit haben, an einer solchen Eheschließung nicht mitzuwirken (§ 1310 I 2 BGB). Allerdings ist die Aufhebung der Ehe ausgeschlossen, wenn die Ehegatten nach der Eheschließung als Ehegatten miteinander gelebt haben (§ 1315 I Nr. 5 BGB). Nach h.M. (vgl. Palandt/*Brudermüller* § 1314 Rn. 14), dient § 1314 II Nr. 5 BGB lediglich der Bekämpfung von Aufenthaltsehen. Namensehen, reine Versorgungsehen, eine Eheschließung lediglich aus steuerrechtlichen Gründen und eine Eheschließung auf dem Sterbebett sollen davon nicht betroffen sein. Der Notar kann deshalb bei entsprechenden Ehevereinbarungen seine Mitwirkung nicht verweigern (vgl. *Reul* MittBayNot 1999, 248), sollte aber auf die höchstrichterlich noch nicht geklärte Rechtslage hinweisen.

Der ehelichen Lebensgemeinschaft entspricht grundsätzlich ein gemeinschaftlicher **Wohnsitz** beider Ehegatten. Jedoch setzt die eheliche Gemeinschaft einen räumlichen Ehemittelpunkt nicht voraus (*BGH* NJW 1981, 449, 450). Eine Eheschließung ist beispielsweise auch mit einem Partner möglich, der dauerhaft in einem Pflegeheim leben muss (*BGH* FamRZ 2002, 316). Die Partner können vereinbaren, dass ihre Ehe ohne einen gemeinsamen Haushalt geführt wird (RGRK/*Roth-Stielow* § 1353 Rn. 28), und sich auf gegenseitige Besuche, Telefonate und gemeinsame Urlaubsreisen beschränken (*BGH* MDR 1987, 652; *OLG Brandenburg* FamRZ 2008, 1535). Jeder Ehegatte kann selbstständig einen Zweitwohnsitz begründen; eine Zustimmung des Partners ist hierzu nicht erforderlich.

Die eheliche Lebensgemeinschaft gab nach früherer allg. M. jedem Ehegatten das **18** Recht auf **Geschlechtsgemeinschaft** mit dem anderen (*BGH* NJW 1967, 1078; *OLG Schleswig* NJW 1993, 2945; a.A. *Haller* MDR 1994, 426). Gewaltanwendung war dabei nicht statthaft. Wechselseitige Rücksichtnahme auf Gesundheit und psychische Disposition war zudem geboten (*Henrich* § 6 I 4). Die Pflicht sollte „nicht zu jeder Zeit und unter allen Umständen" (*AG Brühl* NJWE-FER 2000, 51) bestehen. Nach neuerer Ansicht soll sich aus § 1353 I 2 BGB keine Rechtspflicht zum Geschlechtsverkehr mehr ergeben (MünchKomm/*Roth* § 1353 Rn. 41); ein Herstellungsverfahren ist danach nicht mehr möglich. Allerdings soll jeder Heiratende davon ausgehen dürfen, dass sich der Partner dem Wunsch nach geschlechtlicher Erfüllung nicht verschließen werde (MünchKomm/*Roth* § 1353 Rn. 41). Unabhängig davon, ob man eine Rechtspflicht zu sexuellen Kontakten oder nur eine diesbezügliche Erwartungshaltung annimmt, sind die Partner gezwungen, über ihre geschlechtlichen Beziehungen ein Einvernehmen zu erzielen. Es bleibt ihnen unbenommen, die Art ihres Sexuallebens und die Häufigkeit ihrer geschlechtlichen Kontakte zu bestimmen (RGRK/*Roth-Stielow* § 1353 Rn. 33). Auch gegen „Gegenleistungen" dürften keine Einwände mehr bestehen (vgl. § 1 ProstG; str., ausf. *Grziwotz* FamRZ 2002, 1154). Es ist auch allein Sache der Ehegatten, ob sie eine exklusive Geschlechtsgemeinschaft (Treue) praktizieren oder nicht (str., vgl. *Grziwotz* MDR 1998, 1075, 1078; *ders.* FamRZ 2002, 1154 und MünchKomm/*Roth* § 1353 Rn. 40; a. A. wohl h. M., s. nur Bamberger/Roth/*Hahn* § 1353 Rn. 9: „unabdingbare Rechtspflicht"); ein durchsetzbares vertragliches Recht auf einen „Seitensprung" ist jedoch nicht anzuerkennen (*OLG Kiel* SchlHA 1946, 341). Eine intakte Ehe, die für das Scheidungsfolgenrecht von Bedeutung ist, kann auch bei außerehelichen Beziehungen vorliegen (*OLG Hamm* NJW-RR 2006, 1514). Aufklärungspflichten hierüber können vereinbart werden (vgl. *BGH* FamRZ 2005, 1738; s. auch *OLG Brandenburg* NJW 2006, 2861); bei Verdacht einer Geschlechtskrankheit bestehen sie auch ohne diesbezügliche Abrede. Im Hinblick auf zahlreiche Streitfragen empfiehlt es sich klarzustellen, welche Auswirkungen die Nichtigkeit einer Vereinbarung im Intimbereich auf die sonstigen vermögensrechtlichen Regelungen hat. Unstreitig können Ehegatten zeitweilige oder dauernde Enthaltsamkeit in sexueller Hinsicht vereinbaren. Eine (intakte) Ehe ist trotz fehlender Sexualität möglich (vgl. *OLG Zweibrücken* FPR 2009, 61).

19 Beiderseitiges Einvernehmen ist zur **Familienplanung** erforderlich. Eine Pflicht zur Zeugung bzw. zum Empfang eines Kindes besteht nicht (*BGH* FamRZ 2001, 542). Abreden über Kinderlosigkeit sowie über Methoden der Empfängnisverhütung verstoßen nicht gegen die guten Sitten (MünchKomm/*Roth* § 1353 Rn. 42 und *Grziwotz* FamRZ 2002, 1154, 1156; vgl. auch BGHZ 67, 48, 51; a. A. *BGH* NJW 1986, 2043, 2045: keine rechtsverbindliche Verpflichtung zur Anwendung eines Empfängnisverhütungsmittels). Nach h. M. sind diesbezügliche Abreden jedoch rechtlich unverbindlich; Informationspflichten über einen Widerruf sollen zwar bestehen, jedoch soll ein Verstoß keine Rechtsfolgen haben. Dies dürfte auch bei einer schriftlichen Niederlegung gelten. Dagegen sind Abreden über eine Familienplanung mithilfe der modernen Fortpflanzungsmedizin nicht ohne rechtliche Relevanz (*OLG Stuttgart* FamRZ 1999, 1130; vgl. *BGH* FamRZ 2001, 541 zum Widerruf des Einverständnisses). Ein Schwangerschaftsabbruch soll, obwohl das Leben des Kindes betroffen ist und beide Eltern das Leben zu verantworten haben, höchstpersönliche Entscheidung der Frau sein; eine Vereinbarung über einen zulässigen Abbruch der Schwangerschaft und umgekehrt auch dessen Unterlassen bindet nach h. M. die Frau nicht. Gleiches gilt für eine Abrede über einen rechtswidrigen Schwangerschaftsabbruch (MünchKomm/*Roth* § 1353 Rn. 42).

20 Die Pflicht zur Lebensgemeinschaft beeinflusst auch die **vermögensrechtlichen Beziehungen** der Ehegatten (z. B. *BGH* FamRZ 2002, 1024, Mitwirkung bei Steuererklärung). § 1359 BGB enthält hierfür eine besondere Haftungsmilderung (§ 277 BGB), die aber bis zur Grenze des § 276 II BGB dispositiv ist (Erman/*Kroll-Ludwigs* § 1359 Rn. 8). In diesem Umfang kann die Haftung ausgeschlossen, sie kann aber auch verschärft werden. Aus der Pflicht zur Rücksichtnahme folgt das Verbot, den Ehegatten zur Übernahme einer ihn überfordernden Bürgschaft oder Schuldenmitübernahme zu veranlassen. Der Verpflichtung zur Kooperation im Vermögensbereich kommen aber auch über eine Scheidung hinaus Nachwirkungen zu; so folgt aus ihr der Anspruch des Unterhaltsleis-

III. Das eheliche Zusammenleben   B I

tenden gegenüber dem Unterhaltsempfänger auf Erteilung der Zustimmungserklärung zum Sonderausgabenabzug nach § 10 I Nr. 1 EStG (*BGH* NJW 1991, 125 und FamRZ 1998, 953).

4. Rollenverteilung und Familienunterhalt

Freiheit herrscht im Eherecht bezüglich der **Rollenverteilung** (§§ 1356, 1357 BGB); die 21 frühere Mitarbeitspflicht ist entfallen. Jedem der Ehegatten steht grundsätzlich ein gleiches Recht zur freien Berufswahl zu.

Das nach § 1356 BGB herzustellende Einvernehmen der Ehegatten bezieht sich vor al- 22 lem auf die Wahl des Ehetypus. Die **Aufteilung von Haushalts- und Erwerbstätigkeit** zwischen den Ehegatten weist diesen verschiedene Aufgabenkreise zu. Die Selbständigkeit eines Ehegatten in seinem Tätigkeitsbereich (vgl. § 1356 I 2 BGB) gehört nicht zum zwingenden Recht (a. A. *Gernhuber/Coester-Waltjen* § 20 Rn. 4), sondern steht zur Disposition der Ehegatten. Wieso der in manchen Haushaltsführungsehen gepflogenen monatlichen Abrechnung bei einvernehmlicher Durchführung ein unaufgebbares Gerechtigkeitspostulat entgegenstehen soll (so *Gernhuber/Coester-Waltjen* § 20 Rn. 4), bleibt trotz allen Pathos unerfindlich. Die vertragliche Regelung sollte sich dennoch grundsätzlich auf die Festlegung der Grundzüge der Aufgabenverteilung beschränken und auf Einzelheiten verzichten. Die Verpflichtung zur Anpassung an veränderte Umstände ergibt sich bereits aus dem Gesetz (§ 1356 BGB). Ohne entsprechende Vereinbarung kann kein Ehegatte vom anderen, der während des Zusammenlebens die Wirtschaftsführung übernommen hat, später Rechenschaft verlangen (*BGH* FamRZ 2001, 23).

Jeder Ehegatte ist berechtigt, **Geschäfte zur angemessenen Deckung des Lebensbedarfs** 23 der Familie mit Wirkung auch für den anderen Ehegatten zu besorgen. Durch solche Geschäfte werden beide Ehegatten mitberechtigt und als Gesamtschuldner verpflichtet, es sei denn, dass sich aus den Umständen etwas anderes ergibt (§ 1357 BGB). Der Gläubiger gewinnt somit unabhängig von dem das Recht der Stellvertretung beherrschenden Prinzip der Offenkundigkeit (§ 164 I BGB) allein aus der Tatsache der Verheiratung des Vertragspartners einen zusätzlichen Schuldner, ohne dass ihm zuvor die Ehe erkennbar gewesen sein muss.

§ 1357 BGB ist nicht abdingbar (h. M.; *OLG Schleswig* FamRZ 1994, 444, offen ge- 24 lassen von *Langenfeld*, Handbuch, Rn. 396). Ein Ehegatte kann jedoch durch einseitige formlose Erklärung gegenüber dem anderen Ehegatten die Verpflichtungsbefugnis der Höhe oder Art nach beschränken oder ganz ausschließen. Das gilt auch, wenn wegen Getrenntlebens die Schlüsselgewalt ohnehin ruht. Zulässig sind auch wechselseitig abgegebene **Ausschlusserklärungen** (s. nur *Koch*, FS Pintens 2012, S. 767, 780). Besteht für die Beschränkung oder den Ausschluss kein ausreichender Grund, hebt sie das Familiengericht (§ 266 II FamFG) auf Antrag des betroffenen Ehegatten auf. Dritten gegenüber wird die Erklärung gemäß § 1357 II 2 BGB nur wirksam, wenn sie in das Güterrechtsregister eingetragen oder ihnen bekannt ist (§ 1412 BGB). Der Antrag ist in beurkundeter oder beglaubigter Form zu stellen (vgl. auch *Sarres* FamRB 2012, 288, 290).

Formulierungsbeispiel: Ausschluss der Schlüsselgewalt	24a
Wir schließen hiermit wechselseitig die Berechtigung des anderen Ehegatten, Geschäfte mit Wirkung für den Ehegatten zu besorgen (§ 1357 BGB), aus. Wir beantragen unter Vorlage einer Heiratsurkunde, dies in das Güterrechtsregister einzutragen.	

§ 1360 BGB verpflichtet die Ehegatten, durch ihre Arbeit und mit ihrem Vermögen die 25 Familie angemessen zu unterhalten. Die Haushaltsführung stellt einen vollwertigen Beitrag zum **Familienunterhalt** dar. Familienunterhalt im Sinne dieser Vorschrift ist der Unterhalt des anderen Ehegatten und der gemeinschaftlichen Kinder. Verschwägerten, insbesondere Stiefkindern gegenüber besteht auch dann keine gesetzliche Unterhaltspflicht, wenn diese im ehelichen Haushalt leben (*BGH* NJW 1969, 2007). Um auch die Annahme eines stillschweigenden Alimentierungsvertrages (vgl. MünchKomm/*Weber-Monecke* § 1360a BGB Rn. 12 sowie Kap. B V. Rn. 84) auszuschließen, empfiehlt sich ein ausdrücklicher Vorbehalt (Staudinger/*Voppel* § 1360a Rn. 45). Übernimmt ein Ehegatte die Kinderbetreuung und gibt er hierzu seinen Beruf auf, kann ein Bedürfnis für eine Unterhaltsverpflichtung gegenüber Stiefkindern sowie für eine Absicherung des erwerbstätigen und des den Haushalt führenden Ehegatten bestehen. Eine Regelung sollte grundsätzlich nur mit dem Partner erfolgen. Soll der Dritte selbst begünstigt werden, kann dies durch einen unechten Vertrag zugunsten der verschwägerten Person erfolgen, wobei die Verpflichtung zur Unterhaltsgewährung im Regelfall bereits mit dem Getrenntleben der Ehegatten, nicht erst mit deren Scheidung, jedenfalls aber mit dem Auszug des Begünstigten aus dem gemeinsamen Haushalt enden sollte. Demgegenüber kann es die Absicherung des Ehegatten insbesondere bei einer sozialen Elternschaft erfordern, diesen mit einem gemeinsame Kinder betreuenden Ehegatten vertraglich gleichzustellen. Allerdings kann diese Vereinbarung die Rangfolge des § 1609 BGB nicht zu Lasten vorrangig unterhaltspflichtiger Personen ändern. Dies ist in „Mangelfällen" zu beachten.

25a **Formulierungsbeispiel: Rollenverteilung**

Hinsichtlich der ehelichen Rollenverteilung vereinbaren wir, dass der Ehemann vollerwerbstätig bleibt und die Ehefrau bis zur Vollendung des 10. Lebensjahres des jüngsten gemeinschaftlichen Kindes die Haushaltsführung und die Betreuung der gemeinschaftlichen Kinder sowie des aus erster Ehe des Mannes stammenden Kindes Martin bis zur Vollendung seines 15. Lebensjahres übernimmt. Die Betreuung erfolgt gegenüber Martin ohne Übernahme einer Rechtspflicht; Martin erwirbt aus dieser Vereinbarung keinen eigenen Anspruch. Die Verpflichtung zur Betreuung von Martin endet in jedem Fall bei einem etwaigen Getrenntleben von uns sowie ferner, wenn Martin den gemeinsamen Haushalt verlässt.
Zur ehelichen Rollenverteilung vereinbaren wir, dass die Ehefrau ihr voreheliches Kind ..., geb. am ..., dessen Vater unbekannt ist, betreut und die Haushaltsführung übernimmt. Hinsichtlich des Anspruchs der Ehefrau auf Familien-, Getrenntlebens- und nachehelichen Unterhalt soll dieses Kind wie ein gemeinschaftliches Kind behandelt werden, sofern dem nicht zwingende vorrangige Unterhaltsansprüche Dritter entgegenstehen. Eine Unterhaltspflicht gegenüber diesem Kind wird hierdurch jedoch nicht begründet.

26   Zulässig ist ferner auch die Übernahme eingeschränkter Unterhaltsbeiträge, die den Bedarf des Verschwägerten nicht voll befriedigen (Soergel/*Leiß* § 1360a Rn. 21).

27   § 1360a BGB umschreibt die in § 1360 BGB statuierte Unterhaltspflicht bezüglich des Umfangs und der Art der Unterhaltsgewährung näher. Der angemessene Beitrag zum Familienunterhalt umfasst das so genannte **Haushaltsgeld**, das den Beköstigungsaufwand und die übrigen laufenden Ausgaben für das tägliche Leben deckt, und das **Taschengeld**, über das jeder Partner ohne Rechenschaftspflicht frei verfügen kann (Soergel/*Leiß* § 1360a Rn. 49; vgl. *BGH* NJW 1998, 1553; *OLG Köln* FamRZ 2001, 437. Zur Pfändung s. *OLG Stuttgart* FamRZ 2002, 185). In Ausnahmefällen kann eine Pflicht zur Mitarbeit im Beruf oder Geschäft des Ehepartners bestehen, so genannte **Unterhaltsarbeit** (Staudinger/*Voppel* § 1360 Rn. 42 ff.).

28   Die Unterhaltspflicht gegenüber dem Ehegatten bestimmt sich grundsätzlich nach objektivem Recht und ist deshalb weitgehend zwingend. Eine **vertragliche Festlegung oder Änderung** ist nur begrenzt möglich (Soergel/*Leiß* § 1360 Rn. 21 und § 1360a Rn. 31). Ein vollständiger oder teilweiser Unterhaltsverzicht für die Zukunft ist nichtig (§§ 1360a III, 1614 BGB; vgl. *OLG Hamm* NJW-RR 2001, 219). Unwirksam ist nach überwiegender Ansicht eine Vertragsstrafe zur Sicherung der Unterhaltspflicht (vgl. RGZ 158, 294,

III. Das eheliche Zusammenleben **B I**

299). Möglich ist dagegen ein Unterhaltsverzicht für die Vergangenheit. Keine Bedenken bestehen ferner, wenn in Vereinbarungen der Lebenszuschnitt der Ehe bestimmt (z. B. sparsame Lebensführung zwecks Immobilienerwerb), die Art und Weise der Unterhaltsgewährung festgelegt (auch in Form einer Geldrente, vgl. MünchKomm/*Weber-Monecke* § 1360 Rn. 21 und § 1360a Rn. 14, a. A. noch RGZ 61, 50, 53) und die angemessene Unterhaltshöhe geregelt werden, wenn dabei nicht bewusst eine zu niedrige Festsetzung erfolgt (vgl. *OLG Hamm* NJW 2006, 3012: Unterschreitung um ein Drittel). Allerdings stellt ein durch gegenseitiges Nachgeben abgeschlossener Unterhaltsvergleich noch keinen Verzicht dar (MünchKomm/*Weber-Monecke* § 1360 Rn. 21; vgl. auch *OLG Hamm* NJWE-FER 2000, 227 und *OLG Düsseldorf* NJWE-FER 2000, 307). Zu beachten ist, dass sich hieraus Nachteile für Schadensersatzansprüche (§§ 842 ff. BGB) und Witwer- bzw. Witwenrenten ergeben können (*BSG* NJW 1975, 712). Gegen eine Erweiterung der Unterhaltspflicht bestehen keine Bedenken (Staudinger/*Voppel* § 1360 Rn. 58), soweit sie sich nicht zu Lasten vorrangiger Unterhaltspflichtiger auswirkt oder die Leistungsfähigkeit des Verpflichteten von vornherein übersteigt. Wegen der Unterschiede der Unterhaltspflichten während (noch) bestehender Ehe und nach einer Scheidung lässt die Unwirksamkeit des Verzichts auf ehelichen Unterhalt eine Vereinbarung über den nachehelichen Unterhalt im Regelfall unberührt (*OLG Koblenz* NJW 2007, 2052).

Inwieweit aus Unterhaltsvereinbarungen geklagt werden kann, ist umstritten (verneinend, wenn über die Ausgestaltung der persönlichen Beziehungen inzident mitentschieden werden müsste, *Hepting* S. 98 f.). Diesbezügliche Vereinbarungen stehen stets unter dem **Vorbehalt** des Wandels der Verhältnisse (arg. § 1360a I BGB). Sofern nicht ausdrücklich etwas anderes vereinbart wurde, hat eine Anpassung bei einer Trennung zu erfolgen (Staudinger/*Voppel* § 1360a Rn. 47). Zum Getrenntlebensunterhalt s. Kap. B III. Rn. 44 ff. **29**

Den Unterhalt für die gemeinsamen Kinder kann bei intakter Ehe ein Elternteil vom anderen kraft eigenen Rechts verlangen. Ein eigener Anspruch der Kinder ergibt sich aus § 1360 BGB nicht (h. M., Palandt/*Brudermüller* § 1360 Rn. 2). Eigene **Unterhaltsansprüche der Kinder** gegen ihre Eltern sind in den §§ 1601 ff. BGB geregelt. Wegen der Sperre des § 1614 BGB sind ein Verzicht zulasten des Kindes und die Vereinbarung eines rein vertraglichen Unterhalts nicht zulässig (*Thiele* MittBayNot 1990, 137, 140). Unbenommen bleibt es den Eltern, selbständige vertragliche Unterhaltsansprüche neben dem gesetzlichen Anspruch oder über ihn hinaus zu schaffen. Ebenso sind Freistellungsvereinbarungen zwischen Eltern im Rahmen von Kindesunterhaltsregelungen, die den gesetzlichen Unterhaltsanspruch des Kindes unberührt lassen, grundsätzlich zulässig (*BGH* NJW 1986, 1167) und bereits vor Eheschließung möglich (*OLG Stuttgart* NJW-RR 1993, 133). Allerdings darf eine derartige Vereinbarung nicht zu einer einseitigen Lastenverteilung führen und sich auch nicht zulasten des Kindes auswirken (*BVerfG* DNotZ 2001, 222). Die Abhängigkeit diesbezüglicher Vereinbarungen von einem späteren Aufenthalt des Kindes und gegebenenfalls einer gerichtlichen Sorgerechtsentscheidung oder Verbleibensanordnung sollte durch eine Bedingung gesichert werden. **30**

5. Ehe- und Familienname

Die Verpflichtung zur Führung eines gemeinsamen **Familiennamens** galt lange Zeit als sichtbarer Ausdruck der durch die Ehe begründeten Lebensgemeinschaft (*BVerfG* NJW 1988, 1577; vgl. *Gaaz* StAZ 2006, 157 und *Coester-Waltjen* Jura 2007, 586). Die Namenseinheit der Familie ist weiterhin das Ziel des Gesetzgebers (§ 1355 I 1, III BGB; zu Reformvorschlägen *Battes* FamRZ 2008, 1037). Der Grundsatz der Gleichberechtigung gebietet es jedoch, dass beide Eheleute frei entscheiden können, welchen Familiennamen (Ehenamen) sie tragen wollen (*BVerfG* NJW 1991, 1306). Das Namensrecht ist Bestandteil des Persönlichkeitsrechts (*BVerfG* NJWE-FER 2001, 193). **31**

32 Wählen die Ehegatten einen gemeinsamen Ehenamen, so erklären sie dies bei der Eheschließung formlos dem Standesbeamten (§ 1355 II BGB). Ehename kann der Geburtsname des Mannes oder der Frau werden; auch eine Weitergabe früher erheirateter oder durch eine Lebenspartnerschaft erworbener und noch geführter Namen an den neuen Ehegatten ist möglich. Ein Doppelname aus den Geburtsnamen beider Ehegatten kann dagegen nicht gemeinsamer **Ehename** werden (*BVerfG* NJW 2009, 1657). Dagegen kann ein bereits als Geburts- oder Ehe-/Lebenspartnerschaftsname vorhandener Doppel- oder mehrgliedriger Name eines Ehegatten zum (neuen) Ehenamen werden.

33 Geben die Ehegatten keine Erklärung zur Wahl eines Ehenamens ab oder wünschen sie die Beibehaltung ihrer bisherigen Namen, so führen sie ihre jeweiligen zur Zeit der Eheschließung geführten Namen auch nach der Eheschließung fort (§ 1355 I 3 BGB). Allerdings ermöglicht § 1355 III 2 BGB ohne zeitliche Beschränkung den **Weg zum Ehenamen** durch öffentlich beglaubigte Erklärung beider Ehegatten gegenüber dem Standesamt.

33a | **Formulierungsbeispiel: Namensbestimmung (§ 1355 III 2 BGB)**

Wir, Hans Müller und Frieda Meier, verwitwete Huber, geborene von Berg, haben am ... die Ehe geschlossen und dabei keine Erklärung über die Führung eines Ehenamens abgegeben. Nunmehr bestimmen wir den Geburtsnamen der Ehefrau „von Berg" zum Ehenamen.

34 Ein Ehegatte, dessen Name nicht Ehename wird, kann durch öffentlich beglaubigte Erklärung gegenüber dem Standesbeamten seinen Geburtsnamen oder den zur Zeit der Erklärung über die Bestimmung des Ehenamens geführten Namen voranstellen oder anfügen (sog. **Begleitname**; § 1355 IV BGB). Für unzulässig wird eine Namensverdoppelung („Meier-Meier", anders wohl „Maier-Meier") bei Identität von Ehenamen und übergangenem eigenen Namen gehalten (Palandt/*Brudermüller* § 1355 Rn. 6). Besteht der zum Ehenamen gewählte Name des einen Ehegatten aus mehreren Namen, so kann der andere Ehegatte diesem keinen Begleitnamen hinzufügen (§ 1355 IV 3 BGB; vgl. *BVerfG* NJW 2009, 1657). Die Erklärung über den Begleitnamen kann in öffentlich beglaubigter Form widerrufen, aber nach der Aufgabe des Begleitnamens nicht wiederholt werden und – abgesehen vom Fall der Verwitwung und Scheidung – auch nicht korrigiert werden. Ein Widerruf mit dem Ziel, die Reihenfolge von Ehe- und Begleitname umzukehren, ist nicht zulässig (*BayObLG* NJW-RR 1998, 1015). Eine Frist für die Erklärung über den Begleitnamen besteht nicht.

35 Der Ehename überdauert die Ehe (§ 1355 V 1 BGB; zum Ehenamen bei Eheaufhebung s. *OLG Celle* FamRB 2013, 149). Doch hat bei **Auflösung der Ehe** durch Tod oder Scheidung jeder Ehegatte das Recht, durch öffentlich beglaubigte Erklärung gegenüber dem Standesbeamten zu seinem Geburtsnamen oder dem bei Bestimmung des Ehenamens geführten Namen zurückzukehren; er kann auch dem Ehenamen seinen Geburtsnamen bzw. den bei Bestimmung des Ehenamens geführten Namen voranstellen oder anfügen (§ 1355 V 2 BGB). Fristen für diese fünf Alternativen sind nicht vorgesehen.

36 Entscheiden sich Eltern für einen Ehenamen, so erhält diesen auch das Kind (§ 1616 BGB). Führen die Eltern keinen Ehenamen, so bestimmen sie durch öffentlich beglaubigte Erklärung gegenüber dem Standesbeamten, welcher ihrer beider Namen, den sie zur Zeit der Erklärung führen, zum Geburtsnamen des Kindes (§ 1617 I BGB) wird. Die Eintragung in das Geburtenbuch hat nur deklaratorischen Charakter (*OLG Hamm* NJW-RR 1995, 199). Haben die Eltern binnen eines Monats nach der Geburt des Kindes noch keine Bestimmung über den **Kindesnamen** getroffen, so überträgt das Familiengericht das Bestimmungsrecht einem Elternteil. Es kann für die Ausübung eine Frist setzen. Ist nach Ablauf der Frist das Bestimmungsrecht noch nicht ausgeübt worden, so erhält das

III. Das eheliche Zusammenleben **B I**

Kind den Namen des Elternteils, dem das Bestimmungsrecht übertragen wurde (§ 1617 II 4 BGB). Die Namensbestimmung für das erste Kind gilt für sämtliche Geschwister einschließlich adoptierter Kinder (§ 1617 I 3 BGB; vgl. *BayObLG* NJW-RR 1997, 321). Eine erneute Namenswahl wird jedoch für zulässig gehalten, wenn alle früheren Geschwister gestorben sind (str., so *Gernhuber/Coester-Waltjen* § 54 Rn. 14).

Ob **Vereinbarungen** über die künftige Wahl des Ehenamens zulässig sind, ist umstritten. 37 Die h. M. (RGZ 86, 114; *RG* Seuff A 76 Nr. 55; *OLG Frankfurt* StAZ 1971, 137; *Seeger* MittBayNot 2002, 229, 238; offen *BGH* FamRZ 2008, 859, 860) lässt sie zu. Nach a. A. (so *Schwab* DNotZ [SoH] 2001, 9, 31) handelt es sich bei der Namensbestimmung zwar um ein Rechtsgeschäft, aber um ein im Zeitpunkt der Namensbestimmung höchstpersönliches Recht (unklar *Schwab* DNotZ [SoH] 2001, 9, 32, der die sonstigen Verabredungen – z. B. Unterhalt – vom Vollzug der gewünschten namensrechtlichen Entscheidungen abhängig machen will). Strittig ist weiterhin, ob und wie die Vereinbarung zu vollstrecken ist. Eine entgegen der Vereinbarung gegenüber dem Standesbeamten abgegebene Erklärung ist nicht unwirksam (*Dethloff* § 4 Rn. 92). Allerdings ist fraglich, ob der Standesbeamte bei Offenkundigkeit eines Verstoßes gegen eine entsprechende Vereinbarung hieran mitwirken darf. Das wird man verneinen müssen. Hält man die Vereinbarung über den Ehenamen für klag-, aber nicht vollstreckbar (so *Diederichsen* NJW 1976, 1170), so kommt als Sanktion für die Nichteinhaltung der Verpflichtung nur die Abstandnahme von der Eheschließung in Betracht. Die Vollstreckung erfolgt nach wohl h. M. (*LG München I* FamRZ 2000, 1168; *Seeger* MittBayNot 2002, 229, 238) nach § 894 ZPO.

Da den Ehegatten, die keinen Ehenamen führen, auch bezüglich des **Kindesnamens** eine 38 echte Wahlbefugnis im Sinne eines von beiden auszuübenden Gestaltungsrechts eingeräumt wird, sind auch diesbezüglich wechselseitige **Abreden** möglich, allerdings ohne Wirkungen gegenüber dem Kind, wenn dessen Zustimmung erforderlich ist. Ferner ist die Verpflichtung eines Ehegatten zulässig, **nach Ehescheidung** den Ehenamen abzulegen (RGZ 86, 114, 116 f.; *BGH* NJW 2008, 1528; *LG Bonn* MittBayNot 2008, 134; vgl. auch den Formulierungsvorschlag von *Oertzen/Engelmeier* FamRZ 2008, 1133, 1138). Diesbezügliche Vereinbarungen dürften wegen der Zulässigkeit, einen „erheirateten" Namen zum Namen einer neuen Ehe oder Lebenspartnerschaft zu bestimmen, zunehmen. Das gesetzliche Ehenamensrecht sieht ein Untersagungsrecht nur in krassen Einzelfällen unter dem Gesichtspunkt des Rechtsmissbrauchs vor (*BGH* FamRB 2005, 1658). Eine Vereinbarung kann nach § 894 ZPO vollstreckt werden. Wird – etwa im Interesse der Erziehung gemeinschaftlicher Kinder – auf eine Beibehaltung des Ehenamens nach einer Scheidung Wert gelegt, so ist auch eine diesbezügliche Verpflichtung möglich. Die Bindung an sie wird jedoch meist unter der (stillschweigenden) auflösenden Bedingung der Wiederverehelichung bzw. Begründung einer eingetragenen Lebenspartnerschaft stehen. Allerdings ist auch eine zeitlich weiterreichende Verpflichtung denkbar; in diesem Fall muss der geschiedene Ehegatte bei einer Heirat bzw. Lebenspartnerschaftsbegründung seinen Namen beibehalten. Praktische Bedeutung hat vor allem auch die Verpflichtung, den Ehenamen nicht zur Bildung einer Firma bzw. Bezeichnung eines Konkurrenzunternehmens zu verwenden.

Formulierungsbeispiel: Namensbestimmung und -ablegung 38a

Wir, ... und ..., werden bei Eheschließung zum Ehenamen den Geburtsnamen der Frau bestimmen. Hierzu sind wir wechselseitig verpflichtet. Der Ehemann ist berechtigt, seinen Namen dem Ehenamen voran- oder hintanzustellen.
Nach einer etwaigen Scheidung ist der Ehemann verpflichtet, den Ehenamen wieder abzulegen. Dies hat spätestens innerhalb eines Monats nach Rechtskraft der Scheidung zu erfolgen. Der Ehemann ist bis dahin nicht berechtigt, den Ehenamen in einer neuen Ehe oder eingetragenen Lebenspartnerschaft zum Ehe- bzw. Lebenspartnerschaftsnamen zu bestimmen; er darf ihn auch nicht zur Firmenbildung verwenden.

38b	**Formulierungsbeispiel: Spätere Namensbestimmung und -beibehaltung**

Wir, ... und ..., werden bei Eheschließung keinen gemeinsamen Ehenamen festlegen. Wir verpflichten uns jedoch, spätestens eine Woche nach der Geburt eines gemeinsamen Kindes einen zur Zeit der Eheschließung geführten Namen des Mannes zum Ehenamen zu bestimmen. Die Frau ist berechtigt, ihren Geburtsnamen oder den zur Zeit der Eheschließung geführten Namen dem Ehenamen voran- oder hintanzustellen.
Beide Ehegatten verpflichten sich, nach einer etwaigen Scheidung bis zur Vollendung des ... Lebensjahres des jüngsten gemeinsamen Kindes den Ehenamen nicht wieder abzulegen und bei einer etwaigen erneuten Eheschließung oder Lebenspartnerschaftsbegründung entweder zum Ehe- oder Lebenspartnerschaftsnamen zu bestimmen oder ihn zumindest als Begleitnamen beizubehalten.

6. Besteuerung der Ehegatten und Gestaltung

39   Bei der **Einkommensteuer** haben Ehegatten zahlreiche Wahlmöglichkeiten: So können sie durch die Kombination der Steuerklassen IV/IV (bei gleichem Verdienst) bzw. III/V (bei unterschiedlichem Einkommen, Faustregel: ein Ehegatte verdient mehr als 60 % des Gesamteinkommens) – allerdings kaum noch gravierende – Vorteile bei der Lohnsteuer erzielen. Bei der Wahl muss jedoch auf eine zu erwartende Kündigung Rücksicht genommen werden. Die Wahl der Steuerklasse hat nämlich auch Auswirkungen auf das Arbeitslosengeld, das Mutterschaftsgeld, das Krankengeld etc. sowie auf den Umfang einer Lohnpfändung. Anstelle der Steuerklassenkombination III/V oder ergänzend zur Steuerklassenkombination IV/IV können Ehegatten das Faktorverfahren wählen, dadurch wird erreicht, dass sich bei jedem Ehegatten die einzubehaltende Lohnsteuer entsprechend der Wirkung des Splittingverfahrens reduziert. Bei der Veranlagung zur Einkommensteuer können Ehegatten – unabhängig vom Güterstand – zwischen der Zusammenveranlagung und der Einzelveranlagung (§§ 25 ff. EStG) wählen. Die Zusammenveranlagung ist möglich, wenn die Ehegatten nicht im ganzen Kalenderjahr getrennt gelebt haben (zum Anspruch auf Zustimmung zur Zusammenveranlagung s. *BGH* FamRZ 2007, 1229; 2010, 269; *OLG Nürnberg* FamFR 2013, 19). Ehegatten können auch hierüber Vereinbarungen treffen, insbesondere auch über einen Ausgleich der durch die gemeinsame Einkommensteuerveranlagung ausgelösten steuerlichen Nachteile; ohne eine derartige Vereinbarung erfolgt jedenfalls während des Zusammenlebens kein Ausgleich (*OLG Bremen* NJW-RR 2011, 940; FPR 2012, 348).

40   Besondere Bedeutung hat die Eheschließung für die **Erbschaft- und Schenkungsteuer**. Nur Ehegatten erhalten die hohen Freibeträge der Steuerklasse I (§ 15 I Steuerkl. I Nr. 1 ErbStG), nicht jedoch Verlobte und eheähnliche Gemeinschaften (*Meincke*, ErbStG, 16. Aufl. 2012, § 15 Rn. 5). Durch eine geschickte Gestaltung (vgl. *Kühn* ZErb 2012, 177 zu Lebensversicherungen) und zum Einsatz des Familienheims (*BFH* DB 2013, 2547 nicht Zweit- und Ferienwohnungen) zur Kompensation von Nachteilen (§ 13 ErbStG; vgl. *Ihle* FPR 2012, 315, 316) können sich weitere Steuerspareffekte bei der Schenkungsteuer ergeben (zur Hausratsschenkung s. *Stein/Tack* ZEV 2013, 180).

41   Nach § 3 Nr. 4 GrEStG ist der Grundstückserwerb unter Ehegatten von der **Grunderwerbsteuer** befreit.

Praxishinweis Steuern:
Gleiches gilt nach § 3 Nr. 5 GrEStG auch nach Beendigung der Ehe, sofern die Übertragung der Vermögensauseinandersetzung nach der Scheidung dient.

Nicht erst bei Vermögensübertragungen im Zusammenhang mit der Trennung und der **41a** Scheidung (vgl. *Münch* FamRB 2006, 92), sondern bereits beim Abschluss vorsorgender Eheverträge spielt die **steuerliche Gestaltung** eine Rolle (s. nur *Jülicher* ZEV 2006, 338 und *Münch* FamRB 2007, 281). Hauptzweck von vorsorgenden Eheverträgen ist jedoch die Vorsorge für den Scheidungsfall. Darauf muss auch bei steuerlich motivierten Eheverträgen geachtet werden. Bei Unternehmereheverträgen kommt die Sicherung des Privatvermögens vor betrieblichen Verbindlichkeiten hinzu. Insofern sind die unterschiedlichen Regelungsziele zum Ausgleich zu bringen. Ist dies nicht möglich, müssen Nachteile einer Regelung in Kauf genommen werden. Kennt beispielsweise das ausländische Recht keine modifizierte Zugewinngemeinschaft, bleibt nur die Vereinbarung der Gütertrennung unter Verlust der Steuerfreiheit des Zugewinns nach § 5 ErbStG.

IV. Das Güterrecht und das Nebengüterrecht

1. Verträge zwischen Ehegatten

a) Ehevertragsschluss

Die besonderen vermögensrechtlichen Beziehungen, die sich aus der Ehe ergeben, hat **42** der Gesetzgeber in den §§ 1363 ff. BGB nur teilweise kodifiziert. Der gesetzliche Güterstand der Zugewinngemeinschaft tritt automatisch mit Eheschließung, also unabhängig von einer Vereinbarung ein. Ehegatten können aber ihre güterrechtlichen Verhältnisse durch **Eheverträge** regeln, insbesondere den für sie geltenden Güterstand aufheben oder ändern (§ 1408 BGB). Diese Befugnis steht auch unverheirateten Partnern, nicht nur im Rechtssinne Verlobten, für den Fall ihrer Eheschließung zu (Staudinger/*Thiele* § 1408 Rn. 4). Der von nicht verheirateten Personen geschlossene Ehevertrag wird erst mit Eheschließung wirksam.

b) Weitere Verträge und Nebengüterrecht

Neben dem eigentlichen Ehegüterrecht dienen mit zunehmender Bedeutung schuld- **43** rechtliche Verträge dem Vollzug der ehelichen Lebens- und Vermögensgemeinschaft. Ihre Bedeutung in der Rechtsprechung und Gestaltungspraxis nimmt zu (zur Entwicklung *Herr* FamRB 2012, 257). Auch im Rahmen der anwaltlichen Scheidungsberatung gehört das Nebengüterrecht längst zu den „Standard-Checkpunkten" (vgl. *Herr* FamRB 2013, 84, 85; *ders.* FamFR 2011, 149). Es handelt sich bei diesem Nebengüterrecht um Ansprüche aufgrund einer (konkludenten) Ehegatteninnengesellschaft, einer Bruchteilsgemeinschaft (Konten, Familienheim), eines familienrechtlichen Zuwendungs- und Kooperationsvertrages, des Gesamtschuldenausgleichs, eines Auftragsverhältnisses (Befreiung von Verbindlichkeit, Vorsorgevollmacht) und unerlaubter Handlung (Abräumen von Konten; vgl. *Herr* NJW 2012, 1847 ff.; *Roßmann* ZFE 2011, 87 ff.; *Bergschneider* FPR 2011, 244; krit. *Hoppenz* FamRZ 2011, 1697, 1702 und *Wever*, FS Hahne, 2012, S. 191, 201). Verfahrensrechtlich liegen sonstige Familiensachen vor, für die die Zuständigkeit der Familiengerichte gegeben ist (§ 226 I Nr. 3 FamFG; BGH MDR 2013, 109; OLG Nürnberg FamFR 2012, 69). Bei der Gütergemeinschaft spielen derartige Ansprüche praktisch keine Rolle; die Auseinandersetzung erfolgt nach den §§ 1471 ff. BGB. Bei der Gütertrennung dienen sie in weitem Umfang zum Ausgleich von „Vermögensverflechtungen", die trotz der güterrechtlichen Vermögenstrennung eingegangen werden (*Roßmann* ZFE 2011, 87, 88). Bei der Zugewinngemeinschaft existiert über den Zugewinnausgleich ein Instrument der Vermögensbeteiligung; deshalb ist insoweit die Rechtsprechung mit der Bejahung nebengüterrechtlicher Ansprüche zurückhaltend; zudem muss auch ihr Verhältnis zum Zugewinn berücksichtigt werden (vgl. *Herr* FF 2011, 16).

Zu den Ansprüchen, die sich zwischen Ehegatten neben dem Güterrecht ergeben können, gehören zunächst diejenigen aufgrund von **Zuwendungen unter den Ehegatten** selbst, aber auch von den Eltern eines Ehegatten an das „Paar" (sog. Schwiegerelternzu-

wendungen). (Unbenannten oder ehebedingten) Zuwendungen zwischen Ehegatten liegt
– anders als bei reinen Schenkungen (vgl. *OLG München* RNotZ 2009, 339; *BGH*
FamRZ 2013, 296) – die Erwartung zugrunde, dass die eheliche Lebensgemeinschaft Bestand
haben werde (vgl. *Bergschneider* FPR 2011, 244; *Herr* NJW 2012, 3486; *Hoppenz*
FPR 2012, 84; *Poelzig* JZ 2012, 425). Die Abgrenzung zur Schenkung hat Bedeutung
auch im Rahmen des § 528 BGB, wenn die Sozialhilfebehörde den Anspruch auf sich
überleitet (*KG* FamRB 2010, 1). Umgekehrt setzt bei einem Geldbetrag die Behauptung
einer darlehensweisen Hingabe einen diesbezüglichen Rechtsbindungswillen voraus
(*OLG Saarbrücken* NJW-RR 2010, 506). Der Zuwendende geht davon aus, dass der zugewendete
Gegenstand ihm letztlich nicht verloren geht, sondern der ehelichen Lebensgemeinschaft
und damit auch ihm selbst weiterhin zugute kommt (*BGH* FamRZ 1999,
1580; 2010, 1626). Allerdings können auch andere Umstände, wie z. B. die leibliche Abstammung
eines gemeinsamen Kindes, Geschäftsgrundlage der Zuwendung sein; dies
muss allerdings dem Zuwendungsempfänger erkennbar sein (*BGH* FamRZ 2012, 1623;
weitergehend *OLG München* FamRZ 2009, 1831; NJW 2013, 946). Derartige Zuwendungen
sind beim Zugewinnausgleich nicht in das Anfangsvermögen gem. § 1374 II
BGB einzustellen, und zwar auch bei einer Zuwendung mit Rücksicht auf ein künftiges
Erbrecht (*BGH* MittBayNot 2011, 64). Bei einer endgültigen Trennung fällt die Geschäftsgrundlage
der Zuwendung weg (*BGH* FamRZ 2007, 877). Sowohl bei Gütertrennung
als auch beim gesetzlichen Güterstand ist die Folge kein automatischer Rückforderungsanspruch.
Vielmehr besteht grundsätzlich nur ein Ausgleichsanspruch in Geld,
der durch den Wert der Zuwendung und den im Zeitpunkt des Scheiterns der Ehe noch
vorhandenen Wert der Zuwendung begrenzt ist. Außerdem sind Nutzungsvorteile seit
der Zuwendung zu berücksichtigen (vgl. *Wever* FamRZ 2013, 1). Ein Ausgleich erfolgt
bei Gütertrennung nur, wenn die Beibehaltung der herbeigeführten Vermögensverhältnisse
nach Treu und Glauben unzumutbar ist (*BGH* NJW 2012, 3374; NZFam 2014, 327).
Bei Zugewinngemeinschaft ist die Grenze der Unangemessenheit und Untragbarkeit in
der Regel wegen des Zugewinnausgleichs nicht überschritten, auch wenn dieser dazu
führt, dass nur der hälftige Wert der Zuwendung zurückfließt (*BGH* FamRZ 1995,
1060). In sämtlichen Fällen ist zu berücksichtigen, dass der zuwendende Partner es einmal
für richtig erachtet hat, den anderen die Leistungen zu gewähren (*BGH* NJW 2012,
3374; *Henke/Keßler* NZFam 2014, 307; *Wellenhofer* NZFam 2014, 314, 315).

Zuwendungen, insbesondere des Familienheims, erfolgen nicht nur zwischen den Ehegatten,
sondern auch durch Familienangehörige, meist die Schwiegereltern. Während die
Rechtsprechung sie früher ehebedingten Zuwendungen gleichstellte und eine Abwicklung
allein im Verhältnis der Ehegatten vornahm (BGHZ 129, 259; *BGH* FamRZ 2006,
394), werden sie nunmehr als Schenkungen angesehen, die unter § 1374 II BGB fallen
und sich damit zugewinnneutral verhalten (BGHZ 184, 190; *BGH* FPR 2011, 100;
FamRZ 2012, 273; vgl. dazu *Kogel* FamRB 2010, 309; *Krause* ZFE 2010, 284; *Schlecht*
FamRZ 2010, 1021; *Schulz* FPR 2012, 79). Umstritten ist, ob diese Ansprüche vererblich
sind (*Stein* FamFR 2011, 243). Sie entstehen mit der endgültigen Trennung des jungen
Paares (*Stein* FPR 2012, 88, 90 und unterliegen der Regelverjährung (*OLG Köln*
FamFR 2012, 525; *Herr* NZFam 2014, 318, 321). Allerdings dürften unmittelbare
Schwiegerelternschenkungen aus schenkungsteuerlichen Gründen die Ausnahme sein
(vgl. *BFH* FamRZ 2012, 548 zur Weiterschenkung).

Besondere Bedeutung hinsichtlich des späteren Vermögensausgleichs haben ferner **Arbeits-
und Gesellschaftsverträge.** Ehegatten können ausdrücklich eine Gesellschaft miteinander
schließen. Die stillschweigend vereinbarte Ehegatteninnengesellschaft dient zum
Einen der Korrektur unbilliger Ergebnisse bei einer Ehegattenmitarbeit (*BGH* DNotZ
2000, 514 und DB 2003, 2279; s. dazu *Grziwotz* DNotZ 2000, 486; *Haußleiter* NJW
2006, 2741; *Kogel* FamRZ 2006, 1799; *Schulz* FamRB 2005, 111 und 142 und *Jaeger*,
FS Henrich 2000, S. 323; vgl. auch den Formulierungsvorschlag *Münch* FamRZ 2004,
233). Sie kommt aber nicht nur bei Unangemessenheit des Zugewinnausgleichs in Be-

tracht; ein gesellschaftsrechtlicher Ausgleichsanspruch kann vielmehr auch neben dem Anspruch auf Zugewinnausgleich gegeben sein (*BGH* NJW 2006, 1268; *KG* FamRB 2014, 83; zum Verhältnis zum Zugewinnausgleich s. *Wall* FamRB 2010, 348). Ein Verzicht auf den Zugewinnausgleich enthält deshalb nicht automatisch auch einen Verzicht auf den gesellschaftsrechtlichen Ausgleich. Die Annahme einer Ehegatteninnengesellschaft setzt die Verfolgung eines über den typischen Rahmen der Lebensgemeinschaft hinausgehenden Zwecks voraus (*BGH* NJW 1995, 3383; 1999, 2962, 2966; DNotZ 2000, 514; NJW 2006, 1268; NZG 2008, 68; MDR 2009, 155; *OLG Köln* FamRZ 2010, 1738; *OLG Hamm* FamRZ 2010, 1737; *OLG München* BeckRS 2008, 04991). Beispiele sind der Aufbau eines Unternehmens durch den Einsatz von Vermögenswerten und Arbeitsleistungen sowie die gemeinsame Ausübung einer beruflichen oder gewerblichen Tätigkeit (zur Gesellschaft mit einem besonders beruflich qualifizierten Freiberufler *OLG Hamm* FamRB 2012, 301; *Herr* FamRB 2011, 221). Der Annahme einer Ehegatteninnengesellschaft steht nicht entgegen, dass das Betreiben des Geschäfts nur der Sicherung des Familienunterhalts dient. Es muss jedoch eine gleichberechtigte Mitarbeit vorliegen. Leben Ehegatten in Gütergemeinschaft, ist zur Gründung einer OHG allerdings die Begründung von Vorbehaltsgut erforderlich (*BGH* NJW 1975, 1774; offen gelassen von *BGH* NJW 1994, 652, 654; vgl. *Röthel* FamFR 2012, 1916). Steuerlich liegt eine Mitunternehmerschaft vor (*BFH* DStRE 2009, 974; *von Twickel* DStR 2009, 411). Bei Beendigung der Innengesellschaft besteht, da ein Gesamthandsvermögen fehlt, ein Ausgleichsanspruch in Form eines schuldrechtlichen Anspruchs auf Zahlung eines Auseinandersetzungsguthabens (§§ 736 ff. BGB). Eine Verwertung der im Eigentum des anderen Ehegatten stehenden Vermögensgegenstände kann der ausgleichsberechtigte Ehegatte nicht verlangen; ihm steht nur ein auf Geld gerichteter Auseinandersetzungsanspruch zu. Die Höhe des Anspruchs richtet sich nach den getroffenen Vereinbarungen. Mangels solcher gilt § 722 I BGB, wonach jeder Beteiligte einen gleich hohen Anteil hat; die Beweislast für einen höheren Anteil trägt der Anspruchsteller (BGHZ 142, 137; vgl. *Dauner-Lieb* FuR 2009, 361, 367). Problematisch sind die steuerrechtlichen Konsequenzen bei Annahme einer Mitunternehmerschaft und ihrer späteren Auflösung (vgl. *Engels* in: Schwab/Hahne [Hrsg.], Familienrecht im Brennpunkt, 2004, S. 203, 222 ff.). Zur Ermittlung des Ausgleichsanspruchs muss zunächst der gesellschaftsrechtliche Ausgleich vorgenommen werden. Danach wird unter Berücksichtigung dieses schuldrechtlichen Ausgleichsanspruchs der Zugewinnausgleich berechnet. Hierbei sind die unterschiedlichen Einsatzzeitpunkte des gesellschaftsrechtlichen Anspruchs (Arbeitsaufnahme und Ende der Zusammenarbeit) und des Zugewinnausgleichs (§§ 1374, 1375 BGB) zu beachten. In Ausnahmefällen kann die Innengesellschaft auch nach einer Scheidung fortgeführt werden. Denkbar ist zur Vermeidung eines Liquidationsabflusses der Wechsel in eine stille Gesellschaft. Mitunter wird die Beteiligung eines Ehegatten im Zusammenhang mit der Trennung im Wege der vorweggenommenen Erbfolge auf ein Kind übertragen und die Gesellschaft als Außengesellschaft fortgeführt. Die Annahme einer Innengesellschaft kann auch Bedeutung für Pflichtteilsansprüche beim Tod eines Ehegatten haben. Trotz der alleinigen Eigentümerposition eines Ehegatten kann der andere gegen den Nachlass einen Anspruch in Höhe des halben Werts des Gesellschaftsvermögens (z. B. eine Immobilie als Kapitalanlagen) haben (*OLG München* BeckRS 2008, 04991).

Formulierungsbeispiel: Mitarbeit Hinweis 43a

Der Notar hat darauf hingewiesen, dass neben dem Güterrecht insbesondere bei Mitarbeit eines Ehegatten im Betrieb des anderen ein Ausgleich bei einer Scheidung außerhalb des Güterrechts geschuldet sein kann, wenn die Mitarbeit nicht angemessen entlohnt wird oder beide Ehegatten gleichberechtigt ein Unternehmen aufbauen oder eine gewerbliche bzw. sonstige berufliche Tätigkeit gemeinsam ausüben.

Arbeitsverträge unter Ehegatten sind möglich, selbst wenn die Abgrenzung zwischen nur familienhafter Mitarbeit und abhängiger Beschäftigung nicht immer einfach ist (*Fenn* DB 1974, 1062 und 1112). Die durch schlüssiges Verhalten zu Stande gekommene Ehegatteninnengesellschaft darf nicht mit den von den Ehegatten getroffenen Vereinbarungen in Widerspruch treten. Deshalb kann ein Arbeitsvertrag mit einer angemessenen Bezahlung die Annahme einer Ehegatteninnengesellschaft ausschließen. Es kommt jedoch nicht auf die Bezeichnung des Vertrages und die teilweise sozial- und krankenversicherungsrechtlich motivierte Gestaltung im Außenverhältnis an. Auch beim formalen Vorliegen eines Arbeitsverhältnisses kann sich aus den Umständen (Fehlen einer Weisungsbefugnis gegenüber dem Partner, Direktionsbefugnis gegenüber den Mitarbeitern, Mitwirkung bei der Einstellung etc.) ein Gesellschaftsverhältnis ergeben.

Steuerlich anerkannt werden Verträge zwischen Ehegatten, wenn sie klar und eindeutig vereinbart und tatsächlich vollzogen werden, insbesondere die Vertragsgestaltung eine solche ist, wie sie auch unter Fremden üblich ist (vgl. *BFH* NJW 1990, 3039; *BMF* DStR 2014, 953; *Schulze zur Wiesche*, Vereinbarungen unter Familienangehörigen und ihre steuerlichen Folgen, 9. Aufl. 2006, S. 53; *Kulosa* DB 2014, 972). Der Formunwirksamkeit eines Vertrages kommt eine Indizwirkung gegen dessen Anerkennung zu (*BFH* NJW 2006, 3743; 2007, 2656).

Auch gemeinsame Verbindlichkeiten können hinsichtlich der Vermögensverhältnisse von Bedeutung sein. Während des Bestehens der Lebensgemeinschaft wird der Gesamtschuldenausgleich (§ 426 I 1 BGB), wonach beide Partner im Innenverhältnis zu gleichen Anteilen haften, nämlich regelmäßig durch die Lebensgemeinschaft überlagert (*BGH* FamRZ 2010, 1542; *OLG Koblenz* FamFR 2010, 477; *OLG Hamm* NJOZ 2011, 1558; *OLG Koblenz* FamRZ 2011, 1053; *OLG Jena* FamFR 2012, 161; vgl. *Braeuer* FPR 2012, 100). Nach einer Trennung liegt eine anderweitige Bestimmung nahe; die Schuldenhaftung wird dann meist im Unterhalt mitberücksichtigt; ab der Trennung gilt wieder die Grundregel der hälftigen Tragung der Verbindlichkeiten, wenn sich aus der Zweckbestimmung des Kredits nichts anderes ergibt.

Zwischen Ehegatten besteht häufig eine **Bruchteilsgemeinschaft**; auch diese wird regelmäßig durch die eheliche Lebensgemeinschaft überlagert (*OLG Brandenburg* NJW-RR 2001, 1297 und *OLG Hamm* NZM 2003, 125). Betroffen ist vor allem das Familienwohnheim, dessen Sonderstellung auch schenkung- und erbschaftsteuerrechtlich (§ 13 I Nr. 4a und b ErbStG; vgl. *Schlünder/Geißler* DStR 2006, 260 ff.; *Reimann* ZEV 2010, 174; *Ihle* RNotZ 2011, 471) vom Gesetzgeber anerkannt wird (vgl. auch § 180 III ZVG). Gesellschaftsrechtliche Grundsätze finden nach bisheriger Rechtsprechung auf das Familienwohnheim – anders als beim Hausbau faktischer Lebensgemeinschaften – keine Anwendung (*BGH* FamRZ 1999, 1580). Etwas anderes gilt für Immobilien als Renditeobjekte (*OLG München* BeckRS 2008, 04991). Auch beim Miteigentum können nach einer Trennung Nutzungsentschädigungsansprüche bestehen; dies gilt auch bei Bestehen eines dinglichen Nutzungsrechts, auch wenn dies zunächst nur als „Verwertungshindernis" bestellt wurde (*BGH* DNotZ 2011, 58). Einer Teilungsversteigerung steht, wenn es sich um das wesentliche Vermögen handelt, § 1365 I BGB entgegen (*OLG Köln* MDR 2012, 1169). Erfolgt nach der Scheidung die Auseinandersetzung des Miteigentums im Wege der Teilungsversteigerung, muss das Zwangsversteigerungsrecht mit dem Zugewinnausgleich abgestimmt werden (*BGH* FamRZ 2011, 93 zu einer ins geringste Gebot fallenden Grundschuld; *OLG Koblenz* NJOZ 2012, 2204; *Kogel* FPR 2012, 75; *ders.* FamRB 2012, 290).

2. Generelle und spezielle Eheverträge, Rechte Dritter

44 Im Ehegüterrecht wird überwiegend zwischen **generellen** und **speziellen Eheverträgen** unterschieden (vgl. *Dethloff* § 5 Rn. 14). Unter einem generellen Ehevertrag versteht man die Wahl zwischen den gesetzlich geregelten Typen der Güterstände. Spezielle Ehe-

IV. Das Güterrecht und das Nebengüterrecht

verträge nehmen dagegen eine Abänderung des gesetzlichen oder kraft Ehevertrages geltenden Güterstandes in einzelnen Punkten vor. Die Grenzen sind freilich fließend. Generelle Eheverträge können folgenden Inhalt haben:

- Den **Ausschluss** des gesetzlichen Güterstandes **oder** die **Aufhebung** des geltenden (gesetzlichen oder vertraglichen) Güterstandes. In beiden Fällen tritt grundsätzlich Gütertrennung ein (§ 1414 S. 1 BGB). 45
- Die **Vereinbarung** eines vertraglichen Güterstandes (Wahlgüterstand). Handelt es sich um die Zugewinn-, (künftige) Wahl-Zugewinn- oder Gütergemeinschaft, so genügt die Verweisung auf die gesetzlichen Vorschriften. Unzulässig ist dagegen die Verweisung auf nicht mehr geltendes oder – soweit nicht die Voraussetzungen des Art. 15 EGBGB vorliegen – ausländisches Recht (§ 1409 BGB; so genannter **Stichwortvertrag**). Dies gilt nach h. M. (vgl. Staudinger/*Thiele* § 1409 Rn. 2) nicht für so genannte **Kodifikationsverträge**, die ausländisches oder früher geltendes Recht in den Vertrag durch ausführliche Wiedergabe übernehmen. Reine **Phantasiegüterstände,** in denen in freier Rechtsschöpfung ohne Anlehnung an frühere oder geltende Typen eine individuelle Regelung versucht wird, sind dagegen unzulässig. Umstritten ist die Möglichkeit einer Kombination verschiedener Güterstände. Die in der Literatur diskutierte Grenze der Unzulässigkeit einer Denaturierung der Güterstände und die Unterscheidung eines Kernbereichs von Randzonen sind für die Gestaltungspraxis wenig hilfreich. Auch das Verbot von **Mischgüterständen** (vgl. Staudinger/*Thiele* vor § 1408 Rn. 26 und Bamberger/Roth/*Mayer* § 1408 Rn. 12 und 60) bleibt ohne brauchbare Abgrenzungskriterien. Sämtliche Streitfragen sind für die Gestaltungspraxis ohne praktische Relevanz (ähnlich MünchKomm/*Kanzleiter* § 1408 Rn. 13 und Soergel/*Gaul/Althammer* vor § 1408 Rn. 21). 46
- Die Bestätigung des bereits bestehenden Güterstandes oder eines früheren nichtigen Ehevertrages (so genannter **Bestätigungsvertrag**). Im ersten Fall kommt einem derartigen Vertrag regelmäßig nur deklaratorische Bedeutung zu; nur wenn ein Güterstand gegenüber künftigen gesetzlichen Änderungen bestandsfest gemacht werden soll, wirkt er konstitutiv. 47

Modifizierungen gesetzlich geregelter Güterstände (spezielle Eheverträge) sind zulässig, sofern das spezifische Ordnungsziel des Güterstandes gewahrt bleibt und nicht in zwingendes Recht innerhalb des Güterstandes eingegriffen wird. Die Tatsache, dass Güterstände in ihrer Totalität zur Disposition der Ehegatten stehen, bedeutet nämlich nicht, dass auch über jede Regelung gesondert disponiert werden kann (Soergel/*Gaul/Althammer* vor § 1408 Rn. 21; zu Eheverträgen über den Versorgungsausgleich vgl. Rn. 134 ff.). 48

Beschränkungen der güterrechtlichen Vertragsfreiheit bestehen überall dort, wo Rechte Dritter berührt werden. Aus diesem Grund können Verfügungsbeschränkungen zwar reduziert oder abbedungen, aber nicht mit Außenwirkung erweitert werden. Auch Haftungsvorschriften können nicht zulasten Dritter eingeschränkt, wohl aber ausgedehnt werden. Ein Vertrag kann sich wegen einer Vermögensverlagerung auch auf Dritte nachteilig auswirken. Für eine Sittenwidrigkeit ist jedoch neben der Schädigungsabsicht zudem erforderlich, dass der Vertrag die Rechtsstellung des Dritten tatsächlich verschlechtert, d.h. ein objektiv für ihn nachteiliger Vertrag vorliegt (vgl. *BGH* FamRZ 2012, 115). Schließlich kann sich bei ehevertraglichen Vermögensregelungen auch die Frage der Gläubiger- bzw. Insolvenzanfechtung stellen (§ 3 I, II AnfG bzw. § 133 I, II InsO). Entscheidend ist insoweit, ob von einer Unentgeltlichkeit bei Vermögenszuwendungen auszugehen ist (§ 4 AnfG, § 134 InsO). Betroffen sind vor allem Eheverträge, mit denen ein vorweggenommener Zugewinnausgleich vor dem Hintergrund drohender Vermögensverluste durchgeführt wird (*BGH* FamRZ 2010, 1548; vgl. *Klühs* NotBZ 2010, 286). Nur bei Vereinbarung der Gütertrennung entsteht ein Zugewinnausgleichsanspruch und liegt somit ein entgeltlicher Vertrag vor; bei vertraglicher Modifizierung der Zugewinngemeinschaft oder ehebedingten Zuwendungen soll es sich dagegen um 49 einen unentgeltlichen Vertrag handeln. Der Verlust der Verwaltungs- und Verfügungsbefugnis hinsichtlich der Insolvenzmasse (§ 80 I InsO) ist ohne Auswirkung auf die Befugnis, durch einen Ehevertrag einen Güterstandswechsel herbeizuführen (*Ivo* ZErb 2003, 250, 257). Entsteht durch ehevertragliche Vereinbarung eine Zugewinnausgleichsforderung, fällt sie in die Insolvenzmasse (§ 852 II ZPO, § 36 I InsO, zur Pfändung s. *Keim* ZEV 1998, 127, 128). Ob diesbezüglich ein Verzicht möglich ist, ist umstritten (verneinend *OLG München* MittBayNot 414, 415 m. abl. Anm. *Kesseler*).

49a Selbst in Bereichen, in denen Gestaltungsfreiheit herrscht, wird empfohlen, nicht allzu phantasievoll vom gesetzlichen „Muster" abweichende Eheverträge zu konzipieren (so z.B. *Giesen* Rn. 254). Eine gewisse Zurückhaltung der Vertragsgestaltung in diesem Bereich ist ratsam. Im Rahmen ausführlicher Besprechungen stellt sich nicht selten heraus, dass das gesetzliche Modell passt und nur bestehende Fehlvorstellungen, wie z.B. die Haftung für Schulden des Ehegatten, ausgeräumt werden müssen. Teilweise ist dann nur eine erbrechtliche Regelung gewünscht.

3. Dauer und Abschluss des Ehevertrages

50 Der Ehevertrag gilt für die **Dauer** der Ehe. Kommt sie nicht zustande, so ist er gegenstandslos. Wird sie aufgelöst, so entfallen seine Wirkungen für die Zukunft, wenn die vereinbarten Rechtsfolgen nicht, was jedoch häufig der Fall sein wird, die Zeit nach der Ehe betreffen. Ein Ehevertrag kann vor oder nach Eingehung der Ehe geschlossen oder geändert werden. Für die **Form** gilt § 1410 BGB (vgl. Rn. 156). Zur Gültigkeit des Vertrages ist die Eintragung im Güterrechtsregister nicht erforderlich (§ 1412 BGB). Durch die intern mögliche Vereinbarung der Rückwirkung werden Dritte nicht berührt; daher kann eine solche Vereinbarung nicht in das Güterrechtsregister eingetragen werden. Umstritten ist, ob für die Erbschaftsteuer die rückwirkende Vereinbarung der Zugewinngemeinschaft anerkannt wird; Nach § 5 I 4 ErbStG gilt bei der ehevertraglichen Begründung der Zugewinngemeinschaft der Tag des Vertragsschlusses als Zeitpunkt des Eintritts dieses Güterstandes. Abweichende zivilrechtliche Vereinbarungen sind nach dem Wortlaut dieser Reglung erbschaftsteuerlich nicht relevant. Nach einer im Vordringen befindlichen Ansicht (so *FG Düsseldorf* DStRE 2006, 1470; *BayFinMin* MittBayNot 2007, 269; *FinMin BW* DB 2006, 2784; s. auch *Götz* FamRB 2005, 246, 246; *Schlünder/Geißler* FamRZ 2005, 149, 156; *Mayer*, FS Spiegelberger, 2009, S. 1064, 1066; *Thonet* RNotZ 2007, 56, 57; *Plewka/Klümpen-Neusel* NJW 2007, 1788, 1791; *Tiedtke/Szczesny* FPR 2012, 107, 112) gilt die Einschränkung des Gesetzgebers nicht, wenn beim Tod eines Ehegatten in der Person des Überlebenden ein Anspruch auf Zugewinn tatsächlich entsteht (sog. güterrechtliche Lösung). Insofern ist ein rückwirkender Güterstandswechsel aus steuerlichen Gründen weiterhin zu empfehlen (ebenso *Berresheim* RNotZ 2007, 501, 507). Im Übrigen gelten für den Ehevertrag die allgemeinen Bestimmungen über Bedingungen und Befristungen. Eine einseitige Aufhebung ist nur bei einem vorbehaltenen Rücktritt und bei Tatbeständen möglich, die einen gesetzlichen Aufhebungsantrag oder die Aufhebung als Folge eines güterrechtlichen Antrags vorsehen (§§ 1385 ff., 1477 ff., 1409 f. BGB; vgl. *OLG Koblenz* NJW-RR 1991, 3).

4. Die Zugewinngemeinschaft

a) Gesetzliche Regelung und Hinweise auf die Eigentums- und Vermögensgemeinschaft des FGB-DDR

51 Der **gesetzliche Güterstand** der Zugewinngemeinschaft ist gekennzeichnet durch getrenntes Vermögen beider Ehegatten, beiderseits selbständige Verwaltung mit Verfügungsbeschränkungen und die gleichmäßige Aufteilung eines während der Ehe erzielten Zugewinns bei einer Scheidung bzw. beim Tod eines Partners durch eine erbrechtliche Besserstellung des überlebenden Ehegatten. Zugewinn ist der Betrag, um den das End-

IV. Das Güterrecht und das Nebengüterrecht

vermögen eines Ehegatten sein Anfangsvermögen übersteigt (vgl. *Rauscher* Jura 2003, 465). Im Recht des Zugewinnausgleichs galt bis 1.9.2009, dass weder das Anfangsvermögen noch das Endvermögen noch der Zugewinn negativ sein kann (vgl. zusätzlich *BGH* FamRZ 1995, 990 zum Negativverbot bei privilegiertem Vermögen). Ein wirtschaftlicher Erfolg durch Schuldentilgung oder durch einen die Verbindlichkeiten ausgleichenden Vermögenswert blieb beim Zugewinnausgleich unberücksichtigt. Hintergrund war der Grundsatz, dass kein Ehegatte durch den Zugewinnausgleich mehr als die Hälfte seines Vermögens verlieren sollte, was bei einer Schuldentilgung eintritt, die höher ist als der Zugewinn des Ehegatten. Die geltende Regelung berücksichtigt ein negatives Anfangsvermögen, einen negativen privilegierten Erwerb (negatives Hinzurechnungsvermögen) und ein negatives Endvermögen. Der ausgleichspflichtige Ehegatte muss sein gesamtes bei Beendigung des Güterstandes tatsächlich vorhandenes Endvermögen gegebenenfalls zuzüglich des Betrages einer illoyalen Vermögensminderung (§ 1375 II 1 BGB; zur Auskunftspflicht s. *BGH* MDR 2012, 1291; *Büte* FPR 2009, 283 ff.; *Finger* FamFR 2010, 289; *Krause* ZFE 2009, 284) an den anderen Ehegatten abgeben (§ 1378 II 1 und 2 BGB; vgl. zur früheren Hälftebegrenzung *Koch* FamRZ 2008, 1124, 1126). Nicht negativ werden kann jedoch der Zugewinnausgleich (§ 1378 II BGB; *Münch* MittBayNot 2009, 261, 262), was unter dem Aspekt der wirtschaftlichen Schicksalsgemeinschaft, die der Zugewinnausgleich in einigen Bereichen weiterhin darstellt (z. B. Wertsteigerungen, Schmerzensgeld, Lotteriegewinne, Unfallabfindung; vgl. *BGH* MDR 2014, 33), konsequent gewesen wäre (vgl. *Hoppenz* FamRZ 2008, 1889, 1890; *Finger* FamFR 2011, 145). Die Höhe der Ausgleichsforderung wird durch den Wert des Vermögens des Ausgleichspflichtigen begrenzt, das nach Abzug der Verbindlichkeiten bei Beendigung des Güterstandes vorhanden ist und erhöht sich bei illoyalen Vermögensminderungen um den dem Endvermögen hinzuzurechnenden Betrag. Ausgleichsansprüche setzen somit weiterhin – abgesehen vom Fall einer illoyalen Vermögensminderung – einen positiven Endbestand voraus. Dies kann dazu führen, dass ein ausgleichspflichtiger Partner sein gesamtes nach Schuldentilgung erworbenes oder noch vorhandenes Vermögen einsetzen muss. Verluste werden jedoch nicht verteilt (h. M., *Brudermüller* FamRZ 2009, 1185, 1187; *Büte* NJW 2009, 2776, 2778; *Finger* FamFR 2011, 145, 147; *Kogel* FamRB 2009, 280, 282; *Reetz* DNotZ 2009, 826, 834; DNotI-Report 2009, 189 f.; a. A. *Braeuer* FamRZ 2010, 2036). Maßgeblicher Zeitpunkt für die Berechnung des Zugewinns und die Höhe der Ausgleichsforderung ist die Rechtshängigkeit des Scheidungsantrags (§ 1384 BGB). Eine Vermögensminderung zwischen der Trennung und diesem Zeitpunkt wird als illegale Vermögensminderung vermutet und stellt deshalb einen ausgleichspflichtigen Zugewinn dar (§ 1375 II BGB). Der Ausgleich findet nur ausnahmsweise durch Übertragung von Gegenständen statt, grundsätzlich besteht lediglich ein schuldrechtlicher Anspruch in Geld. Nicht dem Zugewinnausgleich unterliegen voreheliches Vermögen und Vermögen, das ein Ehegatte nach Eintritt des Güterstandes von Todes wegen oder mit Rücksicht auf ein künftiges Erbrecht, durch Schenkung oder als Ausstattung erwirbt (§ 1374 BGB). Durch die Vorschriften über den Zugewinnausgleich wird ein Gesamtschuldnerausgleich nicht verdrängt (*BGH* NJW-RR 1989, 66). Vereinbarungen, in denen ein Ehegatte während des Bestehens der ehelichen Lebensgemeinschaft dem Partner die Verfügungsbefugnis über sein Bankkonto einräumt, verlieren grundsätzlich bei Trennung ihre Wirkung (*BGH* NJW-RR 1989, 834 und 1990, 705).

Für die **Verteilung von Haushaltsgegenständen** gilt das Sonderverfahren des § 1568b BGB, das die frühere HausratsVO ersetzt (zum Begriff *Neumann* NZFam 2014, 481). Haushaltsgegenstände unterlagen bis 1.9.2009 nicht dem Zugewinnausgleich (BGHZ 89, 137, 145; 113, 325; *BGH* FamRZ 2011, 1039); für sie galt ferner das Surrogationsprinzip (§ 1370 BGB a. F.). Die geltende gesetzliche Regelung der Verteilung der Haushaltsgegenstände stellt eine Sonderregelung gegenüber dem Zugewinnausgleich nur insoweit dar, als tatsächlich von ihr Gebrauch gemacht wird; dies ist nur bezüglich im gemeinsamen Eigentum stehender Gegenstände möglich (*BGH* FamRZ 2011, 1039). Im

Übrigen bleiben die güterrechtlichen Vorschriften anwendbar. Dies betrifft vor allem einen nicht geltend gemachten Wertausgleich (krit. *Götz/Brudermüller* FamRZ 2008, 3025, 3031; FamRZ 2009, 1261, 1266; *Kogel* FF 2011, 445, 450) und Schulden aus der Anschaffung von Haushaltsgegenständen, die den Zugewinn mindern. Zu beachten ist ferner, dass im Alleineigentum eines Ehegatten stehende oder von ihm unter Eigentumsvorbehalt erworbene Haushaltsgegenstände nicht nach § 1586b BGB verteilt werden (vgl. *Wönne* FPR 2009, 293, 294), sondern in den Zugewinnausgleich einzubeziehen sind (*BGH* FamRZ 2011, 1039). Beibehalten wird die Vermutung, dass Haushaltsgegenstände, die während der Ehe für den gemeinsamen Haushalt angeschafft wurden, im gemeinsamen Eigentum der Ehegatten stehen (vgl. *OLG Schleswig* FamRZ 2013, 1984 zu einem Hund). Dies kann aufgrund des Wegfalls des Surrogationsprinzips für denjenigen Partner, der den gesamten „Hausrat" in die Ehe einbrachte, der nach und nach ersetzt wurde, zu Überraschungen führen. Über den Zugewinnausgleich erhält er nämlich – wie bei unbenannten Zuwendungen – höchstens die Hälfte des Wertes zurück; das frühere Surrogationsprinzip hatte ihm zumindest die Ersatzgegenstände erhalten. Unabhängig vom Zugewinnausgleich ist wohl weiterhin ein etwa geschuldetes Nutzungsentgelt für die Benutzung der gemeinsamen Wohnung nach der Trennung (vgl. *OLG Celle* NJW-RR 1990, 265). Voreheliche Leistungen von Verlobten unterliegen ebenfalls nicht den Regeln der Zugewinngemeinschaft (*BGH* NJW 1992, 427); Gleiches gilt für die Zeit eines eheähnlichen Zusammenlebens vor dem Gang zum Standesamt. Insoweit muss für die unterschiedlichen Phasen des Zusammenlebens gegebenenfalls ein Ausgleich nach den jeweils für sie geltenden Grundsätzen erfolgen. Eine doppelte Berücksichtigung von Tantiemen, Abfindungen, Schulden und Steuererstattungen sowohl beim Zugewinnausgleich als auch beim nachehelichen Unterhalt erfolgt nicht (sog. **Doppelverwertungsverbot**; vgl. *BGH* FamRZ 2003, 432; FPR 2004, 576; NJW 2008, 1221; *OLG München* FPR 2004, 505 und dazu *Grziwotz* MittBayNot 2005, 284; *Gerhardt/Schulz* FamRZ 2005, 145; *Wohlgemuth* FamRZ 2007, 187; *Kuckenburg/Perleberg-Kölbel* FPR 2012, 306).

52   Im Gebiet der neuen Bundesländer gilt seit dem 3.10.1990 das eheliche Güterrecht des BGB. Diese automatische Überleitung greift dann nicht ein, wenn und soweit die Ehegatten etwas anderes vereinbart haben (Art. 243 § 4 I EGBGB) oder wenn ein Ehegatte bis zum 2.10.1992 eine notariell beurkundete Fortsetzungserklärung gegenüber einem Kreis- oder Amtsgericht abgegeben hat (Art. 234 § 4 II EGBGB). In diesen Fällen gilt die **Eigentums- und Vermögensgemeinschaft des DDR-FGB** (§§ 13–16 und 39–41) fort. Eine Eintragung des fortgeltenden Güterstandes in das Güterrechtsregister ist möglich. Vgl. zur Eigentums- und Vermögensgemeinschaft *Brudermüller/Wagenitz* FamRZ 1990, 1294; *Böhringer* DNotZ 1991, 223; *Münch*, Die Eigentums- und Vermögensgemeinschaft, 1993, S. 25 ff. und *Götsche* FamRB 2003, 189, 221, 256 und 339 sowie zu den ertragsteuerrechtlichen Folgen der Überleitung *BMF* BStBl. 1992 I 542.

53   Im Falle der **Überleitung des FGB-Güterstandes** in die Zugewinngemeinschaft erfolgt der Vermögensausgleich, sobald es zum Zugewinnausgleich kommt, in zwei Schritten: In DDR-Zeiten begründetes Allein- und Gemeinschaftseigentum (zu dessen Umwandlung in Bruchteilseigentum s. Art. 234 § 4a BGB und *OLG Brandenburg* NJW 1998, 246) sowie aus dieser Zeit stammende Verbindlichkeiten werden mit dem Wert zum Beitrittsstichtag beim jeweiligen Anfangsvermögen berücksichtigt; die Modalitäten der Abwicklung des früheren Güterstandes richten sich nach den §§ 39, 40 FGB (*BGH* MDR 1999, 938; vgl. auch *OLG Rostock* FamRZ 1999, 1074; *OLG Brandenburg* FamRB 2003, 381; FamRZ 2006, 624; zur Verjährung s. *OLG Rostock* FamRB 2005, 2). Sodann wird der Zugewinn ab 3.10.1990 festgestellt (zu einem restituierten Grundstück im Zugewinnausgleich s. DNotI-Report 1998, 85; zum Wertzuwachs eines DDR-Grundbesitzes im Rahmen des § 1374 II BGB s. *AG Stuttgart* FamRZ 1999, 1065).

54   Wurde der **DDR-Güterstand** beibehalten, bleibt es beim gemeinschaftlichen Eigentum der Ehegatten, auf das aber die Vorschriften über die Verwaltung des Gesamtguts einer

IV. Das Güterrecht und das Nebengüterrecht   B I

Gütergemeinschaft mit Verwaltungsrecht beider Ehegatten Anwendung finden (Art. 234 § 4a II 1 EGBGB i. V. m. §§ 1450 ff. BGB). Die Vermögensauseinandersetzung erfolgt nach §§ 39, 39a FGB-DDR (Art. 234 § 4a II 2 EGBGB; vgl. *BGH* NJW 1992, 821; FamRZ 2008, 2015; *OLG Brandenburg* DtZ 1996, 186; *OLG Rostock* DtZ 1997, 389 und FF 2001, 174). Der Anteil an einer nicht auseinandergesetzten ehelichen Vermögensgemeinschaft ist nicht übertragbar; der Anspruch auf das künftige Auseinandersetzungsguthaben kann jedoch abgetreten werden (*BGH* DNotZ 2003, 135; zur Verjährung des Ausgleichsanspruchs *BGH* MDR 2002, 1068). Vereinbarungen zwischen Ehegatten über ihre Eigentums- und Vermögensverhältnisse bezüglich der während der Ehe erworbenen Werte waren auch in der ehemaligen DDR möglich (vgl. *BGH* DtZ 1992, 149 und *BezG Cottbus* DtZ 1992, 290).

Zum Gesetz über den ehelichen Güterstand von **Vertriebenen und Flüchtlingen** vom 55 4.8.1969 (zur Definition s. §§ 1, 3 und 4 BVFG a. F.) vgl. Palandt/*Thorn* Art. 15 EGBGB Anhang. Zu Spätaussiedlern (§ 4 BVFG), die ihre Heimat erst nach dem 31.12.1992 verlassen haben, s. *Scheugenpflug* MittRhNotK 1999, 372, 375. Nach Art. 1 I 1 VFGüterstandG gilt grds. für Ehegatten, die Vertriebene oder Sowjetzonenflüchtlinge sind, wenn beide ihren gewöhnlichen Aufenthalt im Geltungsbereich des Gesetzes haben und im gesetzlichen Güterstand eines außerhalb des Geltungsbereichs des Gesetzes maßgebenden Rechts leben, das eheliche Güterrecht des BGB. Dies gilt nicht für Spätaussiedler, die nach dem 31.12.1990 in die BRD gelangt sind.

b) Möglichkeiten der Abänderung

Der Zugewinnausgleich und seine Durchführung können ehevertraglich modifiziert 56 und ausgestaltet werden. Als **Vereinbarungen** kommen in Betracht:

(1) Der allgemeine oder auf bestimmte Fälle beschränkte **Ausschluss des Zugewinn-** 57 **ausgleichs** (also nicht des gesetzlichen Güterstandes).

Gütertrennung tritt nach § 1414 S. 2 BGB mangels anderweitiger Vereinbarung nur 58 bei einem **vollständigen** Ausschluss für beide Ehegatten ein (Staudinger/*Thiele* § 1414 Rn. 5). Wird der gesetzliche Güterstand in diesem Fall aufrechterhalten, bleiben die Verfügungsbeschränkungen der §§ 1365 und 1369 BGB bestehen (str., vgl. Staudinger/ *Thiele* § 1363 Rn. 25). Der Gesetzgeber hatte zum Schutz der wirtschaftlichen Grundlage der Lebensgemeinschaft auch bei der früheren Vermögenstrennung von Lebenspartnern diese Beschränkungen vorgesehen.

Der isolierte Ausschluss des Zugewinnausgleichs beim **Tod** eines Ehegatten ist prak- 59 tisch kaum relevant (vgl. *Cypionka* MittRhNotK 1986, 157, 165) und nimmt dem überlebenden Ehegatten die Möglichkeit des erbschaftsteuerfreien Erwerbs gemäß § 5 ErbStG. Bedeutung hat er nur im Rahmen eines Ehegattenerbverzichts oder -pflichtteilsverzichts als ergänzende Absicherung; praktisch wird er deshalb bei Paaren, die bereits erwachsene Kinder aus einer früheren Beziehung haben und im Todesfall die Vermögen (möglicherweise abgesehen von einem – befristeten – Wohnungsrecht) trennen wollen (vgl. *Grziwotz* FamRB 2003, 100, 101; zur Unternehmensnachfolge s. *Winkler* ZErb 2005, 360). Ein diesbezüglicher Ausschluss führt, wenn er nicht auf den rechnerischen Zugewinnausgleich im Rahmen der güterrechtlichen Lösung beschränkt ist, zur Erhöhung der Erb- und Pflichtteile der Abkömmlinge oder Eltern (Bamberger/Roth/ *Mayer* § 1371 Rn. 15 und 25). Im Vergleich zur Gütertrennung ist vielfach der Ausschluss des Zugewinnausgleichs nur für den Fall der **Scheidung** bei Beibehaltung im Todesfall empfehlenswert, da er nicht zu einer Veränderung der Erb- und Pflichtteilsquoten führt und § 5 ErbStG anwendbar bleibt (*Meincke* DStR 1986, 135, 139). Zudem vermeidet diese Gestaltung – anders als eine Güterstandsbeendigung mit einem Ausgleich des Zugewinns durch Immobilienübertragung – auch (spätere) Veräußerungsgewinne (*Stein* ZEV 2012, 1063). Mitunter werden in Vertragsmustern beide Möglichkeiten kombiniert; wird in diesem Fall nicht ausdrücklich der gesetzliche Güterstand aufrechterhalten, tritt Gütertrennung ein (zu Risiken im Hinblick auf § 5 ErbStG s. *Grund* Mitt-BayNot 2008, 19). Bei der Formulierung, wann der Zugewinnausgleich ausgeschlossen sein soll, ist darauf zu achten, ob auf die Beendigung der Ehe oder des Güterstandes abgestellt wird. Im ersten Fall kann die Steuerfreiheit des Zugewinnausgleichs bei einem Güterstandswechsel erhalten bleiben.

60 **Formulierungsbeispiel: Ausschluss Zugewinnausgleich bei Tod**

> Die Vertragsteile verzichten gegenseitig auf Pflichtteilsansprüche einschließlich Pflichtteilsergänzungsansprüche und nehmen diesen Verzicht wechselseitig an. Ferner schließen sie für den Fall der Beendigung ihres Güterstandes durch den Tod eines Ehegatten den Zugewinn durch Erbteilserhöhung oder güterrechtliche Lösung aus. Bei einer Beendigung des Güterstands unter Lebenden soll es dagegen beim Zugewinnausgleich verbleiben.

60a **Formulierungsbeispiel: Ausschluss Zugewinnausgleich ausgenommen Tod**

> Für den Fall der Beendigung des Güterstandes durch den Tod eines Ehegatten soll es beim Zugewinnausgleich durch Erbteilserhöhung oder güterrechtliche Lösung verbleiben. Wird jedoch der Güterstand auf andere Weise als durch den Tod eines Ehegatten beendet, insbesondere bei Scheidung unserer Ehe, so findet kein Zugewinnausgleich statt.

60b **Formulierungsbeispiel: Ausschluss Zugewinnausgleich ausgenommen Tod und Güterstandswechsel**

> Für den Fall der Beendigung unserer Ehe durch den Tod eines Ehegatten soll es beim Zugewinnausgleich durch Erbteilserhöhung oder güterrechtlichen Lösung verbleiben. Wird jedoch unsere Ehe auf andere Weise als durch den Tod eines Ehegatten beendet, insbesondere bei Scheidung unserer Ehe, so findet kein Zugewinnausgleich statt; dies gilt, soweit zulässig, auch für einen vorzeitigen Zugewinnausgleich. Dagegen verbleibt es in den anderen Fällen der Beendigung des Güterstandes unter Lebenden, insbesondere bei einem Güterstandswechsel, beim gesetzlichen Zugewinnausgleich.

61 §§ 1385 f. BGB, die einen Antrag auf Zahlung des **vorzeitigen Zugewinnausgleichs** gemeinsam mit einem Antrag auf Aufhebung der Zugewinngemeinschaft zulassen, können nach h. M. (vgl. Erman/*Budzikiewicz* § 1385 Rn. 22 und NK-BGB/*Fischinger* § 1386 Rn. 42) nicht abbedungen, wohl aber erweitert werden. Die Parteien können weitere Tatbestände vereinbaren und die Dreijahresfrist des § 1385 Nr. 1 BGB verkürzen (h. M., MünchKomm/*Koch* §§ 1385, 1386 Rn. 42). Das Verbot des Ausschlusses kann nicht gelten, wenn ein Zugewinn bei einer Scheidung aufgrund Ehevertrages nicht auszugleichen ist (vgl. MünchKomm/*Koch* §§ 1385, 1386 Rn. 3).

61a **Formulierungsbeispiel: Ausschluss vorzeitiger Zugewinnausgleich**

> Der Ausschluss gilt auch für den vorzeitigen Zugewinnausgleich bei vorzeitiger Aufhebung der Zugewinngemeinschaft.

62 (2) Die **Modifizierung** der Zugewinnbeteiligung: Möglich sind Abreden über die Feststellung und Bewertung des Anfangs- und Endvermögens, die Vereinbarung eines Ausgleichs in Sachwerten, die Einbeziehung vorehelichen Vermögens in den Zugewinnausgleich (str., vgl. *Grziwotz*, Nichteheliche Lebensgemeinschaft, 5. Aufl. 2014, § 23 Rn. 64), die Herausnahme einzelner Vermögensgegenstände oder bestimmter Teile des Vermögens aus dem Zugewinnausgleich (zur Herausnahme des Betriebsvermögens s. *BGH* NJW 1997, 2239; zurückhaltend *N. Mayer* MittBayNot 1997, 231 und *Plate* MittRhNotK 1999, 257,

IV. Das Güterrecht und das Nebengüterrecht

266 ff.; zur Form *OLG Karlsruhe* FamRB 209, 169), die Anrechnung von Vorausempfängen, die Festlegung des Berechnungszeitpunkts für den Ausgleich, die Durchführung eines periodischen Zugewinnausgleichs oder zur Verhinderung von Vermögensmanipulationen bis zur Trennung, soweit die §§ 1365, 1369 BGB keinen ausreichenden Schutz gewähren, und danach durch Herabsetzung der Schwelle der illegalen Vermögensminderung sowie die Erhöhung oder Herabsetzung der Ausgleichsquote. Eine Erhöhung des Zugewinnausgleichs über den tatsächlichen Zugewinn oder über § 1371 I BGB hinaus führt im Todesfall jedoch nicht zu einer Verringerung von Pflichtteilsansprüchen (vgl. MünchKomm/*Kanzleiter* § 1408 Rn. 14); sie ist auch schenkungsteuerlich nicht privilegiert.

§ 1377 III BGB stellt die – im Rahmen des § 5 ErbStG nicht geltende (§ 5 I 3 ErbStG) – Vermutung auf, dass bei Nichterrichtung eines Vermögensverzeichnisses das Endvermögen eines Ehegatten seinen Zugewinn darstellt. Sie gilt auch, wenn ehevertraglich auf die Aufstellung des Verzeichnisses verzichtet wird. Diese Vermutung ist wohl nicht dispositiv; ist es unstrittig, dass ein Ehegatte Anfangsvermögen hatte, so greift die Vermutung des § 1377 III BGB nicht ein. Ehegatten können ohne Rücksicht auf den tatsächlichen Bestand Wert und Höhe des beiderseitigen **Anfangsvermögens** festlegen. Ebenso können bestimmte Vermögenswerte zum Anfangsvermögen erklärt bzw. umgekehrt von diesem ausgenommen und dadurch ganz oder zum Teil für ausgleichspflichtig erklärt werden. Durch derartige Vereinbarungen kann ein gemeinsamer Vermögenserwerb vor der Ehe dem Regime des Zugewinnausgleichs unterstellt werden. Da in der Rechtswirklichkeit in vielen Fällen bereits vor Eheschließung eine gemeinsame Vermögensbildung erfolgt, sollte hierauf in der Beratungspraxis besonderes Gewicht gelegt werden. Bedeutung hat dies beim gemeinsamen Hausbau oder Immobilienerwerb vor Eheschließung, wenn nur ein Ehegatte Eigentümer des Grundbesitzes ist oder ausgleichspflichtige Zuwendungen erfolgt sind, die nunmehr insgesamt dem Regime des Zugewinnausgleichs unterstellt werden sollen. **63**

Formulierungsbeispiel: Herausnahme aus Anfangsvermögen **63a**

Für unsere Ehe soll es beim gesetzlichen Güterstand verbleiben. Beim Anfangsvermögen des Ehemannes bleibt jedoch das Hausanwesen Bergstraße 12 in Kirchdorf einschließlich des Grundstücks FlSt. 318 der Gemarkung Kirchdorf unberücksichtigt. Der Ausgleich hinsichtlich dieses Grundbesitzes soll bei Beendigung unserer Ehe ausschließlich über den Zugewinnausgleich und auch für die Zeit bis zu unserer Eheschließung nicht über etwaige Ausgleichsansprüche erfolgen, die bei Beendigung einer nichtehelichen Lebensgemeinschaft gelten. Der Notar hat die Beteiligten darauf hingewiesen, dass dieser Grundbesitz somit zugewinnausgleichspflichtiges Vermögen darstellt und die Vereinbarung nur im Verhältnis der Beteiligten Wirkungen hat, nicht aber hinsichtlich der Rechte Dritter (z. B. Pflichtteilsansprüche) und des § 5 ErbStG.

Bei der Berechnung des Zugewinns wird das Anfangsvermögen nicht mit seinem Zeitwert angesetzt. Es ist mit Hilfe des Verbraucherpreisindex auf den Zeitpunkt umzurechnen, für den das Endvermögen festgestellt wird. Das Anfangsvermögen wird durch die zum Zeitpunkt des Güterstandes geltende Indexzahl dividiert und mit der Indexzahl der Zustellung des Scheidungsantrags multipliziert. Gegen diese Umrechnung können vor allem bei Grundbesitz in Schrumpfungsregionen mangels entsprechender Wertsteigerungen Bedenken bestehen (vgl. *Kogel* FamRZ 2003, 278; *Kornexl* FamRZ 2003, 901). Außerdem muss wegen Nichtfortschreibung der alten Indexreihen eine Berechnung in mehreren Schritten erfolgen (*Gutdeutsch* FamRZ 2003, 1061; *Kogel* FamRZ 2003, 1901), wenn nicht ein verketteter Index verwendet wird. Für einzelne Vermögensgegenstände kann sich die Anwendung eines speziellen Index, insbesondere des neuen Häuserpreisindex für neu erstellte Wohnimmobilien, empfehlen.

63b Formulierungsbeispiel: Bewertung Grundbesitz

Sofern sich Grundbesitz einschließlich grundstücksgleicher Rechte unverändert im Anfangs- und Endvermögen eines Ehegatten befinden, soll für die Umrechnung des Wertes dieser Vermögensgegenstände nicht auf den sonst von der Rechtsprechung verwendeten Index abgestellt werden, sondern auf den Baukostenindex (genaue Angabe) bzw. einen Folgeindex.

64 In alten Eheverträgen wurde bei Heirat mit einem verschuldeten Partner dessen Anfangsvermögen häufig mit dem **negativen** Wert angesetzt, da nach § 1374 I Hs. 2 BGB a.F. die Tilgung von Schulden keinen Zugewinn darstellte. Auch eine Verrechnung der Schulden mit einem späteren privilegierten Erwerb i.S.v. § 1374 II BGB kann grundsätzlich nicht in Betracht (*BGH* NJW 1995, 2165). Dies ist aufgrund der Novellierung des Zugewinnausgleichs seit dem 1.9.2009 nicht mehr erforderlich.

Nach der geltenden gesetzlichen Regelung des Zugewinnausgleichs ist auch ein negatives Anfangsvermögen beim Zugewinn möglich (s. *Gutdeutsch* FPR 2009, 277), so dass eine Schuldentilgung berücksichtigt wird. Auch ein negativer privilegierter Erwerb ist einzuberechnen. Ein privilegierter Erwerb wird zudem mit einem negativen Anfangsvermögen verrechnet. Allerdings soll kein Ehegatte mehr als sein bei Beendigung des Güterstands tatsächlich vorhandenes Endvermögen, gegebenenfalls unter Berücksichtigung illoyaler Vermögensminderungen (§ 1378 II 2 BGB), an seinen Partner abgeben müssen (§ 1378 II 1 BGB). Ehevertraglich kann darüber hinausgehend eine Ausgleichspflicht begründet werden (MünchKomm/*Koch* § 1378 Rn. 41; vgl. auch *Brambring* FPR 2009, 297, 298, der ein Darlehen vorschlägt). Die gesetzliche Regelung, die zwar einerseits einen negativen privilegierten Erwerb zulässt (z.B. überschuldete Erbschaft, Schenkung der Schrottimmobilie), aber andererseits den Ausgleich durch das vorhandene Vermögen beschränkt, kann in Fällen einer „Familien-Manipulationslösung" bei einer Ausgleichspflicht des Kindes missbraucht werden, in denen die Zugewinnausgleichspflicht des ausgleichspflichtigen Kindes durch die Kappungsgrenze beschränkt wird (vgl. *Griwotz* NotBZ 2009, 343, 346; s. dazu auch *Kornexl* FamRZ 2011, 692 und *Höhler-Henn* FamFR 2011, 507, 508). Eine Korrektur ist insoweit ehevertraglich durch eine Ausgleichspflicht über das vorhandene Vermögen hinaus möglich.

64a Formulierungsbeispiel: Ausgleichspflicht unabhängig vom vorhandenen Vermögen

Für unsere Ehe soll es beim gesetzlichen Güterstand verbleiben. Das Anfangsvermögen des Mannes beträgt minus 100.000 EUR. Eine Schuldentilgung stellt einen ausgleichspflichtigen Zugewinn dar, und zwar auch dann, wenn der Ehemann bei Beendigung des Güterstandes kein positives Vermögen hat. Ein etwaiger privilegierter Erwerb i.S.v. § 1374 II BGB ist nach der gesetzlichen Regelung mit dem Negativwert zu verrechnen. § 1378 II 2 BGB bleibt zudem unberührt, so dass illoyale Vermögensminderungen den nach der vorstehenden Vereinbarung errechneten Zugewinn erhöhen. Der Ehemann weiß, dass entgegen der gesetzlichen Regelung nicht nur bei illoyalen Vermögensminderungen eine Begrenzung des Zugewinnausgleichs auf das vorhandene Vermögen nicht erfolgt, so dass eine Überschuldung infolge der Durchführung des Zugewinnausgleichs eintreten kann.

65 Ehegatten können es auch bei dem **früheren gesetzlichen Grundgedanken** belassen, dass kein Ehegatte durch den Zugewinnausgleich mehr verlieren soll als die Hälfte seines Vermögens. Dies ist allerdings nicht durch Verweisung auf die bis 1.9.2009 geltenden §§ 1374 ff. BGB möglich. Vielmehr müssen die zum 1.9.2009 in Kraft getretenen gesetzgeberischen Korrekturen im Einzelnen rückgängig gemacht werden.

IV. Das Güterrecht und das Nebengüterrecht

Formulierungsbeispiel: Ausgleichspflicht beschränkt bei Verbindlichkeiten	65a
Für unsere Ehe soll es beim gesetzlichen Güterstand verbleiben. Jedoch sollen Verbindlichkeiten beim Anfangsvermögen nur bis zur Höhe des Vermögens Berücksichtigung finden. Auch bei einem künftigen privilegierten Erwerb i. S. v. § 1374 II BGB sollen Verbindlichkeiten nur bis zur Höhe des Vermögens abgezogen werden; eine Verrechnung mit einem negativen Anfangsvermögen hat nicht zu erfolgen. Das Endvermögen jedes Ehegatten darf ebenfalls für die Berechnung des Zugewinns nicht negativ sein; unberührt bleibt der Abzug von Verbindlichkeiten, die die Höhe des Endvermögens übersteigen, zur Berechnung von Ansprüchen gegen Dritte gemäß § 1390 BGB.	

Sollen einem Ehegatten privilegierte Zuwendungen ungeschmälert verbleiben, also keine Verrechnung mit einem negativen Anfangsvermögen nach § 1374 I BGB erfolgen, kann dies vereinbart werden. Die Regelung soll vermeiden, dass Zuwendungen von Eltern im Wege der vorweggenommenen Erbfolge unterbleiben, was beide Ehegatten nicht wünschen. Wegen der Abänderungsmöglichkeit des Ehevertrags können die Zuwendenden, falls sie dies wünschen, im Übertragungsvertrag flankierende Regelungen für diesen Fall vorsehen.

Formulierungsbeispiel: Keine Verrechnung von Zuwendungen	65b
Privilegierte Zuwendungen i. S. v. § 1374 II BGB sollen (oder konkret: Das Hausgrundstück ..., das der Ehemann von seinen Eltern im Wege der vorweggenommenen Erbfolge erhält, soll) entgegen der gesetzlichen Regelung nicht mit einem negativen Anfangsvermögen (des Ehemanns) verrechnet werden. Der nach der gesetzlichen Regelung im Anfangsvermögen des Ehemannes zu berücksichtigende Wert soll deshalb weder im Anfangs- noch im Endvermögen des Mannes berücksichtigt werden. Durch diese Vereinbarung darf sich der Zugewinnausgleich jedoch nicht umkehren. Im Übrigen verbleibt es bei der gesetzlichen Regelung des Zugewinnausgleichs. Insbesondere verbleibt es hinsichtlich der nach der Rechtsprechung bereinigten Wertsteigerungen dieses Vermögens bei der Einbeziehung in den Zugewinnausgleich.	

Zulässig sind auch Vereinbarungen zum **Endvermögen,** insbesondere dessen Limitierung, wobei diese nicht nur durch einen Höchstbetrag, sondern auch einen Bruchteil des Anfangsvermögens ausgedrückt werden kann. Dagegen war bisher strittig, ob die Zurechnung nicht mehr vorhandener Aktiva zum Endvermögen gem. § 1375 II BGB dispositiv ist (verneinend *Gernhuber/Coester-Waltjen* § 37 Rn. 37). Die vom Gesetzgeber in § 1375 II 2 BGB zugelassene Hinzurechnung spricht für die Abdingbarkeit der Vorschrift. Sie ist aber nach h. M. auf gesellschaftsrechtliche Abfindungsklauseln ohnehin nicht anwendbar, da es sich bei ihnen regelmäßig um keine Schenkungen handelt. Da die Abrechnung beim Zugewinnausgleich die gesamte Ehezeit betrifft, wird die Zehn-Jahres-Frist des § 1375 III Alt. 1 BGB teilweise als verfehlt angesehen. Im Verhältnis der Ehegatten kann sie abbedungen werden, so dass Schenkungen, die ohne Zustimmung des Partners erfolgt sind, dem Endvermögen stets hinzuzurechnen sind.

Formulierungsbeispiel: Berücksichtigung von Schenkungen	65c
Die Frist von zehn Jahren vor Beendigung des Güterstandes in § 1375 III Alt. 1 BGB wird abbedungen, so dass Vermögensminderungen während der gesamten Zeit des Bestehens der Zugewinngemeinschaft im Endvermögen zu berücksichtigen sind, wenn nicht der andere Ehegatte damit einverstanden gewesen ist.	

66 Bei vorehelichem Vermögen und privilegiertem Erwerb i.S.v. § 1374 II BGB ist zwar der Anfangswert einschließlich inflationsbedingter Wertsteigerungen nicht ausgleichspflichtig. Jedoch gehören außerordentliche **Wertsteigerungen und Erträge** zum ausgleichspflichtigen Zugewinn (vgl. *Battes* FamRZ 2007, 313). Da diese wie z.B. Bodenwertsteigerungen aufgrund einer Baulandausweisung durch die Gemeinde in vielen Fällen nicht ehebedingt sind, wird mitunter gewünscht, sie aus dem Zugewinnausgleich herauszunehmen.

66a **Formulierungsbeispiel: Ausschluss Wertsteigerungen**

> Für unsere Ehe soll es grundsätzlich beim gesetzlichen Güterstand verbleiben. Für den Fall, dass dieser Güterstand durch andere Weise als durch den Tod eines von uns beiden beendet wird, insbesondere wenn unsere Ehe geschieden wird, sollen Grundstücke einschließlich grundstücksgleicher Rechte, die unverändert im Anfangs- und Endvermögen eines Ehegatten enthalten sind, vom Zugewinnausgleich ausgeschlossen sein. Werden während der Zeit der Zugewinngemeinschaft Grundstücke mit Mitteln aus zugewinnausgleichspflichtigem Vermögen (andernfalls ergänzende Vereinbarung, vgl. *Grziwotz* MDR 1998, 129, 132) bebaut, so ist allein der Wert der Baulichkeiten, nicht jedoch der Grundstückswert, als Zugewinn im Endvermögen zu berücksichtigen.

Gegenleistungen in Überlassungsverträgen, die mit Rücksicht auf ein künftiges Erbrecht erfolgen (§ 1374 II BGB), bleiben im Zugewinnausgleich nicht mehr unberücksichtigt (*BGH* FamRZ 2007, 978; vgl. bereits *BGH* FamRZ 2005, 1974). Sie mindern vielmehr mit ihrem gegebenenfalls zu kapitalisierenden Wert das Anfangsvermögen. Der sich durch Erbringung dieser Leistungen ergebende Wertzuwachs ist nicht mehr unentgeltlich (vgl. *Schlögel* MittBayNot 2008, 98; *Münch* DNotZ 2007, 795; *Hauß* FPR 2008, 286 und *Langheim* FF 2011, 481). Der gestreckte privilegierte Erwerb führt vor allem bei Nutzungsrechten zu schwierigen und kostspieligen Berechnungen. Die Ehegatten können allerdings eine Herausnahme des Nutzungsrechts aus dem Zugewinn vereinbaren.

66b **Formulierungsbeispiel: Ausschluss Wertsteigerungen durch vorbehaltene Rechte**

> Erhält ein Ehegatte von Todes wegen oder mit Rücksicht auf ein künftiges Erbrecht, durch Schenkung oder als Ausstattung Grundstücke oder grundstücksgleiche Rechte zugewandt, sind dabei vorbehaltene oder eingeräumte Nutzungsrechte, insbesondere Wohnungs- und Nießbrauchsrechte, im Rahmen des Zugewinnausgleichs weder beim Anfangs- noch beim Endvermögen des betreffenden Ehegatten zu berücksichtigen. Durch diese Vereinbarung darf jedoch keine Umkehrung des Zugewinnausgleichs eintreten.

67 Mitunter wollen die Ehegatten **bestimmte Vermögenswerte** (insbesondere Betriebsvermögen und -beteiligungen) vom Zugewinn ausschließen (s. *BGH* NJW 1997, 2239 und *OLG Karlsruhe* NJW 2009, 2750; vgl. auch *Arens* FamRB 2006, 88 und DNotI-Report 2000, 191). In diesen Fällen kann angeordnet werden, dass ein bestimmter Vermögensgegenstand oder -komplex weder beim Anfangs- noch beim Endvermögen in Ansatz gebracht wird. Gleichzeitig sind dann auch die diese Gegenstände betreffenden Verbindlichkeiten und, falls gewünscht, Surrogate vom Zugewinnausgleich auszunehmen. Verwendungen auf diese Gegenstände sind nur vom Ausgleich auszunehmen, wenn sie aus Erträgen, nicht aber ausgleichspflichtigem Vermögen stammen, um dem begünstigten Partner keine Manipulation zu ermöglichen. Schließlich ist ein Zugewinn auszuschließen, wenn der ausgleichspflichtige Ehegatte unter Berücksichtigung des vom Zugewinnausgleich ausgenommenen Vermögens nicht zur Ausgleichung verpflichtet wäre, d. h. der Zugewinnausgleich soll sich durch die Vereinbarung nicht umkehren (*BGH* FamRB 2013, 309; vgl. *Münch* FamRB 2014, 71, 73 und *Reetz* DNotZ 2014, 85). Nicht von vornherein von der Hand zu weisende Bedenken gegen derartige Vereinbarungen aus Gründen der Praktikabilität hat *N. Mayer* (DStR 1993, 991) geltend gemacht; die Modifizierung der Zugewinngemeinschaft durch einen Ausschluss des Zugewinnausgleichs für den Fall der Scheidung oder Eheaufhebung ist mitunter ehrlicher und den Beteiligten besser verständlich (vgl. *Grziwotz* DSWR 2002, 182, 185; zu Formulierungsvorschlägen vgl. *Langenfeld*, Handbuch, Rn. 240 und 246). *Waldner* (Eheverträge, Rn. 50) empfiehlt – abweichend von der nachstehenden Formulierung – pauschal, auch den Todesfall einzubeziehen, um zu vermeiden, dass eine Nachfolgeregelung durch ein Zugewinnausgleichsverlangen im Todesfall unterlaufen werden kann (vgl. auch *Winkler* ZErb 2005, 360). Die Modifizierung soll deshalb allgemein beim „Ende des Güterstands" gelten. Zutreffend ist, dass der Zusammenhang der güterrechtlichen Regelung mit dem Erb- und Gesellschaftsrecht nicht übersehen werden darf. Im Übrigen ist die Formulierung in zweifacher Hinsicht gefährlich: Soll der Ehegatte im Todesfall das Unternehmen erhalten, verliert er den Freibetrag nach § 5 ErbStG; in diesem Fall darf die Formulierung nicht gewählt werden (so auch *Waldner* a. a. O.). Ist eine andere Person als Unternehmensnachfolger vorgesehen, wird sie wegen der nicht ausgeschlossenen Erbteilserhöhung gemäß § 1371 I BGB und des Ehegattenpflichtteils nicht ausreichend geschützt. Der Begriff des Betriebsvermögens sollte zudem bei allen Gestaltungen im Einzelfall genau definiert werden (vgl. *Münch*, Unternehmerehe, Rn. 790 ff.).

Formulierungsbeispiel: Herausnahme Unternehmen 67a

Hinsichtlich des ehelichen Güterrechtes soll es grundsätzlich beim gesetzlichen Güterstand verbleiben. Jedoch soll jegliches Betriebsvermögen eines jeden Ehegatten (oder: Beschreibung des konkreten Unternehmens bzw. der Beteiligung sowie Folgeunternehmen bzw. -beteiligungen einbeziehen; z. B.: die Beteiligungen der Ehefrau an der X-Verwaltungs GmbH und der X-Betriebs KG sowie an etwaigen Nachfolge- und Tochterunternehmen einschließlich eines Sonderbetriebsvermögens, und zwar gleichgültig, ob die Beteiligungen im Privat- oder Betriebsvermögen gehalten werden) beim Zugewinnausgleich bei Beendigung der Ehe aus anderen Gründen als dem Tod eines Ehegatten, insbesondere im Falle der Scheidung der Ehe der Vertragsteile, in keiner Weise berücksichtigt werden. Vom lebzeitigen Zugewinnausgleich ausgenommen sind somit sämtliche Aktiva und Passiva, die in der Handels- und in der Steuerbilanz eines Unternehmens, das einem Ehegatten zur alleinigen Berechtigung oder zur Mitberechtigung zusteht, erfasst werden, und zwar unabhängig davon, ob das Unternehmen in der Rechtsform eines Einzelunternehmens, einer Personengesellschaft oder einer Kapitalgesellschaft geführt wird, einschließlich eines Sonderbetriebsvermögens (Besonderheiten bei einer Betriebsaufspaltung beachten!). Derartige Vermögensbestandteile einschließlich Verbindlichkeiten sollen weder zur Berechnung des Anfangs- noch des Endvermögens des betreffenden Ehegatten hinzugezogen werden. Ein Ehegatte ist nicht verpflichtet, seinen Zugewinn auszugleichen, wenn er unter Berücksichtigung des nach den vorstehenden Vereinbarungen vom Zugewinnausgleich ausgenommenen Betriebsvermögens nicht zur Ausgleichung verpflichtet wäre. Die Eintragung in das Güterrechtsregister wird – unabhängig von der Frage ihrer Zulässigkeit – zurzeit nicht gewünscht.
Der Notar hat uns darüber belehrt, dass durch die vorstehende Vereinbarung der Ausgleich des beiderseitigen Zugewinns bei Beendigung unserer Ehe, ausgenommen im Todesfall hinsichtlich der vorstehend näher bezeichneten Vermögensgegenstände des betrieblichen Vermögens (der Beteiligungen an den vorbezeichneten Gesellschaften sowie Nachfolge- und Tochterunternehmen sowie dem Sonderbetriebsvermögen) ausgeschlossen ist, wobei sich der Umfang des Betriebsvermögens ändern kann.

▼ Fortsetzung: **Formulierungsbeispiel: Herausnahme Unternehmen**

Der Notar hat insbesondere eindringlich darüber belehrt, dass auch gewillkürtes Betriebsvermögen gebildet werden kann und somit Gegenstände dem Zugewinnausgleich durch einseitigen Akt eines Ehegatten entzogen werden können; diesbezügliche Einschränkungen, insbesondere auf bestimmte Unternehmen oder höhenmäßige Beschränkungen, werden nicht gewünscht. Der Notar hat ferner darauf hingewiesen, dass die Berufung auf die Modifizierung des Zugewinnausgleichs dem begünstigten Ehegatten bei einer späteren Entwicklung, die vom derzeitigen Lebensplan abweicht, aufgrund des Gebots von Treu und Glauben verwehrt sein kann. Ferner kann bei einer Ehegattenmitarbeit ohne ausreichendes Entgelt auch außerhalb des Ehegüterrechts ein Ausgleich durchzuführen sein.

68   Falls Betriebsvermögen nicht insgesamt aus dem Zugewinnausgleich herausgenommen werden soll (vgl. Rn. 62 und 67), da es z. B. das einzige Vermögen des alleinverdienenden Ehegatten bildet, sind ausdrückliche **Bewertungsvorschriften** denkbar (vgl. auch *BGH* MDR 2003, 334; NJW 2011, 2572; DNotZ 2011, 856; vgl. *Münch* DStR 2014, 806). Bei einer Verweisung auf die jeweilige gesellschaftsvertragliche Abfindungsklausel ist ein Mindestwert (z. B. Buchwertabfindung) empfehlenswert (zur Bewertung *Olbrich/Olbrich* DB 2008, 1483). Dies bedeutet allerdings nicht, dass in der Unternehmerehe der Ehevertrag einseitig auf den Unternehmensschutz ausgerichtet sein soll (vgl. aber *Stenger* ZEV 2000, 51 und *Schiffer/Böhne* FamFR 2009, 158). Mindestens gleiche Beachtung der Gestaltungspraxis verdient der Ehegatte, der den Haushalt führt, die Kinder betreut sowie gleichzeitig die Buchhaltung, die Kundenbetreuung und das Sekretariat des Betriebes bildet (vgl. *OLG Frankfurt* FF 2002, 173).

69   **Land- und forstwirtschaftliche Betriebe** (zur Abgrenzung von sonstigem Betriebsvermögen *BMF* DStR 2012, 132 und *Erl. d. Obersten FinBeh* DStR 2012, 1275) sind grundsätzlich mit dem Ertragswert zu bewerten (§ 1376 IV BGB; vgl. auch *Kempfler* ZEV 2011, 337). Anders ist dies, wenn kein leistungsfähiger Betrieb vorhanden ist oder die Fortführungsabsicht fehlt (*BGH* NJW-RR 1990, 68), sowie grundsätzlich bei während der Ehe hinzuerworbenen Nutzflächen (*BGH* NJW 1991, 1741). Auch hier sind Regelungen möglich, insbesondere der Ausschluss des § 1376 IV BGB, um bei land- und forstwirtschaftlichen Betrieben auch ohne Vereinbarung einer Gütergemeinschaft deren Ergebnis bei einer Auseinandersetzung im Falle einer Scheidung gleichzukommen. In vielen Fällen führt auch diese Vereinbarung noch nicht zu einem gerechten Ausgleich für den in der Landwirtschaft mitarbeitenden Ehegatten (vgl. *Grziwotz* FamRB 2006, 316 und 2008, 88 zu weiteren Gestaltungen s. *ders.*, Eheverträge in der Landwirtschaft, S. 197 ff.).

69a **Formulierungsbeispiel: Ausschluss § 1376 IV BGB**

Unter Beibehaltung des gesetzlichen Güterstandes der Zugewinngemeinschaft schließen wir die Bewertungsvorschrift des § 1376 IV BGB aus, so dass auch bei einem land- oder forstwirtschaftlichen Betrieb für die Wertberechnung beim Zugewinnausgleich die Vorschriften des § 1376 I bis III BGB Anwendung finden.

Mitunter soll der Zugewinnausgleich auch hinsichtlich anderer Positionen **korrigiert** werden. Beispiele sind neben den Bodenwertsteigerungen Spekulationsobjekte, Glücksspielgewinne und dem Zugewinn unterfallende Vermögensgegenstände, bei denen auch in der juristischen Literatur diskutiert wird, ob ein diesbezüglicher Ausgleich gerecht ist. Hauptanwendungsbereich ist das Schmerzensgeld (*Herr* NJW 2008, 262).

IV. Das Güterrecht und das Nebengüterrecht   B I

> **Formulierungsbeispiel: Ausschluss von Schmerzensgeld** 69b
>
> Unter Beibehaltung des gesetzlichen Güterstandes im Übrigen vereinbaren wir, dass Schmerzensgeldansprüche jedes Ehegatten im Zugewinn nicht zu berücksichtigen sind. Dies gilt auch dann, wenn sich durch diese Vereinbarung ein Zugewinnausgleichsanspruch des begünstigten Ehegatten ergibt, dem ohne diese Vereinbarung kein Ausgleichsanspruch zustünde.

(3) Die gesetzliche **Regelung über die Haushaltsgegenstände** kann durch Vereinbarungen korrigiert werden. Insbesondere können die Ehegatten den gesamten „Hausrat" einem Ehegatten gegen eine pauschale Abfindung zuweisen, ein Auseinandersetzungssystem „ohne Richter" (Punktesystem, Auswahlrecht, Losentscheid) vorsehen und eine Verpflichtung zur Surrogation vereinbaren. Dadurch kann derjenige Ehegatte geschützt werden, der allein oder überwiegend die Haushaltsgegenstände in die Ehe einbringt und der wegen des Wegfalls des Grundsatzes der Surrogation nicht mehr ausreichend geschützt wird.

(4) **Schranken** für Vereinbarungen können sich aus gesetzlichen Vorschriften ergeben: 70 dispositiv sind die §§ 1376, 1377 I und II, 1378 I und IV, 1380 und 1384 BGB. Dagegen sind nach wohl überwiegender Ansicht die §§ 1377 III, 1378 II (teilweise) und III (vgl. aber Rn. 73), 1379, 1381, 1382 (zulässig dagegen Teilzahlungsabrede), 1383, 1385, 1386, 1388 (aber Vereinbarung der Zugewinngemeinschaft zulässig) und 1390 BGB zwingend.

Die bei jedem Ehevertrag möglichen **Bedingungen, Zeitbestimmungen** und **Rücktritts- 71 vorbehalte** können auch beim Zugewinnausgleich vereinbart werden. So kann ein Zugewinnausgleich auf Zeiten der kinderbedingten Berufsaufgabe beschränkt werden (vgl. *OLG Braunschweig* FamRZ 2005, 903). Eine Zahlungsverpflichtung der Ehefrau (!) für den Fall, dass bis zu einem bestimmten Zeitpunkt ein gemeinschaftliches gesundes Kind aus der Ehe hervorgegangen ist, dürfte allerdings sittenwidrig sein (*AG Lörrach* FamRZ 1994, 1456).

Umstritten ist, ob der Zugewinnausgleich **einseitig** zugunsten eines Ehegatten ausge- 72 schlossen oder eingeschränkt werden kann. Die wohl noch h. M. bejaht dies (Münch-Komm/*Kanzleiter* § 1408 Rn. 14). Wenn die Vereinbarung der Gütertrennung zulässig ist, dürfte auch gegen den einseitigen Ausschluss des Zugewinnausgleichs keine Bedenken bestehen. Jedoch darf dadurch keine einseitige Lastenverteilung in der Ehe eintreten. Praktische Bedeutung haben diesbezügliche Vereinbarungen, wenn der „benachteiligte" Ehegatte über ein großes Vermögen verfügt oder wenn zu seinen Gunsten bestimmte Vermögensgegenstände vom Zugewinn ausgenommen wurden.

Außerhalb ehevertraglicher Vereinbarungen besteht für die Ehegatten das Verbot, sich 73 vor Beendigung des Güterstandes zu verpflichten, über die **Ausgleichsforderung** zu verfügen. Dies gilt auch für die Vereinbarung einer pauschalen Abfindung mit den Schwiegereltern (*BGH* FamRZ 2004, 1353). Gestattet sind jedoch diesbezügliche notariell beurkundete Vereinbarungen zwischen den Ehegatten für den Fall der Auflösung der Ehe (§ 1378 III 2 und 3 BGB); entgegen dem Wortlaut des Gesetzes gilt dies schon vor Anhängigkeit eines Eheauflösungsverfahrens (*BGH* NJW 1987, 753). Mit Beendigung des Güterstandes ist die Ausgleichsforderung unbeschränkt übertragbar.

c) Verfügungsbeschränkungen und Auskunftspflichten

Jeder Ehegatte bedarf trotz des Grundsatzes der selbständigen Vermögensverwaltung 74 (§ 1364 BGB) zur Verfügung über sein Vermögen im Ganzen (vgl. *BGH* FamRZ 2012, 116 zur Grundschuldbestellung und *BGH* FamRZ 2013, 607 bei einem vorbehaltenen Wohnungsrecht) und über ihm gehörende Gegenstände des ehelichen Haushalts im gesetzlichen Güterstand der Einwilligung des anderen (§§ 1365, 1369 BGB). § 1365 BGB ist auch erfüllt, wenn nahezu das ganze Aktivvermögen und Einzelgegenstände betroffen sind, wobei im letztgenannten Fall der Dritte die diesbezüglichen Verhältnisse kennen muss (h.M.; ausführlich *Brambring* FamFR 2010, 460 und 483; zur Teilungsversteigerung s. *BGH* FamRZ 2007, 1634). Die Verfügungsbeschränkung gilt auch noch nach Eintritt der Rechtskraft der Scheidung, wenn die Scheidungsfolgesache Zugewinnausgleich abgetrennt wird (*OLG Celle* FamRZ 2004, 625; *OLG Hamm* NJW-RR 2006, 1442; *Grziwotz* FamRB 2010, 389). Dagegen fällt ein Rechtsgeschäft, wonach eine Zahlungsverbindlichkeit begründet wird, die den Wert des gesamten Vermögens des Schuldners umfasst, nicht unter diese Vorschrift (*BGH* FamRZ 1983, 455 und *OLG Rostock* NJW 1995, 3127). Eine Scheidung „heilt" das zustimmungsbedürftige Geschäft nicht (*BGH* FamRZ 1983, 1101), ebensowenig der Tod des vertragsschließenden Ehegatten (BGHZ 70, 293, 300; anders ist dies beim Tod des genehmigungsberechtigten Ehegatten (*BGH* NJW 1982, 1099, 1100).

75 Diese absoluten Veräußerungsverbote können ganz oder teilweise (z.B. für Gesellschaftsbeteiligungen) **abbedungen** werden. Umstritten, aber wohl zu bejahen (Soergel/ *Gaul/Althammer* § 1408 Rn. 69) ist die Möglichkeit des Ausschlusses nur zugunsten eines Ehegatten allein.

76

Formulierungsbeispiel: Ausschluss der Verfügungsbeschränkungen
Für unsere Ehe soll es grundsätzlich beim gesetzlichen Güterstand verbleiben. Wir schließen jedoch die Verfügungsbeschränkungen der §§ 1365, 1369 BGB aus. Jeder Ehegatte ist somit berechtigt, ohne Zustimmung des anderen über sein Vermögen im Ganzen und die ihm gehörenden Gegenstände des ehelichen Haushalts zu verfügen. Wir beantragen die Eintragung in das Güterrechtsregister.

77 Wird der Zugewinnausgleich ausgeschlossen, tritt Gütertrennung ein (§ 1414 S. 2 BGB). Da die §§ 1365, 1369 BGB in erster Linie der Erhaltung der materiellen Basis der Familie und ihres Haushalts dienen (s. nur *OLG Celle* NJW-RR 2001, 866), bleibt es den Ehegatten unbenommen, die **Verfügungsbeschränkungen** auch bei einem vollständigen Ausschluss des Zugewinnausgleichs beizubehalten (str., vgl. *Giesen* Rn. 255).

77a Nach Beendigung des Güterstandes kann jeder Ehegatte vom anderen **Auskunft** über sein Vermögen zum Zeitpunkt der Trennung und zum Zeitpunkt der Rechtshängigkeit des Scheidungsantrags sowie über das Anfangsvermögen verlangen. Belege sind vorzulegen. Allerdings schützen diese Regelungen nicht effektiv vor Vermögensminderungen. Dies wäre nur durch strenge Verfügungsbeschränkungen möglich. Zudem haben Ehegatten häufig keine Nachweise über ihr Anfangsvermögen und spätere Zuwendungen mehr. Insofern kann sich die Erstellung eines Vermögensverzeichnisses mit periodischer Fortschreibung empfehlen (vgl. *Brambring* FPR 2009, 297).

d) Vertragliche Vereinbarung

78 Ehegatten können bei einem Güterstandswechsel auch die Zugewinngemeinschaft **vertraglich vereinbaren**. Ausreichend ist die Bezugnahme auf die §§ 1363 ff. BGB; diese müssen nicht im Wortlaut in den Vertrag aufgenommen werden. Klargestellt werden sollte jedoch, ob die gesetzlichen Vorschriften in ihrer jeweiligen Fassung vereinbart werden oder ein bestimmter Rechtszustand festgeschrieben werden soll. Grundsätzlich hat der Vertrag zur Folge, dass alle Änderungen des Güterstandes maßgebend sind. Auch die Vereinbarung eines rückwirkenden Zugewinnausgleichs beim Übergang zur Zugewinngemeinschaft ist möglich und zivilrechtlich anzuerkennen (*OLG Frankfurt* NJWE-FER 1997, 221; allerdings nach *OLG Oldenburg* MittBayNot 1997, 108 keine Ausdehnung auf eine vor der Zeit des Inkrafttretens des Gleichberechtigungsgesetzes vereinbarte Gütertrennung). Die Vereinbarung der Zugewinngemeinschaft mit Rückwirkung ist insbesondere zur Korrektur einseitiger Eheverträge sinnvoll. § 5 I 4 ErbStG schließt jedoch

IV. Das Güterrecht und das Nebengüterrecht **B I**

eine erbschaftsteuerliche Rückwirkung aus (vgl. Rn. 50). Bei erheblichen Vermögenswerten, die nur durch eine auf die gesamte Ehezeit bezogene Ausgleichsregelung der Besteuerung entzogen werden können, kann das gewünschte Ergebnis auf dem Umweg des güterrechtlichen Ausgleichs (§§ 1371 II, 1373 ff. BGB, § 5 II ErbStG) im Wesentlichen erreicht werden (*Meincke* § 5 Rn. 30; vgl. auch *Kanzleiter/Wegmann* Rn. 270). Außerdem kann die rückwirkende Vereinbarung der Zugewinngemeinschaft bei einem güterrechtlichen (nicht erbrechtlichen) Ausgleich des Zugewinns im Rahmen des § 5 II ErbStG, insbesondere also bei einer Ausschlagung durch den überlebenden Ehegatten, noch sinnvoll sein (vgl. *Piltz* ZEV 1995, 330). Zur Berechnung der fiktiven Zugewinnausgleichsforderung s. *BFH* NJW 1994, 150. Zu den erbschaftsteuerrechtlichen Auswirkungen eines vorzeitigen Zugewinnausgleichs bei fortbestehender Zugewinngemeinschaft s. *FinMin BW* DB 1997, 1645.

Formulierungsbeispiel: Aufhebung Gütertrennung und Vereinbarung Zugewinnausgleich	79
Wir heben die am … vereinbarte Gütertrennung (URNr. … des Notars … in …) hiermit rückwirkend auf und vereinbaren den gesetzlichen Güterstand der Zugewinngemeinschaft entsprechend den jeweils geltenden gesetzlichen Bestimmungen. Anfangsvermögen eines jeden von uns ist das Vermögen, das uns jeweils bei Eheschließung gehört hat, also nicht das Vermögen, das einem jeden von uns heute gehört. Wir wurden von der Notarin darauf hingewiesen, dass die Rückwirkung im Rahmen des § 5 ErbStG nicht anerkannt wird, sondern insoweit als Zeitpunkt des Eintritts des Güterstandes der heutige Tag gilt.	

5. Die Gütertrennung

Die gegenseitigen **Rechte und Pflichten** der Eheleute bei Gütertrennung sind im Gesetz nicht geregelt. Unbeschadet der Wirkungen der Ehe im Allgemeinen (§ 1353 mit § 1362 BGB) hat die Tatsache der Ehe keinen Einfluss auf die Vermögensverhältnisse der Partner. Jeder Ehegatte verwaltet sein Vermögen selbst und ohne Beschränkungen. Ein Zugewinnausgleich wird weder bei einer Scheidung noch beim Tode eines Ehegatten durchgeführt. Wie bei der Zugewinngemeinschaft haftet jeder Ehegatte nur für die eigenen Schulden und gelten die Eigentumsvermutungen der § 1362 BGB, § 739 ZPO. 80

Gütertrennung **entsteht** durch vertragliche Vereinbarung und als subsidiärer gesetzlicher Güterstand bei Aufhebung der Zugewinngemeinschaft und dem vollständigen Ausschluss des Zugewinns mangels anderweitiger Vereinbarung (§ 1414 BGB) sowie durch rechtskräftiges Urteil auf vorzeitigen Ausgleich des Zugewinns (§ 1388 BGB) und auf Aufhebung der Gütergemeinschaft (§§ 1449 I, 1470 I BGB). Der früher geltende Eintritt der Gütertrennung bei Ausschluss des Versorgungsausgleichs führte zu einer Maximierung der Verschlechterung (Staudinger/*Rehme* § 1414 Rn. 10), wenn der besserverdienende Ehegatte sowohl Schuldner des Zugewinn- als auch des Versorgungsausgleichs war; diese Folge tritt nach geltender Rechtslage beim Ausschluss des Versorgungsausgleichs nicht mehr ein. Hierauf muss der Notar, da die alte Rechtslage wenig plausibel war, nicht hinweisen. Der Umstand, dass aufgrund selbständiger Tätigkeit kein im Versorgungsausgleich auszugleichendes Versorgungsvermögen erworben wird, macht die Vereinbarung der Gütertrennung nicht unwirksam (str., so aber *BGH* FamRZ 2008, 386). Umstritten ist, ob die Vereinbarung der Gütertrennung bei der Haushaltsführungs- und Mitarbeitsehe angemessen ist, d. h. ob es auch im Güterrecht zwingend eine Vermögensteilhabe gibt (vgl. *Bergschneider* FamRZ 2010, 1857; *Dauner-Lieb/Sanders* FPR 2005, 141; *Kanzleiter*, FS Bengel/Reimann, 2012, S. 191; *Meder* FPR 2012, 113 und *Braeuer* FamRZ 2014, 77). 81

Wegen des Fehlens jeglicher güterrechtlicher Vermögensbindung sind güterrechtliche **Vereinbarungen** ausgeschlossen (MünchKomm/*Kanzleiter* § 1408 Rn. 15). Die Vereinba- 82 rung der Gütertrennung schließt die Annahme eines Ausgleichsanspruchs bei einer späteren Scheidung in besonderen Ausnahmefällen nicht aus. Er kann auf dem Wegfall der Geschäftsgrundlage eines stillschweigend geschlossenen familienrechtlichen Kooperationsvertrages beruhen (*BGH* NJW 1994, 2545, 2546). Ein Ausgleich hat danach regelmäßig nur zu erfolgen, wenn beim Scheitern der Ehe die Früchte der Kooperation in Gestalt einer messbaren Vermögensmehrung noch vorhanden sind. Bei Mitarbeit eines Ehegatten im Unternehmen des anderen kann ein Ausgleich trotz Gütertrennung über eine Ehegatteninnengesellschaft erfolgen (*BGH* DNotZ 2000, 514; vgl. Rn. 43). Dieser Anspruch, der eine Mitarbeit und Mitverantwortung angemessen ausgleichen soll, kann nicht einseitig „ausgeschlossen" werden; möglich ist es nur, mit dem mitarbeitenden Ehegatten einen angemessenen Ausgleich zu vereinbaren.

83   Die Vereinbarung der **Gütertrennung** empfiehlt sich – außer bei gemischt-nationalen Ehen und allgemein hinsichtlich der Anerkennung im Ausland – nur zur Vermeidung der Ansprüche der Stiefabkömmlinge des verstorbenen Ehegatten auf Gewährung der Ausbildungskosten, wenn die gesetzliche Erbfolge beibehalten wird. Auch bei meist älteren Paaren, die kein gemeinsames Vermögen mehr aufbauen und auch im Todesfall nicht voneinander erben wollen, ist die Gütertrennung wegen ihrer Klarheit sinnvoll. Bei bereits längerer Ehe kann ein Wechsel vom gesetzlichen Güterstand zur Gütertrennung zudem wegen § 5 II ErbStG sinnvoll sein, da bei Durchführung des Zugewinnausgleichs zu Lebzeiten der tatsächliche Wert angesetzt wird, während beim Tode der (niedrigere) steuerliche Wert (vgl. § 5 I 2 ErbStG) maßgeblich ist (zur Berechnung *BFH* NJW 2005, 3662 und dazu *BayFinMin* MittBayNot 2007, 168 = *FinMin BW* DB 2006, 2783; *BFH* FamRZ 2007, 1882; *Christ* FamRB 2007, 218). Während § 5 I ErbStG beim Zugewinnausgleich im Todesfall einen Zugewinnausgleichsfreibetrag enthält, stellt § 5 II ErbStG für den güterrechtlichen Zugewinnausgleich klar, dass gar kein Besteuerungstatbestand vorliegt (vgl. *Meincke* § 5 Rn. 2). Zivilrechtlich ist zu beachten, dass mit Beendigung des gesetzlichen Güterstandes ein Zugewinnausgleichsanspruch entsteht, der regelungsbedürftig ist. Denkbar ist ein ausdrücklicher Verzicht, der als Schenkung unbefristet einen Pflichtteilsergänzungsanspruch auslöst (§ 2325 III BGB). Erfolgt kein Verzicht, ist der Anspruch während des Laufs der Verjährungsfrist (§ 195 BGB) vererblich. Solange die Ehe besteht, tritt Hemmung der Verjährung ein (§ 207 I 1 BGB). Unter Hinnahme des Risikos der Vererblichkeit kann der Zugewinnausgleichsanspruch ausdrücklich bestehen bleiben (vgl. *Flik* BWNotZ 1978, 117); um die Verjährung eintreten zu lassen, muss zudem auf die Hemmung verzichtet werden. Da die Durchführung des Zugewinnausgleichs bei Beendigung der Zugewinngemeinschaft – anders als bei ihrem Fortbestehen (*BFH* FamRZ 2006, 1670; 2007, 1812) – schenkungsteuerfrei ist, können Vermögenswerte von einem auf den anderen Ehegatten ohne Anrechnung auf den Ehegattenfreibetrag übertragen werden (*Christ* FamRB 2007, 218, 220; *Finger* FuR 2007, 511, 515); zu den einkommensteuerlichen Folgen vgl. Rn. 121. Dies gilt auch dann, wenn in zeitlichem Zusammenhang durch ehevertragliche Regelung die Zugewinngemeinschaft neu vereinbart wird (sog. **Güterstandsschaukel**; vgl. *BFH* NJW 2005, 3663; vgl. DNotI-Report 2007, 149, 150; *Kieser* ZErb 2013, 49, 50).

> **Praxishinweis Steuern:**
>
> Durch die Vereinbarung der Gütertrennung kann auch die bereits entstandene Schenkungsteuer aus einer Ehegattenschenkung rückwirkend beseitigt werden, wenn die Vorschenkung auf die nach § 5 II ErbStG steuerfreie Ausgleichsforderung anzurechnen ist (§ 29 I Nr. 3 ErbStG).

Inwieweit „Schaukelmodelle", bei denen zwischen verschiedenen Güterständen gewechselt wird, bis sich große Teile des Vermögens eines Ehegatten beim anderen befin-

IV. Das Güterrecht und das Nebengüterrecht

den, um zu einem „pflichtteilsquotengünstigen" Güterstand zurückzukehren, tatsächlich zur Pflichtteilsreduzierung eingesetzt werden können, ist fraglich (vgl. *Wegmann* ZEV 1996, 201 und *Bisle* DStR 2011, 2359, 2361; zutreffend *Pawlytta* in: Hdb. Pflichtteilsrecht, 2. Aufl. 2010, § 7 Rn. 86, der von diesen Gestaltungen abrät; zu steuerlichen Konsequenzen s. Rn. 119). Gleiches gilt für die Frage, ob Anfechtungsrechte Dritter (AnfG, InsO) bestehen (*BGH* FamRZ 2010, 1548; *Ponath* ZEV 2006, 49). Sämtliche Gestaltungen wirken hinsichtlich der Pflichtteilsansprüche bei gemeinschaftlichen Abkömmlingen zudem nur beim Tod des erstversterbenden Ehegatten und sind deshalb mit dem Risiko verbunden, dass der „Falsche" zuerst verstirbt. Allerdings ist hinsichtlich der Ansprüche Dritter zunächst von einem entgeltlichen Geschäft in Höhe der gesetzlichen Ansprüche auszugehen.

> **Formulierungsbeispiel: Güterstandsschaukel** 84
>
> Wir heben den gesetzlichen Güterstand der Zugewinngemeinschaft auf und vereinbaren mit sofortiger Wirkung den Güterstand der Gütertrennung. Der Notar hat uns darauf hingewiesen, dass durch die Vereinbarung der Gütertrennung ein Ausgleich des Zugewinns bei Beendigung unserer Ehe, insbesondere bei einer Scheidung, nicht stattfindet und jeder Ehegatte ohne Zustimmung des anderen über sein Vermögen im Ganzen und die ihm gehörenden Gegenstände des ehelichen Haushalts verfügen kann. Die Gütertrennung kann ferner Auswirkungen auf das gesetzliche Erb- und Pflichtteilsrecht haben. Auf einen etwaigen Zugewinnausgleichsanspruch wird wechselseitig verzichtet (oder: Infolge der Vereinbarung der Gütertrennung steht ... ein Anspruch auf Ausgleich des bisher erzielten Zugewinns zu. Eine Regelung wollen wir hierzu nicht treffen. Nach Hinweis auf die gesetzliche Verjährungsfrist und deren Hemmung, solange unsere Ehe besteht, schließen wir den Hemmungsgrund des § 207 I 1 BGB einvernehmlich aus. oder: Zum Ausgleich des Zugewinns hat ...).

6. Die Gütergemeinschaft

a) „Allgemeine" Gütergemeinschaft (§§ 1415 ff. BGB)

Durch Vereinbarung des Güterstandes der Gütergemeinschaft entstehen insgesamt 85 fünf **Vermögensmassen** (Gesamtgut und je zwei Sonder- und Vorbehaltsgüter):

Was den Ehegatten bei Eingehung der Gütergemeinschaft gehört und was sie später 86 erwerben, wird grundsätzlich **Gesamtgut** (§§ 1415, 1416 BGB). Das Gesamtgut ist Gesamthandsvermögen beider Ehegatten (§ 1419 BGB). Es wird, sofern die Ehepartner nichts Abweichendes vereinbaren, von beiden gemeinschaftlich verwaltet (§ 1421 BGB). Dies gilt auch für Unternehmensrechte; ein Stimmrecht kann diesbezüglich nur gemeinsam ausgeübt werden. Eine abweichende Vereinbarung ist nur ehevertraglich möglich (*OLG Saarbrücken* FamRZ 2002, 1034). Die Eröffnung des Insolvenzverfahrens beendet die Gütergemeinschaft nicht. § 37 InsO regelt die Folgen für das Gesamtgut und knüpft dabei an die Verwaltungs- und Verfügungsbefugnis der Ehegatten bzw. Lebenspartner an. Die Verfügungsbeschränkungen der §§ 1423 ff. BGB gelten für den Insolvenzverwalter nicht (vgl. *Grziwotz* Rpfleger 2008, 289).

Sondergut ist das rechtsgeschäftlich nicht übertragbare Vermögen beider Ehegatten 87 (z. B. Nießbrauch, beschränkte persönliche Rechte, nicht übertragbare Beteiligungen an Personengesellschaften). Sein Inhalt ist gesetzlich festgelegt; eine vertragliche Begründung von Sondergut ist ausgeschlossen. Jeder Ehegatte verwaltet sein Sondergut selbständig, aber für Rechnung des Gesamtguts.

Vorbehaltsgut jedes Ehegatten ist das, was durch Ehevertrag oder durch Bestimmung 88 eines Dritten in einer Verfügung von Todes wegen oder bei einer Zuwendung zum Vorbehaltsgut erklärt worden ist, sowie die Surrogate und Einkünfte des Vorbehaltsguts (§ 1418

BGB). Jeder Ehegatte verwaltet sein Vorbehaltsgut selbständig und für eigene Rechnung. Eine Eintragung der Vorbehaltsguteigenschaft in das Grundbuch ist unzulässig.

89 Die **Schuldenhaftung** ist unterschiedlich gestaltet, je nachdem, ob beide Ehegatten oder einer das Gesamtgut verwaltet: Für die Verbindlichkeiten jedes Ehegatten haftet das Gesamtgut. Ferner haftet jeder Ehegatte für die ihn treffenden Verbindlichkeiten mit seinem persönlichen Vermögen. Bei gemeinschaftlicher Verwaltung haftet jeder Ehegatte darüber hinaus mit seinem persönlichen Vermögen auch für die Schulden des anderen, bei Alleinverwaltung nur dieser (§§ 1459 II, 1437 II BGB). Die Verwaltung des Gesamtguts erfolgt ohne ausdrückliche vertragliche Regelung gemeinschaftlich (§ 1421 BGB); § 1455 BGB erlaubt jedoch bestimmte Verwaltungshandlungen, die ein Ehegatte ohne Mitwirkung des anderen vornehmen kann (vgl. OLG *München* MDR 2011, 320; FamRZ 2011, 1058).

90 Bei Beendigung der Gütergemeinschaft wird die **Auseinandersetzung** nach den Bestimmungen der §§ 1474ff. BGB durchgeführt (vgl. *Wittich,* Die Gütergemeinschaft, 2000, S. 40ff. und *Kappler* FamRZ 2010, 1294). Dabei ist der nach Berichtigung der Gesamtgutsverbindlichkeiten (*OLG Oldenburg* FamRZ 2011, 1059) verbleibende Überschuss grundsätzlich hälftig zu teilen. Jeder Ehegatte ist jedoch berechtigt, gegen Wertersatz die Sachen zu übernehmen, die er in das Gesamtgut eingebracht oder später durch Erbfolge, Vermächtnis, Schenkung oder als Ausstattung erworben hat (§ 1477 II BGB; *BGH* NJW 2007, 1879). Unabhängig davon gibt § 1478 BGB jedem Ehegatten für den Fall der Ehescheidung vor Beendigung der Auseinandersetzung das Recht, den Wert dessen zurückzuverlangen, was er in die Gütergemeinschaft eingebracht hat. Beide Ansprüche werden miteinander verrechnet, so dass dem Gesamtgut lediglich der inflationsbereinigte Mehrwert zur hälftigen Teilung verbleibt. Infolge der Aufhebung tritt Gütertrennung ein, sofern nicht etwas anderes vereinbart wird (§ 1414 S. 2 BGB).

91 Da die Gütergemeinschaft bei Scheidung zu einem ähnlichen Ergebnis führt wie der Zugewinnausgleich, aber gleichzeitig haftungs- und steuerrechtliche (vgl. Rn. 118ff.) Nachteile mit sich bringt und zu einer Erhöhung der Pflichtteile enterbter Kinder führt, wird ihre Vereinbarung nur noch selten empfohlen (vgl. *Behmer* MittBayNot 1994, 377; krit. insbes. *Langenfeld* AgrarR 1999, 107, 109). In Süddeutschland drängen Funktionäre der Bauernverbände in Verkennung des Umstandes, dass auch eine Landwirtschaft unternehmerisch betrieben wird und die Beteiligten insbesondere bei Pflegekosten der Schwiegereltern und hohen Krankenkassenbeiträgen aufgrund weiterer Einkünfte aus Vermietung und Verpachtung später trotz anfallender Kosten den Güterstand wieder wechseln wollen oder in unsinnige und für den kindererziehenden Ehegatten riskante Vorbehaltsgutsvereinbarungen „flüchten", teilweise weiterhin auf Vereinbarung der Gütergemeinschaft. Soll mit ihrer Hilfe bei bestehender Ehe eine ehebedingte **Zuwendung** zur Ausgleichung ungerechter Vermögensverhältnisse herbeigeführt werden, so sind die §§ 1477 II, 1478 BGB auszuschließen (*BGH* NJW-RR 1987, 69). Ferner ist bei einer Vereinbarung nach vorangegangener Zugewinngemeinschaft eine Regelung über den Anspruch auf Zugewinn zu treffen (*BGH* NJW 1990, 445; *OLG Bamberg* FamRZ 2001, 1215).

92 **Formulierungsbeispiel: Zugewinnausgleichsanspruch bei Gütergemeinschaft**

Ist aufgrund der heutigen Beendigung des gesetzlichen Güterstandes in der Person eines Ehegatten ein Zugewinnausgleichsanspruch entstanden, wird dieser als dessen Vermögen in die Gütergemeinschaft eingebracht.

93 Ist bei Bestehen einer Gütergemeinschaft einem Ehegatten der selbständige Betrieb eines **Erwerbsgeschäftes** gestattet (§§ 1431, 1456 BGB), haften für die Verbindlichkeiten aus Rechtsgeschäften, die der Betrieb mit sich bringt, beide Ehegatten und das Gesamt-

IV. Das Güterrecht und das Nebengüterrecht **B I**

gut (Palandt/*Brudermüller* § 1431 Rn. 3). Es handelt sich dabei nicht nur um gewöhnliche Geschäfte des laufenden Betriebs, sondern auch um außerordentliche Rechtshandlungen (BGHZ 83, 76, 80). Für Unternehmerehen ist die Gütergemeinschaft ungeeignet (*Stenger* ZEV 2000, 141, 142 f.). Gehört das Erwerbsgeschäft zum Gesamtgut, kann daneben zivilrechtlich nicht von einer Gesellschaft des bürgerlichen Rechts ausgegangen werden (*BGH* NJW 1994, 652), einkommensteuerrechtlich handelt es sich um eine Mitunternehmerschaft (*BFH* DB 2005, 2449).

Ein **Wechsel** vom gesetzlichen Güterstand zur Gütergemeinschaft kann ausnahmsweise sinnvoll sein, um auf diese Weise Vermögen zur Pflichtteilsreduzierung oder zur teilweisen „Umgehung" bindender Verfügungen von Todes wegen auf den Ehegatten zu verlagern (vgl. *Kanzleiter/Wegmann* Rn. 277 ff.). In der Begründung der Gütergemeinschaft liegt nämlich nach der Ansicht des *BGH* (NJW 1992, 558) – anders als bei einer sog. ehebedingten Zuwendung (*BGH* NJW 1992, 564) – im Normalfall keine Schenkung des begüterten an den bereicherten Ehegatten. 94

Vertragsmuster: *Zimmermann* in: Kersten/Bühling § 86 Rn. 16 und *Kesseler* in: Wurm/Wagner/Zartmann Kap. 65.2 ff. 95

Auch bei der Gütergemeinschaft sind **Modifizierungen** hinsichtlich des Innenverhältnisses der Ehegatten möglich. Dagegen können die Vorschriften für das Außenverhältnis nicht zulasten Dritter abgeändert werden (vgl. MünchKomm/*Kanzleiter* § 1408 Rn. 16): 96
– So können die Haftung erweitert und die Verfügungsbeschränkungen eingeschränkt werden. Insbesondere ist eine Befreiung des Gesamtgutsverwalters von den Beschränkungen in der Verfügung über Grundbesitz möglich. 97
– Durch Erklärung des gesamten bei der Eheschließung beiderseits vorhandenen Vermögens zu Vorbehaltsgut lassen sich in wesentlichen Rechtswirkungen der früheren **Errungenschaftsgemeinschaft,** durch Erklärung des unbeweglichen Vermögens zu Vorbehaltsgut die wesentlichen Rechtswirkungen der früheren **Fahrnisgemeinschaft** erreichen. 98
– Unzulässig ist dagegen die Vereinbarung, dass alles gegenwärtige und künftige Vermögen **Vorbehaltsgut** eines Ehegatten werden soll. Dagegen sind abweichende Zuordnungen konkreter Gegenstände zum Vorbehalts- und Gesamtgut möglich. Nach h. M. (Erman/*Heinemann* § 1418 Rn. 2) ist auch ein Vertrag darüber, dass alle künftigen Schenkungen Vorbehaltsgut sein sollen, wirksam. Die Vereinbarung von Vorbehaltsgut führt zu einer „partiellen Gütertrennung" (PWW/*Weinreich* § 1418 Rn. 2); erbrechtlich kann der überlebende Ehegatte sogar schlechter stehen, da es zu keiner Erhöhung seines Erbteils (vgl. § 1931 IV BGB) kommt. Im Hinblick darauf, dass die Ehegatten auch Gütertrennung vereinbaren können, ist fraglich, wieso eine zu weitgehende Begründung von Vorbehaltsgut wegen Gläubigergefährdung sittenwidrig sein soll (so aber Erman/*Heinemann* § 1419 Rn. 2, auch zu Anfechtungsrechten nach § 4 I AnfG). Eheverträglich kann umgekehrt auch die Entstehung von Vorbehaltsgut grundsätzlich ausgeschlossen werden, nicht dagegen von Sondergut. 99

Auch die gesetzlichen Vorschriften über die **Auseinandersetzung** sind weitgehend dispositiv: Denkbar sind vor allem Regelungen über Ausgleichszahlungen an den in einem Betrieb mitarbeitenden Ehegatten bei Übernahme durch den anderen Ehegatten und die Gewährung von Zahlungsfristen. Gleiches gilt für eine Nutzungsvergütung in der Liquidationsgemeinschaft (vgl. *OLG Frankfurt* FamFR 2013, 475). Mitunter wird eine hälftige Teilung bei Scheidung gewünscht. 100

Formulierungsbeispiel: Modifizierung Gütergemeinschaft 101

Keinem der Ehegatten steht das Recht zur Übernahme von Gegenständen zu, die er in die Gütergemeinschaft eingebracht oder später von Todes wegen, mit Rücksicht auf ein künftiges Erbrecht, durch Schenkung oder als Ausstattung erworben hat. Der Wert der eingebrachten Gegenstände wird im Falle der Auseinandersetzung nicht erstattet.

Grziwotz

b) Fortgesetzte Gütergemeinschaft (§§ 1483 ff. BGB)

102 Die Gütergemeinschaft endet grundsätzlich mit dem Tod eines Ehegatten. Doch kann für diesen Fall im **Ehevertrag** vorgesehen werden, dass die Gütergemeinschaft zwischen dem überlebenden Teil und den gemeinsamen Abkömmlingen fortgesetzt wird. Bei Gütergemeinschaften aus der **Zeit vor dem 1.7.1958** hat der überlebende Ehegatte, falls vertraglich nichts anderes geregelt wurde, das Recht, die Fortsetzung zu verlangen (Art. 8 I Nr. 6 GleichberG).

103 Die Gütergemeinschaft wird nur hinsichtlich des Gesamtgutes fortgesetzt; der Anteil des Verstorbenen gehört nicht zu seinem Nachlass. Dagegen werden sein Vorbehalts- und Sondergut nach den allgemeinen Regeln vererbt (§ 1483 I 3 BGB). Gemeinsame Abkömmlinge, die nicht von der Fortsetzung ausgeschlossen sind, werden in ihrem **Erb- und Pflichtteilsrecht** beschränkt. Die fortgesetzte Gütergemeinschaft kann deshalb Abfindungsansprüche beim Tode des erstversterbenden Elternteils vermeiden. Dies gilt jedoch nicht für einseitige Abkömmlinge, die ihr Erbrecht behalten (§§ 1471, 1483 II BGB).

104 Zum **Gesamtgut** gehört das bisherige eheliche Vermögen und alles, was der überlebende Ehegatte hinzu erwirbt, einschließlich der Nutzungen und Surrogate (§ 1485 BGB). **Vorbehalts-** und **Sondergut** hat nur der überlebende Ehegatte (§ 1486 BGB). Die Abkömmlinge haben neben ihrem Anteil am Gesamtgut freies Vermögen.

105 Der überlebende Ehegatte hat die Stellung eines Alleinverwalters. Die Abkömmlinge haben die Stellung eines von der **Verwaltung** ausgeschlossenen Ehegatten (§ 1487 BGB).

106 Der überlebende Ehegatte kann die **Fortsetzung** der Gütergemeinschaft nach den Vorschriften über die Erbschaftsausschlagung innerhalb einer Frist von sechs Wochen in beglaubigter Form gegenüber dem Nachlassgericht **ablehnen** (§ 1484 BGB) und später in derselben Form **aufheben** (§ 1492 BGB).

107 Abkömmlinge können durch letztwillige Verfügung eines Ehegatten mit notariell beurkundeter Zustimmung des anderen von der fortgesetzten Gütergemeinschaft ausgeschlossen werden (§§ 1511, 1516 BGB). Abkömmlinge können ferner selbst im Voraus auf ihre Anwartschaft in einem beurkundeten Vertrag verzichten (§ 1517 BGB). Auch später ist ein **Verzicht** gegenüber dem Nachlassgericht in öffentlich beglaubigter Form oder gegenüber den anderen Beteiligten in einem notariell beurkundeten Vertrag möglich (§ 1491 BGB). Der Anteil des Verzichtenden wächst den Geschwistern oder, wenn solche nicht vorhanden sind, dem überlebenden Elternteil an. Dagegen treten beim Tode eines Abkömmlings zunächst seine Abkömmlinge an seiner Stelle in die Gütergemeinschaft ein, erst in zweiter Linie tritt Anwachsung ein (§ 1490 BGB).

108 Raum für ehevertragliche Abreden besteht nicht, da die Rechtsverhältnisse der fortgesetzten Gütergemeinschaft durch **zwingendes** Recht geregelt sind (§ 1518 BGB).

7. Die Wahl-Zugewinngemeinschaft (§ 1519 BGB)

108a Seit 1.5.2013 steht der Güterstand der Wahl-Zugewinngemeinschaft als dritter Wahlgüterstand zur Verfügung. Er setzt, auch bei deutsch-französischen Ehepaaren, die Vereinbarung durch Ehevertrag voraus. Gegenwärtig ist er auf Ehegatten beschränkt, deren Güterstand entweder deutschem oder französischem Recht unterliegt; eine grenzüberschreitende Konstellation ist nicht erforderlich (MünchKomm/*Koch* § 1519 Rn. 1). Nach Umsetzung der europäischen GüterrechtsVO steht er sämtlichen Ehegatten offen, deren Güterrecht dem deutschen oder französischen Sachenrecht unterliegt. Aufgrund des Aufenthaltsprinzips können ihn somit sämtliche sich in Deutschland oder Frankreich aufhaltende Ehepaare vereinbaren (*Schael* ZNotP 2010, 162).

108b **Inhaltlich** entspricht die Wahl-Zugewinngemeinschaft im Wesentlichen der deutschen Zugewinngemeinschaft. Bei ihrer Beendigung durch den Tod eines Ehegatten erfolgt jedoch keine pauschale Erhöhung des Zugewinns um ein Viertel; der Zugewinn ist vielmehr güterrechtlich auszugleichen. Im Anfangsvermögen werden abweichend von der Zugewinngemeinschaft Schmerzensgelder berücksichtigt (Art. 8 WGZA). Wertsteigerungen von Grundstücken und grundstücksgleichen Rechten, die ohne Zutun des Eigentümers eintreten, stellen keinen Zugewinn dar (Art. 9 II WGZA; vgl. *Derichs* ErbR 2013, 306, 310); anders ist dies bei baulichen Maßnahmen. Entscheidender Unterschied zur Zugewinngemeinschaft sind die Verfügungsbeschränkungen des Art. 5 I 1 WGZA. Verfügungen über Haushaltsgegenstände oder über Rechte, durch die die Familienwohnung sichergestellt wird, sind ohne Zustimmung des anderen Ehegatten unwirksam. Auf die Kenntnis des anderen Vertragsteils kommt es nicht an.

Der Wahlgüterstand kann ehevertraglich vor oder nach Eheschließung vereinbart werden (*Stürner* JZ 2011, 545, 549). Das **Zustimmungserfordernis** kann vertraglich oder durch Erklärung gegenüber dem anderen Ehegatten nicht abbedungen werden. Das Zustimmungserfordernis kann nicht in das Grundbuch eingetragen werden; gleiches gilt für die Eigenschaft einer Immobilie als Familien-/Ehewohnung (*Jäger* DNotZ 2010, 804, 821; *Sengl* Rpfleger 2011, 125; *Böhringer* ZfIR 2012, 11, 17; *Amann* DNotZ 2013, 252; teilw. abw. *Schaal* ZNotP 2000, 162, 167). Obwohl nach Art. 8 IV WGZA ein von den Ehegatten unterschriebenes Verzeichnis über das Anfangsvermögen, das nicht der notariellen Form bedarf, eine widerlegbare Vermutungswirkung hat, können die Ehegatten das Anfangsvermögen ehevertraglich abändern (Art. 3 III WGZA; *Schaal* ZNotP 2010, 162, 172; *Heinemann* FamRB 2012, 129, 133). Ferner kann es zweckmäßig sein, hinsichtlich der Wertveränderungen nicht auf die durchschnittlichen Preisänderungen sämtlicher Vertragsstaaten, sondern einen deutschen Index bei Immobilienvermögen im Inland abzustellen (ebenso *Heinemann* FamRB 2012, 129, 133). 108c

Formulierungsbeispiel: Änderung des Preisänderungsmaßstabs	108d
Anstelle des in Art. 9 III WGZA vorgesehenen Preisänderungsmaßstabs soll der Verbraucherpreisindex für Deutschland maßgeblich sein.	

Demgegenüber werden die Abweichungen der Wahl-Zugewinngemeinschaft hinsichtlich des Schmerzensgeldes und der zufälligen Wertsteigerungen von Grundbesitz und grundstücksgleichen Rechten regelmäßig dem Willen der Beteiligten entsprechen, so dass eine diesbezüglich zulässige ehevertragliche Abweichung nicht gewünscht ist (teilw. abw. *Heinemann* FamRB 2012, 129, 133). 108e

Die pauschale **Erhöhung des Ehegattenerbteils** kann entsprechend der Zugewinngemeinschaft vereinbart werden. Diese Quotenerhöhung stellt aber eine unentgeltliche Zuwendung dar, die Pflichtteilsergänzungsansprüche auslösen kann. Wird eine entsprechende Vereinbarung gewünscht, sollte überlegt werden, ob nicht, falls dies möglich ist, die Zugewinngemeinschaft der bessere Güterstand ist. In vielen Fällen wird diese ohnehin, gegebenenfalls modifiziert, der Wahl-Zugewinngemeinschaft vorzuziehen sein (ebenso *Braun* MittBayNot 2012, 89, 94). Als Gestaltungsalternative kommt die Wahl-Zugewinngemeinschaft nur zur Reduzierung des Pflichtteils einseitiger Abkömmlinge eines Partners in Betracht, die enterbt werden sollen. Der Ausgleichsanspruch des überlebenden Ehegatten ist nämlich als Nachlassverbindlichkeit vor der Berechnung des Pflichtteils vom Nachlass abzuziehen. Dies ist allerdings nur bei hohen Zugewinnausgleichsansprüchen der Fall; bei älteren Paaren, die keine großen Vermögenswerte mehr erwirtschaften, spielt sie deshalb ebenfalls keine Rolle. 108f

8. Verwaltungsverträge (§ 1413 BGB)

Ein Verwaltungsvertrag kann in jedem Güterstand geschlossen werden. Vermögen, das aufgrund des Güterrechts ein Ehegatte allein verwaltet (Zugewinngemeinschaft, Wahl- 109

Zugewinngemeinschaft, Gütertrennung sowie Vorbehalts- und Sondergut bei Gütergemeinschaft), kann dem anderen zur Verwaltung überlassen werden. Die Überlassung setzt einen Vertrag voraus. Dieser bedarf keiner Form. Mangels abweichender Vereinbarung liegt ein Auftrag vor (*OLG Köln* NJW-RR 1998, 1460).

110 Das freie **Widerrufsrecht** der Überlassung der Verwaltung kann nur durch einen Ehevertrag aufgehoben oder eingeschränkt werden (§ 1413 BGB). Der notariellen Beurkundung bedarf allein die Widerrufsklausel, nicht der übrige Vertragsinhalt. Stets bleibt ein Widerruf aus wichtigem Grunde zulässig; eine entgegenstehende Bestimmung im Ehevertrag ist unwirksam. Vgl. das Muster bei *Zimmermann/Dorsel* § 6 Rn. 4.

111 Der Verwaltungsvertrag berechtigt den Verwalter noch nicht zum Abschluss von Rechtsgeschäften mit Wirkung für und gegen den anderen Ehegatten. Hierzu ist zusätzlich eine **Vollmacht** erforderlich. Eine Eintragung in das Güterrechtsregister ist nicht möglich (MünchKomm/*Kanzleiter* § 1413 Rn. 11; anders *Zimmermann/Dorsel* § 6 Rn. 4).

9. Das Güterrechtsregister (§§ 1412, 1558 ff. BGB)

112 Der Güterstand von Ehegatten kann auch Auswirkungen auf die Verfügungsbefugnis und die Schuldenhaftung haben und damit die Rechtsstellung Dritter berühren. Das bei den Amtsgerichten geführte **Güterrechtsregister** soll Dritte davor schützen, dass ihnen von der gesetzlichen Regelung abweichende Abmachungen entgegengehalten werden; es schützt aber auch die Ehegatten, indem es ihnen die Möglichkeit gibt, Dritten solche Vereinbarungen wirksam entgegenzusetzen (*Dethloff* § 5 Rn. 41). Öffentlicher Glaube kommt dem Güterrechtsregister nicht zu; man kann sich vielmehr nur auf sein Schweigen verlassen. Soweit nichts oder keine Änderung im Register eingetragen ist, kann sich ein Dritter auf den Fortbestand der bisherigen Rechtslage berufen, es sei denn, er kannte die Veränderung der Rechtslage. Eine Eintragungspflicht besteht nicht.

113 § 1412 BGB erfasst nach seinem Wortlaut nur ehevertragliche Veränderungen des Güterrechts. Aufgrund von Verweisungen ist er auch bei der Beschränkung der Verpflichtungsbefugnis der Ehegatten (§ 1357 II 2 BGB), der Zugehörigkeit von Vermögensgegenständen zum Vorbehaltsgut bei der Gütergemeinschaft (§ 1418 IV BGB), dem selbständigen Betrieb eines Erwerbsgeschäftes (§§ 1431 III, 1456 III BGB) und der Aufhebung der Gütergemeinschaft durch Urteil (§§ 1449 II, 1470 II BGB) anwendbar. Die **Eintragungsfähigkeit** geht über die Schutzfunktion des Registers hinaus, das auch der Offenlegung der güterrechtlichen Verhältnisse dient. Deshalb kann auch der Ausschluss des gesetzlichen Güterstandes eingetragen werden (*BGH* NJW 1976, 1258). Nicht eintragungsfähig sind nach noch h. M. jedoch Vereinbarungen, die nur das Innenverhältnis der Ehegatten betreffen (a. A. *OLG Köln* MittRhNotK 1994, 176 für die modifizierte Zugewinngemeinschaft und *LG Bonn* RNotZ 2001, 588 für eine Modifizierung der Zugewinngemeinschaft und einen Ausschluss des § 1365 BGB; vgl. *Heinemann* FamRB 2011, 194, 195).

114 Eintragungen ins Güterrechtsregister erfolgen nur auf öffentlich beglaubigten **Antrag** der Ehegatten (§§ 1560, 1561 BGB); jeder Ehegatte ist dem anderen gegenüber zur Mitwirkung verpflichtet. Der Notar ist zur Antragstellung nur bei Vorliegen eines Antrags der Ehegatten ermächtigt (*OLG Celle* NJWE-FER 2000, 109). Der Notar, der die Erklärung der Parteien beurkundet oder ihre Unterschriften beglaubigt hat, gilt als zum Antrag auf Eintragung im Güterrechtsregister bevollmächtigt (§ 378 FamFG). Bei einer Verlegung des gewöhnlichen Aufenthalts ist die Eintragung bei dem für den neuen gewöhnlichen Aufenthalt zuständigen Amtsgericht zu wiederholen (§ 1559 BGB; vgl. auch Art. 4 EGHGB beim Betrieb eines Handelsgewerbes an einem abweichenden Ort). Den Umfang der Eintragung bestimmen die Parteien; sie können ihren Antrag auf bestimmte Teile eines Ehevertrages beschränken.

115 Den Schutz Dritter bei **ausländischem Güterrechtsstatut** regelt Art. 16 EGBGB. Besteht Eintragungsfähigkeit, empfiehlt sich auch bei der Wahl deutschen Rechts die Eintragung, um eine häufig nach fremdem Recht bestehende Publikationspflicht zu erfüllen.

IV. Das Güterrecht und das Nebengüterrecht   B I

10. Steuern

Die Wahl des Güterstandes hat auf dem Gebiet des Einkommensteuerrechts keine 116
praktisch relevanten Wirkungen. Dagegen können sich in der Besteuerung nach dem
ErbStG bedeutsame **Unterschiede** ergeben (vgl. *Wälzholz* FamRB 2003, 166; *Münch*
NotBZ 2009, 348).

a) Erbschaftsteuer

Während sich die Freibeträge nach §§ 16, 17 ErbStG ohne Rücksicht auf den Güter- 117
stand auswirken, steht das Privileg des **§ 5 ErbStG** nur Ehegatten zu, die in Zugewinngemeinschaft leben (zu § 29 I Nr. 3 ErbStG bei Gütertrennung *Reich* ZEV 2011, 59).
Steuerfrei bleibt nach dieser Vorschrift die tatsächliche Ausgleichsforderung gemäß
§ 1371 II BGB; dabei ist die Freistellung der Ausgleichsforderung, die nicht als Erwerb
von Todes wegen gilt, auf den Betrag begrenzt, der dem Steuerwert des Nachlasses entspricht (§ 5 I 5 ErbStG; zur Berechnung s. BFH NJW 2008, 109). Für eine ehevertraglich
vereinbarte höhere Zugewinnausgleichsregelung gilt die Steuerfreiheit nicht (§ 5 I 2
ErbStG; s. dazu nur *Wetzel* BWNotZ 2001, 10, 11). Ansprüche, die dem Versorgungsausgleich unterliegen, sind dabei nicht zu berücksichtigen (*BFH* FamRZ 2010, 1662).
Bei der Wahl-Zugewinngemeinschaft ergeben sich keine Abweichungen.

Erbschaftsteuerlich wirkt sich die **Gütergemeinschaft** zusätzlich nachteilig aus, wenn 118
der weniger vermögende Ehegatte zuerst verstirbt. Denn dann muss der überlebende
Ehegatte Vermögen versteuern, das ihm bereits einmal gehört hat. Bei der fortgesetzten
Gütergemeinschaft wird der nicht zum Nachlass gehörende Gesamtgutsanteil des erstversterbenden Ehegatten so behandelt, als ob er ausschließlich den anteilsberechtigten
Abkömmlingen vererbt worden wäre (§ 4 I ErbStG).

b) Schenkungsteuer

Der **Ausschluss des Zugewinnausgleichs** stellt keine steuerpflichtige Schenkung dar. 119
Auch die bei Beendigung des gesetzlichen Güterstandes und Vereinbarung der Gütertrennung getroffene Regelung, dass für die Zeit des bisher geltenden Güterstandes ein
Zugewinnausgleich nicht durchgeführt werden solle, stellt grundsätzlich keinen schenkungsteuerpflichtigen Verzicht dar. Ein Bereicherungswille wird nur ausnahmsweise vorliegen. Wird bei fortbestehender Zugewinngemeinschaft ein sich bis zum Zeitpunkt der
Vereinbarung ergebender Zugewinn durch Übertragung von Wirtschaftsgütern (ausgenommen das Familienheim, vgl. BFH NJW-RR 2011, 441; *Kesseler* DStR 2010, 2173;
Reimann FamRZ 2009, 1785; *Tiedtke/Schmitt* NJW 2009, 2632) ausgeglichen, unterliegt dies der Schenkungsteuer, da ein Anspruch auf Zugewinnausgleich nicht besteht
(*BFH* FamRZ 2007, 1812; *v. Oertzen* FamRZ 2010, 1785). Anders ist dies, wenn die
Zugewinngemeinschaft durch Vereinbarung eines anderen Güterstandes (z.B. Gütertrennung) wirksam beendet wird. In diesem Fall liegt hinsichtlich des zusätzlich entstandenen Zugewinnausgleichsanspruchs keine freigiebige Zuwendung vor. Eine erneute
Vereinbarung der Zugewinngemeinschaft kurze Zeit danach (sog. **Güterstandsschaukel**),
soll steuerunschädlich sein (*BFH* DStR 2005, 1772; *Münch* NotBZ 2009, 348, 351; *v.
Oertzen* FPR 2012, 103, 105).

Die ehevertragliche Begründung der **Gütergemeinschaft** führt zur Schenkungsteuer- 120
pflicht der Bereicherung, die der weniger vermögende Ehegatte erfährt (§ 7 I Nr. 4
ErbStG). Aufgrund des Ehegattenfreibetrags fällt nur bei einer Vermögensdifferenz von
mehr als 500.000 EUR eine Steuer an. In derartigen Fällen kann ein Teil des Vermögens
zum Vorbehaltsgut erklärt und nach Ablauf von zehn Jahren unter Inanspruchnahme des
neuen Freibetrags in das Gesamtgut eingebracht werden.

c) Einkommensteuer

Bei der **Zugewinngemeinschaft** ergeben sich steuerliche Folgen erst bei Eheauflösung, 121
wenn ein Unternehmen oder eine Beteiligung Bestandteil des Zugewinns ist. Die frühere

Grziwotz

Umwandlung der Auszahlung an den Ehegatten in ein betriebliches Darlehen mithilfe des so genannten Drei-Konten-Modells ist nicht mehr möglich (§ 4 IVa EStG). Kaum noch steuerliche Vorteile ergeben sich durch die Einräumung eines Mitunternehmeranteils; die (anteilige) Betriebsveräußerung führt nämlich zur Auflösung stiller Reserven, wobei die diesbezügliche Steuer gegenüber der früheren Regelung nur noch unwesentlich ermäßigt wird (§ 34 EStG). Die Hingabe von Wirtschaftsgütern des Privatvermögens an Erfüllungs statt für Zugewinnausgleichsansprüche wird als entgeltliches Veräußerungsgeschäft angesehen (vgl. *FG München* DStRE 2005, 15; *Herrmann/Grobshäuser* FPR 2005, 146, 147). Dies ist sowohl beim Veräußerer als auch beim Erwerber bei einer späteren Weiterveräußerung in der Frist der §§ 22, 23 EStG zu beachten (vgl. *OFD München* DStR 2001, 1299; *Engels* FF 2004, 285; *Münch* FamRB 2006, 92). Die zinslose Stundung einer Zugewinnausgleichsforderung ist nicht einkommensteuerrelevant; der Vorgang ist jedoch schenkungsteuerpflichtig (*BFH* ZEV 2012, 58).

122   Die Vereinbarung der **Gütergemeinschaft** kann zur Zurechnung der von den Ehegatten erzielten Einkünfte unter dem Gesichtspunkt der Mitunternehmerschaft (§ 15 I Nr. 2 EStG) führen (zu Ausnahmen bei schwerpunktmäßig persönlichem Engagement ohne wesentliches Kapital *BFH* BStBl. 1999 II 384). Ein Ehegattenarbeitsverhältnis kann sodann nur bei einer Vorbehaltsgutsvereinbarung begründet werden; Gleiches gilt für eine Betriebsaufspaltung. Selbst wenn eine Beteiligung an einer Personengesellschaft nicht in das Gesamtgut übergeht, kann hinsichtlich des Sonderbetriebsvermögens durch die gesamthänderische Beteiligung eine Entnahme vorliegen, die sich durch Übertragung in das Betriebsvermögen vor Eheschließung vermeiden lässt. Eine Auflösung stiller Reserven erfolgt schließlich auch bei Auflösung der Gütergemeinschaft, falls nicht die gesamthänderische Beteiligung durch eine Personengesellschaft fortgeführt wird. Die Aufhebung und Auseinandersetzung einer Gütergemeinschaft stellt einkommensteuerrechtlich keine außergewöhnliche Belastung dar (*BFH* DB 2006, 255).

11. Mitteilungs- und Anzeigepflichten

123   Da die Vereinbarung der Gütertrennung, der Gütergemeinschaft und der Wahl-Zugewinngemeinschaft die gesetzlichen Erbquoten ändert, hat eine Meldung an das Testamentsregister zu erfolgen. Die Vereinbarung der Gütergemeinschaft ist ferner dem Finanzamt wegen der Schenkungsteuerpflicht anzuzeigen.

V. Der Versorgungsausgleich

1. Grundgedanke und Durchführung

124   Durch den Versorgungsausgleich werden die während der Ehezeit erworbenen Anwartschaften auf eine Alters- und Invaliditätsversorgung im Falle der Scheidung gleichmäßig auf beide Ehegatten verteilt (§ 1 I VersAusglG, Grundsatz der Halbteilung). Der Versorgungsausgleich ist unabhängig vom Güterstand (vgl. § 2 IV VersAusglG). Seine **Durchführung** erfolgt nach den Regeln des Zugewinnausgleichs auf Stichtagsbasis. Teilungsgegenstand ist das in Anrechten verkörperte Vorsorgevermögen zum Stichtag. Die Teilung erfolgt entgegen der bis 1.9.2009 geltenden Regelung nicht mehr in Form eines Einmalausgleichs über die gesetzliche Rentenversicherung, sondern grundsätzlich durch interne Realteilung (vgl. *Eichenhofer* in: Bayer/Koch (Hrsg.), Aktuelle Fragen des Familienrechts, 2009, S. 153). Die Möglichkeit des Ausgleichs einzelner Anrechte und die Einführung einer Geringfügigkeitsgrenze ermöglichen im weiteren Umfang als früher Vereinbarungen über den Ausgleich (*Brambring* NotBZ 2009, 429; *Eichenhofer* NotBZ 2009, 337, 341). Die Regelungen zum Versorgungsausgleich finden sich im VersAusglG. §§ 1408 II, 1587 BGB und § 20 I LPartG enthalten nur noch Verweisungen auf die Vorschriften des VersAusglG.

V. Der Versorgungsausgleich

Dem Versorgungsausgleich unterliegen **Anrechte**, d. h. Anwartschaften auf eine Versorgung und Ansprüche auf eine laufende Versorgung, auf eine Rente in der gesetzlichen Rentenversicherung, eine Beamtenpension und eine gleichgestellte Versorgung, eine betriebliche Altersversorgung (z. B. Pensionskassen, Pensionszulagen und -rückstellungen, Unterstützungskassen, Zusatzversorgungen des öffentlichen Dienstes etc.) und eine berufständische Versorgung sowie Rentenanwartschaften aus Privatversicherungsverträgen. Dies gilt auch für Pflichtversicherungsbeiträge für Pflegepersonen (§ 44 SGB XI; *OLG Stuttgart* FamRZ 2006, 1452) und Altersvorsorgeverträge nach dem Altersvorsorge-Zertifizierungsgesetz (*OLG Brandenburg* NJW-RR 2007, 800). Einzubeziehen sind auch Versorgungsanwartschaften, die in der Ehezeit durch Nachentrichtung freiwilliger Beiträge für voreheliche Zeiten begründet worden sind (sog. In-Prinzip, § 3 II VersAusglG; vgl. *BGH* NJWE-FER 1997, 73). Außer Betracht bleiben Anwartschaften, die weder durch Arbeit noch durch Vermögen erworben wurden, insbesondere Unfallrenten, Kriegsopferrenten und Leistungen nach sonstigen Entschädigungsgesetzen (vgl. auch *BGH* NJW 1991, 1825 zu Leistungen nach dem KindererziehungsleistungsG; s. aber *BGH* NJW-RR 2008, 84 zu Kindererziehungszeiten) sowie die in einem Leibgedinge ausbedungenen Sachleistungen und Wohnrechte (*BGH* NJW-RR 1993, 901). Anwartschaften, die dem Versorgungsausgleich unterliegen, sind beim Zugewinnausgleich nicht anzusetzen (§ 2 IV VersAusglG). Anrechte im Sinne des Betriebsrentengesetzes (z. B. Direktversicherungen, betriebliche Vorsorgekonten) und des Altersvorsorgeverträge-Zertifizierungsgesetzes (AltZertG; z. B. Riester-Renten) sind unabhängig von der Leistungsform, d. h. auch dann im Versorgungsausgleich ausgleichspflichtig, wenn sie nicht auf eine laufende Rente, sondern auf eine Kapitalleistung gerichtet sind (§ 2 II Nr. 3 VersAusglG; vgl. *Riewe* FamFR 2011, 269; *Kemper* ZFE 2009, 204, 205). Ausreichend ist, wenn die Anforderungen an eine Zertifizierung erfüllt werden; nicht erforderlich ist die Zertifizierung selbst.

Private Lebensversicherungen werden in den Versorgungsausgleich einbezogen, wenn sie auf eine Rentenleistung gerichtet sind; unerheblich ist, ob die Rentenzahlung bei Erreichen der Regelaltersgrenze erfolgt oder zu einem anderen Zeitpunkt. Wird die Versicherung allerdings bereits während des Arbeitslebens zu einem nicht unerheblichen Teil ausbezahlt, hat sie Renditecharakter und unterliegt dem Zugewinnausgleich (*BGH* FamRZ 2005, 889). Unerheblich ist auch, ob eine private Rentenversicherung aus Mitteln des nicht dem Zugewinnausgleich unterliegenden privilegierten Vermögens begründet wurde (*BGH* FamRZ 2011, 877; 2012, 434). Eine private Rentenlebensversicherung mit Kapitalwahlrecht unterliegt dem Zugewinnausgleich, wenn das Wahlrecht bis zum Eintritt der Rechtshängigkeit des Scheidungsantrags ausgeübt worden ist (*Bergmann* FF 2009, 305). Dasselbe gilt, wenn das Wahlrecht erst nach dem Eintritt der Rechtshängigkeit des Scheidungsantrags, auch noch im Beschwerdeverfahren bis zur letzten mündlichen Verhandlung in der Tatsacheninstanz, ausgeübt wird (*BGH* DNotZ 2003, 542, 544; FamRZ 2005, 1463; 2011, 1931; zur illoyalen Ausübung des Kapitalwahlrechts *OLG Hamm* FamRB 2014, 90). Umgekehrt ist eine Kapitallebensversicherung mit Rentenwahlrecht in den Versorgungsausgleich einzubeziehen, wenn das Wahlrecht bis zum Eintritt der Rechtshängigkeit des Scheidungsantrags ausgeübt und das Anrecht aus dem Versicherungsvertrag damit vor dem Stichtag zu einem Rentenanrecht wurde. Auch Ansprüche auf Kapitalleistungen gegenüber berufsständischen Versorgungsträgern sind im Rahmen des Zugewinnausgleichs auseinander zu setzen. Private Anrechte auf eine laufende Versorgung wegen Invalidität sind nur versorgungsausgleichspflichtig, wenn die Rente wegen Eintritts des Versicherungsfalls bereits vor Ehezeitende gewährt wird (§ 28 VersAusglG). Rentenansprüche aus Hofübergabeverträgen fallen ebenfalls in den Versorgungsausgleich (*BGH* FamRB 2014, 89). Das frühere sog. Rentner- bzw. Pensionistenprivileg, wonach eine bereits gewährte Rente bzw. Pension nicht gekürzt wurde, bis der Berechtigte seinerseits eine Rente erhält, existiert nicht mehr. Es war nur noch anzuwenden, wenn das Versorgungsausgleichsverfahren vor dem 1.9.2009 eingeleitet wurde und die zu kürzende Rente bzw. Pension vor diesem Zeitpunkt begonnen hatte (§§ 268a II, 101 III SGB VI, § 57 I 1 BeamtFVG).

127 Vor Vollzug des Ausgleichs mussten nach früherer Rechtslage die ausgleichspflichtigen Anwartschaften bewertet und mithilfe der BarwertV in volldynamische umgerechnet werden. Nach geltendem Recht erfolgt ein **Hin- und Her-Ausgleich** jedes einzelnen Anrechts. Die zu berücksichtigende **Ehezeit** dauert vom Beginn des Monats der Eheschließung bis zum Ende des Vormonats der Rechtshängigkeit des Scheidungsantrags (§ 3 I VersAusglG). Die Berechnung von Ehezeitanteil und Ausgleich erfolgt durch den Versorgungsträger als Vorschlag gegenüber dem Gericht (§ 5 VersAusglG; § 220 IV FamFG). Das Versorgungsausgleichsverfahren ist weiterhin grundsätzlich ein Amtsverfahren (§ 137 II 2 FamFG). Bei einer Ehezeit bis zu drei Jahren findet ein Versorgungsausgleich nur auf Antrag statt (§ 3 II VersAusglG).

128 Der Versorgungsausgleich wird als Wertausgleich durch die Übertragung oder Begründung eigener, von den Anwartschaften des Verpflichteten unabhängiger Rentenanwartschaften und als schuldrechtliche Ausgleichsrente vollzogen. Der **Wertausgleich** findet **intern** durch Übertragung des hälftigen Ehezeitanteils des jeweiligen Anrechts statt. Bei Rechten gleicher Art beim selben Versorgungsträger findet zunächst eine Verrechnung statt, so dass lediglich die Hälfte des Wertunterschiedes übertragen wird (§ 10 VersAusglG). Die Form der Übertragung (Rentenbeträge, Entgeltpunkte, Kapitalwerte, Leistungszahlen, Rentenbausteine) richtet sich nach den Regeln des jeweiligen Versorgungsträgers. Eine gleichwertige Teilhabe setzt einen gleichwertigen Risikoschutz (Sicherungen, Wertentwicklung, Risiken) voraus. Bedeutung hat dies insbesondere beim Invaliditätsschutz (§ 11 I Nr. 3 VersAusglG; vgl. *Borth* FamRZ 2009, 1361, 1362). Bei der **externen Teilung** begründet das Familiengericht für die ausgleichsberechtigte Person einen Anspruch bei einem anderen Versorgungsträger (§ 14 VersAusglG; zur Versorgungsausgleichskasse s. das VersAusglKassG). Sie ist nur ausnahmsweise in den in § 14 II VersAusglG genannten beiden Fällen (Einigung der ausgleichsberechtigten Person mit dem Versorgungsträger der ausgleichspflichtigen Person, Verlangen des Versorgungsrägers der ausgleichspflichtigen Person und Übersteigen des Ausgleichswerts am Ende der Ehezeit als Rentenbetrag höchstens 2% oder als Kapitalwert höchstens 240% der monatlichen Bezugsgröße nach § 18 SGB IV) und unter der Voraussetzung des § 16 VersAusglG bei Vorliegen von Anrechten aus einem öffentlich-rechtlichen Dienst- oder Amtsverhältnis zulässig. Der Ausgleichsberechtigte hat ein Wahlrecht hinsichtlich der Zielversorgung (§ 15 I VersAusglG).

129 Die **schuldrechtliche Ausgleichsrente** (§ 20 ff. VersAusglG, früher: schuldrechtlicher Versorgungsausgleich) ist gegenüber dem Wertausgleich subsidiär; eine Rente erhält der Berechtigte erst beim doppelten Rentenfall, d.h. wenn beide Ehegatten eine Versorgung erlangt haben. Der Berechtigte erhält keine eigenen Anrechte bei einem Versorgungsträger, sondern nur einen Anspruch auf Zahlung einer Rente gegen den anderen Ehegatten. Der Berechtigte kann in Höhe der laufenden Ausgleichsrente die Abtretung der Ansprüche des Verpflichteten gegen den Versorgungsträger (§ 21 I VersAusglG) und bei Zumutbarkeit eine Abfindung fordern (§§ 23 ff. VersAusglG). Beim Tod des Verpflichteten kann die ausgleichspflichtige Person vom Versorgungsträger die Hinterbliebenenversorgung verlangen, die sie erhielte, wenn die Ehe bis zum Tod der ausgleichspflichtigen Person fortbestanden hätte (§ 25 I VersAusglG) (so genannter verlängerter schuldrechtlicher Versorgungsausgleich). § 22 II BeamtVG gilt nur noch für alte Versorgungsausgleichsfälle.

130 Ein Versorgungsausgleich findet bei einer kurzen Ehedauer von bis zu drei Jahren nur auf Antrag statt (§ 3 III VersAusglG). Bei **Geringfügigkeit** (Differenz der beiderseitigen Ausgleichswerte, Ausgleichswert des einzelnen Anrechts, § 18 VersAusglG) soll kein Ausgleich durchgeführt werden. Ein Wertausgleich ist ferner ausgeschlossen, wenn Anrechte beim Ehezeitende nicht ausgleichsreif sind (§ 19 VersAusglG). Dies ist bei noch nicht unverfallenen Betriebsrenten der Fall. Anrechte bei einem **ausländischen Versorgungsträger**

kann das deutsche Familiengericht ebenfalls nicht übertragen (zum Versorgungsausgleich mit Auslandsbezug s. *Finger* FamRBint 2009, 60). Ein Wertausgleich findet dann auch in Bezug auf die sonstigen Anrechte nicht statt, soweit dies für die andere Person unbillig wäre (§ 19 III VersAusglG).

Den **Ausschluss** des Versorgungsausgleichs bei grober Unbilligkeit regelt § 27 VersAusglG. Sie richtet sich nach den Härteklauseln des früher geltenden Rechts. Es ist eine Gesamtabwägung erforderlich, bei der auch Alter, Gesundheit und Erwerbsfähigkeit der Beteiligten sowie die Möglichkeit, die eigene Versorgung mittels Erwerbstätigkeit zu verbessern, zu berücksichtigen sind. Insbesondere bei ehelichem Fehlverhalten nimmt die Rechtsprechung nur zurückhaltend einen Ausschlusstatbestand an. Anders ist dies bei einer langen Trennungszeit, einer phasenverschobenen Ehe und wenn ein Ehegatte durch Vermögensbildung für sein Alter gesorgt hat, insbesondere wenn gleichzeitig Gütertrennung vereinbart wurde (*BGH* FamRZ 2010, 2067; vgl. *OLG Zweibrücken* FamFR 2010, 253 zu Unterhaltspflichtverletzungen). Auf die Geltendmachung der Unbilligkeit kann vertraglich verzichtet werden (*BGH* FamRZ 2001, 1447). **131**

In den **neuen Bundesländern** wurde der Versorgungsausgleich früher, soweit er durchzuführen war (Art. 234 § 6 EGBGB), bis zur Herstellung einheitlicher Einkommensverhältnisse aufgeschoben (§ 1 IV VAÜG a.F.; vgl. *Bergner* NJW 2009, 1233). Nach der Neuregelung ist eine abschließende Regelung bereits bei der Scheidung möglich, da die jeweilige Rente gesondert ausgeglichen bzw. verrechnet wird (vgl. *Weil* FPR 2009, 209). **132**

Eine **Abänderung von Versorgungsausgleichsentscheidungen** (§ 38 VersAusglG) ist nur für Anrechte der Regelsicherungssysteme (gesetzliche Rentenversicherung, Beamtenversorgung, berufsständische Versorgung, Alterssicherung der Landwirte, Versorgung der Abgeordneten und Regierungsmitglieder) möglich, nicht für betriebliche und private Anrechte (für verfassungswidrig hält dies *Ruland* NZS 2008, 225, 237). Bedeutung haben die Fälle der Anpassung wegen Unterhalts (§ 33 VersAusglG) und wegen Invalidität der ausgleichspflichtigen Person oder einer für sie geltenden besonderen Altersgrenze, wenn sie aus übertragenen Rechten keine Leistung beziehen kann (§ 35 VersAusglG). Beim Tod der ausgleichsberechtigten Person kommt es zum Rückausgleich, wenn die Leistung nicht länger als 36 Monate bezogen wurde (§ 37 II VersAusglG). **133**

2. Vereinbarungen über den Versorgungsausgleich

Vereinbarungen über den Versorgungsausgleich sind grundsätzlich zulässig (§ 6 I 1 VersAusglG). Dies kann bereits vor Eheschließung (BGHZ 74, 38, 81; *Ruland* NJW 2009, 1697) erfolgen, aber auch im Zusammenhang mit der Scheidung. Eine Vereinbarung kann in einem Ehevertrag (§ 7 III VersAusglG), aber auch in einer sonstigen Vereinbarung getroffen werden. Nur beim Ehevertrag gilt wie beim Lebenspartnerschaftsvertrag das Erfordernis der gleichzeitigen Anwesenheit. Inhaltlich besteht zwischen Vereinbarungen nach § 6 VersAusglG und ehevertraglichen kein Unterschied. § 1408 II BGB verweist hinsichtlich der Voraussetzungen auf die §§ 6–8 VersAusglG. Insbesondere die richterliche Kontrolle ist damit für sämtliche Vereinbarungen gleich (*Hahne* FamRZ 2009, 2041). Der Versorgungsausgleich gehört wie der Altersunterhalt zum Kernbereich des Scheidungsfolgenrechts (vgl. *BGH* NJW 2008, 3426; FamRB 2009, 202; NJW 2014, 1101; s. auch Rn. 11a). Der Versorgungsausgleich soll bei einer Scheidung die von den Ehegatten während der Ehe erworbenen Anrechte auf Alters- und Invaliditätsversorgung gleichmäßig aufteilen und dem ausgleichsberechtigten Ehegatten eine möglichst eigenständige Versorgung verschaffen (*Wick* FuR 2009, 482). Es ist umstritten, ob der Versorgungsausgleich auf dem Teilhabegedanken oder dem Nachteilsausgleichsgedanken beruht. Auf dem Teilhabegedanken beruht die gesetzliche Regelung, wonach der Versorgungsausgleich auch ohne den infolge der Familienarbeit eintretenden klassischen ehebedingten Karriere- oder Vermögensnachteil durchzuführen ist. Vereinbarungen können hiervon abweichen, wenn das Prinzip des ehebezogenen Nachteilsausgleichs gewahrt **134** wird (*BGH* FamRZ 2010, 1633; 2011, 713 und 1381; 2012, 951; NJW 2014, 1101; *Franz* FF 2012, 49, 53; *Hahne* FamRZ 2009, 2041, 2045; *Münch* FPR 2011, 504, 508). Ein Verzicht ohne Ausgleich ist bei ehebedingten Nachteilen bedenklich (vgl. *Ruland* NJW 2009, 1697, 1701). Umstritten ist, ob die vereinbarte Gegenleistung vorsorge- und ausgleichstauglich sein muss (so *Eichenhofer* FPR 2003, 185, 187; a. A. *BGH* NJW 2014, 1101); dies hat Bedeutung, wenn auf den Ausgleich von Rentenanrechten in der gesetzlichen Rentenversicherung zugunsten einer Immobilienübertragung verzichtet wird. Vorsichtshalber sollte in dieser Konstellation geprüft werden, ob die Alters- und Invaliditätssicherung des Verzichtenden anderweitig gesichert ist. Allerdings lässt die Rechtsprechung auch eine Kompensation mit anderen mit der Ehe verbundenen Vorteilen z. B. aus dem Unterhaltsrecht zu (*BGH* FamRZ 2012, 951; unklar *OLG Koblenz* FamFR 2010, 71). Der vereinbarte Ausschluss des Versorgungsausgleichs hat – anders als früher – jedoch nicht mehr zur Folge, dass Gütertrennung eintritt (*Friederici* FF 2009, 230, 231).

135 Eine Vereinbarung kann noch wirksam geschlossen werden, wenn ein Scheidungsverfahren konkret in Aussicht steht oder die Ehegatten bereits getrennt leben (vgl. *BGH* NJW-RR 1987, 322, 323). Eine Sperrfrist, wie sie § 1408 II 2 BGB a. F. für Verträge im Jahr vor Rechtshängigkeit des Scheidungsantrags vorsah, sowie eine Genehmigungspflicht für Verträge im Zusammenhang mit der Scheidung (§ 1587o BGB a. F.) bestehen nicht mehr (*Münch* FamRB 2010, 51, 55).

136 An Vereinbarungen der Ehegatten ist das Familiengericht gebunden, sofern keine Wirksamkeits- und Durchsetzungshindernisse bestehen (§ 6 II VersAusglG). Es prüft, ob die formellen Wirksamkeitsvoraussetzungen erfüllt sind. Materiellrechtlich findet eine Inhalts- und Ausübungskontrolle statt (§ 8 I VersAusglG). Entscheidend sind die Umstände des Einzelfalls, insbesondere die Ehedauer, das Alter der Beteiligten, ihr Gesundheitszustand, ihre Einkommens- und Vermögensverhältnisse, die Zahl und das Alter der gemeinsamen Kinder, der Umfang des Vorsorgevermögens und die Möglichkeit, eine Altersvorsorge aufzubauen. Kann ein Ehegatte wegen Kinderbetreuung keine eigene Versorgung aufbauen, ist die Vereinbarung eines Totalausschlusses nichtig oder anzupassen (*BGH* NJW 2008, 3426; FamRB 2009, 202; NJW 2013, 1359; *OLG Brandenburg* FamRZ 2013, 1893). Dies ist auch der Fall, wenn eine Vereinbarung zu Lasten der Grundsicherung oder Sozialhilfe geht (*OLG Hamm* FamRB 2013, 345). Unklar ist, ob ein insolventer Ehegatte Vereinbarungen über den Versorgungsausgleich ohne Zustimmung des Insolvenzverwalters treffen kann. Soweit Anrechte bzw. Leistungen nicht gepfändet werden können, was für das Stammrecht zutrifft (§ 54 IV SGB I, § 850 III lit. b ZPO; *BGH* NJW 2003, 1457; ZInsO 2008, 204; FamRZ 2008, 404) und deshalb nicht zur Insolvenzmasse gehören (§§ 35, 36 InsO), ist eine Gläubiger- und Insolvenzanfechtung nicht möglich. Eine Vereinbarung ist – anders als bei privaten Versicherungsrenten – ohne Zustimmung des Insolvenzverwalters möglich (ausführlich *Herrler* in: Reul/Heckschen/Wienberg, Insolvenzrecht in der Gestaltungspraxis, 2012, Q Rn. 145). Allerdings ist die Vereinbarung im Hinblick auf den Verzicht des insolventen Ehegatten familiengerichtlich zu überprüfen. Das Gericht führt die Kontrolle stets von Amts wegen durch; sie kann nicht vertraglich ausgeschlossen werden. Es wird sich die entsprechenden Auskünfte bei den Versorgungsträgern einholen. Die richterliche Kontrolle des Vereinbarten soll dagegen die Rüge eines Beteiligten oder konkrete Umstände für eine naheliegende Unwirksamkeit voraussetzen (*OLG Brandenburg* FamRZ 2012, 1719).

137 Das Gesetz nennt (nicht abschließend) drei **Vereinbarungsmöglichkeiten** (§ 6 I 2 VersAusglG): Die Einbeziehung des Versorgungsausgleichs in eine vermögensrechtliche Regelung, den Total- oder Teilausschluss des Versorgungsausgleichs und die Vereinbarung des schuldrechtlichen Versorgungsausgleichs (ausführlich *Wick* FPR 2009, 219; *Brambring* FGPrax 2010, 7, 8; Soergel/*Grziwotz* § 6 VersAusglG Rn. 11). Im Hinblick auf die gerichtliche Kontrolle sollten sich die Beteiligten über die Art, Qualität und Höhe der (künftigen) beiderseitigen Anrechte informieren. Als Anhaltspunkt kann auf den kor-

respondierenden Kapitalwert (§ 47 VersAusglG; vgl. dazu *Bergschneider* RNotZ 2009, 457, 461; *Ruland* NJW 2009, 2781, 2783) abgestellt werden. Zudem ist auch die Steuerbelastung in die Feststellung der Ausgleichswerte einzubeziehen.

Die **Einbindung** der Vereinbarung über den Versorgungsausgleich **in eine vermögensrechtliche Regelung** hat Bedeutung insbesondere für Vereinbarungen im Zusammenhang mit der Scheidung. So kann zum Erhalt der eigenen Versorgungsrechte ein entsprechender Vermögenswert (z.B. Hausgrundstück) übertragen werden. Die Vereinbarung einer Unterhaltsrente kann nur dann den Wertausgleich ersetzen, wenn sie nicht mit dem Tod des Ausgleichspflichtigen erlischt und z.B. durch eine Reallast abgesichert ist. Bei der Gestaltung sind auch die steuerlichen Folgen zu berücksichtigen. Die Übertragung von Vermögensrechten ist grundsätzlich nicht steuerpflichtig, dagegen unterliegen Versorgungsausgleichsrenten später der Steuerpflicht (vgl. *Schramm* NJW-Spezial 2009, 292). 138

Für Vereinbarungen zur **Übertragung** von Anrechten sowie ihren **Teil- oder Totalausschluss** bestehen weitgehende Gestaltungsmöglichkeiten. Während früher Anwartschaftsrechte in der gesetzlichen Rentenversicherung nicht begründet oder übertragen werden konnten, ist dies nach geltender Rechtslage zulässig, wenn die maßgeblichen Regelungen dies zulassen und die betroffenen Versorgungsträger zustimmen (§ 8 II VersAusglG). Die Regelsicherungssysteme und die betriebliche Altersversorgung lassen eine Übertragung überwiegend nicht zu; anders ist dies bei privaten Lebensversicherungen. Da es sich nicht um einen Einzelausgleich handelt, können auch Vereinbarungen über einzelne Anrechte getroffen werden; zudem können Anrechte der Person, die nach früherem Recht ausgleichsberechtigt gewesen wäre, in die Vereinbarung einbezogen werden. Dies ist bisher als sog. Super-Splitting unzulässig gewesen. Allerdings darf in der gesetzlichen Rentenversicherung der Saldo bestehender Rechte nicht verändert werden; bei sonstigen Anrechten ist ein Ausgleich nur bis zur Hälfte möglich, falls die Versorgungsregelung nicht etwas anderes zulässt und der Versorgungsträger zustimmt (*Bergner* NJW 2009, 1169, 1173; *Bredthauer* FPR 2009, 500). Verfahrensrechtlich wird dies durch Beteiligung des Versorgungsträgers gesichert (§ 219 FamFG). Bei öffentlich-rechtlich organisierten Versorgungssystemen ist nur dem Gericht eine Teilung der Anrechte gestattet (§§ 32, 46 SGB I; § 3 BeamtenVG). Die beteiligten Versorgungsträger haben kein Recht auf Durchführung des gesetzlichen Ausgleichs. § 8 II VersAusglG macht eine Übertragung und Begründung von Anrechten jedoch von den entsprechenden Vorschriften und der Zustimmung des Versorgungsträgers abhängig. Auch im Rahmen der Beamtenversorgung kann ein Anrecht in einem geringeren Umfang gekürzt werden, als dies der Höhe des Ausgleichswerts entspricht (*OLG Celle* FamRZ 2012, 1722; *OLG Schleswig* BeckRS 2012, 23385; a.A. *OLG Schleswig* FamRZ 2012, 1144; s. dazu Soergel/*Grziwotz* § 8 VersAusglG Rn. 30 und kurz *Hauß* DNotZ 2009, 600, 602). Unzulässig ist weiterhin eine Veränderung die Ehezeit (§ 3 I VersAusglG; *BGH* FamRB 2004, 80). Unzulässig ist die Vorverlegung des Endstichtages (*BGH* FamRZ 2001, 1444, 1446; FamRB 2004, 80). Auch eine Erstreckung des Versorgungsausgleichs auf Zeiten des vorehelichen Zusammenlebens ist nicht gestattet (vgl. *Eichenhofer* DNotZ 1994, 213, 219 f.). Bei der Vereinbarung der schuldrechtlichen Ausgleichsrente ist § 25 II VersAusglG zu beachten; Grund ist, dass sich die Regelung zulasten des Versorgungsträgers wegen des Wegfalls der Kürzung des Anrechts auswirkt (*AG Bayreuth* FamRZ 2012, 1726). 139

Ein **gänzlicher Ausschluss** des Versorgungsausgleichs ist nicht von vornherein nichtig (*OLG Brandenburg* DNotZ 2007, 535, 536). In vorsorgenden Verträgen kann er bei Partnern im „vorgerückten" Alter mit eigenständigen Versorgungen vereinbart werden. Gleiches gilt bei jungen Paaren, die keine Kinder wünschen und vollzeitig berufstätig bleiben wollen (*OLG Koblenz* RNotZ 2009, 487). Treten keine ehebedingten Nachteile ein, weil beide Partner in einer kinderlosen Beziehung erwerbstätig bleiben wollen, ist der Ausschluss auch ohne gleichzeitige Einräumung einer anderen adäquaten Sicherheit nicht sittenwidrig, insbesondere auch nicht deshalb, weil der Verzichtende möglicherweise im Falle des Alters der Sozialhilfe anheim fallen könnte (h.M. *OLG Hamm* NJW-RR 140

1999, 1306; *OLG Brandenburg* FamRZ 2003, 1289, 1290 und *Schuhmann* MDR 1999, 844; a. A. *OLG Köln* FamRB 2002, 260). Anders dürfte dies hinsichtlich der Drittbelastungswirkung sein, wenn bereits bei Vertragsabschluss eine hohe Wahrscheinlichkeit besteht, dass der Verzichtende auf eine öffentliche Unterstützung angewiesen ist. Dagegen ist ein Ausschluss zulässig, wenn der Berechtigte auf die Anrechte nicht angewiesen ist oder der Verzicht eine Gegenleistung für die Vereinbarung der Gütertrennung bzw. die Modifizierung des Zugewinnausgleichs ist. Auch bereits vor dem 1.7.1977 konnte ein Ausschluss des Versorgungsausgleichs ohne eine angemessene Abfindung oder Gegenleistung wirksam vereinbart werden (Art. 12 Nr. 3 III 2 1. EheRG; *BGH* NJW 1995, 3251). Bei der Sittenwidrigkeitskontrolle ist zu berücksichtigen, dass der Versorgungsausgleich einerseits einen vorweggenommenen Altersunterhalt und andererseits eine Teilhabe an dem in der Ehe erworbenen Versorgungsvermögen darstellt. Wegen der ersten Qualifikation zählt er zum Kernbereich der Scheidungsfolgen (*BGH* FamRZ 2004, 601; 2005, 86 und 1444, 1446; FamRB 2009, 202), wegen der zweiten bestünde weitgehende Dispositivität. Nach der Rechtsprechung unterliegt der Ausschluss des Versorgungsausgleichs strengeren Anforderungen als der Ausschluss des Zugewinnausgleichs (*OLG Koblenz* NJW-RR 2009, 939). Bezogen auf den Vertragsabschluss ist eine Nichtigkeit anzunehmen, wenn die Vereinbarung zu einer evident einseitigen Lastenverteilung führt (vgl. *BGH* FamRB 2009, 202). Anders als bei älteren Partnern mit einer bereits abgeschlossenen sozialen Biographie ist der Ausschluss unwirksam, wenn er dazu führt, dass ein kinderbetreuender Ehegatte keine eigene Altersversorgung und Sicherung für den Fall der Erwerbsunfähigkeit aufbauen kann, und der kompensationslose Ausschluss Folge eines Verhandlungsungleichgewichts ist (*BGH* FamRZ 2005, 26; 2008, 2011; 2009, 1041; so auch *OLG München* FamRZ 2007, 1244; *OLG Hamm* FamRZ 2010, 1904; *Sanders* FF 2009, 111, 113). Ausreichend ist es, wenn dasjenige ausgeglichen wird, was bei eigener voller Berufstätigkeit an Versorgungsanrechten hätte aufgebaut werden können (*BGH* FamRZ 2005, 185). Zulässig kann ein Ausschluss des Versorgungsausgleichs auch sein, wenn dem Ausgleichsberechtigten der gleichzeitig vereinbarte Ausschluss des Zugewinnausgleichs zugute kommt (*OLG Brandenburg* DNotZ 2007, 535). Die Absicherung kann sich auch aus einer Zusatzvereinbarung (z. B. Ausbildung im Betrieb der Schwiegereltern; *OLG Zweibrücken* FamRB 2006, 363) ergeben. Zu berücksichtigen sind auch berechtigte Interessen auf Seiten des Begünstigten (z. B. Versorgungsausgleich durch Frühpensionierung; vgl. *OLG Schleswig* NJW-RR 2007, 1012). Nach dieser Rechtsprechung ist selbst ein Verzicht auf Durchführung des Versorgungsausgleichs nicht von vornherein nichtig (*OLG Hamburg* FamRZ 2005, 1998; *Deisenhofer* FPR 2007, 124, 125). Anders ist dies, wenn ihn der Vater eines gezeugten oder geborenen nichtehelichen Kindes zur Bedingung für die Eheschließung mit der Mutter macht (so *Eichenhofer* DNotZ 1994, 213, 223) und keine ausreichende Sicherung der Frau für das Alter gegeben ist. Fraglich ist, ob der Verzicht auf den Versorgungsausgleich unter der Bedingung des Scheidungsverschuldens des Berechtigten zulässig ist (so noch Soergel/ *Lange* § 1408 Rn. 29). Auf einen Versorgungsausgleichsverzicht sind zudem die Grundsätze über den Wegfall der Geschäftsgrundlage bzw. der Ausübungskontrolle anwendbar; dies kann dazu führen, dass trotz eines vertraglichen Ausschlusses eine gerichtliche Entscheidung über den Versorgungsausgleich ergeht (vgl. *BGH* NJW 1994, 579). Fallgruppen sind die geänderte Lebensplanung (*KG* FamRZ 2001, 1002) und die situationsbezogene Vereinbarung, bei der ebenfalls eine Änderung der Verhältnisse eintritt (*OLG Köln* FamRZ 2002, 1492). Im Rahmen der Ausübungskontrolle kann es allerdings missbräuchlich sein, dass sich der begünstigte Ehegatte auf den Ausschluss des Versorgungsausgleichs beruft. Typischer Fall ist, dass aufgrund der zunächst nicht geplanten Geburt von Kindern ein Ehegatte zeitweise nicht voll berufstätig ist (*OLG Koblenz* RNotZ 2009, 487). Maßgeblich ist diesbezüglich die tatsächliche – nicht notwendig einverständliche – Gestaltung der Ehe (*KG* FamRB 2011, 297). Die Risiken einer Verzichtsvereinbarung für die soziale Sicherung der Ehegatten sollten diesen deutlich vor Augen geführt

V. Der Versorgungsausgleich

werden (vgl. Staudinger/*Rehme* § 1408 Rn. 69 ff.). Der benachteiligte Ehegatte hat nämlich das Risiko der gerichtlichen Durchsetzung seiner Rechte. Umgekehrt muss der allzu auf seine Interessen bedachte Partner die Nichtigkeit des Vereinbarten bzw. zumindest den Wegfall der Durchsetzbarkeit einkalkulieren. Ob eine salvatorische Klausel diesbezüglich hilft, ist wegen der Bedeutung des Versorgungsausgleichs fraglich (*BGH* FamRZ 2006, 1097; *Bergschneider* FamRZ 2009, 1151; weitergehend *AG Offenbach* FamRZ 2009, 1150). Ein sittenwidriger Ausschluss des Versorgungsausgleichs wird auch durch einen neuen Ehevertrag nur „geheilt", wenn dieser eine ausdrückliche Bestätigung enthält (*KG* NJW-RR 2010, 790). Insofern ist es bei diesbezüglichen Zweifeln sinnvoll, diese in der Urkunde darzulegen und den früheren Vertrag ausdrücklich zu bestätigen. Zusätzlich ist erforderlich, dass die Umstände, die für die frühere Sittenwidrigkeit gesprochen haben, weggefallen sind. Es genügt allerdings nicht, wenn der Ehegatte, der wegen einer Kindererziehung seine Berufstätigkeit eingeschränkt hat, nunmehr wieder voll erwerbstätig ist, wenn der Ausschluss des Versorgungsausgleichs ohne besonderen Grund auch die Zeiten der Kindererziehung umfasst. Soll der Versorgungsausgleich vor Eheschließung trotz Kinderwunsch oder sogar Schwangerschaft ausgeschlossen werden, führt der Hinweis auf die Unzulässigkeit einer diesbezüglichen Vereinbarung möglicherweise zum Absehen von einer Eheschließung und zur Beibehaltung einer nichtehelichen Lebensgemeinschaft, bei der – auch bei Kindererziehung – ein Versorgungsausgleich nicht durchgeführt wird (vgl. *BGH* NJW 1992, 3164, 3165). Insofern kann die Rechtsprechung zur Wirksamkeitskontrolle von Eheverträgen und die diesbezügliche Belehrung durch den Notar genau das Gegenteil dessen erreichen, was ihr Ziel ist, nämlich der Schutz des schwächeren Teils. Für die Vereinbarung eines Ausschlusses des Versorgungsausgleichs im Zusammenhang mit der Scheidung nach einer Ehe mit lebensgemeinschaftsbedingten Nachteilen für einen Partner bestehen wenige Gründe, die einer richterlichen Kontrolle standhalten (*Ruland* NJW 2009, 1697, 1701). Beispiele sind Härtefälle, eine ausreichende Sicherung des Verzichtenden, die Kompensation im Rahmen einer Gesamtauseinandersetzung und ein geringfügiger Ausgleich, wobei allerdings dadurch keine Wartezeiterfüllung verloren gehen darf.

Formulierungsbeispiel: Ausschluss Versorgungsausgleich	140a

Der Notar hat uns über die Folgen des Ausschlusses des Versorgungsausgleichs belehrt, insbesondere darüber, dass dann der Ausgleich der in der Ehezeit erworbenen Anrechte auf Alters- und Invaliditätsvorsorge, gleich aus welchem Grunde, nach Scheidung unserer Ehe nicht stattfindet, und uns auf die Folgen für die soziale Sicherung im Scheidungsfall hingewiesen. Dies vorausgeschickt erklären wir, dass jeder von uns in der Lage ist, für seine eigene Versorgung im Falle des Alters und Invalidität, insbesondere wegen verminderter Erwerbsfähigkeit, Berufsunfähigkeit oder Dienstunfähigkeit zu sorgen. Wir schließen den Versorgungsausgleich aus.

Der Ausschluss des Versorgungsausgleichs führt nicht mehr zum Eintritt der Gütertrennung (so noch § 1414 S. 2 BGB a. F.). Entsprechende Klarstellungen sind deshalb nicht mehr erforderlich. Ein Hinweis auf die neue Rechtsfolge ist möglich, aber nicht geboten, da die frühere gesetzliche Regelung verfehlt war.

Vereinbarungen werden meist eine **Modifizierung oder** einen **Teilausschluss** enthalten 141 (*BGH* FamRZ 2001, 1444, 1445 und 1701, 1702). In Betracht kommen insbesondere eine Beschränkung auf bestimmte Versorgungsarten, der Ausschluss bestimmter Anrechte (z. B. ausländischer und betrieblicher Anrechte; vgl. *Finger* FamRB 2009, 60), eine Herabsetzung der Ausgleichsquote (vgl. *Milzer* notar 2013, 319, 330), der Ausschluss bestimmter Zeiträume, z. B. solcher des Getrenntlebens (*OLG Nürnberg* NJW-RR 1995, 516) oder beiderseitiger Berufstätigkeit (vgl. *BGH* FamRB 2004, 80), die Beschränkung auf Zeiten der Kinderbetreuung (*OLG Zweibrücken* NZFam 2014, 88), der Ausschluss nur für einen Partner (insbesondere bei einem selbstständig tätigen Partner), die Begrenzung auf ehebedingte Nachteile, die Regelung der Kostenbelastung nach § 13 VersAusglG, ein Rückausgleich bei der betrieblichen Altersversorgung mit Zustimmung des Versorgungsträgers, die Verrechnung unterschiedlicher Anrechte, der Ausgleich steuerlicher Nachteile, Bedingungen, Befristungen, Rücktrittsrechte und ähnliche Modifizierungen (vgl. Soergel/*Grziwotz* § 6 VersAusglG Rn. 28 ff.; *Münch,* Vereinbarungen zum neuen Versorgungsausgleich, Rn. 171 ff.). Bei der Formulierung ist darauf zu achten, dass der Eintritt einer Bedingung oder die Erklärung eines Rücktritts stets nur bis zur Rechtskraft einer Entscheidung über den Versorgungsausgleich möglich ist (*Bergschneider* MittBayNot 1999, 144, 145). Unerheblich ist bei einem Teilausschluss, welcher Ehegatte höhere Anrechte erworben hat, ob also ein Supersplitting eintritt. Die Berechnung hat beim Ausschluss bestimmter Zeiträume nicht zeitanteilig zu erfolgen, wenn in der ausgeschlossenen und in der übrigen Ehezeit unterschiedlich hohe Anwartschaften erworben worden sind (*BGH* FamRZ 2001, 1444, 1446 und *OLG Bamberg* MittBayNot 2000, 324, 325). Von der (zulässigen) Herausnahme bestimmter Zeitabschnitte aus der Bewertung ist die unzulässige Abänderung der Ehezeit zu unterscheiden (vgl. Rn. 139).

142 Anstelle des Wertausgleichs kann eine **schuldrechtliche Ausgleichsrente** vereinbart werden (zu den Risiken s. Rn. 128). Von Bedeutung ist dies insbesondere, wenn ein Ausgleich bei Scheidung noch nicht möglich ist. Ein schuldrechtlicher Versorgungsausgleich führt zu keinen Ansprüchen auf Teilhabe an der Hinterbliebenenversorgung (§ 25 II VersAusglG).

143 Eine **Aufhebung** des ganzen oder teilweisen Ausschlusses des Versorgungsausgleichs ist bis zur Rechtskraft der Entscheidung über den Versorgungsausgleich möglich. Diese Vereinbarung bedarf nach dem Wortlaut des § 7 I VersAusglG der notariellen Beurkundung (bisher str., vgl. *OLG Karlsruhe* NJW-RR 1994, 1414; *OLG Frankfurt* NJWE-FER 2001, 228 und *OLG Zweibrücken* OLGR 2002, 193). Auch eine Aufhebung mit Rückwirkung ist zulässig (*Kniebes/Kniebes* DNotZ 1977, 269, 284). Eine Aufhebung des Ausschlusses des Versorgungsausgleichs nach Rechtskraft der Entscheidung über den Versorgungsausgleich mit der Folge, dass dieser nachträglich durchzuführen wäre, ist jedoch nicht möglich (*OLG Köln* NJW-RR 1999, 1161). Rein schuldrechtliche Regelungen bleiben hingegen zulässig (DNotI-Report 2005, 163).

144 Bei Abschluss einer Gesamtvereinbarung sollte ferner geregelt werden, welche Auswirkungen die **Unwirksamkeit** von Vereinbarungen über den Versorgungsausgleich auf den übrigen güter- und unterhaltsrechtlichen Inhalt des Vertrages hat. Wegen der wechselseitigen Verbindungen derartiger Vereinbarungen ist die Angemessenheit einer (pauschalen) salvatorischen Klausel im Einzelfall zu prüfen (vgl. *Grziwotz* FF 2004, 275 und *AG Offenbach* FamRZ 2009, 1150).

145 Legt das Familiengericht seiner Entscheidung eine Vereinbarung über den Versorgungsausgleich zugrunde, stellt es dies in seinem Beschluss fest (§ 224 III FamFG). Damit unterliegt die Vereinbarung keiner späteren gerichtlichen Kontrolle mehr (vgl. *BGH* NJW 2009, 677 und *OLG Celle* NJW-RR 2009, 74). Vereinbarungen über den Versorgungsausgleich unterliegen wie gerichtliche Entscheidungen in bestimmten Fällen der **Abänderung** durch das Familiengericht (§§ 225, 226, 227 FamFG). Die Vertragsteile haben jedoch die Möglichkeit, die Abänderung ausdrücklich auszuschließen (§ 227 II Hs. 2 FamFG); hierauf sollte der Notar hinweisen.

145a **Formulierungsbeispiel: Versorgungsausgleich Ausschluss Abänderbarkeit**

Der Notar hat uns über die Bestimmung des § 227 II FamFG belehrt. Wir schließen die Abänderbarkeit der vorstehenden Vereinbarung über den Versorgungsausgleich ausdrücklich aus.
Alternative: Der Notar hat uns über die Bestimmung des § 227 II FamFG belehrt. Wir wollen es bei der gesetzlichen Regelung bewenden lassen; eine Abänderung wünschen wir nicht.

3. Steuern

Der Verzicht auf die Durchführung des Versorgungsausgleichs ist sowohl auf Seiten 146 des Berechtigten als auch auf Seiten des Verpflichteten einkommensteuerrechtlich ohne Bedeutung (*Münch* FamRB 2010, 284 und *Wälzholz* DStR 2010, 465). Gleiches gilt für den kompensationslosen Ausschluss von Anrechten. Die Übertragung und Begründung von Anrechten bei der internen und externen Teilung führen zu steuerpflichtigen Einkünften beim Ausgleichspflichtigen und beim Ausgleichsberechtigten. Für die interne Teilung sieht das Gesetz (§ 3 Nr. 55a EStG) vor, dass es bei der Einkunftsbesteuerung verbleibt, die ohne Übertragung durchgeführt worden wäre. Damit ist die interne Teilung steuerneutral; ebenso gilt dies für diesbezügliche Vereinbarungen. Bei der externen Teilung besteht Steuerneutralität nur, wenn bei der ausgleichsberechtigten Person Einkünfte gem. §§ 19, 20, 22 EStG vorliegen (z. B. bei Anrechten aus der gesetzlichen Rentenversicherung); sonst, d. h. bei Einkünften nach § 20 I Nr. 6 oder § 22 Nr. 1 S. 3a, bb EStG ergeben sich steuerpflichtige Einnahmen der ausgleichspflichtigen Person (z. B. bei privaten Rentenversicherungen). Vermieden werden soll, dass durch den Wechsel der Art der Besteuerung eine Steuerlücke entsteht (§ 3 Nr. 55b EStG). Dies gilt auch für Vereinbarungen, die einen externen Ausgleich vorsehen (vgl. *Brambring* NotBZ 2009, 429, 441). Gegebenenfalls kann zur Steuervermeidung auf die Begründung eines Anrechts in der gesetzlichen Rentenversicherung ausgewichen werden. Die beim schuldrechtlichen Versorgungsausgleich bezahlte Ausgleichsrente stellt beim Ausgleichsverpflichteten grundsätzlich eine Sonderausgabe (§ 10 I Nr. 1b EStG) dar (*BFH* DStR 2003, 2213); beim Ausgleichsberechtigten erfolgt eine Versteuerung als sonstige Einkünfte (§ 22 Nr. 1c EStG; *BFH* DStR 2013, 185). Wird in einer Vereinbarung mit einem verbeamteten Ehegatten diesem gegenüber ein Verzicht auf die Durchführung des Versorgungsausgleichs erklärt, können die dafür gewährten Ausgleichszahlungen – ebenso wie Beiträge zur Wiederauffüllung einer gekürzten Versorgungsanwartschaft – als Werbungskosten geltend gemacht werden (*BFH* FamRZ 2011, 1055).

Schenkungsteuerrechtlich sind Vereinbarungen über den Versorgungsausgleich regelmäßig ohne Bedeutung (*Kapp/Ebeling/Geck*, ErbStG, Stand: Mai 2014, § 5 Rn. 107); dies soll auch für eine Abfindung gelten, die als Gegenleistung für einen Ausschluss des Versorgungsausgleichs gewährt wird, wenn diese nicht deutlich über dem Wert dessen liegt, was als Aussicht auf den Versorgungsausgleich durch die Regelung ausgeschlossen worden ist (*Kapp/Ebeling/Geck*, ErbStG, Stand: Mai 2014, § 5 Rn. 107). Dies ist freilich nicht unproblematisch, da der Zeitpunkt der Scheidung bei einer vorsorgenden Vereinbarung noch ungewiss ist. Bedenkenfrei dürften dagegen die Kompensation entgangener eigener Anrechte durch den Wegfall der Berufstätigkeit und der Ausschluss einer höheren Beteiligung an den Versorgungsanwartschaften des Ehegatten, als sie dem eigenen Einkommen entspricht, sein. **Formulierungsbeispiel:** *Münch*, Vereinbarungen im neuen Versorgungsausgleich, Rn. 159 ff.

VI. Vorsorgende Vereinbarungen über den nachehelichen Unterhalt

1. Gesetzliche Unterhaltspflichten und Eigenverantwortung

Zu den wichtigsten vermögensrechtlichen Folgen, die sich aus der ehelichen Lebens- 147 gemeinschaft ergeben, gehört die wechselseitige Unterhaltspflicht. Sie betrifft die Zeit des Bestehens der Ehe, aber auch die Zeit nach einer Scheidung. Bis zu diesem Zeitpunkt unterscheidet das Gesetz zwischen dem Unterhalt bei Bestehen einer Lebensgemeinschaft (§§ 1360–1360b BGB) und nach einer Trennung (§ 1361 BGB). Das Maß des Familienunterhalts beim Zusammenleben bestimmt sich nach den ehelichen Lebensverhältnissen (*BGH* FamRZ 1995, 537). Mit der Trennung endet zwar die Verpflichtung, zum **Fami-**

lienunterhalt beizutragen. Der Anspruch auf Trennungsunterhalt betrifft nur noch die Deckung des eigenen Lebensbedarfs des bedürftigen Ehegatten durch Zahlung einer Geldrente; er beinhaltet keine Naturalleistungen mehr. Durch die Trennung soll sich unterhaltsrechtlich, jedenfalls für eine gewisse Zeit, nichts ändern. Der Trennungsunterhalt steht nur hinsichtlich der Vergangenheit zur Disposition der Ehegatten. Ein Verzicht für die Zukunft ist, ebenso wie hinsichtlich des Familienunterhalts, nicht zulässig (§§ 1360a III, 1361 IV 4, 1614 I BGB; zu Vereinbarungen über den Trennungsunterhalt s. Kap. B III. Rn. 86). Zum Unterhalt der während des Bestehens der Ehe geschuldet ist, gehört auch das Taschengeld, das jedem Partner zur freien Verfügung zur Befriedigung seiner persönlichen Bedürfnisse zur Verfügung stehen soll (*BGH* FamRZ 2004, 364). Es beträgt ca. 5 bis 7% des zur Verfügung stehenden Nettoeinkommens (*BGH* FamRZ 2004, 1784). Während der erwerbstätige Ehegatte den entsprechenden Betrag von seinem Einkommen einbehalten kann, muss der haushaltsführende Ehegatte den Basisanspruch notfalls beim Familiengericht durchsetzen. Diesbezügliche Vereinbarungen sind zulässig, sofern sie keinen Verzicht für die Zukunft enthalten.

147a **Formulierungsbeispiel: Taschengeld**

... verpflichtet sich, an ihren Ehemann, der die Haushaltsführung und Kinderbetreuung übernommen hat und selbst nicht berufstätig ist, als gesetzlich geschuldetes Taschengeld monatlich einen Betrag von 6 Prozent ihres Nettoeinkommens jeweils zum Monatsersten zu bezahlen. Hat ... einen Hinzuverdienst, ist er berechtigt, den entsprechenden Betrag des Gesamtnettoeinkommens von seinen Einkünften zu entnehmen. Ist das Taschengeld höher als der Hinzuverdienst, hat er Anspruch auf die Differenz zwischen dem Taschengeldanspruch und seinen Einkünften. Der Notar/Die Notarin hat darauf hingewiesen, dass ein Verzicht auf den Taschengeldanspruch für die Zukunft nicht zulässig ist. Hierzu erklären die Beteiligten, dass sie sich auf den obigen Prozentsatz zur Vermeidung einer familiengerichtlichen Auseinandersetzung geeinigt haben. Auf rückständige Unterhaltsansprüche wird vorsorglich unter gegenseitiger Annahme verzichtet.

Frau ... unterwirft sich wegen der Verpflichtung zur Zahlung des monatlichen Taschengeldes in der derzeitigen Höhe von monatlich ... Euro der sofortigen Zwangsvollstreckung in ihr gesamtes Vermögen. Sie verpflichtet sich, sich wegen etwaiger Erhöhungsbeträge auf Verlangen von ... der Zwangsvollstreckung zu notarieller Urkunde auf ihre Kosten zu unterwerfen.

Gemäß § 1585c S. 1 BGB besteht für Vereinbarungen über die nachehelichen Unterhaltsansprüche nach der gesetzlichen Regelung Vertragsfreiheit. **Vorsorgende Vereinbarungen** können grundsätzlich schon im Zusammenhang mit der Eheschließung und auch vorher geschlossen werden (*BGH* NJW 1985, 1883). Grundsätzlich ist das nacheheliche Unterhaltsrecht vom Grundsatz der Eigenverantwortung geprägt. Nur wer außer Stande ist, für seinen Unterhalt zu sorgen, hat einen Unterhaltsanspruch bei Leistungsfähigkeit des geschiedenen Ehegatten; weitere Voraussetzung ist, dass ein Unterhaltstatbestand gegeben ist (§ 1569 BGB). Eine lebenslange Unterhaltspflicht sollte es nach der am 1.1.2008 in Kraft getretenen Unterhaltsreform nicht mehr geben. § 1578b BGB sieht deshalb eine Herabsetzung des Unterhalts auf den angemessenen Unterhalt und eine zeitliche Begrenzung des nachehelichen Unterhalts vor. Allerdings wurde wegen des Vertrauensschutzes früherer klassischer Haushaltsführungsehen dies wieder bei Ehen von längerer Dauer eingeschränkt. Angesichts dessen, dass insbesondere im Bereich des Kinderbetreuungsunterhalts das gesetzliche Modell hinter dem weit zurückbleibt (vgl. *Dose* JAmt 2009, 1; *Born* FF 2009, 92), was Familiengerichte in ehevertraglichen Regelungen früher für sittenwidrig gehalten haben, ist fraglich, ob und inwieweit die gesetzliche Regelung Maßstab für eine richterliche Inhaltskontrolle sein kann (ähnlich *Wellenhofer* in: Bayer/Koch (Hrsg.), Aktuelle Fragen des Familienrechts, 2009, S. 65 ff.; *Reetz*, ebenda,

VI. Vorsorgende Vereinbarungen über den nachehelichen Unterhalt　　　　　B I

S. 8 ff.; *Münch* FamRZ 2009, 171; *Bergschneider,* FS Hahne, 2012, S. 114). Altverträge, die nach der Rechtsprechung zum früheren Unterhaltsrecht als sittenwidrig angesehen wurden, bedürfen wohl keiner Anpassung, wenn sie der nunmehrigen Rechtslage entsprechen (*BGH* NJW 2011, 2969; vgl. dagegen noch OLG *Hamm* FamRZ 2009, 2093; *Langenfeld* FPR 2005, 134; OLG *Düsseldorf* FamFR 2011, 456). Die richterliche Kontrolle im Unterhaltsrecht ist deshalb grundsätzlich keine Leitbild-, sondern lediglich eine Missbrauchskontrolle (BVerfGE 128, 193; *Münch* FamRB 2011, 90, 93).

2. Grenzen von vorsorgenden Vereinbarungen

a) Verzichts- und Einschränkungsvereinbarungen

Ein unbeschränkter **Verzicht** auf nachehelichen Unterhalt war nach früherer Recht- **148** sprechung der Familiengerichte auch dann wirksam, wenn ein geschiedener Ehegatte wegen der Betreuung eines gemeinschaftlichen Kindes nicht für den eigenen Unterhalt sorgen konnte (*BGH* NJW 1991, 913; 1992, 3164; 1995, 1148, und NJW-RR 1995, 833; OLG *Brandenburg* FamRZ 2013, 1893; zum Verhältnis zur Sozialhilfe vgl. Kap. B III. Rn. 92). Dem begünstigten Vertragsteil wurde es jedoch verwehrt, sich auf den Verzicht zu berufen, wenn die Rechtsausübung aufgrund einer späteren Entwicklung, insbesondere der Notwendigkeit der Betreuung gemeinsamer Kinder, gegen Treu und Glauben verstieß (*BGH* NJW 1987, 2738). Allerdings war auch dann der Anspruch der Höhe nach auf den notwendigen Unterhalt beschränkt, der es dem Ehegatten ermöglichte, sich der Pflege und Erziehung des Kindes zu widmen (*BGH* MittBayNot 1995, 229). Die vertragliche Pauschalregelung führte letztlich dazu, dass der Familienrichter den unbeschränkten Verzicht durch eine (gerade noch) zulässige Verzichtsvereinbarung ersetzte. Aufgrund der Kernbereichslehre der neueren Rechtsprechung wird der nacheheliche Unterhalt, mit unterschiedlicher Gewichtung bei den einzelnen Unterhaltstatbeständen, zu den wichtigsten Scheidungsfolgen gezählt (vgl. Rn. 11a). Aber auch das nacheheliche Unterhaltsrecht steht grundsätzlich zur Disposition der Partner. Ein vereinbarungsfester Kern, unabhängig von der konkreten Ehe, insbesondere der darin praktizierten Rollenverteilung, existiert nicht. Entscheidend sind die Auswirkungen des (teilweisen) Unterhaltsverzichts im Hinblick auf die dem nachehelichen Unterhaltsrecht zugrundeliegenden Gerechtigkeitsprinzipien. Auch im Unterhaltsrecht gelten die Grundsätze zur Inhalts- und Ausübungskontrolle diesbezüglicher Vereinbarungen (*Münch* FamRZ 2009, 171; *Schmitz* RNotZ 2011, 265, 271). So kann ein Verzicht auf nachehelichen Unterhalt unwirksam sein, wenn er die gemeinsamen Lasten einseitig einem Ehegatten auferlegt, der als Verlierer bei einem Scheitern der Beziehung schon feststeht, sich zulasten Dritter auswirkt. Dies ist vor allem der Fall, wenn gemeinsame Kinder nicht mehr ausreichend betreut werden können (so *BGH* NJW 2004, 930). Im Hinblick auf die Bewertung der Haushaltsführung und Kinderbetreuung (*BGH* FamRZ 2001, 986; MDR 2006, 395) können Verzichtsvereinbarungen, die den nicht erwerbstätigen Ehegatten benachteiligen, unwirksam sein. Weitere Einschränkungen für vorsorgende Vereinbarungen über den nachehelichen Unterhalt ergeben sich aus dem Gebot ehelicher Solidarität (*BGH* FamRB 2005, 8), die auch die Ehe überdauert. Es betrifft vor allem die rechtspolitisch umstrittenen Unterhaltstatbestände des Krankheits- und Altersunterhalts (vgl. *BGH* FamRZ 2010, 1414; Johannsen/Henrich/*Büttner* § 1572 Rn. 1 und *Henrich,* FamR, § 15 I, II 2). Beide sollen ohne Ausgleich lediglich bei Eheschließung mit einem bereits kranken oder im Rentenalter stehenden Partner abdingbar sein (vgl. *Hahne* DNotZ 2004, 84, 91). Umstritten war bis zur Unterhaltsrechtsreform 2008 ferner, ob bei Differenzehen der nacheheliche Unterhalt für alle Tatbestände einschließlich des Kinderbetreuungsunterhalts (ablehnend insoweit wohl *Hahne* in: Schwab/Hahne (Hrsg.), Familienrecht im Brennpunkt, S. 180, 195) auf ehebedingte Nachteile beschränkt, also der Höhe nach „gedeckelt" werden konnte (bejahend noch *Langenfeld* FPR 2003, 155,

157). Entscheidend dürften nicht diffuse familiäre Gerechtigkeitserwartungen sein, sondern das Eheverständnis der Beteiligten (vgl. *Grziwotz* MDR 2005, 73, 76). Zu fragen ist, ob die (künftigen) Ehegatten, wenn dies nicht einseitig unter Ausnutzung einer Zwangssituation diktiert wird, ihre Partnerschaft als umfassende Einstehensgemeinschaft unter Einschluss allgemeiner Lebensrisiken oder „lediglich" als Partnerschaftsehe mit Ausgleich ehebedingter Nachteile verstehen. Das prinzipielle Gebot der nachehelichen Eigenverantwortung (§§ 1569, 1574 I BGB) wird eingeschränkt durch das Prinzip der nachwirkenden Mitverantwortung des wirtschaftlich stärkeren Ehegatten (*Gerhardt* FuR 2008, 9, 10). Den Begriff der ehebedingten Nachteile erwähnt das Gesetz nur an zwei Stellen (§§ 1575, 1578b I 2 und 3 BGB; vgl. *Bergschneider*, FS Brambring, 2011, S. 33). Ehebedingte Nachteile ergeben sich regelmäßig aus dem Verzicht auf eine eigene Berufstätigkeit und dem damit verbundenen Verzicht auf eine berufliche Karriere (*BGH* FamRZ 2005, 185; NJW 2012, 2028). Ein ehebedingter Nachteil kann trotz erreichter beruflicher Endposition vorliegen, wenn eine laufbahnübergreifende Beförderung ohne Kinderbetreuung denkbar gewesen wäre (*OLG Köln* FPR 2009, 545). Liegen ehebedingte Nachteile vor, sind diese insbesondere bei einer längeren Ehedauer dauerhaft auszugleichen (*OLG Köln* FamFR 2009, 116; *OLG Karlsruhe* RNotZ 2011, 182; *OLG Brandenburg* FamFR 2012, 179; *OLG Hamm* FamFR 2012, 274). Die Darlegungs- und Beweislast dafür, dass dem Unterhaltsberechtigten keine Nachteile entstanden sind, trägt grundsätzlich der Unterhaltspflichtige. Der Unterhaltsberechtigte muss seinerseits darlegen, welche konkreten ehebedingten Nachteile ihm entstanden sind (BGHZ 185, 1; *BGH* NJW 2010, 3653; 2012, 74, 75; *OLG Celle* NJW-RR 2011, 364). Um den ehebedingten Nachteil der Höhe nach bemessen zu können, muss (bei vorsorgenden Vereinbarungen gleichsam vorausschauend) der Unterschied zwischen dem Einkommen, das der Unterhaltsberechtigte aufgrund der ehebedingten Nachteile erzielen kann, und dem angemessenen Lebensbedarf (§ 1578b I 1 BGB) errechnet werden. Diese Differenz stellt den (geschätzten) ehebedingten Nachteil dar (*BGH* NJW 2010, 3653; vgl. *Graba* FamFR 2010, 553). Der angemessene Lebensbedarf ist das Einkommen, das der berechtigte Ehegatte ohne Ehe und Kindererziehung zur Verfügung hätte, wobei die untere Grenze das Existenzminimum bildet (*BGH* NJW 2009, 3783; 2010, 3097). Allerdings darf nicht allein auf die beiden Einkommen abgestellt werden, wenn andere ehebedingte Vorteile, wie z. B. eine hohe Altersvorsorge ab Eintritt ins Rentenalter, Nachteile kompensieren (*BGH* NJW 2011, 2512; 2012, 2028, 2031). In Abgrenzung zum Aspekt des ehebedingten Nachteils umfasst die nacheheliche Solidarität andere Umstände, die unabhängig von ehebedingten Nachteilen Auswirkungen auf die Unterhaltspflicht haben (z. B. Dauer der Ehe, wirtschaftliche Verflechtung etc.). Zu prüfen ist deshalb beim Krankheitsunterhalt, ob der später erkrankte Ehegatte auf eine eigene Erwerbstätigkeit verzichtet hat und welche Nachteile hieraus bei seiner Erwerbsunfähigkeitsrente eingetreten sind (*BGH* FamRZ 2008, 582 und 1325).

149 Bei einem gegenseitigen Unterhaltsverzicht handelt es sich der Sache nach um ein wechselseitiges Nachgeben, wenn noch unklar ist, wer Berechtigter eines Unterhaltsanspruchs sein wird (vgl. *OLG Koblenz* NJW 2006, 850; *Ehinger* in: Ehinger/Griesche/Rasch, Hdb. Unterhaltsrecht, 6. Aufl. 2010, Rn. 549). Ein **Unterhaltsverzicht** bedarf klarer und eindeutiger Vereinbarungen (vgl. *OLG Hamm* FamRZ 1998, 1295 und *OLG Koblenz* NJWE-FER 1996, 27). Deshalb beinhaltet eine in einem Ehevertrag enthaltene Formulierung, zu eigener Arbeit verpflichtet zu sein und sich selbst zu unterhalten, noch keinen Verzicht auf nachehelichen Unterhalt (*OLG Schleswig* NJW-RR 1993, 836; vgl. auch *OLG Bamberg* NJW-RR 1999, 1095). Beschönigende, mitunter von Mediatoren gewünschte Formulierungen („erlischt endgültig" statt „Verzicht" oder „über das Vereinbarte hinaus soll der frühere Ehegatte möglichst nicht in Anspruch genommen werden") können Anlass späterer Rechtsstreitigkeiten sein (vgl. *OLG Koblenz* FamRZ 2007, 479).

VI. Vorsorgende Vereinbarungen über den nachehelichen Unterhalt

> **Formulierungsbeispiel: Verzicht auf nachehelichen Unterhalt** 149a
>
>
>
> Der Notar hat die Vertragsteile über die Folgen eines Verzichtes auf nachehelichen Unterhalt und über das Risiko belehrt, dass dann im Fall der Scheidung jeder von ihnen für den eigenen Unterhalt Sorge zu tragen hat. Hierzu erklären die Vertragsteile, dass sie beide berufstätig sind (ggf.: über ausreichendes Vermögen und Einkünfte verfügen) und für den eigenen Unterhalt aufkommen können, sowie, dass gemeinsame Kinder nicht mehr geplant (ggf.: zu erwarten) sind.
>
> Die Vertragsteile wurden weiter darauf hingewiesen, dass ein Unterhaltsverzicht nichtig ist, wenn er in Anbetracht der wirtschaftlichen Situation der Eheleute zwingend dazu führen würde, dass der verzichtende Ehegatte auf staatliche Leistungen angewiesen ist oder sich dieser zulasten nachrangiger Unterhaltsschuldner auswirkt oder wenn überwiegende schutzwürdige Interessen entgegen unserer bisherigen Familienplanung vorhandener gemeinsamer Kinder einer eigenen Erwerbstätigkeit des unterhaltsbedürftigen Elternteils entgegenstehen. Ferner kann nach der Rechtsprechung ein Verzicht des nicht erwerbstätigen, insbesondere des haushaltsführenden oder kinderbetreuenden Ehegatten nichtig sein, wenn er ohne angemessene Gegenleistung erfolgt. Schließlich kann es dem begünstigten Vertragsteil verwehrt sein, sich bei einer Scheidung auf den Verzicht zu berufen, wenn die Rechtsausübung aufgrund einer späteren Entwicklung, insbesondere im Falle einer notwendigen Versorgung gemeinsamer Kinder, des Partners oder seiner Angehörigen und einer damit verbundenen Einschränkung der Berufstätigkeit, gegen Treu und Glauben verstieße.
>
> Die Vertragsteile vereinbaren für den Fall der Scheidung ihrer Ehe den gegenseitigen Verzicht auf die Gewährung nachehelichen Unterhalts, auch für den Fall der Not und der Gesetzesänderung, und nehmen diesen Verzicht gegenseitig an. Ausgenommen von diesem Verzicht sind die Unterhaltstatbestände des Unterhalts wegen Alters (§ 1571 BGB) und des Unterhalts wegen Krankheit oder Gebrechen (§ 1572 BGB).

Gegen einen Ausschluss der zwar nicht ehebedingten, von der Rechtsprechung aber 149b zum Kernbereich der **Unterhaltstatbestände** gezählten Ansprüche **wegen Alters und Krankheit** (*BGH* FamRZ 2005, 1449) bestehen keine Bedenken, wenn im Zeitpunkt der Vereinbarung noch nicht absehbar ist, ob, wann und unter welchen wirtschaftlichen Gegebenheiten ein Ehegatte wegen Alters oder Krankheit unterhaltsbedürftig werden könnte, und die Eheleute bereits in einem Alter sind, in dem ein nicht unwesentlicher Teil der Altersversorgung üblicherweise bereits erworben ist (*BGH* FamRZ 2005, 691). Der Umstand, dass sich im „Ernstfall" der Vertrag zulasten des Sozialhilfeträgers auswirken kann, führt nicht zur Sittenwidrigkeit des Vertrags, wenn das Risiko nur abstrakt droht. Gleiches gilt, wenn zum Zeitpunkt des Vertragsschlusses bereits Sozialhilfebedürftigkeit vorliegt (*BGH* DNotZ 2007, 128; vgl. aber *BGH* NJW-RR 2007, 1370). Eine Kompensation im Hinblick auf eine bei Vertragsschluss bereits vorhersehbare Sozialhilfebedürftigkeit (vgl. *BGH* DNotZ 2007, 302), die zur Unwirksamkeit des Vereinbarten führen kann, ist nicht mittels Schonvermögens möglich, da dieses den Sozialhilfeträger nicht entlastet. Der Wohnvorteil, der zur Entlastung von Kosten führt, ist jedoch auch hier zu berücksichtigen (allg. *Münch* FamRB 2009, 149). Mitunter wird empfohlen, den Fall des Notbedarfs vom Unterhaltsverzicht auszunehmen. Da das Gesetz diesen Begriff nicht definiert, muss das Gemeinte in der Regelung tatbestandsmäßig erfasst werden. Der Fall der Grundsicherung, bei der gemäß § 43 III SGB XII Kinder nicht herangezogen werden, soll jedoch meist nicht als Fall der Not definiert werden, da dadurch nur die Staatskasse entlastet würde (anders *Krause* notar 2012, 347, 351).

149c | **Formulierungsbeispiel: Ausnahme Notbedarf**

Vom vorstehenden Unterhaltsverzicht ausgenommen ist der Fall der Not des Unterhaltsberechtigten. Ist dieser auf Sozialhilfe angewiesen und ist die Sozialhilfebehörde berechtigt aus übergegangenen bzw. über übergeleiteten Unterhaltsansprüchen gegen Kinder des Unterhaltsberechtigten diese in Anspruch zu nehmen, bleibt der gesetzliche Anspruch auf nachehelichen Unterhalt, und zwar in voller Höhe, also nicht nur in Höhe etwaiger übergehender oder übergeleiteter Ansprüche der Sozialhilfebehörde, bestehen.
Maßgebend für den Übergang bzw. die Überleitung von Unterhaltsansprüchen sind die Bestimmungen des SGB XII (ggf.: und des SGB II). Nach Entfallen des so definierten Notbedarfs gilt wieder der vereinbarte Unterhaltsverzicht.

Bei einer späteren Erkrankung eines Ehegatten kann zudem die Berufung auf den Ausschluss des nachehelichen Unterhalts rechtsmissbräuchlich (§ 242 BGB) sein (*BGH* FamRZ 2008, 582; 2013, 195). Wollen Ehegatten dennoch, z.B. wegen einer besonderen Lebensführung, die der Partner nicht billigt (z.B. Rauchen, gefährliche Sportart, Workaholic), den Krankheitsunterhalt ausschließen, sollten die diesbezüglichen Umstände dargelegt und eine vorsorgliche Regelung für den Fall der Unwirksamkeit der Vereinbarung getroffen werden.

149d Zum nahezu vereinbarungsfesten Kernbereich haben die Familiengerichte den **Kinderbetreuungsunterhalt** (§ 1570 BGB) gezählt. Bereits eine Abweichung vom früheren Altersphasenmodell der jeweiligen Unterhaltsrichtlinien wurde teilweise als sittenwidrig angesehen (so z.B. *OLG Hamm* FamRZ 2006, 1034). Der *BGH* (FamRZ 2007, 1310) hat demgegenüber auf die Umstände des Einzelfalls abgestellt. Bei der Vertragsanpassung hat er den nicht erwerbstätigen Ehegatten so gestellt, wie er ohne die Ehe und dem mit ihr einhergehenden Erwerbsverzicht stehen würde (*BGH* FamRZ 2007, 974). Umstritten ist, ob der nacheheliche Unterhalt ein einheitlicher Anspruch ist; nach dieser Ansicht könnte die komplizierte Berechnung und deshalb auch bei Vereinbarungen zu berücksichtigende Lehre von den Teilansprüchen, aufgrund derer bei Kinderbetreuung und Teilerwerbstätigkeit ein Teilunterhaltsanspruch nach § 1573 II BGB zu prüfen ist, entfallen. Der *BGH* (FamRZ 2001, 1687, 1691; 2009, 406, 407) geht jedoch davon aus, dass neben dem Kinderbetreuungsunterhalt ein Anspruch nach § 1573 II BGB besteht, falls das bei einer Erwerbstätigkeit erzielbare Einkommen einschließlich des tatsächlich erzielten Einkommens nicht zum vollen Unterhalt ausreicht. Der Anspruch ist (wie § 1615l BGB) Ausdruck der Elternverantwortung (Palandt/*Brudermüller* § 1570 Rn. 2). Er besteht deshalb unabhängig von der Ehedauer und dem Zusammenleben (*BGH* NJW 2005, 3639; vgl. auch *Eickelberg* RNotZ 2009, 1, 11). § 1570 BGB unterscheidet drei aufeinander aufbauende Ansprüche auf Betreuungsunterhalt: Den Basisunterhalt für die ersten drei Lebensjahre (§ 1570 I BGB), den verlängerten Basisunterhalt wegen kindbezogener Belange (§ 1570 I 2 und 3 BGB; das Altersphasenmodell stellt dagegen allein auf das Alter des Kindes ab, *BGH* NJW 2009, 1876) sowie den ausgeweiteten Kinderbetreuungsunterhalt aus Gründen der ehelichen Solidarität (§ 1570 II BGB; vgl. *Berringer/Menzel* MittBayNot 2008, 165, 166; *Elden* FamFR 2012, 290, 291 und *Löhnig/Preisner* NJW 2012, 1479). In den ersten drei Lebensjahren ist der betreuende Ehegatte nicht verpflichtet, einer Berufstätigkeit nachzugehen, auch wenn Betreuungsmöglichkeiten zur Verfügung stünden. Danach wird eine Fremdbetreuung als zumutbar angesehen (*Viefhues* ZNotP 2007, 11, 12). Betreuungsmöglichkeiten sind der Kindergarten, Ganztagsschulen, der Hort und die Tagespflege, dagegen wohl nicht die Großeltern (*Gerhardt* FuR 2008, 9, 11). Den Eltern bleibt es jedoch unbenommen, vertraglich ein davon abweichendes Betreuungskonzept festzulegen (*OLG Jena* RNotZ 2010, 469). So kann bereits für die ersten drei Lebensjahre eine Fremdbetreuung (z.B. Krippe, Kindermädchen, aber auch Großeltern) vereinbart werden (zum daneben verbleibenden Anteil an Betreuung und Erziehung des Kindes BGHZ 177, 272; *BGH* NJW 2009, 1876). Umgekehrt können Eltern auch eine längere Eigenbetreuung vorsehen. Während die

VI. Vorsorgende Vereinbarungen über den nachehelichen Unterhalt

Fremdbetreuung wohl auch bei einer Scheidung weiterhin gilt, wenn nicht kindbezogene Gründe dem entgegen stehen, dürfte ein Erziehungskonzept, das eine Fremdbetreuung der Kinder ausschließt, mit der Scheidung seine Grundlage verlieren (so *Viefhues* ZNotP 2007, 11, 12), wenn die Ehegatten nicht ausdrücklich etwas anderes vereinbaren. Allerdings dürfen sich derartige Vereinbarungen nicht zulasten vorrangig Unterhaltsberechtigter (z. B. Kindern aus einer neuen Verbindung) auswirken (vgl. Rn. 25). Auch der Kinderbetreuungsunterhalt kann somit, wenn dadurch der Anspruch des Kindes auf Betreuung, die freilich nicht unbedingt eine solche durch einen Elternteil sein muss, nicht beeinträchtigt wird, vertraglich modifiziert werden. Die Ehegatten können auch das frühere Altersphasenmodell beibehalten und die Altersgrenzen selbst definieren (vgl. *Berringer/Menzel* MittBayNot 2008, 165, 166). Nichtig ist ein kompensationsloser Ausschluss des Kinderbetreuungsunterhalts jedoch dann, wenn die Ehefrau bereits ein gemeinsames Kleinkind betreut und sie deswegen auf unbestimmte Zeit aus dem Berufsleben ausscheidet und der Vertrag noch nicht einmal den damit bezweckten Erfolg erreicht (*OLG Hamm* FamFR 2009, 104). Anders ist dies, wenn auch ohne Abschluss des Ehevertrags kein Anspruch auf Betreuungsunterhalt besteht (*OLG Jena* RNotZ 2010, 469).

Formulierungsbeispiel: Nachehelicher Unterhalt und Kinderbetreuung 149e

Wir beabsichtigen, zunächst beide vollerwerbstätig zu bleiben. Wenn aus unserer Ehe Kinder hervorgehen, ist es unser gemeinsamer Wille, dass diese zunächst bis zur Vollendung des 3. Lebensjahres des jüngsten Kindes zu Hause von der Mutter betreut werden. Ab Vollendung des 3. Lebensjahres möchte Frau ..., sofern eine Kinderbetreuung durch *(Einrichtungen definieren)* möglich ist, wieder vollerwerbstätig sein. Allerdings ist es unser gemeinsamer Wille, dass das Kindeswohl insoweit Vorrang hat.

Im Übrigen erklären wir nach Hinweis auf das Recht des nachehelichen Unterhalts, dass insbesondere Frau ... wegen des Umstandes, dass Herr ... starker Raucher ist und dies auch nicht einzuschränken beabsichtigt, obwohl dies auch ärztlicherseits geboten wäre, einen nachehelichen Unterhalt wegen Krankheit nicht wünscht. Uns ist bekannt, dass der BGH diesen Unterhaltstatbestand zum Kernbereich der ehelichen Solidarität rechnet; gleichwohl erklären wir, dass wir die eheliche Solidarität im Hinblick auf ehebedingte Nachteile und auch gemeinsames Altwerden akzeptieren, nicht jedoch im Hinblick auf Krankheitsrisiken, die auch unabhängig von der Lebensgemeinschaft eintreten. Insbesondere Frau ... erklärt, dass sie bei einer etwaigen Scheidung, bei der es nicht mehr auf ein Verschulden ankommt, nicht für eine Krankheit ihres Ehemannes einstehen möchte, obwohl sie diesen stets auf die Risiken des Rauchens hingewiesen hat, sie bereits während der gemeinsamen Lebensgemeinschaft die Risiken des Passivrauchens auf sich nehmen musste und sie nicht auch eventuell noch einen Krankheitsunterhalt entrichten will. Dies wird von Herrn ... auch so akzeptiert.

Dies vorausgeschickt vereinbaren wir für den Fall der Scheidung unserer Ehe den gegenseitigen vollständigen Verzicht auf die Gewährung nachehelichen Unterhalts, auch für den Fall der Gesetzesänderung, und nehmen diesen Verzicht gegenseitig an. Von dem vorstehenden Verzicht ausgenommen sind jedoch der Unterhalt wegen Betreuung eines Kindes (§ 1570 BGB) und der Unterhalt wegen Alters (§ 1571 BGB). Sollte entgegen den von uns dargelegten Gründen ein Gericht den Ausschluss des Krankheitsunterhalts nicht akzeptieren, so soll der Unterhalt wegen Krankheit jedenfalls dann ausgeschlossen sein, wenn die Krankheit wegen des Rauchens eines Partners oder sonstiger suchtbedingter Abhängigkeit (z. B. Alkohol, Tabletten, Rauschgift etc.) eintritt. Sollte das Familiengericht den weitergehenden Ausschluss des Krankheitsunterhalts nicht akzeptieren, soll zumindest dieser teilweise Ausschluss des Krankheitsunterhalts für die vorbezeichneten Risiken gelten. Sollte auch dies für unwirksam gehalten werden, so sollen jedoch die vorstehenden Vereinbarungen zum nachehelichen Unterhalt im Übrigen Bestand haben; hinsichtlich des Krankheitsunterhalts gilt dann die gesetzliche Regelung.

149f Ein **Verzicht auf jeglichen nachehelichen Unterhalt**, auch für den Fall der Not und einer Gesetzesänderung, ist nicht von vornherein ausgeschlossen. Voraussetzung ist, dass die gesamten Umstände der geplanten Ehe (z. B. Doppelverdiener, vorgerücktes Alter, keine gemeinsamen Kinder, gesicherte Altersvorsorge, erhebliches Vermögen) eine Unangemessenheit nicht erkennen lassen. Dies gilt auch dann, wenn ein Partner nicht voll erwerbstätig ist, aber bei einer Scheidung die Chance einer Ausweitung seiner Berufstätigkeit hat (*AG Kandel* FamRZ 2006, 345). Problematisch ist ein Unterhaltsverzicht, wenn ehebedingte Nachteile (z. B. Einschränkung der Berufstätigkeit zur Betreuung von Dritten im Interesse des Partners, Einreise ins Inland bei Sprachunkundigkeit) nicht ausgeglichen werden (*BGH* DNotZ 2007, 302; FamRZ 2007, 1157). Allerdings muss hierzu der ehebedingte Nachteil ermittelt werden. In Fällen, in denen der Unterhaltsberechtigte in seine Heimat zurückkehrt, empfiehlt es sich, Kaufkraftunterschiede zu berücksichtigen (*Volmer* MittBayNot 2008, 420).

149g Gesetzliche Unterhaltsansprüche sind zwar nur bedingt pfändbar (§ 850b BGB). Gleichwohl sind sie Bestandteil der Insolvenzmasse. Während des **Insolvenzverfahrens** kann deshalb der betreffende Ehegatte nicht ohne Zustimmung des Insolvenzverwalters auf Unterhaltsansprüche ganz oder teilweise verzichten (*BGH* NJW-RR 2010, 474, 475).

149h Häufig lehnen junge Paare, vor allem wenn beide erwerbstätig sind und weitgehend auch bleiben wollen, sowie ältere Paare, die keine ehebedingten Einschränkungen ihrer Erwerbsbiographie mehr erfahren, zwar nicht eine nacheheliche Unterhaltspflicht als solche ab, wollen aber den Unterhalt der Höhe nach auf den angemessenen Lebensbedarf beschränken. Damit bestimmt sich der Unterhaltsanspruch nach der Lebensstellung die der Unterhaltsberechtigte ohne die Ehe und der damit eventuell verbundenen Erwerbsnachteile erlangt hätte. Die besseren Verhältnisse des Verpflichteten bleiben, auch wenn sie die ehelichen Lebensverhältnisse bestimmt haben, außer Betracht (*BGH* NJW 2010, 3097 und 3653; 2011, 303). Dies kann auch vereinbart werden, wenn die Ehe von langer Dauer war und nach der gesetzlichen Regelung keine Herabsetzung mehr erfolgen würde (*OLG Celle* FPR 2009, 63; *OLG Hamm* NJW-RR 2012, 2; *Strohal* FPR 2011, 141). Um eine Unwirksamkeit zu vermeiden, kann eine Übergangspflicht, eventuell gestaffelt nach der Ehedauer, vorgesehen werden.

149i **Formulierungsbeispiel: Vereinbarung zum Maß des Unterhalts**

> Hinsichtlich des nachehelichen Unterhalts soll es grundsätzlich bei der gesetzlichen Regelung verbleiben. Das Maß des Unterhalts des Anspruchs des geschiedenen Ehegatten soll sich jedoch (... Jahre nach Rechtskraft des Scheidungsverfahrens bzw. wenn die Ehe mindestens ... Jahre bis zu diesem Zeitpunkt gedauert hat, ... Jahre danach) nicht nach den ehelichen Lebensverhältnissen richten, sondern auf den angemessenen Lebensbedarf i. S. v. § 1578b I 1 BGB herabgesetzt werden, und zwar unabhängig vom Vorliegen der in § 1578b BGB dafür geregelten Voraussetzungen. Auf einen weitergehenden nachehelichen Unterhaltsanspruch wird unter gegenseitiger Annahme von beiden Vertragsteilen verzichtet (evtl. Regelung nach § 1586b BGB, vgl. Rn. 151a).

149j Verträge, die einen Wegfall auch des Kinderbetreuungsunterhalts bei Vorliegen einer groben Unbilligkeit (§ 1579 BGB) oder einem Scheidungsverschulden unabhängig von den Belangen gemeinschaftlicher Kinder regeln, können nichtig sein (vgl. *OLG München* FamRZ 2006, 1449). Erfolgt eine Anpassung im Wege der Ausübungskontrolle, erfolgt keine zeitliche Begrenzung auf den Zeitraum des voraussichtlichen Vorliegens der Gründe für die richterliche Ergänzung; der Wegfall dieser Voraussetzungen ist in einem Abänderungsantrag nachzuweisen (*KG* FamRZ 2012, 1947; zur Beweislast des Nichtvorliegens ehebedingter Nachteile *BGH* NJW 2010, 1813; *OLG Saarbrücken* NJW-RR 2010, 1303).

b) Unterhaltsverstärkende Vereinbarungen

Seit der Unterhaltsreform spielt die vertragliche **Besserstellung** durch Unterhaltsvereinbarungen verstärkt eine Rolle. Betroffen ist vor allem der Ehegatte, der zur Haushaltsführung, Kinderbetreuung oder Versorgung alter Angehöriger des Partners auf eine eigene Erwerbstätigkeit verzichtet oder diese zunächst einschränkt. Meist stehen sie im Zusammenhang mit einer ausdrücklichen oder zumindest konkludenten Rollenverteilungsabrede (vgl. *Eickelberg* RNotZ 2009, 1, 17). Beispiel ist die Vereinbarung eines Altersphasenkinderbetreuungsunterhalts nach § 1570 BGB a. F. Häufiger als die Rückkehr zur früheren Regelung sind individuelle Modelle, bei denen der Basisunterhalt über das dritte Lebensjahr hinaus (z. B. bis zur Einschulung) verlängert oder auf die Zahl der zu betreuenden Kinder abgestellt wird. Bedeutung haben auch Kinder mit besonderen Bedürfnissen (sog. Problemkinder; vgl. *Heidenhoff* DNotZ 2012, 494, 504). Derartige Vereinbarungen können das gesetzliche Rangverhältnis (§ 1609 BGB) nicht ändern. Sie sind deshalb nur unproblematisch, wenn kein Mangelfall eintritt (*Münch* notar 2009, 286, 287. Besteht ausreichendes Einkommen, kann auch der Rang verändert werden, da dadurch Dritte nicht benachteiligt werden (*Herrler* FPR 2009, 506, 509). Insofern ist stets zu prüfen, ob nicht bereits weitere Unterhaltsberechtigte (z. B. voreheliche Kinder und deren Elternteile) vorhanden sind. Ist dies nicht der Fall, werden sie meist unter dem stillschweigenden Vorbehalt stehen, dass später kein Mangelfall eintritt. Zwar dürfte mangels unmittelbaren Eingriffs in die Rechtsposition noch unbekannter Personen kein unzulässiger Vertrag zu Lasten Dritter vorliegen (ebenso *Schmitz* RNotZ 2011, 265, 277). Ob allerdings die Rechtsprechung die vertraglich begründete Angewiesenheit auf Sozialhilfe späterer Kleinkinder akzeptieren wird, ist derzeit offen. Als Ausweg bietet sich an, die Vereinbarung für diesen Fall als abänderbar (§ 239 FamFG) auszugestalten. Das spätere Hinzutreten gesetzlich vorrangiger unterhaltspflichtiger Personen wirkt sich auf die Unterhaltshöhe aus (*Herrler* FPR 2009, 506, 510; *Schmitz* RNotZ 2011, 265, 276). Allerdings ist dadurch der Wunsch des betreffenden Ehegatten, dass sich die zu seinen Gunsten getroffene Regelung gegenüber Ansprüchen aus einer neuen Beziehung durchsetzt (vgl. *Münch* FamRB 2011, 90, 93) nicht mehr gewährleistet. **Muster:** *Münch* MittBayNot 2012, 10, 13: Verlängerung des Basisunterhalts und Vereinbarung eines individuellen Altersphasenmodells.

Verstärkende Unterhaltsvereinbarungen können **novierend** sein. In diesem Fall tritt an die Stelle der gesetzlichen Unterhaltspflicht ein darüber hinausgehender vertraglicher Anspruch.

Die Zusage einer Leibrente durch den nach den gesetzlichen Bestimmungen eigentlich unterhaltsberechtigten Ehegatten für den Fall einer Scheidung kann jedoch sittenwidrig sein (*OLG Karlsruhe* FamRZ 2007, 447). Gleiches gilt für eine **einkommensunabhängige Unterhaltsverpflichtung** ohne Berücksichtigung der Leistungsfähigkeit des Betroffenen (*BGH* NJW 2009, 842; *OLG Celle* MittBayNot 2006, 243; *Reetz* NotBZ 2009, 37ff.). Eine das Leistungsvermögen übersteigende Verpflichtung ohne Gefährdung des notwendigen Selbstbehalts wurde bisher lediglich in begründeten Ausnahmefällen von den Gerichten herabgesetzt (*OLG Bamberg* FamRZ 1998, 83; *OLG Düsseldorf* FamRZ 2002, 1118 und *OLG Saarbrücken* OLGR 2004, 13), dürfte aber nunmehr bei Sozialhilfebedürftigkeit des Verpflichteten nichtig sein. Zudem gilt auch bei unterhaltsverstärkenden Vereinbarungen (z. B. einer lebenslangen Unterhaltsverpflichtung), dass eine Berufung auf eine Störung der Geschäftsgrundlage möglich bleibt (*BGH* NJW 2012, 1209 zur Änderung der Rechtslage). Lauten Unterhaltspflichten auf bestimmte Beträge, kann eine notarielle Zwangsvollstreckungsunterwerfung die Durchsetzbarkeit erleichtern. Eine Vollstreckbarerklärung ist jedoch nicht hinreichend bestimmt und deshalb zur Zwangsvollstreckung ungeeignet, wenn der Titel „unter Anrechnung von …" erteilt wird (vgl. *BGH* NJW 2006, 695).

3. Steuern

149m Ein **Ausgleich** für einen (Teil-)Verzicht auf nachehelichen Unterhalt soll schenkungssteuerrechtlich eine freigiebige Zuwendung sein (*BFH* DStR 2008, 348). Grund ist, dass bei Vertragsabschluss noch ungewiss ist, ob und wann die Ehe später geschieden wird und wie sich dann die Höhe des Unterhalts bemisst. Einkommensteuerrechtlich ist der unterhaltsberechtigte Ehegatte bei einer späteren Unterhaltszahlung – auch ohne entsprechende Vereinbarung – zur Zustimmung zum Realsplitting verpflichtet, wenn ihm die eintretenden Nachteile ersetzt werden (vgl. *BGH* MittBayNot 2006, 149; *OLG Schleswig* NJW-RR 2007, 660 und *Weidlich* FamRZ 2007, 1602). Ausgleichszahlungen für einen Unterhaltsverzicht können, sofern sie nicht als Sonderausgaben im Rahmen des Realsplittings bis zum Höchstbetrag abgezogen werden, nur nach § 33a EStG Berücksichtigung finden (*BFH* FamRZ 2008, 2024; vgl. *OFD Münster* DStR 2011, 313 und *Geserich* DStR 2011, 294ff.). **Muster:** Bergschneider/*Hamm*, Beck'sches Formularbuch Familienrecht, 3. Aufl. 2010, Form. F IV 1–16; *Münch*, Unterhaltsvereinbarungen nach der Reform, insbes. Rn. 173ff.; *Reetz* in: Beck'sches Formularbuch Bürgerliches, Handels- und Wirtschaftsrecht, 11. Aufl. 2013, Form. V 12–14.

VII. Weitere Regelungsbereiche und Fehlerquellen

150 Ein Ehevertrag enthält häufig auch **Verfügungen von Todes wegen** (vgl. *Mayer* FPR 2006, 129 und *Sarres* FuR 2005, 500; zur Inhaltskontrolle *Kuchinke* FPR 2006, 125). Schließen Verlobte einen Ehe- und Erbvertrag (§ 2276 II BGB), so wird der Ehevertrag erst mit Eheschließung wirksam. Da beide Verträge selbständig bleiben, sollte im Erbvertrag ausdrücklich geregelt werden, ob seine Rechtsfolgen bereits ab Vertragsschluss oder erst wie beim Ehevertrag ab Eheschließung eintreten. Die Selbständigkeit beider Verträge wirkt sich auch bei einem Rücktritt vom Erbvertrag aus, der den Ehevertrag unberührt lässt (BGHZ 29, 129; *OLG Frankfurt* DNotZ 2003, 861; *OLG Düsseldorf* FamRZ 2014, 68). Wird ein Ehevertrag in einer Trennungssituation geschlossen, so ist an die Aufhebung bestehender Verfügungen zu denken, gegebenenfalls auch an einen Erbverzicht (zur Bewertung *LG Krefeld* RNotZ 2004, 418). Zudem werden die (Noch-) Ehegatten in dieser Situation häufig bereits „Geschiedenentestamente" errichten wollen (s. nur *Kanzleiter* ZNotP 2003, 127; vgl. *BGH* FamRB 2009, 81; *OLG Düsseldorf* NJW-RR 2011, 1642; *OLG Köln* FamRZ 2012, 1755).

151 Folgt man einer in der Literatur vertretenen Ansicht (*Dieckmann* FamRZ 1999, 1029; *Haußleiter* NJW-Spezial 2005, 535; Palandt/*Brudermüller* § 1586b Rn. 8), so führen ein Erbverzicht ohne Pflichtteilsvorbehalt und ein **Pflichtteilsverzicht** zum Verlust des Anspruches auf nachehelichen Unterhalt beim Tod des Verpflichteten (a.A. *Grziwotz* FamRZ 1991, 1258; *Keim* FPR 2006, 145, 146; *Pentz* FamRZ 1998, 1344; Johannsen/Henrich/*Büttner* § 1586b Rn. 9). Dass diese Meinung nicht richtig ist, zeigt bereits das Beispiel eines gegenständlich beschränkten Pflichtteilsverzichts. Ein ausdrücklicher Vorbehalt ist dennoch bis zu einer höchstrichterlichen Klärung empfehlenswert (*Stein* FamFR 2010, 24; zu Abfindungszahlungen *Weber* FPR 2005, 294).

151a **Formulierungsbeispiel: Ausnahme § 1586b BGB**

> Der vorstehende Pflichtteilsverzicht beinhaltet ausdrücklich keinen Verzicht auf nachehelichen Unterhalt nach § 1586b BGB für den Fall des Vorversterbens des unterhaltspflichtigen Ehegatten.

152 Vereinbaren Ehegatten unter Beibehaltung des Versorgungsausgleichs einen Verzicht auf nachehelichen Unterhalt, so kann dies zu einem **Verlust von Rentenansprüchen**

VII. Weitere Regelungsbereiche und Fehlerquellen

führen, wenn der ausgleichspflichtige geschiedene Ehegatte eine gekürzte Rente bezieht und der ausgleichsberechtigte Teil mangels Erreichen der Altersgrenze noch keine Rente erhält. Grund ist das Entfallen des Rentner- oder Pensionsprivilegs. In Fällen gesetzlicher Unterhaltspflicht kann die Rentenkürzung auf Antrag vermieden werden (§ 33 VersAusglG). Voraussetzung ist u.a., dass sich der Unterhaltsanspruch des Berechtigten durch die Kürzungen des Versorgungsausgleichs verringert hat. Bei einer Unterhaltsvereinbarung ist § 33 VersAusglG anwendbar, sofern der gesetzliche Unterhaltsanspruch nur modifiziert wird (*BVerwG* NJW-RR 1994, 1219 und *BSG* NJW-RR 1996, 899; vgl. *Müller* FamRZ 2005, 1721); denkbar ist auch die Vereinbarung einer Kapitalabfindung für den nachehelichen Unterhalt (*BVerwG* DÖV 1999, 1050; *Götsche* ZFE 2010, 407, 410; vgl. aber *BSG* NJW-RR 1996, 897 zu den Anforderungen). Anders als nach früherer Rechtslage ist die Höhe des Unterhaltsanspruchs nicht mehr belanglos. Die Höhe des Unterhaltsprivilegs ist nach § 33 VersAusglG doppelt begrenzt, nämlich zum einen auf die Höhe des gesetzlichen Unterhaltsanspruchs und zum anderen auf die Höhe der Differenz der beiden Ausgleichswerte.

Weiter als bisher angenommen bestehen auch zwischen dem nachehelichen **Unterhaltsrecht** und dem **Zugewinn** Überschneidungen, die zu erheblichen Benachteiligungen eines Ehegatten führen können (vgl. *Gerhardt/Schulz* FamRZ 2005, 145; *Münch* NJW 2008, 1201). Wird eine gesellschaftsrechtliche Mitarbeiterbeteiligung oder eine Abfindung im Unterhalt als Einkommen herangezogen, kann diese im Zugewinn nicht mehr als Vermögensposition angesetzt werden (*BGH* FamRZ 2003, 432; 2004, 1352; 2007, 865; 2010, 1311; *OLG München* FamRB 2004, 388; *Clauss-Hasper* FamFR 2010, 387). Allerdings lässt sich eine Doppelverwertung wegen des Stichtagsprinzips beim Zugewinn nicht vollständig vermeiden.

Bei der **Verbindung** von vermögensrechtlichen und nicht vermögensrechtlichen Vereinbarungen im Ehevertrag sind zunächst die Regelungsschranken der jeweiligen Materie zu beachten. So kann beispielsweise die Personensorge – anders als die Vermögenssorge – für ein gemeinschaftliches Kind nicht unter den Ehegatten aufgeteilt werden (*BGH* FamRZ 1980, 1107, 1108; vgl. auch Kap. B V.Rn. 43). Schließlich ist in jedem Fall zu prüfen, ob zwischen vermögensrechtlichen und nicht vermögensrechtlichen Regelungen eine Verbindung dergestalt hergestellt werden soll, dass Letztere zum (möglicherweise sittenwidrigen) Gegenstand eines Handels werden (*BGH* NJW 1984, 1951: Verknüpfung der Regelung der elterlichen Sorge mit einer Freistellung von Unterhaltszahlungen und *OLG Karlsruhe* MDR 2000, 1016: Unterhaltskürzung, wenn Elternteil die Kinder zu sich nimmt). Gegen die guten Sitten verstößt jedenfalls eine Vereinbarung, in der die Ehefrau nach langjähriger Ehe auf nachehelichen Unterhalt und alle in der Ehe erworbenen Vermögenswerte verzichtet, um damit ihr Versprechen künftiger ehelicher Treue zu manifestieren (*OLG Zweibrücken* FamRZ 1996, 869). **153**

Bei Regelungen, die „für den Fall der Scheidung" getroffen werden, ist schließlich darauf zu achten, dass diese Formel nicht auch eine bedingungsfeindliche Auflassung (§ 925 II BGB) hinsichtlich eines Grundstücks einleitet, das als Abfindung übereignet werden soll. **154**

Ob die Nichtigkeit einer Vereinbarung in einem Ehevertrag zur Gesamtnichtigkeit des Vereinbarten führt, ist eine Frage des Einzelfalls. Bei einem „Dreisprung" (Gütertrennung, Unterhaltsverzicht und Versorgungsausgleichsausschluss) wird dies häufig bejaht, wenn der Unterhaltsverzicht nichtig ist. Ergibt die Gesamtbetrachtung eines Ehevertrages, dass dessen Inhalt für eine Partei ausnahmslos nachteilig ist und seine Einzelregelungen durch keine berechtigten Interessen der anderen Partei gerechtfertigt werden, führt dies zur Sittenwidrigkeit, die notwendigerweise den gesamten Vertrag erfasst. Die so genannte personale Teilunwirksamkeit zu Lasten des begünstigten Ehegatten schließt eine Aufrechterhaltung der unangemessenen Regelung in Höhe des gerade noch Zulässigen aus (*BGH* FamRZ 2006, 1097; *Brambring* NJW 2007, 865; *ders.* FPR 2005, 130; *Sanders* FPR 2007, 205 und *Grziwotz* FF 2004, 275). Pauschale **salvatorische Klauseln** **154a** im einseitigen Ehevertrag helfen deshalb im Regelfall nicht. Gleichsam als Strafe treten an die Stelle der unwirksamen Regelung zwingend die gesetzlichen Bestimmungen (ähnlich *Brandt* MittBayNot 2004, 278, 280; *Langenfeld* ZEV 2004, 311, 314; *Münch* ZNotP 2004, 122, 127; a. A. *Rauscher* DNotZ 2004, 524, 542). Allerdings bleibt die Möglichkeit, eine konkrete Hilfslösung vorzusehen, die an die Stelle einer unwirksamen Bestimmung tritt. Insofern können sich **"Stufenlösungen"** des Inhalts empfehlen, dass bei Unwirksamkeit eines umfassenden Verzichts auf nachehelichen Unterhalt ein Ausschluss verschiedener Unterhaltstatbestände verbunden mit einer zeitlichen und höhenmäßigen Begrenzung treten soll. Allerdings sollte dies nicht dergestalt erfolgen, dass zugunsten des stärkeren Teils jeweils eine gerade noch zulässige Regelung durchgesetzt wird; in diesem Fall dürfte bereits wegen der Art der Gestaltung auch die Hilfslösung unwirksam sein, da sie wiederum einseitig die Ehevertragsfreiheit ausnutzt. Hilfslösungen statt salvatorischer Klauseln sind deshalb vor allem in Bereichen möglich, in denen die Rechtsprechung bisher keine sichere Linie entwickelt hat. Dies ist insbesondere im nachehelichen Unterhaltsrecht der Fall. Bei späteren Änderungen, bei denen der Richter eine Anpassung nach dem Maßstab des § 242 BGB vornimmt, sind pauschale salvatorische Klauseln ebenfalls wenig hilfreich. Insbesondere können sie den Richter nicht auf das gerade noch Zulässige verpflichten, da er eine angemessene Regelung zu finden hat (vgl. *Hahne* DNotZ 2004, 84, 95).

154b Die Vereinbarung eines **privaten Schiedsgerichts** anstelle des Familiengerichts ist nicht für den Ausspruch der Scheidung und die Ehe- und Kindschaftssachen möglich (*BGH* DNotZ 1996, 694; BayObLGZ 1999, 255, 268; *Huber* SchiedsVZ 2004, 280, 281). Schiedsfähig sind dagegen die Ansprüche aus dem Güterrecht und dem Unterhaltsrecht sowie schuldrechtliche Ausgleichszahlungen beim Versorgungsausgleich, nach wohl h. M. nicht hinsichtlich des Wertausgleichs (*Huber* SchiedsVZ 2004, 280, 281; *Schiffer/Reinke* ZFE 2005, 420). Schiedsfähig sind auch Ansprüche hinsichtlich der Haushaltsgegenstände; allerdings können Entscheidungen des Schiedsgerichts Rechtsverhältnisse zu Dritten nicht ändern. Ansprüche aus dem Kindesunterhalt sind nicht schiedsfähig (*Schumacher* FamRZ 2004, 1677, 1680). Schiedsgutachten und Schiedsverträge können vor allem für komplizierte Wertermittlungen bei Unternehmen von Bedeutung sein.

VIII. Auslandsberührung

155 In Fällen mit **Auslandsberührung** regeln – sofern nicht ein vorrangig zu beachtender Staatsvertrag besteht – Art. 14 EGBGB die allgemeinen Ehewirkungen, Art. 15 EGBGB den Güterstand (vgl. aber den Vorschlag für die europäische EhegüterR-VO und dazu *Döbereiner* MittBayNot 2011, 463; *Kohler/Pintens* FamRZ 2011, 1433, 1435; *Süß* ZNotP 2011, 282, 288), Art. 17 EGBGB die Scheidungsfolgen, Art. 17a EGBGB die Nutzungsbefugnis für die im Inland belegene Ehewohnung und die im Inland befindlichen Haushaltsgegenstände sowie Art. 18 EGBGB die Unterhaltsberechtigung (s. aber die EuUntVO und dazu *Motzer* FamRBint 2011, 57; *Süß* ZNotP 2011, 282; DNotI-Report 2011, 57 und dazu Kap. H Rn. 169 ff.; vgl. auch *Leopold/Kazemi* ZFE 2005, 424; *Vlassopoulou* FamFR 2010, 244). Bei Eheverträgen mit ausländischen Partnern können sich bei einer Wohnsitzverlegung Besonderheiten ergeben (ausführlich dazu *Kanzleiter* notar 2008, 354).

IX. Form und Kosten

1. Formvorschriften

156 Ein **Ehevertrag** muss bei gleichzeitiger Anwesenheit beider Teile zur Niederschrift eines Notars geschlossen werden (§ 1410 BGB). Auch ein Vorvertrag ist formbedürftig;

dies gilt auch für eine unwiderrufliche Vollmacht zum Abschluss eines Ehevertrages und die einem Dritten gegenüber übernommene Verpflichtung zum Abschluss eines Ehevertrages. Die widerruflich erteilte Vollmacht zum Abschluss eines Ehevertrages bedarf dagegen grundsätzlich keiner notariellen Beurkundung (*BGH* DNotZ 1999, 46 und *Kanzleiter* NJW 1999, 1612; a. A. *Vollkommer/Vollkommer* JZ 1999, 522), ebenso die Genehmigung bei einer Vertretung ohne Vertretungsmacht (a. A. Staudinger/*Thiele* § 1410 Rn. 6). Für die Eintragung in das Güterrechtsregister ist die Vollmacht bzw. Zustimmung in öffentlich beglaubigter Form nachzuweisen (*KG* FPR 2002, 186). Stellvertretung – auch bei einem Insichgeschäft (str.) – ist möglich (*LG Braunschweig* NJWE-FER 2000, 50; *Werl* FPR 2010, 450, 452; *Gernhuber/Coester-Waltjen* § 32 Rn. 17); allerdings dürfte der Fall des Selbstkontrahierens grundsätzlich zu verstärkter richterlicher Inhaltskontrolle Anlass geben. Die notarielle Form gilt ferner für die **Rechtswahl** (Art. 14 IV, 15 III EGBGB) sowie für **Vereinbarungen über den Zugewinnausgleich** während eines Scheidungsverfahrens (§ 1378 III 2 BGB; vgl. *KG* NotBZ 2013, 384; *OLG Hamm* FamFR 2013, 511) und für Vereinbarungen über den **Versorgungsausgleich** bei einem Vertragsschluss vor Rechtskraft der Entscheidung über den Wertausgleich (§ 1408 II BGB; § 7 I VersAusglG). Auch die Aufhebung der Änderung des Güterstandes bedarf nach neuerer Ansicht der Form des Ehevertrags (*OLG Frankfurt* NJWE-FER 2001, 228; *Leitzen* BWNotZ 2012, 86, 91). Ein Vergleichsabschluss im schriftlichen Verfahren nach § 278 VI ZPO genügt nach § 1585c S. 3 BGB den Formerfordernissen, auch wenn die entsprechende Folgesache nicht anhängig ist. Dies gilt nach dem klaren Wortlaut des Gesetzes nur für einen in einer Ehesache geschlossenen Vergleich (h. M., s. nur *Bergschneider* FamRZ 2008, 17, 18; *Büte* FuR 2008, 177, 178; *Kleffmann* FuR 2009, 145, 150; *Weil* FPR 2010, 450, 453; *Zimmer* NJW 2013, 3280; a. A. *OLG Oldenburg* FamRZ 2013, 385 bei Vertretung beider Seiten durch Anwälte und *Steininger* FamFR 2011, 529, 531). Ein außergerichtlicher Anwaltsvergleich genügt dagegen dem Formerfordernis nicht.

Formlos möglich sind die Regelung der Rollenverteilung und der Einzelheiten der ehelichen Lebensgemeinschaft. Keiner Form bedarf grundsätzlich auch eine Vereinbarung über den ehelichen Unterhalt und den Getrenntlebensunterhalt, sofern nicht wegen des Inhalts ein Formzwang gegeben ist (vgl. §§ 311b I, 518 und 761 BGB; vgl. *Steininger* FamFR 2011, 529, 530 und *Steininger/Viefhues* FPR 2011, 114, 115). Vereinbarungen über den nachehelichen Unterhalt, die vor Rechtskraft der Scheidung getroffen werden, bedürfen seit 1.1.2008 der notariellen Beurkundung (§ 1585c S. 2 BGB; vgl. *Bergschneider* FamRZ 2008, 17; *Reinecke* ZFE 2009, 252; *Steer* notar 2008, 361, 365); formfrei sind nur Vereinbarungen nach der Rechtskraft der Scheidung. Dies gilt auch für die Abänderung einer vor der Rechtskraft der Scheidung notariell beurkundeten Unterhaltsvereinbarung, sofern diese nicht eine Einschränkung der Abänderung nur durch notarielle Erklärung enthält (*Steininger* FamFR 2011, 529). Der Beurkundungszwang gilt auch bei einer Vereinbarung über den Versorgungsausgleich, die vor Rechtskraft der Entscheidung über den Wertausgleich geschlossen wird. Maßgeblicher Zeitpunkt ist im Verbundverfahren die Rechtskraft der Ehescheidung, im isolierten Verfahren die Rechtskraft des dortigen Beschlusses (§ 7 I VersAusglG). Bei Vereinbarung im Ehevertrag ist dessen Form einzuhalten (§ 7 III VersAusglG). Eine persönliche Anwesenheit ist bei Vereinbarungen nach § 7 VersAusglG nicht erforderlich (*Ruland* NJW 2009, 1697). Auch bei einer Verbindung von formbedürftigen mit anderen Vereinbarungen erstreckt sich das Formerfordernis auf die damit im Zusammenhang stehenden Vereinbarungen (so ganz h. M. z. B. *Henjes* in: FAKomm-FamR § 1410 Rn. 8; *Grziwotz* FamRB 2006, 23; *Herr* FuR 2005, 542; teilw. abw. nur *Kanzleiter* NJW 1997, 217). Formbedürftig ist auch die Abänderung einer innerhalb eines umfassenden Ehevertrags notariell beurkundeten Vereinbarung (*OLG Düsseldorf* OLGR 1993, 9; *OLG Frankfurt* DNotZ 2004, 939); dies gilt auch dann, wenn der Regelungsgegenstand als solcher isoliert keiner Beurkundungspflicht unterliegt (*OLG Bremen* FamRZ 2011, 304). Nur ausnahmsweise kann die Berufung auf eine Formnichtigkeit treuwidrig sein (*OLG Celle* FamRBint 2008, 2); auch eine Innengesellschaft ist bei einer Regelung hinsichtlich eines Vermögensgegenstandes im Zusammenhang mit dem Zugewinnausgleich nicht anzunehmen (*OLG Karlsruhe* FamRZ 2009, 1670).

158 Bei **Verbindung eines Erbvertrags** mit einem Ehevertrag genügt die für den Ehevertrag vorgeschriebene Form (§ 2276 II BGB). Eine Stellvertretung ist jedoch wegen § 2274 BGB ausgeschlossen. Umstritten ist, ob ein Rücktritt von einem kombinierten Vertrag der notariellen Beurkundung bedarf (so *OLG Hamm* NJWE-FER 1998, 275; a.A. *Kanzleiter* DNotZ 1999, 122).

2. Kosten

159 Der Geschäftswert bei **Eheverträgen** bestimmt sich nach der Summe der Werte der gegenwärtigen Vermögen beider Ehegatten, außer es ist nur das Vermögen eines Ehegatten betroffen. Verbindlichkeiten werden bis zur Hälfte des Aktivvermögens abgezogen. Bezieht sich der Ehevertrag nur auf bestimmte Vermögensgegenstände oder Ansprüche, ist deren Wert maßgeblich; bei künftigen Vermögenswerten mit 30 % ihres Wertes, § 100 GNotKG). Auch wenn sich der Vertrag auf bestimmte Gegenstände bezieht, für die der Wert ohne Schuldenabzug maßgeblich ist, gilt diese Höchstgrenze (vgl. auch § 100 II GNotKG).

160 Der Geschäftswert bei Vereinbarungen über den **Versorgungsausgleich** ist nach § 36 I GNotKG zu bestimmen; wenn gleichzeitig ein anderer als der bisherige Güterstand vereinbart wird, liegt Gegenstandsverschiedenheit vor (§ 111 Nr. 2 GNotKG). Der Wert für Regelungen über den **Getrenntlebens- und Scheidungsunterhalt** ist nach § 52 GNotKG zu bestimmen; beide Ansprüche sind gesondert zu bewerten (str.). Bei Vereinbarungen über das **eheliche Zusammenleben** bestimmt sich der Geschäftswert nach § 36 II GNotKG.

161 Die Gebühr ist eine 2,0-Gebühr. Bei Beurkundung eines Ehe- und Erbvertrages sind die Werte der beiden Verträge zusammenzurechnen (§ 35 GNotKG); die traditionelle Vergünstigung des § 46 III KostO ist ersatzlos beseitigt. § 48 GNotKG ist auf Eheverträge nur anwendbar, wenn das Geschäft die Betriebsfortführung betrifft (str., vgl. *Reimann* MittBayNot 1989, 117, 121).

X. Präambeln und Belehrungen

162 Der Notar hat bei Vorbereitung eines Ehevertrages die persönlichen und wirtschaftlichen Verhältnisse der Beteiligten sowie das gelebte oder beabsichtigte Ehemodell zu erfragen. Das Ergebnis sollte im Hinblick auf die Unterscheidung und die Folgen der richterlichen Inhaltskontrolle bei der Wirksamkeits- und der Ausübungskontrolle in einer Präambel des Vertrags dokumentiert werden (s. nur *Gageik* RNotZ 2004, 295, 311). Das Eheverständnis der Parteien spielt für die Auslegung und Anpassung des Vertrages eine Rolle. Auch das Beurkundungsverfahren (Besprechungen, Entwürfe, Prüfung durch Anwälte, Steuerberater etc.) kann in dieser Einleitung unter Angabe der Daten dokumentiert werden (vgl. *BGH* NJW 2014, 1101). Allerdings dürften **Phantasie- oder Märchenpräambeln**, die nur dazu dienen, eine Wirksamkeitskontrolle zu verhindern, wenig hilfreich sein.

Die Vertragsteile sind bei Beurkundung eines **Ehevertrages** über die güter- und erbrechtlichen Folgen ihrer Vereinbarungen zu belehren (vgl. *Koch*, FS Werner, 2009, S. 472, 479; *Mayer* FPR 2012, 563). Bei offensichtlicher Sittenwidrigkeit muss der Notar die Beurkundung ablehnen (*Koch*, FS Werner, 2009, S. 472, 477), allerdings wird dieser Fall auf die unterschiedliche Rechtsprechung nur in Ausnahmefällen gegeben sein.

163 Bei Vereinbarungen über den nachehelichen **Unterhalt** und den **Versorgungsausgleich** sollten den Beteiligten die Auswirkungen für die soziale Sicherung im Scheidungsfall klar

vor Augen geführt werden. Hinsichtlich des Versorgungsausgleichs sieht das Gesetz im Rahmen der Entscheidung über den Versorgungsausgleich die richterliche Kontrolle vor (§ 8 VersAusglG). Bei einem Gesamtverzicht kann es sich empfehlen, den Partnern deutlich zu machen, dass sie bei einer Scheidung so stehen, als wenn sie nie verheiratet gewesen wären. Außerdem sollte bei einseitigen Verträgen auf die Rechtsprechung und die richterliche Inhaltskontrolle hingewiesen werden. Vereinbarungen über das **eheliche Zusammenleben** können mit dem Hinweis verbunden werden, dass diese Verpflichtungen letztlich nicht erzwingbar sind. Keine Belehrungspflicht besteht bezüglich der **steuerrechtlichen Folgen** von Vereinbarungen.

Den Notar trifft schließlich auch keine Pflicht zur Belehrung darüber, dass einem Beteiligten eine spätere Berufung auf eheverträgliche Vereinbarungen – wie bei allen Verträgen – wegen des Grundsatzes von Treu und Glauben verwehrt sein kann, wenn (geänderte) Umstände im Zeitpunkt der Beurkundung nicht bereits erkennbar sind (*BGH* BeckRS 2014, 12291). Insbesondere ist es **nicht** seine **Aufgabe,** von einer üblichen Vertragsgestaltung abzuraten und den eventuell später ausgleichs- oder unterhaltspflichtigen Vertragsteil vor einer Ehe zu warnen (vgl. *Grziwotz* MDR 1998, 1327, 1331 und nunmehr auch *OLG Düsseldorf* RNotZ 2001, 394; ähnlich bereits *Peters-Lange* DNotZ 1997, 595; a. A. noch *OLG Düsseldorf* DNotZ 1997, 656 und ihm folgend *OLG Köln* RNotZ 2001, 454). Er kann allerdings die Beteiligten in Ergänzung zur Belehrung bei Rn. 149a auf Folgendes hinweisen: **164**

165

Formulierungsbeispiel: Belehrung
Der Notar hat auf die Folgen des Ausschlusses des Versorgungsausgleichs hingewiesen, insbesondere darauf, dass dann der Ausgleich der in der Ehezeit erworbenen Anrechte auf Altersversorgung und Sicherung bei Invalidität, gleich aus welchem Grunde, nach Scheidung unserer Ehe nicht stattfindet, und auf die sich hieraus ergebenden Folgen für die soziale Sicherung im Scheidungsfall. Ferner wurden die Beteiligten darüber belehrt, dass der Zugewinnausgleich den Ehegatten, der aufgrund der praktizierten Rollenverteilung durch eine Kinderbetreuung und Haushaltsführung oder sonstige Familienarbeit keine oder nur eine geringe Chance hat, Vermögen zu erwerben, am Vermögenszuwachs während der Ehe beteiligen soll. Nicht hierzu gehört voreheliches Vermögen und solches, das während der Ehe von Todes wegen oder mit Rücksicht auf ein künftiges Erbrecht, durch Schenkung oder als Ausstattung erworben wird. Demgegenüber muss beim Ausschluss des Zugewinnausgleichs jeder Ehegatte, auch ein nicht erwerbstätiger, während der Ehe für seine eigene Vermögensbildung sorgen. Ein Ausgleich von Vermögenszuwächsen findet beim Ende der Ehe nicht statt. Der Notar hat die Beteiligten insbesondere auch über die Entscheidungen des Bundesverfassungsgerichts und der Familiengerichte belehrt, wonach Eheverträge unwirksam sein können, wenn sie unausgewogen sind und einseitig zulasten einer Partei gehen. Dies ist vor allem dann der Fall, wenn die Vereinbarungen von den Ehegatten gewählten Ehemodell nicht entsprechen und ehebedingte Nachteile, insbesondere durch die Aufgabe oder Einschränkung einer Berufstätigkeit, nur einen Ehegatten treffen. Die Beteiligten wurden ferner darauf hingewiesen, dass Eheverträge in angemessenen Abständen überprüft und gegebenenfalls angepasst werden müssen, wenn sich das Ehemodell ändert und dadurch die in dieser Urkunde getroffenen Vereinbarungen nicht mehr angemessen sind. Andernfalls kann dem begünstigten Vertragsteil die Berufung auf die unangemessene Regelung aufgrund des Gebots von Treu und Glauben verwehrt sein oder die Geschäftsgrundlage der Regelung wegfallen und das Familiengericht die nicht mehr passende Regelung bei einem späteren Rechtsstreit im Zusammenhang mit der Scheidung durch eine angemessene ersetzen.

B II. Lebenspartnerschaftsverträge

Prof. Dr. Dr. Herbert Grziwotz

Übersicht

	Rn.
I. Beratungs-Checkliste	1
II. Allgemeines	2–13
1. Vorbemerkung	2
2. Gesetzliche Typenverfehlung und Lebenspartnerschaftsmodelle	3, 4
3. Regelungsbereiche und -grenzen	5, 6
4. Die Regelung der partnerschaftlichen Lebensgemeinschaft	7–10a
5. Unterhalt	11, 11a
6. Lebenspartnerschaftsname	12
7. Besteuerung von Lebenspartnern	13
III. Das Vermögensrecht	14–21
1. Der gesetzliche Güterstand	14
2. Regelungsmöglichkeiten	15–17a
3. Verfügungsbeschränkungen	18–18b
4. Güterrechtsregister	19
5. Ausschluss der Schlüsselgewalt	20–20b
6. Mitteilungs- und Anzeigepflichten	21
IV. Nachpartnerschaftlicher Unterhalt und Versorgungsausgleich	22–27b
1. Nachpartnerschaftlicher Unterhalt	22–25a
2. Versorgungsausgleich und Alterssicherung	26–27b
V. Nichtigkeit, Trennung und Aufhebung	28–30
1. Nichtigkeit und Aufhebung	28
2. Aufhebung der Lebenspartnerschaft	29
3. Aufhebungsvereinbarung	30
VI. Weitere Regelungsbereiche	31–32b
1. Soziale Elternschaft	31
2. Erbrechtliche Sicherung und Erbschaftsteuer	32–32b
VII. Auslandsberührung	33
VIII. Form und Kosten	34–36
1. Formvorschriften	34
2. Kosten	35
3. Hinweise, Belehrungen	36

Literatur: (Aufsätze zur Rechtslage vor dem 1.1.2005 vgl. 4. Aufl.); *Brambring,* Lebenspartnerschaftsvertrag, in: Beck'sches Formularbuch, 9. Aufl. 2006, S. 1042; *Bruns/Kemper* (Hrsg.), LPartR, Handkommentar, 2. Aufl. 2005; *Burhoff,* Lebenspartnerschaftsvertrag, ZAP 2005, 1163; *Christ,* Die Lebenspartnerschaft im Erbschaft- und Schenkungsteuer- sowie Grunderwerbsteuerrecht, FamRB 2005, 55; *Delerue,* Eingetragene Lebenspartnerschaft, 2001; *v. Dickhuth-Harrach,* Das Lebenspartnerschaftsrecht Version 2005, FPR 2005, 273; *ders.,* Neuerungen im Erbrecht eingetragener Lebenspartner, FamRZ 2005, 1139; *Dötsch,* Die Angleichung des Rechts der eingetragenen Lebenspartnerschaft an das Ehe- und Scheidungsrecht, NJW-Spezial 2006, 199; *Epple,* Lebensversicherung/Altersvorsorge in der eingetragenen Lebenspartnerschaft, FPR 2005, 305; *Everts,* Vermögenstrennungen nach dem Gesetz zur Überarbeitung des Lebenspartnerschaftsrechts, FamRZ 2005, 1888; *Finger,* „Registrierte Lebenspartnerschaften" – Die aktuellen Änderungen des Lebenspartnerschaftsgesetzes, MDR 2005, 121; *Frank,* Die eingetragene Lebenspartnerschaft unter Beteiligung von Ausländern, MittBayNot (SoH) 2001, 35; *Grziwotz,* Beratungshandbuch Lebenspartnerschaft, 2003; *ders.,* Rechtsfragen zur Ehe- und Lebenspartnerschaft, 3. Aufl. 2003; *ders.,* Gleichstellung der Lebenspartnerschaft nach dem Gesetz zur Überarbeitung des Lebenspartnerschaftsrechts, DNotZ 2005, 13; *ders.,* Verfügungen von Todes wegen, FPR 2005, 283; *ders.,* Verträge für eingetragene Lebenspartnerschaften, in: Münchener AnwaltsHandbuch Familienrecht, 3. Aufl. 2010, S. 1215; *ders.,* Das Unterhaltsrecht nach dem LebenspartnerschaftsG, FPR 2010, 191; *Henrich,* Kollisionsrechtliche Fragen der eingetragenen Lebenspartnerschaft, FamRZ 2002, 137; *Jakob,* Die eingetragene Lebenspartnerschaft im Internationalen Privatrecht, 2002; *Kaiser,* Pflichtteilsrecht der eingetragenen Lebenspartner, FPR 2005, 286; *Kemper,* Der zweite Schritt – Die Lebenspartnerschaft auf dem Weg vom eheähnlichen zum ehegleichen Rechtsinstitut, FF 2005, 88; *Kornmacher,* Eine neue Ära im Lebenspartnerschaftsrecht, FamRB 2005, 22; *ders.,* Erbrecht in eingetragenen Lebenspartnerschaften unter Beteiligung von Ausländern, FPR 2005, 291; *Krause,* Die Novelle des Lebenspartnerschaftsgesetzes, NotBZ 2005, 85; *Maurer,* Die rechtliche Behandlung von Lebenspartnern im Steuerrecht, FPR 2010, 196; *Merkt,* Splittingtarif auch für eingetragene Lebenspartner, DStR 2012, 1157; *Meyer/Mittelstädt,* Das Lebenspartnerschaftsgesetz, 2001; *Muscheler,* Das Recht der Eingetragenen Lebenspartnerschaft, 2. Aufl. 2004; *Pätzold,* Die gemeinschaftliche Adoption Minderjähriger durch eingetragene Lebenspartner, FPR 2005, 269; *Reich,* Steuerliche Gestaltungsüberlegungen für eingetragene Lebenspartner, FPR 2005, 299; *Ring/Olsen-Ring,* Wesentliche Änderungen des LPartG infolge des Gesetzes zur Überarbeitung des Lebenspartnerschaftsrechts, ZErb 2005, 113; *Röthel,* Registrierte Partnerschaften im Internationalen Privatrecht, IPRax 2000, 74; *Schotten,* Lebenspartnerschaft im Internationalen Privatrecht, FPR 2001, 458; *Schwab,* Die eingetragene Lebenspartnerschaft, 2002; *Stüber,* Gesetz zur Überarbeitung des Lebenspartnerschaftsrechts, FamRZ 2005, 574; *Süß,* Notarieller Gestaltungsbedarf bei Eingetragenen Lebenspartnerschaften mit Ausländern, DNotZ 2001, 168; *Tölle,* Die eingetragene Lebenspartnerschaft im steuerlichen Wandel, NJW 2011, 2165; *Wälzholz,* Die Besteuerung von Lebenspartnerschaften und deren Auswirkungen auf die Besteuerung von Ehegatten, DStR 2002, 333; *Wagner,* Das neue Internationale Privat- und Verfahrensrecht zur eingetragenen Lebenspartnerschaft, IPRax 2001, 281; *Waldner,* Eheverträge, Scheidungs- und Partnerschaftsvereinbarungen für die notarielle und anwaltliche Praxis, 2. Aufl. 2004; *Walter,* Die Überarbeitung des Lebenspartnerschaftsrechts und deren Auswirkungen auf die notarielle Praxis, MittBayNot 2005, 193; *ders.,* Das gesetzliche Erbrecht in der eingetragenen Lebenspartnerschaft, FPR 2005, 279; *Weber,* Lebenspartnerschaftsvertrag, FPR 2005, 151; *ders.,* Unterhaltspflicht und Erbfall – die verkannte Brisanz von Abfindungszahlungen, FPR 2005, 294; *ders.,* Das Lebenspartnerschaftsrecht nach der Novellierung des Lebenspartnerschaftsgesetzes, ZFE 2005, 187 und 351; *Wellenhofer,* Das neue Recht für eingetragene Lebenspartnerschaften, NJW 2005, 705; *Wellenhofer-Klein,* Die eingetragene Lebenspartnerschaft, 2003; *Wenzel,* Die eingetragene Lebenspartnerschaft im Steuerrecht, DStR 2009, 47; *Wilhelm-Lenz,* Verwirkungseinwand gegen Unterhaltsanspruch durch Erben, FPR 2005, 295; *Winckler,* Die unwirksame eingetragene Lebenspartnerschaft, 2007; *Zimmermann/Dorsel,* Eheverträge, Scheidungs- und Unterhaltsvereinbarungen, 5. Aufl. 2009, § 27.

I. Beratungs-Checkliste

1 Folgende **Punkte** sollten vor der Gestaltung eines Lebenspartnerschaftsvertrages gleichgeschlechtlicher Paare besprochen werden:

> **Beratungs-Checkliste**
>
> (1) Persönliche Verhältnisse bei Begründung der Lebenspartnerschaft
>   (a) Tag der Begründung der Lebenspartnerschaft (bei Begründung vor dem 1.1.2005: Option für Gütertrennung und altes Unterhaltsrecht sowie Erklärung zum Versorgungsausgleich erfolgt?)
>   (b) Staatsangehörigkeit
>   (c) Bestehen einer Registrierung im Ausland
> (2) Gestaltung der Lebenspartnerschaft
>   (a) Planung für die künftige Lebenspartnerschaft (Umfassende Lebensgemeinschaft oder eingeschränkte Gemeinschaft; Rollenverteilung; Kinder bzw. Kinderwunsch; Betreuungsbedürftigkeit eines Partners)
>   (b) Bestehende Lebenspartnerschaft und Zukunftsplanung (Vermögensstand und Inhalt des Lebenspartnerschaftsvertrages, Änderungsbedarf und -motivation, bisheriges Lebenspartnerschaftsmodell und beabsichtigte bzw. mögliche Änderungen, Erwerbs- und Vermögensverhältnisse; Kinder bzw. Kinderwunsch; Betreuungspartnerschaft)
>
> ▶

> ▼ Fortsetzung: **Beratungs-Checkliste**
>   (c) Vorlebenspartnerschaftliches Zusammenleben und Vermögensbildung
>   (d) Verhältnisse bei Trennung und Aufhebung der Lebenspartnerschaft (Ausgleich lebenspartnerschaftsbedingter Nachteile, Korrektur von Unbilligkeiten des gesetzlichen Modells)
>   (e) Sondersituation (Mitunternehmerschaft, Mitarbeit im Geschäft des Lebenspartners, gemeinsame Vermögensbildung bei Alleineigentum eines Lebenspartners, Zuwendungen an den Lebenspartner)
> (3) Tod der Lebenspartner (Sicherung des Überlebenden, Erb- und Pflichtteilsrechte, Erbschaftsteuer, Schlusserbfall, [sozial] gemeinsame Kinder).

II. Allgemeines

1. Vorbemerkung

Das Lebenspartnerschaftsgesetz (LPartG) war zunächst ein Torso. Insbesondere fehlte eine steuerliche Gleichstellung der eingetragenen Lebenspartner mit Ehegatten. Zahlreichen Streitfragen für vor dem 1.1.2005 begründete Lebenspartnerschaften wie z. B. die umstrittene Behandlung einer fehlerhaften Lebenspartnerschaftsbegründung, die Frage der Zulässigkeit einer Vermögensgemeinschaft entsprechend der Gütergemeinschaft und das Verhältnis der Vermögenstrennung zur Gütertrennung wurden vom Gesetzgeber nicht gelöst. Durch die Überarbeitung des Lebenspartnerschaftsgesetzes gilt für „alte", d.h. bis zum 31.12.2004 begründete Lebenspartnerschaften und für „neue", d.h. ab dem 1.1.2005 begründete Lebenspartnerschaften unterschiedliches Recht. Die zivilrechtliche „Gleichschaltung" mit der Ehe passt zudem für zahlreiche Lebenspartnerschaften nicht. Dagegen dürften die Gleichstellung beim schenkungs- und erbschaftsteuerlichen Freibetrag (§§ 16 I Nr. 6, 17 I ErbStG), die Befreiung von der Grunderwerbsteuer (§ 3 Nr. 4 GrEStG), das Einkommensteuer-Splitting (§ 2 VIII EStG; vgl. *BMF* DStR 2013, 1733 und 2014, 144), die verfassungsrechtlich gebotene Gleichstellung der eingetragenen Lebenspartner mit Ehegatten in vielen anderen Bereichen, insbesondere staatlicher Leistungen (vgl. *BVerfG* FamRZ 2009, 1977; 2010, 1525; DStR 2010, 1721; NVwZ 2012, 1304; NJW 2013, 2236; *Merkt* DStR 2013, 2312) und die Möglichkeit der Pflichtteilsminderung anderer naher Angehöriger die Zahl der (asexuellen) Betreuungslebenspartnerschaften, die teilweise auch an die Stelle einer Adoption treten, künftig ansteigen lassen. Auch für sie ist die gesetzliche Regelung in manchen Bereichen wie z.B. dem nachlebenspartnerschaftlichen Unterhaltsrecht zu weit. Insofern bleibt das Recht der Lebenspartnerschaften weiterhin Aufgabe der **Vertragsgestaltung.** Dies dürfte sich im Hinblick darauf, dass in der Mehrzahl der Lebenspartnerschaften keine Kinder vorhanden sind, auch nach einer weiterhin noch erforderlichen Gleichstellung mit der Ehe nicht ändern. Der deutsche Gesetzgeber ist gem. Art. 12 EMRK jedoch nicht verpflichtet, gleichgeschlechtlichen Paaren eine Eheschließung zu ermöglichen (*EGMR* FamRZ 2010, 1525; *Scherpe* FPR 2010, 211, 213; *Kreß* ZRP 2012, 234).

2. Gesetzliche Typenverfehlung und Lebenspartnerschaftsmodelle

Das bis 31.12.2004 geltende Vermögensrecht der eingetragenen Lebenspartnerschaft und das damalige Aufhebungsfolgenrecht gingen vom **Modell einer Doppelverdienerlebenspartnerschaft** aus. Das **Modell der Haushaltsführungslebenspartnerschaft,** das dem geltenden Recht durch die Übernahme der eherechtlichen Vorschriften zugrunde liegt, passt nicht auf Paare, die Doppelverdiener bleiben und keine Kinder wünschen. Auch für die Alters- bzw. Betreuungslebenspartnerschaft von Personen im Rentenalter ist es ungeeignet. Das gesetzliche Modell muss deshalb dahingehend geprüft werden, ob es dem Lebenspartnerschaftsverständnis und den Gerechtigkeitserwartungen der Lebenspartner entspricht.

4 Wie bei Ehegatten kann eine **Typenbildung** für die Gestaltung erste Hinweise geben:
– Doppelverdiener-Lebenspartnerschaft mit und ohne gemeinschaftsbedingte Nachteile,
– Hinzuverdiener-Lebenspartnerschaft,
– Haushaltsführungs- bzw. Betreuungslebenspartnerschaft einschließlich Patchworklebenspartnerschaft, in der ein Lebenspartner im gemeinsamen Interesse auf eine eigene Erwerbstätigkeit und Vermögensbildung ganz oder teilweise verzichtet,
– Alters- bzw. Rentner-Lebenspartnerschaft, in der beide Lebenspartner über eine eigene soziale Absicherung verfügen,
– Unternehmer-Lebenspartnerschaft, und zwar in den Formen der Mitunternehmerschaft, der Unternehmer-Arbeitnehmer-Lebenspartnerschaft und der Mitarbeits-Lebenspartnerschaft,
– Lebenspartnerschaft, die weitere erwachsene Personen ohne rechtlich institutionelle Grundlage in die Verantwortungsgemeinschaft einbezieht (polygame Beziehung, Alterslebenspartnerschaften mit mehreren Beteiligten).

Bei den unterschiedlichen Lebenspartnerschaftsmodellen treten typenspezifische Regelungsprobleme und damit verbunden auch Gestaltungswünsche auf. Im Hinblick auf die richterliche Inhaltskontrolle sollte der Lebenspartnerschaftsvertrag zudem dem Partnerschaftsmodell entsprechen.

3. Regelungsbereiche und -grenzen

5 Während Lebenspartner bis zum 31.12.2004 gezwungen waren, vor Begründung ihrer Lebenspartnerschaft einen Lebenspartnerschaftsvertrag zu schließen und einen Vermögensstand (= Güterstand) zu wählen, leben sie seit der Novellierung des Lebenspartnerschaftsrechts 2005 mit dem Ja bei der zuständigen Behörde automatisch im **Güterstand** der Zugewinngemeinschaft. Sofern keine abweichende Erklärung bis zum 31.12.2005 gegenüber dem Amtsgericht, in dessen Bezirk die Lebenspartner wohnten, hinsichtlich der Geltung der Gütertrennung abgegeben wurde, gelten auch für „alte" Lebenspartnerschaften die Vorschriften über den Güterstand der Zugewinngemeinschaft (§ 21 I LPartG). Die frühere Ausgleichsgemeinschaft und die Zugewinngemeinschaft haben Auswirkungen auch auf die Sicherung des Partners im Todesfall. Es empfiehlt sich, weitere **Punkte** in die Überlegungen einzubeziehen. Hierzu gehören insbesondere:
– die Sicherung des sozial schwächeren Partners bei einer Trennung, einer „Lebenspartnerschaftsaufhebung" und dem Tod des anderen Teils durch den Ausgleich gemeinschaftsbedingter Nachteile (Minimum) oder die Erhaltung des bisherigen Lebensstandards (Maximum),
– die Rückabwicklung von Zuwendungen, die keine Ausgleichsfunktion hatten bei Trennung und Lebenspartnerschaftsaufhebung,
– der Ersatz der bis zur vollständigen Gleichstellung fehlenden gesetzlichen Regelungen bzw. die Korrektur von Wertungswidersprüchen, soweit dies vertraglich möglich ist,
– die Situation von in den Haushalt aufgenommener dritter Personen, insbesondere sozial gemeinschaftlicher Kinder,
– die Korrektur und Ergänzung des gesetzlichen Erb- und Pflichtteilsrechts, das nicht zur Alleinerbschaft des Lebenspartners führt, bei größerem Vermögen wegen der Erbschaftsteuerbelastung aber auch zu weit gehen kann und das beim Fehlen gemeinsamer Kinder beim Tod des Zweitversterbenden zum Wechsel von Familienvermögen führen kann.

Der Lebenspartnerschaftsvertrag beschränkt sich zwar nach der gesetzlichen Definition auf die Regelung der vermögensrechtlichen Verhältnisse der Lebenspartner (§ 7 S. 1 LPartG). Nach § 20 III LPartG sind im Lebenspartnerschaftsvertrag zusätzlich auch Re-

II. Allgemeines

gelungen über den Versorgungsausgleich möglich. Es bestehen keine Bedenken dagegen, in einen Lebenspartnerschaftsvertrag noch **weitere Regelungen,** wie z. B. zum nachpartnerschaftlichen Unterhalt (§ 16 S. 2 LPartG, § 1585c BGB), aufzunehmen.

Hinsichtlich der **Grenzen der Vertragsfreiheit** verweist § 7 S. 2 LPartG auf § 1409 BGB, wonach ein Lebenspartnerschaftsvertrag den Vermögensstand nicht durch Verweisung auf ein ausländisches oder nicht mehr geltendes Recht bestimmen darf. Im Hinblick darauf, dass die Konstellation der von ihrem künftigen Ehemann schwangeren Verlobten und etwaiger Nachteile für biologisch gemeinsame Kinder bei der gleichgeschlechtlichen Lebenspartnerschaft nur ausnahmsweise bei transsexuellen Personen vorliegen kann (vgl. *BVerfG* NJW 2011, 909), wird die Ansicht vertreten, dass die Grenzen der Vertragsfreiheit bei Lebenspartnerschaften weiter gehen als bei Eheverträgen (so *Langenfeld* ZEV 2002, 8, 10; *Rieger* FamRZ 2001, 1497, 1501; vgl. DNotI-Report 2006, 157, 158). Die **richterliche Inhaltskontrolle** im Ehevertragsbereich beschränkt sich jedoch nicht auf die vorbezeichnete „Schwangeren-Situation". Sie betrifft unter anderem auch Verträge, die in einer strukturellen Ungleichgewichtslage hinsichtlich der beteiligten Partner (vgl. nur *BGH* FamRZ 2013, 195) abgeschlossen werden, wenn sich hieraus eine einseitige vertragliche Lastenverteilung ergibt. Beispiele sind die gemeinsam gewollte Schwangerschaft einer Partnerin, die erst kurz vor der Lebenspartnerschaftsbegründung offenbarte Abhängigkeit des „Ja-Worts" von einem inhaltlich zunächst nicht bekannten Vertrag und die Veranlassung der Einreise eines (nahezu) sprachunkundigen ausländischen Partners, der keine Möglichkeit zu einer eigenen Erwerbstätigkeit hat. Indiz für die einseitige Benachteiligung ist nach der Ehevertrags-Rechtsprechung die Abbedingung gesetzlicher Rechte im Vertrag. Ebenso wie bei der Ehe dürfte allein die Begründung einer Lebenspartnerschaft als solche keine Kompensation derartiger Nachteile darstellen. Insoweit ist eine Inhaltskontrolle bei Lebenspartnerschaftsverträgen entgegen der h. L. nicht ausgeschlossen. Im Hinblick auf die geänderten Familienstrukturen und die Besonderheiten bei gleichgeschlechtlichen Paaren könnte dies auch die Betreuung von sozial gemeinsamen Kindern oder von Kindern des Lebenspartners betreffen, deretwegen ein Partner auf eine eigene Absicherung für den Fall der Krankheit und für das Alter verzichtet. Der Alters- und Krankheitsunterhalt dürfte auch bei Lebenspartnern hinsichtlich der Vereinbarungsfestigkeit hoch angesiedelt sein. Allerdings stellt sich generell die Frage, ob der für die Mehrheit der Doppelverdiener-Lebenspartner ohne Kinder verfehlten gesetzlichen Regelung ein Gerechtigkeitsgehalt wie der für die Mehrheit der jungen Ehegatten zukommt, bei denen Kinder erwünscht und damit immer noch Einschränkungen der Berufstätigkeit (meist) für einen Partner verbunden sind. Für die Vertragspraxis empfiehlt es sich, auch bei der Gestaltung von Lebenspartnerschaftsverträgen gemeinschaftsbedingte Nachteile möglichst auszugleichen. Ein Vertrag dürfte bei Doppelverdienern zudem der richterlichen Inhaltskontrolle standhalten, wenn er nicht nur für einen Partner, sondern für beide mit Risiken verbunden ist. Beispiel ist bei der Doppelverdiener-Lebenspartnerschaft der Ausschluss sämtlicher Aufhebungsfolgen einschließlich eines Krankheits- und Altersunterhalts. Bei einer Unternehmens-Lebenspartnerschaft wird die Gütertrennung und als Alternative dazu die Herausnahme des Unternehmens des einen Lebenspartners und einer Immobilie des anderen Lebenspartners aus dem Zugewinnausgleich wegen des damit für beide Partner verbundenen Risikos eher einer Inhaltskontrolle standhalten als die einseitige Herausnahme des Unternehmens des einen Lebenspartners aus dem Zugewinnausgleich bei Weitergeltung der Ausgleichspflicht für den anderen Lebenspartner.

4. Die Regelung der partnerschaftlichen Lebensgemeinschaft

a) Pflichtendefinition durch Vereinbarung

§ 2 LPartG verpflichtet die Lebenspartner zur Fürsorge und Unterstützung sowie zur gemeinsamen Lebensgestaltung. Er definiert die Lebenspartnerschaft zudem als Verantwortungsgemeinschaft. Die künftigen Lebenspartner müssen vor der zuständigen Behörde erklären, dass sie eine Lebenspartnerschaft auf Lebenszeit beabsichtigen. Ob damit, wie die amtliche Überschrift andeutet, eine umfassende **Lebensgemeinschaft** verbunden ist, ist umstritten (verneinend die h.M., vgl. *Diederichsen* NJW 2000, 1841; *Schwab* FamRZ 2001, 385, 390; Hk-LPartR/*Kemper* § 9 Rn. 2). Inwieweit die eingetragene Lebenspartnerschaft automatisch zu einem gemeinsamen Leben mit allen Konsequenzen, nämlich Geschlechtsgemeinschaft, Treue, vermögensrechtlicher Rücksichtnahme und einem gemeinsamen Haushalt verpflichtet, ist derzeit offen. Die Aufgabe, die **beiderseitigen Pflichten** durch Vereinbarungen und Absprachen zu konkretisieren, besteht für Lebenspartner deshalb weitergehend als für Ehegatten. Dies hat rechtliche Bedeutung, da die Frage der Pflichtverletzung, z.B. im Rahmen von Billigkeitsregelungen beim Unterhalt und bei einer besonderen Härte, die eine Lebenspartnerschaftsaufhebung ohne Trennungsjahr rechtfertigen kann, Relevanz erlangen kann (*Schwab* FamRZ 2001, 385, 391). Umstritten ist dagegen die Zulässigkeit einer Lebenspartnerschaftsherstellungsklage. Auch wenn die Vollstreckungssperre des § 120 III FamFG nicht um die eingetragene Lebenspartnerschaft ergänzt wurde, ist ein diesbezügliches Urteil entsprechend dieser Vorschrift nicht vollstreckbar (ebenso *Löhnig* JA 2001, 650, 651).

b) Unterstützung und Hilfeleistung

8   Regelungen, die die Ausgestaltung der wechselseitigen Pflichten zu Fürsorge und Unterstützung der Lebenspartner betreffen einschließlich der Einzelheiten der **Haushaltsorganisation,** dürften keinen Bedenken begegnen (*Grziwotz* DNotZ 2001, 281, 288). Die Lebensgestaltung umfasst auch den Bereich der **Freizeit.** Ebenso wie bei Ehegatten muss jedoch ein **Kernbereich persönlicher Angelegenheiten** von vertraglichen Verpflichtungen frei bleiben. Hierzu gehört auch der Bestand der Beziehung zum Lebenspartner. Klauseln, die eine Trennung der Partner erschweren oder eine Aufhebung ausschließen, sind deshalb unzulässig. Keine Bedenken dürften dagegen bestehen, dass sich Lebenspartner pauschal zu einer umfassenden Lebensgemeinschaft, wie diese bei Ehegatten gilt, verpflichten.

c) Lebensgemeinschaft, Wohngemeinschaft und Sexualverhalten

9   Auch eine Verpflichtung zur **häuslichen Gemeinschaft** statuiert das Gesetz nicht (Hk-LPartR/*Kemper* § 2 Rn. 9; *AG Holzminden* FamRZ 2005, 983). Insoweit bleibt es den Beteiligten unbenommen, eine häusliche Gemeinschaft oder getrennte Wohnungen als konkrete Ausgestaltung ihrer Partnerschaft zu vereinbaren. Da das Gesetz die Lebenspartnerschaft nach h.M. als „geschlechtslose Gemeinschaft" definiert (s. *Diederichsen* NJW 2000, 1841; NK-BGB/*Ring/Olsen-Ring* § 2 LPartG Rn. 6; *Kaiser* JZ 2001, 617, 619; a.A. *Walter* MittBayNot 2005, 193, 195), besteht – anders als nach wohl noch h.M. bei Ehegatten – keine Verpflichtung zu **Sexualität** und diesbezüglicher **Treue.** Von diesem Standpunkt aus sind Lebenspartner gezwungen, auch diesbezüglich ihre Lebensgemeinschaft zu definieren und gegebenenfalls Vereinbarungen zu treffen (übersehen von *Müller* DNotI-Report 2003, 143). Gegen Vereinbarungen zum Sexualverhalten dürften deshalb keine Bedenken bestehen. Um spätere Anschuldigungen im Rahmen einer emotional aufgeheizten Trennungssituation, wie diese auch bei Ehegatten vorkommen, von vornherein auszuschließen, können bei besonderen sexuellen Praktiken (Sado-Maso-Bereich, Bondage, Dark Room etc.) Regelungen streitvorbeugend wirken. Auch Gegenleistungen führen wohl nicht zur Nichtigkeit derartiger Abreden. Sowohl die Vereinbarung von Treuepflichten als auch eine offene Lebenspartnerschaft sind möglich. Informationspflichten über sexuelle Beziehungen zu Dritten (vgl. *BGH* NJW 2005, 2614 zu diesbezüglichen ärztlichen Aufklärungspflichten) können für den Haftungsmaßstab im lebenspartnerschaftlichen Verhältnis und für die Aufhebung der Lebenspartnerschaft von Bedeutung sein.

II. Allgemeines

> **Formulierungsbeispiel: Lebensgemeinschaft** 9a
>
> Unabhängig davon, ob § 2 LPartG eine umfassende Verpflichtung zur Lebensgemeinschaft enthält, vereinbaren wir, dass wir entsprechend der Verpflichtung zur ehelichen Lebensgemeinschaft unsere Lebenspartnerschaft in gleicher Weise umfassend verstehen. Dies beinhaltet insbesondere auch die Pflicht zum Zusammenwohnen, den Mitgebrauch der in der gemeinsamen Wohnung befindlichen Gegenstände des gemeinsamen Haushalts sowie zu exklusiver Gemeinsamkeit in sexueller Hinsicht.

> **Formulierungsbeispiel: Sexuelle Treue** 9b
>
> Unabhängig davon, ob § 2 LPartG eine Verpflichtung zur sexuellen Treue zu entnehmen ist, vereinbaren wir, dass sexuelle Kontakte eines Lebenspartners mit einem Dritten keinen Verstoß gegen die Verpflichtung zur Lebensgemeinschaft darstellen. Jedoch verpflichten wir uns, bei derartigen Kontakten mit Dritten Kondome zu verwenden und uns über die Nichteinhaltung dieser Verpflichtung wegen eines möglichen Ansteckungsrisikos unverzüglich zu informieren.

Die Beteiligten sollten bei einer von ihnen gewünschten Vereinbarung im höchstpersönlichen Bereich, insbesondere bei der Regelung der sexuellen Beziehungen, darauf hingewiesen werden, dass diesbezüglich derzeit keine höchstrichterliche Rechtsprechung vorliegt und Gerichte einzelnen Regelungen möglicherweise die **Wirksamkeit** versagen könnten. Insofern sollte die Auswirkung der Nichtigkeit derartiger Vereinbarungen auf die weiteren Bestandteile des Vertrags geklärt werden. 10

> **Formulierungsbeispiel: Salvatorische Klausel** 10a
>
> Wir wurden darauf hingewiesen, dass die Zulässigkeit der Vereinbarungen über die Gestaltung unserer sexuellen Kontakte höchstrichterlich noch nicht geklärt ist. Sollten sie nichtig sein, bleibt der übrige Vertrag, insbesondere die vermögensrechtlichen Vereinbarungen, davon unberührt.

5. Unterhalt

Weiterhin formfreie Vereinbarungen zum Lebenspartnerschaftsunterhalt dürfen diesen ausgestalten. Ein Verzicht auf den Lebenspartnerschaftsunterhalt für die Zukunft ist dagegen unwirksam (§ 5 S. 2 i. V. m. §§ 1361 IV 4, 1360a III, 1614 I BGB; unzutreffend *Dorsel* RNotZ 2001, 151, 152). Bis zum 1.1.2005 war die Form der Unterhaltsgewährung nicht gesetzlich vorgegeben; allerdings konnte in einer Haushaltsführungs-Lebenspartnerschaft vereinbart werden, dass derjenige Lebenspartner, dem die Haushaltsführung einvernehmlich überlassen wurde, seine Pflichten, zum Lebenspartnerschaftsunterhalt beizutragen, durch die **Haushaltsführung** erfüllte (unklar *Welling* RNotZ 2002, 249, 258). Die geltende gesetzliche Regelung verpflichtet die Lebenspartner, durch ihre Arbeit und mit ihrem Vermögen die partnerschaftliche Lebensgemeinschaft angemessen zu unterhalten (§ 5 S. 1 LPartG). Anders als bei Ehegatten umfasst der Lebenspartnerschaftsunterhalt nach seinem Wortlaut **nicht** den **Familienunterhalt;** auf § 1360 S. 1 BGB, der vom Familienunterhalt spricht, wird nicht verwiesen. Allerdings geht die wohl h. M. (s. Erman/*Kaiser* § 5 LPartG Rn. 4; NK-BGB/*Ring/Olsen-Ring* § 5 LPartG Rn. 6) davon aus, dass trotz der abweichenden Formulierung, die trotz der gleichzeitigen Zulassung der Stiefkindadoption gewählt wurde, der Unterhalt für den Lebenspartner und gemeinsame Kinder umfasst wird. Nicht zu ihm gehört dagegen ins- 11 besondere der Bedarf von anderen in den Haushalt aufgenommenen Personen (Aufnahme von Kindern eines Lebenspartners, Hk-LPartR/*Kemper* § 5 Rn. 17; a. A. *Dötsch* NJW-Spezial 2006, 199). Werden Kinder eines Partners aufgrund einer gemeinsamen Entscheidung (z. B. künstliche Befruchtung) als sozial gemeinsame Kinder in den Haushalt aufgenommen, sollten diesbezüglich ergänzende Vereinbarungen getroffen werden. Wird die Vereinbarung mit einer Regelung zum nachpartnerschaftlichen Unterhalt verbunden (vgl. das nachstehende Beispiel), ist die Einhaltung der Form der §§ 16 I LPartG, § 1585c BGB erforderlich.

11a **Formulierungsbeispiel: Lebenspartnerschaftsunterhalt**

In unserer Lebenspartnerschaft betreut Ludwig das von ihm adoptierte Kind Daniel. Der Lebenspartnerschaftsunterhalt soll entsprechend der Regelung in § 1360a BGB auch den Unterhalt für Daniel umfassen, der im Rahmen der lebenspartnerschaftlichen Unterhaltsverpflichtung wie ein gemeinschaftliches Kind behandelt werden soll. Eigene Ansprüche von Daniel werden hierdurch nicht begründet. Hinsichtlich des nachpartnerschaftlichen Unterhalts sollen § 16 I LPartG, § 1570 BGB im Hinblick auf das sozial gemeinsame Kind Daniel entsprechend gelten. Im Hinblick auf das zwischen uns beiden geltende Unterhaltsrecht, also nicht für etwaige Unterhaltsansprüche von Daniel gegenüber seinem Stiefvater, soll Daniel so behandelt werden, als wäre er ein von uns gemeinsam adoptiertes Kind.

6. Lebenspartnerschaftsname

12 Vereinbarungen zum Lebenspartnerschaftsnamen sind sowohl für die Dauer der Lebenspartnerschaft als auch für die Zeit nach ihrer Aufhebung entsprechend den Gestaltungsmöglichkeiten zum Ehe- und Familiennamen (vgl. Kap. B I. Rn. 31) zulässig. Dies gilt auch für die Verpflichtung, den Lebenspartnerschaftsnamen nach Aufhebung der Lebenspartnerschaft wieder abzulegen (vgl. *BGH* NJW 2008, 1528). Die hierzu erforderlichen Erklärungen sind gemäß § 3 III LPartG abzugeben (vgl. *Seeger* MittBayNot 2002, 329, 337; *Muscheler* FamRZ 2004, 762). Vereinbarungen, wonach wegen des „Zusammenhangs" mit der Gleichgeschlechtlichkeit ein früherer Ehename nicht zum Lebenspartnerschaftsnamen gewählt werden darf, sind wohl zulässig. Gleiches dürfte für die umgekehrte Konstellation gelten.

7. Besteuerung von Lebenspartnern

13 Die ursprünglich im Lebenspartnerschaftsergänzungsgesetz (LPartErgG) vorgesehene Gleichstellung mit Ehegatten auch im Steuerrecht ist nicht erfolgt. Allerdings hat das *BVerfG* (FamRZ 2010, 1525; 2013, 1103; DStR 2012, 1649) **steuerliche Gleichstellung** erzwungen. Hierauf hat der Gesetzgeber im Grunderwerbsteuerrecht (§ 3 Nr. 4 und 5a GrEStG), im Schenkungs- und Erbschaftsteuerrecht (§§ 13 I Nr. 4a S. 3, Nr. 4b, 15 I Steuerkl. I Nr. 1, Steuerkl. II Nr. 7, Abs. 3, 16 Nr. 1, 17 I) und im Einkommensteuerrecht (§ 2 VIII EStG) reagiert. Auch die strengen Maßstäbe zur Anerkennung von Verträgen zwischen nahen Angehörigen sind bei Verträgen zwischen Lebenspartnern zu beachten (ebenso *Kanzler* FR 2000, 859, 860; *Wenzel* DStR 2009, 2403, 2407). Der Lebenspartner ist auch im Rahmen der verdeckten Gewinnausschüttung eine nahe stehende Person. Der konkrete Ausgleichsanspruch hinsichtlich des Zugewinnausgleichs (§ 5 II ErbStG) war ohnehin stets von der Schenkung- und Erbschaftsteuer befreit (vgl. bereits *Reich* FPR 2005, 299, 302; *FinMin BadWürtt* DB 2005, 2052 = *BayFinMin* ZEV 2005, 477).

III. Das Vermögensrecht

1. Der gesetzliche Güterstand

Für ab dem 1.1.2005 begründete Lebenspartnerschaften besteht als **gesetzlicher Güterstand** die Zugewinngemeinschaft (§ 6 S. 1 LPartG). Früher vereinbarte Ausgleichsgemeinschaften wurden in die Zugewinngemeinschaft „übergeleitet" (§ 21 I LPartG). Allerdings konnte jeder Lebenspartner bis zum 31.12.2005 durch einseitige Erklärung, die notariell zu beurkunden war, gegenüber dem Amtsgericht beim Wohnsitz der Lebenspartner zur Gütertrennung als Güterstand optieren. Diese Erklärung war, wenn sie nicht von beiden Lebenspartnern abgegeben wurde, dem anderen vom Amtsgericht zuzustellen (§ 21 II LPartG). Die einseitige Wahl der Gütertrennung war auch noch bei Anhängigkeit eines Aufhebungsverfahrens möglich (§ 21 V LPartG). Ob diese einseitige Güterrechtswahl bei bisher bestehender Ausgleichsgemeinschaft, die vereinbart werden musste, verfassungsrechtlich zulässig ist, ist fraglich (vgl. *Grziwotz* DNotZ 2005, 13, 17). Eine Güterstandsvereinbarung vor Begründung der Lebenspartnerschaft ist nach geltender Rechtslage entbehrlich; gesetzlicher Güterstand ist in Deutschland die Zugewinngemeinschaft. Als **Wahlgüterstände** sieht das Lebenspartnerschaftsgesetz die Gütertrennung und die Gütergemeinschaft einschließlich der fortgesetzten Gütergemeinschaft sowie künftig auch die Wahl-Zugewinngemeinschaft vor (§ 7 S. 2 LPartG). Das Gesetz verweist hierzu auf die entsprechenden Bestimmungen des Ehegüterrechts (§ 6 S. 2 LPartG). Auch die Regelungen der Änderungen des Zugewinnausgleichs gelten für eingetragene Lebenspartner.

2. Regelungsmöglichkeiten

Die güterrechtlichen **Vereinbarungsmöglichkeiten** entsprechen denen bei Ehegatten. Untersagt ist Lebenspartnern eine Verweisung auf nicht mehr geltendes oder ausländisches Recht (§ 7 S. 2 LPartG i.V.m. § 1409 BGB). Lebenspartner konnten bereits nach früherer Rechtslage die bei der Zugewinngemeinschaft anerkannten **Modifizierungen** hinsichtlich der Ausgleichsgemeinschaft vereinbaren (vgl. Kap. B I. Rn. 56 ff.). Gleiches gilt für den gesetzlichen Güterstand der Zugewinngemeinschaft von Lebenspartnern. Bisherige Modifizierungen der Ausgleichsgemeinschaft bleiben auch nach Überführung in das Recht der Zugewinngemeinschaft bestehen.

Die Vereinbarung der **Gütertrennung**, die häufig wegen der gesetzlichen Typenverfehlung empfohlen wird (so z. B. *Langenfeld* ZEV 2002, 8, 10), ist im Hinblick auf die Erbschaftsteuerbelastung bei einem die Freibeträge übersteigenden größeren (auch künftigen) Vermögen nicht ratsam, da dadurch die Steuerfreiheit des Zugewinnausgleichs (vgl. Rn. 13) verloren geht. Empfehlenswert ist deshalb bei Partnern mit einem größeren während der Partnerschaft erzielten Vermögen, das unter den Zugewinnausgleich fällt, wenn ein Lebenspartner erben soll, eine Modifizierung der Zugewinngemeinschaft dahingehend, dass der Zugewinnausgleich bei einem Todesfall, nicht aber in den sonstigen Fällen der Beendigung der Lebenspartnerschaft stattfindet. Um die steuerlichen Möglichkeiten der sog. Güterstandsschaukel zu erhalten, kann auch die lebenspartnerschaftsvertragliche Aufhebung, die ohnehin nur einvernehmlich möglich ist, vom Ausschluss des Zugewinnausgleichs ausgenommen werden.

> **Formulierungsbeispiel: Modifizierter Zugewinnausgleich**
>
> Für unsere Lebenspartnerschaft soll grundsätzlich der Güterstand der Zugewinngemeinschaft gelten. Endet diese jedoch auf andere Weise als durch den Tod eines Lebenspartners, oder durch lebenspartnerschaftsvertragliche Aufhebung, findet ein Zugewinnausgleich nicht statt.

16 Lebenspartner können auch die **Gütergemeinschaft** vereinbaren. Bei Vereinbarung der Gütergemeinschaft kann durch die Schenkungsteuerpflicht der Bereicherung, die der weniger vermögende Lebenspartner durch die Übertragung des „Überschusses" erfährt (vgl. § 7 I Nr. 4 ErbStG) eine Schenkungsteuer anfallen. Dies betrifft Konstellationen, die bei Lebenspartnern ausnahmsweise die Vereinbarung der Gütergemeinschaft ratsam erscheinen lassen, nämlich beim Versuch einer pflichtteilsfreien Zuwendung eines größeren Vermögens an den Partner; sie bedürfen deshalb einer sorgfältigen Überprüfung (übersehen von *Kornmacher* FamRB 2005, 22, 24). Diese Vereinbarungsmöglichkeit kann bei Lebenspartnern dann interessant sein, wenn ein Lebenspartner abgesichert werden soll, aber zu erwarten ist, dass Eltern Pflichtteilsansprüche geltend machen, da sie mit dem gleichgeschlechtlichen Zusammenleben nicht einverstanden sind oder zumindest wegen des Fehlens von „Enkelkindern" eine Minderung des Familienvermögens befürchten.

17 Bei älteren Lebenspartnern besteht wegen der noch relativ kurzzeitigen Einführung des Rechtsinstituts der eingetragenen Lebenspartnerschaft noch eine Besonderheit. Haben die Partner bereits vor dem 1.8.2001 lange Zeit zusammen gelebt und gemeinsam Vermögen gebildet, war ihnen wegen der erst späteren Gleichstellung bei der Schenkungsteuer sogar noch nach dem 1.8.2011 eine Übertragung von Vermögen auf den Partner nicht steuerfrei möglich. Wegen dieses Umstands kann bei ihnen die **vorlebenspartnerschaftliche Zeit gemeinsamer Vermögensbildung** im Rahmen der Gestaltung mitberücksichtigt werden. Gleiches gilt, wenn Lebenspartner zunächst „ohne Trauschein" zusammengelebt und Vermögen gebildet haben, auch bei jüngeren Paaren. Der Ausgleich kann gegenstandsbezogen dadurch erfolgen, dass beispielsweise der im Alleineigentum eines Lebenspartners stehende Grundbesitz samt Verbindlichkeiten aus dessen Anfangsvermögen herausgenommen wird, so dass es sich um einen ausgleichspflichtigen Zugewinn handelt. Denkbar, aber rechtlich nicht unumstritten, ist es ferner, als Stichtag für die Berechnung des Anfangsvermögens im Verhältnis der Vertragsteile nicht den Zeitpunkt der Begründung der Lebenspartnerschaft, sondern einen bestimmten Stichtag, z.B. denjenigen der Aufnahme der vorlebenspartnerschaftlichen Lebensgemeinschaft zu vereinbaren. Vorsicht ist geboten, wenn dies ein Termin vor dem In-Kraft-Treten des Lebenspartnerschaftsgesetzes sein soll. Auch wenn man eine diesbezügliche Vereinbarung in eine Modifizierung des Anfangsvermögens im Sinne der vorgenannten Regelung umdeuten kann, sollte bereits bei der Vertragsgestaltung dieses Problem beachtet werden. Denkbar ist schließlich die Begründung eines Ausgleichsanspruchs entsprechend §§ 730 ff. BGB (vgl. Kap. B IV. Rn. 11).

17a Im Übrigen gelten hinsichtlich der güterrechtlichen Vereinbarungen zwischen eingetragenen Lebenspartnern die Regelungsmöglichkeiten, die bei Ehegatten bestehen, entsprechend (vgl. Kap. B IV. Rn. 44).

3. Verfügungsbeschränkungen

18 Die **Verfügungsbeschränkungen** der §§ 1365, 1369 BGB sowie das damalige **Surrogationsprinzip** für Haushaltsgegenstände (§ 1370 BGB a.F.; vgl. *Wellenhofer-Klein* Rn. 163) galten bis zum 31.12.2004 unabhängig vom Vermögensstand (§ 8 II LPartG a.F.). Deshalb entfielen sie auch bei einer Vermögenstrennung nicht automatisch, sondern mussten gegebenenfalls ausdrücklich abbedungen werden (ebenso *Mayer* ZEV 2001, 169, 172). § 1370 BGB a.F. ist seit 1.9.2009 auch bei Lebenspartnern aufgehoben worden.

Nachdem Überleitungsvorschriften für die Vermögenstrennung fehlen, könnten theoretisch bei „alten" Lebenspartnerschaften mit Vermögenstrennung die Verfügungsbeschränkungen, wenn sie nicht abbedungen wurden, weiter gelten. Ob das Schweigen des Gesetzgebers als automatische Überführung in die Gütertrennung und als Suspendierung der vertraglichen Vereinbarungen zu deuten ist, ist umstritten (vgl. *Everts* FamRZ 2005, 1888, 1889; *Grziwotz* DNotZ 2005, 13, 16; *Walter* MittBayNot 2005, 193, 196). Aller-

III. Das Vermögensrecht **B II**

dings ist vorsorglich eine lebenspartnerschaftsvertragliche Vereinbarung der Gütertrennung mit dem seit 1.1.2005 automatischen Entfallen der Verfügungsbeschränkungen möglich; denkbar ist es auch, für die Vermögenstrennung nunmehr nachträglich die Beschränkungen vorsorglich abzubedingen.

> **Formulierungsbeispiel: Gütertrennung** 18a
>
> Wir haben zur Urkunde der Notarin/des Notars ... Vermögenstrennung vereinbart. Mit sofortiger Wirkung vereinbaren wir nunmehr die Gütertrennung. Wir wurden darauf hingewiesen, dass die Vereinbarung der Gütertrennung zum Wegfall der Beschränkungen der §§ 1365, 1369 BGB führt. Jeder Lebenspartner genehmigt vorsorglich Verfügungen des anderen, zu denen nach den §§ 1365, 1369 BGB seine Zustimmung möglicherweise erforderlich gewesen wäre.

> **Formulierungsbeispiel: Verfügungsbeschränkungen** 18b
>
> Die Beschränkungen der §§ 1365, 1369 BGB i.V.m. § 8 II LPartG a.F. werden abbedungen, so dass jeder Lebenspartner über sein Vermögen und die zum lebenspartnerschaftlichen Haushalt gehörenden Gegenstände frei verfügen kann. Jeder Lebenspartner genehmigt vorsorglich Verfügungen des anderen, zu denen nach den §§ 1365, 1369 BGB, § 8 II LPartG a.F. bzw. § 6 S. 2 LPartG seine Zustimmung möglicherweise erforderlich gewesen wäre.

4. Güterrechtsregister

Ein Güterrechtsregister war vom Gesetzgeber bis 1.1.2005 nicht vorgesehen. Teilweise führten einzelne Amtsgerichte ein Vermögensregister oder nahmen Eintragungen bezüglich des Vermögensstandes in das Güterrechtsregister vor. Ob hiermit rechtliche Wirkungen verbunden waren, war umstritten (vgl. *KG* FamRZ 2003, 1278). Seit 1.1.2005 ist eingetragenen Lebenspartnern auch das Güterrechtsregister eröffnet (§ 7 S. 2 LPartG i.V.m. §§ 1558ff. BGB). Allerdings dürfte das Güterrechtsregister bei ihnen ebenso wie bei Ehegatten kaum praktische Bedeutung haben. Insbesondere hat die Eintragung der Gütertrennung bei deutschen Lebenspartnern keine Außenwirkungen (unzutreffend *Kornmacher* FamRB 2005, 22, 23). Relevanz dürfte sie nur hinsichtlich der Erklärung über den Ausschluss der Schlüsselgewalt (vgl. dazu Rn. 20) und nach derzeitiger Rechtslage bei ausländischen oder gemischt-nationalen Lebenspartnern haben. 19

5. Ausschluss der Schlüsselgewalt

Die rechtspolitisch umstrittene und bereits bei Ehegatten verfehlte Schlüsselgewalt, die nur zu einer Gläubigerbegünstigung führt und im Zeitalter der Kredit- und Scheckkarten zudem überholt ist, kann nicht in einem Lebenspartnerschaftsvertrag ausgeschlossen werden. Entsprechende Vereinbarungen im Lebenspartnerschaftsvertrag sind nichtig. Wechselseitige **Ausschlusserklärungen** sind dagegen wie bei Ehegatten möglich. Sie wirken gegenüber Dritten nur, wenn sie diesen bekannt gegeben oder in das Güterrechtsregister eingetragen werden. 20

> **Formulierungsbeispiel: Schlüsselgewalt** 20a
>
> Wir, ..., schließen wechselseitig die Berechtigung des jeweils anderen Lebenspartners gem. § 8 II LPartG i.V.m. § 1357 BGB, die dort genannten Rechtsgeschäfte für den anderen Lebenspartner zu besorgen, aus. Die Eintragung im Güterrechtsregister wird beantragt.

20b | Formulierungsbeispiel: Güterrechtsregister Schlüsselgewalt

Wir haben am 1.8.2004 wechselseitig die Berechtigung des jeweils anderen Lebenspartners gemäß § 8 II LPartG a.F. i.V.m. § 1357 BGB, die dort genannten Rechtsgeschäfte für den anderen Lebenspartner zu besorgen, ausgeschlossen. Wir beantragen nunmehr die Eintragung im Güterrechtsregister.

6. Mitteilungs- und Anzeigepflichten

21 Sofern ein Lebenspartnerschaftsvertrag die gesetzliche Erbfolge ändert, ist er im **Testamentsregister** zu registrieren (vgl. Grziwotz/*Heinemann* BeurkG § 34a Rn. 5).

IV. Nachpartnerschaftlicher Unterhalt und Versorgungsausgleich

1. Nachpartnerschaftlicher Unterhalt

22 Hinsichtlich des nachpartnerschaftlichen Unterhalts verweist das Gesetz seit 1.1.2005 auf die entsprechenden Vorschriften des nachehelichen Unterhalts von Ehegatten; damit haben auch die zwischenzeitlichen Reformen dieser Bestimmungen Auswirkungen auf den nachpartnerschaftlichen Unterhalt (vgl. *Grziwotz* FPR 2010, 191, 193). An die Stelle der früheren unterhaltsrechtlichen Generalklausel ist das Prinzip der Unterhaltstatbestände getreten. Dabei sind alle Unterhaltstatbestände, die bei Ehegatten gelten, entsprechend anwendbar. Dies gilt auch für den Kinderbetreuungsunterhalt. Hierzu ist fraglich, ob nur rechtlich gemeinschaftliche oder auch sozial gemeinschaftliche Kinder, jedenfalls bei Vorliegen eines besonderen Vertrauenstatbestandes, unter diesen Tatbestand fallen (vgl. *Büttner* FamRZ 2001, 1105, 1109). Beispiele sind die künstliche Befruchtung einer Lebenspartnerin und die Adoption eines fremden Kindes durch einen Lebenspartner in Absprache mit dem anderen, bei der nach früher h. M. eine Sukzessivadoption nicht zulässig war (vgl. *BVerfG* FamRZ 2013, 521) und die deshalb meist unterblieben ist.

Nach der bis 31.12.2004 geltenden Rechtslage waren das Bestehen eines Anspruchs auf Aufstockungsunterhalt, der Kinderbetreuungsunterhalt und der Altersvorsorgeunterhalt umstritten (vgl. *Battis* FuR 2002, 113, 120; *Büttner* FamRZ 2001, 1105, 1107; *Kemper* FPR 2001, 449, 456; *Weinreich* FuR 2001, 481, 484). Einsatzzeitpunkte waren nicht vorgesehen (*Kemper* FF 2001, 156, 165). Ferner war umstritten, inwieweit vorhandenes Vermögen eines Lebenspartners, dessen Bedürftigkeit ausschloss (vgl. *Roller* FamRZ 2003, 1424, 1426). Der Anspruch auf nachpartnerschaftlichen Unterhalt erlosch bei grober Unbilligkeit, während die Härteklausel beim Trennungsunterhalt an die einfache Unbilligkeit anknüpfte (zur Streitfrage *Büttner* FamRZ 2001, 1105, 1108; *OLG Düsseldorf* FamRZ 2006, 335). Unklar ist auch weiterhin, ob auch die Zeit des nichteingetragenen Zusammenlebens vor dem 1.8.2001 für die Dauer der Unterhaltsgewährung maßgeblich ist. Im Hinblick auf die Sondersituation von Lebenspartnern spricht manches für die Einbeziehung (*Grziwotz*, Beratungshandbuch Lebenspartnerschaft, Rn. 577); allerdings hat der *BGH* (FamRZ 2010, 1238 und 1971; 2011, 1377; 2012, 776; NJW 2013, 1444) die Berücksichtigung einer vorehelichen Kinderbetreuung bei den ehebedingten Nachteilen ausdrücklich verneint.

23 Bei einer vor dem 1.1.2005 begründeten Lebenspartnerschaft konnte jeder Lebenspartner bis zum 31.12.2005 gegenüber dem Amtsgericht, in dessen Bezirk die Lebenspartner wohnten, erklären, dass sich die gegenseitige Unterhaltspflicht sowohl während des Bestehens der Lebenspartnerschaft als auch bei einer Trennung und Aufhebung nach den alten gesetzlichen Regeln richten soll (§ 21 III LPartG). Die Erklärung musste notariell beurkundet werden. Die einseitige **Optionsmöglichkeit für das alte Unterhaltsrecht** konnte für den später unterhaltspflichtigen Lebenspartner insbesondere dann interessant

IV. Nachpartnerschaftlicher Unterhalt und Versorgungsausgleich

sein, wenn eine der oben genannten, höchstrichterlich noch nicht entschiedenen Streitfragen gegeben war. Die Option für das alte nachpartnerschaftliche Unterhaltsrecht bedeutet jedoch keine Beibehaltung des früheren Rangverhältnisses. Eine „Rückkehr" zu der möglicherweise nach den Unterhaltsreformen weniger strengen gesetzlichen Unterhaltspflicht nach einer Option ist nur durch eine diesbezügliche Vereinbarung möglich.

Auch bei Lebenspartnern dürfte nunmehr das unterhaltsrechtliche „Ranking" hinsichtlich der **Vereinbarungsfestigkeit von Unterhaltstatbeständen** gelten (vgl. *Krause* NotBZ 2005, 85, 87; DNotI-Report 2006, 157, 158). Dies hat Bedeutung für Vereinbarungen zum Krankheits- und Altersunterhalt (vgl. *OLG Bremen* FamRZ 2013, 1280), die sich zu Lasten des Sozialhilfeträgers auswirken, nach der Zulässigkeit der Stiefkindadoption und wohl künftig auch einer gemeinschaftlichen Adoption, aber ebenso hinsichtlich des Kinderbetreuungsunterhalts. Nach wohl h. M. soll dies, was aber wegen der Verantwortungsübernahme durchaus zweifelhaft ist, nicht bei lediglich sozial gemeinschaftlichen Kindern gelten. Bedeutung hat diese Streitfrage im Hinblick auf den unterhaltsrechtlichen Rang eines kinderbetreuenden Lebenspartners. Fraglich ist, ob die Vereinbarung des alten Rechts unter Beachtung der neuen Rangfolge auch nach Ablauf der Optionsfrist zulässig ist; die gesetzliche Wertung (§ 21 III LPartG) scheint dafür zu sprechen. Allerdings besteht das Risiko, dass die Familiengerichte in Streitfragen die alte gesetzliche Regelung ohnehin entsprechend der Neufassung interpretieren. Zulässig ist es, den Krankheitsunterhalt auszuschließen, wenn ein Lebenspartner bei der Begründung der Lebenspartnerschaft schon aidsinfiziert ist (vgl. *BGH* FamRZ 2007, 191; vgl. *Grziwotz* FPR 2010, 191, 194). Hat dagegen ein Partner die „Unterhaltslage mit verursacht", wie dies bei Einreise eines sprachunkundigen Ausländers der Fall ist (*BGH* FamRZ 2007, 450), ist ein Unterhaltsverzicht nichtig. Allerdings kann eine höhenmäßige Beschränkung des Unterhalts auf den angemessenen Lebensbedarf auch in diesem Fall zulässig sein. Mitunter sollen nach dem Tod des unterhaltspflichtigen Exlebenspartners die Erben nicht mehr für den nachpartnerschaftlichen Unterhalt im Rahmen der §§ 16 I LPartG, § 1586b BGB aufkommen müssen oder an die Stelle der diesbezüglichen Rente eine Abfindung treten (vgl. *Weber* FPR 2005, 294); auch dies kann vertraglich geregelt werden. Umgekehrt kann bei einer Betreuung (sozial) gemeinsamer Kinder ausdrücklich der Kinderbetreuungsunterhalt vereinbart werden. Dabei können auch die Anschlussunterhaltstatbestände ausdrücklich einbezogen werden. Die sich daraus ergebende Verringerung des Selbstbehalts dürfte nicht zur Unwirksamkeit der Vereinbarung führen (unklar *BGH* FamRZ 2009, 198). Eine Änderung hinsichtlich der Rangfolge der unterhaltsberechtigten Personen (§ 16 II LPartG, § 1609 BGB) tritt durch eine diesbezügliche Vereinbarung jedoch wohl nicht ein. Bei Vorliegen lebenspartnerschaftsbedingter Nachteile ist auch beim nachpartnerschaftlichen Unterhaltsrecht zur Vermeidung einer späteren Unanwendbarkeit bzw. einer Unwirksamkeit der Vereinbarung Zurückhaltung geboten. Die Interessen (sozial) gemeinsamer Kinder dürften nicht weniger gewichtig sein als die biologisch gemeinsamer Kinder von Ehegatten (zu Formen einer „Queer Family" s. *Heilmann* FPR 2005, 193).

Formulierungsbeispiel: Kinderbetreuungsunterhalt

Hinsichtlich des Getrenntlebensunterhalts und des nachpartnerschaftlichen Unterhalts vereinbaren wir, dass in Ausgestaltung der gesetzlichen Unterhaltspflicht (§§ 12, 16 LPartG) ... gegen ... einen Anspruch auf Kinderbetreuungsunterhalt entsprechend der Regelung des § 1570 BGB einschließlich des Anschlussunterhalts gemäß §§ 1571 II, 1572 II BGB hat, solange und soweit von ihr wegen der Betreuung des Kindes ..., geboren am ..., eine Erwerbstätigkeit nicht erwartet werden kann. Eigene Ansprüche des vorbezeichneten Kindes gegen die unterhaltspflichtige Lebenspartnerin werden durch diese Vereinbarung nicht begründet. Uns ist bekannt, dass diese Vereinbarung die unterhaltsrechtliche Rangfolge wohl nicht verändern kann.

25 Die vertragliche Unterhaltsvereinbarung kann sich bei vor dem 1.1.2005 begründeten Lebenspartnerschaften, bei denen für eine Fortgeltung des „alten" Rechts optiert wurde, auch darauf beschränken, **gesetzliche Lücken und Unklarheiten** (vgl. *Roller* FamRZ 2003, 1424, 1425) zu korrigieren. So kann das Fehlen des Einsatzzeitpunktes hinsichtlich des nachpartnerschaftlichen Unterhalts (*Weinreich* FuR 2004, 481, 484 durch eine analoge Anwendung der nach der Neufassung geltenden Unterhaltstatbestände der §§ 1570ff. BGB oder einzelner von ihnen der späteren Streitvermeidung dienen. Auch der möglicherweise bestehende Widerspruch, dass der nachpartnerschaftliche Unterhalt weiter geht als der Trennungsunterhalt, kann durch eine diesbezügliche Vereinbarung korrigiert werden (vgl. *OLG Düsseldorf* FamRZ 2006, 335). Schließlich ist es zulässig, den nachpartnerschaftlichen Unterhalt dergestalt zu begrenzen, dass jedenfalls nicht mehr geschuldet wird, als dies bei Anwendung der entsprechenden Tatbestände des nachehelichen Unterhalts der Fall wäre (so wohl *Büttner* FamRZ 2001, 1105, 1109).

25a **Formulierungsbeispiel: Unterhaltsbegrenzung**

> Wir haben am ... (vor dem 1.1.2005) unsere Lebenspartnerschaft begründet. Wir haben beide gemäß § 21 III LPartG hinsichtlich des Unterhaltsrechts für die Anwendung des bis 31.12.2004 geltenden Rechts optiert. In Ausgestaltung dieses Unterhaltsrechts vereinbaren wir Folgendes: Sofern ein Lebenspartner nach Aufhebung unserer Lebenspartnerschaft zur Entrichtung von nachpartnerschaftlichem Unterhalt verpflichtet ist, ist dieser der Höhe nach begrenzt auf denjenigen Unterhalt, der sich nach entsprechender Anwendung der §§ 1570ff. BGB in der Fassung, die im Rahmen eines Aufhebungsfolgeverfahrens maßgeblich sein würde, bei Lebenspartnern, für die diese Vorschriften gelten, ergeben würde. Mit dieser Vereinbarung ist jedoch keine entsprechende Anwendung dieser Vorschriften im Übrigen verbunden; vielmehr verbleibt es bezüglich der Unterhaltstatbestände bei der Regelung von § 16 LPartG a.F. Es handelt sich lediglich um die Vereinbarung einer Höchstgrenze. Auf weitergehende nachpartnerschaftliche Unterhaltsansprüche wird wechselseitig vorsorglich verzichtet.

2. Versorgungsausgleich und Alterssicherung

26 Nach Aufhebung einer nach dem 1.1.2005 begründeten Lebenspartnerschaft findet ein Versorgungsausgleich wie zwischen Ehegatten statt. § 20 I LPartG verweist hierzu auf das VersAusglG. Lebenspartner, die ihre Partnerschaft vor dem 1.1.2005 begründet hatten, konnten bis zum 31.12.2005 gegenüber dem Amtsgericht gemeinsam erklären, dass bei einer Aufhebung ihrer Lebenspartnerschaft ein Versorgungsausgleich durchgeführt werden soll (§ 21 IV LPartG). Das Erfordernis der gemeinsamen Erklärung sollte dem Vertrauensschutz dadurch Rechnung tragen, dass nur im beiderseitigen Einverständnis ein Versorgungsausgleich durchgeführt wird. Die Erklärung bedurfte der notariellen Beurkundung. § 21 IV LPartG ist zum 31.12.2010 außer Kraft getreten (Art. 7 LebenspartnerschaftsüberarbeitungsG); dies bedeutet aber nicht, dass der Versorgungsausgleich bei „Altfällen" durchzuführen wäre. Für „Altpaare" ist es nach h.M. nicht möglich, nachträglich die **Durchführung des Versorgungsausgleichs** zu vereinbaren (vgl. Erman/*Kaiser* § 20 LPartG Rn. 4; NK-BGB/*Ring/Olsen-Ring* § 20 LPartG Rn. 9). Allerdings ist dies nur für den Versorgungsausgleich bis zum Inkrafttreten des VersAusglG (1.9.2009) eindeutig. Lässt man entgegen der h.M. die Einbeziehung vorlebenspartnerschaftlicher Anrechte in den Versorgungsausgleich durch Vereinbarung zu (so *Kemper* ZFE 2011, 179, 183; Palandt/*Brudermüller* § 8 VersAusglG Rn. 2), dann bestehen auch keine Bedenken, nachträglich die Durchführung des Versorgungsausgleichs für „Altpaare" zu vereinbaren. Auch wenn man der h.M. folgt, wonach vorlebenspartnerschaftliche Zeiten nicht in den Versorgungsausgleich einbezogen werden können, ist entgegen der oben dargestellten überwiegenden Ansicht zu § 20 LPartG ein Versorgungsausgleich für

IV. Nachpartnerschaftlicher Unterhalt und Versorgungsausgleich   B II

„Altpaare" möglich, wenn dies die maßgeblichen Regelungen zulassen und der Versorgungsträger zustimmt (§ 8 II VersAusglG), was aber meist nicht der Fall sein wird. Eine unzulässige Vereinbarung über die Lebenspartnerschaftszeit dürfte hierin nicht liegen. Den Lebenspartnern bleibt dann nur die Vereinbarung eines schuldrechtlichen Ausgleichs, der dem Lebenspartner, der dadurch abgesichert werden soll, aber keine eigenen, vom anderen Partner unabhängigen Anrechte verschafft. Lebenspartner können ebenso wie Ehegatten in einer Vereinbarung, auch in einem Lebenspartnerschaftsvertrag den Versorgungsausgleich regeln (§ 20 III LPartG). Hinsichtlich der Form der Vereinbarung gilt dasselbe wie bei Vereinbarungen über Ehegatten (vgl. Kap. B I. Rn. 157).

Versorgungsrechte sind bei Lebenspartnern vom Zugewinnausgleich kraft Gesetzes **27** ausgeschlossen (§ 20 I LPartG, § 2 IV VersAusglG). Eine diesbezügliche Regelung fehlt bei Lebenspartnern, deren Lebenspartnerschaft bis zum 31.12.2004 begründet wurde. Umstritten ist deshalb, ob sich bei „Alt-Lebenspartnerschaften" der Zugewinnausgleich im Hinblick auf die **fehlende Regelung eines Versorgungsausgleichs** teilweise auch auf Anrechte erstreckt, hinsichtlich derer bei Ehegatten der Versorgungsausgleich stattfindet (vgl. *Rieger* FamRZ 2001, 1497, 1503). Insofern empfiehlt sich eine Regelung durch Vereinbarung. Als Gestaltungsmöglichkeiten bestehen die ausdrückliche Einbeziehung dieser Rechte und umgekehrt ihr Ausschluss. Die diesbezügliche Durchführung des Zugewinnausgleichs führt allerdings nicht zur Übertragung von Anrechten, sondern nur zur wirtschaftlichen Berücksichtigung dieser Anrechte. Haben „Alt-Lebenspartner" bereits vor Inkrafttreten des VersAusglG die schuldrechtliche Durchführung des Versorgungsausgleichs vereinbart, war dies zulässig; insoweit war auch ein Super-Splitting möglich. Nach der nunmehrigen Geltung des VersAusglG bestehen diesbezüglich ohnehin keine Bedenken mehr.

Formulierungsbeispiel: Zugewinnausgleich (Lebensversicherung)	27a
Wir haben unsere Lebenspartnerschaft am ... (vor dem 1.1.2005) begründet. Wir haben nicht gemeinsam für die Durchführung des Versorgungsausgleichs optiert. Unabhängig davon, ob die Anwartschaften aus der Lebensversicherung bei der ..., Versicherungs-Nr.: ..., Versicherungsnehmer: ..., nach der gesetzlichen Regelung in den Zugewinnausgleich einzubeziehen sind, vereinbaren wir, dass dieser Versicherungsvertrag, der während des Bestehens unserer Lebenspartnerschaft abgeschlossen wurde, im Zugewinnausgleich zu berücksichtigen ist. Dies gilt auch, wenn hierdurch ein Lebenspartner beim Zugewinnausgleich ausgleichspflichtig wird, der ohne die Berücksichtigung dieser Versicherung beim Zugewinnausgleich nicht ausgleichspflichtig wäre.	

Durch die Einbeziehung eingetragener Lebenspartner in die **gesetzliche Hinterbliebe-** **27b** **nenversicherung** (§§ 46, 47 SGB VI) ist der Partner auch bei Beendigung der eingetragenen Lebenspartnerschaft durch den Tod gesichert (*Vogel/Pötter* Zeitschr. d. BfA 2005, 156; zur Steuerfreiheit unter den in R 8 ErbStR genannten Voraussetzungen s. *FinMin BW* DB 2005, 2052). Dies gilt nicht für den Zeitraum bis zum 31.12.2004 (*BSG* FamRZ 2006, 620). Berufsständische Zusatzversorgungseinrichtungen sehen eine Gleichstellung teilweise immer noch nicht vor (*BGH* FamRZ 2007, 805; *BVerwG* NJW 2008, 246; *VGH München* NJW 2005, 3359; derartige Bestimmungen verstoßen nach Ablauf der Umsetzungsfrist der Richtlinie 200/78/EG seit dem 3.12.2003 gegen das Diskriminierungsverbot (Art. 1 u. Art. 2 dieser Richtlinie). Dies kann der betroffene Lebenspartner geltend machen (*EuGH* NJW 2008, 1649; 2011, 2187; *BVerfG* NJW 2010, 1439; *BAG* NZA 2009, 489; BeckRS 2013, 67716). Kapitallebensversicherungen, Rentenlebensversicherungen und Cross-Versicherungen als private Vorsorge sind für „Altpaare", die vor dem 1.1.2005 ihre Lebenspartnerschaft begründet haben, weiterhin wichtig (s. *Epple* FPR 2005, 305).

V. Nichtigkeit, Trennung und Aufhebung

1. Nichtigkeit und Aufhebung

28   Ein spezielles **Anfechtungsrecht wegen eines Begründungsmangels** der Lebenspartnerschaft bestand für vor dem 1.1.2005 begründete Lebenspartnerschaften nicht. Umstritten war, ob die allgemeinen Anfechtungsvorschriften mit der Folge einer Rückabwicklung ex tunc anwendbar waren. Fraglich ist, ob ab dem 1.1.2005 das Aufhebungsrecht bei Willensmängeln (§ 15 II und IV LPartG) auch für „Alt-Lebenspartnerschaften" gilt und somit teilweise eine stillschweigende Unbeachtlichkeit dieser Willensmängel jedenfalls hinsichtlich einer Ex-tunc-Unwirksamkeit eingetreten ist. Denkbar ist es bei diesbezüglichen Anhaltspunkten, vorsorglich die entsprechende Anwendung des Aufhebungsfolgenrechts zu vereinbaren.

§ 6 III LPartG a. F. sah als „**Auffangvermögensstand**" die Vermögenstrennung vor. Sie trat ein, wenn ein vorlebenspartnerschaftlicher Lebenspartnerschaftsvertrag unwirksam war. Die Nichtigkeitsfolge sollte nach Ansicht eines Teils der Literatur nicht auf spätere Lebenspartnerschaftsverträge angewandt werden (so *Rieger* FamRZ 2001, 1497, 1498; a. A. die wohl h. M., vgl. *Dethloff* NJW 2001, 2594, 2601). Damit wäre in den Fällen einer vertraglichen Disparität der benachteiligte Vertragsteil durch die Vermögenstrennung zusätzlich „bestraft" worden. In der Literatur wurde deshalb eine teleologische Reduktion der Vorschrift empfohlen (*Grziwotz* DNotZ 2001, 280, 287). Ist nach der bisher geltenden Vorschrift Vermögenstrennung eingetreten, so hat hieran die Neufassung des LPartG nichts geändert. Für diese Lebenspartner gilt nunmehr die Gütertrennung. Besteht dieses Risiko, so sollten die Lebenspartner, falls sie die Gütertrennung nicht wünschen, eine entsprechende Korrektur vereinbaren.

2. Aufhebung der Lebenspartnerschaft

29   Nach der bis 31.12.2004 geltenden Rechtslage war für die Aufhebung der Lebenspartnerschaft die Abgabe von **Aufhebungs- bzw. Nichtfortsetzungserklärungen** sowie die zwingende Einhaltung einer Wartezeit erforderlich (vgl. *OLG Köln* FamRZ 2004, 1724). Das Aufhebungsrecht von Lebenspartnern **entspricht** nach geltendem Recht weitgehend dem **Scheidungsrecht** von Ehegatten. Wie bei der Ehe ist eine Trennung oder ein Härtegrund Voraussetzung der Aufhebung (§ 15 II LPartG). Jedoch sieht § 15 II 2 LPartG auch Aufhebungsgründe vor, die der Eheaufhebung entsprechen (zu unterschiedlichen Formulierungen im Verfahrensrecht s. *Heiter* FamRB 2010, 22, 23).

3. Aufhebungsvereinbarung

30   Eine Aufhebungsvereinbarung kann mit einem Erb- und Pflichtteilsverzicht unter Beachtung der dafür geltenden Formvorschriften (§ 10 VII LPartG i. V. m. § 2348 BGB) verbunden werden. § 16 I LPartG i. V. m. § 1586b BGB ist zu beachten (vgl. Kap. B I. Rn. 151). Umfassende **Trennungs- und Aufhebungsvereinbarungen** können zudem die Aufhebungsfolgen einvernehmlich gestalten. Grenzen hierfür bilden lediglich der Verzicht auf Trennungsunterhalt für die Zukunft (§ 12 S. 2 LPartG i. V. m. §§ 1361 IV 4, 1360a III, 1614 I BGB) und die Sittenwidrigkeit von einseitigen, einen Vertragsteil begünstigenden Vereinbarungen (vgl. Kap. B I. Rn. 11). Ob im Hinblick darauf, dass bei „alten" Lebenspartnerschaften kein Versorgungsausgleich stattfand, auch nach langjähriger Lebenspartnerschaft ein diesbezüglicher Verzicht entsprechend der früheren Regelung des Gesetzgebers – anders als bei der Ehe, wo der Versorgungsausgleich zum Kernbereich der Scheidungsfolgen zählt – zulässig ist, ist nicht geklärt, aber im Hinblick auf die einheitliche Regelung in § 8 VersAusglG wohl zu verneinen. Vereinbarungen über die Ausgleichsforderung bei Beendigung einer Zugewinngemeinschaft stellen dann keine

freiwillige Zuwendung i. S. d. § 7 I Nr. 1 ErbStG dar, wenn ein Partner nur das erhält, was ihm gesetzlich zusteht (*BayFinMin* MittBayNot 2004, 150; ZEV 2005, 477, 478).

VI. Weitere Regelungsbereiche

1. Soziale Elternschaft

Gemeinsame Kinder von Lebenspartnern waren bis zum 1.1.2005 nur bei Transsexuellen (§§ 8, 10 TSG) und durch eine sukzessive Adoption eines erwachsenen „Kindes" möglich. Neben der kein Verwandtschaftsverhältnis begründenden Einbenennung eines Kindes (§ 9 V LPartG) erlaubt § 9 VII LPartG die Stiefkindadoption (§ 9 VII 2 LPartG i. V. m. § 1742 BGB; vgl. auch *BVerfG* FamRZ 2013, 521; *EGMR* FamRZ 2014, 97). Wenn eine Stiefkindadoption unterbleibt, besteht lediglich eine soziale Elternschaft. Ob die Rechtsprechung auf diese Fälle der Erfüllung eines gemeinsamen Kinderwunsches ohne Adoption den **Kinderbetreuungsunterhalt** (§ 1570 BGB, § 16 S. 2 LPartG) **entsprechend** anwenden wird (vgl. *Grziwotz*, Beratungshandbuch Lebenspartnerschaft, Rn. 281; zum Kindergeld s. *BFH* FamRB 2014, 13), ist offen. Gleiches gilt für die Annahme eines konkludenten Unterhaltsvertrages zugunsten des Kindes, für das wie bei einer heterologen Insemination bei Ehegatten gemeinsame Elternverantwortung übernommen wird. Lebenspartner, die bewusst eine soziale Elternschaft wünschen, sollten neben der Absicherung des Partners (vgl. Rn. 11) auch Vereinbarungen oder Verfügungen zugunsten des Kindes treffen, die dieses jedenfalls bei Wegfall des rechtlichen Elternteils wirtschaftlich absichern.

31

2. Erbrechtliche Sicherung und Erbschaftsteuer

Regelungen im Lebenspartnerschaftsvertrag wie z. B. die Vereinbarung der Gütertrennung sollten, da in der überwiegenden Zahl eingetragener Lebenspartnerschaften keine Kinder vorhanden sind, mehr als bei Ehegatten mit Kindern auch auf ihre erbschaftsteuerrechtlichen Konsequenzen überprüft werden. Im Hinblick auf das gesetzliche Erbrecht müssen bei größeren Vermögen, die bei Doppelverdienern ohne Kinder nicht selten sind, wegen der **Erbschaftsteuerbelastung** des überlebenden Partners, wenn dieser Alleinerbe wird, und wegen in die Steuerklasse II oder III fallender Schlusserben beim häufigen Fehlen gemeinsamer Kinder als „automatische" Schlusserben der **Sicherungsbedarf des Überlebenden** und die **Schlusserbfolge** in die Gestaltung einbezogen werden (vgl. *Grziwotz* in: Münchener AnwaltsHandbuch Familienrecht, § 28 Rn. 67 ff.). Umgekehrt ist zur Sicherung des überlebenden Lebenspartners zu beachten, dass dieser ohne Verfügung von Todes wegen beim Vorhandensein von Eltern oder Geschwistern des Verstorbenen und beim Fehlen von Kindern nicht Alleinerbe wird. Auf diese Weise kommen bei der gesetzlichen Erbfolge häufig Erbengemeinschaften zustande, die im Hinblick auf das gesellschaftlich teilweise noch nicht akzeptierte gleichgeschlechtliche Zusammenleben teilweise streitträchtig sind. Mitunter besteht zu dem homosexuellen Geschwisterteil kein oder nur ein eingeschränkter Kontakt. Insofern ist die **Errichtung einer Verfügung von Todes wegen** zur Sicherung des überlebenden Partners ratsam. Wegen des überwiegenden Fehlens gemeinschaftlicher Kinder des gleichgeschlechtlichen Paares wird der Schlusserbfall meist zum „Glücksspiel" für die Erben. Im Hinblick auf das gesetzliche Erbrecht des Lebenspartners und die hohe Steuerprogression von Schlusserben, wenn keine Kinder vorhanden sind, ist es ratsam, eine Übersicherung des Überlebenden zu vermeiden. Tritt durch die Beschränkung des überlebenden Partners auf Vermächtnisse eine teilweise Enterbung ein, sollte zur flankierenden Sicherung ein Verzicht auf diesbezügliche Pflichtteilsergänzungsansprüche mitbeurkundet werden (vgl. *Kaiser* FPR 2005, 286, 289), da diese Ansprüche vererblich sind.

32

| 32a | **Formulierungsbeispiel: Bedingter Pflichtteilsverzicht** |

Unter der Bedingung, dass beim Ableben des erstversterbenden Lebenspartners die vorstehend zugunsten des Überlebenden angeordneten Vermächtnisse bestehen, verzichtet jeder von uns auf die Geltendmachung von Pflichtteils- und Pflichtteilsergänzungsansprüchen nach dem Tod des Erstversterbenden. Wir nehmen diesen Verzicht gegenseitig an.

32b Verfügungen von Todes wegen sind bei eingetragenen Lebenspartnern ferner zur Regelung der **Schluss- und Ersatzerbfolge** dringend erforderlich (*Grziwotz* FPR 2005, 283, 284). Aufgrund der erbschaftsteuerlichen Gleichstellung mit Ehegatten auf 500.000 € angehobenen Freibetrags wird häufiger als bisher die gegenseitige Erbeinsetzung zur Sicherung des überlebenden Partners gewünscht werden. Allerdings darf dabei, wenn den Partnern die Schlusserbfolge nicht gleichgültig ist oder ohnehin Abkömmlinge beider oder eines Partners Schlusserben werden sollen, die Erbschaftsteuerbelastung beim zweiten Erbfall nicht unberücksichtigt bleiben. Nachdem Stiefkinder auch bei Lebenspartnerschaften in die Steuerklasse I Nr. 2 fallen, erübrigt sich bei ihnen die früher noch empfohlene Vor- und Nacherbschaft (vgl. *v. Dickhuth-Harrach* FamRZ 2005, 1139, 1142). Dies gilt auch bei der faktischen „Vierer-Elternschaft", wenn eine lesbische Lebenspartnerin mit dem Sperma eines befreundeten Mannes künstlich befruchtet wird und dieser die Vaterschaft anerkennt. Gleichgültig ist, ob eine Adoption des Kindes durch die Lebenspartnerin der Mutter erfolgt, da dies die Steuerklasse zum Vater und dessen Lebenspartner unberührt lässt (§ 15 I a ErbStG). Anders ist dies, wenn eine faktische „Vierer-Elternschaft" eines lesbischen und homosexuellen Paares gewünscht wird und eine rechtliche Vaterschaft wegen Bestehens einer Vaterschaft ausscheidet. Hier kann bei sozial gemeinsamen Kindern, zu denen eine Verwandtschaft eines „außenstehenden" Elternteils besteht (z. B. Neffe) die Vor- und Nacherbschaft noch eine geringfügige Besserstellung gegenüber der Schlusserbschaft infolge von Wahlmöglichkeit des § 6 II 2 ErbStG bewirken. Eine Adoption ist aus erbschaftsteuerlichen Gründen bei Stiefkindern nicht mehr erforderlich. Allerdings schließt die Adoption auch das Pflichtteilsrecht noch lebender Elternteile aus. Neben der Schlusserbfolge ist auch die Ersatzerbfolge zu regeln, um die Ermittlung der Ersatzerben nicht der Auslegung zu überlassen (*BayObLG* ZEV 1999, 353) und um die Ausschlagung (gegen Abfindung) eventuell als Korrekturmittel einer steuerlich ungünstigen Erbfolge nutzen zu können.

VII. Auslandsberührung

33 Der deutsche Gesetzgeber hat das Lebenspartnerschaftsgesetz ausländischen und gemischt-nationalen Lebenspartnern gleichsam als Modell angeboten (krit. *Jakob* S. 293). Lebenspartner, die bereits im Ausland „geheiratet" haben, können nach derzeitiger Rechtslage durch die Registrierung im Inland die Anwendung deutschen Rechts erreichen. Dies ermöglicht die Anknüpfung an die Sachvorschriften des das Register führenden Staates (Art. 17b I 1 EGBGB). Auf diese Weise ist eine **mittelbare Rechtswahl** zugunsten des deutschen Rechts möglich. Das Güterrecht von Lebenspartnern bestimmt sich nach den Sachvorschriften des registerführenden Staates. Hinsichtlich des Güterrechts sieht die PartgüterR-VO zur Rechtsvereinheitlichung in Europa künftig die Anknüpfung an das Recht des Staates, in dem die Lebenspartnerschaft eingetragen wurde, vor (Art. 15 PartgüterR-VO). Eine Rechtswahl ist – anders als bei Ehegatten – nicht möglich. Bei einer vollständigen Gleichstellung der eingetragenen Lebenspartnerschaft mit der Ehe könnte sie auch unter die EhegüterR-VO fallen. Dies ist allerdings derzeit nicht der Fall (vgl. *Süß* ZNotP 2011, 282, 289; teilw. a. A. *Döbereiner* MittBayNot 2011, 463, 467; *Kohler/Pintens* FamRZ 2011, 1433, 1435). Der nachpartnerschaftliche

Unterhalt bestimmt sich nach allgemeinen Vorschriften; besteht auch danach kein Unterhaltsrecht, greift Art. 17b EGBGB ein. Diese Vorschrift regelt auch die Durchführung des Versorgungsausgleichs. Er ist nur durchzuführen, wenn deutsches Recht anzuwenden ist und das Recht eines Staates, dem die Lebenspartner angehören, den Versorgungsausgleich kennt. Hat ein Lebenspartner inländische Anwartschaften erworben, ist der Versorgungsausgleich durchzuführen, wenn dies nicht unbillig ist (NK-BGB/*Ring*/*Olsen-Ring* § 21 LPartG Rn. 12). Das Erbrecht von Lebenspartnern knüpft derzeit an die Staatsangehörigkeit an (Art. 25 EGBGB); eine Rück- bzw. Weiterverweisung ist zu beachten. Sieht die ausländische Rechtsordnung kein Erbrecht vor oder kennt sie das Rechtsinstitut einer gleichgeschlechtlichen Lebenspartnerschaft nicht, ist derzeit das Recht des registerführenden Staates anwendbar (*Kornmacher* FPR 2005, 291). Nach Inkrafttreten der ErbrechtsVO ist diese auch für das Erbrecht von Lebenspartnern maßgeblich. Die Wirkungen einer im Ausland eingetragenen Lebenspartnerschaft werden gegenwärtig durch die Vorgaben der deutschen Rechtsordnung begrenzt (Art. 17b IV EGBGB). Insofern empfiehlt sich die Errichtung einer Verfügung von Todes wegen.

VIII. Form und Kosten

1. Formvorschriften

Der Lebenspartnerschaftsvertrag bedarf zum Schutz des schwächeren Partners der notariellen **Beurkundung** bei gleichzeitiger Anwesenheit der Lebenspartner (§ 7 LPartG). Auch ein Abschluss vor Begründung der Lebenspartnerschaft ist möglich. Die persönliche Anwesenheit ist wie beim Ehevertrag nicht erforderlich. Dies war auch unter Geltung von § 7 I 2 LPartG a. F. h. M. (s. *Krause*, Lebenspartnerschaftsvertrag, 2002, S. 32). Eine **Ausnahme** von der Beurkundungsbedürftigkeit galt für bis zum 1.1.2005 begründete Lebenspartnerschaften bei der Vereinbarung der Ausgleichsgemeinschaft vor Begründung der Lebenspartnerschaft (§ 7 II LPartG a. F.). Die Vereinbarung der Ausgleichsgemeinschaft vor Begründung der Lebenspartnerschaft war deshalb auch mündlich und im Wege des Sukzessivabschlusses möglich. 34

Die notarielle Beurkundung war auch vor dem 1.1.2005 für Lebenspartnerschaftsverträge vor Begründung der Lebenspartnerschaft, die die Ausgleichsgemeinschaft änderten oder einen anderen Vermögensstand regelten, und für sämtliche Lebenspartnerschaftsverträge nach Begründung der Lebenspartnerschaft erforderlich. Seit 1.1.2005 gilt für Lebenspartnerschaftsverträge stets die Formerfordernis der notariellen Beurkundung (§ 7 S. 2 LPartG, § 1410 BGB). Der notariellen Form unterliegen sämtliche Vereinbarungen, die mit den güterrechtlichen im Zusammenhang stehen. Notariell beurkundet werden müssen auch Vereinbarungen über den Versorgungsausgleich in Lebenspartnerschaftsverträgen (§ 20 III LPartG) und Vereinbarungen nach dem VersAusglG (§ 20 IV LPartG, §§ 6 I 1, 7 I VersAusglG; vgl. *Götsche*/Rehbein/Breuers, VersAusglR, 2012, Einl. Rn. 20). Nach der familiengerichtlichen Entscheidung über den Wertausgleich entfällt der Formzwang für Vereinbarungen über den Versorgungsausgleich. Wird das Aufhebungsverfahren abgetrennt und die Lebenspartnerschaft aufgehoben, besteht das Formerfordernis – anders als beim nachpartnerschaftlichen Unterhalt – fort. Vereinbarungen über den nachpartnerschaftlichen Unterhalt unterliegen dem Formzwang, wenn sie vor Rechtskraft der Aufhebung der Lebenspartnerschaft getroffen werden (§ 16 S. 2 LPartG, § 1585c S. 2 BGB).

2. Kosten

Der **Geschäftswert** für die Beurkundung von Lebenspartnerschaftsverträgen bestimmt sich nach der Summe der Aktivvermögen der Vertragsschließenden zum Zeitpunkt der Beurkundung abzüglich der Schulden des jeweiligen Lebenspartners bis zur Höhe seines 35 halben Aktivvermögens (§ 100 I, IV GNotKG); künftige Vermögenswerte, hinsichtlich derer Regelungen getroffen werden, werden mit 30 % ihres Werts berücksichtigt, § 100 III GNotKG). Der **Gebührensatz** beträgt 2,0 (Nr. 21100 KV-GNotKG). Die frühere Begünstigung der gleichzeitigen Beurkundung eines Lebenspartnerschafts- und Erbvertrages ist abgeschafft (§ 111 Nr. 1 GNotKG). Der Ausschluss des Versorgungsausgleichs betrifft wiederkehrende Leistungen, wobei der einjährige Bezugswert zu schätzen ist (§ 52 GNotKG). Bei vorbeugenden Vereinbarungen ist ein Abschlag angebracht. Ebenfalls nach § 52 GNotKG ist ein Unterhaltsverzicht zu bewerten, wobei der Jahreswert wiederum zu schätzen (§ 36 I GNotKG) ist. Bei Doppelverdienern mit nahezu gleichem Einkommen oder Rentnern bestimmt sich der Geschäftswert in beiden Fällen nach § 36 III GNotKG und beträgt regelmäßig 5.000 €. Unterhaltsregelungen und Vereinbarungen zum Versorgungsausgleich sind neben dem Lebenspartnerschaftsvertrag gesondert zu bewerten (§ 111 Nr. 2 GNotKG); die Werte der in einer Urkunde getroffenen Vereinbarungen sind zusammenzurechnen (§ 35 I GNotKG).

3. Hinweise, Belehrungen

36 In der Beratung sollten vor allem mit Beteiligten ohne Kinder oder Kinderwunsch die mit der **„Gleichstellung" verbundenen Probleme** besprochen werden. Die Hinweise entsprechen im Übrigen denjenigen beim Abschluss von Eheverträgen (vgl. B I. Rn. 162). Auch bei „Erbschaftsteuersparmodellen" insbesondere von nicht homosexuellen Alterslebenspartnerschaften mit Anschluss sämtlicher Aufhebungsfolgen ist der Notar nicht verpflichtet, im Hinblick auf den nicht abdingbaren „Kernbestand" der Verantwortungsgemeinschaft, der sich insbesondere im Unterhaltsrecht bei bestehender Partnerschaft realisieren kann, von der Begründung einer eingetragenen Lebenspartnerschaft abzuraten. Wurde die Lebenspartnerschaft bereits vor der zuständigen Behörde begründet, ist jedenfalls nicht von einer Scheinlebenspartnerschaft auszugehen.

B III. Scheidungs- und Trennungsvereinbarungen

Ingeborg Rakete-Dombek

Übersicht

	Rn.
I. Vorbemerkung	1–16
1. Allgemeines	1–5
2. Inhaltskontrolle	6–11
3. Beratungs-Checkliste	12, 13
4. Regelungsvorstellungen der Ehegatten und Fallgruppen	14–16
II. Elterliche Sorge, Umgangsrecht	17–43
1. Elterliche Sorge	18–34
2. Umgangsrecht	35–43
III. Unterhaltsvereinbarungen	44–119
1. Unterhalt des getrennt lebenden bzw. geschiedenen Ehegatten	44–98
2. Kindesunterhalt	99–111
3. Steuerliche Gesichtspunkte	112–119
IV. Vereinbarungen über den Versorgungsausgleich	120–149
1. Aufklärungs- und Beratungspflichten	124
2. Möglicher Inhalt der Vereinbarung	125–127
3. Inhalts- und Ausübungskontrolle	128–136
4. Anlässe für Vereinbarungen über den Versorgungsausgleich	137–143
5. Abänderbarkeit	144, 145
6. Steuerliche Gesichtspunkte	146–149
V. Vereinbarungen über die vermögensrechtliche Auseinandersetzung	150–177
1. Gesetzlicher Güterstand, Zugewinnausgleich	152–156
2. Gütertrennung	157
3. Gütergemeinschaft	158–160
4. Ausgleich von Zuwendungen	161–167
5. Schuldenzuordnung	168–171
6. Steuerliche Gesichtspunkte bei Übertragung von Grundstücken oder Miteigentumsanteilen an Grundstücken	172–177
VI. Ehewohnung und Haushaltsgegenstände	178–187
1. Ehewohnung	179–183
2. Haushaltsgegenstände	184–187
VII. Erbrechtliche Regelungen	188, 189
VIII. Auslandsberührung, Neue Bundesländer	190
IX. Kostenregelungen	191–198
X. Kombinierte Verträge in Stichworten nach Ehetypen	199

Literatur: *Abramenko*, Störungen bei der Durchführung von Vereinbarungen gem. § 1568a Abs. 3 Nr. 1 BGB, FamRB 2012, 125; *Bergschneider*, Der Beschlussvergleich gemäß § 278 Abs. 6 ZPO und das Problem der Form, FamRZ 2013, 260; *ders.*, Zum Formerfordernis nach der Neuregelung des § 1585c BGB im Unterhaltsrechtsänderungsgesetz, FamRZ 2008, 17; *ders.*, Der Tod des Unterhaltsverpflichteten, FamRZ 2003, 1049; *Borth*, Ausweitung des Schutzes des nachehelichen Unterhalts bei langer Ehedauer, FamRZ 2013, 165; *Brambring*, Vereinbarungen zum Familienheim bei Scheidung, FPR 2013, 289; *ders.* Ehevertrag und Vermögenszuordnung, 7. Aufl. 2012; *Bredthauer*, Vereinbarungen über den Versorgungsausgleich, FPR 2009, 500; *Brix*, Eheverträge und Scheidungsfolgenvereinbarungen: Zur Abgrenzung von §§ 1378 III und 1408 I BGB, FamRZ 1993, 12; *Brudermüller*, Die Entwicklung des Familienrechts bis August 2012 – Güterrecht und Versorgungsausgleich, NJW 2012, 3213; *Caspary*, Verwirkung von Ehegattenunterhalt – Ein Überblick zur Kasuistik des § 1579 BGB, FamRB 2007, 110; *Dörr*, Die Entwicklung des Familienrechts seit Mitte 1994, NJW 1995, 2753; *Erbarth*, Die Überlassung von Haushaltsgegenständen nach Rechtskraft der Ehescheidung, FPR 2010, 548; *Frenz*, Erbrechtliche Gestaltung und Unterhaltsansprüche, ZEV 1997, 450; *ders.*, Familienrechtliche Anordnungen, DNotZ 1995, 908; *Göppinger/Börger*, Vereinbarungen anlässlich der Ehescheidung, 9. Aufl. 2009; *Götz/Brudermüller*, Die gemeinsame Wohnung, 2008;

Hauß, Die Qual der Wahl einer Zielversorgung, FamRB 2013, 223; *Jebens/Kuhlmann*, Mißbrauchsbekämpfungs- und Steuerbereinigungsgesetz: Die Behandlung des rückwirkend begründeten Zugewinnausgleichsanspruchs nach der Änderung des § 5 ErbStG, DB 1994, 1156; *Johannsen/ Henrich*, Eherecht, 5. Aufl. 2010; *Krenzler/Borth*, Anwaltshandbuch Familienrecht, 2. Aufl. 2012; *Langenfeld*, Handbuch der Eheverträge und Scheidungsvereinbarungen, 6. Aufl. 2011; *Liebelt*, Praktische Probleme des Steuerrechts bei Trennung und Scheidung von Ehegatten, NJW 1994, 609; *Lipp*, Die Eigentums- und Vermögensgemeinschaft des FGB und der Einigungsvertrag – eine vergebene Chance für eine Reform des Güterstandsrechts?, FamRZ 1996, 1117; *Mayer*, Unliebsame Folgen des Pflichtteilsverzichts, ZEV 2007, 556; *Münch*, Familienrecht in der Notar- und Gestaltungspraxis, 2013; *ders.*, Vereinbarungen zum Versorgungsausgleich, FPR 2013, 312; *ders.*, Die Scheidungsimmobilie, 2009; *Nieder/Kössinger*, Handbuch der Testamentsgestaltung, 4. Aufl. 2011; *Rakete-Dombek*, Die Form der Beurkundung in § 1585c S. 3 BGB, FS Hahne, 2012, S. 307; *dies.* Gerechtigkeit im Güterrecht?, FS Brudermüller, 2014, S. 543; *dies.*, Aktuelle Entwicklungen im Familienrecht – Von A wie Abkommen bis Z wie Zuwendung, NJW 2010, 1313; *Ruland*, Anwalt und Versorgungsausgleich, AnwBl. 1982, 85; *Schnitzler*, Münchner Anwaltshandbuch Familienrecht, 4. Aufl. 2014; *ders.*, Die verfestigte Lebensgemeinschaft als selbstständiger Härtegrund im neuen § 1579 Nr. 2 BGB, FPR 2008, 41; *Schramm*, Realsplitting – Vorteil und Nachteil, NJW-Spezial 2007, 391; *Schulz*, Die endgültige Überlassung der Ehewohnung, FPR 2010, 541; *Schürmann*, Kinder – Eltern – Rang, FamRZ 2008, 313; *Schwab*, Kindschaftsrechtsreform und notarielle Vertragsgestaltung, DNotZ 1998, 437; *Wendl/Dose*, Das Unterhaltsrecht in der familienrichterlichen Praxis, 8. Aufl. 2011; *Wever*, Rückgewähr ehebezogener Zuwendungen: der Abschlag für teilweise Zweckerreichung, FamRZ 2013, 1; *ders.*, Vermögensauseinandersetzung der Ehegatten außerhalb des Güterrechts, 6. Aufl. 2014; *Wick*, Vereinbarungen über den Versorgungsausgleich – Regelungsbefugnisse der Ehegatten, FPR 2009, 219; *Zimmermann*, Das neue Kindschaftsrecht, DNotZ 1998, 404.

I. Vorbemerkung

1. Allgemeines

1   Trennungs- und Scheidungsvereinbarungen regeln in der Ehekrise konkret die Folgen von Trennung und Scheidung. Grundsätzlich ist für die Scheidung einer Ehe eine Scheidungsfolgenregelung nicht mehr zwingend erforderlich. Bei der häufig großen Zahl strittiger Fragen, der Komplexität der familienrechtlichen Bestimmungen und der hieraus bei streitiger Auseinandersetzung folgenden **langen Verfahrensdauer** ist zu einvernehmlichen Regelungen jedoch dringend zu raten. Diese empfehlen sich zur Vermeidung lang andauernder, das Scheidungsverfahren verzögernder, verteuernder und die persönlichen Beziehungen belastender gerichtlicher Auseinandersetzungen.

2   Eine Trennungsvereinbarung kann auch angezeigt sein, wenn die Beteiligten nach einer Krise zunächst getrennt leben wollen, aber eine Ehescheidung von beiden noch nicht beabsichtigt ist (Münch/*Siegler* § 8 Rn. 8 ff.).

3   Der sachliche Zusammenhang der Regelung der Trennungs- und Scheidungsfolgen mit dem gerichtlichen, dem Anwaltszwang unterworfenen Scheidungsverfahren (§ 114 I FamFG) führt in der Praxis häufig dazu, **unter anwaltlicher Beratung und Vertretung** eine Vereinbarung auszuhandeln und diese privatschriftlich niederzulegen bzw. bei bestehendem Formzwang (§§ 311b, 1378 III 2, 1410, 1585c S. 2, 2348 BGB, Art. 14 IV EGBGB) **gerichtlich protokollieren** zu lassen (§ 127a BGB). Für die Ehegatten ist das Einschlagen dieses Weges möglich, wenn Meinungsverschiedenheiten über die beiderseitigen Rechte und Pflichten bestehen, die von einem Notar als unparteiischem Berater der Beteiligten nicht überbrückt werden können. Möglich ist aber auch – und kommt in der Praxis bei komplexeren Sachverhalten sehr häufig vor –, eine zwischen den Eheleuten ausgehandelte Ehescheidungsvereinbarung notariell beurkunden zu lassen (zur Abgrenzung zwischen Ehevertrag und Scheidungsfolgenvereinbarung: *Brambring* Rn. 8).

4   Sind sich die Ehegatten jedoch über die Regelung der Scheidungsfolgen in den wesentlichen Punkten im Grundsatz einig, empfiehlt sich für sie, sich über die konkrete Ausgestaltung ihrer Vereinbarungen **durch** einen **Notar beraten** und diese **notariell beurkunden**

I. Vorbemerkung

zu lassen (hierzu Kap. B I. Rn. 156). Da bei notarieller Beurkundung der Scheidungsfolgen kein Anwalt und für das Betreiben des Scheidungsverfahrens nur ein Anwalt erforderlich ist, ergeben sich auf diesem Wege erhebliche **Kostenvorteile**. Zur diesbezüglichen Beratungspflicht des Anwalts BGH NJW 1998, 136.

Der **Anwaltsnotar** ist verschiedenen Mitwirkungsverboten unterworfen. Er hat, wird er als Notar tätig, bei der Beurkundung von Trennungs- und Scheidungsfolgenvereinbarungen die **Mitwirkungsverbote** des § 3 BeurkG zu beachten. War er oder einer seiner Sozien oder auch Bürogemeinschaftspartner in einer Familienrechtsangelegenheit bereits als Anwalt tätig, darf er eine Vereinbarung über Trennungs- und Scheidungsfolgen der Eheleute nicht beurkunden. Hat er oder ein mit ihm zu gemeinschaftlicher Berufsausübung verbundener Anwaltsnotar eine Vereinbarung beurkundet, darf er nicht als Anwalt in einer Auseinandersetzung über Scheidung, Trennungs- und Scheidungsfolgen tätig werden (§ 45 I Nr. 1 BRAO; *Anwaltsgerichtshof Schleswig* ZEV 2014, 205).

2. Inhaltskontrolle

Nach den Grundsatzentscheidungen des *BVerfG* vom 6.2.2001 (NJW 2001, 957) und vom 29.3.2001 (NJW 2001, 2248) hat der Staat der Freiheit von Ehegatten, mit Hilfe von Verträgen die ehelichen Beziehungen und wechselseitigen Rechte und Pflichten zu gestalten, dort Grenzen zu setzen, wo der Vertrag nicht Ausdruck und Ergebnis gleichberechtigter Lebenspartnerschaft ist, sondern eine auf ungleichen Verhandlungspositionen basierende einseitige Dominanz eines Ehegatten widerspiegelt. Nach Ansicht des *BVerfG* ist es Aufgabe der Gerichte, in solchen Fällen **gestörter Vertragsparität** über die zivilrechtlichen Generalklauseln zur Wahrung beeinträchtigter Grundrechtspositionen eines Ehepartners den Inhalt des Vertrages einer Kontrolle zu unterziehen und ggf. zu korrigieren. In Vollzug dieser Aufgabenzuweisung stellt der *BGH* (NJW 2004, 930; zuletzt NJW 2013, 457 und 380) fest, dass es den Ehegatten grundsätzlich frei stehe, über die gesetzlichen Regelungen über den Zugewinn, den Versorgungsausgleich und den nachehelichen Unterhalt ehevertraglich zu disponieren. Es gibt nach Ansicht des *BGH* keinen unverzichtbaren Mindestgehalt an Scheidungsfolgen zugunsten des berechtigten Ehegatten. Allerdings dürfe die grundsätzliche Disponibilität der Scheidungsfolgen nicht dazu führen, dass der Schutzzweck dieser Regelungen beliebig unterlaufen werden kann (*BGH* NJW 2004, 930). Das ist dann zu bejahen, wenn dadurch eine evident einseitige und durch die individuelle Gestaltung der ehelichen Lebensverhältnisse nicht gerechtfertigte Lastenverteilung entstünde, die hinzunehmen für den belasteten Ehegatten – bei angemessener Berücksichtigung der Belange des anderen Ehegatten und seines Vertrauens in die Geltung der getroffenen Abrede – bei verständiger Würdigung des Wesens der Ehe unzumutbar erscheint (*BGH* NJW 2006, 2331). Die Belastungen des einen Ehegatten werden nach Ansicht des *BGH* dabei umso schwerer wiegen und die Belange des anderen Ehegatten sind umso genauer zu prüfen, je unmittelbarer die Vereinbarung über die Abbedingung gesetzlicher Regelungen in den Kernbereich des Scheidungsfolgenrechts eingreift (*BGH* NJW 2006, 2331). Diese so genannte Kernbereichslehre hat der *BGH* in seinem Urteil vom 11.2.2004 (NJW 2004, 930) entwickelt. Danach gehört zum Kernbereich in erster Linie der Kindesbetreuungsunterhalt (§ 1570 BGB). Auf der zweiten Stufe rangieren der Alters- und Krankheitsunterhalt (§§ 1571, 1572 BGB). Der Versorgungsausgleich steht als vorweggenommener Altersunterhalt auf gleicher Stufe wie dieser selbst. Der Zugewinnausgleich erweist sich nach Ansicht des *BGH* der ehevertraglichen Disposition am weitesten zugänglich (NJW 2004, 930).

Das Gericht prüft im Rahmen der **Inhaltskontrolle** in einem ersten Schritt (so genannte **Wirksamkeitskontrolle**), ob die Vereinbarung schon im Zeitpunkt des Vertragsschlusses offenkundig zu einer derart einseitigen Lastenverteilung für den Scheidungsfall führt, dass ihr – und zwar losgelöst von der künftigen Entwicklung der Ehegatten und ihrer Lebensverhältnisse – wegen Verstoßes gegen die guten Sitten die Anerkennung der Rechtsordnung ganz oder teilweise mit der Folge zu versagen ist, dass an ihre Stelle die gesetzlichen Regelungen treten, § 138 I BGB (*BGH* NJW 2004, 930). Es ist nach Ansicht des *BGH* eine Gesamtwürdigung der individuellen Verhältnisse der Eheleute bei Vertragsschluss vorzunehmen. Maßgeblich seien hierbei insbesondere die Einkommens- und Vermögensverhältnisse, der geplante oder bereits verwirklichte Zuschnitt der Ehe sowie die Auswirkungen auf die Ehegatten und die Kinder. Subjektiv seien die von den Ehegatten mit der Vereinbarung verfolgten Zwecke sowie die übrigen Beweggründe, die den begünstigten Ehegatten veranlasst haben, die für ihn günstige Regelung zu fordern und den benachteiligten Ehegatten bewogen haben, diesem Verlangen nachzukommen (*BGH* NJW 2004, 930). Sittenwidrig wird eine Vereinbarung danach regelmäßig nur dann sein, wenn durch den Vertrag Regelungen aus dem Kernbereich des gesetzlichen Scheidungsfolgenrechts ganz oder jedenfalls zu erheblichen Teilen abbedungen werden, ohne dass dieser Nachteil für den anderen Ehegatten durch anderweitige Vorteile gemildert oder durch die besonderen Verhältnisse der Ehegatten, den von ihnen angestrebten oder gelebten Ehetyp oder durch sonstige gewichtige Belange des begünstigten Ehegatten gerechtfertigt wird (*BGH* NJW 2004, 930). Gleichwohl wird das Verdikt der Sittenwidrigkeit in der Regel nicht gerechtfertigt sein, wenn sonst **außerhalb der Vertragsurkunde** keine verstärkenden Umstände zu erkennen sind, die auf eine **subjektive Imparität**, insbesondere infolge der Ausnutzung einer Zwangslage, sozialer oder wirtschaftlicher Abhängigkeit oder intellektueller Unterlegenheit, hindeuten könnten (*BGH* NJW 2013, 457 und 380).

8 Hält die getroffene Vereinbarung der Wirksamkeitskontrolle stand, so prüft das Gericht in einem zweiten Schritt (so genannte **Ausübungskontrolle**), ob und inwieweit ein Ehegatte die ihm durch die Vereinbarung eingeräumte Rechtsmacht missbraucht, wenn er sich im Scheidungsfall gegenüber einer vom anderen Ehegatten begehrten gesetzlichen Scheidungsfolge darauf beruft, dass diese durch die Vereinbarung wirksam ausgeschlossen worden sei, § 242 BGB (*BGH* NJW 2004, 930). Nach Ansicht des *BGH* sind dafür nicht nur die Verhältnisse im Zeitpunkt des Vertragsschlusses maßgeblich. Entscheidend sei vielmehr, ob sich nun – im Zeitpunkt des Scheiterns der Lebensgemeinschaft – aus dem vereinbarten Ausschluss der Scheidungsfolge eine evident einseitige Lastenverteilung ergibt, die hinzunehmen für den belasteten Ehegatten auch bei angemessener Berücksichtigung der Belange des anderen Ehegatten und seines Vertrauens in die Geltung der getroffenen Abrede sowie bei verständiger Würdigung des Wesens der Ehe unzumutbar ist. Eine Unzumutbarkeit kann insbesondere dann angenommen werden, wenn die tatsächliche einvernehmliche Gestaltung der ehelichen Lebensverhältnisse von der ursprünglichen, der Vereinbarung zugrundeliegenden Lebensplanung grundlegend abweicht (*BGH* NJW 2004, 930).

9 Es ist nicht unstritten, ob diese Rechtsprechung auf Scheidungsfolgenvereinbarungen direkt übertragbar ist, da Scheidungsfolgenvereinbarungen erst nach einem Scheitern der Ehe geschlossen werden und somit keine abstrakten, sondern konkret bestimmbare Scheidungsfolgen geregelt werden (so Palandt/*Brudermüller* § 1585c Rn. 17). Nach der hier vertretenen Ansicht gelten die vom *BGH* aufgestellten Grundsätze für die Inhaltskontrolle auch für Vereinbarungen, die anlässlich der Trennung und/oder Scheidung geschlossen werden (s. Kap. B I. Rn. 9 ff.; so auch *Langenfeld* Rn. 60; Göppinger/*Börger/Börger* S. 14; Anwaltshandbuch Familienrecht/*Borth* Kap. 15 Rn. 86). Das dürfte der Gesetzgeber genauso sehen, da § 8 VersAusglG fordert, dass eine Vereinbarung über den Versorgungsausgleich einer Inhalts- und Ausübungskontrolle standhalten muss. Die Gesetzesbegründung zu § 8 VersAusglG stellt ausdrücklich fest, dass die vom *BGH* entwickelten Grundsätze auch auf eine Scheidungsfolgenvereinbarung entsprechend anzuwenden seien (BT-Drucks. 16/10 144 S. 53). Für die anderen Trennungs- und Scheidungsfolgen kann daher nichts anderes gelten.

10 Dennoch wird eine Scheidungsfolgenvereinbarung selten angreifbar sein, da die Eheleute am Ende der Ehe wissen, wie die Ehe verlaufen ist, wer Nachteile durch die Ehe hingenommen hat, wie viele gemeinsame Kinder sie haben, welches Einkommen jeder

I. Vorbemerkung

von ihnen erzielt und welches Vermögen existiert. Das ist bei einem vorsorgenden Ehevertrag vor oder kurz nach Eingehung der Ehe anders.

Hinsichtlich der voranzustellenden Präambel sowie der notwendigen Belehrungen gelten allerdings die gleichen Regeln (vgl. Kap. B I. Rn. 162 ff.). Zu der Heilung bzw. Bestätigung von nach den vorstehenden Grundsätzen angreifbaren Altverträgen vgl. Kap. B I. Rn. 11d.

3. Beratungs-Checkliste

Notariell zu beurkundende Trennungs- und Scheidungsvereinbarungen setzen zunächst die **Ermittlung des Sachverhalts** voraus, d.h. der allgemeinen Verhältnisse der Ehegatten sowie die die einzelnen **Beurkundungsfelder** betreffenden speziellen Verhältnisse. Hierzu folgende Checkliste:

Beratungs-Checkliste

(1) Allgemeines
  (a) Namen, Vornamen, Beruf, Einkommen, Anschriften der Eheleute
  (b) Geburtsdaten
  (c) Staatsangehörigkeit der Eheleute (Art. 15, 17 ff. EGBGB, § 17 BeurkG, Ehestatut, Güterrechtsstatut)
  (d) Leben Eheleute bereits getrennt, ggf. seit wann?
  (e) Ist Trennungsjahr einzuhalten – Fall des § 1565 II BGB?
  (f) Ist bereits ein Gerichtsverfahren anhängig, ggf. vor welchem Gericht, Geschäftszeichen?
  (g) Falls nein: Wann soll der Scheidungsantrag eingereicht werden?
  (h) Liegen bereits ein Ehevertrag/vorsorgende Vereinbarungen für den Fall einer Trennung und Scheidung vor?

(2) Elterliche Sorge – Umgangsrecht (§§ 1671, 1684 f. BGB; vgl. Rn. 17 ff.):
  (a) Name, Vorname, Geburtsdatum, Ausbildungsphase der gemeinsamen minderjährigen Kinder
  (b) Anträge der Ehegatten zur elterlichen Sorge und zum Umgangsrecht (§ 1671 II Nr. 1 u. 2 BGB; § 133 Nr. 2 FamFG)
  (c) Abweichender Vorschlag des Kindes (§ 1671 II Nr. 1 BGB)
  (d) Sorgerechtsplan
  (e) Vorstellungen der Ehegatten über Gestaltung des Umgangsrechts/Ferienbesuche

(3) Unterhalt (vgl. Rn. 44 ff.):
  (a) Einkommensverhältnisse der Ehegatten:
    (aa) Jahresbrutto- und -nettoeinkünfte des letzten Kalenderjahres – durchschnittlicher Monatsverdienst beider Ehegatten; bei Selbständigen Durchschnittseinkommen der letzten drei Wirtschaftsjahre; steuerliche Belastung im aktuellen Veranlagungszeitraum; Steuervorauszahlungen und -nachzahlungen
    (bb) Lohnsteuerklasse – Änderung der Lohnsteuerklasse zu erwarten?
    (cc) Letzte Einkommensteuer-/Lohnsteuererstattung
    (dd) Zusammenveranlagung/getrennte Veranlagung (§ 26 EStG)
    (ee) Bis zu welchem Kalenderjahr ist gemeinsame Veranlagung möglich?
    (ff) Realsplitting (§ 10 I Nr. 1 EStG)
    (gg) Kinderfreibeträge, Ausbildungsfreibeträge (§§ 32 VI und 33a EStG), Entlastungsbetrag für Alleinerziehende, wo sind die Kinder gemeldet (§ 32 VII EStG)?

▶

B III Scheidungs- und Trennungsvereinbarungen

▼ Fortsetzung: **Beratungs-Checkliste**

- (hh) Vorteile durch mietfreies Wohnen
- (ii) Beidseitiges sonstiges Vermögen: Einkünfte aus Kapitalvermögen, Vermietung oder Verpachtung, sonstige Einkünfte (§ 22 EStG)
- (jj) Fahrtkosten, Entfernung zum Arbeitsplatz
- (kk) Sonstige Werbungskosten
- (ll) Art der Krankenversicherung – gesetzliche, private Krankenversicherung, Pflegeversicherung, Familienversicherung (§ 10 SGB V); Beihilfeberechtigung
- (mm) Schulden, voreheliche, eheliche, trennungsbedingte; Ende von Ratenzahlungsverpflichtungen, Gesamtschuld oder nicht, anderweitige Bestimmung i. S. d. § 426 BGB?
- (nn) Belastungen durch Grundvermögen
- (oo) bestehende Möglichkeiten der Kindesbetreuung (§ 1570 I BGB)
- (pp) Dauer der Ehe, Gestaltung der Haushaltsführung und Erwerbstätigkeit, Kindesbetreuung, ehebedingte Nachteile (§ 1578b BGB)
- (qq) In Erwartung der Ehe oder während der Ehe nicht aufgenommene oder abgebrochene Schul- oder Berufsausbildung (§§ 1574 II, 1575 BGB)
- (rr) Alter/Krankheit/berufliche Ausbildung und Praxis
- (ss) Erwerbschancen
- (tt) Kann Versorgung aus alter Ehe wieder aufleben, z. B. nach §§ 46 I i. V. m. III, 90 I SGB VI, § 61 III BeamtVG?
- (uu) Unterhaltsfall gemäß §§ 33, 34 VersAusglG

(b) Verhältnisse der gemeinsamen, auch volljährigen, unterhaltsberechtigten Kinder (vgl. Rn. 99 ff.):
- (aa) Name, Vorname, Geburtsdatum, Ausbildungsphase
- (bb) Eigene Wohnung
- (cc) Eigenes Einkommen – Werbungskosten, BAföG, Wohngeld
- (dd) Bezugsberechtigter des Kindergeldes und Höhe des Kindergeldes
- (ee) Krankenversicherung der Kinder

(4) Versorgungsausgleich; beidseitige Versorgungsanwartschaften (vgl. Rn. 120 ff.):
- (a) Aus öffentlich-rechtlichem Dienstverhältnis – Ehezeit/Gesamtzeit
- (b) Aus den gesetzlichen Rentenversicherungen – liegt Versicherungsverlauf vor?
- (c) Aus berufsständischer Versorgung
- (d) Aus betrieblicher Altersversorgung/verfallbar, unverfallbar/ ist Hinterbliebenenversorgung vorgesehen?
- (e) Sonstige Anwartschaften – beispielsweise Lebensversicherungen auf Rentenbasis; Lebensversicherungen mit Wahlrecht (Kapital oder Rente?), Wahlrecht ausgeübt?
- (f) Ist Versorgungsfall bereits eingetreten oder steht Versorgungsfall unmittelbar bevor (§ 57 I 2 BeamtVG, § 101 III SGB VI)?

(5) Vermögensrechtliche Auseinandersetzung (vgl. Rn. 150 ff.):
- (a) Gesetzlicher Güterstand:
  - (aa) Beidseitiges Endvermögen,
  - (bb) Trennungstag, beiderseitiges Trennungsvermögen
  - (cc) Beeinträchtigende Verfügungen (§ 1375 II BGB)
  - (dd) Beidseitiges Anfangsvermögen – Vermögen, das ein Ehegatte nach Eintritt des Güterstandes von Todes wegen oder mit Rücksicht auf ein künftiges Erbrecht, durch Schenkung oder als Ausstattung erworben hat (§ 1374 II BGB)
  - (ee) Datum des Zuflusses
  - (ff) Vorausempfänge gemäß § 1380 BGB

▶

I. Vorbemerkung

▼ Fortsetzung: **Beratungs-Checkliste**

    (gg) Bei gemeinsamer Immobilie: Wer hat Verzinsung und Tilgung aufgebracht?
    (hh) Miteigentum, insbesondere an Immobilien (vgl. hierzu *Brambring* FPR 2013, 289)
    (ii) Gemeinsame Schulden, Bürgschaften
  (b) Gütertrennung: Vermögenserwerb in der Ehe, gegenseitige Zuwendungen der Ehegatten in der Ehe, beidseitiger Vermögensstatus
  (c) Gütergemeinschaft
  (d) BGB-Innengesellschaft
(6) Eheliche Wohnung (§§ 1361b, 1568a BGB; vgl. Rn. 179 ff.):
  (a) Vorschlag der Ehegatten
  (b) Dingliche Rechtslage: Eigentum oder Miteigentum eines oder beider Ehegatten; Nießbrauch oder Wohnrecht eines Ehegatten
  (c) Lasten der ehelichen Wohnung
  (d) Verschränkung mit Unterhaltsregelung oder vermögensrechtlicher Auseinandersetzung
  (e) Mietrechtliche Verhältnisse
  (f) Mitteilung an den Vermieter gem. § 1568a III 1 Nr. 1 BGB erforderlich?
  (g) Aufgestaute Schönheitsreparaturen
  (h) Gezahlte Kautionen
(7) Haushaltsgegenstände (§§ 1361a, 1568 BGB; vgl. Rn. 184 ff.):
  (a) Vorschlag der Ehegatten
  (b) Umfang der in die Ehe mitgebrachten Haushaltsgegenstände;
  (c) In der Ehe für den gemeinsamen Haushalt angeschaffte Haushaltsgegenstände (§ 1568b II BGB)
  (d) In der Ehe von einem Ehegatten zu Alleineigentum erworbener Hausrat; in die Ehe eingebrachte Haushaltsgegenstände
  (e) nach Trennung erworbene Haushaltsgegenstände
(8) Erbrechtliche Verhältnisse (vgl. Rn. 188 f.):
  (a) §§ 1933, 2077, 2268, 2279 BGB prüfen
  (b) Liegen letztwillige Verfügungen oder ein Erbvertrag vor?
  (c) Sollen wechselseitige Erbrechte und Pflichtteilsansprüche entfallen?

4. Regelungsvorstellungen der Ehegatten und Fallgruppen

Die Vorstellungen der Ehegatten gehen meist dahin, eine Regelung der Trennungs- und Scheidungsfolgen gemäß den gesetzlichen Bestimmungen und der Rechtsprechung zu treffen. Die Neuregelungen des Geschiedenenunterhaltsrechts können Veranlassung zu einer konkreten Regelung der Billigkeitsvorschriften der §§ 1570 (Betreuungsunterhalt) und/oder 1578b BGB (Herabsetzung und zeitliche Begrenzung des Geschiedenenunterhalts) geben. Abweichungen von der Gesetzeslage können auch gerechtfertigt sein, wenn die Voraussetzungen der §§ 1579, 1381 BGB oder § 27 VersAusglG vorliegen. 14

Abweichende Regelungsvorstellungen können jedoch auch durch Schuldgefühle verursacht sein, die aufgrund der besonderen psychischen Gegebenheiten der Krise der Ehe entstanden sind, diese ausnutzende Nötigungen, Ängste oder eine Überschätzung der eigenen Möglichkeiten, und damit unausgewogen sein; in diesen Fällen können besondere Belehrungspflichten aus der notariellen Betreuungsverpflichtung entstehen. Werden diese nicht wahrgenommen, besteht möglicherweise die Gefahr, dass die Vereinbarung im Rahmen einer späteren gerichtlichen Inhaltskontrolle keinen Bestand hat (*BVerfG* NJW 2001, 2248 und *BGH* NJW 2004, 930). 15

16 Insbesondere *Langenfeld* (Rn. 1007 ff.) hat Fallgruppen von Ehetypen und daran anknüpfend von Scheidungsvereinbarungen gebildet (ebenso *Brambring* Rn. 24 ff.; vgl. auch Kap. B I. Rn. 7 f.). Hierzu im Einzelnen:

(1) **Kurze Doppelverdienerehe ohne Kinder:** Eine Scheidung würde sämtliche Scheidungsfolgen auslösen. Gemäß § 3 III VersAusglG findet bei einer Ehe bis zu drei Jahren ein Versorgungsausgleich nur auf Antrag eines Ehegatten statt. Ebenso wird bei einer kurzen Ehedauer gemäß § 1379 Nr. 1 BGB kein nachehelicher Unterhaltsanspruch bestehen. Hinsichtlich des Zugewinnausgleichs existiert keine entsprechende Regelung, § 1381 BGB dürfte nach der Rechtsprechung kaum helfen.

(2) **Hausfrauenehe mit minderjährigen Kindern:** Hierauf sind die gesetzlichen Scheidungsfolgeregelungen zugeschnitten. Verzichte kommen daher ohne ausreichende Kompensation nicht in Betracht.

(3) **Vereinbarung bezüglich des im gemeinsamen Eigentum stehenden Familienheims:** Häufig kann eine Miteigentumsübertragung gegen befreiende Schuldübernahme vereinbart werden. Ansprüche aus dem Zugewinn sowie aus dem Versorgungsausgleich (korrespondierende Kapitalwerte gemäß § 47 VersAusglG) können auf einen eventuell geschuldeten Ausgleichswert verrechnet werden.

(4) **Vereinbarung bei Erfüllung eines Verwirkungsgrundes (§ 1579 BGB; hier: einseitige Abkehr eines Ehegatten von der Ehe):** Soweit ein vollständiger Unterhaltsausschluss gemäß § 1579 BGB in Betracht käme, kann ein Unterhaltsverzicht vereinbart werden. Dies dürfte bei einem Anspruch auf Betreuungsunterhalt nicht gelten.

(5) **Kinderlose Unternehmerehe bei gehobenen Einkommens- und Vermögensverhältnissen:** Sofern die Ehefrau über kein ausreichendes Einkommen nach langer Ehedauer verfügen sollte, können ihr vorzugsweise Immobilien übertragen werden, wobei eine Immobilie dazu dienen kann, Einkünfte aus Vermietung zu erlangen, die andere zum eigenen, mietfreien Wohnen dient. Ein großzügiger Abfindungsbetrag kann daneben gezahlt werden, um Anschaffungen etc. finanzieren zu können. In der Regel stellt sich bei Unternehmern ein Verzicht auf den Versorgungsausgleich als kein Nachteil dar, wenn dieser keine eigenen Rentenanwartschaften erworben hat.

II. Elterliche Sorge, Umgangsrecht

17 Nach § 1626 I BGB haben die Eltern die **Pflicht** und das **Recht**, für das minderjährige Kind zu sorgen. Nach § 1684 I BGB hat das Kind das Recht auf Umgang mit jedem Elternteil; jeder Elternteil ist zum Umgang mit dem Kind verpflichtet und berechtigt. In den §§ 1626 III 2 und 1685 BGB wird das Umgangsrecht u. a. auf Großeltern, Geschwister, Stiefeltern und andere Personen, mit denen das Kind längere Zeit in häuslicher Gemeinschaft gelebt hat, ausgedehnt.

1. Elterliche Sorge

18 Über die elterliche Sorge entscheidet das Familiengericht auf Antrag eines Elternteils oder beider Eltern (§ 1671 BGB), im Scheidungsverfahren im gewillkürten Ehescheidungsverbund (§ 137 III FamFG). Es bleibt danach im Regelfall auch nach Scheidung der Ehe beim gemeinsamen Sorgerecht. Auf einen Elternteil allein kann die elterliche Sorge oder ein Teil der elterlichen Sorge auf Antrag unter den Voraussetzungen des § 1671 II BGB übertragen werden. Sind die Eltern insoweit einig, ist das Familiengericht an die Einigung gebunden und überträgt die elterliche Sorge auf den vorgeschlagenen Elternteil (NK-BGB/*Rakete-Dombek* § 1671 Rn. 2).

19 Nach § 133 I Nr. 2 FamFG muss die Antragsschrift auf Ehescheidung u. a. die Erklärung enthalten, ob die Ehegatten eine Regelung über die elterliche Sorge und den Umgang getroffen haben.

II. Elterliche Sorge, Umgangsrecht B III

> **Formulierungsbeispiel: Vereinbarungen zum Sorgerecht** 20
>
> Wir wollen im Scheidungsverfahren Anträge zur Übertragung der elterlichen Sorge oder eines Teils der elterlichen Sorge für unsere Tochter .... auf einen Elternteil und zur Regelung des Umgangs der Eltern mit unserer Tochter nicht stellen, weil wir uns über das Fortbestehen der gemeinsamen elterlichen Sorge und über den Umgang einig sind.
> **Oder:** Die Ehefrau wird bei dem Familiengericht beantragen, ihr die alleinige elterliche Sorge / das Aufenthaltsbestimmungsrecht für unser Kind zu übertragen. Der Ehemann erklärt hierzu bereits jetzt seine Zustimmung.

Bei der Entscheidung der Eltern für den Fortbestand der gemeinsamen elterlichen Sorge an sich bleiben die wesentlichen Punkte zunächst ungeregelt, beispielsweise 21
- für welches Betreuungsmodell sich die Eltern entscheiden (vgl. Palandt/*Götz* § 1687 Rn. 3), insbesondere wo sich das Kind gewöhnlich aufhält,
- wie die Vertretung des Kindes nach außen und im Verhältnis der Elternteile zueinander geregelt ist,
- wie die Unterhaltspflichten künftig geregelt sein sollen, insbesondere welcher der beiden Elternteile barunterhaltspflichtig ist und welcher seiner Verpflichtung zur Erbringung von Unterhaltsleistungen durch die Pflege und Erziehung des Kindes nach § 1606 III 2 BGB nachkommt; hiermit im Zusammenhang steht auch die Frage, ob ein und welcher Elternteil für das Kind Unterhaltsansprüche geltend machen kann.

In jeder Trennungs- und Scheidungsfolgenvereinbarung sollten diese Punkte geregelt werden. 22

> **Formulierungsbeispiel: Vereinbarung zum Aufenthalt der Kinder** 23
>
> Die Eltern sind sich darüber einig, dass die gemeinsamen Kinder von der Mutter versorgt und betreut werden und sich bei dieser gewöhnlich aufhalten. (sog. Residenzmodell)
> **Oder:** Die Eltern sind sich darüber einig, dass sich die gemeinsamen Kinder im wöchentlichen Wechsel jeweils beginnend sonntags um 18.00 Uhr beim Vater bzw. der Mutter aufhalten. (sog. Wechselmodell)

Für die rechtsgeschäftliche Vertretung des Kindes ist zunächst § 1629 I BGB einschlägig. Danach vertreten die Eltern das Kind gemeinschaftlich, soweit ein Elternteil das Sorgerecht nicht allein ausübt oder ihm nicht gemäß § 1628 BGB vom Familiengericht das Alleinentscheidungsrecht in einzelnen Fragen übertragen worden ist. 24

Das Entscheidungsrecht getrennt lebender Eltern bei gemeinsamer elterlicher Sorge ist in § 1687 I BGB geregelt. Danach ist bei Entscheidungen in Angelegenheiten, deren Regelung für das Kind von erheblicher Bedeutung ist, ihr gegenseitiges Einvernehmen erforderlich. Im Übrigen hat der Elternteil, bei dem sich das Kind mit Einwilligung des anderen Elternteils oder aufgrund einer gerichtlichen Entscheidung gewöhnlich aufhält, die Befugnis zur Entscheidung in Angelegenheiten des täglichen Lebens. 25

Es ist strittig, ob im Rahmen eines Wechselmodells die Alltagssorge gemäß § 1687 I 2 BGB mit dem Kind zum jeweiligen Elternteil mitwechselt (so Palandt/*Götz* § 1687 Rn. 2). Gestritten werden kann im Übrigen über die Fragen, bei welchem Elternteil sich das Kind gewöhnlich aufhält, was Angelegenheiten des täglichen Lebens sind, ob § 1687 BGB lediglich das Innenverhältnis der Eltern oder auch das Vertretungsrecht nach außen regelt (so von *Zimmermann* DNotZ 1998, 404 und *Schwab* DNotZ 1998, 437 angenommen) und wie der vertretungsberechtigte Elternteil sein Vertretungsrecht nach außen nachweist (vgl. Kap. B V. Rn. 29 ff.). 26

Rakete-Dombek

27 | **Formulierungsbeispiel: Vertretungsvollmacht gem. § 1687 BGB**

Der Ehefrau steht das Alleinentscheidungsrecht in Angelegenheiten des täglichen Lebens der Kinder i.S.d. § 1687 BGB zu. Der Ehemann erteilt der Ehefrau Vollmacht, die Kinder insoweit rechtsgeschäftlich auch nach außen zu vertreten.

28 Die Vertretungsvollmacht kann auch auf **Angelegenheiten von erheblicher Bedeutung** erweitert werden (vgl. Kap. B V. Rn. 43 ff.).

29 | **Formulierungsbeispiel: Vertretungsvollmacht in Angelegenheiten von erheblicher Bedeutung**

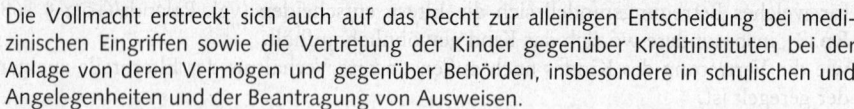

Die Vollmacht erstreckt sich auch auf das Recht zur alleinigen Entscheidung bei medizinischen Eingriffen sowie die Vertretung der Kinder gegenüber Kreditinstituten bei der Anlage von deren Vermögen und gegenüber Behörden, insbesondere in schulischen und Angelegenheiten und der Beantragung von Ausweisen.

30 Eine in einem notariellen Ehevertrag getroffene Sorgerechtsvereinbarung der Eltern für den Fall der Trennung und der Scheidung ist jederzeit durch einen Elternteil frei widerruflich und entfaltet keine Bindungswirkung (Palandt/*Götz* § 1671 Rn. 2; *Schwab* DNotZ 1998, 437).

31 Die sich hieraus ergebende Unsicherheit lässt sich vermeiden, wenn von der Möglichkeit Gebrauch gemacht wird, dem kindesbetreuenden Elternteil gemäß § 1671 I 2 BGB durch das Familiengericht einen Teil der elterlichen Sorge übertragen zu lassen, was in der Trennungs- und Scheidungsfolgenvereinbarung wie folgt vorbereitet werden kann:

32 | **Formulierungsbeispiel: Übertragung von Teilbereichen der elterlichen Sorge**

Die Eheleute sind sich darüber einig, dass ihnen die elterliche Sorge über die gemeinsamen Kinder ... grundsätzlich auch weiterhin gemeinsam zustehen soll. Die Ehefrau wird jedoch bei dem Familiengericht beantragen, ihr gemäß § 1671 II Nr. 1 BGB das Recht über die Bestimmung des Aufenthalts der Kinder, das Recht zur alleinigen Entscheidung bei medizinischen Eingriffen sowie das Recht zur Vertretung der Kinder gegenüber Kreditinstituten bei Anlage des Vermögens der Kinder zu übertragen. Der Ehemann stimmt einem solchen Antrag bereits jetzt zu.

33 Eine solche Regelung des Sorgerechts kommt einer Alleinsorge allerdings sehr nahe. Zudem ist zu beachten, dass die Übertragung des Aufenthaltsbestimmungsrechtes auf einen Elternteil diesen grundsätzlich auch dazu berechtigt, mit den Kindern umzuziehen.

34 Liegen auf Seiten eines Elternteils Beschränkungen der Vermögenssorge vor, sind Eltern und das Familiengericht hieran gebunden (vgl. Göppinger/Börger/*Börger* 2. Teil Rn. 7). Solche Fälle können sich aus der Regelung des § 1638 BGB ergeben (vgl. *Frenz* DNotZ 1995, 908).

2. Umgangsrecht

35 Häufig funktioniert der Umgang des nicht betreuenden Elternteils mit seinen Kindern problemlos und ohne förmliche Absprachen. In der Regel sind Vereinbarungen jedoch für alle Beteiligten nützlich, da sie Sicherheit und Klarheit bringen.

36 Bei der Regelung des Umgangsrechts im Wege der Vereinbarung ist zu beachten, dass die notariell protokollierte Vereinbarung keinen **Vollstreckungstitel** darstellt, der Vollstreckungsmaßnahmen ermöglicht. Hierfür ist vielmehr ein gerichtlich gebilligter Ver-

II. Elterliche Sorge, Umgangsrecht

gleich i.S.d. § 156 II 1 FamFG erforderlich. (Palandt/*Götz* § 1684 Rn. 42; *Rakete-Dombek* in MAH Familienrecht § 14 Rn. 135)

Dabei ist weiter zu beachten, dass Grundlage für Vollstreckungsmaßnahmen nur eine gerichtliche Entscheidung oder eine gerichtlich gebilligte Vereinbarung sein kann, die eine hinreichend bestimmte und konkrete Regelung des Umgangsrechts beinhaltet. Erforderlich ist eine genaue und erschöpfende Bestimmung über Art, Ort und Zeit des Umgangs (*BGH* NJW-RR 2012, 324). Nicht erforderlich ist es, detaillierte Verpflichtungen des betreuenden Elternteils wie z.B. zum Bereithalten oder Abholen des Kindes aufzunehmen. Werden in der Besprechung Spannungen bezüglich der Umgangsregelung deutlich, ist es besonders sinnvoll, die Umgangsregelung so präzise wie möglich zu formulieren, um die Voraussetzungen für eine entsprechende gerichtliche Regelung gemäß § 137 III FamFG zu schaffen.

Formulierungsbeispiel: Umgangsregelung

Der Ehemann ist berechtigt (und verpflichtet), das Kind am 1. und 3. Wochenende eines jeden Monats von Freitag 16.00 Uhr bis Sonntag 19.00 Uhr, an dem Geburtstag des Kindes von 14.00 bis 19.00 Uhr sowie am 2. Weihnachtsfeiertag und Ostersonntag von 10.00 Uhr bis 19.00 Uhr zu sich zu nehmen. Er holt das Kind bei der Mutter ab und bringt es zur Mutter zurück. Der Ehemann ist weiter berechtigt, die Hälfte der Schulferien mit dem Kind zu verbringen. Der Ferienumgang beginnt am ersten Ferientag um 10.00 Uhr. Der Ehemann holt das Kind bei der Mutter ab und bringt es zur Mutter zurück. Die Höhe seiner Unterhaltsverpflichtungen gegenüber dem Kind wird hierdurch nicht berührt. Die Ehefrau verpflichtet sich, das Kind zu Beginn der jeweiligen Besuchszeiten zur Abholung durch den Ehemann bereitzuhalten.

Der Ehemann wird im Scheidungsverfahren eine entsprechende gerichtliche Regelung beantragen. Die Ehefrau erteilt hierzu bereits jetzt ihre Zustimmung.

Ohne Regelungsgehalt ist eine Vereinbarung des Inhalts, dass das Umgangsrecht großzügig gehandhabt werden solle. Da das Umgangsrecht unverzichtbar ist (*BGH* NJW 1984, 1951), sind Vereinbarungen unzulässig und unwirksam, in welchen der umgangsberechtigte Elternteil auf das Umgangsrecht verzichtet; ebenso unwirksam ist eine Vereinbarung des Inhalts, dass der nicht sorgeberechtigte Elternteil auf die Ausübung des Umgangsrechts verzichtet und er hierfür von Unterhaltsansprüchen des Kindes freigestellt wird (*BGH* NJW 1984, 1951).

Denkbar sind schließlich Vereinbarungen zu Umfang und Inhalt des wechselseitigen Anspruchs der Eltern, in der Regel des lediglich umgangsberechtigten Elternteils, auf Auskunft über die persönlichen Verhältnisse des Kindes (§ 1686 BGB).

Formulierungsbeispiel: Auskunft über die persönlichen Verhältnisse des Kindes

Die Ehefrau verpflichtet sich, dem Ehemann Kopien der jeweiligen Halbjahres- und Jahresabschlusszeugnisse des gemeinsamen Sohnes zu überlassen.

Umgangsvereinbarungen der Eltern sind bindend, bis von ihnen oder dem Familiengericht eine abweichende Regelung getroffen wird (Palandt/*Götz* § 1684 Rn. 40; a.A. Johannsen/Henrich/*Jaeger* § 1684 Rn. 12; vgl. Kap. B V. Rn. 41 ff.). Ein gerichtlich gebilligter Vergleich kann nur unter den erschwerten Voraussetzungen des § 1696 BGB abgeändert werden. Eine Abänderung (durch das Gericht) ist nur dann möglich, wenn dies aus triftigen, das Wohl des Kindes nachhaltig berührenden Gründen angezeigt ist.

Der umgangsberechtigte Elternteil kann von dem anderen Elternteil Schadensersatz verlangen, wenn ihm dieser den Umgang nicht in der vom Familiengericht vorgesehenen

Art und Weise gewährt (*BGH* NJW 2002, 2566) und dem Umgangselternteil deshalb Kosten entstanden sind. Entsprechendes dürfte für die Nichteinhaltung von Vereinbarungen gelten.

III. Unterhaltsvereinbarungen

1. Unterhalt des getrennt lebenden bzw. geschiedenen Ehegatten

a) Gesetzliche Grundlagen

44 An Unterhaltsformen sind zu unterscheiden
- während des Getrenntlebens bis zur Scheidung der Ehe die Ansprüche auf **Trennungsunterhalt** gemäß § 1361 BGB,
- ab Rechtskraft der Scheidung die Ansprüche auf **Geschiedenenunterhalt** gemäß den §§ 1569, 1570–1573, 1575 und 1576 BGB.

45 Bei **Getrenntleben** der Ehegatten kann ein Ehegatte von dem anderen den nach den Lebensverhältnissen und den Erwerbs- und Vermögensverhältnissen der Ehegatten **angemessenen Unterhalt** verlangen (§ 1361 I 1 BGB). Maßgeblich sind regelmäßig die bis zur Scheidung der Ehe gegebenen **nachhaltigen Einkommens- und Vermögensverhältnisse**. Ausnahmsweise sind beim Unterhaltsverpflichteten während der Trennungszeit eintretende Einkommensveränderungen nicht zu berücksichtigen, die auf eine unerwartete, vom Normalverlauf erheblich abweichenden Entwicklung zurückzuführen sind oder allein aufgrund der Trennung eingetreten sind (Palandt/*Brudermüller* § 1578 Rn. 14 ff.).

46 Schon während der Trennungszeit kann sich in Abhängigkeit von den ehelichen Verhältnissen eine **Erwerbsobliegenheit** des unterhaltsbedürftigen Ehegatten ergeben, die in der Regel nach Ablauf des Trennungsjahres einsetzt (Palandt/*Brudermüller* § 1361 Rn. 13).

47 Der **Bedarf** des Unterhaltsberechtigten bemisst sich nach dem Halbteilungsgrundsatz grundsätzlich auf 3/7 des so genannten bereinigten Nettoeinkommens des Verpflichteten oder, wenn der Berechtigte selbst Einkommen hat, die Hälfte des Unterschiedsbetrags beider bereinigter Einkommen. Erzielt der Verpflichtete und/oder der Berechtigte Einkünfte aus Erwerbstätigkeit, so ist ein so genannter Erwerbstätigkeitsbonus vorab abzuziehen, der in der Regel 1/7 (in Süddeutschland verbreitet 1/10) des bereinigten Nettoerwerbseinkommens beträgt. Näheres ist den unterhaltsrechtlichen Leitlinien der Oberlandesgerichte zu entnehmen. Ein trennungsbedingter Mehrbedarf ist seit der Verwerfung der sog. Anrechnungsmethode durch den *BGH* nicht (mehr) zusätzlich zum so genannten Quotenunterhalt geschuldet (*BGH* FPR 2004, 579). Bei überdurchschnittlich guten Einkommensverhältnissen ist der Unterhaltsbedarf konkret zu bemessen, da hier die Vermutung nahe liegt, dass ein Teil des Einkommens nicht für den Lebensunterhalt verbraucht wird, sondern hiermit auch Vermögen gebildet wird (*BGH* NJW 2010, 3372), so dass nicht das gesamte Einkommen für den Verbrauch zur Verfügung stand.

48 **Nach Scheidung** obliegt es nach dem Grundsatz der Eigenverantwortung grundsätzlich jedem Ehegatten, selbst für seinen Unterhalt zu sorgen (§ 1569 BGB). Auch wenn der Wortlaut des Gesetzes einen anderen Eindruck vermittelt, gibt es in der Praxis selten den Fall, dass einem Ehegatten sofort mit der Rechtskraft der Scheidung ein Unterhaltsanspruch versagt wird. Vielmehr spricht das Gericht einen nachehelichen Unterhaltsanspruch zu und befristet ihn zeitlich und/oder begrenzt ihn in der Höhe nach § 1578b BGB, soweit das aus Billigkeitsgründen in Betracht kommt. Allerdings gewährt der Unterhaltsanspruch keine Lebensstandardgarantie (*BGH* NJW 2006, 1654; Palandt/*Brudermüller* Einf. v. § 1569 Rn. 3)

49 Ein Unterhaltsanspruch besteht dann, wenn zu bestimmten Einsatzzeitpunkten (Palandt/*Brudermüller* § 1569 Rn. 4) die Voraussetzungen einer der Unterhaltstatbestände der §§ 1570 ff. BGB vorliegen. Danach kann der geschiedene Ehegatte verlangen

III. Unterhaltsvereinbarungen

- Unterhalt wegen der **Betreuung eines Kindes** (§ 1570 BGB),
- Unterhalt wegen **Alters** (§ 1571 BGB),
- Unterhalt wegen **Krankheit** oder **Gebrechen** (§ 1572 BGB),
- Unterhalt **bis** zur Erlangung einer **angemessenen Erwerbstätigkeit** (§ 1573 I BGB),
- **Aufstockungsunterhalt** (§ 1573 II BGB),
- Unterhalt wegen **Ausbildung, Fortbildung** oder **Umschulung** (§ 1575 BGB),
- Unterhalt aus **Billigkeitsgründen** (§ 1576 BGB).

Die Voraussetzungen für die Gewährung von **Betreuungsunterhalt** haben durch 50 § 1570 BGB in der Fassung des UÄndG eine tiefgreifende Veränderung erfahren (vgl. Kap. B I. Rn. 147 f.; 149 b). Der Gesetzgeber hat einen auf drei Jahre befristeten Basisunterhalt etabliert, der sich verlängert, solange und soweit dies der Billigkeit entspricht. Im Rahmen dieser Billigkeitsentscheidung sind kind- und elternbezogene Verlängerungsgründe zu berücksichtigen (*BGH* FPR 2009, 363). Die Darlegungs- und Beweislast für eine Verlängerung des Betreuungsunterhalts trägt der unterhaltsbegehrende Ehegatte (*BGH* FPR 2009, 238). Bei Verlängerung aus kindbezogenen Gründen sind die Belange des Kindes sowie die bestehenden Möglichkeiten der Kinderbetreuung zu berücksichtigen (§ 1570 I 3 BGB). Nach § 1570 II BGB kann ein Anspruch auf Verlängerung aus elternbezogenen Gründen bestehen; dabei ist insbesondere zu prüfen, ob der betreuende Ehegatte durch die ausgeübte Erwerbstätigkeit neben dem nach Erziehung und Betreuung in staatlichen Einrichtungen verbleibenden Anteil an der Erziehung und Betreuung des Kindes überobligationsgemäß belastet würde (*BGH* FPR 2008, 509; 2009, 363). Elternbezogene Gründe sind nachrangig zu prüfen (*BGH* FPR 2009, 363).

Für die **Höhe** des nachehelichen **Unterhaltsbedarfs** sind die **ehelichen,** d. h. die bis zum 51 Zeitpunkt der Scheidung erreichten, auf Dauer angelegten **Lebensverhältnisse** der Ehegatten maßgebend (§ 1578 BGB). Diese werden durch die Umstände bestimmt, die bis zur **Rechtskraft** der **Ehescheidung** eingetreten sind (Stichtagsprinzip). Nacheheliche Entwicklungen wirken sich auf die Bedarfsbemessung nach den ehelichen Lebensverhältnissen aus, wenn sie auch bei fortbestehender Ehe eingetreten wären oder in anderer Weise **in der Ehe angelegt** und mit **hoher Wahrscheinlichkeit** zu erwarten waren (*BGH* FPR 2012, 176). Dem vom *BGH* zuvor entwickelten Institut der „wandelbaren Lebensverhältnisse" hat das *BVerfG* im Jahr 2011 eine deutliche Absage erteilt. Nach Ansicht des *BVerfG* lasse sich ein Bezug zu den ehelichen Lebensverhältnissen nicht mehr bei Veränderungen herstellen, die gerade nicht auf die Ehe zurückzuführen sind, weil sie nur und erst dadurch eintreten konnten, dass die Ehe geschieden wurde. Das gelte z. B. für Unterhaltspflichten gegenüber einem neuen Ehegatten (*BVerfG* NJW 2011, 836). Diese prägen nicht den Bedarf des ersten unterhaltsberechtigten Ehegatten, sondern sind auf der Ebene der Leistungsfähigkeit (§ 1581 BGB) zu berücksichtigen. Das Gleiche gilt für Unterhaltspflichten gegenüber Kindern, die nach Rechtskraft der Scheidung geboren wurden (*BGH* FPR 2012, 176). Eine neu aufgenommene oder ausgeweitete berufliche Tätigkeit eines Ehegatten ist als **Surrogat des wirtschaftlichen Werts** seiner bisherigen Tätigkeit anzusehen und dieses Einkommen nach der Differenzmethode in die Unterhaltsberechnung einzubeziehen, also eheprägend (*BGH* NJW 2001, 3779).

Sämtliche – zum Betreuungsunterhalt vgl. Rn. 20 a – nachehelichen Unterhaltsansprü- 52 che können auf den angemessenen Lebensbedarf herabgesetzt und/oder zeitlich begrenzt werden, wenn eine an den ehelichen Verhältnissen orientierte Bemessung des Unterhaltsanspruchs auch unter Wahrung der Belange eines dem Berechtigten zur Pflege oder Erziehung anvertrauten gemeinschaftlichen Kindes unbillig wäre (§ 1578 b BGB); dabei ist insbesondere zu berücksichtigen, inwieweit **durch die Ehe Nachteile** eingetreten sind, für den eigenen Unterhalt zu sorgen. Solche ehebedingten Nachteile können sich vor allem aus der Dauer der Pflege und Erziehung eines gemeinschaftlichen Kindes, aus der Gestaltung von Haushaltsführung und Erwerbstätigkeit während der Ehe sowie aus der Dauer der Ehe ergeben (vgl. *BGH* NJW 2008, 2644). Seit dem 1.3.2013 gilt es für die Billigkeitsabwägung bei einer Befristung oder Begrenzung zu prüfen „inwieweit durch die Ehe

Nachteile im Hinblick auf die Möglichkeit eingetreten sind, für den eigenen Unterhalt zu sorgen, oder eine Herabsetzung des Unterhaltsanspruchs unter Berücksichtigung der Dauer der Ehe unbillig wäre." Bei dieser Änderung soll es sich lediglich um eine Klarstellung (*BGH* NJW 2013, 1530; *Borth* FamRZ 2013, 165) handeln. Der *BGH* betont, dass die Befristung und Begrenzung des nachehelichen Unterhalts eine Ausnahme darstelle. In der Praxis ist dies jedoch bereits üblich geworden.

53 In § 1361 I 2 BGB und in § 1578 II und III BGB sind – neben den Ansprüchen auf Grundunterhalt – ergänzende Unterhaltsansprüche wegen der Kosten einer angemessenen **Versicherung** für den Fall der **Krankheit** und der Beiträge zur **Pflegeversicherung** sowie der Kosten einer **angemessenen Versicherung für den Fall des Alters** sowie der Berufs- oder Erwerbsunfähigkeit (**Vorsorgeunterhalt**) geregelt.

54 Der **Anspruch auf Vorsorgeunterhalt** besteht bereits bei Getrenntleben **ab Rechtshängigkeit des Scheidungsantrags** (§ 1361 I 2 BGB), da die Ehegatten ab Ende des Monats, der dem Eintritt der Rechtshängigkeit des Scheidungsantrags vorausgeht, nicht mehr im Rahmen des Versorgungsausgleiches an den Rentenanwartschaften des anderen Ehegatten teilhaben (vgl. § 3 I VersAusglG). Nach der Rechtsprechung wird zur Errechnung des Vorsorgeunterhalts der zunächst fiktiv errechnete Grundunterhalt einem Nettoeinkommen gleichgesetzt und anhand der **Bremer Tabelle** (Stand 1.1.2014, abrufbar unter http://rsw.beck.de/cms/?toc=Download.130) auf ein Bruttoeinkommen hochgerechnet. Der Vorsorgeunterhalt errechnet sich hieraus in Höhe des entsprechenden Beitrags zur gesetzlichen Rentenversicherung (2014: 18,9%).

55 Ob der errechnete Unterhaltsbedarf des Berechtigten tatsächlich abgedeckt werden kann, hängt von der **Leistungsfähigkeit** des Unterhaltsverpflichteten ab. Ist der Unterhaltsschuldner nach seinen Erwerbs- und Vermögensverhältnissen unter Berücksichtigung seiner sonstigen Verpflichtungen außerstande, ohne Gefährdung seines eigenen angemessenen Unterhalts dem Berechtigten Unterhalt zu gewähren, so braucht er nur insoweit Unterhalt zu leisten, als es mit Rücksicht auf die Bedürfnisse und die Erwerbs- und Vermögensverhältnisse der geschiedenen Ehegatten der Billigkeit entspricht (§ 1581 S. 1 BGB). Die Leistungsfähigkeit des Unterhaltschuldners wird somit durch die gegenwärtigen Erwerbs- und Vermögensverhältnisse begrenzt (Johannsen/Henrich/*Büttner* § 1581 Rn. 1). Bei der Prüfung der Leistungsfähigkeit sind sonstige Verpflichtungen gegenüber anderen Unterhaltsberechtigten, die nicht bereits den Bedarf des Unterhaltsgläubigers beeinflusst haben, entsprechend ihrem Rang gemäß § 1609 BGB zu berücksichtigen (*BGH* NJW 2012, 384). Nach Auffassung des *BGH* soll die Dreiteilung bei gleichrangigen Unterhaltsansprüchen von früherem und aktuellem Ehepartner auf der Ebene der Leistungsfähigkeit jedenfalls nicht zu beanstanden sein (*BGH* NJW 2012, 384; vgl. Rn. 37).

56 Unterhaltsansprüche können im Falle **grober Unbilligkeit** gemäß § 1579 BGB versagt, herabgesetzt oder zeitlich begrenzt werden. Hauptfälle sind eine kurze Ehezeit (Nr. 1) und das Zusammenleben des Unterhaltsberechtigten mit einem anderen Partner (Nr. 2, vgl. *Schnitzler* FPR 2008, 41). Zu beachten ist, dass § 1579 BGB eine sog. Kinderschutzklausel enthält. Das bedeutet, dass trotz Versagung oder Herabsetzung/Begrenzung des Unterhaltsanspruchs die Kindesbelange gewahrt bleiben müssen (Palandt/*Brudermüller* § 1579 Rn. 40). Zu den einzelnen Tatbeständen des § 1579 BGB vgl. *Caspary* FamRB 2007, 110. Zur Anwendung der Verwirkungsregeln auf den Betreuungsunterhalt aus § 1570 BGB vgl. Kap. B I. Rn. 149j.

b) Form

57 Nach § 1585c S. 1 BGB können die Ehegatten über die Unterhaltspflicht für die Zeit nach der Scheidung Vereinbarungen treffen. § 1585c S. 2 BGB schreibt für Vereinbarungen, die die Ehegatten vor der Rechtskraft der Scheidung treffen, **notarielle Beurkundung** vor. Nicht erfasst werden hiervon Vereinbarungen über den Trennungsunterhalt, die in den sich aus den § 1360a III i. V. m. § 1614 BGB ergebenden Grenzen gleichfalls möglich

III. Unterhaltsvereinbarungen

sind. Zur Ersetzung der notariellen Beurkundung durch einen gerichtlich protokollierten Vergleich gemäß § 1585c S. 3 i.V.m. § 127a BGB (*Bergschneider* FamRZ 2008, 17; Palandt/*Brudermüller* § 1585c Rn. 5; vgl. *Rakete-Dombek*, FS Hahne, S. 307 sowie *Zimmer* NJW 2013, 3280.

Notarielle Beurkundung ist weiter geboten, wenn die Unterhaltsvereinbarung Teil einer umfassenden Trennungs- und/oder Scheidungsfolgenregelung ist, von der einzelne Teile gemäß § 311b I 1 BGB beurkundungsbedürftig sind und miteinander stehen und fallen sollen (Palandt/*Grüneberg* § 311b Rn. 32). Gesamtbeurkundungsbedürftigkeit besteht dann, wenn die Unterhaltsvereinbarung Teil einer Gesamtvereinbarung ist, von der andere Abschnitte aus anderen Gründen formbedürftig sind (*BGH* FPR 2002, 449; Palandt/*Brudermüller* § 1410 Rn. 3). Die Unwirksamkeit einer Unterhaltsvereinbarung kann sich aufgrund der Bestimmung des § 139 BGB dann ergeben, wenn diese Teil eines einheitlichen Rechtsgeschäfts ist, bei dem die Beurkundungsbedürftigkeit anderer Teile nicht beachtet wird (vgl. BGH NJW-RR 1991, 1026). 58

c) Unterscheidung Trennungs- und Geschiedenenunterhalt

Zwischen dem Anspruch auf Trennungsunterhalt und dem Anspruch auf Geschiedenenunterhalt besteht keine Identität (*BGH* NJW 1981, 978). Regelungen des Trennungsunterhalts **verlieren** mit Rechtskraft der Scheidung ihre **Wirksamkeit**. Es muss deshalb klargestellt werden, ob die Regelung des Trennungs- und/oder Geschiedenenunterhalts gewollt ist. 59

d) Altersvorsorge- und Krankenversicherungsunterhalt

Vom ersten Tag des Monats an, in dem der Scheidungsantrag rechtshängig geworden ist, besteht neben dem Anspruch auf Elementarunterhalt ein Anspruch auf **Altersvorsorgeunterhalt** (§§ 1361 I 2 sowie 1578 III BGB). Ab Rechtskraft der Scheidung, soweit der unterhaltsberechtigte Ehegatte nicht berufstätig und damit pflichtversichert ist, kommen Ansprüche auf Erstattung der Kosten der **Kranken- und Pflegeversicherung** (§ 1578 II BGB) hinzu, da mit diesem Zeitpunkt die Möglichkeit der kostenlosen Mitversicherung im Rahmen der Familienversicherung (§ 10 SGB V) entfällt. Bei Ehegatten von Beamten entfällt die Beihilfeberechtigung nach der Ehescheidung. Eine Aufnahme in die gesetzliche Krankenversicherung ist häufig nicht möglich, so dass hohe Beiträge in der privaten Krankenversicherung anfallen. 60

Die Berechnung des Altersvorsorgeunterhalts erfolgt in einem zweistufigen Verfahren mit Hilfe der sog. Bremer Tabelle (Rn. 54). Die **bestimmungsgemäße Verwendung** des Altersvorsorgeunterhalts sollte geregelt werden. Der Unterhaltsberechtigte ist verpflichtet, den Altersvorsorgeunterhalt entsprechend seiner Zweckbestimmung zur Alterssicherung zu verwenden. Bei nicht bestimmungsgemäßer Verwendung läuft der Unterhaltsberechtigte Gefahr, dass im Alter an seiner Unterhaltsforderung Abstriche vorgenommen werden (§ 1579 Nr. 4 BGB; *BGH* NJW 1987, 2229). Da sich in Scheidungsfällen regelmäßig die wirtschaftlichen Verhältnisse verschlechtern, liegt die Möglichkeit nahe, dass der Altersvorsorgeunterhalt nicht zweckentsprechend angelegt, sondern für den allgemeinen Lebensunterhalt verbraucht wird. Im Interesse beider Unterhaltsbeteiligten ist es deshalb angeraten, neben der Höhe des Altersvorsorgeunterhalts auch die Art seiner Verwendung festzulegen und sicherzustellen. 61

> **Formulierungsbeispiel: Verwendung des Altersvorsorgeunterhalts** 62
>
> Zur Alterssicherung hat die Ehefrau einen Lebensversicherungsvertrag abgeschlossen. Die Parteien sind sich darüber einig, dass der geschuldete Vorsorgeunterhalt vom Ehemann direkt an die A-Versicherung auf die von der Ehefrau zu zahlenden Versicherungsbeiträge zu zahlen ist. Der Ehemann weist die Zahlung jeweils am Jahresende nach.

e) Anspruchsgrundlage des Geschiedenenunterhalts

63 Bei Vereinbarung von Geschiedenenunterhalt sollte zur Vermeidung von Unklarheiten bei einem späteren Abänderungsbegehren klargestellt werden, aufgrund welcher Anspruchsgrundlage Unterhalt gewährt wird.

64 **Formulierungsbeispiel: Klarstellung des Unterhaltstatbestandes**

Der Unterhalt wird als Kindesbetreuungsunterhalt gemäß § 1570 I BGB gewährt.

65 Sind mehrere Tatbestände gegeben, ist dies ebenfalls klarzustellen, da bspw. der Betreuungsunterhalt anderen Regeln unterliegt, als der reine Aufstockungsunterhalt. Auf Letzteren kann unproblematisch – mglw. nach Ablauf einer Übergangsfrist – verzichtet werden. Der Verzicht auf den Betreuungsunterhalt aus § 1570 BGB kann jedoch zur Unwirksamkeit der Vereinbarung führen (vgl. Kap. B I. Rn. 149d).

f) Herabsetzung und zeitliche Begrenzung

66 Die Herabsetzung und zeitliche Begrenzung des Unterhaltsanspruchs gemäß § 1578b BGB sollte bereits in der ersten Unterhaltsvereinbarung geregelt werden, wenn die betreffenden Gründe bereits eingetreten oder zuverlässig vorhersehbar sind, um für beide Eheleute Planungssicherheit zu schaffen. Im Rahmen eines Abänderungsverfahrens, mit dem die spätere Befristung begehrt wird, kommt es vorrangig darauf an, inwiefern die Vereinbarung in Hinblick auf eine spätere Befristung eine bindende Regelung enthält. Mangels einer entgegenstehenden ausdrücklichen oder konkludenten vertraglichen Regelung ist jedenfalls bei der erstmaligen Festsetzung des nachehelichen Unterhalts im Zweifel davon auszugehen, dass die Eheleute die spätere Befristung des Unterhalts offenhalten wollten (*BGH* NJW 2010, 2349).

67 Eine zeitliche Begrenzung des Unterhaltsanspruchs wegen Kindesbetreuung nach § 1578b BGB ist durch Urteil nicht möglich, da § 1570 BGB eine Spezialregelung für die Billigkeitsabwägung enthält. Wie unter Rn. 50 dargelegt, steht dem Ehegatten nach Vollendung des dritten Lebensjahres des Kindes nur noch ein Betreuungsunterhaltsanspruch nach Billigkeit zu. Bei der Billigkeitsabwägung nach § 1570 I 2 BGB sind alle eltern- und kindbezogene Umstände des Einzelfalls zu berücksichtigen. Führt die Billigkeitsabwägung zu dem Ergebnis, dass der Unterhaltsanspruch fortdauert, können die gleichen Gründe nicht zu einer Befristung im Rahmen der Abwägung nach § 1578b BGB führen (*BGH* NJW 2009, 1956). Eine Befristung des Unterhaltsanspruchs nach § 1570 BGB kommt aber dann in Betracht, wenn im Zeitpunkt der Entscheidung für die Zeit nach Vollendung des dritten Lebensjahres absehbar ist, dass keine kind- oder elternbezogene Verlängerungsgründe vorliegen (*BGH* FPR 2009, 238). Ein solcher Fall ist kaum vorstellbar, so dass eine Befristung des Unterhaltsanspruchs nach § 1570 BGB regelmäßig unterbleiben sollte. Eine Begrenzung des Unterhalts wegen Kindesbetreuung nach § 1570 BGB der Höhe nach ist hingegen grundsätzlich möglich. In Betracht kommt sie insbesondere dann, wenn der Unterhaltsbedarf nach den ehelichen Lebensverhältnissen nach § 1578 I BGB den angemessenen Unterhalt nach der eigenen Lebensstellung des Unterhaltsberechtigten erheblich übersteigt (*BGH* FPR 2009, 238). Voraussetzung hierfür ist allerdings, dass die Erziehung und Betreuung des Kindes trotz des abgesenkten Unterhaltsbedarfs sichergestellt und das Kindeswohl nicht beeinträchtigt ist, während eine fortdauernde Teilhabe des betreuenden Elternteils an den abgeleiteten Lebensverhältnissen während der Ehe unbillig erscheint (*BGH* FPR 2009, 238).

III. Unterhaltsvereinbarungen   B III

g) Verfestigte Lebensgemeinschaft

Geht der unterhaltsberechtigte Ehegatte mit einem neuen Partner eine Lebensgemeinschaft ein, kann eine Versagung, Herabsetzung oder zeitliche Begrenzung des Unterhaltsanspruchs wegen **grober Unbilligkeit** gemäß § 1579 Nr. 2 BGB in Frage kommen. Nach der Rechtsprechung ist zu überprüfen, ob objektive, nach außen tretende Umstände den Schluss auf eine verfestigte Lebensgemeinschaft nahelegen. Entscheidend ist darauf abzustellen, dass der unterhaltsberechtigte Ehegatte eine verfestigte neue Lebensgemeinschaft eingegangen ist, sich damit endgültig aus der ehelichen Solidarität herauslöst und zu erkennen gibt, dass er diese nicht mehr benötigt (*BGH* NJW 2011, 3712). Zur Klarstellung kann sich eine Regelung empfehlen, unter welchen Umständen und von welchem Zeitpunkt an bei der Eingehung einer Beziehung mit einem neuen Partner die Unterhaltsverpflichtung (dauerhaft?) wegfällt oder sich reduziert. 68

Formulierungsbeispiel: Verfestigte Lebensgemeinschaft § 1579 Nr. 2 BGB 69

Die Parteien sind sich darüber einig, dass die Ansprüche der Ehefrau auf Geschiedenenunterhalt nach Ablauf einer Wartefrist von sechs Monaten ruhen, solange sie mit einem anderen Mann in einer Wohnung zusammenlebt.

Bei der Formulierung ist zu überlegen, ob das Eingreifen des mit der Regelung erfassten Sachverhalts zu einem endgültigen Wegfall des Unterhaltsanspruchs führen oder dieser wieder aufleben soll, wenn die neue Partnerschaft zu Ende gegangen ist (vgl. Palandt/*Brudermüller* § 1579 Rn. 39). 70

Auch Partnerschaften, die noch keinen dauerhaften Charakter erreicht haben, können unterhaltsrechtlich relevant sein. Es kommt die Anrechnung einer fiktiven angemessenen Vergütung in Frage, wenn der Berechtigte mit einem Partner in einer eheähnlichen Gemeinschaft lebt, für diesen Versorgungsleistungen erbringt und der Partner leistungsfähig ist (vgl. Palandt/*Brudermüller* § 1577 Rn. 15). 71

h) Rangverhältnis zu neuem Ehegatten

Schuldet der Unterhaltspflichtige sowohl einem geschiedenen als auch einem neuen Ehegatten Unterhalt, so hatte der *BGH* nach Inkrafttreten der Unterhaltsrechtsreform den nach den ehelichen Lebensverhältnissen zu bemessenden Unterhaltsbedarf jedes Berechtigten zunächst im Wege der Dreiteilung des Gesamteinkommens des Unterhaltsverpflichteten und beider Unterhaltsberechtigter ermittelt (*BGH* NJW 2008, 3213). Für die geschiedene, auch zusammen- oder getrenntlebende Ehefrau bestand damit die Gefahr, im gleichen Rang oder im Rang hinter weitere Kinder des Unterhaltspflichtigen, einen kindesbetreuenden Elternteil, d. h. eine unverheiratete Mutter oder neue Ehefrau zu geraten. Das *BVerfG* (NJW 2011, 836) hat dieser Rechtsprechung eine Absage erteilt, da der *BGH* durch die Etablierung der Dreiteilungsmethode bei der Ermittlung des Bedarfs des geschiedenen Ehegatten Entwicklungen einbezogen hat, die nach Rechtskraft der Scheidung entstanden sind (s. Rn. 51). § 1609 BGB wirkt sich erst im Rahmen der Leistungsfähigkeit aus und nicht schon auf der Ebene der Bedarfsermittlung. Bei Hinzukommen weiterer Unterhaltsberechtigter nach Rechtskraft der Ehescheidung kann die Leistungsfähigkeit des Unterhaltschuldners vermindert sein und somit der Unterhaltsanspruch geringer ausfallen. Die Rangfolge des § 1609 BGB ist zwingendes Recht. Es ist allerdings möglich, eine Vereinbarung über die wirtschaftlichen Folgen aus einer sich im Zeitablauf verschlechternden Rangposition zu treffen. Der *BGH* hat in der Folge der Entscheidung des *BVerfG* seine hochumstrittene „Dreiteilungsmethode" bei Gleichrangigkeit (§ 1609 BGB) des geschiedenen und des neuen Ehegatte lediglich dahingehend modifiziert, dass sie auf der Ebene der Leistungsfähigkeit jedenfalls nicht zu beanstanden sei (*BGH* 72

NJW 2012, 384). Problematisch ist aber auch eine Besserstellung des ersten Ehegatten, wie etwa in folgendem

73 | **Formulierungsbeispiel: Besserstellung des ersten Ehegatten**

Der Ehemann verzichtet für den Fall des Hinzukommens weiterer Unterhaltsberechtigter auf die Rechte auf Abänderung. Die Ehefrau nimmt den Verzicht an.

74 Die Unterhaltsansprüche hinzukommender vor- oder gleichrangig Unterhaltsberechtigter dürfen hierdurch nicht beeinträchtigt werden (vgl. *Schürmann* FamRZ 2008, 313). Es könnte sich andernfalls um einen Vertrag zu Lasten Dritter handeln (vgl. m.w.N. hierzu Kap. B I.Rn. 149k).

i) Abfindungsanspruch, Abfindungsvertrag

75 In Anlehnung an § 1585 II BGB können die Eheleute einen Vertrag schließen, in dem Unterhaltsansprüche gegen Unterhaltsverzicht teilweise oder ganz abgefunden werden – **Abfindungsvertrag gegen Unterhaltsverzicht**. Bei Bestimmung der Höhe der Abfindung sind zu berücksichtigen
 – die derzeitige Höhe des Unterhaltsanspruchs,
 – die Entwicklung seiner Höhe und seine Dauer unter Berücksichtigung der derzeitigen Anspruchsgrundlage und in Frage kommender Anschlusstatbestände, Wiederheirat und Erbschaften, wobei für beide Seiten Ungewissheiten bestehen (Wendl/Dose/ *Wönne* § 6 Rn. 615 ff.).

76 Bei der vertraglichen Gestaltung ist zu beachten, dass bei Erklärung eines Unterhaltsverzichts das **Unterhaltsstammrecht** bereits mit Wirksamwerden des Vertrages unabhängig von der Zahlung der Abfindungssumme **erlischt**. Zwar dürfte bei Leistungsstörungen § 323 BGB anwendbar sein. Es ist jedoch ratsam, den Unterhaltsverzicht von der Zahlung der Abfindungssumme abhängig (aufschiebende Bedingung) zu machen oder ein **Rücktrittsrecht** vorzusehen. Vorsorglich sollte ein etwaiger Unterhaltsanspruch gemäß § 1586a BGB in den Abfindungsvergleich mit einbezogen werden, da der Anspruch auf Geschiedenenunterhalt mit dem nach Scheidung einer Folgeehe wiederauflebenden Unterhaltsanspruch nicht identisch ist (*BGH* NJW 1988, 557). Bei Stundung oder Ratenzahlung sollten die Folgen einer Wiederheirat oder des Todes des Abfindungsempfängers geregelt werden (*BGH* DNotZ 2006, 58; *OLG Hamburg* FamRZ 2002, 234). Steuerliche und besoldungsrechtliche Nachteile sind zu bedenken (Palandt/*Brudermüller* § 1585 Rn. 7).

77 Problematisch kann eine Abfindung auch im Hinblick auf § 33 VersAusglG (s. Rn. 89, 145) sein, da eine Aussetzung der Rentenkürzung wegen der Zahlung von Unterhalt nicht möglich ist, wenn sich die Höhe der Unterhaltsrente nicht bestimmen lässt (*BGH* NJW-RR 2013, 1091).

j) Art der Unterhaltsgewährung

78 § 1585 I BGB bestimmt, dass der laufende Unterhalt durch Zahlung einer Geldrente zu gewähren ist, die monatlich im Voraus zu entrichten ist. Einvernehmlich können stattdessen **Sachleistungen** gewährt werden, beispielsweise die Überlassung von Wohnraum oder eines Kraftfahrzeugs. Auch Aufrechnungsvereinbarungen und Verrechnungsbestimmungen sind möglich. § 394 BGB (Aufrechnungsfeindlichkeit des – unpfändbaren – Unterhaltsanspruchs) ist abdingbar.

k) Wiederheirat

79 Gemäß § 1586 BGB erlischt der Unterhaltsanspruch mit der Wiederheirat des Berechtigten. Der Unterhaltsanspruch gemäß § 1570 BGB auf Kindesbetreuungsunterhalt **lebt**

III. Unterhaltsvereinbarungen

im Falle der Auflösung der neuen Ehe nach § 1586a BGB allerdings **wieder auf,** wobei der Ehegatte der später aufgelösten Ehe vor dem Ehegatten der früher aufgelösten Ehe haftet. Es ist deshalb zu überlegen, ob das Wiederaufleben des Unterhaltsanspruchs ausgeschlossen werden soll.

Formulierungsbeispiel: Ausschluss des Wiederauflebens des Unterhaltsanspruchs	80
Die Unterhaltsverpflichtungen des Ehemanns erlöschen mit der Wiederheirat der Ehefrau. Ein Wiederaufleben des Unterhaltsanspruchs nach § 1586a BGB ist ausgeschlossen.	

l) Tod des Unterhaltsverpflichteten

Nach § 1933 S. 3 BGB und § 1586b BGB geht mit dem Tode des Verpflichteten nach Rechtshängigkeit des Scheidungsantrag bzw. Rechtskraft der Scheidung die **Unterhaltspflicht** auf den **Erben** als **Nachlassverbindlichkeit** über, der Höhe nach allerdings beschränkt auf den Betrag, der dem **Pflichtteil** entspricht, welcher dem Berechtigten zustände, wenn die Ehe nicht geschieden worden wäre (ohne Berücksichtigung von § 1371 I BGB). (Fiktive) Pflichtteilsergänzungsansprüche gegen die Erben sind einzubeziehen (*BGH* NJW 2007, 3207). Die Vorschrift kann nur Bedeutung erlangen, wenn der verstorbene Unterhaltsverpflichtete über Vermögen verfügte. Wenn dieses Vermögen allerdings über den Zugewinnausgleich bei Scheidung im Ergebnis geteilt worden ist, kann die nochmalige Beteiligung des Unterhaltsberechtigten über den Tod des Verpflichteten hinaus fragwürdig sein, so dass über einen Ausschluss der Erbenhaftung nachzudenken ist.

Formulierungsbeispiel: Ausschluss der Unterhaltsverpflichtung ab dem Tod	82
Es besteht Einigkeit, dass die Unterhaltsverpflichtung mit dem Tod des Unterhaltsverpflichteten erlischt. Ansprüche nach § 1586b BGB sind ausgeschlossen.	

Zu bedenken ist allerdings, dass es bei großen Altersunterschieden zwischen dem Unterhaltsverpflichteten und dem Unterhaltsberechtigten bei Tod des Unterhaltsverpflichteten vor Erreichen des Rentenalters durch den Unterhaltsberechtigten zu empfindlichen **Versorgungslücken** kommen kann. Umgekehrt kann Veranlassung bestehen, die Beschränkung des Unterhaltsberechtigten auf den Pflichtteil auszuschließen.

> **Beispiel:** Die geschiedene Ehefrau eines vermögenden Mannes nimmt die betragsmäßige Reduzierung ihres Unterhaltsanspruchs hin, möchte jedoch sichergestellt sehen, dass dieser nicht durch Vermögensverfügungen des geschiedenen Ehemanns zu Lebzeiten zu Lasten des Nachlasses beeinträchtigt wird.

Den gesetzlichen Unterhaltsanspruch konkretisierende, d.h. unselbständige Unterhaltsvereinbarungen binden den Erben gemäß § 1586b BGB; bei novierenden Unterhaltsvereinbarungen ist entscheidend, ob sie auch gegen den Erben gelten sollen (Palandt/*Brudermüller* § 1586b Rn. 9).

Die Unterhaltslast des Erben entfällt, wenn der überlebende Ehegatte auf sein Erbrecht oder den Pflichtteil verzichtet hat (Palandt/*Brudermüller* § 1586b Rn. 8; str.).

m) Unterhaltsverzicht

Auf Verwandten- (Kindes-) und Trennungsunterhalt kann für **die Zukunft** nicht verzichtet werden (§§ 1614 I, 1361 IV 4, 1360a III BGB). Auch ein Teilverzicht wäre nichtig. Eine vertragliche Regelung ist daher nur innerhalb des Rahmens der Angemessenheit zulässig (MünchKomm/*Born* § 1614 Rn. 7). Darüber hinausgehende Verzichtserklärungen, auch gegen **Abfindung** oder **Vorausleistung** (§ 1614 II i. V. m. § 760 II BGB), oder **Erschwerungen der Unterhaltserhöhung** gemäß § 239 FamFG, § 242 BGB können nichtig sein; die Auswirkungen einer möglichen Nichtigkeit auf andere Vertragsteile sind zu bedenken. Demgegenüber ist § 1614 BGB auf Unterhaltsansprüche für die Zeit nach der Scheidung nicht anwendbar. Hier besteht grundsätzlich volle Vertragsfreiheit.

87   Bei dem Unterhaltsverzicht handelt es sich um einen **Erlassvertrag** gemäß § 397 BGB, der eines Angebots und dessen Annahme bedarf. Ein Unterhaltsverzicht umfasst grundsätzlich das Unterhaltsstammrecht in seinen gesamten Ausprägungen, und zwar auch im **Fall der Not.** Soll die Unterhaltspflicht im Fall des Entstehens von **Notbedarf** des Unterhaltsberechtigten wieder aufleben, sollte klargestellt werden, in welcher Höhe in diesem Fall Unterhalt geschuldet wird.

88   Bei bestimmten Sachverhaltskonstellationen bedarf die Vereinbarung eines Unterhaltsverzichts besonderer Prüfung:

89   (1) **Unterhaltsanspruch gegen Versorgungsempfänger (§ 33 VersAusglG):** Die Kürzung der laufenden Versorgung eines im Versorgungsausgleich ausgleichspflichtigen Rentenempfängers ist – auf Antrag – auszusetzen, solange die berechtigte Person keine Rente aus dem erworbenen Anrecht erhält und sie gegen die ausgleichspflichtige Person ohne die Kürzung durch den Versorgungsausgleich einen gesetzlichen Unterhaltsanspruch hätte. Mit dieser Regelung soll – dem Bundesverfassungsgericht folgend (*BVerfG* NJW 1980, 692) – einer doppelten Belastung der ausgleichspflichtigen Person durch Kürzung ihrer Altersversorgung und gleichzeitig bestehender Unterhaltsverpflichtung begegnet werden. Die Kürzung einer laufenden Versorgung hat jedoch dann keinen Einfluss auf eine bestehende Unterhaltsverpflichtung gegenüber dem ausgleichsberechtigten Ehegatten, wenn dieser wirksam auf Unterhalt verzichtet hat, weshalb nach wohl überwiegender Meinung in einem solchen Fall auch eine Aussetzung der Kürzung nach § 33 VersAusglG nicht erfolgen kann (Palandt/*Brudermüller* § 33 VersAusglG Rn. 3). Die Aussetzung der Kürzung der Versorgung ist u. a. auf die Höhe des den Ausgleichspflichtigen belastenden Unterhaltsanspruchs begrenzt.

90   (2) **Geschiedenenunterhalt nach Zweitehe (§§ 46 I und III, 90 I SGB VI; § 10 V GAL; § 61 III BeamtVG):** Ansprüche auf **Witwen- und Witwerversorgung** fallen weg, wenn der Berechtigte wieder heiratet, **leben** jedoch wieder **auf,** wenn die zweite Ehe aufgelöst wird. Das *BSG* vertritt in ständiger Rechtsprechung (NJW 1984, 326) die Auffassung, dass auf eine wieder aufgelebte Witwenrente **Unterhaltsansprüche anzurechnen** seien, die der Witwe ohne einen Unterhaltsverzicht zugestanden hätten, es sei denn, die Witwe habe aus einem **verständigen Grund** auf die Gewährung von Unterhalt verzichtet. Leben infolge der Scheidung Witwenrenten aus der vorausgegangenen Ehe wieder auf, ist die Auswirkung von Unterhaltsverzichtserklärungen auf deren Höhe zu prüfen. Demgegenüber kommt nach der Rechtsprechung der **Verwaltungsgerichte** nach einem Unterhaltsverzicht die Anrechnung fiktiver Unterhaltsansprüche nicht in Frage (FamRZ 1969, 277; a. A. *VG Darmstadt* NVwZ-RR 1994, 604).

91   (3) **Inhaltskontrolle, Sittenwidrigkeit (§ 138 BGB):** Zur Inhaltskontrolle nach der Rspr. des *BVerfG* und des *BGH* zunächst oben Rn. 6 ff. Nach hergebrachter Rechtsprechung unterliegen Unterhaltsverzichtsvereinbarungen der **Wirksamkeitskontrolle** nach § 138 BGB. Danach ist maßgebend der Gesamtcharakter, d. h. Inhalt, Motiv und Zweck der Vereinbarung (zusammenfassend *BGH* NJW 1992, 3164, vgl. auch Kap. B I. Rn. 11 ff.).

92   Ein Unterhaltsverzicht, mit dem ein nicht erwerbstätiger und vermögensloser Ehegatte auf nachehelichen Unterhalt verzichtet mit der zwangsläufigen Folge, dass er der **Sozialhilfe** anheim fallen muss, verstößt gegen die guten Sitten und ist damit nichtig, auch wenn er nicht auf einer Schädigungsabsicht der Ehegatten zu Lasten der Sozialhilfe beruht (*BGH* NJW 1983, 1851; 1987, 1546). Entsprechendes gilt für Unterhaltsverzichtserklärungen zu Lasten **nachrangiger Unterhaltsverpflichteter.** Mangels Verfügungsgewalt des Ehegatten ist ein Unterhaltsverzicht weiterhin dann wirkungslos, wenn der Unterhaltsanspruch bereits wirksam auf den Sozialhilfeträger übergegangen ist.

III. Unterhaltsvereinbarungen B III

Unterhaltsverzichtserklärungen können, obwohl keine Austauschgeschäfte, in den in 93
§ 138 I BGB genannten Fällen der Ausbeutung einer **Zwangslage**, der **Unerfahrenheit**
und des **Mangels** an **Urteilsvermögen** nichtig sein (*BGH* NJW 1992, 3164). Von der
Rechtsprechung ist weiter als sittenwidrig angesehen worden ein Unterhaltsverzicht als
Gegenleistung für einen übereinstimmenden Sorgerechtsvorschlag (*BGH* NJW 1986,
1167). Die Aufnahme der **Gründe** für den Unterhaltsverzicht in die Urkunde erleichtert
den Hinweis auf rechtfertigende Ausschlussgründe, bietet allerdings die Grundlage für
ein Berufen auf den Wegfall der Geschäftsgrundlage.

(4) **Verstoß gegen Treu und Glauben (§ 242 BGB), Ausübungskontrolle:** Nach § 242 94
BGB kann sich der Unterhaltsverpflichtete auf einen Verzicht auf den nachehelichen Unterhalt nicht berufen, wenn dies, etwa aufgrund einer späteren Entwicklung, mit **Treu und Glauben** nicht vereinbar wäre. Derartige Fälle dürften selten sein, da anlässlich einer Scheidungsfolgenvereinbarung überraschende Entwicklungen insoweit kaum zu erwarten sein werden, es sei denn, die Dauer bis zu der beabsichtigten Ehescheidung wäre erheblich und überraschende, den Unterhaltsverzicht in Frage stellende Ereignisse träten noch ein (Geburt eines gemeinsamen Kindes aufgrund gescheiterten Versöhnungsversuchs während der Trennungszeit).

Das Gleiche gilt, wenn das **Wohl** eines gemeinsamen von dem unterhaltsbedürftigen 95
Ehegatten betreuten **Kindes** den Bestand der Unterhaltspflicht nach § 1570 I 2 BGB
(kindbezogene Gründe) erfordert, da die Betreuungsbedürftigkeit nach den individuellen Verhältnissen zu ermitteln ist. In dem Umfang, in dem das Kind nach Vollendung des dritten Lebensjahres eine kindgerechte Einrichtung besucht oder unter Berücksichtigung der individuellen Verhältnisse besuchen könnte, kann sich der betreuende Elternteil jedoch nicht mehr auf die Notwendigkeit einer persönlichen Betreuung des Kindes und somit nicht mehr auf kindbezogene Verlängerungsgründe berufen(*BGH* NJW 2011, 1582).

n) Abänderung von Unterhaltsvereinbarungen

Die Abänderung von Unterhaltsvereinbarungen, auch soweit diese von §§ 238 I 2 96
FamFG i. V. m. § 239 I 2 FamFG erfasst werden, erfolgt nach den **Regeln des materiellen Rechts**, d. h. den aus § 313 BGB abgeleiteten Grundsätzen über den **Fortfall der Geschäftsgrundlage**. Dass sowohl eine Gesetzesänderung als auch eine Änderung der gefestigten höchstrichterlichen Rechtsprechung ebenso wie Veränderungen der zugrundeliegenden Tatsachen zur Abänderung berechtigen, ist in der Rechtsprechung anerkannt und nunmehr in § 238 I 2 FamFG, § 323 I 2 ZPO gesetzlich klargestellt worden.

In Abänderungsverfahren ist **keine freie** von der bisher festgesetzten Höhe unabhängi- 97
ge **Neubemessung** des Unterhalts möglich. In der Abänderungsentscheidung kann unter Wahrung der Grundlagen des Unterhaltstitels, für die der Parteiwille maßgebend ist, nur eine Anpassung des Unterhalts an veränderte Umstände, wofür neben tatsächlichen Umständen auch Änderungen einer gefestigten Rechtsprechung oder der Rechtslage in Frage kommen (*BGH* NJW 1995, 1891), vorgenommen werden. Hieraus ergibt sich für die Gestaltung von Unterhaltsvereinbarungen:

- Soll nur ein Teil der bestehenden Ansprüche geregelt werden, ist dies zu vermerken, da sonst zusätzliche Ansprüche nur in einem Abänderungsverfahren geltend gemacht werden können, z. B. zunächst nicht geregelter Altersvorsorgeunterhalt (*BGH* NJW 1985, 1701).
- Die nach dem Parteiwillen maßgeblichen Umstände sollten angegeben werden.
- Hinsichtlich maßgeblicher bereits eingetretener oder mit Sicherheit eintretender, jedoch noch nicht berücksichtigter Umstände ist in die Vereinbarung ein Vorbehalt aufzunehmen (*OLG Düsseldorf* FamRZ 1994, 170).
- Es empfiehlt sich, die Wesentlichkeitsgrenze, ab der eine Anpassung möglich sein soll, zu regeln (*BGH* FamRZ 1993, 539).

- Es ist eine Bestimmung sinnvoll, ob und mit welcher Maßgabe eine Anpassung in der Vergangenheit möglich sein soll.

> **98** **Formulierungsbeispiel: Abänderung für die Vergangenheit**
>
> Die Abänderung des Unterhalts kann für die Vergangenheit erst vom Zeitpunkt eines bezifferten schriftlichen Abänderungsverlangens an begehrt werden.

2. Kindesunterhalt

99 Vereinbarungen der Eltern über den Kindesunterhalt sind grundsätzlich Verträge, die Rechtswirkungen nur zwischen den Eltern, nicht jedoch für und gegen das Kind entfalten. Wer in fremdem Namen handelt, muss dies erkennbar zum Ausdruck bringen. Unterhaltsverträge zugunsten Dritter, die diesen eigene Ansprüche einräumen, sind nur anzunehmen, wenn ein darauf gerichteter Parteiwille in der Erklärung deutlich zum Ausdruck kommt (*BGH* NJW-RR 1986, 428; FamRZ 1987, 934). Bleibt der Unterhaltsgläubiger unklar, ergeben sich Ungewissheiten hinsichtlich der Vollstreckungsklausel und des bei Änderungen der Vertretungsbefugnis und der der Vereinbarung zugrunde liegenden Verhältnisse einzuschlagenden Verfahrens. Kindesunterhaltsvereinbarungen können als Vereinbarungen zwischen den Eltern, in Vertretung des Kindes für das Kind und als Vertrag zugunsten Dritter geschlossen werden (*BGH* NJW-RR 1986, 428; FamRZ 1987, 934).

100 Sollen Regelungen über den Kindesunterhalt zwischen Kind und Unterhaltsschuldner getroffen werden, sind die Vorschriften über die Vertretung des Kindes in § 1629 BGB zu berücksichtigen. Grundsätzlich werden minderjährige Kinder von ihren Eltern gemeinschaftlich vertreten (§ 1629 I 2 BGB), es sei denn, einem Elternteil steht die elterliche Sorge allein zu. Der Elternteil, in dessen alleiniger Obhut sich das Kind befindet, kann Unterhaltsansprüche des Kindes gegen den anderen Elternteil geltend machen (§ 1629 II 2 BGB). Die gerichtliche Geltendmachung hat im eigenen Namen in **Prozessstandschaft** für das Kind zu erfolgen (§ 1629 III BGB). Bei Unterhaltsvereinbarungen wirken gemäß § 1629 III 2 BGB in eigenem Namen geschlossene Vereinbarungen allerdings nur dann für und gegen das Kind, wenn sie als Vergleich gerichtlich protokolliert sind. Andernfalls entfalten sie Rechtwirkungen nur zwischen den Eltern. Bei notarieller Beurkundung muss die Vertretung des Kindes offen erfolgen, d. h. dargelegt werden (vgl. Göppinger/Börger/*Pfeil* 4. Teil Rn. 99) oder ein echter Vertrag zugunsten Dritter, hier des Kindes, geschlossen werden (vgl. *Langenfeld* Rn. 852f.).

101 Sorgfalt sollte hierbei der Frage gewidmet werden, wem gegenüber die Unterwerfung unter die Zwangsvollstreckung erfolgen soll und wem die vollstreckbare Ausfertigung erteilt werden soll. Im Hinblick auf die Duplizität der Ansprüche kommen zwei Vollstreckungsunterwerfungen in Frage; erforderlich und in Regel ausreichend ist zunächst die Unterwerfung gegenüber dem Kind, auch im Hinblick auf dessen Rechtsstellung nach Volljährigkeit; bei fortdauerndem gemeinsamen Sorgerecht kann jedoch auch eine Vollstreckungsunterwerfung gegenüber dem betreuenden Elternteil nützlich sein.

102 Die Unterhaltsansprüche von Kindern sind in §§ 1601ff. BGB geregelt. Gemäß § 1610 I BGB bestimmt sich das Maß des zu gewährenden Unterhalts nach der Lebensstellung des Bedürftigen (angemessener Unterhalt). Die Praxis entnimmt die Unterhaltssätze den einschlägigen unterhaltsrechtlichen Leitlinien der Oberlandesgerichte.

103 Eheliche wie nichteheliche minderjährige Kinder können ihre Unterhaltsansprüche nach denselben Vorschriften geltend machen, und zwar entweder als statische Unterhaltsrente oder als Prozentsatz des jeweiligen Mindestunterhalts (§§ 1612a und b BGB).

104 Der Mindestunterhalt richtet sich nach dem doppelten Freibetrag für das sächliche Existenzminimum des Kindes (Kinderfreibetrag) nach § 32 VI 1 EStG und beträgt bis zur Vollendung des 6. Lebensjahrs (1. Altersstufe) 87 %, bis zur Vollendung des 12. Lebensjahrs 100 % (2. Altersstufe) und bis zur Vollendung des 18. Lebensjahrs 117 %

III. Unterhaltsvereinbarungen   B III

(3. Altersstufe) eines Zwölftels des doppelten Kinderfreibetrags, ab. 1.1.2009 281 EUR (1. Altersstufe), 322 EUR (2. Altersstufe) und 377 EUR (3. Altersstufe). Bei den genannten Beträgen handelt es sich um den jeweiligen Zahlbetrag unter Berücksichtigung von § 1612b BGB.

Die Berücksichtigung von Kindergeld und sonstigen kindbezogenen Leistungen wird in den §§ 1612b und c BGB geregelt. Das auf das jeweilige Kind entfallende Kindergeld ist, wenn ein Elternteil seine Unterhaltspflicht durch Betreuung des Kindes erfüllt, hälftig, in allen anderen Fällen in voller Höhe anzurechnen bzw. zusätzlich auszuschütten (§ 1612b I BGB). Nach überwiegender Meinung ist vor der Bemessung des Ehegattenunterhalts nicht mehr der Kindesunterhaltsbedarf, sondern der Unterhaltszahlbedarf nach Kindergeldabzug abzuziehen (vgl. *Schürmann* FamRZ 2008, 313, 324). 105

Minderjährige Kinder haben damit die Möglichkeit, den ihnen gemäß den §§ 1601 ff. BGB zustehenden Unterhalt 106
– beziffert als **statischen** Unterhalt,
– als Prozentsatz eines Mindestunterhalts abzüglich anzurechnender kindbezogener Leistungen oder
– als Prozentsatz des Mindestunterhalts der jeweiligen Altersstufe abzüglich anzurechnender kindbezogener Leistungen **dynamisiert** geltend zu machen.

Durch die Anknüpfung an die Kinderfreibeträge nach § 32 VI EStG wird bei Wahl der Alternativen 2 und 3 entsprechend deren Anpassung eine Dynamisierung des Unterhalts erreicht, bei Wahl der Alternative 3 darüber hinaus eine Dynamisierung über die Altersgrenzen der unterhaltsrechtlichen Leitlinien hinweg. 107

Eine entsprechende Titulierung ist auch in einem von einem Gericht protokollierten Vergleich oder einer von einem Notar aufgenommenen Urkunde möglich (§ 794 I 1 Nr. 1, 5 ZPO). Die Beschränkung auf das 1,2-fache des jeweiligen Mindestunterhalts braucht nicht beachtet zu werden, da die betreffende Einschränkung (§ 249 I FamFG) nur für das Vereinfachte Verfahren gilt. Zu beachten ist, dass eine Dynamisierung des anzurechnenden Kindergelds nicht möglich ist, dieses vielmehr konkret anzugeben ist, da andernfalls mangels hinreichender Bestimmtheit Vollstreckungsprobleme entstehen würden: Das Vollstreckungsorgan kann die Höhe des für das jeweilige Kind gezahlten Kindergeldes nicht aus offenkundigen Quellen feststellen. Gegen eine Zwangsvollstreckung aus dynamisierten Titeln gemäß § 1612a BGB kann nicht eingewandt werden, dass die Minderjährigkeit nicht mehr besteht: Sie behalten mithin Wirksamkeit über die Volljährigkeit des Kindes hinaus (§ 244 FamFG). Die Befristung bis zur Volljährigkeit kann jedoch vereinbart werden. 108

Für die Titulierung eines Unterhaltsanspruchs eines beispielsweise am 15.6.2010 geborenen Kindes, dessen barunterhaltspflichtiger Vater ein unterhaltsrelevantes Einkommen von 2.200 EUR erzielt, stehen damit folgende Möglichkeiten zur Verfügung: 109

Formulierungsbeispiel: Dynamisierte Kindesunterhaltsverpflichtung 110

1. Der Ehemann verpflichtet sich, an das Kind …, geboren am 15.6.2010, ab August 2014 einen monatlichen Unterhalt von 110% des Mindestunterhalts der 1. Altersstufe gemäß § 1612a BGB abzüglich 92,– EUR Kindergeldanteil, derzeit 257,– EUR zu zahlen, fällig am 1. eines jeden Monats.
2. Der Ehemann verpflichtet sich, an das Kind …, geboren am 15.6.2010, ab Juni 2016 einen monatlichen Unterhalt von 110% des Mindestunterhalts der 2. Altersstufe gemäß § 1612a BGB abzüglich 92,– EUR Kindergeldanteil, derzeit 309,– EUR, zu zahlen, fällig am 1. eines jeden Monats.
3. Der Ehemann verpflichtet sich, an das Kind …, geboren am 15.6.2010, ab Juni 2022 einen monatlichen Unterhalt von 110% des Mindestunterhalts der 3. Altersstufe gemäß § 1612a BGB abzüglich 92,– EUR Kindergeldanteil, derzeit 377,– EUR, zu zahlen, fällig am 1. eines jeden Monats.

Rakete-Dombek

111 Die weiteren Altersstufen können in der Formulierung bereits konkret vereinbart werden. Die Unterhaltsbeträge nach der zweiten Altersstufe sind gem. § 1612a III BGB ab dem 1.6.2016, nach der dritten Altersstufe ab dem 1.6.2022 im Beispielsfall geschuldet.

3. Steuerliche Gesichtspunkte

112 Für den Unterhalt aufgewendete Beträge sowie Zuwendungen an gesetzlich unterhaltsberechtigte Personen können grundsätzlich weder von den einzelnen Einkommensarten noch von dem Gesamtbetrag der Einkünfte abgezogen werden (§ 12 S. 1 und 2 EStG). Jedoch können Belastungen durch Unterhaltsverpflichtungen wie folgt steuerliche Berücksichtigung finden:

a) Zusammenveranlagung gemäß § 26 EStG

113 Im Trennungsjahr ist regelmäßig noch Zusammenveranlagung gemäß § 26 I EStG möglich, da die Ehegatten am Beginn des Veranlagungszeitraums (Kalenderjahres) noch nicht dauernd getrennt gelebt haben.

b) Realsplitting gemäß § 10 I Nr. 1 EStG

114 Vgl. hierzu auch *Schramm* NJW-Spezial 2007, 391. Unterhaltsleistungen an den dauernd getrennt lebenden oder geschiedenen Ehegatten können auf **Antrag** bis zu 13.805 EUR mit **Zustimmung** des Empfängers als **Sonderausgaben** abgezogen werden. Die Zustimmung hat gemäß § 22 Nr. 1a EStG die **Versteuerung** der Unterhaltsleistungen **beim Empfänger** zur Folge. Dieser ist familienrechtlich zur Zustimmung verpflichtet, Zug um Zug gegen Abgabe der Erklärung des Unterhaltspflichtigen, ihn von allen aus der Zustimmung erwachsenden Nachteilen freizuhalten (*BGH* NJW 1983, 1545 und 2005, 2223). Der Antrag ist für jedes Kalenderjahr, i. d. R. auf Formular „Anlage U" zur Einkommensteuererklärung zu stellen. Die einmal erteilte Zustimmung gilt bis Widerruf. Der Sonderausgabenabzugsbetrag kann gemäß § 39a I Nr. 2 EStG als **Freibetrag** in die Lohnsteuerkarte eingetragen werden. Steuerentlastungsbetrag und zusätzliche Steuerlast des Unterhaltsverpflichteten beeinflussen das für die Unterhaltsberechnung maßgebliche Einkommen. Der Unterhaltspflichtige ist zur Ausnutzung der sich aus dem Realsplitting ergebenden Steuervorteile verpflichtet, wenn seine Unterhaltsverpflichtung auf Grund freiwilliger Zahlungen, eines Anerkenntnisses, einer Einigung oder einer rechtskräftigen Verurteilung feststeht (*BGH* NJW 2007, 1961).

115 Das Realsplitting führt nach § 10 SGB V in der Trennungszeit zum Wegfall der Möglichkeit der beitragsfreien **Mitversicherung** des Unterhaltsempfängers in der **gesetzlichen Krankenversicherung**, wenn der Unterhaltsbetrag zusammen mit sonstigen Einkünften 1/7 der monatlichen Bezugsgröße nach § 18 SGB IV übersteigt (*BSG* NJW-RR 1994, 1090). Gegebenenfalls kann es zweckmäßig sein, das Realsplitting auf den Höchstbetrag zu begrenzen.

---

116 **Formulierungsbeispiel: Zusammenveranlagung und Realsplitting**

Die Ehefrau wird für das Jahr ... der steuerlichen Zusammenveranlagung gem. § 26 I EStG zustimmen. Der Ehemann verpflichtet sich, die Ehefrau von allen sich hieraus ergebenden steuerlichen Nachteilen freizuhalten und sie so zu stellen, wie sie bei getrennter Veranlagung stehen würde. Die Ehefrau stimmt ab ... dem Abzug des an sie gezahlten Unterhalts als Sonderausgaben gem. § 10 I Nr. 1 EStG vom Einkommen des Ehemanns zu. Die Ehefrau verpflichtet sich, ihre Steuerangelegenheiten ordnungsgemäß zu bearbeiten und die betreffenden Steuerbescheide dem Unterhaltsschuldner so rechtzeitig zu übermitteln, dass diese noch vor Ablauf der Einspruchsfrist auf Kosten des Unterhaltsschuldners geprüft werden können.

IV. Vereinbarungen über den Versorgungsausgleich **B III**

> ▼ Fortsetzung: **Formulierungsbeispiel: Zusammenveranlagung und Realsplitting**
>
> Der Ehemann ist verpflichtet, die Ehefrau von den ihr aus der Zustimmung entstehenden steuerlichen Nachteilen freizustellen und auch sonstige entstehende Nachteile auf Nachweis auszugleichen. Steuervorteile sowie Ausgleichsbeträge sind im Jahr des Zuflusses bzw. Abflusses bei Errechnung des unterhaltsrechtlich relevanten Einkommens zu berücksichtigen. Die Ausgleichsbeiträge sind im Fall der Verpflichtung zu Steuervorauszahlungen zu den Steuerterminen, im Übrigen binnen zwei Wochen nach Übersendung des Steuerbescheids zu zahlen. Kommt der Ehemann in Verzug, kann die Ehefrau Sicherheitsleistung in Höhe der jeweils bis zum Ende des folgenden Kalenderjahres zu erwartenden Steuerbeträge verlangen. Erfüllt der Ehemann diese Verpflichtung nicht, kann die Ehefrau die Zustimmung gegenüber dem Finanzamt widerrufen. Gegen den Freistellungsanspruch darf unter keinem Gesichtspunkt aufgerechnet werden oder ein Zurückbehaltungsrecht geltend gemacht werden.

c) Außergewöhnliche Belastung gemäß § 33a I 2 EStG

Unterhaltsleistungen an gesetzlich unterhaltsberechtigte Personen, für die weder ein Anspruch auf Kindergeld noch einen Kinderfreibetrag besteht, können alternativ bis zur Höhe von 7.680 EUR als außergewöhnliche Belastung geltend gemacht werden, ohne dass beim Empfänger eine Versteuerung stattzufinden hat. Voraussetzung ist weiter, dass die betreffende Person allenfalls ein geringes Vermögen besitzt; hat sie über 624 EUR hinausgehende Einkünfte, verringern diese den Abzugsbetrag. **117**

d) Kinderfreibetrag gemäß § 32 VI EStG, Ausbildungsfreibetrag gemäß § 33a II EStG und Behindertenpauschbetrag gemäß § 33b EStG

Gemäß § 32 VI EStG wird dem Steuerpflichtigen für jedes zu berücksichtigende Kind ein **Kinderfreibetrag** von jährlich 2.184 EUR vom zu versteuernden Einkommen abgezogen. Hinzu kommt ein Betreuungs-, Erziehungs- und Ausbildungsfreibetrag i.H.v. 1.320 EUR. Gemäß § 32 VI 5 EStG wird dem Steuerpflichtigen der Kinderfreibetrag des anderen Elternteils zugeordnet, wenn er, nicht jedoch der andere Elternteil seiner Unterhaltsverpflichtung gegenüber dem Kind für das Kalenderjahr im Wesentlichen nachkommt. Gemäß § 33a II EStG ist die Übertragung des dem anderen Elternteil zustehenden **Ausbildungsfreibetrags** in Höhe von bis zu 462 EUR (1/2 Anteil) möglich. Gleiches gilt für den Behindertenpauschbetrag nach § 33b V EStG. Die Übertragung ist insbesondere dann sinnvoll, wenn der andere Elternteil über kein eigenes Einkommen verfügt. **118**

e) Steuerentlastungsbetrag für Alleinerziehende

An die Stelle des Haushaltsfreibetrags gemäß § 32 VII EStG ist ab 1.1.2004 der Steuerentlastungsbetrag für Alleinerziehende gemäß § 24b EStG in Höhe von 1.308 EUR getreten. Voraussetzung ist, dass der alleinerziehende Elternteil alleine mit minderjährigen Kindern in einem Haushalt wohnt. Zieht eine weitere erwachsene Person in die Wohnung, entfällt der Freibetrag. **119**

IV. Vereinbarungen über den Versorgungsausgleich

Die Eheleute können zum Versorgungsausgleich Vereinbarungen gemäß §§ 6, 8 VersAusglG treffen (vgl. Kap. B I. Rn. 134 ff.). Wird die Vereinbarung bereits in einem Ehevertrag getroffen, so sind die §§ 6, 8 VersAusglG über § 1408 II BGB ebenfalls anwendbar (Göppinger/Börger/*Brüggen* 3. Teil Rn. 14). Der Gesetzgeber wünscht seit der Einführung der Strukturreform des Versorgungsausgleiches am 1.9.2009 ausdrücklich **120** den Abschluss von Vereinbarungen (*Bredthauer* FPR 2009, 500; *Münch* FPR 2013, 312). Durch die Einführung des Einzelausgleiches eines jeden Anrechtes werden die Regelungsbefugnisse der Eheleute erweitert (Palandt/*Brudermüller* § 6 VersAusglG Rn. 1). Ein Scheidungsantrag braucht noch nicht anhängig zu sein. Vereinbarungen können bis kurz vor Schluss der mündlichen Verhandlung geschlossen werden und bedürfen seit Inkrafttreten des VersAusglG nicht mehr der Genehmigung des Familiengerichts. Allerdings muss die Vereinbarung über den Versorgungsausgleich einer Inhalts- und Ausübungskontrolle standhalten (§ 8 VersAusglG). Hält eine Vereinbarung dieser Inhalts- und Ausübungskontrolle stand, ist das Gericht an sie gebunden (§ 6 II VersAusglG).

121 Selbst wenn das Gericht rechtskräftig über den Versorgungsausgleich entschieden hat, können die Beteiligten noch Vereinbarungen hierüber treffen. Zwar können die Eheleute eine bereits vollzogene Übertragung von gesetzlichen Rentenanwartschaften (interne Teilung) und den Ausgleich von Beamtenversorgungen nicht mehr rückabwickeln. Sie können aber beispielsweise vereinbaren, dass die aus dem Versorgungsausgleich resultierenden Leistungen an den Ehegatten zurückgezahlt werden. Bei einem Ausgleich von berufständischen oder betrieblichen Altersversorgungen können die Eheleute – mit Zustimmung des Versorgungsträgers – hingegen vereinbaren, dass der vom Gericht angeordnete Ausgleich rückgängig gemacht wird (Johannsen/Henrich/*Hahne* § 6 VersAusglG Rn. 3). Das ist allerdings fraglich, da hier keine richterliche Kontrolle mehr stattfindet und somit der Schutzzweck der §§ 6, 8 VersAusglG umgangen werden kann.

122 Zu den gesetzlichen Grundlagen und der Form vgl. zunächst Kap. B I. Rn. 124 ff. Jedenfalls bis zur Rechtskraft der Ehescheidung ist notarielle Beurkundung oder gerichtliche Protokollierung erforderlich. Zunehmend wird es auch als zulässig angesehen, eine Vereinbarung über den Versorgungsausgleich durch Anwaltsvergleich zu treffen (*OLG München* FamRZ 2011, 812; *OLG Frankfurt* 14.12.2010 – 5 UF 105/10; *Bergschneider* FamRZ 2013, 260; *Rakete-Dombek*, FS Hahne, S. 307).

123 Schließen die Eheleute den Versorgungsausgleich aus, so tritt dadurch nicht mehr – wie nach § 1414 S. 2 BGB a. F. – automatisch Gütertrennung ein.

1. Aufklärungs- und Beratungspflichten

124 Bei der Beurkundung von Vereinbarungen zum Versorgungsausgleich treffen den Notar gemäß § 17 BeurkG **Aufklärungs- und Beratungspflichten.** Der Notar hat die Beteiligten auf mögliche **Gefahren** der Vereinbarung, insbesondere im Hinblick auf **Wartezeiten** (§ 50 SGB VI) und die Bewertung **beitragsfreier** und beitragsgeminderter **Zeiten** (§ 71 SGB VI) hinzuweisen. Eine zuverlässige Grundlage für die Beratung der Beteiligten gewinnt der Notar, wenn er diese gemäß § 109 V SGB VI vom Träger der gesetzlichen Rentenversicherung **Auskünfte** über die **Höhe** ihrer auf die Ehe entfallenden **Rentenanwartschaften** einholen lässt oder in deren Auftrag selbst einholt. Grundsätzlich sollte der Eingang der vom Familiengericht eingeholten Auskünfte abgewartet und die Vereinbarung an deren Inhalt ausgerichtet werden. Zur Durchführung der erforderlichen Rechenschritte sind die jährlich veröffentlichten **Rechengrößen zur Durchführung des Versorgungsausgleichs** (für 2014: FamRZ 2014, 178) heranzuziehen.

2. Möglicher Inhalt der Vereinbarung

125 § 6 I 2 VersAusglG nennt beispielhaft drei mögliche Vereinbarungen über den Versorgungsausgleich. Danach können die Eheleute den Versorgungsausgleich insbesondere ganz oder teilweise
– in die Regelung der ehelichen Vermögensverhältnisse einbeziehen (Nr. 1),
– ausschließen (Nr. 2) sowie
– Ausgleichsansprüchen nach der Scheidung gemäß den §§ 20 bis 24 VersAusglG vorbehalten (Nr. 3).

IV. Vereinbarungen über den Versorgungsausgleich **B III**

Wie sich aus dem Wort „insbesondere" ergibt, sind weitere Vereinbarungen über den 126
Versorgungsausgleich denkbar und möglich. Nicht möglich ist jedoch eine Vereinbarung,
die die Ehezeit modifiziert (Palandt/*Brudermüller* § 8 VersAusglG Rn. 2).

S. weiter die Erläuterungen in Kap. B I. Rn. 124 ff.; 134 ff. 127

3. Inhalts- und Ausübungskontrolle

Nach § 8 VersAusglG unterzieht das Familiengericht die Vereinbarung einer Inhalts- 128
und Ausübungskontrolle. Die Prüfung erfolgt im Rahmen der Amtsermittlungspflicht
(§ 26 FamFG), wobei das Gericht erst bei Vorliegen von konkreten Anhaltspunkten
gehalten ist, die erforderlichen Auskünfte der Versorgungsträger einzuholen (*Rakete-Dombek* NJW 2010, 1313; Palandt/*Brudermüller* § 8 VersAusglG Rn. 5). Es ist Sache
des sich durch eine Vereinbarung benachteiligt fühlenden Ehegatten, diese Umstände
dem Gericht vorzutragen (*Wick* FPR 2009, 219).

Der *BGH* ist der Ansicht, dass der Versorgungsausgleich auf der einen Seite mit dem 129
Zugewinn verwandt sei, da er eine gleichberechtigte Teilhabe der Eheleute am beiderseits
erworbenen Versorgungsvermögen vorsieht. Daher können die Eheleute über den Versorgungsausgleich wie über den Zugewinnausgleich grundsätzlich disponieren (*BGH*
NJW 2009, 2124). Da der Versorgungsausgleich aber auf der anderen Seite als vorweggenommener Altersunterhalt zu qualifizieren ist, können die Eheleute den Versorgungsausgleich nicht schrankenlos abbedingen. Die Vereinbarung ist daher nach denselben
Kriterien zu prüfen, wie ein vollständiger oder teilweiser Verzicht auf Unterhalt (*BGH*
NJW 2009, 2124).

Im Rahmen der Ausübungskontrolle wird geprüft, ob es gegen Treu und Glauben ver- 130
stößt, dass sich ein Ehegatte zum Zeitpunkt der Entscheidung über den Versorgungsausgleich auf die getroffene Regelung beruft. Das kann insbesondere dann der Fall sein,
wenn die tatsächliche einvernehmliche Gestaltung der ehelichen Lebensverhältnisse von
der ursprünglichen, dem Vertrag zugrunde liegenden Lebensplanung grundlegend abweicht (*BGH* DNotZ 2004, 550). Dass eine Ehescheidungsfolgenvereinbarung über den
Versorgungsausgleich der Ausübungskontrolle nicht standhält, wird daher selten der Fall
sein, da sich in der Regel keine unerwarteten Änderungen der zukünftigen Entwicklung
der Lebensverhältnisse der Ehegatten ergeben werden (so auch *Wick* FPR 2009, 219).
Denn der Zeitraum zwischen Abschluss der Vereinbarung und Entscheidung des Gerichts ist in der Regel recht kurz.

Der Inhaltskontrolle (Wirksamkeitskontrolle) hält die Vereinbarung stand, wenn sie 131
im Zeitpunkt des Zustandekommens nicht offenkundig zu einer derart einseitigen Lastenverteilung für den Scheidungsfall führt, dass ihr – losgelöst von der künftigen Entwicklung der Ehegatten und ihrer Lebensverhältnisse – wegen Verstoßes gegen die guten
Sitten (§ 138 BGB) die Anerkennung der Rechtsordnung ganz oder teilweise zu versagen
ist (*BGH* DNotZ 2004, 550). Die Vereinbarung muss also, um wirksam zu sein, den
ehebedingten Nachteil des Ehegatten durch andere Vorteile abmildern oder durch die
besonderen Verhältnisse der Ehegatten, den von ihn angestrebten oder gelebten Ehetyp
oder durch sonstige wichtige Belange des durch die Vereinbarung begünstigten Ehegatten gerechtfertigt sein (*BGH* NJW 2006, 3142). Geht es allerdings um die Regelung des
Versorgungsausgleiches in einer Ehescheidungsfolgenvereinbarung, können die vom
BGH aufgestellten Kriterien nicht „eins-zu-eins" angewendet werden. Zu prüfen sind
der Eheverlauf und die wirtschaftliche und berufliche Zukunft der Ehegatten sowie ihre
Aussicht auf Altersvorsorge (Johannsen/Henrich/*Hahne* § 8 VersAusglG Rn. 6).

Das Familiengericht soll eine Vereinbarung nur prüfen, wenn sie unter Einbeziehung 132
der Unterhaltsregelung und der Vermögensauseinandersetzung **offensichtlich** nicht zur
Sicherung des Berechtigten für den Fall der Erwerbsunfähigkeit und des Alters **geeignet**
ist oder zu **keinem** nach Art und Höhe **angemessenen Ausgleich** unter den Ehegatten
führt. Das Merkmal der Offensichtlichkeit erweitert den Vereinbarungsspielraum der

Ehegatten und entbindet die Familiengerichte von der Verpflichtung, einen bis ins Einzelne gehenden Vergleich zwischen den sich aus dem Vertrag ergebenden Leistungen und dem Ergebnis eines fiktiv durchgeführten Versorgungsausgleichs vorzunehmen (BVerfG DNotZ 1982, 564). Die Kontrolle dient jedoch nicht dazu, die früheren engen Genehmigungsvoraussetzungen in das neue Recht zu übertragen. Die Dispositionsfreiheit der Ehegatten findet erst dort ihre Grenzen, wo ein Ehegatte derart einseitig evident benachteiligt wird, dass die Vereinbarung von der Rechtsordnung nicht hingenommen werden kann. Ist dies nicht der Fall, ist das Gericht an eine Vereinbarung gebunden.

a) Hinreichende Sicherung

133   Vereinbarungen gemäß § §§ 6, 8 VersAusglG können zunächst Regelungen des Versorgungsausgleichs in vom Gesetz abweichender Weise, d.h. einen **Verzicht** auf die Durchführung des Versorgungsausgleichs nach den gesetzlichen Vorschriften gegen eine **Gegenleistung** zum Inhalt haben. Es ist insoweit zu prüfen,
– ob die Gegenleistung zur Sicherung des Berechtigten für den Fall der Erwerbsunfähigkeit und des Alters geeignet ist (**objektive Eignung**) und
– der Leistungsverpflichtete die Gewähr für die dauerhafte Erbringung der Leistung, in der Regel durch Stellung einer Sicherheit erbringt (**subjektive Eignung**).

134   Unter dem Gesichtspunkt der Eignung kommen in Betracht:
– Ein **einmaliger geldlicher Abfindungsbetrag**, dessen Verwendung zur Altersversorgung allerdings zur Auflage gemacht werden muss; eine vorläufige Orientierung für deren Höhe gibt – nach Einholung aller Auskünfte der Versorgungsträger – § 47 VersAusglG, wonach die sog. korrespondierenden Kapitalwerte gem. § 5 II VersAusglG anzugeben sind. Zur Kritik an den Werten aus § 47 V VersAusglG vgl. *Münch* FPR 2013, 312 m.w.N.);
– **Unternehmensbeteiligungen, Nutzungsrechte, Grundstücke und sonstige Sachwerte**, falls diese eine **gesicherte und dauerhafte Rendite abwerfen**; der Wert kann sich ebenfalls an § 47 V VersAusglG orientieren.– **erhöhte Unterhaltsleistungen**, die über die gesetzliche Unterhaltsverpflichtung hinausgehen und auch nach dem Tod des Verpflichteten hinreichende Sicherheit für die Durchsetzbarkeit bieten müssen;
– **Einkauf in die gesetzliche Rentenversicherung** durch Entrichtung von freiwilligen Beiträgen;
– **Abschluss eines privaten Rentenversicherungsvertrages**, der auch Regelungen für den Fall der Berufsunfähigkeit vorsehen sollte;
– **Vereinbarung einer schuldrechtlichen Ausgleichsrente** gem. § 6 I 2 Nr. 3 i.V.m. §§ 20 ff. VersAusglG (vgl. Kap. B I. Rn. 129).

b) Kein offensichtlich unangemessener Ausgleich

135   Dieser liegt bei einem auffälligen Missverhältnis zwischen dem Wert des Ausgleichsanspruchs und der vereinbarten Gegenleistung vor. Nach *BGH* NJW 1994, 580 ist die Pflicht des Gerichts zur Aufklärung der Angemessenheit begrenzt; es kann davon ausgehen, dass die Parteien die ihnen vorteilhaften Umstände von sich aus vorbringen; schließen sie die Vereinbarung unter fachkundiger Beratung, kann davon ausgegangen werden, dass sie ihre gegenläufigen vermögensrechtlichen Interessen zum Ausgleich gebracht haben. Dies gilt umso mehr nach neuem Recht, das die vertragliche Dispositionsfreiheit der Ehegatten erweitert hat.

136   Vor allem entschädigungslose Verzichtserklärungen können den kritischen Blick des Familienrichters auf sich ziehen. Entschädigungslose Verzichtserklärungen sind jedoch zulässig,
– wenn von der Durchführung des Versorgungsausgleichs nach den gesetzlichen Vorschriften aufgrund der **Härteklausel** gemäß § 27 VersAusglG abgesehen werden könnte (*BGH* DNotZ 1982, 569);

IV. Vereinbarungen über den Versorgungsausgleich   **B III**

- wenn der ausgleichsberechtigte Ehegatte durch eine **Drittversorgung** ausreichend abgesichert ist (*BGH* DNotZ 1982, 569);
- bei **anderweitiger Absicherung** des Ausgleichsberechtigten durch **nicht ausgleichspflichtiges Vermögen** aus Grundbesitz und Kapital, z.B. bei Gütertrennung (*BGH* NJW 1981, 394);
- bei **kurzer Ehe** (§ 3 VersAusglG) ohne gemeinsame Versorgungsplanung (*BGH* FamRZ 1981, 944);
- bei **geringfügigen Wertunterschieden** in der Versorgung (*Ruland* AnwBl. 1982, 85: weniger als 10%);
- bei beidseitiger Versorgungsplanung mit **vollwertiger Absicherung** (*OLG Koblenz* FamRZ 1983, 508).

4. Anlässe für Vereinbarungen über den Versorgungsausgleich

(1) Ausgleichspflichtiger Ehemann – Beamter – möchte **Reduzierung** seiner Anwartschaften **vermeiden**: 137

Die Parteien vereinbaren stattdessen, dass der Versorgungsausgleich durch Zahlung von Beiträgen aus dem erheblichen Barvermögen des Ehemannes in die gesetzliche Rentenversicherung zugunsten des Ausgleichsberechtigten erfolgen soll (§ 187 I Nr. 2 SGB VI).

(2) Die **Lebenserwartung** des Ausgleichsberechtigten ist erkennbar erheblich geringer als die des Ausgleichsverpflichteten; die Parteien möchten daher die Versorgungskürzung im Interesse des Ausgleichsverpflichteten vermeiden: 138

Die Parteien vereinbaren stattdessen eine schuldrechtliche Ausgleichsrente.

(3) Der ausgleichsverpflichtete Ehemann ist 64 Jahre, die ausgleichsberechtigte Ehefrau 40 Jahre alt; nach der Scheidung will sie sogleich wieder heiraten: 139

Hier kommt das Ausweichen in die schuldrechtliche Ausgleichsrente in Frage. Bei Vereinbarung einer schuldrechtlichen Ausgleichsrente (vgl. Kap. B I. Rn. 129) ist die Absicherung der Leistungen im Falle des **Vorversterbens** des Ausgleichsverpflichteten problematisch. Ein auf einer Vereinbarung beruhender schuldrechtlicher Versorgungsausgleich ist nur möglich, wenn die maßgeblichen Regelungen dies zulassen und die betroffenen **Versorgungsträger zustimmen** (§ 8 II VersAusglG).

(4) Vereinbarungen bieten sich weiter an in den Fällen, in denen die Differenz der Ausgleichswerte nur gering (§ 18 VersAusglG), oder ein Anrecht nicht ausgleichsreif ist (§ 19 VersAusglG). Dies ist u.a. der Fall, wenn sich der Ausgleich voraussichtlich nicht zugunsten des Berechtigten auswirken würde und daher nach den Umständen des Falls **unwirtschaftlich** wäre (§ 19 II Nr. 3 VersAusglG), oder wenn es bei einem ausländischen Versorgungsträger besteht (§ 19 II Nr. 4 VersAusglG): 140

- Es ist abzusehen, dass der Berechtigte auch nach Durchführung des Versorgungsausgleichs die kleine **Wartezeit** von 60 Monaten in der gesetzlichen Rentenversicherung, die für die Regelaltersrente ab dem 65. Lebensjahr erforderlich ist (§§ 35, 50 SGB VI), **nicht erreichen** wird (insbesondere bei Beamten möglich); die Formel für die Umrechnung von Anwartschaften in Wartezeit = Anwartschaft: aktueller Rentenwert (1.7.2014: alte Länder 28,61 EUR, neue Länder 26,39 EUR): 0,0313 (§ 52 SGB VI).
- Die durch den Versorgungsausgleich begründete Rente würde wegen einer dem Ausgleichsberechtigten zustehenden sonstigen Versorgungsleistung **ruhen**, beispielsweise wegen einer dauernden Unfallrente (§ 93 SGB VI).
- Einem im **Ausland** lebenden ausländischen Berechtigten würde nur eine gemäß § 113 III SGB auf 70% **gekürzte Rente** ausgezahlt.

(5) Weitere Fälle: 141

- Es liegt ein Sachverhalt vor, der nach übereinstimmender Auffassung der Eheleute den Ausschluss des Versorgungsausgleichs gemäß § 27 VersAusglG wegen **Unbilligkeit**

rechtfertigt, den sie dem Gericht jedoch nicht vortragen und insbesondere nicht streitig austragen wollen.
- Die Eheleute waren nur kurze Zeit verheiratet, § 3 III VersAusglG.
- Es liegt eine annähernd gleichwertige Versorgung vor, jedoch auf unterschiedlicher, dem Versorgungsausgleich teilweise nicht zugänglicher Basis.
- Die Eheleute möchten Zweifel über den Bestand, Umfang oder die Bewertung einer Anwartschaft ausräumen, so zu den Punkten Verfallbarkeit, Unverfallbarkeit, ausländische Anwartschaften, Dynamik berufsständischer Versorgung.
- Der ausgleichsberechtigte Ehegatte wird nach Scheidung wieder heiraten und hierdurch eine weitaus bessere Altersversorgung und Versorgung gegen das Risiko des Alters erhalten, als durch Durchführung des Versorgungsausgleichs bewirkt würde (vgl. *BGH* NJW 1994, 579).
- Die Absicherung des ausgleichsberechtigten Ehegatten soll durch die **Übertragung** von **Vermögensgegenständen** erfolgen, beispielsweise die Miteigentumshälfte des Ausgleichsverpflichteten am gemeinsamen Haus (vgl. *OLG Düsseldorf* NJW-RR 1996, 1410).
- Der Versorgungsausgleich soll durch Begründung einer **privaten Lebensversicherung** erfolgen.
- Der Versorgungsausgleich soll durch Gewährung einer **erhöhten Unterhaltsrente** bzw. Leibrente erfolgen.
- Einem der Eheleute steht gem. § 19 II Nr. 1 VersAusglG ein noch verfallbares Anrecht i. S. d. Betriebsrentengesetzes zu; sie möchten die Sache dennoch endgültig zum Abschluss bringen und eine spätere Regelung durch eine schuldrechtliche Ausgleichsrente (§§ 19 V, 20 VersAusglG) vermeiden.
- Die Eheleute wollen eine spätere Abänderbarkeit der Entscheidung über den Versorgungsausgleich (§§ 225, 226 II FamFG) vermeiden. Die Abänderung ist auf Anrechte aus den öffentlich-rechtlichen Regelsicherungssystemen beschränkt (§ 225 I FamFG i. V. m. § 32 VersAusglG).

142 (6) Besonderer Betrachtung bedürfen die Fälle, in denen die Verpflichtung des Ausgleichsverpflichteten zur Zahlung einer **Abfindung** nach §§ 23, 24 VersAusglG in Frage kommt:

Die Abfindung ist nach § 23 I VersAusglG zweckgebunden. Der Ausgleichsberechtigte kann über den Abfindungsbetrag nicht frei verfügen, er hat vielmehr, wie bei einer externen Teilung, eine *Zielversorgung* zu bestimmen, bei der mit dem Abfindungsbetrag ein bestehendes Anrecht ausgebaut oder ein neues Anrecht begründet werden soll (zur Wahl der Zielversorgung: *Hauß* FamRB 2013, 223). Für die möglichen Zielversorgungen wird in § 24 II VersAusglG auf § 15 VersAusglG verwiesen. Als Zielversorgung stehen also dieselben Versorgungssysteme zur Verfügung wie bei einer externen Teilung. Anspruch auf eine Abfindung besteht nur, wenn diese für den Ausgleichspflichtigen *zumutbar* ist. Für die Höhe der Abfindung ist der *Zeitwert des Ausgleichswertes* maßgeblich. Dabei muss es sich um einen Kapitalbetrag handeln, der den Wert des Anrechts zum Ende der Ehezeit darstellt. Ist die maßgebliche Bezugsgröße kein Kapitalbetrag, der diesem Kriterium genügt, ist für die Abfindung statt des Ausgleichswertes der *korrespondierende Kapitalwert* gem. § 47 VersAusglG maßgebend.

143 Wie nach altem Recht sind auch modifizierende Vereinbarungen über den Versorgungsausgleich zulässig. Es kann ein Teilausschluss des Versorgungsausgleichs in Bezug auf den Ausgleich einzelner Anrechte vereinbart werden. Die Ehegatten können den Ausgleich auch auf einen Teil der Ehezeit (z. B. bei langem Getrenntleben) beschränken. Ein vertraglich vorgezogenes Ende der Ehezeit ist weiterhin nicht zulässig.

5. Abänderbarkeit

§§ 51 ff. VersAusglG lassen auf Antrag eine Abänderung einer nach altem Recht vor dem 1.9.2009 ergangenen Entscheidung über den Versorgungsausgleich zu. Eine Abänderung von Anrechten, die Gegenstand einer früheren Entscheidung waren, ist möglich, wenn eine wesentliche Wertänderung des Anrechts festzustellen ist. 144

Zu § §§ 32 ff. VersAusglG vgl. Kap. B I. Rn. 133. Besondere Bedeutung hat § 33 VersAusglG erlangt, nachdem das sog. Rentnerprivileg nicht mehr gilt. Mit der Durchführung des Versorgungsausgleichs wird die Rentenanwartschaft oder auch die laufende Rente beim Ausgleichspflichtigen sofort gekürzt, auch wenn der Ausgleichsberechtigte von der Übertragung noch nicht profitiert. Die Kürzung ist nach § 33 III VersAusglG nur in Höhe des Unterhaltsanspruchs auszusetzen, höchstens jedoch in Höhe der Differenz der beiderseitigen Ausgleichswerte aus den anpassungsfähigen Anrechten, aus denen die ausgleichspflichtige Person eine laufende Versorgung bezieht. Bei dem Unterhaltsanspruch muss es sich um einen gesetzlichen Anspruch handeln. Über die Höhe der Aussetzung der Kürzung entscheidet das Familiengericht. Gleiches gilt für jede Änderung gemäß §34 VI 2 VersAusglG. Die Beteiligten können auf die Abänderbarkeit ihrer Vereinbarung über den Versorgungsausgleich jedoch verzichten. 145

6. Steuerliche Gesichtspunkte

Der Versorgungsausgleich wird auf Basis der Bruttowerte der Versorgungsanrechte durchgeführt. Dies bedeutet, dass der Ehezeitanteil, Ausgleichswert und korrespondierende Kapitalwert eines Anrechts jeweils ein Bruttowert ist. Durch § 3 Nr. 55a und Nr. 55b EStG wird gewährleistet, dass die interne Teilung und in der Regel auch die externe Teilung sowohl für die ausgleichspflichtige als auch die ausgleichsberechtigte Person steuerneutral erfolgen. Die Rente ist gem. § 22 Nr. 1 EStG mit dem Ertragsanteil zu versteuern. Anderes gilt bei einer Abfindung einer schuldrechtliche Ausgleichsrente oder soweit ein Anrecht gemäß § I Nr. 1 VersAusglG in die Regelung der ehelichen Vermögensverhältnisse einbezogen und/oder die Verrechnung von Anrechten vereinbart wird. In diesen Fällen verbleibt die Steuer- und Abgabenbelastung für das gesamte Anrecht beim Ausgleichspflichtigen. Wird dies in einer Vereinbarung nicht berücksichtigt, wird der Ausgleichspflichtige häufig stark benachteiligt sein (vgl. Kap. B. I. Rn. 146). 146

Zahlungen im Rahmen des schuldrechtlichen Versorgungsausgleichs stellen beim Verpflichteten nach § 10 I Nr. 1b 1EStG abzugsfähige **Sonderausgaben** dar und sind beim Empfänger nach § 22 Nr. 1c EStG als **dauernde Last** mit ihrem Ertragsanteil zu versteuern. Es können sich hierbei steuerliche Vorteile ergeben, wenn der Ausgleichsverpflichtete die zugrunde liegende Versorgung seinerseits nur mit dem Ertragsanteil versteuern muss. Eine Unbilligkeit kann sich aus dem Umstand ergeben, dass auf die Versorgungsbezüge ohne Berücksichtigung der Ausgleichsverpflichtung Kranken- und Pflegeversicherungsbeiträge zu entrichten sind (vgl. *BGH* NJW-RR 2007, 1444). 147

Freiwillige Zahlungen zur **Abwendung** der Kürzung der eigenen **Rente** sind begrenzt abzugsfähige **Sonderausgaben** nach § 10 I Nr. 2, III EStG (*BFH* DStR 2006, 313), entsprechende Zahlungen zur Wiederauffüllung der eigenen **Pension** nach § 58 BeamtVG sind **Werbungskosten** (*BFH* NJW 2006, 1839). In die Rentenversicherung des **anderen Ehegatten** geleistete Beitragszahlungen sind, da sie nicht die eigene Versorgung betreffen, **irrelevante Zahlungen** im Vermögensbereich und damit steuerlich uninteressant und deshalb zu vermeiden. Erfolgt die Zahlung allerdings aufgrund einer Vereinbarung nach § 6 VersAusglG zur Abwehr der Kürzung der eigenen Versorgung, sind die Zinsen eines zur Finanzierung aufgenommenen Kredits als vorab entstandene Werbungskosten abziehbar (*BFH* FamRZ 1994, 309), soweit die Finanzierungskosten die später erzielbaren steuerpflichtigen Einnahmen übersteigen. 148

149 Steuerlich vorteilhaft ist die Einzahlung von Vorsorgeaufwendungen nach § 10 I Nr. 2, III EStG durch den Ausgleichsberechtigten, die diesem vom Ausgleichsverpflichteten im Rahmen des Realsplitting-Höchstbetrages von 13.805 EUR zur Verfügung gestellt worden sind.

V. Vereinbarungen über die vermögensrechtliche Auseinandersetzung

150 Bei der vermögensrechtlichen Auseinandersetzung sind die durch die **Bestimmungen des** jeweiligen **Güterstandes** der Eheleute und die hiervon **unabhängig geregelten Bereiche** zu unterscheiden. Von der Frage des Güterstandes nicht berührt werden die Vorschriften über die Auflösung einer **Gemeinschaft**, insbesondere an einem gemeinsamen Hausgrundstück (§§ 741 ff. BGB), über den **Gesamtschuldnerausgleich** im Hinblick auf gemeinsame Verbindlichkeiten, den **Versorgungsausgleich** und die **Aufteilung der Haushaltsgegenstände**. Diese Bereiche sind mithin gesondert zu regeln. Im Übrigen gehen die Regeln des gesetzlichen Güterrechts (§§ 1372 ff. BGB) allen anderen Ausgleichsregeln vor (*BGH* NJW 1976, 328; 1977, 1234).

151 Es ist deshalb als Erstes festzustellen, ob die Ehegatten im gesetzlichen Güterstand der **Zugewinngemeinschaft**, der **Gütertrennung** oder **Gütergemeinschaft** leben. **Gütertrennung** kann bestehen aufgrund eines **Ehevertrages**, aufgrund eines Urteils, durch das auf **vorzeitigen Ausgleich** des Zugewinns erkannt worden ist (§ 1388 BGB) sowie aufgrund einer Erklärung gemäß Art. 8 I 3 GleichberG, dass für die Ehe Gütertrennung gelten soll. **Gütergemeinschaft** wird durch Ehevertrag vereinbart. Daneben können die Ehegatten im Güterstand der Gütergemeinschaft leben, wenn ein Ehegatte die Erklärung gemäß Art. 234 § 4 II EGBGB abgegeben hat, dass der bisherige gesetzliche Güterstand fortgelten solle (vgl. Art. 234 § 4a II EGBGB und *Lipp* FamRZ 1996, 1117), was im Übrigen zur Folge hat, dass eine **wechselseitige gesamtschuldnerische Haftung** der Ehegatten für die Schulden des anderen Ehegatten eintritt (§ 1459 BGB).

1. Gesetzlicher Güterstand, Zugewinnausgleich

152 Übersteigt bei **Beendigung des Güterstandes** – im Falle der Scheidung bei Rechtshängigkeit des Scheidungsantrags (§ 1384 BGB) – der Zugewinn des einen den Zugewinn des anderen Ehegatten, so steht die Hälfte des Überschusses diesem als Ausgleichsforderung zu (§ 1378 I BGB). Zugewinn ist der Betrag, um den das **Endvermögen** (§ 1375 BGB) eines Ehegatten das **Anfangsvermögen** (§ 1374 BGB) übersteigt (§ 1373 BGB). Die **Ausgleichsforderung** entsteht erst **mit Beendigung des Güterstandes** (§ 1378 III 1 BGB), z. B. dem Zeitpunkt der Gütertrennung bzw. der Rechtskraft der Scheidung der Ehe, und ist damit auch erst von diesem Zeitpunkt an **fällig** und nach anschließender Mahnung verzinslich (vgl. zum Zugewinnausgleich Kap. B I. Rn. 56 ff., zum negativen (privilegierten) Anfangsvermögen Kap. B I. Rn. 64).

153 Gemäß § 1378 III 2 BGB bedarf eine **Vereinbarung**, die die Ehegatten vor Beendigung des Güterstandes während eines **Verfahrens**, das auf Auflösung der Ehe gerichtet ist, über den Ausgleich des Zugewinns treffen, der **notariellen Beurkundung** oder **gerichtlichen Protokollierung**. Nach der Rechtsprechung sind bereits vor Rechtshängigkeit des Scheidungsverfahrens in notarieller Form **Vereinbarungen** über den Zugewinnausgleich möglich (*BGH* FamRZ 1983, 157; vgl. auch *Brix* FamRZ 1993, 12). Notarielle Beurkundung ist im Übrigen bis zur **Rechtskraft** der Scheidung erforderlich.

154 Bei der Beratung der Eheleute ist zu entscheiden, ob die Regelung der Zugewinnausgleichsansprüche lediglich in Abhängigkeit von der **konkret beabsichtigten Scheidung** oder aber **für alle Fälle** erfolgen soll. Es bestehen folgende **Alternativen**:
– Begrenzung der Regelung auf das unmittelbar bevorstehende Scheidungsverfahren;

V. Vereinbarungen über die vermögensrechtliche Auseinandersetzung **B III**

– Gütertrennung bzw. endgültige Regelung des Zugewinnausgleichs;
– Ausgleich bzw. Ausschluss des bisher angefallenen Zugewinns unter Beibehaltung des Güterstandes.

Besondere Sorgfalt ist auf die korrekte Einordnung von **Zuwendungen** zu verwenden, die die **Ehegatten** einander während der Ehe gemacht haben(vgl. Kap. B I. Rn. 43 ff.). Nach § 1380 I BGB wird auf die Ausgleichsforderung eines Ehegatten angerechnet, was ihm von dem anderen Ehegatten durch Rechtsgeschäft unter Lebenden mit der Bestimmung zugewendet worden ist, dass es auf die Ausgleichsforderung angerechnet werden solle; dabei ist im Zweifel anzunehmen, dass Zuwendungen mit Ausnahme von Gelegenheitsgeschenken angerechnet werden sollen. Der **Wert der Zuwendung** ist bei der Berechnung der Ausgleichsforderung dem Zugewinn des ausgleichspflichtigen Ehegatten, nicht jedoch nach § 1374 II BGB dem Anfangsvermögen des ausgleichsberechtigten Ehegatten **zuzurechnen,** selbst wenn es sich um eine Schenkung gehandelt hat (*BGH* NJW 1987, 2814; 2011, 72), und auf die Ausgleichsforderung **anzurechnen.** Dies gilt auch für Zuwendungen im Wege vorweggenommener Erbschaft (*BGH* NJW 2011, 72) sowie für Übertragungen, die nach dem Scheitern der Ehe mit dem Ziel einer Vermögensauseinandersetzung erfolgt sind (*BGH* MittBayNot 2001, 324). § 1380 BGB greift nur ein, wenn eine Ausgleichsforderung vorhanden ist, von welcher Vorempfänge abgesetzt werden können (*BGH* NJW 1982, 1093). § 1380 BGB gilt daher mit der Einschränkung, dass der Beschenkte auch Ausgleichsberechtigter ist. Die Vorschrift hat keine Auswirkung, wenn sich die Zuwendung rechnerisch noch im Vermögen des Empfängers befindet. Sie schützt den Zuwendenden jedoch davor, den Empfänger nach Schmälerungen durch Verbrauch oder Hinzutreten von Belastungen ein zweites Mal an seinem Vermögen beteiligen zu müssen.

Nach Feststellung der Zugewinnausgleichsforderung ist die Begrenzungsvorschrift des § 1378 II BGB zu beachten: Danach ist die Zugewinnausgleichsforderung zwar der Höhe nach auf den Bestand des Vermögens bei Beendigung des Güterstandes beschränkt. Jedoch ist § 1378 II BGB im Zusammenhang mit § 1384 BGB zu lesen, der für die Höhe der Ausgleichsforderung nun auf den Zeitpunkt der Rechtshängigkeit des Scheidungsantrags abstellt (*BGH* NJW 2012, 2657). Hierdurch hat § 1378 II BGB seine frühere – oft als ungerecht empfundene Wirkung – verloren. Gleichzeitig ist gem. § 1378 II 2 BGB das Endvermögen um illoyale Vermögensverfügungen in den Fällen von § 1375 II 1 BGB zu erhöhen. Bei Abschluss von Vereinbarungen sind im Übrigen die Gestaltungselemente der § 1382 BGB (**Stundung**) und § 1383 BGB (**Übertragung von Vermögensgegenständen**) zu beachten. Sollte nach Zustellung des Ehescheidungsantrags (§ 1384 BGB) das Vermögen sich **unverschuldet** vermindert haben, wäre – falls der Anwendungsbereich des § 1381 BGB (**Unbilligkeitsklausel**) nach neuem Recht nun ebenfalls mit der Zustellung endet – zu prüfen, ob der Ausgleichsschuldner sich auf § 242 BGB berufen kann (*Brudermüller* NJW 2012, 3213). Die Frage des Anwendungsbereichs des § 1381 BGB, der in der Rechtsprechung ein Schattendasein führt, ist höchstrichterlich noch nicht geklärt (*Rakete-Dombek*, FS Brudermüller, 2014, S. 543).

2. Gütertrennung

Haben die Ehegatten Gütertrennung vereinbart, stehen für die vermögensrechtliche Auseinandersetzung **keinerlei güterrechtliche Regularien** zur Verfügung. Das Wesen der Gütertrennung ist durch das Fehlen jeglicher güterrechtlicher Beziehungen gekennzeichnet.

3. Gütergemeinschaft

Die Gütergemeinschaft endet durch **Aufhebungsurteil** (§§ 1449, 1470 BGB), durch **ehevertragliche Gütertrennung** oder durch **Rechtskraft des Scheidungsurteils** (§ 1478 BGB). Die regelmäßig vor Rechtskraft der Scheidung abgeschlossene notarielle Scheidungsvereinbarung sollte die Gütergemeinschaft durch Gütertrennung beenden. Dann kommen Verpflichtungen in Frage, die Auseinandersetzung nach Scheidung in bestimmter Weise durchzuführen. Eine solche Vereinbarung kann grundsätzlich formlos abgeschlossen werden. Sollen allerdings abstrakte Modifikationen der gesetzlichen Auseinandersetzungsregeln vereinbart oder Verpflichtungen zur Auflassung von Grundstücken eingegangen werden, ist nach § 1410 bzw. § 311b BGB notarielle Beurkundung erforderlich.

159 Kern der Vereinbarungen über die Beendigung der Gütergemeinschaft ist der **Auseinandersetzungsvertrag**. Darin ist zu regeln
– die **Berichtigung** der **Gesamtgutsverbindlichkeiten** (§ 1475 BGB),
– die **Teilung des Überschusses** unter Beachtung der im Falle der Scheidung geltenden Vorschriften des § 1478 BGB und des Übernahmerechts gemäß § 1477 II BGB.

160 Im Falle der Auflösung der Gütergemeinschaft durch Scheidung können die Ehegatten statt hälftiger Teilung (§ 1476 BGB) **vorweg Wertersatz** der in die Gütergemeinschaft eingebrachten Gegenstände unter Berücksichtigung des Kaufkraftschwundes (*BGH* NJW 1982, 2373) verlangen.

4. Ausgleich von Zuwendungen

161 Zu besonderen Auseinandersetzungsproblemen kommt es, wenn im Vertrauen auf den Fortbestand der Ehe ein Ehegatte oder Verwandte dieses Ehegatten dem anderen Ehegatten oder dessen Verwandten **Vermögenswerte** in erheblichem Umfang **zugewendet** haben, insbesondere Grundstücksrechte und Geldmittel für die Anschaffung und Errichtung von Immobilien. In der Regel ist versäumt worden, im Zusammenhang mit der Zuwendung sachgerechte **Rückfallklauseln** zu vereinbaren, so dass für eine Rückabwicklung vertragliche Regelungen nicht zur Verfügung stehen.

162 Nach der Rechtsprechung erfolgen Zuwendungen unter Eheleuten regelmäßig nicht schenkungshalber, sondern zur Verwirklichung der ehelichen Lebensgemeinschaft. Hierfür hat sich der Begriff der **unbenannten ehebedingten Zuwendung** eingebürgert (vgl. hierzu im Einzelnen *Langenfeld* Rn. 709 ff.; Kap. B I. Rn. 43).

163 Die **Berechtigung der** nach Vollzug der unbenannten Zuwendung erreichten **Vermögenszuordnung** wird häufig in Frage gestellt, wenn dem Zuwendungsempfänger die „Schuld" am Scheitern der Ehe gegeben wird, wenn – beim gesetzlichen Güterstand der Zugewinngemeinschaft – die Zuwendung aus Anfangsvermögen im Sinne von § 1374 BGB erfolgte und der Zugewinnausgleich nur zu einem ungenügenden Wertausgleich führt, weil die Zuwendung die hälftige Zugewinnbeteiligung des anderen Ehegatten übersteigt oder wenn der dingliche Verlust des Zuwendungsobjekts nicht akzeptiert wird. Bei der Beantwortung der damit aufgeworfenen Fragen ist nach dem Güterstand der Eheleute zu differenzieren.

a) Gesetzlicher Güterstand der Zugewinngemeinschaft

164 Durch das System des Zugewinnausgleichs voll erfasst wird der Fall, in dem **beiden Ehegatten** aus Einkommen eines Ehegatten **gleich hohes Vermögen** erwachsen ist (z. B. hälftiges Miteigentum an einem Haus). Hier deckt das Zugewinnausgleichsrecht den Vermögenserwerb des anderen Ehegatten voll ab, Ansprüche aus ungerechtfertigter Bereicherung oder wegen Wegfalls der Geschäftsgrundlage bestehen nicht (*BGH* NJW 1976, 328).

165 Ausnahmsweise können **Ansprüche auf dingliche Rückgewähr** bestehen, wenn die gegebene **dingliche Vermögensverteilung** einem Ehegatten **unzumutbar** ist. Abschläge wegen teilweiser Zweckerreichung der Zuwendung sind jedoch möglich (*Wever* FamRZ 2013, 1). Dem Eigentumsübertragungsanspruch können jedoch Zugewinnausgleichsansprüche entgegengesetzt werden, die aufgrund der Vermögenssituation zu errechnen sind, wie sie nach dinglicher Rückgewähr gegeben ist (*BGH* NJW 1977, 1234).

V. Vereinbarungen über die vermögensrechtliche Auseinandersetzung B III

Als nicht unbillig ordnet der *BGH* (FamRZ 1982, 778) die vermögensrechtliche Lage im Falle ein, dass **gemeinsames Vermögen aus Anfangsvermögen** eines Ehegatten erworben wurde: In diesem Falle erhält der Zuwendende nach zugewinnausgleichsrechtlichen Regeln, ggf. unter Anwendung des § 1380 BGB, lediglich die Hälfte der Zuwendung zurück. 166

b) Gütertrennung

Nach der Rechtsprechung des *BGH* ist die Ehe zwar nicht causa für Zuwendungen der Eheleute: Hierdurch kann sich jedoch ein besonderes Vertragsverhältnis ergeben, dessen Geschäftsgrundlage der Fortbestand der Ehe ist mit der Folge, dass die Scheidung als **Wegfall der Geschäftsgrundlage** zu beurteilen ist. Auf dieser Grundlage können sich Ausgleichsansprüche ergeben, wenn ein Ehegatte Leistungen erbracht hat, die über den Umfang von geschuldeten Beistandsleistungen im Rahmen der Verpflichtung zur ehelichen Lebensgemeinschaft (§ 1353 BGB) oder der Unterhaltspflicht (§ 1360 BGB) weit hinausgehen. Ausgleichsansprüche setzen jedoch **besondere Umstände** des Falls voraus, insbesondere im Hinblick auf die Dauer der Ehe, das Alter der Parteien, Art und Umfang der erbrachten Leistungen, die Höhe der dadurch bedingten und noch vorhandenen Vermögensmehrung und die Einkommens- und Vermögensverhältnisse: Ist die Aufrechterhaltung des bestehenden Vermögenszustands für den Ehegatten, der ohne eigene Vermögensmehrung Leistungen erbracht hat, unzumutbar, muss ein billiger Ausgleich dafür erfolgen, dass die vereinbarte ungestörte und dauernde Mitnutzung der Früchte der Arbeit für die Zukunft entfällt (*BGH* NJW 1982, 1093 und 2236). Dies gilt auch für Zuwendungen schon vor der Ehe (*BGH* NJW 2012, 3374). Zu der Behandlung von **Zuwendungen der Schwiegereltern** bei der Ermittlung des Zugewinnausgleichs vgl. *BGH* NJW 2010, 2202; 2012, 523). Liegt die ehebedingte Zuwendung schon länger zurück, untersucht *Wever* FamRZ 2013, 1, inwieweit bei teilweiser Zweckerreichung ein Abschlag zu machen und wie er zu ermitteln ist. 167

5. Schuldenzuordnung

Bei Regelungen der Folgen von Trennung und Scheidung von Eheleuten sind häufig Zuordnungen der bestehenden Schulden vorzunehmen. Meist sind die Eheleute Darlehensverpflichtungen als **Gesamtschuldner** eingegangen. Dann wird ihr Verhältnis zueinander durch § 426 BGB geregelt, wonach Gesamtschuldner im Verhältnis zueinander zu **gleichen Anteilen** verpflichtet sind, soweit nicht ein anderes bestimmt ist. Ein **anderweitiger Verteilungsmaßstab** kann sich dabei nicht aus den güterrechtlichen Verhältnissen der Parteien, insbesondere im gesetzlichen Güterstand der Zugewinngemeinschaft (*BGH* NJW 1988, 133) ergeben, jedoch aus dem **Gesetz,** einer ausdrücklich oder stillschweigend getroffenen **Vereinbarung,** aus dem Inhalt und Zweck eines zwischen den Gesamtschuldnern bestehenden Rechtsverhältnisses oder der **Natur der Sache,** mithin aus der besonderen Gestaltung des tatsächlichen Geschehens (*BGH* NJW-RR 1988, 259). 168

In erster Linie kommt hierbei eine **Überlagerung durch** die **eheliche Lebensgemeinschaft** in Betracht. Gehen in einer **Alleinverdienerehe** die Eheleute gemeinsame Verbindlichkeiten ein, so sprechen die Umstände dafür, dass der alleinverdienende Ehegatte hinsichtlich seiner Zins- und Tilgungsleistungen keine Ausgleichsansprüche gegen den anderen Ehegatten hat (*BGH* NJW 1983, 1845). Mit dem Scheitern der Ehe leben diese allerdings auf, ohne dass sie der zahlende Ehegatte ankündigen müsste (*BGH* NJW 1995, 652). Haben die Ehegatten demgegenüber beiderseits Einkommen oder Vermögen, kann es für die Frage der internen Haftung und der Änderung des Ausgleichsmaßstabs auf die konkreten Einkommens- und Vermögensverhältnisse der Parteien ankommen (*BGH* NJW-RR 1988, 259). 169

Beim Blick in die Zukunft kann sich eine von der Regel des § 426 BGB abweichende Verteilung der Schulden ausdrücklich oder stillschweigend aus der Regelung anderer 170

Materien ergeben. In Frage kommt dabei einmal die **Neuregelung** der **Verwaltung** und **Benutzung** des gemeinsamen Familienheims, bei der Ausgleichs- und Nutzungsentschädigungsansprüche miteinander verrechnet werden können (*BGH* NJW-RR 1986, 1196). Häufig werden im Übrigen bei der **Unterhaltsberechnung** vom Einkommen des Unterhaltsverpflichteten zunächst die Zins- und Tilgungsleistungen für ein gemeinschaftliches Darlehen abgezogen: Hierin ist eine andere Bestimmung im Sinne des § 426 BGB zu sehen, die einen hälftigen Ausgleich ausschließt (*BGH* NJW 1986, 1339). Die stillschweigende Belastung nur eines Ehegatten entspricht vor allem dann dem Willen des Ehegatten, wenn das gemeinschaftliche Darlehen ausschließlich im Interesse dieses Ehegatten aufgenommen wurde oder nur ihm zur Verfügung stand (*BGH* FamRZ 1988, 596). Zur Haftung im Außenverhältnis vgl. *Dörr* NJW 1995, 2753. Ist die Ausgleichsforderung aus § 426 BGB mangels vorhandenen Vermögens nicht realisierbar, so ist dies nicht schädlich, wenn ein Ehegatte erst aufgrund des Zugewinns imstande ist, die interne Ausgleichsforderung zu erfüllen (*BGH* NJW-RR 2011, 73). Der *BGH* ist der Auffassung, dass die güterrechtlichen Vorschriften über den Zugewinnausgleich den Gesamtschuldnerausgleich nicht verdrängen, und zwar unabhängig davon, ob die Leistung eines gesamtschuldnerisch haftenden Ehegatten vor oder nach Rechtshängigkeit des Scheidungsverfahrens erbracht worden ist. Denn bei richtiger Handhabung der güterrechtlichen Vorschriften vermag der Gesamtschuldnerausgleich das Ergebnis des Zugewinnausgleichs nicht zu verfälschen. Aus einer mangelnden Leistungsfähigkeit für den Innenausgleich kann grundsätzlich keine anderweitige Bestimmung i. S. d. § 426 BGB hergeleitet werden. Der Ausgleichsanspruch ist ausgeschlossen, wenn er beim Zugewinnausgleich als Verbindlichkeit vom Endvermögen eines Ehegatten bereits abgesetzt worden ist (*Brambring* FPR 2013, 289).

171 Für **gemeinsame Steuerschulden** haften Ehegatten unter Berücksichtigung der Höhe der beiderseitigen Einkünfte (*BGH* NJW 1979, 546), und zwar im Verhältnis der Steuerbeträge, die bei getrennter Veranlagung festgestellt worden wären (*Wever,* Vermögensauseinandersetzung der Ehegatten außerhalb des Güterrechts, S. 344 f.).

6. Steuerliche Gesichtspunkte bei Übertragung von Grundstücken oder Miteigentumsanteilen an Grundstücken

a) Schenkungsteuer

172 § 5 II ErbStG nimmt Zugewinnausgleichsleistungen von Todes wegen und unter Lebenden von der Erbschaft- bzw. Schenkungsteuer aus (Kap. B I. Rn. 116). Die Bestimmung stellt klar, dass der Erwerb der Ausgleichsforderung durch den ausgleichsberechtigten Partner im güterrechtlichen Zugewinnausgleich die Merkmale eines steuerpflichtigen Vorgangs im Sinne des ErbStG nicht erfüllt.

173 Demgegenüber haben die Bestimmungen des § 5 I ErbStG, die im erbrechtlichen Zugewinnausgleich gemäß § 1371 I BGB einen Freibetrag in Höhe der fiktiven Ausgleichsforderung gewähren, eigenständige Bedeutung. Hieran anschließend enthält § 5 I 2 ff. ErbStG eine Reihe von Regelungen, nach denen vertragliche Modifizierungen die Höhe des Freibetrags nicht beeinflussen. Beispielsweise ist nach § 5 I 4 ErbStG im Falle, dass der Güterstand der Zugewinngemeinschaft durch Ehevertrag vereinbart wird, für die Bestimmung des Anfangsvermögens der Tag des Vertragsabschlusses maßgeblich.

174 Die Bestimmungen des § 5 I ErbStG sind bei güterrechtlichem Ausgleich des Zugewinns nicht anwendbar. Der Zugewinn, der aufgrund der vertraglichen Rückkehr zum gesetzlichen Güterstand und der Bestimmung, dass Stichtag für die Bestimmung des Anfangsvermögens der Tag der Eheschließung sein soll, in einer Scheidungsfolgenvereinbarung gezahlt wird, ist deshalb schenkungsteuerfrei (vgl. *Jebens/Kuhlmann* DB 1994, 1156). Anders ist dies nur dann, wenn sich die Bemessung der Ausgleichsforderung zugunsten des Ausgleichsberechtigten so weit vom gesetzlichen Ausgleichsmodell entfernt, dass in ihr eine teilweise freigebige Zuwendung gesehen werden muss. Da der Ehegatte

nach § 16 I Nr. 1 ErbStG einen persönlichen Freibetrag von 500.000 EUR hat, spielt die Schenkungsteuer bei Übertragung des Familienheims häufig keine Rolle; sie muss aber vor Scheidung der Ehe erfolgen. Die Schenkung des selbst genutzten Familienheims oder eines Miteigentumsanteils hieran an den Ehegatten vor Scheidung ist nach § 13 I Nr. 4a ErbStG steuerfrei. Anders als bei der Spekulationssteuer gilt dieser steuerliche Befreiungstatbestand auch dann, wenn der erwerbende Ehegatte das Familienheim bei Abschluss des Vertrages nutzt, der andere Ehegatte aber bereits ausgezogen ist (*Münch*, Die Scheidungsimmobilie, 2009, Rn. 951 ff.; *Brambring* FPR 2013, 289).

b) Grunderwerbsteuer

Von der Grunderwerbsteuer sind ausgenommen der Grundstückserwerb durch den Ehegatten des Veräußerers (§ 3 Nr. 4 GrEStG) und dessen geschiedenen Ehegatten im Rahmen der **Vermögensauseinandersetzung nach der Scheidung** (§ 3 Nr. 5 GrEStG); nach Beendigung der Auseinandersetzung ist eine Befreiung nicht mehr möglich. Soweit der Grundstückserwerb im sachlichen Zusammenhang mit der Scheidung vorliegt, besteht eine zeitliche Grenze nicht. 175

c) Private Veräußerungsgeschäfte gemäß §§ 22 Nr. 2, 23 EStG

Zu den sonstigen zu versteuernden Einkünften i. S. d. § 2 I Nr. 7 EStG gehören Einkünfte aus privaten Veräußerungsgeschäften i. S. d. § 23 EStG. Private Veräußerungsgeschäfte sind Veräußerungsgeschäfte bei Grundstücken, soweit nicht eigengenutzt, bei denen der Zeitraum zwischen Anschaffung und Veräußerung nicht mehr als zehn Jahre beträgt. Gewinn oder Verlust aus Veräußerungsgeschäften ist der Unterschied zwischen Veräußerungspreis einerseits und den Anschaffungs- oder Herstellungskosten und den Werbungskosten andererseits. Die Anschaffungs- oder Herstellungskosten mindern sich um Absetzungen (nur wenn nach dem 31.7.1995 angeschafft) für Abnutzung, erhöhte Absetzungen und Sonderabschreibungen, soweit sie bei der Ermittlung der Einkünfte im Sinne des § 2 I 1 Nr. 4 bis 6 EStG abgezogen worden sind. Bei Übertragung von fremdgenutztem Grundeigentum oder Anteilen fremdgenutztem Grundeigentum sind mithin die einkommensteuerrechtlichen Folgen zu bedenken. 176

Entsprechendes gilt auch bei Veräußerung von Grundeigentum oder eines Miteigentumsanteils an Grundeigentum an den anderen Ehegatten, wobei auch die **Übertragung zur Abgeltung von Zugewinnausgleichs- oder Unterhaltsansprüchen** eine Veräußerung i. S. d. § 23 EStG darstellt, es sei denn, das Grundstück wurde zwischen Anschaffung oder Fertigstellung ausschließlich zu eigenen Wohnzwecken genutzt oder im Jahr der Veräußerung und in den beiden vorangegangenen Jahren zu eigenen Wohnzwecken genutzt (§ 23 I Nr. 1 S. 2 EStG) Ist der veräußernde Ehegatte nach der Trennung bereits ausgezogen, entfällt die Steuerbefreiung, auch bei einer vorangegangenen Eigennutzung. Erfolgt die Veräußerung im Jahre der Nutzungsbeendigung, ist diese aber steuerbefreit (*Brambring* FPR 2013, 289). 177

VI. Ehewohnung und Haushaltsgegenstände

§ 133 I Nr. 2 FamFG verlangt die Angabe, ob die Ehegatten eine Regelung über die Rechtsverhältnisse an der Ehewohnung und den Haushaltsgegenständen getroffen haben. Die HausrV wurde mit Wirkung zum 1.9.2009 aufgehoben. Stattdessen beinhalten die §§ 1568a und 1568b BGB die entsprechenden materiell-rechtlichen Normen und treffen Regelungen für die Zeit nach Rechtskraft der Ehescheidung. Für den Zeitraum ab Trennung bis zur Rechtskraft der Ehescheidung finden sich die entsprechenden Vorschriften in §§ 1361a und 1361b BGB. Liegt eine umfassende, vorbehaltlose und wirksame Einigung der Eheleute über die Ehewohnung und/oder die Haushaltsgegenstände vor, fehlt einem gerichtlichen Verfahren das Rechtsschutzbedürfnis (Palandt/*Bruder-* 178 *müller* Vor 1568a Rn. 4; *Götz/Brudermüller,* Die gemeinsame Wohnung, Rn. 376). Die geltende gesetzliche Regelung der Verteilung der Haushaltsgegenstände stellt eine Sonderregelung gegenüber dem Zugewinnausgleich nur insoweit dar, als tatsächlich von ihr Gebrauch gemacht wird; dies ist nur bezüglich im gemeinsamen Eigentum stehender Gegenstände möglich (*BGH* NJW 2011, 2289). Im Übrigen bleiben die güterrechtlichen Vorschriften anwendbar (vgl. Kap. B I. Rn. 51a).

1. Ehewohnung

179   Bei der Beratung der Eheleute über die zu treffenden Regelungen können die gesetzlichen Vorgaben zur Orientierung genutzt werden. Für die Zeit des **Getrenntlebens** regelt § 1361b III 2 BGB einen Anspruch des überlassenden Ehegatten gegen den anderen Ehegatten auf Zahlung einer der Billigkeit entsprechenden **Nutzungsvergütung.** Für die Zeit **nach Scheidung** der Ehe sieht das Gesetz (§ 1568a III, V BGB) die Fortführung/den **Eintritt** in ein bereits bestehendes oder die **Begründung** eines neuen **Mietverhältnisses** an der zu überlassenden Wohnung vor. Entsprechend können im Wege der Vereinbarung Nutzungs- bzw. Mietverhältnisse an der Ehewohnung begründet werden.

180   Handelt es sich um gemeinsames **Miteigentum** der Ehegatten, wird die Ehewohnung und deren weitere Nutzung in der Regel Teil der Vermögensauseinandersetzung sein. Es ist aber auch denkbar, dass beide Ehegatten Eigentümer bleiben und ein Ehegatte die Wohnung nutzen darf. Möglich ist auch, dass ein Ehegatte Alleineigentümer ist und bleiben soll und der andere Ehegatte die Ehewohnung weiter nutzen darf. In beiden Fällen kommt der Abschluss eines Mietvertrages gemäß § 1568a V BGB in Betracht (Palandt/ *Brudermüller* § 1568a Rn. 20). Jedenfalls sollte aber eine Regelung über die Nutzung der Ehewohnung getroffen werden. Für die Zeit nach Scheidung der Ehe kommt darüber hinaus, insbesondere im Zusammenhang mit der vermögensrechtlichen Auseinandersetzung, ggf. auch die Begründung dinglicher Wohnrechte in Frage, wobei die Bedingung der Beendigung und der Löschung gesondert zu klären ist.

181   Handelt es sich bei der Ehewohnung um eine **Mietwohnung,** ist zu beachten, dass die Ehegatten seit der Neuregelung zum 1.9.2009 im Wege der Vereinbarung regeln können, dass ein Ehegatte das Mietverhältnis alleine fortsetzt oder an Stelle seines Ehegatten in das Mietverhältnis eintritt (§ 1568a III BGB). Der Vermieter muss im Gegensatz zur früheren Rechtslage nicht mehr zustimmen, hat allerdings ein Sonderkündigungsrecht gemäß § 1568a III 2 i. V. m. § 563 IV BGB. Um den Vermieter bezüglich der Verpflichtung zur Zahlung der Miete abzusichern und somit die Gefahr einer vermieterseitigen Kündigung nach § 563 IV BGB zu minimieren, ist es ratsam, in die Vereinbarung eine entsprechende – den Vermieter absichernde – Regelung aufzunehmen (Göppinger/Börger/*Börger* 7. Teil Rn. 16, mit einem ausführlichen Formulierungsvorschlag, der auch Regelungen zur Kaution und Schönheitsreparaturen enthält).

182   Da § 1568a BGB eine Regelung für die Zeit ab Rechtskraft der Ehescheidung enthält, ändert sich das Mietverhältnis erst zu diesem Zeitpunkt, auch wenn die Vereinbarung bereits in der Trennungszeit geschlossen wird (*Schulz* FPR 2010, 541). Erforderlich ist, dass die Erklärung der Ehegatten (beide müssen eine Erklärung abgeben), dem Vermieter auch zugeht (§ 130 I BGB). Die Mietvertragsänderung wird im Zeitpunkt der Rechtskraft der Ehescheidung wirksam bzw. im Zeitpunkt des Zuganges der letzten Erklärung, wenn die Scheidung schon rechtskräftig ist (Palandt/*Brudermüller* § 1568a Rn. 12). Zu denkbaren Störungen bei der Durchführung der Vereinbarung nach § 1568a III 1 Nr. 1 BGB s. *Abramenko* FamRB 2012, 125.

183   Zu beachten ist, dass der Anspruch auf Eintritt in ein Mietverhältnis oder auf seine Begründung nach § 1568a III, V BGB ein Jahr nach Rechtskraft der Scheidung erlischt, wenn er nicht vorher rechtshängig gemacht wurde (§ 1568a VI BGB). Eine frühzeitige Regelung – spätestens im Zusammenhang mit der Ehescheidung – ist daher dringend anzuraten.

2. Haushaltsgegenstände

Auch hier kann man sich für eine Regelung unter den Ehegatten an der Struktur der einschlägigen gesetzlichen Vorschriften (§§ 1361a und 1568b BGB) orientieren, aber auch davon abweichen. Zu den möglichen Haushaltsgegenständen siehe *Erbarth* FPR 2010, 548. Haushaltsgegenstände, die beiden Ehegatten gemeinsam gehören, sind für den Zeitraum ab Rechtskraft der Scheidung demjenigen der Ehegatten zu überlassen, der auf deren Nutzung unter Berücksichtigung des Wohls der im Haushalt lebenden Kinder und der Lebensverhältnisse der Ehegatten in stärkerem Maße angewiesen ist oder dies aus anderen Gründen der Billigkeit entspricht (§ 1568b I BGB). Dabei gelten **Haushaltsgegenstände**, die während der Ehe **für den gemeinsamen Haushalt angeschafft** wurden (nach der Trennung angeschaffte Haushaltsgegenstände scheiden somit aus), für die Verteilung als gemeinsames Eigentum, es sei denn, dass das Alleineigentum eines Ehegatten feststeht (§ 1568b II BGB). Umstritten ist, ob Haushaltsgegenstände, die gemietet, geleast oder geliehen sind, nach § 1568b BGB verteilt werden können (dafür: Johannsen/Henrich/*Götz* § 1568b Rn. 7 – wenn beide Ehegatten Vertragspartner sind; dagegen: *Erbarth* FPR 2010, 548). Unzulässig ist jedoch ein Eingriff in den Vertrag mit einem Dritten (Palandt/*Brudermüller* § 1568b Rn. 4).

Demgegenüber unterliegen Haushaltsgegenstände, die im Alleineigentum eines Ehegatten stehen, seit dem 1. 9. 20091.9.2009 nicht mehr der Verteilung. Im Rahmen einer gerichtlichen Auseinandersetzung kommt hier nur ein güterrechtlicher Ausgleich in Betracht (*BGH* NJW 2011, 601). Im Wege einer Vereinbarung können die Eheleute selbstverständlich auch Haushaltsgegenstände einbeziehen, die im Alleineigentum eines Ehegatten stehen (Göppinger/Börger/*Börger* 7. Teil Rn. 8).

In der notariellen Praxis empfiehlt es sich, den Ehegatten, sollten sie nicht über abgeschlossene Überlegungen zur Verteilung der Haushaltsgegenstände verfügen, nahe zu legen, eine Auflistung der im gemeinschaftlichen Eigentum stehenden Gegenstände vorzunehmen unter möglichst genauer Beschreibung der einzelnen Hausratsgegenstände und aufgrund dieser Auflistung die Verteilung vorzunehmen. Ausgleichsleistungen können vorgesehen werden (vgl. § 1568b III BGB). Die reale Teilung sollte möglichst vor Abschluss der Vereinbarung abgeschlossen sein, so dass die Regelung lauten kann:

Formulierungsbeispiel: Ausgleichsklausel Haushaltsgegenstände
Die gemeinsamen Haushaltsgegenstände haben wir einvernehmlich geteilt. Jeder wird Eigentümer der Gegenstände des ehelichen Haushalts, die sich heute in seinem Besitz befinden. Weitere wechselseitige Ansprüche hinsichtlich des ehelichen Haushalts bestehen daher nicht mehr.

VII. Erbrechtliche Regelungen

Das gesetzliche Erbrecht der Ehegatten bleibt durch deren Trennung zunächst unberührt. Es steht ihnen frei, falls sie nicht durch gemeinsames Testament oder Erbvertrag gebunden sind, die Erbenstellung des anderen Ehegatten testamentarisch zu regeln, diesen beispielsweise zu enterben (vgl. zu den Risiken erbrechtlicher Regelungen: Kap. B I. Rn. 150 f.). Pflichtteilsansprüche des anderen Ehegatten bestehen jedoch grundsätzlich fort. Dabei ist zu beachten, dass im gesetzlichen Güterstand bei gänzlicher Enterbung dem überlebenden Ehegatten gemäß § 1371 II BGB nicht der sog. **große Pflichtteil** zusteht, sondern nur der **kleine Pflichtteil**, daneben jedoch ein **konkret zu berechnender Zugewinnausgleichsanspruch** (Palandt/*Brudermüller* § 1371 Rn. 15). Nach den §§ 1933, 2077, 2268 und 2279 BGB entfallen das gesetzliche Erbrecht und damit das Pflichtteilsrecht sowie im Zweifel testamentarische und erbvertragliche Regelungen, wenn die Voraussetzungen für die Scheidung der Ehe (nach § 1565 BGB) gegeben waren und der Erblasser die **Scheidung beantragt** oder ihr zugestimmt hatte. Entgegen der Vermutung („im Zweifel") bleiben letztwillige Verfügungen auch im Fall der Scheidung der Ehe insoweit wirksam, als anzunehmen ist, dass sie auch für diesen Fall getroffen worden sind, wobei es auf den Zeitpunkt der Errichtung des Testaments bzw. des Erbvertrages ankommt. Hieraus herrührende Unsicherheiten sollten im Rahmen der (notariellen) Scheidungsfolgenvereinbarung ausgeräumt werden. Sollen umgekehrt testamentarische oder erbvertragliche Regelungen entgegen der gesetzlichen Vermutung fortgelten, empfiehlt sich eine entsprechende Regelung. Zu beachten ist, dass das Erbrecht zu dem Ehegatten, der **nicht Antragsteller** im Scheidungsverfahren ist und der Scheidung auch nicht zugestimmt hatte, bis zur Rechtskraft der Scheidung fortbesteht.

189   Im Übrigen kann zum Ausschluss von Pflichtteilsansprüchen vor Eintritt der Voraussetzungen des § 1933 BGB ein **Verzicht** auf das **Erb-** oder **Pflichtteilsrecht** vereinbart werden (§ 2346 BGB), der der notariellen Beurkundung bedarf (§ 2348 BGB). Denkbar ist auch, falls nicht Gütertrennung vereinbart ist, ein ehevertraglicher Verzicht auf jeden Zugewinnausgleich für den Fall der Güterstandsbeendigung durch den Tod (vgl. *Mayer* ZEV 2007, 556). Zu beachten ist, dass Ansprüche auf Trennungsunterhalt vor Rechtshängigkeit des Scheidungsverfahrens mit dem Tod des Unterhaltsverpflichteten erlöschen (§§ 1360a III, 1615 BGB) und der Verzicht auf das Erb- oder Pflichtteilsrecht nach herrschender Auffassung den Wegfall der Unterhaltsansprüche gegen die Erben nach Rechtshängigkeit des Scheidungsverfahrens und nach Rechtskraft der Scheidung gemäß den §§ 1586b und 1933 S. 3 BGB zur Folge hat (Palandt/*Brudermüller* § 1586b BGB Rn. 8 und *Bergschneider* FamRZ 2003, 1049 sowie Kap. B I.Rn. 151). Diese Folge kann abbedungen werden durch die Vereinbarung, dass der Pflichtteilsverzicht ohne Auswirkung auf den Unterhaltsanspruch nach § 1586b BGB sein soll (vgl. *Nieder/Kössinger* Rn. 838; *Frenz* ZEV 1997, 450).

VIII. Auslandsberührung, Neue Bundesländer

190   Zu Fällen mit Auslandsberührung vgl. Kap. H. Rn. 127ff. Besonderheiten in den neuen Bundesländern sind in Kap. B I. unter Rn. 51 dargestellt.

IX. Kostenregelungen

191   Der Regelung bedürfen die Kosten, die durch die Vereinbarung und, wenn die Ehe geschieden werden soll, durch das Scheidungsverfahren nebst Folgesachen entstehen. Nach § 93a ZPO sind die Kosten des Scheidungsverfahrens sowie der Folgesachen grundsätzlich gegeneinander aufzuheben. Dem entspricht folgende Grundregelung:

192   **Formulierungsbeispiel: Kostenregelung**

Die durch das Scheidungsverfahren nebst Folgesachen entstehenden Gerichtskosten tragen wir je zur Hälfte; im Übrigen trägt jeder Beteiligte seine ihm entstandenen und noch entstehenden außergerichtlichen Kosten selbst.

193   Diese Regelung kann unbillig sein, wenn infolge der Scheidungsfolgenregelung nur ein Anwalt für die Stellung des Scheidungsantrags erforderlich ist; dann würde der Antragsteller im Scheidungsverfahren durch die entstehenden Anwaltskosten allein belastet.

X. Kombinierte Verträge in Stichworten nach Ehetypen B III

| Formulierungsbeispiel: Kostenregelung bei nur einem Anwalt | 194 |

Die Kosten dieses Vertrages sowie des Scheidungsverfahrens nebst Folgesachen tragen wir je zur Hälfte (§ 150 IV 3 FamFG).

Denkbar ist auch, dass ein Ehegatte aus wirtschaftlichen oder sonstigen Gründen die gesamten Kosten allein übernimmt. **195**

| Formulierungsbeispiel: Kostenregelung bei Kostenübernahme durch einen Ehegatten | 196 |

Der Ehemann trägt die Kosten dieser Vereinbarung sowie des Scheidungsverfahrens nebst Folgesachen allein (§ 150 IV 3 FamFG).

Nach § 150 I FamFG sind die Kosten des Scheidungsverfahrens grundsätzlich gegeneinander aufzuheben. Nach § 150 IV 3 FamFG kann das Gericht eine zwischen den Parteien über die Kosten getroffene Vereinbarung seiner Entscheidung zugrunde legen. Es empfiehlt sich, eine zwischen den Parteien getroffene Kostenübernahmeregelung durch das Gericht bestätigen zu lassen, da nur dann für den Steuerpflichtigen ein Abzug wegen außergewöhnlicher Belastung nach § 33 EStG möglich ist, nicht jedoch dann, wenn er abweichend von der gerichtlichen Entscheidung Kosten übernimmt (Liebelt NJW 1994, 609, 614). **197**

Zu den Beurkundungswerten wird auf B I. Rn. 159 verwiesen. **198**

X. Kombinierte Verträge in Stichworten nach Ehetypen

| Checkliste kombinierte Verträge nach Ehetypen | 199 |

(1) Einverdienerehe mit Kindern
 – Übereinstimmende Erklärung, dass Anträge zur elterlichen Sorge und zur Regelung des Umgangsrechts nicht gestellt werden sollen, weil sich die Ehegatten hierüber einig sind
 alternativ: Anträge zur elterlichen Sorge und zur Regelung des Umgangsrechts und Zustimmung des anderen Ehegatten hierzu
 – Regelung des Aufenthalts der Kinder und des Umgangs des nicht betreuenden Elternteils
 – Regelung der Unterhaltspflichten gegenüber nicht berufstätigem kinderbetreuendem Elternteil mit Unterwerfungsklausel (§ 794 I Nr. 5 ZPO)
 – Regelung der Unterhaltsverpflichtungen gegenüber Kindern (Prozentsatz des Mindest der jeweiligen Altersstufe) mit Unterwerfungsklausel vgl. Rn. 110; Regelung des Kindergeldbezuges
 – Regelung der Beteiligungsquote hinsichtlich des Volljährigenunterhalts
 – Darstellung der Grundlagen der Unterhaltsberechnung: Einkommenshöhe – Unterhaltsbedarf gemäß § 1578 BGB bzw. Festlegung des Bedarfs nach den ehelichen Lebensverhältnissen (mit Index)
 – Regelung der Auskunftsverpflichtung evtl. abweichend von § 1605 BGB; ggf. Vereinbarungen über die Grundlagen der zukünftigen Einkommensermittlung für den Unterhalt
 – Steuerliche Gesichtspunkte: Zustimmung des Unterhaltsberechtigten zur Zusammenveranlagung, zu Realsplitting, Übertragung von Ausbildungsfreibeträgen, Verpflichtung zur Freistellung von sich aus der Zustimmung ergebenden steuerlichen und sonstigen Nachteilen

▶

▼ Fortsetzung: **Checkliste kombinierte Verträge nach Ehetypen**

- Ggf. Regelung zum Versorgungsausgleich
- Zugewinnausgleichsregelung und vermögensrechtliche Auseinandersetzung, ggf. Gütertrennung, auch im Zusammenhang mit Vereinbarungen über den Versorgungsausgleich
- Schuldenregelung, bei § 426 BGB bestimmen
- Regelungen über Ehewohnung und Haushaltsgegenstände (übereinstimmende Erklärung für den Vermieter gem. § 1568a BGB
- Erb- und Pflichtteilsverzicht
- Vereinbarungen zur Kostentragung (§ 150 IV 3 FamFG)

(2) Doppelverdienerehe mit ehebedingten Einbußen der Frau in beruflicher Stellung und Vermögenserwerb; kinderlose Einverdienerehe
Alternativen bei Regelung der Unterhaltsverpflichtungen:
- Zeitliche Stufung der Unterhaltstatbestände der §§ 1570 und 1573 II BGB
- Zeitliche Begrenzung und Herabsetzung der Unterhaltsansprüche nach den ehelichen Lebensverhältnissen (§ 1578b BGB)

(3) Partnerschaftsehe berufstätiger kinderloser Ehegatten; Zweitehe im vorgerückten Alter
Alternativen bei Regelung der Unterhaltsverpflichtungen, des Versorgungs- und Zugewinnausgleichs:
- Gegenseitiger Unterhaltsverzicht
- Betragsmäßig und zeitlich begrenzter Unterhaltsanspruch mit anschließendem Unterhaltsverzicht (§ 1578b BGB)
- Ausschluss bzw. Ausgleich des Zugewinns und Gütertrennung
- Verzicht auf Versorgungsausgleich oder anderweitige Regelung

(4) Ehen von Unternehmern und Freiberuflern mit erheblichem Anfangsvermögen und privilegiertem Erwerb (§ 1574 II BGB)
- Modifizierungen bei Berechnung des Zugewinnausgleichs

(5) Diskrepanzehen
- Betragsmäßig und zeitlich begrenzter Unterhaltsanspruch (§§ 1578b BGB)

(6) Ehe mit verschuldetem Partner
- Modifizierungen in der Berechnung des Zugewinnausgleichs; abweichende Berücksichtigung negativen Anfangsvermögens (§ 1374 I BGB)

B IV. Partnerschaftsvertrag

Prof. Dr. Dr. Herbert Grziwotz

Übersicht

	Rn.
I. Beratungs-Checkliste	1
II. Allgemeines	2–7
1. Vorbemerkung	2
2. Motivlage	3–6
3. Fallgruppenbildung	7
III. Typische Regelungsbereiche und Vertragsmuster	8–16a
1. Vereinbarungen über das Zusammenleben und Steuerrecht	9, 10
2. Regelungen für den Fall der Trennung	11–12
3. Die Situation von Kindern	13
4. Erbrechtliche Regelungen, Betreuung und Totenfürsorge	14
5. „Paketlösung" bei angestrebter Eheschließung oder Lebenspartnerschaftsbegründung	15
6. Vertragsmuster und Terminologie	16, 16a
IV. Einzelprobleme der Vertragsgestaltung	17–47
1. Personaler Bereich und Sittenwidrigkeit	17, 18
2. Beginn, Dauer und Kündigung des Zusammenlebens, Abfindung und Vertragsstrafe	19–21c
3. Innengesellschaft und Bevollmächtigung	22–25
4. Vermögenszuordnung, Aufwendungen, Zuwendungen und Verbindlichkeiten	26–30
5. Haushalts- und Wohngemeinschaft	31–37
6. Unterhalt und Versorgung des Partners	38, 39
7. Gemeinschaftliche Kinder und „Stiefkinder"	40, 40a
8. Verfügungen von Todes wegen	41–46c
9. Schlussbestimmungen	47
V. Kosten	48
VI. Belehrung	49, 50

Literatur: *Burhoff/Willemsen,* Handbuch der nichtehelichen Lebensgemeinschaft, 3. Aufl. 2009; *Dethloff,* Vermögensausgleich bei Auflösung nichtehelicher Lebensgemeinschaften, FS Frank 2008, S. 81; *Grziwotz,* Rechtsprechung zur nichtehelichen Lebensgemeinschaft, FamRZ 1994, 1217; 1999, 413; 2003, 1417; 2006, 1069; 2009, 750; 2011, 697 und 2014, 257; *ders.,* Partnerschaftsvertrag für die nichtehelichen und nicht eingetragene Lebensgemeinschaft (Beck'sche Musterverträge, Bd. 10), 4. Aufl. 2002; *ders.,* Nichteheliche Lebensgemeinschaft, 5. Aufl. 2014; *ders.,* Rechtsfragen des nichtehelichen Zusammenlebens, 3. Aufl. 2010; *ders.,* Verträge für nichteheliche und nichtlebenspartnerschaftliche Lebensgemeinschaften, in: Münchener AnwaltsHandbuch Familienrecht, 3. Aufl. 2010; *ders.,* Ausgleichsansprüche zwischen nichtehelichen Partnern, FamFR 2010, 145; *ders.,* Partnerschaftsverträge für nichteheliche Lebensgemeinschaften, FF 2010, 429; *ders.,* Von der faktischen Lebensgemeinschaft zur Zusammenlebensgemeinschaft, FPR 2010, 369; *ders.,* Vereinbarungen der nichtehelichen Lebensgemeinschaft, FPR 2013, 326; *Hausmann/Hohloch* (Hrsg.), Das Recht der nichtehelichen Lebensgemeinschaft, 2. Aufl. 2004; *Kemper,* Ausgleichsansprüche bei Beendigung einer nichtehelichen Lebensgemeinschaft, NJ 2009, 177; *Kindler,* Ausgleichsansprüche nach Beendigung einer Lebensgemeinschaft, Jura 2010, 131; *Kroiß/Eckert,* Das Erbrecht und die nichteheliche Lebensgemeinschaft, NJW 2012, 3768; *Kunigk,* Die Lebensgemeinschaft, 1978; *Lieb,* in: Verhandlungen des 57. Dt. Juristentages, Bd. I, 1988, A 20; *Majer,* Ausgleichsansprüche in der nichtehelichen Lebensgemeinschaft, NJOZ 2009, 114; *Messerle/Weingart,* Nichteheliche Lebensgemeinschaft und Lebenspartnerschaft in: Beck'sches Rechtsanwalts-Handbuch, 10. Aufl. 2011, Abschnitt C 18; *Michelmann,* Partnerschaftsvertrag in: Beck'sches Formularbuch Familienrecht, 3. Aufl. 2010, N I–IV; *Milzer,* Der Interessenausgleich bei gemeinsamen Bauvorhaben nichtehelicher Lebenspartner, NJW 2008, 1621; *v. Münch,* Zusammenleben ohne Trauschein, 7. Aufl. 2001; *v. Proff zu Irnich,* Die eheähnliche Gemeinschaft im Einkommensteuerrecht, 2007; *ders.,* Die nichteheliche

Lebensgemeinschaft in der Kautelarpraxis, RNotZ 2008, 313; *ders.*, Immobilienerwerb in der nichtehelichen Lebensgemeinschaft, NotBZ 2010, 73; *ders.*, Tod des nichtehelichen Partners und Vermögensausgleich, NJW 2010, 980; *ders.*, Ausgleichsansprüche der Erben gegen den überlebenden Partner einer nichtehelichen Lebensgemeinschaft, FPR 2010, 382; *Röthel*, Rückgewähr von Zuwendungen durch Verlobte, Ehegatten, Lebenspartner, Jura 2006, 641; *Schlögel*, Die Vermögensauseinandersetzung der nichtehelichen Lebensgemeinschaft in der notariellen Praxis, MittBayNot 2009, 100; *Schreiber*, Die nichteheliche Lebensgemeinschaft, 2. Aufl. 2000; *dies.*, Vertragliche Unterhaltsansprüche in der nichtehelichen Lebensgemeinschaft, FPR 2010, 387; *Schulz*, Vermögensauseinandersetzung der nichtehelichen Lebensgemeinschaft, FamRZ 2007, 593; *ders.*, Ausgleich gegenseitiger Leistungen bei Scheitern der nichtehelichen Lebensgemeinschaft, FPR 2010, 373; *Schwab*, Die Vermögensauseinandersetzung in nichtehelichen Lebensgemeinschaften, FamRZ 2010, 1701; *ders.*, Die Vermögensauseinandersetzung in nichtehelichen Lebensgemeinschaften, ZJS 2009, 115; *Sorge*, Condictio ob rem und Rückabwicklung gemeinschaftsbezogener Zuwendungen in nichtehelichen Lebensgemeinschaften, JZ 2011, 660; *Stein*, Ausgleichsansprüche nach Scheitern einer nichtehelichen Lebensgemeinschaft, FamFR 2011, 409; *Tzschaschel*, Vereinbarungen bei nichtehelichen Lebensgemeinschaften, 5. Aufl. 2010; *Wälzholz*, Aktuelle Gestaltungsprobleme bei der nichtehelichen Lebensgemeinschaft, ErbR 2011, 226; *Waldner*, Eheverträge, Scheidungs- und Partnerschaftsvereinbarungen, 2. Aufl. 2004; *Weinreich*, Ausgleich bei Tod des zuwendenden Partners?, FPR 2010, 379; *ders.*, Aktuelle Probleme zur nichtehelichen Lebensgemeinschaft, FuR 2011, 492; *Willemsen*, Ausgleich von Zuwendungen und für Arbeitsleistungen nach Beendigung der nichtehelichen Lebensgemeinschaft, ZFE 2009, 44.

I. Beratungs-Checkliste

1

Beratungs-Checkliste

Folgende Umstände sind für die **Vertragsgestaltung** von Bedeutung:

(1) Das Zeitmoment (probeweises oder dauerndes Zusammenleben).

(2) Der derzeitige personenrechtliche Status (ledig, verheiratet oder „verlebenspartnert") und die Absicht einer Eheschließung oder Lebenspartnerschaftsbegründung sowie – vorausschauend – die Möglichkeit einer späteren Scheidung bzw. Lebenspartnerschaftsaufhebung.

(3) Die Wohnsituation (Eigenheim, Wohnungsrecht oder Mietwohnung).

(4) Die berufliche Situation und Planung, die Vermögensverhältnisse und die Rollenverteilung (Haushaltsführung, Berufstätigkeit, Mitarbeit, Finanzierung einer Ausbildung, geplante Anschaffungen, gemeinsamer Immobilienerwerb etc.) sowie die lebensgemeinschaftsbedingten Nachteile für einen Partner.

(5) Persönliche Verantwortungsgemeinschaft (Betreuung, Vollmacht, Totenfürsorge)

(6) Die vorhandenen Kinder und ein Kinderwunsch einschließlich sozial gemeinschaftlicher Kinder sowie die Auswirkungen auf die Rollenverteilung.

(7) Die Situation beim Tode eines Partners und später beim Ableben des zweiten Partners.

II. Allgemeines

1. Vorbemerkung

2   Eine gesetzliche Gesamtregelung nichtehelicher Lebensgemeinschaften (neLG) ähnlich der Ehe bzw. der eingetragenen Lebenspartnerschaft ist im geltenden Recht nicht vorgesehen (zur Rechtslage in Europa *Dethloff* ZEuP 2004, 59). Sie wird auch rechtspolitisch derzeit nicht angestrebt. Der 67. Deutsche Juristentag hat lediglich einen Ausgleich des wirtschaftlichen Ungleichgewichts bei Partnerschaften gefordert, in denen ein Partner

II. Allgemeines　　　　　　　　　　　　　　　　　　　　　　　　　　　　　　　B IV

aufgrund gemeinsamer Entscheidung Kinder betreut hat. In Einzelbereichen, wie z. B. dem Mietrecht, im Gewaltschutzgesetz und im Recht der elterlichen Sorge, wird der soziale Tatbestand der Haushalts- bzw. Verantwortungsgemeinschaft bereits berücksichtigt (vgl. *Zwißler* FPR 2001, 15). Die Gerichte bejahen – anders als früher – bei einer Beendigung teilweise Ausgleichsansprüche. Allerdings sind sie zu Recht weiterhin zurückhaltend und differenzieren zwischen rechtsverbindlichen und lediglich faktischen Lebensgemeinschaften (*BGH* NZI 2011, 448). Die Beteiligten sind, sofern sie nicht die kaum mögliche Berechenbarkeit der Rechtsprechung in Kauf nehmen möchten, darauf angewiesen, ihre Beziehungen im Rahmen der Vertragsfreiheit autonom zu regeln. Aufgabe des beratenden Juristen ist es dabei, die Motivationslage zu erforschen, einen Regelungsbedarf aufzuzeigen und typengerechte Lösungen anzubieten. In den wenigsten Fällen empfiehlt sich die vertragliche „Kopie" des Ehe- bzw. Lebenspartnerschaftsrechts. In der notariellen Praxis stehen die Mitfinanzierungsmodelle, insbesondere beim Bau oder der Anschaffung einer Immobilie, die Regelungen bei Krankheit und Tod des Partners in persönlicher Hinsicht und der Erbfall mit der damit verbundenen Vermögensnachfolge im Vordergrund.

2. Motivlage

Der Entscheidung, „ohne Trauschein" zusammenzuleben, liegen **unterschiedliche Motive** zugrunde: Es handelt sich – vor allem bei jungen Paaren – häufig um ein probeweises Zusammenleben als Vorstufe zur Ehe oder Lebenspartnerschaft, so genannte Ehe bzw. Lebenspartnerschaft auf Probe. Eine Tendenz zur Ehe oder Lebenspartnerschaft besteht auch bei Verbindungen, bei denen (noch) rechtliche Ehe- bzw. Lebenspartnerschaftshindernisse vorliegen, eine „Hochzeit" aber geplant ist. Insbesondere bei gleichgeschlechtlichen Paaren wird mitunter aus Rücksicht auf die Eltern zu deren Lebzeiten eine Lebenspartnerschaftsbegründung zunächst unterlassen. Bei älteren Paaren wird dagegen vielfach eine (erneute) Eheschließung oder Lebenspartnerschaftsbegründung nicht mehr angestrebt und von nahen Angehörigen auch nicht akzeptiert. Von einer eigentlich gewünschten Eheschließung oder Lebenspartnerschaftsbegründung können auch wirtschaftliche Motive, wie die Erhaltung von Unterhalts- und Sozialansprüchen, insbesondere einer Witwen- bzw. Witwerrente, so genannte „BAföG-Ehe" bzw. „Rentnerlebensgemeinschaft", abhalten. Negativ empfundene Erfahrungen mit dem Scheidungs- bzw. Aufhebungsfolgenrecht führen mitunter zu einer Abneigung gegenüber einer (nochmaligen) Heirat oder Lebenspartnerschaftsbegründung. Teilweise ist das Nein zur Eheschließung oder Lebenspartnerschaftsbegründung auch durch die richterliche Inhaltskontrolle von Ehe- und Lebenspartnerschaftsverträgen veranlasst; die Beteiligten wünschen eine „Ehe light", d. h. trotz eines gemeinsamen Kindes den völligen Ausschluss der Scheidungs-/Lebenspartnerschaftsfolgenrecht mit Beschränkung auf den Kinderbetreuungsunterhalt gem. § 1615l BGB. Schließlich beruht die Entscheidung für die nichteheliche oder nicht eingetragene Lebensgemeinschaft vereinzelt auch auf der bewussten Ablehnung der Ehe oder Lebenspartnerschaft als Institution. In vielen Fällen machen sich die Beteiligten, selbst wenn Kinder vorhanden sind und ein Partner seine Berufstätigkeit einschränkt, keine Gedanken über die insbesondere für diesen Partner mit einer Beendigung der Lebensgemeinschaft verbundenen Risiken (zum Ganzen *Wingen* FamRZ 1981, 331, 333 ff. und *Nave-Herz* FPR 2001, 3; zu Daten s. FPR 2010, 416).

Für die Konzeption einer vertraglichen Regelung ist zunächst der zeitliche Rahmen des Zusammenlebens entscheidend. Aus dem Umstand, ob die Partner ihre nichteheliche bzw. nicht eingetragene Gemeinschaft nur als eine vorübergehende Phase ihres Lebens oder als Dauerbeziehung konzipieren, lassen sich Schlussfolgerungen auf die Notwendigkeit von Vereinbarungen ziehen. Eng damit verbunden ist die Frage, ob überhaupt und gegebenenfalls wann eine Ehe oder eine Lebenspartnerschaft angestrebt wird (AK-BGB/*Münder* Anh. § 1302 Rn. 3). Aus der Beantwortung dieser Fragen folgt eine

3

4

wichtige Zuordnung zum Typ der **Lebensgemeinschaft mit Tendenz zur Ehe/Lebenspartnerschaft** und dem **Typ, bei dem eine Ehe/Lebenspartnerschaft nicht angestrebt wird oder möglich ist**. In der Regel werden sich hier auch bereits erste Hinweise auf eine besondere Schutzbedürftigkeit eines Partners ergeben.

5   Die fehlende soziale Absicherung beider Partner und die ungünstige Behandlung, die „Paare ohne Trauschein" im Erbschaft- und Schenkungsteuerrecht erfahren, geben Anlass, die Beteiligten nach ihrer beruflichen Situation und Planung sowie ihren Vermögensverhältnissen einschließlich der Vermögensbildung zu fragen. Umgekehrt können auch steuer- und sozialrechtliche Nachteile bei einer Eheschließung und einer Lebenspartnerschaftsbegründung Anlass einer Situations- und Zukunftsanalyse sein. In diesem Zusammenhang ist in erster Linie die **Rollenverteilung** im weitesten Sinne von Bedeutung. Hierzu gehören, nicht anders als bei der Ehe und Lebenspartnerschaft, insbesondere die Doppelverdiener-, Einverdiener- und Hinzuerwerbspartnerschaft, die Mitarbeit im Geschäft des Partners, die (Mit-)Finanzierung einer Ausbildung oder eines Betriebes. Entscheidend sind ferner der Wunsch nach gemeinsamen Kindern und deren Auswirkungen auf die Lebensgemeinschaft. Auch die Erziehung von „Stiefkindern", die Elternschaft für sozial gemeinsame Kinder und die Betreuung von Angehörigen des Partners können in Einzelfällen von Bedeutung sein. Der Versorgung des überlebenden Teils beim Tod eines Partners ist schließlich besondere Aufmerksamkeit zu widmen. Bei Vermögenszuwendungen an den Partner im weitesten Sinn (z. B. Hausbau, Erwerb einer Immobilie, Selbständigkeit, Schuldentilgung) spielen die Trennung sowie der Tod sowohl des Zuwendungsempfängers als auch des Zuwendenden eine Rolle.

6   Die dargestellte Problem- und Motivationslage besteht in ähnlicher Form bei Gemeinschaften zwischen nahen Verwandten, immer mehr zunehmenden Altersgemeinschaften und beim Zusammenleben von mehr als zwei Personen. Aus diesem Grunde ist die bisherige **begriffliche Beschränkung** auf die auf Dauer angelegte Lebensgemeinschaft zwischen einem Mann und einer Frau, die daneben keine weitere Lebensgemeinschaft gleicher Art zulässt und sich durch innere Beziehungen auszeichnet (*BVerfG* NJW 1993, 643; *BGH* NJW 1993, 999; *BVerwG* NJW 1995, 2802; *BSG* FamRZ 1997, 497; *VGH München* BayVBl. 2003, 179), für die Vertragsgestaltung wenig brauchbar (ausführlich *Grziwotz*, Nichteheliche Lebensgemeinschaft, 1. Teil Rn. 36 ff.; a. A. wohl *Schreiber* FPR 2001, 12, 15). Darauf, ob zwischen den Beteiligten sexuelle Beziehungen bestehen, kommt es nicht an (*BGH* FamRZ 2008, 1822). Entscheidend sind das Wirtschaften aus einem Topf, das zu einer Vermögensgemeinschaft führt, und die Übernahme von Verantwortung für den Partner, die über den Unterhalt hinaus insbesondere Entscheidungen in Krankheitsfällen betrifft. Insofern und zur Erfassung gleichgeschlechtlicher Lebensgemeinschaften wird zunehmend der Begriff der faktischen Lebensgemeinschaften verwandt (Staudinger/*Löhnig* Anh. zu §§ 1297 ff. Rn. 10; *Weinreich* FuR 2011, 492, 493).

3. Fallgruppenbildung

7   Aus dem Vorstehenden ergibt sich, dass die Grobunterteilung „Ehe/Lebenspartnerschaft auf Probe" und „eheähnliche/lebenspartnerschaftliche bzw. nichteheliche/nicht eingetragene Lebensgemeinschaft" (vgl. Münchener Vertragshandbuch, Bd. 6, S. 703 ff.) eigentlich zu unscharf ist. Je nach der Kombination einzelner Merkmale gibt es „Doppelverdienerehen auf Probe mit Kindern", „alternative Lebensgemeinschaften mit und ohne Kinder", „Onkel-Ehen" etc. Gleichwohl kann die Einteilung nach dem Kriterium einer späteren Eheschließung oder Lebenspartnerschaftsbegründung (vgl. Rn. 4) eine erste Orientierung für die Vertragsgestaltung bieten. So sollte beim **probeweisen Zusammenleben meist junger Paare** ein gemeinsames Vermögen möglichst nicht gebildet werden, um die jederzeitige Aufkündbarkeit der Beziehung zu gewährleisten. Dagegen kann sich der **Partnerschaftsvertrag noch verheirateter oder „verpartnerter" Personen** bereits am angestrebten Ehe- oder Lebenspartnerschaftsmodell, bei Partnerschaften ohne (kleine)

Kinder meist einer Gütertrennung, einem weitgehenden Unterhaltsausschluss und häufig einem Erbverzicht, orientieren. Bei einer **Verbindung von Personen im Rentenalter** sollen die jeweiligen Vermögen möglichst getrennt bleiben, aber dennoch der überlebende Partner gesichert sein; ferner ist ein Schutz des überlebenden Teils vor einer Rechenschaftspflicht gegenüber den erbenden Angehörigen des Verstorbenen mitunter ratsam. Bei **familiär geführten Lebensgemeinschaften mit Kindern** steht dagegen die Absicherung des sozial schwächeren Partners im Vordergrund.

III. Typische Regelungsbereiche und Vertragsmuster

Ein **Regelungsbedarf** besteht häufig hinsichtlich der Vermögensbildung der Partner in der bestehenden Lebensgemeinschaft und damit zusammenhängend, der Abwicklung bei einer Trennung, der Verhältnisse der in der Gemeinschaft lebenden Kinder und der Lage beim Tod eines oder beider Partner. Unterschiede zwischen heterosexuellen und homosexuellen Partnerschaften ergeben sich dabei, mit Ausnahme der Situation biologisch oder nur sozial gemeinsamer Kinder, nicht. 8

1. Vereinbarungen über das Zusammenleben und Steuerrecht

Der Umstand, dass Lebensgefährten, die eine Ehe schließen oder eine Lebenspartnerschaft begründen könnten, dies nicht tun, bedeutet keinen vollständigen stillschweigenden Rechtsschutzverzicht. Umgekehrt entspricht die Annahme eines **konkludenten Zusammenlebensvertrages** (so noch RGRK/*Roth-Stielow* vor § 1353 Rn. 31), der zu einer Gesamtverrechtlichung der faktischen Lebensgemeinschaft führt, regelmäßig nicht dem Willen der Beteiligten. Aus diesem Grunde begegnen auch **umfassende Vertragsmuster** Bedenken, in denen durch die Vertragsgestaltung eine „Quasi-Ehe" geschaffen werden soll (z.B. *Kunigk* S. 128 ff.). Verträge sollten sich deshalb grundsätzlich auf vermögensrechtliche Einzelfragen des Zusammenlebens beschränken (vgl. *Grziwotz* MDR 1999, 709). Regelungen betreffen häufig die Vermögensauseinandersetzung nach einer Trennung und die Erbregelung nach dem Tod eines oder beider Lebensgefährten. In vielen Fällen beschränkt sich die Vereinbarung auf einen Ausgleich bei der Mitfinanzierung eines größeren Vermögensgegenstandes, insbesondere einer Immobilie, durch einen Partner. Dies sollte allerdings nicht dazu verleiten, lediglich die „Immobilienmitfinanzierung" isoliert zu sehen. Häufig spielen in diesem Zusammenhang auch die Haushaltsführung, die Finanzierung schnelllebiger Wirtschaftsgüter (z.B. Hausrat, Auto) und die Kosten der gemeinsamen Haushaltsführung und des Zusammenlebens (z.B. Einkauf, mietfreies Wohnen, Wohnungsnebenkosten, Urlaub) eine Rolle. Mitunter beschränken sich Vereinbarungen darauf, dem eine Immobilie mitfinanzierenden Partner seine monatlichen Zins- und Tilgungszahlungen bei einer Trennung zu erstatten. Dies kann allerdings im Hinblick auf eine ersparte Miete, die Haushaltsführung durch den Partner und eine Nichtbeteiligung oder geringere Beteiligung an den Kosten des Zusammenlebens ungerecht sein. Gleiches gilt für die Erstattung von Arbeitsleistungen im Rahmen eines Hausbaus auf einem Grundstück eines Partners, wenn dieser dafür die gesamte Haushaltsführung und eventuell sogar noch die Betreuung gemeinsamer Kinder übernommen hat. 9

Für Verträge zwischen Lebensgefährten gelten im **Steuerrecht** nicht die strengen Kriterien, die bei Ehegatten Anwendung finden (*BFH* NJW 1988, 2135; 1990, 734; DStR 1990, 11; vgl. auch *BFH* DStR 2001, 392; a.A. *Wälzholz* ErbR 2011, 226, 227; teilw. abw. *BFH* ZfIR 2001, 403 bei Mietverhältnis zwischen Eltern und Kind sowie dessen Lebensgefährten u. *BFH* BeckRS 2007, 25012364 zu Verträgen zwischen der Bruchteilseigentümergemeinschaft nichtehelicher Partner und den Angehörigen eines Partners; ausführlich *von Proff zu Irnich* S. 97 ff.). Im Rahmen des § 10 V Nr. 1 ErbStG wurde ein schlüssiges Dienstverhältnis für langjährige Pflege- und Betreuungstätigkeiten eines 10

Partners verneint (*BFH* NJW 1989, 1696; ZEV 2014, 269; vgl. auch *FG München* UVR 1995, 116). Der Freibetrag nach § 13 I Nr. 9 ErbStG für eine Pflegeperson wird nicht gewährt, wenn dem Erben vom Erblasser versprochen worden ist, ihn für die Pflege zum Erben einzusetzen und deshalb ein Anspruch auf angemessene Vergütung als Nachlassverbindlichkeit besteht (*BFH* DStR 1995, 1631); allerdings sind in diesem Fall einkommensteuerliche Folgen (nachträgliche Entlohnung) zu berücksichtigen. Aufwendungen für einen Partner, der zusammen mit einem gemeinsamen Kind im Haushalt des Steuerpflichtigen lebt und vereinbarungsgemäß hauswirtschaftliche Tätigkeiten verrichtet, können auch bei Vorliegen ausdrücklicher Vereinbarungen nicht als Kosten für eine kindbedingt eingesetzte Hausgehilfin geltend gemacht werden (*BFH* NJW-RR 1998, 652 und DStR 1999, 1689; a. A. noch *BFH* NJW 1990, 734). Dagegen besteht eine Abzugsmöglichkeit bei Aufwendungen für einen körperbehinderten Lebensgefährten (*BFH* DStR 2001, 1655; s. dazu *BMF* DStR 2001, 1660). Das Ehegatten-Splitting ist auch einer eheähnlichen Lebensgemeinschaft verschlossen (*BFH* NJW 1990, 734; DB 2006, 984). Während früher im Rahmen der einkommensteuerlichen Berücksichtigung von Unterhaltsleistungen an den nichtehelichen Partner als außergewöhnliche Belastungen das Problem der sittlichen Zwangsläufigkeit im Vordergrund stand (*BFH* NJW 1990, 2712 und 1991, 2312; vgl. *BFH* DStRE 2001, 1091), sind nach geltender Rechtslage derartige Leistungen nur noch abzugsfähig, wenn sie auf einer gesetzlichen Verpflichtung beruhen oder wenn aufgrund der Unterhaltsleistungen öffentliche Mittel gekürzt werden, z. B. die Sozialhilfe oder das Arbeitslosengeld II (§ 33a I 1 und 2 EStG; vgl. *BFH* FamRZ 2004, 1642; DStR 2004, 1035; NJW 2007, 542). Hat der Lebensgefährte wegen der Unterhaltsleistungen des Partners keinen Anspruch auf Sozialleistungen, gilt für die steuerlich absetzbaren Unterhaltsaufwendungen keine Opfergrenze (*BFH* NJW 2009, 622; 2010, 1838; a. M. noch *BMF-Schreiben* BStBl. I 2003, 243; zur Berücksichtigung bei der Verfahrenskostenhilfe *OLG Dresden* MDR 2009, 1048). Ein Werbungskostenabzug für doppelte Haushaltsführung (§ 9 I Nr. 5 EStG) setzt nicht voraus, dass in den Hausstand ein gemeinschaftliches Kind aufgenommen wird (vgl. zur früheren Rechtslage *BFH* NJW 1990, 1319). Entscheidend ist, dass eine eingerichtete, den Lebensbedürfnissen entsprechende Wohnung vorhanden ist, die den Mittelpunkt der Lebensinteressen der Partner darstellt (vgl. *BFH* NJW 1995, 983; DB 2001, 238 und DStR 2006, 1595; vgl. *BFH* NZM 2007, 533 zum zeitlichen Zusammenhang zwischen Geburt eines Kindes und Schaffung einer Familienwohnung). Bei der Anerkennung der doppelten Haushaltsführung, wenn neben der fortbestehenden Wohnung am Beschäftigungsort ein gemeinsamer Hausstand mit dem Partner an einem anderen Ort besteht, kommt es nicht mehr auf die Motive für die Aufspaltung der Haushaltsführung an (BFH/NV 2012, 1231 und 1525; 2013, 112; s. aber § 9 I Nr. 5 EStG ab VZ 2014). Auch bei einer eheähnlichen Gemeinschaft mit Kindern besteht keine Grunderwerbsteuerbefreiung analog § 3 Nr. 4 GrEStG (*BFH* NJW 2001, 2655). Im Schenkung- und Erbschaftsteuerrecht werden auch langjährige Lebensgefährten und solche mit gemeinsamen Kindern wie Fremde behandelt. Deshalb kann bereits bei geringen Zuwendungen (z. B. Einräumung eines Wohnungsrechts für den noch nicht alten Partner) eine Steuer anfallen. Beim Bewohnen einer Zweitwohnung durch den Lebensgefährten handelt es sich um ein steuerpflichtiges Innehaben einer Wohnung (*VGH Mannheim* DÖV 2011, 451).

2. Regelungen für den Fall der Trennung

11   Die Rechtsprechung lehnt eine umfassende Gesamtauseinandersetzung, in deren Rahmen die gesamten während des Bestehens der Gemeinschaft erbrachten Leistungen und gewährten Zuwendungen zu berücksichtigen wären (so genannte **Auseinandersetzungslösung**) ab. Für diejenigen Leistungen, die das konkrete Zusammenleben erst ermöglichen und auf das gerichtet sind, was die Gemeinschaft „Tag für Tag" benötigt, scheiden bei einer Beendigung der Lebensgemeinschaft Ausgleichsansprüche aus (*BGH*

NJW 2010, 868; 2013, 2187; FamRZ 2013, 1295; vgl. auch OLG Hamm FamRZ 2014, 228). Insoweit verbleibt es bei dem Grundsatz, dass einzelne persönliche und wirtschaftliche Leistungen, die ein Partner im engen Zusammenhang mit der Lebensgemeinschaft erbringt, auch später nicht gegeneinander aufgerechnet, sondern ersatzlos von dem Partner getätigt werden, der dazu in der Lage ist (vgl. *LG Köln* FamRZ 2006, 623; *OLG Bremen* NJW-RR 2013, 197). Unerheblich ist hinsichtlich dieser Leistungen, wann sie erbracht werden; entscheidend ist vielmehr der Verwendungszweck, nämlich die Befriedigung der täglichen Bedürfnisse (*BGH* NJW 2010, 868). Nach der früheren Rechtsprechung (BGHZ 77, 55; *BGH* NJW 1983, 1055; FamRZ 1983, 1213; NJW 1986, 51; 1996, 2727; NZG 2000, 373; 2003, 1015; FamRZ 2004, 94; 2005, 1151) trug auch bei wirtschaftlich darüber hinausgehenden Leistungen jeder Lebensgefährte das Risiko, dass er eigene Leistungen nicht selbst voll mitausnutzen konnte und seine Erwartungen hinsichtlich des Fortbestandes der Partnerschaft enttäuscht wurden (vgl. dazu noch *Burhoff* ZAP 2000, 1021, 1027; *Schulz* FamRZ 2007, 593, 595 und *Weinreich* FPR 2001, 29, 35). Dies betraf auch größere wirtschaftliche Leistungen im Rahmen der Lebensgemeinschaft. Erst wenn die Beiträge weit über das hinaus gingen, was nur der Verwirklichung der eigentlichen Lebensgemeinschaft dienen sollte, d. h. bei Schaffung eines Vermögenswertes von erheblicher wirtschaftlicher Bedeutung (z. B. Wohnhaus), gewährten die Gerichte ausnahmsweise Ausgleichsansprüche analog §§ 730 ff. BGB in Geld. Nunmehr geht der *BGH* (NJW 2008, 3277 und 3282; NJW-RR 2009, 1142; NJW 2010, 868 und 998; NJW 2011, 2880; NJW-RR 2013, 404; FamFR 2013, 44; FamRZ 2013, 1295) davon aus, dass bei wesentlichen Beiträgen eines Partners, mit dessen Hilfe während des Bestehens der Lebensgemeinschaft ein Vermögenswert von erheblicher wirtschaftlicher Bedeutung geschaffen wurde, bei Beendigung der Lebensgemeinschaft ein Ausgleichsanspruch bestehen kann (vgl. auch *OLG Düsseldorf* FamRZ 2009, 1219; *KG* NJW-RR 2010, 295; *OLG Bremen* FamFR 2011, 383; *OLG Naumburg* FamRZ 2013, 55; *OLG Bremen* FamFR 2013, 96). Grundlagen des Ausgleichs sind ein zumindest schlüssig zustande gekommener Vertrag einer BGB-Innengesellschaft (*BGH* FamRZ 2006, 607) sowie Ansprüche aus ungerechtfertigter Bereicherung (§ 812 I 2 Alt. 2 BGB) und nach den Grundsätzen über den Wegfall der Geschäftsgrundlage eines familienrechtlichen Vertrages. Voraussetzung ist, dass die Zuwendungen oder Arbeitsleistungen deutlich über das hinausgehen, was das tägliche Zusammenleben anbelangt (gemeinschaftsbezogene Leistungen). Bei der Rückabwicklung von Zuwendungen ist auf den Maßstab zurückzugreifen, der für im Güterstand der Gütertrennung lebende Ehegatten bzw. Lebenspartner gilt. Danach ist auch bei der Rückabwicklung von Zuwendungen in faktischen Lebensgemeinschaften eine Gesamtwürdigung erforderlich, wobei die Dauer der Lebensgemeinschaft auch hinsichtlich der Mitnutzung, die Einkommens- und Vermögensverhältnisse der Lebensgefährten auch hinsichtlich des Fortbestandes der geschaffenen Vermögenslage (vgl. *OLG Naumburg* FamRZ 2013, 55), das Alter der Lebensgefährten, die künftigen Einkommens- und Vermögensverhältnisse sowie die Art der Beendigung der Lebensgemeinschaft (Trennung, Tod) zu berücksichtigen sind. Auf ein Trennungsverschulden, insbesondere eine sexuelle Untreue, soll es grundsätzlich nicht ankommen (teilw. abw. *OLG München* FamRZ 2009, 1831 zu einer der Schenkung folgenden Untreue bei Ehegatten). Die Rechtsprechung hat auch für die Vertragsgestaltung Bedeutung: Im Rahmen des Zusammenlebens sollten nicht einzelne Leistungen, wie z. B. Arbeits- und Geldleistungen beim Hausbau, isoliert betrachtet werden. Vielmehr müssen sie vor dem Hintergrund der gemeinsamen Lebensgemeinschaft gesehen und ausgeglichen werden. Insofern kann beispielsweise die Erstattung lediglich eines bestimmten Bruchteils der Zahlungen angemessen sein.

Hinsichtlich der möglichen **Ausgleichsansprüche nach Beendigung** der Lebensgemeinschaft gilt somit: **11a**

- Besteht eine Vereinbarung der Partner, erfolgt der Ausgleich nach der vertraglichen Regelung. Eine richterliche Inhaltskontrolle dürfte diesbezüglich, wenn kein Vertrag mit Drittschädigungsabsicht vorliegt, kaum in Betracht kommen (*Grziwotz* FF 2010, 429, 435).
- Leistungen, die das Zusammenleben erst ermöglicht haben und auf das gerichtet sind, was die Gemeinschaft „Tag für Tag" benötigt, sind nach den gesetzlichen Vorschriften nicht auszugleichen (*BGH* FamRZ 2013, 1295). Dies gilt unabhängig vom Zeitpunkt der Erbringung der Leistung. Eine Differenzierung zwischen Leistungen, die vor oder nach Beendigung der Lebensgemeinschaft erfolgt sind, wird nicht vorgenommen. Etwas anderes kann allerdings für erst nach der Trennung fällig werdende Leistungen gelten (str., vgl. *BGH* NJW 2010, 868; *Grziwotz* FamFR 2010, 145, 146).
- Ein Ausgleich nach gesellschaftsrechtlichen Grundsätzen kommt nur in Betracht, wenn ein ausdrücklicher oder konkludent geschlossener Gesellschaftsvertrag vorliegt (*BGH* NJW 2008, 443; FamRZ 2013, 1295). Durch das gemeinsame Wohnen und Wirtschaften dürfte noch keine BGB-Gesellschaft entstehen (ebenso *Scholz* FamRZ 2007, 593, 594; a.A. *Mayer* NJOZ 2009, 114, 116). Jedenfalls dürften erhebliche Zweifel am Rechtsbindungswillen bestehen, wenn die Partner keinen über die Verwirklichung der Lebensgemeinschaft hinausgehenden Zweck verfolgen. Beispiele für eine Innengesellschaft sind der Ausbau und die Führung eines gemeinschaftlichen Unternehmens und die Anschaffung von Renditeobjekten. Demgegenüber wurde der gemeinsame Hausbau bisher bei Ehegatten nicht nach gesellschaftsrechtlichen Grundsätzen abgewickelt (*BGH* NJW 1974, 1554).
- Der Ausgleich nach den Grundsätzen über den Wegfall der Geschäftsgrundlage betrifft vor allem Zuwendungen zwischen Lebensgefährten, die den Rechtsgrund im Bestehen der Lebensgemeinschaft haben. Es geht dabei nicht nur um Zuwendungen von Vermögensgegenständen, sondern auch um Arbeitsleistungen, die ein Lebensgefährte im Rahmen der gemeinsamen Vermögensbildung, also nicht nur des Zusammenlebens, erbringt. Ein Ausgleichsanspruch setzt voraus, dass dem zuwendenden Partner die Beibehaltung der herbeigeführten Vermögensverhältnisse nach Treu und Glauben nicht zugemutet werden kann. Allerdings ist zu berücksichtigen, dass der Zuwendende es einmal für richtig gehalten hat, die Zuwendung zu machen. Es ist eine Gesamtabwägung erforderlich, in die auch der Zeitraum der gemeinsamen Nutzung oder der späteren Alleinnutzung sowie die wirtschaftlichen Verhältnisse der Beteiligten einzubeziehen sind. Besondere Bedeutung kommt dem Umstand zu, ob die geschaffenen Werte noch vorhanden sind. Praktische Beispiele sind vor allem die gemeinsamen Hausbau- bzw. Immobilienanschaffungsfälle.
- Ein Bereicherungsanspruch wegen Zweckverfehlung (§ 812 I 2 Alt. 2 BGB) kommt in Betracht, soweit Leistungen in Rede stehen, die über das hinausgehen, was das tägliche Zusammenleben erst ermöglicht, und die bei einem oder beiden Partnern zur Bildung von die Beendigung der Lebensgemeinschaft überdauernden Vermögenswerten geführt haben. Für den Empfänger der Zuwendungen besteht die Pflicht zur Herausgabe, sofern der mit der Leistung nach dem Inhalt des Rechtsgeschäfts bezweckte Erfolg nicht eingetreten ist (*BGH* MittBayNot 2013, 471). Zusätzlich ist eine Willensübereinstimmung über die Leistung erforderlich. Einseitige Vorstellungen genügen nicht. Allerdings kann eine stillschweigende Einigung bereits angenommen werden, wenn der eine Teil mit seiner Leistung einen bestimmten Erfolg bezweckt und der andere Teil dies erkennt und die Leistung entgegennimmt, ohne zu widersprechen. Eine diesbezügliche Leistungszweckbestimmung wird sich innerhalb einer faktischen Lebensgemeinschaft nur bezüglich solcher Zuwendungen oder Arbeitsleistungen feststellen lassen, die deutlich über das hinausgehen, was die Gemeinschaft Tag für Tag benötigt. Sie kann auch nicht allgemein in dem Zusammenleben mit dem Partner erblickt werden. Erforderlich ist vielmehr eine konkrete Zweckabrede. Diese kann bereits vorliegen, wenn ein Partner das Vermögen des anderen in der Absicht vermehrt, an dem

erworbenen Gegenstand langfristig partizipieren zu können. Eine fehlende dingliche Berechtigung steht dem Ausgleichsanspruch nicht entgegen.
– Der *BGH* geht hinsichtlich des Endes der Lebensgemeinschaft durch den Tod des zuwendenden Partners entsprechend der Wertung des § 1301 S. 2 BGB davon aus, dass keine Ersatzpflicht für Aufwendungen und sonstige Leistungen geschuldet ist (*BGH* NJW 2010, 868). Anders kann dies beim Tod des Zuwendungsempfängers sein, insbesondere dann, wenn dessen gesetzliche Erben die Vermögensgegenstände erhalten und dadurch die langfristige gemeinsame Nutzung, die der zuwendende Lebensgefährte beabsichtigt hat, nicht mehr gewährleistet ist. Beim Ende des faktischen Zusammenlebens durch Unterbringung eines Partners im Pflegeheim können sich Probleme mit dem Betreuer des untergebrachten Lebensgefährten ergeben. Beispiel ist, dass die Weiternutzung der gemeinsamen Wohnung von einem Nutzungsentgelt abhängig gemacht wird (*BGH* NJW 2008, 2333; vgl. *Griziwotz* FPR 2010, 369, 371; *Kemper* NJ 2009, 177; *Kindler* Jura 2010, 131; *Majer* NJOZ 2009, 114; *Schlögel* MittBayNot 2009, 100; *Schulz* FPR 2010, 373; *M. Schwab* FamRZ 2010, 1701; *Sorge* JZ 2011, 660; *Stein* FamFR 2011, 409, 410; *Weinreich* FuR 2011, 492, 494; *Willemsen* ZFE 2009, 44).

Soweit eine Auseinandersetzung nur dem Ausgleich von Leistungen dient, ist sie **schenkungsteuerrechtlich** ohne Bedeutung (vgl. *BMF* BB 1984, 327). Auf die Frage, ob § 5 ErbStG, der die Steuerfreiheit des Zugewinnausgleichs regelt, entsprechend anwendbar ist, kommt es nicht an, wenn nach der neuen Rechtsprechung ein Ausgleichsanspruch zu bejahen ist. In diesem Fall liegt nämlich keine unentgeltliche Zuwendung bei einem Ausgleich vor. Dieser erfolgt vielmehr in Erfüllung eines gesetzlichen Anspruchs (ähnlich *Wälzholz* ErbR 2011, 226, 228). Erfolgte eine Zuwendung mit Rücksicht auf eine bestehende Lebensgemeinschaft, sollte in der Rückübertragung vorsorglich übereinstimmend der Wegfall der Geschäftsgrundlage durch die Trennung festgestellt werden, da dann regelmäßig der Schenkungscharakter fehlt (*FG Münster* FamRZ 1990, 324). Bei Rückgabe eines geschenkten Gegenstandes wegen eines Rückforderungsrechts erlischt die Schenkungsteuer für die Vergangenheit (§ 29 I Nr. 1 ErbStG; vgl. *FG Hamburg* DStRE 2012, 1453; *BFH* notar 2010, 243). Bei Vorliegen einer entsprechenden Entscheidung eines Zivilgerichts bereitet der Nachweis des diesbezüglichen Rückforderungsanspruchs keine Probleme. Ohne eine derartige Entscheidung besteht das Risiko einer steuerpflichtigen Rückschenkung. **12**

3. Die Situation von Kindern

Bis zur Reform des Kindschaftsrechts waren Kinder von unverheiratet zusammenlebenden Eltern nichtehelich. Die Mutter war allein sorgeberechtigt, dem Vater stand grundsätzlich kein Umgangsrecht zu. Nach dem Tode der Mutter erhielt das Kind einen Vormund. Nach geltender Rechtslage können auch nicht miteinander verheiratete Eltern gemeinsam die Sorge übernehmen (§ 1626a I Nr. 1 BGB; vgl. *Löhnig/Gietl/Preisner,* Das Recht des Kindes nicht miteinander verheirateter Eltern, 3. Aufl. 2010, Rn. 86 ff.). Geben sie keine entsprechende Erklärung ab, hat allein die Mutter die elterliche Sorge (§ 1626a II BGB). Der Vater kann aber auf seinem Antrag das Sorgerecht durch Entscheidung des Familiengerichts erhalten (§ 1626a I Nr. 3 BGB). Auch nach einer Trennung der Eltern bleibt die **gemeinsame Sorge** bestehen, sofern nicht das Familiengericht die elterliche Sorge oder einen Teil davon einem Elternteil allein überträgt (§ 1671 I BGB). Beim Tode eines Elternteils steht die elterliche Sorge dem überlebenden Elternteil zu, wenn beide sorgeberechtigt waren. Stirbt die von vornherein allein sorgeberechtigte Mutter, so wird die elterliche Sorge dem Vater übertragen, wenn dies dem Wohl des Kindes dient. Stirbt der infolge einer Sorgerechtsübertragung allein sorgeberechtigte Elternteil, wird die elterliche Sorge dem überlebenden Elternteil übertragen, wenn dies dem Wohl des Kindes **13** nicht widerspricht (§ 1680 BGB). Zum **Umgang** mit dem Kind ist jeder Elternteil verpflichtet und berechtigt (§ 1684 BGB) (vgl. im Übrigen Kap. B V. Rn. 41 ff.).

4. Erbrechtliche Regelungen, Betreuung und Totenfürsorge

14   Stirbt ein Partner einer faktischen Lebensgemeinschaft, so stehen dem anderen **keine gesetzlichen (Ehegatten-)Erb- und Pflichtteilsrechte** zu, sofern nicht ausnahmsweise ein Verwandtschaftsverhältnis, wie z. B. bei zusammenlebenden Geschwistern, besteht (s. nur *von Proff zu Irnich* RNotZ 2008, 462, 466). Im Rahmen der Testierfreiheit ergeben sich hier jedoch weitreichende Korrekturmöglichkeiten. Allerdings ist zu beachten, dass der Lebensgefährte nicht wie ein Ehegatte oder eingetragener Lebenspartner „pflichtteilsmindernd" wirkt, und deshalb die Pflichtteilsansprüche eines (Noch-) Ehegatten oder (Noch-) Lebenspartners sowie der Abkömmlinge oder Eltern des Verstorbenen eine gewollte Verfügung wirtschaftlich aushöhlen können. Ferner unterliegt ein Partner, der mit dem verstorbenen Teil nicht verwandt ist und kein inländisches Betriebsvermögen, sonstiges begünstigtes Vermögen oder zu Wohnzwecken vermietete Grundstücke erbt (vgl. hierzu §§ 13a, b, c, 19a ErbStG), der Besteuerung nach der Steuerklasse III der **Erbschaftsteuer** (Freibetrag 20.000 EUR und Eingangssteuersatz 30 %); dies gilt auch für verlobte zusammenlebende Partner (*BFH* NJW-RR 1999, 1). Leben geschiedene Ehegatten bzw. Lebenspartner ohne Trauschein wieder zusammen, gilt für sie bei der Schenkung- und Erbschaftsteuer die Steuerklasse II. Gestaltungsmöglichkeiten zur Steuerreduzierung existieren kaum (s. dazu *Grziwotz* MDR 1999, 913 und *Wälzholz* DSWR 2002, 199). Denkbar sind gesellschaftsrechtliche Abfindungsbeschränkungen (vgl. dazu *Hübner/Maurer* ZEV 2009, 361 und 428; *Ivens* GmbHR 2011, 465). Bei Immobilien bestehen zumindest Stundungsmöglichkeiten gemäß § 28 ErbStG (vgl. *Höne* ZEV 2010, 569). Im Zusammenhang mit dem Tod eines Partners hat nicht nur das Erbrecht Bedeutung. Viele Partner wünschen auch, dass ihr (langjähriger) Lebensgefährte bei der Notwendigkeit einer Betreuung vor dem Ableben zum Betreuer bestellt wird, und später die Art und Weise der Bestattung bestimmt sowie die sonstigen Entscheidungen hinsichtlich der Person des Verstorbenen trifft. Auch hier ist der Lebensgefährte nicht bereits gesetzlich legitimiert. Bei der Betreuerbestellung ist zwar auf die persönlichen Bindungen des zu Betreuenden Rücksicht zu nehmen (§ 1897 V BGB); allerdings besteht bei nicht zusammenlebenden Partnern das Nachweisproblem und zudem mitunter eine Konkurrenz zu Kindern aus einer früheren Beziehung. In den landesrechtlichen Bestattungsgesetzen wird zwar teilweise der Lebensgefährte als bestattungspflichtige Person genannt; allerdings besteht auch insoweit noch kein Konsens über den Vorrang des Lebensgefährten hinsichtlich der Totenfürsorge vor Kindern (s. aber *LG Ansbach* FamRZ 2013, 149; vgl. *Grziwotz* FamRB 2012, 226).

5. „Paketlösung" bei angestrebter Eheschließung oder Lebenspartnerschaftsbegründung

15   Nicht übersehen werden sollte bei der Vertragsgestaltung, dass insbesondere Ehen und Lebenspartnerschaften auf Probe in vielen Fällen nicht durch eine Trennung oder den Tod eines Partners, sondern vor dem Standesbeamten bzw. dem zuständigen Beamten enden. Gerade in diesen Fällen werden auch größere Vermögensgegenstände mitunter schon vor Eheschließung oder Lebenspartnerschaftsbegründung angeschafft. Gleichgeschlechtlichen Paaren steht ohnehin erst seit 1.8.2001 die Lebenspartnerschaft generell, seit 1.1.2005 der Ehe weitgehend zivilrechtlich gleichgestellt und erst nunmehr aufgrund der Rechtsprechung des BVerfG auch in sonstigen Rechtsbereichen, insbesondere im Erbschaft- und Schenkungsteuerrecht, mit der Ehe nahezu gleichbehandelt als rechtliche Form ihres Zusammenlebens zur Verfügung. Während die Beteiligten ihre Lebensgemeinschaft mit und ohne „Trauschein" regelmäßig als Einheit ansehen, knüpft das

Gesetz insbesondere für die Durchführung des Zugewinnausgleiches an den Zeitpunkt der Eheschließung bzw. Lebenspartnerschaftsbegründung wichtige Rechtsfolgen (vgl. § 1374 BGB, § 6 S. 2 LPartG). Ob und nach welchen Grundsätzen bei einer späteren Scheidung bzw. Lebenspartnerschaftsaufhebung Sach- und Arbeitsleistungen, die vor Eheschließung bzw. Lebenspartnerschaftsbegründung erbracht wurden, auszugleichen sind, ist höchstrichterlich nicht geklärt (*BGH* NJW 2012, 3374; *OLG Celle* NJW-RR 2002, 1675; *OLG Nürnberg* FuR 2000, 47; vgl. zur entsprechenden Situation bei Verlobten *BGH* NJW 1992, 427; *OLG Köln* FamRZ 2002, 1405; *Heinle* FamRB 2002, 206, 207; *Kogel* FamRB 2007, 273; *Röthel* Jura 2006, 641, 648; zur Abgrenzung zwischen Verlobungsgeschenken und allgemeinen Beiträgen des nichtehelichen Zusammenlebens *BGH* FamRZ 2005, 1151; zur Zuständigkeit der Familiengerichte *OLG Dresden* NZFam 2014, 90). Die Ansprüche aus §§ 1298 ff. BGB bestehen nicht bei größeren Investitionen. Neben ihnen kommen die Grundsätze über die Abwicklung unbenannter Zuwendungen in Betracht (*OLG Oldenburg* FamRZ 2009, 2004; vgl. *Erbarth* FPR 2011, 89, 90). Der Partnerschaftsvertrag sollte deshalb bereits eine **spätere Ehe** und deren Scheidung bzw. eine **spätere Lebenspartnerschaft** und deren Aufhebung **mit einbeziehen** (vgl. zur Verbindung mit einem Ehe- bzw. Lebenspartnerschaftsvertrag *Grziwotz*, Partnerschaftsvertrag, S. 99 ff.).

6. Vertragsmuster und Terminologie

Muster von Partnerschaftsverträgen für das nichteheliche Zusammenleben, die für den beratenden Juristen von Nutzen sein können, bieten die im Literaturverzeichnis genannten Musterverträge von *Naegele*, *Tzschaschel* und *Grziwotz* sowie in den Formularbüchern *Langenfeld* in: Münchener Vertragshandbuch, Bd. 6, 6. Aufl., S. 703 ff., und *Reetz* in: Wurm/Wagner/Zartmann Kap. 72 Rn. 14 ff. Zu einem Erbvertrag nichtehelicher Partner siehe *Grziwotz*, Partnerschaftsvertrag, S. 123 ff., *ders.* ZEV 1999, 302 sowie *Brambring* in: Beck'sches Formularbuch Erbrecht, 2. Aufl. 2009, E IV 3, *Nieder/Otto* in: Münchener Vertragshandbuch, Bd. 6, 6. Aufl., S. 1090 ff.; *Weirich*, Erben und Vererben, 6. Aufl. 2010, Rn. 1740; *Grziwotz* in: Beck'sches Formularbuch Familienrecht N IV 1 und 2, II 1 und *Zimmermann* in: Kersten/Bühling § 91 Rn. 14 ff. 16

Hinsichtlich der **Terminologie** wird wegen der Legaldefinition des Lebenspartnerschaftsvertrages (vgl. § 7 S. 1 LPartG) eine Verwechslung mit dem Begriff des Partnerschaftsvertrages befürchtet (so *Waldner* Rn. 125; vgl. auch *OLG Köln* NJW-RR 2002, 598). Der Gesetzgeber verwendet die Bezeichnung Partnerschaftsvertrag für die Vereinbarung einer Partnerschaft (§ 2 PartGG). Da wegen der unterschiedlichen Regelungsgegenstände ein Irrtum über das Gewollte schwerlich eintreten wird, kann der geläufige Terminus „Partnerschaftsvertrag" für Vereinbarungen faktischer Lebensgemeinschaften beibehalten werden. Demgegenüber kann statt von Lebenspartnern vom Lebensgefährten bzw. der Lebensgefährtin gesprochen werden (vgl. auch § 9 II Nr. 2 BGleiG). 16a

IV. Einzelprobleme der Vertragsgestaltung

1. Personaler Bereich und Sittenwidrigkeit

Der Umstand des faktischen Zusammenlebens allein führt heute nicht mehr zum Verdikt der Sittenwidrigkeit einer darauf bezogenen rechtsgeschäftlichen Regelung. Risiken für die Geltungskraft von Partnerschaftsverträgen bzw. -vereinbarungen können sich jedoch aus ihrem Inhalt ergeben. Bindungen, die die **Persönlichkeits- und Intimsphäre** betreffen, wie z. B. Verpflichtungen zur Geschlechtsgemeinschaft, gemeinsamen Zeugung von Kindern, zur sexuellen Treue oder zum Gebrauch empfängnisverhütender Mittel, sollten vorsorglich aus dem Partnerschaftsvertrag herausgelassen werden (Soergel/*Lange* 17

NEhelLG Rn. 9 und BGHZ 97, 372), selbst wenn Abreden über sexuelle Handlungen nach der Wertung des § 1 S. 1 ProstG kaum noch als sittenwidrig angesehen werden können (*Grziwotz* FamRZ 2002, 1154 und *Armbrüster* NJW 2002, 2763, 2765; vgl. auch *AG Trier* NJW-RR 2001, 1441). Derartige Pflichten sind – auch zwischen Ehegatten und Lebenspartnern – letztlich nicht erzwingbar (vgl. § 120 III FamFG). Regelungen sollten sich deshalb auf Vermögensfragen beschränken.

18   Unklar ist, ob Vereinbarungen, bei denen zumindest **ein Teil noch verheiratet** ist, unwirksam sind, wie dies ein Verlöbnis wäre (s. *OLG Karlsruhe* NJW 1988, 3023). Unter Berücksichtigung des Schutzbedürfnisses des Partners ist dies zu verneinen (ebenso *OLG Hamm* FamRZ 2000, 95; a. A. noch *LG Paderborn* FamRZ 1999, 790 für eine Sanktion mit Vertragsstrafencharakter; vgl. auch *AG Lindau* FamRZ 2000, 1372, wonach die Verpflichtung zur ehelichen Treue bis zur Scheidung fortdauert). Bedenken können sich jedoch insoweit ergeben, als Bestimmungen die eheliche Familie oder Lebenspartnerschaft unbegründet schlechter als die neue Lebensgemeinschaft stellen und als Ausdruck einer familienfeindlichen Gesinnung zu werten sind (vgl. BGHZ 53, 369, 377 und *OLG Hamm* MittBayNot 2008, 41). Dies betrifft aber nur Verträge, die nur den Zweck haben, einen (Noch-)Ehepartner, (Noch-)Lebenspartner oder Kinder aus der nicht mehr gewollten Verbindung gezielt schlechter zu stellen. Beispiel ist die Übertragung des Miteigentums am Familienwohnheim zur Ermöglichung der Teilungsversteigerung und um den Schutz des § 180 III ZVG zu unterlaufen.

2. Beginn, Dauer und Kündigung des Zusammenlebens, Abfindung und Vertragsstrafe

19   Die Klarstellung des **Beginns** bei einer bereits bestehenden Lebensgemeinschaft kann zweckmäßig sein. Ein künftiger Anfangstermin und eine bestimmte Dauer sind dagegen wenig praxisnah. Lediglich hinsichtlich der Vermögensauseinandersetzung kann, insbesondere bei einem gemeinsam geführten Unternehmen, die Vereinbarung eines Anfangstermins sinnvoll sein. Auch eine Definition der Lebensgemeinschaft, mit der mitunter Partnerschaftsverträge beginnen („Wir verstehen unsere Lebensgemeinschaft …") ist überflüssig (zur diesbezüglichen Rechtsprechung s. *OLG Koblenz* FamRZ 2006, 705 und 1540; *OLG Saarbrücken* FPR 2009, 430; *OLG Zweibrücken* MDR 2010, 700; *AG Ludwigslust* FamRZ 2011, 1066). Die Vereinbarung des Zusammenlebens auf Lebenszeit (so RGRK/*Roth-Stielow* vor § 1353 Rn. 31) ist weder erzwingbar noch ist sie bei dem häufigen Fall der Ehe bzw. Lebenspartnerschaft auf Probe interessengerecht. Dies gilt auch für die Aufnahme von Kündigungsfristen und den Ausschluss der **Kündigung** zur Unzeit. Eine solche Regelung mag bei einzelnen Vermögenswerten in Betracht kommen, nicht aber für das Zusammenleben als solches. Die Partnerschaft endet regelmäßig damit, dass ein Beteiligter aus der gemeinsamen Wohnung auszieht oder in ihr die Trennung herbeiführt. Allerdings kann die Vermögensauseinandersetzung bis zu einem bestimmten Zeitpunkt ganz oder teilweise hinausgeschoben werden. Beispiele sind der Erwerb einer gemeinsamen Immobilie, für die eine Förderung gewährt wurde, und die Veräußerung eines Vermögensgegenstandes erst nach Ablauf der steuerlichen „Spekulationsfrist". Gleichzeitig sollte jedoch beachtet werden, dass jeder Partner zu einem „Neubeginn" auch auf die entsprechenden Mittel angewiesen ist.

20   **Formulierungsbeispiel: Jederzeitige Beendigung**

Jeder Partner ist berechtigt, die Partnerschaft jederzeit zu beenden.

21   Sofern **Vertragsstrafen** Verhaltenspflichten im persönlichen Bereich absichern sollen, sind diese unwirksam. Dies gilt auch für **Abfindungszahlungen,** die ausschließlich das „Verlassenwerden" durch den Partner sanktionieren sollen (vgl. *OLG Hamm* NJW

IV. Einzelprobleme der Vertragsgestaltung

1988, 2474). Dagegen kann die Vereinbarung der Zahlung einer bestimmten Geldsumme an einen Partner für den Fall der Trennung jedenfalls dann nicht als unzulässig angesehen werden, wenn damit bestimmte Nachteile (z. B. die Anmietung einer Wohnung und die Begründung eines neuen Hausstandes) ausgeglichen werden sollen (*OLG Hamm* NZG 2000, 929 und *OLG Köln* MDR 2001, 756; vgl. *BGH* NJW 1990, 703). Außerdem dürften bei Beteiligung ausländischer Partner und bei religiöser Prägung auch das diesbezügliche Verständnis hinsichtlich des zu zahlenden Betrages eine Rolle spielen (vgl. *OLG Saarbrücken* NJW-RR 2005, 1306 zum Brautgeld). Aus der Höhe einer „Abfindungszahlung", die keinerlei Bezug zu konkreten Nachteilen hat, kann sich allerdings ein Rückschluss auf einen „Strafcharakter" ergeben. Insofern kann es sich empfehlen, die Nachteile oder erbrachten Leistungen anzugeben.

Im Zusammenhang mit der Trennung kommt es mitunter zu Belästigungen, Bedrohungen, Nachstellungen und sogar zu Tätlichkeiten. § 1 I 1 GewSchG sieht hierzu gerichtliche **Schutzanordnungen** vor, deren Rechtsgrundlage die §§ 823 I, 1004 I BGB sind. Sie sind zudem strafbewehrt (§ 4 GewSchG). Vertragliche Vereinbarungen können darüber hinausgehen und deeskalierend wirken. Beispiel ist die Kontaktaufnahme nur über eine dritte Person für einen bestimmten Zeitraum. In diesem Zusammenhang kann auch wechselseitig auf Strafanträge und ein zivilrechtliches Vorgehen hinsichtlich der Vorkommnisse in der Vergangenheit verzichtet werden. 21a

---

Formulierungsbeispiel: Kontaktverbot 21b

Nachdem es in der Vergangenheit im Zusammenhang mit unserer Trennung zu tätlichen Auseinandersetzungen gekommen ist, vereinbaren wir bis zum Ablauf des ... ein Verbot unmittelbarer Kontakte, und zwar persönlicher, telefonischer und schriftlicher (einschließlich Email und SMS) Art, sofern diese nicht zwingend sind (z. B. auf Anordnung des Gerichts etc.). Kontakte haben ausschließlich über ... zu erfolgen, die ... Hinsichtlich der Vorkommnisse in der Vergangenheit wird wechselseitig auf ein zivilrechtliches Vorgehen und Strafanträge unter gegenseitiger Annahme verzichtet.

Einer bereits vereinbarten Ausgleichszahlung steht der Verwirkungseinwand nicht entgegen, wenn es später im Zusammenhang mit der Trennung dann zu einer Erpressung kommt (*LG Coburg* FPR 2004, 642). Soweit nicht ein unzulässiges oder unsittliches Verhalten damit belohnt wird (z. B. die Einreichung des Scheidungsantrags) oder die Kommerzialisierung des betroffenen Lebensbereiches anstößig ist (z. B. die Zahlung eines Entgelts für ein gemeinsames Sorgerecht), kann ein bestimmtes Verhalten auch durch ein bedingt abgegebenes Schenkungsversprechen honoriert werden (sog. **Prämienklauseln**; vgl. *Oberto* FamRZ 1993, 1, 7). 21c

3. Innengesellschaft und Bevollmächtigung

Zur Regelung einzelner Bereiche des Zusammenlebens können den Partnern auf die allgemeinen Normen des Zivilrechts, insbesondere die **Verträge** des Schuldrechts, zurückgreifen (so bereits *Steinert* NJW 1986, 683, 684). Die persönliche Verbundenheit steht – ähnlich wie bei Ehegatten und Lebenspartnern – vertraglichen Regelungen zwischen den Lebensgefährten nicht entgegen (a. A. noch *Sandweg* BWNotZ 1990, 49, 57). Praktisch relevant sind beispielsweise Darlehens-, Miet- und Arbeitsverträge sowie die BGB-Innengesellschaft. 22

Die Eignung der vor allem in der älteren Literatur empfohlenen umfassenden BGB-Gesellschaft für Partnerschaftsverträge beruht auf ihrem personenrechtlichen Einschlag und nicht zuletzt auf der im Großen und Ganzen angemessenen Liquidationslösung der §§ 730 ff. BGB (vgl. *Battes* ZHR 143, 385 sowie *Kunigk* Ziff. 7. 2. 12 und *Oehlmann/Stille* FamRZ 2004, 151). In der neueren Literatur wird sie vor allem für den Immo- 23 bilienerwerb oder den gemeinsamen Hausbau vorgeschlagen. Die Gesellschaft bürgerlichen Rechts als Eigentümer einer Immobilie soll den an ihr beteiligten Lebensgefährten – anders als die starre Miteigentümergemeinschaft – flexible und variable Beteiligungsverhältnisse ermöglichen, sodass der Anteil jedes Partners jeweils der Summe seiner Aufwendungen entspricht (so *von Proff zu Irnich* NotBZ 2010,73, 77, anders *Wälzholz* ErbR 2011, 226, 231, der feste Quoten mit einer Darlehensvereinbarung empfiehlt). In einer arbeitsteiligen Lebensgemeinschaft kann das Abstellen auf die finanziellen Leistungen des erwerbstätigen Partners im Hinblick auf die Beteiligung aber ungerecht sein. Die Mitberechtigung je zur Hälfte analog zum Zugewinnausgleich, die der Gleichwertigkeit der Leistungen beider Partner entspricht, ist möglicherweise auch bei faktischen Lebensgemeinschaften gerecht. Für die Anwendung der BGB-Gesellschaft sind die Bildung eines Gesamthandsvermögens und ein Handeln mit Außenwirkung nicht erforderlich. Die BGB-Innengesellschaft soll für die Immobilie von Lebensgefährten die „Königslösung" darstellen (so *Wälzholz* ErbR 2011, 226, 231), da sie eine Beteiligung an Wertsteigerungen und Wertminderungen ohne die Einräumung von Miteigentum ermöglicht. Gerade das Fehlen einer dinglichen Mitberechtigung ist aber einer der Haupteinwände gegen die Zugewinngemeinschaft. Der nicht dinglich berechtigte Partner trägt das Insolvenzrisiko und das Risiko von Zwangsmaßnahmen in den nicht in seinem Eigentum stehenden Grundbesitz.

23a Die abstrakte Lebensgemeinschaft als solche kann wohl nicht **Gesellschaftszweck** sein. Umstritten ist, ob die gemeinsame Wertschöpfung im Rahmen der Verwirklichung der Lebensgemeinschaft als zulässiger Gesellschaftszweck angesehen werden kann (so *Roemer* BB 1986, 1522, 1524; vgl. auch *BGH* NJW 1995, 3383 für eine Ehegatteninnengesellschaft). Unabhängig von dieser Streitfrage ist für die Vertragsgestaltung – von Ausnahmefällen abgesehen – wenig empfehlenswert, als Alternative zur Ehe oder eingetragenen Lebenspartnerschaft eine Quasi-Ehe bzw. Quasi-Lebenspartnerschaft gesellschaftsrechtlich zu konzipieren. Eine BGB-Innengesellschaft der Partner sollte sich deshalb auf einzelne (vermögensrechtliche) Bereiche des Zusammenlebens (vgl. *BGH* DStR 2008, 156) oder allenfalls die Führung eines gemeinsamen Haushalts (vgl. *BGH* NJW-RR 1991, 422; FamRZ 2006, 607, 609) als Zweck beschränken (vgl. *Scholz* FamRZ 2007, 593, 595). Soll nach Beendigung der Lebensgemeinschaft ein Ausgleich hinsichtlich einzelner Leistungen erfolgen, sollte bei einer Haushaltsführungs- und Kindererziehungs- oder Pflegeleistungspartnerschaft überlegt werden, ob die Gleichwertigkeit von Bar- und Dienstleistungen sowie der Überlassung von Gegenständen zur Nutzung anzuordnen und § 733 II 3 BGB auszuschließen ist. Die BGB-Innengesellschaft führt nicht zur Bildung gemeinsamen Vermögens. Dessen Inhaber ist allein der nach außen in Erscheinung tretende Lebensgefährte. Der „stille Partner" erhält bei Auflösung der Gesellschaft mangels abweichender Vereinbarungen auch nicht seine „Einlage" zurückerstattet, sondern wird an den Überschüssen, Ersparnissen und den „gemeinsam" erworbenen Sachen wertmäßig beteiligt. Eine Verwertung des dem „Inhaberpartner" gehörenden Vermögens kann er nicht verlangen. Verbindlichkeiten sind nur zu berücksichtigen, soweit sie die Gesellschaft betreffen. Um eine Bestimmung der Beteiligungsquote nach Billigkeitsgesichtspunkten auszuschließen, sollte die Quote einvernehmlich festgelegt werden. Fehlt es hieran, gilt § 722 I BGB, wonach jeder Gesellschafter ohne Rücksicht auf Art und Größe seines Beitrags einen gleich hohen Anteil hat. Beweispflichtig für eine höhere Quote ist derjenige, der sie beansprucht. Inwieweit durch Abfindungsregelungen Pflichtteilsansprüche Dritter ausgeschlossen oder zumindest reduziert werden können, ist umstritten (s. nur *Groß* ErbStB 2004, 134, 135; vgl. *OLG Karlsruhe* FamRZ 2007, 823 zu gesellschaftsrechtlichen Ausscheidensklauseln). Zu einem Muster einer Innen-GbR zum Hausbau s. *Wälzholz* ErbR 2011, 226, 231; zu einer GbR mit variablen Beteiligungsverhältnissen s. *von Proff zu Irnich* NotBZ 2010, 73, 77.

24 Von der pauschalen Erteilung gegenseitiger **Vollmachten** ist abzuraten, da sie für den täglichen „Kleinkram" nicht erforderlich sind (a. A. *v. Münch* S. 163) und im Übrigen zu

IV. Einzelprobleme der Vertragsgestaltung

Problemen bei einer späteren Trennung führen können. Der Hinweis im Partnerschaftsvertrag, dass ohne ausdrückliche Bevollmächtigung kein Partner zur Vertretung des anderen berechtigt ist, schützt zwar nicht gegen eine Anscheins- oder Duldungsvollmacht, führt aber im Innenverhältnis zu einer klaren Abgrenzung der Handlungsbefugnisse. Sollte die Erteilung einer Vollmacht gewünscht sein, so kann es sich vor allem bei älteren Partnern empfehlen, den überlebenden Lebensgefährten von der Rechenschaftspflicht gegenüber den Erben des Vollmachtgebers zu befreien (*BGH* NJW-RR 1990, 131; vgl. *AG Bad Mergentheim* FamRZ 2014, 971). Post- und Zustellungsvollmachten (vgl. § 178 Nr. 1 ZPO; s. bereits *BVerwG* DVBl. 2002, 339) sowie Haushaltsführungsvollmachten (vgl. aber *Schreiber* Rn. 130f.) sind wenig praxisrelevant. Anders ist dies bei gegenseitigen „Vollmachten" für medizinische Notfälle, die Totenfürsorge bei einem Versterben des Partners und die Wahrnehmung des postmortalen Persönlichkeitsrechts (vgl. *OLG München* NJW 2002, 305). Der Lebensgefährte wird nämlich – anders als ein Ehegatte oder Lebenspartner – häufig nicht zum Betreuer seines Partners bestellt (vgl. *BayObLG* FamRZ 1998, 1185; *OLG Oldenburg* NJW-RR 1997, 451; *OLG Schleswig* FPR 2002, 277; s. noch unter Geltung des FGG *OLG Karlsruhe* FamRB 2008, 108 zum verneinten Beschwerderecht des Lebensgefährten). Eine diesbezügliche Vollmacht kann allerdings im Rahmen der Sozialhilfe ein Indiz für das Bestehen einer ehe- bzw. lebenspartnerschaftsähnlichen Gemeinschaft (§ 20 S. 1 SGB XII) darstellen. Die dem Partner erteilte Vorsorgevollmacht („Krankheitsvollmacht") muss ferner die Anforderungen der §§ 1904 II und 1906 I, III, IV BGB (schriftliche Erteilung und ausdrückliche Nennung der betreffenden Maßnahmen) beachten. Dem entsprechen ältere Formulierungen meist nicht mehr (vgl. *Müller* DNotZ 1999, 107 und *Grziwotz* http://www.haufe.de/recht/familien-erbrecht/aenderungsbedarf-bei-bestehenden-vorsorgevollmachten_220_168068.html [Stand: 18.4.2013]). Zu beachten ist, dass eine Vorsorgevollmacht, die die persönlichen Angelegenheiten des Lebensgefährten umfasst, mit dessen Tod endet und deshalb nicht zur Totenfürsorge berechtigt. Häufig soll damit aber der Partner betraut werden; insofern empfiehlt sich die ausdrückliche Ermächtigung des Lebensgefährten, das Recht zur Totenfürsorge für den Partner wahrzunehmen.

Formulierungsbeispiel: Vorsorgevollmacht in persönlichen Angelegenheiten 25

Für den Fall meiner Erkrankung oder eines Unfalls ist … (Name, Geburtsdatum, Anschrift des Partners) berechtigt, für mich Erklärungen zu Maßnahmen in Gesundheitsangelegenheiten, insbesondere bei der Einwilligung in eine Untersuchung meines Gesundheitszustandes, in eine Heilbehandlung, einen ärztlichen Eingriff oder sonstige ärztliche Maßnahmen, vor allem eine Medikation, abzugeben, und zwar auch dann, wenn die begründete Gefahr besteht, dass ich aufgrund der Maßnahme sterbe oder einen schweren und länger dauernden gesundheitlichen Schaden erleide. Gleiches gilt für die Nichteinwilligung oder den Widerruf der Einwilligung in eine Untersuchung meines Gesundheitszustandes, eine Heilbehandlung oder einen ärztlichen Eingriff, auch wenn die Maßnahme medizinisch angezeigt ist und die begründete Gefahr besteht, dass ich aufgrund des Unterlassens oder des Abbruchs der Maßnahme sterbe oder einen schweren oder länger dauernden gesundheitlichen Schaden erleide. Auch die Einwilligung in eine ärztliche Maßnahme, die meinem natürlichen Willen widerspricht (ärztliche Zwangsmaßnahme), darf er/sie erklären. Er/Sie darf sich auch umfassend über meinen Gesundheitszustand informieren. Die behandelnden Ärzte werden insoweit von ihrer Schweigepflicht entbunden. Im vorbezeichneten Umfang erteile ich hiermit dem/der Vorbezeichneten Vollmacht. Diesem/Dieser steht auch das Recht zur Totenfürsorge für mich und die Wahrnehmung meines postmortalen Persönlichkeitsrechts zu; insbesondere hat er/sie das Recht, über die Art meiner Bestattung und den Ort der letzten Ruhestätte zu entscheiden.

4. Vermögenszuordnung, Aufwendungen, Zuwendungen und Verbindlichkeiten

26 Der Gesetzgeber knüpft an eine Eheschließung keine automatische Güter- oder Errungenschaftsgemeinschaft. Gleiches gilt für die Vermögenszuordnung bei Begründung einer eingetragenen Lebenspartnerschaft. Es gibt keinen Grund, bei faktischen Lebensgemeinschaften durch den umfassenden Erwerb sämtlicher Vermögensgegenstände zu Miteigentum oder durch die Bildung von Gesamthandseigentum eine stärkere Bindung herbeizuführen (a. A. noch *de Witt/Huffmann*, Nichteheliche Lebensgemeinschaft, 2. Aufl. 1986, Rn. 154; zu den Eigentumsverhältnissen bei Haushaltsgegenständen s. *OLG Düsseldorf* MDR 1999, 233; *OLG Hamm* FamRZ 2003, 529). Dies belegt auch die Nichtanwendbarkeit der Eigentums- und Gewahrsamvermutung der § 1362 BGB, § 739 ZPO auf nichteheliche bzw. nicht eingetragene Lebensgemeinschaften (*BGH* DNotZ 2007, 386; vgl. *Löhnig/Würdinger* FamRZ 2007, 1856). Gerade bei kurzfristigen (Probe-)Partnerschaften sollten die beiderseitigen **Vermögenswerte getrennt** bleiben, um eine spätere Auseinandersetzung nicht zu erschweren. Für Ausnahmen von diesem Grundsatz kann man das Erfordernis einer ausdrücklichen Vereinbarung aufstellen.

27 **Formulierungsbeispiel: Vermögenstrennung**

> Das in unsere Lebensgemeinschaft von uns eingebrachte Vermögen soll in jedem Fall getrennt bleiben. Die Anschaffung von Gegenständen erfolgt nur dann zu gemeinschaftlichem Eigentum, und zwar zu Miteigentum jeweils zur Hälfte, wenn dies beim Erwerb ausdrücklich vereinbart wird; zu Beweiszwecken ist dies – außer bei Grundbesitz – in einem Vermögensverzeichnis festzuhalten. Das Verzeichnis begründet die Vermutung der Richtigkeit und Vollständigkeit. Ein Gegenbeweis ist jedoch nicht ausgeschlossen.

28 **Aufwendungen** auf Gegenstände des Partners und **Zuwendungen** an ihn stellen in erster Linie kein eigentumsrechtliches Problem, sondern ein solches der späteren Abwicklung der Gemeinschaft bei einer Trennung dar (zur schenkungsteuerrechtlichen Problematik s. *BFH* ZEV 1999, 118). Es gilt die oben (Rn. 11) dargestellte Ausgleichssystematik, wonach die Zuwendungen für den täglichen Bedarf nicht ausgeglichen werden. Ferner ist davon auszugehen, dass im Zeitpunkt der Weggabe ein Ausgleich meist nur dann gewünscht wird, wenn es sich um wesentliche Beiträge handelt. Da die Abgrenzung zu „Gelegenheitszuwendungen" im Einzelfall schwierig sein kann, sollte den Beteiligten bei Geldleistungen der Abschluss eines Darlehensvertrages empfohlen werden (ebenso *Brambring* FamFR 2013, 96), bei anderen Leistungen (z. B. Arbeitsleistungen beim Hausbau) eine schriftliche „Erstattungsvereinbarung". Dies gilt entsprechend für die Mitarbeit eines Partners im Betrieb des anderen; in diesem Fall sollte schon wegen der sozialen Absicherung dringend zu einem Arbeitsverhältnis geraten werden. Erfolgen zwischen Partnern ausnahmsweise echte **Schenkungen,** sollte beiden Teilen klar sein, dass der Grundsatz „geschenkt ist geschenkt" gilt (*OLG Hamm* FamRZ 2001, 546 zum Widerruf bei wiederholten Beleidigungen und Bedrohungen). Damit wird vermieden, dass bei einer Trennung emotionale Beziehungsprobleme auf der vermögensrechtlichen Ebene ausgetragen werden (AK-BGB/*Münder* Anh. § 1302 Rn. 11). Zu beachten ist, dass bei einer echten Schenkung ein Verzicht auf das Widerrufsrecht wegen groben Undanks (§ 530 BGB) erst nach dessen Bekanntwerden zulässig ist (§ 533 BGB). Auch die Rechtsprechung zu den lebensgemeinschaftsbedingten Zuwendungen geht davon aus, dass es zu berücksichtigen ist, dass es der leistende Partner „in guten Tagen" für richtig gehalten hat, die Zuwendung zu machen. Ein gleichsam automatischer Ausgleich findet somit nicht statt.

IV. Einzelprobleme der Vertragsgestaltung

Im Zusammenhang mit Immobilienkaufverträgen ergeben sich in der notariellen Praxis häufig Probleme mit zusammenlebenden Partnern. Diese müssen zunächst prüfen, wer kaufen soll. Sind dies beide Lebensgefährten, kann das Miteigentumsverhältnis entsprechend der wirtschaftlichen Beteiligung gewählt werden; allerdings können sich später Änderungen, z. B. durch eine Arbeitslosigkeit, einem besseren Verdienst oder die Einschränkung der Erwerbstätigkeit wegen einer Familienarbeit, ergeben. Eine Alternative ist der Erwerb durch eine aus den Lebensgefährten gebildete BGB-Gesellschaft mit festen oder variablen Beteiligungsquoten (ausführlich *von Proff zu Irnich* NotBZ 2010, 73, 77). Der gemeinsame Erwerb einer Immobilie kann jedoch zum Verlust nachehelicher bzw. nachpartnerschaftlicher Unterhaltsansprüche führen, da der gemeinsame Hauskauf „eheersetzenden Charakter" haben kann (*OLG Karlsruhe* FamRZ 2006, 706; *OLG Saarbrücken* FPR 2009, 430). In vielen Fällen erwirbt nur ein Partner, insbesondere beim Vorhandensein von erstehelichen Kindern, die den neuen Partner (begründet oder unbegründet) ablehnen. Der mitfinanzierende Partner kann in diesem Fall durch einen Darlehensvertrag, die Vereinbarung eines Ausgleichs bei einer Trennung oder eine Innengesellschaft gesichert werden; dabei können auch mehrere Alternativen kombiniert werden (zur Innengesellschaft mit einem atypischen Darlehen s. *Wälzholz* ErbR 2011, 226, 231). Mitzuberücksichtigen sind beim Erwerb bereits das Versterben eines Partners und gegebenenfalls auch die spätere Schlusserbfolge. Teilweise spielen auch Förderungen einschließlich Arbeitgeberdarlehen hinsichtlich des Erwerbsverhältnisses eine Rolle. Im Rahmen der **Mitfinanzierung des Immobilienerwerbs** kann mit den Beteiligten ferner der Fall der Trennung erörtert werden. Mitunter werden beim Erwerb von Immobilien durch Lebensgefährten ein standardmäßiger Ausschluss des Rechts, die Aufhebung der Miteigentümergemeinschaft zu verlangen, ausgenommen aus wichtigem Grund, Nutzungsvereinbarungen bei einer Trennung und Vorkaufsrecht empfohlen (vgl. Albrecht/*Hertel*/Kesseler, Aktuelle Probleme der notariellen Vertragsgestaltung im Immobilienrecht 2009/2010, S. 82 ff.). Der Ausschluss der Auseinandersetzung soll ähnlich dem Trennungsjahr bei einer Scheidung oder Lebenspartnerschaftsaufhebung (§ 1566 BGB, § 15 II Nr. 1 LPartG) eine jederzeit mögliche Teilungsversteigerung verhindern (vgl. Kersten/Bühling/*Zimmermann* § 91 Rn. 16). Die Praxis zeigt, dass viele Paare dies (nicht zu Unrecht) als Überreglementierung empfinden, da auch bei Ehegatten und eingetragenen Lebenspartnern die Auseinandersetzung, abgesehen von der kaum praktisch werdenden Vorschrift des § 180 III ZVG, nur bis zur Scheidung oder Lebenspartnerschaftsaufhebung hinausgeschoben ist und bei ihnen niemand Vorkaufsrechte etc. diskutiert. Selbst bei Alterslebensgemeinschaften ohne sexuelle Beziehungen geben sie kaum Sinn, wenn wegen eines Zerwürfnisses die gegenseitige Versorgung und Unterstützung zum Verbleiben in den „eigenen vier Wänden" nicht mehr funktionieren. Ein Hinweis auf diesbezügliche Regelungsmöglichkeiten kann, auch wenn er nicht geboten ist, sinnvoll sein. Schwerpunkt der Vertragsgestaltung ist das Versterben eines Partners (vgl. Rn. 41 ff.)

28a

Formulierungsbeispiel: Keine Miteigentümervereinbarung 28b

Die Vereinbarung einer Benutzungsregelung, von gegenseitigen Vorkaufsrechten sowie des Ausschlusses des Rechts, die Aufhebung der Gemeinschaft, eventuell auch zeitlich begrenzt, zu verlangen, wird seitens der Erwerber nicht gewünscht.

Zur Sicherung des mitfinanzierenden Lebensgefährten stehen als grundsätzliche Alternativen das „Darlehensmodell" und das „Zugewinnmodell" zur Verfügung, falls ein Ausgleich gewünscht wird (zur Schenkungsteuerpflicht bei der Immobilienfinanzierung durch nichteheliche Partner s. *Schlünder/Geißler* ZEV 2007, 64; *Weimer* ZEV 2007, 316). Entsprechen die Beiträge des Nichteigentümerpartners der halben Miete einer ent-

28c

sprechenden Immobilie und tragen auch sonst beide Partner die Kosten der Lebens- und Haushaltsführung gemeinsam, kann es auch ausreichend sein, dass lediglich zu einer Streitvermeidung klargestellt wird, dass ein entsprechender Ersatzanspruch nicht bestehen soll. Im Rahmen des „Darlehensmodells" soll der Zuwendende den geleisteten Geldbetrag erstattet erhalten. Im Hinblick auf die Mitnutzung der Immobilie wird meist keine Verzinsung vereinbart (a. A. *Brambring* FamFR 2013, 96, der stets von einem verzinslichen Darlehen ausgeht; zur Schenkungsteuerpflicht s. *BFH* ZEV 2014, 267). Mitunter wird lediglich der bei einer anderweitigen Anlage (z. B. Festgeldkonto) entgangene Zins vereinbart. Die Verpflichtung zur Rückzahlung muss einerseits das Interesse des finanzierenden Partners daran berücksichtigen, dass er beim Auszug den Darlehensbetrag zur Anmietung oder einer eventuellen Anschaffung einer Immobilie benötigt. Umgekehrt hat der andere Partner die Mitzahlung seines Lebensgefährten meist im Rahmen der Finanzierung zumindest insoweit eingerechnet, als ihm eine sofortige Rückzahlung aus Eigenmitteln nicht möglich sein wird. Die Rückerstattung der bezahlten Beträge wird zudem beim Tod des mitfinanzierenden Partners meist entsprechend der Wertung in § 1301 S. 2 BGB, § 1 IV 2 LPartG nicht gewünscht (ebenso *BGH* NJW 2010, 998; *OLG Naumburg* NJW-RR 2010, 224; Rn. 46a). Anders kann dies beim Tod des Eigentümerpartners sein, wenn Personen erben, deren Vermögen der mitfinanzierende Partner nicht vermehren möchte.

28d **Formulierungsbeispiel: Darlehen**

... hat ... einen Betrag in Höhe von ... EUR zur Anschaffung der in ...straße Nr. ... gelegene Eigentumswohnung zur Verfügung gestellt. Eine Verzinsung hat im Hinblick darauf, dass wir die Kosten unseres Zusammenlebens gemeinsam bestreiten und wir die Wohnung gemeinsam nutzen, nur bei Verzug mit der Rückzahlung zu erfolgen. Der Geldbetrag ist zurückzuzahlen, wenn ..., die Alleineigentümerin der Eigentumswohnung ist, als erste von uns beiden verstirbt, und zwar innerhalb eines Monats nach ihrem Tod. Sollte hingegen ... als erste von uns beiden versterben, hat eine Rückerstattung nicht zu erfolgen (Hinweis: eine zusätzliche vermächtnisweise Zuwendung durch eine Verfügung von Todes wegen ist empfehlenswert). Bei einer Trennung, wobei hierfür ausreichend ist, dass ein Partner gegenüber dem anderen erklärt, dass er die Lebensgemeinschaft nicht mehr fortsetzen möchte, soll der Ausgleich nach den §§ 705 ff. BGB analog hinsichtlich der vorbezeichneten Eigentumswohnung durchgeführt werden. ... ist jedoch berechtigt, den Ausgleichsanspruch dadurch zu erfüllen, dass sie statt einer Geldzahlung einen Hälftemiteigentumsanteil an der vorbezeichneten Eigentumswohnung unter Ausschluss der Rechte wegen Sachmängel, soweit gesetzlich zulässig, auf ... überträgt (ggf. Regelung der weiteren Einzelheiten der Übertragung, wobei zu berücksichtigen ist, dass beide Vertragsteile wirtschaftlich auch bisher die Lasten gemeinsam getragen haben). Die Kosten der Übertragung einschließlich etwa anfallender Steuern haben beide Vertragsteile je zur Hälfte zu tragen. ... kann von diesem Recht nur innerhalb eines Monats nach Feststellung des von ihr zu leistenden Ausgleichsbetrages durch schriftliche Erklärung gegenüber ... Gebrauch machen, wobei für die Rechtzeitigkeit der Zugang bei dieser maßgeblich ist. Ist diese innerhalb von zwei Monaten nach Zugang dieser Erklärung nicht bereit, die Übertragung anzunehmen, so entfällt ihr Ausgleichsanspruch /reduziert sich ihr Ausgleichsanspruch auf ...

28e Beim „Zugewinnausgleichsmodell" ist der mitfinanzierende Partner an den Vermögenssteigerungen, aber auch am Wertverlust einer Immobilie beteiligt. Der „Zugewinnausgleich" wird gleichsam beschränkt auf ein bestimmtes Objekt durchgeführt. Diese wertmäßige Beteiligung entsprechend den Regeln der BGB-Gesellschaft kann unbillig sein, wenn beispielsweise beim Neubau eines Hauses auf einem Grundstück des Partners zunächst ein Wertverlust eintritt, da der Verkehrswert unter den Anschaffungskosten

IV. Einzelprobleme der Vertragsgestaltung

liegt, was häufig in strukturschwachen Regionen der Fall ist. Insofern kann auch diesbezüglich eine differenzierte Lösung erfolgen. Beide Modelle können dazu kombiniert werden. So kann beispielsweise bei einer zeitlich schnellen Trennung nach der Leistung eine Rückerstattung des hingegebenen Geldbetrages erfolgen, während nach einem längeren Zusammenleben eine wertmäßige Beteiligung durchgeführt wird. Auch hinsichtlich der Beendigungsgründe, Tod und Trennung, kann unterschieden werden (vgl. zu einer entsprechenden Formulierung oben Rn. 28d und *Grziwotz*, Partnerschaftsvertrag, S. 114 f.).

Die frühere Rechtsprechung, die Ausgleichsansprüche auch bei der Mitfinanzierung **28f** größerer Vermögenswerte im Rahmen des Zusammenlebens verneinte, schützte vor allem den haushaltsführenden und kinder- bzw. partnerbetreuenden Lebensgefährten. Dies betraf zum einen die Trennung, bei der nur die Geldzahlungen, nicht aber die Familienarbeit berücksichtigt werden. Zum anderen wurde dieser Partner aber auch beim Tod des erwerbstätigen Lebensgefährten vor Ausgleichs- und Pflichtteilsergänzungsansprüchen der (Noch-)Ehefrau bzw. zwischenzeitlich auch des (Noch-)Lebenspartners sowie von Kindern aus anderen Beziehungen oder der Eltern des Verstorbenen geschützt. Wegen der nunmehrigen Praxis der Gerichte, die bei der Schaffung von Vermögenswerten mit erheblicher wirtschaftlicher Bedeutung bei Beendigung der Lebensgemeinschaft Ausgleichsansprüche in weiterem Umfang bejahen (vgl. Rn. 11), kann auch ein **Ausschluss** derartiger Ansprüche zum (teilweisen) Schutz des weniger verdienenden Partners, der aber andere Leistungen im Rahmen der Lebensgemeinschaft erbringt, gewünscht sein (opting-out). Ist Grundlage dieser Vereinbarung eine von den Partnern angenommene Gleichwertigkeit der Leistungen im Rahmen des Zusammenlebens (z. B. Mitarbeit beim Hausbau einerseits sowie Haushaltsführung und Pflegeleistungen andererseits), sollte dies klargestellt werden, um eventuelle Pflichtteilsergänzungsansprüche möglichst zu vermeiden. Allerdings kommt es insoweit nicht auf die Einschränkung der Partner an, sondern auf den objektiven Wert der Leistungen. Ausschlusserklärungen führen scheinbar zu einer rechtsfolgenlosen Lebensgemeinschaft (s. dazu *Dethloff*, FS Franke, 2008, S. 81, 97). Der Verzicht auf Ausgleichsansprüche des erwerbstätigen oder vermögenden Partners kann allerdings auch den Partner schützen, der seine Erwerbstätigkeit wegen einer Familienarbeit einschränkt.

Gemeinsame Kreditaufnahmen als Gesamtschuldner, durch Schuldbeitritt oder durch **29** eine **Bürgschaft** für ein Darlehen des Partners (zur Sittenwidrigkeit einer Mitverpflichtung *BGH* DNotZ 2001, 684 und DB 2002, 1367), sind wegen der im Außenverhältnis auch bei einer Trennung bestehen bleibenden Haftung zu vermeiden. Vorgeschlagene Freistellungsverpflichtungen eventuell mit Stellung einer Sicherheit scheitern typischerweise meist aus wirtschaftlichen Gründen. Im Verhältnis der Partner spielen wiederum die Fragen der Rückerstattung geleisteter Zahlungen bei einer Trennung, eines etwaigen Rückgriffsanspruchs des Bürgen eine Rolle und der Ausgleichspflicht von Gesamtschuldnern (*OLG Hamm* NJW-RR 1989, 624 und FamRZ 2001, 95). Es gelten hier die vorstehenden Ausführungen zum Ersatz von Aufwendungen entsprechend. Es kommt somit darauf an, ob die Verbindlichkeiten der Deckung des täglichen Bedarfs dienten, dann sollen mangels anders lautender Vereinbarungen keine Erstattung und kein Rückgriff erfolgen. Ein vertraglicher Erstattungs- und/oder Freistellungsanspruch bietet sich dagegen an, wenn eine Kreditaufnahme allein im Interesse eines Partners erfolgt ist. Dann kann es unerheblich sein, ob ein Vermögenswert von erheblicher wirtschaftlicher Bedeutung kreditweise finanziert wird oder nur eine andere Anschaffung für einen Partner (vgl. *OLG Koblenz* NJW-RR 1998, 1227; vgl. auch *OLG Celle* NJWE-FER 2000, 208).

| 30 | **Formulierungsbeispiel: Zuwendungen** |

> Zuwendungen an den Partner dienen grundsätzlich der Verwirklichung unserer Lebensgemeinschaft und sind nach deren Beendigung nicht zurückzuerstatten; dies gilt, soweit nicht ein zwingendes Widerrufsrecht besteht, ebenso für echte Schenkungen. Aufwendungen im Zusammenhang mit Anschaffungen und Dienstleistungen zur Führung des gemeinschaftlichen Haushaltes werden als gleichwertig angesehen; eine Erstattung erfolgt auch nach unserer Trennung nicht. Rückforderungsrechte und Ausgleichsansprüche bedürfen einer ausdrücklichen Vereinbarung; zwingende gesetzliche Bestimmungen bleiben unberührt.

5. Haushalts- und Wohngemeinschaft

31   Die **Rollenverteilung,** aber auch Einzelheiten der **Haushaltsführung** sind einer Regelung zugänglich (vgl. BGHZ 104, 113, 116; a.A. noch *Hausmann,* Nichteheliche Lebensgemeinschaften und Vermögensausgleich, 1989, S. 90). Ein Erwerbsschaden i.S.d. § 843 I BGB setzt eine vertragliche Regelung der Haushaltsführung voraus (*OLG Düsseldorf* NJW-RR 2006, 1535; *KG* NJW-RR 2010, 1687; zum verneinten Erwerbsschaden bei fehlender Regelung *OLG Nürnberg* MDR 2006, 93; *OLG Celle* FamFR 2009, 72). Die Führung einer gemeinsamen Kasse, in die monatlich bestimmte Beträge eingelegt und aus der die laufenden Ausgaben bestritten werden, kann mitunter zweckmäßig sein. Da derartige Vereinbarungen von einem bestimmten aktuellen wirtschaftlichen Zuschnitt einer Partnerschaft ausgehen, bedürfen sie einer Ergänzung durch Anpassungs- oder Kündigungsregeln. Auf die Problematik des § 733 II 3 BGB bei einer Rückabwicklung wurde bereits hingewiesen (Rn. 23). Eine Abrechnung von Haushaltstätigkeiten sollte im Übrigen möglichst vermieden werden. Die gesetzlichen Bestimmungen (§§ 1361a, 1568b BGB, §§ 13, 17 LPartG) finden bei einer Trennung keine entsprechende Anwendung (*OLG Hamm* FamRZ 2005, 2085 zur früheren Hausratsverordnung). Bei Miteigentum erfolgt die Auseinandersetzung nach den diesbezüglichen Regeln (zu Haustieren vgl. *AG Walsrode* NJW-RR 2004, 365).

32   Die beim **gemeinsamen Wohnen** auftretenden Rechtsprobleme betreffen in erster Linie drei Fragenkreise: Um entsprechend zur Ehe einen Schutz des „räumlich-gegenständlichen" Bereiches der Lebensgemeinschaft zu gewährleisten, ist eine Vereinbarung denkbar, wonach die **Aufnahme Dritter** in die gemeinsame Wohnung nur mit Zustimmung beider Partner zulässig ist (ebenso *Langenfeld* in: Münchener Vertragshandbuch, Bd. 6, S. 703 u. 713; für unzulässig hält derartige Klauseln *Sandweg* BWNotZ 1990, 49, 54); dies darf allerdings dem eventuell noch bestehenden Schutz einer Ehe- oder Lebenspartnerschaftswohnung nicht widersprechen. Zur Vermeidung des Risikos, innerhalb kurzer Zeit „auf die Straße gesetzt zu werden" (zur Räumungsklage *OLG Brandenburg* NZM 2011, 135), bedarf es keines mit beiden Partnern abgeschlossenen Mietvertrages, der zu einer gemeinsamen Haftung für die Miete auch nach einer Trennung führt (zur Freistellungsverpflichtung beim Auszug eines Partners s. *OLG Düsseldorf* FamRZ 1998, 739; teilw. abw. *LG Koblenz* FamRZ 2001, 95; vgl. auch *OLG Dresden* FamRZ 2003, 158; *OLG Brandenburg* MietRB 2008, 3; *LG Oldenburg* FamRZ 2008, 155; *Engel* MietRB 2007, 326; *Schrader* NZM 2010, 257), sondern nur einer angemessenen **Schonfrist zur Wohnungssuche** oder – bei beengten räumlichen Verhältnissen – einer Regelung für die Mehrkosten eines Zimmers in einer Pension. Bei Gewalttätigkeiten kann ein gem. § 2 I GewSchG ein Anspruch auf Überlassung einer gemeinsam genutzten Wohnung bestehen (vgl. *Brudermüller* WuM 2003, 250, 254 und *Schumacher* WuM 2002, 420, 421).

| 33 | **Formulierungsbeispiel: Aufnahme Dritter** |

> Zur Aufnahme dritter Personen in den gemeinsamen Haushalt ist unabhängig von den besitz- und eigentumsrechtlichen Vorschriften hinsichtlich der von uns benutzten Wohnung die Zustimmung beider Partner erforderlich.

IV. Einzelprobleme der Vertragsgestaltung

> **Formulierungsbeispiel: Wohnungsmitbenutzung** 34
>
> Herr X gestattet Frau Y die Mitbenutzung der von ihm allein gemieteten Wohnung in Z-Stadt, A-Straße. Frau Y hat sich an der Miete inklusive Heizung, Warm- und Kaltwasser, Strom und den sonstigen Nebenkosten sowie den Schönheitsreparaturen zur Hälfte zu beteiligen.
> Das Nutzungsrecht kann jederzeit mit einer Frist von … Wochen widerrufen werden. In diesem Fall ist es Frau Y ab dem Zugang der Widerrufserklärung bis zum Ablauf der Frist gestattet, ihr derzeitiges Arbeitszimmer allein zu bewohnen, die dem gemeinschaftlichen Gebrauch dienenden Räume mitzubenutzen und die von ihr eingebrachten Gegenstände wie bisher in der Wohnung zu belassen; die Kostenbeteiligung bleibt bis zum Auszug bestehen.

Schließlich besteht das Bedürfnis, die gemeinsame Wohnung dem Überlebenden **beim** 35 **Tode eines Partners** zu erhalten. Beim gemeinsamen Mietverhältnis sieht dies § 563a I BGB vor. Beim Tod des „Mieter-Lebensgefährten" tritt der andere neben anderen Familienangehörigen in das Mietverhältnis ein (§ 563 II 4 BGB). Dagegen erlischt ein dingliches Wohnungsrecht beim Tode des berechtigten Partners (§§ 1093, 1090 II, 1061 S. 1 BGB); eine gewisse Abhilfe – außer im Falle des Einvernehmens mit dem Eigentümer – lässt sich über ein Verschaffungsvermächtnis erreichen. Ein gemeinschaftliches Wohnungsrecht für den Eigentümer und den Lebensgefährten zur gemeinsamen Nutzung ist nicht im Grundbuch eintragbar (*OLG München* DNotZ 2012, 778 betrifft ein Wohnungsrecht, bei dem der Eigentümer erst nach Veräußerung der Immobilie nutzungsberechtigt wird). Sind Partner gemeinsam Eigentümer einer Immobilie, so ist eine Miteigentümervereinbarung über die Benutzung und den Ausschluss des Rechts, die Aufhebung der Gemeinschaft zu verlangen, denkbar. Allerdings bietet sie wegen der zwingenden Kündigung aus wichtigem Grund (vgl. aber *BGH* FamRZ 2004, 94 zu einer auch für den Fall der Trennung getroffenen Vereinbarung) und der Rechte von Gläubigern (§ 751 S. 2 BGB) nur begrenzten Schutz. Die Bestellung eines Wohnungsrechts (*LG Lüneburg* NJW-RR 1990, 1037) oder eines Nießbrauchs gibt mehr Sicherheit, führt aber häufig zu nicht unerheblichen Schenkung- bzw. Erbschaftsteuern. Deshalb sollten diese Rechte erst nach dem Tod des Eigentümerpartners eingeräumt, d. h. vermächtnisweise zugewandt werden. Soll der Partner auch bei Unterbringung des Eigentümers in einem Pflegeheim unentgeltlich im Haus bleiben dürfen, sollte dies durch eine Leihe oder eine Anweisung an den Betreuer sichergestellt werden (vgl. *BGH* FamRZ 2008, 1404).

Das Zusammenleben führt zu einer gewissen „Schadensgeneigtheit". Deshalb hat der 36 Gesetzgeber bei engen persönlichen Beziehungen eine **Beschränkung der gegenseitigen Haftung** auf die diligentia quam in suis vorgesehen (§§ 708, 1359, 277 BGB, § 4 LPartG). Eine entsprechende Regelung dient der Klarstellung (zur analogen Anwendung s. *OLG Oldenburg* NJW 1986, 2259; zum Familienprivileg des § 116 VI 1 SGB X, § 86 III VVG s. *BGH* NJW 2009, 2062; 2011, 3715; BeckRS 2013, 04308; *OLG Köln* FamFR 2012, 360).

> **Formulierungsbeispiel: Haftungsbeschränkung** 37
>
> Wir haften für Schäden des Partners, die auf einer Handlung beruhen, die im Rahmen unseres Zusammenlebens erfolgt, nur für diejenige Sorgfalt, welche wir in eigenen Angelegenheiten anzuwenden pflegen (§ 277 BGB).

6. Unterhalt und Versorgung des Partners

Das gesetzliche Modell der unterhalts- und versorgungsausgleichsrechtlichen Beziehungen zwischen Ehegatten und eingetragenen Lebenspartnern darf nicht pauschal auf 38 das faktische Zusammenleben übertragen werden. Ein Regelungsbedarf besteht bei gleich- und verschiedengeschlechtlichen Paaren nur, wenn ein Partner gemeinschaftsbedingt auf eine eigene Erwerbstätigkeit verzichtet. § 1615l BGB gewährt – unabhängig vom Bestehen einer Lebensgemeinschaft – der Mutter bei der Geburt eines gemeinschaftlichen Kindes einen gesetzlichen Unterhaltsanspruch. Der Anspruch auf Unterhalt wegen der Pflege oder Erziehung des Kindes steht neben der Mutter auch dem Vater zu, wenn er das Kind betreut (vgl. *BGH* NJW 2010, 937; *Gerhardt* FuR 2010, 61 und *Dose* FPR 2012, 129). Der Anspruch besteht auch nach einer Trennung, wenn der das Kind betreuende Elternteil zwischenzeitlich mit einem neuen Partner zusammenlebt (*OLG Nürnberg* MDR 2011, 169). Weitergehende **vertragliche Unterhaltspflichten** sind zulässig (*BGH* NJW 1986, 374; vgl. auch *OLG Köln* FamRZ 2001, 1608 und *Schreiber* FPR 2010, 387). Beginn und Ende sind genau festzulegen (vgl. *OLG Koblenz* NJW-RR 2007, 293 zum Ende der Unterhaltspflicht bei „Finden eines neuen Partners"). Auch das Verhältnis zu § 1615l BGB darf bei Paaren mit gemeinsamen Kindern nicht unberücksichtigt bleiben. Es gibt zivilrechtlich auch keinen Grund, die Zeit während des Bestehens der Gemeinschaft ausdrücklich auszuklammern (a. A. *Lieb* A 82), da auch § 1360 BGB und § 5 LPartG während einer funktionierenden Ehe und Lebenspartnerschaft einen durchsetzbaren Anspruch gewähren. Allerdings ist die Zusage einer Unterhaltsrente schenkungsteuerpflichtig (anders als laufende Zahlungen, § 13 I Nr. 12 ErbStG), sofern nicht ausnahmsweise von vornherein feststeht, dass der Begünstigte nie aus eigenen Mitteln seinen Lebensunterhalt wird bestreiten können (zur einkommensteuerrechtlichen Berücksichtigung *BFH* DStR 2008, 1963).

39 Faktischen Partnern ist der Versorgungsausgleich im Wege des Wertausgleichs versperrt (*BVerfG* NJW 2005, 1709; 2011, 1663; *BVerwG* NJW 2000, 2038; s. aber zum OEG *BVerfG* NJW 2005, 1413). Eine Regelung, die sich an den schuldrechtlichen Ausgleichszahlungen (sog. früherer schuldrechtlicher Versorgungsausgleich) orientiert, gewährt dem Berechtigten keinen eigenen **Rentenanspruch**. Diesen Nachteil vermeiden private Kapitallebensversicherungen mit Rentenwahlrecht und die freiwillige Versicherung in der gesetzlichen Rentenversicherung (zur steuerlichen Behandlung einer Hinterbliebenenversorgung der Lebensgefährtin eines GmbH-Geschäftsführers s. *BFH* BStBl. 2001 II 204; vgl. auch *BMF* DStR 2002, 1352). Die Beitragszahlung darf allerdings nicht mit der Trennung enden, sondern muss an die Bedarfslage (z. B. die Betreuung eines von einem Partner aufgrund eines gemeinsamen Entschlusses einseitig adoptierten Kindes) anknüpfen.

7. Gemeinschaftliche Kinder und „Stiefkinder"

40 Die Rechtsprobleme, welche **gemeinschaftliche Kinder** nicht verheirateter Paare früher aufwarfen, sind bereits seit der Reform des Kindschaftsrechts weitgehend entfallen (vgl. *Michelmann* DSWR 2002, 191). Die Eltern können Sorgeerklärungen zur Übernahme der gemeinsamen elterlichen Sorge abgeben (vgl. Kap. B V. Rn. 29 ff.). Dies kann auch in einer Elternvereinbarung erfolgen (*BGH* FamFR 2011, 213; zu Teilbereichen s. *BGH* MDR 2014, 283). Fraglich ist, inwieweit das Umgangsrecht vertraglich geregelt werden kann. Jedenfalls darf durch eine Vereinbarung im Partnerschaftsvertrag das Recht des Kindes auf Umgang mit beiden Eltern nicht beeinträchtigt werden (vgl. Kap. B V. Rn. 41). Auch ohne gemeinsame Sorgeerklärungen kann der (rechtliche) Vater des Kindes eine gemeinsame Sorge durch Entscheidung des Familiengerichts erhalten (§ 1626a I Nr. 3 BGB; vgl. *EGMR* NJW 2010, 501; *BVerfG* NJW 2010, 3008). Zum Geburtsnamen des Kindes kann bei gemeinsamer Sorge durch Erklärung gegenüber dem Standesbeamten der Name, den der Vater oder die Mutter zur Zeit der Erklärung führen, bestimmt werden. Auch wenn keine gemeinsame elterliche Sorge besteht und die Partner darüber einig sind, kann dem unverheirateten Kind der Name des nicht sorgeberechtigten Elternteils erteilt werden. Wird schließlich später eine gemeinsame Sorge der Eltern

IV. Einzelprobleme der Vertragsgestaltung   B IV

begründet, so kann der Name des Kindes binnen drei Monaten nach der Begründung der gemeinsamen Sorge neu bestimmt werden (vgl. §§ 1617 ff. BGB). Eine Kombination aus den Namen des Vaters und der Mutter ist allerdings nicht gestattet. Hinsichtlich des Unterhaltsanspruchs des Kindes gelten die allgemeinen Grundsätze des Verwandtenunterhalts. Ein Vertrag zwischen den Partnern, mit dem ein (zusätzlicher) **vertraglicher Unterhaltsanspruch** zugunsten des Kindes begründet wird, ist zulässig (vgl. *Stollenwerk* FPR 2005, 83). Kinderbetreuungskosten (§§ 4 f, 9c EStG a. F., § 10 I Nr. 5 EStG) kann nur derjenige Lebensgefährte von der Steuer absetzen, der den Betreuungsvertrag schließt und das Entgelt entrichtet; ein Zuordnungswahlrecht, das Regelungsmöglichkeiten im Partnerschaftsvertrag gäbe, besteht nicht (*BFH* DStR 2011, 560 zu § 4 f EStG a. F.).

Hinsichtlich der Kinder eines Partners, die in die Lebensgemeinschaft aufgenommen **40a** sind und wie gemeinschaftliche Kinder aufwachsen, besteht nach § 1685 II BGB ein Umgangsrecht (*BGH* NJW-RR 2005, 729; a. A. zu § 1685 II BGB a. F. noch *OLG Bamberg* NJWE-FER 1999, 205; *OLG Hamm* NJW 2000, 2684 und *OLG Oldenburg* NJW-RR 2003, 1092). Eine Übernahme tatsächlicher Verantwortung ist nämlich in der Regel anzunehmen, wenn der Lebensgefährte längere Zeit mit dem Kind in häuslicher Gemeinschaft gelebt hat. Ausreichend ist ein Zusammenleben von über einem Jahr. Bestand ausnahmsweise keine sozial-familiäre Beziehung, ist zu prüfen, ob ein Umgangsrecht für den Fall einer Trennung vereinbart werden kann. Jedenfalls dürfen dadurch die Rechte anderer umgangsberechtigter Personen nicht beeinträchtigt werden. Der sorgeberechtigte Elternteil kann für den Fall seines Todes durch einseitige, jederzeit widerrufliche Verfügung von Todes wegen den Partner als (ggf. befreiten) Vormund für den Fall benennen, dass nicht der andere Elternteil die elterliche Sorge erhält. Auch Unterhaltsansprüche zugunsten von (unechten) „**Stiefkindern**" können vertraglich geregelt werden. Wird ein derartiger Anspruch zugunsten eines „Stiefkindes" vereinbart, sollte er mit einer Trennung enden, falls nicht eine die Trennung überdauernde soziale Elternschaft gewünscht ist. Auf die Schenkungsteuerpflicht ist zu achten.

8. Verfügungen von Todes wegen

Bei Verfügungen von Todes wegen sind neben dem fehlenden Ehegatten- bzw. Lebens- **41** partnererbrecht- und -pflichtteilsrecht sowie der erbschaftsteuerlichen Belastung auch die Probleme zu beachten, die sich bei älteren Verfügungen von Todes wegen noch aus der Nichtehelichkeit gemeinschaftlicher Kinder ergeben können. Zwar werden im Rahmen der gesetzlichen Erbfolge nichteheliche Kinder den ehelichen Kindern gleichgestellt (vgl. *EGMR* FamRZ 2009, 1293; *BGH* NJW 2012, 231). Besteht jedoch ein Testament des Mannes oder seiner Eltern, in dem **nichteheliche Abkömmlinge** von der Erbfolge ausgeschlossen wurden („Ersatzerben sind die Abkömmlinge von ..., jedoch mit Ausnahme nichtehelicher Abkömmlinge von männlichen Nachkommen"), kann dies zu ungewollten Enterbungen der (erwünschten) Kinder aus der Lebensgemeinschaft führen. Auslegungsprobleme können sich auch bei Wiederverheiratungsklauseln (vgl. *LG Deggendorf* NJWE-FER 2001, 216) und im Hinblick auf eine Bindungswirkung (vgl. *OLG München* FamRZ 2007, 2111) ergeben.

Sowohl bei der Erbeinsetzung des Lebensgefährten als auch seiner Angehörigen, ist die **42** entsprechende Anwendung des § 2069 BGB zumindest fraglich (vgl. *OLG Düsseldorf* NJW-RR 2012, 1357). Betroffen sind vor allem sozial gemeinsame, aber rechtlich nur „einseitige" Kinder der Partner (vgl. *BayObLG* NJWE-FER 2000, 319; s. auch *BayObLG* NJWE-FER 2000, 235). Eine ausdrückliche **Ersatzerbenbestimmung** ist ratsam. Bei der Verteilung des Vermögens zwischen erstehelichen Kindern und den Kindern aus der nichtehelichen oder nicht eingetragenen Partnerschaft sollten die Zuwendungen und die Ersatzerbenbestimmung genau geregelt werden (vgl. *BGH* FamRB 2006, 241).

Die früher im Vordergrund stehende **Sittenwidrigkeit** so genannter **Geliebtentestamen- 43 te** spielt dagegen kaum noch eine Rolle. Selbst wenn durch eine Zuwendung an den Lebensgefährten ausschließlich der Zweck verfolgt würde, die geschlechtliche Hingabe zu belohnen oder zu fördern, wäre diese wohl nicht mehr nichtig (str., vgl. Rn. 17); eine Vermutung für den Zweck „Hergabe für Hingabe" besteht zudem beim Zusammenleben nicht (BGHZ 53, 369; 375 ff. und 77, 55; 59). Dies gilt auch für gleichgeschlechtliche Partnerschaften (*BayObLG* NJW 1987, 910; FamRZ 1992, 226 und *OLG Düsseldorf* BeckRS 2008, 19.390). Werden gesetzliche Erben, die zum Erblasser in einem engen familienrechtlichen Verhältnis stehen, durch eine Zurücksetzung wirtschaftlich erheblich getroffen oder wird ihr Unterhalt gefährdet, kann dies in krassen Ausnahmefällen zur Unwirksamkeit entsprechender Verfügungen führen (*BGH* NJW 1984, 2150 und *BayObLG* FamRZ 2002, 915; vgl. auch *OLG Düsseldorf* ZEV 2003, 34 und *Schnabl/Hamelmann* Jura 2009, 161, 164). Eine solche Konstellation ist nicht zu bejahen, wenn das Testament zum Miteigentum des Partners und des (Noch-)Ehegatten am früheren Familienheim führt (*OLG Düsseldorf* FamRZ 2009, 545; *Schnabl/Hamelmann* Jura 2009, 161, 164). Im Normalfall werden die betroffenen Angehörigen zudem bereits durch das Pflichtteilsrecht ausreichend geschützt.

44 Ein gemeinschaftliches Testament ist für nicht verheiratete und nicht in eingetragener Lebenspartnerschaft lebende Paare – unbeschadet der Möglichkeit seiner Umdeutung in Einzeltestamente (*LG Bonn* FamRZ 2004, 405; vgl. aber *BayObLG* NJW-RR 2000, 1534) – nicht zulässig (*BGH* NJW-RR 1987, 1410; *BVerfG* NJW 1989, 1986 und *OLG Braunschweig* NJW-RR 2005, 1027 zu einem notariellen [!] gemeinschaftlichen Testament; *von Proff zu Irnich* ZErb 2008, 254; a. A. für Verlobte nur *Wacke* FamRZ 2001, 457). Bei deutschen Staatsangehörigen und nach Inkrafttreten der Erbrechtsverordnung bei Partnern, die ihren gewöhnlichen Aufenthalt in Deutschland haben oder deutsche Staatsangehörige sind, lässt sich das Ergebnis eines Berliner Testaments (§ 2269 BGB) auch erbvertraglich erreichen (vgl. *Kroiß/Eckert* NJW 2012, 3768, 3769). Die mitunter in Partnerschaftsverträge aufgenommene Verpflichtung zur gegenseitigen Erbeinsetzung ist dagegen nichtig (§ 2302 BGB; zur Verteilung des Vermögens nach dem Tod eines Partners s. *BayObLG* FamRZ 2000, 1610). Hinsichtlich der Bindungswirkung muss es den Partnern überlassen bleiben, ob die jeweils eigene Verfügung unabhängig von der des Partners Geltung haben soll (s. dazu *Grziwotz* MDR 1999, 913). Eine Wechselbezüglichkeit lässt sich am sichersten durch einen **Erbvertrag** erreichen. Klauseln, die die Geltung der Verfügung oder einen Rücktritt an eine „dauernde Aufhebung der Partnerschaft" knüpfen, führen zu Beweisschwierigkeiten. Praktikabel ist allein ein freier Rücktrittsvorbehalt (ebenso *Nieder/Kössinger* § 14 Rn. 167). Auch der Gesetzgeber macht den Widerruf wechselbezüglicher Verfügungen beim gemeinschaftlichen Testament von Ehegatten und eingetragenen Lebenspartnern nicht von einem Getrenntleben abhängig (§ 2271 BGB, § 10 IV LPartG); es gibt deshalb keinen Grund, das Rücktrittsrecht beim Erbvertrag von Lebensgefährten unter der Voraussetzung der Trennung oder eines einjährigen Getrenntlebens einzuräumen.

44a | **Formulierungsbeispiel: Rücktritt Erbvertrag**

Jeder von uns behält sich den jederzeit ohne Angabe von Gründen möglichen Rücktritt von dem Erbvertrag vor. Das Rücktrittsrecht erlischt mit dem Tod des anderen Vertragsteils.

---

45 Zur Vermeidung von Anfechtungsmöglichkeiten Dritter ist ferner ein Ausschluss von Anfechtungsrechten aufzunehmen. Vermieden werden sollte zudem eine Formulierung, die ein Motiv für die Zuwendung enthalten könnte. Beispiele sind: „mein Lebensgefährte", „die mit mir zusammenlebende …", „falls wir bei meinem Ableben noch zusammen sind" etc. Bereits ein Irrtum über das Fortbestehen eines Vertrauensverhältnisses kann nämlich eine Anfechtung Dritter rechtfertigen (vgl. *BayObLG* NJWE-FER 2000, 89 und

IV. Einzelprobleme der Vertragsgestaltung   B IV

FamRZ 2002, 915). Insbesondere ist ein Motivirrtum denkbar, wenn ein Rücktritt trotz (vorübergehender) Trennung der Partner nicht erklärt wurde und sich die Gründe dafür nicht mehr ermitteln lassen.

> **Formulierungsbeispiel: Verzicht auf Anfechtungsrechte** 45a
>
> Wir verzichten gegenseitig auf die Anfechtungsrechte gem. §§ 2078, 2079 BGB, und zwar auch bezüglich solcher Umstände, mit denen wir nicht rechnen oder die wir nicht voraussehen konnten.

Schließlich kann noch die Klarstellung empfehlenswert sein, dass § 2077 BGB bei einer Scheidung nach einer späteren Eheschließung und § 10 III LPartG bei einer Aufhebung nach einer künftigen Lebenspartnerschaftsbegründung Anwendung finden, um die Zweifelsregelung des Gesetzes klarzustellen (vgl. *OLG Celle* ZEV 2003, 328). **46**

> **Formulierungsbeispiel: Erbvertrag Unwirksamkeit** 46a
>
> Bei einer späteren Scheidung/Lebenspartnerschaftsaufhebung soll dieser Erbvertrag nach den gesetzlichen Vorschriften (§§ 2077, 2279 BGB, § 10 III LPartG) auf jeden Fall, also nicht nur im Zweifel, unwirksam werden.

Um **Ausgleichsansprüche** der Erben des verstorbenen Lebensgefährten gegen den überlebenden Partner auszuschließen, muss bei Errichtung einer letztwilligen Verfügung geprüft werden, ob derartige Ansprüche bestehen können. Beispiel ist wiederum die Mitfinanzierung einer Immobilie durch den „Erblasser-Partner". Wichtig ist dies ferner in den sog. Mitarbeitsfällen (vgl. *BGH* FamRZ 2008, 247). Eine Zweckverfehlungskondiktion (§ 812 I 2 Alt. 2 BGB) ist beim Tod des Zuwendenden regelmäßig ausgeschlossen (*BGH* NJW 2010, 998; vgl. auch *OLG Naumburg* NJW-RR 2010, 224; *von Proff zu Irnich* NJW 2010, 980; *ders.* FPR 2010, 383; *Weinreich* FPR 2010, 379). Soweit nicht bereits entsprechende Vereinbarungen unter Lebenden hinsichtlich des Ausschlusses von Ausgleichsansprüchen beim Tod des Zuwendenden vorliegen, kann als Sicherheit gegen Restrisiken gleichsam als „Notbremse" vorsorglich die vermächtnisweise Zuwendung des Erlasses dieser Verbindlichkeit erfolgen. Eine eventuell anfallende Erbschaftsteuer ist gegenüber dem Ausgleichsanspruch, der gegen den überlebenden Partner geltend gemacht werden könnte, günstiger. Dies gilt selbst bei Bestehen eines zusätzlichen Pflichtteilsergänzungsanspruchs. **46b**

Die Benennung des Lebensgefährten zum Bezugsberechtigten einer Lebensversicherung sollte durch ein Vermächtnis abgesichert werden, da der überlebende Partner sonst darauf angewiesen ist, dass das Valutaverhältnis (regelmäßig eine Schenkung) nach dem Ableben des Zuwendenden geschlossen wird, bevor die Erben den Übermittlungsauftrag widerrufen (*BGH* FamRZ 2008, 1516). Über Kreuz abgeschlossene Lebensversicherungen (Lebensversicherung auf das Leben des Partners) können zwar insoweit helfen, wenn nicht die Prämienzahlungen ausgleichspflichtig sind; steuerlich soll bei Zahlung der Versicherungssumme vom Konto des Erblassers eine Erbschaftsteuerpflicht bestehen (*HessFG* notar 2009, 355; vgl. *Kühn* ZErb 2012, 177). **46c**

9. Schlussbestimmungen

Da viele Rechtsfragen im Bereich des faktischen Zusammenlebens noch umstritten sind, ist es ratsam, eine salvatorische Klausel aufzunehmen. Zur Klarstellung und zu späteren Beweiszwecken ist auch eine Schriftformklausel empfehlenswert. Bei ausführlichen Regelungen über die Partnerschaft kann ferner, sofern das BGB-Gesellschafts-Modell **47** gewählt wird (vgl. Rn. 23), die ergänzende Anwendung der Vorschriften der §§ 705 ff. BGB vorgesehen werden.

V. Kosten

48 Es erfolgt eine getrennte Bewertung der einzelnen Vereinbarungen im Partnerschaftsvertrag, sofern ausnahmsweise nicht Gegenstandsgleichheit vorliegt (§ 109 GNotKG). Der Geschäftswert bestimmt sich nach §§ 97 I, 36 GNotKG; es fällt eine 2,0-Gebühr Nr. 21100 KV-GNotKG an.

VI. Belehrung

49 Der Notar sollte die Beteiligten darauf hinweisen, dass zwischen ihnen, sofern vertraglich nicht etwas anderes vereinbart ist, hinsichtlich der Aufwendungen, die der täglichen Bedarfsdeckung dienen, grundsätzlich keine gegenseitigen Ansprüche bestehen und bei einer Trennung diesbezüglich Zuwendungen und Leistungen nicht erstattet werden. Ob und inwieweit für darüber hinausgehende Leistungen eines Partners bei Beendigung der Lebensgemeinschaft gesetzliche Ansprüche bestehen, ist eine Frage des Einzelfalls. Ist ein Partner gemeinschaftsbedingt nicht erwerbstätig, sollten ihm die Risiken hinsichtlich seines Unterhalts und seiner Alters- und Invaliditätsvorsorge (zum fehlenden Anspruch auf Witwenrente s. *BSG NJW* 1995, 3270) vor Augen geführt werden.

50 **Formulierungsbeispiel: Hinweis**

Der Notar hat insbesondere darauf hingewiesen, dass jeder Partner unsere Lebensgemeinschaft jederzeit und ohne Angabe von Gründen beenden kann und in diesem Fall – anders als bei einem Verlöbnis, einer Ehe oder einer eingetragenen Lebenspartnerschaft –, soweit vertraglich nichts Abweichendes vereinbart ist oder im Rahmen einer gerichtlichen Auseinandersetzung gesetzliche Ansprüche bejaht werden, grundsätzlich keinerlei Ausgleichsansprüche bestehen. Keine Ansprüche bestehen insbesondere für Aufwendungen und Leistungen, die der täglichen Bedarfsdeckung dienen. Auch beim Tod eines Partners wird der andere nicht dessen gesetzlicher Erbe oder Vermächtnisnehmer. Jeder Teil muss ferner für seinen Unterhalt, sofern nicht diesbezüglich ein Anspruch gemäß § 1615l BGB wegen der Pflege oder Erziehung eines Kindes besteht, und seine Altersversorgung selbst aufkommen. Um den Überlebenden für den Fall des Todes eines Partners zu sichern, bedarf es eines Testaments oder eines notariell beurkundeten Erbvertrags.
Nach dieser Belehrung erklären wird: Wir wollen es bei der gesetzlichen Regelung belassen. Eine Vereinbarung wünschen wir nicht. Wir stellen jedoch klar, dass bei Zuwendungen, die in der Vorstellung oder Erwartung erfolgt sind, unsere Lebensgemeinschaft, deren Ausgestaltung sie allein gedient haben, werde Bestand haben, die Geschäftsgrundlage nicht entfällt, wenn der Zuwendende verstirbt und dadurch unsere Lebensgemeinschaft endet.

B V. Beurkundungen im Kindschaftsrecht

Prof. Dr. Dr. Herbert Grziwotz

Übersicht

	Rn.
I. Beratungs-Checkliste	1
II. Notarielle Beurkundungen im Kindschaftsrecht	2–6
1. Beurkundungszuständigkeiten	2–4
2. Entwicklungen im Kindschaftsrecht und notarielle Tätigkeit	5
3. Fallgruppenbildung und Regelungsumfang	6
III. Vaterschaftsanerkennung und Unterhaltsverträge	7–20a
1. Vaterschaftsanerkenntnis und Zustimmung der Mutter	7–17
2. Unterhaltsvereinbarungen	18–20
3. Vereinbarungen über die Feststellung der Abstammung und Recht auf Kenntnis der Abstammung	20a
IV. Einbenennung von Stiefkindern (§ 1618 BGB, § 9 V LPartG)	21–28
V. Vereinbarungen zur elterlichen Sorge und zum Umgangsrecht	29–43c
1. Sorgeerklärungen	29–40
2. Regelung des Umgangsrechtes und weitere Elternvereinbarungen	41–43c
VI. Annahme als Kind	44–76
1. Vorbemerkung	44
2. Voraussetzungen	45–61
3. Ausspruch der Annahme (Verfahren)	62, 62a
4. Rechtsfolgen	63–67
5. Aufhebung der Adoption	68–69a
6. Besonderheiten bei der Adoption mit Ausländerbeteiligung, der internationalen Adoption, der Anerkennung ausländischer Adoptionen und bei Adoptionen in der ehemaligen DDR	70–71
7. Kosten, Steuern und Muster	72–74
8. Belehrungen	75, 75a
9. Liste der für die Annahme beizubringenden Unterlagen	76
VII. Soziale Elternschaft und Kinderwunschverträge	77–96
1. Rechtliche Probleme medizinisch assistierter Elternschaft	77–80a
2. Kinderwunschvereinbarungen	81–96

Literatur: *Bäumel u. a.*, Familienrechtsreformkommentar, 1998; *Becker*, Die Erwachsenenadoption als Instrument der Nachlassplanung, ZEV 2009, 25; *Bosch*, Entwicklungen und Probleme des Adoptionsrechts in der Bundesrepublik Deutschland, FamRZ 1984, 829; *Brambring*, Notarielle Beurkundung der Sorgeerklärung nach § 1626a Abs. 1 Nr. 1 BGB, DNotI-Report 1998, 89; *Brosius-Gersdorf*, Vaterschaftstests, 2006; *Brandt*, Die Adoption eines Volljährigen in der notariellen Praxis, RNotZ 2013, 459; *Busch*, Adoptionswirkungsgesetz und Haager Adoptionsübereinkommen – von der Nachadoption zur Anerkennung und Wirkungsfeststellung, IPRax 2003, 13; *Dethloff*, Familienrecht, 30. Aufl. 2012; *ders.*, Biologische, soziale und rechtliche Elternschaft, in: Grziwotz (Hrsg.), Notarielle Gestaltung bei geänderten Familienstrukturen – demographischer Wandel, faktische Lebensgemeinschaften und Patchworkfamilien, Tagungsband zum Symposium des Instituts für Notarrecht an der Universität Würzburg, 2012, S. 7 ff.; *Eckersberger*, Auswirkungen des Kinderrechteverbesserungsgesetzes auf Vereinbarungen über eine heterologe Insemination, MittBayNot 2002, 261; *Emmerling de Oliveira*, Adoptionen mit Auslandsberührung, MittBayNot 2010, 429; *Enders*, Stiefkindadoption, FPR 2004, 60; *Firsching/Dodegge*, Familienrecht, 2. Hb.: Betreuungssachen sowie andere Gebiete der freiwilligen Gerichtsbarkeit, 7. Aufl. 2010; *Firsching/Schmid*, Familienrecht, 1. Hb.: Familiensachen, 7. Aufl. 2011; *Frank*, Die Neuregelung des Adoptionsrechts, FamRZ 1998, 393; *ders.*, Brauchen wir Adoption, FamRZ 2007, 1693; *ders.*, Namensrechtliche Probleme bei Adoptionen, StAZ 2008, 1; *Gerhardt/v. Heintschel-Heinegg/Klein*, Handbuch des Fachanwalts Familienrecht, 9. Aufl. 2013; *Gernhuber/Coester-Waltjen*, Familienrecht 6. Aufl. 2010, §§ 59, 67 ff.; *Giesen*, Familienrecht, 2. Aufl. 1997; *Grauel*, Adoption durch eingetragene Lebenspartner, ZNotP 2007, 90; *Greßmann*, Neues Kindschaftsrecht, 1998; *Grün*, Vaterschaftsfeststellung und -anfechtung, 2003; *Grziwotz,* Nichteheliche Lebensgemeinschaft, 4. Aufl. 2006; *ders.,* Schützenswerte Interessen der Abkömmlinge des Annehmenden bei der Volljährigenadoption, FamRZ 1991, 1399; *ders.,* Praktische Probleme der Hinzuadoption Volljähriger, FamRZ 2005, 2038; *ders.,* Adoptionsrecht, StWK, Gruppe 18 S. 13; *ders.,* Die Adoption von Stiefkindern, FamFR 2011, 533; *Hahn,* Kindheits-, Jugend- und Erziehungsrecht, 2004; *Hammer,* Elternvereinbarungen im Sorge- und Umgangsrecht, 2004; *ders.,* Die rechtliche Verbindlichkeit von Elternvereinbarungen, FamRZ 2005, 1209; *ders.,* Die Gestaltung von Elternvereinbarungen zum Sorge- und Umgangsrecht (I), FamRB 2006, 275; *ders.,* Die Gestaltung von Elternvereinbarungen zum Sorge- und Umgangsrecht (II), FamRB 2006, 311; *Heiderhoff,* Das Erbrecht des adoptierten Kindes nach der Neuregelung des internationalen Adoptionsrechts, FamRZ 2002, 1682; *Knittel,* Beurkundungen im Kindschaftsrecht, 7. Aufl. 2013; *Krause,* Annahme als Kind, Teil 1: Annahme Minderjähriger (Voraussetzungen und Verfahren), NotBZ 2006, 221; *ders.,* Annahme als Kind, Teil 2: Wirkungen der Annahme Minderjähriger, NotBZ 2006, 273; *ders.,* Annahme als Kind, Teil 3: Annahme Volljähriger, NotBZ 2007, 43; *ders.,* Annahme als Kind, Teil 4: Aufhebung des Annahmeverhältnisses, NotBZ 2007, 276; *ders.,* Neuere Rechtsprechung zum Adoptionsrecht, ZKJ 2010, 64; *Löhnig/Gietl/Preisner,* Das Recht des Kindes nicht miteinander verheirateter Eltern, 3. Aufl. 2010; *Ludwig,* Internationales Adoptionsrecht in der notariellen Praxis nach dem Adoptionswirkungsgesetz, RNotZ 2002, 353; *v. Luxburg,* Das neue Kindschaftsrecht, 1998; *Maurer,* Das Recht zur Regelung von Rechtsfragen auf dem Gebiet der internationalen Adoption und zur Weiterentwicklung des Adoptionsvermittlungsrechts, FamRZ 2003, 1337; *Michelmann,* Kinder nicht miteinander verheirateter Eltern, DSWR 2002, 191; *Moritz,* Die wichtigsten Neuregelungen im Kindschaftsrecht, JA 1998, 704; *Müller,* Probleme der Volljährigenadoption, insbesondere derjenigen mit „starken Wirkungen", MittBayNot 2011, 16ff.; *Müller,* Adoption in der gleichgeschlechtlichen Partnerschaft – de lege lata et de lege ferenda, FF 2011, 56; *Müller/Sieghörtner/Emmerling de Oliveira,* Adoptionsrecht in der Praxis – einschließlich Auslandsbezug, 2. Aufl. 2011; *Muscheler,* Vaterschaft durch Anerkennung und Feststellung, FPR 2005, 177; *Neukirchen,* Die rechtshistorische Entwicklung der Adoption, 2005; *Oberloskamp* (Hrsg.), Vormundschaft, Pflegschaft und Beistandschaft für Minderjährige, 3. Aufl. 2010; *Oelkers,* Sorge- und Umgangsrecht, 2. Aufl. 2004; *Patti,* Einwilligung zur heterologen Insemination und venire contra factum proprium, in: FS Henrich, 2000, 443; *Pätzold,* Die gemeinschaftliche Adoption Minderjähriger durch eingetragene Lebenspartner, 2006; *Paulitz* (Hrsg.), Adoption, 2. Aufl. 2006; *Rauscher,* Das Umgangsrecht im Kindschaftsrechtsreformgesetz, FamRZ 1998, 329; *Reinhardt/Kemper/ Weitzel,* Adoptionsrecht, 2012; *Rieck/Zingraf,* Adoption Erwachsener, 2011; *Röchling,* Adoption, 3. Aufl. 2006; *Roth,* Der Ausschluss der Vaterschaftsanfechtung nach Einwilligung in die heterologe Insemination (§ 1600 Abs. 2 BGB), DNotZ 2003, 805; *Roth-Stielow,* Adoptionsgesetz, 1976; *Scholz/Kleffmann/Motzer* (Hrsg.), Praxishandbuch Familienrecht, 23. Aufl. 2012; *Schwab,* Familienrecht, 20. Aufl. 2012; *ders.,* Kindschaftsrechtsreform und notarielle Vertragsgestaltung, DNotZ 1998, 437; *ders./Wagenitz,* Einführung in das neue Kindschaftsrecht, FamRZ 1997, 1377; *Schweitzer,* Die Vollstreckung von Umgangsregelungen, 2007; *Spickhoff/Schwab/Henrich/Gottwald* (Hrsg.), Streit um die Abstammung – ein europäischer Vergleich, 2007; *Staudinger/Winkelsträter,* Grenzüberschreitende Adoptionen in Deutschland (I), FamRBint 2005, 84; *dies.,* Grenzüberschreitende Adoptionen in Deutschland (II), FamRBint 2006, 10; *Süß,* Ratifikation der Haager Adoptionskonvention – Folgen für die notarielle Praxis, MittBayNot 2002, 88; *ders.,* Die örtliche Zuständigkeit bei Adoptionen mit Auslandsberührung, MittBayNot 2008, 183; *Taupitz/Schlüter,* Heterologe künstliche Befruchtung: Die Absicherung des Samenspenders gegen unterhalts- und erbrechtliche Ansprüche des Kindes, AcP 205 (2005), 591; *Theurer,* Das Umgangsrecht von Großeltern und anderen Bezugspersonen, MDR 2005, 250; *Volmer,* Beurkundung anlässlich einer heterologen Insemination, BWNotZ 1998, 156; *Vossler,* Neues Recht der internationalen Adoption, FamRB 2002, 32; *Wegmann,* Auswirkungen des Kindschaftsrechtsreformgesetzes und des Erbrechtsgleichstellungsgesetzes auf die notarielle Tätigkeit, MittBayNot 1998, 308; *Wehrstedt,* Notarielle Vereinbarungen anlässlich einer künstlichen Befruchtung, RNotZ 2005, 109; *ders.,* Die heterologe Samenspenden-Behandlung bei einer nicht verheirateten Frau, FPR 2011, 400; *Weinreich/Klein* (Hrsg.), Fachanwaltskommentar Familienrecht, 5. Aufl. 2013; *Weiß,* Die Sorgeerklärungen gemäß § 1626a I Nr. 1 BGB, 2005; *Will,* Wer ist Vater im Sinne des Gesetzes?, FPR 2005, 172; *Wilms,* Die künstliche Befruchtung in der notariellen Beratung, RNotZ 2012, 141; *Winkelsträter,* Anerkennung und Durchführung internationaler Adoptionen in Deutschland, 2007; *Wuppermann,* Adoption. Ein Handbuch für die Praxis, 2006; *Zimmermann,* Das neue Kindschaftsrecht, DNotZ 1998, 404; *Zorn,* Das Recht der elterlichen Sorge, 2. Aufl. 2008; *Zwißler,* Probleme bei der Einbenennung, § 1618 BGB, FPR 2004, 64.

I. Beratungs-Checkliste

Beratungs-Checkliste 1

Für die richtige Gestaltung ist, insbesondere beim Vorhandensein nichtehelicher Kinder, zu klären, welche Rechtsfolgen die Beteiligten erreichen wollen. Im Wesentlichen stehen folgende Alternativen zur Verfügung:

(1) Vaterschaftsanerkennung (Rn. 7)
  (a) Nichteheliches Kind (auch vor Geburt, ausnahmsweise vor Zeugung)
  (b) Anerkennung durch den Vater
  (c) Zustimmung der Mutter und ausnahmsweise des Kindes sowie in den „Scheidungskind-Fällen" des „Noch-Ehemannes"
(2) Einbenennung eines Stiefkindes (Rn. 21)
  (a) Minderjähriges Kind, das noch unverheiratet/unverpartnert ist und in den gemeinsamen Haushalt der „Einbenennenden" aufgenommen wurde
  (b) Alleinige oder gemeinsame elterliche Sorge des den neuen Ehe- bzw. Lebenspartnerschaftsnamen erteilenden Elternteils
  (c) Eheschließung/Lebenspartnerschaftsbegründung mit einem Nichtelternteil und Führung eines gemeinsamen Namens in dieser Ehe/Lebenspartnerschaft
  (d) Einwilligung des Kindes:
     (aa) bei einem Kind unter 5 Jahren nicht erforderlich (Rn. 15)
     (bb) ab Vollendung des 5. Lebensjahres bis zur Vollendung des 14. Lebensjahres durch den gesetzlichen Vertreter
     (cc) nach Vollendung des 14. Lebensjahres durch das Kind selbst mit Zustimmung des gesetzlichen Vertreters
  (e) Zustimmung des anderen Elternteils bei gemeinsamer Sorge und wenn der Name des Kindes von ihm abgeleitet ist
  (f) Folge: Namenserteilung ohne weitere familienrechtliche Konsequenzen
(3) Sorgeerklärung (Rn. 29)
  (a) Kind, dessen Eltern bei der Geburt nicht miteinander verheiratet sind (auch vor Geburt des Kindes, nicht vor Zeugung)
  (b) Kein gemeinsames Sorgerecht und keine gerichtliche Entscheidung über das Sorgerecht
  (c) Parallel laufende Sorgeerklärungen der Eltern (bei beschränkt geschäftsfähigem Elternteil mit Zustimmung des gesetzlichen Vertreters oder des Familiengerichts), keine Bedingung für Zustimmung, höchstpersönlich, kein Zusammenleben, keine Frist, keine gleichzeitige Anwesenheit
  (d) H. M.: Nicht auf bestimmte Teilbereiche beschränkt
  (e) Folge: Eintreten der gemeinsamen Sorge (bei Abgabe der zweiten Erklärung bzw. Geburt)
(4) Annahme als Kind (Rn. 44)
  (a) Person des Anzunehmenden:
     (aa) Minderjähriger oder Volljähriger
     (bb) persönliche Verhältnisse: Name, Adresse, Geburtsdatum, Geburtsort, Geburtenregisternummer, Staatsangehörigkeit, Personenstand, Abkömmlinge, nicht bereits adoptiert (Ausn.: Adoption durch Ehegatten/Lebenspartner) und bei Volljährigen
     (cc) Verwandtschaftsverhältnis zum Annehmenden
     (dd) Änderung des Namens: Bestimmung des Geburtsnamens bei einem Ehepaar ohne Ehename bzw. bei Lebenspartnern ohne Lebenspartnerschaftsname, Vorname, Voraussetzung oder Anfügung des bisherigen Familiennamens

> ▼ Fortsetzung: **Beratungs-Checkliste**
>
> (b) Annehmender:
> (aa) ein Ehepaar, ein Eheteil, ein Unverheirateter, ein Lebenspartner (ein nicht unverheiratetes Paar, str. bei eingetragenen Lebenspartnern gemeinsam)
> (bb) persönliche Verhältnisse: Name, Adresse, Geburtsdatum, Geburtsort, Geburtenregisternummer, Staatsangehörigkeit, Personenstand, Abkömmlinge
> (c) Einwilligungen:
> (aa) des Kindes (ab 14 Jahren) bzw. des gesetzlichen Vertreters (beide Eltern – sorgeberechtigter Elternteil – Vormund/Pfleger). Bei unterschiedlicher Staatsangehörigkeit und Maßgeblichkeit des ausländischen Rechts zusätzliche Genehmigung des Familiengerichts
> (bb) elterliche Einwilligung (Kind muss mindestens acht Wochen alt sein, ausgenommen Einwilligung des nichtehelichen Vaters): beide Eltern, unabhängig vom Sorgerecht, also auch der nicht sorgeberechtigte, nichteheliche Vater. Ggf. Verzicht des nichtehelichen Vaters, einen Antrag nach § 1672 BGB zu stellen
> (cc) Ehegatten des Annehmenden und des Anzunehmenden
> (d) Folge: Stellung eines Kindes des Annehmenden bzw. bei Ehegatten und Lebenspartnern eines gemeinschaftlichen Kindes
> (e) Besonderheiten der Volljährigenadoption (Rn. 66)
> (aa) Antrag des Anzunehmenden statt Einwilligung
> (bb) keine Einwilligung der Eltern des Anzunehmenden
> (cc) Angabe zum Eltern-Kind-Verhältnis
> (dd) schwache oder Volladoption
> (ee) Folge: Bei Volladoption wie bei Minderjährigen, sonst beschränkt auf den Annehmenden und den Angenommenen sowie dessen Verwandte

II. Notarielle Beurkundungen im Kindschaftsrecht

1. Beurkundungszuständigkeiten

2   Das Schwergewicht der Beurkundungen im Kindschaftsrecht liegt in der Praxis bei den Jugendämtern. Dennoch ist es bei der **Allzuständigkeit des Notars** auch in diesem Bereich geblieben (*Knittel* Rn. 3 f.). Im Bereich des Katalogs der jugendamtlichen Beurkundungsermächtigung (§ 59 I 1 SGB VIII) bleibt seine Kompetenz unberührt (§ 59 I 2 SGB VIII).

3   Darüber hinaus sind ihm bestimmte **Urkundstätigkeiten** erlaubt, die der Urkundsperson im **Jugendamt nicht gestattet** sind: die Beurkundung in fremder Sprache, die Vereidigung eines Dolmetschers, die namensrechtlichen Erklärungen der §§ 1617, 1618 BGB, die öffentliche Beglaubigung der Abtretungserklärung im Rahmen der Rechtsnachfolge bei einem Titel über Kindesunterhalt, Beurkundungen zum Kindesunterhalt, wenn die 21-Jahres-Grenze überschritten ist, die Legitimanerkennung eines Kindes durch einen Vater aus dem islamischen Rechtskreis, die Umtitulierung einer vollstreckbaren Unterhaltsverpflichtung auf einen niedrigeren Betrag und die vollstreckbare Unterhaltsverpflichtung, wenn von der Anerkennung der Vaterschaft abgesehen werden soll (vgl. *Knittel* Rn. 505 f.).

4   Ferner ist der Notar im Kindschaftsrecht **allein zuständig**, wenn das Gesetz nicht nur von einer öffentlichen, sondern von einer notariellen Beurkundung spricht. Es sind dies der Antrag auf Kindesannahme (§ 1752 II 2 BGB) und die hierzu nach den §§ 1746, 1747 und 1749 BGB erforderlichen Einwilligungen (§ 1750 I 2 BGB) sowie der Antrag

auf Aufhebung des Kindesannahme-Verhältnisses (§ 1762 III BGB). Trotz der fehlenden Verweisung in § 9 LPartG dürfte dies bei der Adoption durch Lebenspartner entsprechend gelten (ebenso *Kornmacher* FamRB 2005, 22, 25).

2. Entwicklungen im Kindschaftsrecht und notarielle Tätigkeit

Die Revision des Nichtehelichenrechts durch das Kindschaftsrechtsreformgesetz (KindRG) und das Kindesrechteverbesserungsgesetz (KindRVerbG) haben zu einer grundlegenden **Reform des Kindschaftsrechts** geführt (s. dazu nur *Schwab* DNotZ 1998, 437; *Zimmermann* DNotZ 1998, 404; *Roth* JZ 2002, 651; *Schomburg* Kind-Prax 2002, 75 und *Vossler* FamRB 2002, 159). Mit der Gleichstellung ehelicher und nichtehelicher Geburt ist das Ziel der früheren Legitimation entfallen. Die Ehelicherklärung wurde deshalb abgeschafft. Auch die Einbenennung hat einen neuen Sinn erhalten. Zusätzlich zwingen neue Formen sozial-familiärer Beziehungen (vgl. §§ 1600 IV, 1685 II BGB) und die Entkoppelung von Sexualität und Fortpflanzung durch die moderne Fortpflanzungsmedizin dazu, das traditionelle Familienrecht neu zu überdenken. So hat das Problem der „gespaltenen Mutterschaft" den Gesetzgeber bereits zu einer statusrechtlichen Zuordnung des Kindes zur Mutter veranlasst (§ 1591 BGB). Dieser hat durch das Abstellen auf den Geburtsvorgang der sozialen Elternschaft den Vorrang vor der genetischen Abstammung eingeräumt. Ebenso ist dies bei der Vaterschaft durch heterologe Insemination (§ 1600 V BGB). Die Rechtsprechung des EGMR zum Recht auf Achtung des Privat- und Familienlebens (Art. 8 I EMRK) hat das deutsche Abstammungsrecht teilweise kritisiert (vgl. *Löhnig/Preisner* FamRZ 2012, 489 und *Schwonberg* ZfF 2012, 87). Betroffen sind vor allem die Rechte der genetischen Väter auch hinsichtlich der elterlichen Sorge und des Umgangs (*EGMR* FamRZ 2009, 1293; 2011, 269 und 1715). Auch vertrauliche Vereinbarungen im Zusammenhang mit der „anonymen Geburt" (vgl. *OLG Hamburg* NJW-RR 2014, 579; *Helms* FamRZ 2014, 609; *Wittinger* NJW 2003, 2138), die Übernahme elterngleicher Verantwortung (vgl. *Grziwotz* FamRZ 2002, 1669, 1679) und der vom Gesetzgeber geforderte Dialog in der Familie hinsichtlich der Abstammung (vgl. *Frank/Helms* FamRZ 2007, 1277; *Schwab* FamRZ 2008, 23) zeigen, dass die Beratungsaufgaben des Notars in diesem Bereich zunehmen werden.

3. Fallgruppenbildung und Regelungsumfang

Das richtige **Gestaltungsmittel** bei Beurkundungen im Kindschaftsrecht wird sich in vielen Fällen bereits aus der angestrebten Rechtsfolge ergeben. Dies ist insbesondere bei einem Vaterschaftsanerkenntnis und häufig auch bei einer Adoption der Fall. Im Übrigen kommt es auf die spezifische Interessenlage der Beteiligten an. So ist bei einem „nichtehelichen" Kind zu unterscheiden, ob sich die Vaterschaft auf eine bloße „Zahlvaterschaft" beschränken soll oder die Übernahme von Vaterrechten und -pflichten (!) gewünscht wird. Letzteres wird vor allem dann der Fall sein, wenn die Eltern mit dem Kind zusammenleben; aber auch bei getrennt lebenden Eltern ist es – ähnlich wie bei geschiedenen Ehegatten – nicht ausgeschlossen, dass beide bereit und in der Lage sind, die elterliche Verantwortung gemeinsam zu übernehmen. Dies ist bei „Seitensprung-Kindern" demgegenüber meist noch nicht der Fall (*BVerfG* FamRZ 2008, 845). Ist eine Anfechtung der (rechtlichen) Vaterschaft durch den biologischen Vater nicht möglich oder gewollt, kann dennoch eine rechtlich gesicherte soziale Beziehung gewünscht sein. Umgekehrt kann auch der rechtliche Vater bestrebt sein, nach einer Vaterschaftsanfechtung oder Adoption die persönlichen Kontakte und Auskünfte zu sichern. In den sog. Stiefkindfällen kommt es entscheidend darauf an, inwieweit der mit dem Elternteil zusammenlebende Partner eine (die Lebensgemeinschaft möglicherweise überdauernde) soziale Elternschaft übernehmen will und – im Hinblick auf die Rechte des biologischen bzw. rechtlichen Elternteils – auch kann. Ähnliche Probleme ergeben sich, wenn ein Kinderwunsch von heterosexuellen oder homosexuellen Paaren durch „Einschaltung eines Dritten" verwirklicht wird.

III. Vaterschaftsanerkennung und Unterhaltsverträge

1. Vaterschaftsanerkenntnis und Zustimmung der Mutter

7   Die freiwillige **Anerkennung** der Vaterschaft stellt mit Wirkung für und gegen alle (Palandt/*Brudermüller* § 1592 Rn. 7) die Vaterschaft fest. Sie erfolgt durch Erklärung des Mannes mit Zustimmung der Mutter. Fehlt die Zustimmung der Mutter, ist eine Vaterschaftszuordnung nur durch gerichtliche Feststellung möglich (*Will* FPR 2005, 172, 174). In der Regel nicht erforderlich ist die Zustimmung des Kindes. Nur wenn der Mutter das elterliche Sorgerecht nicht zusteht, sei es allgemein, sei es bezogen auf Abstammungsfragen, oder wenn sie gestorben oder für tot erklärt ist (*BayObLG* NJW-RR 2000, 1602, 1603), muss die Zustimmung des Kindes zusätzlich erholt werden (§ 1595 II BGB). Die Anerkennung ist ein einseitiges zustimmungsbedürftiges Rechtsgeschäft (*BGH* NJW 1975, 1069), auf das die allgemeinen Regeln über Nichtigkeit und Anfechtbarkeit keine Anwendung finden. An ihre Stelle tritt die Sonderregelung der §§ 1598 ff. BGB. Zur Unwirksamkeit der Anerkennung führen nur die fehlende Geschäftsfähigkeit, die fehlerhafte gesetzliche Vertretung und die Nichteinhaltung der Form. Die Unwirksamkeit kann nach Eintragung in ein Personenstandsregister nur fünf Jahre geltend gemacht werden (§ 1598 II BGB; *OLG München* FamFR 2011, 216).

8   Die Anerkennungserklärung des Vaters ist nicht empfangsbedürftig; sie ist adressatenlos. Die Anerkennung ist – anders als die Anfechtung der Vaterschaft (*OLG Rostock* NJW-RR 2007, 291) – schon vor der Geburt des Kindes zulässig (§§ 1594 IV, 1595 III BGB; vgl. zur Vaterschaftsfeststellungsklage vor der Geburt *OLG Schleswig* NJW 2000, 1271). Ob ein vor der Zeugung abgegebenes Anerkenntnis wirksam ist, ist umstritten. Teilweise wird eine präkonzeptionelle Anerkennung zugelassen, wenn sie sich auf eine konkret bevorstehende Zeugung bezieht (Erman/*Hammermann* § 1594 Rn. 14). Nach anderer Ansicht ist die „Anerkennung auf Vorrat" unwirksam, da sie unter der Bedingung steht, dass es zur Zeugung kommt, und muss nach der Empfängnis wiederholt werden (MünchKomm/*Wellenhofer* § 1594 Rn. 41), ausgenommen den Fall der heterologen Insemination (str., vgl. *Spickhoff* AcP 197 (1997), 398, 425). Die Anerkennung vor Zeugung muss sich jedenfalls auf eine konkret bevorstehende Zeugung beziehen. Ein praktisches Bedürfnis besteht hierfür bei einer künstlichen Befruchtung (vgl. *Roth* DNotZ 2003, 805, 808) nichtehelicher Paare.

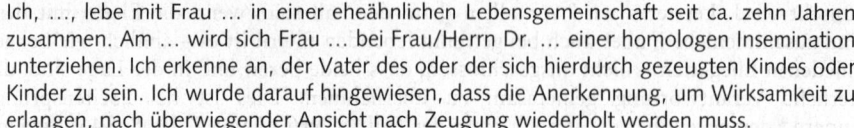

8a **Formulierungsbeispiel: Zustimmung zur heterologen Insemination**

Ich, ..., lebe mit Frau ... in einer eheähnlichen Lebensgemeinschaft seit ca. zehn Jahren zusammen. Am ... wird sich Frau ... bei Frau/Herrn Dr. ... einer homologen Insemination unterziehen. Ich erkenne an, der Vater des oder der sich hierdurch gezeugten Kindes oder Kinder zu sein. Ich wurde darauf hingewiesen, dass die Anerkennung, um Wirksamkeit zu erlangen, nach überwiegender Ansicht nach Zeugung wiederholt werden muss.
Ich, ..., lebe mit Frau ... in einer eheähnlichen Lebensgemeinschaft seit ca. zehn Jahren zusammen. Am ..., wird sich Frau bei Frau/Herrn Dr. ... einer heterologen Insemination mit dem Samen eines Samenspenders unterziehen. Ich erkläre hiermit mein Einverständnis. Wir wollen auf diese Weise unseren gemeinsamen Kinderwunsch erfüllen. Ich erkenne an, der Vater des oder der hierdurch gezeugten Kindes oder Kinder zu sein.

8b Die Vaterschaft kann auch noch anerkannt werden, wenn das Kind nach der Geburt verstorben ist (*BayObLG* NJW-RR 2000, 1602). Sie darf nicht mit der Anerkennung der

III. Vaterschaftsanerkennung und Unterhaltsverträge B V

Vaterschaft zu einer Totgeburt verwechselt werden; diese ist lediglich dem Geburtseintrag für das tot geborene Kind beizuschreiben und hat keinerlei rechtliche Wirkung (*AG Münster* StAZ 2003, 273). Die Anerkennung der Vaterschaft kann ferner erfolgen, wenn die Vaterschaft des anerkennenden Mannes bereits gerichtlich festgestellt wurde; die Anerkennung ist nicht unwirksam, entfaltet aber keine Rechtswirkungen (MünchKomm/*Wellenhofer* § 1594 Rn. 32; Staudinger/*Rauscher* § 1594 Rn. 31). Die Möglichkeit von Mehrlingsgeburten sollte in der Formulierung einer **vorgeburtlichen Anerkennung** berücksichtigt werden (*Knittel* Rn. 265). Eine pränatale Anerkennung im Singular bezieht sich, auch wenn der Erklärende etwa aufgrund falscher Auskunft des Arztes von einem Kind ausging, auf alle Kinder (NK-BGB/*Gutzeit* § 1584 Rn. 14).

> **Formulierungsbeispiel: Vaterschaftsanerkenntnis vor Geburt** 8c
>
> Ich erkenne an, Vater des Kindes oder der Kinder zu sein, die Frau ... aufgrund ihrer gegenwärtigen Schwangerschaft erwartet.

Es ist nicht Aufgabe der Urkundsperson nachzuprüfen, ob eine Anerkennung der Vaterschaft unter bewusstem Widerspruch zu den Tatsachen, d. h. durch den Putativvater, der trotz Kenntnis vom Mehrverkehr der Partnerin, die Vaterschaft anerkennt (vgl. *OLG Nürnberg* FamRZ 2012, 1739), und durch den Nicht-Vater wissentlich falsch erfolgt (vgl. Soergel/*Schmidt-Recla* § 1594 Rn. 11; *OLG Köln* FamRZ 2002, 629; *OLG Naumburg* FamRZ 2008, 2146). Die biologische Richtigkeit der Erklärung ist nicht erforderlich. Sogar die bewusst unrichtige Anerkennung wird bei Beachtung der gesetzlichen Voraussetzungen wirksam (*Rauscher* FPR 2002, 359, 360; zu Missbrauchsfällen *Henrich* FamRZ 2006, 977, 978). Dies gilt auch, wenn die falsche Erklärung aufenthaltsrechtlich motiviert ist oder im Zusammenhang mit einem gewerblichen Kinderhandel steht. Dies kann für den Status des Kindes keine Rolle spielen (Soergel/*Schmidt-Recla* § 1594 Rn. 11 f.). Eine Ausnahme gilt dann, wenn aufgrund einer rechtskräftigen Entscheidung bereits feststeht, dass der anerkennende Mann nicht der Vater des Kindes ist. Eine wirksame Anerkennung durch einen anderen Mann und eine rechtskräftige gerichtliche Feststellung der Vaterschaft eines Dritten schließen die Begründung einer „zweiten Vaterschaft" durch **eine weitere Anerkennung** aus. Im Gegensatz zum früheren Recht (vgl. § 1600b III BGB a. F.) ist sie aber nicht nichtig, sondern nur schwebend unwirksam (§ 1594 II BGB). Mit Beseitigung der bisherigen Vaterschaft (zum Anfechtungsrecht des biologischen Vaters § 1600 I Nr. 2, II BGB, *EGMR* FamRB 2012, 243; *BVerfG* NJW 2009, 423; *BGH* FamRB 2013, 244 [Samenspender]; *OLG Nürnberg* FamRB 2013, 12, *Wellenhofer* FamRZ 2012, 828; *Helms* FamRZ 2010, 1; *Löhnig/Preisner* FamFR 2013, 340) wird sie wirksam. Dauert der Schwebezustand länger als ein Jahr nach ihrer Beurkundung, so kann der anerkennende Mann sein Anerkenntnis widerrufen (§ 1597 III 1 BGB). Form und Modalitäten des Widerrufs entsprechen weitgehend der Anerkennungserklärung (§ 1597 III 2 BGB; vgl. Rn. 15). Die Anerkennung der Vaterschaft ist nach h. M. selbst nach Wirksamkeit eines Adoptionsbeschlusses möglich (RGRK/*Böckermann* § 1600b Rn. 17 und Staudinger/*Rauscher* § 1594 Rn. 40). Sie kann auch erfolgen, wenn ein anderer Mann die Vaterschaft bereits anerkannt hat. Solange diese Anerkennung noch nicht wirksam geworden ist, können die Mutter und gegebenenfalls das Kind wählen, welcher Anerkennung sie zustimmen wollen; erst mit diesem zweiten Akt erlangt die Anerkennung ihre Wirkung (*OLG München* FamRZ 2010, 743; *Knittel* Rn. 294). Zur Vermeidung einer Vaterschaftsanfechtung wird die Wirksamkeit der Anerkennung eines „Dritten" nicht dadurch verhindert, dass zum Zeitpunkt ihrer Abgabe der später geschiedene Ehemann der Mutter noch als Vater des „Scheidungskindes" anzusehen ist (§ 1599 II 1 BGB). Voraussetzung ist, dass das Kind in der Zeit zwischen der Anhängigkeit des Scheidungsantrags und der Rechtskraft des Scheidungsbeschlusses geboren wird.

9

Ferner muss die Anerkennung spätestens bis zum Ablauf eines Jahres nach Rechtskraft des Scheidungsbeschlusses erfolgen (§ 1599 II 1 BGB). Die Zustimmung der Mutter und des „Vaters kraft Ehe" sind nicht an diese Jahresfrist geknüpft; sie sind so lange möglich, wie die Anerkennung ihre Wirkung nicht verloren hat (§ 1599 II 2 BGB; *OLG Zweibrücken* NJW-RR 2000, 881; *OLG Oldenburg* RNotZ 2011, 304; *OLG Köln* NJW-RR 2011, 217). Bei konkurrierenden Vaterschaften nach deutschem und ausländischem Recht gilt das Günstigkeitsprinzip (*AG Hannover* FPR 2002, 414; a. A. *BayObLG* FGPrax 2002, 66: Prioritätsprinzip).

10   Die Anerkennungserklärung ist bedingungs- und zeitbestimmungsfeindlich (§ 1594 III BGB). Die **Rechtsbedingung,** dass eine beabsichtigte oder bereits erhobene Ehelichkeitsanfechtungsklage Erfolg haben wird, ist dagegen unschädlich (*BGH* NJW 1987, 899; *KG* FamRZ 1995, 631). Eine Anerkennung unter der Bedingung der Einholung eines Abstammungsgutachtens ist nicht möglich. Eine Bindung an eine Vereinbarung, wonach vor der Anerkennung ein diesbezügliches Gutachten zu erstellen ist, besteht für die Mutter und das Kind nicht (*OLG Köln* FamRB 2004, 323).

11   Eine **Inkognito-Anerkennung,** d. h. eine Anerkennung mit der Maßgabe, dass sie geheim bleiben und weder dem Standesbeamten noch den übrigen Beteiligten mitgeteilt werden dürfe, ist nicht möglich (BayObLGZ 1978, 235). Die Urkundsperson ist verpflichtet, beglaubigte Abschriften der Anerkennungserklärung dem Standesbeamten, dem Kind, dem Vater und der Mutter zu übersenden (§ 1597 II BGB, § 27 I PStG: Geburtsstandesamt; vgl. § 36 II PStG bei Geburt im Ausland). Ein Ersuchen um Anerkennung in geheimer Urkunde muss der Notar deshalb ablehnen. Hat er (gesetzeswidrig) Geheimhaltung zugesichert, hat die gesetzliche Mitteilungspflicht Vorrang (*OLG Hamm* FamRZ 1985, 1078). Ein Verstoß gegen die Benachrichtigungspflicht führt nach h. M. (vgl. *Muscheler* FPR 2005, 177, 179) wegen der rein verfahrensrechtlichen Bedeutung jedoch nicht zur Unwirksamkeit der Anerkennung.

12   Zur Anerkennung des Vaters ist die **Zustimmung der Mutter** des Kindes erforderlich (§ 1595 I BGB). Es handelt sich um eine nicht empfangsbedürftige Erklärung. Sie ist wie das Anerkenntnis bedingungs- und befristungsfeindlich (§ 1595 III BGB). Sie kann vor und nach Beurkundung der Anerkennungserklärung (RGRK/*Böckermann* § 1600c Rn. 7) sowie bereits vor der Geburt abgegeben werden (§ 1595 III BGB; vgl. MünchKomm/*Wellenhofer* § 1595 Rn. 16). Sie kann auch noch nach dem Tod des Anerkennenden erklärt werden (Staudinger/*Rauscher* § 1595 Rn. 34). Eine zu Unrecht verweigerte Zustimmung kann nicht ersetzt werden. Dem (wirklichen) Vater bleibt nur die Möglichkeit, seine Vaterschaft gerichtlich feststellen zu lassen (§ 1592 Nr. 3 BGB; *OLG Hamburg* NJW-RR 2011, 1227). Liegen Anerkennungserklärungen mehrerer Männer vor, hat die Frau die Wahl, welcher Anerkennungserklärung sie zur Wirksamkeit verhilft. Diese muss nicht zugunsten des biologischen Vaters erfolgen; die rechtliche Zuordnung kann nur durch Anfechtung beseitigt werden. Nur in Ausnahmefällen (vgl. Rn. 7) ist auch die Zustimmung des Kindes erforderlich (§ 1595 II BGB). Im Falle des „Scheidungskindes" ist schließlich die Zustimmung des „Noch-Ehemannes" erforderlich (§ 1599 II 2 BGB). Zweck des Zustimmungserfordernisses ist es, falschen Anerkenntnissen vorzubeugen (vgl. *Giesen* Rn. 526).

13   An **Fristen** ist die Anerkennungserklärung des Mannes nicht gebunden. Er kann sie auch noch nach der Volljährigkeit des Kindes und noch nach dem Tod des Kindes abgeben (*Knittel* Rn. 256). Die Zustimmungen sind wie die Anerkennung bereits vorgeburtlich zulässig (§§ 1595 III, 1599 II 2 BGB). Eine Frist ist auch hier nicht vorgeschrieben (*Knittel* Rn. 345, 359).

14   Die Anerkennung und Zustimmung sind **höchstpersönlich,** eine Bevollmächtigung ist deshalb unzulässig (§§ 1596 IV, 1595 III, 1599 II 2 BGB). Ein beschränkt geschäftsfähiger Mann kann nur selbst mit öffentlich beurkundeter Zustimmung seines gesetzlichen Vertreters anerkennen (§ 1596 I BGB). Dies gilt für die Zustimmung der Mutter entsprechend. Für einen geschäftsunfähigen Vater und eine geschäftsunfähige Mutter handelt

III. Vaterschaftsanerkennung und Unterhaltsverträge   B V

der jeweilige gesetzliche Vertreter mit Genehmigung des Familiengerichts (vgl. *EGMR* FamRZ 2011, 1485). Die Zustimmung des geschäftsunfähigen oder noch nicht 14 Jahre alten Kindes gibt sein gesetzlicher Vertreter ab, im Übrigen das in der Geschäftsfähigkeit beschränkte Kind selbst mit Zustimmung seines gesetzlichen Vertreters (§ 1596 II BGB).

Die Anerkennungs- und die Zustimmungserklärungen bedürfen der **öffentlichen** – nicht der notariellen – **Beurkundung**. Dies gilt auch für die Zustimmung des gesetzlichen Vertreters (§ 1597 I BGB). Eine Verpflichtung des Notars, den anerkennenden Vater darauf hinzuweisen, dass er später nur geringe Chancen hat, eine objektive Überprüfung der Vaterschaft zu erreichen und es deshalb besser sei, die Vaterschaft entweder im Wege der Vaterschaftsfeststellung nach § 1598a BGB oder nach § 1592 Nr. 3 BGB gerichtlich feststellen zu lassen, besteht nicht. Der Notar darf die Beurkundung der Anerkenntnis- oder Zustimmungserklärung auch dann nicht ablehnen, wenn er Kenntnis davon hat, dass der Mann, dessen Vaterschaft rechtlich anerkannt wird, nicht der biologische Vater des Kindes ist. **15**

Ist das Kind oder der leibliche oder rechtliche Vater nicht Deutscher oder hat einer von beiden seinen gewöhnlichen Aufenthalt nicht in Deutschland, bestimmt sich das anwendbare Recht nach dem gewöhnlichen Aufenthalt des Kindes (Art. 19 I 1 EGBGB), wobei ein Statutenwechsel denkbar ist. Durch ihn entfällt aber eine Abstammungsvermutung nicht. Alternativ kann in Fällen mit **Auslandsbezug** an die Staatsangehörigkeit des Elternteils oder nach Klärung der Vorfrage, ob die Eltern verheiratet sind oder waren, an das allgemeine Ehewirkungsstatut angeknüpft werden (Art. 19 I 2 und 3 EGBGB). Ein Renvoi ist nur anzuerkennen, wenn er zu einer Erhöhung der Zahl der zur Verfügung stehenden Rechtsordnungen führt (*OLG Celle* StAZ 2011, 152). Verringert sich die Zahl durch die Rückverweisung, ist von einer Sachnormverweisung auszugehen. **15a**

Kosten: Die Beurkundung des Anerkenntnisses und der erforderlichen Zustimmungserklärungen (einschließlich derjenigen des gesetzlichen Vertreters des Kindes ist gebührenfrei (Vorbem. 2 III KV-GNotKG); die Dokumentenpauschale und sonstige Auslagen sind zu erheben (vgl. MittBayNot 1998, 381). **16**

Die **Rechtswirkungen** der Anerkennung treten rückwirkend auf den Zeitpunkt der Geburt ein (§ 1594 II BGB). Eine anderweitige Vaterschaftszuordnung aufgrund Ehe oder Anerkenntnis wird mit Rückwirkung beseitigt. Bis zum Wirksamwerden der Anerkennung tritt verfahrensrechtlich eine Rechtsausübungssperre ein. Die Rechtswirkungen der Vaterschaft können erst von diesem Zeitpunkt an geltend gemacht werden (zur Ausnahme im Regressprozess des Scheinvaters BGHZ 176, 327; *BGH* FamRZ 2009, 32; 2012, 200); die Vaterschaftsfeststellung aufgrund der Anerkennung wirkt wie der gerichtliche Feststellungsbeschluss für und gegen alle. Bis alle Voraussetzungen für die Anerkennung erfüllt sind, ist die Erklärung noch schwebend unwirksam, aber bindend. Ist sie ein Jahr nach Beurkundung noch nicht wirksam geworden, kann der Mann seine Anerkennung widerrufen (§ 1597 III BGB). Für den Widerruf gelten die Vorschriften der Anerkennung, insbesondere diejenigen über die Höchstpersönlichkeit, die Form und die Geschäftsfähigkeit. Gleiches gilt für die Benachrichtigungspflicht. **16a**

> **Formulierungsbeispiel: Widerruf Vaterschaftsanerkenntnis**   **16b**
>
> Ich, ..., habe zur Urkunde des Notars/der Notarin ... am ... die Vaterschaft für das von Frau ... geborene Kind ... anerkannt. Die Zustimmung der Mutter wurde bis heute, also mehr als ein Jahr nach dem vorgenannten Termin der Anerkennung, nicht erteilt. Ich widerrufe deshalb mein vorgenanntes Anerkenntnis.

Muster zu Anerkenntnis und Zustimmung nach Geburt: *Brambring* in: Beck'sches Formularbuch, V. 28; *Grziwotz* in: Beck'sches Formularbuch Familienrecht N.III. 1; Kersten/Bühling/*Kordel*/*Emmerling de Oliveira* § 92 Rn. 32 ff. und Wurm/Wagner/Zartmann/*Kesseler* Kap. 73.1–3. **17**

2. Unterhaltsvereinbarungen

18 Eine Erklärung, in der sich der nichteheliche Vater gegenüber seinem Kind unabhängig von der Feststellung der Vaterschaft zur **Zahlung von Unterhalt** verpflichtet, ist im Rahmen der gesetzlichen Vorschriften grundsätzlich zulässig. Eine Verpflichtung zum Anerkenntnis oder zur Klage auf Feststellung der Vaterschaft besteht für die Beteiligten nicht (MünchKomm/*Wellenhofer* § 1594 Rn. 27). Vaterschaftsanerkenntnisse können mit einer vollstreckbaren Verpflichtung zur Zahlung von Unterhalt verbunden werden (vgl. zu den Vereinbarungsmöglichkeiten *Riemann* DNotZ 1998, 456 und *Stollenwerk* FPR 2005, 83; vgl. auch *Gerhardt* FuR 1998, 97). Eine mit der Unterhaltsvereinbarung verbundene oder isolierte Verpflichtung, keine Feststellungsklage hinsichtlich der Abstammung zu erheben, ist sittenwidrig (Staudinger/*Rauscher* § 1594 Rn. 23); ein diesbezüglicher Vergleich bedarf zwar nicht der familiengerichtlichen Genehmigung (§ 1643 I BGB verweist nicht auf § 1822 Nr. 12 BGB; a. A. MünchKomm/*Wellenhofer* § 1594 Rn. 27); er hindert das Kind nicht an einer Vaterschaftsklage. Auch ein Verzicht auf das Recht, die gerichtliche Vaterschaftsfeststellung zu betreiben, ist wegen der zwingenden Natur der §§ 1592 Nr. 3, 1600d BGB unwirksam.

19 Sondervorschriften für Unterhaltsverträge zwischen dem nichtehelichen Vater und seinem Kind bestehen nach Aufhebung von § 1615e BGB a. F. nicht mehr. Teilweise wird bei Betreuung von Stiefkindern ein nachehelicher bzw. nachpartnerschaftlicher Unterhaltsanspruch nach § 1576 BGB, § 16 S. 2 LPartG bejaht (*Pauling* FPR 2004, 99 und *Maier* FPR 2004, 440). Zu stillschweigenden Unterhaltsvereinbarungen bei einer sozialen Elternschaft siehe Rn. 84.

20 Ein Vertrag, in dem sich die Mutter gegenüber dem nichtehelichen **Vater** verpflichtet, diesen von seiner Unterhaltspflicht **freizustellen,** wurde von der früher h. M. für nichtig gehalten (*OLG Hamm* FamRZ 1977, 556). Dies ist sicher weiterhin zutreffend, wenn eine Frau einen Mann vor einer Zeugung von seiner Unterhaltspflicht freistellt und er sich im Gegenzug verpflichtet, die Vaterschaft nicht anzuerkennen und sein Umgangsrecht nicht auszuüben. Eine Sittenwidrigkeit ist ferner anzunehmen, wenn damit ein Verzicht auf Elternrechte erkauft wird (z. B. Zustimmung zur Sorgerechtsübertragung). Allein die äußerliche Verbindung einer Freistellungsverpflichtung mit einem Sorgerechtsregelungsvorschlag führt jedoch noch nicht zur Bejahung der Sittenwidrigkeit (ebenso Palandt/*Brudermüller* § 1606 Rn. 19 und *Riemann* SchlHA 1998, 148; vgl. auch BFH NJW-RR 1996, 835 und *OLG Hamm* FamRZ 1999, 163). Große Bedeutung haben Freistellungsverpflichtungen nach heterologen Inseminationen und bei der Samenspende zur Erfüllung des Kinderwunsches eines lesbischen Paares (vgl. Rn. 88). Die Abgabe des Spermas gegen Entgelt und eine Freistellungsverpflichtung hinsichtlich des Kindesunterhalts macht dieses Rechtsgeschäft nicht sittenwidrig.

3. Vereinbarungen über die Feststellung der Abstammung und Recht auf Kenntnis der Abstammung

20a Der Gesetzgeber wollte durch das Gesetz zur Klärung der Vaterschaft unabhängig vom Anfechtungsverfahren (BGBl. I 2008, S. 441; vgl. *Hammermann* FamRB 2008, 150 und *Muscheler* FPR 2008, 257) einvernehmliche Lösungen fördern. Nur wenn sich der Vater, die Mutter und das Kind nicht einigen, hat das Familiengericht eine nicht erteilte Einwilligung in eine genetische Abstammungsuntersuchung zu ersetzen (1598a II BGB). Der Anspruch ist unbefristet und an keine besonderen Voraussetzungen gebunden (*OLG München* FamRZ 2011, 1878; *OLG Koblenz* NJW-RR 2013, 1349; zum Verfahren s. *Löhnig* FamRZ 2009, 1798). Ausgeschlossen ist von diesem Verfahren der biologische Vater, der die Vaterschaft möglicherweise wegen der diesbezüglichen Ungewissheit, nicht anerkannt hat (*Borth* FPR 2007, 381, 382). Während ihm ein Anfechtungsrecht bei Bestehen einer sozial-familiären Beziehung zum rechtlichen Vater nicht eingeräumt werden muss (*EGMR* FamRZ 2012, 691; NJW 2013, 1937; *BVerfG* NJW 2009, 423; FamRZ 2014, 277), kann ihm ein Recht auf Umgang und Auskunft zustehen (§ 1686a BGB); hierfür ist eine (rechtsfolgenlose) Feststellung der biologischen Vaterschaft Voraussetzung (§ 167a II FamFG). Zwischen den in § 1598a I BGB genannten Personen sind nunmehr **vertragliche Vereinbarungen** über die Duldung der Entnahme und Untersuchung genetischen Materials zum Zwecke der Erstellung eines Abstammungsgutachtens zulässig (offen *BGH* FamRZ 2007, 359 und *BVerfG* FamRZ 2007, 441). Demgegenüber ist ein Verzicht auf die Einsichtnahme in das Abstammungsgutachten mit der Folge, dass z. B. nur der „Scheinvater" Gewissheit hat, unzulässig; eine derartige Vereinbarung widerspricht dem Recht des Kindes auf Kenntnis seiner Abstammung. Gleiches gilt für ein vertraglich (z. B. im Ehevertrag) vereinbartes Einverständnis in einen nach §§ 8 und 17 GenDG untersagten heimlichen Vaterschaftstest, um den Familienfrieden nicht zu stören (zur praktischen Relevanz *Muscheler* FPR 2007, 389, 390); insoweit wird das Kind zum Objekt elterlicher Vereinbarungen, die sein Persönlichkeitsrecht missachten (BVerfGE 117, 202, 226; *Braun* FPR 2011, 386; *Hohmann-Dennhardt* in: Bayer/Koch (Hrsg.), Aktuelle Fragen des Familienrechts, 2009, S. 139, 145). Das Recht des Kindes auf Kenntnis seiner Abstammung (BVerfGE 79, 256) dient der Statuswahrheit. Es schützt das Kind auch vor der Vorenthaltung von Informationen über die Klärung seiner Abstammung, auch in Vereinbarungen seiner (rechtlichen und biologischen) Eltern. Weniger weitreichend ist das Recht des Erzeugers auf Kenntnis des eigenen Nachwuchses (*BVerfG* NJW 2003, 2151; 2009, 423; vgl. *Coester-Waltjen* Jura 2009, 427, 428). Ein Verzicht des biologischen Vaters und des Scheinvaters auf die diesbezüglichen Auskunftsansprüche (vgl. *BGH* NJW 2008, 2929; FamFR 2012, 46; *OLG Oldenburg* FamRZ 2010, 1819; *OLG Saarbrücken* FamFR 2010, 574; *OLG Jena* NJW-RR 2011, 294; *Neumann* FPR 2011, 366) ist wohl insoweit zulässig, als dadurch nicht das Persönlichkeitsrecht des Kindes verletzt wird.

IV. Einbenennung von Stiefkindern (§ 1618 BGB, § 9 V LPartG)

Durch die Einbenennung eines Kindes wird nicht mehr als eine **Namenszuordnung** geschaffen (*OLG Zweibrücken* FamRZ 2001, 49). Weitere familienrechtliche Folgen ergeben sich aus ihr nicht (vgl. *Giesen* Rn. 560 und *Zwißler* FPR 2004, 64, 67). Während sich die Einbenennung nach früherem Recht nur auf nichteheliche Kinder bezog, können nach geltender Rechtslage auch eheliche Kinder namensmäßig in die Stiefelternfamilie einbezogen werden. Eine Einbenennung ist auch durch Lebenspartner möglich (§ 9 V LPartG) Die Möglichkeit einer einseitigen Einbenennung durch den leiblichen Vater des Kindes besteht dagegen nicht (vgl. *BGH* DNotZ 2006, 125 zum nichtehelichen Vater, der nach dem Tod der Mutter allein sorgeberechtigt wurde); seine Rechte werden durch die Einbenennung nicht beeinträchtigt (*EGMR* FPR 2004, 102). § 65 FGB-DDR sah die Möglichkeit des Erziehungsberechtigten vor, dem Kind den Namen des Erziehungsberechtigten, der auch ein Ehename sein konnte, zu erteilen; eine Zustimmung war nicht erforderlich (zu den Folgen *LG Potsdam* StAZ 1998, 12).

Die beiderseitige Einbenennung durch den sorgeberechtigten Elternteil und dessen Ehegatten oder Lebenspartner (sog. **Stiefkindeinbenennung**) setzt eine bestehende, nicht künftige (*OLG Hamm* FamRZ 2000, 1437) gemeinsame Namensführung voraus, bei der der Name des leiblichen Elternteils nicht zum Ehenamen bzw. Lebenspartnerschaftsnamen wurde. Der Ehegatte des sorgeberechtigten Elternteils darf zudem nicht der leibliche Vater oder die leibliche Mutter des Kindes sein, da in diesem Fall § 1617b BGB die namensrechtlichen Folgen durch die spätere Ehe regelt. Der seinen neuen Ehenamen erteilende Elternteil muss **nicht allein sorgeberechtigt** sein (vgl. bereits *OLG Hamm* NJW-RR 2001, 505). Auch bei **gemeinsamer Sorge** der Eltern kann der (wieder) verheiratete/verlebenspartnerte Elternteil mit seinem Ehegatten/Lebenspartner dem Kind den Ehenamen erteilen. Voraussetzung ist stets, dass das Kind in den gemeinsamen Haushalt des einbenennenden Elternteils und des Stiefelternteils aufgenommen wurde; dies ist bei Getrenntleben des Elternteils und dessen Ehegatten/Lebenspartner nicht der Fall (*OLG Zweibrücken* MDR 2011, 1361). Die Namenserteilung ist nicht vor Eheschließung mit dem Stiefelternteil zulässig (*OLG Karlsruhe* FamRZ 2000, 1437). Die Zustimmung des anderen Elternteils ist erforderlich, wenn ihm die elterliche Sorge gemeinsam auf den namenserteilenden Elternteil zusteht oder wenn das Kind seinen Namen führt (§ 1618 S. 3 BGB, § 9 V 2 LPartG; vgl. *BGH* NJW 2002, 300). Die Zustimmung kann durch das Familiengericht, wenn dies für das Kindeswohl mehr als dienlich ist, ersetzt werden (§ 1618 S. 4 BGB, § 9 V 2 LPartG; vgl. *BGH* DNotZ 2002, 545; FamRZ 2005, 889; Kindeswohldienlichkeit genügt nach *OLG Brandenburg* FamRZ 2014, 570; zur Ersetzung bei Elternteil mit unbekanntem Aufenthalt *OLG Karlsruhe* FamRZ 2013, 226). Ferner muss das Kind, wenn es das 5. Lebensjahr vollendet hat, einwilligen.

23 Das **Kind**, das einbenannt werden soll, muss **minderjährig** und **unverheiratet** sein (§ 1618 S. 1 BGB). Unverheiratet ist ein Kind auch, wenn eine frühere Ehe bei Namenserteilung bereits wieder aufgelöst ist (Palandt/*Diederichsen*, 71. Aufl. 2012, § 1618 Rn. 8; *Oelkers/Oelkers* MDR 2001, 1269; a. A. Palandt/*Brudermüller*, 73. Aufl. 2014, § 1618 Rn. 8; *Gaaz* FPR 2002, 125, 127). Unerheblich ist, welchen Namen das einzubenennende Kind trägt (*Gaaz* FPR 2002, 125, 127; vgl. bereits *OLG Hamm* NJW-RR 2001, 505).

24 Die **Einbenennungserklärungen** müssen denselben Inhalt, nicht jedoch Wortlaut haben. Sie brauchen aber weder gleichzeitig noch gemeinsam abgegeben zu werden. Die Erklärungen können bereits vor der Geburt des Kindes erfolgen (vgl. BayObLGZ 1983, 67). Stirbt der Erklärende vor Eingang der Erklärung beim Standesbeamten, wird sie gleichwohl wirksam (vgl. *OLG Frankfurt* NJW-RR 2001, 1443). Anders als nach früherem Recht (vgl. BayObLGZ FamRZ 1988, 319 und 1990, 93) sind wiederholte Einbenennungen zulässig. Praktisch wird dies dann, wenn der sorgeberechtigte Elternteil mehrere Ehen/Lebenspartnerschaften hintereinander eingeht, bei denen der Name des jeweiligen Stiefelternteils zum Ehenamen/Lebenspartnerschaftsnamen bestimmt wird.

25 Strittig ist, ob die **Einwilligungserklärungen** spätestens mit Zugang der Einbenennungserklärung vorliegen müssen (vgl. BayObLGZ 1964, 213). Um Probleme zu vermeiden, sollte die Einbenennungserklärung erst wirksam werden, wenn der andere Elternteil und das Kind seine Einwilligung erteilt haben (BayObLGZ a. a. O.).

25a **Formulierungsbeispiel: Einbenennungserklärung**

Wir, ..., erteilen hiermit dem Sohn der Ehefrau, dem am ... geborenen Hans Meier, unseren Ehenamen Müller. Diese Erklärung wird erst wirksam, wenn hierzu das Kind Hans Meier sowie sein leiblicher Vater Otto Meier, ihre Einwilligung erteilt haben.

---

26 Die Einbenennung und die Einwilligung müssen öffentlich **beglaubigt werden** (§ 1618 S. 5 BGB, § 9 V 2 LPartG). Sie sind bedingungsfeindlich und müssen höchstpersönlich erfolgen (Palandt/*Brudermüller* § 1618 Rn. 11). Zuständig zur Entgegennahme der Einbenennungserklärung ist der Standesbeamte, der die Geburt des Kindes beurkundet hat, bei einer Geburt im Ausland der Standesbeamte des Standesamtes I in Berlin (§ 31a II PStG).

Kosten: Da Vorbem. 2 III KV-GNotKG hinsichtlich der Gebührenfreiheit nur auf die in § 62 I 1 BeurkG genannten Rechtsgeschäfte Bezug nimmt, ist die Beurkundung der Einbenennung gebührenpflichtig. Der Geschäftswert beträgt regelmäßig 5.000 EUR (§ 36 III GNotKG). Bei Einbenennungserklärungen für mehrere Kinder in einer Urkunde hat der Wertansatz für jedes Kind zu erfolgen; die Gebühr ist aus dem Gesamtwert nach § 35 I GNotKG zu erheben. Anzusetzen ist eine 1,0 Gebühr Nr. 21200 KV-GNotKG. Die

Einbenennungserklärungen beider Eltern sind gegenstandsgleich (vgl. MittBayNot 1998, 381).

Für die Einbenennung stehen dem sorgeberechtigten Elternteil und seinem Ehegatten/ 27
Lebenspartner zwei verschiedene **Gestaltungsformen** zur Verfügung: Möglich ist zunächst ein völliger Namenswechsel (sog. **Surrogationslösung** oder **exklusive Einbenennung**, § 1618 S. 1 BGB, § 9 V 1 LPartG). Das Kind führt danach den Ehe-/Lebenspartnerschaftsnamen seines einbenennenden Elternteils und seines Stiefelternteils als Geburtsnamen. Der bisher geführte Name geht endgültig verloren. Statt des Namensaustausches ist auch die Bildung eines Doppelnamens aus dem bisher geführten Kindesnamen und dem neuen Ehe-/Lebenspartnerschaftsnamen des betreffenden Elternteils durch Voranstellung oder Anfügung möglich (sog. **Kombinationslösung** oder **additive Einbenennung**, § 1618 S. 2 BGB, § 9 V 2 LPartG). In diesem Fall behält das Kind seinen bisherigen Namen als Geburtsnamen; der stiefelterliche Ehe-/Lebenspartnerschaftsname tritt lediglich als Begleitname hinzu. Ein bisheriger Begleitname entfällt. Neben dieser Namenskombination lässt das Gesetz es auch zu, dass nicht sämtliche in die Ehe/Lebenspartnerschaft eingebrachten Kinder dieses Elternteils einbenannt werden. Auch die Namenskombinationen können unterschiedlich sein. Weitere Wahlmöglichkeiten bestehen nicht (*BayObLG* NJWE-FER 2001, 41). Die additive Einbenennung stellt gegenüber der ersetzenden kein Minus, sondern ein Aliud dar (*BGH* FamRZ 2005, 889). Ein notarieller Hinweis darauf, dass die Einbenennung mit keinen adoptionsrechtlichen Wirkungen verbunden ist, ist nicht erforderlich.

Von der Einbenennung zu unterscheiden ist die **Namensänderung**, zu der es kommen 28
kann, wenn die gemeinsame Sorge der Eltern für ein Kind nachträglich begründet oder wenn die Vaterschaft des Mannes, dessen Familienname der Geburtsname des Kindes geworden ist, rechtskräftig angefochten worden ist (§ 1617b BGB). Das Gleiche gilt, wenn sich der Familienname der Eltern durch Eheschließung oder in anderer Weise ändert (§ 1617c BGB). Nimmt der sorgeberechtigte Elternteil nach einer Scheidung/Lebenspartnerschaftsaufhebung wieder seinen früheren Namen an, kann sich das Kind dieser Namensänderung nicht ausschließen (*BGH* DNotZ 2004, 645). Bei den sog. Scheidungshalbwaisen ist eine Namensänderung aber nach § 3 NÄG möglich (*BVerwG* NJW 2002, 2406 und 2410; *OVG Münster* FamFR 2012, 527; vgl. auch *Wittinger* NJW 2002, 2371).

Muster: *Brambring* in: Beck'sches Formularbuch, V. 29 f. und Kersten/Bühling/*Kordel/ Emmerling de Oliveira*, § 92 Rn. 49 f. Zum Antrag auf Namensänderung s. *Bergschneider/Weisbrodt* in: Beck'sches Formularbuch Familienrecht R. XV. 4.

V. Vereinbarungen zur elterlichen Sorge und zum Umgangsrecht

1. Sorgeerklärungen

Kinder stehen bis zu ihrer Volljährigkeit (§ 2 BGB) unter elterlicher Sorge (§ 1626 29
BGB). Die elterliche Sorge umfasst die Sorge für die **Person** (einschließlich der Beschneidung, § 1631d BGB) sowie die Sorge für das **Vermögen** des Kindes. Sie ist als solche nicht übertragbar; nur die Ausübung kann übertragen werden. Sie steht miteinander verheirateten Eltern gemeinsam zu. Bei zum Zeitpunkt der Geburt miteinander verheirateten Eltern tritt sie mit Geburt des Kindes ein, andernfalls ab dem Zeitpunkt der späteren Eheschließung (§§ 1626 I 1, 1626a I Nr. 2 BGB; vgl. zum Umfang *OLG Nürnberg* NJW 2000, 3220). Sind die Eltern nicht miteinander verheiratet, steht die elterliche Sorge kraft Gesetzes grundsätzlich allein der Mutter zu (§ 1626a II BGB). Nicht miteinander verheiratete Eltern können jedoch die gemeinsame elterliche Sorge begründen, indem sie erklären, dass sie die Sorge gemeinsam übernehmen wollen (sog. Sorgeerklärungen, § 1626a I Nr. 1 BGB; ausführlich *Witteborg*, Das gemeinsame Sorgerecht nichtverheira-

teter Eltern, 2003, S. 89 ff.). Stimmt die (unverheiratete) Mutter der gemeinsamen Sorge nicht zu, hat der Vater die Möglichkeit der familiengerichtlichen Übertragung der Mitsorge oder der alleinigen Sorge, wenn dies dem Kindeswohl entspricht (*EGMR* FamRZ 2010, 103; *BVerfG* FamRZ 2010, 1403). Er kann dieses Recht beim § 1626a I Nr. 3 BGB mit Hilfe des Familiengerichts in einem vereinfachten Verfahren durchsetzen (§ 155a III 1 FamFG; vgl. *OLG Nürnberg* FamRZ 2014, 571; *Coester* FamRZ 2012, 1337; *Huber/Antomo* FamRZ 2012, 1257; *Keuter* FamRZ 2012, 825).

30 Voraussetzung für die Erlangung eines gemeinsamen Sorgerechtes aufgrund elternautonomer Gestaltung sind lediglich **gleichgerichtete Erklärungen** der Eltern des Inhalts, dass sie die Sorge gemeinsam übernehmen wollen. Die Erklärungen müssen nur in ihrem objektiven Inhalt, nicht jedoch in der Formulierung übereinstimmen. Eine gleichzeitige Anwesenheit oder Abgabe ist nicht erforderlich. Die Erklärungen müssen auf die Erlangung der gemeinsamen Sorge gerichtet sein, so dass die Erklärung, ein Elternteil solle das Sorgerecht allein ausüben, wirkungslos ist (*Schwab* Rn. 629). Umstritten ist, ob entgegen dem Wortlaut des § 1626a BGB auch die partielle Begründung eines gemeinsamen Sorgerechtes zulässig ist, etwa für den Bereich der Vermögenssorge (zustimmend *Zimmermann* DNotZ 1998, 404, 419, verneinend wohl h. M.; s. nur *Schwab* DNotZ 1998, 437, 450 f.; zur nur umfassend möglichen Ersetzung nach Art. 224 § 2 III EGBGB s. *BGH* FamRZ 2008, 251 und zur teilweisen gerichtlichen Übertragung nach der verfassungsgerichtlichen Entscheidung s. *OLG Celle* NJW 2011, 3245; *OLG Brandenburg* FamRB 2011, 72; *KG* NJW 2011, 940).

31 Sorgeerklärungen sind nur für ein Kind möglich, dessen Eltern bei seiner Geburt nicht miteinander verheiratet waren und auch später nicht miteinander die Ehe geschlossen haben. Nicht erforderlich ist, dass die Eltern zusammenleben, ledig oder geschieden sind. Sorgeerklärungen sind selbst nach einer Trennung der Partner noch möglich (*Grziwotz*, Nichteheliche Lebensgemeinschaft, § 27 Rn. 8). Auch mit anderen Partnern verheiratete oder in eingetragener Lebenspartnerschaft lebende Eltern können ein gemeinsames Sorgerecht begründen (unstr., siehe nur *Schwab* DNotZ 1998, 437, 451). Eine gemeinsame Sorge kann auf einzelne von mehreren gemeinsamen Kindern beschränkt bleiben. § 1626a I BGB geht davon aus, dass die „Eltern" die Sorgeerklärung abgeben. Umstritten ist, ob hierzu die **Elternschaft** nach den §§ 1591 ff. BGB feststehen muss, also insbesondere die Vaterschaft des die Sorgeerklärung abgebenden Mannes zumindest anerkannt sein muss (so *BGH* NJW 2011, 2360; *Schwab* DNotZ 1998, 437, 450 und *Niepmann* MDR 1998, 565; a. A. *Wegmann* MittBayNot 1998, 309, 310); die Klärung der Vaterschaft ohne rechtliche Wirkungen (z. B. nach § 1598c BGB) genügt nicht. Da auch die vorgeburtliche Vaterschaftsanerkennung des Nicht-Ehemannes zunächst schwebend unwirksam ist (vgl. Rn. 9) und die Mutterschaft statusrechtlich erst bei Geburt des Kindes feststeht (§ 1591 BGB), dürften Sorgeerklärungen vor dem rechtlichem Feststehen der Elternschaft jedoch lediglich schwebend unwirksam und nicht nichtig sein. Die rechtliche und nicht nur biologische Elternschaft ist nach dieser Ansicht nur Wirksamkeitsvoraussetzung der Sorgeerklärung (Staudinger/*Coester* § 1626a Rn. 40; *Schwab* DNotZ 1998, 437, 450; a. A. allerdings wohl die oben dargestellte h. M., vgl. DNotI-Report 1999, 55). Umstritten ist ferner, ob dem Notar diesbezüglich ein Kontrollrecht zusteht (verneinend die h. M., vgl. *Zimmermann* DNotZ 1998, 404, 417). Eine Sorgeerklärung kann bereits abgegeben werden, wenn die rechtliche Vaterschaft eines anderen Mannes noch besteht (*BGH* FamRZ 2004, 802).

32 Eine Sperre für Sorgeerklärungen enthält § 1626b III BGB, wonach Sorgeerklärungen **keine gerichtlichen Sorgerechtsentscheidungen** abändern dürfen. Ist das Sorgerecht durch gerichtliche Entscheidung (§§ 1671, 1672 BGB) einem Elternteil allein zugewiesen, so können die Eltern nicht einfach dadurch zum gemeinsamen Sorgerecht zurückkehren, dass sie Sorgeerklärungen abgeben. Die gerichtliche Sorgeübertragung kann nur durch eine Gerichtsentscheidung abgeändert werden (§ 1696 BGB; vgl. auch *BGH* FamRB 2005, 325. Zu den gerichtlichen Entscheidungskriterien s. *Schilling* NJW 2007, 3233).

V. Vereinbarungen zur elterlichen Sorge und zum Umgangsrecht

Für die Abgabe der Sorgeerklärungen sieht das Gesetz keine Frist vor. Sie können auch schon **vor Geburt des Kindes** abgegeben werden (§ 1626b II BGB; vgl. *KG* FamRBint 2011, 73 zum anschließenden grenzüberschreitenden Umzug vor der Geburt). Wird die Sorgeerklärung (nach h. M. gekoppelt mit einem Vaterschaftsanerkenntnis; vgl. Palandt/ *Brudermüller* § 1626a Rn. 3) bereits pränatal abgegeben, vermittelt sie den nicht miteinander verheirateten Eltern eine gemeinsame Sorge bereits mit der Geburt des Kindes (*Greßmann* Rn. 190). Die Sorgeerklärung muss sich auf ein bestimmtes Kind beziehen. Ist die Möglichkeit einer Mehrlingsgeburt nicht ausgeschlossen, sollte die Formulierung in der Pluralform erfolgen. Nicht möglich ist dagegen eine generelle Erklärung der Übernahme der gemeinsamen Sorge für „alle Kinder, die aus der gemeinsamen Partnerschaft hervorgehen" (Palandt/*Brudermüller* § 1626a Rn. 5). Die vorgeburtliche Sorgeerklärung gilt ferner nur für bereits gezeugte Kinder, nicht schon vor der Zeugung (also nicht: „wenn wir einmal Kinder haben sollten …"; ebenso *Schwab* Rn. 631; unzutreffend *Wegmann* MittBayNot 1998, 308, 314; unklar *KG* MDR 2012, 655 zu einer formunwirksamen Erklärung 1 1/2 Jahre vor der Geburt des Kindes). 33

Formulierungsbeispiel: Gemeinsame Sorgeerklärung	33a
Wir sind die Eltern des Kindes bzw. der Kinder, die Frau … derzeit erwartet. Herr … hat mit Zustimmung von Frau … bereits zur Urkunde des Notars/der Notarin … vom … die Vaterschaft anerkannt. Wir beabsichtigen nicht, vor Geburt des Kindes bzw. der Kinder zu heiraten. Wir erklären hiermit, dass wir die elterliche Sorge für das Kind bzw. für die Kinder, die Frau … derzeit erwartet, gemeinsam übernehmen wollen.	

Wird die Erklärung für ein gemeinsames Sorgerecht erst abgegeben, wenn das Kind bereits einen Namen führt, können die Eltern den **Namen des Kindes** binnen drei Monaten nach der Begründung der gemeinsamen Sorge neu bestimmen (§ 1617b BGB). Dies bedarf der öffentlichen Beglaubigung und kann in der Sorgeerklärung erfolgen. Dabei kann nur der jeweilige gegenwärtig geführte Namen eines Elternteils zum Geburtsnamen des Kindes gemacht werden. Ein Kinderdoppelname ist nicht möglich (*BVerfG* NJW 2002, 1256; *OLG Stuttgart* NJW-RR 2013, 327). Die getroffene Bestimmung gilt auch für die weiteren Kinder (§§ 1617 I 3, 1617b I 4 BGB; vgl. *BayObLG* NJWE-FER 2001, 255; s. aber zur irrtümlichen Namensbestimmung *OLG Celle* FamRZ 2014, 1036). Zur Zustimmung des Kindes siehe Rn. 1 Ziff. 2d. 34

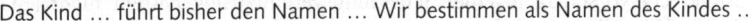

Formulierungsbeispiel: Namensbestimmung	34a
Das Kind … führt bisher den Namen … Wir bestimmen als Namen des Kindes …	

Die Sorgeerklärungen bedürfen der öffentlichen Beurkundung (§ 1626d I BGB; zur gerichtlich gebilligten Elternvereinbarung s. *BGH* NJW 2011, 2360; *OLG Brandenburg* FamFR 2012, 547). Die Eltern müssen die Erklärung jeweils **selbst abgeben.** Eine Vertretung ist unzulässig (§ 1626c I BGB). Dies gilt auch dann, wenn der erklärende Elternteil beschränkt geschäftsfähig ist. Er bedarf aber zur Abgabe der Sorgeerklärung der Zustimmung des gesetzlichen Vertreters; wird diese verweigert, so kann sie durch das Familiengericht ersetzt werden, wenn die Sorgeerklärung dem Wohl dieses Elternteils nicht widerspricht (§ 1626c II BGB). Ein Geschäftsunfähiger kann eine Sorgeerklärung nicht abgeben (*Schwab* Rn. 633). 35

Die Sorgeerklärungen sind einseitige Rechtsgeschäfte. Sie sind adressatenlos. Es handelt sich um parallel laufende Erklärungen. Sorgeerklärungen können nicht unter einer Bedingung oder Zeitbestimmung abgegeben werden (§ 1626b I BGB). Insbesondere erlaubt es die gesetzliche Regelung nicht, einen Anfangszeitpunkt für den Eintritt der ge- 36 meinsamen elterlichen Sorge festzulegen (*Grziwotz,* Nichteheliche Lebensgemeinschaft, § 27 Rn. 8). Flankierende Vereinbarungen zur Sorgeerklärung, z. B. hinsichtlich der Aufenthaltsbestimmung und des Umgangs, dürfen nicht zur **Geltungsbedingung** der Sorgeerklärung gemacht werden (*OLG Düsseldorf* FamRZ 2008, 1552). Ihre Aufnahme in die Urkunde, die die Sorgeerklärung enthält, sollte sowohl textlich als auch räumlich deutlich machen, dass es sich um keine Bedingung für die Sorgeerklärung handelt. Inwieweit derartige Absprachen eine Bindung der Eltern und des Gerichts im Rahmen späterer Entscheidungen entfalten können, ist weitgehend ungeklärt (siehe dazu *Schwab* DNotZ 1998, 437, 454).

37 Durch die Sorgeerklärungen wird die gemeinsame Sorge begründet, ohne dass das Familiengericht prüft, ob die gemeinsame Sorge dem Kindeswohl entspricht (*Firsching/ Schmid* Rn. 792). Sofern nicht beide Erklärungen gleichzeitig abgegeben werden, ist entscheidender **Zeitpunkt für den Eintritt** der gemeinsamen Sorge die Abgabe der zweiten Erklärung, bei vorgeburtlichen Erklärungen allerdings erst die Geburt des Kindes (*Altrogge* FPR 2008, 154, 155). Nach Eintritt der gemeinsamen Sorge ist sie der Disposition der Eltern entzogen. Diese können nicht durch gegenläufige Erklärungen das gemeinsame Sorgerecht wieder beseitigen. Solange die nicht verheirateten Eltern zusammenleben, kann die Alleinsorge der Mutter – ausgenommen bei Kindeswohlgefährdung – nicht mehr eintreten. Ohne Auswirkungen auf die gemeinsame Sorge bleibt es grundsätzlich auch, wenn sich die Eltern später trennen (*Schwab* FamRZ 1998, 457; *Luthin* FF 2002, 80). Allerdings kann jeder Elternteil im Falle eines nicht nur vorübergehenden Getrenntlebens beim Familiengericht beantragen, dass ihm die elterliche Sorge oder ein Teil der elterlichen Sorge allein übertragen wird (§ 1671 I BGB). Das Gesetz enthält noch keine ausdrückliche Priorität zugunsten der gemeinsamen elterlichen Sorge (*BGH* NJW 2000, 203); die Familiengerichte gehen allerdings zunehmend davon aus, dass die gemeinsame elterliche Sorge auch für nichteheliche Kinder grundsätzlich dem Kindeswohl entspricht (*AG Karlsruhe* FamRZ 2011, 1962; *OLG Köln* FamFR 2011, 22). § 1626a II 2 BGB geht vom Leitbild der Sorgegemeinsamkeit aus. Umstritten ist, ob die fehlende Kommunikations- und Kooperationsbereitschaft allgemein, in Alltagsfragen oder nur bei Zerstörung des Grundkonsenses die Aufhebung der gemeinsamen Sorge rechtfertigt (s. *BVerfG* FamRZ 2003, 285, 287; *BGH* FamRZ 2008, 592; *OLG München* FamRZ 2013, 1822; *OLG Brandenburg* NJW 2014, 233; *OLG Hamm* FamRZ 2014, 573). Können sich Eltern, die eine gemeinsame Sorge durch entsprechende Erklärungen begründet haben, trotz Bemühungen nicht einigen, hat die entsprechende Maßnahme zu unterbleiben; eine Übertragung der Sorge für diese Entscheidung auf einen Elternteil kommt nur in Betracht, wenn es sich um eine Angelegenheit handelt, deren Regelung für das Kind von erheblicher Bedeutung ist (*OLG Köln* FamFR 2012, 115). Eine Bindung an einen gemeinsamen Sorgerechtsvorschlag in einer Scheidungsvereinbarung besteht nicht (*BGH* NJWE-FER 2000, 278, 279). Auch bei gemeinsamer elterlicher Sorge ist eine Beistandschaft möglich (§ 1713 I 2 BGB; früher str., vgl. *AG Tempelhof-Kreuzberg* FPR 2002, 417). Das Antragsrecht nach § 1671 BGB bietet auch keine Möglichkeit, von einem nicht mehr gewünschten gemeinsamen Sorgerecht in der Weise loszukommen, dass das Sorgerecht auf den anderen Partner übertragen wird (*Grziwotz,* Nichteheliche Lebensgemeinschaft, § 27 Rn. 12). Ein Verzicht auf das Antragsrecht nach § 1671 BGB ist jedenfalls frei widerruflich (str., DNotI-Report 2000, 199). Dagegen kann kein Elternteil einseitig von getroffenen Entscheidungen im Rahmen der elterlichen Sorge wieder abrücken (*AG Bad Iburg* FamRZ 2000, 1036 zur Aufenthaltsbestimmung).

38 Der Notar sollte die Beteiligten auf die Bedeutung der Sorgeerklärung hinweisen, insbesondere darauf, dass sie nur in Ausnahmefällen bei nicht nur vorübergehender Trennung durch das Familiengericht aufgehoben werden kann. Einseitige **Hinweise** darauf, dass das gemeinsame Sorgerecht für die nichteheliche Mutter nachteilig sein kann, da ihr eine Rückkehr zur Alleinsorge nur durch gerichtliche Entscheidung bei Kindeswohlgefährdung möglich ist, sind ihm wegen seiner Verpflichtung zur Unparteilichkeit nicht

gestattet. Die frühere gesetzliche Regelung, wonach eine gemeinsame Sorge des unverheirateten Vaters nur mit Zustimmung der Kindesmutter möglich ist, war verfassungswidrig (*BVerfG* NJW 2010, 3008; vgl. auch *EGMR* FamRZ 2010, 103; anders noch *BVerfG* FamRZ 2003, 285). Die familiengerichtliche Ersetzung der Sorgeerklärung war bei längerem Zusammenleben und Trennung vor dem 1.7.1998 bereits nach Art. 224 § 2 III EGBGB möglich. Voraussetzung war die Abgabe einer Sorgeerklärung durch den Antragsteller (Art. 224 § 2 IV EGBGB; vgl. *Becker* FamRB 2004, 402) oder ihre Ersetzung (*BGH* FamRZ 2008, 251), die nicht für Teilbereiche möglich ist. § 1626a I Nr. 3 BGB sieht das gemeinsame Sorgerecht nicht miteinander verheirateter Eltern durch familiengerichtliche Übertragung auf Antrag eines Elternteils vor; die gemeinsame Sorge wird als dem Kindeswohl entsprechend angesehen („neues Leitbild"). Die Entscheidung ergeht im vereinfachten Verfahren (§ 155a FamFG).

Formulierungsbeispiel: Hinweis Sorgeerklärung	38a
Der Notar hat die Beteiligten darauf hingewiesen, dass eine Sorgeerklärung unter einer Bedingung oder Zeitbestimmung unwirksam ist und die gemeinsame Sorge, die mit Abgabe dieser Erklärung eintritt, nur in Ausnahmefällen und auf Antrag eines Elternteils bei nicht nur vorübergehender Trennung durch das Familiengericht aufgehoben werden kann. Die elterliche Sorge beinhaltet die Pflicht und das Recht, für das minderjährige Kind zu sorgen; sie umfasst die Sorge für die Person und das Vermögen des Kindes.	

Der beurkundende Notar hat die Abgabe von Sorgeerklärungen und Zustimmungen 39 unter Angabe des Geburtsortes des Kindes sowie des Namens, den das Kind zur Zeit der Beurkundung seiner Geburt geführt hat, dem Jugendamt des Geburtsortes des Kindes mitzuteilen. Liegt der Geburtsort im Ausland oder ist er nicht zu ermitteln, ist die Mitteilung an das Jugendamt des Landes Berlin zu richten (§§ 87c VI 2, 88 I 2 SGB VIII). Zweck dieser Erklärung ist es sicherzustellen, dass der Mutter ein „Negativattest" nach § 58a SGB VIII erteilt werden kann, womit sie im Rechtsverkehr ihr alleiniges Sorgerecht nachweisen kann. Umstritten ist, ob bei vorgeburtlicher Sorgeerklärung die **Anzeige an das Jugendamt** entfällt, erst nach der Geburt vorgenommen werden muss oder sogleich zu erfolgen hat (vgl. *Wegmann* MittBayNot 1998, 308, 310). Bis zu einer einheitlichen Handhabung empfiehlt es sich, vor Geburt die Mitteilung an das Jugendamt des Landes Berlin zu richten und nach Geburt nochmals an das Jugendamt des Geburtsortes. Letzteres setzt freilich voraus, dass der Notar von den Beteiligten über die Geburt unterrichtet wird.

Muster: *Brambring* DNotI-Report 1998, 89, 92, *ders.* in: Beck'sches Formularbuch, V. 40 31; *Kersten/Bühling/Kordel/Emmerling de Oliveira* § 94 Rn. 21 und *Wegmann* MittBayNot 1998, 308, 314, wobei die vorgeburtliche Sorgeerklärung falsch ist und deshalb das letzte Wort in § 1 dieser Sorgeerklärung durch die Wörter „entbinden wird" zu ersetzen ist.

Kosten des Notars: 1,0-Gebühr Nr. 21200 KV-GNotKG aus 5.000 EUR (§ 36 III GNotKG). Bei Sorgeerklärungen für mehrere Kinder in einer Urkunde hat Wertansatz für jedes Kind zu erfolgen; die Gebühr ist aus dem Gesamtwert zu erheben (§ 35 I GNotKG). Die Sorgeerklärungen von beiden Elternteilen in einer Urkunde sind gegenstandsgleich (vgl. MittBayNot 1998, 381).

2. Regelung des Umgangsrechtes und weitere Elternvereinbarungen

a) Vereinbarungen zum Umgangsrecht

Der Umgang mit beiden Elternteilen gehört zum Kindeswohl, desgleichen sein Um- 41 gang mit anderen Personen, zu denen es Bindungen besitzt (§ 1626 III BGB; vgl. *Motzer* FPR 2007, 275; *Horndrasch* FPR 2012, 208). Das Umgangsrecht gehört zum durch

Art. 8 EMRK geschützten Familienleben (*EGMR* FPR 2004, 344 und 350; NJW 2006, 2241; *Kunkel* FPR 2012, 358). Rechte auf Umgang des Kindes mit jedem Elternteil und umgekehrt der Eltern mit dem Kind werden vom Gesetz als Ansprüche, d. h. subjektive Rechte, formuliert (§ 1684 I BGB). Es handelt sich um ein höchstpersönliches Recht des Kindes (*BGH* NJW 2008, 2586; teilw. abw. *OLG Frankfurt* FamRZ 2014, 576). Auch Großeltern (*BbgVerfG* NJW-RR 2012, 1514; *OLG Celle* NJW-RR 2012, 1512; *OLG Köln* FamRZ 2013, 1748), Verwandten (*OLG Bremen* FamFR 2012, 498: verneint für Tante) und Geschwistern (*OLG Dresden* FamRZ 2012, 1153: kein Umgangsrecht eines nicht adoptierten Geschwisters) sowie Stief- und Pflegeeltern (*EGMR* FamRZ 2012, 429), derzeitigen und früheren Lebenspartnern sowie Lebensgefährten wird ein vollstreckbares Umgangsrecht eingeräumt, wenn dieses dem Wohl des Kindes dient (§ 1685 BGB; vgl. *Campell* NJW-Spezial 2011, 644; *Giers* FamRB 2011, 229). Voraussetzungen des Umgangsrechts der sog. Bezugspersonen sind – anders als bei einem rechtlichen Elternteil (*BVerfG* FamRZ 2005, 1233, 1236 –, eine (frühere) sozial-familiäre Beziehung und das Kindeswohl (§ 1685 II BGB, vgl. *Höfelmann* FamRZ 2004, 745, 750 und *Motzer* FamRB 2004, 231). Der Umgang von Kindern mit ihren Eltern hat grundsätzlich Vorrang gegenüber dem Umgang mit anderen Bezugspersonen (*BVerfG* FamRB 2007, 167; FamRZ 2007, 531). Zu den Eltern gehört jetzt auch der biologische Vater, der durch sein Verhalten gezeigt hat, dass er für sein Kind nach Feststellung der Vaterschaft, die keine Pflichten begründet, tatsächliche Verantwortung tragen will (§ 1686a BGB; vgl. dazu *Grziwotz* FF 2012, 382; *Peschel-Gutzeit* NJW 2013, 2465; s. auch *EGMR* FamRZ 2011, 269 und 1715; aber auch *EGMR* NJW-RR 2009, 1585). Die Umgangsrechte sozialer Eltern und die diesbezüglich gewünschten Vereinbarungen nehmen an Bedeutung zu. Zu nennen sind der langjährige Lebensgefährte eines Elternteils (*AG Essen* FamRZ 2011, 1803; *OLG Karlsruhe* NJW 2011, 1012), der echte Stiefelternteil (*OLG Hamm* FamFR 2011, 45) und die Lebenspartnerin (*OLG Karlsruhe* FamFR 2011, 72). Nicht hierzu sollen die Haushaltshilfe, das Kindermädchen und die Freundin gehören (*OLG Brandenburg* FamFR 2011, 68; vgl. auch *AG Flensburg* FamRZ 2012, 583). Demgegenüber ist der befreundete homosexuelle Samenspender eines lesbischen Paares der biologische und nach Vaterschaftsanerkenntnis auch der rechtliche Vater (*OLG Celle* FamRB 2010, 236; *Giers* FamRB 2011, 229, 239). Vertragliche Umgangsrechte dieser Personen müssen das Kindeswohl beachten und dürfen nicht zu Lasten des Umgangsrechts vorrangig umgangsberechtigter Personen gehen.

41a Der geschuldete Umgang muss nicht immer „persönlich" sein (vgl. *BVerfG* NJW-RR 2005, 801; FamRZ 2005, 1816; *OLG Brandenburg* MDR 2001, 1355 und NJW-RR 2001, 294 zum Umgang an „neutralen Orten" und in Gegenwart Dritter, sog. begleiteter Umgang; s. auch § 1684 IV 3 BGB). Er kann auch eine briefliche oder telefonische Verbindung umfassen (*Söpper* FamRZ 2002, 73). Auch insoweit können Umfang, Inhalt, Häufigkeit und Ausführlichkeit der Auskunft geregelt werden. Die diesbezüglichen Berichte betreffen üblicherweise nicht eine detaillierte Schilderung des gesamten Tagesablaufs, sondern einen Überblick über das Leben des Kindes (*OLG Frankfurt* FamRZ 2012, 888). Auch insoweit kann eine Konkretisierung (z. B. Bilder, Überlassung der Kopien, Berichtspflichten über Noten etc.) erfolgen. Sie muss aber die Privat- und Intimsphäre des Kindes altersabhängig beachten (vgl. *Kasenbacher* NJW-Spezial 2012, 4). **Vereinbarungen** der Eltern sind auch über die Ausgestaltung des Umgangsrechtes zulässig (*OLG Karlsruhe* FamRZ 1999, 325 und *Schwab* DNotZ 1998, 437, 448), jedenfalls soweit allein die praktische Ausübung und die wirtschaftliche Ausgestaltung des Umgangsrechts betroffen sind (zum Bringen und Holen des Kindes s. *OLG Nürnberg* NJWE-FER 1999, 146 und *BVerfG* NJW 2002, 1863). Inwieweit eine Bindung an diesbezügliche Vereinbarungen z. B. an ein sog. Wechsel- oder Nestmodell statt des Residenzmodells (vgl. *Rakete-Dombek* FF 2002, 16) besteht, ist offen. Die Vereinbarung eines Wechselmodells setzt neben der Beachtung des Kindeswohls die Bereitschaft und Fähigkeit der Eltern zur Kooperation und Kommunikation sowie eine Einigung über ein einheitliches Erziehungskonzept voraus (vgl. *OLG Nürnberg* FamRZ 2011, 1803; *OLG Hamm* FamFR 2012, 287; teilw. abw. *KG* FamRZ 2012, 886; vgl. *Giers* FamRB 2012, 383). Hat das Familiengericht eine Elternvereinbarung zum Unterhaltsrecht durch Beschluss bestätigt, ist zu einer Änderung ein Gerichtsbeschluss erforderlich (*BGH* NJW-RR 2005, 1524; vgl. *OLG München* FamRZ 2011, 1804). Ob zu einer Bewilligung des Einvernehmens eine Billigung durch Beschluss erforderlich ist, ist fraglich (*Haußleiter* NJW-Spezial 2011, 68; zur Rolle des Kindes beim Umgangsvergleich *OLG Oldenburg* FamFR 2009, 173; *Rauscher* FamFR 2010, 28). Ob Elternvereinbarungen über den Umgang auch den Kernbereich des Umgangs betreffen können, ist bisher ebenfalls nicht entschieden (vgl. *OLG Zweibrücken* FamRZ 1998, 1465, 1467). Allerdings dürfen Umgangsvereinbarungen das Recht des Kindes auf Umgang mit beiden Eltern (*OLG Köln* FamRZ 2001, 1023; NJW-RR 2002, 941; *OLG Celle* MDR 2001, 395; zu Grenzen dieser Pflicht *BVerfG* NJW 2002, 1863; FamRZ 2008, 845 und *OLG Nürnberg* MDR 2001, 1356; FamRB 2007, 205) und dem seinem Wohl entsprechenden Umgang mit sonstigen Personen sowie umgekehrt das Recht der sog. Bezugspersonen auf Umgang mit dem Kind nicht einschränken. Sie dürfen ferner nicht dem Wohl des Kindes widersprechen (*OLG Saarbrücken* FamRB 2007, 9 zur Weigerung des Kindes). Wird eine Einschränkung des Umgangsrechtes des einen Elternteils mit einer gleichzeitigen Freistellungsverpflichtung hinsichtlich des Kindesunterhalts durch den anderen Elternteil verknüpft, kann diese Verbindung sittenwidrig sein (so *Grziwotz*, Partnerschaftsvertrag für die nichteheliche und nicht eingetragene Lebensgemeinschaft, 4. Aufl. 2002, S. 88; weitergehend *OLG Hamm* FamRZ 1999, 163, wonach eine Sittenwidrigkeit nur anzunehmen ist, wenn das Wohl des Kindes zur Erlangung wirtschaftlicher Vorteile übergangen wird). Demgegenüber können Schadenersatzpflichten bei einer Beeinträchtigung des Umgangsrechts (z.B. Erstattung vergeblich aufgewendeter Fahrtkosten) vereinbart werden (vgl. *BGH* FamRZ 2002, 1099; krit. *Schwab* FamRZ 2002, 1297 und *Heiderhoff* FamRZ 2004, 324); Gleiches dürfte für eine Kostenbeteiligung gelten, wenn darin kein „Handel" über das Umgangsrecht liegt (zu den Kosten s. *OLG Hamm* FamRB 2004, 323). Umgangsregelungen sind vollstreckbar (s. *Schweitzer* S. 65; *Spangenberg* FamRZ 2007, 13 und *Giers* FamRB 2007, 341). Voraussetzung ist ein vollstreckungsfähiger Inhalt (*OLG Brandenburg* FamRB 2006, 206; *OLG Frankfurt* FamFR 2013, 327). Geregelt wird, wenn kein Wechselmodell gewünscht ist, meist der Umgang an Wochenenden, an Feiertagen, in den Ferien, bei besonderen Anlässen, die Übergabemodalitäten und der Ersatz ausgefallener Termine.

b) Angelegenheiten des täglichen Lebens

Trotz der gemeinsamen Sorge der Eltern für ihre Kinder enthält das Gesetz eine **gespaltene Entscheidungsbefugnis** bei Getrenntleben der Eltern: Angelegenheiten, die für das Kind von erheblicher Bedeutung sind, setzen ein Einvernehmen voraus; ist dieses nicht gegeben, entscheidet im Streitfall das Gericht durch Übertragung der Entscheidung auf einen Elternteil (§§ 1687 I 1, 1628 BGB). Entscheidungen des täglichen Lebens trifft dagegen allein der Elternteil, bei dem sich das Kind mit Einwilligung des anderen Elternteils oder aufgrund einer gerichtlichen Entscheidung gewöhnlich aufhält (§ 1687 I 2 BGB). Die Abgrenzung fällt trotz der gesetzlichen Definition in § 1687 I 3 BGB nicht leicht (vgl. *Schwab* FamRZ 1998, 457, 469, s. auch *OLG Köln* FamRZ 1999, 249 zur Entscheidung über einen zweiwöchigen Ferienaufenthalt eines dreijährigen Kindes in einem afrikanischen Land und *OLG München* FamRZ 1999, 111 zur Entscheidung über einen Schulwechsel). Notarangelegenheiten dürften im Normalfall nicht zu den Angelegenheiten des täglichen Lebens zählen. Ob Elternvereinbarungen über den künftigen Aufenthalt des Kindes und über sonstige Modalitäten der Pflege und Erziehung bindend vereinbart werden können, ist bisher gerichtlich nicht geklärt. Schranke ist auch hier das Wohl des Kindes. Die vertragliche Bindung wird ferner unter dem besonderen Vorbehalt

42

des Wandels der Lebensverhältnisse und Lebensbedürfnisse des Kindes stehen (*Schwab* DNotZ 1998, 437, 447 und *Hammer* S. 221; weitergehend *Zimmermann* DNotZ 1998, 418, 424). Die Aufnahme derartiger Vereinbarungen in die Urkunde über die Sorgeerklärung ist, sofern es sich nicht um eine Bedingung für diese handeln soll, möglich (vgl. Rn. 36; ebenso *Zimmermann* DNotZ 1998, 404, 418 ff., ablehnend dagegen wohl *Brambring* DNotI-Report 1998, 89, 90).

c) Sorgevollmacht

43 Während umstritten ist, ob die Eltern durch eine sog. deklaratorische Trennung einvernehmlich die Voraussetzungen für eine Alleinvertretungsbefugnis im Außenverhältnis durch Erklärung herbeiführen können (zustimmend *Zimmermann* DNotZ 1998, 404, 418; ablehnend *Schwab* DNotZ 1998, 437, 447), ist jedenfalls eine **Sorgevollmacht** bei gemeinsamer Sorge von Eltern unabhängig von der Frage eines Getrenntlebens möglich. Diese ist für einzelne rechtsgeschäftliche Angelegenheiten unstrittig zulässig (*Hoffmann* FamRZ 2011, 1544; *Geiger/Kirsch* FamRZ 2009, 1879). Eine Erteilung kann sowohl an Dritte als auch an den anderen Elternteil erfolgen. Dritten kann auch eine (widerrufliche) Generalvollmacht erteilt werden. Unzulässig ist dagegen eine Generalbevollmächtigung des anderen Elternteils (RGRK/*Wenz* § 1629 Rn. 15; zur Bedeutung einer Vollmacht für eine gerichtliche Sorgerechtsentscheidung *OLG Schleswig* NJW-RR 2012, 520). Darüber hinaus ist eine Ermächtigung in einzelnen Angelegenheiten auch hinsichtlich der Personensorge nach herrschender Meinung zulässig (*Gernhuber/Coester-Waltjen* § 58 Rn. 30 und *Zimmermann* DNotZ 1998, 404, 421). Gleiches gilt im Rahmen des kleinen Sorgerechts des „Stiefelternteils" (§ 1687b BGB, § 9 LPartG). Bei einem gemeinsamen Sorgerecht kann jedoch nicht ein Elternteil seinem Lebensgefährten über seine eigene Kompetenz hinaus Vollmacht erteilen (missverständlich *Müller* DNotZ 2001, 581, 588).

Muster zu Sorge- und Umgangsvereinbarungen *Hammer* FamRB 2006, 275, 278 und 313. Zu Vollmachten hinsichtlich des Sorgerechts s. *Bergschneider/Finger* in: Beck'sches Formularbuch Familienrecht E. I. 4, 5 und 7.

43a **Formulierungsbeispiel: Sorgevollmacht für Urlaub**

Wir, ... und ..., sind die gemeinsam sorgeberechtigten Eltern unseres Sohnes .../unserer Tochter ..., geb. am ..., wohnhaft ... Beigeheftet sind Kopien unserer Personalausweise sowie des Reisepasses des Kindes. Wir bevollmächtigen und ermächtigen Herrn ..., geb. am ..., und dessen Ehefrau, Frau ..., geborene ..., geb. am ..., beide wohnhaft ..., mit unserem Sohn .../unserer Tochter ..., von ... bis ... nach ... in Urlaub zu fahren und während dieses Zeitraums alle erforderlichen Erklärungen abzugeben und Entscheidungen zu treffen im Bereich der elterlichen Sorge, insbesondere der Personensorge einschließlich der Gesundheitsvorsorge für unseren Sohn .../für unsere Tochter ...
Ort, Zeit, Eigenhändig unterschrieben durch ..., ..., ...

d) Gestaltung von Elternvereinbarungen

43b Vereinbarungen zwischen den Eltern hinsichtlich ihrer Beziehungen zu ihren Kindern betreffen neben dem Kindesunterhalt vor allem das Sorge- und Umgangsrecht. Dabei ist zu beachten, dass die elterliche Verantwortung unverzichtbar und unübertragbar ist (*BGH* FamRZ 1984, 778; 2005, 1471; MünchKomm/*Huber* § 1626 Rn. 13). Für den Bereich des Kindesunterhalts ordnet dies § 1614 BGB ausdrücklich an. **Elternvereinbarungen** sind formlos möglich, soweit sie nicht im Zusammenhang mit formbedürftigen Vereinbarungen stehen. Eine Stellvertretung dürfte, soweit nicht lediglich finanzielle Abreden erfolgen, wegen der Höchstpersönlichkeit des Regelungsgegenstandes ausgeschlossen sein (weitergehend *Hammer* FamRB 2006, 275: stets höchstpersönlich). Zu beachten ist, dass bei einem 14jährigen Kind eine Vereinbarung an dessen Widerspruch (§ 1671 II Nr. 1 BGB) scheitern kann. Eine unmittelbare Beteiligung des Kindes ist allerdings nicht erforderlich. Jedoch können die Eltern bereits im Vorfeld der Beurkundung darauf hingewiesen werden, dass sie das Kind an der Elternvereinbarung beteiligen sollten. Zwingend ist dies für rechtlich nicht bindende Vereinbarungen über die religiöse Erziehung, da nach §§ 2 III 5 und 3 III 5 RelKErzG das zehnjährige Kind auch im Gerichtsverfahren zu hören ist und ab Vollendung des vierzehnten Lebensjahres das Kind selbst entscheidet (§ 5 KErzG). Zu beachten ist, dass bindende Verträge über die religiöse Kindererziehung nichtig sind (§§ 4, 1 II KErzG). Schließlich ist zu beachten, dass Elternvereinbarungen z. B. bezüglich des Aufenthaltsrechts auch Auswirkungen auf andere Rechtsbereiche z. B. das Unterhaltsrecht haben können.

Umstritten ist die **Bindungswirkung** von Elternvereinbarungen (vgl. Rn. 41). Teilweise schließt die gesetzliche Regelung wie z. B. bei Vereinbarungen über die religiöse Erziehung von Kindern (§ 4 KErzG) ausdrücklich oder nach dem Zweck der Regelung eine Bindung aus. In diesem Umfang kann eine Bindung auch nicht durch das Versprechen einer Vertragsstrafe für den Fall der Nichterfüllung der rechtlich nicht erzwingbaren Verpflichtung erreicht werden. Gleiches gilt für vertragsstrafenähnliche Klauseln (ebenso *Hammer* FamRB 2006, 311, 315). Auch eine Verschärfung der Schadensersatzhaftung wird nach überwiegender Ansicht derzeit für unzulässig gehalten (*Hammer* FamRB 2006, 311, 315). § 89 FamFG lässt jedoch ein Ordnungsgeld bei Verstößen gegen gerichtliche Sorge- und Umgangsentscheidungen zu; in diesen Umfang dürften auch bei einvernehmlichen Elternvereinbarungen entsprechende Sanktionen zulässig sein. **43c**

VI. Annahme als Kind

1. Vorbemerkung

Die Annahme als Kind (Adoption) erfolgt durch Ausspruch des Familiengerichts. An die Stelle des früher erforderlichen Vertragsschlusses sind im **Dekretsystem** Antrag und Einwilligung beziehungsweise die gemeinschaftlichen Anträge der Beteiligten getreten. Die Interessen betroffener Dritter werden durch das Erfordernis ihrer Einwilligung geschützt. Das Gesetz unterscheidet in den Voraussetzungen und in den Wirkungen die Adoption Minderjähriger (§§ 1714–1766) und diejenige Erwachsener (§§ 1767–1772). Bisher nicht zugelassen hat der Gesetzgeber den Adoptionsvorvertrag, den Pflegekindervertrag mit personenrechtlichen Wirkungen (*Gernhuber/Coester-Waltjen* § 68 Rn. 7), die Blankoadoption, die so genannte Freigabe vor der Geburt und die Ersatzmuttervermittlung (§ 13c AdVermiG). **44**

2. Voraussetzungen

a) Annehmender

Wer nicht verheiratet ist, kann ein Kind nur allein annehmen (**Einzeladoption**). Regeltatbestand der Adoption ist die **gemeinschaftliche Adoption** durch ein Ehepaar (§ 1741 II BGB); und zwar auch bei der Volljährigenadoption (*OLG Koblenz* MDR 2014, 545; *OLG Schleswig* FamRZ 2014, 1039). Nicht zugelassen ist eine Adoption durch nichteheliche bzw. nicht in eingetragener Lebenspartnerschaft lebende Paare und durch Geschwister (vgl. *Binschus* ZfF 2003, 128; zur Verletzung des Art. 8 EMRK beim gemeinsamen Familienleben *EGMR* FamRZ 2008, 377). Auch ein Adoptionsantrag vor Eheschließung mit der Anweisung, diesen erst nach der Heirat einzureichen, wird als bedingt angesehen (*KG* FamRZ 2013, 642). Eine Ungleichbehandlung wegen der sexuellen Orientierung bedarf zu ihrer Rechtfertigung besonders gewichtiger und überzeugender **45**

Gründe (*EGMR* NJW 2009, 3637). Eine gemeinschaftliche Adoption ist eingetragenen Lebenspartnern bisher nicht möglich. Ein Lebenspartner kann ein Kind jedoch mit Einwilligung des anderen allein annehmen (§ 9 VI LPartG; *BVerfG* FamRZ 2009, 1653; vgl. *Müller* FF 2011, 56); auch ein Ehegatte kann ein Kind nur mit Einwilligung des anderen allein annehmen (§ 1749 I 1 BGB). Eine Adoption durch einen Ehegatten allein ist grundsätzlich unzulässig, und zwar auch dann, wenn der andere der Kindesannahme zustimmt oder die Ehegatten bereits seit vielen Jahren getrennt leben (*OLG Hamm* MDR 1999, 1001). Dies gilt auch für die Adoption durch den verheirateten biologischen Vater (*BayObLG* FamRZ 2003, 1039; *OLG Hamm* FPR 2004, 104). Ausnahmsweise allein adoptieren kann ein Ehegatte das Kind des anderen Ehegatten (so genannte Stiefkind-Adoption, vgl. *Enders* FPR 2004, 60) sowie dann, wenn der andere Ehegatte geschäftsunfähig ist oder das 21. Lebensjahr noch nicht vollendet hat und daher selbst ein Kind nicht annehmen kann (§ 1741 II 3 und 4 BGB). Eine Stiefkind-Adoption ist auch eingetragenen Lebenspartnern möglich (§ 9 VII 1 LPartG). Nach dem Gesetzeswortlaut wäre – entgegen dem Willen des Gesetzgebers – auch eine sukzessive Adoption eines minderjährigen Kindes durch Lebenspartner gestattet (*Grziwotz* DNotZ 2005, 13, 15); dies haben die Gerichte jedoch abgelehnt (*OLG Hamm* FamRZ 2010, 1260; *OLG Hamburg* FamRZ 2011, 1312). Das diesbezügliche Verbot ist jedoch verfassungswidrig (*BVerfG* NJW 2013, 847; vgl. *EGMR* NJW 2013, 2173). Ein bereits adoptiertes minderjähriges Kind kann vom Lebenspartner des Adoptivelternteils nochmals adoptiert werden. Die früher mögliche „überlagernde" Adoption eines nichtehelichen Kindes durch einen seiner Elternteile wurde bereits im Rahmen der Kindschaftsreform abgeschafft. Die Adoption des rechtlich eigenen Kindes ist unzulässig; dagegen kann das eigene biologische Kind, wenn es rechtlich einem anderen Mann zugeordnet ist, von seinem Vater adoptiert werden.

46 Kinderlosigkeit, eine bestimmte Ehe- bzw. Lebenspartnerschaftsdauer und ein bestimmter Altersunterschied sind nicht Voraussetzungen der Adoption (zur Bedeutung des Altersunterschieds s. *LG Kassel* FamRZ 2006, 727). § 1743 BGB und § 9 VII 2 LPartG stellen jedoch **Alterserfordernisse** auf, von denen keine Befreiung möglich ist: Der Annehmende muss 25 Jahre alt sein (Ausnahme: 21 Jahre bei Annahme des Kindes des Ehegatten/Lebenspartners); bei gemeinschaftlicher Annahme durch ein Ehepaar muss mindestens ein Teil das 25., der andere das 21. Lebensjahr vollendet haben. Das jeweilige Mindestalter muss erreicht sein, wenn die Annahme nach § 1752 BGB ausgesprochen wird; vorherige Antragstellung ist zulässig. Der Annehmende muss unbeschränkt geschäftsfähig sein (§ 1743 IV BGB a. F.) Diese Voraussetzung muss noch im Zeitpunkt des gerichtlichen Adoptionsbeschlusses vorliegen. Fällt dies infolge einer Demenz weg, ist eine Adoption nicht mehr möglich (*OLG München* NJW-RR 2010, 1232).

47 Grundvoraussetzungen der Annahme sind, dass sie dem **Kindeswohl** dient und dass die ernsthafte Aussicht der Entstehung eines **Eltern-Kind-Verhältnisses** besteht (nach *OLG Oldenburg* NJW-RR 1996, 709 nicht zu erwarten bei Adoption des nichtehelichen Enkelkindes durch die Großeltern; nach *BayObLG* FamRZ 1998, 504 nicht bei bloßem Bestehen freundschaftlicher Beziehungen; nach *OLG München* FamRB 2006, 114 bei vorherigen sexuellen Beziehungen und nach *BayObLG* FamRZ 1998, 505, NJWE-FER 2000, 146 und 2001, 12 bei einem zu geringen, nicht der natürlichen Generationenfolge entsprechenden Altersunterschied bei einer Volljährigenadoption; *KG* DNotZ 2013, 780 bei nur 12 Jahren; a. A. *LG Frankenthal* FamRZ 1998, 505 bei Altersunterschied von mehr als 6 Jahren im Rahmen einer Erwachsenenadoption durch den Ehepartner und *OLG Hamm* NotBZ 2013, 477 bei 13 Jahren und 7 Monaten; vgl. auch *LG Landshut* MittBayNot 1999, 483: gute Beziehungen zu den leiblichen Eltern schaden nicht). Es muss ein dem natürlichen Eltern-Kind-Verhältnis nachgebildetes Familienband im Sinne einer dauernden seelisch-geistigen Bindung vorliegen oder zu erwarten sein (vgl. *Krause* ZKJ 2010, 64). Bei der Volljährigenadoption wird das Eltern-Kind-Verhältnis wesentlich durch eine auf Dauer angelegte Bereitschaft zum gegenseitigen Beistand geprägt (*OLG Nürnberg* FamRZ 2012,

137); insofern sind weniger weitgehende Anforderungen an das Eltern-Kind-Verhältnis zu stellen als bei der Adoption minderjähriger Kinder (*OLG Hamm* FamFR 2012, 381). Die Voraussetzungen müssen positiv festgestellt werden; bei Zweifeln darf die Adoption nicht ausgesprochen werden (*OLG München* FamFR 2009, 31; *OLG Schleswig* FamFR 2009, 174; *OLG Köln* FamRZ 2012, 137). Daneben bestehende andere Zwecke schaden nicht, wenn die familienbezogenen überwiegen (*BayObLG* FamRZ 2001, 118; *OLG Frankfurt* NJWE-FER 2000, 29; *OLG Nürnberg* FamRZ 2012, 137). Bei einer Volljährigenadoption können das Bedürfnis des Annehmenden nach Fürsorge und Pflege durch das Kind (*BayObLG* MittBayNot 2003, 140; teilw. abw. *OLG München* FamRB 2009, 241) und die Fortführung des Lebenswerkes (Hof, Unternehmen, Kanzlei, Praxis, vgl. *BayObLG* NJW-RR 2002, 1658, MittBayNot 2004, 443; FamRZ 2005, 131 und 546) die sittliche Rechtfertigung der Adoption darstellen. Zweifelhaft ist dies, wenn die Beteiligten kaum zusammenlebten und vorherrschendes Motiv die Verschaffung eines Aufenthaltsrechts ist (*OLG Köln* RNotZ 2004, 233; vgl. *BVerwG* DVBl. 2011, 287). Gleiches gilt für eine Adoption aus rein steuerlichen Gründen (*OLG Karlsruhe* NJW-RR 2006, 364; *OLG München* ZEV 2009, 83; *LG Saarbrücken* BeckRS 2011, 12811: Adoption des 67jährigen Steuerberaters durch die 86jährige Mandantin, wobei sich beide im Verfahren siezten; vgl. auch *OLG Zweibrücken* DNotZ 2006, 129 und *Hölscher* ZErb 2012, 253), zur finanziellen Absicherung des Anzunehmenden (*OLG München* MittBayNot 2009, 472) und zur Namensnachfolge. Umstritten ist die Zulässigkeit einer Erwachsenenadoption von Ehegatten (bejahend *AG Backnang* FamRZ 2007, 77; *Prang* StAZ 1982, 111; *Hochwald* StAZ 2007, 346), eines Elternteils zusammen mit seinem Kind (*OLG Frankfurt* FamRZ 1982, 848) und des Schwiegerkindes (DNotI-Report 2009, 75). Auch die Zeugung durch eine anonyme Samenspende steht einer Adoption durch die Lebenspartnerin nicht entgegen (OLG Karlsruhe FamRZ 2014, 674). Erhöhte Anforderungen stellt das Gesetz, wenn sich der Annehmende an einer sittenwidrigen Verbringung oder Vermittlung des Kindes beteiligt hat (§ 1741 I BGB; vgl. *AG Hamm* FamFR 2011, 551 und *LG Frankfurt* NJW 2012, 3111 zum Leihmuttervertrag).

48 Der Adoptionsantrag (§ 1752 BGB) kann **nicht** von einer **Bedingung oder Zeitbestimmung** abhängig gemacht werden, insbesondere nicht davon, dass die Person des Annehmenden den leiblichen Eltern nicht bekannt gemacht wird (RGRK/*Dickescheid* § 1742 Rn. 3). Stellen künftige Ehegatten den Antrag, ist er als unter einer Bedingung gestellt anzusehen (*KG* FamRZ 2013, 642). Der Antrag muss **persönlich zur Niederschrift eines Notars** erklärt werden; der Notar kann mit seiner Einreichung betraut werden (Palandt/*Brudermüller* § 1752 Rn. 6). Zu übersenden ist eine Ausfertigung der Urkunde (*BayObLG* DNotZ 1979, 348).

49 Der Antrag kann bis zum Wirksamwerden des Ausspruchs der Annahme (§ 197 II FamFG) zurückgenommen werden (arg. § 1750 IV 1 BGB; Bamberger/Roth/*Enders* § 1752 Rn. 3; a. A. Palandt/*Brudermüller* § 1752 Rn. 6: Rücknahme nur bis zum Ausspruch der Annahme). Die höchstpersönliche **Rücknahmeerklärung** ist bedingungs- und befristungsfeindlich. Das Gesetz sieht keine besondere Form vor; umstritten ist, ob sie an die Einhaltung der notariellen oder öffentlichen Beurkundung (Erman/*Saar* § 1752 Rn. 4; *Krause* NotBZ 2006, 221, 232) gebunden ist oder formfrei (BayObLGZ 1982, 318, 321 f.) erfolgen kann. Das Recht auf Rücknahme des Adoptionsantrags ist nicht vererblich (*BayObLG* NJW-RR 1996, 1092). Der Erbe kann dem Antrag die mögliche postmortale Wirkung (§ 1753 II BGB) nicht durch eine Rücknahme entziehen.

50 Führen die Adoptiveltern keinen Ehenamen/Lebenspartnerschaftsnamen, müssen sie vor dem Ausspruch der Annahme wie die leiblichen Eltern den **Geburtsnamen** des Kindes durch notariell beglaubigte Erklärung gegenüber dem Familiengericht bestimmen (§ 1757 II 1 BGB, § 9 VII 2 LPartG). Sie ist unwiderruflich und gilt auch für weitere (leibliche oder adoptierte) Kinder der Adoptiveltern (vgl. *OLG Hamm* FamRZ 2001, 859). Nach Vollendung des 5. Lebensjahres ist es erforderlich, dass sich das Kind der Namensänderung in öffentlich beglaubigter Form anschließt. Nach Vollendung des

14. Lebensjahres kann das Kind die Erklärung nur selbst abgeben; es bedarf hierzu der Zustimmung des gesetzlichen Vertreters (§ 1757 II 2 BGB); auf diese Bestimmung wird bei Lebenspartnern nicht verwiesen.

51 Gemäß § 1757 IV BGB kann das Familiengericht ferner auf Antrag des Annehmenden mit Einwilligung des Kindes in Bezug auf den oder die Vornamen des Kindes eine Änderung verfügen oder seinem neuen Familiennamen den bisherigen Familiennamen voranstellen oder anfügen. Die **Namensänderung** ist Teil des Adoptionsbeschlusses (*BayObLG* FamRZ 1980, 501; vgl. *OLG Karlsruhe* MDR 1999, 485). Der Antrag kann nur bis zu dessen Wirksamwerden (zur Sicherheit in notarieller Form) gestellt werden (Erman/*Saar* § 1757 Rn. 5). § 1752 II 1 BGB verbietet, den Adoptionsantrag von der Bewilligung der Namensänderung abhängig zu machen (*KG* FamRZ 1978, 208). Auch der Antrag auf Namensregelung ist in der Form des § 1746 II 2 BGB (str., h. M.: formfrei) widerruflich.

b) Anzunehmender

52 Die Adoption eines (rechtlich) **eigenen** ehelichen **Kindes** ist ausgeschlossen (*OLG Hamm* FamRZ 1978, 735; zur Annahme durch den biologischen Vater s. DNotI-Report 2006, 165). Auch die Annahme des eigenen nichtehelichen Kindes ist nicht möglich. Zulässig ist dagegen die Rückadoption eines adoptierten Kindes nach dem Ableben der Annehmenden durch die leiblichen Eltern (*OLG Köln* NotBZ 2014, 68; Soergel/*Liermann* § 1741 Rn. 45), nicht dagegen nach einer Aufhebung der Adoption (vgl. § 1764 III BGB). Nach Eintritt der Volljährigkeit des Kindes ist eine Rückadoption ebenfalls möglich (Erman/*Saar* § 1768 Rn. 2).

53 § 1742 BGB verbietet grundsätzlich mehrfache Adoptionen eines minderjährigen Kindes. Keine verbotene **Zweitadoption** liegt vor, wenn das erste Annahmeverhältnis nichtig war, später aufgehoben wurde oder wenn der Annehmende stirbt. § 1742 BGB ermöglicht ferner eine weitere Kindesannahme trotz bestehenden Annahmeverhältnisses zu Lebzeiten des Erstadoptierenden, wenn das Kind zusätzlich von dessen Ehegatten angenommen wird. Als zulässig wurde ferner eine (nun nicht mehr erforderliche, vgl. Rn. 72) befestigende Zweitadoption angesehen, wenn bei einer im Ausland vorgenommenen Annahme Zweifel an deren Wirksamkeit bestanden und sie deshalb im Inland nochmals wiederholt wurde (*OLG Frankfurt* NJW-RR 1992, 777). Eine Zweitadoption durch den eingetragenen Lebenspartner ist zulässig (§ 9 VII 2 LPartG; *BVerfG* NJW 2013, 847). Die Annahme eines Volljährigen ist stets auch dann möglich, wenn er schon vorher einmal adoptiert worden war (§ 1768 I 2 BGB; vgl. auch *Lüderitz* NJW 1993, 1050, 1051); auf diesem Weg konnten bereits vor der verfassungsgerichtlichen Entscheidung eingetragene Lebenspartner eine gemeinsame rechtliche Elternschaft hinsichtlich eines „Drittkindes" erreichen (vgl. *Grziwotz*, Beratungshandbuch Lebenspartnerschaft, 2003, Rn. 307).

54 Wird ein minderjähriges Kind angenommen, muss es – ausgenommen bei Versterben der nichtehelichen Mutter während oder kurz nach der Geburt – mindestens **acht Wochen alt** sein (arg. § 1747 II BGB). Durch das Erfordernis einer angemessenen Pflegezeit (§ 1744 BGB) verlängert sich der Zeitraum zwischen Geburt und Annahme in den meisten Fällen ohnehin.

55 Die nach § 1746 BGB erforderliche **Einwilligung des minderjährigen Anzunehmenden** wird vom gesetzlichen Vertreter abgegeben, solange das Kind noch geschäftsunfähig oder in seiner Geschäftsfähigkeit beschränkt ist. Hat das Kind das 14. Lebensjahr vollendet, so willigt es selbst mit Zustimmung seines gesetzlichen Vertreters ein. Einer Einwilligungserklärung der Eltern als Vertreter des Kindes bzw. der Zustimmung der Eltern zur Einwilligung des Kindes bedarf es nicht, wenn diese wirksam und unwiderruflich ihre Einwilligungserklärung für sich selbst abgegeben haben oder diese durch das Familiengericht ersetzt worden ist (§ 1746 III Hs. 2 BGB). Bei unterschiedlicher Staatsangehörigkeit des Annehmenden und des Kindes bedarf die Einwilligung der Genehmigung des Familiengerichts; dies gilt nicht, wenn sich die Annahme nach deutschem Recht richtet.

Bei einer Stiefkindadoption besteht nach h. M. (*BGH* NJW 1980, 1746) kein Vertretungshindernis für den sorgeberechtigten Elternteil; die Bestellung eines Ergänzungspflegers ist deshalb nicht nötig. Ist die Identität eines unbegleitet nach Deutschland eingereisten Kindes nicht bekannt, steht der Adoption nicht entgegen, dass die Identität des Anzunehmenden nicht sicher geklärt ist (*AG Elmshorn* FamRZ 2009, 1691).

Die Einwilligung des Anzunehmenden oder seines gesetzlichen Vertreters kann bereits vor Stellung des Adoptionsantrags erteilt werden. Sie muss unbedingt, unbefristet, höchstpersönlich und zu notarieller Urkunde erklärt werden (§ 1750 BGB). Dies gilt in gleicher Weise für die Zustimmung des gesetzlichen Vertreters (ebenso *Roth-Stielow* Rn. 10; a. A. hinsichtlich der Form die h. M., s. nur Staudinger/*Frank* § 1746 Rn. 33). Die Einwilligung wird mit Zugang einer Ausfertigung beim Familiengericht wirksam. Sie verliert ihre Gültigkeit, wenn der Adoptionsantrag zurückgenommen wird oder die Adoption aus anderen Gründen nicht zustande kommt. Ein **Widerruf** ist für den gesetzlichen Vertreter nicht zugelassen. Dagegen kann das 14-jährige Kind die Einwilligung bis zum Wirksamwerden des Ausspruchs der Annahme durch öffentlich beurkundete Erklärung (Notar oder Jugendamt, § 59 I Nr. 6 SGB VIII) widerrufen; eine Zustimmung des gesetzlichen Vertreters ist nicht nötig.

56

Zur Annahme eines **Volljährigen** ist dessen **Antrag** erforderlich. Eine elterliche Zustimmung ist bei Geschäftsfähigkeit ebenso wenig erforderlich wie ein vorangegangenes Pflegeverhältnis. Der Antrag ist wiederum bedingungs- und befristungsfeindlich, höchstpersönlich, bedarf der notariellen Form (§§ 1767 II, 1752 II BGB) und kann zurückgenommen werden (§ 1746 II 2 BGB gilt entsprechend; str., vgl. Rn. 49).

57

c) Weitere Erklärungserfordernisse

aa) Einwilligung der Eltern. Beide **Eltern** müssen bei der Adoption eines Minderjährigen in die Aufgabe ihres Elternrechtes einwilligen (§ 1747; zur Ersetzung s. § 1748 BGB, s. dazu *BVerfG* FamRZ 2002, 229 und 535; DVBl. 2006, 179; *BGH* NJW 1997, 585; 2005, 1781; *OLG Köln* FamFR 2012, 167). Die Einwilligung kann erst erteilt werden, wenn das Kind acht Wochen alt ist (§ 1747 II 1 BGB). Eine vor Ablauf von acht Wochen nach der Geburt erklärte **Einwilligung** ist unwirksam (RGRK/*Dickescheid* § 1747 Rn. 7) und kann zur Aufhebung des Annahmeverhältnisses führen (§ 1760 II lit. e BGB). Nur der nichteheliche Vater kann schon vor der Geburt des Kindes einwilligen, wenn keine Sorgeerklärungen abgegeben wurden (§ 1747 III 1 Nr. 1 BGB). Zur besonderen Stellung des nichtehelichen Vaters s. ferner Rn. 61.

58

Bei Beurkundung der höchstpersönlichen Einwilligung (§ 1750 BGB) muss der Adoptionsantrag noch nicht gestellt sein, aber der „Annehmende" schon feststehen. Damit ist eine **Blanko-Einwilligung** ausgeschlossen. Strittig ist, ob eine subsidiäre Staffelung mehrerer Adoptionsbewerber oder eine alternative Stellung mehrerer Annehmender zulässig ist (vgl. Erman/*Saar* § 1747 Rn. 5; bejahend *OLG Hamm* NJW-RR 1991, 905). Der Einwilligungsberechtigte braucht die Person des Annehmenden nicht zu kennen (§ 1747 II 2 BGB; **Inkognito-Adoption**; zum Auskunftsanspruch der Kindeseltern nach einer Inkognito-Adoption s. *OVG Lüneburg* NJW 1994, 2634 und *OLG Karlsruhe* NJWE-FER 1996, 5; vgl. § 13 II 2 FamFG und § 63 I PStG). Wegen der Bedingungsfeindlichkeit kann der anonyme Annehmende wohl nicht durch abstrakte Eigenschaften wie Nationalität, Konfession, Beruf etc. eingegrenzt werden (h. M., Soergel/*Liermann* § 1747 Rn. 21; MünchKomm/*Maurer* § 1747 Rn. 29; a. A. Bamberger/Roth/*Enders* § 1747 Rn. 11); in diesem Fall kann zur praktischen Problemlösung die Einwilligung (erst) erteilt werden, wenn die Auskunft über die Eigenschaften der Annehmenden die Eltern befriedigt. Mit der Bindung an die Einwilligung sind gemäß § 1751 BGB Vorwirkungen der künftigen Adoption verbunden. Wird das Kind nicht innerhalb von drei Jahren angenommen, so wird die Einwilligung unwirksam (§ 1750 IV 2 BGB).

59

60 **bb) Einwilligung des Ehegatten und Lebenspartners.** Zur Annahme eines Kindes durch einen Ehegatten allein ist die Einwilligung des anderen **Ehegatten,** zur Annahme eines Verheirateten ist die **Einwilligung** seines Ehegatten erforderlich (§ 1749 BGB). Entsprechend gilt dies bei der Annahme durch einen Lebenspartner und bei der Annahme einer Person, die eine Lebenspartnerschaft führt (§ 9 VI 1 LPartG, § 1767 II BGB). Die höchstpersönliche, bedingungs- und befristungsfeindliche, notariell beurkundete Einwilligung muss sich in sämtlichen Fällen auf ein konkretes Annahmevorhaben beziehen (RGRK/*Dickescheid* § 1749 Rn. 2).

61 **cc) Einwilligung des nichtehelichen Vaters.** Der Vater eines nichtehelichen Kindes hatte nach § 1747 II 2 BGB a. F. bei der Adoption durch Dritte nur ein „Vorrecht". Eine Annahme durch die Mutter konnte er nicht verhindern. Nach geltendem Recht muss auch der nichteheliche Vater kraft seines Elternrechtes in die Adoption einwilligen (vgl. Rn. 58; zur Ersetzung s. *OLG Köln* FamRZ 2012, 1153; *Liermann* FamRZ 2003, 1523). Ist die Vaterschaft noch nicht geklärt, so gilt im Rahmen des Adoptionsverfahrens der Mann als Vater, der glaubhaft macht, dass er der Mutter in der Empfängniszeit beigewohnt hat (§ 1747 I 2 BGB; vgl. dazu *Frank* FamRZ 1998, 393, 395 und *Helms* JAmt 2001, 57). Ist der Vater nicht bekannt, kann er im Adoptionsverfahren nicht beteiligt werden. Der Vater kann, sobald die Mutter in die Adoption eingewilligt hat, ohne ihre Zustimmung die Übertragung der elterlichen Sorge beantragen (§§ 1672 I, 1751 I 6 BGB; *BGH* FamRZ 2007, 1969). Die Rechtskraft dieser familiengerichtlichen Entscheidung muss abgewartet werden, ehe das Familiengericht über die Annahme entscheidet. Andererseits kann aber auch der Vater durch öffentlich beurkundete Erklärung, die bedingungs- und befristungsfeindlich sowie höchstpersönlich ist, darauf verzichten, einen Antrag auf Übertragung der Sorge zu stellen (§ 1747 III Nr. 3 BGB). Diese Erklärung wird mit Zugang beim Familiengericht wirksam, es sei denn, es geht gleichzeitig ein Widerruf ein (Palandt/*Brudermüller* § 1747 Rn. 6).

3. Ausspruch der Annahme (Verfahren)

62 Das Familiengericht, in dessen Bezirk der Annehmende seinen gewöhnlichen Aufenthalt hat (§ 187 I FamFG), hilfsweise der Anzunehmende (§ 187 II FamFG), ist örtlich zuständig. Mangels eines Anknüpfungspunktes ist das Amtsgericht Schöneberg in Berlin zuständig (§ 187 V FamFG). Für inländische Adoptionsverfahren, in denen ausländische Sachvorschriften zur Anwendung kommen, gilt eine Verfahrenskonzentration (§ 5 I AdWirkG); dies betrifft nicht Verfahren, in denen der Anzunehmende das 18. Lebensjahr zur Zeit der Annahme vollendet hat (*OLG München* NJW-RR 2009, 592). Das Familiengericht spricht die Annahme durch **Beschluss** (sog. Dekretsystem) aus (§ 197 FamFG; zum Verfahren *Braun* FamRZ 2011, 81; *Krause* FamRB 2009, 221 und *Zschiebsch* FPR 2009, 493); gegen die Ablehnung findet die fristgebundene Beschwerde (§ 58 FamFG) statt (zur Anfechtung bei Annahme nur durch einen Ehegatten *OLG Düsseldorf* FamRB 2008, 48). Der Notar kann hierzu bevollmächtigt werden. Keine Anfechtung ist hinsichtlich der Namensbestimmung möglich (*LG Braunschweig* FamRZ 2000, 114). Eine Klarstellung ist möglich, dass es mangels Anschließung des Ehegatten/Lebenspartners des Angenommenen beim gemeinsamen Ehenamen/Lebenspartnerschaftsnamen verbleibt (*OLG Frankfurt* StAZ 1992, 378; *OLG Zweibrücken* FamRZ 2011, 1411). Ist der Anzunehmende verstorben, kann eine Annahme nicht mehr ausgesprochen werden. Dagegen steht der Tod des Annehmenden der Adoption nicht entgegen, wenn der Annehmende den beurkundeten Antrag beim Familiengericht eingereicht oder den beurkundenden Notar damit betraut hat (§ 1753 BGB; *AG Ratzeburg* NJWE-FER 2000, 7: nicht bei Auftrag zur Einreichung erst nach dem Ableben). Nicht ausreichend ist dagegen eine Beauftragung des Notars nur „für den Fall des Todes des Antragstellers" (*OLG München* MittBayNot 2010, 319). Die erforderlichen Einwilligungen gelten auch für die **postmortale Adoption** (h. M., RGRK/*Dickescheid* § 1753 Rn. 7).

| Formulierungsbeispiel: Notarbeauftragung Adoption | 62a |

Der Notar/Die Notarin wird damit betraut, den Antrag beim Familiengericht einzureichen.

4. Rechtsfolgen

a) Minderjährigenadoption

63 Ein minderjähriges Kind erlangt mit der Annahme durch ein Ehepaar oder den Ehegatten seiner Mutter oder seines Vaters die Stellung eines gemeinschaftlichen Kindes, bei Adoption durch eine Einzelperson die Stellung eines Kindes des Annehmenden. Durch die Stiefkindadoption eines Lebenspartners erlangt das Kind die Stellung eines gemeinschaftlichen Kindes der Lebenspartner (§ 9 VII 2 LPartG), und zwar unabhängig davon, ob es sich um ein leibliches oder angenommenes Kind des Lebenspartners handelt. Die rechtliche Verwandtschaft zwischen dem Annehmenden und dem Kind einschließlich der jeweiligen Verwandten führt zu gegenseitigen Unterhaltspflichten und Erbrechten (zum Erbrecht beim Tod des Erblassers vor dem 1.1.1977 und einer Minderjährigenadoption nach altem Recht s. Art. 12 § 10 IV und V AdoptG; vgl. *OLG Schleswig* ZEV 2012, 315 und *OLG Hamm* ZEV 2012, 318). Auch im öffentlichen Recht und im Steuerrecht wird dies anerkannt (vgl. §§ 3 Nr. 3, 6 StAG; *BVerwG* NJW 1999, 1347 und *Oswald* FamRZ 1978, 99). Gleichzeitig erlöschen die verwandtschaftlichen Beziehungen zu den leiblichen Eltern; unberührt bleiben rückständige Unterhaltsansprüche, das Eheverbot (§ 1308 BGB; ein Lebenspartnerschaftsverbot besteht demgegenüber nicht, str., vgl. Hk-LPartR/ *Kemper*, 2. Aufl. 2006, § 1 Rn. 13) sowie Renten- und Waisengeldansprüche. Als Folge der **Volladoption** erhält das Kind grundsätzlich als Geburtsnamen den Familiennamen des Annehmenden (*Frank* StAZ 2008, 1; zur Änderung des Geburtsortes s. *KG* FamRZ 2007, 1594). Eine Weiterführung des bisherigen Namens kann auch gerichtlich nicht gestattet werden (*OLG Karlsruhe* FamRZ 2000, 115; *OLG Zweibrücken* NJW-FER 2001, 120; *BayObLG* DNotZ 2003, 290; *VG Berlin* FamRZ 2014, 583 und DNotI-Report 2002, 49. Zur Beifügung eines Begleitnamens s. *BayObLG* NJWE-FER 2000, 141). Zur Bestimmung des Geburtsnamens des Kindes, wenn die Adoptiveltern keinen Ehenamen/Lebenspartnerschaftsnamen führen, und zur Zustimmung des Kindes siehe § 1757 II BGB. Bei einem verheirateten Kind erstreckt sich die Namensänderung nur dann auf den Ehenamen des Kindes, wenn dessen Ehegatte zustimmt (§ 1757 III BGB). Ist eine Namensänderung nicht gewünscht, kann die (abgesprochene) Weigerung des Ehegatten als Gestaltungsmittel verwendet werden (vgl. *OLG Zweibrücken* MittBayNot 2001, 325). Dies gilt allerdings nicht mehr, wenn die Ehe bereits geschieden ist. Entsprechend gilt dies bei eingetragenen Lebenspartnern, die einen Lebenspartnerschaftsnamen führen.

| Formulierungsbeispiel: Zustimmung zu Adoption | 63a |

Frau ... stimmt der Adoption ihres Mannes durch ... als Ehefrau zu, nicht jedoch der Änderung des bisherigen Ehenamens „...".

64 Ausnahmen vom Grundsatz des Familienwechsels enthalten die §§ 1755 II, 1756 BGB, § 9 VII LPartG (**eingeschränkte Volladoption**):

- Bei der **Stiefkindadoption** (§ 1755 II BGB, § 9 VII LPartG) tritt bei Annahme eines Stiefkindes durch den Ehegatten/Lebenspartner des Elternteils das Erlöschen der Verwandtschaftsverhältnisse nur im Verhältnis zu dem anderen Elternteil und dessen Verwandten ein. Dies gilt nicht bei einer Adoption des (ehemaligen) Stiefkindes nach Scheidung der Ehe bzw. Aufhebung der Lebenspartnerschaft (*BGH* FamRZ 2014, 546).

- Die **Verwandtenadoption** (§ 1756 I BGB), bei der das Kind mit dem Annehmenden im zweiten oder dritten Grad verwandt ist, führt zu einem Austausch der leiblichen gegen die Adoptiveltern, dem Kind bleibt die alte Verwandtschaft im Übrigen erhalten, zusätzlich erwirbt es neue Verwandte hinzu (im Einzelnen str., MünchKomm/*Maurer* § 1756 Rn. 7).
- Die Annahme des Kindes eines Ehegatten/Lebenspartners (**Stiefkindadoption**), dessen frühere Ehe/Lebenspartnerschaft durch Tod aufgelöst wurde, lässt die Beziehungen zu den Verwandten des Verstorbenen bestehen (§ 1756 II BGB, § 9 VII 2 LPartG); analog gilt dies, wenn der überlebende Ehegatte/Lebenspartner das Kind seines verstorbenen Ehepartners/Lebenspartners annimmt (RGRK/*Dickescheid* § 1756 Rn. 15). Nach der Gesetzesfassung tritt diese Rechtsfolge nicht nur bei angenommenen Kindern ein, die aus einer früheren Ehe/Lebenspartnerschaft stammen; ausreichend ist, dass der verstorbene Elternteil die elterliche Sorge für das angenommene Kind entweder allein oder zusammen mit dem anderen leiblichen Elternteil innehatte. Maßgeblicher Zeitpunkt ist bei der Volljährigenadoption der Zeitpunkt der Volljährigkeit des Anzunehmenden und nur, falls der Elternteil zuvor verstorben ist, dessen Todeszeitpunkt (*BGH NJW* 2010, 678).

65 In den beiden letzten Fällen verweist § 1925 IV BGB das Kind und seine leiblichen Geschwister im Verhältnis zueinander in die dritte **Erbordnung**. Das Adoptivkind soll in der zweiten Ordnung zunächst von den Verwandten der Adoptivfamilie beerbt werden und nicht von seinen leiblichen Geschwistern. Dieser Zweck verbietet eine Anwendung im Falle des § 1756 II BGB (h. M.; Soergel/*Liermann* § 1756 Rn. 18). Wegen der zahlreichen Streitfragen hinsichtlich des Erbrechts ist eine Errichtung einer Verfügung von Todes wegen ratsam (Hk-BGB/*Finger* § 1756 Rn. 2). Hatte nach früherer Rechtslage ein Vater sein nichteheliches Kind nach Durchführung des bis zur Erbrechtsgleichstellung zulässigen vorzeitigen Erbausgleiches angenommen, entstand das Erbrecht wieder neu (str.). Ob ein adoptierter Abkömmling gewillkürter Erbe wird, ist eine Frage der Auslegung (*OLG Karlsruhe* BeckRS 2012, 14.882; vgl. DNotI-Report 2012, 1).

b) Volljährigenadoption

66 Die Volljährigenadoption begründet im Regelfall nur eine **Verwandtschaft** zwischen dem Angenommenen und seinen Abkömmlingen einerseits und dem oder den Annehmenden andererseits, nicht dagegen mit den Verwandten des Annehmenden (§ 1770 BGB). Die Rechtsbeziehungen des Angenommenen zu seinen leiblichen Verwandten bleiben bestehen (vgl. *EGMR* FamRZ 2008, 377). Hinsichtlich der Namensänderung ergeben sich gegenüber der Minderjährigenadoption keine Besonderheiten; insbesondere kann nicht der bisherige Name beibehalten werden, und zwar auch nicht, wenn er als Begleitname geführt wird (vgl. *BGH* DNotZ 2012, 207; *OLG Hamm* MittBayNot 2011, 501; *VG Berlin* FamRZ 202, 137; a. A. nur *AG Leverkusen* FamRZ 2008, 2058; 2009, 439 und *AG Halberstadt* RNotZ 2012, 574; vgl. *Molls* ZRP 2012, 174; *Löhnig* FamRZ 2012, 679 und *Wartenburger* MittBayNot 2008, 504). Bei Vorliegen persönlicher, wirtschaftlicher und gesellschaftlicher Interessen des Anzunehmenden kann ihm die Beifügung seines bisherigen Nachnamens zum Familiennamen des Annehmenden gestattet werden (*LG Regensburg* MittBayNot 2008, 481). Beim (kinderlosen) Tod des Angenommenen sind die leiblichen und die Adoptiveltern Erben zweiter Ordnung; hinsichtlich ihrer Erbanteile gilt § 1926 III BGB entsprechend (str., Soergel/*Liermann* § 1770 Rn. 9 und Staudinger/*Frank* § 1770 Rn. 14; a. A. MünchKomm/*Maurer* § 1770 Rn. 9: §§ 1925, 1930 BGB analog). Sind die leiblichen Eltern vorverstorben, so treten an ihre Stelle ihre Abkömmlinge; vorverstorbene Adoptiveltern können dagegen nicht durch ihre Abkömmlinge ersetzt werden, weil diese mit dem Angenommenen nicht verwandt sind. Stirbt der (kinderlose) Angenommene nach dem Annehmenden, so gelangt das Vermögen des Annehmenden über den Adoptierten an seine Verwandten; auf diese Folge

VI. Annahme als Kind

muss der Notar bei Beurkundung des Annahmeantrags hinweisen (BGHZ 58, 343). Diese Konsequenz und Pflichtteilsrechte von Eltern lassen sich durch entsprechende Verfügungen von Todes wegen und Pflichtteilsverzichte vermeiden.

Durch höchstpersönlichen und bedingungsfeindlichen Antrag des Annehmenden und des Anzunehmenden, der in notarieller Form gestellt werden muss, kann eine **Volljährigenadoption mit starken Wirkungen** (§ 1772 BGB) herbeigeführt werden. Damit hat sie dieselben Rechtswirkungen wie eine Minderjährigenadoption (vgl. *Müller* MittBayNot 2011, 16 ff.). Vorgesehen ist sie in den Fällen der Geschwisteradoption, der nachgeholten Minderjährigenadoption (nach *OLG München* MDR 2010, 996 ist Voraussetzung ein tatsächliches Zusammenleben), der Stiefkindadoption und der Adoption des bei Antragstellung Minderjährigen, der zum Zeitpunkt des Annahmebeschlusses bereits volljährig ist. Angaben zu diesen Umständen und der sittlichen Rechtfertigung der Volladoption (vgl. *BayObLG* NJW-RR 1993, 456 und 1995, 1287, 1288; vgl. *Frank* StAZ 2008, 65) sollten im Antrag gemacht werden (zu Missbrauchsfällen *Finger* FuR 2007, 341, 346). Nur dann kann vom Familiengericht geprüft werden, ob bei der Adoption Interessen der Abkömmlinge des Annehmenden und des Anzunehmenden sowie der Eltern des Anzunehmenden beeinträchtigt werden (*OLG München* DNotZ 2010, 147; *OLG Celle* FamFR 2013, 431). Ihnen ist als materiell Betroffenen zwingend rechtliches Gehör zu gewähren (*BVerfG* NJW 2009, 138; FamRZ 2008, 243; *BayObLG* FamRZ 2005, 131; vgl. *OLG Stuttgart* FamRB 2012, 79). Anders als bei der Minderjährigenadoption (vgl. § 1745 S. 2 BGB) sind auch die vermögensrechtlichen Interessen der Kinder des Annehmenden zu berücksichtigen. Sie werden durch die Annahme notwendig verkürzt. Deshalb wird teilweise vertreten, dass die Annahme eines Volljährigen bei Vorhandensein eigener Abkömmlinge nur ausnahmsweise zulässig ist (so *BayObLG* FamRZ 1984, 419; vgl. *OLG München* ZEV 2009, 355; a. A. *OLG München* NJW-RR 2011, 731; *AG Rüdesheim* MittBayNot 2008, 57; *AG Bremen* NJW-RR 2010, 369; *Grziwotz* FamRZ 1991, 1399 und 2005, 2038; vgl. auch *AG Backnang* FamRZ 2000, 770, 771). Um Nachteile für die Abkömmlinge des Annehmenden auszuschließen, wird ein dreiseitiger Erb- und Pflichtteilsverzichtsvertrag mit einer sanktionierten schuldrechtlichen Abschlussverpflichtung gegenüber den Abkömmlingen empfohlen (vgl. *Zechner* Erbrecht effektiv 2009, 188, 190 mit Musterformulierung). Die Adoption eines Volljährigen führt nicht zum Erwerb der deutschen Staatsangehörigkeit (*VG Köln* FamFR 2010, 431; *Leopold* JuS 2006, 126, 127) und zur Eigenschaft als Deutscher (*BVerwG* NJW 2007, 937). Wird die Adoption eines Volljährigen unter Ablehnung der Wirkungen einer Minderjährigenadoption ausgesprochen, ist diese Ablehnung mit der Beschwerde anfechtbar (*OLG München* MDR 2010, 996). Wurde nur eine einfache Volljährigenadoption nach § 1770 BGB beantragt, vom Familiengericht eine mit starken Wirkungen ausgesprochen, führt dies nicht zur Nichtigkeit des Adoptionsbeschlusses, sondern nur zu seiner Anfechtbarkeit (*OLG München* MDR 2010, 996; *LG Bremen* FamRZ 2011, 1413).

5. Aufhebung der Adoption

Auf Antrag erfolgt die **Aufhebung** des Annahmeverhältnisses **bei der Minderjährigenadoption** nur bei Unwirksamkeit oder Fehlen des Antrages des Annehmenden, der Einwilligung des Kindes oder der erforderlichen Einwilligung eines Elternteils (§ 1760 BGB; vgl. *BGH* FamRZ 2014, 930; *OLG Köln* FamRB 2010, 9 und *Grziwotz* FamFR 2011, 533, 536). Den Antrag auf Aufhebung kann in notariell beurkundeter Form nur derjenige stellen, dessen Erklärung fehlerhaft war oder übergangen wurde (§ 1762 BGB; vgl. *OLG Stuttgart* FamRZ 2010, 1999). Der Antrag ist höchstpersönlich und kann nicht durch einen Vertreter, Erben oder Abkömmling gestellt werden (vgl. *BayObLG* NJW-RR 1986, 872). Die Fristen des § 1762 II BGB sind zu beachten. Die Aufhebung erfolgt durch Ausspruch des Familiengerichts und wirkt nur für die Zukunft.

69 Für die **Aufhebung einer Volljährigenadoption** mit starken Wirkungen gelten die vorstehenden Ausführungen entsprechend (§§ 1771 S. 2, 1772 II 1 BGB); die leiblichen Eltern haben kein Antragsrecht (*BayObLG* FGPrax 2000, 204). Hat sie nur eingeschränkte Wirkungen, erfolgt die Aufhebung auf Antrag beider Adoptionsbeteiligter bei Vorliegen eines wichtigen Grundes (§ 1771 S. 1 BGB); ein solcher liegt nicht bereits vor, wenn sich die familiären Beziehungen nicht erwartungsgemäß entwickelt haben (*OLG Köln* NJW-RR 2009, 1376; FamRB 2013, 12 zur Unzumutbarkeit bei von Anfang an fehlendem Eltern-Kind-Verhältnis *AG Wiesbaden* FamRZ 2006, 574). Eine Aufhebung auf einseitigen Antrag des Annehmenden ist nicht möglich (*OLG München* MDR 2007, 1263; *OLG Stuttgart* NJW-RR 2010, 1231). Auch eine Berichtigung einer versehentlich ausgesprochenen Adoption mit starken Wirkungen durch das Familiengericht ist nicht möglich (DNotI-Report 2013, 65). Die Formvorschrift des § 1762 III BGB findet Anwendung. Durch eine Aufhebung vor Eintritt des Erbfalls entfällt die Steuerklassenvergünstigung bei der Erbschaftsteuer (*BFH* DStRE 2010, 667).

69a **Formulierungsbeispiel: Aufhebung Adoption**

Mit Beschluss vom … des Amtsgerichts …, Az.: … wurde die Annahme als Kind von … durch … nach den Vorschriften der Volljährigenadoption mit eingeschränkten Wirkungen ausgesprochen. Wir, Annehmer und Angenommener, beantragen übereinstimmend die Aufhebung der Adoption. Als Grund geben wir an: …

6. Besonderheiten bei der Adoption mit Ausländerbeteiligung, der internationalen Adoption, der Anerkennung ausländischer Adoptionen und bei Adoptionen in der ehemaligen DDR

70 Art. 22 EGBGB regelt das **Adoptionsstatut**. Nach ihm richten sich die Zulässigkeit der Adoption, ihre Voraussetzungen, die Form der Annahme und ihre Wirkungen sowie die Rückgängigmachung und Aufhebung. Die Adoption durch einen Ehegatten oder gemeinsam durch beide Ehegatten unterliegt dem gesetzlichen Ehewirkungsstatut nach Art. 14 I EGBGB. Ferner unterstellt Art. 23 EGBGB (Sonderanknüpfung) die Einwilligungen des Kindes und seiner Eltern und weiterer Dritter zusätzlich dem Heimatrecht des Kindes oder, wenn dies dem Interesse des Kindes besser entspricht, stattdessen dem deutschen Recht. Hinsichtlich der Vorfrage, ob das Kind minderjährig ist, ist selbständig nach Art. 7 EGBGB anzuknüpfen (*BayObLG* FamRZ 1996, 183 und *OLG Karlsruhe* FamRZ 2000, 768). Nicht geregelt werden vom Adoptionsstatut der Name des Angenommenen (Art. 10 EGBGB), die Unterhaltsansprüche (Europ. UnterhaltsVO) und die Rechtsbeziehungen zu seinen Eltern (Art. 21 EGBGB), wenn die Annahme zu einer Gleichstellung mit den leiblichen Kindern geführt hat, was sich nach Art. 22 EGBGB bestimmt (HK-AdoptR/*Kemper* EGBGB Art. 22 Rn. 9). Über die mit einer Adoption verbundenen erbrechtlichen Konsequenzen entscheidet grundsätzlich das Erbstatut (str., vgl. *Süß* MittBayNot 2002, 88, 91); das Adoptionsstatut ist aber bei angenommenen minderjährigen Kindern insoweit von Bedeutung, als sich aus ihm die Vergleichbarkeit der Rechtsstellung des Angenommenen im Vergleich zu den übrigen Erben ergeben muss (Art. 22 III EGBGB; *BGH* FamRZ 1987, 378). Neben diesen Vorschriften finden das Europäische Übereinkommen vom 24.4.1967 über die Adoption von Kindern (BGBl. II 1980, 1093; vgl. hierzu *Wittkowski* MittRhNotK 1996, 73) sowie zur Anerkennung der Rechtswirkungen einer im Ausland vorgenommenen Adoption das Haager Übereinkommen vom 29.5.1993 über den Schutz von Kindern und die Zusammenarbeit auf dem Gebiet der internationalen Adoption (HAÜ; BGBl. II 2002, 1034) Anwendung (vgl. dazu auch das AdÜbAG. Das Haager Übereinkommen ist anwendbar, wenn ein Kind, das in einem der Vertragsstaaten des Übereinkommens (vgl. die Liste BGBl. II 2002,

2872) lebt, von Eltern adoptiert wird, die in einem anderen Vertragsstaat, dem Aufnahmestaat, leben (§ 10 AdÜbAG) und mit der Annahme eine Verlegung des gewöhnlichen Aufenthalts des Kindes verbunden ist (Art. 2 I HAÜ). Unanwendbar ist es bei der Adoption von Volljährigen (Art. 3, 17 lit. c) HAÜ). Keine Anwendung auf Adoptionen findet das Haager Kinderschutzabkommen (KSÜ, BGBl. II 2009, 602; BGBl. II 2010, 1527). Art. 4 lit. b) KSÜ nimmt das gesamte Adoptionsverfahren vom Anwendungsbereich aus.

Bei grenzüberschreitenden Adoptionen soll durch die Vorschriften des Adoptionsvermittlungsgesetzes (BGBl. I 2002, 355) und das Adoptionsübereinkommensausführungsgesetz (insbes. §§ 4 ff. AdÜbAG) der Kinderhandel verhindert werden (vgl. § 2a AdVermiG; vgl. Staudinger/*Winkelsträter* FamRBint 2005, 84 und 2006, 10; *Reinhardt* ZRP 2006, 244; zu Besonderheiten der Stiefkind- und Verwandtenadoption vgl. *Bienentreu/Busch* JAmt 2003, 273, 276). Die Vorbereitung der Vermittlung dient insbesondere dazu, die Eignung der Adoptionsbewerber zu prüfen. Daran schließt sich ein Adoptionsvorschlag an. Hierauf müssen die Adoptionsbewerber sich bereit erklären, das Kind anzunehmen. In dieser **Bereiterklärung** liegt noch kein Annahmeantrag. Sie ist jedoch Voraussetzung für die Erteilung der Einreise- und Aufenthaltsgenehmigung für das Kind (§ 7 II AdÜbAG). Diese Erklärung bedarf der öffentlichen Beurkundung und ist gegenüber dem Jugendamt abzugeben (vgl. *Süß* MittBayNot 2002, 88, 89), in dessen Bereich der Adoptionsbewerber mit Hauptwohnsitz gemeldet ist (§ 7 I AdÜbAG). Der Auslandsvermittlungsstelle (vgl. § 1 IV 1 AdÜbAG i. V. m. § 1 I, II und III AdÜbAG) ist eine beglaubigte Abschrift der Bereiterklärung zu übersenden (zum Auskunftsrecht des im Ausland lebenden Elternteils s. *OLG Brandenburg* FamRZ 2007, 2003; zu Grenzen der Einsichtnahme in Unterlagen *OVG Hamburg* FamRZ 2007, 1593).

Formulierungsbeispiel: Bereiterklärung Adoption
Wir, die Ehegatten … und …, erklären uns bereit, das (Identifizierungsmerkmale aus dem Schreiben der zentralen Adoptionsstelle übernehmen, wenn die Identität – wie üblich – nicht bekannt ist) als gemeinschaftliches Kind anzunehmen. Uns ist bekannt, dass diese Bereiterklärung noch keinen Adoptionsantrag darstellt, aber unsere gesamtschuldnerische Verpflichtung begründet, auf die Dauer von 6 Jahren die öffentlichen Mittel für den Lebensunterhalt des vorbezeichneten Kindes zu erstatten.

Früher übliche Doppel-, Nach- bzw. Wiederholungsadoptionen erfolgten, wenn die Anerkennungsfähigkeit einer Auslandsadoption fraglich war und um eine schwache Adoption in eine starke umzuwandeln (vgl. *Heiderhoff* FamRZ 2002, 1682, 1685). Es handelte sich um ein von der Adoption im Ausland losgelöstes inländisches Adoptionsverfahren (*Busch* IPRax 2003, 13). Das Adoptionswirkungsgesetz (BGBl. I 2001, 2953), das nicht auf Adoptionsbeschlüsse beschränkt ist, die erst nach seinem In-Kraft-Treten (1.1.2002) erlassen worden sind (§ 1 AdWirkG), und das sowohl für die Vertragsstaaten des Haager Übereinkommens als auch für Nichtvertragsstaaten gilt, stellt ein gerichtliches Verfahren zur Anerkennung einer im Ausland ausgesprochenen Adoption einer Person unter 18 zur Verfügung (s. *Staudinger* FamRBint 2007, 42 und *Bienentreu* JAmt 2008, 57, 59; zur Zuständigkeitskonzentration *OLG Hamm* FamRZ 2008, 300; *OLG Stuttgart* NJW-RR 2007, 297; *OLG München* MittBayNot 2008, 223; NJW-RR 2009, 592; *Süß* MittBayNot 2008, 183; *Niethammer-Jürgens* FamRBint 2009, 80, 83; vgl. §§ 122, 123 FamFG). Die Entscheidung stellt mit Wirkung für und gegen jedermann fest, ob die ausländische Adoption in Deutschland wirksam ist. Ferner enthält sie die Feststellung, ob das Eltern-Kind-Verhältnis des Kindes zu seinen bisherigen Eltern durch die Annahme erloschen ist, es sich somit um eine Volladoption gehandelt hat. Voraussetzung ist, dass im ausländischen Adoptionsverfahren eine Kindeswohlprüfung stattgefunden hat (*OLG Hamm* FamRBint 2012, 34; *OLG Frankfurt* FamFR 2012, 215; *OLG Karlsruhe* FamFR 2013, 94). Neben der **Anerkennungs- und Wirkungsfeststellung** (§ 2

AdWirkG) besteht auch die Möglichkeit einer Umwandlung einer schwachen Adoption in eine Volladoption. Bei diesem **Umwandlungsausspruch** (§ 3 AdWirkG) werden das Kindschaftsverhältnis und eine zu den leiblichen Eltern nach der ausländischen Rechtsfolge noch bestehende verwandtschaftliche „Restbeziehung" beendet. Der Umwandlungsausspruch ist lediglich bei einer Minderjährigenadoption möglich (§ 1 AdWirkG). Der Ausspruch erfolgt nur auf Antrag (§ 3 I 1 AdWirkG). Dafür sind die Zustimmungen wie bei einer Annahme erforderlich (§ 3 I 2 AdWirkG). Der Antrag und die Zustimmung bedürfen der notariellen Beurkundung (vgl. § 4 I 3 AdWirkG).

Muster: *Ludwig* RNotZ 2002, 353, 378 und *Emmerling de Oliveira* MittBayNot 2010, 429, 433: Adoptionsantrag mit Umwandlungsantrag nach § 3 I AdWirkG und 434: Wirksamkeitsfeststellung mit Umwandlungsantrag.

70d Der Streit, ob das Erb- oder das Adoptionsstatut darüber entscheidet, ob durch die Adoption ein Erbrecht zur Familie des Annehmenden begründet bzw. das Erbrecht zur leiblichen Familie beendet wird (vgl. *Ludwig* RNotZ 2002, 353, 379), lässt sich durch eine **Gleichstellungserklärung** (Art. 22 III EGBGB) lösen. Durch sie kann der Angenommene in Ansehung der Erbfolge durch Verfügung von Todes wegen einem nach deutschem Recht Angenommenen gleichgestellt werden. Bei einem gemeinschaftlichen Testament ist sie nicht wechselbezüglich; in einem Erbvertrag kann sich nicht vertraglich vereinbart werden. Die Gleichstellungserklärung empfiehlt sich bei einer im Ausland vorgenommenen Adoption insbesondere dann, wenn eine Wirkungsfeststellung bzw. ein Umwandlungsausspruch nicht gewünscht oder wegen der Volljährigkeit des Angenommenen nicht mehr möglich ist. Die Gleichstellung führt zur erbrechtlichen Wirkung nach deutschem Recht. Hat der Angenommene im Zeitpunkt der Annahme bereits das 18. Lebensjahr vollendet, ist die Gleichstellung nicht mehr möglich (Art. 22 III 3 EGBGB). Gleiches gilt, wenn die Adoption unwirksam ist. Ist dies nicht ausgeschlossen, sollte hilfsweise eine Einsetzung als gewillkürter Erbe erfolgen (vgl. die Formulierung von *Süß* MittBayNot 2002, 88, 92).

70e **Formulierungsbeispiel: Erbrechtliche Gleichstellung**

Ich habe das Kind (Name) nach dem Recht von ... adoptiert. Ich stelle es in Ansehung der Rechtsnachfolge von Todes wegen einem nach deutschen Sachvorschriften angenommenen Kind gleich (Art. 22 III EGBGB). Falls diese Gleichstellungserklärung nicht dazu führen sollte, dass (Name) neben dem von mir nach deutschem Recht adoptierten weiteren Kind (Name) Miterbe zur Hälfte wird, setze ich hilfsweise beide Kinder zu Miterben zu gleichen Teilen ein, wobei ich im Hinblick auf § 2304 BGB ausdrücklich klarstelle, dass es sich auch bei (Name des nach deutschem Recht adoptierten Kindes) um eine Erbeinsetzung handelt.

70f Ein minderjähriges Kind ausländisches Kind erwirbt durch Adoption durch einen Deutschen die deutsche **Staatsangehörigkeit** (§ 6 StAG). Bei der gemeinschaftlichen Adoption durch ein Ehepaar genügt die deutsche Staatsangehörigkeit eines Ehegatten. Die Annahme eines Deutschen durch einen Ausländer führt grundsätzlich zum Verlust der deutschen Staatsangehörigkeit, wenn das Kind die ausländische Staatsangehörigkeit erwirbt. Dies gilt nicht, wenn es mit einem deutschen Elternteil verwandt bleibt (§ 27 StAG); dieser Fall ist bei der Sukzessivadoption eines Kindes durch einen deutschen und anschließend durch einen ausländischen eingetragenen Lebenspartner gegeben.

71 Die vor dem Beitritt in der **ehemaligen DDR** begründeten Annahmeverhältnisse mit Minderjährigen (§ 67 I 2 FGB-DDR schloss eine Volljährigenadoption aus; zwischen dem 29.11.1956 und dem 1.4.1966 galt die „VO über die Annahme an Kindes Statt", DDR-GBl. I S. 1326, wobei nach § 2 EG-FGB-DDR auf die in dieser Zeit begründeten Annahmeverhältnisse die Rechtsfolgen des FGB-DDR Anwendung finden sollten; waren am 1.4.1966 die Adoptiveltern bereits verstorben, blieben die bisherigen familienrecht-

VI. Annahme als Kind

lichen Beziehungen bestehen) sind in das Adoptionsrecht des BGB übergeleitet worden. Art. 234 § 13 EGBGB enthält hierzu lediglich Ausnahmen, die verhindern sollen, dass bereits erloschene Rechtsbeziehungen wieder aufleben. Deshalb tritt § 73 FGB-DDR an die Stelle des § 1756 BGB hinsichtlich bestehen bleibender Verwandtschaftsverhältnisse. Nach DDR-Recht war die Einwilligung in die Annahme zudem möglich, bevor das Kind acht Wochen alt war, und blieben Annahmeverhältnisse auch durch eine spätere Eheschließung unberührt. Zu den erbrechtlichen Folgen s. *OLG Düsseldorf* ZEV 2014, 271. Zur Aufhebung politisch motivierter „Zwangsadoptionen" war bis zum 2.10.1993 ein Aufhebungsantrag zulässig; die Aufhebung richtet sich nach Art. 234 § 13 III bis V EGBGB (vgl. *Weber* DtZ 1992, 10).

7. Kosten, Steuern und Muster

Das gerichtliche Adoptionsverfahren ist bei Minderjährigen gebührenfrei; bei Volljährigen fällt für Annahme und Aufhebung jeweils eine 2,0-Gebühr Nr. 1320 KV-FamGKG aus einem nach § 46 I FamGKG bestimmten Geschäftswert an; die Gebühren betragen wegen der anderen Gebührentabelle ein Vielfaches der früher nach der Kostenordnung zu erhebenden Gebühr. 72

Für den notariellen Adoptionsantrag fällt eine 1,0-Gebühr Nr. 21200 KV-GNotKG, für Einwilligungserklärungen eine 0,5-Gebühr Nr. 21201 Nr. 8 KV-GNotKG an. Bei Zusammenbeurkundung von Anträgen und Einwilligungserklärungen ist Gegenstandsgleichheit gegeben. Der Geschäftswert für die Annahme eines Minderjährigen beträgt 5.000 EUR (§ 101 GNotKG). Bei einem Volljährigen bestimmt er sich nach § 36 II GNotKG (vorgeschlagen: 25 % des Reinvermögens des Annehmenden, mindestens aber 5.000 EUR, vgl. *LG Darmstadt* ZEV 2009, 46; s. auch *Waldner*, GNotKG, Rn. 313). Die Beschaffung der Unterlagen und ihre Einreichung bei Gericht sind gebührenfrei (a. A. Ländernotarkasse NotBZ 2014, 214). 73

Das Erlöschen der Verwandtschaftsverhältnisse infolge der Adoption soll sich erbschaftsteuerlich nicht nachteilig auswirken. Deshalb bestimmt § 15 I a ErbStG, dass die Steuerklassen I und II weiter gelten. Damit finden bei der Adoption Minderjähriger die steuergünstigen Steuerklassen im bisherigen Verwandtenkreis und in den durch die Annahme als Kind neu begründeten Verwandtschaftsverhältnissen Anwendung. Es kommt somit zu einer Doppelbegünstigung. Dies gilt nicht bei einem aufgehobenen Verwandtschaftsverhältnis (*BFH* DStRE 2010, 667). Anders als bei einer heterologen Insemination sind Adoptivkosten bei der Einkommensteuer nicht als außergewöhnliche Belastung abzugsfähig (*FG Bad-Württemberg* DStRE 2012, 996; Vorlage an den Großen Senat des BFH: NJW 2013, 2992). 73a

Muster: *Brambring* in: Beck'sches Formularbuch, V. 32–37; Kersten/Bühling/*Kordel/ Emmerling de Olveira* § 93 Rn. 34 ff.; *Langenfeld* in: Münchener Vertragshandbuch, Bd. 6, 6. Aufl., XIII. 1–12; Wurm/Wagner/Zartmann/*Reetz*, Kap. 67 und Müller/Sieghörtner/*Emmerling de Oliveira*, Rn. 528–548. Zur Adoption seines Stiefkinds durch einen eingetragenen Lebenspartner *Grauel* ZNotP 2007, 90. 74

8. Belehrungen

Die am Adoptionsverfahren durch Anträge, Einwilligungs- oder Verzichtserklärungen beteiligten Personen sind über die unterschiedlichen bürgerlich-rechtlichen Wirkungen der Annahme als Kind zu belehren. Die eingeschränkten Wirkungen bei der Verwandten-, der Stiefkind- und der Volljährigenadoption sind zu beachten. Auch die Fragen der Bindung an die abgegebene Erklärung und der begrenzten Möglichkeit einer späteren Aufhebung der Adoption sollten angesprochen werden. Bei der Annahme eines Stiefkindes sollte dem Annehmenden darüber hinaus bewusst sein, dass die Adoption eine etwaige Scheidung der Ehe bzw. Aufhebung der Lebenspartnerschaft überdauert. 75

75a	**Formulierungsbeispiel: Belehrung zu Adoption**

Der Notar hat die Beteiligten darauf hingewiesen, dass der Beschluss des Familiengerichts über den Ausspruch der Annahme mit Zustellung an den Antragsteller wirksam wird und unanfechtbar ist. Durch die Annahme erhält das Kind die rechtliche Stellung eines gemeinschaftlichen Kindes der Ehegatten/der Lebenspartner/eines Kindes des Annehmenden. Das Verwandtschaftsverhältnis ist mit Rechten und Pflichten insbesondere im Unterhalts- und Erbrecht verbunden; ferner erhält das Kind den Familiennamen der Antragsteller. Das Verwandtschaftsverhältnis des Kindes und seiner Abkömmlinge zu den bisherigen Eltern und seiner übrigen bisherigen Verwandtschaft erlischt (bei Annahme eines Volljährigen mit schwachen Wirkungen: Das Verwandtschaftsverhältnis des Kindes und seiner Abkömmlinge zu den bisherigen Eltern und seiner bisherigen übrigen Verwandtschaft wird durch die Annahme nicht berührt; die Wirkungen der Adoption erstrecken sich nicht auf die Verwandten des Annehmenden. Insbesondere wurde darauf hingewiesen, dass die leiblichen Verwandten erbberechtigt bleiben; dies gilt auch für Vermögen, das der Angenommene vom Annehmenden übertragen oder im Wege der Erbfolge erhalten hat. Die Möglichkeiten, wie der Annehmende den Heimfall seines Vermögens an seine Familie sichern kann – insbesondere die Errichtung einer Verfügung von Todes wegen mit Vor- und Nacherbschaft oder ein Erbverzicht – wurden ausführlich erörtert. Eine Volljährigenadoption nach den Vorschriften über die Annahme eines Minderjährigen wird nicht gewünscht). Die Aufhebung des Annahmeverhältnisses ist nur in besonderen Ausnahmefällen möglich. Insbesondere bleibt das Annahmeverhältnis auch bei einer Scheidung der Ehe der Antragsteller/Aufhebung der mit dem Elternteil des angenommenen Kindes existierenden Lebenspartnerschaft bestehen. Ferner ist eine erneute Adoption des Kindes während dessen Minderjährigkeit grundsätzlich nicht möglich (bei Volljährigenadoption: Die Aufhebung des Annahmeverhältnisses ist nur aus wichtigem Grund und auf gemeinsamen Antrag des Annehmenden und des Angenommenen möglich).

9. Liste der für die Annahme beizubringenden Unterlagen

76 (1) Geburtsurkunden des/der Annehmenden beziehungsweise Ehegatten/Lebenspartners (§ 1743) und des Kindes (§ 1746 I),
(2) Heiratsurkunden/Nachweise der Lebenspartnerschaftsbegründung des/der Annehmenden (§ 1741 II), gegebenenfalls des schon verheirateten/in Lebenspartnerschaft lebenden Kindes sowie der Eltern des Kindes (beziehungsweise Geburtsurkunde der nichtehelichen Mutter, wenn kein Vater bekannt ist),
(3) Staatsangehörigkeitsnachweise des/der Annehmenden und des Kindes,
(4) Polizeiliches Führungszeugnis des/der Annehmenden,
(5) (Amts-)Ärztliche Zeugnisse des/der Annehmenden und des Kindes.

Die Einreichung der Unterlagen beim Familiengericht kann durch den/die Antragsteller oder den Notar erfolgen.

VII. Soziale Elternschaft und Kinderwunschverträge

1. Rechtliche Probleme medizinisch assistierter Elternschaft

77 Während früher ein Kind stets nur eine Mutter und einen (rechtlichen) Vater hatte, ermöglicht die moderne Fortpflanzungsmedizin das Auseinanderfallen von rechtlicher, sozialer und biologischer Elternschaft (s. *Seidel* FPR 2005, 181; vgl. auch *BSG* NJW 2005, 2476; *BFH* EFG 2004, 199; *LG Köln* FamRZ 2008, 509). Der leiblichen Elternschaft kommt nach der Rechtsprechung des BVerfG gegenüber der rechtlichen und sozial-familiären Elternschaft kein Vorrang zu (BVerfGE 108, 82, 105; *BVerfG* FamRB 2009, 378). Der Begriff des menschlichen Embryos betrifft dabei jede menschliche Ei-

VII. Soziale Elternschaft und Kinderwunschverträge

zelle vom Stadium ihrer Befruchtung an; Gleiches gilt für die unbefruchtete Eizelle, in die ein Zellkern aus einer ausgereiften menschlichen Zelle transportiert worden ist (*EuGH* EuZW 2011, 908). Diese Definition hat Bedeutung für den Embryonenschutz. Medizinisch bestehen unterschiedliche Möglichkeiten, zur Elternschaft („Wunschkinderfüllung") zu gelangen. Bei der **In-vitro-Fertilisation** erfolgt die Befruchtung der operativ entnommenen Eizelle in einem Reagenzglas; anschließend wird das befruchtete Ei in die Gebärmutter der Frau implantiert. Demgegenüber erfolgt bei der **In-vivo-Fertilisation** die Befruchtung der Eizelle (Fertilisation) im Mutterleib durch künstliche Einbringung des Spermas meist in den Uterus (intrauterine Insemination). Das Tieffrieren von Ei- und Samenzellen sowie von Embryonen (**Kryokonservierung**) ermöglicht nach dem Tod eines Elternteils, aber auch noch nach dem Tod beider biologischer Eltern das Entstehen eines Kindes. Es werden folgende **Formen der assistierten Reproduktion** praktiziert:

– Keine Probleme scheint die **homologe Insemination,** das heißt die künstliche Befruchtung einer Frau mit dem Sperma ihres Ehemannes oder Lebensgefährten, zu bereiten. In diesem Fall lässt sie sich auf natürlichem Weg (Beiwohnung und Befruchtung) nicht bewerkstelligen. Da der Samen vom Partner der Frau stammt, ist bei einer homologen Insemination bei einem verheirateten Paar und einer quasi-homologen Insemination bei einem unverheirateten Paar die Vaterschaft unzweifelhaft. Allerdings kann es in Trennungsfällen zu Problemen kommen, wenn der Mann mit der Insemination im Zeitpunkt ihrer Vornahme nicht mehr einverstanden war. Probleme bereitet auch die künstliche Befruchtung nach dem Tode eines Partners. Eine postmortale Befruchtung, die nach § 1 I Nr. 4 EschG verboten ist, liegt nicht vor, wenn die Eizelle mit dem Samen des Mannes zu dessen Lebzeiten bereits imprägniert wurde (*OLG Rostock* FamRZ 2010, 1117). Umgekehrt ist es möglich, Eizellen zu konservieren (sog. Vitrifikation), so dass auch diese nach dem Tod der Frau befruchtet werden könnten. Nach einer Trennung des Paares, das sich den Kinderwunsch mittels der Reproduktionsmedizin erfüllen möchte, kann durch die Frau einseitig noch eine Schwangerschaft herbeigeführt werden, wenn der Mann, der zunächst mit der gemeinsam gewählten Methode der künstlichen Befruchtung einverstanden war, hiervon nicht dezidiert Abstand nimmt (*BGH* NJW 2001, 1789). Insofern kommt es wesentlich darauf an, inwieweit eine Bindung an derartige Erklärungen besteht.

– Bei der **heterologen Insemination** wird demgegenüber die Befruchtung mit dem Sperma eines Mannes durchgeführt, der mit der gebärenden Frau nicht verheiratet ist oder mit ihr zusammenlebt. In diesem Fall ist der Partner der Frau zwar der rechtliche Vater. Der Samenspender ist demgegenüber der genetische Vater und wird, sofern die Vaterschaft des rechtlichen Vaters beseitigt ist, mit allen Konsequenzen zum rechtlichen Vater, wenn seine Vaterschaft festgestellt ist. Entsprechende Probleme treten bei lesbischen Paaren auf, die einen Kinderwunsch mit Hilfe eines Samenspenders realisieren. Hier kommt hinzu, dass die Lebenspartnerin der gebärenden Frau nicht rechtlicher Elternteil des Kindes ist, sondern dies erst über eine Adoption werden kann. In allen Fällen der heterologen Insemination treten das bei der homologen Insemination dargestellte Widerrufproblem und das Problem der postmortalen Befruchtung in ähnlicher Form auf. Hinzu kommen die Rechtsbeziehungen zwischen dem Samenspender, dem beteiligten Paar, dem auf diese Weise entstandenen Kind und dem behandelnden Arzt. Besondere Probleme ergeben sich insoweit aus dem Recht des Kindes auf Kenntnis seiner Abstammung. Auch hier ist von Bedeutung, wie und bis zu welchem Zeitpunkt der Partner, der zunächst mit der heterologen Insemination einverstanden war, diese Zustimmung widerrufen kann.

– Beim **Embryonentransfer** wird die Befruchtung im Körper einer Eizellen-Spenderin oder im Reagenzglas vorgenommen. Der Embryo wird danach in die Gebärmutter der Wunschmutter implantiert, die das Kind austrägt. Der Samen kann vom Partner der Frau, aber auch von einem Samenspender stammen. Die gebärende Frau ist rechtliche Mutter des Kindes; biologische Mutter ist die Eizellenspenderin.

- Bei der **Leihmutterschaft** wird einer Frau ein im Reagenzglas erzeugter Embryo implantiert. Das Ei stammt dabei von einer Frau, die selbst nicht gebärfähig ist. Die Leihmutter trägt das Kind aus, das nach seiner Geburt von den Wunscheltern adoptiert wird. Die genetische Mutter ist in diesem Fall nicht die rechtliche Mutter; die Leihmutter ist, da sie das Kind auf die Welt bringt, die rechtliche Mutter (*OLG Stuttgart* FamRBint 2012, 32; *OLG Düsseldorf* FamRZ 2013, 1495; *BVerwG* NJW-RR 2013, 1; vgl. auch *KG* IPRax 2014, 72). Der Samen kann dabei vom Mann der Frau, von der die Eizelle stammt, sein; es kann sich aber auch um Spendersamen handeln. Die Leihmutterschaft ermöglicht auch homosexuellen Männern die Kinderwunscherfüllung, bei der das Kind genetisch von einem Mann abstammt, wenn mit seinem Samen die Eizelle befruchtet wurde.
- In den Fällen der **Ersatzmutterschaft** wird eine Frau mit dem Samen eines Mannes befruchtet und trägt das Kind sodann für das Paar aus, das es gemeinsam oder sukzessive bei eingetragenen Lebenspartnern adoptiert. Das Sperma kann dabei von dem Mann stammen, der das Kind später (mit-)adoptiert; es kann sich auch um Spendersamen handeln. Die Mutter ist in diesem Fall die gebärende Frau. Genetischer Vater ist derjenige, von dem der Samen stammt. Die rechtliche Vaterschaft wird entweder durch (falsche) Vaterschaftsanerkennung oder durch Adoption bei Nichtfeststehen der Vaterschaft herbeigeführt.
- Probleme ergeben sich auch bei anonymen Geburten und bei Kindern aus Babyklappen. In beiden Fällen bestehen keine Angaben zur Identifizierung der Mutter und des Vaters des neugeborenen Kindes. Eine Zusage einer anonymen Abwicklung ist seit 1.5.2014 wirksam (§ 10 IV PStG). Dadurch ist eine anonyme Geburt ermöglicht worden; ist das Kind 16 Jahre alt, erhält es die Möglichkeit, die Identität der Mutter zu erfahren, es sei denn, diese macht gewichtige Gründe dafür geltend, dass sie anonym bleiben möchte (vgl. *EGMR* NJOZ 2014, 117).

79 Biowissenschaft und Technik verschaffen den Verfahren der artifiziellen Reproduktion immer weiteren Raum. Die **Reprogenetik** ermöglicht es auch gleichgeschlechtlichen Paaren „sich fortzupflanzen". Unter dem Begriff Haploidisierung werden künftig vielfältige Spielarten menschlicher Fortpflanzung möglich (ausführlich *Silver*, Das geklonte Paradies, 1998, S. 89ff.). Sexualität und geschlechtliche Fortpflanzung haben immer weniger miteinander zu tun. Die Erfüllung des Kinderwunsches scheint dadurch unabhängig vom Geschlecht realisierbar zu werden. Bei der Erzeugung eines Nachkommens mit der Körperzelle und der Samenzelle zweier Männer können theoretisch sowohl Jungen als auch Mädchen entstehen. Bei der Zeugung aus zwei weiblichen Zellen hingegen können ausschließlich weibliche Nachkommen hervorgehen. Die Diandrie im ersten Fall und die Digynie im zweiten Fall könnten zur echten Elternschaft gleichgeschlechtlicher Paare führen. In diesen Fällen ergeben sich keine Probleme hinsichtlich der rechtlichen und genetischen Elternschaft.

80 In Deutschland sind die Eiübertragung, die Leih- und Ersatzmutterschaft sowie die Invitro-Fertilisation, wenn das mit dem Samen eines Spenders befruchtete Ei einer fremden Frau der Ehefrau oder Partnerin eingepflanzt werden soll, derzeit noch **verboten** (§ 1 I Nr. 1, 2, 6 und 7 EschG; vgl. §§ 13a ff. AdVermiG; s. dazu *Hörnle* in: Joerden/Hilgendorf/Thiele (Hrsg.), Menschenwürde und Medizin, 2013, S. 743ff.; *Kreß* FPR 2013, 240; vgl. auch *Österr. VerfGH* FamRZ 2000, 601; zu Leih- und Ersatzmutterschaftsverträgen im amerikanischen Recht *Voß* FamRZ 2000, 1552). Der entgeltliche und der unentgeltliche Ersatzmutter- und Leihmuttervertrag sind nichtig. Rechtlich ist diejenige Frau die Mutter des Kindes, die es geboren hat (§ 1591 BGB). Dies gilt auch dann, wenn sie den Willen hat, das Kind für die Bestellmutter auszutragen. Eine Anfechtung der Mutterschaft durch die genetische Mutter ist nach derzeitiger Rechtslage nicht zulässig (*Seidel* FPR 2002, 402, 403). Auch die Anerkennung der rechtlichen Elternschaft der genetischen Mutter ist nicht möglich (*VG Berlin* FamRZ 2013, 738; *AG Friedberg* FamRZ 2013, 1994). Offen bleibt aber, inwieweit das Kind ein Recht hat, die Mutterschaft der

VII. Soziale Elternschaft und Kinderwunschverträge

genetischen Mutter feststellen zu lassen. Allerdings verstoßen das Verbot der heterologen In-vitro-Fertilisation, wenn die heterologe In-vivo-Fertilisation erlaubt ist, und das Verbot der Eispende, falls die medizinisch assistierte Zeugung grundsätzlich zugelassen ist, gegen das Diskriminierungsverbot des Art. 14 i.V.m. Art. 8 EMRK (*EuGMR* FamRZ 2010, 793; s. auch *Beitz*, Zur Reformbedürftigkeit des Embryonenschutzgesetzes, 2009, S. 94 ff.). Insofern werden sich auch im deutschen Recht bei der medizinisch assistierten Fortpflanzung weitere Änderungen ergeben (vgl. *Dethloff* in: Grziwotz (Hrsg.), Notarielle Gestaltung bei geänderten Familienstrukturen, 2012, S. 7 ff., 17).

Neben den medizinisch assistierten Fällen der Fortpflanzung kommen auch andere **Fälle der sozialen Elternschaft** vor (vgl. *OLG Hamm* NJW 2007, 3733 zur künstlichen Selbstbefruchtung mittels Spritze aus Kinderarztkoffer der Nichte). Bedeutung hat dies insbesondere auch bei lesbischen Paaren, bei denen sich der Kinderwunsch vor allem bei einer bisexuellen Partnerin häufig durch geduldeten Geschlechtsverkehr oder eine Samenspende befreundeter homosexueller Paare realisieren lässt (vgl. *AG Elmshorn* FamRZ 2011, 1316; *OLG Celle* FamFR 2010, 453 und *OLG Karlsruhe* FamFR 2011, 72). Der *BGH* (FamRZ 1995, 995) hat vor Regelung der heterologen Insemination in § 1600 V BGB seine Rechtsprechung zur heterologen Insemination auch auf unwirksame Adoptionen im Ausland angewandt. Hintergrund war die gemeinsame Übernahme von Verantwortung zur Erfüllung des Kinderwunsches. Dies könnte in sämtlichen Fällen der medizinisch assistierten Fortpflanzung, auch soweit diese gesetzlich verboten sind, im Hinblick auf den Schutz des Kindes für eine entsprechende Anwendung des § 1600 V BGB sprechen (so *Grziwotz*, Beratungshandbuch Lebenspartnerschaft, Rn. 306). Beispiele sind der durch den Mann gebilligte Geschlechtsverkehr der Partnerin mit einem Fremden, das Abhalten von einer rechtlich zulässigen Abtreibung und der Kinderwunsch einer lesbischen Lebensgemeinschaft durch Insemination. Betroffen sind ferner die Fälle in Deutschland verbotener, aber im Ausland vorgenommener medizinischer Eingriffe zur Herbeiführung einer sozialen oder auch rechtlichen Elternschaft.

2. Kinderwunschvereinbarungen

Scheinbar keine Probleme bereitet die **homologe Insemination**. Ist das heterosexuelle Paar verheiratet, wird der Mann der Frau, der ohnehin der biologische Vater ist, automatisch der rechtliche Vater (§ 1592 Nr. 1 BGB). Auch bei nichtverheirateten heterosexuellen Paaren lässt sich die Vaterschaft entweder durch eine Anerkennung (§ 1592 Nr. 2 BGB) oder, falls der männliche Partner diese später ablehnt, durch gerichtliche Feststellung nachweisen (§ 1592 Nr. 3 BGB). Die homologe Insemination (zur früher noch abgelehnten Übernahme der Kosten für eine intracytoplasmatische Spermainjektion s. *BVerwG* DVBl. 2001, 1214; anders nunmehr *BVerwG* NVwZ-RR 2011, 567; zur steuerlichen Absetzbarkeit *FG München* DStRE 2002, 1132) bereitet nur dann Probleme, wenn der männliche Partner mit der künstlichen Befruchtung zum Zeitpunkt der Vornahme nicht mehr einverstanden war. Insofern stellen sich die gleichen Probleme, wie bei der Zustimmung zu einer heterologen Insemination. Anders als beim freiwilligen Geschlechtsverkehr („Beiwohnung"), bei dem auch bei Täuschung über den Einsatz empfängnisverhütender Mittel durch den Partner jeder Beteiligte selbst für eine Verhinderung der von ihm/ihr nicht gewollten Schwangerschaft sorgen kann und der Geschlechtsverkehr im gegenseitigen Einverständnis vollzogen wird (BGHZ 97, 372), ist bei der medizinisch assistierten Befruchtung das aktuelle Einverständnis des Mannes zur (Weiter-)Verwendung seines Spermas zu prüfen. Hier obliegt es dem Mann nicht nur, sein Einverständnis gegenüber der Frau ausdrücklich und nicht nur konkludent durch Hinwendung zu einer neuen Partnerin zu widerrufen; er muss ferner durch entsprechende Anweisungen an den Arzt verhindern, dass sein deponierter Samen zur Benutzung für die In-vitro-Fertilisation gelangt (BGHZ 146, 391).

82 Die **heterologe Insemination** ähnelt einer Elternschaft aufgrund einer Adoption (*BGH* MittBayNot 1995, 470; vgl. *Kirchmeier* FamRZ 1998, 1281, 1282; zur steuerlichen Berücksichtigung *BFH* DStRE 1999, 665; DStR 2011, 356; zur fehlenden Beihilfefähigkeit *VGH Mannheim* VBlBW 2012, 315; zur Kostenerstattung *LG Augsburg* NJW-RR 2011, 113; zur Nichtanwendung von § 1 I UVG s. *BVerwG* NJW 2013, 2775). Bei der heterologen Insemination bestehen keine Probleme hinsichtlich der Mutterschaft. Unproblematisch ist die rechtliche Vaterschaft, sofern die Mutter zum Zeitpunkt der Geburt verheiratet ist; in diesem Fall ist nämlich ihr Ehemann der rechtliche Vater des Kindes (§ 1592 Nr. 1 BGB); eine Anfechtung ist ihm nicht gestattet (§ 1600 V BGB). Ist die Frau nicht verheiratet, kann der mit der heterologen Insemination einverstandene Mann nur Vater werden, wenn er seine Vaterschaft (wahrheitswidrig) anerkennt (§ 1592 Nr. 2 BGB). Eine Feststellung der Vaterschaft scheidet mangels biologischer Elternschaft aus. Bei nicht verheirateten Paaren ergeben sich deshalb für die Frau Risiken, wenn eine Vaterschaftsanerkennung nicht bereits vor der Schwangerschaft der Frau zugelassen wird; aus diesem Grund wird verstärkt in diesem Fall entgegen dem Gesetzeswortlaut die Anerkennung durch den Mann zugelassen (vgl. Rn. 8). Strittig ist, ob sie später nochmals wiederholt werden muss oder nicht. Das gleiche Problem ergibt sich bei einem lesbischen Paar, und zwar unabhängig davon, ob diese in eingetragener Lebenspartnerschaft leben oder nicht. Denn auch bei der eingetragenen Lebenspartnerschaft wird die Lebenspartnerin der schwangeren Frau nicht als Elternteil vermutet, auch wenn sie mit der heterologen Insemination einverstanden war.

83 Der Gesetzgeber hat die Probleme der heterologen Insemination nur in § 1600 V BGB geregelt. Diese Vorschrift schließt die Anfechtung der Vaterschaft sowohl durch den Mann als auch durch die Mutter aus (auch für Fälle vor dem 12.4.2002; *BGH* NJW 2005, 1428; *Wehrstedt* DNotZ 2005, 649). Erfasst werden nach dem Wortlaut nur Fälle der künstlichen Befruchtung mittels Samenspende eines Dritten, nicht jedoch die oben aufgeführten weiteren Fälle einer sozialen Elternschaft. Außerdem bezieht sich die Vorschrift nur auf die künstliche Befruchtung einer Frau mit Einwilligung des Mannes. Die (verbotene) Leihmutterschaft und die Kinderwunscherfüllung lesbischer Paare werden davon nicht erfasst. § 1600 V BGB betrifft jedoch nicht nur Ehegatten, nachdem die Vorschrift nicht auf eine Eheschließung abstellt. Sie ist vielmehr auch auf nicht verheiratete Paare anwendbar, die sich für eine heterologe Insemination entschieden haben. Allerdings ist bei ihnen erforderlich, dass der Mann die Vaterschaft wirksam anerkannt hat; erst dann kann er sein Anfechtungsrecht verlieren. Die Vorschrift gilt auch dann, wenn das Kind mittels Samenspende eines Dritten und mit Hilfe einer nicht von der Mutter stammenden Eizelle gezeugt wird (*OLG Hamburg* NJW-RR 2012, 1286). Die Einwilligung des Mannes und der Mutter in die künstliche Befruchtung wird vom Gesetz nicht an die Einhaltung einer bestimmten Form geknüpft, so dass auch eine mündliche Erklärung gegenüber dem Arzt genügt. Keine ausdrückliche Regelung enthält das Gesetz ferner darüber, ob, wann und auf welche Weise der Mann und die Frau eine einmal abgegebene Einwilligung in die heterologe Insemination widerrufen können (vgl. *Eckersberger* MittBayNot 2002, 261, 263). Der vom Gesetz geregelte **Ausschluss der Anfechtung** bezieht sich nicht auf eine Anfechtung mit der Begründung, das Kind stamme in Wahrheit nicht aus der künstlichen Befruchtung (*Schomburg* Kind-Prax 2002, 75, 77). Eine Anfechtung durch das Kind bleibt weiterhin möglich; damit wird dem Recht des Kindes auf Kenntnis der eigenen Abstammung Rechnung getragen (*BVerfG* NJW 1989, 891; 1997, 1769; *EGMR* NJW 2003, 2145; FamRZ 2012, 1935). Der Samenspender, der der wirkliche Erzeuger des Kindes ist, ist dagegen nicht anfechtungsberechtigt (Bamberger/Roth/*Hahn* § 1600 Rn. 3; *Wehrstedt* in: Spickhoff/Schwab/Henrich/Gottwald [Hrsg.], Streit um die Abstammung, 2007, S. 75). Dem biologischen Vater, der der Mutter beigewohnt hat, eröffnet § 1600 I Nr. 2, II BGB dagegen die Möglichkeit, die rechtliche Vaterposition zu erlangen, wenn der Schutz einer Familienbeziehung zwischen dem Kind und seinen rechtlichen Eltern dem nicht entgegensteht (*EGMR* FuR 2012, 473;

Urt. v. 22.3.2012–23338/09; *BVerfG* FPR 2003, 471; FamRZ 2004, 1705; *Roth* NJW 2003, 3153). Auch nach § 1600 I Nr. 2 BGB steht nur dem Mann, der der Frau beigewohnt hat, ein Anfechtungsrecht zu, nicht jedoch dem bloßen anonymen Samenspender (vgl. *BVerfG* FamRB 2011, 43). Anders ist dies bei einer Samenspende zur nicht konsentierten Befruchtung der Frau, also einer Samenspende ohne Zustimmung des Partners der Frau (*BGH* NJW 2013, 2589). Inwieweit der Samenspender einen Anspruch auf Auskunft hinsichtlich seines Kindes hat, ist derzeit offen; nach § 1686a BGB i. V. m. § 167a FamFG steht nur dem leiblichen Vater, der nicht bloßer Samenspender ist, ein Feststellungs- und Auskunftsanspruch zu (vgl. zum Anspruch des Scheinvaters auf Auskunft über die Identität des biologischen Vaters *OLG Brandenburg* FamFR 2013, 320; *BGH* FamRB 2013, 181). Das Zivilrecht erkennt im Anfechtungsrecht und beim Umgangsrecht nunmehr das Bestehen und den Schutz sozial-familiärer Beziehungen an (§§ 1600 II, III, IV, 1685 II BGB; vgl. *BGH* NJW-RR 2005, 729; BGHZ 170, 161; *BGH* FamRZ 2008, 1821; *OLG Celle* FPR 2011, 407; *OLG Bremen* FPR 2011, 415; *OLG Brandenburg* FamRZ 2012, 44; *OLG Naumburg* FamRZ 2012, 1148; vgl. *Löhnig* FamRZ 2008, 1130 und *van Els* FPR 2011, 380, 381). Dies hat möglicherweise nicht nur negative Auswirkungen auf biologische Väter, die sich nicht auf eine anonyme Samenspende beschränken, sondern Kontakt zu den rechtlichen Eltern haben.

In der Einwilligung eines Mannes in eine heterologe Insemination wurde ein mit der Mutter des Kindes geschlossener Vertrag zugunsten des Kindes gesehen, in dem sich der Mann zum **Unterhalt** gegenüber dem Kind verpflichtet (*BGH* DNotZ 1996, 778, 785). Die Einwilligung enthält die konkludente Erklärung, für das Kind wie ein Vater sorgen zu wollen. Mit der Geburt erwirbt das Kind einen unmittelbaren Anspruch gegen den Vater. Diese Konzeption ist aufgrund des gesetzlich normierten Ausschlusses der Vaterschaftsanfechtung wegen der gesetzlichen Unterhaltspflicht nicht mehr erforderlich. Allerdings gilt dies nur bei verheirateten Paaren. Weiterhin von Bedeutung ist diese Konstruktion bei nichtehelichen Paaren (*Roth* DNotZ 2003, 805, 817; *Wehrstedt* FPR 2011, 400, 402). Wichtig ist dies ferner bei lesbischen Paaren; auch insoweit kann die Zustimmung zur Insemination zur Erfüllung des gemeinsamen Kinderwunsches unabhängig von der zunächst geplanten, aber später nicht durchgeführten Stiefkindadoption zur Bejahung von Unterhaltsansprüchen des Kindes gegenüber der Stiefmutter führen. Rechte und Pflichten können durch die Übernahme der Elternverantwortung jedenfalls gegenüber dem Kind entstehen (a. A. wohl *OLG Karlsruhe* FamFR 2011, 72). Gleiches dürfte in anderen Fällen übernommener sozialer Elternschaft gelten. Unterhaltsansprüche wegen eines einvernehmlich in die Familie aufgenommenen Kindes (**child of the family**) dürften danach zunehmen (vgl. *Henrich*, Int. FamR, 2. Aufl. 2001, S. 175; vgl. aber *OLG Koblenz* FamRB 2005, 321). Teilweise wird darüber hinausgehend auch im Pflichtteilsrecht eine entsprechende vermögensrechtliche Position unterstellt (*Kemper* FuR 1995, 311).

Insofern kommt der Zustimmung desjenigen Ehegatten, der die Elternschaft des anderen, die im Wege der medizinisch assistierten oder sonstigen Form herbeigeführt wird, wünscht, besondere Bedeutung zu. Nach überwiegender Ansicht ist die **Einwilligungserklärung** nach § 1600 V BGB eine Willenserklärung (*OLG Karlsruhe* FamRZ 2012, 1150; offen *OLG Hamburg* NJW-RR 2012, 1286). Unabhängig davon bedeutet die Einwilligung in eine künstliche Befruchtung die bewusste Entscheidung der Eltern zur Übernahme von Verantwortung für das so gezeugte Kind. Die Einwilligung in diesen Vorgang hat damit mittelbar abstammungsrechtliche Folgen und kann deshalb nicht mehr nach Durchführung der künstlichen Befruchtung zurückgenommen werden. Bis zu welchem Zeitpunkt sie zurückgenommen werden kann, ist offen. Nachdem es sich bei der Entscheidung für das Kind um eine höchstpersönliche Entscheidung handelt, ist eine Bindung zu verneinen. Ein Widerruf ist deshalb bis zur Vornahme der künstlichen Befruchtung möglich. Der Widerruf kann sowohl gegenüber dem Partner als auch dem behandelnden Arzt erklärt werden. Für eine Erklärung gegenüber dem Notar mag zwar der

Aspekt des Nachweises sprechen; im Hinblick auf die damit verbundene Verzögerung ist sie jedoch unzweckmäßig. Die Einwilligung in den Vorgang der künstlichen Befruchtung beinhaltet bei nicht verheirateten heterosexuellen Paaren noch keine Anerkennung der Vaterschaft. Diese kann, wenn man der im Vordringen befindlichen Meinung der Zulässigkeit einer Vaterschaftsanerkennung vor Zeugung im Fall der heterologen Insemination folgt, bereits erklärt werden, sollte jedoch zur Sicherheit nach der Zeugung nochmals wiederholt werden. Bei lesbischen Paaren bedeutet die Zustimmung zur Insemination keine Verpflichtung zur späteren Adoption des so empfangenen Stiefkindes. Bei nicht verheirateten und nicht in eingetragener Lebenspartnerschaft lebenden Paaren erhält der in die heterologe Insemination einwilligende Partner nicht automatisch ein Sorgerecht. Nach dem geplanten Gesetz (Entwurf eines Gesetzes zur Neuregelung des Rechts der elterlichen Sorge nicht miteinander verheirateter Eltern, vgl. Rn. 29) ist dies bei heterosexuellen Paaren nach einer Vaterschaftsanerkennung kein Problem mehr. Bei lesbischen Paaren und in Fällen, in denen die Frau, die zunächst mit der heterologen Befruchtung und der späteren (falschen) Anerkennung der Vaterschaft einverstanden war, später von dieser Meinung abweicht, kann der Wunschelternteil weder Elternschaft noch Sorgerecht erlangen. Diesbezügliche Verpflichtungen der Frau sind vor Zeugung des Kindes nicht möglich.

85 Kinderwunschverträge müssen zudem das Recht des durch künstliche Befruchtung entstandenen Kindes auf **Kenntnis seiner Abstammung** beachten. Vereinbarungen der Partner untereinander sowie Verträge mit dem behandelnden Arzt und dem Samenspender über die **Zusicherung der Anonymität** sind nichtig, soweit sie das Recht des Kindes auf Kenntnis seiner eigenen Abstammung (*EGMR* FPR 2003, 368; FamRZ 2012, 1935; *BVerfG* FamRZ 1989, 147; BVerfGE 79, 256, 268; 90, 263, 270; 96, 56; FamRB 2011, 43 und *OLG Hamm* FamRZ 2013, 637; anders noch *OLG Hamm* BeckRS 2008, 12773) nicht beachten. Das Recht des Kindes auf Kenntnis seiner eigenen Abstammung führt dazu, dass das Kind später die Vaterschaft des rechtlichen Elternteils anfechten und die Vaterschaft des Samenspenders feststellen lassen kann (*Grziwotz* FF 2013, 233). Damit ist der Samenspender dem Risiko der späteren Unterhaltspflicht und Erb- und Pflichtteilsansprüchen des mit Hilfe seines Samens entstandenen Kindes ausgesetzt. Dies gilt auch bei lesbischen Paaren, wenn eine Adoption durch die Lebenspartnerin der gebärenden Frau nicht erfolgt. Sowohl der Samenspender als auch der behandelnde Arzt können insoweit nur von Ansprüchen des Kindes durch die Wunscheltern freigestellt werden (*Meier* NZFam 2014, 337; *Wellenhofer* FamRZ 2013, 825). Ein Verzicht zu Lasten des Kindes ist rechtlich nicht möglich. Gleiches gilt für einen Verzicht der Wunscheltern gegenüber dem behandelnden Arzt auf die ärztlich gebotene **Dokumentation**. Im Hinblick auf die Bestimmung des § 63 I PStG (Aufbewahrungsfrist: 110 Jahre, § 5 V Nr. 2 PStG), der einem adoptierten Kind ein Recht auf Einsichtnahme in die Adoptionsunterlagen gibt, ist eine Vereinbarung nichtig, die den Arzt von seiner Dokumentationspflicht hinsichtlich der Person des Samenspenders entbinden soll. Eine entsprechende Vereinbarung würde wegen des Rechts des Kindes auf Kenntnis seiner eigenen Abstammung einen Vertrag zu Lasten Dritter beinhalten.

86 Inwieweit dem Samenspender ein Recht auf Kenntnis davon zusteht, welche Kinder mit seinem Sperma gezeugt wurden, ist derzeit offen. Gleiches gilt für das Recht des Scheinvaters, der in die heterologe Insemination einwilligt hinsichtlich der **Auskunft** über die Person des biologischen Vaters (vgl. BVerfGE 117, 202; *Neumann* FPR 2011, 366 ff.).

87 **Vereinbarungen zwischen den Eltern und dem biologischen Vater**, auch im Wege des Vertrages zugunsten Dritter, sind zu dessen Absicherung dringend erforderlich. Ihre Zulässigkeit ist im Einzelnen noch umstritten (ausführlich *Taupitz/Schlüter* AcP 205 (2005), 591; *Dethloff* in: Grziwotz (Hrsg.), Notarielle Gestaltung bei geänderten Familienstrukturen, 2012, S. 7; *Wehrstedt* FPR 2011, 400; *Wilms* RNotZ 2012, 141, 151 ff.). Der Samenspender ist nach derzeitiger Rechtslage nicht umgangsberechtigt (*OLG Köln*

NJW-RR 1997, 324). Auch nach § 1686a BGB hat er kein Umgangsrecht, da nur Männer, die der Frau beigewohnt haben, umgangs- und auskunftsberechtigt sein sollen, wenn sie beabsichtigen, zu dem auf diese Weise entstandenen Kind eine sozial-familiäre Beziehung aufzubauen. Bedeutung haben derartige Vereinbarungen, die sich nicht allein auf Freistellungsverpflichtungen gegenüber dem Samenspender beschränken, insbesondere in den Fällen der „freundschaftlichen Samenspende". Dies betrifft vor allem lesbische Paare, die häufig mit homosexuellen Paaren diesbezügliche Vereinbarungen treffen und wünschen, dass das auf diese Weise entstandene Kind auch Kontakt zu seinem genetischen Vater und dessen Lebenspartner hat. In diesbezüglichen Kombinationen von Regenbogenfamilien ist es zwar nicht möglich, dem Kind vier Elternteile zu geben. Auch das homosexuelle Paar möchte trotz der rechtlichen Zuordnung des Kindes zum lesbischen Paar infolge einer Stiefkindadoption, jedoch weiterhin Umgangs- und Auskunftsrechte haben, wobei teilweise sogar Unterhaltspflichten freiwillig eingegangen werden und eine Erbeinsetzung des so entstandenen Kindes vorgenommen wird. Die Wünsche der Beteiligten lassen sich gegenwärtig durch vertragliche Vereinbarungen allerdings nur teilweise realisieren. Die Personensorge umfasst zwar auch das Recht, den Umgang des Kindes mit Wirkung für und gegen Dritte zu bestimmen. Allerdings ist fraglich, inwieweit bindend ein Umgangsrecht für einen Dritten vereinbart werden kann. Eine Übertragung des Umgangsrechtes auf einen Dritten ist – auch teilweise – jedenfalls nicht möglich (Staudinger/*Rauscher* § 1684 Rn. 46). Das Umgangsrecht darf dem Kindeswohl nicht widersprechen. Will der biologische Vater entsprechend § 1686a I BGB zu dem Kind eine sozial familiäre Beziehung aufbauen, dürften entsprechend dieser Norm Umgangs- und Auskunftsrechte unter Beachtung des Kindeswohls zulässig sein. Soll der Samenspender von Unterhaltsansprüchen des Kindes freigestellt werden, ist eine derartige unterhaltsrechtliche Freistellungsverpflichtung zwischen dem Partner der Mutter und dem biologischen Vater, gleichgültig, ob es sich um einen „anonymen" Samenspender oder einen befreundeten Mann handelt, grundsätzlich zulässig; das Kind wird dadurch nicht benachteiligt wird, da dessen Unterhaltsanspruch gegenüber seinem biologischen Vater bei einer eventuellen Vaterschaftsstellung unberührt bleibt. Auch Vereinbarungen über die Durchführung einer Insemination, und zwar unabhängig davon, ob diese medizinisch assistiert oder auf andere Weise vorgenommen wird, sind zwischenzeitlich nicht mehr sittenwidrig; darin enthaltene Anonymitätszusicherungen und Entgeltvereinbarungen können im Einzelfall wegen eines Verstoßes gegen § 138 BGB unwirksam sein (zur Gestaltung von Vereinbarungen über eine heterologe Insemination nach alter Rechtslage siehe *BNotK* DNotZ 1998, 241).

Moderne Kinderwunschverträge müssen vor allem folgende **Punkte** beachten: **88**
- Einwilligung in den Vorgang der künstlichen Befruchtung und Zulässigkeit des Widerrufs lediglich bis zur Vornahme der entsprechenden Handlung.
- Bei unverheirateten heterosexuellen Paaren zur Sicherung der Frau die Vaterschaftsanerkennung des auf diese Weise gezeugten Kindes, die jedoch vorsorglich nach dem Zeugungsvorgang wiederholt werden sollte. Auch die Zustimmung der Mutter zur Vaterschaftsanerkennung sollte in diesem Zusammenhang jeweils erklärt werden.
- Nach Zeugung können heterosexuelle Paare auch ein gemeinsames Sorgerecht erlangen. Dies ist bei einem lesbischen, nicht in eingetragener Lebenspartnerschaft lebenden Paar nicht möglich.
- Gegenüber dem Samenspender (wenn dieser keine elterliche Verantwortung für das Kind übernehmen möchte), ist eine Freistellungsverpflichtung von Unterhaltsansprüchen und gegebenenfalls auch Pflichtteilsansprüchen möglich. Anonymitätszusicherungen sind dagegen nichtig.
- Vorsorglich kann auch der behandelnde Arzt von etwaigen Ansprüchen des Kindes freigestellt werden, wenn dieser die Richtlinien der Ärztekammer insbesondere zur Dokumentation des Vorgangs beachtet.

– In Regenbogenkonstellationen können unter Beachtung des Kindeswohls Umgangs- und Auskunftsrechte vereinbart werden; mitunter sind in diesen Konstellationen unterhalts- und pflichtteilsrechtliche Freistellungsansprüche nicht gewünscht.

89 Im Hinblick auf die unsichere Rechtslage kommt den **Belehrungen** der Beteiligten über die Reichweite ihrer Erklärungen große Bedeutung zu. Insbesondere muss ihnen klar werden, dass sie gegenüber dem künstlich gezeugten Kind elterliche Verantwortung übernehmen und insoweit nicht anders stehen, als Eltern, die sich durch eine Adoption oder aufgrund „Beiwohnung" ihren Kinderwunsch erfüllen. Die Wunscheltern müssen vor Beurkundung des Kinderwunschvertrages kein ärztliches Informationsgespräch durchführen, auch wenn dies im Regelfall zweckmäßig ist.

a) Kinderwunschvereinbarung homologe Insemination eines verheirateten Paares

90 Regelungsbedürftig ist im Hinblick auf die gesetzlichen Vorschriften nur der Widerruf in die Einwilligung der künstlichen Befruchtung.

91 **Formulierungsbeispiel: Kinderwunschvertrag homologe Insemination eines verheirateten Paares**

Wir, Herr ... und Frau ..., wollen uns unseren Kinderwunsch im Wege der medizinisch assistierten Fortpflanzungsmedizin durch eine homologe Insemination erfüllen. Wir wurden durch die Ärztin/den Arzt ... in einem Gespräch ausführlich über die medizinischen Voraussetzungen und Folgen belehrt. Der Notar/Die Notarin hat uns über die rechtlichen Folgen der medizinisch assistierten Kinderwunscherfüllung belehrt, insbesondere darüber, dass das auf diese Weise gezeugte Kind einem durch Beiwohnung gezeugten Kind gleichsteht. Der Ehemann hat hierzu bei der Wunschklinik ... Sperma hinterlegt, mit dem die Befruchtung der Ehefrau erfolgen soll.
Hierzu erklären wir, dass eine beiderseitige Verpflichtung zur Durchführung der medizinisch assistierten homologen Insemination auch durch diese Vereinbarung nicht begründet wird. Jeder von uns ist vielmehr berechtigt, sowohl gegenüber dem anderen Ehegatten als auch gegenüber dem Arzt seine Zustimmung hierzu einseitig zu widerrufen. Der Widerruf wird wirksam mit Zugang beim Empfänger. Eine Form ist für den Widerruf nicht erforderlich; zu Beweiszwecken sollte dieser jedoch schriftlich erfolgen, wobei aber ein Nachweis in anderer Form möglich bleibt. Der Widerruf ist nicht mehr möglich, wenn der Befruchtungsvorgang bereits durchgeführt wurde, unabhängig davon, ob eine Vereinigung der Eizelle mit der Samenzelle schon stattgefunden hat. Frau ... ist insbesondere nicht verpflichtet, nach Durchführung des Befruchtungsvorgangs mithilfe der so genannten „Pille danach" oder einer zulässigen Abtreibung die Entstehung des so gezeugten Kindes zu verhindern.

b) Kinderwunschvereinbarung homologe Insemination eines unverheirateten Paares

92 Juristische Probleme ergeben sich gegenüber der homologen Insemination eines verheirateten Paares kaum, nachdem die Vaterschaft des Mannes nach Durchführung der Zeugung gegebenenfalls gerichtlich festgestellt werden kann und dieser seinerseits ein gemeinsames Sorgerecht auch gegen den Widerspruch der Mutter erlangen kann, wenn dies dem Kindeswohl dient.

93 **Formulierungsbeispiel: Kinderwunschvertrag homologe Insemination eines unverheirateten Paares**

Wir, Herr ... und Frau ..., wollen uns unseren Kinderwunsch im Wege der medizinisch assistierten Fortpflanzungsmedizin durch eine homologe Insemination erfüllen. Wir wurden durch die Ärztin/den Arzt ... in einem Gespräch ausführlich über die medizinischen Voraussetzungen und Folgen belehrt.

▼ Fortsetzung: **Formulierungsbeispiel: Kinderwunschvertrag homologe Insemination eines unverheirateten Paares**

Der Notar/Die Notarin hat uns über die rechtlichen Folgen der medizinisch assistierten Kinderwunscherfüllung belehrt, insbesondere darüber, dass das auf diese Weise gezeugte Kind einem durch Beiwohnung gezeugten Kind gleichsteht. Wir leben in einer festen Partnerschaft. … hat hierzu bei der Wunschklinik … Sperma hinterlegt, mit dem die Befruchtung seiner Lebensgefährtin erfolgen soll.

Hierzu erklären wir, dass eine beiderseitige Verpflichtung zur Durchführung der medizinisch assistierten homologen Insemination auch durch diese Vereinbarung nicht begründet wird. Jeder von uns ist vielmehr berechtigt, sowohl gegenüber dem anderen Partner als auch gegenüber dem Arzt seine Zustimmung hierzu einseitig zu widerrufen. Der Widerruf wird wirksam mit Zugang beim Empfänger. Eine Form ist für den Widerruf nicht erforderlich; zu Beweiszwecken sollte dieser jedoch schriftlich erfolgen, wobei aber ein Nachweis in anderer Form möglich bleibt. Der Widerruf ist nicht mehr möglich, wenn der Befruchtungsvorgang bereits durchgeführt wurde, unabhängig davon, ob eine Vereinigung der Eizelle mit der Samenzelle schon stattgefunden hat. Frau … ist insbesondere nicht verpflichtet, nach Durchführung des Befruchtungsvorgangs mithilfe der so genannten „Pille danach" oder einer zulässigen Abtreibung die Entstehung des so gezeugten Kindes zu verhindern.

Der Notar/Die Notarin hat darauf hingewiesen, dass die rechtliche Vaterschaft nicht automatisch mit Zeugung und Geburt des Kindes eintritt, sondern dass hierzu eine Anerkennung der Vaterschaft erforderlich ist, die erst nach Zeugung des Kindes möglich ist. Auch das gemeinsame Sorgerecht tritt nach derzeit geltender Rechtslage nicht automatisch ein; hierzu ist entweder eine gemeinsame Sorgeerklärung oder der diesbezügliche Antrag des Mannes erforderlich, da nach gegenwärtiger Gesetzeslage die nicht verheiratete Mutter andernfalls alleinsorgeberechtigt ist.

c) Kinderwunschvereinbarung heterologe Insemination eines verheirateten Paares

Regelungsbedürftig sind im Hinblick auf § 1600 V BGB der Widerruf in die Einwilligung der künstlichen heterologen Befruchtung sowie die Freistellungsverpflichtung gegenüber dem Samenspender und dem Arzt. Im Übrigen sind vor allem die Belehrungen von Bedeutung. **94**

Formulierungsbeispiel: Kinderwunschvertrag heterologe Insemination eines verheirateten Paares **95**

Wir, Herr … und Frau …, wollen uns unseren Kinderwunsch im Wege der medizinisch assistierten Fortpflanzungsmedizin durch eine heterologe Insemination erfüllen. Wir wurden durch die Ärztin/den Arzt … in einem Gespräch ausführlich über die medizinischen Voraussetzungen und Folgen belehrt. Der Notar/Die Notarin hat uns über die rechtlichen Folgen der medizinisch assistierten Kinderwunscherfüllung mittels einer Samenspende belehrt. Insbesondere wurden wir darauf hingewiesen, dass wir die rechtliche Vaterschaft des Ehemannes, die kraft Gesetzes eintritt, nicht anfechten können (§ 1600 V BGB). Das auf diese Weise gezeugte Kind wird somit rechtlich ein gemeinschaftliches Kind von uns beiden. Nach derzeitiger Rechtslage hat der Samenspender kein Recht auf Anfechtung der Vaterschaft und Auskunft oder Umgang mit seinem biologischen Kind. Allerdings könnte sich diesbezüglich die Rechtslage ändern. Ebenso wie bei einer Adoption wird die Elternschaft der Erschienenen durch eine Trennung und Scheidung nicht berührt. Die Ehefrau wird hierzu mit dem Sperma eines Samenspenders befruchtet. Es handelt sich dabei um den im Verzeichnis unter … geführten Spender (oder: um einen in der Kinderwunschklinik registrierten Samenspender). Uns ist bekannt, dass das auf diese Weise gezeugte Kind ein Recht darauf hat, den Namen des Samenspenders zu erfahren.

▼ Fortsetzung: **Formulierungsbeispiel: Kinderwunschvertrag heterologe Insemination eines verheirateten Paares**

Es kann die Vaterschaft des Mannes und rechtlichen Vaters später anfechten und die biologische und rechtliche Vaterschaft des Samenspenders feststellen lassen. Eine Möglichkeit, den Namen des Samenspenders vor dem Kind geheim zu halten und eine Vaterschaftsanfechtung durch das Kind zu vermeiden, besteht nach derzeitiger Rechtslage nicht.

Hierzu erklären wir, dass eine beiderseitige Verpflichtung zur Durchführung der medizinisch assistierten heterologen Insemination auch durch diese Vereinbarung nicht begründet wird. Jeder von uns ist vielmehr berechtigt, sowohl gegenüber dem anderen Ehegatten als auch gegenüber dem Arzt seine Zustimmung hierzu einseitig zu widerrufen. Der Widerruf wird wirksam mit Zugang beim Empfänger. Eine Form ist für den Widerruf nicht erforderlich; zu Beweiszwecken sollte dieser jedoch schriftlich erfolgen, wobei jedoch ein Nachweis in anderer Form möglich bleibt. Der Widerruf ist nicht mehr möglich, wenn der Befruchtungsvorgang mittels der Samenspende bereits durchgeführt wurde, unabhängig davon, ob eine Vereinigung der Eizelle mit der Samenzelle schon stattgefunden hat. Frau ... ist insbesondere nicht verpflichtet, nach Durchführung des Befruchtungsvorgangs mithilfe der so genannten „Pille danach" oder einer zulässigen Abtreibung die Entstehung des so gezeugten Kindes zu verhindern.

Wir, Herr ... und Frau ..., verpflichten uns im Wege des Vertrages zu Gunsten Dritter gegenüber dem Samenspender, diesen von etwaigen Unterhalts- und Pflichtteilsansprüchen des durch die Samenspende gezeugten Kindes freizustellen, wenn dieses die Vaterschaft des rechtlichen Vaters anficht und die Vaterschaft des Samenspenders feststellen lässt. Die Verpflichtung zur Freistellung betrifft jedoch keine Erbansprüche, wenn nach Feststellung der Vaterschaft des Samenspenders das Kind gesetzlicher Erbe oder aufgrund Verfügung von Todes wegen Erbe oder Vermächtnisnehmer wird. Bei Eintritt der gesetzlichen Erbfolge verbleibt es jedoch bei der Freistellungsverpflichtung, wenn der Samenspender im gesamten Zeitraum nach Feststellung seiner Vaterschaft bis zu seinem Tod testierunfähig war.

Wir verpflichten uns ferner gegenüber dem behandelnden Arzt ... und dem Kinderwunschzentrum ... diese von Ansprüchen des mittels des Spendersamens gezeugten Kindes, die dessen Unterhalt und Erbrecht betreffen, freizustellen, soweit diese Ansprüche nicht auf einer ärztlichen Pflichtverletzung beruhen, insbesondere weil gegen Dokumentations- und Aufbewahrungspflichten verstoßen wurde. Wir verpflichten uns ferner sowohl gegenüber dem Samenspender als auch dem behandelnden Arzt und dem Kinderwunschzentrum, soweit nicht gesetzlich zwingende Vorschriften dem entgegenstehen, den Vorgang der medizinisch assistierten Kinderwunscherfüllung mittels heterologer Insemination gegenüber Dritten nicht zu offenbaren.

96 **Muster:** Kersten/Bühling/*Kordel/Emmerling de Oliveira* § 92 Rn. 82; *Bergschneider/Grziwotz* in Beck'sches Formularbuch Familienrecht, O II 5. und 6.

C. Erbrecht

Prof. Dr. Manfred Bengel/Dr. Florian Dietz

Übersicht

	Rn.
Vorbemerkung	1
1. Teil. Die Mitwirkung des Notars bei der Gestaltung von Verfügungen von Todes wegen	2–419
I. Beratungs-Checkliste	2
II. Grundlagen der beabsichtigten Verfügungen von Todes wegen und Regelungsrahmen	3–61
1. Erbrecht und Nachlassplanung	3, 4
2. Motivlage: Ermittlung des letzten Willens	5–14
3. Ermitteln des Sachverhalts	15–38
4. Widerruf früherer Verfügungen von Todes wegen	39–41
5. Bindungswirkung der künftigen Verfügung	42–56
6. Belehrungen	57–61
III. Besonderheiten beim Beurkundungsverfahren	62–111
1. Persönliche Anwesenheit des Erblassers	64
2. Erklärung des letzten Willens	65
3. Obligatorische Feststellung über die erforderliche Geschäftsfähigkeit	66–68
4. Mitwirkungsverbote	69–71
5. Zeugenzuziehung	72
6. Beteiligte mit Einschränkung oder Behinderung, Sprachunkundige	73–87
7. Testament durch Übergabe einer Schrift	88, 89
8. Ablieferung zum Nachlassgericht	90–95
9. Registrierung im Zentralen Testamentsregister	96–102
10. Rücknahme aus der Verwahrung	103–111
IV. Grundlagen des Erbrechts und erbrechtliches Instrumentarium	112–230
1. Erbeinsetzung	113–121
2. Vor- und Nacherbeneinsetzung	122–142
3. Vermächtnis	143–165
4. Auflagen	166–169
5. Teilungsanordnung, Übernahmerecht, Erbteilungsverbot	170–180
6. Testamentsvollstreckung	181–203
7. Gemeinschaftliches Testament und Erbvertrag	204–213
8. Schenkungsversprechen von Todes wegen (§ 2301 BGB)	214–217
9. Besonderheiten bei Auslandsberührung	218
10. Anwendbares Recht nach der Europäischen Erbrechtsverordnung (EuErbVO)	219–230
V. Die Gestaltung der Verfügung von Todes wegen	231–356
1. Einzelfallbeurteilung und Regelungstypen	231, 232
2. Verfügungen (noch) kinderloser Ehegatten	233–237
3. Verfügungen von Ehegatten mit nur gemeinsamen Kindern	238–240
4. Verfügungen von Ehegatten mit Kindern nur eines Ehegatten	241, 242
5. Verfügungen von Partnern einer nichtehelichen Lebensgemeinschaft	243, 244
6. Wiederverheiratungsklausel	245–249
7. Pflichtteilsklausel	250–255
8. Erbrecht des Lebenspartners	256
9. Sondersituationen	257–281
10. Verfügungen von Todes wegen und vorbereitende Maßnahmen bei behinderten Kindern	282–293
11. Stiftungen	294–302
12. Erbrecht und Unternehmensnachfolge	303–356
VI. Begleitende Rechtsgeschäfte unter Lebenden	357–411
1. Vollmacht über den Tod des Vollmachtgebers hinaus	357
2. Vormundbenennung – Beschränkung der Vermögenssorge	358–360
3. Pflichtteilsverzicht	361–368
4. Zuwendungsverzicht	369–375

	Rn.
5. Verträge zwischen künftigen Erben (Erbschaftsverträge)	376–380
6. Nichtehelichenrecht	381–385
7. Rechtsgeschäfte zugunsten Dritter auf den Todesfall	386–411
VII. Kosten	412–419
1. Gebühr	412, 413
2. Wert	414–417
3. Nebengebühren	418, 419
2. Teil. Nachlassregelungen	**420–522**
I. Erbscheinsantrag und -verfahren	420–429
1. Funktion und Bedeutung des Erbscheins	420
2. Erbscheinsantrag	421–423
3. Erbscheinsarten	424
4. Checkliste	425, 426
5. Kosten	427, 428
6. Europäisches Nachlasszeugnis	429
II. Erbauseinandersetzung	430–437
1. Vorbemerkung, Grundlagen der gesetzlichen Regelung	430–432
2. Checkliste	433
3. Vermittlung der Auseinandersetzung durch den Notar	434, 435
4. Kosten	436, 437
III. Erbteilsveräußerung und -übertragung	438–462
1. Vorbemerkung, Grundlagen der gesetzlichen Regelung	438–458
2. Checkliste und Formulierungsbeispiel	459, 460
3. Kosten	461, 462
IV. Erbauseinandersetzung durch Abschichtung	463, 464
V. Ausschlagung, Anfechtung	465–479
1. Grundlagen der gesetzlichen Regelung der Ausschlagung	465–467
2. Verbindung zum Pflichtteilsrecht	468–472
3. Sonderfall: Zugewinngemeinschaft	473–475
4. Anfechtung der Annahme bzw. Ausschlagung der Erbschaft	476, 477
5. Checkliste	478
6. Kosten	479
VI. Nachlassregulierung unter Mitwirkung eines Testamentsvollstreckers	480–488
1. Grundsatz	480
2. Folgerungen	481–485
3. Zuständigkeit zur Handelsregisteranmeldung	486
4. Eintragung des Testamentsvollstreckervermerks im Handelsregister	487
5. Zusätzliche Eintragung im Grundbuch, wenn die Personenhandelsgesellschaft Grundbesitz hat?	488
VII. Nachlassregulierung und Handelsregister	489–499
1. Einzelkaufmännisches Unternehmen	489–491
2. Offene Handelsgesellschaft	492–495
3. Kommanditgesellschaft	496–498
4. GmbH	499
VIII. Nachlassregulierung und Grundbuch	500–502
IX. Steuerliche Überlegungen	503–521
1. Notarielle Belehrungspflichten	504
2. Erbschaftsteuer und Schenkungsteuer	505, 506
3. Wichtige Gestaltungsmöglichkeiten	507–514
4. Einkommensteuer	515–521
X. Erbrecht und deutsche Wiedervereinigung	522

Literatur: *Baltzer,* Das Vor- und Nachvermächtnis in der Kautelarjurisprudenz, 2007; *Baltzer/Reisnecker,* Vorsorgen mit Sorgenkindern, 2012; *Bengel,* Rechtsfragen zum Vor- und Nachvermächtnis, NJW 1990, 1826; *ders.,* Zur Rechtsnatur des vom Erblasser verfügten Erbteilungsverbots, ZEV 1995, 178; *Bengel/Reimann,* Handbuch der Testamentsvollstreckung, 5. Aufl. 2013; *Benk,* Teilungsanordnung, Vorausvermächtnis, Übernahmerecht, MittRhNotK 1979, 53; *Boger/Golpayegani,* Aktuelle Gestaltungsempfehlungen zum Behindertentestament, ZEV 2005, 377; *Brambring/Mutter,* Beck'sches Formularbuch Erbrecht, 3. Aufl. 2014; *Brox/Walker,* Erbrecht, 25. Aufl. 2012; *Burandt/Rojahn,* Erbrecht, 2. Aufl. 2014; *Dahlkamp,* Die Pflichtteilslast in der notariellen Praxis, RNotZ 2014, 257; *Daniels,* Das Vor- und Nachvermächtnis, 2007; *Damrau,* Der Erbverzicht als Mittel zweckmäßiger Vorsorge für den Todesfall, 1966; *ders.*, Das Behindertentestament mit Vermächtnislösung, ZEV 1998, 1; *Dietz*, § 14 HeimG – Gut gemeinter Schutz für Heimbewohner und -bewerber, Fallstrick für den Testamentsgestalter, MittBayNot 2007, 453; *Dietz/Spall*, Das Behindertentestament im Vollzug: Erste Schritte nach dem Erbfall, ZEV 2012, 456; *Dörrie*, Reichweite der Kompetenzen des Testamentsvollstreckers an Gesellschaftsanteilen, ZEV 1996, 370; *Döbereiner*, Das internationale Erbrecht nach der EU-Erbrechtsverordnung, MittBayNot 2013, 358 und 437; *Dreher/Görner*, Das Behindertentestament und § 138 BGB, NJW 2011, 1761; *Dutta/Herrler*, Die Europäische Erbrechtsverordnung, 2014; *Ebenroth*, Erbrecht, 1992; *Edenfeld*, Die Stellung weichender Erben beim Erbverzicht, ZEV 1997, 134; *Fetsch*, Die Erbausschlagung bei Auslandsberührung, MittBayNot 2007, 285; *Firsching/Graf*, Nachlassrecht, 10. Aufl. 2014; *Groll*, Praxis-Handbuch Erbrechtsberatung, 3. Aufl. 2010; *Herrler*, Behandlung von Lebensversicherungen im Pflichtteilsrecht: Der goldene Mittelweg des BGH?; ZEV 2010, 333; *ders.*, Vermögenssicherung bei erbrechtlichem Erwerb während des Insolvenzverfahrens und in der Wohlverhaltensperiode, NJW 2011, 2258; *Ihrig*, Vermittlung der Auseinandersetzung des Nachlasses durch den Notar, MittBayNot 2012, 353; *Ivo*, Die Vererbung von GmbH-Geschäftsanteilen, ZEV 2006, 252; *ders.*, Die Vererbung von Kommanditanteilen, ZEV 2006, 302; *Kanzleiter*, Die Erstreckung der Wirkungen eines Zuwendungsverzichts auf die Abkömmlinge des Verzichtenden – ein Missgriff des Gesetzgebers!, DNotZ 2009, 805; *ders.*, Die Erstreckung der Wirkungen eines Zuwendungsverzichts auf die Abkömmlinge – Reichweite der neuen Regelung und Folgerungen für die Gestaltungspraxis, DNotZ 2010, 520; *ders.*, Die Abschichtung eines Miterben, der aus einer Erbengemeinschaft ausscheiden möchte: Lässt sich diese Fehlentwicklung noch stoppen?, ZEV 2012, 447; *ders.*, Das Berliner Testament: immer aktuell und fast immer ergänzungsbedürftig, ZEV 2014, 225; *Keim*, Der Änderungsvorbehalt beim Erbvertrag – bei richtiger Handhabung ein sicheres Gestaltungsmittel, ZEV 2005, 365; *ders.*, Die Überwindung der erbvertraglichen Bindung beim mehrseitigen Erbvertrag, RNotZ 2012, 496; *ders.*, Fallstricke bei Erb- und Pflichtteilsverzicht, RNotZ 2013, 411; *Keller*, Die Formproblematik der Erbteilsveräußerung, 1995; *ders.*, Die Heilung eines formnichtigen Erbteilskaufvertrages, ZEV 1995, 427; *Klingelhöffer*, Pflichtteilsrecht, 3. Aufl. 2009; *ders.*, Vermögensverwaltung in Nachlaßsachen, 2002; *Kornexl*, Kein Pflichtteilergänzungsanspruch bei nachträglicher Entgeltlichkeit, ZEV 2007, 328; *ders.*, Der Zuwendungsverzicht, 1998; *ders.*, Nachlassplanung bei Problemkindern, 2. Aufl. 2010; *Kössinger*, Das Testament Alleinstehender, 1994; *Kroppenberg*, Privatautonomie von Todes wegen, 2008; *Lange*, Erbrecht, 2011; *Lange/Kuchinke*, Lehrbuch des Erbrechts, 5. Aufl. 2001; *Langenfeld*, Testamentsgestaltung, 4. Aufl. 2010; *Leipold*, Anfechtung der Erbschaftsannahme wegen Irrtums über Verlust des Pflichtteilsanspruchs, ZEV 2006, 500; *ders.*, Erbrecht, 20. Aufl. 2014; *Lorz*, Testamentsvollstreckung und Unternehmensrecht, 1995; *J. Mayer*, Auslegungsgrundsätze und Urkundsgestaltung im Erbrecht, DNotZ 1998, 772; *ders.* Der Abänderungsvorbehalt beim Erbvertrag, DNotZ 1990, 775; *ders.*, Grundzüge des Rechts der Unternehmensnachfolge, 1999; *ders.*, Der superbefreite Vorerbe – Möglichkeiten und Grenzen der Befreiung des Vorerben, ZEV 2000, 1; *ders.*, Testamentsgestaltung bei überschuldeten Erben, MittBayNot 2011, 445 und 2012, 18; *N. Mayer*, Sicherungsprobleme beim Erbteilskauf, ZEV 1997, 105; *Mayer/Bonefeld*, Testamentsvollstreckung, 3. Aufl. 2010; *Mayer/Süß/Tanck/Wälzholz*, Handbuch Pflichtteilsrecht, 3. Aufl. 2013; *Menzel*, Die negative Erbfreiheit, MittBayNot 2013, 289; *G. Müller*, Zur Wirksamkeit lebzeitiger und letztwilliger Zuwendungen des Betreuten an seinen Betreuer, ZEV 1998, 219; *dies.*, Zuwendungsverzicht – Erstreckung der Verzichtswirkung auf die Abkömmlinge nach der neuen Rechtslage, ZNotP 2011, 256; *Muscheler*, Die Haftungsordnung der Testamentsvollstreckung, 1994; *Nieder*, Die ausdrücklichen oder mutmaßlichen Erstbedachten im deutschen Erbrecht, ZEV 1996, 241; *Nieder/Kössinger*, Handbuch der Testamentsgestaltung, 4. Aufl. 2011; *Niemann*, Testierverbot in Pflegefällen, ZEV 1998, 419; *Pöting*, Die Erbauseinandersetzung in der notariellen Vertragsgestaltung, MittBayNot 2007, 273; *v. Proff*, Erbschaftsverträge in der Praxis, ZEV 2013, 183; *Rebhan*, Die erbrechtliche Gleichstellung nichtehelicher Kinder, MittBayNot 2011, 285; *Reimann*, Testamentsvollstreckung in der Wirtschaftsrechtspraxis, 3. Aufl. 1998; *ders.*, Gesellschaftsvertragliche Abfindung und erbrechtlicher Ausgleich, ZEV 1994, 7; *ders.*, Notare als Testamentsvollstrecker, DNotZ 1994, 665; *ders.*, Nachlassplanung als erbrechtsübergreifende Beratungsaufgabe, ZEV 1997, 129; *ders.*, Erbauseinandersetzung durch Abschichtung, ZEV 1998, 213; *ders.*, Das bedingte Herausgabevermächtnis als Alternative zur Nacherbfolgeanordnung, MittBayNot 2000, 4; *Reimann/Bengel/J. Mayer*, Testament und Erbvertrag, 5. Aufl. 2006; *Reischl*, Zur Schenkung von Todes wegen, 1996; *Reithmann*, Testamentsvollstreckung und postmortale Vollmacht als Instrumente der Kautelarjurisprudenz, BB 1984, 1394; *Richardsen*, Die Anteile an private limited companies in deutschen Nachlässen, 2008; *Ruby*, Behindertentestament: Häufige Fehler und praktischer Vollzug, ZEV 2006, 66; *Schaub*, Die Rechtsnachfolge von Todes wegen im Handelsregister bei Einzelunternehmen und Personenhandelsgesellschaften, ZEV 1994, 71; *Scherer*, Münchener Anwaltshandbuch Erbrecht, 4. Aufl. 2014; *Scheuren-*

C Erbrecht

Brandes, Auseinandersetzungsverbot und Dauertestamentsvollstreckung gemäß §§ 2209 ff. BGB, ZEV 2007, 306; *Schlüter,* Erbrecht, 16. Aufl. 2007; *Schnabel,* Das Geschiedenentestament, 2001; *Seibert,* Die Partnerschaft: Neue Gesellschaftsform für die freien Berufe?, 1994; *Spall,* Zur so genannten Vermächtnislösung beim Behindertentestament, MittBayNot 2001, 249; *ders.,* Vollzug eines Nachvermächtnisses durch den Testamentsvollstrecker, ZEV 2002, 5; *ders.,* Behindertentestament und Heimgesetz – Bestandsaufnahme und Update, MittBayNot 2010, 9; *Spiegelberger,* Unternehmensnachfolge, 2. Aufl. 2009; *ders.,* Vermögensnachfolge, 2. Aufl. 2010; *Steiner,* Die Praxis der Klage auf Erbauseinandersetzung, ZEV 1997, 89; *Süß,* Das Europäische Nachlasszeugnis, ZEuP 2013, 725; *Vorwerk,* Geldzuwendung durch erbrechtliche Auflage, ZEV 1998, 297; *Weidlich,* Die Testamentsvollstreckung an Beteiligungen einer werbenden OHG bzw. KG, ZEV 1994, 205; *Weirich,* Der gegenständlich beschränkte Pflichtteilsverzicht, DNotZ 1986, 5; *ders.,* Erben und Vererben, 6. Aufl. 2010; *Werner,* Stiftungen als Instrument der Unternehmens- und Vermögensnachfolge, ZEV 2006, 539; *ders.,* Stiftungen als Instrument der Pflichtteilsvermeidung, ZEV 2007, 560; *Wingerter,* Die Erweiterung der Befugnisse des befreiten Vorerben, 2000; *Winkler,* Der Testamentsvollstrecker nach bürgerlichem, Handels- und Steuerrecht, 21. Aufl. 2013; *Zawar,* Gedanken zum bedingten oder befristeten Rechtserwerb im Erbrecht, NJW 2007, 2353; *Zimmermann,* Die Testamentsvollstreckung, 3. Aufl. 2008.

Vorbemerkung

1   Der Notar wird im Wesentlichen in zwei typischen Situationen mit dem Erbrecht konfrontiert:

(1) Bei der Gestaltung einer Verfügung von Todes wegen, also einer künftigen Situation, sei es, dass er selbst die Gestaltung formuliert, sei es, dass er den Erblasser zu einer von diesem bereits gewählten Gestaltung berät (s. nachfolgend, 1. Teil).

(2) Bei der Regulierung eines Nachlasses, also wenn der Erbfall bereits eingetreten ist, sei es bei der Auseinandersetzung des Nachlasses, der Erfüllung von Vermächtnissen, Auflagen und Teilungsanordnungen oder bei der Geltendmachung von Ausgleichs- und Pflichtteilsansprüchen (hierzu unten 2. Teil Rn. 420 ff.).

1. Teil. Die Mitwirkung des Notars bei der Gestaltung von Verfügungen von Todes wegen

I. Beratungs-Checkliste

Beratungs-Checkliste 2

(1) Grundlagen
  (a) Persönliche Daten: Name, Vornamen, Geburtsname; Geburtstag, Geburtsort; Geburtenregisternummer; Familienstand (ledig, verheiratet/verpartnert, geschieden, verwitwet); Güterstand; Name und Alter der Kinder; einseitige, aus anderen Ehen stammende bzw. adoptierte Kinder; Vorversterbensfälle bei Abkömmlingen; Staatsangehörigkeit und gewöhnlicher Aufenthalt.
  (b) Gegenständliche Daten: Feststellung des (hypothetischen) Nachlasses bzw. der Objekte, auf welche sich die Verfügung beziehen soll (Objektbeschrieb bei Grundstücksvermächtnis, Art der Gesellschaftsbeteiligungen, ggf. Vorlage des Gesellschaftsvertrages, Auslandsvermögen).
  (c) Frühere Verfügungen (Testament, Erbvertrag); ggf. Auskunft aus dem Zentralen Testamentsregister.
  (d) Feststellung der gesetzlichen Erbfolge; Pflichtteilsrecht; Vorliegen von Erb-, Pflichtteils- und/oder Zuwendungsverzichten; ausgleichungs- oder anrechnungspflichtige Zuwendungen.
(2) Widerruf und Anfechtung früherer Verfügungen von Todes wegen; Beseitigung etwa bestehender Bindung durch Ausschlagung oder Anfechtung.
(3) Wahl des erbrechtlichen Gestaltungsmittels
  (a) Testament, Gemeinschaftliches Testament oder Erbvertrag
  (b) Inhaltliche Ausgestaltung:
    (aa) Erbeinsetzung
    (bb) Vermächtnis
    (cc) Auflage
    (dd) Testamentsvollstreckung
    (ee) Bestimmungen über die Auseinandersetzung
  (c) Steuerliche Überlegungen
  (d) Kosten

II. Grundlagen der beabsichtigten Verfügungen von Todes wegen und Regelungsrahmen

1. Erbrecht und Nachlassplanung

Das Aufbereiten eines bestimmten Vermögens mit dem Ziel, es optimal in die nächste 3 Generation überzuleiten, ist keine ausschließlich erbrechtliche Maßnahme. Das Erbrecht ist aber die *„ultima ratio"* der Vermögensüberleitung. Eine richtige Nachlassplanung wird also immer den „Erbfall als Ernstfall" ansehen müssen. Das eigentliche Betätigungsfeld des Notars auf dem Gebiet des Erbrechts liegt vor dem Erbfall: Ausgefeilte erbrechtliche Lösungen und vorzeitige Vermögensübertragungen setzen strategische Überlegungen voraus. Dazu wird der Notar die Beteiligten, die dazu neigen, *ad hoc* zu testieren, anregen. Das Ergebnis dieser strategischen Überlegungen wird nicht immer dazu führen, dass der erbrechtlichen Verfügung der Vorzug gegeben wird. In vielen Fällen – insbesondere bei der Unternehmensnachfolge – wird eine vorzeitige Vermögensübertragung oder ein „Vererben am Nachlass vorbei" die Folge sein. Ein derartiges Vererben am Nachlass vorbei ist durch „*will substitutes*" denkbar, also durch ein Nutzen der Möglichkeiten, die § 331 BGB bietet (Verfügungen zu Gunsten Dritter auf den Todesfall, insbesondere bezüglich Bankkonten, Wertpapierdepots und Lebensversicherungen), und durch Gestaltungen auf der Basis von § 738 I BGB (Anwachsungsprinzip). Vorzeitige Vermögensübertragungen und ein Vererben am Nachlass vorbei sind in aller Regel aber mit einem Verzicht auf das spezifisch erbrechtliche Instrumentarium, vor allem den Einsatz der Testamentsvollstreckung und der Nacherbfolge, verbunden. Die Vor- und Nachteile sind im Rahmen einer Nachlassplanung abzuwägen (*Reimann* ZEV 1997, 129).

4 | **Checkliste für die Nachlassplanung**

(1) Ermittlung der Regelungsziele
(2) Prüfung der Regelungsziele in steuerlicher Hinsicht
(3) Realisieren der Regelungsziele auf erbrechtlichem Wege, durch lebzeitige Maßnahmen oder durch eine Kombination beider Möglichkeiten?
(4) Für den erbrechtlichen Teil der Nachlassplanung:
 – gesetzliche oder gewillkürte Erbfolge?
 – einseitige oder bindende Regelung?
(5) Regelmäßiges Überprüfen dieser Maßnahmen, vor allem bei Veränderungen in der Familie, im Vermögensbestand und der rechtlichen Rahmenbedingungen (insbes. auch der steuerlichen Grundlagen)

2. Motivlage: Ermittlung des letzten Willens

a) Regelungsziele

5   Beim Ermitteln des letzten Willens gem. § 17 I 1 BeurkG wird sich der Notar zunächst einmal die mehr oder minder geordneten Wünsche des Erblassers darlegen lassen. Er wird die Regelungsziele herausarbeiten. Als solche kommen in der Regel in Betracht:
– wirtschaftliche Absicherung der Familie,
– sinnvolles Erhalten des Vermögens, insbesondere bei Wohnhausgrundstücken und Unternehmen, die in den Nachlass fallen,
– Geringhalten von Erbenbelastungen, insbesondere von Pflichtteils- und Auseinandersetzungsansprüchen und Steuerlasten,
– Vermeidung von Streit bei der Erbauseinandersetzung.

6   Die Motive für die beabsichtigten Lösungen sind mit dem Mandanten zu erörtern. Die Motive sollten aber regelmäßig nicht zum Inhalt der letztwilligen Verfügung erhoben werden, um nicht Unklarheiten bei der Auslegung oder gar unnötige Anfechtungstatbestände zu schaffen. Die vom Notar vorzuschlagende Regelung hat sich an den konkreten Bedürfnissen zu orientieren. Sie soll auch dafür sorgen, dass nach dem Ableben des Erblassers bei der Realisierung seines letzten Willens Streit weitestgehend vermieden wird.

b) Gesetzliche oder gewillkürte Erbfolge?

7   Die gewillkürte Erbfolge wird regelmäßig den Vorrang vor der gesetzlichen Erbfolge haben, da nur durch eine Verfügung von Todes wegen den konkreten Bedürfnissen im Einzelfall Rechnung getragen werden kann. Die gesetzliche Erbfolgeregelung ist meist zu schematisch und trifft den Wunsch des Erblassers nur selten (unmittelbare Beteiligung der Abkömmlinge neben dem Ehegatten, Entstehung von Erbengemeinschaften).

c) Einseitige oder bindende Regelung?

Die zu treffende Verfügung kann durch einseitige oder bindende letztwillige Verfügung (Testament, gemeinschaftliches Testament), auch durch eine vertragliche Verfügung von Todes wegen (Erbvertrag) errichtet werden. Es ist im Einzelfall abzuklären, ob die Bindungswirkung des gemeinschaftlichen Testamentes oder des Erbvertrages sachgemäß ist. Bindende Verfügungen werden allerdings dort notwendig sein, wo sie mit ergänzenden Vereinbarungen (etwa Pflichtteilsverzicht der zweiten Ehefrau zugunsten der Kinder aus erster Ehe) gekoppelt werden (vgl. *Felix* DStZ 1987, 599). Grundsätzlich sollten vor allem jüngere Erblasser davor gewarnt werden, sich erbrechtlich zu stark zu binden, da durch die Bindungswirkung nicht nur künftige einseitige letztwillige Verfügungen (§§ 2271 II 1, 2289 I 2 BGB), sondern u.U. auch lebzeitige Maßnahmen (§§ 2287 f. BGB) verhindert werden.

Alle Regelungen, durch die definitive Tatbestände geschaffen werden, die der Vermögensträger nicht mehr ändern kann, sind in der Regel bedenklich, wenn in den Nachlass fallende Vermögensgegenstände „dynamisch" sind, wie etwa ein Unternehmen, das sich in Umfang und Struktur verändern kann, da es dann nicht mehr möglich ist, auf Veränderungen angemessen zu reagieren.

d) Bezug der Verfügung zur Zeit

Bei der Beratung des Erblassers sollte darauf hingewiesen werden, dass eine Verfügung von Todes wegen immer Bezug zu der Zeit hat, in der sie errichtet wird, also in regelmäßigen Abständen überprüft werden muss, insbesondere wenn sich das Umfeld und die Vermögenslage des Erblassers verändert haben.

e) Begleitende Maßnahmen

Beim Ermitteln und Formulieren des letzten Willens sind auch begleitende Maßnahmen in die Beratung mit einzubeziehen (Pflichtteilsverzichte, ehevertragliche Vereinbarungen, Gesellschaftsverträge etc.). Fällt eine Unternehmensbeteiligung in den Nachlass, so ist auch der Gesellschaftsvertrag zu überprüfen, um den Gleichklang zwischen Erbrecht und Gesellschaftsrecht sicherzustellen. Fällt ein Unternehmen in den künftigen Nachlass, das nach dem Ableben des Inhabers von den Erben in Form einer Gesellschaft betrieben werden soll, wird die erbrechtliche Beratung auch den künftigen Gesellschaftsvertrag, zumindest in Grundzügen, umfassen.

Auch wird es häufig nötig sein, den Nachlass durch begleitende Maßnahmen richtig zu strukturieren: Die Trennung von Privatvermögen und Betriebsvermögen, die richtige Rechtsform für das Unternehmen, die Ausgliederung von Nachlassteilen, etwa durch Verfügungen zugunsten Dritter auf den Todesfall nach § 331 BGB, das Berücksichtigen von Auslandsvermögen.

Es ist bei besonderen Sachgestaltungen, insbesondere, wenn ein Unternehmen zum Nachlass gehört, auch zu empfehlen, sich schon bei Eheschließung „freie Hand" in Bezug auf diesen Vermögensgegenstand geben zu lassen, etwa durch einen – mit oder ohne Gegenleistung erklärten – gegenständlich beschränkten Pflichtteilsverzicht des Ehegatten in Bezug auf das zu sichernde Vermögen.

Erst wenn diese begleitenden Maßnahmen zur Verfügung von Todes wegen hinzukommen, kann erwartet werden, dass der gewünschte Erfolg eintritt.

3. Ermitteln des Sachverhalts

Bei der nach § 17 I 1 BeurkG vorzunehmenden Klärung des Sachverhalts hat der Notar Feststellungen über die Person des Erblassers, den Gegenstand der Verfügung und die Testierfreiheit des Erblassers zu treffen, bevor er den letzten Willen ermittelt und gegebenenfalls formuliert.

C Erbrecht

(1) Person des Erblassers und ihr Umfeld
 – Persönliche Daten
 – Familiäres Umfeld
 – Staatsangehörigkeit und gewöhnlicher Aufenthalt
 – Familien- und Güterstand des Erblassers
(2) Vermögen des Erblassers, Gegenstand der erbrechtlichen Verfügung
 – Unvererblichkeit von Vermögenspositionen
 – Modifizierte Vererblichkeit einzelner Vermögenspositionen
 – Zivilrechtliche und steuerrechtliche Bewertung von Vermögensgegenständen
(3) Ist Testierfreiheit gegeben (Recherche im Zentralen Testamentsregister)?
 Kann Testierfreiheit u. U. wiederhergestellt werden?

a) Person des Erblassers

16 Seit 1.1.2012 hat der Notar gem. § 78b I 1 BNotO, § 34 I BeurkG i. V. m. §§ 1, 2 ZTRV nach Errichtung oder Änderung erbfolgerelevanter Urkunden folgende **Daten des Erblassers** an die Registerbehörde des Zentralen Testamentsregisters zu übermitteln:
– Familienname, Geburtsname, (alle) Vornamen und Geschlecht,
– Tag und Ort der Geburt, Geburtsstandesamt und Geburtenregisternummer bei Geburten im Inland,
– Staat der Geburt, wenn der Erblasser im Ausland geboren wurde.

17 Die Bekanntmachungen der Länder über die Benachrichtigung in Nachlasssachen wurden entsprechend angepasst, so dass der Notar den von der Registerbehörde zur Verfügung gestellten Aufdruck für den Testamentsumschlag verwenden kann (vgl. etwa Bay. Benachrichtigung in Nachlasssachen vom 29.2.2012, BayJMBl. 2012, 42).

18 Zur Feststellung der **Staatsangehörigkeit** ist der Notar nicht verpflichtet (*BGH* DNotZ 1963, 315), gleichwohl sollte sie in der Urkunde vermerkt werden, um Fälle mit Auslandsberührung erkennen und entsprechend behandeln zu können. Vom Notar wird erwartet, dass er das Vorliegen eines Falls mit Auslandsberührung erkennt, um Auskunft darüber geben zu können, inwieweit fremdes Recht zur Anwendung kommen kann, auch wenn die Kenntnis des fremden Rechts selbst nicht vorausgesetzt wird. Entsprechende Belehrungen, vor allem darüber, dass für die richtige Anwendung fremden Rechts nicht gehaftet wird, sind zweckmäßig.

19 **Formulierungsbeispiel: Ausführliche Belehrung bei Auslandsberührung**

> Der Notar hat den Erblasser darauf hingewiesen, dass möglicherweise fremdes Recht, insbesondere das Recht des Staates …, zur Anwendung kommen kann. Demnach könnten die heutigen Verfügungen von Todes wegen unwirksam sein oder der mit ihnen verfolgte Zweck beeinträchtigt werden. Es ist aber auch möglich, dass das ausländische Recht deutsches Recht für anwendbar erklärt.
> Ausländisches Recht kennt der Notar nicht und hat darüber auch nicht belehrt. Der Notar hat dem Erblasser empfohlen, sich durch Hinzuziehung eines ausländischen Juristen oder Einholung eines Gutachtens Klarheit über die Auslandsrechtsfragen zu verschaffen. Er hat ferner empfohlen, gegebenenfalls zusätzliche Verfügungen von Todes wegen im Ausland zu errichten. Der Erblasser wünschte gleichwohl die Beurkundung zum jetzigen Zeitpunkt und mit diesem Inhalt.

20 Bislang konnte bei unbeweglichem Vermögen die Frage einer gegenständlich beschränkten Rechtswahl nach Art. 25 II EGBGB erwogen werden (MünchKomm/*Birk* Art. 25 EGBGB Rn. 47 f.). Insoweit ist jedoch ab Inkrafttreten der EuErbVO, also ab dem 17.8.2015 zu beachten, dass diese eine gegenständlich beschränkte Rechtswahl nicht mehr zulässt. Diese Rechtswahlmöglichkeit empfiehlt sich daher bereits jetzt nicht mehr. Ferner kommt nach der EuErbVO dem **gewöhnlichen Aufenthalt** maßgebliche Bedeutung für die Bestimmung des Erbstatuts zu (zur EuErbVO vgl. Rn. 219 ff.). Nach § 28 BeurkG soll der Notar seine Wahrnehmungen über die erforderliche **Geschäftsfähigkeit** des Erblassers in der Niederschrift vermerken (vgl. hierzu Rn. 66 ff.).

Der **Güterstand des verheirateten Erblassers** wirkt sich auf das gesetzliche Erbrecht 21 aus (Erhöhung der gesetzlichen Erbquote des Ehegatten beim gesetzlichen Güterstand unabhängig von der Zahl der Kinder um ¼, § 1371 I BGB; Abhängigkeit der Erbquoten von der Zahl der Kinder bei der Gütertrennung, § 1931 IV BGB). Seit 1.5.2013 steht Ehegatten (und Lebenspartnern) gem. § 1519 BGB n.F. nunmehr auch der durch das deutsch-französische Abkommen vom 4.1.2010 (BGBl. 2012 II S. 278) geschaffene deutsch-französische Güterstand der Wahl-Zugewinngemeinschaft als Option zur Verfügung (*Jäger* DNotZ 2010, 804; *Braun* MittBayNot 2012, 89; *Süß* ZErb 2010, 281). Er sieht allerdings für den Erbfall keine pauschale Erbteilerhöhung, sondern neben dem nicht erhöhten Erbteil die Durchführung des Zugewinnausgleichs wie im Fall der Scheidung vor. Besonderheit ist demnach, dass der als Erbe eingesetzte Ehegatte nicht ausschlagen muss und daneben den vollen Zugewinnausgleich beanspruchen kann (*Jünemann* ZEV 2013, 353). In steuerlicher Hinsicht kann sich aus dem Güterstand ein Gestaltungshinweis ergeben: Der Zugewinn ist gem. § 5 I ErbStG i.V.m. Abschn. R E 5.1 ErbStR 2011 erbschaftsteuerfrei. Der Erwerb von Todes wegen eines Ehegatten bleibt also, wenn er in Zugewinngemeinschaft gelebt hatte, in Höhe des Zugewinnausgleichsanspruchs, der bestanden hätte, wenn die Ehe zum Zeitpunkt des Todes geschieden worden wäre, erbschaftsteuerfrei. Vom Rest sind die Freibeträge (§ 16 ErbStG) abzuziehen, der verbleibende Betrag ist dann der Erbschaftsteuer zu unterwerfen. Ebenso ist die tatsächliche Durchführung des Zugewinnausgleichs gem. § 5 II ErbStG bei Beendigung der Zugewinngemeinschaft und ebenso gem. § 5 III ErbStG beim Güterstand der Wahl-Zugewinngemeinschaft steuerfrei. Lebt der Erblasser in einer eingetragenen Lebenspartnerschaft, so bestimmt sich das Erbrecht des überlebenden Lebenspartners nach § 10 LPartG; die Partner einer eingetragenen Lebenspartnerschaft sind in der gesetzlichen Erbfolge Ehegatten gleichgestellt. Die Erbquote des überlebenden Lebenspartners beträgt neben Abkömmlingen des verstorbenen Lebenspartners ¼, neben Eltern, Großeltern und Geschwistern des verstorbenen Lebenspartners ½. Sind weder Verwandte der ersten oder zweiten Ordnung noch Großeltern vorhanden, ist er Alleinerbe. Lebten die Lebenspartner im Güterstand der Zugewinngemeinschaft, erhöht sich der gesetzliche Erbteil des überlebenden Lebenspartners nach § 6 S. 2 LPartG i.V.m. § 1371 I BGB um ¼. Haben die Lebenspartner durch Lebenspartnerschaftsvertrag gem. § 7 LPartG Gütertrennung vereinbart, bestimmt sich die Erbquote des überlebenden Partners entsprechend der Regelung für Ehegatten in § 1931 IV BGB (§ 10 II LPartG). Überhaupt haben Lebenspartner gem. § 7 LPartG, der auf die §§ 1409 bis 1563 BGB verweist, hinsichtlich ihres Güterstands die gleichen Gestaltungsmöglichkeiten wie Ehegatten. Das für Ehegatten geltende Erbschaftsteuerrecht gilt zwischenzeitlich auch für Lebenspartner: Durch das ErbStRG 2009 wurde zum 1.1.2009 dem Lebenspartner zunächst der gleiche Steuerfreibetrag wie einem Ehegatten und schließlich zum 14.12.2010 auch die Steuerklasse I eingeräumt.

Eine richtige Sachverhaltsaufklärung wird auch das **familiäre Umfeld des Erblassers** 22 abzuklären versuchen. Es macht einen Unterschied, ob der Erblasser verheiratet ist oder nicht, ob er Kinder hat oder nicht, ob die Kinder aus unterschiedlichen Verbindungen stammen oder nicht, ob das Verhältnis zu den Kindern gut ist oder nicht, ob es Probleme bei den möglichen Erben gibt oder nicht.

b) Gegenstand der Verfügung

Das Erbrecht als objektives Recht regelt die Rechtsverhältnisse des **Vermögens eines** 23 **Verstorbenen**, es betrifft also nur die vermögensrechtliche Nachfolge. Hinsichtlich des

Persönlichkeitsrechts ist zu unterscheiden: Das Persönlichkeitsrecht als solches, also sein **immaterieller Teil** (Recht am Körper, Namen, Ehre), ist grundsätzlich nicht vererblich und erlischt daher mit dem Tod des Erblassers (*BGH* ZEV 2007, 133); allerdings bestehen zivilrechtliche Unterlassungs- und Widerrufsansprüche über den Tod hinaus (*BGH* NJW 1955, 260; 1968, 1773; 1974, 1371), welche aber nicht in den Nachlass fallen, sondern dem vom Erblasser formlos Beauftragten und den nächsten Angehörigen zustehen (MünchKomm/*Leipold* § 1922 Rn. 98). Wurde zu Lebzeiten des Erblassers durch Verletzung seines Persönlichkeitsrechts ein Anspruch auf Geldentschädigung für immateriellen Schaden begründet, so soll dieser (auch bei noch zu Lebzeiten anhängiger Klage) unvererblich sein, da die im Vordergrund stehende Genugtuung für den Geschädigten nicht mehr erreicht werden könne (*BGH* ZEV 2014, 370 m. krit. Anm. *Ludyga* ZEV 2014, 333). Nachdem die Unvererblichkeit des Schmerzensgeldanspruchs, die vom *BGH* auf das Persönlichkeitsrecht analog angewendet wurde, vom Gesetzgeber aufgehoben ist, kann die Fortgeltung dieses Grundsatzes – insbesondere vor dem Hintergrund der Präventivfunktion solcher Ansprüche – für das allgemeine Persönlichkeitsrecht nur schwer überzeugen. Die **vermögenswerten Bestandteile** des Persönlichkeitsrechts (z. B. Nutzungsrecht am Namen oder Bild; Urheberrecht; vgl. zu letzterem *Gloser* DNotZ 2013, 497) sind hingegen grundsätzlich vererblich (*BGH* NJW 2000, 2195 und 2201). Wird daher in vermögenswerte Bestandteile des Persönlichkeitsrechts eingegriffen, so kann der Erbe die daraus resultierenden Ansprüche nach dem Tod des Erblassers geltend machen.

24 Viele – weitgehend ungeklärte Fragen – stellen sich im Hinblick auf den sog. **digitalen Nachlass**, etwa auf Servern befindliche elektronische Post, E-Mail-Accounts, Blogs, Online-Profile etc. Teilweise versuchen die Anbieter der digitalen Dienste in ihren AGB Regelungen zu treffen, die aber nicht selten unzweckmäßig oder unwirksam sind (vgl. *Martini* JZ 2012, 1145; *Herzog* NJW 2013, 3745; *Deutsch* ZEV 2014, 2).

25 **Bestattungsanordnungen** stehen den Angehörigen, nicht den Erben zu. Die Rechtsprechung wendet allgemein die Reihenfolge von § 2 II, III FeuerBG an (vgl. *OLG Frankfurt* NJW-RR 1989, 1159; *Zimmermann* ZEV 1997, 440). Der Bestand des Vermögens eines Erblassers braucht an sich nur ermittelt zu werden, wenn nicht zur Gesamtrechtsnachfolge, sondern zur Einzelrechtsnachfolge verfügt wird, ferner, wenn sich aus der Natur des Vermögensgegenstandes Besonderheiten für die zu treffende Regelung ergeben können. Gleichwohl bleibt es in allen Fällen zweckmäßig, vor der Ermittlung des letzten Willens den Bestand des künftigen Nachlasses zu prüfen, um z. B. auch steuerliche und kostenrechtliche Aspekte in die Überlegungen einzubeziehen.

26 **Unvererblich** sind u. a.
- Nießbrauch (§ 1061 BGB) und beschränkte persönliche Dienstbarkeit (§§ 1090 II, 1061 BGB),
- Reallast, wenn der Anspruch auf die einzelne Leistung nicht übertragbar ist (§ 1111 II BGB), was sich häufig aus der Natur der gesicherten Leistung ergeben wird (MünchKomm/*Joost* § 1111 Rn. 2 mit Verweis auf Altenteilsrechte),
- dingliches Vorkaufsrecht, wenn keine abweichende Regelung getroffen ist, was jedoch bei Vereinbarung bestimmter Zeitdauer vermutet wird (§§ 1098 I, 473 BGB),
- dem Erblasser erteilte Vollmachten (§§ 168, 673 BGB) und sonstige persönliche Rechtsstellungen, wenn sich nicht aus dem zugrunde liegenden Rechtsverhältnis ergibt, dass die entsprechenden Positionen im Eigeninteresse des Bevollmächtigten bzw. Rechtsträgers erteilt wurden (MünchKomm/*Schramm* § 168 Rn. 6),
- Mitgliedschaftsrecht im Verein und in der Genossenschaft (§ 38 S. 1 BGB, § 77 I GenG, mit der Möglichkeit, in der Satzung etwas anderes zu bestimmen, § 40 BGB, § 77 II GenG),
- die Mitgliedschaft in der Personengesellschaft, sofern nicht die Vererblichkeit in der Satzung niedergelegt ist (§ 727 BGB, § 131 III Nr. 1 HGB); vgl. dazu Rn. 307 ff.

Modifizierungen der Vererblichkeit, insbesondere die Verdrängung des Erbrechts 27
durch Sonderberechtigungen, können sich u. a. ergeben:

(1) Aus den gem. Art. 64 EGBGB erlassenen Anerben- bzw. Höfegesetzen.

(2) Bei Mietverhältnissen: Nach der zwingenden Regel des § 563 BGB gehen die Verhältnisse über Wohnraum auf den Ehegatten des Mieters und/oder auf seine Familienangehörigen über, soweit diese Personen mit ihm einen gemeinsamen Haushalt führten, und zwar unabhängig davon, ob sie Erbe geworden sind. Diese Sonderrechtsnachfolge gilt auch bei Vorliegen eines gemeinsamen Mietvertrages für den überlebenden Mieter (§ 563a BGB).

(3) Bei Bankkonten und Depots, sofern durch Verfügungen unter Lebenden gem. §§ 328, 331 BGB, durch Vollmacht oder Kontengestaltung der Übergang des Anspruchs gegen die Bank außerhalb des Nachlasses bewerkstelligt wird, wenn auch zum Zeitpunkt des Ablebens des Rechtsträgers (vgl. dazu Rn. 386 ff.).

(4) Bei Lebensversicherungsansprüchen, sofern ein Bezugsberechtigter benannt ist (vgl. dazu Rn. 400 ff.).

(5) Bei Beteiligungen an Gesellschaften, auch wenn die Vererblichkeit an sich nicht ausgeschlossen werden kann (wie bei der GmbH) oder trotz der Möglichkeit hierzu (wie bei den Personengesellschaften) nicht ausgeschlossen wurde. Erbrechtliche Gestaltungen sind nur möglich, soweit das Gesellschaftsrecht und der Gesellschaftsvertrag sie gestatten; gegebenenfalls sind zur Herbeiführung des gewünschten erbrechtlichen Erfolges die gesellschaftsrechtlichen Grundlagen zu ändern (vgl. im Einzelnen Rn. 306 ff.).

Aus dem Bestand des Nachlasses können sich auch **Sondervorschriften für die Bewer-** 28
tung bei der Erbauseinandersetzung bzw. bei der Pflichtteilsberechnung ergeben, vor allem, wenn
– ein Landgut zum Nachlass gehört. Dann ist u. U. der Ertragswert statt des Verkehrswertes bei der Erbauseinandersetzung und beim Pflichtteil anzusetzen (Art. 137 EGBGB i. V. m. den einschlägigen Landesgesetzen, §§ 2049 I, 2312 I 1, 2338a BGB). Auch aus höferechtlichen Sonderbestimmungen können sich Besonderheiten bei der Ermittlung des Hofwertes ergeben;
– Gesellschaftsanteile (an Personengesellschaften und Kapitalgesellschaften) zum Nachlass gehören. Dann ist u. U. der Klauselwert bei der Auseinandersetzung und bei der Pflichtteilsberechnung anzusetzen (sehr str., vgl. Rn. 350 ff.);
– der überlebende Ehegatte den Voraus erhält. Dann bleibt der Voraus bei der Berechnung des Pflichtteils außer Ansatz, wenn er dem überlebenden Ehegatten tatsächlich gebührt (§ 2311 I 2 BGB); dies gilt nicht, wenn der Ehegatte Alleinerbe ist (BGHZ 73, 29); beim Pflichtteil des Ehegatten wird der Voraus nicht abgezogen.

Auch aus **steuerlichen Gründen** kann es zweckmäßig sein, die Nachlasssubstanz zu 29
ermitteln. Aus den unterschiedlichen Steuerwerten können sich u. U. Empfehlungen für besondere, steuerlich motivierte Gestaltungen ergeben (vgl. Rn. 503 ff.).

c) Testierfreiheit

Die Verpflichtung des Notars, den Sachverhalt aufzuklären (§ 17 I 1 BeurkG), er- 30
streckt sich auch darauf, zu klären, ob der Erblasser bereits durch eine frühere Verfügung von Todes wegen gebunden ist. Der Notar genügt dieser Pflicht durch eine entsprechende Frage an den Erblasser; er ist nicht verpflichtet, weiter nachzuforschen und die Richtigkeit der Angaben zu überprüfen. Seit Einführung des Zentralen Testamentsregisters (ZTR) bietet sich hierzu eine Recherche nach bereits registrierten, früheren Verfügungen des Erblassers an, zu der der Notar aber schon deshalb nicht ohne Weiteres verpflichtet ist, weil er die Abfrage nur mit Einwilligung des Erblassers vornehmen darf (§ 78d I BNotO i. V. m. § 8 ZTRV). Die bislang etwa 18,4 Millionen Verwahrnachrichten („gelbe Karteikarten") bei den ca. 5.200 Standesämtern und der Hauptkartei für Testa-

mente beim Amtsgericht Schöneberg, deren Bestand bereits vollständig überführt ist, sollen bis Ende 2016 digitalisiert und in den Datenbestand des ZTR überführt werden. Bis zu diesem Zeitpunkt ist das Rechercheergebnis daher ohnehin noch unvollständig. Überdies fehlen alle privatschriftlichen Verfügungen, die der Erblasser nicht in die besondere Verwahrung gegeben hat und die daher gem. § 78b III BNotO nicht registerfähig sind, so dass sich die Nachfrage beim Erblasser im Hinblick auf etwaige handschriftliche Ehegattentestamente auch künftig nicht erübrigen wird. Die Reihenfolge der Prüfung wird dabei sein:

31 (1) **Bindung durch eine frühere Verfügung von Todes wegen?** Beim gemeinschaftlichen Testament durch eine wechselbezügliche Verfügung (§§ 2270, 2271 BGB), beim Erbvertrag durch eine vertragsmäßige Verfügung (§ 2278 BGB). Wechselbezüglich bzw. vertragsmäßig können nur Erbeinsetzung, Vermächtnis und Auflage sein (§§ 2270 III, 2278 II BGB). Teilungsanordnungen können dadurch wechselbezüglich bzw. vertragsmäßig ausgestaltet werden, dass sie vermächtnisweise angeordnet werden.

32 (2) **Aufhebung der Bindung infolge Scheidung** der Ehe bzw. Antrag auf Ehescheidung (§§ 2077, 2268 BGB) bzw. Auflösung der Lebenspartnerschaft? Vor Scheidung der Ehe ist Unwirksamkeit der Verfügung nur gegeben, wenn der Erblasser die Scheidung beantragt oder ihr zugestimmt hat **und** zur Zeit des Todes des Erblassers die Voraussetzungen für die Scheidung der Ehe (§§ 1565 ff. BGB) gegeben waren. Entsprechendes gilt für die Lebenspartnerschaft. Da nach *BGH* (DNotZ 2005, 51) wechselbezügliche Verfügungen in einem gemeinschaftlichen Testament auch nach Ehescheidung – bei entsprechendem Willen gem. § 2268 II BGB – wechselbezüglich bleiben, ist die Testierfreiheit in diesen Fällen nicht mehr gegeben; Abhilfe kann geschaffen werden durch ein gemeinschaftliches Aufhebungstestament, durch notariell beurkundeten Widerruf oder ggf. durch notariell beurkundete Anfechtung (*Kanzleiter* ZEV 2005, 181, 184).

33 (3) **Aufhebung der Bindung durch Widerruf** (§ 2254 I BGB) oder durch **Rücktritt vom Erbvertrag** aufgrund eines Vorbehalts nach § 2298 II BGB?

34 (4) **Freistellung trotz prinzipieller Bindung?** Enthält das gemeinschaftliche Testament (der Erbvertrag) trotz Wechselbezüglichkeit (vertragsmäßiger Bindung) eine Freistellungsklausel, wonach der länger lebende Teil bezüglich seiner letztwilligen Verfügungen zum freien oder eingeschränkten Widerruf berechtigt ist? (Vgl. *OLG Stuttgart* DNotZ 1986, 553; *BGH* DNotZ 1987, 430 m. Anm. *Kanzleiter*; *OLG Hamm* ZEV 1996, 272.)

35 (5) **Testierfreiheit durch Anfechtung?** Kann der Erblasser die bindende frühere Verfügung wegen Irrtums, Drohung oder Übergehung eines Pflichtteilsberechtigten anfechten (§§ 2078, 2079, 2281 BGB)? Gegebenenfalls ist die Anfechtungsfrist der §§ 2082, 2283 BGB (ein Jahr) zu beachten.

36 (6) **Testierfreiheit durch Ausschlagen der Erbschaft?** Will sich der Erblasser von der Bindung durch Ausschlagung der Erbschaft befreien (§ 2271 II BGB)? Wird der überlebende Ehegatte durch die Ausschlagung gesetzlicher Erbe, so muss er zur Erlangung der Testierfreiheit auch diese Erbschaft ausschlagen (*KG* NJW-RR 1991, 330); dies gilt nur dann nicht, wenn er aufgrund der letztwilligen Verfügung erheblich mehr erhielte, als er als gesetzlicher Erbe bekäme („Vermögensopfer", sehr str., vgl. Palandt/*Weidlich* § 2271 Rn. 18).

37 (7) **Beschränkung der Testierfreiheit durch vorangegangenes Tun?** Der Grundsatz, dass in einer formlosen Vereinbarung über die Hoferbfolge eine bindende Bestimmung des Hoferben liegen kann (BGHZ 12, 286), wurde bislang nur für das Landwirtschaftsrecht angenommen. Wegen des Formzwangs wird man diese Rechtsprechung über eng begrenzte Sonderfälle hinaus nicht anwenden können.

38 (8) **Wirkungen erbrechtlicher Bindung:** Besteht eine erbrechtliche Bindung, so ist eine spätere Verfügung nach § 2289 I 2 BGB unwirksam, wenn sie das Recht des vertragsmäßig Bedachten beeinträchtigt. Dies ist auch bei Anordnung der Testamentsvollstreckung

(*BGH* NJW 1962, 912; *OLG Hamm* MittBayNot 1996, 44 m. Anm. *Reimann*), bei Anordnung eines Vermächtnisses zugunsten eines Dritten oder einer Auflage der Fall. Die erbrechtliche Bindung verhindert auch beeinträchtigende Verfügungen, mit denen einer sittlichen Pflicht (gegenüber anderen Personen als dem erbrechtlich Bedachten) oder einer auf den Anstand zu nehmenden Rücksicht entsprochen werden soll (*BGH* DNotZ 1978, 298). Die Bindungswirkung steht nicht einer Teilungsanordnung entgegen, durch die einem Miterben mehr zugewandt wird, als dem Wert des Erbteils entspricht, wenn dem anderen Miterben ein entsprechender Ausgleich aus dem eigenen Vermögen zukommt (BGHZ 82, 274). Ist der Erblasser durch gemeinschaftliches Testament oder Erbvertrag gebunden, also gehindert, letztwillig zu verfügen, so wird er gelegentlich versuchen, die Zuwendung durch Rechtsgeschäft unter Lebenden vorzunehmen; die §§ 2287, 2288 BGB setzen dem enge Grenzen. Soll das Rechtsgeschäft gleichwohl beurkundet werden, ist ein entsprechender Hinweis des Notars ratsam. Geben Beteiligte an, in der Verfügung über ihr Vermögen nicht gebunden zu sein, trifft den Notar aber keine weitergehende Nachforschungspflicht (Rn. 30; Bamberger/Roth/*Litzenburger* § 17 BeurkG Rn. 2).

4. Widerruf früherer Verfügungen von Todes wegen

Der Notar wird dafür sorgen, dass alle früheren Verfügungen von Todes wegen, die den neuen Anordnungen im Wege stehen, widerrufen werden, sofern die Testierfreiheit des Erblassers dies im konkreten Fall ermöglicht. Dabei ist stets der Umfang des Widerrufs klarzustellen, also die Frage zu klären, ob er alle früheren Verfügungen oder nur bestimmte Verfügungen umfasst. Nach § 2258 I BGB hebt ein Testament ein früheres Testament nur insoweit auf, als die spätere Verfügung mit der früheren in Widerspruch steht. Damit ist insbesondere die Gefahr gegeben, dass frühere Nebenanordnungen (Vermächtnisse etc.) bestehen bleiben, wenn – ohne Widerruf früherer Verfügungen im Übrigen – nur der Erbe „ausgewechselt" wird; es ist klarzustellen, ob dieser neue Erbe mit den alten Vermächtnissen beschwert bleibt. Ist kein umfassender Widerruf früherer Verfügungen ausgesprochen, wird dies anzunehmen sein. Sollen frühere Verfügungen nur partiell geändert werden, wird der Bestand der übrigen früheren Verfügungen festzuhalten sein. 39

> **Formulierungsbeispiel: Widerruf einseitiges Testament** 40
>
> Ich widerrufe alle bisher von mir getroffenen Verfügungen von Todes wegen vollinhaltlich.
> *oder:*
> Ich widerrufe die im Testament vom … getroffene Erbeinsetzung. Alle anderen dort getroffenen Bestimmungen bleiben bestehen.
> *oder:*
> Ich widerrufe die im Testament vom … verfügten Vermächtnisse. Die dort enthaltene Erbeinsetzung bleibt bestehen.

> **Formulierungsbeispiel: Widerruf gemeinschaftliches Testament oder Erbvertrag** 41
>
> Wir widerrufen alle bisher von uns getroffenen Verfügungen von Todes wegen vollinhaltlich.
> *oder:*
> Wir widerrufen die im Erbvertrag vom … vereinbarte Einsetzung von … als Erben des Letztversterbenden von uns. Alle anderen Anordnungen, die wir bislang getroffen haben, bleiben bestehen.
> *oder:*
> Wir widerrufen die im Erbvertrag vom … für den Tod des Erstversterbenden von uns angeordneten Vermächtnisse. Alle anderen Verfügungen von Todes wegen, die wir getroffen haben, bleiben bestehen.

5. Bindungswirkung der künftigen Verfügung

42 Beim gemeinschaftlichen Testament und beim Erbvertrag ist die Frage zu regeln, in welchem Umfang die getroffene Verfügung bindend ist und wann und unter welchen Voraussetzungen man sich gegebenenfalls zum Teil von der getroffenen Verfügung befreien kann.

43
> **Checkliste zur beabsichtigten Bindung**
>
> (1) Einseitige Regelung, gemeinschaftliches Testament oder Erbvertrag?
> (2) Bei Erbvertrag bzw. gemeinschaftlichem Testament: Einseitige, vertragliche bzw. wechselbezügliche Verfügung?
> (3) Bei Erbvertrag: Rücktrittsvorbehalt?
> (4) Änderungsvorbehalt?
> (5) Auflösende Bedingung (z. B. Scheidung)?
> (6) Verstärkung der Bindung durch Verzicht auf Anfechtungsrechte?

a) Einseitige oder vertragliche Verfügung?

44 Der Erbvertrag setzt begriffsnotwendig zumindest eine vertragsmäßige Verfügung voraus, die allerdings mit einem Rücktrittsrecht versehen werden kann. Besteht er nur aus einseitigen, also nicht vertragsmäßigen Verfügungen, liegt kein Erbvertrag vor, so dass eine Bindungswirkung nicht gegeben ist. In einem solchen Fall liegt allerdings die Umdeutung in ein (gemeinschaftliches) Testament nahe. Um Unklarheiten zu vermeiden, ist im Erbvertrag klarzustellen, ob mit der jeweiligen letztwilligen Anordnung eine vertragliche Verfügung getroffen wird oder eine – nach § 2299 BGB – mögliche einseitige Verfügung.

b) Rücktrittsvorbehalt

45 Von der Frage der Qualifizierung einer Verfügung als Erbvertrag (zumindest eine vertragsmäßige Verfügung) ist die Frage zu unterscheiden, ob ein Rücktritt vom Erbvertrag möglich ist. Dies ist der Fall, wenn der Erblasser sich den Rücktritt im Vertrag vorbehalten hat (§ 2293 BGB). Das Rücktrittsrecht kann auch ohne jede Tatbestandsvoraussetzung vorbehalten sein.

46
> **Formulierungsbeispiel: Rücktrittsvorbehalt beim Erbvertrag**
>
> Jeder von uns behält sich den jederzeit ohne Angabe von Gründen möglichen Rücktritt vom Erbvertrag vor. Der Notar hat darauf hingewiesen, dass der Rücktritt nur persönlich und nur durch notariell beurkundete Erklärung gegenüber dem anderen Vertragsteil erfolgen kann.

c) Änderungsvorbehalt

47 Unter Änderungsvorbehalt versteht man die einem oder beiden der Vertragsschließenden eingeräumte Möglichkeit, eine vertragsmäßige Verfügung auch einseitig entweder in bestimmtem Rahmen oder vollkommen frei abzuändern, ohne dass ihm ein Rücktrittsrecht eingeräumt werden bzw. ohne dass er bei vorbehaltenem Rücktrittsrecht von diesem Gebrauch machen muss. Von der Frage der erbvertraglichen Bindung und von der Frage, ob ein Rücktrittsrecht vorbehalten ist, ist zu unterscheiden, ob die an sich gegebene erbvertragliche Bindung durch den Vorbehalt anderweitiger Verfügungen eingeschränkt wurde. Die Frage der Zulässigkeit derartiger Vorbehalte ist mittlerweile von der ganz herrschenden Meinung anerkannt (*BGH* NJW 1982, 441; Palandt/*Weidlich* § 2289 Rn. 8; Bamberger/Roth/*Litzenburger* § 2278 Rn. 11; zum Meinungsstand *J. Mayer* DNotZ 1990, 755; *Herlitz* MittRhNotK 1996, 153; *Keim* ZEV 2005, 365). Die **praktische Relevanz** solcher Änderungsvorbehalte ist erheblich. Sie haben regelmäßig den Zweck, dem länger lebenden Ehegatten noch eine Umverteilung des Vermögens im Kreise der gemeinschaftlichen Abkömmlinge zu ermöglichen. Bei Unternehmertestamenten sollen sie sicherstellen, dass der länger lebende Elternteil noch auf Änderungen im familiären Bereich, insbesondere bezüglich der Eignung des designierten Unternehmensnachfolgers, reagieren kann. Auch kann dem Erblasser bereits bei Errichtung eines Erbvertrages oder gemeinschaftlichen Testaments die Option offen gehalten werden, eine spätere, den Vertragserben oder Schlusserben beschränkende Testamentsvollstreckung anzuordnen (vgl. *Reimann* MittBayNot 1996, 47). Kann ein Teil die Verfügung insgesamt ohne Mitwirkung des anderen Teils abändern, liegen in Wirklichkeit einseitige Verfügungen vor; dies gilt allerdings nicht, wenn diese Änderung erst nach dem Tod eines Vertragsteils gestattet ist. Der beschränkte Änderungsvorbehalt (z.B. Änderung der Schlusserbeneinsetzung im Kreis der gemeinsamen Abkömmlinge etc.) widerspricht nicht dem Wesen des Erbvertrages. Die **prinzipielle Zulässigkeit** von Änderungsvorbehalten wird heute kaum noch ernsthaft in Frage gestellt. In der Literatur gibt es noch zwei abweichende Meinungen, die eine Lösung nur über Rücktrittsvorbehalte zulassen wollen und Änderungsvorbehalte als einen Verstoß gegen § 2302 BGB ansehen (MünchKomm/*Musielak* § 2278 BGB Rn. 15ff., 18ff.; *Lehmann* BWNotZ 1999, 1 und 2000, 129; NotBZ 2000, 85 und 2004, 210). Diese Ansicht hat sich nicht durchgesetzt. In gefestigter Rechtsprechung und von der ganz herrschenden Meinung in der Literatur wird grundsätzlich der eingeschränkte Änderungsvorbehalt, bei dem der Erblasser wenigstens hinsichtlich einer Verfügung zumindest zeit- oder teilweise gebunden ist, bejaht (BGHZ 26, 204, 208; *BGH* DNotZ 1970, 356, 358; NJW 1982, 441, 442; MittBayNot 1986, 265; *OLG Stuttgart* OLGZ 1979, 49, 51 und 1985, 434; *BayObLG* FamRZ 1998, 644; *OLG München* DNotZ 2007, 53; *OLG Düsseldorf* DNotZ 2007, 774 – wobei diese Entscheidung hinsichtlich der Reichweite des dort in Rede stehenden Änderungsvorbehalts zu Recht kritisiert wird, vgl. Anm. *Schmucker* DNotZ 2007, 777 sowie *Münch* FamRZ 2007, 1145; *OLG Koblenz* DNotZ 1998, 218, 219).

Formulierungsbeispiel: Änderungsvorbehalt bezogen auf den Grundbesitz	**48**
Abweichend von der gesetzlichen erbvertraglichen Bindungswirkung vereinbaren wir folgenden Änderungsvorbehalt: Dem Längerlebenden von uns bleibt es jedoch vorbehalten, unter Abänderung der vorstehenden Schlusserbeneinsetzung noch einseitig durch Verfügung von Todes wegen zu bestimmen, welcher unserer gemeinsamen Abkömmlinge den zum Zeitpunkt des Ablebens des Erstversterbenden vorhandenen – im gemeinschaftlichen Eigentum oder im Alleineigentum eines Ehegatten stehenden – Grundbesitz samt Inventar erhalten soll und zu welchen Bedingungen; er ist berechtigt, für seinen Nachlass Testamentsvollstreckung anzuordnen.	

Formulierungsbeispiel: Änderungsvorbehalt innerhalb der gemeinsamen Abkömmlinge	**49**
Abweichend von der gesetzlichen erbvertraglichen Bindungswirkung vereinbaren wir folgenden Änderungsvorbehalt: Der Längerlebende ist befugt, die nach ihm geltende Erbfolge innerhalb der gemeinsamen Abkömmlinge einseitig beliebig abzuändern oder zu ergänzen. Er darf hierzu auch Beschwerungen und Beschränkungen i.S.v. § 2306 I BGB anordnen oder aufheben.	

d) Auflösende Bedingung

50 Nach einem Urteil des *BGH* (DNotZ 2005, 51) gelten wechselbezügliche Verfügungen nach Ehescheidung als solche fort, wenn ein entsprechender Fortgeltungswille der Testierenden bei Errichtung vorlag, mit der Folge, dass diese fortgeltenden Verfügungen einseitig nicht geändert oder aufgehoben werden können. Da dies häufig dem Willen der Beteiligten widersprechen wird, empfiehlt es sich, die Ehescheidung (bzw. die Rechtshängigkeit eines Scheidungsantrags) als auflösende Bedingung von Erbvertrag bzw. gemeinschaftlichem Testament vorzusehen (*Kanzleiter* ZEV 2005, 181, 184; *J. Mayer* ZEV 1997, 280). Auch sonstige Bedingungen sind möglich.

---

51 | **Formulierungsbeispiel: Scheidungsantrag als auflösende Bedingung**

Alle in dieser Urkunde getroffenen letztwilligen Verfügungen sollen ohne weitere Voraussetzung mit Rechtshängigkeit der Ehescheidung unwirksam sein, so dass jeder von uns wieder völlig frei über seinen Nachlass verfügen kann.

---

e) Verzicht auf Anfechtungsrecht

52 Die Anfechtungsmöglichkeiten für letztwillige Verfügungen sind in den §§ 2078, 2079 BGB enthalten, für den Erbvertrag in § 2281 BGB. Der Kreis der rechtserheblichen Irrtumsfälle ist gegenüber § 119 II BGB auf alle Fälle des Grundlagenirrtums erweitert. Wichtig ist das Anfechtungsrecht wegen Übergehens eines Pflichtteilsberechtigten (§ 2079 BGB). Diese Anfechtung ist immer schon dann möglich, wenn der Erblasser den ihm unbekannten Pflichtteilsberechtigten objektiv übergangen hat, auch wenn er diese Situation selbst herbeigeführt hat, vor allem durch eine Wiederverehelichung nach dem Tod des anderen Vertragsteils oder durch eine Adoption (*OLG Karlsruhe* ZEV 1995, 454; Reimann/Bengel/*J. Mayer* § 2281 Rn. 19). Ein Pflichtteilsberechtigter ist nicht i. S. d. Norm übergangen, wenn ihm der Erblasser weniger als seinen gesetzlichen Erbteil zuwendet (*OLG Celle* NJW 1969, 101; *BayObLG* NJW-RR 1994, 590, 592; a. A. für den Fall einer völlig geringfügigen Zuwendung *OLG Karlsruhe* ZEV 1995, 454).

53 Auf das Anfechtungsrecht kann verzichtet werden (*BGH* NJW 1983, 2247). Ein Verzicht auf die Anfechtung wegen Irrtums oder Drohung (§§ 2281 I, 2078 BGB) wird in der Regel nicht gewollt sein, wohl aber auf die Anfechtung wegen Übergehung eines Pflichtteilsberechtigten. Dies gilt insbesondere beim Ehegattentestament: Durch die Wiederverheiratung sowie durch das Hinzukommen eines – leiblichen oder adoptierten Kindes, könnte die Verfügung anfechtbar werden. Beim klassischen Ehegattentestament (bzw. -erbvertrag) führt trotz Schlusserbenregelung mangels anderweitiger Vereinbarungen eine Wiederverheiratung zur vollen Anfechtungsmöglichkeit des eigentlich gebundenen überlebenden Ehegatten. Deshalb wird hier ein Verzicht auf das Anfechtungsrecht nach § 2079 BGB sachgerecht sein.

---

54 | **Formulierungsbeispiel: Verzicht auf das Anfechtungsrecht nach § 2079 BGB**

Das Anfechtungsrecht nach § 2079 BGB schließen wir aus.

---

55 Für gemeinschaftliche Testamente fehlt eine gesetzliche Regelung; die Situation wird hier aber wie beim Erbvertrag behandelt (*Bengel* DNotZ 1984, 139). Bei einseitigen Verfügungen ist gem. § 2080 BGB nur derjenige anfechtungsberechtigt, dem die Nichtigkeit der Verfügung unmittelbar zustatten kommen würde. Bei Erbverträgen und gemeinschaftlichen Testamenten sind drei Anfechtungsmöglichkeiten zu unterscheiden:
– das Anfechtungsrecht bindender Verfügungen durch den Erblasser selbst gem. § 2281 BGB;

- das Anfechtungsrecht gegenüber Verfügungen des Erblassers nach dem Erbfall durch den Vertragsgegner oder durch Dritte nach § 2080 BGB;
- die Anfechtung der Erklärungen des Vertragsgegners vor oder nach dem Tod des Erblassers nach den allgemeinen Vorschriften der §§ 119, 142 ff. BGB.

Die Frist zur Anfechtung letztwilliger Verfügungen beträgt ein Jahr (§§ 2082 I, 2283 I BGB). Sie beginnt gem. §§ 2082 II 1, 2283 II 1 Alt. 2 BGB mit Kenntnis vom Anfechtungsgrund. Nach h. M. lässt auch ein Rechtsirrtum, der den Anfechtungsgrund betrifft, die Frist nicht laufen (RGZ 107, 192; BayObLGZ 1975, 6), es sei denn, der Irrtum bezieht sich auf die Geltendmachung des Anfechtungsgrundes (*OLG Hamm* ZEV 1994, 109). Nach a. A. sind auf rechtlichen Wertungen beruhende Irrtümer stets unbeachtlich (vgl. zum Ganzen *Rosemeier* ZEV 1995, 124). 56

6. Belehrungen

Im Rahmen seiner Belehrungspflicht (§ 17 I 1 BeurkG) hat der Notar insbesondere hinzuweisen auf 57
- den Grad der Bindung – Testament, gemeinschaftliches Testament, Erbvertrag –,
- Pflichtteilsansprüche, wenn der Erblasser einen Abkömmling, Ehegatten oder ggf. Elternteil ausdrücklich oder stillschweigend von der Erbfolge ausschließt.

Vor allem die Belehrung über Pflichtteilsansprüche ist nicht nur aus Gründen des Selbstschutzes des Notars wichtig, sondern auch um eine Anfechtung wegen Übergehung des Pflichtteilsberechtigten gem. § 2079 BGB zu verhindern, da diese Anfechtung auch bei Rechtsirrtum über das Pflichtteilsrecht eines bekannten Berechtigten zulässig ist (Palandt/*Weidlich* § 2079 Rn. 4). 58

Auf die **wirtschaftlichen Auswirkungen** einer Verfügung von Todes wegen braucht der Notar grundsätzlich nicht hinzuweisen (*BGH* DNotZ 1973, 220). Entsprechendes gilt auch für die steuerlichen Folgen (*BGH* DNotZ 1976, 54; ZEV 1995, 340; *Haug* DNotZ 1972, 388, 478). Eine Ausnahme besteht lediglich in der Hinweispflicht auf die Schenkungsteuer (§ 13 ErbStDV). Gibt der Notar steuerliche Auskünfte, ohne hierzu verpflichtet zu sein, so kann sich seine Haftung ausnahmsweise auch auf die Richtigkeit solcher Belehrungen erstrecken. 59

Eine ausführliche Belehrung bei einem Erbvertrag könnte – ohne dass diese Ausführlichkeit notwendig ist – wie folgt aussehen (vgl. auch Rn. 224 wegen des Hinweises auf die Änderung des anwendbaren Rechts bei Verlegung des gewöhnlichen Aufenthalts des Erblassers): 60

Formulierungsbeispiel: Ausführliche Belehrung beim Erbvertrag	61

Die Erschienenen wurden vom Notar über die rechtliche Tragweite ihrer Erklärungen belehrt, insbesondere über
- das Pflichtteils- und Pflichtteilsergänzungsrecht;
- die gesetzlichen Bestimmungen der §§ 2050 ff. und 2315 f. BGB über die Ausgleichung und Anrechnung,
- die Einschränkung der Testierfreiheit durch die vertragsmäßigen Verfügungen,
- den Grundsatz des freien lebzeitigen Verfügungsrechts, seine Einschränkungen und deren Auswirkungen,
- das durch diese Urkunde eingeschränkte Anfechtungsrecht gem. den §§ 2078, 2079 BGB.

Der Notar hat ferner darauf hingewiesen, dass
- Zahlungen aus Verträgen zugunsten Dritter auf den Todesfall (z. B. Lebensversicherungen oder Sparkonten) unmittelbar dem eingesetzten Bezugsberechtigten zustehen und deshalb nicht in den Nachlass fallen;
- für Anteile an Personengesellschaften der Gesellschaftsvertrag eine Sondererbfolge vorsehen kann;
- die Vererblichkeit von Urheberrechten oder anderen höchstpersönlichen, nicht frei übertragbaren Rechten, beschränkt ist.

III. Besonderheiten beim Beurkundungsverfahren

62 Für Verfügungen von Todes wegen gelten die allgemeinen Vorschriften über die Beurkundung von Willenserklärungen (§§ 6 ff. BeurkG). Aus den Vorschriften der §§ 2229 bis 2233 BGB, der §§ 2274 und 2276 BGB sowie aus den §§ 27 bis 35 BeurkG ergeben sich jedoch einige – zum Teil materiellrechtliche, zum Teil verfahrensrechtliche – Besonderheiten.

63
> **Checkliste zu möglichen Besonderheiten**
>
> (1) Persönliche Anwesenheit des Erblassers (§ 2064 BGB)
> (2) Erklärung des letzten Willens
> (3) Obligatorische Feststellung über die erforderliche Geschäftsfähigkeit (§ 28 BeurkG)
> (4) Mitwirkungsverbot nach § 27 BeurkG?
> (5) Zeugenzuziehung (§ 29 BeurkG)?
> (6) Beteiligung von Personen mit Einschränkungen oder Behinderungen (§§ 22–25, 32 BeurkG)?
> (7) Testament durch Übergabe einer Schrift (§§ 2232 BGB, 30 BeurkG)
>   – offene Schrift
>   – verschlossene Schrift
> (8) Ablieferung zum Nachlassgericht
> (9) Registrierung im Zentralen Testamentsregister
> (10) Rücknahme aus der Verwahrung

1. Persönliche Anwesenheit des Erblassers

64 Letztwillige Verfügungen können nur persönlich errichtet werden (§ 2064 BGB), **Vertretung ist unzulässig** (§ 2065 I BGB). Der Erbvertrag kann nur bei gleichzeitiger Anwesenheit beider Teile geschlossen werden, also nicht im Wege von Angebot und Annahme (§ 2274 BGB). Der Erblasser muss persönlich anwesend sein, während der andere Vertragsteil vertreten sein kann (§ 2276 BGB); testiert somit nur ein Teil, so kann der Erbvertrag aufgrund Vollmacht oder vorbehaltlich Genehmigung durch den anderen Vertragsteil abgeschlossen werden.

2. Erklärung des letzten Willens

65 Bis zum 31.7.2002 musste der Erblasser nach § 2232 BGB seinen letzten Willen mündlich erklären, also zumindest in der Lage sein, auf die Frage, ob das Verlesene seinem letzten Willen entspreche, mit „Ja" zu antworten (*OLG Hamm* ZEV 1994, 113; *BayObLG* DNotZ 1969, 301; ZEV 2000, 66). Der Gesetzgeber hat das Wort „mündlich" in § 2232 BGB gestrichen, ebenso im § 2233 I, II BGB. § 2233 III BGB, wonach der Erblasser das Testament nur durch Übergabe einer Schrift errichten kann, wenn er nicht hinreichend zu sprechen vermag, ist ersatzlos entfallen (vgl. auch Rn. 73). Aufgehoben ist auch § 31 BeurkG, wonach ein Erblasser, der nicht hinreichend zu sprechen vermag, die Erklärung, dass die übergebene Schrift seinen letzten Willen enthalte, bei der Verhandlung eigenhändig in die Niederschrift oder auf ein besonderes Blatt schreiben muss, das der Niederschrift beigefügt sein soll. Die bisherigen Abgrenzungskriterien für die wirksame Erklärung des letzten Willens in öffentlicher Form sind dadurch obsolet. Es stellt sich allerdings die Frage, welche Anforderung man jetzt an die Erklärung des letzten Willens im Rahmen eines öffentlichen Testamentes zu stellen hat. Da Testamente – im Gegensatz zur Meinung des Gesetzgebers – nicht konkludent errichtet werden können (sonst würde u.U. auch absolute Passivität ausreichen), wird in jedem Fall verlangt werden müssen, dass der Erblasser den letzten Willen in irgendeiner Form positiv und zumindest mit einer gewissen Aktivität, jedenfalls aber zweifelsfrei („Verständigung mit dem Augenlid"), zum Ausdruck bringt, ferner, dass er zur gegenteiligen Meinungsäußerung noch in der Lage ist. Ob das Absenken der Erklärungsschwelle durch den Gesetzgeber im Sinne der Rechtssicherheit ist, muss bezweifelt werden. Dem Notar wird empfohlen, es im Regelfall bei der Mündlichkeit der Erklärung zu belassen. Das „Testament durch Wimpernschlag" (*v. Dickhuth-Harrach* FamRZ 2003, 493) wird die absolute Ausnahme sein (*Reimann* FamRZ 2002, 1383).

3. Obligatorische Feststellung über die erforderliche Geschäftsfähigkeit

Nach § 28 BeurkG hat der Notar seine Wahrnehmungen über die erforderliche Geschäftsfähigkeit des Erblassers in der Niederschrift zu vermerken, also nicht nur im Ausnahmefall, wie nach § 11 BeurkG, sondern stets. Die materiell-rechtlichen Vorschriften über die für Testamente erforderliche **Testier**fähigkeit enthält § 2229 BGB, über die für den Erbvertrag erforderliche **Geschäfts**fähigkeit § 2275 BGB. Demnach kann ein Minderjähriger ab Vollendung seines 16. Lebensjahres ein Testament errichten, ohne dass er die Zustimmung seines gesetzlichen Vertreters benötigt. Dem Minderjährigen stehen allerdings nicht alle Errichtungsformen zur Verfügung; insbesondere kann er kein eigenhändiges Testament errichten, sondern muss auf das öffentliche Testament durch Erklärung gegenüber dem Notar oder Übergabe einer offenen Schrift zurückgreifen (§ 2233 I BGB). Bei einem Erbvertrag zwischen Ehegatten oder Verlobten gilt die Erleichterung, dass ein Vertragsteil beschränkt geschäftsfähig sein darf, dann aber beim Abschluss die Zustimmung seines gesetzlichen Vertreters benötigt (§ 2275 II, III BGB). Ist dieser Vormund, bedarf dieser zusätzlich der familiengerichtlichen Genehmigung.

66

Im Hinblick auf die erforderliche Geschäftsfähigkeit ist zu beachten, dass nach herrschender Meinung sowohl eine **„partielle"** Geschäftsfähigkeit (*BayObLG* NJW 1992, 248), also auf bestimmte Lebensbereiche beschränkte, als auch eine **„relative" Geschäftsfähigkeit**, also nach der Komplexität der jeweils angestrebten Regelung gestufte, Testierfähigkeit abgelehnt werden (vgl. *Nieder/Kössinger* § 7 Rn. 14). Besondere Vorsicht ist geboten bei „partieller" Testierunfähigkeit (*BayObLG* NJW 1992, 248; zur Verteilung der Feststellungslast bei zeitweiser Testierunfähigkeit vgl. *BayObLG* ZEV 1996, 391). Eine letztverbindliche Beurteilung der Testierfähigkeit des Erblassers ist weder Aufgabe des Notars, noch vermag er diese zu leisten. Im Zweifel ist die grundgesetzlich garantierte Testierfreiheit zu achten, also die letztwillige Verfügung zu beurkunden, sofern der Notar – wenn auch mit Zweifeln – zu dem Ergebnis kommt, dass Testierfähigkeit noch gegeben ist. Andernfalls muss er die Beurkundung ablehnen. Bei Auffälligkeiten muss der Notar aber seine Wahrnehmungen in die Niederschrift detailliert aufnehmen, um eine spätere sachverständige Würdigung zu ermöglichen (ausführlich *Lichtenwimmer* MittBayNot 2002, 240; vgl. auch *Litzenburger* FD-ErbR 2013, 345170). Im Idealfall liegt bei vorher erkennbaren Zweifelsfällen bereits zur Beurkundung ein fachärztliches Gutachten eines Neurologen oder Psychiaters vor. Notwendig ist dies aber nur bei konkretem Anlass zu Zweifeln an der Testierfähigkeit (*OLG Bamberg* ZEV 2013, 334: fortgeschrittenes Stadium einer Krebserkrankung stellt allein keinen solchen Anhaltspunkt dar). Bestehen keine Zweifel an der Geschäftsfähigkeit, könnte die entsprechende Feststellung im Urkundseingang wie folgt lauten:

67

Formulierungsbeispiel: Feststellung der Testierfähigkeit	68
Der Erschienene ist nach meiner Überzeugung, die ich in einem mit ihm geführten Gespräch gewonnen habe, testierfähig.	

4. Mitwirkungsverbote

69 § 27 BeurkG stellt klar, dass der Notar und andere mitwirkende Personen (Zeugen, Dolmetscher, Vertrauenspersonen, zweiter Notar) ausgeschlossen sind, wenn sie in der Verfügung von Todes wegen bedacht oder zum Testamentsvollstrecker ernannt werden sollen. § 27 BeurkG statuiert ein Mitwirkungsverbot; wird es nicht beachtet, ist die Beurkundung unwirksam. Die materiell-rechtliche Nichtigkeit der Anordnung ergibt sich dann aus § 125 BGB. Ob die Teilnichtigkeit die Nichtigkeit der gesamten Verfügung von Todes wegen zur Folge hat, ist bei Testamenten nach § 2085 BGB, bei Erbverträgen nach § 2298 BGB zu beurteilen. Praktisch bedeutsam ist § 27 BeurkG vor allem für die Ernennung des Urkundsnotars zum Testamentsvollstrecker: Sie kann in der Niederschrift selbst nicht geschehen. Die Unwirksamkeit der Anordnung ist unabhängig davon, ob der Notar weiß, dass er zum Testamentsvollstrecker ernannt werden soll. § 27 BeurkG gilt auch, wenn eine Verfügung von Todes wegen durch Übergabe einer verschlossenen Schrift nach § 2232 BGB errichtet wird (MünchKomm/*Hagena* § 27 Rn. 3; Reimann/*Bengel*/J. Mayer § 30 BeurkG Rn. 9). Erkennt der Notar, dass der Erblasser ihn zum Testamentsvollstrecker ernennen will, muss er die Beurkundung ablehnen (§ 14 II BNotO; §§ 4, 7, 27 BeurkG). Diese Grundsätze gelten auch, falls dem Notar nur ein Benennungsrecht für die Person des Testamentsvollstreckers eingeräumt werden soll (*BGH* DNotZ 2013, 149).

70 Soll der Urkundsnotar gleichwohl zum Testamentsvollstrecker ernannt werden, so empfiehlt es sich, alle Anordnungen über die Testamentsvollstreckung in die Urkunde aufzunehmen, außer der Benennung der Person des Testamentsvollstreckers. Diese kann in einem privatschriftlichen Testament oder einem Testament, das von einem anderen Notar beurkundet wird, bezeichnet werden. Das privatschriftliche Ergänzungstestament sollte nicht mit dem Haupttestament nach § 34 BeurkG verschlossen werden, da der Umschlag als „Zubehör" der Testamentsurkunde angesehen wird (amtliche Begründung zum BeurkG, BT-Drucks. 5/3282, S. 35, 36).

71 Eine Protokollierung der Testamentsvollstreckerernennung durch den Sozius ist nicht mehr zulässig. Zwar hatte der *BGH* (DNotZ 1997, 466) selbst dann keinen Verstoß gegen §§ 7, 27 BeurkG gesehen, wenn eine wechselseitige Beteiligung an der Vergütung vereinbart ist. Durch § 3 I 1 Nr. 4 BeurkG ist allerdings ein Mitwirkungsverbot in Angelegenheiten einer Person statuiert, mit der sich der Notar zur gemeinsamen Berufsausübung verbunden oder mit der er gemeinsame Geschäftsräume hat, so dass die Beurkundung durch den Sozius nicht mehr in Betracht kommt (*Vaasen/Starke* DNotZ 1998, 661, 669 ff.). Beurkundet der Sozius die Testamentsvollstreckerernennung dennoch, führt dieser Verstoß nicht zur Unwirksamkeit, sondern ist disziplinarrechtlich zu ahnden (zum Ganzen Bengel/Reimann/*Sandkühler* 11. Kap. Rn. 29 ff.).

5. Zeugenzuziehung

72 Nach § 29 BeurkG soll der Notar auf Verlangen der Beteiligten bis zu zwei Zeugen oder einen zweiten Notar zuziehen und dies in der Niederschrift vermerken. Die Niederschrift soll auch von diesen Personen unterzeichnet werden. Auch hierbei handelt es sich um eine Sollvorschrift, so dass ein Verstoß zwar disziplinarrechtliche Folgen hat, die Wirksamkeit der Niederschrift aber nicht berührt (MünchKomm/*Hagena* § 29 BeurkG Rn. 19). Ist ein **Ausländer** an der Beurkundung beteiligt, so bestehen keine Bedenken dagegen, dass der Notar vorsorglich – um die Wirksamkeit der Beurkundung auch nach ausländischem Recht sicherzustellen – **mehr als zwei Zeugen** zuzieht, sofern dies nach dem betreffenden Recht geboten ist; damit wird zwar dem Wortlaut des § 29 BeurkG nicht entsprochen, die Vorschrift dürfte aber insoweit im Interesse der Testierfreiheit teleologisch zu reduzieren sein.

6. Beteiligte mit Einschränkung oder Behinderung, Sprachunkundige

Seit 1.8.2002 ist das Erfordernis der Mündlichkeit der Erklärung in § 2232 BGB aufgehoben, auch für minderjährige (§ 2233 I BGB), leseunkundige oder -unfähige Erblasser (§ 2233 II BGB). Das BVerfG (ZEV 1999, 147; hierzu *Rossak* ZEV 1999, 254) hatte die frühere Regelung, nach der schreibunfähige Stumme faktisch nicht testieren konnten, wegen Verstoßes gegen die Testierfreiheit für nichtig erklärt und dem Gesetzgeber eine Neuregelung auferlegt. Alle Erblasser können demnach jetzt ein öffentliches Testament nicht nur durch Übergabe einer Schrift, sondern auch durch „Erklärung" gegenüber dem Notar errichten. Erblasser, die nach ihren Angaben oder nach der Überzeugung des Notars nicht im Stande sind, Geschriebenes zu lesen, können das öffentliche Testament nunmehr ebenfalls durch eine „Erklärung" gegenüber dem Notar errichten, ohne dass diese Erklärung das bisher gebotene mündliche „Ja" als Minimalerfordernis enthalten muss (vgl. auch Rn. 65).

Aus den allgemeinen Regeln zur Beurkundung für Willenserklärungen ergeben sich folgende Besonderheiten: Kann ein Beteiligter nach eigenen Angaben oder nach Überzeugung des Notars **nicht hinreichend hören, sprechen oder sehen**, so soll ein **Zeuge oder zweiter Notar hinzugezogen** werden, wenn nicht alle Beteiligten hierauf verzichten, § 22 I 1 BeurkG. Beides soll in der Niederschrift vermerkt werden (§ 22 I 3 BeurkG).

Auf Verlangen eines **hör- oder sprachbehinderten Beteiligten** soll ein **Gebärdensprachendolmetscher** hinzugezogen werden, § 22 I 2 BeurkG. Auch dieses soll in der Niederschrift vermerkt werden (§ 22 I 3 BeurkG).

Die Niederschrift soll auch vom Zeugen oder zweiten Notar unterschrieben werden. Die Unterschrift des Gebärdensprachendolmetschers ist hingegen nicht vorgeschrieben, aber auch unschädlich (Bamberger/Roth/*Litzenburger* § 22 BeurkG Rn. 12, empfiehlt diese sogar zu Beweiszwecken; der Vermerk des Notars über die Zuziehung sollte aber als Beweis ausreichen).

Es handelt sich jeweils um Sollvorschriften, deren Verletzung nicht zur Unwirksamkeit der Beurkundung führt; sie sind aber vom Notar wie eine Mussvorschrift zu beachten.

Formulierungsbeispiel: Urkundseingang bei Sprach-/Sehbehinderung

Der Erschienene vermag nach eigenen Angaben und/oder meiner, des Notars, Überzeugung nicht hinreichend zu sprechen/sehen. Als Zeuge/zweiter Notar wurde daher ... hinzugezogen. Ausschließungsgründe bestanden nicht.
...
Vorgelesen vom Notar, vom Erschienenen genehmigt und von ihm und dem Zeugen unterschrieben.

oder:

Der Erschienene verzichtete nach Belehrung über das Recht auf Zuziehung eines Zeugen oder zweiten Notars *ggf.: sowie auf Zuziehung eines Gebärdensprachendolmetschers* auf diese Maßnahmen.
...
Vorgelesen vom Notar, vom Erschienenen genehmigt und unterschrieben.

Bei einem **hörbehinderten Beteiligten** muss (!) diesem die **Niederschrift zusätzlich zur Durchsicht vorgelegt werden**, was in der Niederschrift vermerkt werden soll, § 23 BeurkG.

C Erbrecht

80 **Formulierungsbeispiel: Urkundseingang bei Hörbehinderung**

> Der Erschienene vermag nach eigenen Angaben und/oder meiner, des Notars, Überzeugung nicht hinreichend zu hören. Als Zeuge/zweiter Notar wurde daher … hinzugezogen. Ausschließungsgründe bestanden nicht.
>
> Ggf.:
> Ferner wurde auf Antrag des Erschienenen … als Gebärdensprachendolmetscher hinzugezogen. Ausschließungsgründe bestanden auch insoweit nicht.
> …
> Vorgelesen vom Notar, dem Erschienenen zur Durchsicht vorgelegt, von ihm genehmigt und von ihm und dem Zeugen unterschrieben.
>
> oder:
> Der Erschienene verzichtete nach Belehrung über das Recht auf Zuziehung eines Zeugen oder zweiten Notars sowie auf Zuziehung eines Gebärdensprachendolmetschers auf diese Maßnahmen.
> …
> Vorgelesen vom Notar, dem Erschienenen zur Durchsicht vorgelegt, von ihm genehmigt und unterschrieben.

81 Kann ein Beteiligter **nicht hinreichend hören oder sprechen und sich auch nicht schriftlich verständigen**, ist gem. § 24 I BeurkG eine „Person …, die sich mit dem behinderten Beteiligten zu verständigen vermag" hinzuzuziehen und dies in der Niederschrift zu vermerken. Der Beteiligte soll mit der Zuziehung dieser Person nach Überzeugung des Notars einverstanden sein. Ferner bestimmt § 24 I BeurkG, dass der Notar einen entsprechenden Vermerk in das Protokoll aufzunehmen hat, wenn er an der Möglichkeit der Verständigung zwischen der zugezogenen Person und dem Beteiligten zweifelt. Die zugezogene Person soll die Niederschrift ebenfalls unterzeichnen. Diese zugezogene Person lässt das Erfordernis eines Zeugen oder zweiten Notars gem. § 22 BeurkG unberührt, ist also **zusätzlich** hinzuzuziehen (§ 24 III BeurkG).

82 **Formulierungsbeispiel: Urkundseingang bei Hör-/Sprachbehinderung und Schreibunfähigkeit**

> Der Erschienene vermag nach eigenen Angaben und/oder meiner, des Notars, Überzeugung nicht hinreichend zu hören/sprechen. Auch eine schriftliche Verständigung ist nicht möglich. Als Zeuge/zweiter Notar wurde daher … hinzugezogen. Ausschließungsgründe bestanden nicht.
> Ferner wurde als Person zur Verständigung gem. § 24 I BeurkG – mit ausdrücklichem Einverständnis des Erschienenen – … hinzugezogen. Zweifel daran, dass sich … mit dem Erschienenen zu verständigen vermag bestanden nicht. Ausschließungsgründe bestanden ebenfalls nicht.
> Die zusätzliche Hinzuziehung eines Gebärdensprachendolmetschers wurde vom Erschienenen nicht gewünscht.
> …
> Vorgelesen vom Notar, dem Erschienenen zur Durchsicht vorgelegt, von ihm genehmigt und von ihm und dem Zeugen sowie der nach § 24 I BeurkG hinzugezogenen Person unterschrieben.

83 Ist ein Beteiligter nach eigenen Angaben oder Überzeugung des Notars **nicht in der Lage, seinen Namen zu schreiben**, so ist gem. § 25 BeurkG ein **Zeuge oder zweiter Notar hinzuziehen**, der dann die Niederschrift unterzeichnet. Ist bereits gem. § 22 BeurkG ein Zeuge oder zweiter Notar hinzuzuziehen, so muss daneben bei Schreibunfähigkeit des

Beteiligten nicht auch noch zusätzlich ein Schreibzeuge gem. § 25 BeurkG hinzugezogen werden.

> **Formulierungsbeispiel: Urkundseingang bei Schreibunfähigkeit** 84
>
> Der Erschienene vermag nach eigenen Angaben und/oder meiner, des Notars, Überzeugung seinen Namen nicht zu schreiben. Als Zeuge/zweiter Notar wurde daher ... hinzugezogen. Ausschließungsgründe bestanden nicht.
> ...
> Vorgelesen vom Notar, vom Erschienenen genehmigt und von dem Schreibzeugen unterschrieben.

In allen Fällen sind die **Ausschlussgründe als Zeuge oder zweiter Notar** gem. § 26 BeurkG zu beachten. 85

Eine weitere Besonderheit ist bei der Errichtung von Verfügungen von Todes wegen 86 durch **Sprachunkundige** zu beachten: Abweichend von der allgemeinen Regel für die Errichtung einer Niederschrift unter Beteiligung eines Sprachunkundigen gem. § 16 II BeurkG, wonach es genügt, wenn die Niederschrift dem Beteiligten übersetzt wird und eine schriftliche Übersetzung nur auf Verlangen zur Verfügung gestellt werden muss, sieht § 32 BeurkG für Verfügungen von Todes wegen das **Erstellen einer schriftlichen Übersetzung als Regelfall** vor. Die schriftliche Übersetzung **ist der Niederschrift beizufügen**. Der Erblasser kann auf die schriftliche Übersetzung verzichten. Dies **muss** in der Niederschrift festgestellt werden. Wird also in der Urkunde die fehlende Sprachkunde festgestellt und ist weder eine Übersetzung beigefügt noch vermerkt, dass der Erblasser auf diese verzichtet hat, führt dies zur Nichtigkeit der Urkunde (Bamberger/Roth/*Litzenburger* § 32 BeurkG Rn. 3).

> **Formulierungsbeispiel: Urkundseingang bei Sprachunkundigen** 87
>
> Der Erschienene ist nach eigenen Angaben und/oder meiner, des Notars, Überzeugung der deutschen Sprache nicht mächtig. Er spricht ... Aus diesem Grund wurde zur Beurkundung der allgemein vereidigte Dolmetscher ... hinzugezogen. Ausschlussgründe bestanden nicht.
> Der Erschienene verständigte sich sodann mit dem Dolmetscher. Dieser übertrug die Erklärungen des Erschienenen wie folgt:
> ...
> Der Dolmetscher fertigte sodann auf Wunsch des Erschienenen eine schriftliche Übersetzung der Niederschrift, unterschrieb diese und legte sie dem Erschienenen zur Durchsicht und Genehmigung vor. Diese schriftliche Übersetzung ist der Niederschrift als Anlage beigefügt.
> *Oder:*
> Der Erschienene wurde darauf hingewiesen, dass er eine schriftliche Übersetzung der Niederschrift verlangen könne. Hierauf wurde jedoch verzichtet.
> Die vorstehende Niederschrift wurde vom Notar in deutscher Sprache vorgelesen, vom Dolmetscher in die Sprache des Erschienenen übersetzt, vom Erschienenen genehmigt und von ihm und dem Dolmetscher unterschrieben.

7. Testament durch Übergabe einer Schrift

Der Erblasser kann gem. § 2232 BGB ein öffentliches Testament vor dem Notar auch 88 durch Übergabe einer offenen oder verschlossenen Schrift errichten; ein **Minderjähriger** jedoch **nur durch Übergabe einer offenen Schrift**, § 2233 I BGB. Die Schrift muss nicht vom Erblasser selbst geschrieben sein, insbesondere sind auch maschinell erstellte Texte zulässig. Der Erblasser muss in diesem Fall erklären, dass die Schrift seinen letzten Willen enthalte. Der Notar muss gem. § 30 S. 1 BeurkG in der Niederschrift die Feststellung aufnehmen, dass ihm die Schrift übergeben wurde und nach Erklärung des Erschienenen seinen letzten Willen enthalte. Andernfalls ist die Urkunde unwirksam (Bamberger/Roth/*Litzenburger* § 30 BeurkG Rn. 1). Ferner soll der Notar in der Niederschrift vermerken, ob die Schrift offen oder verschlossen übergeben wurde, und die Schrift so kennzeichnen, dass eine Verwechslung ausgeschlossen ist, § 30 S. 2 und 3 BeurkG. Hierzu vermerkt der Notar am besten die Urkundenrollennummer der Niederschrift auf der übergebenen Schrift bzw. dem übergebenen Umschlag. Ferner soll sie der Niederschrift gem. § 30 S. 5 BeurkG beigefügt werden. Die Schrift braucht jedoch nicht vom Notar vorgelesen zu werden. Eine verschlossen übergebene Schrift kann der Notar nicht zur Kenntnis nehmen. Folglich treffen ihn über diese auch keine Belehrungspflichten. Wird die Schrift offen übergeben, hat der Notar von ihrem Inhalt gem. § 30 S. 4 BeurkG Kenntnis zu nehmen; ihn treffen dann die gleichen Belehrungspflichten wie bei einer von ihm entworfenen Verfügung. Die praktische Bedeutung der durch Übergabe einer Schrift errichteten Verfügungen ist äußerst gering. Denkbar sind insbesondere Fälle, in denen eine umfangreiche, von einem anderen rechtskundigen Berater vorbereitete Verfügung als öffentliches Testament errichtet werden soll. Vor allem bei der Errichtung durch Übergabe einer verschlossenen Schrift und die dadurch wegfallende Prüfung und Belehrung durch den Notar überwiegen die Nachteile dieser Errichtungsform.

89 | **Formulierungsbeispiel: Testament durch Übergabe einer Schrift**

Der Erschienene ersuchte um die Beurkundung eines Testaments durch Übergabe einer offenen/verschlossenen Schrift. Er ist nach meiner Überzeugung, die ich in einem mit ihm geführten Gespräch gewonnen habe, testierfähig.
Sodann beurkundete ich auf Ersuchen des Erschienenen bei dessen Anwesenheit, was folgt:
Der Erschienene übergab mir eine offene Schrift, die ... Seiten umfasst und mit den Worten „..." beginnt und „..." endet. Sie ist dieser Urkunde als Anlage beigefügt. Von ihrem Inhalt habe ich, Notar, Kenntnis genommen.
oder:
Der Erschienene übergab mir eine verschlossene Schrift. Den Umschlag habe ich sodann mit folgender Aufschrift gekennzeichnet: „Der Umschlag enthält das Testament von ..., geboren am ..., wohnhaft in ...". Er ist dieser Niederschrift beigefügt.
Der Erschienene erklärte: Die Übergebene Schrift enthält meinen letzten Willen. Ihr Inhalt ist mir bekannt. Ich bin in der Lage, die übergebene Schrift zu lesen.
Niederschrift vorgelesen vom Notar, vom Erschienenen genehmigt und eigenhändig unterschrieben

8. Ablieferung zum Nachlassgericht

90 § 34 BeurkG regelt die **Behandlung der Verfügung von Todes wegen nach ihrer Errichtung.** Der Notar hat die Niederschrift über die Errichtung eines Testaments – bei Errichtung durch Übergabe einer Schrift gem. § 30 BeurkG bzw. bei Anfertigung einer schriftlichen Übersetzung gem. § 32 BeurkG einschließlich dieser Schriften – **in einen Umschlag zu nehmen,** darauf die Angaben zu Erblasser und Urkunde sowie Registrierung im Zentralen Testamentsregister zu vermerken und diesen **mit dem Prägesiegel zu verschließen** (§ 34 I BeurkG); ausreichend ist die Siegelung mittels Oblate und Siegelpresse (*LG Berlin* DNotZ 1984, 640). Das Farbdrucksiegel genügt den Anforderungen des § 34 I 1 BeurkG nicht (Reimann/*Bengel*/J. Mayer § 34 BeurkG Rn. 7). Auf diese Verschließung kann durch die Beteiligten nicht verzichtet werden.

Für die Erstellung des Umschlags greift der Notar zweckmäßigerweise auf den von der **91** Registerbehörde zur Verfügung gestellten Vordruck zurück, der bereits alle **Pflichtangaben** (vgl. etwa Bay. Benachrichtigung in Nachlasssachen vom 29.2.2012, BayJMBl. 2012, 42) enthält: Geburtsnamen, (alle) Vornamen, Familiennamen, Tag und Ort der Geburt, zusätzlich Postleitzahl des Geburtsortes, Gemeinde und Kreis, Geburtsstandesamt und Geburtenregisternummer, Art der Verfügung von Todes wegen, Datum der Urkunde, Urkundenrollennummer, Name und Amtssitz des Notars, verwahrendes Nachlassgericht sowie ZTR-Verwahrnummer. Der Notar hat diese Aufschrift auf dem Umschlag gem. § 34 I 3 Hs. 2 BeurkG zu unterschreiben. Fehlt die Unterschrift unter der Testamentsurkunde, so heilt die Unterschrift auf dem Umschlag diesen Fehler (§ 35 BeurkG).

Das Testament ist vom Notar **unverzüglich in die amtliche Verwahrung zu bringen** **92** (§ 34 I 4 BeurkG), und zwar beim Amtsgericht seines Amtssitzes (§ 344 I 1 Nr. 1 FamFG), auf formlosen Wunsch des Erblassers auch bei jedem anderen Amtsgericht (§ 344 I 2 FamFG).

Die gesetzliche Regel ist auch beim Erbvertrag die besondere amtliche Verwahrung **93** (§§ 34 II BeurkG). Jedoch können die Parteien des Erbvertrages die **besondere amtliche Verwahrung ausschließen**, so dass der Erbvertrag bis zur Ablieferung zur Eröffnung in der Verwahrung des Notars verbleibt. Im Hinblick darauf, dass die Verwahrung beim Notar – im Gegensatz zu der besonderen amtlichen Verwahrung – keine gesonderten Kosten auslöst, wird von dieser Möglichkeit weithin Gebrauch gemacht. Nachdem die **Kosten** der besonderen amtlichen Verwahrung nunmehr nicht mehr wertabhängig, sondern gem. Nr. 12100 KV-GNotKG einheitlich mit 75 EUR je in Verwahrung genommener Urkunde erhoben werden, spricht vieles für eine konsequente Ablieferung der Urkunden – nicht zuletzt im Hinblick auf die mit der Verwahrung verbundenen Haftungsrisiken des Notars und den zusätzlichen Aufwand durch das Erbvertragsverzeichnis. Der Ausschluss der besonderen Verwahrung ist im Zweifel anzunehmen, wenn der Erbvertrag mit einem anderen Vertrag in derselben Urkunde verbunden wird. Vor allem, wenn der Vertrag unter Lebenden, der mit dem Erbvertrag verbunden ist, eine Vollstreckungsunterwerfung enthält, ist von der amtlichen Verwahrung dringend abzuraten; gegebenenfalls ist eine Ausfertigung zur Urkundensammlung zu nehmen, um später vollstreckbare Ausfertigungen ohne Herausnahme des Erbvertrages aus der amtlichen Verwahrung erteilen zu können. Die Vertragsparteien, die die besondere amtliche Verwahrung des Erbvertrages ausgeschlossen haben, können später beantragen, dass der Vertrag nachträglich in die besondere amtliche Verwahrung gebracht werden soll.

Der den Erbvertrag **verwahrende Notar** hat diesen **bei Eintritt des Erbfalles an das** **94** **Nachlassgericht abzuliefern**. Dies galt früher auch für Erbverträge, die von den Parteien nach § 2290 BGB oder sonstwie aufgehoben wurden oder sonst gegenstandslos oder unwirksam geworden waren. Vom Ausnahmefall des § 45 II BeurkG abgesehen, durfte die Urschrift des Erbvertrages den Beteiligten nicht ausgehändigt werden, sondern musste auch dann in der Verwahrung des Notars verbleiben und bei Eintritt des Erbfalles abgeliefert werden, wenn die Beteiligten die besondere amtliche Verwahrung ausgeschlossen hatten (vgl. nun aber die Möglichkeit der Rücknahme aus der Verwahrung, Rn. 103 ff.).

Über jedes Testament hat der Notar ein **Vermerkblatt mit den Angaben gem. § 20** **95** **DONot** sowie auf Verlangen der Beteiligten eine beglaubigte Abschrift der Urkunde zu seiner Urkundensammlung zu nehmen. Auch dieses wird bei der Registrierung durch das Zentrale Testamentsregister automatisch zur Verfügung gestellt. Die beglaubigte Abschrift ist zu verschließen, wenn nicht von den Beteiligten darauf verzichtet wird. Es ist – vor allem im Hinblick auf spätere Rückfragen und Änderungswünsche der Beteiligten – ratsam, eine beglaubigte Abschrift offen zur Urkundensammlung des Notars zu nehmen. Nimmt der Notar einen Erbvertrag in Verwahrung, da die besondere Verwahrung von den Beteiligten ausgeschlossen wurde, so hat er diesen zusätzlich gem. § 9 DONot mit den entsprechenden Angaben in ein **Erbvertragsverzeichnis** aufzunehmen oder eine Kartei mit den Bestätigungen der Registerbehörde des Zentralen Testamentsregisters zu führen. Beim Erbfall sind dann der Tag der Ablieferung und das zuständige Nachlassgericht dort zu vermerken.

9. Registrierung im Zentralen Testamentsregister

96 Bis zur Einführung des Zentralen Testamentsregisters war die Benachrichtigung in Nachlasssachen dezentral und papiergebunden organisiert, d. h. über den Verwahrungsort erbfolgerelevanter Urkunden wurde eine Karteikarte an eines der rund 5.200 Geburtsstandesämter oder die Hauptkartei für Testamente beim Amtsgericht Schöneberg versendet und dort verwahrt. Beim Tod des Erblassers benachrichtigte dann das Sterbestandesamt das Geburtsstandesamt bzw. die Hauptkartei für Testamente. Von dort aus wurde dann die jeweilige Verwahrstelle informiert, die anschließend die Verfügung an das zuständige Nachlassgericht ablieferte. Dieses fehleranfällige und mit nicht unerheblichen Antwortzeiten verbundene Verfahren barg vor allem die Gefahr in sich, dass erbfolgerelevante Urkunden durch das zuständige Nachlassgericht bei der Feststellung der Erbfolge nicht oder nicht rechtzeitig berücksichtigt werden konnten.

97 Deshalb wurde dieses Verfahren durch das Gesetz zur Schaffung eines Zentralen Testamentsregisters vom 2.12.2010 (BGBl. 2010 I S. 2255; vgl. zum Ganzen *Diehn* NJW 2011, 481) grundlegend modernisiert: Seit 1.1.2012 ist der **beurkundende Notar** gem. § 34a I 1 BeurkG **verpflichtet**, nach Errichtung einer erbfolgerelevanten Urkunde die entsprechenden **Verwahrangaben an** die das Zentrale Testamentsregister führende **Registerbehörde** – das ist gem. § 78 II Nr. 2 BNotO in Verbindung mit ZTRV die Bundesnotarkammer – elektronisch zu übermitteln. Seit 1.1.2012 teilt das zuständige Standesamt gem. § 78c BNotO der **Registerbehörde jeden Sterbefall** mit. Die Registerbehörde prüft daraufhin, ob zu diesem Sterbefall Verwahrangaben vorliegen und benachrichtigt unverzüglich in elektronischer Form das zuständige Nachlassgericht sowie die verwahrenden Stellen über den Sterbefall und die vorliegenden Verwahrangaben. Zusätzlich werden auch die bislang in den Standesämtern auf den sog. „weißen Karteikarten" hinterlegten Informationen über nichteheliche oder adoptierte Kinder sukzessive in das Zentrale Testamentsregister überführt und die entsprechenden Informationen an das zuständige Nachlassgericht übermittelt (Gesetz zum Schutz des Erbrechts und der Verfahrensbeteiligungsrechte nichtehelicher und einzeladoptierter Kinder im Nachlassverfahren vom 21.3.2013, BGBl. I S. 554). Auf diese Weise werden derzeit monatlich mehr als 70.000 Sterbefallmitteilungen verarbeitet. Dadurch ist sichergestellt, dass das Nachlassgericht unverzüglich – also noch vor Ablieferung der Urkunden – erkennen kann, ob und gegebenenfalls welche Verfügungen von Todes wegen bei der Feststellung der Erbfolge zu berücksichtigen sein werden. Die verwahrenden Stellen werden in die Lage versetzt, die Verfügungen von Todes wegen unverzüglich zur Ablieferung zu bringen.

98 **Registerpflichtig** sind gem. § 78b II BNotO **alle erbfolgerelevanten Urkunden,** das sind Testamente, Erbverträge und alle Urkunden mit Erklärungen, welche die Erbfolge beeinflussen können, insbesondere Aufhebungsverträge, Rücktritts- und Anfechtungserklärungen, Erb- und Zuwendungsverzichtsverträge, Ehe- und Lebenspartnerschaftsverträge sowie Rechtswahlen. Damit ist auch jede Änderung einer Verfügung von Todes wegen von der Registerpflicht erfasst. Nicht registerpflichtig ist hingegen ein reiner Pflichtteilsverzicht gem. § 2346 II BGB, da dieser keinen Einfluss auf die Erbfolge hat. Bei Zweifeln über die Registerpflichtigkeit wird nach Sinn und Zweck des Registers regelmäßig eher eine Registerpflicht anzunehmen sein, um das Übersehen einer erbfolgerelevanten Urkunde zu vermeiden und dem zuständigen Nachlassgericht die Möglichkeit der Abklärung der Erbfolgerelevanz der betreffenden Urkunde zu eröffnen. **Registerfähig** sind gem. § 78b III BNotO nur erbfolgerelevante **Urkunden, die öffentlich beurkundet oder in amtliche Verwahrung** genommen sind. Privatschriftliche Testamente, die nicht in die be-

sondere amtliche Verwahrung gegeben sind, können daher generell nicht im Zentralen Testamentsregister registriert werden.

99 Der **Notar** ist für alle erbfolgerelevanten Urkunden, die er beurkundet hat, gem. § 34a I 1 BeurkG **meldepflichtig**. Dies betrifft auch solche Urkunden, die in die besondere amtliche Verwahrung des Nachlassgerichts abgeliefert werden. Die Übermittlung der Verwahrangaben an die Bundesnotarkammer muss **unverzüglich nach Errichtung der Urkunde** erfolgen, um bei einem etwaigen zeitnahen Sterbefall ein Auffinden der entsprechenden Verfügung von Todes wegen zu ermöglichen. Insbesondere hat die Übermittlung vor einer etwaigen Ablieferung an das zuständige Nachlassgericht zu erfolgen. Neben den Notaren melden Konsularbeamte erbfolgerelevante Urkunden gem. § 10 III KonsG in Verbindung mit § 34a I 1 BeurkG sowie Amtsgerichte die in die besondere amtliche Verwahrung gegebenen eigenhändigen Testamente gem. § 347 FamFG.

100 Gemäß § 1 ZTRV sind folgende **Verwahrangaben** zu melden:
– Daten des Erblassers: Familienname, Geburtsname, alle Vornamen und Geschlecht, Geburtsdatum, Geburtsort, Geburtsstandesamt und Geburtenregisternummer bei Geburten im Inland sowie der Staat der Geburt, wenn der Erblasser im Ausland geboren wurde,
– Bezeichnung und Anschrift der Verwahrstelle,
– ZTR-Verwahrnummer, Verwahrbuchnummer oder Aktenzeichen der verwahrenden Stelle,
– Art und Datum der Errichtung der erbfolgerelevanten Urkunde,
– Name, Amtssitz und Urkundenrollennummer des Notars.

101 Anders als im Zentralen Vorsorgeregister ist der **Urkundeninhalt in keiner – auch nicht typisierter – Form Inhalt der Registrierung**. Bis auf die Geburtenregisternummer müssen sämtliche vorgenannte Angaben für die Registrierung zwingend angegeben werden (§ 2 II ZTRV). Da der Geburtenregisternummer für die Zuordnung einer Sterbefallmitteilung zentrale Bedeutung zukommt, ist eine Registrierung zwar ohne eine solche möglich, der Notar ist aber gehalten, auf die Angabe und gegebenenfalls nachträgliche Meldung der Geburtenregisternummer gem. § 5 S. 1 Nr. 3 ZTRV hinzuwirken. Eine darüber hinausgehende Pflicht, die Geburtenregisternummer zu ermitteln oder die Richtigkeit der vom Erblasser mitgeteilten Angaben zu überprüfen, trifft den Notar jedoch nicht.

102 Sofort mit Abschluss der Registrierung erhält der Melder eine **Eintragungsbestätigung** gem. § 3 II 1 ZTRV, von der ein Exemplar gem. § 20 II DONot **zur Urkundensammlung des Notars** zu nehmen und ein Exemplar dem Erblasser zur Verfügung zu stellen ist.

10. Rücknahme aus der Verwahrung

103 Seit 1.8.2002 sieht § 2300 II BGB vor, dass der Erbvertrag, also die Urschrift, den Vertragschließenden zurückgegeben werden kann. Die Rückgabe kann dabei konsequenterweise **nur an alle Vertragschließenden gemeinschaftlich** erfolgen. Durch die Verweisung auf § 2290 I 2, II, III BGB ist sichergestellt, dass das Erfordernis der persönlichen Errichtung auch beim „negativen Erbvertrag" durch Rücknahme aus der amtlichen Verwahrung gewahrt bleibt. Es ist ausdrücklich festgehalten, dass § 2256 I BGB für Erbverträge entsprechend gilt. Wird ein Erbvertrag nach § 2300 I 1 und II 1, 2 BGB aus der amtlichen oder notariellen Verwahrung zurückgenommen, hat dies in entsprechender Anwendung von § 2256 I BGB zur Folge, dass alle darin enthaltenen vertragsmäßigen und einseitigen Verfügungen von Todes wegen als widerrufen gelten. Über diese Rechtsfolgen ist der Erblasser in entsprechender Anwendung von § 2256 I 2 BGB zu belehren.

104 Die Neuregelung gilt **nur für Erbverträge, die ausschließlich Verfügungen von Todes wegen enthalten**, nicht aber für Erbverträge, die mit Verträgen unter Lebenden gekoppelt sind, etwa mit Eheverträgen, Leistungsverpflichtungen, Erb- und Pflichtteilsverzichtsverträgen und Regelungen nach § 311b IV und V BGB. Dagegen ist es unschädlich, wenn der Erbvertrag auch andere Verfügungen von Todes wegen, also einseitige letztwillige Verfügungen enthält. Dabei kommt es auf den materiellen, nicht formellen Inhalt der Urkunde an: Enthielt die Urkunde ursprünglich neben dem Erbvertrag auch Verträge unter Lebenden, wurden diese aber später durch einen Nachtrag aufgehoben, steht der Anwendung der Neuregelung folglich nichts im Wege.

105 Die **Widerrufsfiktion** ist nicht an das Rücknahmeverlangen, sondern an die Rückgabe geknüpft. Diese setzt, wie § 2256 BGB verlangt, die **körperliche Aushändigung der Urschrift an die Beteiligten** voraus. Die Rückgabepflicht umfasst nur die Urschrift, nicht beglaubigte Abschriften. Wurden Ausfertigungen, die gem. § 47 BeurkG die Niederschrift im Rechtsverkehr ersetzen, erteilt, sollten auch diese zurückgegeben werden, ohne dass dies vorgeschrieben wäre. Eine postalische Versendung ist unzulässig. Da auch die gestufte Aushändigung einer einheitlichen Urkunde nicht vorstellbar ist, kann eine mit Widerrufsfiktion verbundene Rückgabe nur dadurch realisiert werden, dass sämtliche, seinerzeit am Abschluss des Erbvertrages beteiligten Personen gleichzeitig vor dem verwahrenden Gericht oder Notar erscheinen. Die Rückgabe setzt demnach auch voraus, dass alle seinerzeit an der Beurkundung Beteiligten noch leben. Eine Stellvertretung kommt beim „einseitigen Erbvertrag" für den Vertragsteil in Betracht, der keine Verfügung von Todes wegen errichtet, sondern die Verfügung des Vertragspartners nur angenommen hatte (vgl. Rn. 64).

106 Da es sich bei der Rücknahme aus der Verwahrung um den *„actus contrarius"* zur Errichtung handelt, kann die Wirkung der Rückgabe nur eintreten, wenn zumindest der verfügende Teil zum Zeitpunkt der Rückgabe **testierfähig** ist. Hat der Notar Zweifel an der Testierfähigkeit der Vertragspartner des Erbvertrages oder eines von ihnen, kann er die Vorlage eines ärztlichen Attestes verlangen. Kommt er zur positiven Überzeugung, dass die erforderliche Geschäftsfähigkeit nicht gegeben ist, hat er die Rückgabe zu verweigern. Wird die Verfügung von Todes wegen gleichwohl etwa an einen unerkannt Testierunfähigen herausgegeben, beeinträchtigt dies die Wirksamkeit der Verfügung nicht. Der Notar kann sich im Übrigen an § 28 BeurkG orientieren; allerdings ist diese Vorschrift nicht unmittelbar anwendbar, da keine Willenserklärung beurkundet wird.

107 Gemäß § 20 III DONot hat der Notar die Einhaltung der ihm obliegenden Pflichten auf dem Vermerkblatt in der Urkundensammlung aktenkundig zu machen. Der **Eintrag auf dem Vermerkblatt** ist entbehrlich, wenn der Notar – was vorzugswürdig erscheint – eine entsprechende **Eigenurkunde** errichtet und zu seiner Urkundensammlung nimmt. Die Rückgabe des Erbvertrags ist außerdem im **Zentralen Testamentsregister** unter Angabe des Datums der Rückgabe als Sonderfall der Ergänzung eines Verwahrdatensatzes gem. § 4 II 1 ZTRV zu registrieren und ein Ausdruck der Bestätigung hierüber zur Urkundensammlung zu nehmen. Im Sterbefall wird dann die Verwahrstelle nicht benachrichtigt (§ 7 I 3 ZTRV). Ferner ist die Rückgabe im **Erbvertragsverzeichnis** mit dem Datum einzutragen. Der Widerruf ist gültig und kann in seinen Wirkungen nur durch Errichtung eines neuen notariellen Erbvertrages beseitigt werden, also nicht durch Widerruf des Widerrufes, wie etwa durch Streichen des Vermerkes auf der Originalurkunde oder durch erneute amtliche oder notarielle Verwahrung.

108 Weitergehende Verfahrensregelungen fehlen zwar. Aus dem Zusammenhang der Regelung ergibt sich aber, dass der Notar gem. § 25 BNotO die Rückgabe nur selbst vornehmen kann. Die Delegation auf Mitarbeiter scheidet aus. Die Widerrufsfiktion tritt nur ein, wenn der Erblasser die Urkunde unmittelbar vom verwahrenden Gericht oder dem verwahrenden Notar erhält. Können die Erblasser – aus welchen Gründen auch immer – die Urkunde nicht bei dem verwahrenden Gericht oder dem verwahrenden Notar entgegennehmen, so muss der zuständige Rechtspfleger bzw. der verwahrende Notar sie aufsuchen und ihnen die Urkunde aushändigen. Bei Gericht galt bislang die Annahme, die Rückgabe könne im Wege der Rechtshilfe durch einen anderen Rechtspfleger durchgeführt werden, bei Auslandsaufenthalt der Erblasser durch Vermittlung eines Konsuls (Reimann/Bengel/J. Mayer/*Voit* § 2256 Rn. 7). § 27 Ziff. 8 BayAktO regelt die aktenmä-

ßige Behandlung des Rechtshilfevorgangs (vgl. dazu *Firsching/Graf* Rn. 4.29). Die Aktenordnung gilt für das notarielle Verfahren nicht. Fraglich ist, wie ein Notar in solchen Fragen zu verfahren hat. Die Frage ist heikel, denn immerhin hängt die Wirksamkeit des Widerrufs davon ab, dass die zuständige Stelle die Urkunde zurückgegeben hat. Maßgebend für die Koppelung an die verwahrende Stelle bzw. die Urkundsperson ist ganz offensichtlich die Belehrung des aufhebungswilligen Testators, die man sich hieraus verspricht. Diese Wirkung kann auch dadurch erzielt werden, dass ein anderer, örtlich näherer Notar im Wege der Rechtshilfe die Rückgabe vollzieht und entsprechend § 2300 BGB verfährt. Unter der Maxime des sichersten Weges wird es aber eher zu empfehlen sein, einen Aufhebungsvertrag protokollieren zu lassen oder die Parteien zu veranlassen, die Verwahrung beim Notar durch diejenige beim Nachlassgericht zu ersetzen, dann wird dieses (mit seinen Verfahrensmöglichkeiten) für die Rücknahme aus der Verwahrung zuständig.

Formulierungsbeispiel: Eigenurkunde über Rücknahme eines Erbvertrags 109

1. Die Erschienenen, … und …, beantragen gem. § 2300 II 1 BGB die Rückgabe des von ihnen am … zu meiner Urkunde, URNr. …, errichteten und von mir verwahrten Erbvertrages. Die Rückgabevoraussetzungen gem. §§ 2300 II 2, 2290 I 2, II, III BGB liegen vor. Die Erschienenen wurden darüber belehrt, dass gem. § 2300 II 3 BGB i.V.m. § 2256 I BGB durch die Rückgabe die im Erbvertrag enthaltenen vertraglichen Verfügungen von Todes wegen als aufgehoben und die einseitigen als widerrufen gelten.
2. Ein entsprechender Hinweis über die Aufhebungs- bzw. Widerrufsfiktion gem. §§ 2300 II 3, 2256 I 2 BGB wurde in einem gesonderten Vermerk niedergelegt, der mit der Urschrift des Erbvertrages durch Schnur und Siegel verbunden wurde.

Sodann wurde die Urschrift des Erbvertrages den Beteiligten durch mich, Notar, persönlich ausgehändigt und die Rücknahme im Zentralen Testamentsregister und im Erbvertragsverzeichnis vermerkt.

Formulierungsbeispiel: Vermerk über Rücknahme eines Erbvertrags 110

… und … wurden darüber belehrt, dass durch die Rücknahme des angesiegelten Erbvertrages aus der Verwahrung des unterzeichneten Notars die im Erbvertrag enthaltenen vertraglichen Verfügungen von Todes wegen gem. § 2300 II 3 BGB i.V.m. § 2256 I BGB als aufgehoben und die einseitigen als widerrufen gelten.

Kein Fall der Rücknahme aus der notariellen Verwahrung, welche die Nichtigkeit der 111 Verfügungen zur Folge hätte, ist der Antrag des Erblassers auf **Herausnahme aus der notariellen Verwahrung** und nachträgliche **Ablieferung in die besondere amtliche Verwahrung**. In diesem Fall bleibt die Verfügung vollumfänglich wirksam. Auch dieser – praktisch kaum relevante – Fall ist im Zentralen Testamentsregister als besonderer Fall einer Änderung der Verwahrangaben zu registrieren, damit die richtige Verwahrstelle benachrichtigt und die Urkunde so aufgefunden werden kann.

IV. Grundlagen des Erbrechts und erbrechtliches Instrumentarium

Der **Grundsatz der Testierfreiheit** als erbrechtliche Ausprägung des Prinzips der Pri- 112 vatautonomie ist durch Art. 2 I, 14 I GG, § 2302 BGB geschützt. Allerdings ist sie den Beschränkungen durch die Rechtsordnung unterworfen. Hierbei ist die wichtigste gesetzliche Beschränkung der **erbrechtliche Typenzwang**, der anders als im Schuldrecht nicht jede beliebige Gestaltung durch den Erblasser zulässt. Weitere wichtige gesetzliche Beschränkungen sind das **Pflichtteilsrecht** (§§ 2303 bis 2338 BGB), § 138 I BGB, Sondervorschriften des Heimrechts sowie das Anerbenrecht. Durch den Typenzwang und die festgelegte Wirkung bestimmter Anordnungen wird zwar der Erblasser einem inhaltlichen Sachzwang unterworfen, ihm steht es jedoch frei, von welchen Typen er Gebrauch machen und mit welchem konkreten Inhalt er die Typen versehen will. Aufgabe des Notars ist es, das vom Erblasser Gewollte mit dem erbrechtlichen Typeninstrumentarium in eine klare, rechtsfehlerfreie Verfügung von Todes wegen umzusetzen.

1. Erbeinsetzung

a) Alleinerbe

113 Das BGB geht von den Prinzipien des **Vonselbsterwerbs** und der **Gesamtrechtsnachfolge** (§ 1922 BGB) aus. Mit dem Tod des Erblassers geht dessen Vermögen, soweit es vererblich ist, als Gesamtheit auf den Erben über, ohne dass es einer Mitwirkung oder auch nur des Wissens des Erben bedürfte. Ausnahmen von der Gesamtrechtsnachfolge gibt es bei der als Sondererbfolge ausgestalteten Hoferbfolge (nach nordwestdeutscher HöfeO und nach HöfeO Rheinland-Pfalz). Eine weitere Ausnahme ist der Übergang eines Anteils an einer Personengesellschaft (vgl. hierzu Rn. 308). Der Erblasser kann jemanden **allein** zum Erben berufen. Probleme entstehen dann, wenn die Verfügung ungenau ist und deshalb der Auslegung bedarf bzw. die ergänzenden Rechtssätze des BGB angewendet werden müssen. Der Erblasser darf dabei die Bestimmung des Erben nicht einem Dritten überlassen, § 2065 II BGB. Insbesondere kann die oft gewünschte Erbeinsetzung der Person, die „sich bis zu meinem Tode um mich kümmert" unwirksam sein (*OLG München* ZEV 2013, 617 m. krit. Anm. *Otte*). Der Gestalter letztwilliger Verfügungen sollte insoweit auf das freier gestaltbare Vermächtnis ausweichen.

114 Zunächst ist eine **individuelle Auslegung der Verfügung** vorzunehmen. Führt diese zu keinem eindeutigen Ergebnis, ist die **allgemeine Auslegungsregel** gem. § 2087 I BGB heranzuziehen: Nach dieser ist die Bezeichnung „Erbe" dann nicht erforderlich, wenn der Erblasser sein Vermögen oder einen Bruchteil seines Vermögens dem „Bedachten" zugewendet hat. Verfügt der Erblasser hingegen nur über einen Einzelgegenstand, so ist hierin gem. § 2087 II BGB keine Erbeinsetzung zu sehen, selbst wenn der Bedachte als „Erbe" bezeichnet wird. Dies ist allerdings nach ganz h.M. für die Verfügung über einen Einzelgegenstand, der jedoch das gesamte oder nahezu gesamte Vermögen ausmacht, einzuschränken: In einer solchen Verfügung kann entgegen § 2087 II BGB eine Erbeinsetzung liegen (BayObLGZ 1965, 77, 84; Staudinger/*Otte* § 2087 Rn. 20; Bamberger/Roth/*Litzenburger* § 2087 Rn. 13 f.; *OLG Düsseldorf* ZEV 1995, 410). Maßgebend ist die Vorstellung des Erblassers (im Zeitpunkt der Verfügung), ob er in dem betreffenden Einzelgegenstand im Wesentlichen seinen Nachlass erblickt hat (*BGH* ZEV 2000, 195: 84% des Gesamtvermögens; *BayObLG* Rpfleger 2000, 217: 88,5%). Will der Erblasser auf eine ausdrückliche Erbeinsetzung verzichten, also grundsätzlich die gesetzliche Erbfolge eintreten lassen, jedoch diverse Vermächtnisse anordnen, so sollte dies gleichwohl in der Niederschrift klar vermerkt werden, auch wenn gem. § 2087 II BGB hier im Zweifel nicht anzunehmen ist, dass eine den Werten der zugewendeten Vermächtnisse entsprechende quotale Erbenberufung vorliegt.

b) Ersatzerbe

115 Bestimmt der Erblasser für den Fall, dass der als Erbe Berufene vor dem Erbfall durch Ableben oder nach dem Eintritt des Erbfalls vor allem durch Ausschlagung wegfällt, keine Ersatzperson, so kann sich gleichwohl im Wege der (ergänzenden) Testamentsauslegung im Einzelfall bei Wegfall zu Erben berufener naher Angehöriger eine Ersatzerbenberufung von deren Abkömmlingen ergeben (RGZ 99, 82; *BayObLG* ZEV 1996, 191;

Nieder ZEV 1996, 241). Dies gilt grundsätzlich wohl nicht beim Wegfall des nichtehelichen Lebenspartners (Bamberger/Roth/*Litzenburger* § 2069 Rn. 6b). Ferner kann eine Ersatzerbenberufung kraft (widerlegbarer) Vermutung gegeben sein: Gemäß § 2069 BGB sind die Abkömmlinge bedachter Abkömmlinge (auch **nichteheliche Kinder** und **Adoptivkinder**, BayObLGZ 1959, 497) Ersatzerben. Verfügen Ehegatten gemeinsam und setzen Abkömmlinge ohne Rücksicht darauf ein, ob es sich um gemeinsame oder einseitige handelt, so sind Ersatzerben auch die Abkömmlinge des Kindes, das nicht mit dem Erblasser verwandt war (**Stiefkind**; vgl. Palandt/*Weidlich* § 2069 Rn. 3; *BGH* ZEV 2001, 237).

Eine Verfügung von Todes wegen sollte so ausgestaltet sein, dass weder auf das Mittel der ergänzenden Auslegung noch auf gesetzliche Vermutungen zurückgegriffen werden muss. Deshalb kommt der Ersatzerbenberufung in einer Verfügung von Todes wegen eine wichtige Bedeutung zu. Dies gilt auch im Bereich der Anordnung von **Vor-** und **Nacherbfolge**. Der Nacherbe ist zwar im Zweifel mangels ausdrücklicher Regelung im Testament auch Ersatzerbe (§ 2102 I BGB); verstirbt jedoch der Nacherbe nach Eintritt des Vorerbfalles und bevor der Nacherbfall eintritt, so ist die Vererblichkeit des Nacherbenanwartschaftsrechts gem. § 2108 II BGB zu beachten (hierzu Rn. 124 ff.). Die gesetzliche Auslegungsregel der §§ 2069, 2102 BGB greift dann nicht Platz, wenn im Wege der einfachen Auslegung des Erblasserwillens eine abweichende Ersatzerbenberufung ermittelt werden kann (*Lange/Kuchinke* § 27 VII). Grundsätzlich bestehen auch im Falle des Eintritts der Ersatzerbfolge die **Beschwerungen** durch Vermächtnisse, Auflagen und Ausgleichspflichten fort (§§ 2161, 2192, 2051 II BGB). 116

c) Mehrere Erben, Anwachsung

Der Erblasser kann mehrere Personen zu Miterben in Höhe der von ihm bestimmten Quote berufen. Unterlässt er die quotenmäßige Bestimmung, so sind die Erben grundsätzlich zu unter sich gleichen Teilen berufen (§ 2091 BGB). Mehrere Erben bilden die **Erbengemeinschaft**. Diese ist **weder rechts- noch parteifähig** (*BGH* DNotZ 2007, 134). Die Grundsätze zur Anerkennung der Rechtsfähigkeit der Gesellschaft bürgerlichen Rechts (BGHZ 146, 341) bzw. der Wohnungseigentümergemeinschaft (BGHZ 163, 154) sind nicht auf die Erbengemeinschaft übertragbar. 117

Der **Einzelerbteil** steht dem Miterben selbstständig zu. Zu unterscheiden hiervon ist der **gemeinschaftliche Erbteil**. Dieser verbindet die in ihm zusammengefassten Miterben untereinander (§ 2093 BGB). Nach außen sind die Unterbruchteile eines gemeinschaftlichen Erbteils selbstständige Erbteile. Für das Innenverhältnis gelten die §§ 2089 bis 2092 BGB. Korrespondierend zur Erhöhung des gesetzlichen Erbteils bei Wegfall eines gesetzlichen Erben vor dem Erbfall (§ 1935 BGB) hat der Gesetzgeber für den Fall, dass einer der eingesetzten Miterben vor oder nach dem Erbfall wegfällt, Anwachsung an die übrigen Miterben nach dem Verhältnis ihrer Erbteile angeordnet (§ 2094 I 1 BGB). Das Wegfallen kann begründet sein im Vorversterben des Bedachten, in der Ausschlagung, der Erbunwürdigkeitserklärung und im Zuwendungsverzicht (§ 2352 BGB, h. M., vgl. Palandt/*Weidlich* § 2094 Rn. 2; Staudinger/*Otte* § 2094 Rn. 2). 118

Die **Folge der Anwachsung** ist, dass sich die Anteile der anwachsungsberechtigten Miterben vergrößern. Nur für die Belastung mit Vermächtnissen und Auflagen sowie sonstigen Beschwerungen mit Ausgleichungspflichten werden der angewachsene Teil sowie der ursprüngliche Erbteil als selbstständige Erbteile behandelt (§ 2095 BGB). Im Übrigen werden angewachsene und ursprüngliche Erbteile als **ein** Erbteil angesehen, so dass auch eine separate Ausschlagung nicht in Betracht kommt (Staudinger/*Otte* § 2094 Rn. 9). Allerdings kann der Erblasser zum einen die Anwachsung ausschließen (§ 2094 III BGB), und zum anderen ist auch die Regel, dass für bestimmte Teilbereiche angewachsener und originärer Erbteil als selbstständige Erbteile zu behandeln sind, disponibel. Allerdings geht der Anwachsungsregelung der §§ 2094, 2095 BGB die Ersatzerben- 119 einsetzung, auch die stillschweigende, vor allem die gem. § 2069 BGB, vor. Dies bedeutet, dass bei Wegfall eines Abkömmlings des Erblassers dessen Abkömmlinge zunächst gem. § 2069 BGB als Ersatzerben berufen sind. Eine Anwachsung gem. § 2094 BGB an die weiteren Abkömmlinge des Erblassers kommt in diesem Fall regelmäßig nicht in Frage. Gleichwohl ist es empfehlenswert, klare Ersatzerbenregelung und klare Anwachsungsregelungen in der Verfügung von Todes wegen vorzusehen.

d) Schlusserbe

120 Der Begriff „Schlusserbe" ist gesetzlich nicht bestimmt. Er hat sich in der Rechtspraxis herausgebildet. Unter „Schlusserbe" ist der Erbe des Letztversterbenden von Ehegatten in einem gemeinschaftlichen Testament oder Erbvertrag zu verstehen. Grundsätzlich kann von der Verwendung des Begriffs „Schlusserbe" nicht auf eine Vor- und Nacherbfolge geschlossen werden (zur Abgrenzung vgl. *OLG Bremen* ZEV 1994, 365; *Nieder* ZEV 1996, 244). Gleichwohl empfiehlt es sich, um Rechtsunsicherheiten zu vermeiden, klarzustellen, dass der Schlusserbe nicht Nacherbe, sondern Erbe des Letztversterbenden sein soll.

121 **Formulierungsbeispiel: Schlusserbeneinsetzung**

Schlusserben, also Erben des Letztversterbenden und Erben eines jeden Ehegatten im Fall eines durch dasselbe Ereignis bedingten (annähernd) gleichzeitigen Versterbens, sind ...

2. Vor- und Nacherbeneinsetzung

122 Mit dem Gestaltungsmittel der Vor- und Nacherbfolge kann der Erblasser über Generationen hinaus erbrechtlich seinen Willen realisieren (vgl. dazu *Zawar* NJW 2007, 2353). Dies ist nicht zuletzt deshalb möglich, weil mehrfach hintereinander Vor- und Nacherbfolge angeordnet werden kann. Auch ist die Vor- und Nacherbfolge ein Instrument, mit welchem bei geschiedenen Ehegatten mit Kindern aus erster Ehe oder bei Vorhandensein nichtehelicher Kinder zwar nicht die Quote des Pflichtteils, jedoch die Bemessungsgrundlage und somit der **Wert des Pflichtteils** erstehelicher oder nichtehelicher Kinder **beeinflusst** werden kann. Schließlich kann über die Nacherbfolgeregelung dem Vorerben der Nachlassertrag zugewendet werden, ohne dass seine **Eigengläubiger** Zugriff auf die Vorerbschaft erhalten (z.B. beim insolventen Vorerben oder im Bereich des „Behindertentestaments", vgl. § 2115 BGB). Dementsprechend kommt der Vor- und Nacherbfolge große praktische Bedeutung zu.

123 **Vorerbe und Nacherbe** sind jeweils **Erben des Erblassers**. Auf den Nacherben geht nur die Erbschaft des Erblassers über, nicht jedoch das eigene Vermögen des Vorerben. Über dieses – und nur über dieses – verfügt der Vorerbe letztwillig unabhängig vom Willen des Erblassers. Die Nacherbfolge tritt, soweit der Erblasser nichts anderes bestimmt hat, mit dem Tod des Vorerben ein (§ 2106 BGB). Der Zeitpunkt des Eintritts der Nacherbfolge kann jedoch vorverschoben werden durch die rechtstechnischen Möglichkeiten der Bedingung und Befristung. Auch kann die Vorerbschaft als solche auflösend bedingt und gleichzeitig gekoppelt mit einer aufschiebend bedingten Vollerbschaft sein. Diese Möglichkeit wurde vor allem im Bereich der Verfügungen von Todes wegen unter Ehegatten und insbesondere im Hinblick auf eine etwaige Wiederverheiratung eingesetzt (*Hilgers* MittRhNotK 1962, 381; *Haegele* JurBüro 1969, 1).

124 Mit dem Tod des Erblassers fällt die Erbschaft zunächst dem Vorerben an. Der Nacherbe erwirbt gleichzeitig ein unentziehbares Anwartschaftsrecht auf die Erbschaft. Er muss den Nacherbfall nicht zwingend erleben: Gemäß § 2108 II BGB ist das **Nacherben(anwartschafts)recht** grundsätzlich vererblich (vgl. zum Ganzen *Musielak* ZEV 1995, 5; zur Auflösung des zwischen Vor- und Nacherben bestehenden Rechtsverhältnisses

Gantzer MittBayNot 1993, 67). Es stellt einen Teil des Vermögens des als Nacherben Berufenen dar. Nach h. M. ist die Anwartschaft auch veräußerlich, also übertragbar, pfändbar und verpfändbar (Staudinger/*Avenarius* § 2100 Rn. 58; Palandt/*Weidlich* § 2108 Rn. 2 und § 2100 Rn. 13; BGHZ 87, 367). Die **Übertragung** bedarf entsprechend § 2033 BGB, das Verpflichtungsgeschäft entsprechend § 2371 BGB der **notariellen Beurkundung**. Unvererblichkeit ist die Ausnahme. Jedoch kann der Erblasser die Vererblichkeit (und damit auch die Veräußerlichkeit) ausschließen (h.M.; RGZ 170, 163; Palandt/ *Weidlich* § 2100 Rn. 13 ff. und § 2108 Rn. 4; Soergel/*Harder* § 2108 Rn. 11; Bamberger/Roth/*Litzenburger* § 2100 Rn. 41, § 2108 Rn. 13; a.A. im Hinblick auf den Ausschluss der Veräußerlichkeit Staudinger/*Avenarius* § 2108 Rn. 9, § 2100 Rn. 60). Der Erblasser kann die Vererblichkeit auch auf einen bestimmten Personenkreis beschränken (Palandt/*Weidlich* § 2108 Rn. 4; *BGH* NJW 1963, 1150). Der Ausschluss wird vermutet, wenn der Erblasser ausdrücklich einen **Ersatznacherben** bestimmt hat (*Lange/Kuchinke* § 27 VII; Bamberger/Roth/*Litzenburger* § 2108 Rn. 4 f.). Wird ein Ersatznacherbe hingegen kraft gesetzlicher Auslegungsregel (§ 2069 BGB) berufen, so soll dies nach h. M. nicht reichen, um der Anwartschaft die Vererblichkeit (und Veräußerlichkeit) zu nehmen, weil das dispositive Recht des § 2108 II 1 BGB Vorrang vor der Auslegungsregel des § 2069 BGB genieße (Staudinger/*Avenarius* § 2108 Rn. 16 m.w.N.; a.A. *BayObLG* MittBayNot 1994, 149; hierzu kritisch *J. Mayer* MittBayNot 1994, 111; *OLG Braunschweig* FamRZ 1995, 433; vgl. ausführlich hierzu *Nieder* ZEV 1996, 245). Der *BGH* stellt hingegen weniger auf das generelle Verhältnis von § 2069 BGB zu § 2108 II 1 BGB als auf den konkret zur ermittelnden Erblasserwillen ab (NJW 1963, 1150). Es ist daher ratsam, diese Frage in der letztwilligen Verfügung einer ausdrücklichen Regelung zuzuführen.

> **Formulierungsbeispiel: Beschränkung der Übertragbarkeit des Nacherbenanwartschaftsrechts** 125
>
> Nacherbe ist ... Ersatznacherbe ist ... Das Nacherbenanwartschaftsrecht ist nicht vererblich und nur an den Vorerben oder an Mitnacherben übertragbar. Im Falle einer solchen Übertragung entfällt die jeweilige Ersatznacherbfolge.

Nach *OLG Hamm* MDR 1952, 359 ist das Anwartschaftsrecht des Nacherben auch 126 dann vererblich, wenn Vor- und Nacherbe gleichzeitig versterben. Sind Vor- und Nacherbe derselben Gefahr ausgesetzt, so sollte daher auch für den Fall gleichzeitigen Ablebens eine Regelung getroffen werden. **Bedingte Nacherbenanwartschaftsrechte** sind im Gegensatz zum unbedingten Anwartschaftsrecht nicht vererblich (§§ 2108 II, 2074 BGB). Angesichts der wirtschaftlich sehr erheblichen Tragweite kommt bei jeder Vor- und Nacherbfolge einer klaren Regelung der Ersatznacherbfolge, einschließlich der Bestimmung, ob das Nacherbenanwartschaftsrecht vererblich und veräußerlich sein soll, entscheidende Bedeutung zu. Da nach BayObLGZ 1993, 334 auch eine ausdrücklich angeordnete Ersatznacherbfolge nicht eingreifen soll, wenn die Testamentsauslegung ergibt, dass die Vermutung des § 2069 BGB vorrangig oder das Anwartschaftsrecht des Nacherben gem. § 2108 II 1 BGB vererblich ist, schlägt *J. Mayer* (MittBayNot 1994, 114) für die Ersatzerben- und Ersatznacherbenberufung folgende Klausel vor:

> **Formulierungsbeispiel: Ersatzerben- und Ersatznacherbenberufung** 127
>
>
>
> Abweichend von anders lautenden gesetzlichen Auslegungs-, Vermutungs- und Ergänzungsregeln und anderer gesetzlicher Bestimmungen wird zum (alleinigen) Ersatz(nach)- erben bestimmt ...

128 Dem Ersatznacherben stehen vor Eintritt des Ersatzfalles die Schutzrechte des Nacherben nicht zu (h. M.; *Kanzleiter* DNotZ 1970, 694). Er ist jedoch in den Erbschein aufzunehmen und im Grundbuch zu vermerken. Der Ersatznacherbe besitzt ebenso wie der Nacherbe eine unabhängige Anwartschaft. Sollen Verfügungen des Nacherben über sein Recht dem Ersatznacherben gegenüber wirksam sein, so muss dies der Erblasser durch auflösende Bedingung der Ersatznacherbfolge anordnen.

129 Soweit nicht mehrfach hintereinander Nacherbfolge angeordnet werden soll, ist als Alternative zur Vor- und Nacherbeinsetzung die Einsetzung des als „Nacherben" Vorgesehenen zum Vollerben zu überlegen und dieser mit einem Nießbrauch zugunsten des als „Vorerben" Vorgesehenen zu belasten. Diese Alternative kann aus steuerlichen Gründen geboten sein. In diesem Falle kann der Erblasser jedoch nicht von der Möglichkeit der Nichtvererblichkeit des Nacherbenrechts und der Ersatznacherbenregelung Gebrauch machen, weil der Nachlass mit dem Erbfall bereits auf den als „Nacherben" Vorgesehenen übergeht.

130 Der Nacherbe hat eine gänzlich andere Position als der „Schlusserbe" (vgl. Rn. 120 f.). Ihm steht, soweit der Erblasser nichts anderes bestimmt hat, ein veräußerliches, belastbares und auch vererbliches Anwartschaftsrecht zu (§ 2108 BGB). Allerdings kann in einem gewissen Rahmen der Erblasser die Position des Nacherben dadurch schmälern, dass er den Vorerben im Rahmen der gesetzlichen Bestimmungen von einzelnen Beschränkungen der §§ 2113 ff. BGB befreit. Wird ein **kinderloser Abkömmling** zum Vorerben, ein Dritter zum Nacherben bestimmt, so ist § 2107 BGB zu beachten. Nach dieser (widerlegbaren) Vermutung entfällt die Nacherbenberufung durch den Erblasser, wenn der als Vorerbe eingesetzte Abkömmling zum Zeitpunkt des Eintritts des Nacherbfalles eigene Abkömmlinge hat, wohl auch Adoptivkinder (BayObLGZ 1984, 246; *BayObLG* NJW-RR 1992, 839).

a) Nicht befreiter Vorerbe

131 Soweit der Erblasser keine speziellen Regelungen trifft und auch im Wege der Auslegung nichts anderes ermittelbar ist, ist der Vorerbe von den Beschränkungen der §§ 2113 ff. BGB nicht befreit. Dann kann der Vorerbe über Grundbesitz (§ 2113 I BGB), über Hypothekenforderungen, Grund- und Rentenschulden (§ 2114 BGB) nicht ohne Zustimmung des Nacherben verfügen. Für Schenkungen, die über bloße Anstandsschenkungen hinausgehen, bedarf er ebenfalls der Zustimmung des Nacherben (§ 2113 II BGB). Bezüglich der Anlegung von Geld ist er an eine mündelsichere Anlage gebunden (§ 2119 BGB). Auf Verlangen des Nacherben sind Wertpapiere zu hinterlegen (§ 2116 BGB) und ein Verzeichnis der Erbschaftsgegenstände anzulegen (§ 2121 BGB). Für Wald ist auf Verlangen ein Wirtschaftsplan aufzustellen (§ 2123 BGB). Er ist verpflichtet, dem Nacherben über den Bestand der Erbschaft Auskunft zu geben (§ 2127 BGB). Im Ergebnis gebühren ihm nur die **Erträge** der Erbschaft; über diese kann er unter Lebenden, aber auch von Todes wegen frei verfügen, soweit er nicht durch Erbvertrag oder gemeinschaftliches Testament gebunden ist. Der Nacherbe wird, soweit sich Grundbesitz im Nachlass befindet, durch den Nacherbenvermerk, welcher von Amts wegen mit Eintragung des Vorerben einzutragen ist (§ 51 GBO), gesichert.

132 Fällt ein **Einzelunternehmen** in den Nachlass, so hat der Vorerbe das alleinige Entscheidungsrecht, ob er das Geschäft fortführen will oder gem. §§ 27 II, 25 I HGB durch Einstellung die unbeschränkte Haftung abwendet. Der Nacherbe hat insoweit keine Mitwirkungsrechte. Wenn der Vorerbe das Handelsgeschäft fortführt, kann er sich alleine als Firmeninhaber in das Handelsregister eintragen lassen. Die Anordnung der Nacherbfolge wird im Handelsregister nicht vermerkt (*Krafka/Willer/Kühn*, Registerrecht, Rn. 129). Entsprechendes gilt, wenn eine Beteiligung an einer **Personengesellschaft** zum Nachlass gehört. Soweit eine Eintritts- oder Fortsetzungsklausel gesellschaftsvertraglich vereinbart ist, entscheidet ebenfalls der Vorerbe alleine, ob er hiervon Gebrauch machen will oder nicht. Tritt er oder rückt er in die Gesellschafterstellung ein, wird der Vorerbe Gesellschafter. Ihm gebühren die Gewinnanteile, die während der Vorerbschaft anfallen (*BGH* NJW 1990, 514). Als Gesellschafter kann er alle Gesellschafterrechte ausüben (z. B. austreten, kündigen). Auch kann er Änderungen des Gesellschaftsvertrages mitbeschließen (Palandt/*Weidlich* § 2112 Rn. 3). Gleichwohl sollte vorsorglich wegen der Nacherbenschutzvorschriften bei Änderung des Gesellschaftsvertrags die Zustimmung der Nacherben eingeholt werden (MünchVertrHdb Bd. 6 Muster XVI. 12 Anm. 4).

Da der Nacherbe Erbe des Erblassers ist, kann der Erblasser nicht dem Vorerben das Recht einräumen, den Nacherben zu bestimmen (§ 2065 II BGB). Eine derartige Verfügung ist dem in § 2104 S. 1 BGB geregelten Fall gleichzusetzen (*OLG Hamm* ZEV 1995, 376). Zulässig ist es jedoch, einen **Nacherben** unter der (aufschiebenden oder auflösenden) **Bedingung** einzusetzen, dass der Vorerbe nicht selbst letztwillig anders über den Nachlass verfügt. Folge einer anderweitigen Verfügung des Vorerben ist dann, dass dieser Vollerbe wird und mit seiner eigenen Verfügung wirtschaftlich auch über die Vorerbschaft verfügt. Er bestimmt so aber nicht über die Person des Nacherben (so schon BGHZ 2, 35; Palandt/*Weidlich* § 2065 Rn. 6; MünchKomm/*Grunsky* § 2100 Rn. 16). 133

> **Formulierungsbeispiel: Auflösend bedingte Nacherbschaft** 134
>
>
>
> Dem Vorerben ist es jedoch gestattet, die Nacherbfolge dadurch zu beseitigen und sich zum Vollerben am Nachlass des Erstversterbenden zu machen (auflösende Bedingung der Nacherbschaft), dass er über seinen eigenen Nachlass – und damit wegen der dann entfallenden Nacherbschaft in wirtschaftlicher Hinsicht auch über den Nachlass des Erstversterbenden von uns – abweichend von der nachfolgend angeordneten Schlusserbeinsetzung verfügt. Die vorstehende auflösende Bedingung tritt jedoch nur ein, wenn folgende Voraussetzungen gegeben sind: Der Längerlebende darf die nach ihm geltende Erbfolge nur innerhalb unserer gemeinsamen Abkömmlinge einseitig beliebig festlegen. Er darf hierzu auch Beschwerungen und Beschränkungen i. S. v. § 2306 I BGB anordnen oder aufheben. Er darf jedoch keine anderen Personen als gemeinschaftliche Abkömmlinge bedenken. Die Bedingungsvoraussetzungen müssen, wenn die Nacherbfolge endgültig entfallen soll, noch im Zeitpunkt des Ablebens des Vorerben vorliegen. Die vorbezeichnete abweichende Verfügung des Vorerben muss in diesem Zeitpunkt wirksam sein.

Unter diesen Voraussetzungen steht erst mit dem Tod des „Vorerben" (rückwirkend) fest, dass er Vollerbe gewesen ist. Der Nacherbenvermerk kann daher erst nach dem Tod des „Vorerben" gelöscht werden. 135

Weitergehend wird teilweise vertreten, dass der Erblasser dem Vorerben die Befugnis einräumen kann, durch seine eigene Verfügung gleichsam indirekt die Person des Nacherben bzw. unter mehreren Nacherben deren Quoten zu ändern (insoweit sehr weitgehend BGHZ 59, 220; zu Recht kritisch hierzu MünchKomm/*Grunsky* § 2100 Rn. 16). Die Grenze zum Verstoß gegen § 2065 II BGB ist jedenfalls dort überschritten, wo die Auswahl der Person des Nacherben oder seiner Quote nur vom Willen des Vorerben abhängt (instruktiv *Frank* MittBayNot 1987, 231). Die Verwendung der sog. **Dieterle-Klausel** (vgl. *Dieterle* BWNotZ 1971, 15), nach der Nacherben die vom Vorerben als Erben seines Nachlasses eingesetzten Personen sind, wird teilweise als unwirksam angesehen (*OLG Frankfurt* ZEV 2001, 316) und begegnet daher inzwischen durchgreifenden Bedenken (*Kanzleiter* DNotZ 2001, 149). 136

Nach einhelliger Auffassung ist eine **gegenständliche Erbeinsetzung** unzulässig (Palandt/*Weidlich* § 2087 Rn. 1; *Otte* NJW 1987, 3165). Demzufolge scheidet auch eine Nacherbeneinsetzung auf einzelne Nachlassgegenstände aus (a. M. *Schrader* NJW 1987, 117). Es verbleibt dem Testator die Möglichkeit, bezüglich des einzelnen Gegenstandes Vor- und Nachvermächtnis anzuordnen (vgl. hierzu Rn. 157ff.). Faktisch kann jedoch der Erblasser mittelbar die „Nacherbeinsetzung auf einen einzelnen Gegenstand" da- 137 durch erreichen, dass der Vorerbe alle diejenigen Nachlassgegenstände zum (freien) Vorausvermächtnis erhält mit Ausnahme des einzelnen Gegenstandes, der gemäß den Bestimmungen der §§ 2100 ff. BGB beim Eintritt des Nacherbfalls dem Nacherben zufallen soll. Dieser Weg ist prinzipiell der Möglichkeit, ein vergleichbares Ergebnis über Vor- und Nachvermächtnis zu erreichen, vorzuziehen. Die Rechtsposition des Nacherben ist deutlich stärker als die des Nachvermächtnisnehmers (siehe hierzu Rn. 157 ff.). Da Vorausvermächtnisse auch an aufschiebende Bedingungen geknüpft werden können, kann auch dem Vorerben das Recht eingeräumt werden, durch Rechtsgeschäft unter Lebenden (Übertragungsvorbehalt) oder durch Verfügung von Todes wegen (Verfügungsvorbehalt) über bestimmte Nachlassgegenstände frei oder eingegrenzt zu verfügen (*J. Mayer* ZEV 2000, 5).

138 **Formulierungsbeispiel: Vorausvermächtnis für den Vorerben**

> Im Wege des Vorausvermächtnisses erhält der Vorerbe alle beweglichen und unbeweglichen Gegenstände, Forderungen, Rechte und Beteiligungen, mithin alles – mit Ausnahme meines Hausanwesens in der Gemarkung ..., FlNr ... Im wirtschaftlichen Ergebnis bezieht sich somit die angeordnete Vor- und Nacherbfolge und damit das Recht des Nacherben ausschließlich auf das vorgenannte Hausanwesen.

b) Befreiter Vorerbe

139 Gemäß § 2136 BGB kann der Erblasser den Vorerben von einigen der Beschränkungen und Verpflichtungen gem. §§ 2113 ff. BGB befreien. Strikt **vermutet** wird diese Befreiung bei der Nacherbeneinsetzung auf den sog. **Überrest** (§ 2137 BGB). Eine **völlige Befreiung** hingegen ist **nicht möglich**. So kann der Erblasser den Vorerben nicht befreien vom Verbot unentgeltlicher Verfügungen (§ 2113 II BGB; dazu *Heider* ZEV 1995, 1) und von der Pflicht zur Vorlage des Verzeichnisses der Erbschaftsgegenstände (§ 2121 BGB; vgl. auch *Müller* ZEV 1996, 180). Auch die teilweise Unwirksamkeit von Zwangsvollstreckungsmaßnahmen (§ 2115 BGB) und der Surrogationsgrundsatz des § 2111 BGB sind **nicht abdingbar**. Soweit einzelne Gegenstände nicht dem Nacherbenrecht unterliegen sollen, sind sie als Vorausvermächtnis dem Vorerben zuzuwenden (vgl. Rn. 137 f.). Die Befreiung des Vorerben ist im Grundbuch einzutragen (§ 51 GBO) und im Erbschein anzugeben (§ 2363 BGB).

140 Ob die Befreiung auf einzelne Nachlassgegenstände beschränkt werden kann, ist umstritten (bejahend MünchKomm/*Grunsky* § 2136 Rn. 8; RGRK/*Johannsen* § 2136 Rn. 8; verneinend Staudinger/*Avenarius* § 2136 Rn. 3). Der sichere und daher vorzugswürdige Weg ist angesichts fehlender obergerichtlicher Rechtsprechung das Vorausvermächtnis, eventuell gekoppelt mit einem Nachvermächtnis (§ 2191 BGB; *J. Mayer* ZEV 2000, 1) oder die vermächtnisweise Beschwerung des Nacherben mit der Pflicht, bestimmten Verfügungen des Vorerben zuzustimmen (Staudinger/*Avenarius* § 2136 Rn. 7).

141 Der Vorerbe kann sein Recht auf den Nacherben übertragen und umgekehrt der Nacherbe sein Anwartschaftsrecht auf den Vorerben. Im Falle der letzteren Verfügung führt dies zwar dazu, dass der Vorerbe Vollerbe wird; allerdings ergeben sich Probleme, wenn ein Ersatznacherbe berufen ist (vgl. *Nieder* ZEV 1996, 245; siehe auch DNotI-Report 2010, 85). Diese Problematik lässt sich allerdings durch eine auflösende Bedingung der Ersatznacherbfolge bei der Testamentserrichtung vermeiden (Formulierungsbeispiel s. Rn. 125).

142 In vielen Fällen, etwa beim Geschiedenentestament, soll die Nacherbfolgeanordnung nicht den Vorerben beschränken, sondern nur sicherstellen, dass das geerbte Vermögen nicht seinem Nachlass zugerechnet wird. Es stellt sich dann die Frage, wie dem befreiten Vorerben noch mehr Freiheit eingeräumt werden kann (vgl. dazu *Kanzleiter*, FS Schippel, 1996, S. 287). Im Wesentlichen ist dies möglich durch Vorausvermächtnisse, ferner da-

durch, dass es dem Vorerben im Rahmen einer auflösenden Bedingung ermöglicht wird, auf die Person des Nacherben Einfluss zu nehmen. Auch die Ernennung des Vorerben zum Mittestamentsvollstrecker kommt in Betracht.

3. Vermächtnis

Jedem Vermächtnisnehmer steht ein **schuldrechtlicher Anspruch** (§ 2174 BGB) gegenüber dem Beschwerten (gesetzlicher oder gewillkürter Erbe oder Vermächtnisnehmer, § 2147 BGB) zu. Es handelt sich konstruktiv um ein sog. „**Damnationslegat**", welches der Erfüllung bedarf, nicht um ein „Vindikationslegat", bei dem der Vermächtnisnehmer das Eigentum am vermachten Gegenstand von selbst erwirbt und einen Herausgabeanspruch gegen den Erben hat; das deutsche Erbrecht kennt kein Vindikationslegat. Das Vermächtnis unterscheidet sich von der Erbeinsetzung dadurch, dass der Gläubiger (Vermächtnisnehmer) nicht am Nachlass beteiligt ist. Das Vermächtnis muss erst durch ein Erfüllungsgeschäft vollzogen werden. Gleichwohl kann in der Zuwendung einzelner Gegenstände auch eine Erbeinsetzung gesehen werden, wenn diese Gegenstände nach der Vorstellung des Erblassers praktisch den gesamten Nachlass ausmachen und der Bedachte nach dem Willen des Erblassers dessen wirtschaftliche Stellung fortsetzen sollte (vgl. Rn. 114; BayObLGZ 1965, 460 und *BayObLG* ZEV 1995, 408; Palandt/*Weidlich* § 2087 Rn. 5). 143

Unter **Quotenvermächtnis** versteht man die Zuwendung eines Bruchteils des Nachlasswertes. Es ist ein echtes Vermächtnis (*BGH* MDR 1978, 649). Soweit der Bedachte jedoch eine echte Mitbeteiligung an der Erbschaft erhalten soll, liegt Erbeinsetzung vor (*Lange/Kuchinke* § 27 II 2). 144

Problematisch ist, wie die **Zuwendung des Pflichtteils** aufzufassen ist. Sie kann eine bloße Verweisung auf den Pflichtteil bedeuten oder aber Vermächtnis sein. Der Unterschied spielt im Hinblick auf die Ausschlagung (beim Vermächtnis gem. § 2180 II BGB gegenüber dem Beschwerten; beim Pflichtteil gem. § 2303 BGB nicht nötig/möglich) und die Höhe beim gesetzlichen Güterstand (§ 1371 BGB) eine Rolle (hierzu Palandt/*Weidlich* § 2304 Rn. 3). Demzufolge ist eine Klarstellung, ob bloßer Verweis auf das gesetzliche Pflichtteilsrecht oder Vermächtniseinsetzung gewollt ist, in der notariellen Urkunde geboten. Kein Unterschied besteht seit der Reform des erbrechtlichen Verjährungsrechts zum 1.1.2010 mehr hinsichtlich der Verjährung: sowohl Pflichtteil als auch Vermächtnisanspruch verjähren gem. § 195 BGB in drei Jahren. Die Verjährung beginnt mit dem Schluss des Jahres der Entstehung des Anspruchs sowie Kenntnis bzw. grob fahrlässiger Unkenntnis vom Vorliegen der Anspruchsvoraussetzungen, gem. § 199 I BGB. Kenntnisunabhängig verjähren die Ansprüche gem. § 199 III a BGB in dreißig Jahren ab Entstehung des Anspruchs. 145

Insbesondere beim **Grundstücksvermächtnis** ist klarzustellen, ob der Vermächtnisnehmer entsprechend der gesetzlichen Vermutung gem. §§ 2165, 2166 BGB die im Erbfall bestehenden dinglich gesicherten Verbindlichkeiten zu übernehmen hat oder ob der mit dem Vermächtnis Belastete lastenfreies Eigentum übertragen muss. Gehört Grundbesitz zum Betriebsvermögen, sollte klargestellt werden, wer die durch einen etwaigen Entnahmegewinn veranlasste Ertragsteuer zu tragen hat. 146

Betrifft das Vermächtnis einen **bestimmten Gegenstand** (Stückvermächtnis), der im Zeitpunkt der Abfassung der Verfügung von Todes wegen zum Vermögen des Erblassers gehört, so ist § 2169 I BGB zu beachten: Im Zweifel ist danach anzunehmen, dass der Erblasser **kein Verschaffungsvermächtnis** gewollt hat. Gehört also der vermachte Gegenstand im Zeitpunkt des Erbfalls nicht mehr dem Erblasser, weil er ihn nach Testamentserrichtung und vor dem Erbfall veräußert hat, so ist die Vermächtnisanordnung im Zweifel nicht wirksam. Hat der Erblasser eine Gegenleistung für die Veräußerung des Gegenstandes erlangt oder einen Anspruch auf Gegenleistung, so stellt sich die Frage, ob anstelle des Gegenstandes der Anspruch auf die Gegenleistung, diese selbst oder ihr Wert 147 vermacht sein sollte. Nur für den Fall des Forderungsvermächtnisses (§ 2173 BGB) soll im Zweifel anstelle der nicht mehr bestehenden vermachten Forderung die vom Schuldner erbrachte Leistung vermacht sein. Darüber hinaus kennt das Vermächtnisrecht keine allgemeine Surrogationsregel. § 2169 III BGB ist nicht entsprechend anwendbar. Es ist allenfalls möglich, im Wege der ergänzenden Testamentsauslegung den Erlös als vermacht anzusehen (BGHZ 22, 357). Um Auslegungsprobleme zu vermeiden, ist es geboten, bei der Testamentsabfassung – wo sinnvoll und nötig – niederzulegen, ob ein eventuelles Surrogat als vermacht oder als nicht vermacht anzusehen ist; es sind also die Rechtsfolgen zu regeln, die eintreten, wenn der Gegenstand sich nicht mehr im Nachlass befinden sollte.

148 Zwischen **Anfall** und **Fälligkeit** ist zu differenzieren: Der Vermächtnisanspruch (Anfall), mithin die Forderung des Vermächtnisnehmers gegenüber dem Beschwerten, wird mit dem Erbfall (ohne Kenntnis und ohne Erklärung des Bedachten) existent (§ 2176 BGB; BGH NJW 1961, 1915). Er ist ab diesem Zeitpunkt vererblich. Ausnahmen regeln die §§ 2177 bis 2179 BGB. Demzufolge fällt das Vermächtnis bei **aufschiebender Bedingung** oder bei **Befristung** erst mit Eintritt der Bedingung oder des Zeitpunktes an (vgl. dazu *Zawar* NJW 2007, 2353). Vom Anfall ist die Fälligkeit zu unterscheiden. Soweit vom Testator nichts anderes bestimmt ist, ist mit dem Anfall des Vermächtnisses dieses auch fällig. Jedoch kann der Erblasser eine spätere Fälligkeit anordnen. Dies ist vor allem im Hinblick auf die Ausnutzung erbschaftsteuerlicher Freibeträge bei gegenseitigen Erbeinsetzungen zugunsten gemeinschaftlicher Abkömmlinge bereits beim ersten Sterbefall zu erwägen. Hier kann ein Vermächtnis in Höhe des gesetzlichen Erbteils bzw. in Höhe des beim Erbfall noch vorhandenen erbschaftsteuerlichen Freibetrages zugunsten der Kinder bereits für den ersten Sterbefall angeordnet werden und damit anfallen, jedoch erst für einen späteren Zeitpunkt, wegen § 6 IV ErbStG, der das beim Tode des Beschwerten fällige Vermächtnis der Nacherbschaft gleichstellt, nicht jedoch auf das Ableben des Letztversterbenden fällig gestellt werden (vgl. zum Ganzen DNotI-Report 2010, 3). Soweit Anfall und Fälligkeit auseinander fallen, ist klarzustellen, inwieweit der Vermächtnisnehmer nach dem Anfall bis zur Fälligkeit Sicherung seines Anspruches verlangen kann. Beim Grundstücksvermächtnis wäre, soweit nichts anderes angeordnet ist, gem. §§ 885, 883 BGB die Eintragung einer Vormerkung zugunsten des Vermächtnisnehmers durchsetzbar.

149 Auch beim Vermächtnisnehmer kommt der **Ersatzberufung** große Bedeutung zu. Nach § 2190 BGB kann ein Ersatzvermächtnisnehmer ähnlich dem Ersatzerbenrecht bestimmt werden. Fehlt eine klare Anordnung des Erblassers, greift die Auslegungsregel des § 2069 BGB Platz (vgl. hierzu *Nieder* ZEV 1996, 247). Sofern dies nicht gewünscht wird, ist eine Ersatzvermächtnisnehmerberufung in der Verfügung von Todes wegen ausdrücklich auszuschließen (*Dietz* ZEV 2009, 240; vgl. auch *Haspl* ZEV 2013, 60).

150 | **Formulierungsbeispiel: Ausschluss von Ersatzvermächtnisnehmern**

Kann oder will der Vermächtnisnehmer – gleich aus welchem Grund – das Vermächtnis nicht annehmen, so entfällt das Vermächtnis ersatzlos.

a) Vorausvermächtnis

151 Vorausvermächtnis ist die Zuwendung einzelner Gegenstände oder einer Mehrheit von solchen an den Erben oder Miterben neben seiner Erbeinsetzung (§ 2150 BGB). Es ist abzugrenzen von der Teilungsanordnung gem. § 2048 BGB. Entscheidend ist, ob der Miterbe sich den Wert des gesondert Zugewendeten auf den Erbteil anrechnen lassen muss (Teilungsanordnung, vgl. Rn. 170 ff.) oder nicht (Vorausvermächtnis). Die Verbindung von Teilungsanordnung und Vorausvermächtnis ist vor allem dann sinnvoll, wenn der (Mit-)Erbe im Wege der Teilungsanordnung einzelne Gegenstände erhält, den über die Erbquote hinausgehenden Wert des Zugewendeten jedoch nicht auszugleichen hat. Ohne klare Bestimmungen des Erblassers ist vor allem im Hinblick auf entgeltliche Übernahmeanordnungen wegen §§ 2270, 2278, 2287 ff. BGB die Abgrenzung zwischen Vorausvermächtnis und Teilungsanordnung schwer (Staudinger/*Otte* § 2150 Rn. 9 ff.; vgl. hierzu *BGH* ZEV 1996, 71 m. Anm. *Kummer* und *BGH* ZEV 1995, 144 m. Anm. *Skibbe*). Nach der Rechtsprechung (*BGH* FamRZ 1990, 396) spricht ein Schweigen des Testaments immer für den Wertausgleich, also die Teilungsanordnung. Das Vorausvermächtnis spielt in der Praxis besonders eine Rolle bei mehreren Miterben, aber auch bei der Zuwendung einzelner Gegenstände an den Vorerben, weil diesem dann der Gegenstand unbeschränkt durch das Recht des Nacherben verbleibt (vgl. Rn. 137 ff.). Auch das Vorausvermächtnis kann aufschiebend bedingt oder befristet sein. Anfall und Fälligkeit können auseinander fallen.

Formulierungsbeispiel: Erbeinsetzung mit Vorausvermächtnis 152

1. Zu meinen Erben berufe ich zu unter sich gleichen Teilen meine Kinder A und B.
2. Mein Kind A erhält zusätzlich zu seinem Erbteil, also nicht auf diesen anzurechnen, im Wege des Vorausvermächtnisses einen baren Geldbetrag von … EUR.
Ersatzvermächtnisnehmer sind …
oder
Sofern mein Kind A nicht Erbe wird, gleich ob es die Erbschaft nicht annimmt oder vorverstirbt, also wenn Ersatzerbfolge eintritt, entfällt das Vorausvermächtnis.
(nach Reimann/Bengel/*J. Mayer* Formularteil 26)

Vorausvermächtnis und Teilungsanordnung unterscheiden sich in den Rechtswirkungen erheblich: Der Vorausvermächtnisnehmer ist Nachlassgläubiger (§ 1967 II BGB) und kann deshalb – soweit keine anderweitigen Bestimmungen des Erblassers vorliegen – Erfüllung bereits vor Auseinandersetzung der Erbengemeinschaft verlangen (§§ 2046 I 1, 2059 II BGB). Er hat also einen besseren Rang (§§ 1991 II BGB, 327 I Nr. 2 InsO). Die reine Teilungsanordnung hingegen begründet nur das Recht und die Pflicht, bei der Erbteilung einen bestimmten Gegenstand zum Eigentum zu übernehmen. Schließlich kann nur das Vorausvermächtnis, nicht die Teilungsanordnung erbvertraglich bindend (§ 2278 II BGB) oder wechselbezüglich (§ 2270 II BGB) vereinbart werden. 153

Ein Vorausvermächtnis kann auch dem alleinigen Erben oder Vorerben zugewendet werden, selbst wenn hier kein eigentliches Vermächtnis vorliegt, weil niemand sein eigener Schuldner sein kann (weshalb auch *Lange/Kuchinke* § 29 V 1d es als überflüssig bezeichnen). Gleichwohl „gilt" es als Vermächtnis (Palandt/*Weidlich* § 2150 Rn. 2; *BGH* NJW 1960, 959), ist also als solches zu behandeln. Denn der Vorausvermächtnisnehmer hat einige Vorteile: 154
– § 2085 BGB: Unwirksamkeit einer Verfügung hat nicht zwingend die Unwirksamkeit der anderen zur Folge;
– § 2110 II BGB: das Recht des Nacherben erstreckt sich grundsätzlich nicht auf das Vorausvermächtnis zugunsten des Vorerben;
– § 2203 BGB: Erfüllung durch den Testamentsvollstrecker mit Klagemöglichkeit gegen den Testamentsvollstrecker gem. § 2213 BGB;
– § 2373 BGB: das Vorausvermächtnis gilt im Zweifel als nicht mitverkauft.

Zu beachten ist, dass zu den Vorausvermächtnissen stets der Voraus gem. § 1932 BGB zählt. Schließlich erwirbt der alleinige Vorerbe den durch Vorausvermächtnis zugewendeten Gegenstand ohne weiteres mit dem Vorerbfall. 155

Soweit es sich nicht um ein **Verschaffungsvermächtnis** handelt, hat das Vorausvermächtnis zugunsten des alleinigen Vorerben dingliche Wirkung (BGHZ 32, 60). Demzu- 156 folge ist im Erbschein anzugeben, dass sich das Recht des Nacherben nicht auf den Gegenstand des Vorausvermächtnisses erstreckt. Bei Grundbesitz ist bezüglich von Vorausvermächtnissen für den Vorerben die Eintragung des Nacherbenvermerks unzulässig (Staudinger/*Otte* § 2150 Rn. 3). Soweit Ersatzerbfolge angeordnet ist, oder nach den gesetzlichen Bestimmungen vermutet wird (§ 2069 BGB), bedarf es einer Regelung, ob auch dem Ersatz(mit)erben das Vorausvermächtnis zufallen soll.

b) Vor- und Nachvermächtnis

157 Wendet der Erblasser denselben Gegenstand in zeitlicher Reihenfolge nacheinander verschiedenen Personen dergestalt zu, dass der erste Vermächtnisnehmer (nicht der Erbe, es sei denn es handelt sich um ein Vorausvermächtnis) bei Eintritt des Termins oder der Bedingung dem Dritten (Nachvermächtnisnehmer) den Gegenstand herauszugeben hat, so liegt ein Nachvermächtnis gem. § 2191 BGB vor. Die Vorschriften über die Nacherbschaft werden weder unmittelbar noch analog angewendet, mit Ausnahme der in § 2191 II BGB ausdrücklich aufgeführten Bestimmungen. Das **Nachvermächtnis** ist stets ein **aufschiebend bedingtes oder betagtes Vermächtnis (§ 2177 BGB)**. Es fällt dem Nachvermächtnisnehmer nicht mit dem Erbfall, sondern erst mit dem vom Erblasser bestimmten Zeitpunkt bzw. mit dem Tod des Vorvermächtnisnehmers an (§§ 2191 II, 2106 II BGB). Demzufolge gilt vom Erbfall bis zum Anfall des Nachvermächtnisses § 2179 BGB, welcher auf die Normen des allgemeinen Teils verweist, die für die unter aufschiebender Bedingung geschuldete Leistung gelten. Dem Nachvermächtnisnehmer steht ab Erbfall und endend mit Anfall des Nachvermächtnisses eine **Anwartschaft** zu. Diese ist jedoch nicht dem Anwartschaftsrecht des Nacherben vergleichbar, da § 2108 BGB gem. § 2191 II BGB nicht unmittelbar auf das Nachvermächtnis anwendbar ist. Probleme treten auf, wenn der Nachvermächtnisnehmer vor Eintritt des Nachvermächtnisfalles verstirbt. Zwar gilt gem. § 2177 BGB für aufschiebend bedingte Vermächtnisse die Auslegungsregel des § 2074 BGB, wonach die Zuwendung (Nachvermächtniseinsetzung) nur gelten soll, wenn der Nachvermächtnisnehmer den Eintritt der Bedingung erlebt. Anderseits muss § 2074 BGB im Kontext zu § 2069 BGB gesehen werden. Nach h. M. (*BGH* NJW 1958, 22) kommt der Auslegungsregel des § 2074 BGB kein Vorrang vor der allgemeinen Regel des § 2069 BGB zu. So ist es eine Frage der ergänzenden Auslegung, wenn kein Ersatzvermächtnisnehmer bestimmt ist, ob dessen Abkömmlinge beim Vorableben ersatzweise berufen sind. Um die Problematik mit den Vermutungen der §§ 2074, 2069 BGB und die damit vorgegebenen Rechtsunsicherheiten zu vermeiden, ist es erforderlich, bei der Abfassung der Verfügung von Todes wegen zu regeln, ob die Rechte des Nachvermächtnisnehmers vor dem Bedingungseintritt (Anfall) vererblich sein sollen oder nicht. Die Bestimmung eines Ersatznachvermächtnisnehmers führt regelmäßig zum Ausschluss der Vererblichkeit der Nachvermächtnisnehmeranwartschaft. Ob die unter § 2069 BGB vermutete Ersatzberufung der Abkömmlinge hingegen diesen Schluss zulässt, ist fraglich. Eine ausdrückliche Ersatznachvermächtnisnehmerbestimmung ist daher zusätzlich empfehlenswert.

---

158 Formulierungsbeispiel: Vor- und Nachvermächtnis

1. Ich beschwere meinen Erben mit folgendem Vermächtnis zugunsten von … :
   … erhält meine nachstehenden Konten, Depots bzw. Versicherungen, soweit diese in den Nachlass fallen bzw. sich im Nachlass befinden, zur alleinigen Berechtigung: …
   Soweit … Miterbe ist, handelt es sich um ein Vorausvermächtnis. Ersatzvermächtnisnehmer sind die Abkömmlinge des Vermächtnisnehmers zu unter sich gleichen Stammanteilen nach den Regeln der gesetzlichen Erbfolge. Im Übrigen entfällt das Vermächtnis ersatzlos.
   Das Vermächtnis ist innerhalb von sechs Monaten nach meinem Ableben zu erfüllen und bis dahin unverzinslich. Sicherung kann bis dahin nicht verlangt werden.

▼ Fortsetzung: **Formulierungsbeispiel: Vor- und Nachvermächtnis**

2. ... ist jedoch nur Vorvermächtnisnehmer. Nachvermächtnisnehmer sind seine Abkömmlinge zu unter sich gleichen Stammanteilen, ersatzweise ... Die Anwartschaft des Nachvermächtnisnehmers ist weder übertragbar noch vererblich. Das Nachvermächtnis fällt an mit dem Tod des Vorvermächtnisnehmers. Der Nachvermächtnisnehmer kann Sicherung vor Anfall des Nachvermächtnisses nicht verlangen. Die bis dahin zu ziehenden Nutzungen stehen dem Vorvermächtnisnehmer zu.

Bei Grundstücksvor- und -nachvermächtnissen stellt sich die Frage der **Vormerkbarkeit des Nachvermächtnisnehmeranspruchs**. Nach h. M. (*BayObLG* Rpfleger 1981, 190; AnwK-BGB/*J. Mayer* § 2141 Rn. 17 m. w. N.) wird grundsätzlich dem Nachvermächtnisnehmer die Sicherungsmöglichkeit durch Eintragung einer Vormerkung zugebilligt. Soweit eine Vormerkung eingetragen ist, sind dem Vorvermächtnisnehmer gegenüber dem durch Auflassungsvormerkung gesicherten Nachvermächtnisnehmer analog §§ 2124 ff., 2120 BGB die Ansprüche des Vorerben gegen den Nacherben zuzubilligen (*Maur* NJW 1990, 1161). Wenn eine dingliche Sicherung des Nachvermächtnisnehmers gewollt ist, kann die Eintragungsbewilligung im Hinblick auf die Vormerkung bereits in der Verfügung von Todes wegen enthalten sein (*OLG Stuttgart* MittBayNot 2013, 49). Soweit der Nachvermächtnisnehmer während der Anwartschaftszeit keine dingliche Sicherung erhalten soll, ist dies aus Rechtssicherheitsgründen in der Verfügung von Todes wegen klar zum Ausdruck zu bringen. Die bloße Formulierung: „Zum Vorvermächtnisnehmer bestimme ich X; Nachvermächtnisnehmer wird Y." führt im Immobiliarbereich häufig zu Ergebnissen, die vom Erblasser, wäre er sich über die Rechtsfolgen im Klaren gewesen, nicht gewünscht worden wären (zu den Problemen des Vor- und Nachvermächtnisses vgl. *Bühler* BWNotZ 1967, 174; *Zawar* DNotZ 1986, 515; *Maur* NJW 1990, 1161; *Bengel* NJW 1990, 1826; *Watzek* MittRhNotK 1999, 37; *Werkmüller* ZEV 1999, 343; *Daniels* und *Baltzer* passim; *Muscheler* AcP 208 (2008), 70).

c) Bestimmungsrecht Dritter

Zwar gilt § 2065 II BGB, wonach der Erblasser die Bestimmung des Gegenstandes der Zuwendung einem anderen nicht überlassen kann, auch für das Vermächtnis. Durch die Zulässigkeit des **Wahl-** (§ 2154 BGB), **Gattungs-** (§ 2155 BGB) und **Zweckvermächtnisses** (§ 2156 BGB) ergeben sich aber erhebliche Einschränkungen dieses Grundsatzes.

Beim **Zweckvermächtnis** kann der Bestimmungsberechtigte den Gegenstand, die Bedingungen der Leistung und die Zeit der Fälligkeit feststellen, nicht hingegen die Person des Empfängers, es sei denn, dass diese nach §§ 2151, 2152 BGB bestimmbar ist. Die Zweckbestimmung selbst muss wenigstens so weit gehen, dass sich für das billige Ermessen bei der Bestimmung der Leistung ausreichende Anhaltspunkte ergeben (Staudinger/ *Otte* § 2156 Rn. 2). Dem Bedachten selbst kann die Leistungsbestimmung nicht überlassen werden (h. M.). Gemäß §§ 2156 S. 2, 315 II BGB erfolgt die Bestimmung des Beschwerten durch Erklärung gegenüber dem Bedachten, die Bestimmung des Dritten durch Erklärung gegenüber dem Bedachten oder dem Beschwerten (§ 318 I BGB).

Ein **Wahlvermächtnis** liegt vor, wenn der Erblasser bestimmt, dass der Vermächtnisnehmer von mehreren Gegenständen nur den einen oder anderen erhalten soll. Es begründet eine Wahlschuld gem. §§ 262 bis 265 BGB. Soweit der Erblasser den Wahlberechtigten nicht bestimmt hat, ist der Beschwerte wahlberechtigt (§ 262 BGB). Der Erblasser kann jedoch abweichend von der gesetzlichen Regel bestimmen, dass das Wahlrecht dem Bedachten oder einem Dritten zustehen soll. Soweit ein Dritter wahlberechtigt ist, dieser jedoch nicht in der Lage ist, die Wahl zu treffen (z. B. Vorableben), geht das Wahlrecht auf den Beschwerten über (§ 2151 II 1 BGB). Das Wahlrecht kann zwar mehreren Personen übertragen werden, die dann ihr Recht gem. § 747 S. 2 BGB gemeinschaftlich ausüben. Ratsam ist dies indes nicht.

163 Seltener in der Praxis ist das **Gattungsvermächtnis** (§ 2155 I BGB). Auch hier steht das Bestimmungsrecht grundsätzlich gem. § 243 II BGB dem Beschwerten zu. Gleich wie beim Wahlvermächtnis kann der Erblasser die Bestimmung dem Bedachten oder einem Dritten übertragen. Geldsummenvermächtnisse fallen nicht unter § 2155 BGB, da insoweit eine nähere Bestimmung des Leistungsinhalts nicht erforderlich ist.

d) Erbeinsetzung oder Vermächtnis?

164 Eine praktikable, kostengünstige und auch schnelle Abwicklung des Nachlasses kann im Einzelfall dadurch erreicht werden, dass der Begünstigte nicht zum Miterben (mit entsprechenden Ansprüchen aus einer Teilungsanordnung), sondern zum Vermächtnisnehmer berufen wird. Soll z. B. einer der Bedachten den Grundbesitz des Erblassers, der andere hingegen Mobilien und Bankguthaben erhalten, so führt die (**Allein-**)**Erbenberufung des** „**Grundstücks-Nachfolgers**" und die Vermächtniszuwendung der übrigen Nachlassgegenstände an den anderen Bedachten dazu, dass eine Auseinandersetzung der Erbengemeinschaft entbehrlich wird und die **bloße Grundbuchberichtigung** ausreicht. Auch kann ein Argument für die Vermächtniszuwendung anstelle einer Miterbenberufung sein, dass der Vermächtnisnehmer, der lediglich einen schuldrechtlichen Anspruch auf Einzelübertragung der bestimmten Nachlassgegenstände hat, nicht als Mit-Gesamtrechtsnachfolger in den gesamten Nachlass mit möglichen Problemen der Auseinandersetzung unter den Miterben belastet wird.

165 Bei der Vermächtniszuwendung ist besonders auf die **Tragung der Pflichtteilslast** zu achten (§ 2318 BGB). Der Erblasser kann gem. § 2324 BGB jedoch von der gesetzlichen Regel abweichen (ausführlich *Dahlkamp* RNotZ 2014, 257), so dass im Innenverhältnis zum Vermächtnisnehmer der im Außenverhältnis allein den Pflichtteil schuldende Erbe auf diesen einen Teil der Pflichtteilslast abwälzen darf. Überhaupt sollte immer dann, wenn ein Pflichtteilsberechtigter ganz oder teilweise übergangen wird, bei der Anordnung von Vermächtnissen klar bestimmt werden, wer (Erbe oder Vermächtnisnehmer oder beide gemäß der gesetzlichen Regel) die Pflichtteilslast zu tragen hat.

4. Auflagen

166 Die Auflage begründet für den Begünstigen kein Recht; sie ist demzufolge keine Zuwendung von Todes wegen (§§ 1940, 2192 bis 2196 BGB). Mit der Auflage wird eine bestimmte Verpflichtung gegenüber dem Vollziehungsberechtigten zugunsten des Auflagebegünstigten begründet. Der Begünstigte selbst hat **keinen Anspruch auf die Leistung**. Beschwert werden kann mit der Auflage sowohl der Erbe als auch ein Vermächtnisnehmer; im Zweifel trifft die Beschwerung den Erben (§§ 2192, 2147 BGB). Abzugrenzen ist die Auflage von der auflösenden Bedingung der Zuwendung und der Anordnung einer Testamentsvollstreckung (vgl. *BayObLG* ZEV 1996, 33; Reimann/Bengel/*J. Mayer* Checklisten Rn. 16). **Gegenstand der Auflage** kann ein Tun oder Unterlassen des Beschwerten sein. Weitgehend sind die Bestimmungen des Vermächtnisrechts gem. § 2192 BGB für die Auflage anwendbar (**Wahlauflage:** § 2154 I 1 BGB; **Gattungsauflage:** § 2155 I BGB; **Zweckauflage:** § 2156 BGB). Ansprüche aus dem Recht der Auflage stehen nur dem Vollziehungsberechtigten bzw. demjenigen zu, dem der Wegfall des zunächst Beschwerten unmittelbar zugute kommen würde (§ 2196 BGB). Der Begünstigte hat kein Forderungsrecht wie der Vermächtnisnehmer. Die Grundsätze des unechten Vertrags zugunsten Dritter für die Geltendmachung der Leistungspflicht, ihres Umfangs und ihrer Änderung sind nicht entsprechend heranziehbar. Dem Testator steht das Recht zu, abweichend von der Bestimmung des § 2194 BGB einen Vollziehungsberechtigten zu bestimmen. Dies ist vor allem dann geboten, wenn ein oder mehrere Miterben mit einer Auflage beschwert sind. Als alleiniger Vollziehungsberechtigter bietet sich häufig der

Testamentsvollstrecker an – vor allem dann, wenn mittels Auflage einem Dritten Geld zugewendet werden soll, ohne dass ihm – wie beim Vermächtnis – ein eigenes Forderungsrecht zusteht (vgl. *Vorwerk* ZEV 1998, 297; zur Abgrenzung von Auflage und Vermächtnis *KG* ZEV 1998, 306).

Klassische Beispiele für eine Auflage sind Bestimmungen über die Errichtung und Art des Grabdenkmals, Grabpflege, Versorgung von Haustieren oder schuldrechtliche Veräußerungs- und Leistungsverbote.

> **Formulierungsbeispiel: Auflage Beerdigung und Grabpflege**
>
> Meinem Erben mache ich zur Auflage, für eine ordnungsgemäße Beerdigung und Grabpflege auf die Dauer der ortsüblichen Liegezeit, mindestens jedoch auf die Dauer von 15 Jahren, zu sorgen.
> *ggf.:* Hierfür soll ein Geldbetrag in Höhe von … EUR aus der Nachlassmasse verwendet werden. Dieser Betrag soll auf ein eigens dafür zu errichtendes Konto eingezahlt werden.

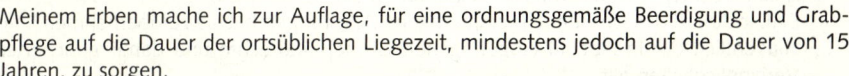

Die Art der Bestattung kann ebenfalls durch Auflage geregelt werden. Dies empfiehlt sich jedoch regelmäßig deshalb nicht, weil das Testament zu einem Zeitpunkt eröffnet wird, zu welchem die Beerdigung des Erblassers längst durchgeführt ist. Solche Verfügungen des Erblassers sollten besser nicht im Testament, sondern durch Rechtsgeschäft unter Lebenden, z. B. im Rahmen der Errichtung einer Vorsorgevollmacht, getroffen werden.

5. Teilungsanordnung, Übernahmerecht, Erbteilungsverbot

a) Teilungsanordnung

Ohne weitere Bestimmungen des Erblassers erfolgt die Auseinandersetzung des Nachlasses gem. § 2042 II BGB nach den Grundsätzen für die Auseinandersetzung einer Bruchteilsgemeinschaft. Der Erblasser kann jedoch durch das Mittel der Teilungsanordnung **Bestimmungen über die Auseinandersetzung** treffen (§ 2048 BGB). Diese ist vom Vorausvermächtnis abzugrenzen (Rn. 151 ff.). Die Teilungsanordnung als solche gewährt im Rahmen der Auseinandersetzung dem Bedachten einen schuldrechtlichen Anspruch auf den ihm zugedachten Nachlassgegenstand, der erst im Zeitpunkt der Auseinandersetzung fällig und auf die Mitwirkungsverpflichtung der übrigen Miterben gerichtet ist, dem Bedachten das Eigentum an dem zugewiesenen Gegenstand zu verschaffen (*Benk* MittRhNotK 1979, 55). Unterscheidungskriterium zwischen Vorausvermächtnis und Teilungsanordnung ist nach h.M., ob der Begünstigte gegenüber den Miterben durch den Erblasser wesentlich bevorzugt werden soll oder nicht; ein objektiver Vermögensvorteil reicht nicht aus (*BGH* NJW 1962, 343; *OLG Braunschweig* ZEV 1996, 69; Palandt/*Weidlich* § 2048 Rn. 5; differenzierend *BGH* ZEV 1995, 144 m. Anm. *Skibbe*; krit. *Loritz* NJW 1988, 2701).

Die wesentlichen **Unterschiede zwischen Teilungsanordnung und Vorausvermächtnis** bestehen darin, dass die Teilungsanordnung nicht isoliert ausgeschlagen werden kann; ferner kann sie weder wechselbezüglich (§ 2270 III BGB) noch erbvertragsmäßig bindend vereinbart werden (§ 2278 BGB). Auch hat der Vorausvermächtnisnehmer gegenüber dem durch eine Teilungsanordnung Bedachten eine bessere Rechtsposition, wenn Nachlassverbindlichkeiten geltend gemacht werden, da er grundsätzlich einen Anspruch auf Vorabbefriedigung aus dem Nachlass hat (vgl. hierzu Rn. 151 ff.). Schließlich ergeben sich erhebliche Unterschiede im Hinblick auf die Sach- und Rechtsmängelhaftung (hierzu *Benk* MittRhNotK 1979, 57). Bei einer Teilungsanordnung muss sich der Bedachte den Wert des Gegenstandes auf seinen Erbteil anrechnen lassen; gegebenenfalls treffen ihn **Ausgleichspflichten**. Mithin ist klarzustellen, ob der dem Bedachten durch

Teilungsanordnung zugewiesene Gegenstand, soweit er mehr wert ist, als es der rechnerischen Erbquote entspricht, als Vorausvermächtnis zugewendet ist oder nicht.

---

172 | **Formulierungsbeispiel: Teilungsanordnung**

1. Ich berufe meine beiden Töchter A und B zu gleichen Teilen zu meinen alleinigen und ausschließlichen Erben.
2. Betreffend die Art und Weise der Auseinandersetzung ordne ich Folgendes an (Teilungsanordnung):
   a) Meine Tochter A erhält zum Alleineigentum mein Hausanwesen in …
   Evtl. in Abt. II des Grundbuchs eingetragene Belastungen hat sie zu übernehmen. Hinsichtlich der in Abt. III eingetragenen Grundpfandrechte und damit gesicherter Verbindlichkeiten gilt …
   b) Meine Tochter B erhält meine sämtlichen Sparguthaben, Wertpapiere sowie meinen Geschäftsanteil an der … GmbH zur Alleinberechtigung.
   c) Die vorstehenden Teilungsanordnungen gelten auch bei Eintritt der Ersatzerbfolge entsprechend.
   d) Für die Auseinandersetzung und Zuweisung der von mir nicht vorstehend durch Teilungsanordnung betroffenen Gegenstände gelten die gesetzlichen Regelungen. Klargestellt wird, dass, soweit ein Erbe durch Erfüllung vorstehender Anordnungen mehr erhält, als seinem Erbteil entspricht, ein Ausgleich zu erfolgen hat.

(nach Reimann/Bengel/*J. Mayer* Formularteil 27)

---

b) Übernahmerecht

173 Der Begriff „Übernahmerecht" wird zwar häufig in der Praxis verwendet, ist jedoch im BGB nicht definiert. Soll durch ein Übernahmerecht dem Bedachten nach dem Erblasserwillen ein Vermögensvorteil zugewendet werden, handelt es sich regelmäßig um ein **Vorausvermächtnis**; fehlt ein solcher Begünstigungswille, liegt lediglich eine **Teilungsanordnung** vor (BGHZ 36, 115). In beiden Fällen jedoch entsteht das Recht des Bedachten nicht von selbst mit dem Tod des Erblassers. Vielmehr ist eine **Ausübungserklärung** (Übernahmeerklärung) durch den Benannten erforderlich (Potestativbedingung; *Emmerich* JuS 1962, 269). Im Einzelfall ist die Abgrenzung zwischen Teilungsanordnung und Vorausvermächtnis schwer zu treffen. Ergibt der Wille des Erblassers, dass aufgrund seiner Verfügung von Todes wegen einem Miterben über den objektiven Vermögensvorteil hinaus eine besondere Begünstigung zukommen soll, so liegt ein Vorausvermächtnis vor. Fehlt der Begünstigungswille, ist jedoch objektiv ein Vermögensvorteil feststellbar, kann sowohl Teilungsanordnung als auch Vorausvermächtnis gewollt sein (*Benk* MittRhNotK 1979, 62). Fehlt hingegen ein Vermögensvorteil, liegt eine bloße Teilungsanordnung vor.

174 Vom Übernahmerecht ist die **Übernahmepflicht** zu unterscheiden. Hierunter fallen die Bestimmungen des Erblassers, welche die Erbeinsetzung (oder Vermächtniszuwendung) eines Bedachten von der Übernahme eines konkreten Nachlassgegenstandes abhängig machen. Im Regelfall handelt es sich inhaltlich um auflösende oder aufschiebende Bedingungen. Die Übernahmepflicht kann eine Teilungsanordnung darstellen; auch könnte sie als Vorausvermächtnis ausgestaltet werden, dessen Annahme Bedingung für die Erbeinsetzung ist.

c) Auseinandersetzungsverbot

175 Testatoren äußern häufig die Absicht, ihr Vermögen oder bestimmte Teile davon auch nach ihrem Ableben ungeteilt erhalten zu wollen (vgl. zum Ganzen *Bengel* ZEV 1995, 178). Solche „Teilungsverbote" können von verschiedener Rechtsnatur sein. Neben mangels Rechtsbindungswillens des Erblassers die Erben nicht bindenden Bitten, Ratschlägen oder Wünschen kommen dazu Anordnungen gem. § 2044 I BGB, Auflagen

(§§ 1940, 2194ff. BGB), Vermächtnisse (§§ 1939, 2147ff. BGB) oder u.U. eine bedingte Erbeinsetzung (dazu Nieder/Kössinger/*Kössinger* § 15 Rn. 247) in Frage. Da die Rechtsfolgen der verschiedenen Gestaltungsmöglichkeiten erheblich divergieren, muss darauf geachtet werden, dass die Natur des angeordneten Teilungsverbotes ausdrücklich klargestellt wird.

Eine „reine" Anordnung des Auseinandersetzungsausschlusses gem. § 2044 I BGB hat nur **schuldrechtlichen Charakter**. Sie ist im Prinzip eine Teilungsanordnung des Erblassers (§ 2048 BGB) mit negativem Inhalt, nämlich mit der Anweisung, die Auseinandersetzung nicht vorzunehmen (MünchKomm/*Ann* § 2044 BGB Rn. 2). Deshalb kann sie nur einseitig und nicht wechselbezüglich oder erbvertraglich bindend bestimmt werden (§§ 2270 III, 2278 II BGB). Im Zweifel liegt eine solche Anordnung nach § 2044 I BGB vor, wenn das Auseinandersetzungsverbot nur den Anspruch des einzelnen Miterben gegen die anderen auf Auseinandersetzung der Erbengemeinschaft gemäß den allgemeinen Regeln (§ 2042 BGB) gegen den Willen der anderen Miterben betrifft und keinen generellen Ausschluss der Auseinandersetzung bezweckt. Sie darf vom ansonsten gebundenen Erblasser auch ohne Änderungsvorbehalt oder Rücktrittsrecht geändert werden. Die Erben können sich einvernehmlich über das Verbot hinwegsetzen, weil eine solche Vereinbarung gar nicht gegen den Willen des Erblassers verstößt (BGHZ 40, 115). **176**

Nach neuerer Literatur wird dieses vom Erbenwillen abhängige Teilungsverbot weitgehend als **Vermächtnis** zugunsten der anderen Miterben (§ 2150 BGB) qualifiziert, mit welchem ihnen das Recht eingeräumt werde, Unterlassung der Auseinandersetzung vom Beschwerten zu verlangen (Soergel/*Wolf* § 2044 Rn. 3; MünchKomm/*Ann* § 2044 BGB Rn. 13; Palandt/*Weidlich* § 2044 Rn. 3). Gegen diese zu pauschale h.M. spricht, dass nicht ohne weiteres generell davon ausgegangen werden kann, dass der Erblasser durch ein Teilungsverbot einem oder mehreren Miterben einen Vermögensvorteil (§ 1939 BGB) mit Begünstigungswillen zuwenden wollte. Ein möglicher objektiver Vermögensvorteil für einen Miterben allein genügt aber nicht für die Annahme eines Vermächtnisses (BGHZ 36, 115). Daher muss das vom Erbenwillen abhängige Teilungsverbot allgemein als negative Teilungsanordnung, die seine Stellung als Gesamthänder nicht berührt, angesehen werden. Es kann nicht (wie ein Vermächtnis gem. § 2180 BGB) ausgeschlagen und muss auch nicht angenommen werden (*Bengel* ZEV 1995, 178 m.w.N.). **177**

Anders ist aber die Rechtslage, wenn das Auslegungsergebnis dazu führt, dass die Auseinandersetzung trotz übereinstimmenden Willens aller Erben nicht durchgeführt werden darf. In diesem Fall liegt ein rechtsgeschäftliches Verbot für alle Miterben vor, das eine (rein) schuldrechtliche Pflicht begründet, die Auseinandersetzung zu unterlassen. Hier bekommt die Anordnung die Rechtsqualität einer **Auflage** (h.M.; BGHZ 40, 115; Palandt/*Weidlich* § 2044 Rn. 3). Eine bindende Vereinbarung ist möglich (§§ 2278 II, 2270 III BGB). **178**

Die Eintragung des Ausschlusses der Aufhebung im Grundbuch ist unzulässig. Gemäß § 2044 II BGB ist das Auseinandersetzungsverbot grundsätzlich auf 30 Jahre begrenzt. **179**

Zum Zwecke der tatsächlichen **Durchsetzung des Erblasserwillens** stehen mehrere Gestaltungsvarianten zur Verfügung: Zum einen kann eine auflösend bedingte Erbeinsetzung mit einer aufschiebend angeordneten anderweitigen Erbeinsetzung verbunden werden. Als auflösende Bedingung kommt insbesondere ein Verstoß gegen das verfügte Teilungsverbot in Frage. Bedingte Vermächtnisse sind ebenfalls in Erwägung zu ziehen. Auch an auflösend bedingte Vollerbschaft verbunden mit aufschiebend bedingter Vorerbschaft kann gedacht werden, wobei jedenfalls eine sorgfältige Nach- und Ersatzerbenbestimmung vorzunehmen ist. Erwägenswert erscheint schließlich die Anordnung der **Testamentsvollstreckung,** insbesondere die Verwaltungsvollstreckung, § 2209 S. 1 BGB. Hierbei muss der Erblasser jedoch mit besonderer Umsicht vorgehen, um nicht über das Auseinandersetzungsverbot das Testamentsvollstreckerrecht zu beschränken, so dass die Verfügungsbefugnis wieder den Erben zusteht, § 2211 I BGB (vgl. dazu Bengel/*Reimann* 2. Kap. Rn. 65). **180**

6. Testamentsvollstreckung

a) Gründe für die Anordnung der Testamentsvollstreckung

181 Überall da, wo der Erblasser Sorge hat, dass seine Erben uneins sein könnten, dass die von ihm angeordnete Verteilung nicht reibungslos über die Bühne geht, dass die Erben (noch) nicht die für die Verwaltung des Nachlasses oder von Nachlassteilen (z. B. Unternehmen, Unternehmensbeteiligungen, Auslandsbesitz) erforderliche Sachkunde und Erfahrung haben oder wo bei gesellschaftsrechtlichen Beteiligungen sofortiger Handlungsbedarf besteht, können die erforderlichen Aktivitäten einem Testamentsvollstrecker übertragen werden, insbesondere bei Minderjährigkeit des Erben oder Vermächtnisnehmers (*Bengel*/Reimann/*Dietz* 1. Kap. Rn. 5).

182 Die Testamentsvollstreckung zeichnet sich einerseits dadurch aus, dass dem Erben bzw. Vermächtnisnehmer die **Verfügungsmacht** über den Nachlass genommen und dem Testamentsvollstrecker als Partei kraft Amtes übertragen wird (§ 2205 S. 1 BGB). Dies stellt eine partielle Entmündigung des Erben bzw. Vermächtnisnehmers in Bezug auf die Erbschaft dar; seine Rechte in Bezug auf sein übriges Vermögen, insbesondere auch auf das, welches er bereits vorher vom Erblasser erhalten hatte, bleiben naturgemäß unberührt (Staudinger/*Reimann* Vor § 2197 Rn. 7). Zum anderen zeichnet sich die Testamentsvollstreckung dadurch aus, dass der Nachlass vor **Eigengläubigern** des Erben geschützt wird. Nach § 2214 BGB können Gläubiger des Erben, die nicht zu den Nachlassgläubigern gehören, sich nicht an die der Verwaltung des Testamentsvollstreckers unterliegenden Nachlassgegenstände halten. Der Zugriff auf den Nachlass ist damit Eigengläubigern des Erben entzogen. Dies ist insbesondere für die ungestörte Erfüllung der Testamentsvollstreckeraufgabe von Vorteil (MünchKomm/*Zimmermann* § 2214 Rn. 1; Soergel/*Damrau* § 2214 Rn. 1). Auf diese Weise entsteht durch die Testamentsvollstreckung eine Art **Sondervermögen** (BGHZ 48, 214). Wird über das Vermögen eines Erben ein Insolvenzverfahren eröffnet, dann fällt der einer Testamentsvollstreckung unterliegende Nachlass ebenfalls in die Insolvenzmasse und bildet dort bis zur Beendigung der Testamentsvollstreckung ein Sondervermögen, auf das die Nachlassgläubiger, nicht aber die Erbengläubiger Zugriff nehmen können (*BGH* DNotZ 2006, 865). Bis zur Beendigung der Testamentsvollstreckung ist der Insolvenzverwalter von der Verwertung des Nachlasses ausgeschlossen.

183 Ebenso ist den Gläubigern der Erben, die keine Nachlassgläubiger sind, der Zugriff auf die **Erträge des Nachlasses entzogen,** es sei denn, sie werden dem Erben zur freien Verfügung überlassen. Die Testamentsvollstreckung ist damit ein **Sicherungsinstrument** in allen Fällen, in denen zwar dem Erben das Vermögen des Erblassers zufallen, jedoch nicht durch Probleme, die in der Person des Erben bestehen (z. B. aus Anlass von geschäftlichen Schwierigkeiten, Zugewinnausgleichsansprüchen aus Anlass der Ehescheidung, Unterhaltsansprüchen, Sozialhilferegressansprüchen etc.) gefährdet werden soll.

184 Im **Handels- und Gesellschaftsrecht** erlangen beide Wirkungen besondere Bedeutung: Zum einen ist es für die Geschäftspartner einer Personengesellschaft wichtig, wer verwaltungs- und verfügungsbefugt ist. Dies gilt umso mehr, wenn es sich um potentielle Anteilserwerber handelt. Zum anderen haften die Gesellschafter grundsätzlich mindestens mit ihrem Gesellschaftsanteil. Wird eine Forderung allerdings nach dem Erbfall begründet, stellt dies keine Nachlassverbindlichkeit dar, so dass Gesellschaftsgläubigern der Zugriff auf den übrigen, neben dem Gesellschaftsanteil bestehenden Nachlass wegen § 2214 BGB verwehrt ist (*Muscheler* S. 510; *Lorz* S. 184). Die Testamentsvollstreckung kann somit schon im Allgemeinen zu einem Instrument der vorsorgenden Rechtspflege werden und friedenssichernde Funktionen erfüllen. Im Bereich der Wirtschaft kann dem Testamentsvollstrecker, je nach der konkreten Sachlage, darüber hinaus eine vermögenssichernde und u. U. auch eine unternehmenspolitische Bedeutung zukommen.

> **Checkliste bei Testamentsvollstreckung** 185
>
> (1) Vorüberlegung des Erblassers
>   – Ist Testamentsvollstreckung im konkreten Fall und bei den gegebenen Regelungszielen nötig?
>   – Kurz- oder längerfristige Beauftragung?
>   – Intensität der Testamentsvollstreckung?
>   – Ist der Nachlass für die Testamentsvollstreckung geeignet? (problematisch bei Beteiligungen, Bankkonten, Lebensversicherungen, Auslandsvermögen)
> (2) Testamentsvollstreckeranordnung mit Aufgabenzuweisung
> (3) Person des Testamentsvollstreckers
> (4) Dauer der Testamentsvollstreckung
> (5) Kontrolle des Testamentsvollstreckers
> (6) Vergütung des Testamentsvollstreckers

b) Arten der Testamentsvollstreckung

Die §§ 2197 bis 2228 BGB ermöglichen es dem Erblasser, den Testamentsvollstrecker 186 umfassend mit der Nachlassabwicklung und ggf. Verwaltung oder aber mit der Abwicklung einzelner Aufgaben zu betrauen. Die **Verwaltungsvollstreckung** ermächtigt den Testamentsvollstrecker, den Nachlass in Besitz zu nehmen und zu verwalten sowie über Nachlassgegenstände zu verfügen; auch in der Form der Dauervollstreckung ist diese für höchstens dreißig Jahre möglich (§ 2210 BGB mit den dort genannten Ausnahmen; zur längstmöglichen Dauer einer Testamentsvollstreckung vgl. *BGH* ZEV 2008, 138). Die Verfügungsmacht des Testamentsvollstreckers verdrängt diejenige des Erben. Bei der **Abwicklungsvollstreckung** ist es Aufgabe des Testamentsvollstreckers, einzelne Vermächtnisse oder Auflagen zu erfüllen (§ 2203 BGB) oder aber die Auseinandersetzung unter den Erben zu bewirken (§ 2204 BGB). Bei der **Nacherbenvollstreckung** (§ 2222 BGB) nimmt der Testamentsvollstrecker die Rechte des Nacherben bis zum Eintritt der Nacherbfolge wahr (*Bengel*/Reimann/*Dietz* 5. Kap. Rn. 338). Die Nacherbenvollstreckung beschwert also nicht den Vorerben, sondern den Nacherben. Daneben kann auch der Vorerbe durch eine Verwaltungs- oder Abwicklungsvollstreckung beschwert sein (*Bengel*/Reimann/*Dietz* 5. Kap. Rn. 331 ff.).

Eine **Verwaltungsvollstreckung** ist – anders als die Abwicklungsvollstreckung – auf die 187 nachhaltige Nutzbarmachung des verwalteten Vermögens und auf die Erzielung von Erträgen (für die Erben) gerichtet, und zwar in der Regel auch unter Ausschluss der Erben. Sie stellt eine Art fürsorglicher Bevormundung des Erben dar, durch den Ausschluss der Verwaltungs- und Verfügungsbefugnis der Erben einerseits, durch Ausschluss des Zugriffs der Eigengläubiger des Erben auf den Nachlass (§ 2214 BGB) andererseits. Durch eine Verwaltungsvollstreckung kann ein großes Vermögen, auch ein Unternehmen, für lange Zeit zusammengehalten werden. Der Erblasser kann durch die Anordnung einer Verwaltungsvollstreckung einen geschäftsuntüchtigen Erben, einen unerwünschten Vormund und unerwünschte familienrechtliche Beschränkungen (§ 1365 BGB, Gütergemeinschaft des Erben, familiengerichtliche Genehmigungserfordernisse) ausschließen. Durch die Ernennung eines Miterben zum Testamentsvollstrecker, etwa der Witwe, kann ihm in vermögensrechtlicher Beziehung die Stellung eines Familienoberhauptes gegeben werden. Gegenüber einer Anordnung nach § 1638 BGB hat die Anordnung der Testamentsvollstreckung den Vorteil, dass sie weniger schroff erscheint, die Anordnung einer Pflegschaft nach § 1909 BGB entbehrlich macht und über das Volljährigkeitsdatum hinaus angeordnet werden kann. Wird jedoch ein gesetzlicher Vertreter von minderjährigen Erben zum Testamentsvollstrecker ernannt, muss bei Aufgabenkollision Ergänzungspflegschaft angeordnet werden (*OLG Hamm* MittBayNot 1994, 53; *OLG Nürnberg* ZEV 2002, 158; kritisch und einschränkend *Damrau* ZEV 1994, 4; *Kirchner* MittBayNot 2002, 368; *Schlüter* ZEV 2002, 158). Wird dies nicht gewünscht, sollte eine dem Erblasser oder Erben sonst nahe stehende Person als Testamentsvollstrecker ausgewählt werden oder neben dem gesetzlichen Vertreter ein weiterer Testamentsvollstrecker als Nebenvollstrecker ernannt werden (*Reimann* MittBayNot 1994, 56; *Ruby* ZEV 2006, 66; *Bengel*/Reimann/*Dietz* 5. Kap. Rn. 414).

188 Die **Abwicklungsvollstreckung** ist anzuordnen, wenn Anlass besteht, den Vollzug der getroffenen Verfügungen unabhängig vom Willen des Erben zu machen. Insbesondere bei Grundstücksvermächtnissen kann der schnelle Vollzug durch einen Testamentsvollstrecker, der auch der Vermächtnisnehmer selbst sein kann (vgl. etwa *OLG Düsseldorf* MittBayNot 2014, 67), zu einer reibungslosen Abwicklung führen und dazu beitragen, Vermögensnachteile für den Vermächtnisnehmer durch Zeitverlust zu vermeiden.

189 **Formulierungsbeispiel: Testamentsvollstreckung zur Vermächtniserfüllung**

> Zugleich ordne ich Testamentsvollstreckung an und bestimme zum Testamentsvollstrecker den Vermächtnisnehmer mit der einzigen Aufgabe, das Vermächtnis zu seinen eigenen Gunsten zu erfüllen. Einen Vergütungsanspruch für die Übernahme der Testamentsvollstreckertätigkeit schließe ich aus. Der Testamentsvollstrecker ist von den Beschränkungen des § 181 BGB befreit.

190 Die Anordnung einer **Abwicklungsvollstreckung** ist schlechthin **unentbehrlich**, wenn der Erblasser sich darauf beschränkt, den Nachlass gegenständlich zu verteilen, und auf eine Erbeinsetzung verzichtet, aber auch dann, wenn ohne Verzicht auf eine Erbeinsetzung das **Schwergewicht** der letztwilligen Anordnung **im Bereich der Vermächtnisse** liegt. Die Abwicklungsvollstreckung ist auch dann sinnvoll, wenn mehrere Personen als Miterben eingesetzt sind.

191 **Nacherbenvollstreckung** ist anzuordnen, um Verfügungen des Vorerben unabhängig von einer Vielzahl von Zustimmungserklärungen zu stellen, um die Anordnung einer Pflegschaft für unbekannte Nacherben und die Einholung einer familiengerichtlichen Genehmigung unnötig zu machen. Ist die Nacherbenanordnung nicht auf bestimmte Personen als Nacherben beschränkt, sondern zugunsten gesetzlicher Erben (oder noch nicht vorhandener Abkömmlinge) angeordnet, wird eine Nacherbenvollstreckung in der Regel die Realisierung des letzten Willens fördern.

c) Person des Testamentsvollstreckers

192 Die Anordnung der Testamentsvollstreckung ist nur sinnvoll, wenn zugleich die Person des Testamentsvollstreckers bestimmt oder – zumindest – für ihre Bestimmung ein genaues Verfahren vorgeschrieben wird. Die Auswahl der Person durch eine Behörde, insbesondere das Nachlassgericht (§ 2200 BGB), sollte nur als *ultima ratio* in Betracht gezogen werden.

193 Testamentsvollstrecker kann grundsätzlich **jeder** sein, soweit sich nicht ein Ausschluss aus § 2201 BGB oder aus der Natur der Sache ergibt. So kann der **Alleinerbe** (auch der alleinige Vorerbe) grundsätzlich nicht alleiniger Testamentsvollstrecker sein, der alleinige Vorerbe auch nicht Nacherbenvollstrecker gem. § 2222 BGB (vgl. *Bengel*/Reimann/*Dietz* 5. Kap. Rn. 344 ff.). Der Alleinerbe oder alleinige Vorerbe kann jedoch nach Auffassung des *BGH* (ZEV 2005, 204 m. Anm. *Adams*) wegen der Gläubigersperrwirkung des § 2214 BGB ausnahmsweise zugleich Testamentsvollstrecker sein, wenn sich die Testamentsvollstreckung auf die sofortige Erfüllung eines Vermächtnisses beschränkt und das Nachlassgericht bei groben Pflichtverstößen einen anderen Testamentsvollstrecker bestimmen kann; die Anordnung der Testamentsvollstreckung schützt hier den Vermächtnisnehmer vor dem Zugriff von Eigengläubigern des Erben.

Der **Notar** kann seine Ernennung zum Testamentsvollstrecker nicht wirksam protokollieren (§§ 27, 7 BeurkG; vgl. Rn. 69 ff.). **194**

Probleme gab es bisher für die Angehörigen der **steuerberatenden Berufe**, die **Wirt- 195 schaftsprüfer** und **vereidigten Buchprüfer**. Diese verstießen durch die Übernahme von Testamentsvollstreckungen nach vorherrschender Meinung gegen das Rechtsberatungsgesetz (*OLG Düsseldorf* ZEV 2000, 458). Der *BGH* hatte allerdings bereits 2004 entschieden, dass die Tätigkeit des Testamentsvollstreckers keine erlaubnispflichtige Besorgung fremder Rechtsangelegenheiten gem. Art. 1 § 1 Abs. 1 RBerG darstelle, sondern eine erlaubnisfreie Geschäftsbesorgung. Seit 1.7.2008 besteht für fachlich geschulte Nicht-Juristen gem. § 5 I RDG die Möglichkeit, rechtlichen Rat in Form sog. juristischer Nebenleistungen erteilen zu können. In § 5 II RDG werden exemplarisch einige Fälle stets zulässiger Nebenleistungen aufgezählt. Dazu gehört gem. § 5 II Nr. 1 RDG insbesondere auch die Testamentsvollstreckung. Der Erblasser hat somit die Möglichkeit, diese Aufgabe auch Wirtschaftsprüfern, vereidigten Buchprüfern, Steuerberatern und Banken zu übertragen. Die genannten Personen verstoßen mit der Übernahme des Amtes auch nicht gegen ihre allgemeinen Berufspflichten gem. §§ 43 ff. WPO bzw. §§ 57 ff. StBerG. Von der Freistellung des § 5 RDG sind aber nur Tätigkeiten erfasst, die im Rahmen der Testamentsvollstreckung selbst anfallen. Eine rechtliche Grenze ist dort zu ziehen, wo eine Rechtsberatung erforderlich wird. Im Falle einer **Bank als Testamentsvollstreckerin** stellt sich für die Praxis noch die Frage, wer die Bank bei dieser Aufgabe nach außen hin vertritt: Grundsätzlich kann dies natürlich durch organschaftliche Vertreter, regelmäßig also zwei Vorstände oder einen Vorstand gemeinsam mit einem Prokuristen geschehen. Darüber hinaus gehören die vom Testamentsvollstrecker vorzunehmenden Handlungen aus Sicht der Bank zu den Geschäften, die der Betrieb des Handelsgewerbes mit sich bringt, so dass auch eine Vertretung durch Prokuristen möglich ist (§ 49 I HGB). Dies gilt auch dann, wenn der nicht zur Veräußerung von Grundbesitz ermächtigte **Prokurist** ein **Nachlassgrundstück** veräußert, da sich das Erfordernis der besonderen Ermächtigung zur Veräußerung von Grundbesitz nach überzeugender h. M. nur auf Grundbesitz des Kaufmanns bezieht, nicht aber auf solchen Dritter (so auch MünchKommHGB/*Krebs* § 49 Rn. 42; *Schöner/Stöber* Rn. 3592 Fn. 2; *LG Chemnitz* NotBZ 2008, 241; in dieser Richtung wohl auch *BGH* DNotZ 1992, 584; a. A. *LG Freiburg* BWNotZ 1992, 58).

d) Ergänzende Bestimmungen

Die **Aufgaben** des Testamentsvollstreckers sollten genau fixiert sein; dem Testaments- **196** vollstrecker können Weisungen zu seiner Amtsführung gegeben werden, ein Weisungsrecht der Erben besteht jedoch nicht (Bengel/Reimann/*Klumpp* 6. Kap. Rn. 2). Er kann von dem Verbot der Eingehung von Verbindlichkeiten für den Nachlass (§ 2207 BGB) befreit werden, der Erblasser kann auch die regelmäßigen Befugnisse des Testamentsvollstreckers einschränken, er kann auch die eine oder andere Befugnis ausschließen. Der Erblasser kann allerdings nicht anordnen, dass der Testamentsvollstrecker der Aufsicht des Nachlassgerichtes unterstehen solle oder nur mit dessen Genehmigung über Nachlassgegenstände verfügen dürfe. Es kann auch angeordnet werden, dass der Testamentsvollstrecker bei der Vornahme bestimmter Rechtsgeschäfte (z. B. bei der Veräußerung von Grundbesitz) der Zustimmung des Erben bedarf. Eine Gestattung zu In-sich-Geschäften kann in weitem Umfang ausgesprochen werden, wenn sie sich nicht ohnehin aus dem Gesetz (Erfüllung einer Verbindlichkeit) ergibt (Staudinger/*Reimann* § 2205 Rn. 59 ff.).

U. U. ist es zweckmäßig, dem Testamentsvollstrecker **zusätzliche Befugnisse** zu erteilen, **197** insbesondere durch Vollmachten, die Ernennung zum Vormund, zum Nießbraucher, zum Schiedsgutachter oder Schiedsrichter. Letzteres dürfte insbesondere dort zu empfehlen sein, wo die Bewertung des Nachlasses im Rahmen der Auseinandersetzung mit Problemen verbunden ist, aber gleichwohl eine rasche Abwicklung gewünscht wird. Die **Laufzeit** der Testamentsvollstreckung sollte klargestellt werden; § 2210 BGB und die vom *BGH* (ZEV

2008, 138) vorgenommene Limitierung sind zu beachten. Da der Testamentsvollstrecker nach deutschem Recht eine nahezu unumschränkte Rechtsmacht hat, insbesondere nicht der Kontrolle durch das Nachlassgericht unterliegt, wird es vielfach zweckmäßig sein, ihn testamentarischen Kontrollmechanismen zu unterwerfen, um Missbrauchsmöglichkeiten von vornherein einzuschränken (*Reimann* FamRZ 1995, 588).

198 Die **Vergütungsfragen** sollten in der letztwilligen Verfügung, in der Testamentsvollstreckung angeordnet wird, geregelt werden, ansonsten gilt § 2221 BGB (angemessene Vergütung). Der Erblasser kann, wenn er die Vergütung festsetzt, auf einschlägige Tabellen Bezug nehmen. Zu nennen sind hier folgende Tabellen:
– die Rheinische Tabelle (DNotZ 1935, 623),
– die Möhring'sche Tabelle (*Möhring*, Vermögensverwaltung in Vormundschafts- und Nachlaßsachen, 6. Aufl. 1981, S. 272 ff.; modifiziert bei *Möhring/Beißwingert/Klingelhöffer*, Vermögensverwaltung in Vormundschafts- und Nachlaßsachen, 7. Aufl. 1992, S. 224 ff.),
– die Klingelhöfer'sche Tabelle (*Klingelhöffer*, Vermögensverwaltung in Nachlaßsachen, Rn. 323),
– die Berliner Praxis-Tabelle,
– die Eckelskemper'sche Tabelle (Bengel/Reimann/*Eckelskämper* 10. Kap. Rn. 115),
– die Empfehlungen des Deutschen Notarvereins = Neue Rheinische Tabelle (notar 2000, 2 = ZEV 2000, 181 = www.dnotv.de),
– die Tabelle von Groll (*Groll* C IX Rn. 214).

199 Vgl. ausführlich über die Vergütungsfragen: Staudinger/*Reimann* § 2221 Rn. 26 f.; *Tiling* ZEV 1998, 331; *Reimann* DStR 2002, 2008 mit Berechnungsbeispielen.

200 Verweist der Erblasser auf gängige Tabellen, müssen diese nicht mitprotokolliert werden, sofern die Bezugsgrößen die Voraussetzungen des § 291 ZPO erfüllen, also als Tatsachen offenkundig sind; offenkundig ist dabei jede Tatsache, die einer beliebig großen Zahl von Menschen privat bekannt oder ohne Weiteres zuverlässig wahrnehmbar ist. Informationsquellen sind daher alle Medien, also auch Fachzeitschriften (h. M.; Staudinger/*Reimann* § 2221 Rn. 25; a. A. *Zimmermann* ZEV 2001, 334).

201 Betrifft die Testamentsvollstreckung nur einen Erbteil, so sind die Kosten der Vollstreckung mangels anders lautender Anordnung des Erblassers nicht nur von dem Betroffenen, sondern von allen Miterben zu tragen (*BGH* ZEV 1997, 116; 2005, 22; *Muscheler* ZEV 1996, 185; a. A. *OLG Hamburg* ZEV 1996, 194).

202 Sollen **mehrere Testamentsvollstrecker** ernannt werden, ist eine Klarstellung ihres Verhältnisses zueinander, insbesondere des Stimmgewichtes, ebenso geboten wie eine genaue Regelung der Vergütung, die ihnen zusteht.

---

203 **Formulierungsbeispiel: Anordnung von Testamentsvollstreckung (Abwicklungsvollstreckung)**

Ich ordne für meinen Nachlass Testamentsvollstreckung an. Zum Testamentsvollstrecker ernenne ich … ersatzweise … Der Testamentsvollstrecker hat das Recht, einen Nachfolger zu ernennen. Das gleiche Recht steht auch dem Ersatztestamentsvollstrecker zu. Der Testamentsvollstrecker hat den Nachlass in Besitz zu nehmen und zu verwalten sowie die in diesem Testament enthaltenen Vermächtnisse und Auflagen auszuführen. Der Testamentsvollstrecker hat die Auseinandersetzung unter den Miterben entsprechend den gesetzlichen Bestimmungen herbeizuführen. Dabei ist er insbesondere berechtigt, die Auseinandersetzung des Nachlasses nach billigem Ermessen (§§ 2204 I, 2048 S. 2 BGB) vorzunehmen. Der Testamentsvollstrecker kann für seine Tätigkeit eine angemessene Vergütung und Ersatz seiner Auslagen verlangen. Für die Vergütung des Testamentsvollstreckers soll die „Neue Rheinische Tabelle" (vgl. www.dnotv.de) maßgebend sein.

Weitere Formulierungsvorschläge siehe Bengel/*Reimann* 2. Kap. Rn. 5 ff.

7. Gemeinschaftliches Testament und Erbvertrag

a) Wesentliche Unterschiede

Während das gemeinschaftliche Testament nur von Ehegatten errichtet werden kann, die beide testierfähig sein müssen (§§ 2229, 2265 BGB), kann der Erbvertrag von jedem unbeschränkt Geschäftsfähigen mit einem beliebigen Vertragsgegner abgeschlossen werden. Dieser darf, soweit er nicht selbst verfügt, auch in der Geschäftsfähigkeit beschränkt sein (§ 2275 BGB). Für den durch Erbvertrag verfügenden Ehegatten genügt auch beschränkte Geschäftsfähigkeit (§§ 2275 II, 106 BGB); jedoch ist hier die (formlose!) Zustimmung des gesetzlichen Vertreters erforderlich. Gleichwohl wird in solchen (Ausnahme-)Fällen der Notar aus Rechtssicherheitsgründen auf die Mitwirkung des gesetzlichen Vertreters bei der Beurkundung drängen. Während das gemeinschaftliche Testament zwingend zwei Verfügungen von Todes wegen beinhalten muss, genügt beim Erbvertrag eine; diese muss jedoch (vertraglich) bindend sein. Während das gemeinschaftliche Testament auch privatschriftlich zulässig ist, kann der Erbvertrag ausschließlich zu notarieller Urkunde errichtet werden (§ 2276 BGB). Das gemeinschaftliche Testament ist auch in Form des gemeinschaftlichen Nottestaments möglich (§ 2266 BGB); beim Erbvertrag ist dies ausgeschlossen. Der **wesentliche Unterschied** zwischen gemeinschaftlichem Testament und Erbvertrag zeigt sich bei der **Bindungswirkung:** Auch **wechselbezügliche Verfügungen im gemeinschaftlichen Testament** können **zu Lebzeiten beider Erblasser frei widerrufen werden**; lediglich die Form des Widerrufs ist erschwert (notarielle Beurkundung, auch wenn das gemeinschaftliche Testament privatschriftlich errichtet wurde, § 2271 I BGB). Maßgeblich ist dabei der Zugang der notariellen Widerrufsverhandlung in Ausfertigung (§ 47 BeurkG) – beglaubigte Abschrift genügt nicht (*OLG Hamm* DNotZ 1992, 261). Der Widerruf kann auch gegenüber einem testierunfähigen Ehegatten erklärt werden (h. M., vgl. Palandt/*Weidlich* § 2271 Rn. 6). Er ist dann gegenüber dem Betreuer mit dem Aufgabenkreis Vermögenssorge zu erklären (vgl. *OLG Nürnberg* ZEV 2013, 450 m. Anm. *Keim*; *OLG Hamm* ZEV 2014, 116). Erst mit dem Erbfall tritt eine gewisse Bindung des überlebenden Ehegatten hinsichtlich der wechselbezüglichen Verfügungen ein, sofern nicht die letztwillige Zuwendung des verstorbenen Ehegatten ausgeschlagen wird (§ 2271 II BGB). Die durch **Erbvertrag** entstehende Bindung des Erblassers an seine vertragsmäßigen Verfügungen hingegen ist **eine echte vertragliche Bindung**. Sie tritt bereits **mit Abschluss des Vertrages** ein, sofern kein Rücktrittsvorbehalt vereinbart worden ist (§§ 2289, 2293, 2297 BGB). Der Rücktritt kann – wie der Widerruf beim gemeinschaftlichen Testament – auch gegenüber dem Betreuer des testierunfähigen Ehegatten erklärt werden (DNotI-Report 2014, 97 und 197). Im Fall der Scheidung ist das gemeinschaftliche Testament grundsätzlich seinem gesamten Inhalt nach unwirksam (§§ 2268 I, 2077 BGB), soweit nicht ein anderer Wille der Ehegatten i. S. v. § 2268 II BGB erkennbar ist, und wird bei Wiederheirat der geschiedenen Ehegatten nicht wieder wirksam (*BayObLG* DNotZ 1996, 302). Dies gilt nach § 2279 BGB auch für den Erbvertrag, der die Geltung insoweit ausdehnt, dass in diesem Falle auch vertragsmäßige Verfügungen zugunsten Dritter unwirksam werden (MünchKomm/ *Musielak* § 2279 Rn. 4). Sollen die getroffenen Verfügungen trotz der Scheidung weitergelten, ist eine ausdrückliche Regelung anzuraten, um Auslegungsprobleme zu vermeiden (vgl. *Muscheler* DNotZ 1994, 733). Ein Fortgeltungswille für die bindende gegenseitige Erbeinsetzung der Ehegatten für den Fall der Ehescheidung wird in der Praxis freilich die absolute Ausnahme sein (Palandt/*Weidlich* § 2268 Rn. 2; *Keim* ZEV 2004, 425). Unter diesem Gesichtspunkt relativiert sich die Ansicht des *BGH*, nach der auch nach der Ehescheidung für die fortgeltende Verfügung dann von einer Wechselbezüglichkeit auszugehen sei, so dass eine Änderung dieser Verfügung durch einseitige Verfügung von Todes wegen auch nach der Ehescheidung nicht möglich sein soll (ZEV 2004, 423 m. krit. Anm. *Kanzleiter* ZEV 2005, 181; vom Wegfall der Wechselbezüglichkeit bei Fortgeltung

204

gehen hingegen aus: *Muscheler* DNotZ 1994, 433; *Kuchinke* DNotZ 1996, 306). Eine Wechselbezüglichkeit der Schlusserbeneinsetzung setzt allerdings voraus, dass die im Rahmen der Wechselbezüglichkeit korrespondierende gegenseitige Einsetzung der Ehegatten ausnahmsweise fortgelten soll (*LG München II* ZEV 2008, 537 m. zust. Anm. *Haegele*), was nach der Lebenserfahrung nur selten der Fall sein wird. Sind hingegen wechselbezüglich gewollte Verfügungen eines Ehegatten wegen unerkannt fehlender Testierfähigkeit unwirksam, wird man die Verfügungen des anderen Ehegatten regelmäßig in ein Einzeltestament umdeuten können (*OLG München* ZEV 2014, 444).

205 **Ähnlichkeiten** bestehen zwischen Erbvertrag und gemeinschaftlichem Testament hingegen dann, wenn beim gemeinschaftlichen Testament durch Ableben des erstversterbenden Ehegatten Bindungswirkung hinsichtlich der wechselbezüglichen Verfügungen eingetreten ist. Demzufolge hat die Rechtsprechung die beim Erbvertrag geltenden Vorschriften über Anfechtung und über Verfügungen unter Lebenden (§§ 2081 ff., 2286 ff. BGB) auf unwiderruflich gewordene wechselbezügliche Verfügungen im gemeinschaftlichen Testament entsprechend angewendet.

206 Während das notariell beurkundete **gemeinschaftliche Testament** zwingend gem. § 34 I BeurkG in die **amtliche Verwahrung** zu geben ist, **kann** diese **beim Erbvertrag** durch die Beteiligten **ausgeschlossen werden**. Die Rücknahme des öffentlichen Testaments aus der amtlichen Verwahrung führt gem. § 2256 BGB zum Widerruf. Das Original wird den Beteiligten ausgehändigt; demzufolge kann es auch bei einem späteren Sterbefall nicht eröffnet werden. Nunmehr kann auch beim Erbvertrag der Erblasser verhindern, dass er nach dem Tode den Erben eröffnet wird: § 2300 II BGB ermöglicht die Rücknahme von Erbverträgen, gleich ob sie sich in amtlicher oder notarieller Verwahrung befinden (Einzelheiten oben Rn. 104 ff.).

207 Der **Erbvertrag** kann – anders als das gemeinschaftliche Testament – auch **mit anderen Verträgen** in einer **einheitlichen Urkunde** verbunden werden (z. B. Ehevertrag, Erb- und Pflichtteilsverzicht). Eine besondere Rolle spielt dies dann, wenn sich Ehegatten nicht mit einer Erbquote gegenseitig zum Erben einsetzen, die höher ist als der Pflichtteil oder beim gesetzlichen Güterstand nicht höher ist als der kleine Pflichtteil (§§ 1371 II, 1931 BGB) zuzüglich des hypothetischen Zugewinnausgleichs. Zwar hat der *BGH* (DNotZ 1977, 747) ausnahmsweise bei einer ähnlichen Fallgestaltung einen stillschweigenden Pflichtteilsverzicht anerkannt. Gleichwohl sollte aus Rechtssicherheitsgründen in solchen Fällen mit dem Erbvertrag ein entsprechender Pflichtteilsverzicht verbunden werden. Darüber hinaus ist eine eheverträgliche Vereinbarung eines bedingten Verzichts auf den Zugewinnausgleich für den Todesfall erwägenswert. Hinweise auf diese beiden Möglichkeiten in der Urkunde als Merkposten sind ratsam.

208 Eine allgemeine Antwort auf die Frage, ob gemeinschaftliches Testament oder Erbvertrag vorzuziehen ist, kann nicht gegeben werden. Das entscheidende Argument wird sein, ob die Beteiligten eine strenge Bindung bereits zu Lebzeiten wünschen oder nicht.

b) Allgemeine Gestaltungshinweise

209 Bei der Schlusserbenberufung im gemeinschaftlichen Testament oder Erbvertrag werden häufig Regelungen für den Fall des „**gleichzeitigen Todes**" der Eltern bzw. für den Fall des Ablebens zufolge „**gemeinsamer Gefahr**" getroffen. Die h. M. sieht den Begriff des „gleichzeitigen Versterbens" zwar grundsätzlich als eindeutig an (BayObLGZ 1981, 79). Dennoch ist im Wege der Auslegung zu ermitteln, ob nach dem Willen der testierenden Ehegatten die Geltung einer für den Fall des „gleichzeitigen" Versterbens getroffenen letztwilligen Verfügung auf den nur selten eintretenden Fall beschränkt sein soll, dass rechtlich gesehen keiner von ihnen des anderen Erbe werden kann, oder ob sie diesen Begriff auch für andere Fallgestaltungen verwenden wollten (*BayObLG* ZEV 1996, 470). Die Reichweite der Formulierung „im Falle gemeinsamer oder gleichzeitiger Gefahr" wird ebenfalls im Wege der Auslegung zu beurteilen sein. Testieren die Ehegatten

für den Fall, dass ihnen „gemeinsam etwas passiert und beide mit Tod abgehen", so kann darin eine Erbeinsetzung für den Tod des Längerlebenden gesehen werden (*BayObLG* ZEV 1996, 472; s. auch *OLG Düsseldorf* ZErb 2004, 227; *Keim* ZEV 2005, 10). Gehen die Erblasser davon aus, dass der Dritte (Schlusserbe) immer dann eingesetzt werden soll, wenn der Überlebende seine Handlungsfähigkeit nicht mehr zurück gewonnen hat, so sollte der Begriff „gleichzeitiger Tod" nicht verwendet werden. Im Übrigen besteht im Regelfall auch keine Notwendigkeit, überhaupt auf das Versterben der Erblasser zufolge einer „gemeinsamen Gefahr" einzugehen, es sei denn, dass für diesen Fall eine andere Schlusserbenregelung Platz greifen soll.

Nach § 11 VerschG wird gleichzeitiger Tod vermutet, wenn nicht bewiesen werden kann, dass von mehreren verstorbenen Menschen der eine den anderen überlebt hat. Wer gleichzeitig mit dem Erblasser verstorben ist, kann nicht Erbe oder Nacherbe oder Vermächtnisnehmer sein (§ 1923 BGB). Der Schlusserbe ist im Zweifel als Ersatzerbe des verstorbenen Ehegatten eingesetzt (a. A. *OLG Hamm* vgl. Rn. 234); dies gilt besonders, wenn die Ehegatten als Schlusserben die gemeinsamen Kinder berufen haben (§ 2069 BGB). Um Streitigkeiten zu vermeiden, vor allem aber auch im Hinblick auf die Ausschlagung des überlebenden Ehegatten, sollte deshalb die Ersatzerbenberufung der Schlusserben in der Verfügung von Todes wegen klar angeordnet werden. 210

Formulierungsbeispiel: Ersatzerbenberufung der Schlusserben beim ersten Erbfall	211
Ersatzerben für den Wegfall des Längerlebenden, gleich aus welchem Grund (z. B. bei Ausschlagung oder Anfechtung), sind die nachstehend benannten Schlusserben gemäß den dort getroffenen Verteilungsgrundsätzen.	

Empfehlenswert ist, in der öffentlichen Urkunde die Schlusserben **namentlich** zu bezeichnen. Damit wird vermieden, dass bei Berichtigung öffentlicher Register ein Erbschein erforderlich wird (§ 12 II HGB; § 35 I GBO). Soweit die Form des öffentlichen gemeinschaftlichen Testaments gewählt wird, ist stets klarzustellen, inwieweit im Hinblick auf die Schlusserbfolge Wechselbezüglichkeit besteht. Dies gilt umso mehr, wenn nicht gemeinschaftliche Abkömmlinge berufen werden, im Hinblick auf die Frage, inwieweit der Schlusserbe dem Erstversterbenden „sonst nahe steht" (§ 2270 II BGB). 212

Klar zu trennen ist zwischen **Änderungsvorbehalt** und **Rücktrittsrecht**. Während der Änderungsvorbehalt beim gemeinschaftlichen Testament die Wechselbezüglichkeit beseitigt, führt er beim Erbvertrag dazu, dass die dem Änderungsvorbehalt unterliegende Verfügung keine vertragsmäßige Verfügung darstellt bzw. die vertragsmäßige Bindung teilweise eingeschränkt wird (differenzierend *Weiler* DNotZ 1994, 427). Ein **unbegrenzter Änderungsvorbehalt ist beim Erbvertrag**, soweit nicht mindestens eine andere vertragsmäßige Anordnung vorliegt, **nicht zulässig**, führt aber regelmäßig nicht zur Unwirksamkeit, sondern ist im Wege der Auslegung als Testament oder – das dürfte der seltenere Fall sein – durch Umdeutung als bindender Erbvertrag mit Rücktrittsvorbehalt einzuordnen (Palandt/*Weidlich* § 2289 Rn. 8 ff.; Reimann/Bengel/*J. Mayer* § 2278 Rn. 17 f.). Da der Vorbehalt anderweitiger Verfügungen Teil des Erbvertrages ist, bedarf er auch dessen Form. Auch wenn in der Literatur ein stillschweigender Vorbehalt anerkannt wird, sollte der Bereich des Änderungsrechts klar in der Verfügung umrissen werden (vgl. auch Rn. 47 ff.). Der **Rücktrittsvorbehalt** hingegen ist **auch bei der einzigen erbvertragsmäßigen Verfügung** zulässig (§ 2293 BGB). Auf die Form für den Rücktritt (§ 2296 BGB) ist hinzuweisen (zum Rücktritt wegen Nichterfüllung von Vertragspflichten und zum Abmahnungserfordernis vgl. *OLG Düsseldorf* ZEV 1994, 171; *BGH* MittBayNot 2011, 318 m. Anm. *Kornexl*, der zu Recht darauf hinweist, dass der sog. **Verpfründungsvertrag** ein durch Vertragsgestaltung „kaum beherrschbares Risiko" darstellt). 213

8. Schenkungsversprechen von Todes wegen (§ 2301 BGB)

a) Formelles Recht

214 Liegt ein Schenkungsversprechen von Todes wegen vor, so sind in formeller Hinsicht die **Vorschriften über Verfügungen von Todes wegen** anzuwenden. Da das Schenkungsversprechen einen Vertrag erfordert (§ 518 I BGB), kommen hierfür nur die Vorschriften über vertragliche Verfügungen von Todes wegen in Betracht, also die Vorschriften über den Erbvertrag; notarielle Beurkundung ist gem. § 2276 BGB erforderlich (h. M., vgl. Palandt/*Weidlich* § 2301 Rn. 6, str.; ausführlich *Reischl* S. 151 ff.). Wurde eine einseitige letztwillige Verfügung getroffen, kann eine Umdeutung in ein Testament (statt eines Schenkungsversprechens von Todes wegen) in Frage kommen.

b) Materielles Recht

215 Materiell-rechtlich hat § 2301 BGB zur Folge, dass ein Schenkungsversprechen von Todes wegen **wie eine erbrechtliche Verfügung** wirkt: Der Versprechensempfänger hat keine gesicherte Rechtsposition, also **kein Anwartschaftsrecht**. Ist Grundbesitz betroffen, muss eine Absicherung durch Auflassungsvormerkung ausscheiden (MünchKomm/*Musielak* § 2301 Rn. 14, § 2286 Rn. 6). Eine nicht vollzogene Schenkung von Todes wegen kann ebenso wenig wie eine formnichtige Verfügung von Todes wegen nach dem Erbfall durch Handlungen einer vom Erblasser bevollmächtigten Person in Kraft gesetzt werden; die Situation ist hier also anders als bei der Heilung eines formnichtigen Schenkungsversprechens nach § 518 II BGB, wo der Versprechensempfänger selbst oder ein Dritter die versprochene Leistung mithilfe einer trans- oder postmortalen Vollmacht des Schenkers noch nach dessen Tod bewirken kann (*BGH* DNotZ 1987, 322; 1989, 172; NJW 1986, 2107). Auch bei der Berechnung von Pflichtteilsansprüchen ist die Rechtslage wie bei einem Erwerb von Todes wegen.

c) Tatbestandsmäßige Einschränkung

216 Ein Schenkungsversprechen von Todes wegen mit den genannten formell- und materiell-rechtlichen Folgen liegt jedoch nur vor, wenn es sich um ein Schenkungsversprechen handelt, das unter der **Bedingung** steht, dass der **Beschenkte den Schenker überlebt**, und die **Schenkung nicht zu Lebzeiten** des Schenkers **vollzogen** wird (§ 2301 II BGB; vgl. *Reischl* S. 44 ff., 167 ff.). Fehlt eines dieser Elemente, ist § 2301 BGB nicht anwendbar; es gelten dann die Vorschriften über Schenkungen unter Lebenden. Ein beurkundungspflichtiges Schenkungsversprechen von Todes wegen liegt selten vor, insbesondere weil die Rechtsprechung die Anforderung an den Begriff „vollzogene Schenkung" im Sinne von § 2301 II BGB gering hält und da bei Verträgen zugunsten Dritter auf den Todesfall (§ 331 BGB) wegen des beim Tod des Schenkers eintretenden „Vonselbst-Erwerbs" Formfreiheit angenommen wird. Der Anwendungsbereich des Schenkungsversprechens von Todes wegen ist auch deshalb gering, weil die Rechtsprechung (*BGH* FamRZ 1985, 693; DNotZ 1989, 172) den Rechtsgedanken des § 2084 BGB *„favor testamenti"* auch bei der Entscheidung der Frage heranzieht, ob ein Schenkungsversprechen von Todes wegen oder ein lebzeitiges Schenkungsversprechen gem. § 518 II BGB vorliegt.

217 **Formulierungsbeispiel: Schenkungsversprechen von Todes wegen**

Als Eigentümer des Grundstücks Fl. Nr. ... Gemarkung ... verspreche ich meiner Tochter ... unter der Bedingung, dass sie mich überlebt, das Eigentum an dem genannten Hausgrundstück.
Ich, ..., nehme das vorstehende Schenkungsversprechen an.

9. Besonderheiten bei Auslandsberührung

Bei Auslandsberührung ergeben sich vielfältige und vom Notar zu beachtende Probleme im Hinblick auf anwendbares Erbrecht, Güterrecht und einzuhaltende Form (vgl. Kap. H. Rn. 127ff., 214ff.; *Süß/Haas*, Erbrecht in Europa, 2008; *Flick/Piltz*, Der internationale Erbfall, 2008; Reimann/Bengel/J. Mayer/*Riering/Sieghörtner* Systemat. Teil B; einen Überblick über das Erbrecht aller Mitgliedsstaaten der EU gibt „Erbrecht in Europa" unter www.successions-europe.eu; vgl. auch die Datenbank DNotI-Online-plus unter www.dnoti.de). Zur Erbausschlagung bei Auslandsberührung *Fetsch* MittBayNot 2007, 285. **218**

10. Anwendbares Recht nach der Europäischen Erbrechtsverordnung (EuErbVO)

Bislang bestimmt sich gem. Art. 25 I EGBGB das auf die Rechtsnachfolge von Todes wegen anwendbare Erbstatut aus deutscher Sicht nach der Staatsangehörigkeit des Erblassers. Der Erblasser kann bisher gem. Art. 25 II EGBGB für sein im Inland belegenes unbewegliches Vermögen die Anwendung deutschen Rechts durch Verfügung von Todes wegen wählen. **219**

Durch die **EuErbVO** (Verordnung (EU) Nr. 650/2012 des Europäischen Parlaments und des Rates vom 4.7.2012 über die Zuständigkeit, das anzuwendende Recht, die Anerkennung und Vollstreckung von Entscheidungen und die Annahme und Vollstreckung öffentlicher Urkunden in Erbsachen sowie zur Einführung eines Europäischen Nachlasszeugnisses, ABl. Nr. L 201 S. 107, ber. Nr. L 344 S. 3 und 2013 Nr. L 41 S. 16 und Nr. L 60 S. 140; hierzu DNotI-Report 2012, 121; *Leitzen* ZEV 2013, 128; *Dörner* ZEV 2012, 505; *Odersky* notar 2013, 3; zum Ganzen: *Dutta/Herrler*; vgl. auch *Döbereiner* Mitt-BayNot 2013, 358 und 437), die **zum 17.8.2015** in der gesamten EU mit Ausnahme des Vereinigten Königreichs, Irlands und Dänemarks in Kraft tritt, ändert sich diese Anknüpfung grundlegend: Gem. Art. 21 I EuErbVO richtet sich das auf die Rechtsnachfolge von Todes wegen anwendbare materielle Recht für alle Erbfälle ab dem 17.8.2015 nach dem **letzten gewöhnlichen Aufenthalt des Erblassers**. Das Erbstatut kann sich damit bei einer Verlegung desselben im Laufe des Lebens, ggf. auch mehrfach, ändern. Art. 21 II EuErbVO sieht eine Ausnahme vor, falls sich aus der Gesamtheit der Umstände eine **offensichtlich engere Verbindung zu einem anderen Staat** ergibt. Wann eine solche Ausnahme anzunehmen ist, bleibt noch abzuwarten, erhöht aber die Unsicherheit über das anzuwendende Recht zusätzlich. Der Begriff des gewöhnlichen Aufenthalts wird in der Verordnung selbst nicht näher definiert. Er ist autonom auszulegen und wird nach Dauer und Regelmäßigkeit des Aufenthalts des Erblassers bestimmt (vgl. *Döbereiner* MittBayNot 2013, 358, 362). Weiterhin vorrangig zu beachten sind gem. Art. 75 EuErbVO bestehende Staatsverträge (vgl. hierzu Kap. H. Rn. 218ff.; *Lehmann* ZEV 2014, 232, 233). **220**

Rechtssicherheit kann der Erblasser gem. Art. 22 I EuErbVO schaffen, indem er **durch Verfügung von Todes wegen** das Recht des Staates wählt, dem er zum Zeitpunkt der Rechtswahl oder des Todes angehört. Bei mehreren Staatsangehörigkeiten kann er unter diesen das anwendbare Recht wählen. Eine dynamische Rechtswahl, wonach das Heimatrecht des Staates gilt, dem der Erblasser zuletzt angehört, soll nicht zulässig sein (*Dörner* ZEV 2012, 505; *Janzen* DNotZ 2012, 486). Wichtig ist, dass sich die **Rechtswahl** gem. Art. 34 II EuErbVO auf das materielle Recht bezieht, so dass eine Rück- oder Weiterverweisung ausscheidet. Auch bei der Rechtswahl sind Staatsverträge vorrangig zu beachten, Art. 75 EuErbVO. Die Rechtswahl kann gem. Art. 83 II EuErbVO **auch schon vor Geltung der Verordnung** getroffen werden und sollte – jedenfalls bei erkennbar grenzüberschreitenden Sachverhalten – nicht fehlen (vgl. auch *Jünemann* ZEV 2013, 353). Insbesondere falls deutsche Erblasser erwägen, den Lebensabend im Ausland zu verbringen, ist an eine vorsorgende Rechtswahl zu denken. **221**

222 | Formulierungsbeispiel: Rechtswahl zum Erbrecht der Staatsangehörigkeit (Testament)

Ich bin ausschließlich deutscher Staatsangehöriger und habe meinen gewöhnlichen Aufenthalt in der Bundesrepublik Deutschland. Vermögen im Ausland habe ich nicht. Eine erbrechtliche Rechtswahl habe ich bislang nicht getroffen. Ich wähle für meine letztwilligen Verfügungen in formeller und materieller Hinsicht – soweit rechtlich möglich – das Recht der Bundesrepublik Deutschland.

223 Soll eine vorsorgende Rechtswahl – insbesondere aus Kostengründen – nicht aufgenommen werden, empfiehlt sich zumindest ein Hinweis auf die Bedeutung des gewöhnlichen Aufenthalts für das anwendbare Recht.

224 | Formulierungsbeispiel: Hinweis auf Wandelbarkeit des Erbstatuts

Ich bin ausschließlich deutscher Staatsangehöriger und habe meinen gewöhnlichen Aufenthalt in der Bundesrepublik Deutschland. Vermögen im Ausland habe ich nicht. Der Notar hat darauf hingewiesen, dass sich das anwendbare Erbrecht im Falle einer Verlegung des gewöhnlichen Aufenthalts ändern kann. Eine Rechtswahl wurde bislang nicht getroffen und wird ausdrücklich nicht gewünscht.

225 Bei der Formulierung von Rechtswahlen ist künftig unbedingt zu beachten, dass eine **gegenständlich beschränkte Rechtswahl** – wie sie bislang Art. 25 II EGBGB für das unbewegliche Vermögen eröffnete – nach der EuErbVO **unzulässig** ist. Die Verordnung geht streng von der Nachlasseinheit aus. Vor dem Inkrafttreten der Verordnung getroffene gegenständlich beschränkte Rechtswahlen bleiben aber wirksam, wenn der Erblasser bei Errichtung der Rechtswahl seinen gewöhnlichen Aufenthalt in der Bundesrepublik Deutschland hatte (Art. 83 II EuErbVO).

226 Die Verordnung beansprucht **universelle Geltung,** so dass sie auch gilt, wenn das nach ihr anzuwendende Recht das eines Drittstaates oder eines Mitgliedslands der EU ist, in dem sie nicht gilt (Art. 20 EuErbVO). Rück- oder Weiterverweisungen werden gem. Art. 34 EuErbVO grundsätzlich angenommen.

227 Hinsichtlich des auf die **formelle Wirksamkeit** anwendbaren Rechts gilt gem. Art. 75 I EuErbVO vorrangig das Haager Testamentsformübereinkommen vom 5.10.1961, soweit die Mitgliedstaaten diesem beigetreten sind. Für alle übrigen und für Erbverträge gilt die Regelung in Art. 27 EuErbVO, wonach es genügt, wenn die Ortsform oder die Form des Heimatrechts, Wohnsitzstaates oder Staates des gewöhnlichen Aufenthalts eines der Beteiligten eingehalten ist. Betrifft die Verfügung unbewegliches Vermögen genügt es auch, dass die Ortsform am Ort der Belegenheit eingehalten ist.

228 Für die **materielle Wirksamkeit** der Errichtung und Änderung einer Verfügung von Todes wegen gilt das nach der Verordnung im Errichtungszeitpunkt anwendbare Recht, Art. 24 EuErbVO, wobei dem Erblasser auch hier die Wahl zum Recht seiner Staatsangehörigkeit offen steht.

229 Dies gilt gem. Art. 25 I EuErbVO auch für einen **Erbvertrag**, in dem nur ein Beteiligter letztwillig verfügt. Verfügen mehrere Beteiligte letztwillig, muss der Erbvertrag gem. Art. 25 II Unterabs. 1 EuErbVO nach dem nach der Verordnung anwendbaren Recht für den jeweiligen Erblasser wirksam sein. Die **materielle Wirksamkeit** und **Bindungswirkung** bestimmen sich gem. Art. 25 I Unterabs. 2 EuErbVO dann bei mehreren anwendbaren Rechtsordnungen nach der, zu der die engste Verbindung besteht. Eine Rechtswahl zum Heimatrecht eines der Beteiligten ist auch hier gem. Art. 25 III EuErbVO möglich und ratsam. Die EuErbVO enthält keine Regelung, inwieweit der getroffenen **Rechtswahl** selbst im gemeinschaftlichen Testament oder Erbvertrag **Bindungswirkung** zu-

kommen kann – einseitig kann sie in jedem Fall getroffen werden. Teilweise wird auf das gewählte materielle Recht abgestellt (vgl. *Döbereiner* DNotZ 2014, 323, 332 unter Verweis auf den bisherigen Meinungsstreit zu Rechtswahlen nach Art. 25 II EGBGB, bei denen die Frage bindender Wirkung umstritten war). Vorzugswürdig erscheint jedoch eine am Sinn und Zweck der EuErbVO orientierte, deren *effet utile* berücksichtigende Auslegung zu sein: Wenn demnach Ziel der Verordnung eine planbare Nachlassverteilung sein soll (vgl. Erwägungsgründe 37 und 38), so muss sichergestellt sein, dass sich die Vertragsteile einer bindenden Verfügung von Todes wegen auf deren Bindungswirkung verlassen können und diese nicht durch weitere Rechtswahlen umgangen werden kann (vgl. auch *Döbereiner* DNotZ 2014, 323, 334). Die Frage des Umfangs der Bindungswirkung ist in der Verfügung zu regeln.

Formulierungsbeispiel: Rechtswahl zum Erbrecht der Staatsangehörigkeit (Erbvertrag) 230

Ich, ..., bin ausschließlich deutscher Staatsangehöriger und habe meinen gewöhnlichen Aufenthalt in der Bundesrepublik Deutschland. Ich, ..., bin ausschließlich ... Staatsangehöriger und habe meinen gewöhnlichen Aufenthalt in der Bundesrepublik Deutschland. Vermögen im Ausland haben wir nicht. Eine Rechtswahl wurde bislang von keinem von uns getroffen.

Wir wählen für unsere letztwilligen Verfügungen in formeller Hinsicht und hinsichtlich der Bindungswirkung dieses Erbvertrags – soweit rechtlich möglich – das Recht der Bundesrepublik Deutschland. Diese Rechtswahl soll – vorbehaltlich des nachstehend vereinbarten Abänderungsvorbehalts soweit rechtlich möglich – mit erbvertraglicher Bindungswirkung gelten.

Ich, ..., wähle auch in materieller Hinsicht vorsorglich das Recht der Bundesrepublik Deutschland.

Ich, ..., möchte in materieller Hinsicht ausdrücklich nicht mein Heimatrecht wählen, so dass es bei der Anwendung des Rechts des gewöhnlichen Aufenthalts bleibt. Dies ist derzeit das Recht der Bundesrepublik Deutschland. Der Notar hat darauf hingewiesen, dass sich das anwendbare Erbrecht insoweit im Falle einer Verlegung des gewöhnlichen Aufenthalts ändern kann.

V. Die Gestaltung der Verfügung von Todes wegen

1. Einzelfallbeurteilung und Regelungstypen

Das erbrechtliche Instrumentarium wird erst dann richtig eingesetzt, wenn es im Rahmen einer konkreten Nachlassplanung dem Einzelfall gerecht wird. Jeder Fall liegt anders. Aus der Menge und Komplexität der Fälle können allerdings typische Situationen herausgefiltert werden, für die sich bestimmte Regelungen bewährt haben. Es entstehen somit Fallgruppen, für die ein bestimmtes Instrumentarium zur Verfügung steht. Auch in anderen Bereichen des Vertragsrechts wird die Topik für die praktische Kautelarjurisprudenz nutzbar gemacht, insbesondere im Ehevertragsrecht (vgl. *Langenfeld* FamRZ 1987, 9). Auch im Erbrecht werden längst Regelungstypen gebildet, mit deren Hilfe die spezielle Situation des Erblassers erfasst werden kann. Dies ändert nichts daran, dass es notwendig ist, die Regelungstypen auf den Einzelfall hin zu konkretisieren (vgl. zu dieser Methode im Erbrecht Nieder/*Kössinger* 5. Teil § 21 Rn. 1ff.). 231

| 232 | **Checkliste für die Erfassung der Regelungstypen** |

(1) Alleinstehende Person oder verheiratet/verpartnert?
(2) Bei verheirateten Personen:
  – Keine Kinder vorhanden
  – Nur gemeinsame Kinder vorhanden
  – Nur nicht gemeinsame Kinder vorhanden
  – Gemeinsame und nicht gemeinsame Kinder vorhanden
(3) Testament allein stehender Personen:
  – Lediger Erblasser
  – Verwitweter Erblasser
  – Geschiedener Erblasser
  – Erblasser lebt in nichtehelicher Lebensgemeinschaft
(4) Probleme auf Seiten der möglichen Erben
  – Ver- oder überschuldeter Erbe
  – Behinderter Erbe
  – Drogenabhängiger Erbe
  – Sektenzugehöriger Erbe
(5) Sonderprobleme
  – Die Stiftung als Erbe
  – Der ältere Erblasser
  – Zuwendungen an Heimträger
  – Pflichtteilsklauseln
  – Wiederverheiratungsklauseln
(6) Sonderkomplex: Verfügung von Todes wegen bei Unternehmern

2. Verfügungen (noch) kinderloser Ehegatten

233   Ehegatten berufen sich häufig gegenseitig zum Alleinerben. Ob die Form des gemeinschaftlichen Testaments oder des Erbvertrags gewählt wird, hängt weitgehend von der Antwort auf die Frage ab, ob bereits unter Lebenden eine enge vertragsmäßige Bindung gewollt ist oder nicht (vgl. Rn. 204 ff.). Bei der Schlusserbfolge – gleich ob durch gemeinschaftliches Testament oder Erbvertrag angeordnet – ist zu prüfen, ob diese
– völlig frei abänderbar,
– nur innerhalb bestimmter genau bezeichneter Personengruppen abänderbar oder
– unabänderbar, also bindend
sein soll.

234   Die Ersatzschlusserbenregelung sollte nicht den gesetzlichen Vermutungen überlassen werden (vgl. etwa *OLG Hamm* NJW-RR 2014, 781, wonach bei Ausschlagung des längerlebenden Ehegatten die Schlusserben regelmäßig nicht Ersatzerben seien; vgl. Formulierungsvorschlag Rn. 211).

235   Das Pflichtteilsrecht der Eltern der Ehegatten muss berücksichtigt werden.

236   Soweit die Ehegatten jüngeren Alters sind, ist in jedem Falle eine Schlusserbeneinsetzung der etwaigen künftigen gemeinsamen Abkömmlinge gemäß den Regeln der gesetzlichen Erbfolge empfehlenswert. Als Ersatzerben für den Fall kinderlosen Ablebens des Letztversterbenden der Ehegatten können dann entweder je zur Hälfte die Eltern des erstversterbenden und des letztversterbenden Ehegattenteils, Geschwister usw. berufen werden. Das Änderungsrecht des Überlebenden kann, soweit mehrere gemeinschaftliche Kinder vorhanden sind, auf diesen Kreis beschränkt werden; im Übrigen spricht aber – wegen der Unwägbarkeiten des Lebens – vieles für eine uneingeschränkte Abänderungsbefugnis. Bei kinderlosen Ehegatten ist stets eine Schlusserbeneinsetzung schon deshalb

empfehlenswert, weil es sonst dem Zufall überlassen bleibt, wer letztlich das beiderseitige Vermögen der Ehegatten, insbesondere bei kurz aufeinander folgenden Ablebensfällen (z. B. Verkehrsunfall), erben wird.

Zu beachten ist § 349 I FamFG: Soll der Schlusserbe erst nach dem Ableben des Letztversterbenden von seiner Berufung erfahren, so muss der Notar seine Formulierung so wählen, dass sie **absonderungsfähig** ist (vgl. *BVerfG* NJW 1994, 2535); also **nicht** „Schlusserbe soll ... werden" oder „Nach dem Tode des Überlebenden soll ... Erbe werden", sondern „Sollte ich, ... (Ehemann), der Letztversterbende sein, wird Erbe der ..." und „Sollte ich, ... (Ehefrau), die Letztversterbende sein, wird ebenfalls ... Erbe". 237

3. Verfügungen von Ehegatten mit nur gemeinsamen Kindern

Standardinhalt des gemeinschaftlichen Testaments oder Erbvertrags ist hier ebenfalls die gegenseitige Erbeinsetzung. Als Schlusserbeneinsetzung werden die gemeinsamen Kinder, ersatzweise deren Abkömmlinge, gemäß den Regeln der gesetzlichen Erbfolge berufen, verbunden mit dem **Änderungsvorbehalt** für den überlebenden Ehegatten, jedenfalls innerhalb der gemeinsamen Abkömmlinge – bei jungen Testierenden regelmäßig auch völlig frei – anderweitig zu verfügen (vgl. zur Zulässigkeit und Wirkung des Änderungsvorbehalts Rn. 47 ff.). Bei größerem Vermögen sind erbschaftsteuerliche Gesichtspunkte zu berücksichtigen (Vermächtnisse zugunsten der Kinder in Höhe des noch vorhandenen erbschaftsteuerlichen Freibetrages sowie des eventuellen Versorgungsfreibetrages, die bereits beim ersten Sterbefall anfallen mit ggf. hinausgeschobener Fälligkeit, vgl. Rn. 148). Ferner sind Pflichtteilsklauseln zu erwägen (vgl. Rn. 250 ff.). 238

Wiederverheiratungsklauseln (vgl. Rn. 245 ff.) waren früher bei jüngeren Ehegatten von Bedeutung. Durch zunehmende gesellschaftliche Akzeptanz der „Ehe ohne Trauschein" sind Wiederverheiratungsklauseln in der Praxis mittlerweile nahezu bedeutungslos. 239

Soweit die Kinder noch minderjährig sind, können die Eltern gem. § 1777 III BGB für die Zeit nach dem Tode des Überlebenden einen **Vormund benennen**. Diese Benennung ist allerdings nur als einseitige Verfügung möglich und folglich für den Überlebenden nicht bindend. Dieser ist stets berechtigt, eine andere Person zu benennen (§§ 1776 II, 1777 III BGB). Soweit die Ehegatten und entsprechend die Kinder älter sind, bei den Ehegatten bereits klare Verteilungsvorstellungen bestehen, können entsprechende Teilungsanordnungen getroffen oder Vorausvermächtnisse ausgesetzt werden. Unversorgte bzw. noch in Ausbildung befindliche Kinder sind durch entsprechende Vermächtnisse (Vorausvermächtnisse) anderen Kindern „gleichzustellen". Bei größeren „dynastisch weitergereichten" Vermögen, die zumindest in den nächsten Generationen unbedingt im Familienbesitz erhalten werden sollen, ist die Anordnung der Vor- und Nacherbfolge zu erwägen. 240

4. Verfügungen von Ehegatten mit Kindern nur eines Ehegatten

Nichteheliche oder erstehliche Kinder eines Ehegatten haben kraft Gesetzes keinerlei Ansprüche gegen den Nachlass des mit ihnen nicht verwandten anderen Ehegatten. Bei der Gestaltung einer Verfügung von Todes wegen beider Ehegatten sind daher einerseits das meist vorhandene Interesse des überlebenden Ehegatten an einer möglichst freien Verfügungsmöglichkeit für das beiderseitige Vermögen und andererseits die Interessen des anderen Ehegatten, seinen Kindern einen angemessenen Anteil am Nachlass zu sichern, abzuwägen. Aus der Palette der erbrechtlichen Möglichkeiten sind insbesondere zu erwähnen: 241
– Vermächtniszuwendung an die erstehlichen Kinder für den ersten Sterbefall, fällig jedoch erst mit dem Ableben des anderen Ehegatten;
– Vermächtniszuwendung für den ersten Sterbefall, sofort fällig, jedoch belastet mit Nießbrauch als Untervorausvermächtnis für den überlebenden Ehegatten;

- Vorerbeneinsetzung des überlebenden Ehegatten (befreit/nicht befreit), Nacherbenberufung der erstehelichen Kinder;
- bindende Schlusserbeneinsetzung der erstehelichen Kinder, eventuell nur mit einer bestimmten Quote; sofern daneben noch gemeinsame Abkömmlinge vorhanden sind, Regelung innerhalb welcher Quote der Überlebende frei ändern darf;
- Berufung des überlebenden Ehegatten zum Testamentsvollstrecker.

242 Soweit die Ehegatten im gesetzlichen Güterstand leben, das Vermögen weitgehend Zugewinn darstellt und auf den Namen des Ehegatten mit Kindern steht, besteht die Gefahr, dass der überlebende Ehegatte bei zu starren Bindungen bzw. zu hohen Vermächtnis- bzw. Erbenberufungen der erstehelichen Kinder die ihm gemachte Zuwendung ausschlägt, den Zugewinn und sodann den kleinen Pflichtteil gem. § 1371 II BGB geltend macht. In diesem Falle sind der ehevertragliche Ausschluss des Zugewinnausgleichs für den Todesfall sowie ein gegenseitiger Pflichtteilverzicht anzusprechen.

5. Verfügungen von Partnern einer nichtehelichen Lebensgemeinschaft

243 Die Interessenlage entspricht bei Partnern einer nichtehelichen Lebensgemeinschaft grundsätzlich derjenigen von Ehegatten. Früher wurde vor allem im Hinblick auf die Rechtsprechung zum sog. Mätressentestament (vgl. BGHZ 20, 71, wo noch rein subjektiv auf die „unredliche Gesinnung des Erblassers" abgestellt wurde; bereits BGHZ 53, 376, betont stärker die objektive Seite, nämlich „die Art und Weise, in der der Erblasser seinen Nachlass verteilt wissen will"; weiter einschränkend *BGH* NJW 1983, 674) bei noch bestehender ehelicher Bindung eines Ehegatten das Risiko der Unwirksamkeit wegen Sittenwidrigkeit diskutiert. Vorrangig ist aber zunächst vom Grundsatz der Testierfreiheit des Erblassers auszugehen. Zwischenzeitlich wird man überdies im Hinblick auf gewandelte gesellschaftliche Moralvorstellungen Sittenwidrigkeit in diesen Konstellationen nur noch ganz ausnahmsweise annehmen können (vgl. Nieder/*Kössinger* 2. Teil § 14 Rn. 166).

244 Bei der Gestaltung sind folgende **Besonderheiten** zu beachten:

(1) Nach § 2265 BGB können Partner einer nichtehelichen Lebensgemeinschaft kein gemeinschaftliches Testament errichten.

(2) Pflichtteilsansprüche von Abkömmlingen wirken sich, wenn die Partner nicht miteinander verheiratet sind, stärker aus.

(3) Die **Erbschaftsteuer** spielt eine größere Rolle (in der Regel Steuerklasse III). Sind gemeinschaftliche Kinder vorhanden, kann es empfehlenswert sein, diese zu Erben zu bestimmen und den länger lebenden Teil der nichtehelichen Lebensgemeinschaft anderweitig abzusichern (Wohnungsrecht, Nießbrauch, Testamentsvollstreckung etc.). Sollen Verwandte eines oder beider Partner nach dem Tode des Überlebenden erben, so kann die Anordnung von Vor- und Nacherbfolge im Hinblick auf § 6 II 2 ErbStG zweckmäßig sein (*Grziwotz* ZEV 1994, 273).

(4) Bei einem Erbvertrag ist – dem losen Charakter der nichtehelichen Lebensgemeinschaft entsprechend – regelmäßig ein **Rücktrittsvorbehalt** zu empfehlen. Um Beweisschwierigkeiten zu vermeiden sollte dieses völlig frei ausgestaltet sein, also ohne die Tatbestandsvoraussetzung der Trennung, da die Unwirksamkeitsvermutung der §§ 2279 II, 2077 BGB nicht gilt. Auch auflösende Bedingungen können sinnvoll sein, etwa die Verehelichung mit einem Dritten.

6. Wiederverheiratungsklausel

245 Den weitaus meisten Ehegattentestamenten liegt die **Einheitslösung** zugrunde: Der überlebende Ehegatte wird Vollerbe; nach dem Tode des Letztversterbenden fällt der beiderseitige Nachlass an einen Dritten (Kinder). Verehelicht sich der überlebende Ehe-

gatte wieder, so kann er mangels anderweitiger Bestimmungen gem. § 2079 BGB seine eigene (wechselbezügliche oder erbvertraglich bindende) Verfügung anfechten. Diese Anfechtung führt zur Unwirksamkeit auch der wechselbezüglichen Verfügung des anderen Ehegatten. Deshalb kommt einem Anfechtungsverzicht große Bedeutung zu. Wiederverheiratungsklauseln können die gesetzlichen Folgen der Anfechtungsmöglichkeit beseitigen. Nach Auffassung des *BVerfG* („Hohenzollern"-Beschluss, ZEV 2004, 241) darf auf erbrechtlich Bedachte kein unzumutbarer wirtschaftlicher Druck in Bezug auf ihr familiäres Verhalten ausgeübt werden. Es bleibt abzuwarten, wie sich diese Rechtsprechung auf Wiederverheiratungsklauseln auswirken wird (vgl. *Otte* ZEV 2004, 393; *Scheuren-Brandes* ZEV 2005, 185; *Kroppenberg* S. 34 ff.). Nachdem dem Erblasser aber – in den Grenzen des Pflichtteilsrechts – auch die Möglichkeit einer Enterbung des Ehegatten offen steht, wird man eher einen weiten Regelungsspielraum annehmen dürfen.

a) (Bedingte) Vor- und Nacherbschaft

Die Vollerbschaft des überlebenden Ehegatten kann an die auflösende Bedingung der Wiederverheiratung geknüpft werden. Die Kinder (Abkömmlinge) würden insoweit aufschiebend bedingt zum Erben berufen. Hinter der auflösend bedingten Vollerbschaft des Ehegatten steht dann eine aufschiebend bedingte Vorerbschaft, verbunden mit einer gleichfalls bedingten Nacherbschaft der Kinder (RGZ 156, 172; BGHZ 96, 198; *Hurst* MittRhNotK 1963, 439). Klarzustellen ist, ob der überlebende Ehegatte befreiter oder nichtbefreiter Vorerbe sein soll. Da die Rechtsstellung des überlebenden Ehegatten bis zu seinem Tode unter der Möglichkeit einer Veränderung in Vor- und Nacherbschaft steht, also alle seine Verfügungen mit dem Problem einer bedingt möglichen Unwirksamkeit zugunsten der eventuellen Nacherben belastet sind und folglich im Erbschein und im Grundbuch ein entsprechender Vermerk einzutragen ist (BeckOK GBO/*Zeiser* § 51 Rn. 20, 36), ist diese früher nicht selten gewählte **Gestaltung dringend zu vermeiden**. „Misstraut" der Erblasser seinem Ehegatten, so sollte er gleich von der Möglichkeit der Vor- und Nacherbfolge ggf. kombiniert mit Erleichterungen für den länger lebenden Ehegatten (z. B. befreite Vorerbeinsetzung und/oder Vorausvermächtnis) Gebrauch machen. „Unzumutbarer Druck" i. S. d. „Hohenzollern"-Beschlusses des *BVerfG* (ZEV 2004, 241) kann vom überlebenden Ehegatten dadurch genommen werden, dass der Nacherbfall erst bei seinem Ableben eintritt oder ihm eine ausreichende Versorgung („Apanage") gewährt wird (vgl. *Scheuren-Brandes* ZEV 2005, 185 mit Formulierungsvorschlägen).

246

b) Vermächtnis

Das Vermächtnisrecht bietet viele **Variationsmöglichkeiten**. Zu denken ist an aufschiebend bedingte Vermächtnisse zugunsten der Abkömmlinge bezüglich bestimmter Nachlassgegenstände oder in Geld für den Fall der Wiederverheiratung. Unter(voraus-)vermächtnisse für den überlebenden Ehegatten (bzw. bei Grundstücken als Wohnungs- oder Nießbrauchsrecht) sind zu erwägen. Auch kann anstelle der aufschiebend bedingten Vorerbschaft mit (aufschiebend) bedingten Vorvermächtnissen für den Ehegatten und Nachvermächtnissen für die Abkömmlinge gearbeitet werden.

247

c) Übergabeverpflichtung

Soweit die Sorge des Erblassers dahin geht, dass das Anwesen oder ein Gewerbebetrieb in die von ihm abstammende nächste Generation überführt wird, kann an eine Übergabeverpflichtung unter Lebenden gedacht werden. Hier verbinden die Ehegatten meist mit dem Erbvertrag einen **Vertrag zugunsten Dritter** gem. §§ 328 ff. BGB. Während im Erbvertrag die Ehegatten sich gegenseitig zum Erben einsetzen, verpflichtet sich durch Rechtsgeschäft unter Lebenden jeder Ehegatte für den Fall, dass er der Überlebende sein wird, das Anwesen (oder ein anderes bestimmtes Objekt) einem bestimmten Abkömmling zu übereignen. Der Zeitpunkt der Übereignung (und damit der Entstehung des

248

Rechts des Dritten) kann der Tag der Wiederverehelichung oder ein bestimmtes Alter des Dritten sein. Soweit der begünstigte Abkömmling noch nicht bestimmt ist, kann die Bestimmung dem überlebenden Ehegatten oder einem Dritten überlassen werden (§ 315 BGB). Der durch die Übergabeverpflichtung begründete Anspruch kann sofort durch Eintragung einer Vormerkung gem. § 883 BGB gesichert werden, auch wenn der Dritte noch nicht individuell bestimmt ist; Bestimmbarkeit genügt (*Röll* MittBayNot 1963, 98; *BayObLG* DNotZ 1989, 370; *Kohler* DNotZ 1989, 339). In jedem Falle sollte ausdrücklich geregelt werden, ob den Vertragsparteien (Eltern) die Befugnis vorbehalten bleibt, die Rechte des Dritten ohne dessen Zustimmung aufzuheben und abzuändern (§ 328 II BGB).

d) Eheähnliches Verhältnis

249   Die erbrechtliche Wiederverheiratungsklausel oder die auf den Wiederverheiratungsfall abgestellte Übergabeverpflichtung kann den Überlebenden in Versuchung führen, der Wiederverheiratung ein eheähnliches Verhältnis vorzuziehen und so die Regelung zu einem zahnlosen Tiger zu machen. War eine nichteheliche Lebensgemeinschaft früher aus gesellschaftlichen Gründen für viele nur schwer denkbar, ist sie inzwischen aufgrund gewandelter gesellschaftlicher Moralvorstellungen eine statistisch relevante Lebensform geworden. Es wird daher gelegentlich formuliert, dass die Konsequenzen der Wiederverheiratungsklausel auch bei Eingehung eines eheähnlichen Verhältnisses eintreten sollen. Rechtlich möglich sind solche Formulierungen; jedoch werden – selbst bei Bezugnahme auf die zu § 1579 Nr. 2 BGB bestehende Kasuistik (vgl. Palandt/*Brudermüller* § 1579 Rn. 11 ff.) – Unsicherheiten und Beweisschwierigkeiten geschaffen, weshalb solche Regelungen nicht empfehlenswert erscheinen.

7. Pflichtteilsklausel

250   Die Verfügung, dass derjenige Abkömmling, der nach dem Ableben des erstversterbenden Elternteils das gesetzliche Pflichtteilsrecht geltend macht, auch beim Ableben des Letztversterbenden auf den Pflichtteil gesetzt wird, soll dazu führen, dass beim ersten Sterbefall der Pflichtteil nicht geltend gemacht wird. Eine weitere Sanktion ist die so genannte „*Jastrow'sche* Klausel" (DNotV 1904, 425). Hier wird denjenigen Abkömmlingen, die beim ersten Sterbefall den Pflichtteil nicht geltend machen, für den Fall der Geltendmachung des Pflichtteils durch einen weiteren Abkömmling ein Vermächtnis in beliebiger Höhe, meist in Geld und im Wert des gesetzlichen Erbteiles zugewendet, das mit dem Tode des Erstversterbenden der Eltern anfällt, jedoch erst beim Tode des Letztversterbenden fällig wird. Durch dieses Vermächtnis wird der Nachlass des Letztversterbenden reduziert, und damit auch der Pflichtteil beim zweiten Sterbefall. Mit der Höhe des Vermächtnisses bestimmt der Erblasser auch den Umfang des Nachlasses beim zweiten Sterbefall. Zu beachten ist jedoch, dass die angeordneten Vermächtnisse vom Überlebenden, wenn die Bedingung eingetreten ist (Pflichtteilsverlangen), nicht mehr änderbar sind. Zu den vielfältigen Variationsmöglichkeiten und der praktischen Tauglichkeit von Pflichtteilsstrafklauseln s. *J. Mayer* ZEV 1995, 136 und MittBayNot 1996, 80. Die Enterbung des den Pflichtteil fordernden Abkömmlings hingegen darf der Überlebende stets rückgängig machen, da sie nicht bindend vereinbart werden kann (§§ 2270 III, 2278 II BGB). Pflichtteilsklauseln sind auf die Abkömmlinge des Kindes zu erstrecken, das den Pflichtteil geltend gemacht hat, vor allem im Hinblick auf das Ableben des Kindes vor dem zweiten Sterbefall. Wird der Pflichtteilsanspruch nicht vom Abkömmling selbst, sondern von einem Dritten geltend gemacht, der im Wege der Erbfolge an die Stelle des Abkömmlings getreten ist, so kann auch dieser Fall von der Geltung der Pflichtteilsklausel erfasst sein. Maßgebend ist insoweit der im Wege der Auslegung zu ermittelnde Wille der Testierenden (*BayObLG* DNotZ 1996, 312).

Formulierungsbeispiel: Pflichtteilsklausel in Anlehnung an Jastrow	251
Für den Fall, dass ein Kind bzw. dessen Abkömmlinge beim Tode des Erstversterbenden gegen dessen Willen den Pflichtteil verlangen sollte, bestimmen wir Folgendes: Die den Pflichtteil nicht fordernden Abkömmlinge erhalten ein beim ersten Erbfall anfallendes, bis zum zweiten Erbfall gestundetes Vermächtnis in Höhe ihres gesetzlichen Erbteiles. Der beim Tode des Erstversterbenden den Pflichtteil verlangende Abkömmling wird auch für den Tod des Letztversterbenden von uns von der Erbfolge ausgeschlossen.	

Zu ergänzen wären noch Fragen um die Verzinsung des bedingten Vermächtnisses, der Vererblichkeit des bei vorstehender Formulierung nur gestundeten Vermächtnisses und des Anspruchs auf Sicherung (vgl. *J. Mayer* MittBayNot 1996, 80). **252**

Für die Höhe des Pflichtteils spielt die Frage eine Rolle, in welchem **Güterstand** die Ehegatten leben und welche Zuwendungen unter Lebenden in Anrechnung auf den Pflichtteil vorgenommen wurden (§ 2315 BGB). Gütertrennung bei mehr als einem Kind wirkt gegenüber dem gesetzlichen Güterstand stets pflichtteilserhöhend. Bei größeren Vermögen bzw. bei Unternehmern sollte auf einen gegenständlich beschränkten Pflichtteilsverzicht (vgl. Rn. 368) oder auf einen Pflichtteilsverzicht nach dem Ableben des Erstversterbenden hingewirkt werden. **253**

Der Pflichtteil kann auch durch letztwillige Anordnung gem. §§ 2333 ff. BGB entzogen werden. Die Wirksamkeit setzt voraus, dass der **Entziehungsgrund** in der Verfügung von Todes wegen angegeben ist (Angabe der betroffenen Person, Anordnung der Entziehung und Angabe der Gründe). Hierbei ist der zutreffende Kernsachverhalt, den der Testator als Grund für die Entziehung des Pflichtteils ansieht, anzugeben (*OLG Düsseldorf* ZEV 1995, 410). Entziehung des Pflichtteils setzt Verschulden des Pflichtteilsberechtigten voraus, wenn auch nicht im strafrechtlichen Sinne; der Betroffene muss aber in der Lage sein, das Unrecht seiner Tat einzusehen (*BVerfG* NJW 2005, 1561). Auf möglichst genaue Angabe der Einzelumstände ist Wert zu legen. Die Entziehung kann nur durch einseitige Verfügung angeordnet werden; eine vertragsmäßige Bindung ist unzulässig (*BGH* FamRZ 1961, 437). Der Ausdruck „Enterbung" ist zu vermeiden, da er unpräzise ist. **254**

Gegenüber Abkömmlingen (auch nichtehelichen) ist die **Beschränkung des Pflichtteilsrechts** oder des Erbteils gem. § 2338 BGB möglich. Die nach § 2338 BGB möglichen Anordnungen sind ebenfalls nur einseitig, nicht vertragsmäßig zulässig. Auch hier muss der Grund der Pflichtteilsbeschränkung in der Verfügung angegeben werden. Der durch Erbvertrag oder gemeinschaftliches Testament gebundene Erblasser kann Anordnungen nach § 2338 BGB frei und ohne Wissen des anderen Teils treffen (§§ 2289 II, 2271 III BGB). **255**

8. Erbrecht des Lebenspartners

Das Erbrecht des überlebenden Lebenspartners ist in § 10 LPartG geregelt: Die Partner einer eingetragenen Lebenspartnerschaft sind seit 1.1.2005 **Ehegatten gleichgestellt**. Sie haben ein gesetzliches Erb- und Pflichtteilsrecht, einen Voraus und die Möglichkeit, gemeinschaftliche Testamente zu errichten sowie Erb- und Pflichtteilsverzichte zu vereinbaren. Für eine letztwillige Verfügung zugunsten des Lebenspartners gilt nach § 10 V LPartG, dass die Verfügung durch Aufhebung der Lebenspartnerschaft bzw. in den Fällen der Antragstellung regelmäßig unwirksam ist, dies aber nicht sein muss (Verweisung auf § 2077 BGB). Empfehlenswert ist daher, bei Verfügungen von Lebenspartnern diese Fragen ebenso wie bei Ehegatten ausdrücklich zu regeln (*Müller* DNotZ 2001, 581, 587; *Langenfeld* ZEV 2002, 8). Die Gestaltungsüberlegungen von Partnern einer eingetragenen Lebenspartnerschaft sind ähnlich wie die von Ehegatten. Die Besonderheit ist das Fehlen leiblicher gemeinschaftlicher Abkömmlinge der Lebenspartner. § 9 VII LPartG sieht seit 1.1.2005 die Möglichkeit vor, ein Kind des Lebenspartners zu adoptieren **256** (entspr. § 1741 II 3 BGB). Seit 14.12.2010 sind Lebenspartner **auch bei der Erbschaftsteuer Ehegatten vollkommen gleichgestellt** (vgl. auch Rn. 21).

9. Sondersituationen

a) Verfügung getrennt lebender Ehegatten und Geschiedener

257 Getrennt lebende bzw. geschiedene Ehegatten werden regelmäßig Wert darauf legen, dass der andere Teil nicht, auch nicht als Erbeserbe, an ihrem Nachlass partizipiert oder Einfluss auf diesen Nachlass gewinnt. Bei getrennt lebenden Ehegatten ist zunächst festzustellen, ob sie mit dem anderen Teil einen Erbvertrag oder ein gemeinschaftliches Testament errichtet haben, ob deren Wirkungen nach §§ 2268, 2077 BGB oder §§ 2279, 2077 BGB weggefallen sind oder ob ein Widerruf nach § 2271 BGB nötig, der Rücktritt vom Erbvertrag nach §§ 2293, 2294 BGB oder dessen Anfechtung nach § 2281 BGB möglich ist.

258 Sind gemeinsame Kinder vorhanden, die Erbe werden sollen, so besteht die Gefahr, dass bei Ableben des Kindes nach Eintritt des Erbfalls der getrennt lebende oder geschiedene Ehegatte Erbeserbe wird oder die Erbschaft des erstversterbenden Teils zumindest Grundlage einer Pflichtteilsberechnung wird. Schließlich – bei Minderjährigkeit des Erben – ist zu beachten, dass der getrennt lebende oder geschiedene Partner über § 1680 I BGB an die Verwaltung des Nachlasses gelangt.

259 Soll ein gemeinschaftliches Kind Erbe werden, wird regelmäßig die **Anordnung der Nacherbfolge** geboten sein, um zu verhindern, dass der Nachlass beim Ableben des Kindes an den getrennt lebenden oder geschiedenen Partner gelangt oder Grundlage einer Pflichtteilsberechnung wird. Die Nacherbfolge kann auch bedingt ausgestaltet werden, etwa in der Weise, dass sie nur dann eingreift, wenn der getrennt lebende oder geschiedene Ehegatte, dessen Verwandte aufsteigender Linie und dessen Deszendenten aus anderen Verbindungen zum Zuge kämen. Es wird regelmäßig geboten sein, den Vorerben so frei wie möglich zu stellen. Zu Möglichkeiten und Grenzen, wie der Vorerbe trotz § 2065 BGB Einfluss auf die Person des Nacherben nehmen kann, insbesondere eine auflösend bedingte Nacherbfolge (vgl. Rn. 133 f.). Allerdings führt eine solche auflösend bedingt angeordnete Nacherbschaft dazu, dass durch den Bedingungseintritt das Kind Vollerbe und damit der Nachlass Berechnungsgrundlage für den Pflichtteilsanspruch des früheren Ehegatten wird.

260 Soll verhindert werden, dass der getrennt lebende oder geschiedene Ehegatte das Vermögenssorgerecht über das geerbte Vermögen eines minderjährigen Kindes ausübt, ist entweder eine Anordnung nach § 1638 I BGB zu treffen oder Testamentsvollstreckung (ggf. kombiniert) anzuordnen. Wird von der Möglichkeit des § 1638 I BGB Gebrauch gemacht, kann zugleich ein Pfleger nach § 1917 I BGB bestimmt werden.

261 **Formulierungsbeispiel: Geschiedenentestament mit Vor- und Nacherbfolge**

Meine Kinder sind jedoch nur Vorerben. Von den gesetzlichen Beschränkungen sind sie, soweit zulässig, befreit.
Die Nacherbfolgeanordnung entfällt nach dem Ableben meines geschiedenen Ehegatten, sofern Abkömmlinge, die von ihm abstammen, soweit sie nicht mit mir gemeinschaftlich sind, und seine Verwandten aufsteigender Linie nicht oder nicht mehr leben; ferner wenn eine Erbberechtigung des ausgeschlossenen Personenkreises auf Grund eines Erbverzichts nicht gegeben ist. Die Nacherbfolgeanordnung ist also insoweit auflösend bedingt angeordnet.
ggf.: Die Beschränkungen der Vor- und Nacherbschaft entfallen außerdem für den jeweiligen Erben bei Vorhandensein eines eigenen Abkömmlings (auch angesichts der Gefahr, dass dieser Abkömmling eventuell nachträglich wieder wegfällt) bzw. bei Errichtung einer wirksamen eigenen Verfügung von Todes wegen durch den jeweiligen Erben. Ab diesem Zeitpunkt ist der jeweilige Erbe unbeschwerter Vollerbe.

1. Teil. Die Mitwirkung des Notars bei der Gestaltung von Verfügungen von Todes wegen   C

▼ Fortsetzung: **Formulierungsbeispiel: Geschiedenentestament mit Vor- und Nacherbfolge**

Zu Nacherben berufe ich die Abkömmlinge der jeweiligen Vorerben zu unter sich gleichen Teilen nach Stämmen gemäß den Regeln der gesetzlichen Erbfolge für die erste Ordnung. Falls solche nicht vorhanden sind, meine übrigen Abkömmlinge ebenfalls nach den Regeln der gesetzlichen Erbfolge für die erste Ordnung, falls auch solche fehlen: diejenigen Personen, die meine gesetzlichen Erben wären, wenn ich im Zeitpunkt des Eintritts des Nacherbfalles ohne Hinterlassung von Abkömmlingen gestorben wäre, gemäß den gesetzlichen Regeln. Die Nacherben sind auch Ersatzerben.
Die Nacherbfolge tritt ein mit dem Ableben des Vorerben. Das Nacherbenanwartschaftsrecht ist zwischen Erbfall und Nacherbfall nicht vererblich und auch nicht übertragbar.
Wenn einer meiner Abkömmlinge, der mit meinem geschiedenen Ehegatten in gerader Linie verwandt ist oder wäre, Erbe werden sollte, unterliegt die Erbschaft bei ihm auch wieder der oben angeordneten Nacherbfolge.
Mein geschiedener Ehegatte, dessen Abkömmlinge aus anderen Verbindungen als mit mir und seine Verwandten aufsteigender Linie sind als Nacherben ausgeschlossen.
Soweit ein Vorerbe zum Zeitpunkt des Erbfalls noch minderjährig ist, entziehe ich meinem geschiedenen Ehegatten gem. § 1638 BGB das Recht, den Erwerb von Todes wegen zu verwalten. Als Ergänzungspfleger benenne ich insoweit gem. §§ 1909 I, 1917 BGB ... und erteile ihm umfassende Befreiung gem. §§ 1852 bis 1854 BGB.

262 Großer Nachteil der klassischen Lösung beim Geschiedenentestament durch Anordnung von Vor- und Nacherbfolge ist die „entmündigende Wirkung" für das Kind, das weder unentgeltlich über Nachlassgegenstände verfügen, noch solche (z. B. seinem Ehegatten) erbrechtlich zuwenden kann Nieder/*Kössinger* 5. Teil § 21 Rn. 41). Wenn die Gefahr, dass der Nachlass beim Tod des Erben Grundlage einer Pflichtteilsberechnung zugunsten des früheren Ehegatten wird, als nicht so bedeutend angesehen wird, so genügt die für den Erben wesentlich weniger belastende Anordnung eines auf den Tod des Erben **aufschiebend bedingten Herausgabevermächtnisses** für den Überrest. Dabei kann dem Erben das Recht eingeräumt werden, die Vermächtnisnehmer dieses Herausgabevermächtnisses noch zu bestimmen (vgl. zu dieser Gestaltungsvariante Nieder/*Kössinger* 5. Teil § 21 Rn. 54 mit Formulierungsvorschlag).

b) Ver- oder überschuldete Erben („Bedürftigentestament")

263 Erblasser sehen in vielen Fällen Gefahren für den Nachlass, wenn der von ihnen ins Auge gefasste Erbe verschuldet oder gar überschuldet ist. Die Gläubiger des Erben könnten bei Anfall der Erbschaft ihre Forderung durch Zugriff auf den Nachlass befriedigen. Der Erblasser hat in aller Regel das Ziel, einerseits diesen Zugriff der Gläubiger des Erben (oder auch des Insolvenzverwalters) auf den Nachlass zu verhindern und andererseits dem Erben dennoch einen möglichst unbeschränkten Genuss des Nachlasses – jedenfalls nach Wegfall der Notlage – zu ermöglichen. Diese Ziele lassen sich nicht in allen Teilen gleichzeitig erreichen (vgl. umfassend *J. Mayer* MittBayNot 2011, 445). Soweit ein Insolvenzverfahren in Betracht kommt, wird der Erblasser auch die Restschuldbefreiung des Erben nicht gefährden wollen. Die Vielschichtigkeit der zu beachtenden Probleme schließt – wie beim sog. Behindertentestament (vgl. Rn. 285 ff.) – eine immer passende Standardlösung aus und verlangt vielmehr individuell zugeschnittene Lösungsansätze. Folgende Handlungsalternativen sind abzuwägen:

264 **aa)** **Unternimmt der Erblasser gar nichts** und hat der Betroffene einen gesetzlichen Erbanspruch, so fällt die Erbschaft bzw. der Erbteil von selbst an (§ 1922 BGB) und unterliegt somit dem **Gläubigerzugriff**. Dann kann nur noch der Erbe selbst durch Ausschlagung den Anfall und damit den Zugriff verhindern. § 83 I InsO regelt, dass die Entscheidung hierüber als höchstpersönliche allein dem Erben zusteht, die nicht der

Insolvenzanfechtung unterliegt (*BGH* NJW 2011, 2291). Auch die Entscheidung, den Pflichtteil zu verlangen, ist eine höchstpersönliche des Schuldners (*BGH* NJW 1997, 2384). Als bindend eingesetzter Vertragserbe kann er an der Aufhebung dieser Erbeinsetzung mitwirken (*BGH* ZEV 2013, 266). Auch diese Entscheidungen des Schuldners unterliegen nicht der Insolvenzanfechtung.

265 Der künftige Erbe kann auch vorsorgend auf seine Erb- und Pflichtteilsansprüche nach dem Erblasser verzichten. Dies ist auch bei Bezug von Sozialhilfe grundsätzlich nicht sittenwidrig (*BGH* MittBayNot 2012, 138 m. Anm. *Spall*).

266 Befindet sich der Erbe bereits in der Wohlverhaltensphase eines Insolvenzverfahrens und nimmt er eine Erbschaft oder ein Vermächtnis an, so hat er gem. § 295 I Nr. 2 InsO (nur) die Hälfte des Erworbenen Vermögens in Geld an den Treuhänder herauszugeben. Zur etwa nötigen Versilberung ist ihm eine gewisse Zeitspanne einzuräumen (*BGH* ZEV 2013, 268). Schlägt er aus, gibt er einen Erb- oder Pflichtteilsverzicht ab oder macht er den Pflichtteil nicht geltend, ist dies keine Obliegenheitsverletzung und gefährdet seine Restschuldbefreiung nicht (vgl. *BGH* ZEV 2009, 469).

267 All diese Maßnahmen verhindern aber nur den Zugriff der Gläubiger bzw. des Insolvenzverwalters, erreichen aber keine Beteiligung des gewünschten Erben am Nachlass.

268 **bb)** Dies gilt auch für die **schlichte Enterbung** des Betroffenen. Ist dieser Pflichtteilsberechtigt, können zwar die Gläubiger bzw. der Insolvenzverwalter den Pflichtteil nicht anstelle des Erben geltend machen. Entgegen dem Wortlaut des § 852 I ZPO kann aber der noch nicht geltend gemachte Pflichtteil bereits durch die Gläubiger gepfändet oder Teil der Insolvenzmasse werden, wenn er auch erst nach Vorliegen der Voraussetzungen des § 852 I ZPO verwertbar ist (BGHZ 123, 183). Er unterliegt im Insolvenzverfahren sogar nach Aufhebung des Verfahrens (unbefristet) einer Nachtragsverteilung (*BGH* ZEV 2011, 87).

269 **cc)** Soll der Zugriff von Eigengläubigern des Erben vermieden werden, empfiehlt sich für den Erblasser häufig die **Anordnung von Vor- und Nacherbfolge in Kombination mit Testamentsvollstreckung** (Dauertestamentsvollstreckung; zum Verhältnis von Dauertestamentsvollstreckung und Auseinandersetzungsverbot *Scheuren-Brandes* ZEV 2007, 306); § 2214 BGB schließt dann einen Zugriff der Gläubiger aus. Die bloße Anordnung der Vor- und Nacherbfolge – ohne begleitende Testamentsvollstreckung – reicht nicht aus: Nach § 2115 BGB ist die Zwangsvollstreckung in einen Erbschaftsgegenstand, welcher der Nacherbfolge unterliegt, nur „im Fall des Eintritts der Nacherbfolge insoweit unwirksam, als sie das Recht des Nacherben vereiteln oder beeinträchtigen würde". Der Schutz würde sich also erst beim Nacherbfall auswirken und auch die dem Vorerben zustehenden Erträgnisse nicht schützen. Das entscheidende Regelungsinstrument ist insoweit die Anordnung der Dauertestamentsvollstreckung (so auch *Tersteegen* ZErb 2011, 234, der sogar erwägt, auf die Vor- und Nacherbschaft ganz zu verzichten, diese Lösung aber wegen entstehender Schutzlücken beim Tod des Bedürftigen selbst verwirft). Der Gebrauch dieser vom Gesetzgeber zur Verfügung gestellten erbrechtlichen Regelungsmöglichkeiten ist regelmäßig auch von der Testierfreiheit des Erblassers gedeckt und daher **nicht sittenwidrig** (*J. Mayer* MittBayNot 2011, 445 m.w.N.; *v. Proff* RNotZ 2012, 272; zweifelnd allerdings SG *Dortmund* ZEV 2010, 54; beachte aber dagegen *BGH* ZEV 2011, 258 „negative Erbfreiheit"; hierzu Anm. *Spall* MittBayNot 2012, 141; *Dreher/Görner* NJW 2011, 1761; *Menzel* MittBayNot 2013, 289). Die für den betroffenen Erben angeordneten Beschwerungen haben auch regelmäßig zur Folge, dass dieser gem. § 2306 I BGB die Erbschaft ausschlagen und den Pflichtteil verlangen kann. Dieser fiele dann allerdings der Verwertung durch die Gläubiger bzw. den Insolvenzverwalter anheim, so dass dies für den Erben in aller Regel keine sinnvolle Option sein wird.

270 Soll der Erbe Einfluss auf die Verwaltung des Nachlasses erhalten, kann er zum Mittestamentsvollstrecker bestimmt werden. Zum Aufgabenbereich des (Mit-)Testamentsvollstreckers wird regelmäßig auch die Verwaltung der Rechte des Nacherben gem.

§ 2222 BGB gehören müssen. Im Sonderfall des § 2338 BGB (Überschuldung des Erben) kann auch der Pflichtteilsanspruch des ins Auge gefassten Erben, wenn dieser wegen der Überschuldung in seiner Person übergangen werden soll, entsprechend beschränkt werden; § 2338 BGB gilt allerdings nur für Abkömmlinge.

Statt der Vor- und Nacherbschaftslösung wird auch die Anordnung eines Vor- und Nachvermächtnisses diskutiert. Der Nachteil dieser Lösung liegt vor allem darin, dass beim Tod des Bedürftigen den Nachvermächtnisnehmern nur ein schuldrechtlicher Herausgabeanspruch zusteht, dessen Rangverhältnis in der Insolvenzmasse (*J. Mayer* MittBayNot 2011, 445) und gegenüber etwaigen Kostenersatzansprüchen des Sozialhilfeträgers gem. § 102 SGB XII nicht endgültig geklärt ist (vgl. *Spall* MittBayNot 2001, 249). **271**

dd) Denkbar wäre auch, den verschuldeten Erben erbrechtlich zu übergehen und stattdessen andere Personen, etwa seine **Abkömmlinge, zu Erben einzusetzen**. Um den so übergangenen Erben abzusichern, könnten ihm durch **Vermächtnis** Gegenstände zugewendet werden, die entweder nicht pfändbar sind (wie etwa das Wohnungsrecht, das nach § 1092 I 1 BGB nicht einem Dritten zur Ausübung überlassen werden kann, wenn nicht die Überlassung gem. § 1092 I 2 BGB gestattet ist) oder deren Pfändung kaum zu befürchten ist (etwa Nießbrauch an Einrichtungs- und Hausratsgegenständen). In Betracht käme auch die Zuwendung eines Geldrentenvermächtnisses im Rahmen der unpfändbaren Beträge von § 850b I Nr. 3, II ZPO und der nach § 90 II Nr. 9 SGB XII nicht zu verwertenden „kleineren Barbeträge". **272**

ee) Die Möglichkeit, dass der zu Bedenkende erfolgreich ein Restschuldbefreiungsverfahren nach der InsO durchführt und somit der Grund für die beschränkenden Anordnungen in Wegfall gerät, unterscheidet das Bedürftigentestament vom sog. Behindertentestament, dessen Anordnungen regelmäßig dauerhaft erforderlich sind (vgl. Rn. 285 ff.). Allerdings eignet sich das erfolgreiche Restschuldbefreiungsverfahren nur bedingt als Anknüpfungspunkt für eine auflösende Bedingung beschränkender Anordnungen, da dann bei dem Insolvenzschuldner bereits vorher Anwartschaftsrechte entstehen, welche in die Insolvenzmasse fallen oder einer Nachtragsverteilung unterliegen bzw. pfändbar sind, auch wenn die Übertragbarkeit vom Erblasser ausgeschlossen wurde (vgl. *Menzel* MittBayNot 2010, 54; *ders.* MittBayNot 2011, 374; *J. Mayer* MittBayNot 2011, 445 und 2012, 18; a. A. wohl noch *Limmer* ZEV 2004, 133, 140). In der Kautelarpraxis haben sich Bedingungs-, Anfechtungs- und Befreiungslösung als Gestaltungsvarianten herausgebildet (Überblick bei *Litzenburger* ZEV 2009, 278). All diese **„Besserungsklauseln"** erscheinen aber **problembehaftet**, weshalb ein gänzlicher Verzicht auf diese vorzugswürdig erscheint. Teilweise wird auch die Einsetzung eines „zuverlässigen Dritten" mit der Auflage, das zugewendete Vermögen dem Bedürftigen in unschädlicher Weise zukommen zu lassen, erwogen (vgl. *Wälzholz* FamRB 2006, 252). **273**

c) Ältere Erblasser

Die Verfügungen älterer Personen unterscheiden sich von denen anderer nicht grundsätzlich. Allerdings ist – gerade wenn es um Beurkundungen „am Krankenbett" geht – besondere Sorgfalt bei den Feststellungen zur Testierfähigkeit anzuwenden (vgl. Rn. 66 ff.). Außerdem ist im Vorfeld besonders sorgfältig zu klären, insbesondere wenn der Erblasser verwitwet ist, ob er durch Anordnungen in einem früheren Erbvertrag oder in einem früheren gemeinschaftlichen, auch privatschriftlichen Testament gebunden ist. Die Gestaltungsmöglichkeit ist bei Verfügungen älterer Personen insofern größer als bei anderen, als der Kreis der Zuwendungsempfänger schon konkret hervortritt und u. U. mehrere Generationen von Abkömmlingen als Zuwendungsempfänger in Betracht kommen. Insbesondere bei größeren Vermögen kann es sinnvoll sein, neben den Kindern auch Enkelkinder durch die Anordnung von Geld- oder Sachvermächtnissen zu bedenken, um steuerliche Freibeträge auszuschöpfen. Sollen die Kinder übergangen und an **274** ihrer Stelle Enkelkinder berücksichtigt werden, so ist auf die Absicherung derartiger Verfügungen durch Pflichtteilsverzichte Wert zu legen. Sind die zu bedenkenden Kinder noch minderjährig oder haben sie ihre persönliche Entwicklung noch nicht abgeschlossen, sollte die Frage nach dem – auch wirtschaftlichen – Sinn solcher Verfügungen stets gestellt werden; gegebenenfalls sind begleitende familienrechtliche Anordnungen (Pflegschaft) bzw. Anordnung von Testamentsvollstreckung (Dauervollstreckung auf bestimmte Zeit) angebracht. Ältere Personen werden auch vielfach in ihrer Verfügung Bestattungsformalitäten regeln wollen. Hier empfiehlt sich im Hinblick auf die Dauer der Eröffnung beim Nachlassgericht die Beurkundung begleitender Vorsorgeregelungen, etwa Vollmachten, die ohne Rücksicht auf die gerichtliche Eröffnung der letztwilligen Verfügung nach dem Ableben der betroffenen Person verwendet werden können.

d) Verfügungen zugunsten von Heimträgern und deren Beschäftigten

275 Besonderheiten nach heimrechtlichen Vorschriften gelten für Personen, die in einem Alten- oder Pflegeheim wohnen, und deren Angehörige, wenn sie den Heimträger oder dort Beschäftigte bedenken wollen. Nach § 14 I HeimG und dessen im Zuge der Föderalismusreform ergangenen landesrechtlichen Nachfolgevorschriften (vgl. die weitgehend dem bisherigen § 14 HeimG nachgebildeten, jedoch in Details leicht unterschiedlichen landesrechtlichen Regelungen z.B. § 9 LHeimG BW, Art. 8 BayPfleWoqG, § 10 WTG NRW, § 11 LWTG RhPf; siehe auch den Überblick bei *Spall* MittBayNot 2010, 9) ist es dem Träger eines Heimes untersagt, sich von oder zugunsten von Heimbewohnern Geld- oder geldwerte Leistungen über das nach § 4 HeimG vereinbarte Entgelt hinaus versprechen oder gewähren zu lassen. Nach § 14 V HeimG ist es dem Leiter, den Beschäftigten oder sonstigen Mitarbeitern eines Hauses untersagt, sich von oder zugunsten von Heimbewohnern neben der vom Träger erbrachten Vergütung Geld- oder geldwerte Leistungen für die Erfüllung der Pflichten aus dem Heimvertrag versprechen oder gewähren zu lassen, soweit es sich nicht um geringwertige Aufmerksamkeiten handelt. Nahezu alle Bundesländer haben inzwischen solche oder ähnliche Regelungen als Nachfolgevorschriften erlassen. Erstens soll hierdurch verhindert werden, dass die Arg- und Hilflosigkeit sowie sonstige Abhängigkeit alter, pflegebedürftiger und behinderter Menschen ausgenutzt wird (BGHZ 110, 235, 239). Zweitens sollen Ungleichbehandlungen der Heimbewohner wegen solcher Zuwendungen vermieden werden. Drittens soll die Testierfreiheit der Heimbewohner geschützt werden (BT-Drucksache 7/180, 12; 11/5120, 17). Die heimrechtlichen Zuwendungsverbote gelten – über ihren Wortlaut hinaus – auch für **testamentarische Zuwendungen** zugunsten des Heimträgers und von Heimmitarbeitern (*Dietz* MittBayNot 2007, 453). Sie gelten selbst dann, wenn Angehörige des Heimleiters letztwillig bedacht werden (*OLG Düsseldorf* ZEV 1997, 459). Auch dem Heimträger nahe stehende oder konzernrechtlich mit ihm verbundene juristische Personen sollen dem Verbot unterfallen (sehr weitgehend *VG Würzburg* MittBayNot 2010, 56, wonach schon ein zusammengehöriges Auftreten in der Öffentlichkeit ausreichen soll). Die Verbote gelten auch bei Schenkungen eines Bezugsrechtes aus §§ 328, 331 (*BGH* ZEV 1996, 125). Bei einseitigen testamentarischen und sonstigen Verfügungen des Heimbewohners zugunsten des Heimträgers oder von Heimmitarbeitern ist – wegen des Tatbestandsmerkmals „versprechen oder gewähren zu lassen" – allerdings erforderlich, dass der Bedachte vom Inhalt des Testamentes Kenntnis erhält und der Heimbewohner wiederum von dieser Kenntnis korrespondierend weiß. Auf Seiten des Heimträgers ergibt sich hierbei in der Regel das Problem der Vertretung im Wissen: Das Wissen eines Repräsentanten vor Ort ist dem Träger oder dem Bedachten zuzurechnen (vgl. *BayObLG* DNotZ 1992, 258; 1993, 453; *KG* ZEV 1998, 437; *W. Kössinger* ZEV 1995, 13; *Rossak* ZEV 1996, 41; *Niemann* ZEV 1998, 419). Ein vollkommen **still errichtetes Testament**, das dem Bedachten vor dem Erbfall nicht zur Kenntnis gelangt, ist somit nicht nach den heimrechtlichen Vorschriften unwirksam (*Dietz* MittBayNot 2007, 453). Auch für die Fälle der **Drittzuwendung**, wenn also nicht der Heimbewohner selbst sondern ein Angehöriger zugunsten des Heimträgers testiert, ist nunmehr höchstrichterlich geklärt, dass die Kenntnis des Heimträgers nur bis zum Erbfall nach dem Testierenden – und nicht bis zum Tod des Bewohners – schädlich ist (*BGH* MittBayNot 2012, 297 m. Anm. *G. Müller*; *Tersteegen* RNotZ 2012, 376; a. A. mit Blick auf den Schutz des Heimbewohners noch *OLG München* DNotZ 2006, 933).

276 Dagegen findet § 14 HeimG auf das Betreuungsverhältnis keine analoge Anwendung, so dass der **Betreuer** (§§ 1896 ff. BGB) grundsätzlich durch letztwillige oder lebzeitige Zuwendungen vom Betreuten bedacht werden kann (*BayObLG* ZEV 1998, 232; zu den Ausnahmen: *Müller* ZEV 1998, 219). Auch Wohn- und Betreuungsformen, die vom Heimrecht nicht erfasst werden, unterliegen nicht den entsprechenden Testierverboten. Es kommt demnach auf den **Anwendungsbereich des jeweiligen Heimgesetzes** an.

277 Vom Verbot des § 14 HeimG werden nicht nur letztwillige Verfügungen der Heimbewohner selbst, sondern auch von **Dritten** erfasst, die diese im Hinblick auf einen Heimbewohner errichten (*OLG München* ZEV 2006, 561; *LG Flensburg* NJW 1993, 1866). Nach Auffassung des *BGH* war § 14 I HeimG schon bisher auch auf **Heimbewerber** (die also noch nicht im Heim wohnen) anwendbar (NJW-RR 1995, 1272); dies ist nunmehr ausdrücklich so geregelt, ohne dass der Begriff des Heimbewerbers vom Gesetzgeber näher definiert worden wäre. Dies führt im Ergebnis zu einem sehr weiten, für den Verfasser einer letztwilligen Verfügung oft nur scher überschaubaren Anwendungsbereich.

278 Nach § 14 VI HeimG und den meisten landesrechtlichen Regelungen besteht die Möglichkeit, von der zuständigen Behörde eine **Ausnahmegenehmigung** zu erwirken, wobei im Rahmen dieses Verwaltungsverfahrens die im Einzelfall vorliegenden besonderen Umstände, insbesondere eine gleichmäßige Verwendung der Zuwendung zum Vorteil aller Heimbewohner sowie die Unabhängigkeit der Vergabe der Heimplätze von Zuwendungen berücksichtigt werden können. Da die Heimaufsichtsbehörde bei der Ausübung des ihr eingeräumten Ermessens dem Gesetzeszweck Rechnung tragen muss, darf sie das gesetzliche Verbot nur dann aufheben, wenn sich ergibt, dass der Schutz der Heimbewohner ausnahmsweise die Aufrechterhaltung des Verbots nicht erfordert. Insbesondere muss dabei feststehen, dass der Heimbewohner sein Vermögen freiwillig und ohne Druck hergibt (*BVerwG* NJW 1988, 984). Erfahrungsgemäß ist allerdings die Aussicht auf Erhalt der erforderlichen Genehmigung in der Praxis verschwindend gering. Überdies hat das Genehmigungsverfahren den entscheidenden Nachteil, dass durch die Anhörung des Bedachten dieser von dem geplanten Testament erfährt, so dass die wirksame stille Errichtung als Alternative dann ausscheidet.

279 Obwohl es sich bei den heimrechtlichen Zuwendungsverboten um eine **massive Beschränkung der Testierfreiheit** handelt, hat das BVerfG die Regelung des § 14 HeimG letztlich zwar als verfassungsgemäß akzeptiert, bei der Abwägung aber entscheidend auf die Möglichkeit der Ausnahmegenehmigung im Einzelfall, auf welche der Erblasser bei Vorliegen der entsprechenden Voraussetzungen aus verfassungsrechtlichen Gründen einen Anspruch hat, abgestellt (*BVerfG* NJW 1998, 2964). Landesrechtliche Nachfolgeregelungen, die keine Ausnahmegenehmigung vorsehen, beggnen daher erheblichen verfassungsrechtlichen Bedenken (*Spall* MittBayNot 2010, 9; *Tersteegen* RNotZ 2009, 222). Zu beachten ist, dass eine **nachträgliche Ausnahmegenehmigung unwirksam** sein soll, also die Unwirksamkeit der letztwilligen Verfügung nicht heilt (*BVerwG* NJW 1988, 984). Der Notar hat bei der Gestaltung letztwilliger Verfügungen in einschlägigen Fällen über das heimrechtliche Testierverbot und ggf. die Möglichkeit der Ausnahmeregelung zu belehren (*OLG München* ZEV 1996, 145 m. Anm. *Rossak*). Es empfiehlt sich auch die Aufnahme von Auffangregelungen durch Ersatzerbeinsetzungen.

> **280 Formulierungsbeispiel: Ersatzregelung mit Belehrung zum Heimrecht**
>
> Nur für den Fall, dass meine vorstehend getroffenen Verfügungen wegen Verstoßes gegen § 14 HeimG oder eine vergleichbare Nachfolgeregelung unwirksam sein sollten, treffe ich nachfolgende Ersatzregelung, die dann unbeschadet der Unwirksamkeit meiner vorstehenden Verfügungen gelten soll: Ersatzweiser Miterbe und ersatzweiser Nacherbe soll anstelle von A dann B sein.
> Im Wege der Auflage ordne ich an, dass B das ihm zugewendete Vermögen für Menschen mit Behinderung im Landkreis X einzusetzen hat.
> Der Notar hat im Hinblick auf § 14 HeimG und seine landesrechtlichen Nachfolgevorschriften darauf hingewiesen, dass die Erbeinsetzung von A unwirksam sein könnte. Eine entsprechende heimrechtliche Ausnahmegenehmigung soll nicht eingeholt werden.

281 Mit der Föderalismusreform ist die Gesetzgebungskompetenz für das Heimrecht auf die Länder übergegangen, so dass sich wegen der in Nuancen unterschiedlichen Regelungen auch die Frage nach dem **interlokal anwendbaren Recht** stellt. Es sind unterschiedliche Anknüpfungspunkte denkbar: Wohnsitz des Testators, Sitz des Bedachten oder (bei länderübergreifend tätigen Heimträgern) der konkreten Einrichtung. Nachdem es sich bei den Zuwendungsverboten um Annexregelungen des öffentlich-rechtlichen Heimrechts handelt, liegt es nahe, an das im Zeitpunkt der Errichtung der Verfügung für die konkrete Einrichtung, in der sich der Bewohner befindet oder für die er als Bewerber anzusehen ist, geltende Heimgesetz anzuknüpfen.

10. Verfügungen von Todes wegen und vorbereitende Maßnahmen bei behinderten Kindern

a) Regelungsziele und Zielkonflikte

282 Eltern geistig bzw. körperlich behinderter Kinder stehen oft bei der Abfassung einer Verfügung von Todes wegen vor schwierigen Problemen (generell hierzu *Grimm/Krampe/Pieroth*, Testamente zugunsten von Menschen mit geistiger Behinderung, 1995; *Boger/Golpayegani* ZEV 2005, 377; *Ruby* ZEV 2006, 66; *Schmoeckel/Wendt*, Verfassungsrechtliche Grenzen der Gestaltungsmöglichkeiten im Familien-, Erb- und Gesellschaftsrecht, 2008, S. 42; *Bengel/Spall* ZEV 2010, 195). Wenn das Kind wegen seiner Behinderung spätestens beim Ableben des letztversterbenden Elternteils in einem Heim untergebracht wird, wird der Sozialhilfeträger für die von ihm gewährte Eingliederungshilfe (§§ 53, 54 SGB XII) oder Hilfe zur Pflege (§ 61 SGB XII) den Kostenbeitrag gem. § 92 I 2 SGB XII bzw. Aufwendungsersatz verlangen. Zum Wesen der Sozialhilfe gehört, dass sie nachrangig gewährt wird, dass also der Hilfträger erst dann zur eigenen Leistung berufen ist, wenn der Hilfsbedürftige sich nicht selbst helfen kann und anderweitige Ansprüche (insbesondere gegen Angehörige) nicht realisierbar sind (§ 2 SGB XII). Der Behinderte ist also verpflichtet, eigenes Einkommen und Vermögen einzusetzen. Vermögen im Sinne des SGB XII ist das gesamte verwertbare Vermögen (§ 90 I SGB XII), ausgenommen das so genannte Schonvermögen, das in einem Katalog (§ 90 II SGB XII) aufgezählt ist. Demzufolge ist auch dasjenige einzusetzen, was der Behinderte durch Verfügung von Todes wegen erlangt hat. Der Sozialhilfeträger kann den Erbteil zur Sicherheit pfänden (§ 859 II ZPO) und verwerten lassen (§§ 844, 857 ZPO). Hat der Behinderte, weil er vom Erblasser übergangen wurde, ein Pflichtteilsrecht gem. §§ 2303 ff. BGB, so kann der Sozialhilfeträger den Pflichtteilsanspruch gem. § 93 I SGB XII auf sich überleiten. Zwar ist ein Pflichtteilsanspruch erst pfändbar, wenn er vertraglich anerkannt oder rechtshängig geworden ist (§ 852 I ZPO). Jedoch hindert dies die Überleitung wegen § 93 I 4 SGB XII nicht, da auch unpfändbare Ansprüche überleitbar sind (*van de Loo* NJW 1990, 2856). Angesichts der gesetzlichen Regelung im SGB XII und der Handhabung in der Praxis geht häufig der Regelungswunsch der

Eltern geistig bzw. körperlich behinderter Kinder, vor allem bei kleinerem bis mittlerem Vermögen, dahin, dass einerseits ein möglichst geringer Teil des Nachlasses vom Sozialhilfeträger übergeleitet werden kann und andererseits der behinderte Mensch gleichwohl „zur Verbesserung seiner Lebensqualität" Zuwendungen aus dem Nachlass erhält, die jedoch nicht überleitbar sind, also dem Behinderten verbleiben und seine Lebenssituation nachhaltig verbessern. Daneben – meist aber nicht vorrangig – besteht auch das Ziel, den für die Versorgung des behinderten Kindes nicht benötigten Vermögensstamm den verbleibenden Angehörigen zu erhalten.

b) Abhilfe durch Rechtsgeschäft unter Lebenden

283 Die Höhe des Pflichtteilsrechts wird durch den **Güterstand der Ehegatten** bestimmt. Leben die Eltern im gesetzlichen Güterstand, so ist bei mehr als einem gemeinsamen Kind die Pflichtteilsquote der Kinder am niedrigsten (§§ 1931, 1371 BGB). Die Vereinbarung der Gütergemeinschaft ist grundsätzlich keine Schenkung, die Pflichtteilsergänzungsansprüche nach § 2325 BGB auslösen würde. Sie kann jedoch ausnahmsweise dann als Schenkung angesehen werden, wenn sie vom Umgehungscharakter geprägt ist (Staudinger/*Olshausen* § 2325 Rn. 25; *Haegele* BWNotZ 1972, 71). Auch sog. ehebedingte oder unbenannte Zuwendungen zwischen Ehegatten, die aus familienrechtlicher Sicht regelmäßig gerade nicht unentgeltlich sind, sind insoweit als Schenkung zu behandeln (BGHZ 116, 167; zustimmend *Schiemann* ZEV 1995, 197; *OLG Düsseldorf* ZEV 1997, 516). Soweit solche Zuwendungen unentgeltlich sind, greift bei Ehegatten § 2325 III 3 BGB: Die Zehnjahresfrist beginnt nicht vor Auflösung der Ehe.

284 Auch **unentgeltliche Übertragungen von Vermögensbestandteilen an weitere Abkömmlinge** verringern den Pflichtteil, soweit die Zehnjahresfrist des § 2325 III BGB beim Erbfall bereits abgelaufen ist (Abschmelzung des Pflichtteilsergänzungsanspruchs um 1/10 pro abgelaufenem Jahr). Wird für eine ursprüngliche Schenkung nachträglich ein Entgelt vereinbart, schließt dies einen Ergänzungsanspruch aus (*BGH* DNotZ 2007, 698 m. Anm. *Kornexl* ZEV 2007, 328 und Anm. *Dietz* MittBayNot 2008, 227). Die Motive für eine Schenkung können vielgestaltig sein (Freigiebigkeit; Verminderung der Einkommensteuerprogression des Schenkers; Verminderung der Erbschaftsteuer durch Ausnutzen der Zehnjahresfrist gem. § 14 I ErbStG). Allerdings ist bei all diesen unentgeltlichen Zuwendungen zu Lebzeiten die Ausgleichungsregelung der §§ 2050 ff. BGB zu berücksichtigen. Gleiches gilt für die Anrechnung auf den Pflichtteil gem. § 2315 BGB. Wenn das beschenkte Kind zu Gegenleistungen gegenüber dem behinderten Geschwisterteil verpflichtet wird, so ist zu berücksichtigen, dass diese Leistungen grundsätzlich ebenfalls vom Hilfeträger übergeleitet werden können. Bei Wohnungsrechten oder Wart- und Pflegeverpflichtungen könnte die Leistungspflicht des Beschenkten auflösend bedingt gestaltet werden für den Fall des dauerhaften Wegzugs des Berechtigten. Solche **„Wegzugsklauseln"** sind nicht sittenwidrig (*BGH* MittBayNot 2009, 294 und 298; hierzu *Herrler* DNotZ 2009, 408). Bei einem volljährigen Behinderten kann auch daran gedacht werden, Zuwendungen, die die Unterhaltspflicht der Eltern übersteigen (ansonsten liegt keine Schenkung vor), unter der Maßgabe der Anrechnung auf den Pflichtteil zuzuwenden und so den Pflichtteil zu reduzieren. Allerdings ist umstritten, ob dies der Zuwendung die rechtliche Vorteilhaftigkeit (§ 107 BGB) nimmt und ob sie die gerichtlichen Genehmigungspflichten auslöst (§ 1822 Nr. 2 BGB; vgl. Palandt/*Weidlich* § 2315 Rn. 1). Nachdem der *BGH* die sog. Theorie der „Doppelberechtigung" aufgegeben hat (ZEV 2012, 478; Burandt/Rojahn/*G. Müller* § 2325 BGB Rn. 10 ff.), sind auch Pflichtteilsergänzungsansprüche nach der Zuwendung geborener Pflichtteilsberechtigter denkbar und zu berücksichtigen.

c) Erbrechtliche Verfügungen

285 Das vom Grundsatz der Testierfreiheit beherrschte Erbrecht gestattet dem Testator, weitgehend frei über seinen Nachlass zu verfügen. Schranken sind das Pflichtteilsrecht und allgemeinen Schranken des Zivilrechts, insbesondere § 138 BGB. Die Entziehung des gesetzlichen Erbteils ist nicht sittenwidrig (BGHZ 52, 17). Der Erblasser ist frei in der Wahl des vom Erbrecht gestatteten Instrumentariums. Sittenwidrigkeit kann nur in besonders schwerwiegenden Ausnahmefällen angenommen werden. Verstößt eine Verfügung von Todes wegen gegen das Nachrangprinzip der Sozialhilfe, so ist ein Testament nicht schon deshalb sittenwidrig (*BGH* DNotZ 1992, 245 m. Anm. *Reimann*; ZEV 1994, 35; 2005, 117 m. Anm. *Muscheler*; ZEV 2006, 76; 2011, 258 m. Anm. *Zimmer* sowie *Leipold* ZEV 2011, 528). Vielmehr handelt es sich um den „Ausdruck der sittlich anzuerkennenden Sorge für das Wohl des Kindes über den Tod der Eltern hinaus" (*BGH* ZEV 2011, 258). Mithin ergeben sich für die Eltern behinderter Kinder eine Vielzahl von Gestaltungsmöglichkeiten (vgl. *Damrau* ZEV 1998, 1). Bewährt hat sich insoweit die **kombinierte Anordnung von Vor- und Nacherbschaft** sowie einer mit konkreten Verwaltungsanweisungen versehenen **Dauertestamentsvollstreckung**, so dass das Kind zwar Vorteile insbesondere aus den Erträgen des Nachlasses erhält, der Sozialhilfeträger auf dieses jedoch nicht zugreifen kann (vgl. zur konkreten Gestaltung des Behindertentestaments *Bengel/Spall* in: Münchener Anwaltshandbuch Erbrecht, 2013, § 41 IV.).

286 Wird das behinderte Kind mit solchen Beschränkungen und Beschwerungen (z. B. unbefreiter Vorerbe, Testamentsvollstreckung über den Erbteil des behinderten Kindes) belastet, so kann das Pflichtteilsrecht gem. § 2306 I BGB nur geltend gemacht werden, wenn das Zugewendete (Erbteil mit Beschränkungen und Beschwerungen) ausgeschlagen wird. Die Ausschlagung selbst ist kein Anspruch im Sinne des § 93 I SGB XII; das Ausschlagungsrecht ist daher nicht durch Verwaltungsakt auf den Sozialhilfeträger überleitbar (*Karpen* MittRhNotK 1988, 131, 149). Die vereinzelt vertretene Gegenansicht, dass mit der Überleitung des Pflichtteilsanspruchs auch das Ausschlagungsrecht analog § 401 BGB überginge (so noch *van de Loo* NJW 1990, 2856), wurde zwischenzeitlich aufgegeben (*van de Loo* ZEV 2006, 473, 477). Denn der Pflichtteilsanspruch entsteht in den Fällen der §§ 2306, 2307 BGB nicht bereits mit dem Erbfall, sondern erst mit der Ausschlagung und ist damit auch vorher nicht überleitbar. Allerdings wird nach Ausschlagung der Pflichtteilsanspruch so behandelt, als ob er schon mit dem Erbfall entstanden wäre (h. M., vgl. Soergel/*Dieckmann* § 2317 Rn. 3; Staudinger/*Haas* § 2317 Rn. 4). Die hier geschilderte Gestaltungsmöglichkeit hat der *BGH* in ständiger Rechtsprechung ausdrücklich für nicht sittenwidrig erachtet (vgl. dazu auch *Bengel* ZEV 1994, 29 und *Damrau* ZEV 1998, 1).

287 Die zum überleitbaren Pflichtteilsanspruch führende **Ausschlagung** kann beim geistig Behinderten nur durch dessen gesetzlichen Vertreter mit familien- bzw. betreuungsgerichtlicher Genehmigung (§§ 1643 II, 1822 Nr. 2, 1915 BGB) erklärt werden. Die Ausschlagungsfrist gem. § 1944 II BGB beginnt erst, wenn der beschränkt Geschäftsfähige einen gesetzlichen Vertreter und dieser vom Anfall der Erbschaft und dem Grund der Berufung Kenntnis erlangt hat. Das die Ausschlagung genehmigende Familien- bzw. Betreuungsgericht hat ausschließlich die Interessen des Mündels, nicht jedoch die des Sozialhilfeträgers zu wahren. Es wird also die Genehmigung der Ausschlagung davon abhängig machen, ob das Mündel durch die Verfügung von Todes wegen effektiv besser gestellt ist als im Falle des **überleitbaren Pflichtteilsanspruchs** (siehe zum „Vollzug" des Behindertentestaments *Dietz/Spall* ZEV 2012, 456).

288 Soweit der Testamentsvollstrecker die Erträgnisse lediglich zu thesaurieren oder an Dritte auszukehren hat, können sich insoweit Probleme ergeben, als solche Tätigkeiten keine „Verwaltung" des Nachlasses sind. Diese Verfügung ist als Zweckauflage umdeutbar (*Otte* JZ 1990, 1028). Da auch dem nicht befreiten Vorerben die Nutzungen des Nachlasses verbleiben (§§ 99, 100 BGB, soweit nicht Übermaßfrüchte vorliegen, § 2133 BGB), könnte bei Nichtausreichung an den Vorerben bei dessen Ableben eine Rückgriffsmöglichkeit auf den (gesetzlichen) Erben des Hilfeempfängers gem. § 102 SGB XII denkbar sein. Als „Abhilfe" könnte an eine Beschwerung des (behinderten) Vorerben mit einem entsprechenden Vermächtnis betreffend nicht verbrauchte Erträgnisse zugunsten des Nacherben zu denken sein.

Die einfache **Vermächtniszuwendung** (Wart und Pflege, Wohnungsrecht, Verköstigung) an den Behinderten führt zu einer anrechenbaren Sachleistung (§ 82 SGB XII). Wird der Behinderte in einem Heim untergebracht, so kann ein an Stelle des Wohnungsrechtes und der dem Behinderten zu erbringenden Dienstleistungen entstehender Anspruch auf Zahlung einer Geldrente (Art. 96 EGBGB, landesrechtliche AGBGB) gem. § 93 SGB XII übergeleitet werden (*van de Loo* NJW 1990, 2853), wenn dieser nicht durch eine Wegzugsklausel ausgeschlossen ist (vgl. Rn. 284). **289**

Entsprechend der unter Rn. 285 aufgeführten Vor- und Nacherbfolge kann auch an das **Vor- und Nachvermächtnis** gedacht werden. Auch hier kann der Pflichtteil gem. § 2307 BGB nur verlangt werden, wenn das Vermächtnis ausgeschlagen wird. Allerdings ist die Rechtsstellung des Nachvermächtnisnehmers kraft Gesetzes nicht der eines Nacherben vergleichbar. Der Erblasser kann jedoch durch seine Verfügung von Todes wegen eine vergleichbare Situation schaffen (vgl. hierzu Rn. 157f.). Denkbar ist, dass der Erblasser den Nacherben noch nicht bezeichnen bzw. den Nachvermächtnisnehmer noch nicht bestimmen will (insoweit wird auf Rn. 133f. und 157f. verwiesen). Die Schwäche der Vermächtnislösung liegt jedoch darin, dass mangels eines Erwerbs *ipso jure* der Vermächtnisgegenstand beim Tod des Vorvermächtnisnehmers in dessen Nachlass fällt und damit regelmäßig mit dem Anspruch des Sozialhilfeträgers auf Kostenersatz gem. § 102 SGB XII konkurriert, mit der Folge einer quotenmäßigen Aufteilung des zugewandten Vermögens (vgl. ausführlich hierzu *Damrau* ZEV 1998, 1). Der Vermächtnisgegenstand kann unter Testamentsvollstreckung gestellt werden. Die Vermächtnislösung kann gleichwohl interessante Gestaltungsmöglichkeiten eröffnen (vgl. ausführlich *Spall* Mitt-BayNot 2001, 249). **290**

Die „umgekehrte Vermächtnislösung" (vgl. *Grziwotz* ZEV 2002, 409) kann ebenfalls im Einzelfall zum gewünschten Ergebnis führen. Sie sieht vor, dass das behinderte Kind – mit den oben vermerkten Einschränkungen – Alleinerbe ist und alle anderen Vermögensausgliederungen durch Vermächtnis erfolgen. **291**

Neben den voraufgeführten Möglichkeiten kann der Erblasser auch versuchen, einen **Pflichtteilsverzicht** seines behinderten Abkömmlings zu erreichen. Hierzu ist für einen nicht uneingeschränkt geschäftsfähigen Behinderten die Bestellung eines Pflegers sowie Genehmigung des Betreuungsgerichts erforderlich (§ 1822 Nr. 1 BGB). Allerdings wird das Betreuungsgericht die Genehmigung nur dann erteilen, wenn dem Behinderten als Gegenleistung ein Vorteil zukommt, der den Verlust des Pflichtteils ausgleicht, also mindestens der Höhe des Pflichtteils im Zeitpunkt der Abfassung des Verzichts entspricht. Die Rechtsprechung hat den Pflichtteilsverzicht eines geschäftsfähigen Behinderten ausdrücklich als **wirksam und nicht sittenwidrig** anerkannt (*BGH* ZEV 2011, 258), so dass bei geeigneter Konstellation auch begleitende Pflichtteilsverzichte in die Gestaltungsüberlegungen mit einzubeziehen sind. **292**

Ist der Erblasser bereits durch ein gemeinschaftliches Testament oder einen Erbvertrag gebunden und ist ihm kein Änderungsrecht vorbehalten, wird man auch dann, wenn die Möglichkeit eines Behindertentestaments bei der Errichtung der Verfügung nicht bekannt war oder nicht bedacht wurde, kein Änderungsrecht im Wege der ergänzenden Auslegung in die Verfügung hineinlesen können (*OLG Schleswig* BeckRS 2013, 09366). **293**

11. Stiftungen

a) Möglichkeiten

Potentiellen Stiftern stehen die rechtsfähige Stiftung bürgerlichen Rechts (§§ 80 bis 88 BGB) und die nichtrechtsfähige Stiftung zur Verfügung (vgl. Reimann/Bengel/J. Mayer/ *Limmer* Syst. Teil A Rn. 288 ff.; Überblick bei *Turner/Doppstadt* DStR 1996, 1448; zur Stiftung als Instrument der Unternehmens- und Vermögensnachfolge *Werner* ZEV 2006, 539; zum Spannungsfeld aus Stiftung und Pflichtteilsrecht, *Werner* ZEV 2007, 560). Zur steuerlichen Behandlung vgl. Rn. 513f. **294**

295 **Rechtsfähige Stiftung bürgerlichen Rechts:** Sie entsteht durch Stiftungsgeschäft (unter Lebenden oder von Todes wegen) und Anerkennung durch die zuständigen Behörde (§ 80 BGB); die Anerkennung wird nach den landesrechtlichen Stiftungsgesetzen in der Regel nur ausgesprochen, wenn die nachhaltige Verwirklichung des Stiftungszweckes gewährleistet ist (vgl. z. B. Art. 12 BayStiftG). Die innere Struktur der Stiftung wird durch das Stiftungsgeschäft und die Satzung bestimmt.

296 **Unselbstständige Stiftung:** Das BGB kennt nicht – wie beim Verein nach § 54 BGB – eine „nichtrechtsfähige Stiftung", sie hat sich aber in der Praxis herausgebildet; sie bedarf keiner staatlichen Anerkennung. Sie setzt jedoch voraus, dass ein (privatrechtlicher oder öffentlich-rechtlicher) Vermögensträger vorhanden ist, dem das Vermögen im Stiftungsgeschäft treuhänderisch und mit vertraglich geregelten Auflagen zugewendet wird. Auch eine staatliche Stiftungsaufsicht entfällt, so dass die nichtrechtsfähige Stiftung in vielen Fällen angemessener, flexibler und unbürokratischer zu handhaben ist (vgl. *Wochner* ZEV 1999, 125; MünchVertrHdb Bd. 6 Muster XVII. 1. Anm. 2; *Lange* ZErb 2013, 324). Das gestiftete Vermögen geht in das Eigentum des Vermögensträgers über (*RG* Recht 1912 Nr. 321). Im Steuerrecht ist die nichtrechtsfähige Stiftung mit steuerlichen Pflichten belegt (z. B. § 34 AO, § 1 I Nr. 5 KStG, § 8 ErbStG). In der Insolvenz des Vermögensträgers erlischt das zugrunde liegende Auftragsverhältnis gem. § 115 InsO und der Herausgabeanspruch des Treugebers gem. § 667 BGB entsteht; das gestiftete Vermögen wird als Treugut behandelt, so dass dem Stifter bzw. seinem Rechtsnachfolger ein Aussonderungsrecht gem. § 47 InsO zusteht (MünchKomm/*Reuter* Vorbem. zu §§ 80–88 Rn. 99 f.).

b) Besondere Stiftungsformen

297 **Familienstiftung:** Sie dient nach ihrem Zweck ausschließlich dem Interesse einer oder mehrerer bestimmter Familien. Familienstiftungen sind nach wie vor möglich und anerkennungsfähig (*Werner* ZEV 2006, 539, 540; kritisch: MünchKomm/*Reuter* § 81 Rn. 95 ff.) und im Einzelfall gerade für die Nachfolge bei Familienunternehmen eine empfehlenswerte Konstruktion (vgl. *Hennerkes/Schiffer* BB 1992, 1940; *Spiegelberger* Rn. 240 ff.; *Turner* ZEV 1995, 206).

298 **Unternehmensträgerstiftung:** Sie betreibt selbst ein Unternehmen – dann ist sie Einzelhandelskaufmann und in das Handelsregister einzutragen – oder sie hält die Geschäftsanteile an einer Betriebsgesellschaft (z. B. an einer GmbH). Derartige Stiftungen sind anerkennungsfähig, sind in der Praxis jedoch wegen ihrer Bindung an den Stifterwillen, der Schwerfälligkeit des Entscheidungsprozesses und der Probleme bei der Regelung der Vertretung häufig ungeeignet (vgl. BGHZ 84, 352). Eine mögliche Variante ist es (*Rawert* ZEV 1999, 294), die Stiftung nur als „Kontrollorgan" für das im Übrigen in seiner bisherigen Rechtsform weiterbestehende Unternehmen einzusetzen, etwa dadurch, dass die Stiftung Mehrheitsgesellschafterin wird und dadurch den Aufsichtsrat bestimmen kann, der Stiftungsvorstand geborener Vorstand der GmbH ist oder die Stiftung als Komplementärin einer KG fungiert (vgl. *Hennerkes/Binz/Sorg* DB 1986, 2220; *Loy* ZEV 2003, 409).

c) Stiftungsgeschäft von Todes wegen

299 Für das Stiftungsgeschäft von Todes wegen sind gem. § 83 BGB die für Verfügungen von Todes wegen vorgeschriebenen Formen einzuhalten. Es kommt daher nur das erbrechtlich vorgesehene Instrumentarium in Frage. Bei der Errichtung einer Stiftung von Todes wegen durch Erbeinsetzung, Vermächtnis oder im Wege der Auflage sollte vorher mit der Aufsichtsbehörde geklärt werden, unter welchen Voraussetzungen die Stiftung anerkannt wird (zum Stiftungsvermögen im Zeitraum zwischen Todestag und Genehmigung *Schmidt* ZEV 1998, 81; *Ebeling* ZEV 1998, 93 und *Orth* ZEV 1997, 327). Bei Grundstücksstiftungen wird u. U. eine Beistiftung von liquiden Vermögenswerten ver-

langt, damit aus diesem Fonds Unterhaltungskosten bestritten werden können. Für den Fall, dass die Anerkennung einer selbstständigen Stiftung scheitert, sollten Eventuallösungen vorgesehen werden, etwa unselbstständige Stiftung an eine bereits bestehende juristische Person.

Das erbrechtliche Instrumentarium bei unselbstständigen Stiftungen ist das Gleiche wie bei selbstständigen Stiftungen, jeweils mit der Maßgabe, dass Zuwendungsempfänger (Erbe, Vermächtnisnehmer, Begünstigter der Auflage) nicht eine selbstständige, vom Erblasser gegründete Stiftung ist, sondern eine bereits vorhandene juristische Person. Die Errichtung einer Stiftung gilt vom Standpunkt der Pflichtteilsberechtigten aus als Schenkung. Es empfiehlt sich also, sich gegen Pflichtteilsansprüche gegen das Stiftungsgeschäft – falls möglich – durch Erb- bzw. Pflichtteilsverzichtsverträge abzusichern bzw. den Beweis der Erbunwürdigkeit anzutreten (§ 2339 BGB). Zur Pflichtteils- und Pflichtteilsergänzungsproblematik beim Stiftungsgeschäft s. *Rawert/Katschinski* ZEV 1996, 161, sowie *Werner* ZEV 2007, 560.

Zu beachten ist, dass eine Stiftung wegen der hierin liegenden zeitlichen Begrenzung des Vermögenserwerbs nicht Vorerbin sein kann. Es wird in der Regel zweckmäßig und oft unerlässlich sein, ergänzend zum Stiftungsgeschäft Testamentsvollstreckung anzuordnen, damit das Anerkennungsverfahren und die vermögensmäßige und personelle Konstituierung der Stiftung effizient betrieben werden kann (*Schmitt* ZEV 2000, 438; *Langenfeld* ZEV 2002, 481, 482). Dem Testamentsvollstrecker kann auch die Detailausarbeitung einer anerkennungsfähigen Stiftungssatzung übertragen werden, die Festlegung des Stiftungszweckes und der sonstigen *essentialia* der Verfügung ist aber dem Erblasser vorbehalten. Hilfreich ist die durch § 83 S. 2 BGB eingefügte Befugnis der Stiftungsbehörde, Mängel in den Erfordernissen des § 81 III 1 BGB durch Ergänzung der Satzung zu beheben oder der Stiftung vor Anerkennung eine Satzung zu geben (Formulierungsbeispiel bei *Langenfeld* ZEV 2002, 481).

Ein alternativer Weg, die Unwägbarkeiten des Anerkennungsverfahrens nach dem Erbfall gänzlich zu vermeiden, liegt für den Erblasser darin, mit einem überschaubaren ersten Kapitaleinsatz bereits zu Lebzeiten eine selbstständige Stiftung zu errichten, die er selbst begleiten und aufbauen kann, um sie sodann durch letztwillige Verfügung als Erbin einzusetzen.

12. Erbrecht und Unternehmensnachfolge

a) Tatsächliche und rechtliche Besonderheiten

Der Unternehmer wird primär versuchen, sein Unternehmen bzw. seine Unternehmensbeteiligung zu Lebzeiten auf den Unternehmensnachfolger zu übertragen, um diesen in einer Übergangszeit beraten, gegebenenfalls auch überwachen zu können. Der Unternehmer wird jedoch stets, auch in jungen Jahren, eine Verfügung von Todes wegen bereithalten, damit im Fall seines unvorhergesehenen Ablebens keine Turbulenzen auf das Unternehmen zukommen. Bei der Gestaltung des Testamentes oder des Erbvertrages eines Unternehmers ergeben sich Besonderheiten gegenüber sonstigen Verfügungen
– aus betriebswirtschaftlichen Gründen,
– aus der hier verstärkt zu Tage tretenden Tendenz, den Bestand des Unternehmens zu sichern und Belastungen, vor allem pflichtteilsrechtlicher und steuerlicher Art, von ihm fern zu halten,
– aus besonderen rechtlichen Schwierigkeiten, die mit der Konkurrenz von Erbrecht und Handels-/Gesellschaftsrecht und dem prinzipiellen Vorrang des Handelsrechts vor dem Erbrecht (Art. 2 I EGHGB) zusammenhängen.

Das Grenzgebiet zwischen Erbrecht und Handelsrecht gehört zu den dogmatisch schwierigsten Rechtsgebieten.

(1) Die Haftungsgrundsätze des Erbrechtes (beschränkte Erbenhaftung) kollidieren mit denen des Handelsrechts (persönliche, wenn auch u. U. beschränkte Haftung des Inhabers eines Handelsgeschäftes bzw. des Gesellschafters). Dies hat auch Auswirkungen auf die Möglichkeiten eines Testamentsvollstreckers.

(2) Die Frage, ob die Übertragung einer Gesellschaftsbeteiligung – durch Rechtsgeschäft unter Lebenden oder durch Verfügung von Todes wegen – möglich ist, ist zunächst gesellschaftsrechtlicher Natur. Das Gesellschaftsrecht hat also Vorrang vor dem Erbrecht.

(3) Auch hinsichtlich der Abfindungsansprüche weichender Erben besteht ein Konflikt zwischen Erb- und Gesellschaftsrecht. Gesellschaftsrechtliche Abfindungsansprüche unterliegen weitgehend der Disposition der Gesellschafter (Selbstbeschränkung des Gesellschaftsanteils), u. U. bis zum völligen gegenseitigen Ausschluss. Demgegenüber sind Ausgleichs- und Pflichtteilsansprüche erbrechtlich nicht einseitig abdingbar.

(4) Schließlich hat die Anordnung der Nacherbfolge zivilrechtlich weitergehende Wirkungen, als sie das Handelsrecht duldet.

Checkliste zum Unternehmertestament

(1) Regelungsziele
– Familiensicherung
– Unternehmenserhalt
– Geringe Belastung für den Nachfolger (Pflichtteils- und Ausgleichsansprüche, steuerliche Belastung)

(2) Art des Unternehmens
– Einzelkaufmännisches Unternehmen
– Vollhaftende Beteiligung an OHG oder KG
– Kommanditbeteiligung
– Stille Gesellschaft
– Kapitalgesellschaft (GmbH, AG)
– Mischformen (GmbH & Co., GmbH & Still, Betriebsaufspaltung)
– EWIV
– Partnerschaftsgesellschaft

(3) Bei Gesellschaftsbeteiligung: Lässt der Gesellschaftsvertrag die Vererbung der Beteiligung im gewünschten Sinne zu?

(4) Anordnung der Testamentsvollstreckung erwünscht und rechtlich möglich?
– Einzelkaufmännisches Unternehmen und Beteiligung an Personengesellschaft
– Beteiligung an Kapitalgesellschaft
– u. U. Umstrukturierung in eine Kapitalgesellschaft

(5) Nacherbfolgeanordnung nötig und wirksam?

(6) Abfindungsregelung?

(7) Ist nach dem Ableben eine Umwandlung des Unternehmens sinnvoll und möglich?

b) Vererblichkeit der Unternehmerstellung

aa) Einzelkaufmännisches Unternehmen. Ein Handelsgeschäft ist vererblich (§ 22 HGB). Gleiches gilt für sonstige gewerbliche Unternehmen, die kein Handelsgeschäft sind, z. B. Handwerksbetriebe und freiberufliche Praxen. Öffentlich-rechtliche Gewerbeberechtigungen sind unvererblich. Bei Apotheken gelten Besonderheiten, da nur der Erbe die Verpachtungsberechtigung hat, nicht der Vermächtnisnehmer (§ 9 ApoG; vgl. *Fröhler* BWNotZ 2010, 12). Die Unternehmensnachfolgeregelung wird auch beim Einzelkauf-

1. Teil. Die Mitwirkung des Notars bei der Gestaltung von Verfügungen von Todes wegen   C

mann stark durch das Gesellschaftsrecht überlagert. Der gesellschaftsrechtliche Hintergrund ist zu prüfen, bevor Verfügungen getroffen werden (dazu *Reimann* ZNotP 2006, 162).

bb) Offene Handelsgesellschaft. Fortsetzung unter den verbleibenden Gesellschaftern. 307
Seit 1998 ist die früher als Fortsetzungsklausel bezeichnete vertragliche Gestaltung der gesetzliche Regelfall: Gemäß § 131 III Nr. 1 HGB führt der Tod eines Gesellschafters zu seinem Ausscheiden und nicht zur Auflösung der Gesellschaft. Damit wird die Gesellschaft unter den verbleibenden Gesellschaftern fortgesetzt, der Anteil des verstorbenen Gesellschafters an der Gesamthand wächst *ipso jure* den übrigen Gesellschaftern zu (§ 105 II HGB, § 738 I 1 BGB). Die vermögensrechtliche Beteiligung wandelt sich um in einen schuldrechtlichen Abfindungsanspruch gegen die OHG, der in den Nachlass fällt (§ 738 I 2 BGB). Aufgrund der Abfindungsproblematik, die für den Unternehmensbestand eine Gefahrenquelle darstellen kann, werden auch in Zukunft Nachfolgeklauseln bei der vertraglichen Gestaltung zum Tragen kommen (vgl. auch *K. Schmidt* NJW 1998, 2161; *Priester* DNotZ 1998, 691).

Allgemeine erbrechtliche Nachfolgeklausel: Der Gesellschaftsvertrag kann einerseits 308
vorsehen, dass im Fall des Todes eines Gesellschafters die Gesellschaft mit dessen Erben fortgeführt wird (vgl. § 139 I HGB). Der Gesellschaftsanteil wird dann vererblich (BGHZ 22, 186). Der Gesellschaftsvertrag kann die Vererblichkeit des Gesellschaftsanteils andererseits völlig ausschließen. Auch eine Gestaltung des Inhalts ist denkbar, dass der Gesellschaftsanteil nur vererblich ist, wenn der Nachfolger durch Verfügung von Todes wegen bestimmt wurde. Die Nachfolge kann auf einen bestimmten Personenkreis (z.B. Ehegatten, Abkömmlinge, Mitgesellschafter) beschränkt werden. Ist der Gesellschafter-Nachfolger minderjährig, ist eine familiengerichtliche Genehmigung nach § 1822 Nr. 3 BGB nicht erforderlich (*KG* JW 1933, 119; BGHZ 55, 267). Sind mehrere Personen zur Nachfolge in den Geschäftsanteil berufen, erhält jeder Erbe unmittelbar einen seinem Erbteil entsprechenden Teil der Gesellschaftsbeteiligung des Verstorbenen. Es handelt sich – in Ausnahme vom Grundsatz der Gesamtrechtsnachfolge gem. § 1922 BGB – um einen Vonselbsterwerb in Gestalt einer Sondererbfolge hinsichtlich des Gesellschaftsanteils (Palandt/*Weidlich* § 1922 Rn. 11 und 17). Die Erbengemeinschaft wird nicht, also auch nicht vorübergehend, Gesellschafter der OHG (BGHZ 22, 186). Das Recht des Erben, nach § 139 HGB sein Verbleiben bei der Gesellschaft binnen drei Monaten davon abhängig zu machen, dass ihm die Stellung eines Kommanditisten eingeräumt wird, ist nicht letztwillig abdingbar (*BGH* BB 1963, 323). Es sind allerdings insoweit bedingte Erbeinsetzungen und Auflagen denkbar. Der Gesellschaftsvertrag kann vorsehen, dass der Gewinnanteil der Erben neu und niedriger als derjenige des Erblassers festgesetzt wird (§ 139 V HGB). Es ist u.U. aus Liquiditätsgründen zu empfehlen, in den Gesellschaftsvertrag eine kombinierte Nachfolge- und Umwandlungsklausel aufzunehmen, die sicherstellt, dass der Erbe einerseits in die Gesellschaft eintritt, andererseits seine Beteiligung in die eines Kommanditisten umgewandelt wird (*K. Schmidt* BB 1989, 1702).

Qualifizierte erbrechtliche Nachfolgeklausel: Der Gesellschaftsvertrag kann vorsehen, 309
dass nur eine Person oder mehrere bestimmte Personen im Wege der Erbfolge Gesellschafter-Nachfolger werden können (jeweils nur ein Sohn, jeweils nur der Ehegatte etc.). Die gesellschaftsrechtlich legitimierten Personen treten grundsätzlich in vollem Umfang in den Gesellschaftsanteil ein. Am übrigen Nachlass sind sie nur entsprechend ihrer Erbquote beteiligt (*BGH* DNotZ 1977, 550). Auch insoweit erfolgt kein Durchgangserwerb der Erbengemeinschaft (vgl. Rn. 308).

Rechtsgeschäftliche Nachfolge: Sie gestattet beim Tod eines Gesellschafters den Ein- 310
tritt von Nachfolgern außerhalb des Erbgangs, also ohne Rücksicht darauf, ob sie erbrechtlich legitimiert sind (*BGH* DNotZ 1977, 550). Sie ist nur möglich, wenn der Gesellschafter-Nachfolger am Gesellschaftsvertrag beteiligt war oder aber am Gesellschafts-

vertrag in der Weise mitwirkt, dass er für den Fall seines Eintritts als Gesellschafter-Nachfolger der Übernahme des Anteils mit Rechten und Pflichten zustimmt, da sonst das Verbot des Vertrages zu Lasten Dritter entgegenstünde. Ist der Gesellschafter-Nachfolger minderjährig, ist für einen derartigen Eintritt die familiengerichtliche Genehmigung nach § 1822 Nr. 3 BGB erforderlich (*RG* JW 1935, 3154). Ein Formzwang nach § 2301 BGB besteht nicht (Staudinger/*Kanzleiter* § 2301 Rn. 51).

311 **Eintrittsklausel:** Sieht ein Gesellschaftsvertrag vor, dass die Erben oder einige von ihnen zum Eintritt in die Gesellschaft berechtigt sind, so setzt dies das Ausscheiden der Erben aus der Gesellschaft voraus. Die Mitgliedschaft wird neu begründet. Der Abfindungsanspruch wird aufgerechnet mit der Einbringungspflicht des Eintrittsberechtigten. Ist der Eintrittsberechtigte minderjährig, ist die familiengerichtliche Genehmigung nach § 1822 Nr. 3 BGB nötig (*BGH* BB 1963, 323). Ein Formzwang besteht ebenfalls nicht.

312 **cc) BGB-Gesellschaft.** Die Gesellschaft wird im Zweifel mit dem Tod eines Gesellschafters aufgelöst (§ 727 I BGB). Die Erben des verstorbenen Gesellschafters treten – in Erbengemeinschaft (RGZ 106, 65) – in die Liquidationsgesellschaft (vgl. *BGH* ZEV 1995, 422) ein. Soll die Gesellschaft unter den verbleibenden Gesellschaftern fortgesetzt werden, bedarf es der Vereinbarung einer Fortsetzungsklausel, die zur Folge hat, dass der Gesellschafter bei seinem Tod ausscheidet (§ 736 BGB) und sein Anteil den übrigen Gesellschaftern zuwächst (§ 738 I 1 BGB).

313 **dd) Europäische Wirtschaftliche Interessenvereinigung (EWIV).** Nach § 1 EWIV-Ausführungsgesetz gelten, soweit nicht die EG-VO Nr. 2137/85 etwas anderes aussagt, für die EWIV die Regelungen des HGB für die OHG. Gemäß Art. 28 EG-VO Nr. 2137/85 ist bei der EWIV der gesetzliche Regelfall, dass ein Mitglied bei seinem Tod ausscheidet.

314 **ee) Freiberufliche Partnerschaft.** Freiberufler haben die Möglichkeit, sich in der personengesellschaftsrechtlichen Form, der Partnerschaft (nun auch in der Variante der Partnerschaft mit beschränkter Berufshaftung – PartG mbB, § 8 IV PartGG n. F.), zusammenzuschließen. Durch Verweisungen im PartGG sind wieder etliche Regeln über die OHG und die BGB-Gesellschaft anzuwenden (vgl. § 1 IV PartGG). Gemäß § 9 I PartGG gelten die §§ 131 bis 144 HGB entsprechend, so dass die Situation beim Tod eines Partners derjenigen bei der OHG entspricht. Da die Beteiligung an der Partnerschaft gem. § 9 IV 1 PartGG grundsätzlich nicht vererblich ist, kommt § 738 BGB zur Anwendung, wonach der Anteil des ausscheidenden Partners den verbleibenden Partnern zuwächst (*Seibert*, Die Partnerschaft: Neue Gesellschaftsform für die freien Berufe?, 1994, S. 117; *Lenz* MDR 1994, 744). Der Abfindungsanspruch fällt dann in den Nachlass. Die Frage, ob durch Erbgang ein neuer Partner hinzutreten kann, kann im Partnerschaftsvertrag geregelt werden, indem die Partner ihre Beteiligung an Dritte vererblich stellen (*K. Schmidt* NJW 1995, 4). Dieser Dritte muss jedoch als Partner im Sinne des PartGG in Betracht kommen (vgl. § 9 IV 2 PartGG). Möglich ist auch die Vereinbarung einer qualifizierten Nachfolgeklausel, wofür die zur OHG entwickelten Rechtsgrundsätze gelten (*Seibert*, Die Partnerschaft, S. 119; *Mayr* MittBayNot 1996, 61; *ders.* ZEV 1996, 321, 324; *Heydn* ZEV 1998, 161).

315 **ff) Kommanditgesellschaft.** Beim Tod des **Komplementärs** gelten die Grundsätze für das Ausscheiden eines Gesellschafters aus einer OHG. Es ist Vorsorge für den Fall zu treffen, dass der letzte Komplementär ausscheidet (Gründung einer GmbH & Co. KG o. Ä.), da die KG ohne einen persönlich haftenden Gesellschafter begriffsnotwendig nicht bestehen kann und in diesem Falle aufgelöst würde. Der Tod des **Kommanditisten** löst nach § 177 HGB die Gesellschaft nicht auf (zur Vererbung von Kommanditanteilen ausführlich *Ivo* ZEV 2006, 302). Sein Gesellschaftsanteil ist vererblich. Sind mehrere Erben vorhanden, rücken diese nicht als Erbengemeinschaft, sondern als Nebenerben zu dem ihrer Erbquote entsprechenden Anteil in die Gesellschafterstellung des Verstorbenen ein

1. Teil. Die Mitwirkung des Notars bei der Gestaltung von Verfügungen von Todes wegen C

(*RG* DR 1942, 1228; BGHZ 22, 186; *BGH* DNotZ 1977, 550, 556). Anderes gilt, wenn es um die Vererbung von Anteilen an einer Liquidationsgesellschaft geht: Hier wird bei einer Mehrheit von zur Nachfolge berufenen Erben die Erbengemeinschaft in ihrer gesamthänderischen Verbundenheit Gesellschafter (vgl. oben Rn. 312), mit der Möglichkeit der Haftungsbeschränkung auf den Nachlass (*BGH* ZEV 1995, 422). Der Gesellschaftsvertrag kann die Vererblichkeit des Kommanditanteils beschränken oder ganz ausschließen.

gg) Stille Gesellschaft. Der Tod des stillen Gesellschafters löst die Gesellschaft nicht auf (§ 234 II HGB). Der Erbe tritt an die Stelle des Erblassers, mehrere Erben folgen in Erbengemeinschaft nach. Abweichende Vereinbarungen sind zulässig. 316

hh) GmbH. Die Gesellschaftsanteile an einer GmbH sind vererblich (§ 15 I GmbHG). Die Vererblichkeit kann nicht ausgeschlossen werden (zur Vererbung von GmbH-Geschäftsanteilen ausführlich *Ivo* ZEV 2006, 252). Mehrere Miterben erwerben den Anteil gesamthänderisch. Sie können ihre Gesellschafterrechte nach § 18 I GmbHG nur gemeinschaftlich ausüben (wohl auch im Wege einer Mehrheitsentscheidung, soweit die Angelegenheit die ordnungsgemäße Verwaltung des Nachlassvermögens betrifft gem. §§ 2038 II, 745 I BGB, vgl. *BGH* ZEV 1995, 379). Die Satzung der GmbH kann die Wirkung der Vererbung beseitigen und vorsehen, dass beim Tod eines Gesellschafters dessen Geschäftsanteil gem. § 34 GmbHG einzuziehen oder an eine bestimmte Person, die GmbH selbst, einen Gesellschafter oder eine von der Gesellschaft benannte Person abzutreten ist. Dies ist auch als bedingte Regelung für den Fall denkbar, dass der Nachfolger nicht bestimmten subjektiven Anforderungen entspricht (z. B. weder Mitgesellschafter noch Abkömmling ist). Bei einer **Freiberufler-GmbH** ist eine derartige Regelung sogar unbedingt notwendig, denn die Geschäftsanteile an einer Rechtsanwalts-, Steuerberatungs- oder Wirtschaftsprüfungs-GmbH dürfen nur dem für den entsprechenden Beruf zugelassenen Personenkreis zugänglich sein. Die Satzung **muss** daher eine Bestimmung treffen (*BayObLG* WiB 1995, 115) für die Nachfolge beim Tod eines Gesellschafters wie etwa die Abtretungspflicht der Erben oder das Einziehungsrecht der Gesellschaft, sofern nicht schon das Gesetz eine Regelung vorsieht (z. B. §§ 27 ff. WPO, §§ 49 ff. StBerG). Besondere Gestaltungsprobleme gibt es bezüglich der Vererblichkeit bei der Einmann-GmbH und bei Treuhandverträgen über GmbH-Anteile (*Mayr* MittBayNot 1996, 61). 317

ii) GmbH & Co. Die Frage der Nachfolge beurteilt sich bei der GmbH nach GmbH-Recht, bei der KG nach dem Recht der Personenhandelsgesellschaft. Die GmbH & Co. eignet sich für die Nachfolgeregelung besonders gut wegen der Möglichkeit der Fremdorganschaft und einer leistungsorientierten Aufspaltung der Verantwortlichkeiten bei KG und GmbH. 318

kk) Aktiengesellschaft. Da die Rechtsform der Aktiengesellschaft auch für mittelständische und Familienunternehmen interessant geworden ist, stellt sich hier verstärkt die Frage nach der Erbfolge beim Tod eines Aktionärs. Ebenso wie bei der GmbH sind die Anteile an der AG frei vererblich, was auch durch die Satzung nicht ausgeschlossen werden kann. Dies gilt gleichermaßen für Inhaber- und Namensaktien. Bei Nachfolgeregelungen in der Satzung unterliegen die Aktionäre aber weitergehenden Beschränkungen als die Gesellschafter einer GmbH (vgl. *Schaub* ZEV 1995, 84). Die Bestimmung einer Abtretungspflicht der Erben ist ebenso unzulässig (vgl. § 54 AktG, Verbot der Begründung von Nebenpflichten) wie die Ausdehnung der Vinkulierung von Namensaktien auf die Fälle des Aktienübergangs kraft Erbfolge (*Ebenroth* Rn. 897). Die Vinkulierung von Namensaktien kann allerdings bei Vermächtnissen und Erbauseinandersetzung – als rechtsgeschäftliche Übertragungen – Bedeutung erlangen. Allein die Regelung einer Zwangseinziehung beim Tod eines Aktionärs ist in der Satzung möglich (Formulierungsbeispiel bei *Schaub* ZEV 1995, 84). Die Einziehung erfolgt dann durch eine Entscheidung des Vorstandes (vgl. § 237 VI AktG). Zur Abfindung vgl. Rn. 351. 319

320 II) Private limited company. Gehört zum Nachlass eine *private company limited by shares* (Ltd.) sei es, dass diese eigengewerblich über ihre deutsche Zweigniederlassung in Deutschland tätig ist, sei es, dass sie als Komplementärin einer KG (Ltd. & Co. KG) fungiert, gibt es materiellrechtliche und formellrechtliche Probleme bei der Nachfolgeregelung. Denn vermehrt wird in der Literatur angenommen, dass in diesen Fällen die *shares* dieser stets in England gegründeten *company* nach englischem Recht einer zwingenden Nachlassverwaltung nach englischem Recht *(administration of estates)* unterliegen (*Wachter* GmbHR 2005, 407, 414; *Süß* GmbHR 2005, 673, 674; *Wälzholz* IWB 2005, 2055, 1060; *v. Oertzen/Cornelius* ZEV 2006, 106 ff., *Richardsen* S. 48) und dass auf diese funktionale und territoriale Nachlassspaltung von deutscher Seite gem. Art. 3a II EGBGB Rücksicht zu nehmen ist. Gemäß Art. 3a II EGBGB werden Gegenstände, die sich in einem anderen Land befinden als dem, auf das Art. 25 I EGBGB verweist, von der Gesamtverweisung ausgenommen, wenn diese Gegenstände nach dem Recht des Landes, in dem sie sich befinden, besonderen Vorschriften unterliegen (Vorrang der *lex rei sitae*). Ab 17.8.2015 mag sich dies aus deutscher Sicht aufgrund der Anknüpfung an den gewöhnlichen Aufenthalt des Erblassers gem. Art. 21 I EuErbVO anders darstellen (vgl. Rn. 219 ff.). Die Verordnung sieht keine Art. 3a II EGBGB vergleichbare Vorschrift vor, die auf ausländische Sonderregelungen Rücksicht nehmen würde (vgl. auch *Odersky* notar 2013, 3). Insbesondere ist Art. 30 EuErbVO wohl nicht anwendbar, da diese Vorschrift nach dem Erwägungsgrund 54 der Verordnung eng auszulegen ist, so dass es bei dem nach den allgemeinen Regeln anwendbaren Erbstatut bleiben soll. Es kommt daher zu Widersprüchen der deutschen und der englischen Rechtsordnung.

321 Das englische Recht sieht sowohl kollisions- als auch sachrechtlich eine Aufspaltung zwischen Erbgang und Erbfolge vor. Die sachrechtlichen Regeln der englischen *administration of estates* bestimmen in Abweichung von der deutschen Universalsukzession des Erben eine der Erbfolge vorgeschaltete zwingende Nachlassverwaltung an sämtlichen in England belegenen Nachlassgegenständen. Materiellrechtlich folgt hieraus zum Zeitpunkt des Erbfalles ein temporär für die Nachlassverwaltung begrenzter dinglicher Zwischenerwerb des in England befindlichen Nachlasses durch den von einem englischen Gericht oder einer *registry* durch *grant* zu bestellenden oder zumindest zu bestätigenden *personal representative (ancillary administrator)*. Dieser ist Inhaber des *legal title* am in England belegenen Nachlass bis zum Abschluss der *administration* und der daraufhin erfolgenden Auskehr der dann noch im Nachlass befindlichen Gegenstände an die *beneficiaries* bzw. Erben *(distribution)*. Auch kollisionsrechtlich unterstellt das englische Recht die Nachlassabwicklung besonderen Regeln: sie richtet sich anders als die *succession*, bei der zur Bestimmung des anwendbaren Rechts an das letzte *domicile* des Erblassers angeknüpft wird, nach der *lex fori*, die aber letztlich stets zur Anwendung der *lex rei sitae* führt. Denn englische Gerichte betrachten sich als für die Erteilung eines *grant* grundsätzlich ausschließlich zuständig, soweit in England belegenes Nachlassvermögen betroffen ist. Gleichzeitig ist das englische Recht nicht bereit, eine Nachlassabwicklung an den in England belegenen Nachlassgegenständen ohne den *grant* eines englischen Gerichts oder einer englischen *registry* zuzulassen. Da nach englischem Kollisionsrecht auch die Geschäftsanteile einer „deutschen *limited*" in England belegen sind, ist im Ergebnis aus deutscher Sicht daher das englische Nachlassverfahren inklusive des temporären Übergriffs auf die Erbfolge zu berücksichtigen. Insoweit ist wohl gem. Art. 1 II lit. k und l EuErbVO (vgl. auch Erwägungsgründe 18 und 19 der EuErbVO) – jedenfalls aber faktisch – englisches Recht anzuwenden. Der in England zu bestellende *ancillary administrator* hat als Abschluss der *administration* dann über die Anteile ähnlich einem Testamentsvollstrecker entsprechend den testamentarischen bzw. gesetzlichen Regelungen, die deutschem Erbfolgerecht unterliegen, zu verfügen. Dies ist bei allen testamentarischen Verfügungen vorab zu berücksichtigen. Die Unsicherheiten sind insoweit groß.

322 Da *shares* nach englischem Gesellschaftsrecht frei vererblich sind und die Vererblichkeit auch nicht durch Regelungen in der Satzung *(articles)* ausgeschlossen werden kann, sollte auf jeden Fall ein mit dem **deutschen Testament** korrespondierendes und hierauf abgestimmtes Testament in englischer Sprache errichtet werden, das einen *executor* für die *shares* konkret bezeichnet.

Die Möglichkeiten, das **Nachlassverfahren nach englischem Recht zu vermeiden**, sind nur gering (*Richardsen* a. a. O. S. 173 ff.). Allenfalls könnte durch die Begründung einer *joint holdership* zu Lebzeiten des Erblassers/*shareholder* mit dem designierten Nachfolger eine Umgehung der *administration* erreicht werden, da es in diesem Falle zu einer automatischen Anwachsung der *shares* an den Nachfolger im Zeitpunkt des Todes des *senior holder* nach englischem Gesellschaftsrecht käme. Theoretisch denkbar ist auch die Einbringung der *shares* in einen *private express trust*. Diese Lösung führt aber zum einen zu einer weitreichenden Bindung des Erblassers bereits zu Lebzeiten; zum anderen sprechen der hohe Beratungsaufwand und die rechtliche Unsicherheit in Deutschland im Umgang mit der dem deutschen Recht unbekannten Verselbstständigung von Vermögen gegen eine derartige Gestaltung. Eine Schenkung bedingt auf den Todesfall scheitert bereits an den gesellschaftsrechtlichen Voraussetzungen für die Anteilsübertragung, die einen entsprechenden Vollzug zu Lebzeiten nicht gestatten und daher zu einer Einstufung als erbrechtliche Verfügung führen. Schließlich ist auch die Ausgestaltung einer *Ltd. & Co. KG* als Einheitsgesellschaft nicht möglich, da das englische Gesellschaftsrecht nach heutiger Konzeption eine Beteiligung an einer *limited* nur natürlichen oder juristischen Personen gestattet und die Beteiligung einer anderen Gesellschaft als juristischer Person an der *limited* nur dann erlaubt, wenn diese Gesellschaft nicht gleichzeitig die *holding company* der *limited* ist.

323

Die **statutarischen Gestaltungsmittel** zur Einflussnahme auf die Nachfolge in *shares* (die Abtretungsverpflichtung *(compulsory transfer)*, die Ablehnungsklausel *(right to refuse)* und Vorkaufsrechte *(preemption rights)*) sind, auch wenn sie das englische Nachlassverfahren nicht verhindern können, als notwendige Korrektive nicht außer Acht zu lassen.

324

Angesichts der erheblichen Rechtsunsicherheiten, des erhöhten Beratungsaufwands und des in der Praxis oft sehr überschaubaren Geschäftsumfangs bietet sich eine rechtzeitige **Umwandlung der *private company limited by shares* in eine deutsche GmbH** an (vgl. hierzu *Herrler/Schneider*, Von der Limited zur GmbH, 2010, mit Formulierungsbeispielen für die gesamte Umwandlungsdokumentation).

325

c) Testamentsvollstreckung im Unternehmensbereich

aa) Einzelkaufmännisches Unternehmen. Der Testamentsvollstrecker ist nicht in der Lage, ein Handelsgeschäft kraft seines Amtes voll zu führen. Testamentsvollstrecker können Verbindlichkeiten nur für den Nachlass, nicht für die Erben persönlich eingehen. Es kommen folgende **Abhilfemöglichkeiten** in Betracht:

326

(1) Der Testamentsvollstrecker kann das Handelsgeschäft als **Bevollmächtigter** der Erben führen; die Erben haften für neue Verbindlichkeiten persönlich und unbeschränkt, für Altverbindlichkeiten können sie die Haftung auf den Nachlass beschränken, sofern sie nicht wegen Firmenfortführung gem. §§ 25, 27 HGB unbeschränkt haften (vgl. Bengel/Reimann/*Pauli* 5. Kap. Rn. 130); ihnen kommt jedoch die Geschäftserfahrung des Testamentsvollstreckers zugute. Die Erben sind allerdings berechtigt, selbst tätig zu werden, und können so den Bevollmächtigten „ausheben"; eine verdrängende Vollmacht ist nicht möglich (vgl. *Ulmer* ZHR 146, 555). Die Bevollmächtigung kann zur Bedingung der Erbeinsetzung gemacht werden. Besonders interessant ist die **vollstreckungsergänzende Vollmacht.** Sie lässt die Testamentsvollstreckungen an betroffenen Vermögenssubstanzen bestehen und ermöglicht dem Testamentsvollstrecker das Handeln für die Erben aufgrund Vollmacht. Die dingliche Sperre der §§ 2211, 2214 BGB bleibt bestehen. Dem Testamentsvollstrecker steht die Aktivprozessführungsbefugnis zu (§ 2212 BGB; vgl. BGHZ 12, 100, 103; *Lorz* S. 39 ff.; *Reimann* Rn. 354 ff.; *Plank* ZEV 1998, 325).

(2) Der Testamentsvollstrecker kann das Unternehmen als **Treuhänder** übernehmen und nach außen im eigenen Namen fortführen; er haftet dann im Außenverhältnis persönlich und uneingeschränkt (Risiko der Rückdeckung). Bei der Treuhandlösung ist zu unterscheiden zwischen der **Verwaltungs- und der Ermächtigungstreuhand;** bei letztgenannter bekommt der Testamentsvollstrecker die Verfügungsmacht über die Gegenstände übertragen, nicht die Gegenstände selbst. Bei der Ermächtigungstreuhand ist also der Testamentsvollstrecker nicht selbst in das Handelsregister einzutragen, er kann aber über die Gegenstände, die zum Unternehmen gehören, aufgrund Ermächtigung verfügen (vgl. *Plank* ZEV 1998, 325; *Lorz* S. 74 ff.; *Reimann* Rn. 340 ff.).

(3) Der Testamentsvollstrecker kann im Außenverhältnis das Handelsgeschäft **freigeben** und sich im Innenverhältnis die Entscheidungsbefugnis vorbehalten (vgl. Bengel/Reimann/*Pauli* 5. Kap. Rn. 137).

327 **bb) Gesellschafter einer OHG, einer EWIV, einer BGB-Gesellschaft, Komplementär einer KG.** Der mögliche Aufgabenbereich des Testamentsvollstreckers hängt davon ab, welche Regelung der Gesellschaftsvertrag für den Fall des Todes eines Gesellschafters vorsieht:

328 **Auflösung:** Wird die Gesellschaft mit dem Tod des voll haftenden Gesellschafters aufgelöst, kann der Testamentsvollstrecker sämtliche Liquidationsansprüche für die Erben geltend machen.

329 **Fortsetzung unter den verbleibenden Gesellschaftern:** Der Testamentsvollstrecker kann die Abfindungsansprüche der Erben gegen die Gesellschaft geltend machen.

330 **Fortsetzung der Gesellschaft mit den Erben:** Die Rechte eines voll haftenden Gesellschafters unterliegen prinzipiell **nicht** der Testamentsvollstreckung (RGZ 170, 392; BGHZ 24, 112; 68, 225; *BGH* DB 1981, 366). Ersatzlösungen sind wie beim einzelkaufmännischen Unternehmen möglich. Nach der neueren Rechtsprechung (*BGH* DNotZ 1985, 561; 1987, 116; 1990, 183; ZEV 1996, 110; 1998, 72) ergibt sich folgende Situation (s. *Reimann* DNotZ 1990, 192; *Lorz* ZEV 1996, 112; *Weidlich* MittBayNot 1996, 121; Bengel/Reimann/*Pauli* 5. Kap. Rn. 160 ff.):

– Der Testamentsvollstrecker kann *in* der Gesellschaft *nur* mitwirken, *wenn* die übrigen Gesellschafter – im Gesellschaftsvertrag oder *ad hoc* – zustimmen.

– Eine Testamentsvollstreckung ist bei Personengesellschaften für den Gesellschafter einer OHG, einer BGB-Gesellschaft und den Komplementär einer KG dem Erben gegenüber zwar zulässig, der Erbe ist jedoch *in* der Gesellschaft nicht daran gehindert, seine Rechte selbst wahrzunehmen. Der Testamentsvollstrecker hat jedoch eine **beaufsichtigende Funktion** über den Erben, also an der „Außenseite" der Beteiligung. Er kann verhindern, dass der Gesellschafter-Erbe über den ererbten Geschäftsanteil verfügt. Fehlt seine Zustimmung, bleibt die Maßnahme des Erben unwirksam. § 2214 BGB gilt; Eigengläubiger der Erben können also nicht in die Beteiligung vollstrecken (im Einzelnen *Weidlich* ZEV 1994, 208).

– Da die Funktionen des Testamentsvollstreckers an der „Außenseite" der Beteiligung erbrechtlichen Ursprungs sind, können sie durch Gesellschaftsvertrag nicht ausgeschlossen oder eingeschränkt werden.

331 **Eintrittsrecht:** Testamentsvollstreckung kann nicht angeordnet werden, da das Eintrittsrecht kraft Gesellschaftsvertrages entsteht und nicht erbrechtlichen Ursprungs ist (BGHZ 22, 186).

332 **cc) Kommanditbeteiligung.** Testamentsvollstreckung ist möglich (*BGH* DNotZ 1990, 183). Voraussetzung ist, dass die übrigen Gesellschafter – im Gesellschaftsvertrag oder *ad hoc* – der Wahrnehmung der Gesellschafterrechte durch den Testamentsvollstrecker zugestimmt haben. Der Testamentsvollstrecker nimmt damit grundsätzlich alle Rechte des Erben in der Gesellschaft und an der „Außenseite" (§§ 2205, 2214 BGB) wahr. Fehlt die Zustimmung der übrigen Gesellschafter, ist die Testamentsvollstreckeranordnung nicht unwirksam; die Rechte des Testamentsvollstreckers bleiben lediglich auf die „Außenseite" der Beteiligung beschränkt (*Reimann* FamRZ 1992, 117; *Pauli* in: Bengel/Reimann 5. Kap. Rn. 198 und 193 ff.; a. A. *OLG Hamm* FamRZ 1992, 113). Unterliegt der Kommanditanteil der Dauertestamentsvollstreckung ist der Testamentsvollstrecker berechtigt und verpflichtet, die Sondererbfolge hinsichtlich des Kommanditanteils und die Anordnung der Testamentsvollstreckung (wegen der damit verbundenen Verfügungsbeschränkung für den Erben) zum Handelsregister anzumelden (*BGH* DNotZ 2012, 788).

Beschränkungen ergeben sich aus der Kernrechtsproblematik (*Priester*, FS Stimpel, 1985, S. 463), dem Gebot der ordnungsgemäßen Verwaltung des Nachlasses (§§ 2205 I 1, 2216 S. 1 BGB) und dem Verbot unentgeltlicher Verfügungen (§ 2205 S. 3 BGB; vgl. dazu *Dörrie* ZEV 1996, 370). Der Testamentsvollstrecker ist hiernach nicht berechtigt, an Verträgen (insbesondere Satzungsänderungen) und Beschlüssen mitzuwirken, die Leistungspflichten einführen, die nicht mit Nachlassmitteln erfüllt werden können und zu einer einseitigen Rechtseinbuße für den Gesellschafter führen (*Reimann* DNotZ 1990, 192). **333**

Aufstockung der eigenen Beteiligung: War der Erbe bereits vor dem Erbfall (aus eigenem Recht) Gesellschafter und erbt er eine Kommanditbeteiligung, könnte sich die Testamentsvollstreckung wegen des bisher unterstellten „Spaltungsverbots" (BGHZ 24, 106, 113) u. U. nicht realisieren lassen (*BGH* DNotZ 1990, 190). Nach der überzeugenden Rspr. des Erbrechtssenats des *BGH* (ZEV 1996, 110 m. Anm. *Lorz*) steht die Beteiligung des Erben vor dem Erbfall der Testamentsvollstreckung nicht entgegen. Bei lebzeitiger Aufnahme eines (künftigen) Erben in die Gesellschaft wird allerdings Vorsicht angeraten (vgl. Bengel/Reimann/*Pauli* 5. Kap. Rn. 188 ff.). **334**

dd) Stille Gesellschaft. Da die stille Gesellschaft, auch die atypische stille Gesellschaft, nur schuldrechtliche Beziehungen begründet, ist eine Testamentsvollstreckung uneingeschränkt zulässig (*BGH* WM 1962, 1084). **335**

ee) GmbH und sonstige Kapitalgesellschaften. Die Testamentsvollstreckung ist nach allgemeiner Auffassung zulässig (BGHZ 24, 106; 51, 209; *BGH* NJW 1959, 1820). Die Ausübung des Stimmrechts und der übrigen Gesellschafterbefugnisse obliegt grundsätzlich dem Testamentsvollstrecker, der wie ein Vertreter den gesellschaftsrechtlichen Stimmverboten unterliegt (*BGH* NZG 2014, 945). Probleme ergeben sich nur in so genannten Kernrechtsbereich, vor allem bei Kapitalerhöhungen, soweit diese nicht aus Gesellschaftsmitteln erfolgt (*v. Burchardt* GmbHR 1954, 150; *Priester*, FS Stimpel, 1985, S. 463). Die Erteilung begleitender Vollmachten des Erben an den Testamentsvollstrecker ist zweckmäßig. Ein Testamentsvollstreckervermerk ist nach derzeit h. M. nicht in die Gesellschafterliste eintragungsfähig (*OLG München* DNotZ 2012, 305; a. A. *Zinger/Urich-Erber* NZG 2011, 286; vgl. auch *Herrler* NZG 2011, 1321 mit Vorschlägen *de lege ferenda*). Zum Ganzen: vgl. Bengel/ Reimann/*Pauli* 5. Kap. Rn. 240 ff. **336**

ff) Mischformen. Für GmbH & Co., Betriebsspaltung und „GmbH & Still" gilt das, was für die jeweilige Unternehmensform gilt. **337**

d) Testamentsvollstreckung und Umwandlung

Die Begründung eines neuen einzelkaufmännischen Unternehmens, die Gründung von Gesellschaften für die Erben, die Aufstockung einer Beteiligung und der Erwerb einer neuen Unternehmensbeteiligung für die Erben kann einmal im Zuge der vom Erblasser gewünschten und dem Testamentsvollstrecker übertragenen Umstrukturierung des Unternehmens erforderlich werden, zum anderen kann sich die Notwendigkeit hierzu im Rahmen der ordnungsgemäßen Verwaltung des Nachlasses ergeben. Eine entsprechende Problematik tritt ein, wenn ein Unternehmen – aufgrund erbrechtlicher Auflage oder aus eigener Initiative durch den Testamentsvollstrecker im Rahmen der ordnungsgemäßen Verwaltung des Nachlasses – mit den Mitteln des Umwandlungsgesetzes umstrukturiert wird. **338**

339 Es sind dabei diejenigen Fälle zu unterscheiden, bei denen der Testamentsvollstrecker ohne Zustimmung der Erben handelt, und diejenigen, in denen die Zustimmung der Erben erforderlich ist.

340 **aa) Maßnahmen außerhalb des UmwG.** Einzelkaufmännisches Unternehmen. Der Testamentsvollstrecker hat im Rahmen seiner Verpflichtungsbefugnis (§§ 2206 ff. BGB) nicht das Recht, ein neues einzelkaufmännisches Unternehmen mit Wirkung für die Erben zu begründen. Die hierdurch auf die Erben zukommenden Haftungsrisiken wären mit der Beschränkung der Haftung auf den Nachlass unvereinbar.

341 **bb) OHG, Komplementär bei KG.** Entsprechendes gilt für die Gründung einer offenen Handelsgesellschaft oder einer Kommanditgesellschaft, wenn der Erbe bzw. die Erben persönlich haftende Gesellschafter würden (*BGH* WM 1969, 492).

342 **cc) Kommanditist bei KG.** Gleiches gilt jedoch im Grundsatz auch für die Beteiligung der Erben als Kommanditisten an einer neu zu gründenden oder schon bestehenden KG: Der Testamentsvollstrecker kann einen Gesellschaftsvertrag nicht mit Wirkung für die Erben abschließen, wenn durch diesen Verbindlichkeiten begründet werden, die ihrem Inhalt nach mit der Beschränkung der Haftung auf den Nachlass nicht vereinbar sind. Der Testamentsvollstrecker kann daher auch nicht mit Wirkung für den Nachlass bei der Errichtung einer Kommanditgesellschaft mitwirken oder entsprechende Anteile erwerben, wenn den Gesellschaftern in dem Vertrag persönliche Verpflichtungen auferlegt sind (§§ 171 I, 172, 176 HGB). Nur wenn solche weitergehenden Verpflichtungen der Gesellschafter von vornherein auszuschließen sind, also solche Einzahlungsverpflichtungen nachweislich erfüllt sind oder vom Testamentsvollstrecker aus Nachlassmitteln erfüllt werden und auch keine haftungsschädliche Einlagenrückgewähr (§ 172 IV HGB) vorliegt, kann der Testamentsvollstrecker eine derartige Beteiligung für die Erben eingehen (*OLG Hamburg* DNotZ 1983, 381; *Damrau* DNotZ 1984, 664; Staudinger/*Reimann* § 2205 Rn. 146). Entsprechendes gilt für Kapitalaufstockungen. Die Nachweisschwierigkeiten sind hier erheblich.

343 **dd) GmbH.** Die Frage, ob der Testamentsvollstrecker im Rahmen seiner Verpflichtungsbefugnis (§§ 2206 ff. BGB) mit Wirkung für den Nachlass (die Erben) einen Gesellschaftsvertrag zur Errichtung einer GmbH schließen kann, verneint die h. M. wegen der zwingenden Grundsätze der Kapitalaufbringung (§§ 9, 9a, 24 GmbHG) und der Differenzhaftung (Bengel/Reimann/*Pauli* 5. Kap. Rn. 244). Nur wenn weiter gehende Verpflichtungen der Erben von vornherein auszuschließen sind, kann der Testamentsvollstrecker einen Gesellschaftsvertrag abschließen, wie er auch unter der gleichen Voraussetzung im Rahmen seiner Verpflichtungsbefugnis einen Geschäftsanteil einer GmbH kaufen kann. Darüber hinaus wird man aber in entsprechender Anwendung der Grundsätze, die das *RG* und der *BGH* für die Führung eines Handelsgeschäftes durch den Testamentsvollstrecker aufgestellt haben, gestatten müssen, dass der Testamentsvollstrecker im eigenen Namen unter eigener persönlicher Haftung, aber auf Rechnung der Erben als deren Treuhänder bei der Errichtung einer GmbH mitwirkt, insbesondere dann, wenn ihn der Erblasser im Testament ausdrücklich beauftragt hat, das Geschäft des Erblassers in eine GmbH umzuwandeln oder sich sonst an der Errichtung einer GmbH zu beteiligen.

344 **ee) Aktiengesellschaft.** Auch für die Aktiengesellschaft verneint die h. M. wegen der strengen persönlichen Haftung der Gründer (§ 46 AktG) das Recht des Testamentsvollstreckers, sich an der Gründung einer AG zu beteiligen (KGJ 33 A 135). Der Testamentsvollstrecker, dem vom Erblasser die Verwaltung von GmbH-Geschäftsanteilen übertragen ist, kann die Umwandlung der GmbH in eine AG allerdings herbeiführen, wenn dadurch weitergehende Verpflichtungen, als sie für den Erben vorher bestanden haben, nicht begründet werden (*BayObLG* NJW 1976, 1692).

ff) Umwandlungen nach dem UmwG.
Der Testamentsvollstrecker ist berechtigt, aufgrund seiner Verwaltungsbefugnis bei einer Satzungsänderung mitzuwirken, durch die eine Gesellschaft in eine oder mehrere andere umgewandelt wird, wenn dadurch weitergehende Verpflichtungen für den Erben nicht begründet werden (*BayObLG* NJW 1976, 1692). Dies gilt nur, wenn er aufgrund der gegebenen Rechtslage unter Beachtung satzungsmäßiger Vorgaben und aufgrund der vom Erblasser getroffenen letztwilligen Verfügungen Funktionen an der „Innenseite" der Beteiligung hat. Ist er auf die „Außenseite" beschränkt, kann der Gesellschafter-Nachfolger derartige Beschlüsse mit dinglicher Wirkung selbst fassen, aber nur wenn der Testamentsvollstrecker zustimmt. Das Instrumentarium des UmwG steht dem Testamentsvollstrecker mit diesen Maßgaben zur Verfügung. Je nach Art der Umwandlungsmaßnahmen wird sich die Problematik im Detail anders darstellen (vgl. dazu im Einzelnen Bengel/Reimann/*Pauli* Rn. 270 ff.). 345

Es ist davon auszugehen, dass die bloße Änderung der Rechtsform des Rechtsträgers zu keinem Ausscheiden des Geschäftsanteils aus dem Nachlass führt, dass also die Verwaltungsbefugnis des Testamentsvollstreckers in Fällen der Gesamtrechtsnachfolge bei Verschmelzung und Spaltung (vgl. §§ 20, 131 UmwG) und des Formwechsels (vgl. § 202 I Nr. 2 UmwG) an der neuen Beteiligungsform grundsätzlich weiterbesteht. Wird also etwa eine Kommanditbeteiligung in einen GmbH-Geschäftsanteil umgewandelt, so ergeben sich keine wesentlichen Änderungen. Bestand die Testamentsvollstreckung jedoch an einem OHG-Gesellschaftsanteil oder an einer vollhaftenden KG-Beteiligung, erfasst nach herrschender Meinung die Testamentsvollstreckung die Zielbeteiligung nur mit den Beschränkungen, die aufgrund der gegebenen Rechtslage und der Rechtsprechung für die Ausgangsbeteiligung bestanden. Dies hätte zur Folge, dass bei der Umwandlung einer derartigen vollhaftenden Beteiligung in eine GmbH-Beteiligung der Testamentsvollstrecker auch hinsichtlich dieser nur die Vermögensrechte verwalten könnte, also auf die Außenseite der GmbH-Beteiligung beschränkt bliebe (*Weidlich* MittBayNot 1996, 2; Bengel/Reimann/*Pauli* 5. Kap. Rn. 271; kritisch *Reimann* ZEV 2000, 381). 346

Die Empfehlung an den Erblasser und den Testamentsvollstrecker, zur Verstärkung der Testamentsvollstreckung eine Personengesellschaft unverzüglich nach dem Erbfall in eine Kapitalgesellschaft umzuwandeln, würde – die Richtigkeit dieser Auffassung unterstellt – ins Leere gehen. Wenn das Testament einen Anhaltspunkt dafür gibt, dass eine vollhaftende Beteiligung in eine Beteiligung umgewandelt werden soll, an welcher Testamentsvollstreckung in eigentlich gewolltem Umfang möglich ist, sollte es möglich sein, dass der Testamentsvollstrecker dann die Beteiligung auch an der Innenseite verwalten kann (sofern die übrigen Voraussetzungen dafür vorliegen). 347

Davon unberührt bleibt, dass der Testamentsvollstrecker aufgrund seiner beschränkten Rechtsmacht für den Erben keine persönlichen Verpflichtungen im Umwandlungsverfahren begründen kann. Es gelten insoweit die Grundsätze für die Neugründung von Unternehmen bzw. den Erwerb von neuen Beteiligungen für die Erben. Diese Vorgaben sind im Rahmen der Stimmabgabe beim Umwandlungsbeschluss zu beachten (*Dörrie* GmbHR 1996, 245 und ZEV 1996, 373; *Weidlich* MittBayNot 1996, 3; Bengel/Reimann/*Pauli* 5. Kap. Rn. 274). 348

Probleme könnten sich für Umwandlungsmaßnahmen auch aus der **Kernbereichslehre** ergeben. Dies ist zwar nach der Entscheidung des *LG Mannheim* (NZG 1999, 824) nicht der Fall; wegen der hier zu Tage tretenden rechtlichen Unsicherheiten sind begleitende Vollmachten durch den Erben in jedem Fall sinnvoll (vgl. ausführlich *Reimann* Rn. 454 ff.; *ders.* ZEV 2000, 381). 349

e) Abfindung und Ausgleich

aa) Wert der Beteiligung bei erbrechtlichen Ausgleichsansprüchen.
Werden nicht alle Erben zur Nachfolge in den Gesellschaftsanteil berufen – sei es, dass der letzte Wille so formuliert wird oder der Gesellschaftsvertrag eine qualifizierte Nachfolgeklausel enthält 350

–, so ergeben sich **erbrechtliche Ausgleichsansprüche gegen den bzw. die Gesellschafter-Nachfolger**. Diese qualifizierte Nachfolge vermag die quantitative Berechtigung des einzelnen Miterben am Nachlass des Verstorbenen, wie sie sich aufgrund einer Verfügung von Todes wegen oder kraft gesetzlicher Erbfolge ergibt, nicht zu ändern. Nach Auffassung des *BGH* (DNotZ 1977, 550, 558) ist die Erbquote keine gegenständliche Begrenzung des Erwerbs in dem Sinne, dass der Miterbe keinen über diese Quote hinausgehenden Teil des Geschäftsanteils erwerben könnte. Sie bestimmt nur zwingend seinen Anteil am Wert des gesamten Nachlasses. Es ist hiernach auch möglich, alle Miterben oder einige von ihnen zur Gesellschafter-Nachfolge zu berufen, jedoch in einem Anteilsverhältnis, das von der quotenmäßigen Beteiligung am Nachlass abweicht, und zwar mit unmittelbarer dinglicher Wirkung, so dass eine Auseinandersetzung der Miterben über den Gesellschaftsanteil nicht nötig ist (*Priester* DNotZ 1977, 558). Diese erbrechtlichen Auseinandersetzungsansprüche berechnen sich aus dem vollen Verkehrswert der Beteiligung (MünchKomm/*C. Schäfer* § 727 Rn. 45) und richten sich nicht gegen die Gesellschaft, sondern gegen den bzw. die Gesellschafter-Nachfolger.

351 Die **Abfindungsansprüche**, die im Falle des **Ausscheidens eines Gesellschafters gegen die Gesellschaft** gerichtet sind, bemessen sich nach dem Gesellschaftsvertrag. Ist hier nichts bestimmt, ist der wirkliche Wert maßgebend. Der Gesellschaftsvertrag kann einen bestimmten Bewertungsmaßstab vorschreiben (vgl. *Reimann* DNotZ 1992, 472). Derartige Einschränkungen sind, sofern wirksam vereinbart, als vom Erblasser eingegangene und gegen die Erben wirkende Bindungen grundsätzlich wirksam (BGHZ 22, 186, 195). § 2301 BGB ist nicht einschlägig, so dass Vereinbarungen im Gesellschaftsvertrag formfrei möglich sind (MünchKomm/*C. Schäfer* § 738 Rn. 61). Zwar sind Abfindungsklauseln, die nur den halben Buchwert oder weniger als Abfindung vorsehen, regelmäßig unwirksam, ferner Regelungen, die eine Auszahlung des Abfindungsguthabens in 15 Jahresraten vorsehen, selbst wenn eine Verzinsung stattfindet; bereits eine Laufzeit von über 10 Jahren kann zur Unwirksamkeit führen (*BGH* WM 1989, 783). Jedoch ist trotz der vom *BGH* für maßgeblich erklärten Betrachtungsweise – unverhältnismäßige Benachteiligung eines Gesellschafters (NJW 1993, 3193; DNotZ 1992, 526) – das Ausscheiden eines Gesellschafters durch Tod nicht in dieses System einzuordnen (*Reimann* ZEV 1994, 7, 11). Abfindungsausschlüsse und -reduzierungen für den Todesfall sind daher möglich (*Schaub* ZEV 1995, 82; *Ebenroth* Rn. 908), finden aber ihre Grenze im Pflichtteilsrecht, nach der BGH-Rechtsprechung (BGHZ 135, 387) auch in allgemeinen Zumutbarkeitserwägungen.

352 Empfehlenswert ist – soweit erreichbar – eine erbrechtliche Absicherung des Gesellschaftsvertrages durch Pflichtteilsverzichte, Erbverzichte, Ausgleichsvereinbarungen etc.

353 **bb) Wert der Beteiligung bei Pflichtteilsansprüchen.** Bewertungsvorschriften im Gesellschaftsvertrag können auch zu Verwerfungen führen, wenn die Gesellschafter-Nachfolger (Erben) mit Pflichtteilsansprüchen weichender Erben konfrontiert werden: Bei Gesellschaftsanteilen ist grundsätzlich – jedenfalls dann, wenn die Erben aus der Gesellschaft ausscheiden – auch für die Berechnung von Pflichtteilsansprüchen die im Gesellschaftsvertrag vereinbarte Abfindung maßgebend (Palandt/*Weidlich* § 2311 Rn. 9 f.). Der Ansatz des Vollwerts würde hiernach eine Härte für den Gesellschafter-Nachfolger bedeuten, da er zur Auszahlung des Pflichtteils seinen Anteil nur zu dem im Gesellschaftsvertrag vereinbarten Wert, also u. U. zum Buchwert, realisieren könnte; gegebenenfalls sind daneben aber Ergänzungsansprüche gem. §§ 2325 ff. BGB möglich. Da die Rechtslage insoweit unübersichtlich ist (vgl. MünchKomm/*Lange* § 2311 Rn. 43 ff.; Palandt/*Weidlich* § 2311 Rn. 10 f.; *Reimann* DStR 1991, 910), ist es dringend zu empfehlen, die Abfindungs- und Ausgleichsproblematik durch Pflichtteilsverzichtsverträge bzw. Ausgleichsvereinbarungen mit den in Frage kommenden Erben zu regeln.

f) Vor- und Nacherbfolge im Unternehmensbereich

aa) Einzelkaufmännische Unternehmen. Der Vorerbe ist Vollrechtsinhaber, er wird in das Grundbuch eingetragen (mit Nacherbenvermerk, § 51 GBO) und in das Handelsregister (hier ohne besonderen Vermerk). Es ist in der Verfügung von Todes wegen klarzustellen, welchen Beschränkungen des Gesetzes der Vorerbe unterliegt bzw. von welchen Beschränkungen er befreit ist. Gehört ein Handelsgeschäft zum Nachlass, entscheidet der Vorerbe, ob er es fortführt oder nicht. Der Nacherbe haftet auch für Verbindlichkeiten des Vorerben nach § 27 HGB, ohne Rücksicht darauf, ob die Verbindlichkeiten im Rahmen einer ordnungsgemäßen Verwaltung eingegangen wurden oder nicht. 354

bb) Gesellschaften. Fällt in den Nachlass eine Beteiligung an einer Gesellschaft, so ist die Anordnung von Vor- und Nacherbfolge unmöglich, wenn der Gesellschaftsvertrag die Fortsetzung der Gesellschaft mit dem/den Erben eines durch Tod ausgeschiedenen Gesellschafters nicht zulässt (BGHZ 69, 47 und 78, 177). Voraussetzung für den Übergang auf den Nacherben ist, dass der Gesellschaftsvertrag noch im Zeitpunkt des Nacherbfalls eine derartige Nachfolgeklausel enthält. Der Vorerbe kann an einer Änderung des Gesellschaftsvertrages dahin mitwirken, dass er mit seinem Tod ausscheidet, der Nacherbe also nur in den Abfindungsanspruch nachfolgt; Grenzen dieser Änderungsbefugnis sind in dem Verbot unentgeltlicher Verfügungen zu finden (§ 2113 II BGB). Unentgeltlichkeit ist nicht gegeben, wenn eine Vertragsänderung alle Gesellschafter gleichmäßig betrifft oder wenn der Vorerbe zwar einseitigen Änderungen zu Lasten seines Gesellschaftsanteils zustimmt, im Gegenzug aber Konzessionen erhält, die seinen Geschäftsanteil verstärken (BGHZ 78, 177). Der Vorerbe erhält wie ein Nießbraucher nur den ausgeschütteten (entnahmefähigen) Gewinn. Die stillen Reserven stehen ihm nicht zu (vgl. *Lutter* ZGR 1982, 108). 355

g) Einige Empfehlungen

Es lassen sich nur wenige allgemeine Empfehlungen geben: 356

(1) Die gesetzliche Erbfolge wird in der Regel nicht geeignet sein, um ein Unternehmen sachgerecht in die nächste Generation überzuleiten.

(2) Die Erbengemeinschaft stellt ohne begleitende Anordnungen keine geeignete Rechtsform für die Fortführung des Unternehmers dar.

(3) Der Unternehmer sollte sich erbvertraglich nur binden, wenn dies zur Absicherung der Unternehmensnachfolge nötig ist.

(4) Ist er, wie der junge Unternehmer, nicht in der Lage, den Unternehmensnachfolger zu bestimmen, wird er die Bestimmung des Unternehmensnachfolgers einem Dritten – sei es dem Ehegatten, sei es dem Testamentsvollstrecker, sei es einer sonstigen Person – überantworten. Wegen § 2065 II BGB ist jedes Ermessen eines Dritten bei der Erbenbestimmung ausgeschlossen (BGHZ 15, 203; *BGH* WM 1970, 930). Es ist zweckmäßig, auf das Vermächtnis auszuweichen, da hier der Spielraum eines Dritten größer ist (§§ 2151, 2152 BGB).

(5) Bewertungsstreitigkeiten können die Abwicklung des Nachlasses behindern, Schiedsgutachter- und Schiedsgerichtsklauseln können helfen. Allerdings ist das Schiedsgericht nicht für Pflichtteilsstreitigkeiten zuständig.

(6) Durch die Änderung der Unternehmensform kann nach dem Ableben eines Unternehmers wertvolle Zeit verloren gehen. Statt letztwilliger Gesellschaftsgründungs- oder Umwandlungsklauseln wird vielfach die Gründung einer Vorratsgesellschaft zweckmäßig sein. Hilfreich sind auch detaillierte Anweisungen zum Inhalt des Gesellschaftsvertrags ggf. durch Auflage.

(7) Die Anordnung der Nacherbfolge bringt mehr Probleme, als sie Probleme vermeiden hilft. Wer für die Unternehmensnachfolge so wenig geeignet ist, dass er durch eine

Nacherbfolgeanordnung beschränkt werden muss, ist möglicherweise der falsche Nachfolger. Ausnahmen gelten in besonderen Situationen, etwa wenn durch die Nacherbfolgeanordnung verhindert werden soll, dass eine unerwünschte Erbeserbfolge (z. B. geschiedener Ehegatte) eintritt.

(8) Testamentsvollstreckung sollte nicht angeordnet werden, ohne dass ein geeigneter Testamentsvollstrecker benannt wird.

(9) Bei Gesellschaftsbeteiligungen wird stets daran zu denken sein, dass eine Beteiligung mit Nebenrechten verbunden und mit Sonderansprüchen belastet sein kann, die im Erbfall nicht von der Beteiligung getrennt werden sollten, z. B. – auf der Aktivseite – Sonderbetriebsvermögen, Privatkonten und Stille Beteiligung, – auf der Passivseite – Darlehens- und Bürgschaftsverpflichtungen sowie Belastung mit Nutzungsrechten durch die Gesellschaft.

(10) Ist das Unternehmen, wie vielfach aus betriebswirtschaftlichen und steuerrechtlichen Gründen zweckmäßig, in diverse Einzelgesellschaften aufgeteilt, kann es sich zur besseren erbrechtlichen Gestaltung empfehlen, diese Beteiligungen vorweg, also noch zu Lebzeiten des Unternehmers, in eine Unternehmens-Holding einzubringen. In den Nachlass fällt dann nur diese Unternehmens-Holding, so dass sich die erbrechtlichen Anordnungen, da nur auf ein Unternehmen bezogen, leichter strukturieren lassen.

(11) Sind mehrere Personen zur Nachfolge vorgesehen, ist es zweckmäßig, durch Mehrheitszuweisungen beim Kapital und/oder dem Stimmrecht für klare Mehrheiten zu sorgen. Darüber hinaus kann es sinnvoll sein, durch entsprechende Optionen dafür zu sorgen, dass die Beteiligungen sich langfristig in einer Hand vereinigen.

(12) Ist das Unternehmen groß genug, um mehrere Stämme zu versorgen, ist zu empfehlen, durch geeignete Anordnungen Management und Kapital zu trennen und beim Stimmrecht eine obligatorische Gruppenvertretung für die einzelnen Stämme vorzusehen sowie für das Management überschaubare Ansprechpartner zu schaffen.

VI. Begleitende Rechtsgeschäfte unter Lebenden

1. Vollmacht über den Tod des Vollmachtgebers hinaus

357 Der Tod des Erblassers führt gem. §§ 672, 675 BGB in der Regel nicht zum Erlöschen der Vollmacht, auch wenn der gebräuchliche Passus „mit Wirkung für mich und meine Erben" bzw. „Die Vollmacht erlischt nicht durch den Tod des Vollmachtgebers" nicht erscheint (*OLG Zweibrücken* DNotZ 1983, 105; a. A. für die Vorsorgevollmacht, die mangels anderweitiger Regelung mit dem Tod des Vollmachtgebers enden soll: *OLG Hamm* DNotZ 2003, 120). Der Übergang einer solchen Vollmacht beruht nicht auf dem Willen des Erblassers, sondern auf dem Grundsatz der **Universalsukzession**, nach dem alle nicht höchstpersönlichen Rechte und Pflichten auf den Erben übergehen. Die Vollmacht wirkt lediglich dann nicht gegen die Erben, wenn das Geschäft, auf das sich die Vollmacht bezieht, seinerseits untrennbar mit der Person des Erblassers verbunden war. Gleichwohl sollte in der Vollmachtsurkunde, um Unklarheiten zu vermeiden, stets angegeben werden, ob die Vollmacht durch Tod des Vollmachtgebers erlischt oder nicht. Die Vollmacht kann im Übrigen auch von vornherein erst für den Todesfall erteilt werden. Der Bevollmächtigte kann nach dem Ableben des Vollmachtgebers jedoch nicht mehr im Namen des Verstorbenen handeln. Er ist **Vertreter der Erben** (beschränkt auf den Nachlass). Jedoch kann es bei Auseinanderfallen von Erblasser- und Erbenwillen dazu kommen, dass bei Ausübung der Vollmacht der Erbenwille vernachlässigt wird. Banken haben bei postmortalen Vollmachten grundsätzlich keine Warte- oder Rückfragepflichten zur Sicherung der Interessen der Erben (*BGH* ZEV 1995, 187). Die unter Lebenden wirksam erteilte Vollmacht kann von den Erben (bei Miterben nur von jedem für sich), vom Testamentsvollstrecker oder vom Nachlassverwalter **widerrufen** werden (Münch-Komm/*Schramm* § 168 Rn. 37 f.). Allerdings können die Erben aus dem **Grundgeschäft**, auf das sich die Vollmacht bezieht, gehindert sein, diese zu widerrufen (z. B. Vollmacht, ein Grundstück aufgrund eines Kaufvertrages aufzulassen). Die Vollmacht über den Tod hinaus bzw. die Vollmacht für den Todesfall ist immer dann empfehlenswert, wenn unverzüglich nach dem Ableben des Erblassers rechtsgeschäftliche Handlungen vorgenommen werden müssen oder sollen; denn der Erbennachweis bzw. das Testamentsvollstreckerzeugnis kann stets erst nach einiger Zeit beschafft werden. Im Übrigen kann es sinnvoll sein, Generalvollmachten bzw. Vorsorge- und Betreuungsvollmachten (§ 1896 II 2 BGB) dort bereitzuhalten, wo bereits zu Lebzeiten des Erblassers Handlungsbedarf erkennbar ist (*Reimann* ZEV 1997, 129). Das *OLG Hamm* (ZEV 2013, 341 und 689 m. krit. Anm. *Keim*; ebenfalls krit. *Amann* MittBayNot 2013, 367) hat entschieden, dass eine transmortale Vollmacht, die dem Alleinerben vom Erblasser erteilt wurde, mit dem Eintritt des Erbfalls durch „Konfusion" erlösche. Dieser Grundsatz (vgl. Palandt/*Weidlich* Vor § 2197 Rn. 12) bedürfe auch keiner Ausnahmen. Letzteres überzeugt nicht: Solange der Erbe mangels Erbnachweis oder weil es sich beim Nachlass um Sondervermögen handelt, auf das er nicht ohne weiteres zugreifen kann (z. B. bei Testamentsvollstreckung), handlungsunfähig ist, besteht sehr wohl ein Bedürfnis dafür, die Rechtsbeziehungen zwischen Erblasser und Erben als fortbestehend zu fingieren, also die Vollmacht (z. B. im Grundbuch- und Handelsregisterverfahren) weiter gelten zu lassen. Das Gesetz regelt dies beispielsweise ausdrücklich in § 1976 BGB für die Nachlassverwaltung (vgl. *Spieker* notar 2013, 203). Die Vollmacht behält in solchen Fällen nach zutreffender Auffassung ihre Legitimationswirkung (so auch *OLG München* MittBayNot 2013, 230; MünchKomm/*Schramm* § 168 Rn. 17). Dies ist auch vom materiellen Ergebnis her richtig: Ist der Bevollmächtigte tatsächlich Alleinerbe, kann und darf er deshalb verfügen. Wäre er nicht Alleinerbe, tritt hinsichtlich der Vollmacht keine Konfusion ein und er kann als Bevollmächtigter verfügen. Das Einfordern weiterer Nachweise ist daher überflüssig. Freilich kann sich der Erbe insofern nicht selbst vertreten, als er durch die Vollmacht keine reinen Nachlassverbindlichkeiten neu begründen kann (vgl. *Lange* ZEV 2013, 343).

2. Vormundbenennung – Beschränkung der Vermögenssorge

Den Eltern steht das Recht zu, einen Vormund für ihr minderjähriges Kind durch letztwillige Verfügung zu benennen (§§ 1776, 1777 BGB). Dies gilt jedoch nur, wenn ihnen oder dem Längstlebenden im Zeitpunkt des Todes die Sorge für die Person und das Vermögen des Kindes zustand. Das Benennungsrecht eines Elternteils besteht daher nicht, wenn dem anderen Elternteil nach Trennung oder Scheidung das Sorgerecht übertragen worden ist (§§ 1671, 1672 BGB). Der nicht mit der Mutter verheiratete Vater hat bei gemeinsamer Sorgeerklärung nach § 1626a I Nr. 1 BGB das Recht, einen Vormund zu benennen. Der von den Eltern Berufene kann nur gem. §§ 1778 ff. BGB vom Vormundschaftsgericht übergangen werden. **358**

Die elterliche Vermögenssorge erstreckt sich gem. § 1626 BGB grundsätzlich auf das gesamte Vermögen des Kindes, also auch auf dasjenige, was ein Kind von Todes wegen erworben hat. Der Testator kann in seiner Verfügung von Todes wegen oder bei der lebzeitigen Zuwendung aber anordnen, dass die Eltern oder ein bestimmter Elternteil das zugewendete Vermögen nicht verwalten sollen (§ 1638 BGB). Sind beide Elternteile von der Vermögenssorge ausgeschlossen, muss ein Ergänzungspfleger gem. § 1909 I 2 BGB bestellt werden. Der Pfleger kann gem. § 1917 BGB vom Erblasser bestimmt werden. Derselbe Erfolg kann auch durch Einsetzung eines Testamentsvollstreckers erreicht werden (dazu *Damrau* ZEV 1994, 1). **359**

360 | Formulierungsbeispiel: Entziehung des Vermögenssorgerechts mit Pflegerbenennung im sog. Geschiedenentestament

> Soweit ein Vorerbe zum Zeitpunkt des Erbfalls noch minderjährig ist, entziehe ich meinem geschiedenen Ehegatten gem. § 1638 BGB das Recht, den Erwerb von Todes wegen zu verwalten. Als Ergänzungspfleger benenne ich insoweit gem. §§ 1909 I, 1917 BGB ... und erteile ihm umfassende Befreiung gem. §§ 1852 bis 1854 BGB.

3. Pflichtteilsverzicht

a) Gesetzliche Grundlagen

361 Die §§ 2303 bis 2338 BGB stellen sicher, dass Abkömmlinge, Eltern und Ehegatten des Erblassers zumindest die **Hälfte des gesetzlichen Erbteiles** erhalten (§ 2303 BGB), zwar nicht als Erben, aber doch als Berechtigte eines gesetzlichen Geldzahlungsanspruchs (zur Wertermittlung des Pflichtteilsanspruchs *J. Mayer* ZEV 1994, 331). Formell kann zwar der Testator über sein Vermögen im Ganzen uneingeschränkt verfügen, doch sind ihm in der Sache durch die zu erwartenden Pflichtteilsansprüche Schranken gesetzt. Da der Pflichtteil als **Geldanspruch mit dem Erbfall fällig** wird und nur wenig Möglichkeiten bestehen, die Zahlung hinauszuschieben (vgl. *Klingelhöffer* ZEV 1998, 121), kann dies den Erben bei illiquidem Nachlass in Schwierigkeiten bringen. Ein einseitiger Ausschluss des Pflichtteilsanspruchs ist nicht möglich, es sei denn, dass ein Grund zum Pflichtteilsentzug vorliegt (§§ 2333 ff. BGB).

362 Ist dies nicht der Fall, so lässt sich das Pflichtteilsrecht nur im Einvernehmen mit dem Berechtigten durch einen Pflichtteilsverzicht (§ 2346 II BGB) ausschließen. Der Pflichtteilsverzicht ist – wie der Erbverzicht – ein abstraktes Rechtsgeschäft. Er kann entgeltlich, auch unter einer Bedingung vereinbart werden (*BGH* NJW 1962, 1910). Nach Ansicht der Rechtsprechung kann der Verzicht nur zu Lebzeiten des Erblassers wirksam geschlossen werden (*BGH* DNotZ 1997, 422). Diese für den Erbverzicht zutreffende Ansicht, ist nach richtiger Auffassung auf den Pflichtteilsverzicht nicht übertragbar (Bamberger/Roth/ *J. Mayer* § 2346 Rn. 7, 14), da der Pflichtteilsverzicht nur einen Geldzahlungsanspruch betrifft und ohne Einfluss auf die eigentliche Erbfolge ist. Der vorsichtige Gestalter wird dennoch nicht mit einer aufschiebenden, sondern bevorzugt mit einer auflösenden Bedingung zur Absicherung der Gegenleistung für den Verzichtenden arbeiten.

363 | Formulierungsbeispiel: Auflösende Bedingung beim Pflichtteilsverzicht mit Gegenleistung

> Vorstehend vereinbarter Pflichtteilsverzicht ist auflösend bedingt für den Fall, dass die vereinbarte Gegenleistung bei Fälligkeit nicht vollständig bezahlt wird.

364 Der Verzicht eines Abkömmlings **erstreckt sich auf die Abkömmlinge des Verzichtenden**, soweit nichts anderes bestimmt ist (§ 2349 BGB). Ausdrückliche Regelung dieser Frage empfiehlt sich aber in jedem Fall. Für den Vertrag ist notarielle Beurkundung (§ 2348 BGB) vorgeschrieben. Der **Erblasser** darf den Vertrag **nur persönlich**, nicht durch einen Bevollmächtigten schließen (§ 2347 II 1 BGB). Bei fehlender Geschäftsfähigkeit handelt insoweit ein Betreuer bzw. Vormund, dessen Erklärung der Genehmigung des Betreuungs- bzw. Familiengerichts bedarf (§ 2347 II 2 BGB). Bestehen Zweifel an der Geschäftsfähigkeit sollten sowohl Erblasser als auch Betreuer an der Urkunde mitwirken. Der Verzichtende kann sich hingegen vertreten lassen. Gleichzeitige Anwesenheit der Parteien ist nicht erforderlich. Nach BGHZ 22, 364 soll auch ohne ausdrückliche Erwähnung eines Verzichts ein solcher stillschweigend mit einem Erbvertrag verbunden sein können. Diese Rechtsprechung ist problematisch (*Habermann* JuS 1979,

169; *Keim* ZEV 2001, 1). Wegen der wohl zu weit gehenden Rechtsprechung erscheint es ratsam, wenn Ehegatten sich nicht mindestens mit dem Pflichtteil gegenseitig zum Erben einsetzen, die Frage, ob ein stillschweigender Pflichtteilsverzicht gewollt ist oder nicht, ausdrücklich in der Urkunde anzusprechen.

Zu beachten ist der Unterschied zwischen Erbverzicht und Pflichtteilsverzicht hinsichtlich der Wirkungen: Der Erbverzicht hat eine unmittelbare Änderung der gesetzlichen Erbfolge durch Wegfall des Verzichtenden zur Folge (§ 2346 I BGB „Vorversterbensfiktion"; ausführlich zum Erbverzicht *Edenfeld* ZEV 1997, 134; *Keim* RNotZ 2013, 411). Der **Erbverzicht** führt daher regelmäßig zur **Erhöhung der Pflichtteilsquote der übrigen Pflichtteilsberechtigten**. Fehlt beim Erbverzicht die Erstreckung auf Abkömmlinge und wird der Verzichtende doch zum Erben eingesetzt, haben die Abkömmlinge einen Pflichtteilsanspruch gegen den Verzichtenden als Erben (*BGH* MittBayNot 2012, 475 m. Anm. *G. Müller*). Der bloße **Pflichtteilsverzicht** hingegen hat **keine Auswirkungen auf die gesetzliche Erbfolge** und damit auch keine Auswirkung auf das Pflichtteilsrecht der Nichtverzichtenden. Der Erbverzicht hat daher außerhalb von Scheidungsvereinbarungen nur eine geringe praktische Bedeutung. Verzichtet ein im gesetzlichen Güterstand lebender Ehegatte auf sein gesetzliches Pflichtteilsrecht, so verbleiben ihm regelmäßig die Zugewinnausgleichsansprüche gem. §§ 1373 ff. BGB. Auf diese Folge sollte hingewiesen und gegebenenfalls mit dem Pflichtteilsverzicht ein ehevertraglicher Ausschluss des Zugewinnausgleichs für den Todesfall vereinbart werden. Die **Aufhebung eines Erbverzichts** kann nur durch die Vertragsschließenden zu deren Lebzeiten bei persönlicher Anwesenheit des Erblassers erfolgen (*BGH* ZEV 1998, 304). Ebenso ist eine Anfechtung des Verzichts durch den Verzichtenden nach Eintritt des Erbfalls ausgeschlossen (*BayObLG* DNotZ 2006, 528).

Durch Art. 25 I EuErbVO richtet sich die Zulässigkeit, Wirksamkeit und Bindungswirkung eines Erb- oder Pflichtteilsverzichtsvertrags nach dem **Recht am gewöhnlichen Aufenthalt des Erblassers**. Es kann daher durch eine Verlegung des gewöhnlichen Aufenthalts des Erblassers dazu kommen, dass der ursprünglich wirksame Erbverzichtsvertrag wegen Anwendbarkeit eines anderen materiellen Erbrechts, das z.B. keinen Erbverzicht zulässt, wirkungslos bleibt. Abhilfe kann bei deutschen Staatsangehörigkeiten eine Rechtswahl zum deutschen Erbrecht schaffen (*Odersky* notar 2014, 139).

Gelegentlich wird im Schrifttum die Frage aufgeworfen, ob nicht die für Eheverträge und Scheidungsvereinbarungen bzw. Angehörigenbürgschaften entwickelten **Grundsätze der richterlichen Inhaltskontrolle** auf Pflichtteilsverzichtsverträge übertragbar seien (siehe etwa *Wachter* ZErb 2004, 238; *Bengel* ZEV 2006, 192; *Kapfer* MittBayNot 2006, 385; *Wendt* ZNotP 2006, 2; *Ludyga*, Inhaltskontrolle von Pflichtteilsverzichtsverträgen, 2008; *Münch* ZEV 2008, 571; *Röthel* NJW 2012, 337; *Wiemer*, Inhaltskontrolle von Eheverträgen, 2007). Anknüpfungspunkt ist zum einen, dass Pflichtteilsverzichte oft als begleitende Elemente eines Ehevertrags vereinbart werden, so dass sich die Frage stellt, ob diese im Rahmen der nach der Rechtsprechung des *BGH* für die Wirksamkeitskontrolle des Ehevertrags am Maßstab des § 138 BGB vorzunehmende Gesamtwürdigung auch die Unwirksamkeit des erbrechtlichen Verzichts zur Folge haben kann. Zum anderen wird gelegentlich eine Unterhaltsfunktion des Pflichtteils hervorgehoben, weshalb der Verzicht auf den Pflichtteil in den Kernbereich des Scheidungsfolgenrechts eingreife (in diese Richtung *Dutta* AcP 209 (2009) 760, 775 ff.; a. A. *Kapfer* MittBayNot 2006, 385; *J. Mayer* MittBayNot 2005, 286; *Münch* ZEV 2008, 571). Die noch junge Diskussion übersieht teilweise, dass eine Überprüfung von Erb- und Pflichtteilsverzichtsverträgen seit jeher stattfindet – anhand der klassischen Grenzen der Privatautonomie, z.B. §§ 123, 138, 242, 313 BGB. Die gelegentlich behauptete Übertragbarkeit der Kernbereichslehre der Inhaltskontrolle bei Eheverträgen ist schon deshalb zweifelhaft, da das Gesetz selbst den Pflichtteilsanspruch im Falle der Scheidung ganz entfallen lässt (Bamberger/Roth/*J. Mayer* § 2346 Rn. 39). Überdies passt die vom *BGH* für Eheverträge entwickelte Ausübungskontrolle, die vor allem auf eine vom vorgestellten Ehemodell abweichende tatsächliche Entwicklung abstellt, auf den Pflichtteilsverzichtsvertrag nicht: Dieser stellt in aller Regel gerade auf die unsichere Vermögensentwicklung beider Vertragsteile ab. Dem weichenden Erben ist bewusst, dass der Erblasser sein Vermögen möglicherweise noch erheblich mehren oder es ganz verlieren kann. Es wäre auch denkbar, dass der Pflichtteilsberechtigte vor dem Erblasser verstirbt, so dass sich sein Pflichtteilsrecht nicht realisiert. Der „wahre Wert" des Pflichtteils und damit auch des Verzichts kann daher nicht festgestellt werden. Eine „faire" Abfindung ist nahezu nicht bestimmbar. Es handelt sich um ein Geschäft mit typischerweise aleatorischem Charakter. Aus der Rechtsprechung liegen bislang kaum Judikate zu diesem Komplex vor (vgl. etwa *OLG München* ZEV 2006, 313). Der beurkundende Notar ist – nicht erst angesichts dieser Diskussion – dennoch gut beraten, das Beurkundungsverfahren insbesondere bei isolierten Pflichtteilsverzichtsverträgen auf den Kindspflichtteil mit der erforderlichen Sensibilität so zu gestalten, dass eine mögliche ungleiche Verhandlungsposition der Beteiligten erkannt werden und nötigenfalls der unterlegene Teil durch entsprechende prozedurale Maßnahmen (z. B. Hinzuziehung eines eigenen Interessenvertreters) geschützt werden kann.

b) Gegenständlich beschränkter Pflichtteilsverzicht

368 Die ganz h. M. erkennt an, dass auf die Zurechnung bestimmter Gegenstände zum Nachlass im Hinblick auf die Anspruchsberechnung verzichtet werden kann (Bamberger/Roth/*J. Mayer* § 2346 Rn. 17). Solche gegenständlich beschränkten Pflichtteilsverzichte werden meist aus Anlass der Übertragung von Vermögensgegenständen unter Lebenden (z. B. das Landgut an den Hofübernehmer) durch die weichenden Erben abgegeben. Da auf einen Teil des Pflichtteils (Geldforderung) verzichtet wird, gelten die **Formvorschriften** wie für den unbeschränkten Pflichtteilsverzicht. Ein **gegenständlich beschränkter Erbverzicht** hingegen ist **unzulässig**, da ein solcher mit dem Wesen des Erbrechts als Gesamtrechtsnachfolge nicht vereinbar ist. Eine Beschränkung ist insoweit nur hinsichtlich eines Bruchteils des gesetzlichen Erbrechts, nicht jedoch bezogen auf bestimmte Gegenstände, denkbar (Bamberger/Roth/*J. Mayer* § 2346 Rn. 11).

4. Zuwendungsverzicht

369 Nach § 2352 S. 1 BGB kann derjenige, welcher durch Testament als Erbe eingesetzt oder mit einem Vermächtnis bedacht ist, in einem Vertrag mit dem Erblasser auf diese Zuwendung verzichten. Gleiches gilt bei einem Erbvertrag für derartige Zuwendungen, die dort einem Dritten gemacht wurden (§ 2352 S. 2 BGB). Der Verzicht ist auf einen Bruchteil hinsichtlich der Erbeinsetzung, auf einzelne Gegenstände bei Vermächtnissen beschränkbar (*J. Mayer* ZEV 1996, 128). Die §§ 2347 bis 2349 BGB sind ausdrücklich für anwendbar erklärt; notarielle Beurkundung ist erforderlich; der **Erblasser** kann den Zuwendungsverzichtsvertrag **nur persönlich** abschließen. Während sich der **Erbverzicht** auf die **gesetzliche Erbfolge** bezieht, betrifft der **Zuwendungsverzicht** die **gewillkürte Erbfolge**. Wegen der freien Widerrufbarkeit der Testamente und der Aufhebungsmöglichkeit der Erbverträge durch die Vertragsschließenden (§ 2290 BGB) ist der Zuwendungsverzicht regelmäßig nur dann bedeutsam, wenn der Widerruf bzw. die Aufhebung der betreffenden Verfügung von Todes wegen nicht mehr möglich ist (beim gemeinschaftlichen Testament hinsichtlich wechselbezüglicher Verfügungen nach dem Tod des erstversterbenden Ehegatten, § 2271 II BGB; beim Erbvertrag, soweit kein Rücktrittsrecht vorgesehen ist). Aber auch als Alternative bei noch möglicher Ausschlagung bzw. Anfechtung (z. B. bei Wiederverheiratung des gebundenen Überlebenden) zum Zwecke der Vermeidung der Folgen (Unwirksamkeit der wechselbezüglichen Verfügung) kommt der Zuwendungsverzicht in Betracht (*J. Mayer* ZEV 1996, 132). Durch den Zuwendungsverzicht werden nur solche Zuwendungen erfasst, die in **bereits bestehenden Ver-**

fügungen von Todes wegen enthalten sind. Das Gesetz kennt keinen Verzicht auf Zuwendungen aus künftigen Verfügungen von Todes wegen (BGHZ 30, 261). **Rechtsfolge** des Zuwendungsverzichts ist in entsprechender Anwendung der Vorversterbensfiktion des § 2346 I 2 BGB, dass dem **Verzichtenden die Zuwendung nicht anfällt. Die Verfügung** selbst **bleibt aber bestehen.** Auch das gesetzliche Erbrecht bleibt von ihm – soweit nicht ein anderes (ggf. auch konkludent) geregelt ist – unberührt. Eine etwa gewünschte abweichende Regelung muss daher vom Erblasser gesondert getroffen werden (Bamberger/Roth/*J. Mayer* § 2352 Rn. 15).

Für **Erbfälle vor dem 1.1.2010** bezog § 2352 S. 3 BGB a. F. nur § 2347 und § 2348 **370** BGB in die Verweisung mit ein, so dass der Zuwendungsverzicht grundsätzlich nur für den Verzichtenden, nicht aber für seine Abkömmlinge wirkte. Eine analoge Anwendung wurde von der h. M. angesichts des klaren Gesetzeswortlauts abgelehnt (*BGH* NJW 1999, 789; *BayObLG* NJW-RR 1997, 1027; vgl. zum Meinungsstand *Schotten* ZEV 1997, 1; *Kanzleiter* ZEV 1997, 261; *OLG Hamm* OLGZ 1982, 272). Dies hatte zur Folge, dass bei ausdrücklicher Ersatzerbenberufung die Ersatzerben ebenfalls verzichten mussten (ggf. bei Minderjährigen mit Pflegerbestellung und familiengerichtlicher Genehmigung); andernfalls traten die Ersatzerben an die Stelle des Verzichtenden. Beim Verzicht gegen „vollständige Abfindung" sollte eine Vermutung dafür sprechen, dass dieser Verzicht auch gegen den Ersatzberufenen (gewillkürt oder über § 2069 BGB) wirken soll, um die vom Erblasser wohl nicht gewollte Doppelbegünstigung des betroffenen Stammes zu vermeiden. Wegen der beschränkten Wirkung und der erheblichen Rechtsunsicherheiten war der Zuwendungsverzicht in der Praxis so nur sehr begrenzt als Gestaltungsmittel tauglich.

Für **Erbfälle ab dem 1.1.2010** verweist nunmehr § 2352 S. 3 BGB n. F. auch auf **371** § 2349 BGB. Gibt demnach ein **Abkömmling oder Seitenverwandter des Erblassers** einen Zuwendungsverzicht ab, so wird vermutet, dass sich dessen **Wirkungen auf die Abkömmlinge des Verzichtenden erstrecken**, sofern nichts anderes geregelt wird (zur neuen Rechtslage: *G. Müller* ZNotP 2011, 256; krit. *Kanzleiter* DNotZ 2009, 805 und 2010, 520; *Weidlich* FamRZ 2010, 166). Umgekehrt greift diese Erstreckungswirkung nicht ein, wenn der Verzichtende kein Abkömmling oder Seitenverwandter des Erblassers ist oder die Ersatzbedachten keine Abkömmlinge des Verzichtenden sind. In diesen Fällen bleibt es bei der sehr eingeschränkten Wirkungsweise des Zuwendungsverzichts. Wurde der Zuwendungsverzicht bei einem Erbfall, auf den neues Recht anzuwenden ist, noch nach altem Recht erklärt, so kommt es auf die Auslegung der Erklärung an: Regelmäßig wird davon auszugehen sein, dass nur der Verzicht auf das zum Zeitpunkt der Erklärung mögliche erklärt wurde, also die Erstreckungswirkung nicht eintritt (Bamberger/Roth/ *J. Mayer* § 2352 Rn. 23; so im Ergebnis auch *OLG Schleswig* FD-ErbR 2014, 359919 m. Anm. *Litzenburger*). Wurde hingegen in einer Art *catch-all*-Klausel so umfassend wie möglich verzichtet, wird man auch hier die Erstreckungswirkung annehmen dürfen.

Formulierungsbeispiel: Zuwendungsverzicht	**372**

Die Ehegatten ... haben am ... privatschriftlich ein gemeinschaftliches Testament errichtet, in dem sie in wechselbezüglicher Weise u. a. ihre gemeinsamen Kinder als Schlusserben zu gleichen Teilen eingesetzt haben.
... und ... verzichten jeweils hiermit gegenüber ihrer Mutter – nachfolgend „der Erblasser" – im Wege eines Zuwendungsverzichts mit Wirkung auch gegenüber ihren jeweiligen eigenen Abkömmlingen auf das ihnen aus dem genannten gemeinschaftlichen Testament zustehende Erbrecht. Dieser Verzicht bezieht sich ausschließlich auf die Zuwendungen in dem genannten gemeinschaftlichen Testament. Er erstreckt sich ausdrücklich nicht auf das gesetzliche Erbrecht des Verzichtenden gegenüber dem Erblasser. Der Erblasser nimmt diesen Verzicht hiermit an.

373 Wo die Neuregelung nicht greift, kann – wie schon bisher – bereits bei der Gestaltung eines gemeinschaftlichen Testaments oder Erbvertrags Abhilfe insoweit geschaffen werden, als die Ersatzerbfolge für den Schlusserbfall auflösend bedingt für den Fall gestaltet wird, dass der Schlusserbe einen Zuwendungsverzichtsvertrag abschließt, so dass in diesem Falle die Ersatzerbfolge automatisch entfällt.

374 **Formulierungsbeispiel: Auflösend bedingte Ersatzerbeinsetzung bei Zuwendungsverzicht**

> Jede einzelne der vorstehenden Ersatzschlusserbeneinsetzungen ist für sich auflösend bedingt für den Fall, dass der betreffende Schlusserbe mit dem Längerlebenden einen Zuwendungsverzichtsvertrag abschließt, auch wenn dies ohne gleichwertige Gegenleistung geschieht. Die Auslegungsregel des § 2069 BGB soll ausdrücklich nicht gelten.

375 **Checkliste zum Zuwendungsverzicht**

> (1) Zweckmäßig ist der Verzicht bei:
> – Bindung des Erblassers infolge Testierunfähigkeit
> – Bindung des Erblassers durch bindende Verfügung von Todes wegen
> – Ehegattentestament (zur Vermeidung der Rechtsfolgen des § 2270 I BGB) im Falle des Widerrufs zu Lebzeiten des anderen bzw. der Anfechtung nach dem Tod des anderen
>
> (2) Persönliche Voraussetzungen
> – Für den Erblasser: persönliche Erklärung notwendig
> – Für den Verzichtenden: Vertretung zulässig
> – Auf beiden Seiten gilt: bei beschränkt Geschäftsfähigen ist die Zustimmung des gesetzlichen Vertreters erforderlich, außer bei Verzicht gegenüber dem (künftigen) Ehegatten; bei Geschäftsunfähigen wird der Verzichtsvertrag durch den gesetzlichen Vertreter geschlossen (Genehmigung des Betreuungs- bzw. Familiengerichts)
>
> (3) Inhalt des Verzichts
> – Gegenstand: Erbeinsetzungen und/oder Vermächtnisse; nicht: Begünstigung durch Auflage, gesetzliche Vermächtnisse (Voraus, Dreißigster) und künftige Zuwendungen von Todes wegen
> – Teilverzicht: hinsichtlich Erbeinsetzung Beschränkung auf bestimmte Quote zulässig; Beschränkung auf einzelne Gegenstände nur beim Vermächtnis
> – Ausdrücklich klären: Erstreckung auf gesetzliches Erb- und/oder Pflichtteilsrecht?
> – Bedingungen sind zulässig
> – Verzicht zugunsten eines anderen möglich (Auslegungsregel des § 2350 BGB gilt aber nicht)
>
> (4) Wirkung des Verzichts
> – Für Erbfälle vor dem 1.1.2010: Grundsätzlich keine Erstreckung auf Abkömmlinge des Verzichtenden; Ausnahmen bei vollständiger Abfindung (str.); für Erbfälle ab dem 1.1.2010: Vermutete Erstreckung auf Abkömmlinge, jedoch nur wenn der Verzichtende Abkömmling oder Seitenverwandter des Erblassers ist.
> – Aufhebung entspr. § 2351 BGB möglich (str.).

5. Verträge zwischen künftigen Erben (Erbschaftsverträge)

376 Grundsätzlich sind alle Verträge über den Nachlass eines noch lebenden Dritten, über ein Vermächtnis daraus und über den Pflichtteil gem. § 311b IV, V BGB nichtig. Gleiches muss für Verträge über einen Anteil oder Bruchteil am Nachlass eines noch lebenden Dritten gelten (MünchKomm/*Kanzleiter* § 311b Rn. 113). Für „künftige gesetzliche Erben" lässt § 311b V BGB eine Ausnahme zu: Danach können diese künftigen Erben einen Erbschaftsvertrag über den Nachlass eines noch lebenden Dritten schließen, der notariell zu beurkunden ist (vgl. ausführlich *Limmer* DNotZ 1998, 927 und *v. Proff* ZEV 2013, 183). Der Notar hat dabei folgende Punkte zu beachten:

a) Mögliche Vertragsparteien sind die nach §§ 1924 ff. BGB – nicht notwendig nächstberufenen – Erben (Bamberger/Roth/*Gehrlein* § 311b Rn. 51; MünchKomm/*Kanzleiter* § 311b Rn. 119). Dabei ist ohne Bedeutung, ob die Vertragschließenden später tatsächlich gesetzliche Erben werden, vielmehr genügt es, dass sie abstrakt als möglicher gesetzlicher Erbe in Betracht kommen. Im Erbschaftsvertrag sollte aber bereits eine Vereinbarung für den Fall getroffen werden, dass der aus dem Vertrag Verpflichtete nicht Erbe wird, da die Rechtsfolgen hier äußerst umstritten sind (vgl. MünchKomm/*Kanzleiter* § 311b Rn. 123). Eine Zustimmung des künftigen Erblassers zum Erbschaftsvertrag ist nicht erforderlich und kann einem formnichtigen Vertrag auch nicht zur Wirksamkeit verhelfen (*BGH* ZEV 1995, 143). 377

b) Gegenstand des Erbschaftsvertrages ist gem. § 311b IV BGB der künftige gesetzliche Erbteil oder der Pflichtteil. Darunter fallen auch testamentarische Erbteile, sofern sie nicht über den gesetzlichen Erbteil hinausgehen (*BGH* JZ 1990, 599). Bei der Formulierung des Erbschaftsvertrages ist auf diese Begrenzung zu achten. Ebenso können gesetzliche Vermächtnisse nach §§ 1932, 1963, 1969 I BGB, nicht jedoch testamentarische Vermächtnisse (str., vgl. MünchKomm/*Kanzleiter* § 311b Rn. 120) Vertragsgegenstand sein. 378

c) Im Hinblick auf die lediglich **schuldrechtliche Wirkung** eines Erbschaftsvertrages (str., vgl. Staudinger/*Wufka* § 311b Rn. 3, 31 ff.) und die sich daraus ergebende Folge, dass das Vollzugsgeschäft erst nach Eintritt des Erbfalles vorgenommen werden kann (BeckFormB ErbR/*Lehmann* Form. I. VII. 2. Anm. 3), sollte eine Abfindung oder Gegenleistung erst nach dem Erbfall fällig gestellt werden. Ein dinglich wirkender Erbverzicht oder ein Erbvertrag, der zusätzlich mit dem Erblasser vereinbart wird, kann insoweit Rechtssicherheit schaffen. 379

d) Problematisch ist die Einordnung einer **Verpflichtung zur Ausschlagung** der Erbschaft. Die Ausschlagungsverpflichtung nach dem Tod des Erblassers ist formlos möglich. Sie unterfällt nicht dem § 311b II–IV BGB (*RG* HRR 1929 Nr. 292; *OLG München* OLGE 26, 288). Die Ausschlagungsverpflichtung vor dem Tod des Erblassers durch Vertrag unter künftigen Erben unterliegt hingegen § 311b IV BGB. Bei der Protokollierung derartiger Verträge durch den Notar ist besondere Vorsicht geboten, da sich aus einer möglichen Veränderung der Erbquote oder einem Vorversterben des Erblassers oder des zur Ausschlagung Verpflichteten unübersehbare Probleme ergeben können (vgl. *Damrau* ZEV 1995, 425). Dogmatisch besonders schwer einzuordnen ist ein Vertrag, durch den sich ein künftiger Erbe dem Erblasser gegenüber zur Ausschlagung verpflichtet. Überwiegend wird die eigenständige Gültigkeit eines solchen Vertrages bejaht, aber verlangt, dass wenigstens die Form des Erbverzichtsvertrages (notarielle Beurkundung nach § 2348 BGB) eingehalten wird (Soergel/*Wolf* § 2302 Rn. 3). Regelmäßig sind die Probleme größer als die durch einen solchen Vertrag erzielbaren Effekte (*Damrau* ZEV 1995, 425), so dass sie in der Praxis keine Rolle spielen. Wegen der kurzen Ausschlagungsfrist des § 1944 I BGB scheitern derartige Verträge in der Regel an der Durchsetzbarkeit. 380

6. Nichtehelichenrecht

Seit 1.4.1998 ist die erbrechtliche Unterscheidung zwischen nichtehelichen und ehelichen Kindern aufgegeben und die Gleichstellung des nichtehelichen Kindes mit ehelichen 381

Kindern vollzogen. Bis 1.7.1970 waren nichteheliche Kinder mit ihrem leiblichen Vater nicht verwandt und hatten folglich auch keinen Erb- und Pflichtteilsanspruch. Die Gleichstellung ehelicher und nichtehelicher Kinder erfolgte beginnend zum 1.7.1970, als nichteheliche Kinder bei festgestellter Vaterschaft erstmals Abkömmlinge ihres leiblichen Vaters im Rechtssinne und somit gesetzliche Erben erster Ordnung – allerdings noch eingeschränkt durch Sondervorschriften – wurden, in mehreren Reformschritten, die aus Gründen der Rechtssicherheit jeweils ohne Rückwirkung eingeführt wurden, so dass auf frühere Erbfälle immer das zu diesem Zeitpunkt geltende Recht anzuwenden ist (vgl. Überblick bei Palandt/*Weidlich* Art. 227 EGBGB Rn. 1).

382 Bedeutung haben die im ersten Reformschritt eingefügten Bestimmungen der §§ 1934d, e BGB a. F. über den **vorzeitigen Erbausgleich** damit nur mehr für Erbfälle, die **bis einschließlich 31.3.1998** eingetreten sind, oder wenn bis zu diesem Zeitpunkt über den Erbausgleich eine wirksame Vereinbarung getroffen bzw. der Erbausgleich durch rechtskräftiges Urteil zuerkannt worden ist (Art. 227 I Nr. 1, 2 EGBGB). Für die Abwicklung dieser Altfälle gelten auch die verfahrensrechtlichen Bestimmungen zum „alten Recht" fort (vgl. *Rauscher* ZEV 1998, 41, 45).

383 Da ein wirksamer vorzeitiger Erbausgleich seit dem 1.4.1998 nicht mehr möglich ist, kann der Vater die vorher erbrachten und insoweit rechtsgrundlos erbrachten Leistungen kondizieren. Verzichtet er jedoch auf eine Rückforderung, so sind diese Zahlungen nach seinem Tod wie eine Ausstattung zu werten, mithin nur noch anrechenbar, jedoch nicht mehr kondizierbar (Art. 227 II EGBGB).

384 Da **in der DDR nichtehelich geborene Kinder** ehelichen Kindern bereits gleichgestellt waren und um diese durch die Wiedervereinigung keinen Nachteil erleiden zu lassen, wurde für diese zum 1.1.1990 in Art. 235 § 1 II EGBGB a. F. bereits die Anwendbarkeit des Erb- und Pflichtteilsrechts für eheliche Kinder angeordnet, auch soweit sie vor dem 1.7.1949 geboren sind (Palandt/*Weidlich* Art. 227 EGBGB Rn. 3).

385 Für die erbrechtlichen Verhältnisse eines **vor dem 1.7.1949** geborenen nichtehelichen Kindes blieb es zunächst nach wie vor bei der bisherigen Rechtslage, es sei denn, seine Eltern schlossen später die Ehe oder Vater und Kind schlossen die Anwendung des Art. 12 § 10 II NEhelG a. F. durch einen von ihnen persönlich zu schließenden notariell beurkundeten Gleichstellungsvertrag formgültig aus, indem sie dem Kind ein gesetzliches Erb- und Pflichtteilsrecht verschafften; allerdings war dafür die notariell beurkundete Einwilligung – also vorherige Zustimmung – der Ehegatten des Vaters und des Kindes erforderlich (§ 10a NEhelG; vgl. zum Ganzen *Rauscher* ZEV 1998, 41). Der EGMR (ZEV 2009, 510; a. A. noch BVerfGE 44, 1) sah in dieser Regelung aber einen Verstoß gegen Art. 8 EMRK, so dass sich der Gesetzgeber veranlasst sah, **rückwirkend für alle Erbfälle ab dem 29.5.2009** die bisher nicht erbberechtigten nichtehelichen Kinder den ehelichen hinsichtlich des Erb- und Pflichtteilsrechts vollkommen gleichzustellen (siehe hierzu *Rebhan* MittBayNot 2011, 285). Für **Erbfälle vor dem 29.5.2009** bleibt es dabei, dass dem nichtehelichen Kind kein Erb- und Pflichtteilsanspruch zusteht. Nur, wenn der Fiskus tatsächlich Erbe wurde, steht dem Kind gem. Art. 12 § 10 II NEhelG n. F. ein Ersatzanspruch gegen den Bund bzw. das Land zu. Diese neue Stichtagsregelung verstößt – wie die bisherige – nicht gegen das Grundgesetz (*BVerfG* ZEV 2013, 326).

7. Rechtsgeschäfte zugunsten Dritter auf den Todesfall

386 Bei der Weitergabe von Vermögensgegenständen ist man nicht auf das erbrechtliche Instrumentarium beschränkt. Die Gesamtrechtsnachfolge (§ 1922 BGB) muss nicht immer sachgerecht sein. Vielfach ist es zweckmäßig, Einzelrechtszuweisungen unter Lebenden, wenn auch bezogen auf den Todesfall, neben die erbrechtliche Verfügung treten zu lassen. Für derartige **lebzeitige Anordnungen** steht das erbrechtliche Instrumentarium, vor allem Nacherbfolge und Testamentsvollstreckung, nicht zur Verfügung. Auf diese Weise können Teile des Nachlasses von einer Testamentsvollstreckung oder Nacherb-

folge ausgenommen werden. Bei besonderen Regelungsbedürfnissen, bei denen dem erbrechtlichen Instrumentarium besondere Bedeutung zukommt, wie dies etwa beim Bedürftigen- bzw. Behindertentestament der Fall ist, sollte der Notar im Rahmen seiner Aufklärungspflicht nach § 17 I BeurkG aufklären, ob Rechtsgeschäfte zugunsten Dritter auf den Todesfall bereits vorgenommen sind. Gegebenenfalls ist die Aufhebung solcher Verfügungen und damit die Rückführung der so gebundenen Mittel in den Nachlass anzuregen.

a) Bankverfügungen

Insbesondere bei Geld und Wertpapieren gibt es eine Reihe bankspezifischer, aus dem BGB entwickelter Gestaltungen, die es ermöglichen, Vermögenswerte aus dem Nachlass auszugliedern und für sie eine „Sondernachfolge" anzuordnen. Vor allem **Verträgen zugunsten Dritter auf den Todesfall** gem. §§ 328, 331 BGB kommt eine große praktische Bedeutung zu. Der Formzwang des § 2301 BGB gilt für sie regelmäßig nicht. 387

aa) Deckungsverhältnis. Das Verhältnis des Versprechensempfängers (Erblasser und Bankkunde) zum Versprechenden (der Bank), also das Deckungsverhältnis, ist regelmäßig in dem bestehenden Vertrag mit der Bank zu sehen. Einen eigenen Anspruch auf eine Vermögensverschiebung erlangt der Begünstigte aber nur, wenn der Bankkunde ihm den Vermögensvorteil zuwenden wollte, diese Rechtsfolge auch der Bank erkennbar und von ihrem vertraglichen Leistungswillen umfasst wurde (*BGH DNotZ 1984, 692*). Falls entsprechende Erklärungen von der Bank nicht abgegeben werden, bleibt nur – falls Testierfreiheit besteht – die erbrechtliche Absicherung der gewünschten Vermögensverschiebung. 388

bb) Valutaverhältnis. Im Verhältnis zwischen dem Kontoinhaber (Erblasser) und dem Begünstigten wird regelmäßig eine Schenkung (Valutaverhältnis) vorliegen. Diese kann – falls keine erbrechtliche Absicherung vorliegt bzw. der Erbe nicht der Verfügung in erbrechtlich bindender Weise zugestimmt hat – vom Erben bis zum Vollzug der Schenkung (§ 518 II BGB) widerrufen werden; ein bereits gewährter Vermögensvorteil kann dann gem. §§ 812 ff. BGB kondiziert werden (vgl. BGHZ 41, 95). 389

cc) Testierfreiheit und lebzeitiges Eigeninteresse. Bankverfügungen werden nicht selten getroffen, weil der Kontoinhaber in seiner Testierfreiheit beschränkt ist. Sie sind gleichwohl wirksam. Es kann jedoch dem benachteiligten Vertrags- und Schlusserben ein Anspruch gem. § 2287 BGB zustehen. Entsprechendes gilt für den Vermächtnisnehmer nach § 2288 BGB (*BGH FamRZ 1976, 205*). Entscheidend ist, ob die Schenkung in Beeinträchtigungsabsicht erfolgt ist, was regelmäßig dann verneint wird, wenn der Erblasser an der Bankverfügung ein lebzeitiges Eigeninteresse hat (Staudinger/*Kanzleiter* § 2287 Rn. 9 ff.). 390

dd) Bankvollmacht für den Todesfall. Berechtigt die Bankvollmacht den Bevollmächtigten, nach dem Ableben des Kontoinhabers Verfügungen über Konten zu treffen, so darf der Begünstigte den Vermögensvorteil nur behalten, wenn ein wirksames Kausalverhältnis vorliegt. Die Vollmachterteilung mit der Befugnis, zu eigenen Gunsten zu verfügen, kann u. U. darauf hindeuten, dass sie das Angebot auf Abschluss eines Schenkungsvertrages enthält. Das Angebot wird dann durch die Verfügung des Bevollmächtigten angenommen. Zugleich wird das Schenkungsversprechen vollzogen und damit der Formmangel im Sinne des § 518 II BGB geheilt (*BGH DNotZ 1987, 25; OLG München WM 1973, 1252*). Eine Nachfrage der Bank bei den Erben ist nicht notwendig (*BGH WM 1969, 702*), jedoch nur, solange die Vollmacht nicht vom Erben widerrufen ist. Die Zehn-Jahres-Frist des § 2325 III BGB für den Pflichtteilsergänzungsanspruch wird durch die bloße Erteilung einer solchen Vollmacht nicht in Gang gesetzt, da es an der Ausgliederung aus dem Vermögen des Erblassers gänzlich fehlt (vgl. *BGH DNotZ 1987, 315* m. Anm. *Nieder*). 391

392 **ee) Einzelkonto zugunsten Dritter (§ 328 BGB).** Der Erblasser kann zu Lebzeiten ein Konto auf den Namen des Begünstigten einrichten. Will der Erblasser verhindern, dass der Begünstigte vor Ableben des Erblassers verfügen kann, ist ein entsprechender Sperrvermerk anzuordnen. Behält sich der Erblasser zusätzlich die Verfügungsbefugnis vor, wird die Zehn-Jahres-Frist des § 2325 III BGB nicht in Gang gesetzt (vgl. *BGH* DNotZ 1987, 315 m. Anm. *Nieder*). Gleiches gilt, wenn ein Sparbuch zugunsten eines (auch minderjährigen) Kindes eingerichtet wird, sofern zwischen Bank und Begünstigendem Einigkeit darüber besteht, dass das Kind die Forderung erst zu einem bestimmten Zeitpunkt erwerben soll. Behält der Versprechensempfänger das Sparbuch, so behält er auch wegen § 808 BGB die Verfügungsbefugnis über das Konto (BGHZ 46, 198; *BGH* NJW 1970, 1181). Im Zurückbehalten liegt ein Beweisanzeichen dafür, dass sich der Begünstigende die Verfügungsbefugnis weiterhin vorbehält, das heißt einen unmittelbaren Anspruch im Sinne von § 328 I BGB noch nicht zuwenden wollte.

393 Der Begünstigte darf die Zuwendung nur behalten, wenn ein wirksames Kausalverhältnis vorliegt (*BGH* WM 1975, 115; 1976, 1130). Da die Rechtsänderung – wenn auch mit einer auflösenden Bedingung behaftet und auf der Seite der Verfügungsbefugnis mit Einschränkungen versehen – sofort eintritt (der Begünstigte wird Kontoinhaber), empfiehlt es sich, eine Regelung für den Fall des Vorablebens des Begünstigten zu treffen.

394 Bei **Wertpapierdepots** geht es nicht um Forderungen, sondern um Eigentum. Da ein dingliches Recht nicht durch Vertrag zugunsten Dritter begründet werden kann, ist das dingliche Recht am Wertpapier zunächst treuhänderisch auf die verwahrende Bank zu übertragen. Die so entstandenen schuldrechtlichen Ansprüche können dann wie ein Konto auf den Dritten übertragen werden.

395 **ff) Gemeinschaftskonto mit Begünstigtem.** Ein Gemeinschaftskonto zwischen dem Begünstigenden und dem Begünstigten ist in der Form des Und-Kontos und in der Form des Oder-Kontos möglich (vgl. *Eichel* MittRhNotK 1975, 615; *Borg* NJW 1981, 905; *Werkmüller* ZEV 2000, 440). Das Und-Konto bietet keine sinnvolle Möglichkeit zur Vermögenszuweisung außerhalb des Nachlasses. Stirbt nämlich der begünstigende Kontoinhaber, so fällt seine Kontoinhaberschaft in den Nachlass, so dass der begünstigte Kontoinhaber nur mit Zustimmung der Erben verfügungsbefugt wird.

396 Das Oder-Konto eignet sich grundsätzlich für eine Begünstigung außerhalb des Nachlasses. Stirbt der begünstigende Kontomitinhaber, so kann der verbleibende (begünstigte) Kontoinhaber von der Bank die volle Leistung verlangen, also die Auszahlung des Kontoguthabens auf seinen Namen. Da jedoch die Ausgleichungspflicht des verbleibenden Kontoinhabers gegenüber den Erben des verstorbenen Teils gem. § 430 BGB bestehen bleibt, liegt an sich keine Schenkung vor, so dass der begünstigte Kontoinhaber den ihm zugeflossenen Vorteil an die Erben des verstorbenen Kontoinhabers herauszugeben hat. Ist gewünscht, dass der verbleibende Kontoinhaber den ihm zugeflossenen Vermögensvorteil behalten darf, ist eine Verfügung zugunsten Dritter auf den Todesfall zu treffen oder, sofern möglich, eine erbrechtliche Absicherung vorzunehmen (Vermächtnis). Nach *BGH* (MittBayNot 1986, 197) gilt dann etwas anderes, wenn nach dem Willen des verstorbenen Kontomitinhabers nachgewiesenermaßen der verbleibende Kontomitinhaber mit dem am Todestag vorhandenen gesamten Bestand des Kontos bedacht werden, dieser Bestand also „problemlos auf den Überlebenden übergehen" sollte, insbesondere wenn der Erblasser dem Kontomitinhaber schon zu Lebzeiten die Mitverfügungsbefugnis über den gesamten jeweiligen Bestand einräumt.

397 **gg) Vertrag zugunsten Dritter auf den Todesfall (§ 331 BGB).** Die Bankverfügung zugunsten Dritter auf den Todesfall eignet sich in der Praxis besonders, um Sonderzuwendungen von Bankguthaben als einfach abgrenzbare Vermögensteile durchzuführen. Anders als bei § 328 BGB wird der Begünstigte nicht zu Lebzeiten des Begünstigenden Kontoinhaber, sondern erst mit dem Ableben des Begünstigenden.

Entsprechendes gilt für Depots. Da ein dingliches Recht nicht durch Vertrag zugunsten 398
Dritter übertragen werden kann, wird bei Wertpapierdepots meist die treuhänderische
Übertragung auf die verwahrende Bank vorgenommen. Die so entstandenen schuldrechtlichen Ansprüche werden auf den Dritten übertragen. Der Begünstigte darf die Zuwendung nur behalten, wenn ein rechtswirksames Kausalverhältnis (Schenkung) vorliegt.

Ein Widerruf durch den Erben ist an sich zulässig (*Muscheler* WM 1994, 921). Verzichtet der Erblasser aber auf sein Widerrufsrecht, so sind auch die Erben hieran gebunden (§ 1922 BGB). Dies hat jedoch zur Folge, dass dem Erblasser die Verfügungsmöglichkeit zu Lebzeiten genommen wird. Will der Kontoinhaber sein Widerrufsrecht erhalten, aber die Erben an einem Widerruf hindern, ist dies nur durch Zuziehung der Erben zur Verfügung oder durch letztwillige Anordnung möglich. Eine **widerrufliche Verfügung** zugunsten Dritter auf den Todesfall setzt die **Zehn-Jahres-Frist** des § 2325 III BGB **nicht in Gang** (*BGH* DNotZ 1987, 315 m. Anm. *Nieder*). 399

b) Lebensversicherungen

aa) Bezugsberechtigung und Erbrecht. Lebensversicherungsverträge sind vererblich 400
und fallen in den Nachlass, sofern kein Bezugsberechtigter benannt ist. Ist ein Bezugsberechtigter benannt, liegt ein Vertrag zugunsten Dritter vor, so dass sich der Rechtserwerb des Bezugsberechtigten außerhalb der Erbfolge *ipso jure* – kraft Schuldrechts, nicht kraft Erbrechts – vollzieht, auch wenn die Bezugsberechtigung nicht unwiderruflich festgelegt wurde (BGHZ 32, 44). Nach § 160 II VVG ist anzunehmen, dass sich der Rechtserwerb selbst dann außerhalb der Erbfolge vollzieht, wenn Zahlung an die Erben bedungen ist (*OLG Schleswig* ZEV 1995, 415). Die Bezugsberechtigung bleibt in diesem Falle von einer Ausschlagung der Erbschaft unberührt. Nach § 332 BGB ist „im Zweifel" anzunehmen, dass der Versicherte die Benennung eines Bezugsberechtigten auch durch Verfügung von Todes wegen vornehmen kann, wenn er sich die Befugnis vorbehalten hat, ohne Zustimmung des Versicherers einen anderen an die Stelle des im Vertrag bezeichneten Versicherten zu setzen. Diese Befugnis, den Bezugsberechtigten auszuwechseln, ergibt sich aus § 159 I VVG. Da jedoch das Recht, die Bezugsberechtigung auszuwechseln, ausgeschlossen sein kann (durch Übereinkunft mit dem Versicherer gem. § 13 II ALB), ist bei Verfügungen, welche die Bezugsberechtigung betreffen, zweckmäßigerweise die Versicherungspolice einzusehen (*Fuchs* JuS 1989, 179; *BGH* DNotZ 1994, 377). Die widerrufliche Bezugsberechtigung kann mit Eintritt des Versicherungsfalles von den Erben nicht mehr widerrufen werden. Allerdings fehlt im Verhältnis zum Begünstigten regelmäßig das wirksame Schenkungsversprechen. Die Rechtsprechung interpretiert die Einräumung des Bezugsrechts gleichzeitig als Auftrag an den Versicherer, dem Begünstigten als Bote mit der Auszahlung der Versicherungssumme konkludent das Angebot auf Abschluss eines Schenkungsvertrags zu unterbreiten, welches der Begünstigte durch schlichte Entgegennahme der Versicherungsleistung annimmt (*BGH* ZEV 2013, 519). Erst dadurch wird die Schenkung vollzogen i. S. v. § 518 II BGB, mit der Folge dass ein Widerruf des Botenauftrags an die Versicherung durch die Erben ausscheidet.

Ist die **Unwiderruflichkeit der Bezugsberechtigung** des Dritten bereits zu Lebzeiten des 401
Versicherten durch Übereinkunft mit dem Versicherer mit dinglicher Wirkung herbeigeführt, erwirbt der Dritte gem. § 159 III VVG das Recht auf Leistung bereits mit der Bezeichnung als Bezugsberechtigter. Es liegt dann im Zweifel eine vollzogene Schenkung gem. § 518 II BGB vor. Ein mit dem Bezugsberechtigten vereinbartes Widerrufsverbot wirkt dagegen nur schuldrechtlich (*BGH* NJW 1975, 1360), so dass das Recht durch den Dritten gem. § 159 II VVG erst mit Eintritt des Versicherungsfalles erworben wird und der Schenkungsvollzug i. S. v. § 518 II BGB erst mit Auszahlung der Summe an den Begünstigten eintritt (*BGH* ZEV 2013, 519).

Wird die Lebensversicherung vom Versicherungsnehmer **als Sicherheit an einen Drit-** 402
ten abgetreten, so überlagert die Sicherungsvereinbarung das vertragliche Bezugsrecht:
Tritt mit dem Versicherungsfall auch der Sicherungsfall ein, so hat der Sicherungsnehmer

Anspruch auf die Versicherungsleistung. Fällt aber der Sicherungszweck weg und tritt erst dann der Versicherungsfall ein, so lebt die ursprünglich vereinbarte Bezugsberechtigung wieder auf (*BGH* DNotZ 2012, 546).

403 **bb) Lebensversicherung und Pflichtteilsrecht.** Bei Lebensversicherungsverträgen zugunsten Dritter wurden nach bislang h. M. die vom Versicherungsnehmer bezahlten Prämien als Schenkung an den begünstigten Dritten angesehen, nicht die zur Auszahlung gelangende Versicherungssumme (*BGH* FamRZ 1976, 616; *OLG Stuttgart* RNotZ 2008, 168). Diese Ansicht hat der *BGH* (ZEV 2010, 305 m. abl. Anm. *Wall*; zust. Anm. *Walker* FamRZ 2010, 1249; *Röthel* LMK 2010, 304941; *Kesseler* NJW 2010, 3228 ; grundlegend zu der Entscheidung *Rudy* ZErb 2010, 351 und *Wendt* ZNotP 2010, 242) inzwischen ausdrücklich aufgegeben und für **Lebensversicherungen mit widerruflichem Bezugsrecht** entschieden, dass als vom Erblasser zugewendet der Wert anzusehen ist, über den der Erblasser in einer gedachten logischen Sekunde vor seinem Ableben noch hätte verfügen können („**Entreicherung**"). Im Regelfall wird dies der aktuelle Rückkaufwert der jeweiligen Versicherung sein. Ausnahmsweise kann ein auf dem „Zweitmarkt" erzielbarer höherer Wert anzusetzen sein. Der damit verbundene Wegfall des früheren „Rabatts" durch das Abstellen auf die gezahlten Prämien macht die Lebensversicherung als Pflichtteilsvermeidungsstrategie damit weitgehend obsolet (*Herrler* ZEV 2010, 333).

404 Die Verjährungsfrist gem. § 2325 III BGB hinsichtlich des Pflichtteilsergänzungsanspruchs beginnt erst zu laufen, wenn der Erblasser die Lebensversicherung aus seinem Vermögen ausgegliedert hat (vgl. *BGH* DNotZ 1987, 315 m. Anm. *Nieder*). Ist das Bezugsrecht nur widerruflich vereinbart, beginnt die Frist demnach überhaupt nicht zu laufen.

405 Bei **unwiderruflicher Regelung des Bezugsrechts** begibt sich der Erblasser hingegen der Verfügungsmöglichkeit, so dass die Zehn-Jahres-Frist zu laufen beginnt. In diesem Fall wird man in konsequenter Fortführung der neuen Argumentationslinie des *BGH* auf den Rückkaufwert in diesem Zeitpunkt abzustellen haben (so auch *Herrler* ZEV 2010, 333; anders noch *BGH* FamRZ 1976, 616). Werden vom Erblasser danach weitere Prämien eingezahlt, so ist auf den jeweiligen Einzahlungstermin als Stichtag für die Ausgliederung aus dem Vermögen des Erblassers abzustellen.

406 **Reine Risikolebensversicherungen** haben – wie sich im Umkehrschluss aus § 169 I VVG folgern lässt – keinen Rückkaufwert. Damit kann der Erblasser selbst regelmäßig über keinen nennenswerten Wert verfügen, so dass diese Versicherungen in Fortführung der Argumentation des *BGH* bei der Pflichtteilsberechnung wohl außer Ansatz gelassen werden können (vgl. DNotI-Report 2013, 130).

407 Hinsichtlich der Übertragbarkeit der vorstehenden Grundsätze auf den **Anspruch des Vertragserben gem. § 2287 BGB** fehlt es bisher an einschlägigen Entscheidungen. Es spricht aber wegen der vergleichbaren Interessenlage viel dafür, diese Grundsätze zu übertragen.

408 Das **Anfechtungs- und Insolvenzrecht** (§§ 3 f. AnfG; §§ 129 ff. InsO) schützt hingegen nicht den Pflichtteilsberechtigten. Vielmehr wird ein maximaler Schutz der Masse vor Verfügungen des Schuldners, die verwertbares Vermögen entziehen, bezweckt (*Wendt* ZNotP 2010, 242). Mit Verweis auf diese Motivlage stellt die insolvenzrechtliche Rechtsprechung (BGHZ 156, 350) auf die **volle Versicherungssumme** ab.

409 **cc) Kann der Bezugsberechtigte den Vermögensvorteil behalten?** Ausgleichsansprüche der Erben gegen den Bezugsberechtigten können dazu führen, dass dieser die Versicherungssumme nicht behalten darf. Problematisch sind insbesondere die Fälle, in denen ein Versicherungsnehmer seine Ehefrau namentlich zur Bezugsberechtigten benennt, sich scheiden lässt und danach eine neue Ehe eingeht, ohne die Bezugsberechtigung der früheren Ehefrau zu ändern. Nach der Rechtsprechung (*BGH* NJW 1987, 3131) kommt die analoge Anwendung von § 2077 BGB (Unwirksamkeit letztwilliger Verfügungen bei Auflösung der Ehe) nicht in Frage. Allerdings ist nach Auffassung des *BGH* in derartigen

Fällen ein Ausgleich zwischen der geschiedenen, aber bezugsberechtigten Ehefrau und den Erben des Versicherungsnehmers nach den Grundsätzen über den Wegfall der Geschäftsgrundlage möglich (*BGH* ZEV 1995, 150). Auch im Falle der Auflösung einer nichtehelichen Lebensgemeinschaft greift der *BGH* bei gegenseitiger Einräumung von Bezugsrechten auf die **Grundsätze über den Wegfall der Geschäftsgrundlage** zurück (*BGH* NJW-RR 2013, 404). Vgl. i. Ü. auch Rn. 400.

> **Praxishinweis Steuern:**
>
> Sofern die Leistungen aus der Lebensversicherung in den Nachlass fallen, weil kein Bezugsberechtigter benannt ist, gelten steuerlich keine Besonderheiten. Steht die Versicherungssumme aus einer vom Erblasser abgeschlossenen Lebensversicherung einem Bezugsberechtigten zu, so gehört sie zwar zivilrechtlich nicht zum Nachlass, wird aber ebenso der Erbschaftsteuer unterworfen (§ 3 I Nr. 4 ErbStG). Wird ein solcher Versicherungsanspruch schon zu Lebzeiten abgetreten, handelt es sich i. d. R. um eine lebzeitige Schenkung, die seit der ErbSt-Reform 2009 mit dem Rückkaufswert zu bewerten ist (§ 12 IV BewG).
> Insbesondere für nicht verheiratete Lebensgefährten kann es sich zur Absicherung des Überlebenden anbieten, dass jeder eine eigene Versicherung abschließt, deren Leistungen ihm selbst zugute kommen, wobei der jeweils andere Lebensgefährte als versicherte Person angegeben wird. Die Versicherungssumme unterliegt in diesem Fall nicht der Erbschaftsteuer; allenfalls eine Schenkung der Versicherungsprämien kommt in Betracht (*Troll/Gebel/Jülicher* § 3 ErbStG Rn. 290 sowie 293 ff.).

c) Bausparverträge

Auch beim Abschluss von Bausparverträgen werden regelmäßige Begünstigungen für den Fall des Ablebens ausgesprochen, die unter § 331 BGB fallen. Die Regelung ist mit der bei Lebensversicherungen (vgl. Rn. 400 ff.) vergleichbar. Die Frage des pflichtteilsrechtlich anzusetzenden Werts der Zuwendung wird man wohl auch mit dem Zeitwert im Zeitpunkt der letzten Verfügungsmöglichkeit des Erblassers ansetzen müssen. Das Bausparguthaben fällt, sofern eine derartige Begünstigung vorliegt, nicht in den Nachlass (*BGH* NJW 1965, 913), wohl aber wird das bereits in Anspruch genommene Bauspardarlehen (als Passivposten) in den Nachlass fallen. Insoweit kann es zu unerwünschten Divergenzen kommen. **410**

Im Bausparvertrag kann die Benennung eines Bezugsberechtigten durch letztwillige Verfügung ausgeschlossen sein. Der Widerruf einer solchen Verfügung kann u. U. nur zu Lebzeiten des Erblassers, also nicht durch Verfügung von Todes wegen, erfolgen. **411**

VII. Kosten

1. Gebühr

Für die Beurkundung eines Testaments wird die 1,0-Gebühr Nr. 21200 KV-GNotKG, für die Beurkundung eines Erbvertrags oder eines gemeinschaftlichen Testaments die 2,0-Gebühr Nr. 21100 KV-GNotKG erhoben. Bei Erbverträgen wird kein Unterschied gemacht, ob beide Vertragsteile verfügen oder nur einer von ihnen. Im Erbvertrag oder gemeinschaftlichen Testament enthaltene einseitige Verfügungen sind nicht besonders zu bewerten; die 2,0-Gebühr ist aber vom Gesamtwert aller Verfügungen zu erheben. Keine Ermäßigung bei Verbindung mit einem Ehevertrag. **412**

Für die Aufhebung eines Erbvertrags fällt die 1,0-Gebühr Nr. 21102 KV-GNotKG an, für den Rücktritt vom Erbvertrag oder den Widerruf eines Testaments dagegen die **413**

0,5-Gebühr Nr. 21201 KV-GNotKG. Die Gebühr für den Widerruf bleibt unerhoben, soweit eine neue Verfügung getroffen wird (§ 109 II Nr. 2 GNotKG).

2. Wert

414 Der Wert letztwilliger Verfügungen über das Vermögen im Ganzen oder einen Bruchteil des Vermögens ist der Verkehrswert des Vermögens unter Abzug der Verbindlichkeiten, die allerdings nur bis zur Hälfte des Vermögens abgezogen werden können (§ 102 I GNotKG). Bei gemeinschaftlichen Testamenten und Erbverträgen erfolgt die Ermittlung für jeden Beteiligten gesondert. Bei Verfügung über Vermögenswerte, die noch nicht zum Vermögen des Erblassers gehören, wird deren Wert in voller Höhe hinzugerechnet, soweit sie in der Verfügung konkret bezeichnet sind. Für die Beurkundung einer Rechtswahl sind 30 % des Werts nach § 102 GNotKG anzusetzen (§ 104 GNotKG).

415 Wird nur über einzelne Vermögenswerte verfügt (insbesondere durch Anordnung von Vermächtnissen), ist deren Wert maßgebend (§ 102 III GNotKG); auch hier findet ein Abzug von Verbindlichkeiten bis zur Höhe des halben Werts statt. Trifft eine Verfügung über einen Bruchteil mit einem Vermächtnis zusammen, dann ist das Vermächtnis dem Bruchteil hinzuzurechnen, allerdings nur mit dem Bruchteil, über den der Erblasser nicht verfügt hat (§ 102 I 3 GNotKG).

416 Der Wert für den Widerruf einer letztwilligen Verfügung sowie den Rücktritt vom Erbvertrag richtet sich ebenfalls nach § 102 I–III GNotKG; bei einem gemeinschaftlichen Testament oder einem Erbvertrag ist allerdings der Wert derjenigen Verfügungen des anderen Teils hinzuzurechnen, die dadurch ebenfalls unwirksam werden (§ 102 V 2 GNotKG).

417 Der Wert für die Gebühr für die Rückgabe eines Erbvertrags aus der amtlichen Verwahrung ist ebenfalls nach § 102 I–III GNotKG zu bestimmen; maßgeblich sind die Wertverhältnisse zum Zeitpunkt der Rückgabe (§ 96 GNotKG).

3. Nebengebühren

418 Berät der Notar den Erblasser bei der Gestaltung eines Testaments, kann er die Beratungsgebühr Nr. 24201 KV-GNotKG (0,3- bis 0,5-Gebühr), für die Beratung bei der Gestaltung eines gemeinschaftlichen Testaments oder Erbvertrags eine Beratungsgebühr Nr. 24200 KV-GNotKG (0,3- bis 1,0-Gebühr) erheben.

419 Die Ablieferung des Testaments oder Erbvertrags an das Amtsgericht zur besonderen amtlichen Verwahrung (§ 34 BeurkG) und die Benachrichtigung des Zentralen Testamentsregisters sind als Teil des Beurkundungsverfahrens mit der Gebühr für die Beurkundung abgegolten. Dagegen erhält der Notar für die Rückgabe eines Erbvertrags aus der amtlichen Verwahrung eine 0,3-Gebühr Nr. 23100 KV-GNotKG.

2. Teil. Nachlassregelungen

I. Erbscheinsantrag und -verfahren

1. Funktion und Bedeutung des Erbscheins

Der Erbschein ist das vom Nachlassgericht erteilte **Zeugnis über das Erbrecht**, bei mehreren Erben auch über die Größe des Erbteils. Er ist eine öffentliche Urkunde im Sinne des § 417 ZPO (MünchKomm/*J. Mayer* § 2353 Rn. 6; Musielak/*Huber* § 417 ZPO Rn. 1). Der Erbschein begründet gem. § 2365 BGB die **widerlegbare Vermutung seiner Richtigkeit und Vollständigkeit** für und gegen den Erben. Er schützt im Rahmen von §§ 2366, 2367 BGB den guten Glauben Dritter an den Inhalt des Erbscheins. Die Zugehörigkeit einzelner Nachlassgegenstände zum Nachlass kann durch den Erbschein aber nicht belegt werden. Nach Auffassung des BGH ist der Erbe grundsätzlich nicht verpflichtet sein Erbrecht durch einen Erbschein nachzuweisen (*BGH* DNotZ 2006, 300; entsprechend hat der *BGH* die Erbscheinvorlageklausel in den Sparkassen-AGB für unwirksam erklärt, DNotZ 2014, 53); er hat auch die Möglichkeit, den Nachweis seines Erbrechts in anderer Form zu erbringen. Ein öffentliches Testament oder ein Erbvertrag samt Eröffnungsniederschrift stellen in der Regel einen ausreichenden Nachweis für sein Erbrecht dar. 420

2. Erbscheinsantrag

Der **Antrag** auf Erteilung des Erbscheins ist Erteilungsvoraussetzung. Er kann gem. §§ 23, 25 I FamFG schriftlich oder zur Niederschrift des Nachlassgerichts gestellt werden. Er hat bei gesetzlicher Erbfolge die Angaben gem. § 2354 BGB, bei gewillkürter Erbfolge die Angaben gem. § 2355 BGB zu enthalten. Die Richtigkeit der Angaben ist gem. § 2356 BGB nachzuweisen. Wegen der **eidesstattlichen Versicherung** gem. § 2356 II BGB erfolgt regelmäßig die Antragstellung zu notarieller Urkunde oder Protokoll des Nachlassgerichts. Der Antrag muss so gestellt werden, dass er auf Erteilung eines bestimmten Erbscheins gerichtet ist (BayObLGZ 1967, 1). Demzufolge muss er das beanspruchte Erbrecht einschließlich der Erbquoten genau bezeichnen, eine etwa angeordnete Testamentsvollstreckung, die Nacherben und Ersatznacherben angeben sowie, ob das Erbrecht aufgrund Gesetzes oder zufolge Verfügung von Todes wegen beansprucht wird (BayObLGZ 1973, 28; *BayObLG* ZEV 1996, 391). Die Stellung von Haupt- und Hilfsanträgen zum selben Erbfall ist zulässig. Wurde die Testamentsvollstreckung auf einen einzelnen Nachlassgegenstand beschränkt, ist dies im Erbschein und demnach auch im Antrag anzugeben (*BayObLG* DNotZ 2005, 930). 421

Antragsberechtigt ist jeder Erbe (auch der Erbteilserwerber, obwohl er im Erbschein nicht aufgeführt wird; Palandt/*Weidlich* § 2353 Rn. 12 f.; *Bumiller/Harders* § 352 FamFG Rn. 8; str.), der Vorerbe (nicht aber der Nacherbe während der Vorerbschaft), der Testamentsvollstrecker, Nachlass- oder Insolvenzverwalter, ein Abwesenheitspfleger für den Erben (Miterben) sowie ein Nachlass- oder Erbengläubiger mit Titel. Bei der reinen Antragstellung ist rechtsgeschäftliche oder gesetzliche Vertretung zulässig. Bei der eidesstattlichen Versicherung gem. § 2356 BGB ist jedoch gewillkürte Stellvertretung nicht statthaft (*KG* OLGZ 1967, 249). 422

In Fällen mit Auslandsberührung ist seit 1.9.2009 das örtlich zuständige Nachlassgericht gem. § 105 FamFG auch **international zuständig**. Zuvor galt der ungeschriebene sog. Gleichlaufgrundsatz, wonach das materiell anzuwendende Erbrecht auch das Verfahrensrecht bestimmt. Dadurch genügt ein einziger im Inland befindlicher Nachlassgegenstand, um die Zuständigkeit deutscher Gerichte für den gesamten, auch im Ausland belegenen Nachlass zu begründen (§ 2369 I BGB *e contrario*). **Sachlich zuständig** für die 423

Erteilung ist das Amtsgericht als Nachlassgericht (§ 23 I 1 Nr. 2, II Nr. 2 GVG, §§ 342 I Nr. 6, 352 FamFG). In Baden-Württemberg ist abweichend gem. Art. 147 EGBGB i. V. m. §§ 1 II, 38 LFGG das Notariat zuständig. Die **örtliche Zuständigkeit** bestimmt sich nach dem letzten Wohnsitz, den der Erblasser im Zeitpunkt des Erbfalles hatte, hilfsweise nach seinem Aufenthalt (§ 343 I FamFG). Für Deutsche, die weder Wohnsitz noch Aufenthalt im Inland hatten, ist das Amtsgericht Schöneberg in Berlin zuständig (§ 342 II FamFG), das die Sache seinerseits an ein anderes Gericht mit bindender Wirkung verweisen kann (§ 3 III FamFG). Für Ausländer, die weder Wohnsitz noch Aufenthalt im Inland hatten, ist jedes Gericht, in dessen Bezirk sich Nachlassgegenstände befinden, für alle Nachlassgegenstände zuständig (§ 343 III FamFG), bei mehreren das zuerst befasste (§ 2 I FamFG). **Funktionell zuständig** für die Erteilung des allgemeinen Erbscheins bei gesetzlicher Erbfolge ist der Rechtspfleger, wenn die Erbfolge nach deutschem Recht zu beurteilen ist (§§ 3 Nr. 2c, 16 I Nr. 6 RPflG). Liegt eine Verfügung von Todes wegen vor oder kommt die Anwendung ausländischen Rechts in Betracht, so entscheidet der Richter (§ 16 I Nr. 6 RPflG). Im Antrag liegt gleichzeitig die Annahme der Erbschaft (*BGH* RdL 1968, 99). Die Richtigkeit der nach § 2354 BGB zu machenden Angaben ist durch öffentliche Urkunden nachzuweisen bzw. bei Unmöglichkeit oder unverhältnismäßig schwieriger Beschaffung durch andere Beweismittel (z. B. eidesstattliche Versicherungen Dritter) zu erbringen. Zum Nachweis der Zugewinngemeinschaft (wegen des erhöhten gesetzlichen Erbteils) sowie bezüglich der sonstigen Angaben hat der Erblasser eine **eidesstattliche Versicherung** des Inhalts abzugeben, dass nichts bekannt ist, was der Richtigkeit seiner Angaben entgegensteht (§ 2356 II BGB).

3. Erbscheinsarten

424   Es sind mehrere Arten des Erbscheins zu unterscheiden:

(1) **Alleinerbschein (§ 2353 Alt. 1 BGB):** Zeugnis über das alleinige Erbrecht des Antragstellers.

(2) **Teilerbschein (§ 2353 Alt. 2 BGB):** Antrag auf Erteilung für jeden gesonderten Bruchteil der Erbschaft; auch zulässig über einen Mindesterbteil, wenn über den restlichen Erbteil noch Ungewissheit besteht (Palandt/*Weidlich* § 2353 Rn. 5).

(3) **Gemeinschaftlicher Erbschein (§ 2357 BGB):** Auf Antrag nur eines (oder mehrerer) Miterben kann hier allen Erben gemeinsam ein Erbschein erteilt werden. Es sind beim gemeinschaftlichen Erbscheinsantrag alle Erben und ihre Erbteile in Bruchteilen anzugeben. Der Antrag muss die Angabe enthalten, dass die übrigen, den Antrag nicht stellenden Erben die Erbschaft angenommen haben. Ferner müssen die gem. § 2356 BGB zu erbringenden Beweise sich auch auf die Angaben des Antragstellers erstrecken, soweit sie sich auf die übrigen (nichtantragstellenden) Erben beziehen (vor allem Erbschaftsannahme der Nichtantragsteller).

(4) **Gruppenerbschein:** Nach h. Rspr. (*KG* HRR 1940 Nr. 413; *OLG München* JFG 15, 353) ist es zulässig, mehrere Teilerbscheine in einer Urkunde zusammenzufassen, wenn jeder der aufzuführenden Miterben die Ausstellung eines auf seinen Erbteil bezüglichen Teilerbscheins unter Abgabe der erforderlichen Erklärungen beantragt hat (Staudinger/*Schilken* § 2353 Rn. 39).

(5) **Gemeinschaftlicher Teilerbschein:** Auf Antrag eines einzigen Miterben kann auch ein Teilerbschein für mehrere Miterben eines Teiles ausgestellt werden (*OLG München* JFG 23, 334 in Weiterentwicklung der Grundsätze des Gruppenerbscheins; MünchKomm/*J. Mayer* § 2353 Rn. 12).

(6) **Gegenständlich beschränkter Erbschein (§ 2369 BGB):** Dieser Erbschein war aufgrund des bis 31.8.2009 geltenden Gleichlaufgrundsatzes für die internationale Zuständigkeit deutscher Nachlassgerichte für im Inland befindliche Nachlassgegenstände vorgesehen, bei denen es an einer Zuständigkeit deutscher Nachlassgerichte fehlte. Durch

die erweiterte internationale Zuständigkeit deutscher Nachlassgerichte, die auch im Ausland befindliches Vermögen umfasst, kann der Antragsteller nun seinen Antrag dahin gehend beschränken, dass der Erbschein nur **den inländischen Nachlass** umfasst. Dies kann vor allem bei großem ausländischem Nachlass aus Kostengründen (vgl. § 40 III GNotKG) ratsam sein.

4. Checkliste

> **Checkliste zum Erbscheinsantrag** 425
>
> (1) Welche Art von Erbschein wird beantragt (vgl. Rn. 424)?
> (2) Welches Nachlassgericht ist zuständig (Besonderheit in Baden-Württemberg: Notariat; soweit zum Nachlass ein Hof gehört im Geltungsbereich der HöfeO: Landwirtschaftsgericht)?
> (3) Antragsberechtigung (Rn. 422)
> (4) Personalien des Antragstellers
> (5) Persönliche Daten des Erblassers (Ort, Zeit der Geburt und des Todes, Wohnsitz im Todeszeitpunkt, Staatsangehörigkeit, Güterstand)
> (6) Berufungsgrund (kraft Gesetzes oder durch Verfügung von Todes wegen):
> – bei gesetzlicher Erbfolge: Ermittlung der gesetzlichen Erben sowie deren Quoten; Prüfung, ob weitere Personen vorhanden sind oder waren, durch welche die Erben von der Erbfolge ausgeschlossen oder ihr Erbteil gemindert werden würde
> – Erbfolge aufgrund von Verfügung von Todes wegen: Genaue Bezeichnung der Verfügung von Todes wegen (einschließlich Ort und Zeit der Errichtung und Ort der Verwahrung). Sind Personen weggefallen, durch welche die berufenen Erben von der Erbfolge ausgeschlossen oder ihr Erbteil gemindert würde? Soweit Nacherbfolge (Ersatznacherbfolge) angeordnet ist: Name der berufenen Personen; Feststellung, dass keine weiteren Verfügungen von Todes wegen vorhanden sind
> – Erklärung, dass kein Rechtsstreit über das Erbrecht anhängig ist
> – Testamentsvollstreckung (Name des Testamentsvollstreckers, Annahme des Amtes)
> – Wert des reinen Nachlasses
> – Erklärung der Annahme der Erbschaft durch die Erben
> – Eidesstattliche Versicherung gem. § 2356 II BGB, dass dem Antragsteller nichts bekannt ist, was der Richtigkeit der Angaben entgegensteht
> – Vorlage der öffentlichen Urkunden (vor allem Personenstandsurkunden) gem. §§ 2354 I Nr. 1, II, 2356 I BGB).

> **Formulierungsbeispiel: Erbscheinsantrag bei gesetzlicher Erbfolge** 426
>
> 1. Am ... verstarb in ... Herr/Frau .... Der Verstorbene war am ... in ... geboren. Der letzte Wohnsitz des Verstorbenen war in .... Der Verstorbene war verheiratet mit ... und zwar im gesetzlichen Güterstand ... Der Verstorbene hinterließ aus der Ehe mit ... Kinder, nämlich ... Weitere Kinder, auch nichteheliche oder adoptierte, sind meines Wissens nicht vorhanden.
> 2. Eine Verfügung von Todes wegen hat der Verstorbene nicht hinterlassen. Es ist daher gesetzliche Erbfolge eingetreten. Gesetzliche Erben sind ich, die Witwe, ..., zu ½ Anteil, der Sohn des Verstorbenen, ..., zu ¼ Anteil und die Tochter des Verstorbenen, ..., zu ¼ Anteil.

> ▼ Fortsetzung: **Formulierungsbeispiel: Erbscheinsantrag bei gesetzlicher Erbfolge**
>
> Weitere Personen, durch die die Erbfolge beeinträchtigt würde, sind und waren nicht vorhanden. Ein Rechtsstreit über das Erbrecht ist nicht anhängig. Alle Erben haben die Erbschaft angenommen.
> 3. Nach Hinweis des Notars auf die Bedeutung einer eidesstattlichen Versicherung, insbesondere auf die strafrechtlichen Folgen falscher Angaben, versichere ich hiermit an Eides Statt, dass mir nichts bekannt ist, was der Richtigkeit meiner vorstehenden Angaben entgegensteht.
> 4. Die erforderlichen Personenstandsurkunden sind diesem Antrag beigefügt.
> 5. Ich beantrage die Erteilung eines gemeinschaftlichen Erbscheins, der die Erbfolge ausweist, wie sie in Ziffer 2. dieser Urkunde niedergelegt ist. Den Reinwert des gesamten Nachlasses gebe ich mit ... EUR an.

5. Kosten

427 Für die eidesstattliche Versicherung zum Erhalt eines Erbscheins wird eine 1,0-Gebühr Nr. 23300 KV-GNotKG erhoben, mit der auch der Erbscheinsantrag abgegolten ist (Vorbem. 2.3.3 II KV-GNotKG). für den Geschäftswert gilt § 40 GNotKG: Vom Erblasser herrührende Verbindlichkeiten werden in voller Höhe vom Aktivnachlass abgezogen, nicht dagegen Erbfallschulden, insbesondere Vermächtnisse, Auflagen und Pflichtteilsansprüche. Bei land- oder forstwirtschaftlichem Vermögen ist § 48 GNotKG anwendbar; bei einem Hoffolgezeugnis ist nur der Wert des Hofes (mit beschränktem Schuldenabzug nach § 40 I 2 GNotKG) maßgebend. Europarechtliche Vorschriften haben keine Auswirkungen auf die Kosten für Erbscheinsanträge, auch wenn der Erbschein ausschließlich für eine Anmeldung zum Handelsregister benötigt wird (*BayObLG* Rpfleger 2002, 173).

428 Bei Teilerbscheinen ist nur der bescheinigte Teil des Nachlasses maßgeblich. Stellt dagegen ein Miterbe Antrag auf einen gemeinschaftlichen Erbschein, ist der volle Nachlasswert anzusetzen; wenn ein weiterer Miterbe der eidesstattlichen Versicherung beitritt, dagegen nur der anteilige. Beziehen sich die Wirkungen nur auf einen Teil des Nachlasses, ist der Wert dieser Gegenstände ohne Schuldenabzug maßgebend, maximal aber der Wert des gesamten Nachlasses. Versicherungen und Sterbegelder fallen nur dann in den Nachlass, wenn der Erbe als solcher bezugsberechtigt ist. Bei der Beurkundung mehrerer Erbscheinsanträge in einer Verhandlung sind die Nachlasswerte zu addieren (§ 35 I GNotKG), nicht etwa mehrere Gebühren zu erheben.

6. Europäisches Nachlasszeugnis

429 Die EuErbVO (vgl. hierzu Rn. 219 ff.), die **zum 17.8.2015** in der gesamten EU mit Ausnahme des Vereinigten Königreichs, Irlands und Dänemarks in Kraft tritt, regelt in ihren Art. 62 ff. das Europäische Nachlasszeugnis (dazu DNotI-Report 2012, 121; *Dörner* ZEV 2012, 505; *Lange* DNotZ 2012, 168, *Süß* ZEuP 2013, 725). Es ist in seinen Wirkungen (Art. 69 EuErbVO) dem deutschen Erbschein sehr ähnlich, ist mit **Gutglaubenswirkung** ausgestattet (Vermutung der Vollständigkeit und Richtigkeit), stellt die **Grundlage für Eintragungen** in öffentliche Bücher und Verzeichnisse dar (soweit die Voraussetzungen der Eintragung in den Anwendungsbereich der Verordnung fallen, vgl. *Janzen* DNotZ 2012, 484) und gilt ohne weitere Anerkennungsverfahren als „wirksames Schriftstück" (Art. 69 V EuErbVO) in allen Mitgliedstaaten. Allerdings genügt – anders als bei deutschen Erbschein – bereits grob fahrlässige Unkenntnis, um den guten Glauben zu zerstören (Art. 69 III EuErbVO). Zuständig für die Erteilung ist das nach den Art. 4, 7, 10 oder 11 EuErbVO zuständige Gericht bzw. die zuständige sonstige Behörde (zum Verfahren und zur Verwendung im Grundbuch und Handelsregister *Buschbaum/Simon* ZEV 2012, 525). Allerdings sind die ausgestellten beglaubigten Abschriften regelmäßig nur für einen Zeitraum von sechs Monaten gültig und bedürfen dann der Verlängerung oder Erneuerung, Art. 70 III EuErbVO, was gerade für grenzüberschreitende Fälle unrealistisch knapp bemessen erscheint. Art. 69 V, 1 II lit. k u. l EuErbVO sehen einen ausdrücklichen Vorbehalt für die Art von dinglichen Rechten und solchen Rechten, die in Registern eingetragen werden, so dass für diese die *lex rei sitae* gilt. Demnach führt auch ein ausländisches Vindikationslegat nicht dazu, dass die Eintragung des Vermächtnisnehmers im Grundbuch allein aufgrund des Europäischen Nachlasszeugnisses erfolgen könnte. Das Vindikationslegat ist in ein Damnationslegat (vgl. § 2174 BGB) umzudeuten und bedarf des gesonderten Erfüllungsgeschäfts (vgl. DNotI-Report 2012, 121; *Dörner* ZEV 2012, 505). Die Ausstellung nationaler Nachlasszeugnisse bleibt unberührt. Das Europäische Nachlasszeugnis hat also **keine verdrängende Wirkung** und ist **nicht verpflichtend** (Art. 62 II u. III EuErbVO).

II. Erbauseinandersetzung

1. Vorbemerkung, Grundlagen der gesetzlichen Regelung

Alle Nachlassgegenstände stehen im Gesamthandseigentum der Erbengemeinschaft (§ 2032 I BGB); die Forderungen sind Gesamthandsforderungen. Der Miterbe kann zwar über einen Erbteil oder einen Bruchteil dieses Anteils verfügen, nicht jedoch über einzelne Nachlassgegenstände oder über den Anspruch auf künftige Auseinandersetzungsguthaben, solange noch gemeinschaftliches Vermögen vorhanden ist (§ 2033 BGB). Soweit die Auseinandersetzung nicht durch Verfügung des Erblassers (§ 2044 I BGB) oder durch Vereinbarung der Mitglieder der Erbengemeinschaft ausgeschlossen ist, kann jeder Miterbe grundsätzlich jederzeit die Aufhebung der Gesamthandsgemeinschaft verlangen (§ 2042 I BGB). Die Auseinandersetzung geschieht primär durch Auseinandersetzungsvertrag aller Miterben. Eventuelle Auseinandersetzungsverbote des Erblassers gem. § 2044 BGB stehen der einvernehmlichen Auseinandersetzung der Miterben nicht entgegen (vgl. Rn. 176). Selbst wenn das Verbot als Auflage anzusehen ist, wird das dingliche Rechtsgeschäft wirksam, weil die Anordnung des Erblassers kein gesetzliches Veräußerungsverbot darstellt (Palandt/*Weidlich* § 2044 Rn. 2). Ist eine Vereinbarung zwischen allen Miterben nicht erreichbar, so gelten die Bestimmungen der §§ 2046 ff., 752 ff. BGB: Nach Tilgung der Nachlassverbindlichkeiten sind die beweglichen Gegenstände nach den Vorschriften über Pfandverkauf, die Immobilien durch Zwangsversteigerung in Geld umzusetzen. Der Überschuss wird gem. § 2047 BGB verteilt (*Steiner* ZEV 1997, 89).

Infolge der Vertragsfreiheit können die Miterben anstelle der vollständigen Auseinandersetzung eine **persönliche Teilauseinandersetzung** (Ausscheiden einzelner Miterben unter Fortbestand der Erbengemeinschaft unter den übrigen Erben) oder eine **gegenständlich beschränkte Auseinandersetzung** (hinsichtlich einzelner Nachlassgegenstände) vereinbaren (zum Ganzen *Pöting* MittBayNot 2007, 273). Sämtliche Arten der Auseinandersetzung sind grundsätzlich formfrei, es sei denn, es besteht wegen einzelner Nachlassgegenstände Formzwang (z. B. Grundstücke: § 311b I BGB; GmbH-Anteil: § 15 GmbHG). Soweit die Übertragung von Grundbesitz bzw. GmbH-Geschäftsanteilen im Rahmen der vollständigen Auseinandersetzung der Erbengemeinschaft erfolgt, bedürfen auch alle sonstigen Auseinandersetzungsabreden, sofern sie (was der Regelfall sein dürfte) rechtlich eine Einheit bilden, der Form (BGHZ 76, 48).

Inhaltlich kann die Auseinandersetzung als Zuweisung einzelner Nachlassgegenstände (Grundstücke, Geschäftsanteile) an einzelne Miterben zum Alleineigentum, zum Bruchteilseigentum oder aber auch die Umwandlung der Erbengemeinschaft als solche in eine einfache Miteigentümergemeinschaft (§ 741 BGB) in Frage kommen.

2. Checkliste

433 | **Checkliste zur Erbauseinandersetzung**

(1) Vertragsgegenstand:
- Art der Auseinandersetzung (Teilauseinandersetzung – vollständige Auseinandersetzung)
- Ermittlung und Beurkundung aller Auseinandersetzungsabreden
- Mitwirkung aller Erben (einschließlich Nacherben, nicht jedoch Ersatznacherben, *BGH* DNotZ 1964, 623)
- Testamentsvollstrecker: Soweit für alle Miterben eingesetzt und dem Testamentsvollstrecker nicht entzogen (§§ 2208 f. BGB), allein (ohne Erben) zuständig (§ 2204 BGB)

(2) Grundbuchstand – Erbfolge:
- Eintragung des Erblassers (§ 39 GBO)
- Eintragung der Erbfolge? (Ausnahme vom Voreintragungszwang gem. § 40 GBO beachten)
- Erbennachweis (Erbschein, § 2366 BGB, Zeugnis nach § 36 GBO oder Nachweis gem. § 35 GBO)

(3) Vertragsinhalt:
- meist üblicher Veräußerungsvertrag
- Berücksichtigung eventueller Ausgleichungspflichten (§§ 2050 ff. BGB)
- dingliches Vollzugsgeschäft (Auflassung, eventuell Eintragung einer Vormerkung für den Erwerber)
- Zustimmung gem. § 1365 BGB

(4) Vollzugserfordernisse:
- Grunderwerbsteuer (§ 3 Nr. 3 GrEStG)
- Genehmigungen (z. B. § 2 GrdstVG)
- nicht: Vorkaufsrecht gem. § 24 BauGB

3. Vermittlung der Auseinandersetzung durch den Notar

434 Die Notare waren bereits bislang aufgrund landesrechtlicher Bestimmungen neben den Gerichten zur Vermittlung von Nachlassauseinandersetzungen sachlich zuständig (z. B. Art. 38 BayAGGVG; Art. 24 ff. HessFGG; Art. 14 ff. NdsFGG). Seit 1.9.2013 ergibt sich die **ausschließliche sachliche Zuständigkeit der Notare** aus § 23a III GVG i. V. m. § 342 II Nr. 1 FamFG (vgl. zum Ganzen: *Ihrig* MittBayNot 2012, 353). Allerdings bleiben gem. § 487 I FamFG bestimmte abweichende landesrechtliche Regelungen unberührt. **Örtlich zuständig** ist gem. § 344 IV a FamFG jeder Notar, in dessen Amtsbezirk der Erblasser seinen letzten Wohnsitz hatte, hilfsweise in dessen Amtsbezirk sich Nachlassgegenstände befinden. Sind mehrere Notare örtlich zuständig, ist der zur Vermittlung berufen, bei dem zuerst ein Antrag auf Vermittlung gestellt wurde. Das Verfahren ist in den §§ 363 ff. FamFG geregelt. Voraussetzung für die Vermittlung ist das Bestehen einer Erbengemeinschaft; eine schon vollzogene Teilauseinandersetzung steht nicht entgegen. Die Vermittlung erfolgt auf **Antrag eines Beteiligten** (§ 363 FamFG). Der Antrag war bisher, je nach Landesrecht, entweder beim Nachlassgericht oder unmittelbar beim Notar, und ist nun nur noch beim Notar zu stellen. Hinsichtlich der **Form** gelten §§ 23, 25 FamFG. Die **Antragsberechtigung** ergibt sich aus § 363 II FamFG, der **Inhalt des Antrags** aus § 363 III FamFG. Unverzichtbar ist die genaue Angabe der einzelnen Nachlassgegenstände bzw. die Vorlage eines vollständigen Nachlassverzeichnisses. Der Notar tritt im Rahmen dieser Zuständigkeit an die Stelle des Gerichts. Für den Notar sind die allgemeinen Ablehnungs- und Ausschlussgründe der §§ 6, 7 BeurkG zu beachten. Das Verfahren wird durch Ladung zum Verhandlungstermin gem. § 365 FamFG eingeleitet. Die Ladungsfrist muss gem. § 32 II FamFG angemessen sein. In Anlehnung an die frühere Regelung in § 90 I FGG sollten zwei Wochen nicht unterschritten werden, sind aber auch ausreichend. Soweit ein ordnungsgemäß geladener Beteiligter beim Verhandlungstermin fehlt, kann gem. § 265 II FamFG dennoch verhandelt werden. Der nicht Erschienene muss auch zum nächsten Termin nicht geladen werden, was aber nur wenig zweckmäßig erscheint, da ihm ein Recht auf Anberaumung eines neuen Termins zusteht, § 366 IV FamFG. Ist ein Beteiligter unverschuldet verhindert, steht ihm die Wiedereinsetzung zu, § 367 FamFG.

Wenn sich die Beteiligten über die endgültige Auseinandersetzung einig sind oder einigen (§ 366 FamFG), hat der Notar diese zu beurkunden. Ein gesonderter förmlicher Teilungsplan (§ 368 FamFG) ist dann entbehrlich. Ist ein geladener Beteiligter nicht anwesend und hat er nicht seine Zustimmung zu der Einigung mitgeteilt, hat der Notar nach § 366 III FamFG zu verfahren und dem Beteiligten mitzuteilen, dass nach Ablauf einer angemessenen Frist sein Einverständnis mit dem Vorschlag angenommen wird. Gegen die Fristsetzung ist gem. § 372 FamFG das Rechtsmittel der sofortigen Beschwerde gegeben. Beantragt der nicht Erschienene dann keinen neuen Termin, hat der Notar die Vereinbarung zu bestätigen. Kommt keine Einigung zustande, hat der Notar bei Entscheidungsreife einen Auseinandersetzungsplan aufzustellen. Sind alle Beteiligten erschienen und einverstanden, ist dieser zu beurkunden und zu bestätigen. Andernfalls ist gem. § 366 III und IV FamFG zu verfahren. Die Bestätigung erfolgt durch Beschluss (§§ 366 II, 368 I FamFG), gegen den gem. § 58 FamFG die Beschwerde zulässig ist. Allerdings kann diese gem. §§ 372 II FamFG nur auf eine Verletzung von Verfahrensvorschriften gestützt werden. Erst die rechtskräftig bestätigte Auseinandersetzung bildet den Vollstreckungstitel (§ 371 FamFG). In der Praxis spielte das notarielle Auseinandersetzungsverfahren bisher keine besonders große Rolle. Dem Vorteil der Vermittlung durch eine unparteiische Amtsperson steht gegenüber, dass jeder Miterbe durch seinen Widerspruch gem. § 368 I FamFG die Auseinandersetzung zum Scheitern bringen kann.

4. Kosten

Für die Erbauseinandersetzung 2,0-Gebühr Nr. 21100 KV-GNotKG aus dem Wert des auseinandergesetzten Vermögens ohne Schuldenabzug (§ 38 GNotKG), bei land- und forstwirtschaftlichem Vermögen unter Anwendung des § 48 GNotKG.

Für die amtliche Vermittlung 6,0-Gebühr Nr. 23900 KV-GNotKG (mit Ermäßigung auf 3,0-Gebühr bzw. 1,5-Gebühr bei vorzeitiger Verfahrensbeendigung); für den Geschäftswert gilt § 66 GNotKG.

III. Erbteilsveräußerung und -übertragung

1. Vorbemerkung, Grundlagen der gesetzlichen Regelung

Die Erbteilsveräußerung stellt ein Kaufvertragsverhältnis dar, das in den §§ 2371 ff. BGB geregelt ist. Neben diesen Sondernormen gelten die Vorschriften des Kaufrechts, des allgemeinen Schuldrechts und das Recht der Leistungsstörungen. Die meisten Erbschaftskaufregelungen sind gem. § 2385 II BGB auch auf die unentgeltliche Erbteilsveräußerung anwendbar.

a) Formfragen

Das **Verpflichtungsgeschäft** (Erbschaftskauf oder Erbteilsveräußerung) bedarf gem. § 2371 BGB der **notariellen Beurkundung**. Dies gilt auch für die Aufhebung eines solchen Rechtsgeschäfts, gleichgültig ob der Vertrag bereits erfüllt war oder nicht (arg.

§ 2385 BGB). Ein formnichtiges Rechtsgeschäft (z. B. ein Scheingeschäft) wird nicht durch Erfüllung geheilt. § 311b I 2 BGB ist nach noch h. M. nicht analog anwendbar (vgl. *BGH* WM 1960, 551; NJW 1967, 1128; dagegen mit beachtlichen Argumenten für eine Heilung im Wege der Einzelanalogie: *Keller* passim). Das dingliche Rechtsgeschäft (die Übertragung) bedarf ebenfalls gem. § 2033 BGB der notariellen Beurkundung. Die Erteilung einer Vollmacht zur Übertragung eines Erbteils bedarf entgegen § 167 II BGB der notariellen Beurkundung, wenn die Vollmacht unwiderruflich ist oder durch sie nach dem Willen des Vollmachtgebers bereits dieselbe Bindungswirkung und damit dieselbe Rechtslage eintreten sollte, wie beim Abschluss des formbedürftigen Hauptvertrages (*BGH* ZEV 1996, 462 m. Anm. *Keller*; *OLG Dresden* ZEV 1996, 461; vgl. *Hügel* ZEV 1995, 121).

b) Vertragsgegenstand, erbrechtliche Wirkungen

440 Vertragsgegenstand ist beim Alleinerben die Erbschaft als Inbegriff aller Nachlassgegenstände, beim Miterben der Erbteil und beim Nacherben sein Anwartschaftsrecht auf eine Erbschaft oder einen Erbteil. Durch die Veräußerung wird das Erbrecht oder die Erbenstellung des Veräußerers nicht berührt. Dieses beruht auf verwandtschaftlichen Beziehungen oder auf Verfügung von Todes wegen und ist daher nicht durch Rechtsgeschäft unter Lebenden übertragungsfähig. Es ist also zu differenzieren zwischen der vermögensrechtlichen Seite einschließlich der mitgliedschaftsrechtlichen Stellung in der Erbengemeinschaft (Vertragsgegenstand der Erbteilsveräußerung) einerseits und der erbrechtlichen Seite andererseits. Der Veräußerer bleibt trotz des Rechtsgeschäfts Alleinerbe bzw. Miterbe; ihm stehen z. B. gem. § 2373 BGB nach Abschluss der Veräußerung durch Nacherbfolge oder Wegfall eines Miterben anfallende Erbteile sowie auch etwaige Pflichtteilsergänzungsansprüche zu. Er haftet gem. § 2382 BGB weiterhin neben dem Erbschaftserwerber für Nachlassverbindlichkeiten. Der Erbschein bleibt unverändert und ein etwaiger Erbschaftserwerber wird nicht aufgeführt.

441 Bei **Vor- und Nacherbschaft** ist zu differenzieren: Zur Wirksamkeit der Übertragung des Erbteils durch den Vorerben oder des Anwartschaftsrechts durch den Nacherben ist die Zustimmung etwaiger vom Erblasser berufener Ersatzerben nicht erforderlich, da deren Rechte weiterhin ungeschmälert auf dem Erbteil lasten. Ein Ersatzerbe erwirbt stets dann den Erbteil, wenn dieser ihm ohne Übertragung des Erbteils durch den Vorerben bzw. des Anwartschaftsrechts durch den Nacherben angefallen wäre. Es ergeben sich folgende Fallgestaltungen:
– Den vom Vorerben erworbenen Erbteil verliert der Erbteilserwerber mit Eintritt des Nacherbfalles an den Nacherben; ist dieser zuvor weggefallen, dann an die Ersatznacherben.
– Hat der Vorerbe den Erbteil auf den Nacherben übertragen und ist dieser nicht vor dem Nacherbfall weggefallen, dann kommt die Ersatznacherbfolge nicht zum Tragen, da auch ohne Übertragung der Erbteil nur an den Nacherben und nicht an die Ersatznacherben gelangt wäre. Ist aber der zunächst berufene Nacherbe vor dem Nacherbfall weggefallen, kommt der Ersatznacherbe zum Zug. Der Erbteil geht mit dem Nacherbfall auf den Ersatznacherben über.
– Ist keine Ersatznacherbfolge angeordnet oder überträgt der Vorerbe seinen Erbteil auf den Nacherben, so verwirklicht sich der Nacherbfall vorzeitig und im Zeitpunkt der eigentlichen Nacherbfolge ist nichts mehr vorhanden, was den Nacherben zufallen könnte. Umgekehrt vereinigen sich bei der Übertragung des Anwartschaftsrechts des Nacherben auf den Vorerben dieses mit der Vorerbschaft: Der Vorerbe wird Vollerbe (vgl. auch DNotI-Report 2010, 85).

442 Bei Verkauf eines Erbteils an einen Nichtmiterben steht gem. § 2034 BGB den übrigen Miterben ein **gesetzliches Vorkaufsrecht** zu. Bei Ausübung des Vorkaufsrechtes durch mehrere Miterben erwerben diese den Erbteil als Gesamthänder; er wächst ihnen entsprechend §§ 1935, 2094 BGB im Verhältnis ihrer Erbteile an. Übt ein Miterbe sein Vorkaufsrecht nicht aus, so gilt § 472 S. 2 BGB. Der Erbteilserwerber, aber auch der Veräußerer-Miterbe sind nach h. M. vom Vorkaufsrecht ausgeschlossen (Palandt/*Weidlich* § 2034 Rn. 2; BGHZ 56, 115; a. A. mit beachtlichen Argumenten *Ann* ZEV 1994, 343). Hingegen ist der Erbeserbe vollumfänglich vorkaufsberechtigt und unterliegt mit seinem ererbten Erbteil dem Vorkaufsrecht der übrigen Miterben (*Herrler* ZEV 2010, 72).

c) Grundbuchrechtliche Fragen

Mit der (dinglichen) Erbteilsübertragung geht das gesamthänderische Anteilsrecht an den einzelnen Nachlassgegenständen außerhalb des Grundbuchs über. Mit dem Erbteilserwerb ist das Grundbuch unrichtig. Eine Bewilligung ist nicht erforderlich. Es muss lediglich Grundbuchberichtigung **beantragt** werden. Soweit im Grundbuch noch der Erblasser eingetragen ist, darf nach dinglich wirksamer Übertragung des Erbteils die Grundbuchberichtigung auf den Namen des Erbteilserwerbers nur **ohne Zwischeneintragung** des veräußernden Miterben erfolgen, weil der Miterbe bereits durch die Erbteilsübertragung seine gesamthänderische Beteiligung außerhalb des Grundbuchs verloren hat. **443**

Erwirbt der Nacherbe den Erbteil des Vorerben oder der Vorerbe das Anwartschaftsrecht des Nacherben, führt dies zu einer Rechtsvereinigung, so dass an sich der Nacherbenvermerk nicht eingetragen zu werden braucht bzw. gelöscht werden kann. Soweit Ersatznacherbfolge angeordnet ist, kann der Ersatznacherbfolgevermerk erst gelöscht werden, wenn feststeht, dass die Ersatznacherbfolge nicht mehr eintreten kann, weil der ursprüngliche Nacherbe nicht vor dem Nacherbfall fortgefallen ist. Beabsichtigen der Erbteilserwerber und die übrigen Erben, das Nachlassgrundstück zu veräußern, so kann auf vorherige Grundbuchberichtigung verzichtet werden, da für den Erbteilserwerber § 40 GBO gilt. **444**

Soweit ein **Erbschein** für die Grundbuchberichtigung erforderlich ist, kann auch der Erbteilserwerber Antrag auf Erteilung eines Erbscheines stellen (Rn. 422), jedoch nur auf den Namen der wirklichen Erben. Die Antragsberechtigung wird nachgewiesen durch die Ausfertigung der notariellen Urkunde über die Erbteilsübertragung. **445**

d) Sicherungsprobleme

Häufig werden Erbteilsübertragungen innerhalb der Miterben „unentgeltlich" vorgenommen. Regelmäßig werden solche Rechtsgeschäfte gleichwohl gegen Leistungen des Erwerbers durchgeführt (z. B. bei vorgängiger Verteilung des in den Nachlass fallenden Geldvermögens). Hier stellt sich das Problem des formnichtigen Vertrages bei fehlender Heilungsmöglichkeit (siehe auch Rn. 439). Sicherungsfragen hinsichtlich der Gegenleistung treten regelmäßig auf, wenn Erbteilsveräußerungen mit Dritten vereinbart werden. **446**

aa) Sicherungsbedürfnis des Erbteilsverkäufers hinsichtlich des Kaufpreises. Werden das schuldrechtliche Geschäft sowie der unmittelbar rechtsändernd wirkende Übertragungsvorgang in einer notariellen Urkunde zusammengefasst, besteht die Gefahr, dass der Erwerber über den Erbteil anderweitig verfügt oder insolvent wird, der Erbteil gepfändet wird oder der Erbteilserwerber gemeinsam mit dem Miterben über Nachlassgegenstände verfügt, bevor die Gegenleistung erbracht worden ist. **447**

Als Lösungsvorschlag wird empfohlen, die dingliche Übertragung bis zur Bezahlung des Kaufpreises zurückzustellen und zur Grundbuchberichtigung einen Angestellten des Notars bevollmächtigen zu lassen. Der Kaufpreis sollte erst dann fällig gestellt werden, wenn etwa erforderliche Genehmigungen (insbesondere nach § 3 II Nr. 2 GrdstVG) erteilt sind sowie Verzichtserklärungen der Miterben zu ihrem Vorkaufsrecht gem. § 2034 BGB vorliegen bzw. die zweimonatige Ausübungsfrist verstrichen ist. Der Nachteil dieses Verfahrens besteht darin, dass auf der Verkäuferseite die Gefahr vertragswidriger Ver- **448** fügungen besteht (z. B. durch Übertragung des Erbanteils an einen Dritten oder bei Pfändung). Außerdem entsteht bei diesem Verfahren eine doppelte Kostenbelastung. Ein weiterer denkbarer Weg wäre die mit der unbedingten Erbteilsübertragung verbundene gleichzeitige **Verpfändung** des Erbteils durch den Erwerber an den Veräußerer zur Absicherung dessen Kaufpreisanspruches mit entsprechender Eintragung des Verpfändungsvermerks in Abt. II des Grundbuchs. Bei diesem Verfahren müsste allerdings bei ausbleibender Zahlung der Veräußerer Befriedigung durch Verwertung des Erbteils im Wege der Versteigerung, Verwaltung oder Überweisung zur Einziehung suchen (vgl. hierzu *Jahr* JuS 1963, 230).

449 Eine weitere Lösungsmöglichkeit wäre die **aufschiebend bedingte Erklärung** der Erbteilsübertragung. Da es sich um keine Verfügung über Grundstücke und auch keine Auflassung handelt, ist § 925 II BGB nicht (auch nicht analog) anwendbar. Als aufschiebende Bedingung für die dingliche Rechtsübertragung ist die Zahlung des Kaufpreises zu vereinbaren, wobei die Zahlung erst nach Vorliegen aller erforderlichen Genehmigungen und Verzichtserklärungen bezüglich des Vorkaufsrechtes erfolgen soll. Das Problem dieses Lösungsvorschlages ist, wie der Eintritt der Bedingung (Kaufpreiszahlung) und die hieraus folgende Unrichtigkeit des Grundbuchs in öffentlicher oder öffentlich beglaubigter Form nachgewiesen werden kann. Die bloße Vorlage einer Ausfertigung oder Abschrift der Erbteilsübertragung ist nicht ausreichend. Allerdings könnte vereinbart werden, dass die Erteilung einer den Grundbuchberichtigungsantrag enthaltenden Ausfertigung oder beglaubigten Abschrift der Erbteilsübertragung den Eintritt der aufschiebenden Bedingung herbeiführt. Der Notar wird dann nur auszugsweise und erst, nachdem ihm die Kaufpreiszahlung nachgewiesen ist, vollständige Ausfertigungen erteilen (hierzu *Neusser* MittRhNotK 1979, 147).

450 *Staudenmeyer* (BWNotZ 1959, 191) schlägt vor, die Erbteilsübertragung auflösend bedingt vorzunehmen (hierzu *N. Mayer* ZEV 1997, 105). Auflösende Bedingung ist die Ausübung eines vorbehaltenen Rücktrittsrechtes des Veräußerers bei Verzug des Erwerbers mit der Erbringung des Kaufpreises. Dieses Verfahren schützt den Erbteilserwerber in gleicher Weise wie bei einer unbedingten Übertragung. Der Veräußerer kann gegen Verfügung des Erbteilserwerbers nur durch Eintragung einer Verfügungsbeschränkung gem. § 161 II BGB gesichert werden. Nach h.M. ist eine solche Beschränkung zur Vermeidung gutgläubigen Erwerbs im Grundbuch analog dem Nacherbenvermerk in Abt. II eintragungsfähig (*Staudenmeyer* BWNotZ 1959, 191; *Neusser* MittRhNotK 1979, 149). § 892 I 2 BGB ist insoweit nicht einschlägig, als sich diese Bestimmung nur auf relative Verfügungsbeschränkungen bezieht.

451 Schließlich ist noch auf die Möglichkeit der Hinterlegung des Kaufpreises auf Notaranderkonto hinzuweisen. Allerdings müsste diese Hinterlegung bereits vor Beurkundung der Erbteilsübertragung erfolgen und in der Urkunde der Notar angewiesen werden, die Auszahlung erst dann vorzunehmen, wenn alle Genehmigungen und Verzichtserklärungen bezüglich der Vorkaufsrechte vorliegen. Der Nachteil dieses Verfahrens liegt regelmäßig im Entstehen hoher Zinsverluste, da zwischen Hinterlegung und Auszahlung ein relativ langer Zeitraum liegen kann (vor allem wegen der Vorkaufsrechtserklärungen).

452 **bb) Sicherungsprobleme auf Seiten des Käufers.** Der Käufer will dagegen geschützt werden, dass der Verkäufer gar nicht Erbe ist oder dass der Erbteil durch Rechte eines Nacherben, Testamentsvollstreckers, durch Vermächtnisse, Auflagen, Pflichtteilslasten oder Teilungsanordnungen belastet ist. Diesem Sicherungsinteresse kann allerdings nur in beschränktem Umfange Rechnung getragen werden. Zum einen kommt der öffentliche Glaube des Erbscheins dem Erbteilserwerber nicht zugute. Nach Wortlaut und Normzweck schützt § 2366 BGB nur den Erwerber **einzelner** Nachlassgegenstände beim Erwerb vom Nichterben. Zum anderen ist der Erbteilserwerber auch nicht durch die Vorschriften über den Erwerb vom Nichtberechtigten (§§ 892 ff., 932 ff. BGB) geschützt, da diese nur beim Erwerb einzelner Nachlassgegenstände, nicht aber beim Erwerb eines

Erbteils anwendbar sind. Folglich ergeben sich nur bedingte Sicherungsmöglichkeiten. Empfehlenswert ist, soweit nicht eine notarielle Verfügung von Todes wegen mit entsprechender Eröffnungsniederschrift vorliegt, den Kaufpreis erst nach Erteilung des Erbscheins fällig zu stellen. Darüber hinaus sollten die Nachlassakten und das Grundbuch eingesehen werden.

Auch wenn der Nachlass nur aus einem einzigen Grundstück bestehen würde (z. B. **453** weil die anderen Nachlassgegenstände bereits auseinander gesetzt sind), steht die im Grundstücksrecht gebräuchliche Sicherung der Vormerkung nicht zur Verfügung. Denn diese sichert nur Ansprüche auf Einräumung oder Aufhebung eines Rechts an einem Grundstück (§ 883 BGB). Das schuldrechtliche Erbteilsübertragungsgeschäft hingegen verpflichtet lediglich zur Übertragung des Erbteils, die sich ohne Grundbucheintragung, also außerhalb des Grundbuchs vollzieht.

Dem Sicherungsbedürfnis des Erbteilserwerbers gegen nachträgliche Verfügung oder **454** Vollstreckungsmaßnahmen in den Erbteil kann jedoch durch eine aufschiebend bedingte Verfügung Rechnung getragen werden (vgl. Rn. 449). Wenn gleichwohl eine Veräußerung vorgenommen werden würde, wäre diese nur schwebend wirksam und würde mit Bedingungseintritt bezüglich des ersten Geschäftes insoweit unwirksam, als der Erwerb des bedingt Berechtigten vereitelt würde (vgl. *BayObLG* ZEV 1994, 306). Die aufschiebend bedingte Erbteilsübertragung kann jedoch nicht der Gefahr vorbeugen, dass die Erbengemeinschaft in der alten Zusammensetzung (die als solche nicht im Grundbuch eingetragen ist) einzelne Nachlassgegenstände an Dritte veräußert. Hier könnte ungeachtet § 161 I BGB ein Dritter gutgläubig gem. §§ 873, 892 BGB das Grundstück erwerben. Schutz hiergegen gewährt die Eintragung einer Verfügungsbeschränkung gem. § 161 II BGB in Abt. II des Grundbuchs.

e) Sonstiger wesentlicher Inhalt einer Erbteilsveräußerung

aa) Gewährleistung. § 2376 BGB enthält einschränkende Sondervorschriften über die **455** Gewährleistungspflicht des Erbteilsveräußerers. Soweit die Übertragung im Wege der Schenkung erfolgt, ist § 2385 II 2 BGB zu beachten. Maßgebender Zeitpunkt für die Gewährleistung ist der Vertragsabschluss. Die Rechte des Käufers bestimmen sich nach § 437 BGB. In Abweichung vom Grundsatz, dass für Sachmängel der Veräußerer nicht aufzukommen hat (§ 2376 II BGB), sind folgende Regeln zu berücksichtigen:

– Nach § 2374 BGB ist der Veräußerer verpflichtet, dasjenige mitzuübertragen, was er vor dem Verkauf als Ersatz für Zerstörung, Beschädigung oder Entziehung eines Nachlassgegenstandes oder durch Rechtsgeschäft, das sich auf die Erbschaft bezog, erlangt hat.
– Soweit Nachlassgegenstände in der Zeit bis zum Veräußerungsvorgang verbraucht, unentgeltlich veräußert oder unentgeltlich belastet wurden, ist, wenn dies dem Käufer nicht bekannt war, der Wert bzw. die Wertminderung der Nachlassgegenstände zu ersetzen, § 2375 BGB.
– § 2382 BGB muss in jedem Falle beachtet werden. Danach haftet der Erbteilserwerber Dritten gegenüber vom Abschluss des Rechtsgeschäfts an für Nachlassverbindlichkeiten, unbeschadet der fortbestehenden Haftung des Erbteilsveräußerers. Im Innenverhältnis ist der Käufer verpflichtet, diese Verbindlichkeiten zu erfüllen und dem Veräußerer hierfür bereits entstandene Aufwendungen gem. § 2378 BGB zu ersetzen.
– Wichtig ist auch § 2379 S. 3 BGB, wonach der Erbteilserwerber die Erbschaftsteuern zu tragen und dem Veräußerer die von diesem gezahlten Steuern zu erstatten hat. Bis zur Auseinandersetzung haftet hierfür der Nachlass gem. § 20 III ErbStG.

Schließlich ist zu berücksichtigen, dass die Beteiligten im Innenverhältnis stets abwei- **456** chende Regelungen treffen können. Dies wird häufig nötig sein, da die gesetzlichen Sonderregeln des Erbschaftskaufs erfahrungsgemäß nur selten den Parteiwillen treffen.

457 **bb) Wirtschaftlicher Übergang.** Mit Abschluss des Vertrages gehen die Gefahr des zufälligen Untergangs und der zufälligen Verschlechterung von Erbschaftsgegenständen sowie die Nutzungen und Lasten gem. § 2380 BGB auf den Erwerber über. Der wirtschaftliche Übergang erfolgt, soweit vertraglich nichts anderes vereinbart wird, bereits mit Abschluss des Vertrages. Dem Verkäufer bleiben gem. § 2379 S. 1 u. 2 BGB die bis zum Verkauf angefallenen Nutzungen; er hat in dieser Zeit auch die Lasten einschließlich der Zinsen von Nachlassverbindlichkeiten zu tragen. Allerdings treffen gem. § 2379 S. 3 BGB die außerordentlichen Lasten, welche als auf den Stammwert gelegt anzusehen sind, wie beim Nießbrauch den Käufer. Dies wird häufig nicht dem Willen der Vertragsteile entsprechen und muss dann abweichend geregelt werden.

f) Erbteilsveräußerung und Handelsgeschäft

458 Eine Erbteilsübertragung ist auch möglich, wenn zum Nachlass ein Handelsgeschäft gehört. Diese Ungleichbehandlung der Erbengemeinschaft gegenüber der Personengesellschaft (vgl. § 717 BGB) ist dadurch gerechtfertigt, dass die Erbengemeinschaft nicht durch privatautonome Vereinbarung gegründet wird, sondern kraft Gesetzes entsteht (*Keller* ZEV 1999, 175 m. w. N.). Dies gilt auch, wenn der Nachlass nur (noch) aus dem Handelsgeschäft besteht. Die Erwerber des Erbanteils werden anstelle der veräußernden Miterben Inhaber des Handelsgeschäfts und können dieses in ungeteilter Erbengemeinschaft fortführen (*Keller* ZEV 1999, 175 f.; a. A. *KG* ZEV 1999, 28).

2. Checkliste und Formulierungsbeispiel

459 **Checkliste zur Erbteilsveräußerung**

(1) Feststellung der Beteiligten
(2) Vertragsgegenstand
  – Erbteil – Erbteil des Vorerben – Anwartschaftsrecht des Nacherben
  – Nachweis des Erbrechts (Erbschein oder öffentliche Urkunde mit Eröffnungsniederschrift)
  – Grundbucheinsicht
  – Ist Grundbuch bereits berichtigt? – Falls nicht: Berichtigungsantrag (ohne Vor- bzw. Zwischeneintragung des Erbteilsveräußerers)
  – Einsicht Nachlassakte
(3) Gegenleistungen
  – Vorsicht bei „unentgeltlichen" Übertragungen (vgl. Rn. 446, 439)
  – Fälligkeit
(4) Sicherung des Veräußerers
  – Rücktrittsrecht für den Fall der Nichtzahlung des Preises
  – Übertragung nur unter der auflösenden Bedingung des Rücktritts
  – Bewilligung und Antrag auf Eintragung einer Verfügungsbeschränkung des Inhalts, dass die Erbteilsübertragung auflösend bedingt ist und die Bedingung mit Rücktritt des Veräußerers wegen Nichtzahlung eintritt
  – Bewilligung und Antrag der Löschung dieser Verfügungsbeschränkung
  – Anweisung an Notar, die Löschungsbewilligung erst dann vollziehen zu lassen, wenn die Zahlung nachgewiesen oder Hinterlegung auf Anderkonto erfolgt ist
(5) Sicherung des Erwerbers
  – Grundbuchberichtigungsantrag
  – Eintragung eines Widerspruches gem. § 899 BGB bis zur Grundbuchberichtigung (erforderlich, da Vollzug wegen der Unbedenklichkeitsbescheinigung einige Zeit in Anspruch nimmt)
  – Bewilligung und Antrag auf Löschung des Widerspruchs Zug-um-Zug mit Grundbuchberichtigung

▶

▼ Fortsetzung: **Checkliste zur Erbteilsveräußerung**

(6) Gewährleistung, Sonstiges
  – Meist abweichend von der gesetzlichen Regel gewollt
  – Mitveräußerung der Surrogate (§ 2374 BGB)?
  – Erstattung des Werts der surrogationslos verbrauchten und veräußerten Gegenstände?
  – Erstattung der gezahlten Erbschaftsteuer (§ 2379 S. 2 BGB)?
  – Tragung der außergewöhnlichen Lasten seit Erbfall durch Erwerber?
  – Zeitpunkt des Gefahrübergangs
(7) Belehrungen

Formulierungsbeispiel: Belehrung bei der Erbteilsveräußerung 460

Die Vertragsteile wurden hingewiesen:
a) Sämtliche im Zusammenhang mit der Erbteilsveräußerung getroffenen Vereinbarungen müssen notariell beurkundet sein, da sie ansonsten wegen Formmangels nichtig sind und die Nichtigkeit des gesamten Vertrages zu Folge haben können.
b) Der Erwerber wird nicht Miterbe des Erblassers, soweit er es nicht schon ist; er wird lediglich Mitberechtigter und Mitverpflichteter in Erbengemeinschaft des noch nicht verteilten Nachlasses. Erbe bleibt weiterhin der Veräußerer; deshalb wird der Erwerber als solcher auch nicht im Erbschein aufgeführt oder der Erbschein berichtigt.
c) Der Erwerber wird in seinem Vertrauen an die unbeschränkte und unbelastete Erbenstellung des Veräußerers und die Zugehörigkeit des genannten Grundbesitzes zur Erbschaft nicht geschützt und ist insoweit auf die Richtigkeit der Angaben des Veräußerers angewiesen.
d) Mit der dinglichen Übertragung des Erbteils gehen alle noch im ungeteilten Nachlass befindlichen Vermögenswerte automatisch anteilsmäßig auf den Erwerber über.
e) Den Miterben steht gem. §§ 2034 ff. BGB ein gesetzliches Vorkaufsrecht an dem veräußerten Erbteil zu, das innerhalb zweier Monate nach Mitteilung des rechtswirksamen Veräußerungsvertrages auszuüben wäre. Es besteht die Möglichkeit, dass sich der Veräußerer für den Fall der Ausübung dieses Vorkaufsrechtes im Verhältnis zum Erwerber ein Rücktrittsrecht vorbehalten könnte.
f) Der Erwerber haftet – unbeschadet der Vereinbarungen in diesem Vertrag – den Nachlassgläubigern ab sofort neben dem weiterhin haftenden Veräußerer für alle etwaigen Nachlassverbindlichkeiten.
g) Beide Vertragsteile haften – unbeschadet der Vereinbarungen in diesem Vertrag – gesamtschuldnerisch für die Vertragskosten und die Grunderwerbsteuer.
h) Die Veräußerung des Erbteils und der Name des Erwerbers sind nach § 2384 I BGB unverzüglich dem Nachlassgericht anzuzeigen.
i) Die beantragte Grundbuchberichtigung kann erst erfolgen, wenn die Unbedenklichkeitsbescheinigung des Finanzamtes (wegen der Grunderwerbsteuer) vorliegt.

3. Kosten

2,0-Gebühr Nr. 21100 KV-GNotKG aus dem Kaufpreis oder anderen Gegenleistungen 461 bzw. dem höheren Wert des Erbteils (§ 97 III GNotKG); kein Abzug der anteiligen Nachlassverbindlichkeiten (§ 38 S. 2 GNotKG). Die Anzeige gem. §§ 2384, 2385 BGB gehört zum Beurkundungsverfahren und löst keine besondere Gebühr aus; das Gericht erhebt für die Entgegennahme der Anzeige eine Festgebühr von 15 EUR (§ 112 I Nr. 7 GNotKG). Erbteilsübertragung und Antrag auf Grundbuchberichtigung auf den Erbteilserwerber haben gleichen Gegenstand, der Antrag auf Grundbuchberichtigung vom Erblasser auf den Erbteilsveräußerer einen anderen Gegenstand.

462 Für die Überwachung der Vorlage zur Löschung der Verfügungsbeschränkung fällt eine Betreuungsgebühr Nr. 22200 KV-GNotKG an, ebenso für die Vorkaufsrechtsanfrage bei den Miterben. Es kann aber in jedem Fall nur eine Betreuungsgebühr anfallen (§ 93 I GNotKG).

IV. Erbauseinandersetzung durch Abschichtung

463 Die Erbauseinandersetzung kann auch durch Abschichtung erfolgen (*Damrau* ZEV 1996, 361; *Reimann* ZEV 1998, 216; *Hagmaier,* Erbauseinandersetzung durch Abschichtung, 2006). Dabei scheidet ein Miterbe – meist gegen Abfindung – im Einvernehmen mit den anderen Miterben aus der Erbengemeinschaft aus, u. U. unter Mitnahme eines Teils des Nachlasses. Details der Abschichtung sind nach wie vor weitgehend ungeklärt. Der *BGH* (DNotZ 1999, 60) hat die Abschichtung „als dritten Weg" der Erbauseinandersetzung anerkannt und wertet den Abschichtungsvertrag als formfrei mögliche Auseinandersetzung nach § 2042 BGB; die dingliche Wirkung erfolgt nach Ansicht des *BGH* über das Anwachsungsprinzip in analoger Anwendung von § 738 BGB. Das nach Abschichtung in der Erbengemeinschaft verbleibende Vermögen wächst den verbleibenden Miterben an. Der *BGH* nimmt Formfreiheit auch dann an, wenn Grundbesitz zum Nachlass gehört, sofern dieser im Nachlass verbleibt. Wird im Wege der Abschichtungsvereinbarung Grundbesitz aus dem Nachlass auf den ausscheidenden Miterben übertragen, ergibt sich die Formbedürftigkeit aus § 311b I BGB, bei GmbH-Geschäftsanteilen aus § 15 IV GmbHG. Die Auffassung des *BGH* ist auf weitgehende Ablehnung gestoßen (*Reimann* ZEV 1998, 213; *Keller* ZEV 1998, 281; *Rieger* DNotZ 1999, 64; *Kanzleiter* ZEV 2012, 447; *K. Schmidt* AcP 205 (2005), 305; MünchKomm/ *Ann* § 2042 Rn. 14). Das Anwachsen der Verbindlichkeiten bei den verbleibenden Erben hat noch nicht das Ausscheiden des „abgeschichteten" Miterben aus der Haftung im Außenverhältnis zur Folge. Hierzu bedarf es rechtsgeschäftlicher Vereinbarungen. Schon deshalb und wegen der Sicherungsprobleme bei Abfindungszahlungen an den Ausscheidenden ist die notarielle Beurkundung meist unumgänglich. Die Abschichtungsvereinbarung hat – wie die Erbauseinandersetzung – keinen Einfluss auf die Erbenstellung des ausscheidenden Erben, so dass der Erbschein unverändert bleibt (*OLG Brandenburg* ZEV 2013, 614 m. zust. Anm. *Eberl-Borges*).

464 **Formulierungsbeispiel: Ausscheidensvereinbarung mit einem Miterben**

I. Grundlagen, Absichten

1. A, B und C sind Miterben zu gleichen Anteilen nach dem ... in ... verstorbenen D. Auf die Nachlassverhandlung des Amtsgerichtes – Nachlassgericht – ... vom ..., Aktenzeichen ..., wird Bezug genommen.
2. Im Grundbuch des Amtsgerichts N-Stadt von
N-Dorf Band ... Blatt ...
ist im Eigentum der Erbengemeinschaft folgender Grundbesitz der Gemarkung N-Dorf vorgetragen
Fl. Nr. 323 ...
Fl. Nr. 1011 ...
Das Grundstück Fl. Nr. 323 ist in Abteilung II und III lastenfrei. Das Grundstück Fl. Nr. 1011 ist in Abteilung III des Grundstücks belastet mit zwei Buchgrundschulden für die Y-Bank. Die Grundschulden sind nach Angabe der Beteiligten zum heutigen Tage mit ... EUR und ... EUR valutiert.
3. C hat die Absicht, aus der Erbengemeinschaft gegen Abfindung auszuscheiden.

▼ Fortsetzung: **Formulierungsbeispiel: Ausscheidensvereinbarung mit einem Miterben**

II. Ausscheidensvereinbarung

§ 1. A, B und C vereinbaren, dass C zum Ablauf des … aus der Erbengemeinschaft ausscheidet. C nimmt nicht am Ergebnis von zur Zeit seines Ausscheidens schwebenden Geschäften teil.

§ 2. Die Miterben A und B schulden C als Gegenleistung für das Ausscheiden des C aus der Erbengemeinschaft

1. die Übertragung des Grundstücks Fl. Nr. 323 Gem. N-Dorf, auf den ausscheidenden Miterben C, lastenfrei in Abt. II und III,
2. Zahlung eines Geldbetrages in Höhe von insgesamt … EUR, nach gleichen Anteilen von den verbleibenden Miterben A und B ohne Beilage von Zinsen zu zahlen am …,
3. Freistellung des ausscheidenden Miterben C von allen Nachlassverbindlichkeiten im Außenverhältnis, in Sonderheit von den in Ziff. I.2. genannten Grundpfanddarlehen. A und B stellen demgemäß den ausscheidenden Miterben C von allen Nachlassverbindlichkeiten frei. Jeder Vertragsteil ist berechtigt, die Miterben A und B sind verpflichtet, die Entlassung des ausscheidenden Miterben C aus jeder Mithaft für die genannten Bankdarlehen auch im Außenverhältnis durch Genehmigung des Gläubigers herbeizuführen. Bis dahin gilt die Schuldübernahme als Erfüllungsübernahme.

Die verbleibenden Miterben A und B stellen C darüber hinaus von allen Nachlassverbindlichkeiten und – in analoger Anwendung des § 739 BGB – von jedweden Ausgleichsansprüchen frei.

§ 3. Die Erfüllung der in § 2 Ziff. 1 bis 3 genannten Bedingungen ist aufschiebende Bedingung für diesen Erbauseinandersetzungsvertrag und die Austrittsvereinbarung gem. § 1.
§ 2 Ziff. 1 ist erfüllt, wenn die in Ziff. III § 1 dieser Urkunde bewilligte Auflassungsvormerkung im Grundbuch ohne Vorgang von Belastungen eingetragen ist.
Für § 2 Ziff. 3 genügt es, wenn die Y-Bank schriftlich bestätigt hat, dass sie C aus der Haftung für die eingetragenen Grundpfanddarlehen auflagefrei entlässt.

§ 4.
1. Die Vertragsteile beantragen die Berichtigung des Grundbuchs nach Maßgabe der obigen Vereinbarungen bezüglich des der Erbengemeinschaft verbleibenden Grundbesitzes Fl. Nr. 1011 im Grundbuch dahin, dass als Eigentümer nunmehr A und B in Erbengemeinschaft eingetragen werden.
2. Der Notar wird angewiesen, diesen Vertrag zum Vollzug der Grundbuchberichtigung erst dann dem Grundbuchamt vorzulegen, wenn ihm der Eintritt der aufschiebenden Bedingungen gem. § 2 von C bestätigt oder von A und B nachgewiesen wurde oder ihm anderweitig bekannt geworden ist.
3. Um Vollzugsmitteilung wird gebeten.

§ 5. Die etwaigen Folgen einer steuerlichen Außenprüfung der Veranlagungszeiträume, in denen C der Miterbengemeinschaft angehört hat, treffen C bezüglich seiner bisherigen Mitgliedschaft in der Erbengemeinschaft, ohne dass die Höhe seines Abfindungsanspruchs hiervon berührt wird. C wird daher die Möglichkeit eingeräumt, bei einer ihn dadurch mitbetreffenden steuerlichen Außenprüfung mitzuwirken.

III. Erfüllung der Übereignungsverpflichtung

In Erfüllung der in Ziff. II § 2 Ziff. 1 eingegangenen Verpflichtung sind die Vertragsteile darüber einig, dass das Eigentum an Fl. Nr. 323 Gem. N-Dorf auf C übergeht. Sie bewilligen und beantragen die Eintragung der Rechtsänderung in das Grundbuch.
Sie bewilligen und beantragen zugleich die Eintragung einer Eigentumsvormerkung für C im Grundbuch. Diese Vormerkung ist Zug um Zug mit Eintragung der Auflassung zu löschen, vorausgesetzt, dass keine Zwischeneintragungen ohne Zustimmung von C im Grundbuch eingetragen wurden und bestehen. Entsprechender Grundbuchvollzug wird bereits heute bewilligt und beantragt.
Um Vollzugsmitteilung wird gebeten.
(nach *Reimann* ZEV 1998, 216)

V. Ausschlagung, Anfechtung

1. Grundlagen der gesetzlichen Regelung der Ausschlagung

465 Wegen der Grundsätze der Universalsukzession und des Vonselbsterwerbs gem. § 1922 BGB erwirbt der Erbe mit dem Tod des Erblassers ohne sein Zutun und ohne seine Kenntnis kraft Gesetzes die gesamte Erbschaft. Dies kann – insbesondere bei einem überschuldeten Nachlass – durchaus dem Willen des Erben zuwiderlaufen. Daher gibt ihm das Gesetz in § 1942 I BGB das Recht zur Ausschlagung, um diesen Erwerb ggf. rückgängig machen zu können. Die erfolgreiche **Ausschlagung wirkt auf den Zeitpunkt des Erbanfalls zurück**, so dass die Erbschaft als dem Ausschlagenden nicht angefallen gilt, § 1953 BGB. Andererseits besteht für den Rechtsverkehr ein dringendes Bedürfnis, die endgültige Zuordnung der Nachlassgegenstände zu einem neuen Berechtigten vorzunehmen. Die Ausschlagung ist daher an eine vergleichsweise **kurze Frist von sechs Wochen** bzw. sechs Monaten gebunden, falls der Erblasser nur einen Wohnsitz im Ausland hatte oder der Erbe sich zum Zeitpunkt des Anfalls der Erbschaft im Ausland aufgehalten hat, § 1944 BGB. In dieser muss die Erklärung formgerecht bei dem gem. § 343 FamFG bzw. § 344 VII FamFG (besondere zusätzliche Zuständigkeit: Nachlassgericht am Wohnsitz des Erben) zuständigen Nachlassgericht eingegangen sein. Die Ausschlagung muss **in öffentlich beglaubigter Form** oder zur Niederschrift des Nachlassgerichts erklärt werden, § 1945 BGB. Frühest möglicher Zeitpunkt für die Erklärung der Ausschlagung ist der Anfall der Erbschaft, § 1946 BGB. Eine „Vorratsausschlagung" kommt somit nicht in Betracht. Überdies ist die Ausschlagung – wegen des Interesses an endgültiger Klärung der Zuordnung des Nachlasses – **bedingungs- und befristungsfeindlich**, § 1947 BGB. Die Annahme oder Ausschlagung der Erbschaft – dies ist letztlich Ausdruck des Prinzips der Gesamtrechtsnachfolge – kann nicht auf einzelne Nachlassgegenstände beschränkt werden. Die Erbschaft kann nur insgesamt angenommen oder ausgeschlagen werden, § 1950 BGB. Ist aber der Erbe aufgrund mehrerer Berufungsgründe zum Erben berufen (z. B. ein Testament mit Beschränkungen und Beschwerungen sowie gesetzliche Erbfolge), kann er die Erbschaft aus dem einen Berufungsgrund ausschlagen und aus dem anderen annehmen, §§ 1948, 1951 I BGB. Im Zweifel bezieht sich eine Ausschlagung aber immer auf alle dem Erben im Zeitpunkt der Erklärung bekannten Berufungsgründe, § 1949 II BGB.

466 Der Vormund bedarf gem. § 1822 Nr. 2 BGB für die Erbausschlagung der **Genehmigung des Familiengerichts**. § 1908i I BGB verweist für Betreuer auf diese Vorschrift, der die betreuungsgerichtliche Genehmigung benötigt. Eltern benötigen gem. § 1643 II 1 BGB grundsätzlich ebenfalls die familiengerichtliche Genehmigung. Eine **Ausnahme** gilt gem. **§ 1643 II 2 BGB** dann, wenn ein Elternteil, der das Kind allein oder gemeinsam mit dem anderen Elternteil das Kind vertritt und nicht neben dem Kind zum Erben berufen war, eine Erbschaft ausschlägt und erst dadurch das Kind Erbe wird: Dann ist keine familiengerichtliche Genehmigung erforderlich. Die Ausnahme greift aber insbesondere nicht, wenn der ausschlagende Elternteil nicht sorgeberechtigt ist. Sie wird von der h. M. allerdings dahingehend teleologisch reduziert, dass die Ausnahme nicht eingreift, wenn der Elternteil für sich und einzelne von mehreren Kindern ausschlägt und so die Erbschaft in eine bestimmte Richtung lenkt (*OLG Hamm* NotBZ 2014, 179; Palandt/ *Weidlich* § 1643 Rn. 2; *Engler* FamRZ 1972, 8; MünchKomm/*Huber* § 1643 Rn. 23 ff.).

Formulierungsbeispiel: Erbschaftsausschlagung auch für minderjährige Kinder 467

1. Der Erblasser, ..., ist am ... verstorben. Eine letztwillige Verfügung hat der Erblasser meines Wissens nicht hinterlassen, so dass ich auf Grund gesetzlicher Erbfolge zum (Mit-)Erben berufen bin.
2. Ich, ..., schlage hiermit die mir zugefallene Erbschaft nach der Verstorbenen aus allen Berufungsgründen aus.
3. Ich habe folgende Kinder: ... Diese sind durch meine Ausschlagung ihrerseits (Mit-)Erben geworden.
4. Wir, die Eheleute ..., schlagen hiermit als gesetzliche Vertreter für unsere vorgenannten minderjährigen Kinder die diesen zugefallene Erbschaft nach dem Erblasser aus allen Berufungsgründen aus. Unseres Wissens ist der Nachlass überschuldet.
5. Eine familiengerichtliche Genehmigung ist gem. § 1643 II 2 BGB zu der vorliegenden Ausschlagung nicht erforderlich, da der Anfall an das Kind erst infolge der Ausschlagung eines Elternteils eintrat, der das Kind allein oder gemeinsam mit dem anderen Elternteil vertritt und dieser Elternteil nicht neben dem Kind berufen war.
6. Der Notar hat uns über Inhalt und rechtliche Tragweite unserer heute abgegebenen Erklärungen eingehend belehrt. Er hat auch über die geltenden Fristen zur wirksamen Erbschaftsausschlagung sowie die notwendige Einhaltung der Form belehrt.
7. Die Urschrift dieser Erklärung erhalten wir. Wir werden diese selbst an das zuständige Nachlassgericht weiterreichen.

2. Verbindung zum Pflichtteilsrecht

Obwohl gesetzlich klar geregelt, bestehen in der Praxis häufig falsche Rechtsvorstellungen über das Verhältnis von Ausschlagung und Pflichtteilsverlangen. Es müssen hier verschiedene Fallgestaltungen unterschieden werden: 468

(1) Der Erblasser setzt den Pflichtteilsberechtigten zwar zum Erben ein, jedoch nur mit einem **Bruchteil, der niedriger als der Pflichtteil ist.** Hier gewährt das Gesetz dem zurückgesetzten Miterben einen schuldrechtlichen Anspruch auf Zahlung des Wertes, der zum Pflichtteilsbruchteil fehlt (§ 2305 BGB), **Pflichtteilsrestanspruch** oder **Zusatzpflichtteil** genannt. Dieser Anspruch geht **nur** auf den Wert des Unterschiedes. Schlägt hier der Pflichtteilsberechtigte den ihm zugewandten Erbteil aus, so hat dies zur Folge, dass er sein Erbrecht verliert und ihm **nur** der Zusatzpflichtteil verbleibt. Laienhaft wird gedacht, dass derjenige, der aus „Versehen" in einem solchen Falle ausgeschlagen hat, um den vollen Pflichtteil zu bekommen, seine Ausschlagungserklärung gem. § 119 BGB anfechten könne. Jedoch handelt es sich hierbei um einen Irrtum über die rechnerische Höhe der Ansprüche, also über das Ergebnis einer unrichtigen rechtlichen Würdigung und damit um einen rechtlich irrelevanten Irrtum im Beweggrund (Motivirrtum). 469

(2) **Entspricht der zugewendete Erbteil dem Pflichtteil**, so hat der Pflichtteilsberechtigte **überhaupt kein Pflichtteilsrecht.** Schlägt er in einem solchen Falle die Erbschaft aus, so kann ihm, weil auch schon vorher der Pflichtteilsanspruch nicht bestand, auch durch die Ausschlagung kein Pflichtteilsanspruch erwachsen (*BGH NJW 1958, 1966*). Anders allerdings kann sich die Rechtslage beim gesetzlichen Güterstand darstellen (vgl. Rn. 473 ff.). 470

(3) Setzt hingegen der Erblasser den Pflichtteilsberechtigten zwar zum Erben ein, belastet ihn jedoch mit **Beschränkungen und Beschwerungen** (z.B. Nacherbfolge, Testamentsvollstreckung, Vermächtnisse, Auflagen, Teilungsanordnung), oder setzt er ihn nur zum Nacherben ein, so steht dem Pflichtteilsberechtigten nach § 2306 BGB n.F. unabhängig von der Höhe seines Erbteils die Möglichkeit offen, den Erbteil auszuschlagen und den Pflichtteil zu verlangen. Die bis 31.12.2009 wegen der unterschiedlichen 471

Rechtsfolgen notwendige Unterscheidung hinsichtlich der Höhe der Erbeinsetzung und die damit verbundenen Fragen von „Quoten-" und „Werttheorie" entfallen damit vollständig.

472 (4) Bei **Vermächtnissen** stellt sich die Rechtslage gänzlich anders dar: Hier hat der **Pflichtteilsberechtigte stets die Wahl**, ob er das Vermächtnis annehmen oder ausschlagen will, mag es wertvoll oder geringwertig sein, mag es beschränkt sein oder nicht oder mag es den Wert des Pflichtteils übersteigen oder nicht (§ 2307 I 1 BGB). Schlägt der Pflichtteilsberechtigte das Vermächtnis aus, dann erhält er den unbeschränkten und unbeschwerten Pflichtteilsanspruch. Nimmt er das Vermächtnis an, so hat, wenn das Vermächtnis niedriger als der Pflichtteil ist, der Vermächtnisnehmer einen Zusatzpflichtteilsanspruch (§ 2307 I 2 BGB). In diesem Falle bleiben bei der Berechnung des Werts des Vermächtnisses alle Beschränkungen und Beschwerungen außer Betracht.

3. Sonderfall: Zugewinngemeinschaft

473 Der Pflichtteil des im gesetzlichen Güterstand verheirateten überlebenden Ehegatten bemisst sich gem. § 1371 I BGB dann nach dem erhöhten Erbteil, wenn der Ehegatte (gleich zu welcher Quote, gleich ob eingesetzter oder gesetzlicher) Erbe oder auch mit einem noch so geringen Vermächtnis Bedachter ist. Wird der überlebende Ehegatte weder Erbe noch Vermächtnisnehmer, so kann er nach der herrschenden Einheitstheorie (*BGH* NJW 1964, 2402) ausschließlich den nicht erhöhten (kleinen) Pflichtteil fordern und zusätzlich den Anspruch auf Zugewinnausgleich geltend machen. Hierbei ist es unbeachtlich, ob der Ausschluss von der Erbfolge der Verfügung des Erblassers zuzuschreiben ist oder ob der Betreffende ihn selbst durch Ausschlagung herbeigeführt hat. Ein Wahlrecht wird ihm nicht eingeräumt (a. A. *Lange* NJW 1957, 1381; *Knur* DNotZ 1958, 181). Die herrschende Einheitstheorie führt zu folgenden Ergebnissen:

(1) Ist der **Erbteil des überlebenden Ehegatten geringer** als der gem. § 1371 I BGB zu bestimmende erhöhte Pflichtteil, so hat der überlebende Ehegatte Anspruch auf einen Zusatzpflichtteil gem. § 2305 BGB bis zum großen Pflichtteil. Schlägt der Ehegatte das zugewendete Erbe aus, dann steht ihm nach § 1371 III BGB der Anspruch auf den nicht erhöhten kleinen Pflichtteil und gem. § 1371 II BGB der Anspruch auf Zugewinnausgleich zu. Sind Belastungen angeordnet (§ 2306 I BGB), so steht ihm ebenfalls der Pflichtteilsrestanspruch bis zur Höhe des großen Pflichtteils zu. Auch hier kann der überlebende Ehegatte ausschlagen und neben der Zugewinnausgleichsforderung den kleinen Pflichtteil verlangen (§ 1371 III, II BGB).

(2) Wird der überlebende **Ehegatte voll übergangen** oder schlägt er den ihm zugewendeten Erbteil aus, so erhält der überlebende Ehegatte gem. § 1371 II BGB nur den kleinen Pflichtteil; daneben kann er Zugewinnausgleich verlangen. Im Falle des § 2307 I 1 BGB greift also die güterrechtliche Lösung ein, weil der überlebende Ehegatte infolge Ausschlagung nicht Vermächtnisnehmer wird. Hat der Ehegatte ausgeschlagen, steht ihm nicht noch ein weiteres Wahlrecht zwischen der güterrechtlichen Lösung und dem großen Pflichtteil ohne Zugewinnausgleich zu.

(3) Hat der Erblasser den **Ehegatten mit einem noch so geringen Vermächtnis bedacht**, dann kann der Überlebende dieses Vermächtnis annehmen und über § 2307 I 2 BGB den Zusatzpflichtteil hinsichtlich des erhöhten Pflichtteils (§ 1371 I BGB) verlangen. Ein Zugewinnausgleichsanspruch besteht daneben nicht. Schlägt er das Vermächtnis aus (§ 2307 I 1 BGB), so kann er den kleinen Pflichtteil und daneben Zugewinnausgleich verlangen.

474 Dieser gesetzlichen Regelung zufolge ergibt sich die interessante Konstellation, dass der Erblasser freie Wahl hat, ob er dem überlebenden Ehegatten den großen oder den kleinen Pflichtteil zukommen lassen will. Eigenwillig werden allerdings dann die Ergebnisse, wenn kein Zugewinn erzielt wird und Vergleiche zum Erbrecht bei Gütertrennung angestellt

werden. Bei Gütertrennung erhält neben einem Kind der Ehegatte in jedem Fall als Pflichtteil 1/4. Der enterbte Ehegatte steht also beim gesetzlichen Güterstand der Zugewinngemeinschaft schlechter, weil für ihn als kleiner Pflichtteil nur 1/8 verbleibt. Dieses Ergebnis spielt für die Gestaltung der Verfügung von Todes wegen eine nicht unwesentliche Rolle. Da auf das Recht zur Ausschlagung nicht vor dem Erbfall verzichtet werden kann (arg. § 1946 BGB), auch eine Verpflichtung, nicht auszuschlagen, unwirksam ist, kann häufig der Wille des Erblassers bei gemeinschaftlichem Testament oder Erbvertrag, wenn der überlebende Ehegatte weniger als einen Pflichtteil zuzüglich Zugewinnausgleich ohne Beschränkungen und Beschwerden erhalten soll, nur erreicht werden durch
– Erb- und Pflichtteilsverzicht und
– ehevertragliche Vereinbarung eines bedingten Verzichts auf Zugewinnausgleich.

In diesem Zusammenhang ist die Rechtsprechung des *BGH* (BGHZ 22, 364; DNotZ 1977, 747; NJW 1977, 1728; hierzu *Keim* ZEV 2001, 1) zu beachten, wonach in einem notariell beurkundeten gemeinschaftlichen Testament bei vergleichbaren Fallgestaltungen ohne ausdrücklichen Verzicht möglicherweise ein **stillschweigender** Pflichtteilsverzicht enthalten sein soll. Rechtsprechung zu einem eventuellen stillschweigenden Zugewinnausgleichsverzicht liegt hingegen nicht vor.

4. Anfechtung der Annahme bzw. Ausschlagung der Erbschaft

Wurde die Erbschaft angenommen, kann sie grundsätzlich nicht mehr ausgeschlagen werden, § 1943 BGB. Gleiches gilt umgekehrt, wenn der Erbe bereits ausgeschlagen hat, für die Annahme. Dem Erben steht dann nur noch die Möglichkeit der Anfechtung der Annahme der Erbschaft zur Verfügung, wenn die **Voraussetzungen der Anfechtung**, insbesondere ein **Anfechtungsgrund** gegeben sind. Die Anfechtungsgründe ergeben sich aus den allgemeinen Vorschriften der §§ 199 ff. BGB. Vor allem der Eigenschaftsirrtum kann in Betracht kommen, wenn der Erbe über eine verkehrswesentliche Eigenschaft des Nachlasses irrt und somit erst später dessen Überschuldung erkennt. Eine bloße vage Hoffnung, dass noch weiteres Vermögen auftauche, genügt jedoch nicht (*BayObLG* ZEV 1997, 257). Die **Anfechtungsfrist** beträgt wie bei der Ausschlagung **sechs Wochen** bzw. sechs Monate, § 1954 BGB. Sie ist ausgeschlossen, wenn seit Annahme bzw. Ausschlagung 30 Jahre verstrichen sind. Da die Anfechtung gem. § 1957 BGB die Wirkung der Ausschlagung bzw. Annahme zur Folge hat, verweist § 1955 BGB für ihre **Form** auf die Vorschrift zur Ausschlagung, § 1945 BGB.

> **Formulierungsbeispiel: Anfechtung der Annahme der Erbschaft**
>
>
>
> 1. Der Erblasser ist am ... verstorben. Er wurde inhaltlich des Erbscheins des Amtsgerichts ... vom ... beerbt von .... Die Annahme der Erbschaft erfolgte durch Erklärung gegenüber dem Nachlassgericht am .... Der Nachlass belief sich auf eine Höhe von EUR ....
> 2. Durch Mitteilung des ... vom ... erlangten die Erben Kenntnis von bestehenden Forderungsansprüchen gegen den Erblasser – und nunmehr die Erben – in Höhe von EUR .... Der Nachlass ist angesichts dieser hohen Forderungsansprüche überschuldet. Es liegen somit die Voraussetzungen für eine Anfechtung der Erbschaftsannahme vor (§ 119 BGB).
> 3. Ich, ..., fechte hiermit die Annahme der Erbschaft an. Die Anfechtung der Annahme gilt als Ausschlagung der Erbschaft.
> 4. Nächstberufene gem. § 1953 II BGB sind ....
> 5. Der Notar hat uns über Inhalt und rechtliche Tragweite unserer heute abgegebenen Erklärungen eingehend belehrt. Er hat auch über die geltenden Fristen zur wirksamen Anfechtung bzw. Erbschaftsausschlagung sowie die notwendige Einhaltung der Form belehrt.
> 6. Die Urschrift dieser Erklärung erhält der Erschienene und wird diese selbst unverzüglich an das zuständige Nachlassgericht weiterreichen.

5. Checkliste

Checkliste zur Ausschlagung

Form: Öffentlich beglaubigt oder zur Niederschrift des Nachlassgerichts, § 1945 BGB
(1) Ist wirklich Ausschlagung gewollt? – Beachtung der §§ 2305 bis 2307 BGB!
(2) Angaben:
  – zur Person des Erblassers (Todestag, Todesort, letzter Wohnsitz)
  – zum Berufungsgrund
  – zum Zeitpunkt der Kenntniserlangung von Anfall und Grund der Berufung
(3) Ausschlagung auch für die Kinder des Ausschlagenden (§ 1643 II 2 BGB):
  – Erfolgt Anfall an das Kind erst infolge der Ausschlagung durch Elternteil, der das Kind allein oder gemeinsam mit dem anderen Elternteil vertritt, und war dieser nicht neben dem Kind berufen: Eltern können das Kind ohne familiengerichtliche Genehmigung vertreten
  – Genehmigungspflicht in allen anderen Fällen
(4) Ausschlagung wird gegenüber dem zuständigen Nachlassgericht erklärt (§§ 343, 344 VII FamFG)

Frist: sechs Wochen, bei Erben mit letztem Wohnsitz nur im Ausland oder bei Aufenthalt des Erben bei Fristbeginn im Ausland sechs Monate, § 1944 BGB; maßgebender Zeitpunkt zur Fristwahrung: Formgerechter Zugang beim zuständigen Nachlassgericht (§ 130 BGB); die Zuständigkeit des Nachlassgerichts bestimmt sich gem. § 343 FamFG nach den allgemeinen Vorschriften; zusätzlich ist gem. § 344 VII FamFG das Nachlassgericht am Wohnsitz des Erben zuständig.

6. Kosten

479   0,5-Gebühr Nr. 21201 Ziff. 7 KV-GNotKG aus dem Reinwert des Nachlasses oder Nachlassteils, auf den verzichtet wird (§ 107 GNotKG), bei Überschuldung des Nachlasses Wert 0; Gebühr 30 EUR. Schlagen mehrere nacheinander Berufene (Eltern und Kinder) aus, bleibt es bei einer Gebühr; Beurkundung mehrerer gleichzeitig erfolgender Ausschlagungen in gesonderten Erklärungen ist falsche Sachbehandlung (a. A. *LG Potsdam* JurBüro 2005, 431 m. abl. Anm. *Filzek*).

VI. Nachlassregulierung unter Mitwirkung eines Testamentsvollstreckers

1. Grundsatz

480   Die Position des Testamentsvollstreckers bei Notar, Grundbuchamt und Handelsregister ergibt sich aus seiner Stellung als **Partei kraft Amtes**. Die Anordnung der Testamentsvollstreckung führt auf Seiten der Erben zu einer Verfügungsbeschränkung, auf der anderen Seite hat das Verwaltungsrecht des Testamentsvollstreckers, soweit es reicht, ein allgemeines Verfügungsrecht des Testamentsvollstreckers über den Nachlass bzw. die seiner Verwaltung unterliegenden Nachlassgegenstände oder Erbteile zum Inhalt.

2. Folgerungen

481   Der Erbe braucht bei rechtsgeschäftlichen Erklärungen, die vor dem Notar, gegebenenfalls auch zur Weitergabe an das Grundbuchamt abgegeben werden, prinzipiell nicht mitzuwirken; eine Mitwirkung kann sich aus haftungsrechtlichen Gründen für den Testamentsvollstrecker empfehlen. Bei notariellen Beurkundungen braucht nur der Testamentsvollstrecker zu erscheinen, er allein ist im Urkundseingang als Beteiligter (§ 9

I 1 Nr. 1 BeurkG) aufzuführen, allerdings mit dem Hinweis auf die Vertretung kraft Amtes. Dies gilt auch für den Zuerwerb von Grundbesitz durch den Testamentsvollstrecker bei Surrogationserwerb.

Hat der Testamentsvollstrecker die Auseinandersetzung des Nachlasses unter den Miterben zu bewirken (§ 2204 I BGB), so brauchen die Miterben bei der Feststellung des Teilungsplanes (§ 2204 II BGB) nicht mitzuwirken. **482**

Bei der Ausführung der Teilung handelt der Testamentsvollstrecker für die Erbengemeinschaft, die Erwerber müssen jedoch dabei, insbesondere bei der Entgegennahme der Auflassung von Grundstücken, mitwirken. **483**

Bei der Erfüllung eines Vermächtnisses handelt der Testamentsvollstrecker für die Erben; die Annahme des Vermächtnisses ist Sache des Vermächtnisnehmers und kann nicht vom Testamentsvollstrecker erklärt werden; der Vermächtnisnehmer hat an der Erfüllung des Vermächtnisses, insbesondere bei der Auflassung von Grundstücken, mitzuwirken. Die Verwaltungsbefugnis des Testamentsvollstreckers kann aber auch die Entgegennahme der Auflassung durch den Vermächtnisnehmer umfassen, wenn die Testamentsvollstreckung auch den Vermächtnisnehmer beschränkt, so dass sich das Verwaltungsrecht des Testamentsvollstreckers auch auf die Verschaffung des vermachten Gegenstandes bezieht und er das Vermächtnis ohne Mitwirkung des Vermächtnisnehmers erfüllen kann (BGHZ 13, 203; *OLG München* DNotZ 2013, 695 m. krit. Anm. *Reimann* MittBayNot 2013, 394; *OLG Hamm* ZEV 2011, 198). **484**

Wegen des Verbots der unentgeltlichen Verfügung (§ 2205 S. 3 BGB) ist regelmäßig ein Eingehen auf den Rechtsgrund der Verfügung geboten. Das Grundbuchamt muss allerdings aufgrund einer Erklärung des Testamentsvollstreckers, es handle sich um eine entgeltliche Verfügung, eintragen, falls ihm nicht Anhaltspunkte für die Unrichtigkeit dieser Aussage bekannt sind; andernfalls ist die Entgeltlichkeit nachzuweisen, wenn auch nicht in der Form des § 29 GBO (*BGH* DNotZ 1972, 90). **485**

3. Zuständigkeit zur Handelsregisteranmeldung

Bei Beteiligungen an Personenhandelsgesellschaften hat der Testamentsvollstrecker den Gesellschafterwechsel zum Handelsregister anzumelden (*BGH* DNotZ 1990, 183). Der Erbe ist nicht mehr anmeldeberechtigt (*Reimann* DNotZ 1990, 194). Zum Ganzen Bengel/Reimann/*Pauli* 5. Kap. Rn. 211 ff. **486**

4. Eintragung des Testamentsvollstreckervermerks im Handelsregister

Die Eintragungsfähigkeit und -pflicht ist bei Personenhandelsgesellschaften jedenfalls für die Dauertestamentsvollstreckung zu bejahen; Sinn und Zweck des Handelsregisters bestehen darin, die Zugehörigkeit gewerblicher Unternehmen zum Handelsstand und die wichtigsten Rechtsverhältnisse dieser Unternehmen zu offenbaren (Baumbach/Hopt/*Hopt* § 8 Rn. 1, ausführlich hierzu *Plank* ZEV 1998, 325). Schon wegen § 2214 BGB ist eine Verlautbarung geboten (*BGH* ZEV 2012, 335; *Rohwedder* EWiR 1989, 991; *Reimann* DNotZ 1990, 194; noch offengelassen: *BGH* NJW 1989, 3152; a. A. *KG* ZEV 1996, 67; *Damrau* BWNotZ 1990, 69). Die Eintragung setzt allerdings voraus, dass der Gesellschaftsanteil tatsächlich zu den der Testamentsvollstreckung unterliegenden Nachlassgegenständen zählt. **487**

5. Zusätzliche Eintragung im Grundbuch, wenn die Personenhandelsgesellschaft Grundbesitz hat?

Da nicht der Gesellschafter, sondern die Gesellschaft Eigentümer ist, kommt eine Eintragung der Testamentsvollstreckung nicht in Betracht, wenn über eine Beteiligung an der Gesellschaft Testamentsvollstreckung angeordnet ist (*Damrau* BWNotZ 1990, 69; a. A. *Hörer* BWNotZ 1990, 16). Etwas anderes gilt, wenn der Gesellschafter zivilrecht- **488** licher Eigentümer ist und den Grundbesitz nur zur Nutzung als steuerliches Sonderbetriebsvermögen in die Gesellschaft eingebracht hat.

VII. Nachlassregulierung und Handelsregister

1. Einzelkaufmännisches Unternehmen

a) Änderung des Inhabers

489 Jede Änderung des Inhabers ist zum Handelsregister anzumelden (§§ 31 I, 29 HGB). Die Anmeldung erfolgt durch den Alleinerben bzw. durch sämtliche Miterben, die sich jedoch gem. § 12 I 2 HGB durch einen Bevollmächtigten vertreten lassen können. Sind minderjährige Miterben vorhanden, können die Eltern die Kinder aufgrund ihrer elterlichen Vertretungsmacht nur begrenzt finanziell verpflichten (*BVerfG* NJW 1986, 1859). Abhilfe kann geschaffen werden, indem das Nachlassunternehmen in eine GmbH eingebracht wird. Unter Umständen ist Ergänzungspflegschaft anzuordnen (*Schaub* ZEV 1994, 72), wobei der Ergänzungspfleger dann auch die entsprechenden Registeranmeldungen statt der Eltern vorzunehmen hat (vgl. *Klüsener* Rpfleger 1990, 331).

b) Testamentsvollstreckung

490 Da Testamentsvollstreckung am einzelkaufmännischen Unternehmen grundsätzlich **nicht** möglich ist (s. Rn. 326), wurden Ersatzkonstruktionen geschaffen. Bei der Vollmachtslösung werden die Erben als Inhaber des Geschäfts im Handelsregister eingetragen. Sie sind anmeldepflichtig (Bengel/Reimann/*Pauli* 5. Kap. Rn. 136). Bei der Treuhandlösung ist der Testamentsvollstrecker Inhaber des Handelsgeschäfts. Er ist im Handelsregister einzutragen, nachdem dort zunächst die Erben eingetragen wurden. Anmeldepflichtig ist der Testamentsvollstrecker unter Mitwirkung der Erben (Bengel/Reimann/*Pauli* 5. Kap. Rn. 121).

491 In beiden Fällen unterbleibt die Eintragung eines Testamentsvollstreckervermerks. Da der Testamentsvollstrecker nach der neueren Rechtsprechung des *BGH* zur Testamentsvollstreckung bei Personengesellschaften zumindest an der „Außenseite" des Unternehmens Funktionen hat, empfiehlt es sich, den Testamentsvollstrecker der Handelsregisteranmeldung auch dann beitreten zu lassen, wenn lediglich der Erbe als Nachfolger des durch Tod ausgeschiedenen Inhabers in das Handelsregister eingetragen wird.

2. Offene Handelsgesellschaft

a) Auflösung der Gesellschaft

492 Bei der – nur bei entsprechender Regelung eintretenden – Auflösung der Gesellschaft gilt § 143 I HGB. Neben sämtlichen Gesellschaftern sind auch alle Erben anmeldepflichtig (vgl. § 143 III HGB). Gleiches gilt für die Anmeldung der Liquidatoren sowie jede Änderung ihrer Person (§ 148 HGB). Das Erlöschen der Firma nach der Liquidation ist dann von sämtlichen Liquidatoren anzumelden (§ 157 I HGB).

b) Fortsetzung der Gesellschaft

493 Ausscheiden und ggf. Eintreten von Gesellschaftern sind anzumelden. Auch hier obliegt die Anmeldepflicht sämtlichen Gesellschaftern und den Erben, und zwar individuell jedem Einzelnen, eine Gesamtanmeldepflicht besteht nicht (*Schaub* ZEV 1994, 75).

494 Macht ein Erbe von der Möglichkeit des § 139 I HGB Gebrauch und wird ihm die Stellung als Kommanditist eingeräumt, wird gleichzeitig die OHG in eine KG umgewandelt. Dies ist von allen Gesellschaftern und den Erben zum Handelsregister anzumelden, ebenso wie die Inhaltsänderung der mitgliedschaftlichen Stellung des Erben (Schlegelberger/*K. Schmidt* § 143 Rn. 9, 10).

c) Testamentsvollstreckung

Eine Testamentsvollstreckung ist nur eingeschränkt möglich (vgl. Rn. 327). Wegen der Funktionen des Testamentsvollstreckers zumindest an der „Außenseite" der Beteiligung ist zu empfehlen, den Testamentsvollstrecker der Handelsregisteranmeldung durch den Erben beitreten zu lassen. Ist eine Ersatzkonstruktion (Treuhandlösung, Vollmachtslösung) anzunehmen, gilt Rn. 326. Wegen der Eintragung des Testamentsvollstreckervermerks in das Handelsregister vgl. Rn. 487. 495

3. Kommanditgesellschaft

a) Beim Tod eines Komplementärs gelten dieselben Grundsätze wie bei der OHG. 496

b) Das Ausscheiden eines verstorbenen Kommanditisten und der Eintritt des Erben ist ebenfalls von sämtlichen Gesellschaftern sowie von allen Erben anzumelden, §§ 161 II, 143 II, 107 HGB. 497

c) Testamentsvollstreckung am Kommanditanteil ist möglich (vgl. Rn. 332). Wenn eine Verwaltungsvollstreckung nach § 2205 BGB anzunehmen ist, die den Kommanditanteil erfasst, ist der Testamentsvollstrecker auch zur Handelsregisteranmeldung befugt (vgl. *Reimann* DNotZ 1990, 193). Es empfiehlt sich, den Erben der Handelsregisteranmeldung beitreten zu lassen. Wegen der Eintragung des Testamentsvollstreckervermerks im Handelsregister vgl. Rn. 487. 498

4. GmbH

Für die GmbH sind die anmeldepflichtigen Personen ausdrücklich in § 78 GmbHG geregelt. Anzumelden sind insbesondere jede Änderung in den Personen der Geschäftsführer, § 39 GmbHG, also auch der Tod des Geschäftsführers. Anmeldepflichtig sind in diesem Fall die Geschäftsführer in vertretungsberechtigter Zahl, nicht notwendig sämtliche. Zum Testamentsvollstreckervermerk in der Gesellschafterliste vgl. Rn. 336. 499

VIII. Nachlassregulierung und Grundbuch

Der Erwerb des Nachlasses durch den Erben vollzieht sich gem. §§ 1922, 1942 BGB von selbst und außerhalb des Grundbuchs. Das Grundbuch wird dadurch unrichtig. Der Erbe ist aber gem. § 13 I GBO berechtigt, die Grundbuchberichtigung zu beantragen. Für den Antrag genügt Schriftform, § 30 GBO. Allerdings muss der Erbe die Unrichtigkeit des Grundbuchs gem. § 22 I 1 GBO beweisen. Der Nachweis der Erbfolge kann nach § 35 I GBO durch Vorlage des Erbscheins oder einer Verfügung von Todes wegen in einer öffentlichen Urkunde samt Eröffnungsniederschrift erfolgen. 500

Die Eintragung des Eigentümers innerhalb von zwei Jahren nach dem Erbfall ist beim Grundbuchamt kostenfrei (Nr. 14110 Anm. 2 KV-GNotKG). 501

Formulierungsbeispiel: Grundbuchberichtigungsantrag 502

1. Grundbuchstand ...

2. ... ist am ... verstorben und wurde ausweislich des Testaments zur Urkunde des Notars ... in ... vom ..., URNr. ..., samt Eröffnungsniederschrift des Amtsgerichts ... vom ..., Gz. ..., von Herrn ..., geb. am ..., wohnhaft in ..., alleine beerbt. Das vorgenannte Testament samt Eröffnungsniederschrift ist dieser Urkunde in beglaubigter Abschrift beigefügt.

3. Ich bewillige und beantrage die Berichtigung des Grundbuchs dergestalt, dass die vorgenannte Erbfolge im Grundbuch eingetragen wird.

4. Die Kosten dieser Urkunde und ihres Vollzugs im Grundbuch trägt der Erschienene.

IX. Steuerliche Überlegungen

503 Abgesehen von besonders einfach gelagerten Gestaltungen bedarf die Gestaltung einer Erb- oder Nachlassregelung stets einer **Prüfung unter steuerlichen Gesichtspunkten**. Dabei spielen, insbesondere wenn im Nachlass betriebliche Vermögenswerte vorhanden sind, neben der offensichtlichen Erbschaftsteuer auch ertragsteuerliche Aspekte eine gewichtige Rolle.

1. Notarielle Belehrungspflichten (zu Anzeigepflichten vgl. Kap. E. Rn. 22 ff.)

504 Anders als für die Beurkundung von Schenkungen (§ 8 I 6 ErbStDV) gibt es bei der Beurkundung von Testamenten und Erbverträgen **keine gesetzliche Hinweispflicht** auf die mögliche Erbschaftsteuerbelastung, zumal die Steuer ja nicht durch die Verfügung selbst, sondern erst durch den Erbfall unter Zugrundelegung der dann vorhandenen Vermögenswerte und der dann geltenden Rechtslage entsteht. Ein kurzer Hinweis auf die mögliche Erbschaftsteuerpflicht kann dennoch hilfreich sein, um in der Beurkundung zu klären, ob den Beteiligten dieser Aspekt überhaupt gegenwärtig ist, und sie ggf. anzuhalten, die steuerliche Entwicklung im Auge zu behalten und die Erbregelung hin und wieder (auch) unter steuerlichen Aspekten auf ihre Aktualität zu prüfen.

2. Erbschaftsteuer und Schenkungsteuer

505 Erbschaft- und Schenkungsteuer greifen jeweils auf denselben **Besteuerungsgegenstand** zu, nämlich auf den **unentgeltlichen Vermögenserwerb**. Beide Steuern sind in einem Gesetz geregelt und werden auch administrativ in der Regel gemeinsam gehandhabt. Man kann die Schenkungsteuer dabei als eine Begleitsteuer auffassen, die in erster Linie dazu dient, dass die Erbschaftsteuer nicht durch lebzeitige Zuwendungen beliebig umgangen werden kann. In zahlreichen Punkten stimmen die Regelungen der Erbschaft- und Schenkungsteuer überein, weshalb zur Vermeidung von Wiederholungen auf die Ausführungen in Kap. A V. Rn. 24 ff. verwiesen wird. In zahlreichen Details weichen die Bestimmungen für Erwerbe von Todes wegen aber von den schenkungsteuerlichen Regeln ab. Dies betrifft insbesondere:

Steuerklassen (§ 15 ErbStG)	Bei Erwerben von Todes wegen sind Vorfahren der Steuerklasse I zugeordnet; bei Schenkungen der Steuerklasse II.
Berliner Testament (§ 15 III ErbStG)	Bei doppelter Vererbung desselben Vermögens aufgrund eines Berliner Testament oder einer ähnlichen Erbregelung kann für den zweiten Erbfall das Verwandtschaftsverhältnis des Erben zum erstversterbenden Ehegatten zugrunde gelegt werden soweit dessen Vermögen betroffen ist. Für die Vererbung an Abkömmlinge spielt dies aufgrund der Gleichstellung von Kindern und Stiefkindern allerdings keine Rolle.
Allgemeine Freibeträge (§ 16 ErbStG)	Bei Erwerb von Todes wegen haben Vorfahren einen Freibetrag von 100.000 EUR, während er bei Schenkungen nur 20.000 EUR beträgt.

Versorgungsfreibetrag (§ 17 ErbStG)	Nur bei Erwerb von Todes wegen erhalten Ehegatte und Kinder den Versorgungsfreibetrag. Dieser beträgt beim Ehegatten 256.000 EUR, wird jedoch um den Kapitalwert erbschaftsteuerfreier Versorgungsbezüge gekürzt (insbes. Witwenrenten).
Steuerfreier Zugewinn	Während bei der Erbschaft der fiktive Zugewinnausgleichsanspruch – wenn die Ehegatten in Zugewinngemeinschaft leben und der potentiell ausgleichspflichtige Ehegatte verstirbt – stets steuerfrei ist (§ 5 I ErbStG), gilt dies bei Geschäften unter Lebenden nur für die Erfüllung eines tatsächlich schon entstandenen Zugewinnausgleichsanspruchs (§ 5 II ErbStG). Eine Schenkung unter Anrechnung auf den Zugewinnausgleichsanspruch ist daher zunächst steuerpflichtig; die Steuer kann aber nachträglich beseitigt werden, wenn bei Beendigung des Güterstandes die Anrechnung zum Tragen kommt (§ 29 I Nr. 3 ErbStG). Die Einschränkung des § 5 I 4 ErbStG, wonach die rückwirkende Vereinbarung der Zugewinngemeinschaft steuerlich nicht anerkannt wird, gilt nur bei Beendigung des Güterstandes durch den Tod eines Ehegatten, nicht bei Scheidung oder erneutem Güterstandswechsel (§ 5 II ErbStG).
Vor- und Nacherbschaft	Die steuerlichen Sonderregelungen zur Behandlung der Vor- und Nacherbschaft/Vor- und Nachvermächtnisse (§ 6 ErbStG) sind begrifflich auf erbrechtliche Übergänge beschränkt.
Familienheim – Übergang an Ehegatten	Während das Familienheim unter Lebenden stets steuerfrei an den Ehegatten übertragen werden kann (§ 13 I Nr. 4a ErbStG), erhält der überlebende Ehegatte bei Erwerb von Todes wegen diese Privilegierung nur, wenn er das Familienheim nach dem Tod des Erstversterbenden weitere zehn Jahre zu eigenen Wohnzwecken nutzt (§ 13 I Nr. 4b ErbStG).
Familienheim – Übergang an Kinder	Während eine gesonderte Steuerbefreiung für die lebzeitige Übertragung des Familienheims an Kinder nicht existiert, ist bei Erwerb von Todes wegen unter den engen Voraussetzungen des § 13 I Nr. 4c ErbStG eine Steuerbefreiung vorgesehen.
Steuerentstehung	Während die Schenkungsteuer die tatsächliche Ausführung der Schenkung voraussetzt, entsteht die Erbschaftsteuer im Regelfall (insbesondere für Erben und Vermächtnisnehmer) bereits mit dem Todesfall (§ 9 I Nr. 1 ErbStG); insofern ist die Möglichkeit der Ausschlagung von Bedeutung, um so die Steuer rückwirkend zu beseitigen.

Pflegefreibetrag	Der Erwerb durch Personen, die den Erblasser gepflegt haben, ist nach § 13 I Nr. 9 ErbStG bis zu 20.000 EUR steuerfrei gestellt.
Rückvererbung	Erben Eltern/Großeltern Gegenstände zurück, die sie selbst ihren Kindern/Enkelkindern geschenkt haben, ist dieser Rückerwerb nach § 13 I Nr. 10 ErbStG steuerfrei gestellt.
Verzicht auf Pflichtteilsanspruch	Gem. § 13 I Nr. 11 ErbStG gilt der Verzicht auf einen schon entstandenen, aber noch nicht geltend gemachten Pflichtteilsanspruch als steuerfrei; was als Abfindung für einen solchen Verzicht gezahlt wird, gilt als vom Erblasser stammender Erwerb von Todes wegen (§ 3 II Nr. 4 ErbStG).
Abkommensrecht	Insbesondere das Doppelbesteuerungsabkommen zwischen Deutschland und der Schweiz vom 30.11.1978 (BGBl. 1980 II S. 595) erfasst grds. nur Erbschaften, nicht Schenkungen.

506   Im Übrigen unterscheidet sich jedoch die Erbschaftsteuer in ihrer Funktionsweise nicht von der Schenkungsteuer; dies betrifft insbesondere die Fragen der Bewertung, der Steuerbefreiungen, der Steuerklassen und Steuersätze (mit obigen Ausnahmen) und der Zusammenrechnung von Erwerben innerhalb des Zehn-Jahres-Zeitraums.

3. Wichtige Gestaltungsmöglichkeiten

507   Die Erbschaftsteuer ist in besonders hohem Maße einer steuerlichen Gestaltung zugänglich, wobei aber dem Rechtsgestalter in jedem Fall die Aufgabe verbleibt, ein gesundes Augenmaß zu wahren. Mitunter ist die Zahlung einer niedrigen Erbschaftsteuer nur mit einem gestalterischen Aufwand zu vermeiden, der diesen Steuervorteil nicht mehr rechtfertigt.

a) Lebzeitige Übertragungen

508   Der klassische Weg zur Vermeidung der Erbschaftsteuer besteht in der lebzeitigen Übergabe von Vermögensgegenständen. Dadurch können die bestehenden Steuerfreibeträge im Zehn-Jahres-Turnus des § 14 ErbStG wiederholt genutzt werden. Die vorweggenommene Erbfolge vermeidet weiterhin, dass derselbe Vermögensgegenstand (wie beim Berliner Testament) mehrfach der Erbschaftsteuer unterliegt. Außerdem besteht ein wesentlicher Vorteil in der Abzugsfähigkeit von Leistungs- und Nutzungsvorbehalten (s. Teil A V.). Angesichts der heutigen Steuerfreibeträge ist die Erbschaftsteuer in Familien mit Kindern und durchschnittlichen Vermögensverhältnissen aber vielfach kein entscheidender Faktor mehr, so dass insbesondere die lebzeitige Übergabe des selbstbewohnten Familienheims an die nächste Generation nur in einigen Ballungsgebieten tatsächlich erbschaftsteuerlich zu rechtfertigen ist. Weitere lebzeitige Maßnahmen zur Vermeidung der Erbschaftsteuer sind in Teil A V. dargestellt (insbesondere die Erwachsenenadoption und die Wahl des Güterstandes).

b) Vermeidung der mehrfachen Vererbung

509   Insbesondere erbrechtliche Gestaltungen wie das sog. Berliner Testament führen dazu, dass der vom Erstversterbenden stammende Vermögensgegenstand doppelt vererbt wird

2. Teil. Nachlassregelungen C

und damit die Freibeträge in zwei verschiedenen Rechtsverhältnissen in Anspruch nimmt, während gleichzeitig die Freibeträge der Kinder zum Erstversterbenden ungenutzt verfallen. Dem kann auch erbrechtlich entgegengesteuert werden, indem der länger lebende Ehegatte mit Vermächtnissen zugunsten der Kinder beschwert wird, wonach er Teile des vom Erstversterbenden stammenden Vermögens (ggf. unter Nießbrauchsvorbehalt) an diese zu übertragen hat. Solche Vermächtnisse werden steuerlich nach h. M. sogar dann anerkannt, wenn sie vom überlebenden Ehegatten gewissermaßen freiwillig erfüllt werden, weil der Erstversterbende die Erfüllung in das Belieben des Beschwerten gestellt hat, sog. Supervermächtnis (vgl. hierzu mit kritischen Anmerkungen und Formulierungsvorschlägen *Mayer* DStR 2004, 1409, 1412).

c) Privilegiertes Vermögen

Während nach dem geltenden Erbschaftsteuerrecht die Bewertung des Vermögens – gleich ob Barvermögen, Immobilienbesitz, Betriebsvermögen oder Gesellschaftsanteile – an den Verkehrswert anknüpft, sind in der Folge Freistellungen für einzelne Wirtschaftsgüter vorgesehen: 510
– das Familienheim bei Vererbung im engsten Familienkreis (s. Rn. 505);
– vermietete Wohnimmobilien mit einem Abschlag von 10% (§ 13c ErbStG);
– Betriebsvermögen, Mitunternehmeranteile, qualifizierte Anteile an Kapitalgesellschaften mit einer Befreiung von 85% oder 100% und einem Steuerklassenprivileg (§§ 13a, 13b, 19a ErbStG).

Insbesondere diese letztgenannten Befreiungen sind maßgeblicher Auslöser für das derzeit erneut beim Bundesverfassungsgericht anhängige Normenkontrollverfahren (1 BvL 21/12). Eine Entscheidung hierzu wird im Herbst 2014 erwartet. Solange die bisherigen Befreiungsvorschriften gelten, ist die Übertragung privilegierten Vermögens die dritte bedeutende gestalterische Möglichkeit zur Minimierung der Erbschaftsteuer. Die vormalige Gesetzesfassung ist in erheblichem Umfang dazu genutzt worden, Barvermögen in betrieblichen Einheiten (sog. Cash-GmbH) zu verpacken und steuerfrei zu übertragen. Die dafür maßgeblichen Gesetzeslücken hat der Gesetzgeber allerdings mit der Neuregelung insbesondere des § 13b II 2 Nr. 4a ErbStG durch das Amtshilferichtlinie-Umsetzungsgesetz vom 26.6.2013 weitgehend geschlossen, vgl. dazu die Gleichlautenden Ländererlasse vom 10.10.2013, ZEV 2013, 697, und die Stellungnahme von *Viskorf/ Haag* ZEV 2014, 21. Dennoch bleiben die Befreiungsvorschriften gestalterisch wichtig, wenn es darum geht, Verwaltungsvermögen im zulässigen Umfang mit begünstigtem Vermögen zu verbinden und für Kapitalgesellschaftsanteile die Privilegierung durch Abschluss eines Poolvertrages zu ermöglichen. 511

d) Reparatur durch Pflichtteil und Ausschlagung

Die steuerlich nachteiligen Folgen eines „Berliner Testamentes" oder fehlgehender Testamente können auch nach dem Tod des erstversterbenden Ehegatten durch geeignete Gestaltungen gemildert werden. Hier kommt insbesondere Folgendes in Betracht: 512
– Der als Alleinerbe eingesetzte Ehegatte kann die Erbschaft ausschlagen, sofern die Kinder dann als Ersatzerben zum Zuge kommen. Im Gegenzug lässt er sich von den Kindern Abfindungsleistungen versprechen, wie z. B. ein Wohnungsrecht oder eine Rentenzahlung. Diese Vermögensvorteile des Längerlebenden gelten als erbrechtlicher Erwerb vom Ehegatten (§ 3 II Nr. 4 ErbStG), während sich die Abfindungszahlungen als Kosten für die Erlangung des Erwerbs gem. § 10 V Nr. 3 ErbStG bei den Kindern erbschaftsteuermindernd auswirken, vgl. *Troll/Gebel/Jülicher* § 10 ErbStG Rn. 231.
– Die aufgrund eines Berliner Testamentes im ersten Erbfall übergangenen Kinder können im Einvernehmen mit dem überlebenden Elternteil den Pflichtteil geltend machen oder für den Verzicht auf die Geltendmachung des Pflichtteils eine Abfindung mit dem überlebenden Elternteil vereinbaren. In beiden Fällen versteuern die Kinder die daraus

erwachsenden Vorteile wie erbrechtliche Zuwendungen vom Erstversterbenden, und zwar entweder als geltend gemachten Pflichtteilsanspruch gem. § 3 I Nr. 1 ErbStG oder als Abfindung nach § 3 II Nr. 4 ErbStG; die Bemessungsgrundlage für den Erwerb des Ehegatten verringert sich nach § 10 V Nr. 2 bzw. Nr. 3 ErbStG. Gefährlich ist es dagegen, wenn ein Kind auf einen bereits geltend gemachten Pflichtteilsanspruch verzichtet: Durch die Geltendmachung entsteht ggf. die vom Pflichtteilsberechtigten zu zahlende Steuer nach § 3 I Nr. 1 ErbStG; sie kann durch den Verzicht nicht wieder beseitigt werden. Vielmehr stellt dieser Verzicht eine lebzeitige Zuwendung des Pflichtteilsberechtigten an den Erben, typischerweise also an den anderen Elternteil, dar (§ 7 I ErbStG). Diese ist bei Überschreitung des Freibetrages von 20.000 EUR in der Steuerklasse II steuerpflichtig.

- Ist eine privilegierte Vermögenseinheit (Unternehmen) durch ein Testament an ein Kind geraten, das zur Fortführung nicht bereit oder in der Lage ist, während ein anderes Kind hieran interessiert ist, so kann die Ausschlagung gegen Abfindung in zweifacher Hinsicht vorteilhaft sein: Nimmt ein Kind das Erbe an, um das Unternehmen anschließend an ein Geschwisterkind zu verkaufen, so geht (wegen Verstoß gegen die Haltefrist des § 13a ErbStG) die Privilegierung für den vorangegangenen Erbfall verloren; außerdem löst die Weiterveräußerung regelmäßig einkommensteuerliche Folgen beim Veräußerer aus; zur Vermeidung dieser Doppelbelastung vgl. § 35b EStG. Lässt sich das wirtschaftlich gleiche Ergebnis auch durch eine Ausschlagung gegen Abfindung erreichen, so erhält der zur Erbfolge gelangende Ersatzerbe die Begünstigung der §§ 13a, 13b ErbStG und ein steuerpflichtiger Veräußerungsgewinn fällt nicht an, da die Abfindung als unentgeltlicher Erwerb vom Verstorbenen der Erbschaftsteuer unterliegt. In diesen Fällen erweist sich die gesetzliche Ausschlagungsfrist des § 1944 BGB als enormes Problem, da die Klärung der Unternehmensnachfolge, die Bewertung des Unternehmens und Aushandlung der Abfindungsvereinbarung in einer Frist von sechs Wochen kaum zu bewerkstelligen ist.

e) Stiftung

513 Vor dem Hintergrund einer unübersichtlichen und kaum kalkulierbaren Entwicklung der Erbschaftsteuer, aber auch aus außersteuerlichen Gründen (komplizierte Familienverhältnisse; fehlende Unternehmensbindung des Nachwuchses etc.) wird die Stiftung zunehmend als Mittel der Vermögens- und Unternehmensnachfolge akzeptiert. Während die Vermögensübertragung an eine gemeinnützige Stiftung von der Erbschaftsteuer befreit ist (und sogar eine schon entstandene Steuer beseitigt, wenn sie erst nach dem Erbfall vom Erben aus freien Stücken durchgeführt wird, vgl. § 29 I Nr. 4 ErbStG), müssen bei einer Familienstiftung die erbschaftsteuerlichen Folgen genau geprüft werden:

514 Die Einbringung von Vermögen im Rahmen des Stiftungsgeschäftes (§ 7 I Nr. 8 ErbStG) gilt als Schenkung an den entferntesten Leistungsberechtigten (§ 15 II 1 ErbStG). In der Regel wird hier die Steuerklasse I mit einem Freibetrag von 400.000 EUR anwendbar sein, da aufgrund der Stiftungsurkunde die Kinder des Stifters und die Kinder verstorbener Kinder begünstigt sind. Sofern auch die Abkömmlinge noch lebender Kinder begünstigt sind, reduziert sich der Freibetrag auf 100.000 EUR. Die nachträgliche Einbringung von Vermögen in eine schon bestehende Familienstiftung unterliegt als Schenkung i.S.v. § 7 I Nr. 1 ErbStG der Steuerklasse III, vgl. *Daragan/Halaczinsky/Riedel* § 7 ErbStG Rn. 145. Nach dem Ablauf von jeweils 30 Jahren (also ungefähr im Turnus des natürlichen Generationswechsels) ist die Stiftung zur Zahlung der sog. Erbersatzsteuer verpflichtet, § 1 I Nr. 4 ErbStG, wobei jeweils die Vererbung des Stiftungsvermögens an zwei Kinder fingiert wird (§ 15 II 3 ErbStG). Die Familienstiftung an sich ist daher nicht erbschaftsteuerlich privilegiert, sie führt aber zu einer besseren Planbarkeit und ermöglicht die Nutzung der heute geltenden §§ 13a, 13b ErbStG auch bei aktuellem Fehlen eines geeigneten Unternehmensnachfolgers. Die Erbersatzsteuer stellt ein schwer kalkulierbares Risiko dar, liegt allerdings i.d.R. jenseits des Planungshorizonts der Beteiligten. Die Leistungen der Stiftung an die Destinatäre sind von diesen nach § 22 Nr. 1 S. 2 lit. a EStG als sonstige Einkünfte zu versteuern.

4. Einkommensteuer

Einkommensteuerlich relevant sind Erbfälle insbesondere dann, wenn steuerlich als Betriebsvermögen verstrickte Vermögensgegenstände übergehen. Erben treten grundsätzlich in die einkommensteuerliche Rechtsstellung des Erblassers ein; die dem Erblasser zustehenden einkommensteuerlichen Verlustvorträge gehen jedoch durch den Todesfall endgültig verloren. 515

a) Einzelunternehmen

Geht ein Einzelunternehmen auf den Erben über, so ergeben sich zunächst keine Besonderheiten, sofern der Erbe das Unternehmen fortführt. Gibt er den Betrieb auf, so hat er einen etwaigen Aufgabegewinn nach § 16 EStG zu versteuern, wobei er den günstigen Steuersatz des § 34 III EStG nur erhält, wenn er selbst (und nicht der Erblasser) das 55. Lebensjahr vollendet hat oder dauernd berufsunfähig ist. Geht ein Einzelunternehmen auf eine Erbengemeinschaft über, so ist diese eine „geborene Mitunternehmerschaft" und als solche nach § 15 I Nr. 2 EStG zu behandeln (vgl. Schmidt/*Wacker* § 15 EStG Rn. 383), wobei es allerdings nicht zur Infektion des sonstigen Nachlassvermögens nach § 15 III Nr. 1 EStG kommt. 516

Müssen aufgrund testamentarischer Anordnungen Gegenstände aus dem Betriebsvermögen an Dritte (Vermächtnisnehmer) übertragen werden, so liegt darin regelmäßig eine Entnahme aus dem Betriebsvermögen, die zur steuerpflichtigen Aufdeckung stiller Reserven der betreffenden Gegenstände führt. 517

b) Personengesellschaft

Sofern Anteile an Personengesellschaften erbrechtlich (aufgrund § 177 HGB oder aufgrund entsprechender gesellschaftsvertraglicher Nachfolgeklauseln) übergehen, gelten einkommensteuerlich noch keine Besonderheiten. Sehr problematisch ist die Situation jedoch dann, wenn steuerliches Sonderbetriebsvermögen vorhanden ist, das anderen erbrechtlichen Regeln unterliegt und daher – wenn auch nur für kurze Zeit – an einen anderen Empfänger übergeht; vgl. zu gestalterischen Lösungsansätzen Kap. D II. Rn. 55. 518

c) Betriebsaufspaltung

Einkommensteuerliche Folgen sind immer dann zu erwarten, wenn betriebliche Zusammenhänge durch eine lebzeitige oder erbrechtliche Nachfolge auseinandergerissen werden. Diese Gefahr besteht aber nicht nur im Bereich von Einzelunternehmen und Sonderbetriebsvermögen, sondern auch bei Kapitalgesellschaften, wenn aufgrund der Nutzungsüberlassung von Wirtschaftsgütern des Gesellschafters an die Gesellschaft eine sog. Betriebsaufspaltung besteht. Die Betriebsaufspaltung führt dazu, dass steuerlich ein gewerbliches sog. Besitzunternehmen angenommen wird, zu dessen Vermögen sowohl die Anteile an dem Betriebsunternehmen (meist eine GmbH) als auch die überlassenen Wirtschaftsgüter gehören. Das Besitzunternehmen kann ein Einzelunternehmen oder eine Personengesellschaft sein; es kann sich sogar das gesamte Vermögen dieser Personengesellschaft im Sonderbetriebsvermögen der Gesellschafter befinden (sog. Willensbildungs-GbR). Wird die für die Betriebsaufspaltung konstitutive personelle und sachliche Verflechtung durch den Vermögensübergang zerstört, kommt es zu einer Betriebsaufgabe, wobei regelmäßig sowohl die überlassenen Wirtschaftsgüter als auch die GmbH-Anteile steuerpflichtig ins Privatvermögen überführt werden. 519

520 Umgekehrt kann ein Erbfall dazu führen, dass eine steuerliche Betriebsaufspaltung überhaupt erst entsteht. Dies ist insbesondere dann der Fall, wenn Ehegatten zuvor das sog. Wiesbadener Modell praktiziert haben, wobei einem Ehegatten das Betriebsgrundstück gehört, dem anderen Ehegatten die Anteile an der dies nutzenden GmbH (vgl. Schmidt/*Wacker* § 15 EStG Rn. 847). Beerbt nun (z. B. aufgrund eines Berliner Testamentes) der eine Ehegatte den anderen, bildet sich ohne weiteres Zutun (und oft erst Jahre später im Rahmen einer Betriebsprüfung bemerkt) ein gewerbliches Besitzunternehmen. Während das Betriebsgrundstück regelmäßig zum Teilwert in dieses Betriebsvermögen eingelegt wird, setzt man für den GmbH-Anteil die historischen Anschaffungskosten an (§ 6 I Nr. 5 S. 1 lit. b EStG), so dass bereits im Moment des Erbfalls enorme stille Reserven entstehen können, die bei einer nachträglichen Aufhebung der so entstandenen Betriebsaufspaltung zu Steuerbelastungen führen. Ein vorausschauender Testamentsgestalter sollte diese Probleme erkennen und nach Möglichkeit vermeiden, was eine enge Abstimmung zwischen dem erbrechtlichen und dem steuerlichen Berater voraussetzt.

d) Erbauseinandersetzung

521 Die Erbauseinandersetzung stellt steuerlich einen vom Erbfall getrennten Vorgang dar (*BFH* GrS BStBl. 1990 II S. 837), wobei die steuerlichen Folgen hauptsächlich danach unterschieden werden, ob bei der Auseinandersetzung Abfindungszahlungen geleistet werden, vgl. BMF-Schreiben vom 11.1.1993 (BStBl. 1993 I S. 62 mit späteren Änderungen). Eine Abfindungszahlung i. d. S. liegt dann vor, wenn ein Erbe aus der Erbengemeinschaft mehr erhält als seiner Beteiligung am Nachlass entspricht und er dafür an die Miterben Leistungen (typischerweise aus Eigenvermögen oder fremdfinanziert) erbringt. Soweit keine Abfindungszahlungen geleistet werden, ist die Auseinandersetzung ein unentgeltlicher Vorgang mit Zwang zur Buchwertfortführung, vgl. § 6 III EStG, bei Realteilung des Betriebes selbst auch § 16 III EStG. Abfindungszahlungen hingegen stellen ein Entgelt dar und sind vom Zahlungsempfänger ggf. als Veräußerungsgewinn zu versteuern, während der Erwerber des Betriebsvermögens entsprechende Anschaffungskosten aktivieren kann; das BMF-Schreiben vom 11.1.1993 enthält hierzu instruktive Rechenbeispiele, vgl. etwa Tz. 38 zur Teilung eines Mischnachlasses mit Ausgleichszahlung.

X. Erbrecht und deutsche Wiedervereinigung

522 Vgl. 5. Aufl. Rn. 321 ff.

D. Gesellschaftsrecht

D I. GmbH

Prof. Dr. Dieter Mayer/Dr. Simon Weiler

Übersicht

	Rn.
Vorbemerkung	1, 2
1. Teil. Gründung der GmbH	3–287
I. Typische Fallgruppen	3–5
II. Checkliste	6
III. Gründungsvoraussetzungen	7–13
1. Gesetzliche Schranken	7
2. Gesellschafter	8–13
IV. Abschluss Gesellschaftsvertrag	14–38
1. Form	14
2. Individuelle Gründung	15–20
3. Gründung im vereinfachten Verfahren	21–30
4. Sonstige Fragen	31–38
V. Einzelheiten zur Satzungsgestaltung	39–190
1. Firma	39–49
2. Sitz	50–54
3. Unternehmensgegenstand	55–59
4. Geschäftsjahr	60, 61
5. Stammkapital und Geschäftsanteile	62–75
6. Nachschusspflicht	76, 77
7. Wettbewerbsverbot	78–88
8. Veräußerung und Belastung von Geschäftsanteilen	89–99
9. Geschäftsführung und Vertretung	100–107
10. Gesellschafterversammlung	108–114
11. Gesellschafterbeschlüsse	115–119
12. Jahresabschluss, Ergebnisverwendung, Publizitätspflicht	120–129
13. Informationsrecht der Gesellschafter	130
14. Einziehung von Geschäftsanteilen	131–150
15. Kündigung	151–153
16. Erbfolge	154–156
17. Abfindung	157–170
18. Güterstand	171–173
19. Steuerklauseln	174, 175
20. Aufsichtsrat/Beirat	176–178
21. Gerichtsstand	179
22. Schieds- bzw. Mediationsklauseln	180–182
23. Salvatorische Klausel	183–185
24. Gründungskosten	186–189
25. Bekanntmachungen	190
VI. Registeranmeldung und -verfahren	191–211
1. Anmeldepflichtige	191
2. Inhalt	192–204
3. Formelle Fragen	205–209
4. Prüfungskompetenz des Gerichts	210, 211
VII. Sonderfall Sachgründung	212–232
1. Satzungsregelung	212–214
2. Einbringung eines Unternehmens	215–217
3. Gemischte Sacheinlage	218–220
4. Sachgründungsbericht	221
5. Werthaltigkeitskontrolle	222
6. „Stufengründung", Sachagio	223, 224
7. Verdeckte Sacheinlage	225–231
8. Registeranmeldung	232

		Rn.
VIII.	Kapitalaufbringung und -erhaltung bei Bargründung	233–270
	1. Leistungserbringung bei Bargründung	234–240
	2. Leistungen an Gesellschafter – Kapitalaufbringung („Hin- und Herzahlen")	241–255
	3. Leistungen an Gesellschafter – Kapitalerhaltung	256–263
	4. Gesellschafterdarlehen und Kapitalerhaltung („Eigenkapitalersatzrecht")	264–269
	5. Einpersonen-GmbH	270
IX.	Sonderfall Unternehmergesellschaft (haftungsbeschränkt)	271–283
X.	Kosten	284–287

2. Teil. Veränderungen in der Geschäftsführung ... 288–308

- I. Bestellung von Geschäftsführern ... 288–304
    1. Voraussetzungen ... 288–291
    2. Bestellungsbeschluss ... 292–296
    3. Vertretungsbefugnis ... 297, 298
    4. Registeranmeldung ... 299–302
    5. Exkurs: Geschäftsführerdienstvertrag ... 303, 304
- II. Beendigung der Geschäftsführerstellung ... 305–308

3. Teil. Satzungsänderung ... 309–343

- I. Checkliste ... 309
- II. Gesellschafterbeschluss ... 310–316
    1. Form, Beurkundungstechnik ... 310, 311
    2. Inhaltliche Fragen ... 312–316
- III. Satzungsbescheinigung ... 317, 318
- IV. Registeranmeldung ... 319–322
- V. Sonstige Fragen ... 323–343
    1. Änderung des Musterprotokolls ... 323–333
    2. Änderungen vor Eintragung der Gesellschaft ... 334
    3. Registersperren ... 335, 336
    4. Aufhebung einer Satzungsänderung ... 337
    5. Satzungsbereinigung, Fassungsänderungen ... 338, 339
    6. Satzungsdurchbrechung ... 340–342
    7. Kosten ... 343

4. Teil. Kapitalmaßnahmen ... 344–408

- I. Kapitalerhöhung ... 344–404
    1. Bezugsrecht ... 344
    2. Nennwerterhöhung, Übernahme von Geschäftsanteilen ... 345, 346
    3. Übernahmeerklärung ... 347, 348
    4. Kapitalaufbringung ... 349–369
    5. Einbringungsgeborene Anteile ... 370, 371
    6. Kapitalerhöhung aus Gesellschaftsmitteln ... 372–376
    7. Verbindung von Kapitalerhöhung und Kapitalherabsetzung ... 377
    8. Belehrungen ... 378
    9. Registeranmeldung und Anlagen ... 379–382
    10. Fehlerhafte Kapitalerhöhungen ... 383
    11. Barkapitalerhöhung um einen Höchstbetrag („Bis-zu-Kapitalerhöhung") ... 384, 385
    12. Einfluss von Insolvenzeröffnung oder Auflösung ... 386–388
    13. Genehmigtes Kapital ... 389
    14. Kapitalerhöhung bei der Unternehmergesellschaft ... 390–394
    15. Umstellung auf den Euro ... 395–404
- II. Kapitalherabsetzung ... 405–408
    1. Ordentliche Kapitalherabsetzung ... 405, 406
    2. Vereinfachte Kapitalherabsetzung ... 407, 408

5. Teil. Unternehmensverträge ... 409–425

- I. Abschluss ... 409–417
- II. Beendigung und Änderung ... 418–425

6. Teil. Verfügungen über Geschäftsanteile ... 426–529

- I. Allgemeines ... 426–449
    1. Typische Fallgruppen ... 426
    2. Checkliste ... 427
    3. Vertragsgegenstand ... 428–441

	Rn.
4. Vertragspartner	442–446
5. Verfügungsbeschränkungen	447–449
II. Übertragung von Geschäftsanteilen	450–511
1. Form	450–461
2. Vollmacht	462
3. Verfügungsbeschränkungen	463–466
4. Vorkaufs- und Ankaufsrechte	467
5. Gutgläubiger Erwerb	468–478
6. Gewinnabgrenzung	479–481
7. Mängelhaftung	482
8. Belehrungen	483, 484
9. Steuern	485–490
10. Unternehmenskauf	491–493
11. Kauf einer Vorrats- oder Mantel-GmbH/Wirtschaftliche Neugründung	494–511
III. Sicherungsabtretung/Verpfändung	512–514
1. Grundlagen	512
2. Form	513
3. Verfügungsbeschränkungen	514
IV. Treuhandverträge	515–524
1. Grundlagen	515, 516
2. Form	517, 518
3. Verfügungsbeschränkungen	519, 520
4. Effektiver Schutz des Treugebers	521, 522
5. Belehrungen	523
6. Steuern	524
V. Nießbrauch	525–529
1. Grundlagen	525
2. Form	526
3. Verfügungsbeschränkungen	527
4. Kapitalerhöhung	528
5. Verwaltungsrechte	529
7. Teil. Liste der Gesellschafter	**530–590**
I. Inhalt	530
II. Bedeutung	531–537
1. Legitimationsbasis für die Gesellschafter	531–536
2. Rechtsscheinträger für den gutgläubigen Erwerb	537
III. Aktualisierung nach Veränderungen	538–545
1. Eintragungspflichtige Veränderungen	538–540
2. Nicht eintragungsfähige Veränderungen	541, 542
3. Nummerierung	543–545
IV. Adressaten der Einreichungspflicht	546–561
1. Geschäftsführer	546–550
2. Notar	551–561
V. Zeitpunkt der Einreichung – Prüfungsumfang des Notars	562–579
1. Einführung	562
2. Kapitalmaßnahmen	563, 564
3. Anteilsabtretung	565–579
VI. Notarbescheinigung	580–584
VII. Einreichung und Prüfung durch das Registergericht	585–590
8. Teil. Liquidation	**591–600**
I. Reguläre Liquidation	591–597
II. Nachtragsliquidation	598–600

Literatur: *Baumbach/Hueck,* GmbHG, 20. Aufl. 2013; Beck'sches Formularbuch für die Notar- und Gestaltungspraxis, § 51 (GmbH), erscheint 2015; Beck'sches Formularbuch Mergers & Acquisitions, 2. Aufl. 2011; Beck'sches Formularbuch GmbH-Recht, 2010; Beck'sches Handbuch der GmbH, 4. Aufl. 2009; *Bork/Schäfer,* Kommentar zum GmbH-Gesetz, 2. Aufl. 2012; *Bormann/Kauka/ Ockelmann,* Handbuch GmbH-Recht, 2. Aufl. 2011; *Hauschild/Kallrath/Wachter,* Notarhandbuch Gesellschafts- und Unternehmensrecht, 2011; *Heckschen,* Das MoMiG in der notariellen Praxis, 2009; *Heckschen/ Heidinger,* Die GmbH in der Gestaltungs- und Beratungspraxis, 3. Aufl. 2013; *Holzapfel/Pöllath,* Unternehmenskauf in Recht und Praxis, 15. Aufl. 2012; *Hopt,* Vertrags- und

Formularbuch zum Handels-, Gesellschafts- und Bankrecht, 4. Aufl. 2013; *Krafka/Kühn*, Registerrecht, 9. Aufl. 2013; *Langenfeld*, GmbH-Vertragspraxis, 6. Aufl. 2009; *Lutter/Hommelhoff*, GmbHG, 18. Aufl. 2012; *Meyer-Landrut*, Formularbuch GmbH-Recht, 2011; *Michalski*, GmbHG, 2. Aufl. 2010; Münchener Anwaltshandbuch GmbH-Recht, 2. Aufl. 2009; Münchener Handbuch des Gesellschaftsrechts, Band 3, GmbH, 4. Aufl. 2012; Münchener Kommentar zum GmbH-Gesetz, 1. Aufl. 2010; Münchener Vertragshandbuch, Band 1, Gesellschaftsrecht, 7. Aufl. 2011; *Ring/Grziwotz*, Systematischer Praxiskommentar GmbH-Recht, 2. Aufl. 2013; *Roth/Altmeppen*, GmbHG, 7. Aufl. 2012; *H. Schröder*, GmbH-Satzung (Verträge mit Erläuterungen), 2009; *K. Schmidt*, Gesellschaftsrecht, 4. Aufl. 2002; *Scholz*, Kommentar zum GmbH-Gesetz, Bände I und II 11. Aufl. 2012 ff., Band III 10. Aufl. 2010; *Schulze zur Wiesche*, Die GmbH & Still, 6. Aufl. 2013; *Ulmer/Habersack/Winter*, Großkommentar GmbHG, 2005 ff.; *Waldner/Wölfel*, So gründe und führe ich eine GmbH, 9. Aufl. 2009; *Wicke*, GmbHG, 2. Aufl. 2011; *Widmann/Mayer*, Umwandlungsrecht (Loseblatt), Stand 144. Ergänzungslieferung, Juli 2014.

Vorbemerkung

1 Die GmbH ist heute die mit Abstand **beliebteste Unternehmensform in der Bundesrepublik**. Mit knapp 1.100.000 klassischen GmbHs zu Beginn des Jahres 2013 (vgl. *Kornblum* GmbHR 2013, 693) und rund 100.000 haftungsbeschränkten Unternehmergesellschaften Ende 2013 (siehe *Bayer/Hoffmann* GmbHR 2014, 12 mit Informationen auch zu den Gesellschafterstrukturen deutscher GmbHs) bei nach wie vor steigender Tendenz (vgl. *Kornblum* GmbHR 2012, 728) hat sie nicht nur die Aktiengesellschaft, sondern auch die ehemals „klassischen" Unternehmensformen des gewerblichen Mittelstandes – OHG und KG – weit hinter sich gelassen. Mit dieser Entwicklung hat die Bedeutung der GmbH in der notariellen Praxis in den vergangenen Jahren weiter zugenommen.

2 Um den Erfolg und die Konkurrenzfähigkeit der GmbH weiterhin zu gewährleisten hat der Gesetzgeber mit dem am 1. November 2008 in Kraft getretenen „Gesetz zur Modernisierung des GmbH-Rechts und zur Bekämpfung von Missbräuchen" („MoMiG") eine weit reichende Reform des GmbH-Rechts beschlossen. Kernanliegen des MoMiG waren die Beschleunigung von Unternehmensgründungen, die Erhöhung der Attraktivität der GmbH als Rechtsform und die Bekämpfung von Missbräuchen (vgl. hierzu u. a. *Heckschen*, Das MoMiG in der notariellen Praxis; *D. Mayer* DNotZ 2008, 403; *König/Bormann* DNotZ 2008, 652; zu steuerlichen Aspekten des MoMiG vgl. *Fuhrmann* RNotZ 2010, 188).

1. Teil. Gründung der GmbH

I. Typische Fallgruppen

3 Durch die mit dem MoMiG verbundene Einführung der im Anhang zum GmbHG enthaltenen **Musterprotokolle** zur Gründung einer GmbH mit maximal drei Gesellschaftern und einem Geschäftsführer sowie der haftungsbeschränkten Unternehmergesellschaft (UG) in § 5a GmbHG mit einem Stammkapital von weniger als 25.000 EUR haben sich die typischen Fallgruppen der GmbH verschoben. Dabei ist von einer Verwendung des Musterprotokolls bei Mehrpersonengesellschaften mangels Regelungen zu „kritischen" Bereichen wie Abtretungsbeschränkungen (vgl. Rn. 89 ff.), Einziehung (vgl. vgl. Rn. 131 ff.), Abfindung (vgl. Rn. 157 ff.) oder Erbfolge (vgl. Rn. 154 ff.) abzuraten. Bei der Bargründung einer Einpersonengesellschaft mit einem Geschäftsführer kann das Musterprotokoll hingegen durchaus zum Einsatz kommen. Allerdings ist zu beachten, dass die kostenrechtliche Privilegierung in §§ 105 VI, 107 I 2, 108 I 1 GNotKG als einziger wesentlicher Vorteil der Verwendung des Musterprotokolls nur bei einem Stammkapital bis zu 25.000 EUR, also bei der UG nennenswerte Vorteile bringt.

1. Teil. Gründung der GmbH   D I

Sämtliche nachstehend dargestellten Fallgruppen sind auch als **haftungsbeschränkte** 4
Unternehmergesellschaft denkbar, wenn das Stammkapital weniger als 25.000 EUR beträgt (vgl. ausf. Rn. 271 ff.). In der Praxis eignet sich die UG zum einen dann, wenn die Gesellschafter 25.000 EUR Stammkapital nicht aufbringen können, obgleich dieses zu Beginn der Gesellschaft gemäß § 7 II 2 GmbHG nur hälftig eingezahlt werden muss. Wenn sich die Gesellschafter von der Firmierung „UG (haftungsbeschränkt) & Co. KG" nicht abschrecken lassen, kommt die UG zum anderen für einen Einsatz als Komplementär-Gesellschaft in Betracht (vgl. Rn. 277).

Insgesamt gesehen lassen sich folgende wesentliche **Fallgruppen** unterscheiden: 5

(1) Einpersonen-GmbH mit Musterprotokoll (Anlage 1a zum GmbHG; nur bei Bargründung und einem Geschäftsführer; sinnvolle Gestaltungsvariante bei einer UG; Beck'sches Formularbuch für die Notar- und Gestaltungspraxis/*Weiler*, § 51 Muster A.II.1.)
(2) Einpersonen-GmbH (Beck'sches Formularbuch für die Notar- und Gestaltungspraxis/*Weiler*, § 51 Muster A.I.2 – Bargründung – und A.III.2 – Sachgründung –; MünchVertrHdb I, Form. IV 2 bzw. 7)
(3) Mehrpersonen-GmbH mit Musterprotokoll (Anlage 1b zum GmbHG; praxisuntauglich!; Beck'sches Formularbuch für die Notar- und Gestaltungspraxis/*Weiler*, § 51 Muster A.II.2.)
(4) Mehrpersonen-GmbH ohne Mehrheitsgesellschafter (Beck'sches Formularbuch für die Notar- und Gestaltungspraxis/*Weiler*, § 51 Muster A.I.3 – Bargründung – und A.III.2 – Sachgründung –; MünchVertrHdb I, Form. IV 25 bzw. 26)
(5) Mehrpersonen-GmbH mit einem Mehrheitsgesellschafter und Minderheitenschutzbestimmungen (MünchVertrHdb I, Form. IV 27 und *Kallrath* MittRhNotK 1999, 325)
(6) Familien-GmbH einschließlich Gewährung von Sonderrechten für einzelne Gesellschafter; Maßnahmen zur Erhaltung des Gesellschafterbestandes (MünchVertrHdb I, Form. IV 28)
(7) GmbH als Rechtsform für große Unternehmen – Drittelbeteiligung bzw. Mitbestimmung (MünchVertrHdb I, Form. IV 29 bzw. 30)
(8) Komplementär-GmbH einer Kommanditgesellschaft (Beck'sches Formularbuch für die Notar- und Gestaltungspraxis/*Weiler*, § 51 Muster A.I.4.b); MünchVertrHdb I, Form. III 7)
(9) Betriebs-GmbH bei Betriebsaufspaltungen (*Spiegelberger* MittBayNot 1982, 1; *Mohr* GmbH-StB 1999, 46)
(10) gemeinnützige GmbH (Beck'sches Formularbuch für die Notar- und Gestaltungspraxis/*Weiler*, § 51 Muster A.I.4.u); weitere Vertragsmuster bei *Schlüter* GmbHR 2002, 535 und 578 sowie *Priester* GmbHR 1999, 149; siehe ferner *Paulick* DNotZ 2008, 167)
(11) Holding-GmbH (*Olbing* GmbH-StB 2003, 263)
(12) Stiftungs-GmbH (Vertragsmuster bei *Wachter* GmbH-StB 2000, 191, 252; vgl. ferner *Wochner* DStR 1998, 1835; zur Stiftung als Unternehmensträger einer GmbH vgl. *Werner* GmbHR 2003, 331)
(13) Freiberufler-GmbH (Beachtung von Standesrecht, z.B. Rechtsanwalts-GmbH, Steuerberater-GmbH; näher Rn. 11 f.)
(14) Vermögensverwaltungs-GmbH (*Stollenwerk* GmbH-StB 2002, 46; aus steuerlicher Sicht vgl. *Wehrheim/Steinhoff* DStR 2008, 989)
(15) GmbH als Mitarbeiterbeteiligungsgesellschaft (*Hinderer* RNotZ 2005, 416; *Fox/Hüttche/Lechner* GmbHR 2000, 521; *Weber/Lohr* GmbH-StB 2002, 330 und 361)

II. Checkliste

6 **Checkliste GmbH-Gründung**

(1) Bargründung
  (a) Gesellschafter
    (aa) Staatsangehörigkeit (dazu Rn. 8)
    (bb) Güterstand (dazu Rn. 9)
    (cc) Minderjährige (dazu Rn. 10 f.)
    (dd) Bevollmächtigte (vgl. § 2 II GmbHG sowie Rn. 31)
  (b) Geschäftsführer
    (aa) Staatsangehörigkeit (vgl. Rn. 291)
    (bb) Ausschlussgründe (vgl. Rn. 289)
    (cc) Vertretungsbefugnis (Sonderrechte, zustimmungsbedürftige Geschäfte, Befreiung von § 181 BGB, Mitwirkung von Prokuristen, vgl. Rn. 297)
  (c) Firma (dazu Rn. 39 ff.)
    (aa) Firmenbildung nach § 4 GmbHG i. V. m. § 18 I HGB zulässig? Liegt eine Täuschung des Rechtsverkehrs vor (§ 18 II HGB)? Ist die Firma unterscheidbar (§ 30 HGB)?
    (bb) In Zweifelsfällen Auskunft bei der IHK
  (d) Sitz (dazu Rn. 50 ff.)
  (e) Inländische Geschäftsanschrift (vgl. § 8 IV Nr. 1 GmbHG)
  (f) Unternehmensgegenstand
    (aa) Erfordernis behördlicher Erlaubnisse bzw. Genehmigungen (dazu Rn. 58)
    (bb) Ermittlung des Schwerpunkts der Geschäftstätigkeit
    (cc) Wird der Unternehmensgegenstand tatsächlich betrieben? (ggf. Vorratsgründung, dazu Rn. 34)
  (g) Einlageleistung
    (aa) Höhe und Aufteilung der Stammeinlageleistungen (Fälligkeit, Bar- und/oder Sacheinlage?)
    (bb) Hinweis auf das Risiko der Einzahlung vor Gründung (dazu Rn. 19)
    (cc) Verdeckte Sacheinlage? (Verkauf von Sachgütern des Gesellschafters an die GmbH, dazu Rn. 225 ff.)
  (h) Verfügung über den Geschäftsanteil
    (aa) Verfügungsbeschränkungen (Vinkulierung; dazu Rn. 89 ff.)
    (bb) Einräumung eines Vorkaufs- oder Ankaufsrechts (dazu Rn. 94)
    (cc) Erbfolge (nur bestimmte Personen?; gemeinsamer Vertreter?; dazu Rn. 154 ff.)
  (i) Kündigung (dazu Rn. 151 ff.)
  (j) Einziehung (dazu Rn. 131 ff.)
  (k) Abfindung bei Ausscheiden (Bewertungsmethode, Auszahlungsmodalitäten; dazu Rn. 157 ff.)
  (l) Gewinnverwendung (Schutz von Minderheitsgesellschaftern; dazu Rn. 124 f.)
  (m) Wettbewerbsverbot (Problem der verdeckten Gewinnausschüttung; dazu Rn. 78 ff.)
  (n) Gründungsaufwand (entstandene Beraterkosten?; dazu Rn. 186 ff.)

(2) Sachgründung
  (a) Bestimmung Einlagegegenstand (dazu Rn. 212 ff.)
  (b) Sachgründungsbericht (dazu Rn. 221) sowie Wertnachweisunterlagen (dazu Rn. 222)

▶

> ▼ Fortsetzung: **Checkliste GmbH-Gründung**
>
> (c) Bei Unternehmenseinbringungen (Rn. 215 ff.) Zustimmung der Vertragspartner zur Vertragsübernahme bzw. der Gläubiger zur Übernahme der Verbindlichkeiten (§ 415 BGB); alternativ Umwandlung nach dem UmwG
> (d) Verfügungsbefugnis des Sacheinlegers (z. B. § 1365 BGB)
> (e) Festsetzung im Gesellschaftsvertrag (§ 5 IV 1 GmbHG; dazu Rn. 212 ff.)
>
> (3) Anzeigepflicht
> Nach § 54 EStDV ist dem nach § 20 AO zuständigen Finanzamt (Körperschaftsteuerstelle) eine beglaubigte Abschrift der Gründungsurkunde zu übersenden (vgl. auch § 54 III EStDV).

III. Gründungsvoraussetzungen

1. Gesetzliche Schranken

Vor einer Gründung sind zunächst gesetzliche Verbote zu beachten, wonach eine bestimmte Tätigkeit nicht in der Rechtsform der GmbH ausgeübt werden kann (z.B. Versicherungsunternehmen, § 7 I VAG; weitere Bsp. bei Baumbach/Hueck/*Fastrich* § 1 Rn. 14). Zur Zulässigkeit von Freiberufler-GmbHs vgl. Rn. 12. **7**

2. Gesellschafter

a) Ausländer

Im Grundsatz bestehen im Hinblick auf die Übernahme einer Gesellschafterstellung (zu Ausländern als Geschäftsführer vgl. Rn. 291) für Ausländer keine Beschränkungen, insb. nicht für Angehörige der EU-Mitgliedstaaten (vgl. Art. 20, 21, 49 AEUV). Ist im Pass des Ausländers jedoch ein Verbot der Erwerbstätigkeit („Sperrvermerk") eingetragen, so hat der Notar § 4 BeurkG zu beachten, da nach herkömmlicher Auffassung der Registergerichte die Eintragung einer solchen GmbH wegen Umgehung eines gesetzlichen Verbots gegen § 134 BGB verstößt (vgl. *OLG Stuttgart* MittBayNot 1984, 138). Dies soll auch gelten, wenn ein Ausländer durch seine Beteiligung an der GmbH gegen ausländerrechtliche oder gewerbepolizeiliche Beschränkungen verstößt (*KG* GmbHR 1997, 412; Lutter/Hommelhoff/*Bayer* § 1 Rn. 16 – anders die überwiegende Literatur, vgl. die Nachw. bei Baumbach/Hueck/*Fastrich* § 1 Rn. 16). Probleme können bei Nicht-EU-Ausländern ferner auftreten, wenn diese keine Aufenthaltserlaubnis vorweisen können. Neuere Entscheidungen zum Ausländer als Geschäftsführer legen jedoch eine Liberalisierung nahe (*OLG Düsseldorf* RNotZ 2009, 607 m. Anm. *Lohr*; *OLG München* DNotZ 2010, 156; *OLG Zweibrücken* GmbHR 2010, 1260). Der beurkundende Notar sollte im Zweifel vorab mit dem zuständigen Registergericht Kontakt aufnehmen. **8**

b) Ehegatten

Bei verheirateten Gesellschaftern sollte im Eingang der Urkunde stets der Güterstand aufgeführt werden, da sich aus dem Ehegüterrecht Beschränkungen im Hinblick auf die Einlageverpflichtung (§ 1365 BGB) und Auswirkungen auf die Rechtsinhaberschaft (Gütergemeinschaft-Vorbehaltsgut?) ergeben können. Dies gilt insbesondere bei Beteiligten, die in einem Güterstand nach ausländischem Recht leben (vgl. die Übersicht zu ausländischen Güterständen in Kap. H Rn. 168). Lebt ein Ehegatte im Güterstand der Gütergemeinschaft, muss ehevertraglich Vorbehaltsgut vereinbart werden (§ 1418 II Nr. 1 BGB), wenn der erworbene Geschäftsanteil nicht Gesamtgut der Ehegatten werden soll. **9**

c) Minderjährige

10 Minderjährige und andere beschränkt geschäftsfähige oder geschäftsunfähige Personen (zum unter Betreuung stehenden Gesellschafter ausf. *Wilde* GmbHR 2010, 123) können Gesellschafter einer GmbH sein, bedürfen aber jedenfalls bei der Gründung der Mitwirkung ihrer gesetzlichen Vertreter. Minderjährige werden durch beide Eltern gemeinschaftlich vertreten, §§ 1626 I, 1629 I BGB. Die Bestellung eines **Ergänzungspflegers** nach § 1908 I 1 BGB ist erforderlich, wenn ein Elternteil selbst als Gründer beteiligt (§§ 1629 II, 1795 II, 181 BGB) oder sonst an der Vertretung gehindert ist (§§ 1629 II, 1795 I BGB). Über den Verweis in § 1915 I BGB unterliegt der Pfleger ebenfalls den Beschränkungen der §§ 1795 II, 181 BGB, so dass bei Beteiligung mehrerer Minderjähriger für jeden von ihnen ein eigener Pfleger zu bestellen ist (vgl. *OLG München* NZG 2010, 862).

11 Darüber hinaus ist gemäß § 1822 Nr. 3 BGB i. V. m. § 1643 bzw. § 1915 BGB eine **familiengerichtliche Genehmigung** erforderlich, wenn der Gesellschaftsvertrag zum Betrieb eines Erwerbsgeschäftes eingegangen wird, was regelmäßig der Fall ist. Darüber hinaus greift bei Mehrpersonengesellschaften schon wegen der Ausfallhaftung des § 24 GmbHG zusätzlich § 1822 Nr. 10 BGB ein („Übernahme einer fremden Verbindlichkeit"). Zum Ganzen vgl. *Bürger* RNotZ 2006, 156; *Wälzholz* GmbH-StB 2006, 170.

d) Freiberufler

12 Ob und unter welchen Voraussetzungen Freiberufler ihren Beruf in der Rechtsform einer GmbH ausüben können unterliegt in vielen Fällen besonderen standesrechtlichen Regelungen, z. B.:

- Ärzte: §§ 23a ff. MBO (Musterberufsordnung der Bundesärztekammer für die in Deutschland tätigen Ärztinnen und Ärzte; vgl. hierzu *Braun/Richter* MedR 2005, 685; *Häußermann/Dollmann* MedR 2005, 255);
- Architekten: z. B. Art. 8 ff. BauKaG (Bayern);
- Patentanwälte: § 52c ff. PatAnwO;
- Rechtsanwälte: §§ 59c ff. BRAO (vgl. *OLG Rostock* GmbHR 2007, 377; *Ballof* GmbH-Stpr 2003, 124; *Vieth/Schulz-Jander* NZG 1999, 1126 mit Muster; *Henssler* NJW 1999, 241);
- Steuerberater: §§ 49 ff. StBerG;
- Wirtschaftsprüfer: §§ 27 ff. WiPrO;
- Zahnärzte: in den Bundesländern uneinheitlich; die Rspr. hat die Zulässigkeit einer Zahnarzt-GmbH unter bestimmten Voraussetzungen anerkannt (*BGH* NJW 1994, 786).

Allgemein zur Rechtsformwahl bei Freiberuflern *Heckschen/Bretschneider* NotBZ 2013, 81. Die interprofessionelle Zusammenarbeit von Rechtsanwälten und Patentanwälten ist vor dem Hintergrund der Berufsfreiheit jüngst zugelassen worden, vgl. *BVerfG* NZG 2014, 258 entgegen *BGH* NZG 2012, 141. Zu den Auswirkungen auf Zusammenschlüsse anderer Freiberuflergruppen *Römermann* NZG 2014, 481.

e) Personenvereinigungen

13 Juristische Personen und rechtsfähige Personengesellschaften können ebenso Gesellschafter einer GmbH sein wie eine BGB-Gesellschaft oder andere Gesamthandsgemeinschaften wie z. B. eine Erbengemeinschaft (Baumbach/Hueck/*Fastrich* § 1 Rn. 30 ff.; zur Erbengemeinschaft an einem GmbH-Geschäftsanteil umfassend *Lange* GmbHR 2013, 113). Auch die Vor-GmbH kann bereits Gründungsgesellschafterin einer anderen GmbH sein (Baumbach/Hueck/*Fastrich* § 1 Rn. 31). Dies gilt auch für die Einpersonen-Vor-GmbH (Scholz/ *Emmerich* § 1 Rn. 30).

IV. Abschluss Gesellschaftsvertrag

1. Form

Die Gründung einer GmbH ist beurkundungspflichtig, und zwar unabhängig davon, 14
ob die Satzung individuell gestaltet oder ein Musterprotokoll verwendet wird (§ 2 I 1
GmbHG).

2. Individuelle Gründung

a) Beurkundungstechnik

Der individuell gestaltete **Gesellschaftsvertrag** im engeren Sinne (Satzung) sollte ge- 15
mäß § 9 I 2 BeurkG als **Anlage zu einem Gründungsprotokoll** (siehe Beck'sches Formularbuch für die Notar- und Gestaltungspraxis/*Weiler*, § 51 Muster A.I.1.a) sowie
Rn. 16 ff.) beurkundet werden, schon um die spätere Erteilung der Bescheinigung gem.
§ 54 I 2 GmbHG nach Satzungsänderungen zu erleichtern (zu Chancen und Risiken
nicht beurkundungspflichtiger schuldrechtlicher Gesellschaftervereinbarungen neben der
Satzung vgl. ausf. *Wälzholz* GmbHR 2009, 1020). Werden Gesellschaftsvertrag und
Gründungsprotokoll vermengt, bleibt – wie beim Musterprotokoll – häufig unklar, welche Vereinbarungen der Gründer zum Inhalt des Gesellschaftsvertrages gehören und
damit „echte" Satzungsbestandteile im Sinne der §§ 53 f. GmbHG sind (vgl. *Winkler*
DNotZ 1980, 578).

b) Errichtung der Gesellschaft

Das Gründungsprotokoll enthält zunächst die Erklärung aller (§ 2 I 2 GmbHG) Ge- 16
sellschafter, dass sie eine GmbH errichten, für welche die (i.d.R. als Anlage beigefügte)
Satzung gelten soll (zu Einzelheiten bzgl. des Satzungsinhaltes Rn. 39 ff.).

c) Geschäftsführerbestellung

Die Bestellung der Geschäftsführer sollte nicht in der Satzung, sondern **im Grün-** 17
dungsprotokoll erfolgen, wenn dem Geschäftsführer nicht ausnahmsweise ein satzungsmäßiges Recht auf Geschäftsführung (Sonderrecht) eingeräumt wird (*BGH* GmbHR
1982, 129). Zu regeln ist dabei insbesondere die besondere Vertretungsbefugnis der bestellten Geschäftsführer. Ausführlich zum Thema Geschäftsführerbestellung und -abberufung unten Rn. 288 ff.

d) Vollmacht

In das Gründungsprotokoll sollte eine Vollmacht aufgenommen werden, wonach einer 18
der Gesellschafter oder Mitarbeiter des Notars bevollmächtigt werden, in einer Nachtragsurkunde etwaige Beanstandungen des Registergerichts oder der IHK auszuräumen
und die entsprechenden Handelsregisteranmeldungen vorzunehmen.

e) Belehrungen

Die im Gründungsprotokoll enthaltene notarielle Belehrung sollte Hinweise enthalten 19
– darüber, dass die GmbH erst mit der Eintragung im Handelsregister entsteht sowie
über das persönliche **Haftungsrisiko** der Gesellschafter aus § 11 II GmbHG bei einer
vorzeitigen Geschäftsaufnahme und insb. vor rechtswirksamer Gründung zur Haftung
von Gesellschaftern und Geschäftsführern allgemein vgl. *Strohn/Simon* GmbHR 2010,
1181). Die Handelndenhaftung greift im Zeitraum von der notariellen Beurkundung
der GmbH-Gründung bis zur Eintragung im Handelsregister (sog. „**Vor-GmbH**";

hierzu Baumbach/Hueck/*Fastrich* § 11 Rn. 6ff. sowie *Beuthien* GmbHR 2013, 1). Vor notarieller Beurkundung der GmbH-Gründung besteht lediglich eine sog. „**Vorgründungsgesellschaft**" in Form einer auf den Abschluss des Gesellschaftsvertrages gerichteten GbR oder oHG, im Rahmen derer alle Gesellschafter persönlich haften (hierzu Baumbach/Hueck/*Fastrich* § 11 Rn. 35ff.; zur Haftung in diesem Stadium vgl. auch BGH GmbHR 1998, 633).

- über die **Gründungshaftung** (§ 9a GmbHG), die **Ausfallhaftung** (§ 24 GmbHG) sowie die **Strafbarkeit** nach § 82 GmbHG;
- über die Haftung für die Differenz zwischen Gesellschaftsvermögen (Bareinlage oder eingebrachter Sachgegenstand) und Stammkapital im Zeitpunkt der Eintragung der Gesellschaft (**Unterbilanz- bzw. Vorbelastungshaftung** bei Bareinlage – vgl. hierzu Rn. 238 – und **Differenzhaftung** gem. § 9 GmbHG bei Sacheinlage; *Lutter* NJW 1988, 2649, 2654; *D. Mayer* MittBayNot 1989, 128, 130 mit Formulierungsvorschlag; zum Wegfall der Differenzhaftung durch Nacherfüllung bei mangelhafter Sacheinlage vgl. *Schlößer/Pfeiffer* NZG 2012, 1047);
- über die Haftung für Anlaufverluste im Falle des Scheiterns der Eintragung (**Verlustdeckungshaftung**, grundlegend BGH DNotZ 1998, 142; näher *Goette* DStR 1997, 628; Baumbach/Hueck/*Fastrich* § 11 Rn. 24ff.; vgl. ferner BGH ZIP 2002, 2309, wonach die Verlustdeckungshaftung nur noch dann als Innenhaftung konzipiert ist, wenn die Geschäftstätigkeit nach Scheitern der Eintragung sofort beendet und die Vor-GmbH ordnungsgemäß abgewickelt wird);
- darüber, dass die auf die Geschäftsanteile zu bewirkenden Leistungen mindestens noch bis zur Anmeldung der Gesellschaft zum Handelsregister **zur freien Verfügung** des Geschäftsführers stehen müssen (vgl. BGH DNotZ 1990, 437 und ausf. *Lindemeier* RNotZ 2003, 503);
- trotz Wegfalls einer Vorlagepflicht bei der Registeranmeldung über das **Erfordernis behördlicher Genehmigungen** (vgl. Rn. 58 sowie § 18 BeurkG);
- über das Haftungsrisiko des GmbH-Gesellschafters bei den unter dem Stichwort „existenzvernichtender Eingriff" subsumierten Sachverhalten (dazu BGH GmbHR 2001, 1036; 2002, 549 und 902; 2007, 927; ZIP 2013, 894; *Gehrlein* WM 2008, 761; *Hönn* WM 2008, 769; *Stöber* ZIP 2013, 2295). Diese **Existenzvernichtungshaftung** knüpft an die missbräuchliche Schädigung des im Gläubigerinteresse zweckgebundenen Gesellschaftsvermögens an (BGH GmbHR 2007, 927). Bedingter Vorsatz genügt (BGH ZIP 2013, 894). Dogmatisch eingeordnet wird sie – in Gestalt einer schadensersatzrechtlichen Innenhaftung gegenüber der Gesellschaft – in § 826 BGB als besondere Fallgruppe der sittenwidrigen vorsätzlichen Schädigung. Ein solcher Eingriff kann auch durch Verletzung der Liquidationsvorschriften zu Lasten einer sich in **Liquidation** befindlichen Gesellschaft erfolgen (vgl. BGH NZG 2009, 545 – „Sanitary"). Kein derartiger Eingriff liegt jedoch z.B. vor, wenn der Gesellschafter zwar Forderungen der GmbH gegen Dritte auf ein eigenes Konto einzieht, mit diesen Mitteln jedoch Verbindlichkeiten der Gesellschaft begleicht und zusätzlich in beträchtlichem Umfang aus eigenem Vermögen weitere Gesellschaftsschulden tilgt (BGH NZG 2008, 597). Das Unterlassen einer hinreichenden Kapitalausstattung im Sinne einer „**Unterkapitalisierung**" der GmbH stellt ebenfalls keinen Eingriff i.S.d. Existenzvernichtungshaftung dar (BGH ZIP 2008, 1232 – „Gamma"). Soweit eine Überschneidung mit der Haftung aus §§ 30, 31 GmbHG vorliegt, besteht Anspruchskonkurrenz;
- über die Folgen einer verschleierten bzw. **verdeckten Sachgründung** (dazu Rn. 225ff.).

Formulierungsvorschläge zu den Belehrungen finden sich in Beck'sches Formularbuch für die Notar- und Gestaltungspraxis/*Weiler*, § 51 Muster A.I.1.a).

20 Bei Gründung einer **haftungsbeschränkten Unternehmergesellschaft** sollte – ebenso wie bei Verwendung des Musterprotokolls – ferner darauf hingewiesen werden, dass Sacheinlagen generell unzulässig sind und daher die Gefahr besteht, dass es bei einer verdeckten Sacheinlage zu keiner Anrechnung kommt, sondern vielmehr der Anspruch auf Erbringung der Bareinlage in voller Höhe fortbesteht (vgl. Rn. 231 sowie Beck'sches Formularbuch für die Notar- und Gestaltungspraxis/*Weiler*, § 51 Muster A.I.1.b).

3. Gründung im vereinfachten Verfahren

Die Gründung im vereinfachten Verfahren nach § 2 Ia GmbHG setzt die Verwendung 21 eines der in der Anlage zum GmbHG enthaltenen **Musterprotokolle** voraus, welche auch die Satzung beinhalten und zugleich als Gesellschafterliste gelten (ausf. zum Ganzen Hauschild/Kallrath/Wachter/*Terbrack*, Notarhandbuch Gesellschafts- und Unternehmensrecht, § 13 Rn. 19 ff.). Eine gesonderte Gesellschafterliste ist auch dann nicht notwendig, wenn ein Fremdgeschäftsführer bestellt wird (vgl. DNotI-Report 2011, 149). Für Einpersonen- und Mehrpersonen-GmbH steht je ein eigenes Musterprotokoll zur Verfügung. Dieses Verfahren ist nur zulässig, wenn die GmbH höchstens drei Gesellschafter und einen Geschäftsführer hat, der automatisch von § 181 BGB befreit ist. Die Bestellung des Geschäftsführers im Musterprotokoll ist auch aus kostenrechtlicher Sicht Satzungsbestandteil, weshalb keine Gebühr für einen Beschluss (§ 108 GNotKG) anfällt (vgl. *OLG Celle* DNotZ 2011, 70). Unmittelbar im Anschluss an die Gründung der Gesellschaft können jedoch durch Gesellschafterbeschluss weitere Geschäftsführer bestellt werden, die nach § 35 II 1 GmbHG zwingend gemeinschaftlich vertretungsbefugt sind. Eine abweichende Vertretungsregelung setzt eine vorherige Satzungsänderung voraus.

Sinn und Zweck des Musterprotokolls ist eigentlich die **Beschleunigung der Eintragung** 22 von GmbHs, wobei aufgrund der nachfolgend erläuterten Probleme im Umgang mit dem Musterprotokoll und seiner strukturellen Schwächen tendenziell in der Praxis im Vergleich zur individuellen Gründung eher Verzögerungen eintreten. Einziger relevanter Vorteil der Verwendung des Musterprotokolls bleibt damit die **Kostenprivilegierung** nach §§ 105 VI, 107 I 2, 108 I 1 GNotKG, wonach abweichend vom Regelfall der §§ 105 I 2, IV Nr. 1, 107 I GNotKG als Geschäftswert das tatsächliche Stammkapital und nicht ein Geschäftswert von mindestens 30.000 EUR zugrunde gelegt wird. Letztlich wirkt sich der Kostenvorteil also nur bei der haftungsbeschränkten Unternehmergesellschaft und – wenn auch unwesentlich – bei einer GmbH mit einem Stammkapital von genau 25.000 EUR aus.

Der mit Musterprotokoll bestellte **Geschäftsführer** hat kein satzungsmäßiges Ge- 23 schäftsführungsrecht oder Sonderrecht und kann insb. mit einfacher Mehrheit abberufen werden. Die Regelung im Musterprotokoll ist sog. **unechter Satzungsbestandteil** (str., wie hier *OLG Stuttgart* MittBayNot 2009, 390; *OLG Bremen* NZG 2009, 1193; *OLG Hamm* ZIP 2009, 2246; *OLG Rostock* DNotZ 2011, 308; *Jeep/Kilian/Weiler* notar 2009, 357, *Heckschen* DStR 2009, 166, 167). Zur damit zusammenhängenden Problematik der Angabe von abstrakter und konkreter Vertretungsbefugnis in der Registeranmeldung vgl. Rn. 195. Die Unterschrift eines Fremdgeschäftsführers im bzw. unter dem Musterprotokoll ist im Übrigen nicht vorgesehen und damit unzulässig (siehe DNotI-Report 2011, 149).

Die **Befreiung** des Geschäftsführers **von § 181 BGB** ist nach zutreffender Ansicht 24 der h.M. als **echter Satzungsbestandteil** anzusehen (so z.B. *Herrler* GmbHR 2010, 960 m.w.N.). Sie wirkt nur für den Gründungsgeschäftsführer und nicht für später neu bestellte Geschäftsführer (vgl. nur *OLG Hamm* GmbHR 2011, 87; *OLG Rostock* GmbHR 2010, 872; *OLG Stuttgart* GmbHR 2009, 827; Baumbach/Hueck/*Fastrich* § 2 Rn. 18).

Eine **Abweichung vom Musterprotokoll** ist im vereinfachten Verfahren nach § 2 Ia 25 GmbHG **grundsätzlich nicht zulässig** und verhindert daher die mit diesem verbundenen Erleichterungen (nur ein Dokument) und kostenrechtlichen Privilegien (zum Ganzen ausf. *Wicke* DNotZ 2012, 15). Von der strengen Befolgung des Wortlauts ausgenommen sind jedenfalls Veränderungen, die schon **tatbestandlich keine Abweichungen** darstellen, wie z. B. die Anfügung eines Urkundendeckblattes oder die Löschung der im Gesetz enthaltenen Fußnoten. Ferner sind all diejenigen Veränderungen zulässig, die aus **beurkundungsrechtlicher** Sicht erforderlich sind, wie bspw. Angaben zu einem Dolmetscher, Schreibzeugen, zur Vorbefassung etc. (siehe nur *Heckschen* DStR 2009, 166, 168). Zulässig ist es demnach insbesondere, den Urkundseingang an die Vorgaben des BeurkG anzupassen und dabei z. B. die Vertretung des Notars durch einen Notarassessor offen zu legen (vgl. z. B. *LG Chemnitz* ZIP 2010, 34).

26   Darüber hinaus sind **völlig unbedeutende textliche Änderungen** des Musterprotokolls ohne inhaltliche Relevanz unschädlich (vgl. *OLG München* DNotZ 2011, 69). Völlig unbedeutende Abwandlungen bei Zeichensetzung, Satzstellung und Wortwahl, die keinerlei Auswirkungen auf den Inhalt haben, stellen demnach keine unzulässigen Abänderungen und Ergänzungen des Musterprotokolls dar. Das gilt auch für das Kostenrecht (§ 105 VI 2 GNotKG).

27   Eine unzulässige „**echte**" **Abweichung** liegt jedoch bspw. bei folgender, in der Gründungsurkunde beinhalteter Regelung vor (siehe *OLG München* GmbHR 2010, 755 m. krit. Anm. *Wachter*):

> „5. Die Gesellschaft trägt die mit der Gründung verbundenen Kosten bis zu einem Gesamtbetrag von EUR 1.500,–, höchstens jedoch bis zum Betrag ihres Stammkapitals. Darüber hinausgehende Kosten tragen die Gesellschafter im Verhältnis der Nennbeträge ihrer Geschäftsanteile."

Die Gründungsurkunde weist hier anstelle des im Musterprotokoll vorgesehenen Betrags für die Kostenhaftung in Höhe von 300 EUR einen solchen in Höhe von 1.500 EUR auf. Dies hat zur Folge, dass die Voraussetzungen für eine Gründung der GmbH im vereinfachten Verfahren nicht vorliegen.

28   Ob man bei Gründung einer UG in Ziffer 1 die Begrifflichkeit „Gesellschaft mit beschränkter Haftung" durch „**Unternehmergesellschaft (haftungsbeschränkt)**" ersetzen darf, ist angesichts dessen umstritten, dass die UG ja nur eine Unterform der GmbH ist (vgl. *Herrler/König* DStR 2010, 2138, 2140; *Wicke* DNotZ 2012, 15, 18). Eine echte Abweichung liegt jedenfalls dann vor, wenn in Ziffer 1 des Musterprotokolls von der Gründung einer „Einpersonen-Unternehmergesellschaft" gesprochen wird (*OLG Düsseldorf* ZIP 2011, 2468).

29   Sofern derartige unzulässige „echte" Abweichungen vom Musterprotokoll vorgenommen werden, **entfällt** nach einhelliger Auffassung jedenfalls die **Kostenprivilegierung** des § 105 VI GNotKG. Darüber hinaus riskiert der Einreichende eine Zwischenverfügung oder gar Zurückweisung durch das Registergericht mit dem Argument, durch den Verweis auf § 2 Ia GmbHG sei eine Auslegung des Musterprotokolls hin zu einem normalen Gründungsprotokoll mit Satzung und Geschäftsführerbestellung nicht möglich. Richtigerweise ist jedoch davon auszugehen, dass es sich um eine „**normale" GmbH-Gründung** handelt, da alle gesetzlich vorgeschriebenen Mindestangaben eines Gesellschaftsvertrags i. S. v. § 3 I GmbHG im Musterprotokoll enthalten sind. Allerdings gelten die Erleichterungen im Sinne des § 2 Ia GmbHG in diesem Fall nicht, sondern es finden die allgemeinen Regelungen für die Gründung einer GmbH Anwendung (vgl. Lutter/Hommelhoff/*Bayer* § 2 Rn. 55; Baumbach/*Fastrich* § 2 Rn. 18). Dementsprechend kann das geänderte Musterprotokoll keine Grundlage für den Nachweis der darin zusammengefassten Dokumente wie insb. der Gesellschafterliste sein. Ob darüber hinaus – wie vom *OLG München* (GmbHR 2010, 755) angenommen – eine Neufassung der Satzung erforderlich ist, da es an einer satzungsmäßigen Grundlage für die Befreiung des Geschäftsführers von den Beschränkungen des § 181 BGB fehlt, erscheint jedoch fraglich.

30   Nach zutreffender Ansicht bedarf es daher zur Heilung einer „fehlgeschlagenen" Gründung mit Musterprotokoll – auch mit Blick auf die eingeschränkte Prüfungskompetenz des Registergerichts nach § 9c II GmbHG – lediglich der **Nachreichung** einer **Gesellschafterliste** (so zu Recht *Herrler* GmbHR 2010, 960).

4. Sonstige Fragen

a) Rechtsgeschäftliche Vertretung

Die Vollmacht zur Gründung einer GmbH muss **notariell beurkundet oder beglaubigt** 31 sein, ebenso die Genehmigung von Erklärungen eines vollmachtlosen Vertreters (§ 2 II GmbHG; siehe das Muster im MünchVertrHdb I, Form. IV 5). Die Gründung einer Einpersonen-GmbH in vollmachtloser Vertretung ist nichtig (vgl. § 180 S. 1 BGB; *LG Berlin* GmbHR 1996, 123; *OLG Frankfurt* GmbHR 2003, 415; a.A. *Hasselmann* ZIP 2012, 1947). Dies gilt auch, wenn der Vertreter aufgrund einer privatschriftlichen oder behaupteten mündlich erteilten, d h. formunwirksamen Vollmacht handelt (zu den einzelnen Fallgruppen *Wachter* GmbHR 2003, 660). Demgegenüber ist eine Beschlussfassung durch einen vollmachtlosen Vertreter bei Genehmigung des Alleingesellschafters wirksam, da insoweit § 180 S. 2 BGB eingreift (*OLG München* NZG 2010, 1427).

b) Änderungen der Satzung vor Eintragung der GmbH

Satzungsänderungen vor Eintragung der GmbH sind nur nach § 2 GmbHG mit **Zu-** 32 **stimmung aller Gesellschafter** möglich, § 53 GmbHG findet keine Anwendung (anders *Priester* ZIP 1987, 280). Analog § 54 I 2 GmbHG ist beim Registergericht stets ein vollständig neu gefasster Satzungstext einzureichen (*BayObLG* DNotZ 1989, 393). Eine zusätzliche formelle Anmeldung der Satzungsänderung ist nicht erforderlich (*BayObLG* MittBayNot 1978, 22).

Ein Gesellschaftsvertrag, mit dem zunächst eine GmbH mit einem Stammkapital von 33 mindestens 25.000 EUR gegründet wurde, kann im Übrigen vor deren Eintragung in das Handelsregister auch insoweit abgeändert werden, als ein Stammkapital von weniger als 25.000 EUR vereinbart und somit **nunmehr** eine **Unternehmergesellschaft** gegründet wird (*OLG Frankfurt* GmbHR 2011, 984 m. Anm. *Wachter*).

c) Vorrats-GmbH

Wird zum Zeitpunkt der Gründung keine konkrete Geschäftstätigkeit der GmbH ge- 34 plant oder wird bewusst ein falscher Unternehmensgegenstand angegeben, droht die Nichtigkeitsklage nach § 75 GmbHG und die Amtslöschung nach § 399 FamFG. Deshalb ist eine „offene" Vorratsgründung angezeigt, bei der der Vorratscharakter der GmbH durch entsprechende Abfassung des Unternehmensgegenstandes offen gelegt wird (z. B. „Verwaltung des eigenen Vermögens"; vgl. *BGH* DB 1992, 1228 und dazu *Kraft* DStR 1993, 101). Zur Veräußerung von Geschäftsanteilen an einer Vorrats-GmbH vgl. Rn. 494 ff.

d) Auslandsbeurkundung

Jedenfalls bei Strukturmaßnahmen wie insb. der Gründung der GmbH ist eine **Aus-** 35 **landsbeurkundung** nach ganz h. M. **nicht zulässig**, selbst wenn die Stellung des Notars und das Beurkundungsverfahren mit dem deutschen gleichwertig sind. Die Anwendung eines weniger strengen Ortsrechts würde die Formzwecke des Gesellschaftsstatuts nicht hinreichend berücksichtigen. Organisationsrechtliche Vorgänge im Gesellschaftsrecht betreffen nämlich nicht nur die Interessen der direkt an dem Geschäft beteiligten Parteien, sondern darüber hinaus auch Interessen Dritter wie etwa der gegenwärtigen oder künftigen Mitgesellschafter oder der Gläubiger. Gesichtspunkte der Rechtssicherheit und des Verkehrsschutzes spielen hier eine wesentliche Rolle (vgl. Hauschild/Kallrath/Wachter/ *Terbrack*, Notarhandbuch Gesellschafts- und Unternehmensrecht, § 13 Rn. 66 ff.; *König/Götte/Bormann* NZG 2009, 881, 883 f. jeweils m. w. N.). Zur Auslandsbeurkundung einer **Geschäftsanteilsabtretung**, deren Zulässigkeit spätestens seit Inkrafttreten des MoMiG durch die Einführung der notariell bescheinigten Liste gemäß § 40 II GmbHG wieder äußerst fraglich ist, vgl. *LG Frankfurt* DNotZ 2009, 949 ff. m. Anm. *Bayer* DNotZ 2009, 887 ff. sowie die Nachw. bei Rn. 459 ff.

e) Kaskadengründung

Beispiel: X gründet eine X1 GmbH mit einer Stammeinlage von 25.000 EUR. Die X1 GmbH gründet nach ihrer eigenen Eintragung im Handelsregister eine 100%-ige Tochter X2 GmbH mit einer Stammeinlage von ebenfalls 25.000 EUR unter Verwendung des vorher von X bei der X1 GmbH eingezahlten Stammkapitals. X2 gründet nach eigener Eintragung im Handelsregister wiederum eine 100%ige Tochter X3 mit gleicher Verfahrensweise usw.

36 Derartige „Kaskaden-", „Stafetten-" bzw. „Pyramidengründungen" durch mehrmalige Verwendung der gleichen baren Stammeinlage sind insb. unter dem Gesichtspunkt einer möglichen Rückführung der Einlageleistung an den Einleger und damit dem Fehlen der **freien Verfügbarkeit** der Einlageleistung **problematisch** (vgl. Gutachten des DNotI vom 14.7.2003 zu § 7 GmbHG Nr. 42.344). Für die Unzulässigkeit einer solchen Gestaltung spricht insb. die Rechtsprechung des *BGH* zur fehlenden Erfüllung der Einlageschuld bei vereinbarter Rückgewähr der geleisteten Einlage als Darlehen (vgl. z. B. DNotZ 2003, 223) und zur Kreditgewährung an Gesellschafter aus gebundenem Vermögen (DNotZ 2004, 720 und hierzu *Saenger/Koch* NZG 2004, 271; für eine Zulässigkeit hingegen *Wälzholz/Bachner* NZG 2006, 361). An dieser Sichtweise könnte sich jedoch durch die „Legalisierung" des Hin- und Herzahlens etwas geändert haben (vgl. § 19 V GmbHG sowie Rn. 241). Allerdings erscheint fraglich, ob § 19 V GmbHG auf die Fälle der Kaskadengründung anwendbar ist, da hier gar kein Rückgewähranspruch entsteht. Dagegen gelten bei Kapitalerhöhungsvorgängen bei wechselseitiger Beteiligung Sonderregelungen (dazu Rn. 369). Eine wechselseitige Beteiligung zu 100% ist wohl unzulässig, weil dadurch sog. „Keinmann-Gesellschaften" entstünden (näher DNotI-Report 2013, 13).

f) Schuldrechtliche Nebenabreden

37 Neben der Satzung können ergänzend rein schuldrechtliche **Gesellschaftervereinbarungen** abgeschlossen werden (hierzu ausf. *Wälzholz* GmbHR 2009, 1020). Hauptanwendungsfälle für solche Nebenabreden sind Pool-Vereinbarungen (insb. als Familienpool mit Stimmbindungsabreden, hierzu *Kramer* GmbHR 2010, 1023), Konsortialverträge, Mitarbeiterbeteiligungsverträge, Grundlagenvereinbarungen zu einer Investition durch Finanzinvestoren.

38 Solche Nebenabreden können die Satzung überlagern. So kann bspw. im Wege einer schuldrechtlichen Nebenabrede **abweichend von der Satzung** eine geringere Abfindungshöhe für den Fall des Ausscheidens vereinbart werden. In diesem Fall kann die Gesellschaft diese Abrede gemäß § 328 BGB einem Gesellschafter entgegenhalten, der trotz seiner schuldrechtlichen Bindung aus der von ihm mit getroffenen Nebenabrede auf die in der Satzung festgelegte höhere Abfindung klagt (*BGH* DNotZ 2011, 135; dazu u. a. *Leitzen* RNotZ 2010, 566).

V. Einzelheiten zur Satzungsgestaltung

1. Firma

39 Nach § 4 GmbHG ist der GmbH ihre Firmierung freigestellt. Die Gesellschaft muss lediglich einen Hinweis auf die Haftungsbeschränkung in die Firma aufnehmen. I. Ü. richtet sich die Firmenbildung nach allgemeinen Grundsätzen. Nach § 18 I HGB muss die Firma zur Kennzeichnung des Kaufmanns geeignet sein („**Namensfunktion**"), **Unterscheidungskraft** besitzen (siehe auch § 30 HGB) und darf **nicht irreführend** sein (dazu u. a. Hauschild/Kallrath/Wachter/*Hauschild/Kallrath*, Notarhandbuch Gesellschafts- und Unternehmensrecht, § 13 Rn. 142 ff.; *Meyer* ZNotP 2009, 250).

40 Nach den vorstehenden Grundsätzen kann die GmbH eine **Sachfirma, Personenfirma oder gemischte Firma** bilden. Bei einer Personenfirma wirkt die Aufnahme von Namen

1. Teil. Gründung der GmbH   D I

von Nichtgesellschaftern in die Firma nicht täuschend im Sinne des § 18 II 1 HGB (dazu ausf. Gutachten des DNotI zu § 4 GmbHG Nr. 48.406). Wird eine Sachfirma geführt, muss diese dem Gegenstand des Unternehmens entlehnt sein und eine hinreichende Unterscheidungskraft gegenüber anderen Firmen haben (individualisierender Zusatz durch Buchstabenkombination, Phantasienamen oder Ortsbezeichnungen etc.). Auch reine Phantasienamen ohne Bezug zum Unternehmensgegenstand sind zulässig.

Im Zusammenhang mit der Frage der Kennzeichnungseignung problematisch sind 41 Fälle, in denen eine **nicht aussprechbare Bezeichnung** oder Bildzeichen Firmenbestandteil werden sollen. So wurde einer Buchstabenkombination aus „AAA…" die Namensfunktion abgesprochen (vgl. u. a. *OLG Celle* GmbHR 1999, 412; *OLG München* NZG 2007, 320 für den e. V.). Das @-Zeichen hingegen hat inzwischen hinreichende Verkehrsgeltung (vgl. *LG München* MittBayNot 2009, 315; *Krafka/Kühn* Rn. 215; ablehnend noch *OLG Braunschweig* EWiR 2001, 275 und *BayObLG* DNotZ 2001, 813).

Fehlende Unterscheidungskraft ist insb. anzunehmen bei Sachfirmen, die eine bloße 42 Gattungs- oder Branchenbezeichnung enthalten (Bsp: „Profi-Handwerker GmbH", *BayObLG* NZG 2003, 1029). Dies gilt auch, wenn es die erste Firma im Gerichtsbezirk betreffen würde (vgl. *Meyding/Schnorbus/Henning* ZNotP 2006, 122, 125). Einer rein aus Ziffern bestehenden Firma fehlt es ebenfalls an Unterscheidungskraft (*KG* DB 2013, 1662).

Das **Verbot einer Irreführung** (z. B. über Art und Umfang des Geschäfts oder die Ver- 43 hältnisse des Geschäftsinhabers) gilt umfassend für die ganze Firma und jeden ihrer Bestandteile (§ 18 II HGB; zum Ganzen *Meyer* ZNotP 2009, 250). Das Registergericht darf die Eignung zur Irreführung nur berücksichtigen, wenn sie ersichtlich ist (§ 18 II 2 HGB). Beispiele sind geografische Bezeichnungen, die nicht dem tatsächlichen Wirkungskreis entsprechen, Bezeichnungen, die über die tatsächliche Größe des Unternehmens hinwegtäuschen (z. B. Bezeichnung „Group" beim Einzelunternehmer, *OLG Schleswig* NZG 2012, 34) oder Begriffe, die den falschen Eindruck erwecken, es handele sich um eine staatliche, insb. universitäre oder kirchliche Einrichtung (z. B. „Institut", *BayObLG* DNotZ 1986, 172 und *BayObLG* DB 1990, 1661). Die Aufnahme einer Ortsangabe in die Firma verstößt jedoch regelmäßig auch dann nicht gegen das Irreführungsverbot, wenn die Gesellschaft in diesem Ort keine führende oder besondere Stellung inne hat (z. B. „Münchner Hausverwaltung GmbH" für eine Gesellschaft mit Sitz in einer Nachbargemeinde von München, *OLG München* MittBayNot 2010, 332). Die Nutzung des Eigennamens eines Nichtgesellschafters durch eine GmbH & Co. KG kann ebenfalls zulässig sein, wenn dieser tatsächlich maßgebenden Einfluss auf die Gesellschaft hat (*OLG Karlsruhe* notar 2010, 303). Sogar die Verwendung des Namens einer fiktiven Person kann zulässig sein, da die Gesellschafter einer GmbH wegen der beschränkten Haftung für den maßgeblichen Durchschnittsadressaten nicht von wesentlicher Bedeutung sind. Dies soll jedenfalls dann gelten, wenn die betroffenen Verkehrskreise den verwendeten Namen nicht einer bestimmten Person zuordnen können (siehe *OLG Jena* DNotZ 2010, 935; vgl. ferner *Kögel* GmbHR 2011, 16).

Zu beachten ist, dass nach § 11 I PartGG die Zusätze „**Partnerschaft**" sowie „**& Part-** 44 **ner**" bzw. „**u. Partner**" monopolisiert sind. Neue Gesellschaften mit einem Partnerzusatz in der Firma dürfen seit dem 1.7.1995 nur noch in der Rechtsform einer Partnerschaftsgesellschaft gegründet werden (vgl. *BGH* DNotZ 1997, 985; unzulässig z. B. „Partner Logistics Immobilien GmbH", vgl. *OLG Düsseldorf* GmbHR 2010, 38). Altgesellschaften dürfen die Bezeichnung jedoch fortführen (vgl. *BayObLG* DNotZ 2003, 458). Wird der Begriff „Partner" lediglich als Bestandteil eines zusammen gesetzten Wortes verwendet, kann dies eine Verwechslung mit dem Rechtsformzusatz „und Partner" ausschließen (*OLG München* NZG 2007, 770: „GV-Partner").

Die Zulässigkeit der vielfach verwendeten Bezeichnung „**gGmbH**" für eine gemein- 45 nützige GmbH war nach einer Entscheidung des *OLG München* (NJW 2007, 1601) fraglich, da der Rechtsverkehr die gGmbH als eine Art Sonderform der GmbH ansehen könnte und so möglicherweise Unsicherheiten im Hinblick auf die Anwendbarkeit der Regeln des GmbHG entstünden (zustimmend *Paulick* DNotZ 2008, 167; kritisch u. a. *Heinrich/Heidinger* in: MünchHdbGesR III, § 19 Rn. 48). Der Gesetzgeber hat dieses Problem nunmehr durch Einführung eines neuen **§ 4 S. 2 GmbHG** gelöst, wonach die Abkürzung „gGmbH" zulässig ist, wenn die Gesellschaft ausschließlich und unmittelbar steuerbegünstigte Zwecke nach den §§ 51 bis 68 AO verfolgt. Mangels klarer gesetzlicher Regelung ist demgegenüber die Zulässigkeit der Firmierung einer gemeinnützigen haftungsbeschränkten Unternehmergesellschaft als „gUG (haftungsbeschränkt)" fraglich (vgl. hierzu DNotI-Report 2013, 181).

46 Für **haftungsbeschränkte Unternehmergesellschaften** mit einem Stammkapital von weniger als 25.000 EUR ist § 5a I GmbHG zu beachten. Danach muss in der Firma die Bezeichnung „Unternehmergesellschaft (haftungsbeschränkt)" oder „UG (haftungsbeschränkt)" enthalten sein. So wird dem Rechtsverkehr kenntlich gemacht, dass ein im Vergleich zur „normalen" GmbH niedrigeres Stammkapital als Haftungsmasse zur Verfügung steht (zu den Haftungsfolgen bei unrechtmäßiger Firmierung als GmbH vgl. *BGH* DNotZ 2013, 54, *Meckbach* NZG 2011, 968 sowie ausf. Rn. 271). Dabei ist der nach § 5a I GmbHG zwingend vorgeschriebene Firmenzusatz nach unbestrittener Auffassung exakt und buchstabengetreu einzuhalten. Die Zwischeneinfügung anderer Namensbestandteile wie z. B. in „Müller Unternehmergesellschaft für Internetdienstleistungen (haftungsbeschränkt)" ist unzulässig (vgl. *OLG Hamburg* NZG 2011, 872). Auch nach einer Erhöhung des Stammkapitals über die Schwelle von 25.000 EUR besteht nach h. M. kein Zwang zur Umfirmierung in eine „GmbH", sondern die Gesellschaft kann die bisherige Firma samt Rechtsformzusatz beibehalten (vgl. § 5a V Hs. 2 GmbHG; vgl. Baumbach/ *Fastrich* § 5a Rn. 35; a. A. *Goette*, Einführung in das neue GmbH-Recht, 2008, Rn. 47, nach dessen Ansicht zwar die Firma, nicht aber der Rechtsformzusatz beibehalten werden darf). Regelmäßig wird man diese jedoch im Zuge der Kapitalerhöhung ändern, um den „Makel" der geringen Kapitalausstattung zu beseitigen.

47 Insgesamt gesehen empfiehlt sich folgender **Prüfungskatalog:**
– Ist die Firmenbildung nach §§ 4, 5a GmbHG i. V. m. § 18 I HGB zulässig?
– Führt die Firmenbildung zur Täuschung des Rechtsverkehrs (§ 18 II HGB)?
– Unterscheidet sich die Firma deutlich von anderen bereits in derselben Gemeinde bestehenden Firmen (§ 30 HGB); besteht Verwechslungsgefahr mit sonstigen Unternehmen (UWG, markenrechtlicher Schutz)?

48 Hat das Registergericht Zweifel an der Zulässigkeit der Firma, wird die örtlich zuständige **Industrie- und Handelskammer** angehört (§ 23 S. 2 HRV). Um unnötige Verzögerungen zu vermeiden, sollte daher regelmäßig, jedenfalls aber in Zweifelsfällen möglichst schon vor der Gründung eine Stellungnahme der IHK eingeholt werden, welche dann dem Registergericht mit vorgelegt werden kann.

> **Praxishinweis Kosten:**
>
> Für die auftragsgemäße Einholung der IHK-Stellungnahme fiel nach der Kostenordnung eine Betreuungsgebühr aus § 147 II KostO an (*BGH* ZIP 2012, 720). Nach dem GNotKG wird die Vollzugsgebühr Nr. 22.110, 22.111 KV-GNotKG ausgelöst.

49 Zusätzlich sollte man den Beteiligten empfehlen, die Firma auch in markenrechtlicher Hinsicht prüfen zu lassen. Markenrecherchen können über folgende Online-Datenbanken durchgeführt werden:
– http://register.dpma.de/DPMAregister/marke/uebersicht (Deutsches Patent- und Markenamt, München);

- https://oami.europa.eu/ohimportal/de/ (Amt der EU für die Eintragung von Marken und Geschmacksmustern, Alicante);
- http://www.wipo.int/madrid/en/services/madrid_express.htm (World Intellectual Property Organization, Genf).

2. Sitz

Einen (**Satzungs-**)**Sitz** der Gesellschaft im Inland können die GmbH-Gesellschafter im Gesellschaftsvertrag frei bestimmen. Die in § 4a II GmbHG a. F. enthaltene Einschränkung auf den Ort, an dem sich ein Betrieb oder die Geschäftsleitung der GmbH befindet oder an dem die Verwaltung geführt wird, wurde im Rahmen des MoMiG aufgehoben. Folglich kann die Gesellschaft nun einen **Verwaltungssitz** (im In- oder Ausland) wählen, der nicht notwendig dem Satzungssitz entspricht (zur Verlegung des Verwaltungssitzes und der inländischen Geschäftsanschrift ausf. *Leitzen* RNotZ 2011, 536). Bei einer Kommanditgesellschaft ist demgegenüber eine Divergenz von Satzungs- und Verwaltungssitz ebenso wenig möglich wie eine vom Satzungssitz abweichende inländische Geschäftsanschrift (vgl. *BGH* WM 1957, 999; *OLG Schleswig* DNotI-Report 2012, 49). 50

Mit der Neuregelung wurde der Spielraum deutscher GmbHs erhöht, ihre Geschäftstätigkeit außerhalb des deutschen Hoheitsgebietes zu entfalten (hierzu *Meckbach* NZG 2014, 526). Es wurden somit für die GmbH gleiche Ausgangsbedingungen wie für EU-Auslandsgesellschaften wie insb. die englische „Limited" geschaffen, denen schon auf Grund der *EuGH*-Urteile in Sachen „Centros" (DNotZ 1999, 593), „Überseering" (DNotZ 2003, 139), „Inspire-Art" (DNotZ 2004, 55) und „Sevic-Systems" (DNotZ 2006, 210) die Verlegung ihres effektiven Verwaltungssitz in das EU-Ausland, d. h. der **Zuzug** in einen anderen Mitgliedstaat **gestattet** ist. Voraussetzung für eine Eröffnung des Schutzbereichs der Niederlassungsfreiheit für Scheinauslandsgesellschaften dürfte nach den neueren *EuGH*-Entscheidungen in Sachen „Cadburry/Schweppes" (NZG 2006, 835) und „Vale" (NZG 2012, 871) jedoch sein, dass die Gesellschaft im Gründungsstaat tatsächlich eine nennenswerte wirtschaftliche Tätigkeit mittels einer festen Einrichtung auf unbestimmte Zeit ausübt („**genuine link**"; zum Ganzen *König/Bormann* NZG 2012, 1241; a. A. *Teichmann* ZGR 2011, 639, 669 ff., der die Gründung einer „Briefkastengesellschaft" nach wie vor für zulässig erachtet, sofern ihr Heimatrechtsstaat das erlaubt). 51

Der Satzungssitz einer deutschen GmbH kann hingegen de lege lata nicht ins Ausland verlegt werden. Aus europarechtlicher Sicht steht es dem Wegzugsstaat nämlich frei, den für die Verleihung der Rechtsfähigkeit nach nationalem Recht erforderlichen Anknüpfungspunkt zu definieren und somit auch einen Wegzug einer Gesellschaft unter Mitnahme des nationalen Rechtskleides in einen anderen Mitgliedstaat zu untersagen (**grenzüberschreitende Sitzverlegung**). Entgegen der liberalen Tendenz in den Zuzugskonstellationen hat der Gerichtshof mit seinem Urteil in der Rechtssache Cartesio (*EuGH* DNotZ 2009, 553) die vielfach schon für überholt gehaltenen Grundsätze für den Wegzug von Gesellschaften aus der Daily-Mail-Entscheidung (*EuGH* NJW 1989, 2186) bekräftigt. Danach sind die Mitgliedstaaten in der Entscheidung weitgehend frei, welche Anforderungen sie an die Gründung und die Fortexistenz einer nach ihrem Recht bestehenden Gesellschaft stellen. Mithin sind Wegzugsbeschränkungen für Gesellschaften grundsätzlich nicht an Art. 49, 54 AEUV zu messen. 52

Die Autonomie des Herkunftsstaates endet allerdings dort, wo die Gesellschaft im Zuge des Wegzugs bereit ist, das Rechtskleid des Heimatstaates aufzugeben und das Rechtskleid des Zielstaates anzunehmen. Daher unterfallen sämtliche Varianten der Herausumwandlung dem Schutzbereich der Niederlassungsfreiheit, auch wenn die deutsche Rechtsordnung bislang mit §§ 122a ff. UmwG lediglich für grenzüberschreitende Verschmelzungen von Kapitalgesellschaften ein Verfahren bereitstellt (zum Ganzen ausf. *Herrler* DNotZ 2009, 484). Spätestens seit der Entscheidung in Sachen „Vale" (*EuGH* NZG 2012, 871) steht fest, dass ein solcher **grenzüberschreitender Formwechsel** „in bei- 53 de Richtungen", also sowohl aus der Perspektive des Herkunftsstaates als auch aus der Perspektive des Aufnahmestaates von der Niederlassungsfreiheit geschützt ist (hierzu ausf. *Behme* NZG 2012, 936; *Teichmann* DB 2012, 2085; *Wicke* DStR 2012, 1756). Dies wurde mittlerweile durch das *OLG Nürnberg* (DNotZ 2014, 150 m. Anm. *Hushahn*) für den Fall des grenzüberschreitenden Formwechsels einer luxemburgischen S. à r. l. in eine deutsche GmbH in Sachen „Moor Park II" bestätigt, auf den das Gericht im Wesentlichen die §§ 190 ff. UmwG für entsprechend anwendbar hielt (hierzu ausführlich mit Gestaltungshinweisen *Bungert/de Raet* DB 2014, 761).

54 Um im Zuge dieser Mobilitätserleichterungen Missbräuche zu vermeiden, hat das MoMiG die **Zustellungsmöglichkeiten** in Deutschland wesentlich erleichtert (vgl. § 35 I 2 und § 10 I 1 GmbHG, § 15a HGB sowie § 185 Nr. 2 ZPO). Ferner ist eine **inländische Geschäftsanschrift** im Handelsregister einzutragen (§ 8 IV Nr. 1 GmbHG, § 31 I HGB). Zur Anmeldung einer geänderten inländischen Geschäftsanschrift kann ggf. ein Handlungsbevollmächtigter ermächtigt werden (vgl. *KG* NZG 2014, 150).

3. Unternehmensgegenstand

55 Der Unternehmensgegenstand ist in der Satzung so konkret zu umschreiben, dass für die beteiligten Wirtschaftskreise der **Schwerpunkt der Geschäftstätigkeit** hinreichend erkennbar wird (zum Ganzen *Blasche* DB 2011, 517; Hauschild/Kallrath/Wachter/ *Hauschild/Kallrath*, Notarhandbuch Gesellschafts- und Unternehmensrecht, § 13 Rn. 154 ff.). Leerformeln wie „Handelsgeschäfte aller Art" oder „Produktion und Vertrieb von Waren aller Art" (*BayObLG* BB 1994, 1811 und GmbHR 1995, 722; vgl. auch *OLG Düsseldorf* DNotZ 2011, 444 sowie *Thomas* RNotZ 2011, 413) sind nichts sagend und reichen nicht aus. Insbesondere muss erkennbar sein, ob (i) eine **Wettbewerbssituation** mit von Gesellschaftern und/oder Geschäftsführern anderweitig ausgeübten Tätigkeiten besteht (zum Wettbewerbsverbot vgl. Rn. 78 ff.) und/oder (ii) für die Tätigkeit eine **staatliche Erlaubnis** bzw. Genehmigung erforderlich ist (z. B. nach § 2 GastG; § 3 GüKG; § 2 PBefG; § 34c I Nr. 4 GewO – Baubetreuung und Bauträgerschaft; § 34 I Nr. 1 GewO – Vermittlung von Grundstücken; vgl. die Übersicht bei *Elsing* notar 2012, 68, 69 ff.). Der Hinweis, eine bestimmte erlaubnispflichtige Tätigkeit wie z. B. nach § 34c GewO oder KWG werde nicht ausgeübt, ist zulässig (siehe nur *BayObLG* GmbHR 1995, 722 in einem obiter dictum; *OLG München* ZIP 2012, 2107; Michalski/*Michalski* § 3 Rn. 11; Baumbach/Hueck/*Fastrich* § 3 Rn. 8 a. E.).

56 Bei der **Komplementär-GmbH** einer GmbH & Co. KG verlangte die ältere Rechtsprechung neben einer näheren Bezeichnung der KG-Beteiligung und Geschäftsführertätigkeit auch eine Angabe des Unternehmensgegenstandes der KG (*BayObLG* NJW 1976, 1694; *OLG Hamburg* BB 1968, 267). Anderer Ansicht sind die h. M und die neuere Rspr. (siehe nur *BayObLG* GmbHR 1995, 722 in einem obiter dictum; Michalski/ *Michalski* § 3 Rn. 12; Baumbach/Hueck/*Fastrich* § 3 Rn. 9).

57 Bei einer GmbH, die ein **Handwerk** betreibt, ist die Eintragung in die Handwerksrolle einer staatlichen Genehmigung gleichzusetzen (*BGH* DNotZ 1988, 506). Wird bei Gaststätten als Unternehmensgegenstand der „Betrieb von gastronomischen Betrieben aller Art" angegeben, so kann eine Genehmigung nach § 2 GastG nicht verlangt werden (vgl. *BayObLG* DNotZ 1991, 619).

58 Ist für den Gegenstand des Unternehmens eine **staatliche Genehmigung** erforderlich, so ist das Vorliegen der Genehmigung oder eines entsprechenden Vorbescheides – anders als vor der ersatzlosen Streichung von § 8 I Nr. 6 GmbHG a. F. durch das MoMiG – keine Eintragungsvoraussetzung mehr (zum Ganzen *Weigl* DNotZ 2011, 169). Dies bringt eine enorme Beschleunigung des Verfahrens mit sich, etwaige spätere verwaltungsrechtliche Sanktionen wie Betriebsuntersagungen oder Bußgelder bleiben hiervon jedoch unberührt. Eine **Ausnahme** gilt im Bereich des Kreditwesens: Gemäß **§ 43 I KWG** dürfen Eintragungen in öffentliche Register nämlich nur vorgenommen werden, wenn dem Re-

gistergericht eine erforderliche Erlaubnis für das Betreiben von Bankgeschäften oder das Erbringen von Finanzdienstleistungen nach § 32 KWG nachgewiesen ist. Ist eine Tätigkeit nach § 32 KWG ausdrücklich vom Unternehmensgegenstand ausgenommen, kann die Vorlage eines Negativattests allerdings nicht gefordert werden (vgl. *OLG München* NZG 2012, 1314).

Die Satzung einer nach § 5 I Nr. 9 KStG steuerbegünstigten (= **gemeinnützigen**) 59 Körperschaft muss die in der als Anlage 1 zu § 60 AO Gesetzesbestandteil gewordenen Mustersatzung bezeichneten Festlegungen enthalten. Generell ist zu empfehlen, vor der Gründung den Satzungsentwurf mit dem zuständigen Finanzamt abzustimmen.

4. Geschäftsjahr

Bei der Gründung der GmbH während des Kalenderjahres und Übereinstimmung von 60 Geschäfts- und Kalenderjahr bildet das erste Geschäftsjahr ein **Rumpfgeschäftsjahr**. Das Geschäftsjahr kann aber auch vom Kalenderjahr abweichen. Es darf nicht länger als zwölf Monate sein (§ 240 II 2 HGB). Dem Geschäftsjahr entspricht steuerrechtlich das Wirtschaftsjahr (§ 4a EStG, § 8b EStDV). Mitunter wird eine Regelung gewünscht, wonach das Geschäftsjahr bereits vor Gründung der Gesellschaft beginnen soll; dies ist nur in Einbringungs- bzw. Umwandlungsfällen mit der steuerlichen Rückbeziehung bis zu acht Monaten möglich (näher Rn. 215 ff.).

Eine **spätere Änderung** des Geschäftsjahres ist Satzungsänderung. Eine Satzungsbe- 61 stimmung, welche die Geschäftsführung zur Änderung des Geschäftsjahres bevollmächtigt, ist demnach unwirksam, da die Satzungskompetenz nicht auf andere Gesellschaftsorgane übertragen werden kann (*Priester* GmbHR 1992, 584; a.A. *OLG Stuttgart* GmbHR 1992, 468). Rückwirkende Kraft hat die Eintragung der Satzungsänderung nicht (§ 54 III GmbHG), so dass die Änderung des Geschäftsjahres vor Beginn des neuen Geschäftsjahres eingetragen werden muss (vgl. nur Baumbach/Hueck/*Zöllner*/*Noack* § 53 Rn. 60 m.w.N.). Vereinzelt lassen die Registergerichte auch eine rechtzeitige Anmeldung ausreichen (vgl. die Nachweise bei Scholz/*Priester*/*Veil* § 54 Rn. 55). Die spätere Umstellung des steuerlichen Wirtschaftsjahres auf einen vom Kalenderjahr abweichenden Zeitraum kann nur im Einvernehmen mit dem Finanzamt erfolgen (§ 7 IV 3 KStG; vgl. auch § 4a I Nr. 2 S. 2 EStG, § 8b EStDV; zum insofern bestehenden Ermessen des Finanzamtes vgl. *BFH* MittBayNot 2010, 247 m. Anm. *Suttmann*). Eine Umstellung auf das Kalenderjahr bedarf hingegen keiner Zustimmung.

5. Stammkapital und Geschäftsanteile

Stammkapital und Geschäftsanteile sind **zwingende Satzungsbestandteile**, vgl. § 3 I 62 Nr. 3 und 4 GmbHG. Zu differenzieren ist hier zwischen der Übernahme des Geschäftsanteils als gesellschaftsrechtlicher Beitrittserklärung einerseits und der damit verbundenen Verpflichtung zur Übernahme einer Einlage auf das Stammkapital (Stammeinlage) andererseits (vgl. zu dieser Diktion § 14 GmbHG).

Das **Mindeststammkapital** beträgt bei der GmbH 25.000 EUR (§ 5 I GmbHG). Ab- 63 weichend davon kann eine GmbH mit einem niedrigeren Stammkapital von mindestens 1 EUR gegründet werden, wenn dies durch die Bezeichnung „Unternehmergesellschaft (haftungsbeschränkt)" oder „UG (haftungsbeschränkt)" im Rechtsverkehr kenntlich gemacht wird (ausf. Rn. 271 ff.).

Die **Namen der Übernehmer** müssen im Satzungstext selbst erscheinen, ihre Auffüh- 64 rung im Gründungsprotokoll genügt nicht (*OLG Stuttgart* DNotZ 1979, 359; *Winkler* DNotZ 1980, 578; wohl auch *BayObLG* DNotZ 1982, 177; Ausnahme: Musterprotokoll). Allerdings können die Namen der Gründer sowie Zahl und Nennbeträge der Geschäftsanteile nach Eintragung der GmbH jederzeit wieder durch Satzungsänderung getilgt werden, ohne dass eine Frist abzuwarten wäre (vgl. *OLG Rostock* NZG 2011, 992;

OLG *München* ZIP 2010, 1902 sowie Rn. 338). Insbesondere können die Angaben über die Stammeinlagen und die Personen ihrer Übernehmer auch dann entfallen, wenn die Stammeinlagen noch nicht voll einbezahlt sind (*BayObLG* DNotZ 1997, 506; Lutter/Hommelhoff/*Bayer* § 53 Rn. 30; vgl. auch *Müller* GmbHR 1997, 923; a. A. OLG *Hamm* Rpfleger 1984, 274).

65 Die Beschränkung auf einen Geschäftsanteil pro Gründungsgesellschafter ist mit Inkrafttreten des MoMiG weggefallen, so dass ein Gesellschafter nach Belieben **mehrere Geschäftsanteile** übernehmen kann. Die Höhe der Nennbeträge kann dabei unterschiedlich bestimmt werden. Verwendet man hingegen ein Musterprotokoll i. S. v. § 2 Ia GmbHG, ist die Übernahme mehrerer Anteile verboten, da dort nur die Übernahme eines Anteils pro Gesellschafter vorgesehen ist.

66 Geschäftsanteile müssen auf volle Euro lauten (§ 5 II 1 GmbHG). Der Vorteil einer **Zerlegung in möglichst kleine Geschäftsanteile** besteht im Wesentlichen darin, dass auch bei geringem Stammkapital kleinteilige Beteiligungsverhältnisse („14,65%") darstellbar werden. Außerdem wird die spätere (privatschriftlich mögliche) Teilung von Geschäftsanteilen als potentielle Fehlerquelle ausgeschaltet (hierzu unten Rn. 97 f.). Auch wenn bei Einziehung und Kapitalherabsetzung Probleme mit Spitzenbeträgen auftauchen können, empfiehlt es sich daher, nur Geschäftsanteile mit einem Nennbetrag von 1 EUR zu schaffen (so u. a. *Förl* RNotZ 2008, 409, 416; dagegen u. a. *Melchior* NotBZ 2010, 213, 214; zu Für und Wider dieser Lösung *Heckschen*, Das MoMiG in der notariellen Praxis, Rn. 395 ff.).

67 Die Bestimmtheit bei einer Anteilsabtretung oder anderen Vorgängen wird dadurch gewährleistet, dass sämtliche **Geschäftsanteile** in der vorzulegenden Gesellschafterliste **durchnummeriert** werden müssen (§ 8 I Nr. 3 GmbHG; ein Muster findet sich bei D. *Mayer* DNotZ 2008, 403, 406; zu den Problemen mangelnder Bestimmtheit des Vertragsgegenstandes einer Anteilsabtretung vgl. nur BGH NZG 2010, 908). Um die eindeutige Identifizierbarkeit der Geschäftsanteile dauerhaft zu sichern, wird die einmal für einen Geschäftsanteil vergebene laufende Nummer Bestandteil der Gesellschafterliste und sollte nachträglich nicht mehr geändert werden (vgl. OLG *Bamberg* DNotZ 2010, 871; LG *Augsburg* NZG 2009, 1032). Nach Ansicht des *BGH* ist eine spätere Umnummerierung zulässig, solange die Transparenz der Beteiligungsverhältnisse nicht darunter leidet und jeder Geschäftsanteil durch die Angabe der bisherigen Nummerierung zweifelsfrei zu identifizieren bleibt (vgl. BGH NZG 2011, 516; vgl. hierzu *Herrler* NZG 2011, 536; ähnlich LG *Stendal* NZG 2010, 393; *Wachter* GmbHR 2010, 596, 598). Im Übrigen empfiehlt es sich, die Nummerierung zur Vermeidung von Missverständnissen auch in die Satzung aufzunehmen, obschon § 3 I Nr. 4 GmbHG keine derartige Pflicht statuiert (hierzu *Apfelbaum* notar 2008, 160, 163).

68 Auf jeden Geschäftsanteil ist eine Einlage in Höhe seines Nennbetrags zu leisten (§ 14 S. 1 GmbHG). Als **Mindesteinlagen** sind bei der Bargründung auf jeden Geschäftsanteil je ein Viertel seines Nennbetrags (§ 7 II 1 GmbHG), insgesamt aber mindestens die Hälfte des Mindeststammkapitals, mithin 12.500 EUR einzuzahlen (§ 7 II 2 GmbHG). Werden nur die Mindesteinlagen erbracht, so sollte die Satzung eine Regelung über die Einzahlung der restlichen Stammeinlagen enthalten und dabei zweckmäßigerweise die Geschäftsführung zur Einforderung ermächtigen; andernfalls ist ein Gesellschafterbeschluss gemäß § 46 Nr. 2 GmbHG erforderlich. Die Einforderung hat zu erfolgen, wenn die wirtschaftliche Lage der Gesellschaft dies erfordert, spätestens wenn eine Unterbilanz oder gar Überschuldung vorliegt (vgl. Scholz/*Veil* § 19 Rn. 10 f.). Die Einlageforderung verjährt in zehn Jahren von ihrer Entstehung an (§ 19 VI 1 GmbHG). Zur Haftung des Geschäftsführers gemäß § 43 II GmbHG wegen Verjährenlassen der Einlageforderung vgl. nur LG *Wiesbaden* GmbHR 2013, 596.

69 Wird ein **Aufgeld** (Agio) nach § 3 II GmbHG vereinbart, so ist dieses in der Satzung zu bezeichnen („echtes Agio" oder „statuarisches Agio"; Formulierungsbsp. im MünchVertrHdb I, Form. IV 26, § 8). Die Vorschriften zur Sicherung der Aufbringung und Erhaltung des Stammkapitals beziehen sich jedoch nur auf den Nennbetrag der übernom-

menen Geschäftsanteile, nicht auf das Aufgeld. Das Aufgeld ist als Kapitalrücklage auszuweisen (§ 272 II Nr. 1 HGB). Ein Nachweis gegenüber dem Registergericht betreffend die Leistung auf das Aufgeld ist nicht zu erbringen (anders bei der Aktiengesellschaft, vgl. §§ 36a I, 37 I AktG).

Alternativ kann das Aufgeld insb. im Rahmen von Kapitalerhöhungen auch durch rein schuldrechtliche Gesellschaftervereinbarung begründet werden („**schuldrechtliches Agio**"; hierzu *Wagner* DB 2004, 293; *BGH* DNotZ 2008, 461; *BayObLG* NZG 2002, 583). Ein schuldrechtliches Agio kann vereinbart werden entweder außerhalb des Gesellschaftsvertrags im Rahmen schuldrechtlicher Nebenabreden oder innerhalb der Satzung mit der Klarstellung, dass damit nur Verbindlichkeiten der Gesellschafter untereinander begründet werden sollen (sog. „unechter Satzungsbestandteil", vgl. hierzu *Wicke* DNotZ 2006, 419; *ders*. DStR 2006, 1137). 70

Bei Aufnahme des echten Agio in die Satzung wird eine Verbindlichkeit der Gesellschafter gegen die Gesellschaft begründet, die in der **Insolvenz** vom Insolvenzverwalter geltend gemacht werden kann. Beim schuldrechtlichen Agio ist dies nicht der Fall, da kein Rechtsanspruch der Gesellschaft begründet wird (dazu *BGH* NZG 2008, 73; *Harrer* GmbHR 1994, 361). 71

In Anlehnung an §§ 202 ff. AktG bietet der durch das MoMiG neu eingeführte § 55a GmbHG die Möglichkeit, **genehmigtes Kapital** zu schaffen (hierzu ausf. *Lieder* DNotZ 2010, 655; *Terbrack* DNotZ 2012, 917; *Schnorbus/Donner* NZG 2009, 1241). Dadurch erhöht sich die Flexibilität gerade von kapitalistisch organisierten GmbHs im Hinblick auf die Kapitalbeschaffung, da in Höhe des genehmigten Kapitals ein erneuter, notariell zu beurkundender Kapitalerhöhungsbeschluss entbehrlich wird. 72

Nach § 55a GmbHG können die Geschäftsführer schon bei Gründung (aber auch später im Wege der Satzungsänderung, vgl. Rn. 389) **durch Satzungsbestimmung** für höchstens fünf Jahre nach Eintragung ermächtigt werden, das Stammkapital bis zu einem bestimmten Nennbetrag durch Ausgabe neuer Geschäftsanteile gegen Einlagen (d. h. nicht aus Gesellschaftsmitteln) zu erhöhen. Sinnvollerweise ist die Geschäftsführung zudem analog § 179 I 2 AktG zu ermächtigen, eine Anpassung der Satzung an die infolge der Ausnutzung des genehmigten Kapitals geänderte Stammkapitalziffer vorzunehmen (vgl. *OLG München* DNotZ 2012, 469; Systematischer Praxiskommentar/*Herrler* § 55a Rn. 2, 10). Darüber hinaus kann dem Geschäftsführer die Entscheidung über den Ausschluss des Bezugsrechts der Gesellschafter übertragen werden (*OLG München* DNotZ 2012, 469). Der Nennbetrag des genehmigten Kapitals darf die Hälfte des Stammkapitals, das zur Zeit der Ermächtigung vorhanden ist, nicht übersteigen. Gegen Sacheinlagen dürfen Geschäftsanteile nur ausgegeben werden, wenn die Ermächtigung es vorsieht. Zu einem möglichen Bezugsrechtsausschluss im Gesellschafterbeschluss selbst oder aufgrund Ermächtigung durch die Geschäftsführung vgl. Systematischer Praxiskommentar/*Herrler* § 55a Rn. 9, 16 ff. 73

In einem zweiten Schritt entscheidet die Geschäftsführung grundsätzlich autonom über die **Ausnutzung** des genehmigten Kapitals sowie über die Modalitäten der Ausgabe der neuen Geschäftsanteile. Insbesondere ist eine Ausnutzung in einem oder mehreren Schritten möglich. Nach Leistung der Einlagen haben alle Geschäftsführer (§ 78 GmbHG) die Ausnutzung des genehmigten Kapitals und – bei entsprechender Ermächtigung – die Satzungsanpassung zum Handelsregister anzumelden. Mit Eintragung der Kapitalerhöhung im Handelsregister entstehen die neuen Geschäftsanteile. Musterformulierungen finden sich in Systematischer Praxiskommentar/*Herrler* § 55a Rn. 23 ff. 74

Zur Leistungserbringung bei Bareinlagen vgl. Rn. 234 ff. Zu den Besonderheiten bei Sacheinlagen vgl. Rn. 212 ff. Musterformulierungen zur Fälligkeit der Bar- und Sacheinlage und für den entsprechenden Einforderungsbeschluss bei *Pröpper* GmbH-StB 2003, 298. 75

6. Nachschusspflicht

76 Wird eine Nachschusspflicht vereinbart (vgl. §§ 26–28 GmbHG), muss diese in der Satzung enthalten sein. Die nachträgliche Zulassung durch Satzungsänderung bedarf der **Zustimmung sämtlicher betroffener Gesellschafter**. Nachschüsse müssen zwingend in Geldleistungen bestehen (Formulierungsbsp. im MünchVertrHdb I, Form. IV 27, § 7 mit Anm. 8 f.).

77 Übernehmen die Gesellschafter einer GmbH die Verpflichtung, zu den Kosten der Gesellschaft Deckungsbeiträge zu erbringen, so bedarf dies nur dann der Aufnahme in die Satzung, wenn diese Verpflichtung in der Weise an den Geschäftsanteil gebunden sein soll, dass sie ohne weiteres auch künftige Gesellschafter trifft; andernfalls ist eine formfreie Vereinbarung der Gesellschafter untereinander oder der Gesellschaft gegenüber (§ 328 BGB) ausreichend (*BGH* GmbHR 1993, 214).

7. Wettbewerbsverbot

78 Zur Beantwortung der Frage, ob bei der GmbH ein gesetzliches Wettbewerbsverbot auf Basis der **gesellschaftsrechtlichen Treuepflicht** besteht ist zunächst die **personelle Reichweite** eines solchen Verbots zu betrachten. Während die **Geschäftsführer** für die Dauer ihrer Amtszeit nach einhelliger Meinung auch ohne ausdrückliche Regelung in Satzung oder Dienstvertrag einem Wettbewerbsverbot unterliegen (vgl. nur *BGH* GmbHR 1989, 365; *Diller* ZIP 2007, 201; *Rudersdorf* RNotZ 2011, 509, 517 f.), ist ein **Gesellschafter** nicht gehindert, mit der Gesellschaft in Wettbewerb zu treten. Dies gilt jedoch dann nicht, wenn

- der Gesellschafter **zugleich Geschäftsführer** ist (arg. ex § 88 AktG; vgl. Hauschild/Kallrath/*Hauschild/Kallrath*, Notarhandbuch Gesellschafts- und Unternehmensrecht, § 13 Rn. 285 m. w. N),
- er (durch die Höhe seiner Beteiligung oder satzungsmäßig eingeräumte Sonderrechte) einen **beherrschenden Einfluss** auf die Gesellschaft ausüben kann (siehe nur *BGH* DB 1984, 495; *BGH* DNotZ 1989, 238; *Priester* ZGR 1993, 512, 531; *Rudersdorf* RNotZ 2011, 509, 515) oder
- in der Satzung ein **vertragliches Wettbewerbsverbot** verankert ist (zu den Schranken eines gesellschaftsvertraglichen Wettbewerbsverbots *Rudersdorf* RNotZ 2011, 509, 522 ff.).

Dies gilt auch für den Erwerber eines Geschäftsanteils, wenn dieser die Konkurrenztätigkeit schon vor dem Erwerb des Anteils ausgeübt hat (hierzu *Wilde* NZG 2010, 252). Im Übrigen sind Einzelheiten hierzu nach wie vor umstritten, weshalb eine klare **Satzungsregelung** zum Wettbewerbsverbot **empfehlenswert** ist. Zum Ganzen ausf. MünchHdbGesR III, § 20 Rn. 19 ff. und § 34.

79 Die **sachliche Reichweite** des Wettbewerbsverbots, d. h. die Frage, ob eine Wettbewerbssituation zwischen Gesellschaft einerseits und Gesellschafter und/oder Geschäftsführer andererseits vorliegt, wird (mangels abweichender vertraglicher Vereinbarung) durch den Tätigkeitsbereich des Unternehmens bestimmt. Daher empfiehlt sich jedenfalls in kritischen Fällen eine enge Fassung des **Unternehmensgegenstandes** (vgl. *D. Mayer* DNotZ 1992, 641; *Rudersdorf* RNotZ 2011, 509, 515).

80 Was die **zeitliche Reichweite**, d. h. die **Dauer** des auf der Treuepflicht basierenden Wettbewerbsverbots des Gesellschafters anbelangt, so endet dieses (mangels abweichender vertraglicher Vereinbarungen; hierzu Rn. 86) mit dem Verlust seiner Gesellschafterstellung (*BGH* NZG 2010, 270), dasjenige des Geschäftsführers mit Beendigung der Organstellung (vgl. *Rudersdorf* RNotZ 2011, 509, 516 ff.).

81 Besteht danach ein Wettbewerbsverbot auf Basis der Treuepflicht und/oder aufgrund einer entsprechenden Satzungsregelung, kann ein betroffener Gesellschafter hiervon entbunden werden („**Dispens**"; siehe *BFH* DB 1998, 1842 sowie *Rudersdorf* RNotZ 2011,

509, 516 f.). Diese Befreiung kann entweder in die Satzung selbst aufgenommen oder durch Beschluss der Gesellschafterversammlung ausgesprochen werden, sofern dieser Beschluss auf einer satzungsmäßig festgelegten „Öffnungsklausel" beruht (hierzu *Priester* DB 1992, 2411, 2412). Zu beachten ist allerdings, dass der Eingriff in die Berufsausübungsfreiheit eines GmbH-Gesellschafters, der durch ein gesellschaftsvertragliches Wettbewerbsverbot bewirkt wird, das in gegenständlicher Hinsicht über die schützenswerten Interessen der Gesellschaft hinausgeht und den verpflichteten Gesellschafter übermäßig beschränkt, nicht durch eine gesellschaftsvertragliche Regelung gerechtfertigt werden kann, wonach durch Gesellschafterbeschluss Befreiung von dem Wettbewerbsverbot erteilt werden kann (*OLG München* NZG 2011, 65).

Sanktioniert wird ein **Verstoß** gegen das Wettbewerbsverbot am besten durch die Möglichkeit einer **Zwangseinziehung** gemäß der Satzung der Gesellschaft (vgl. Rn. 131 ff.). **82**

Als **milderes Mittel** im Vergleich zu einem vertraglichen Wettbewerbsverbot kommen **Kunden- bzw. Mandantenschutzklauseln** in Betracht. Durch diese Klauseln wird kein Verbot für die verpflichtete Partei ausgesprochen, mit der berechtigten Partei in Wettbewerb zu treten. Durch Kundenschutz- bzw. Mandantenschutzklauseln verpflichtet sich eine Vertragspartei lediglich dazu, (zukünftig) keine Geschäftsbeziehung mit den Kunden der berechtigten Vertragspartei aufzunehmen (vgl. *D. Mayer* NJW 1991, 23, 24; *Campos Nave* NJW 2003, 3322). Alternativ können auch **Vertraulichkeitsvereinbarungen** zielführend sein, sofern es in erster Linie um den Schutz von Geschäftsinterna geht. **83**

Problematisch ist das Wettbewerbsverbot im Übrigen aus steuerlicher Sicht, weil eine **verdeckte Gewinnausschüttung** vorliegen kann, wenn ein Gesellschafter, der zivilrechtlich einem Wettbewerbsverbot unterliegt, Informationen oder Geschäftschancen nutzt, für die ein Dritter ein Entgelt bezahlt hätte. Dementsprechend musste sich vor allem der *BFH* intensiv mit Fragen des Wettbewerbsverbots auseinander setzen (vgl. insb. *BFH* MittBayNot 1995, 496). Eine verdeckte Gewinnausschüttung ist jedoch nur anzunehmen, wenn es sich um eine konkrete Gewinnverlagerung handelt, die in der Bilanz zu aktivieren gewesen wäre. Es verbleiben somit lediglich die Fälle, in denen ein Gesellschafter-Geschäftsführer oder beherrschender Gesellschafter bei bestehendem Wettbewerbsverbot ohne rechtswirksamen Dispens eine Geschäftschance wahrnimmt, die in den Unternehmensgegenstand der GmbH fällt und normalerweise von ihr genutzt worden wäre, wobei hinzukommen muss, dass ein fremder Dritter für die von dem Geschäftsführer genutzten Informationen oder Geschäftschancen ein Entgelt gezahlt hätte (**Geschäftschancenlehre**; dazu *Lawall* NJW 1997, 1743; vgl. ferner ausf. zum Ganzen *D. Mayer* in: MünchHdbGesR III, § 20 Rn. 17 ff.). Andererseits hat der *BFH* klargestellt, dass der Alleingesellschafter-/geschäftsführer einer Einpersonen-GmbH so lange keinem – zumindest gesetzlichen – Wettbewerbsverbot unterliegt, als er der GmbH kein Vermögen entzieht, das zur Deckung des Stammkapitals benötigt wird (vgl. *BFH* MittBayNot 1995, 496). **84**

Liegt danach eine Konkurrenzsituation vor, kann eine verdeckte Gewinnausschüttung nur **vermieden** werden, wenn Folgendes beachtet wird: **85**
– Der Gesellschafter/Geschäftsführer bzw. beherrschende Gesellschafter muss **ausdrücklich** vom Wettbewerbsverbot **befreit** werden. Dies kann in der Satzung selbst oder alternativ durch einfachen Gesellschafterbeschluss geschehen, wenn die Gesellschafterversammlung dazu in der Satzung ausdrücklich ermächtigt ist.
– Die Befreiung muss eine **klare und eindeutige Aufgabenabgrenzung** zwischen der Gesellschaft und dem Gesellschafter enthalten. Zwar führt das Fehlen einer Betriebsabgrenzung nicht automatisch zur verdeckten Gewinnausschüttung; Vereinbarungen über die jeweilige Geschäftstätigkeit begründen aber eine Vermutung für die jeweilige Zuordnung der Geschäftschance (vgl. *BFH* GmbHR 1997, 315).
– Bei der Neugründung einer Gesellschaft kann eine unentgeltliche Befreiung vom Wettbewerbsverbot erfolgen, sofern die übrigen vorbezeichneten Voraussetzungen

eingehalten werden. Bei einer späteren Befreiung hingegen muss eine **angemessene Gegenleistung** vereinbart werden, wenn ein ordentlicher gewissenhafter Geschäftsleiter die Befreiung nicht unentgeltlich erteilen würde. Dies ist insb. dann der Fall, wenn dem Gesellschafter-Geschäftsführer eine Tätigkeit aus einem Teilbereich des Unternehmensgegenstands erlaubt wird, auf dem die Gesellschaft bereits tätig ist. Dabei wird nicht beanstandet, wenn 20 bis 25% vom Gewinn oder 3 bis 5% vom Umsatz vereinbart werden (so die Praxis laut *Münch* NJW 1993, 225).

86 Nach dem Ausscheiden kann sich ein Wettbewerbsverbot nur noch aufgrund einer vertraglichen Vereinbarung ergeben (**nachvertragliches Wettbewerbsverbot**; siehe *BGH* NZG 2010, 270, 271). Solche Vereinbarungen sind zulässig, haben aber insb. die Schranken des § 138 BGB (Sittenwidrigkeit) und des § 1 GWB bzw. des Art. 101 AEUV zu beachten (dazu *D. Mayer* NJW 1991, 23; Hauschild/Kallrath/Wachter/*Hauschild/ Kallrath*, Notarhandbuch Gesellschafts- und Unternehmensrecht, § 13 Rn. 291; *Reufels/ Schewiola* ArbRB 2008, 57; *Rudersdorf* RNotZ 2011, 509, 522 ff.). Erlaubt sind nachvertragliche Wettbewerbsverbote demnach, soweit und solange sie erforderlich sind, um die verbleibenden **Gesellschafter** (zur Vereinbarung eines nachvertraglichen Wettbewerbsverbots für einen **Geschäftsführer** vgl. *Bergwitz* GmbHR 2007, 523) vor einer illoyalen Verwertung der Erfolge der gemeinsamen Arbeit oder vor einem Missbrauch der Ausübung der **Berufsfreiheit** zu schützen. Entsprechende Klauseln dürfen **räumlich, zeitlich und gegenständlich** nicht über das schützenswerte Interesse des Begünstigten hinausgehen und den Verpflichteten nicht übermäßig beschränken (vgl. *BGH* NZG 2010, 270, 271). Dabei ist es nach Auffassung des *BGH* auch im Hinblick auf § 138 BGB, Art. 12 GG ohne jegliche Entschädigung zulässig, einem Gesellschafter zu versagen, auf die Dauer von zwei Jahren nach Beendigung des Dienstverhältnisses bzw. der Gesellschafterstellung Mandate von solchen Auftraggebern zu übernehmen, die während der letzten drei Jahre vor seinem Ausscheiden zur Klientel der Gesellschaft gehört haben (sog. Mandats- oder Kundenschutzklausel; dazu *D. Mayer* NJW 1991, 23 sowie Rn. 83).

87 Unzulässig sind dagegen Klauseln, die einem ausscheidenden Gesellschafter verbieten, für die Dauer des Wettbewerbsverbots selbständig oder unselbständig auf Gebieten tätig zu werden, die zum Aufgabenbereich der Gesellschaft gehören (sog. **Branchenschutzklauseln**; vgl. *BGH* DStR 1997, 1413; *OLG Düsseldorf* NZG 2000, 737). Derartige Klauseln begründen ein **Tätigkeitsverbot** in der gesamten Branche der Gesellschaft und kommen damit einem Berufsverbot gleich. Ganz allgemein ist der Vertragspraxis zu raten, stets eine Beschränkung in zeitlicher, örtlicher und gegenständlicher Hinsicht vorzunehmen. Was über die Dauer von zwei Jahren hinausgeht dürfte – auch bei einer an sich zulässigen nachvertraglichen Mandatsschutz- bzw. Kundenschutzklausel – allenfalls noch gegen Zahlung einer **Karenzentschädigung** angemessen sein, die überdies der branchenspezifischen und ortsüblichen Vergütung entsprechen muss. Ist mit einem Geschäftsführer ein nachvertragliches Wettbewerbsverbot gegen Karenzentschädigung vereinbart, kann die Gesellschaft allerdings gleichwohl auch nach Vertragsende noch auf das Wettbewerbsverbot verzichten mit der Folge, dass die Karenzentschädigung entfällt (vgl. *OLG München* GmbHR 2010, 1031).

88 Auch wenn das Wettbewerbsverbot nur zeitlich über das Maß des Zulässigen hinausgeht, ist eine **geltungserhaltende Reduktion** (auch aufgrund der allgemeinen salvatorischen Klausel) auf den Zeitraum, der zulässigerweise hätte vereinbart werden können, abzulehnen (hierzu *Gehle* DB 2010, 1981, offen gelassen von *BGH* DStR 1997, 1413). Dies gilt jedenfalls dann, wenn die Sittenwidrigkeit einer wettbewerbsbeschränkenden Regelung nicht allein in der zeitlichen Ausdehnung liegt, sondern weitere zur Anwendbarkeit des § 138 BGB führende Gründe hinzutreten, etwa ein enger räumlicher Betätigungsbereich (vgl. *BGH* DStR 1997, 1413, 1414).

8. Veräußerung und Belastung von Geschäftsanteilen

Sollen in die Satzung Abtretungs- und Belastungsbeschränkungen (sog „**Vinkulierungsklauseln**", vgl. § 15 V GmbHG) aufgenommen werden, so sind verschiedene Varianten denkbar: Bindung an die Zustimmung der Gesellschaft, der Gesellschafter oder der Gesellschafterversammlung oder eine Kombination daraus (ausf. hierzu *Reichert* GmbHR 2012, 713; *K. Schmidt* GmbHR 2011, 1289; *Loritz* NZG 2007, 361; zur Anteilsvinkulierung in Familienunternehmen vgl. *Binz/Mayer* NZG 2012, 201; zur Übertragung vinkulierter Gesellschaftsanteile in der Insolvenz des Gesellschafters *Skauradszun* NZG 2012, 1244). Dabei kann die Formulierung „zur Veräußerung ist die Zustimmung der Gesellschafter erforderlich" zu Missverständnissen führen, weil offen bleibt, ob jeder Gesellschafter zustimmen muss oder ob ein mit einfacher Mehrheit gefasster Beschluss ausreicht (str., vgl. zum Meinungsstand Scholz/*Seibt* § 15 Rn. 126).

Sieht die Satzung eine Genehmigung durch die Gesellschaft vor, so wird diese im Außenverhältnis durch den Geschäftsführer erteilt. Im Innenverhältnis hat er sich dabei durch einen Beschluss der Gesellschafterversammlung abzusichern, wenn die Satzung ihm nicht die alleinige Entscheidungsbefugnis zuweist (näher zur Erteilung der Genehmigung Rn. 448). Weist die Satzung die Zustimmungsbefugnis hingegen der Gesellschafterversammlung zu, so ist unbedingt zu regeln, wer bei der Beschlussfassung stimmberechtigt ist, d.h. insb. ob der Veräußerer mitstimmen kann (*BGH* BB 1974, 431) und welche Mehrheiten erforderlich sind.

Ist ein Zustimmungserfordernis in der Satzung vorgesehen, so gilt dies auch für **Treuhand- und Sicherungsabtretungen**. Ist die Genehmigung hierfür erteilt, so liegt darin im Zweifel auch die Zustimmung zur Rückabtretung an den Treugeber. Ein satzungsmäßiges Zustimmungserfordernis zu Geschäftsanteilsabtretungen wird von Rspr. (vgl. *BGH* GmbHR 2006, 875) und herrschender Literatur (siehe die Nachweise bei *Tebben* GmbHR 2007, 63 Fn. 9) auch auf die Fälle der Vereinbarungstreuhand erstreckt, obschon dort keine Anteilsabtretung stattfindet (zu Treuhandverhältnissen vgl. Rn. 515 ff.).

Befinden sich im Gesellschafterkreis einer GmbH (Holding-)Gesellschaften, können Vinkulierungsklauseln dadurch umgangen werden, dass die Anteile an der Holdinggesellschaft veräußert werden mit der Folge, dass sich in Bezug auf den GmbH-Anteil die wirtschaftliche Inhaberschaft ändert, der rechtliche Anteileigner jedoch unverändert bleibt (zu dieser und weiteren Umgehungsstrategien vgl. *Transfeld* GmbHR 2010, 185). Zur Unterbindung derartiger **change of control**-Fälle kann in der Satzung kein dinglich wirkendes Zustimmungserfordernis vorgesehen werden (§ 137 BGB). Eine Lösungsmöglichkeit besteht darin, für den Fall einer Veränderung in der Gesellschafterstruktur eines Gesellschafters die **Einziehung des Geschäftsanteils** zuzulassen (vgl. Scholz/*Seibt* § 15 Rn. 111 f.; *K. Schmidt* GmbHR 2011, 1289, 1295; zur Einziehung vgl. Rn. 131 ff.). Ähnliches ist denkbar für Stimmbindungen und für dauerhaft erteilte Stimmrechtsvollmachten.

Im Hinblick auf die Bestimmungen des **Umwandlungsrechts** (§§ 13 II, 125, 193 II UmwG) ist zu beachten, dass ein Zustimmungserfordernis für einzelne oder alle Gesellschafter in der Satzung des übertragenden Rechtsträgers dazu führt, dass auch bei einem etwaigen Umstrukturierungsbeschluss – abweichend von §§ 50 I 1, 125, 233 II, 240 I 1 UmwG – sämtliche Gesellschafter zustimmen müssen. Enthält hingegen die Satzung der übernehmenden Gesellschaft eine Vinkulierungsklausel, so ist ein Barabfindungsangebot erforderlich (§ 29 I 2 UmwG).

Als Ergänzung zu satzungsmäßigen Abtretungsbeschränkungen werden in der Praxis häufig **Vor- oder Ankaufsrechte** vereinbart, ohne dass die damit zusammenhängenden Voraussetzungen und Rechtsfolgen hinreichend bezeichnet werden (mustergültige Formulierung dagegen im MünchVertrHdb I, Form. IV 26, § 20 mit Anm. 54 sowie Form. IV 28 §§ 23 ff. mit Anm. 19; umfassend zu Zugriffsmöglichkeiten der Mitgesellschafter auf GmbH-Anteile des ausscheidenden Gesellschafters *Bacher/von Blumenthal*

GmbHR 2007, 1016). Der Vorteil eines Ankaufsrechts gegenüber dem Vorkaufsrecht besteht darin, dass es nicht nur bei einem Verkauf, sondern auch bei anderen Veräußerungen oder aus sonstigen Gründen zum Zuge kommt. Weiterhin denkbar ist die Vereinbarung von Mitveräußerungsrechten („**tag along**") und -pflichten („**drag along**") für den Fall der Veräußerung von Geschäftsanteilen (näher *Fleischer/Schneider* DB 2012, 96; *Wälzholz* GmbH-StB 2007, 84, 85 f.). Verstöße gegen diese Klauseln lassen sich durch Einziehung sanktionieren (vgl. Rn. 131 ff.).

95 Eine Möglichkeit zur Gestaltung von **Ausstiegsverfahren** bei einer GmbH mit gleichberechtigten Gesellschaftern im Falle einer Pattsituation (sog. „**Deadlock**"; zu Pattsituationen bei einem Joint Venture vgl. *Elfring* NZG 2012, 895; zu Pattsituationen unter Gesellschaftern allgemein *Kallrath* notar 2014, 75) mittels der Verpflichtung zur Abgabe von Verkaufs- bzw. Kaufangeboten bieten etwa die unter den Bezeichnungen „**Russisches Roulette**" oder „**Texan Shoot Out**" bekannt gewordenen Gestaltungen (vgl. *Schulte/Sieger* NZG 2005, 24; *OLG Nürnberg* ZIP 2014, 171; *Schaper* DB 2014, 821).

96 Ein unerwünschter **erbrechtlicher Erwerb** kann durch die Satzung nicht verhindert werden, da Geschäftsanteile frei vererblich sind (§ 15 I GmbHG). Allerdings können Einziehungsbefugnisse und alternativ auch Abtretungsverpflichtungen vereinbart werden (dazu Rn. 154 ff.). Soll eine Vinkulierungsklausel auch Anteilsveräußerungen erfassen, die der Erbauseinandersetzung und Verwirklichung des Erblasserwillens dienen (z.B. Ausführung einer Vermächtnisanordnung durch den Testamentsvollstrecker, Übertragungen aufgrund einer Teilungsanordnung), muss dies in der Satzung ausdrücklich festgelegt werden (*OLG Düsseldorf* DB 1990, 214).

97 Für eine wirksame **Teilung** oder **Zusammenlegung** von Geschäftsanteilen sind ein Gesellschafterbeschluss nach § 46 Nr. 4 GmbHG sowie wegen des damit verbundenen Eingriffs in Eigentumsrechte – entgegen der h.M. (siehe *Wicke* § 46 Rn. 9 m.w.N.) – die Zustimmung des betroffenen Gesellschafters erforderlich. Auch sog. „Vorratsteilungen" sind damit möglich (hierzu ausf. Rn. 434). Allerdings kann die Satzung Teilung und Zusammenlegung an höhere oder geringere Voraussetzungen knüpfen, da § 46 Nr. 4 GmbHG satzungsdispositiv ist (vgl. § 45 II GmbHG; zum Ganzen *D. Mayer* DNotZ 2008, 403, 425 f.). So kann die Teilung und/oder die Zusammenlegung ausgeschlossen oder erschwert werden, etwa durch Festlegung qualifizierter Beschlussmehrheiten oder durch die Bestimmung von Mindestbeträgen, die bei der Teilung zu beachten sind. Die Neueinführung derartiger Einschränkungen durch Satzungsänderung bedarf entsprechend § 53 III GmbHG der Zustimmung aller Gesellschafter (so auch *Wälzholz* MittBayNot 2008, 425, 429 m.w.N. in Fn. 38, siehe ferner *Förl* RNotZ 2008, 409, 417; weitere Formulierungsvorschläge bei *Irringer/Münstermann* GmbHR 2010, 617, 623 f.).

98 | **Formulierungsbeispiel: Zusammenlegung und Teilung von Geschäftsanteilen**

Zusammenlegung und Teilung von Geschäftsanteilen erfolgen durch Gesellschafterbeschluss mit Zustimmung des betroffenen Gesellschafters.

99 Im Einzelfall mag es sich empfehlen, Teilung und Zusammenlegung zu **erleichtern**, schon um etwaige Unwirksamkeitsfolgen zu minimieren. So kann etwa festgelegt werden, dass die Veränderung keines Gesellschafterbeschlusses bedarf. Dies kann auch im Hinblick auf den Minderheitenschutz geboten sein, da andernfalls die Minderheit gegen die Mehrheit die Teilung oder Zusammenlegung der Geschäftsanteile nicht durchsetzen könnte. Bedarf es keines Gesellschafterbeschlusses, so ist die Teilung bzw. Zusammenlegung durch eine schriftliche Erklärung des teilenden bzw. zusammenlegenden Gesellschafters zu dokumentieren. Dies ist schon deshalb erforderlich, weil Änderungen der Gesellschafterliste nur auf Nachweis erfolgen (§ 40 I 2 GmbHG). Im Übrigen reicht es für eine wirksame Teilung jedenfalls aus, wenn im Rahmen der Veräußerung eines Teil-

geschäftsanteils alle Gesellschafter zustimmen (*BGH* NZG 2014, 184; näher hierzu unten, Rn. 432).

9. Geschäftsführung und Vertretung

Nach der gesetzlichen Grundregel wird die Gesellschaft durch alle Geschäftsführer gemeinschaftlich vertreten (**Gesamtvertretung**, § 35 II 1 GmbHG). Gemäß § 35 II 2 GmbHG reicht es abweichend davon jedoch aus, eine Willenserklärung einem Vertreter der Gesellschaft gegenüber abzugeben, und zwar unter der im Handelsregister gem. § 10 I 1 GmbHG eingetragenen inländischen Geschäftsanschrift. Um die Handlungsfähigkeit der Gesellschaft auch im Übrigen sicherzustellen ist es regelmäßig empfehlenswert, abweichend davon im Falle des Vorhandenseins mehrerer Geschäftsführer die Vertretung durch je zwei Geschäftsführer („**modifizierte Gesamtvertretung**") oder durch einen Geschäftsführer in Gemeinschaft mit einem Prokuristen („**unechte Gesamtvertretung**") zuzulassen. Die Anordnung einer unechten Gesamtvertretung bei nur einem Geschäftsführer ist jedoch wegen Behinderung der vom Gesetz verlangten organschaftlichen Vertretung unzulässig (vgl. *Baumbach/Hueck/Zöllner/Noack* § 35 Rn. 112). Darüber hinaus sollte die Satzung zur Erhöhung der Flexibilität eine einzelfallbezogene Regelung der Vertretungsbefugnis durch Gesellschafterbeschluss erlauben mit der Folge, dass auch einzelnen von mehreren Geschäftsführern Einzelvertretungsbefugnis erteilt werden kann, ohne die Satzung ändern zu müssen (zum Ganzen MünchHdbGesR Bd. 3, § 44 Rn. 18 ff.). Einzelfallbezogen kann die Vertretungsbefugnis des gesamtvertretungsberechtigten Geschäftsführers im Übrigen durch entsprechende Ermächtigung seitens weiterer Geschäftsführer oder einzelfallbezogenen Gesellschafterbeschluss zur Einzelvertretungsbefugnis erweitert werden (zum Ganzen *Blasche/König* NZG 2013, 1412).

Soll einem GmbH-Geschäftsführer generell **Befreiung von den Beschränkungen des § 181 BGB** erteilt werden, so ist ein Gesellschafterbeschluss auf Basis einer Ermächtigung in der Satzung erforderlich (*BayObLG* DB 1980, 2029; vgl. ferner ausf. *Baetzgen* RNotZ 2005, 193, 205 f. m. w. N). Fehlt eine entsprechende Satzungsklausel, kann sie nachträglich im Wege der Satzungsänderung nach §§ 53 f. GmbHG (d. h. mit 3/4-Mehrheit, vgl. BGHZ 58, 115) eingefügt werden. Die Befreiung des Geschäftsführers wird bei dessen besonderer Vertretungsbefugnis (vgl. zur Begrifflichkeit Rn. 297) im Handelsregister eingetragen, die in der Satzung vorgesehene Befreiungsmöglichkeit selbst ist hingegen nicht eintragungsfähig (*BayObLG* Rpfleger 1990, 25; a. A. *LG Köln* MittBayNot 1991, 157). Für konkrete einzelne Geschäfte kann die Befreiung bei der Mehrpersonen-GmbH alternativ im Wege eines einfachen Gesellschafterbeschlusses erfolgen, ohne dass eine Ermächtigungsgrundlage in der Satzung enthalten ist (vgl. *Tiedtke* GmbHR 1993, 388).

Die Satzung kann auch unmittelbar einzelne oder alle Geschäftsführer vom Selbstkontrahierungsverbot und/oder vom Verbot der Mehrfachvertretung befreien; ein Gesellschafterbeschluss ist dann nicht mehr erforderlich. Auch die **satzungsmäßige Befreiung** ist zur Eintragung anzumelden (*BayObLG* DB 1982, 689).

Für den alleinigen Gesellschafter-Geschäftsführer einer **Einpersonen-GmbH** ist § 181 BGB ebenfalls anwendbar (§ 35 III GmbHG). Ein Dispens kann nur durch die Satzung selbst (= im Satzungstext) oder durch Gesellschafterbeschluss auf Basis einer in der Satzung enthaltenen Ermächtigung (hierzu *BayObLG* NJW 1981, 1565) erteilt werden. Eine Befreiung durch einfachen Gesellschafterbeschluss ohne Satzungsgrundlage ist – abweichend von der Mehrpersonen-GmbH – auch dann nicht möglich, wenn sie lediglich für einen Einzelfall erfolgen soll (zu den einzelnen Fallkonstellationen vgl. *Lutter/Hommelhoff/Kleindiek* § 35 Rn. 21 ff. und *Lohr* RNotZ 2001, 403).

Probleme ergeben sich immer wieder bei der **Gründung von Tochtergesellschaften** und der damit zumeist verbundenen Bestellung von Organen der Muttergesellschaft zu Geschäftsführern der Tochtergesellschaft. Hier gilt, dass sich das Organmitglied einer Muttergesellschaft, welches bei dieser nicht von den Beschränkungen des § 181 BGB befreit ist, bei der Tochter-GmbH nicht zum Geschäftsführer bestellen, geschweige denn Befreiung von den Beschränkungen des § 181 BGB erteilen kann (siehe ausf. Rn. 295).

105 Die Bestimmung des § 181 BGB findet auch Anwendung auf **Stimmrechtsvollmachten**, wenn sich ein von den anderen Gesellschaftern zu ihrer Vertretung in Gesellschafterversammlungen bevollmächtigter Gesellschafter mit den Stimmen seiner Vollmachtgeber zum Geschäftsführer bestellt (*BGH* DB 1991, 158).

106 Die Vertretungsmacht der Geschäftsführer ist im Außenverhältnis unbeschränkbar. Die Satzung kann aber im Innenverhältnis bestimmte Geschäfte von der **Zustimmung der Gesellschafterversammlung** abhängig machen (Formulierungsbsp. im MünchVertrHdb I, Form. IV 26 § 10 III, Form. IV 30 § 7 IV und Form. IV 56). Alternativ können derartige Zustimmungskataloge im Geschäftsführerdienstvertrag und/oder in einer **Geschäftsordnung** für die Geschäftsführung verankert werden, welche formlos mit einfacher Mehrheit (vgl. *OLG Hamm* NZG 2010, 1067) geändert werden kann.

107 Wenn einer Gesellschaft gegenüber Willenserklärungen abzugeben sind oder Schriftstücke zugestellt werden müssen, sie aber keinen Geschäftsführer hat und mithin **führungslos** ist, wird die Gesellschaft insoweit durch die Gesellschafter vertreten (§ 35 I 2 GmbHG). Diese gesetzliche Vertretungsbefugnis der Gesellschafter beugt der Praxis vor, Zustellungen und den Zugang von Erklärungen an die Gesellschaft durch die Abberufung der Geschäftsführer zu vereiteln (vgl. hierzu u.a. *K. Schmidt* GmbHR 2008, 449, 451). Weitergehend verpflichtet § 15a III InsO jeden Geschäftsführer im Fall der Führungslosigkeit der GmbH zur Stellung des Insolvenzantrags, es sei denn, er hat von der Zahlungsunfähigkeit bzw. der Überschuldung oder der Führungslosigkeit keine Kenntnis (vgl. hierzu *Schmahl* NZI 2008, 6; *K. Schmidt* GmbHR 2008, 449, 451). „Führungslosigkeit" im Sinne von § 15 I 2 InsO liegt jedoch nach Ansicht des *AG Hamburg* (NZG 2009, 157) nur dann vor, wenn der organschaftliche Vertreter der Gesellschaft tatsächlich oder rechtlich nicht mehr existiert. Ein „unbekannter Aufenthalt" genügt nicht.

10. Gesellschafterversammlung

108 Die Befugnisse der Gesellschafterversammlung aus § 46 GmbHG können durch die Satzung erweitert oder eingeschränkt werden, z.B. durch Übertragung auf einen oder einzelne Gesellschafter, den Gesellschafterausschuss oder den Aufsichtsrat. Den Gesellschaftern muss jedoch ein Kernbereich an Überwachungs- und Kontrollzuständigkeit erhalten bleiben (zu den Grenzen der Kompetenzverlagerung vgl. Baumbach/Hueck/*Zöllner* § 46 Rn. 92 ff.).

109 Da § 47 III GmbHG die **Vertretung** eines Gesellschafters durch jeden in Textform Bevollmächtigten erlaubt, sollte eine Vertretung im Interesse der Wahrung der Vertraulichkeit nur für ganz bestimmte Bevollmächtigte (Mitgesellschafter, Verwandte, einer gesetzlichen Verschwiegenheitspflicht unterliegende Berater) zugelassen werden. Ohne Satzungsregelung ist es einem Gesellschafter nur ausnahmsweise gestattet, einen Berater zu einer Gesellschafterversammlung hinzuzuziehen (*OLG Stuttgart* GmbHR 1997, 1107; zum Ganzen *Bärwaldt/Günzel* GmbHR 2002, 1112).

110 Mangels anderweitiger Regelung ist jeder Geschäftsführer unabhängig davon, wie Geschäftsführung und Vertretung geregelt sind, einzeln zur **Einberufung** der Gesellschafterversammlung berechtigt (vgl. *BayObLG* NZG 1999, 1063; Baumbach/Hueck/*Zöllner* § 49 Rn. 3). Die Einberufung hat mittels eingeschriebenen Briefes zu erfolgen (§ 51 I 1 GmbHG; ausführlich hierzu *Kunz/Rubel* GmbHR 2011, 849). Zur Wahrung der **Form** ist nicht zwingend ein Übergabeeinschreiben erforderlich, auch ein Einwurfeinschreiben reicht aus (*LG Mannheim* NZG 2008, 111; *Köper* NZG 2008, 96; Lutter/Hommelhoff/ *Bayer* § 51 Rn. 12 m.w.N.; a.A. die bisher h.L., z.B. Baumbach/Hueck/*Zöllner* § 51 Rn. 12). Satzungsmäßige Erleichterungen der Form sind jedenfalls zulässig, wenn die Übermittlung der Ladung sichergestellt ist (anzunehmen bei Telefon, E-Mail, Kurier etc.;

str. für einfachen Brief: dafür u. a. *OLG Dresden* NZG 2000, 429; *OLG Jena* DNotZ 1997, 84; Scholz/*Seibt* § 51 Rn. 3; Lutter/Hommelhoff/Bayer § 51 Rn. 36; dagegen u. a. Baumbach/Hueck/*Zöllner* § 51 Rn. 39).

Es empfiehlt sich, die kurze gesetzliche **Ladungsfrist** von einer Woche (§ 51 I 2 GmbHG) zu verlängern und den Beginn der Ladungsfrist festzulegen. Zum Beginn der Wochenfrist bei Fehlen einer entsprechenden Bestimmung vgl. *BGH* DB 1987, 1829. Eine Verkürzung der Ladungsfrist ist nach h. M. auch bei Gefahr im Verzug unzulässig (vgl. *OLG Naumburg* NZG 2000, 44). Die Satzung kann nicht von der Pflicht zur Ladung aller Gesellschafter befreien. Das Minderheitenrecht des § 50 I GmbHG darf ebenfalls nicht eingeschränkt werden (vgl. zum Ganzen Scholz/*Seibt* § 51 Rn. 3 f.). 111

Ort der Versammlung soll der Sitz der Gesellschaft sein (§ 121 V 1 AktG analog). Die Satzung kann allerdings Abweichendes regeln, auch den Ort im Ausland vorsehen. Bei Einverständnis der Gesellschafter kann die Versammlung an jedem beliebigen Ort stattfinden (vgl. Baumbach/Hueck/*Zöllner* § 51 Rn. 15 m. w. N.). 112

Ein Verzicht auf die Formen und Fristen, wie sie Gesetz und Satzung vorsehen, ist möglich, wenn (1.) alle Gesellschafter anwesend oder zumindest wirksam vertreten und (2.) mit der Beschlussfassung (zumindest konkludent) einverstanden sind (Universalbzw. **Vollversammlung** i. S. v. § 51 III GmbHG). Zu den Voraussetzungen einer Vollversammlung vgl. *BGH* NZG 2009, 385. Ein Formulierungsvorschlag für die Einberufung und den Ablauf der Gesellschafterversammlung findet sich im MünchVertrHdb I, Form. IV 25 §§ 10 f. mit Anm. 28 ff. 113

Mangels einer einschränkenden gesetzlichen Regelung kann auch ein einzelner erschienener Gesellschafter eine Gesellschafterversammlung abhalten. Dementsprechend kann es empfehlenswert sein, in die Satzung eine Regelung zur **Beschlussfähigkeit** aufzunehmen, wobei zur Verhinderung einer dauerhaften Blockade der Entscheidungsfindung die Möglichkeit der Einberufung einer zweiten, in jedem Fall beschlussfähigen Gesellschafterversammlung eröffnet werden sollte (zum Ganzen Michalski/*Römermann* § 47 Rn. 14 ff.). 114

11. Gesellschafterbeschlüsse

Gesellschafterbeschlüsse werden nach dem in § 48 I GmbHG verankerten Leitbild **in einer Gesellschafterversammlung** gefasst. Abweichend davon ist die Durchführung einer Versammlung nach § 48 II GmbHG nicht erforderlich, wenn sich alle Gesellschafter in Textform mit der zu treffenden Bestimmung oder zumindest mit einer schriftlichen Stimmabgabe einverstanden erklären. Sonstige Beschlussverfahren ohne Versammlung wie z. B. eine telefonische Beschlussfassung oder die Beschlussfassung im Umlaufverfahren können in der Satzung zugelassen werden; ohne eine entsprechende Satzungsregelung sind derartige Beschlüsse jedoch nichtig (vgl. Baumbach/Hueck/*Zöllner* § 48 Rn. 41 ff.; zu diesbezüglichen Gestaltungsmöglichkeiten ausf. *Blasche* GmbHR 2011, 232). Auch eine **kombinierte Beschlussfassung** – d. h. Gesellschafterversammlung und Einholung einzelner Stimmen auf schriftlichem oder sonstigem fernkommunikativem Wege – ist nur zulässig, wenn dies in der Satzung ausdrücklich vorgesehen ist (*BGH* NZG 2006, 428; ausf. dazu *Wernicke/Albrecht* GmbHR 2010, 393). 115

Bei der Beschlussfassung gewährt je **ein Euro** eines Geschäftsanteils **eine Stimme** (§ 47 II GmbHG; zu Gesellschafterversammlungen bei der zerstrittenen Zwei-Personen-GmbH vgl. *Wiester* GmbHR 2008, 189). Von dieser Bestimmung kann abgewichen werden, so dass die zahlreichen noch in den Satzungen enthaltenen Regeln aus der Zeit vor Inkrafttreten des MoMiG, wonach entsprechend der früheren Fassung des § 47 II GmbHG je 50 EUR eines Geschäftsanteils eine Stimme gewähren, weiter gültig sind. 116

Auch in Bezug auf die Mehrheitserfordernisse bei Gesellschafterbeschlüssen (§ 47 I GmbHG) kann die Satzung **abweichende Regelungen** treffen (§ 45 II GmbHG). Sie kann insb. größere Mehrheiten, Einstimmigkeit oder die Zustimmung bestimmter Gesellschaf- 117 ter verlangen. Die Satzung kann stimmrechtslose Anteile schaffen (dazu ausf. *Schaefer* GmbHR 1998, 113 und 168) und/oder die Stimmenmacht modifizieren, so dass z.B. einem Gesellschafter mit 99% des Stammkapitals nur 1% der Stimmrechte zustehen (vgl. *D. Mayer* GmbHR 1990, 61; Baumbach/Hueck/*Zöllner* § 47 Rn. 67ff.; a.A. *Ivens* GmbHR 1989, 61).

118   Aufgrund der unklaren Rechtslage empfiehlt es sich nicht, den gesetzlichen Ausschluss vom Stimmrecht nach § 47 IV GmbHG zu modifizieren oder gar zu beschränken (vgl. Roth/Altmeppen/*Roth* § 47 Rn. 57ff.). Eine Einschränkung ist ohnehin unzulässig, wenn sie § 47 IV 1 GmbHG (Entlastungsbeschlüsse) betreffen soll (*BGH* DB 1989, 1715; vgl. ausf. *Braunfels* MittRhNotK 1994, 233; zur Befreiung von weiteren Stimmverboten vgl. MünchHdbGesR III, § 38 Rn. 68). Steht das Stimmrecht einem Testamentsvollstrecker zu und ist dieser wegen § 47 IV 1 GmbHG von der Ausübung des Stimmrechts ausgeschlossen, so wird es von den Erben ausgeübt, wenn die Satzung keine anders lautende Bestimmung enthält (*BGH* DB 1989, 1716; zu Stimmbindungsvereinbarungen von GmbH-Gesellschaftern vgl. *Müller* GmbHR 2007, 113; zu Satzungsregelungen bzgl. Stimmrechtsausschlüssen siehe *Priester* GmbHR 2013, 225).

119   Die Satzung darf für die **Anfechtung** eines Gesellschafterbeschlusses keine Frist von weniger als einem Monat vorsehen (vgl. *BGH* DNotZ 1989, 21; zum Beschlussmängelrecht in der GmbH umfassend *Fleischer* GmbHR 2013, 1289). Der *BGH* (siehe nur NZG 2009, 1110) zieht die Monatsfrist des § 246 I AktG als Leitbild heran, wobei eine Klageerhebung innerhalb dieser Frist dem Gesellschafter nicht zumutbar sein soll, wenn er nicht ausreichend Zeit hatte, schwierige tatsächliche oder rechtliche Fragen zu klären oder klären zu lassen, auf die es für die Beurteilung der Erfolgsaussicht der Klage ankommt (*BGH* DB 1990, 1456). Es empfiehlt sich daher, in der Satzung die Anfechtungsfrist auf mindestens zwei Monate festzulegen (*Priester* DStR 1992, 258). Gegen eine solche Zweimonatsfrist bestehen keine Bedenken (*BGH* DB 1989, 1717). Ist ein von einem satzungsgemäß bestellten Versammlungsleiter festgestellter Beschluss weder nichtig noch innerhalb angemessener Frist angefochten, so ist er vom Registergericht zu vollziehen (vgl. *OLG München* DNotZ 2012, 874; *Krafka/Kühn* Rn. 1027ff.).

12. Jahresabschluss, Ergebnisverwendung, Publizitätspflicht

120   Das Dritte Buch des HGB (§§ 238ff. HGB) regelt für alle Einzelkaufleute und Handelsgesellschaften die kaufmännische Buchführung und Bilanzierung. In Erweiterung der allgemeinen Pflichten jedes Kaufmanns zur Aufstellung eines Jahresabschlusses (Bilanz, Gewinn- und Verlustrechnung) normiert § 264 HGB die Pflicht der gesetzlichen Vertreter einer Kapitalgesellschaft, den **Jahresabschluss** nach § 242 HGB um einen Anhang zu ergänzen, der mit der Bilanz und der Gewinn- und Verlustrechnung eine Einheit bildet, sowie einen Lagebericht aufzustellen. Den vorgeschriebenen Inhalt des Anhangs, der als Erläuterung der Bilanz und der Gewinn- und Verlustrechnung gedacht ist, enthalten die §§ 284ff. HGB. Im Lagebericht sind nach § 289 HGB zumindest der Geschäftsverlauf und die Lage der Kapitalgesellschaft so darzustellen, dass ein den tatsächlichen Verhältnissen entsprechendes Bild vermittelt wird.

121   In der **Satzung** sollte im Hinblick auf Jahresabschluss und Lagebericht weitgehend auf die gesetzlichen Vorschriften verwiesen werden. Individuelle Gestaltungen geben hier häufig Anlass zu Zwischenverfügungen. Die Satzung kann den Geschäftsführer bspw. nicht verpflichten, die anlässlich des Jahresabschlusses erforderliche Bilanz ausschließlich nach steuerlichen Vorschriften aufzustellen (*BayObLG* DNotZ 1989, 116).

122   Die **Aufstellung** des Jahresabschlusses durch die Geschäftsführung ist von seiner **Feststellung** durch die Gesellschafter klar zu trennen. § 42a GmbHG beinhaltet die Verpflichtung der Geschäftsführer zur Vorlage des Jahresabschlusses (I) ebenso wie die Pflicht der Gesellschafter zur Beschlussfassung über die Feststellung des Jahresabschlusses und die Ergebnisverwendung (II). § 42a II 1 GmbHG schreibt für letztere Handlun-

gen eine Frist von acht Monaten, bei kleinen Kapitalgesellschaften i. S. v. § 267 I HGB eine Frist von elf Monaten nach Ende des betreffenden Geschäftsjahres vor. Der Gesellschaftsvertrag kann diese Fristen nicht verlängern (§ 42a II 2 GmbHG).

Nach § 46 Nr. 1 GmbHG liegt die **Feststellungszuständigkeit** bei den Gesellschaftern. 123 Die Satzung kann diese Aufgabe anderen Personen zuweisen, etwa einzelnen Gesellschaftern, dem Aufsichtsrat oder aber auch den Geschäftsführern (vgl. § 45 II GmbHG; zu Gestaltungsmöglichkeiten und -grenzen siehe *Hommelhoff/Priester* ZGR 1986, 463).

Bei der Abfassung einer **Ergebnisverwendungsklausel** hat der Notar den Widerstreit 124 zwischen dem Thesaurierungsinteresse der Gesellschaft und dem Ausschüttungsinteresse insb. der Minderheitsgesellschafter zu beachten. Ein pauschaler Verweis auf die gesetzliche Regelung des § 29 II GmbHG kann dazu führen, dass Minderheitsgesellschafter aufgrund der weitgehenden Gestaltungsautonomie der Mehrheitsgesellschafter über Jahre auf eine „Hungerdividende" gesetzt werden und überhaupt keine Ausschüttungen erhalten. Hier sollten Ausschüttungs- und Thesaurierungsklauseln zweckmäßigerweise kombiniert werden, wobei die Entscheidung über den Rest des Jahresergebnisses dann den Gesellschaftern überlassen bleiben kann (Gestaltungsvorschläge finden sich bei *Hommelhoff* DNotZ 1986, 323, 328 ff.).

Formulierungsbeispiel: Ergebnisverwendung 125

Vom Jahresergebnis sind ... % an die Gesellschafter und zum Verbleib bei diesen auszuschütten. Weitere ... % sind in die Gewinnrücklage einzustellen, bis diese einen Betrag von ... EUR oder ... % des Stammkapitals erreicht hat. Über die Verwendung des verbleibenden Ergebnisrests entscheiden die Gesellschafter mit einfacher Mehrheit.

Auch im Hinblick auf die **Gewinnverteilung** kann eine von der in § 29 III GmbHG 126 vorgesehenen Verteilung nach dem Verhältnis der Geschäftsanteile abweichende Regelung getroffen werden. Zulässig ist ferner eine „Öffnungsklausel".

Formulierungsbeispiel: Gewinnverteilung 127

Der ausgeschüttete Gewinn steht den Gesellschaftern entsprechend dem Verhältnis der Nennbeträge ihrer Geschäftsanteile zu, soweit sie nicht mit Zustimmung aller dadurch benachteiligten Gesellschafter etwas anderes beschließen.

Derartige **Öffnungsklauseln** lassen eine Abweichung von bestimmten materiellen 128 Satzungsbestandteilen zu, ohne dass die Satzung selbst geändert wird (vgl. *BayObLG* MittBayNot 2002, 201). Ihre nachträgliche Einführung bedarf der Zustimmung aller Gesellschafter zu der entsprechenden Satzungsänderung. Ferner muss die Klausel die Zustimmung der benachteiligten Gesellschafter vorsehen. Alternativ kann es auch genügen, wenn ein einstimmiger Beschluss gefordert wird, sofern gleichzeitig eine Regelung zur Beschlussfähigkeit der Versammlung grundsätzlich die Teilnahme aller Gesellschafter voraussetzt (siehe *OLG München* MittBayNot 2011, 416). Inkongruente Ausschüttungen können allerdings Schenkungsteuer auslösen, was mit Hilfe von Rückgewährklauseln in der Satzung korrigiert werden kann (vgl. hierzu mit Formulierungsvorschlag und zahlr. Nachw. *Ihle* notar 2012, 49, 50 f.).

Die **Publizitätspflichten**, welche mittlerweile durch elektronische Einreichung beim Be- 129 treiber des Bundesanzeigers erfüllt werden müssen, sind in den §§ 325 ff. HGB geregelt. Eine Erwähnung oder besondere Regelung in der Satzung ist nicht erforderlich (zur Verfassungsmäßigkeit der Publizitätspflicht bei einer Familien-GmbH vgl. *BayObLG* DStR 1995, 895).

13. Informationsrecht der Gesellschafter

130 Gemäß § 51a GmbHG hat jeder Gesellschafter gegenüber den Geschäftsführern ein umfassendes Informations- und Einsichtsrecht. Diese Vorschrift ist unabdingbar (§ 51a III GmbHG). Die Satzung kann lediglich das Verfahren hinsichtlich des Informationsverlangens und der Informationserteilung regeln; dabei darf der materielle Gehalt der Informationsrechte nicht eingeschränkt werden (vgl. *BayObLG* DNotZ 1989, 519; *Karl* DStR 1995, 940; *Otte* NZG 2014, 521). Zulässig sind etwa Bestimmungen über die schriftliche Einreichungspflicht des Informationsverlangens und die Ausübung der Rechte durch Bevollmächtigte. Auch das Gebot der Vertraulichkeit kann festgeschrieben werden. Satzungsmäßig vorgesehen werden könnte z. B. auch eine vierteljährliche schriftliche Berichterstattung der Geschäftsführer gegenüber den Gesellschaftern (Lutter/Hommelhoff/*Lutter/Bayer* § 51a Rn. 33; zum Informationsrecht der Geschäftsführer vgl. nur *OLG Koblenz* NZG 2008, 397).

14. Einziehung von Geschäftsanteilen

131 Nachdem sich allgemeine Regelungen zu Ausschluss und Austritt von Gesellschaftern im GmbHG nicht finden, ist die in § 34 GmbHG geregelte **Einziehung** (Amortisation) als wesentliche Form des Ausscheidens eines Gesellschafters aus einer GmbH von besonderer Bedeutung für die Kautelarjurisprudenz (allg. zu Kündigung, Ausschluss und Einziehung in der GmbH *Bacher/von Blumenthal* NZG 2008, 406; *Schwab* DStR 2012, 707; speziell zur Einziehung *Braun* GmbHR 2010, 82; *Meyer* NZG 2009, 1201; *Römermann* NZG 2010, 96; sehr instruktiv zum Vollzug des Ausscheidens *Blath* GmbHR 2012, 657; zu den Gesellschafterrechten des ausgeschlossenen Gesellschafters zwischen Ausschließung und Verwertung vgl. DNotI-Report 2012, 167).

132 Eine Einziehung von Geschäftsanteilen darf nur erfolgen, wenn sie in der Satzung zugelassen ist (§ 34 I GmbHG). Unterschieden wird gemeinhin zwischen der Einziehung mit Zustimmung des betroffenen Gesellschafters und ohne eine solche (**Zwangseinziehung**). Für eine Zwangseinziehung müssen deren Voraussetzungen bereits in der Satzung festgelegt sein, wenn der Betroffene Gesellschafter wird (§ 34 II GmbHG; zur Satzungsgestaltung vgl. *Baumann* MittRhNotK 1991, 271; *Fröhlich* GmbH-StB 2001, 358; allg. zur Verwertung von Geschäftsanteilen eines ausscheidenden Gesellschafters *Bacher/v. Blumenthal* NZG 2008, 406). Dabei sollte klargestellt werden, dass die Einziehung auch zulässig ist, wenn ein Anteil mehreren Gesellschaftern ungeteilt zusteht, die Voraussetzungen der Einziehung aber nur bei einem Mitberechtigten vorliegen.

133 Typischerweise wird eine Einziehungsmöglichkeit in der Satzung für folgende **Sachverhalte** verankert:
– Zwangsvollstreckungsmaßnahmen in den GmbH-Anteil, wenn diese nicht innerhalb einer bestimmten Zeit wieder aufgehoben werden;
– Eröffnung eines Insolvenzverfahrens über das Vermögen eines Gesellschafters oder Ablehnung mangels Masse (zu Einziehung, Zwangsabtretung und Ausschluss in der Insolvenz eines Gesellschafters ausf. *Heckschen* NZG 2010, 521; zu den Mitgliedschaftsrechten in der Insolvenz eines Gesellschafters *Heckschen* ZIP 2010, 1319);
– Abgabe einer Vermögensauskunft des Schuldners gemäß § 802c ZPO;
– Ausschluss aus wichtigem Grund entsprechend § 140 HGB (siehe z. B. *BGH* NZG 2013, 1344; hierzu *Böttcher* NZG 2014, 177);
– Verstoß gegen ein Wettbewerbsverbot (Rn. 78 ff.);
– „change of control"-Fälle (Rn. 92);
– Verstoß gegen Mitveräußerungspflichten/-rechte (Rn. 94);
– Ausscheiden aus Organ- oder Anstellungsverhältnissen (Rn. 137);
– Kündigung (Rn. 151 ff.);
– Erbfall (Rn. 154 ff.);
– fehlende Herausnahme des Geschäftsanteils aus dem Zugewinnausgleich (Rn. 171 ff.).

Darüber hinaus dürfte es im Lichte der Treuepflicht des Gesellschafters auch bei der GmbH zulässig sein, eine Einziehungsmöglichkeit vorzusehen, wenn sich ein Gesellschafter weigert, an einer notwendigen Sanierung der Gesellschaft teilzunehmen („**Sanieren oder Ausscheiden**"; siehe *BGH* ZIP 2009, 2289 zu einer Personengesellschaft; ausf. hierzu *Priester* ZIP 2010, 497; *Bacina/Redeker* DB 2010, 996; vgl. auch die Folgeentscheidung *BGH* ZIP 2011, 768; hierzu *Schneider* NZG 2011, 575). **134**

Wird die Einziehung für den Fall vorgesehen, dass ein Gesellschafter **Auflösungsklage** nach § 61 GmbHG erhebt, so ist eine solche Bestimmung nichtig, da faktisch das Klagerecht beseitigt wird (vgl. nur *OLG München* MittBayNot 2010, 409; *BayObLG* DB 1978, 2164; Baumbach/Hueck/*Haas* § 61 Rn. 3). **135**

Die Anordnung einer Zwangseinziehung bzw. Übernahme eines Gesellschaftsanteils durch einen anderen Gesellschafter nach **freiem Ermessen** ist im Regelfall unwirksam (vgl. *BGH* DB 1990, 1709). Eine geltungserhaltende Reduktion ist jedoch dahin gehend möglich, dass die Klausel zumindest zur Ausschließung aus wichtigem Grund berechtigt (*BGH* NJW 1989, 2681). **136**

Zur Frage der Sittenwidrigkeit von **Hinauskündigungsklauseln** bei der Beendigung der Organstellung eines Geschäftsführers hat der *BGH* klargestellt, dass eine Klausel, nach welcher der Geschäftsführer bei Beendigung seines Amtes seine Minderheitsbeteiligung gegen eine der Höhe nach begrenzte Abfindung zurück zu übertragen hat, wirksam ist, wenn ihm die Beteiligung lediglich im Hinblick auf seine Geschäftsführerstellung eingeräumt wurde und er für sie nur ein Entgelt in Höhe des Nennwerts zu zahlen hatte („**Managermodell**"; *BGH* NZG 2005, 968). Parallel dazu befand der *BGH* im Hinblick auf ein **Mitarbeitermodell**, dass einem verdienten Mitarbeiter unentgeltlich oder gegen Zahlung des Nennwerts eine Minderheitsbeteiligung eingeräumt werden kann, die er bei seinem Ausscheiden aus dem Unternehmen zurück zu übertragen hat (*BGH* NZG 2005, 971; zum Ganzen *Hinderer* RNotZ 2005, 416; *Hohaus/Weber* NZG 2005, 961; *Nassall* NZG 2008, 851; *Sosnitza* DStR 2006, 99). **137**

Eine Einziehung ist nur möglich, wenn der Gesellschaftsanteil voll eingezahlt ist und das Bilanzvermögen der Gesellschaft die Zahlung des Einziehungsentgelts ohne Antastung des Stammkapitals erlaubt (**§§ 34 III, 30 I GmbHG**). Der Beschluss über die Einziehung ist wegen Verstoßes gegen § 34 III GmbHG jdf. dann nichtig, wenn infolge einer Unterbilanz bzw. einer darüber hinausgehenden bilanziellen Überschuldung bereits im Zeitpunkt der Beschlussfassung feststeht, dass die Gesellschaft eine geschuldete und sofort fällige Abfindung nicht aus freiem Vermögen aufbringen kann (*BGH* NZG 2009, 221). Schon aus diesem Grund sollte die Satzung der Gesellschafterversammlung die Befugnis einräumen, anstelle der Einziehung die (**Zwangs-**)**Abtretung** des Geschäftsanteils an Dritte oder Mitgesellschafter zu verlangen, da die Abfindungsleistung in diesem Fall nicht das Gesellschaftsvermögen belastet. Wichtig ist dies vor allem deshalb, weil die Nichtigkeit des Einziehungsbeschlusses wegen Verstoßes gegen §§ 34 III, 30 I GmbHG auch die Nichtigkeit der Ausschließung des Gesellschafters zur Folge hat, selbst wenn im Gesellschaftsvertrag vorgesehen ist, dass die Ausschließung mit Zugang des Ausschließungsbeschlusses wirksam werden soll (siehe *BGH* ZIP 2011, 1104; a.A. *Priester* ZIP 2012, 658, der den Einziehungsbeschluss mit nachvollziehbaren Argumenten auch dann für wirksam hält, wenn die Zahlung der Abfindung zu einer Unterbilanz führen würde). Alternativ kann die Satzung vorsehen, dass die Abfindungszahlung (verzinslich) gestundet wird oder dass die Gesellschafter mithaften, wenn die Gesellschaft wegen § 30 I GmbHG nicht zahlen darf. **138**

Die Einziehung erfordert stets einen **Beschluss der Gesellschafter** (§ 46 Nr. 4 GmbHG) verbunden mit einer Einziehungserklärung gegenüber dem betroffenen Gesellschafter (vgl. das Muster im MünchVertrHdb I, Form. IV 109). Sie kann jedoch nicht unbefristet erfolgen. Bei Einziehung wegen Insolvenz wurde z.B. eine dem Einziehungsgrund immanente zeitliche Schranke von 1–1½ Jahren angenommen (vgl. *OLG Düsseldorf* GmbHR 2008, 262). **139**

140 Mangels anderweitiger Satzungsregelung tritt die **Wirksamkeit** der Einziehung zum Schutz des Gesellschafters nicht erst mit der Zahlung des Einziehungsentgelts, sondern bereits mit der **Mitteilung des Einziehungsbeschlusses** an den betroffenen Gesellschafter ein, sofern der Einziehungsbeschluss weder nichtig ist noch für nichtig erklärt wird (*BGH* DNotZ 2012, 464 m. zahlr. Nachw. zum Meinungsstand in Rspr. und Lit. vor der Entscheidung; zust. u.a. *Priester* ZIP 2012, 658; *Schockenhoff* NZG 2012, 449). Die Satzung sollte diese Rechtsfolge klarstellen. Bis zu seinem Ausscheiden behält der Gesellschafter seine Gesellschafterstellung. Er darf seine Mitgliedschaftsrechte allerdings nur noch insoweit ausüben, als sein Interesse am Erhalt der ihm zustehenden Abfindung betroffen ist (*BGH* DNotZ 2010, 385; dazu *Wilsing/Ogorek* NZG 2010, 379). Der Abfindungsanspruch des Ausscheidenden wird dadurch gesichert, dass die verbleibenden Gesellschafter (pro rata ihrer Beteiligung) haften, wenn sie nicht auf andere Weise für die Auszahlung der Abfindung sorgen (*BGH* DNotZ 2012, 464; so u.a. schon Roth/Altmeppen/*Altmeppen* § 34 Rn. 21 ff.).

141 Daneben sind etwaige **schenkung- bzw. erbschaftsteuerliche Folgen** zu beachten, wenn das Abfindungsentgelt unter dem steuerlichen Wert des Geschäftsanteils liegt, da in Höhe der Differenz zwischen dem Steuerwert des Anteils und dem niedrigeren Abfindungsentgelt ein steuerpflichtiger Erwerb vorliegt (§§ 3 I Nr. 2 S. 2, 7 VII ErbStG).

> **Praxishinweis Steuern:**
>
> Erfolgt eine Einziehung durch die Gesellschaft (§ 3 I Nr. 2 S. 3 ErbStG), so finden die Begünstigungsnormen §§ 13a, 13b, 19a ErbStG keine Anwendung, da keine Anteilsübertragung stattfindet (vgl. zum Ganzen *Leitzen* RNotZ 2009, 315; *Wälzholz* ZEV 2008, 273, 275 f.). Für die Besteuerung ist im Falle der Einziehung nach dem Ableben eines Gesellschafters das Verhältnis zwischen dem Verstorbenen und den verbleibenden Gesellschaftern maßgeblich, da die Werterhöhung der Anteile der Mitgesellschafter Gegenstand der (fiktiven) Schenkung auf den Todesfall ist. Der ausgeschlossene Erbe hat in diesem Fall nur die gesellschaftsvertragliche Abfindung zu versteuern, vgl. § 10 X ErbStG.

142 Der Vollzug des Ausscheidens durch Einziehung oder Abtretung ist für den Ausscheidenden **ertragsteuerlich** als Anteilsveräußerung anzusehen. Es entsteht bei ihm daher in Höhe der Differenz zwischen Anschaffungskosten und Abfindung bzw. Erlös ein einkommensteuerpflichtiger Gewinn (§§ 17 bzw. 20 II 1 Nr. 1 EStG).

> **Praxishinweis Steuern:**
>
> Nur für vor dem 1.1.2009 erworbene Altanteile kann eine Veräußerung außerhalb des Anwendungsbereiches der §§ 17, 23 EStG noch steuerfrei sein, vgl. § 52a X 1 EStG.

143 Nach einer Einziehung durch die GmbH stimmt die Stammkapitalziffer nicht mehr mit der Summe der Nennbeträge der Geschäftsanteile überein, da der eingezogene Anteil untergeht (Baumbach/Hueck/*Fastrich* § 34 Rn. 19; a.A. *Stehmann* GmbHR 2013, 574 m.w.N. zur Gegenmeinung). Es entsteht eine **Differenz zwischen den Nennwerten** der verbleibenden Geschäftsanteile **und dem Stammkapital**.

144 Eine automatische quotengleiche **Aufstockung** der Nennbeträge findet in diesem Fall nach h.M. nicht statt, vielmehr ist hierfür ein Aufstockungsbeschluss der Gesellschafter erforderlich, der nach überwiegender Ansicht allerdings keine Satzungsänderung darstellt und daher privatschriftlich mit einfacher Mehrheit gefasst werden kann (vgl. die Nachw. im Gutachten des DNotI zu § 34 GmbHG Nr. 30.386; *BGH* DNotZ 1989, 26; *Müller* DB 1999, 2045; zum Ganzen auch *Nolting* ZIP 2011, 1292). Zu beachten ist,

dass die Aufstockung nach h. M. nur verhältniswahrend, d. h. quotengleich erfolgen kann, weshalb sie aufgrund des Entstehens von „krummen", d. h. entgegen § 5 II 1 GmbHG nicht durch volle Euro teilbaren Aufstockungsbeträgen bzw. entstehenden Spitzenbeträgen oftmals problematisch ist (vgl. hierzu *Heidinger* in: Heckschen/Heidinger, § 13 Rn. 247b ff.). Als Argument dient insbesondere § 57j GmbHG, wonach bei einer Kapitalerhöhung aus Gesellschaftsmitteln die neuen Geschäftsanteile den Gesellschaftern im Verhältnis ihrer bisherigen Geschäftsanteile zustehen und ein entgegenstehender Beschluss nichtig ist. Daneben argumentiert die h. M. mit einer Umgehung der Formvorschrift des § 15 III GmbHG. Demgegenüber plädieren andere für die Möglichkeit einer **disquotalen Aufstockung** (vgl. *Nolting* ZIP 2011, 1292). Eine Lösung kann in einer Kombination von Aufstockung und Kapitalerhöhung in Anlehnung an die Glättung aus Anlass der Euro-Umstellung liegen (vgl. *Heidinger* in: Heckschen/Heidinger, § 13 Rn. 247e; DNotI-Report 2010, 29; kritisch *Nolting* ZIP 2011, 1292, 1294).

Daneben ist es möglich, die Lücke zwischen den Nennwerten der verbleibenden Geschäftsanteile und dem Stammkapital durch **Bildung** eines **neuen Geschäftsanteils** in Höhe des Nennwerts des eingezogenen Anteils ohne Kapitalerhöhung zu schließen (sog. **Revalorisierung**; dazu Baumbach/Hueck/*Fastrich* § 34 Rn. 20; *Müller* DB 1999, 2047; DNotI-Report 2010, 29 ff.). Der neue Geschäftsanteil steht nach h. M. zunächst der Gesellschaft als eigener Anteil zu, kann anschließend aber abgetreten werden (siehe nur Michalski/*Sosnitza* § 34 Rn. 121; MüKo-GmbH/*Strohn* § 34 Rn. 69). Die Neubildung von Geschäftsanteilen ist keine Satzungsänderung, sondern erfolgt durch Gesellschafterbeschluss, der nach überwiegender Auffassung einer **Dreiviertelmehrheit**, nach der Mindermeinung der Zustimmung aller Gesellschafter bedarf (siehe nur Scholz/*Westermann* § 34 Rn. 70; Michalski/*Sosnitza* § 34 Rn. 121; *Clevinghaus* RNotZ 2011, 449, 463 f. m. w. N.). Ob hierfür eine Beurkundungspflicht besteht, ist streitig. Die herrschende Meinung lehnt ein Beurkundungserfordernis ab, da mangels Satzungsänderung die Formerfordernisse des § 53 II GmbHG nicht einzuhalten seien (vgl. nur MüKo-GmbH/*Strohn* § 34 Rn. 69; Ulmer/Habersack/Winter/*Ulmer* § 34 Rn. 70; BGH DNotZ 1989, 26; a. A. *Clevinghaus* RNotZ 2011, 449, 464; *Steiner* MittBayNot 1996, 6, 9). Jedenfalls wenn mit der Beschlussfassung über die Neubildung zugleich ein Übernahmeangebot an einen Gesellschafter oder Dritten verbunden wird, ist der Beschluss schon nach § 15 III GmbHG beurkundungspflichtig (vgl. das Formulierungsbeispiel bei *Steiner* MittBayNot 1996, 6, 9). Die Anpassung ist in jedem Fall durch Einreichung einer berichtigten Gesellschafterliste beim Registergericht anzuzeigen, wobei hierfür grundsätzlich gemäß § 40 I GmbHG die Geschäftsführer zuständig sind, im Falle einer Mitwirkung des Notars an dem Vorgang gemäß § 40 II GmbHG jedoch dieser.

Die dritte Möglichkeit einer Anpassung der Summe der Nennbeträge an das Stammkapital ist die **Kapitalherabsetzung**, die freilich voraussetzt, dass das Sperrjahr gemäß § 58 I Nr. 3 GmbHG eingehalten wird und überdies nur funktioniert, wenn auch nach der Herabsetzung das Mindeststammkapital von 25.000 EUR gewahrt wird (§ 58 II 1 i. V. m. § 5 I GmbHG).

> **Praxishinweis Steuern:**
>
> Wird die Einziehung mit einer Kapitalherabsetzung kombiniert, liegt steuerlich ein Fall des § 17 IV EStG (soweit das Nennkapital oder Einlagen zurückbezahlt werden) und ggf. des § 20 I Nr. 2 EStG (soweit darüber hinaus Beträge ausgeschüttet werden) vor. Inwiefern eine Rückzahlung diesen Kategorien zuzuordnen ist, regelt § 28 II KStG.

Zu beachten gilt, dass der „Anpassungsbeschluss" anders als vor Inkrafttreten des MoMiG nach einer abzulehnenden, derzeit aber noch starken Ansicht in Lit. und Rspr. nicht mit zeitlichem Abstand zur Einziehung gefasst werden kann. Nach dem in § 5 III 2

GmbHG n. F. verankerten **Kongruenzgebot** muss die Summe der Nennbeträge der Geschäftsanteile nämlich mit der Höhe des Stammkapitals übereinstimmen. Der entsprechende Anpassungsbeschluss (der im Fall der Kapitalherabsetzung wegen § 53 II 1 GmbHG beurkundungspflichtig, im Falle der Aufstockung oder Neubildung von Anteilen jedoch nach h. M. formfrei möglich ist) muss daher zwingend gleichzeitig mit dem (an sich nicht beurkundungsbedürftigen) Einziehungsbeschluss gefasst und im gleichen Zeitpunkt wie die Einziehung wirksam werden, da ansonsten deren **Nichtigkeit** droht (str.; für Nichtigkeit *LG Essen* NZG 2010, 867 und *OLG München* DNotI-Report 2012, 30; kritisch *OLG Saarbrücken* NZG 2012, 180; zu Recht ablehnend u. a. *OLG Rostock* GmbHR 2013, 752; Roth/Altmeppen/*Altmeppen* § 34 Rn. 81 ff. und *Lutter* GmbHR 2010, 1177; vgl. ferner *Blath*, GmbHR 2011, 1177 und *Clevinghaus* RNotZ 2011, 449, 459 ff.).

148 Noch nicht endgültig geklärt ist ebenfalls, wie sich die Anpassung von § 5 III 2 GmbHG auf **Altfälle** auswirkt, in denen vor Inkrafttreten des MoMiG Anteile ohne Anpassung eingezogen wurden. Zum Teil wird mit Eintritt des Gesetzesverstoßes zum 1.11.2008 die Nichtigkeit der Satzung und damit die Möglichkeit einer Amtslöschung gemäß § 399 IV i. V. m. I FamFG in Erwägung gezogen (siehe z. B. *Römermann* DB 2010, 209, 211 f. sowie die Nachw. in DNotI-Report 2011, 193 f.). Diese Auffassung ist abzulehnen, da mangels Übergangsregelung für Altfälle Veränderungen im Gesellschafterbestand vor dem 1.11.2008 an dem damals geltenden Recht zu messen sind (so auch *OLG München* DNotZ 2012, 475).

149 Es bleibt die Frage, wie man vor dem Hintergrund dieser Situation mit der Einziehung umgehen soll. Nachdem derzeit noch keine höchstrichterliche Rechtsprechung zu der Frage vorliegt, könnte man in der **Satzungsregelung** zur Einziehung vorsehen, dass gleichzeitig mit Fassung des Einziehungsbeschlusses zwingend entschieden werden muss, wie die Lücke zwischen Stammkapital und Summe der Nennbeträge zu schließen ist und diese Anpassung **gleichzeitig** mit Wirksamwerden der Einziehung erfolgt. Dementsprechend scheidet die Kapitalherabsetzung als Anpassungsmethode wohl aus, da diese erst durch Eintragung im Handelsregister wirksam wird (§ 54 III GmbHG).

150 **Formulierungsbeispiel: Anpassung von Geschäftsanteilen und Stammkapital nach Einziehung**

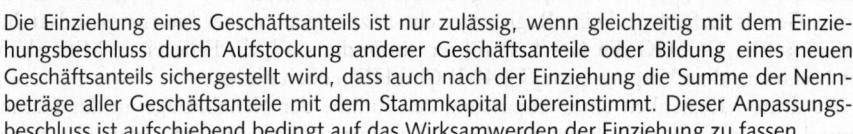

Die Einziehung eines Geschäftsanteils ist nur zulässig, wenn gleichzeitig mit dem Einziehungsbeschluss durch Aufstockung anderer Geschäftsanteile oder Bildung eines neuen Geschäftsanteils sichergestellt wird, dass auch nach der Einziehung die Summe der Nennbeträge aller Geschäftsanteile mit dem Stammkapital übereinstimmt. Dieser Anpassungsbeschluss ist aufschiebend bedingt auf das Wirksamwerden der Einziehung zu fassen.

15. Kündigung

151 In der Regel wird die Gesellschaft auf unbestimmte Zeit abgeschlossen; eine Beschränkung auf eine gewisse Zeit muss zwingend in den Gesellschaftsvertrag aufgenommen werden (§ 3 II GmbHG). Im Gegensatz zu den Personengesellschaften (§ 723 BGB, § 132 HGB) kennt das GmbH-Gesetz **keine ordentliche Kündigung**. Fehlt eine entsprechende Satzungsbestimmung, so kann der Gesellschafter sein Engagement nur durch Duldung der Einziehung oder Übertragung seines Anteils lösen (§ 15 I GmbHG). Ein gesetzliches Austrittsrecht steht dem Gesellschafter nur bei Vorliegen eines wichtigen Grundes zu (Scholz/*Seibt* Anh. § 34 Rn. 4, 7 ff.).

152 Räumt die **Satzung** eine ordentliche Kündigungsmöglichkeit ein, so bewirkt die Kündigung im Zweifel die Auflösung der Gesellschaft (Baumbach/Hueck/*Haas* § 60 Rn. 90). Daher ist klarzustellen, dass die Gesellschaft durch die Kündigung nicht aufgelöst wird, sondern der kündigende Gesellschafter aus der Gesellschaft ausscheidet. Die konkreten

Rechtsfolgen der Kündigung sind dabei unbedingt festzuhalten, denn der Anteil wächst abweichend vom Recht der Personengesellschaften (§ 738 BGB) nicht anteilig den übrigen Gesellschaftern an. Das Ausscheiden bedarf vielmehr regelmäßig des Vollzugs durch Einziehung oder Abtretung des Geschäftsanteils (hierzu Rn. 131 ff.). Denkbar ist allerdings eine der Anwachsung angenäherte Lösung, welche sich dogmatisch als bedingte (Teil-) Geschäftsanteilsabtretung einordnen lässt, die schon im notariellen, die Form des § 15 III, IV GmbHG erfüllenden Gesellschaftsvertrag vereinbart werden kann (*BGH* GmbHR 2003, 1062; hierzu *Heidinger/Blath* GmbHR 2007, 1184, 1188 f.).

Schließlich empfiehlt es sich, die **Form** der Kündigung zu bestimmen sowie eine nicht **153** zu kurz bemessene Kündigungsfrist anzuordnen, damit sich die übrigen Gesellschafter auf die veränderte Struktur einstellen können. Der Kündigungstermin sollte mit dem Ende des Geschäftsjahres zusammenfallen, um die Ermittlung der Abfindung auf Basis der Jahresbilanz zu ermöglichen. Im Hinblick auf den Zeitpunkt des Ausscheidens ist i. Ü. eine Satzungsbestimmung zulässig, wonach ein Gesellschafter sofort mit der Kündigung und nicht erst mit der Leistung der Abfindung ausscheidet (*BGH* GmbHR 2003, 1062; *LG Köln* ZIP 2005, 439). Das Stimmrecht des Ausscheidenden ruht bis zum Ausscheiden nur, wenn die Satzung dies ausdrücklich anordnet (*BGH* ZIP 1983, 1444).

16. Erbfolge

Nach § 15 I GmbHG sind Geschäftsanteile einer GmbH vererblich. Die Satzung kann **154** die **freie Vererblichkeit** von Geschäftsanteilen nicht ausschließen. Auf mehrere Erben geht ein Geschäftsanteil im Ganzen über, nicht wie bei der Personengesellschaft in Teilen (keine Sonderrechtsnachfolge). Die Satzung kann vorsehen, dass der Geschäftsanteil beim Tod eines Gesellschafters eingezogen wird oder von dessen Erben an die Gesellschaft oder an sonstige Personen abzutreten ist (vgl. Rn. 131 ff.), und zwar regelmäßig gegen Abfindung, welche aber auch komplett ausgeschlossen werden kann (siehe zum vollständigen Ausschluss Rn. 164). Damit wird verhindert, dass unerwünschte Personen auf Dauer die Gesellschafterstellung innehaben (zum Ganzen *Heckschen* ZErb 2008, 246; *Ivo* ZEV 2006, 252; *ders.* ZEV 2009, 333). Insb. kann in der Satzung bestimmt werden, dass nur bestimmte Erben wie etwa Mitgesellschafter, Ehegatten und Abkömmlinge oder Erben mit bestimmter beruflicher Qualifikation nicht von der Einziehungsmöglichkeit erfasst werden (vgl. die Musterformulierungen bei *Ivo* ZEV 2006, 252; *Lohr* GmbH-StB 2003, 332; *Flore* GmbH-StB 2002, 209).

Zweckmäßigerweise sollte in der Satzung geregelt werden, dass mehrere Rechtsnachfol- **155** ger ihre Rechte und Pflichten der Gesellschaft gegenüber durch einen **gemeinschaftlichen Vertreter** oder durch einen Testamentsvollstrecker wahrzunehmen haben und dass die Gesellschafterrechte (mit Ausnahme des Gewinnbezugsrechts) ruhen, solange der Bevollmächtigte nicht bestellt ist. Die Erteilung der Vollmacht innerhalb der Erbengemeinschaft bedarf keiner Einstimmigkeit, sondern erfolgt durch Mehrheitsbeschluss, da es sich um ein Geschäft der laufenden Nachlassverwaltung i. S. v. §§ 2038 I 2 Hs. 2, II 1, 745 I BGB handelt (vgl. *OLG Jena* ZIP 2012, 2108, wonach eine reine Vertreterklausel die gemeinschaftliche Rechtsausübung durch die Miterben nach § 18 I GmbHG nicht ausschließt).

Testamentsvollstreckung an GmbH-Anteilen ist zulässig (dazu *J. Mayer* ZEV 2002, **156** 209; *Wachter* ZNotP 1999, 226; zum Thema Unternehmensnachfolge und Testamentsvollstreckung ausf. *Reimann* GmbHR 2011, 1297). Die Satzung kann die Ausübung von Verwaltungsrechten durch den Testamentsvollstrecker allerdings ausschließen (Musterformulierungen zur Testamentsvollstreckung bei *Wachter* ZNotP 1999, 226).

17. Abfindung

Ohne gesellschaftsvertragliche Regelung ist der ausscheidende Gesellschafter mit dem **157** durch eine Unternehmensbewertung festzustellenden **Verkehrswert** seines Anteils abzufinden (vgl. zum Ganzen u.a. *Geißler* GmbHR 2006, 1173; *Bacher/Spieth* GmbHR 2003, 517 u. 973; Musterklauseln zur Abfindung bei *Weber/Reinhardt* GmbH-StB 2002, 22). Aufgrund der vielfältigen Methoden der Unternehmensbewertung bietet es sich an, auf die jeweiligen Bewertungsgrundsätze des Instituts der Wirtschaftsprüfer (**IDW S 1**) Bezug zu nehmen (kritisch *Frédéric* ZIP 2014, 605).

158 Nicht mehr verwendet werden sollte hingegen das sog. „**Stuttgarter Verfahren**" nach R 96 ff. der ErbStR a. F., da §§ 199 ff. BewG nunmehr auf ein vereinfachtes Ertragswertverfahren abstellen (zu Recht kritisch zum Stuttgarter Verfahren *Hülsmann* GmbHR 2007, 290; DNotI-Report 2009, 121; zu den Auswirkungen der Erbschaftsteuerreform 2009 auf Abfindungsklauseln vgl. *Leitzen* RNotZ 2009, 315). Dieses **vereinfachte Ertragswertverfahren** ist ebenfalls problematisch, da es aufgrund des hohen Kapitalisierungsfaktors insb. in Zeiten niedriger Zinsen zu relativ hohen Werten führt. Hieraus ergibt sich ein nicht zu unterschätzendes Gefahrenpotential (ausf. *Leitzen* RNotZ 2009, 315, 319 ff.).

159 Die Satzung kann auch eine **Abfindung unter Verkehrswert** vorsehen, welche im Interesse der Mitgesellschafter liegt und die Liquidität der Gesellschaft schont, z. B. eine Abfindung zum Buchwert (zu Abfindungsbeschränkungen bei Familiengesellschaften siehe *Wolf* MittBayNot 2013, 9). Dabei sollte allerdings hinsichtlich der einzelnen Ausscheidenstatbestände sorgfältig differenziert werden. Insbesondere für die Fälle der Einziehung aus wichtigem Grund, bei einem Insolvenzverfahren oder einer Zwangsvollstreckung erscheint eine Buchwertklausel vertretbar (vgl. ausf. *D. Mayer* DB 1990, 1319 sowie *BGH* DNotZ 2002, 305).

160 Allerdings kann ein weitgehendes **Auseinanderfallen von** vereinbartem **Abfindungs- und tatsächlichem Anteilswert** dazu führen, dass dem ausscheidenden Gesellschafter die vereinbarte Abfindung nicht mehr zumutbar ist. Der *BGH* hat diesbezüglich entschieden, dass das Austrittsrecht des Gesellschafters aus wichtigem Grund in unzulässiger Weise eingeschränkt wird, wenn die im Gesellschaftsvertrag enthaltene Abfindungsbeschränkung zu einem **groben Missverhältnis** zwischen dem vertraglichen Abfindungsanspruch und dem Verkehrswert führt, die gesetzlich vorgesehene volle Abfindung also vollkommen unangemessen verkürzt wird (siehe z. B. *BGH* DB 1993, 1616: Buchwert nur 1/10 des Verkehrswerts; vgl. auch *BGH* NZG 2014, 820 zur Sittenwidrigkeit eines Abfindungsausschlusses für den Fall einer groben Verletzung von Gesellschafterpflichten).

161 Besteht ein derartiges Missverhältnis bereits **bei der Gründung** der Gesellschaft, ist die entsprechende Klausel **sittenwidrig** und damit nichtig (§ 138 BGB; vgl. grundlegend *BGH* DNotZ 1992, 526; siehe ferner *BGH* ZIP 2011, 2537). Es erfolgt eine Abfindung zum Verkehrswert.

162 Entsteht das Missverhältnis erst **später**, weil der Verkehrswert steigt, nicht aber die Abfindung, so nimmt die Rspr. eine **ergänzende Vertragsauslegung** vor (vgl. *BGH* DB 1993, 1616 und 2275; ZIP 2011, 2537). Kann dem ausscheidenden Gesellschafter das Festhalten an der vertraglichen Abfindungsregelung wegen einer seit dem Vertragsschluss eingetretenen Änderung der Verhältnisse auch unter Berücksichtigung der berechtigten Interessen der Mitgesellschafter nicht zugemutet werden, so ist die Abfindung anderweitig unter Berücksichtigung der veränderten Verhältnisse und des wirklichen oder mutmaßlichen Willens der Vertragsschließenden festzusetzen. Dabei sind alle Umstände des konkreten Falls in die Betrachtung einzubeziehen. Zu ihnen kann – außer dem Verhältnis zwischen Verkehrswert und Abfindungswert – die Dauer der Mitgliedschaft des Ausgeschiedenen in der Gesellschaft ebenso gehören wie sein Anteil am Aufbau und am Erfolg des Unternehmens oder der Anlass des Ausscheidens.

163 Zulässig und jedenfalls bei Verwendung von Buchwertklauseln empfehlenswert ist es, eine **Auffangregelung** für den Fall in den Gesellschaftsvertrag aufzunehmen, dass sich die nach der Satzung berechnete Abfindung nach den Grundsätzen der Rechtsprechung im Zeitpunkt der Abfindung als unzulässig erweist (siehe *BGH* ZIP 2011, 2357).

Ein vollständiger **Abfindungsausschluss** ist demgegenüber regelmäßig als grob unbillig einzustufen und daher nach § 138 I BGB sittenwidrig. Allerdings hat der *BGH* entschieden, dass bei auf den **Todesfall** bezogenen Abfindungsregelungen der Abfindungsanspruch weit über die sonst geltenden Grenzen hinaus bis hin zur entschädigungslosen Einziehung eingeschränkt werden kann (vgl. *BGH* DStR 1997, 336; DNotZ 1978, 166, 169). 164

Zulässig sind ferner **schuldrechtliche Nebenabreden** über eine von der Satzung abweichende, niedrigere Abfindung; hieran sind die an der Vereinbarung beteiligten Gesellschafter gebunden (*BGH* ZIP 2010, 1541; dazu *Noack* NZG 2010, 1017; *Leitzen* RNotZ 2010, 566). 165

Abfindungsregelungen, welche die Abfindung nur für die Fälle der Insolvenz und/oder Pfändung beschränken, sind wegen **Gläubigerbenachteiligung** sittenwidrig (vgl. nur *Bacher/Spieth* GmbHR 2003, 973, 974). Eine Einschränkung der Abfindung sollte daher zumindest auf den Fall der Einziehung aus wichtigem Grund erweitert werden. 166

Wenn das Abfindungsentgelt unter dem steuerlichen Wert des Geschäftsanteils liegt, sind etwaige **schenkung- bzw. erbschaftsteuerliche Folgen** zu beachten, da in Höhe der Differenz zwischen dem Steuerwert des Anteils und dem niedrigeren Abfindungsentgelt ein steuerpflichtiger Erwerb vorliegt (§§ 3 I Nr. 2 S. 2, 7 VII, 10 X ErbStG). 167

> **Praxishinweis Steuern:**
>
> Erfolgt bspw. eine Einziehung durch die Gesellschaft, gilt die dadurch bedingte Werterhöhung der Anteile der verbleibenden Gesellschafter als Schenkung an die verbleibenden Gesellschafter (hierzu *Krumm* NJW 2010, 187; *Ivens* GmbHR 2011, 465; *Leitzen* RNotZ 2009, 315; *Wälzholz* ZEV 2008, 273, 275 f.; zu gesellschaftsvertraglichen Abfindungsklauseln und der erbschaftsteuerlichen Schenkungsfiktion ausf. auch *Krumm* NJW 2010, 187). Eine eventuelle Steuerlast kann jedoch durch Satzungsregelung (ganz oder teilweise) dem Ausscheidenden aufgebürdet werden.

Falls sich die Beteiligten über den Wert des Geschäftsanteils nicht einigen, kann die Satzung eine Feststellung des Wertes durch einen Steuerberater oder Wirtschaftsprüfer als **Schiedsgutachter** anordnen. Bei fehlender Einigung über seine Person sollte die Satzung vorsehen, dass der Schiedsgutachter auf Antrag eines der Beteiligten von der für die Gesellschaft zuständigen Industrie- und Handelskammer benannt wird. 168

Auch bei der satzungsmäßigen Ausgestaltung der **Zahlungsmodalitäten** für die Abfindung ist darauf zu achten, dass diese im Falle einer unzumutbaren Belastung des Ausscheidenden sittenwidrig sein können. Insbesondere ist zu berücksichtigen, dass zwar eine Zahlung in Raten zum Schutz der Liquidität angezeigt ist, jedenfalls Auszahlungsfristen von mehr als 10 Jahren aber nicht mehr zulässig sind (*BGH* DB 1989, 1400; näher *Michalski/Sosnitza* § 34 Rn. 74). Aus den Umständen des Falles kann sich i. Ü. ergeben, dass eine Sicherheit z. B. zum Schutz vor der Insolvenz der Gesellschaft zu erbringen ist (*OLG Dresden* NZG 2000, 1042, 1043 f.; hierzu *Lange* NZG 2001, 635, 636 ff.). 169

Im Übrigen sollte im Rahmen der Abfindungsklausel geregelt werden, ob der Abfindungsberechtigte an einem etwa vorhandenen **Körperschaftsteuerguthaben** beteiligt sein soll. 170

18. Güterstand

Der Geschäftsanteil eines Gesellschafters unterliegt in vollem Umfang den Vorschriften über den **Zugewinnausgleich** bei Scheidung. Hieraus folgt nicht nur ein finanzielles **Risiko für** den verheirateten **Gesellschafter**, die Folgen einer güterrechtlichen Auseinandersetzung können auch die GmbH belasten. So gefährdet ein Streit über den Wert des Anteils Geheimhaltungsinteressen der Gesellschaft und führt gleichzeitig durch zu beantwortende Auskunftsverlangen zu einer Behinderung der Geschäftstätigkeit. Darüber 171 hinaus können Mitspracherechte des Partners (§ 1365 BGB!) den Gesellschafter in seiner Verfügungsbefugnis einschränken (vgl. *Heckschen* GmbHR 2006, 1254, 1256).

172 Da die Gesellschaft nicht in unmittelbaren Rechtsbeziehungen zu den Ehegatten (oder eingetragenen Lebenspartnern) der Gesellschafter steht, haben sich als vorsorgende Gestaltungsmittel sog. **Drittkontrahierungsklauseln** etabliert (dazu umfassend *Brambring* DNotZ 2008, 724; *Gassen* RNotZ 2004, 423; *Lange* DStR 2013, 2706; zu Eheverträgen von Unternehmern allg. vgl. *Grziwotz* ZIP 2006, 9). Derartige Satzungsklauseln sollten die Gesellschafter zum Abschluss von Eheverträgen verpflichten, infolge derer die Geschäftsanteile im Falle einer Scheidung nicht dem Zugewinnausgleich unterliegen und die Verfügungsbeschränkung des § 1365 BGB ausgeschlossen ist. Diese Formulierung zwingt die Gesellschafter nicht, den (erbschaftsteuerlich nachteiligen und für den Partner nicht immer akzeptablen) Güterstand der Gütertrennung zu wählen, sondern ermöglicht ihnen auch, den gesetzlichen Güterstand durch Herausnahme der Beteiligung und Abbedingung von § 1365 BGB lediglich zu modifizieren.

173 Flankierend sind Kontroll- und Sanktionsmöglichkeiten vorzusehen, insb. Auskunftspflichten oder die **Zwangseinziehung** bzw. Zwangsabtretung im Falle der Nichtbeachtung der Klausel (Formulierungsvorschläge z.B. bei *Gassen* RNotZ 2004, 423, 433). In der Kautelarpraxis sind dabei die von der Rspr. aufgestellten Gestaltungsgrenzen auf ehevertraglicher Ebene zu beachten, wonach jedoch eine Vereinbarung über die Herausnahme einer GmbH-Beteiligung aus dem Zugewinnausgleich regelmäßig zulässig sein dürfte (vgl. *Münch* ZNotP 2004, 122, 126).

19. Steuerklauseln

174 Finanzverwaltung und *BFH* qualifizieren die Rückzahlung einer verdeckten Gewinnausschüttung durch den Gesellschafter an die GmbH ertragsteuerlich auch dann als Einlage, wenn sie nicht auf §§ 30, 31 GmbHG, sondern auf einer Vereinbarung zwischen der Gesellschaft und dem Gesellschafter beruht (vgl. BFH BStBl. 2001 II 226; BFH BStBl. 1997 II 92, 95; BMF BStBl. 1981 I 599). Folglich kann eine Rückabwicklung die steuerlichen Folgen einer verdeckten Gewinnausschüttung nicht neutralisieren, weshalb von der Aufnahme einer Satzungsklausel, mit deren Hilfe die negativen Folgen einer verdeckten Gewinnausschüttung rückgängig gemacht werden sollen, möglichst abzusehen ist (vgl. zur Rückabwicklung verdeckter Gewinnausschüttungen auch *Hey* GmbHR 2001, 1, 5 ff.).

175 Empfehlenswert sind allenfalls **Regelungen zum Leistungsverkehr** zwischen Gesellschaftern, wonach infolge der verdeckten Gewinnausschüttung ggf. zusätzlich entstandene Körperschaftsteuervorteile zurückzugewähren sind. Damit wird ein angemessener zivilrechtlicher Interessenausgleich unter den Gesellschaftern erreicht (vgl. die Formulierung im MünchVertrHdb I, Form. IV 26 § 18 mit Anm. 51; zu Steuerklauseln in Unternehmenskaufverträgen vgl. *Wollweber* AG 2012, 789).

20. Aufsichtsrat/Beirat

176 Ist ein Aufsichtsrat gesetzlich nicht zwingend vorgeschrieben (zum obligatorischen Aufsichtsrat vgl. MünchVertrHdb I, Form. IV 29 §§ 10 ff. mit Anm. 9 ff. zum DrittelbG sowie Form. IV 30 §§ 9 ff. mit Anm. 22 ff. zum MitbestG), so kann gemäß **§ 52 I GmbHG** die Satzung die Bildung eines Aufsichtsrats vorsehen, für welchen dann zahlreiche aktienrechtliche Regeln entsprechend anwendbar sind (zur Satzungsgestaltung allgemein vgl. *Mohr* GmbH-StB 2001, 86). Fehlt eine satzungsmäßige Grundlage (dazu MünchVertrHdb I, Form. IV 26 § 12 mit Anm. 38 und zur Ausübung der Ermächtigung durch Gesellschafterbeschluss Form. IV 47), so kann diese später im Wege der Satzungsänderung geschaffen werden. Dabei genügt die satzungsändernde Mehrheit des § 53 II 1 GmbHG, soweit keine Sonderrechte eingeräumt werden.

1. Teil. Gründung der GmbH   D I

Aufgrund der in § 52 I a.E. GmbHG eingeräumten **Satzungsautonomie** bestehen 177
weitgehende Spielräume zur Regelung eines fakultativen Aufsichtsrates bzw. Beirates,
z.B. im Hinblick auf Größe, Zusammensetzung, Kompetenzen, innere Ordnung etc. Wer
sich generell nicht den aktienrechtlichen Regelungen unterwerfen will, auf die § 52 I
GmbHG verweist, kann die Anwendung der darin genannten Bestimmungen auch vollständig ausschließen (zur unentziehbaren Minimalkompetenz des Aufsichtsrats vgl. aber
Baumbach/Hueck/*Zöllner/Noack* § 52 Rn. 28; danach ist zumindest die Unvereinbarkeitsregel des § 105 AktG im Kern nicht dispositiv).

Funktionstypische **Aufgabe** des Aufsichtsrats ist die Überwachung der Geschäftsfüh- 178
rung (zur Haftung der Mitglieder des fakultativen Aufsichtsrats bei Verletzung ihrer
Überwachungspflicht vgl. *BGH* NZG 2010, 1186). Daneben können dem Aufsichtsrat
weitere Kompetenzen zugewiesen werden. Originäre Befugnisse der Gesellschafterversammlung dürfen allerdings nicht auf einen Aufsichtsrat oder Beirat übertragen werden,
so z.B. nicht die Befugnis zur Vornahme von Satzungsänderungen (vgl. ausf. *Konzen*
NJW 1989, 2980). Zu Pflichten und Haftung von Mitgliedern eines fakultativen Aufsichtsrats vgl. *BGH* DStR 2007, 354.

21. Gerichtsstand

Für **Gerichtsstandsklauseln** lässt § 38 ZPO wenig Raum, da die Gesellschafter der 179
GmbH als solche keine Kaufleute sind. Aufgrund der Sonderregelungen der §§ 17, 22
ZPO sind sie im nationalen Rechtsverkehr im Regelfall auch nicht erforderlich. Bei Beteiligung ausländischer Gesellschafter ist dies aber sinnvoll und zulässig, soweit die Voraussetzungen des § 38 ZPO vorliegen (*Bork* ZHR 157, 48).

22. Schieds- bzw. Mediationsklauseln

Ob die Aufnahme einer **Schiedsklausel** in den Gesellschaftsvertrag zweckmäßig ist, 180
lässt sich nur im Einzelfall entscheiden (vgl. zum Ganzen *Hauschild/Böttcher* DNotZ
2012, 577; *Heskamp* RNotZ 2012, 415; Baumbach/Hueck/*Zöllner* Anh. § 47 Rn. 32 ff.).
Die Aufnahme einer Schiedsvereinbarung in den beurkundeten Gesellschaftsvertrag bei
Gründung einer GmbH genügt jdf. dem Schriftformerfordernis des § 1031 I ZPO. Eine
nachträglich in den Gesellschaftsvertrag aufgenommene Schiedsvereinbarung bedarf der
Zustimmung aller Gesellschafter (*BGH* DNotZ 1996, 694 – Schiedsfähigkeit I). Auch
Beschlussmängelstreitigkeiten bei der GmbH sind nach Ansicht des *BGH* grundsätzlich
schiedsfähig (*BGH* DNotZ 2009, 938 – Schiedsfähigkeit II; hierzu *Müller* GmbHR
2010, 729; *Nietsch* ZIP 2009, 2269). Ggf. bietet sich ein Verweis auf die Schiedsgerichtsordnung (DIS-SchO) und die Ergänzenden Regeln für gesellschaftsrechtliche Streitigkeiten (DIS-ERGeS) der Deutschen Institution für Schiedsgerichtsbarkeit e. V. (DIS) an
(siehe BeckFormbGmbH/*Rombach* Form. C.II.3.).

Die **Beurkundungspflicht** des § 2 I 1 GmbHG bezieht sich grundsätzlich auf die 181
gesamte Satzung. Der Verweis auf eine außerhalb der Satzung liegende Regelung eines
privaten eingetragenen Vereins ist insofern nicht unproblematisch (zum Ganzen ausf.
Böttcher/Fischer NZG 2011, 601). Anders als bei Unternehmenskaufverträgen, im Rahmen derer nicht selten auf die DIS-SchO oder eine andere Schiedsordnung in ihrer dann
geltenden Fassung verwiesen wird (hierzu *Heidbrink* GmbHR 2010, 848, 853), ist schon
aufgrund der auf Dauer angelegten Regelung und der deshalb erforderlichen dynamischen Verweisung auf die Schiedsordnung in ihrer jeweils gültigen Fassung eine Beurkundung denklogisch gar nicht möglich, weshalb eine Pflicht zur Mitbeurkundung einer
Schiedsordnung im Falle einer dynamischen Verweisung auf diese nicht besteht (vgl.
OLG München DNotZ 2014, 206 m. Anm. *Heskamp*; *Böttcher/Fischer* NZG 2011, 601;
Hauschild/Böttcher DNotZ 2012, 577, 593; BeckFormbGmbH/*Rombach* Form. C.II.3,
Anm. 2; a.A. *Heskamp* RNotZ 2012, 415, 426 f.). Das Schiedsgericht ist insofern als

„Dritter" im Sinne von § 317 BGB zur Bestimmung der zu gegebener Zeit geltenden Verfahrensordnung berufen (vgl. *OLG München* DNotZ 2014, 206, 212; DNotI-Report 2008, 188, 189; *Böttcher/Fischer* NZG 2011, 601, 604). Die bei Unternehmenskaufverträgen mitunter praktizierte Möglichkeit eines Verweises gemäß § 13a BeurkG auf eine schon beurkundete Fassung der Schiedsordnung hilft im Rahmen der auf Dauer angelegten Satzungsregelung jdf. nicht, da diese nur den gegenwärtigen Stand der Schiedsordnung abbilden würde. Sicherheitshalber kommt ergänzend der Abschluss einer **Gesellschaftervereinbarung** über die Schiedsabrede in Betracht, die eine Beitrittsverpflichtung für neu eintretende Gesellschafter enthalten sollte.

182 Eine Alternative zu einem Schiedsverfahren nach §§ 1025 ff. ZPO stellt die Anordnung einer strukturierten außergerichtlichen **Mediation** dar (ausf. *Töben* RNotZ 2013, 321; Formulierungsbeispiele bei BeckFormbGmbH/*Rombach* Form. C. II.4.). In der Praxis sind derartige Verfahren allerdings nach wie vor mit Problemen und Rechtsunsicherheiten belastet, so dass die Zweckmäßigkeit eines solchen Verfahrens bezweifelt wird (vgl. Baumbach/Hueck/*Zöllner* Anh. § 47 Rn. 43; Michalski/*Römermann* Anh. § 47 Rn. 562 ff.).

23. Salvatorische Klausel

183 **Problematisch** ist die Formulierung von salvatorischen Klauseln in der Form von **Fiktionsklauseln** („[...] gilt diejenige Bestimmung als vereinbart [...]") im Hinblick auf die Regelung des § 53 GmbHG, da insoweit das Formerfordernis der Satzungsänderung umgangen wird (vgl. *Sommer/Weitbrecht* GmbHR 1991, 449). Deshalb sollte richtigerweise folgende Formulierung gewählt werden:

184 **Formulierungsbeispiel: Salvatorische Klausel**

Die betreffende Bestimmung ist durch eine wirksame Regelung zu ersetzen, die dem angestrebten wirtschaftlichen Zweck möglichst nahe kommt.

185 Zur Wirkung einer salvatorischen Klausel vgl. *BGH* NZG 2010, 619, wonach eine Gesamtnichtigkeit nicht ausgeschlossen, sondern nur die Vermutung des § 139 BGB umgekehrt wird.

24. Gründungskosten

186 Eine Übernahme des Gründungsaufwands durch die Gesellschaft muss ausdrücklich in der Satzung geregelt sein, eine Aufnahme in das Gründungsprotokoll ist nicht ausreichend (vgl. *BGH* NJW 1989, 1610; *D. Mayer* MittBayNot 1989, 128; zum Ganzen *Wachter* NZG 2010, 734). Wie bei Sacheinlagen (vgl. Rn. 214) müssen die Festsetzungen in der Satzung mindestens **fünf Jahre beibehalten** werden (vgl. *OLG München* NZG 2010, 1302; *LG Berlin* GmbHR 1993, 590; Baumbach/Hueck/*Fastrich* § 5 Rn. 57). Sind die Gründungskosten nicht in der Satzung festgesetzt (wozu keine Pflicht besteht, vgl. *OLG Frankfurt* NZG 2010, 593), müssen die Gründer der GmbH die Gründungskosten erstatten, da sie die Gründungskosten veranlasst haben („**Veranlassungsprinzip**"). Wird dies nicht beachtet, liegt steuerlich eine unwirksame Übernahme von Gründungskosten durch die GmbH und damit eine **verdeckte Gewinnausschüttung** vor (*BFH* DB 1990, 459 und *BMF* BStBl. I 1991, 661; vgl. auch *Jürgenmeyer/Maier* BB 1996, 2135). Zu den Gründungskosten gehören die mit der Errichtung der GmbH und der Erbringung der Einlagen verbundenen Kosten sowie die Kosten der Gründungsberatung (ausf. *D. Mayer* MittBayNot 1989, 128 mit entsprechendem Formulierungsbsp. und *Sommer* GmbH-StB 1998, 176). Nach der Rechtsprechung des *BGH* (DB 1989, 871) genügt es nicht, den Gründungsaufwand lediglich in einem Betrag anzugeben; es müssen vielmehr alle Aufwandspositionen (Kosten der Beurkundung, der Eintragung im Handelsregister, Kosten

des Steuerberaters/Wirtschaftsprüfers/Rechtsanwalts, Grunderwerbsteuer, Kosten für die Bewertung von Sacheinlagen etc.) und der Gesamtbetrag in Euro (und nicht lediglich eine Obergrenze von „10 % des Stammkapitals", vgl. *OLG Zweibrücken* DNotI-Report 2013, 166) in der Satzung angegeben werden. Ob diese Rspr. angesichts dessen, dass im vom Gesetzgeber vorgegebenen Musterprotokoll die bloße Angabe des Gesamtbetrags der Gründungskosten ausreichend ist, noch Geltung haben kann, wird bezweifelt (vgl. *Wachter* NZG 2010, 735, 736). Auch der im Schutz der Gläubiger bestehende Normzweck spricht gegen eine Angabe der Einzelkosten. Entscheidend ist für Dritte lediglich die Höhe der Minderung des Stammkapitals, nicht die konkrete Zusammensetzung der Kosten.

> **Formulierungsbeispiel: Gründungskosten**
>
> Die Gesellschaft hat die mit ihrer Gründung verbundenen Kosten (Notarkosten, Steuerberaterkosten, Handelsregisterkosten einschließlich Veröffentlichungskosten) in Höhe eines Gesamtbetrags von ca. ... EUR zu tragen.

187

Eine prozentuale **Höchstgrenze** des Gründungsaufwandes im Verhältnis zum jeweiligen Stammkapital **besteht** entgegen einem weit verbreiteten Irrglauben **nicht**; entscheidend ist, ob dem Registergericht die Höhe des angesetzten Gründungsaufwandes nachgewiesen werden kann (vgl. *Elsing* DNotZ 2011, 245; *OLG Hamburg* DNotZ 2011, 457 m. Anm. *Weiler*). Regelmäßig ohne Nachfrage anerkannt werden jedoch nach gängiger Registerpraxis jedenfalls bei der GmbH mit 25.000 EUR Stammkapital Gründungskosten in Höhe von 10 % des Stammkapitals, mithin 2.500 EUR.

188

Nach Ansicht des *BFH* (GmbHR 2000, 439; dazu *Tiedtke/Wälzholz* GmbHR 2001, 223 und *Heinze* NotBZ 2000, 346) dürfen mangels anderweitiger Satzungsbestimmung bei einer Kapitalerhöhungsmaßnahme nur mittelbare Kosten von der Gesellschaft getragen werden, also insb. nicht die Kosten für die Übernahmeerklärung, sonst liegt steuerlich eine **verdeckte Gewinnausschüttung** vor.

189

25. Bekanntmachungen

Die satzungsmäßige Festlegung eines Veröffentlichungsblattes ist nicht erforderlich, da der (aufgrund Einstellung der Printversion mittlerweile nur noch elektronisch geführte) **Bundesanzeiger** das gesetzliche Gesellschaftsblatt ist (§ 12 S. 1 GmbHG). Sieht die Satzung weitere Veröffentlichungsmedien vor, ist zusätzlich in diesen zu veröffentlichen (vgl. *OLG Stuttgart* NZG 2011, 29). Erforderlich sind Bekanntmachungen durch die Gesellschaft in drei Fällen: Rückzahlung von Nachschüssen (§ 30 II 2 GmbHG), Kapitalherabsetzung (§ 58 I Nr. 1 GmbHG) und Liquidation (§ 65 II GmbHG).

190

VI. Registeranmeldung und -verfahren

1. Anmeldepflichtige

Die Anmeldung der GmbH zum Handelsregister (Muster siehe Beck'sches Formularbuch für die Notar- und Gestaltungspraxis/*Weiler*, § 51 A. IV.) erfolgt durch **sämtliche Geschäftsführer** (vgl. §§ 78, 7 I GmbHG). Eine Vertretung ist aufgrund der von den Geschäftsführern **höchstpersönlich** abzugebenden Versicherungen hinsichtlich der Mindesteinzahlung des Stammkapitals und des Nichtvorliegens von Bestellungshindernissen nicht möglich (vgl. § 8 II und III GmbHG und Rn. 196 ff.). Auch die grundsätzlich mögliche Vertretung durch den Notar auf Basis von § 378 II FamFG (ausf. hierzu *Ising* NZG 2012, 289; vgl. auch *BayObLG* NJW 1987, 136) scheidet wegen der höchstpersönlich abzugebenden Erklärungen bei der Gründung einer GmbH aus.

191

2. Inhalt

192 Anzumelden ist zunächst die neugegründete Gesellschaft mit allen im Handelsregister **einzutragenden Satzungsbestandteilen** (Firma, Sitz, Unternehmensgegenstand, allgemeine Vertretungsregelung).

193 Gemäß §§ 8 IV Nr. 1, 10 I 1 GmbHG ist darüber hinaus die **inländische Geschäftsanschrift** anzumelden. Diese darf den Zusatz „c/o" enthalten (*OLG Naumburg* MittBayNot 2009, 391), nach differenzierender Ansicht jedoch nur, wenn eine sichere und zuverlässige Zustellung an diese Adresse erfolgen kann (*OLG Rostock* NotBZ 2010, 316). Um spätere Änderungen nicht aus Versehen zu übergehen, sollte bei jedem Vorgang eine GmbH betreffend geprüft werden, ob die eingetragene Anschrift noch korrekt ist. Daneben besteht die Möglichkeit, die inländische Anschrift einer Person anzugeben, die für Willenserklärungen und Zustellungen an die Gesellschaft empfangsberechtigt ist (§ 10 II 2 GmbHG). Folge dieser Angabe ist, dass nach § 35 II 4 GmbHG die Abgabe von Willenserklärungen und Zustellungen auch unter dieser Anschrift erfolgen können.

194 In der Anmeldung sind die bestellten **Geschäftsführer** mit Name, Geburtsdatum und Wohnsitz und die Art und Umfang ihrer allgemeinen und besonderen **Vertretungsbefugnis** anzugeben (§ 8 IV Nr. 2 GmbHG). Die Befristung einer Geschäftsführerbestellung ist wohl nicht eintragungsfähig (vgl. DNotI-Report 2009, 113). Gleiches gilt für den Antrag, einen Geschäftsführer als „Sprecher der Geschäftsführung" einzutragen (*OLG München* NZG 2012, 429).

195 Probleme ergeben sich bei einer Gründung im vereinfachten Verfahren, da die dogmatische Einordnung der Geschäftsführerbestellung im **Musterprotokoll** nach wie vor umstritten ist. Nach zutreffender Ansicht handelt es sich um einen **unechten Satzungsbestandteil**, weshalb als allgemeine Vertretungsbefugnis die Regelung des § 35 GmbHG und als besondere Vertretungsbefugnis die Formulierung des Musterprotokolls anzumelden ist (vgl. *OLG Stuttgart* MittBayNot 2009, 390; *OLG Bremen* NZG 2009, 1193; *OLG Hamm* NZG 2009, 1431 m. Anm. *Wachter*; *OLG Rostock* DNotZ 2011, 308; *OLG Bremen* NZG 2009, 1193; *OLG Düsseldorf* ZIP 2011, 2468; *Tebben* RNotZ 2008, 441, 443 f.; *Heckschen* DStR 2009, 166, 167). Demnach ist die Bestellung von weiteren Geschäftsführern möglich, ohne die Satzung ändern zu müssen. Allerdings ist nach zutreffender Ansicht die **Befreiung** weiterer Geschäftsführer **von § 181 BGB** nur nach vorheriger Satzungsänderung möglich, da eine Befreiungsermächtigung im Musterprotokoll fehlt. Bei Abberufung des ersten und Ernennung eines neuen Alleingeschäftsführers ist dieser demnach auch nicht automatisch von § 181 BGB befreit. Bei der Bestellung von weiteren Geschäftsführern (neben dem Gründungsgeschäftsführer) bleibt die Befreiung des Gründungsgeschäftsführers von den Beschränkungen des § 181 BGB bestehen, denn dem Gründungsgeschäftsführer wurde Befreiung erteilt (a. A. *OLG Stuttgart* NZG 2009, 754; vgl. auch *OLG Hamm* NZG 2009, 1431). Es handelt sich um eine bereits im Musterprotokoll enthaltene besondere Vertretungsbefugnis, für die es keiner gesonderten Befreiungsermächtigung bedarf, weil das Musterprotokoll originär von allen Gesellschaftern aufgestellt wird (zum Ganzen *Jeep/Kilian/Weiler* notar 2009, 357).

196 Bei der **Versicherung** nach §§ 8 II 1, 7 II GmbHG müssen die Geschäftsführer angeben, welcher Gesellschafter welche **Einlage** geleistet hat (*BayObLG* DNotZ 1980, 646). Dabei bezieht sich die Prüfungspflicht des Gerichts im Fall von Bareinlagen nur auf die Mindestleistungen nach § 7 II GmbHG; ob Mehrleistungen auf das Stammkapital erbracht wurden, ist nicht zu prüfen, selbst wenn die Mehrleistung durch Satzung vorgeschrieben war (*OLG Stuttgart* DNotZ 2012, 154; Roth/Altmeppen/*Roth* § 8 Rn. 16). Werden bei der Gründung einer GmbH von einem Gesellschafter mehrere Geschäftsanteile übernommen, muss die Versicherung des Geschäftsführers bei der Anmeldung der GmbH die Beurteilung zulassen, welcher **Betrag** auf die **einzelnen Geschäftsanteile** geleistet worden ist (vgl. *OLG Hamm* notar 2011, 255 m. Anm. *Weiler*). Maßgeblicher Zeitpunkt für die Beurteilung der Richtigkeit der Versicherung über die Leistung der

Einlagen ist der Zeitpunkt des Zugangs der Erklärung beim Registergericht und nicht die Abgabe der Erklärung beim Notar (dazu DNotI-Report 2003, 115). Zur Klarstellung kann ggf. in die Registeranmeldung aufgenommen werden (dazu und zu weiteren Gestaltungsvorschlägen *Heidinger* Rpfleger 2003, 545):

> **Formulierungsbeispiel: Versicherung Einzahlung Stammeinlage** 197
>
> Für den Zeitpunkt des Zugangs der Versicherung beim Registergericht versichert (...).

198 Durch das MoMiG wurde der Katalog der **Bestellungshindernisse** in § 6 II 2 und 3 GmbHG deutlich ausgedehnt (siehe im Einzelnen Rn. 289). Dementsprechend muss auch die **Versicherung** gemäß § 8 III 1 GmbHG umfangreicher gefasst werden (zum Ganzen ausf. *Weiß* GmbHR 2013, 1076; vgl. zur Formulierung der Versicherung *OLG München* DNotZ 2009, 948; NZG 2009, 718 und 719). Die einzelnen Straftatbestände sind dabei nicht zwingend einzeln zu benennen, es genügt vielmehr die allgemeine (inhaltlich umfassendere) Versicherung, der Geschäftsführer sei „noch nie, weder im Inland noch im Ausland, wegen einer Straftat verurteilt" worden (*BGH* DNotZ 2010, 930; a. A. noch *OLG München* DNotZ 2009, 948; *Wachter* GmbHR 2009, 785, 786 f.). Auch das Wort „versichern" muss nicht zwingend verwendet werden, wenn die gewählte Formulierung (z. B. „erklären", „angeben", u. a.) hinreichend erkennen lässt, dass es sich um eine eigenverantwortliche Bekundung des Betroffenen handelt (*OLG Karlsruhe* NZG 2012, 598).

199 Nicht ausreichen dürfte hingegen der **pauschale Verweis** auf das Nichtvorliegen von „Ausschlussgründen der in § 6 GmbHG genannten Art", weil dies nicht gewährleistet, dass der Erklärende die einzelnen Ausschlussgründe gekannt und nach sorgfältiger Prüfung bewusst verneint hat (so zu Recht *OLG Karlsruhe* NZG 2010, 557; a. A. *Wachter* ZIP 2010, 1339, 1341; *OLG Stuttgart* GmbHR 2013, 91; *OLG Hamm* NZG 2011, 710, nach deren Ansicht eine pauschale Bezugnahme auf eine Straftat gem. § 6 II 2 Nr. 3 GmbHG den Anforderungen an die Geschäftsführerversicherung genügt).

200 Erforderlich ist ferner, dass die Versicherung des Geschäftsführers bei der Fünf-Jahresfrist auf den **Eintritt der Rechtskraft** einer erfolgten Verurteilung abstellt und nicht nur auf den Zeitpunkt der Verurteilung (*BGH* DNotZ 2011, 790 m. Anm. *Wohlrab*). Die Versicherung auf vergleichbare „Straftaten" im Ausland zu erstrecken, obschon der Gesetzeswortlauttext (vermeintlich) weitergehend von vergleichbaren „Taten" im Ausland spricht, reicht aus (*OLG München* Beschl. v. 18.6.2014 – 31 Wx 250/14).

201 Besonders Augenmerk ist auf die Versicherung zum Nichtvorliegen einer **Gewerbeuntersagung** zu legen. Die Gewerbeuntersagung auch nur hinsichtlich eines Unternehmensteilgegenstandes führt nämlich zur Nichtigkeit der Geschäftsführerbestellung (siehe nur *KG* NZG 2012, 430; Baumbach/Hueck/*Fastrich* § 6 Rn. 17).

202 Da § 8 III 1 GmbHG nicht auf § 6 II 2 Nr. 1 GmbHG verweist, muss sich die Versicherung im Übrigen nicht auf den fehlenden **Einwilligungsvorbehalt** (§ 1903 BGB) erstrecken (zur insoweit falschen Verweisung in § 66 IV GmbHG für den Liquidator vgl. Rn. 594). Ist der Geschäftsführer nicht einschlägig vorbestraft, ist auch die Versicherung, noch nicht in einer **Anstalt verwahrt** worden zu sein (vgl. § 6 II 2 a. E. GmbHG), entbehrlich, da die Verwahrung in einer Anstalt lediglich im Fall einer strafrechtlichen Verurteilung für die Dauer des Bestellungshindernisses maßgeblich ist.

203 Der Geschäftsführer muss allerdings versichern, über die **Auskunftspflicht** nach § 53 II BZRG belehrt worden zu sein. Diese Belehrung kann gemäß § 8 III 2 GmbHG schriftlich vorgenommen werden, wobei hierfür auch im Ausland tätige Notare, Vertreter eines vergleichbaren rechtsberatenden Berufs (also auch Rechtsanwälte) oder Konsularbeamte zuständig sind. Diese Regelung erleichtert das Verfahren, wenn sich Geschäftsführer im Ausland aufhalten.

204 Selbst wenn die Bestellung erst zu einem (wenige Tage später liegenden) **künftigen Zeitpunkt** wirksam wird, reicht es regelmäßig aus, die Versicherung schon am Tag der Beschlussfassung über die Bestellung eines Geschäftsführers abzugeben (*OLG Hamm* MittBayNot 2010, 488). Nicht zulässig ist es indes, dass der Notar eine fehlende Versicherung des Geschäftsführers hinsichtlich einzelner Ausschlussgründe **nachträglich** in derselben Urkunde ohne erneute Unterschriftsbeglaubigung **ergänzt** (*OLG München* DNotZ 2011, 151).

3. Formelle Fragen

205 Die Anmeldung hat in **öffentlich beglaubigter Form** zu erfolgen, §§ 12 I HGB, 129 BGB, 40 BeurkG. Sie wird elektronisch beim zuständigen Handelsregister eingereicht.

206 Als **Anlagen** sind der Anmeldung das Gründungsprotokoll samt Satzung und die Gesellschafterliste (ausf. zu den damit zusammenhängenden Fragestellungen *Omlor/Spies* MittBayNot 2011, 353) beizufügen, im Falle der Verwendung eines Musterprotokolls nach § 2 Ia GmbHG nur dieses. In der von sämtlichen Geschäftsführern zu unterzeichnenden Gesellschafterliste sind sämtliche Geschäftsanteile durchzunummerieren (§ 8 I Nr. 3 GmbHG; siehe Rn. 66).

207 Ist für den Gegenstand der Gesellschaft eine **staatliche Genehmigung** erforderlich (dazu *Elsing* notar 2012, 68; *Gottwald* MittBayNot 2001, 164), so muss die Genehmigung der GmbH erteilt sein, eine auf die Gesellschafter oder den Geschäftsführer persönlich lautende Genehmigung genügt nicht. Eine Vorlage der Genehmigung oder eines entsprechenden Vorbescheids ist grundsätzlich nicht erforderlich (vgl. schon Rn. 58).

208 Sofern die Zulässigkeit der gewünschten Firmierung zweifelhaft ist, sollte im Vorfeld eine **Stellungnahme der IHK** eingeholt und der Anmeldung beigefügt werden, um Verzögerungen im Eintragungsverfahren vorzubeugen.

209 Die Vorlage von **Einzahlungsnachweisen** in Form eines Kontoauszugs oder einer Bankbescheinigung kann gemäß § 8 II 2 GmbHG nur noch bei erheblichen Zweifeln an der ordnungsgemäßen Kapitalaufbringung verlangt werden kann. Im Hinblick auf den Strafbarkeitstatbestand des § 82 GmbHG sollte der Notar jedoch nach wie vor auf die Vorlage des Einzahlungsbelegs oder eine entsprechende Bestätigung durch die Geschäftsführung warten, bevor die Anmeldung an das Handelsregister weitergeleitet wird.

4. Prüfungskompetenz des Gerichts

210 Bei der Prüfung der Anmeldung hat das Registergericht nur eine **eingeschränkte Prüfungskompetenz** (§ 9c II GmbH). Im Falle von Unzulänglichkeiten der Satzung ist für das Eintragungsverfahren von wesentlicher Bedeutung, dass mangelhafte, fehlende oder nichtige Satzungsbestimmungen der Eintragung der Gesellschaft in das Handelsregister nicht entgegenstehen, wenn keine der in **§ 9c II GmbHG** genannten Voraussetzungen vorliegen. Danach darf das Gericht bei der Eintragung der Gesellschaft – nicht dagegen bei der Satzungsänderung (vgl. *BayObLG* MittBayNot 2002, 201; *KG* FGPrax 2006, 29, 30) – die Eintragung nur ablehnen, wenn der Mangel
– eintragungspflichtige Umstände betrifft (Nr. 1),
– Vorschriften verletzt, die ausschließlich oder überwiegend zum Schutze der Gläubiger der Gesellschaft oder sonst im öffentlichen Interesse gegeben sind (Nr. 2), oder
– die Nichtigkeit des Gesellschaftsvertrages zur Folge hat (Nr. 3).

211 Nicht umfasst sind hingegen z. B. Verstöße gegen Vorschriften des GmbHG, die unentziehbare Individual- oder Minderheitsrechte betreffen, wie sie etwa in den §§ 48, 51a, 50 I und II, 61 II, 66 II, III GmbHG enthalten sind. Derartige Satzungsbestimmungen sollen nicht die wirksame Entstehung der Kapitalgesellschaft durch Registereintragung hindern, sondern Gegenstand etwaiger Streitverfahren zwischen den Beteiligten bleiben (siehe *OLG München* DNotZ 2010, 937; vgl. ferner Lutter/Hommelhoff/*Bayer* § 9c Rn. 10).

VII. Sonderfall Sachgründung

1. Satzungsregelung

Der Gesellschaftsvertrag einer Sachgründung unterscheidet sich von dem einer 212
Bargründung nur hinsichtlich der Regelung über das Stammkapital und die Geschäftsanteile (vgl. zur Betriebseinbringung *D. Mayer* in: Widmann/Mayer, Bd. 8 Anh. 5 „Einbringung" Rn. 14 ff.). Insbesondere ist der Gegenstand der Sacheinlage zu definieren. Dabei gilt es zu beachten, dass Dienstleistungen nicht sacheinlagefähig sind (vgl. nur *BGH* DNotZ 2009, 766 – „Qivive"; siehe auch *Giegdinghagen/Lakenberg* NZG 2009, 201).

Nicht zulässig ist eine Sachgründung bei Verwendung eines gesetzlichen Muster- 213
protokolls (vgl. Ziffer 3 der Musterprotokolle) sowie bei Errichtung einer haftungsbeschränkten Unternehmergesellschaft (vgl. § 5a II GmbHG).

Nach § 5 IV GmbHG müssen der Gegenstand der Sacheinlage und der Nennbetrag 214
des Geschäftsanteils, auf den sich die Sacheinlage bezieht, im Gesellschaftsvertrag festgesetzt werden. Anders als bei der Aktiengesellschaft (§§ 27 V, 26 V AktG: 30 Jahre) existiert zur **Löschung** der Festsetzungen keine ausdrückliche Regelung im GmbHG. Nach wohl überwiegender Ansicht ist die Löschung frühestens **fünf Jahre nach Leistung** der Sacheinlage zulässig, da ein länger dauerndes Informationsbedürfnis Dritter bei der GmbH nicht anzunehmen ist. (vgl. *Scholz/Veil* § 5 Rn. 86; a. A. u. a. *Baumbach/Hueck/Fastrich* § 5 Rn. 49: 10 Jahre wegen der entsprechenden Verlängerung der Verjährungsfrist für die Differenzhaftung in § 9 II GmbHG).

2. Einbringung eines Unternehmens

Die Einbringung eines Unternehmens als Sacheinlage erfolgt regelmäßig auf **Basis** ei- 215
ner **Einbringungsbilanz**. Liegt die Einbringungsbilanz zum Zeitpunkt der Gründung noch nicht vor, so kann auf eine noch zu erstellende Bilanz verwiesen werden (str.; vgl. *D. Mayer* in: Widmann/Mayer, Bd. 8 Anh. 5 „Einbringung" Rn. 95 f. mit Formulierungsvorschlägen; *Priester* BB 1980, 19). Allerdings ist in diesem Fall eine Vorabklärung beim Registergericht zu empfehlen. Zum Teil wird von der Registerpraxis nämlich gefordert, die Bilanz der Gründungsurkunde als Anlage im Sinne von § 9 I 2 BeurkG beizufügen. Folgt man dieser unrichtigen Auffassung, so müsste im Falle einer späteren Bilanzerstellung ein entsprechender Urkundsnachtrag gefertigt werden (ausf. *D. Mayer* in: Widmann/Mayer, Bd. 8 Anh. 5 „Einbringung" Rn. 95).

Die **steuerliche Rückbeziehung** bis zu 8 Monaten nach § 20 VIII 3 UmwStG wird an- 216
erkannt, sofern innerhalb des 8-Monats-Zeitraums sowohl der Einbringungsvertrag – bei Einbringung von Grundbesitz in notariell beurkundeter Form – abgeschlossen wird als auch das eingebrachte Betriebsvermögen auf die GmbH übergeht. Die Rückbeziehungsmöglichkeit setzt somit nach dem eindeutigen Wortlaut der Vorschrift nicht voraus, dass der Sachgründungsvorgang innerhalb der 8-Monats-Frist auch beim Handelsregister angemeldet wird. Bei Einbringung von Grundbesitz ist es ausreichend, wenn der Einbringungsvertrag bis zum Ablauf der 8-Monats-Frist abgeschlossen und zumindest das wirtschaftliche Eigentum am eingebrachten Grundstück auf die Vor-GmbH übertragen wurde. Die Übertragung des wirtschaftlichen Eigentums erfolgt regelmäßig zu dem Zeitpunkt, zu dem nach dem Willen der Beteiligten und nach der tatsächlichen Durchführung Besitz, Gefahr, Nutzen und Lasten auf die übernehmende Vor-GmbH übergegangen sind (Einzelheiten bei *D. Mayer* in: Widmann/Mayer, Bd. 8 Anh. 5 „Einbringung" Rn. 106 ff.).

Werden **Einzelwirtschaftsgüter** aus einem Betriebsvermögen eingebracht, so führt dies 217
in der Regel zu einer Gewinnrealisierung; daneben sind grunderwerb- und umsatzsteuerliche Folgen zu beachten (dazu *D. Mayer* in: Widmann/Mayer, Bd. 8 Anh. 5 „Einbringung" Rn. 202 ff.).

3. Gemischte Sacheinlage

218 Soll ein den Betrag der Stammeinlage übersteigender Wert der Sacheinlage dem Gesellschafter als Darlehen oder stille Einlage gutgeschrieben werden (gemischte Sacheinlage), genügt eine Verweisung auf die Einbringungsbilanz; eine genaue Bezifferung in der Satzung ist nicht erforderlich (*LG München I* MittBayNot 2004, 291 und ausf. *D. Mayer* in: Widmann/Mayer, Bd. 8 Anh. 5 „Einbringung" Rn. 22 ff.; a.A. *OLG Stuttgart* BB 1982, 397).

219

> **Formulierungsbeispiel: Gemischte Sacheinlage**
>
> Soweit sich aus der Bilanz des eingebrachten Unternehmens auf den 31.12.2014 ein höheres Kapitalkonto ergibt, wird der überschießende Betrag dem einbringenden Gesellschafter als Darlehen gutgeschrieben.

220 Die Werthaltigkeit des eingebrachten Mehrbetrages unterliegt der Kontrolle durch das Registergericht jedenfalls dann, wenn der Betrag als Fremdkapital (= Darlehen) ausgewiesen und nicht in die Kapitalrücklage eingestellt wird (dazu ausf. *D. Mayer* in: Widmann/Mayer, Bd. 8 Anh. 5 „Einbringung" Rn. 28).

4. Sachgründungsbericht

221 In jedem Fall von (offenen) Sacheinlagen ist die Erstellung eines Sachgründungsberichts erforderlich, in dem die Gesellschafter die für die Angemessenheit der Leistungen für Sacheinlagen wesentlichen Umstände darzulegen und beim Übergang eines Unternehmens die Jahresergebnisse der letzten beiden Geschäftsjahre anzugeben haben (vgl. § 5 IV 2 GmbHG; Formulierungsbsp. Beck'sches Formularbuch für die Notar- und Gestaltungspraxis/*Weiler*, § 51 Muster A.III.4). Der Sachgründungsbericht ist von sämtlichen Gründungsgesellschaftern und nicht etwa vom Steuerberater oder den Geschäftsführern zu unterzeichnen.

5. Werthaltigkeitskontrolle

222 Die Werthaltigkeitskontrolle bei Sacheinlagen ist – parallel zur geltenden Rechtslage bei Aktiengesellschaften – auf die Prüfung zu beschränken, ob eine „nicht unwesentliche" Überbewertung vorliegt (§ 9c I 2 GmbHG). Dennoch sind gemäß § 8 I Nr. 5 GmbHG der Registeranmeldung Unterlagen darüber beizufügen, dass der Wert der Sacheinlagen den Nennwert der dafür übernommenen Geschäftsanteile erreicht (siehe Rn. 232; zu den Prüfungspflichten des Registergerichts bei Einbringung von Grundstücken vgl. *BayObLG* DNotZ 1995, 232; zu den Anforderungen an die einzureichenden Unterlagen vgl. auch *LG Freiburg* GmbHR 2009, 1106 m. Anm. *Wachter*). Ggf. ist die Einbringungsbilanz, der zugleich die Funktion einer Wertnachweisunterlage im Sinne von § 8 I Nr. 5 GmbHG zukommt, mit einer Bescheinigung betreffend die Richtigkeit der Wertansätze zu versehen („Aktiva sind nicht über- und Passiva nicht unterbewertet").

6. „Stufengründung", Sachagio

223 Will man die bei einer Sachgründung mit der Erstellung von Sachgründungsbericht, Einbringungsbilanz oder Werthaltigkeitsbescheinigung verbundenen Verzögerungen vermeiden, so kann man eine **„Stufengründung"** vornehmen. Dabei wird zunächst eine zeitnah im Register eingetragene Bargründung durchgeführt. Anschließend wird der Einlagegegenstand i.d.R. im Wege der Kapitalerhöhung durch Sacheinlage in die GmbH eingebracht (ausf. Vertragsmuster bei *D. Mayer*, in: Widmann/Mayer, Bd. 8 Anh. 4 Mustersatz 30; vgl. ferner *D. Mayer* in: Widmann/Mayer, Bd. 8 Anh. 5 „Einbringung" Rn. 316 ff.). Die Einbringung von Betrieben, Teilbetrieben oder Mitunternehmeranteilen in eine GmbH kann nämlich gemäß § 20 **UmwStG** nur dann ohne oder unter nur teilweiser Aufdeckung stiller Reserven erfolgen, wenn der Einbringende als Gegenleistung neue Anteile an der GmbH erhält, sei es im Rahmen einer Sachgründung oder einer Sachkapitalerhöhung.

Eine Fortführung der Buchwerte ist auch dann möglich, wenn bei einer Bargründung **224** oder -kapitalerhöhung der Gesellschafter zusätzlich zu der Bareinlage eine Verpflichtung übernimmt, als Aufgeld (agio) einen Betrieb, Teilbetrieb oder Mitunternehmeranteil in die GmbH einzubringen (sog. **Sachagio**; vgl. *BFH* DB 2010, 1918). Dies stellt regelmäßig den im Vergleich zur Stufengründung einfacheren Weg dar, allerdings ist eine ausdrückliche „Verknüpfungsabrede" zwischen Bareinlage und Sachagio erforderlich.

> **Praxishinweis Steuern:**
>
> Eine gänzlich unabhängig von einer Kapitalerhöhung als sog. „**verdeckte Einlage**" erfolgende Einbringung erweist sich steuerlich regelmäßig als nachteilig. Sie wird seitens des Einbringenden der Veräußerung gleichgestellt (vgl. §§ 6 VI, 17, 20, 23 EStG), erfüllt aber nicht die Voraussetzungen für eine Buchwertfortführung nach § 20 UmwStG. Darüber hinaus kann eine verdeckte Einlage (ebenso wie eine inkongruente offene Einlage) zur Fiktion einer steuerpflichtigen Schenkung des einbringenden Gesellschafters an die Mitgesellschafter führen (§ 7 VIII ErbStG).

7. Verdeckte Sacheinlage

Die Beachtung der Sacheinlagevorschriften wird von der Praxis vielfach als lästig, zeit- **225** raubend und kostenintensiv angesehen. Zahlreich sind deshalb die Versuche, diese Vorschriften dadurch zu umgehen, dass zwar formal Bareinlagen vereinbart werden, der Gesellschaft letztlich aber die aufgrund einer vorherigen Absprache stattdessen zugedachten Vermögensgegenstände alsbald (vgl. zum zeitlichen Zusammenhang *BGH* DB 1996, 877) im Rahmen entgeltlicher Verträge zugeführt werden oder die Kapitalaufbringung insb. bei Kapitalerhöhungsvorgängen durch Verrechnung der Einlageforderung der Gesellschaft mit Gesellschafterforderungen oder in sonstiger Weise gefährdet wird.

Das MoMiG hat diese sog. verdeckte Sacheinlage erstmals gesetzlich geregelt (dazu **226** u. a. *Blasche* GmbHR 2010, 288; *Rezori* RNotZ 2011, 125; zur Rechtslage vor MoMiG siehe *BGH* ZIP 2003, 1540). Nach der in **§ 19 IV GmbHG** enthaltenen Legaldefinition liegt eine verdeckte Sacheinlage nunmehr vor, wenn eine Geldeinlage aufgrund einer im Zusammenhang mit der Übernahme der Geldeinlage getroffenen Abrede bei wirtschaftlicher Betrachtung vollständig oder teilweise als Sacheinlage zu bewerten ist (zur Abgrenzung vom in Rn. 241 erläuterten sog. „Hin- und Herzahlen" vgl. u. a. *Hermanns* DNotZ 2011, 325). Bei einem engen zeitlichen Zusammenhang zwischen Gründung und Einbringung wird eine derartige Abrede zu vermuten sein.

Ist eines der Tatbestandsmerkmale nicht erfüllt, liegt keine verdeckte Sacheinlage vor **227** und die Bareinlage ist nicht zu beanstanden. Dies gilt insb. im Hinblick auf **nicht sacheinlagefähige Gegenstände** wie z. B. Dienstleistungen (*BGH* DNotZ 2009, 766 – „Qivive"; vgl. auch *Bayer/Lieder* NZG 2010, 86). Auch wenn mit der Bareinlage ein Darlehen abgelöst wird, für dessen Rückzahlung sich der **Inferent verbürgt** hat, leistet er nicht verdeckt eine Sacheinlage, da der künftige Regressanspruch nicht sacheinlagefähig ist. Zur Tilgung eines vom Ehegatten des Inferenten gewährten Darlehens mit der Bareinlage vgl. *BGH* NZG 2011, 667.

228 Auf der **Rechtsfolgenseite** befreit eine verdeckte Sacheinlage den Gesellschafter zwar nicht von seiner Einlageverpflichtung, die Verträge über die Sacheinlage und die Rechtshandlungen zu ihrer Ausführung sind jedoch wirksam. Der Wert des eingebrachten Vermögensgegenstandes im Zeitpunkt der Anmeldung der Gesellschaft zur Eintragung im Handelsregister oder im Zeitpunkt seiner Überlassung an die Gesellschaft, falls diese später erfolgt, wird auf die fortbestehende Geldeinlagepflicht des Gesellschafters automatisch angerechnet, ohne dass hierfür eine Willenserklärung einer Partei erforderlich wäre (sog. „**Anrechnungslösung**"; zur dogmatischen Einordnung *Sernetz* ZIP 2010, 2173; zu den Rechtsfolgen verdeckter Sacheinlagen in verschiedenen Fallkonstellationen *Müller* NZG 2011, 761). Hieran ändert auch eine vorsätzliche Umgehung der Sacheinlagevorschriften nichts. Allerdings trägt der Gesellschafter die **Beweislast** für die Werthaltigkeit des Vermögensgegenstandes (§ 19 IV 5 GmbHG), weshalb ihm dringend zu empfehlen ist, entsprechende Nachweise dauerhaft vorzuhalten. Im Übrigen kann eine verdeckte Sacheinlage zu einer Strafbarkeit der Geschäftsführer wegen falscher Versicherung nach § 82 GmbHG führen (vgl. hierzu *Bormann/Urlichs* GmbHR 2008, 119, 120; Winter, FS Priester, S. 867, 874). Der beurkundende Notar sollte dieses Risiko im Rahmen seiner **Belehrung** deutlich machen.

229 Die Neuregelung beansprucht bereits Geltung für Einlageleistungen, die vor Inkrafttreten des MoMiG bewirkt wurden, es sei denn, es wurde hierüber schon vor diesem Zeitpunkt ein Urteil gefällt oder ein Vergleich abgeschlossen (**§ 3 IV EGGmbHG**; diese unechte Rückwirkung ist nach Ansicht des *BGH* verfassungsgemäß, vgl. DNotZ 2010, 922; hierzu *Haas/Vogel* NZG 2010, 1081).

230 Eine sog. **verdeckte gemischte Sacheinlage** liegt vor, wenn von der Gesellschaft aus dem Gesellschaftsvermögen über den Nominalbetrag der Bareinlage hinaus eine Gegenleistung für die Einlage des Sachgegenstandes erbracht wird. Die Anrechnung des Wertes der verdeckt eingelegten Sache auf die fortbestehende Bareinlageverpflichtung nach § 19 IV 3 GmbHG darf in diesem Fall nicht zu Lasten des übrigen Gesellschaftsvermögens gehen. Daher ist **vor einer Anrechnung** von dem tatsächlichen Wert der eingelegten Sache der Betrag **abzuziehen**, der von der Gesellschaft aus dem Gesellschaftsvermögen über den Nominalbetrag der Bareinlage hinaus als **Gegenleistung** aufgewendet worden ist (*BGH* DNotZ 2010, 922 „AdCoCom"; hierzu *Pentz* GmbHR 2010, 673; *Stiller/Redeker* ZIP 2010, 865).

231 Da die Einlage ausdrücklich in Geld erbracht werden muss, ist bei Verwendung der **Musterprotokolle** nach § 2 Ia GmbHG – wie sich aus deren Ziffer 3 ergibt – eine Sacheinlage ebenso unzulässig wie bei einer **haftungsbeschränkten Unternehmergesellschaft** (siehe § 5a II GmbHG). Noch nicht endgültig geklärt ist, ob im Falle einer verdeckten Sacheinlage bei Gründung unter Verwendung des Musterprotokolls und/oder Errichtung einer UG die Anrechnungslösung gelten soll oder ob die Einlageverpflichtung in bar unvermindert fortbesteht. Richtigerweise ist eine Anrechnung in beiden Fällen abzulehnen, da eine offene Sacheinlage nicht strenger behandelt werden darf als eine verdeckte Sacheinlage (so für die UG u. a. Michalski/*Miras* § 5a Rn. 43 ff.; a. A. *Wansleben/Niggemann* NZG 2012, 1412; ausf. hierzu Rn. 271 ff.). Jedenfalls bei der vereinfachten Gründung wird § 19 IV GmbHG jedoch mehrheitlich für anwendbar gehalten (vgl. nur Baumbach/Hueck/*Fastrich* § 2 Rn. 17; Roth/Altmeppen/*Roth* § 2 Rn. 54). Dem Notar ist zu empfehlen, im Hinblick auf dieses Risiko eine Belehrung in die Urkunde aufzunehmen (siehe Rn. 19).

8. Registeranmeldung

232 Bei der Vereinbarung von Sacheinlagen sind die den Festsetzungen zugrunde liegenden oder zu ihrer Ausführung geschlossenen **Verträge**, der **Sachgründungsbericht** und schließlich **Nachweise** über die **Werthaltigkeit** der Sacheinlage vorzulegen (§ 8 I Nr. 4, 5 GmbHG; näher hierzu Rn. 212 ff.). Die Geschäftsführer haben zu **versichern**, dass die

Sacheinlagen so an die Gesellschaft bewirkt sind, dass sie endgültig zur freien Verfügung der Geschäftsführer stehen (§§ 8 II, 7 III GmbHG).

VIII. Kapitalaufbringung und -erhaltung bei Bargründung

Kapitalaufbringung und -erhaltung werden – quasi als Gegenleistung für die Haftungsbeschränkung auf das Stammkapital – in den §§ 7–9, 19, 30f. GmbHG geschützt. Im Einzelnen sind hierbei folgende Problemkreise von Interesse: **233**

1. Leistungserbringung bei Bargründung

Die Eintragung der GmbH darf erst erfolgen, wenn die Einlagen entsprechend § 7 II GmbHG geleistet wurden. Dabei sind im Hinblick auf den Zeitpunkt der Erbringung der Einlageleistungen vier Verfahrensabschnitte zu unterscheiden: (1) vor Errichtung der notariellen Gründungsurkunde (Vorgründungsgesellschaft in der Rechtsform einer GbR bzw. oHG), (2) nach Gründung aber vor Registeranmeldung (Vor-GmbH = GmbH i. G.), (3) nach Anmeldung aber vor Eintragung (weiterhin Vor-GmbH) und (4) nach Eintragung (GmbH). **234**

Leistungen vor Gründung der Gesellschaft an die so genannte **Vorgründungsgesellschaft** befreien nicht von der Einlageverpflichtung (vgl. *BGH* GmbHR 1998, 633), da die Vorgründungsgesellschaft mit der späteren GmbH nicht identisch ist und somit – anders als bei der Vor-GmbH – ein automatischer Vermögensübergang ausscheidet. Einer Aufrechnung mit der gegen die Vorgründungsgesellschaft gerichteten Bereicherungsforderung (§ 812 II 2 Alt. 2 BGB, „Untauglicher Tilgungsversuch") gegen die nach wie vor offene Einlageforderung der GmbH steht § 19 II 2 GmbHG entgegen (*OLG Köln* EWiR 1989, 171). Werden – wie in der Praxis häufig – die Einlagen bereits vor dem Notartermin zur Gründung der GmbH auf ein Konto mit der unrichtigen Bezeichnung GmbH i. G. eingezahlt, befinden sie sich aber zum Zeitpunkt der Gründung unangetastet auf diesem Konto, so ist von einer konkludenten Übereignung auf die Vor-GmbH auszugehen (vgl. *D. Mayer*, FS Schippel, S. 473; *Kanzleiter* DNotZ 1994, 700; Gutachten des DNotI zu § 7 GmbHG Nr. 27.798; a. A. *OLG Stuttgart* DNotZ 1994, 695). **235**

Nach der Gründung müssen die Gesellschafter die vereinbarten Einlagen so einzahlen, dass sie zur freien Verfügung der Geschäftsführer stehen. Dispositionen über die Einlageleistung vor der Anmeldung der Gesellschaft zum Handelsregister sollten tunlichst unterlassen werden. Dies gilt auch für eine Leistung an einen Gesellschafter, die wirtschaftlich einer Rückzahlung der Einlage entspricht und nicht als verdeckte Sacheinlage zu beurteilen ist, obschon diese Fälle des sog. **Hin- und Herzahlens** nunmehr in den Grenzen des § 19 V GmbHG ausdrücklich zugelassen sind (hierzu im Einzelnen Rn. 241 ff.). **236**

Zwar gibt es auch in allen übrigen Fällen entgegen der früheren oberlandesgerichtlichen Rspr. (vgl. nur *BayObLG* DB 1988, 850) **keine Bar-Depot-Pflicht**. Die Versicherung der Geschäftsführer bezüglich der freien Verfügbarkeit der Einlagen bezieht sich dementsprechend nicht auf das gegenständliche Vorhandensein der Mindesteinlagen im Zeitpunkt der Anmeldung, sondern lediglich auf deren wertmäßiges Vorhandensein (so zutr. *BGH* NJW 1992, 3300). Es kommt somit darauf an, ob bilanziell ein Aktivtausch vorliegt. Ein solcher ist zwar auch im Falle der Tilgung bestehender Verbindlichkeiten anzunehmen, nicht aber etwa bei der Zahlung von Mieten, Gehältern etc., da keine Gegenleistung erfolgt, die bilanziell zum Ausdruck kommt. Dem Notar ist in diesem Zusammenhang anzuraten, die Anmeldung der Gesellschaft möglichst schnell zu betreiben (ausf. hierzu *Lindemeier* RNotZ 2003, 503 und *D. Mayer*, FS Schippel, S. 473). **237**

Nach der Anmeldung ist der Kapitalaufbringungsvorgang prinzipiell abgeschlossen. Vor der Eintragung sind Transaktionen über die erbrachten Einlagen allerdings insoweit weiterhin haftungsschädlich, als dem Gesellschaftsvermögen kein entsprechender Gegen- **238** wert zufließt. Ist das Stammkapital vor der Eintragung nämlich bereits ganz oder teilweise bilanziell verbraucht, so greift die vom *BGH* entwickelte **Unterbilanz- bzw. Vorbelastungshaftung** (vgl. Rn. 19), um die versprochene Kapitalaufbringung bis zum Zeitpunkt der Eintragung der GmbH zu sichern. Dabei haften die Gesellschafter anteilig (proratarisch) aber unbeschränkt der GmbH gegenüber (Innenhaftung) für die Differenz zwischen dem Stammkapital (abzüglich satzungsmäßig aufgenommener Gründungskosten) und dem Wert des Gesellschaftsvermögens. Die Ausfallhaftung des § 24 GmbHG kommt auch hier zur Anwendung. Soweit die Verluste das Stammkapital übersteigen, geht die Haftung auf vollen Verlustausgleich (grundlegend *BGH* NJW 1981, 1373; näher Baumbach/Hueck/*Fastrich* § 11 Rn. 61 ff.; *D. Mayer* MittBayNot 1989, 128).

239 Nach der Eintragung der Gesellschaft können Verfügungen über die Einlageleistungen – soweit nicht die Kapitalerhaltungsregeln §§ 30 ff. GmbHG entgegenstehen – nur noch über die Grundsätze der verdeckten Sacheinlage haftungsschädlich sein (dazu Rn. 225 ff.).

240 Dem Registergericht gegenüber genügt die **Versicherung über die endgültig freie Verfügbarkeit** der Einlageleistung; zu einer weitergehenden Nachforschung, insb. zur Vorlage von Einzahlungsbelegen ist es gemäß § 8 II 2 GmbHG nur berechtigt, wenn erhebliche Zweifel an der Richtigkeit der Versicherung bestehen (vgl. schon *Böhringer* Rpfleger 2002, 551). Bareinlagen, welche die Gesellschafter über die bei der Gründung versprochenen Mindesteinlagen hinaus erbringen („freiwillige Mehrleistungen"), haben i. Ü. stets Erfüllungswirkung (*BGH* DB 1989, 217).

2. Leistungen an Gesellschafter – Kapitalaufbringung („Hin- und Herzahlen")

241 In den Fällen des sog. „**Hin- und Herzahlens**" fließt die auf den Geschäftsanteil bezahlte Summe aufgrund einer vor oder bei der Einzahlung getroffenen Abrede direkt oder indirekt an den Gesellschafter zurück, klassischerweise als Darlehen. Im Gegensatz zur verdeckten Sacheinlage verbleibt der GmbH also kein Gegenstand, sondern eine Forderung.

242 Ebenso wie die verdeckte Sacheinlage (§ 19 IV GmbHG) ist auch die Fallgruppe des Hin- und Herzahlens nunmehr im Gesetz geregelt (§ 19 V GmbHG; hierzu u. a. *Blasche* GmbHR 2010, 288; *Rezori* RNotZ 2011, 125, 129 ff.; zur Abgrenzung von verdeckter Sacheinlage und Hin- und Herzahlen vgl. u. a. *Hermanns* DNotZ 2011, 325; zur Rechtslage vor MoMiG vgl. nur *BGH* DNotZ 2006, 218 und 536). Sofern in dem Vorgang keine verdeckte Sacheinlage zu erblicken ist tritt danach **Erfüllungswirkung** (nur) ein, **wenn** (nicht „soweit"!) die Zahlung an die Gesellschafter durch einen Rückzahlungsanspruch gedeckt ist, der (i) vollwertig und (ii) jederzeit fällig ist oder zumindest durch Kündigung seitens der Gesellschaft fällig gestellt werden kann. Ist dies nicht der Fall, bleibt die Einlageschuld in voller Höhe bestehen (**Alles-oder-Nichts-Prinzip**). Sind die Voraussetzungen des § 19 V GmbHG nicht eingehalten, kann die Einlageschuld jedoch (wie vor Inkrafttreten des MoMiG) mit einer späteren Zahlung erfüllt werden (vgl. *Wicke* § 19 Rn. 38).

243 Die insoweit bestehende **Ungleichbehandlung mit** der Anrechnungslösung bei der **verdeckten Sacheinlage** begründet der Gesetzgeber mit der Tatsache, dass anders als bei der verdeckten Sacheinlage kein tatsächlicher Mittelzufluss erfolgt, sondern nur eine neue schuldrechtliche Forderung begründet wird. Es ist eine streng bilanzielle Betrachtungsweise anzulegen: Die Erfüllung der Einlageschuld kann nur dann angenommen werden, wenn die Einlagenrückgewähr durch einen sowohl voll- als auch gleichwertigen Gegenleistungs- oder Rückgewähranspruch gegen den Gesellschafter gedeckt ist und damit ein reiner Aktivtausch vorliegt. Demgegenüber hätte es wenig Sinn gemacht, eine teilweise Erfüllung anzunehmen und allein hinsichtlich der Differenz den ursprünglichen Einlageanspruch aufrecht zu erhalten, den der Gesellschafter wegen mangelnder Solvenz auch

1. Teil. Gründung der GmbH D I

nicht wird erfüllen können. In diesen Fällen sollte vielmehr schon das „Herzahlen" von vornherein vollständig unterbleiben (vgl. *Gesell* BB 2007, 2241, 2246 f.).

Bei der Bezahlung künftiger **Dienstleistungen** mit Einlagemitteln liegt kein der Erfüllung der Einlageschuld entgegenstehendes Hin- und Herzahlen vor, sofern der Inferent die Einlagen nicht für die Vergütung seiner Dienstleistung „reserviert" hat (*BGH* DNotZ 2009, 766 – „Qivive"). **244**

Die Regelung beansprucht Geltung auch für vor Inkrafttreten des MoMiG bewirkte Einlageleistungen, wenn hierüber nicht schon vorher ein Urteil gefällt oder ein Vergleich abgeschlossen wurde (§ 3 IV EGGmbHG, vgl. *OLG Koblenz* MittBayNot 2011, 330). **245**

Für die **Unternehmergesellschaft** ist die Anwendbarkeit von § 19 V GmbHG nach zutreffender wenn auch umstrittener Auffassung zu bejahen (näher hierzu Rn. 272). Bei der Gründung mit Musterprotokoll ist § 19 V GmbHG nach h. M. uneingeschränkt anwendbar (so zu Recht u. a. *Heckschen* DStR 2009, 166, 167). **246**

Das Hin- und Herzahlen ist gemäß § 19 V 2 GmbHG in der Anmeldung offen zu legen, damit der Registerrichter prüfen kann, ob die Voraussetzungen einer Erfüllungswirkung gegeben sind (Formulierungsvorschlag bei *Wälzholz* MittBayNot 2008, 425, 431). Hierzu wird er sich ggf. den Darlehensvertrag vorlegen lassen und einen **Bonitätsnachweis** für die Vollwertigkeit des Rückgewähranspruchs verlangen müssen. Als solcher kann u. U. auch eine positive Bewertung des Rückgewährschuldners durch eine anerkannte Ratingagentur in Betracht kommen (hierzu *OLG München* GmbHR 2011, 422). Offen gelassen hat der Gesetzgeber allerdings die Folgen einer fehlenden **Offenlegung**. Die höchstrichterliche Rspr. nimmt jedoch zu Recht an, dass nur im Falle einer ausdrücklichen Offenlegung des Hin- und Herzahlens von einer wirksamen Aufbringung des Stammkapitals auszugehen ist (vgl. *BGH* DNotZ 2009, 766 – „Qivive"; NZG 2009, 944 – „Cash Pool II"; *OLG Stuttgart* DNotZ 2012, 224 für eine AG; *Wälzholz* MittBayNot 2008, 425, 431). Eine Strafbewehrung besteht nicht. Allerdings sind Schadensersatzansprüche gegen den Geschäftsführer denkbar, wobei allerdings der Nachweis der Kausalität im Einzelfall schwierig werden dürfte. **247**

Ein Problem dieses Erfordernisses ist die Handhabung von Altfällen, in denen eine Offenlegung naturgemäß nicht stattgefunden hat. Dementsprechend schlagen Teile des Schrifttums die **Heilung** einer versäumten Offenlegung durch eine spätere Registeranmeldung vor, weil der Gesellschafter – zumindest in Altfällen – ansonsten schutzlos gestellt würde (siehe nur *Herrler* GmbHR 2010, 785, 791; *Henkel* EWiR 2012, 99, 100; a. A. offenbar *OLG München* GmbHR 2012, 1299, *OLG Stuttgart* DNotZ 2012, 224 sowie *Roth* NJW 2009, 3397, 3399; zu Heilungsmöglichkeiten bei unterlassener Offenlegung vgl. *Herrler* DStR 2011, 2300 sowie DNotI-Gutachten v. 11.11.2009, Nr. 98.537 und v. 25.6.2012, Nr. 117.850). **248**

Die gesetzliche Zulassung des Hin- und Herzahlens hat zur Folge, dass die Leistung in diesen Fällen als zur endgültigen freien Verfügung der Geschäftsführer erfolgt anzusehen ist, sofern die Voraussetzungen des § 19 V GmbHG erfüllt sind (vgl. BT-Drucks. 16/9737, S. 56). Die **Versicherung der Geschäftsführer** ist somit korrekt, falls der Rückzahlungsanspruch vollwertig und liquide ist. Insofern besteht für die Geschäftsführer bei Abgabe der Versicherung ein hohes persönliches Risiko, da ihnen die Strafbarkeit gemäß § 82 I Nr. 1 GmbHG droht, wenn sie – zumindest mit bedingtem Vorsatz – die Versicherung abgeben, obwohl der Rückzahlungsanspruch z. B. nur zu 95 % vollwertig ist (hierzu *Gesell* BB 2007, 2241, 2246; a. A. *Bormann/Urlichs* GmbHR 2008, 119, 120, die davon ausgehen, dass die Rückzahlung gesetzlich legitimiert sei und daher nicht von § 82 GmbHG erfasst werde). Dabei ist jedoch zu beachten, dass die Vollwertigkeit lediglich dann nicht gegeben ist, wenn die Einbringlichkeit der Forderung von Anfang an zweifelhaft ist (so wohl zu Recht *Büchel* GmbHR 2007, 1065, 1067). **249**

Nicht klar ist die Frage der **Beweislast** für die Vollwertigkeit. Anders als in § 19 IV GmbHG enthält § 19 V GmbHG bewusst keine Beweislastregel, weshalb eine analoge Anwendung mangels planwidriger Regelungslücke ausscheiden dürfte (a. A. *Priester* in: **250**

DAI, 7. Gesellschaftsrechtliche Jahresarbeitstagung, Hamburg 13./14.3.2009, S. 192). Es verbleibt somit bei den allgemeinen Grundsätzen, wonach die Beweislast der Insolvenzverwalter trägt, da der Geschäftsführer die Leistung ja als Erfüllung der Einlagepflicht angenommen hat (§ 363 BGB; vgl. hierzu *Büchel* GmbHR 2007, 1065, 1067 f.). Dennoch sollte der Geschäftsführer schon wegen des soeben dargestellten Strafbarkeitsrisikos das Vorliegen der Voraussetzungen des § 19 V GmbHG dauerhaft dokumentieren.

251   Mit der Neuregelung wird insb. auch der Kapitalaufbringung im sog. „**Cash-Pool**" eine gesetzliche Grundlage bereitet (hierzu umfassend *Altmeppen* NZG 2010, 441; ein praxisorientiertes Prüfungsschema zur Kapitalaufbringung in einem physischen Cash-Pooling-System unter Anwendung von § 19 V GmbHG bieten *Kupjetz/Peter* GmbHR 2012, 498). Darunter versteht man die wirtschaftlich sinnvolle, früher im Lichte der Kapitalaufbringung und -erhaltung höchst problematische Praxis der Zusammenfassung von Liquiditätsüberschüssen im Rahmen der zentralen Konzernfinanzierung mittels Darlehensbeziehungen der beteiligten Konzerngesellschaften „upstream" und „downstream", d. h. von der Tochter an die Mutter und umgekehrt. Praktisch erfolgt dies durch einen sofortigen Rückfluss der geleisteten Einlage durch Umbuchung auf ein Zentralkonto im Konzern (ausf. zum Cash-Pool *D. Mayer*, FS Priester, S. 445; zum Cash-Pooling nach MoMiG vgl. nur *Eusani* GmbHR 2009, 795).

252   Zu den wesentlichen Fragen der Kapitalaufbringung im Cash-Pool hat der *BGH* in seiner Entscheidung „**Cash-Pool II**" Stellung genommen (*BGH* DNotZ 2009, 941). Danach liegt eine **verdeckte Sacheinlage** immer dann vor, **wenn** der **Saldo** auf dem vom Inferenten geführten **Zentralkonto** zu Lasten der Gesellschaft im Zeitpunkt der Weiterleitung des Einlagebetrages **negativ** ist. Die Bareinlage, die auf das Quellkonto gezahlt wird, fließt am Ende des Arbeitstages automatisch zurück an das Zentralkonto und begleicht den negativen Saldo. Wirtschaftlich betrachtet wird die Gesellschaft dadurch von der Verbindlichkeit aus der Cash-Pool Vereinbarung bzw. dem daraus resultierenden Darlehensrückzahlungsanspruch der das Zentralkonto führenden Inferentin befreit, erhält aber keine Bareinlage. Mit dem Verzicht des Inferenten auf die Darlehensrückzahlung wird der Gesellschaft vielmehr ein Sachwert zugeführt. Ein Fall des **Hin- und Herzahlens** gem. § 19 V GmbHG im Cash-Pool liegt demgegenüber vor, **wenn** das **Zentralkonto** bei Weiterleitung der Einlage **ausgeglichen oder** zugunsten der Gesellschaft **positiv** ist, sie also ein Darlehen gewährt. Leistet nun der über das Zentralkonto verfügungsbefugte Inferent in das Quellkonto und fließt abends die überschüssige Liquidität zurück an das Zentralkonto, handelt es sich um den klassischen Fall des Hin- und Herzahlens. **Übersteigt** die **Einlageleistung** hingegen den **negativen Saldo** zulasten der Gesellschaft auf dem Zentralkonto, liegt eine **Mischkonstellation** vor. Der Vorgang ist teilweise als verdeckte Sacheinlage und teilweise als Hin- und Herzahlen zu beurteilen (*BGH* DNotZ 2009, 766 – „Qivive", Rn. 15). Demnach ist der einheitliche Vorgang einer Einzahlung der Stammeinlage im Cash-Pool nach Auffassung des *BGH* teilbar (so schon *Bormann/Urlichs* DStR 2009, 641, 645; *Maier-Reimer/Wenzel* ZIP 2008, 1449, 1445).

253   Möglich ist nun entgegen der Rspr. vor Inkrafttreten des MoMiG (vgl. *BGH* DNotZ 2008, 545) auch eine darlehensweise **Weitergabe** der **Stammeinlage** einer **Komplementär-GmbH** an die Kommanditgesellschaft. Sofern es sich dabei wirtschaftlich um eine Einlagenrückgewähr an den Gesellschafter der Komplementär-GmbH handelt, ist es für die Vollwertigkeit der Darlehensforderung maßgebend, dass diese seitens der Komplementär-GmbH durchsetzbar ist und die KG zudem alle fälligen Verpflichtungen erfüllen kann (*Theiselmann* GmbHR 2008, 521, 523; vgl. auch DNotI-Gutachten v. 11.11.2009, Nr. 98.537).

254   Kein Fall des Hin- und Herzahlens i. S. v. § 19 V GmbHG liegt vor, wenn der Gesellschafter z. B. im Rahmen einer Kapitalerhöhung einen Einlagebetrag an die Gesellschaft überweist verbunden mit der Anweisung, den Betrag zur Tilgung einer Forderung dieses Gesellschafters zu verwenden. Es handelt sich dabei vielmehr um eine verdeckte Sacheinlage in Form des Hin- und Herzahlens („**verdeckt verdeckte Sacheinlage**"), da wirt-

schaftlich die Forderung des Gesellschafters eingelegt wird (vgl. *BGH* NZG 2012, 1067; *Bormann* GmbHR 2012, 1069; *Priester* DStR 2010, 494, 500).

Zu beachten ist, dass eine wirksame Kapitalaufbringung durch Hin- und Herzahlen mit Erfüllungswirkung die **Geschäftsführer** nicht davor schützt, später im Rahmen der Kapitalerhaltung gemäß § 43 GmbHG persönlich in **Haftung** genommen zu werden. Die Geschäftsführer sind nämlich im Rahmen ihrer allgemeinen Sorgfaltspflicht verpflichtet, die Bonität des kreditnehmenden Gesellschafters zu beobachten und jedenfalls dann unverzüglich Rückgewähr oder Sicherheitsleistung zu fordern, wenn Anhaltspunkte für eine wesentliche Verschlechterung der Vermögensverhältnisse oder der Werthaltigkeit einer Sicherheit bestehen (vgl. Roth/Altmeppen/*Altmeppen* § 30 Rn. 131 ff.; *Bormann* GmbHR 2007, 897, 903). 255

3. Leistungen an Gesellschafter – Kapitalerhaltung

Neben der Sicherung der Kapitalaufbringung wird der Gläubigerschutz bei der GmbH im Wesentlichen durch die Kapitalerhaltungsvorschriften der §§ 30 und 31 GmbHG verwirklicht. Sie verbieten im Grundsatz die Auszahlung des zur Erhaltung des Stammkapitals erforderlichen Vermögens an die Gesellschafter. Das Stammkapital bleibt erhalten, wenn in der Bilanz zu Buchwerten die Aktiva nach Abzug der Schulden mindestens die Stammkapitalziffer erreichen. Ist dies nicht der Fall liegt eine Unterbilanz vor und Ausschüttungen an die Gesellschafter dürfen nach der gesetzlichen Grundregel des § 30 I GmbHG erst wieder erfolgen, wenn das Stammkapital aufgefüllt ist. Diesen Grundsatz einschränkend stellt § 30 I 2 GmbHG im Hinblick auf Leistungen an Gesellschafter für Zwecke der Kapitalerhaltung eine rein bilanzielle Betrachtungsweise an. 256

Wertungsmäßig liegt die Vorschrift damit **auf einer Linie** mit dem **Hin- und Herzahlens** bei der Kapitalaufbringung in § 19 V GmbHG (zum Ganzen u. a. *Rothley/Weinberger* NZG 2010, 1001; *K. Schmidt* GmbHR 2007, 1072). Nach dem Wortlaut der Vorschriften richtet sich die Abgrenzung zwischen § 19 V GmbHG und § 30 I 2 GmbHG danach, ob die Abrede über die Rückzahlung vor Leistung der Einlage (dann Hin- und Herzahlen i. S. v. § 19 V GmbHG) oder danach getroffen wurde (vgl. *Bormann* GmbHR 2007, 897, 902). Problematisch ist dies im Hinblick darauf, dass § 30 I 2 GmbHG die weniger strenge Vorschrift ist, da eine zulässige Rückzahlung hier nicht von der Fälligkeit bzw. jederzeitigen Kündbarkeit der zugrunde liegenden Vereinbarung abhängt. Insofern wäre denkbar, bei einer im engen zeitlichen Zusammenhang mit der Einzahlung erfolgten Rückzahlung ohne vorherige Offenlegung der entsprechenden Abrede nach § 19 V 2 GmbHG eine Vorabsprache zu vermuten und folglich eine wirksame Kapitalaufbringung mangels Offenlegung zu verneinen. In diesem Fall wäre auch eine Anwendung der §§ 30 ff. GmbHG ausgeschlossen, da diese wirksam aufgebrachtes Stammkapital voraussetzen (vgl. *Wälzholz* MittBayNot 2008, 425, 432). 257

Nach § 30 I 2 GmbHG gilt die Auszahlungsbeschränkung des § 30 I GmbHG nicht bei Leistungen, die bei Bestehen eines Beherrschungs- und Gewinnabführungsvertrages (hierzu Rn. 409 ff.) erfolgen oder durch einen vollwertigen Gegenleistungs- oder Rückgewähranspruch gegen den Gesellschafter gedeckt sind, also lediglich ein Aktivtausch vorgenommen wird (**Vollwertigkeits- und Deckungsgebot**; zu den Anforderungen an Vollwertigkeit und Deckung in § 30 I 2 GmbHG ausf. *Rothley/Weinberger* NZG 2010, 1001; zur Rechtslage vor MoMiG vgl. *BGH* GmbHR 2004, 302 – „November"). Nicht nur über das Vorliegen einer Unterbilanz, sondern auch über die Abgrenzung des Auszahlungstatbestandes entscheidet somit eine bilanzielle Betrachtungsweise. Auch Leistungen an Dritte (wie z. B. andere Konzernunternehmen) auf Veranlassung des herrschenden Unternehmens sind umfasst. 258

Vor dem Hintergrund dieser Neuregelung kehrt die Rspr. nunmehr in Abkehr von den im „November-Urteil" aufgestellten Grundsätzen auch für Altfälle vor Inkrafttreten des MoMiG zu einer **bilanziellen Betrachtungsweise** zurück (vgl. für die Aktiengesellschaft 259

BGH DB 2009, 106; vgl. ferner *BGH* NZG 2009, 107 – „MPS"; hierzu *Mülbert/ Leuschner* NZG 2009, 281).

260 Ein Darlehen an einen Gesellschafter ist somit nach neuem Recht zulässig, wenn der Rückzahlungsanspruch im Zeitpunkt der Darlehensgewährung bei objektiver ex-ante Prognose werthaltig erscheint. Sinn und Zweck dieser Regelung ist es in erster Linie, den Gesellschaften alltägliche und wirtschaftlich sinnvolle Leistungsbeziehungen mit ihren Gesellschaftern – vor allem im Konzern – zu ermöglichen und damit insb. das wirtschaftlich sinnvolle sog. „**Cash-Pooling**" für den Bereich der Kapitalerhaltung zuzulassen (vgl. für die Kapitalaufbringung Rn. 251). Darüber hinaus wirkt sich die Neuregelung und die damit verbundene bilanzielle Betrachtungsweise auch auf die Beurteilung von Upstream-Sicherheiten, d. h. die Besicherung der Forderung eines Dritten gegen einen Gesellschafter durch die Gesellschaft aus (näher hierzu *Käpplinger* NZG 2010, 1411; *Mahler* GmbHR 2012, 504).

261 Bei einem Austauschvertrag mit dem Gesellschafter ist das **Deckungsgebot** zu beachten, d. h. der Zahlungsanspruch gegen den Gesellschafter muss nicht nur gemessen am Buchwert vollwertig sein, sondern auch wertmäßig, d. h. nach Marktwerten und nicht nach Abschreibungswerten, den geleisteten Gegenstand decken (Berücksichtigung stiller Reserven; siehe *Rothley/Weinberger* NZG 2010, 1001, 1003). Ist die Leistung der Gesellschaft im Vergleich zu derjenigen des Gesellschafters unangemessen hoch (Fall der verdeckten Gewinnausschüttung) liegt bei bestehender Unterbilanz nach wie vor ein Verstoß gegen § 30 I 1 GmbHG vor, obschon sich die bilanzielle Situation möglicherweise nicht verändert. Im Ergebnis ist der Vermögenswert bei der Frage, ob eine Unterbilanz besteht, nur mit dem Bilanzwert anzusetzen. Steht demnach eine Unterbilanz fest, darf die Veräußerung an den Gesellschafter nur zum (höheren) Verkehrswert erfolgen (vgl. *Drygala/Kremer* ZIP 2007, 1289, 1293 f.; *Kallmeyer* DB 2007, 2755, 2757; *Wicke* § 30 Rn. 13).

> **Beispiel:** Die A-GmbH ist Eigentümerin eines bebauten Grundstücks, das mit einem Buchwert von 1 Mio. EUR in der Bilanz steht, tatsächlich aber einen Verkehrswert von 10 Mio. EUR hat. Es besteht eine Unterbilanz. Verkauft die Gesellschaft nun dem Gesellschafter B das Grundstück für 1 Mio. EUR, verstößt dies gegen das Deckungsgebot, obwohl bilanziell kein Vermögensverlust eintritt.

262 Der Geschäftsleiter der darlehensgebenden GmbH ist im Übrigen zur Vermeidung einer **Haftung nach § 43 GmbHG** verpflichtet, die Bonität des Kreditnehmers unter Kontrolle zu halten und unverzüglich Rückgewähr oder Sicherheitsleistung zu fordern, wenn daran Zweifel bestehen (ausf. *Roth/Altmeppen/Altmeppen* § 30 Rn. 131 ff.; vgl. ferner zum Parallelproblem bei der Aktiengesellschaft *BGH* NZG 2009, 107 – „MPS").

263 Der Anspruch aus § 31 I GmbHG ist auf Rückzahlung bzw. Rückgabe des verbotswidrig weggegebenen Vermögensgegenstandes gerichtet. Tritt nach Weggabe eine Wertminderung ein, hat der betroffene Gesellschafter diese zusätzlich in Geld auszugleichen (vgl. *BGH* DNotZ 2008, 787).

4. Gesellschafterdarlehen und Kapitalerhaltung („Eigenkapitalersatzrecht")

264 Im Rahmen des MoMiG wurde das sog. Eigenkapitalersatzrecht dereguliert und die Lösung der Problematik in das Insolvenzrecht verschoben (zu den bis zum Inkrafttreten des MoMiG materiell wie Eigenkapital behandelten sog. eigenkapitalsetzenden Gesellschafterdarlehen vgl. etwa *BGH* BB 2006, 2710; zum Ganzen ausf. *Dahl/Schmitz* NZG 2009, 325; *Gehrlein* BB 2008, 846; *K. Schmidt*, ZIP 2010, Beilage zu Heft 39, 15). § 30 I 3 GmbHG stellt nunmehr klar, dass Gesellschafterdarlehen nicht wie haftendes Eigenkapital zu behandeln sind. Die Beschränkung des § 30 I 1 GmbHG ist auf die Rückgewähr eines Gesellschafterdarlehens und Forderungen aus entsprechenden Rechtshandlungen nicht mehr anzuwenden.

1. Teil. Gründung der GmbH **D I**

Nach § 39 I Nr. 5 InsO ist **jedes Gesellschafterdarlehen** nunmehr ebenso wie Forderungen aus entsprechenden Rechtshandlungen (z. B. die Forderung auf Rückgewähr der Einlage eines atypisch stillen Gesellschafters, vgl. *OLG Köln* ZIP 2011, 2208) mit Eintritt der Insolvenz **nachrangig** (zur Behandlung von Darlehensrückzahlungsansprüchen ausgeschiedener Gesellschafter vgl. *BGH* GmbHR 2012, 206 m. Anm. *Bormann*). Der nach Insolvenzeintritt angeordnete Nachrang von Gesellschafterdarlehen und gleichgestellten Forderungen wird auch im Vorfeld der Insolvenz durchgesetzt, indem **Rückzahlungen** der Gesellschaft auf Forderungen dieser Art, die **innerhalb eines Jahres vor Antragstellung** erfolgt sind, gemäß § 135 InsO der **Anfechtung** unterliegen. Zeitlich früher liegende Tilgungen sind hingegen unschädlich. **265**

Die Anfechtbarkeit besteht auch dann, wenn der Gesellschafter innerhalb eines Jahres vor Antragstellung den Rückzahlungsanspruch an einen Dritten abgetreten hat, dem gegenüber die Gesellschaft tilgt; ansonsten könnte der für ein Gesellschafterdarlehen durch § 39 I Nr. 5 InsO angeordnete Nachrang ohne weiteres dadurch unterlaufen werden, dass der Gesellschafter als Darlehensgeber seine Beteiligung an der Gesellschaft aufgibt oder die **Darlehensforderung** an einen Nichtgesellschafter **abtritt** (*BGH* ZIP 2013, 582). Außerhalb eines Insolvenzverfahrens – also insb. in Fällen der Masselosigkeit – empfiehlt es sich für den Gläubiger im Übrigen, zur Befriedigung seiner Forderungen die Anfechtungsmöglichkeit der §§ 6 I, 6a AnfG zu nutzen. Die **kapitalersetzende Nutzungsüberlassung** regelt § 135 III InsO (hierzu *K. Schmidt* DB 2008, 1727; *Hirte* WM 2008, 1429, 1431 f.). **266**

§ 39 IV 2 InsO erklärt § 39 I Nr. 5 InsO allerdings für nicht anwendbar, wenn ein Gläubiger bei drohender oder eingetretener Zahlungsunfähigkeit oder bei Überschuldung Anteile zum Zweck der Sanierung erwirbt. Dieses **Sanierungsprivileg** bleibt bis zur „nachhaltigen Sanierung" bestehen, d. h. es schützt den Gesellschafter nur bis zu dem Zeitpunkt, in dem die bei Anteilserwerb und Darlehensgewährung bestehende Schieflage überwunden ist. Gemäß § 39 V InsO gilt § 39 I Nr. 5 InsO außerdem nicht für den nicht geschäftsführenden Gesellschafter, der mit 10 % oder weniger am Haftkapital beteiligt ist (**Kleinbeteiligtenprivileg**). Dabei ist fraglich, ob die beiden Tatbestandsvoraussetzungen dieses Privilegs nur im Zeitpunkt der Kreditvergabe oder während der gesamten Dauer des Darlehensverhältnisses gegeben sein müssen (hierzu *Habersack* ZIP 2007, 2145, 2149). **267**

Aus unter § 39 I Nr. 5 InsO fallenden Forderungen, für die ein Gesellschafter eine Sicherheit bestellt oder für die er sich verbürgt hat, kann sich ein Gläubiger gemäß § 44a InsO nur anteilsmäßig aus der Insolvenzmasse befriedigen, soweit er bei der Inanspruchnahme der Sicherheit oder des Bürgen ausgefallen ist. Derartige **gesellschafterbesicherte Darlehensansprüche** erleiden somit einen Nachrang, weil die Bestellung der Sicherheit durch den Gesellschafter für ein Fremddarlehen wirtschaftlich einer unmittelbaren Darlehensgewährung durch ihn an die Gesellschaft entspricht. **268**

Ergänzend entlastet § 19 II 2 InsO die Überschuldungsbilanz, indem er vorschreibt, dass bei der Beurteilung, ob die Gesellschaft überschuldet ist, Forderungen auf Rückgewähr von Gesellschafterdarlehen, für die gemäß § 39 II InsO zwischen Gläubiger und Schuldner der Nachrang im Insolvenzverfahren hinter den in § 39 I Nr. 1 bis 5 InsO bezeichneten Forderungen vereinbart worden ist, nicht bei den Verbindlichkeiten nach Satz 1 zu berücksichtigen sind (hierzu u. a. *Gehrlein* BB 2008, 846). Auf die Charakterisierung und den mit der Gewährung verfolgten Zweck kommt es nicht an. Nach der vom Gesetzgeber geäußerten Erwartung muss dabei ein **ausdrücklicher Rangrücktritt** (vgl. hierzu Muster und Anmerkungen von BeckFormbGmbH/*Ruegenberg* Teil K. II.) hinter die Insolvenzgläubiger im Sinne des § 39 I Nr. 1 bis 5 InsO erfolgen, da § 39 II InsO lediglich eine Auslegungsregel enthält. Dies verhindert die Überschuldung und damit alsbaldige Insolvenzreife insbesondere von niedrig kapitalisierten Unternehmergesellschaften, die jedenfalls im Gründungsstadium, wenn zwar Kosten für Personal, Miete und Sachmittel anfallen, aber kaum Gewinne erwirtschaftet werden, in aller Regel nur mit Gesellschafterdarlehen überlebensfähig bleiben. **269**

5. Einpersonen-GmbH

270 Die Kapitalaufbringung bei der Einpersonen-GmbH wurde durch das MoMiG erheblich erleichtert. § 7 II 3 GmbHG a.F. wurde aufgehoben mit der Folge, dass die Anforderungen für Einpersonen- und Mehrpersonen-GmbH identisch sind. Nunmehr **genügt** daher auch bei der Einpersonen-GmbH gemäß §§ 7 II 2, 5 I GmbHG die **Einzahlung der Hälfte des Mindeststammkapitals**, ohne dass die Bestellung einer Sicherheit für den restlichen Teil der Einlageverpflichtung erforderlich wäre.

IX. Sonderfall Unternehmergesellschaft (haftungsbeschränkt)

271 Die mit Inkrafttreten des MoMiG neu eingeführte haftungsbeschränkte Unternehmergesellschaft (UG) ist keine eigene Rechtsform, sondern eine **Unterform der GmbH** (vgl. hierzu *Gasteyer* NZG 2009, 1364; *Seebach* RNotZ 2013, 261; zu aktuellen, insb. rechtstatsächlichen Entwicklungen *Bayer/Hoffmann* NZG 2012, 887; *Miras* NZG 2012, 486; *Werner* GmbHR 2011, 459; zur Konkurrenzsituation der UG mit der englischen „Limited" vgl. *Niemeier* ZIP 2007, 1794). Wesentlicher Unterschied zur „normalen" GmbH ist, dass bei der UG das Mindeststammkapital nach § 5 I GmbHG unterschritten werden kann und somit die Übernahme eines Geschäftsanteils von 1 EUR genügt (§ 5a I GmbHG). Zur Kennzeichnung dieser geringen Kapitalausstattung muss die **Firma** abweichend von der Firmierungsregel des § 4 GmbHG die Bezeichnung „Unternehmergesellschaft (haftungsbeschränkt)" oder „UG (haftungsbeschränkt)" enthalten (vgl. Rn. 46). Nach Ansicht des *BGH* (DNotZ 2013, 54; hierzu *Miras* NZG 2012, 1095; *Weiler* notar 2012, 291) greift die Rechtsscheinhaftung analog § 179 BGB ein, wenn für eine Unternehmergesellschaft (haftungsbeschränkt) mit dem unrichtigen Rechtsformzusatz „GmbH" gehandelt wird. In diesem Fall haftet der Handelnde dem auf den Rechtsschein vertrauenden Vertragspartner persönlich. Anders für die Verwendung der unvollständigen Bezeichnung „UG" das *LG Düsseldorf* (GmbHR 2014, 33; hierzu *Beck* GmbHR 2014, 402).

272 Um zumindest die Ausstattung mit dem ggf. minimalen Stammkapital zu sichern ist – entgegen dem Halbeinzahlungsgrundsatz des § 7 II 2 GmbHG – eine **Volleinzahlung zwingend**. Vor diesem Hintergrund wird die Anwendbarkeit von § 19 V GmbHG bei der UG bezweifelt, da eine Rückgewähr der Geldleistung mit dem Volleinzahlungsgebot nicht in Einklang stehe, selbst wenn ein vollwertiger Rückgewähranspruch bestehe (so *Wicke* § 5a Rn. 7). Die Gegenansicht argumentiert mit Wortlaut, systematischer Stellung sowie Sinn und Zweck des § 19 V GmbHG, aus denen keine Beschränkungen für dessen Anwendbarkeit auf die UG ersichtlich seien (so u.a. *Heckschen* DStR 2009, 166, 171; *Herrler* DNotZ 2008, 903, 915; Michalski/*Miras* § 5a Rn. 50).

273 **Sacheinlagen** sind gemäß § 5a II 2 GmbHG **unzulässig**. Dementsprechend ist z.B. die Neugründung einer Unternehmergesellschaft (haftungsbeschränkt) durch Abspaltung nicht möglich (*BGH* DNotZ 2012, 70; hierzu u.a. *Berninger* GmbHR 2011, 953). Die Regeln über die Anrechnung verdeckter Sacheinlagen (§ 19 IV 2 bis 5 GmbHG) sind richtigerweise teleologisch zu reduzieren und auf die UG nicht anzuwenden, da eine verdeckte Sacheinlage nicht weniger streng behandelt werden kann als die offene, aber verbotene Sacheinlage. Es erfolgt demnach keine Anrechnung des Wertes der Sacheinlage, der Einzahlungsanspruch bleibt vielmehr entsprechend der Grundregel in § 19 IV 1 GmbHG in voller Höhe bestehen (so zu Recht u.a. *Bormann* GmbHR 2007, 897, 901; *König/ Bormann* DNotZ 2008, 652, 656f.; *Heckschen* DStR 2009, 166, 171; Michalski/*Miras* § 5a Rn. 43ff.; *Wicke* § 5a Rn. 8; a.A. u.a. *Herrler* DNotZ 2008, 903, 914; *Wälzholz* MittBayNot 2008, 425, 426f.; *Wansleben/Niggemann* NZG 2012, 1412; vgl. zur verdeckten Sacheinlage auch Rn. 225ff.).

1. Teil. Gründung der GmbH D I

Das in § 5a II 2 GmbHG verankerte Verbot von Sacheinlagen ist auch im Rahmen 274
von **Kapitalerhöhungen** bei der UG zu beachten, was sich aus einem Umkehrschluss zu
§ 5a V Hs. 1 GmbHG ableiten lässt (hierzu ausf. Rn. 390 ff.). Dies gilt nach dem Sinn
und Zweck von § 5a V GmbHG nur dann nicht, wenn mit der Kapitalerhöhung das
Mindeststammkapital von 25.000 EUR nach § 5 I GmbHG erreicht wird (vgl. *BGH* ZIP
2011, 955; hierzu u. a. *Gößl* MittBayNot 2011, 438; so auch die h. M., vgl. u. a. *Berninger* GmbHR 2010, 63 sowie *Wicke* § 5a Rn. 7 jeweils m. w. N.).

Darüber hinaus zwingt der Gesetzgeber die Gesellschafter einer UG in der Bilanz eines 275
jeden Jahresabschlusses eine **gesetzliche Rücklage** zu bilden, in die ein Viertel des um einen
Verlustvortrag aus dem Vorjahr geminderten Jahresüberschusses einzustellen ist (§ 5a III 1
GmbHG; ausf. zu dieser gesetzlichen Rücklage *Müller* ZGR 2012, 81). Diese Rücklage
muss zur Stärkung der Kapitaldecke (vgl. § 5a III 2 GmbHG) in der Gesellschaft verbleiben.
Zur Frage, inwieweit die Rücklagenpflicht durch überhöhte Vergütungen an die geschäftsführenden Gesellschafter umgangen werden kann siehe *Peetz* GmbHR 2012, 1160. Ob die
Kapitalerhaltungsregeln der §§ 30, 31 GmbHG auf die Rücklage analog anwendbar sind,
ist streitig (vgl. Michalski/*Miras* § 5a Rn. 81 ff.; befürwortet wird eine analoge Anwendung
von § 31 I GmbHG z. B. von *Neideck* GmbHR 2010, 624).

Hat die Gesellschaft aus ihren eigenen Erträgen oder weiteren Einlagen eine Rücklage 276
von 25.000 EUR geschaffen, so soll sie – so die Idee des Gesetzgebers – ihr **Stammkapital** aus Gesellschaftsmitteln **erhöhen** und dadurch in eine reguläre GmbH überführt
werden. Dieser Weg ist aufwändig, da im Rahmen der Kapitalerhöhung u. a. gemäß
§§ 57e I, 57f II GmbHG (unabhängig von der Größe der Gesellschaft) eine geprüfte
Bilanz vorzulegen ist. Alternativ kann der „step-up" zur vollwertigen GmbH durch Erhöhung des Stammkapitals auf mindestens 25.000 EUR auch im Wege einer Barkapitalerhöhung oder einer Sachkapitalerhöhung stattfinden (vgl. Rn. 390 ff.; zur Kapitalerhöhung aus Gesellschaftsmitteln vgl. im Übrigen Rn. 372 ff.). Die Rücklagenpflicht
besteht ebenso wie die anderen Beschränkungen des § 5a I–III GmbHG so lange fort, bis
das Stammkapital auf 25.000 EUR erhöht wurde. Dadurch wird die Gesellschaft zu einer **vollwertigen GmbH** (§ 5a V GmbHG; zum möglichen Wechsel der Firmierung vgl.
Rn. 46).

Angesichts der zwingend zu bildenden gesetzlichen Rücklage ist umstritten, ob die 277
Verwendung einer **UG als Komplementärin** einer Kommanditgesellschaft ohne Beteiligung an deren Vermögen zulässig ist (hierzu *Römermann/Passarge* ZIP 2009, 1497).
Zum Teil wird dies mit dem Argument verneint, bei einer Komplementär-UG ohne Beteiligung am Gewinn sei die Bildung der gesetzlichen Rücklage a priori ausgeschlossen, da
sie schon aus rechtlichen Gründen dauerhaft keine Gewinne erwirtschaften könne (so
u. a. *Wachter* stbg 2008, 554, 556 f. *Wicke* § 5a Rn. 19; *Veil* ZGR 2009, 641; wesentliches Argument: Der Verzicht auf das Mindeststammkapital bei der UG werde erst
durch die im Gläubigerinteresse eingeführte gesetzliche Rücklagenbildung legitimiert).
Die h. M. will demgegenüber die UG zu Recht als Komplementärin zulassen, da das Gesetz zwar eine Verpflichtung zur Rücklagenbildung, nicht aber ein Gebot zur Erwirtschaftung von Gewinnen enthalte (vgl. nur *Stenzel* NZG 2009, 168, 169 f.). Dabei ist
jedenfalls in der Firma kenntlich zu machen, dass alleiniger persönlich haftender Gesellschafter eine UG (haftungsbeschränkt) ist (vgl. *KG* NZG 2009, 1159). Nachdem § 19
V 1 GmbHG (dazu Rn. 241 ff.) ohnehin eine sofortige Weiterreichung des Stammkapitals der Komplementärin an die KG als Darlehen ermöglichen dürfte, wird der vorsichtige Berater allerdings u. U. bis zur Klärung dieser Frage von einem Rückgriff auf die UG
als Komplementär-Gesellschaft Abstand nehmen.

Zu beachten ist, dass die UG in bestimmten Bereichen unter Umständen nicht als 278
taugliche Rechtsform eingesetzt werden kann. Entgegen der Vorinstanz (*LG Karlsruhe*
NZG 2011, 1275) hat der *BGH* jedoch entschieden, dass auch eine UG zur **Verwalterin
einer Wohnungseigentümergemeinschaft** bestellt werden kann (*BGH* NZG 2012,
1059; einschränkend *LG Frankfurt a. M.* NZG 2014, 826 für eine Großanlage).

279 Im Hinblick auf die **Kapitalerhaltung** sind §§ 30, 31 GmbHG mangels anderweitiger Regelungen sowohl auf die UG allgemein als auch speziell auf die gesetzliche Rücklage nach § 5a III 1 GmbHG anwendbar (*Wälzholz* GmbH-StB 2007, 319, 321).

280 Praktische Probleme können sich bei einer Unternehmergesellschaft mit niedrigem Stammkapital („1 EUR-UG") im Hinblick auf die **Insolvenzantragspflicht** der Geschäftsführer ergeben, da die Gesellschaft im Prinzip von Beginn an überschuldet ist. Dies gilt zumindest in denjenigen Fällen, in denen die Gründungskosten das Stammkapital vollständig aufbrauchen.

281 Einschränkungen ergeben sich für die UG im Hinblick auf **Maßnahmen nach dem Umwandlungsgesetz** (näher zum Ganzen *Meister* NZG 2008, 767; *Tettinger* Der Konzern 2008, 75). Zum einen kann eine UG nicht als neuer Rechtsträger aus einer Verschmelzung oder Spaltung zur Neugründung hervorgehen, da es sich hierbei um eine Sachgründung handeln würde (vgl. *BGH* DNotZ 2012, 70). Zum anderen kann die UG grundsätzlich nicht als übernehmender Rechtsträger an einer Verschmelzung oder Spaltung zur Aufnahme beteiligt sein, wenn eine Kapitalerhöhung erforderlich ist. Jede Kapitalerhöhung bei einer übernehmenden Gesellschaft zur Schaffung der den Gesellschaftern des übertragenden Rechtsträgers aufgrund der in § 20 I Nr. 3 S. 1 UmwG niedergelegten Anteilsgewährpflicht zu gewährenden Geschäftsanteile ist nämlich zwingend Sachkapitalerhöhung. Etwas anders gilt nur, wenn durch die Sachkapitalerhöhung mindestens ein Stammkapital von 25.000 EUR erreicht wird. Das Verbot von § 5a V GmbHG ist in diesem Fall nicht mehr anwendbar und die bisherige UG kann (ggf. trotz Beibehaltung ihrer Firma, § 5a V Hs. 2 GmbHG) übernehmender Rechtsträger der Umwandlung sein (vgl. *BGH* ZIP 2011, 955; näher Rn. 274). Findet die Verschmelzung oder Spaltung aus einem der in § 54 (i. V.m. § 125 S. 1) UmwG genannten Gründe ohne eine Kapitalerhöhung statt, kommt das Verbot von Sacheinlagen gemäß § 5a II 2 GmbHG ohnehin nicht zum Tragen.

282 Ist gemäß § **139 UmwG** im Rahmen der Durchführung einer Spaltung zur Vermeidung einer Unterbilanz beim übertragenden Rechtsträger eine **Kapitalherabsetzung erforderlich**, so ist nach § 58 II 1 GmbHG zwingend das Mindeststammkapital von 25.000 EUR zu wahren. Da dies bei einer UG per definitionem ausgeschlossen ist, kann sie im Anwendungsbereich von § 139 UmwG nicht als übertragender Rechtsträger an einer Abspaltung oder Ausgliederung beteiligt sein.

283 Darüber hinaus steht sie auch als Zielrechtsträger eines **Formwechsels** nicht zur Verfügung, da sich der Formwechsel im Lichte des in § 197 UmwG enthaltenen Verweises auf die Gründungsvorschriften der neuen Rechtsform als Sachgründung darstellt, welche bei der UG nach § 5a II 2 GmbHG ausdrücklich ausgeschlossen ist.

X. Kosten

284 Die Kosten für die Gründung einer GmbH sind in der Relation niedrig. **Gesellschaftsvertrag:** 2,0-Gebühr Nr. 21100 KV-GNotKG. Feststellung des Gesellschaftsvertrags bei Einpersonen-GmbH: 1,0-Gebühr Nr. 21200 KV-GNotKG. Geschäftswert ist das Stammkapital, mindestens 30.000 EUR (Ausnahme: Verwendung des Musterprotokolls; § 105 VI GNotKG). Bei Einbringung eines Handelsgeschäfts mit allen Aktiva und Passiva: die Aktivseite der Bilanz; bei Einbringung von Grundbesitz ist die Auflassung gegenstandsgleich. Der Höchstwert für die Beurkundung von Gesellschaftsverträgen beträgt 10.000.000 EUR (§ 107 GNotKG).

285 **Bestellung der Geschäftsführer** im Gesellschaftsvertrag ist gegenstandsgleich und nicht besonders zu bewerten. Bestellung durch beurkundeten Beschluss der Gesellschafter: 2,0-Gebühr Nr. 21100 KV-GNotKG; Geschäftswert: 1 % des Stammkapitals, mindestens 30.000 EUR (§ 105 IV Nr. 1 KostO). Bestellung durch beurkundeten Beschluss ohne Hinweis auf die Kostenfolge kann unrichtige Sachbehandlung sein (*LG Bamberg* 6.8.2007 – 1 T 2/07; a. A. *KG* JurBüro 2006, 266).

Anmeldung zum Handelsregister: 0,5-Gebühr Nr. 21201 Ziff. 5 GNotKG. Getrennte 286
Beurkundung von Gesellschaftsvertrag und Handelsregisteranmeldung ist keine falsche
Sachbehandlung; a.A. *LG Darmstadt* Büro 1991, 1218). Geschäftswert ist das Stammkapital. Die Anmeldung der Geschäftsführer ist nicht besonders zu bewerten. Die Anfertigung der mit der Anmeldung vorzulegenden Liste der Gesellschafter ist Vollzugstätigkeit (Vorbem. 2.2.1.1 I Ziff. 3 GV-GNotKG); umstritten ist, ob es sich um Vollzugstätigkeit zur Gründung (dann bei der Mehrpersonen-GmbH 0,5-Gebühr Nr. 22110, 22113) oder zur Anmeldung (dann 0,3-Gebühr Nr. 22111, 22113) handelt. Die nach § 8 III GmbHG vorzunehmende Belehrung ist gebührenfreies Nebengeschäft, wenn der Notar die Anmeldung entworfen hat (*OLG Celle* DNotZ 1991, 415). Der Höchstwert der Handelsregisteranmeldung beträgt – auch bei mehreren angemeldeten Tatsachen – 1.000.000 EUR (§ 106 GNotKG).

Satzungsänderung der GmbH vor Eintragung erfolgt durch Nachtrag zur Gründungs- 287
urkunde: 2,0-Gebühr Nr. 21100 KV-GNotKG aus einem Bruchteil des Stammkapitals (je nach Umfang und Bedeutung der Änderung); eine Handelsregisteranmeldung ist nicht erforderlich (siehe Rn. 32).

2. Teil. Veränderungen in der Geschäftsführung

I. Bestellung von Geschäftsführern

1. Voraussetzungen

Voraussetzung für die Bestellung zum Geschäftsführer ist, dass es sich um eine natür- 288
liche, unbeschränkt geschäftsfähige Person handelt (§ 6 II 1 GmbHG; zum Ganzen vgl. Hauschild/Kallrath/Wachter/*Stucke*, Notarhandbuch Gesellschafts- und Unternehmensrecht, § 13 Rn. 409ff.). Der Geschäftsführer muss jedoch nicht gleichzeitig Gesellschafter sein; **Fremdorganschaft** ist nach § 6 III 1 GmbHG zulässig.

Darüber hinaus darf keiner der folgenden **Ausschlussgründe** nach § 6 II 2 oder 3 289
GmbHG vorliegen:
– Betreuter mit Einwilligungsvorbehalt (Nr. 1);
– gerichtliches oder behördliches Berufs- oder Gewerbeausübungsverbot, sofern der Unternehmensgegenstand zumindest teilweise mit dem Gegenstand des Verbots übereinstimmt (Nr. 2);
– bei rechtskräftiger Verurteilung (Nr. 3) wegen Insolvenzverschleppung (lit. a), einer Insolvenzstraftat (lit. b), falschen Angaben nach § 82 GmbHG oder § 399 AktG (lit. c), unrichtigen Darstellungen nach § 400 AktG, § 331 HGB, § 313 UmwG oder § 17 PublG (lit. d), einem Betrugs- oder Untreuedelikt bei einer Freiheitsstrafe von mind. einem Jahr (lit. e) oder bei einer Verurteilung im Ausland wegen eines vergleichbaren Delikts (§ 6 II 3 GmbHG). Der Ausschluss gilt fünf Jahre ab Rechtskraft des Urteils.

Gesellschafter, die vorsätzlich oder grob fahrlässig einer Person, die nicht Geschäfts- 290
führer sein kann, die Führung der Geschäfte überlassen, haften der Gesellschaft solidarisch für den Schaden durch Obliegenheitsverletzungen dieser Person gegenüber der Gesellschaft (§ 6 V GmbHG).

Ausländer können aus Sicht des Gesellschaftsrechts ohne Beschränkung zu Geschäfts- 291
führern bestellt werden, auch wenn sie im Ausland wohnen (*OLG Frankfurt* NZG 2001, 757; *OLG Zweibrücken* NZG 2001, 857; Baumbach/Hueck/*Fastrich* § 6 Rn. 9). Nach überwiegender Auffassung ist das Registergericht nicht befugt, die Vorlage einer Aufenthaltsgenehmigung zu verlangen (selbst festgestellte fehlende Einreisemöglichkeit hindert Bestellung nicht, *OLG Düsseldorf* RNotZ 2009, 607 m.Anm. *Lohr*; *OLG München* DNotZ 2010, 156; *OLG Zweibrücken* GmbHR 2010, 1260; vgl. zum Ganzen Kap. H Rn. 284 mit zahlr. Nachw.). Zur Belehrung eines im Ausland wohnenden Ge-

schäftsführers, dessen Anmeldung von einem ausländischen Notar beglaubigt wird, vgl. § 8 III 2 GmbHG; Kap. H Rn. 285; MünchVertrHdb I, Form. IV 54.

2. Bestellungsbeschluss

292 Zuständig für die Bestellung von Geschäftsführern ist die Gesellschafterversammlung, welche hierüber einen (nicht beurkundungspflichtigen) Beschluss fasst (§§ 6 III 2, 46 Nr. 3 GmbHG). Stimmberechtigt ist dabei gemäß § 16 I 1 GmbHG nur derjenige, der in der zum Handelsregister aufgenommenen Gesellschafterliste nach § 40 GmbHG eingetragen ist (**Legitimationswirkung der Gesellschafterliste**; ausf. hierzu Rn. 531 ff. sowie D. *Mayer* ZIP 2009, 1037, 1039 ff.).

293 Die Organstellung **beginnt** mit der Beschlussfassung und Mitteilung derselben an den Geschäftsführer; die Eintragung im Handelsregister hat lediglich deklaratorische Wirkung.

294 Ein **Stellvertreterzusatz** kann ebenso wenig in das Handelsregister eingetragen werden (*BGH* GmbHR 1998, 181) wie die Bezeichnung eines Geschäftsführers als „**Sprecher der Geschäftsführung**" (*OLG München* DNotZ 2012, 557). Die **Befristung** einer Geschäftsführerbestellung ist wohl ebenfalls nicht eintragungsfähig (DNotI-Report 2009, 113).

295 Zu beachten ist, dass sich das **Organmitglied einer Muttergesellschaft**, welches bei dieser nicht von den Beschränkungen des § 181 BGB befreit ist, nach verbreiteter Auffassung bei der Tochter-GmbH nicht zum Geschäftsführer bestellen, geschweige denn Befreiung von den Beschränkungen des § 181 BGB erteilen kann (zum Ganzen ausf. DNotI-Report 2012, 189; vgl. ferner *BayObLG* DNotZ 2001, 887; *Ising* NZG 2011, 841; krit. *Schemmann* NZG 2008, 89, 90 ff.; zur Problematik von Insichgeschäften im Gesellschaftsrecht allg. *Auktor* NZG 2006, 334 und *Suttmann* MittBayNot 2011, 1).

296 Wegen der Regelung des § 112 AktG kommt diese Auffassung insbesondere zu dem Schluss, dass sich das Vorstandsmitglied einer Aktiengesellschaft bei einer Tochter-GmbH nicht zum Geschäftsführer bestellen kann (vgl. insb. *LG Berlin* NJW-RR 1997, 1534). Nach anderer Ansicht (siehe *OLG München* DNotZ 2012, 793 m. zahlr. Nachw. aus Rspr. und Lit.) fällt die Bestellung eines Vorstandes als Geschäftsführer der Tochter-GmbH durch den Vorstand der Mutter-AG nicht in den Anwendungsbereich des § 112 AktG. Demnach wäre der Vorstand als Organ und nicht der Aufsichtsrat für die Geschäftsführerbestellung bei der Tochter-GmbH zuständig. Der persönlich betroffene Vorstand selbst kann bei der Beschlussfassung nach h. M. mangels Befreiungsmöglichkeit von § 181 Alt. 1 BGB jedoch nicht mitwirken (vgl. *Krafka/Kühn* Rn. 1301, 1582; a. A. *OLG München* DNotZ 2012, 793; zum Ganzen ausf. *Cramer* NZG 2012, 765).

> Praxishinweis:
>
> Aufgrund der uneinheitlichen Rspr. empfiehlt es sich, den Aufsichtsrat jedenfalls vorsorglich mitwirken zu lassen.

3. Vertretungsbefugnis

297 Im Bestellungsbeschluss ist die **besondere Vertretungsbefugnis** der einzelnen Geschäftsführer anzugeben (unter der „konkreten" Vertretungsbefugnis ist hingegen zu verstehen, ob der Geschäftsführer im Falle der gesetzlichen Grundregel als alleiniger Geschäftsführer einzeln oder als einer von mehreren Geschäftsführern gemeinsam mit einem anderen Geschäftsführer oder Prokuristen vertritt; vgl. ausf. *Jeep/Kilian/Weiler* notar 2009, 357, 358 f.). Sie kann der allgemeinen Satzungsregelung entsprechen oder hiervon abweichen, sofern die Satzung eine solche einzelfallbezogene Regelung der Vertretungsbefugnis erlaubt (hierzu ausf. Rn. 100 ff.). Soll einem Geschäftsführer Befreiung von § 181 BGB erteilt werden, so bedarf dies ebenfalls einer satzungsmäßigen Grundlage (vgl. *OLG Nürnberg* MittBayNot 2010, 404; ausf. zum Ganzen *Baetzgen* RNotZ 2005,

193, 205 f.; *Blasche/König* NZG 2012, 812). Die Befreiung von den Beschränkungen des § 181 BGB kann ebenso wie die Erteilung von Einzelvertretungsbefugnis beim Minderheitsgesellschafter die Frage entscheiden, ob er sozialversicherungspflichtig beschäftigt ist oder nicht (vgl. *Grimm* DB 2012, 175, 176 f. sowie Rn. 304).

Neben der organschaftlichen Vertretung ist grundsätzlich eine **rechtsgeschäftliche Vertretung** der GmbH möglich. Der Geschäftsführer einer GmbH kann seine Vertretungsmacht jedoch nicht im Ganzen durch einen anderen ausüben lassen, d. h. eine umfassende Übertragung der organschaftlichen Vertretungsmacht ist ausgeschlossen. Im Einzelfall kann eine notariell beurkundete Generalvollmacht, in welcher der Geschäftsführer einen Dritten zur Vornahme sämtlicher Erklärungen und Rechtshandlungen ermächtigt hat, die ihm in seiner Eigenschaft als Geschäftsführer zustehen, als **Generalhandlungsvollmacht** im Sinne des § 54 HGB ausgelegt werden (*BGH* DNotZ 2003, 147; zu organvertretenden Generalvollmachten vgl. *Schippers* DNotZ 2009, 353 mit Formulierungsbsp.). **298**

4. Registeranmeldung

Ein neu bestellter Geschäftsführer kann seine eigene Anmeldung bereits unterzeichnen, auch wenn er zu diesem Zeitpunkt ausweislich des Bestellungsbeschlusses noch nicht Geschäftsführer ist; maßgeblich ist die Übersendung an das Registergericht (a. A. *OLG Düsseldorf* DNotZ 2000, 529 m. abl. Anm. *Kallrath*. Er muss aufgrund der abzugebenden **Versicherung**, dass keine Ausschlussgründe nach § 6 II 2 oder 3 GmbHG vorliegen, die Registeranmeldung **höchstpersönlich** unterzeichnen. Sofern die Versicherung in einem gesonderten Dokument abgegeben wird, ist dieses zu beglaubigen (§ 12 HGB). **299**

Gemäß § 53 II BZRG muss der Notar über die unbeschränkte Auskunftspflicht des Geschäftsführers gegenüber dem Registergericht belehren. Diese **Belehrung** kann auch schriftlich oder durch einen anderen Notar oder einen im Ausland bestellten Notar, einen Vertreter eines vergleichbaren rechtsberatenden Berufs (z. B. Rechtsanwalt) oder einen Konsularbeamten erfolgen (§ 8 III 2 GmbHG). Sie ist der Registeranmeldung beizufügen. **300**

Sofern der neu bestellte Geschäftsführer nicht einzelvertretungsberechtigt ist, muss die Anmeldung durch mindestens einen **weiteren Geschäftsführer** vorgenommen werden. Die Anmeldung durch einen Prokuristen reicht nicht aus (vgl. *OLG Düsseldorf* ZIP 2012, 969). **301**

Die **Kosten** für die Anmeldung von Veränderungen in der Geschäftsführung belaufen sich auf eine 0,5-Gebühr, Nr. 21201 KV-GNotKG. Die Anmeldung mehrerer Veränderungen in den vertretungsberechtigten Personen (z. B. Bestellung oder Abberufung mehrerer Prokuristen und Geschäftsführer) führt zu einer entsprechenden Mehrzahl von (zu addierenden) Anmeldungen (*BGH* Rpfleger 2003, 266). Der Geschäftswert beträgt jeweils 30.000 EUR (§ 105 IV Nr. 1 GNotKG). Der Geschäftswert von Anmeldungen ohne wirtschaftliche Bedeutung (z. B. Änderung des Namens eines Geschäftsführers wegen Verehelichung) beträgt 5.000 EUR (§ 105 V GNotKG). **302**

5. Exkurs: Geschäftsführerdienstvertrag

Von der Organstellung zu unterscheiden ist die arbeits- bzw. **dienstvertragliche Seite** der Beschäftigung („Trennungstheorie"). Üblicherweise wird diese in einem gesonderten Anstellungsvertrag geregelt, der übliche arbeitsrechtliche Gesichtspunkte wie Gehalt, Urlaub etc. enthält (näher *Michalski/Lenz* § 35 Rn. 114 ff.). **303**

Eine insofern häufig gestellte Frage ist die nach der Sozialversicherungspflicht eines Geschäftsführers. Hier gilt folgendes (zum Ganzen ausf. *Grimm* DB 2012, 175): **304**
– Ein geschäftsführender Gesellschafter ist grundsätzlich **sozialversicherungsfrei**, wenn er bestimmenden Einfluss auf die Entscheidungen der Gesellschaft ausüben kann, d. h. insbesondere bei einer Mehrheitsbeteiligung oder bei Vorliegen einer (gesellschaftsvertraglich vereinbarten) Sperrminorität.

– Ein Fremdgeschäftsführer ist grundsätzlich **sozialversicherungspflichtig**, es sei denn, es liegen ausnahmsweise besondere Umstände vor die eine Weisungsgebundenheit des Geschäftsführers entfallen lassen wie etwa eine familiäre Verbundenheit mit dem Gesellschafter (siehe *BSG* GmbHR 2000, 618, 620).

II. Beendigung der Geschäftsführerstellung

305 Gängigste Variante der Beendigung der Geschäftsführerbestellung ist die **Abberufung** durch (nicht beurkundungsbedürftigen) Gesellschafterbeschluss, der dem Registergericht im Rahmen der Anmeldung der Abberufung mit vorzulegen ist. Ungeachtet der Tatsache, dass die Wirksamkeit der Anmeldung nicht vor Eingang beim Handelsregister eintreten kann, kommt es für die Anmeldebefugnis allein auf den Zeitpunkt der Abgabe der Erklärung an, so dass der ausscheidende Geschäftsführer noch selbst anmelden kann bzw. muss, wenn das Datum der Beendigung seiner Organstellung in der Zukunft liegt (vgl. *BayObLG* DB 2003, 2432; *OLG Brandenburg* NotBZ 2013, 475).

306 Neben der Abberufung durch die Gesellschafterversammlung endet die Geschäftsführerstellung auch durch die **Niederlegung des Amtes**, die eines wichtigen Grundes nicht bedarf (*BGH* ZIP 1993, 430). Es handelt sich hierbei um eine formfreie empfangsbedürftige Willenserklärung, die mit Zugang bei demjenigen Gesellschaftsorgan wirksam wird, das für die Bestellung der Geschäftsführer zuständig ist (statt vieler Scholz/ *Schneider* § 38 Rn. 91). Zugang bei einem Gesellschafter (vgl. nur *BGH* DNotZ 2002, 302; DB 2011, 1798) per Fax (siehe *BGH* DB 2011, 1798) reicht aus. Der Zugang muss allerdings – ebenso wie die Niederlegung selbst – dem Handelsregister gegenüber nachgewiesen werden (vgl. z. B. *OLG Jena* GmbHR 2011, 31: Eingang auf der Poststelle der Alleingesellschafterin genügt; *OLG Hamm* GmbHR 2010, 1092: elektronisch beglaubigte Abschrift des Einschreiben-Rückscheins genügt). Die Amtsniederlegung kann aufschiebend bedingt auf Eintragung im Handelsregister erklärt werden, so dass der scheidende Geschäftsführer sein Ausscheiden noch selbst anmelden kann (siehe *BGH* DB 2011, 1798; *OLG Hamm* MittBayNot 2013, 403; *Wachter* GmbHR 2001, 1129, 1135 m. w. N.). Nach wirksamer Niederlegung ist er nämlich nicht mehr befugt, sein Ausscheiden anzumelden (*OLG Bamberg* DNotZ 2013, 155). Nicht zulässig ist die Anmeldung der Niederlegung durch einen Prokuristen (vgl. *OLG Düsseldorf* GmbHR 2012, 690; kritisch hierzu *Renaud* GmbHR 2012, 1128).

307 Bei der **Einpersonen-GmbH** ist zu beachten, dass sich der geschäftsführende Gesellschafter nicht ohne Weiteres von der damit zusammenhängenden Verantwortung lösen kann. So ist der Beschluss des alleinigen Gesellschafters einer GmbH über seine eigene Abberufung als alleiniger Geschäftsführer regelmäßig **rechtsmissbräuchlich** und daher unwirksam, wenn er nicht zugleich einen neuen Geschäftsführer bestellt (*OLG München* DB 2011, 760). Entsprechendes gilt für eine Amtsniederlegung selbst dann, wenn der Geschäftsführer einer GmbH betroffen ist, der gleichzeitig Alleingesellschafter und Geschäftsführer einer Gesellschaft ist, die sämtliche Gesellschaftsanteile an der GmbH hält (siehe *OLG München* DNotZ 2012, 795).

308 Hat der abberufene Geschäftsführer eine **Registervollmacht** erteilt, bleibt diese trotz seines Ausscheidens aus der Organstellung grundsätzlich wirksam (vgl. *OLG Hamm* GmbHR 2012, 903).

3. Teil. Satzungsänderung

I. Checkliste

Checkliste Satzungsänderung 309

(1) Vollversammlungsbeschluss
- (a) Änderung eines „echten" Satzungsbestandteils?
  Nicht bei: Änderung einer Bestimmung über das Geschäftsführergehalt, Tantiemen etc.; Bestellung und Abberufung von Geschäftsführern; Auflösung der Gesellschaft, es sei denn, in der Satzung ist eine feste Zeitdauer bestimmt.
- (b) Feststellung der Beteiligungsverhältnisse (aktuelle Gesellschafterliste, Vorurkunden, Beteiligtenangaben).
- (c) Mehrheitsverhältnisse
  - (aa) 75% der abgegebenen Stimmen (Prüfung der Satzung, ob weitere Erfordernisse bestehen).
  - (bb) Zustimmung aller Gesellschafter bei:
    - Leistungsvermehrung, z.B. Einführung von Nachschusspflichten, Wettbewerbsverboten, Wiederanlagepflichten („Schütt-aus-hol-zurück-Verfahren");
    - Abtretungsbeschränkungen (Begründung, Aufhebung; dazu Rn. 89ff.);
    - Einräumung von Erwerbs- bzw. Vorkaufsrechten (dazu Rn. 94);
    - nachträgliche Zulassung der Einziehung von Geschäftsanteilen (dazu Rn. 131 ff.);
    - Einführung oder Modifizierung von Abfindungsregelungen (dazu Rn. 157 ff.);
    - Schaffung von Vorzugsgeschäftsanteilen;
    - Änderungen des Gesellschaftsvertrages vor Eintragung (Vor-GmbH).
- (d) Vertretung bei der Stimmabgabe
  - (aa) Textform der Vollmacht (§ 47 III GmbHG).
  - (bb) Enthält die Vollmacht eine Befreiung von § 181 BGB (dazu *BGH* NJW 1991, 691; DNotZ 1989, 26)?
  - (cc) Nachträgliche Genehmigung der Stimmabgabe (dazu Rn. 314).
  - (dd) Feststellung, ob ein Stimmrechtsausschluss vorliegt (§ 47 IV GmbHG), insb. bei Maßnahmen gegen einen Gesellschafter aus wichtigem Grund (hierzu Baumbach/Hueck/*Zöllner* § 47 Rn. 76 ff.).
- (e) Beachtung von Registersperren (dazu Rn. 335 f.).
- (f) Erfordernis einer behördlichen Erlaubnis/Genehmigung bei Änderung des Unternehmensgegenstandes?
- (g) Zustimmung des Finanzamtes bei einer Änderung des Geschäftsjahres; eine rückwirkende Änderung ist unzulässig (dazu Rn. 61).
- (h) Streichung überholter Satzungsbestandteile (z.B. hinsichtlich der Übernehmer der Stammeinlagen, Gründungskosten, Festsetzungen von Sacheinlagen; dazu Rn. 338).
- (i) Evtl. vollständige Neufassung der Satzung (dazu Rn. 311).

(2) Mehrheitsbeschluss
Gleiche Erfordernisse wie bei (1), aber zusätzlich Prüfung (anhand der Satzung der Gesellschaft) von Form, Frist und Inhalt der Einberufung sowie der Beschlussfähigkeit (dazu *BayObLG* DB 1991, 2329).

▶

▼ Fortsetzung: **Checkliste Satzungsänderung**

(3) Besonderheiten bei einer Kapitalerhöhung
(a) Für Stimmrechtsvollmachten gilt das Formerfordernis des § 2 II GmbHG analog, wenn die Übernahmeerklärung von der Vollmacht umfasst sein soll (dazu Rn. 348).
(b) Einlagegegenstand
  (aa) Bareinlagen
  – Leistung der Einlagen (dazu Rn. 349 ff.);
  – Prüfung, ob die Einlagen vorgeleistet wurden (dazu Rn. 353 ff.) und tatsächlich in bar erbracht werden (dazu Rn. 357 ff.);
  – Zustimmung aller vom Bezugsrecht ausgeschlossenen Gesellschafter (vgl. Rn. 344);
  – Festlegung der Gewinnabgrenzung;
  – Kartellrecht;
  – Festsetzung eines Höchst- und Mindestbetrags, wenn Übernahme im vereinbarten Umfang nicht gesichert (dazu MünchVertrHdb I, Form. IV 85 sowie Rn. 384 f.);
  (bb) Sacheinlagen
  – Wertnachweis in Anlehnung an § 5 IV 2 GmbHG erforderlich.
(c) Übernahmeerklärung (notariell zu beglaubigen oder zu beurkunden, § 55 I GmbHG; regelmäßig in Urkunde über Kapitalerhöhungsbeschluss enthalten) und von allen Geschäftsführern unterzeichnete Liste der Übernehmer, die mit der Registeranmeldung vorzulegen ist (§ 57 III Nr. 2 GmbHG);
(d) Anzeigepflicht: Nach § 54 EStDV ist dem nach § 20 AO zuständigen Finanzamt (Körperschaftsteuerstelle) eine beglaubigte Abschrift der Kapitalerhöhungs- bzw. -herabsetzungsurkunde zu übersenden (vgl. auch § 54 III EStDV).

II. Gesellschafterbeschluss

1. Form, Beurkundungstechnik

310 Satzungsänderungen sind gemäß **§ 53 II GmbHG** beurkundungspflichtig. Der satzungsändernde Beschluss kann in der Form der §§ 8 ff. BeurkG (Beurkundung von Willenserklärungen; dazu MünchVertrHdb I, Form. IV 84) oder der §§ 36 ff. BeurkG (Tatsachenbeurkundung; dazu *Winkler*, BeurkG Vor § 36 Rn. 2 f.) beurkundet werden. Letzteres empfiehlt sich insb. bei einer vollständigen Satzungsneufassung. Die Satzung kann dann der Niederschrift als nichtbeurkundungspflichtige Anlage beigefügt werden, ohne dass selbstverständlich die Pflicht zur Prüfung des Inhalts entfällt. Werden in einer Gesellschafterversammlung jedoch gleichzeitig rechtsgeschäftliche Erklärungen abgegeben, die beurkundet werden sollen (wie etwa die Übernahmeerklärung bei einem Kapitalerhöhungsvorgang oder Verzichtserklärungen bei Umwandlungsvorgängen), sind stets die Vorschriften über die Beurkundung von Willenserklärungen einzuhalten.

311 Bei einer vollständigen **Satzungsneufassung** ist zu beachten, dass das Registergericht zu einer uneingeschränkten Überprüfung auch derjenigen Satzungsbestandteile befugt ist, die unverändert aus der „Altsatzung" übernommen wurden (vgl. *OLG München* DNotZ 2006, 222; *BayObLG* GmbHR 1979, 15, 17; *KG* GmbHR 2005, 1612; a. A. mit guten Gründen *Priester* GmbHR 2007, 296). Die für die Erstanmeldung vorgesehenen und in § 9c II GmbHG festgehaltenen Prüfungsbeschränkungen gelten für die Anmeldung einer Satzungsänderung nicht (vgl. hierzu Rn. 210 f. sowie *BayObLG* BB 2001, 1916; *KG* GmbHR 2005, 1612).

2. Inhaltliche Fragen

Zunächst ist die Frage zu stellen, wer Gesellschafterbeschlüsse berechtigterweise fassen kann. Dabei ist zu beachten, dass gemäß § 16 I 1 GmbHG im Verhältnis zur Gesellschaft nur derjenige als Gesellschafter gilt, der in der zum Handelsregister aufgenommenen, d.h. in den online einsehbaren Registerordner eingestellten (§ 9 I HRV) Gesellschafterliste nach § 40 GmbHG eingetragen ist. Damit ist die Liste **alleinige Legitimationsbasis** für die Ausübung von Gesellschafterrechten (ausf. zu den damit verbundenen Problemen Rn. 531 ff. sowie *D. Mayer* ZIP 2009, 1037, 1039 ff.). 312

Bei **Stimmrechtsvollmachten** – die gemäß § 47 III GmbHG der Textform bedürfen – ist zu prüfen, ob sie eine Befreiung von den Beschränkungen des § 181 BGB enthalten (vgl. *BGH* NJW 1991, 691; DNotZ 1989, 26; *Bärwaldt/Günzel* GmbHR 2002, 1112). 313

Bei einer **nachträglichen Genehmigung der Stimmabgabe**, durch einen abwesenden Gesellschafter (die auch bei einer Einpersonen-GmbH zulässig ist, vgl. *OLG München* GmbHR 2011, 91), ist in die Urkunde die Zustimmung aller anwesenden Gesellschafter zu diesem Verfahren aufzunehmen (vgl. *BayObLG* MittBayNot 1989, 99). 314

Bedingte Beschlüsse sind in der Regel unwirksam (zu den Ausnahmen vgl. Scholz/Priester/*Veil* § 53 Rn. 185 f.; siehe ferner *D. Mayer* in: Widmann/Mayer § 5 UmwG Rn. 235.4 ff. für den Fall der Kettenumwandlung; umfassend zum Thema *Göppel*, Bedingte GmbH-Gesellschafterbeschlüsse, 2008). Zulässig sind dagegen Rechtsbedingungen, also z.B. das Abhängigmachen der Änderung von einer erforderlichen staatlichen Genehmigung. Ferner sind Bedingungen zulässig, wenn dem Registergericht der Eintritt der Bedingungen in öffentlich beglaubigter Form nachgewiesen werden kann. Dies ist stets der Fall, wenn der Beschluss unter der aufschiebenden Bedingung einer vorausgehenden sonstigen Registereintragung (z.B. Eintragung einer vorausgehenden Verschmelzung, einer sonstigen Satzungsänderung oder einer Kapitalmaßnahme) steht (vgl. zum Ganzen Scholz/Priester/*Veil* § 53 Rn. 185 f.). Der Notar kann überdies angewiesen werden, die Anmeldung des Beschlusses erst bei Vorliegen bestimmter Voraussetzungen zum Handelsregister einzureichen. 315

Sind neben **minderjährigen Kindern** die Eltern bzw. ein Elternteil an der GmbH beteiligt, ist wegen §§ 1629 II, 1795 II BGB ein Ergänzungspfleger zu bestellen, und zwar für jedes Kind ein eigener Pfleger (Scholz/*Priester/Veil* § 53 Rn. 103; vgl. ferner *OLG München* NZG 2010, 862); eine familiengerichtliche Genehmigung ist nicht erforderlich (anders bei der Übernahme einer neuen Stammeinlage im Rahmen einer Kapitalerhöhung; vgl. zu Minderjährigen i.Ü. Rn. 10 f.). 316

III. Satzungsbescheinigung

Gemäß § 54 I 2 GmbHG hat der Notar der Anmeldung der Satzungsänderung den vollständigen Wortlaut des Gesellschaftsvertrags beizufügen und diesen mit der Bescheinigung zu versehen, dass die geänderten Bestimmungen des Gesellschaftsvertrags mit dem satzungsändernden Beschluss und die unveränderten Bestimmungen mit dem zuletzt zum Handelsregister eingereichten vollständigen Wortlaut des Gesellschaftsvertrags übereinstimmen. 317

Eine solche Bescheinigung ist bei der **Satzungsneufassung** jedoch nach Ansicht einiger Obergerichte jedenfalls dann nicht erforderlich, wenn dem notariell beurkundeten Gesellschafterbeschluss die neu gefasste Satzung als Anlage beigefügt und nach den Vorschriften der Beurkundung von Willenserklärungen wirksam beurkundet wurde (vgl. *OLG Zweibrücken* Rpfleger 2002, 155; *OLG Celle* DNotZ 1982, 493). 318

IV. Registeranmeldung

319 Betrifft die Satzungsänderung einen in § 10 I 1 GmbHG genannten Regelungsgegenstand (Firma, Sitz, Gegenstand, Stammkapital usw.), ist der Inhalt der Änderung **schlagwortartig** zu kennzeichnen (vgl. DNotI-Report 2002, 172; *Krafka/Kühn* Rn. 1019; *BGH* DNotZ 1988, 182; *BayObLG* DNotZ 1986, 52; *OLG Düsseldorf* MittBayNot 1999, 198; *OLG Hamm* RNotZ 2002, 55). Bei einer Änderung des Unternehmensgegenstandes sind etwa erforderliche öffentlich-rechtliche Genehmigungen zu beachten, nach der Aufhebung von § 8 I Nr. 6 GmbHG a. F. ist deren Vorlage jedoch nicht mehr erforderlich (anders zur alten Rechtslage *BayObLG* DNotZ 1980, 676).

320 Obschon keine Satzungsänderung ist auch jede **Änderung** der inländischen **Geschäftsanschrift** anmelde- und eintragungspflichtig (näher Rn. 193).

321 Das Registergericht wird regelmäßig die **Gesellschaftereigenschaft** der beschließenden Gesellschafter anhand der (ggf. vom Notar bescheinigten) zuletzt im Handelsregister aufgenommenen Liste der Gesellschafter nach §§ 40 I 2 GmbHG prüfen, nachdem gemäß § 16 I GmbHG im Verhältnis zur Gesellschaft nur als Gesellschafter gilt, wer in der Liste eingetragen ist (zur Legitimationswirkung ausf. Rn. 531 ff.; zur Rechtslage unter Geltung von § 16 I GmbHG a. F. vgl. DNotI-Report 2003, 195).

322 Die Anmeldung wird nach allgemeinen zivilrechtlichen Grundsätzen **wirksam mit Zugang** beim Registergericht (vgl. *Krafka/Kühn* Rn. 79). Bei einem Wechsel in der Geschäftsführung zwischen der Unterzeichnung der Anmeldung beim Notar und dem Eingang beim Registergericht ist hinsichtlich der Vertretungsbefugnis auf den Zeitpunkt der Abgabe der Erklärung abzustellen (vgl. *BayObLG* ZIP 2003, 2361; *LG München* MittBayNot 2004, 462).

V. Sonstige Fragen

1. Änderung des Musterprotokolls

323 Der Gesetzgeber hat bewusst davon abgesehen, für Änderungen des im Musterprotokoll enthaltenen Gesellschaftsvertrags Ausnahmebestimmungen vorzusehen. Es gelten daher die **allgemeinen Bestimmungen des GmbH-Rechts** (zu Änderungen der einzelnen Ziffern des Musterprotokolls nach Eintragung der Gesellschaft umfassend *Melchior* notar 2010, 305 sowie DNotI-Report 2010, 217). Satzungsänderungen sind somit beurkundungspflichtig und erfordern einen Gesellschafterbeschluss mit einer Mehrheit von 75% der abgegebenen Stimmen (§ 53 II GmbHG). Die Satzungsänderung wird erst mit Eintragung im Handelsregister wirksam (§ 54 III GmbHG; vgl. *Wachter* EWiR 2010, 185).

324 Die Vorlage des vollständigen Satzungswortlauts mit notarieller Bescheinigung gemäß **§ 54 I 2 GmbHG** ist ebenfalls erforderlich, selbst wenn der ursprüngliche Gesellschaftsvertrag auf dem gesetzlichen Musterprotokoll beruht. Dies gilt auch, wenn lediglich die im Musterprotokoll vorgesehenen (Mindest-)Bestimmungen geändert werden (*OLG München* NZG 2010, 35; a. A. *Wälzholz* GmbHR 2008, 841, 843). Das Registergericht kann hingegen nicht verlangen, dass der Gesellschaftsvertrag insgesamt neu gefasst wird (*OLG Düsseldorf* NZG 2010, 719). Dies ist schon deshalb richtig, weil der Wortlaut des § 105 VI 1 Nr. 2 GNotKG zeigt, dass der Gesetzgeber auch eine privilegierte Änderung des Musterprotokolls ermöglichen wollte. Danach gelten die Mindestgeschäftswerte der §§ 105 I 2, IV Nr. 1; 108 I GNotKG nicht für Änderungen des Gesellschaftsvertrags, wenn man sich weiterhin in der Systematik des Musterprotokolls bewegt.

325 Zu beachten ist dabei, dass nach zutreffender Ansicht (vgl. nur *OLG München* GmbHR 2010, 312 m. Anm. *Kallweit*) in der Satzungsbescheinigung zwingend **vom**

Wortlaut des Musterprotokolls abgewichen werden muss, wenn sonst inhaltlich Falsches geregelt würde. Die sonstigen, durch die Satzungsänderung nicht berührten Regelungen des Musterprotokolls müssen dagegen unverändert übernommen werden (siehe *Wachter* EWiR 2010, 185, 186).

So ist nach einer Satzungsänderung insbesondere **Ziffer 1** des Musterprotokolls („Die 326 Erschienenen errichten hiermit nach § 2 Ia GmbHG eine Gesellschaft mit beschränkter Haftung ...") offensichtlich nicht mehr zutreffend. Es ist somit eine den tatsächlichen Gegebenheiten entsprechende Fassung zu wählen.

> **Formulierungsbeispiel: Satzungsänderung Musterprotokoll – Firma** 327
>
> Die Firma der Gesellschaft lautet [neue Firma]. Sie hat ihren Sitz in [neuer Sitz].

Ähnliches muss im Falle einer Kapitalerhöhung bezüglich **Ziffer 3** des Musterproto- 328 kolls gelten, die nach Änderung z.B. lauten könnte (vgl. hierzu *OLG München* DNotZ 2010, 939):

> **Formulierungsbeispiel: Satzungsänderung Musterprotokoll – Kapitalerhöhung** 329
>
> Das Stammkapital der Gesellschaft beträgt [neues Stammkapital] EUR.

Schließlich ist **Ziffer 5** des Musterprotokolls sprachlich anzupassen, wenn die Gesell- 330 schaft ihr Stammkapital auf einen Betrag unter 300 EUR, d.h. beispielsweise von 2 EUR auf 10 EUR erhöht, da ansonsten nach dem Wortlaut des Musterprotokolls der Eindruck entstünde, die Gesellschaft hätte Gründungskosten in Höhe von 10 EUR getragen (siehe *OLG München* ZIP 2010, 2096).

> **Formulierungsbeispiel: Satzungsänderung Musterprotokoll – Gründungskosten bei Kapitalerhöhung** 331
>
> Die mit ihrer Gründung verbundenen Kosten hat die Gesellschaft bis zu einem Höchstbetrag von 2 EUR getragen.

Die Regelungen in **Ziffer 6** (Abschriften der Urkunde) und **Ziffer 7** (Hinweise des No- 332 tars) des Musterprotokolls sind nicht Inhalt des Gesellschaftsvertrags und brauchen daher auch nicht in die Satzungsbescheinigung aufgenommen zu werden (so auch *Wachter* EWiR 2010, 531, 532).

Wegen der geschilderten praktischen Schwierigkeiten sollte der erste satzungsändern- 333 de Beschluss bei einer im vereinfachten Verfahren gegründeten GmbH oder UG zum Anlass genommen werden, eine **Satzungsneufassung** vorzunehmen und das streitanfällige Musterprotokoll ganz aufzuheben. Hinzuweisen ist allerdings darauf, dass bei einer im vereinfachten Verfahren mittels gesetzlichem Musterprotokoll ohne Abweichungen gegründeten GmbH gem. § 105 VI GNotKG der in § 105 I, IV Nr. 1 GNotKG geregelte Mindestwert bei einer Satzungsänderung nur dann nicht gilt, wenn sie sich im Rahmen des Musterprotokolls hält (z.B. Sitzverlegung, Änderung der Firma). Wird mit der beschlossenen Satzungsänderung das gesetzliche Musterprotokoll verlassen (z.B. Einfügung einer Vinkulierungsklausel) ist sowohl bei der UG (haftungsbeschränkt) als auch bei der GmbH der Mindestwert von 30.000 EUR maßgebend.

2. Änderungen vor Eintragung der Gesellschaft

334 Bei einer Änderung der Satzung vor Eintragung der Gesellschaft ist die Zustimmung aller Gesellschafter erforderlich (näher Rn. 32).

3. Registersperren

335 Bei Gesellschaften, die vor dem 1.1.1986 im Handelsregister eingetragen wurden, ist die Registersperre des Art. 12 § 7 II GmbHGÄndG zu beachten. Danach kann eine Änderung des Gesellschaftsvertrages nur eingetragen werden, wenn gleichzeitig eine Neuregelung über die Ergebnisverwendung getroffen wird (vgl. BGH DNotZ 1989, 383). Die Registersperre greift nur, wenn die Gesellschafter bisher kraft Gesetzes (§ 29 GmbHG a. F.) einen Anspruch auf Vollausschüttung hatten und dieser nicht zur Disposition der Mehrheit stand (siehe zum Ganzen *Hepting* BB 1989, 393; *ders.* BB 1988, 1561).

336 Bei GmbHs, die vor dem 1.1.1999 zur Eintragung in das Handelsregister angemeldet wurden, sieht § 1 I 4 EGGmbHG eine weitere Registersperre vor. Demnach darf eine Kapitaländerung nach dem 31.12.2001 nur nach vorheriger Euro-Umstellung und Glättung eingetragen werden (Einzelheiten bei *Kopp/Heidinger* S. 12).

4. Aufhebung einer Satzungsänderung

337 Eine Aufhebung satzungsändernder Beschlüsse vor ihrer Eintragung kann nach h. M. mit einfacher Mehrheit und formloser Beschlussfassung erfolgen (str.; vgl. Scholz/ *Priester/Veil* § 53 Rn. 188.). Sicherheitshalber sollten jedoch zumindest hinsichtlich der Mehrheitserfordernisse die gleichen Anforderungen wie an den aufzuhebenden Beschluss gestellt werden.

5. Satzungsbereinigung, Fassungsänderungen

338 Ist ein bestimmter Satzungsbestandteil überholt (z. B. Aufnahme der Gründungsgesellschafter, siehe Rn. 64; Übernahme der Gründungskosten, siehe Rn. 186 ff.; Festlegung von Sacheinlagen, siehe Rn. 212 ff.), so stellt dessen Streichung **keine materielle Satzungsänderung** dar. § 53 GmbHG ist hier nach einer starken Ansicht nicht anwendbar; es genügt vielmehr die einfache Mehrheit der abgegebenen Stimmen (zum Ganzen ausf. *Michalski/Hoffmann* § 53 Rn. 23 ff.). Aus der Funktion und dem Publizitätsprinzip des Handelsregisters folgt jedoch, dass auch solche Änderungen angemeldet werden müssen (dazu Lutter/Hommelhoff/*Bayer* § 53 Rn. 29).

339 Zu **Änderungen der Fassung** und insbesondere zur Anpassung der Satzung an die infolge der Ausnutzung von genehmigtem Kapital gemäß § 55a GmbHG geänderte Stammkapitalziffer kann die Satzung analog § 179 I 2 AktG auch die Geschäftsführer ermächtigen (vgl. *OLG München* ZIP 2012, 330; Systematischer Praxiskommentar/ *Herrler* § 55a Rn. 2, 10).

6. Satzungsdurchbrechung

340 Satzungsdurchbrechungen sind Gesellschafterbeschlüsse, die eine von der Satzung abweichende Regelung treffen, die Satzung selbst aber unverändert lassen wollen (grundlegend *Priester* ZHR 151, 40; zum Ganzen auch DNotI-Report 2014, 1). Gemeinhin wird zwischen punktuellen und zustandsbegründenden Satzungsdurchbrechungen unterschieden. Unwirksam ist ein derartiger Beschluss ohne Einhaltung der Formalien einer regulären Satzungsänderung jedenfalls dann, wenn er **zustandsbegründend** wirken, d. h. einen der Satzung widersprechenden Zustand auf nicht nur kurze Dauer schaffen soll (vgl. BGH DNotZ 1994, 313; *OLG Köln* DB 1996, 466; *OLG Hamm* NJW-RR 1993, 867). Die wohl überwiegende Auffassung fordert weitergehend, dass der satzungsdurchbre-

chende Beschluss auch dann mit satzungsändernder Mehrheit gefasst, notariell beurkundet und in das Handelsregister eingetragen werden muss, wenn sich der Beschluss auf eine „**punktuelle**" Abweichung von der Satzung, d. h. auf einen konkreten Einzelfall beschränkt und sich die Wirkung des Beschlusses somit in der betreffenden Maßnahme erschöpft (vgl. nur Michalski/*Hoffmann* § 53 Rn. 35 m. zahlr. N. auch zur Gegenmeinung). Regelmäßig von der Satzungsregelung abweichende Beschlüsse hinsichtlich der Ergebnisverwendung sind daher ohne Einhaltung der §§ 53, 54 GmbHG auch dann unwirksam, wenn sich die Gesellschafter der Abweichung von den statuarischen Gewinnverwendungsregelungen nicht bewusst gewesen sein sollten. Der eine solche Durchbrechung bestätigende Gesellschafterbeschluss ist beurkundungspflichtig und bedarf der Eintragung im Handelsregister (*OLG Dresden* GmbHR 2012, 213).

Vor diesem Hintergrund empfiehlt sich in denjenigen Bereichen die Aufnahme von **Öffnungsklauseln** in die Satzung, in denen häufig von einer grundsätzlichen Satzungsregelung abweichende Einzelfallregelungen gewünscht werden wie insbesondere beim Wettbewerbsverbot (zu Öffnungsklauseln beim Wettbewerbsverbot vgl. Rn. 81) und bei der Gewinnverwendung (zu Öffnungsklauseln bei der Gewinnverwendung siehe Rn. 126 ff.). **341**

Der *BGH* hält es im Einzelfall für möglich, einen (formnichtigen), nicht auf den Einzelfall beschränkten und einstimmig gefassten satzungsdurchbrechenden Gesellschafterbeschluss, der keine organisationsrechtlichen Regelungen zum Gegenstand hat, im Wege der Auslegung oder **Umdeutung** zumindest als **schuldrechtliche Nebenabrede** aufrecht zu erhalten, wobei diese dann nur die Beteiligten selbst, nicht aber Rechtsnachfolger bindet (*BGH* DNotZ 2011, 135; dazu *Noack* NZG 2010, 1017; *Leitzen* RNotZ 2010, 566; *Suppliet* NotBZ 2011, 37). **342**

7. Kosten

Die Satzungsänderung der GmbH erfolgt durch Beschluss der Gesellschafter, wofür eine 2,0-Gebühr Nr. 21100 KV-GNotKG aus dem Wert des § 105 IV Nr. 1 GNotKG anfällt. Bei Änderungen des Stammkapitals ist grundsätzlich der Erhöhungsbetrag maßgeblich (§ 105 I Nr. 3 GNotKG); der Mindestwert beträgt aber stets 30.000 EUR (§ 108 I 2, 105 I 2 GNotKG). Der Höchstwert von Beschlüssen, gleich ob unbestimmten oder bestimmten Geldwerts, beträgt 5.000.000 EUR (§ 108 V GNotKG). Übernahmeerklärungen auf das erhöhte Stammkapital sind gemäß Nr. 21.200 KV-GNotKG gesondert zu bewerten mit einer 1,0-Gebühr aus dem Gesamtbetrag der übernommenen Stammeinlagen. Die Werte mehrerer Erklärungen in einer Urkunde werden nach Maßgabe von §§ 35 I, 109 ff. GNotKG zusammengerechnet; Registeranmeldungen (0,5-Gebühr Nr. 21201 KV-GNotKG) sind stets ein besonderer Beurkundungsgegenstand (§ 111 Nr. 3 GNotKG). Die Fertigung des neuen Wortlauts des Gesellschaftsvertrags (§ 54 GmbHG) im Zusammenhang mit einer Satzungsänderung ist gebührenfrei (Vorbem. 2.1 II Nr. 4 KV-GNotKG); eine Betreuungsgebühr wegen der Zusammenstellung der neuen Satzung kann nicht erhoben werden (anders noch *LG Düsseldorf* RNotZ 2004, 103 unter Geltung der alten Rechtslage: Gebühr aus § 147 II KostO; verneinend *OLG Stuttgart* ZNotP 2003, 78). Der Geschäftswert der Registeranmeldung entspricht dem des Beschlusses (§ 105 IV Nr. 1 GNotKG). Der Geschäftswert von Anmeldungen ohne wirtschaftliche Bedeutung (z. B. Änderung des Sitzes der Gesellschaft wegen Eingemeindung) beträgt 5.000 EUR (§ 105 V GNotKG). **343**

4. Teil. Kapitalmaßnahmen

I. Kapitalerhöhung

1. Bezugsrecht

344 Bei der GmbH ist von einem ungeschriebenen gesetzlichen Bezugsrecht der Altgesellschafter zur Übernahme der neuen Geschäftsanteile auszugehen. Ein Bezugsrechtsausschluss ist nur unter engen Voraussetzungen zulässig (vgl. Baumbach/Hueck/Zöllner § 55 Rn. 25 ff.). Da ein unter Verletzung des Bezugsrechts gefasster Kapitalerhöhungsbeschluss in entsprechender Anwendung von § 243 I AktG anfechtbar ist, sollte der Notar stets eine Zustimmung etwa ausgeschlossener Gesellschafter einholen oder jedenfalls mit großer Sorgfalt die Zulässigkeit des Bezugsrechtsausschlusses prüfen.

2. Nennwerterhöhung, Übernahme von Geschäftsanteilen

345 Entgegen dem Gesetzeswortlaut (vgl. § 55 III GmbHG) kann eine Kapitalerhöhung nicht nur durch **Übernahme eines neuen Geschäftsanteils**, sondern auch durch Erhöhung des Nennwerts der bestehenden Geschäftsanteile erfolgen, wenn der Inhaber zu den Gründern gehört oder der Anteil voll geleistet ist. Die **Aufstockung** der Nennwerte muss ausdrücklich in den Kapitalerhöhungsbeschluss aufgenommen werden (*BGH* WM 1987, 1102). Der Aufstockungsbetrag muss – ebenso wie der aufgestockte Geschäftsanteil – auf volle Euro lauten (§§ 5 II 1, 55 IV 1 GmbHG) und zu einem Viertel einbezahlt werden (§§ 56a, 7 II 1 GmbHG; vgl. hierzu *BGH* DNotZ 2013, 949 m. Anm. *Komo*).

346 Wie bei der Gründung ist auch bei der Kapitalerhöhung die **Übernahme mehrerer Geschäftsanteile** durch einen Übernehmer zulässig, obschon dies vereinzelt in Zweifel gezogen wird, weil § 55 IV GmbHG nach seinem Wortlaut nur im Hinblick auf die Bestimmungen über die Nennbeträge der Geschäftsanteile auf § 5 II GmbHG verweist. Daraus ist gefolgert worden, dass sich diese Verweisung nicht auf § 5 II 2 GmbHG bezieht, der die Anzahl der Geschäftsanteile bei der Gründung thematisiert (vgl. *Meister* NZG 2008, 767, 769; für die h. M vgl. nur *Wicke* § 5 Rn. 6, § 55 Rn. 9).

3. Übernahmeerklärung

347 Unabhängig davon, ob ein neu gebildeter Geschäftsanteil von einem Gesellschafter bzw. von einem Dritten übernommen oder ob ein bestehender Geschäftsanteil aufgestockt wird, muss der Übernehmer des Erhöhungsbetrages eine notariell zu beglaubigende oder zu beurkundende **Übernahmeerklärung** abgeben (§ 55 I GmbHG). Regelmäßig ist diese als einseitige Erklärung in der Urkunde über den Kapitalerhöhungsbeschluss enthalten, sie kann aber auch gesondert abgegeben werden.

348 Zu beachten ist, dass die **Vollmacht** zur Unterzeichnung der Übernahmeerklärung entgegen § 167 II BGB in entsprechender Anwendung von § 2 II GmbHG notariell beglaubigt oder beurkundet sein muss (vgl. Baumbach/Hueck/Zöllner/Fastrich § 55 Rn. 32).

4. Kapitalaufbringung

a) Erbringung der Einlage, Hin- und Herzahlen, Differenzhaftung

349 Hinsichtlich der Kapitalaufbringung entscheidend ist allein, ob die Einlage nach dem Kapitalerhöhungsbeschluss in den **uneingeschränkten Verfügungsbereich der Geschäftsführer** gelangt und nicht an den Einleger zurückgeflossen ist. Bei der Anmeldung einer Barkapitalerhöhung hat die Geschäftsführung deshalb zu **versichern**, dass der Einlagebe-

trag für die Zwecke der Gesellschaft zur endgültig freien Verfügung der Geschäftsführung eingezahlt ist (vgl. *BGH* DNotZ 2002, 808 unter Aufgabe der bish. Rspr.; *Heidinger* GmbHR 2002, 1045; *Kamanabrou* NZG 2002, 702). Zwar ist nach dem Gesetzeswortlaut (vgl. § 57 II 1 GmbHG) die fehlende Rückzahlung nicht zwingender Bestandteil der Versicherung der Geschäftsführer bei der Anmeldung, aufgrund der vorgenannten höchstrichterlichen Rspr. hat sich die Erklärung aber auch auf die Tatsache zu erstrecken, dass die zur freien Verfügung eingezahlten Betrage **auch in der Folgezeit nicht an den Einleger zurückgezahlt** wurden (so zu Recht Baumbach/Hueck/Zöllner/Fastrich § 57 Rn. 13). Einen Nachweis über die Einzahlung kann das Gericht gemäß §§ 8 II 2, 57 II 2 GmbHG nur verlangen, wenn es erhebliche Zweifel an der Versicherung der Geschäftsführer hat. Die Darlegungs- und Beweislast für die Einzahlung trägt der betroffene Gesellschafter (vgl. *OLG Jena* ZIP 2013, 1378).

Gemäß § 56a GmbHG ist die Regelung zum „**Hin- und Herzahlen**" (§ 19 V GmbHG; **350** ausf. Rn. 241 ff.) für die Leistung der Einlagen bei einer Kapitalerhöhung entsprechend anwendbar (vgl. hierzu *Herrler* DNotZ 2008, 903, 905 ff.). Daher tritt im Falle einer sofortigen Rückgewähr des Einlagebetrages an den Gesellschafter Erfüllungswirkung (nur) ein, wenn die Zahlung an die Gesellschafter durch einen Rückzahlungsanspruch gedeckt ist, der (i) vollwertig und (ii) jederzeit fällig ist oder zumindest durch Kündigung seitens der Gesellschaft fällig gestellt werden kann. Ist dies nicht der Fall, bleibt die Einlageschuld in voller Höhe bestehen (**Alles-oder-Nichts-Prinzip**; zu Verwendung von Gesellschafterforderungen als Einlageleistung vgl. Rn. 357 ff.).

Die Grundsätze der **Differenzhaftung** der Gründer sind auf die Sachkapitalerhöhung **351** anwendbar (vgl. §§ 56 II, 9 I GmbHG). Bei einer Bareinlage müssen die neuen Stammeinlagen hingegen nur zum Zeitpunkt der Anmeldung gedeckt sein. Der Rechtsverkehr kann hier nur darauf vertrauen, dass der Gesellschaft tatsächlich Werte in Höhe des Nennbetrags der Kapitalerhöhung zugeflossen sind (vgl. *Michalski/Hermanns* § 56a Rn. 22). Damit entfallen auch die damit korrespondierenden Belehrungspflichten des Notars.

b) Einzahlung auf ein debitorisches Bankkonto

Die freie Verfügbarkeit ist nicht dadurch beeinträchtigt, dass die Einzahlungen auf ein **352** debitorisches Bankkonto geleistet werden, wenn aufgrund der eingeräumten Kreditlinie die Verfügung über die Mittel nicht beschränkt ist (*BGH* DNotZ 1991, 828 m. Anm. *Gehling*). Gleiches gilt, wenn das Kreditinstitut der Gesellschaft mit Rücksicht auf die Kapitalerhöhung auf einem anderen Konto einen Kredit zur Verfügung stellt, der den Einlagebetrag erreicht oder übersteigt (*BGH* DNotZ 2002, 808). Voreinzahlungen auf die Einlageleistung (dazu Rn. 353 ff.) auf ein debitorisches Konto haben dagegen keine schuldtilgende Wirkung (*BGH* NZG 2008, 512, 514; DNotZ 2004, 867 m. Anm. *Kanzleiter*; *OLG Celle* ZIP 2010, 2298). Im Einzelfall kann es sich empfehlen, das Einlagekonto bei einem anderen Geldinstitut einzurichten oder eine Bestätigung der Empfangsbank einzuholen, wonach der überwiesene Betrag zur freien Verfügung der Geschäftsführung gehalten wird (*Priester* DB 1987, 1478).

c) Vorleistungen auf die Einlageschuld vor Beschlussfassung

Soll eine **Voreinzahlung** auf eine bevorstehende Barkapitalerhöhung erfolgen, so hat **353** diese nach der Rspr. des *BGH* – von denkbaren Einschränkungen aus Sanierungsgründen abgesehen (hierzu Rn. 354) – nur dann schuldtilgende Wirkung, wenn der eingezahlte Betrag im Zeitpunkt des Erhöhungsbeschlusses als solcher, d. h. nicht lediglich wertmäßig (so aber noch *BGH* GmbHR 1993, 225) noch im Vermögen der Gesellschaft vorhanden ist (st. Rspr., vgl. nur *BGH* NZG 2008, 512, 514 sowie *OLG Celle* EWiR 2010, 743 m. Anm. *Wachter*; zum Ganzen ferner *Ehlke* ZIP 2007, 749; *Wicke* § 56a Rn. 5). Erfüllt ist diese Voraussetzung, wenn sich die geschuldete Summe entweder in der

Kasse der Gesellschaft befindet oder der Gesellschafter auf ein Konto der Gesellschaft einzahlt und dieses anschließend und fortdauernd bis zur Fassung des Kapitalerhöhungsbeschlusses ein Guthaben in entsprechender Höhe ausweist.

354 Nach einer Grundlagenentscheidung des *BGH* (DNotZ 2007, 138; siehe auch *OLG Nürnberg* ZIP 2010, 2300) können Voreinzahlungen daneben ausnahmsweise unter engen Voraussetzungen als wirksame Erfüllung der später übernommenen Einlageschuld anerkannt werden, wenn (i) die Beschlussfassung über die Kapitalerhöhung im Anschluss an die Voreinzahlung mit aller gebotenen Beschleunigung nachgeholt wird, (ii) ein **akuter Sanierungsfall** vorliegt, (iii) andere Maßnahmen nicht in Betracht kommen und (iv) die Rettung der sanierungsfähigen Gesellschaft scheitern würde, falls die übliche Reihenfolge der Durchführung der Kapitalerhöhungsmaßnahme beachtet werden müsste. Im Interesse des Gläubigerschutzes muss ferner (v) der Gesellschafter mit Sanierungswillen handeln, (vi) die Gesellschaft (nach der pflichtgemäßen Einschätzung eines objektiven Dritten) sanierungsfähig und (vii) die Voreinzahlung zur durchgreifenden Sanierung der Gesellschaft geeignet sein. Schon um einer nachträglichen Umwidmung von zu anderen Zwecken geleisteten Zahlungen vorzubeugen, muss die Voreinzahlung schließlich (viii) eindeutig und für Dritte erkennbar mit dem Tilgungszweck der Kapitalerhöhung verbunden werden, so dass die damit bezweckte Erfüllung der künftigen Einlageschuld außer Zweifel steht. Insofern empfiehlt es sich dringend, auf dem entsprechenden Überweisungsträger den Verwendungszweck „Kapitalerhöhung" o.ä. anzugeben.

355 Im Rahmen von **Sachkapitalerhöhungen** können Gegenstände und Sachwerte, deren Besitz einer GmbH bereits vor dem Kapitalerhöhungsbeschluss überlassen worden ist, nur dann als Sacheinlage eingebracht werden, wenn sie zumindest im Zeitpunkt des Kapitalerhöhungsbeschlusses noch gegenständlich im Gesellschaftsvermögen vorhanden sind (vgl. *BGH* DNotZ 2001, 154 und dazu *Heidinger* DNotZ 2001, 341).

356 Der Notar muss sich jedenfalls bei der Beurkundung eines Barkapitalerhöhungsbeschlusses regelmäßig darüber vergewissern, ob eine Voreinzahlung an die Gesellschaft erfolgt ist und gegebenenfalls über die Voraussetzungen einer Zahlung auf eine künftige Einlageschuld aufklären. Kommt er dieser Nachforschungs- und Hinweispflicht nicht nach, haftet er für den daraus entstehenden Schaden (*BGH* DNotZ 2008, 841; 1996, 572; zum Ganzen mit Formulierungsbsp. *Herrler* ZNotP 2009, 13).

d) Verwendung von Gesellschafterforderungen

357 Forderungen von Gesellschaftern gegen die GmbH, die bereits vor dem Kapitalerhöhungsbeschluss entstanden waren, sind – gleichgültig worauf sie gerichtet sind – niemals Bar-, sondern stets **Sacheinlage**, so dass die Vorschriften über die Sachkapitalerhöhung (einschließlich der Erbringung eines Nachweises über die Werthaltigkeit der Forderung) einzuhalten sind (dazu *BGH* DB 1996, 876). Für die Umwandlung von Gläubigerforderungen in Stammkapital gelten hinsichtlich den Anforderungen an die Werthaltigkeit keine Besonderheiten („**Dept-Equity-Swap**"; hierzu ausf. *Priester* DB 2010, 1445; *Ekkenga* DB 2012, 331; a. A. *Cahn/Simon/Theiselmann* DB 2010, 1629: stets Ansatz der Forderung mit ihrem Nennwert). Zu beachten ist ferner das Risiko einer **Differenzhaftung**, über das der Notar zu belehren hat (siehe *BGH* GmbHR 2007, 1331 m.Anm. *Wachter* sowie *Herrler* ZNotP 2009, 13; zur Differenzhaftung Rn. 19).

358 Wird aufgrund einer Vorabsprache die aufgrund des Barkapitalerhöhungsbeschlusses samt Übernahmeerklärung entstandene Einlageschuld mit einer solchen Forderung verrechnet, liegt eine **verdeckte Sacheinlage** vor. Keine verdeckte Sacheinlage ist hingegen anzunehmen bei absprachegemäßer Verwendung einer Bareinlage der Muttergesellschaft zum Erwerb des Unternehmens einer Schwestergesellschaft (vgl. *BGH* GmbHR 2007, 433). Die verdeckte Sacheinlage führt zwar nicht zur Befreiung des Gesellschafters von seiner Einlageverpflichtung, gemäß §§ 19 IV, 56 II GmbHG wird jedoch der Wert des Vermögensgegenstandes im Zeitpunkt der Registeranmeldung mit Eintragung der Kapi-

talerhöhung auf die Einlageschuld angerechnet (näher *Herrler* DNotZ 2008, 903, 904). Gläubiger der eingebrachten Forderung und Einlageschuldner müssen nicht zwingend personenidentisch sein, eine wirtschaftliche Zurechnung genügt (z. B. bei Treuhandverhältnissen, Leistung an nahen Angehörigen – vgl. *BGH* GmbHR 1994, 394).

Bei nach dem Kapitalerhöhungsbeschluss entstandenen Forderungen dürfte das Gleiche gelten, wenn bereits zum **Zeitpunkt** des Erhöhungsbeschlusses eine entsprechende Verrechnungsabrede bestand (zur Rechtslage vor Inkrafttreten des MoMiG ausf. *BGH* DNotZ 1997, 485 und 2003, 207). Für eine solche Verwendungsabrede spricht eine Vermutung, wenn die Verrechnung in einem engen zeitlichen Zusammenhang mit dem Kapitalerhöhungsbeschluss vorgenommen worden ist, wobei eine Frist von sechs Monaten eine Orientierung bieten kann (vgl. *BGH* DNotZ 2003, 207 m. Anm. *Priester*; *BGH* DNotZ 1997, 480). 359

Fehlt es an einer solchen **Vorabsprache** über die Verrechnung und liegt damit keine verdeckte Sacheinlage vor, so ist eine Verrechnung der Einlageschuld gegen Neuforderungen des Gesellschafters (auf Gewinnauszahlung) im Einvernehmen mit der Gesellschaft wirksam, wenn die Gesellschafterforderung fällig, liquide und vollwertig ist (*BGH* MittBayNot 1994, 344; DNotZ 2003, 207 m. Anm. *Priester*). 360

Diese Regeln sind im Prinzip auch zu beachten, wenn bei einer GmbH das sog. „Schütt-Aus-Hol-Zurück-Verfahren" durchgeführt wird. Dabei sollen stehen gelassene Gesellschafterforderungen oder ausgezahlte Gewinne bei Barkapitalerhöhungen Verwendung finden (*BGH* DNotZ 1991, 843; hierzu *Crezelius* ZIP 1991, 499; zusammenfassend *Sernetz* ZIP 1995, 173 und *Bergmann/Schürle* DNotZ 1992, 144, 148). Sinnvoll ist ein derartiges Verfahren immer dann, wenn die Ausschüttung steuerlich günstiger ist als die – unmittelbare – Thesaurierung, wie es bis zum Jahr 2000 unter Geltung des KStG 1976 der Fall war. 361

Der *BGH* (vgl. DNotZ 1998, 152) hat eine Kapitalerhöhung unter Verwendung der **Gewinnauszahlungsansprüche** ohne Einhaltung der Sacheinlagevorschriften zugelassen, wenn diese an den für die Kapitalerhöhung aus Gesellschaftsmitteln (§ 57c GmbHG) geltenden Regeln ausgerichtet wird (Einzelheiten dazu D. *Mayer* in: Widmann/Mayer, Bd. 8 Anh. 5 „Einbringung" Rn. 392 ff.). Der Vorteil dieses vom *BGH* eröffneten Weges gegenüber der Kapitalerhöhung durch Sacheinlagen liegt darin, dass kein Werthaltigkeitsgutachten (§§ 57a, 9c I GmbHG) erforderlich ist (zu den Einzelheiten vgl. *Lutter/ Zöllner* ZGR 1996, 164). Der Nachteil liegt darin, dass eine aktuelle testierte Bilanz erforderlich ist (vgl. §§ 57e I, 57f I 2 GmbHG). Für die Praxis erscheint es deshalb nach wie vor empfehlenswert, auch in diesem Fall den Weg über die Kapitalerhöhung durch Sacheinlagen zu wählen. Der Notar hat den Beteiligten – mit Hinweis auf den möglichen Sonderweg bei einer Kapitalerhöhung aus Gesellschaftsmitteln – diesen Weg zu weisen (vgl. insbes. *BGH* DNotZ 1990, 437; GmbHR 1993, 300; Formulierungsbsp. bei Lutter/ Hommelhoff/*Lutter/Bayer* § 56 Rn. 17). 362

Gegenüber dem Registergericht ist der **Wertnachweis** zur Vollwertigkeit der im Wege der Sacheinlage eingebrachten Forderung zu führen. Dies gilt unabhängig davon, ob das Darlehen vor Inkrafttreten des MoMiG als „eigenkapitalersetzendes Darlehen" (hierzu ausf. Rn. 264 ff.) beurteilt worden wäre oder nicht. Mit anderen Worten ändert sich an der Verwendungsfähigkeit solcher Gesellschafterforderungen auch dann nichts, wenn über das Vermögen der Gesellschaft innerhalb der Jahresfrist des § 135 I Nr. 2 InsO das Insolvenzverfahren eröffnet wird. Entscheidend ist, dass aus Gründen des Schutzes der Gesellschaft und ihrer Gläubiger der wirkliche Wert des Darlehens einer registergerichtlichen Kontrolle unterliegt. 363

364 | Formulierungsbeispiel: Darlehen als Sacheinlage

Die Gesellschafter A und B sind Gläubiger aus Darlehensforderungen gegen die Gesellschaft in Höhe von jeweils 37.500 EUR, die aus einem Darlehensvertrag mit der Gesellschaft vom ... resultieren und fällig sind. Ausweislich ihrer Bilanz zum ... hat die Gesellschaft einen Kapitalverlust in Höhe von 25.000 EUR erlitten, der zu einem entsprechenden Wertverlust auch der Darlehen geführt hat. Im Hinblick hierauf verzichtet jeder der Gesellschafter hiermit auf einen Forderungsbetrag von je 12.500 EUR. Damit ist die Bilanz der Gesellschaft i. S. d. § 30 GmbHG ausgeglichen. Sodann übernehmen die Gesellschafter A und B je einen Geschäftsanteil im Nennbetrag von 25.000 EUR und bringen auf diesen je einen weiteren Teil ihrer Gesellschafterdarlehen in Höhe von je 25.000 EUR ein mit der Folge, dass die Darlehensforderungen infolge Konfusion erlöschen. Die entsprechenden Zahlen und insbesondere die Vollwertigkeit der Darlehensforderungen nach Ausgleich der Bilanz sind durch den Wirtschaftsprüfer bestätigt.

365 Soweit der Gesellschafter einer GmbH demgegenüber einen Betrag, den ihm die Gesellschaft im Rahmen der **Rückzahlung** eines „**eigenkapitalersetzenden Darlehens**" zur Verfügung gestellt hat, umgehend zur Erfüllung einer „Einlageschuld" aus einer Kapitalerhöhung an die Gesellschaft zurückzahlt, leistet er nicht die geschuldete Einlage, sondern erfüllt seine Erstattungspflicht nach § 31 I GmbHG (*BGH* DNotZ 2009, 635 unter Aufgabe von *BGH* DNotZ 2001, 406).

e) „Umbuchung" von Rücklagen in Stammkapital

366 Wird eine Kapitalerhöhung durch Bareinlagen beschlossen und werden anschließend ohne Beachtung der Vorschriften über die Kapitalerhöhung aus Gesellschaftsmitteln vorhandene offene Rücklagen nach Auflösung und Begründung einer entsprechenden Auszahlungsforderung mit der offenen Bareinlageverpflichtung aus der Barkapitalerhöhung verrechnet, so kann eine Tilgungswirkung nur eintreten, wenn die Vorschriften über die Sachkapitalerhöhung beachtet wurden, da sonst das Erfordernis einer testierten Bilanz nach §§ 57e, 57f GmbHG umgangen werden könnte (vgl. ausf. *Priester* GmbHR 1998, 861 und Scholz/*Priester* § 56 Rn. 17).

f) Kapitalerhöhung mit gemischter Sacheinlage

367 Gemischte Sacheinlagen liegen vor, wenn der vom Gesellschafter zu leistende Vermögensgegenstand nur zu einem Teil auf die Stammeinlage angerechnet und ihm der überschießende Teil in Geld oder anderen Vermögenswerten vergütet werden soll (vgl. dazu Scholz/*Veil* § 5 Rn. 81ff.). Praxiswichtig ist dies vor allen Dingen bei der Einbringung von Unternehmen, da hier meist über die Stammeinlage hinausgehende Beträge des Kapitalkontos dem Einbringenden als Darlehen etc. gutgeschrieben werden sollen. Die **Werthaltigkeit** des eingebrachten **Mehrbetrags** unterliegt der Kontrolle durch das Registergericht jedenfalls dann, wenn der Betrag als Fremdkapital ausgewiesen und nicht in die Kapitalrücklage eingestellt wird (dazu bereits Rn. 220).

g) Wechsel von der Sachkapitalerhöhung zur Bareinlage

368 Wird eine Sachkapitalerhöhung beschlossen, kann der zu einer Sacheinlage verpflichtete Gesellschafter seine Stammeinlage nicht nach Belieben durch eine Bareinlage erbringen (DNotI-Report 1997, 203; *D. Mayer* in: Widmann/Mayer, Bd. 8 Anh. 5 „Einbringung" Rn. 405ff.).

4. Teil. Kapitalmaßnahmen D I

h) Wechselseitige Beteiligung

Beispiel: Die A-GmbH und die B-GmbH mit je einem Stammkapital von 1 Mio. EUR, die bisher nicht aneinander beteiligt sind, wollen ihr Kapital um je eine weitere Mio. EUR erhöhen. Es wird vereinbart, dass die A-GmbH den vollen Erhöhungsbetrag bei der B-GmbH und die B-GmbH den vollen Erhöhungsbetrag bei der A-GmbH übernehmen soll. Nach ordnungsgemäßem Beschluss der Kapitalerhöhung übernimmt die A-GmbH den neuen Geschäftsanteil von 1 Mio. EUR bei der B-GmbH und leistet eine Bareinlage i. H. v. 1 Mio. EUR. Unmittelbar im Anschluss daran verfährt die B-GmbH bei der A-GmbH genau so.

Offensichtlich bewirken die vorgenannten Transaktionen bei den beiden Gesellschaften keinen Vermögenszuwachs von insgesamt 2 Mio. EUR. Solche Gestaltungen führen deshalb zu einer Gefährdung der realen Kapitalaufbringung und damit zu einer Gefährdung der Gläubiger. Es besteht deshalb Einigkeit, dass eine mittelbare Selbstbeteiligung nur eingeschränkt zulässig ist und – jedenfalls – § 33 GmbHG (Einschränkung beim Erwerb eigener Anteile) aus Kapitalschutzgründen entsprechend Anwendung finden muss (Einzelheiten hierzu bei *D. Mayer* in: Widmann/Mayer, Bd. 8 Anh. 5 „Einbringung" Rn. 399 ff. sowie im Gutachten des DNotI zu § 33 GmbHG Nr. 24.621; vgl. ferner Rn. 36 zum ähnlich gelagerten Fall der „Kaskadengründung". Zum Erwerb eigener Geschäftsanteile vgl. ausf. *Lieder* RNotZ 2014, 57; zum maßgeblichen Zeitpunkt der Rücklagendeckung beim Erwerb eigener Anteile siehe ferner *Priester* GmbHR 2013, 1121). 369

5. Einbringungsgeborene Anteile

Machte eine Gesellschaft vor Neufassung des UmwStG durch das am 13.12.2006 in Kraft getretene SEStEG bei einer Unternehmenseinbringung im Rahmen der Gründung oder Umwandlung von dem Recht zur Buchwertfortführung nach § 20 I 2 UmwStG a. F. Gebrauch, erhielten die Anteile der Gesellschafter den besonderen steuerlichen Status so genannter „einbringungsgeborener Anteile" (vgl. § 21 I UmwStG a. F.). Für die Veräußerung solcher Anteile galt bis zum Inkrafttreten des SEStEG nach der Einbringung eine siebenjährige Sperrfrist. Der neu gefasste § 21 UmwStG ersetzt dieses Vorgehen durch das Konzept der nachträglichen Besteuerung des Einbringungsvorgangs. Nach § 22 I UmwStG n. F. wird die Einbringung von Betrieben, Teilbetrieben oder Mitunternehmeranteilen unter dem gemeinen Wert nunmehr rückwirkend der Besteuerung unterworfen, wenn die dafür enthaltenen Anteile innerhalb von sieben Jahren verkauft werden (hierzu *Schönherr/Lemaitre* GmbHR 2007, 4599). 370

Allerdings ist mit diesem Konzeptwechsel das bisherige Verfahren nicht obsolet geworden. Für „alt-einbringungsgeborene" Anteile gelten vielmehr die bisherigen Vorschriften auch künftig weiter, und zwar (i) § 8b IV KStG und § 3 Nr. 40 S. 3 EStG bis zum Ende einer im Zeitpunkt des Inkrafttretens des SEStEG bereits laufenden Siebenjahresfrist und (ii) die Veräußerungsersatztatbestände des § 21 II UmwStG dauerhaft. Zu letzterer Alternative ist zu beachten, dass es in dem in §§ 20 III 4 und 21 II 6 UmwStG geregelten Fall der Einbringung alt-einbringungsgeborener Anteile sogar im zeitlichen Anwendungsbereich des neu gefassten UmwStG in Folge der Infizierung zur Entstehung zusätzlicher alt-einbringungsgeborener Anteile kommen kann (zum Ganzen *Dötsch/Pung* DB 2007, 2763). 371

6. Kapitalerhöhung aus Gesellschaftsmitteln

Die Kapitalerhöhung aus Gesellschaftsmitteln zeichnet sich dadurch aus, dass der GmbH kein frisches Kapital von außen zugeführt, sondern lediglich Kapital- oder Gewinnrücklagen in haftendes Kapital umgewandelt werden (zur Kapitalerhöhung aus Gesellschaftsmitteln vgl. das Muster im MünchVertrHdb I, Form. IV 92; zu den Folgen des MoMiG für die Kapitalerhöhung aus Gesellschaftsmitteln vgl. *Schemmann* NZG 2009, 372

241). Das sehr formalisierte Verfahren ist in §§ 57c–57o GmbHG geregelt. Dabei ist insb. zu beachten, dass dem Beschluss eine **Bilanz** zugrunde zu legen ist, deren **Stichtag maximal acht Monate vor der Anmeldung** des Beschlusses zur Eintragung im Handelsregister liegt (§§ 57e I, 57f I 2 GmbHG). Falls die Jahresbilanz aufgrund Fristablauf nicht mehr verwendet werden kann, ist eine Zwischenbilanz zu erstellen (§ 57f I GmbHG).

373 Die zugrunde gelegte Bilanz muss nach dem Gesetzeswortlaut mit einem uneingeschränkten **Bestätigungsvermerk** des Abschlussprüfers versehen sein (§§ 57e I, 57f II GmbHG). Dies gilt jedoch nur, wenn die Gesellschaft prüfungspflichtig im Sinne von §§ 267 I, 316 I HGB ist, d. h. nicht bei kleinen Kapitalgesellschaften. Dort wird der Umfang der Prüfung durch § 57f II 1 i.V.m. I GmbHG bestimmt und begrenzt, weshalb lediglich zu prüfen ist, ob die Bilanz den Vorschriften über die Gliederung der Jahresbilanz und die Wertansätze in der Jahresbilanz entspricht (siehe *OLG Hamm* DB 2010, 2096). Ferner ist die Bilanz und – im Fall des § 57f I GmbHG – auch die letzte Jahresbilanz der Registeranmeldung als Anlage beizufügen (§ 57i I GmbH). Die in Stammkapital umzuwandelnden Kapital- und Gewinnrücklagen müssen in der Bilanz selbst oder zumindest im letzten Gewinnverwendungsbeschluss als Zuführung zu diesen Rücklagen ausgewiesen sein (§ 57d I GmbHG).

374 Nicht übersehen werden darf der **Grundsatz der Verhältniswahrung**, wonach die neuen Geschäftsanteile den Gesellschaftern zwingend im Verhältnis ihrer bisherigen Geschäftsanteile zuwachsen (§ 57j GmbHG). Eine nicht-verhältniswahrende Kapitalerhöhung aus Gesellschaftsmitteln ist somit nicht möglich.

375 Zu beachten ist schließlich die im Rahmen der Registeranmeldung abzugebende **Versicherung** sämtlicher Geschäftsführer, dass nach ihrer Kenntnis seit dem Stichtag der Bilanz keine Vermögensminderung eingetreten ist, die der Kapitalerhöhung entgegenstünde, wenn sie am Tag der Anmeldung beschlossen worden wäre (§ 57 I 2 GmbHG).

376 Eine Barkapitalerhöhung kann mit einer Erhöhung aus Gesellschaftsmitteln in einem Beschluss **kombiniert** werden, wenn sämtliche Gesellschafter mitwirken und die Voraussetzungen beider Kapitalerhöhungen kumulativ eingehalten werden (*OLG Düsseldorf* ZIP 1986, 437).

> Praxishinweis Steuern:
>
> Steuerlich führt eine Kapitalerhöhung aus Gesellschaftsmitteln gem. § 1 KapErhStG nicht zu einem steuerpflichtigen Zufluss beim Anteilseigner; vielmehr werden die Anschaffungskosten der Altanteile auf die Neuanteile verteilt. Im Falle der erneuten Kapitalherabsetzung oder Auflösung der Gesellschaft wird die Rückzahlung der frei werdenden Mittel beim Gesellschafter jedoch als Dividende versteuert, soweit für die Kapitalerhöhung aus Gesellschaftsmitteln nicht aus Einlagen stammende Rücklagen verwendet worden sind (vgl. § 28 I KStG)

7. Verbindung von Kapitalerhöhung und Kapitalherabsetzung

377 Weist die GmbH eine Unterbilanz auf, benötigt sie aber gleichzeitig neues Kapital, so können Kapitalerhöhung und Kapitalherabsetzung miteinander verbunden werden („**Kapitalschnitt**"). Maßgeblich sind die §§ 58a bis 58f GmbHG als Sondervorschriften für eine vereinfachte Kapitalherabsetzung zum Verlustausgleich (vgl. hierzu Rn. 407f. sowie das Muster im MünchVertrHdb I, Form. IV 100).

8. Belehrungen

378 In den letzten Jahren haben die Gerichte die Belehrungsanforderungen an den Notar im Zusammenhang mit Kapitalerhöhungen erheblich gesteigert. So sollte die Urkunde in

jedem Fall Hinweise auf die Haftung der alten und neuen Gesellschafter (die Übernehmer haften auch für die nicht erbrachten Stammeinlagen der früheren Gesellschafter und umgekehrt) sowie das Wirksamwerden der Kapitalerhöhung (§ 54 III GmbHG) enthalten. Ferner wird eine Aufklärungspflicht des Notars im Hinblick auf die Differenzhaftung bei der Kapitalerhöhung mit Sacheinlagen angenommen (*BGH* DNotZ 2008, 376). Auch auf die mit einer Voreinzahlung zusammenhängenden Risiken (vgl. *BGH* NZG 2008, 512; näher Rn. 353 ff.) sowie die Problematik der Verrechnung von Gesellschafterforderungen (*OLG Schleswig* RNotZ 2007, 115) sollte ausdrücklich hingewiesen werden. Nach der zu weitgehenden Ansicht des *OLG Naumburg* ist der Notar überdies verpflichtet, jeden Urkundsbeteiligten über die Bedeutung des Begriffs „Bareinlage" eindringlich aufzuklären, weil häufig Fehlvorstellungen über den Inhalt einer solchen Bareinlageverpflichtung existieren (*OLG Naumburg* NZG 2010, 585; im dort entschiedenen Fall hatten die Gesellschafter lediglich eine Darlehensverbindlichkeit in Eigenkapital umgebucht und waren mit ihrer Behauptung erfolgreich, dass sie im Falle einer ordnungsgemäßen Belehrung durch den Notar über die Bedeutung einer Bareinlageverpflichtung die Beurkundung nicht vorgenommen hätten).

9. Registeranmeldung und Anlagen

Im Rahmen einer Kapitalerhöhung bei einer **Einpersonen-GmbH**, bei der die neue Stammeinlage vor Anmeldung nicht voll geleistet wird, muss seit Inkrafttreten des MoMiG und der damit verbundenen Streichung von § 7 II 3 GmbHG a.F. sowie der Änderung von § 56a GmbHG keine Sicherheit mehr gestellt werden.

Die Kapitalerhöhung ist von **sämtlichen Geschäftsführern** (§ 78 GmbHG) anzumelden. Eine Bevollmächtigung ist jedenfalls hinsichtlich der nach § 57 II GmbHG abzugebenden Versicherungen unzulässig (*BayObLG* NJW 1987, 136).

Da eine Kapitalerhöhung zweifellos eine Veränderung des Umfangs der Beteiligung im Sinne von § 40 I 1 GmbHG beinhaltet, an der ein Notar unmittelbar mitwirkt im Sinne von § 40 II 1 GmbHG (siehe nur *OLG München* DNotZ 2011, 63), hat dieser unverzüglich nach deren Wirksamwerden eine aktualisierte, bescheinigte **Gesellschafterliste** einzureichen (dazu Rn. 563 f.).

Eine von „den Anmeldenden", d.h. gemäß § 78 GmbHG von sämtlichen Geschäftsführern unterzeichnete **Liste der Übernehmer** ist demgegenüber gemäß § 57 III Nr. 2 GmbHG bereits mit der Anmeldung vorzulegen.

10. Fehlerhafte Kapitalerhöhungen

Bei Beschlussmängeln hat die analoge Anwendung der §§ 241 ff. AktG grundsätzlich die rückwirkende Nichtigkeit des Beschlusses und damit das Erfordernis der **Rückabwicklung** der Kapitalerhöhung zur Folge. Möglicherweise kann durch Eintragung (evtl. verbunden mit Zeitablauf) analog § 242 AktG Heilung eintreten. Soweit dies nicht der Fall ist, führt wohl die Eintragung in entsprechender Anwendung der Grundsätze über die fehlerhafte Gesellschaft zum vorläufigen Bestand der Kapitalerhöhung bis zur rechtskräftigen Entscheidung über die Nichtigkeit. Als alternative Heilungsmöglichkeit ist auch ein „Reparaturbeschluss" in Erwägung zu ziehen (zu den Rechtsfolgen fehlerhafter Kapitalerhöhungen bei der GmbH und den entsprechenden Heilungsmöglichkeiten siehe ausf. DNotI-Report 2011, 84; *Temme* RNotZ 2004, 1; siehe ferner *Baumbach/Hueck/Zöllner/Fastrich* § 57 Rn. 27 ff.).

11. Barkapitalerhöhung um einen Höchstbetrag („Bis-zu-Kapitalerhöhung")

Möglich ist auch, die Erhöhung des Stammkapitals innerhalb eines Mindest- und Höchstbetrags oder bis zu einem Höchstbetrag vorzusehen, wobei nach überwiegender Ansicht die Festsetzung einer Frist erforderlich ist, innerhalb derer der endgültige Erhöhungsbetrag angemeldet werden muss (maximal sechs Monate: Hauschild/Kallrath/ Wachter/*Leitzen*, Notarhandbuch Gesellschafts- und Unternehmensrecht, § 13 Rn. 490 m.w.N.; Scholz/*Priester* § 55 Rn. 20f.; a.A. *Göppel*, Bedingte GmbH-Gesellschafterbeschlüsse, 2008, S. 177ff.). Eine Ausübung in mehreren Tranchen ist nach h.M. nicht zulässig (siehe OLG *München* NZG 2009, 1274 für die AG; *Priester* NZG 2010, 81; a.A. *Göppel*, Bedingte GmbH-Gesellschafterbeschlüsse, 2008, S. 179ff.).

385 Im Rahmen der Beschlussfassung kann der genaue Satzungswortlaut zur Höhe des endgültigen Stammkapitals noch nicht festgelegt werden, da die zukünftige Stammkapitalziffer noch unbekannt ist. Spätestens zum Zeitpunkt der Anmeldung der Barkapitalerhöhung muss aber der **endgültige Satzungstext** zur Stammkapitalziffer fixiert werden, da sich der Betrag des Stammkapitals zweifelsfrei aus dem Inhalt des Gesellschaftsvertrags ergeben muss. Der sicherste Weg besteht darin, im Rahmen eines Urkundsnachtrags zur Barkapitalerhöhung den endgültigen Erhöhungsbetrag zu konkretisieren und die Satzung insoweit zu ändern. Hierzu kann selbstverständlich der Geschäftsführung, einem Gesellschafter oder einem sonstigen Beteiligten Vollmacht erteilt werden. Daneben soll auch eine Ermächtigung der Geschäftsführung möglich sein, den entsprechenden Paragraphen des Gesellschaftsvertrags betreffend das Stammkapital neu zu fassen (vgl. hierzu das Gutachten des DNotI zu § 53 GmbHG Nr. 38.989 sowie *Göppel*, S. 182ff.).

12. Einfluss von Insolvenzeröffnung oder Auflösung

386 Kommt es infolge zwischenzeitlicher Insolvenz oder infolge unvorhergesehener Auflösung einer GmbH nicht mehr zur Eintragung der Kapitalerhöhung, besteht der Anspruch der Gesellschaft auf Einzahlung der versprochenen Einlagen fort (ausf. zur Aktiengesellschaft *Götze* ZIP 2002, 2204). Jedenfalls wenn die Kapitalerhöhung gerade im Hinblick auf eine bevorstehende Insolvenzeröffnung zu Sanierungszwecken oder zumindest in Kenntnis der gefährdeten wirtschaftlichen Lage der Gesellschaft beschlossen wurde, ist eine Aufhebung des Beschlusses ausgeschlossen (BGH DB 1995, 208). Zweckmäßigerweise sollte deshalb in die Kapitalerhöhungsurkunde ggf. folgende Regelung aufgenommen werden:

387 **Formulierungsbeispiel: Auflösend bedingte Kapitalerhöhung**

Die Übernahme erfolgt unter der auflösenden Bedingung, dass die Kapitalerhöhung bis spätestens zum ... im Handelsregister eingetragen ist.

388 Die Aufnahme sonstiger Bedingungen ist nur stark eingeschränkt zulässig (vgl. Scholz/ *Priester* § 55 Rn. 85); dies gilt insb. für eine auflösende Bedingung dahingehend, dass der Kapitalerhöhungsbeschluss mit Eröffnung des Insolvenzverfahrens unwirksam werden soll (siehe BGH DB 1995, 208 sowie die Nachw. bei *Götze* ZIP 2002, 2204).

13. Genehmigtes Kapital

389 Wie schon bei der Gründung kann genehmigtes Kapital auch im Wege einer **Satzungsänderung** gemäß § 55a II GmbHG geschaffen werden (ausf. Rn. 72ff.; Hauschild/ Kallrath/Wachter/*Leitzen*, Notarhandbuch Gesellschafts- und Unternehmensrecht, § 13 Rn. 545ff. sowie *Lieder* DNotZ 2010, 655). Die Ermächtigung darf für höchstens fünf Jahre erteilt werden, der Nennbetrag des genehmigten Kapitals darf die Hälfte des Stammkapitals nicht übersteigen. Das genehmigte Kapital entsteht in diesem Fall erst mit Eintragung der Satzungsänderung im Handelsregister (§ 54 III GmbHG).

14. Kapitalerhöhung bei der Unternehmergesellschaft

Bei der haftungsbeschränkten Unternehmergesellschaft (vgl. hierzu ausf. Rn. 271 ff.) gemäß § 5a GmbHG dient die Kapitalerhöhung auf ein Stammkapital von **mindestens 25.000 EUR** der Überführung in eine „normale" GmbH, auf welche die Sonderregelungen des § 5a GmbHG keine Anwendung mehr finden. Zu einer solchen Heraufstufung steht neben einer Kapitalerhöhung aus Gesellschaftsmitteln auch die Erhöhung des Stammkapitals gegen Einlagen zur Verfügung, um das Mindeststammkapital einer GmbH gemäß § 5 I GmbHG in Höhe von 25.000 EUR zu erreichen. In Folge der Kapitalerhöhung auf 25.000 EUR finden gemäß § 5a V GmbHG die Beschränkungen des § 5a I – IV GmbHG keine Anwendung mehr (vgl. zum Ganzen *Herrler* DNotZ 2008, 903, 913 f.). **390**

Seit Inkrafttreten des MoMiG war heftig umstritten, ob die Beschränkungen des § 5a II 1 GmbHG (**Gebot der Volleinzahlung**) und des § 5a II 2 GmbHG (**Verbot von Sacheinlagen**) auch für solche Kapitalerhöhungen bei der Unternehmergesellschaft Anwendung finden, aufgrund derer das Mindeststammkapital des § 5 I GmbHG erreicht oder überschritten wird. Nach der strengeren Ansicht entfallen die Beschränkungen des § 5a GmbHG erst nach Wirksamwerden der Kapitalerhöhung auf mindestens 25.000 EUR durch Eintragung der damit verbundenen Satzungsänderung im Handelsregister (vgl. nur *Heckschen* DStR 2009, 166, 170 f.). Gegen diese Auffassung wurde vor allem vorgebracht, dass danach die Gesellschaft im Fall der „Heraufstufung" schlechter stünde als im Fall der Neugründung als vollwertige GmbH, im Rahmen derer eine Sacheinlage oder eine teilweise Einzahlung der Bareinlage ohne Weiteres möglich wären (diese liberalere Ansicht vertreten u. a. Baumbach/Hueck/*Fastrich* § 5a Rn. 33; Michalski/*Miras* § 5a Rn. 37, 111 f.; Roth/ Altmeppen/*Roth* § 5a Rn. 34; *Schäfer* ZIP 2011, 53, 56 f.; *Wicke* § 5a Rn. 14). **391**

Letztgenannter Ansicht ist die Rspr. mittlerweile gefolgt. Im Hinblick auf die Frage der **Zulässigkeit von Sacheinlagen** hat der *BGH* (DNotZ 2011, 705 m. Anm. *Heinze*) entschieden, dass das Sacheinlagenverbot nach § 5a II 2 GmbHG für eine den Betrag des Mindestkapitals nach § 5 I GmbHG erreichende oder übersteigende Erhöhung des Stammkapitals einer Unternehmergesellschaft nicht gilt (zu der Entscheidung u. a. *Gößl* MittBayNot 2011, 438; *Lieder/Hoffmann* GmbHR 2011, 561; die Neugründung einer Unternehmergesellschaft bspw. durch Abspaltung verstößt hingegen – wie der *BGH* DB 2011, 1263 klargestellt hat – nach wie vor gegen das Sacheinlagenverbot nach § 5a II 2 GmbHG; zur Zulässigkeit einer Sachkapitalerhöhung in Gestalt von genehmigtem Kapital vgl. DNotI-Report 2013, 1). Diese liberale Ansicht ist von der obergerichtlichen Rspr. mittlerweile auch für die Frage der Volleinzahlungspflicht bestätigt worden (*OLG Hamm* GmbHR 2011, 655; *OLG Stuttgart* DNotZ 2012, 228; *OLG München* NZG 2012, 104; anders noch *OLG München* DNotZ 2011, 313). Danach ist eine **Teileinzahlung** bei der Barkapitalerhöhung auf mindestens 25.000 EUR **zulässig**, vorausgesetzt, das erhöhte Stammkapital ist – in entsprechender Anwendung von § 7 II 2 GmbHG – wenigstens in Höhe von 12.500,00 EUR eingezahlt und steht zur freien Verfügung der Geschäftsführer. **392**

Anstelle einer effektiven Kapitalerhöhung kann die Überführung einer UG in eine GmbH auch durch eine **Kapitalerhöhung aus Gesellschaftsmitteln** nach §§ 57c ff. GmbHG erfolgen. Dabei ist ein Rückgriff auf die nach § 5a III 1 GmbHG zu bildende gesetzliche Rücklage möglich. Eine Pflicht zur vollständigen Umwandlung der Rücklage in Stammkapital besteht nicht, d. h. der nicht für die Erhöhung auf 25.000 EUR erforderliche Teil der Rücklage kann ausgeschüttet werden (vgl. Michalski/*Miras* § 5a Rn. 75). Bei der Entscheidung über den Weg der Kapitalerhöhung sind allerdings die hohen Kosten der gemäß § 57f II 1 GmbHG für die Kapitalerhöhung aus Gesellschaftsmitteln erforderlichen testierten Bilanz in Erwägung zu ziehen. **393**

Wird das Stammkapital der UG hingegen auf einen Betrag von weniger als 25.000 EUR erhöht, sind die für die UG geltenden Sonderregeln des § 5a GmbHG zu beachten. Sacheinlagen oder die nur teilweise Einzahlung einer Bareinlage sind dann **394** ausgeschlossen (vgl. § 5a II 2 GmbHG; Umkehrschluss zu § 5a V Hs. 1 GmbHG; a. A. aber *Hennrichs* NZG 2009, 1161, 1162 f., der Sachkapitalerhöhungen bei der Unternehmergesellschaft in jedem Fall für zulässig hält).

15. Umstellung auf den Euro

395 Nach § 1 I 1 EGGmbHG können am 1.1.1999 bereits bestehende oder zumindest zum Handelsregister angemeldete GmbHs die DM-Bezeichnung von Stammkapital und Geschäftsanteilen ebenso wie die bisherige Nennbetragsstückelung beibehalten. Vor Kapitaländerungen müssen nach § 1 I 4 EGGmbHG die Nennbeträge von Stammkapital und Geschäftsanteilen aber auf einen glatten Euro-Betrag umgestellt werden.

396 Bei der Umstellung auf den Euro ist die rein rechnerische Umstellung von DM-Beträgen auf (krumme) Euro-Beträge sowie die mit Kapitalmaßnahmen verbundene Anpassung (Glättung) zu unterscheiden (dazu insb. *Kopp/Heidinger* Notar und Euro, 1999 sowie mit zahlr. Mustern und Kostenberechnungen *Bachter* NotBZ 1999, 137).

397 Für die **rein rechnerische Umstellung** sind Verfahrenserleichterungen vorgesehen. So reicht für den nicht notariell zu beurkundenden Umstellungsbeschluss einfache Mehrheit aus (§ 1 III 1 EGGmbHG). Auch ein vollständiger neuer Wortlaut der Satzung sowie die Notarbescheinigung sind entbehrlich (§ 1 III 2 EGGmbHG). Es handelt sich um eine schlichte Umrechnung, welche die Höhe des Stammkapitals unverändert lässt. Die rein rechnerische Umstellung kann formlos, also ohne öffentliche Beglaubigung zum Handelsregister angemeldet werden, eine Bekanntmachung der Eintragung erfolgt nicht (vgl. Art. 45 EGHGB).

398 Erst bei einer **Änderung des Stammkapitals** im Wege einer Kapitalerhöhung oder Kapitalherabsetzung ergibt sich ein **Zwang**, das Stammkapital und den Nennbetrag der Geschäftsanteile an die neuen Euro-Beträge anzupassen (ausf. *Seibert* WM 1997, 1610). Hierzu stehen **vier Wege** zur Verfügung:
– Ordentliche Kapitalerhöhung durch Ausgabe neuer Anteile bzw. Nennwertaufstockung;
– Kapitalerhöhung aus Gesellschaftsmitteln;
– ordentliche Kapitalherabsetzung (mit Sperrjahrproblematik);
– „privilegierte" ordentliche Kapitalherabsetzung (§ 1 III 3 Hs. 2 EGGmbHG).

399 **Ordentliche Kapitalerhöhung:** Die Kapitalerhöhung gegen Einlagen nach den allgemeinen Regeln des GmbH-Gesetzes ist der in der Praxis wohl am meisten verbreitete Weg der Euro-Glättung (§ 1 III 3 Hs. 1 EGGmbHG; dazu *Kopp* MittBayNot 1999, 161). Sollen dabei glatte Euro-Beträge sowohl für das Stammkapital als auch für die einzelnen Stammeinlagen entstehen, müssen hierfür die vorhandenen rechtlichen Instrumentarien des GmbH-Gesetzes verwendet werden.

400 Die alleinige Gewährung neuer Anteile zur Glättung der „schiefen" Euro-Beträge verbietet sich, da der Nennbetrag jedes (neu gewährten) Geschäftsanteils auf volle Euro lauten muss (§ 5 II 1 GmbHG). Insofern ist regelmäßig eine **Aufstockung der Nennbeträge** erforderlich, welche zwar bei der Kapitalerhöhung gegen Einlagen nicht ausdrücklich im GmbH-Gesetz vorgesehen ist, von der Rechtsprechung jedoch anerkannt wird (vgl. *Heidinger* GmbHR 2000, 414; *Kopp/Heidinger* S. 22). Kommt es bei einer Kapitalerhöhung gegen Einlagen durch Aufstockung zu einer Quotenverschiebung, so ist dies – anders als bei der Kapitalerhöhung aus Gesellschaftsmitteln (vgl. § 57j GmbHG) – unproblematisch zulässig, sofern die Zustimmung aller Gesellschafter vorliegt (*Seibert* ZGR 1998, 7; *Kopp/Heidinger* S. 22; Formulierungsvorschläge für eine Barkapitalerhöhung durch Nennwertaufstockung finden sich bei *Kopp/Heidinger* S. 69 ff.; *Kopp* MittBayNot 1999, 161, 163; *Waldner* ZNotP 1998, 490).

401 **Kapitalerhöhung aus Gesellschaftsmitteln:** Ein weiteres Instrument des GmbH-Gesetzes zur Glättung ist die Kapitalerhöhung aus Gesellschaftsmitteln nach §§ 57c ff.

GmbHG. Sie setzt umwandlungsfähige Rücklagen voraus (§ 57d GmbHG) und ist gemäß § 57h I 1 GmbHG auch in Form einer Erhöhung des Nennbetrags der bestehenden Geschäftsanteile möglich (siehe Rn. 345 f.). Zu berücksichtigen ist, dass die Gesellschafter anteilig im Verhältnis ihrer bisherigen Beteiligung an der Kapitalerhöhung teilnehmen (§ 57j GmbHG; vgl. dazu *Schick/Trapp* GmbHR 1998, 209, 213; Formulierungsvorschlag bei *Kopp/Schuck*, Der Euro in der notariellen Praxis, 2. Aufl. 2000, S. 30; *Kopp/Heidinger* S. 65 ff.).

Kombinationsmodell: Da zum Zweck der Anpassung auch die Vorschriften über die ordentliche Kapitalerhöhung zur Verfügung stehen, haben die Gesellschafter die Möglichkeit, die beiden Varianten (Kapitalerhöhung aus Gesellschaftsmitteln und ordentliche Kapitalerhöhung) zu kombinieren. Mit einem Teil des Erhöhungsbetrags kann ein glatter Euro-Betrag herbeigeführt, der andere Teil anschließend zur Bildung von neuen Geschäftsanteilen verwendet werden. **402**

Kapitalherabsetzung: Bei der Kapitalherabsetzung darf der Mindestnennbetrag des Stammkapitals nach § 5 I GmbHG nicht unterschritten werden (§ 58 II 1 GmbHG). Mit der Herabsetzung des Stammkapitals werden die Nennbeträge der Geschäftsanteile automatisch anteilig angepasst (Scholz/*Priester* § 58 Rn. 24); sie müssen – wie stets – auf volle Euro lauten (§ 5 II GmbHG). Da allerdings die Gläubigerschutzvorschriften des § 58 I GmbHG zu beachten sind, d. h. insb. das Gläubigeraufgebotsverfahren (§ 58 I Nr. 1 GmbHG) und das Sperrjahr (§ 58 I Nr. 3 GmbHG) eingehalten werden müssen, ist das Instrument der Kapitalherabsetzung zur Euro-Glättung nicht sonderlich attraktiv. Eine Verfahrenserleichterung besteht nur, wenn gleichzeitig mit der Kapitalherabsetzung eine Barkapitalerhöhung erfolgt und die Bareinlage vor der Anmeldung der Kapitalmaßnahmen zum Handelsregister in voller Höhe geleistet ist (§ 1 III 3 Hs. 2 EGGmbHG). Voraussetzung ist allerdings, dass das Stammkapital durch die Kapitalerhöhung mindestens auf den früheren Betrag angehoben wird (Formulierungsbsp. hierfür bei *Kopp/Heidinger* S. 73 ff.). **403**

Kosten: Bei der Euro-Glättung ist eine Kostenprivilegierung vorgesehen (dazu *Bachter* NotBZ 1999, 137). Da es sich um eine Kapitalmaßnahme handelt, ist vom Wert der Kapitalerhöhung bzw. -herabsetzung auszugehen, wobei der Mindestwert ausweislich §§ 108 I 2, 105 I 2 GNotKG 30.000 EUR beträgt. Zur Berechnung der Notargebühren für die Beglaubigung der Handelsregisteranmeldung sowie der Gerichtskosten für die Eintragung darf allerdings nur der halbe Geschäftswert angesetzt werden (Art. 45 II EGHGB), sofern mit der Kapitalmaßnahme die Anpassung auf den nächst höheren oder niedrigeren glatten Euro-Betrag angestrebt wird. **404**

II. Kapitalherabsetzung

1. Ordentliche Kapitalherabsetzung

Die ordentliche Kapitalherabsetzung ist in § 58 GmbHG geregelt (Checklisten und Muster bei Hauschild/Kallrath/Wachter/*Leitzen*, Notarhandbuch Gesellschafts- und Unternehmensrecht, § 13 Rn. 556 ff.; vgl. ferner das Muster zur ordentlichen Kapitalherabsetzung im MünchVertrHdb I, Form. IV 98 und 99). Aus Gründen des **Gläubigerschutzes** muss ein Herabsetzungsbeschluss dabei zunächst in den Gesellschaftsblättern bekannt gemacht worden sein verbunden mit der Aufforderung an die Gläubiger, sich bei der Gesellschaft zu melden. Gläubiger, die sich daraufhin melden oder der Herabsetzung nicht zustimmen, sind wegen der erhobenen Ansprüche zu befriedigen oder sicherzustellen (vgl. § 58 I Nr. 1 und 2 GmbHG). Die Anmeldung zum Handelsregister kann erst nach Ablauf eines Jahres seit der Bekanntmachung erfolgen („**Sperrjahr**", § 58 I Nr. 3 GmbHG). **405**

406 Da § 58 II 1 GmbHG auf § 5 I GmbHG verweist, ist eine Herabsetzung unter das Mindeststammkapital in Höhe von 25.000 EUR und damit die „Umwandlung" einer GmbH in eine haftungsbeschränkte Unternehmergesellschaft im Wege einer Kapitalherabsetzung nicht denkbar, es sei denn, sie erfolgt als „**Kapitalschnitt**" mit gleichzeitiger Kapitalerhöhung über die Schwelle von 25.000 EUR (siehe Rn. 377).

2. Vereinfachte Kapitalherabsetzung

407 Eine Kapitalherabsetzung, die zum **Ausgleich von Wertminderungen** oder der **Deckung sonstiger Verluste** dienen soll, kann als vereinfachte Kapitalherabsetzung nach §§ 58a ff. GmbHG durchgeführt werden (ausführlich zur vereinfachten Kapitalherabsetzung *Fabis* MittRhNotK 1999, 169; vgl. ferner das Muster im MünchVertrHdb I, Form. IV 100; zum sog. Kapitalschnitt als Verbindung von vereinfachter Kapitalherabsetzung und effektiver Kapitalerhöhung vgl. Rn. 377). Der Sache nach geht es um die Beseitigung einer Unterbilanz, wobei jedoch vorab ein Teil der Kapital- und Gewinnrücklagen aufzulösen ist (§ 58a II GmbHG). Die vereinfachte Kapitalherabsetzung ist demnach zulässig, wenn die Aktiva aufgrund von Verlusten nach Abzug von Verbindlichkeiten, Rückstellungen, Rechnungsabgrenzungsposten (§ 266 III D HGB), Sonderposten mit Rücklagenanteil (§§ 273, 247 III HGB) sowie der Rücklage für eigene Anteile (§§ 272 IV, 266 III A III Nr. 3 HGB) einen Betrag in Höhe des neuen (= herabgesetzten) Stammkapitals + 10 % nicht überschreiten (vgl. Baumbach/Hueck/*Zöllner/Haas* § 58a Rn. 7).

408 Aus **formeller** Sicht ist zu beachten, dass der Beschluss über die Feststellung des Jahresabschlusses zugleich mit dem Beschluss über die Kapitalherabsetzung gefasst werden soll (§ 58e II GmbHG) und dass die Beschlüsse nichtig sind, wenn der Beschluss über die Kapitalherabsetzung nicht **binnen drei Monaten** nach Beschlussfassung in das Handelsregister **eingetragen** worden ist (§ 58e III 1 GmbHG).

5. Teil. Unternehmensverträge

I. Abschluss

409 Das Recht des GmbH-Konzerns ist – anders als im Aktienrecht – **nicht gesetzlich kodifiziert**. Voraussetzungen und Grenzen einer vertraglichen Konzernierung sind dementsprechend nach wie vor streitig (zum Ganzen Baumbach/Hueck/*Zöllner/Beurskens* SchlAnh. Konzernrecht Rn. 48 ff.; grundlegend *BGH* DNotZ 1989, 102 – „Supermarkt"; vgl. ferner *BGH* DNotZ 1993, 176 zum Gewinnabführungsvertrag zwischen AG und GmbH; Muster z. B. bei *Fröhlich* GmbH-StB 2006, 49).

410 Da Unternehmensverträge in das Grundgefüge der beherrschten, zur Gewinnabführung, zur Verpachtung oder zur Betriebsüberlassung verpflichteten Gesellschaft eingreifen, kommen sie in der Wirkung einer Änderung der Satzung gleich, indem sie insb. den Gesellschaftszweck am Konzerninteresse ausrichten. Der Abschluss solcher Verträge erfordert daher auf Seiten der **abhängigen Gesellschaft** zur Wirksamkeit einen **Beschluss**, der nach wohl überwiegender Ansicht (vgl. nur Michalski/*Servatius* Syst. Darst. 4 Rn. 72 f. m. zahlr. Nachw. auch zur Gegenmeinung) **einstimmig** gefasst werden muss und (analog § 53 GmbHG) der **notariellen Beurkundung** bedarf (zu Beurkundungspflichten im Zusammenhang mit Unternehmensverträgen ausf. *Beck* DNotZ 2013, 90). Aus Rechtssicherheitsgründen sollte beim Zustimmungsbeschluss der abhängigen Gesellschaft darüber hinaus die **Zustimmung sämtlicher nicht anwesender Gesellschafter** eingeholt werden (Argument: Eingriff in den Unternehmenszweck, vgl. Baumbach/Hueck/*Zöllner/Beurskens* SchlAnh. Konzernrecht Rn. 54; zu den Heilungsmöglichkeiten bei fehlerhaften Unternehmensverträgen vgl. ausf. *Ulmer* BB 1989, 17 sowie Baumbach/Hueck/*Zöllner/Beurskens* SchlAnh. Konzernrecht Rn. 59 f.).

5. Teil. Unternehmensverträge D I

Des Weiteren bedarf der Vertrag zur Wirksamkeit der **Eintragung im Handelsregister** 411
der abhängigen Gesellschaft. Der Niederschrift über den Beschluss, mit dem die Gesellschafterversammlung dem Unternehmensvertrag zugestimmt hat, ist der Unternehmensvertrag beizufügen; der Beschluss nebst Anlage ist der Anmeldung zum Handelsregister beizufügen (*BGH* DNotZ 1993, 176). Hingegen ist eine Eintragung im Handelsregister der herrschenden Gesellschaft nicht erforderlich, nach manchen auch nicht zulässig (so z. B. *AG Erfurt* AG 1997, 275). Ein mit einer Personengesellschaft als beherrschter Gesellschaft abgeschlossener Ergebnisabführungsvertrag ist auch bei der abhängigen Gesellschaft nicht eintragungsfähig (vgl. *OLG München* ZIP 2011, 526).

Der ebenfalls erforderliche und – in Anlehnung an § 293 II AktG – mit Dreiviertelmehrheit zu fassende **Zustimmungsbeschluss** der Gesellschafterversammlung der herrschenden GmbH ist nicht beurkundungspflichtig (siehe *BGHZ* 105, 324, 337 – „Supermarkt"; *Decher* in: MünchHdbGesR III, § 70 Rn. 10). 412

Auch beim **Unternehmensvertrag** selbst reicht **Schriftform** aus, es sei denn, dieser enthält Umtausch- oder Abfindungsangebote hinsichtlich der Geschäftsanteile außenstehender Gesellschafter. Der Abschluss des Unternehmensvertrags kann weder für die herrschende noch für die abhängige Gesellschaft allein durch Prokuristen erfolgen, unechte Gesamtvertretung zusammen mit einem Geschäftsführer ist dagegen zulässig. Zudem sind die Beschränkungen des § 181 BGB zu beachten (vgl. hierzu Gutachten des DNotI Nr. 44.783). 413

Teilgewinnabführungsverträge der GmbH sind nicht eintragungsfähig (*BayObLG* GmbHR 2003, 534), auch nicht im Falle einer stillen Beteiligung (vgl. *OLG München* DNotZ 2011, 949). In der gesellschaftsrechtlichen Literatur wird demgegenüber zum Teil angenommen, auch eine stille Beteiligung an einer GmbH stelle einen Teilgewinnabführungsvertrag i. S. v. § 292 AktG analog dar und müsse zu ihrer Wirksamkeit im Handelsregister eingetragen werden (vgl. die Nachw. im Gutachten des DNotI Nr. 39.472, insb. *Weigl* GmbHR 2002, 778). 414

In Unternehmensverträgen bestimmen die Beteiligten häufig, dass den Vereinbarungen **Rückwirkung** für die Vergangenheit zukommen soll. Beim Gewinnabführungsvertrag können die Rechtswirkungen des Vertrages zumindest auf den Beginn des Geschäftsjahres, in welchem er zur Eintragung in das Handelsregister gelangt, vorverlegt werden. Das herrschende Unternehmen muss die Ausgleichszahlung, die es nach § 304 I AktG zu erbringen hat, in diesem Fall auch für den Zeitraum der Rückwirkung übernehmen (*BGH* ZIP 1993, 751). Dagegen kann bei einem Beherrschungsvertrag keine Rückwirkung auf einen Zeitpunkt vor Eintragung des Vertrages vorgesehen werden (vgl. *OLG Hamburg* DB 1989, 2214). 415

§§ 293 a-g AktG sind auf abhängige GmbHs nicht anwendbar, d. h. insb. ist **kein Bericht** über den Unternehmensvertrag und **keine Prüfung** desselben erforderlich (h. M., vgl. Baumbach/Hueck/*Zöllner/Beurskens* SchlAnh. Konzernrecht Rn. 58 m. w. N.). 416

Praxishinweis Steuern:

Ihre wichtigste Bedeutung erlangen Unternehmensverträge in der Form von (Beherrschungs- und) Gewinnabführungsverträgen durch das **Steuerrecht**, da sie eine körperschaftsteuerliche Organschaft gemäß §§ 14 ff. i. V. m. § 17 KStG herstellen können (zu den Voraussetzungen für die Anerkennung einer steuerlichen Organschaft vgl. zusammenfassend *Kinzl* AG 2010, 447; zu aktuelleren Praxisproblemen *Burwitz* NZG 2012, 934). Die Organschaft führt körperschaftsteuerlich dazu, dass das (separat ermittelte!) Einkommen der Organgesellschaft dem Organträger zugerechnet wird, wodurch insbesondere Gewinne und Verluste der einzelnen Gesellschaften im Organkreis miteinander verrechnet werden können.

> **Praxishinweis Steuern:**
>
> Aus Sicht der Vertragsgestaltung wesentliche Voraussetzungen hierfür sind (vgl. hierzu zusammenfassend *Mühl/Wagenseil* NZG 2009, 1253):
> - zivilrechtliche Wirksamkeit des Gewinnabführungsvertrages;
> - finanzielle Eingliederung (§ 14 I 1 Nr. 1 KStG); beachte: eine organisatorische Eingliederung ist nicht mehr erforderlich, weshalb der Abschluss eines Beherrschungsvertrages in der Mutter-Tochter-Konstellation nicht zwingend notwendig ist (vgl. *Simon/Leuering* NJW-Spezial 2006, 363, 364);
> - Abschluss auf mindestens fünf Jahre (bei der Bemessung der Frist kommt es auf Zeit- und nicht auf Wirtschaftsjahre an, abzustellen ist damit auf eine taggenaue Berechnung ab Wirksamwerden des Organschaftsvertrages; vgl. *BFH* NZG 2011, 596; *Olbing* NZG 2011, 773);
> - Durchführung während der gesamten Geltungsdauer (§ 14 I 1 Nr. 3 KStG; vgl. hierzu *BFH* GmbHR 2008, 778); wegen der steuerlichen Rückbeziehung der Kündigung auf den Beginn des Geschäftsjahres gemäß § 14 I 1 Nr. 3 S. 3 KStG ist im Vertrag regelmäßig eine Kündigung nur zum Ende des Geschäftsjahres vorzusehen;
> - Abführung des Gewinns maximal in Höhe des in § 301 AktG genannten Betrages (§ 17 S. 2 Nr. 1 KStG);
> - ausdrückliche Vereinbarung einer Verlustübernahme entsprechend § 302 AktG in seiner jeweils gültigen Fassung (§ 17 S. 2 Nr. 2 KStG; daher besser „Ergebnisabführungsvertrag" als „Gewinnabführungsvertrag"). Altverträge, welche eine dynamische Verweisung nicht beinhalten, sind bis spätestens Ende 2014 anzupassen, vgl. § 34 Xb KStG. Zu den mit der dynamischen Verweisung einhergehenden Problemen vgl. *Stangl/Brühl* DB 2013, 538.

417 Für den **Notar** bestehen nach zutreffender Ansicht weder eine Beratungs- noch eine inhaltliche Prüfungspflicht hinsichtlich des privatschriftlich abgeschlossenen Unternehmensvertrages (*Wachter* RNotZ 2010, 422, 425). Angesichts der häufigen Probleme bei der steuerlichen Anerkennung von Unternehmensverträgen sollte allerdings sicherheitshalber in den Beschluss ein Hinweis aufgenommen werden, dass eine steuerliche Beratung durch den Notar nicht erfolgt ist.

II. Beendigung und Änderung

418 Strittig ist, ob die **Beendigung** eines Unternehmensvertrags (einvernehmliche Vertragsaufhebung bzw. ordentliche oder außerordentliche Kündigung) als actus contrarius zum Abschluss des Vertrages den gleichen Wirksamkeitsvoraussetzungen wie der Vertragsschluss unterliegt (dazu DNotI-Report 2009, 17). Die oberlandesgerichtliche Rechtsprechung hat dies zum Teil verneint und die Auffassung vertreten, dass weder die Zustimmung der Gesellschafter der Ober- noch der Untergesellschaft vorliegen müssen (*OLG Karlsruhe* DNotZ 1994, 690; *OLG Frankfurt* DNotZ 1994, 685). Begründet wurde dieses Ergebnis mit einer analogen Anwendung des § 296 AktG.

419 Der *BGH* hat inzwischen klargestellt, dass mit der Beendigung des Beherrschungs- und Gewinnabführungsvertrags grds. ein **Eingriff in die Organisationsstruktur** der Gesellschaft verbunden ist (*BGH* GmbHR 2011, 922; hierzu u.a. *Beck* DNotZ 2013, 90, 94 ff.; *Veith/Schmid* DB 2012, 728). Ebenso wie der Abschluss eines Unternehmensvertrags keinen rein schuldrechtlichen Charakter habe, sondern als gesellschaftsrechtlicher Organisationsvertrag den rechtlichen Status der beherrschten Gesellschaft ändere, hätten auch die Aufhebung und die Kündigung nicht nur schuldrechtliche Wirkungen. So stehe das Weisungsrecht gegenüber den Geschäftsführern nach der Kündigung wieder der Gesellschafterversammlung statt dem herrschenden Unternehmen zu und die Ausrichtung des Gesellschaftszwecks am Konzerninteresse entfalle. Die Gesellschafter erlangten wieder das Gewinnbezugsrecht, die abhängige Gesellschaft verliere andererseits ihren Verlustausgleichsanspruch und ein Minderheitsgesellschafter einen ihm gegebenenfalls eingeräumten Ausgleichsanspruch. Dass die Gesellschaft mit der Kündigung zum satzungsgemäßen Normalzustand zurückkehre, lässt diese innergesellschaftlichen Auswirkungen nicht entfallen und den Eingriff nicht schwächer als den Abschluss des Beherrschungs- und Gewinnabführungsvertrags erscheinen. Dementsprechend ist nach Auffassung des Gerichts für die Beendigung eines Beherrschungs- und Gewinnabführungsvertrages ein **Beschluss bei der beherrschten Gesellschaft erforderlich**. Zwar betraf die Entscheidung des *BGH* die ordentliche Kündigung eines Beherrschungs- und Gewinnabführungsvertrags. Nach den Entscheidungsgründen bestehen allerdings keine Anhaltspunkte dafür, dass eine außerordentliche Kündigung oder eine einvernehmlichen Aufhebung anders zu behandeln wären (so auch *Müller-Eising/Schmitt* NZG 2011, 1100, 1101; ohne Differenzierung auch *Teiselmann* BB 2011, 2819, 2821).

Auch wenn der entschiedene Fall die eher seltene Konstellation betraf, dass der Minderheitsgesellschafter die beherrschte Gesellschaft zur Kündigung eines Beherrschungs- und Gewinnabführungsvertrages anweisen will, wird man in der Praxis künftig entsprechend der Actus-contrarius-Lehre in allen Fällen, in denen es um eine einvernehmliche Aufhebung oder eine Kündigung von Seiten der Organgesellschaft geht, einen Gesellschafterbeschluss bei der beherrschten Gesellschaft einholen. Offengelassen hat der *BGH* indes, welche **Mehrheit** für diesen Beschluss erforderlich ist. Vergegenwärtigt man sich, dass die Rückkehr der beherrschten Gesellschaft zum satzungsmäßigen Normalzustand den in der Beendigung liegenden Eingriff in die organisatorische Struktur – wie es der erkennende Senat formuliert – „nicht schwächer als den Abschluss des Beherrschungs- und Gewinnabführungsvertrages erscheinen" lässt und nimmt man den insoweit vom *BGH* deutlich betonten **Actus-contrarius-Gedanken** ernst, spricht Einiges dafür, von einem **beurkundungspflichtigen Beschluss** auszugehen (so auch *Müller-Eising/Schmitt* NZG 2011, 1100, 1101). 420

Zusätzlich sollte in Reaktion auf die *BGH*-Entscheidung auch auf der Ebene der **herrschenden Gesellschaft** ein Zustimmungsbeschluss eingeholt werden, der allerdings – soweit es sich bei der herrschenden Gesellschaft nicht um eine Aktiengesellschaft handelt – keiner notariellen Beurkundung bedarf (vgl. im Einzelnen *Peters/Hecker* DStR 2012, 86, 89). Die Beendigung des Unternehmensvertrags ist zum Handelsregister **anzumelden**. Dabei ist das Registergericht berechtigt zu prüfen, ob eine zur Eintragung angemeldete Vertragsbeendigung (z.B. durch außerordentliche Kündigung) rechtswirksam erfolgt ist (z.B. Vorliegen eines Kündigungsgrundes, siehe OLG *München* DNotZ 2009, 474; näher Rn. 424). Analog § 298 AktG hat die **Eintragung** in das Handelsregister bei einer Vertragsbeendigung lediglich **deklaratorische Bedeutung** (vgl. *BGH* NJW 1992, 505; *Müller-Eising/Schmitt* NZG 2011, 1100, 1101). 421

Problematisch ist die Entscheidung insbesondere für **Altfälle**, in denen – entgegen entsprechender Empfehlungen in der Literatur (siehe 5. Aufl. D I. Rn. 117) – kein formgerechter Aufhebungsbeschluss bei der Untergesellschaft gefasst wurde. Aus Gründen der Rechtssicherheit sollte ein solcher Beschluss – soweit möglich – nachgeholt werden (siehe *Müller-Eising/Schmitt* NZG 2011, 1100, 1102). 422

Im Übrigen ist zu beachten, dass entsprechend § 296 I 1 AktG eine **Beendigung** des Unternehmensvertrages **nur zum Ende eines Geschäftsjahres** zulässig ist (vgl. nur OLG *München* DNotZ 2012, 635; Michalski/*Servatius* Syst. Darst. 4 Rn. 190 m.w.N.; dagegen *Priester* NZG 2012, 641, der die Anwendbarkeit des § 296 I 1 AktG auf die GmbH ablehnt). 423

Eine **steuerlich unschädliche vorzeitige Beendigung** erfordert – unabhängig von der Form der Beendigung (vgl. *FG Berlin-Brandenburg* GmbHR 2012, 413; *Walter* GmbHR 2012, 670) – das Vorliegen eines **wichtigen Grundes** (§ 14 I 1 Nr. 3 S. 2 KStG; ausf. hier- 424 zu *Heurung/Engel/Müller-Thomczik* GmbHR 2012, 1227; *Burwitz* NZG 2013, 91). Eine außerordentliche Kündigung aus wichtigem Grund ist damit jederzeit zulässig, die Beendigung der finanziellen Eingliederung sollte im Vertrag jedoch explizit als wichtiger Grund benannt sein (vgl. zum Ganzen MünchHdbGesR III, § 70 Rn. 38; *Paschos/ Goslar* Der Konzern 2006, 479). Die Veräußerung einer Organbeteiligung im Konzern ist ansonsten jedenfalls nach Ansicht des *FG Niedersachsen* (NZG 2012, 1119) nicht ausreichend. Zu den Risiken aus der Beendigung von Unternehmensverträgen beim Verkauf der Untergesellschaft vgl. *Goldschmidt/Laeger* NZG 2012, 1201. Die bloße Behauptung des Alleingesellschafter-Geschäftsführers bzw. -Liquidators und Organträgers, die Verluste der Organgesellschaft seien existenzbedrohend, berechtigt den Organträger ebenso wenig zur außerordentlichen Kündigung des Ergebnisabführungsvertrags wie die Auflösung der beherrschten GmbH, wenn er als alleiniger Gesellschafter selbst die Auflösung beschlossen hat (vgl. *OLG München* NZG 2011, 867). Eine außerordentliche Kündigung kann nur innerhalb angemessener Frist nach Kenntnis des Kündigungsgrundes erfolgen, was bei einer erst nach zehn Monaten abgegebenen Erklärung nicht der Fall ist (vgl. *OLG München* NZG 2011, 1183).

425   Zivilrechtlich erfordert auch die **Änderung** von Unternehmensverträgen die Einhaltung der gesetzlich vorgesehenen Formalien (vgl. *BGH* ZIP 2013, 19 in Sachen HSH Nordbank zur Änderung eines Teilgewinnabführungsvertrages bei einer Aktiengesellschaft). Aus steuerlicher Sicht bedarf die Änderung eines zwischen zwei GmbHs bestehenden Beherrschungs- und Ergebnisabführungsvertrages zu ihrer Anerkennung im Rahmen der körperschaftsteuerlichen Organschaft jdf. der Eintragung in das Handelsregister sowie der Zustimmung der Gesellschafterversammlung der beherrschten Gesellschaft (*BFH* NZG 2009, 277).

6. Teil. Verfügungen über Geschäftsanteile

I. Allgemeines

1. Typische Fallgruppen

426 (1) Verkauf und Abtretung von (künftigen) Geschäftsanteilen (MünchVertrHdb I, Form. IV 65 und 66; vgl. ferner Hauschild/Kallrath/Wachter/*Kallrath*, Notarhandbuch Gesellschafts- und Unternehmensrecht, § 13 Rn. 582 ff.);
(2) Verkauf und Abtretung aller Geschäftsanteile oder einer qualifizierten Mehrheit (Unternehmenskauf; MünchVertrHdb I, Form. IV 71);
(3) Schenkung von Geschäftsanteilen (vgl. *Weber/Lohr* GmbH-StB 2002, 182 ff. mit entsprechenden Widerrufsklauseln);
(4) Verpfändung und Sicherungsabtretung von Geschäftsanteilen (hierzu Rn. 512 ff. sowie MünchVertrHdb I, Form. IV 72 und IV 73);
(5) Nießbrauch an GmbH-Geschäftsanteilen (dazu näher Rn. 525 ff. sowie MünchVertrHdb I, Form. IV 74; *Frank* MittBayNot 2010, 96; *Wachter* GmbH-StB 1999, 172; *ders.* NotBZ 2000, 33 und 78).

2. Checkliste

> **Checkliste Verfügungen über Geschäftsanteile** 427
>
> (1) Überprüfung der Satzung der Gesellschaft in ihrer aktuellen Fassung
> (2) Exakte Bestimmung des Vertragsgegenstandes (vgl. Rn. 428 ff.; Bezeichnung nach Nummer des Geschäftsanteils und Nennbetrag; Berücksichtigung zwischenzeitlicher, im Register noch nicht vollzogener Kapitalerhöhungen; rechtliche Selbständigkeit mehrerer Geschäftsanteile, § 15 II GmbHG; Feststellung der Volleinzahlung)
> (3) Klärung der Eigentumsverhältnisse mit Hilfe von Vorurkunden und durch Einsicht in die Gesellschafterliste (gutgläubiger Erwerb möglich?, Widerspruch zugeordnet?, vgl. § 16 III GmbHG und Rn. 468 ff.)
> (4) Abtretungsbeschränkungen (dazu Rn. 447 ff.)
> (5) Vorkaufs- und Erwerbsrechte anderer Gesellschafter oder dritter Personen (dazu Rn. 467)
> (6) Veräußerer/Erwerber
>   a) Güterstand (§ 1365 BGB!) und Staatsangehörigkeit (dazu Rn. 442)
>   b) Mitwirkung Minderjähriger (familiengerichtliche Genehmigung; Ergänzungspfleger; dazu Rn. 443 f.)
> (7) Kartellrecht (§§ 35 ff. GWB); werden sämtliche Anteile einer GmbH veräußert, ist ggf. ein vorhandener Wirtschaftsausschuss zu unterrichten (§ 106 BetrVG; vgl. *BAG* DB 1991, 1176)
> (8) Einreichung einer aktualisierten und bescheinigten Gesellschafterliste beim Registergericht (§ 40 GmbHG und ausf. Rn. 530 ff.)
> (9) Steuern
>   a) Einkommensteuer (wesentliche Beteiligung § 17 EStG; Abgeltungsteuer § 20 EStG; Spekulationsgeschäft § 23 EStG)
>   b) Grunderwerbsteuer bei inländischem Grundbesitz (Vereinigung von mindestens 95% der Anteile in einer Hand, § 1 III bzw. IIIa GrEStG)
>   c) Anzeigepflichten gegenüber dem Finanzamt:
>   aa) § 18 II 2 GrEStG: bei vorhandenem Grundbesitz;
>   bb) § 54 EStDV: Übersendungspflicht der Urkunde betreffend eine Verfügung über GmbH-Geschäftsanteile; zuständig ist das nach § 20 AO bezeichnete Finanzamt (vgl. auch § 54 III EStDV).

3. Vertragsgegenstand

a) Bestimmtheitsgrundsatz

Vertragsgegenständliche Geschäftsanteile müssen in der die Verfügung enthaltenden Urkunde hinreichend bestimmt werden, und zwar am besten durch Bezeichnung der betroffenen Gesellschaft und des Gesellschafters sowie durch Angabe der (seit Inkrafttreten des MoMiG in der Gesellschafterliste gemäß § 8 I 3 GmbHG zwingend enthaltenen) **Nummern der Geschäftsanteile** (die auch in der Gründungsurkunde aufgeführt werden sollten, vgl. Rn. 67) sowie ergänzend des Nennbetrags. Eine Angabe der quotenmäßigen Beteiligung am Stammkapital genügt dem sachenrechtlichen Bestimmtheitsgrundsatz nicht (zu den Problemen mangelnder Bestimmtheit vor Einführung der Nummerierung vgl. nur *BGH* ZIP 2010, 1446). 428

Vor der Abtretung vorgenommene Veränderungen in Bezug auf den vertragsgegenständlichen Geschäftsanteil (z. B. eine Kapitalerhöhung aber auch eine Teilung oder eine 429

Zusammenlegung) sind zu berücksichtigen, auch wenn sie noch nicht registerrechtlich vollzogen sind (vgl. § 54 III GmbHG). Ggf. ist der Vertragsgegenstand durch Auslegung zu bestimmen (vgl. *BGH* DB 1987, 1135).

b) Künftiger Geschäftsanteil

430   Eine Verfügung über einen künftigen Geschäftsanteil kann z. B. im Umwandlungsrecht eine Rolle spielen. Wegen des so genannten Identitätsgrundsatzes sind die Anteilseigner eines Zielrechtsträgers nämlich automatisch dieselben wie beim Ausgangsrechtsträger. Sollen Anteilseigner ausscheiden oder hinzukommen, muss dies folglich in aller Regel vor oder nach der Umwandlung geschehen (vgl. *D. Mayer* in: Widmann/Mayer § 5 UmwG Rn. 57 ff. sowie § 152 UmwG Rn. 81 ff.; *Priester* DB 1997, 560; anders *BGH* NZG 2005, 722 für den Beitritt einer Komplementär-Gesellschaft im Rahmen des Formwechsels in eine Kapitalgesellschaft & Co. KG). So ist die Ausgliederung des Unternehmens eines Einzelkaufmanns in die Rechtsform der GmbH nach §§ 152 ff. i. V. m. §§ 123 ff. UmwG – soweit es sich um eine Ausgliederung zur Neugründung einer GmbH handelt – nur bei alleiniger Beteiligung des bisherigen Einzelkaufmanns als Gesellschafter (Einpersonen-GmbH) möglich. Sollen die Ehefrau oder sonstige Beteiligte später in die GmbH aufgenommen werden, können die nach Eintragung der Umwandlung im Handelsregister entstehenden Geschäftsanteile jedoch schon vorher aufschiebend bedingt auf diesen Zeitpunkt als künftige Geschäftsanteile abgetreten werden (dazu *D. Mayer* in: Widmann/ Mayer § 152 UmwG Rn. 81 f.).

> **Beispiel:** Bei der A-GmbH sind die Gesellschafter A und B zu je 50% beteiligt. Im Zuge einer Abspaltung des Teilbetriebs „Maschinenbau" auf eine hierdurch neu gegründete GmbH soll der Investor C Gesellschafter der neu gegründeten GmbH werden. Hierzu muss C entweder bereits am Ausgangsunternehmen beteiligt werden oder die Gesellschafter A bzw. B müssen ihm einen Teil ihrer Geschäftsanteile an der nach den Abspaltungsvorgängen entstehenden neuen GmbH aufschiebend bedingt auf den Zeitpunkt des Wirksamwerdens der Spaltung abtreten (*D. Mayer* in: Widmann/Mayer § 126 UmwG Rn. 102 ff.).

431   Zu unterscheiden von der Verfügung über einen künftigen Geschäftsanteil ist die Verfügung über einen Anteil an einer **Vor-GmbH**. Da die GmbH und damit auch die Geschäftsanteile erst mit Eintragung im Handelsregister entstehen, ist eine solche Verfügung von Anfang an unwirksam (vgl. *BGH* GmbHR 2005, 354; *OLG Jena* GmbHR 2013, 145). Möglich bleibt in diesem Stadium ein Gesellschafterwechsel durch Änderung des Gesellschaftsvertrages oder eine auf die Eintragung der Gesellschaft bedingte Abtretung des künftig entstehenden Anteils (siehe nur *BGH* GmbHR 2005, 354).

c) Teilgeschäftsanteil

432   Mit Inkrafttreten des MoMiG ist das Genehmigungserfordernis nach § 17 I GmbHG a. F., wonach eine Veräußerung von Teilgeschäftsanteilen nur mit Genehmigung der Gesellschaft möglich war, ersatzlos entfallen. **§ 46 Nr. 4 GmbHG** stellt jedoch klar, dass die Teilung (ebenso wie die Zusammenlegung und die Einziehung) von Geschäftsanteilen eines **zustimmenden Gesellschafterbeschlusses** bedarf, der formfrei und mit einfacher Stimmenmehrheit gefasst werden kann. Anders als bei einer Zusammenlegung von Geschäftsanteilen (hierzu Rn. 438 ff.) ist die Wirksamkeit der Teilung auch nicht von einer Volleinzahlung der zu teilenden Geschäftsanteile abhängig (vgl. DNotI-Report 2012, 69). Nachdem der Gesetzgeber die Entscheidung für die Teilung jetzt den Gesellschaftern zuweist, geht die überwiegende Ansicht davon aus, dass das Fehlen oder die Unwirksamkeit eines entsprechenden Gesellschafterbeschlusses grds. auch für das Außenverhältnis von Bedeutung ist, d. h. es liegt dann keine wirksame Teilung vor (vgl. hierzu DNotI-Report 2013, 157; *D. Mayer* DNotZ 2008, 403, 425 sowie Scholz/*K. Schmidt*

§ 46 Rn. 66; a. A. *Irringer/Münstermann* GmbHR 2010, 617, welche die Befugnis für die Teilung beim jeweiligen Gesellschafter sehen und dem nach § 46 Nr. 4 GmbHG zu fassenden Beschluss lediglich für das Innenverhältnis Bedeutung zumessen). Fehlt es aber an einer wirksamen Teilung, so sind auch keine entsprechenden Teilgeschäftsanteile entstanden (siehe auch *BGH* ZIP 2005, 1824 zur Rechtslage vor MoMiG). Allerdings ist nach Auffassung des *BGH* (NZG 2014, 184) die Durchführung einer Teilung auch durch Veräußerung mit Zustimmung der Gesellschafter möglich, soweit der Gesellschaftsvertrag keine gegenteilige Regelung enthält. Ein expliziter „Teilungsbeschluss" ist in dieser Konstellation nicht erforderlich. Zur Bestimmtheit der Teilung genügt es, wenn in der Zustimmungserklärung auf die Teilungserklärung im Veräußerungs- oder Abtretungsvertrag Bezug genommen wird; in dem Gesellschafterbeschluss selbst müssen in diesem Fall der konkrete zu teilende Geschäftsanteil, die Zahl der neuen Geschäftsanteile und ihre Nennbeträge nicht ausdrücklich enthalten sein.

Darüber hinaus ist für die Teilung von Geschäftsanteilen nach zutreffender Ansicht die **433** **Zustimmung des betroffenen Gesellschafters** erforderlich, da die Teilung einen Eingriff in eine Eigentumsposition des Gesellschafters darstellt (vgl. u.a. *D. Mayer* DNotZ 2008, 403, 425f.; *Wälzholz* MittBayNot 2008. 425, 433; *Irringer/Münstermann* GmbHR 2010, 617, 619f.; a.A. entsprechend der begründungslosen Feststellung im Regierungsentwurf zum MoMiG, BT-Drucks. 16/6140, S. 45, u.a. *Wicke* § 46 GmbHG Rn. 9 und *Scholz/K. Schmidt* § 46 Rn. 65).

Im Übrigen bleibt nach Aufhebung von § 17 IV GmbHG bei der Teilung von Ge- **434** schäftsanteilen nurmehr § 5 II 1 GmbHG zu beachten, d.h. der Nennbetrag jedes Teilgeschäftsanteils muss auf volle Euro lauten. Das Verbot der gleichzeitigen Übertragung mehrerer Teile desselben Geschäftsanteils an denselben Erwerber ist hingegen aufgehoben. Auch eine Teilung ohne Veräußerung (**Vorratsteilung**) ist nunmehr zulässig (anders zur Rechtslage vor Inkrafttreten des MoMiG noch *OLG Frankfurt* DB 1977, 2180). Damit lassen sich jetzt auch die neuralgischen Fälle der Vereinbarungstreuhand (vgl. Rn. 515; zu Einzelheiten insb. zur Stimmrechtsausübung aus einem Teil des Geschäftsanteils vgl. Gutachten des DNotI zu § 47 GmbHG Nr. 40.219 und Nr. 28.797) und der Verpfändung von Teilen von Geschäftsanteilen vernünftig lösen.

Abweichungen von diesen **dispositiven** gesetzlichen Regelungen durch die Satzung **435** sind möglich und angesichts der derzeit noch unsicheren Verortung des § 46 Nr. 4 GmbHG im Innen- oder Außenverhältnis auch ratsam (vgl. § 45 II GmbHG; ausf. hierzu Rn. 97; Formulierungsvorschläge z.B. bei *Irringer/Münstermann* GmbHR 2010, 617, 623f.). Bedarf es nach den Regeln der Satzung keines Gesellschafterbeschlusses, so ist die Teilung durch eine schriftliche Erklärung des teilenden Gesellschafters zu dokumentieren. Dies ist schon deshalb erforderlich, weil Änderungen der Gesellschafterliste nur auf Nachweis erfolgen (§ 40 I 2 GmbHG; hierzu *D. Mayer* DNotZ 2008, 403, 426).

Mit Wirksamwerden der (nicht beurkundungspflichtigen) Teilung haben gemäß § 40 I **436** GmbHG die Geschäftsführer eine **aktualisierte Gesellschafterliste** beim Handelsregister einzureichen. Probleme verursacht dies bei einer direkt folgenden Abtretung, da der Notar faktisch nicht in der Lage sein wird, seinen Pflichten aus § 40 II GmbH nachzukommen. Der Notar muss nämlich zwingend auf die zuletzt beim Handelsregister aufgenommene Gesellschafterliste aufsetzen, und kann nicht auf die neue, noch nicht aufgenommene Liste nach Teilung Bezug nehmen. Aus diesem Grund empfiehlt es sich, den **Teilungsbeschluss** in die **Urkunde** aufzunehmen (zum Ganzen *Förl* RNotZ 2008, 409, 415; zur Nummerierung der durch die Teilung entstehenden Anteile Rn. 544).

Vermeiden lassen sich die mit der Teilung verbundenen Probleme, wenn generell **alle 437 Geschäftsanteile** einen **Nennbetrag** von **1 EUR** haben; eine Teilung wird dann obsolet (zu Für und Wider einer generellen Aufteilung des Stammkapitals in Geschäftsanteile zu je 1 EUR siehe Rn. 66).

d) Zusammenlegung von Geschäftsanteilen

438 Nach der Rspr. vor Inkrafttreten des MoMiG setzte die Zusammenlegung voraus, dass die **Einlagen** auf diese Anteile **voll geleistet** sind und **keine Nachschusspflicht** besteht oder eine Inanspruchnahme eines Rechtsvorgängers wegen § 22 III GmbHG ausgeschlossen ist. Hintergrund dieser Anforderung war, bei nicht voll eingezahlten Anteilen den Rückgriff auf die Rechtsvorgänger zu sichern (vgl. *BGH* WM 1964, 944, Baumbauch/Hueck/*Zöllner* § 46 Rn. 32 sowie das Muster im MünchVertrHdb I, Form. IV 70). Darüber hinaus durften die zusammenzulegenden Anteile **keine unterschiedlichen Rechte** vermitteln bzw. Pflichten begründen (siehe nur Lutter/Hommelhoff/*Bayer* § 46 Rn. 20).

439 In § 46 Nr. 4 GmbHG wird nunmehr klargestellt, dass die Zusammenlegung von Geschäftsanteilen eines **Gesellschafterbeschlusses** bedarf. Aufgrund der Dispositivität der Vorschrift (§ 45 II GmbHG) sind hiervon abweichende Regelungen zulässig (vgl. insoweit die Ausführungen zu Satzungsbestimmungen bezüglich der Teilung in Rn. 97). Allerdings ist fraglich, wie weit diese Satzungsautonomie reicht. Da § 22 IV GmbHG der Kapitalaufbringung dient, ist die Vorschrift zwingend (vgl. § 25 GmbHG) und stellt eine für den Gläubigerschutz gebotene Schranke der Satzungsautonomie dar. Somit sind die vorstehend geschilderten Einschränkungen bei der Zusammenlegung von Geschäftsanteilen weiterhin zu berücksichtigen (so zu Recht *D. Mayer* 6. Gesellschaftsrechtliche Jahresarbeitstagung des DAI 2008, S. 56; dem folgend *Apfelbaum* notar 2008, 160, 172; a. A. ist u. a. Michalski/*Römermann* § 46 Rn. 180a unter Bezugnahme auf BT-Drucks. 16/6140, S. 45; vgl. ferner Hauschild/Kallrath/Wachter/*Hauschild/Kallrath*, Notarhandbuch Gesellschafts- und Unternehmensrecht, § 13 Rn. 300).

440 Für eine Zusammenlegung von Geschäftsanteilen bedarf es (trotz gegenteiliger Feststellung in der Begründung zum Regierungsentwurf zum MoMiG, BT-Drucks. 16/6140, S. 45) bei fehlender Satzungsregelung schon deswegen der **Zustimmung des Betroffenen**, weil sie in sein Eigentum eingreift indem sie z. B. eine getrennte Veräußerung vorerst unmöglich macht (wohl h. M., vgl. nur Baumbach/Hueck/*Zöllner* § 46 Rn. 32a; Roth/Altmeppen/*Roth* § 46 Rn. 16c; Scholz/*Seibt* § 15 Rn. 46 m. w. N.; a. A. Scholz/*K. Schmidt* § 46 Rn. 5; Michalski/*Römermann* § 46 Rn. 180a; *Wicke* § 46 Rn. 12).

441 Nach der Zusammenlegung ist eine **neue Nummerierung** in der Gesellschafterliste vorzunehmen, wobei zwei Möglichkeiten bestehen: Verwendung der bisherigen Nummer eines der zusammengelegten Geschäftsanteile oder Verwendung einer ganz neuen, bisher nicht verwendeten Nummer (siehe *Wicke* MittBayNot 2010, 283, 284; näher Rn. 545).

4. Vertragspartner

a) Güterstand und Staatsangehörigkeit

442 Da sich im Hinblick auf den Güterstand des Veräußerers (insb. §§ 1419, 1365 BGB) und seine Staatsangehörigkeit (Zustimmungspflicht des Ehegatten bei Erwerb; Möglichkeit eines Alleinerwerbs) Probleme ergeben können, sollte der **Urkundseingang** Angaben hierüber enthalten (vgl. Rn. 8, 9).

b) Minderjährige

443 Erfolgt eine Verfügung, d. h. insb. eine Abtretung durch oder an einen Elternteil, ist ein **Ergänzungspfleger** zu bestellen (§§ 1629 II, 1795 II, 1909 BGB; vgl. *Bürger* RNotZ 2006, 156). Anders als bei der Gründung (siehe Rn. 10) reicht bei einer Übertragung von Geschäftsanteilen unter Beteiligung mehrerer Kinder die Bestellung eines gemeinsamen Ergänzungspflegers aus, da Vertragsbeziehungen immer nur zwischen den Eltern und dem Kind und nicht zwischen den Kindern untereinander bestehen (kein Fall des § 181 BGB; so für eine Kommanditgesellschaft zu Recht *OLG München* NZG 2010, 862).

6. Teil. Verfügungen über Geschäftsanteile

Für den Erwerb oder die Veräußerung von Geschäftsanteilen durch Minderjährige ist nach h. M. nur dann eine **familiengerichtliche Genehmigung** erforderlich, wenn dieser Vorgang dem Kauf/Verkauf eines Unternehmens gleichkommt (§ 1822 Nr. 3 BGB). Dies ist z. B. der Fall, wenn der Minderjährige zum Zeitpunkt der Anteilsveräußerung Alleingesellschafter war oder alle Anteile an einer GmbH erwirbt (vgl. *Gerkan* Rpfleger 1989, 270; kritische Grenze bei mehr als 75% des Stammkapitals). Der Erwerb eines Geschäftsanteils bedarf dann einer familiengerichtlichen Genehmigung nach § 1822 Nr. 10 BGB, wenn die Gefahr einer Haftung für rückständige Einlageverpflichtungen (§ 16 II GmbHG) oder einer Ausfallhaftung (§§ 24, 31 III GmbHG) besteht (vgl. *BGH* DB 1989, 918). Bei der Schenkung eines Geschäftsanteils sollte, schon um die steuerliche Anerkennung nicht zu gefährden, stets eine familiengerichtliche Genehmigung eingeholt werden. **444**

c) Verfügungsbefugnis

Die Verfügungsbefugnis des Verfügenden ist, soweit möglich, vom Notar zu prüfen (durch Heranziehung der aktuellen Gesellschafterliste und etwaiger Vorurkunden). Da jegliche Registerpublizität fehlt, sollte in der Urkunde vermerkt werden, dass der geschilderte Sachverhalt auf den Angaben der Beteiligten, der zuletzt beim Gericht eingereichten Gesellschafterliste und ggf. konkreten weiteren Dokumenten beruht. Sorgfältige Vertragspartner werden die Gesellschafterstellung des Verfügenden vorab ebenfalls untersuchen, ggf. im Rahmen einer umfassenden **Due-Diligence**-Prüfung. **445**

Seit Inkrafttreten des MoMiG hat in diesem Zusammenhang die Bedeutung der **Gesellschafterliste** erheblich zugenommen. Insbesondere hat sich die Transparenz des Gesellschafterkreises deutlich verbessert. So ist die Liste nunmehr nicht nur alleinige Legitimationsbasis für die Ausübung von Gesellschafterrechten (vgl. § 16 I GmbHG sowie Rn. 531 ff.), sondern durch die verstärkte Einbeziehung des Notars in die Erstellung der Liste gemäß § 40 II GmbHG (vgl. Rn. 551 ff.) besteht darüber hinaus eine deutlich verbesserte **Richtigkeitsgewähr**, auch wenn die Voreintragung in der bisherigen Gesellschafterliste weiterhin keine materiell-rechtliche Voraussetzung für eine wirksame Geschäftsanteilsabtretung ist. Für eine weitere Stärkung der Gesellschafterliste de lege ferenda durch Einführung einer generellen Beglaubigungspflicht plädiert zu Recht *Bayer* (notar 2012, 267). **446**

5. Verfügungsbeschränkungen

Bei jeder Verfügung über Geschäftsanteile hat sich der Notar durch **Einsicht in die aktuelle Satzung** zu vergewissern, ob darin eine Vinkulierungsbestimmung enthalten ist, wonach die Abtretung oder sonstige Verfügung einer Genehmigung der Gesellschaft, einer Mehrheit der Gesellschafter oder aller Gesellschafter bedarf (näher zu den möglichen Satzungsregelungen bereits Rn. 89 ff.). **447**

Im Außenverhältnis wird im Falle der **Zustimmungspflicht der Gesellschaft** die Genehmigung durch den/die vertretungsbefugten Geschäftsführer erteilt. Im Innenverhältnis ist jedoch ein Beschluss der Gesellschafter erforderlich, wenn die Satzung dem Vertretungsorgan nicht die alleinige Entscheidungsbefugnis zuweist (vgl. *BGH* DNotZ 1989, 19). Hat der Erwerber eines Geschäftsanteils diese Bindung im Innenverhältnis gekannt oder hätte er sie erkennen müssen und wurde die Zustimmung der Gesellschafterversammlung nicht eingeholt, so liegt ein Missbrauch der Vertretungsmacht vor (*OLG Hamburg* DB 1992, 1628 – Abtretung an einen Mitgesellschafter). Da insoweit ein Verkehrsschutz über die uneingeschränkte Vertretungsmacht des Geschäftsführers nach außen gemäß § 37 II GmbHG zweifelhaft ist, sollte stets ein entsprechender Gesellschafterbeschluss eingeholt und zu Beweiszwecken der Urkunde beigefügt werden. **448**

Dagegen ist beim **Einpersonen-Geschäftsführer/Gesellschafter** und bei einer **Verfügung zugunsten eines Mitgesellschafters** einer Zweipersonen-GmbH keine besondere Zustimmung und Erklärung des Geschäftsführers erforderlich (*BGH* BB 1988, 1618 und **449**

DB 1991, 1218). Bei einer mehrgliedrigen GmbH ist zumindest von einer stillschweigenden Zustimmung aller Gesellschafter bzw. der Gesellschafterversammlung (auch ohne ausdrückliche Beschlussfassung) auszugehen, wenn sämtliche Gesellschafter an der Urkunde mitwirken (vgl. DNotI-Report 2003, 185 mit Ergänzung DNotI-Report 2004, 45). Da eine vorherige Zustimmung (Einwilligung) bis zur Vornahme des Rechtsgeschäfts jederzeit widerrufen werden kann (§ 183 BGB), sollte sie unwiderruflich erteilt werden.

II. Übertragung von Geschäftsanteilen

1. Form

450 Sowohl die dingliche Abtretung als auch die schuldrechtliche Verpflichtung zur Abtretung von Geschäftsanteilen (insbesondere durch Schenkung oder Kauf) bedürfen der **notariellen Beurkundung** (§ 15 III, IV 1 GmbHG). Auf die zum Teil polemisch geführte Diskussion zum Sinn dieses Formerfordernisses (vgl. nur *Heidenhain* ZIP 2001, 721 mit zutreffender Replik von *Kanzleiter* ZIP 2001, 2105 und *Walz/Fembacher* NZG 2003, 1134) sind weder die Rspr. noch der Gesetzgeber im Rahmen des MoMiG eingegangen.

451 Das Formerfordernis des § 15 IV 1 GmbHG erstreckt sich jedenfalls auf alle **Nebenabreden und ergänzenden Verträge** zu einer Anteilsabtretung, die eine rechtliche Einheit bilden. Dies ist dann der Fall, wenn die Vertragsparteien den Willen haben, die Abreden in der Weise miteinander zu verknüpfen, dass sie miteinander „stehen und fallen" sollen (**wechselseitige Abhängigkeit**; vgl. *BGH* ZNotP 2010, 483; GmbHR 2001, 815; zum Grundstückskauf *BGH* DB 2004, 2692; zum Ganzen *Stoppel* GmbHR 2010, 225; *Wiesbrock* DB 2002, 2311, 2314 f.). Auch wenn die Abreden bzw. Verträge (wie z. B. eine Anteilsabtretung, ein Geschäftsführeranstellungsvertrag, ein Lizenzvertrag) nicht wechselseitig voneinander abhängig sind, besteht dennoch eine Gesamtbeurkundungspflicht, wenn das beurkundungspflichtige Geschäft von der an sich nicht beurkundungspflichtigen Vereinbarung (auch nur einseitig) abhängig ist, d. h. die Nebenabrede für die Parteien zwingend Teil der Gesamtvereinbarung ist und das beurkundungspflichtige Geschäft nur gelten soll, wenn auch die unbedingt abgeschlossenen anderen Absprachen gelingen (**einseitige Abhängigkeit**; vgl. für § 311b I 1 BGB *BGH* ZNotP 2010, 483; NZBau 2002, 502; NJW 2001, 226; 2000, 951; *BVerwG* DNotZ 2010, 549 mit instruktiver Anm. von *Grziwotz*). Eine eigentlich nicht beurkundungsbedürftige Abrede kann selbst dann der Beurkundungspflicht unterliegen, wenn sie gesondert vor der Anteilsabtretung geschlossen wird und die **Parteien nicht identisch** sind mit denjenigen der Anteilsabtretung. Voraussetzung ist, dass die Parteien der eigentlich nicht beurkundungsbedürftigen Abrede übereinstimmend davon ausgegangen sind, dass die Geschäftsanteilsabtretung nach dem Willen deren Parteien von dieser Abrede abhängig ist (so für einen Bauvertrag, der im Vorfeld eines Grundstückskaufvertrages abgeschlossen wurde, *BGH* ZNotP 2010, 483; vgl. auch schon *BGH* DNotZ 2009, 619).

452 Daran ändert auch eine Aufspaltung der Gesamtvereinbarung in **mehrere Dokumente bzw. Urkunden** nichts. In diesem Fall ist der Zusammenhang in allen Dokumenten deutlich zu machen, z. B. ein Bedingungszusammenhang oder das Vorliegen eines einheitlichen Rechtsgeschäfts i. S. v. § 139 BGB („**Verknüpfungsabrede**", siehe nur *Hermanns* DNotZ 2013, 9, 14; a. A. *Leutner/Stenzel* NZG 2012, 1406).

453 Die Nichtbeachtung der Form des § 15 IV 1 GmbHG für das schuldrechtliche Rechtsgeschäft führt zur Nichtigkeit des Verpflichtungsvertrages, kann jedoch gemäß § 15 IV 2 GmbHG durch **formgerechte Abtretung** (§ 15 III GmbHG) **geheilt** werden. Eine solche Heilung tritt auch dann ein, wenn das in derselben Urkunde enthaltene Verpflichtungsgeschäft nicht wirksam beurkundet wurde (z. B. wegen Nichtverlesens einer beurkundungspflichtigen Anlage). Nur wenn für das dingliche Erfüllungsgeschäft bestimmte

Nebenabreden, z. B. über Befristungen oder Bedingungen oder sonstige Übertragungsmodalitäten, nicht rechtswirksam beurkundet wurden, greift die Heilungswirkung nicht (*OLG Frankfurt* DB 2012, 739 = MittBayNot 2012, 401). Gelegentlich werden deshalb Kaufverträge über Geschäftsanteile bewusst formwirksam geschlossen, wenn z. B. auf Wunsch der Beteiligten in der notariellen Abtretungsurkunde auf eine außerhalb der Urkunde erfolgte Kaufpreiszahlung verwiesen oder im Kaufvertrag ein völlig unrealistischer Kaufpreis angegeben ist, um Notarkosten zu sparen. Auch wird im Rahmen des Verkaufs einer **GmbH & Co. KG** mitunter **lediglich** die **Anteilsabtretung** bzgl. der GmbH beurkundet, nicht aber die als Nebenabreden ebenfalls beurkundungspflichtigen Vereinbarungen über Kauf und Abtretung der Kommanditanteile. Zwar werden auch in diesen Fällen die von den Parteien formlos getroffenen Vereinbarungen durch die formwirksame Beurkundung der Abtretung geheilt (*BGH* NJW 1983, 1843; DB 1994, 2387), die **Heilung** wirkt aber immer **nur ex nunc** und heilt nur Mängel der Form, nicht dagegen materielle Mängel des obligatorischen Vertrages. Darüber hinaus ist zu beachten, dass an der Beurkundung der Abtretung alle Parteien der unwirksamen schuldrechtlichen Vorvereinbarung beteiligt sein müssen, d. h. nicht nur Veräußerer und Erwerber des Geschäftsanteils, sondern auch alle anderen Beteiligten wie z. B. Bürgen u. a. (zu Recht *Stoppel* GmbHR 2010, 225, 228 f.).

Erfolgt in einem formunwirksamen Anteilskaufvertrag die **Abtretung aufschiebend** **454** **bedingt** durch die vollständige Zahlung des Kaufpreises und fällt diese oder eine sonstige Bedingung aus oder werden Abtretungsbeschränkungen nicht beachtet, tritt grundsätzlich überhaupt **keine Heilung** des formnichtigen Anteilskaufvertrages ein (vgl. dazu auch *BGH* MittBayNot 1989, 165). Anders liegen die Dinge, wenn die Beteiligten anschließend außerhalb der Urkunde auf die Einhaltung der Bedingung verzichtet haben (*BGH* DB 1994, 2387 – der spätere Verzicht führt aber nicht zur rückwirkenden Heilung des Kaufvertrags; dieser wird vielmehr erst mit Zugang der Verzichtserklärung wirksam, *BGH* DB 1998, 1223). Im Übrigen heilt eine formwirksame Abtretung nach § 15 III GmbHG nur denjenigen formnichtigen Verpflichtungsvertrag, in dessen Erfüllung sie vorgenommen wird. Diese Voraussetzung ist dann nicht erfüllt, wenn der Geschäftsanteil im notariellen Vertrag an andere Personen oder zu anderen Bedingungen abgetreten wird, als an die in dem formnichtigen privatschriftlichen Verpflichtungsvertrag bezeichneten Personen bzw. zu den dort bezeichneten Bedingungen (*BGH* GmbHR 2001, 815). Im Fall mehrerer aufeinander folgender Anteilskäufe heilt die Abtretung des Anteils des Erstverkäufers an den Letztkäufer auch die dazwischen liegenden formwirksamen Kaufverträge, wenn die Abtretung an den Letztkäufer mit Zustimmung des Erstkäufers erfolgt (*BGH* GmbHR 2001, 815). Scheitert die Heilung, so entstehen aus dem obligatorischen Vertrag keinerlei Ansprüche, auch nicht aus § 311 II, III BGB („culpa in contrahendo"; vgl. *Kapp* DB 1989, 1224; zu beachten ist allerdings, dass nach § 39 II Nr. 1 AO das wirtschaftliche Eigentum an einem Kapitalgesellschaftsanteil auch bei zivilrechtlich unwirksamer Abtretung auf den Erwerber übergehen kann, vgl. *BFH* GmbHR 2012, 808). Da im privatschriftlichen Kaufvertrag auch keine Zwangsvollstreckungsunterwerfung aufgenommen werden kann, muss der Veräußerer den tatsächlich vereinbarten Kaufpreis ggf. vor Gericht einklagen.

Änderungen und Ergänzungen des Verpflichtungsgeschäfts, die **nach Wirksamwerden** **455** der Abtretung vereinbart werden, sind formfrei möglich (vgl. Scholz/*Seibt* § 15 Rn. 98; umfassend zur Beurkundungspflicht von Änderungsvereinbarungen zu GmbH-Anteilskaufverträgen *Böttcher* NotBZ 2011, 118). Sofern der Vertrag hingegen vor Wirksamkeit der Anteilsübertragung geändert werden soll, was insbesondere im Bereich von Unternehmenskäufen immer wieder vorkommt, hängt die Beurkundungspflicht nach zutreffender ständiger Rspr. des *BGH* (vgl. nur DNotZ 1990, 122) und h. M. (siehe stellvertretend *Böttcher* NotBZ 2011, 118 sowie Michalski/*Ebbing* § 15 Rn. 92 m. zahlr. Nachw.) davon ab, ob die Änderung nach der Einschätzung der Parteien wesentliche Bestandteile des Vertrages betrifft. Aus Gründen der Vorsicht wird man daher regelmäßig eine Beurkundung vornehmen, sofern der zu ändernde Punkt nicht völlig unwesentlich ist (zum Ganzen auch *Liese* GmbHR 2010, 1256).

456 Der Versuch, die in § 15 III und IV 1 GmbHG enthaltenen Formerfordernisse durch **antizipierte Satzungsklauseln** (Gestaltungsvorschläge bei *Kleinert/Blöse/v. Xylander* GmbHR 2003, 1230) zu erfüllen, muss daran scheitern, dass derartige antizipierte Abtretungsklauseln nicht den Anforderungen des Bestimmtheitsgrundsatzes (dazu Rn. 428 f.) genügen und damit ihrerseits gegen den Formzweck von § 15 III und IV 1 GmbHG verstoßen (überzeugend *Barth* GmbHR 2004, 383).

457 Auch die an sich formfreie Verpflichtung zur Übertragung des Anteils an einer Personengesellschaft kann ausnahmsweise der notariellen Beurkundung unterliegen, wenn die Errichtung der Gesellschaft dazu dient, die Formvorschrift des § 15 IV GmbHG zu **umgehen** (*BGH* NZG 2008, 377 zur GbR; hierzu *Wertenbruch* NZG 2008, 454).

458 Zurückhaltend sollte der sorgsame Notar bezüglich Beurkundungen der Übertragung von Anteilen an einer **ausländischen Kapitalgesellschaft** sein, sofern er die materiellen und formellen Vorgaben des betreffenden Rechtskreises nicht hinreichend kennt (zum Ganzen *Albers* GmbHR 2011, 1266; *Wrede* GmbHR 1995, 365).

459 Was demgegenüber die **Auslandsbeurkundung** der Geschäftsanteilsabtretung einer deutschen GmbH betrifft, so muss deren Zulässigkeit spätestens seit Inkrafttreten des MoMiG durch die Einführung der notariell bescheinigten Liste gemäß § 40 II GmbHG (wieder) als äußerst fraglich eingestuft werden (zum Ganzen ausf. *Albers* GmbHR 2011, 1078; *Bayer* GmbHR 2013, 897; *ders.* DNotZ 2009, 887; *Braun* DNotZ 2009, 585; *Herrler* GmbHR 2014, 225; *König/Götte/Bormann* NZG 2009, 881; *Süß* DNotZ 2011, 414). **Vor Inkrafttreten des MoMiG** ging man mit der Rspr. des *BGH* (DNotZ 1981, 451 für eine Beurkundung vor einem Züricher Notar) und des *OLG Frankfurt* (GmbHR 2005, 764 für eine Beurkundung vor einem Baseler Notar) überwiegend davon aus, dass zur Abtretung von Geschäftsanteilen einer GmbH als nicht statusrelevantem Geschäft die notarielle Beurkundung durch einen Notar in Zürich-Altstadt, Zug bzw. Basel-Stadt genügt, da in diesem Fall **Urkundsperson und Urkundsverfahren** der Stellung des inländischen Notars und dem Verfahren nach dem BeurkG **gleichwertig** seien (siehe u.a. MükoBGB/*Spellenberg* Art. 11 EGBGB Rn. 87 ff.; Palandt/ *Thorn* Art. 11 EGBGB Rn. 10). Der *BGH* (DNotZ 2014, 457) hält auch nach Inkrafttreten des MoMiG an diesen beiden Kriterien für eine wirksame Beurkundung im Ausland fest. Gleichzeitig lässt es der II. Zivilsenat aber ausdrücklich offen, ob nach Inkrafttreten des MoMiG und der Reform des Schweizer Obligationenrechts von 2008 heute noch die Gleichwertigkeit einer Beurkundung in Basel anzunehmen ist (vgl. hierzu *Herrler* GmbHR 2014, 225; *Hermanns* RNotZ 2014, 229; *Lieder/Ritter* notar 2014, 187; *Seebach* DNotZ 2014, 413, 420 ff.).

460 Insbesondere im Hinblick auf die nunmehr **herausgehobene Stellung der Gesellschafterliste** nach § 40 GmbHG und die deutliche Betonung der **materiellen Richtigkeitsgewähr** als **Zweck der Beurkundungspflicht** (vgl. Begr. RegE MoMiG BT-Drucks. 16/6140, S. 44; *Braun* DNotZ 2009, 585, 589 f.; *Saenger/Scheuch* BB 2008 65, 67 m.w.N.) erscheint die Gleichwertigkeit einer Auslandsbeurkundung jedenfalls äußerst fraglich. Der vom Gesetzgeber mit dem MoMiG bezweckte Schutz der Beteiligten, der Gesellschaft und etwaiger (gutgläubiger) Dritter hat Bedeutung insb. vor dem Hintergrund der Zulassung eines gutgläubigen Erwerbs auf Basis der Gesellschafterliste (§ 16 III GmbHG) und der Installierung der Gesellschafterliste als alleinige Legitimationsbasis für die Ausübung von Gesellschafterrechten (§ 16 I GmbHG; vgl. *Bayer* DNotZ 2009, 887, 894).

461 Diese Auffassung wird unterstützt durch die **Rspr.** des *LG Frankfurt* (DNotZ 2009, 949; hierzu u.a. *Mauch* EWiR 2010, 79; a.A. wohl *OLG Düsseldorf* DNotZ 2011, 447), das in einem obiter dictum mit erstaunlicher Offenheit bezweifelt, ob unter Geltung des MoMiG Auslandsbeurkundungen noch als wirksam anerkannt werden können. Wörtlich heißt es:

6. Teil. Verfügungen über Geschäftsanteile **D I**

„Dabei verhehlt die Kammer allerdings nicht, dass unter Geltung der jetzigen Fassung des § 40 Abs. 2 GmbHG eine andere Einschätzung [als diejenige der bisherigen Rspr.] nicht nur möglich sondern sogar wahrscheinlich ist. Der darin aufgestellten Verpflichtung des an der Anteilsübertragung beteiligten Notars wird ein Baseler Notar wegen Fehlens von Amtsbefugnissen in Deutschland nicht nachkommen können."

Aufgrund der insofern bestehenden unklaren Rechtslage und der damit verbundenen Risiken werden derzeit so gut wie keine Transaktionen im Ausland beurkundet.

2. Vollmacht

Das Formerfordernis des § 15 GmbHG gilt für die Erklärungen beider Vertragsparteien (*BGH* ZIP 2007, 1155). Wird eine der Parteien bei der Beurkundung vertreten, so bedarf die **Vollmacht** zur Abtretung eines Geschäftsanteils jedoch keiner Form (§ 167 II BGB), wenn sie den Bevollmächtigten namentlich bezeichnet und damit nur eine Abtretung ermöglicht (siehe *BGH* DNotZ 1954, 403 und das Muster im MünchVertrHdb I, Form. IV 78). Eine Blankovollmacht, die eine freie Übertragung der Anteile zulässt, ist dagegen zu beurkunden (nach a. A. sind Blankovollmachten unzulässig, vgl. *Scholz/Seibt* § 15 Rn. 95; *Lutter/Hommelhoff/Bayer* § 15 Rn. 32). Problematisch ist die privatschriftliche Vollmacht zum einen deshalb, weil der **Notar** im Zuge der mittels Vollmacht vereinbarten Anteilsabtretung eine **neue Gesellschafterliste** erstellen muss. Insofern ist es ratsam, dass der Notar im Vorfeld kommuniziert, welche Nachweise er im Hinblick auf die Person des Unterzeichners verlangt. Zum anderen ist zu beachten, dass eine vollstreckbare Ausfertigung aufgrund einer in der Urkunde enthaltenen **Zwangsvollstreckungserklärung** hinsichtlich des Kaufpreises nur erteilt werden darf, wenn die Bevollmächtigung durch öffentlich beglaubigte Urkunde nachgewiesen ist (vgl. *Winkler* BeurkG § 52 Rn. 24). 462

3. Verfügungsbeschränkungen

Vor jeder Abtretung von Geschäftsanteilen ist die Satzung der Gesellschaft auf etwaige Verfügungsbeschränkungen (Vinkulierung) zu überprüfen (ausf. Rn. 89 ff. und Rn. 447 ff.). 463

Ist ein GmbH-Geschäftsanteil **Nachlassbestandteil** und verfügt der Erbe mittelbar über den Anteil durch Veräußerung seines Erbanteils, geht eine Abtretungsbeschränkung ins Leere (vgl. *BGH* GmbHR 1985, 151). 464

Erfolgt eine Anteilsübereignung zur **Erbauseinandersetzung**, Vermächtniserfüllung oder in sonstiger Weise zur Verwirklichung des Erblasserwillens, sind satzungsmäßige Abtretungsbeschränkungen nicht zu beachten. So bedarf die zur Erfüllung einer Teilungsanordnung vorgenommene Übertragung des Geschäftsanteils aus dem Gesamthandsvermögen der Miterben auf den in der Teilungsanordnung Begünstigten keiner Zustimmung (*OLG Düsseldorf* DB 1990, 214; zur Möglichkeit der Einschränkung durch entsprechende Satzungsbestimmungen vgl. Rn. 96). 465

Ist eine Zustimmung nicht zu erreichen (zum Anspruch des Gesellschafters auf Zustimmung zur Abtretung vgl. *OLG Koblenz* DB 1989, 673) und soll der Erwerber wirtschaftlich so gestellt werden, als ob er die Gesellschaftsbeteiligung erworben hätte, kann **alternativ** auf eine typische oder atypische **Unterbeteiligung** ausgewichen werden, sofern die Vinkulierungsklausel in der Satzung nicht auch derartige mittelbare Unternehmensbeteiligungen unter einen Zustimmungsvorbehalt stellt (dazu MünchVertrHdb I, Form. IX 4, 8 und 9). 466

4. Vorkaufs- und Ankaufsrechte

Sind in der Satzung Vorkaufs- bzw. Ankaufsrechte für Mitgesellschafter vorgesehen (hierzu Rn. 94) und erfolgt die Abtretung nicht unter Mitwirkung sämtlicher Gesellschafter, ist durch Einholung entsprechender Negativerklärungen sicherzustellen, dass von diesen Erwerbsrechten kein Gebrauch gemacht wird. 467

5. Gutgläubiger Erwerb

468 Seit Inkrafttreten des MoMiG lässt § 16 III GmbHG den gutgläubigen Erwerb eines Geschäftsanteils vom Nichtberechtigten zu, wenn der Veräußerer in der im Handelsregister aufgenommenen Gesellschafterliste als Rechtsinhaber eingetragen ist (zum Ganzen u.a. *Bayer* notar 2012, 267; *Bohrer* DStR 2007, 995; *Götze/Bressler* NZG 2007, 894; *Link* RNotZ 2009, 193, 215 ff.; *D. Mayer* DNotZ 2008, 403, 415 ff.; *Vossius* DB 2007, 2299). Im Einzelnen gilt es hierbei folgendes zu beachten:

469 **Rechtsscheinträger** kann nur eine den Anforderungen des § 40 GmbHG entsprechende **Gesellschafterliste** sein, wobei irrelevant ist, ob diese von einem Geschäftsführer oder – als bescheinigte Liste nach § 40 II GmbHG – vom Notar eingereicht wurde (zur Gesellschafterliste als Rechtsscheinträger *Bednarz* BB 2008, 1854). Fehlen einzelne Angaben, dürfte dies dem gutgläubigen Erwerb dann nicht entgegenstehen, wenn der Rechteinhaber zweifelsfrei identifizierbar bleibt. Der Erwerb muss ferner durch Rechtsgeschäft im Sinne eines Verkehrsgeschäfts erfolgt sein, d.h. auf beiden Seiten des Rechtsgeschäfts darf nicht dieselbe Person stehen (vgl. *Vossius* DB 2007, 2299, 2300).

470 Zu beachten sind die Grenzen der Gutglaubenswirkung. Bereits aus dem Wortlaut von § 16 III 1 GmbHG („vom Nichtberechtigten") wird deutlich, dass sich der gutgläubige Erwerb **nur auf die Rechtsinhaberschaft** des Veräußerers bezieht (hierzu *D. Mayer* DNotZ 2008, 403, 417 f.; *Herrler* ZIP 2011, 615, jeweils m.w.N. sowie *BGH* DB 2011, 2481). Nicht geschützt wird hingegen insbesondere der gute Glaube an
- die Existenz tatsächlich nicht bestehender Anteile;
- die freie Übertragbarkeit des Geschäftsanteils, d.h. das Fehlen oder Nichteingreifen von Vinkulierungsbestimmungen (hierzu Rn. 447 ff.; vgl. insoweit *BGH* DB 2011, 2481 (in einem obiter dictum);
- die Verfügungsbefugnis des Veräußerers, d.h. das Nichtvorliegen von Verfügungsbeschränkungen wie z.B. einer Testamentsvollstreckung (vgl. *BGH* DB 2011, 2481 sowie *OLG München* GmbHR 2012, 39, das mangels der Möglichkeit der Überwindung einer Verfügungsbeschränkung durch gutgläubigen Erwerb die Eintragungsfähigkeit eines Testamentsvollstreckervermerks verneint; anders für das Handelsregister bezüglich eines Kommanditanteils *BGH* DB 2012, 682);
- die Lastenfreiheit des übertragenen Geschäftsanteils (siehe das obiter dictum in *BGH* DB 2011, 2481; insofern ist fraglich, welche Auswirkung die Eintragung einer Belastung in der Liste, wie sie z.B. vom *LG Aachen* NZG 2009, 1157, für zulässig gehalten wird, haben soll);
- die Erfüllung der Einlagepflicht.

471 Ist der Gutglaubenstatbestand des § 16 III 1 GmbHG erfüllt, scheitert ein Erwerb vom Nichtberechtigten gleichwohl, wenn einer der folgenden **Ausschlussgründe** vorliegt (ausf. dazu *D. Mayer* DNotZ 2008, 403, 420 ff.):
- die Gesellschafterliste ist hinsichtlich des Geschäftsanteils weniger als drei Jahre unrichtig und die Unrichtigkeit ist dem Berechtigten nicht zuzurechnen (§ 16 III 2 GmbHG; näher Rn. 472);
- dem Erwerber ist die fehlende Berechtigung des Veräußerers bekannt oder infolge grober Fahrlässigkeit unbekannt (§ 16 III 3 GmbHG; näher Rn. 473);
- der Gesellschafterliste ist hinsichtlich des Geschäftsanteils ein Widerspruch zugeordnet (§ 16 III 3, 4 GmbHG; näher Rn. 474 ff.).

472 Die **Drei-Jahres-Frist** beginnt mit Aufnahme der Liste in das Handelsregister, d.h. ihrer Einstellung in den online abrufbaren Registerordner. Wird eine ursprünglich richtig aufgenommene Liste erst später unrichtig, kommt es auf diesen Moment an. Wird die Liste „mehrfach" unrichtig, ist für Beginn und Ablauf der Frist ausschließlich die erstmalige Unrichtigkeit entscheidend (*Götze/Bressler* NZG 2007, 894, 897). Ein gutgläubiger Erwerb innerhalb der ersten drei Jahre seit Unrichtigkeit setzt voraus, dass die Fehlerhaftigkeit der Liste dem Berechtigten zurechenbar ist. Eine Zurechenbarkeit in diesem Sinne ist anzunehmen, wenn der Berechtigte die Unrichtigkeit (mit-)veranlasst oder zumindest (mit-) zu verantworten hat (*Götze/Bressler* NZG 2007, 894, 897). Das ist jedenfalls immer dann zu bejahen, wenn der wahre Berechtigte an der vermeintlichen „Veränderung" der Gesellschafterstellung mitgewirkt hat, also etwa bei einer Anteilsabtretung. Nach Ablauf der 3-Jahres-Frist spielt die Frage der Zurechenbarkeit hingegen keine Rolle mehr, weil die schutzwürdigen Interessen des wahren Berechtigten durch die gesetzliche Regelung ausreichend berücksichtigt sind (vgl. *D. Mayer* DNotZ 2008, 403, 420f.).

473 Von der Frage der Zurechenbarkeit des durch die Gesellschafterliste gesetzten Rechtsscheins streng zu trennen ist die Frage, ob der Erwerber die **Unrichtigkeit** der Liste **kennt oder grob fahrlässig nicht kennt**. Insoweit gelten die allgemeinen Grundsätze, wie sie zu §§ 892, 932 BGB entwickelt wurden. Schwierigkeiten bereitet dabei, dass § 16 III 3 GmbHG keine Aussage zum maßgeblichen Zeitpunkt für die Gutgläubigkeit trifft. Diese Frage ist insb. im Rahmen aufschiebend bedingter Anteilsabtretungen interessant. Liegt der Bedingungseintritt in den Händen der Parteien, so ist der Zeitpunkt des Bedingungseintritts maßgeblich, d.h. der gute Glaube des Erwerbers muss z.B. bis zur Kaufpreiszahlung andauern. Haben die Parteien dagegen keinen Einfluss auf den Bedingungseintritt (z.B. bei Fehlen fusionskontrollrechtlicher Genehmigungen oder sonstiger Genehmigungen Dritter), dürfte es auf die Antragstellung bzw. Anforderung der Genehmigung ankommen (so *D. Mayer* DNotZ 2008, 403, 421f. und *Götze/Bressler* NZG 2007, 894, 899). Im Übrigen ist für die Praktikabilität der Neuregelung entscheidend, welche Anforderungen im Rahmen des Erwerbs von GmbH-Geschäftsanteilen mit Blick auf die „grob fahrlässige Unkenntnis" gestellt werden. Dabei stellt sich insb. die Frage, ob das Unterlassen einer Due-Diligence-Prüfung bereits zur grob fahrlässigen Unkenntnis des Erwerbers führt (dazu ausf. *Müller* GmbHR 2006, 953, 956). Dies wird man jedoch nur dann annehmen können, wenn konkrete Verdachtsmomente vorliegen, aus denen sich Zweifel an der Inhaberschaft des Veräußerers ergeben (*D. Mayer* DNotZ 2008, 403, 422; *Götze/Bressler* NZG 2007, 894, 898; zweifelnd *Harbarth* ZIP 2008, 57, 60).

474 Der gutgläubige Erwerb ist darüber hinaus ausgeschlossen, wenn der Liste ein **Widerspruch** zugeordnet ist (§ 16 III 3 GmbHG). Der Widerspruch beseitigt nicht die Möglichkeit des tatsächlichen Anteilsinhabers zur Anteilsveräußerung, sondern schließt lediglich den gutgläubigen Erwerb aus. Auch die Legitimation gegenüber der Gesellschaft nach § 16 I GmbHG (hierzu Rn. 531ff.) wird durch einen Widerspruch nicht beseitigt (vgl. Begr. RegE, BT-Drucks. 16/6140, S. 39 und *Harbarth* ZIP 2008, 57, 60). Die Zuordnung erfolgt – ebenso wie die Löschung als „actus contrarius" (vgl. *KG* DNotZ 2013, 796) – durch einstweilige Verfügung oder Bewilligung desjenigen, gegen dessen Berechtigung sich der Widerspruch richtet (§ 16 III 4 GmbHG). Bei dem Widerspruch ist im Regelfall auch derjenige zu bezeichnen, zu dessen Gunsten der Widerspruch zugeordnet werden soll, da andernfalls Streit darüber entstehen kann, wer zur Bewilligung der Löschung berechtigt ist (vgl. u.a. *Hasselmann* NZG 2010, 207, 209; *Weigl* MittBayNot 2009, 116, 119). Eine Gefährdung des Rechts des Widersprechenden muss nicht glaubhaft gemacht werden (§ 16 III 5 GmbHG; hierzu *KG* ZIP 2010, 2047). Technisch bedeutet „Zuordnung", dass der elektronisch eingereichte Widerspruch mit dem entsprechenden Dokument der Gesellschafterliste im Registerordner nach § 9 HRV verbunden wird (*Vossius* DB 2007, 2299, 2303).

Formulierungsbeispiel: Bewilligung Widerspruch **475**

A bewilligt und beantragt zu Gunsten des B die Zuordnung eines Widerspruchs zu dem in der Gesellschafterliste der X GmbH (eingetragen im Handelsregister des Amtsgerichts Y unter HRB 1234) vom 1.12.2014 aufgeführten Geschäftsanteil Nr. 1.

476 Wird der Widerspruch nicht (wiederum durch einstweilige Verfügung oder Bewilligung des Listengesellschafters) gelöscht und wird zu einem späteren Zeitpunkt eine neue Liste eingereicht, so ist dieser Liste der bestehende Widerspruch in derselben Art und Weise wie der ursprünglichen Liste technisch zuzuordnen (**Fortführung des Widerspruchs**). Nur so wird der Zweck des Widerspruchs erreicht, den von einer unrichtigen Gesellschafterliste ausgehenden Rechtsschein zu zerstören bzw. den durch Widerspruch begünstigten Dritten zu schützen (siehe *Hasselmann* NZG 2010, 207, 210).

477 Besondere Probleme im Hinblick auf den gutgläubigen Erwerb schien die **Absicherung des Erwerbers** bei **aufschiebend bedingten Abtretungen** zu verursachen (ausf. hierzu *D. Mayer/Färber* GmbHR 2011, 785, 791 f.; *D. Mayer* ZIP 2009, 1037, 1049 ff.; *Weigl* MittBayNot 2009, 116; *ders.* NZG 2009, 1173). Umstritten war insb. die Konstellation, dass der Verkäufer eines Geschäftsanteils diesen aufschiebend bedingt auf Kaufpreiszahlung an den Käufer 1 abtritt und anschließend denselben Geschäftsanteil (noch vor Bedingungseintritt) nochmals unbedingt an den Käufer 2 überträgt. Ein Großteil der Literatur geht davon aus, dass bei einer solchen aufschiebend bedingten Geschäftsanteilsabtretung ein gutgläubiger Erwerb vom „noch-berechtigten" Veräußerer durch den Zweiterwerber möglich ist (so z. B. Lutter/Hommelhoff/*Bayer* § 16 Rn. 63 ff. m. zahlr. w. N.; MükoGmbHG/*Heidinger* § 16 Rn. 283 f.; *Herrler* ZIP 2011, 615, 616; *Vossius* DB 2007, 2299, 2301; *Wicke* § 16 Rn. 20a; *Heckschen*, Das MoMiG in der notariellen Praxis, 2009, Rn. 576). Nach der zu befürwortenden und mittlerweile vom *BGH* (DNotZ 2011, 943; vgl. hierzu *Bayer* GmbHR 2011, 1254; *Brandes* GmbHR 2012, 545; *Herrler* NZG 2011, 1321) bestätigten Gegenansicht ist der Ersterwerber vor derartigen beeinträchtigenden Verfügungen in der Schwebezeit hingegen durch § 161 III BGB geschützt, weil § 16 III GmbHG aufgrund der engen **Grenzen der Legitimationswirkung** der Gesellschafterliste weder direkt noch analog Anwendung findet (so u. a. OLG Hamburg ZIP 2010, 2097; OLG München DNotZ 2011, 453; *D. Mayer* ZIP 2009, 1037, 1050; *D. Mayer/Färber* GmbHR 2011, 785, 791 f.; *Weigl* MittBayNot 2009, 116, 117 f.; Baumbach/Hueck/*Fastrich* § 16 Rn. 29a). Die Rechtsscheinwirkungen des § 16 III GmbHG können nämlich nur so weit gehen, wie die Gesellschafterliste als Rechtsscheinträger den für den Rechtsverkehr maßgeblichen Vertrauenstatbestand begründen kann. Die Gesellschafterliste ist aber nicht geeignet, einen Rechtsschein dafür zu setzen, dass der in der Liste eingetragene Inhaber des Geschäftsanteils über diesen nicht bereits aufschiebend bedingt verfügt hat.

478 Die im Vorfeld der Entscheidung des *BGH* diskutierten **Schutzmechanismen** (zum Ganzen *Begemann/Grunow* DNotZ 2011, 403) wie insbesondere die sog. „Widerspruchslösung" (hierzu z. B. Michalski/*Ebbing* § 16 Rn. 236 ff.); das „Zwei-Listen-Modell" (hierzu u. a. *D. Mayer* ZIP 2009, 1037, 1039) oder die „vertragliche Doppelbedingung" (vgl. *D. Mayer* ZIP 2009, 1037, 1049 ff.) sind damit (vorerst, bis zu einer etwaigen Annäherung der Gesellschafterliste an das Grundbuch, bspw. durch Eintragbarkeit einer „Vormerkung") obsolet.

6. Gewinnabgrenzung

479 Abtretungsurkunden verwenden meist nur die **unscharfe Formel** „der Geschäftsanteil wird mit Gewinnbezugsrecht ab ..... veräußert". Offen bleibt dann insbesondere, ob damit nur der Gewinn des laufenden Geschäftsjahrs oder auch die unter die Gesellschafter noch nicht verteilten Gewinne vorangegangener Geschäftsjahre erfasst werden sollen (zur sachgerechten Gewinnabgrenzung vgl. MünchVertrHdb I, Form. IV 65 m. Anm. 8).

480 Problematisch ist ferner, dass nach § 20 V EStG für Zwecke der Einkommensteuer der ausgeschüttete Gewinn unabhängig von der zivilrechtlichen Vereinbarung demjenigen zugerechnet wird, der im Zeitpunkt des Gewinnverwendungsbeschlusses Gesellschafter war.

> **Praxishinweis Steuern:**
>
> Insofern besteht bei vielen Anteilskaufverträgen das Risiko einer doppelten steuerlichen Erfassung in der Weise, dass die auf die verkauften Anteile ausgeschüttete Dividende sowohl beim Erwerber des Anteils – als Inhaber zur Zeit des Gewinnverwendungsbeschlusses – als auch beim Veräußerer – als Teil der Gegenleistung für die Veräußerung nach §§ 17, 20 II EStG – berücksichtigt wird (dazu *Weber* GmbHR 1995, 494). Diese doppelte Erfassung wird erst bei der Weiterveräußerung des Anteils ausgeglichen, da die an den Erstverkäufer weitergeleitete Dividende die Anschaffungskosten des Ersterwerbers erhöht.

Ist der Gewinnverwendungsbeschluss für gemäß der zivilrechtlichen Vereinbarung noch dem Veräußerer zustehende Gewinne im Zeitpunkt der Beurkundung der Anteilsübertragung noch nicht gefasst, sollte die Anteilsabtretung daher aufschiebend bedingt auf den Zeitpunkt des Gewinnverwendungsbeschlusses erfolgen (vgl. dazu *Schuck* DStR 1996, 371; *Wichmann* DStR 1996, 576; zur Gewinnverteilung bei fehlender Regelung im Abtretungsvertrag vgl. *BGH* DB 1995, 619). Alternativ kommt eine Zuordnung des Gewinns für das laufende Geschäftsjahr beim Erwerber unter gleichzeitiger Vereinbarung einer Abschlagsdividende in Betracht (weitere Gestaltungsempfehlungen und Formulierungsbsp. zu Vereinbarungen über den Gewinn des laufenden Geschäftsjahrs bei der Veräußerung von GmbH-Anteilen finden sich bei *Gondert/Behrens* GmbHR 1997, 682). **481**

7. Mängelhaftung

Der Kauf von GmbH-Geschäftsanteilen ist ein Rechtskauf. Nach §§ 453 I i.V.m. 433 I BGB hat der Verkäufer für den **rechtlichen Bestand** des verkauften Geschäftsanteils einzustehen, nach §§ 453 I i.V.m. 435 BGB muss er dem Käufer den Geschäftsanteil **frei von Rechten Dritter** verschaffen. Besteht der Geschäftsanteil nicht oder ist dieser mit Rechten Dritter belastet, kann der Käufer nur unter den Voraussetzungen der §§ 437 Nr. 3, 440, 280 ff. BGB Schadensersatz verlangen oder gemäß §§ 437 Nr. 2, 440, 323, 326 V BGB vom Kaufvertrag zurücktreten. Jedenfalls dann, wenn dem Erwerber die Rechtsverhältnisse der Gesellschaft nicht bekannt sind (anders beim Verkauf an einen Mitgesellschafter), sollte daher (alternativ oder ergänzend) ein **selbständiges Garantieversprechen** gemäß § 311 I BGB abgegeben werden bezogen darauf, dass **482**

– der Veräußerer Inhaber des Geschäftsanteils ist und nicht anderweitig über diesen verfügt hat;
– keine Rechte Dritter an dem Geschäftsanteil bestehen;
– die Angaben über die Leistung der Stammeinlagen richtig sind;
– seit der letzten im Handelsregister eingetragenen Satzungsänderung keine Änderungen der Satzung beschlossen wurden (weitere Formulierungshinweise finden sich bei *Wälzholz/Bülow* MittBayNot 2001, 509 und *Wälzholz* DStR 2002, 500).

Überdies sind der Beginn und die Dauer der **Verjährung** von Mängelansprüchen zu regeln (dazu ebenfalls *Wälzholz* DStR 2002, 500, 504).

8. Belehrungen

Hingewiesen werden sollte auf die **Ausfallhaftung** für rückständige Einlageverpflichtungen nach § 16 II GmbHG. Ob angesichts der Ersetzung des bisherigen Begriffs der rückständigen „Leistungen" durch **„Einlageverpflichtungen"** in § 16 II GmbHG n.F. nach neuem Recht darüber hinaus noch eine Haftung für rückständige Verlustdeckungshaftung, die Ausfallhaftung nach § 24 GmbHG oder eine Haftung für Nachschüsse und Nebenleistungspflichten besteht, wird hingegen mit gutem Grund bezweifelt (vgl. u.a. **483**

D. *Mayer* DNotZ 2008, 403, 405 f.). Zu beachten ist in diesem Zusammenhang, dass sich die Haftung des Erwerbers eines Geschäftsanteils gemäß § 16 II GmbHG auch auf **Ansprüche** der Gesellschaft **aus § 31 GmbHG** auf Erstattung von Zahlungen, welche den Vorschriften des § 30 GmbHG zuwider geleistet worden sind, erstrecken kann (*OLG Köln* ZIP 2011, 863).

484 Darüber hinaus empfiehlt sich ein **Hinweis** auf die Problematik der **wirtschaftlichen Neugründung** beim Erwerb einer Vorrats- oder Mantel-GmbH (dazu Rn. 494 ff.). Schließlich sollte der Notar die Vertragsparteien bei jeder Anteilsabtretung auf die möglichen Folgen einer materiell **unrichtigen Gesellschafterliste** hinweisen, insb. auf die Unwirksamkeit von Gesellschafterhandlungen des (noch) nicht eingetragenen Erwerbers nach § 16 I 1 GmbHG und die Gefahr eines gutgläubigen Erwerbs vom (noch) eingetragenen Veräußerer nach § 16 III GmbH (so zutr. *Götzel/Bressler* NZG 2007, 894, 896).

9. Steuern

485 Es ist zu beachten, dass nach § 1 III bzw. § 1 IIIa GrEStG **Grunderwerbsteuer** anfällt, wenn sich Grundstücke im Gesellschaftsvermögen befinden und die Übertragung zur Vereinigung von mindestens 95 % der Anteile in einer Hand führt. Bemessungsgrundlage ist der Grundbesitzwert nach § 138 BewG. Bei Vorhandensein inländischen Grundbesitzes hat der Notar den Abschluss des Kaufvertrages der Grunderwerbsteuerstelle anzuzeigen (§ 18 II 2 GrEStG).

486 Wird der Geschäftsanteil im Privatvermögen gehalten, unterliegt der **Veräußerungsgewinn** in den meisten Fällen ebenfalls der Besteuerung: Liegt eine wesentliche Beteiligung vor (mind. 1%), so ergibt sich die Steuerpflicht aus §§ 17, 3 Nr. 40 EStG (Teileinkünfteverfahren); gleiches gilt (unabhängig von der Höhe der Beteiligung) für Anteile, die aus einem Einbringungsvorgang nach §§ 20, 21 UmwStG hervorgegangen sind, vgl. § 17 VI EStG. Ist die 1%-Schwelle nicht erreicht, so gilt für die nach 2008 erworbenen Anteile die Abgeltungsteuer nach §§ 20 II 1 Nr. 1, 32d EStG. Bei Spekulationsgeschäften greifen die §§ 22 Nr. 2, 23 I 1 Nr. 2 EStG ein. Nur für (nicht wesentliche, nicht einbringungsverbundene) vor 2009 erworbene Anteile im Privatvermögen kommt noch eine steuerfreie Veräußerung in Betracht.

487 Gehört die Beteiligung zum **Betriebsvermögen eines Einzelunternehmens** oder einer Mitunternehmerschaft, so führt die Veräußerung zu gewerblichen Einkünften (vgl. z. B. *BFH* NZG 2008, 518).

488 Werden **Anteile durch andere Kapitalgesellschaften gehalten**, führt § 8b II KStG im Regelfall zur Steuerfreiheit des Veräußerungsgewinns, bis auf einen Gewinnanteil von 5%, der als nicht abzugsfähige Betriebsausgabe angesehen wird. Dies gilt – zumindest nach derzeitigem Recht – auch für Veräußerungsgewinne aus Beteiligungen, deren Dividenden neuerdings als „Streubesitzdividenden" steuerpflichtig sind, vgl. § 8b IV KStG.

489 **Gewerbesteuerlich** ist die Anteilsveräußerung dann (weitgehend) befreit, wenn eine Beteiligungsschwelle von 15% erreicht wird, vgl. §§ 8 Nr. 5, 9 Nr. 2a GewStG.

490 Daneben ist zu beachten, dass die Veräußerung von Anteilen nach § 8c KStG zum Untergang körperschaftsteuerliche **Verlustvorträge** und nach § 10a GewStG zum Wegfall gewerbesteuerlicher Fehlbeträge führen und daher steuerliche Nachteile für die Gesellschaft und die Mitgesellschafter mit sich bringen kann. Eine eingehende steuerliche Prüfung ist daher Grundvoraussetzung jeder Geschäftsanteilsübertragung; der Notar sollte zumindest in der Urkunde – besser schon im Vorfeld der Beurkundung – darauf hinwirken, dass die Beteiligten entsprechenden Rat einholen.

10. Unternehmenskauf

491 Bei der Veräußerung eines oder mehrerer Geschäftsanteile, die zusammen dafür sorgen, dass der Käufer aufgrund des Erwerbs seinen unternehmerischen Willen in der Ge-

sellschaft rechtlich und tatsächlich umfassend durchsetzen kann, d. h. eine beherrschende Stellung und damit die unternehmerische Leitungsmacht und Verfügungsbefugnis über das Unternehmen erlangt, handelt sich faktisch um einen Unternehmenskauf (vgl. zum Ganzen umfassend Systematischer Praxiskommentar/*Weiler* Teil 2.2; Beck'sches Formularbuch Mergers & Acquisitions sowie Kap. D V.). In diesem Fall sind die Grundsätze über die Sachmängelhaftung im Kaufrecht anzuwenden, d. h. es entsteht eine Haftung für die Beschaffenheit des Unternehmens selbst (vgl. BGH NJW 1976, 236, 237 sowie Systematischer Praxiskommentar/*Weiler* Teil 2.2 Rn. 29). Dabei entspricht es der Praxis, den Verkäufer im Rahmen des Kaufvertrags **selbständige Garantieversprechen** zu bestimmten Eigenschaften oder Kennzahlen des Unternehmens abgeben zu lassen bei gleichzeitigem Ausschluss der gesetzlichen Mängelhaftung (hierzu Rn. 482). Die Rechtsfolgen werden dann durch vereinbarte Haftungsbegrenzung- bzw. Haftungsfreizeichnungsklauseln individuell angepasst (siehe u. a. *Seibt/Raschke/Reiche* NZG 2002, 256; Formulierungsbsp. zu Garantien in Unternehmenskaufverträgen finden sich bei *Lohr* GmbH-StB 2003, 234).

Im Hinblick auf die **Einführung des gutgläubigen Erwerbs** von Geschäftsanteilen **492** (ausf. Rn. 468 ff.) sollten trotz des damit verbundenen Ziels der Entlastung der Due-Diligence-Praxis aufgrund der Grenzen des gutgläubigen Erwerbs keine Einschränkungen bei den von Verkäufern abgegebenen Garantien zur Rechtsinhaberschaft des Anteils und zu den Rechten an ihm vorgenommen werden (siehe u. a. *Götze/Bressler* NZG 2007, 894, 899; *Stenzel* BB 2012, 337).

Bei der Vertragsgestaltung sind eine ganze Reihe von **Besonderheiten** zu beachten, **493** die im Wesentlichen auf dem Bestreben der Beteiligten beruhen, den rechtlichen und wirtschaftlichen Bestand des veräußerten Unternehmens zu erfassen und festzustellen (Zusicherungen, Mängelhaftungsfragen, Bilanzanpassungen, Wettbewerbsverbote, kartellrechtliche Fragen, steuerliche Gesichtspunkte; vgl. Kap. D V. sowie Hauschild/Kallrath/Wachter, Notarhandbuch Gesellschafts- und Unternehmensrecht, §§ 20 und 21).

11. Kauf einer Vorrats- oder Mantel-GmbH / Wirtschaftliche Neugründung

In Rechtsprechung und Literatur wird nicht immer klar getrennt zwischen dem Er- **494** werb von „Vorrats-Gesellschaften" und dem „Mantelkauf" (zum Ganzen ausf. *Rohles-Puderbach* RNotZ 2006, 274). Die **Vorrats-GmbH** ist eine nur zur Weiterveräußerung zunächst „auf Vorrat" gegründete Gesellschaft, die noch nie unternehmerisch tätig war (üblicher Unternehmensgegenstand: „Verwaltung des eigenen Vermögens"). Sie wird typischerweise von gewerblichen Anbietern errichtet und gehandelt (z. B. von der DNotV GmbH, Blitz, Foratis) und findet ihren Markt bei denjenigen Gründern, denen für eine Neugründung keine Zeit bleibt, z. B. weil ein „Vehikel" für einen Unternehmenskauf o. ä. benötigt wird. Eine **Mantelgesellschaft** ist demgegenüber eine existente, früher am Markt tätige, jetzt aber unternehmens- und oft auch vermögenslose Gesellschaft (vgl. die Nachw. bei *Heidinger/Meyding* NZG 2003, 112).

Beide Erscheinungsformen werden regelmäßig dadurch zu wirtschaftlichem Leben er- **495** weckt, dass ihre Anteile an einen Dritten veräußert werden, der im Regelfall eine Satzungsänderung vornimmt (Firma, Unternehmensgegenstand etc.), die Geschäftsführung auswechselt und möglicherweise den Gesellschaftssitz verlegt. Eine solche „Aktivierung" stellt nach Auffassung des *BGH* sowohl beim Kauf einer auf Vorrat gegründeten GmbH (vgl. *BGH* DNotZ 2003, 443) als auch bei einer Mantelverwendung (vgl. *BGH* DNotZ 2003, 951) eine **wirtschaftliche Neugründung** dar (zum Ganzen DNotI-Report 2011, 1; *Bachmann* NGZ 2011, 441; *Heinze* GmbHR 2011, 962; *Winnen* RNotZ 2013, 389; zur wirtschaftlichen Neugründung bei der AG vgl. DNotI-Report 2012, 93).

Es kann aber auch die **Wiederbelebung einer inaktiven GmbH** ohne Veräußerung vor- **496** kommen, z. B. im Konzern durch Zuführung neuen Kapitals, Änderung der Firma und des Gegenstandes des Unternehmens etc. (kritisch *Bärwaldt/Balda* GmbHR 2004, 350).

Eine wirtschaftliche Neugründung kommt allerdings nur in Betracht, wenn die Gesellschaft vorher tatsächlich eine „leere Hülse" ist, also kein aktives Unternehmen betreibt, an das die Fortführung des Geschäftsbetriebs – sei es auch unter wesentlicher Umgestaltung, Einschränkung oder Erweiterung seines Tätigkeitsgebiets – in irgendeiner wirtschaftlich gewichtbaren Weise anknüpfen kann. Eine **Unternehmenslosigkeit** in diesem Sinne liegt dann nicht vor, wenn die Gesellschaft nach Gründung und Eintragung konkrete Aktivitäten zur Planung und Vorbereitung der Aufnahme ihrer nach außen gerichteten Geschäftstätigkeit im Rahmen des statutarischen Unternehmensgegenstandes entfaltet (*BGH* DB 2010, 607) oder noch mit der Abwicklung ihres alten Geschäftsbetriebs befasst ist (*KG* ZIP 2012, 1863). Auch im **Liquidationsstadium** kann es somit zu einer wirtschaftlichen Neugründung kommen, wenn es sich um den leeren Mantel einer Abwicklungsgesellschaft handelt, der für eine neue Geschäftstätigkeit verwendet wird (*BGH* DNotZ 2014, 384).

497 Zusammenfassend ergibt sich aus der Rspr. des *BGH*, dass eine wirtschaftliche Neugründung ausscheidet, solange der Aufbau, das operative Geschäft, die Zerschlagung oder Restrukturierung des Unternehmens aktiv betrieben wird. Diese **kontinuierliche Aktivität** der Gesellschaft sollte – unabhängig von der im Ernstfall maßgeblichen Beweislast – nachprüfbar dokumentieren, wer die Haftung wegen wirtschaftlicher Neugründung vermeiden will (*K. Schmidt* DB 2014, 701, 703).

498 Liegt eine wirtschaftliche Neugründung vor, verlangt die Rspr. von den Beteiligten:
– die **Offenlegung** der wirtschaftlichen Neugründung gegenüber dem Registergericht und
– eine erneute **Versicherung** sämtlicher Geschäftsführer gemäß §§ 8 II, 7 II, III GmbHG, dass die auf die Geschäftsanteile zu erbringenden Leistungen bewirkt sind und der Gegenstand dieser Leistungen sich – weiterhin oder jedenfalls wieder – in ihrer freien Verfügung befindet.

499 Die erforderliche **Offenlegung** erfolgt im Rahmen der **Registeranmeldung,** in der im Regelfall auch die Geschäftsführung ausgewechselt und die entsprechenden Satzungsänderungen angemeldet werden. Ist aktuell keine dieser Maßnahmen geplant, so hat die Offenlegung im Rahmen der Registeranmeldung betreffend die Versicherung über die Einlageleistungen zu erfolgen (siehe u.a. *BGH* DNotZ 2003, 951; *OLG München* NZG 2010, 544). Im Hinblick auf die Rechtsprechungsänderung des *BGH* zur wirtschaftlichen Neugründung (*BGH* DNotZ 2013, 43) dürfte allerdings nunmehr auch eine sogenannte „isolierte Offenlegung" etwa durch einfache Faxmitteilung zeitnah zum Beurkundungsvorgang zulässig sein, denn damit tritt die wirtschaftliche Neugründung erstmals nach außen in Erscheinung.

500 Flankierend zur Offenlegungspflicht und zur Geschäftsführerversicherung erklärt der *BGH* (DNotZ 2003, 951) auch die Grundsätze der **Unterbilanzhaftung** (Verpflichtung der Gesellschafter, eine am Tag der Offenlegung der wirtschaftlichen Neugründung bestehende Unterbilanz oder gar Überschuldung zu beseitigen) im Falle einer wirtschaftlichen Neugründung für entsprechend anwendbar (ausf. zur Haftungsthematik bei wirtschaftlichen Neugründungen *Hüffer* NZG 2011, 1257; *Peetz* GmbHR 2011, 178). Der Umfang der Unterbilanzhaftung ist selbst bei einer unterlassenen Offenlegung abhängig von der **Deckungslücke** zwischen Gesellschaftsvermögen und Stammkapitalziffer **im Zeitpunkt der wirtschaftlichen Neugründung** (*BGH* DNotZ 2013, 43 entgegen der Vorinstanz *OLG München* NZG 2010, 544; hierzu u.a. *Bachmann* NZG 2012, 579; *Gottschalk* DStR 2012, 1458; *Horn* DB 2012, 1255; *Jeep* NZG 2012, 1209; *Podewils* GmbHR 2012, 1175; siehe auch *OLG Düsseldorf* DNotZ 2013, 70). Maßgeblich ist der Zeitpunkt, in dem die wirtschaftliche Neugründung erstmals nach außen in Erscheinung tritt, sei es durch entsprechende Offenlegung gegenüber dem Registergericht (etwa im Rahmen einer Satzungsneufassung bzw. Auswechslung der Organe) oder durch die Aufnahme der (neuen) wirtschaftlichen Tätigkeit (*BGH* DNotZ 2013, 43). Somit kommt eine Unterbilanzhaftung wegen unterlassener Offenlegung der wirtschaftlichen Neu-

6. Teil. Verfügungen über Geschäftsanteile D I

gründung einer Vorrats-GmbH insbesondere dann nicht in Betracht, wenn das statutarische Stammkapital der Gesellschaft vollständig eingezahlt und bei Aufnahme der neuen Geschäftstätigkeit noch unverbraucht vorhanden ist (vgl. KG ZIP 2010, 582; *K. Schmidt* ZIP 2010, 857, 860). Demnach dürfte die Unterbilanzhaftung beim Erwerb echter Vorratsgesellschaften kein Thema mehr sein, sofern diese zum Zeitpunkt des Erwerbs noch keine Verbindlichkeiten eingegangen sind. Bei Mantelgesellschaften hingegen besteht weiter das Risiko der vollen Haftung für Altverbindlichkeiten zuzüglich des nominellen Stammkapitals.

Zu beachten ist, dass die Verpflichtung des Gesellschafters, eine zum Zeitpunkt einer 501 wirtschaftlichen Neugründung bestehende Unterbilanz auszugleichen, eine auf den Geschäftsanteil rückständige Leistung darstellt, die auch jeden späteren **Erwerber eines Geschäftsanteils** der betroffenen GmbH treffen kann (*BGH* ZIP 2012, 817; *OLG München* NZG 2010, 544, 546f.; *Peetz* GmbHR 2011, 178; *Podewils* GmbHR 2010, 684; *K. Schmidt* ZIP 2010, 857). Die Haftung entnahmen *BGH* und *OLG München* § 16 III GmbHG a. F. Auch die engere Fassung des § 16 II GmbHG n. F. („Einlageverpflichtung") schützt den Erwerber nach h. M. (vgl. nur Baumbach/Hueck/ *Fastrich* § 16 Rn. 23) nicht, selbst wenn er die offenen Einlagen nachzahlt. Ein Erwerber von Geschäftsanteilen sollte sich daher zumindest in Verdachtsfällen zusätzlich garantieren lassen, dass eine wirtschaftliche Neugründung der GmbH nicht erfolgt ist bzw. alle wirtschaftlichen Neugründungen ordnungsgemäß offen gelegt wurden (*Apfelbaum* MittBayNot 2010, 328, 331).

Neben der Unterbilanzhaftung hält der *BGH* (DNotZ 2003, 951) auch die **Handeln-** 502 **denhaftung** nach § 11 II GmbHG im Falle einer wirtschaftlichen Neugründung für entsprechend anwendbar. Allerdings hat der *BGH* (DNotZ 2012, 151) hierzu inzwischen klargestellt, dass eine Haftung der handelnden Personen analog § 11 II GmbHG nur dann in Betracht kommt, wenn die Geschäfte vor Offenlegung der wirtschaftlichen Neugründung aufgenommen worden sind und dem nicht alle Gesellschafter zugestimmt haben.

Versichert der **Geschäftsführer** bei der Offenlegung der wirtschaftlichen Neugründung 503 der Wahrheit zuwider, dass sich das Stammkapital endgültig in seiner freien Verfügung befindet, **haftet** er der Gesellschaft im Übrigen **analog § 9a I GmbHG** (*BGH* DNotZ 2012, 151; zu dieser Entscheidung und umfassend zur Haftung des Geschäftsführers bei wirtschaftlichen Neugründungen *Hüffer* NZG 2011, 1257).

Insbesondere bei der Verwendung eines bereits am Markt tätig gewesenen GmbH- 504 Mantels entstehen insgesamt betrachtet u. U. **existenzgefährdende Haftungsrisiken**, auf die der Notar hinzuweisen hat und die letztlich diese Erscheinungsform des Anteilserwerbs als praxisuntauglich qualifizieren (ausf. *Peetz* GmbHR 2011, 178). In jedem Fall sollte die Offenlegung der wirtschaftlichen Neugründung beim Registergericht möglichst schnell erfolgen.

Weiterhin ungeklärt ist die Frage, ob bei einer wirtschaftlichen Neugründung die 505 **Sacheinlagevorschriften** und dabei insbesondere § 19 IV GmbHG (Regelung der verdeckten Sacheinlage) sowie **§ 19 V GmbHG**, d. h. die Regelung zum Hin- und Herzahlen, Anwendung finden (hierzu ausf. *Gröhmann* RNotZ 2011, 290; *Apfelbaum* notar 2011, 279, 281).

Wurde die **Offenlegung** trotz wirtschaftlicher Neugründung **unterlassen**, können sich 506 die Risiken für die Gesellschafter evtl. durch eine **Verschmelzung** der betroffenen Gesellschaft beseitigen lassen. Es spricht vieles dafür, dass im Zuge der Verschmelzung das „Unterbilanzhaftungsrisiko" nicht auf die übernehmende Gesellschaft übergeht. Etwas anderes gilt hingegen, wenn ein Haftungsanspruch bereits entstanden ist; dieser dürfte ohne Weiteres im Wege der Gesamtrechtsnachfolge auf die übernehmende Gesellschaft übergehen (vgl. ausf. DNotI-Report 2011, 49).

Für den beurkundenden **Notar** ist der Erwerb einer Vorrats-GmbH in der Regel leicht 507 erkennbar. Auf eine Mantelverwendung wird er schließen können, wenn für die Anteile an einer GmbH lediglich ein symbolischer Kaufpreis bezahlt wird und die Anteilsübertragung

508 Ist bei der Verwendung von Mantelgesellschaften das Stammkapital – wie zumeist – weitgehend oder vollständig aufgebraucht, sind dem Gesellschaftsvermögen entsprechende Einlagen zuzuführen, bis nach einer Ansicht (siehe z.B. *K. Schmidt* Gesellschaftsrecht § 4 III 3d; *Priester* DB 1983, 2291, 2295 f.) die Mindesteinlagen (vgl. § 7 II GmbHG), nach anderer, auch vom *BGH* geteilter Ansicht (siehe z.B. *BGH* DNotZ 2003, 951, 955; *OLG Nürnberg* MittBayNot 2011, 417, 420; Baumbach/Hueck/ *Fastrich* § 3 Rn. 13b m.w.N.) **das gesamte Stammkapital „aufgefüllt"** ist. Der *BGH* führt hierzu aus, dass die mit der Offenlegung der Mantelverwendung gegenüber dem Registergericht zu verbindende **Versicherung** gemäß § 8 II GmbHG am satzungsmäßigen Stammkapital auszurichten ist, so dass im Zeitpunkt der Offenlegung die Gesellschaft noch ein Mindestvermögen in Höhe der statutarischen Stammkapitalziffer besitzen muss, von dem sich ein Viertel – wenigstens aber 12.500 EUR – wertmäßig in der freien Verfügung der Geschäftsführung zu befinden hat (*BGH* DNotZ 2003, 951, 955). Da eine erneute Einzahlung auf die bereits bei der Gründung übernommenen Einlagen aus dogmatischen Gründen ausscheidet, muss dem Gesellschaftsvermögen der fehlende Betrag über freiwillige „Nachschüsse" der Gesellschafter zufließen. Die „Auffüllung" des Stammkapitals durch eine Darlehensgewährung scheidet aus (vgl. dazu auch *OLG Jena* MittBayNot 2005, 60 und *K. Schmidt* NJW 2004, 1345, 1347).

509 Hinsichtlich der **Kosten** der wirtschaftlichen Neugründung ist zu beachten, dass nach Ansicht des *OLG Stuttgart* (GmbHR 2012, 1301 m. Anm. *Oppenländer*) in einem aktienrechtlichen Fall diese Kosten von der Gesellschaft übernommen und die entsprechende Satzungsergänzung in das Handelsregister eingetragen werden können, wenn bei der ursprünglichen (Vorrats-)Gründung der Gründungsaufwand ausschließlich von den Gründern getragen wurde.

510 Formulierungsbeispiel: Gründungskosten wirtschaftliche Neugründung

> Die Gesellschaft trägt die mit der wirtschaftlichen Neugründung verbundenen Kosten bis zu einem Gesamtbetrag von 2.000 EUR.

511 Die Verwendung von Mantelgesellschaften hat wegen des Wegfalls steuerlicher Vorteile (hierzu Kap. E Rn. 298 ff.) **kaum mehr Praxisrelevanz** (siehe *K. Schmidt* ZIP 2010, 857: „Das Massengeschäft mit GmbH-Mänteln ist tot"). Auch das Bedürfnis nach dem Erwerb von Vorratsgesellschaften ist aufgrund der mit dem MoMiG verbundenen Erleichterung und Beschleunigung der Neugründung von GmbHs weiter zurückgegangen.

III. Sicherungsabtretung/Verpfändung

1. Grundlagen

512 Geschäftsanteile können als Sicherheit für eine Verbindlichkeit verpfändet oder abgetreten werden (Vertragsmuster im MünchVertrHdb I, Form. IV 72 und IV 73; ausf. zum Gesellschaftsanteil als Mittel der Kreditsicherung *Hermanns* RNotZ 2012, 490). Neben den unterschiedlichen zivilrechtlichen Folgen ist insbesondere zu beachten, dass eine Sicherungsabtretung gegebenenfalls der Grunderwerbsteuer unterliegt und überdies den Sicherungsnehmer mit allen Verpflichtungen aus der Gesellschafterstellung belastet. In der Regel ist daher die **Verpfändung** als Sicherungsmittel **vorzuziehen** (vgl. hierzu Hauschild/Kallrath/Wachter/*Kallrath*, Notarhandbuch Gesellschafts- und Unternehmensrecht, § 13 Rn. 655 ff.; *Reymann* DNotZ 2005, 425; *Sieger/Hasselbach* GmbHR 1999, 633; *Kolkmann* MittRhNotK 1992, 1; *Rodewald* GmbHR 1995, 418).

2. Form

Verpfändung (§ 1274 I 1 BGB, § 15 III GmbHG) und Sicherungsabtretung (§ 15 III GmbHG) bedürfen der **notariellen Beurkundung**. Zur Erfüllung dieses Formerfordernisses wird bei der Verpfändung von Geschäftsanteilen regelmäßig der gesamte Pfandvertrag beurkundet, der neben der – wegen des Verweises von § 1274 I 1 BGB ausschließlich auf § 15 III GmbHG nach h. M allein beurkundungspflichtigen – dinglichen Pfandrechtsbestellung auch eine Vielzahl von schuldrechtlichen Verpflichtungen zwischen Pfandgläubiger und Verpfänder enthält (vgl. *Hermanns* RNotZ 2012, 490, 491 m. w. N. auch zur Gegenansicht, die das Verpflichtungsgeschäft ebenfalls der Beurkundungspflicht unterwerfen will). Jedenfalls beurkundungspflichtig sind alle das Pfandrecht selbst betreffenden **Nebenabreden** (Scholz/*Seibt* § 15 Rn. 174; *Reichert/Weller*, Der GmbH-Geschäftsanteil, § 15 Rn. 282; vgl. auch *Hermanns* RNotZ 2012, 490, 492; *Mertens* ZIP 1998, 1787, 788; zur Beurkundungspflicht i. B. a. Nebenabreden vgl. auch Rn. 451). Zur Vermeidung des Risikos einer Formnichtigkeit des Pfandvertrages wird teilweise empfohlen, auch den der Verpfändung zugrunde liegenden Darlehensvertrag zu beurkunden (dazu *Reymann* DNotZ 2005, 425, 428; *Seel* GmbHR 2004, 180). In jedem Fall ist es erforderlich, die gesicherte Forderung hinreichend genau zu bezeichnen, da es sich bei der Verpfändung um ein akzessorische Sicherungsrecht handelt (*Bruns* GmbHR 2006, 587, 588; *Heidenhain* GmbHR 1996, 275, 76; BeckFormbGmbH/*Gerber*, D. V. 1. Anm. 3).

513

3. Verfügungsbeschränkungen

Als Belastung des Geschäftsanteils unterliegt auch die Verpfändung einer in der Satzung verankerten Verfügungsbeschränkung (*Reymann* DNotZ 2005, 425, 427; zu Vinkulierungsklauseln ausf. Rn. 89 ff.). Fehlt eine solche, ist der Geschäftsanteil ohne weitere Voraussetzungen verpfändbar (vgl. § 15 I GmbHG).

514

IV. Treuhandverträge

1. Grundlagen

Im Hinblick auf die Art der Erlangung der Treuhänderstellung sind drei Konstellationen zu unterscheiden: Zum einen kann der Treugeber den zuvor von ihm selbst gehaltenen Geschäftsanteil auf den Treuhänder übertragen und diesen zugleich verpflichten, den Geschäftsanteil zwar im eigenen Namen, aber für Rechnung des Treugebers zu halten (sog. **Übertragungstreuhand**). Eine weitere Möglichkeit besteht darin, dass der Treuhänder den Geschäftsanteil nicht vom Treugeber, sondern lediglich in dessen Auftrag von einem Dritten erwirbt (sog. **Erwerbstreuhand**). Unter Erwerbstreuhand fällt dabei der Erwerb bereits existierender Geschäftsanteile ebenso wie die Verpflichtung, sich im Auftrag des Treugebers an einer Gesellschaftsgründung (**Gründungstreuhand** – vgl. hierzu das Vertragsmuster im MünchVertrHdb I, Form. IX 14) oder Kapitalerhöhung zu beteiligen und im Zuge dessen erst zu schaffende Geschäftsanteile zu erwerben. Ist der Treuhänder bereits Gesellschafter, so kann er sich schließlich auch gegenüber dem Treugeber verpflichten, den bislang im eigenen Namen und für eigene Rechnung gehaltenen Geschäftsanteil zukünftig für den Treugeber zu halten (sog. **Vereinbarungstreuhand**). Die dingliche Zuordnung des Geschäftsanteils wechselt im zuletzt genannten Fall nicht (Musterformulierungen hierzu bei *Langenfeld* GmbH-StB 2000, 23).

515

516 Gegenstand der Treuhand sind ein oder mehrere Geschäftsanteile, die hinreichend genau zu bestimmen sind. Die Begründung von Treuhandverhältnissen an **Teilen von GmbH-Geschäftsanteilen** ist zulässig, aber nur in den Fällen praxisrelevant, in denen eine Vorratsteilung am Fehlen eines entsprechenden Zustimmungsbeschlusses der Gesellschafterversammlung oder anderen, satzungsmäßig aufgestellten Hürden scheitert (vgl. Rn. 432 ff.). Mit einer vorherigen Teilung lässt sich somit der mit erheblichen Problemen verbundene Fall der Vereinbarungstreuhand an Teilgeschäftsanteilen vernünftig lösen (vgl. hierzu *Elsing* ZNotP 2008, 151).

2. Form

517 Ob die Begründung einer Treuhandstellung an einem GmbH-Geschäftsanteil nach § 15 III, IV GmbHG beurkundungspflichtig ist, hängt sowohl von der Art der Erlangung der Treuhänderstellung (siehe Rn. 515) als auch von der konkreten Ausgestaltung des Treuhandverhältnisses ab (zum Ganzen *Werner* GmbHR 2006, 1248, 1250 ff.; *Grage* RNotZ 2005, 251, 252 ff.; *Schulz* GmbHR 2001, 282). Betrifft der Treuhandvertrag einen erst künftig mit Gründung der Gesellschaft entstehenden Geschäftsanteil, bedarf der Treuhandvertrag grds. dann nicht der notariellen Form, wenn er vor der Gründung geschlossen wird (h. M., vgl. *BGH* DNotZ 2006, 774; DStR 1999, 861; anders aber, wenn Rückabtretung im Treuhandvertrag enthalten, vgl. sogleich Rn. 522). Die Begründung eines Treuhandverhältnisses durch Übertragung der Treugeberstellung auf einen Dritten und wegen § 15 IV GmbHG auch die Vereinbarungstreuhand (Verpflichtung, den Geschäftsanteil künftig für einen Treugeber zu halten, vgl. *BGH* DStR 1999, 861) sind in jedem Fall beurkundungspflichtig, da sie zumindest inzident zur Abtretung der Anteile nach Beendigung des Treuhandverhältnisses verpflichten (vgl. zusammenfassend *Schulz* GmbHR 2001, 282).

518 Auch die **Abtretung der Rückübertragungsansprüche** aus einem Treuhandvertrag ist formbedürftig (§ 15 III GmbHG), wenn hiermit ein Treugeberwechsel verbunden ist; keiner Form bedarf dagegen die Abtretung des Anspruchs des Treugebers gegen den bisherigen Treuhänder auf Übertragung eines Geschäftsanteils auf einen neuen Treuhänder (BGHZ 19, 71).

3. Verfügungsbeschränkungen

519 Bei der Auflösung einer Gründungstreuhand und der damit verbundenen Abtretung der Anteile an den Treugeber muss geprüft werden, ob die Satzung die Übertragung von Geschäftsanteilen an die **Zustimmung** der Gesellschaft und/oder der Gesellschafterversammlung koppelt (vgl. Rn. 89 ff.). Wird die Gründungstreuhand notariell beurkundet, so sollte unverzüglich eine etwa erforderliche Zustimmung für die in Ausführung des Treuhandverhältnisses erforderliche Übertragung des Geschäftsanteils bzw. für eine aufschiebend bedingte Abtretung eingeholt werden. Andernfalls kann der Treugeber nicht sichergehen, dass er Gesellschafter wird. Darüber hinaus ist zu beachten, dass nicht nur die Abtretung bei Auflösung der Treuhand, sondern nach Auffassung des *BGH* schon **der Treuhandvertrag selbst** unwirksam ist, wenn er ohne eine nach dem Gesellschaftsvertrag erforderliche Zustimmung abgeschlossen wird (str., vgl. *BGH* NZG 2006, 627; dazu *Tebben* GmbHR 2007, 63). Aber selbst ohne explizite Ausweitung einer Vinkulierungsklausel auf Treuhandverhältnisse ist denkbar, dass eine Auslegung der Klausel die Anwendbarkeit des Zustimmungserfordernisses auch auf die Treuhandabrede ergibt. Angesichts der bestehenden Rechtsunsicherheiten ist aus kautelarjuristischer Sicht in jedem Fall eine klare und eindeutige Formulierung der Vinkulierungsklausel angezeigt (ausf. hierzu *Grage* RNotZ 2005, 251, 255 ff.).

520 Daneben sind sonstige **Abtretungsbeschränkungen** zu beachten (z. B. Vorkaufs- und Ankaufsrechte; vgl. Rn. 94); jede Abtretung der Anteile vom Treuhänder an den Treugeber oder einen Dritten unterliegt diesen Beschränkungen.

4. Effektiver Schutz des Treugebers

Ein effektiver Schutz des Treugebers kann nur erreicht werden, wenn der Treuhand- 521 vertrag für den Fall des Eintritts bestimmter Ereignisse (z. B. Tod des Treuhänders, Kündigung des Treuhandvertrages, vertragswidrige Abtretung des Anteils durch den Treuhänder, Eröffnung des Insolvenzverfahrens über das Vermögen des Treuhänders) die **aufschiebend bedingte Übertragung** des Treuguts (Geschäftsanteil) auf den Treugeber vorsieht (vgl. *Hegmanns* ZIP 1989, 900 und die Vertragsgestaltung im MünchVertrHdb I, Form. IX 14). Dem Treugeber steht bei Einzelzwangsvollstreckungsmaßnahmen von Gläubigern des Treuhänders und bei einer Insolvenz des Treuhänders die Drittwiderspruchsklage nach § 771 ZPO und das Aussonderungsrecht nach § 47 InsO nämlich nur zu, wenn das Treugut unmittelbar aus dem Vermögen des Treugebers auf den Treuhänder übertragen worden ist („**Unmittelbarkeitsprinzip**"; vgl. *BGH* NJW 1993, 2622; 1971, 559; zum Ganzen *Grage* RNotZ 2005, 251, 264). Diese Voraussetzungen sind bei der Erwerbs- und der Vereinbarungstreuhand nicht gegeben, da der Treuhänder hier einen Geschäftsanteil ohne Durchgangserwerb beim Treugeber bekommt bzw. diesen schon vorher hält. Durch eine aufschiebend bedingte Übertragung des Geschäftsanteils auf den Treugeber kann diesem Risiko erfolgreich begegnet werden (vgl. § 161 I 2 BGB).

Die hier vorgeschlagene Gestaltung führt zwar zur **Beurkundungspflicht** der Gründungstreuhand (vgl. Roth/Altmeppen/*Altmeppen* § 15 Rn. 80),, ist aber aus den vorgenannten Gründen der Sicherung durch eine an den Treugeber erteilte Vollmacht oder einem unwiderruflichen Angebot des Treuhänders auf Übertragung an den Treugeber oder einer Verpflichtung zur Abtretung an einen Dritten auf Weisung des Treugebers vorzuziehen (vgl. auch *Schaub* DStR 1996, 65). Allerdings sollten diese weiteren Optionen ggf. zusätzlich in den Treuhandvertrag aufgenommen werden, um den Handlungsspielraum des Treugebers zu erweitern. Eine etwa erforderliche Zustimmung zur bedingten Abtretung ist bereits bei Abschluss des Treuhandvertrages einzuholen. Nur dann ist im Zeitpunkt des Bedingungseintritts sichergestellt, dass der Treugeber auch tatsächlich Gesellschafter werden kann.

5. Belehrungen

Der Notar sollte insb. darauf hinweisen, dass der Treugeber neben dem Treuhänder 523 für die Ansprüche der Gesellschaft aus §§ 19, 24, 30 und 31 GmbHG haftbar ist (siehe auch § 9a IV GmbHG für die Gründungshaftung).

6. Steuern

Übernimmt der Treuhänder mindestens 95% der Anteile und gehört zum Vermögen 524 der GmbH ein Grundstück, löst die Rückübertragung der Anteile an den Treugeber Grunderwerbsteuer aus (vgl. § 1 III Nr. 1 GrEStG und *BFH* BStBl. 1980 II 357).

V. Nießbrauch

1. Grundlagen

Die Einräumung eines Nießbrauchs an GmbH-Geschäftsanteilen als dingliche Belas- 525 tung der Mitgliedschaft ist auf Basis von § 1068 BGB zulässig (zum Ganzen Hauschild/Kallrath/Wachter/*Kallrath*, Notarhandbuch Gesellschafts- und Unternehmensrecht, § 13 Rn. 670 ff.; *Frank* MittBayNot 2010, 96; *Wachter* GmbH-StB 1999, 172; Formulierungsbeispiele bei *Wachter* NotBZ 2000, 33 und 78). Häufigster Anwendungsfall ist die Übertragung von Geschäftsanteilen im Wege der vorweggenommenen Erbfolge unter

Vorbehalt der Nutzungen. Dem Nießbrauchsberechtigten gebühren nach der gesetzlichen Regelung die Nutzungen des Geschäftsanteils, d. h. die ausgeschütteten Gewinne. Auch Surrogate des Geschäftsanteils wie etwa der Anteil am Liquidationserlös unterliegen dem Nießbrauch.

2. Form

526 Die Bestellung des Nießbrauchs erfolgt gemäß § 1069 BGB nach den für die Abtretung des Geschäftsanteils geltenden Vorschriften, d. h. sie ist nach § 15 III GmbHG beurkundungspflichtig.

3. Verfügungsbeschränkungen

527 Nachdem Anteile an Kapitalgesellschaften grundsätzlich frei übertragbar sind (vgl. § 15 I GmbHG), steht § 1069 II BGB der Bestellung eines Nießbrauchs regelmäßig nicht entgegen. Zu beachten sind jedoch etwaige Vinkulierungsklauseln in der Satzung (hierzu ausf. Rn. 89 ff.), welche ggf. für die Übertragung und die Belastung von Anteilen unterschiedlich ausgestaltet sein können.

4. Kapitalerhöhung

528 Nicht zu den Nutzungen gehört das Bezugsrecht bei Kapitalerhöhungen, welches dem Gesellschafter zusteht. Dementsprechend erstreckt sich der Nießbrauch bei einer Kapitalerhöhung gegen Einlagen – anders als bei einer Kapitalerhöhung aus Gesellschaftsmitteln – nicht automatisch auf die hinzuerworbenen Anteile des Bestellers (siehe nur Lutter/Hommelhoff/*Bayer* § 15 Rn. 101; Michalski/*Ebbing* § 15 Rn. 197). Die Nießbrauchsvereinbarung sollte daher die Ansprüche des Nießbrauchsberechtigten bei einer Kapitalerhöhung regeln. Dabei kann dem Nießbrauchsberechtigten z. B. ein allgemeiner Anspruch auf Einräumung des Nießbrauchs an neu entstehenden Geschäftsanteilen eingeräumt werden (näher Hauschild/Kallrath/Wachter/*Kallrath*, Notarhandbuch Gesellschafts- und Unternehmensrecht, § 13 Rn. 671).

5. Verwaltungsrechte

529 Die mit dem Geschäftsanteil verbundenen Verwaltungsrechte und insbesondere das Stimmrecht stehen nach ganz überwiegender Auffassung allein dem Gesellschafter zu (siehe Hauschild/Kallrath/Wachter/*Kallrath*, Notarhandbuch Gesellschafts- und Unternehmensrecht, § 13 Rn. 673 m. zahlr. Nachw. auch zur Gegenansicht). Dementsprechend ist regelmäßig eine schuldrechtliche Vereinbarung zur Sicherstellung der Mitwirkungsmöglichkeit des Nießbrauchers insbesondere durch Gewährung von Informationsrechten und – sofern die Satzung der Gesellschaft dies zulässt – einer unwiderruflichen Stimmrechtsvollmacht angezeigt. Parallel sollte vereinbart werden, dass der Gesellschafter sein (ihm nicht entziehbares) Stimmrecht nur noch nach Weisung durch den Nießbrauchsberechtigten ausüben darf (Formulierungsbeispiele bei *Wachter* NotBZ 2000, 33 und Hauschild/Kallrath/Wachter/*Kallrath*, Notarhandbuch Gesellschafts- und Unternehmensrecht, § 13 Rn. 673).

7. Teil. Liste der Gesellschafter

I. Inhalt

Gemäß § 8 I Nr. 3 GmbHG ist bei der Erstanmeldung der GmbH im normalen Verfahren (bei der Gründung im vereinfachten Verfahren gilt das Musterprotokoll zugleich als Gesellschafterliste, so dass keine gesonderte Liste erforderlich ist, § 2 Ia 4 GmbHG; hierzu Rn. 21) eine von den Anmeldenden, d. h. allen (siehe § 78 GmbHG) Geschäftsführern unterschriebene Liste der Gesellschafter einzureichen, aus welcher Name, Vorname, Geburtsdatum und Wohnort der letzteren sowie die Nennbeträge und die laufenden Nummern der von einem jeden derselben übernommenen Geschäftsanteile ersichtlich sind. Später ist bei jeder Veränderung in den Personen der Gesellschafter oder des Umfangs ihrer Beteiligung eine neue, korrigierte Gesellschafterliste einzureichen, § 40 GmbHG (vgl. zur Gesellschafterliste ausf. Hauschild/Kallrath/Wachter/*Leitzen*, Notarhandbuch Gesellschafts- und Unternehmensrecht, § 13 Rn. 674 ff.; zu aktuellen Praxisfragen der Gesellschafterliste vgl. u. a. *Blasche* RNotZ 2014, 34; *D. Mayer* MittBayNot 2014, 24 und 114). 530

II. Bedeutung

1. Legitimationsbasis für die Gesellschafter

Gemäß § 16 I 1 GmbHG gilt im Verhältnis zur Gesellschaft nur derjenige als Gesellschafter, der in der zum Handelsregister aufgenommenen (= Einstellung der Liste in den online einsehbaren Registerordner, § 9 I HRV) Gesellschafterliste nach § 40 GmbHG eingetragen ist. Damit ist die Liste **alleinige Legitimationsbasis** für die Ausübung von Gesellschafterrechten (vgl. OLG Zweibrücken NZG 2012, 471; *D. Mayer* ZIP 2009, 1037, 1039 ff.). Etwas anderes mag möglicherweise in Erbfällen gelten, wo evtl. entsprechend § 67 II AktG eine Legitimation auch anderweitig erfolgen kann (vgl. *Apfelbaum* notar 2008, 160, 169). Betreffend die Eingliederungsvoraussetzungen für eine steuerliche Organschaft wird davon ausgegangen, dass dem Gesellschafter schon im Moment des Erwerbs des Anteils die Stimmrechte aus dem Anteil „zustehen" im Sinne von § 14 I 1 Nr. 1 KStG (vgl. *Stadler/Bindl* GmbHR 2010, 412). 531

Ausnahmsweise eröffnet § 16 I 2 GmbHG dem Erwerber jedoch die Möglichkeit, bereits **vor Aufnahme der Liste** in das Handelsregister unmittelbar nach Wirksamwerden des Erwerbs Rechtshandlungen in Bezug auf das Gesellschaftsverhältnis vorzunehmen. Derartige Rechtshandlungen sind zunächst schwebend unwirksam. Sie werden wirksam, wenn die Liste unverzüglich nach Vornahme der Rechtshandlung in das Handelsregister aufgenommen wird. Eine verspätete Aufnahme macht die Rechtshandlungen allerdings endgültig unwirksam. Ergänzend sollte daher dem Erwerber der Geschäftsanteile vom Veräußerer im Rahmen der Anteilsabtretung eine weitgehende (Stimmrechts-)**Vollmacht** erteilt werden. 532

Wird die Anteilsabtretung wie üblich **erst später wirksam** – etwa wenn noch der Eintritt von Bedingungen (z.B. die vollständige Bezahlung des Kaufpreises oder eine fusionskontrollrechtliche Freigabe) aussteht oder die Abtretung der Geschäftsanteile an weitere, noch nicht erfüllte Voraussetzungen (z.B. bei Vinkulierung des Geschäftsanteils, § 15 V GmbHG) geknüpft ist – so sollte der Erwerber mit der Beschlussfassung zuwarten, bis die Anteilsabtretung wirksam geworden ist oder den Veräußerer an der Beschlussfassung mitwirken lassen. Praktisch lässt sich dieses Problem ggf. über eine Stimmrechtsvollmacht lösen. Ansonsten ergeben sich komplizierte Fragen im Hinblick auf eine mögliche **rückwirkende Wirksamkeit der Stimmabgabe**, wenn die Liste unver- 533 zügich nach vollzogener Anteilsabtretung beim Register eingereicht wird (ausf. zur Mitwirkung des Anteilserwerbers bei Gesellschafterbeschlüssen vor Aufnahme der korrigierten Liste *Nolting* GmbHR 2010, 584). Die Sonderregelung in § 16 I 2 GmbHG führt somit nur dann zu einer wirklichen Erleichterung, wenn ausnahmsweise die Anteilsabtretung mit Beurkundung sofort wirksam wird (zum Ganzen *D. Mayer* DNotZ 2008, 403, 405).

534 Nach zutreffender Ansicht ist § 16 I 2 GmbHG auch in denjenigen Fällen (zumindest analog) anzuwenden, in denen die Geschäftsführer eine **fehlerhafte Liste unmittelbar vor Beschlussfassung** durch Einreichung einer neuen Liste korrigieren oder kein Erwerb i. S. v. § 16 I 2 GmbHG vorliegt (z. B. bei vorangegangener Einziehung). Andernfalls müsste in diesen Fällen zunächst abgewartet werden, bis die neue Liste im Handelsregister aufgenommen ist, was insb. bei Fristbindungen wie z. B. im Umwandlungsrecht (vgl. § 17 II 4 UmwG) nicht zumutbar wäre (so auch *D. Mayer* ZIP 2009, 1037, 1041 f.; Systematischer Praxiskommentar/*Westphal* § 16 Rn. 7).

535 Sofern seit Inkrafttreten des MoMiG am 1.11.2008 noch keine Veränderung erfolgt ist, welche die Einreichung einer neuen Liste erfordert hätte, ist mangels **Übergangsregelung** allein die alte Rechtslage vor Inkrafttreten des MoMiG maßgeblich (siehe u. a. *LG München I* NZG 2010, 394; a. A. *Saenger/Sandhaus* DNotZ 2013, 346 m.w.N.). Es kann nicht angenommen werden, dass der Gesetzgeber mit Inkrafttreten des MoMiG Gesellschaftern, die nach § 16 I GmbHG a. F. ordnungsgemäß bei der Gesellschaft angemeldet waren, aber nicht in einer eingereichten alten Liste aufgenommen sind, die ihnen zustehenden Gesellschafterrechte entziehen wollte.

536 Um Unwägbarkeiten z. B. im Hinblick auf die nach § 16 I 2 GmbHG erforderliche „unverzügliche Aufnahme" der Liste in das Handelsregister zu vermeiden, empfiehlt es sich nach wie vor, den **Veräußerer** sicherheitshalber an der **Beschlussfassung mitwirken zu lassen**, sofern keine Vertraulichkeitsgesichtspunkte entgegenstehen. Notfalls kann u. U. auch eine Umdeutung helfen: Verpflichtet beispielsweise der Alleingesellschafter einer GmbH bei der aufschiebend bedingten Abtretung seiner Anteile den Erwerber, einen Geschäftsführerwechsel zu beschließen, ist darin die Erteilung einer Stimmrechtsvollmacht zu sehen und die entsprechende Beschlussfassung des Erwerbers in eine solche im Namen des Veräußerers umzudeuten (*BGH* NZG 2008, 468).

2. Rechtsscheinträger für den gutgläubigen Erwerb

537 Seit Inkrafttreten des MoMiG lässt § 16 III GmbHG den gutgläubigen Erwerb eines Geschäftsanteils vom Nichtberechtigten zu, wenn der Veräußerer in der im Handelsregister aufgenommenen Gesellschafterliste als Rechtsinhaber eingetragen ist (vgl. zum Ganzen ausf. Rn. 468 ff. sowie *D. Mayer* DNotZ 2008, 403, 415 ff.). **Rechtsscheinträger** kann dabei nur eine den Anforderungen des § 40 GmbHG entsprechende **Gesellschafterliste** sein, wobei irrelevant ist, ob diese von einem Geschäftsführer oder – als bescheinigte Liste nach § 40 II GmbHG – vom Notar eingereicht wurde (zur Gesellschafterliste als Rechtsscheinträger *Bednarz* BB 2008, 1854).

III. Aktualisierung nach Veränderungen

1. Eintragungspflichtige Veränderungen

538 Nach jeder Veränderung in den Personen der Gesellschafter oder des Umfangs ihrer Beteiligung ist nach § 40 I, II GmbHG unverzüglich eine korrigierte Gesellschafterliste zum Handelsregister einzureichen, welche Name, Vorname, Geburtsdatum und Wohnort der Gesellschafter, die Nennbeträge und die Nummern sämtlicher Geschäftsanteile zu enthalten hat (vgl. § 8 I Nr. 3 GmbHG sowie Rn. 67 u. 428; zu einreichungspflichtigen Veränderungen der Beteiligungsverhältnisse vgl. umfassend *Bayer* GmbHR 2012, 1; zu

den Problemen der Regelung vgl. *Wicke* DB 2011, 1037; *D. Mayer* ZIP 2009, 1037 ff.; *Hasselmann* NZG 2009, 409 ff., 449 ff., 486 ff.; *Link* RNotZ 2009, 193, 194 ff.). Bei Kettenabtretungen und ähnlichen Sachverhalten ist somit für jede einzelne Veränderung eine neue Liste einzureichen (vgl. *LG München I* GmbHR 2010, 151 m. Anm. *Wachter*; *D. Mayer* MittBayNot 2014, 114, 125 f.; *Hasselmann* NZG 2009, 449, 450 m. w. N.; DNotI-Report 2011, 25). Nach Ansicht des *OLG Köln* gilt das grds. selbst dann, wenn Teilungsbeschluss und (unbedingte) Abtretung eines dadurch entstandenen Teilgeschäftsanteils in derselben Urkunde enthalten sind (*OLG Köln* DNotZ 2014, 387 m. Anm. *Heinemann*; vgl. hierzu ferner *Berninger* GmbHR 2014, 449). Ist eine Aktiengesellschaft Gesellschafterin einer GmbH, ist ab bestimmten Beteiligungsquoten daneben eine Anzeige nach § 21 AktG erforderlich (näher zu § 21 AktG *Grimm/Wenzel* AG 2012, 274; *Leitzen* MittBayNot 2012, 183; zum Verhältnis der beiden Publizitätsvorschriften § 40 GmbHG und § 21 AktG vgl. *Wachter* GmbHR 2011, 1084).

Inhaltlich besteht darüber hinaus ein gewisser Gestaltungsspielraum. Zusätzliche Angaben wie etwa Informationen zur Herkunft der Anteile dürften zulässig sein (hierzu *D. Mayer* ZIP 2009, 1037). Dies gilt insbesondere in denjenigen Fällen, in denen die Entwicklung des Gesellschafterkreises ansonsten intransparent würde. So hat das *OLG Jena* ausdrücklich klargestellt, dass das Gesetz eine solche „**Veränderungsspalte**" zwar nicht vorsehe, andererseits aber auch nicht verbiete (so wohl auch *BGH* GmbHR 2011, 943 und ausdrücklich befürwortend *OLG Jena* ZIP 2010, 831; für die Aufnahme einer Veränderungsspalte u. a. *Ising* NotBZ 2012, 369). 539

Ob es sich um eine **Veränderung** aufgrund **Einzelrechtsnachfolge** (Abtretung, Versteigerung, Kaduzierung), um eine **Gesamtrechtsnachfolge** (Erbfolge, Verschmelzung, Spaltung, Anwachsung, Begründung einer Gütergemeinschaft) oder um eine Veränderung ohne Rechtsnachfolge (z. B. Zusammenlegung oder Teilung von Geschäftsanteilen, Formwechsel eines Gesellschafters, Kapitalmaßnahmen, Aufstockung aufgrund von Einziehungsvorgängen) handelt, ist unerheblich (zu den verschiedenen Fallgruppen vgl. *Vossius* DB 2007, 2299). Unter „Veränderungen in den Personen der Gesellschafter" im Sinne von § 40 I GmbHG und § 16 I 1 GmbHG sind nach h. M. aber auch bloße Veränderungen der **Bezeichnung eines Gesellschafters** ohne Änderung seiner Identität (z. B. durch Eheschließung bei einer natürlichen Person oder Umfirmierung bei einer Gesellschaft) oder **Änderungen des Wohnortes** (nicht aber der nicht eintragungspflichtigen Adresse) eines Gesellschafters zu verstehen (vgl. z. B. Baumbach/Hueck/Zöllner/Noack § 40 Rn. 6; Roth/Altmeppen/*Altmeppen* § 40 Rn. 6; *Bayer* GmbHR 2012, 1, 2 m. w. N; *OLG Hamm* NZG 2011, 1395 zu einer Firmenänderung; a. A. z. B. *Ising* NZG 2010, 812, 816). 540

2. Nicht eintragungsfähige Veränderungen

Veränderungen, die weder die Person des Inhabers noch den Umfang der Beteiligung betreffen, d. h. insb. **Belastungen** von Geschäftsanteilen durch Begründung eines Nießbrauchs, durch Verpfändung oder durch Pfändung, werden dagegen nicht erfasst und sind aus der Liste nicht ersichtlich (zum Ganzen *D. Mayer* DNotZ 2008, 403, 417). Demgegenüber hält das *LG Aachen* (NZG 2009, 1157) einen Nießbrauch für eintragungsfähig. 541

Auch die Eintragung eines **Testamentsvollstreckervermerks** in der Gesellschafterliste ist jdf. nach Ansicht des *OLG München* **nicht zulässig**, da es an einer ausreichenden rechtlichen Grundlage fehlt (*OLG München* DNotZ 2012, 305; ebenso *Wachter* DB 2009, 159; a. A. *Beutel* NZG 2014, 646 sowie *Zinger/Urich-Erber* NZG 2011, 286, die eine analoge Anwendung des § 52 GBO befürworten, jedenfalls aber die Eintragungsfähigkeit des Testamentsvollstreckervermerks annehmen mit dem Argument, dass andernfalls die Gesellschafterliste ihrer Legitimations- und Rechtsscheinfunktion nicht gerecht würde). Mangels Eintragungspflicht ist im Sinne des Transparenzgedankens die Eintra- 542 gungsfähigkeit von **Verfügungsbeschränkungen** generell abzulehnen. Erwerber könnten ansonsten bei einem Schweigen der Liste irrtümlich auf die Verfügungsbefugnis des Gesellschafters vertrauen, was dem Grundsatz der Registerklarheit zuwider liefe (vgl. *Schmaltz* jurisPR-HaGesR 1/2012 Anm. 5). Darüber hinaus können de lege lata Verfügungsbeschränkungen ohnenhin nicht mittels gutgläubigen Erwerbs nach § 16 III GmbHG überwunden werden.

3. Nummerierung

543   Einmal vergebene **Nummern sollten** auch bei einer Anteilsabtretung **beibehalten werden**, da sich nur die Person des Anteilsinhabers, nicht aber der Anteil selbst verändert (so zu Recht *OLG Bamberg* DNotZ 2010, 871; *LG Augsburg* NZG 2009, 1032). Eine Änderung der Nummerierung widerspricht regelmäßig dem Sinn und Zweck des § 40 GmbH, die Transparenz der Beteiligungsverhältnisse möglichst umfassend zu gewährleisten (siehe BT-Drucks. 16/6140, S. 89). Gleichwohl ist eine Umnummerierung nach Ansicht des *BGH* zulässig, solange die **Transparenz der Beteiligungsverhältnisse** unter einer Umnummerierung nicht leidet und jeder Geschäftsanteil durch die Angabe der bisherigen Nummerierung zweifelsfrei zu identifizieren bleibt (*BGH* DNotZ 2011, 940; hierzu *Herrler* NZG 2011, 536; auch *Wachter* GmbHR 2010, 596 betont den Ermessensspielraum des Notars).

544   Die **Teilung** eines Geschäftsanteils (dazu Rn. 97, 432 ff.) führt zwingend zur Vergabe **neuer Nummern** in der Gesellschafterliste. Von dem dabei teilweise (vgl. *Wachter* NZG 2009, 1001, 1004; offenbar auch *LG Stendal* NZG 2010, 393) empfohlenen Vorgehen, nach dem ein Teil des ursprünglichen Geschäftsanteils die bisherige vergebene Nummer behält und nur den weiteren entstehenden Teilgeschäftsanteilen neue Nummern zugeordnet werden, ist abzuraten, da der ursprüngliche Geschäftsanteil mit der ursprünglichen Nummer nach der Teilung nicht mehr in der bisherigen Form existiert (so zu Recht *Melchior* NotBZ 2010, 213, 215; DNotI-Report 2010, 147, 148 f.). Nach einer verbreiteten Praxis werden für alle neu entstandenen Teilgeschäftsanteile neue, bislang freie Nummern vergeben (vgl. nur *Wachter* ZNotP 2008, 378, 385; *Heidinger* in: Heckschen/Heidinger § 13 Rn. 262; *Heckschen,* Das MoMiG in der notariellen Praxis, 2009, Rn. 469; *Götze/Bressler* NZG 2007, 894, 895; DNotI-Report 2010, 147, 148). Nachteil dieser Vorgehensweise ist, dass die bisherige Nummer frei bleibt, wodurch die Nummerierung nicht mehr fortlaufend ist. Vor diesem Hintergrund ist die Vergabe von Nummern in sog. „**Abschnittsstufen**" eine mögliche Alternative. Wird z. B. der Anteil Nr. 5 in zwei Anteile geteilt, könnten diese in Übereinstimmung mit DIN 4121 als 5.1 und 5.2 bezeichnet werden (vgl. *OLG Jena* DNotZ 2010, 873; kritisch *Melchior* NotBZ 2010, 213, 215 mit dem Argument, es handle sich bei dieser Kennzeichnung nicht um eine ganze natürliche Zahl, wie vom Gesetz vorgegeben). Nicht sinnvoll ist angesichts des eindeutigen Wortlauts von § 40 I 1 GmbHG die Verwendung von Buchstaben (z. B. 5a und 5b).

545   Nach der **Zusammenlegung** von Geschäftsanteilen ist ebenfalls eine neue Nummerierung in der Gesellschafterliste vorzunehmen, wobei zwei Möglichkeiten bestehen: Verwendung der bisherigen Nummer eines der zusammengelegten Geschäftsanteile oder Verwendung einer ganz neuen, bisher nicht verwendeten Nummer (siehe *Wicke* MittBayNot 2010, 283, 284). Die nicht mehr gebrauchte(n) Nummer(n) bleiben in beiden Fällen leer. Weitere praktikable Möglichkeiten gibt es nicht. Würde man nach Zusammenlegung eine fortlaufende, „unterbrechungsfreie" Nummerierung verlangen, führte dies regelmäßig zur Neunummerierung jedenfalls eines Teils der nicht von der Zusammenlegung betroffenen Geschäftsanteile, was schon aus praktischen Gesichtspunkten nicht sinnvoll erscheint (vgl. Michalski/ *Terlau* § 40 Rn. 9).

IV. Adressaten der Einreichungspflicht

1. Geschäftsführer

Adressaten der Einreichungspflicht sind die **Geschäftsführer** (§ 40 I GmbHG; zur Zuständigkeitskonkurrenz zwischen Geschäftsführer und Notar ausf. *Löbbe* GmbHR 2012, 7). Dabei handelt es sich um eine höchstpersönliche Verpflichtung, so dass die Gesellschafterliste nicht von einem Prokuristen unterschrieben werden kann (*OLG Jena* NZG 2011, 909). Zur Einreichung verpflichtet sind die Geschäftsführer jedoch nur, wenn ihnen die Veränderung mitgeteilt und nachgewiesen wurde (§ 40 I 2 GmbHG). Was den Nachweis betrifft, lässt sich an die Regelung des § 16 I GmbHG a. F. (Anmeldung der Anteilsabtretung bei der Gesellschaft) ebenso anknüpfen wie an die Anforderungen des § 67 III AktG (näher *D. Mayer* DNotZ 2008, 403, 412 f.). 546

Anders als bei der „Gründungsgesellschafterliste" nach § 8 I Nr. 3 GmbHG (dazu Rn. 206), die von sämtlichen Geschäftsführern der Gesellschaft zu unterzeichnen ist, reicht bei der geänderten Gesellschafterliste mangels Erwähnung des § 40 I GmbHG in § 78 GmbHG die Unterzeichnung durch Geschäftsführer **in vertretungsberechtigter Zahl** aus (h. M., vgl. Ulmer/Habersack/Winter/*Paefgen* § 40 Rn. 28; Scholz/*Seibt* § 40 Rn. 32 f.; Lutter/ Hommelhoff/*Bayer* § 40 Rn. 17; *OLG Jena* NZG 2011, 909, 910; a. A. *Hasselmann* NZG 2009, 486, 487; *Schmidt* NotBZ 2013, 13). 547

Über den Wortlaut des § 40 I GmbHG hinaus sind die Geschäftsführer befugt, für die **Berichtigung** technischer Defizite zu sorgen sowie eine inhaltliche Korrektur der Gesellschafterliste herbeizuführen, sofern diese mit Billigung der Gesellschafter erfolgt (vgl. *OLG München* DNotZ 2012, 475; Baumbach/Hueck/*Zöllner/Noack* § 40 Rn. 38 und 40). Dies gilt nach Auffassung des *BGH* (NZG 2014, 184) auch hinsichtlich der Korrektur einer unrichtigen, vom Notar nach § 40 II 1 GmbHG eingereichten Gesellschafterliste. Dabei ist nach dem Wortlaut der Entscheidung (vgl. Tz. 35: „nicht für eine ausschließliche Korrekturzuständigkeit des Notars") weiterhin eine eigene Korrekturzuständigkeit des Notars für „seine" unrichtige Liste anzunehmen (zum Ganzen DNotI-Report 2014, 22). Soweit der BGH weitergehend von einer generellen parallelen Einreichungszuständigkeit ausgehen sollte, ist dies mit der gesetzlichen Konzeption einer alternativen Zuständigkeit („anstelle") nicht vereinbar und aufgrund der damit einhergehenden Risiken (Gefahr divergierender Gesellschafterlisten; Verlust der Transparenz; unklare Haftungsverhältnisse) abzulehnen (krit. auch *Herrler* GmbHR 2014, 225; *Tebben* DB 2014, 585). 548

Der aktuelle Geschäftsführer einer GmbH ist auch dann zur Einreichung einer Gesellschafterliste beim Handelsregister verpflichtet, wenn die zu Grunde liegende **Abtretung** der Gesellschaftsanteile **vor** Inkrafttreten des **MoMiG** erfolgt ist (*KG* DNotZ 2012, 554). 549

Die Geschäftsführer und nicht der Notar sind zur Einreichung einer neuen Liste zuständig, wenn ein **Gesellschafter verstirbt**. Eine Mitwirkung des Notars liegt selbst dann nicht vor, wenn er das der Erbfolge zugrunde liegende Testament beurkundet hat (siehe nur *Lange* GmbHR 2012, 986, 987 f. m. w. N.; zur Gesellschafterliste im Erbfall vgl. außerdem *Tröder* notar 2011, 378). Die Geschäftsführer werden als Nachweis einen Erbschein oder eine notarielle letztwillige Verfügung mit Eröffnungsniederschrift fordern können. Beim Tod des Alleingesellschafter-Geschäftsführers vermag nach richtiger Auffassung § 16 I 2 GmbHG zu helfen: Der Erbe fasst den Beschluss über seine Bestellung zum Alleingeschäftsführer und reicht anschließend unverzüglich die korrigierte Gesellschafterliste ein (siehe nur Baumbach/Hueck/*Fastrich* § 16 Rn. 17; *Ising* NZG 2010, 812, 815; Michalski/*Ebbing* § 16 Rn. 97 m. w. N.). 550

2. Notar

551 Hat ein **Notar** an Veränderungen im Gesellschafterbestand mitgewirkt, hat er die aktualisierte Liste anstelle der Geschäftsführer einzureichen, § 40 II 1 GmbHG. Eine **Mitwirkung** liegt dabei nicht nur bei der Beurkundung einer Anteilsabtretung vor, sondern auch bei sonstigen Gesellschafterbeschlüssen, z. B. der Beurkundung eines Kapitalerhöhungs- bzw. Kapitalherabsetzungsbeschlusses. Für eine Mitwirkung reicht aber auch aus, dass der Notar ein von ihm beglaubigtes oder rein privatschriftliches Dokument erstellt. Eine Beglaubigung unter einem Fremdentwurf (z. B. unter einem Gesellschafterbeschluss oder einer Handelsregisteranmeldung) ist dagegen wohl keine Mitwirkung, da den Notar insoweit nur eingeschränkte Prüfungspflichten treffen (zutr. *Vossius* DB 2007, 2299, 2303 f.).

552 Haben **mehrere Notare** an der Veränderung mitgewirkt, kann es fraglich sein, welcher Notar für die Einreichung der Liste zuständig ist. Diese Frage stellt sich z. B., wenn im Rahmen einer Kapitalerhöhung ein Notar den Beschluss beurkundet, ein anderer aber die Registeranmeldung vorbereitet und beglaubigt hat (hierzu *Heckschen* NotBZ 2010, 151, 152). Tritt die Veränderung aufgrund **Angebot und Annahme** einer Geschäftsanteilsabtretung ein, die von unterschiedlichen Notaren beurkundet wurden, gilt Folgendes: Zuständig ist der Annahmenotar, wenn die Veränderung i. S. d. § 40 II 1 GmbHG allein durch die Beurkundung der Annahmeurkunde herbeigeführt wird, d. h. keine weiteren Bedingungen in der Angebotsurkunde enthalten sind. Sind dagegen in der Angebotsurkunde Bedingungen vereinbart (z. B. Kaufpreiszahlung, Kartellrechtsvorbehalt, etc.), ist der **Angebotsnotar** für die Listenerstellung zuständig, denn nur er kann den Eintritt der für die Rechtswirksamkeit der Abtretung vereinbarten Bedingungen prüfen (*D. Mayer* ZIP 2009, 1037, 1044). Das Registergericht kann jedenfalls eine durch den Angebotsnotar eingereichte Liste nicht zurückweisen (vgl. *OLG München* DNotZ 2013, 75).

553 Hat die Beurkundung der Anteilsabtretung im Ausland stattgefunden, darf das Registergericht – unabhängig von der Wirksamkeit der Beurkundung im Ausland (hierzu oben Rn. 459 ff.) – aufgrund des lediglich formellen Prüfungsrechts die Aufnahme einer von einem **ausländischen Notar** bescheinigten und beim deutschen Handelsregister eingereichten Gesellschafterliste grundsätzlich nicht ablehnen. Eine Ausnahme gilt nur dann, wenn die **Unrichtigkeit der Gesellschafterliste** für das Registergericht ohne Weiteres **feststeht**, weil der beurkundende ausländische Notar dem deutschen Notar offensichtlich nicht gleichwertig ist (*BGH* DNotZ 2014, 457; krit. hierzu u. a: *Herrler* GmbHR 2014, 225; *Hermanns* RNotZ 2014, 229 und *Seebach* DNotZ 2014, 413, 418 f.; siehe auch *OLG Düsseldorf* DNotZ 2011, 447; a. A. waren u. a. noch *OLG München* NZG 2013, 340; Baumbach/Hueck/Zöllner/Noack § 40 Rn. 69; Lutter/Hommelhoff/ *Bayer* § 40 Rn. 27; Roth/Altmeppen/*Altmeppen* § 40 Rn. 18; *Hasselmann* NZG 2013, 325; *Wicke* DB 2013, 1099).

554 Umstritten ist, ob der Notar auch in Fällen einer lediglich „**mittelbaren Mitwirkung**" an Veränderungen im Sinne des § 40 I GmbHG für die Einreichung der aktualisierten Liste zuständig ist (zum Ganzen *Heilmeier* NZG 2012, 217; *D. Mayer* DNotZ 2008, 403, 408). Abstrakt betrachtet werden dabei **zwei Kriterien** diskutiert: die **Finalität** der notariellen Tätigkeit für die Veränderung und eine für die Wirksamkeitsprüfung gemäß § 40 II 1 GmbHG hinreichende **Information** des Notars (siehe *Omlor* EWiR 2010, 251, 252).

555 In diesem Zusammenhang hat das *OLG Hamm (15. Zivilsenat;* DNotZ 2010, 214 m. Anm. *Ising)* zu Recht entschieden, dass der Rechtsbegriff der „Mitwirkung" auch die mittelbare Beteiligung des Notars an den Veränderungen in den Personen der Gesellschafter oder im Umfang ihrer Beteiligung erfasst (vgl. hierzu auch DNotI-Report 2010, 18 sowie *Ries* NZG 2010, 135). Im entschiedenen Fall gehörte zum Vermögen einer zu verschmelzenden Gesellschaft u. a. die Beteiligung an einer „T-GmbH". Der Notar beurkundete den Verschmelzungsvertrag und die Verschmelzungsbeschlüsse, durch welche die X-GmbH, zu deren Vermögen die T-GmbH gehört, auf die Y-GmbH verschmolzen wird. Im Hinblick auf die Veränderung des Gesellschafters der T-GmbH liege zwar eine nur **mittelbare Mitwirkung** des Notars vor, weil sich der Gesellschafterbestand der beteiligten GmbH durch die Verschmelzung geändert hat. Der Senat sieht aber keinen Grund, hier abweichend von dem umfassenden Wortlaut des § 40 II GmbHG von der Pflicht des Notars zur Erstellung der Gesellschafterliste abzusehen (str.; a.A. u.a. *Berninger* DStR 2010, 1292).

Es ist daher in jedem Fall ratsam, zum Nachvollzug von umwandlungsbedingten Änderungen der Gesellschafterstruktur von Drittgesellschaften in die Muster von Umwandlungsverträgen einen entsprechenden **Merkposten** einzubauen, wie er hinsichtlich der Grunderwerbsteuerthematik schon üblich ist.

556

Formulierungsbeispiel: Änderung der Gesellschafterstruktur durch Umwandlung	557
Die Erschienenen erklären, dass zum Vermögen der übertragenden Gesellschaft weder Grundbesitz noch Beteiligungen an Gesellschaften mit beschränkter Haftung oder sonstigen Handelsgesellschaften gehören.	

Dagegen hat das *OLG Hamm (27. Zivilsenat;* DNotZ 2012, 382 m.Anm. *Ising)* die Auffassung vertreten, die Beurkundung einer **Firmenänderung** hinsichtlich eines GmbH-Gesellschafters reiche nicht aus, den Notar gemäß § 40 II GmbHG zu verpflichten, eine entsprechend geänderte Gesellschafterliste für die an der Beurkundung nicht beteiligte GmbH zum Handelsregister einzureichen. Es spreche viel dafür, dass die Veränderung des Gesellschafterbestandes **finaler Gegenstand der notariellen Tätigkeit** und nicht nur deren Folge sein muss (so auch Baumbach/Hueck/*Zöllner/Noack* § 40 Rn. 56; *Wachter* ZNotP 2008, 378, 389). Denn die notwendige Abgrenzung der – ausschließlichen – Zuständigkeit zwischen Geschäftsführern und Notar für die – sanktionsbewehrte – Einreichungspflicht nach § 40 GmbHG für diese Fälle der „mittelbaren" Mitwirkung erfordere **eindeutige, objektiv prüfbare Kriterien** (zustimmend *Goetze/Zimmermann* notar 2012, 63).

558

Unabhängig davon, ob man das Kriterium der Finalität für entscheidend hält, ist jedenfalls die Ansicht desselben Senats des *OLG Hamm* in einer weiteren Entscheidung (DNotZ 2014, 539 m. abl. Anm. *Wachter)* nicht nachvollziehbar, wonach selbst die Beurkundung einer **Anteilsabtretung** durch den Notar nur eine mittelbare, keine Einreichungspflicht auslösende Mitwirkung sei, wenn ein vollmachtloser Vertreter **vorbehaltlich Genehmigung** für einen der Beteiligten auftritt. Die eintretende Veränderung ist auch in diesen Fällen finaler Gegenstand und direkte Folge der notariellen Urkunde. Die Auffassung des 27. Zivilsenats, der Notar sei nicht verpflichtet, Umstände wie etwa den Eintritt von Bedingungen oder die Erteilung von Genehmigungen zu überwachen, die nach seiner Beurkundungstätigkeit erfolgen, geht fehl, da die Überwachung der Wirksamkeit der beurkundeten Abtretung nicht nur wegen der neuen Gesellschafterliste Kern der notariellen Aufgaben im Rahmen von § 15 III GmbHG ist. Andernfalls müsste man eine die Einreichungszuständigkeit des Notars auslösende, unmittelbare Mitwirkung auch in Fällen ablehnen, in denen etwa aufgrund einer Vinkulierungsklausel oder wegen § 1365 BGB Zustimmungserklärungen zum Wirksamwerden der Abtretung erforderlich sind.

559

Fraglich bleibt indes, wie man in der Praxis verfahren soll, solange die **Zuständigkeit** für die Erstellung der Liste **noch nicht höchstrichterlich geklärt** ist. Dabei ist – trotz der generellen Zuständigkeit der Geschäftsführer zur Korrektur fehlerhafter Gesellschafterlisten (vgl. *BGH* NZG 2014, 184) – mit der Gesetzesbegründung (BT-Drucks. 16/6140 S. 43 ff.) und dem *OLG München* (DNotZ 2009, 637) nach wie vor von der Prämisse auszugehen, dass die Zuständigkeit des Notars gemäß § 40 II GmbHG die Zuständigkeit des Geschäftsführers verdrängt, also jeweils nur einer von beiden zuständig sein kann. Diese alternative Zuständigkeit hindert die Beteiligten jedoch nicht daran, die Gesell-

560

schafterliste **sowohl** von den **Geschäftsführern** (in vertretungsberechtigter Zahl) **als auch** dem **Notar** unterzeichnen zu lassen (dieses Vorgehen ist zulässig, vgl. *OLG Hamm* DNotZ 2010, 792). In diesem Fall wird die Liste unabhängig davon, welche Auffassung man zur Auslegung des § 40 II GmbHG vertritt, jedenfalls von einer der verpflichteten Personen unterschrieben.

561 Letztendlich ist es jedoch – unabhänig von den vorgenannten Zuständigkeitsfragen – **Daueraufgabe der Geschäftsführung**, die Gesellschafterlisten ständig zu überwachen und diese ggf. durch Einreichung einer neuen Gesellschafterliste zu korrigieren bzw. den Notar über eine erforderliche Korrektur der Liste zu informieren (vgl. die Nachweise bei *OLG Frankfurt* GmbHR 2011, 823, 826; *Liebscher/Götte* DStR 2010, 2038, 2041).

V. Zeitpunkt der Einreichung – Prüfungsumfang des Notars

1. Einführung

562 Die Einreichung der Liste durch den Notar erfolgt nach dem klaren Wortlaut des § 40 II 1 GmbHG erst **nach Wirksamwerden der Veränderung**, weshalb dem Notar insoweit eine Prüfungspflicht auferlegt ist.

2. Kapitalmaßnahmen

563 Da eine Kapitalerhöhung ebenso wie eine Kapitalherabsetzung zweifellos eine Veränderung des Umfangs der Beteiligung im Sinne von § 40 I 1 GmbHG beinhaltet, an der ein Notar unmittelbar mitwirkt im Sinne von § 40 II 1 GmbHG (siehe nur *OLG München* GmbHR 2010, 921), hat dieser unverzüglich nach deren Wirksamwerden eine aktualisierte, bescheinigte Gesellschafterliste einzureichen. Da die Kapitalmaßnahme als Satzungsänderung jedoch erst mit Eintragung im Handelsregister wirksam wird (§ 54 III GmbHG), stellt sich die Frage des richtigen Einreichungszeitpunktes. Nach dem Gesetzeswortlaut darf der Notar die neue Liste nicht schon zusammen mit der Anmeldung der Kapitalerhöhung, sondern **erst nach** deren **Eintragung** vorlegen.

564 Aus **Vereinfachungsgründen** wird allerdings vertreten, die Gesellschafterliste schon am Tag der Kapitalerhöhungsbeschlusses zu erstellen und **zusammen mit der Anmeldung** an das Registergericht zu übermitteln, sofern sichergestellt ist, dass das Gericht die neue Liste erst mit Eintragung der Kapitalerhöhung in den online abrufbaren Registerordner einstellt (so u. a. Systematischer Praxiskommentar/*Herrler* § 57 Rn. 21; *Herrler* DNotZ 2008, 903, 910; *Krafka/Kühn* Rn. 1051a). Mit dem klaren Wortlaut des Gesetzes ist diese Ansicht jedoch abzulehnen (wie hier *LG Augsburg* v. 16.2.2009 – 1 HK T 323/09, zitiert nach *Wachter* GmbHR 2009, 785, 794; *D. Mayer* ZIP 2009, 1037, 1048). Allenfalls kommt in Betracht, die Liste am Tag der Beurkundung zu erstellen sowie zu bescheinigen und dann nach Eintragung der Kapitalerhöhung beim Registergericht einzureichen (so *OLG Jena* DB 2010, 2044).

3. Anteilsabtretung

565 Während bei Kapitalmaßnahmen das Wirksamwerden der Veränderung unproblematisch feststellbar ist, kann diese Prüfung bei Anteilsabtretungen im Einzelfall erhebliche Schwierigkeiten bereiten. Die gilt z. B. bei der Vereinbarung von aufschiebenden Bedingungen, deren Eintritt der Notar nicht mit Gewissheit feststellen kann. Wie hoch der notwendige Grad der Überzeugungsbildung des Notars ist, wurde vom Gesetzgeber nicht festgelegt. Im Ergebnis besteht Einigkeit darüber, dass der Notar im Zeitpunkt der Einreichung nach seinem pflichtgemäßen Ermessen **keinen Zweifel** an der materiellrechtlichen Wirksamkeit der Geschäftsanteilsabtretung haben darf (vgl. die Begr. RegE, BT-Drucks. 16/6140, S. 44; *Wachter* ZNotP 2008, 378, 390). In der Praxis problema-

tisch sind in diesem Zusammenhang insbesondere die **Existenz** und die wirksamen **Vertretung** der Beteiligten.

> **Beispiel:** Im Termin zur Beurkundung eines GmbH-Unternehmenskaufvertrages erklärt der anwaltliche Vertreter der erwerbenden Private-Equity-Gesellschaft, dass aus steuerlichen Gründen eine Tochtergesellschaft mit Sitz auf den Cayman Islands als Käufer auftreten soll. Er legt eine entsprechende Faxvollmacht vor.

Die dargestellte Konstellation ist in der Praxis nicht selten. Unter Geltung von § 40 II GmbHG ist es Aufgabe des Notars zu prüfen, ob eine Anteilsabtretung wirksam wird. Dies beinhaltet selbstverständlich auch die Prüfung der Existenz der Parteien und deren wirksame Vertretung, wobei dem Notar in diesem Zusammenhang ein Ermessensspielraum hinsichtlich der verlangten Nachweise verbleibt. Nicht generell fordern können wird man wohl eine Beglaubigung von Vollmachten, wo das Gesetz gemäß § 167 II BGB für die Vollmacht keine Form anordnet (ausf. hierzu *Hauschild* ZIP 2012, 660, der den weiten Ermessensspielraum der Notare betont). Jedenfalls ist es zweckmäßig, bereits im Rahmen der Beurkundung auf bestehende Zweifel und auf die aus Sicht des Notars erforderlichen Nachweise hinzuweisen, um spätere Unklarheiten zu vermeiden (vgl. ausf. *D. Mayer* ZIP 2009, 1037, 1047 f.). **566**

Formulierungsbeispiel: Einreichung der Gesellschafterliste – Existenz- und Vertretungsnachweis **567**

Der Notar hat darauf hingewiesen, dass er die notarbescheinigte Gesellschafterliste nach § 40 II GmbHG erst zum Handelsregister einreichen wird, wenn ihm die Faxvollmacht des Veräußerers verbunden mit ... als Existenz- und Vertretungsnachweis in Urschrift vorgelegt wird. Die Vertragsparteien erklären sich mit dieser Verfahrensweise ausdrücklich einverstanden.

Praxishinweis:

Am Rande sei bemerkt, dass eine **vollstreckbare Ausfertigung** aufgrund einer in der Urkunde enthaltenen Zwangsvollstreckungsunterwerfung des Käufers hinsichtlich des Kaufpreises nur erteilt werden darf, wenn die Bevollmächtigung durch öffentlich beglaubigte Urkunde nachgewiesen ist (vgl. *Winkler* BeurkG § 52 Rn. 24).

Ist oder wird Gesellschafter der GmbH eine **Gesellschaft bürgerlichen Rechts**, wird neben der Frage der Vertretungsberechtigung regelmäßig zu prüfen sein, ob die Gesellschaft existiert und wer deren Gesellschafter sind. Dies gilt sowohl in Fällen, in denen eine GbR im Rahmen einer Kapitalerhöhung einen Geschäftsanteil übernimmt als auch bei Veräußerung oder Erwerb eines Geschäftsanteils durch eine GbR im Wege einer Anteilsabtretung. Dabei reicht jedenfalls im Grundbuchverkehr zum Nachweis einer von der gesetzlichen Gesamtvertretung abweichenden Vertretungsregelung die Vorlage eines (auch notariell beurkundeten) Gesellschaftsvertrages nicht aus, da ihm kein gesetzlich anerkannter Rechtsschein zukommt, dass die dort vereinbarte Vertretungsregelung noch unverändert gilt (vgl. *OLG München* ZIP 2011, 2107; siehe ferner *KG* NotBZ 2011, 292). Helfen kann hier eine hinreichend nachgewiesene Bevollmächtigung des Handelnden durch die Mitgesellschafter. Ergänzend wäre es denkbar, hinsichtlich Existenz, Gesellschafterkreis und Vertretungsrecht eine eidesstattliche Versicherung der handelnden Gesellschafter in die Urkunde aufzunehmen. Der Notar wird hier kaum strengere Nachweise erwarten können, als die Rechtsprechung für den Grundstücksverkehr ver- **568** langt. Nach der Entscheidung des *BGH* vom 28.4.2011 (ZIP 2011, 1003; vgl. hierzu u. a. *Böttcher* notar 2010, 222; *Krüger* NZG 2010, 801) gilt insofern, dass es für die Eintragung des Eigentumswechsels auf eine ein Grundstück erwerbende GbR ausreicht, wenn die GbR und ihre Gesellschafter in der notariellen Auflassungsverhandlung benannt sind und die für die GbR Handelnden erklären, dass sie deren alleinige Gesellschafter sind. Weiterer Nachweise der Existenz, der Identität und der Vertretungsverhältnisse dieser GbR bedarf es gegenüber dem Grundbuchamt nicht.

569 Jedenfalls kann für den Fall, dass eine GbR alleinige Gesellschafterin einer GmbH ist, die Anmeldung der Bestellung eines Geschäftsführers nicht mit der Begründung zurückgewiesen werden, zum Nachweis der Wirksamkeit des zugrunde liegenden Gesellschafterbeschlusses müsse der **Gesellschaftsvertrag der GbR** in notariell beurkundeter Form vorgelegt werden. Solange nach der Sachlage keine konkreten Zweifel angebracht sind, ist ein privatschriftlicher Gesellschaftsvertrag ausreichend, der auch die Vertretungsbefugnis erkennen lässt (vgl. *OLG Hamm* GmbHR 2011, 29).

570 Sind die Gesellschafter einer GbR in der Gesellschafterliste namentlich bezeichnet, so besteht wohl auch bei einem **Gesellschafterwechsel in der GbR** die Pflicht zur Einreichung einer neuen Gesellschafterliste, selbst wenn sich der Gesellschaferbestand der GmbH nicht geändert hat (vgl. *Scheuch* GmbHR 2014, 568). Dies gilt unabhängig von den noch nicht abschließend geklärten Fragen, wie man die Eintragung der Gesellschafter in der Gesellschafterliste dogmatisch deutet und ob überhaupt eine Pflicht besteht, die Gesellschafter der GbR in die Gesellschafterliste einzutragen (siehe DNotI-Report 2011, 73).

571 Auch die Prüfung der Frage, ob der Erwerber den Anteil tatsächlich zum **Alleineigentum** erwirbt, kann erhebliche Probleme verursachen:

Beispiel: Ein russischer Staatsangehöriger erwirbt einen Geschäftsanteil. Ist er verheiratet und hat keinen Ehevertrag abgeschlossen, erwirbt er den Geschäftsanteil gemeinsam mit seiner Frau in Errungenschaftsgemeinschaft nach dem Recht der Russischen Föderation, dem gesetzlichen Güterstand in Russland.

572 Ebenso wie bei Verträgen über Grundbesitz muss der Notar unter Geltung von § 40 II GmbHG bei gesellschaftsrechtlichen Vorgängen mit Auswirkungen auf die Gesellschafterliste wie insb. Geschäftsanteilsabtretungen oder Kapitalerhöhungen prüfen, in welchem **Güterstand** die Beteiligten verheiratet sind. Wie im Immobilienrecht ist ggf. der Abschluss eines Ehevertrages anzuregen oder eine Rechtswahl zu beurkunden.

573 Ist die Wirksamkeit der Geschäftsanteilsabtretung **aufschiebend bedingt** auf Kaufpreiszahlung oder besteht eine sonstige aufschiebende Bedingung, sollte zur Vermeidung von Zweifelsfällen in jeden Abtretungsvertrag eine **Verpflichtung** von Veräußerer und Erwerber aufgenommen werden, den **Notar** über das Wirksamwerden der Veränderungen im Gesellschafterbestand **zu informieren**. Dieses Vorgehen entspricht in etwa der bei Grundstückskäufen üblichen Vorlagesperre im Hinblick auf die Auflassung bis zur Bestätigung der Kaufpreiszahlung durch den Verkäufer. Auf diese Bestätigungen durch die Vertragsparteien darf sich der Notar verlassen. Eine Pflicht zu weiteren Ermittlungen besteht nicht, außer der Notar hat einen hierfür gesondert erteilten Auftrag angenommen (§ 24 I BNotO). Das Risiko, dass die Vertragsparteien fälschlicherweise vom Eintritt der entsprechenden Bedingungen ausgehen bzw. auf nicht verzichtbare Bedingungen verzichten, fällt allein in deren Sphäre (*D. Mayer* DNotZ 2008, 403, 409; vgl. ferner *Götzel/Bressler* NZG 2007, 894, 895 f.). Um Rechtssicherheit hinsichtlich des Wirksamwerdens der Abtretung zu erreichen ist es ferner denkbar, die Abtretung jedenfalls mit Zugang der Mitteilung des Veräußerers oder des Zahlungsnachweises des Käufers als eingetreten gelten zu lassen.

7. Teil. Liste der Gesellschafter D I

> **Formulierungsbeispiel: Einreichung der Gesellschafterliste – Nachweis der Kaufpreiszahlung** 574
>
> Der Veräußerer verpflichtet sich, dem beurkundenden Notar unter Verwendung des als Anlage beigefügten Musters schriftlich mitzuteilen, dass die Anteilsabtretung wirksam geworden ist. Der Notar wird die Gesellschafterliste nach § 40 II GmbHG erst dann zum Handelsregister einreichen und eine Abschrift der Liste erst dann an die Gesellschaft übermitteln, wenn ihm die vorstehende Mitteilung zugegangen ist oder die Zahlung des Kaufpreises gleichwertig nachgewiesen wurde. Die Vertragsbeteiligten erklären sich mit dieser Verfahrensweise ausdrücklich einverstanden.
>
> Anlage:
> Betreff: XY-GmbH mit dem Sitz in … (AG …, HRB …)
> Die Anteilsabtretung zur Urkunde des Notars … in … vom … (URNr. …) ist wirksam geworden.

Bei Unternehmenskaufverträgen kommt als geeigneter Nachweis auch die Vorlage des 575 **Closing Memorandums** in Betracht (*Schockenhoff/Höder* ZIP 2006, 1841, 1846; *Götzel/Bressler* NZG 2007, 894, 896).

Wenn die Parteien die Abtretung unter einer **auflösenden Bedingung** oder mit einer 576 Rückübertragungsklausel vereinbart haben, muss und darf der Notar nicht zuwarten, da die Liste unverzüglich und ohne Rücksicht auf etwaige später eintretende Unwirksamkeitsgründe einzureichen ist (§ 40 II 1 GmbHG). Irrelevant ist demnach z.B. auch eine Untersagung nach § 31 III AWG, welche die Wirkung einer auflösenden Bedingung hat (näher hierzu *Hasselbrink* GmbHR 2010, 512). Damit ist der Notar aber zugleich davon entlastet, zu prüfen, ob die Wirksamkeit der Abtretung nachträglich entfällt oder gar verpflichtet, eine korrigierte Gesellschafterliste einzureichen, wenn er von einer späteren Unwirksamkeit erfährt (vgl. Baumbach/Hueck/*Zöllner/Noack* § 40 Rn. 61).

Auch bei der treuhänderischen Abtretung gelten für die Einreichung der korrigierten 577 **Gesellschafterliste** die allgemeinen Regeln. Nur wenn die neue Liste ordnungsgemäß im Handelsregister aufgenommen wurde, ist der Erwerber im Verhältnis zur Gesellschaft Gesellschafter mit allen Rechten und Pflichten (vgl. § 16 I 1 GmbHG; dazu Rn. 531 ff.).

Ein **Problemfall** ist insoweit die in vielen Treuhandverträgen enthaltene, **aufschiebend** 578 auf die Kündigung des Treuhandvertrages, die Insolvenz des Treuhänders oder eine vertragswidrige Verfügung des Treuhänders über den treuhänderisch gehaltenen Geschäftsanteil **bedingte Abtretung** des Geschäftsanteils vom Treuhänder an den Treugeber. Hier wirkt der Notar mit, indem er den Treuhandvertrag und die darin enthaltene, aufschiebend bedingte Abtretung beurkundet (a.A. *OLG Brandenburg* NZG 2013, 507; *LG Neuruppin* GmbHR 2012, 1007 m.Anm. *Peetz*, die von einer Zuständigkeit der Geschäftsführer ausgehen). Von der Kündigung oder einer Insolvenz des Treuhänders, die Jahre später erfolgen kann, wird der Notar aber ohne weitere Vorkehrungen keine Kenntnis erlangen. Da derzeit noch nicht geklärt ist, ob in diesen Fällen tatsächlich eine Mitwirkung des Notars im Sinne von § 40 II GmbHG vorliegt und damit eine Pflicht des Notars zur Einreichung einer bescheinigten Liste besteht, sollte in den Treuhandvertrag eine Pflicht der Beteiligten aufgenommen werden, den Notar unverzüglich über den Eintritt einer derartigen aufschiebenden Bedingung unter Übersendung hinreichender Nachweise zu informieren. Im praktisch häufigsten Fall der Kündigung kann das durch Übersendung einer Kopie der Kündigungserklärung samt Zugangsnachweis erfolgen.

579 | Formulierungsbeispiel: Einreichung der Gesellschafterliste – Treuhandvertrag

> Die Beteiligten verpflichten sich, dem beurkundenden Notar eine nach diesem § 5 erfolgte Abtretung der treuhänderisch gehaltenen Geschäftsanteile an den Treugeber unverzüglich nach Wirksamwerden der Abtretung unter Vorlage tauglicher Nachweise wie z. B. einer Kopie der Kündigungserklärung samt Zugangsnachweis vorzulegen. Der Notar hat darauf hingewiesen, dass er eine korrigierte Gesellschafterliste erst beim Registergericht vorlegen kann, wenn ihm die Abtretung hinreichend nachgewiesen ist.

VI. Notarbescheinigung

580 Die vom Notar einzureichende Gesellschafterliste ist mit einer **Bescheinigung** zu versehen, dass (i) die geänderten Eintragungen den Veränderungen entsprechen, an denen er mitgewirkt hat und (ii) die übrigen Eintragungen mit dem Inhalt der zuletzt im Handelsregister aufgenommenen Liste übereinstimmen (§ 40 II 2 GmbHG). Die Bescheinigung – die auf einen Vorschlag von *D. Mayer* zurückgeht (vgl. *Grunewald* ZIP 2006, 685 Fn. 7) – lehnt sich an die Satzungsbescheinigung nach § 54 I 2 GmbHG an. Sie erhöht zusammen mit der Kompetenzerweiterung des Notars bei der Gesellschafterliste die Richtigkeitsgewähr in Bezug auf den Gesellschafterbestand (zum Ganzen *D. Mayer* DNotZ 2008, 403, 410 f.; eine Musterformulierung findet sich bei *Vossius* DB 2007, 2299, 2304). Die Bescheinigung ist auch zu erteilen, wenn an eine vor dem 1.11.2008, d. h. dem Inkrafttreten des MoMiG eingereichte Liste angeknüpft wird (*OLG München* DNotZ 2009, 637). Eine gesonderte Unterzeichnung von Liste und Bescheinigung ist nicht erforderlich, wenn sie in einem Dokument verbunden sind (*LG Dresden* NotBZ 2009, 285; anders *OLG München* DNotZ 2009, 637 für den Fall, dass es sich um getrennte Dokumente handelt).

581 Wie sich aus dem Zusammenspiel von § 40 II 1 und 2 GmbHG ergibt, trifft den Notar bei der Erstellung der Bescheinigung nur eine **eingeschränkte Prüfungspflicht**. Zunächst einmal kann er sich auf den **Inhalt der aktuellen Gesellschafterliste** verlassen und hat diese nur aufgrund der „Veränderung", an der er „mitgewirkt" hat, fortzuschreiben (*Vossius* DB 2007, 2299, 2304; siehe auch DNotI-Report 2010, 53). Selbst wenn Zweifel im Hinblick auf die Richtigkeit der bisher beim Handelsregister aufgenommenen Liste bestehen, ist es nicht Aufgabe des Notars, für die Richtigkeit der Liste zu sorgen oder die Erstellung der neuen Liste mit Notarbescheinigung bis zur Klärung zurückzustellen (vgl. *Wachter* ZNotP 2008, 378, 391 sowie DNotI-Gutachten Nr. 89.448). Ihm obliegt also im Wesentlichen nur die Pflicht zur **Prüfung, ob und wann die „Veränderung" wirksam geworden ist**. Fallen dem Notar Falscheinträge auf, ist es dennoch angezeigt, vor Erstellung der Bescheinigung die Gesellschaft zur Berichtigung durch Einreichung einer neuen Liste zu veranlassen. Mit der daran anknüpfenden Anteilsabtretung sollte dann zugewartet werden, bis diese Liste im Handelsregister aufgenommen ist, d. h. in den online abrufbaren Registerordner eingestellt wurde. Nur an eine solche aufgenommene Liste darf der Notar nämlich mit seiner Bescheinigung nach § 40 II 2 GmbHG anknüpfen. Alternativ kann die Korrektur durch die Geschäftsführer auch zeitlich nachgelagert im Anschluss an die „Notarliste" erfolgen, sofern die fehlerhaften Bestandteile von der Beurkundung nicht betroffen sind.

582 Die vom Gesetzeswortlaut vorgesehene **Anknüpfung an das Aufnahmedatum** soll dann nicht gelten, wenn die zuletzt in den Registerordner aufgenommene Liste zeitlich gesehen nicht die aktuellste ist (so jdf. *OLG München* DNotZ 2012, 469). Der an relevanten Veränderungen mitwirkende Notars soll in diesem Fall an die Liste mit dem aktuellsten Stichtag anschließen müssen, um den Gesetzeszweck der Transparenz des Gesellschaftsbestands zu erreichen. Die Auffassung des *OLG München* entspricht nicht den gesetzlichen Vorgaben (so auch *Omlor* DStR 2012, 306). Sie ist im Übrigen schon deshalb unrichtig, weil das vom *OLG München* zugrunde gelegte Erstellungsdatum keine Aussage darüber trifft, zu welchem Zeitpunkt die Veränderung in der Person der Gesellschafter bzw. des Umfangs ihrer Beteiligung i. S. d. § 40 I 1 GmbHG wirksam geworden ist. Es ist deshalb keineswegs Amtspflicht des Notars, an die „aktuellste" Gesellschafterliste anzuknüpfen, denn das Gesetz kennt den Begriff der „aktuellen Gesellschafterliste" nicht. Nach dem eindeutigen Wortlaut des § 40 II 2 GmbHG kommt es ausschließlich auf den Inhalt der zuletzt im Handelsregister aufgenommenen Gesellschafterliste an. Handelt es sich – wie im Fall des *OLG München* – um „auf der Hand liegende technische Defizite im Registerordner" ist das Registergericht verpflichtet, die aktuellste Gesellschafterliste als zuletzt aufgenommene Gesellschafterliste in den Registerordner aufzunehmen. Nur so kann der Notar seinen gesetzlichen Verpflichtungen nachkommen.

Die Notarbescheinigung bei Einreichung der Gesellschafterliste gemäß § 40 II GmbHG muss nicht wortgenau, aber ihrem Sinngehalt nach dem Gesetzestext des § 40 II 2 GmbHG entsprechen (*OLG Stuttgart* NZG 2011, 752). Der Notar kann demnach Veränderungen des Wortlauts vornehmen, um **Auslegungszweifel** in Bezug auf den Inhalt seiner Bescheinigung zu **vermeiden**. 583

Werden bei einer im vereinfachten Verfahren **mit Musterprotokoll** gegründeten **GmbH** erstmals Geschäftsanteile abgetreten, existiert keine Liste, auf der man aufsetzen kann, da das Musterprotokoll zugleich als Gesellschafterliste gilt (vgl. § 2 Ia 4 GmbHG). In diesem Fall hat der die Anteilsabtretung beurkundende Notar eine (erstmalige) gesonderte Gesellschafterliste zu erstellen und in der Bescheinigung auf den Inhalt des Musterprotokolls Bezug zu nehmen. Eine Anpassung der (dadurch inhaltlich falsch werdenden) Ziffer 3 des Musterprotokolls ist demgegenüber nicht erforderlich (zum Ganzen DNotI-Report 2012, 61). 584

VII. Einreichung und Prüfung durch das Registergericht

Adressat der Übermittlung ist das **Registergericht**. Eine Abschrift der Liste hat der Notar zugleich an die Gesellschaft zu übermitteln (§ 40 II 1 GmbHG). Hierfür reicht es aus, dass er die Liste an die im Handelsregister eingetragene Geschäftsanschrift der Gesellschaft übersendet (§ 35 II 3 GmbHG). 585

Hinsichtlich der **Form** der zum Handelsregister einzureichenden Liste genügt für die durch die Geschäftsführer unterzeichnete Liste nach § 12 II 2 Hs. 1 HGB eine einfache elektronische Aufzeichnung. Eine einfache Fotokopie dient insofern als Grundlage für den gutgläubigen Erwerb (insoweit zu Recht kritisch *Peetz* GmbHR 2006, 852, 860). Bei der Notarbescheinigung i. S. d. § 40 II 2 GmbHG handelt es sich hingegen um eine in der Form des Vermerks (§ 39 BeurkG) errichtete öffentliche Urkunde (vgl. *Tebben* RNotZ 2008, 441, 458; Baumbach/Hueck/Zöllner/Noack § 40 Rn. 63), deren Übermittlung gem. § 12 II 2 Hs. 2 HGB die Einreichung eines digital signierten Dokumentes i. S. d. § 39a BeurkG erfordert (so u. a. *OLG Jena* DNotZ 2010, 793; *LG Gera* RNotZ 2010, 67; *Krafka/Kühn* Rn. 1103). Nach *LG Trier* (NotBZ 2009, 423) genügt dem eine in der Form des § 39a BeurkG vorgelegte „Leseabschrift", da die Einreichung einer die Unterschrift des Notars und dessen Dienstsiegel bildlich zeigenden Urkunde nicht gesetzlich vorgeschrieben sei. Gegen Zwischenverfügungen und Zurückweisungen von Listen ist der Notar nach § 382 IV FamFG analog beschwerdeberechtigt (siehe *OLG Frankfurt* GmbHR 2011, 198; *KG* NZG 2012, 315). 586

Das Registergericht darf die Liste grundsätzlich nur in formeller Hinsicht prüfen und eine gewisse Plausibilitätskontrolle vornehmen (vgl. *BGH* ZIP 2014, 317; *OLG München* ZIP 2009, 1911; *OLG Bamberg* DNotZ 2010, 871; *OLG Jena* ZIP 2010, 831). Zu der **formalen Prüfungspflicht** gehört auch die Frage, ob die zuständigen Personen die Ge- 587 sellschafterliste unterschrieben haben. Unter diesem Gesichtspunkt kann eine Gesellschafterliste aber nur dann zurückgewiesen werden, wenn ohne Weiteres sicher feststeht, dass eine unzuständige Person (Notar bzw. Geschäftsführer) die Liste unterzeichnet hat (vgl. *OLG Frankfurt* GmbHR 2011, 198).

588 Das Registergericht trifft grundsätzlich **keine inhaltliche Prüfungspflicht** hinsichtlich einer eingereichten Gesellschafterliste (siehe nur *BGH* ZIP 2014, 317). Allerdings kann es die Aufnahme der Gesellschafterliste zum Registerordner dann verweigern, wenn es sichere Kenntnis von der inhaltlichen Unrichtigkeit der eingereichten Liste hat, weil nur so vermieden werden kann, dass ein falscher Anschein erweckt wird (siehe *OLG Frankfurt* GmbHR 2011, 198; *OLG Jena* ZIP 2010, 831; *OLG München* ZIP 2009, 1911; Lutter/Hommelhoff/*Bayer* § 40 Rn. 15; *D. Mayer* ZIP 2009, 1037, 1039; *Wachter* ZNotP 2008, 378, 386). Das Registergericht ist jedoch nicht berechtigt, die Aufnahme einer Gesellschafterliste zum Handelsregister davon abhängig zu machen, dass die der neuen Liste zu Grunde liegenden Übertragungsakte gegenüber dem Registergericht offenbart werden (so zu Recht *OLG Frankfurt* GmbHR 2011, 198).

589 Werden zur gleichen Zeit Veränderungen im Gesellschafterkreis beurkundet, die von unterschiedlichen Notaren betreut werden, besteht die Gefahr, dass jeder Notar eine neue Gesellschafterliste zum Handelsregister einreicht, welche die jeweils andere Veränderung noch nicht berücksichtigt hat („**sich kreuzende Gesellschafterlisten**"). Da eine inhaltliche Prüfungspflicht des Registergerichts nicht besteht, obliegt es in solchen Fällen den Geschäftsführern im Rahmen ihrer allgemeinen Sorgfaltspflichten, für eine Berichtigung der Gesellschafterliste zu sorgen (zutr. *Götze/Bressler* NZG 2007, 894, 896).

590 Kommt der Notar seinen Pflichten aus § 40 II GmbHG nicht nach, so besteht keine Schadensersatzhaftung nach § 40 III GmbHG, da die Vorschrift nach ihrem eindeutigen Wortlaut nur die Geschäftsführer erfasst. Allerdings handelt es sich bei den in § 40 II GmbHG begründeten Pflichten des Notars um **Amtspflichten**, deren schuldhafte Verletzung nach § 19 BNotO zu Schadensersatzpflichten führen kann (vgl. Baumbach/Hueck/ *Zöllner/Noack* § 40 Rn. 72; *D. Mayer* DNotZ 2008, 403, 414 f.).

8. Teil. Liquidation

I. Reguläre Liquidation

591 Der **Auflösungsbeschluss** (Muster im MünchVertrHdb I, Form. IV 111) ist nur dann notariell zu beurkunden, wenn die Satzung die Zeitdauer der Gesellschaft bestimmt oder wenn die Auflösung erst nach Ablauf längerer Zeit wirksam werden soll (im Einzelnen str.; vgl. DNotI-Gutachten Nr. 27.117). Liegt keine Vollversammlung vor, ist zu prüfen, ob die Satzung für den Auflösungsbeschluss besondere Mehrheitsverhältnisse vorschreibt. Der Auflösungszeitpunkt ist dabei exakt festzulegen, da er für die steuerliche Gewinnermittlung maßgeblich ist (vgl. § 11 KStG). Der Auflösungsbeschluss sollte ferner eine Bestimmung über die Verwahrung von Büchern und Schriften der Gesellschaft enthalten (vgl. § 74 II 2 GmbHG). Zur Liquidation der Vor-GmbH, der UG, der Freiberufler-GmbH und der gemeinnützigen GmbH vgl. *Passarge* NZG 2010, 646. Umfasssend zur Liquidation Hauschild/Kallrath/Wachter/*Gores*, Notarhandbuch Gesellschafts- und Unternehmensrecht, § 13 Rn. 716 ff.

592 Darüber hinaus sind die Liquidatoren und deren **Vertretungsbefugnis** festzulegen. Die Satzungsvorschriften über die Vertretung der Geschäftsführer gelten dabei im Falle der Liquidation nach ganz h. M. und Rspr. nicht automatisch für die Liquidatoren fort, sondern müssen – falls gewünscht – ausdrücklich für anwendbar erklärt werden. Der in § 66 I GmbHG statuierte Grundsatz der Amtskontinuität besagt nur, dass die Geschäftsführer mangels abweichender Regelung ihr Amt für die Gesellschaft – wenn auch mit

verändertem Zweck – weiterführen. Dass auch ihre bisherige Vertretungsmacht als Geschäftsführer im Sinne einer Kompetenzkontinuität unverändert fortbestehen würde, ergibt sich aus § 66 I GmbHG nicht (vgl. *BGH* DNotZ 2009, 300; siehe ferner *OLG Hamm* RNotZ 2010, 544; *OLG Frankfurt* NZG 2013, 71; Lutter/Hommelhoff/*Kleindiek* § 68 Rn. 4). Mangels abweichender Regelung gilt § 68 I 2 GmbHG, wonach alle Liquidatoren gemeinsam vertreten. Eine Abweichung hiervon dergestalt, dass einzelnen Liquidatoren auch ohne satzungsmäßige Grundlage durch einfachen Gesellschafterbeschluss Einzelvertretungsmacht erteilt wird, ist jedoch zulässig (h. M., siehe nur Michalski/*Nerlich* § 68 Rn. 8; Lutter/Hommelhoff/*Kleindiek* § 68 Rn. 2; Scholz/*K. Schmidt* § 68 Rn. 5). Die Befreiung eines Liquidators von den Beschränkungen § 181 BGB ist hingegen nach h. M. nur möglich, wenn dies ausdrücklich in der Satzung vorgesehen ist (siehe *OLG Hamm* RNotZ 2010, 544; *BayObLG* GmbHR 1985, 392, 393; Scholz/*K. Schmidt* § 68 GmbHG Rn. 5.; a. A. *OLG Zweibrücken* GmbHR 2011, 1209, wonach die satzungsgemäße Ermächtigung der Gesellschafter, den oder die Geschäftsführer von den Beschränkungen des § 181 BGB zu befreien, regelmäßig dahingehend auszulegen ist, dass sie auch als Ermächtigung ausreicht, den oder die Liquidatoren durch Gesellschaftsbeschluss von den Beschränkungen des § 181 BGB zu befreien). Bei einer mit Musterprotokoll gegründeten GmbH ist zur Befreiung des Liquidators ein satzungsändernder Gesellschafterbeschluss erforderlich (*OLG Frankfurt* NZG 2013, 71; zum Ganzen *H. Schmidt* NotBZ 2012, 161; *Stuppi* notar 2012, 66).

593 Bei einer im Privatvermögen gehaltenen Beteiligung (vgl. § 17 IV 1, 20 II 2 EStG) führt die Auflösung zu einer **Einkommensteuerpflicht**. Der Liquidationsgewinn der GmbH unterliegt der Gewerbesteuer (§ 16 GewStDV). Eine beglaubigte Abschrift des Auflösungsbeschlusses ist nach § 54 EStDV dem nach § 20 AO zuständigen Finanzamt zuzuleiten.

594 Darüber hinaus sind Auflösung und Erlöschen der Gesellschaft zum Handelsregister **anzumelden** (Muster im MünchVertrHdb I, Form. IV 112, 114). Anmeldepflichtig sind entgegen dem Wortlaut des § 67 I GmbHG die neu bestellten Liquidatoren und nicht die ehemaligen Geschäftsführer, es sei denn, der Auflösungsbeschluss erfolgt durch Satzungsänderung und wird deshalb erst mit der Eintragung wirksam (vgl. § 54 III GmbHG). Im Zusammenhang mit der Auflösung der GmbH ist gemäß § 67 I GmbHG auch die „abstrakte", d. h. die generell für ein mehrköpfiges Organ geltende **Vertretungsregelung** anzumelden, selbst wenn nur ein Liquidator bestellt ist (*BGH* DNotZ 2008, 75). Ferner sind stets die **Versicherungen** der Liquidatoren nach §§ 67 III, 66 IV und 8 III 2 GmbHG abzugeben; eine durch den Liquidator in seiner Eigenschaft als Geschäftsführer abgegebene Versicherung ersetzt die spätere Abgabe als Liquidator nicht (*BayObLG* MittBayNot 1982, 257; vgl. zum Inhalt der Versicherung Rn. 198; zur Versicherung durch juristische Personen als Abwickler von Kapitalgesellschaften vgl. *Kühn* NZG 2012, 731). Wie ein Geschäftsführer braucht auch der Liquidator dabei nicht zu versichern, dass er nicht unter Betreuung mit Einwilligungsvorbehalt i. S. v. § 6 II 2 Nr. 1 GmbHG steht (zutreffend *OLG München* DNotZ 2009, 868).

595 Bei der **Anmeldung des Erlöschens** nach Ablauf des Sperrjahres nach **Bekanntmachung** der Auflösung in den Gesellschaftsblättern (vgl. §§ 73 I, 65 II i. V. m. § 12 GmbHG) gemäß § 73 I GmbHG ist das Belegexemplar des Bundesanzeigers und ggf. weiterer in der Satzung festgelegter Veröffentlichungsmedien über die Bekanntmachung der Auflösung und das Gläubigeraufgebot vorzulegen. Eine schuldhafte Verzögerung der Veröffentlichung macht die Liquidatoren schadensersatzpflichtig (§§ 43 I, 71 IV GmbHG).

596 **Vor Ablauf des Sperrjahres** ist eine Anmeldung des Erlöschens nur möglich, wenn das Vermögen durch Befriedigung von Gläubigern völlig aufgebraucht ist und eine Verteilung an die Gesellschafter daher nicht in Betracht kommt. Der Liquidator hat dem Registergericht die Vermögenslosigkeit zu versichern, ggf. unter näherer Darstellung der tatsächlichen Verhältnisse. Das Registergericht hat das Recht und die Pflicht zur weiteren Prüfung (§ 26 FamFG; vgl. *OLG Köln* NZG 2005, 83 sowie Baumbach/Hueck/*Haas* § 74 Rn. 2).

597 Der für die Liquidation geltende **Geschäftswert** ergibt sich aus §§ 108 I, 105 IV Nr. 1 GNotKG.

II. Nachtragsliquidation

598 Stellt sich nach Löschung der GmbH im Handelsregister heraus, dass trotz Vermögenslosigkeit der Gesellschaft noch ein Bedürfnis für Abwicklungsmaßnahmen besteht (z. B. Erfordernis grundbuchmäßiger Erklärungen), ist entsprechend § 273 IV 1 AktG ein Nachtragsliquidator zu bestellen (vgl. *BayObLG* GmbHR 2002, 1077; grundlegend *BGH* WM 1970, 520). Die Bestellung erfolgt nicht durch Gesellschafterbeschluss, sondern auf Antrag eines Beteiligten durch das Registergericht (vgl. das Muster im MünchVertrHdb I, Form. IV 117).

599 Der durch das Gericht bestellte Nachtragsliquidator hat die nach §§ 67 III, 66 IV, 8 III 2 GmbHG abzugebenden Versicherungen beim Registergericht einzureichen.

600 Eine Nachtragsliquidation ist auch erforderlich, wenn sich nach der Löschung im Handelsregister herausstellt, dass noch Gesellschaftsvermögen vorhanden ist. Sie kann jedoch nicht durch einen Gesellschaftsgläubiger erzwungen werden, es sei denn, dieser wurde ordnungswidrig übergangen, insb. unter Verstoß gegen das Sperrjahr (§ 73 GmbHG).

D II. Personengesellschaft

Dr. Marc Hermanns

Übersicht

	Rn.
1. Teil. Gründung der Gesellschaft	1–14
I. Beratungs-Checkliste	1
II. Der Abschluss des Gesellschaftsvertrages	2–12b
1. Allgemeines	2–5
2. Formerfordernisse	6–9
3. Der Gesellschaftszweck – Betrieb eines Handelsgewerbes	10, 11
4. Die Anmeldung zum Handelsregister	12–12b
III. Der Beginn der Gesellschaft	13
IV. Die Limited & Co. KG	14
2. Teil. Geschäftsführung und Vertretung in der Gesellschaft	15–18
I. Allgemeines	15
II. Die Befugnis zur Geschäftsführung	16, 16a
III. Die Vertretungsbefugnis	17, 18
3. Teil. Die Mitgliedschaft in der Personengesellschaft	19–26
I. Einheitlichkeit der Beteiligung	20
II. Abspaltungsverbot	21–26
1. Fallgruppen	22–24
2. Rechtliche Beurteilung	25, 26
4. Teil. Veränderungen im Gesellschafterkreis unter Lebenden	27–46
I. Beratungs-Checkliste	28
II. Die Übertragung der Mitgliedschaft unter Lebenden	29–33
1. Sonderrechtsnachfolge	29-30a
2. Form der Anteilsübertragung	31
3. Bedingte Anteilsübertragung	32, 33
III. Das Ausscheiden eines Gesellschafters unter Lebenden	34–46
1. Die Austrittsvereinbarung	35
2. Der Austritt eines Gesellschafters im Wege der Kündigung	36, 37
3. Der Gesellschafterausschluss	38–46
5. Teil. Der Tod eines Gesellschafters	47–66
I. Die gesetzliche Regelung	47–49
1. Der Tod eines persönlich haftenden Gesellschafters	47
2. Tod eines Kommanditisten	48
3. Anmeldung zum Handelsregister	49
II. Todesfallregelungen im Gesellschaftsvertrag	50–61
1. Die Nachfolgeklauseln	51–60
2. Die Eintrittsklausel	61
III. Erbrechtliche Sonderfragen und -gestaltungsmöglichkeiten	62–66
1. Vor- und Nacherbfolge	62, 63
2. Testamentsvollstreckung	64–66
6. Teil. eitere wichtige Einzelfragen bei der Gestaltung von Personengesellschaftsverträgen	67–73
I. Einstimmigkeits- oder Mehrheitsprinzip	68–70
II. Klagerechte des Gesellschafters	71
III. Gesellschafterkonten	72, 73

Literatur: *Baumbach/Hopt*, HGB, 36. Aufl. 2014; *Flume*, Die Personengesellschaft, 1977; Münchener Handbuch des Gesellschaftsrechts, 4. Aufl. 2014; *K. Schmidt*, Gesellschaftsrecht, 4. Aufl. 2002; *Wiedemann*, Gesellschaftsrecht, Bd. I, 1980; Bd. II, 2004.

1. Teil. Gründung der Gesellschaft
I. Beratungs-Checkliste

1 | **Beratungs-Checkliste**

(I) Ermittlung der sachgerechten Gesellschaftsform
  (1) (a) Wird ein Handelsgewerbe im Sinne von § 1 II HGB betrieben?
      (b) Wird ein sonstiger Gewerbebetrieb geführt oder wird ausschließlich eigenes Vermögen verwaltet und soll die Firma in das Handelsregister eingetragen werden?
      (c) Sollen alle Gesellschafter unbeschränkt und persönlich haften oder soll die Haftung bei einzelnen oder ggf. allen natürlichen Personen beschränkt sein? Wie hoch soll ggf. die Haftsumme sein?
      (d) Sollen einzelne Personen nicht Gesellschafter werden, sich aber gleichwohl finanziell an der Gesellschaft beteiligen (partiarisches Darlehen, stille Gesellschaft, Unterbeteiligung)?

(II) Geschäftsführungs- und Vertretungsregelungen
  (1) Sollen alle persönlich haftenden Gesellschafter auch geschäftsführungsbefugt sein oder sollen Einzelne von der Geschäftsführung ausgeschlossen sein?
      Sollen auch Kommanditisten Geschäftsführungsbefugnisse übertragen werden?
  (2) Sollen alle persönlich haftenden Gesellschafter vertretungsbefugt sein oder sollen Einzelne von der Vertretung ausgeschlossen sein?
  (3) Sollen die vertretungsbefugten Geschäftsführer gemeinschaftlich oder je einzeln handeln können?
  (4) Sollen auch Kommanditisten Vertretungsbefugnisse, ggf. durch Verleihung einer Prokura oder Erteilung einer Vollmacht, übertragen werden?

(III) Sonstige bei der Gestaltung des Gesellschaftsvertrags zu beachtende Gesichtspunkte
  (1) Soll die Mitgliedschaft frei übertragbar sein oder nur mit Zustimmung einzelner oder aller Mitgesellschafter?
      Sollen Vorkaufs- oder Vorerwerbsrechte oder entsprechende Andienungspflichten im Gesellschaftsvertrag vereinbart werden?
  (2) Soll der Gesellschafter seine Beteiligung an der Gesellschaft kündigen können?
      Soll die Gesellschaft im Falle der Kündigung unter den übrigen Gesellschaftern fortbestehen oder aufgelöst werden?
  (3) Soll ein Gesellschafter auch gegen seinen Willen aus der Gesellschaft ausgeschlossen werden können?
      Soll hierzu – wie im Gesetz vorgesehen – ein gerichtliches Verfahren durchgeführt werden müssen oder soll die Ausschließung auch durch Gesellschafterbeschluss möglich sein?
      Welche Gründe sollen einen Ausschluss rechtfertigen?
  (4) Welche Abfindung soll der Gesellschafter im Falle seines Ausscheidens erhalten?
      Soll eine Abfindung unter dem wahren Wert der Beteiligung vereinbart werden?
  (5) Welche Rechtsfolge soll beim Tod eines Gesellschafters eintreten?
      Soll die Beteiligung frei vererblich sein oder muss der Gesellschaftererbe bestimmte Anforderungen erfüllen?
  (6) Soll eine Testamentsvollstreckung an der Beteiligung zugelassen werden?

II. Der Abschluss des Gesellschaftsvertrages

1. Allgemeines

Personenhandelsgesellschaften werden – wie alle anderen Gesellschaftsformen auch – durch den Abschluss eines Gesellschaftsvertrages gegründet. Neben den besonderen handelsrechtlichen Erfordernissen sind die folgenden für alle Personengesellschaften geltenden Gesichtspunkte zu berücksichtigen.

a) Bei Beteiligung Minderjähriger an der Gesellschaft bedürfen die Eltern gemäß §§ 1822 Nr. 3, 1643 I, 1629 I BGB der Genehmigung des Familiengerichts. Beteiligt sich ein Minderjähriger als Kommanditist allerdings lediglich an einer vermögensverwaltenden Gesellschaft, ist eine familiengerichtliche Genehmigung nicht erforderlich, da eine derartige Beteiligung nach der Entscheidung des *OLG Jena* vom 22.3.2013 kein unternehmerisches Risiko berge (RNotZ 2013, 636). Werden die Eltern selbst auch Gesellschafter, ist darüber hinaus § 1629 II BGB i. V. m. § 1795 BGB zu beachten: Da die Eltern zum einen bei Abschluss des Gesellschaftsvertrags zugleich im eigenen Namen und im Namen des von ihnen vertretenen Kindes handeln und der Abschluss des Gesellschaftsvertrags zum anderen für das Kind nicht lediglich rechtlich vorteilhaft ist, sind die Eltern von der Vertretung des Kindes ausgeschlossen. Dem Kind ist gemäß § 1909 I BGB ein Pfleger zu bestellen. Sollen mehrere Kinder Gesellschafter werden, ist für jedes Kind gesondert ein Pfleger zu bestellen, da der Pfleger gemäß § 1915 I BGB seinerseits den für die Vormundschaft geltenden Vorschriften, und damit §§ 1795 II, 181 BGB unterliegt, mithin eine gleichzeitige Vertretung mehrerer Kinder durch einen Pfleger ausgeschlossen ist (MünchKomm/*Schwab* § 1909 Rn. 40). Der Pfleger bedarf für das von ihm im Namen des Kindes abgeschlossene Rechtsgeschäft seinerseits der vormundschaftsgerichtlichen Genehmigung nach § 1822 Nr. 3 BGB (*Hohaus/Eickmann* BB 2004, 1707, 1708).

Ein besonderes Risiko birgt die Beteiligung Minderjähriger an Personengesellschaften vor dem Hintergrund von § 723 I 3 Nr. 2 BGB; hiernach kann der volljährig Gewordene die Gesellschaft aus wichtigem Grund kündigen. Jegliche Vereinbarung, durch welche das Kündigungsrecht ausgeschlossen oder beschränkt wird, ist gemäß § 723 III BGB nichtig. Die Kündigung durch den volljährig Gewordenen führt dazu, dass die Gesellschaft aufgelöst ist oder – wenn eine Vereinbarung nach § 736 BGB getroffen wurde – unter den übrigen Gesellschaftern fortbesteht. In jedem Fall erwirbt der volljährig Gewordene den Abfindungsanspruch nach § 738 I 2 BGB, das heißt er erhält eine Abfindung gemäß dem wahren Anteilswert. Beschränkungen des Abfindungsanspruchs, soweit sie überhaupt zulässig sind, müssen den Anforderungen des § 723 III BGB standhalten, das heißt sie dürfen das Kündigungsrecht des § 723 I 3 Nr. 2 BGB nicht gesetzwidrig beschränken. Hier stellt sich die Frage, ob nicht jede Beschränkung des Abfindungsanspruchs, die dazu führt, dass der volljährig Gewordene im Falle seines Ausscheidens nicht mit dem wahren Wert des Anteils abgefunden wird, vor dem Hintergrund der Minderjährigenschutzbestimmung des § 723 I 3 Nr. 2 BGB unwirksam ist. Bei der Wirksamkeitskontrolle derartiger Abfindungsvereinbarungen ist nämlich zu beachten, dass neben der Wirksamkeitsschranke des § 723 III BGB, an der sich jegliche Abfindungsvereinbarung auszurichten hat, hier der Aspekt des Minderjährigenschutzes tritt, der weitergehende Anforderungen an die Wirksamkeit solcher Abfindungsvereinbarungen stellen dürfte. Darüber hinaus dürfte es äußerst schwierig sein, die familien- bzw. vormundschaftsgerichtliche Genehmigung zu einem Gesellschaftsvertrag zu erhalten, in dem der Abfindungsanspruch des Minderjährigen über Gebühr beschränkt wird. Die nicht selten aus steuerlichen Gründen praktizierte Aufnahme minderjähriger Kinder in eine vermögensverwaltende Personengesellschaft birgt jedenfalls das Risiko, dass der Minderjährige nach Erlangung der Volljährigkeit sein Kündigungsrecht ausübt und als Abfindung den vollen Wert seines Gesellschaftsanteils verlangt. Nicht obergerichtlich oder höchstrichterlich geklärt ist die Frage, ob das Sonderkündigungsrecht des § 723 III BGB auch dem Gesellschafter einer Personenhandelsgesellschaft und – bejahendenfalls – auch einem Kommanditisten zusteht (vgl. hierzu MünchKomm/*Ulmer*/*Schäfer* § 723 BGB Rn. 41; GroßKomm-HGB/*Schäfer* § 133 HGB Rn. 33a). Im Anwendungsbereich des § 723 BGB führt auch eine übermäßige zeitliche Beschränkung des Kündigungsrechts zu einer Unwirksamkeit der entsprechenden gesellschaftsvertraglichen Regelung (vgl. hierzu MünchKomm/*Ulmer*/*Schäfer* § 723 Rn. 65).

4   **b)** Weitere Zustimmungserfordernisse können sich ergeben aus § 1365 BGB oder aus öffentlich-rechtlichen Genehmigungserfordernissen. Da es sich bei diesen Zustimmungserfordernissen nicht um gesellschaftsrechtliche Spezifika handelt, bedürfen sie an dieser Stelle keiner Vertiefung.

5   **c)** Gesellschafter einer Personengesellschaft können natürliche und juristische Personen sein. Gesellschafter können ferner Personenhandelsgesellschaften und – wie in § 162 I 2 HGB vorausgesetzt – auch Gesellschaften bürgerlichen Rechts sein. Ausländische juristische Personen können Gesellschafter einer Personengesellschaft sein, wenn nach ihrem Heimatrecht die Fähigkeit besteht, sich an einer Personengesellschaft zu beteiligen (Baumbach/Hopt/*Hopt* Anh. § 177a Rn. 11). Die aktuell wohl geläufigste Form der Beteiligung einer ausländischen Gesellschaft an einer Personenhandelsgesellschaft ist die Limited & Co. KG (siehe dazu im Einzelnen unten Rn. 14) Besondere Aufmerksamkeit ist geboten, wenn sich eine Vor-GmbH zulässigerweise (BGHZ 80, 129) als Gesellschafterin an einer Personengesellschaft beteiligt: Es muss sichergestellt sein, dass die Vor-GmbH im Rahmen des Gründungsvorganges der Personengesellschaft ordnungsgemäß vertreten wird. Die Geschäftsführer der Vor-GmbH sind – nach wohl überwiegender Auffassung (vgl. etwa Baumbach//Hueck/*Fastrich* § 11 Rn. 18) – ohne ausdrückliche Ermächtigung nur befugt, Rechtsgeschäfte vorzunehmen, die für die Eintragung der GmbH in das Handelsregister erforderlich sind, wozu die Beteiligung an der Personengesellschaft nicht zählt. Dies bedeutet, dass eine Vertretungsbefugnis der Geschäftsführer der Vor-GmbH zum Abschluss des Personengesellschaftsvertrages nur dann besteht, wenn die Geschäftsführer zu diesen Geschäften von den Gründungsgesellschaftern ausdrücklich ermächtigt wurden oder wenn die Vertretungsmacht im Gesellschaftsvertrag selbst entsprechend erweitert wurde (vgl. dazu Baumbach/Hueck/*Fastrich* § 11 Rn. 19). Sind die Geschäftsführer der Vor-GmbH auch als natürliche Personen an der Personengesellschaft beteiligt (wie nicht selten bei der GmbH & Co. KG, bei der die Gesellschafter und Geschäftsführer der GmbH häufig auch Kommanditisten der KG sind), müssen sie zum wirksamen Abschluss des Personengesellschaftsvertrages von den Beschränkungen des § 181 Alt. 1 BGB befreit sein.

2. Formerfordernisse

6   Grundsätzlich kann der Gesellschaftsvertrag formfrei abgeschlossen werden. Im Interesse der Rechtssicherheit ist jedenfalls Schriftform dringend anzuraten (ebenso *Hohaus/ ickmann* BB 2004, 1707, 1708 im Interesse der steuerlichen Anerkennung). Gehört zum Vermögen der Gesellschaft Grundbesitz, sollte mindestens die öffentlich beglaubigte Form eingehalten werden, damit der Inhalt des Gesellschaftsvertrags ggf. gegenüber dem Grundbuchamt in der Form des § 29 GBO nachgewiesen werden kann. Neben diesen aus praktischen Erwägungen zu beachtenden Formanforderungen **muss** der Gesellschaftsvertrag in den nachgenannten Fällen **beurkundet** werden:

7   **a)** Der Gesellschaftsvertrag ist nach § 311b I BGB beurkundungsbedürftig, wenn sich ein Gesellschafter im Gesellschaftsvertrag verpflichtet, der Gesellschaft das Eigentum an einem Grundstück zu übertragen oder sich verpflichtet, unter bestimmten Voraussetzungen, etwa beim Ausscheiden aus der Gesellschaft oder bei deren Auflösung, von der Gesellschaft ein dieser gehörendes Grundstück zu erwerben. Der bloße Umstand, dass

der Zweck der Gesellschaft allgemein auf den Erwerb und das Halten von Grundbesitz gerichtet ist, löst nach herrschender Meinung als solcher noch keine Beurkundungspflicht aus (vgl. *BGH* NJW 1996, 1279; *Böhmer/Loebbe* DNotZ 1998, 711; *Wenz* MittRhNotK 1996, 377, 379).

b) Das Formerfordernis von § 15 IV GmbHG ist zu beachten, wenn ein Gesellschafter sich zur Übertragung oder zum Erwerb von GmbH-Geschäftsanteilen verpflichtet. Eine sich hieraus ergebende Beurkundungsbedürftigkeit von Kommanditgesellschaftsverträgen wird nicht selten übersehen: Enthält der Gesellschaftsvertrag einer GmbH & Co. KG eine Bestimmung des Inhalts, dass im Falle einer Übertragung von Kommanditanteilen auch eine Verpflichtung besteht, einen entsprechenden Geschäftsanteil an der Komplementär-GmbH zu übertragen, um gleiche Beteiligungsquoten bei beiden Gesellschaften zu gewährleisten, muss der Kommanditgesellschaftsvertrag beurkundet werden, da er eine Verpflichtung zur Übertragung eines GmbH-Geschäftsanteils begründet. Hier dürfte auch die Heilungsvorschrift des § 15 IV 2 GmbHG keine Wirksamkeit des Kommanditgesellschaftsvertrags begründen können, da keine Verpflichtung zur Abtretung eines bestimmten Geschäftsanteils begründet wird, die durch die spätere Abtretung erfüllt werden könnte. Von diesem Fall wiederum zu unterscheiden sein dürfte der Fall, dass der Gesellschaftsvertrag der Personengesellschaft bestimmt, dass die Abtretung des Personengesellschaftsanteils nur wirksam ist, wenn zugleich ein entsprechender Geschäftsanteil an der Komplementär-GmbH abgetreten wird: da hier nicht unmittelbar eine Verpflichtung zur Abtretung eines GmbH-Geschäftsanteils begründet wird, sondern die gleichzeitige Abtretung eines GmbH-Geschäftsanteils lediglich (dinglich wirkende) Voraussetzung für die Abtretung des Personengesellschaftsanteils ist, dürfte in diesen Fällen eine Formbedürftigkeit nach § 15 IV GmbHG zu verneinen sein. Da die Frage allerdings – soweit ersichtlich – bislang nicht obergerichtlich oder höchstrichterlich entschieden wurde, kann aus Gründen äußerster Vorsicht gleichwohl erwogen werden, auch in diesen Fällen den KG-Vertrag zu beurkunden.

c) Im Einzelfall kann sich das Beurkundungserfordernis schließlich aus § 518 BGB ergeben: Zwar ist die Übertragung der Stellung eines persönlich haftenden Gesellschafters, auch wenn sie unentgeltlich erfolgt, nach der Rechtsprechung keine Schenkung, da der Gesellschafter die persönliche Haftung übernimmt. Demgegenüber kann ein Kommanditanteil durchaus Gegenstand einer Schenkung sein (so auch BGHZ 112, 40). Ist die Beurkundungsform nicht eingehalten, wird der Mangel der Form gemäß § 518 II BGB durch die Bewirkung der versprochenen Leistung, d.h. durch den Vollzug der Schenkung, geheilt. Die Schenkung ist vollzogen, wenn der Erwerber Inhaber des Gesellschaftsanteils geworden ist. Dies ist bei Gesellschaften, die ein Handelsgewerbe im Sinne des § 1 HGB betreiben, mit Wirksamkeit des Gesellschaftsvertrags der Fall. Bei kannkaufmännischen Unternehmen im Sinne von § 2 HGB stellt sich die Frage, ob der Erwerber Inhaber des Gesellschaftsanteils erst mit der Eintragung der Gesellschaft in das Handelsregister geworden ist. Die Frage dürfte zu verneinen sein, da die Gesellschaft als Personen*handels*gesellschaft zwar erst mit der Eintragung in das Handelsregister entstanden ist, jedoch vorher eine Gesellschaft bürgerlichen Rechts besteht, an der der Erwerber einen Gesellschaftsanteil erworben hat. Wird dem Erwerber eine Unterbeteiligung an der Gesellschaft geschenkt und erhält der Unterbeteiligte zugleich mitgliedschaftliche Rechte in der Unterbeteiligungsgesellschaft, die über eine rein schuldrechtliche Berechtigung hinausgehen, ist Vollzug im Sinne von § 518 II BGB mit dem Abschluss des Gesellschaftsvertrags anzunehmen (*BGH* NZG 2012, 222).

3. Der Gesellschaftszweck – Betrieb eines Handelsgewerbes

Gemäß §§ 105, 161 HGB muss der Zweck der Gesellschaft auf den Betrieb eines Handelsgewerbes im Sinne von §§ 1 ff. HGB gerichtet sein. Ein Handelsgewerbe ist entweder ein Gewerbebetrieb, der nach Art und Umfang einen in kaufmännischer Weise eingerichteten Geschäftsbetrieb erfordert (§ 1 II HGB) oder ein sonstiges gewerbliches Unternehmen im Sinne von § 2 HGB. Dies bedeutet konkret, dass Kleingewerbetreibende die Wahl haben, ob sie durch Eintragung in das Handelsregister eine Personenhandelsgesellschaft begründen wollen oder ihr Unternehmen in Form einer Gesellschaft bürgerlichen Rechts betreiben wollen. Da Freiberufler kein Gewerbe betreiben, ist ihnen die Rechtsform der Personenhandelsgesellschaft verschlossen.

11   Ein Wahlrecht, durch Eintragung in das Handelsregister eine Personenhandelsgesellschaft zu gründen und nicht mehr in der Form der Gesellschaft bürgerlichen Rechts tätig zu sein, besteht gemäß § 105 II HGB (für die Kommanditgesellschaft in Verbindung mit § 161 II HGB) auch für die Gesellschaften, die lediglich eigenes Vermögen verwalten. Vor allem die Form der KG kann für derartige Tätigkeiten attraktiv sein, da sie Möglichkeiten der Haftungsbeschränkung eröffnet, die bei einer Tätigkeit in der Rechtsform der GbR nicht bestehen. Damit ist die Rechtsform der Kommanditgesellschaft insbesondere eröffnet für die lediglich vermögensverwaltenden Familiengesellschaften unter Beteiligung Minderjähriger (zu Gefahren, die aus § 723 I 3 BGB resultieren, vgl. oben Rn. 3). Nicht selten wird in diesen Fällen die Kommanditgesellschaft auch die geeignetere Rechtsform gegenüber der Gesellschaft bürgerlichen Rechts sein, da sie Möglichkeiten der Haftungsbeschränkung bietet, die sich bei der Gesellschaft bürgerlichen Rechts nicht eröffnen. In der Praxis zeigt sich sogar, dass die Erteilung familiengerichtlicher Genehmigungen zu einer vermögensverwaltenden Gesellschaft bürgerlichen Rechts unter Beteiligung Minderjähriger mit der Begründung versagt wird, dass die Gründung einer Kommanditgesellschaft den Minderjährigen besser schütze.

4. Die Anmeldung zum Handelsregister

12   Die oHG ist gemäß § 106 HGB, die KG gemäß §§ 162, 106 HGB zur Eintragung in das Handelsregister anzumelden. Der notwendige Inhalt der Anmeldung ergibt sich bei der oHG aus § 106 II HGB, bei der KG ergänzend aus § 162 I HGB. Gemäß § 106 II Nr. 4 HGB muss insbesondere die Vertretungsmacht der Gesellschafter zur Eintragung in das Handelsregister angemeldet werden. Dies gilt nach dem eindeutigen Wortlaut des Gesetzes auch dann, wenn die Vertretungsmacht nicht von dem gesetzlichen Regelfall abweicht. Anzumelden ist ferner eine etwaige Befreiung der vertretungsbefugten Personen von den Beschränkungen des § 181 BGB. Die Möglichkeit, die Befreiung von § 181 BGB durch Registereinsicht nachzuweisen, kann insbesondere bei der GmbH & Co. KG von Nöten sein, die ihrerseits, z.B. bei einer Vollmachterteilung, von den Beschränkungen des § 181 BGB nur befreien kann, wenn sowohl der Geschäftsführer der GmbH als auch die persönlich haftende Gesellschafterin der KG von den Beschränkungen des § 181 BGB befreit sind. Bei der GmbH & Co. KG ist eintragungsfähig auch der Umstand, dass die persönlich haftende Gesellschafterin *und ihre Geschäftsführer* von den Beschränkungen des § 181 BGB befreit sind (so *BayObLG* MittBayNot 2000, 53 und 241). Obwohl die Geschäftsführer der persönlich haftenden Gesellschafterin, also der GmbH, keine Organe der Kommanditgesellschaft sind, wird die KG im Ergebnis durch die Geschäftsführer der GmbH vertreten, so dass auch diese, wenn ein Anwendungsfall des § 181 BGB vorliegt, von den Beschränkungen des § 181 BGB befreit sein müssen.

Soll sich eine Vor-GmbH an der Personengesellschaft beteiligen und die Eintragung der Personengesellschaft ggf. vor Eintragung der GmbH erfolgen (etwa weil die Eintragung der Personengesellschaft in besonderem Maße eilbedürftig ist), muss als Gesellschafterin der Personengesellschaft ausdrücklich die Vor-GmbH in der Handelsregisteranmeldung angegeben werden, da anderenfalls eine Eintragung der Personengesellschaft erst nach Eintragung der GmbH erfolgen kann.

Bei Anmeldung der inländischen Geschäftsanschrift ist zu beachten, dass bei den Personenhandelsgesellschaften nicht die Möglichkeit besteht, Satzungssitz und tatsächliche

1. Teil. Gründung der Gesellschaft **D II**

Geschäftsanschrift auseinanderfallen zu lassen, so dass der Ort der inländischen Geschäftsanschrift immer mit dem gesellschaftsvertraglichen Sitz, der auch die Zuständigkeit des Registergerichts bestimmt, übereinstimmen muss.

Die Anmeldung hat durch alle Gesellschafter, einschließlich der Kommanditisten, in notariell beglaubigter Form (§ 12 I HGB) zu erfolgen; Vollmachten zur Anmeldung müssen ebenfalls dieser Form genügen (§ 12 II HGB). Die Anmeldungen zur Eintragung in das Handelsregister könnten etwa wie folgt lauten:

Formulierungsbeispiel: Anmeldung einer oHG zur Eintragung in das Handelsregister	12a
Zur Eintragung in das Handelsregister wird angemeldet: ... Wir betreiben ein Handelsunternehmen in der Rechtsform einer offenen Handelsgesellschaft unter der Firma ... Sitz der Gesellschaft ist ... Gegenstand des Unternehmens ist ... Jeder persönlich haftende Gesellschafter vertritt die Gesellschaft einzeln. Die inländische Geschäftsanschrift der Gesellschaft lautet: ... Köln, den ...	

Formulierungsbeispiel: Anmeldung einer KG zur Eintragung in das Handelsregister	12b

Zur Eintragung in das Handelsregister melden wir an: ...
Wir haben eine Kommanditgesellschaft unter der Firma ... gegründet mit dem Sitz in Köln.
Gegenstand der Gesellschaft ist ...
An der Gesellschaft sind beteiligt:
a) die im Handelsregister des Amtsgerichts Köln unter HRB ... eingetragene ... mit dem Sitz in Köln (Geschäftsanschrift: ...)
   als persönlich haftende Gesellschafterin,
b) Herr ...
   als Kommanditist mit einer Einlage von ... Euro.
Die Gesellschaft wird durch jede persönlich haftende Gesellschafterin allein vertreten; die persönlich haftende Gesellschafterin und ihre Geschäftsführer sind von den Beschränkungen des § 181 BGB befreit.
Die inländische Anschrift der Gesellschaft lautet: ...
Köln, den ...	

III. Der Beginn der Gesellschaft

Der Zeitpunkt des Beginns der Gesellschaft ist nicht mehr zur Eintragung in das Handelsregister anzumelden. Gleichwohl kann der Zeitpunkt des Beginns der Gesellschaft im Einzelfall von steuerlicher Bedeutung sein, wenn dieser Gesellschaft Vermögen übertragen werden soll, das sich aus steuerlichen Gesichtspunkten ununterbrochen im Eigentum einer Handelsgesellschaft befinden muss. Hier kann nicht ausgeschlossen werden, dass dieses Ziel im Falle einer Übertragung des Vermögens an eine Noch-GbR verfehlt wird. Es kann daher in derartigen Fallkonstellationen ratsam sein, die Übertragung erst nach Entstehung der Gesellschaft als Personenhandelsgesellschaft oder aufschiebend bedingt auf diesen Zeitpunkt vorzunehmen.

13

IV. Die Limited & Co. KG

14 Die Eintragung der Gesellschaftsform ist grundsätzlich zulässig, die englische Limited ist taugliche persönlich haftende Gesellschafterin einer KG. Es wird allerdings oft so sein, dass den Beteiligten die Risiken der von ihnen gewählten Gesellschaftsform nicht hinreichend bewusst sind. Gemäß Sec. 652 CA 1985 wird eine Gesellschaft im Gesellschaftsregister des Companies House gelöscht, wenn der registrar of companies hinreichenden Grund zu der Annahme hat, dass die Gesellschaft keine Geschäftstätigkeit mehr ausübt. Das Verfahren besteht im Wesentlichen darin, dass die Gesellschaft mehrfach aufgefordert wird, Stellung zu nehmen, ob noch Geschäftstätigkeit ausgeübt wird. Wenn die Frage verneint oder nicht beantwortet wird, kann der registrar gemäß Sec. 652 (5) CA 1985 die Gesellschaft aus dem Register streichen. Die Löschung wird bekannt gemacht. Mit der Bekanntmachung ist die Gesellschaft beendet (dissolved), Sec. 652 (5) CA 1985. In der Praxis wird ein solches Löschungsverfahren häufig aufgrund nicht abgegebener „Bilanzerklärungen" durchgeführt (*Borges* IPRax 2005, 134, 135 f). Welche Rechtsfolge das Erlöschen der Gesellschaft nach englischem Recht für das deutsche Gesellschaftsrecht hat, ist umstritten: Nach *OLG Stuttgart* (NJW 1974, 1627) und *OLG Jena* (ZIP 2007, 1709) gilt aus deutscher Sicht eine ausländische Gesellschaft, die nach ihrem Personalstatut bereits erloschen ist, weiterhin als rechtsfähig, solange und soweit sie noch Vermögen im Inland hat. Sie wird insoweit als fortbestehende „Restgesellschaft" behandelt. Fraglich ist einerseits, wie diese Restgesellschaft in den Numerus Clausus der deutschen Gesellschaftsformen einzuordnen ist. Hier dürfte einiges dafür sprechen, dass diese Gesellschaft, da eine Haftungsbeschränkung im Handelsregister nicht verlautbart ist, eine Gesellschaftsform mit unbeschränkter persönlicher Haftung der Gesellschafter ist, also – je nach Unternehmensgegenstand – entweder oHG oder BGB-Gesellschaft. Fraglich ist darüber hinaus, wie diese Gesellschaft vertreten wird. Die vormaligen directors haben keine Vertretungsmacht mehr für die Gesellschaft, da ihre Versäumnisse, nämlich die Nichteinreichung der Bilanzen in England, zur Löschung der Gesellschaft in England geführt haben. Mithin haben die directors nach dieser Entscheidung keine organschaftlichen Befugnisse mehr und handeln, sofern sie trotzdem für die Gesellschaft auftreten, als Vertreter ohne Vertretungsmacht, mit der Folge ihrer Haftung nach § 179 BGB. Eine ordnungsgemäße Vertretung der Restgesellschaft setzt in diesen Fällen wohl die Anordnung einer Pflegschaft gemäß §§ 1909 ff. BGB voraus (*OLG Stuttgart* NJW 1974, 1627, 1628; MünchKomm/*Kindler*, Internationales Gesellschaftsrecht, Rn. 500).

2. Teil. Geschäftsführung und Vertretung in der Gesellschaft

I. Allgemeines

15 Die Geschäftsführungs- und Vertretungsbefugnis bezeichnet das **organschaftliche** Recht, im Verhältnis der Gesellschafter untereinander – so die Geschäftsführungsbefugnis – bzw. im Verhältnis zu Dritten – so die Vertretungsbefugnis – den Gesellschaftszweck zu verwirklichen. Das Gesetz geht in §§ 114 ff., 164 HGB hinsichtlich der Geschäftsführungsbefugnis und in §§ 123 ff., 170 HGB hinsichtlich der Vertretungsbefugnis davon aus, dass diese Befugnisse allein von den persönlich haftenden Gesellschaftern wahrgenommen werden. In den genannten gesetzlichen Bestimmungen kommt der **Grundsatz der Selbstorganschaft** zum Ausdruck, der besagt, dass die organschaftlichen Geschäftsführungs- und Vertretungsbefugnisse von den Gesellschaftern selbst wahrgenommen werden müssen, also nicht auf gesellschaftsfremde Dritte übertragen werden können (*K. Schmidt* § 14 II 2). Der Grundsatz der Selbstorganschaft wurzelt seinerseits im gesellschaftsrechtlichen Abspaltungsverbot, welches seinen gesetzlichen Niederschlag in § 717 S. 1 BGB gefunden hat und die Übertragung von Gesellschafterrechten an ge-

sellschaftsfremde Dritte im Grundsatz verbietet. Damit steht der Grundsatz der Selbstorganschaft einer Übertragung von Geschäftsführungs- und Vertretungsbefugnissen an gesellschaftsfremde Dritte entgegen, nicht aber einer Übertragung derartiger Befugnisse von den persönlich haftenden Gesellschaftern auf die Kommanditisten (so auch *BGH* NJW 1982, 1817; zustimmend *K. Schmidt* § 14 II 2). Allerdings bestimmt § 163 HGB, dass lediglich die §§ 164 bis 169 HGB, nicht aber der die Kommanditisten von der Vertretung ausschließende § 170 HGB, dispositiv sind, so dass
– die Geschäftsführungs- und Vertretungsbefugnisse nach dem gesetzlichen Regelungsmodell von den persönlich haftenden Gesellschaftern wahrgenommen werden,
– die Geschäftsführungsbefugnis, nicht aber die Vertretungsbefugnis, auch den Kommanditisten übertragen werden kann,
– der Grundsatz der Selbstorganschaft einer Übertragung von Geschäftsführung oder Vertretungsbefugnis an gesellschaftsfremde Dritte entgegensteht.

Vom Grundsatz der Selbstorganschaft unberührt bleibt die Möglichkeit, gesellschaftsfremden Dritten oder auch den Kommanditisten **rechtsgeschäftliche Vollmachten,** insbesondere Prokura, zu erteilen. Wird eine solche Vollmacht im Gesellschaftsvertrag erteilt, ist klarzustellen, ob es sich hierbei um ein Sonderrecht gemäß § 35 BGB handelt, das nur mit Zustimmung des bevollmächtigten Kommanditisten wieder entzogen werden darf; heißt es beispielsweise im Gesellschaftsvertrag, dass einem Kommanditisten Prokura zu erteilen ist, handelt es sich hierbei um ein Sonderrecht im vorgenannten Sinne, das zwar mit Außenwirkung widerrufen werden kann, aber nicht widerrufen werden darf, solange kein wichtiger Grund hierfür vorliegt (BGHZ 17, 392; *K. Schmidt* § 21 I 2c).

II. Die Befugnis zur Geschäftsführung

Die Geschäftsführungsbefugnis steht nach dem gesetzlichen Regelungsmodell den persönlich haftenden Gesellschaftern zu, kann aber im Gesellschaftsvertrag den Kommanditisten übertragen werden (*BGH* NJW 1982, 1817; *K. Schmidt* § 14 II 2). Jeder persönlich haftende Gesellschafter ist gemäß § 115 I HGB allein geschäftsführungsbefugt, es sei denn, im Gesellschaftsvertrag ist etwas anderes vereinbart. Inhaltlich erstreckt sich die Geschäftsführungsbefugnis auf alle Handlungen, die der gewöhnliche Betrieb des Handelsgewerbes der Gesellschaft mit sich bringt. Regelungsbedarf kann sich bei der Kommanditgesellschaft aus § 164 HGB und dessen Verständnis durch die herrschende Rechtsprechung und Lehre ergeben: Da § 164 HGB nicht als § 116 II HGB verdrängende Spezialregelung angesehen wird, sondern die herrschende Meinung davon ausgeht, dass § 116 II HGB neben § 164 II HGB tritt (RGZ 158, 302, 305; Baumbach/Hopt/*Hopt* § 164 Rn. 2; *K. Schmidt* § 53 III 2b), müssen die persönlich haftenden Gesellschafter, wollen sie ein über den gewöhnlichen Betrieb des Handelsgewerbes der Gesellschaft hinausgehendes Geschäft vornehmen, den Kommanditisten nicht nur die Möglichkeit zum Widerspruch im Sinne von § 164 HGB einräumen, sondern deren ausdrückliche Zustimmung nach § 116 II HGB einholen. Soll dieses Zustimmungs- und Widerspruchserfordernis ausgeschlossen werden, ist eine entsprechende gesellschaftsvertragliche Bestimmung vonnöten, die etwa wie folgt lauten könnte: 16

Formulierungsbeispiel: Ausschluss Widerspruchsrecht nach § 164 HGB
Bei folgenden Geschäftsführungsmaßnahmen besteht ein Widerspruchsrecht der Kommanditisten gemäß § 164 HGB nicht; diese Maßnahmen bedürfen auch nicht der Zustimmung der Kommanditisten: a) ... b) ... c) ...

16a

Jegliche Einschränkung der Widerspruchs- und Zustimmungsrechte des Kommanditisten muss sich steuerlich allerdings an den Erfordernissen des § 15 EStG messen lassen: Gewerbliche Einkünfte i. S. v. § 15 EStG erzielt ein Kommanditist jedenfalls dann, wenn dem Kommanditisten wenigstens annäherungsweise diejenigen Rechte eingeräumt bzw. belassen werden, die einem Kommanditisten nach dem Regelstatut des HGB über die KG zukommen. Bei der Beurteilung, ob i. S. v. § 15 EStG schädliche Abweichungen vom Regelstatut vorliegen, kann insbesondere dem Ausschluss oder der Existenz von Widerspruchsrechten nach § 164 HGB eine maßgebliche Bedeutung zukommen. Folglich sollte, wenn ein Kommanditist Mitunternehmer i. S. v. § 15 EStG sein soll, ein vollständiger Ausschluss der Widerspruchsrechte des § 164 HGB unterbleiben und etwaige Einschränkungen nur unter Beachtung der möglichen steuerrechtlichen Implikationen vorgenommen werden.

III. Die Vertretungsbefugnis

17   Zur Vertretung der Gesellschaft sind ausschließlich und zwingend die persönlich haftenden Gesellschafter befugt. Da § 170 HGB zwingendes Recht ist, kann einem Kommanditisten eine **organschaftliche** Vertretungsbefugnis nicht erteilt werden (vgl. *OLG Frankfurt* ZIP 2006, 904, m. krit. Anm. *Bergmann* ZIP 2006, 2064). Die Möglichkeit zur Erteilung einer rechtsgeschäftlichen Vollmacht, z. B. in Form einer Prokura, bleibt hiervon unberührt. Wird eine solche rechtsgeschäftliche Vollmacht einem Kommanditisten im Gesellschaftsvertrag erteilt, ist klarzustellen, ob es sich hierbei um ein Sonderrecht gemäß § 35 BGB handelt, das nur mit Zustimmung des bevollmächtigten Kommanditisten wieder entzogen werden darf (vgl. oben Rn. 14).

18   Die Vertretungsmacht der Gesellschafter ist gemäß § 106 Nr. 3 HGB zur Eintragung in das Handelsregister anzumelden. Dies bedeutet, dass sowohl die allgemeine gesellschaftsvertragliche Vertretungsregelung als auch die konkrete Vertretungsbefugnis des einzelnen Gesellschafters, sofern sie hiervon abweicht, angemeldet werden muss (zur Notwendigkeit, auch eine Befreiung von den Beschränkungen des § 181 BGB anzumelden, vgl. oben Rn. 12).

3. Teil. Die Mitgliedschaft in der Personengesellschaft

19   Mit dem Begriff Mitgliedschaft wird die Gesamtheit der einem Gesellschafter zustehenden Rechte und Pflichten in einem Verband bezeichnet. Von erheblicher praktischer Bedeutung sind zwei im Personengesellschaftsrecht zu beachtende Grundsätze, nämlich der Grundsatz der Einheitlichkeit der Beteiligung und das Abspaltungsverbot.

I. Einheitlichkeit der Beteiligung

20   Der Grundsatz der Einheitlichkeit der Beteiligung besagt, dass ein Gesellschafter einer Personengesellschaft nur eine Beteiligung halten kann, die inhaltlich einheitlich ausgestaltet sein muss. Der Grundsatz hindert im Bereich der Personengesellschaften, was im Bereich der Kapitalgesellschaften üblich ist, nämlich die Übernahme mehrerer Beteiligungen durch einen Gesellschafter (BGHZ 24, 106, 108 f.; *Priester* DB 1998, 55). Der Grundsatz steht darüber hinaus Gestaltungen entgegen, die die einheitliche Beteiligung inhaltlich unterschiedlich ausgestaltet, etwa die Bestellung eines Nießbrauchs an einem Teil des Gesellschaftsanteils oder die Verpfändung eines Teils des Gesellschaftsanteils (*K. Schmidt* § 45 I 2b). Der Geltungsgrund des Grundsatzes der Einheitlichkeit der Beteiligung dürfte in dem nach wie vor vorherrschenden vertragsrechtlichen Verständnis der Personengesellschaft liegen: Wird die Personengesellschaft – anders als die Kapitalgesellschaft – nicht als körperschaftliches, sondern als vertragsrechtliches Institut begriffen,

fällt die Vorstellung, dass ein Rechtssubjekt auf mehrere unterschiedliche Weisen an diesem Vertrag beteiligt ist, in der Tat schwer. Ob diese vertragsrechtliche Konzeption der Personengesellschaft allerdings heute noch dem Stand der gesellschaftsrechtlichen Dogmatik entspricht, ist insbesondere nach Anerkennung der Teilrechtsfähigkeit auch der Gesellschaft bürgerlichen Rechts nicht unzweifelhaft.

Der Grundsatz von der zwingenden Einheitlichkeit der Beteiligung des Personengesellschafters ist allerdings durch eine Entscheidung des *BGH* aus dem Jahr 1996 erschüttert worden (ZEV 1996, 110, 111 f.). Der *BGH* hat die grundsätzliche Zulässigkeit der Testamentsvollstreckung an einem geerbten Anteil an einer BGB-Gesellschaft bejaht, obwohl der Erbe bereits vor dem Tod des Erblassers Gesellschafter war, mithin mit dem Erbfall Inhaber einer Beteiligung wurde, die sich aus dem bereits früher gehaltenen und dem ererbten Gesellschaftsanteil „zusammensetzt". Gleichwohl ist fraglich, ob diese Entscheidung eine grundlegende Änderung der Rechtsprechung des *BGH* einleitet, da der *BGH* ausdrücklich lediglich feststellt, dass der Grundsatz der Einheitlichkeit der Beteiligung einer **Testamentsvollstreckung an den Vermögensrechten** dann nicht entgegenstehe, wenn der Erbe bereits zuvor Gesellschafter war (ebenso *Lorz* ZEV 1996, 112, 113). Von einer Aufgabe des Grundsatzes der Einheitlichkeit der Beteiligung zu sprechen, dürfte verfrüht sein. Weitere Ausnahmen vom Grundsatz der Einheitlichkeit der Mitgliedschaft werden in Fallkonstellationen diskutiert, in denen ein Gesellschafter neben einem (unbelasteten) Gesellschaftsanteil einen weiteren (belasteten) Gesellschaftsanteil hinzu erwirbt, etwa wenn ein Gesellschafter einen anderen Gesellschafter als dessen Vorerbe beerbt (vgl. zu derartigen Konstellationen *OLG Düsseldorf* DNotZ 1999, 440 und *OLG Schleswig* DNotZ 2006, 374). In diesen Fällen ist davon auszugehen, dass der Gesellschafter zwei Mitgliedschaftsrechte verwaltet, nämlich die eigene, von ihm bereits vor dem Erbfall gehaltene Mitgliedschaft und die mit dem Recht der Nacherben belastete Mitgliedschaft (*K. Schmidt* § 45 I 2b).

Anknüpfend an die vorstehend diskutierten Ausnahmen vom Grundsatz der Einheitlichkeit der Mitgliedschaft wird weiter die Frage aufgeworfen, ob auch eine Einmann-Personengesellschaft denkbar sei, wenn ein Gesellschafter den Gesellschaftsanteil seines bisherigen Mitgesellschafters hinzu erwirbt, dieser Gesellschaftsanteil indes nicht nur schuldrechtlich, sondern dinglich anders ausgestaltet ist, als die bisherige Beteiligung (vgl. dazu *Priester* DB 1998, 55, 58; *Weimar* ZIP 1997, 1769, 1772). Insgesamt ist die Rechtslage hier allerdings äußerst unsicher. So hat etwa das *OLG Düsseldorf* (DNotZ 1999, 440) die Möglichkeit einer Einmann-Personengesellschaft in dem Fall verneint, dass ein Gesellschafter den Gesellschaftsanteil seines einzigen weiteren Mitgesellschafters, belastet mit einem Nießbrauch, hinzu erwirbt. Auch das *OLG Schleswig* (ZIP 2006, 615 m. Anm. *Ahrens* ZIP 2006, 619) verneint die Möglichkeit einer Einpersonen-Personengesellschaft, und zwar auch dann, wenn ein Gesellschafter seinen Gesellschaftsanteil unter Vorbehalt des Nießbrauchs auf den anderen Gesellschafter überträgt. Das OLG räumt ein, dass es im Interesse des Nießbrauchsberechtigten zwar wünschenswert sei, den Fortbestand der Gesellschaft bürgerlichen Rechts anzunehmen und dem (einzigen) verbleibenden Gesellschafter zwei Gesellschaftsanteile zuzuordnen, lehnt im Ergebnis jedoch eine entsprechende Durchbrechung des Grundsatzes der Einheitlichkeit der Beteiligung und des Gebotes der Mehrpersonen-Personengesellschaft ab.

II. Abspaltungsverbot

Das nicht nur, aber auch für Personengesellschaften geltende **Abspaltungsverbot** wurzelt in § 717 S. 1 BGB. Es besagt, dass die Mitgliedschaftsrechte – im Gegensatz zu einzelnen aus ihnen erwachsenden Ansprüchen – von der Mitgliedschaft nicht trennbar sind, also insbesondere nicht selbständig übertragen werden können. Der die gesetzgeberische Anordnung rechtfertigende Grund ist darin zu sehen, dass die Ausübung von Gesellschafterrechten Ausdruck der autonomen Willensbildung der Gesellschafter ist (*Wiedemann*, Bd. I, § 7 I 1b). Das Abspaltungsverbot hindert eine isolierte Übertragung von Gesellschafterrechten und steht Gestaltungen entgegen, die einer Übertragung im wirtschaftlichen Ergebnis gleichkommen. Demgegenüber sind **schuldrechtliche** Vereinbarungen zwischen Gesellschaftern oder zwischen Gesellschaftern und Dritten über die Ausübung von Mitgliedschaftsrechten grundsätzlich zulässig (*K. Schmidt* § 21 II 4). Das Abspaltungsverbot ist immer dann von Bedeutung, wenn einem Mitgesellschafter oder einem Dritten ein Ausschnitt der Mitgliedschaftsrechte zugewiesen werden soll. Drei in der Praxis häufig vorkommende Fallgruppen sind zu unterscheiden:

1. Fallgruppen

a) Vorweggenommene Erbfolge

22   Nicht selten ist es in Fällen vorweggenommener Erbfolge gewünscht, dass der aus der Gesellschaft ausscheidende Altgesellschafter nach wie vor – um sich Einflussmöglichkeiten in der Gesellschaft zu sichern – Mitgliedschaftsrechte, insbesondere das Stimmrecht oder Informationsrechte, zurückbehalten möchte.

> **Beispiel:** Vater V möchte seine Kommanditbeteiligung an einer Kommanditgesellschaft auf seinen prospektiven Nachfolger, seinen Sohn S, übertragen. Da V davor zurückschreckt, seine bisherige Einkunftsquelle und seine bisherigen Einflussmöglichkeiten in der Gesellschaft vollständig aufzugeben, ist es sein Gestaltungswunsch, die Übertragung des Gesellschaftsanteils unter Vorbehalt des Nießbrauchs in der Weise vorzunehmen, dass er – V – nach wie vor Inhaber des Gewinnbezugsrechts sowie des Stimm- und Informationsrechts des Gesellschafters ist.

b) Treuhänderische Übertragung

23   Auch in Treuhandkonstellationen wird an den Kautelarjuristen mitunter die Frage herangetragen, ob dem Treugeber, dem der Gesellschaftsanteil wirtschaftlich zugerechnet werden soll, auch Gesellschafterrechte, etwa das Stimmrecht, übertragen werden können.

> **Beispiel:** Zahnarzt Z, der sich aus standesrechtlichen Gründen nicht an der Z GmbH beteiligen darf, schließt einen Treuhandvertrag mit seinem Bruder B, der einen Geschäftsanteil an der Z GmbH erwirbt und diesen kraft der Treuhandvereinbarung mit Z treuhänderisch für diesen hält. Z möchte sichergestellt wissen, dass die wesentlichen Entscheidungen in der Gesellschaft nicht ohne seine Mitwirkung getroffen werden können; am liebsten möchte Z selbst Inhaber der maßgeblichen Gesellschafterrechte sein.

c) Verpfändung

24   Schließlich kann sich ein Interesse Dritter an der isolierten Übertragung von Mitgliedschaftsrechten dann ergeben, wenn ihnen der Gesellschaftsanteil als Mittel der Kreditsicherung zur Sicherung eines Anspruchs des Dritten gegen den Gesellschafter etwa verpfändet worden ist. Auch hier wird der Pfandgläubiger nach Möglichkeiten suchen, sich möglichst weitgehenden Einfluss in der Gesellschaft jedenfalls bei solchen Maßnahmen einräumen zu lassen, die den wirtschaftlichen Wert des Gesellschaftsanteils zu beeinflussen geeignet sind.

> **Beispiel:** Zur Sicherung seiner Kreditverbindlichkeiten in Höhe von 1 Mio. EUR verpfändet der Gesellschafter G seinen Kommanditanteil an die B-Bank. B möchte wissen, ob ihr zur weiteren Verstärkung ihrer Rechtsposition auch das Stimmrecht aus der Beteiligung jedenfalls bei solchen Beschlüssen übertragen werden kann, die den wirtschaftlichen Wert des Anteils zu beeinflussen geeignet sind.

2. Rechtliche Beurteilung

Allen vorstehend beschriebenen Sachverhaltskonstellationen ist gemein, dass einer 25 Person, die nicht Gesellschafter der Personengesellschaft ist, Mitgliedschaftsrechte übertragen werden sollen. Ein solcher Transfer von Mitgliedschaftsrechten ist zu unterscheiden von einer Bevollmächtigung des Dritten, die selbstverständlich möglich ist und nicht mit dem Abspaltungsverbot kollidiert. Keine Kollision mit dem Abspaltungsverbot ergibt sich darüber hinaus, wenn der prospektive Zessionar des Mitgliedschaftsrechts seinerseits Gesellschafter ist, also in vorstehendem Beispiel (Rn. 21) etwa der ausscheidungswillige Senior einen Teilgesellschaftsanteil – und sei er noch so klein – zurückbehält. Hier können ihm selbstverständlich, da er nach wie vor Mitgesellschafter ist, ohne Einschränkungen durch das Abspaltungsverbot Mitgliedschaftsrechte übertragen werden. Schwieriger sind die Fälle zu beurteilen, in denen die Mitgliedschaftsrechte tatsächlich an einen nicht an der Gesellschaft beteiligten Dritten übertragen werden sollen.

In den Fällen, in denen der Dritte dinglich am Gesellschaftsanteil berechtigt ist, also etwa beim Nießbraucher oder Pfandgläubiger, behelfen sich die Rechtsprechung und die ihr folgende Lehre mit der Figur der „dinglichen Rechtsgemeinschaft" zwischen Gesellschafter und dinglich am Gesellschaftsanteil Berechtigtem, in deren Folge der Dritte nicht als gesellschaftsfremder Dritter anzusehen und damit tauglicher Zessionar von Mitgliedschaftsrechten sei (vgl. *Wiedemann*, Bd. I, § 3 III 2c). Hiernach ist eine isolierte Zuordnung von Mitgliedschaftsrechten an einen nicht an der Gesellschaft beteiligten Dritten konstruktiv möglich, wenn der Dritte dinglich Berechtigter am Gesellschaftsanteil ist.

Nicht gelöst sind demgegenüber die beschriebenen Treuhandkonstellationen. Da die 26 treuhänderische Verbindung zwischen Treuhänder und Treugeber diesem im Regelfall keine dingliche Mitberechtigung am Gesellschaftsanteil vermittelt, sondern lediglich schuldrechtliche Vereinbarungen zwischen Treuhänder und Treugeber bestehen, trägt die vorstehend geschilderte Begründung der dinglichen Rechtsgemeinschaft nicht. Gleichwohl hat der *BGH* (DStR 2003, 1582) entschieden, dass einem Treugeber, auch wenn er nicht selbst Gesellschafter einer Gesellschaft bürgerlichen Rechts ist, für den aber ein Treuhänder die Gesellschaftsanteile hält, durch Vereinbarung mit allen Gesellschaftern unmittelbar gesellschaftsrechtliche Rechte und Ansprüche eingeräumt werden können. Durch diese Entscheidung wird ein Weg aufgezeigt, wie dem Treugeber – wenn alle Gesellschafter einverstanden sind – unmittelbar Gesellschaftsrechte eingeräumt werden können. Allerdings setzt sich der *BGH* nicht mit der Frage auseinander, ob eine solche Übertragung von Gesellschafterrechten mit dem Abspaltungsverbot vereinbar ist; die Vereinbarkeit wird gleichsam vorausgesetzt. Ob sich aus der Entscheidung eine allgemeine Aufweichung des Abspaltungsverbotes ableiten lässt, ist derzeit nicht abzusehen. Aus rechtsdogmatischer Sicht überzeugt die Entscheidung des *BGH* nicht vollauf, da die ihrerseits bereits zweifelhafte Einschränkung des Abspaltungsverbotes in den Fällen der dinglichen Mitberechtigung nochmals auf einen Fall bloß schuldrechtlicher Verbindung zwischen Gesellschafter und Drittem, der dem Fall der dinglichen Mitberechtigung normativ nicht vergleichbar sein dürfte, erweitert wird.

4. Teil. Veränderungen im Gesellschafterkreis unter Lebenden

Veränderungen im Gesellschafterkreis der Personengesellschaft können sich unter Le- 27 benden durch die Übertragung der Mitgliedschaft oder durch das Ausscheiden eines Gesellschafters (ggf. verbunden mit dem Neueintritt eines anderen Gesellschafters) ergeben. Während der Neugesellschafter im ersten Fall die Mitgliedschaft des Ausscheidenden *derivativ* erwirbt, wird im zweiten Fall eine Mitgliedschaft *originär* neu begründet.

I. Beratungs-Checkliste

28 Beratungs-Checkliste

(I) Aufnahme durch Übertragung der Beteiligung
  (1) Soll die Übertragung voll entgeltlich oder ganz oder teilweise unentgeltlich erfolgen?
  (2) Ab welchem Zeitpunkt soll die Übertragung wirksam sein? Sollen aufschiebende Bedingungen oder Befristungen vereinbart werden? Ab welchem Zeitpunkt soll der Erwerber im Innenverhältnis am Gewinn und Verlust der Gesellschaft beteiligt sein?
  (3) Will der Veräußerer – vor allem im Falle der (teilweisen) unentgeltlichen Übertragung – sich Rückforderungsrechte vorbehalten?
(II) Aufnahme eines Neugesellschafters durch Neubegründung einer Mitgliedschaft
  (1) Soll der neue Gesellschafter eine neue Einlage erbringen oder soll ihm ein Teil der Einlage eines anderen Gesellschafters zugebucht werden?
  (2) Ab welchem Zeitpunkt soll der neue Gesellschafter die Mitgliedschaft erwerben? Ab welchem Zeitpunkt soll er am Gewinn und Verlust der Gesellschaft beteiligt sein?
  (3) Soll der Beteiligungserwerb aufschiebend bedingt durch die Eintragung in das Handelsregister sein (wegen § 176 HGB)?

II. Die Übertragung der Mitgliedschaft unter Lebenden

1. Sonderrechtsnachfolge

29 Während es vormals allein vorstellbar war, dass ein Wechsel in der Zusammensetzung des Gesellschafterkreises unter Lebenden durch Ausscheiden eines Gesellschafters und Neueintritt eines anderen Gesellschafters vollzogen werden könne, ist nunmehr anerkannt, dass die Beteiligung an einer Personengesellschaft von ihrem bisherigen Inhaber auf einen Erwerber durch Vertrag zwischen Veräußerer und Erwerber im Wege der Sonderrechtsnachfolge übertragen werden kann (grundlegend *RG* DNotZ 1944, 295, neu abgedruckt in WM 1964, 1130). Die Übertragung der Mitgliedschaft als solcher ist demnach möglich, wenn die schutzwürdigen Belange der übrigen Gesellschafter gewahrt sind. Dies ist angesichts der personalistischen Struktur der Personengesellschaft der Fall, wenn die Mitgesellschafter der Übertragung entweder im Gesellschaftsvertrag oder aktuell aus Anlass der Übertragung zugestimmt haben. Nicht selten enthalten die Gesellschaftsverträge von Personengesellschaften sehr differenzierte Zustimmungsklauseln, in denen die Übertragung der Mitgliedschaft zugelassen wird, wenn der Erwerber bestimmte subjektive Voraussetzungen erfüllt, etwa als gesetzlicher Erbe des Veräußerers in Betracht kommt, ein bestimmtes Mindestalter erreicht hat oder eine bestimmte berufliche Ausbildung absolviert hat. Solche Differenzierungen sind selbstverständlich zulässig und im Einzelfall durchaus sinnvoll. Fehlt eine die Übertragung zulassende Klausel im Gesellschaftsvertrag, bedarf die Anteilsübertragung der aktuellen Zustimmung der Mitgesellschafter, die entweder in Form einer Einwilligung oder einer nachträglichen Genehmigung erteilt werden kann.

30 Von Bedeutung ist die Übertragbarkeit der Beteiligung insbesondere bei Auswechslung eines Kommanditisten für die Haftung von Alt- und Neugesellschafter. Unter Anwendung des herkömmlichen Austritts-/Eintrittsmodells würde mit Auszahlung des Auseinandersetzungsguthabens an den ausscheidenden Gesellschafter dessen (beschränkte) Kommanditistenhaftung nach § 172 IV HGB wieder aufleben und der neu eintretende

Kommanditist wäre zur Leistung einer neuen Einlage verpflichtet, bis zu deren Bewirkung er gemäß § 171 HGB ebenfalls den Gläubigern gegenüber haftete. Dieses Ergebnis kann durch die Übertragung der Beteiligung vermieden werden. Der Neugesellschafter haftet nicht, weil ihm infolge des Erwerbs der Gesellschaftsbeteiligung die Einlageerbringung durch den Altgesellschafter zugerechnet wird. Der Altgesellschafter haftet seinerseits nicht, weil ihm seine Einlage nicht aus dem Gesellschaftsvermögen zurückgewährt wurde, so dass kein Fall des § 172 IV HGB vorliegt (Baumbach/Hopt/*Hopt* § 173 HGB Rn. 11). Voraussetzung für den Eintritt dieses Haftungsvorteils ist es allerdings, dass der Erwerb im Wege der Sonderrechtsnachfolge im Handelsregister verlautbart wird, da nur auf diese Weise Dritten gegenüber klargestellt wird, dass der neue Gesellschafter keine neue Einlage erbracht hat. Dies geschieht durch den so genannten Nachfolgevermerk, der allerdings nur dann in das Handelsregister eingetragen wird, wenn von sämtlichen persönlich haftenden Gesellschaftern und dem ausgeschiedenen Kommanditisten versichert wird, dass dem ausgeschiedenen Kommanditisten von Seiten der Gesellschaft keinerlei Abfindung für die von ihm aufgegebenen Rechte aus dem Gesellschaftsvermögen gewährt oder versprochen wurde (*BGH* DNotZ 2006, 135; *OLG Nürnberg* NZG 2012, 1270). Die Rechtsprechung verlangt teilweise die persönliche Abgabe der Versicherung durch den Komplementär und den ausscheidenden Kommanditisten; eine Stellvertretung sei nicht zulässig (*KG* NZG 2009, 905). Allerdings bedarf die Versicherung keiner besonderen Form, insbesondere nicht der Form des § 12 HGB.

Formulierungsbeispiel: Anmeldung Sonderrechtsnachfolge mit Abfindungsversicherung 30a
Der Kommanditist Müller hat seine Beteiligung an der Kommanditgesellschaft auf Meier übertragen und ist dadurch aus der Gesellschaft ausgeschieden. Meier tritt an seiner Stelle im Wege der Sonderrechtsnachfolge mit der Einlage des bisherigen Kommanditisten von 100.000 EUR als Kommanditist in die Kommanditgesellschaft ein. Die persönlich haftende Gesellschafterin und der ausscheidende Kommanditist versichern, dass dem ausscheidenden Kommanditisten von Seiten der Gesellschaft keinerlei Abfindung für die von ihm aufgegebenen Rechte aus dem Gesellschaftsvermögen gewährt oder versprochen worden ist.

2. Form der Anteilsübertragung

Die Anteilsübertragung ist ein Verfügungsgeschäft nach § 413 BGB (*K. Schmidt* § 45 31 III 3). Sie ist nach herrschender Meinung auch dann nicht formbedürftig, wenn zum Gesellschaftsvermögen Vermögensgegenstände gehören, deren Übertragung ihrerseits formbedürftig wäre, wenn sich im Gesellschaftsvermögen also beispielsweise Grundbesitz oder GmbH-Geschäftsanteile befinden (*K. Schmidt* § 45 II 3). Derartige „mittelbaren" Grundstücksgeschäfte sind allerdings dann formbedürftig, wenn die Gestaltungsmöglichkeiten missbraucht werden, wenn sie also allein oder im Wesentlichen dem Zweck dienen, die Formvorschriften zu umgehen (vgl. dazu BGHZ 86, 367, 371 und Kap. A I. Rn. 513G).

Die Beurkundungsbedürftigkeit der Anteilsübertragung kann sich ferner aus § 15 IV GmbHG ergeben, wenn die Übertragung von Personengesellschaftsanteilen im rechtlichen oder wirtschaftlichen Zusammenhang mit der Übertragung von GmbH-Geschäftsanteilen erfolgt, wie es nicht selten bei der Veräußerung einer GmbH & Co. KG der Fall ist. Da die Übertragung der Personengesellschaftsanteile und die der GmbH-Geschäftsanteile nach dem Willen der Beteiligten i.d.R. in untrennbarem rechtlichen und wirtschaftlichen Zusammenhang miteinander stehen, geht die ganz überwiegende Meinung zu Recht davon aus, dass sich in diesem Fall die Beurkundungspflicht des einen Teils auf die gesamte Vereinbarung erstreckt, mithin eine Aufspaltung des Gesamtgeschäfts in einen beurkundungsbedürftigen Teil und einen nicht beurkundungsbedürftigen Teil nicht zulässig ist (*BGH* NJW 1986, 2642; *Piehler/Schulte* in MünchHdB-GesR II § 35 Rn. 29). Allerdings kann ein mangels notarieller Beurkundungsform unwirksamer Übertragungsvertrag über Kommanditanteile entsprechend § 15 IV 2 GmbHG durch die Beurkundung der Abtretung der GmbH-Geschäftsanteile wirksam werden (*BGH* NJW-RR 1992, 991). Entsprechend dem Wortlaut von § 15 IV 2 GmbHG setzt die Heilung mit Wirkung ex nunc ein, so dass vor ordnungsgemäßer Beurkundung der Geschäftsanteilsabtretung ein wirksamer schuldrechtlicher Vertrag nicht besteht. Da die Abtretung der GmbH-Geschäftsanteile mit dinglicher Wirkung häufig erst einige Zeit nach Abschluss des schuldrechtlichen Übertragungsvertrages erfolgt, kann sich hier eine nicht unerhebliche Zeitspanne rechtlicher Ungewissheit ergeben (vgl. zum Ganzen *Hermanns* ZIP 2006, 2296; DNotZ 2013, 9).

3. Bedingte Anteilsübertragung

32 Nach allgemeinen Grundsätzen ist es möglich, die Übertragung eines Personengesellschaftsanteils unter eine Bedingung zu stellen. Dies kann im Einzelfall sachgerecht sein, wenn dem künftigen Gesellschafter bereits ein Anwartschaftsrecht auf die Beteiligung eingeräumt werden soll, etwa um ihn vor weiteren Verfügungen des Gesellschafters zu schützen (§ 161 I BGB). Tritt beispielsweise der Treuhänder einen von ihm gehaltenen Personengesellschaftsanteil dem Treugeber unter der aufschiebenden Bedingung der Beendigung des Treuhandverhältnisses ab, ist der Treugeber vor späteren Verfügungen des Treuhänders gemäß § 161 I BGB geschützt. Die Aufnahme einer aufschiebenden Bedingung kann darüber hinaus bei der Abtretung eines Kommanditanteils geboten sein, um eine unbeschränkte Haftung des Erwerbers gemäß § 176 II HGB zu verhindern. Ist der Eintritt des Gesellschafters durch seine Eintragung in das Handelsregister aufschiebend bedingt, so existiert keine Zeitspanne zwischen dem Eintritt und dessen Eintragung in das Handelsregister, so dass eine persönliche Haftung gemäß § 176 II HGB nicht mehr in Betracht kommt.

33 In der Praxis besteht darüber hinaus ein Bedürfnis nach einer (auflösend) bedingten Anteilsübertragung in den Fällen, in denen ein leitender Angestellter eines Unternehmens als Ausdruck der Verbundenheit mit der Gesellschaft Gesellschaftsanteile erhalten soll. Hier stellt sich die Frage, ob die Anteilsübertragung in der Weise auflösend bedingt gestaltet werden kann, dass sie automatisch unwirksam wird, wenn das Anstellungsverhältnis beendet wird. Während derartige „Stock-Option-Programme" im Aktienrecht heute eine Selbstverständlichkeit sind, sind sie bei Personengesellschaften noch eher die Ausnahme. Hintergrund für eine nicht unerhebliche rechtliche Unsicherheit ist die sog. Hinauskündigungsrechtsprechung des *BGH*; der insoweit auf dem Standpunkt steht, dass gesellschaftsvertragliche Bestimmungen, die den Ausschluss eines Gesellschafters ohne weiteres, das heißt ohne sachlichen Grund, zulassen, sittenwidrig sein können (vgl. dazu unten Rn. 41). Ob diese Bedenken auch in der hier diskutierten Fallkonstellation der Beteiligung leitender Angestellter durchgreifen, ist zweifelhaft. Jedenfalls sollte die auflösende Bedingung in der Weise formuliert werden, dass ihr Eintritt nicht allein vom Willen eines Mehrheitsgesellschafters abhängt, sondern das Unwirksamwerden der Anteilsübertragung sollte an die Kündigung des Anstellungsverhältnisses geknüpft werden. Mit diesem Inhalt dürfte die Vereinbarung einer auflösenden Bedingung zulässig sein (vgl. auch *Bütter/Tonner* BB 2003, 2417).

III. Das Ausscheiden eines Gesellschafters unter Lebenden

34 Drei Tatbestände führen – neben den in § 131 III HGB genannten – dazu, dass ein Gesellschafter ohne Übertragung des Gesellschaftsanteils aus der Gesellschaft ausscheidet, und zwar der Abschluss einer Austrittsvereinbarung, die Kündigung durch den Gesellschafter und der Ausschluss aus der Gesellschaft.

1. Die Austrittsvereinbarung

Es ist selbstverständlich, dass ein Gesellschafter durch einen Vertrag mit den übrigen Gesellschaftern das Ausscheiden aus der Gesellschaft vereinbaren kann. Nicht selten dient eine solche Ausscheidensvereinbarung dazu, einen ansonsten im Wege des Gesellschafterausschlusses entstehenden Streit zu vermeiden. In der Ausscheidensvereinbarung können die Rechtsfolgen des Ausscheidens frei, das heißt losgelöst von den gesellschaftsvertraglichen Vorgaben geregelt werden. Bei Bestimmung der Abfindungshöhe sind die Gesellschafter nicht an die gesellschaftsvertraglichen Abfindungsklauseln gebunden. Auch die von der Rechtsprechung entwickelten Grenzen der Gestaltungsfreiheit, die bei der Gestaltung eines Gesellschaftsvertrags zu beachten sind, wie etwa Vorgaben zur Höhe der Abfindung (vgl. dazu unten Rn. 45), müssen im Rahmen einer Austrittsvereinbarung nicht beachtet werden. Da hier nicht ein (Minderheits-)Gesellschafter der Gestaltungsmacht anderer Gesellschafter unterworfen ist, ist für eine Inhaltskontrolle derartiger Vereinbarungen ein deutlich geringerer Raum.

2. Der Austritt eines Gesellschafters im Wege der Kündigung

Nach § 131 III Nr. 3 HGB führt die Kündigung eines Gesellschafters zu seinem Ausscheiden aus der Gesellschaft und nicht mehr – wie früher – zur Auflösung der Gesellschaft. Die Kündigung wird ausgesprochen durch eine gegenüber den übrigen Gesellschaftern abzugebende Kündigungserklärung. Der Gesellschaftsvertrag kann auch vorsehen, dass die Kündigung gegenüber der Gesellschaft auszusprechen ist. Der Gesellschafter muss darüber hinaus einen Kündigungsgrund haben. Hierzu bestimmt § 132 HGB, dass eine für unbestimmte Zeit eingegangene Gesellschaft mit einer Frist von sechs Monaten zum Schluss eines jeden Geschäftsjahres gekündigt werden kann. Die gesellschaftsvertragliche Bestimmung, dass die Gesellschaft auf unbestimmte Zeit eingegangen ist, führt also nicht – wie häufig angenommen wird – dazu, dass die Gesellschaft nicht kündbar ist, sondern – im Gegenteil – zur Kündbarkeit in relativ kurzen Abständen. Will man diese verlängern, muss dies ausdrücklich im Gesellschaftsvertrag geregelt sein. Als auf unbestimmte Zeit eingegangen gilt nach § 134 HGB auch eine Gesellschaft, die für die Lebenszeit eines Gesellschafters eingegangen ist oder die nach dem Ablauf der für ihre Dauer bestimmten Zeit stillschweigend fortgesetzt wird. Versuche, einerseits eine lange Bestehensdauer der Gesellschaft zu vereinbaren, andererseits dem Gesellschafter aber nicht das Kündigungsrecht des § 132 HGB geben zu wollen, werden von der Rechtsprechung meist nicht anerkannt; die Kündigungsfreiheit des Gesellschafters ungebührlich beschränkende Vereinbarungen werden als sittenwidrig im Sinne von § 138 BGB angesehen. Im Rahmen der Sittenwidrigkeitsprüfung sind alle Umstände des Einzelfalles, wie etwa die Frage, ob der kündigungswillige Gesellschafter als persönlich haftender Gesellschafter unternehmerisch beteiligt ist oder ob er lediglich als Kommanditist als Kapitalgeber beteiligt ist, zu berücksichtigen (*K. Schmidt* § 50 II 4c). Eine Vertragsklausel etwa, die die Dauer der Gesellschaft auf „99 Jahre" bestimmt, führt dazu, dass die Gesellschaft als auf unbestimmte Zeit eingegangen gilt und dem Gesellschafter das Kündigungsrecht nach § 132 HGB zusteht; demgegenüber ist eine Unkündbarkeit bis zur Dauer von 30 Jahren grundsätzlich unbedenklich (vgl. zum Ganzen *BGH* WM 1967, 315, 316).

Ein außerordentliches Kündigungsrecht wurde dem Gesellschafter herkömmlicherweise unter Verweis auf die Möglichkeit der Erhebung einer Auflösungsklage nach § 133 HGB a. F. versagt. Nachdem der Gesetzgeber nunmehr die Möglichkeiten der Austrittskündigung in § 131 III HGB erweitert hat, spricht nichts mehr dagegen, ihm auch die Möglichkeit der Austrittskündigung aus wichtigem Grund zuzuerkennen (ebenso *K. Schmidt* § 50 II 4d; ebenso BGHZ 63, 338 für eine Publikumspersonengesellschaft).

3. Der Gesellschafterausschluss

a) Die gesetzliche Regelung

38 Gemäß § 140 I HGB kann gerichtlich die Ausschießung eines Gesellschafters aus der Gesellschaft ausgesprochen werden, sofern die übrigen Gesellschafter einen entsprechenden Antrag stellen und in der Person des auszuschließenden Gesellschafters ein Umstand eintritt, der nach § 133 HGB für die übrigen Gesellschafter das Recht begründet, die Auflösung der Gesellschaft zu verlangen, insbesondere wenn dieser Gesellschafter eine ihm nach dem Gesellschaftsvertrag obliegende wesentliche Verpflichtung vorsätzlich oder aus grober Fahrlässigkeit verletzt.

39 Der beantragte Ausschluss muss ultima ratio sein. Kommen mildere Mittel in Betracht, etwa die Umwandlung der Gesellschafterstellung von der eines persönlich haftenden Gesellschafters in die eines Kommanditisten, ist der Ausschluss nicht zulässig. Ein milderes Mittel kann auch darin liegen, dem Gesellschafter zunächst nur die Geschäftsführungs- oder Vertretungsbefugnis zu entziehen, ohne ihn gleich aus der Gesellschaft auszuschließen (vgl. etwa BGHZ 4, 108, 112; *K. Schmidt* § 50 III 1).

40 Da ein Gesellschafter sich das Verhalten seines Rechtsvorgängers nicht ohne weiteres zurechnen lassen muss, wird in der Praxis nicht selten versucht, einer Ausschließung in der Weise zuvorzukommen, dass der Anteil von dem Gesellschafter, der sich vermeintlich pflichtwidrig verhalten hat, auf eine andere Person übertragen wird. Grundsätzlich wird durch eine derartige Übertragung auch das Ausschließungsverfahren erledigt, es sei denn, der neue Gesellschafter muss sich ausnahmsweise das Verhalten seines Rechtsvorgängers zurechnen lassen oder er hat sich selbst pflichtwidrig verhalten.

b) Möglichkeiten der vertraglichen Gestaltung

41 § 131 III Nr. 6 HGB bestimmt, dass auch ein Gesellschafterbeschluss zum Ausscheiden eines Gesellschafters führen kann. Nach dem gemäß § 119 I HGB in der Personengesellschaft grundsätzlich geltenden Einstimmigkeitsprinzip bedarf dieser Beschluss – mangels abweichender Regelung im Gesellschaftsvertrag – der Zustimmung aller Gesellschafter einschließlich des auszuschließenden Gesellschafters. Das Einstimmigkeitsprinzip kann auch für diesen Beschlussgegenstand gemäß § 119 II HGB im Gesellschaftsvertrag abbedungen werden. Aus der Formulierung einer entsprechenden gesellschaftsvertraglichen Bestimmung muss sich klar und eindeutig ergeben, dass auch der Gesellschafterausschluss per Mehrheitsentscheid erfolgen kann. Enthält der Gesellschaftsvertrag eine Bestimmung im Sinne von § 131 III Nr. 6 HGB, ändert dies zunächst nichts daran, dass die Wirksamkeit des Ausschließungsbeschlusses einen wichtigen Grund im Sinne von § 140 HGB voraussetzt; es wird lediglich das gerichtliche Ausschließungsverfahren durch ein gesellschaftsinternes Ausschließungsverfahrens ersetzt (*K. Schmidt* § 50 III 2a). Neben der vorstehend beschriebenen Modifizierung des Ausschließungsverfahrens können auch die gesetzlichen Ausschließungsgründe in Grenzen gesellschaftsvertraglich geregelt werden. Während es heute anerkannt ist, dass eine Ausschließung nicht nur aus den in § 140 HGB genannten Gründen, sondern auch aus sonstigen wichtigen Gründen erfolgen kann (BGHZ 112, 103, 108; *K. Schmidt* § 50 III 3a), ist nach wie vor in hohem Maße umstritten, ob und ggf. in welchen Fällen der Gesellschaftsvertrag auch eine Ausschließung ohne wichtigen oder sachlichen Grund zulassen, die Ausschließung also in das Ermessen eines Gesellschafters oder der Gesellschaftermehrheit stellen darf. Der *BGH* hält eine derartige gesellschaftsvertragliche Bestimmung nur dann für zulässig, wenn hierfür wegen außergewöhnlicher Umstände sachlich gerechtfertigte Gründe bestehen (BGHZ 112, 103). Durch diese die Vertragsfreiheit beschränkende Rechtsprechung soll verhindert werden, dass ein unter dem „Damoklesschwert der Hinauskündigung" (so BGHZ 81, 263, 268) stehender Gesellschafter nicht in der Lage ist, seine Gesellschafterrechte sachgerecht auszuüben (ebenso *BGH* ZIP 2004, 903, 904). Als einen ein freies Ausschlie-

ßungsrecht ausnahmsweise rechtfertigenden Umstand hat es der *BGH* allerdings anerkannt, dass die Altgesellschafter einer Freiberuflersozietät einen neuen Kollegen in die Gesellschaft aufnehmen und für eine gewisse Zeit prüfen wollen, ob zwischen den Gesellschaftern das notwendige Vertrauen bestehe, um in einer Sozietät zusammenzuarbeiten (*BGH* ZIP 2004, 903, 905, ebenso *BGH* ZIP 2005, 1917 und 1920 sowie 2007, 862). Zugleich hat der *BGH* allerdings festgestellt, dass ein solches freies Ausschließungsrecht nur für begrenzte Zeit bestehen könne und jedenfalls nach Ablauf von zehn Jahren nicht mehr ausgeübt werden könne. Für die Vertragspraxis lässt sich aus den genannten Entscheidungen die Schlussfolgerung ziehen, dass in Sachverhaltskonstellationen, die den vom *BGH* zu beurteilenden ähnlich sind, die Vereinbarung eines freien Ausschließungsrechts möglich ist, dieses jedoch streng zu befristen ist; ferner dürfte es sich empfehlen, die Gründe, die das freie Ausschließungsrecht ausnahmsweise rechtfertigen, im Gesellschaftsvertrag jedenfalls summarisch wiederzugeben. Im Hinblick darauf, dass jedenfalls eine Dauer von drei Jahren als Prüfungszeit ausreichen dürfte, um festzustellen, ob das notwendige Vertrauen zur Zusammenarbeit in einer Sozietät gegeben ist, sollte das freie Ausschließungsrecht im Regelfall nicht länger als auf drei Jahre befristet sein.

c) Die Auseinandersetzung mit dem ausgeschiedenen Gesellschafter

Infolge des Ausscheidens aus der Gesellschaft findet zwischen dem ausgeschiedenen Gesellschafter und der Gesellschaft eine Auseinandersetzung statt. Gesetzliche Grundlage der Auseinandersetzung sind die §§ 738 bis 740 BGB. Hiernach hat der Gesellschafter insbesondere einen Abfindungsanspruch, dessen Höhe dem Anteil des Gesellschafters am Wert des gesamten Unternehmens entspricht; die Bewertung des Unternehmens hat unter Fortführungsgesichtspunkten nach dem Ertragswertprinzip zu erfolgen (MünchKomm/ *Ulmer* § 738 Rn. 24). Selbstverständlich ist es im Rahmen der Vertragsfreiheit auch möglich, über die Höhe der von einem Gesellschafter zu beanspruchenden Abfindung eine Vereinbarung zu treffen. Derartige Abfindungsklauseln finden sich in einer Vielzahl von Gesellschaftsverträgen. Ihre Ziele sind häufig die Kapital- und Liquiditätssicherung für die Gesellschaft und die Streitvermeidung durch Vorgabe klarer und einfacher Berechnungsmodi (*K. Schmidt* § 50 IV 2b). 42

Da Abfindungsklauseln das Innenverhältnis der Gesellschafter regeln, sind Vereinbarungen gemäß § 109 HGB im Grundsatz zulässig. Wer sich auf die Unzulässigkeit und damit Unwirksamkeit einer Abfindungsklausel beruft, ist damit im Begründungszwang. Abfindungsklauseln sind sittenwidrig und nichtig vor allem in den beiden Fallgruppen der Gläubigerbenachteiligung und der unzulässigen Kündigungsbeschränkung. 43

Wird mit einer Abfindungsklausel ausschließlich der Zweck verfolgt, die Gesellschaftsbeteiligung für die Gläubiger des Gesellschafters zu entwerten, ist sie sittenwidrig und nichtig. Das Nichtigkeitsverdikt gilt allerdings nur, wenn der *ausschließliche* Zweck der Abfindungsklausel der der **Gläubigerbenachteiligung** ist, wenn die Beschränkung des Abfindungsanspruchs also nur für die Fälle gilt, in denen ein Gläubiger des Gesellschafters auf die Beteiligung zuzugreifen sucht (*K. Schmidt* § 50 IV 2c aa). Gilt die Abfindungsbeschränkung auch für andere Fallkonstellationen, dient sie nicht mehr ausschließlich dem Zweck der Gläubigerbenachteiligung und kann daher nicht mehr unter diesem Gesichtspunkt unwirksam sein. 44

Unter dem Gesichtspunkt der **unzulässigen Beschränkung des Kündigungsrechts** des Gesellschafters werden solche Abfindungsklauseln als sittenwidrig angesehen, die wegen ihrer wirtschaftlichen Auswirkungen dazu führen, dass der Gesellschafter von seinen zwingenden Rechten gemäß §§ 133 III HGB, 723 III BGB keinen Gebrauch mehr machen wird (*K. Schmidt* spricht einprägsam von einer „Einkerkerung von Gesellschaftern"). Entscheidend ist, ob zum Zeitpunkt der Vereinbarung der Abfindungsklausel (so ausdrücklich BGHZ 123, 281; *K. Schmidt* § 50 IV 2c cc) bereits ein erhebliches Missverhältnis zwischen dem wirklichen Wert des Gesellschaftsanteils und der nach dem Ge- 45 sellschaftsvertrag zu zahlenden Abfindung besteht. Spätere Änderungen in den Wertverhältnissen bleiben bei Überprüfung der Wirksamkeit der Abfindungsklausel unberücksichtigt, da anderenfalls schwankende Unternehmenswerte einmal zur Wirksamkeit und einmal zur Unwirksamkeit der Abfindungsklausel führen könnten. Vor diesem Hintergrund sind Buchwertklauseln, Substanzwertklauseln und Abfindungen nach dem Stuttgarter Verfahren grundsätzlich zulässig, während eine Abfindung unter dem Buchwert grundsätzlich unzulässig und sittenwidrig ist (*BGH NJW* 1989, 2685; ebenso *K. Schmidt* § 50 IV 2c cc). Vieles ist hier allerdings im Fluss. Zulässig sind auch Auszahlungsbeschränkungen, die allerdings eine Erstreckung der Auszahlung auf mehr als fünf Jahre nicht überschreiten sollten (*BGH* a. a. O.). Sogenannte Russian-Roulette-Klauseln in Gesellschaftsverträgen einer zweigliedrigen Personen- oder Kapitalgesellschaft, die bestimmen, dass jeder der beiden (gleich hoch beteiligten) Gesellschafter berechtigt ist, dem jeweils anderen Teil seine Gesellschaftsbeteiligung unter Nennung eines bestimmten Preises zum Kauf anzubieten, und dass der Angebotsempfänger verpflichtet ist, bei Nichtannahme dieses Angebots seine Gesellschaftsbeteiligung an den Anbietenden unverzüglich zum gleichen Kaufpreis zu verkaufen und abzutreten, sind zulässig (*OLG Nürnberg* Urt. v. 20.12.2013 – 12 U 49/13).

46 Von der Frage der Sittenwidrigkeit der Abfindungsklausel zu unterscheiden ist die der Ausübungskontrolle: Knüpft die Frage der Sittenwidrigkeit der Abfindungsklausel an den Zeitpunkt der Vereinbarung der Abfindungsklausel an und fragt, ob zu diesem Zeitpunkt bereits ein erhebliches Missverhältnis bestand, setzt die Ausübungskontrolle die grundsätzliche Wirksamkeit der konkreten Abfindungsklausel voraus und fragt nunmehr danach, ob infolge einer Änderung der maßgeblichen Verhältnisse es der Gesellschaft verwehrt ist, sich auf die Abfindungsbeschränkung zu berufen; gesetzlicher Anknüpfungspunkt dieser Ausübungskontrolle ist § 242 BGB. Durch die Ausübungskontrolle wird dem Umstand Rechnung getragen, dass die Mehrzahl der üblichen Abfindungsbeschränkungen nicht von vornherein unzulässig sind. Entwickeln sich der Wert des Unternehmens und die nach der Abfindungsvereinbarung zu zahlende Entschädigung indes im Lauf der Unternehmensentwicklung so auseinander, dass sie in ein grobes Missverhältnis geraten, kann dem Gesellschafter unter Umständen ein Festhalten an der Abfindungsklausel nicht zugemutet werden. Im Rahmen dieser Ausübungskontrolle sind sämtliche Gesichtspunkte des Einzelfalls normativ zu berücksichtigen, also etwa auch im Zusammenhang mit der Abfindungsvereinbarung stehende Stundungsvereinbarungen oder besondere Umstände, die es im Einzelfall als zumutbar erscheinen lassen, den Gesellschafter an der Abfindungsvereinbarung festzuhalten, etwa wenn er den Gesellschaftsanteil im Schenkwege erworben hat. Konkret wird man ein grobes Missverhältnis dann in Betracht ziehen können, wenn der Abfindungswert weniger als 50% des tatsächlichen Werts der Unternehmensbeteiligung erreicht, wobei dies nur ein Anhaltspunkt sein kann; zu berücksichtigen sind auch die Dauer der Mitgliedschaft des Ausgeschiedenen, sein Anteil am Aufbau und Erfolg des Unternehmens und ähnliche Umstände (*BGH NJW* 1993, 3193; MünchHdb-GesR I § 13 Rn. 55).

5. Teil. Der Tod eines Gesellschafters

I. Die gesetzliche Regelung

1. Der Tod eines persönlich haftenden Gesellschafters

47 Gemäß § 131 III HGB hat der Tod eines persönlich haftenden Gesellschafters dessen Ausscheiden aus der Gesellschaft zur Folge; seine Erben haben Anspruch auf Abfindung nach den §§ 738, 740 BGB. Stirbt der letzte persönlich haftende Gesellschafter, dann gilt dasselbe, mit der Maßgabe freilich, dass es Sache der Kommanditisten ist, die Gesell-

schaft lebensfähig zu erhalten, indem sie für einen neuen persönlich haftenden Gesellschafter sorgen. Gelingt ihnen dies nicht binnen angemessener Zeit, dann tritt zwingend Auflösungsfolge ein.

2. Tod eines Kommanditisten

Anders als die Beteiligung des persönlich haftenden Gesellschafters ist die Kommanditbeteiligung gemäß § 177 HGB vererblich. Die Gesellschaft wird mit den Erben fortgesetzt. Der Gesellschaftsvertrag muss also Vorsorge treffen, wenn diese allein auf Erbrecht beruhende Rechtsnachfolge nicht eintreten soll. Es kommt zur sog. Sondererbfolge, d. h. nicht die Erbengemeinschaft wird Kommanditist, sondern jeder Erbe mit einem seiner Erbquote entsprechenden Anteil an der Kommanditbeteiligung wird Kommanditist (*BGH* NJW 1983, 2376; 1986, 2431; 1989, 3152).

3. Anmeldung zum Handelsregister

Sowohl das Ausscheiden eines verstorbenen Gesellschafters als auch der Eintritt von Erben eines verstorbenen Gesellschafters in die Gesellschaft muss von allen Gesellschaftern einschließlich der Erben des verstorbenen Gesellschafters zur Eintragung in das Handelsregister angemeldet werden. Können Erben nicht festgestellt werden, ist deren Mitwirkung entbehrlich (§ 143 III HGB). Starb der einzige persönlich haftende Gesellschafter und wollen alle Kommanditisten fortsetzen, ohne dass ein neuer persönlich haftender Gesellschafter nachfolgt, dann wandelt sich die Gesellschaft kraft Gesetzes in eine oHG um, weil es eine handelsrechtliche Personengesellschaft ohne persönlich haftenden Gesellschafter nicht gibt. Dies ist anzumelden (*BGH* NJW 1979, 1705). Im Regelfall ist die Nachfolge in einen Gesellschaftsanteil, sofern kein notariell beurkundetes Testament oder ein notariell beurkundeter Erbvertrag vorliegt, durch einen Erbschein nachzuweisen (*KG* NotBZ 2003, 240). Dies gilt auch dann, wenn die Anmeldung durch einen Bevollmächtigten des verstorbenen Gesellschafters aufgrund einer über den Tod hinaus erteilten Generalvollmacht erfolgen soll. Die Vollmacht ermächtigt den Bevollmächtigten nämlich nur, Handelsregisteranmeldungen im Namen des Vollmachtgebers vorzunehmen. Sie sagt jedoch nichts darüber aus, wer an dessen Stelle in die Gesellschaft eingetreten ist (*KG* a. a. O.).

II. Todesfallregelungen im Gesellschaftsvertrag

Die den Tod eines Gesellschafters betreffenden gesellschaftsvertraglichen Gestaltungsmöglichkeiten lassen sich in zwei große Gruppen zusammenfassen, nämlich zum einen die Nachfolgeklauseln und zum anderen die Eintrittsklauseln. Führen jene stets dazu, dass der Gesellschaftsanteil im Moment des Todes des Altgesellschafters unmittelbar auf den Rechtsnachfolger übergeht, zeichnen sich diese dadurch aus, dass der Gesellschaftsanteil des verstorbenen Altgesellschafters untergeht und für den Eintrittsberechtigten eine neue Mitgliedschaft begründet wird.

1. Die Nachfolgeklauseln

a) Die einfache erbrechtliche Nachfolgeklausel

Die einfache Nachfolgeklausel – zum Teil auch Fortsetzungsklausel genannt – beschränkt sich darauf, die Beteiligung des persönlich haftenden Gesellschafters an der werbenden Gesellschaft so, wie für die Kommanditbeteiligung gesetzlich vorgesehen, vererblich zu stellen („Beim Tod eines Gesellschafters geht dessen Beteiligung auf seine Erben über.") Der Erbe ist ohne weiteres mit dem Todesfall Gesellschafter, mehrere Erben mit einem ihrer Erbquote entsprechenden Anteil an der Gesellschaftsbeteiligung des Erblassers (BGHZ 69, 47, 49).

b) Die qualifizierte erbrechtliche Nachfolgeklausel

52 Von einer qualifizierten Nachfolgeklausel wird gesprochen, wenn der Gesellschaftsvertrag vorsieht, dass nicht alle Erben des Gesellschafter-Erblassers, sondern unter Ausgrenzung der anderen Miterben nur einer oder einzelne von ihnen in die Gesellschafterstellung einrücken (so z. B. in BGHZ 68, 225; *BGH* NJW 1983, 2376). Die Klausel schränkt also im Gegensatz zur einfachen Nachfolgeklausel gesellschaftsvertraglich die erbrechtlichen Dispositionsmöglichkeiten des Gesellschafters in Bezug auf seine Beteiligung ein. Auch sie bewirkt, dass die Gesellschaftsbeteiligung unmittelbar auf den oder die nachfolgeberechtigten Erben im Wege der Sondererbfolge übergeht. Voraussetzung ist, dass der vorgesehene Gesellschafternachfolger Erbe ist und dass er die Qualifikationen des Gesellschaftsvertrages für den Rechtsnachfolger (beispielsweise: Volljährigkeit, abgeschlossene Berufsausbildung) erfüllt. Für die Festlegung der Qualifikation des Gesellschafternachfolgers besteht weitgehende Freiheit. Häufig sind bestimmte Verwandtschaftsverhältnisse (nur leibliche Abkömmlinge), bestimmte berufliche Voraussetzungen (Abschluss einer kaufmännischen Berufsausbildung; Abschluss eines Studiums).

53 Der Erblasser muss mit seiner letztwilligen Verfügung dafür Sorge tragen, dass jedenfalls auch eine Person Erbe wird, die diesen gesellschaftsvertraglichen Anforderungen genügt; der Gesellschafternachfolger muss also gleichsam eine Doppelqualifikation erfüllen: Er muss Erbe werden und die gesellschaftsvertraglichen Anforderungen erfüllen. Wenn die qualifizierte Nachfolgeklausel zur Anwendung kommt, geht die gesamte Beteiligung unmittelbar auf den die Qualifikation erfüllenden Nachfolger über. Eine auch nur zeitweise Mitberechtigung der Miterben findet nicht statt (BGHZ 68, 225, 236). Die qualifizierte Nachfolgeklausel funktioniert damit wie eine dinglich wirkende Teilungsanordnung; in der letztwilligen Verfügung sollte geregelt werden, ob und ggf. in welchem Umfang Ausgleichsansprüche der nicht zur Nachfolge in den Gesellschaftsanteil berechtigten Erben bestehen. Fehlt eine entsprechende Regelung, dürften Ausgleichsansprüche nach §§ 2050 ff. BGB bestehen (vgl. *K. Schmidt* § 45 V 5).

54 Erfüllt keiner der Erben die gesellschaftsvertraglichen Qualifikationen, geht die Nachfolgeregelung ins Leere; wird die Beteiligung im Wege des Vermächtnisses einer Person zugewandt, die die gesellschaftsvertragliche Qualifikation erfüllt, kann die qualifizierte Nachfolgeklausel in eine Eintrittsklausel umgedeutet werden (*BGH* NJW 1978, 264).

55 Erhebliche einkommensteuerrechtliche Probleme treten immer dann auf, wenn beim Ausscheiden eines Gesellschafters aus der Personengesellschaft durch dessen Tod nicht sichergestellt ist, dass dem Gesellschafter gehörende Wirtschaftsgüter, die bei ihm Sonderbetriebsvermögen waren (z. B. der Gesellschaft zur Nutzung überlassene Grundstücke), nicht weiterhin mit dem Gesellschaftsanteil verbunden bleiben und damit die Eigenschaft als Sonderbetriebsvermögen nicht verlieren. In ähnlicher Weise wie in dem Fall, in dem ein Gesellschafter seinen Gesellschafter-(Mitunternehmer-)Anteil unentgeltlich im Wege vorweggenommener Erbfolge auf einen Nachfolger überträgt und sich im Übergabevertrag Sachen zurückbehält, die er der Gesellschaft zur Nutzung überlassen hat, kann sich auch die steuerrechtliche Verbundenheit von Gesellschaftsanteil und Sonderbetriebsvermögen im Erbfall als besonders nachteilig erweisen, wenn dieses eine wesentliche Betriebsgrundlage der Gesellschaft ist. Der Grund dafür ist, dass der sog. Mitunternehmeranteil des Personengesellschafters sich gewissermaßen aus zwei „Einzelwirtschaftsgütern" zusammensetzt, nämlich dem Anteil am Gesellschaftsvermögen und seinem Sonderbetriebsvermögen I, das zivilrechtlich, insbesondere erbrechtlich, nicht das gesellschaftsrechtliche „Schicksal" des Gesellschaftsanteils teilt. Während bei einer qualifizierten Gesellschafternachfolge der Gesellschaftsanteil „am Nachlass vorbei" in das Individual-Betriebsvermögen des qualifizierten Miterben übergeht, fällt das Sonderbetriebsvermögen des Erblassers stets in das Gesamthandsvermögen der Erbengemeinschaft, wo es gemeinschaftliches Vermögen wird, über das die Miterben auch nur gemeinschaftlich verfügen können. Wenn der Erblasser-Gesellschafter dieses nicht durch

5. Teil. Der Tod eines Gesellschafters D II

entsprechende Gestaltungen verhindert, fallen Sonderbetriebsvermögen und Gesellschaftsanteil im Erbfall mit der Folge auseinander, dass durch die vermögensmäßige Trennung bei einer qualifizierten Gesellschafternachfolge das bisherige Sonderbetriebsvermögen nur in Höhe der Erbquote des Nachfolgegesellschafters weiterhin Sonderbetriebsvermögen bleibt. Soweit das Sonderbetriebsvermögen erbquotal den übrigen Miterben zuzurechnen ist, wandelt es sich im Zeitpunkt des Erbfalls zu notwendigem Privatvermögen der am Gesellschaftsanteil nicht beteiligten weichenden Erben um.

Wenn man nicht dem resignierenden Ratschlag von *Geck/Messmer* (ZEV 1998, 428) folgen will oder kann, auf eine qualifizierte Nachfolgeklausel in Gesellschaftsverträgen bei Vorhandensein von Sonderbetriebsvermögen ganz zu verzichten oder in Erweiterung dieser Empfehlung zumindest dann, wenn ein Gesellschaftsvertrag eine qualifizierte Nachfolgeklausel enthält, auf die Bildung von Sonderbetriebsvermögen zu verzichten, was im Regelfall die einfacher umzusetzende Gestaltungsempfehlung ist, mag im Einzelfall das in der Beratungspraxis empfohlene sog. „Alleinerbenmodell" ein probates Mittel sein, ein Auseinanderfallen von Gesellschaftsanteil und zugehörigem Sonderbetriebsvermögen zu verhindern. Hierbei wird der beabsichtigte Nachfolger in den Gesellschaftsanteil zum Alleinerben eingesetzt und die weiteren Personen, die der Erblasser bedenken will, werden mit Vermächtnissen ausgestattet. Durch die Alleinerbeneinsetzung ist sichergestellt, dass sowohl Sonderbetriebsvermögen als auch Gesellschaftsanteil im Moment des Erbfalls in die Hand des Alleinerben fallen. Folgende weitere Ausweichlösungen sind ertragsteuerlich unbedenklich und daher geeignet, die Privatisierung von Sonderbetriebsvermögen bei einer qualifizierten Gesellschafter-Nachfolge zu vermeiden.

Wenn eine gesellschaftsvertraglich ausgestaltete qualifizierte Nachfolgeklausel mit Sonderbetriebsvermögen zusammentrifft, das eine wesentliche Betriebsgrundlage der Gesellschaft ist, kann die im Erbfall praktisch nicht zu vermeidende Aufdeckung und Versteuerung der im Sonderbetriebsvermögen enthaltenen stillen Reserven, soweit das Sonderbetriebsvermögen den weichenden Miterben erbquotal zuzurechnen ist, durch lebzeitiges Handeln in der Weise umgangen werden, dass der Gesellschaftsanteil und das damit verbundene Sonderbetriebsvermögen unter Nießbrauchsvorbehalt, verbunden mit einem höchstpersönlichen und freiem Rückforderungsvorbehalt unentgeltlich auf den qualifizierten Gesellschafternachfolger übertragen wird. Eine solche Vereinbarung führt zu einer Spaltung von zivilrechtlicher und für das Steuerrecht allein bedeutsamer wirtschaftlicher Inhaberschaft am Gesellschaftsanteil. Aufgrund des vorbehaltenen (höchstpersönlichen) freien Rückforderungsrechtes hat der Altgesellschafter (weiterhin) die tatsächliche Herrschaftsmacht über den übertragenen Gesellschaftsanteil, weil er den zivil- und gesellschaftsrechtlichen Inhaber des Gesellschaftsanteils (Neugesellschafter) aufgrund des vorbehaltenen Nießbrauchs- und Rückforderungsrechtes nicht nur von den Nutzungen ausschließt, sondern auch die Verfügungsberechtigung auf Dauer zurückbehalten hat. Steuerrechtlich hat dies zur Folge, dass aufgrund des zurückbehaltenen wirtschaftlichen Eigentums am übertragenen Gesellschaftsanteil dem Altgesellschafter weiterhin die auf den Gesellschaftsanteil entfallenden Gewinne (Überschüsse) zugerechnet werden. Immer dann, wenn zivilrechtliches Eigentum und wirtschaftliches Eigentum auseinanderfallen, muss bedacht werden, dass der Neugesellschafter vertraglich unwiderruflich verpflichtet wird, sämtliche ihm auf Gesellschaftsebene zugerechneten, aber von ihm nicht zu versteuernden Gewinne dem Altgesellschafter auszukehren sind. Mit dem Tod des nießbrauchsberechtigten (Alt-)Gesellschafters und damit verbunden dem Wegfall des freien Widerrufsrechtes erlangt der qualifizierte Gesellschafternachfolger dann auch das wirtschaftliche Eigentum am Gesellschaftsanteil und am Sonderbetriebsvermögen. Nachteil dieser Lösung ist, dass die übrigen Gesellschafter nicht nur der Übertragung des Gesellschaftsanteils, sondern (vorsorglich) auch bereits im Zeitpunkt der Übertragung des Gesellschaftsanteils dessen Rückübertragung zustimmen müssen.

Wer weder eine lebzeitige Übertragung unter Nießbrauchs- und freiem Rückforderungsvorbehalt noch das „Alleinerbenmodell" als „Ausweichlösung" akzeptiert, kann ein Auseinanderfallen von Gesellschaftsanteil und Sonderbetriebsvermögen im Falle des Todes des Gesellschafters verhindern, indem er letztwillige Verfügungen trifft, die sicherstellen, dass dem qualifizierten Gesellschafter-Nachfolger vom Erbfall an das wirtschaftliche Eigentum an dem in den Nachlass gefallenen Sonderbetriebsvermögen in vollem Umfange zusteht. Durch eine letztwillig verfügte einfache Teilungsanordnung lässt sich allein die Zurechnung des wirtschaftlichen Eigentums beim qualifizierten Gesellschafter-Nachfolger nicht erreichen. Wenn diese aber mit einer letztwillig verfügten Berechtigung zur Inbesitznahme des Sonderbetriebsvermögens verbunden wird und darüber hinaus der Qualifizierte – bezogen auf das Sonderbetriebsvermögen – letztwillig zum Testamentsvollstrecker eingesetzt wird (Abwicklungsvollstreckung) oder ihm eine postmortale Vollmacht erteilt wird, die den qualifizierten Nachfolge-Gesellschafter zur Vollstreckung der Teilungsanordnung oder des vermächtnisweise zugewendeten Sonderbetriebsvermögens berechtigt, liegen die Voraussetzungen für die Annahme wirtschaftlichen Eigentums beim qualifizierten Nachfolge-Gesellschafter vom Erbfall an vor; dies zumindest dann, wenn die weichenden Erben die letztwillige Zuweisung des Sonderbetriebsvermögens an den qualifizierten Gesellschafter-Nachfolger akzeptieren.

Praxishinweis Steuern:

Die beiden vorstehend beschriebenen Gestaltungen bewegen sich steuerlich im Grenzbereich des Begriffs vom wirtschaftlichen Eigentum. Sie sollten daher unbedingt nur unter Einbeziehung eines geeigneten steuerlichen Beraters und ggf. mit Einholung einer verbindlichen Auskunft des zuständigen Finanzamtes in Angriff genommen werden, denn im Falle einer steuerlichen Nichtanerkennung droht u. U. die irreparable steuerpflichtige Aufdeckung erheblicher stiller Reserven. Dieses Problem lässt sich umgehen, indem die Mitunternehmerbeteiligung samt Sonderbetriebsvermögen in eine eigene gewerbliche Personengesellschaft (z. B. eine Ein-Personen-GmbH & Co. KG) eingebracht wird, was allerdings im Regelfall auch nur mit Zustimmung der Mitgesellschafter machbar ist und evtl. auch den Intentionen der qualifizierten Nachfolgeklausel zuwiderläuft.

---

c) Die rechtsgeschäftliche Nachfolgeklausel

56 Anstelle der erbrechtlichen Nachfolge ist auch eine rechtsgeschäftliche Regelung der Nachfolge in die Beteiligung eines verstorbenen Gesellschafters möglich. Hier wird die Mitgliedschaft dem Nachfolger durch den Gesellschaftsvertrag als Geschäft unter Lebenden zugewandt. Eine solche Regelung ist von Bedeutung, wenn der designierte Nachfolger nicht Erbe sein soll. Die Beteiligung geht in diesem Fall aufgrund der Regelung im Gesellschaftsvertrag im Wege des derivativen Erwerbs außerhalb des Nachlasses auf einen im Gesellschaftsvertrag bestimmten Gesellschafternachfolger über, und zwar ebenso unmittelbar wie bei der erbrechtlichen Nachfolge, aber aufgrund Verfügung unter Lebenden unmittelbar mit dinglicher Wirkung (*BGH NJW* 1959, 1433; BGHZ 68, 225, 234; vgl. auch *K. Schmidt* § 45 V 6c). Es handelt sich um eine gesellschaftsvertragliche Vereinbarung mit dem vorgesehenen Nachfolger, deren Wirkung durch den Tod des Rechtsvorgängers aufschiebend bedingt ist (*BGH NJW* 1970, 1638). Da eine Verfügung zugunsten Dritter unzulässig ist, bedarf sie stets der Mitwirkung des vorgesehenen Nachfolgers zu Lebzeiten seines Rechtsvorgängers (BGHZ 68, 225, 231 ff.). Als Regelung unter Lebenden ist sie selbst bei Unentgeltlichkeit ohne Beachtung des Formzwangs gem. § 2301 I BGB möglich, da es sich um eine vollzogene Schenkung im Sinne des § 2301 II BGB handelt (*Nieder/Kössinger* Rn. 1260, 1265). Zu beachten ist, dass der Gesellschafter bei dieser Lösung schon zu Lebzeiten gegenüber dem Eintrittsberechtigten gebunden ist (*BayObLG* BB 2000, 2119, 2120).

III. Erbrechtliche Sonderfragen und -gestaltungsmöglichkeiten

1. Vor- und Nacherbfolge

Die Anordnung von Vor- und Nacherbschaft bei Regelung der Nachfolge in Gesellschaftsbeteiligungen ist zulässig (BGHZ 69, 47, 49; 78, 177, 181). Sie bewirkt, dass der Vorerbe nur auf Zeit Gesellschafter wird und die Gesellschaftsbeteiligung alsdann – mit Eintritt eines bestimmten Ereignisses, beispielsweise Wiederheirat oder Tod – ohne weiteres auf eine vom Erblasser bestimmte andere Person übergeht. Voraussetzung ist die Vererblichkeit der Gesellschaftsbeteiligung. Der Vorerbe rückt in vollem Umfang, d.h. mit allen Rechten und Pflichten wie ein Vollerbe in die Gesellschafterstellung des Erblassergesellschafters ein. Während der Dauer der Vorerbschaft übt er uneingeschränkt die mit der Beteiligung verbundenen Rechte aus (BGHZ 78, 177, 182). 62

Unzulässig und dem Nacherben gegenüber unwirksam sind nur unentgeltliche Verfügungen über die Gesellschaftsbeteiligung als solche (§ 2113 II BGB). Die Abgrenzung kann im Einzelfall Schwierigkeiten bereiten. Immer ist zu fragen, ob Verfügungen oder sonstige die Beteiligung berührende Maßnahmen des Vorerben (Änderung des Gesellschaftsvertrages) ein gleichwertiges Surrogat im Nachlass hinterlassen. Danach ist die Ausübung der Wahlrechte nach § 139 HGB durch den Vorerben zulässig, ebenso die Kündigung oder vereinbartes Ausscheiden gegen angemessene Abfindung. Zulässig sind alle Maßnahmen zur ordnungsgemäßen Verwaltung des Nachlasses. Hierbei darf der Vorerbe auch darauf Rücksicht nehmen, was sich im Gesellschaftsinteresse als wirtschaftlich notwendig oder zweckmäßig erweist. Einseitige Änderungen des Gewinnverteilungsschlüssels zu Lasten der ererbten Gesellschaftsbeteiligung sind im Regelfall ohne Zustimmung des Nacherben nur für die Dauer der Vorerbschaft zulässig (BGHZ 78, 177, 188). 63

2. Testamentsvollstreckung

Die Zulässigkeit der Testamentsvollstreckung an einer Personengesellschaft war höchst umstritten. Dies gilt nach wie vor für die Zulässigkeit der Verwaltungstestamentsvollstreckung am Anteil eines persönlich haftenden Gesellschafters einer Personenhandelsgesellschaft, namentlich für die Geschäftsführung. Mit dem Gedanken der Selbstorganschaft bei Personengesellschaften verträgt es sich nicht, dass ein Nicht-Gesellschafter als Testamentsvollstrecker ohne persönliche Haftung Leitungsfunktionen wahrnimmt. Der *BGH* hat aber inzwischen ausgesprochen, dass auch bei Komplementär-Anteilen an einer oHG und BGB-Gesellschaftsanteilen eine Testamentsvollstreckung zulässig ist, von der die Geschäftsführung und andere, möglicherweise zu einer Haftung der Gesellschaft führende Handlungen unberührt bleiben und die sich im Wesentlichen auf die Wahrnehmung und Erhaltung der mit dem Anteil verbundenen übertragbaren Vermögensrechte beschränkt (*BGH* NJW 1996, 1284). Uneingeschränkt zugelassen hat er die Testamentsvollstreckung an einem Kommanditanteil (*BGH* NJW 1989, 3152). Voraussetzung ist, dass der Gesellschaftsvertrag die Testamentsvollstreckung über einen Kommanditanteil zulässt oder alle Mitgesellschafter dem im Einzelfall zustimmen. Problematisch ist die Testamentsvollstreckung, wenn der Erbe bereits Mitgesellschafter des Erblassers in derselben Gesellschaft ist. Hier könnte die Einheitlichkeit der Beteiligung der Testamentsvollstreckung entgegenstehen. Der *BGH* hat demgegenüber entschieden, dass die Testamentsvollstreckung auch in diesem Fall nicht ausgeschlossen ist (NJW 1996, 1284). Ist über den Nachlass eines Kommanditisten Dauertestamentsvollstreckung angeordnet, ist auf Antrag des Testamentsvollstreckers auch ein Testamentsvollstreckervermerk in das Handelsregister einzutragen (*BGH* NZG 2012, 385). 64

Der Testamentsvollstrecker ist nach allgemeiner Ansicht nicht berechtigt, die dem Kommanditisten aufgrund seiner Mitgliedschaft zustehenden Herrschafts- und Mitver- 65 waltungsrechte auszuüben, wenn dies zu einer persönlichen Haftung des Gesellschaftererben ohne dessen Einwilligung führen würde. Insbesondere gilt dies für Maßnahmen, die zu einem Wiederaufleben der Haftung nach § 172 IV HGB infolge der Rückzahlung der Einlage des Kommanditisten führen würden und für Beschlüsse über eine Erhöhung der Hafteinlage (BGHZ 108, 187; *Dörrie* ZEV 1996, 370, 372; *Ulmer* NJW 1990, 73, 76).

66 Streitig ist auch, wieweit der Testamentsvollstrecker über die Beteiligung als solche verfügen kann. Gemäß § 2205 BGB ist er dazu grundsätzlich berechtigt, soweit nicht der Erblasserwille entgegensteht (vgl. § 2208 I 1 BGB). In diesem Sinne wird teilweise (*Ulmer*, FS Schilling, S. 97, 104) dem Testamentsvollstrecker auch ein Kündigungsrecht entsprechend § 725 BGB, § 135 HGB zugebilligt, mit Hilfe dessen er den Auseinandersetzungsanspruch zur Befriedigung von Ausgleichsansprüchen weichender Erben liquide machen darf; andere meinen dagegen, dass der Testamentsvollstrecker nicht befugt sein könne, die vom Erblasser gewollte Zuordnung der Gesellschaftsbeteiligung zu dem Erben durch Vernichtung der Mitgliedschaft zu beseitigen (*Flume* S. 163). Auch im Übrigen ist der Testamentsvollstrecker in vielfacher Weise gebunden. Grundsätzlich soll er ohne Zustimmung des Gesellschaftererben nicht in den „Kernbereich" der Kommanditbeteiligung eingreifen dürfen (zum Meinungsstand *K. Schmidt* § 45 V 7c).

6. Teil. Weitere wichtige Einzelfragen bei der Gestaltung von Personengesellschaftsverträgen

67 Bei der Gestaltung von Personengesellschaftsverträgen sind neben den vorstehend dargestellten Gesichtspunkten häufig die nachgenannten Aspekte zu berücksichtigen.

I. Einstimmigkeits- oder Mehrheitsprinzip

68 Beschlüsse der Gesellschafter einer Personengesellschaft sind gemäß § 119 I HGB grundsätzlich einstimmig zu fassen. Gemäß § 119 II HGB kann der Gesellschaftsvertrag jedoch vorsehen, dass Gesellschafterbeschlüsse mit einfacher oder qualifizierter Mehrheit zulässig sind. Bei der Gestaltung derartiger Mehrheitsklauseln sind vor allem zwei Gesichtspunkte zu beachten:

69 (1) Der vormals allein den Minderheitenschutz sichernde **Bestimmtheitsgrundsatz** verlangt, dass sich die Reichweite der Mehrheitsbefugnis mit Eindeutigkeit aus dem Gesellschaftsvertrag ergeben muss. Heißt es im Gesellschaftsvertrag lediglich, dass Gesellschafterbeschlüsse mit einfacher Mehrheit gefasst werden, so deckt diese Mehrheitsklausel lediglich die Entscheidung über Fragen der laufenden Verwaltung (*BGH* DB 1961, 402). Soll die Mehrheit auch über Änderungen des Gesellschaftsvertrags oder sonstige Strukturmaßnahmen, wie etwa Umwandlungen, entscheiden können, muss sich diese Kompetenz unmissverständlich aus der Mehrheitsklausel im Gesellschaftsvertrag ergeben (vgl. zuletzt *BGH* ZIP 2007, 475 – „Otto-Entscheidung"). Dies bedeutet zwar nicht, dass der Gesellschaftsvertrag einen umfassenden und abschließenden Katalog aller Bereiche enthalten muss, die der Mehrheitskompetenz unterliegen. Es ist jedoch erforderlich, dass dem einzelnen Gesellschafter durch die Formulierung im Gesellschaftsvertrag deutlich vor Augen geführt wird, welche Maßnahmen er nicht durch ein Vetorecht gegen den Willen der Mehrheit verhindern kann. Der den Bestimmtheitsgrundsatz tragende Gedanke ist der der antizipierten Zustimmung: Denjenigen Maßnahmen, die von einer eindeutigen Mehrheitsklausel im Gesellschaftsvertrag gedeckt sind, hat sich der Gesellschafter durch seinen Beitritt zur Gesellschaft bereits im Voraus unterworfen. Eine dem Bestimmtheitsgrundsatz genügende gesellschaftsvertragliche Bestimmung begründet also die Mehrheitskompetenz durch die Zustimmung des Gesellschafters. Der Bestimmtheitsgrundsatz ist damit eine formale Schranke der Mehrheitsbefugnis, da er allein danach

fragt, ob der zur Beschlussfassung anstehende Gegenstand formal und eindeutig der Mehrheitsherrschaft unterworfen wurde. Eine inhaltliche Kontrolle eindeutig formulierter Mehrheitsklauseln findet über den Bestimmtheitsgrundsatz nicht statt.

(2) Die erhöhten kautelarjuristischen Anforderungen an Mehrheitsklauseln führten in der Praxis dazu, dass in Gesellschaftsverträgen umfangreiche Kataloge aller nur denkbaren Vertragsänderungen zu finden waren. Das mit dem Bestimmtheitsgrundsatz verfolgte Ziel eines effektiven Minderheitenschutzes konnte auf diese Weise nicht mehr erreicht werden (*K. Schmidt* § 16 II 2c). Es wurde daher erforderlich, den formalen Kontrollansatz des Bestimmtheitsgrundsatzes durch einen materiellen Minderheitenschutz zu ergänzen. Diese Aufgabe wird durch die **Kernbereichslehre** wahrgenommen. Die Kernbereichslehre besagt, dass auch eine Mehrheitskompetenz, die in einer dem Bestimmtheitsgrundsatz genügenden Weise begründet wurde, inhaltlich durch einen Kernbereich von Gesellschafterrechten begrenzt wird, der keinesfalls zur Disposition der Mehrheit steht (*K. Schmidt* § 16 III 3b). Derartige Rechte können dem Gesellschafter ohne seine Zustimmung nur aus wichtigem Grund und unter besonderer Beachtung des Verhältnismäßigkeitsgrundsatzes entzogen werden (*BGH* ZIP 2007, 475, 477 sowie ZIP 2009, 2289; vgl. dazu *Holler* ZIP 2010, 1678 und *Westermann* ZIP 2007, 2289, 2290). Der unterschiedliche Kontrollansatz von Bestimmtheitsgrundsatz einerseits und Kernbereichslehre anderseits beantwortet auch die Frage, ob der Bestimmtheitsgrundsatz durch die Kernbereichslehre überflüssig geworden ist: Beide Kontrollmechanismen ergänzen sich; der durch die Kernbereichslehre vermittelte inhaltliche Schutz der Mitgliedschaft stellt die Notwendigkeit eines vorgelagerten formellen Schutzes nicht in Frage (ebenso *K. Schmidt* § 16 II 2c).

Obwohl der Bestimmtheitsgrundsatz und die Kernbereichslehre mithin unterschiedliche Prüfungsmaßstäbe an den Gesellschafterbeschluss anlegen, können beide Instrumente des Minderheiten- und Individualschutzes sich auch gegenseitig beeinflussen. Nach der Rechtsprechung des *BGH* verbietet die Kernbereichslehre einen Eingriff in die durch sie geschützten Gesellschafterrechte nur dann, wenn weder eine Zustimmung zum Eingriff durch den betroffenen Gesellschafter vorliegt noch dieser Eingriff durch einen besonderen sachlichen Grund unter Wahrung des Grundsatzes der Verhältnismäßigkeit gerechtfertigt ist. Liegt entweder das eine oder das andere vor, ist der Eingriff zulässig. Dies bedeutet, dass eine Einwilligung des Gesellschafters in einen Kernbereichseingriff, wie sie auch bereits im Gesellschaftsvertrag erteilt werden kann, einen Kernbereichseingriff rechtfertigen kann. Ist die der Mehrheit der Gesellschafter übertragene Beschlusskompetenz im Gesellschaftsvertrag mithin so konkret formuliert, dass sie bereits als Einwilligung in den Entzug oder die Verkürzung eines Kernbereichsrechts ausgelegt werden kann, bedarf es unter dem Gesichtspunkt der Kernbereichslehre keiner weiteren Rechtfertigung des Eingriffs.

Nur der Vollständigkeit halber sei erwähnt, dass neben den von der Rechtsprechung entwickelten und vorstehend dargestellten Instrumentarien des Individual- und Minderheitenschutzes noch gesetzliche Bestimmungen, die den gleichen Zweck verfolgen, zu beachten sind. Zu erwähnen ist hier zum Einen § 35 BGB, der (rechtsformübergreifend) bestimmt, dass Sonderrechte eines Mitglieds diesem nicht ohne seine Zustimmung entzogen werden können.

Handelt ein Gesellschafter zugleich im eigenen Namen und als Vertreter eines Dritten oder liegt ein Fall der Mehrfachvertretung vor, ist darüber hinaus § 181 BGB zu beachten (vgl. hierzu umfassend *Baetzgen* RNotZ 2005, 193). Bei Gesellschafterbeschlüssen, die das Rechtsverhältnis der Gesellschafter untereinander betreffen, zum Beispiel Änderungen des Gesellschaftsvertrags oder Strukturmaßnahmen, ist § 181 BGB anzuwenden. Hiervon zu unterscheiden sind bloße Maßnahmebeschlüsse, zum Beispiel Beschlüsse über bloße Geschäftsführungsmaßnahmen. Bei diesen Beschlüssen steht die gemeinsame Zweckverfolgung im Vordergrund, so dass der von § 181 BGB vorausgesetzte Interessenkonflikt nicht auftritt (*Baetzgen* RNotZ 2005, 193, 223).

Schließlich ist § 707 BGB zu beachten, der eine Vermehrung von Gesellschafterpflichten (ohne Zustimmung des betroffenen Gesellschafters) verbietet.

II. Klagerechte des Gesellschafters

71 Die Frage, welche Möglichkeiten der Gesellschafter hat, einen Gesellschafterbeschluss gerichtlich überprüfen zu lassen, hängt eng mit der Einführung des Mehrheitsprinzips zusammen: Der Gesellschafter ist auf Klagerechte nur dann angewiesen, wenn er nicht die Möglichkeit hat, die Wirksamkeit eines Gesellschafterbeschlusses durch Zustimmungsverweigerung zu verhindern, also nur unter der Geltung des Mehrheitsprinzips. Während bei Körperschaften zwischen anfechtbaren und nichtigen Beschlüssen unterschieden wird (vgl. z.B. §§ 241f. mit 243ff. AktG), ist diese Differenzierung für Gesellschafterbeschlüsse in Personengesellschaften bisher nicht übernommen worden. Gesellschafterbeschlüsse in Personengesellschaften sind entweder wirksam oder unwirksam, nicht aber anfechtbar (zum Meinungsstand vgl. *K. Schmidt* § 15 II 3). Die Unwirksamkeit des Beschlusses ist im Wege der Feststellungsklage geltend zu machen (*BGH* NJW 1999, 3113). Da eine Frist für die Erhebung der Klage gesetzlich nicht vorgegeben ist, auf der anderen Seite aber ein Bedürfnis nach Rechtssicherheit besteht, empfiehlt es sich, in Gesellschaftsverträgen eine Frist für die Erhebung der Feststellungsklage zu bestimmen. Sie sollte, um das Klagerecht des Gesellschafters nicht in unwirksamer Weise zu beschränken, nicht unter einem Monat liegen (zur Zulässigkeit einer in einem Gesellschaftsvertrag vereinbarten Monatsklagefrist vgl. *OLG Frankfurt* ZIP 2007, 683). Wird eine Gesellschafterversammlung unter Nichteinhaltung der vorgeschriebenen Formen oder Fristen einberufen, kann dies zur Nichtigkeit des Beschlusses führen, wenn der mit den gesellschaftsvertraglichen oder gesetzlichen Ladungsbestimmungen verfolgte Zweck, dem einzelnen Gesellschafter die Vorbereitung auf die Tagesordnung und die Teilnahme an der Versammlung zu ermöglichen, vereitelt wird. Der Einladungsmangel führt aber nicht zur Nichtigkeit des Beschlusses, wenn ausgeschlossen werden kann, dass sein Zustandekommen durch den Fehler beeinflusst ist (*BGH* Urt. v. 11.3.2014 – II ZR 24/13).

III. Gesellschafterkonten

72 Die meisten Gesellschaftsverträge enthalten Bestimmungen darüber, mit welchem Kapitalanteil ein Gesellschafter an der Gesellschaft beteiligt ist. Der Kapitalanteil ist eine Rechengröße, die Aufschluss über die Vermögensbeteiligung des Gesellschafters geben soll. Er entspricht nicht dem Wert der Gesellschaftsbeteiligung, sondern gibt nur – durch seine Relation zu den Kapitalanteilen anderer Gesellschafter – die prozentuale Beteiligung des Gesellschafters am Gesellschaftsvermögen wieder (*K. Schmidt* § 47 III 2). Demzufolge ist die Praxis dazu übergegangen, den Kapitalanteil jedes Gesellschafters fest zu bestimmen; diese festen Kapitalanteile werden in den Gesellschaftsverträgen meist als **Kapitalkonto I** bezeichnet. Sie werden durch etwaige Entnahmen durch den Gesellschafter oder von ihm stehen gelassene Gewinne nicht verändert. Um derartige Variablen buchen zu können, werden neben dem Kapitalkonto I weitere Kapitalkonten geführt, auf denen alle buchungsrelevanten Vorgänge zwischen Gesellschaft und Gesellschafter kontiert werden. Üblicherweise werden auf dem **Kapitalkonto II** die erwirtschafteten Gewinne und Verluste sowie die Entnahmen, stehen gelassene Gewinne und Einlagen verbucht; das Kapitalkonto II ist also ein variables Kapitalkonto und kann auch durch Überentnahme oder Verluste oder durch Nichterbringung vereinbarter Einlagen negativ werden. Gewinne, die aufgrund von Gesellschafterbeschlüssen oder gesellschaftsvertraglicher Vereinbarungen nicht entnahmefähig sind, werden regelmäßig auf einem weiteren **Kapitalkonto III** (Rücklagenkonto) ausgewiesen. Da bei der Definition der einzelnen Konten Vertragsfreiheit besteht, sind auch andere Kontensysteme denkbar und geläufig:

6. Teil. Weitere wichtige Einzelfragen D II

Mitunter sehen die Gesellschaftsverträge die Führung eines separaten Verlustsonderkontos vor, um zu verhindern, die auf dem Kapitalkonto I gebuchten Kapitalanteile und damit die Beteiligungsquoten verändern zu müssen, wenn die Gesellschaft Verluste macht. Dieses Verlustsonderkonto wird dann nicht selten als Kapitalkonto III geführt (zu weiteren Kontierungsmöglichkeiten vgl. *v. Falkenhausen/Schneider* in: MünchHdB-GesR II § 22 II).

> **Formulierungsbeispiel: Dreikontenmodell** 73
>
> Für jeden Gesellschafter werden in der Buchführung der Gesellschaft zwei Kapitalkonten und ein Forderungs-/Verrechnungskonto eingerichtet:
> 1. Ein Kapitalkonto I, über das alle gesellschaftsvertraglich vereinbarten Einlagen des Gesellschafters zu verbuchen sind. Das Kapitalkonto I ist ein Eigenkapitalkonto, das sich während der Dauer der Gesellschaft nicht ändert (Festkonto).
> Die Kapitalkonten I der Gesellschafter werden nicht verzinst.
> 2. Über das Kapitalkonto II, das ebenfalls ein Eigenkapitalkonto ist, werden die dem Gesellschafter zuzurechnenden Gewinn- und Verlustanteile, Entnahmen und Einlagen verbucht. Der Gesellschafter ist nicht berechtigt, im Insolvenzfall ein etwaiges Guthaben auf Kapitalkonto II als Insolvenzforderung geltend zu machen.
> Ein Guthaben auf dem Kapitalkonto II wird mit 6% p. a. und ein Negativsaldo mit 7,5% p. a. über dem jeweiligen Basiszinssatz i. S. v. § 247 BGB verzinst. Bemessungsgrundlage ist das arithmetische Mittel der Stichtagssalden bezogen auf den 1. 1., 1. 4., 1. 7. und 1. 10. eines jeden Jahres. Die von der Gesellschaft bzw. dem Gesellschafter gezahlten Zinsen sind ertragsteuerlich als positives bzw. negatives Gewinnvorab zu behandeln und haben demzufolge keine Auswirkung auf die Höhe des von der Gesellschaft erzielten Gewinns.
> 3. Alle Zahlungsvorgänge aus Rechts- und Geschäftsbeziehungen zwischen der Gesellschaft und einem Gesellschafter, die nicht ihren Rechtsgrund in gesellschaftsvertraglichen Vereinbarungen haben und auch nicht die mitgliedschaftlichen Rechte und Pflichten eines Gesellschafters betreffen, sondern ausschließlich schuldrechtlicher Natur sind (z. B. aus Dienst-, Miet- oder Geschäftsführerverträgen), werden über ein gesondertes Verrechnungskonto (**Kapitalkonto III**) verbucht.
>
> Soweit die Verzinsung der positiven bzw. negativen Salden des Verrechnungskontos nicht in gesonderten Vereinbarungen geregelt ist, gelten die Verzinsungsgrundsätze gem. Abs. 2 (Kapitalkonto II) entsprechend.

D III. Aktiengesellschaft

Prof. Dr. Heribert Heckschen

Übersicht

	Rn.
I. Allgemeines	1–38
1. Neuere Entwicklungen im Aktienrecht	1–25
2. Motivlage/wirtschaftliche Bedeutung	26–36
3. Schwerpunkte notarieller Mitwirkung	37, 38
II. Kostenrecht	39–44
III. Ablaufplan Gründung	45–90
1. Normalfall	45–72
2. Sachgründung	73–78
3. Sachübernahme	79
4. Mischeinlage und gemischte Sacheinlage	80
5. Verdeckte Sachgründung	81–85
6. Gründerhaftung	86–90
IV. Satzung/Wahl des Vertragsformulars	91–163
1. Firma und Sitz der Gesellschaft	93–98
2. Gegenstand des Unternehmens	99–104
3. Grundkapital	105–107
4. Nennbeträge der einzelnen Aktien, deren Stückelung sowie die Angabe der Gattungen	108–114
5. Zahl der Vorstandsmitglieder	115
6. Form der Bekanntmachung	116–118
7. Satzungsgestaltung und ausgewählte Probleme	119–163
V. Nachgründung	164–168
VI. Hauptversammlung	169–244
1. Einberufung	169–190
2. Teilnahme an der Hauptversammlung	191–201
3. Arten von Kapital- und Stimmenmehrheiten	202
4. Der Notar in der Hauptversammlung	203–213
5. Die notarielle Niederschrift	214–242
6. Hauptversammlungen bei Einmanngesellschaften	243, 244
VII. Einzelne Satzungsänderungen	245–293
1. Allgemeines	245, 246
2. Sitzverlagerungen	247–250
3. Kapitalerhöhung	251–284
4. Kapitalherabsetzung	285–293
VIII. Weitere einzelne aktienrechtliche Beurkundungen	294–310
1. Bestellung/Abberufung/Amtsniederlegung/Änderung der Vertretungsbefugnis	294–299
2. Zweigniederlassung	300–303
3. Zweigniederlassungen ausländischer Gesellschaften	304–310
IX. Besonderheiten der Einmann-Aktiengesellschaft	311–316
X. Unternehmensverträge im Konzern	317–343
1. Einführung	317–322
2. Vorbereitung zum Abschluss eines Unternehmensvertrages	323, 324
3. Abschluss von Unternehmensverträgen	325–329
4. Angaben bei der Anmeldung zum Handelsregister	330–332
5. Steuerliche Aspekte	333–337
6. Änderung und Aufhebung von Unternehmensverträgen	338–343
XI. Stille Gesellschaft	344–347
XII. Eingliederung	348–362
1. Allgemeines/Grundtypen	348–352
2. Ablauf der Eingliederung	353–362

	Rn.
XIII. Squeeze-out	363–377
1. Einführung, Motivlage	370, 371
2. Vorbereitungsphase	372, 373
3. Hauptversammlung	374
4. Vollzugsphase	375
5. Checkliste zum Squeeze-out	376, 377
XIV. Die Europäische (Aktien-)Gesellschaft (Societas Europaea; SE)	378–404
1. Einführung	378–380
2. Einsatzmöglichkeiten	381, 382
3. Gründungsmöglichkeiten	383, 384
4. Mitwirkung des Notars	385–403
5. Resümee	404

Literatur: *Apfelbaum,* Wichtige Änderungen für Notare durch das EHUG jenseits der elektronischen Handelsregisteranmeldung, DNotZ 2007, 166; *Arnold/Gärtner,* Beschränkung des Frage- und Rederechts der Aktionäre – ist eine Anpassung wirklich sinnvoll?, GWR 2010, 288; *Bauer/Arnold,* Der „richtige Zeitpunkt" für die Erstbestellung von Vorstandsmitgliedern, DB 2007, 1571; *dies.,* AGB-Kontrolle von Vorstandsverträgen, ZIP 2006, 2337; *Baums/Drinhausen/Keinath,* Anfechtungsklagen und Freigabeverfahren. Eine empirische Studie, ZIP 2011, 2329; *Baums/Keinath/Gajek,* Fortschritte bei Klagen gegen Hauptversammlungsbeschlüsse? Eine empirische Studie, ZIP 2007, 1629; *Bayer/Hoffmann/Sawada,* Beschlussmängelklagen, Freigabeverfahren und Berufskläger, ZIP 2012, 897; *Bayer/Lieder,* Moderne Kapitalaufbringung nach ARUG, GWR 2001, 3; *Bayer/Schmidt,* BB-Rechtsprechungs- und Rechtsprechungsreport zum europäischen Unternehmensrecht 2010/2011, BB 2012, 3; *Bayer/Schmidt,* Die Reform der Kapitalaufbringung bei der Aktiengesellschaft durch das ARUG, ZGR 2009, 805; *Blanke,* Private Aktiengesellschaft und Deregulierung des Aktienrechts, BB 1994, 1505; *Blaurock,* Handbuch der stillen Gesellschaft, 3. Aufl. 2003; *Bohrer,* Notare – Ein Berufsstand der Urkundsvernichter?, NJW 2007, 2019; *Bösert,* Das Gesetz für die kleine Aktiengesellschaft und zur Deregulierung des Aktienrechts, DStR 1994, 1423; *Brandes,* Die Rechtsprechung des Bundesgerichtshofes zur Aktiengesellschaft, WM 1997, 2281; *Brauer, U.-H.,* Die Zulässigkeit der Ausgabe von sog. „Tracking Stocks" durch Aktiengesellschaften nach deutschen Aktienrecht, AG 1993, 324; *Bröcker,* Die aktienrechtliche Nachgründung: Wie viel Kontrolle benötigt die junge Aktiengesellschaft?, ZIP 1999, 1029; *Büdenbender,* Eigene Aktien und Aktien an der Muttergesellschaft (I) und (II), DZWiR 1998, 1 und 55; *Bungert,* Die Liberalisierung des Bezugsrechtsausschlusses im Aktienrecht, NJW 1998, 488; *ders.,* Unternehmensvertragsbericht und Unternehmensvertragsprüfung gemäß § 293a AktG (Teil 1 und II), DB 1995, 1392 und 1449; *Bungert/Wansleben,* Vertragliche Verpflichtung einer Aktiengesellschaft zur Nichtdurchführung von Kapitalerhöhungen, ZIP 2013, 1841; *Bürgers,* Aktienrechtlicher Schutz beim Delisting?, NJW 2003, 1642; *Busch,* Bezugsrecht und Bezugsrechtsausschluss bei Wandel- und Optionsanleihen, AG 1999, 58; *Butzke,* Die Abwahl des Versammlungsleiters – ein neues Betätigungsfeld für kritische Aktionäre, ZIP 2005, 1164; *Casper,* Insiderverstöße bei Aktienoptionsprogrammen, WM 1999, 363; *ders.,* Wie ändert das KonTraG das Aktiengesetz? DB 1998, 177; *Cichy/Heins,* Tracking Stocks: Ein Gestaltungsmitte für deutsche Unternehmen (nicht nur) bei Börsengängen, AG 2010, 181; *DAV,* Stellungnahme zum RefE-ARUG, NZG 2008, 534; *Deilmann,* Beschlussfassung im Aufsichtsrat: Beschlussfähigkeit und Mehrheitserfordernisse, BB 2012, 2191; *Deilmann/Messerschmidt,* Vorlage von Verträgen an die Hauptversammlung, NZG 2004, 977; *Deilmann/Otte,* Auswirkungen des VorstAG auf die Struktur der Vorstandsvergütung, GWR 2009, 261; *dies.,* Auswirkungen des ARUG auf die Feststellung des Beschlussergebnisses in der Hauptversammlung, BB 2010, 722; *Diekmann/Bidmon,* Das „unabhängige" Aufsichtsratsmitglied nach dem BilMoG – insbesondere als Vertreter des Hauptaktionärs, NZG 2009, 1087; *Drinhausen/Keinath,* BB-Rechtsprechungs- und Gesetzgebungsreport zum Hauptversammlungsrecht 2009, BB 2010, 3; *Drygala,* Wandelanleihen mit Wandlungsrecht des Anleiheschuldners nach dem Entwurf für eine Aktienrechtsnovelle 2011, WM 2011, 1637; *Ehlke,* Aufhebung von Beherrschungsverträgen – eine schlichte Geschäftsführungsmaßnahme?, ZIP 1995, 355; *Ek,* Praxisleitfaden für die HV, 2005; *Eßers/Weisner/Schlienkamp,* Anforderungen des BGH an den Rückzug von der Börse in die Macrotron-Entscheidung des BGH, DStR 2003, 985; *Eylmann,* Fragwürdige Praxis bei der Abfassung von Hauptversammlungsniederschriften, ZNotP 2005, 300; *Fabis,* Vereinfachte Kapitalherabsetzung bei AG und GmbH, MittRhNotK 1999, 169; *Falkenhausen/Kocher,* Abwahlanträge gegen ordnungsgemäß bestimmte Versammlungsleiter, BB 2005, 1068; *Faßbender,* Die Hauptversammlung der Aktiengesellschaft aus notarieller Sicht, RNotZ 2009, 425; *Fischer,* Vertretung einer Aktiengesellschaft durch den Aufsichtsrat – Auslegungsprobleme des

Literatur D III

§ 112 AktG aus notarieller Sicht, ZNotP 2002, 297; *Fleischer,* Die „Business Judgment Rule": Vom Richterrecht zur Kodifizierung, ZIP 2004, 685; *ders.,* Bestellungsdauer und Widerruf der Bestellung von Vorstandsmitgliedern im in- und ausländischen Aktienrecht, AG 2006, 429; *Flesner,* Die GmbH-Reform (MoMiG) aus Sicht der Akquisitions- und Restrukturierungspraxis, NZG 2006, 641; *Flick,* Die Niederschrift einer Hauptversammlung einer nicht börsennotierten AG, NJW 2010, 20; *Franz/Laeger,* Die Mobilität deutscher Kapitalgesellschaften nach Umsetzung des MoMiG unter Einbeziehung des RefR zum internationalen Gesellschaftsrechts, BB 2008, 678; *Fuchs,* Tracking Stock – Spartenaktien als Finanzierungsinstrument für deutsche Aktiengesellschaften, ZGR 2003, 167; *Fuhrmann,* Die Blockabstimmung in der Hauptversammlung, ZIP 2004, 2081; *Geibel,* Verdeckte gemischte Sacheinlage im Fall einer „übertragenden Sanierung", ZJS 2008, 317; *Gerber,* Auswirkungen des UMAG auf die notarielle Praxis und die Satzungsgestaltung bei der Aktiengesellschaft, MittBayNot 2005, 203; *Geyrhalter/Gänßler,* Gesellschaftsrechtliche Voraussetzungen eines formalen Delistings, NZG 2003, 313; *Goette,* Aktuelle Rechtsprechung des Bundesgerichtshofes zum Aktienrecht, DStR 2005, 561 und 603; *ders.,* Zur jüngeren Rechtsprechung des II. Zivilsenats zum Gesellschaftsrecht, DStR 2006, 139; *ders.,* Neuere aktienrechtliche Rechtsprechung des II. Zivilsenats des Bundesgerichtshofes, DStR 2010, 2579; *ders.,* FS Boujong, 1996, S. 131; *Görg,* Zur Zulässigkeit der Änderung von Hauptversammlungsniederschriften, MittBayNot 2007, 382; *Grooterhorst,* Praktische Probleme beim Erwerb einer Vorrats-AG, NZG 2001, 145; *Groß,* Hauptversammlung 2003: Bekanntmachung der Einberufung nur im elektronischen Bundesanzeiger?, DB 2003, 867; Großkommentar zum Aktiengesetz (GK-AktG), Bd. I §§ 1–95, Bd. II §§ 96–117, 4. Aufl. 2006; *Grumann/Gillmann,* Aktienrechtliche Hauptversammlungsniederschriften und Auswirkungen von formalen Mängeln, NZG 2004, 839; *Grunewald,* Die neue Squeeze-out-Regelung, ZIP 2002, 18; *Habersack,* Gesellschafterdarlehen nach MoMiG: Anwendungsbereich, Tatbestand und Rechtsfolgen der Neuregelungen, ZIP 2007, 2145; *Habersack/Stilz,* Zur Reform des Beschlussmängelrechts, ZGR 2010, 710; *Hahn,* Kleine AG, eine rechtspolitische Idee zum unternehmerischen Erfolg, DB 1994, 1659; Handbuch des Fachanwalts für Handels- und Gesellschaftsrecht, 2009, zitiert als HdB-FA für Handels- und Gesellschaftsrecht; *Happ,* Aktienrecht, 3. Aufl. 2007; *Heckschen,* Probleme des Unternehmensvertrages zwischen AG und GmbH – Die Auswirkungen des sog. „Supermarktbeschlusses" auf die herrschende AG, DB 1989, 1273; *ders.,* Aktuelle Probleme von Gewinnabführungs- und Beherrschungsverträgen in der notariellen Praxis, MittRhNotK 1990, 269; *ders.,* Die „kleine AG" und Deregulierung des Aktienrechts, DNotZ 1995, 275; *ders.,* Das MoMiG in der notariellen Praxis, 2009; *ders.,* Gründungserleichterungen nach dem MoMiG – Zweifelsfragen in der Praxis, DStR 2009, 166; *Heckschen/Heidinger,* Die GmbH in der Gestaltungs- und Beratungspraxis, 2. Aufl. 2009; *Heidel,* Aktienrecht und Kapitalmarktrecht, 2. Aufl. 2007; *Heidinger,* Die Euroumstellung der Aktiengesellschaft durch Kapitalherabsetzung, DNotZ 2000, 661; *ders.,* Die wirtschaftliche Neugründung: Grenzen der analogen Anwendung des Gründungsrechts, ZGR 2005, 101; *Henn/Frodermann/Jannott,* Handbuch des Aktienrechts, 8. Aufl. 2009; *Henze,* Pünktlich zur Hauptversammlungssaison: Ein Rechtsprechungsüberblick zum Informations- und Auskunftsrechten, BB 2002, 893; *Herrler/Reymann,* Die Neuerungen im Aktienrecht durch das ARUG – Unter besonderer Berücksichtigung der Neuregelungen zur Hauptversammlung und zur Kapitalaufbringung der AG – Teil 1, DNotZ 2009, 815; *Hirte,* Das Transparenz- und Publizitätsgesetz, 2003; *Hoffmann-Becking,* Gesetz zur kleinen AG unwesentliche Randkorrekturen oder grundlegende Reform?, ZIP 1995, 1; *Hölters,* Aktiengesetz – Kommentar, 2. Aufl. 2014; *ders.,* Handbuch des Unternehmens- und Beteiligungskaufs, 7. Aufl. 2010; *Hölters/Deilmann/Buchta,* Die kleine Aktiengesellschaft, 2. Aufl. 2002; *Hopt,* Europäisches Gesellschaftsrecht und deutsche Unternehmensverfassung – Aktionsplan und Interdependenzen, ZIP 2005, 461; *Höreth/Linnerz,* Die Terminplanung der Hauptversammlung nach ARUG: Handlungsempfehlungen für die Praxis, GWR 2010, 155; *Hüffer,* Aktiengesetz, 11. Aufl. 2014; *Ihrig/Streit,* Handlungsbedarf und Möglichkeiten der Aktiengesellschaften anlässlich der Euro-Einführung zum 1.1.1999, NZG 1998, 201; *Jahn,* UMAG: Das Aus für „räuberische Aktionäre" oder neues Erpressungspotential, BB 2005, 5; *Kallmeyer,* Aktienoptionspläne für Führungskräfte im Konzern, AG 1999, 97; *ders.,* Das monistische System in der SE mit Sitz in Deutschland, ZIP 2003, 1531; *Kanzleiter,* Die Berichtigung der notariellen Niederschrift über die Hauptversammlung einer Aktiengesellschaft und die Zulässigkeit mehrerer Niederschriften, DNotZ 2007, 804; *Katschinski,* Die Begründung eines Doppelsitzes bei Verschmelzung, ZIP 1997, 620; *Kley,* Sachkapitalerhöhung bei der Aktiengesellschaft: Einbringungsvertrag und Zeichnung der neuen Aktien – Notwendigkeit und Formerfordernisse, RNotZ 2003, 17; *Klöhn,* Delisting – Zehn Jahre später, NZG 2012, 1041; *Knapp,* Die Entwicklung des Rechts des Aufsichtsrats im Jahre 2007 – Aktuelle Rechtsprechung für die Praxis, DStR 2008, 1045; *ders.,* Die Hauptversammlung der Europäischen Aktiengesellschaft (SE) – Besonderheiten bei Vorbereitung und Durchführung, DStR 2012, 2392; *Knott,* Nachgründung im Anschluss an Börsengänge, BB 1999, 806; *Kocher/Heydel,* Aktienrechtlicher Squeeze out: Zeitpunkt des Anteilsbesitzerfordernisses und Möglichkeit eines Bestätigungsbeschlusses, BB 2012, 401; *Kopp*, Stückaktie und Euro-Umstellung – Handlungsbedarf für die Hauptversammlungssaison 1998?, BB 1998, 701; *Kornblum*, Bundesweite Rechtstatsachen zum Unternehmens- und Gesellschaftsrecht (Stand 1.1.2012), GmbHR 2012, 728; *Kort*, Neues zu „Holzmüller": Bekanntmachungspflichten bei wichtigen Verträgen, AG 2006, 272; *Krieger*, Berichtigung von Hauptversammlungsprotokollen, NZG 2003, 366; *ders.*, Muss der Hauptversammlungsnotar die Stimmauszählung überwachen?, ZIP 2002, 1597; *ders.*, Squeeze-Out nach neuem Recht: Überblick und Zweifelsfragen, BB 2002, 53; *ders.*, Abwahl des satzungsmäßigen Versammlungsleiters, AG 2006, 355; *Kuhl/Nickel*, Risikomanagement im Unternehmen stellt das KonTraG neue Anforderungen an die Unternehmen?, DB 1999, 133; *Kuthe*, BB-Gesetzgebungsreport: Die Fortsetzung der Aktienrechtsreform durch den Entwurf eines Gesetzes zur Unternehmensintegrität und Modernisierung des Anfechtungsrechts, BB 2004, 449; *Lamers*, Die Beurkundung der Hauptversammlung einer Aktiengesellschaft, DNotZ 1962, 287; *Leible/Hoffmann*, „Überseering" und das deutsche Gesellschaftskollisionsrecht, ZIP 2003, 925; *Leitzen*, Die Protokollierung des Abstimmungsergebnisses in der Hauptversammlung der börsennotierten AG bei verkürzter Beschlussfeststellung, ZIP 2010, 1065; *ders.*, Mitteilungspflichten nach § 21 AktG und die notarielle Praxis im Gesellschaftsrecht, MittBayNot 2012, 183; *Lieder*, Zustimmungsvorbehalte des Aufsichtsrates nach neuer Rechtslage, DB 2004, 2251; *ders.*, Rechtsfragen der aktienrechtlichen Nachgründung nach ARUG, ZIP 2010, 964; *Linnerz*, Ort, Terminierung und Dauer von Hauptversammlungen, NZG 2006, 208; *ders.*, Kommentar zu OLG Karlsruhe, Beschluss vom 7.12.2006, EWiR 2007, 193; *ders.*, Aufsichtsrat und Hauptversammlung, Der Aufsichtsrat 2012, 18; *Litzenberger*, Verstoß gegen Berichtspflichten bei der Ausnutzung von genehmigtem Kapital unter Bezugsrechtsausschluss und fehlerhafte Entsprechenserklärung zum DCGK – Die Deutsche Bank Hauptversammlung 2009, NZG 2011, 1019; *Lutter/Hommelhoff*, GmbH-Gesetz, 18. Aufl. 2012; *Lutter/Leinekugel*, Der Ermächtigungsbeschluss der Hauptversammlung zu grundlegenden Strukturmaßnahmen – zulässige Kompetenzübertragung oder unzulässige Selbstentmachtung?, ZIP 1998, 805; *Lutter/Welp*, Das neue Firmenrecht der Kapitalgesellschaften, ZIP 1999, 1073; *Maaß*, Zur Beurteilung formaler „Mängel" von Hauptversammlungsprotokollen, ZNotP 2005, 50; *ders.*, Der Hauptversammlungsnotar – Straftäter von Urkundsdelikten?, ZNotP 2007, 326; *Martens*, Nachgründungskontrolle beim Formwechsel einer GmbH in eine AG, ZGR 1999, 548; *Marx*, Die Leitung der Hauptversammlung, AG 1991, 77; *Max*, Der Widerspruch des Aktionärs in der Hauptversammlung, AG 1989, 78; *Mayer*, Auswirkungen der Gesetzesänderung im Aktienrecht auf die Satzungsgestaltung, MittBayNot 2003, 96; *Meilicke/Heide*, UMAG: „Modernisierung" des Aktienrechts durch Beschränkung des Eigentumsschutzes der Aktionäre, DB 2004, 1479; *Melchior*, Handelsregisteranmeldungen und EHUG – Was ist neu?, NotBZ 2006, 409; *Meyer*, Haftungsbeschränkung im Recht der Handelsgesellschaften, 2000; *Möller*, Änderungen des Aktienrechts durch das MoMiG, Der Konzern 2008, 1; *Möschel*, Die 7. GWB-Novelle ante portas, WuW 2003, 571; Münchener Anwaltshandbuch Aktienrecht, 2. Aufl. 2010; *Neye*, Die Reform des Umwandlungsrechts, DB 1994, 2069; *Niemeier*, Im zweiten Anlauf ein Ende der missbräuchlichen Aktionärsklagen? ZIP 2008, 1148; *Noack*, Hauptversammlung der Aktiengesellschaft und moderne Kommunikationstechnik – aktuelle Bestandsaufnahme und Ausblick, NZG 2003, 241; *ders.*, Neue Entwicklungen im Aktienrecht und moderne Informationstechnologie 2003–2005, NZG 2004, 297; *ders.*, ARUG: Das nächste Stück der Aktienrechtsreform in Permanenz, NZG 2008, 441; *Oppermann*, Veröffentlichung der HV-Einladung im elektronischen Bundesanzeiger ausreichend?, ZIP 2003, 793; *Paefgen*, Dogmatische Grundlagen, Anwendungsbereich und Formulierung einer Business Judgment Rule im künftigen UMAG, AG 2004, 245; *Passarge*, Anforderungen an die Satzung einer Rechtsanwalts-AG, NJW 2005, 1835; *Perwein*, Übergabe der Aktienurkunde als Wirksamkeitsvoraussetzung bei der Abtretung von Namensaktien kleiner Publikums-Aktiengesellschaften, AG 2012, 611; *Petersen/Habbe*, Squeeze-Out mit Eintragung im Handelsregister bestandskräftig?, NZG 2010, 1091; *Pfüller/Anders*, Delisting-Motive vor dem Hintergrund neuerer Rechtsentwicklungen, NZG 2003, 459; *Poelzig*, Der RefE eines Gesetzes zur Umsetzung der Aktionärsrechterichtlinie im Kampf gegen „räuberische Aktionäre", DStR 2008, 1538; *Priester*, Die kleine AG ein neuer Star unter den Rechtsformen, BB 1996, 333; *ders.*, Nichtigkeit von Hauptversammlungsbeschlüssen ohne Überwachung der Stimmenauszählung durch den beurkundenden Notar, EWiR 2002, 645; *ders.*, Neue Entwicklungen im Recht der Hauptversammlung – UMAG und jüngste Rechtsprechung, DNotZ 2006, 403; *ders.*, Neufestsetzung der Amtszeit von Vorstandsmitgliedern, ZIP 2012, 1781; *Quack*, Beschränkungen der Redezeit und des Auskunftsrechts des Aktionärs, AG 1985, 145; *Reger/Schilha*, Aktienrechtlicher Aktionärsschutz bei Delisting und Downgrading, NZG 2012, 3066; *Reul*, Die Rolle des Notars in der Hauptversammlung heute und in Zukunft – ungelöste Fragen, 2003; *ders.*, Die notarielle Beurkundung einer Hauptversammlung, AG 2002, 543; *ders.*, Die virtuelle Hauptversammlung im Aktienrecht, notar 2012, 76; *Ringleb/Kremer/Lutter*, DCGK-Kommentar, 2010; *Rittner*, Vertikalvereinbarungen und Kartellverbote in der 7. GWB-Novelle, WuW 2003, 451; *Roeckl-Schmidt/Stoll*, Auswirkungen der späteren Fertigstellung der notariellen Niederschrift auf die Wirksamkeit von Beschlüssen der Hauptversammlung, AG 2012, 225; *Röricht/Graf von Westphalen*, Kommentar zum HGB, 3. Aufl. 2008; *Rose*, Anträge auf Abwahl des durch die Satzung bestimmten Versammlungsleiters, NZG 2007, 241; *Rottnauer*, Geltungsdauer der Ermächtigungsbefugnis bei genehmigtem Kapital: Dispositionsspielraum des Vorstandes, BB 1999, 330; *Rupietta*, Die Vertretung der Aktiengesellschaft gegenüber dem Vorstand, NZG 2007, 801; *Schander*, Der Rückkauf eigener Aktien nach KonTraG und Einsatzpotentiale bei Übernahmetransaktionen, ZIP 1998, 2087; *Schanz*, Börseneinführung, 4. Aufl. 2012; *Scheel*, Befristete und bedingte Handelsregistereintragungen bei Umstrukturierungen von Kapitalgesellschaften, Der Betrieb 2004, 2355; *J. Schmidt*, Banken(voll)macht im Wandel der Zeit, WM 2009, 2350; *Schneider*, Der Umrechnungskurs, das Umrechnungsverfahren und die Rundung bei Einführung des Euro, DB 1998, 1449; *Schockenhoff/Topf*, Formelle Wirksamkeitsanforderungen an die Abberufung eines Vorstandsmitglieds und die Kündigung seines Anstellungsvertrags, DB 2005, 539; *Scholz*, GmbH-Gesetz, Bd. I §§ 1–34, 10. Aufl. 2006, Bd. III §§ 53–85, 10. Aufl. 2010; *Schröer*, Vorschläge für Hauptversammlungsbeschlüsse zur Euro-Umstellung bei Nennbetragsaktien, ZIP 1998, 529; *Schütz*, Neuerungen im Anfechtungsrecht durch den Referentenentwurf des Gesetzes zur Unternehmensintegrität und Modernisierung des Anfechtungsrechts (UMAG), DB 2004, 419; *ders.*, UMAG Reloaded – Der Regierungsentwurf eines Gesetzes zur Unternehmensintegrität und Modernisierung des Anfechtungsrechts (UMAG) vom 17.11.2004, ZIP 2005, 5; *Schulte*, Die Niederschrift über die Verhandlung der Hauptversammlung einer Aktiengesellschaft, AG 1985, 33; *Schwarz*, Beendigung von Organschaftsverträgen anlässlich der Veräußerung der Beteiligung an der hauptverpflichteten Gesellschaft mbH, DNotZ 1996, 68; *Seibert*, Der Referentenentwurf eines Gesetzes zur Umsetzung der Aktionärsrichtlinie (ARUG), ZIP 2008, 906; *Seibert/Kiem*, Handbuch der kleinen AG, 5. Aufl. 2007; *Seibert/Schütz*, Der Referentenentwurf eines Gesetzes zur Unternehmensintegrität und Modernisierung des Anfechtungsrechts – UMAG, ZIP 2004, 252; *Semler/Volhard/Reichert*, Arbeitshandbuch für die Hauptversammlung, 3. Aufl. 2011; *Sieger, J./Hasselbach*, „Tracking Stock" im deutschen Aktienrecht, BB 1999, 1277; *Sigel/Schäfer*, Die Hauptversammlung der Aktiengesellschaft aus notarieller Sicht, BB 2005, 2137; *Spindler/Stilz*, Kommentar zum Aktiengesetz, 2. Aufl. 2010; *Sprockhoff*, Besonderheiten im Kapitalgesellschaftsrecht bei der Umstellung auf den Euro, NZG 1998, 889; *Staebe*, Ministererlaubnis vor der 7. GWB-Novelle, WuW 2003, 714; *Streit*, Delisting Light – Die Problematik der Vereinfachung des freiwilligen Rückzugs von der Frankfurter Wertpapierbörse, ZIP 2002, 1279; *Terbrack*, Kapitalherabsetzende Maßnahmen bei Aktiengesellschaften, RNotZ, 2003, 89; *ders.*, L'etat c'est moi – oder: Von der trügerischen Allherrlichkeit des Alleinaktionärs bei Hauptversammlungen, RNotZ 2012, 221; *Thümmel*, Organhaftung nach dem Referentenentwurf des Gesetzes zur Unternehmensintegrität und Modernisierung des Anfechtungsrechts (UMAG), DB 2004, 471; *Trapp*, Erleichterter Bezugsrechtsausschluss nach § 186 Abs. 3 S. 4 AktG und Greenshoe, AG 1997, 115; *Trölitzsch*, Musterformulare für kleine Aktiengesellschaften Teil I: Gründungsablauf und Satzung, WiB 1994, 795; *ders.*, Musterformulare für kleine Aktiengesellschaften Teil II: Hauptversammlung und Bezugsrechtsausschluss, WiB 1994, 844; *Ulmer*, Haftungsfreistellung bis zur Grenze grober Fahrlässigkeit bei unternehmerischen Fehlentscheidungen von Vorstand und Aufsichtsrat? – Kritische Bemerkungen zur geplanten Kodifizierung der business judgment rule im UMAG-Entwurf (§ 93 Abs. 1 Satz 2 AktG), DB 2004, 859; *Verhoeven*, Der besondere Vertreter nach § 147 AktG: Erwacht ein schlafender Riese?, ZIP 2008, 245; *Vetter*, Squeeze-out – Der Ausschluß der Minderheitsaktionäre aus der Aktiengesellschaft nach den §§ 327 a–327 f AktG, AG 2002, 18; *Vossius*, Squeeze-out – Checklisten für die Beschlussfassung und Durchführung, ZIP 2002, 511; *Wachter*, Auswirkungen des EuGH-Urteils in Sachen Inspire Art Ltd. auf Beratungspraxis und Gesetzgebung: Deutsche GmbH vs. englische private limited company, GmbHR 2004, 88; *ders.*, Beschränkung des Frage- und Rederechts von Aktionären, DB 2010, 829; *Wacllawik*, Das ARUG und die klagefreudigen Aktionäre: Licht am Ende des Tunnels?, ZIP 2008, 1141; *Waldner*, Handelsregisteranmeldungen auf Vorrat, ZNotP 2000, 188; *Weiler*, Auf und nieder, immer wieder – Teleologische Reduktion der Höchstgrenzen für bedingtes Kapital in § 192 III 1 AktG bei gleichzeitiger Kapitalherabsetzung, NZG 2009, 46; *Weiß*, Aktienoptionsprogramme nach dem KonTraG, WM 1999, 353; *Weißhaupt*, Modernisierung des Informationsmängelrechts in der Aktiengesellschaft nach dem UMAG-Regierungsentwurf – Versuch einer kritischen Systematisierung –, WM 2004, 705; *ders.*, Informationsmängel in der Hauptversammlung: Die Neuregelungen durch das UMAG, ZIP 2005, 1766; *Werner*, Vertretung der Aktiengesellschaft gegenüber Vorstandsmitgliedern, ZGR 1989, 369; *Wiedemann*, Zur Haftungsverfassung der Vor-AG: Der Gleichlauf von Gründerhaftung und Handelndenregress, ZIP 1997, 2029; *Wilhelmi*, Der Notar in der Hauptversammlung der Aktiengesellschaft, BB 1987, 1331; *Wilsing*, Der Regierungsentwurf des Gesetzes zur Unternehmensintegrität und Modernisierung des

Anfechtungsrechts, DB 2005, 35; *Winter,* Upstream-Finanzierung nach dem MoMiG-Regierungsentwurf – Rückkehr zum bilanziellen Denken, DStR 2007, 1484; *Wolfsteiner,* Nochmals: Hauptversammlungsprotokolle, ZNotP 2005, 376; *Zeidler,* Aktienoptionspläne – nicht nur für Führungskräfte – im Lichte neuester Rechtsprechung, NZG 1998, 789; *Zetsche,* Die virtuelle Hauptversammlung, 2002; *Ziegenhain/Helms,* Der rechtliche Rahmen für das Going Public mittelständischer Unternehmen, WM 1998, 1417; *Zimmer,* Das Gesetz zur Kontrolle und Transparenz im Unternehmensbereich, NJW 1998, 3521.

I. Allgemeines

1. Neuere Entwicklungen im Aktienrecht

1   Die Entwicklung des deutschen Aktienrechts hin zur Orientierung am Typ der börsennotierten Publikumsgesellschaft hatte aus Gründen der Verkehrsfähigkeit der Aktie den Grundsatz der Satzungsstrenge, § 23 V AktG, zur Folge. Die Konsequenz dessen war die **untergeordnete Bedeutung** der Aktiengesellschaft **in der notariellen Praxis,** da der Mittelstand wegen der Beschneidung der Gestaltungschancen die Rechtsform der Aktiengesellschaft weitgehend mied (1 Aktiengesellschaft: ca. 150 GmbH).

2   Ende der neunziger Jahre führte jedoch die generelle positive Entwicklung an den Börsen und hier insbesondere der Börsenerfolg von Aktien wie der T-Aktie sowie vor allem Erleichterungen durch das Gesetz über die sog. „kleine Aktiengesellschaft" im Bereich der Regelungen zur Mitbestimmung zu einem verstärkten Gang in die AG. Teils wurde der Weg des Formwechsels (vgl. zum Formwechsel Kap. D IV. Rn. 184), teils der Weg durch Neugründung eingeschlagen.

3   In der Folge werden insbesondere der Vergleich mit der GmbH und die überaus intensive und für den Praktiker und die Gesellschaft nur noch schwer nachvollziehbare Entwicklungen im Aktienrecht dargestellt. Die zahlreichen Reformschritte haben dazu beigetragen, dass sich die Bedeutung der Aktiengesellschaft auch in der notariellen Praxis deutlich verstärkt hat, und zum 1.1.2014 etwas über 16.000 Aktiengesellschaften vorzufinden sind (*Kornblum* GmbHR 2014, 694 ff.).

4   Die Rechtsentwicklung des Aktiengesetzes wurde in den letzten 20 Jahren durch nachfolgende Gesetze zentral geprägt:

5   – Gesetz für die kleine Aktiengesellschaft und zur Deregulierung des Aktienrechts (BGBl. I 1994, 1961):
   - Zulassung der Einmann-Aktiengesellschaft (§ 2 AktG).
   - Erleichterung der Einberufungsmöglichkeit zur Hauptversammlung in § 121 IV AktG mittels eingeschriebenem Brief.
   - Ausschluss der Einwendung eines Einberufungsmangels unter den Voraussetzungen des § 121 VI AktG.
   - Weite Verzichtsmöglichkeiten auf Beurkundungen in der Hauptversammlung gem. § 130 I AktG für nicht börsennotierte AGs.
   - Erweiterung des erleichterten Bezugsrechtsausschlusses in § 186 III AktG durch Einfügung eines S. 4 (vgl. Rn. 254).
   - Wegfall der Hinterlegungspflicht des Gründungsberichts.
   - Einschränkung des Mitbestimmungsrechts durch Änderung des § 76 BetrVG (1952) bei Aktiengesellschaften mit weniger als 500 Mitarbeitern.
   - Möglichkeit des Ausschlusses des Rechts auf Einzelverbriefung (§ 10 V AktG).
   - Vereinfachung des Verfahrens zur Bestellung von Aufsichtsrats bei Sachgründung (§ 31 V AktG).

6   – Gesetz zur weiteren Fortentwicklung des Finanzplatzes Deutschland vom 24.3.1998 (BGBl. I, 529) (**Drittes Finanzmarktförderungsgesetz**):
   - Änderung der Mitteilungsvorschriften in den §§ 20 VII und VIII, 21 IV und V AktG.

I. Allgemeines

- Gesetz zur Kontrolle und Transparenz im Unternehmensbereich (**KonTraG**) vom 27.4.1998 (BGBl. I, 786):
  - Erleichterungen des Erwerbs eigener Aktien, der vorher nur sehr eingeschränkt möglich war; beispielsweise ermöglicht es den Erwerb eigener Aktien, die der Belegschaft angeboten werden sollen.
  - Erleichterung des Erwerbs eigener Aktien gem. § 71 I Nr. 8 AktG, wenn der Erwerb eigener Aktien auf insgesamt 10 % des Grundkapitals beschränkt ist.
- Gesetz über die Zulassung von Stückaktien (**StückAG**) vom 25.3.1998 (BGBl. I, 590):
  - Zulassung von Stückaktien, die einen bestimmten Anteil an der Gesellschaft verkörpern, § 8 AktG (§ 134 I 1 AktG).
  - Dadurch Ermöglichung von Kapitalerhöhungen ohne Ausgabe neuer Aktien und Ausgabe neuer Aktien ohne Kapitalerhöhung.
- Gesetz zur Einführung des Euro (**EuroEG**) vom 9.6.1998 (BGBl. I, 1242):
  - Implementierte die Vorschriften zur Einführung des Euro – die Übergangsregelungen in den §§ 1 II Hs. 2 und 3 V EGAktG lassen Eintragungen von Aktiengesellschaften nur noch zu, wenn die Nennbeträge auf Euro lauten, das Gleiche gilt für Eintragungen von Kapitalmaßnahmen.
- Handelsrechtsreformgesetz (**HRefG**) vom 22.6.1998 (BGBl. I, 1474):
  - Änderung des **Firmenrechts** in § 8 HGB; für die Kennzeichnung der AG gelten seither die allgemeinen Vorschriften des Firmenrechts; nach den neuen Regelungen für die Namensgebung (auch) einer Aktiengesellschaft sind Fantasienamen oder Personenkennzeichnungen zulässig; Aufgabe des so genannten Entlehnungsverbotes (§ 18 HGB).
- Gesetz zur Namensaktie und zur Erleichterung der Stimmrechtsausübung (**NaStraG**) vom 18.1.2001 (BGBl. I, 123):
  - Die **Nachgründungsvorschrift** in § 52 AktG wurde dahingehend eingeschränkt, dass nur noch Verträge erfasst werden, die in den ersten zwei Jahren nach Eintragung in das Handelsregister mit den Gründern oder mit mehr als zehn vom Hundert an der Aktiengesellschaft beteiligten Aktionäre geschlossen werden und den zehnten Teil des Grundkapitals übersteigen (vgl. ausf. zur Nachgründung Rn. 164 ff.).
  - Das Aktienbuch in § 67 AktG wurde in **Aktienregister** umbenannt und die einzutragenden Daten genau geregelt (§ 67 I AktG). Die voll elektronische Führung des Aktienregisters wurde ermöglicht.
  - Einführung der generellen Möglichkeit, **Aufsichtsratssitzungen** als Video- oder Telefonkonferenz zu gestalten, § 108 IV AktG.
  - Abschaffung der Schriftform für die Mitteilung an die Aktionäre in § 125 II AktG.
  - Die Satzung kann Formerleichterungen für die Erteilung von Stimmrechtsvollmachten vorsehen (§ 134 III 2 AktG), damit wurde der Weg zur Ermöglichung des Proxy-Voting beschritten.
  - Die Erteilung des Stimmrechts an Kreditinstitute wurde von gesetzlichen Formerfordernissen befreit, § 135 II AktG.
- Gesetz zur Anpassung der Formvorschriften des Privatrechts und anderer Vorschriften an den modernen Rechtsgeschäftsverkehr (**FormAnpG**) vom 13.7.2001 (BGBl. I, 1542):
  - Erweiterung der erleichterten Einberufungsmöglichkeit nach § 121 IV AktG um in der Satzung festgelegte Möglichkeiten.
- Gesetz zur Regelung von öffentlichen Angeboten zum Erwerb von Wertpapieren und von Unternehmensübernahmen (**WpÜG**) vom 20.12.2001 (BGBl. I, 3822):
  - Einführung der Regelungen zum Squeeze-out in den §§ 327a ff. AktG.
  - Einführung von zusätzlichen Prüfungs- und Berichtspflichten beim Squeeze-out.
  - Anlage zur Anmeldung des Übertragungsbeschlusses sind in Ausfertigung oder öffentlich beglaubigter Abschrift beizufügen (§ 327e I 2 AktG).
  - Festlegung von Verfahrensregelungen für die Übernahme einer börsennotierten Aktiengesellschaft im WpÜG.

14 – Transparenz und Publizitätsgesetz (**TransPubG**) vom 19.7.2002 (BGBl. I, 2681):
- Wiedereinführung eines § 161 AktG; danach müssen Vorstand und Aufsichtsrat einer börsennotierten AG jährlich erklären, ob sie den Empfehlungen der Regierungskommission Deutscher Corporate Governance Kodex entsprochen haben.
- Die Pflicht das Risikoüberwachungssystem (§ 91 II AktG) zu prüfen wurde auf **alle börsennotierten Aktiengesellschaften** ausgedehnt (§ 317 IV HGB).
- Die Änderung des § 111 IV 2 AktG machte aus der vorherigen Möglichkeit, zustimmungspflichtige Geschäfte zu bestimmen, eine Pflicht.
- Die **Sitzungshäufigkeit des Aufsichtsrates** in § 110 III AktG wurde für alle Aktiengesellschaften auf zwei pro Kalenderhalbjahr erhöht mit Ausnahmemöglichkeiten für nicht börsennotierte Aktiengesellschaften.
- Für im Konzern verbundene Unternehmen erfolgte eine Ausweitung der Informationspflichten des Vorstandes in der Hauptversammlung, § 131 I 4 AktG.
- Grds. Teilnahmepflicht von Vorstands- und Aufsichtsratsmitgliedern mit Ausnahmemöglichkeit für Aufsichtsratsmitgliedern, die mittels Bild- und Tonübertragung an der Hautversammlung teilnehmen können, § 118 II 2 AktG.
- Erleichterung der Einberufungsmöglichkeiten zur Hauptversammlung durch Bekanntmachung im elektronischen Bundesanzeiger, § 25 S. 1 AktG, sowie Vereinfachung der Stellung eines Gegenantrages, §§ 125, 126 AktG

15 – Gesetz zur Neuordnung des gesellschaftsrechtlichen Spruchverfahrens (**SpruchverfG**) vom 12.6.2003 (BGBl. I, 838):
- Vereinheitlichung des Spruchverfahrens in einem Gesetz; Streichung des § 306 AktG, Streichung des 6. Buches des UmwG, in dem das Spruchverfahren geregelt war.

16 – Gesetz zur Unternehmensintegrität und Modernisierung des Anfechtungsrechts (**UMAG**) vom 1.11.2005 (hierzu *Fleischer* ZIP 2004, 685; *Jahn* BB 2005, 5; *Seibert/Schütz* ZIP 2004, 252; *Wilsing* DB 2005, 35 ff.; *Hirte* ZIP 2004, 1091):
- Unterbindung missbräuchlicher Aktionärsklagen (*Lutter*, FS 40 Jahre Der Betrieb, S. 193) durch Neuregelung des Anfechtungsrecht nach dem Vorbild der § 319 AktG und § 16 UmwG eingeführte Freigabeverfahren (*Jahn* BB 2005, 5, 9). Im Gegensatz zum umwandlungsrechtlichen Freigabeverfahren enthält das allgemeine aktienrechtliche Freigabeverfahren gem. § 246a AktG für die eintragungsbedürftigen Beschlüsse über Kapitalmaßnahmen und Unternehmensverträge jedoch keine Registersperre (*Schütz* DB 2004, 419, 422 f.; dazu *Wilsing* DB 2005, 35, 37).
- § 246a III 5 AktG enthält an das Prozessgericht die zeitliche Vorgabe, das Freigabeverfahren innerhalb von drei Monaten abzuschließen. Überschreitet das Gericht die Dreimonatsfrist, hat es die Überschreitung in einem unanfechtbaren Beschluss zu begründen (*Schütz* DB 2004, 419; *Wilsing* ZIP 2004, 1082).
- Voraussetzungen für die Begründetheit der Klage entsprechen denen beim umwandlungsrechtlichen Freigabeverfahren. Neben die offensichtlichen Fälle von Unbegründetheit oder Unzulässigkeit tritt die Abwägung zwischen dem Vollzug der Eintragung im Interesse der Gesellschaft und dem Aussetzungsinteresse des Anfechtungsklägers (*OLG Frankfurt* NZG 2006, 173, 174; *OLG München* DB 2006, 1608; *Schütz* DB 2004, 419, 424; *Seibert/Schütz* ZIP 2004, 252, 258).
- Änderungen für die Vorbereitung der Hauptversammlung: Die Frist zur Einberufung nach § 123 I AktG wurde von der Ein-Monats-Frist auf eine 30-Tagesfrist abgeändert. Die frühere Regelung des § 123 II AktG, wonach die Ausübung des Stimmrechts in der Satzung von der Hinterlegung der Aktien abhängig gemacht werden konnte, wurde insbesondere mit Blick auf ausländische Fondsgesellschaften abgeschafft (vgl. Begründung zum Regierungsentwurf ZIP 2004, 2455, 2457). Die Teilnahme an einer Hauptversammlung kann in der Satzung weiterhin von der Anmeldung zur Hauptversammlung – unter entsprechender Fristverlängerung nach § 123 III 2 AktG – abhängig gemacht werden. Für die Anmeldefrist wird die Sieben-

I. Allgemeines

tageregelung beibehalten. In der Satzung kann eine kürzere Frist vorgesehen werden, aber keine längere. Nach § 123 III AktG kann die Satzung bei Inhaberaktien zusätzlich bestimmen, wie die Berechtigung zur Teilnahme an der Hauptversammlung oder zur Ausübung des Stimmrechts nachzuweisen ist. Unabhängig davon, ob die Satzung eine diesbezügliche Regelung trifft, ist ein in Textform ausgestellter Nachweis der depotführenden Bank ausreichend, § 123 III 2 AktG. Diese Bescheinigung des depotführenden Kreditinstitutes muss sich auf den 21. Tag vor der Hauptversammlung (sog. „record date") beziehen und muss der Gesellschaft spätestens am 7. Tag vor der Hauptversammlung zugegangen sein, soweit die Satzung keine kürzere Frist vorsieht, § 123 III 3 AktG. Die Konsequenz dieser Regelung besteht darin, dass die Aktionäre, die ihre Aktien nach dem „record date" erwerben, nicht berechtigt sind, an der Hauptversammlung teilzunehmen (*Gantenberg* DB 2005, 207, 208; *Gerber* MittBayNot 2005, 203, 204).

- Im Hinblick auf die rückwärts gerichtete Fristberechnung entscheidet der Gesetzgeber dahin gehend, dass der Tag der Hauptversammlung nicht mitgezählt wird. Damit schafft er eine sichere Ausgangsbasis für die Berechnung des Anmeldetages, des Nachweisstichtags und des Zugangstages für die Anmeldung. Außerdem trifft der § 123 IV AktG eine weitere Festlegung im Hinblick auf die Fristenberechnung. Endet die Frist an einem Tag, der kein Werktag ist, endet die Frist am mitzählenden vorhergehenden Werktag.
- Gemäß § 131 II 2 AktG kann nunmehr der Versammlungsleiter durch die Satzung oder die Geschäftsordnung der Hauptversammlung ermächtigt werden, das Frage- und Rederecht der Aktionäre zu beschränken (zu den Schranken einer solchen Bestimmung vgl. *OLG Frankfurt* NZG 2008, 432; *BGH* DB 2013, 864). Zusammen mit einem Auskunftsverweigerungsrecht, soweit die Auskunft auf der Internetseite der Gesellschaft mindestens sieben Tage vor der Hauptversammlung zugänglich war, soll der Ablauf der Hauptversammlung gestrafft und von hinderlichen Standardfragen befreit werden (ausführlich zu den Auswirkungen des UMAG *Gerber* MittBayNot 2005, 203; *Priester* DNotZ 2006, 403; Beispiel zur Regelung des Frage- und Rederechts: *Weißhaupt* ZIP 2005, 1766).

— Gesetz über elektronische Handelsregister und Genossenschaftsregister sowie das Unternehmensregister (**EHUG**) vom 10.11.2006 (BGBl. I, 2553): **17**
- Gemäß § 175 II AktG n. F. ist anstelle von Auslage und Abschriften wichtiger Dokumente zur Hauptversammlung deren Veröffentlichung im Internet möglich.

— Transparenzrichtlinien-Umsetzungsgesetz (**TUG**) zur Umsetzung der RL 2004/109/EG vom 15.12.2004 zur Harmonisierung der Transparenzanforderungen in Bezug auf Informationen über Emmitenten, deren Wertpapiere zum Handel auf einem geregelten Markt zugelassen sind (BGBl. I, 10): **18**
- Verpflichtung der Vorstandsmitglieder börsennotierter Aktiengesellschaften, zu versichern, dass die Rechnungslegung nach bestem Wissen und Gewissen zutreffend erstellt wurde.

— Gesetz zur Modernisierung des GmbH-Rechts und zur Bekämpfung von Missbräuchen (**MoMiG**) vom 23.10.2008 (BGBl. I, 2026): **19**
- Der **Sitz der Gesellschaft** hat „im Inland" zu liegen. Die Regelung des § 5 II AktG a. F., wonach die Satzung in der Regel den Ort, wo die Gesellschaft einen Betrieb hat, oder, wo sich die Geschäftsleitung befindet oder die Verwaltung geführt wird, als Sitz zu bestimmen hat, wurde ersatzlos gestrichen. Dies hat zur Folge, dass zwar ein deutscher Satzungssitz zwingend gegeben sein muss, es der Aktiengesellschaft aber gestattet ist, einen Verwaltungssitz im Ausland einzunehmen. Die bis zum Inkrafttreten des MoMiG herrschende Meinung, welche von der Unzulässigkeit derartiger Auslandsgründungen ausging und Beschlüsse zu grenzüberschreitenden Sitzverlegungen als Auflösungsbeschluss i. S. d. § 262 I Nr. 2 AktG interpretierte, wurde damit obsolet (vgl. zum Ganzen *Franz/Laeger* BB 2008, 678; *Flesner* NZG 2006, 641).

- Des Weiteren fiel im Rahmen der **Einpersonengründung** die Verpflichtung des Gründers gemäß § 36 II 2 AktG a. F ersatzlos weg, eine Sicherheit für den den eingeforderten Betrag übersteigenden Teil zu bestellen (vgl. dazu Rn. 68).
- Umfangreiche Änderungen erfuhr § 37 AktG bzgl. des Inhalts der Anmeldung der Gesellschaft zum Handelsregister (vgl. dazu Rn. 68). Hiermit in Zusammenhang stehen Veränderungen der Inhabilitätsvorschriften des § 76 III AktG.
- Durch § 39 I 2 AktG n. F. ist die Eintragung im Handelsregister der inländischen Anschriften der für die Gesellschaft empfangsberechtigten Personen (§ 78 II AktG) erforderlich geworden. Dies gilt sowohl für die Aktiengesellschaft als auch für Zweigniederlassungen.
- Die zentrale Vorschrift der Vermögensbindung, § 57 I AktG, wurde geändert. Der in § 57 I AktG n. F. neu eingefügte Satz 3 Halbsatz 1 nimmt „Leistungen, die bei Bestehen eines Beherrschungs- oder Gewinnabführungsvertrages (§ 291 AktG) erfolgen", aus dem Anwendungsbereich des § 57 I 1 AktG aus (vgl. hierzu *Winter* DStR 2007, 1484, 1489 f.). Gleiches gilt gemäß § 57 I 3 Hs. 2 AktG n. F. für Leistungen, die „durch einen vollwertigen Gegenleistungs- oder Erstattungsanspruch gegen den Aktionär gedeckt sind". Der Gesetzgeber bezweckt mit dieser Änderung die Beseitigung der in der gesellschaftsrechtlichen Praxis durch das Urteil des *BGH* vom 24.11.2003 aufgetretene Unsicherheit im Hinblick auf die Zulässigkeit aufsteigender Darlehen (Up-stream Loans) und die Einbeziehung von Kapitalgesellschaften in Cash Pools (*Möller* Der Konzern 2008, 1, 4). Darüber hinaus wurde in § 57 I AktG n. F. die Bestimmung dass „Satz 1 zudem nicht auf die Rückgewähr eines Aktionärsdarlehens und Leistungen auf Forderungen aus Rechtshandlungen anzuwenden ist, die einem Aktionärsdarlehen wirtschaftlich entsprechen". Diese Änderung bezweckt die Abschaffung der gesellschaftsrechtlichen Regelung des Eigenkapitalersatzes zugunsten einer rein insolvenzrechtlichen Behandlung der Frage (*Möller* Der Konzern 2008, 1, 4 und zur Neuregelung *Habersack* ZIP 2007, 2145).
- § 71a I AktG wurde an den geänderten § 57 I AktG n. F. angepasst.
- In § 76 III AktG werden die einschlägigen Strafrechtsnormen dahingehend ausgeweitet, dass nunmehr auch die Verwirklichung der Tatbestände von §§ 263–264a, §§ 265–266a StGB und vergleichbare Tatbestände im Ausland zum Ausschluss bei Vorstandsposten für die Dauer von fünf Jahren führen.
- Eine weitere wichtige Änderung betrifft die Vertretungsregeln einer AG. § 78 I AktG, wonach nunmehr eine Gesellschaft für den Fall, dass sie keinen Vorstand hat (Führungslosigkeit), bzgl. der Abgabe von Willenserklärungen ihr gegenüber oder der Zustellung von Schriftstücken, auch durch den Aufsichtsrat vertreten wird. § 78 II AktG wird um einen weiteren Satz ergänzt, der die Abgabe von Willenserklärungen gegenüber der Gesellschaft nicht nur an Vorstandsmitglieder sondern auch an die im Handelsregister eingetragene Geschäftsanschrift sowie die in § 39 I 2 AktG empfangsberechtigten Personen ermöglicht.
- Für die Aktiengesellschaft haben auch die durch das MoMiG beschlossenen Änderungen in der Insolvenzordnung Auswirkungen (vgl. dazu auch die Übersicht bei *Heckschen*, Das MoMiG in der notariellen Praxis, Rn. 819). Hervorzuheben sind die in § 15a InsO aufgenommenen Antragsrechte und -pflichten für Aufsichtsräte bei führungslosen Gesellschaften sowie die aus § 39 V InsO folgende Herabsetzung des Kleinbeteiligtenprivilegs auf Aktionäre mit einer Beteiligung von bis zu 10 %.

20 – Bilanzrechtsmodernisierungsgesetz (**BilMoG**) vom 25.5.2009 (BGBl. I, 1102):
- Mindestens ein unabhängiges Mitglied des Aufsichtsrats von kapitalmarktorientierten Gesellschaften muss über Sachverstand in den Bereichen Rechnungslegung oder Abschlussprüfung verfügen.

21 – Aktionärsrechterichtlinie (**ARUG**) vom 30.7.2009 (BGBl. I, 2479), zur Umsetzung der RL 2006/68/EG und RL 2007/36/EG:

I. Allgemeines

- Sacheinlagen können ohne externe Gründungsprüfung eingebracht werden (§ 33a AktG), wenn es sich um Wertpapiere, die auf einem geregelten Markt gehandelt werden oder andere Vermögensgegenstände, die durch einen anerkannten und unabhängigen Gutachter bewertet wurden, handelt. Entsprechende vereinfachte Sacheinlagen sind auch bei der Nachgründung (§ 52 IV 2 AktG), der Kapitalerhöhung (§ 183a AktG), dem bedingten Kapital (§ 194 V AktG) und dem genehmigten Kapital (§ 205 V 2 AktG) möglich.
- Die Regelung der verdeckten Sacheinlage in der GmbH wurde für die AG übernommen (§ 27 III AktG n. F.).
- Informations- und Teilnahmerechte des Aktionärs werden gestärkt: § 118 AktG erlaubt nun Satzungsbestimmungen für die Onlineteilnahme an Hauptversammlungen (§ 118 I 2 AktG) und für eine Stimmabgabe ohne Teilnahme an der Hauptversammlung (§ 118 II AktG). Die Form der Stimmrechtsvollmacht wird auf die Textform (§ 126b BGB) vereinfacht (§ 134 III 3 AktG). Das Vollmachtstimmrecht der Banken wird dereguliert. Der Aktionär kann sein Stimmrecht entweder gemäß den Vorschlägen der Bank oder der Verwaltung der Gesellschaft ausüben lassen oder die Vollmacht an einen Vertreter weiterleiten lassen, § 135 I AktG. Neben der Veröffentlichung im Bundesanzeiger soll § 121 IV a AktG die Veröffentlichung der Einberufung der HV durch Informationsdienstleister in der EU vorschreiben. Daneben müssen börsennotierte Gesellschaften Einberufungsunterlagen auf ihrer Internetseite veröffentlichen, § 124a AktG.
- Vereinheitlichung der Fristberechnung im Vorfeld der Hauptversammlung (insb. § 121 VII AktG).
- Das Freigabeverfahren nach § 246a AktG soll durch eine weitere Modifizierung die in Erscheinung getretenen missbräuchlichen Aktionärsklagen verhindern. Der Beschleunigung dienen die Zuständigkeit des OLG in erster und letzter Instanz sowie prozessuale Erleichterungen. Der neu gefasste Absatz sieht dann drei voneinander unabhängig zu prüfende Voraussetzungen vor, bei deren jeweiligem Vorliegen die Freigabe erklärt wird:
    - Die Klage ist unzulässig oder offensichtlich unbegründet.
    - Der Anfechtungskläger hält weniger als 1.000 EUR Nennbetrag an der Gesellschaft.
    - Das alsbaldige Wirksamwerden des HV-Beschlusses erscheint vorrangig, weil die vom Antragsteller dargelegten wesentlichen Nachteile für die Gesellschaft und ihre Aktionäre nach freier Überzeugung des Gerichts die Nachteile für den Antragsgegner überwiegen und der Eintragung nicht die Schwere der geltend gemachten Rechtsverletzung entgegensteht.

- Gesetz zur Angemessenheit der Vorstandsvergütung (**VorstAG**) vom 31.7.2009 (BGBl. I, 2509): **22**
    - Bestimmungen zur Angemessenheit und Nachhaltigkeit von Vorstandsvergütungen, erleichterte Herabsetzung der Vergütung (§ 87 AktG).
    - Einführung eines zwingenden Selbstbehalts für Managerversicherungen (§ 93 II 3 AktG).
    - § 120 IV AktG eröffnet der Hauptversammlung einer börsennotierten Gesellschaft die Möglichkeit einer rechtsfolgenlosen Billigung der Vorstandsvergütung.
    - Stärkung der handelsrechtlichen Publizität von Vorstandsbezügen (§ 285 Nr. 9a HGB).
    - Zweijährige Karenzzeit von ehemaligen Vorstandsmitgliedern vor Aufsichtsratstätigkeit, wenn diese nicht mit 25 % der Stimmrechte vorgeschlagen werden (§ 100 II Nr. 4 AktG).

- Referentenentwurf für ein Gesetz zur Änderung des Aktiengesetzes (**Aktienrechts- 23 novelle 2014**) vom 11.4.2014 (ausführlich dazu *Müller-Eising/Day* GWR 2014, 229). Der Entwurf basiert auf den früheren Entwürfen zu einer Aktienrechtsnovelle 2011

und 2012 und dem aufgrund der Diskontinuität des Bundestages gescheiterten VorstKoG (BT-Drucks. 17/8989 und BT-Drucks. 17/14214):
- Wandelanleihen mit einem Wandlungsrecht der Gesellschaft (Pflichtwandelanleihen) werden gesetzlich geregelt (§ 192 I AktG-E), ebenso hierfür geschaffenes bedingtes Kapital (§ 192 II Nr. 1 AktG-E). Die Beschränkung des genehmigten Kapitals auf 50 % des Grundkapitals gilt nicht für Pflichtwandlungen im Krisenfall (§ 192 III 3 AktG-E), weitere Ausnahmen für Kreditinstitute (§ 192 III 4 AktG-E). Der Umtausch gilt auch bei Pflichtwandelanleihen nicht als Sacheinlage sondern erfolgt zum Nennwert (§ 194 I 2 AktG-E). Daraus ergibt sich die Möglichkeit des „debt-to-equity-swap" – Anlegen der Beteiligung der Gläubiger „auf Vorrat" und Vollzug (Umtausch) im Falle einer wirtschaftlichen Notsituation.
- Einführung von Vorzugsaktien ohne zwingend nachzahlbaren Vorzug (alternativ Mehr- oder Zusatzdividende) und damit Schaffung der Möglichkeit, regulatorisches Kernkapital zu bilden (Änderung des § 139 AktG mit Auswirkungen hinsichtlich des Auflebens des Stimmrechts: Änderung des § 140 II AktG).
- Inhaberaktien sind nur noch zulässig für börsennotierte Gesellschaften (§ 10 I 2 Nr. 1 AktG-E) oder wenn der Anspruch auf Einzelverbriefung ausgeschlossen ist und die Sammelurkunde in einem Wertpapierdepot hinterlegt wird (§ 10 I 2 Nr. 2 AktG-E).
- § 24 AktG – Anspruch des Aktionärs auf Umwandlung seiner Namensaktien in Inhaberaktien und umgekehrt – wird vor dem Hintergrund des § 10 I 2 AktG-E ersatzlos gestrichen.
- Aktienregisterführung unabhängig von Verbriefung durch klarstellende Änderung des § 67 I 1 AktG. Mit Inkrafttreten werden die Aktionärsverzeichnisse automatisch zu Aktienregistern.
- Aufhebung des § 25 S. 2 AktG mit der Folge, dass nach § 25 S. 1 AktG künftig allein der elektronische Bundesanzeiger für Bekanntmachungen der Gesellschaft maßgeblich ist.
- Klarstellung, dass eine Berichtspflicht von Aufsichtsräten gegenüber Gebietskörperschaften durch Gesetz, Rechtsverordnung, Gesellschaftssatzung oder Rechtsgeschäft begründet werden kann (§ 394 S. 3 AktG-E).
- Regelung eines Nachweisstichtags („record date") auch für die Namensaktie durch Änderung des § 67 II AktG und Einfügung des § 123 IV und V AktG. § 123 V AktG-E legt den Nachweisstichtag entsprechend der Regelung bei der Inhaberaktie auf den 21. Tag vor der HV fest.
- Streichung der Pflicht zur Mitteilung des Termins zur mündlichen Verhandlung (§ 246 IV AktG) im Rahmen der Bekanntmachung erhobener Anfechtungsklagen im Bundesanzeiger.
- Die noch im Entwurf der Aktienrechtsnovelle 2012 vorgesehene Regelung zur nachgeschobenen Nichtigkeitsklage wurde nicht wieder aufgegriffen. Sie soll einer umfassenden Überarbeitung des Beschlussmängelrechts vorbehalten bleiben.

24 Auf der Ebene des nationalen Gesetzgebers wird diskutiert, ob es speziellere Regelungen für geschlossene Aktiengesellschaften und börsennotierte Aktiengesellschaften geben soll (vgl. *Schäfer* NJW 2008, 2536). Es wird vorgeschlagen, für geschlossene Gesellschaften das AktG zu liberalisieren und den Gesellschaften größere Gestaltungsfreiheit zu gewähren. Die Beurkundung von Hauptversammlungsbeschlüssen wird für diese Gesellschaften zu Unrecht als unnötig erachtet. Missbräuchliche Aktionärsklagen konnten durch das ARUG nicht unterbunden, aber wohl zurückgedrängt werden (*Bayer/Hoffmann/Sawada* ZIP 2012, 897; a. A. *Baums/Drinhausen/Keinath* ZIP 2011, 2329). Eine weitere Reform des Freigabeverfahrens, seine Ersetzung oder eine große Reform des Beschlussmängelrechts bleiben daher in der Diskussion (*Niemeier* ZIP 2008, 1148, 1150; *DAV NZG* 2008, 534, 543; *Bayer/Hoffmann/Sawada* ZIP 2012, 897; *Habersack/Stilz* ZGR 2010, 710).

I. Allgemeines

Auf der Ebene der Europäischen Union wurde überlegt, dass die nationalen Gesetzgeber den Aktiengesellschaften zwingend die Wahlmöglichkeit zwischen einem **monistischen Leitungssystem mit einem Verwaltungsrat** und dem **klassischen dualistischen Leitungssystem** mit Vorstand und Aufsichtsrat eröffnen müssen (vgl. „Report of the Reflection Group On the Future of EU Company Law" vom 5.4.2011, S. 55f.), auch der DJT 2012 (Abt. Wirtschaftsrecht, Beschluss Nr. 19) hat sich für ein solches Wahlrecht ausgesprochen. Die Europäische Kommission hat jedoch mittlerweile in ihrem Aktionsplan zum Europäisches Gesellschaftsrecht und Corporate Governance (DOK COM (2012) 740, Punkt 2.1) Abstand von einer solchen Regelung genommen. Sie betont darin die tiefe Verwurzelung der Verwaltungsratsstrukturen im wirtschaftlichen Governance-System der Mitgliedsstaaten und will an deren Koexistenz nichts ändern. Konkreter sind die Vorhaben des Aktionsplans 2012 (DOK COM(2012) 740) insb. zur Stärkung der Transparenz und der Aktionäre sowie Vorschläge zur Geschlechterbalance (vgl. *Bayer/ Schmidt* BB 2013, 3). Daneben wurden im Kommissions-Aktionsplan 2012 für europäisches Gesellschaftsrecht (DOK COM(2012) 740, Punkt 2.1) zurückgehend auf einen Expertenvorschlag zum europäischen Konzernrecht (vgl. „Report of the Reflection Group On the Future of EU Company Law" vom 5.4.2011, S. 66 ff.) Erleichterungen für die Gründung und Führung von Tochtergesellschaften, deren einzige Gesellschafterin die Muttergesellschaft ist, vorgeschlagen. Fragen der Beschlussfassung bzw. des Mehrheits-/Minderheitskonflikts haben hier keine Bedeutung. Die mitgliedstaatlichen Rechtsformen sollen bezüglich der Einpersonen-Lage harmonisiert werden, indem die Einpersonen-Gesellschafts-Richtlinie (2009/102/EG) entsprechend erweitert wird. Als Bezeichnung für diese so harmonisierten Einpersonen-Kapitalgesellschaften wurde nunmehr der Begriff „SUP – Societas Unius Personae" vorgeschlagen (Vorschlag vom 9.4.2014 COM (2014) 212; ursprünglich auch: „SMC – Single Member Company" und „SEUP – Societas Uni-Personam"; zur SUP: *J. Schmidt* GmbHR 2014, R 129; *Jung* GmbHR 2014, 579, 587). Neben der Richtlinienumsetzung dürfen die Mitgliedsstaaten ein nationales Sonderrecht für die SUP im Rahmen der Zielsetzung der Richtlinie schaffen. Die SUP kann durch Neugründung oder Umwandlung entstehen. Dabei soll die Neu-Gründung (auch) durch eine Online-Eintragung mit einem EU-weit einheitlichen Eintragungsformular innerhalb von drei Arbeitstagen möglich sein. Art. 14 des Vorschlages gibt den Mitgliedstaaten die Möglichkeit (kein Zwang), Vorschriften für die Überprüfung der Identität der Gründer zu erlassen. Satzungs- und Verwaltungssitz der SUP dürfen sich in verschiedenen Mitgliedsstaaten befinden (Sitzspaltung). Die SUP hat nur einen einzigen Gesellschaftsanteil (der im Eigentum mehrerer Personen stehen kann), Art. 15 des Vorschlags. Die Haftung des Alleingesellschafters ist auf das gezeichnete Mindestkapital (Volleinzahlung bei Gründung notwendig) – für welches ein symbolischer Betrag von 1 EUR genügt – begrenzt. Nationale Regelungen dürfen für die SUP jedoch keine Pflicht zur Bildung von Rücklagen statuieren (*Jung* GmbHR 2014, 579, 587). Zum Schutz der Gläubiger sieht der Vorschlag vor, dass Gewinne nur ausgeschüttet werden dürfen, wenn die Vermögenswerte der SUP noch ausreichen, die Verbindlichkeiten zu decken (Bilanztest) und das Vertretungsorgan eine Solvenzbescheinigung ausstellt (Art. 18 des Vorschlags). Vor dem Hintergrund ggf. fehlender Identitätsprüfung erscheint der Gläubigerschutz dabei allerdings fraglich (vgl. dazu *Ries* NZG 2014, 569).

2. Motivlage/wirtschaftliche Bedeutung

Eine ganz wesentliche Bedeutung hat die Aktiengesellschaft als **Kapitalsammelstelle** für Investoren, die sich in beschränktem und zum Teil kurzfristigem Umfang kapitalmäßig engagieren wollen. Nur die AG, die SE und die KGaA können sich durch die Ausgabe von Aktien über die Wertpapierbörse finanzieren. Dieser Weg steht der GmbH nicht offen. Dies hat Bedeutung vor dem Hintergrund der im internationalen Vergleich geringen Eigenkapitalausstattung deutscher Unternehmen.

27 Die Aktiengesellschaft war vor allem – aber nicht zwingend – die **Organisationsform für Großunternehmen**. Die Höhe des bis Ende der neunziger Jahre in den wenigen Aktiengesellschaften angelegten Grundkapitals spiegelt dies wieder. Heute wird sie häufig als Alternative zur GmbH diskutiert.

28 Von den **Erscheinungsformen** her unterscheidet man Publikumsgesellschaften für ein weites Anlegerfeld, Familiengesellschaften, Einmannaktiengesellschaften und majorisierte Aktiengesellschaften. Das ist für die Wahl des richtigen Vertragsmusters von Bedeutung.

29 Charakteristisch für die Aktiengesellschaft ist die weitgehende **Verselbstständigung** des Unternehmens gegenüber den Anteilseignern. Die Stellung des Vorstandes ist beispielsweise gegenüber der Geschäftsführung der GmbH deutlich ausgebaut. Er leitet die Gesellschaft unter eigener Verantwortung, § 76 I AktG, die Befugnisse des Managements und der Anteilseigner sind streng getrennt. Letztere können nur mittelbar über die Wahl des Aufsichtsrates die Besetzung des Vorstandes und dessen Geschäftsführung bestimmen. Ebenso besteht eine strenge Funktionstrennung zwischen Aufsichtsrat und Vorstand, welche insbesondere durch die gesetzliche Regelung des § 111 IV 1 AktG deutlich wird.

30 Grundsätzlich ist die Beteiligung (Aktie) leichter verfügbar als eine Beteiligung an einer GmbH. Zwar ist die **Übertragbarkeit** der Anteile mangels anders lautender Satzungsregelung bei der GmbH wie der AG zustimmungsfrei möglich, allerdings bestehen wichtige Unterschiede bei den formellen Anforderungen. So ist bei der GmbH notarielle Beurkundung erforderlich, § 15 II GmbHG, bei der AG erfolgt die Übertragung von Inhaberaktien durch deren Übereignung, von Namensaktien durch Indossament, § 68 I AktG (zur Problematik von einzelverbrieften Namensaktien *Perwein* AG 2012, 611). Dadurch ist der Umlauf der Aktie flexibler und auch kostengünstiger (vgl. hierzu *Ziegenhain/Helms* WM 1998, 1417). Die Übertragung von Namensaktien kann aber auch durch Abtretung des verbrieften Rechts gem. §§ 398, 413 BGB erfolgen, was der Gesetzgeber durch die Klarstellung in § 68 I 1 AktG zum Ausdruck gebracht hat. Die Übertragung von Namensaktien kann außerhalb der Möglichkeit der Vinkulierung nach § 68 II AktG nicht an eine bestimmte andere Form gebunden werden. Eine solche Einschränkung würde dem Grundsatz der freien Übertragbarkeit von Aktien zuwiderlaufen (*BGH* ZIP 2004, 2093, 2094; *Goette* DStR 2005, 603, 607; zu den Übertragungsformen im Einzelnen samt Musterformulierung s. *Mirow* NZG 2008, 52).

31 Damit die Aktiengesellschaft gerade als Organisationsform für **Publikumsgesellschaften** geeignet bleibt, schreibt das Gesetz bereits im Wesentlichen den Inhalt der Satzung vor (Übersichtlichkeit), § 23 III, IV AktG. **Gestaltungsspielräume** für die Gesellschaft oder den Notar bestehen **nur in geringem Umfang**, da der Grundsatz gilt: Was nicht ausdrücklich erlaubt ist, ist verboten (§ 23 V AktG = **Grundsatz der Satzungsstrenge** als Grundlage für die Verkehrsfähigkeit der Aktie).

32 Nach der Neufassung des § 3 II AktG durch das KonTraG zählen Aktiengesellschaften, die im so genannten Neuen Markt gehandelt werden, nicht zu den börsennotierten, so dass auch sie die Deregulierungen des KonTraG in Anspruch nehmen konnten (a. A. *Claussen* DB 1998, 177: Im Neuen Markt gehandelte Aktiengesellschaften waren zwar nicht börsennotiert, sollten aber nach dem Willen des Gesetzgebers dennoch nicht von den Deregulierungen des KonTraG profitieren können). Die Regelung des § 3 II AktG können seit dem 24.3.2003 auch Aktiengesellschaften, die im Neuen-Markt-Nachfolger TecDAX notiert sind, für sich in Anspruch nehmen.

33 Folgende **Gesichtspunkte** sind oftmals entscheidend dafür, dass anstatt der Aktiengesellschaft die **GmbH als Organisationsform** gewählt wird:
– Die Gründung der GmbH ist einfacher und verursacht weniger Kosten; es wird kein dreiköpfiger Aufsichtsrat benötigt (vgl. aber zur Europäischen Aktiengesellschaft Rn. 378).
– Ein Freiraum für individuelle Gestaltungsformen besteht nur sehr eingeschränkt bei der AG.

II. Kostenrecht **D III**

- Die Möglichkeiten einer jederzeitigen unmittelbaren Einflussnahme eines Alleingesellschafters sind beschränkt (kein unmittelbares Weisungsrecht). Bei der GmbH sind die Gesellschafter dagegen nicht nur für die Bestimmung der Geschäftspolitik und die Entscheidung über außergewöhnliche Geschäftsführungsmaßnahmen zuständig, sie können den Geschäftsführern auch hinsichtlich der laufenden Geschäfte Weisungen erteilen, § 37 I GmbHG.
- Der Ausschluss durch Einziehung (etwa bei Beendigung der Mitarbeit in der Gesellschaft) ist nur in den engen Grenzen des § 55 AktG möglich.
- Satzungsmäßig korporative Vorkaufs- und Erwerbsrechte können nicht vereinbart werden.

Das früher als Kritikpunkt angeführte – und wenig überzeugende – Argument, die **34** **Organisationsstruktur** der Aktiengesellschaft sei **schwerfälliger** als die der GmbH, da alle Gesellschafterbeschlüsse = Hauptversammlungsbeschlüsse stets beurkundungsbedürftig sind, ist unter dem Gesichtspunkt der neuen Entwicklungen im Aktienrecht **teilweise zu revidieren**.

Erleichtert wurden zum Teil die Hauptversammlungsbeschlüsse von nicht börsen- **35** notierten Aktiengesellschaften, da der Notar nur dann noch erforderlich sein soll, wenn Beschlüsse gefasst werden, die von Gesetzes wegen einer ¾- oder größeren Mehrheit bedürfen (§ 130 I 3 AktG). Ansonsten soll ein von dem Vorsitzenden des Aufsichtsrates unterzeichnetes privatschriftliches Protokoll genügen (kritisch dazu *Heckschen* DNotZ 1995, 275; vgl. auch *Ziegenhain/Helms* WM 1998, 1417 und Rn. 223 ff.).

Tatsächlich war ein Hauptgrund gegen die Wahl der AG, dass bei ihr stets zu einem **36** Drittel Arbeitnehmervertreter dem Aufsichtsrat angehören müssen. Durch das Deregulierungsgesetz wurde die Aktiengesellschaft der GmbH bei solchen Gesellschaften, welche weniger als 500 Arbeitnehmer beschäftigen, gleichgestellt; das **Erfordernis der Eindrittelbeteiligung der Arbeitnehmer im Aufsichtsrat entfällt** für die ab dem 10.8.1994 im Handelsregister eingetragenen Neugesellschaften gem. § 129 I BetrVG (1972) i. V. m. § 76 VI BetrVG (1952) n. F. (vgl. *Ziegenhain/Helms* WM 1998, 1417). Diese Neuregelung stellt sich als die entscheidende Neuregelung dar, die der Aktiengesellschaft zum Durchbruch verholfen hat.

3. Schwerpunkte notarieller Mitwirkung

Entsprechend der Einbeziehung in der Praxis konzentriert sich die Darstellung auf die **37** Mitwirkung des Notars bei der
- Gründung der Gesellschaft (vgl. Rn. 45 ff.)
- Durchführung der Hauptversammlung (vgl. Rn. 169 ff.)
- Durchführung von Kapitalmaßnahmen (vgl. Rn. 251 ff.)

Bei der Gründung der Gesellschaft ist zu berücksichtigen, dass die AG nur teilweise **38** durch Neugründungen nach §§ 23 ff. AktG entsteht. In der Mehrzahl der Fälle entsteht die AG durch Umwandlung eines bereits in einer anderen Gesellschaftsform existierenden Unternehmens in eine AG (vgl. allg. zur Gründung einer AG Rn. 45 ff.).

II. Kostenrecht

Für die **Gründung der Gesellschaft** (Gründungsvertrag einschließlich des Beschlusses **39** zur Feststellung der Satzung) gelten die §§ 97 I, 107 I, II GNotKG. Es ist eine 2,0-Gebühr Nr. 21100 KV-GNotKG in Ansatz zu bringen; bei der Einmann-Gesellschaft hingegen fällt nur eine 1,0-Gebühr Nr. 21200 KV-GNotKG an.

Der **Geschäftswert** richtet sich gemäß § 107 I 1 GNotKG nach dem Grundkapital zu- **40** züglich eines etwaigen genehmigten Kapitals. Werden die Aktien mit einem Aufgeld ausgegeben, so ist dieses dem Grundkapital hinzuzurechnen. Die Höhe ist auf 10 Mio. EUR begrenzt. Die Bestellung des ersten Aufsichtsrates und des Abschlussprüfers erfolgt jeweils durch Beschluss, dessen Geschäftswert nach §§ 108 I 1, 105 IV Nr. 1 GNotKG ermittelt wird. Der Gründungsvorgang sowie die Bestellung des Aufsichtsrates/der Abschlussprüfer sind verschiedene Beurkundungsgegenstände (§ 110 Nr. 1 GNotKG). Nach § 109 II 1 Nr. 4d GNotKG sind – wenn keine Einzelwahlen stattfinden – mehrere Wahlen untereinander derselbe Gegenstand. Dies gilt auch für die entsprechenden Beschlüsse. Der Geschäftswert richtet sich für die Wahlen (unbestimmter Geldwert) nach §§ 108 I 1, 105 IV Nr. 1 GNotKG. Für die Erstellung der Liste der Aufsichtsratsmitglieder fällt ebenfalls eine Entwurfsgebühr an, da diese Tätigkeit nicht in der Vollzugstätigkeit enthalten ist. Der Geschäftswert bestimmt sich nach § 36 I GNotKG. Dabei kann ein Teilwert von 20 % aus dem Wert einer fiktiven Handelsregisteranmeldung der Aufsichtsratsmitglieder angesetzt werden. (*Diehn*, Berechnungen zum neuen Notarkostenrecht, Rn. 956). Beim Gründungsbericht wird der Geschäftswert ebenfalls nach § 36 I GNotKG bestimmt.

41 Die **Gründungsprüfung** ist ebenfalls ein selbständiges Geschäft (1,0-Gebühr Nr. 25206 KV-GNotKG, mindestens 1.000 EUR) aus dem Grundkapital.

42 Bei der **Registeranmeldung** fällt eine 0,5-Gebühr Nr. 21201 Ziff. 5 für eine Erstanmeldung an. Der Geschäftswert bemisst sich nach § 105 I 1 Nr. 1 GNotKG. Eine weitere Gebühr fällt für den Vollzug und die Erstellung der XML-Strukturdaten (Geschäftswert nach § 112 GNotKG) an (Nr. 22114 KV-GNotKG). Die Übermittlung der Liste der Aufsichtsratsmitglieder ist Bestandteil der Handelsregisteranmeldung.

43 Kostenschuldner sind nach §§ 29, 30 GNotKG bei der Gründung die Gründer. Im Innenverhältnis können die Kosten aber gem. § 26 II AktG von der AG übernommen werden.

44 Bei einer Kapitalerhöhung/-herabsetzung sind der Beschluss darüber und die notwendigen Satzungsänderungen ein einheitlicher Beurkundungsgegenstand gemäß § 109 II 1 Nr. 4d. Der Höchstgeschäftswert für Beschlüsse beträgt 5.000.000 EUR (§ 108 V GNotKG). Der Geschäftswert der Handelsregisteranmeldung der Kapitalerhöhung ergibt sich aus § 105 I 1 Nr. 4a GNotKG. Die Durchführungsanmeldung ist ein gesonderter Beurkundungsgegenstand. Die Anmeldung des Kapitalerhöhungsbeschlusses umfasst die Anmeldung der entsprechenden Satzungsänderung. Der Höchstwert von Handelsregisteranmeldungen beträgt nach § 106 GNotKG 1.000.000 EUR. Dieser gilt auch dann, wenn mehrere Anmeldungen zusammengefasst werden (z. B. Kapitalerhöhung und Durchführung).

III. Ablaufplan Gründung

1. Normalfall

a) Checkliste zur Gründung der Aktiengesellschaft

45 | **Checkliste zur Gründung der Aktiengesellschaft**

– Gründungsprotokoll mit Satzungsfeststellung
– Wahl des ersten Aufsichtsrates
– Bestellung der Abschlussprüfer
– Wahl des Aufsichtsratsvorsitzenden
– Wahl des Vorstands durch den Aufsichtsrat
– Gründungsbericht
– Gründungsprüfungsbericht des Vorstandes
– Gründungsprüfungsbericht des Aufsichtsrates
– Leistung der Einlage
– Registeranmeldung
– Registereintragung

III. Ablaufplan Gründung

Der Ablauf bei der Neugründung von Aktiengesellschaften soll in der Folge dargestellt werden, da dieser eine Struktur für jedweden Gründungs- oder Umwandlungsvorgang darstellt. **46**

In der Praxis war die Entstehung einer Aktiengesellschaft aus Umwandlungsvorgängen und aus sog. Mantel- bzw. Vorratsaktiengesellschaften nicht selten. Bei letzterem Vorgang ist die Aktiengesellschaft allerdings im rechtlichen Sinne bereits mit Gründung der **Vorrats-/Mantel-AG** entstanden. Der Unterschied zwischen einer Vorrats- und einer Mantel-AG besteht darin, dass die Vorrats-AG nur zu dem Zweck gegründet worden ist, dass bei Verwendung ohne Zeitverlust sofort ein Rechtsträger mit den entsprechenden Haftungsbeschränkungen zur Verfügung steht. Von einer Mantel-AG hingegen wird gesprochen, wenn die Aktiengesellschaft früher einmal unternehmerisch tätig war, dann aber ihren Geschäftsbetrieb eingestellt hat und nur noch der Rechtsträger übrig und im Handelsregister eingetragen ist. Der Reiz eines „gebrauchten" Mantels lag oft in ihren hohen, steuerlich nutzbar zu machenden Verlustvorträgen. Dieser Vorteil ist aber wegen § 8c KStG nicht mehr gegeben. Bei der Vorratsgründung wird zwischen offener und verdeckter Vorratsgründung unterschieden. Die offene Vorratsgründung, bei der als Unternehmensgegenstand der Zweck als Vorratsgesellschaft (vgl. Rn. 103) angegeben wird, wird seit der Entscheidung des *BGH* (BGHZ 117, 323, 330 f.) allgemein als zulässig erachtet. Wird der Zweck der Vorhaltung eines „fertigen" Rechtsträgers dagegen verschwiegen, führt der fiktive Inhalt der Satzung dagegen zu ihrer Gesamtnichtigkeit und insgesamt zur Nichtigkeit der Gesellschaftsgründung (MünchKomm-AktG/*Pentz* § 23 Rn. 91). **47**

Nach h. M. sind auf die Übernahme einer Vorrats- oder Mantel-AG die Vorschriften über die Gründung einer Aktiengesellschaft analog anzuwenden (vgl. *Hüffer* § 23 Rn. 26 ff., auch ausführlich dazu *Grooterhorst* NZG 2001, 145). Der *BGH* hat für die Vorrats-GmbH (GmbHR 2003, 227) und die Mantel-GmbH (NJW 2003, 3198) entschieden, dass eine erneute Prüfung durch das Handelsregister bei Aufnahme des tatsächlichen Geschäftsbetriebes stattzufinden habe. Die Geschäftsführer haben die Versicherungen nach § 8 II GmbHG entsprechend abzugeben, dass die Leistungen auf die Einlagen gem. § 7 II und III GmbHG bewirkt sind und sich zu ihrer freien Verfügung befinden. Nach Ansicht des *BGH* (ZIP 2003, 1698) stellt die Verwendung einer Vorrats- oder einer Mantelgesellschaft eine „wirtschaftliche Neugründung" dar. **Indizien** für eine solche wirtschaftliche Neugründung sind nach BGH: Erweiterung des Unternehmensgegenstandes, Neufassung der Firma, Verlegung des Gesellschaftssitzes und/oder Wechsel von Organmitgliedern (*BGH* GmbHR 2003, 227). Bis zu dem Zeitpunkt, wo die in dieser Weise neu gegründete Gesellschaft diesen Vorgang dem Handelsregister gegenüber offen lege und das Vertretungsorgan versichere, dass das satzungsmäßige Kapital vorhanden sei, greife zu Lasten der Erwerber der Vorrats- bzw. Mantelgesellschaft die Unterbilanzhaftung (*BGH* BB 2010, 791; *OLG München* NZG 2010, 544; *OLG Düsseldorf* DNotZ 2013, 70). Diese strenge Haftung hat der *BGH* jedoch zuletzt wieder eingeschränkt (BGHZ 192, 341). Die Haftung reiche nur soweit, wie eine Unterbilanz zum Zeitpunkt der wirtschaftlichen Neugründung, nicht bei deren Offenlegung, besteht. Die wirtschaftliche Neugründung liege in dem Moment vor, wo der Wille wieder unternehmerisch tätig zu sein in irgendeiner Weise nach außen trete (vgl. BGHZ 192, 341). Für das Nichtvorliegen oder die begrenzte Höhe der Unterbilanz tragen aber die Erwerber die Darlegungs- und Beweislast. Um ein Haftungsrisiko zu vermeiden bedeutet dies für die Praxis, dass das Vertretungsorgan sofort nach dem Erwerb der Vorrats-/Mantel-AG bzw. der Wiederaufnahme einer unternehmerischen Tätigkeit einer ruhenden Gesellschaft dem Handelsregister am eingetragenen Sitz der Vorrats-/Mantel-AG die wirtschaftliche Neugründung offen legt und die Versicherung zum Erhalt des Grundkapitals abgeben muss, bevor eine weitere unternehmerische Tätigkeit entwickelt wird (vgl. dazu *Heckschen/Heidinger* § 2 Rn. 121; *Heidinger* ZGR 2005, 101). Zur freien Verfügung des Vorstandes steht das Grundkapital auch bei der wirtschaftlichen Neugründung nicht, **48** wenn dieser eine Investitionsplan des Kapitalgebers ohne eigenen Handlungsspielraum umzusetzen hat (*LG München I* NZG 2012, 1384). Der Käufer der Vorrats-AG sollte darauf achten, dass das Grundkapital ungemindert (Ausnahme: historische Gründungskosten) zur Verfügung steht. Die Rechtsprechung ist der Auffassung, dass die Kosten der wirtschaftlichen Neugründung die Gesellschaft dann tragen könne, wenn diese nicht die Kosten der historischen Gründung getragen habe (*OLG Stuttgart* NZG 2013, 259), nicht jedoch historische Gründungskosten und die Kosten der wirtschaftlichen Neugründung kumulativ (*OLG Jena* NZG 2004, 1114). Der Erwerb von Mantel-AGs ist mit unkalkulierbaren Risiken verbunden, wenn sich die Historie und eventuelle Haftungsgefahren aus der Vergangenheit nicht lückenlos klären lassen. Die Abgrenzung der Mantelgesellschaft als sog. „unternehmenslose" Gesellschaft von einer Gesellschaft, die nur kurzfristig (die exakte Dauer ist bislang ungeklärt) nicht tätig war, ist offen. Eine gestreckte Gründungsphase führt jedoch noch nicht zu einer wirtschaftlichen Neugründung (*BGH* DStR 2010, 763; *Lieder* DStR 2011, 137). Solange die Gesellschaft in der Abwicklung ist und die Abwicklung betreibt, liegt keine Mantelgesellschaft vor (*BGH* NZG 2014, 264; *KG* DStR 2012, 1817).

49 Für die Berechnung der Zweijahresfrist gem. § 52 I AktG (Nachgründung) dürfte es nicht auf die Gründung, sondern auf die Aufnahme der tatsächlichen Geschäftstätigkeit ankommen (das muss aus *BGH* DNotZ 2003, 951 gefolgert werden).

b) Reguläre Gründung

50 **aa) Schritt 1: Gründungsprotokoll mit Feststellung der Satzung.** Hinsichtlich der **Gründerzahl** ist mit dem Gesetz für die kleine Aktiengesellschaft und zur Deregulierung des Aktienrechts vom 2.8.1994 eine wesentliche Neuregelung erfolgt, da gem. § 2 AktG seit dem auch eine Einmann-Gründung der AG möglich ist (Feststellung der Satzung durch nur eine Person als einseitiges Rechtsgeschäft). Damit entfällt die Notwendigkeit, Strohmänner als Gründungshelfer heranzuziehen. Bei mehreren Personen erfolgt die Satzungsfeststellung durch Vertrag, sonst durch Erklärung des Gründers. Vertretung durch notariell beglaubigte Vollmacht ist möglich, § 23 I 2 AktG, Gründer ist dann der Vertretene. Dabei ist zu beachten, dass es sich bei dem Formerfordernis der notariellen Beglaubigung nicht um eine bloße Ordnungsvorschrift (vgl. KölnerKomm-AktG/*Arnold* § 23 Rn. 45), sondern um eine Wirksamkeitsvoraussetzung handelt (vgl. *Hüffer* § 23 Rn. 12; MünchKomm-AktG/*Pentz* § 23 Rn. 15). Im Falle der Nichtigkeit der Vollmacht infolge Formmangels ist abweichend von § 182 II BGB eine Genehmigung des Vertretenen ebenfalls in notariell beglaubigter Form vorzulegen (*Hüffer* § 23 Rn. 12). Wird ein Mitgründer bevollmächtigt, muss von § 181 BGB befreit werden. Liegt eine Einmann-Gründung vor, so ist eine Genehmigung der ohne entsprechende Vollmacht abgegebenen Errichtungserklärung (d. h. die einseitige, nicht empfangsbedürftige Erklärung des Einmann-Gründers) ausgeschlossen, da es sich entsprechend § 180 BGB um ein einseitiges, nicht genehmigungsfähiges Rechtsgeschäft handelt (*KG* GmbHR 2012, 569). Die Einmann-Gründung muss hier, ggf. mit formwirksamer Vollmacht, wiederholt werden.

51 Die **Satzung** – mit den Mindestangaben nach § 23 II AktG – wird sinnvollerweise als Anlage zur Urkunde genommen. Außerdem müssen die **Aktien** durch die Gründer **gegen Einlage übernommen** werden. Die Zusammenfassung von Satzung und Übernahmeerklärung in der Gründungsurkunde ist zweckmäßig, sie wird zum Teil unter Verweis auf § 23 AktG als zwingend erforderlich angesehen. Soll die festgestellte Satzung im Gründungsstadium geändert werden, ist entgegen § 179 AktG Einstimmigkeit erforderlich. Es ist zu beachten, dass die Gründungsaktionäre der AG der Mitteilungspflicht nach § 20 I AktG nachkommen müssen (*BGH* DNotZ 2006, 779; vgl. Rn. 321).

52 In das Gründungsprotokoll sollte eine umfassende **Registervollmacht,** die auch vom Registergericht verlangte Satzungsänderungen ermöglicht, aufgenommen werden (sog. Reparaturvollmacht; zur Möglichkeit der Vertretung bei Satzungsänderung vor Eintra-

gung und bei der Anmeldung: *Krafka/Kühn* Rn. 972 und 1314). Die Bevollmächtigung von Notariatsangestellten ist wegen etwaiger Haftungsgefahren problematisch.

Strittig ist, ob die Gründung und Satzungsfeststellung im Ausland erfolgen kann. Nach überwiegender Ansicht gilt auch dann der deutsche Beurkundungszwang, wenn die Gesellschaft ihren Sitz in Deutschland haben soll (GK-AktG/*Röricht* § 23 Rn. 48; MünchKomm-AktG/*Pentz* § 23 Rn. 30). Nach dieser Ansicht ist auf Gründungs- und Strukturvorgänge das sog. Geschäftsrecht gem. § 23 I 1 AktG anzuwenden (München-Komm-AktG/*Pentz* § 23 Rn. 30), mithin ist das Ortsrecht nicht einschlägig. Weitergehend wird teilweise bei derartigen Vorgängen auch eine Gleichwertigkeit einer notariellen Beurkundung im Ausland generell verneint und die Rechtsfolge von § 125 BGB abgeleitet (Hölters/*Solveen* § 23 AktG Rn. 12 m. w. N.). Nur die Beurkundung durch den deutschen Notar mit den entsprechenden Rechtskenntnissen stelle sicher, dass die Beurkundung eine materielle Richtigkeitsgewähr biete. Der Gesetzgeber habe sich hier bewusst für die Beurkundung und nicht die Beglaubigung als formelle Voraussetzung entschieden (*AG Kiel* MittBayNot 1997, 116; *Goette*, FS Boujong, 1996, S. 131, 141 f.; *LG Augsburg* NJW-RR 1997, 420). Dem wird entgegengehalten, dass es bei einer Beurkundung durch einen ausländischen Notar lediglich auf die Vergleichbarkeit der Funktion des Notars im ausländischen Recht im Vergleich zum deutschen Recht ankomme (*BGH* NZG 2014, 219; NJW 1982, 1160; *Hüffer* § 23 Rn. 11; MünchKomm-AktG/ *Pentz* § 23 Rn. 33 ff.; so bejahend z. B. in Frankreich, Österreich).

Von der Satzungsfeststellung im Ausland abzugrenzen ist die Frage nach der Möglichkeit eines (zusätzlichen) Verwaltungssitzes der Gesellschaft im Ausland. Nach Streichung des § 5 II AktG ist dies nunmehr nach h. M. möglich (vgl. zu dieser Problematik Rn. 97).

bb) Schritt 2: Bestellung von Aufsichtsrat/Vorstand/Abschlussprüfer. Die Gründer haben ebenfalls den ersten Aufsichtsrat und Abschlussprüfer zu bestellen, § 30 I AktG; ohne Aufsichtsrat ist die Eintragung nicht möglich, §§ 36, 37 AktG. Der Vorstand wird vom Aufsichtsrat gewählt, nachdem sich dieser konstituiert hat, § 30 IV AktG. Eine **notarielle Beurkundung** ist hierfür – im Gegensatz zur Bestellung des Aufsichtsrates (§ 30 I AktG) – **nicht erforderlich**. Die Niederschrift des Beschlusses genügt, § 107 II AktG. Das AktG steht auch einer Bestellung von Ausländern zu Vorstandsmitgliedern nicht entgegen. Gemäß § 30 III 1 AktG ist die Amtszeit der Mitglieder des ersten Aufsichtsrates auf die Zeit bis zur Beendigung der Hauptversammlung begrenzt, die über die Entlastung für das erste Voll- oder Rumpfgeschäftsjahr beschließt (zu den Folgen einer unterbliebenen Wiederwahl DNotI-Report 2008, 137).

Die Bestellung des Abschlussprüfers für das erste Rumpf-/Vollgeschäftsjahr erfolgt durch die Gründer und muss notariell beurkundet werden, § 30 I AktG. Die Bestellung des Abschlussprüfers kann unterbleiben, soweit eine Prüfungspflicht für das Geschäftsjahr auszuschließen ist (str., Spindler/Stilz/*Gerber* § 30 Rn. 19; Hölters/*Solveen* § 30 Rn. 13; a. A. MünchHdB-GesR IV § 3 Rn. 18) Sie ist keine Eintragungsvoraussetzung (Spindler/Stilz/*Gerber* § 30 Rn. 19; Henssler/Strohn/*Wardenbach* § 30 Rn. 12; *Hüffer* § 30 Rn. 10; MünchKomm-AktG/*Pentz* § 30 Rn. 47).

cc) Schritt 3: Gründungsbericht. Der Gründungsbericht ist von den Gründern (nicht vom Vorstand) zu erstatten und von jedem der Gründer zu unterzeichnen. Eine Vertretung durch Bevollmächtigung ist nicht zulässig. Eine Beglaubigung ist nicht erforderlich (Formulierungsbeispiel: MünchVertrHdb I, Muster V 5). Der Inhalt des Gründungsberichtes ergibt sich bei der Bargründung aus § 32 III AktG, er ist Grundlage der Gründungsprüfung. Ein fehlender Gründungsbericht oder die fehlende Mitwirkung aller Gründer ist ein Eintragungshindernis nach § 38 I 2 AktG.

dd) Schritt 4: Leistung der Einlage. Zur Handelsregistereintragung muss die erforderliche Bareinlage gemäß der §§ 36 II, 36a AktG von den Gründern erbracht worden sein.

Die Zahlung hat auf ein Konto der Gesellschaft oder des Vorstandes zu erfolgen, § 54 III 1 AktG. Die Anmeldung zur Eintragung in das Handelsregister darf erst erfolgen, wenn auf jede Aktie der eingeforderte Betrag ordnungsgemäß eingezahlt worden ist und zur freien Verfügung des Vorstands steht. Dies ist nicht der Fall, wenn der Vorstand nur mit Zustimmung eines Dritten (etwa Aufsichtsrat, Aktionär) über die Einlage verfügen kann (*OLG München* ZIP 2007, 371; ausf. *Hüffer* § 36 Rn. 8). Ob Absprachen über die Verwendung der einbezahlten Gelder die freie Verfügung des Vorstands i. S. d. § 36 II 1 AktG hindern, ist umstritten und noch nicht endgültig geklärt. Allgemein heißt es lediglich, dass solche Absprachen nicht per se unzulässig sind, soweit jedenfalls keine Rückzahlung der Einlage an die Gründer in Frage steht, also eine verdeckte Sacheinlage anzunehmen ist und die Gründer auf die Verwendung der Einlage auch nicht faktisch Einfluss nehmen können (*BGH* DNotZ 2007, 708). Aufgrund der insoweit unklaren Rechtslage sollten derartige Verwendungsabreden aus Vorsichtsgründen tunlichst vermieden werden (zum Hin- und Herzahlen siehe Rn. 71). Als Mindestbetrag muss bei einer Bareinlage ¼ des geringsten Ausgabebetrages eingezahlt werden. Absolutes Minimum bei der Gründung einer Aktiengesellschaft mit einem Grundkapital von 50.000,– EUR ist also ein Betrag von 12.500,– EUR. Neben dem Grundkapital muss das Aufgeld in voller Höhe eingezahlt sein, § 36a I AktG. Bei Einmanngründungen und der Identität von Alleingesellschafter und Vorstand gilt die Einlage als nicht erbracht, wenn der Einlagenschuldner die Zahlung auf ein auf ihn lautendes Konto vornimmt, es sei denn, bei diesem handelt es sich um ein für die Gesellschaft geführtes frei verfügbares Treuhandkonto (DNotI-Report 2006, 53, 54). Gemäß § 36 II AktG ist keine Sicherheitsleistung durch den Gründer einer Einmanngesellschaft zu erbringen.

59 **ee) Schritt 5: Gründungsprüfungsbericht des Vorstandes und des Aufsichtsrates.** Auch dieser Bericht ist **privatschriftlich** zu erstatten und von sämtlichen Mitgliedern des Vorstands und des Aufsichtsrats persönlich zu unterzeichnen, § 34 II 1 AktG. Es ist wiederzugeben, auf der Basis welcher Unterlagen die Gründungsprüfung erfolgt ist.

60 In den Fällen des § 33 II Nr. 1–4 AktG hat zusätzlich eine Gründungsprüfung durch gerichtlich bestellte Gründungsprüfer zu erfolgen. Alternativ zu den Gründungsprüfern kann in den Fällen des § 33 II Nr. 1 und 2 AktG auch der Notar die Prüfung vornehmen. Dies wird insbesondere dann relevant, wenn einer der Gründer auch Vorstands- oder Aufsichtsratsmitglied wird. Gehört eine Gesellschaft zu den Gründern, so sind deren vertretungsberechtigten Organe oder Personen Gründer i. S. v. § 33 II Nr. 1 AktG (Hölters/ *Solveen* § 33 Rn. 7). Maßgeblicher Zeitpunkt ist die Registereintragung. Im Gegensatz zur früheren Gesetzeslage muss der Bericht nicht mehr bei der Industrie- und Handelskammer hinterlegt werden. Die Vereinfachung der Bargründung durch die Neufassung des § 33 III AktG ist aus wirtschaftlicher Sicht begrüßenswert, vermeidet sie doch zusätzlichen Zeitaufwand durch die Bestellung der Gründungsprüfer (so auch die amtl. Begründung, BT-Drucks. 14/8769). Ebenso ist das Vertrauen des Gesetzgebers in die Prüfungskompetenz der Notare gerechtfertigt.

61 Einen noch weiteren Schritt wollte der Gesetzgeber mit einer völligen Abschaffung der Gründungsprüfung durch externe Prüfer jedoch nicht gehen. Dem vielfach eingewandten Argument, dass der ohnehin mit dem Fall betraute Registerrichter eine Manipulation ebenso aufdecken könne wie externe Prüfer, ist der Gesetzgeber nicht gefolgt.

62 Für den Notar ergeben sich durch diese Regelung aber auch Probleme. Wird er auch als Prüfer tätig, muss er in aller Regel eigene Nachforschungen anstellen, um etwaige Scheingründungen oder faule Gründungen aufzudecken. Aber auch die Frage, ob die Bareinlagen erbracht worden sind, wenn dies zum Zeitpunkt der Prüfung der Fall sein soll, müsste der Notar dann nach h. M. klären (*Hüffer* § 34 Rn. 3; MünchKomm-AktG/*Pentz* § 34 Rn. 12; *Heckschen* NotBZ 2002, 429, 430; *Papmehl* MittBayNot 2003, 187).

Formulierungsbeispiel: Prüfungsbericht

Notarieller aktienrechtlicher Prüfungsbericht über die Gründung der Aktiengesellschaft in Firma: mit dem Sitz in …

A. Prüfungsauftrag

I. Die oben genannte Aktiengesellschaft hat mich gemäß § 33 III AktG am … mit der Prüfung der Gründung der Gesellschaft beauftragt. Die Prüfung erfolgt, da laut Gründungsprotokoll der Gesellschaft gemäß meiner Urkunde vom … (URNr. …/200… des unterzeichnenden Notars)
– Mitglieder des Vorstandes zu den Gründern gehören
– Mitglieder des Vorstandes zugleich Mitglieder eines Verwaltungsorgans eines der Gründer sind, nämlich …

II. Bei der Prüfung haben mir folgende Unterlagen vorgelegen:
1. die notarielle Urkunde vom … über die Gründung der … Aktiengesellschaft. Feststellung der Satzung. Übernahme der Aktien, Bestellung des ersten Aufsichtsrates und Bestellung des Abschlussprüfers (Urkunde des Notars … in …, URNr. …/200…),
2. die Niederschrift über die Bestellung des Vorstandes durch Beschluss des Aufsichtsrat in seiner konstituierenden Sitzung vom …,
3. die Bescheinigung der … Bank in … über die Einzahlung von … EUR auf das Konto der Gesellschaft und die Bestätigung der Bank, dass der eingezahlte Betrag endgültig zur freien Verfügung des Vorstandes steht.
4. der Gründungsbericht der Gründer vom …
5. der Gründungsprüfungsbericht der Mitglieder des Vorstandes und des Aufsichtsrates vom …

B. Prüfungsergebnis

I. Die Gesellschaft ist laut Gründungsprotokoll vom … errichtet worden. Als Gründer haben sich beteiligt:
a) …
b) …
c) …
Das Grundkapital der Gesellschaft beträgt … EUR und ist in … auf den Namen/Inhaber lautenden (Stück-)Aktien im (rechnerischen) Nennbetrag von … eingeteilt. Die Gründer haben alle Aktien gegen Bareinlagen übernommen. Die Einlagen sind gemäß Bankbescheinigung auf ein Konto der Gesellschaft bei der … Bank in … eingezahlt worden und stehen endgültig zur freien Verfügung des Vorstandes der Gesellschaft. Zu Mitgliedern des ersten Aufsichtsrates wurden bestellt:
a) …
b) …
c) …
Sie haben laut Niederschrift über die konstituierende Sitzung vom … das Amt angenommen und die Herren/Damen … zum Vorstand bestellt.

II. Der Hergang der Gründung entspricht nach meinen Feststellungen den gesetzlichen Vorschriften. Die Angaben der Gründer im Gründungsbericht insbesondere über die Übernahme der Aktien, die Einlagen auf das Grundkapital sowie die Festsetzungen von Sondervorteilen und Gründungsaufwand sind richtig und vollständig. Weder ein Mitglied des Vorstandes noch des Aufsichtsrates hat sich nach den mir vorliegenden Unterlagen einen besonderen Vorteil oder für die Gründung oder ihre Vorbereitung eine Entschädigung oder Belohnung ausbedungen.

> ▼ Fortsetzung: **Formulierungsbeispiel: Prüfungsbericht**
>
> **C. Bestätigungsvermerk**
> Aufgrund meiner Prüfung erteile ich folgenden Bestätigungsvermerk:
> Nach dem abschließenden Ergebnis meiner pflichtgemäßen Prüfung aufgrund der mir vorgelegten Urkunden, Bücher und Schriften sowie der mir erteilten Aufklärungen und Nachweise bestätige ich, dass die Angaben der Gründer im Gründungsbericht richtig und vollständig sind. Dies gilt insbesondere für die Angaben über die Übernahme der Aktien, über die Einlagen auf das Grundkapital sowie über die Festsetzungen von Sondervorteilen und Gründungsaufwand.
> Ort
> Unterschrift

64 Das Formulierungsbeispiel lässt erkennen, dass den Notar ein erheblicher Prüfungs- und Zeitaufwand erwartet, will er den Prüfungsauftrag gewissenhaft erfüllen. Der hohe Zeitaufwand wird häufig mit den Interessen der Mandanten in Konflikt stehen, die eine schnelle Eintragung erwarten.

65 Die Bundesnotarkammer hat in einer Stellungnahme darauf hingewiesen, dass es sich bei der Gründungsprüfung um eine sonstige Maßnahme i. S. d. § 24 I BNotO handelt. Eine solche **Tätigkeit** darf der **Notar deshalb auch ablehnen**. Auch der Wortlaut des § 33 III AktG spricht von „vornehmen kann".

66 **ff) Schritt 6: Registeranmeldung.** Es sind beizufügen:
– Gründungsprotokoll mit Feststellung der Satzung, Übernahmeerklärung, Bestellung der Aufsichtsratsmitglieder und des Abschlussprüfers
– Protokoll der Aufsichtsratssitzung über die Bestellung des Vorstandes im Original oder in beglaubigter Abschrift
– Liste der Aufsichtsratsmitglieder mit Angaben nach § 37 IV Nr. 3a AktG (Name, ausgeübter Beruf, Wohnort)
– Gründungsbericht
– Gründungsprüfungsbericht von Vorstand und Aufsichtsrat, ggf. zusätzlich externer Gründungsprüfungsbericht
– Einzahlungsbestätigung für das Grundkapital, ggf. durch eine Bestätigung des kontoführenden Kreditinstituts, § 37 I 3 AktG
– Aufstellung der Gründungskosten
– ggf. staatliche Genehmigungen sind nach Inkrafttreten des MoMiG nicht mehr vorzulegen (Zusammenstellung siehe *Hüffer* § 37 Rn. 14).

67 Die Anmeldung hat durch alle Gründer und die Mitglieder von Vorstand und Aufsichtsrat zu erfolgen, § 36 I AktG. Deren Unterschriften sind jeweils notariell zu beglaubigen, § 12 I HGB.

68 Da es weiterhin strittig ist, ob bei der **Erstanmeldung** eine **Vertretung** zulässig ist – auch bei gesonderter **Registervollmacht** –, sollte diese vermieden werden. Durch das MoMiG haben sich die Inhabilitätsregeln des § 76 III AktG n. F. geändert, was zwangsläufig auch mit einer Änderung hinsichtlich des Inhalts der Versicherung, die der Vorstand abzugeben hat, einhergeht. Gemäß § 37 II 2 AktG hat jedes Vorstandsmitglied persönlich zu erklären, dass keine Umstände vorliegen, die einer Bestellung entgegenstehen, und es über seine unbeschränkte Auskunftspflicht belehrt wurde. Zu diesen Umständen zählen auch Verurteilungen wegen Insolvenzverschleppung sowie Verurteilungen zu einer Freiheitsstrafe von mindestens einem Jahr wegen Kreditbetruges, Untreue oder Vorenthaltens oder Veruntreuens von Arbeitsentgelt (§§ 263–264a und 265 b–266a StGB), § 76 III 2 Nr. 3 AktG n. F. Der *BGH* (DNotZ 2010, 930) hat entschieden, dass es in jedem Fall ausreichend ist, wenn die Vorstandsmitglieder versichern, dass sie überhaupt nicht

III. Ablaufplan Gründung D III

(im In- und Ausland) vorbestraft sind. Dies kann den Umfang der Registeranmeldung deutlich minimieren. Gemäß § 76 III 3 AktG n. F. führen nun auch solche Umstände zur Amtsunfähigkeit, die auf einer Verurteilung im Ausland wegen mit § 76 III 2 Nr. 3 AktG n. F. vergleichbaren Taten beruhen. Diese Versicherung gemäß § 37 II 1 AktG n. F. kann auch in getrennter Erklärung enthalten sein, sie ist in jedem Falle – auch wenn man ansonsten eine Vertretung für zulässig erachtet – persönlich abzugeben. Die Belehrung über die unbeschränkte Auskunftspflicht des Vorstandsmitglieds i. S. v. § 53 II BZRG kann nach § 37 II 2 AktG n. F. kraft ausdrücklicher Regelung „schriftlich vorgenommen werden", und zwar auch „durch einen Notar oder einen im Ausland bestellten Notar, durch einen Vertreter eines vergleichbaren rechtsberatenden Berufs oder einen Konsularbeamten". Dies hat zur Folge, dass – entgegen der bis zum Inkrafttreten des MoMiG h. M. – die Belehrung von Vorstandsmitglieder durch ausländische Notare zulässig ist. Auch die Belehrung durch ausländische Rechtsanwälte soll zulässig sein (MoMiG RegE S. 84). Die Belehrung muss aber nicht zwangsweise durch den Notar erfolgen, der die Beglaubigungen vornimmt. Sie ist durch das Registergericht möglich. **Die Verpflichtung im Rahmen der Einmanngründung** zu erklären, dass die in § 36 II 2 AktG a. F. vorgeschriebene Sicherung für die restliche noch zu entrichtende Bareinlage bestellt wurde, ist ersatzlos gestrichen worden. Die Ablehnung der Eintragung der Aktiengesellschaft darf nach § 38 IV AktG nur dann auf eine mangelhafte, fehlende oder nichtige Satzungsbestimmung gestützt werden, wenn zwingend erforderliche Satzungsbestimmungen fehlen, gläubigerschützende oder im öffentlichen Interesse bestehende Vorschriften verletzt werden oder der Fehler zur Nichtigkeit der Satzung führt (*Priester* DNotZ 1998, 691).

Bei **Neuanmeldungen** ist darauf zu achten, dass die Versicherung gemäß § 76 III AktG aufgenommen wird. Da es strittig ist, ob der Wortlaut voll zu wiederholen ist, sollte darauf nicht verzichtet werden (zur Versicherung betr. Straftaten vgl. jedoch oben Rn. 68). Auf die Änderungen des § 76 III AktG durch das MoMiG zum 1.11.2008 muss hier im Besonderen geachtet werden. Mit Einführung des § 37 IV Nr. 3a AktG durch das EHUG ist nunmehr eine Liste der Aufsichtsratsmitglieder mit Name, ausgeübtem Beruf und Wohnort mit der Anmeldung einzureichen und bei Veränderungen in der Person nachzureichen. **69**

Formulierungsbeispiel: Neuanmeldung einer Aktiengesellschaft **70**

Neuanmeldung einer Aktiengesellschaft
Amtsgericht
Registergericht
Neuanmeldung einer Aktiengesellschaft
– Inhalt der Anmeldung

Gesellschaft

Wir, die unterzeichneten Gründer, Mitglieder des Vorstandes und des Aufsichtsrates melden hiermit die
... Aktiengesellschaft
mit dem Sitz in ... zur Eintragung in das Handelsregister an.
Die Geschäftsräume befinden sich in: ...
Als inländische Geschäftsadresse wird angegeben: ...

Organe

Gründer der Gesellschaft sind
– Herr/Frau
Wohnort: ...

Heckschen

▼ Fortsetzung: **Formulierungsbeispiel: Neuanmeldung einer Aktiengesellschaft**

Mitglieder des Aufsichtsrates sind
– Herr/Frau
geb. am ...
Wohnort: ...
Ausgeübter Beruf: ...

Mitglieder des Vorstandes sind
– Herr/Frau
geb. am ...
Wohnort: ...
Art und Umfang der Vertretungsbefugnis: ...

Grundkapital

Das Grundkapital der Gesellschaft beträgt EUR ... und ist eingeteilt in ... auf den Namen/Inhaber lautende Aktien.
Die Aktien lauten auf einen Nennbetrag von EUR ... je Aktie/Die Aktien sind nennbetragslose Stückaktien.
Die Aktien wurden zu einem Betrag von EUR ... je Aktie ausgegeben.
Auf jede Aktie ist der Ausgabebetrag in voller Höhe/in Höhe von EUR ... auf das Konto Nr. ... der Gesellschaft bei der ... Bank vom Vorstand eingefordert worden.
Der Gründer zu. ... hat auf die von ihm übernommenen Aktien einen Betrag von EUR ... je Aktie bei der oben genannten Bank auf das oben genannte Konto überwiesen, also einen Gesamtbetrag von EUR ... und damit die geforderte Leistung erbracht.
Der Gründer zu. ... hat auf die von ihm übernommenen Aktien einen Betrag von EUR ... je Aktie bei der oben genannten Bank auf das oben genannte Konto überwiesen, also einen Gesamtbetrag von EUR ... und damit die geforderte Leistung erbracht.
Der Gesamtbetrag der von den Gründern zu erbringenden Leistungen von EUR ... steht abzüglich der bei der Gründung angefallenen Gebühren in Höhe von EUR ..., die satzungsgemäß von der Gesellschaft bezahlt werden, endgültig zur freien Verfügung des Vorstandes.

Vertretung

Die Gesellschaft wird durch zwei Mitglieder des Vorstandes oder ein Mitglied des Vorstandes in Gemeinschaft mit einem Prokuristen vertreten. Der Aufsichtsrat kann jedem Vorstandsmitglied die Befugnis zur Alleinvertretung erteilen (ggf. und von den Beschränkungen des § 181 BGB befreien, soweit dem nicht § 112 AktG entgegensteht.)Die bestellten Vorstandsmitglieder ... vertreten die Gesellschaft gemeinschaftlich oder jeweils in Gemeinschaft mit einem Prokuristen. (ggf. ... vertreten die Gesellschaft jeweils stets einzeln und sind von den Beschränkungen des § 181 Alt. 2 BGB befreit.) Sie zeichnen ihre Unterschriften wie unter dieser Anmeldung.

Externe Gründungsprüfung

ggf.: (insbesondere wenn Gründer zugleich Aufsichtsrats- oder Vorstandsmitglieder der Aktiengesellschaft sind oder bei Sacheinlagen) Da Gründer unserer Gesellschaft zugleich Vorstands- bzw. Aufsichtsratsmitglieder sind, ist gemäß § 33 AktG eine Prüfung durch einen oder mehrere Gründungsprüfer erforderlich. Wir regen an, nach Anhörung der Handelskammer, Herrn Wirtschaftsprüfer ... zum Gründungsprüfer zu bestellen.

Anlagen zur Handelsregisteranmeldung

Wir überreichen in der Anlage
– Gründungsprotokoll vom ... (URNr. .../200...) des Notars ... mit Amtssitz in ... mit der Feststellung der Satzung, der Übernahme der Aktien durch die Gründer, der Errichtung der Gesellschaft und der Bestellung der Mitglieder des ersten Aufsichtsrates

III. Ablaufplan Gründung **D III**

▼ Fortsetzung: **Formulierungsbeispiel: Neuanmeldung einer Aktiengesellschaft**

- Niederschrift vom ... über die Bestellung des ersten Vorstandes durch den Aufsichtsrat (§§ 107 I; 30 IV AktG)
- Gründungsbericht der Gründer (§ 32 AktG)
- Gründungsprüfungsbericht der Mitglieder des Vorstandes und des Aufsichtsrates (§§ 33, 34 AktG)
- Einzahlungsbestätigung der Bank (§§ 37 I 3; 54 III AktG)
- Nachweis über die gezahlten Gründungskosten (§ 37 IV Nr. 2 AktG)

Ergänzende Erklärungen und Versicherungen zur Anmeldung
Jedes Vorstandsmitglied erklärt:
Ich versichere hiermit gegenüber dem Registergericht, dass ich nicht wegen einer Insolvenzstraftat nach §§ 283–283d des deutschen Strafgesetzbuches (Bankrott, Verletzung der Buchführungspflicht, Gläubigerbegünstigung, Schuldnerbegünstigung) und auch nicht wegen Insolvenzverschleppung oder falscher Angaben nach § 82 GmbHG oder § 399 AktG oder unrichtiger Darstellung nach § 400 AktG, § 331 HGB, § 313 UmwG oder § 17 PublG, oder zu einer Freiheitsstrafe von mindestens einem Jahr wegen allgemeiner Straftatbestände mit Unternehmensbezug (§§ 263–264a, 265b–266a StGB) oder wegen einer vergleichbaren Tat im Ausland verurteilt worden bin und dass mir nicht durch gerichtliches Urteil oder Entscheidung einer Verwaltungsbehörde die Ausübung einer beruflichen oder gewerblichen Tätigkeit untersagt oder irgendwie eingeschränkt worden ist und dass der beglaubigende Notar auf meine unbeschränkte Auskunftspflicht gegenüber dem Registergericht hingewiesen hat.

Vollmacht
Jeder Unterzeichner erklärt:
Ich bevollmächtige den Notar ... alle Erklärungen abzugeben und entgegenzunehmen sowie Anmeldungen zum Handelsregister vorzunehmen, auch etwaige Änderungen der Satzung, die im Zuge der Eintragung der hier angemeldeten und aus den dieser Anmeldung beigefügten Unterlagen ersichtlichen Tatsachen in das Handelsregister erforderlich oder zweckmäßig sind. Die Vollmacht ist jederzeit widerruflich. Dem Handelsregister gegenüber ist die Vollmacht unbeschränkt.

Ort, Datum
Persönliche Unterschriften der Gründer:
Persönliche Unterschriften der Aufsichtsratsmitglieder:
Persönliche Unterschriften der Vorstandsmitglieder:

Durch das ARUG wurde auch § 27 IV AktG neu gefasst und für Fälle des „**Hin- und** **71** **Herzahlens**" ebenfalls die entsprechende Regelung des GmbHG in das Aktiengesetz übernommen. Soweit keine verdeckte Sacheinlage vorliegt, wird der Aktionär nach der Vorschrift trotz des Hin- und Herzahlens von seiner Einlageverpflichtung befreit, wenn die Einlageleistung durch einen vollwertigen Rückgewähranspruch der Gesellschaft gedeckt ist, der jederzeit fällig ist oder durch fristlose Kündigung jederzeit fällig werden kann. Die Leistung oder ihre Vereinbarung ist dem Handelsregister anzuzeigen, damit dieses die Erfüllungswirkung prüfen kann, §§ 27 IV 2, 37 AktG (*OLG Stuttgart* DNotZ 2012, 224). Ob bei unterbliebener Offenlegung eine Heilung möglich ist, ist unklar. Diese ist jedenfalls nicht eintragungsfähig (*OLG München* DStR 2012, 2450). Wurde die Offenlegung unterlassen, so entwickelt die Zahlung keine Tilgungswirkung. Eine nachträgliche Offenlegung geht nach zutreffender Ansicht in die Leere. Es bleibt dann als Lösung nur die nochmalige Zahlung, das Hoffen auf eine Verjährung der Einlageforderung oder (später) ggf. eine Kapitalherabsetzung zur Befreiung von der Einlageschuld.

72 Besondere Bedeutung erlangt § 27 IV AktG im Rahmen von Cash-Pool-Systemen im Konzern. Zur Sicherstellung der Vollwertigkeit der Forderung hat die Leitung der Gesellschaft die Solvenz des Inferenten zu überwachen und im Zweifelsfall den Rückzahlungsanspruch geltend zu machen, die Kündigung muss fristlos und insbesondere auch ohne Angabe von Gründen möglich sein (*BGH* DNotZ 2009, 465 und 941 m. Anm. *Priester*). Auch die Offenlegung des Hin- und Herzahlens ist Voraussetzung für die Befreiungswirkung (*BGH* DNotZ 2009, 941 m. Anm. *Priester*; *Heckschen* DStR 2009, 166). Ein Hin- und Herzahlen liegt nicht bei Vergütung von Dienstleistungen vor, soweit die Einlage nicht für die Vergütung des Inferenten reserviert ist und die tatsächlich erbrachte Leistung für die Gesellschaft darüber hinaus nicht unbrauchbar und drittüblich vergütet ist (*BGH* DNotZ 2010, 456 m. Anm. *Priester*). Eine verdeckte Sacheinlage liegt auch dann vor, wenn die Einlage auf ein zum Cash-Pool gehöriges Konto der Gesellschaft eingezahlt wird, das Zentralkonto der Gesellschaft im Cash-Pool jedoch negativ ist, da in diesem Fall nur eine Befreiung von einer Verbindlichkeit gegenüber dem Cash-Pool eintritt.

2. Sachgründung

73 Es gelten im Wesentlichen die zur GmbH dargelegten Grundsätze (vgl. Kap. D I. Rn. 212 ff.). Dienstleistungen sind auch weiterhin nicht sacheinlagefähig (*BGH* NJW 2010, 1747). Der *BGH* will jedoch § 27 IV AktG insoweit entsprechend anwenden, als er bei Dienstleistungen, die bei der Gründung vereinbart werden, prüft, ob das Entgelt für die vom Aktionär zu erbringende Dienstleistung für diese Zahlung reserviert ist oder völlig unangemessen ist. Sollte dies der Fall sein, ist die Einlage nicht wirksam aufgebracht (*BGH* NJW 2010, 1747). Wurde bei der Gründung vereinbart, dass Dienstleistungsverträge mit Gründern abgeschlossen werden und die Vereinbarung vor Eintragung abgeschlossen, so löst dies grundsätzlich eine Unterbilanzhaftung aus.

74 Besonders zu beachten ist § 27 V i. V. m. § 26 V AktG. Danach dürfen die Festlegungen zur Sacheinlage aus der Satzung erst dreißig Jahre nach der Gründung und fünf Jahre nach Abwicklung der Rechtsverhältnisse herausgenommen werden. Sinnvollerweise werden daher nur die zwingend nach § 27 I AktG festzulegenden Punkte in der Satzung niedergelegt und die weiteren Abreden in einer Anlage gefasst. Dies gilt insbesondere für etwa einzubringende Grundstücke. Der **Einbringungsvertrag** wird als Anlage zur Urkunde genommen. Dies ist schon aus kostenrechtlichen Gründen geboten, eine getrennte Beurkundung widerspricht dem Grundsatz, dass die kostengünstigste Beurkundungsform zu wählen ist. Es ist andererseits darauf zu achten, dass die Gegenstände der Sacheinlage entsprechend § 27 I AktG hinreichend bestimmt sind, da ansonsten die Vereinbarung über die Sacheinlage unwirksam ist.

75 Im Übrigen gelten für die Sachgründung die §§ 31 I (Besetzung des Aufsichtsrats bei Einbringung eines Unternehmens oder Unternehmensteils), 32 II (erweiterter Gründungsbericht), 33 II Nr. 4 (Prüfung durch vom Gericht bestellte (externe) Gründungsprüfer) AktG.

76 Durch das ARUG wurde eine **vereinfachte Sachgründung** eingeführt (§ 33a AktG). Voraussetzung ist, dass Gegenstand der Sacheinlage Güter sind, die auf einem geregelten Markt gehandelt werden und diese mit dem gewichteten Durchschnittspreis der letzten drei Monate eingebracht werden. Ebenso, wenn der Vermögensgegenstand bereits innerhalb von sechs Monaten vor Einbringung von einem Sachverständigen bewertet wurde und er mit diesem Wert eingebracht wird. Die vereinfachte Sachgründung ist jedoch ausgeschlossen, wenn besondere Umstände vorliegen, die die Bewertung in Frage stellen (§ 33a II AktG). Bei Vorliegen der Voraussetzungen kann auf die externe Gründungsprüfung verzichtet werden. Auch der Prüfbericht von Vorstand und Aufsichtsrat kann von Angaben zur Werthaltigkeit der Sacheinlage absehen (§ 34 II 3 AktG). Die vereinfachte Sachgründung ist aber in der Anmeldung zu erklären. Ihr Gegenstand ist zu beschreiben, dessen Wert, die Quelle der Bewertung sowie die angewandte Bewertungsmethode müssen angegeben werden (§ 37a I AktG), die Unterlagen oder Gutachten, aus denen sich

III. Ablaufplan Gründung   D III

der Wert ergibt sind der Anmeldung beizufügen (§ 37a III AktG). Die Anmeldenden müssen das Nichtvorliegen von Umständen i. S. v. § 33a II AktG strafbewehrt versichern (§ 37a II AktG). Die registergerichtliche Kontrolle ist auf die Voraussetzungen des § 37a AktG sowie auf offenbare und erhebliche Überbewertungen beschränkt (§ 38 III AktG).

Für weitere **qualifizierte Gründungen**, das heißt Gründungen, bei denen für die Kapitalaufbringung besondere Risikotatbestände unterstellt werden, gelten **weitere Restriktionen**: 77
– Einräumung von Sondervorteilen (§ 26 AktG),
– Vergütungszusagen für Gründungsaufwand (§ 26 AktG),
– Sachübernahme (§ 27 AktG, vgl. Rn. 79).

Zu beachten ist § 31 V AktG, wodurch das Verfahren zur **Bestellung des Aufsichtsrats bei Sachgründungen** insoweit vereinfacht wurde, als dass eine doppelte Wahl der Arbeitnehmervertreter vermieden wird. 78

3. Sachübernahme

Von der Sacheinlage unterscheidet das AktG im Gegensatz zum GmbHG die Sachübernahme. Als Sachübernahme bezeichnet § 27 I AktG eine Abrede, wonach die Gesellschaft vorhandene oder herzustellende Anlagen oder andere Vermögensgegenstände übernehmen soll. Der Unterschied gegenüber der Sacheinlage besteht darin, dass der Vermögensgegenstand hier nicht als Einlageleistung auf die Gesellschaft übertragen, sondern aufgrund von Vorabsprachen spätestens zum Zeitpunkt der Satzungsfeststellung von ihr erworben wird. Der Leistende erhält also keine Mitgliedschaftsrechte für die Sachleistung. Ist er ein Aktionär, so gerät die Sachübernahme in Konflikt mit dem Verbot der „verschleierten (oder verdeckten) Sacheinlage" (vgl. Rn. 81). Aber auch Sachübernahmevereinbarungen mit Dritten gefährden die Kapitalaufbringung. Deshalb zwingt § 27 I 1 AktG zu ihrer „Entschleierung". Für die Sachübernahme gelten die §§ 31 I (Besetzung des Aufsichtsrats bei Einbringung eines Unternehmens), 32 II (erweiterter Gründungsbericht), 33 II Nr. 4 (Prüfung durch vom Gericht bestellte Gründungsprüfer) AktG. Auch im Falle der Sachübernahme muss in der Satzung nach § 27 I AktG über den notwendigen Inhalt des § 23 AktG hinaus zusätzliche Festsetzungen aufgenommen werden, nämlich der Gegenstand der Sachübernahme, die Person, von der die Gesellschaft den Gegenstand erwirbt und die zu gewährende Vergütung. 79

4. Mischeinlage und gemischte Sacheinlage

Neben der reinen Bar- und Sachgründung kann auch durch deren Kombination eine Einlagenleistung erfolgen, die sog. **Mischeinlage**. Hierbei erbringt der Gründer auf eine Aktie eine Bar- und Sacheinlage mit der Anwendung der hierfür jeweils vorgesehenen Gründungsvorschriften (vgl. Rn. 45 ff.). Davon abzugrenzen ist die **gemischte Sacheinlage**, welche im Kern aus einer Sacheinlage und einer Sachübernahme besteht. Der Gründer erbringt also eine Sacheinlage, die den Betrag der übernommenen Aktien übersteigt, die Gesellschaft in der Folge dem Gründer einen Entgeltanspruch einräumt oder in eine Darlehensforderung umgewandelt wird. Die überwiegend h. M. behandelt die gemischte Sacheinlage rechtlich als einheitliche Sacheinlage (vgl. Rn. 73) und nimmt keine weiteren Unterscheidungen z. B. nach der Teilbarkeit der Leistung vor (MünchKomm-AktG/*Pentz* § 27 Rn. 68). Für die Sachgründung hat sich der *BGH* dem zumindest für den Fall einer nach Parteivereinbarung unteilbaren Leistung angeschlossen (DNotZ 2012, 623). In der Satzung ist darauf zu achten, dass neben dem Gegenstand der Sacheinlage/Sachübernahme und der Angabe der leistenden Person auch die Gegenleistung für die Sachübernahme aufgenommen wird. Soweit Nebenabsprachen bestehen, die sich auf die Werthaltigkeit des geleisteten Gegenstandes oder Gegenleistungsanspruches auswirken, sind auch diese mit aufzunehmen (MünchKomm-AktG/*Pentz* § 27 Rn. 69). 80

5. Verdeckte Sachgründung

81 Mit zunehmender Häufigkeit sind in der Vergangenheit in Literatur und Rechtsprechung Fälle verdeckter Sachgründung aufgetreten (*BGH* NJW 2007, 3425 – „Lurgi"; ZJS 2008, 317 – „Rheinmöve"). Durch das ARUG hat der Gesetzgeber nun die Regelungen des MoMiG für die GmbH auch im Aktienrecht übernommen, § 27 III AktG. Eine verdeckte Sachgründung liegt immer dann vor, wenn zunächst eine Bargründung vorgenommen und eingetragen wird, die Barmittel aber dann aufgrund von Vorabsprachen mit zeitlichem und sachlichem Zusammenhang zum Erwerb entsprechender Gegenstände vom Aktionär verwendet werden. Im Falle einer Einmann-Gründung genügt schon ein entsprechendes Vorhaben des Gründers (*BGH* DNotZ 2008, 547). Die Rechtsprechung nimmt seit jeher unter Ausformung des Grundsatzes der realen Kapitalaufbringung in Verbindung mit den gesetzlichen Sacheinlagevorschriften an, dass diejenigen Vorschriften (Bar-/Sachgründung) zur Anwendung kommen, die ihrer wirtschaftlichen Bedeutung nach dem Lebenssachverhalt objektiv zu Grunde liegen. Führt dieser im Ergebnis zu einer Umgehung der Sacheinlagevorschriften, so liegt eine verdeckte Sacheinlage vor.

82 Zur Beurteilung des Vorliegens einer verdeckten Sacheinlage stellt die Rechtsprechung darauf ab, ob zwischen der Leistung der Einlage und späteren Rechtsgeschäft ein zeitlicher und sachlicher Zusammenhang besteht (vgl. Kap. D I. Rn. 226 ff. zur GmbH). Dafür werden verschiedene Indizien herangezogen: fehlende Vertretbarkeit der Sache, Sache war bereits zum Zeitpunkt der Einzahlungsverpflichtung Teil des Vermögens des Einlagenschuldners, Gleichheit von Einlageschuld und Wert der zu übertragenden Sache. Der zeitliche Rahmen ist bisher nicht festgelegt worden, wird aber verbreitet mit zumindest sechs Monaten angegeben (*OLG Köln* NZG 1999, 459; MünchKomm-AktG/*Pentz* § 27 Rn. 96). Eine Umgehungsabsicht in Form eines subjektiven Tatbestandes ist nicht erforderlich. In diesem Zusammenhang zu beachten ist, dass zu Gunsten üblicher Umsatzgeschäfte der Gesellschaft im Rahmen ihrer Geschäftstätigkeit die Vermutungswirkung der o. g. Indizien nicht greift, weil dieses Geschäft auch mit jedem Dritten hätte geschlossen werden können, mithin zunächst als unverdächtig zu bewerten ist. Kann allerdings nachgewiesen werden, dass bei der Gründung eine verdeckte Sachgründung verabredet wurde, so ist es nicht entscheidend, wann Geld gegen Sachwerte an den Aktionär zurückfließt. Selbst wenn dies deutlich später als nach sechs Monaten erfolgt, liegt eine verdeckte Sachgründung vor.

83 In der Vergangenheit leitete die Rechtsprechung aus dem Verstoß gegen § 36 II AktG und § 27 I AktG als Rechtsfolge die Unwirksamkeit der verdeckten Sacheinlage ab. Der Einlageschuldner hatte seine Einlageverpflichtung aus § 36 I 2 AktG bisher nicht erfüllt, mithin bestand die Einlageverbindlichkeit fort. Ihm stand im Gegenzug aber wegen der Unwirksamkeit des schuldrechtlichen und dinglichen Rechtsgeschäfts ein Herausgabe- oder ggf. Bereicherungsanspruch zu. Im Insolvenzfall musste der Inferent daher seine Einlage erneut leisten, selbst wenn er anfänglich eine werthaltige Sache eingebracht hatte. Daher hat der Gesetzgeber durch das ARUG die Rechtsfolge in Anlehnung an das GmbHG neu geregelt (§ 27 III AktG). Die Rechtsgeschäfte werden nun als wirksam anerkannt (§ 27 III 2 AktG), die Einlageforderung bleibt aber dennoch bestehen (§ 27 III 1 AktG). Der tatsächliche Wert, für den der Inferent darlegungs- und beweispflichtig ist, wird aber auf die Einlageforderung angerechnet (§ 27 III 3, 5 AktG). Die Neuregelung findet auch rückwirkend Anwendung (§ 20 VII EGAktG). Trotz der Änderung bleibt die zivil- und strafrechtliche Verantwortlichkeit der Beteiligten (§§ 46–49, 399 AktG) bestehen.

84 Eine Heilung der verdeckten Sacheinlage und Sachübernahme ist durch die Streichung von § 27 IV AktG a. F. nun möglich. Dafür sind nach den im GmbH-Recht entwickelten Grundsätzen die Voraussetzungen der offenen Sachgründung nachzuholen, insb. bedarf es eines satzungsändernden Beschlusses und einer Werthaltigkeitsprüfung (Hölters/

Solveen § 27 Rn. 42; *Lieder* ZIP 2010, 964). Die Vorschriften über die Nachgründung (§§ 52 f. AktG) und die Regelung der verdeckten Sacheinlage stehen nebeneinander (BGHZ 110, 47; BGH NJW 2007, 3425 – „Lurgi"; *Bayer/Lieder* GWR 2010, 3; kritisch Spindler/Stilz/*Heidinger/Benz* § 27 Rn. 114 ff.; a. A. zur Rechtslage vor ARUG Münch-Komm-AktG/*Pentz* § 27 Rn. 107).

Den Notar trifft die Pflicht, bei Vorliegen entsprechender Anhaltspunkte für die Vereinbarung einer verdeckten Einlage die Gründer über die bestehende Rechtslage zu belehren, § 17 BeurkG. Andernfalls setzt er sich der Gefahr von Schadenersatzansprüchen aus (MünchKomm-AktG/*Pentz* § 27 Rn. 103; Spindler/Stilz/*Heidinger/Benz* § 27 Rn. 202). 85

6. Gründerhaftung

Bei der Gründung einer Aktiengesellschaft wird die Gesellschaft im Zeitraum vor der notariellen Beurkundung der Satzung als **Vorgründungsgesellschaft** bezeichnet. Die Vorgründungsgesellschaft entsteht nur, wenn sich die künftigen Gründer in einem notariell beurkundeten Vorvertrag zur **gemeinsamen Errichtung der Aktiengesellschaft verpflichten** und die dafür notwendigen Eckdaten festlegen (MünchHdB-AG/*Hoffmann-Becking* § 3 Rn. 28; MünchKomm-AktG/*Pentz* § 41 Rn. 14, ansonsten handelt es sich um eine fehlerhafte Vorgründungsgesellschaft, die aber dennoch schon GbR oder OHG sein kann). Ohne die Einhaltung der Formvorschrift liefen die Warnfunktion und die Beweisfunktion der notariellen Beurkundung leer. Die unter Einhaltung der Formvorschriften geschaffene sog. Vor-Aktiengesellschaft wird dabei als Gesamthandsgesellschaft eigener Art mit eigener Rechts- und Grundbuchfähigkeit qualifiziert, auf die die Vorschriften der Aktiengesellschaft sinngemäß Anwendung finden, soweit diese nicht die HR-Eintragung voraussetzen (*BGH* NJW 2007, 589; *Hüffer* § 41 Rn. 4). Werden die Vorgründer jedoch schon in der Phase bis zur notariellen Gründung der Aktiengesellschaft selbst geschäftlich tätig, haften sie nach den Regeln der BGB-Gesellschaft – bzw. bei Erfüllung der §§ 105, 123 II HGB der OHG – unbeschränkt persönlich (*BGH* ZIP 1984, 950). Zur Geschäftsführung und Vertretung sind mangels abweichender Regelungen bei Vorliegen einer BGB-Gesellschaft sämtliche Gesellschafter gemeinschaftlich, §§ 709, 714 BGB, bei Vorliegen einer OHG jeder Gesellschafter allein, §§ 114, 115, 125, 126 HGB, berufen. 86

Die Vor-Aktiengesellschaft entsteht als noch nicht eingetragene Aktiengesellschaften mit deren Errichtung. Nach § 41 I 1 AktG besteht zwar in diesem Stadium die Aktiengesellschaft „als solche nicht", aber das bedeutet entgegen dem historischen Ursprung dieser Regelung nicht, dass die Aktiengesellschaft als Verband noch inexistent wäre. Sie unterliegt bereits dem Aktienrecht, soweit dieses nicht die Eintragung voraussetzt. Der Vorstand der Vor-Aktiengesellschaft ist z. B. an die Weisungen der Gründer gebunden (*BGH* NZG 2007, 20). Die in § 1 S. 4 SGB XI normierte Befreiung von der Rentenversicherungspflicht für den Vorstand greift noch nicht (*BSG* NZG 2007, 32). Als Auflösungsgrund hat der *BGH* (NZG 2007, 20) bei der Vor-Aktiengesellschaft auch die Kündigung eines Gesellschafters aus wichtigem Grund (z. B. Mitgesellschafter ist zur Einlagenleistung nicht imstande) analog § 723 I 2, 3 Nr. 1 BGB anerkannt. Wird der Anmeldung rechtskräftig zurückgewiesen oder scheitert die Eintragung aus anderen Gründen, wird die Vorgesellschaft analog § 726 BGB aufgelöst (*Hüffer* § 41 Rn. 13; i. E. auch MünchKomm-AktG/*Pentz* § 41 Rn. 46). Die Abwicklungsmodalitäten richten sich aber nach § 265 I AktG (Vorstandszuständigkeit). Sie ist werdende juristische Person und kann als solche Trägerin von Rechten und Pflichten sein (*BGH* NJW 1992, 1824). Sie ist wechselrechtsfähig, grundbuchfähig und parteifähig. Sie wird durch den Vorstand vertreten und kann auf diese Weise nicht nur gründungsnotwendige Geschäfte eingehen. All das gilt auch in dem Fall der Einpersonen-Gründung. Jedenfalls bei der Sachgründung mit Einbringung eines Unternehmens sowie sonst bei Einverständnis der Gründer ist auch die Vertretungsmacht des Vorstands schon im Gründungsstadium unbeschränkt. Richtig scheint sogar eine allge- 87 mein unbeschränkte und unbeschränkbare Vertretungsmacht nach §§ 78, 82 AktG (MünchKomm-AktG/*Pentz* § 41 Rn. 34), die h. M. allerdings beschränkt bei Bargründungen, soweit nicht in der Gründungsurkunde anders geregelt, die Vertretungsmacht des Vorstandes auf solche Rechtsgeschäfte, die für die Herbeiführung der Handelsregistereintragung erforderlich sind (*Hüffer* § 41 Rn. 11; Hölters/*Solveen* § 41 Rn. 10). Ob im Aktienrecht im Zeitraum der **Vor-Aktiengesellschaft** das **Vorbelastungsverbot** gilt, das die Unversehrtheit des Grundkapitals bis zur Eintragung der Aktiengesellschaft im Handelsregister sicherstellen will und deshalb die Begründung von Verbindlichkeiten über diejenigen, die für die Eintragung erforderlich sind untersagt, hat der *BGH* – anders als zur GmbH – noch nicht abschließend geklärt (*Zimmermann* in: Seibert/Kiem Rn. 166; *Meyer* S. 348). Die h. M. in der Literatur (*Hüffer* § 41 Rn. 12; MünchHdB-AG/*Hoffmann-Becking* § 3 Rn. 33 ff.; *Wiedemann* ZIP 1997, 2029) und die Tendenz in der Rechtsprechung (*LG Heidelberg* ZIP 1997, 2045) gehen aber für die Aktiengesellschaft davon aus, dass das Vorbelastungsverbot durch das aus Unterbilanz- und Verlustdeckungshaftung der Gründer bestehende Haftungskonzept ersetzt wurde.

88 Im Ergebnis haften die Gründer anders als bei der GmbH jedoch nicht auf den gesamten Fehlbetrag, sondern nur anteilig entsprechend ihrer Beteiligung am Grundkapital (*BGH* WM 2006, 719, 720). Eine gesamtschuldnerische Haftung der Gründer, die aus dem Recht der Personengesellschaften nach § 24 GmbHG entlehnt ist, ist zwar im Fall der GmbH i. G. vertretbar, auf die nicht personenbezogen ausgelegte Aktiengesellschaft ist dieser Grundsatz jedoch nicht übertragbar (sehr str., verneinend: *LG Heidelberg* ZIP 1997, 2045; *OLG Karlsruhe* ZIP 1998, 1961; *Zimmermann* in: Seibert/Kiem Rn. 173; *Wiedemann* ZIP 1997, 2920; a. A. *Reiff* EWiR 1998, 51; MünchKomm-AktG/*Pentz* § 41 Rn. 116; *K. Schmidt*, Gesellschaftsrecht, § 27 II 3c; zur Situation bei der GmbH vgl. jetzt *Heckschen*/*Heidinger* § 3 Rn. 21 ff.). Ob dies angesichts der mit der GmbH vergleichbaren personalistischen Struktur bei der kleinen Aktiengesellschaft in Zukunft durch die Rechtsprechung weiterhin so gesehen wird, erscheint fraglich (*Heidinger* GmbHR 2003, 189, 195). Einigkeit besteht jedoch darüber, dass der Anspruch auf verhältnismäßigen Ausgleich der Unterbilanz in fünf Jahren nach Eintragung der Aktiengesellschaft im Handelsregister verjährt.

89 Soweit die Gründer ihre Eintragungsabsicht aufgeben oder die Vor-Aktiengesellschaft insolvent wird, die Gründer aber dennoch weiterhin im Rechtsverkehr handeln, greift hier mangels Schutzwürdigkeit der Gründer die unbeschränkte gesamtschuldnerische Außenhaftung entsprechend der Haftung der GbR/OHG. Dies gilt auch für Verbindlichkeiten, die vor Aufgabe des Eintragungswillens begründet wurden (*BGH* NJW 2003, 429; Hölters/*Solveen* § 41 Rn. 17). Neben die Haftung der Gründer kann die unbeschränkte Außenhaftung des Vorstandes treten. Die Mitglieder des Vorstandes – nicht die Gründer – können nach § 41 I AktG als Gesamtschuldner für das haften, wofür die Gesellschaft auch haftet. Voraussetzung ist, dass sie vor Eintragung der Aktiengesellschaft in deren Namen gehandelt haben. Die Haftung erlischt mit Eintragung im Handelsregister. Haben die Gründer ihr Einverständnis zum Handeln des Vorstands gegeben, kann er bei diesen Regress nehmen (*OLG Karlsruhe* ZIP 1998, 1961, 1964; *LG Heidelberg* ZIP 1997, 2045, 2048; *Hüffer* § 41 Rn. 26). Allerdings trägt der Vorstand das Risiko, dass einer der Gründer ausfällt, soweit auch hier von einer Haftung der Gründer nach dem Verhältnis ihrer durch Aktienübernahme begründeten Einlagepflichten ausgegangen wird (*BGH* NJW 1997, 1507; *LG Heidelberg* AG 1998, 197, 198; kritisch insoweit *Hüffer* § 41 Rn. 9b; *Jäger* NZG 1999, 573, 574; a. A. *Heidinger* GmbHR 2003, 189, 195) und nicht die subsidiäre Haftung nach § 24 GmbHG befürwortet.

90 Soweit die Satzung der Aktiengesellschaft noch nicht festgestellt ist, kommt eine Haftung nach § 179 I BGB in Betracht. Im Sinne dieser Vorschrift ist derjenige Vertreter, der ohne rechtsgeschäftliche oder gesetzliche Vertretungsmacht im Namen eines Dritten tätig wird. Die Vorschrift ist entsprechend anzuwenden, wenn jemand im Namen einer nicht existenten (juristischen) Person Vereinbarungen trifft (*BAG* ZIP 2006, 1672).

IV. Satzung/Wahl des Vertragsformulars

Anders als bei der GmbH ist der Satzungsinhalt bei der Aktiengesellschaft im Wesentlichen vorbestimmt und es besteht materiell wenig Gestaltungsspielraum, § 23 V 1 AktG. Zunächst diktiert das Gesetz gewisse Mindestangaben. Zu beachten ist jedoch, dass der Gesetzgeber in den vergangen Jahren den Aktiengesellschaften gesetzliche Optionen eröffnet hat, die nur durch entsprechende Satzungsgestaltung ausgenutzt werden können: 91

Checkliste: Bestehen von Gestaltungsfreiheiten 92

- § 10 I AktG: Wahl zwischen Namens- oder Inhaberaktien.
- § 10 V AktG: Ausschluss des Anspruchs auf Einzelverbriefung.
- § 24 AktG: Umwandlung von Aktien.
- § 58 II 1, 2, III 2 AktG: Höhe der Einstellung vom Jahresüberschuss in Gewinnrücklagen, Gewinnverwendung.
- § 60 III AktG: Andere Art der Gewinnverteilung.
- § 63 I 2 AktG: Bekanntmachung der Einzahlungsaufforderungen.
- § 77 I 2, 78 II, III AktG: Geschäftsführung/Vertretung der Gesellschaft.
- Diverse Beschlussmehrheiten: § 52 V 3 AktG (bei Nachgründungen); § 179 II 2, 3 AktG (bei Satzungsänderungen); § 179a I 1 i.V.m. § 179 II 2, 3 AktG (bei Übertragung des gesamten Gesellschaftsvermögens); § 182 I 2, 3 AktG (bei Kapitalerhöhung gegen Einlagen); § 186 III 3 AktG (beim Bezugsrechtsausschluss); § 193 I 2 AktG (beim bedingten Kapital); § 202 II 3 AktG (beim genehmigten Kapital); § 221 I 3 AktG (bei Ausgabe von Wandel- und Gewinnschuldverschreibungen); § 222 I 2 AktG (bei Kapitalherabsetzungen); § 229 III AktG (bei vereinfachter Kapitalherabsetzung); § 237 IV 3 AktG (bei Kapitalherabsetzung durch Einziehung); § 262 I Nr. 2 AktG (beim Auflösungsbeschluss); § 293 I 3, II 2 AktG (bei Zustimmung zum Unternehmensvertrag); § 319 II 3 AktG (bei Eingliederung); § 320 I 3 i.V.m. § 319 II 3 AktG (bei Eingliederung durch Mehrheitsbeschluss).
- § 95 S. 2 AktG: Zahl der Aufsichtsratsmitglieder.
- § 103 I 3 AktG: Abberufung von Aufsichtsratsmitgliedern.
- § 108 II 1, IV AktG: Beschlussfähigkeit und Beschlussverfahren des Aufsichtsrats.
- § 109 III AktG: Teilnahme an Sitzungen des Aufsichtsrates und Ausschüssen.
- § 111 IV 2 AktG: Zustimmung des Aufsichtsrats zu bestimmten Arten von Geschäften.
- § 121 IV AktG: Form der Einberufung der Hauptverhandlung.
- § 121 V AktG: Ort der Hauptverhandlung.
- § 122 I 2 AktG: Einberufung einer Hauptverhandlung durch ein Minderheitsverlangen.
- § 123 II, III, IV AktG: Teilnahmerecht/Stimmrechtsausübung bei Hauptversammlungen.
- § 133 AktG: Allgemeines Mehrheitserfordernis für Beschlussfassungen und Wahlen.
- § 134 I 2–4, II 3, III 3, IV AktG: Stimmkraftbeschränkung, Beginn des Stimmrechts sowie Form von Stimmrechtsvollmacht und Stimmrechtsausübung.
- § 135 V 4 AktG: Nachweis des Stimmrechts.
- § 140 III AktG: Bestimmung der Rechte von Vorzugsaktionären.
- § 150 II AktG: Rücklagenbildung.
- § 202 II 4 AktG: Ermächtigung bei genehmigten Kapital, Arbeitnehmeraktien.
- § 203 III 2 AktG: Ausgabe neuer Aktien.
- § 300 Nr. 1 AktG: gesetzliche Rücklage bei Gewinnabführungsverträgen.

1. Firma und Sitz der Gesellschaft

93 Seit In-Kraft-Treten des HRefG ist das Entlehnungsgebot abgeschafft, seitdem sind also auch Phantasiebezeichnungen und Personenfirmen unproblematisch zulässig, vorausgesetzt, sie sind zur Kennzeichnung geeignet, besitzen Unterscheidungskraft und sind nicht geeignet, über die geschäftlichen Verhältnisse der Gesellschaft zu täuschen (vgl. hierzu eingehend *Ammon* DStR 1998, 1474; *Lutter/Welp* ZIP 1999, 1073; *Kögel* BB 1998, 1645; *K. Schmidt* NJW 1998, 2161; sowie im Überblick auch *Bydlinski* ZIP 1998, 1169 und *Gustavus* NotBZ 1998, 121). Die Firma muss die Bezeichnung „Aktiengesellschaft" oder eine allgemein verständliche Abkürzung („AG") enthalten. Das Abkürzungsverbot in Satzung und Handelsregister ist infolge des HRefG entfallen. Grundsätzlich ist daher jede Firma eintragungsfähig, die Unterscheidungskraft besitzt, die Haftungsverhältnisse offen legt und die Art der Gesellschaftsform erkennbar macht. Die Namenszeichnung der vertretungsberechtigten Personen braucht bei Firmenänderungen nicht wiederholt zu werden (*Priester* DNotZ 1998, 691).

94 Insgesamt gesehen empfiehlt sich folgender **Prüfungskatalog**:
- Ist die Firmenbildung nach §§ 4 AktG i. V. m. § 18 I HGB zulässig?
- Führt die Firmenbildung zur Täuschung des Rechtsverkehrs (§ 18 II HGB)?
- Unterscheidet sich die Firma deutlich von anderen bereits in derselben Gemeinde bestehenden Firmen (§ 30 HGB); besteht Verwechslungsgefahr mit sonstigen Unternehmen (UWG, markenrechtlicher Schutz)?

95 Hat das Registergericht Zweifel an der Zulässigkeit der Firma, wird die örtlich zuständige Industrie- und Handelskammer angehört (§ 23 S. 2 HRV). Daher sollte regelmäßig, aber zumindest in Zweifelsfällen schon vor der Gründung eine Stellungnahme der IHK eingeholt werden, die beim Registergericht bei der Anmeldung mit vorgelegt wird. Die auftragsgemäße Einholung der IHK-Stellungnahme ist nach der Vorbemerkung 2.2.1.1. I 2 Nr. 1 GNotKG Vollzugstätigkeit (Anforderung einer Erklärung nach öffentlich-rechtlichen Vorschriften; *Diehn*, Berechnungen zum neuen Notarkostenrecht, Rn. 805).

96 Außerdem ist es empfehlenswert die Firma auch in markenrechtlicher Hinsicht zu prüfen. Markenrecherchen können über folgende Online-Datenbanken durchgeführt werden:
- http://register.dpma.de/DPMAregister/marke/uebersicht (Deutsches Patent- und Markenamt, München);
- http://oami.europa.eu/ows/rw/pages/QPLUS/databases/searchCTM.de.do (Amt der EU für die Eintragung von Marken und Geschmacksmustern, Alicante);
- http://www.wipo.int/madrid/en/services/madrid_express.htm (World Intellectual Property Organization, Genf.

97 Durch das MoMiG wurde § 5 AktG neu gefasst und auch für die AG die Unabhängigkeit des Satzungs- vom Verwaltungssitz festgelegt. Als **Satzungssitz** kann nun ohne Rücksicht auf den Ort der Verwaltung oder eines Betriebes jeder Ort im Inland gewählt werden. Dies eröffnet der Gesellschaft die Möglichkeit über den Satzungssitz das zuständige Registergericht zu wählen, was insbesondere eine einheitliche Zuständigkeit für Konzerngesellschaften ermöglicht. Der Satzungssitz hat darüber hinaus auch in anderen Zusammenhängen Bedeutung für die örtliche Zuständigkeit von Gerichten, etwa den allgemeinen Gerichtsstand nach § 17 I 2 ZPO i. V. m. § 5 AktG, den ausschließlichen Gerichtsstand für Anfechtungs- und Nichtigkeits- und Auflösungsklagen (§§ 246 III 1, 249 I 1, 251 III, 254 I 2, 255 III, 257 II 1, 275 IV 1, 396 I 2 AktG) und das zuständige Insolvenzgericht nach § 3 I 2 InsO (Hölters/*Solveen* § 5 Rn. 11). Die HV soll vorbehaltlich einer Satzungsregelung am Sitz stattfinden, § 121 V AktG. Inwieweit der Gesetzgeber durch die Neufassung des § 5 AktG auch die Möglichkeit eröffnet hat, den Verwaltungssitz im Ausland zu begründen (oder dorthin zu verlegen), ist ebenso wie bei der GmbH (vgl. Kap. D I. Rn. 50) strittig (zust. *Heckschen,* Das MoMiG in der notariellen Praxis,

Rn. 355; *Leitzen* NZG 2009, 728; *Hüffer* § 5 Rn. 3 m.w.N.; abl. *Flesner* NZG 2006, 641).

Ein Doppelsitz, d. h. eine Satzung bestimmt zwei Orte als Gesellschaftssitz, kann ausnahmsweise zulässig sein (*BayObLG* DB 1985, 1280; *LG Essen* ZIP 2001, 1632; vgl. dazu *Pluskat* WM 2004, 601). Ein solcher Ausnahmefall soll etwa im Fall der Verschmelzung vorliegen, wenn die zu verschmelzenden Gesellschaften jeweils an ihrem Sitz intensiv tätig sind, mit der jeweiligen Region stark verbunden und in gleichem Maße alteingesessen und am Markt eingeführt sind. Anhaltspunkte hierfür seien eine in etwa gleiche Größe der Unternehmen im Hinblick auf Umsatz und Mitarbeiterzahl sowie das Vorhaben, die Geschäftstätigkeit auch nach der Verschmelzung auf das Gebiet, in welchem die bisherigen Gesellschaften ihren Sitz hatten, zu beschränken (*Notthoff* WiB 1996, 773; weitergehend mit überzeugender Begründung *Katschinski* ZIP 1997, 620). Doppelsitze sind nicht grundsätzlich verboten, die Grenze bildet allein das allgemeine Missbrauchsverbot. Probleme des Registerrechts, des Minderheiten- und Gläubigerschutzes lassen sich durch eine analoge Anwendung des § 19 UmwG und die konsequente Anwendung des Schlechterstellungsprinzips lösen. **98**

2. Gegenstand des Unternehmens

Es gelten die allgemeinen Grundsätze. Der Unternehmensgegenstand muss hinreichend konkretisiert sein (unzulässig z.B. „Handel mit Waren aller Art"). Der Vorstand ist verpflichtet, den in der Satzung bestimmten Unternehmensgegenstand auch auszufüllen. Daraus folgt, dass eine nicht nur vorübergehende Aufgabe eines Tätigkeitsbereiches nur nach entsprechender Satzungsänderung zulässig ist (*OLG Köln* RNotZ 2009, 548). Nicht immer ist jedoch klar erkennbar, ob eine Unterschreitung des statutarischen Tätigkeitsbereiches vorliegt. Eine Mitwirkungspflicht der Hauptversammlung ist auch dann gegeben, wenn die Veräußerung eines Unternehmensbereiches nicht zu einer Unterschreitung des Unternehmensgegenstandes führt, jedoch ein eigenständiger Geschäftszweig aufgegeben wird, der nach Struktur und Wert ein Kernbereich des Unternehmens ist (*Lutter/Leinekugel* ZIP 1998, 225). **99**

Darüber hinaus ist § 23 III Nr. 2 Hs. 2 AktG zu beachten. Die zwingende Angabe des Unternehmensgegenstandes in der Satzung hat exakt und individuell nach der Verkehrsübung des jeweiligen Geschäftszweiges zu erfolgen, um bei der Eintragung ins Handelsregister eine hinreichende Nachprüfbarkeit durch das Registergericht, die Öffentlichkeit oder die Geschäftsführer selbst zu gewährleisten. Die exakte **Ausformulierung des Unternehmensgegenstandes** hat aus verschiedenen Gründen große Bedeutung: **100**
– Der Unternehmensgegenstand bestimmt unter den Gesellschaftern, in welchem Tätigkeitsfeld die Gesellschaft sich bewegen soll und darf und in welchem nicht. Ohne Satzungsänderung mit zumindest mit einer Mehrheit von ¾ des vertretenen Grundkapitals kann gem. § 179 II AktG dieser Gegenstand nicht geändert werden.
– Im Innenverhältnis begrenzt der Unternehmensgegenstand die Geschäftsführungsbefugnis des Vorstandes, § 82 II AktG. Ein Organ, das Geschäfte betreibt, die vom Unternehmenszweck nicht gedeckt sind, handelt pflichtwidrig (*BGH* NZG 2013, 293; *OLG Düsseldorf* NZG 2010, 306) und macht sich ggf. schadenersatzpflichtig.
– Die Formulierung des Unternehmensgegenstandes, die auch in Spalte 2 Unterspalte c des elektronischen Handelsregisters eingetragen wird, hat Außenwirkung und gibt dem Geschäftsverkehr eine erste Information, in welchem Gebiet die Gesellschaft sich betätigt.
– Bildet die Gesellschaft eine Sachfirma, so ist diese aus dem Unternehmensgegenstand abzuleiten.

Zu beachten ist, dass der Unternehmensgegenstand auch mittelbar über eine Unternehmensbeteiligung ausgeübt werden kann (*OLG Köln* RNotZ 2009, 548). **101**

102 Die Anforderungen hinsichtlich des Maßes der **Individualisierung des Unternehmensgegenstandes** werden zunehmend strenger gehandhabt. So wird vielfach gefordert, dass jedenfalls der Schwerpunkt der Geschäftstätigkeit aus dem Gesellschaftsvertrag ersichtlich sein muss. Allerdings dürfen keine überzogenen Anforderungen gestellt werden, um die Möglichkeiten der Gesellschaft, flexibel auf Marktgegebenheiten zu reagieren, nicht über Gebühr einzuschränken (vgl. ausf. *Blasche* DB 2011, 517). Bei der Frage, ob der Unternehmensgegenstand hinreichend konkretisiert ist, sind bei einem mehrgliedrigen Unternehmensgegenstand die gesamten Angaben zum Unternehmensgegenstand mit zu berücksichtigen und nicht einzelne Bestandteile isoliert voneinander zu betrachten. In Zweifelsfällen empfiehlt es sich, das Registergericht schon bei der Festlegung des Unternehmensgegenstandes mit einzubinden. Nach Auffassung des *OLG Düsseldorf* (RNotZ 2011, 117) schließt auch die Vielfalt der unternehmerischen Tätigkeit eine Individualisierung nicht aus, wenn der Schwerpunkt der Tätigkeit für die beteiligten Wirtschaftskreise ohne weiteres erkennbar gemacht werden kann. Bloße Leerformeln wie „Handeln mit Waren" oder „Erledigung von Dienstleistungen" aber auch „Handel und Vertrieb von Verbrauchs- und Konsumgütern, soweit der Handel nicht einer besonderen Erlaubnis bedarf" sind unzureichend und können nicht ins Handelsregister eingetragen werden (*BayObLG* NZG 2003, 482). Hingegen ist die Bezeichnung „Verwaltung von Vermögen und die Beteiligung an anderen Unternehmen" gerade noch zulässig, sofern eine weitere Präzisierung nicht möglich erscheint (*OLG Düsseldorf* RNotZ 2011, 117). An den hinreichend konkretisierten Geschäftsgegenstand dürfen Zusätze wie „und verwandte Geschäfte" angehängt werden, soweit diese lediglich einen Auffangtatbestand schaffen und erkennbar auf den Hauptgegenstand Bezug nehmen (*Hüffer* § 23 Rn. 24).

103 Eine Besonderheit hinsichtlich des Unternehmensgegenstandes ergibt sich ferner bei den **Vorratsgesellschaften** (vgl. dazu Rn. 47). Der Unternehmensgegenstand „Halten und Verwalten des Grundkapitals" ist als solcher anzugeben, da nur die sog. offene Vorratsgründung zulässig ist, bei der ausdrücklich klargestellt wird, dass die Gesellschaft erst zukünftig der Aufnahme eines Geschäftsbetriebes dient. Verdeckte Vorratsgründungen mit einem fiktiven Unternehmensgegenstand sind hingegen als Scheingeschäft gemäß § 117 BGB nichtig (*Hüffer* § 23 Rn. 25).

104 Aus beratungstechnischer Sicht ist der Unternehmensgegenstand darauf zu überprüfen, ob diese Tätigkeit behördlicher Genehmigungen bedarf (vgl. *Heckschen/Heidinger* § 2 Rn. 87 ff.). Jedoch ist das registerrechtliche Eintragungsverfahren nunmehr durch das MoMiG und die Streichung von § 8 I Nr. 6 GmbHG n. F. vom verwaltungsrechtlichen Genehmigungsverfahren abgekoppelt worden. Damit bestimmt in Zukunft nicht mehr das langsamste Verfahren das Tempo einer Eintragung. Beschränkungen des Unternehmensgegenstandes folgen ganz allgemein aus §§ 134, 138 BGB und zum Teil für freie Berufe aus standesrechtlichen Regelungen (vgl. hierzu *Hüffer* § 23 Rn. 23). Eine Aktiengesellschaft kann als Rechtsanwaltsgesellschaft zugelassen werden. Der satzungsmäßige Unternehmensgegenstand muss in entsprechender Anwendung des § 59c I BRAO die Beratung und Vertretung in Rechtsangelegenheiten sein (vgl. *BGH* NJW 2005, 1568, 1571; dazu auch *Passarge* NJW 2005, 1835, 1836).

3. Grundkapital

105 Das Grundkapital muss gem. § 7 AktG mindestens 50.000 EUR betragen. Bei Gesellschaften mit besonderem Gegenstand ist es zwingend höher:

- Versicherungs- und Bausparkassenunternehmen (je nach Konzession), § 53c VAG, § 10 KWG,
- Kapitalanlagegesellschaften, Investmentaktiengesellschaften und Depotbanken (§§ 11 I Nr. 1, 91 I 2 Nr. 1 und 20 II b InvG),
- Unternehmensbeteiligungsgesellschaften (mindestens 1 Mio. EUR, § 2 IV UBGG),

IV. Satzung/Wahl des Vertragsformulars **D III**

– REIT-Aktiengesellschaften (Real-Estate-Investment-Trust = Immobilien-Aktiengesellschaft mit börsennotierten Anteilen; mindestens 15 Mio. EUR, § 4 REITG).

Nach dem Euro-Einführungsgesetz verlangt § 6 AktG i.V.m. §§ 1 ff. EGAktG, dass das Grundkapital für nach dem 1.1.2002 gegründete Aktiengesellschaften auf Euro lautet. Bei bestehenden Aktiengesellschaften ist eine Umstellung auf Euro nur dann erforderlich, wenn die Aktiengesellschaft Kapitalmaßnahmen beschließt (§ 1 II 3 Hs. 2 EGAktG). Das in Euro ausgedrückte Grundkapital darf ohne weiteres auf ganze Cent gerundet werden, da es ein zu verbuchender Betrag i. S. v. Art. 5 VO (EG) Nr. 1103/97 ist (zu diesbezüglichen Beschlussvorschlägen vgl. *Schröer* ZIP 1998, 529). Da die Umstellung des Nennwertes des Grundkapitals auf den Euro lediglich ein Zwischenschritt zur Umstellung der Aktiennennbeträge ist, sind Aktiengesellschaften, die von der im StückAG eingeräumten Möglichkeit Gebrauch machen und zu nennwertlosen Aktien übergehen, nicht verpflichtet, den Nennbetrag ihres Grundkapitals auf Euro umzustellen; dies gilt auch für börsennotierte Gesellschaften (vgl. *Schröer* ZIP 1998, 306). Bei der Umstellung handelt es sich um eine bloße Fassungsänderung der Satzung, zu der der Aufsichtsrat ermächtigt werden kann (vgl. *Ihrig/Streit* NZG 1998, 201). **106**

(Vgl. zur Umstellung auf den Euro insgesamt auch *Kopp* BB 1998, 701 mit Formulierungsvorschlägen für die zu fassenden Beschlüsse sowie *Steffan/Schmidt* DB 1998, 559; *Heidinger* DNotZ 2000, 661.) **107**

4. Nennbeträge der einzelnen Aktien, deren Stückelung sowie die Angabe der Gattungen

Durch das Euro-Einführungsgesetz wurde auch § 8 II AktG geändert mit der Maßgabe, dass Nennbetragsaktien auf einen Betrag in ganzen Euro lauten müssen. Seit dem 1.1.2002 dürfen Kapitalmaßnahmen von Aktiengesellschaften nur noch in das Handelsregister eingetragen werden, wenn die Nennbeträge ihrer Aktien auf ganze Euro geglättet sind (vgl. §§ 1 II 3 und 3 V EGAktG). Die Nennbetragsglättung wird in der Regel durch eine Kapitalerhöhung aus Gesellschaftsmitteln herbeigeführt, in seltenen Fällen wird auch eine Kapitalherabsetzung in Betracht kommen. Im Falle der Kapitalerhöhung wird die 5-DM-Aktie auf 3 EUR, die 50-DM-Aktie auf 26 EUR zu glätten sein. Hat die Aktiengesellschaft 5-DM- und 50-DM-Aktien ausgegeben, ist die 50-DM-Aktie sogar auf 30 EUR zu glätten, um das Verhältnis zur auf 3 EUR geglätteten 5-DM-Aktie zu wahren. Probleme können auftreten, wenn es neben den Stammaktien auch Vorzugsaktien gibt, für die eine in Prozent ausgedrückte Vorzugs- oder Mehrdividende in der Satzung festgelegt ist, da hier eine unzulässige Erhöhung zu Lasten der Stammaktionäre möglich ist. Ein solcher Dividendenvorzug ist im gleichen Verhältnis herabzusetzen, wie die Nennwerte im Zuge der Kapitalerhöhung heraufgesetzt werden. Hierbei ergibt sich im Zweifel ein „krummer" Prozentsatz. Die Rundungsregel des Art. 5 EuroVO I kann nicht herangezogen werden, da sich der krumme Betrag nicht aus der Umrechnung von DM in Euro, sondern aus der aktienrechtlichen Herabsetzung des Vorzugs-Prozentsatzes ergibt. Eine Rundungsregel sollte daher in die Satzung aufgenommen werden (*Ihrig/Streit* NZG 1998, 201). Einfacher wäre es, wenn der Vorzug statt in Prozent vom Nennbetrag als absoluter Betrag ausgedrückt wird, und zwar vor der Umstellung auf den Euro. Eine dann erforderliche Rundung auf ganze Cent ist eine allein auf gesetzlicher Grundlage unabhängig von der Beschlussfassung einzelner Aktionärsgruppen lösbare Problematik: Ist etwa der Dividendenvorzug auf zehn Pfennig festgesetzt worden, ist ein hieraus folgender in Euro zu zahlender Vorzug ein zu zahlender Betrag i.S.d. Art. 5 VO/EG Nr. 1103/97 vom 17.6.1997, so dass bei Auszahlung auf ganze Cent gerundet werden kann (vgl. hierzu *Schröer* ZIP 1998, 306; vgl. auch *Ihrig/Streit* NZG 1998, 201). *Seibert* hingegen schlägt vor, prinzipiell von der Vorzugsaktie abzurücken, oder aber den Gesamtbetrag der Dividende der Vorzugsaktionäre auszuweisen und zu verteilen (*Seibert* ZGR 1998, 1). **108**

109 Wie sich in Deutschland die 5-DM-Aktie durchgesetzt hatte, so wird sich europaweit die 1-Euro-Aktie durchsetzen. Daher bietet es sich an, in derselben Hauptversammlung, in der die Nennwertumstellung beschlossen wird, auch einen Aktiensplit zu beschließen, so dass für eine 5-DM-Aktie nunmehr drei Aktien zu je 1 EUR und für eine 50-DM-Aktie 26 bzw. 30 Aktien zu je 1 EUR auszugeben sind.

110 Alle diese Beschlüsse, Umstellung des Grundkapitals auf Euro, Glättung der Aktiennennbeträge und Aktiensplit lassen sich zu einem Tagesordnungspunkt zusammenfassen. Beschränkt sich der Kapitalerhöhungsbeschluss darauf, den Nennbetrag der Aktien auf den nächsthöheren ganzen Euro zu erhöhen, so genügt nach § 4 II 1 EGAktG die einfache Mehrheit des bei der Beschlussfassung vertretenen Kapitals, für den Fall, dass 5- und 50-DM-Aktien ausgegeben sind, gilt dies sogar für die Glättung der 50-DM-Aktie auf 30 EUR.

111 Bereits beschlossene genehmigte Kapitalia sollten zur Glättung der Beträge neu beschlossen werden, wofür ebenfalls die Beschlusserleichterung des § 4 II 2 EGAktG gilt, dies jedoch dann nicht, wenn ein glatter Euro-Betrag erhöht oder eine neue Fünfjahresfrist für das genehmigte Kapital festgelegt werden soll. Bereits beschlossene bedingte Kapitalia sollten, möglicherweise nur deklaratorisch, ebenfalls an die neue Währung angepasst werden (vgl. zum Ganzen mit Beschlussvorschlägen *Schröer* ZIP 1998, 529 und *Ihrig/Streit* NZG 1998, 201). Es ist festzulegen, ob es sich um **Inhaber**- oder **Namensaktien** handelt. Soweit der Ausgabebetrag vollständig geleistet wurde und nicht ein spezialgesetzlicher Zwang zur Namensaktie, etwa für bestimmte Freiberufler-AGs (Steuerberater, § 50 V StBerG; Wirtschaftsprüfer §§ 28 V, 130 II WPO, wohl Rechtsanwälte, § 59m I BRAO), besteht, kann zwischen Inhaber- und Namensaktie frei gewählt werden. Nur Namensaktien können vinkuliert werden, § 68 II AktG. Bei verschiedenen Gattungen (§ 11 AktG) sind die Gattungen unter Beschreibung der Rechte und Pflichten und der Anzahl der Aktien jeder Gattung anzugeben.

112 Eine weitere Änderung von § 8 AktG wurde durch das StückAG eingeführt, wonach auch (unechte) nennbetragslose Stückaktien zulässig sind. Kapitalerhöhungen/-herabsetzungen zur Glättung der Nennwerte im Zuge der Euro-Einführung sind nicht erforderlich, wenn von dieser Möglichkeit der nennwertlosen Aktie (Stückaktie) Gebrauch gemacht wird. Wesentlich ist hier, dass alle Stückaktien einen gleichen Anteil am Grundkapital verkörpern. So wäre etwa je 5-DM-Aktie eine Stückaktie auszugeben, existieren daneben noch andere Aktien, z. B. zu 50 DM, so wären für eine solche dementsprechend zehn Stückaktien auszugeben.

113 Eine Umstellung von genehmigten bzw. bedingten Kapitalia auf Euro ist im Fall der bereits eingeführten Stückaktie entbehrlich (*Schröer* ZIP 1998, 306). Zur Einführung der Stückaktie vgl. auch allgemein *Heider* AG 1998, 1 (vgl. zur Umstellung auf den Euro und zur Einführung der Stückaktie insgesamt auch *Kopp* BB 1998, 701 mit Formulierungsvorschlägen für die zu fassenden Beschlüsse sowie *Steffan/Schmidt* DB 1998, 559 und *Schürmann* NJW 1998, 3162).

114 Zu den Problemen im Zusammenhang mit dem materiellen Rundungsverbot für Aktiennennbeträge gem. § 3 IV 2 EGAktG, zur möglichen Verschiebung von Beteiligungsquoten im Rahmen der Glättung von Aktiennennbeträgen und kritisch zu den möglichen Übergangslösungen *Sprockhoff* NZG 1998, 889.

5. Zahl der Vorstandsmitglieder

115 Es ist die Zahl der Vorstandsmitglieder oder der Grundsatz, nach dem diese Zahl festgelegt wird, zu bestimmen (vgl. dazu Rn. 120 f.).

6. Form der Bekanntmachung

116 In der vom 1.1.2003 bis 31.3.2012 geltenden Fassung des § 25 S. 1 AktG ist als Gesellschaftsblatt lediglich noch der elektronische Bundesanzeiger (URL: www.bundesanzeiger.de) genannt, nicht aber mehr sein bis zum 31.3.2012 bestehendes gedrucktes Pendant. Im Zuge der vollständigen Umstellung auf elektronisches Erscheinen wurde die Bezeichnung zum 1.4.2012 wieder zu „Bundesanzeiger" geändert.

In der Satzung niedergeschriebene Gesellschaftsblätter beziehen sich i.d.R. auf die freiwilligen Bekanntmachungen i.S.d. § 23 IV AktG, nicht aber auf die Pflichtbekanntmachung des § 25 AktG (zur Unterscheidung *Hüffer* § 23 Rn. 32). In Satzungen sind Pflichtbekanntmachungen (z.B. nach § 121 AktG) daher in der Regel nicht erfasst. Für **Pflichtbekanntmachungen reicht** daher die Veröffentlichung im **(elektronischen) Bundesanzeiger aus** (*Groß* DB 2003, 867; *Oppermann* ZIP 2003, 793, 795; DNotI-Report 2003, 89, 90). Bei Satzungsregelungen, die für die freiwilligen Bekanntmachungen den Gesetzeswortlaut des § 25 S. 1 AktG wiedergeben, ist aber die Veröffentlichung im elektronischen Bundesanzeiger **ebenfalls ausreichend.** Der Wille der Satzungsgeber ist dahingehend zu verstehen, dass die freiwilligen Bekanntmachungen im selben Blatt erscheinen sollen, wie die Pflichtbekanntmachungen auch wenn sich das Veröffentlichungsmedium mit den dynamischen Entwicklungen der Informationsgesellschaft ändert (so *Groß* DB 2003, 867, 868; DNotI-Report 2003, 89, 91; a. A. *Oppermann* ZIP 2003, 793, 795). Im Rahmen der Aktienrechtsnovelle 2014 (siehe Rn. 23) soll § 25 S. 2 AktG aufgehoben werden mit der Folge, dass nach § 25 S. 1 AktG künftig allein der Bundesanzeiger für Bekanntmachungen der Gesellschaft maßgeblich wäre. Dennoch kann die Gesellschaft Informationen auch weiterhin freiwillig auf anderen Wegen veröffentlichen.

Durch das ARUG wurde außerdem die Internetseite der börsennotierten Gesellschaft als Informationsquelle zur Vorbereitung auf die Hauptversammlung aufgewertet. Es müssen alsbald nach der Einberufung die in § 124a AktG aufgelisteten Informationen zugänglich gemacht und in der Einberufung hierauf hingewiesen werden, § 121 III 3 Nr. 4 AktG. Auch kann die Einberufung zur Hauptversammlung auf bestimmte Erläuterungen verzichten, wenn diese auf der Homepage verfügbar sind und darauf hingewiesen wird, § 121 III 3 Nr. 3 AktG. Eine Veröffentlichung im Bundesanzeiger ersetzt dies jedoch nur in den ausdrücklich normierten Fällen, etwa § 121 III 3 Nr. 3 AktG.

> **Praxishinweis:**
>
> Wird der Notar mit einer Satzungsänderung einer Gesellschaft betraut, sollte er im Hinblick auf den über diese Frage geführten Streit in der Literatur auf eine Klarstellung der Satzung drängen, und aus Kostengründen nur die Veröffentlichung im Bundesanzeiger in der Satzung verankern.

7. Satzungsgestaltung und ausgewählte Probleme

Die Vorschriften zur Strukturierung der Satzung werden in der Regel ergänzt und nach folgenden Gesichtspunkten gegliedert:
- Allgemeine Bestimmungen
- Grundkapital und Aktien
- Vorstand
- Aufsichtsrat
- Hauptversammlung
- Jahresabschluss und Gewinnverwendung.
- sonstige Bestimmungen.

a) Vorstand

Von einer Satzungsregelung, die die Anzahl der Vorstandsmitglieder zwingend festschreibt, sollte abgeraten werden, da die Gefahr besteht, häufig eine Satzungsänderung herbeiführen zu müssen. Die konkrete Festlegung der Anzahl der Vorstandsmitglieder sollte dem Aufsichtsrat überlassen werden (*BGH* NZG 2002, 817, 818; *OLG Stuttgart* AG 2009, 124), die Satzung braucht lediglich Mindest- und Höchstzahlen zu enthalten – das wird im Rahmen des § 76 II i. V. m. § 23 II Nr. 6 AktG als zulässig angesehen (vgl. *LG Köln* DB 1998, 1855; *Hüffer* § 23 Rn. 31). Auch die Anzahl der stellvertretenden Vorstandsmitglieder, die im Gegensatz zur häufig anzutreffenden Ansicht, echte Vorstandsmitglieder mit allen Rechten und Pflichten sind (§ 94 AktG), muss angegeben werden.

121 Die Bestellung der Vorstandsmitglieder erfolgt nach § 84 I AktG durch den Aufsichtsrat. Sie kann bis zu einer Dauer von fünf Jahren erfolgen, wobei eine aufschiebende Befristung der Bestellung – als im Handelsregister eintragbar – gemäß der h. M. ein Jahr nicht überschreiten darf (KölnKomm-AktG/*Mertens* § 84 Rn. 5; MünchHdB-AG/*Wiesner* § 20 Rn. 17; MünchKomm-AktG/*Spindler* § 84 Rn. 34). Dies wird aus dem Kontext von § 84 I 3 AktG geschlossen, dem eine maximal sechsjährige Bindung entnommen wird. Gegen diesen Standpunkt wurde in der Literatur die berechtigte Frage aufgeworfen (*Bauer/Arnold* DB 2007, 1571, 1572), warum – bei Beibehaltung der maximalen Bindung von sechs Jahren – keine individuelle Verteilung zwischen Bestelldauer (z. B. drei Jahre) und aufschiebender Befristung der Bestellung (z. B. zwei oder drei Jahre) möglich sein soll.

122 Nicht unproblematisch ist auch die in der Praxis übliche vorzeitige Aufhebung der noch mehr als ein Jahr dauernden Bestellung und die gleichzeitige Wiederbestellung für weitere z. B. fünf Jahre, da hierin eine gesetzwidrige Umgehung von § 84 I 3 AktG gesehen werden könne (ausführlicher: *Fleischer* AG 2006, 429, 436). Das *OLG Zweibrücken* (ZIP 2011, 617) hat in dieser Praxis eine Verstoß gegen § 84 I 3 AktG gesehen. Der *BGH* ist dieser Sicht in der Revision jedoch entgegengetreten (ZIP 2012, 1750). § 84 I 3 AktG solle die Gesellschaft lediglich vor einer mehr als fünf Jahre währenden Bindung an den Vorstand schützen. Eine solche Vorgehensweise sei daher auch ohne wichtigen Grund anzuerkennen (kritisch dazu: *Priester* ZIP 2012, 1781). Davon unabhängig „soll" eine solche vorzeitige Wiederbestellung nach Ziff. 5.1.2. II 2 DCGK nur bei Vorliegen besonderer Umstände erfolgen.

123 Von der organschaftlichen Bestellung ist die dienstvertragliche Ebene zu unterscheiden. Für diese ist zu beachten, dass regelmäßig auch die AGB-Kontrolle auf den als Geschäftsbesorgungsvertrag zu qualifizierenden Vertrag (§§ 611 ff. i. V. m. § 675 BGB) Anwendung findet (zur Vertiefung: *Bauer/Arnold* ZIP 2006, 2337). So kann zwar die nicht rechtzeitige und vollständige Auskunft des Vorstandsmitglieds über seine Nebentätigkeiten, einen Verstoß gegen das Gebot der unbedingten Offenheit gegenüber dem Aufsichtsrat darstellen und die Abberufung dieses Vorstandsmitglieds nach § 84 III AktG rechtfertigen. Dies rechtfertigt aber nicht zwingend gleichzeitig die fristlose Kündigung des Vorstandsdienstvertrags nach § 626 I BGB (sog. Trennungstheorie; vgl. *OLG München* BeckRS 2012, 13795). Für die Abberufung oder Kündigung des Dienstverhältnisses eines Vorstandsmitgliedes ist der Aufsichtsrat zuständig (*OLG Düsseldorf* BeckRS 2012, 11650; dazu *Knapp* DStR 2013, 865, 868). Es handelt sich hierbei um eine empfangsbedürftige Willenserklärung des Aufsichtsrates, die erst mit Zugang bei dem entsprechenden Organ wirksam wird. Der Aufsichtsrat kann sich für die Überbringung der Erklärung an das Organmitglied eines Mittlers bedienen. Dogmatisch bieten sich hierbei zwei Möglichkeiten an. Zum einen kann ein Beschluss über die Abberufung oder Kündigung gefasst und ein Mitglied für die Übermittlung der Erklärung bevollmächtigt werden. Dieses überbringt dann als Stellvertreter die Abberufung oder Kündigung im Namen der Gesellschaft. Andererseits kann der Aufsichtsrat auch selbst die Abberufung oder Kündigung erklären und diese mittels Boten übermitteln.

124 Durch das VorstAG wurden die Regeln zur angemessenen Vorstandsvergütung (§ 87 AktG) konkretisiert und verschärft (*Deilmann/Otte* GWR 2009, 261). Die Pflicht zur ordnungsgemäßen Geschäftsführung (§ 93 I 1 AktG) besteht nur im Verhältnis zur Gesellschaft. Dritte können hieraus keine Ansprüche herleiten (*BGH* NZG 2012, 992).

IV. Satzung/Wahl des Vertragsformulars D III

Für den Fall, dass der Vorstand die gesetzliche Mindestanzahl von Mitgliedern unterschreitet (qualifizierte Unterbesetzung), kann der Vorstand eine Hauptversammlung nach § 121 II 1 AktG nicht wirksam einberufen. Ebenso kann er nicht zusammen mit dem Aufsichtsrat wirksam Beschlussvorschläge i. S. d. § 124 III 1 AktG machen. Anders kann sich die Lage darstellen, soweit die Satzung bestimmt, dass der Aufsichtsrat die Anzahl der Vorstandsmitglieder bestimmen kann. Die **Handlungsunfähigkeit des Vorstandes wird in der Regel auch dann gegeben sein,** wenn er als Kollegialorgan handeln muss. Hat sich jedoch der Aufsichtsrat bereits mit der Problematik befasst und für die Zukunft bereits ein neues Vorstandsmitglied bestellt, so muss die Auseinandersetzung mit der Problematik dahingehend verstanden werden, dass der Vorstand in der Zwischenzeit eine geringere Anzahl von Mitgliedern haben soll (Schlussfolgerungen aus *BGH* NJW 2002, 1128 und ZIP 2002, 216; dazu auch *Henze* BB 2002, 893, 896). 125

Bei der Vertretungsregelung sollte auf die Möglichkeit einer **unechten Gesamtvertretung** hingewirkt werden (Vertretung durch Vorstand gemeinsam mit einem Prokuristen). Die Frage einer Beschränkung der Vertretungsmacht des Vorstandes bzw. seiner Mitglieder gegenüber Dritten bei der Vornahme von Insichgeschäften ist nicht in der 1. gesellschaftsrechtlichen Richtlinie der EWG (68/151/EGG v. 9.3.1968) angesprochen und daher vom nationalen Gesetzgeber zu regeln (*EuGH* WM 1998, 865), so dass § 181 BGB hier Anwendung findet. Eine Befreiung des Vorstandes oder einzelner seiner Mitglieder von den Beschränkungen des § 181 BGB ist nur hinsichtlich der sog. Mehrfachvertretung (§ 181 Alt. 2 BGB), nicht aber hinsichtlich des Selbstkontrahierens (§ 181 Alt. 1 BGB) möglich. Eine Befreiung vom Selbstkontrahierungsverbot wäre als Verstoß gegen die zwingende Zuständigkeitsnorm des § 112 AktG nichtig. Unter Verstoß gegen das Selbstkontrahierungsverbot getätigte Rechtsgeschäfte wären ebenfalls nichtig (str., wie hier *OLG Stuttgart* BB 1992, 1669; *OLG Hamburg* NJW-RR 1986, 1483; *OLG Frankfurt* v. 20.3.2008 – 12 U 40/07; *Ekkenga* AG 1985, 40; *K. Schmidt* BWNotZ 1985, 52; a. A.: nur schwebend unwirksam: *OLG Celle* MittBayNotZ 2002, 410; *OLG Karlsruhe* AG 1996, 224; *OLG München* AG 2008, 423; wohl auch *BGH* ZIP 2006, 2213). In diesem Zusammenhang strittig ist der Maßstab an Rechtshandlungen eines Vorstandes mit einem Unternehmen, an dem er (wesentlich) beteiligt ist. Unterinstanzliche Gerichte und ein Teil der Literatur haben eine entsprechende Anwendung von § 112 AktG abgelehnt (*Fischer* ZNotP 2002, 297; *OLG Saarbrücken* NZG 2001, 414; *OLG München* GWR 2009, 11; NZG 2012, 706; *Hüffer* § 112 Rn. 4; *Werner* ZGR 1989, 369, 372), es sei denn, es besteht wirtschaftliche Identität oder eine Beherrschungssituation (*BGH* NJW 2013, 1742; *OLG Saarbrücken* NZG 2014, 343; *Fischer* ZNotP 2002, 297; GK-AktG/*Hopt*/*Roth* § 112 Rn. 43; KölnerKomm-AktG/*Mertens* § 112 Rn. 14). In diesem Zusammenhang ist für eine „wirtschaftliche Identität" eine maßgebliche Beteiligung des Vorstandsmitglieds am Vertragspartner erforderlich, wobei eine mögliche soziale Beherrschung (Familienangehörige) ganz außer Betracht bleibt und allein rechtlich bindenden Vereinbarungen, wie Treuhandvereinbarungen oder Stimmbindungsverträge, zu einer Zurechnung der Beteiligung, die eine maßgebliche Einflussnahme vermittelt, führt (*BGH* NJW 2013, 1742). Eine andere Ansicht bejaht die Anwendung von § 112 AktG und verweist auf vergleichbare Konstellationen bei Aufsichtsräten nach §§ 113, 114 AktG oder einem Stimmrechtsausschluss nach § 136 AktG (*Rupietta* NZG 2007, 802, 803). Wird ein Vertrag dennoch – unter Verstoß gegen die sich aus § 112 S. 1 AktG ergebende Kompetenzordnung – geschlossen, macht sich das in wirtschaftlicher Identität mit dem Vertragspartner verflochtene Vorstandsmitglied nach § 93 II AktG schadensersatzpflichtig (*OLG Saarbrücken* NZG 2014, 343). Es genügt auch nicht, dass sich das Vorstandsmitglied bei den kompetenzwidrig gefassten Beschlüssen seiner Stimme enthält; es hat vielmehr aktiv darauf hinzuwirken, dass die Zuständigkeit des Aufsichtsrats gewahrt wird (*OLG Saarbrücken* NZG 2014, 343). Strittig ist die Anwendung von § 112 AktG auf die Bestellung eines Vorstandes zum Geschäftsführer einer Tochter-GmbH (abl. *OLG München* NZG 2012, 710; zust. *OLG Frankfurt* ZIP 2006, 1906). Nach überwiegender 126

Ansicht liegt der Grund dafür, dass Vorstandsmitglieder nicht von dem Verbot des Insichgeschäfts nach § 181 Var. 1 BGB befreit werden können, in der zwingenden Aufsichtsratszuständigkeit nach § 112 AktG (*Hüffer* § 78 Rn. 6). Geht man mit dem OLG München (NZG 2012, 710) davon aus, dass § 112 AktG keine Anwendung auf die Geschäftsführerbestellung in der Tochter-GmbH findet, kann diese Norm der Befreiung von § 181 Var. 1 BGB in diesem Fall nicht entgegenstehen. Die Befreiung dürfte jedenfalls dann zulässig und auch ausreichend sein, wenn sie für eine konkrete Geschäftsführerbestellung erteilt wird (weitergehend *Schemmann* NZG 2008, 92, der Eintragungsfähigkeit für möglich hält). Angesichts der ungeklärten Rechtslage sollte jedoch sowohl ein Aufsichtsratsbeschluss der Mutter-Aktiengesellschaft (Gründerin), wie auch eine Beschluss auf der Ebene der Tochter gefasst werden.

127 Eine Mehrfachvertretung kann der Aufsichtsrat dem Vorstand oder einzelnen seiner Mitglieder gestatten; hierzu bedarf er einer Ermächtigung in der Satzung (*Hüffer* § 78 Rn. 7; KölnerKomm-AktG/*Mertens* § 78 Rn. 69). Da die Befreiung eine Änderung der Vertretungsbefugnis darstellt, muss sie ins Handelsregister eingetragen werden. Die Eintragung ist aber lediglich deklaratorisch. Unwirksam sind Regelungen, die Dritten – also nicht Aufsichtsrat – Einfluss auf die Vorstandsbestellung geben. Die **Satzung einer Rechtsanwalts-AG** muss an die Anforderungen des § 59f I BRAO analog angepasst werden. Danach müssen die Mitglieder des Vorstands mehrheitlich Rechtsanwälte sein (vgl. *BGH* NJW 2005, 1568, 1571; krit. dazu *Passarge* NJW 2005, 1835, 1837). Zweckmäßig sind folgende weitere Regelungen:
– Bestimmungen zur Geschäftsordnung für den Vorstand (Zuständigkeit)
– Erlaubnis zum Beteiligungserwerb.

128 Nach der Neufassung des § 111 IV 2 AktG hat die Satzung eine Regelung zu enthalten, in der festgelegt ist, dass bestimmte Arten von Geschäften nur mit **Zustimmung des Aufsichtsrates** vorgenommen werden dürfen (vgl. dazu mit Formulierungsbeispielen Hirte/*Heckschen* Kap. 3 Rn. 45 ff. sowie *Mayer* MittBayNot 2003, 96). Die Vorschrift stärkt die Kontrollfunktion des Aufsichtsrates gegenüber dem Vorstand. Als Blockademittel soll die Vorschrift dagegen nicht fungieren. Zwar wird der Vorstand in seinen Kompetenzen eingeschränkt, auf der anderen Seite erhält der Vorstand durch das Feedback des Aufsichtsrates einen Blick auf die Problematik aus einer anderen Perspektive (so auch *Lieder* DB 2005, 2251). So können die Zustimmungsvorbehalte eine vertrauensvolle Zusammenarbeit herbeiführen, die an die Zusammenarbeit der Mitglieder eines Boards (nach deutschem Terminus Verwaltungsrat) als einem Kollegialorgan erinnert.

129 Der **Notar wird die Gesellschaft aber auf die möglichen Alternativen** zu der gesetzlichen Grundvorstellung hinweisen und sollte (zumindest bei Aktiengesellschaften mit großem Streubesitz) zu einer der drei folgenden Alternativen raten:

130 **Die Regelung** über die Zustimmungsgeschäfte kann auch in der Geschäftsordnung des Aufsichtsrates, in einer durch den Aufsichtsrat beschlossenen Geschäftsordnung des Vorstandes (*Lieder* DB 2005, 2251, 2252) oder durch einen gesonderten Beschluss des Aufsichtsrates implementiert werden. Die gewählte Möglichkeit sollte sich in der Satzung wiederfinden, damit die Wahrnehmung der Pflicht des Aufsichtsrates aus § 111 IV 2 AktG deutlich und die Art der Umsetzung dargestellt wird. Von welcher Möglichkeit Gebrauch gemacht wird, hängt entscheidend von der Größe der Gesellschaft bzw. des Aktionärskreises ab.

131 Es besteht ferner die Möglichkeit, die Regelungen zu kombinieren. So kann in der Satzung bereits ein fester Kern von zustimmungspflichtigen Geschäften festgelegt werden. Für andere Geschäfte, die nicht so „unantastbar" für die Gesellschaft erscheinen, kann eine der drei einfacheren Möglichkeiten vorgesehen werden.

IV. Satzung/Wahl des Vertragsformulars　　　　　　　　　　　　D III

> **Formulierungsbeispiel: Börsennotierte Aktiengesellschaft**　　　　　132
>
> Der Aufsichtsrat gibt dem Vorstand in den Grenzen zwingender gesetzlicher Vorschriften und den Regelungen dieser Satzung eine Geschäftsordnung. In der Geschäftsordnung hat der Aufsichtsrat Arten von Geschäften zu bestimmen, die der Zustimmung des Aufsichtsrates bedürfen. Zu diesen Geschäften zählen insbesondere
> - Geschäfte, die die Vermögens- und Finanz- oder Ertragslage der Gesellschaft grundlegend verändern;
> - die Gründung, Auflösung, Erwerb oder Veräußerung von Unternehmensteilen, die eine vom Aufsichtsrat in der Geschäftsordnung näher zu bestimmende Wertgrenze überschreiten.

Die Erteilung einer widerruflichen Zustimmung im Voraus durch den Aufsichtsrat ist zulässig. Die Zustimmung kann für einen bestimmten Kreis von Geschäften bzw. mit der Maßgabe, dass das einzelne Geschäft bestimmte Vorgaben erfüllt, erteilt werden. 133

Dem Notar kommt die Aufgabe zu, einen auf die Gesellschaft zugeschnittenen Katalog zu erarbeiten. Der DCGK empfiehlt unter Punkt 3.3, dass die Satzung für grundlegende Geschäfte einen Zustimmungsvorbehalt zugunsten des Aufsichtsrates gegenüber dem Vorstand enthalten soll. Dazu sollen Maßnahmen gehören, die grundlegend die Finanz- oder Ertragslage des Unternehmens verändern (vgl. zum Ganzen *Ringleb/Kremer/Lutter* Rn. 369 ff.). Detaillierte Vorschläge sind im Kodex nicht enthalten. 134

Nach diesen Ausführungen können in der Satzung Geschäfte des nachfolgenden Katalogs – stets unter Beachtung der wirtschaftlichen Bedeutung des Geschäfts – von der Zustimmung des Aufsichtsrats abhängig gemacht werden: 135

Beteiligungsangelegenheiten: 136
- Erwerb und Veräußerung von Unternehmensbeteiligungen
- Ausübung bestimmter Gesellschafterrechte in Beteiligungsunternehmen

Finanzgeschäfte: 137
- Aufnahme und Gewährung von Darlehen (u. U. in Verbindung mit Wertgrenze)
- Bürgschaftsübernahmen
- Eingehung von Wechselverbindlichkeiten und von offenen Terminpositionen

Geschäftstätigkeit: 138
- Geschäftsbetriebsstilllegung
- Eröffnung und Schließung von Filialen oder Zweigniederlassungen
- Betriebsveräußerung oder Veräußerung wesentlicher Bestandteile
- Abschluss von Betriebspachtverträgen
- Wesentliche Einschränkung des Geschäftsbetriebes

Grundstücksangelegenheiten: 139
- Erwerb, Veräußerung, Belastung von Grundstücken und grundstücksgleichen Rechten
- Errichtung, Umbau und Abriss von Gebäuden auf eigenen und fremden Grundstücken

Personalsachen: 140
- Einstellung und Entlassung näher bestimmter Arbeitnehmer
- Veränderung der Arbeitsbedingungen näher bestimmter Arbeitnehmer
- Pensionszusagen
- Gewinnbeteiligungen
- Erteilung und Widerruf von Prokura und Handlungsvollmacht
- Beitritt bzw. Austritt aus einem Arbeitgeberverband

Sonstige Geschäfte: 141
- Abschluss, Beendigung von Franchiseverträgen
- Abschluss, Beendigung von Lizenzverträgen

D III   Aktiengesellschaft

- Eingehung und Beendigung von Ausschließlichkeitsbindungen bei Einkauf oder Vertrieb
- Geschäfte oberhalb bestimmter Wertgrenzen
- Abschluss und Beendigung von langjährigen Dauerschuldverhältnisses
- Geschäft mit Gesellschaftern, Aufsichtsratsmitgliedern und Geschäftsführern, deren Angehörigen oder Unternehmen, an denen diese Personen maßgeblich beteiligt sind.

b) Aufsichtsrat

142 Zwingend zu beachten sind Besonderheiten, wenn es sich um mitbestimmte Gesellschaften handelt. Hinsichtlich der Besetzung des Aufsichtsrats ist zunächst festzustellen, ob und welchen **Mitbestimmungsregelungen** das Unternehmen unterliegt. Zu unterscheiden ist zwischen den Unternehmen, die vom Mitbestimmungsgesetz 1976 (MitbestG) erfasst werden, das heißt Unternehmen mit einer Arbeitnehmerzahl ab 2000. Hier wird der Aufsichtsrat paritätisch besetzt. Das Montanmitbestimmungsgesetz (MontanMitbestG), das im Wesentlichen für Unternehmen der Montanindustrie ab 1000 Arbeitnehmern Anwendung findet, sieht ebenfalls eine paritätische Besetzung vor, wobei ein so genannter „neutraler Mann" hinzutritt. Die Maximalgröße des Aufsichtsrats nach § 7 I MitbestG darf auch dann nicht überschritten werden, wenn die überzähligen Mitglieder nur beratende Funktion und kein Stimmrecht haben (*BGH* DStR 2012, 762). Liegen weder die Voraussetzungen des MitbestG noch des MontanMitbestG vor, so regelt das Drittelbeteiligungsgesetz (**DrittelbG**) die Mitbestimmung für Aktiengesellschaften, die 500 bis zu 2.000 Arbeitnehmer beschäftigen. Das DrittelbG belässt es bei der – ggf. – satzungsmäßigen Bestimmung der Gesamtzahl der Aufsichtsratsmitglieder, § 95 AktG, und bestimmt gem. § 4 I DrittelbG, dass hiervon zu einem Drittel Arbeitnehmervertreter angehören müssen.

143 Der Aufsichtsrat muss nach § 95 AktG aus mindestens drei Mitgliedern bestehen, eine satzungsmäßige, größere Mitgliederzahl muss durch drei teilbar sein. Um die Beschlussfähigkeit des Aufsichtsrats zu sichern empfiehlt sich eine Zahl von sechs Mitgliedern, da so die nur teilweise satzungsdispositiven Anforderungen aus § 108 II 2, 3 AktG auch bei Teilnahme von nur drei Mitgliedern gewahrt sind (zum Ganzen: *Deilmann* BB 2012, 2191). Wird die Wahl eines Aufsichtsratmitglieds für nichtig erklärt oder die Nichtigkeit festgestellt, ist dieses für die Stimmabgabe und Beschlussfassung als Nichtmitglied zu behandeln. Bei einer Klage gegen die Wahl eines Aufsichtsratsmitglieds entfällt das Rechtsschutzbedürfnis mit der Beendigung des Amtes, wenn das Urteil keinen Einfluss auf die Rechtsbeziehungen der Gesellschaft, der Aktionäre, des Vorstands oder Aufsichtsrats haben kann, etwa weil die Beschlussfähigkeit oder das Zustandekommen von Aufsichtsratsbeschlüssen nicht von der Stimme des Aufsichtsratsmitglieds abhängt, gegen dessen Wahl geklagt wird (*BGH* NZG 2013, 456).

144 Vertritt der Aufsichtsrat die Gesellschaft gegenüber dem Vorstand, so muss die Willensbildung durch den gesamten Aufsichtsrat erfolgen (so die h. M.; *Hüffer* § 112 Rn. 7; MünchHdB-AG/*Wiesner* § 23 Rn. 7; KölnerKomm-AktG/*Mertens* § 112 Rn. 22). Für den Fall, dass in der Sache auch ein Ausschuss beschließen kann, kann ihm auch die Vertretung übertragen werden, § 107 III AktG. Der Aufsichtsrat besitzt insofern die volle Organisationsautonomie in jeglichen Fragen der Bildung und Besetzung der Ausschüsse, wodurch er Beschlüssen der Hauptversammlung und der Satzung entzogen ist (*Hüffer* § 107 Rn. 18 ff.; MünchKomm-AktG/*Habersack* § 107 Rn. 95). Die Vertretungsübertragung gilt nach wohl überwiegender Ansicht nicht für ein Mitglied des Aufsichtsrates oder den Aufsichtsratsvorsitzenden. Wird ihm die Vornahme des Geschäfts übertragen, so fungiert er nur als Erklärungsvertreter, nicht aber als Willensvertreter (vgl. *Hüffer* § 112 Rn. 8; MünchHdB-AG/*Wiesner* § 23 Rn. 7; BGHZ 12, 327, 334 ff.; 41, 282, 285; *OLG Zweibrücken* AG 2010, 918; a.A. *Leuering* NZG 2004, 120, 122 f.; KölnerKomm-AktG/*Mertens* § 112 Rn. 28; *Werner* ZGR 1989, 369, 387 f.).

IV. Satzung/Wahl des Vertragsformulars **D III**

Immer zu beachten ist, dass ein Zusammenfall von Aufsichtsratsmandat und Generalhandlungsvollmacht i. S. d. § 54 I Alt. 1 HGB für die Gesellschaft gegen § 105 AktG und dessen Trennungsgebot verstößt (MünchKomm-AktG/*Habersack* § 105 Rn. 11 ff.). Auftretende Überschneidungen sind grundsätzlich nach dem Prioritätsgrundsatz zu Lasten des späteren Rechtsverhältnisses (z. B. Erteilung einer Prokura) zu lösen (*BGH* NJW 1967, 801, 802). 145

Sinnvolle Regelungen in der Satzung behandeln folgende Fragenkomplexe: 146
– Wahl des Vorsitzenden und Stellvertreters
– Regelungen zur Beschlussfähigkeit und zur Art der Beschlussfassung
– Teilnahmerecht Dritter
– Ersatzwahl
– Entsendungsrecht
– Anforderungen an Mitglieder (persönliche Eignung)
– Ausschüsse (große praktische Bedeutung, vor allem Personalausschuss, Kreditausschuss, Bilanzausschuss).

Möglich ist die satzungsmäßige Verankerung der Wahl von Ersatzmitgliedern, unzulässig ist die Wahl eines Stellvertreters (§ 101 III AktG). Sinnvoll ist es, dem Aufsichtsrat das Recht einzuräumen, bloße **Fassungsänderungen** der Satzung zu beschließen. 147

Formulierungsbeispiel: Fassungsänderungen 148

Änderungen der Satzung, die nur die Fassung betreffen, darf der Aufsichtsrat beschließen.

Die persönlichen Voraussetzungen für Aufsichtsräte wurden zuletzt verschärft. Zwar ist es auch nach In-Kraft-Treten des KonTraG dabei geblieben, dass ein Aufsichtsrat maximal zehn Aufsichtsratsmandaten wahrnehmen darf. Nach § 100 II 3 AktG sind die Mandate doppelt zu zählen, bei welchen das Mitglied zum Vorsitzenden gewählt wurde. Die Höchstzahl der Aufsichtsratsmandate ist aber nach verbreiteter Ansicht damit weiterhin zu hoch (vgl. insgesamt *Claussen* DB 1998, 177; *Deckert* NZG 1998, 710; *Lingemann/Wasmann* BB 1998, 853; *Zimmer* NJW 1998, 3521, 3523). Bei börsennotierten Gesellschaften ist ein Wechsel von Vorständen in den Aufsichtsrat erst nach zweijähriger Karenzzeit oder auf Vorschlag von Aktionären mit 25 % Stimmenanteil zulässig, § 100 II 1 Nr. 4 AktG. Bei kapitalmarktorientierten Aktiengesellschaften muss darüber hinaus ein Aufsichtsratsmitglied über Sachverstand im Rechnungswesen oder in der Abschlussprüfung verfügen und darüber hinaus unabhängig sein (dazu *Diekmann/Bidmon* NZG 2009, 1087). 149

Der Aufsichtsrat einer börsennotierten Aktiengesellschaft muss gem. § 110 III AktG zweimal pro Kalenderhalbjahr zusammentreten. In der nichtbörsennotierten Aktiengesellschaft kann der Aufsichtsrat die Zahl mit einfacher Mehrheit auf eine Sitzung pro Kalenderhalbjahr absenken (*Hüffer* § 110 Rn. 10) 150

Der Prüfungsauftrag an den Abschlussprüfer wird nach § 111 II 3 AktG nicht mehr vom Vorstand, sondern vom Aufsichtsrat erteilt. 151

Die Kandidaten für Aufsichtsratsämter sind nach §§ 124 III 3, 125 I 3 AktG mit dem ausgeübten Beruf in der Bekanntmachung der Tagesordnung und der Mitteilung an die Aktionäre vorzustellen, wobei auch Angaben über Mitgliedschaften in anderen Aufsichtsräten zu machen sind, letztere jedoch aus Kostengründen nicht in der Bekanntmachung nach § 124 AktG, sondern in der Mitteilung gem. § 125 AktG. Der **Aufsichtsrat einer Rechtsanwalts-AG** muss den Anforderungen aus § 59 f BRAO analog genügen (*BGH* NJW 2005, 1568, 1571; krit. dazu *Passarge* NJW 2005, 1835, 1837). Die Satzung ist entsprechend auszugestalten. Andernfalls kann der Gesellschaft ihre berufsrechtliche Zulassung verweigert werden. 152

153 Die Geltendmachung von Schadensersatzansprüchen der Gesellschaft gegenüber Aufsichtsratsmitgliedern obliegt grundsätzlich dem Vorstand, der hierzu durch Beschluss der Hauptversammlung nach § 147 I 1 AktG verpflichtet werden kann. Das Quorum für die Geltendmachung von Schadensersatzansprüchen gegen Aufsichtsräte durch eine Aktionärsminderheit beträgt grundsätzlich 10 % des Grundkapitals, nach § 147 II 2 AktG besteht jedoch auch für eine Minderheit, welche am Grundkapital einen anteiligen Betrag i. H. v. 1 Mio. EUR erreicht die Möglichkeit zur Geltendmachung derartiger Ansprüche einen besonderen Vertreter zu bestellen (vgl. hierzu Verhoeven ZIP 2008, 245).

154 Bei Verträgen mit Aufsichtsratsmitgliedern, die nicht die Aufsichtsratstätigkeit i. S. d. § 111 AktG zum Gegenstand haben, ist zusätzlich § 114 AktG einschlägig. In dieser Sondervorschrift wird für Dienst- oder Werkverträge „höherer Art" zusätzlich zur üblichen Vertretung des Vorstandes gegenüber dem Aufsichtsrat auch noch die Zustimmung des Aufsichtsrates vorgeschrieben, wobei nicht entscheidend ist, ob die Verträge vor oder nach Amtsantritt geschlossen werden (BGH NJW 1991, 1830; Hüffer § 114 Rn. 8 f.). Bis zur der Zustimmung des Aufsichtsrates ist der Vertrag schwebend unwirksam, daher darf der Vorstand bis dahin keine Vergütung für geleistete Dienste zahlen (BGH NZG 2012, 1064). Zu beachten ist der Stimmrechtsausschluss des betroffenen Aufsichtsratsmitglieds bei der Abstimmung (BGH NZG 2007, 516, 517). Der Anwendungsbereich des § 114 AktG erstreckt sich dabei aber auch auf Verträge mit Unternehmen, an denen das Aufsichtsratsmitglied beteiligt ist und dem nicht nur ganz geringfügige Leistungen zufließen (Knapp DStR 2008, 1045, 1048; BGH NZG 2012, 1064; OLG Frankfurt NZG 2006, 29).

155 Zur Erleichterung der Zustellung wird mit der Einführung des § 78 AktG n. F. durch das MoMiG der Aufsichtsrat für den Fall der Führungslosigkeit für Zustellungen von Willenserklärungen und Schriftstücken an die Gesellschaft für zuständig erklärt.

156 Die Aufsichtsratsmitglieder haften nach §§ 116 S. 1, 93 AktG insbesondere für die pflichtgemäße Überwachung des Vorstandes. Der Umfang dieser Pflicht ist einzelfallabhängig. Dabei ist eine Überwachung aller Einzelheiten grundsätzlich weder erforderlich noch zulässig. In der Krise und bei Anhaltspunkten für Pflichtverletzungen ist eine intensivere Überwachung hingegen geboten (BGH NZG 2013, 339; OLG Stuttgart ZIP 2012, 625 und 1965; zur Verfolgungspflicht: Casper ZHR 176 (2012), 617 f.). Den Aufsichtsrat trifft auch eine Vermögensbetreuungspflicht bezüglich der Abrechnung und Auszahlung von Vergütungen. Bei Kenntnis von bevorstehenden satzungswidrigen Zahlungen haben sie einen Aufsichtsratsbeschluss herbeizuführen, der den Vorstand zu rechtmäßigem Verhalten anhält (OLG Braunschweig NZG 2012, 1196).

c) Hauptversammlung

157 Anzutreffen sind Bestimmungen, mit denen der Kreis der Einberufungsberechtigten erweitert wird. Praktisch hilfreich und sinnvoll sind diese Regelungen nicht; sie können unnötige Kosten in beträchtlichem Umfang auslösen. Sinnvolle Regelungen betreffen:
– Teilnahmerecht
– Ausübungen des Stimmrechts
– Bestimmungen zur Person des Versammlungsleiters
– Versammlungsort
– Abstimmungsverfahren

158 Zum Ablauf der Hauptversammlung siehe Rn. 169 ff.

d) Verwendung des Jahresüberschusses

159 Ist der Notar mit der Satzungsgestaltung einer börsennotierten Aktiengesellschaft betraut, hat er seine Mandanten auf die Möglichkeit gem. § 58 II 2 AktG hinzuweisen. Vorstand und Aufsichtsrat können ermächtigt werden, nicht nur einen kleineren, sondern auch einen größeren als den hälftigen Teil des Jahresüberschuss in andere Gewinn-

rücklagen einzustellen. Der Notar kann dabei auf das Formular für nicht börsennotierte Aktiengesellschaften zurückgreifen (vgl. *Ziegenhain/Helms* WM 1998, 1417).

Mit der Anfügung des Abs. 5 an den § 58 AktG hat der Gesetzgeber eine Anpassung an europäische Standards (Übersicht bei *Lutter/Leinekugel/Rödder* ZGR 2002, 204, 233 ff. m. w. N.) vollzogen, wonach die Satzung auch Sachausschüttungen vorsehen kann. Der Notar hat mit den Gründern zu erforschen, ob eine solche Satzungsregelung sinnvoll ist. Das kann insbesondere dann der Fall sein, wenn die Gesellschaft Anlagevermögen in Form von Wertpapieren hält. Gerade bei börsennotierten Anteilen bestehen keine Bedenken, da diese vom Aktionär ohne Probleme wieder veräußert werden können. Sachausschüttungen sollten nicht vorgesehen werden, wenn es sich um Aktien von nicht börsennotierten Familienaktiengesellschaften handelt, oder wenn eine große Anzahl der Aktionäre aus den Ausschüttungen ihren Lebensunterhalt bestreitet. In diesen Fällen besteht für die Aktionäre ein schutzwürdiges Vertrauen auf die „gewöhnliche" Barzahlung. (Dass das Vertrauen auf Barauszahlung nicht unbeachtet bleiben kann, findet sich auch in der amtl. Begründung, BT-Drucks. 14/8769; so auch *Müller* NZG 2002, 752, 757.) 160

Auf der Suche nach attraktiven Finanzierungsmodellen kann dem Notar im Rahmen der Frage der Gewinnverwendung auch der Wunsch nach der Umsetzung eines „Tracking Stocks"-Modells begegnen. Grundsätzlich schüttet eine Aktiengesellschaft „nur" ihren Jahresüberschuss nach §§ 58, 60 AktG aus. Um weitere Anleger und somit Kapital zu gewinnen, kann es im Interesse der Gesellschaft liegen, dass für neue Anteilseigner nur der Überschuss eines interessanteren, weil gewinnbringenden Geschäftsfeldes berücksichtigt wird (zur Zulässigkeit solcher Modelle *Brauer* AG 1993, 324; *Fuchs* ZGR 2003, 167; *Müller* WiB 1997, 57; *Sieger/Hasselbach* BB 1999, 1277; *Cichy/Heins* AG 2010, 181). 161

e) Sonstige Bestimmungen

Weiterhin sind Regelungen üblich zu 162
– Geschäftsjahr und
– Gründungsaufwand, sofern von der Gesellschaft zu tragen (dann zwingend).

In der Satzung können die Vermögensrechte der Aktionäre bzw. einer Gruppe von Aktionären beschränkt werden, sowohl hinsichtlich des Dividendenanspruchs als auch bezüglich des Anspruchs auf den Liquidationserlös (vgl. hierzu am Beispiel Fußball-AG: *Sethe* ZHR 162 (1998), 474). 163

V. Nachgründung

Um eine Aushöhlung der **Kapitalaufbringungsgrundsätze**, die durch die Vorschriften zur Sachgründung gewährleistet werden sollen, zu verhindern, schreibt § 52 AktG vor, dass jegliche schuldrechtliche Verträge, die die Gesellschaft zum Erwerb von Anlagen oder anderer Vermögensgegenstände in einem Zeitraum von zwei Jahren seit Eintragung mit den Gründern oder mit Aktionären abschließt, die mehr als 10 % des Grundkapitals repräsentieren und die Vergütungen umfassen, die 10 % des Grundkapitals übersteigen, der Zustimmung der Hauptversammlung unterliegen und im Handelsregister einzutragen sind (kritisch zur Nachgründung und für eine eingeschränkte Anwendung von § 52 AktG *Bröcker* ZIP 1999, 1029; vgl. zur Nachgründung auch *Knott* BB 1999, 806). Die Nachgründungsvorschrift gilt auch für Sachkapitalerhöhungen innerhalb der ersten zwei Jahre. Steht der Vertrag unter einer Bedingung oder Befristung, ist nicht auf deren Eintritt, sondern auf den Zeitpunkt des Vertragsschlusses abzustellen, um eine Umgehung der Nachgründungsvorschriften zu verhindern. Auch wenn die Leistung aus dem Vertrag erst nach Ablauf der Zweijahresfrist erbracht wird, unterliegt er der Nachgründung 164

(MünchKomm-AktG/*Pentz* § 52 Rn. 20; Hölters/*Solveen* § 52 Rn. 8; *Diekmann* ZIP 1996, 2149). Die Vorschrift hat eine erhebliche praktische Bedeutung, da man (ebenso wie bei der GmbH) der Gesellschaft oft raten wird, von einer Sachgründung abzusehen, um die unproblematische Bargründung mit einem Mindestkapital so schnell als möglich durchführen zu können. Es ist dann ein Haftungsträger vorhanden, und die oft zeitaufwendige Einbringung von Sachwerten lässt sich ohne die ständig drohende Haftung im Gründungsstadium durchführen. Zu beachten ist:

- Der Nachgründungsvertrag ist – soweit nicht notarielle Beurkundung (§ 311b BGB) erforderlich ist – schriftlich zu fassen.
- Der Aufsichtsrat hat den Vertrag zu prüfen, einen Nachgründungsbericht zu erstatten. Gemäß § 34 AktG ist eine Nachgründungsprüfung erforderlich, hiervon kann nach § 52 IV 3 AktG unter den Voraussetzungen des § 33a AktG abgesehen werden (vereinfachte Nachgründung).
- Die Hauptversammlung muss dem Vertrag zustimmen.
- Probleme der kombinierten Bar- und Sachgründung, vgl. Rn. 80.

165 Mit der Neufassung von § 27 III, IV AktG durch das ARUG ist die Heilungsmöglichkeit des § 52 X AktG a. F. als gegenstandslos entfallen. Soweit sich nun die Anwendungsbereiche von verdeckter Sacheinlage und Nachgründung überschneiden ist die strengere Rechtsfolge des § 52 I AktG vorrangig (*Lieder* ZIP 2010, 964).

166 Die **Nachgründung** ist zur **Eintragung in das Handelsregister** anzumelden, der Anmeldung sind als Anlage beizufügen: der Nachgründungsvertrag, der Nachgründungsbericht des Aufsichtsrats und der Bericht des Gründungsprüfers und der Hauptversammlungsbeschluss. Für die vereinfachte Nachgründung gilt § 37a AktG entsprechend. Gegebenenfalls sind zusätzlich die Bestimmungen zur Sachkapitalerhöhung zu beachten. Bis zum Abschluss des Nachgründungsverfahrens hat der Vertragspartner der AG grundsätzlich kein Widerrufsrecht, es sei denn, die Gesellschaft hatte zwischenzeitlich Gelegenheit, die Nachgründung im Rahmen einer ordentlichen Hauptversammlung durchzuführen (*Diekmann* ZIP 1996, 2153).

167 Ob auch Dienstverträge mit Vorstandsmitgliedern den Vorschriften der Nachgründung unterfallen, ist umstritten. Nach einer älteren Ansicht (KölnerKomm-AktG/*Kraft* § 52 Rn. 7; Geßler/Hefermehl/*Eckhardt* § 52 Rn. 8) wird die Anwendung des § 52 I AktG auf Dienstverträge mit der Begründung abgelehnt, dass es der Gesetzgeber bei der Umsetzung der Kapitalrichtlinie versäumt habe, Dienstverträge in § 52 I AktG als Nachgründung zu qualifizieren. Vorzugswürdiger erscheint das von *Pentz* (MünchKomm-AktG/*Pentz* § 52 Rn. 17) eingewandte Argument, dass sowohl hinter § 27 wie auch § 52 AktG der Gläubiger- und Aktionärsschutz stehe und deshalb Dienstverträge ebenfalls § 52 I AktG unterfallen. Es stünde in einem gravierenden Widerspruch, die Schutzvorschriften auf einbringungsfähige Gegenstände, die 10 % des Grundkapitals übersteigen, anzuwenden, aber Gegenstände, wie Dienstverträge, die nicht einmal einlagefähig sind, aus diesem Schutz auszunehmen (auch GK-AktG/*Priester* § 52 Rn. 44; *Hüffer* § 52 Rn. 4).

168 Nicht der Nachgründung unterliegt der Erwerb von Vermögensgegenständen, der satzungsmäßig zum Unternehmensgegenstand gehört. Dies gilt auch für den Erwerb von Roh- und Hilfsstoffen, selbst wenn dieser nicht ausdrücklich in der Satzung als Unternehmensgegenstand genannt ist. Da die Nachgründung sehr aufwendig ist, empfiehlt sich daher die Ausstattung der AG mit einem höheren Grundkapital oder eine entsprechend weite Definition des Unternehmensgegenstandes (*Diekmann* ZIP 1996, 2149). § 52 AktG ist auch beim Formwechsel in eine AG anzuwenden (vgl. hierzu *Martens* ZGR 1999, 548).

VI. Hauptversammlung

1. Einberufung

Die Einberufung zur Hauptversammlung ist detailliert geregelt in den §§ 121 ff. AktG. **169** Die Einberufung zur Hauptversammlung muss nach § 123 I AktG mindestens 30 Tage vor dem Tag der Hauptversammlung erfolgen, der Tag der Einberufung ist nicht mitzuzählen. Die Frist berechnet sich ausschließlich nach aktienrechtlichen Regelungen, § 121 VII 3 AktG (vgl. zu den Änderungen durch UMAG und ARUG auch Rn. 16, 21; zur Terminplanung nach dem ARUG insgesamt Höreth/Linnerz GWR 2010, 155). Sie muss mindestens Angaben zur Firma und zum Sitz der Gesellschaft, zur Zeit, zum Ort sowie zur Tagesordnung enthalten.

Bei börsennotierten Gesellschaften sind in der Einberufung darüber hinaus noch die **170** Informationen nach § 121 III 3 AktG anzugeben. Hingewiesen werden muss auf die Voraussetzungen für Teilnahme und Stimmrechtsausübung, also eine gegebenenfalls erforderliche Anmeldung und zum Nachweis der Aktionärsstellung zum Stichtag. Die Möglichkeit der Stimmabgabe durch einen Bevollmächtigten ist unter Hinweis auf Formulare und elektronische Übermittlung aufzuzeigen. Soweit diese Möglichkeiten vorgesehen sind, muss auch auf eine Teilnahme im Wege elektronischer Kommunikation (§ 118 I 2 AktG), sowie auf die Briefwahl (§ 118 II AktG) hingewiesen werden. Außerdem müssen die Aktionärsrechte aus §§ 122 II, 126 I, 127, 131 I AktG dargestellt werden. Wird auf Erläuterungen dieser Rechte auf der Internetseite der Gesellschaft verwiesen, so genügt die Angabe der Fristen. Auf der Internetseite der börsennotierten Gesellschaft sind alsbald nach der Einberufung die Informationen nach § 124a AktG bereitzustellen. Auf diese Internetseite ist in der Einberufung hinzuweisen, § 121 III 3 Nr. 4 AktG.

Die Bestimmung des Versammlungsortes durch die Satzung ist, sofern nicht der Sitz **171** der Gesellschaft gewählt wird, nach pflichtgemäßem Ermessen unter Beachtung des zeitlichen und finanziellen Aufwandes der Aktionäre zu treffen (Heidel/*Pluta* § 121 Rn. 29). Als weiterhin ergebnisoffen muss die Zulässigkeit von Hauptversammlungsorten im Ausland angesehen werden (grds. ablehnend *LG Stuttgart* AG 1992, 236, 237 und *OLG Hamburg* AG 1993, 384; a. A. MünchKomm-AktG/*Kubis* § 121 Rn. 88 ff.).

In der jüngeren Vergangenheit hatte sich das Erfordernis zweitätiger Hauptversamm- **172** lungen herausgebildet (Hoechst AG 2004; Lindner KGaA 2005; T-Online AG 2005; AVA AG 2005; Mobilcom AG 2005, Freenet AG 2005). Von Gesetzes wegen besteht keine Notwendigkeit, eine Hauptversammlung in zwei Tagen abzuhalten. Um jedoch über jegliche rechtliche Bedenken erhaben zu sein, insbesondere keine Nichtigkeitsfolge nach § 241 I AktG, wie von Instanzgerichten teilweise vertreten wird, zu riskieren (vgl. *Hüffer* § 121 Rn. 17; Henssler/Strohn/*Liebscher* § 121 Rn. 28; *LG Düsseldorf* ZIP 2007, 1859 = EWiR 2007, 419 m. Anm. *Wilsing/Siebmann*; *LG Mainz* NZG 2005, 819; *Linnerz* NZG 2006, 208, 210; *Marx* AG 1991, 77, 90), sollte die Hauptversammlungen entweder vor Mitternacht geschlossen oder auf zwei Tage angelegt werden (so *LG Düsseldorf* ZIP 2007, 1859 sowie *LG Mainz* NZG 2005, 819 für den Fall umstrittener und komplexer TOPs). Nach dem ARUG kann die Hauptversammlung nun auch an Sonn- und Feiertagen stattfinden, jedenfalls wenn dafür wichtige Gründe vorliegen (*Hüffer* § 121 Rn. 17, 25; a.A. für Gesellschaften mit großem Aktionärskreis Semler/Volhard/ Reichert/*Reichert*/Balke § 4 Rn. 106). Nach den neu eingeführten Möglichkeiten zur Beschränkung des Rederechts (§ 131 II 2 AktG) und zur Auskunftsverweigerung (§ 131 III 1 Nr. 7 AktG) ist jedoch ein Rückgang zweitägiger Hauptversammlungen seit 2007 zu beobachten (*Nagel/Ziegenhahn* WM 2010, 1005).

Seit dem 1.1.2003 bestimmt § 25 S. 1 AktG den elektronischen Bundesanzeiger, nach **173** der Einstellung der Druckfassung zum 1.4.2012 nur noch als Bundesanzeiger bezeichnet, als Gesellschaftsblatt (vgl. näher Rn. 116). Die Neufassung erleichtert die Fristberechnung, da der elektronische Bundesanzeiger tagglich erscheint und nicht mehr die Erscheinungstage der Papierversion berücksichtigt werden müssen. Bei dem neuen Medium beträgt die Bearbeitungszeit von der Aufgabe bis zum Erscheinen der Veröffentlichung im besten Fall 1,5 Tage, wenn der Text bis 14:00 Uhr des Aufgabetages elektronisch abgesandt worden ist. Gem. § 121 IV AktG ist die erleichterte **Einberufung namentlich bekannter Aktionäre durch eingeschriebenen Brief** möglich. Problematisch ist nach wie vor die Auslegung des Begriffs „namentlich bekannt", da selbst bei Namensaktien der Aktionär der Gesellschaft nicht immer namentlich bekannt ist, insbesondere bei solchen Aktien, die zum Börsenhandel zugelassen sind und deshalb blanko indossiert wurden. Dieser Begriff ist deshalb wohl so auszulegen, dass nur solche Aktionäre gemeint sind, die im Aktienregister (früher „Aktienbuch") eingetragen sind. Ebenso besteht die Gefahr, dass nicht alle Aktionäre mit der Einladung erreicht werden, wenn auch nur eine Inhaberaktie ausgegeben worden ist. Für Inhaberaktien sieht die bestehende Gesetzeslage nach wie vor keine Meldepflicht für die Übertragung vor. Damit wäre die Einberufung u. U. fehlerhaft und der Hauptversammlungsbeschluss gem. § 241 Nr. 1 AktG nichtig, wenn auch Heilung nach § 242 II AktG möglich sein soll.

174 Durch die gesetzgeberischen Reformen der letzten Jahre hat die beschriebene Problematik an Bedeutung verloren, obsolet geworden ist sie dennoch nicht. Durch die Vereinfachung des Handels mit Namensaktien ist ein Trend zurück zur Namensaktie zu beobachten. Hatten zu Beginn des Jahres 1997 nur noch zwei der 30 im DAX notierten Gesellschaften Namensaktien ausgegeben, so waren es Ende 2000 bereits wieder zehn. Mit der Ermöglichung der Führung des Aktienregisters in elektronischer Form (§ 67 AktG) durch das NaStraG wird die Aktualisierung der Liste der Aktionäre in der Regel so schnell erfolgen, dass der Gesellschaft die Aktionäre tatsächlich bekannt sind. Schließlich wird beim Handel mit Namensaktien heute kaum noch eine Aktie physisch bewegt, sondern nur noch Datensätze über den Wechsel der Inhaber ausgetauscht (zu den Problemen bei der Abtretung einzelverbriefter Namensaktien *Perwein* AG 2012, 611). Nach der weiteren Änderung des § 121 IV AktG durch das FormAnpG ist die Einberufung namentlich bekannter Aktionäre nun auch per E-Mail möglich, wenn dies die Satzung vorsieht (*Mayer* MittBayNot 2003, 96, 102; *Noack* NZG 2003, 241, 243). In der Kombination von Einberufung per E-Mail, dem elektronisch geführtem Aktienregister und dem Einstellen der Bekanntmachung in den elektronischen Bundesanzeiger (§ 121 III i. V. m. § 25 S. 1 AktG) ist der Weg frei für die annähernd vollautomatisierte Einberufung zur Hauptversammlung. In der Satzung der Gesellschaft kann auch der Anspruch auf Weiterleitung der Mitteilungen über die Einberufung auf die elektronische Form beschränkt werden, § 128 I 2 AktG.

175 Börsennotierte Gesellschaften müssen nach § 121 IV a AktG die Einberufung darüber hinaus geeigneten Medien zur unionsweiten Veröffentlichung zuleiten, es sei denn sie haben ausschließlich Namensaktien ausgegeben und die Einberufungsform nach § 121 IV 2, 3 AktG gewählt (*Hüffer* § 121 Rn. 11j). Ein Verstoß gegen diese Vorschrift stellt keinen Beschlussmangel (§ 243 III Nr. 2 AktG), aber eine Ordnungswidrigkeit (§ 405 III a Nr. 1 AktG) dar.

176 In Anbetracht der Einfachheit, mit der die Namensaktie heute übertragen werden kann, wird die Inhaberaktie weiter an Bedeutung verlieren. Sind als Anteilsscheine einer Aktiengesellschaft nur Namensaktien ausgegeben und die technischen Voraussetzungen gegeben, sollten in die Satzung unbedingt andere Einberufungsmöglichkeiten als per eingeschriebenem Brief aufgenommen werden, allein schon wegen der hohen Kosten einer Einberufung auf Papier. Um nicht Einberufungsmängel bereits in der Satzung anzulegen, sollten aber alternative Einberufungsmöglichkeiten vorgesehen werden, denn es ist noch nicht selbstverständlich, dass sämtliche Aktionäre über eine E-Mail-Adresse verfügen. Die Formulierung in der Satzung könnte lauten:

> **Formulierungsbeispiel: Einberufung**
>
> Die namentlich bekannten Aktionäre werden per Einschreiben einberufen; ist von den Aktionären auch eine E-Mail-Adresse bekannt, so kann die Einberufung per E-Mail erfolgen.

Aber auch hinter diesen alternativen Einberufungsmöglichkeiten verbergen sich Gefahren, denn bei einem Einschreiben lässt sich zumindest nachforschen, ob der Einschreibebrief empfangen worden ist. Mit einer E-Mail lässt sich dieser Nachweis nicht so leicht führen. Wird bei einer elektronisch versandten Einladung per E-Mail eine automatische Bestätigung angefordert und empfangen, so könnte dies als Nachweis gelten. Welche Beweiskraft einer solchen Bestätigungs-E-Mail vor Gericht zukommt, bleibt allerdings abzuwarten. Neben der erleichterten Einberufung bleibt die Veröffentlichung in den Gesellschaftsblättern ebenfalls zulässig (*Hüffer* § 121 Rn. 11b).

Ist die erleichterte Einberufung möglich, so ändern sich die Einberufungsfristen nicht. Die Frist wird von der Hauptversammlung 30 Tage rückwärts zum Tag der Absendung des letzten Einberufungsschreibens bzw. der letzten Einberufungs-E-Mail gezählt, wobei weder der Tag der Versammlung noch der Tag der Einberufung mit gezählt werden, §§ 121 VII, 123 I AktG (*Hüffer* § 121 Rn. 24).

Sind laut Satzung der Gesellschaft **Inhaberaktien ausgegeben,** ist den Beteiligten hinsichtlich der weiten Einberufungsmöglichkeiten höchste Vorsicht anzuraten, gegebenenfalls ist besser darauf hinzuarbeiten, die Möglichkeit des § 121 IV AktG in der Satzung auszuschließen.

Nach § 122 I 3 AktG gilt § 142 II 2 AktG entsprechend, so dass das Verlangen einer Minderheit nach Einberufung einer Hauptversammlung nur dann zu berücksichtigen ist, wenn diese glaubhaft machen, dass sie mindestens drei Monate vor dem Tag des Verlangens Inhaber der Aktien waren (vgl. hierzu *Lingemann/Wasmann* BB 1998, 853; *Zimmer* NJW 1998, 3521, 3524).

In der Einberufung zur Hauptversammlung selbst ist die **Tagesordnung** bekannt zu machen, § 121 III 2 AktG, nicht mehr nur bei Einberufung. In der Tagesordnung muss der vorgesehene Ablauf der Hauptversammlung, d. h. die Versammlungs- bzw. Beschlussgegenstände in entsprechender Reihenfolge in Kürze dargestellt werden (vgl. *Hüffer* § 121 Rn. 9). Besonders zu beachten ist § 124 II AktG. Sollen Satzungsänderungen beschlossen, Sonderprüfer bestellt oder einem Vertrag seitens der Hauptversammlung zugestimmt werden, so ist die vorgeschlagene Satzungsänderung insgesamt, der Sonderprüfer samt Namensvorschlag (wegen § 124 III 1 AktG) bzw. der Vertrag in seinem wesentlichen Inhalt bekannt zu machen (zur Bestellung von Sonderprüfern DNotI-Gutachten Nr. 70689; vgl. ausführlich zur Vorlage von Verträgen an die Hauptversammlung *Deilmann/Messerschmidt* NZG 2004, 977). Das gilt auch für Unternehmenskaufverträge, zu denen die Zustimmung der Hauptversammlung eingeholt werden soll, obwohl das Gesetz oder die Satzung kein solches Zustimmungserfordernis enthält (*OLG Schleswig* NZG 2006, 951; *OLG München* NJW-RR 1997, 544; *LG München I* ZIP 2008, 555; *LG Frankfurt a. M.* ZIP 2005, 579). Von der Einberufung der Hauptversammlung an ist der Vertrag, über den abgestimmt werden soll, in den Geschäftsräumen der Aktiengesellschaft und dann auch in der Hauptversammlung selbst zur Einsicht auszulegen oder sonst zugänglich zu machen. Dies gilt auch, wenn der Vorstand nach § 119 II AktG eine Frage der Geschäftsführung nicht selbst entscheidet, sondern einen Beschluss der Hauptversammlung hierüber herbeiführen will (*OLG Frankfurt* DB 1999, 1004 m. Anm. *Schuppen* EWiR § 119 AktG 1/99; *OLG München* DB 1996, 1172). Vorstand und Aufsichtsrat haben für jeden zu fassenden Beschluss einen Beschlussvorschlag zu machen, § 124 III AktG (zu den Hauptversammlungspflichten des Aufsichtsrats *Linnerz* Der Aufsichtsrat 2012, 18). Entsprechendes gilt für Umwandlungsbeschlüsse, so dass sowohl der vorgeschlagene Umwandlungsbeschluss, als auch die vorgeschlagene neue Satzung im

Wortlaut, bekannt gemacht werden müssen (*LG Hanau* EWiR § 124 AktG 1/96 m. Anm. *Dreher*). Die Informationspflichten im Zusammenhang mit der Zustimmung zu einem Unternehmensvertrag sind gem. §§ 293 a–293 g AktG denen bei der Verschmelzung angepasst (vgl. hierzu im Einzelnen *Altmeppen* ZIP 1998, 1853).

183 Zu den zustimmungsbedürftigen Verträgen, die ihrem wesentlichen Inhalt nach und den Entscheidungsvorschlägen, die ihrem Wortlaut nach bekannt gemacht werden müssen, gehören:
– Begründung eines Unternehmensvertrages (Beherrschungs- und Gewinnabführungsvertrag), § 293 I AktG
– Änderung eines Unternehmensvertrages, § 295 I 1 AktG
– Verschmelzungsverträge, §§ 13, 60 ff. UmwG
– Verträge zur Übertragung des Vermögens nach AktG oder UmwG, § 179a I AktG, §§ 174 ff. UmwG
– Vertrag über eine Nachgründung, § 52 I 1 AktG
– Verzicht und Vergleich auf/über Ersatzansprüche der Gesellschaft, §§ 50 S. 1, 53, 93 IV 3, 116, 117 IV, 309 III S. 1, 310 IV, 317 IV, 318 IV AktG
– Fragen der Geschäftsführung gem. § 119 II AktG, die Bekanntmachungspflicht besteht auch für Entscheidungen, bei denen dem Vorstand Ermessensspielraum verbleibt
– Beschlüsse über Kapitalmaßnahmen, §§ 182 ff. AktG
– Beschlüsse über einen Bezugsrechtsausschluss, § 186 III und IV AktG
– Beschluss über genehmigtes Kapital, § 202 AktG
– Beschluss über bedingtes Kapital, § 192 AktG
– Beschluss über Kapitalherabsetzung, § 222 AktG
– Beschluss über die Auflösung der Gesellschaft, § 262 I Nr. 2 AktG
– Beschluss über Satzungsänderungen/Verträge mit Zustimmungsvorbehalt der Hauptversammlung, § 124 II 2 AktG
– Beschluss über die Antragstellung zum Delisting
– Beschlüsse über Strukturmaßnahmen nach der „Holzmüller"-Entscheidung

184 Der DCGK forderte in Punkt 2.3.1 bereits vor dem ARUG, dass die dem Aktionär zur Verfügung zu stellenden Unterlagen nicht nur ausgelegt und Abschriften bereitgehalten werden müssen, sondern der Inhalt auch auf der Website der Gesellschaft zusammen mit der Tagesordnung dargestellt wird. Dies ist durch § 124a S. 1 Nr. 3 AktG nun gesetzlich geregelt. Durch Anpassung der jeweiligen Vorschriften (etwa § 52 II 4 AktG) ist die ausschließliche Bereitstellung dieser Unterlagen auf einer Website nun ausreichend (*Drinhausen/Keinath* BB 2010, 3).

185 An die vorgenannten Regelungen lehnt sich auch die Regelung der neu eingefügten §§ 327c und d AktG an, der „en detail" beschreibt, welche Anforderungen an die Bekanntmachung und an die auszulegenden Unterlagen gestellt werden, wenn auf der Hauptversammlung der Ausschluss von Aktionären beschlossen werden soll (Squeezeout).

186 Eine auf Verlangen einer Aktionärsminderheit nach § 122 I AktG einberufene Hauptversammlung darf und kann der Vorstand (bzw. Komplementär bei einer KGaA) nicht absagen. Werden auf der – trotz Absage stattfindenden – Hauptversammlung Beschlüsse gefasst, sind diese wirksam (*LG Frankfurt a. M.* NZG 2013, 748).

187 Einberufungsmängel können im Einzelfall zur Nichtigkeit der gefassten Beschlüsse führen (§ 241 Nr. 1 AktG). Ein nach § 121 VI AktG erheblicher Widerspruch gegen Einberufungsmängel kann jedoch lediglich bis spätestens vor Bekanntgabe des Beschlussergebnisses durch den Versammlungsleiter erhoben werden (*OLG Stuttgart* NZG 2013, 1151).

188 § 121 VI AktG erklärt alle Einberufungsmängel dann für **unbeachtlich**, wenn alle Aktionäre erschienen oder vertreten sind und keiner der Beschlussfassung widerspricht. Das Vertrauen auf diese Option kann problematisch sein. Der Notar hat eher auf eine ordnungsgemäße Einberufung hinzuwirken, damit nicht einem einzelnen Aktionär ein **Er-**

pressungspotential eröffnet wird. Bei der Beurkundung der Hauptversammlung sollte der Verzicht auf die Einhaltung der Form- bzw. Fristvorschrift aufgenommen sowie festgestellt werden, dass kein Widerspruch erfolgt ist.

Es ist nicht völlig unumstritten, wie weit die Prüfungspflichten des Notars hinsichtlich etwaiger **Einberufungsmängel** gehen, wenn er nicht den ausdrücklichen Auftrag zur Prüfung der Einberufungsvoraussetzungen erhalten hat (vgl. hierzu *Sigel/Schäfer* BB 2005, 2137, 2138). Ergibt jedoch die Prüfung Einberufungsmängel, sind diese kein Grund, die Beurkundung abzulehnen (*Hüffer* § 130 Rn. 30 ff.). Einberufungsmängel ziehen in der Regel nur die Anfechtbarkeit, nicht aber die Nichtigkeit des Beschlusses nach sich (vgl. zu den Auswirkungen einer marginal fehlerhaften Datumsangabe DNotI-Gutachten Nr. 57908 oder DNotI-Report 16/2005, 131, 132).

189

Checkliste zur Prüfung der Einberufungsvoraussetzungen

(1) Wahrung der Einberufungsfristen und der Veröffentlichungsform
(2) Umfang der Veröffentlichung (§ 124 II AktG)
(3) Übereinstimmung der Einberufungsformalitäten oder der Wahl des Versammlungsortes mit etwaigen Bestimmungen der Satzung
(4) Wahrung der Bekanntmachungsform
(5) Vorhandensein von Beschlussvorschlägen

190

---

2. Teilnahme an der Hauptversammlung

Das Teilnahmerecht an der Hauptversammlung ist eines der wichtigsten Aktionärsrechte. Es kann in der Satzung weder ausgeschlossen noch beschränkt werden. Die Möglichkeit zur Teilnahme an der Hauptversammlung konnte vor dem UMAG jedoch von der Hinterlegung der Aktien oder der Anmeldung zur Hauptversammlung abhängig gemacht werden, § 123 II 1 AktG a. F. Bei börsennotierten Gesellschaften führte dies zu erheblichen Schwierigkeiten beim Aktienhandel. Nach der neuen Regelung des § 123 II 1 AktG kann die Satzung die Teilnahme an der Hauptversammlung nur noch von der Anmeldung der Aktionäre an der Versammlung abhängig machen. Im Fall des satzungsmäßigen Anmeldeerfordernisses ist für die Einberufungsfrist § 123 II 5 AktG zu beachten, wonach sich die Einberufungsfrist um die Anmeldefrist verlängert. Dem Aktionär sollen in jedem Fall 30 Tage zur Verfügung stehen, um über die Teilnahme an der Hauptversammlung zu entscheiden (vgl. *Hüffer* § 123 Rn. 7). § 123 II 3 AktG stellt klar, dass nur die Satzung die Länge der Anmeldefrist bestimmen und nicht im Wege der Delegation auf den Vorstand übertragen werden kann (*LG München I* NZG 2007, 952). Wird eine solche Bestimmung nicht festgesetzt, gilt die 6-Tage-Frist. Da der Zugangstag nicht gezählt wird, muss die Anmeldung am siebten Tag vor der Hauptversammlung erfolgt sein. Die Sechstagesfrist stellt jeweils die längste mögliche Frist dar, die in der Satzung verkürzt werden kann. Teilnahmeberechtigt sind alle Aktionäre, unabhängig von einem Stimmrecht, eine Stimmverbot oder der Volleinzahlung. Anders nur, wenn der Aktionär überhaupt keine Rechte geltend machen kann, etwa wegen § 20 VII AktG (*Hüffer* § 118 Rn. 12). Die Übersendung von Eintrittskarten an Aktionäre, die ihre Teilnahmeberechtigung nachweisen, stellt keine Einschränkung des Teilnahmerechts dar, wenn Voraussetzung der Versendung lediglich die in der Satzung bestimmte Teilnahmeberechtigung voraussetzt (*OLG München* NZG 2009, 506). Einem Vertreter darf jedoch die Teilnahme an der Hauptversammlung nicht verweigert werden, nur weil er die dem Aktionär übersandte Eintrittskarte nicht vorlegen kann (*OLG München* NZG 2000, 553). Ein Saalverweis ist zulässig, wenn ein Störer trotz Ordnungsrufs sein Verhalten fortsetzt (*OLG Bremen* NZG 2007, 468).

191

192 Auch faktisch darf ein Aktionär nicht von der Teilnahme an der Hauptversammlung ausgeschlossen werden. Für Sicherheitskontrollen zu Hauptversammlungen gilt folglich auch der Verhältnismäßigkeitsgrundsatz (*OLG Frankfurt* ZIP 2007, 629), so dass bei deren Verletzung eine Anfechtbarkeit möglich ist (MünchKomm-AktG/*Kubis* § 119 Rn. 122). Wird bei einer Hauptversammlung ein Präsenzbereich außerhalb des Versammlungsraumes festgelegt und der Ablauf Hauptversammlung nicht mittels Lautsprecher in den gesamten Präsenzbereich übertragen, verletzt dies das Teilnahmerecht der Aktionäre (*LG München I* AG 2011, 263; a. A. MünchKomm-AktG/*Kubis* § 118 Rn. 70 Fn. 160) und gefährdet insbesondere eine Beschlussergebnisermittlung nach dem Substraktionsverfahren. Auch eine unzumutbare Erschwerung der Teilnahme durch mangelnde sanitäre Einrichtungen, Bestuhlung, Klimatisierung sowie Verpflegung im Versammlungssaal kann in Extremfällen das Teilnahmerecht beeinträchtigen (MünchKomm-AktG/*Kubis* § 118 Rn. 70). Vor der Geltendmachung einer Verletzung von Informationsrechten mit der Begründung, die Akustik im Versammlungssaal sei mangelhaft oder die Ausführungen des Vorstands seien akustisch unverständlich, muss der Aktionär zunächst von seinem Fragerecht Gebrauch machen, um die behaupteten Informationsmängel zu beheben (*OLG München* ZIP 2013, 931). Bei einem immer internationaler werdendem Aktionärs- und Managerkreis kann der Bedarf entstehen, die Hauptversammlung einer Aktiengesellschaft in einer **Fremdsprache** durchzuführen. Das Gesetz gibt zur Zulässigkeit keine Auskunft, die Literatur spricht sich einhellig dafür aus (vgl. MünchHdB-AG/*Semler* § 36 Rn. 50; Henn/Frodermann/Jannott/*Göhmann* S. 486). Nach dem Sinn und Zweck der Hauptverhandlung, u. a. weitreichende Entscheidungen zu treffen, muss jedoch gewährleistet sein, dass alle Teilnehmer der verwendeten Sprache mächtig sind. Daher müssen alle Teilnehmer der Verwendung einer Fremdsprache zustimmen. Andernfalls kann ein vereidigter Dolmetscher hinzugezogen werden. Zulässig ist auch die Abfassung des Hauptversammlungsprotokolls in einer Fremdsprache, jedoch muss zum Handelsregister eine beglaubigte Übersetzung eingereicht werden (vgl. DNotI-Report 2003, 81, 82).

193 Hauptversammlungen werden immer noch als **Präsenzveranstaltung** durchgeführt. Dies hat sich auch nach Einführung der Online-Teilnahme (§ 118 I 2 AktG) nicht geändert. Die Satzung kann nun vorsehen, dass Aktionäre ihre Rechte ohne Anwesenheit in der Hauptversammlung im Wege elektronischer Kommunikation ausüben können. Diese Online-Teilnahme ist eine „echte" Teilnahme an der Hauptversammlung, der Aktionär ist daher, etwa für erforderliche Mehrheiten, als erschienen anzusehen. Die Regelung sieht ausdrücklich eine mögliche Beschränkung der Rechte bei Online-Teilnahme vor (Einzelheiten strittig; ausführlich: *Reul* notar 2012, 76). Empfehlenswert ist es, lediglich eine Ermächtigung des Vorstands zu regeln, so dass dieser neben technischen Details auch den Umfang der Online-Teilnahme bestimmen kann. Eine Beschränkung oder ein Ausschluss des Rede- und Fragerechts ist anzuraten (dazu allgemein unten Rn. 199ff.).

194 Neben der Online-Teilnahme ist in § 118 II AktG die Möglichkeit der Stimmausübung ohne Teilnahme („Briefwahl") geschaffen worden. Auch hier muss zunächst die Satzung dieses Vorgehen erlauben oder den Vorstand dazu ermächtigen. Entgegen der gesetzlichen Bezeichnung sind nicht nur Wahlen, sondern jede Art der Stimmabgabe erfasst. Neben schriftlicher und elektronischer Abstimmung ist auch die Übermittlung in Textform zulässig, solange die Identität des Aktionärs klar ist (*Hüffer* § 118 Rn. 17)

195 Angesichts von global tätigen Aktiengesellschaften ist auch die Möglichkeit einer teilweisen (Internet-)Übertragung der Hauptversammlung in § 118 IV AktG ausdrücklich im Gesetz vorgesehen. Die Art und Weise kann in der Satzung oder Geschäftsordnung geregelt oder der Vorstand oder der Versammlungsleiter hierzu ermächtigt werden. Bei der in der Begründung zum Gesetzentwurf beispielhaft genannten Möglichkeit der Übertragung nur an Aktionäre mit vorheriger Übermittlung eines Zugangscodes und eines Passwortes, sollte der Gesellschaft aber der damit verbundene, hohe technische Aufwand bewusst sein. Aus diesem Grund sollte der Notar darauf dringen, dass diese Art der

VI. Hauptversammlung D III

Übertragung der Hauptversammlung nicht in der Satzung festgeschrieben, sondern allenfalls die Option für eine derartige Hauptversammlung eingeräumt wird. Nach der gesetzgeberischen Klarstellung kann ein Aktionär jedenfalls nicht mehr unter Berufung auf sein Recht auf informationelle Selbstbestimmung die Übertragung seiner Rede verhindern. Möchte er sein Bild nicht übertragen sehen, kann er auf die Rede verzichten oder sich eines Vertreters bedienen (*Noack* NZG 2003, 241, 245; insg. dazu auch Hirte/ *Heckschen* Kap. 3 Rn. 25 ff.).

Zu den Aktionärsrechten auf der Hauptversammlung zählt auch das vom Stimmrecht **196** unabhängige Frage- und Rederecht. Dabei ist das Fragerecht jedoch auch nach Ablauf der Umsetzungsfrist der Aktionärsrechterichtlinie (RL 2007/36/EG) auf solche Themen beschränkt, die zur sachgemäßen Beurteilung eines Gegenstandes der Tagesordnung erforderlich sind (*OLG Frankfurt* EWiR 2013, 67 m. Anm. *Widder/Klabun*; OLG Stuttgart ZIP 2012, 970; a. A. *Kersting* ZIP 2009, 2317). Eine Verletzung dieser Rechte kann die Anfechtbarkeit von Beschlüssen zu Folge haben. Ob eine Frage beantwortet wurde, ist objektiv zu bestimmen, auf die Meinung des Fragestellers dazu kommt es nicht an (*OLG Köln* NZG 2011, 1150). Daher ist es für die Anfechtbarkeit grundsätzlich auch unbeachtlich, ob auf Nachfrage des Versammlungsleiters die Frage als unbeantwortet gerügt wird. Eine Ausnahme könnte höchstens gelten, falls die Beantwortung noch offener Fragen tatsächlich beabsichtigt ist und der Aktionär die unzureichende Beantwortung bereits erkennt.

Der Versammlungsleiter ist nicht verpflichtet, Wortmeldungen nach der Reihenfolge **197** ihres Eingangs zu berücksichtigen, sondern kann eine zweckmäßige Reihenfolge vorsehen. Dabei hat er jedoch das Gleichbehandlungsgebot (§ 53a AktG) zu beachten. Der Hauptversammlungsleiter muss alle Aktionäre, die vor Schließung der Rednerliste eine Meldung abgegeben haben, zu Wort kommen lassen, ggf. beschränkt auf eine bestimmte Redezeit (*LG Frankfurt a. M.* ZIP 2013, 578). Er kann missliebige Aktionäre auch nicht grundlos am Ende der Rednerliste platzieren, wenn dadurch deren Rederecht beschränkt würde (*OLG München* BB 2011, 3021 m. Anm. *Wandt*; MünchKomm-AktG/*Kubis* § 119 Rn. 144).

Jedem Aktionär ist gemäß § 131 I AktG auf Verlangen in der Hauptversammlung vom **198** Vorstand Auskunft über Angelegenheiten der Gesellschaft zu geben, „soweit sie zur sachgemäßen Beurteilung des Gegenstands der Tagesordnung erforderlich" ist. Art. 9 I RL 2007/36/EG (Aktionärsrechterichtlinie), nach dessen Wortlaut Aktionäre das umfassender formulierte Recht haben, „Fragen zu Punkten auf der Tagesordnung der Hauptversammlung zu stellen", hat aber auf die Auslegung des Tatbestandsmerkmal der „Erforderlichkeit" in § 131 I AktG sowohl nach der Rechtsprechung des *OLG Stuttgart* (ZIP 2012, 970; dazu *Ehmann* GWR 2012, 157; krit. *Vosberg/Klawa* EWiR 2012, 649) als auch des *OLG Frankfurt a. M.* (NZG 2013, 23) keinen Einfluss, da nach Art. 9 II RL 2007/36/EG dieses umfassendere Auskunftsrecht nur vorbehaltlich mitgliedstaatlicher Maßnahmen zur Gewährleistung des ordnungsgemäßen Ablaufs der Hauptversammlung gilt.

Das Frage- und Rederecht kann jedoch nach § 131 II 2 AktG eingeschränkt werden. **199** Dies dient der Missbrauchsprävention. Neben einer allgemeinen Ermächtigung ist auch eine konkrete Ausgestaltung von Redezeiten, Höchstdauer der Versammlung und einen Debattenschluss zu bestimmter Uhrzeit zulässig (BGHZ 184, 239; dazu *Goette* DStR 2010, 2579; *OLG Frankfurt* NZG 2009, 1066; *OLG München* BB 2011, 3021 m. Anm. *Wandt*). Der *BGH* betont dabei neben dem Leitbild der eintägigen Hauptversammlung und auch das Ermessen des Versammlungsleiters. Dieser habe unter Beachtung von Sachdienlichkeit, Verhältnismäßigkeit und Gleichbehandlung der Aktionäre zu letztendlich, auch bei konkreten Vorgaben, zu entscheiden. Eine Beschränkung ohne Rücksicht auf konkrete Umstände stellt eine unzulässige Beschränkung der Aktionärsrechte dar (*LG München I* NJOZ 2011, 1333) Ob detaillierte Regelungen anzuraten sind ist strittig (abl. *Arnold/Gärtner* GWR 2010, 288; zust. *Wachter* DB 2010, 829). Da der *BGH* jedoch die besondere Legitimation der auf eine Aktionärsentscheidung gestützten Maßnahme betont, scheint eine Satzungsregelung zumindest von Grundlinien empfehlenswert. Eine Beschränkung des Auskunftsrechts kommt erst in Betracht, wenn Redezeitbegrenzung nicht mehr möglich sind (MünchKomm-AktG/*Kubis* § 119 Rn. 171).

200 Wird einem Aktionär eine Auskunft verweigert, so kann er nach § 131 V AktG verlangen, dass seine Frage und der Grund, aus dem die Auskunft verweigert worden ist, in die notarielle Niederschrift aufgenommen wird. Die Beweiskraft der notariellen Niederschrift erstreckt sich dabei – entsprechend dem Wortlaut der Norm – nicht nur darauf, dass die Auskunft verweigert, sondern auch darauf, dass die betreffende Frage gestellt wurde (*OLG Frankfurt* NZG 2013, 23).

201 Auch die audiovisuelle Zuschaltung von Aufsichtsratsmitgliedern ist im Wege der Einfügung des S. 2 in § 118 III AktG ermöglicht worden und gehört mittlerweile zur alltäglichen Praxis. Die letztere Möglichkeit ist jedoch kein Freibrief für die Aufsichtsratsmitglieder, von der Hauptversammlung fernzubleiben, vielmehr müssen die Fälle, in denen eine solche Möglichkeit gegeben sein soll, in der Satzung festgeschrieben sein (*Hirte* Kap. 1 Rn. 58; *Linnerz* Der Aufsichtsrat 2012, 18).

3. Arten von Kapital- und Stimmenmehrheiten

202 Das Gesetz unterscheidet zwischen der Anteils-/Kapitalmehrheit und der Stimmenmehrheit. Erstere ist die Mehrheit eines Aktionärs am Grundkapital der Aktiengesellschaft, § 16 I AktG. Rücklagen jedweder Art bleiben hierbei generell unberücksichtigt. Bei Letzterer wiederum handelt es sich um die aus den gehaltenen Aktien resultierende Zusammenfassung der Stimmrechte, § 16 III AktG. An verschiedenen Stellen fordert das Gesetz für die Beschlussfassung nicht nur eine einfache sondern eine qualifizierte ¾ Kapital- (z. B. §§ 179 II, 182 ff., 221, 222, 262, 293, 319 AktG) oder auch Stimmenmehrheit (§§ 103 I, 111 IV AktG). Zwar laufen Kapital- und Stimmenmehrheit regelmäßig gleich, jedoch können Divergenzen daraus entstehen, dass Teile der Aktien aus stimmrechtslosen Vorzugsaktien bestehen (§§ 12 I 2, 139 I AktG) oder die Einlageleistung noch nicht komplett erbracht wurde (§ 134 II AktG).

4. Der Notar in der Hauptversammlung

203 Die Aufstellung des **Teilnehmerverzeichnisses** obliegt der Gesellschaft und nicht dem Notar. Der Notar hat lediglich zu überprüfen, ob die organisatorischen Voraussetzungen für die Erstellung eines einwandfreien Teilnehmerverzeichnisses geschaffen sind, damit insbesondere bei der Durchführung von Wahlen nach dem so genannten Subtraktionsverfahren zutreffende Abstimmungsergebnisse gewährleistet sind. Hier ist es erforderlich zu überprüfen, ob die organisatorischen Voraussetzungen für eine korrekte Eingangs- und Ausgangskontrolle gewährleistet sind. Das Teilnehmerverzeichnis ist vom Versammlungsleiter zu unterschreiben, und es ist darauf zu achten, dass eventuelle Veränderungen im Teilnehmerkreis durch Nachträge zum Teilnehmerverzeichnis – jeweils vom Versammlungsleiter zu unterschreiben – erfasst werden. Der Notar muss überprüfen, ob das Teilnehmerverzeichnis den grundsätzlichen gesetzlichen Anforderungen entspricht, nicht aber, ob es inhaltlich richtig ist.

204 Mit fortschreitender Technisierung entziehen sich immer mehr Vorgänge in der Hauptversammlung, insbesondere die Abstimmungsvorgänge der Wahrnehmung der Teilnehmer. Die Rolle des Notars in der Hauptversammlung wird dadurch aber nicht geschmälert. Vielmehr kann der Notar einen Vertrauensverlust, der mit der immer weiter fortschreitenden Automatisierung der Hauptversammlung einhergeht, kompensieren. Konnte der Aktionär bei Abstimmungen per Hand wenigstens noch einen Eindruck von dem ordnungsgemäßen Ablauf der Hauptversammlung gewinnen, so ist dies spätestens seitdem die Aktionäre vom heimischen Rechner aus teilnehmen und abstimmen können

VI. Hauptversammlung

gänzlich unmöglich (zur Nutzung neuer Medien vgl. *Beck* RNotZ 2014, 160; *Reul* notar 2012, 76; *Noack* BB 1998, 2533; ausf. auch *Fleischhauer* in: Zetsche Rn. 224 ff.). Um das Vertrauen in die Hauptversammlung an sich und in die notarielle Niederschrift zu erhalten, sollte in Zukunft möglicherweise der Blick eines Fachmanns in die benutzte Technik mit in das Hauptversammlungsprotokoll aufgenommen werden. (so im Ergebnis wohl auch *Reul* S. 47; in diese Richtung auch *Fleischhauer* in: Zetsche Rn. 231).

Erlaubt die Gesellschaft eine Online-Teilnahme oder die „Briefwahl" (noch) nicht, so ist noch ein Zwischenschritt erforderlich. Der Aktionär, der der Hauptversammlung fernbleibt, erteilt einem Bevollmächtigten, z. B. über das Internet Weisungen, wie er abstimmen soll. Dabei ist auch die Bevollmächtigung (mit Zugang im Original oder Ausfertigung, bzw. sofern keine Zugangserleichterungen vereinbart werden – str.; vgl. DNotI-Gutachten Nr. 75 237) eines vom Aktionär benannten Stimmrechtsvertreters zulässig, § 134 III 3 AktG. Die Bevollmächtigung bedarf der Textform. Die Satzung kann abweichendes festlegen, bei börsennotierten Gesellschaften jedoch nur eine Erleichterung vorsehen. Börsennotierte Gesellschaften müssen außerdem einen elektronischen Übermittlungsweg anbieten, § 134 III 4 AktG. Die Ermöglichung dieser Abstimmungsmöglichkeit wird vom DCGK in Punkt 2.3.3 ausdrücklich empfohlen. **205**

Weitere Voraussetzungen gelten für einen von der Gesellschaft benannten Vertreter (§ 134 III 4 AktG) sowie Kreditinstitute und geschäftsmäßig Handelnde (§ 135 AktG). Diese sind grundsätzlich weisungsgebunden. Um dem Aktionär die Abstimmung über einen von der Gesellschaft benannten Stimmrechtsbevollmächtigten zu ermöglichen, sind folgende Voraussetzungen zu erfüllen (ausführlich dazu *Keunecke* in: Zetsche Rn. 339 ff.): **206**
– Benennung eines Bevollmächtigten
– kein Ausschluss der Bevollmächtigung nach § 136 II AktG wegen Doppelfunktion (Vorstand/Aufsichtsrat); dagegen wohl zulässig bei Übertragung auf einzelne Mitglieder des Vorstandes/Aufsichtsrates (str., für eine detaillierte Darstellung: DNotI-Gutachten Nr. 13 186)
– Hinweis an die Aktionäre auf die Möglichkeit der Weisungserteilung an den Bevollmächtigten
– Anmeldung des Aktionärs zur Teilnahme an dem Verfahren
– Legitimierung des Aktionärs für die Weisungserteilung
– Weisungserteilung durch den Aktionär.

Für den daheim gebliebenen Aktionär erscheint es, als ob er seine Stimme direkt in der Hauptversammlung abgeben würde. Innerhalb des Präsenzhauptversammlungsraumes ist eine vollautomatisierte Abstimmung mittels Knopfdruck bereits zulässig. **207**

Neben den organisatorischen Erleichterungen bergen die neuen technischen Möglichkeiten Missbrauchsgefahren. Der Sinn der notariell beglaubigten Niederschrift besteht nach der Konzeption des § 130 AktG in der beweiskräftigen Feststellung des „Ob" und des „Wie" der in der Hauptversammlung zu fassenden Beschlüsse. **Grundsätzlich** ist jeder Hauptversammlungsbeschluss durch eine über die Verhandlung notariell aufgenommene Niederschrift **zu beurkunden** (s. aber unten Rn. 223). Es soll eine öffentliche Urkunde entstehen, die die in § 130 AktG vorgesehenen Vorgänge **festhält**, so wie der Notar sie wahrgenommen hat und die Beweiskraft sichern. Demgemäß kann die notarielle Beurkundung aber nicht Beweis darüber erbringen, ob die protokollierten Vorgänge rechtmäßig sind. Das Vertrauen, welches das Amt des Notars in der Öffentlichkeit genießt, erzeugt aber eine erhebliche Beweiskraft zugunsten der notariellen Niederschrift. (vgl. dazu *Reul* S. 9). Diese findet jedoch ihre Grenzen dort, wo die Beweiswirkung von Tatsachenbeurkundungen endet. Anders als bei der Beurkundung von Willenserklärungen, die auch die Vollständigkeit des Beurkundeten implizieren (negative Beweiskraft), gilt dies grundsätzlich nicht für Tatsachenbeurkundungen (vertiefend dazu: DNotI-Gutachten Nr. 62911; Zöller/*Geimer* § 415 Rn. 5). Die notarielle Hauptversammlungsniederschrift trifft daher keine negative Beweiskraft. **208**

209 Grundsätzlich ist es aber nicht die Aufgabe des Notars, den Verhandlungsleiter zu ersetzen oder auf derselben Stufe die Hauptversammlung zu begleiten. Allein den Versammlungsleiter trifft im Außenverhältnis die Verantwortung für die ordnungsgemäße Durchführung der Hauptverhandlung (vgl. *OLG Düsseldorf* AG 2003, 510, 512; ausführlich DNotI-Gutachten Nr. 40258). Für eine detaillierte Wiedergabe eignet sich das notarielle Hauptversammlungsprotokoll nicht. Ein Wortprotokoll führt in der Regel die Gesellschaft selber. Wird ein stenographisches Wortprotokoll oder ein Tonbandprotokoll aufgenommen, stehen dem Aktionär gegen Erstattung der Selbstkosten eine Abschrift oder Teile des Protokolls bzw. der Aufzeichnung zu, die seine Fragen und Redebeiträge und die von den Vorstandsmitgliedern hierauf gegebenen Antworten und dazu abgegebene Stellungnahmen enthält, nicht jedoch eine vollständige Abschrift des Protokolls bzw. der Aufzeichnung (*Brandes* WM 1997, 2281).

210 Aufgrund der gewichtigen Stellung des Versammlungsleiters empfiehlt es sich, Bestimmungen über die Person des Versammlungsleiters in die Satzung aufzunehmen. Ganz überwiegend wird der Aufsichtsratsvorsitzende zum Leiter der Hauptversammlung bestimmt (*Bayer/Hoffmann* AG 2012, R 339). Auch sollten Regelungen über die Vertretung im Verhinderungsfall getroffen werden, andernfalls obliegt es der Hauptversammlung einen Versammlungsleiter zu bestimmen. Wird die Hauptversammlung kraft gerichtlicher Ermächtigung durch eine Aktionärsminderheit einberufen, kann das Gericht einen Versammlungsleiter bestellen. Versammlungsleiter kann auch eine unternehmensfremde Person sein (ausf. *Wilsing/von der Linden* ZIP 2009, 641). Er muss der deutschen Sprache nicht mächtig sein, solange die Simultanübersetzung durch einen vereidigten Dolmetscher sichergestellt ist (*OLG Hamburg* NZG 2001, 513; zur Sprache der Hauptversammlung vgl. Rn. 192). Nicht zum Versammlungsleiter bestimmt werden können nach h. M. Vorstandsmitglieder und der beurkundende Notar (*Hüffer* § 129 Rn. 18 m.w.N.). Als zunehmend praxisrelevant und problematisch für den ordnungsgemäßen Ablauf einer Hauptversammlung haben sich Abberufungsanträge des Versammlungsleiters herauskristallisiert. Die Hauptversammlung läuft hier Gefahr, entweder durch eine Ablehnung des Antrages keinen ordnungsgemäßen Versammlungsleiter mehr zu haben oder ihn – trotz Nichtvorliegens eines wichtigen Grundes – auszutauschen, was im ersten Fall wegen Verstoßes gegen § 130 II AktG die Nichtigkeit nach § 241 Nr. 1 AktG und im zweiten die Anfechtbarkeit aller folgenden Beschlüsse zur Folge hat (zur Vertiefung und Übersicht des Streitstandes: *Butzke* ZIP 2005, 1164; *Rose* NZG 2007, 241).

211 Die h. M. geht zunächst von der Zulässigkeit einer Abberufung des Versammlungsleiters aus, soweit hierfür ein wichtiger Grund vorliegt (*Butzke* ZIP 2005, 1164, 1166; *LG Köln* AG 2005, 696, 701; *Martens*, Leitfaden für die Leitung einer Hauptversammlung einer AG, 2003, S. 47; *OLG Frankfurt* NJOZ 2006, 870, 876; *OLG Hamburg* NZG 2001, 513, 516; *v. Falkenhausen/Kocher* BB 2005, 1068, 1069). Dies muss sowohl bei satzungsgemäßer Festsetzung als auch bei dessen Fehlen gelten (*LG Frankfurt a.M.* AG 2005, 892, 893; *Rose* NZG 2007, 241, 242 f.), da nur durch einen geeigneten, für einen ordnungsgemäßen Verlauf sorgenden Versammlungsleiter, die Rechtmäßigkeit der Hauptversammlung zu erwarten ist und gewährleistet werden kann. Schwierig ist jedoch einerseits, was unter einem wichtigen Grund zu verstehen ist, wobei sowohl Pflichtverletzungen bei der Hauptversammlungs-Leitung als auch außerhalb der Hauptversammlung liegende Umstände relevant sein können. Bei Letzterem kann wohl nur der Umstand einen wichtigen Grund darstellen, welcher eine sachgerechte Durchführung der Hauptversammlung durch den Versammlungsleiter unmöglich macht (z.B. substantiierte strafrechtliche Vorwürfe zu Lasten der Aktiengesellschaft; nicht jedoch jeder beliebige strafrechtliche Vorwurf; so auch *Rose* NZG 2007, 244). Zum anderen stellt sich die Frage, ob dieser wichtige Grund nur formal vorliegen muss (so *LG Frankfurt a.M.* AG 2005, 892, 893), was aber wegen der Möglichkeit der Anfechtbarkeit – weil es nur auf die materielle Rechtslage des wichtigen Grundes ankommen kann (s. o.) – auszuscheiden hat (*Ek* § 11 Rn. 380; MünchKomm-AktG/*Kubis* § 119 Rn. 115; *Priester* DNotZ 2006,

VI. Hauptversammlung

403, 412 f.) oder auch materiell wirklich vorliegen muss (*Butzke* ZIP 2005, 1164, 1168; *Rose* NZG 2007, 241, 245).

> **Praxishinweis:**
>
> Dem Versammlungsleiter ist im Ergebnis in Abhängigkeit vom Vorliegen eines wichtigen Grundes und zur Wahrung des sichersten Weges zu empfehlen:
> (1) unschlüssige Abberufungsanträge ohne Abstimmung abzuweisen,
> (2) schlüssige, die die Eignung als Versammlungsleiter ernsthaft in Frage stellen, jedoch objektiv nicht zutreffen, zur Abstimmung zu stellen und für den Abberufungsfall – absichernd – die Niederlegung des Amtes als Versammlungsleiters zu erklären, um jegliche Zweifel an der Rechtmäßigkeit der Bestellung eines Nachfolgers auszuräumen und
> (3) bei Schlüssigkeit und objektiv gegebenem wichtigen Grund sofort das Amt niederzulegen.

Wichtig ist, dass für eine etwaige **Beschlussanfechtung,** einen Widerspruch oder eine sonstige Klage gegen Hauptversammlungsbeschlüsse ein Protokoll vorliegt, das insofern die wesentlichen Umstände festhält. Aus dem Protokoll muss hervorgehen, ob sich ein Aktionär gegen einen Beschluss wendet und gegen welchen. Bei Zweifeln sollte der Protokollführer oder der Notar nachfragen. Ein Widerspruch gegen einen Beschluss kann während der gesamten Zeit der Hauptversammlung, insbesondere auch schon vor Beschlussfassung erhoben werden (*BGH* NZG 2007, 907; *OLG München* NZG 2006, 784, 785; *Hüffer* § 245 Rn. 14; a.A. *LG Frankfurt* DB 2005, 603). Dies soll selbst für den Fall Geltung finden, dass der Widerspruch vorab „zu allen Beschlüssen der Tagesordnung" erklärt wurde (*OLG Jena* NZG 2006, 467; a.A. *LG Frankfurt a.M.* DB 2005, 603). Nach unstreitiger Auffassung sind auch Generalwidersprüche zulässig (RGZ 30, 50, 52; 36, 24, 26; *OLG Jena* NZG 2006, 467; MünchKomm-AktG/*Hüffer* § 245 Rn. 38). Ein nach § 121 VI AktG erheblicher Widerspruch wegen Einberufungsmängeln kann nur bis spätestens vor Bekanntgabe des Beschlussergebnisses durch den Versammlungsleiter erhoben werden (*OLG Stuttgart* NZG 2013, 1151). Angefochtene Beschlüsse können, um die Unsicherheit hinsichtlich ihrer Gültigkeit zu beseitigen, auch nach geraumer Zeit noch bestätigt werden, soweit der ursprüngliche Beschluss nicht nichtig ist (*BGH* DNotZ 2013, 60). Voraussetzung ist nur, dass über die Anfechtung des Ausgangsbeschlusses noch nicht rechtskräftig entschieden bzw. die Anfechtungsfrist noch nicht abgelaufen ist. Ein Bestätigungsbeschluss ist nicht deshalb unwirksam, weil bei der Beschlussfassung §§ 293a ff. AktG nicht beachtet wurden. Auch eine Verletzung der allgemeinen Auskunftspflicht vor Fassung des Bestätigungsbeschlusses führt nicht zu dessen Unwirksamkeit, da nur solche Fragen zu beantworten sind, die einen objektiv denkenden Aktionär in die Lage versetzen, über eine Beseitigung einer möglichen Anfechtbarkeit des Ausgangsbeschlusses zu entscheiden (*OLG München* DB 1997, 1912).

In der neueren Rechtsprechung wird die Stellung des Hauptversammlungsnotars als unabhängiges Organ der Rechtspflege betont (zur Beurkundung einer Hauptversammlung durch mehrere Notare vgl. *Reul/Zetzsche* AG 2007, 561). Das *OLG München* (EWiR 2010, 507 m. Anm. *Heckschen*) stellt heraus, dass die Tätigkeit des Notars bei der Beurkundung die Ausübung eines öffentlichen Amtes und nicht der Gesellschaft zuzurechnen sei, auch wenn er auf deren Ersuchen und Kosten tätig sei. Der Notar handelt im Interesse aller Beteiligten, ist deren unabhängiger und unparteiischer Berater. Auch die Protokollierung erfolgt im Interesse aller Beteiligten, der Notar berichtet eigene Wahrnehmungen in der öffentlichen Urkunde (*BGH* NJW 2009, 2207). Daraus folgt auch, dass der Notar auf Verlangen des Aktionärs in das Protokoll aufnehmen muss, dass eine Frage gestellt und die Antwort verweigert wurde (*OLG Frankfurt* NZG 2013,

23 m. Anm. *Widder/Klabun* EWiR 2013, 67). Die Pflicht zur Protokollierung geht jedoch nicht soweit, dass der Notar die Stimmauszählung zu überwachen hat. Es genügt, wenn die in § 130 AktG abschließend genannten Umstände protokolliert werden (*BGH* NJW 2009, 2207; *OLG Düsseldorf* ZIP 2003, 1147; a. A. *LG Wuppertal* ZIP 2002, 1621). Aufgrund seiner neutralen Stellung kann der beurkundende Notar nicht die Versammlungsleitung der Hauptversammlung übernehmen, auch nicht eine provisorische Versammlungsleitung für die Wahl einer ordentlichen Versammlungsleitung (*KG* NZG 2011, 305). Die mit der Versammlungsleitung verbundenen Ordnungsbefugnisse und erforderliche Entscheidungen zu Hergang und Ergebnis von Abstimmungen sind mit der Stellung als unabhängiger Träger eines öffentlichen Amtes unvereinbar.

5. Die notarielle Niederschrift

214 Das Hauptversammlungsprotokoll gliedert sich in der Regel wie folgt:
- Angabe des Versammlungsorts und des Versammlungsdatums
- betroffene Gesellschaft
- Auflistung von Vorstand und Aufsichtsrat und Darlegung, wer von diesem Organ anwesend ist
- Verweis auf das Teilnehmerverzeichnis
- ggf., soweit die Satzung keine Bestimmungen enthält, Festhalten der Wahl des Versammlungsleiters
- Protokollierung von dessen Darlegungen zur Einhaltung der Einberufungsvorschriften und des Hinweises auf die Art und Weise der Abstimmung
- Festhalten der Beschlüsse zu den einzelnen Tagesordnungspunkten; wiederzugeben ist die Art und Weise der Beschlussfassung, das Abstimmungsergebnis *und* die Feststellung des Versammlungsleiters zu den jeweiligen Beschlüssen, bei börsennotierten Gesellschaften zusätzlich Angaben nach § 130 II 2 AktG; Ausnahme § 130 II 3 AktG
- Festhalten etwaiger Auskunftsverweigerungen, Redeverbote, Widersprüche
- Schlussfeststellungen.

215 **Formulierungsbeispiel: Schlussfeststellungen**

Über den Verlauf der Versammlung wird von mir, dem unterzeichnenden Notar, ausdrücklich festgestellt:
- Die Tagesordnung und die sonstigen vom Vorsitzenden genannten Unterlagen lagen während der gesamten Dauer der Hauptversammlung aus.
- Das ggf. vom Vorsitzenden unterzeichnete Teilnehmerverzeichnis ist vor der ersten Abstimmung ausgelegt worden und lag während der verbleibenden Dauer der Hauptversammlung aus.
- Alle Abstimmungen erfolgten in der festgelegten Abstimmungsform.
- Die Ergebnisse der Abstimmungen und die Feststellungen über die Beschlussfassungen wurden von dem Vorsitzenden festgestellt und bekannt gegeben.
- Um die Aufnahme von Fragen in die Niederschrift wurde nicht ersucht.
- Ein Widerspruch zur Niederschrift wurde von keinem Aktionär oder Aktionärsvertreter erhoben.
Nachdem sich – auch auf ausdrückliche Nachfrage des Vorsitzenden hin – kein Teilnehmer mehr zu Wort meldete, schloss der Vorsitzende die Versammlung um … Uhr.

216 Der **Widerspruch** gegen einen Hauptversammlungsbeschluss als Voraussetzung für eine spätere Anfechtungsklage ist zu Protokoll des Notars zu erklären. Der Notar hat darauf hinzuwirken, dass erkennbar wird, gegen welchen Hauptversammlungsbeschluss sich der Widerspruch richtet. Der Widerspruch kann während der gesamten Dauer der Hauptversammlung erklärt werden, d.h. er kann sowohl vor der Beschlussfassung (*BGH*

AG 2007, 863; *KG* AG 2009, 30; *OLG München* AG 2007, 37; *OLG Frankfurt* DB 2006, 438; *Vetter* DB 2006, 2278, 2279; *Tielmann* WM 2007, 1686, 1687) und auch danach erklärt werden, selbst wenn der betreffende Tagesordnungspunkt bereits erledigt ist. Da die Erklärung in der Hauptversammlung zu erfolgen hat, kann der Widerspruch bis zum Ende der Hauptversammlung erhoben werden (GK-AktG/*K. Schmidt* § 245 Rn. 22; MünchKomm-AktG/*Hüffer* § 245 Rn. 36; *Noack* AG 1989, 78, 81). Es gibt jedoch auch Ausnahmen, in denen auf die Erklärung des Widerspruchs verzichtet werden kann. Wenn ein Aktionär unberechtigt aus dem Saal verwiesen wird, so dass er keine Möglichkeit hat, den Widerspruch einzulegen (*BGH* NJW 1966, 43). Gleiches gilt, wenn die Einlegung des Widerspruchs durch abrupte Schließung der Hauptversammlung ohne Zulassung weiterer Wortmeldungen verhindert worden ist (MünchKomm-AktG/*Hüffer* § 245 Rn. 33; *Noack* AG 1989, 78, 81). Erforderlich ist in einem solchen Fall aber, dass der Widerspruch der Gesellschaft alsbald zur Kenntnis gebracht wird. Unterlässt der Aktionär den Widerspruch, weil eine vom Notar zugesagte Aufforderung dazu unterblieb, so kann er sich gegenüber der Gesellschaft darauf nicht berufen (vgl. *OLG München* EWiR 2010, 507 m. zust. Anm. *Heckschen*).

Um den Ablauf der Hauptversammlung zu straffen, steht dem Versammlungsleiter ein 217 Ermessen zu, ob Abstimmungen in gebündelter Form vorgenommen werden sollen. Dies bietet sich insbesondere bei Beschlussgegenständen an, die in einem sachlichen Zusammenhang stehen. Zulässig sind Blockabstimmungen (auch Sammelabstimmungen) immer dann, wenn dem Aktionär die Möglichkeit erhalten bleibt, zu den einzelnen Beschlussgegenständen unterschiedlich abstimmen zu können. Möchte der Aktionär über die Beschlussgegenstände unterschiedlich abstimmen und ist nur eine einheitliche Stimmabgabe vorgesehen, so muss der Aktionär gegen den gesamten Beschlussgegenstand stimmen. Die Modalitäten der gebündelten Abstimmung und hier insbesondere die Vorgehensweise für den Aktionär, dass dieser im vorgenannten Fall gegen alle Beschlussgegenstände stimmen soll, sind vom Verhandlungsleiter **eindringlich und ausführlich zu erläutern** (Schlussfolgerung aus *BGH* DNotI-Report 2003, 157; NZG 2003, 1023; vgl. für die Global- oder Listenwahl der Aufsichtsratsmitglieder *Hüffer* § 101 Rn. 6; ausführlich auch *Fuhrmann* ZIP 2004, 2081). Soweit ein Aktionär einen Antrag zur Geschäftsordnung dahin gehend stellt, dass er die Einzelabstimmung fordert, muss der Versammlungsleiter nach wohl h. M. zunächst über den Geschäftsordnungsantrag abstimmen lassen (vgl. wiederum *Fuhrmann* ZIP 2004, 2081, 2084 m. w. N.). Um die Beweisführung in einem späteren Rechtsstreit zu erleichtern, **sollte die Erläuterung unbedingt in das Protokoll aufgenommen** werden. Gemeinsame Abstimmungen über verschiedene Tagesordnungspunkte dagegen sind problematisch und sollten vermieden werden.

Aus der Niederschrift muss zweifelsfrei hervorgehen, worüber abgestimmt wurde. Es 218 ist deshalb üblich und empfehlenswert, in der Niederschrift den Wortlaut des gefassten Beschlusses wiederzugeben, sofern dort nicht bereits zuvor der zur Abstimmung gestellte Beschlussvorschlag wörtlich festgehalten wurde (*Semler/Volhard/Reichert* § 15 Rn. 52). Die wörtliche Wiedergabe des Beschlussvorschlags kann ersetzt werden durch eine Bezugnahme auf die Beschlussvorlage, welche in der als Beleg über die Einberufung der Hauptversammlung dem Protokoll als Anlage beigefügten Einladung wiedergegeben ist (*OLG Frankfurt* MittBayNot 2011, 165)

Nach § 130 II 1 AktG sind Ort und Tag der Versammlung, der Name des Notars, Art 219 und Ergebnis der der Abstimmung und die Feststellung des Vorsitzenden über die Beschlussfassung zu protokollieren. Zu den Angaben über die Art der der Abstimmung gehört auch die Methode zur Ermittlung des Abstimmungsergebnis (*LG München I* NZG 2012, 1310). Bei börsennotierten Gesellschaften müssen die Feststellungen des Vorsitzenden die Angaben nach § 130 II 2 AktG umfassen (dazu *Deilmann/Otte* BB 2010, 722). Verlangt kein Aktionär diese umfangreiche Feststellung, so kann sich nach § 130 II 3 AktG die Feststellung des Versammlungsleiters für jeden Beschluss darauf beschränken, dass die erforderliche Mehrheit erreicht wurde (**verkürzte Beschlussfeststellung**).

Hierbei ist zu beachten, dass die Erleichterung des § 130 II 3 AktG nur für die Feststellung des Vorsitzenden in der Hauptversammlung gilt und den sonstigen Umfang der Niederschrift nach § 130 II 1 AktG, insbesondere das Ergebnis der Abstimmung, nicht berührt (*Leitzen* ZIP 2010, 1065; vgl. auch DNotI-Report 2010, 61; a. A. *Herrler/ Reymann* DNotZ 2009, 815). Der Notar muss daher während der Hauptversammlung von dem durch die Versammlungsleitung zumindest stillschweigend gebilligten Abstimmungsergebnis Kenntnis erlangen. Von § 130 II 3 AktG ebenfalls unberührt bleibt die Pflicht zur Veröffentlichung des detaillierten Abstimmungsergebnisses auf der Internetseite der börsennotierten Gesellschaft aus § 130 VI AktG.

220 Nach § 131 V AktG sind auf Verlangen des Aktionärs zum einen unbeantwortete Fragen und zum anderen der Grund der Auskunftsverweigerung in das Protokoll aufzunehmen. Aus einer allein protokollierten Auskunftsverweigerung kann jedoch geschlussfolgert werden, dass die Frage auch tatsächlich gestellt wurde, dies sei von der Beweiskraft der Urkunde (§ 415 ZPO) umfasst, soweit nicht eine unrichtige Beurkundung nachgewiesen wird (*OLG Frankfurt* NotBZ 2013, 47). Kann der Notar nicht prüfen, ob eine Frage tatsächlich gestellt wurde, sollte er dies daher ebenfalls ins Protokoll aufnehmen (*OLG Frankfurt* EWiR 2013, 67 m. Anm. *Widder/Klabun*; *Reger* NZG 2013, 48). Das *OLG Köln* (ZIP 2011, 2102) stellt in seiner kontrovers beurteilten Entscheidung fest, dass es nicht treuwidrig sei, eine Beschlussanfechtungsklage auf einen Verstoß gegen § 131 AktG zu stützen, wenn der Aufsichtsratsvorsitzende in der Hauptversammlung dazu aufgefordert hatte, unbeantwortet gebliebene Fragen dem beurkundenden Notar mitzuteilen, dies aber nicht geschehen ist. Denn insbesondere, könne der Vorstand, der die Beantwortung einer Frage ausdrücklich ablehnt, nicht im Glauben sein, dass alle Fragen beantwortet sind. Auch lasse ein Hinweis auf die Möglichkeit der notariellen Protokollierung unbeantworteter Fragen in der Regel nicht erkennen, dass der Vorstand zur Beantwortung der Fragen bereit ist. Eine Verwirkung des Anfechtungsrechts sei daher nur dann anzunehmen, wenn der Aktionär eine Nachfrage in der Hauptversammlung trotz eines Hinweises des Vorstands bewusst unterlässt, seine subjektive Bösgläubigkeit also feststeht.

221 Jedes **Verlangen einer Minderheit** gemäß § 120 I 2 AktG (Einzelentlastung), nach § 137 AktG (Wahlvorschläge) und nach § 147 I AktG (Geltendmachung von Regressansprüchen) ist in die Niederschrift aufzunehmen. Wichtig ist, dass nicht nur die Beschlüsse zu Tagesordnungspunkten in das Protokoll aufzunehmen sind, sondern auch **verfahrensleitende Entscheidungen,** Geschäftsordnungsbeschlüsse und Ordnungsmaßnahmen. Entgegen der früheren Regelung sind der Niederschrift gem. § 130 III AktG lediglich noch die Belege über die Einberufung (Kopien genügen) beizufügen. Die Beifügung eines **Teilnehmerverzeichnisses** ist nicht mehr erforderlich. Ob die Befügung des Teilnehmerverzeichnisses überhaupt noch zulässig ist, ist vor dem Hintergrund datenschutzrechtlicher Aspekte als offen zu bezeichnen (DNotI-Gutachten Nr. 81805). Die Einreichung des Hauptversammlungsprotokolls obliegt, auch wenn zur Anmeldung zu bringende Beschlüsse nicht gefasst wurden, der Gesellschaft. Der Notar kann diese Verpflichtung der Gesellschaft natürlich für diese erledigen.

222 Fraglich ist, ob über den gesetzlichen Umfang hinaus weitere Angaben zum Inhalt des Protokolls zu machen sind. Eine ältere Ansicht vertritt, dass es alle Details zu enthalten hat, die für die Ordnungsmäßigkeit und Wirksamkeit der gefassten Beschlüsse erheblich sein könnten (*Lamers* DNotZ 1962, 287, 293; *Wilhelmi* BB 1987, 1331, 1334). Dies wird jedoch weithin abgelehnt (*Hüffer* § 130 Rn. 5; KölnerKomm-AktG/*Noack/ Zetzsche* § 130 Rn. 344), wobei nunmehr eine zunehmend vertretene vermittelnde Ansicht auf die Protokollierungspflichten entsprechend der Reichweite der Amtspflichten des Notars abstellt, dieser mithin die nach seiner Auffassung beschlussrelevanten Vorgänge aufzunehmen hat (*Krieger* ZIP 2002, 1597; *OLG Düsseldorf* MittBayNot 2003, 399; *Priester* EWiR 2002, 645; *Reul* AG 2002, 543; *BGH* NJW 2009, 2207; *Semler/ Volhard/Reichert* § 13 Rn. 37).

VI. Hauptversammlung

Mit dem Gesetz für kleine Aktiengesellschaften und zur Deregulierung des Aktienrechts 223 wurde die Beurkundungsbedürftigkeit von Hauptversammlungsbeschlüssen teilweise **eingeschränkt** (krit. dazu bereits *Heckschen* DNotZ 1995, 275; zu den Anforderungen an die Beurkundung von Hauptversammlungsprotokollen vgl. *Maaß* ZNotP 2005, 50). Der Gesetzgeber hat es den Gesellschaften unter bestimmten Umständen ermöglicht, aus Kostengründen auf die Beurkundung von Hauptversammlungsbeschlüssen zu verzichten. Die Beurkundung ist gem. § 130 I 3 AktG nicht erforderlich, wenn die Gesellschaft nicht an einer Börse zum Handel zugelassen ist und keine Beschlüsse gefasst werden, für die das Gesetz eine ¾- oder größere Mehrheit vorschreibt. Jedoch besteht auch hier ein Beurkundungserfordernis für die sog. Holzmüller-Entscheidungen in analoger Anwendung von §§ 179, 179a AktG (*BGH* NJW 2003, 1032; vgl. im Übrigen Rn. 231 ff.). Zu beachten ist dabei immer auch der Grundsatz der Einheit der Hauptversammlung und der Grundsatz der Unteilbarkeit der Niederschrift über die Hauptversammlung. D. h. im Ergebnis, wenn auf der Hauptversammlung ein Beschluss gefasst wird, der nicht den Erleichterungen des § 130 I 3 AktG unterfällt (z. B. ein satzungsändernder Beschluss), führt dies dazu, dass die gesamte Niederschrift der Hauptversammlung notariell aufzunehmen ist (*OLG Jena* BeckRS 2014, 15033).

Den durch den Verzicht auf eine notarielle Beurkundung eingesparten Notarkosten ste- 224 hen häufig hohe finanzielle Aufwendungen gegenüber, wenn die Hauptversammlungsniederschrift an Mängeln leidet und gefasste Beschlüsse deshalb nichtig sind (vgl. § 241 Nr. 2 AktG; zur Haftung des Versammlungsleiters vgl. *von der Linden* NZG 2013, 208). Die Folgen einer mangelhaften Niederschrift werden in der Praxis oft unterschätzt. Der *BGH* räumt den formalen Anforderungen an die Niederschrift eines Hauptversammlungsbeschlusses nach einer Entscheidung aus dem Jahre 1994 (vgl. NJW-RR 1994, 1250, 1251) einen hohen Stellenwert ein (auf das Problem hinweisend bereits *Heckschen* DNotZ 1995, 275, 285). Eine Einzelfallbetrachtung scheidet demnach aus. Fehlen globale Angaben, die sich auf alle Beschlüsse beziehen, wie Ort oder Datum (vgl. § 130 II AktG), haftet der Mangel allen auf dieser Hauptversammlung gefassten Beschlüssen an.

Eine Korrektur der Niederschrift kann nur so lange vorgenommen werden, solange 225 nach der Leistung der Unterschriften noch keine Abschriften erteilt und in den Rechtsverkehr gelangt sind (vgl. *BGH* NJW 2009, 2207). Eine Heilung tritt jedenfalls durch die Eintragung in das Handelsregister bei eintragungspflichtigen Hauptversammlungsbeschlüssen ein (vgl. ausführlich zu der ganzen Thematik *Grumann/Gillmann* NZG 2004, 839). Daran wird ersichtlich, dass sich die Kostenersparnis häufig ins Gegenteil verkehrt und eine Hauptversammlung, in der Beschlüsse gefasst werden sollen, nicht ohne notariellen Beistand durchgeführt werden sollte.

Mangels Klarstellung wird man davon auszugehen haben, dass Beschlüsse, für die eine 226 qualifizierte **Kapitalmehrheit** vorgesehen ist (Satzungsänderung, § 179 II AktG; Kapitalmaßnahmen, §§ 182 ff., 221, 222 ff. AktG; Auflösung der Gesellschaft, § 262 AktG; konzernrechtliche Entscheidungen wie Unternehmensverträge und Eingliederungen, §§ 293, 319 AktG; jegliche Umwandlungsbeschlüsse, § 65 UmwG; wobei bei den zuletzt genannten Beschlüssen § 62 UmwG als einschränkende Vorschrift Geltung finden würde), unzweifelhaft die **Beurkundungspflicht** auslösen. Zur ordnungsgemäßen Beurkundung eines Hauptversammlungsbeschlusses gehört es, dass das Abstimmungsergebnis in Stimmen angegeben wird; die Angabe, welche Kapitalbeträge für bzw. gegen den Antrag gestimmt haben, genügt nicht. Fehlt die Angabe des Abstimmungsergebnisses in Stimmen, führt dies grundsätzlich zur Nichtigkeit des Beschlusses (*BGH* WM 1994, 1521). Gemäß § 130 II 1 AktG gehören zur Angabe der Art der Abstimmung in der Niederschrift einer Hauptversammlung auch Ausführungen, wie das Abstimmungsergebnis ermittelt wird – nämlich durch Ermittlung der Ja- und Nein-Stimmen oder im Wege des Subtraktionsverfahrens. Wird hiergegen verstoßen, ist der Beschluss nichtig (vgl. *LG München I* NZG 2012, 1310). Insbesondere nicht beurkundete Beschlüsse (aber nicht nur diese) leiden häufig an diesem Mangel.

D III

227 Von dem **Erfordernis einer ¾-Stimmenmehrheit** gemäß § 103 I 2 AktG sind – nach einer Entscheidung des *OLG Karlsruhe* (NZG 2013, 1261) – zwar auch Beschlüsse über die Abberufung von Aufsichtsratsmitgliedern erfasst. Gleichwohl unterfällt ein solcher Beschluss nicht § **130 I 3 AktG**. Er bezieht sich nur auf Bestimmungen, die eine ¾-**Kapitalmehrheit** voraussetzen. Dies ergibt sich zwar nicht aus dem Wortlaut der Bestimmung, aber aus der Gesetzesbegründung (BT-Drucks. 12/6721, S. 9). Die Formerleichterung soll nämlich nicht für Grundlagenbeschlüsse gelten, die, wie etwa § 179 II 1 AktG oder § 182 I 1 AktG zeigen, an das bei der Beschlussfassung vertretene Grundkapital anknüpfen. In diesem Zusammenhang stellt das *OLG Karlsruhe* (NZG 2013, 1261; so schon *Hoffmann-Becking* ZIP 1995, 1, 7 und *Hölters/Deilmann/Buchta* S. 108) zudem klar, dass in dem Fall, dass der Aufsichtsratsvorsitzende die Hauptversammlung nicht leitet, es nach dem Sinn und Zweck der Vorschrift – entgegen dem ausdrücklichen Wortlaut des § 130 I 3 AktG – genügt, wenn der Versammlungsleiter die Niederschrift unterzeichnet. Schreibt lediglich die Satzung für bestimmte Beschlüsse eine ¾-Mehrheit in vorgenanntem Sinn für bestimmte Beschlüsse vor, so bedingt dies keine Beurkundungspflicht. Es steht aber natürlich der Gesellschaft frei, durch die Satzung für weitere oder alle Beschlüsse die notarielle Niederschrift zwingend vorzuschreiben.

228 Nach § 134 I 2 AktG sind Höchststimmrechte nur noch bei nicht börsennotierten Gesellschaften zulässig. Nach § 328 III AktG dürfen Unternehmen, denen eine wechselseitige Beteiligung gem. Abs. 1 bekannt ist, in der Hauptversammlung einer börsennotierten AG das Stimmrecht zur Wahl des Aufsichtsrates nicht ausüben. Das Depotstimmrecht der Banken wurde durch das ARUG dereguliert (dazu *J. Schmidt* WM 2009, 2350). So entfallen die Regelungen des § 128 II, III und V AktG grundsätzlich, die Stimmrechtsvollmacht kann nun grundsätzlich in Textform erteilt und bei börsennotierten Gesellschaften elektronisch übermittelt werden. Erteilt der Aktionär keine Weisung, so steht es der Depotbank nach § 135 I 4 Nr. 1 AktG frei, eigene Abstimmungsvorschläge zu unterbreiten, sie muss dann jedoch wie bisher dem Aktionärsinteresse dienen und mögliche Interessenkonflikte offenlegen und kann nur in engen Grenzen davon abweichen, § 135 II, III AktG. Sie kann auch anbieten entsprechend den Verwaltungsvorschlägen abzustimmen, § 135 I 4 Nr. 2, IV AktG. Andere Möglichkeiten bestehen nicht, in beiden Fällen muss die Depotbank auch anbieten die zur Stimmrechtsausübung erforderlichen Unterlagen einem vom Aktionär benannten Vertreter oder einer Aktionärsvereinigung zuzuleiten. In der eigenen Hauptversammlung darf die Depotbank nur nach Weisung des Aktionärs abstimmen, ist sie an einer Gesellschaft, auch mittelbar, zu mehr als 20 % beteiligt, so darf sie keine eigenen Vorschläge unterbreiten. Die Wirksamkeit der Stimmabgabe bleibt von einem Verstoß unberührt.

229 Wenn Beschlüsse auf der Tagesordnung stehen, die einer ¾ Mehrheit bedürfen, ist nicht nur der einzelne Beschluss **zu beurkunden**, sondern die **gesamte Hauptversammlung**. Das Gesetz behandelt in § 130 I 3 AktG nämlich nicht den Beschluss, sondern die Niederschrift insgesamt. Es ist auch zweckmäßig, dass der Gesetzgeber dies so festlegt. So ist der Notar beispielsweise verpflichtet, Feststellungen zu treffen, die für die Wirksamkeit aller Beschlüsse von Belang sind. Wollen die Beteiligten es vermeiden, dass sämtliche Beschlüsse beurkundet werden, so bleibt ihnen nur der Weg zwei separate Hauptversammlungen einzuberufen und den nicht beurkundungsbedürftigen Teil zu separieren.

230 Verpflichtet sich die Aktiengesellschaft zur Übertragung ihres ganzen Vermögens, so ist dafür ein Beschluss der Hauptversammlung erforderlich, der einer ¾-Mehrheit bedarf, §§ 179a I, 179 II AktG. Daneben bedarf es der einfachen Stimmenmehrheit, also der Mehrheit der abgegebenen Stimmen, da § 133 AktG nicht durch § 179 II 1 AktG verdrängt wird, sondern selbständig neben diesen tritt (MünchKomm-AktG/*Stein* § 179 Rn. 85). Der Hauptversammlungsbeschluss ist gem. § 130 I AktG zu beurkunden (vgl. *Hoffmann-Becking* ZIP 1995, 1, 7; *Hüffer* § 130 Rn. 2), ebenso ein Kaufvertrag nach § 311b II BGB (*OLG Hamm* GWR 2010, 402). Entgegen dem Wortlaut der Gesetzesfassung ist der Anwendungsbereich des § 179a I AktG nicht erst eröffnet, wenn die Aktiengesellschaft tatsächlich ihr Vermögen als Ganzes veräußert, sondern bereits dann, wenn sie mit den verbleibenden Vermögensgegenständen den Unternehmensgegenstand nicht mehr ausfüllen kann (h. M.; vgl. *BGH* NJW 1982, 1703; *Hüffer* § 179a Rn. 5; MünchKomm-AktG/*Stein* § 179a Rn. 19; krit. hierzu *Bredthauer* NZG 2008, 816; zur sog. Satzungsunterschreitung infolge Verkauf von Unternehmensteilen vgl. *OLG Köln* RNotZ 2009, 548). Dabei kommt dem Merkmal des Ausfüllens des Unternehmensgegenstandes eine so große Bedeutung zu, dass auch beim Zurückbleiben von wesentlichen Vermögensgegenständen der Anwendungsbereich des § 179a I AktG eröffnet ist, wenn die Gesellschaft den Unternehmensgegenstand nicht mehr verwirklichen kann. Diese Grundsätze gelten auch für die KGaA (*OLG Stuttgart* DB 2003, 1944, 1947). Der entsprechende Beschluss bedarf grds. einer ¾-Mehrheit und ist zu beurkunden (§ 179a S. 1 AktG). Bei Fehlen eines entsprechenden Beschlusses führt dies zur **schwebenden Unwirksamkeit** des Vertrages und bei Versagung der Zustimmung zur endgültigen Unwirksamkeit desselben (*Hüffer* § 179a Rn. 13; MünchKomm-AktG/*Stein* § 179a Rn. 35). In der Praxis wird vielfach übersehen, dass § 179a AktG auf **alle** Gesellschaftsformen analog angewendet wird (vgl. MünchKomm-AktG/*Stein* § 179a Rn. 14; ebenfalls hierzu krit. *Bredthauer* NZG 2008, 816).

Ist der Anwendungsbereich des § 179a AktG nicht eröffnet, kann möglicherweise ein **231** ungeschriebenes Zustimmungserfordernis aus den Grundsätzen der „Holzmüller"-Entscheidung erwachsen (*BGH* NJW 1982, 1703), welches das grundsätzliche Vorlageermessen des Vorstandes aus § 119 II AktG auf Null reduziert. Danach bedürfen Maßnahmen der Geschäftsführung, die mit einem wesentlichen Eingriff in die Mitgliedsrechte und die Vermögensinteressen der Aktionäre verbunden sind, auch dann der Zustimmung durch die Hauptversammlung, wenn dies nicht ausdrücklich im Gesetz oder in der Satzung bestimmt ist. Umstritten war infolge der „Holzmüller"-Entscheidung zum einen, wann ein solch wesentlicher Eingriff anzunehmen ist, zum anderen stellte sich die Frage, mit welcher Mehrheit ein gegebenenfalls erforderlicher Hauptversammlungsbeschluss zu fassen ist. In den sog. „Gelatine"-Urteilen (*BGH* ZIP 2004, 993 und 1001; bestätigt in *OLG Hamm* AG 2008, 421) hat der *BGH* seine „Holzmüller"-Rechtsprechung präzisiert und weiterentwickelt. Als Kernaussagen der „Gelatine"-Urteile lassen sich die folgenden Punkte ausmachen:
– Ungeschriebene Zuständigkeiten der Hauptversammlung im Aktienrecht müssen die absolute Ausnahme bleiben.
– Erwerb oder Veräußerung von Unternehmen oder Unternehmensteilen oder auch für die Gesellschaft wichtige Vermögensteile an Dritte ist grundsätzlich nicht erfasst (für Beteiligungsveräußerung *BGH* NZG 2007, 234, so auch die Vorinstanz *OLG Stuttgart* AG 2005, 693; *OLG Hamm* AG 2008, 421 – Arcandor); für Beteiligungserwerb mit Konzernöffnungsklausel *OLG Frankfurt* AG 2008, 862; NZG 2001, 62; *OLG Köln* AG 2009, 416).
– Qualitative und quantitative Voraussetzungen müssen kumulativ vorliegen (zustimmend: *Kort* AG 2006, 272, 274; *OLG Stuttgart* AG 2005, 693, 695; a. A. *OLG Schleswig* ZIP 2006, 421, das ausschließlich anhand des wirtschaftlichen Umfanges der Transaktion auf das Vorliegen eines Holzmüllerfalles schloss; unklar auch nach DNotI-Report 2008, 73, 75 für einen Verlustübernahmevertrag).
– Als qualitatives Kriterium muss eine Beeinträchtigung der mitgliedschaftlichen Position der Gesellschafter entsprechend den gesetzlich geregelten Hauptversammlung-Zustimmungspflichten gegeben sein.
– Die wirtschaftliche Bedeutung der Maßnahme als quantitatives Kriterium muss in etwa die Ausmaße wie in der „Holzmüller"-Entscheidung (rund 80 % des Gesamtkonzerns) ausmachen (*OLG Hamm* AG 2008, 421 – Arcandor; vgl. auch die Besprechungen von *Fleischer* NJW 2004, 2335; *Götze* NZG 2004, 585; *Kort* AG 2006, 272; *Simon* DStR 2004, 1482). Die Parameter (Bilanzsumme, Umsatz, Ertrag, Vermögens-

wert, Bilanzsumme, Eigenkapital) sind im Einzelfall zu bestimmen und an der o.g. Grenze zu messen.
- Beschlüsse der Hauptversammlung in „Holzmüller"-Fällen bedürfen einer ¾-Mehrheit des vertretenen Grundkapitals.

232 Soll die Zustimmung der Hauptversammlung zu einer Strukturmaßnahme nach den „Holzmüller"- bzw. „Gelatine"-Grundsätzen herbeigeführt werden oder verfolgt der Vorstand die Erfüllung eines vertraglich zugesicherten Zustimmungsvorbehalts der Hauptversammlung (h. M.: *BGH* AG 2001 261 – „Altana/Milupa"-Urteil) muss der wesentliche Inhalt des Vertrages gem. § 124 II 2 AktG bereits in der Einladung zur Hauptversammlung bekannt gemacht werden (*LG Frankfurt a. M.* ZIP 2005, 579; MünchKomm-AktG/*Kubis* § 124 Rn. 24). Unklar ist, ob darüber hinaus in analoger Anwendung von § 186 IV 1 AktG ein schriftlicher Bericht über die Gründe der intendierten Maßnahme vom Vorstand abgegeben werden muss und etwaige Verträge/Entwürfe während der Hauptversammlung auszulegen sind (*Kort* AG 2006, 272).

233 Für Grundlagenbeschlüsse der genannten Art ist aus Sicherheitsgründen unbedingt zu einer notariellen Beurkundung zu raten (sehr umstritten; dafür *Binge/Thölke* in: MAH AktR § 25 Rn. 90; *Blanke* BB 1994, 1505, 1509 f.; *Heckschen* DNotZ 1995, 275, 284; dagegen: *Ammon/Görlitz*, Die Kleine AG, 1995, S. 65 f.; *Hüffer* § 130 Rn. 14c; *Kindler* NJW 1994, 3041, 3045). Dies dürfte sich auch aus den Gelatine-Urteilen des *BGH* ergeben. Danach werden die Notwendigkeit eines Beschlusses und die dafür erforderliche Mehrheit aus der entsprechenden Regelung für Satzungsänderungen hergeleitet. Dann sind die Beschlüsse aber ebenso wie Beschlüsse zu Satzungsänderungen zu beurkunden. § 130 I 3 AktG ist nicht anwendbar (ausführlich zu dieser Thematik *Goette* DStR 2005, 603). Im Falle einer Satzungsunterschreitung (Unternehmensgegenstand) durch den Verkauf von Unternehmensteilen einer Aktiengesellschaft, ist grundsätzlich vor der Durchführung des Verkaufs eine Satzungsänderung durchzuführen (*OLG Köln* AG 2009, 416). Eine Nachholung der Satzungsänderung (Heilung) ist nur in Ausnahmefällen in möglich. Nach der Rechtsprechung des *BGH* in seiner sog. „Macrotron I"-Entscheidung (ZIP 2003, 387, 389; bestätigend *BGH* NZG 2010, 618) bedurfte – im Einklang mit dem wohl überwiegenden Teil der Literatur (vgl. nur DNotI-Report 2002, 25 m. w. N.) – auch die Antragstellung zum Delisting eines Hauptversammlungsbeschlusses (gegen die Notwendigkeit eines solchen *Streit* ZIP 2002, 1279, 1287; allg. dazu *Geyrhalter/Gänßler* NZG 2003, 313; *Pfüller/Anders* NZG 2003, 459). Dieser war notariell zu beurkunden, was sich bereits im Umkehrschluss aus § 130 I AktG ergab, da nur börsennotierte Aktiengesellschaften delistet werden können. Für den Beschluss war nach der vorgenannten Entscheidung eine einfache Mehrheit ausreichend. Der *BGH* ging davon aus, dass mit dem Wegfall des Marktes für die Aktie gravierende Nachteile für den Anteilsinhaber einhergehen. Einen Vorstandsbericht i. S. d. § 186 IV 3 AktG hielt der *BGH* ebenfalls für nicht notwendig, lediglich die Einzelheiten des Delistings müssten entsprechend § 124 II AktG angegeben werden. In seiner Entscheidung zum Delisting hatte der *BGH* darüber hinaus festgelegt, dass der Vorstand den Antrag auf Widerruf der Zulassung zur Börsennotierung nur stellen dürfe, wenn die Gesellschaft (soweit nach § 71 AktG zulässig) oder der Hauptaktionär den Anteilseignern ein angemessenes Barabfindungsangebot gemacht hat.

234 Das *BVerfG* (NZG 2012, 826) stellte klar, das die Rechtsprechung des *BGH*, wonach im Fall des freiwilligen Delisting als Ausgleich ein Pflichtangebot an die Minderheitsaktionäre erforderlich ist, welches auch in einem Spruchverfahren gerichtlich überprüft werden kann, die Grenzen richterlicher Rechtsfortbildung wahrt. Es führte jedoch aus, das entgegen der Annahme des *BGH* der Widerruf der Börsenzulassung für den regulierten Markt auf Antrag des Unternehmens grundsätzlich nicht den Schutzbereich des Eigentumsgrundrechts des Aktionärs berühre. Dies hatte jedoch angesichts der zwischenzeitlichen Entwicklung im Gesellschaftsrecht – insbesondere im Umwandlungsrecht – wohl keine gravierenden Auswirkungen (*Klöhn* NZG 2012, 1041; *Reger/Schilha* NZG 2012, 3066). Denn mittlerweile sieht § 29 UmwG eine Pflicht zur Abgabe eines Abfin-

VI. Hauptversammlung

dungsangebots vor, wenn eine börsennotierte Gesellschaft auf eine nicht börsennotierte Gesellschaft verschmolzen wird. Eine analoge Anwendung unter anderem dieser Norm (*KG* ZIP 2007, 2352) hat das *BVerfG* in seiner Entscheidung als zulässige richterliche Rechtsfortbildung anerkannt.

Vor dem Hintergrund dieser *BVerfG*-Rechtsprechung hat der *BGH* mit Beschluss vom 8.11.2013 (NJW 2014, 146 – Macrotron II) seine bisherige Macrotron I-Rechtsprechung aufgegeben. Nunmehr bedarf der Rückzug einer börsennotierten Aktiengesellschaft von der Börse (reguläres Delisting) keines Beschlusses der Hauptversammlung und keines Pflichtangebots der Aktiengesellschaft oder des Großaktionärs über den Kauf der Aktien der Minderheitsaktionäre mehr. Denn nach der aktuellen Auffassung des *BGH* führt der Widerruf der Zulassung vom regulierten Markt gem. § 39 II BörsG nicht zu einer Beeinträchtigung des Aktieneigentums in seinem vermögensrechtlichen und mitgliedschaftlichen Element. Die Qualifizierung des Delistings als Strukturmaßnahme und die damit verbundene Mitwirkungspflicht der Hauptversammlung lehnt der *BGH* ebenfalls ab. Durch den Widerruf der Börsennotierung werde keine entscheidende Veränderung in der Organisationsstruktur oder in der Beteiligungsstruktur herbeigeführt.

Im Übrigen sei (entgegen der Auffassung des *BGH* in seiner Macrotron I-Entscheidung, ZIP 2003, 387, 389) der Schutz der Minderheitsaktionäre nach § 39 II 2 BörsG ausreichend gewahrt. Die Anleger hätten zudem nach den einzelnen Börsenordnungen genug Zeit, ihre Anteile nach Bekanntwerden des Delistings zu veräußern und so die Möglichkeit über das Deinvestment denselben Zustand wie bei einer Barabfindung herzustellen. **235**

Im Bereich der geschriebenen wie der ungeschriebenen Hauptversammlungszuständigkeiten ist ein Verzicht auf die Hauptversammlung nicht möglich. An dem Zustimmungserfordernis durch die Hauptversammlung ändert sich auch dann nichts, wenn die Zustimmung nach § 164 HGB wirksam auf den Aufsichtsrat übertragen ist. Der Kernbereich der Mitgliedschaft ist auch bei der KGaA nicht einschränkbar (vgl. wiederum *OLG Stuttgart* DB 2003, 1944). Auch eine „Vor-Ordnung" im Rahmen der Satzung ist zweifelhaft: Im Bereich der gesetzlich geregelten Zuständigkeiten wäre sie nach § 241 Nr. 3 AktG nichtig, im Falle der ungeschriebenen Hauptversammlungskompetenzen wäre sie zwar zulässig, würde jedoch mangels Bestimmtheit weder von der späteren Zustimmung der Hauptversammlung zu der konkreten Maßnahme entbinden, noch das Mehrheitserfordernis absenken. Möglich ist die „Vor-Ordnung" durch aufschiebend bedingte Beschlüsse, praktisch hilfreich sind diese jedoch nur selten. Echte Ermächtigungsbeschlüsse, die dem Vorstand einen Spielraum geben, sind im Rahmen der gesetzlichen Hauptversammlungszuständigkeiten wegen § 23 V AktG, § 1 III UmwG nicht möglich. Anders liegt es bei den ungeschriebenen Zuständigkeiten; hier ist grundsätzlich eine bis zur nächsten ordentlichen Hauptversammlung befristete „Vor-Ordnung" durch Ermächtigungsbeschluss möglich, wenn die Strukturmaßnahme, zu der der Vorstand ermächtigt werden soll, wenigstens in ihren Grundzügen feststeht. Die Erfordernisse hinsichtlich der Vorbereitung orientieren sich an dem Strukturbeschluss selbst, der Ermächtigungsbeschluss bedarf einer ¾-Mehrheit (*Lutter/Leinekugel* ZIP 1998, 805). **236**

Die Regelung des § 130 I 3 AktG ist kritisch zu beurteilen. Schon deshalb, weil die **Kosten** für die kleine Aktiengesellschaft nicht so sehr ins Gewicht fallen, dass es gerechtfertigt ist, die Interessen der Beweissicherung und Streitvermeidung preiszugeben. **237**

Wenn eine Satzung eine Beurkundung aller Beschlüsse vorsieht, ist diese Regelung maßgeblich und eine Beurkundung zwingend erforderlich, solange die Satzung nicht geändert ist. **238**

Ist keine Beurkundung mehr erforderlich, hat der Vorsitzende des Aufsichtsrates das Protokoll auszufertigen und persönlich zu unterschreiben. Allerdings trifft ihn bezüglich der sonstigen Erfordernisse hinsichtlich der Aufstellung des Versammlungsprotokolls aus Gründen der Rechtssicherheit **keine Erleichterung** gegenüber dem Notar. Dies ist zu beachten; hier besteht erheblicher juristischer Beratungsbedarf (vgl. Rn. 223). **239**

240 Mit mehreren straf- und zivilgerichtlicher Entscheidungen in den Jahren 2005 und 2006 rückte die notariellen Niederschrift und deren Änderungsmöglichkeiten in den Fokus von Literatur und Rechtsprechung (*AG Frankfurt a. M.* ZNotP 2007, 358; *Eylmann* ZNotP 2005, 300; *LG Frankfurt a. M.* RNotZ 2006, 196; 2008, 172; *Maaß* ZNotP 2005, 50; ZNotP 2007, 326; *OLG Frankfurt* ZNotP 2007, 188; *Wolfsteiner* ZNotP 2005, 376). Im Kern geht es um die Frage, ab wann die notarielle Hauptversammlungs-Niederschrift als abgeschlossen gilt, was für die Anwendung der Korrekturvorschrift von § 44a II BeurkG von ausschlaggebender Relevanz ist. Entgegen § 13 BeurkG, der für die Beurkundung von Willenserklärungen eine klare Regelung für den Abschluss der Beurkundung trifft, muss für den Fall des § 36 BeurkG – unter den die Hauptversammlungs-Niederschrift zu subsumieren ist – der Zeitpunkt des Abschlusses aus dem Gesetzeszusammenhang geschlossen werden. Die h. M. geht hierbei unter Verweis von § 59 BeurkG und § 130 AktG davon aus, dass die Niederschrift (wie bisher) erst mit der notariellen Unterschrift und der Weitergabe der Urkunde aus dem Kanzleiinternen in den Rechtsverkehr abgeschlossen wird (*BGH* NJW 2009, 2207; *Bohrer* NJW 2007, 2019, 2020; *Görg* MittBayNot 2007, 382 ff.; *LG Frankfurt a. M.* RNotZ 2005, 377, 379; *Maaß* ZNotP 2005, 52; *Wolfsteiner* ZNotP 2005, 376, 379). Solange dies noch nicht vollzogen wurde, kann der Notar die meist zunächst nur als Entwurf erstellte Hauptversammlungs-Niederschrift noch nachträglich ergänzen und in einer neuen Reinschrift niederlegen. Andererseits muss sich der Notar nach Weitergabe in den Rechtsverkehr an die Korrekturvorschrift das § 44a II BeurkG halten (*Görg* MittBayNot 2007, 382, 383; *LG Frankfurt a. M.* RNotZ 2006, 196, 197; *Kanzleiter* DNotZ 2007, 804, 809). Eine Korrektur ist daher nur bei offensichtlicher Unrichtigkeit möglich, wenn sich also der richtige Wortlaut ohne weiteres ermitteln lässt (*OLG Köln* NZG 2010, 1352).

241 Bis zur Weitergabe der Niederschrift in den Rechtsverkehr sind die gefassten Beschlüsse schwebend unwirksam (*BGH* NJW 2009, 2207: „schwebend nichtig"), sie werden mit der Entäußerung rückwirkend wirksam (*Roeckl-Schmidt/Stoll* AG 2012, 225). Um die Nichtigkeit nach § 241 Nr. 2 AktG zu verhindern, falls dem Notar nach der Hauptversammlung aber vor der Entäußerung einer Reinschrift etwas zustößt, empfiehlt es sich bereits den Entwurf unmittelbar nach der Hauptversammlung zu unterschreiben und das Notariat anzuweisen in diesem Fall den unterschriebenen Entwurf in den Rechtsverkehr zu bringen. So ist mit Abschluss der Hauptversammlung die ordnungsgemäße Niederschrift sichergestellt, die Gesellschaftsorgane können unmittelbar danach beginnen die Hauptversammlungsbeschlüsse umzusetzen oder auf ihrer Grundlage tätig zu werden (*Roeckl-Schmidt/Stoll* AG 2012, 225).

242 Um zu verhindern, dass die gesamte Hauptversammlung als Beurkundung von Willenserklärungen abgehalten werden muss, weil z. B. in den Fällen des § 285 III AktG die Zustimmung der persönlich haftenden Gesellschafter erforderlich ist, wird diese Zustimmung regelmäßig außerhalb, d. h. entweder vor oder nach der Hauptverhandlung – in entsprechender notarieller Form – aufgenommen und der notariellen Niederschrift der Hauptversammlung im Anschluss als Anhang beigefügt, § 285 III 2 AktG. Gemäß der oben dargestellten h. M. zum Zeitpunkt des Abschlusses der Niederschrift, sollte dies auch weiterhin möglich sein (DNotI-Gutachten Nr. 68171).

6. Hauptversammlungen bei Einmanngesellschaften

243 Eine Hauptversammlung bei einer Einmanngesellschaft impliziert denknotwendig beim Erscheinen des Alleingesellschafters, dass es sich um eine Vollversammlung handelt. Neben der gesetzlichen Befreiung von den Vorschriften §§ 121–128 AktG (vgl. § 121 VI AktG) hält die h. M. auch die Erstellung eines Teilnehmerverzeichnisses (§ 129 I), die Art und das Ergebnis der Abstimmung gem. § 130 II AktG sowie die Bestimmung eines Versammlungsleiters für entbehrlich (*Terbrack* RNotZ 2012, 221; *Faßbender* RNotZ 2009, 425, 450; DNotI-Report 2003, 27). Schließlich kann die Hauptversammlung auch ohne einen Vorsitzenden durchgeführt werden, soweit nicht die Satzung einen solchen zwingend bestimmt und diesem somit ein Teilnahmerecht einräumt (*OLG Köln* DNotZ 2008, 789 m. abl. Anm. *Wicke*; ebenfalls abl. *Terbrack* RNotZ 2012, 221). Dem Mandanten ist von einer solchen Vorgehensweise abzuraten, da in diesem Fall der Notar die Feststellung über die Alleininhaberschaft des Einmann-Aktionärs treffen müsste (ausführlich dazu DNotI-Report 2003, 27 m. w. N.). Die Einberufung einer Hauptversammlung ad hoc und/oder deren Abhaltung im Ausland ist nicht mit den gleichen Problemen wie bei einer „normalen" Aktiengesellschaft behaftet.

Das Teilnahmerecht für Vorstand und Aufsichtsrat besteht auch bei der Einmanngesellschaft, diese sollten daher vor der Versammlung unterrichtet werden (*Faßbender* RNotZ 2009, 425, 450). Für die Protokollierung gilt § 130 I 3 AktG. **244**

VII. Einzelne Satzungsänderungen

1. Allgemeines

Gemäß § 179 AktG bedarf **jede Änderung der Satzung,** das heißt grundsätzlich auch **245** reine Fassungsänderungen des Wortlauts ohne materiellrechtliche Auswirkung, des **Beschlusses der Hauptversammlung.** Die Befugnis zur Fassungsänderung kann allerdings nach § 179 I 2 AktG im Einzelfall oder auch generell (str., wie hier *Hüffer* § 179 Rn. 11) an den Aufsichtsrat weiterdelegiert werden. Hierzu ist keine Satzungsänderung sondern lediglich ein Beschluss mit satzungsändernder Mehrheit erforderlich. Sonderregelungen für so genannte **satzungsdurchbrechende Beschlüsse,** das heißt Beschlüsse, die nur für einen Einzelfall, nicht aber generell von der Satzung abweichen, gibt es nicht (*Krieger* AG 2006, 355, 357). Das bedeutet, dass jeweils eine Satzungsänderung durchzuführen ist bzw. für satzungsdurchbrechende Beschlüsse eine satzungsändernde Mehrheit erforderlich ist (zur Satzungsdurchbrechung vgl. *Hüffer* § 179 Rn. 7 f.). Die Satzungsdurchbrechung muss bewusst beschlossen werden. Satzungsänderungen bedürfen einer Mehrheit von ¾ des bei der Beschlussfassung vertretenen Grundkapitals und der einfachen Mehrheit der abgegebenen Stimmen. Die Satzung kann eine höhere Mehrheit vorsehen, aber auch die einfache Kapitalmehrheit ausreichen lassen, sofern das Gesetz dies nicht ausdrücklich anders vorsieht (Hauptanwendungsfall: Kapitalmaßnahmen, §§ 182 ff. AktG). Fassungsänderungen bedürfen nicht der notariellen Beurkundung, sondern eines bloßen Aufsichtsratsbeschlusses, der allerdings anzumelden ist.

Bei der Anmeldung ist auch unechte Gesamtvertretung zulässig. Eine Mitwirkung des **246** Aufsichtsratsvorsitzenden ist bei der Anmeldung von Satzungsänderungen, die nicht Kapitalmaßnahmen betreffen, nicht erforderlich.

2. Sitzverlagerungen

Ein Beschluss der Hauptversammlung über eine Sitzverlegung kann anfechtbar sein, **247** wenn er in ganz engem Zusammenhang mit der geplanten Zusammenführung der Aktiengesellschaft mit einem anderen Unternehmen steht und über diese Zusammenführung unvollständige Auskünfte erteilt werden (*LG Berlin* WM 1994, 1246). Wenn ein Doppelsitz vorliegt, kann eine Anfechtungsklage auch bei dem LG erhoben werden, das für den Sitz zuständig ist, der nicht Verwaltungssitz der Aktiengesellschaft ist (str., wie hier *LG Berlin* WM 1994, 1246; a. A. *Hüffer* § 246 Rn. 37).

Für parallele Verfahren hat das zur Folge, dass ein der Anfechtungs-/Nichtigkeitsklage **248** stattgebendes Urteil des einen Gerichts auch das Verfahren vor dem anderen Gericht beendet, ein klageabweisendes Urteil wirkt jedoch nur inter partes. Wird jedoch gegen das stattgebende Urteil Berufung eingelegt, hat das Berufungsgericht bei seiner Entscheidung auch die vom anderen Gericht angeführten Gründe zu berücksichtigen. Zu einer Aussetzung des Verfahrens vor dem einen Gericht besteht keine Veranlassung, da die Entscheidungen nicht voneinander abhängen (*LG Bonn* WM 1994, 1933). In Verfahren der freiwilligen Gerichtsbarkeit nach § 375 Nr. 3 FamFG ist gem. den allgemeinen Bestimmung des § 2 I FamFG das Amtsgericht ausschließlich zuständig, welches zuerst mit der Sache befasst war.

249 Problematisch ist auch der Fall einer künftigen Sitzverlegung unter einer aufschiebenden Befristung, d. h. Geltung einer Satzungsänderung bis zu einem oder ab einem bestimmten Zeitpunkt und deren Eintragung ins Handelsregister. Die registerrechtliche Literatur erachtet dies unter Verweis auf den Status des Registers für unzulässig. Hiernach können immer nur solche Tatsachen und Rechtsverhältnisse eingetragen werden, die bereits eingetreten sind (für den Fall der Eintragung eines zukünftigen GmbH-Geschäftsführers *Krafka/Kühn* Rn. 2007; *Waldner* ZNotP 2000, 188, 189; für den Fall der Aufhebung eines Beherrschungs- und Gewinnabführungsvertrages vor Ablauf des vereinbarten Termin: *BayObLG* DB 2003, 761). Demgegenüber verweist die Kommentarliteratur zum AktG auf eine Entscheidung der Rechtsprechung (*KGJ* 28 A, 216, 224), in welcher auf das Fehlen entsprechender Verbotsgesetze abgestellt wird (*Hüffer* § 179 Rn. 25; *Scheel* DB 2004, 2355; MünchKomm-AktG/*Stein* § 179 Rn. 47). Dem ist jedenfalls dann zu folgen, wenn die Handelsregistereintragung, wie bei einer Satzungsänderung gegeben, konstitutiv gemäß § 181 III AktG und nicht nur deklaratorisch wirkt. Die beiden aufgeführten Positionen stehen gemäß der getroffenen Unterscheidung dann auch nicht im Widerspruch. In konsequenter Verfolgung dieser Argumentation sollte dies auch für die Handelsregistereintragung am zukünftigen Sitz der Gesellschaft, welche nach § 45 II 5 AktG für das Wirksamwerden der Sitzverlagerung maßgeblich ist, gelten.

250 Durch das MoMiG und die Streichung von § 5 II AktG a. F. soll es ausweislich der Regierungsbegründung nun auch deutschen Gesellschaften möglich sein, neben dem inländischen Satzungssitz auch einen abweichenden Verwaltungssitz im In-/Ausland einzunehmen (krit. dazu *Flesner* NZG 2006, 641). Damit wird die durch den *EuGH* in seinen Entscheidungen „Überseering" (NZG 2002, 1164) und „Inspire Art" (NZG 2003, 1064) geschaffene Freiheit für EU-Auslandsgesellschaften, einen Verwaltungssitz z. B. in Deutschland zu gründen, umgekehrt auch für deutsche Aktiengesellschaften geschaffen.

3. Kapitalerhöhung

a) Einführung, Motivation

251 Bei Kapitalerhöhungen ist zunächst zu unterscheiden: Bei der so genannten „effektiven Kapitalerhöhung" erfolgt die Erhöhung des Grundkapitals durch Zuführung neuer Geldmittel oder Sacheinlagen. Die Kapitalerhöhung gegen Einlagen (Normalfall), kann durch die Schaffung genehmigten Kapitals und den Beschluss zur bedingten Kapitalerhöhung vorbereitet werden. Daneben tritt die bloß nominelle Kapitalerhöhung, bei der die Kapitalerhöhung aus Gesellschaftsmitteln (Rücklagen) durchgeführt wird. Die Kapitalerhöhung stellt einen gesondert in §§ 182 ff. AktG geregelten Fall der Satzungsänderung dar, da sich in allen Fällen das in der Satzung ausgewiesene Grundkapital (§ 23 III Nr. 3 AktG) ändert. Der Erhöhungsbetrag muss dabei im Kapitalerhöhungsbeschluss nicht zwingend als absolute Zahl genannt werden. Der hinreichenden Bestimmtheit entspricht es auch, wenn der Erhöhungsbetrag sich durch eine Rechenoperation ermitteln lässt (z. B. das Dreifache des bisherigen Grundkapitals) bzw. nur Mindest- und Höchstgrenzen angegeben werden und dem Vorstand bei dessen Umsetzung kein weiteres Ermessen mehr eingeräumt wird (*Hüffer* § 182 Rn. 12; *KG* AG 2010, 497; *Linnerz* EWiR 2007, 193). Auf die Bestimmung einer Durchführungsfrist kann nach richtiger Auffassung verzichtet werden (*OLG München* NZG 2009, 1274; *Albrecht/Lange* BB 2010, 142; a. A. *LG Hamburg* AG 1995, 92; *Hüffer* § 182 Rn. 14), muss die Kapitalerhöhung unverzüglich durchgeführt werden. Die Kapitalerhöhung bis zum Höchstbetrag, kann, auch wenn keine Durchführungsfrist bestimmt ist, nicht zeitlich unbegrenzt und in meh-

VII. Einzelne Satzungsänderungen

reren Tranchen durchgeführt werden (*OLG München* NZG 2009, 1274). Die Eintragung der Kapitalerhöhung im Handelsregister wird durch das Registergericht abgelehnt, wenn das bisherige Grundkapital nicht vollständig einbezahlt worden ist, § 182 IV AktG. Dies gilt nicht, soweit nur ein verhältnismäßig unerheblicher Einlagenrückstand von ca. 4 bis 5 % bei 250.000 EUR bzw. 1 % bei höherem Grundkapital besteht (*Hüffer* § 182 Rn. 28; MünchHdB-GesR IV/*Krieger* § 56 Rn. 3). Zu beachten ist, dass die EG-Kapitalrichtlinie für alle Aktiengesellschaften unabhängig von ihrer Tätigkeit gilt (*EuGH* WM 1996, 1530).

Bei der Einberufung einer entsprechenden Hauptversammlung ist daran zu denken, dass nicht nur der **Beschluss** zur Kapitalerhöhung als Tagesordnungspunkt angekündigt, sondern auch der Beschluss zur entsprechenden **Änderung der Satzung** im Wortlaut wiedergegeben wird, soweit die Befugnis zur Fassungsänderung nicht auf den Aufsichtsrat übertragen wird (*Hüffer* § 182 Rn. 15). Bei der Hauptversammlung sind somit zwei Beschlüsse zu fassen.

Existieren mehrere stimmberechtigte Aktiengattungen, sind gem. § 182 II AktG Sonderbeschlüsse der Aktionäre jeder Gattung erforderlich, selbst wenn der Beschluss der Hauptversammlung einstimmig gefasst wurde. Existieren neben den Stammaktien nur stimmrechtslose Vorzugsaktien (§§ 139 ff. AktG), bedarf es daneben keines Sonderbeschlusses des Stammaktionäre (*Hüffer* § 182 Rn. 19). Soll aber das **Bezugsrecht der Vorzugsaktionäre ausgeschlossen** werden, ist eine gesonderte Versammlung der Vorzugsaktionäre nach § 138 AktG erforderlich (*Harrer/Grabowski* DZWiR 1995, 10, 15).

Es steht im freien Ermessen der Hauptversammlung, zu welchem Ausgabekurs sie die neuen Aktien ausgibt, solange der geringste Ausgabebetrag (§ 9 I AktG) eingehalten wird (*OLG Hamburg* AG 2000, 326; *LG München I* ZIP 2010, 1995; *Hüffer* § 182 Rn. 22). Auch die Festlegung eines Mindestbetrages der Erhöhung ist, im Gegensatz zu einem Höchstbetrag, nicht erforderlich (*LG Hamburg* AG 1999, 239). Gemäß § 186 III 4 AktG ist zur besseren Ausnutzung dieser Finanzierungsquelle ein **erleichterter Bezugsrechtsausschluss** zulässig. Die Tatbestandsvoraussetzungen ergeben sich aus dem Gesetz:
– Gesellschaft, deren Aktien börsennotiert sind
– Kapitalerhöhung gegen Bareinlagen
– Kapitalerhöhung nicht mehr als 10 v. H. des Grundkapitals
– Ausgabebetrag nicht wesentlich niedriger als Börsenpreis, wobei die Literatur ca. 3–5 % annimmt.

Offen bleibt die Frage, wie häufig ein erleichterter Bezugsrechtsausschluss vollzogen werden kann. Die Literatur geht davon aus, dass eine jährliche Durchführung als unbedenklich anzusehen sei (MünchHdB-GesR IV/*Krieger* § 56 Rn. 76).

Ein **allgemeiner Bezugsrechtsausschluss** mittels Satzungsregelung ist nicht möglich, sondern nur im Einzelfall zulässig (§ 186 III 1 AktG) und bedarf einer sachlichen Rechtfertigung oder aber der Zustimmung aller Aktionäre. Eine Rechtfertigung liegt vor, wenn der Ausschluss im Interesse der Gesellschaft und zur Erreichung eines Zwecks geeignet und erforderlich sowie verhältnismäßig ist (*Goette* DStR 2006, 139, 141 f.; *Hüffer* § 186 Rn. 25; KölnerKomm-AktG/*Lutter* § 186 Rn. 26). In Abhängigkeit vom Einzelfall wurde dies bejaht zur Bedienung von Wandel- und Optionsanleihen, zur Ausgabe von Belegschaftsaktien, zur Erleichterung einer Kooperation mit einem anderen Unternehmen, zur Sanierung, wenn der Investor hierzu nur mit einer Mehrheitsbeteiligung bereit ist oder zur Erweiterung des Aktionärskreises durch Gewinnung bspw. ausländischer Aktionäre, soweit die neuen Aktien breit gestreut werden und der Ausgabekurs an den Börsenkurs angelehnt wird (BGHZ 83, 319, 323; 144, 290, 292; *BGH* WM 1994, 635; vgl. auch den Katalog bei *Hüffer* § 186 Rn. 29 f.). Er muss aus einer auf den Zeitpunkt der Beschlussfassung bezogenen Beurteilung unter gebührender Berücksichtigung der für die vom Bezug ausgeschlossenen Aktionäre eintretenden Folgen durch sachliche Gründe gerechtfertigt sein. Nicht zulässig sind Vorratsbeschlüsse dergestalt, dass der Vorstand ermächtigt ist, das Grundkapital innerhalb von fünf Jahren um insgesamt knapp 50 % zu erhöhen und hierbei, wenn die einzelne Erhöhung 10 % des Grundkapitals nicht übersteigt und der Ausgabepreis den Börsenkurs nicht wesentlich unterschreitet, das Bezugsrecht der Aktionäre auszuschließen (*OLG München* BB 1996, 2162).

257 Offen bleibt aber, wie häufig sich der Vorstand dieser Methode bedienen darf; der Gesetzgeber vertraut hier wohl auf eine Missbrauchskontrolle durch die Rechtsprechung (vgl. *LG München I* ZIP 1996, 76). Bei großen Gesellschaften wird den Aktionären in der Regel ein **mittelbares Bezugsrecht** eingeräumt. Die Aktien werden zunächst von einer Bank oder einem Bankenkonsortium übernommen, das die Verpflichtung eingeht, die neuen Aktien den Aktionären anzubieten, § 186 V AktG.

258

Formulierungsbeispiel: Mittelbares Bezugsrecht

Das Grundkapital der Gesellschaft wird gegen Bareinlage erhöht von 100.000 EUR um 100.000 auf 200.000 EUR durch Ausgabe von 100.000 EUR auf den Inhaber lautenden Aktien im Nennbetrag von 1,– EUR. Die neuen Aktien werden zum Betrag von 1,20 EUR je Aktie ausgegeben. Die Aktien sind ab 1. Januar 2013 gewinnberechtigt. Den Aktionären steht ein mittelbares Bezugsrecht zu. Die Aktien werden von der D-Bank mit der Verpflichtung übernommen, sie den Aktionären im Verhältnis 1:1 zum Preis von 1,20 EUR je Aktie anzubieten. Die Annahme des Bezugsangebotes kann nur innerhalb von vier Wochen seit Bekanntmachung des Angebots erfolgen. Der Vorstand ist ermächtigt, mit Zustimmung des Aufsichtsrats weitere Einzelheiten der Kapitalerhöhung und ihrer Durchführung festzusetzen.

259 Um Kapitalerhöhungen mit Bezugsrecht im Vergleich zu Kapitalerhöhungen mit Bezugsrechtsausschluss attraktiver zu machen, ist es gem. § 186 II 1 AktG ausreichend, wenn der Vorstand anstatt des konkreten Ausgabebetrages die Grundlagen für seine Berechnung angibt. Macht der Vorstand von dieser Möglichkeit Gebrauch, so muss er spätestens drei Tage vor Ablauf der Bezugsfrist den Ausgabebetrag festsetzen und bekannt machen. Dadurch vermindert sich das Kursrisiko für Kapitalerhöhungen mit Bezugsrecht von ca. drei Wochen auf minimal drei Tage. Mit den drei Tagen sind Kalendertage gemeint, so dass die risikobehaftete Zeit nicht wieder durch die Hintertür verlängert wird.

b) Kapitalerhöhung gegen Bareinlagen

260 Die **Kapitalerhöhung** gestaltet sich **zweigliedrig**. Zunächst ist der Beschluss zu fassen und sodann die Kapitalerhöhung im Sinne von § 188 AktG durchzuführen. Der beurkundende Notar ist hierbei verpflichtet, die Beteiligten darüber aufzuklären, dass die Pflicht zur Leistung einer Bareinlage nur erfüllt wird, wenn im Zusammenhang mit der Kapitalerhöhung der Geldbetrag in bar eingezahlt wird und nicht etwa durch Verrechnung mit einer evtl. sogar wertlosen Darlehensforderung des Gesellschafters gegen die Gesellschaft. Ein Verzicht auf diese Forderung ist nur im Wege der Sacheinlage möglich, die bei Wertlosigkeit der Forderung ebenfalls zu einer Zahlungspflicht führt. Verletzt der Notar diese Hinweispflicht, macht er sich ggf. schadensersatzpflichtig (für den Fall einer Kapitalerhöhung bei einer GmbH *BGH* NJW 1996, 524, 525). Insoweit können zwei Anmeldungen erfolgen; in der Praxis fasst man jedoch beide Anmeldungen zusammen. Anzumelden haben die Kapitalerhöhung der Vorstand in vertretungsberechtigter Zahl und der Vorsitzende des Aufsichtsrats. Bei Zusammenfassung der Anmeldungen ist als Anlage zudem der Hauptversammlungsbeschluss, der vollständige neue Wortlaut der Satzung mit Notarbescheinigung, die Zweitschrift des Zeichnungsscheins, das vom Vorstand unterschriebene Verzeichnis der Zeichner, die Auflistung der der Gesellschaft entstandenen Kosten und die Bestätigung der Einzahlung beizufügen (*Hüffer* § 188 Rn. 12 ff.).

VII. Einzelne Satzungsänderungen   D III

Voreinzahlungen auf eine intendierte Kapitalerhöhung behalten grundsätzlich nur 261
dann ihre schuldbefreiende Wirkung, wenn im Zeitpunkt der Beschlussfassung diese
noch zweifelsfrei im Gesellschaftsvermögen vorhanden sind (*BGH* NZG 2012, 1067;
GmbHR 2006, 1328). Bei der Voreinzahlung reicht, anders als sonst, eine wertgleiche
Deckung durch Einzahlung auf ein debitorisches Konto grundsätzlich auch dann nicht,
wenn die Bank die Verfügung über den Einlagebetrag zulässt (*BGH* ZIP 2006, 2214;
NZG 2004, 515). Ausnahmen gelten höchstens in akuten Sanierungsfällen wenn die
Voreinzahlung zur Sanierung zwingend erforderlich ist, die Kapitalerhöhung schnellstmöglich durchgeführt und dabei die Voreinzahlung offengelegt wird (*BGH* GmbHR
2006, 1328). Das *OLG Celle* (ZIP 2010, 2298) sieht in seiner Entscheidung zwei mögliche Fallkonstellationen, in denen die Voreinzahlungen auf die Stammeinlageerhöhung
die erst später entstehende Stammeinlageforderung dennoch erfüllen können:
– der eingezahlte Betrag als solcher muss, nicht nur wertmäßig, im Zeitpunkt der Beschlussfassung noch im Gesellschaftsvermögen vorhanden sein (bar in der Kasse oder
  als Guthaben auf dem Konto) bzw.
– in sog. Sanierungsfällen, also Situationen, in denen die Rettung einer sanierungsbedürftigen Gesellschaft scheitern würde, falls die Kapitalaufbringungsregeln beachtet
  werden müssten.
Im Sanierungsfall müsse jedoch die Voreinzahlung und die darauffolgende Kapitaler- 262
höhung in engem zeitlichem Zusammenhang stehen sowie die Zahlung eindeutig und für
Dritte erkennbar (Transparenz des Vorganges; *BGH* GmbHR 2006, 1328) mit dem Tilgungszweck der Kapitalerhöhung verbunden sein. Beim nachfolgenden Kapitalerhöhungsbeschluss muss der in der Vergangenheit liegende Zahlungszeitpunkt angegeben
und die Voreinzahlung bei der Handelsregisteranmeldung offengelegt werden.

> **Praxishinweis:**
>
> Diese Voraussetzungen, die auch schon der *BGH* (GmbHR 2006, 1328) aufstellte,
> werden in der Praxis praktisch nie zu erfüllen sein. Aufgrund der erheblichen Gefahr
> für die Aktionäre muss der Notar i.d.R. auch ohne Anhaltspunkte nachfragen, ob
> Vorleistungen getätigt wurden und ggf. auf deren mangelnde Tilgungswirkung hinweisen (*BGH* WM 2008, 1318 m. Anm. *Wachter*).

Hinsichtlich der einzureichenden Unterlagen verweist § 188 II 1 AktG auf die §§ 36 II, 263
36a und § 37 I AktG, welche die bei Errichtung der Aktiengesellschaft einzureichenden
Unterlagen betreffen. Nicht verwiesen wird jedoch auf § 38 AktG, der das Prüfungsrecht
des Registergerichts bei Anmeldung der Errichtung der Aktiengesellschaft regelt. Hier
liegt aber wohl ein Versehen des Gesetzgebers vor. Aus den §§ 182 ff. AktG ergibt sich
ebenfalls kein Prüfungsrecht, es ist jedoch unwahrscheinlich, dass für eine Kapitalerhöhung einer Aktiengesellschaft kein Prüfungsrecht des Registergerichts bestehen soll, wohingegen für den Fall der GmbH, wo die Kapitalschutzvorschriften erheblich liberaler
sind, über die Verweisung von § 57a GmbHG auf § 9c GmbHG ein solches Prüfungsrecht besteht. Ein Prüfungsrecht des Registergerichts besteht daher auch bei Kapitalerhöhungen von Aktiengesellschaften analog § 38 AktG. Diese Prüfungsbefugnis reicht jedoch nicht so weit, dass ohne Vorliegen konkreter Anhaltspunkte weitere Unterlagen, die
die Richtigkeit der gemachten Angaben beweisen und über den Umfang der gesetzlich
vorgeschriebenen Unterlagen hinausgehen, angefordert werden dürfen (*KG* DB 1998,
1400).

c) Kapitalerhöhung gegen Sacheinlagen

Es gelten die Grundsätze, die für die Sachgründung aufgestellt sind. Die beabsichtigte 264
Kapitalerhöhung mittels Sacheinlagen ist mit den Angaben nach § 183 I 1 AktG in der

Einberufung der Hauptversammlung bekanntzumachen, der Beschluss selbst muss diese Angaben ebenfalls enthalten. Verstöße gegen diese Pflichten, etwa eine unvollständige oder unpräzise Bezeichnung der Einlagegegenstände, führen auch nach der Neufassung von § 183 II AktG zu einem Eintragungshindernis und zur Anfechtbarkeit des Beschlusses (*Hüffer* § 183 Rn. 13). Dies entfällt jedoch nach Eintragung der Durchführung. Die Kapitalerhöhung wird dann jedoch als Barkapitalerhöhung wirksam. Der Wert der Sacheinlage wird analog § 27 III AktG auf die Einlageschuld angerechnet (*Hüffer* § 183 Rn. 15a; Hölters/*v. Dryander/Niggemann* § 183 Rn. 27). Ist Gegenstand ein Grundstück oder ein GmbH-Geschäftsanteil, so muss der Zeichnungsvertrag notariell beurkundet werden (*Kley* RNotZ 2003, 17)

265 Bei einer Sachkapitalerhöhung ist ein Ausschluss des Bezugsrechts dann zulässig, wenn es der Gesellschaft ohne den Ausschluss nicht möglich wäre, eine Sacheinlage, die benötigt wird, zu erhalten. Neben den oben erwähnten Unterlagen sind dem Handelsregister entsprechend § 188 III AktG der Prüfungsbericht und die Einbringungsverträge einzureichen.

266 Wenn bei einer Kapitalerhöhung gegen Sacheinlagen Sachgesamtheiten, etwa ein Unternehmen eingebracht werden sollen, muss sich aus dem Kapitalerhöhungsbeschluss ausdrücklich ergeben, ob und ggf. welche Bestandteile dieser Sachgesamtheit nicht mit eingebracht werden sollen.

267 Sind bei einer gemischten Sacheinlage für die Einlagenerhöhung als auch für die als Darlehen gewährte Vergütung bestimmte Beträge festgelegt, kann bei einer Prüfung der Werthaltigkeit das Darlehen nicht ohne weiteres zugunsten des Einlageanteils gekürzt werden (*OLG Düsseldorf* MittBayNot 1996, 228).

268 Die durch das ARUG eingeführte Möglichkeit zur vereinfachten Sachgründung besteht nach § 183a AktG auch für die Sachkapitalerhöhung, unter den Voraussetzungen des § 33a AktG kann auf die Prüfung nach § 183 III AktG verzichtet werden. Zum Schutz von Minderheiten muss jedoch das Datum des Kapitalerhöhungsbeschlusses sowie Angaben nach § 37a I, II AktG bekannt gemacht werden. Die Eintragung, nach h. M. sogar die Anmeldung der Durchführung, darf erst vier Wochen nach Bekanntmachung erfolgen, § 183a II AktG (*Hüffer* § 183a Rn. 5; *Bayer/Schmidt* ZGR 2009, 805). In dieser Zeit kann auf Antrag einer Minderheit von 5 % des Grundkapitals unter den Voraussetzungen des § 33a II AktG eine Neubewertung nach allgemeinen Regeln angeordnet werden, § 183a III AktG.

269 Wie auch bei der Gründung einer Aktiengesellschaft gelten auch bei einer Kapitalerhöhung die unter Rn. 81 getroffenen Aussagen zur verdeckten Sacheinlage und zum Hin- und Herzahlen (Rn. 71), auf deren Neuregelung verwiesen wird (§ 183 II i.V.m. § 27 III, IV AktG). Dies lässt sich damit begründen, dass sowohl bei der Gründung als auch bei der Kapitalerhöhung der Schutz der Kapitalaufbringung gleichermaßen gegeben sein muss, jedoch auch nicht darüber hinausgehen braucht. Auch das Verhältnis der verdeckten Sachkapitalerhöhung zur Nachgründung entspricht dem der verdeckten Sachgründung.

d) Genehmigtes Kapital

270 Einen der wenigen Ausnahmefälle, bei denen die Hauptversammlung in bestimmtem Umfang Zuständigkeiten an den Vorstand delegieren darf, legt § 202 AktG fest. Die Hauptversammlung kann den Vorstand ermächtigen, innerhalb einer bestimmten Frist das Grundkapital um einen bestimmten Betrag, höchstens die Hälfte des Grundkapitals bei Beschlussfassung, durch **Ausgabe neuer Aktien** gegen Einlage zu erhöhen. Dieses Institut wird in der Praxis sehr häufig benutzt, um dem Vorstand eine Möglichkeit zu geben, rasch und flexibel auf günstige Kapitalmarktsituationen zu reagieren. Im Ergebnis handelt es sich um einen gesetzlichen Vorratsbeschluss zur Kapitalerhöhung. Soll eine Kapitalerhöhung aus genehmigtem Kapital auch gegen Sacheinlage möglich sein, so

VII. Einzelne Satzungsänderungen

muss der Ermächtigungsbeschluss dies vorsehen. Es gelten dann die weiteren Voraussetzungen des § 205 AktG.

Auch hier ist der **Ausschluss des Bezugsrechts** nur bei einer besonderen sachlichen Rechtfertigung möglich (siehe Rn. 256), es sei denn. § 186 III 4 AktG mit seinem erleichterten Bezugsrechtsausschluss wird beachtet. Insgesamt steht es der Gesellschaft frei, die 50 %-Grenze des § 202 III 1 AktG voll auszuschöpfen und sich im Rahmen dieser 50 % bis zu 10 % eine Kapitalerhöhung unter Bezugsrechtsausschluss nach § 186 III 4 AktG vorab genehmigen zu lassen. Anderer Ansicht ist das *OLG München* mit der Begründung, dass die 10 %-Grenze des § 186 III 4 AktG nicht nur für die einzelne Kapitalerhöhung gelte, sondern auch die Beschlusskompetenz im Rahmen der genehmigten Kapitalerhöhung gem. §§ 202 ff. AktG einschränke. Die Ermächtigung des Vorstandes dürfe nicht weiter gehen als die Kompetenz der Hauptversammlung, die bei einem Beschluss an die Grenze des § 186 III 4 AktG gebunden ist (*OLG München* WM 1996, 1910). Bemessungsgrundlage für die Obergrenze von 10 % ist das tatsächliche Grundkapital, das sich aus den Gesellschaftsbüchern ergibt (*Trapp* AG 1997, 115, 116).

Das Bezugsrecht kann im Beschluss selbst ausgeschlossen werden oder diese Entscheidung auf den Vorstand delegiert werden.

Geleitet von der Erwägung, dass die Möglichkeiten des Bezugsrechtsausschlusses bei genehmigtem Kapital jedenfalls für den Fall des Erwerbs von Beteiligungen gegen Ausgabe von Stammaktien nach der bisherigen Rechtsprechung zu unflexibel und daher nicht praktikabel waren, ist der *BGH* der Auffassung, dass es genügt, wenn der Ermächtigungsbeschluss die vorgesehene Maßnahme in abstrakter Form so genau beschreibt, dass zum einen der Vorstand während des Ermächtigungszeitraums genau erkennen kann, ob die vorgesehene Maßnahme von der Ermächtigung gedeckt ist, und dass zweitens auch nachträglich eine Kontrolle möglich ist, ob der Vorstand seine Befugnisse nicht überschritten hat (*BGH* DNotZ 1998, 958). Es müssen die folgenden Voraussetzungen für einen Bezugsrechtsausschluss vorliegen:
- Die Maßnahme, zu der der Vorstand ermächtigt werden soll, muss allgemein beschrieben sein und so der Hauptversammlung bekannt gegeben werden.
- Die Maßnahme muss im Interesse der Gesellschaft liegen.
- Bei Ausnutzung des genehmigten Kapitals hat der Vorstand im Rahmen seines unternehmerischen Ermessens zu prüfen, ob die spezifischen Einzelumstände, die der Hauptversammlung mitgeteilt wurden bzw. die abstrakte Umschreibung des Vorhabens vorliegen und somit den Bezugsrechtsausschluss rechtfertigen (*Bungert* NJW 1998, 488).

Um die notwendige Flexibilität zu erhalten, stellt der *BGH* beim Erfordernis der sachlichen Rechtfertigung nicht auf den Zeitpunkt der Beschlussfassung, sondern den der Ausnutzung ab (BGHZ 136, 133, 136 ff.), auch hat er es als ausreichend angesehen, wenn der Vorstand nach dem Vollzug dem kontrollberechtigten Aufsichtsrat hierzu Bericht erstattet (BGHZ 136, 133, 140; bestätigt durch BGHZ 164, 241; vgl. *Kossmann* NZG 2012, 1129). Darüber hinaus hat der Vorstand in der folgenden Hauptversammlung Bericht zu erstatten und diesbezügliche Fragen auch in Hinblick auf neue Kapitalia zu beantworten (*OLG München* ZIP 2009, 1667). Tut er dies nicht, sind nach dem *OLG Frankfurt* neben der Entlastung auch nachfolgende Beschlüsse über neues genehmigtes Kapital anfechtbar (NZG 2011, 1029; zust. *Litzenberger* NZG 2011, 1019; abl. *Klie* DStR 2013, 530; *Niggemann/Wansleben* AG 2013, 269). Begründet wird dies mit der Relevanz der ordnungsgemäßen Durchführung früherer genehmigter Kapitalia für die Entscheidung der Aktionäre über neues genehmigtes Kapital. Dies überzeugt jedoch nicht. Zum einen genügt eine Anfechtbarkeit der Entlastungsbeschlüsse zur Sanktionierung mangelhafter Berichte, vor allem aber findet eine Anfechtbarkeit zukünftiger Beschlüsse keine Grundlage in der Rechtsprechung des *BGH* (AG 1997, 465; 2006, 36), sondern läuft deren Ziel einer flexiblen Nutzung des genehmigten Kapitals durch entstehende Unsicherheiten sogar entgegen (vgl. *Klie* DStR 2013, 530; *Niggemann/Wansleben*

AG 2013, 269). Der Vorstand hat den Ermächtigungsbeschluss zum Handelsregister anzumelden.

275 Es können mehrere genehmigte Kapitalia getrennt beschlossen werden, solange die Obergrenze von 50 % insgesamt eingehalten wird. Üblich ist ein „Genehmigtes Kapital I" als Barkapitalerhöhung mit Bezugsrecht und „Genehmigtes Kapital II" mit der Möglichkeit des Bezugsrechtsausschluss und der Sachkapitalerhöhung (*Hüffer* § 202 Rn. 5).

276 Die Ausnutzung der Ermächtigung erfolgt dann entweder in einem oder in mehreren Schritten durch **Vorstandsbeschluss;** die Mitwirkung des Aufsichtsrats besteht in seiner Zustimmung und in der Festlegung der Einzelheiten gemäß § 204 AktG. Zweckmäßigerweise ermächtigt die Hauptversammlung den Aufsichtsrat, auch die entsprechende Neufassung des Satzungswortlauts zu beschließen. Nach Zeichnung der neuen Aktien und Erbringung der Mindesteinlagen erfolgt die Anmeldung wiederum durch Vorstand und Aufsichtsratsvorsitzenden.

e) Bedingte Kapitalerhöhung

277 Nach den §§ 192 II Nr. 3 und 193 II Nr. 4 AktG ist eine bedingte Kapitalerhöhung zur Gewährung von Bezugsrechten an die Arbeitnehmer und Geschäftsleitungen zulässig. Diese Möglichkeit hat der Gesetzgeber mit dem KonTraG in das Gesetz eingefügt. Unabhängig von der Art der Beschaffung der Aktien für solche (variablen) Vergütungsprogramme hält der *BGH* die Gewährung von Aktienoptionen an **Aufsichtsratsmitglieder** für unzulässig (*Lenenbach* EWiR 2004, 413). Die Grundsätze dieser Entscheidung dürften auch auf andere Arten erfolgsabhängiger Vergütungen von Aufsichtsratsmitgliedern übertragbar sein (vgl. *Goette* DStR 2005, 561).

278 Bedingte Kapitalerhöhungen gemäß § 192 AktG dürfen nur zu drei Zwecken vorgenommen werden:
 – Ausgabe von Wandelschuldverschreibungen und anschließende Gewährung von Aktien im Tausch (vgl. hierzu ausführlich *Kallmeyer* AG 1999, 97),
 – zur Vorbereitung beim Zusammenschluss mehrerer Unternehmen,
 – zur Gewährung von Bezugsrechten an Arbeitnehmer gegen Einlage von Forderungen.

279 Für einen Hauptversammlungsbeschluss, durch den der Vorstand zu einem Bezugsrechtsausschluss bei der Ausgabe von Wandelschuldverschreibungen (§ 221 AktG) im Zusammenhang mit einer bedingten Kapitalerhöhung (§ 192 AktG) ermächtigt wird, gelten die gleichen Grundsätze wie für eine Ermächtigung zum Bezugsrechtsausschluss im Rahmen eines genehmigten Kapitals i. S. v. § 203 II AktG, auch § 186 III 4 AktG findet Anwendung (*BGH* NZG 2007, 907 im Anschluss an *BGH* NZG 2006, 229).

280 Wie auch bei einer genehmigten Kapitalerhöhung darf das Grundkapital auch hier grundsätzlich nur um 50 % (10 % für Mitarbeiterbeteiligung) erhöht werden. Als maßstäbliches Grundkapital ist auf das zum Zeitpunkt der Beschlussfassung im Handelsregister eingetragene Grundkapital abzustellen. Anders ist dies beim genehmigten Kapital, wo der Zeitpunkt der Eintragung des genehmigten Kapitals im Handelsregister ausschlaggebend ist.

281 Überschreitet der von der Hauptversammlung einer Aktiengesellschaft beschlossene Nennbetrag des bedingten Kapitals den gesetzlich zulässigen Höchstbetrag, führt dies zur Gesamtnichtigkeit des die bedingte Kapitalerhöhung betreffenden Teils des Beschlusses. In diesem Fall ist auch die Eintragung einer bedingten Kapitalerhöhung in Höhe des gesetzlich zulässigen Betrags trotz eines entsprechenden Antrags der Gesellschaft nicht zulässig (*OLG München* NZG 2012, 350).

282 Kapitalerhöhungen auf Grundlage verfristeter Zeichnungsscheine können endgültig nicht eingetragen werden. Denn bei den jeweils gemäß § 185 I 3 Nr. 4 AktG festgelegten Zeitpunkten, an denen die Zeichnungen unverbindlich werden, handelt es sich um auflösende Rechtsbedingungen mit einer Zeitbestimmung; Zeichnungsscheine werden daher mit Verfristung endgültig unverbindlich (*OLG Stuttgart* AG 2012, 422).

VII. Einzelne Satzungsänderungen

f) Kapitalerhöhung aus Gesellschaftsmitteln

Die Gesellschaft kann **Kapitalrücklagen** und **Gewinnrücklagen** in Grundkapital umwandeln. Zu beachten ist allerdings, dass gemäß § 208 AktG dies nur zulässig ist, wenn diese Rücklagen 10 % des Grundkapitals übersteigen und in der letzten Jahresbilanz bereits als solche ausgewiesen wurden. Zu beachten ist weiterhin § 209 I AktG. Bei der Kapitalerhöhung aus Gesellschaftsmitteln ist eine **testierte Bilanz** vorzulegen, die nicht älter als acht Monate sein darf, (bei Registeranmeldung) und die die o. g. Rücklagen, oder aber auch einen entsprechenden Jahresüberschuss, ausweist. Andernfalls muss die Gesellschaft eine Sonderbilanz nach § 209 II AktG aufstellen (DNotI-Gutachten Nr. 65 741). In der Handelsregisteranmeldung ist weiter zu erklären, dass nach Kenntnis von Vorstand und Aufsichtsratsvorsitzendem keine Umstände vorliegen, aus denen sich eine Vermögensminderung ergibt, die der Kapitalerhöhung entgegensteht (zur Heilung verdeckter Kapitalerhöhungen aus Gesellschaftsmitteln vgl. *Priester* GmbHR 1998, 861). 283

Auch eine Kapitalerhöhung im Wege des „Schütt-aus-hol-zurück"-Verfahrens ist nach den Grundsätzen der Kapitalerhöhung aus Gesellschaftsmitteln und nicht als Kapitalerhöhung gegen Sacheinlage zu behandeln, wenn die Durchführung im „Schütt-aus-hol-zurück"-Verfahren gegenüber dem Registergericht offen gelegt wird (*BGH* NJW 1997, 2514; vgl. hierzu eingehend *Steiner* BWNotZ 1998, 49 mit Formulierungsvorschlägen für Gesellschafterbeschluss und Handelsregisteranmeldung). Die Anwendung der Regeln über die verdeckte Sacheinlage kommt jedoch dann in Betracht, wenn die Gewinnansprüche der Anteilsinhaber mit der Einlagepflicht verrechnet werden oder wenn die Wiedereinzahlung effektiv ausgeschütteter Gewinne mit den Anteilsinhabern verabredet ist. Ausschüttungen in ungewöhnlicher Höhe oder Gewinnausschüttungen, die trotz Insolvenznähe, Krise oder zeitweiliger Illiquidität der Gesellschaft und in zeitlichem Zusammenhang mit einer ihnen ungefähr entsprechenden Kapitalerhöhung erfolgen, begründen ebenfalls die Anwendung der Sacheinlageregeln. Andererseits unterliegen normale Gewinnausschüttungen, die in gesunden wirtschaftlichen Verhältnissen vorgenommen werden auch wenn sie in zeitlichem Zusammenhang mit einer Kapitalerhöhung erfolgen, nicht den Regeln über die verdeckte Sacheinlage (*Lutter/Zöllner* ZGR 1996, 164). Dieses Verfahren hat wegen erfolgter Änderungen im Steuerrecht an Bedeutung erheblich verloren, da heute thesaurierte Gewinne in der Gesellschaft keiner höheren Belastung mehr unterliegen und im Gegensatz dazu die Gewinnausschüttung zu einer definitiven Belastung mit Kapitalertragsteuer führt. Eine Kapitalerhöhung aus Gesellschaftsmitteln kann bei Berücksichtigung der sonstigen Voraussetzungen auch durch Umwandlung einer in die Kapitalrücklage eingestellten Sacheinlage erfolgen (*OLG Hamm* FGPrax 2008, 120). Dies stellt keine verdeckte Sacheinlage dar. 284

4. Kapitalherabsetzung

a) Einführung, Motivation

Die Kapitalherabsetzung kann dazu dienen, nicht benötigte, überflüssige Kapitalbeträge an die Aktionäre zurückzuzahlen, Liquidität eines zuvor gebundenen Vermögens freizusetzen oder eine Unterbilanz zu beseitigen (zu den Einzelheiten vgl. §§ 222 f. AktG). Zu unterscheiden sind die ordentliche Kapitalherabsetzung (§§ 222 ff. AktG) und die vereinfachte Kapitalherabsetzung (§§ 229 f. AktG). 285

In Kombination mit einer gleichzeitig beschlossenen Kapitalerhöhung wird sie häufig als **Sanierungsmaßnahme** (sog. „Kapitalschnitt") eingesetzt. Hierbei kann auch eine Herabsetzung bis auf Null erfolgen, wenn durch die gleichzeitig beschlossene Barkapitalerhöhung der Mindestnennbetrag nach § 7 AktG wieder erreicht wird, § 228 I AktG. Der Zweck der Kapitalherabsetzung muss im Beschluss angegeben werden (§ 222 III AktG), eine sachliche Rechtfertigung ist grundsätzlich nicht erforderlich (BGHZ 128, 286

71). Eine Kapitalherabsetzung mit anschließender Kapitalerhöhung gegen Sacheinlage unter Bezugsrechtsausschluss für die freien Aktionäre einer sanierungsbedürftigen Aktiengesellschaft ist jedoch unzulässig, wenn diese Maßnahmen lediglich die Voraussetzungen für eine Eingliederung der Aktiengesellschaft in die Mehrheitsaktionärin durch Erhöhung der Beteiligung von 75 % auf über 90 % schaffen soll und die erforderliche Kapitalzufuhr erst danach erfolgen soll (*LG München I* WM 1995, 715).

287 Die Kapitalherabsetzung ist eine **Satzungsänderung**, die von der Hauptversammlung mit ¾-Mehrheit des vertretenen Grundkapitals zu beschließen ist. Zulässig ist eine Satzungsbestimmung, die größere Mehrheiten vorsieht, nicht aber eine solche, die geringere Mehrheiten festlegt (*Hüffer* § 222 Rn. 10).

288 Der Kapitalherabsetzungsbeschluss ist anfechtbar, wenn der angegebene Zweck nicht erreichbar ist. Wird die Rückzahlung eines Teils des Grundkapitals bezweckt, hängt deren Erreichbarkeit nicht davon ab, ob im Zeitpunkt der Beschlussfassung die hierfür erforderlichen Mittel flüssig sind. Es genügt, wenn die Mittel, z. B. durch Veräußerung von nicht betriebsnotwendigem Vermögen aufgebracht werden können (*LG Hannover* WM 1995, 2098; ausführlich zu diesem Thema *Terbrack* RNotZ 2003, 89). Bestehendes genehmigtes oder bedingtes Kapital wird von der Kapitalherabsetzung nicht berührt, auch wenn die Grenzen der §§ 192 III 1, 202 III 1 AktG überschritten werden. Da § 202 III 1 AktG auf das Grundkapital bei Beschlussfassung abstellt, soll dies auch bei einer Herabsetzung durch späteren Beschluss in der gleichen Hauptversammlung gelten (*Weiler* NZG 2009, 46)

289 Nach § 237 III Nr. 3 AktG können Stückaktien eingezogen werden ohne das Kapital herabzusetzen, wenn die Hauptversammlung darüber entsprechend beschließt und sich der Anteil am Grundkapital der verbleibenden Stückaktien entsprechend erhöht. Dabei ist darauf zu achten, dass der Beschluss der Hauptversammlung die Unterlassung der Kapitalherabsetzung ausdrücklich enthält, andernfalls bleibt es bei dem Regelfall der Kapitalherabsetzung.

b) Ordentliche Kapitalherabsetzung

290 Zwingender Inhalt des Herabsetzungsbeschlusses ist:
– Bezeichnung des Herabsetzungsbetrages; Benennung einer bestimmbaren Höchstgrenze ist zulässig,
– Zweck der Herabsetzung (§ 222 III AktG),
– Art der Durchführung (§ 222 IV AktG).

291 Die **Anmeldung** hat durch den Vorstand in vertretungsberechtigter Zahl und den Vorsitzenden des Aufsichtsrates zu erfolgen. Ihr sind als Anlagen das Beschlussprotokoll und der vollständige Wortlaut der Satzung mit Notarbescheinigung beizufügen. Anders als bei der GmbH wird die Herabsetzung mit der Eintragung wirksam. Gläubiger können nach § 225 AktG Sicherheit verlangen.

292 Gemäß § 227 AktG und entsprechenden Regelungen zu Kapitalerhöhungen ist die Kapitalherabsetzung **zweiaktig** und besteht zusätzlich aus der Durchführung der Kapitalherabsetzung in der Regel durch die Herabsetzung der Nennbeträge der einzelnen Aktien. In der Praxis werden meist beide Schritte miteinander verbunden.

c) Vereinfachte Kapitalherabsetzung

293 Sie stellt den in der Praxis häufigen Fall der Herabsetzung zu **Sanierungszwecken** (*Hüffer* § 222 Rn. 4) dar und ist hierzu besonders geeignet, da keine Pflicht zur Sicherheitsleistung besteht. Gemäß § 234 AktG kann der Kapitalherabsetzung eine bilanzielle Rückwirkung beigegeben werden, dies kann insbesondere auch mit der gleichzeitigen Kapitalerhöhung nach Herabsetzung unter den mindesten Betrag des Grundkapitals verbunden werden, § 235 AktG. Zu beachten ist, dass etwa vorhandene Rücklagen zunächst aufzulösen sind und ein Gewinnvortrag nicht vorhanden sein darf. Ein derartiger

Kapitalherabsetzungsbeschluss bedarf ebenfalls keiner sachlichen Rechtfertigung, ist jedoch nur zu Sanierungszwecken des § 229 I 1 AktG zulässig (vgl. zur vereinfachten Kapitalherabsetzung ausführlich *Fabis* MittRhNotK 1999, 169). Eine Verbindung mit einem Beschluss über eine Kapitalerhöhung gegen Einlagen ist nicht erforderlich, wenn die Kapitalherabsetzung im Insolvenzverfahren erfolgt und wenn durch die Kapitalherabsetzung eine Überschuldung oder Unterbilanz nicht vollständig beseitigt wird und auch eine Kapitalerhöhung auf absehbare Zeit nicht zu einer erfolgreichen Sanierung führen würde (*BGH* NJW 1998, 2054). Nach § 229 III i. V. m. § 228 II AktG muss die Kapitalherabsetzung binnen sechs Monaten nach der Beschlussfassung in das Handelsregister **eingetragen sein**. Soll die vereinfachte Kapitalherabsetzung rückwirkend geschehen, so muss die Eintragung binnen drei Monaten erfolgen, §§ 234 III 1, 235 II 1 AktG. Die bloße Registeranmeldung ist nicht ausreichend.

VIII. Weitere einzelne aktienrechtliche Beurkundungen

1. Bestellung/Abberufung/Amtsniederlegung/Änderung der Vertretungsbefugnis

Bei der Bestellung von Vorstandsmitgliedern sind jeweils ihr Name, das Geburtsdatum und der Wohnort des Anzumeldenden anzugeben. Anzumelden ist die Vertretungsbefugnis des Vorstandsmitglieds.

Das EHUG hat die Verpflichtung zur Zeichnung der Unterschrift der Vertretungsorgane und Prokuristen ersatzlos gestrichen.

Wichtig ist, dass die Anmeldung, die vom Vorstand in vertretungsberechtigter Zahl zu erfolgen hat, auch von dem neuen Vorstandsmitglied selber vorgenommen werden kann, da sie rein deklaratorischen Charakter hat. Das bedeutet, dass es bei entsprechender Satzungsgestaltung ausreicht, dass das neue Vorstandsmitglied die Anmeldung unterzeichnet. Der Anmeldung beizufügen ist das Protokoll der Aufsichtsratssitzung, mit dem die Bestellung zum Vorstand belegt wird.

Formulierungsbeispiel: Niederschrift über eine Aufsichtsratssitzung der Aktiengesellschaft

Niederschrift über eine Aufsichtsratssitzung der AG in Firma nachfolgend („Gesellschaft")
Am heutigen Tag fand eine Aufsichtsratssitzung der Gesellschaft in den Geschäftsräumen am Sitz der Gesellschaft statt. Der Vorsitzende stellte zunächst die ordnungsgemäße Einladung und die vollständige Anwesenheit der Mitglieder fest. Die mit der Einladung bekannt gemachte Tagesordnung wurde wie folgt erledigt:
Der Aufsichtsrat hat in offener/geheimer Abstimmung einstimmig/mit … Ja-Stimmen, bei … Enthaltungen und … Nein-Stimmen beschlossen:
1. Herr/Frau (Titel, Vorname, Name, Geburtsdatum, Wohnort) hat gegenüber dem Aufsichtsrat der AG gemäß dem als Anlage im Original beigefügten Schreiben sein/ihr Amt als Vorstandsmitglied niedergelegt.
oder:
Die Bestellung von Herrn/Frau (Titel, Vorname, Name, Geburtsdatum, Wohnort) zum Vorstandsmitglied der Gesellschaft wird mit sofortiger Wirkung widerrufen. Ggf.: Gleichzeitig wird der mit ihm/ihr geschlossene Anstellungsvertrag fristlos aus wichtigem Grund gekündigt.
2. Herr/Frau (Titel, Vorname, Name, Geburtsdatum, Wohnort) wird für die Dauer von … Jahren zum Vorstandsmitglied bestellt. Das neue Vorstandsmitglied ist gemäß Satzung und Beschluss des Aufsichtsrates gemeinschaftlich mit einem anderen Vorstandsmitglied oder mit einem Prokuristen/allein zur Vertretung der Gesellschaft befugt. Der neue Vorstand ist befugt, im Namen der Gesellschaft mit sich als Vertreter eines Dritten Rechtsgeschäfte vornehmen (Befreiung von § 181 Alt. 2 BGB).

D III Aktiengesellschaft

> ▼ Fortsetzung: **Formulierungsbeispiel: Niederschrift über eine Aufsichtsratssitzung der Aktiengesellschaft**
>
> Die dem Aufsichtsrat vorliegenden Anstellungsverträge werden genehmigt. Der Vorsitzende des Aufsichtsrates wird ermächtigt, den Anstellungsvertrag im Namen des Aufsichtsrates mit jedem Vorstandsmitglied abzuschließen.
>
> Ort, den ...
> (Der Vorsitzende des Aufsichtsrates)

298 **Formulierungsbeispiel: Anmeldung der Veränderung im Vorstand einer AG (§ 81 I AktG)**

> Amtsgericht ...
> Registergericht
> HRB ...
> AG in Firma ...
>
> Die gemeinsam zur Vertretung berechtigten Mitglieder des Vorstands der AG melden zur Eintragung in das Handelsregister an:
>
> *I. Inhalt der Anmeldung*
>
> Die Bestellung von Herrn/Frau (Titel, Vorname, Name, Geburtsdatum, Wohnort) ist vom Aufsichtsrat der AG gemäß der als Anlage beigefügten Niederschrift über die entsprechende Sitzung des Aufsichtsrates mit sofortiger Wirkung/mit Wirkung zum ... widerrufen worden. **Oder:** Herr/Frau (Titel, Vorname, Name, Geburtsdatum, Wohnort) hat gegenüber dem Aufsichtsrat der AG gemäß dem als Anlage beigefügten Schreiben sein/ihr Amt als Vorstandsmitglied niedergelegt.
> Herr/Frau (Titel, Vorname, Name, Geburtsdatum, Wohnort) ist vom Aufsichtsrat der AG gemäß der als Anlage beigefügten Niederschrift über die entsprechende Sitzung des Aufsichtsrates zum weiteren Vorstandsmitglied bestellt worden. Demgemäß ist er/sie gemeinschaftlich mit einem anderen Vorstandsmitglied oder mit einem Prokuristen/allein zur Vertretung der Gesellschaft befugt. Er/Sie ist befugt, im Namen der Gesellschaft mit sich als Vertreter eines Dritten Rechtsgeschäfte vorzunehmen (Befreiung von § 181 2. Alt. BGB).
>
> *II. Anlage zur Handelsregisteranmeldung*
>
> – Notariell beglaubigte Abschrift der Niederschrift über die Sitzung des Aufsichtsrates vom ...
>
> *III. Ergänzende Erklärungen und Versicherung zur Anmeldung*
>
> Jedes neu bestellte Vorstandsmitglied erklärt:
> (siehe Versicherung bei der Anmeldung der AG, Rn. 68 f.)

299 Endet das Amt durch **Amtsniederlegung** (*BGH* NJW 1993, 1198), so ist der Registeranmeldung das Niederlegungsschreiben beizufügen. Bei der An- oder Abmeldung von Prokuren bedarf es nicht der Beifügung weiterer Unterlagen (zu den formellen Anforderungen an die Abberufung von Vorstandsmitgliedern *Schockenhoff/Topff* DB 2005, 539). Ist das Vorstandsmitglied einzelvertretungsberechtigt, so ist ihm anzuraten die Amtsniederlegung auf den Zeitpunkt zu erklären, in dem die entsprechende Registeranmeldung beim Handelsregister eingeht. Nur so kann er selber sein Ausscheiden anmelden (vgl. zur GmbH *OLG Bamberg* NZG 2012, 1106).

2. Zweigniederlassung

Das Recht der Zweigniederlassung wurde durch das am 1.1.2007 in Kraft getretene **300** EHUG radikal vereinfacht. Gemäß § 3 AktG i. V. m. § 13 I, II HGB n. F. hat die **Anmeldung** der Errichtung einer Zweigniederlassung künftig allein bei dem Registergericht der inländischen Hauptniederlassung zu erfolgen. Die §§ 13a, b, c HGB a. F. wurden aufgehoben. Ein Gericht der Zweigniederlassung bei inländischer Hauptniederlassung gibt es nicht mehr. Die Registerblätter bei den Gerichten am Ort der Zweigniederlassung werden unter Verweis auf die zentrale Eintragung am Ort der Hauptniederlassung geschlossen, Art. 61 VI EGHGB. Die Mitglieder des Vorstandes haben die Anmeldung in vertretungsberechtigter Anzahl vorzunehmen. Eine unechte Gesamtvertretung ist zulässig, nicht hingegen die Vertretung durch einen Prokuristen allein. Eine Zweigniederlassung wird definiert als räumlich getrennter Teil eines Unternehmens, der unter Leitung des Unternehmens dauerhaft und vor allem selbständig Geschäfte abschließt und die dafür erforderliche Organisation in sachlicher und personeller Hinsicht aufweist. Indes kann diese Definition nur noch für inländische Gesellschaften gelten (vgl. Rn. 304).

In der Regel wird die **Firma** der Zweigniederlassung durch den Namen des Unter- **301** nehmens unter **Zusatz** „Zweigniederlassung Dresden" gebildet. Dies ist jedoch **nicht zwingend.** Erforderlich ist lediglich, dass die Firma der Hauptniederlassung in der Firma der Zweigniederlassung enthalten ist und ein Zusatz vorhanden ist, der den Charakter als Zweigniederlassung zum Ausdruck bringt. Zu beachten ist, dass teilweise die Ansicht vertreten wird, dass von der Regel abweichende Firmierungen von der Hauptversammlung beschlossen werden müssen. Ein Zusatz, wie oben zitiert, ist in jedem Falle sinnvoll, da nur auf diese Weise sichergestellt werden kann, dass zukünftig die Erteilung einer Prokura auf die Zweigniederlassung beschränkt möglich ist.

In der Anmeldung ist nur noch der Ort der Zweigniederlassung samt inländischer Ge- **302** schäftsanschrift (§ 13 I 1 HGB) und der Zusatz der Zweigniederlassung anzugeben, falls der Firma der Zweigniederlassung ein solcher beigefügt wird. Entbehrlich ist indes die Einreichung bislang erforderlicher Unterlagen, da diese beim Gericht der Hauptsache ohnehin verfügbar sind (vgl. *Apfelbaum* DNotZ 2007, 166, 168). Zu beachten ist:
(1) Die Prokura, nicht aber die Vertretungsmacht der Vorstandsmitglieder, kann auf einzelne Zweigniederlassungen beschränkt werden.
(2) Steuerlich ist zu beachten, dass entsprechend § 12 S. 2 Nr. 2 AO die Zweigniederlassung als Betriebsstätte gilt und jede Gemeinde, in der sich eine Betriebsstätte befindet, nach §§ 28 ff. GewStG in die Erhebung der Gewerbesteuer eingebunden wird. Die Errichtung der Zweigniederlassung ist der Gemeinde und dem zuständigen Finanzamt anzuzeigen.

Die **Anmeldung der Aufhebung** der Niederlassung erfolgt gem. § 13 III HGB n. F. nur **303** beim Gericht der Hauptniederlassung.

3. Zweigniederlassungen ausländischer Gesellschaften

Die Anmeldung von Zweigniederlassungen ausländischer Gesellschaften richtet sich **304** nach den §§ 13d ff. HGB. Diese Regelungen sind vom EHUG weitestgehend unberührt geblieben. Die oben genannte Definition der Zweigniederlassung ist für ausländische Gesellschaften allerdings nicht mehr zu halten, zumindest wenn der (Haupt-)Sitz des Unternehmens in einem Mitgliedstaat der Europäische Union oder des EWR belegen ist. Die nationalen Gerichte folgen in dieser Sache den Vorgaben des *EuGH* (NZG 2002, 1164 – „Überseering"; NJW 1999, 2027 – „Centros"; ZIP 2003, 1885 – „Inspire Art"). In europarechtskonformer Anwendung müssen die §§ 13d, 13e und 13f HGB entgegen ihrem Wortlaut ausgelegt werden. Auf das Merkmal des Bestehens einer Hauptniederlassung kann es nach der Rechtsprechung des *EuGH* (vgl. NJW 1999, 2027 Tz. 14, 17, 21, 29 – „Centros" und ZIP 2003, 1885 Tz. 95–98 – „Inspire Art") nicht (mehr) ankommen. Das hat das

OLG Zweibrücken unter Berufung auf das „Centros"-Urteil ausdrücklich klargestellt (NZG 2003, 537, 538). Entscheidend ist dann allein der Gründungsort. Das gilt auch für den Fall, dass die Gesellschaft in einem Mitgliedsstaat mit dem Ziel gegründet worden ist, die Gründungsvorschriften in Deutschland zu umgehen und eine Geschäftstätigkeit nur hier aufrechtzuerhalten (*EuGH* ZIP 2003, 1885 Tz. 95–98 – „Inspire Art"; *OLG Zweibrücken* NZG 2003, 537, 538; *BayObLG* ZIP 2003, 389, 399).

305 Grundsätzlich ändert sich durch die vorgenannte Rechtsprechung nichts an den Vorschriften über den Inhalt der Anmeldung der Aktiengesellschaft bzw. einer Zweigniederlassung, so dass Angaben über den Inhalt der Satzung oder des entsprechenden Organisationsstatuts der Gesellschaft entsprechend § 23 III AktG zu machen sind. Insbesondere sind die Vertretungsbefugnisse der Mitglieder des Vorstandes oder des entsprechenden Organs anzugeben.

306 Kaum noch umstritten ist, dass der Gegenstand der Hauptniederlassung nicht anzugeben ist. Dies wurde teilweise aus § 13f II HGB i. V. m. § 23 III AktG hergeleitet (vgl. *Wachter* GmbHR 2003, 1254, 1255) und vereinzelt von Gerichten verlangt (*OLG Jena* GmbHR 1999, 822). Dem ist jedoch entgegenzuhalten, dass im Rahmen des Tätigwerdens in Deutschland lediglich der Gegenstand der Zweigniederlassung von Relevanz sein kann. So verlangt § 13e II 2 HGB den Nachweis staatlicher Genehmigungen etwa auch nur für den inländischen Tätigkeitsbereich. Die Angabe des vollen Unternehmensgegenstandes der ausländischen Gesellschaft hätte in diesem Zusammenhang eine verwirrende Wirkung, was dem Gedanken der Publizität widerspräche. Ob daher bei der Verweisung von § 13f II HGB auf § 23 III AktG möglicherweise eine bloße Rechtsfolgenverweisung anzunehmen ist, kann dahingestellt bleiben, da die §§ 13 ff. HGB jedenfalls richtlinienkonform auszulegen sind. Da die für die Auslegung entscheidend heranzuziehende sog. Zweigniederlassungsrichtlinie (Elfte Richtlinie des Rates vom 22.12.1989 – 89/666/EWG über die Offenlegung von Zweigniederlassungen, die in einem Mitgliedsstaat von Gesellschaften bestimmter Rechtsform errichtet wurden, die dem Recht eines anderen Staates unterliegen, Amtsblatt Nr. L 395 vom 30/12/1989 S. 36–39) nicht die Angabe des Unternehmensgegenstandes der Gesellschaft vorsieht, muss § 13f HGB insofern unangewendet bleiben.

307 Die Anmeldung muss durch den Vorstand in vertretungsberechtigter Anzahl erfolgen. Ebenso ist unechte Gesamtvertretung zulässig. Einer **Versicherung entsprechend** § 37 II AktG seitens der Vorstandsmitglieder der Gesellschaft ist nunmehr vorgesehen, da diese Vorschrift im Verweis des § 13f II 2 HGB n. F. auch auf den zweiten Absatz verweist.

308 Zusätzlich muss nach § 13e II HGB n. F. nun auch zusätzlich eine inländische Geschäftsanschrift einer empfangsberechtigten Person eingetragen werden, um die Zustellung insbesondere für Gläubiger der Gesellschaft zu erleichtern.

309 Gesellschaften aus Nicht-EU/EWR-Ländern können sich nicht auf die Garantien der europäischen Verträge berufen. Hier bleibt grundsätzlich der Ort des effektiven Verwaltungssitzes entscheidend (*Hüffer* Anh. § 45 § 13d HGB Rn. 2). In diesen Fällen ist aber zu untersuchen, ob bi- oder multilaterale Abkommen bestehen, die Regelungen über die gegenseitige Anerkennung von Gesellschaften enthalten. Im Verhältnis zu den USA ist der Freundschafts-, Handels- und Schifffahrtsvertrag (BGBl. II 1956, 487) zu beachten. Im Hinblick auf US-amerikanische Gesellschaften findet daher bei der Beurteilung ihrer Rechts- und Parteifähigkeit die Gründungstheorie Anwendung. Eine in den USA gegründete Gesellschaft ist in Deutschland mithin als rechts- und parteifähig anzusehen, auch wenn sie ihren tatsächlichen (effektiven) Verwaltungssitz in Deutschland hat (*BGH* ZIP 2003, 720).

310 Der Anmeldung sind **beizufügen**:
– öffentlich beglaubigte Abschrift der Satzung bzw. das entsprechende Organisationsstatut,
– gerichtliche Bekanntmachung über die Gründung der Gesellschaft,
– Nachweis über das Bestehen der Gesellschaft.

IX. Besonderheiten der Einmann-Aktiengesellschaft

Neben den schon genannten Veränderungen durch die Möglichkeit der Gründung einer Aktiengesellschaft durch nur eine Person nach dem „Gesetz für kleine Aktiengesellschaften und zur Deregulierung des Aktienrechts" (BGBl. 1994 I, 1961) gibt es noch eine weitere sich daraus ergebende Folge. So ist gemäß § 42 AktG bei Einmann-Gründung und bei nachträglichem Entstehen einer **Einmann-Aktiengesellschaft** im Wege der Anteilsvereinigung dies durch Anmeldung beim Registergericht **zu publizieren**. Hierbei sind Name, Vorname, Geburtsdatum und Wohnort für natürliche Personen bzw. Firma oder Name sowie Sitz oder Hauptniederlassung für Gesellschaften anzugeben. Alleiniger Aktionär i.S.d. § 42 AktG ist auch, wer neben der Aktiengesellschaft selbst einziger Aktionär ist. Es ist aber keine Handelsregistereintragung nötig, vielmehr besteht **nur eine Anzeigepflicht**, welche privatschriftlich möglich ist und keine notarielle Beurkundung erfordert. Fraglich ist, wer diese Anzeige vorzunehmen hat. Für den Vorstand spricht wohl die Systematik des Gesellschaftsrechts, wogegen aber spricht, dass dieser nicht automatisch Kenntnis von der Anteilsvereinigung auf eine Person erlangt. Damit ist wohl davon auszugehen, dass auch den Alleinaktionär eine Anzeigepflicht trifft. Um Fehlinformationen zu vermeiden, ist auch das Ende der Einmann-AG durch Hinzutreten weiterer Aktionäre anzumelden. 311

Bei der Leitung der Aktiengesellschaft ergeben sich keine Abweichungen bei der Einmann-Aktiengesellschaft. Insbesondere kann der Alleinaktionär die Kompetenzverteilung nicht verändern (§ 23 V AktG). Auch in der Einmann-Aktiengesellschaft leitet der Vorstand die Gesellschaft unter eigener Verantwortung. Im Gegensatz zum GmbH-Recht besteht nicht die Möglichkeit, im Wege einer Satzungsregelung Weisungsrechte für die Anteilseigner gegenüber dem Vorstand festzuschreiben. 312

Ist der Alleinaktionär eine natürliche Person, kann er sich zum Vorstandsmitglied (auch Alleinvorstand, § 76 II AktG) oder alternativ (§ 105 AktG) zum Aufsichtsratsmitglied bestellen. Ist er eine juristische Person, so ist § 100 II AktG zu beachten. 313

Bei der Einmann-Aktiengesellschaft ist jede Hauptversammlung immer auch eine Vollversammlung gemäß § 121 VI AktG und kann daher ohne Einhaltung der Bestimmungen über die Einberufung jederzeit und an jedem Ort (auch im Ausland) stattfinden (*Hüffer* § 42 Rn. 2; § 121 Rn. 15, 20, 23). Es muss weder ein Teilnehmerverzeichnis gemäß § 129 I AktG aufgestellt werden, noch sind Angaben über die Art und das Ergebnis der Abstimmung (§ 130 II AktG) in der Hauptversammlungsniederschrift (auch Hauptversammlungsprotokoll) erforderlich (DNotI-Report 2003, 27; *Bachmann* NZG 2001, 961 ff.). Auf die Erstellung der Niederschrift selbst kann jedoch nicht verzichtet werden (DNotI-Report 2003, 27). Ein Versammlungsleiter muss nicht bestimmt werden. Das privatschriftliche Hauptversammlungsprotokoll ist – soweit einer bestimmt wurde – vom Versammlungsleiter, andernfalls vom Alleinaktionär zu unterschreiben (*OLG Köln* DNotZ 2008, 789 m. Anm. *Wicke* DNotZ 2008, 791). In der Einmann-AG gelten die Stimmverbote des § 136 AktG nicht (*BGH* NJW 1989, 295). Und soweit der Alleinaktionär über seine Entlastung als Aufsichtsrats- oder alternativ als Vorstandsmitglied zu befinden hätte, ist dies entbehrlich. 314

Bei Strukturbeschlüssen sieht das Gesetz – außer der in diesem Fall stets erforderlichen Mitwirkung des Notars, § 130 I AktG) – in der Regel die Vorlage eines ausführlichen Vorstandsberichts vor. Von dieser Pflicht entbindet das UmwG ausdrücklich, wenn die Gesellschaft nur einen Aktionär hat, im Falle der Verschmelzung (§ 8 III 1 UmwG), der Spaltung (§ 127 S. 2 UmwG) und des Formwechsels (§ 192 II 1UmwG). 315

Besonderheiten bestehen auch hinsichtlich der Leistung der Bareinlage bei Gründung einer Einmann-Aktiengesellschaft, wenn der alleinige Aktionär zugleich zum alleinigen Vorstand der Gesellschaft bestellt wird. Denn für eine schuldtilgende Leistung der Ein- 316 lage bei einer Einpersonengesellschaft kommt es darauf an, dass die Einlageleistung aus dem Herrschaftsbereich des Einlegers ausgesondert wird. Dies kann dadurch bewirkt werden, dass zum Zwecke der Erbringung der Einlageleistung ein neues Konto auf den Namen der Vor-Gesellschaft eröffnet wird, auf das dann die Bareinlage eingezahlt werden kann (§ 54 III 1 Alt. 1 AktG). Einzahlungen auf ein Konto des Vorstandes nach § 54 III 1 Alt. 2 AktG haben dagegen nur dann schuldtilgende Wirkung, wenn der Vorstand vom Einlageschuldner personenverschieden ist (vgl. dazu ausführlich DNotI-Report 2006, 53).

X. Unternehmensverträge im Konzern

1. Einführung

317 Während das Aktiengesetz detaillierte Regelungen zu den so genannten „Unternehmensverträgen" vorsieht, fehlen diese im GmbH-Gesetz. Unternehmensverträge spielen bei beiden Gesellschaftsformen eine ganz erhebliche Rolle, dies gilt insbesondere für den so genannten Beherrschungs- und Gewinnabführungsvertrag. Der Gewinn- (oder auch Ergebnis-)abführungsvertrag wird vor allem aus steuerlichen Überlegungen abgeschlossen, § 14 KStG. Dabei bemisst sich die fünfjährige Mindestlaufzeit des Gewinnabführungsvertrages gemäß § 14 KStG nach Zeitjahren (*BFH NZG* 2011, 596). Mit dem Gewinnabführungsvertrag verpflichtet sich ein Unternehmer, seine sämtlichen Gewinne an ein anderes Unternehmen abzuführen, das gleichzeitig verpflichtet ist, die Verluste zu übernehmen. Auf diese Weise wird im so genannten Vertragskonzern eine unmittelbare Verrechnung möglich, die sich steuermindernd auswirken kann.

318 Zu beachten ist, dass außenstehenden Aktionären des gewinnabführenden Unternehmens grundsätzlich ein Ausgleich für die ausfallende Dividende in Form einer wiederkehrenden Geldleistung zu gewähren ist, § 304 I AktG. Weder nichtig, noch anfechtbar ist dabei ein Null-Ausgleich, wenn es sich um eine chronisch defizitäre Aktiengesellschaft handelt (*BGH DNotZ* 2006, 701).

319 Anders als ein Beherrschungsvertrag kann ein Ergebnis- oder Gewinnabführungsvertrag auch rückwirkend für den Beginn des Geschäftsjahres abgeschlossen werden, da hier nicht wie beim Beherrschungsvertrag die Gefahr besteht, dass ursprünglich rechtmäßige Handlungen nachträglich unrechtmäßig werden können (*LG Kassel AG* 1997, 239).

320 Neben dem in § 291 AktG geregelten Beherrschungs- und/oder Gewinnabführungsvertrag regelt das Aktiengesetz noch die so genannte Gewinngemeinschaft (§ 292 1 Nr. 1 AktG), den Teilgewinnabführungsvertrag (§ 292 I Nr. 2 AktG) und den Betriebspacht-/Betriebsüberlassungsvertrag (§ 292 I Nr. 3 AktG).

321 Seit der Änderung des GWB besteht gem. § 39 GWB eine Anmeldepflicht und nicht mehr nur ein Anzeigepflicht. Ein Zusammenschluss darf erst nach erteilter Genehmigung vollzogen werden. Die Anmeldung muss unter Vorlage der in § 39 III GWB bezeichneten Unterlagen zum Bundeskartellamt erfolgen. Soweit eine Unternehmensverbindung durch Beteiligungserwerb entsteht, trifft ein Unternehmen, das ¼ der Aktien einer Aktiengesellschaft mit Sitz im Inland erwirbt, gem. § 20 I AktG eine Mitteilungspflicht gegenüber der Gesellschaft. Die betroffene Gesellschaft hat das Bestehen einer solchen Beteiligung in den Geschäftsblättern bekannt zu machen, sofern ihr das Bestehen der Beteiligung gem. § 20 I AktG mitgeteilt worden ist (§ 20 VI AktG). Die Mitteilungspflicht nach § 20 I AktG gilt bereits für die Gründungsaktionäre (*BGH NZG* 2006, 505; auch bei Formwechsel in eine AG: *OLG Düsseldorf* BeckRS 2014, 04838). Ein unter Verletzung der Mitteilungspflicht stimmlos gefasster Hauptversammlungsbeschluss (§ 20 VII AktG) ist anfechtbar (*OLG Dresden* ZIP 2005, 573). Für die Zeit der Verletzung der Mitteilungspflicht ruhen alle aus der Aktie folgenden Mitgliedschaftsrechte, auch jene nach § 245 Nr. 1, Nr. 2 AktG. Erwirbt eine inländische Aktiengesellschaft (auch: KGaA, SE)

X. Unternehmensverträge im Konzern   D III

¼ der Anteile einer inländischen Kapitalgesellschaft, so ist sie dieser zur unverzüglichen Mitteilung verpflichtet, bei Erwerb einer Mehrheitsbeteiligung (§ 16 I AktG) besteht diese Pflicht gegenüber jeder Art von inländischem Unternehmen (§ 21 I, II AktG). Die Beteiligungshöhe bestimmt sich nach § 16 AktG. Unterbleibt die Mitteilung, so ruhen alle Rechte aus Anteilen, die der Gesellschaft nach § 16 IV AktG zuzurechnen sind (§ 21 IV AktG). Der Notar sollte daher auf die Mitteilungspflicht hinweisen und etwa vor einer Beurkundung von Beschlüssen ggf. auf die Nachholung hinzuwirken (ausf. *Leitzen* MittBayNot 2012, 183).

Keine Unternehmensverträge i. S. v. § 292 ff. AktG sind sog. Entherrschungsverträge **322** (dazu ausf. MünchKomm-AktG/*Bayer* § 17 Rn. 99 ff.). Sie dienen zur Widerlegung der gesetzlichen Vermutung aus § 17 II AktG, wonach bei in Mehrheitsbesitz stehenden Unternehmen die Abhängigkeit vom Mehrheitseigner vermutet wird und somit zur Vermeidung der Rechtsfolgen, die das Gesetz an die Abhängigkeit knüpft (etwa §§ 311 ff., 16 IV AktG). Wesentlicher Inhalt ist die Verpflichtung des Mehrheitseigners, bei Wahl und Abwahl von Aufsichtsratsmitgliedern der Aktiengesellschaft weniger Stimmen auszuüben, als für die Hauptversammlungsmehrheit erforderlich. Ebenso muss er sich zum Verzicht auf andere Maßnahmen der Beherrschung verpflichten, etwa eine personelle Verflechtung auflösen oder bei der GmbH auf die Wahl und Abberufung von Geschäftsführern sowie auf Weisungsbeschlüsse verzichten. Zur Widerlegung der Vermutung ist außerdem die Schriftform erforderlich, die Laufzeit des Vertrages muss mindestens fünf Jahre betragen und bis über die nächste Aufsichtsratswahl hinaus reichen (*Hüffer* § 17 Rn. 22; MünchKomm-AktG/*Bayer* § 17 Rn. 102). Aus Seiten des Mehrheitseigners muss eine kapitalistische, nichtunternehmerische Beteiligung vom Unternehmensgegenstand umfasst sein. Hierfür ist ggf. eine Satzungsänderung erforderlich.

2. Vorbereitung zum Abschluss eines Unternehmensvertrages

Der Abschluss eines Unternehmensvertrages bedarf bei einer Aktiengesellschaft der **323** Zustimmung durch die Hauptversammlung der beherrschten und der herrschenden Gesellschaft, jeweils mit ¾ Kapital- und einfacher Stimmenmehrheit. Die Beschlüsse bedürfen daher nach § 130 I 3 AktG der Beurkundung. Im Vorfeld der über die Beschlussfassung befindenden Hauptversammlung bestehen besondere Bekanntmachungsvorschriften (§ 124 II 2 AktG). Nach dieser Vorschrift ist der Vertrag seinem wesentlichen Inhalt nach bekannt zu machen (zum Veröffentlichungsumfang vgl. *Heckschen* DB 1989, 1273). Dem Hauptversammlungsprotokoll ist der Unternehmensvertrag als Anlage beizufügen. Für die GmbH gilt Entsprechendes. Bei ihr ist die Gesellschafterversammlung für die Zustimmung zuständig (grundlegend BGH DNotZ 1989, 102 m. Anm. *Baum*).

Für beteiligte Aktiengesellschaften ist durch das Umwandlungsbereinigungsgesetz **324** (UmwBerG vom 28.10.1994, BGBl. I, 3210) eine erhebliche Ausweitung der Informations- und Schutzrechte der Anteilsinhaber eingeführt worden. Entsprechend den für Umwandlungsvorgänge geltenden Regelungen (vgl. Kap. D IV. Rn. 13, 56 ff.) wurden eine Berichtspflicht (§ 293a AktG), eine Prüfung (§§ 293b–293e AktG) sowie gesteigerte Informationspflichten vor der Beschlussfassung (§§ 293f–293g AktG) und Änderungen zum Abfindungs- und Spruchverfahren (§§ 305 III, 306 AktG) eingeführt. Eine Vertragsprüfung kann unterbleiben, wenn alle außenstehenden Aktionäre auf einen Ausgleichsanspruch verzichten (*OLG Hamburg* DStR 2011, 326). Nach bisher h. M. sollen diese Neuregelungen für die abhängige GmbH nicht gelten, und zwar unabhängig davon, ob es sich um eine herrschende GmbH oder eine Aktiengesellschaft handelt (so Baumbach/Hueck/*Zöllner* GmbH-KonzernR Rn. 58; *Hüffer* § 293a Rn. 5 f.; a. A. *Lutter/ Hommelhoff* Anh. zu § 13 Rn. 59; *Heunbeck* BB 1995, 1893). Das Bestehen eines Beherrschungs- und Gewinnabführungsvertrages ist bei der beherrschten (nicht aber bei der herrschenden) Gesellschaft zur Eintragung in das Handelsregister anzumelden. Eine Eintragung des Unternehmensvertrages in das Register der herrschenden Gesellschaft ist unzulässig, da sie nicht vorgesehen ist und auch kein dringendes Bedürfnis für eine derartige Eintragung besteht (*AG Erfurt* GmbHR 1997, 75; a. A. jedoch *Heckschen* DB 1989, 29).

3. Abschluss von Unternehmensverträgen

325   Die Haupt- bzw. Gesellschafterversammlung ist für die Beschlussfassung über die Zustimmung zu einem Unternehmensvertrag zuständig. Der Abschluss von Unternehmensverträgen, sei es zwischen Aktiengesellschaften oder zwischen GmbH oder aber auch zwischen einer GmbH und einer Aktiengesellschaft, bedarf nur der Schriftform, § 293 III AktG. Es handelt jeweils die Geschäftsführung/der Vorstand in vertretungsberechtigter Zahl. Auch die Vertretung durch Prokuristen (§ 49 I HGB) ist zulässig. Stets ist zu prüfen, ob die Satzung, die Geschäftsordnung oder ein Aufsichtsratsbeschluss einen Zustimmungsvorbehalt für den Aufsichtsrat nach § 111 IV 2 AktG vorsehen. Dieser entfaltet jedoch keine Außenwirkung (*Hüffer* § 111 Rn. 19). Auch Austauschverträge können als Unternehmensverträge anzusehen sein, wenn die Leistung des einen Vertragsteils in der Abführung eines Teils seines Gewinns besteht. Untergrenzen bestehen hierbei nicht (*KG* DStR 1999, 2133 m. Anm. *Hergeth*).

326   Stimmverbote gem. § 47 IV GmbHG, die sich nicht auf Satzungsfragen erstrecken, werden von dem Beherrschungsvertrag verdrängt, da ein Stimmverbot mit dem Wesen eines Beherrschungsvertrages nicht vereinbar wäre (*OLG Stuttgart* GmbHR 1998, 943). Das Weisungsrecht, welches durch den Unternehmensvertrag übertragen wurde, ist durch die gesetzlich zwingenden Beschlusszuständigkeiten der Gesellschafterversammlung, insbesondere Satzungsänderungen, begrenzt. Zu Ausgleich und Abfindungsansprüchen bei Beitritt eines weiteren herrschenden Unternehmens zum Unternehmensvertrag (vgl. *Kort* ZGR 1999, 402).

327   Ist eine GmbH abhängige Gesellschaft, so ist nach h. M. wegen Berührung des Gesellschaftszwecks die Zustimmung aller Gesellschafter erforderlich (Baumbach/Hueck/ Zöllner GmbH-KonzernR Rn. 54; a. A. *Lutter/Hommelhoff* Anh. zu § 13 Rn. 65).

328   Ein Zustimmungsbeschluss zu einem Beherrschungs- und Gewinnabführungsvertrag ist anfechtbar, wenn ein Business Combination Agreement (BCA), das mit dem Beherrschungs- und Gewinnabführungsvertrag eng verknüpft ist, Verstöße gegen die aktienrechtliche Kompetenzordnung enthält (*LG München I* NZG 2012, 1152; dazu *Bungerst/Wansleben* ZIP 2013, 1841). Im entschiedenen Fall verstieß eine Verpflichtung des Vorstands, ohne Zustimmung des Bieters weder ein genehmigtes Kapital auszunutzen noch eigene Aktien zu veräußern oder zu erwerben, gegen die aktienrechtliche Kompetenzordnung und den Grundsatz der eigenverantwortlichen Leitung einer Aktiengesellschaft durch den Vorstand. Mit der Aufgabenverteilung zwischen dem Vorstand und einem Aktionär sei eine solche Bestimmung unvereinbar (unzulässige Selbstbindung des Vorstands).

329   Ein vermeintlicher Fehler eines Satzungstextes einer notariellen Niederschrift über die Beschlussfassung eines Gewinnabführungsvertrages kann nach Auffassung des *BGH* (NotBZ 2013, 301) – wenn überhaupt – nur bei offensichtlichen Fehlern rückwirkend über § 44a II BeurkG korrigiert werden. Der *BGH* stellt zudem klar, dass der aus § 133 BGB abzuleitende und grundsätzlich auch auf formbedürftige Verträge anzuwendende Grundsatz „falsa demonstratio non nocet", nach dem ohne Rücksicht auf einen abweichenden Wortlaut das von den Vertragschließenden tatsächlich Gemeinte als Inhalt des Vertrags gilt, im Bereich der objektivierten Auslegung korporationsrechtlicher Vereinbarungen nicht uneingeschränkt angewendet werden kann. Findet sich nämlich im Vertrag und in den allgemein zugänglichen Unterlagen kein eindeutiger Beleg für den dem Wortlaut entgegenstehenden subjektiven Willen der Vertragsparteien, ist kein Raum für dessen Berücksichtigung. Der Hinweis in einer Präambel, dass die Gründung einer steuerlichen Organschaft in Gemäßheit der §§ 14, 17 KStG 1999 gewollt war, reicht für den zwingenden Schluss nicht aus.

X. Unternehmensverträge im Konzern

4. Angaben bei der Anmeldung zum Handelsregister

Anzumelden sind:
- das Bestehen des Unternehmensvertrages und die Namen der Beteiligten,
- das Datum des Abschlusses des Vertrages und des Zustimmungsbeschlusses der beherrschten Gesellschaft sowie die Tatsache der Zustimmung durch die herrschende Gesellschaft.

Beizufügen sind der Handelsregisteranmeldung:
- der Unternehmensvertrag,
- der notariell beurkundete Zustimmungsbeschluss der beherrschten Gesellschaft,
- der Zustimmungsbeschluss der herrschenden Gesellschaft.

In der Handelsregisteranmeldung ist die Art des Unternehmensvertrages anzugeben, wobei insoweit dem Notar eine selbständige Prüfungspflicht obliegt und er an die Bezeichnung seitens der Unternehmen nicht gebunden ist, bei Teilgewinnabführungsverträgen ist die Höhe des abzuführenden Gewinns anzugeben.

Ein Freigabeverfahren gem. § 246a AktG kann auch dann durchgeführt werden, wenn die Eintragung des Beherrschungs- und Gewinnabführungsvertrags im Handelsregister schon erfolgt ist, da ein berechtigtes Interesse der Gesellschaft an der Bestandskraft dieser Eintragung besteht (*OLG Düsseldorf* NJOZ 2010, 1028). Ist ein kommunales Unternehmen ohne eigene Rechtspersönlichkeit herrschendes Unternehmen und ist kommunalrechtlich für die Übernahme einer fremden Schuld die Genehmigung der Kommunalaufsicht erforderlich, so ist für die Eintragung eines Gewinnabführungsvertrages in das Handelsregister die Genehmigung erforderlich (*OLG München* NZG 2009, 1031).

5. Steuerliche Aspekte

Mit dem Abschluss eines Gewinnabführungsvertrages i. S. d. § 291 I AktG können unter entsprechender Beachtung der steuerrechtlichen Vorschriften gleichfalls auch steuerliche Folgen herbeigeführt werden, wobei die körperschafts- und gewerbesteuerlichen Voraussetzungen für eine Organschaft im Gegensatz zu den umsatzsteuerlichen gleichlaufen, vgl. §§ 14–19 KStG, § 2 II 2 GewStG, § 2 II Nr. 2 UStG. Aus steuerrechtlicher Sicht sind für (Aktien-)Gesellschaften die körperschafts- und gewerbesteuerliche Organschaft von besonderer Bedeutung. Dabei wird hierdurch keine Aussagen über die Art und Weise der Gewinnermittlung getroffen, sondern darüber, wer die Gewinne zu versteuern hat. Damit wird verhindert, dass Gewinne doppelt versteuert werden und eine Besteuerung nur beim Organträger und nicht bei der Organgesellschaft vorgenommen.

Zur körperschaftsteuerrechtlichen Anerkennung als Organschaft bedarf es folgender Voraussetzungen, § 14 I 1 Nr. 3 KStG, R 60 KStR 2004:
- zivilrechtliche Wirksamkeit des Vertragsabschlusses
- finanzielle Eingliederung der Organgesellschaft in den Organträger
- Organträger ist entweder eine natürliche Person oder körperschaftsteuerpflichtig oder eine gewerblich *tätige* Personengesellschaft
- die Beteiligung an der Organgesellschaft ist einer inländischen Betriebsstätte zuzurechnen
- Eintragung in das Handelsregister
- Abschluss über mindestens fünf Zeitjahre
- tatsächliche Durchführung während der gesamten Dauer
- Beachtung des § 293 I AktG (Zustimmung durch die Hauptversammlung).

Soweit es an einer dieser Voraussetzungen mangelt, z. B. Fehlen der notariell beurkundeten Zustimmung der Gesellschafterversammlung oder der Eintragung im Handelsregister, kann keine steuerrechtliche Organschaft anerkannt werden, selbst dann nicht, wenn die Vertragsparteien den Vertrag als wirksam behandelt und durchgeführt haben;

weder § 41 I 1 AO noch die Grundsätze über die fehlerhafte Gesellschaft sind anwendbar. Die Nichtbeanstandung der Unwirksamkeit der Organschaft durch die Finanzverwaltung für eine Übergangszeit findet zudem dann nicht mehr statt, wenn sich einer der Beteiligten auf die Unwirksamkeit des Gewinnabführungsvertrages beruft (*BFH* AG 1998, 491). Im Falle einer solchen „verunglückten" Organschaft werden die getätigten Gewinnabführungen regelmäßig als verdeckte Gewinnausschüttungen gewertet und besteuert (BFH/NV 2008, 614).

> **Praxishinweis Steuern:**
>
> Bei einer Organschaft anderer Gesellschaften als AG, KGaA und SE muss die Verlustübernahmeverpflichtung durch einen dynamischen Verweis auf die Vorschriften des § 302 AktG in seiner jeweils gültigen Fassung vereinbart werden (§ 17 S. 2 Nr. 2 KStG). Diese Bestimmung existiert deshalb, weil im GmbH-Vertragskonzern eine Verlustübernahmepflicht gesetzlich nicht geregelt ist. Altverträge, die einen entsprechenden Verweis nicht enthalten, können noch bis zum 31.12.2014 „repariert" werden, und zwar auch rückwirkend für Zeiten vor Inkrafttreten der derzeitigen Fassung des § 17 KStG. Dies gilt v. a. auch für solche Altverträge, denen ein Verweis auf die im Jahr 2004 angefügte Verjährungsvorschrift des § 302 IV AktG fehlte. Details hierzu sind in § 34 X b KStG geregelt, vgl. dazu *Mayer/Wiese*, Zur Verlustübernahme nach der „kleinen Organschaftsreform" – Vertragsformulierungen im Lichte der Übergangsvorschrift, DStR 2013, 629 mit Formulierungsbeispielen.

336 Die Nutzung vorhandener Verlustabzugspotentiale durch die Organgesellschaft ist nach Begründung der körperschaftsteuerlichen Organschaft nach § 15 Nr. 1 KStG nicht mehr möglich. Diese vororganschaftlichen Verluste werden steuerlich eingefroren. Hierbei ist jedoch zu beachten, dass aktienrechtlich dem Gewinnabführungsvertrag und seiner steuerlichen Anerkennung Grenzen gesetzt sind. Gemäß §§ 300 f. AktG sind zunächst Altverluste und gesetzliche Rücklagen der abführenden Gesellschaft (zumindest teilweise) auszugleichen, bevor der gesamte Gewinn abgeführt werden kann. Der Abschluss eines Gewinnabführungsvertrages kann daher vom Eintritt der Bedingung abhängig gemacht werden, dass der Verlustvortrag der Organgesellschaft nach § 10d EStG vollständig durch Gewinne der Organgesellschaft ausgeglichen ist. Die Bedingung darf sich aber nur auf den Gewinnabführungsteil des Unternehmensvertrages beziehen. Soll auch der Beherrschungsteil der Bedingung unterliegen, ist der Eintragungsantrag zurückzuweisen, da in diesem Fall der Registerpublizität erhöhtes Gewicht zukommt. Eintragungsfähig sind hingegen unter dieser Bedingung stehende reine Gewinnabführungsverträge und Unternehmensverträge, bei denen lediglich der Gewinnabführungsteil unter der genannten Bedingung steht (*Grashoff* BB 1997, 1647).

337 Ein Gewinnabführungsvertrag kann aus handelsrechtlicher Sicht Rückwirkung auf vergangene Geschäftsjahre entfalten, soweit die Jahresabschlüsse noch nicht festgestellt sind. Aus steuerrechtlicher Sicht ist eine Rückwirkung nicht mehr zulässig. Der Gewinnabführungsvertrag muss daher bis zum Ende des Veranlagungszeitraumes, für den er erstmals gelten soll, in das Handelsregister der Organgesellschaft eingetragen sein.

> **Praxishinweis Steuern:**
>
> Handelt es sich beim Organträger um eine Kapitalgesellschaft, so ist die Mehrfachbesteuerung der Gewinne auf jeder Beteiligungsstufe zwar bereits nach § 8b KStG weitgehend ausgeschlossen. Die Organschaft vermeidet in diesem Fall jedoch die Definitivbelastung eines 5 %-Anteils auf jeder Beteiligungsstufe gem. § 8b V KStG.

X. Unternehmensverträge im Konzern D III

> **Praxishinweis Steuern:**
>
> Der Vorteil einer körperschaftssteuerlichen Organschaft besteht darin, dass sich die bei Nichtvorliegen einer solchen Organschaft aus § 8b V KStG resultierende Mehrbelastung mit der Festsetzung von 5 % der Dividenden als nichtabziehbare Betriebsausgabe auf der Ebene der Muttergesellschaft verhindern lässt. Gewerbesteuerlich führt die Organschaft dazu, dass die Organgesellschaft als Betriebsstätte des Organträgers behandelt wird (§ 2 II 2 GewStG), d. h. an deren Sitz wird nicht mehr der Ertrag der Organgesellschaft, sondern ein Zerlegungsanteil des Konzernergebnisses der Gewerbesteuer unterworfen. Ist der Organträger eine natürliche Person oder eine gewerblich tätige Personengesellschaft, so wird durch die Organschaft die Doppelbelastung der Gewinne auf Körperschafts- und Gesellschafterebene vermieden und wiederum die Verlustverrechnungsmöglichkeit geschaffen.

6. Änderung und Aufhebung von Unternehmensverträgen

Grundsätzlich bedarf die Änderung eines Unternehmensvertrages der Zustimmung der Hauptversammlung. Wenn das herrschende Unternehmen mit einer dritten Gesellschaft als aufnehmendem Rechtsträger verschmolzen wird, geht kraft Gesamtrechtsnachfolge auch der Beherrschungs- und Gewinnabführungsvertrag auf den aufnehmenden Rechtsträger über (*LG Bonn* GmbHR 1996, 774; *LG München I* ZIP 2011, 1511; *Hüffer* § 295 Rn. 6). Anders urteilte das *OLG Karlsruhe* für den Fall, dass der aufnehmende Rechtsträger zwar nicht Partei des Unternehmensvertrages ist, aber demselben Konzern angehört. In diesem Fall habe die Verschmelzung die Beendigung des Unternehmensvertrages zur Folge, da die Verschmelzung das Erlöschen der übertragenden Gesellschaft und damit einer Partei des Unternehmensvertrages bewirkt (*OLG Karlsruhe* WM 1994, 2023).

In Konzernkonstellationen stellt sich die Frage, inwieweit Zustimmungserfordernisse bei Umstrukturierungen und damit einhergehenden Änderungen der Unternehmensverträge bestehen. Beispiel: Eine Muttergesellschaft (AG) hat mit einer ihrer beiden 100 %-igen Tochtergesellschaften mbH einen Beherrschungs- und Gewinnabführungsvertrag. Die durch Unternehmensvertrag abhängige Tochtergesellschaft soll zur Enkelgesellschaft werden. Die zweite Tochtergesellschaft (die neue Mutter der Enkelin) soll in den Unternehmensvertrag anstelle der Muttergesellschaft eintreten. Als verpflichtete Gesellschaft ist bei der Enkelgesellschaft ein Zustimmungsbeschluss der Gesellschafterversammlung gem. §§ 295 I 2, 293 I 1 AktG notwendig. Für die begünstigte Gesellschaft ist ebenfalls ein Zustimmungsbeschluss notwendig.

Umstritten ist, ob die Aufhebung von Unternehmensverträgen ebenfalls der Zustimmung der Gesellschafter bedarf. Entgegen der überzeugend in der Lehre begründeten Ansicht (*Ehlke* ZIP 1995, 355) soll dies nach der Rechtsprechung nicht erforderlich sein, da es sich um eine bloße Geschäftsführungsmaßnahme handelt (*OLG Karlsruhe* ZIP 1995, 1022; *OLG Frankfurt* GmbHR 1994, 809). Die Eintragung ins Handelsregister der beherrschten Gesellschaft soll auch lediglich deklaratorische Wirkung haben (BGHZ 116, 37). Wie hier ist auch *Priester* der Ansicht, dass auch die Aufhebung eines Unternehmensvertrages der Zustimmung der Gesellschafter bedarf. Wie der Abschluss ist auch die Aufhebung ein Eingriff in die Satzung und erfordert daher die Zustimmung der Gesellschafter. Aus demselben Grund hat die Eintragung ins Handelsregister der abhängigen Gesellschaft auch nicht nur deklaratorische, sondern konstitutive Bedeutung (*Priester* ZGR 1996, 189). Vor dem vereinbarten Beendigungstermin braucht das Registergericht die Aufhebung des Unternehmensvertrages nicht in das Handelsregister einzutragen (so *BayObLG* ZIP 2003, 798 für einen Vertrag zwischen zwei GmbHs). Verpflichtet der Unternehmensvertrag zur Leistung eines Ausgleichs an einen außenstehenden Gesellschafter, so bedarf die Aufhebung des Unternehmensvertrages auch dessen Zustimmung (*LG Essen* GmbHR 1998, 941).

341 Daher muss in o. g. Fall die Hauptversammlung der Aktiengesellschaft der Aufhebung des Unternehmensvertrages zustimmen. Diese Grundsätze sind auch auf Konstellationen mit anderer Verteilung von GmbH und AG übertragbar (vgl. DNotI-Gutachten Nr. 13116). Bei Aktiengesellschaften ist nach § 296 II AktG jedenfalls ein Sonderbeschluss von außenstehenden Aktionären erforderlich, soweit diesen ein Ausgleich zusteht.

342 Veräußert das herrschende Unternehmen seine Anteile an der abhängigen GmbH, stellt dies allein noch keinen wichtigen Grund i. S. d. § 14 I Nr. 3 KStG für eine – die Durchführung der steuerlichen Organschaft unberührt lassende – Kündigung des Unternehmensvertrages dar. Ein solcher liegt nur dann vor, wenn außerdem eine vertragliche Aufhebung oder eine ordentliche Kündigung weder möglich noch zumutbar ist. Einen wichtigen Grund i. S. d. § 14 I Nr. 3 KStG stellt nach der Entscheidung des *FG Niedersachsen* (GmbHR 2012, 917) nur der Eintritt einer nicht vorhersehbaren Vertragsstörung, die so gewichtig ist, dass sie zivilrechtlich ein Lösen vom Gewinnabführungsvertrag auch gegen den Willen der anderen Vertragspartei rechtfertige, dar. Vor diesem Hintergrund stellt auch die Veräußerung der Organgesellschaft innerhalb des Konzerns keinen wichtigen Grund dar. Andernfalls läge die Einhaltung der Mindestlaufzeit des Gewinnabführungsvertrages von fünf Jahren der Hand der beteiligten Gesellschaften (*FG Niedersachsen* GmbHR 2012, 917; *OLG Düsseldorf* WM 1994, 2090; anders *OLG Hamburg* EWiR § 297 AktG 1/99: Der Kündigungsgrund könne auch so bestimmt werden, dass ihn das herrschende Unternehmen selbst herbeiführen kann; krit. hierzu *Wilhelm* EWiR § 297 AktG 1/99). Möglich ist es nach h. M. aber, die Anteilsveräußerung vertraglich als wichtigen Grund für eine fristlose Kündigung zu vereinbaren (*Hüffer* § 297 Rn 8 m. w. N.).

343 Die außerordentliche Kündigung eines Unternehmensvertrags kann nur innerhalb angemessener Frist nach Kenntnis des Kündigungsgrundes erfolgen (*OLG München* NZG 2011, 1183). Das Registergericht hat die Wirksamkeit der zur Eintragung angemeldeten außerordentlichen Kündigung eines Unternehmensvertrages zu prüfen, wenn Anhaltspunkte dafür vorliegen, dass ein Kündigungsgrund nicht vorliegt (*OLG München* DNotZ 2009, 474).

XI. Stille Gesellschaft

344 Für den Bereich der Aktiengesellschaft ist weitestgehend unstreitig, dass stille Beteiligungen als „andere Unternehmensverträge" i. S. d. § 292 I Nr. 2 AktG (Teilgewinnabführungsvertrag) zu qualifizieren und folglich ein notariell beurkundeter Zustimmungsbeschluss der Hauptversammlung der Anteilseigner und die Eintragung im Handelsregister erforderlich sind, § 294 I AktG (vgl. nur *Blaurock* Rn. 7.22 ff.). Das hat der *BGH* (NZG 2003, 1023; 2013, 53) wiederholt festgestellt. Danach stellte die Begründung eines als stille Beteiligung einzuordnenden Rechtsverhältnisses nicht ein Genussrecht zur Begründung eines Bezugsrechts dar, sondern einen Unternehmensvertrag i. S. d. § 292 I Nr. 2 AktG. Zum anderen ist auch für die GmbH nach ganz überwiegender Auffassung der Abschluss von Beherrschungs- und Gewinnabführungsverträgen im Register der abhängigen Gesellschaft eintragungspflichtig (*Baumbach/Hueck/Zöllner* GmbH-KonzernR Rn. 52).

345 Leistet eine Aktiengesellschaft abweichend von den vertraglichen Regelungen an den stillen Gesellschafter eine Sonderzahlung oder verzichtet auf die vertragliche Verlustzuweisung stellt dies eine Änderung des Unternehmensvertrages dar, so dass hierfür die Formvorschriften einzuhalten sind. Dies ist auch dann der Fall, wenn es sich nur um einen einmaligen Vorgang handelt und dies den stillen Gesellschafter von einer möglichen

XII. Eingliederung   D III

Beendigung der stillen Gesellschaft abhalten soll. Entscheidend ist, ob die Parteien eine Änderung der vertraglichen Pflichten vornehmen, nicht aber ob sie dies im Wege der Vertragsänderung oder in einer eigenständigen Vereinbarung tun wollen und ob die Änderungen wesentlich oder unwesentlich sind (*BGH* ZIP 2013, 19 – „HSH Nordbank" m. Anm. *Derleder* EWiR 2013, 39).

Angesichts drohender Unwirksamkeit der Beteiligung in zivil- und steuerrechtlicher **346** Hinsicht ist trotz eines hohen Aufwandes dringend zur Eintragung (des schriftlichen Vertrages nebst notariellem zustimmenden Gesellschafterbeschluss in qualifizierter Mehrheit) auch von Teilgewinnabführungsverträgen bei der GmbH zu raten. Das gilt unabhängig von der Höhe der Beteiligung jedenfalls in all den Fällen, in denen der Vertrag Zustimmungserfordernisse aufstellt (sehr umstritten, dafür: Rowedder/Schmidt-Leithoff/ *Koppensteiner* Anh. nach § 52 Rn. 67; Scholz/*Emmerich* Anhang § 13 – Konzernrecht Rn. 213; Scholz/*Priester/Veil* § 53 Rn. 164; Hachenburg/*Ulmer*, GmbHG, 8. Aufl., § 53 Rn. 160; a. A. *Blaurock* Rn. 7.34). Nach dem *BayObLG* ist nach einer wertenden Betrachtung zu beurteilen, inwieweit die Auswirkungen eines solchen Vertrages sich denen einer Satzungsänderung derart annähern, dass eine Eintragungspflicht, da gesetzlich nicht geregelt, gefordert werden kann. Für reine Austauschverträge mit der GmbH sieht das *BayObLG* jedenfalls keine Eintragungspflicht. Erst wenn die Regelungen des Vertrages dem Vertragspartner Einfluss auf das Geschäft der GmbH gewähren, könnte eine Eintragungspflicht in Betracht kommen (*BayObLG* ZIP 2003, 845, 847; ebenso für die typisch stille Gesellschaft *OLG München* DNotZ 2011, 949; *KG* NZG 2014, 668). Demgegenüber lehnt das *LG Darmstadt* die analoge Anwendung der Vorschriften des AktG ab. Anders als in der Aktiengesellschaft verfügen die GmbH-Gesellschafter über umfassende Kompetenzen hinsichtlich der Geschäftsführung und Auskunfts- und Einsichtsrechte, so dass die Interessenlage nicht vergleichbar sei. Nur Verträge, die die Struktur der Gesellschaft verändern oder den Kernbereich der Mitgliedschaft betreffen, seien von der Vertretungsmacht der Geschäftsführer nicht mehr gedeckt und unterfielen den §§ 53, 54 GmbHG (*LG Darmstadt* ZIP 2005, 402).

Der Ablauf sollte folglich sein: **347**
1. Beschluss der Gesellschafterversammlung der abführenden Gesellschaft (Inhaber) in notarieller Form mit qualifizierter Mehrheit.
2. Auf Seiten des Stillen reicht die Vertretungsmacht des Vertretungsorgans, also i. d. R. des Geschäftsführers. Ein Gesellschafterbeschluss ist nicht erforderlich.
3. Eintragung der stillen Beteiligung im Handelsregister der Inhaber (sehr umstritten).

XII. Eingliederung

1. Allgemeines/Grundtypen

Die Eingliederung stellt neben der Verschmelzung die intensivste Form der Unternehmensverbindung dar. Sie entspricht in ihren Auswirkungen wirtschaftlich denen der Verschmelzung (§§ 2 ff. UmwG; KölnerKomm-AktG/*Koppensteiner* Vor § 319 Rn. 3) mit dem entscheidenden rechtlichen Unterschied, dass die eingegliederte Gesellschaft als juristische Person bestehen bleibt und Minderheitsaktionäre ausscheiden müssen und Aktionäre der Hauptgesellschaft werden oder eine Barabfindung erhalten. Die Interessenlage der beteiligten Personen ist somit mit der bei der Verschmelzung vergleichbar, so dass man mit den Änderungen der §§ 319 ff. AktG durch Art. 6 Nr. 10–12 UmwBerG bemüht war, die Schutzvorschriften denen des Verschmelzungsrechts anzupassen. **348**

Die Eingliederung ist nur zulässig zwischen Aktiengesellschaften mit Sitz im Inland. **349** Die Hauptgesellschaft erlangt nach erfolgter Eingliederung ein unbegrenztes Weisungsrecht gegenüber der Tochtergesellschaft, diese bleibt aber erhalten; zwischen ihr und der Hauptgesellschaft entsteht ein Konzernverhältnis, § 18 I 2 AktG. Die Eingliederung erfordert keinen Vertrag, daher ist auch die Mitwirkung des Vorstandes der eingegliederten Gesellschaft nicht nötig. Es ist nur auf Seiten des einzugliedernden Unternehmens ein Eingliederungsbeschluss der Hauptversammlung notwendig und bei der zukünftigen Hauptgesellschaft ein Zustimmungsbeschluss der Hauptversammlung. Gemäß § 319 I 2 bzw. § 319 II 4 i. V. m. I 2 AktG sind dabei die Normen über Satzungsänderungen nicht anwendbar. Man unterscheidet zwei Grundtypen der Eingliederung einer Aktiengesellschaft: Einmal ist die Eingliederung gemäß § 319 AktG möglich, wenn es sich bei der einzugliedernden Gesellschaft um eine 100%-ige Tochtergesellschaft handelt, d. h. alle Aktien der einzugliedernden Aktiengesellschaft sich in den Händen der zukünftigen Hauptgesellschaft befinden.

350 Des Weiteren ist gemäß § 320 AktG Eingliederung durch Mehrheitsbeschluss möglich, nämlich dann, wenn 95 % des Grundkapitals der einzugliedernden Aktiengesellschaft in Händen der zukünftigen Gesellschaft sind. Dies stellt eine Variante der Grundform des § 319 AktG dar. Kennzeichnung dieser Eingliederung ist, dass die Minderheitsaktionäre ihre Mitgliedschaft verlieren (§ 320a AktG) und dafür durch eine angemessene Abfindung entschädigt werden müssen. Nach § 320b AktG sind grundsätzlich Aktien der Hauptgesellschaft zu gewähren. Ist diese bereits ihrerseits eingegliedert, führte dies zur Ausgliederung und dann erneuten Eingliederung. Um das zu vermeiden, sind bei Eingliederung einer Enkelgesellschaft in die bereits eingegliederte Tochtergesellschaft Aktien der Muttergesellschaft zu gewähren (*BGH* NZG 1999, 260 m. Anm. *Richter*). Der Inhaber eines Optionsscheines kann bei Optionsausübung nach Eingliederung nicht mehr Aktien der eingegliederten Aktiengesellschaft verlangen, sondern nur noch Abfindung mit Aktien der Hauptgesellschaft (*BGH* WM 1998, 654; Anm. *Müller* WuB II A. § 320 AktG 1/99).

351 Hinsichtlich des Umtauschs der Aktien sind nach § 320b AktG die Grundsätze des Verschmelzungsrechts entsprechend anzuwenden. Auch hier sind bare Zuzahlungen zur Vereinfachung des Umtauschverhältnisses zulässig, dürfen jedoch – wie im Fall der Verschmelzung – 10 % des Gesamtnennbetrages der gewährten Aktien nicht übersteigen. Die im Verschmelzungsrecht angewandte Methode des Ausgleichs von Aktienspitzen durch Zusammenlegung, Umtausch und nachfolgende Verwertung für Rechnung der Aktionäre des übertragenden Unternehmens, die die Aktienspitzen eingereicht haben, ist auch im Recht der Eingliederung hinsichtlich der außenstehenden Aktionäre der eingegliederten Aktiengesellschaft zulässig (*Vetter* AG 1997, 13).

352 Bis zum In-Kraft-Treten des Umwandlungsbereinigungsgesetzes (UmwBerG vom 28.10.1994, BGBl. I, 3210) wurde die Eingliederung als Alternative zu den Verschmelzungsvorgängen gewählt, weil bei ihr die Anforderungen an den Minderheitenschutz und die Auskunfts- sowie Berichtspflichten wesentlich weniger ausgeprägt waren. Mit der Neuregelung ist dieser Vorteil für das Unternehmen entfallen, da die Regelungen vereinheitlicht wurden (§§ 319–320a AktG). Grundsätzlich bleibt dem Unternehmen auch die Wahl, anstatt der Eingliederung den Weg einer übertragenden Auflösung, d. h. einer Liquidation mit Einzelübertragung, zu wählen (*BVerfG* DB 2000, 1905). Die Minderheitsgesellschafter werden in diesem Fall durch einen vollen Entschädigungsanspruch geschützt.

2. Ablauf der Eingliederung

a) Eingliederung einer 100%-igen Tochtergesellschaft

353 Vor dem der Eingliederung zustimmenden Hauptversammlungsbeschluss sind folgende Informationspflichten zu beachten:
– Offenlegung (§ 319 III AktG)
– Bericht (§ 319 III Nr. 3 AktG)
– Auskunft (§ 319 III AktG)

Die Eingliederung einer 100%-igen Tochtergesellschaft erfordert sodann einen Hauptversammlungsbeschluss der einzugliedernden AG, § 319 I AktG. Dabei sind gemäß § 319 I 2 AktG die Formvorschriften für Satzungsänderungen nicht anzuwenden, und gemäß § 130 I 3 AktG ist eine Beurkundung nur erforderlich, wenn es sich um eine börsennotierte Gesellschaft handelt. 354

Trotz des § 130 I 3 AktG ist auch der bei einer nicht börsennotierten AG für den Beschluss der Hauptgesellschaft, auf die eingegliedert wird, die notarielle Beurkundung erforderlich, da § 319 II 2 AktG für den Zustimmungsbeschluss eine Mehrheit von ¾ des bei der Beschlussfassung vertretenen Grundkapitals vorschreibt. 355

In der Neufassung des § 319 III AktG wurden die Informationsrechte der Aktionäre der neuen Hauptgesellschaft mit Blick auf die Haftung nach § 322 AktG gegenüber dem gemäß § 319 III 4 AktG bestehenden Auskunftsrecht erweitert. 356

Seit 1.1.1995 muss der Vorstand der künftigen Hauptgesellschaft einen Eingliederungsbericht erstatten. Dieses Erfordernis folgt der Regelung in § 293a AktG für Unternehmensverträge und § 8 UmwG für die Verschmelzung (zum Verschmelzungsbericht *BGH* NZG 2007, 714). Inhaltlich ist in diesem Bericht die Eingliederung darzulegen, sind Vor- und Nachteile anderer Möglichkeiten anzusprechen. 357

Die Anmeldung der Eingliederung und der Firma der Hauptgesellschaft zur Eintragung ins Handelsregister erfolgt durch den Vorstand der einzugliedernden Aktiengesellschaft bei dem für diese zuständigen Registergericht, § 319 IV 1 AktG. Der Anmeldung sind die Niederschriften der Hauptversammlungsbeschlüsse und deren Anlagen in Ausfertigung oder beglaubigter Abschrift beizufügen. 358

Der Vorstand hat gegenüber dem Registergericht eine Negativerklärung gem. § 319 V 1 AktG abzugeben. Bei ihrem Fehlen besteht gemäß § 319 V 2 Hs. 1 AktG eine ausdrückliche Registersperre, die jedoch durch Freigabeverfahren nach § 319 VI AktG überwunden werden kann. 359

b) Eingliederung durch Mehrheitsbeschluss

Gemäß obigen Ausführungen stellt die Eingliederungsmöglichkeit durch Mehrheitsbeschluss nur eine Variante der Grundform der Eingliederung nach § 319 AktG dar. Dementsprechend ist auch hier kein Vertrag nötig, es sind ebenfalls nur Eingliederungs- und Zustimmungsbeschluss der Hauptversammlungen notwendig. 360

Eine Ergänzung zu der Eingliederungsmöglichkeit des § 319 AktG findet sich in den §§ 320 ff. AktG zum Schutz der Minderheitsaktionäre, die ihre Beteiligung verlieren. So sind die Informationsrechte gemäß § 320 IV AktG sowie die Anforderungen an den Eingliederungsbericht gemäß § 320 IV 2 AktG zur Bewertung der Abfindungsansprüche erweitert. Zum Schutz der Aktionäre der Hauptgesellschaft ist in dem Bericht auch auf eine Verwässerung ihrer Beteiligung einzugehen. Anmeldepflicht und Negativerklärung entsprechen den Regelungen in § 319 AktG. 361

Eine Besonderheit gilt noch bei der Einberufung der Hauptversammlung über den Eingliederungsbeschluss. Gemäß § 320 II Nr. 2 AktG ist ein konkretes Abfindungsangebot anzugeben. Außerdem ist gemäß § 320 III AktG eine Eingliederungsprüfung notwendig. Nach § 320 III 1 AktG kann die Prüfung einer Eingliederung wie die Verschmelzungsprüfung für alle beteiligten Gesellschaften durch einen einzigen Prüfer durchgeführt werden. 362

XIII. Squeeze-out

Seit dem 1.1.2002 enthält das Aktiengesetz in den §§ 327a ff. AktG Regelungen zum sog. Squeeze-out, der den Ausschluss von Minderheitsaktionären ermöglicht. Nach § 327a AktG kann die Hauptversammlung einer AG oder KGaA auf Verlangen des Ak- 363 tionärs, der mindestens 95 % der Aktien am Grundkapital hält (Hauptaktionär) die Übertragung der Aktien der Minderheitsaktionäre verlangen. Im Gegenzug muss er eine angemessene Barabfindung gewähren (zur Frage der Angemessenheit *Rühland* NZG 2001, 448, 450; *LG München I* BeckRS 2013, 18342). Durch die Neuregelung in § 62 V UmwG ermöglicht es der Gesetzgeber seit 2011 dem Mehrheitsaktionär auch dann schon einen Squeeze-out vorzunehmen, wenn er lediglich 90 % der Aktien hält und den Squeeze-out in eine Verschmelzung einbettet (vgl. dazu D IV. Rn. 125). Die wirtschaftliche Bedeutung dieses aktienrechtlichen Instruments ist hoch, genießt der Alleinaktionär doch einige Vorteile:

- In der Hauptversammlung müssen die Versammlungsformalien nicht beachtet werden, da der Alleinaktionär automatisch das Vollversammlungsprivileg für sich in Anspruch nehmen kann.
- In der Vorbereitungsphase müssen die Einberufungs- und Informationsformalien nicht eingehalten werden.
- Da keine Minderheit vorhanden ist, sind Regelungen zum Minderheitenschutz unbeachtlich.
- Anfechtungsklagen von Aktionären stehen nicht zu befürchten.
- Einberufungs- und Auskunftsverlangen sowie die Einhaltung der Vorschriften zum Schutz von Minderheiten lösen Kosten aus. Diese entfallen nach einem Squeeze-out.

364 Eine sachliche Rechtfertigung ist für den Ausschluss nicht erforderlich, er darf lediglich nicht rechtsmissbräuchlich genutzt werden. Ein Squeeze-out ist daher auch während der Liquidation der Gesellschaft noch zulässig, um den Verwaltungs- und Kostenaufwand zu senken (*BGH* ZIP 2006, 2080). Allein darin, dass ein Mehrheitsaktionär das Ziel verfolgt, sich weniger verbliebener Minderheitsaktionäre zu entledigen, liegt kein Rechtsmissbrauch – vielmehr die Nutzung rechtlicher Möglichkeiten – vor (*OLG Hamburg* DStR 2012, 1466). Der Squeeze-out folgt einem formalen Prinzip, das bereits die sachliche Rechtfertigung in sich trägt. Ein Rechtsmissbrauch kann sich allein in Relation zur gesetzgeberischen Zielsetzung beurteilen (*OLG Hamburg* DStR 2012, 1466). Das Rechtsinstitut ist so attraktiv, dass die Gesellschaften teils durch Formwechsel/Umwandlung in die Rechtsform der Aktiengesellschaft sich den Zugang zu der Möglichkeit des Squeeze-out, der nur bei der Aktiengesellschaft möglich ist, schaffen. Das OLG Hamburg stellte in seiner Entscheidung jedoch klar, dass im Zusammenhang mit dem Squeeze-out stehende vorherige Formumwandlung der übernehmenden Gesellschaft in eine Aktiengesellschaft sowie die vorherige Durchführung einer Kapitalerhöhung aus genehmigtem Kapital bei der übertragenden Gesellschaft nicht rechtsmissbräuchlich sind (a. A. MünchKomm-AktG/*Grunewald* § 327a Rn. 25 m. w. N.).

365 Zu beachten ist, dass ein Squeeze-out dann anfechtbar ist, wenn im Wege der Kapitalerhöhung gerade erst neue Aktionäre aufgenommen wurden, die nun aber wieder ausgeschlossen werden sollen. Gemäß dem Grundsatz venire contra factum proprium wird ein solcher Ausschluss als rechtsmissbräuchlich eingestuft (MünchKomm-AktG/*Grunewald* § 327a Rn. 28). Ein Rechtsmissbrauch durch die Nutzung des Instituts des Squeeze-Out kommt jedoch nur in seltenen Ausnahmefällen in Betracht. Der BGH konnte selbst in einer Durchführung des Squeeze-Out mit Hilfe darlehenshalber überlassener Aktien (sog. Wertpapieranleihe; *BGH* NZG 2009, 585) grundsätzlich keinen Rechtsmissbrauch erkennen. Im konkreten Fall hatten mehrere Gesellschafter durch eine Wertpapierleihe so viele Aktien in die Hand eines Aktionärs gelegt, dass dieser damit 95 % hielt. Das Ziel war ausschließlich der Squeeze-Out. Im Anschluss an dessen Durchführung sollte die Leihe beendet werden. Der *BGH* (NZG 2009, 585) sah hierin, im Gegensatz zur Vorinstanz (*OLG München* NZG 2007, 192), keine missbräuchliche Gestaltung.

366 Der *BGH* (NZG 2007, 26; 2011, 669) hat entschieden, dass der klagende Aktionär zur Fortführung einer aktienrechtlichen Anfechtungsklage analog § 265 II ZPO nicht nur bei freiwilliger nachträglicher Aufgabe seiner Aktionärsstellung durch Veräußerung seiner Aktien, sondern erst recht im Falle des „zwangsweisen" Verlustes seiner Rechts-

XIII. Squeeze-out

position durch Squeeze-out befugt ist. Ein zur Verfahrensfortsetzung erforderliches rechtliches Interesse besteht auch nach Erlöschen der Mitgliedschaft, soweit der Ausgang des Anfechtungsverfahrens rechtlich erhebliche Auswirkungen auf die als Vermögensausgleich zu gewährende angemessene Barabfindung haben kann.

Bei dem Barabfindungsangebot ist zu beachten, dass es einen absoluten Betrag enthalten muss. Soweit es sich nur durch für spätere Zeit vorgesehene Abzüge oder Aufschläge berechnen lässt, liegt darin ein Verstoß gegen das Stichtagsprinzip (*OLG Hamburg* NZG 2003, 539, 543). 367

Nach § 327c III Nr. 2 AktG sind die Jahresabschlüsse und Geschäftsberichte für die letzten drei Geschäftsjahre auszulegen. Nach *OLG Hamburg* NZG 2003, 539, 542 bezieht sich die Vorschrift auf festgestellte Jahresabschlüsse i.S.d. § 172 I AktG nicht aber auf solche, die vom Vorstand bereits aufgestellt, aber vom Aufsichtsrat noch nicht gebilligt worden sind. 368

Gegen die Zulässigkeit des Squeeze-out bestehen keine verfassungsrechtlichen Bedenken. Das *BVerfG* (NZG 2007, 587) hat die Zulässigkeit des Ausschlusses von Minderheitsaktionären aus einer Aktiengesellschaft als mit Art. 14 I 1 GG vereinbar angesehen. Weitere Ausschlussverfahren sind zwischenzeitlich mit dem übernahmerechtlichen Squeeze-Out (§§ 39a–39c WpÜG) sowie dem verschmelzungsrechtlichen Squeeze-Out (§ 62 V UmwG) eingeführt worden. 369

1. Einführung, Motivlage

Das Motiv für die Durchführung eines sog. Squeeze-out findet sich in dem Bestreben nach Kostensenkung. Die mit dem geringen Streubesitz einhergehenden Informationspflichten werden als unverhältnismäßig hoch angesehen. 370

Der Ablauf eines Squeeze-out kann in drei Phasen eingeteilt werden: Vorbereitungsphase, Beschlussphase und Vollzugsphase. 371

2. Vorbereitungsphase

In der Vorbereitungsphase wird der Grundsatzbeschluss durch den Hauptaktionär gefasst, ein Squeeze-out durchzuführen. Das Verlangen wird gegenüber dem Vorstand geäußert und sollte möglichst schriftlich erfolgen. Es wird bereits mit dem Zugang an ein Vorstandsmitglied wirksam und verpflichtet den Vorstand trotz dessen grundsätzlicher Weisungsunabhängigkeit zur unverzüglichen Einberufung der Hauptversammlung (*Hüffer* § 327a Rn. 8). Die Feststellung, ob der Hauptaktionär 95 % des Grundkapitals hält, erfolgt nach den Vorgaben des § 16 II, IV AktG. Die Beteiligungshöhe muss nicht erst bei Beschlussfassung, sondern bereits zum Zeitpunkt des Verlangens gegeben sein (*BGH* NZG 2011, 669; a.A. *Kocher/Heydel* BB 2012, 401). Der Wirksamkeit eines Squeeze-out-Verlangens steht es z.B. nicht entgegen, wenn der Hauptaktionär seine Aktien verpfändet hat, weil die Mitgliedschaft durch die Verpfändung nicht auf den Pfandgläubiger übergeht, sondern beim Hauptaktionär verbleibt (*OLG München* ZIP 2009, 416, 420). Erlangt der Hauptaktionär das erforderliche Quorum von 95 % durch eine rechtsmissbräuchliche Gestaltung, ist ein hierauf basierender Squeeze-out-Beschluss nichtig, weil dadurch Vorschriften verletzt werden, die dem öffentlichen Interesse, nämlich der Wahrung der Verfassungsmäßigkeit des Verfahrens dienen. Die lediglich formale Übertragung von Aktien auf den Darlehensnehmer im Rahmen einer sog. Wertpapierleihe ist aber nicht als Rechtsmissbrauch anzusehen, selbst wenn Bezugsrechte und die geleisteten Barausschüttungen dem Darlehensgeber neben dem Darlehensentgelt zustehen sollen, und somit der wesentliche wirtschaftliche Wert der Aktie beim Darlehensgeber verbleibt (*BGH* NZG 2009, 585; a.A. in der Vorinstanz *OLG München* NZG 2007, 192). Grundsätzlich kommt es aber auf die dingliche Berechtigung an den Aktien an, sodass diese Rechtsprechung als Ausnahme von der Regel zu verstehen ist und dement- 372 sprechend restriktiv auszulegen ist (zum rechtsmissbräuchlichen Squeeze-out s. *Lieder/ Stange* Der Konzern 2008, 617). Mit der **Einberufung zur Hauptversammlung** sind zusätzlich die in § 327c I AktG genannten Angaben zu machen. Insbesondere ist die Höhe der Barabfindung anzugeben, § 327c I Nr. 2 AktG. Die in § 327c III AktG genannten Unterlagen sind von der Einberufung an in den Geschäftsräumen auszulegen und zur Einsicht für die Aktionäre bereitzuhalten. Abschriften sind dem Aktionär unentgeltlich zur Verfügung zu stellen. Die Aufzählung der Unterlagen in § 327c III AktG ist abschließend. Es kann nicht verlangt werden, dass der Konzernabschluss nebst Lagebericht ausgelegt wird. Sofern der Hauptaktionär eine juristische Person ist, müssen die Mitglieder des Vorstandes oder der Geschäftsführung den Übertragungsbericht in vertretungsberechtigter Anzahl unterschreiben (*OLG Düsseldorf* DB 2005, 713, 716). Die nach § 327c III Nr. 2 AktG auszulegenden Jahresabschlüsse müssen festgestellte Jahresabschlüsse sein. Das folgt aus der parallelen Ausgestaltung der §§ 175 II 1 und 327c AktG (*OLG Hamburg* NZG 2003, 539, 542).

373 Der Hauptaktionär muss dem Vorstand vor der Einberufung eine Garantieerklärung (Aval) eines Kreditinstitutes übermitteln, dass die Abfindung bei Übergang der Aktien auf den Hauptaktionär tatsächlich gezahlt wird (*OLG Düsseldorf* AG 2010, 711). Ein Verstoß gegen die Vorschrift entzieht dem Vorstand aber nicht die Kompetenz zur Einberufung nach § 121 II 1 AktG mit der Folge der Nichtigkeit nach § 241 Nr. 1 AktG. Vielmehr ist es im Sinne des § 327b III AktG als ausreichend anzusehen, wenn die Garantieerklärung bis zur Hauptversammlung nachgereicht wird (*Krieger* BB 2002, 53, 58; a. A. *Hüffer* § 327b Rn. 11).

3. Hauptversammlung

374 Erst die **Hauptversammlung beschließt** den Ausschluss der Minderheitsgesellschafter gegen eine angemessene Barabfindung, das Verlangen dazu allein reicht nicht aus. Jedoch muss das erforderliche Quorum von 95 % des Hauptaktionärs am Tag der Hauptversammlung noch gegeben sein. Unerheblich ist jedoch, ob die Mehrheit von 95 % noch zum Zeitpunkt der Anmeldung besteht (*OLG München* ZIP 2009, 416, 420; Schmidt/ Lutter/*Schnorbus*, AktG, 2008, § 327 Rn. 15a m. w. N.). Eine zum Zeitpunkt der Hauptversammlung vorliegende Ermächtigung zur Schaffung eines genehmigten Kapitals, die dazu führen könnte, dass die Beteiligung des Mehrheitsaktionärs unter 95 % sinkt, ist unerheblich, solange diese Ermächtigung noch nicht ausgeübt ist (*OLG München* ZIP 2009, 416, 420). Für die Beschlussfassung reicht die einfache Mehrheit nach § 133 I AktG aus. Aus § 327a AktG ergibt sich kein größeres Mehrheitserfordernis (*Hüffer* § 327a Rn. 14; *OLG Düsseldorf* DB 2005, 713, 715; a. A. *Grunewald* ZIP 2002, 18, 19; *Vetter* AG 2002, 176, 186). Da durch den Übertragungsbeschluss der Vorzug von Vorzugsaktien nicht automatisch entfällt, ist grds. kein Beschluss nach § 141 I AktG erforderlich (vgl. wiederum *OLG Düsseldorf* DB 2005, 713, 716). In der Hauptversammlung hat der Hauptaktionär einen schriftlichen Bericht zu erstatten. Dieser Bericht hat Erläuterungen zur Bemessung der angemessenen Abfindung zu machen, sowie die Voraussetzungen für den Ausschluss darzulegen (*BGH* ZIP 2006, 2080). Gem. § 327d S. 2 AktG kann der Vorstand dem Hauptaktionär Gelegenheit zur mündlichen Erläuterung der Barabfindung geben. Der Beschluss muss den Betrag der angemessen Abfindung enthalten. Die Abfindung muss aus den wirtschaftlichen Verhältnissen an diesem Stichtag resultieren. Wird die Abfindungshöhe jedoch ein Börsenwert zu Grunde gelegt, so ist auf den gewichteten Durchschnittskurs vor Bekanntmachung der Strukturmaßnahme abzustellen und dieser ggf. anzupassen (*BGH* NJW 2010, 2657). Eine nachträgliche Minderung durch nachträglich eingetretene Ereignisse ist unzulässig, dies würde auch dem Stichtagsprinzip widersprechen. Allenfalls können bereits angelegte Ereignisse berücksichtigt werden (*OLG Hamburg* NZG 2003, 539, 540); das dürfte aber nicht die genaue Angabe der Abfindungshöhe hindern. Zur Niederschrift sollten der Übertragungsbericht

XIII. Squeeze-out

und der Übertragungsprüfbericht als Anlage hinzugefügt werden. Es ist strittig, ob der Hauptversammlungsbeschluss der notariellen Beurkundung bedarf (vgl. für eine notarielle Beurkundungspflicht DNotI-Gutachten Nr. 31299; auch *Vossius* ZIP 2002, 511, 514 geht davon aus; a. A. *Hüffer* § 327e Rn. 2).

4. Vollzugsphase

Der Beschluss ist dem Handelsregister zur Eintragung anzumelden. Neben den gewöhnlichen Anlagen sind der Niederschrift der Übertragungsbericht und der Übertragungsprüfbericht beizufügen. Das zuständige Register ist das des Sitzes der Gesellschaft, nicht das Register, welches für den Hauptaktionär zuständig ist. Der Vorstand hat dem Registergericht gegenüber zu erklären, dass eine Klage gegen den Beschluss rechtskräftig abgewiesen worden, zurückgenommen oder nicht fristgerecht erhoben worden ist; die Erklärung kann durch ein Freigabeverfahren nach §§ 327e II, 319 VI AktG ersetzt werden (*Petersen/Habbe* NZG 2010, 1091). Erfolgt die Eintragung, gehen gem. § 327e III AktG die Aktien auf den Mehrheitsaktionär über. Sind die Aktien physisch noch beim ausgeschlossenen Aktionär vorhanden, so verkörpern sie nicht mehr das Mitgliedschaftsrecht, sondern nur noch den Anspruch auf die Barabfindung.

5. Checkliste zum Squeeze-out

Checkliste zum Squeeze-out

(1) Interne Entscheidung des Hauptaktionärs für einen Squeeze-out
(2) Feststellung, ob die 95%-ige Mehrheit gem. § 327a I und II AktG erreicht ist (Beurteilung nach § 16 II u. IV AktG)
(3) Verlangen nach Durchführung eines Squeeze-out
(4) Prüfung der zulässigen Rechtsform des Hauptaktionärs
(5) Sicherstellung der Barabfindung durch Garantieerklärung eines Kreditinstituts
(6) Grunderwerbsteuerliche Auswirkungen beachten (§ 1 III GrEStG)
(7) Wertermittlung der Gesellschaft
(8) Ggf. Kündigung von Unternehmensverträgen
(9) Antrag auf Prüferbestellung, § 327b II 3 AktG
(10) Bestellung des Prüfers durch das zuständige Landgericht
(11) Erstellung des Übertragungsberichts
(12) Vorbereitung der Unterlagen, die ab Einberufung ausgelegt werden müssen
(13) Übermittlung des Avals nach § 327b III AktG
(14) Bei Anwendbarkeit des § 15 WpHG, Veröffentlichung von Ad-hoc-Mitteilungen
(15) Einberufung
(16) Auslegen der nach § 327c III AktG vorbereiteten Unterlagen in den Geschäftsräumen ggf. Erteilung von Abschriften an die Aktionäre
(17) Ggf. Anpassen der Bewertung der Gesellschaft, soweit sich der Wert zwischen Einberufung und Hauptversammlung ändert
(18) Durchführung der Hauptversammlung
(19) Auslegen der in § 327c III AktG bezeichneten Unterlagen (§ 327d I AktG); auch die Garantieerklärung des Kreditinstituts sollte ausgelegt werden
(20) Ggf. Erteilung des Wortes an den Hauptaktionär zur Erläuterung der Barabfindung durch den Vorstand
(21) Soweit sich der Wert der Gesellschaft geändert hat, Anpassung der Barabfindung
(22) Niederschrift
(23) Anmeldung des Übertragungsbeschlusses zur Eintragung in das Handelsregister (§ 327e I AktG)

▼ Fortsetzung: **Checkliste zum Squeeze-out**

(24) Erklärung des Vorstandes über Anfechtungs- und Nichtigkeitsklagen nach § 327e II, § 319 V und VI AktG
(25) Ggf. Anstrengung des Freigabeverfahrens, § 327e II, § 319 V, VI AktG, durch den Vorstand
(26) Eintragung des Übertragungsbeschlusses durch den Registerrichter
(27) Zahlung der Barabfindung an ausgeschlossene Minderheitsaktionäre nach Nachweis der
 – Aktionärsstellung
 – Übergabe bzw. Besitz- und Eigentumsverschaffung an effektiven Stücken
(28) Bekanntmachung an ausgeschlossene Aktionäre mit Androhung der Hinterlegung der Barabfindung analog § 214 AktG durch Veröffentlichung in den Gesellschaftsblättern
(29) Nach Ablauf eines Jahres: Dreimalige Veröffentlichung der Hinterlegungsandrohung in den Gesellschaftsblättern
(30) Hinterlegung des noch nicht an ausgeschlossene Aktionäre ausbezahlten Teils der Barabfindung unter Verzicht auf die Rücknahme nach den Vorschriften des BGB (§§ 372 ff. BGB)

377 Da mit dem Ausschluss der Minderheitsaktionäre der Streubesitz von Aktien verloren geht, ist ggf. ein Antrag auf Delisting zu stellen (vgl. Formulierungsvorschläge bei *Vossius* ZIP 2002, 511, 515).

XIV. Die Europäische (Aktien-)Gesellschaft (Societas Europaea; SE)

Literatur: *Baums/Cahn*, Die europäische Aktiengesellschaft, 2004; *Baums/Ulmer* (Hrsg.), Unternehmens-Mitbestimmung der Arbeitnehmer im Recht der EU-Mitgliedstaaten, 2004; *Blanquet*, Das Statut der Europäischen Aktiengesellschaft (Societas Europaea „SE"), ZGR 31, 20; *Brandi*, Die Europäische Aktiengesellschaft im deutschen und internationalen Konzernrecht, NZG 2003, 889; *Brändle/Noll*, Die Societas Europaea – Droht ein Wettkampf der Führungssysteme?, AnwBl. 2004, 9; *Brandt*, Die Hauptversammlung der Europäischen Aktiengesellschaft (SE), 2004; *Eder*, Die monistisch verfasste Societas Europaea – Überlegungen zur Umsetzung eines CEO-Models, NZG 2004, 544; *Eidenmüller*, Ausländische Kapitalgesellschaften im deutschen Recht, 2004; *ders.*, Mobilität und Restrukturierung von Unternehmen im Binnenmarkt, JZ 2004, 24; *Endres*, Europa-AG und Steuern: das Flaggschiff ist da, es fehlt nur das Segel, RIW 2004, 735; *Enriques*, Schweigen ist Gold: Die Europäische Aktiengesellschaft als Katalysator für regulative Arbitrage im Gesellschaftsrecht, ZGR 2004, 735; *Fleischer*, Das Recht der internationalen Wirtschaft und die Europäische Aktiengesellschaft, RIW 2004, 9; *Fleischhauer/Preuß*, Handelsregisterrecht, 2010; *Forst*, Unterliegen Organwalter der Societas Europaea mit Sitz in Deutschland der Sozialversicherungspflicht?, NZS 2012, 801; *Grundmann*, Europäisches Gesellschaftsrecht, 2011; *Habersack*, Das Konzernrecht der deutschen „SE", ZGR 32 (2003), 724; *Heckschen*, Die Europäische AG aus notarieller Sicht, DNotZ 2003, 251; *ders.*, in: Widmann/Mayer, Umwandlungsrecht, Anhang 14; *Hoffmann-Becking*, Organe: Strukturen und Verantwortlichkeiten insbesondere im monistischen System, ZGR 2004, 355; *Hopt*, Europäisches Gesellschaftsrecht und deutsche Unternehmensverfassung, ZIP 2005, 461; *Horn*, Die Europa-AG im Kontext des deutschen und europäischen Gesellschaftsrechts, DB 2005, 147; *Hügel*, Grenzüberschreitende Umgründungen, Sitzverlegung und Wegzug im Lichte der Änderung der Fusionsrichtlinie und der neueren EuGH-Judikatur, FS Wiesner, 2004, S. 177; *Ihrig/Wagner*, Das Gesetz zur Einführung der Europäischen Gesellschaft (SEEG) auf der Zielgeraden, BB 2004, 1749; *Jannott/Frodermann* (Hrsg.), Handbuch der Europäischen Aktiengesellschaft, 2005; *Kallmeyer*, Die Beteiligung der Arbeitnehmer in der Europäischen Gesellschaft, ZIP 2004, 1442; *Kalss/Hügel*, Europäische Aktiengesellschaft SE-Kommentar, 2004; *Kalss/Zollner*, Der Weg aus der SE, RdW 2004, 587; *Kämmerer/Veil*, Paritätische Arbeitnehmermitbestimmung in der monistischen

XIV. Die Europäische (Aktien-)Gesellschaft (Societas Europaea; SE) **D III**

Societas Europaea – ein verfassungsrechtlicher Irrweg?, ZIP 2005, 369; *Klein,* Die Europäische Aktiengesellschaft „À la francaise", RIW 2004, 435; *Kübler,* Leitungsstrukturen der Aktiengesellschaft und die Umsetzung des SE-Statuts, ZHR 167, 222; *Lambach,* Die Beteiligung der Arbeitnehmer in der Europäischen Gesellschaft (SE), 2004; *Lutter,* Umwandlungsgesetz, 4. Aufl. 2009; *Lutter/ Hommelhoff* (Hrsg.), Die Europäische Gesellschaft, 2005; *Mahi,* Die Europäische Aktiengesellschaft Societas Europaea – SE, 2004; *Nagel,* Die Europäische Aktiengesellschaft (SE) in Deutschland – der Regierungsentwurf zum SE-Einführungsgesetz, NZG 2004, 833; *ders.,* Ist die Europäische Aktiengesellschaft (SE) attraktiv?, DB 2004, 1299; *Oplustil/Teichmann* (Hrsg.), The European Company – all over Europe – A state-by-state account of the introduction of the European Company, 2004; *Paefgen,* Umwandlung, europäische Grundfreiheiten und Kollisionsrecht, GmbHR 2004, 463; *Reichert/Weller,* Geschäftsanteilsübertragung mit Auslandsberührung, DStR 2005, 219; *Rieble,* Tendenz-SE, AG 2014, 224; *Ruhwinkel,* Gründung einer Europäischen Aktiengesellschaft (SE) durch Verschmelzung oder durch Anteilstausch, 2004; *Teichmann,* Gestaltungsfreiheit im monistischen Leitungssystem der Europäischen Aktiengesellschaft, BB 2004, 53; *ders.,* Austrittsrecht und Pflichtangebot bei Gründung einer Europäischen Aktiengesellschaft, AG 2004, 67; *Theisen/Wenz,* Die Europäische Aktiengesellschaft, 2005; *Ulmer,* Gläubigerschutz bei Scheinauslandsgesellschaften, NJW 2004, 1201; *Wagner,* Die Bestimmung des auf die SE anwendbaren Rechts, NZG 2002, 985; *Westermann,* Die GmbH in der nationalen und internationalen Konkurrenz der Rechtsformen, GmbHR 2005, 4; *Wiesner,* Mitbestimmungsexport durch grenzüberschreitende Fusion, ZIP 2004, 243; *Windbichler,* Arbeitnehmerinteressen im und gegenüber dem Unternehmen, AG 2004, 190.

1. Einführung

Nach langen Verhandlungen hat der zuständige EU-Ministerrat die Verordnung über das Statut der Europäischen (Aktien-)Gesellschaft (SE-VO) im Dez. 2001 verabschiedet (Verordnung (EG) Nr. 2157/2001, ABl. EG v. 10.11.2001, L 294/10). Nach ersten Ideen, die bis auf das Jahr 1959 zurückgehen, ist die Verordnung als sekundäres Gemeinschaftsrecht am 8.10.2004 (Art. 70 SE-VO) in der Bundesrepublik Deutschland und den übrigen Mitgliedstaaten der Europäischen Union in Kraft getreten. Daneben kann eine Europäische (Aktien-)Gesellschaft auch in den Mitgliedstaaten des EWR gegründet werden. Das EWR-Abkommen wurde entsprechend ergänzt. Dem deutschen Gesetzgeber oblag es, Regelungsaufträge und Regelungsmöglichkeiten, die die SE-VO enthält, in einem nationalen Begleitgesetz umzusetzen. Dies ist durch das Gesetz zur Ausführung der Verordnung (EG) Nr. 2157/2001 des Rates vom 8. Oktober 2001 über das Statut der Europäischen Gesellschaft (SE) (SE-Ausführungsgesetz – SEAG) geschehen. **378**

Aus Sicht des deutschen Gesellschaftsrechts gingen mit dem Inkrafttreten dieser Gesetze zwei wesentliche Neuerungen einher. Zum einen wurde durch Art. 43–45 SE-VO die Möglichkeit eröffnet, auch in Deutschland die „Verwaltung" einer SE nach dem, aus dem angelsächsischen Rechtsraum bekannten, monistischen System auszugestalten, ohne die strikte Trennung von Vorstand und Aufsichtsrat. Außerdem wurde die Gründung einer Holding-SE möglich. Eine solche Gründungsvariante war dem deutschen Recht bis zu diesem Zeitpunkt unbekannt. In der Diskussion um das Umwandlungsgesetz 1994 wurde die Einführung einer solchen Möglichkeit in Betracht gezogen, eine Umsetzung im Gesetz war jedoch nicht erfolgt (vgl. Widmann/Mayer/*Heckschen* Anh. 14 Rn. 271). **379**

Die Europäische Aktiengesellschaft wies sowohl im Jahr 2012 als auch im Jahr 2013 die höchste Zuwachsrate aller in das Handelsregister eingetragenen Unternehmens- und Gesellschaftsrechtsformen auf. So waren am 1.1.2012 noch 191 SE eingetragen, am 1.1.2013 247 und am 1.1.2014 schon 297 (vgl. *Kornblum* GmbHR 2014, 694, 703). Die Zuwachsrate im Jahr 2013 war mit 20,2 % kleiner als im Vorjahr (29,3 %) und damit wieder auf dem Niveau des Jahres 2011 (20,1 %). **380**

2. Einsatzmöglichkeiten

Entschließen sich die Klienten zur Gründung einer Kapitalgesellschaft, dann ist ihnen vom Notar der Unterschied zwischen den alternativen Möglichkeiten zu erläutern. Seit der Einführung der Europäischen (Aktien-)Gesellschaft hat der Notar den Beteiligten **381**

auch die Vor- und Nachteile dieser Rechtsform darzulegen. Folgende Gesichtspunkte können dabei für die Gründung einer SE sprechen:
- Vereinheitlichung der Gesellschaftsstrukturen für Unternehmen, die europaweit agieren.
- Die SE kann ihren Satzungssitz innerhalb der Mitgliedstaaten auf sicherer rechtlicher Grundlage verlegen.
- Wahlmöglichkeit des Leitungssystems zwischen dem dualistischen Leitungssystem (mit Aufsichtsrat und Vorstand) und dem monistischen Leitungssystem (mit einem Verwaltungsrat), auch noch nach Gründung.
- Flexiblere Organisationsstrukturen über Einführung des monistischen Leitungssystems (auch für überwiegend national geprägte Gesellschaften).
- Größere Gestaltungsfreiheit bei der Ausgestaltung der Rechte von Hauptversammlung und Leitungsorganen über das monistische System.
- Möglichkeit der Schaffung schlanker Führungsstrukturen durch einen Verwaltungsrat mit nur einem Mitglied (zusätzlich ist ein externer geschäftsführender Direktor zu bestellen).
- Vermeidung von Verwaltungsvorgängen im monistischen Leitungssystem, da keine Berichts- und Begründungspflichten auf Seiten des Vorstandes bestehen.
- Der Gründer/Allein-/Mehrheitsaktionär kann über den nur mit einer weiteren Person besetzten Verwaltungsrat die Gesellschaft besser kontrollieren und ist einer auch nur kurzfristigen „Verselbständigung" des Aufsichtsrates nicht ausgeliefert.
- Im monistischen System erfolgt der Informationsaustausch schneller, da er innerhalb eines Organs erfolgt.
- Möglichkeit, grenzüberschreitende Umstrukturierungen durchzuführen durch Verschmelzung, Gründung einer Holding-SE oder Gründung einer Tochter-SE.
- Vermeidung von Hilfskonstruktionen (Anteilstausch) für Zusammenschlüsse über die Grenzen hinweg.
- Mittel für den Zusammenschluss unter „Gleichen" bei transnationalen Unternehmenszusammenschlüssen.
- Die Gesellschaft kann durch den Zusatz „SE" ihre internationale Identität verdeutlichen.
- Die Rechtsform ist europaweit bekannt und kann gegenüber nationalen Gesellschaften Marketing- und Seriositätsvorteile bieten (bedeutsam insbesondere für Unternehmen aus kleineren Mitgliedstaaten oder den neuen Beitrittsstaaten).
- Die SE unterliegt keiner Mitbestimmung, auch wenn sie nach Gründung die entsprechenden Beschäftigungszahl nach DrittelbG/MitbestG überschreitet.
- Möglichkeit des sog. opt-out aus der unternehmerischen Mitbestimmung durch Gründung einer arbeitnehmerlosen Vorrats-SE.

382 (Zur wirtschaftlichen Bedeutung der SE vgl. ausf. auch Widmann/Mayer/*Heckschen* Anh. 14 Rn. 18 ff.; *Heckschen,* FS Westermann, 2008, S. 999).

3. Gründungsmöglichkeiten

383 Die SE-VO sieht fünf Möglichkeiten der Gründung einer SE vor (vier originäre und eine abgeleitete), die jeweils als Anknüpfungspunkt den Sitz mindestens zweier Gesellschaften in mindestens zwei verschiedenen Mitgliedsstaaten gemeinsam haben. Bei der Gründung durch eine SE ist das aber nur mittelbar der Fall.

384 Eine SE kann entstehen durch
a) Verschmelzung von Aktiengesellschaften, Art. 2 I SE-VO
b) Gründung einer Holding- SE, Art. 2 II SE-VO
c) Gründung einer Tochter- SE, Art. 2 III SE-VO
d) Umwandlung, Art. 2 IV SE-VO

e) Gründung einer SE durch eine bereits existierende SE, Art. 3 II SE-VO (abgeleitete Gründungsmöglichkeit).

4. Mitwirkung des Notars

In welchem Umfang der Notar bei der Gründung einer SE eingebunden werden muss, ergibt sich aus der SE-VO direkt nicht. Es ist zu erwarten, dass der deutsche Notar bei der Gründung einer SE mit Sitz in Deutschland selten befasst wird. Das international nicht wettbewerbsfähige Mitbestimmungsrecht wird in der Regel zur Wahl eines Standortes außerhalb Deutschlands führen. Der deutsche Notar wird häufig nur mit dem Wegzug der deutschen Aktiengesellschaft mit einbezogen sein. Insbesondere die komplizierte Rechtsanwendung lässt erwarten, dass nur sehr große Gesellschaften von der Möglichkeit der Gründung einer SE Gebrauch machen (dazu Widmann/Mayer/ Heckschen Anh. 14 Rn. 20). 385

Ist der Notar mit der Gründung einer SE mit Sitz in Deutschland und der Ausgestaltung der Satzung befasst, so sind bei der Beantwortung von Rechtsfragen zunächst die Vorschriften der SE-VO heranzuziehen. Art. 9 I SE-VO gibt darüber hinaus die große Kaskade der subsidiär anzuwendenden Vorschriften an. Nachrangig anzuwenden sind: 386
– Die Satzung der SE, soweit die SE-VO einen Spielraum für Satzungsgestaltungen ausdrücklich eröffnet.
– Die nationalen Ausführungsvorschriften zur SE-VO.
– Die nationalen Vorschriften über die Aktiengesellschaften.
– Die Satzungen der SE für den Fall, dass die nationalen Regelungen einen Spielraum für die Satzungsgestaltung eröffnen.

In den Vorschriften über die SE-VO ist dem nationalen Gesetzgeber in den Art. 8 VIII, 25 II, 26 I SE-VO ausdrücklich die Möglichkeit eingeräumt, den Notar mit zusätzlichen Aufgaben bei der Gründung einer SE zu betrauen. In § 4 SEAG hat der Gesetzgeber die Zuständigkeit für die Rechtmäßigkeitskontrolle unter die Eintragung der Europäischen Aktiengesellschaft aber richtigerweise dem Registergericht zugewiesen. 387

In anderen Vorschriften, wie z. B. Art. 15 SE-VO, wird auf die nationalen Regelungen verwiesen, so dass der Notar seine gewohnten Funktionen wahrnehmen wird. Insgesamt sind die Zuständigkeiten des Notars über die Verweisungen der SE-VO in das nationale Recht abzuleiten. 388

a) Gründung der Gesellschaft

Bei der **Gründung einer SE durch Verschmelzung** haben die beteiligten Gesellschaften gem. Art. 20 SE-VO einen Verschmelzungsplan (engerer Begriff als Verschmelzungsvertrag, *Heckschen* DNotZ 2003, 251, 257; *Hirte* NZG 2002, 1, 3) aufzustellen. Dieser muss bei allen beteiligten Gesellschaften den gleichen Wortlaut haben, da er sonst nicht als Beschlussgrundlage dienen kann. Auch wenn in Art. 20 SE-VO nicht von einem Gleichlaut gesprochen wird, so stellt Art. 26 III SE-VO diese Anforderung auf (vgl. *Heckschen* DNotZ 2003, 251, 257; *Hirte* NZG 2002, 1, 3). Aus der Systematik der SE-VO lässt sich überdies ebenfalls herleiten, dass es sich um gleich lautende Verschmelzungspläne handeln muss. Wie bei der Verschmelzung ist auch bei der Gründung einer Holding-SE die Aufstellung eines Plans gefordert, der dann zum Beschlussgegenstand wird (vgl. Art. 26 III, 33 V SE-VO). Bei der Gründung der Holding ist der Gleichlaut explizit angeordnet, während er bei der Verschmelzung vorausgesetzt wird, obwohl die Gründungsabläufe dogmatisch parallel ausgestaltet sind. Daher wird es sich bei der Formulierung des Art. 20 SE-VO um ein redaktionelles Versehen handeln. 389

In der SE-VO gibt es keine Vorschrift, die die **Beurkundungspflicht des Verschmelzungsplans** vorsieht und auch das Ausführungsgesetz stellt diese Forderung nicht auf. Art. 18 SE-VO ordnet für die Gründung durch Verschmelzung für den Fall offener Rege- 390 lungsbereiche die Anwendung nationaler Vorschriften an. Nachdem der Verschmelzungsplan nicht nur als unverbindlicher Entwurf angesehen werden kann, sondern als Grundlage für den Verschmelzungsbeschluss dient, ist es folgerichtig, im Einklang mit § 6 UmwG die Notwendigkeit der notariellen Beurkundung anzunehmen (Widmann/Mayer/*Heckschen* Anh. 14 Rn. 198 m. w. N.).

391 Für diese Annahme spricht auch das in Deutschland bewährte Prinzip der zweistufigen Prüfung von Strukturbeschlüssen. Der Notar begleitet das Verfahren und stellt die Rechtmäßigkeit sicher. Zum Abschluss des Verfahrens überprüft das Registergericht erneut die Rechtmäßigkeit. Art. 18 SE-VO ließe dem nationalen Gesetzgeber zwar einen Spielraum, um von dieser bewährten Verfahrensweise abzurücken. Das Ausführungsgesetz ist geprägt von den Bestrebungen einen Gleichlauf mit dem nationalen Recht herzustellen. Für die Annahme, dass keine notarielle Beurkundung erforderlich sein könnte, ist daher kein Raum.

392 Der in einer Hauptversammlung zu fassende **Zustimmungsbeschluss der Anteilseigner** gem. Art. 23 I SE-VO ist ebenfalls vom Notar zu beurkunden. Die Verweise in Art. 18; 9 I 1 lit. c ii ordnen wiederum die Anwendung des nationalen Rechts an. Die Beurkundungspflicht folgt daher aus § 130 AktG bzw. § 13 UmwG (ausführlich dazu *Heckschen* DNotZ 2003, 251, 259). Notariell zu beglaubigen ist die Anmeldung der durch Verschmelzung gegründeten SE zum Handelsregister gem. § 12 I HGB. Dies folgt aus den Verweisen der Art. 18 und 15 SE-VO.

393 Bei der Entstehung der **SE durch Gründung einer Holding** (zum Begriff der Holding, *Lutter,* in: Holding-Handbuch, S. 10 ff.) bringen die Anteilseigner der Gründungsgesellschaften einen im Gründungsplan festgelegten Prozentsatz ihrer Anteile in die Holding-SE ein. Der Prozentsatz muss von jeder Gründungsgesellschaft mehr als 50 % der Stimmrechtsanteile betragen, muss aber nicht bei beiden Gründungsgesellschaften gleich hoch sein, Art. 32 II a SE-VO (vgl. auch *Kersting* DB 2001, 2079, 2083). Augenfällig ist, dass sich in dem Abschnitt über die Gründung einer Holding-SE lediglich drei Artikel finden. Insbesondere fehlt eine spezielle Verweisungsnorm in das nationale Recht wie bei den anderen Gründungsvarianten. Die allgemein für Gründungen anzuwendende Verweisungsnorm des Art. 15 SE-VO hilft in diesem Fall nicht weiter. Nachdem diese Norm das nationale Recht des Staates für anwendbar erklärt, in dessen Hoheitsgebiet die SE in der Zukunft ihren Sitz begründet, müsste das Recht dieses Mitgliedstaates auch für die Beschlussherbeiführung in den Mitgliedstaaten der anderen Gründungsmitglieder angewendet werden. Diese Konsequenz ist mit dem Sinn und Zweck der Vereinheitlichung der Rechtsordnung unvereinbar.

394 Wird die Gründung einer Holding-SE angestrebt, müssen die Leitungsorgane der beteiligten Gesellschaften gem. Art. 32 II 1 SE-VO einen gleich lautenden **Gründungsplan erstellen.** Der vergleichbaren Systematik zwischen Verschmelzung und Gründung einer Holding, und insbesondere angesichts des Verweises in Art. 32 II SE-VO auf den gesamten Art. 20 SE-VO ist davon auszugehen, dass sich Verschmelzungs- und Gründungsplan von der Konzeption her entsprechen. Für den Gründungsplan besteht daher eine Beurkundungspflicht resultierend aus §§ 6, 125 UmwG (so auch *Teichmann* ZGR 2003, 367, 388; zur weiteren Herleitungsmöglichkeiten vgl. *Heckschen* DNotZ 2003, 251, 261).

395 Gerade für die Herleitung der Beurkundungspflicht des Gründungsplans einer Holding-SE bestehen unterschiedliche Lösungsansätze (dazu Widmann/Mayer/*Heckschen* Anh. 14 Rn. 249 ff.). Anregungen, im Ausführungsgesetz eine Klarstellung zu treffen, ist der nationale Gesetzgeber nicht gefolgt. Im Zweifel muss diese Rechtsfrage von der Rechtsprechung geklärt werden (kritisch zu diesen Tendenzen *Micklitz* EWS 12/2002).

396 Über die allgemeine Verweisungsnorm des Art. 15 I SE-VO ist die **Satzung** der Holding-SE gem. 23 I 1 AktG beurkundungsbedürftig.

397 Die **Hauptversammlungen der Anteilseigner haben der Gründung der gemeinsamen Holding-SE** zuzustimmen. Der nationale Gesetzgeber hat in § 10 SEAG das Mehrheitserfordernis festgelegt und damit Unsicherheiten im Hinblick auf diese Frage beseitigt (vgl.

Widmann/Mayer/*Heckschen* Anh. 14 Rn. 311 ff.). Die Vorschrift sieht eine ¾-Mehrheit des bei der Beschlussfassung vertretenen Grundkapitals vor bzw. bei einer GmbH ¾ der abgegebenen Stimmen.

Der Abschnitt über die **Gründung einer Tochter-SE** begnügt sich mit zwei Artikeln. **398** Art. 36 SE-VO verweist dabei auf die nationalen Rechtsvorschriften. Daher ergeben sich für den Notar die aus dem nationalen Aktienrecht bekannten Aufgaben. Es ist zu befürchten, dass durch die Gründung einer Tochter-SE mit nachträglicher Einzelrechtsübertragung von Vermögensgegenständen die strengen Gründungsvorschriften bei der Verschmelzung umgangen werden (vgl. dazu *Heckschen* DNotZ 2003, 251, 263; *Teichmann* ZGR 2002, 383, 438). Werden in der Folge einer Tochter-SE-Gründung Vermögensgegenstände in die Tochter-SE eingebracht, sind die Vorschriften der §§ 179 und 179a AktG sowie die Grundsätze der „Holzmüller"- (BGHZ 83, 122) und „Gelatine"-Entscheidungen (NZG 2004, 571 und 575) des BGH zu beachten (dazu Widmann/Mayer/*Heckschen* Anh. 14 Rn. 341 ff. und Rn. 231 ff.).

Bei der **Gründung durch Umwandlung** hat das Leitungsorgan einen Umwandlungs- **399** plan zu erstellen, der auf den ersten Blick dem Verschmelzungs- oder Gründungsplan zu entsprechen scheint. Im Gegensatz zur Gründung einer Holding-SE fehlt aber ein dem Art. 32 II SE-VO entsprechender Verweis auf Art. 20 SE-VO. Ob der Umwandlungsplan beurkundungsbedürftig ist, bleibt unklar und kann vom deutschen Gesetzgeber nicht festgelegt werden (vgl. Widmann/Mayer/*Heckschen* Anh. 14 Rn. 379 ff.).

Der **Zustimmungsbeschluss zur Umwandlung** ist gem. Art. 37 VII SE-VO i. V. m. § 65 **400** I 1 UmwG analog mit einer ¾-Mehrheit zu fassen und somit gem. Art. 15 SE-VO i. V. m. § 130 AktG beurkundungspflichtig.

Für die **Gründung einer SE durch eine SE** verweist Art. 3 II 1 i. V. m. Art. 9 I lit. c **401** SE-VO auf die nationalen Rechtsvorschriften, womit in Deutschland das Aktiengesetz Anwendung findet und der Notar seine gewohnten Aufgaben wahrnimmt.

b) Satzungsgestaltungen für das monistische System

Die **Satzung einer SE mit monistisch ausgestaltetem Leitungsorgan** (allg. dazu *Kall-* **402** *meyer* ZIP 2003, 1531) muss gem. Art. 43 II SE-VO die Anzahl der Verwaltungsratsmitglieder enthalten. In § 23 SEAG hat der nationale Gesetzgeber eine Mindestanzahl von drei Verwaltungsratsmitgliedern vorgesehen. Bei Gesellschaften mit einem Grundkapital von weniger als 3 Mio. EUR kann die Satzung aber vorsehen, dass die Gesellschaft weniger als drei Verwaltungsratsmitglieder haben kann. Daneben schreibt § 40 II 1 SEAG vor, dass die Gesellschaft mindestens einen geschäftsführenden Direktor haben muss. Mitglieder des Verwaltungsrates können zu geschäftsführenden Direktoren bestellt werden, sofern die Mehrheit der Mitglieder des Verwaltungsrates weiterhin aus nicht geschäftsführenden Direktoren besteht. Aus diesen beiden Vorschriften ergibt sich, dass die Gesellschaft an der Spitze mindestens mit zwei Personen besetzt sein muss, einem Verwaltungsratsmitglied und einem externen geschäftsführenden Direktor. Die geringe Anzahl stellt einen echten Vorteil gegenüber einer nationalen Aktiengesellschaft dar, bei der die Spitze der Gesellschaft mindestens aus drei Aufsichtsratsmitgliedern (§ 95 AktG) und einem Vorstandsmitglied (§ 76 II AktG) bestehen muss. Nach Art. 48 I SE-VO müssen in der Satzung Arten von Geschäften festgelegt werden, für die im dualistischen System das Aufsichtsorgan dem Leitungsorgan seine Zustimmung erteilen muss und im monistischen System ein ausdrücklicher Beschluss des Verwaltungsorgans erforderlich ist (zu möglichen zustimmungspflichtigen Geschäften vgl. Rn. 128 ff.). Ohne diese Bestimmung ist die Gesellschaft nicht eintragungsfähig.

c) Hauptversammlung

Das deutsche Aktienrecht ist nach dem Verweis in Art. 9 I Buchst. c SE-VO für eine SE **403** mit Sitz in der Bundesrepublik maßgeblich, soweit nicht andere Vorschriften aus der

Kaskade des Art. 9 SE-VO greifen (zu den Besonderheiten *Knapp* DStR 2012, 2392). Nach deutschem Recht sind Hauptversammlungen einer Aktiengesellschaft in Deutschland bei börsennotierten Aktiengesellschaften immer zu beurkunden, von nicht börsennotierten AGs dann, wenn Beschlüsse gefasst werden sollen, für die das Gesetz eine ¾-Mehrheit vorsieht. Zu fordern ist allerdings **eine generelle Beurkundungspflicht der Hauptversammlung einer SE.** Der nationale Gesetzgeber hat mit dem Gesetz für kleine Aktiengesellschaften Formerleichterungen eingeführt, um die Aktiengesellschaft attraktiver zu machen gerade – wie der Name sagt – für kleine Gesellschaften. Die SE ist aber mit einem Mindestgrundkapital von 120.000 EUR das genaue Gegenteil einer kleinen Gesellschaft. In Verbindung mit der erheblich verkomplizierten Rechtsanwendung ist die Erleichterung für eine nicht börsennotierte SE nicht zu rechtfertigen und somit die Beurkundung zu fordern. Der Gesetzgeber hat entsprechende Klarstellungen nicht in das Ausführungsgesetz eingefügt.

5. Resümee

404 Insbesondere für den Mittelstand ist die SE eine in aller Regel der Aktiengesellschaft vorzuziehende Alternative. Bisher findet dies in der Praxis noch zu wenig Berücksichtigung. Denn abgesehen von dem schwerfälligen Gründungsverfahren bietet die SE vor allem mit ihrer Möglichkeit, ein monistisches System mit einem Verwaltungsrat einzurichten, mit ihrem supranationalen Image und dem Schutz vor der Mitbestimmung entscheidende Vorteile gegenüber einer Aktiengesellschaft. In der Praxis kann das komplizierte Gründungsverfahren auch durch den Kauf einer Vorrats-SE umgangen werden (zu Rechtsfragen in diesem Zusammenhang vgl. Widmann/Mayer/*Heckschen* Anh. 14).

D IV. Umwandlung

Prof. Dr. Heribert Heckschen

Übersicht

	Rn.
I. Die Systematik des Umwandlungsgesetzes	1–25
1. Allgemeines	1–10
2. Prüfungs-Checkliste	11, 11a
3. Umwandlungsphasen	12–24
4. Mitwirkungspflichten des Notars	25
II. Verschmelzung	26–154
1. Allgemeines	26–36
2. Verschmelzungsvertrag	37–55
3. Verschmelzungsbericht	56
4. Verschmelzungsprüfung	57–61
5. Zuleitung an den Betriebsrat	62–66
6. Hinweis auf die Verschmelzung in den Bekanntmachungsorganen	67
7. Einberufung und Offenlegung	68
8. Ablauf der Beschlussfassung	69–81
9. Registeranmeldung	82–91
10. Eintragung	92–98
11. Besonderheiten bei einzelnen Rechtsträgern	99–113
12. Verschmelzung im Konzern	114–127
13. Verschmelzung in der Krise	128–137
14. Grenzüberschreitende Verschmelzung von Kapitalgesellschaften	138–154
III. Spaltung	155–183
1. Allgemeines	155–157
2. Spaltungsplan, Spaltungsvertrag	158–166
3. Verfahren bis zur Beschlussfassung	167
4. Spaltungsbeschluss	168, 169
5. Registeranmeldung, Eintragung und Wirkung	170–175
6. Besonderheiten bei der Ausgliederung	176–182
7. Spaltung und Ausgliederung über die Grenze hinweg	183
IV. Formwechsel	184–203
1. Allgemeines	184–187
2. Beschluss zum Formwechsel	188–191
3. Anmeldung/Eintragung	192–194
4. Einzelfälle	195–203
V. Kosten	204–209
1. Allgemeines	204
2. Verschmelzungsvertrag, Spaltungsvertrag, Spaltungsplan	205
3. Zustimmungsbeschluss	206–209
VI. Steuern	210–229
1. Regelungsbereich und Aufbau des UmwStG	210–212
2. Ertragsteuerliche Rückwirkung	213–216
3. Buchwertfortführung	217–226
4. Schenkungsteuer	227
5. Grunderwerbsteuer	228
6. Zusammenfassung	229
Anhang: Tabellarische Übersichten	230–242
1. Systematik des Umwandlungsgesetzes	230–235
2. Notarielle Mitwirkung und Beurkundung	236
3. Verschmelzung	237–239
4. Spaltung	240, 241
5. Möglichkeiten und Rechtsgrundlagen des Formwechsels	242

D IV
Umwandlung

Literatur: *Aha,* Einzel- oder Gesamtrechtsnachfolge bei der Ausgliederung?, AG 1997, 345; *Ammon,* Gesellschaftsrechtliche und sonstige Neuerungen im Handelsrechtsreformgesetz: Ein Überblick, DStR 1998, 1474; *Bachner,* Individualarbeits- und kollektivrechtliche Auswirkungen des neuen Umwandlungsgesetzes, NJW 1995, 2881; *Bayer,* 1000 Tage neues Umwandlungsrecht – eine Zwischenbilanz, ZIP 1997, 1613; *Bayer/Schmidt,* Das Vale-Urteil des EuGH: Die endgültige Bestätigung der Niederlassungsfreiheit als „Formwechselfreiheit", ZIP 2012, 1481; *Bermel/Müller,* Vinkulierte Namensaktien und Verschmelzung, NZG 1998, 331; *Bruski,* Die Gründungsphase der Aktiengesellschaft bei der Spaltung zur Neugründung, AG 1997, 17; *Bungert,* Ausgliederung durch Einzelrechtsübertragung und analoge Anwendung des Umwandlungsgesetzes, NZG 1998, 367; *ders.,* Die Übertragung beschränkt persönlicher Dienstbarkeiten bei der Spaltung, BB 1997, 897; *ders./Wettich,* Der neue verschmelzungsspezifische Squeeze-out nach § 62 Abs. 5 UmwG n. F., DB 2011, 1500; *Diekmann,* Die Nachgründung der Aktiengesellschaft, ZIP 1996, 2149; *Dörri,* Erbrecht und Gesellschaftsrecht bei Verschmelzung, Spaltung und Formwechsel, GmbHR 1996, 245; *Echert,* Der Formwechsel einer Kapitalgesellschaft in eine Personengesellschaft und seine Auswirkungen auf öffentlich-rechtliche Verhältnisse, ZIP 1998, 1950; *Engelmeyer,* Ausgliederung durch partielle Gesamtrechtsnachfolge und Einzelrechtsnachfolge – ein Vergleich, AG 1999, 263; *ders.,* Die Spaltung von Aktiengesellschaften nach dem neuen Umwandlungsrecht, Diss. Köln 1995; *Feddersen/Kiem,* Die Ausgliederung zwischen „Holzmüller" und neuem Umwandlungsrecht, ZIP 1994, 1078; *Goette,* Auslandsbeurkundungen im Kapitalgesellschaftsrecht, MittRhNotK 1997, 1; *Goslar/Mense,* Der umwandlungsrechtliche Squeeze-out als neues Gestaltungsmittel für die Praxis, GWR 2011, 275; *Gustavus,* Das Handelsrechtsreformgesetz, NotBZ 1998, 121; *Habersack,* Europäisches Gesellschaftsrecht, 4. Aufl. 2011; *Heckschen,* Ausgliederung kommunaler Eigenbetriebe, WiPra 1996, 325; *ders.,* Das Umwandlungsrecht unter Berücksichtigung registerrechtlicher Problembereiche, Rpfleger 1999, 357; *ders.,* Kernbereiche notarieller Mitwirkung bei Umwandlungsverfahren, WiPra 1996, 210; *ders.,* Verschmelzung von Kapitalgesellschaften, 1989; *ders.,* Verschmelzungsrecht auf dem Prüfstand, ZIP 1989, 1168; *ders.,* Umwandlungsrecht und Insolvenz, in: FS Widmann, 2000, S. 31; *ders.,* Die Reform des Umwandlungsrechts, DNotZ 2007, 444; *ders.,* Grundstücksflächen in der Umwandlung, NotBZ 2008, 192; *ders.,* Die Pflicht zur Anteilsgewährung im Umwandlungsrecht, DB 2008, 1363; *ders.,* Kapitalerhaltung und Down-Stream-Merger, GmbHR 2008, 802; *ders.,* Die Umwandlung in der Krise und zur Bewältigung der Krise, ZInsO 2008, 824; *ders.,* Identität der Anteilseigner beim Formwechsel, DB 2008, 2122; *ders.,* Die Novelle des Umwandlungsgesetzes – Erleichterungen für Verschmelzung und Squeeze-out, NJW 2011, 2390; *ders.,* Inhalt und Umfang der Gesamtrechtsnachfolge – sog. Vertrauensstellungen und Mitgliedschaften, GmbHR 2014, 626; *ders.,* Öffentlich-rechtliche Rechtspositionen im Rahmen von Umwandlungen, ZIP 2014, 1605; *ders./Simon,* Umwandlungsrecht – Gestaltungsschwerpunkte in der Praxis, 2003; *Heermann,* Auswirkungen einer Behebbarkeit oder nachträglichen Korrektur von gerügten Verfahrensmängeln auf das Unbedenklichkeitsverfahren nach § 16 Abs. 3 UmwG, ZIP 1999, 1861; *Hegemann,* Die Komplementär GmbH bei der Verschmelzung von zwei GmbH & Co. KG, GmbHR 2009, 702; *Heidenhain,* Sonderrechtsnachfolge bei der Spaltung, ZIP 1995, 801; *Hjort,* Der notwendige Inhalt eines Verschmelzungsvertrages aus arbeitsrechtlicher Sicht, NJW 1999, 750; *Ittner,* Die Spaltung nach dem neuen Umwandlungsrecht, MittRhNotK 1997, 105; *Joost,* Arbeitsrechtliche Angaben im Umwandlungsvertrag, ZIP 1995, 976; *Kallmeyer,* Der Ein- und Austritt der Komplementär-GmbH einer GmbH & Co. KG bei Verschmelzung, Spaltung und Formwechsel nach dem UmwG 1995, GmbHR 1996, 80; *Katschinski,* Die Verschmelzung von Vereinen, 1999; *Kiem,* Die schwebende Umwandlung, ZIP 1999, 173; *Knoche,* Wirksamkeit von Auslandsbeurkundungen im Gesellschaftsrecht, in: Notar und Rechtsgestaltung: Tradition und Zukunft, 1998; *Körner/Rodewald,* Bedingungen, Befristungen, Rücktritts- und Kündigungsrechte in Verschmelzungs- und Spaltungsverträgen, BB 1999, 853; *Krause,* Wie lang ist ein Monat? – Fristberechnung am Beispiel des § 5 III UmwG, NJW 1999, 1448; *Krause-Ablaß/Link,* Fortbestand, Zusammensetzung und Kompetenzen des Aufsichtsrates nach Umwandlung einer AG in eine GmbH, GmbHR 2005, 731; *Lepper,* Die Ausgliederung kommunaler Unternehmen in der notariellen Praxis, RNotZ 2006, 313; *Limmer,* Handbuch der Unternehmensumwandlung, 4. Aufl. 2012; *Lorenz/Pospiech,* Ein Jahr Freigabeverfahren nach dem ARUG, BB 2010, 2515; *Mack/Schwedhelm/Streck,* Die Spaltung der GmbH nach dem neuen Umwandlungsrecht (I), GmbHR 1995, 7; *Martens,* Nachgründungskontrolle beim Formwechsel einer GmbH in eine AG, ZGR 1999, 548; *Mayer, D.,* Anteilsgewährung bei der Verschmelzung mehrerer übertragender Rechtsträger – Zugleich Besprechung der Entscheidung des OLG Frankfurt/Main vom 10.3.1998, DB 1998, 913; *Mayer,* Das Umwandlungsrecht als Instrumentarium der Unternehmensnachfolge, DNotZ 1998, 159 (Sonderheft); *ders.,* Erste Zweifelsfragen bei der Unternehmensspaltung, DB 1995, 861; *Melchior,* Die Beteiligung von Betriebsräten an Umwandlungsvorgängen aus Sicht des Handelsregisters, GmbHR 1996, 833; *Mertens,* Die formwechselnde Umwandlung einer

GmbH in eine Aktiengesellschaft mit Kapitalerhöhung und die Gründungsvorschriften, AG 1995, 561; *Meyer-Landrut/Kiem*, Der Formwechsel einer Publikumsgesellschaft, WM 1997, 1361; *Michalski*, GmbHG, 2. Aufl. 2010; *Müller, K.-J.*, Die Zuleitung des Verschmelzungsvertrages an den Betriebsrat nach § 5 Abs. 3 Umwandlungsgesetz, DB 1997, 713; *Müller-Eising/Bert*, § 5 Abs. 3 UmwG: Eine Norm, eine Frist, drei Termine, DB 1996, 1398; *Nagl*, Die Spaltung durch Einzelrechtsnachfolge und nach dem neuen Umwandlungsrecht, DB 1996, 1221; *Naraschewski*, Gläubigerschutz bei der Verschmelzung von GmbH, GmbHR 1998, 356; *Neye/Kraft*, Neuigkeiten beim Umwandlungsrecht, NZG 2011, 681; *Priester*, Das neue Umwandlungsrecht aus notarieller Sicht, DNotZ 1995, 427; *ders.*, Kapitalgrundlage bei Formwechsel, DB 1995, 911; *ders.*, Mitgliederwechsel im Umwandlungszeitpunkt, DB 1997, 560; *Reichert*, Folgen der Anteilsvinkulierung für Umstrukturierungen von Gesellschaften mit beschränkter Haftung und Aktiengesellschaften nach dem Umwandlungsgesetz 1995, GmbHR 1995, 176; *Sagasser/Bula/Brünger*, Umwandlungen, 4. Aufl. 2011; *Schindhelm/Stein*, Der Gegenstand der Ausgliederung bei einer Privatisierung nach dem UmwG, DB 1999, 1375; *Schmidt, K.*, Zur gesetzlichen Befristung der Nichtigkeitsklage gegen Verschmelzungs- und Umwandlungsbeschlüsse, DB 1995, 1849; *Schöne/Arens*, Die Erosion des umwandlungsrechtlichen Versammlungszwangs durch das Europäische Gesellschaftsrecht, WM 2012, 381; *Schröer*, Sicherheitsleistung für Ansprüche aus Dauerschuldverhältnissen bei Unternehmensumwandlungen, DB 1999, 317.

I. Die Systematik des Umwandlungsgesetzes

1. Allgemeines

Die **Umstrukturierung von Unternehmen** war nach dem bis zum 1.1.1995 geltenden Recht zum Teil spezialgesetzlich geregelt als Verschmelzung oder aber auch formwechselnde oder formwahrende Umwandlung. Daneben waren stets für Unternehmensumstrukturierungen auch die allgemeinen über das Zivil- und Gesellschaftsrecht eröffneten Wege gangbar. Dies ist auch heute möglich. Die Umstrukturierungen durch Einzelrechtsnachfolge werden vom UmwG 1995 nicht erfasst und sind weiterhin eröffnet. Die besonderen zwingenden Vorschriften des UmwG müssen hierbei nicht eingehalten werden (*LG Hamburg* DB 1997, 6; zust. *Heckschen* DB 1998, 1385; vgl. auch *Trölitzsch* DStR 1999, 764; für eine analoge Anwendung der Vorschriften des UmwG über Vertrag, Bericht, Prüfung und Prüfungsbericht auf übertragende Auflösungen gem. § 179a AktG *Lutter/Leinekugel* ZIP 1999, 261 sowie *LG Karlsruhe* ZIP 1998, 385). Zur Umwandlung als Mittel des „Delisting" vgl. *Steck* AG 1998, 460. Der *BGH* (ZIP 2003, 387 m. Anm. *Streit*) hat in seiner Entscheidung zum „Delisting" keine analoge Anwendung des Umwandlungsgesetzes angeordnet. Er hat allerdings den Rechtsgedanken des § 29 UmwG aufgegriffen. Inzwischen hat der Gesetzgeber für die Verschmelzung einer börsennotierten Gesellschaft auf eine nicht börsennotierte Gesellschaft die Anwendung des § 29 UmwG ausdrücklich angeordnet. Grundsätzlich hat das Unternehmen die freie Wahl, welchen Umstrukturierungsweg es einschlägt. Es kann sich der Wege über das Umwandlungsgesetz bedienen, muss dies aber nicht (*BVerfG* DB 2000, 1905). Die Vorteile der Gesamtrechtsnachfolge und des hier möglichen Mehrheitsbeschlusses sind gegen die Nachteile, die insbesondere mit den Informationspflichten zugunsten der Minderheitsgesellschafter verbunden sind, abzuwägen (vgl. auch *OLG Frankfurt* DB 2003, 872).

Beispiel: Will das Unternehmen A das Unternehmen B sich wirtschaftlich zu Eigen machen, so kann es versuchen, sämtliche Anteile zu erwerben, und gegebenenfalls die Unternehmensverbindung durch einen Unternehmensvertrag intensivieren. Auch ist es denkbar, dass den Anteilsinhabern als Gegenleistung nicht Geld, sondern eine Beteiligung an dem übernahmewilligen Unternehmen gewährt wird, die zuvor durch eine Kapitalerhöhung geschaffen wird. Wirtschaftlich kann die Unternehmensübernahme auch durch einen Erwerb aller Aktiva und Passiva im Wege der Einzelrechtsübertragung herbeigeführt werden. Daneben stand die Möglichkeit der Verschmelzung auf das übernahmewillige Unternehmen unter Gewährung von Anteilen des übernahmewilligen Unternehmens. Bei dieser Umstrukturierung stellte das Gesetz sämtliche Vorzüge einer Gesamtrechtsnachfolge zur Verfügung.

3 Das UmwG 1994 fasst die bis 1995 auf eine Vielzahl von Einzelgesetzen verteilten Umwandlungs- und Verschmelzungsmöglichkeiten in **einem** Gesetz zusammen und erweitert diese erheblich. Den schon bis 1994 bekannten Rechtsinstituten der Verschmelzung und Umwandlung fügt das Gesetz die **Spaltung** hinzu. Der Kreis der an einer Umwandlung beteiligungsfähigen Unternehmen (das Gesetz spricht von **Rechtsträgern**) ist erheblich erweitert (vgl. dazu die in den Rn. 230 ff. wiedergegebenen Übersichten). Für die einzelnen Rechtsträger ergeben sich darüber hinaus wesentlich mehr Möglichkeiten zu Umstrukturierungsmaßnahmen unter Ausnutzung der generell vorgesehenen Gesamtrechtsnachfolge.

4 Das Gesetz ist nach dem Beispiel des BGB in einen allgemeinen Teil und besondere Teile aufgeteilt, wobei diese besonderen Teile wiederum gleichartig untergliedert sind. Die das gesamte Gesetz bestimmende und wichtige **Grundsatzbestimmung** findet sich in § 1 UmwG, der die verschiedenen Umwandlungsmöglichkeiten beschreibt. Als Oberbegriff für die genannten Umstrukturierungsmaßnahmen dient der Begriff der „**Umwandlung**", d.h. beispielsweise, dass die Verschmelzung ein Unterfall der Umwandlung ist. Nach Vorbild des § 23 V AktG legt § 1 III UmwG einen so genannten **Numerus clausus** der Umwandlungsmöglichkeiten und ein **Analogieverbot** fest. Bei der Anwendung des Gesetzes ist also zu berücksichtigen, dass das, was nicht erlaubt ist, grundsätzlich verboten ist. Der Wortlaut schießt weit über das Ziel des Gesetzgebers, der im Wesentlichen eine Herabsetzung der Beschlussmehrheiten für die Zustimmungsbeschlüsse zu den einzelnen Umwandlungsmaßnahmen verhindern wollte, hinaus. Eine Auslegung des Gesetzes nach den allgemein geltenden Grundsätzen ist weiterhin möglich. Das Gesetz untersagt damit auch nicht, Umstrukturierungsmaßnahmen auf anderen zivilrechtlichen/gesellschaftsrechtlichen Wegen, wie sie beispielsweise oben in Rn. 2 dargestellt sind, vorzunehmen. Bei jeder Umstrukturierungsmaßnahme ist daher die Kontrollprüfung anzustellen, ob auf andere Weise ein wirtschaftlich gleiches Ergebnis eventuell unkomplizierter, schneller und kostensparender sowie – durch den Steuerberater oder Wirtschaftsprüfer zu prüfen – steuerlich gleichartig und besser zu erzielen ist.

5 § 1 I 1 UmwG legt fest, dass an einer Umwandlung nur Rechtsträger mit **Sitz im Inland** beteiligungsfähig sind (vgl. dazu Widmann/Mayer/*Heckschen* § 1 UmwG Rn. 18 u. 89 ff.). Grenzüberschreitende Umwandlungen regelt § 1 UmwG nicht. Nach h. M. handelt es sich um eine sog. autolimitierende Norm (vgl. dazu Widmann/Mayer/*Heckschen* § 1 UmwG Rn. 107 ff.). Dies bedeutet, dass der Gesetzgeber sich bei Schaffung des § 1 UmwG bewusst einer Regelung enthalten hat und damit Umwandlungen aus dem Anwendungsbereich der Norm insoweit ausgenommen sind, als sie grenzüberschreitenden Charakter haben. Die h. M. folgerte daraus, dass grenzüberschreitende Umwandlungen generell unzulässig seien (vgl. zum Streitstand vor dem Urteil des *EuGH* Widmann/Mayer/*Heckschen* § 1 UmwG Rn. 239). Der *EuGH* (NZG 2006, 112 – „Sevic") hat jedoch entschieden, dass die Niederlassungsfreiheit gem. Art. 43, 48 EGV jedenfalls eine Hineinverschmelzung nach Deutschland aus einem anderen Land der EU/des EWR zwingend gebiete. Auch wenn im konkreten Fall nur die Hineinverschmelzung einer Kapitalgesellschaft nach Deutschland zu beurteilen war, folgt nach h. M. bereits aus diesem Urteil des *EuGH*, dass insgesamt alle Rechtsträger, die sich auf die Niederlassungsfreiheit berufen können, über die Grenze hinaus verschmelzungsfähig sind. Dies soll nach dieser überwiegenden Meinung wohl sowohl für Hinein- als auch für Hinausverschmelzungen gelten. Unter Berufung auf die Entscheidung des *EuGH* können sich dann jedoch Gesellschaften jedweder Rechtsform nicht nur über die Grenze hinweg verschmelzen, sondern zumindest nach h. M. wohl auch Spaltungsvorgänge vollziehen (vgl. dazu Widmann/Mayer/*Heckschen* Vor § 122a ff. UmwG Rn. 85 ff., 96). Aus den weiteren Entscheidungen des *EuGH* (ZIP 2009, 24 m. Anm. *Knof/Mock* = GmbHR 2009, 86 m. Anm.

I. Die Systematik des Umwandlungsgesetzes

Meilicke – „Cartesio" und EuZW 2012, 621 m. Anm. *Behrens* = NJW 2012, 2715 – „VALE"; dazu *Bayer/Schmidt* ZIP 2012, 1481) folgt, dass auch der grenzüberschreitende Formwechsel zulässig ist. Etwa zeitgleich mit der Entscheidung des *EuGH* in der Rechtssache „Sevic" befand sich die sog. Internationale Verschmelzungsrichtlinie (RL 2005/56/EG v. 26.10.2005, ABl. EG Nr. L 310, 1 ff. – Richtlinie über die Verschmelzung von Kapitalgesellschaften aus verschiedenen Mitgliedstaaten) im Verfahren der Verabschiedung durch die EU. Die Verschmelzungsrichtlinie ist am 15.12.2005 in Kraft getreten. Der deutsche Gesetzgeber hat sie im Rahmen des Zweiten Gesetzes zur Änderung des Umwandlungsgesetzes (BGBl. 2007 I 542) umgesetzt. Die §§ 122a ff. UmwG regeln nunmehr die grenzüberschreitende Verschmelzung von Kapitalgesellschaften. Ausgenommen sind Verschmelzungsvorgänge, an denen Rechtsträger anderer Rechtsformen beteiligt sind sowie Spaltungen und der Formwechsel (zur grenzüberschreitenden Verschmelzung vgl. im übrigen Rn. 138). Die Verschmelzungsrichtlinie ist mittlerweile von allen Mitgliedstaaten umgesetzt. Eine mangelnde Umsetzung stand jedoch auch zuvor einer grenzüberschreitenden Verschmelzung nicht im Weg, da bereits auf Basis des Urteils des *EuGH* eine solche Verschmelzung mit Berufung auf die Niederlassungsfreiheit zulässig war (vgl. dazu *Kantongerecht Amsterdam* DB 2007, 677).

Gesetzessystematisch ist zu den §§ 122a ff. UmwG anzumerken, dass diese Spezialregelungen zum Verschmelzungsrecht enthalten und keine vollständige Verweisung auf die vorhergehenden Bücher des UmwG enthalten. Die Grundstruktur entspricht jedoch der nachfolgend dargestellten Gliederung des Umwandlungsrechts für nationale Umwandlungsvorgänge. **6**

In der Folge regelt das Gesetz in vier großen Blöcken die einzelnen **Umwandlungsarten**: **7**
(1) Verschmelzung zur
– Aufnahme
– Neugründung
(2) Spaltung mit folgenden Untergruppen
– Abspaltung zur Neugründung
– Abspaltung zur Aufnahme
– Aufspaltung zur Neugründung
– Aufspaltung zur Aufnahme
– Ausgliederung zur Neugründung
– Ausgliederung zur Aufnahme
(3) Vermögensübertragung
– Vollübertragung und Teilübertragung
(4) Formwechsel.

Das **Verschmelzungsrecht** enthält sowohl in seinem Allgemeinen Teil, der für alle beteiligungsfähigen Rechtsträger gilt, wie aber auch in dem Besonderen Teil für die verschiedenen betroffenen Rechtsträger Regelungen, die über § 125 UmwG auch auf die Spaltung und über § 176 UmwG auch auf die Vollübertragung im Rahmen der Vermögensübertragung Anwendung finden. Eingeschränkte Anwendung finden sie ebenfalls für die Teilübertragung im Rahmen der Vermögensübertragung über § 177 UmwG. Die Regelungen für den Formwechsel nehmen zum Teil wörtlich Bestimmungen des Allgemeinen und Besonderen Teils des Verschmelzungsrechts auf, wiederholen diese jedoch. **8**

Teilweise wurde es als kennzeichnend für alle Umwandlungsmaßnahmen angesehen, dass grundsätzlich an dem/den Ausgangsrechtsträger(n) dieselben Anteilseigner beteiligt sind wie beim Zielrechtsträger. Die Umwandlung (Verschmelzung, Spaltung, Formwechsel) konnte mit Ausnahme der ausdrücklich vom Gesetz zugelassenen Fälle (insb. der neu eingefügte verschmelzungsrechtliche Squeeze-out nach § 62 V UmwG, daneben z. B. § 126 I Nr. 10 UmwG „Spaltung zu Null"; dazu beispielsweise *LG Konstanz* ZIP 1998, 1226; *LG Essen* ZIP 2002, 893) nicht dazu genutzt werden, einzelne Anteilinhaber aus- **9** scheiden oder neu eintreten zu lassen. Grundsätzlich ist jedem Anteilsinhaber des Ausgangsrechtsträgers ein (neuer oder erhöhter) Anteil am Zielrechtsträger zu gewähren. Dieses verbindende Merkmal vieler Umwandlungen wird von der Rechtsprechung (vgl. *BGH* NZG 2005, 722) und auch der Literatur zunehmend aufgegeben (vgl. *Heckschen* DB 2008, 2122).

Kennzeichen von Verschmelzungsvorgängen ist der liquidationslose Untergang des Ausgangsrechtsträgers und die Gesamtrechtsnachfolge des Zielrechtsträgers. Partiell ist dies auch bei Spaltungen der Fall. Im Anschluss an die Umwandlung sind Grundbuch oder entsprechende Register nur zu berichtigen.

10   Das UmwG hat seit 1995 zahlreiche Änderungen erfahren. Diese haben für die Praxis u. a. folgende Veränderungen gebracht:
(1) Gesetz zur Änderung des Umwandlungsgesetzes, des Partnerschaftsgesetzes und anderer Gesetze (BGBl. 1998 I 1878):
– Aufnahme der Partnerschaft in den Kreis der umwandlungsfähigen Rechtsträger, damit auch mittelbar Öffnung des Umwandlungsmöglichkeiten für Freiberufler-GbR.
– Möglichkeit zur gesellschaftsvertraglichen Herabsetzung der erforderlichen Beschlussmehrheit in Personengesellschaften auf drei Viertel der abgegebenen Stimmen, §§ 43 II 2, 217 I 3 UmwG.
– Änderungen in § 29 UmwG zur Erweiterung der Abfindungspflichten sowie in §§ 126, 139 UmwG zur nicht verhältniswahrenden Spaltung.
(2) Zweites Gesetz zur Änderung des Umwandlungsgesetzes (BGBl. 2007 I 542):
– Einführung der Regelungen zur grenzüberschreitenden Verschmelzung, §§ 122a–l UmwG.
– Entscheidung über Freigabebeschluss (§ 16 UmwG) soll im Regelfall innerhalb von drei Monaten nach Antragstellung ergehen, klarstellender Ausschluss der Rechtsbeschwerde gegen Freigabebeschluss.
– Wird die Verschmelzung in den Registern aller beteiligter Rechtsträger am selben Tag eingetragen, ist beim übertragenden Rechtsträger der Vermerk des Wirksamwerdens der Verschmelzung erst mit Eintragung beim übernehmenden Rechtsträger entbehrlich.
– Verpflichtendes Abfindungsangebot an der Verschmelzung widersprechende Anteilseigner (§ 29 I 1 UmwG) auf Verschmelzung einer börsennotierten AG auf eine nicht börsennotierte AG ausgeweitet.
– Neufassung von § 35 UmwG, Bezeichnung unbekannter Aktionäre unter Sammelvermerk mit dem auf sie entfallenden Teil des Grundkapitals und den auf sie nach der Verschmelzung entfallenden Anteilen zulässig, soweit deren Anteile am übertragenden Rechtsträger 5% nicht überschreiten.
– Nach Änderung von §§ 44, 48 UmwG ist das Prüfungsbegehren innerhalb von einer Woche nach Übersendung des Verschmelzungsvertrages und des Verschmelzungsberichts an die Gesellschafter geltend zu machen.
– Ausnahme von der Pflicht zur Anteilsgewährung, falls alle Anteilsinhaber des übertragenden Rechtsträgers hierauf verzichten (§§ 54 I 3, 68 I 3 UmwG). Der Verzicht ist notariell zu beurkunden.
– Neufassung § 105 UmwG: Genossenschaftliche Prüfungsverbände können nun zur Neugründung miteinander verschmolzen werden, auf einen genossenschaftlichen Prüfungsverband kann ein rechtsfähiger Verein verschmolzen werden, wenn dieser die Voraussetzungen des § 63b II 1 GenG erfüllt sind und die zur Verleihung des Prüfungsrechts zuständige obersten Landesbehörde zustimmt.
– Lockerung des Spaltungsverbots in § 141 UmwG, die Ausgliederung zur Neugründung ist nun zulässig, da in diesem Fall der übertragende Rechtsträger die Anteile am neuen Rechtsträger erhält. Die Ausgliederung zur Aufnahme bleibt unzulässig.
– Streichung der §§ 132, 192 II a. F. UmwG.

(3) ARUG (BGBl. 2009 I 2479):
- Erleichterungen für das Freigabeverfahren, § 16 III UmwG. Neufassung der Interessenabwägungsklausel und Einführung einer Mindestbeteiligung von 1.000 EUR, verfahrensrechtlich erst- und letztinstanzliche Zuständigkeit des OLG, Vertretervollmacht für Anfechtungsprozess erstreckt sich auf das Freigabeverfahren, Zustellungen an den Kläger selbst entbehrlich, Recht auf frühe Akteneinsicht, falls sich Klagezustellung wegen fehlender Einzahlung des Prozesskostenzuschusses verzögert.
- Genehmigungsurkunde auch bei Anmeldung der Umwandlung entbehrlich (§§ 17 I, 199 UmwG), Anpassung an das Gründungsrecht nach MoMiG.
- Erleichterungen in Hinblick auf die Durchführung der Gesellschafterversammlung oder Hauptversammlung, die Gesellschaften können erforderliche Unterlagen nun anstelle der Auslegung und Abschriftenerteilung auf ihrer Internetseite zugänglich machen und auch der Versammlung elektronisch bereitstellen (für die Verschmelzung §§ 62 III 7, 63 IV n.F., 64 I 1 n.F. UmwG; für den Formwechsel §§ 230 II, 232 I, 239 I UmwG).

(4) Drittes Gesetz zur Änderung des Umwandlungsgesetzes (BGBl. 2011 I 1338):
- Streichung § 52 II UmwG, Gesellschafterliste nun erst nach Wirksamkeit der Umwandlung durch den Notar einzureichen, nicht bereits vorher durch den Geschäftsführer.
- Erleichterung der Informationspflichten der Gesellschaft durch Option, Unterlagen elektronisch zu übermitteln (§ 63 III UmwG).
- Verzicht auf Anteilseignerversammlung beim übertragenden Kapitalgesellschaft, wenn übernehmender Rechtsträger AG ist und diese 100 % der Anteile hält (§ 62 IV UmwG).
- Einführung des verschmelzungsrechtlichen Squeeze-outs ab einer Beteiligung von 90 % (§ 62 V UmwG).
- Verzichtsmöglichkeit auf Zwischenbilanz bei AG (63 II UmwG).
- Einführung einer Nachberichtspflicht für Verschmelzungen unter Beteiligung von AG, KGaA und SE (§ 64 I 2 UmwG), ebenso für Spaltung (§ 125 UmwG), Vermögensübertragung (§ 176 I UmwG) und Teilübertragung (§ 177 I UmwG).
- Sacheinlageprüfung und Verschmelzungsprüfung durch gleichen Prüfer zulässig (§ 69 I UmwG), ebenso Identität von Verschmelzungs- und Gründungsprüfer (§ 75 I 2 UmwG).
- Verhältniswahrende Spaltung zur Neugründung erleichtert, Verschmelzungsbericht und Prüfung entbehrlich, Pflichten nach § 63 I Nr. 3–5 UmwG nicht einzuhalten (§ 143 UmwG).
- Elektronische Übermittlung des Umwandlungsberichts nach § 230 II 2 UmwG möglich.

(5) Umwandlungssteuererlass 2011 (BStBl. 2011 I 1314)
- Anwendungsklarheit für unwandlungssteuerliche Fragen, insb. zu grenzüberschreitenden Umwandlungen und Einbringungen.

2. Prüfungs-Checkliste

Der **Aufbau des Gesetzes** in einen Allgemeinen Teil und in jeweils untergliederte allgemeine und besondere Teile – so genanntes **Baukasten- oder Schubkastensystem** – zwingt zu einer Prüfungsreihenfolge, die wie folgt lautet: 11

11a | **Checkliste Prüfungsreihenfolge**

(1) Ist der beabsichtigte Umwandlungsvorgang durch § 1 UmwG eröffnet?
(2) Sind die für die Beteiligung am Umwandlungsvorgang vorgesehenen Rechtsträger nach dem Allgemeinen Teil des für den jeweiligen Umwandlungsvorgang geltenden Abschnittes des Umwandlungsgesetzes beteiligungsfähig?
(3) Sofern Verschmelzung oder Spaltung geplant ist: Soll es sich um eine Verschmelzung/Spaltung zur Aufnahme durch einen bestehenden Rechtsträger oder zur Neugründung handeln? Sind die in Betracht kommenden Rechtsträger sowohl als übertragender als auch als aufnehmender Rechtsträger beteiligungsfähig? Bei der Verschmelzung zur Neugründung ist zu prüfen, ob die Ausgangsrechtsträger als übertragende Rechtsträger beteiligungsfähig sind und die neue Unternehmensform als Rechtsträger im Umwandlungsgesetz vorgesehen ist.
(4) Welche Vorschriften sieht der Allgemeine Teil des Umwandlungsgesetzes für die Umwandlungsform vor? Bei der Spaltung ist zusätzlich zu prüfen: Welche allgemeinen Vorschriften des Verschmelzungsrechts finden über § 125 UmwG Anwendung?
(5) Welche Vorschriften sieht der Besondere Teil für jeden der als übertragender oder aufnehmender oder neu gegründeter Rechtsträger vorgesehenen Beteiligten vor?

3. Umwandlungsphasen

12 Nach einem weiteren Prinzip des Umwandlungsgesetzes wird der Umwandlungsvorgang in **drei verschiedene Phasen** zerlegt:
– Vorbereitungsphase
– Beschlussphase
– Durchführungsphase (Anmeldung und Eintragung).

a) Vorbereitungsphase

13 Bei der Auslegung der Vorschriften, die die Vorbereitung der Umwandlung betreffen, ist zu berücksichtigen, dass der **Schutz der Anteilseigner** und insbesondere von Minderheitsgesellschaftern dem Gesetzgeber in besonderem Umfang wichtig erscheint. Kennzeichen dieser Phase sind die umfangreichen **Berichtspflichten** (vgl. dazu zuletzt *LG Mannheim* ZIP 2014, 970) im Rahmen des so genannten Verschmelzungsberichts, der für alle Rechtsträger und als Spaltungsbericht bzw. Bericht über den Formwechsel für alle Umwandlungsformen eingeführt ist. Der Schutz wird jeweils nach den Bestimmungen, die für den einzelnen Rechtsträger gelten, im Bereich von Verschmelzungs- und Spaltungsmaßnahmen durch eine **Verschmelzungs-/Spaltungsprüfung**, verstärkt. Insoweit ist zu beachten, dass zwar die §§ 9 bis 12 UmwG das Institut der **Verschmelzungsprüfung** regeln, dieses jedoch nur dann für den einzelnen Rechtsträger gilt, wenn der Besondere Teil dies festlegt.

14 Die Berichts- und Prüfungspflichten werden begleitet von Vorschriften des Besonderen Teils, die die **Einberufungs- und Informationsvorschriften** im Vorfeld der Versammlung der Anteilseigner für beinahe alle Rechtsträger gegenüber den ohnehin aus den allgemeinen Gesetzen geltenden Grundsätzen erweitern (vgl. beispielsweise §§ 47, 49 UmwG für die GmbH). Die Rechtsträger sind verpflichtet, die Unterlagen, die die Verschmelzung betreffen, **offen zu legen**. Dies wird jeweils im Besonderen Teil bestimmt (vgl. beispielsweise § 49 II UmwG). Für Rechtsträger, die im besonderen Maße der **Publizität** verpflichtet sind (AG, KGaA, VVaG), sieht das Gesetz darüber hinaus noch die Bekanntmachung der bevorstehenden Verschmelzung einen Monat vor der Beschlussfassung der Anteilseigner vor (vgl. § 61 UmwG).

I. Die Systematik des Umwandlungsgesetzes D IV

Erst am Ende des Gesetzgebungsverfahrens 1994 wurden in das Gesetz – systemfremde – Bestimmungen zum **Schutz der Arbeitnehmer und Arbeitnehmervertretungen** eingeführt (für eine weite Auslegung dieser Informationsvorschrift *Hjort* NJW 1999, 750). Für die Vorbereitungsphase ist insbesondere § 5 III UmwG zu beachten, der eine Unterrichtung des Betriebsrates – sofern vorhanden – einen Monat vor Beschlussfassung der Anteilseigner vorsieht. Auf die Einhaltung der Monatsfrist kann der Betriebsrat verzichten (*LG Stuttgart* GmbHR 2000, 622; *OLG Naumburg* NZG 2004, 734). Ungeklärt ist, ob der Betriebsrat gänzlich auf eine Zuleitung verzichten kann (zust. Semler/Stengel/*Simon* § 5 UmwG Rn. 146; Widmann/Mayer/*Mayer* § 5 UmwG Rn. 266; *Stohlmeier* BB 1999, 1394, 1396 f.; a. A. *OLG Naumburg* NZG 2004, 734; Kallmeyer/*Willemsen* § 5 UmwG Rn. 77). Der Praxis ist daher von diesem Weg abzuraten. 15

Einen Teil der Vorbereitungsphase stellt auch für die Verschmelzung und Spaltung die Aufstellung eines **Verschmelzungsvertrages bzw. Spaltungsvertrages oder -planes** dar. Der Gesetzgeber stellt es den Gesellschaften frei, zunächst nur einen **schriftlichen Entwurf** anzufertigen und die Beurkundung erst nach der Zustimmung der Anteilseigner vorzunehmen, um Kosten zu sparen. Die Angaben, die in diesem Dokument zwangsweise zu erfolgen haben, sieht das UmwG 1995 detaillierter vor als die bis zum 31.12.1994 geltenden Gesetze. Außerdem sind in § 121 I BetrVG einzelne Aufklärungs- und Auskunftspflichten bezeichnet. Abhängig von der Rechtsform sieht das Gesetz zwingend (AG) oder optional auf Verlangen von Anteilseignern eine Verschmelzungsprüfung gem. §§ 9 ff. UmwG vor. 16

b) Beschlussphase

Für die Beschlussfassung der Anteilseigner ist mit wenigen Ausnahmen (sog. Bagatellverschmelzung auf die AG entsprechend § 62 I–III UmwG; die Verschmelzung der 100%-igen Tochterkapitalgesellschaft auf die Mutter-AG, § 62 IV UmwG, die Verschmelzung auf den Alleingesellschafter gem. §§ 120–122 UmwG sowie bei der grenzüberschreitenden Verschmelzung gem. § 122g II UmwG) für alle Umwandlungsarten und alle denkbaren beteiligten Rechtsträger ein Beschluss der Anteilseigner vorgesehen. Dieser bedarf der **notariellen Form**. Der Gesetzgeber legt somit insbesondere für die Genossenschaft die notariellen Mitwirkungspflichten mit Hinweis auf die materielle Richtigkeitsgewähr notarieller Beurkundungen fest. In zahlreichen Fällen, die nachstehend erläutert sind, sind über die Beschlussfassung mit der für die einzelnen Rechtsträger gesondert vorgeschriebenen Mehrheit hinaus **Zustimmungserklärungen einzelner** besonders betroffener Anteilseigner vorgesehen. Auch diese müssen notariell beurkundet werden. Beispielsweise müssen nach §§ 51 I 1 und 3, 125 UmwG alle bzw. alle anwesenden Gesellschafter des übertragenden Rechtsträgers der Verschmelzung bzw. Spaltung zustimmen, wenn bei der übernehmenden GmbH nicht alle Einlagen voll eingezahlt wurden. Für die sog. Beschlussphase sind sowohl bei der Vorbereitung als auch bei der Durchführung neben den Regelungen des UmwG, die Festlegungen des für den Rechtsträger geltenden Gesetze (z. B. GmbHG, AktG) sowie insbesondere die Festlegungen in den Gesellschaftsverträgen der betroffenen Rechtsträger zu berücksichtigen. 17

c) Durchführungsphase

Die Durchführungsphase ist durch die **Anmeldung** bei den verschiedenen Rechtsträgern und die **Eintragung** im Handelsregister geprägt (zu den rechtlichen Problemen während des Schwebezustandes bis zur Eintragung vgl. *Kiem* ZIP 1999, 173). Für das gesamte Umwandlungsverfahren sind stets § 17 II UmwG und § 9 UmwStG zu beachten. Nach § 17 II UmwG ist bei der Verschmelzung und der Spaltung eine Schlussbilanz des übertragenden Rechtsträgers vorzulegen, die auf einen Stichtag aufgestellt sein muss, der nicht mehr als **acht Monate** vor der Anmeldung liegen darf. Bei dieser Achtmonatsfrist handelt es sich um eine Ausschlussfrist. Deshalb darf die Vorschrift des § 17 II 4 UmwG nicht zu weit ausgelegt werden. Da in der genannten Vorschrift nur von *einem* Register- 18 gericht die Rede ist und hiermit systematisch nur das Registergericht des übertragenden Rechtsträgers gemeint sein kann, ist es wegen des Ausschlusscharakters der Frist unzulässig, diese Frist im Wege der Auslegung auch auf das Registergericht des übernehmenden Rechtsträgers auszudehnen (*BayObLG* MittBayNot 1999, 304; *LG Frankfurt* GmbHR 1996, 542). Dies ist insbesondere daran zu erkennen, dass dem Registergericht des übernehmenden Rechtsträgers die Bilanz gar nicht vorgelegt werden muss, so dass es das Alter dieser Bilanz gar nicht eigenständig prüfen kann bzw. muss. In Ermangelung eines eigenhändigen Prüfungsrechts kann die Anmeldung beim Register des übernehmenden Rechtsträgers auch nicht vom Alter der Bilanz abhängig gemacht werden (*Bartovics* GmbHR 1996, 514, 515).

19 Ungeklärt ist die Frage, ob die Beteiligten und der Notar die Frist auch dann gewahrt haben, wenn sie zwar zu einem Zeitpunkt anmelden, der noch innerhalb der Frist liegt, die Anmeldung aber unvollständig oder fehlerhaft ist. Pointiert lautet somit die Frage: Sind Anmeldungen von Umwandlungsvorgängen einer Zwischenverfügung zugänglich oder müssen sie bei Fehlern/Lücken sofort zurückgewiesen werden?

Teilweise wird gefordert, dass zumindest die Verschmelzung beschlossen sein muss, also die Vorlage von Verschmelzungsbeschluss und -vertrag für eine fristgerechte Anmeldung zwingend erforderlich ist (Lutter/*Bork* § 17 Rn. 6; *Heckschen* Rpfleger 1999, 357; Widmann/Mayer/*Widmann* § 24 UmwG Rn. 68; *Weiler* MittBayNot 2006, 377, 379). Die Anmeldung müsse das Gericht zumindest in die Lage versetzen, eine Prüfung der Umwandlung vornehmen zu können. Andere sehen weitergehend jedwede formgerechte Anmeldung als fristwahrend an und gestatten die Nachreichung aller Unterlagen (*OLG Schleswig* DNotZ 2007, 957; zust. *Weiler* DNotZ 2007, 888, 892).

Strenger war ein Instanzgericht (*LG Dresden* NotBZ 1997, 37), das verlangt hat, dass die Anmeldung einschließlich der Anlagen eine zeitnahe Eintragung ermöglichen und der Vertrag die gemäß § 5 I Nr. 2–5 UmwG erforderlichen Angaben enthalten muss (*KG* DB 1998, 2511; *LG Dresden* NotBZ 1997, 138). Fehlt es daran, soll die Anmeldung ohne weitere Zwischenverfügung zurückgewiesen werden können.

Diese Ansicht dürfte aber zu weit greifen. Sinn und Zweck der Frist gem. § 17 II 4 UmwG werden allgemein darin gesehen, dass insbesondere die Gläubiger durch Einblick in eine aktuelle Bilanz die Möglichkeit erhalten, sich über die Vermögensverhältnisse der übertragenden Gesellschaft ein Bild zu machen (*LG Dresden* NotBZ 1997, 138; Widmann/Mayer/*Widmann* § 24 UmwG Rn. 38; Lutter/*Bork* § 17 UmwG Rn. 4). Sie können dann beispielsweise ihre Entscheidung, ob sie unter Berufung auf § 22 UmwG Sicherheitsleistung verlangen u.a. von der Aussage dieser Bilanz abhängig machen.

Es ist jedoch zu berücksichtigen, dass der Gesetzgeber selber diese Frist relativiert hat. Aus § 16 II UmwG ergibt sich nach ganz h.M., dass die Frist auch gewahrt werden kann, wenn noch nicht alle Eintragungsvoraussetzungen vorliegen. Wurde nämlich Anfechtungsklage erhoben und kann daher das Vertretungsorgan keine Negativerklärung abgeben, so verbleibt dem Rechtsträger die Möglichkeit, über einen Beschluss des Prozessgerichtes gemäß § 16 III UmwG diesen Punkt zu überwinden. Einer Anmeldung des Vorganges steht dies jedoch nicht im Wege, obwohl das Beschlussverfahren durchaus einige Monate in Anspruch nehmen kann. Insoweit nimmt der Gesetzgeber durchaus Verzögerungen des Eintragungsverfahrens in Kauf und relativiert damit selbst die Möglichkeit der Gläubiger, Einsicht in eine möglichst aktuelle Bilanz nehmen zu können.

Festzuhalten ist demnach, dass nach dem Wortlaut des § 17 II UmwG bereits die Anmeldung allein die Frist wahrt. Allerdings muss die Anmeldung nach § 12 I 1 HGB in öffentlich beglaubigter Form beim Registergericht eingereicht werden. Eine per Telefax und nicht elektronisch fristgerecht eingereichte Anmeldung ist formunwirksam und daher nicht geeignet, die Frist nach § 17 II 4 UmwG zu wahren. Eine Heilung dieses Mangels durch die spätere (nach Fristablauf!) Nachreichung der formgerechten Anmeldung nebst Unterlagen ist nicht möglich. Vielmehr ist eine solche Anmeldung verfristet. Die Eintragung der Verschmelzung ist somit abzulehnen (*OLG Schleswig* DNotZ 2007, 957;

I. Die Systematik des Umwandlungsgesetzes
D IV

zust. *Weiler* DNotZ 2007, 888, 890; a. A. *OLG Jena* NZG 2003, 43, 44). Abweichendes kann nur dann gelten, wenn eine elektronische Übermittlung aus technischen Gründen unmöglich ist.

Beim Formwechsel gilt keine entsprechende Vorschrift; hier ergibt sich aber dieser Zeitdruck aus § 9 UmwStG, der eine Rückbeziehung nur innerhalb des gleichen Zeitraumes bei entsprechend fristgerechter Anmeldung zulässt. **20**

Verschmelzungsverfahren waren und sind vor allem deswegen Gegenstand zahlreicher gerichtlicher Entscheidungen (vgl. dazu insbesondere den Nachweis bei *Heckschen* DB 1998, 1385), weil sich **Anfechtungskläger** die in § 16 II UmwG vorgesehene **Registersperre** zunutze gemacht haben. Der Gesetzgeber hat für alle Umwandlungsformen und alle beteiligten Rechtsträger vorgeschrieben, dass die Vertretungsorgane bei der Anmeldung versichern müssen, dass keine Klagen gegen die Wirksamkeit des entsprechenden Umwandlungsbeschlusses anhängig sind. Nur bei Vorliegen einer derartigen Negativerklärung darf eingetragen werden. Rechtsmissbräuchlichen Anfechtungsklägern wird in begrenztem Umfang durch das in § 16 III UmwG vorgesehene und durch das ARUG reformierte Beschlussverfahren der Boden entzogen. Danach kann das erst- und letztinstanzlich zuständige OLG in den dort genannten Fällen beschließen, dass ausnahmsweise eine Anfechtungsklage der Eintragung nicht entgegensteht. Das Gericht muss in diesem Freigabeverfahren innerhalb einer Frist von drei Monaten nach Antragstellung entscheiden, § 16 III 5 UmwG. Verzögerungen muss das Gericht durch unanfechtbaren Beschluss begründen. Eine Eintragung gem. § 16 III UmwG ist auch dann möglich, wenn zwar die Anfechtungsklage nicht unzulässig oder offensichtlich unbegründet ist, aber das alsbaldige Wirksamwerden der Verschmelzung vorrangig erscheint, etwa weil der gerügte Formmangel in der nächsten Hauptversammlung behebbar ist. Die Rechtsprechung zu § 16 III UmwG ist uneinheitlich. **21**

Zu beachten ist, dass die erforderliche Negativerklärung erst nach Ablauf der Frist für die Erhebung einer Klage gegen die Wirksamkeit des Umwandlungsbeschlusses abgegeben werden kann. Vorher darf die Umwandlung nicht eingetragen werden (*BGH* AG 2006, 934; *OLG Hamm* BeckRS 2014, 11853). Trägt der Rechtspfleger dennoch **vor Fristablauf** Umwandlungsmaßnahme ein, liegt darin eine **schuldhafte Amtspflichtverletzung**. Gegen die Eintragung der Umwandlung ist jedoch nicht die Beschwerde oder die Rechtspflegererinnerung, sondern allein das Amtslöschungsverfahren nach § 398 FamFG mit dem Ziel der Beseitigung der eingetretenen Wirkungen für die Zukunft und ggf. die Amtshaftungsklage statthafter Rechtsbehelf. Der Verstoß gegen Verfahrensvorschriften, wie zum Beispiel die Nichtbeachtung der Registersperre führt dabei aber aufgrund des umfassenden Bestandsschutzes nach §§ 20 II, 202 III UmwG nicht zu einer Amtslöschung. Eine solche kommt lediglich bei gravierenden Fehlern in Betracht, welche zur Nichtigkeit der gesamten Verschmelzung führen, wie etwa der Beteiligung eines nicht verschmelzungsfähigen Rechtsträgers (*BGH* ZIP 2001, 2006; Semler/Stengel/*Kübler* § 20 Rn. 89). Diese Rechtsschutzbeschränkung ist aus Gründen der Rechtssicherheit geboten. Die Aktionäre müssen hingegen bei einer unzulässigen Eintragung alle ihnen gegebenen und zumutbaren Möglichkeiten gegen die Umwandlungseintragung ausschöpfen, insbesondere trifft sie die Obliegenheit das Registergericht selbst über die von ihnen eingereichte Anfechtungsklage zu informieren. **22**

Aktionäre können wegen einer vorzeitigen Eintragung der Umwandlung nur dann **Vermögensnachteile** geltend machen, wenn auch die von den Klägern erhobene Anfechtungsklage sachlich begründet wäre (*BGH* AG 2006, 934, 936). Allein der Verlust einer rechtlichen oder tatsächlichen Position, deren Erhalt der Geschädigte aber nicht beanspruchen kann ist kein ersatzfähiger Schaden. Ebenso ist auch die Tatsache, dass die Anfechtungsklage aufschiebende Wirkung gehabt hätte, rechtlich nicht schutzwürdig. Darüber hinaus kann sich ein Mitverschulden der Aktionäre ergeben, wenn sie die Anfechtungsklage erst gegen Ende der Anfechtungsfrist einlegen und das Registergericht nicht darüber informieren. **23**

24 Von der **Eintragungsreihenfolge** her ist stets die Eintragung der Verschmelzung beim aufnehmenden oder neuentstehenden Rechtsträger entscheidend. Bei der Spaltung ist die Eintragung beim übertragenden Rechtsträger maßgeblich.

Parallel zur Neufassung des Umwandlungsrechts hatte der Gesetzgeber auch das **Umwandlungssteuerrecht** neu geregelt und dabei in weitem Umfang dafür Sorge getragen, dass nicht nur von der Personengesellschaft in die Kapitalgesellschaft, sondern auch von der Kapitalgesellschaft in die Personengesellschaft **steuerneutral** gewechselt werden kann. Der Umwandlungssteuererlass 2011 (BStBl. 2011 I 1314) präzisiert diese Regelungen aus Sicht der Finanzverwaltung (vgl. dazu *Schaflitzel/Götz* DB Beilage 2012, 25; *Beutel* SteuK 2012, 1; *Sommer* SteuK 2012, 43).

4. Mitwirkungspflichten des Notars

25 Das UmwG 1994 weitet durch die Einbeziehung einiger Fälle, bei denen bis 1994 eine notarielle Mitwirkung nicht erforderlich war (z.B. Mitgliederversammlung der Genossenschaft und Verschmelzungsvertrag zwischen Genossenschaften), sowie durch die **Ausweitung** der Umwandlungsfälle insgesamt die notariellen Mitwirkungspflichten aus, wie Rn. 236 erläutert. Für den Notar ist seinerseits zu beachten, dass seine Mitwirkungspflichten gegenüber dem Staat durch die Anzeigepflicht gemäß § 54 EStDV an das Finanzamt, das für die Gesellschaft zuständig ist, ausgeweitet wurden. Bei Vorhandensein von Grundbesitz ist die Grunderwerbsteuerstelle zu informieren (§ 18 GrEStG).

II. Verschmelzung

1. Allgemeines

26 Bei der Verschmelzung ist zu unterscheiden zwischen der **Verschmelzung durch Aufnahme**, bei der eine bereits bestehende Gesellschaft eine oder mehrere übertragende Gesellschaften aufnimmt, und der **Verschmelzung durch Neugründung**, bei der mehrere (mindestens zwei) untergehende Gesellschaften ihr Vermögen auf eine gleichzeitig mit der Wirksamkeit der Verschmelzung entstehende neu gegründete Gesellschaft übertragen. Die Zahl der verschmelzungsfähigen Rechtsträger ist durch das Umwandlungsgesetz erweitert, wobei jedoch insbesondere die BGB-Gesellschaft und die Erbengemeinschaft nicht in den Kreis der verschmelzungsfähigen Rechtsträger aufgenommen worden sind. BGB-Gesellschaften können jedoch über den Umweg des § 105 II HGB alle Umwandlungsmöglichkeiten nutzen, die das UmwG für die OHG bereithält (vgl. *Schöne* ZAP Fach 15, 267, 276). In § 3 I Nr. 1 UmwG, der über die Verweisung in § 124 UmwG auch für die Spaltung gilt, wird die Partnerschaftsgesellschaft nunmehr ausdrücklich genannt. Im Verschmelzungsrecht wurde ein neuer Unterabschnitt mit den §§ 45a bis 45e UmwG eingefügt.

27 Unter der sich aus dem PartGG ergebenden Voraussetzung, dass die PartG nur natürlichen Personen offen steht, die sich zur Ausübung eines freien Berufes zusammengeschlossen haben, ermöglicht die Regelung, dass PartG mit Personenhandelsgesellschaften, Kapitalgesellschaften, Genossenschaften und PartG entweder zur Aufnahme oder auch zur Neugründung verschmolzen werden können. Die PartG kann in diesen Fallgruppen auch übernehmender bzw. neuer Rechtsträger sein. So bietet das UmwG beispielsweise der Rechtsanwalts-GbR über den Weg in die Partnerschaft auch den Zugang zur GmbH (vgl. dazu §§ 59c ff. BRAO) im Wege der Gesamtrechtsnachfolge. Außerdem wird die Verschmelzung ermöglicht, wenn übertragender Rechtsträger ein wirtschaftlicher oder eingetragener Verein ist. Die gleichen Möglichkeiten sind hinsichtlich der Spaltung vorgesehen. Die Ausgliederung ist nicht möglich, da in diesem Fall die Anteile an der neuen Gesellschaft auf den übertragenden Rechtsträger übergingen und dies bei der PartG nicht zulässig ist (vgl. *Neye* ZIP 1997, 722; DB 1998, 1649 und ZAP Fach 15, 257).

II. Verschmelzung

Aus § 2 Nr. 1 UmwG ergibt sich, dass auch mehrere Gesellschaften im Wege der Verschmelzung auf einen Rechtsträger übertragen werden können. Es können als übertragender Rechtsträger auch aufgelöste Rechtsträger beteiligt sein, wobei es jedoch möglich sein muss, diese noch fortzusetzen, d. h. es darf mit der Verteilung des Vermögens nicht begonnen worden sein (*OLG Naumburg* GmbHR 1998, 382; *OLG Schleswig* NotBZ 2014, 357: keine Fortsetzung nach Schlussverteilung in der Insolvenz). Die Verschmelzung unter Beteiligung eines überschuldeten übertragenden Rechtsträgers war häufig nicht unmittelbar möglich, weil der Nominalbetrag einer beim aufnehmenden Rechtsträger vorzunehmenden Kapitalerhöhung infolge des Fehlkapitals nicht erreicht werden konnte (*Heckschen* DB 1998, 1385). Übernimmt jedoch der Zielrechtsträger zuvor alle Geschäftsanteile des Krisenunternehmens, so darf bei der dann vorliegenden Verschmelzung der Tochter auf die Mutter gem. § 54 I 1 Nr. 1 UmwG keine Kapitalerhöhung durchgeführt werden. Auf diese Weise kann auch das in der Krise befindliche Unternehmen verschmolzen werden, Gläubigerschutzgesichtspunkte stehen der Verschmelzung auf den Alleingesellschafter grundsätzlich nicht entgegen (*OLG Stuttgart* NZG 2006, 159). Entgegen der Ansicht des *OLG Frankfurt* (DNotZ 1999, 154) können Rechtsträger mit negativem Vermögen dann an der Verschmelzung als übertragende Rechtsträger beteiligt sein, wenn die Summe der übertragenen Nettovermögen den Kapitalerhöhungsbetrag erreicht (*Mayer* DB 1998, 913; *Heckschen/Simon* § 3 Rn. 92). Der umgekehrte Fall der Verschmelzung der gesunden Gesellschaft auf die überschuldete ist zwar möglich, jedoch behalten die Anteilsinhaber des übernehmenden Rechtsträgers mehr an Gewinn- und Stimmrechten, als ihnen aufgrund der Überschuldung ihrer Gesellschaft zustünde. Einfacher wäre der Weg, dass der aufnehmende Rechtsträger zunächst alle Anteile des überschuldeten Rechtsträgers erwirbt, damit die Voraussetzungen des § 54 I Nr. 1 UmwG herbeigeführt werden, so dass eine Kapitalerhöhung nicht zu erfolgen hat (*Heckschen/Simon* § 3 Rn. 93). Mit der Änderung des Umwandlungsgesetzes durch das Zweite Gesetz zur Änderung des Umwandlungsgesetzes (BGBl. 2007 I 542) wurden die Umwandlungsmöglichkeiten für in der Krise befindliche Rechtsträger deutlich ausgeweitet. Wesentlich ist nun, dass für den Fall, dass der Zielrechtsträger eine Kapitalgesellschaft ist, dort auf eine Anteilsgewährung zugunsten der Anteilsinhaber jedweder übertragender Rechtsträger verzichtet werden kann (§§ 54 I 3, 68 I 3 UmwG). Ist aber eine Kapitalerhöhung als Vorstufe für die Anteilsgewährung nicht erforderlich, so sind die vorstehend genannten Einschränkungen nicht zu beachten. Es kommt lediglich darauf an, dass die Anteilsinhaber des/der übertragenden Rechtsträger(s) in notarieller Urkunde sämtlich auf die Anteilsgewährung beim aufnehmenden Rechtsträger verzichten. Damit wird jeder Rechtsträger passiv umwandlungsfähig und ist somit als übertragender Rechtsträger für Umwandlungsvorgänge geeignet, soweit das Insolvenzverfahren noch nicht eröffnet ist (vgl. dazu *Heckschen* ZInsO 2008, 824). Dieses Ergebnis wird allerdings in der Literatur kritisch gesehen, da durch diese Umwandlungsvorgänge Minderheitsgesellschafter des aufnehmenden Rechtsträgers durch die Verschmelzung eines überschuldeten Rechtsträgers auf ihre Gesellschaft beeinträchtigt werden könnten (vgl. dazu *Weiler* NZG 2008, 527 sowie *Mayer/Weiler* DB 2007, 1235, 1239; zu Grenzen für derartige Verschmelzungsvorgänge vgl. *Heckschen* ZInsO 2008, 824 sowie *Weiler* NZG 2008, 527). Wird auf eine Anteilsgewähr verzichtet, so besteht allerdings das Risiko, dass eine Buchwertfortführung nicht möglich ist und die stillen Reserven besteuert werden (§ 20 UmwStG); dies gilt, wenn übertragender Rechtsträger keine Kapitalgesellschaft ist (vgl. insoweit § 11 ff. UmwStG).

Streitig ist, ob ein in Liquidation befindlicher Rechtsträger auch aufnehmender Rechtsträger sein kann, ohne dass vorher die Fortsetzung beschlossen werden muss. Eine Fortsetzung und damit die Beteiligung an der Verschmelzung als aufnehmender Rechtsträger ist jedoch nicht möglich, wenn die Auflösung die zwingende gesetzliche Folge einer Ablehnung der Insolvenzeröffnung mangels Masse ist (*KG* DNotZ 1999, 148 m. Anm. *Limmer* und *Heckschen* DB 2005, 2675; vgl. *BayObLG* DNotZ 1999, 145).

30 Zu beachten sind berufs- und standesrechtliche Besonderheiten, so darf etwa eine Steuerberater-GmbH nicht mit einer ein Handelsgewerbe betreibenden Gesellschaft verschmolzen werden. Ein gleichwohl geschlossener Verschmelzungsvertrag ist nach § 134 BGB nichtig. Dies gilt auch dann, wenn die Gesellschafter der Steuerberater-GmbH den Beschluss gefasst haben, das Handelsgewerbe der übertragenden GmbH nicht fortzuführen (*OLG Hamm* NJW 1997, 666; ablehnend hierzu *Neye* EWiR § 19 UmwG 1/97).

31 Die Verschmelzung von Vorgesellschaften von Kapitalgesellschaften ist zwar nach h. M. nicht möglich, jedoch können der Verschmelzungsvertrag geschlossen und die Zustimmungsbeschlüsse gefasst werden, bevor die Gesellschaft im Handelsregister eingetragen wird (*Heckschen* DB 1998, 1385 m. w. N.).

32 Eine Übersicht zur Verschmelzung und eine Checkliste zum Ablauf des Verschmelzungsverfahrens sind unten in den Rn. 237 ff. abgedruckt. Wenn die übertragende Gesellschaft als herrschendes Unternehmen mit einer dritten Gesellschaft einen Beherrschungs- und Gewinnabführungsvertrag abgeschlossen hat, geht dieser auf die aufnehmende Gesellschaft als dann herrschendes Unternehmen über (*LG Bonn* GmbHR 1996, 774). Im Fall der Verschmelzung zur Aufnahme durch eine AG sind die Nachgründungsvorschriften des § 52 III, IV, VIII, X AktG zu beachten, wenn der Verschmelzungsvertrag in den ersten zwei Jahren nach Eintragung der aufnehmenden AG in das Register geschlossen wird. Eine Verschmelzung zur Neugründung ist nur zulässig, wenn alle übertragenden AGs bereits seit zwei Jahren im Register eingetragen sind (*Diekmann* ZIP 1996, 2149).

33 Zu den Verbindlichkeiten, die gem. § 20 I Nr. 1 UmwG auf den aufnehmenden/neugegründeten Rechtsträger übergehen, gehört auch ein etwa bestehender Firmentarifvertrag; § 324 UmwG, § 613a I 2 BGB sind insoweit daneben nicht anwendbar (*BAG* ZIP 1998, 2180).

34 Geht ein Arbeitsverhältnis in Fällen der Verschmelzung auf den neuen Rechtsträger als Gesamtrechtsnachfolger über und erlischt der bisherige Rechtsträger, so besteht kein Widerspruchsrecht nach § 613a IV BGB (*BAG* NZA 2008, 815). Zwar regelt § 324 UmwG die Anwendbarkeit von § 613a IV BGB, dessen Anwendungsbereich ist jedoch teleologisch zu reduzieren, wenn der bisherige Rechtsträger durch gesellschaftsrechtliche Umstrukturierungen erlischt. In diesem Fall geht das Widerspruchsrecht ins Leere, da das Arbeitsverhältnis nicht mit dem alten Arbeitgeber fortgesetzt werden kann. Wird dennoch ein Widerspruch erklärt, entfaltet dieser keine Rechtsfolgen. Der Arbeitnehmer kann stattdessen das Arbeitsverhältnis außerordentlich kündigen, § 626 BGB.

35 Lassen sich die an der Verschmelzung beteiligten Rechtsträger von einem Steuerberater über die steuerlich günstigste Art der Verschmelzung beraten, haftet der Steuerberater der aufnehmenden Gesellschaft für den Steuerschaden, der infolge schuldhaft fehlerhafter Beratung entstanden ist (*BGH* WM 1997, 333). Eine solche Haftung tritt auch dann ein, wenn die mangelhafte steuerliche Beratung im Rahmen der Durchführung eines Auftrages erfolgt, der wegen Verstoßes gegen das Rechtsberatungsgesetz unwirksam ist (*BGH* GmbHR 1999, 1196).

36 Sollen zwei Gesellschaften, von denen mindestens eine Grundbesitz hält, verschmolzen werden, so führt eine Verschmelzung zur Aufnahme auf die Gesellschaft mit dem höheren Grundbesitz zur Einsparung von Grunderwerbsteuer im Vergleich zu einer Verschmelzung auf die Gesellschaft mit dem niedrigeren Grundvermögen bzw. einer Verschmelzung zur Neugründung (*Fleischer* DStR 1996, 1390).

2. Verschmelzungsvertrag

a) Wesen des Vertrages, Abschlusskompetenz

37 Der Verschmelzungsvertrag ist ein **organisationsrechtlicher Vertrag**, den die Vertretungsorgane der beteiligten Rechtsträger abschließen. Der besondere Charakter des Vertrages rechtfertigt es, dass die **Abschlusskompetenz** der Vertretungsorgane beschränkt ist.

II. Verschmelzung

Der Abschluss steht grds. unter dem **Zustimmungsvorbehalt** der Anteilseigner (Ausnahme: §§ 62 IV sowie I–III, 122g II UmwG). Bis zur Erteilung der Zustimmung durch alle beteiligten Rechtsträger und Abgabe eventuell erforderlicher Zustimmungserklärungen einzelner Anteilseigner ist der Vertrag schwebend unwirksam. Prokuristen haben keine Abschlusskompetenz, es sei denn, sie handeln in so genannter unechter Gesamtvertretung mit einem anderen Vertretungsorgan gemeinsam (vgl. Widmann/Mayer/*Heckschen* § 6 UmwG Rn. 38 m.w.N.). Die Vertretungsorgane können auch Vollmacht zum Abschluss des Vertrages erteilen (vgl. hierzu *Melchior* GmbHR 1999, 520). Nach bisher h.M. ist die Vollmacht nur dann beglaubigungsbedürftig, wenn es sich um eine Verschmelzung zur Neugründung einer Kapitalgesellschaft handelt (zu den Bedenken vgl. Widmann/Mayer/*Heckschen* § 6 UmwG Rn. 42–46). Das Handeln vollmachtloser Vertreter ist zulässig. Als mögliche Verbotsnorm ist § 181 BGB zu beachten. Eine gleichzeitige Anwesenheit der Beteiligten schreibt das Gesetz nicht vor; die **Sukzessivbeurkundung** ist daher möglich.

b) Form

38 Der Verschmelzungsvertrag ist einschließlich aller Nebenabreden zu beurkunden (§ 6 UmwG), daher gilt gleiches für jede Änderung des beurkundeten Vertrages. Entsprechend § 4 UmwG reicht es jedoch für die Zwecke der Vorabinformation der Anteilseigner und Arbeitnehmervertretungen sowie auch des Verschmelzungsprüfers aus, dass diesen ein **Entwurf des Verschmelzungsvertrages** vorgelegt wird. Dieser bedarf lediglich der Schriftform. Der später zu beurkundende Vertrag muss wortgleich mit dem Entwurf übereinstimmen. Bei Abweichungen ist ansonsten grundsätzlich das gesamte Verfahren zur Vorabinformation der Anteilseigner und auch die Verschmelzungsprüfung zu wiederholen. Hinsichtlich der Arbeitnehmervertretungen sollen geringfügige **Abweichungen** keiner erneuten Zuleitung bedürfen. Hier erscheint jedoch äußerste Zurückhaltung angezeigt. Abweichungen sind nur in den Grenzen des § 44a BeurkG möglich, wenn es sich um **offensichtliche Schreibfehler** handelt. Wenn nämlich der Notar die Urkunde hinsichtlich offensichtlicher Schreibfehler berichtigen darf, so können dies die Beteiligten hinsichtlich des Entwurfs.

39 Der Gesetzgeber hat die Frage, ob die **Beurkundung auch im Ausland** stattfinden kann, nicht geregelt. Die Zulässigkeit derartiger Beurkundungen ist äußerst umstritten. Es entspricht ganz h.M., dass für die Beurkundung das so genannte **Geschäftsrecht** maßgeblich ist und somit die am jeweiligen Ort der Beurkundung vorgesehene Form nicht ausreichend ist. In dem Entwurf eines neuen Art. 10 EGBGB-E (Referentenentwurf eines Gesetzes zum Internationalen Privatrecht der Gesellschaften, Vereine und juristischen Personen; vgl. hierzu *Rotheimer* NZG 2008, 181) wollte der deutsche Gesetzgeber die Anwendung des Gründungsrechts kodifizieren. Gesellschaften, Vereine und juristische Personen des Privatrechts, die noch nicht in ein öffentliches Register eingetragen sind, sollten dem Recht des Staates, in dem sie organisiert sind unterliegen. Danach wäre also stets eine notarielle Beurkundung durchzuführen gewesen, wenn dies nach dem Umwandlungsgesetz gefordert ist. Der Referentenentwurf wird allerdings leider derzeit nicht weiter verfolgt, ob und wann ein europäischer Rechtsakt („Rom VII") kommt, bleibt abzuwarten. Inwieweit die Beurkundung im Ausland der deutschen Beurkundung **gleichwertig** sein kann, wird sehr unterschiedlich beantwortet (vgl. dazu Widmann/Mayer/*Heckschen* § 6 UmwG Rn. 57 ff.). Gerade die vom Gesetzgeber als Sinn der Beurkundung im Rahmen von Umwandlungsverfahren herausgestellte so genannte **materielle Richtigkeitsgewähr** spricht dafür, dass grundsätzlich eine Beurkundung im Ausland der Beurkundung vor dem deutschen Notar nicht gleichwertig sein kann. Darüber hinaus ist zu berücksichtigen, dass nur der deutsche Notar den vom Gesetzgeber festgelegten Mitteilungspflichten nach § 54 EStDV unterliegt (vgl. zum Gesamtkomplex ausführlich Widmann/Mayer/*Heckschen* § 6 UmwG Rn. 42–56; *Knoche* S. 297 ff. sowie *Goette* DStR 1996, 709; so auch LG Augsburg DB 1996, 1666; AG Kiel GmbHR 1997, 506; vgl. allg. auch *Schwarz* S. 372 ff.).

40 Zum Beurkundungsverfahren gilt Folgendes: Für die Beurkundung gelten die §§ 8 ff. BeurkG. Eine **Beurkundung in Form eines Tatsachenprotokolls** gemäß §§ 36 ff. BeurkG ist **unwirksam**. Die Urkunde ist vollständig nebst etwa unter Bezug genommener Anlagen zu verlesen. Die Bilanz ist keine verlesungspflichtige Anlage, da sie die Erklärungen der Beteiligten nicht ersetzt.

41 Sofern die Beteiligten zunächst nur einen **Entwurf des Verschmelzungsvertrages** aufstellen, ist zu beachten, dass dieser schriftlich aufzusetzen ist, d. h. auch der Unterzeichnung bedarf.

c) Vertragsgestaltung

42 Das Gesetz schreibt in § 5 UmwG einen Katalog zwingender Angaben vor. Es empfiehlt sich bei der Vertragsgestaltung genau diesem **Katalog** zu folgen und in einem zweiten Teil der Urkunde weitere Vereinbarungen, die die Beteiligten im rechtlichen Zusammenhang mit der Verschmelzung getroffen haben, aufzunehmen. Gerade Verschmelzungs- und Spaltungsverträge sollten klar strukturiert und formuliert sein, um dem Handelsregister die Prüfung zu erleichtern. Dennoch sind auch sie auslegungsfähig (*KG* DB 2004, 2096; Semler/Stengel/*Schröer* § 5 Rn. 4).

42a **Checkliste zum Inhalt des Verschmelzungsvertrages**

- Name, Firma, Sitz der beteiligten Rechtsträger;
- Klarstellung, dass es sich um eine Verschmelzung handelt, d. h. Übertragung aller Aktiva und Passiva gegen Gewährung von Anteilen/Mitgliedschaften unter Ausschluss der Liquidation;
- Bestimmung des Umtauschverhältnisses, sofern Anteilstausch durchzuführen ist;
- Einzelheiten für die Übertragung der Anteile/Erwerb der Mitgliedschaft;
- Stichtag für die Berechtigung am Bilanzgewinn;
- Verschmelzungsstichtag, der Zeitpunkt, von dem die Handlungen des übertragenden Rechtsträgers als in Rechnung des übernehmenden Rechtsträgers vorgenommen gelten;
- Sonderrechte, die einzelnen Anteilsinhabern eingeräumt werden;
- Vorteile für sonstige Beteiligte (Abschlussprüfer, Organmitglieder);
- Folgen der Verschmelzung für die Arbeitnehmer und ihre Vertretungen;
- fakultative Regelungen, z. B. Bedingungen für die Wirksamkeit, flexible Stichtage, Rücktrittsrechte, im Zusammenhang mit der Verschmelzung durchzuführende Satzungsänderungen beim aufnehmenden Rechtsträger, Gewährung von Organstellungen bei übernehmendem Rechtsträger;
- bei Verschmelzung zur Neugründung: Satzung/Statut des neuen Rechtsträgers.

---

43 Werden mehrere beteiligungsidentische Schwestergesellschaften auf eine dritte Gesellschaft zur Aufnahme verschmolzen, so ist es ausreichend, wenn dem Anteilsinhaber aller übertragenden Rechtsträger ein einheitlicher Anteil am aufnehmenden Rechtsträger gewährt wird. Die Ausweisung jeweils eines Anteils für die einzelnen übertragenden Rechtsträger ist in diesem Sonderfall nicht erforderlich (*Heckschen* DB 1998, 1385, a. A. *OLG Frankfurt* DNotZ 1999, 154). Auch eine Kapitalerhöhung ist nicht erforderlich (*LG München I* BB 1998, 2331; zust. *Baumann* BB 1998, 2321; anders *KG* BB 1999, 16; vgl. auch *Trölitzsch* DStR 1999, 764).

44 Das Gesetz verlangt **Angaben zu den Mitgliedschaften** beim übernehmenden Rechtsträger. Für den Fall der Mischverschmelzung, der Verschmelzung einer börsennotierten auf eine nicht börsennotierte AG oder der Verschmelzung auf einen Rechtsträger, bei

II. Verschmelzung

dem die Anteile vinkuliert sind, ist ein **Abfindungsangebot** zu unterbreiten. Auf diese Angaben kann aber allerdings bereits im Vorfeld durch notarielle Erklärungen durch die Anteilseigner verzichtet werden. Die Vorschriften über den Abfindungsanspruch, insbesondere § 29 UmwG finden keine entsprechende Anwendung auf den Fall der Veräußerung des gesamten Vermögens einer Gesellschaft und deren Auflösung. Außenstehende Anteilsinhaber sind hiergegen durch die Möglichkeit der Anfechtungsklage geschützt (*BayObLG* ZIP 1998, 2002).

Gemäß § 5 I Nr. 5 UmwG ist als Inhalt des Verschmelzungsvertrags auch der Zeitpunkt anzugeben, von dem an die Anteilsrechte/Mitgliedschaften einen **Anspruch auf einen Anteil am Bilanzgewinn** gewähren. Dies kann zwar der im Außenverhältnis für das Wirksamwerden der Verschmelzung maßgebliche Tag der Eintragung der Verschmelzung beim übertragenden Rechtsträger sein. Allerdings kann die Eintragung sich erheblich verzögern, der Zeitpunkt der Gewinnberechtigung ist von den Parteien nur bedingt steuerbar (Semler/Stengel/*Schröer* § 5 Rn. 42). Empfehlenswert ist daher, einen im Innenverhältnis abweichenden Stichtag zu wählen. Dies kann zum einen ein **fixer Stichtag** sein. So kann beispielsweise der Beginn des Geschäftsjahrs des übernehmenden Rechtsträgers, das auf den Stichtag der letzten Jahresbilanz des übertragenden Rechtsträgers folgt, als nach § 5 I Nr. 5 UmwG maßgeblicher Zeitpunkt gewählt werden, sofern beide Rechtsträger ein identisches Geschäftsjahr haben. Bei unterschiedlichen Geschäftsjahren können die Rechtsträger auch einen unterjährigen Beginn vereinbaren, um eine nahtlose Fortführung der Gewinnberechtigung für die Anteilseigner des übertragenden Rechtsträgers zu ermöglichen. Daneben kann auch ein rückwirkender Beginn der Gewinnberechtigung gewählt werden. Auch ein künftiger Stichtag, mit der Folge, dass die Anteilsinhaber des übertragenden Rechtsträgers für eine Zwischenzeit ohne Gewinnanteilsanspruch sind, soll zulässig sein (Semler/Stengel/*Schröer* § 5 Rn. 46; Schmitt/Hörtnagl/Stratz/*Stratz* § 5 Rn. 61). **45**

Daneben ist es auch zulässig, einen **variablen Beginn** der Gewinnberechtigung gem. § 5 I Nr. 5 UmwG festzulegen. Die Festlegung solcher variabler Zeitpunkte ist insbesondere dann empfehlenswert, wenn aufgrund von Anfechtungsklagen mit erheblichen Eintragungsverzögerungen zu rechnen ist. Die Beteiligten können etwa vereinbaren, dass sich der Beginn der Gewinnberechtigung um ein Jahr verschiebt, sofern die Verschmelzung nicht bis zur nächsten turnusmäßigen Beschlussfassung über die Gewinnverteilung beim übertragenden Rechtsträger ins Handelsregister des übernehmenden Rechtsträgers eingetragen worden ist. Eine solche Klausel hat der *BGH* für wirksam erachtet (ZIP 2013, 358). Im zugrunde liegenden Sachverhalt beanspruchten die Aktionäre des übertragenden Rechtsträgers vom übernehmenden Rechtsträger einen dem Umtauschverhältnis entsprechenden Teil der an dessen Aktionäre ausgeschütteten Dividende für ein Geschäftsjahr, für das sie aufgrund der Vereinbarung eines variablen Zeitpunkts der Gewinnberechtigung im Verschmelzungsvertrag nicht gewinnbezugsberechtigt waren, weil sich die Eintragung der Verschmelzung verzögert hatte. Der *BGH* stellte fest, dass die variable Gewinnbezugsregelung weder gegen § 5 I Nr. 5 UmwG verstößt, da der Beginn für die Beteiligten frei wählbar ist, noch die Anteilsinhaber des übertragenden Rechtsträger unangemessen benachteiligt. Vielmehr beeinträchtige ein fixer Termin für die Gewinnbezugsberechtigung die Anteilsinhaber des übernehmenden Rechtsträgers, wenn sie die Anteilsinhaber des übertragenden Rechtsträgers am Gewinn ihrer Gesellschaft beteiligen müssen, ohne dass ihnen der Wert und der Bilanzgewinn des übertragenden Rechtsträgers zugute kommen. Dies könne zwar durch Vereinbarung auch eines fixen Verschmelzungsstichtages gem. § 5 I Nr. 6 UmwG vermieden werden. Allerdings würde dies u. U. wiederum eine Benachteiligung der Anteilsinhaber des übertragenden Rechtsträgers mit sich bringen. Daneben sei es auch nicht aus Gründen der Wahrung der Verschmelzungswertrelation erforderlich, dass das Gewinnbezugsrecht in dem Jahr des Bewertungsstichtags entsteht. Denn auch wenn es aufgrund der Ausschüttung zu einer Veränderung der rechnerisch der Verschmelzungswertrelation zugrunde liegenden Hilfsgrößen der Unternehmensbewertung zwischen Beschluss und **46**

Eintragung kommt, bedeutet dies noch nicht, dass das vereinbarte Umtauschverhältnis keine volle wirtschaftliche Entschädigung für den Verlust des Anteils ist. Die Wertermittlung muss für die beteiligten Rechtsträger zu einem wegen § 5 I Nr. 3 UmwG bestimmten Bewertungsstichtag erfolgen. Dieser Unternehmensbewertung liegen auch Prognosen zugrunde, die ihrer Natur nach mit Unsicherheiten behaftet ist. Wenn nun einzelne, bei der Unternehmensbewertung zugrunde liegende Hilfsgrößen nicht wie prognostiziert eintreten, folgt hieraus noch nicht die Unrichtigkeit der Unternehmensbewertung und damit zwingend die Unangemessenheit des Umtauschverhältnisses (vgl. im Einzelnen *BGH* ZIP 2013, 358; *Vossius* NotBZ 2013, 133).

47 Der Verschmelzungsvertrag muss gem. § 5 I Nr. 6 UmwG auch den Zeitpunkt benennen, von dem an die Handlungen des Ausgangsrechtsträgers als für Rechnung des Zielrechtsträgers als vorgenommen gelten (**Verschmelzungsstichtag**). Durch diese Regelung wird eine Abgrenzung der Rechnungslegung vorgenommen. Der übernehmende Rechtsträger ist ab dem Zeitpunkt an, von dem die Geschäfte des übertragenden Rechtsträgers als für Rechnung des übernehmenden Rechtsträgers vorgenommen gelten, Rechnungslegungspflichtig für diese Geschäfte (Widmann/Mayer/*Mayer* § 5 Rn. 152 f.).

Der Verschmelzungsstichtag kann von den Vertragsbeteiligten frei bestimmt werden. In der Praxis richtet er sich meist am Schluss des letzten Geschäftsjahrs des übertragenden Rechtsträgers aus. Es ist noch nicht endgültig geklärt, in welchem Verhältnis Verschmelzungsstichtag und Schlussbilanzstichtag stehen. In der Literatur gehen die Ansichten auseinander und auch die Rechtsprechung hat diese Frage bisher noch nicht entschieden (*OLG Frankfurt* GmbHR 2006, 382). Steuerlich ist der Übertragungsstichtag der Tag der Schlussbilanz. Der Stichtag der (handelsrechtlichen wie steuerrechtlichen) Schlussbilanz muss dabei zwingend auf den dem Verschmelzungsstichtag vorangehenden Tag fallen (z. B. Schlussbilanz 31.12., Verschmelzungsstichtag 1.1.) (Semler/Stengel/*Schröer* § 5 Rn. 57; Schmitt/Hörtnagl/Stratz/*Stratz* § 5 Rn. 65).

48 Eine begrüßenswerte Ansicht in der Literatur geht davon aus, dass eine Verknüpfung zwischen dem handelsrechtlichen Stichtag der Schlussbilanz und dem Verschmelzungsstichtag zwar zweckmäßig und üblich, aber nicht zwingend sei (Henssler/Strohn/*Heidinger* § 5 Rn. 23; Widmann/Mayer/*Mayer* § 5 Rn. 158 f.; Widmann/Mayer/*Widmann* § 24 Rn. 64). Es bestehe keine zivilrechtliche Bindung zwischen Verschmelzungsstichtag und Schlussbilanz. Dies werde vor allem durch die Sonderregelung für Genossenschaften in § 80 II UmwG deutlich. Dort sei geregelt, dass der Stichtag der Schlussbilanz im Verschmelzungsvertrag gesondert anzugeben sei, was bei einer Identität vom Verschmelzungsstichtag und Stichtag der Schlussbilanz nicht notwendig sei. Eine andere Ansicht geht davon aus, dass gem. § 17 I UmwG der Verschmelzungsstichtag jedenfalls zeitlich vor, aber auch nach dem Stichtag dem Stichtag der Schlussbilanz liegen könne (Kallmeyer/*Müller* § 5 Rn. 33 ff.; *Müller* WPg 1996, 857).

Es gibt in der Lehre aber auch eine starke Meinung, die davon ausgeht, dass der Verschmelzungsstichtag mit dem Stichtag der Schlussbilanz übereinstimmen müsse, weil der Termin im Innenverhältnis der Rechtsträger die Überleitung der Rechnungslegung betreffe (Semler/Stengel/*Schröer* § 5 Rn. 54; Lutter/*Lutter/Drygalla* § 5 Rn. 46; *OLG Frankfurt* GmbHR 2006, 382). Dabei wird auch vertreten, dass das Auseinanderfallen beider Stichtage ein Eintragungshindernis sei, das vom Registerrichter zu beachten sei (Budde/Förschle/Winkeljohann/*Budde/Zerwas*, Sonderbilanzen, H Rn. 42).

Im Ergebnis ist aber darauf hinzuweisen, dass Abweichungen von der Regel (Schlussbilanz 31.12., Verschmelzungsstichtag 1.1.) steuerrechtliche Auswirkungen haben können. Zwar mag das Handelsregister eine (handelsrechtliche) Schlussbilanz zum 31.12. für eine Verschmelzung zum 2.1. genügen lassen. Die Finanzverwaltung wird aber nach dem Umwandlungssteuererlass aufgrund der zum 31.12. erstellten Schlussbilanz den 31.12. auch als steuerlichen Übertragungsstichtag annehmen.

49 Offen ist, ob auch eine aufschiebende Bedingung im Verschmelzungsvertrag (sog. **Vorratsverschmelzung**) möglich ist. Der Verschmelzungsvertrag wird erst mit Eintritt der

II. Verschmelzung

Bedingung wirksam, auch die Anmeldung bzw. Eintragung der Verschmelzung kann erst nach Bedingungseintritt, mithin eine geraume Zeit nach Abschluss des Verschmelzungsvertrages und der Zustimmungsbeschlüsse erfolgen. Die Rechtslage hinsichtlich der Wirksamkeit einer solchen „Vorratsverschmelzung" ist noch nicht geklärt. Für deren Zulässigkeit sprechen allerdings verschiedene vergleichbare, von der h. M. als zulässig erachtete Konstellationen, in denen es auch zu Verzögerungen der Anmeldung bzw. der Eintragung kommen kann. So sind zukünftige oder variable Stichtage nach herrschender Meinung möglich. Für die Zulässigkeit einer „Vorratsverschmelzung" spricht schließlich die Systematik des Umwandlungsgesetzes selbst. Denn der gesetzlichen Systematik ist immanent, dass sich die Eintragung einer Verschmelzung erheblich verzögern kann, wenn die Zustimmungsbeschlüsse angefochten werden. Auch in diesen Fällen kommt es zu einer zeitlichen Diskrepanz zwischen dem Informationsstand im Zeitpunkt der Beschlussfassung und dem Zeitpunkt der Eintragung. Diese zeitliche Diskrepanz und die hiermit einhergehende Gefahr, dass sich die wirtschaftliche Situation der beteiligten Rechtsträger erheblich ändert, nimmt das Gesetz hin.

Im Verschmelzungsvertrag sind von den beteiligten Rechtsträgern gewährte **Sondervorteile** für einzelne Anteilseigner oder bestimmte Dritte zu erwähnen. Dies gilt z. B. dann, wenn einem Vorstand im Rahmen der Verschmelzung eine Abfindung für den Verzicht auf ein Aktienoptionsprogramm gewährt wird (*OLG Hamburg* ZIP 2004, 906), nicht aber für Abreden zwischen den Anteilseignern. Erfasst sind sämtliche Sondervorteile, auch wenn sie nicht anlässlich der Verschmelzung bewährt werden. Werden keine Sondervorteile gewährt, so ist eine Negativerklärung, anders als von manchen Registern gefordert, nicht erforderlich (*OLG Frankfurt* NZG 2011, 1278; Semler/Stengel/*Schröer* § 5 Rn. 69). 50

Besondere Probleme wirft in der Praxis § 5 I Nr. 9 UmwG auf. Die Regelung ist unsystematisch in letzter Sekunde im Gesetzgebungsverfahren im Jahr 1994 in das Gesetz eingefügt worden und hat keinen Vereinbarungscharakter, so dass sie als **Informationsvorschrift** im Rahmen des Verschmelzungsvertrages deplatziert wirkt. Man wird davon ausgehen müssen, dass entgegen einer in der Rechtsprechung vertretenen Auffassung auch bei Fehlen von Betriebsräten bei allen beteiligten Rechtsträgern Mindestangaben zu diesem Punkt im Verschmelzungsvertrag gemacht werden müssen und ansonsten das Handelsregister ein Zurückweisungsrecht hat (*OLG Düsseldorf* DB 1998, 1399; Semler/Stengel/*Schröer* § 5 Rn. 93; a. A. *LG Stuttgart* WiB 1996, 994). Entbehrlich ist die Angabe allenfalls, wenn kein beteiligter Rechtsträger über Arbeitnehmer oder eine Arbeitnehmervertretung (etwa Konzernbetriebsrat) verfügt, dies sollte dann im Vertrag erwähnt werden. Keinesfalls ausreichend ist es, wenn darauf verwiesen wird, dass sich die Folgen der Verschmelzung nach den Vorschriften des UmwG und § 613a BGB richten. Selbst wenn die Verschmelzung nach Ansicht der beteiligten Rechtsträger keine Nachteile für die Arbeitnehmer zur Folge hat, kann auf die Angaben gem. § 5 I Nr. 9 UmwG nicht verzichtet werden; es sind Angaben zu den Folgen, nicht nur zu den Nachteilen der Verschmelzung zu machen (*OLG Düsseldorf* DB 1998, 1399). 51

Zu den arbeitsrechtlichen Problemen im Zusammenhang mit Umwandlungen vgl. *Hjort* NJW 1999, 750; *Hausch* RNotZ 2007, 308, 396.

Die Angaben sollten folgende Punkte positiv oder verneinend behandeln:
- Auswirkungen der Verschmelzung auf bestehende Tarifverträge,
- Auswirkungen auf Betriebsvereinbarungen,
- Auswirkungen auf Mitbestimmungsrechte und Kündigungsschutz,
- Auswirkungen auf bestimmte Betriebsteile (Schließung, Verlegung, organisationsrechtliche Maßnahmen),
- Auswirkungen für Betriebsräte, Gesamtbetriebsräte, Konzernbetriebsräte, Sprecherausschüsse.

Die Rechtsfolgen **fehlender oder ungenügender Angaben** sind umstritten (vgl. dazu Widmann/Mayer/*Mayer* § 5 UmwG Rn. 203 ff. und *Hjort* NJW 1999, 750 sowie *Trölitzsch* DStR 1999, 764; großzügig insoweit *LG Essen* ZIP 2002, 893). 52

Zur Nichtigkeit des Verschmelzungsbeschlusses führen solche Mängel jedoch nie. Enthält der Verschmelzungsvertrag die gesetzlich geforderten Mindestangaben jedoch nicht oder unvollständig, begründet dies jedoch ein Anfechtungsrecht. Das Erfordernis eines Abfindungsangebotes gem. § 29 I 2 UmwG betrifft alle Fälle, bei denen einzelne Anteilsinhaber nicht frei über ihre Anteile verfügen können (vgl. *Neye* DB 1998, 1649 – vinkulierte Anteile).

53 Der Verschmelzungsvertrag muss alle Abreden enthalten, die die Beteiligten im rechtlichen Zusammenhang mit der Verschmelzung treffen. Der Verschmelzungsvertrag muss jedoch keine sog. Negativerklärungen zu Umständen enthalten, die durch die Verschmelzung nicht ausgelöst werden bzw. einschlägig sind (*OLG Frankfurt* ZIP 2011, 2408). Es empfiehlt sich zwar, den Katalog des § 5 UmwG im Verschmelzungsvertrag einzeln und ggf. auch mit Negativerklärungen abzuhandeln (z. B. „Es werden keine Sondervorteile gem. § 5 I Nr. 7 UmwG gewährt"). Dies erleichtert dem Handelsregister die Prüfung. Zwingend ist dies nicht. Es ist also stets zu untersuchen, ob bestimmte Vereinbarungen mit der Verschmelzung **stehen und fallen** sollen. Ist beispielsweise parallel ein weiterer Verschmelzungsvorgang auf den gleichen Rechtsträger geplant, so ist zu untersuchen, ob er in der vorgenannten rechtlichen Einheit steht. Ist dies der Fall, so ist ein einheitlicher Verschmelzungsvertrag abzuschließen.

54 **Änderungen des Verschmelzungsvertrages** bedürfen zu ihrer Wirksamkeit der Beurkundung, gleichgültig, ob es sich um wesentliche, unwesentliche oder bloße sprachliche Neufassungen handelt. Lediglich offensichtliche Schreibfehler können ohne Aufstellung einer Änderungsurkunde berichtigt werden (vgl. § 44a II BeurkG). Liegen bereits die Zustimmungen der Anteilseigner zur Verschmelzung vor, so ist bei Änderungen nach der Zustimmung erneut das gesamte Verfahren zur Vorabinformation zu durchlaufen und ein neuer Zustimmungsbeschluss einzuholen. Wird die Änderung vor der Einholung eines Zustimmungsbeschlusses vorgenommen, so kann die Änderung auch zunächst nur in privatschriftlicher Form erfolgen.

55 Die **Aufhebung des Verschmelzungsvertrages** kann von den Vertretungsorganen vor Wirksamkeit des Verschmelzungsvertrages, d. h. bis zum Vorliegen des letzten erforderlichen Zustimmungsbeschlusses, schriftlich vereinbart werden. Nach diesem Zeitpunkt ist die Aufhebung zu beurkunden. Auch Bedingungen, Befristungen, Rücktritts- und Kündigungsrechte können vereinbart werden (*Körner/Rodewald* BB 1999, 853).

3. Verschmelzungsbericht

56 Den Verschmelzungsbericht stellen die **Vertretungsorgane** der beteiligten Rechtsträger auf. Es kann auch ein **gemeinsamer Verschmelzungsbericht** erstellt werden. Aufstellung und Prüfung des Verschmelzungsberichts sind nicht Aufgabe des Notars. Unzureichende Verschmelzungsberichte führen jedoch in der Regel dazu, dass der Zustimmungsbeschluss anfechtbar wird (Widmann/Mayer/*Mayer* § 8 UmwG Rn. 68; Schmitt/Hörtnagl/Stratz/*Stratz* § 8 UmwG Rn. 39; *Heckschen* DB 1998, 1385). Da es sich um ein Instrument der Vorabinformation der Gesellschafter zum Zwecke der sachgerechten Vorbereitung auf die Versammlung der Anteilseigner handelt, sind Fehler auch durch spätere Informationen und Auskünfte in der Regel nicht auszugleichen. Nur Fehler, die für den Beschluss nach objektiver Sichtweise nicht relevant werden, bleiben unbeachtet (vgl. dazu Widmann/Mayer/*Heckschen* § 13 UmwG Rn. 163 ff.). Der Bericht muss den Anteilseignern eine **Plausibilitätskontrolle** für das vorgeschlagene Umtauschverhältnis ermöglichen. Es ist die wirtschaftliche Zweckmäßigkeit der Verschmelzung zu erläutern, bei umstrittener Rechtslage sind die Risiken für die Anteilseigner anschaulich und transparent zu beschreiben und es sind Angaben zu verbundenen Unternehmen zu machen. Auf eine Erläuterung des Umtauschverhältnisses kann auch bei der Verschmelzung beteiligungsidentischer Schwestergesellschaften nicht verzichtet werden (*OLG Frankfurt* ZIP 2012, 766; zu Inhalt und Zweck des Verschmelzungsberichts vgl. *OLG Düsseldorf* ZIP

II. Verschmelzung

1999, 793; *OLG Hamm* ZIP 1999, 798; *LG Essen* AG 1999, 329; *KG* AG 1999, 126; *OLG Düsseldorf* DB 2002, 781; *OLG Frankfurt* NJOZ 2006, 870, 884; *OLG Saarbrücken* NZG 2011, 358; *OLG Frankfurt* GWR 2012, 180 m. Anm. *Schult/Nikoleyczik*). Der *BGH* (NZG 2007, 714) hat es offen gelassen, ob der Bericht von allen Vertretungsorganen zu unterzeichnen ist oder ob die Unterzeichnung von Vertretungsorganen mit vertretungsberechtigter Anzahl ausreicht. Jedenfalls kann ein derartiger etwaiger Fehler eine Anfechtungsklage nicht begründen (ebenso *KG* ZIP 2005, 167). Aus Gründen der Rechtssicherheit sollten daher trotzdem alle Vertretungsorgane den Bericht unterzeichnen. Für die AG, die KGaA und die SE besteht zusätzlich eine Nachberichtspflicht. Diese zusätzliche Pflicht wurde mit dem 3. UmwGÄndG eingeführt (vgl. *Heckschen* NJW 2011, 2390). Der Bericht ist mündlich in der Hauptversammlung zu erstatten und muss Angaben dazu enthalten, ob und wie sich das Vermögen der Gesellschaft gegenüber dem Zeitpunkt der Vertragsformulierung wesentlich verändert hat (§ 64 I 2 UmwG). Auf den Bericht und ggf. auch auf den Nachbericht kann gem. § 8 III UmwG durch notarielle Erklärung **verzichtet** werden, wobei dann jedoch alle Anteilseigner verzichten müssen. Nicht ausreichend ist daher ein Verzicht lediglich der Anteilsinhaber, die an der Versammlung teilgenommen haben (*OLG Bamberg* ZIP 2013, 219 für die Verschmelzung zweier Vereine). Die Verzichtserklärung ist keine höchstpersönliche Erklärung. Eine Stellvertretung ist zulässig. Eine Vollmacht bedarf nach h. M. keiner notariellen Beglaubigung. Der Verzicht ist entbehrlich, wenn das übernehmende Unternehmen alle Anteile am übertragenden Unternehmen hält (§ 8 III 1 UmwG). Wird ein Bestätigungsbeschluss gefasst, ist der Bericht nicht zu aktualisieren (*OLG Karlsruhe* AG 1999, 470).

4. Verschmelzungsprüfung

Die Verschmelzungsprüfung ist in den §§ 9–12 UmwG grundsätzlich geregelt, jedoch nicht für alle Rechtsträger zwingend vorgeschrieben. Auch auf sie kann aus den oben genannten Gründen verzichtet werden, sie ist entbehrlich, wenn alle Anteile des übertragenden Rechtsträgers beim übernehmenden Rechtsträger liegen. Der Bericht gibt lediglich das **Ergebnis der Verschmelzungsprüfung** wieder und hat mit einem in § 12 II UmwG festgelegten Testat zu enden. 57

Die Verschmelzungsprüfer müssen angeben, nach welchen Methoden das Umtauschverhältnis ermittelt wurde, aus welchen Gründen die Methoden angemessen sind und welches Umtauschverhältnis bzw. welcher Gegenwert sich bei Anwendung mehrerer Methoden ergeben würde. Es ist darzulegen, welches Gewicht den verschiedenen Methoden beigemessen wurde und welche besonderen Schwierigkeiten bei der Bewertung der Rechtsträger auftraten (*Heurung* DB 1997, 837; Semler/Stengel/*Zeidler* § 12 UmwG Rn. 8–11; Widmann/Mayer/*Mayer* § 12 UmwG Rn. 17 ff.; vgl. auch *OLG Frankfurt* ZIP 2000, 1928; *LG Dortmund* NZG 2002, 343). Eingebürgert hat sich die Bewertung nach der sog. Ertragswertmethode. Nach der Rechtsprechung des BVerfG bestehen gegen das Ertragswertverfahren grundsätzlich keine verfassungsrechtlichen Bedenken. Besteht jedoch ein Börsenkurs, so darf dieser bei der Unternehmensbewertung nicht außer Betracht bleiben, vielmehr bildet er die Mindestgröße des Ertragswertes (*BVerfG* NJW 1999, 3769, 3771; *BGH* NZG 2001, 603). Allerdings sei jedenfalls bei der Verschmelzung zweier Rechtsträger, die in etwa gleich stark sind und bei denen kein beherrschender Einfluss auf den anderen besteht, das Ertragswertverfahren zulässig und verfassungsgemäß. Der Börsenkurs muss hier nicht als Untergrenze berücksichtigt werden (*BayObLG* ZIP 2003, 253, ablehnend *Weiler/Meyer* NZG 2003, 669). Ebenso stellt die Börsenwertrelation keine Untergrenze für das Umtauschverhältnis zugunsten der Aktionäre einer abhängigen Gesellschaft dar (*BVerfG* NZG 2011, 235; *OLG Stuttgart* NJOZ 2007, 4728). Nach den IDW Standards S 1 (Stand 18.10.2005, WPg 2005, 1303, 1306) ist nun auch bei der Unternehmensbewertung ein für die Unternehmensanteile bestehender Börsenkurs, zumindest zur Plausibilitätskontrolle heranzuziehen. Bei bestimmten Un- 58 ternehmensbewertungen (zur Ermittlung der Abfindung und Ausgleichs gem. §§ 304, 305, 320b, 327a f. AktG) stellt der Börsenkurs nach den IDW S 1 die Untergrenze für den Ertragswert dar, es sei denn der Börsenkurs entspricht nicht dem Verkehrswert der Aktie (z. B. bei fehlender Marktgängigkeit oder Manipulation des Börsenkurses).

59 Jedes Unternehmen muss bei der Ermittlung des Unternehmenswertes gesondert bewertet werden, wobei der Ertragswert aus Sicht des Stichtages zu prognostizieren ist. Im Wege der Einführung der IDW ES 1 n. F. durch das Institut der Wirtschaftsprüfer ist nicht mehr vom Grundsatz der Vollausschüttung auszugehen (*OLG Karlsruhe* AG 1998, 288), sondern es sind zwei Phasen zu unterscheiden, die Detailplanungsphase und die Rentenphase/ewige Rente (IDW ES 1 i. d. F. 2007 Tz. 5.3). Durch diese Methode werden die Unternehmenswerte in der Regel niedriger sein, als bei der bisherigen Vollausschüttung (Schmitt/Hörtnagl/Stratz/*Stratz* § 5 UmwG Rn. 29).

60 Nach dem Stichtag eintretende Entwicklungen dürfen dann berücksichtigt werden, wenn sie in den Verhältnissen am Stichtag bereits angelegt waren. Da die Bewertung auf der Fiktion beruht, dass das Unternehmen selbständig weitergeführt worden wäre, dürfen Verbundeffekte nicht berücksichtigt werden (*OLG Celle* DB 1998, 2006).

61 Die Verschmelzungsprüfer werden vom jeweiligen Vertretungsorgan der beteiligten Rechtsträger oder auf Antrag vom Gericht bestellt. Die gerichtliche Bestellung nach § 10 I UmwG hat den Vorteil, dass der Verschmelzungsprüfer in einem sich etwa anschließenden Spruchstellenverfahren als gerichtlicher Sachverständiger auftreten kann und auf diese Weise Zeit und Kosten eingespart werden können (vgl. etwa *OLG Düsseldorf* NZG 2006, 758; *LG Mannheim* DB 2002, 889). Die Verschmelzungsprüfung kann auch (teilweise) parallel zur Erstellung des Verschmelzungsberichts erfolgen (*OLG Hamburg* BB 2008, 2199). Auch muss der Verschmelzungsprüfer keine eigenständige unabhängige Bewertungsprüfung vornehmen; vielmehr ergänzen sich Verschmelzungsbericht und Verschmelzungsprüfbericht bei der Information der Anteilseigner (*OLG Hamburg* BB 2008, 2199). Die Ausführungen zum Verzicht auf den Verschmelzungsbericht gelten sinngemäß auch für die Verschmelzungsprüfung und den Prüfungsbericht. Ein Verstoß gegen die Pflicht zur Vorlage des Prüfungsberichts führt zur Anfechtbarkeit des Umwandlungsbeschlusses (*LG Heidelberg* DB 1996, 1768; *Heckschen* DB 1998, 1385). Hat eine Wirtschaftsprüfungsgesellschaft im Auftrage des Vorstandes ein Verschmelzungswertgutachten erstellt und die Verschmelzungswertrelation errechnet, ist sie nicht „per se" für die Zukunft als Abschlussprüfer ausgeschlossen. Etwas anderes gilt dann, wenn die Besorgnis der Befangenheit für die zukünftige Abschlussprüfung daraus folgt, dass bei der Erstellung des Verschmelzungswertgutachtens möglicherweise gravierende Fehler geschehen sind (*BGH* ZIP 2003, 290). Eine Verschmelzungsprüfung ist nur durchzuführen, wenn dies im Besonderen Teil des UmwG für den betreffenden Rechtsträger festgelegt ist. Dies ist bei der AG der Fall. Bei der Personenhandelsgesellschaft, Partnerschaft, GmbH und dem Verein erfolgt sie nur auf Verlangen der Anteilseigner. Bei der Personenhandelsgesellschaft, Partnerschaft und GmbH können die Anteilseigner dieses Verlangen nur binnen einer Woche seit Zugang der Einladung zur Anteilseignerversammlung stellen. Für den Verein fehlt es an einer entsprechenden Regelung. Dennoch ist allgemein der Praxis zu empfehlen, die Problematik bereits vorab mit den Anteilseignern zu klären, wenn deren Anzahl überblickbar ist. Es ist anzuraten, Verzichtserklärungen in notarieller Form einzuholen. Ob auch eine privatschriftliche Erklärung, dass die Prüfung nicht verlangt wird, ausreichend ist, wurde bisher nicht geklärt. Der Verschmelzungsprüfer kann zugleich Prüfer der Sacheinlage (§ 69 I 4 UmwG) oder Gründungsprüfer (§ 75 I 2 UmwG) sein.

5. Zuleitung an den Betriebsrat

62 Soweit ein Betriebsrat vorhanden ist, ist der Verschmelzungsvertrag oder sein Entwurf diesem zuzuleiten. Gerade wenn im Übrigen die Gesellschafter – wie in der Praxis häufig

II. Verschmelzung

– auf alle Rechte der Vorabinformation verzichten, bedeutet diese Verpflichtung zur Zuleitung eine **Verzögerung des Verschmelzungsverfahrens** um einen Monat, da der Vertrag einen Monat vor der Beschlussfassung dem Betriebsrat vorgelegt werden muss. Besteht ein örtlicher Betriebsrat, ein Gesamtbetriebsrat und ein Konzernbetriebsrat, so sollte der Entwurf an alle zugeleitet werden (vgl. Widmann/Mayer/*Mayer* § 5 UmwG Rn. 255).

Zu beachten ist, dass nur durch die Zuleitung vollständiger und wirksamer Verträge/Vertragsentwürfe der Informationsanspruch des Betriebsrates erfüllt wird. Auch wenn einzelne Bestandteile des Vertrages fehlen bzw. unwirksam sind, die die Interessen der Arbeitnehmer nicht tangieren, ist die Zuleitungspflicht nicht erfüllt (*OLG Naumburg* NZG 2004, 734; großzügiger insoweit *LG Essen* EWiR 2002, 637 m. Anm. *Kiem*). Ein nach erfolgter Zuleitung abgeänderter Vertragsentwurf muss dem Betriebsrat erneut fristgemäß zugeleitet werden (*Melchior* GmbHR 1996, 833), wenn sich bei den im Entwurf enthaltenen Angaben über arbeitsrechtliche Folgen der Verschmelzung tatsächlich etwas ändert und die Änderungen mehr als nur geringfügige sachliche Auswirkungen haben (*Müller* DB 1997, 713) oder aber die Änderung Bedeutung für die Rechtsstellung der Arbeitnehmer haben. Aus einer Verletzung der erneuten Zuleitungspflicht erwächst dem Betriebsrat jedoch nicht die Möglichkeit, klageweise die Nichtigkeit des Umwandlungsbeschlusses feststellen zu lassen, da er nicht parteifähig ist (*OLG Naumburg* DB 1997, 466). Enthält der Verschmelzungsvertrag keine Angaben zu den arbeitsrechtlichen Folgen, so ist die Verschmelzung nicht einzutragen, unabhängig davon, ob die Folgen für die Arbeitnehmer nachteilig, vorteilhaft oder insoweit neutral sind, da ausdrücklich die Angabe der arbeitsrechtlichen Folgen, nicht nur der Nachteile, verlangt wird. Unzureichend ist auch die bloße Verweisung auf die Vorschriften des UmwG und des § 613a BGB (*OLG Düsseldorf* ZIP 1998, 1190).

Umstritten ist, wie die Frist des § 5 III UmwG zu berechnen ist. Offensichtlich ist die analoge Anwendung der §§ 187 ff. BGB auf diese „Rückwärtsfrist" unstreitig (*Müller-Eising/Bert* DB 1996, 1398 m. w. N.). Dennoch kommen verschiedene Autoren zu drei unterschiedlichen Ergebnissen, je nachdem, ob der Tag der Zuleitung bzw. der Tag der Versammlung oder beide Tage oder keiner von ihnen als „Ereignistag" i. S. d. § 187 I BGB bei der Fristberechnung nicht mitgezählt wird.

Da es sich hier um eine „Rückwärtsfrist" handelt, ist der für den Fristbeginn entscheidende „Ereignistag" der Tag der Versammlung. Die Frist beginnt gem. § 187 I BGB analog am Tag vor der Versammlung. Der letzte Tag der Frist ist daher der Tag des Vormonats, der seiner Zahl nach dem Tag vor der Versammlung entspricht. Die Frist endet gem. § 188 II BGB mit dem Ablauf ihres letzten Tages. § 188 II ist hier jedoch nur entsprechend, also spiegelbildlich anzuwenden, da es sich um eine „Rückgewährfrist" handelt (*Krause* NJW 1999, 1448). Dem Ende eines Tages für eine „Vorwärtsfrist" entspricht der Beginn des Tages bei der „Rückwärtsfrist". Die Zuleitung muss daher spätestens einen Tag vorher, das ist der Tag, der nach seiner Zahl dem Tag vor der Versammlung entspricht, bewirkt werden (im Ergebnis ebenso *Müller-Eising/Bert* DB 1996, 1398, 1400).

Da es sich um eine „Rückwärtsfrist" handelt, ist § 193 BGB auf den Tag der Zuleitung und nur auf diesen entsprechend anwendbar. Fällt dieser Tag auf einen Sonnabend, Sonntag oder Feiertag, ist die Zuleitung am vorhergehenden Werktag zu bewirken. Hierbei kommt es nur auf die Feiertagsregelung in dem Bundesland an, in dem der Betriebsrat seinen Sitz hat (*Müller-Eising/Bert* a. a. O.).

Umstritten ist die Reichweite der Angaben zu den Folgen der Verschmelzung für die Arbeitnehmer. Richtigerweise sind die Angaben auf die unmittelbaren Folgen der Verschmelzung zu beschränken; weitergehende Angaben würden wegen § 111 BetrVG in weitem Umfang zu einer Doppelinformation führen und außerdem würde die Unklarheit, inwieweit auch die mittelbaren Folgen anzugeben sind, zu einem hohen Maß an Rechtsunsicherheit führen (*Drygala* ZIP 1996, 1365; zu Formulierungsbeispielen vgl. Widmann/Mayer/*Rieger* Anh. 4 Rn. M 60 ff.).

66 Der Betriebsrat kann auf die Einhaltung der Frist verzichten (vgl. hierzu *Stohlmeier* BB 1999, 1394; *OLG Naumburg* NZG 2004, 734; *LG Stuttgart* GmbHR 2000, 622). Offen ist allerdings, ob der Betriebsrat auch gänzlich auf die Zuleitung verzichten kann (zust. Semler/Stengel/*Simon* § 5 Rn. 146; abl. *OLG Naumburg* NZG 2004, 734).

6. Hinweis auf die Verschmelzung in den Bekanntmachungsorganen

67 Bei der AG, der KGaA und dem VVaG ist einen Monat vor Beschlussfassung der Anteilseigner der Verschmelzungsvertrag oder sein Entwurf dem Handelsregister einzureichen und von dort aus **bekannt zu machen** (§§ 61, 78, 104 UmwG). Es ist ungeklärt, ob und in welcher Form die Anteilseigner auf eine Einreichung verzichten können. Teilweise wird vertreten, dass die Einreichung auch dem Gläubigerschutz diene (Widmann/Mayer/ *Rieger* § 61 UmwG Rn. 10.1). Das überzeugt nicht. Jedenfalls ist es ausreichend, wenn der Verschmelzungsvertrag bei einer Universalversammlung erst kurz vor der Versammlung eingereicht wird (Widmann/Mayer/*Rieger* § 61 UmwG Rn. 7.1; Semler/Stengel/ *Diekmann* § 61 UmwG Rn. 15).

7. Einberufung und Offenlegung

68 Bei allen Rechtsträgern ist vorgesehen, dass bei der **Einberufung** der Versammlung der Anteilseigner diesen ein Entwurf des Verschmelzungsvertrages und der Verschmelzungsbericht mit zu übersenden sind (vgl. beispielsweise § 42 UmwG). Parallel dazu erhalten die Anteilseigner über so genannte Offenlegungsregeln ein Einsichtsrecht in die für die Verschmelzung wesentlichen Unterlagen, soweit dies der Besondere Teil des Verschmelzungsrechts für den einzelnen Rechtsträger vorsieht (vgl. beispielsweise § 63 UmwG für die AG). Für die AG, KGaA und SE besteht ARUG die Möglichkeit, die Unterlagen auf ihrer Internetseite zugänglich zu machen, § 63 IV UmwG. Ladungsmängel berechtigen grundsätzlich zur Anfechtung von gefassten Beschlüssen, es sei denn, der Beschluss wäre offensichtlich bei ordnungsgemäßer Einladung ebenso zustande gekommen, was nur der Fall ist, wenn der von dem Mangel betroffene Anteilsinhaber unter keinem Aspekt das Beschlussergebnis hätte beeinflussen können (*BGH* NJW 1998, 684). Liegt zum Zeitpunkt der Einberufung bereits der Verschmelzungsprüfbericht vor, so wird vertreten, dass auch dieser Bericht mit zu übersenden ist (Semler/Stengel/*Reichert* § 47 UmwG Rn. 8; *Kallmeyer* § 47 UmwG Rn. 1; a. A. Widmann/Mayer/*Mayer* § 47 UmwG Rn. 4; Widmann/Mayer/*Heckschen* § 122g UmwG Rn. 52).

8. Ablauf der Beschlussfassung

69 Neben der Beurkundung des Verschmelzungsvertrages und der späteren Betreibung des Registervollzugs ist die Beurkundung des Zustimmungsbeschlusses der Anteilseigner ein **Kerngebiet notarieller Tätigkeit** im Rahmen von Umwandlungsvorgängen. Häufig werden die Rechtsträger gemeinsam mit dem Zustimmungsbeschluss die Verzichtserklärung einzelner Anteilsinhaber auf Vorabinformationsrechte (Verschmelzungsbericht, Verschmelzungsprüfungsbericht) verlangen. Bei der Planung des Umwandlungsvorganges sollte darauf hingewiesen werden, dass diese gemeinsame Beurkundung von Beschluss und Verzicht nur dann empfehlenswert ist, wenn mit an Sicherheit grenzender Wahrscheinlichkeit feststeht, dass der Anteilsinhaber auch auf diese Rechte verzichten wird. Verlangt nämlich zu diesem letztmöglichen Zeitpunkt der Anteilsinhaber nun wider Erwarten doch die Erstellung eines Verschmelzungsberichts oder eine Verschmelzungsprüfung, so wird der Zeitablauf häufig so gestört werden, dass der gesamte Umwandlungsvorgang in Gefahr gerät. Angesichts des § 17 II UmwG wird dann die letzte Jahresbilanz häufig nicht mehr als Schlussbilanz dem Verschmelzungsvertrag zugrunde gelegt werden können.

II. Verschmelzung   **D IV**

a) Einberufung/Vorbereitung

Eine Verschmelzung wird zwar erst mit ihrer Eintragung im Handelsregister des über- 70
nehmenden Rechtsträgers gemäß § 20 UmwG wirksam, doch ergeben sich schon vor
diesem Zeitpunkt gewisse Vorwirkungen, welche die Rechte und Pflichten der beteiligten
Rechtsträger nicht unmaßgeblich beeinflussen können (dazu *Austmann/Frost* ZHR 169,
431). In der Zeit der Vorbereitung einer Verschmelzung, die nicht nur innerhalb eines
Konzerns durchgeführt wird, werden vor allem Informationen zwischen den beteiligten
Gesellschaften ausgetauscht. Mit der Aufnahme der Verhandlungen über die Durchführung einer Verschmelzung entsteht zwischen des beteiligten Rechtsträgern ein vorvertragliches Schuldverhältnis i.S.d. § 311 II 1 BGB, welches ihnen Rücksichtnahmeobliegenheiten gegenüber der jeweils anderen Partei auferlegt.

Welche Vorabinformation in welcher Form den Anteilseignern zu übermitteln ist, legt
das UmwG nicht abschließend oder vollständig fest. Auch die Formalien der Einberufung (und späteren Durchführung) der Versammlung der Anteilseigner werden nicht
komplett geregelt. Vielmehr ergänzt das UmwG die durch Gesetz und/oder Gesellschaftsvertrag/Satzung für den einzelnen Rechtsträger geltenden Anforderungen. Diese
müssen stets neben dem UmwG beachtet werden.

b) Beschlussfassung

Hinsichtlich des **Ablaufs der Versammlung** der Anteilseigner sind sowohl die Vor- 71
schriften des Allgemeinen Teils des für den jeweiligen Rechtsträger geltenden Rechts zu
beachten wie auch die Vorschriften des Besonderen Teils des Umwandlungsgesetzes. So
sieht das Gesetz zum Teil weitere Auskunftsverpflichtungen (vgl. beispielsweise § 64
UmwG) und Informationsverpflichtungen (vgl. § 83 UmwG) vor. Sofern beim übernehmenden Rechtsträger eine Kapitalerhöhung zur Schaffung der Anteile durchzuführen ist,
die den Anteilsinhabern des übertragenden Rechtsträgers gewährt werden sollen, wird
diese in der Regel gemeinsam und logisch vor dem Zustimmungsbeschluss zur Verschmelzung gefasst. Die Beschlussmehrheiten ergeben sich aus den Regelungen des Besonderen Teils. Im Grundsatz gilt, dass der Beschluss mit einer qualifizierten Mehrheit
von ¾ des in der Versammlung repräsentierten Grundkapitals gefasst werden muss. Bei
Personengesellschaften müssen alle Gesellschafter zustimmen, § 43 I UmwG. Der Verschmelzungsbeschluss eines übernehmenden Vereins bedarf in Abweichung von § 103
UmwG (3/4-Mehrheit der abgegebenen Stimmen) gem. § 33 I 2 BGB der Zustimmung
aller Vereinsmitglieder, sofern im Zuge der Verschmelzung dessen Zweck tatsächlich geändert oder wesentlich erweitert werden soll (Semler/Stengel/*Katschinski* § 103 Rn. 18;
Widmann/Mayer/*Vossius* § 99 Rn. 100). Bei dem Verschmelzungsbeschluss eines übertragenden Vereins sind § 33 I 2 BGB, § 275 UmwG nicht anwendbar und es ist nicht
stets eine Zustimmung sämtlicher Vereinsmitglieder notwendig (so aber Semler/Stengel/
Katschinski § 103 Rn. 17). Gem. § 103 UmwG ist eine Mehrheit von drei Vierteln der
abgegebenen Stimmen ausreichend (*OLG Hamm* NZG 2013, 388; Widmann/Mayer/
Vossius § 103 Rn. 21; Lutter/*Henrichs* § 103 Rn. 11). Nach h.M. gilt eine etwa für
Satzungs-/Vertragsänderungen vorgesehene höhere Mehrheit auch für die Zustimmung
zur Verschmelzung (differenzierend hierzu Widmann/Mayer/*Heckschen* § 13 UmwG
Rn. 70 ff. m.w.N.). Besonders zu beachten ist, dass eine beim übertragenden Rechtsträger für die Auflösung vorgesehene Mehrheit nach h.M. (*OLG Stuttgart* NotBZ 2012,
98; Widmann/Mayer/*Heckschen* § 13 UmwG Rn. 71.1; Lutter/*Grunewald* § 65 UmwG
Rn. 6; Schmitt/Hörtnagl/*Stratz* § 50 UmwG Rn. 7; § 65 UmwG Rn. 12; Widmann/
Mayer/*Rieger* § 65 Rn. 9; a.A. Semler/Stengel/*Diekmann* § 65 Rn. 15) auch für den Zustimmungsbeschluss zur Umwandlung zu berücksichtigen ist. Die Anteilseigner können
ihre Zuständigkeit zur Zustimmung nicht an andere wie z.B. das Vertretungsorgan delegieren (Widmann/Mayer/*Heckschen* § 13 UmwG Rn. 42).

72 Eine bestimmte **Reihenfolge,** nach der die Zustimmungsbeschlüsse bei den verschiedenen Rechtsträgern zu fassen sind, legt das Gesetz nicht fest. Die zu beachtenden **Beschlussmehrheiten** und etwa vorgesehene Zustimmungspflichten einzelner Gesellschafter ergeben sich aus dem in Rn. 230–233 abgedruckten Schema. Rechtsträgerübergreifend und für die Verschmelzung wie auch Spaltungsvorgänge gelten folgende Grundsätze:
   – Der **Beschluss** muss in einer Versammlung der Anteilseigner gefasst werden, Umlaufbeschlüsse sind unzulässig.
   – Eine **Versammlung** liegt bereits dann vor, wenn auch nur einer der Anteilseigner anwesend ist.
   – Ein **Mindestquorum** legt das Gesetz nicht fest, kann sich aber aus Gesellschafterverträgen/Satzungen ergeben.
   – Der **Beschlussfassung** muss ein vollständiger schriftlicher Vertrag zugrunde liegen.
   – Ein **Beschluss** ist nur in folgenden Ausnahmefällen nicht erforderlich: Nach §§ 62 I 1, 78 UmwG bedarf es bei der AG und der KGaA bei dem übertragenden Rechtsträger keiner Zustimmung, wenn der übernehmende Rechtsträger $^9/_{10}$ des Kapitals des übertragenden Rechtsträgers hält. Bei der Verschmelzung auf den Alleingesellschafter bedarf es aus der Natur der Sache heraus keiner Zustimmung durch die natürliche Person, die aufnehmender Rechtsträger ist (*LG Dresden* DB 1997, 88; vgl. auch *Heckschen* DB 1998, 1385; *LG Dortmund* GmbHR 1997, 175). Bei der grenzüberschreitenden Verschmelzung kann es gem. § 122g II UmwG entbehrlich sein. Gemäß § 62 IV UmwG bedarf es keines Zustimmungsbeschlusses beim übertragenden Rechtsträger, wenn der aufnehmende Rechtsträger eine AG ist und diese 100% der Aktien/Geschäftsanteile an der übertragenden Kapitalgesellschaft hält (vgl. *Heckschen* NJW 2011, 2390)

73 Es ist auch möglich, der Versammlung alternative Entwürfe (Widmann/Mayer/ *Heckschen* § 13 UmwG Rn. 53.3 ff.) zur Entscheidung vorzulegen. Inwieweit bei der Beschlussfassung eine **Vertretung durch Dritte** zulässig ist, richtet sich nach den für den jeweiligen Rechtsträger geltenden Grundsätzen.
   – **Personengesellschaft:** Vertretung ist nur zulässig, wenn diese der Gesellschaftsvertrag vorsieht. Die Gesellschafter können aus Treuegesichtspunkten heraus jedoch verpflichtet sein, die Vertretung auch darüber hinaus zuzulassen.
   – **GmbH,** § 47 III GmbHG; **AG,** § 134 III 1 AktG: Der Vertreter bedarf gem. § 134 III 3 AktG einer Vollmacht in Textform, sofern die Satzung oder ggf. Einberufung keine andere Form vorsieht. Für die Vollmachtserteilung durch einen GmbH-Gesellschafter reicht gem. § 47 III GmbHG ebenfalls grundsätzlich die Textform aus, d. h. die eigenhändige Unterschrift ist nicht erforderlich. Das eröffnet die Möglichkeit einer Vollmachtserteilung per E-Mail oder Fax (Michalski/*Römermann* § 47 Rn. 407; *Hüffer* § 134 AktG Rn. 22a). Die h. M. sieht in dem Formerfordernis eine Wirksamkeitsvoraussetzung für die Gültigkeit der Stimmabgabe, lässt aber für die GmbH Ausnahmen zu, soweit alle anderen Anteilseigner von der Vollmacht Kenntnis erlangt und keinen Widerspruch erhoben haben (*BGH* NJW 1968, 743; *LG Berlin* GmbHR 1996, 50; *KG* NZG 2000, 787; Lutter/Hommelhoff/*Bayer* § 47 Rn. 25). Die Gegenmeinung spricht der Einhaltung der Form nur eine Legitimationswirkung gegenüber den anderen Anteilseignern zu (Scholz/*Schmidt* § 47 Rn. 85; Rowedder/Schmidt-Leithoff/*Koppensteiner* § 47 Rn. 46).
   – **Genossenschaft:** Eine Stimmrechtsvollmacht ist gemäß § 43 III GenG zulässig. Der Bevollmächtigte kann jedoch nicht mehr als zwei Genossen vertreten.
   – **Verein:** Eine Stimmrechtsvollmacht kann nur erteilt werden, wenn die Satzung die Bevollmächtigung ausdrücklich zulässt.
   Stets ist § 181 BGB zu beachten, der nur bei der AG, KGaA keine Anwendung finden soll. Auch der Beschluss ist ein Rechtsgeschäft i. S. d. § 181 BGB.

74 Sofern der Zustimmungsbeschluss eine Verschmelzung zur Neugründung betrifft ist die Vollmacht zu beglaubigen, wenn der neu entstehende Rechtsträger eine GmbH, AG

II. Verschmelzung

oder KGaA sein soll (vgl. § 2 II GmbHG, § 23 I 2 AktG). Mit Rücksicht auf § 13 III 1 UmwG wird gefordert, dass zumindest die Vollmacht der Gesellschafter, deren Zustimmungserklärung einzeln erforderlich ist, zu beglaubigen ist (vgl. dazu näher Widmann/Mayer/*Heckschen* § 13 UmwG Rn. 113–114).

Die **Mitwirkung Dritter** kann nach Maßgabe von § 1365 BGB (Ehegatte) erforderlich 75 sein. Bei Minderjährigen soll eine Genehmigung des Vormundschaftsgerichts nicht erforderlich sein, soweit es sich nicht um eine Verschmelzung durch Neugründung handelt (vgl. dazu ausführlich Widmann/Mayer/*Heckschen* § 13 UmwG Rn. 133–141). Nicht geklärt ist die Frage, in welchen Fällen die Anteilsinhaber einer Konzernmutter einer Verschmelzung der Tochter auf eine konzernfremde dritte Gesellschaft zustimmen müssen. Solange die Tochtergesellschaft nicht einen wesentlichen Teil des Betriebsvermögens ausmacht, wird eine Zustimmungsbedürftigkeit vom *OLG Köln* (ZIP 1993, 110) verneint. Jedoch würde in entsprechender Anwendung der „Holzmüller"/„Gelatine"-Grundsätze des *BGH* (DB 1982, 795; NZG 2004, 571 und 575; vgl. dazu Heckschen/Heidinger/*Heckschen*, Die GmbH in der Gestaltungs- und Beratungspraxis, 3. Aufl. 2013, § 8 Rn. 90 ff.) der Zustimmungsbeschluss wegen Fehlens einer notwendigen Zustimmung im Außenverhältnis nicht unwirksam. Vielmehr hätte ein solcher Mangel nur Schadensersatzansprüche zur Folge.

Sind die **Beteiligungen vinkuliert**, d. h. ist die Abtretung der Beteiligung von der Zu- 76 stimmung anderer Gesellschafter abhängig, so ist die Zustimmung dieser Gesellschafter in notarieller Form einzuholen. Stimmen diese Gesellschafter im Rahmen des Verschmelzungsbeschlusses mit den anderen Gesellschaftern zu, so ist ihre Zustimmung auf jeden Fall ausdrücklich kenntlich zu machen. Nach h. M. gilt diese Zustimmungspflicht auch, wenn der Abtretung nicht nur einzelne, sondern alle Gesellschafter zustimmen müssen oder die Zustimmung nicht von den Gesellschaftern, sondern von der Gesellschaft zu erteilen ist, dort jedoch eine Einstimmigkeit nach dem Gesellschaftsvertrag erforderlich ist (vgl. Semler/Stengel/*Gehling* § 13 UmwG Rn. 38; Widmann/Mayer/*Heckschen* § 13 UmwG Rn. 166). Zu weiteren **Zustimmungserfordernissen** vgl. Rn. 230–233. Das Gesetz sieht nur in einzelnen, genau bestimmten Fällen eine Zustimmungspflicht vor, wenn sich durch den Umwandlungsvorgang die Rechtsposition eines Gesellschafters verschlechtert. Das Erfordernis einer gesonderten Zustimmung derjenigen Anteilsinhaber, deren Rechtsposition durch die Umwandlung verschlechtert wird, ist abgesehen von den gesetzlich geregelten Fällen völlig ungeklärt, aber wohl zu verneinen (*Heckschen* DB 1998, 1385 m. w. N.). Es handelt sich um eine eindeutige Entscheidung des Gesetzgebers, die zu respektieren ist. Wird beispielsweise der Gesellschafter dadurch benachteiligt, dass die aufnehmende Gesellschaft ein **Wettbewerbsverbot** in ihrer Satzung verankert hat, das bisher aufgrund der Satzung des übertragenden Rechtsträgers nicht galt, so steht dem Einzelnen aus diesem Gesichtspunkt weder ein Vetorecht gegen die Umwandlungsmaßnahme noch ein Kündigungs- oder Recht zum Ausscheiden gegen Abfindung zu (a. A. nunmehr die wohl h. M. vgl. Semler/Stengel/*Gehling* § 13 Rn. 44 m. w. N.). Soweit Zustimmungserklärungen einzuholen sind, sind diese notariell zu beurkunden, §§ 8 ff. BeurkG. Vgl. auch die Checkliste zur Beschlussfassung vor einer Verschmelzung unten Rn. 239.

Ladungsmängel gelten grundsätzlich als relevant für einen in der Versammlung der 77 Anteilseigner gefassten Beschluss. Anderes gilt nur, wenn bei vernünftiger Beurteilung unter keinen Umständen in Betracht kommt, dass der von dem Mangel betroffene Gesellschafter das Ergebnis der Beschlussfassung hätte beeinflussen können (*BGH* WM 1998, 75; NZG 2005, 77; *OLG Brandenburg* v. 3.7.2012 – 11 U 174/07; *OLG Stuttgart* AG 2008, 464; vgl. auch *Heckschen* DB 1998, 1385). Gleiches gilt, wenn der mit den Ladungsbestimmungen verfolgte Zweck („Dispositionsschutz" des Gesellschafters) nicht verletzt wird (*BGH* NZG 2014, 621). Im Übrigen begründen die folgenden Mängel die Anfechtbarkeit des Verschmelzungsbeschlusses: formelle Gesetzesverstöße im Bereich der Beschlussvorbereitung, fehlende Angabe des Wortlautes des Beschlusses und der Satzung der neuen Gesellschaft (bei Umwandlung zur Neugründung), fehlendes oder fehlerhaftes Barabfindungsangebot, Unvollständigkeit des Verschmelzungsvertrages, Beschluss bzgl. Umwandlung zur Aufnahme auf einen erst kurz zuvor eingetragenen Rechtsträger anstelle von Umwandlung zur Neugründung (*OLG Stuttgart* DB 1997, 217), Mängel des Verschmelzungsberichts, auch wenn sie sich auf das Umtauschverhältnis beziehen (*LG Darmstadt* AG 2006, 128), die Höhe der Barabfindung wird nicht nachvollziehbar erläutert (*KG* DB 1999, 86), fehlende Angaben zu Rückstellungen für anhängige Rechtsstreitigkeiten und deren Prozessrisiko (*OLG Frankfurt* ZIP 2006, 370), gravierende Mängel des Prüfberichts (*OLG Hamm* ZIP 2005, 1457), Fehlerhafte Bekanntmachung der Tagesordnung (*BGH* ZIP 2006, 227), Verletzungen des Auskunftsrechtes des Aktionärs (*BGH* NJW 2005, 828; *BayObLG* DB 2003, 439; *OLG Hamburg* NZG 2005, 218, *OLG Saarbrücken* AG 2005, 366), Zugänglichmachung von Unterlagen nur in einer von der Versammlungssprache abweichenden Sprache (*OLG Schleswig-Holstein* AG 2006, 120). Teilanfechtbarkeit ist gegeben, wenn die Bekanntmachung eines klarstellenden Zusatzes, der nicht nur unbedeutende Nebensächlichkeiten betrifft, verspätet nachgeschoben wird. Kein Anfechtungsgrund liegt darin, dass § 5 III oder § 5 I Nr. 9 UmwG verletzt wurde oder der Vertrag an anderen, für die Umwandlung nur unwesentlichen Mängeln leidet (Eine umfassende Übersicht über Nichtigkeits- und Anfechtungsgründe findet sich bei Widmann/Mayer/*Heckschen* § 13 UmwG Rn. 163.3 ff.) Eine materielle Beschlusskontrolle findet sowohl hinsichtlich des übertragenden als auch des übernehmenden Rechtsträgers nach h. M. nur in Ausnahmefällen statt (vgl. hierzu ausführlich Widmann/Mayer/*Heckschen* § 13 UmwG Rn. 163.11 ff.).

78 Der Zustimmungsbeschluss hat nicht zur Folge, dass die Anteilseigner ihre Mitgliedschaftsrechte bis zur Eintragung nicht mehr übertragen können. Bis zur Wirksamkeit der Verschmelzung bleibt auch den Anteilsinhabern des übertragenden Rechtsträgers dieses Recht erhalten (vgl. *BayObLG* MittBayNot 2004, 198 für den Fall des Formwechsels).

c) Beurkundungsverfahren

79 Für die **Beurkundungen des Protokolls** über den Verschmelzungsbeschluss kann sowohl das Verfahren nach §§ 8 ff. BeurkG wie aber auch nach §§ 36 ff. BeurkG eingeschlagen werden. Zu beachten ist allerdings, dass nur für den Zustimmungsbeschluss als solchen die Form eines Tatsachenprotokolls gemäß §§ 36 ff. BeurkG ausreichend ist. Werden zusätzlich Verzichtserklärungen (Verzicht auf Verschmelzungsbericht, Verschmelzungsprüfung, Abfindungsangebot) aufgenommen, so ist zumindest für diese Verzichtserklärungen das Verfahren nach §§ 8 ff. BeurkG einzuschlagen. Es ist unklar, ob auf die Beifügung des Verschmelzungsvertrages zur Urkunde, die den Zustimmungsbeschluss enthält, bei einer Verweisung gem. § 13a BeurkG verzichtet werden kann (vgl. DNotI-Gutachten Nr. 110311 v. 12.8.2011, abrufbar unter http://www.dnoti.de/gutachten). Dem Protokoll sollte daher sicherheitshalber der Verschmelzungsvertrag als „Anlage" beigefügt werden. Es handelt sich jedoch nicht um eine verlesungspflichtige Anlage im Sinne des § 13a BeurkG. Gleiches gilt für – unnötigerweise – etwa zur Urkunde genommene Bilanzen. Auch diese ersetzen die Erklärungen der Beteiligten nicht. **Mehrere Zustimmungsbeschlüsse** können in einer Urkunde aus Kostengründen zusammengefasst werden. Dies bietet sich an, wenn die Gesellschafter identisch sind oder es sich um Tochterunternehmen handelt.

d) Heilung

80 Gemäß § 20 I Nr. 4 UmwG werden mit der Eintragung der Verschmelzung in das Register **Mängel bei der notariellen Beurkundung** des Verschmelzungsvertrages, der Zustimmungsbeschlüsse sowie der Verzichtserklärungen einzelner Anteilsinhaber geheilt. Die Konsequenz hieraus ist, dass aus einer unvollständigen oder gar fehlerhaften Beurkundung oder aber auch aus der unzulässiger Weise erfolgten Beurkundung durch einen ausländischen Notar keine Einwendungen gegen die Verschmelzung hergeleitet werden

II. Verschmelzung
D IV

können (Lutter/*Grunewald* § 20 UmwG Rn. 67; Semler/Stengel/*Kübler* § 20 UmwG Rn. 82). Gleiches gilt auch für den eher unwahrscheinlichen Fall, dass die notarielle Beurkundung gänzlich fehlt (a. A. Widmann/Mayer/*Vossius* § 20 UmwG Rn. 370). Somit werden auch mündliche Nebenabreden sowie nichtbeurkundete Änderungen und Ergänzungen des Vertrages nach Eintragung der Verschmelzung wirksam. Dies gilt aber nur, soweit diese den Anteilsinhabern zur Beschlussfassung bekannt waren, da anderenfalls die Verschmelzung unter Umständen zu ganz anderen Bedingungen durchgeführt werden könnte, als dies von den jeweiligen Entscheidungsträgern vorgesehen war (Widmann/Mayer/*Vossius* § 20 UmwG Rn. 369; Lutter/*Grunewald* § 20 UmwG Rn. 68).

Entsprechend seinem Wortlaut findet § 20 I Nr. 4 UmwG nur auf Beurkundungsmängel Anwendung. Alle anderen Mängel – beispielsweise Fehler bei der Einberufung der Hauptversammlung oder bei der Abstimmung – sind nach § 20 II UmwG zu beurteilen. Nach dem *OLG Frankfurt* erstreckt sich die Bestandskraft aus § 20 II UmwG auch auf eine verschmelzungsbedingte Kapitalerhöhung (NZG 2012, 596).

e) Klagen gegen den Umwandlungsbeschluss

Im Verfahren auf Feststellung der Nichtigkeit eines Umwandlungsbeschlusses ist der Betriebsrat nicht parteifähig; eine derartige Klage des Betriebsrates ist daher als unzulässig abzuweisen. Anders verhält es sich mit einem evtl. vorhandenen Arbeitnehmervertreter im Aufsichtsrat; dieser ist nach § 249 I i. V. m. § 246 AktG anfechtungs- und klagebefugt (*OLG Naumburg* DB 1998, 251). Die Umwandlung kann seitens der Anteilsinhaber des übertragenden Rechtsträgers nicht mit dem Argument angegriffen werden, das Umtauschverhältnis oder die Barabfindung sei falsch berechnet, § 14 UmwG.

81

9. Registeranmeldung

a) Übertragender Rechtsträger

Checkliste Anlagen zur Registeranmeldung

82

- Verschmelzungsvertrag in beglaubigter Form oder Ausfertigung;
- Hauptversammlungsbeschlüsse betreffend die Zustimmung zur Verschmelzung ebenfalls in beglaubigter Form oder Ausfertigung;
- etwa erforderliche Zustimmungserklärungen einzelner Anteilsinhaber;
- etwa abgegebene Verzichtserklärungen einzelner Anteilsinhaber betreffend den Verzicht auf Verschmelzungsbericht/Verschmelzungsprüfung sowie in den Fällen des § 29 UmwG auf Abgabe eines Abfindungsangebots;
- Verschmelzungsbericht;
- Verschmelzungsprüfungsbericht;
- Nachweis über die rechtzeitige Zuleitung des Verschmelzungsvertrages oder seines Entwurfes an den zuständigen Betriebsrat;
- Schlussbilanz des übertragenden Rechtsträgers, die nicht auf einen mehr als acht Monate zurückliegenden Stichtag aufgestellt ist;
- Nachweis über die durchgeführte Kapitalerhöhung bei der übernehmenden Gesellschaft (vgl. § 66 UmwG für die AG);
- Erklärungen zum Eintritt etwa vereinbarter Bedingungen;
- Übernahmeerklärung des Treuhänders (nur bei AG, § 71 I 2 UmwG);
- Negativerklärung entsprechend § 16 II UmwG.

Die Nichteinhaltung der Achtmonatsfrist ist ein äußerst praxisrelevantes Problem, was auch für die beteiligten Notare mit erheblichen Regressforderungen verbunden sein kann. S. hierzu o. Rn. 18 f. Für die Praxis stellt es eine Erleichterung dar, dass die Registeranmeldung für die Vertretungsorgane das übertragenden Rechtsträgers auch von den Vertretungsorganen des übernehmenden Rechtsträgers abgegeben werden können, § 16 II 2 UmwG.

83   Eine **Negativerklärung** ist entbehrlich, wenn die Gesellschafter sämtlich auf Klage gegen die Wirksamkeit des Verschmelzungsbeschlusses verzichtet haben. Dieser Verzicht kann in das Protokoll der Zustimmung zur Verschmelzung aufgenommen werden. Besteht kein Betriebsrat, so sollte eine dahin gehende **Erklärung** abgegeben werden. Ist den Gesellschaftern die Abgabe der Negativerklärung nicht möglich, da Anfechtungsklage erhoben worden ist, können sie über ein **Beschlussverfahren** gemäß § 16 III UmwG feststellen lassen, dass eine etwa erhobene Klage der Eintragung nicht entgegensteht (sog. Freigabeverfahren, vgl. Widmann/Mayer/*Fronhöfer* § 16 Rn. 99 ff.; *Trölitzsch* DStR 1999, 764; *Heermann* ZIP 1999, 1861). Das Verfahren wurde durch das ARUG erweitert (dazu *Lorenz/Pospiech* BB 2010, 2515). Der Beschluss kann unter drei Voraussetzungen ergehen:
– wenn die Anfechtungsklage unzulässig oder offensichtlich unbegründet ist (§ 16 III 3 Nr. 1 UmwG) oder
– der Kläger nicht binnen einer Woche nach Zustellung des Antrags durch Urkunden nachgewiesen hat, dass er seit Bekanntmachung der Einberufung eine anteiligen Betrag von mindestens 1.000 EUR hält (§ 16 III 3 Nr. 2 UmwG) oder
– das alsbaldige Wirksamwerden der Verschmelzung vorrangig erscheint, weil die vom Antragsteller dargelegten wesentlichen Nachteile für die an der Verschmelzung beteiligten Rechtsträger und ihre Anteilsinhaber nach freier Überzeugung des Gerichts die Nachteile für den Antragsgegner überwiegen, es sei denn es liegt eine besondere Schwere des Rechtsverstoßes vor (§ 16 III 3 Nr. 3 UmwG).

84   Wann eine Klage **offensichtlich unbegründet** ist, ist durch Auslegung zu ermitteln. Dabei ist nicht entscheidend welcher Prüfungsaufwand erforderlich ist um die Unbegründetheit festzustellen, sondern das Maß an Sicherheit mit der sich die Unbegründetheit im Eilverfahren feststellen lässt, wobei alle auftretenden Rechtsfragen vollumfänglich zu klären sind (*OLG München* AG 2010, 170). Es genügt dabei, wenn das Gericht nach einer umfassenden rechtlichen Prüfung nach seiner freien Überzeugung zu dem Ergebnis kommt, dass die Klage mit hoher Wahrscheinlichkeit unbegründet ist (*OLG Stuttgart* AG 2008, 464).

Die Klage ist auch dann offensichtlich unbegründet, wenn sie rechtsmissbräuchlich erhoben wurde (*OLG Frankfurt* WuB II N. § 16 UmwG 1.96). Dies ist etwa dann der Fall, wenn der Kläger die Gesellschaft durch die Anfechtungsklage zum Nachgeben in einem gegen die Gesellschaft geführten Schadensersatzprozess zwingen will (*OLG Frankfurt* a. a. O.). Es kann insbesondere dann im Rahmen des Verfahrens **Rechtsmissbrauch** eingewendet werden, wenn der klagende Anteilseigner sich über die Ausnutzung dieser Blockademöglichkeit Vorteile verschaffen will, die ihm nicht zustehen (BGHZ 107, 296; vgl. zu dieser Problematik auch *OLG Düsseldorf* ZIP 1999, 793; *OLG Hamm* ZIP 1999, 798 in der Sache Thyssen/Krupp sowie *Henze* ZIP 2002, 97, 100 f.). Dagegen darf einem Aktionär nicht bereits deshalb eine rechtsmissbräuchliche Ausübung seines Rechts vorgeworfen werden, weil er Minderheitsaktionär ist oder weil er etwa vor Klageerhebung eine gewisse Zeit hat verstreichen lassen (*EuGH* AG 2000, 470; zur Schadensersatzpflicht des Aktionärs bei rechtsmissbräuchlicher Anfechtungsklage vgl. *OLG Frankfurt* NZG 2009, 222 m. Anm. *Peters*, wonach es für eine schadensersatzbegründende verwerfliche Gesinnung des Aktionärs ausreicht, wenn sich diese anhand von äußeren Umständen bestimmen lässt (geringe Beteiligung, Bereitwilligkeit zum Vergleich, Anzahl der früheren durch Vergleich beendeten Verfahren usw.).

85   Die früher anzutreffende rechtsmissbräuchliche Klageerhebung beim Erwerb der Aktien der beklagten Gesellschaft nach Verabschiedung der streitgegenständlichen Beschlüsse (*OLG Düsseldorf* DB 2001, 321) ist mittlerweile selbständig in § 16 III 3 Nr. 2 UmwG

II. Verschmelzung

geregelt. Neben einem späten Erwerb führt auch ein **Bagatellanteil** von weniger als 1.000 EUR an der Gesellschaft zur Freigabe. Maßgeblich ist, dass der anteilige Betrag von mindestens 1.000 EUR tatsächlich gehalten wird. Bei Namensaktien ist § 67 II AktG nicht anwendbar, sodass es auf den Eintragungszeitpunkt im Aktienregister nicht ankommt (*OLG München* NZG 2013, 622). Bei der Nachweisfrist handelt es sich um eine gesetzliche Frist, so dass eine Verlängerung durch das Gericht nicht in Betracht kommt (*OLG München* AG 2010, 170). Umstritten ist, ob der Nachweis auch zu erbringen ist, wenn ein hinreichender Anteil zwischen den Parteien unstreitig ist (zust. *KG* NZG 2011, 305; abl. *OLG Frankfurt* NZG 2010, 824; *OLG Nürnberg* GWR 2010, 498).

Auch die Freigabe nach **Interessenabwägung** (§ 16 III 3 Nr. 3 UmwG) wurde durch das ARUG neu gefasst. Abgewogen wird das wirtschaftliche Interesse des klagenden Aktionärs mit dem der Gesellschaft und der anderen Aktionäre am alsbaldigen Wirksamwerden. Als wesentlicher Nachteil i. S. d. Vorschrift gilt insbesondere die Vereitelung erheblicher Vorteile, die durch die Verschmelzung erzielt werden sollen (*OLG Hamm* ZIP 2014, 125; AG 2011, 624). Die Interessenabwägung kann auch dann zu Gunsten der Gesellschaft ausgehen, wenn die Anfechtungsklage voraussichtlich begründet ist (*OLG Bremen* AG 2009, 412). Ob ein vorrangiges Vollzugsinteresse nur bei zügigem Betreiben des Freigabeverfahrens anzunehmen ist (so *OLG München* GWR 2010, 13 m. Anm. *Lorenz/Gullo*) oder ob dies auch noch oder sogar gerade nach längerem Abwarten gegeben sein kann (so *OLG Frankfurt* NZG 2010, 824), ist umstritten und wird wohl nur anhand der Umstände des Einzelfalls zu beantworten sein. Unabhängig von der Interessenabwägung ist eine Freigabe jedoch ausgeschlossen, wenn ein **besonders schwerer Rechtsverstoß** vorliegt. Dies ist etwa bei einem Beschluss unter Verstoß gegen grundlegende Strukturprinzipien der Gesellschaft gegeben, dessen Eintragung und Durchführung ohne Prüfung im Hauptsacheverfahren für die Rechtsordnung nicht hinzunehmen wäre (*KG* AG 2010, 494). Ebenso bei einem Verstoß gegen elementare Gesellschafterrechte, der durch Schadenersatz allein nicht angemessen zu kompensieren wäre (Semler/Stengel/ *Schwanna* § 16 Rn. 41a ff.). Ausscheiden soll dies etwa bei heilbaren Formmängeln.

Neben den materiellen Freigabevoraussetzungen wurde auch das Verfahren durch das ARUG modifiziert. Erst- und letztinstanzlich ist nun das OLG zuständig. Die Bevollmächtigung für das Hauptsacheverfahren gilt nun auch für das Freigabeverfahren, so dass Zustellungsprobleme vermieden werden.

b) Übernehmender Rechtsträger

Checkliste Anlagen zur Registeranmeldung

- Verschmelzungsvertrag in beglaubigter Form oder Ausfertigung;
- Zustimmungsbeschlüsse aller Gesellschaften in beglaubigter Form oder Ausfertigung;
- Nachweis der Eintragung der Verschmelzung bei der übertragenden Gesellschaft (§ 19 I 1 UmwG);
- Negativerklärungen nach § 16 UmwG;
- Erklärungen zum Eintritt etwaiger Bedingungen;
- bei Änderung der Firma des übernehmenden Rechtsträgers zweckmäßig Stellungnahme der Industrie- und Handelskammer entsprechend HRV;
- Anzeige des Treuhänders gemäß § 71 I 2 UmwG über den Erhalt der Aktien und baren Zuzahlung (nur bei AG; kann auch separat erfolgen).

Einer separaten Einreichung des Verschmelzungsvertrages bedarf es nicht, wenn die Verschmelzungsbeschlüsse dem Vertragsschluss zeitlich nachfolgen und der Vertrag den Beschlüssen in der nach § 17 UmwG vorgeschriebenen Form beigefügt ist. Ist die Abschrift des Vertrages mit der Ausfertigung der Beschlüsse durch Schnur und Prägesiegel verbunden, bedarf es keiner separaten Beglaubigung der Abschrift des Vertrages. Der Ausfertigungsvermerk hat insoweit auch Beglaubigungsfunktion hinsichtlich der Abschrift des Vertrages (*OLG Karlsruhe* DB 1998, 714; zust. *Heckschen* DB 1998, 1385).

90 Wird auf eine GmbH verschmolzen, so ist nach Wirksamwerden der Verschmelzung eine neue Liste nach § 40 II GmbHG durch den Notar mit entsprechender notarieller Bescheinigung elektronisch zu übermitteln. Die zusätzliche Verpflichtung nach § 52 II UmwG a. F. wurde gestrichen. Hat die Verschmelzung mittelbar eine Anteilsveränderung bei z. B. Enkelgesellschaften zur Folge, so ist unklar, ob auch hier der Notar oder aber der Geschäftsführer gem. § 40 I GmbHG die neue Gesellschafterliste vorzulegen hat (für Pflicht des Notars *OLG Hamm* NZG 2010, 113; dazu *Heckschen* NotBZ 2010, 150; vgl. dazu *Heckschen*, Das MoMiG in der notariellen Praxis, Rn. 498 ff.).

c) Neu gegründeter Rechtsträger

91 Bei der Verschmelzung zur Neugründung sind zusätzlich sämtliche **Gründungsvoraussetzungen** zu beachten und entsprechende Unterlagen beizufügen.

10. Eintragung

92 Es erfolgt zunächst – soweit erforderlich – die **Eintragung einer Kapitalerhöhung** beim übernehmenden Rechtsträger, sodann die Eintragung der Verschmelzung bei dem/den übertragenden Rechtsträger(n) mit dem Vermerk, dass die Verschmelzung erst wirksam wird, wenn sie bei dem aufnehmenden Rechtsträger ebenfalls eingetragen ist. Wirksam wird die Verschmelzung, wenn sie bei dem aufnehmenden oder neu errichteten Rechtsträger eingetragen ist. Im Rahmen des Eintragungsverfahrens steht dem Registerrichter nicht das Recht zu, das **Umtauschverhältnis zu überprüfen.** Er ist aber berechtigt, im Rahmen der Eintragung der Kapitalerhöhung zu überprüfen, ob das zu übertragende Unternehmen seinem Wert nach den Erhöhungsbetrag deckt.

Eine Anfechtungsklage von Anteilsinhabern des übertragenden Rechtsträgers gegen den Umwandlungsbeschluss kann gem. § 14 II UmwG nicht auf ein fehlerhaft bemessenes Umtauschverhältnis gestützt werden. Ob die Verweisung auf das Spruchverfahren vom Gesetzgeber auf die Anteilseigner des übernehmenden Rechtsträgers ausgeweitet wird bleibt abzuwarten.

93 Die Rechtsfolgen und der Wirksamkeitszeitpunkt der Verschmelzung ergeben sich aus § 20 UmwG. Die Verschmelzung wird mit Eintragung beim übernehmenden/neu gegründeten Rechtsträger wirksam. Zu diesem Zeitpunkt tritt die für die Verschmelzung kennzeichnende **Gesamtrechtsnachfolge** ein, d. h. alle Aktiva und Passiva gehen ohne weiteres auf den übernehmenden/neu gegründeten Rechtsträger über. Die Gesamtrechtsnachfolge ist das Kernstück der Verschmelzung. Auf sie zielt der Umwandlungsvorgang ab. Der Gesetzgeber wollte durch sie den Unternehmen die Freiheit geben, sich geänderten Rahmenbedingungen anzupassen (vgl. ausf. *Heckschen* GmbHR 2014, 626). Andererseits sichert die Gesamtrechtsnachfolge, die grundsätzlich dazu führt, dass alle Rechtspositionen eines Rechtsträgers übergehen, auch die Interessen der Gläubiger, denen ohne ihre Zustimmung ein anderer Vertragspartner aufgezwungen wird. Dies lässt sich nur rechtfertigen, wenn auf diesen neuen Vertragspartner sämtliche Vermögenswerte übergehen. Es ist allerdings zu berücksichtigen, dass Rechtsprechung und Lehre in zahlreichen Fällen Ausnahmen vorsehen und sich damit in Widerspruch zum Wortlaut des § 20 UmwG und zum Willen des Gesetzgebers begeben (vgl. *Heckschen* GmbHR 2014, 626; ders. ZIP 2014, 1605). Ausnahmen sollen u. a. für folgende Rechtspositionen gelten:
– öffentlich-rechtliche personalbezogene Erlaubnisse;
– Position in Vergabeverfahren (vgl. *OLG Düsseldorf* v. 25.5.2005 – VII-Verg 8/05; ebenso *OLG Düsseldorf* v. 11.10.2006 – VII-Verg 34/06);

II. Verschmelzung D IV

– Mitgliedschaft in Vereinen und Personengesellschaften (ausf. *Heckschen* GmbHR 2014, 626).

Für die Berater stellt sich somit bei jeder Umwandlung die Aufgabe, detailliert zu prüfen, inwieweit die einzelnen Rechtspositionen unstreitig auf den Zielrechtsträger übergehen. Darüber hinaus ist zu prüfen, ob Verträge, die die beteiligten Rechtsträger abgeschlossen haben, für den Fall der Umwandlung Sonderkündigungs-/Rücktrittsrechte gewähren.

Die Gesamtrechtsnachfolge bedeutet insbesondere, dass Register und Grundbücher nur zu berichtigen sind. Bei Grundbesitz ist daher keine Auflassung erforderlich. Dem Grundbuchamt ist allerdings neben dem Nachweis über die Wirksamkeit der Verschmelzung (durch beglaubigten Handelsregisterauszug oder eine Notarbescheinigung gem. § 21 BNotO) die grunderwerbsteuerliche Unbedenklichkeitsbescheinigung (§ 22 GrEStG) des Finanzamtes vorzulegen. Die Verschmelzung löst gem. § 1 I Nr. 3 GrEStG bei Vorhandensein von Grundbesitz beim übertragenden Rechtsträger Grunderwerbsteuer aus. Dies ist bei der Konzeption des Vorganges zu berücksichtigen. Es sollte daher so wenig Grundbesitz wie möglich „bewegt" werden und möglichst der Rechtsträger übertragender Rechtsträger sein, der am wenigsten Grundbesitz hat. Zu berücksichtigen ist weiterhin, dass Verschmelzungsvorgänge zu mittelbaren Anteilsvereinigungen nach § 1 II a, III GrEStG führen können.

Problematischer kann sich die Abwicklung bei Auslandsvermögen darstellen, da nicht 94 alle Rechtsordnungen die Gesamtrechtsnachfolge kennen (vgl. Widmann/Mayer/*Vossius* § 20 UmwG Rn. 33–51). In den EU-Staaten kann hier Art. 19 der Verschmelzungsrichtlinie helfen. Außerhalb der EU ist nicht selten noch eine Einzelübertragung erforderlich, die man im Verschmelzungsvertrag mit regeln und vor Wirksamwerden der Verschmelzung vollziehen sollte.

Die Gesamtrechtsnachfolge kann nie zu einem gutgläubigen Erwerb beim aufnehmen- 95 den Rechtsträger führen (Widmann/Mayer/*Vossius* § 20 UmwG Rn. 27ff.). Es gehen grundsätzlich alle vorhandenen Aktiva und Passiva über einschließlich aller Verträge, ohne dass die Beteiligten die Möglichkeit hätten, einzelne Vermögenswerte herauszunehmen. Sollen einzelne Gegenstände nicht erfasst sein, so müssen sie vor Wirksamwerden der Verschmelzung auf Dritte übertragen werden.

Inwieweit die Verschmelzung dem Vertragspartner ein Sonderkündigungsrecht gibt, ist im Einzelfall zu untersuchen (sog. „change of control"-Klausel). Eine Sonderregelung entfällt nach § 21 UmwG. Die Rechtsprechung hat jedoch auch in Fällen, in denen ein Sonderkündigungsrecht nicht ausdrücklich eingeräumt worden war, teilweise ein solches Recht anerkannt (so beispielsweise *OLG Karlsruhe* DB 2001, 1548 für den Kreditvertrag; im Ergebnis verneint bei *BGH* NJW 2002, 2168; *OLG Karlsruhe* RNotZ 2008, 628 (Pachtvertrag); ebenso *BGH* NZG 2010, 314 bei Formwechsel; zu Kreditverträgen vgl. *Eusani* WM 2004, 866). Das ist insbesondere der Fall, wenn die Gesamtrechtsnachfolge mit einer vertraglichen Inhaltsänderung i. S. v. § 399 BGB verbunden ist, die nach Aufhebung des § 132 UmwG a. F. dem Vertragsübergang nicht im Wege steht (*OLG Köln* v. 28.3.2014 – 19 U 143/13, juris-Tz. 81). Die **Stellung als Wohnungsverwalter** geht entgegen einer lange in der Rechtsprechung überwiegend vertretenen Auffassung ebenfalls im Wege der Gesamtrechtsnachfolge über (*BGH* NZG 2014, 637 = BB 2014, 462 m. Anm. *Heckschen*; anders noch *OLG München* GmbHR 2014, 657 = GWR 2014, 238 m. Anm. *Heckschen*); *LG Frankfurt* NJW-RR 2012, 1483; *OLG Köln* OLGR 2004, 49; *BayObLG* NJW-RR 2002, 732). Zu beachten ist, dass den Gläubigern ein Anspruch auf Sicherheitsleistung zustehen kann (*BAG* ZIP 1997, 289). Auf Arbeitsverhältnisse findet **§ 613a BGB** unmittelbare Anwendung, jedoch steht dem Arbeitnehmer kein Widerspruchsrecht nach § 613a VI BGB zu. Ein dennoch erklärter Widerspruch entfaltet keine Rechtsfolgen (*BAG* NZA 2008, 815). Das *OLG Köln* beschränkt bei der Verschmelzung einer OHG auf eine GmbH die Haftung des OHG Gesellschafters für **Bankverbindlichkeiten** auf die Höhe des Tagessaldos zum Zeitpunkt des Wirksamwerdens der

Verschmelzung sowie auf den niedrigsten sich in der Folgezeit bis zur Kündigung ergebenden Rechnungsabschluss (DB 2002, 35). Es gelten daher die gleichen Rechtsfolgen wie beim Austritt persönlich haftender Gesellschafter.

96 Der übernehmende Rechtsträger tritt nach § 246 ZPO ohne Unterbrechung in bestehende **Prozessrechtsverhältnisse** ein (*BGH* DB 2004, 125), er wird entsprechend § 86 ZPO durch den bisherigen Prozessbevollmächtigten vertreten. Dies gilt auch bei einseitigen Auskunftserzwingungsverfahren (*LG München I* DB 1999, 629) und Anfechtungsklagen gegen Beschlüsse eines erloschenen Rechtsträgers (*LG München I* DB 1999, 628). Wenn ausnahmsweise keine anwaltliche Vertretung erfolgt, gilt § 239 I ZPO (*Stöber* NZG 2006, 574). Zur Geltendmachung von Verpflichtungen, die den übernehmenden Rechtsträger unmittelbar aus dem Verschmelzungsvertrag gegenüber den übertragenden Rechtsträger treffen, wird letzterer als fortbestehend fingiert. Prozessführungsbefugt und aktivlegitimiert ist in diesen Fällen ein besonderer Vertreter gem. § 26 UmwG (*OLG Frankfurt* ZIP 2007, 331).

97 Bei der Wirkung auf **Unternehmensverträge** ist zu differenzieren. Solche zwischen den verschmelzenden Unternehmen erlöschen durch Konfusion (*Müller* DB 2002, 157). Wird das herrschende Unternehmen auf einen dritten Rechtsträger verschmolzen, so geht der Unternehmensvertrag mit über (*LG Bonn* GmbHR 1996, 774). Der Austausch einer Vertragspartei durch Gesamtrechtsnachfolge ist nach ganz h. M. keine Vertragsänderung i. S. d. § 295 AktG (*BGH* WM 1974, 713; *LG München I* ZIP 2011, 1511; *Hüffer* § 295 Rn. 6), die Handelsregistereintragung ist daher nicht konstitutiv. Gleiches gilt für die partielle Gesamtrechtsnachfolge bei der Spaltung (Widmann/Mayer/*Vossius* § 131 Rn. 127 m. w. N.). Bei einer Verschmelzung des abhängigen Unternehmens endet der Unternehmensvertrag dagegen nach h. M., da die Fortsetzung dem herrschenden Unternehmen aufgrund der geänderten Rahmenbedingungen nicht zumutbar erscheint (*Müller* BB 2002, 157).

Ebenfalls nicht erfasst sind **personenbezogene öffentlich-rechtliche Erlaubnisse** im Falle nicht identitätswahrender Umwandlungen (*BFH* BB 2012, 687 zur stromsteuerlichen Erlaubnis nach § 9 III StromStG Semler/Stengel/*Kübler* § 20 Rn. 67 ff.).

Für einen Unterlassungsanspruch wegen eines **Wettbewerbsverstoßes** des Rechtsvorgängers haftet der übernehmende Rechtsträger grundsätzlich nicht wegen Wiederholungsgefahr, sondern nur im Falle einer eigenen Erstbegehungsgefahr. Die bloße Tatsache des Unternehmensübergangs und der Fortführung des Betriebs selbst mit identischem Personal reicht dafür nicht aus; allerdings sind die Umstände des Einzelfalles maßgebend (*BGH* ZIP 2013, 171). So kann nach *OLG Hamburg* eine Erstbegehungsgefahr gegeben sein, wenn sich der Wettbewerbsschuldner durch die Umwandlungsmaßnahme lediglich seiner Haftung entziehen will (AG 2007, 868). Hat ausschließlich der Rechtsvorgänger gegen ein ihn betreffendes **gerichtliches Verbot** zuwidergehandelt, so sind Vollstreckungsmaßnahmen i. S. d. § 890 ZPO gegen den Rechtsnachfolger ausgeschlossen (*OLG Köln* NZG 2009, 477). Demgegenüber verlangen vertragliche begründete Unterlassungsverpflichtungen nicht das Vorliegen einer Wiederholungs- bzw. Erstbegehungsgefahr, weshalb sie auf den Rechtsnachfolger übergehen. Sie beschränken sich nicht bloß auf die zum übertragenen Vermögen gehörenden Geschäftsbereiche sondern umfassen das gesamte Unternehmen (*OLG Karlsruhe* GRUR-RR 2014, 362).

98 Die Universalsukzession des § 20 I Nr. 1 UmwG erweitert nicht den Umfang einer von dem Rechtsvorgänger getroffenen Verfügung oder der ihr zugrunde liegenden Verpflichtung. Hat der Ausgangsrechtsträger einer Verschmelzung sämtliche „gegenwärtigen und künftigen Ansprüche aus dem Geschäftsverkehr" im Wege der Globalzession abgetreten, sind von dieser formularmäßigen Vorausabtretung nicht die im Betrieb des Gesamtrechtsnachfolgers begründeten Forderungen umfasst (*BGH* DB 2008, 49).

11. Besonderheiten bei einzelnen Rechtsträgern

a) Personenhandelsgesellschaft/Partnerschaftsgesellschaft

aa) Personenhandelsgesellschaft. Hinsichtlich des **Inhalts des Verschmelzungsvertrages** ist § 40 UmwG zu beachten. Ist aufnehmender oder neugegründeter Rechtsträger eine Personenhandelsgesellschaft, so muss im Verschmelzungsvertrag bestimmt werden, welche Stellung (Kommanditist/Komplementär) die Anteilseigner des übertragenden Rechtsträgers erhalten. Die Zuweisung einer Stellung als Komplementär ist nur mit Zustimmung desjenigen, der bisher nicht persönlich unbeschränkt haftet, möglich. Bei der Abstimmung über den Verschmelzungsvertrag bedarf es grundsätzlich der Zustimmung aller Gesellschafter, es sei denn, der Gesellschaftsvertrag sieht expressis verbis für Verschmelzungen (oder aber für Umwandlungen allgemein) eine abweichende Mehrheit vor. Bei sog. Publikumspersonengesellschaften deckt jedoch eine einfache Mehrheitsklausel auch den Verschmelzungsfall (Semler/Stengel/*Schlitt* § 217 Rn. 16). Als Mindestquorum für einen Mehrheitsentscheid sieht § 43 II 2 UmwG eine ¾-Mehrheit der abgegebenen Stimmen vor. Eine im Gesellschaftsvertrag niedriger angegebene Schwelle ist gem. § 134 BGB nichtig. Die Statuierung eines Mehrheitsbeschlusses ohne die Angabe irgendeiner Schwelle ist wegen Unbestimmtheit ebenfalls nicht ausreichend (Schmitt/Hörtnagl/Stratz/*Stratz* § 43 UmwG Rn. 10). Zum Bestimmtheitsgrundsatz vgl. auch BGHZ 85, 351, 355 f. m. w. N. Sieht der Gesellschaftsvertrag entsprechend § 43 II UmwG eine Mehrheitsentscheidung vor, so kann jeder Gesellschafter verlangen, dass der Verschmelzungsvertrag bzw. sein Entwurf nach den §§ 9 bis 12 UmwG überprüft wird, § 44 UmwG. Der Gesellschafter kann die Prüfung innerhalb einer Frist von einer Woche seit Erhalt des Verschmelzungsvertrages bzw. Entwurfes und des Verschmelzungsberichts (§ 42 UmwG) verlangen. Die Kosten für das Überprüfungsverfahren trägt die Gesellschaft, § 44 S. 2 UmwG. Auch bei Personenhandelsgesellschaften ist jedem Anteilseigner des Ausgangsrechtsträgers grundsätzlich eine Mitgliedschaft am Zielrechtsträger einzuräumen. Strittig ist, ob dies auch für eine Komplementär-GmbH einer KG gilt (dazu *Hegemann* GmbHR 2009, 702), wenn diese am Vermögen der Gesellschaft nicht beteiligt ist. Ist der aufnehmende Rechtsträger ebenfalls eine Personenhandelsgesellschaft, so kann dort allerdings keine zweite Beteiligung eingeräumt, sondern lediglich die Kommanditeinlage erhöht werden („Verbot der Mehrfachbeteiligung" bei Personengesellschaften). Unzulässig soll die Verschmelzung der Komplementär-GmbH einer Einmann-GmbH & Co.KG auf die KG, die dies zum Erlöschen der KG und damit des übernehmenden Rechtsträgers führen würde, sein. (*OLG Hamm* DNotZ 2011, 230 m. zust. Anm. *Gößl*, zu Recht kritisch DNotI-Report 2011, 81; *Nelißen* NZG 2010, 1291). Gerade bei Personengesellschaften ist stets zu prüfen, ob der Weg über die Umwandlung oder An- und Abwachsungsmodelle vorteilhafter sind. Dies muss dann in der Registeranmeldung deutlich werden (*OLG Frankfurt* DB 2003, 2327).

bb) Partnerschaftsgesellschaft. Nach Einführung der Partnerschaftsgesellschaft mit beschränkter Berufshaftung (PartG mbB) (BGBl. I 2013, S. 2386) wird diese als Zielrechtsträger für Umwandlungsvorgänge interessant werden.

Die PartG mbB ist Rechtsformvariante der klassischen PartG (*OLG Nürnberg* NZG 2014, 422) und unterscheidet sich von dieser nur durch die abweichende Namenswahl mit dem Zusatz „mbB" oder „mit beschränkter Berufshaftung" und durch die abweichende spezifischen Berufshaftpflichtversicherung der Partnerschaftsgesellschaft (§ 8 IV PartG). Die PartG mbB ist folglich wie die klassischen PartG umwandlungsfähiger Rechtsträger. Sie kann daher – wie diese – übernehmender oder neuer Rechtsträger einer Verschmelzung oder Spaltung oder Rechtsträger neuer Rechtsform bei einem Formwechsel sein (§§ 3 I Nr. 1, 124, 191 II Nr. 2 UmwG).

Eine Verschmelzung auf eine PartG ist nach § 45a UmwG nur möglich, wenn im Zeitpunkt ihres Wirksamwerdens alle Anteilsinhaber übertragender Rechtsträger natürliche

Personen sind, die einen Freien Beruf ausüben (§ 1 I und II PartGG). In dem Verschmelzungsvertrag muss der Partnerschaftsvertrag des neuen Rechtsträgers enthalten sein oder festgestellt werden (§ 37 UmwG).

Nach § 45b I UmwG (wiederholt § 3 II Nr. 2 PartGG) ist im Verschmelzungsvertrag als Mindestinhalt Name, Vorname, ausgeübter Beruf und Wohnort für jeden Anteilsinhaber des übertragenden Rechtsträgers anzugeben. Gleiches gilt für den Gegenstand der PartG (§ 3 II Nr. 3 PartGG), der in § 45b I UmwG aber nicht extra zu erwähnen war, da er bei der Verschmelzung durch Aufnahme bereits beschrieben und bei der Verschmelzung durch Neugründung gem. §§ 36 II, 37 UmwG ohnehin aufzuführen ist (vgl. Schmitt/Hörtnagl/*Stratz* § 45e Rn. 8). Name und Sitz der PartG (§ 3 II Nr. 1 PartGG) werden als allgemeiner Inhalt des Verschmelzungsvertrages von § 5 I Nr. 1 UmwG, der von § 45b I UmwG nur ergänzt wird, erfasst.

Ein Verschmelzungsbericht ist für die an der Verschmelzung beteiligte PartG nur dann erforderlich, wenn ein Partner gemäß § 6 II PartGG (Führung sonstiger Geschäfte) von der Geschäftsführung ausgeschlossen ist. Der betreffende Partner ist entsprechend § 42 UmwG zu unterrichten (§ 45c S. 1 UmwG).

Der Verschmelzungsbeschluss der Gesellschafterversammlung bedarf der Zustimmung aller anwesenden Partner. Auch die nicht erschienenen Partner müssen zustimmen (§ 45d I UmwG). Nach § 45d II UmwG kann im Partnerschaftsvertrag auch eine Mehrheitsentscheidung der Partner bestimmt werden, wobei diese mindestens eine ¾-Stimmenmehrheit vorsehen muss (45d II UmwG).

In dem Fall, dass der Partnerschaftsvertrag eine solche Mehrheitsumwandlung (§ 45d II UmwG) vorsieht, können Minderheitsgesellschafter die Verschmelzung nicht durch Ausübung ihres Stimmrechts verhindern. Daher findet nach § 45e S. 2 UmwG § 44 UmwG entsprechend Anwendung, der bei Verlangen zur Durchführung der Verschmelzungsprüfung nach §§ 9–12 UmwG zwingt.

Auf die grds. unbeschränkt persönliche Haftung der Partner nach § 8 I PartGG hat die Verschmelzung als solche keinen Einfluss. Wird jedoch eine Partnerschaftsgesellschaft als übertragender Rechtsträger auf einen Rechtsträger anderer Rechtsform, dessen Anteilsinhaber nicht persönlich haften, verschmolzen, kommt es zur entsprechenden Anwendung der Nachhaftungsregelung des § 45 UmwG. Danach wird Haftung durch die Ausschlussfrist zeitlich auf die Dauer von fünf Jahren begrenzt. Diese Norm geht als spezialgesetzliche Regelung der nahezu inhaltsgleichen Vorschrift des § 10 II PartGG i. V. m. § 160 HGB vor und findet auch bei einer Haftungskonzentration (§ 8 II PartGG) oder einer summenmäßig beschränkten Haftung (§ 8 III PartGG) entsprechend Anwendung.

b) GmbH

100 Für die **Gestaltung des Verschmelzungsvertrages** ist § 46 UmwG zu beachten. Die Geschäftsanteile, die den Anteilseignern des übertragenden Rechtsträgers zu gewähren sind, müssen genau bezeichnet werden. Im Rahmen der Verschmelzung ist es nach der Änderung des GmbHG durch das MoMiG auch möglich, Geschäftsanteile von lediglich 1 EUR zu bilden und zu gewähren. Auf die besonderen Informationspflichten nach §§ 47, 49 UmwG kann einvernehmlich verzichtet werden. Eine **Verschmelzungsprüfung** findet nur auf Verlangen eines Gesellschafters statt. Dieses muss der Gesellschafter binnen einer Woche seit Zugang der Einladung und der in § 47 UmwG genannten Unterlagen stellen, § 48 UmwG. Es ist sinnvoll, schon früher zu klären, ob ein solches Verlangen gestellt wird. Die Erklärung, mit der schriftlich bestätigt wird, dass der Gesellschafter keine Verschmelzungsprüfung wünscht, bedarf keiner notariellen Beurkundung, da es nicht eine Verzichtserklärung, sondern „ein Nichtverlangen" ist. Der Verschmelzungsbeschluss ist in einer Versammlung zu fassen, eine kombinierte Beschlussfassung ist unzulässig (Widmann/Mayer/*Heckschen* § 13 Rn. 13.1, 41; Semler/Stengel/*Gehling* § 13 Rn. 14; a.A. *Schöne/Arens* WM 2012, 381). §§ 50, 51 UmwG sehen **Zustimmungs-**

II. Verschmelzung

pflichten einzelner **Gesellschafter** für genau bestimmte Fälle der Verschlechterung der Rechtsposition des Gesellschafters vor:
- Beeinträchtigung von Minderheitsrechten;
- Beeinträchtigung von Rechten in der Geschäftsführung oder bei der Bestellung von Geschäftsführern oder eines Vorschlagsrechts für die Geschäftsführung;
- nicht voll eingezahlte Geschäftsanteile beim übernehmenden Rechtsträger;
- nicht voll eingezahlte Geschäftsanteile beim übertragenden Rechtsträger;
- nicht voll eingezahlte Geschäftsanteile bei einer übertragenden GmbH.

Im Fall der Verschmelzung der Tochtergesellschaft auf die Muttergesellschaft ist nach §§ 54 I 1 Nr. 1, 68 I 1 Nr. 1 UmwG eine Kapitalerhöhung bei der übernehmenden Konzernmutter verboten.

Bei Verschmelzung der Muttergesellschaft auf die Tochtergesellschaft besteht nach §§ 54 I 2 Nr. 2, 68 I 2 Nr. 2 UmwG ein Wahlrecht, wenn die Anteile an der Tochtergesellschaft voll eingezahlt sind. Die Anteile der Muttergesellschaft an der Tochter gehen ohne einen Durchgangserwerb bei der Tochtergesellschaft unmittelbar auf die Anteilsinhaber der Muttergesellschaft über (Widmann/Mayer/*Mayer* § 5 UmwG Rn. 38; Schmitt/ Hörtnagl/*Stratz* § 54 Rn. 11; Semler/Stengel/*Reichert* § 54 UmwG Rn. 16; ausf. zur Konzernverschmelzung Rn. 114 ff.). Eine starke Auffassung in der Literatur sieht beim sog. down-stream merger § 30 GmbHG und § 57 AktG (Einlagenrückgewähr) berührt, wenn die Tochtergesellschaft durch die Übernahme der Verbindlichkeiten der Muttergesellschaft in die Unterbilanz gerät (Widmann/Mayer/*Mayer* § 5 UmwG Rn. 40.1; Lutter/*Priester* § 24 UmwG Rn. 62, str. a. A. *Enneking/Heckschen* DB 2006, 1099, 1100). Der Notar sollte auf diese Problematik hinweisen und Maßnahmen zur Beseitigung der Unterbilanz (Leistung in die Rücklage, ggf. Forderungsverzicht der Gesellschafter) anregen (vgl. dazu ausf. Rn. 117 ff.). Mit dem 2. UmwBerG hat der Gesetzgeber die Möglichkeit eröffnet, bei der Verschmelzung auf eine Kapitalgesellschaft eine Anteilsgewähr – und somit auch eine vorherige Kapitalerhöhung – an die Anteilseigner des übertragenden Rechtsträgers zu unterlassen. Dies gilt generell – nicht nur bei der Verschmelzung von Schwestergesellschaften, wenn alle Anteilseigner der/des Ausgangsrechtsträgers auf die Anteilsgewähr in notariell beurkundeten Erklärungen verzichten. Unklar ist, ob dies erst recht gilt, wenn die Zielgesellschaft eine Personengesellschaft ist (*Heckschen* DNotZ 2007, 440, 451; ablehnend: Widmann/Mayer/*Mayer* Einf. UmwG Rn. 37). Es ist jedoch stets zu beachten, dass dies entsprechend § 80 UmwStG die Buchwertfortführung gefährden kann. Es ist somit unproblematisch möglich, auch überschuldete Rechtsträger zu verschmelzen, solange das Insolvenzverfahren nicht eröffnet ist. (vgl. *Heckschen/Simon* § 3 Rn. 88 ff.; *Heckschen* DB 2005, 2283). Dies scheiterte in der Vergangenheit an dem Gebot der Kapitalerhöhung, die ihrerseits mangels Werthaltigkeit des übertragenden Rechtsträgers nicht durchführbar war. Der Gläubigerschutz richtet sich in beiden Fällen nach § 22 UmwG.

Durch die Verschmelzung von Kapitalgesellschaften zur Aufnahme wie zur Neugründung werden Spielräume bei der Gestaltung der Höhe des Stammkapitals geschaffen. Im Ergebnis kann auf diese Art und Weise eine Kapitalherabsetzung erreicht werden, ohne dass die Vorschriften der §§ 58, 58a GmbHG beachtet werden müssen. Dies ist insbesondere in den Fällen interessant, in denen ein Stammkapital in der bestehenden Höhe nicht mehr benötigt wird, die Voraussetzungen des § 58a GmbHG jedoch nicht vorliegen. Im Fall der Verschmelzung der Mutter- auf die Tochtergesellschaft ist dies nach geltender Rechtslage ohne weiteres möglich. Es wird jedoch gefordert, dass das auf diese Weise freie Kapital einer zeitlichen Ausschüttungssperre (analog § 58 GmbHG, § 225 AktG) unterliegen soll (vgl. hierzu Semler/Stengel/*Maier-Reimer/Seulen* § 22 Rn. 24 f.; *Naraschewski* GmbHR 1998, 356, 360). Nach h. M. sind die Rechtsträger bei der Entscheidung, in welchem Umfang sie eine Kapitalerhöhung beim aufnehmenden Rechtsträger durchführen, völlig frei. Ist also nach §§ 54, 53 UmwG eine Kapitalerhöhung notwendig oder gewollt, so kann das Kapital auch lediglich um 1 EUR erhöht werden (Widmann/Mayer/*Mayer* § 54 UmwG Rn. 10.2).

103 Im Rahmen des MoMiG hatte der Gesetzgeber § 52 II UmwG übersehen, der den Geschäftsführer dazu verpflichtete, mit der Einreichung des Verschmelzungsvertrages zur Eintragung ins Handelsregister beim aufnehmenden Rechtsträger auch eine Liste der Gesellschafter einzureichen. Diese Vorschrift ergab vor dem Hintergrund des § 40 GmbHG keinen Sinn mehr und wurde konsequenterweise gestrichen.

Der Gesetzgeber hat das Dritte Gesetz zur Änderung des Umwandlungsgesetzes leider nicht zum Anlass genommen, den Streit über die Frage, wer nach einer Verschmelzung die Gesellschafterliste der von einer Verschmelzung mittelbar betroffenen Gesellschaft einzureichen hat, zu klären. Überzeugend hat das *OLG Hamm* (NZG 2010, 113; dazu *Heckschen* NotBZ 2010, 150) dargelegt, dass dies ebenfalls der Notar und nicht der Geschäftsführer zu veranlassen hat.

c) Unternehmergesellschaft (haftungsbeschränkt)

104 **aa) Die Verschmelzung auf die UG (haftungsbeschränkt).** Bei der Verschmelzung auf die UG (haftungsbeschränkt) sind das Sacheinlagenverbot sowie das Bargründungsgebot gem. § 5a II GmbHG zu beachten (vgl. auch *Lutz* notar 2014, 210).

105 **(1) Die Verschmelzung durch Aufnahme.** Da nach dem Wortlaut des § 5a II 2 GmbHG und nach dem Willen des Gesetzgebers bei der UG (haftungsbeschränkt) keine Sacheinlagen zulässig sind, auch nicht nach der Gründungsphase (*Seibert* GmbHR 2007, 673, 676; *Freitag/Riemenschneider* ZIP 2007, 1485, 1491), verstößt eine Verschmelzung mit Kapitalerhöhung gegen das Sacheinlagenverbot. Dies gilt nicht, wenn das Stammkapital durch die Sacheinlage auf über 25.000 EUR erhöht wird, da die UG (haftungsbeschränkt) erst nach Eintragung des Kapitalerhöhungsbeschlusses zur GmbH erstarkt (*BGH* NZG 2011, 664; *OLG München* NZG 2012, 104; *OLG Stuttgart* NZG 2012, 22; *OLG Hamm* RNotZ 2011, 439; *Lieder/Hoffmann* GmbHR 2011, R193; a. A. Baumbach/Hueck/*Fastrich* § 5a GmbHG Rn. 17, 33).

Ist für die Verschmelzung hingegen keine Kapitalerhöhung erforderlich, kann auch die UG (haftungsbeschränkt) als eine Unterart der GmbH aufnehmender Rechtsträger sein, da in diesem Fall das Sacheinlagenverbot nicht eingreift. Diese „schlichte" Vermögenszufuhr ist auch bei der UG (haftungsbeschränkt) ebenso wie bei jeder anderen Kapitalgesellschaft möglich und kann dazu genutzt werden, um Rücklagen zu bilden, vgl. § 5a III GmbHG.

Demzufolge kann beim *downstream merger* (Verschmelzung der Mutter auf die Tochter) das Grund- bzw. Stammkapital der Muttergesellschaft bei einer Verschmelzung auf eine UG (haftungsbeschränkt) auf bis zu 1 EUR herabgesetzt werden. Da ohne Kapitalerhöhung auch nicht das Sacheinlagenverbot tangiert wird, kann auch die UG (haftungsbeschränkt) beim *downstream* oder *sidestep merger* aufnehmender Rechtsträger sein.

106 **(2) Die Verschmelzung durch Neugründung.** Bei der Verschmelzung durch Neugründung handelt es sich um eine Sachgründung (*BGH* NZG 2011, 666 (zur Abspaltung zur Neugründung); *Lieder/Hoffmann* GmbHR 2011, R193; Schmitt/Hörtnagl/Stratz/*Stratz* § 56 UmwG Rn. 5). Bei der Verschmelzung zur Neugründung einer UG (haftungsbeschränkt) gilt auch das Sacheinlagenverbot gemäß § 5a II 2 GmbHG (*BGH* NJW 2011, 1883 zur Neugründung durch Abspaltung). Eine Verschmelzung zur Neugründung einer UG (haftungsbeschränkt) ist daher ausgeschlossen (so auch *Wachter* GmbHR 2007, R209, R210).

107 **bb) Die Verschmelzung einer UG (haftungsbeschränkt).** Bei der Verschmelzung einer UG (haftungsbeschränkt) auf einen anderen Rechtsträger ergeben sich keine Unterschiede zur Verschmelzung einer normalen GmbH als übertragender Rechtsträger; es gelten die §§ 46 ff. UmwG. Die Verschmelzung auf den Alleingesellschafter nach §§ 120 ff. UmwG ist ein Weg zur schnellen Liquidation einer UG (haftungsbeschränkt).

d) Aktiengesellschaft

Bei der Aktiengesellschaft ist darauf zu achten, dass gem. § 63 I Nr. 3 UmwG eine **108** Zwischenbilanz zu erstellen ist, wenn sich der letzte Jahresabschluss auf ein Jahr bezieht, das mehr als sechs Monate vor Abschluss des Verschmelzungsvertrages abgelaufen ist. Wird eine Halbjahresfinanzbericht gem. § 37w WpHG veröffentlicht, so kann dieser an die Stelle der Zwischenbilanz treten, § 63 II 6 UmwG. Diese Zwischenbilanz muss seit der Einberufung zugänglich gemacht werden. Der Jahresabschluss des vergangenen Jahres muss jedoch dann nicht zugänglich gemacht werden, wenn er noch nicht aufgestellt sein musste (*OLG Frankfurt* DB 2003, 872; *OLG Hamburg* ZIP 2003, 1344).

Der Verschmelzungsvertrag oder sein Entwurf ist einen Monat vor der Hauptver- **109** sammlung dem **Handelsregister einzureichen**. Es ist strittig, ob auf die Einreichung verzichtet werden kann (ablehnend Widmann/Mayer/*Rieger* § 61 UmwG Rn. 10.1; a. A.: Lutter/*Grunewald* § 61 UmwG Rn. 4; Semler/Stengel/*Diekmann* § 61 UmwG Rn. 17; Kallmeyer/*Marsch-Barner* § 61 UmwG Rn. 1). Jedenfalls soweit eine Universalversammlung stattfindet reicht es auch, wenn erst unmittelbar vorher eine Einreichung beim Handelsregister erfolgt (Widmann/Mayer/*Rieger* § 61 UmwG Rn. 7.1; Semler/Stengel/ *Diekmann* § 61 UmwG Rn. 15). Bei der AG/KGaA/SE ist stets ein Verschmelzungsbericht zu erstellen und eine Verschmelzungsprüfung mit anschließender Berichterstattung durchzuführen, wenn darauf nicht gemäß §§ 8 III, 9 III UmwG verzichtet wird. In der Hauptversammlung ist entsprechend der Regelung des 3. UmwÄndG, § 64 I 2 UmwG, eine mündliche Nachberichterstattung durchzuführen (vgl. dazu *Heckschen* NJW 2011, 2390). Für so genannte Bagatellverschmelzungen bedarf es unter den Voraussetzungen des § 62 I, II UmwG keiner Hauptversammlung des übernehmenden Rechtsträgers, wenn nicht eine 5 %-Minderheit dies verlangt. Bei der Verschmelzung einer 100 %-igen Tochterkapitalgesellschaft auf die Mutter-AG ist ein Beschluss nach § 62 IV 1 UmwG ebenfalls entbehrlich (vgl. Rn. 124). Es ist darauf zu achten, dass bei Vorhandensein verschiedener Aktiengattungen **Sonderbeschlüsse** gefasst werden. Der Umwandlungsbeschluss ist jedoch neben etwa notwendigen Sonderbeschlüssen erforderlich (*LG Hamburg* AG 1996, 281). Soweit die Satzung dies zulässt ist die Briefwahl (§ 118 II AktG) auch bei Umwandlungsbeschlüssen zulässig (*Schöne/Arens* WM 2012, 381). Andererseits ersetzt auch der gemeinsame Beschluss aller Aktiengattungen nicht die Sonderbeschlüsse (vgl. *Heckschen* DB 1998, 1385). Da vinkulierte Namensaktien keine eigene Aktiengattung bilden, führt die Vinkulierung eines Teils der Aktien allein nicht dazu, dass Sonderbeschlüsse gem. § 65 II UmwG erforderlich sind (*Bermel/Müller* NZG 1998, 331). Auch hier gilt, dass nach § 68 n. F. UmwG auf eine Anteilsgewähr und die dazu erforderliche Kapitalerhöhung verzichtet werden kann, wenn alle Anteilseigner des übertragenden Rechtsträgers ihrerseits auf die Gewährung von Anteilen verzichten (*Heckschen* DNotZ 2007, 444, 450). Sind Aktien zu gewähren, so müssen diese zunächst auf einen Treuhänder übertragen werden.

Bei der Verschmelzung auf eine KGaA, bei der der Komplementär am Vermögen betei- **110** ligt ist, sind §§ 3, 9 i. V. m. § 46 V UmwG analog anzuwenden, um der besonderen steuerlichen Situation des vermögensbeteiligten Komplementärs Rechnung tragen zu können. Auch bei der KGaA als Zielrechtsträger kann nun auf eine Anteilsgewähr verzichtet werden, § 68 I 3 i. V. m. § 78 UmwG.

e) Genossenschaft

Hinsichtlich des **Inhalts des Verschmelzungsvertrages** ist § 80 UmwG zu beachten. Bei **111** der Bestimmung der Anzahl der den Genossen einer übertragenden Genossenschaft zu gewährenden Rechten kann von der gesetzlichen Regel, dass die Geschäftsguthaben zugrunde zu legen sind, abgewichen werden. Dadurch ist auch eine Berücksichtigung der unterschiedlichen inneren Werte der Geschäftsguthaben möglich (vgl. *Neye* DB 1998,

1649 und ZAP Fach 15, 257). Es ist darüber hinaus ein Gutachten des Prüfungsverbandes einzuholen; dieses muss in der Generalversammlung verlesen werden, § 83 II UmwG. Das Gutachten muss der Anmeldung beigefügt werden, § 86 UmwG. Obwohl das Gesetz dies nicht ausdrücklich regelt, muss auch bei der Verschmelzung einer 100%-igen Tochter auf eine Genossenschaft keine Anteilsgewährung durchgeführt werden. Dies ergibt sich unmittelbar aus § 20 I Nr. 3 UmwG. Eine Vertretung bei der Beschlussfassung setzt das GenG enge Grenzen; ein Genosse kann stets nur maximal zwei weitere Genossen vertreten, § 43 V 3 GenG. Nach überwiegender Auffassung kann bei der Verschmelzung unter Beteiligung von Genossenschaften nicht auf einen zukünftigen Stichtag verschoben werden (*Heidinger* NotBZ 2002, 86; Lutter/*Bayer* § 80 Rn. 27; Widmann/Mayer/*Fronhöfer* § 80 Rn. 64 f.; a. A. Semler/Stengel/*Scholderer* § 80 Rn. 48).

f) Verschmelzung rechtsfähiger Vereine

112 Eingetragene (zur Verschmelzung nicht rechtsfähiger Vereine am Beispiel von Gewerkschaften vgl. *Wiedemann/Thüsing* WM 1999, 2237, 2277) Vereine können durch Verschmelzung keine Rechtsträger anderer Rechtsform aufnehmen und nicht durch Verschmelzung anderer Rechtsträger neu gegründet werden. Die Bekanntmachungsvorschrift des § 104 I 1 UmwG ist gemäß ihrem Regelungszweck auf wirtschaftliche Vereine beschränkt. Es sollen nur die Vereine erfasst werden, die in keinem Register eingetragen sind, was für Idealvereine (Vereinsregister) nicht zutrifft (ausf. mit Vertragsmuster zur Vereinsverschmelzung *Katschinski,* Verschmelzung von Vereinen, 1999).

g) Verschmelzung einer Kapitalgesellschaft mit dem Vermögen ihres Alleingesellschafters

113 Die Verschmelzung einer Kapitalgesellschaft ist auch mit dem Vermögen eines nicht in das Handelsregister eintragungsfähigen Alleingesellschafters nach dem UmwG 1995 zulässig (*BGH* NJW 1998, 2536). Maßgeblicher Zeitpunkt für das Eintreten der Verschmelzungswirkungen ist in diesem Fall die Eintragung im Register des übertragenden Rechtsträgers (§ 122 II UmwG), soweit eine Eintragung beim Zielrechtsträger (Alleingesellschafter) nicht in Betracht kommt. Der durch die Verschmelzung erfolgende Untergang der Anteile an der übertragenden Gesellschaft kann nicht wieder rückgängig gemacht werden, indem der ehemalige Alleingesellschafter das Gesellschaftsvermögen in eine neu gegründete Kapitalgesellschaft einbringt (*OLG München* GmbHR 1996, 776). Diese Verschmelzungsmaßnahme kommt häufig alternativ zu einem Liquidationsverfahren in Betracht, wenn bei der Ausgangs-GmbH keine Haftungsrisiken vorhanden sind (dazu auch Widmann/Mayer/*Heckschen* § 120 UmwG Rn. 7 ff.). Sie führt dann ohne Einhaltung des Sperrjahres schnell zur Beendigung. Auch als Maßnahme zur Beendigung einer Krise und der Vermeidung einer Insolvenz ist sie zulässig (*OLG Stuttgart* DNotZ 2006, 302; *LG Leipzig* DB 2006, 885), soweit bei der GmbH das Insolvenzverfahren nicht eröffnet wurde. Die Vermeidung der Insolvenz wird allerdings mit der Übernahme der Verbindlichkeiten der Ausgangsgesellschaft „erkauft". Eine Strafbarkeit wegen Verletzung der Insolvenzantragspflicht lässt sich auf diese Weise nicht mehr rückwirkend beseitigen. Die Maßnahme kann darüber hinaus dann nach §§ 283 ff. StGB („Beiseiteschaffen") strafbar sein, wenn der aufnehmende Alleingesellschafter die Krise nicht beendet/beenden kann und es dann doch zur Eröffnung des Insolvenzverfahrens kommt (*Heckschen* DB 2005, 2283, 2288).

12. Verschmelzung im Konzern

114 Die große Mehrzahl der Umwandlungsfälle betrifft Konzernkonstellationen. Gerade innerhalb von Großunternehmen mit Konzernstrukturen findet eine große Zahl von Umstrukturierungsmaßnahmen statt. Dieser Tatsache trägt das Umwandlungsrecht durch

II. Verschmelzung

zahlreiche Ausnahmen vom gewöhnlichen Verschmelzungsablauf Rechnung. Schutzregelungen zugunsten von Minderheiten haben in Konzernkonstellationen keine Geltung. So sind der Verschmelzungsbericht (§ 8 III 1 Alt. 2 UmwG), die Verschmelzungsprüfung (§ 9 III UmwG) und der Prüfungsbericht (§ 12 III UmwG) nicht erforderlich. Das gilt jedoch nur, soweit sich sämtliche Anteile in der Hand des übernehmenden Rechtsträgers befinden. Im Übrigen gestattet das Gesetz jedoch den Verzicht auf derartige, den außenstehenden Anteilseigner schützende Regelungen wie den Verschmelzungsbericht und/oder die Verschmelzungsprüfung. Für andere Schutzregelungen wie das Barabfindungsangebot lässt die Lehre ebenfalls einen Verzicht zu (Widmann/Mayer/*Wälzholz* § 29 Rn. 38)

a) Kapitalerhöhungsverbote und -gebote

Eng mit dem Dogma der Anteilsgewährungspflicht verbunden sind die **Kapitalerhöhungsverbote** und -gebote. Die §§ 54, 68 UmwG regeln Fallgruppen, in denen eine Kapitalerhöhung im Zuge der Umwandlung unzulässig ist. Eine Kapitalerhöhung darf nach §§ 54 I 1 Nr. 1, 2, 68 I 1 Nr. 1, 2 UmwG nicht stattfinden, wenn der aufnehmende Rechtsträger alle Anteile des übertragenden Rechtsträgers hält (up-stream-merger) oder der übertragende Rechtsträger eigene Anteile hält. Dadurch soll vermieden werden, dass durch die Verschmelzung eigene Anteile des übernehmenden Rechtsträgers entstehen (vgl. *Ihrig* ZHR 60 (1996), 317). Folglich ist auch der Anspruch auf Umtausch/Gewährung von Anteilen nach § 20 I Nr. 3 UmwG ausgeschlossen. Der Verschmelzungsvertrag muss dann folglich keine Angaben zur Anteilsgewährung und zum Umtauschverhältnis machen. Ebenfalls ausgeschlossen ist eine Kapitalerhöhung, wenn der übertragende Rechtsträger Anteile am aufnehmenden Rechtsträger hält, die noch nicht voll eingezahlt sind. Hier besteht jedoch eine Anteilsgewährungspflicht. Um diesen Zielkonflikt zu lösen müssen diese Anteile durch Verkauf oder Einzahlung beseitigt werden. Andernfalls würden sich Gläubiger und Schuldner des Einlageanspruchs in der aufnehmenden Gesellschaft vereinigen und entgegen der Kapitalerhaltungsgrundsätze erlöschen. 115

Ein **Kapitalerhöhungswahlrecht** besteht, wenn die aufnehmende Gesellschaft eigene Anteile oder der übertragende Rechtsträger voll eingezahlte Anteile an der aufnehmenden Gesellschaft hält (down-stream-merger, §§ 54 I 2, 68 I 2 UmwG), da die Anteilsgewährung dann aus diesen Anteilen erfolgen kann. Diese Wahlrecht kann jedoch zu einem **Kapitalerhöhungsgebot** erstarken, soweit diese Anteile nicht ausreichen um alle Anteilseigner des übertragenden Rechtsträgers gemäß des festgesetzten Umtauschverhältnis zu beteiligen (Widmann/Mayer/*Mayer* § 5 Rn. 38; Kallmeyer/*Kallmeyer* § 54 Rn. 11; vgl. zur steuerlichen Betrachtung des down-stream-mergers *Rödder/Wochinger* DStR 2006, 684; *Mayer/Weiler* DB 2007, 1235; *Haritz/von Wolff* GmbHR 2006, 340). Die Anteile müssen eine angemessene Gegenleistung für den Verlust der Beteiligung am übertragenden Rechtsträger sein, was etwa bei einer Verpfändung oder anderen Rechten Dritter nicht der Fall ist (str., wie hier Kallmeyer/*Kallmeyer* § 54 Rn. 11; a. A. Widmann/Mayer/*Mayer* § 5 Rn. 40.2). 116

Nach wohl herrschender Meinung kann die **Übernahme von Schulden** der Muttergesellschaft durch die Tochtergesellschaft beim **down-stream-merger** deren Kapitalerhaltungsregeln verletzen (Widmann/Mayer/*Mayer* § 5 Rn. 40.1; Semler/Stengel/*Moszka* § 24 Rn. 48). Gerät eine **GmbH** in Folge der Verschmelzung in eine Unterbilanz, könnte eine verbotene Einlagenrückgewähr vorliegen (Lutter/*Priester* § 24 Rn. 62). Zwar erfolgt nach h. L. § 20 I Nr. 3 UmwG ein „Direkterwerb" der Anteile an der Tochtergesellschaft durch die Gesellschafter der Mutter, eine Leistung der Tochter an ihre Gesellschafter findet also nicht statt (Semler/Stengel/*Reichert* § 54 Rn. 16 m.w.N.). Die Übertragung negativen Vermögens sei jedoch „wirtschaftlich" als unzulässige Rückzahlung an die Anteilsinner der übertragenden Gesellschaft aus dem Gesellschaftsvermögen der aufnehmenden Gesellschaft anzusehen, wenn diese dadurch in die Unterbilanz fällt. Von dem 117

Rückzahlungsverbot des § 30 GmbHG sind nach h. M. weitgehend Leistungen aller Art erfasst, nicht nur Geldzahlungen. Die Übertragung negativen Vermögens könnte daher eine solche Auszahlung darstellen, da die Tochtergesellschaft keine adäquate Gegenleistung für die Übernahme der Schulden der Muttergesellschaft. Mit dem Eintritt der Unterbilanz oder der Überschuldung greife der Verbotstatbestand des § 30 GmbHG ein. Auch läge hierin eine Umgehung der Grundsätze einer regulären Liquidation (vgl. Widmann/Mayer/*Mayer* § 5 Rn. 40.1; DAI/*Mayer*, Umwandlungsrecht in der notariellen Praxis, Rn. 103). Richtigerweise kann jedoch weder in der Gewährung von Geschäftsanteilen noch in der Befreiung von Verbindlichkeiten der Mutter eine Rückzahlung i.S.d. § 30 I GmbHG gesehen werden. Aufgrund des Direkterwerbs der Beteiligung an der Tochtergesellschaft fehlt es an einer „Auszahlung" der übernehmenden Gesellschaft, diese leistet selbst nichts an den Gesellschafter. Der Anteilstausch findet nur auf Gesellschafterebene statt (Widmann/Mayer/*Mayer* § 5 Rn. 37; Lutter/*Winter* § 54 Rn. 15). Auch wirtschaftlich bleiben die Schulden nach der Verschmelzung den neuen Anteilseignern der übernehmenden Gesellschaft zugeordnet. Im Saldo findet keine wirtschaftliche Begünstigung der Gesellschafter statt. Auch bei einer zweifellos zulässigen Verschmelzung in umgekehrter Richtung ergibt sich im Vergleich kein Unterschied für die Anteilseigner (*Hügel*, Verschmelzung und Einbringung, Rn. 629, 645). Dem wird jedoch entgegengehalten, dass die Muttergesellschaft im Ganzen der Tochter gegenüberstünde, dabei müssten Leistung und Gegenleitung in einem angemessenen Verhältnis stehen (*Sauer* öNotZ 1995, 169).

In Anbetracht der starken Literaturmeinung, die einen Verstoß gegen §§ 30, 31 GmbHG annimmt, sollten daher eine mögliche Unterbilanz der aufnehmenden Gesellschaft geprüft und ggf. Maßnahmen getroffen werden, um den Anwendungsbereich der §§ 30, 31 GmbHG von vornherein ausschließen. Verbleibt nach der Verschmelzung ein freies Eigenkapital oberhalb der Stammkapitalziffer, so kann ein down-stream-merger ohne Bedenken durchgeführt werden.

118 Verstöße gegen die Kapitalerhaltungsvorschriften in der GmbH können auf unterschiedlichen Wegen abgewendet werden. Bilanziell kann eine Aufdeckung stiller Reserven erfolgen oder das Stammkapital herabgesetzt werden. Ebenso kann eine Unterbilanz durch direkte Zahlungen der Gesellschafter der Muttergesellschaft an die Tochtergesellschaft abgewendet werden (Sagasser/Bula/Brünger/*Bula/Pernegger* § 10 Rn. 178), zum gleichen Ergebnis führt auch ein Verzicht der Anteilseigner der Mutter- auf Gesellschafterdarlehen gegenüber der Tochtergesellschaft. Die Tochtergesellschaft erhält dann in Form der Zahlung oder des Verzichts eine äquivalente Gegenleistung für die Übernahme der Verbindlichkeiten (Widmann/Mayer/*Mayer* § 5 Rn. 40.1). Auch eine Zahlung in die Rücklage der Muttergesellschaft kann ein taugliches Gegengewicht zu den Verbindlichkeiten bilden und so eine Unterbilanz nach Verschmelzung abwenden.

119 Für die **Aktiengesellschaft** stellt § 57 AktG das Äquivalenzgebot auf, wonach einer Leistung an die Aktionäre eine angemessene Gegenleistung gegenüberstehen muss. Dies ist nicht der Fall, wenn durch die Verschmelzung per saldo negatives Vermögen übertragen wird, der Übertragung der Anteile an der Tochtergesellschaft zugunsten der Aktionäre der Muttergesellschaft also keine angemessene Gegenleistung gegenübersteht (Schmidt/Lutter/*Fleischer* § 57 AktG Rn. 11 ff.; Semler/Stengel/*Schröer* § 5 Rn. 135). Es wird vertreten, dass § 57 AktG nur den Entzug von Haftungssubstrat verhindern soll (*Bock* GmbHR 2005, 1027), dem wird jedoch die gleiche Begründung entgegengehalten wie bei der GmbH. Nach anderer Auffassung ist eine Verschmelzung niemals möglich, wenn die Muttergesellschaft mehr Verbindlichkeiten als Aktivvermögen aufweist, es käme dann nur ein Formwechsel der Tochtergesellschaft in eine GmbH in Frage, die die oben dargestellten Gestaltungsmöglichkeiten bietet (*Mertens* AG 2005, 785). Ebenso wird vertreten, dass zwar eine Aufdeckung von Rücklagen wegen §§ 58–60 AktG im Gegensatz zur GmbH nicht möglich sei, jedoch die Anteile der Aktionäre nur in dem Maße umzutauschen, das sich unter Berücksichtigung der tatsächlichen Werte der verschmelzenden Gesellschaften ergibt (Widmann/Mayer/*Mayer* § 5 Rn. 40.1). Die Anteilseigner der Muttergesellschaft können der Tochtergesellschaft aber auch eine angemessene Gegenleistung zukommen lassen (*Sauer* öNotZ 1995, 169)

Es lässt sich feststellen, dass der Wortlaut des § 30 GmbHG und des § 57 AktG keinen eindeutigen und zwingenden Hinweis auf einen Verstoß des down-stream-mergers gegen die Regelungen des Eigenkapitalersatzes geben. In Anbetracht des derzeitigen Meinungsstandes und der drohenden Haftung der Gesellschafter ist aber zu Kompensationsregelungen zu raten, wenn die Zielgesellschaft durch den down-stream-merger in die Unterbilanz gerät. **120**

Mit der Verschmelzung von Schwestergesellschaften (side-step-merger) strebt die Muttergesellschaft oft Einsparungen an, die sich infolge von Synergieeffekten einstellen sollen. Um bei derartigen Verschmelzungen die Kosten einer Kapitalerhöhung zu vermeiden, ist durch das Zweite Gesetz zur Änderung des Umwandlungsgesetzes (BGBl. 2007 I 542) eine Ausnahme von der Pflicht zur Anteilsgewährung zugelassen, wenn alle Anteilseigner des übertragenden Rechtsträgers auf die Anteilsgewährung verzichten, §§ 54 I 3, 68 I 3 UmwG. Die Verzichtserklärungen sind notariell zu beurkunden. Die Verschmelzung von Enkelgesellschaften auf die Muttergesellschaften wird nach h. M. über §§ 54 II 1, 68 II 1 UmwG der Tochter-Mutter-Verschmelzung gleichgestellt. Jedenfalls lässt sich eine Kapitalerhöhung durch den Verzicht auf die Anteilsgewährung (§§ 54 I 3, 68 I 3 UmwG) vermeiden. Bei Aktiengesellschaften sind die aktienrechtlichen Mitteilungspflichten zu beachten. Ist das Enkelgesellschaft eine AG, so ist die abhängige Gesellschaft nach § 20 I AktG von der Mehrheitsbeteiligung (§ 16 I AktG) zu unterrichten. Diese Vorschriften gelten auch in Konzernkonstellationen, wenn mehrstufige Abhängigkeitsverhältnisse bestehen. Die Tochtergesellschaft ist von dieser Pflicht nicht befreit, auch wenn die Muttergesellschaft der Enkelgesellschaft diese Mitteilung schon gemacht hat (*BGH* NJW 2000, 3647). Unterbleibt die Mitteilung, so könnte die Tochtergesellschaft ihre Rechte aus den Aktien nach § 20 VII AktG nicht ausüben, ein dennoch mit deren Stimmen gefasster Umwandlungsbeschluss wäre anfechtbar. **121**

b) Erleichterungen der Konzernverschmelzung

Für Verschmelzungen innerhalb von Konzernen bestimmt das Gesetz eine Reihe von Erleichterungen, die durch das Dritte Gesetz zur Änderung des Umwandlungsgesetzes noch ausgebaut wurden. So kann nun auf die Zwischenbilanz können die Anteilseigner durch notariell beurkundete Erklärung verzichtet werden, § 63 II 5 UmwG. **122**

Es bedarf unter den Voraussetzungen des § 62 I, II UmwG keiner Hauptversammlung einer übernehmenden Aktiengesellschaft, wenn nicht eine 5%-Minderheit dies verlangt. Ein vollständiger Verzicht wurde zwar teils gefordert, dem ist der Gesetzgeber jedoch zu Recht nicht nachgekommen. Die Verschmelzung stellt keine Geschäftsführungsmaßnahme sondern einen organisationsrechtlichen Vertrag dar, als solchem müssen ihm die Anteilseigner grundsätzlich zustimmen. Ebenfalls zutreffen ist die Beschränkung auf Aktiengesellschaften, da es nur hier einen weisungsunabhängigen Vorstand gibt. Bei der GmbH muss die Zuständigkeit bei den Gesellschaftern verbleiben. Wünschenswert wäre dagegen eine Klarstellung gewesen, zu welchem Zeitpunkt die Beteiligungsschwelle von 9/10-tel der Anteile erfüllt sein muss. Teilweise wird auf den Zeitpunkt der Beschlussfassung beim übertragenden Rechtsträger abgestellt (*OLG Karlsruhe* ZIP 1991, 1145; Schmitt/Hörtnagl/*Stratz* § 62 Rn. 7), die überwiegende Literatur spricht sich für den Zeitpunkt der Anmeldung beim Handelsregister (Widmann/Mayer/*Rieger* § 62 Rn. 24; Kallmeyer/*Marsch-Barner* § 62 Rn. 7) oder den Zeitpunkt der Eintragung (Semler/Stengel/*Diekmann* § 62 Rn. 20) aus. **123**

Bei der Verschmelzung einer **100%-igen Tochterkapitalgesellschaft** auf die Mutter-AG ist ein Beschluss der übertragenden Gesellschaft nach § 62 IV 1 UmwG ebenfalls entbehrlich. Zusammen mit der Möglichkeit des § 62 I UmwG könnte die Verschmelzung zu einer Geschäftsführungsmaßnahme werden. Praktisch wird dies jedoch selten gesche- **124** hen, da die Verschmelzung sehr frühzeitig geplant werden müsste, um die Veröffentlichungs- und Informationspflichten (§§ 62 II, III UmwG) zu erfüllen. Wie bei § 62 I UmwG ist ungeklärt, zu welchem Zeitpunkt die Beteiligung von 100% vorliegen muss. Man wird daher dazu raten müssen, den dinglichen Anteilsbesitz an 100% der Anteile zu dem Zeitpunkt herzustellen, zu dem das Verschmelzungsverfahren formell eingeleitet wird. Dies wird häufig der Moment der Unterzeichnung des Vertragsentwurfs, der der Offenlegung nach § 61 I UmwG vorausgeht, sein (Schmitt/Hörtnagl/Stratz/*Stratz* § 62 Rn. 7). Wie die Veröffentlichungspflichten aus § 62 III UmwG tritt auch für die Zuleitung an den Betriebsrat (§ 5 III UmwG) an die Stelle der Anteilseignerversammlung der Abschluss des Verschmelzungsvertrages, § 62 IV 3, 4 UmwG.

c) Verschmelzungsrechtlicher Squeeze-out nach § 62 V UmwG

125 Ebenfalls durch das dritte Gesetz zur Änderung des Umwandlungsgesetzes wurde 2011 der **verschmelzungsrechtliche Squeeze-out** eingeführt (dazu *Bungert/Wettich* DB 2011, 1500; *Neye/Kraft* NZG 2011, 681). Hierbei handelt es sich um einen nach § 62 V UmwG modifizierten aktienrechtlichen Squeeze out. Wesentlicher Unterschied ist die Absenkung des Schwellenwertes auf 90% des Grundkapitals, wobei dieser Anteil jedoch vom übernehmenden Rechtsträger selbst gehalten werden muss, eine Zurechnung erfolgt im Gegensatz zu § 327a AktG nicht. Übernehmender und übertragender Rechtsträger müssen jeweils Aktiengesellschaften, KGaA oder SE sein. Der Verschmelzungsvertrag muss den Ausschluss bereits ankündigen, der Squeeze-out-Beschluss muss innerhalb von drei Monaten nach Beurkundung des Vertrages erfolgen. Hierbei sind die Berichtspflichten und weiteren Voraussetzungen nach §§ 327a ff. zu erfüllen, die Informationspflichten nach § 62 III UmwG sind nach Vertragsschluss für einen Monat zu erfüllen. Für die Verschmelzung ist dann nach § 62 IV 2 UmwG kein weiterer Beschluss des übertragenden Rechtsträgers mehr erforderlich. Der Beschluss des übernehmenden Rechtsträgers kann nach § 62 I, II UmwG entbehrlich sein. Die Durchführung der Verschmelzung ist Bedingung für die Wirksamkeit des Squeeze-outs, diese Bedingung ist im Handelsregister einzutragen (§ 62 V 7 UmwG). Auch wenn nach dem Gesetzeswortlaut der Ausschluss erst gleichzeitig mit der Verschmelzung wirksam wird, nicht bereits eine logische Sekunde zuvor (so *Neye/Kraft* NZG 2011, 681, 683), finden dennoch die Regelungen zu Mutter-Tochter-Verschmelzungen Anwendung. Im Verschmelzungsvertrag sind daher Regelungen zu den ausgeschlossenen Minderheitsgesellschaftern nach § 5 II UmwG entbehrlich, ebenso sind Verschmelzungsbericht und -prüfung nicht erforderlich, §§ 8 III, 9 III UmwG (*Bungert/Wettich* DB 2011, 1500).

126 Da der Gesetzgeber die Einführung des § 62 V UmwG nicht genutzt hat um die Schwellenwerte für Squeeze-outs einheitlich auf 90% des Grundkapitals abzusenken, wird diskutiert, ob deshalb eine besondere, über die formalen Voraussetzungen hinausgehende sachliche Rechtfertigung für den verschmelzungsrechtlichen Squeeze-out abzuleiten ist. Dies ist abzulehnen, die Grenze bleibt ein rechtsmissbräuchliches Verhalten des übernehmenden Rechtsträgers, dessen Voraussetzungen jedoch sehr eng zu ziehen sind (vgl. Kap. D III. Rn. 364f.). Der während des Gesetzgebungsverfahrens diskutierte Fall eines Squeeze-outs ohne nachfolgende Verschmelzung wurde durch § 62 V 7 UmwG ausgeschlossen. Daneben werden die Holdingbildung und der Formwechsels zur Ermöglichung des Squeeze-outs diskutiert. Die Holdingbildung (Ausgliederung der Anteile aus der Mutter auf eine Tochter mit nachfolgender Verschmelzung der AG auf diese Tochter) wird von manchen als nicht den Zielen des Gesetzes entsprechend abgelehnt (*Wagner* DStR 2010, 1629, 1634). Nach der Rechtsprechung des *BGH* zur Wertpapierleihe (NZG 2009, 585), die im Gesetzgebungsverfahren hätte berücksichtigt werden können, und dem Schweigen des Gesetzes zu den Zielen des Squeeze-outs lässt sich dies nicht halten (*Heckschen* NJW 2011, 2390, 2393; *Goslar/Mense* GWR 2011, 275; *Bungert/ Wettich* DB 2011, 1500). Eine Vereinfachung von Konzernstrukturen als Voraussetzung findet im Gesetz keine Stütze. Bis zu einer höchstrichterlichen Klärung ist jedoch sicherheitshalber anzuraten, derartige Maßnahmen nicht im unmittelbaren zeitlichen Zusammenhang durchzuführen. Auch ein Formwechsel in die AG mit anschließendem Squeezeout scheint unter diesen Umständen nicht rechtsmissbräuchlich, sondern als Nutzung der vom Gesetzgeber bereitgestellten Möglichkeiten (*Goslar/Mense* GWR 2011, 275; *Heckschen* Gesellschaftsrechtliche Jahresarbeitstagung DAI 2011, 114, 134; *Wagner* DStR 2010, 1629, *OLG Hamburg* NZG 2012, 944). Soweit die Rechtsprechung Gestaltungen zur Herbeiführung einer Situation, die den Verschmelzungsrechtlichen Squeeze-out ermöglicht (Formwechsel in AG, „Umhängen" von Beteiligungen, Holdingbildung) zu beurteilen hatte, hat sie diese nicht als rechtsmissbräuchlich angesehen und die neue Rechtslage als verfassungsgemäß beurteilt (*OLG Hamburg* NZG 2012, 944). Die Maßnahmen können auch mit einer Wertpapierleihe kombiniert werden, um für die Dauer des Verfahrens 90% der Anteile in der Hand einer AG zu bündeln (vgl. *BGH* NZG 2009, 585).

Das Verfahren gestaltet sich wie folgt (vgl. *Bungert/Wettich* DB 2011, 1500): **127**
– Übertragungsverlangen durch den Hauptaktionär (ggf. ad-hoc-Mitteilung), § 15 I WpHG und Vorbereitung des Ausschlusses durch den Hauptaktionär.
– Abschluss eines notariellen Verschmelzungsvertrages. Dieser muss neben den üblichen Bestimmungen nach § 5 UmwG auch die Aussage enthalten, dass im Zusammenhang mit der Verschmelzung ein Ausschluss der Minderheitsaktionäre der übertragenden Gesellschaft im Wege des Squeeze-out gem. § 62 V 2 UmwG erfolgen soll. In den Verschmelzungsvertrag sollte als weitere Bedingung aufgenommen werden, dass auch die Verschmelzung nur wirksam werden soll, wenn der Squeeze-out wirksam wird. Dies entspricht in der Regel dem Willen der Beteiligten. Darüber hinaus wird so gewährleistet, dass es sich schlussendlich um eine Verschmelzung der Tochter- auf die Muttergesellschaft handelt. Ein Verschmelzungsbericht, eine Verschmelzungsprüfung und Angaben zum Umtauschverhältnis sind nicht notwendig.
– Durchführung des Squeeze-out im Wege des Beschlusses, der binnen drei Monaten seit Beurkundung des Verschmelzungsvertrages zu fassen ist. Im Rahmen des Squeeze-out sind die entsprechenden Berichte gem. § 327c AktG zu erstellen und die Voraussetzungen gem. § 327a f. AktG einzuhalten.
– In der weiteren Durchführung der Verschmelzung nach dem Squeeze-out sind Verschmelzungsbericht und Verschmelzungsprüfung entbehrlich (§ 62 IV 1, 2 i. V. m. §§ 8 III 1, 9 III UmwG), auch ein Verschmelzungsbeschluss auf Seiten des übertragenden Rechtsträgers ist nicht erforderlich, § 62 IV 2 UmwG. Auf Seiten des übernehmenden Rechtsträgers kann ein Beschluss nach § 62 I UmwG entbehrlich sein.
– Durchführung der Verschmelzung als Bedingung des Squeeze-out.

13. Verschmelzung in der Krise

a) Überschuldete Rechtsträger

Umwandlungs- und Umstrukturierungsmaßnahmen werden nicht nur von „gesunden" Unternehmen genutzt, vielmehr werden solche Maßnahmen auch von Unternehmen in der Krise oder zur lautlosen Liquidation eingesetzt (*Heckschen* ZInsO 2008, 824). Zu der in der kautelarjuristischen Praxis häufigen Frage, inwieweit überschuldete Rechtsträger an einer Verschmelzung beteiligt sein können, sind bislang nur wenige gerichtliche Entscheidungen ergangen (*OLG Frankfurt* DB 1998, 917; *OLG Stuttgart* DB 2005, 2681; *LG Leipzig* DB 2008, 885). Das Problem liegt in der Regel im Fehlen werthaltigen Vermögens der überschuldeten Gesellschaft, weshalb eine Verschmelzung mit Kapitalerhöhung ausscheidet. Die Frage ist anhand der Gesetzessystematik des UmwG und durch Unterscheidung zwischen verschiedenen Verschmelzungsmöglichkeiten zu beantworten. **128**

129 Soll eine überschuldete auf eine „gesunde" Gesellschaft verschmolzen werden, ist die Hürde der Anteilsgewährungspflicht (dazu *Heckschen* DB 2008, 1363) durch die Möglichkeit des Verzichts (§§ 54 I 3, 68 I 3 UmwG) regelmäßig ausgeräumt (vgl. *Baßler* GmbHR 2007, 1252). Auch bei der Konzernverschmelzung ist eine Kapitalerhöhung nach §§ 54 I 1 Nr. 1, 68 I 1 Nr. 1 UmwG nicht erforderlich (dazu Rn. 115 ff.). Das Verschmelzungsrecht sieht keinen Grundsatz vor, dass nur positives Vermögen verschmolzen werden kann (vgl. DNotI – Gutachten des Deutschen Notarinstituts, Gutachten zum Umwandlungsrecht 1996/97, Band IV, Nr. 20, S. 148 f.; *Heckschen* DB 1998, 1385). Es ist daher davon auszugehen, dass eine Mutter-Tochter-Verschmelzung auch ohne Kapitalerhöhung bzw. -herabsetzung möglich ist, zumal die Kapitalerhöhung mit Anteilstausch gem. § 54 I 1 Nr. 1 UmwG sogar verboten ist (DNotI – Gutachten des Deutschen Notarinstituts, Gutachten zum Umwandlungsrecht 1996/97, Band IV, Nr. 20, S. 149). Eine solche Konzernverschmelzung kann erfolgen, indem der später aufnehmende Rechtsträger zunächst alle Anteile an der überschuldeten, übertragenden Gesellschaft erwirbt und so die Voraussetzungen des § 54 I 1 Nr. 1 UmwG herbeiführt (zur Problematik des down-stream-merger vgl. Rn. 117 ff.).

130 Wird hingegen eine beim übernehmenden Rechtsträger eine Kapitalerhöhung durchgeführt, so stellt sich die Frage der **Differenzhaftung**, falls der übertragende Rechtsträger überbewertet wurde. Für die Aktiengesellschaft hat die Rechtsprechung eine solche Differenzhaftung abgelehnt (*BGH* NZG 2007, 513; Revisionsentscheidung zu *OLG München* NZG 2006, 73), da es an einer rechtlichen Grundlage fehlt. Die Vorschriften der §§ 188 II 1, 36a II 3 AktG für die Kapitalerhöhung einer AG seien nach § 69 I 1 UmwG nicht anwendbar. Auch enthalte keiner der für die Durchführung der Verschmelzung Beschlüsse eine Einlageverpflichtung der Anteilsigner, der für die Differenzhaftung jedoch erforderlich sei. Auch träfe eine Differenzhaftung möglicherweise Aktionäre, die sich an der Beschlussfassung nicht beteiligt oder gegen die Verschmelzung gestimmt haben, was dem Aktienrecht jedoch fremd sei.

In der Literatur wird die Haftung der Anteilsigner des übertragenden Rechtsträgers dagegen zum Teil bejaht (*Thoß* NZG 2006, 376; *Wälzholz* AG 2006, 469; Widmann/Mayer/*Mayer* § 55 Rn. 80). Die Kapitalerhöhung bei der Verschmelzung sei notwendigerweise eine Sachkapitalerhöhung, aus Gründen des Gläubigerschutzes sei eine Differenzhaftung erforderlich wenn der Wert der Einlage den Nennbetrag der Geschäftsanteile bzw. den geringsten Ausgabebetrag der Aktien nicht erreiche. Das der übertragende Rechtsträger und nicht die Anteilsigner die Einlage schuldet, könne dem nicht entgegengehalten werde da letztere die Anteile am übernehmenden Rechtsträger erhalten. Rechtliche Grundlage der Haftung soll die entsprechende Anwendung von § 56 II GmbHG i. V. m. § 9 I GmbHG sein. Diese Haftung sei „konstruktionsbedingt", da der übertragende Rechtsträger mit der Eintragung ins Handelsregister erlösche (*Thoß*, NZG 2006, 376). Diese Ansicht verkennt jedoch, dass es an der klaren gesetzlichen Anordnung der Haftung fehlt. Auch der Untergang des übertragenden Rechtsträgers rechtfertigt eine Haftung seiner Anteilsigner nicht, für die Verschmelzung zur Neugründung ordnet § 36 II 2 UmwG sogar an, dass allein die übertragenden Rechtsträger als Gründer anzusehen sind. Nur diese träfe daher die Gründerhaftung gem. § 46 AktG, nicht aber ihre Anteilsigner. Jedenfalls müsste eine Differenzhaftung wie beim Formwechsel auf diejenigen Anteilsigner beschränkt sein, die der Verschmelzung zustimmen (vgl. §§ 219 2 Hs. 1, 245 I Hs. 1 UmwG). Dies gilt für die verschuldensabhängige Gründerhaftung und müsste dann erst recht für die verschuldensunabhängige Differenzhaftung gelten (*Thoß* NZG 2006, 376; a. A. Semler/Stengel/*Reichert* § 55 Rn. 11; Widmann/Mayer/*Mayer* § 55 Rn. 82). Für die GmbH wird dagegen der Vergleich zur normalen Barkapitalerhöhung vorgebracht, bei der nach h. M. ein Beschluss mit ¾-Mehrheit ausreicht, auch wenn die alten Gesellschafter für Fehlbeträge bei den neuen Geschäftsanteilen haften.

II. Verschmelzung

> **Praxishinweis:**
>
> Während der *BGH* (NZG 2007, 513) die Rechtslage für die aufnehmende Aktiengesellschaft vorerst geklärt hat, hat dieser die Frage für die aufnehmende GmbH ausdrücklich offen gelassen. Als Rechtsgrundlage wären § 56 II GmbHG i.V.m. § 9 I GmbHG i.V.m. § 55 I UmwG zwar grundsätzlich anwendbar, eine Einlageerklärung der Anteilseigner liegt aber auch hier nicht vor. Für die Beratungspraxis bleibt daher eine erhebliche Rechtsunsicherheit, auf die hinzuweisen ist.

Sind Minderheitsgesellschafter am aufnehmenden Rechtsträgers beteiligt, so kann ein Verschmelzungsvertrag wegen Verstoßes gegen die gesellschaftsrechtliche Treuepflicht und/oder wegen Sittenwidrigkeit nichtig sein, wenn den Anteilseignern des übertragenden Rechtsträgers unverhältnismäßige Vorteile zu Lasten der Anteilseigner des übernehmenden Rechtsträgers eingeräumt werden (*LG Mühlhausen* DB 1996, 1967). Dies muss im umgekehrten Fall der Verschmelzung einer gesunden Gesellschaft auf eine überschuldete Gesellschaft ebenso gelten. Vom Registergericht ist dies jedoch nicht zu prüfen (*OLG Naumburg* NJW-RR 1998, 178). Lediglich bei positiver Kenntnis des Registergerichts von der Insolvenz der übertragenden Gesellschaft oder der Insolvenz der aufnehmenden Gesellschaft durch die Verschmelzung, etwa durch eine Schutzschrift, kann dieses eine Eintragung ablehnen, wenn hier eine strafbare Handlung i.S.d. 283 StGB vorliegt (Widmann/Mayer/*Mayer* § 55 Rn. 83.13). **131**

Auch die **Verschmelzung auf den Alleingesellschafter** nach § 120 UmwG steht der überschuldeten GmbH offen (*Heckschen* ZInsO 2008, 824). Zum Teil wird diese Möglichkeit in der Literatur unter Verweis auf § 152 S. 2 UmwG, der die Ausgliederung im Fall des überschuldeten Einzelkaufmanns verbietet, verneint. Begründet wird dies mit weiter mit Nachteilen für die Gläubiger des Alleingesellschafters und für die Gesellschaft, die um die Vorteile des Insolvenzverfahrens gebracht wird sowie mit einer Umgehung der Insolvenzantragspflicht (Lutter/*Karollus* § 120 Rn. 21). Auch eine Entscheidung des *BayObLG* (DNotZ 1999, 145 m. Anm. *Limmer*), das die Verschmelzung einer aufgelösten und überschuldeten GmbH als unzulässig ansieht, wird zur Begründung herangezogen. Nach der h. M. steht die Überschuldung der Verschmelzung auf den Alleingesellschafter jedoch nicht entgegen (*OLG Stuttgart* ZIP 2005, 2066; *LG Leipzig* DB 2006, 885; Widmann/Mayer/*Heckschen* § 120 Rn. 8.6; Schmitt/Hörtnagl/Stratz/*Stratz* § 120 Rn. 4; Semler/Stengel/*Maier-Reimer*/*Seulen* § 120 Rn. 13). Zu Recht wird betont, dass § 120 UmwG keine derartige Einschränkung enthält. Der Gesetzgeber hat die Fälle, in denen eine Umwandlung wegen Überschuldung ausgeschlossen sein soll ausdrücklich geregelt, etwa in § 152 S. 2 UmwG. In allen anderen Fällen wollte der Gesetzgeber die sanierende Verschmelzung gerade nicht ausschließen (Widmann/Mayer/*Heckschen* § 120 Rn. 8.8; *OLG Stuttgart* ZIP 2005, 2066; *LG Leipzig* DB 2006, 885). Der Schutz der Gläubiger wird über § 22 UmwG und die haftungs- und strafrechtlichen Konsequenzen der Insolvenzverschleppung realisiert, ein darüber hinausgehender Schutz ist nicht notwendig und kann vom Registergericht auch nicht geleistet werden (*OLG Stuttgart* ZIP 2005, 2066). Nachteile für die Gläubiger des Alleingesellschafters sind als allgemeines Geschäftsrisiko hinzunehmen. Ein Schuldner ist nicht verpflichtet sein Vermögen für den Zugriff der Gläubiger zu erhalten, er kann durchaus Geschäfte tätigen, die für ihn ungünstig sind. Die Gläubiger werden durch die Regeln der Kapitalerhaltung, bei Privatpersonen über die Anfechtungsregeln nach Anfechtungsgesetz und InsO geschützt. Auch dem Beschluss des *BayObLG* (DNotZ 1999, 145 m. Anm. *Limmer*) kann nichts Gegenteiliges entnommen werden. Es befasste sich mit der Frage, ob eine durch Gesellschafterbeschluss aufgelöste, überschuldete Gesellschaft fortgesetzt werden könne und damit verschmelzungsfähiger Rechtsträger nach § 3 III UmwG sein kann. Zur Frage der Verschmelzung bei Überschuldung nach § 120 UmwG hat sich das Gericht nicht geäußert. **132**

Das Gericht erkennt auch die regelmäßigen Vorteile für die Gesellschaftsgläubiger, denen nach der Verschmelzung eine größere Haftungsmasse zur Verfügung steht (Widmann/Mayer/*Heckschen* § 120 Rn. 8.6; *Heckschen* ZInsO 2008, 824).

Gleiches gilt im umgekehrten Fall einer Verschmelzung auf den überschuldeten Alleingesellschafter. Es ist zwar zuzugeben, dass der nachgelagerte Gläubigerschutz nach § 22 UmwG hier nur unvollständig gewährleistet ist. Da die Sicherheitsleistung dem gesunden Ausgangsrechtsträger nicht mehr möglich ist, wird in Anlehnung an den Fall des § 152 S. 2 UmwG teils eine Unzulässigkeit dieser Verschmelzungsvariante angenommen (Semler/Stengel/*Maier-Reimer/Seulen* § 120 Rn. 26). Dem ist aber wiederum entgegenzuhalten, dass der Gesetzgeber auch in dieser Hinsicht gerade keine Schranken gegen die Verschmelzung aufgestellt hat, obwohl ihm das Problem in Hinblick auf §§ 152, 154, 160 II UmwG wohl bekannt ist. Eine derartige Begrenzung der Umwandlungsmöglichkeiten ist daher nicht zulässig und verstößt gegen das Analogieverbot, § 1 II UmwG (Widmann/Mayer/*Heckschen* § 1 Rn. 397 ff., 406).

133 Dringend zu beachten sind die Insolvenzstraftatbestände, insb. §§ 283 ff. StGB und § 15a IV InsO (vgl. dazu *Heckschen* NotBZ 1999, 41 und MittRhNotK 1999, 11). Dabei stellt sich zunächst die Frage, ob eine Verschmelzung eines in der Krise befindlichen Unternehmens auf ein drittes Unternehmen oder die Aufspaltung eines solchen Unternehmens ein Beiseiteschaffen von Vermögensbestandteilen im Sinne von § 283 I Nr. 1 StGB darstellt. Dies kann bei sanierenden Verschmelzungen der Fall sein, wenn der Gläubigerzugriff erheblich erschwert wird (vgl. DNotI-Gutachten Nr. 78 531 S. 3), etwa bei bereits titulierten Forderungen. Wenn durch die Umstrukturierungsmaßnahme die Krise der Gesellschaft beseitigt werden soll besteht auch die Gefahr einer Strafbarkeit wegen Insolvenzverschleppung, wenn bei Zahlungsunfähigkeit oder Überschuldung der Antrag auf Eröffnung des Insolvenzverfahrens nicht gestellt wird, § 15a I, IV InsO. Der Antrag ist spätestens drei Wochen nach Eintritt der Zahlungsunfähigkeit oder Überschuldung zu stellen. Wird die Krise nicht innerhalb dieser Frist beseitigt oder zeigt sich bereits vor Ablauf der Frist die Erfolglosigkeit der Sanierung, so ist die Eröffnung des Insolvenzverfahrens zu beantragen. Die kurze Frist macht deutlich, dass in der Praxis Sanierungsmaßnahmen bereits im Vorfeld der Krise begonnen oder nach Eröffnung des Insolvenzverfahrens im Insolvenzplanverfahren erfolgen sollten.

b) Rechtsträger in Insolvenz

134 Die InsO schließt die Sanierung im Vorfeld des Insolvenzverfahrens nicht aus. § 19 II 2 InsO setzt eine negative Fortführungsprognose des Unternehmens voraus. Die geplante Sanierung durch Umstrukturierung kann diese Fortführung überwiegend wahrscheinlich erscheinen lassen, so dass der Insolvenzgrund entfällt (Kübler/Prütting/*Pape* § 19 InsO Rn. 16 ff.). Im Zeitraum zwischen Antragstellung auf Eröffnung des Insolvenzverfahrens und der Verfahrenseröffnung selbst sind Umwandlungsmaßnahmen zulässig (*Heckschen* ZInsO 2008, 824; DB 2005, 2675 und in FS Widmann, 2000, S. 31). Es sind hierbei die Vorschriften der InsO bereits zu beachten, um eine spätere Anfechtbarkeit bspw. nach §§ 132, 133 InsO oder dem Anfechtungsgesetz zu vermeiden. Auch sind dringend strafrechtliche Aspekte zu beachten.

135 Nach Eröffnung des Insolvenzverfahrens und bis zur Beendigung des Verfahrens ist die Beteiligung an Umwandlungsmaßnahmen dagegen nach h. M. ausgeschlossen (Lutter/*Lutter/Drygala* § 3 Rn. 17; Widmann/Mayer/*Fronhöfer* § 3 Rn. 55). Dies ist zwar weder im Umwandlungsgesetz noch in der Insolvenzordnung ausdrücklich geregelt, der Vorrang des sog. Konkursbeschlags war jedoch schon unter der Konkursordnung anerkannt. Das UmwG selbst lässt nur in § 3 III UmwG Rückschlüsse auf das Verhältnis zur InsO zu. Die Beteiligung an einer Umwandlung als übertragender Rechtsträger ist danach zulässig, wenn auch die Fortsetzung beschlossen werden könnte. Dies ist im Regelinsolvenzverfahren nur dann möglich, wenn das Insolvenzverfahren auf Antrag des

Schuldners eingestellt wurde. Während des eröffneten Regelinsolvenzverfahrens sind Umwandlungsmaßnahmen daher nicht möglich.

Anders als im Regelinsolvenzverfahren können jedoch im **Insolvenzplanverfahren** sanierende Umwandlungsmaßnahmen organisiert und verpflichtend vorbereitet werden. Mit Inkrafttreten des Gesetzes zur Erleichterung der Sanierung von Unternehmen zum 1.3.2012 (ESUG, BGBl. 2011 I 2582) sind zahlreiche Änderungen der Insolvenzordnung vorgenommen wurden, die nunmehr Umwandlungsmaßnahmen eines insolventen Rechtsträgers im Rahmen eines Insolvenzplans möglich werden lassen. Diese betreffen vor allem die Möglichkeit der Einbeziehung der Anteilsrechte der am Schuldner beteiligten Personen in den Insolvenzplan gem. § 225a I InsO und der Regelung der Fortsetzung der Gesellschaft innerhalb des Insolvenzplans gem. § 225a III InsO. Damit wurden wesentliche Hemmnisse beseitigt, die bisher einer verpflichtenden Organisation und Durchführung von Umwandlungsmaßnahmen entgegenstanden. Die notwendige Beteiligung eines nicht in Insolvenz befindlichen Dritten bedingt es allerdings, dass das Umwandlungsvorhaben nicht gänzlich im Rahmen des Planverfahrens erfolgen kann, sondern der Verschmelzungs- bzw. Spaltungsvertrags selbst erst nach Bestätigung und Rechtskraft des Insolvenzplans und Aufhebung des Insolvenzverfahrens notariell beurkundet werden kann (hierzu Widmann/Mayer/*Heckschen* § 13 Rn. 149.6; a. A. *Madaus* ZIP 2012, 2133, der auch die notarielle Beurkundung durch die Planbestätigung als ersetzt ansieht). 136

Im Einzelnen ist bei der Umwandlung im Rahmen eines Insolvenzplans folgende Vorgehensweise zu beachten: 137

(1) Zunächst ist in einem ersten – insolvenzrechtlichen – Schritt ein Insolvenzplan aufzustellen. Der Insolvenzplan muss u. a. sowohl den Entwurf des Verschmelzungs- bzw. Spaltungsvertrags als auch die maßgeblichen Beschlüsse zur Umwandlungsmaßnahme des insolventen Rechtsträgers enthalten (Fortsetzungs- und Zustimmungsbeschluss, §§ 217 S. 2, 225a, 254a II InsO) und als Bedingung vorsehen, dass die Anteilsinhaber des nicht insolventen Rechtsträgers dem Entwurf des Verschmelzungs- bzw. Spaltungsvertrags zustimmen. Über diesen Insolvenzplan stimmen sodann die Gesellschaftsgläubiger, ggf. die Anteilsinhaber und der Schuldner ab (§§ 243, 222 InsO).

(2) In einem zweiten – umwandlungsrechtlichen – Schritt stimmen die Anteilsinhaber des nicht insolventen Rechtsträgers über den Entwurf des Verschmelzungs- bzw. Spaltungsvertrags ab. Dieser Zustimmungsbeschluss ist unter die aufschiebende Bedingung der Bestätigung des Insolvenzplans zu stellen (*Limmer*, Unternehmensumwandlung, Teil 5 Rn. 107; *Blasche* GWR 2010, 441).

(3) In einem dritten – insolvenzrechtlichen – Schritt wird der Insolvenzplan durch das Insolvenzgericht bestätigt und das Insolvenzverfahren aufgehoben. Damit ist die Umwandlungsfähigkeit der Gesellschaft wiederhergestellt. Da alle maßgeblichen Beschlüsse des insolventen Rechtsträgers im Insolvenzplan bereits enthalten und mit dessen Bestätigung wirksam geworden sind (§ 254 InsO), ist ein erneuter Zustimmungsbeschluss nicht erforderlich.

(4) Sodann schließen die an der Umwandlungsmaßnahme beteiligten Gesellschaften in einem vierten – umwandlungsrechtlichen – Schritt den notariell zu beurkundenden Verschmelzungs- bzw. Spaltungsvertrag.

(5) Anschließend ist in einem fünften Schritt die Umwandlung anzumelden. Zur Problematik der Beurkundungsbedürftigkeit der Umwandlung im Rahmen eines Insolvenzplanverfahrens vgl. Widmann/Mayer/*Heckschen* § 13 Rn. 149.6.

14. Grenzüberschreitende Verschmelzung von Kapitalgesellschaften

a) Problem der grenzüberschreitenden Verschmelzung/Historische Entwicklung

Eine zentrale Rolle in der Diskussion über die Vereinbarkeit des deutschen Umwandlungsrechts mit den europarechtlichen Vorgaben nahm in der Vergangenheit die Rege- 138 lung des § 1 I UmwG ein. Aus dieser Vorschrift folgt, dass an einer Umwandlung nur Rechtsträger mit *Sitz im Inland* beteiligt werden können. Nicht eindeutig beantwortet werden kann die Frage, ob es sich dabei um den Verwaltungs- oder den Satzungssitz des Unternehmens handelt. Der Gesetzgeber ging bei Schaffung der Norm vom statutarischen Sitz aus und konnte angesichts der seinerzeit noch ganz einhellig vertretenen Sitztheorie auch davon ausgehen, dass sich der Verwaltungssitz eines Unternehmens mit Satzungssitz in Deutschland ebenfalls in Deutschland befindet, zumal ein Auseinanderfallen von Satzungs- und Verwaltungssitz automatisch zur Auflösung der Gesellschaft führte (MünchKomm-IntGesR/*Kindler* Rn. 420). Teilweise wurde eine derartige Gesellschaft in der Rechtsprechung auch als „nullum" bezeichnet (*AG Hamburg* ZIP 2003, 1008, 1009). Umwandlungsfälle über die Grenze hinweg wollte der deutsche Gesetzgeber seinerzeit nicht in den Anwendungsbereich des Umwandlungsgesetzes aufnehmen, um den Bemühungen der EU in Bezug auf eine Rechtsvereinheitlichung nicht vorzugreifen (*Schmahl* WuB 2004, 55).

Auch der *EuGH* hatte sich bereits auf Vorlage des *LG Koblenz* (NZG 2003, 1124) in der Rechtssache SEVIC Systems Aktiengesellschaft gegen Amtsgericht Neuwied (Rs. C-411/03) mit der Frage zu befassen, ob § 1 I UmwG mit der Niederlassungsfreiheit (Art. 43 und 48 EGV) vereinbar ist. In dem zu Grunde liegenden Fall sollte die Security Vision mit Satzungssitz in einem Mitgliedstaat der Europäischen Union auf die SEVIC Systems AG mit Sitz in Deutschland (herein-)verschmolzen werden. Das *AG Neuwied* hatte den Antrag auf Eintragung in das Handelsregister unter Hinweis auf § 1 I Nr. 1 UmwG abgelehnt. Der Generalanwalt *Tizzano* hat in seinem Schlussantrag die Auffassung vertreten, § 19 I i. V. m. § 1 I UmwG verstoße gegen die Niederlassungsfreiheit, da mangels Eintragungsfähigkeit und damit Wirksamkeit einer grenzüberschreitenden Verschmelzung ausländische Gesellschaften benachteiligt werden. In seiner Entscheidung ist der *EuGH* (ZIP 2005, 2311 – „Sevic Systems AG"; hierzu *Kappes* NZG 2006, 101; *Bayer/Schmidt* ZIP 2006, 212; dem Urteil zustimmend *Bungert* BB 2006, 53; *Geyrhalter/Weber* DStR 2006, 146, 147; *Meilicke/Rabback* GmbHR 2006, 123; *Ringe* DB 2005, 2804, 2806 f.; *Schmidt/Maul* BB 2006, 13; *Teichmann* ZIP 2006, 355, 356 f.; krit. *Nagel* NZG 2006, 97, 100; *Oechsler* NJW 2006, 812) der Argumentation des Generalanwalts gefolgt. Der *EuGH* sieht in der genannten Vorschrift des deutschen Umwandlungsgesetzes einen Verstoß gegen die Niederlassungsfreiheit. Er hält die Art. 43, 48 EGV für anwendbar, da hierunter alle Maßnahmen fallen, die den Zugang zu einem anderen Mitgliedstaat als dem Sitzmitgliedstaat und die Ausübung einer wirtschaftlichen Tätigkeit in jenem Staat dadurch ermöglichen oder auch nur erleichtern, dass sie die tatsächliche Teilnahme der betroffenen Wirtschaftsbeteiligten am Wirtschaftsleben des letztgenannten Mitgliedstaats unter denselben Bedingungen gestatten, die für die inländischen Wirtschaftsbeteiligten gelten. Grenzüberschreitende Verschmelzungen entsprächen den Zusammenarbeits- und Umgestaltungsbedürfnissen von Gesellschaften mit Sitz in verschiedenen Mitgliedstaaten und stellten wichtige Modalitäten der Ausübung der Niederlassungsfreiheit dar (vgl. hierzu auch *Kraft/Bron* IStR 2006, 26, 27 f.; *Teichmann* ZIP 2006, 355, 356). Die unterschiedliche Behandlung inländischer und ausländischer Gesellschaften durch das deutsche Umwandlungsgesetz sieht der *EuGH* als eine unzulässige Beschränkung der Niederlassungsfreiheit an (*Kraft/Bron* IStR 2006, 26, 28 stellen insbesondere auf die entstehenden steuerlichen Nachteile ab).

Eine Rechtfertigung der Beschränkung schließt der Gerichtshof aus (vgl. hierzu auch *Kraft/Bron* IStR 2006, 26, 28 ff.). Es könne zwar hilfreich sein, wenn es – wie in der Verschmelzungsrichtlinie vorgesehen – gemeinschaftliche Harmonisierungsvorschriften gäbe, jedoch sei dies nicht Vorbedingung für die Durchführung der Niederlassungsfreiheit. Als Rechtfertigungsgründe kämen grundsätzlich zwingende Allgemeininteressen wie der Schutz der Interessen von Gläubigern, Minderheitsgesellschaftern und Arbeitnehmern sowie die Wahrung der Wirksamkeit der Steueraufsicht und der Lauterkeit des Handelsverkehrs in Betracht. Allerdings gehe der generelle Ausschluss von Rechtsträgern

II. Verschmelzung

mit einem Satzungssitz in einem anderen Mitgliedstaat von Teilnahmen an Umwandlungen über das hinaus, was zum Schutz dieser Allgemeininteressen erforderlich sei.

Mit seiner Entscheidung in Sachen SEVIC hat der *EuGH* jedoch letztlich nur der Umsetzung der Richtlinie 2005/56/EG des Europäischen Parlaments und des Rates vom 26.10.2005 über die Verschmelzung von Kapitalgesellschaften aus verschiedenen Mitgliedstaaten (ABl. EU Nr. L 310 v. 25.11.2005, S. 1) zumindest teilweise vorgegriffen. Durch die Richtlinie wird es Kapitalgesellschaften aus verschiedenen Mitgliedstaaten nunmehr ermöglicht, miteinander zu verschmelzen.

b) Umsetzung der Verschmelzungsrichtlinie vom 26.10.2005 – Die neuen Regelungen im Überblick

Der deutsche Gesetzgeber ist seiner Verpflichtung zur Umsetzung der Richtlinie über die Verschmelzung von Kapitalgesellschaften aus verschiedenen Mitgliedstaaten (ABl. EU Nr. L 310 v. 25.11.2005, S. 1) fristgerecht nachgekommen (§§ 122a bis 122l UmwG) (vgl. *Frenzel* Grenzüberschreitende Verschmelzungen von Kapitalgesellschaften, 2008, S. 11; *Heckschen* DNotZ 2007, 444). **139**

aa) Grenzüberschreitende Verschmelzung, § 122a UmwG. Nach der Definition des § 122a I UmwG liegt eine grenzüberschreitende Verschmelzung vor, wenn mindestens eine der beteiligten Gesellschaften dem Recht eines anderen Mitgliedstaates der Europäischen Union oder eines anderen Vertragsstaates des Abkommens über den Europäischen Wirtschaftsraum unterliegt (Kritik: *Handelsrechtsausschuss Deutscher Anwaltsverein* NZG 2006, 737, 740). Somit sind rein nationale Verschmelzungen oder Verschmelzungen mit Kapitalgesellschaften aus Drittstaaten nicht erfasst (*Müller* NZG 2006, 286, 286). **140**

bb) Verschmelzungsfähige Rechtsträger, § 122b UmwG. Als verschmelzungsfähige Rechtsträger bestimmt § 122b I UmwG die Kapitalgesellschaften, wie sie sich aus Art. 2 Nr. 1 RL 2005/56/EG ergeben. Es handelt sich dabei um die Rechtsformen der GmbH, der AG, der KGaA und der SE mit Sitz in Deutschland. Ausdrücklich ausgeschlossen von grenzüberschreitenden Verschmelzungen werden nach § 122b II UmwG Genossenschaften und Kapitalsammelgesellschaften. Personenhandelsgesellschaften sind ausdrücklich nicht erfasst, müssen jedoch angesichts des Urteils des *EuGH* in der Rechtssache „Sevic" wohl auch mit in Betracht gezogen werden (*Haritz/v. Wolff* GmbHR 2006, 340, 341; *Kallmeyer/Kappes* AG 2006, 224; *Vetter* AG 2006, 613, 616). **141**

cc) Verschmelzungsplan, §§ 122c, 122d UmwG. Abweichend vom innerdeutschen Verschmelzungsrecht wird bei der grenzüberschreitenden Verschmelzung kein Verschmelzungsvertrag, sondern ein gemeinsamer Verschmelzungsplan zugrunde gelegt (*Vetter* AG 2006, 613, 617). **142**

Der Verschmelzungsplan ist gem. § 122c IV UmwG notariell zu beurkunden. Damit ist die Beurkundung durch einen deutschen Notar gemeint. Die Frage der Anerkennung von Beurkundungen im Ausland richtet sich nach den allgemeinen Regeln (*Vetter* AG 2006, 613, 617).

Bezüglich des Inhalts des Verschmelzungsplans hat der deutsche Gesetzgeber in § 122c II UmwG die Angaben, die in Art. 5 S. 2 RL 2005/56/EG aufgeführt sind, vollständig übernommen, so dass insofern § 5 I UmwG verdrängt ist (kritisch hierzu *Müller* NZG 2006, 286, 288). Die in Absatz 2 aufgeführten Angaben sind nicht abschließend und können von den beteiligten Gesellschaften einvernehmlich ergänzt werden.

§ 122d UmwG sieht Regelungen in Bezug auf die Bekanntmachung des Verschmelzungsplanes vor, § 122e UmwG bezieht sich auf den Verschmelzungsbericht und dessen Zuleitung an die Anteilsinhaber und an die Arbeitnehmer der jeweiligen Gesellschaft.

dd) Verschmelzungsbericht, § 122e UmwG. § 122e UmwG sieht entsprechend § 8 UmwG einen Verschmelzungsbericht vor. Dieser ist auch den Arbeitnehmervertretungen **143**

und – falls solche nicht vorhanden sind – den Arbeitnehmern zugänglich zu machen (vgl. dazu Widmann/Mayer/*Mayer* § 122e Rn. 11). Ein Verzicht ist nach h. M. nicht möglich (Widmann/Mayer/*Mayer* § 122e Rn. 37; vgl. auch Rn. 150).

144 **ee) Verschmelzungsprüfung, § 122f UmwG.** In § 122f UmwG wird die Verschmelzungsprüfung geregelt. Demnach muss der Verschmelzungsplan durch einen oder mehrere Sachverständige geprüft werden. Der diesbezügliche Prüfungsbericht muss der Gesellschafterversammlung spätestens einen Monat vor dem Beschluss über die Zustimmung vorliegen.

145 **ff) Zustimmung der Anteilseigner, § 122g UmwG.** Auch bei der grenzüberschreitenden Verschmelzung ist die Zustimmung der Anteilseigner erforderlich (Art. 9 RL 2005/56/EG). Nach der in § 122a II UmwG enthaltenen Verweisung richtet sich die Beschlussfassung grundsätzlich nach den bereits bekannten Bestimmungen der §§ 13, 50, 56, 65, 73 und 78 UmwG. Allerdings ist der Zustimmungsbeschluss dann entbehrlich, wenn sich alle Anteile der übertragenden Gesellschaft in der Hand der übernehmenden Gesellschaft befinden, § 122g II UmwG. Auf die im RefE zum Dritten Gesetz zur Änderung des Umwandlungsgesetzes noch vorgesehene Streichung des § 122g II UmwG wurde verzichtet. So bleibt der Zustimmungsbeschluss des übertragenen Rechtsträger verzichtbar, auch wenn der übernehmende Rechtsträger keine AG ist.

146 **gg) Abfindungsangebot im Verschmelzungsplan, § 122i UmwG.** § 122i UmwG befasst sich mit der Abfindung von Anteilsinhabern, die der Verschmelzung nicht zustimmen. Grundlage der Regelung ist Artikel 4 II 2 RL 2005/56/EG.

147 **hh) Schutz der Gläubiger der übertragenden Gesellschaft, § 122j UmwG.** Bezüglich des Schutzes von Gläubigern einer übertragenden Gesellschaft treffen die §§ 122j und k UmwG Regelungen, die sich als ausgesprochen streng darstellen. Den Gläubigern der übertragenden Gesellschaft ist nach § 122j I UmwG Sicherheit zu leisten, wenn diese ihren Anspruch binnen zwei Monaten nach Bekanntgabe des Verschmelzungsplanes oder seines Entwurfes angemeldet und glaubhaft gemacht haben, dass die Erfüllung ihrer Forderung durch die Verschmelzung gefährdet wird. Ziel dieser Regelung ist es, den Gläubigern in Abweichung zu § 22 UmwG schon vor Eintragung der Verschmelzung einen Anspruch auf Sicherheitsleistung zu geben. Eine Sicherheitsleistung nach § 122j UmwG hat nur dann zu erfolgen, wenn der übernehmende Rechtsträger nicht deutschem Recht unterliegt.

148 **ii) Verschmelzungsbescheinigung, § 122k UmwG.** Nach § 122k I 3 UmwG haben die Vertretungsorgane der übertragenden Gesellschaft eine Versicherung abzugeben, wonach den Gläubigern, die nach § 122j I UmwG einen Anspruch auf Sicherheitsleistung haben, entsprechende Sicherheit geleistet wurde. Eine falsche Versicherung wird in § 314a UmwG unter Strafe gestellt. Dies wird als Verstoß gegen Art. 43, 48 EGV angesehen (*Haritz/v. Wolff* GmbHR 2006, 340, 343; vgl. hierzu auch *Müller* NZG 2006, 286, 289).

Auch die in § 122k II UmwG vorgesehene Rechtmäßigkeitsprüfung wird als nicht ausreichende Umsetzung der Verschmelzungsrichtlinie betrachtet, da für den Fall, dass die aufnehmende Gesellschaft eine deutsche Gesellschaft ist, nur ein einstufiges Prüfungsverfahren vorgesehen ist, während die Richtlinie ein zweistufiges verlangt. Außerdem wird der Inhalt der Verschmelzungsbescheinigung mit der Fiktion nach § 122k II 2 UmwG als nicht ausreichend betrachtet (*Haritz/v. Wolff*, GmbHR 2006, 340, 343 f.).

c) Ablaufplan einer grenzüberschreitenden Verschmelzung nach dem UmwG

149 **aa) Beginn.** Vor einer Verschmelzung steht die Entscheidung der Geschäftsleitung, eine Verschmelzung – Möglichkeit der Herein-, Herausverschmelzung oder Verschmelzung durch Neugründung – mit einer anderen Gesellschaft vorzunehmen.

bb) **Vorbereitungsphase. (1) Verschmelzungsplan.** Die Vorbereitungsphase beginnt 150
mit der Erstellung eines gemeinsamen Verschmelzungsplans durch die Vertretungsorgane
der beteiligten Gesellschaften (AG, KGaA, GmbH, SE). Der Mindestinhalt richtet sich
nach § 122c II Nr. 1–12 UmwG. Bei Hinausverschmelzungen ist zudem zu beachten,
dass der Verschmelzungsplan gem. § 122i UmwG ein Abfindungsangebot an die Anteilsinhaber beinhaltet.

Der Verschmelzungsplan muss als notwendige Angabe neben dem für die Rechnungslegung maßgeblichen Verschmelzungsstichtag (§ 122c II Nr. 6 UmwG) auch den Stichtag
der Bilanzen der an der Verschmelzung beteiligten Gesellschaften, die zur Festlegung der
Bedingungen der Verschmelzung verwendet werden (§ 122c II Nr. 12 UmwG), enthalten.
Ungeklärt ist, in welchem Verhältnis Verschmelzungsstichtag (§ 122c II Nr. 6 UmwG)
und der nach § 122c II Nr. 12 UmwG anzugebende Bilanzstichtag stehen. Aus der von
der h. M. aufgestellten Prämisse, dass die nach § 17 II UmwG beizufügende Schlussbilanz auf den Tag vor dem Verschmelzungsstichtag datieren muss (vgl. hierzu Rn. 48),
fordern einige Stimmen in der Literatur, dass auch der nach § 122c II Nr. 12 UmwG anzugebende Bilanzstichtag der Tag vor dem Verschmelzungsstichtag zu sein hat (Schmitt/
Hörtnagl/Stratz/*Hörtnagel* § 122c Rn. 22, 34; Semler/Stengel/*Semler* § 122c Rn. 37;
Henssler/Strohn/*Polley* § 122c Rn. 17, 24). Eine andere Auffassung in der Literatur
(*Bormann/Trautmann* KSzW 2013, 70, 73 f.) verweist auf den unterschiedlichen Sinn
und Zweck der Verpflichtung der Beifügung der Schlussbilanz nach § 17 UmwG im Vergleich zu der Benennung des Stichtags nach § 122c II Nr. 12 UmwG. Während § 17 II
UmwG dem Schutz der Gläubiger und Sicherung der Kapitalaufbringung dienen soll,
orientiere sich § 122c II Nr. 12 UmwG vielmehr am Schutz der Gesellschafter. Unterstellt
man, dass die Stichtage zwingend aufeinanderfolgen müssen, würde der Angabe nach
§ 122c II Nr. 12 UmwG außerdem keine eigenständige Funktion zukommen. Daher
spräche auch die Systematik des § 122c II UmwG und des Art. 5 S. 2 lit. 1 der
Verschmelzungs-Richtlinie dafür, dass der nach § 122c II Nr. 12 UmwG anzugebende
Stichtag nicht auf den Tag vor dem Verschmelzungsstichtag zu datieren habe. Dies habe
praktisch mehr Flexibilität bei der Durchführung einer grenzüberschreitenden Verschmelzung zur Konsequenz. Insbesondere müsse nicht zugewartet werden, bis die maßgebliche Bilanz zum Tag vor dem Verschmelzungsstichtag vorliegt (vgl. hierzu näher
Bormann/Trautmann KSzW 2013, 70, 72).

(2) Beurkundung. Nach § 122c IV UmwG ist eine notarielle Beurkundung des Verschmelzungsplans notwendig.

(3) Registergericht. Der Verschmelzungsplan bzw. sein Entwurf ist beim Registergericht unter Mitteilung der bekanntzumachenden Angaben einen Monat vor der Versammlung der Anteilsinhaber, die über den Verschmelzungsplan beschließen soll, einzureichen.

(4) Verschmelzungsbericht. Zugleich – ebenfalls einen Monat vor der Versammlung
der Anteilsinhaber zur Abstimmung zum Verschmelzungsplan – ist der Verschmelzungsbericht gem. § 122e UmwG an die Anteilsinhaber und den zuständigen Betriebsrat bzw.
die Arbeitnehmer zugänglich zu machen (zu den erforderlichen arbeitsrechtlichen
Pflichtangaben *Dzida/Schramm* NZG 2008, 521).

Ebenfalls muss dann auch der Verschmelzungsprüfungsbericht vorliegen. Schließlich
ist ab diesem Zeitpunkt die Gesellschafterversammlung vorzubereiten, §§ 13, 47, 49 ff.,
63 ff. UmwG, §§ 121 ff. AktG, §§ 47 ff. GmbHG.

(5) Bekanntmachung. Der Verschmelzungsplan bzw. sein Entwurf ist durch das Registergericht gem. § 10 HGB unverzüglich nach Einreichung des Verschmelzungsplans bei
Gericht bekanntzumachen. Dabei sind die Angaben gem. § 122d S. 2 Nr. 1 bis 4 UmwG
durch das Registergericht mit bekanntzumachen.

151 **cc) Beschlussphase. (1) Gesellschafterversammlung.** In der Beschlussphase der Verschmelzung ist die Gesellschafterversammlung abzuhalten, die über den Verschmelzungsplan abzustimmen hat.

(2) Zustimmung nach §§ 13, 122g UmwG. Die Gesellschafter geben ihre Zustimmung nach § 122g I UmwG zum Verschmelzungsplan. Hinsichtlich der Arbeitnehmermitbestimmung können sie gem. § 122g I Hs. 2 UmwG unter Vorbehalt entscheiden, wobei eine spätere Entscheidung der Gesellschafter in dieser Frage notwendig sein kann. Der Beschluss ist bei der Verschmelzung einer 100 %-Tochter- auf die Muttergesellschaft entbehrlich.

152 **dd) Zwischenverfahren. (1) Gläubigerrechte gem. § 122j UmwG.** Sofern der übernehmende oder neue Rechtsträger nicht deutschem Recht unterliegt, können die Gläubiger der übertragenden Gesellschaft innerhalb von zwei Monaten nach Veröffentlichung des Verschmelzungsplans oder seines Entwurfes ihre Ansprüche gegen die übertragende Gesellschaft, die vor oder bis zu 15 Tage nach Offenlegung des Verschmelzungsplans entstanden sind, anmelden (§ 122j UmwG).

(2) Sicherheitsleistung oder Befriedigung. Die angemeldeten Gläubigerrechte sind gem. § 122j UmwG zu befriedigen. Soweit sie nicht Befriedigung erlangen können, ist Sicherheit zu leisten.

153 **ee) Kontrollphase.** In der Kontrollphase, d.h. in dem Abschnitt, in dem die Verschmelzung durch das Gericht zu prüfen ist, wird im UmwG zwischen der Herein- und Hinausverschmelzung bzw. Verschmelzung zur Neugründung unterschieden.

Die Verschmelzungsrichtlinie sieht ein zweistufiges Kontrollverfahren vor. Dieses sieht in der ersten Stufe vor, dass durch ein Gericht, Notar oder eine sonstige zuständige Behörde die Rechtmäßigkeit der grenzüberschreitenden Verschmelzung für die sich verschmelzenden Gesellschaften hinsichtlich des innerstaatlichen Rechts überprüft wird, Art. 10 RL 2005/56/EG.

Daran schließt sich die zweite Stufe der Kontrolle an, die nach Art. 11 RL 2005/56/EG die Rechtmäßigkeitsprüfung der grenzüberschreitenden Verschmelzung für die Verfahrensabschnitte kontrolliert, welche die Durchführung der grenzüberschreitenden Verschmelzung und ggf. die Gründung einer neuen, aus der grenzüberschreitenden Verschmelzung hervorgehenden Gesellschaft betreffen.

Der deutsche Gesetzgeber hat dagegen lediglich für Hinausverschmelzungen deutscher Gesellschaften und Neugründungen durch Verschmelzung ein zweistufiges Kontrollverfahren in § 122k UmwG vorgesehen, was teilweise als richtlinienwidrig kritisiert wird (*Louven* ZIP 2006, 2021, 2027).

(1) Verfahren bei Hereinverschmelzung. In den Fällen der Hereinverschmelzung, in denen die übertragende Gesellschaft keine deutsche Gesellschaft ist und lediglich die übernehmende Gesellschaft eine solche ist, wird nach § 122k I UmwG lediglich von der übertragenden Gesellschaft eine Verschmelzungsbescheinigung gefordert. Für die deutsche übernehmende Gesellschaft ist eine Rechtmäßigkeitsbescheinigung nicht notwendig. Demnach ist nach § 122k I UmwG lediglich eine Mitteilung der übertragenden Gesellschaft an das deutsche Registergericht vorgesehen. Durch die übernehmende Gesellschaft ist eine Mitteilung für die Eintragung der Verschmelzung ins deutsche Register nicht vorgesehen.

Anders als bei der Hinausverschmelzung muss bei Hereinverschmelzungen der Handelsregisteranmeldung keine Schlussbilanz des übertragenden Rechtsträgers beigefügt werden. Eine solche Vorlagepflicht von Vertretungsorganen ausländischer Gesellschaften fällt nicht in die Regelungskompetenz des Gesetzgebers. Der deutsche Gesetzgeber ist allein zur Regelung der Anmeldungen bei deutschen Handelsregistern berufen. Von der Möglichkeit der Vorlagepflicht der Bilanz durch den aufnehmenden deutschen Rechtsträger, hat der Gesetzgeber mit der Regelung in § 122l I 3 UmwG explizit abgesehen

(*Bormann/Trautmann* KSzW 2013, 70, 71f., für die Geltung des § 122k I 2 UmwG allein für die Fälle der Hinausverschmelzung: Semler/Stengel/*Drinhausen* § 122k Rn. 13; a. A. Henssler/Strohn/*Polley* § 122c Rn. 17).

Die Mitglieder des Vertretungsorgans haben bei der Anmeldung zur Eintragung eine Versicherung abzugeben, dass allen Gläubigern, die nach § 122j UmwG einen Anspruch auf Sicherheitsleistung haben, eine angemessene Sicherheit geleistet wurde.

Mit der Eintragung der Verschmelzung am Sitz der Gesellschaft wird diese wirksam gem. § 20 UmwG.

(2) Verfahren der Verschmelzung bei Hinausverschmelzungen. Bei der Hinausverschmelzung ist die Verschmelzungsprüfung zweistufig angelegt, § 120k I, II UmwG. Auf erster Stufe wird – wie auch durch die Verschmelzungsrichtlinie vorgesehen – vom Registergericht geprüft, ob für die übertragende deutsche Gesellschaft die Voraussetzungen für die grenzüberschreitende Verschmelzung vorliegen. Dabei werden die Rechtmäßigkeit des Verschmelzungsplans sowie dessen Veröffentlichung, der Verschmelzungsbericht der deutschen Gesellschaft und die Verschmelzungsprüfung kontrolliert. Des Weiteren wird die Einhaltung der Einsichts- und Beteiligungsrechte der Aktionäre und Arbeitnehmervertretungen und der Schutzvorschriften zu Gunsten der Minderheitengesellschafter, das Vorliegen eines wirksamen, nicht angefochtenen Verschmelzungsbeschlusses sowie die Einholung einer Versicherung des Vertretungsorgans der Gesellschaft, dass den Gläubigern gem. § 122j UmwG angemessene Sicherheit geleistet wurde, gefordert (*Louven* ZIP 2006, 2021, 2027f.). Außerdem muss der Handelsregisteranmeldung die Schlussbilanz des übertragenden Rechtsträgers beigefügt werden, § 122k I 2 UmwG i. V.m. § 17 II UmwG. Zur Frage, ob die der Handelsregisteranmeldung beizufügende Schlussbilanz auf den Tag vor dem Verschmelzungsstichtag zu datieren ist, vgl. Rn. 47f. Nach einer positiven Prüfung erteilt das Registergericht unverzüglich eine Rechtmäßigkeitsbescheinigung nach § 122k II 1 UmwG.

Auf der zweiten Stufe der Kontrollprüfung wird die Rechtmäßigkeit der Verschmelzung durch das Registergericht am Sitz der zu gründenden Gesellschaft überprüft. Für die Eintragung ist die Vorlage der Verschmelzungsbescheinigungen aller übertragenden Gesellschaften notwendig, § 122l I 2 UmwG. Das Gericht muss sicherstellen, dass ggf. eine Vereinbarung zur Mitbestimmung getroffen wurde und die Gesellschaften einem gemeinsamen Verschmelzungsplan zugestimmt haben.

(3) Verfahren der Hineinverschmelzung zur Neugründung. Bei einer Verschmelzung zur Neugründung wird wie bei einer Hinausverschmelzung eine zweistufige Kontrolle des Verschmelzungsverfahrens vorgenommen. Auch hier prüft das Registergericht auf der ersten Stufe, ob für die übertragende Gesellschaft die Voraussetzungen für die Verschmelzung vorliegen. Der Umfang bemisst sich nach den gleichen Vorgaben (s.o.).

Auf der zweiten Stufe wird wiederum die Verschmelzung selbst geprüft. Zusätzlich wird – da es sich um eine Neugründung handelt – eine Gründungsprüfung durch das Registergericht vorgenommen (*Louven* ZIP 2006, 2021, 2028).

ff) Ablaufplan grenzüberschreitender Verschmelzungen im Überblick

(1) Kurzüberblick

– Entscheidung zur grenzüberschreitenden Verschmelzung
– Gemeinsamer Verschmelzungsplan, § 122c UmwG
– Bekanntmachung des Verschmelzungsplans, § 122d UmwG
– Erstellung des Verschmelzungsberichts, § 122e UmwG
– Verschmelzungsprüfung, § 122f UmwG
– Zustimmung der Gesellschafter, § 122g UmwG
– Rechtmäßigkeitskontrolle, §§ 122k, 122l UmwG
– Eintragung der Verschmelzung/neuen Gesellschaft

(2) Verfahrensabschnitte

Einigung der potentiellen Verschmelzungspartner auf grenzüberschreitendes Zusammengehen

(a) Vorbereitungsphase
– Aufstellen eines gemeinsamen Verschmelzungsplans/ abschließenden Entwurfs
– Erstellen eines (gemeinsamen) Verschmelzungsberichts
– Auslegung des Verschmelzungsberichts (= Zugänglichmachen an Gesellschafter und Arbeitnehmervertreter bzw. Arbeitnehmer)
– Ggf. Verzicht auf Sachverständigenbericht – andernfalls:
– Bestellung der (Verschmelzungs-)Prüfer
– Erstellung des schriftlichen Prüfungsberichts
– Ggf. Korrektur des Umtauschverhältnisses und der Barabfindung
– Ggf. Nachgründungsprüfung und entsprechende Korrektur des Verschmelzungsplans
– Ggf. Aufstellen einer Zwischenbilanz, §§ 122a II i. V. m. 63 I Nr. 3, II UmwG
– Ggf. Notarielle Beurkundung des Verschmelzungsplans
– Einreichung des Verschmelzungsplans/Entwurfs beim Registergericht
– Hinweisbekanntmachung durch Registergericht
– Einleitung und Durchführung eines Verfahrens zur Aushandlung der Arbeitnehmermitbestimmung
– Ggf. Sicherheitsleistungen
– Ggf. Vorbereitung der Kapitalerhöhung bei der aufnehmenden Gesellschaft
– Einberufung der Gesellschafterversammlung

(b) Beschlussphase
– Durchführung der Gesellschafterversammlung
– Ggf. Kapitalerhöhungsbeschluss
– Zustimmungsbeschluss zum Verschmelzungsplan
– Ggf. Zustimmungsvorbehalt über die Vereinbarung zur Beteiligung der Arbeitnehmer
– Ggf. Zustimmung der ausländischen Gesellschaft zum Spruchverfahren
– Ggf. Zustimmung der ausländischen Gesellschaft zum Austritts gegen angemessene Barabfindung
– Widerspruch ausscheidungswilliger Gesellschafter zur Niederschrift
– Ggf. Genehmigung der Vereinbarung über Arbeitnehmerbeteiligung
– Notarielle Beurkundung des Beschlusses und – sofern noch nicht erfolgt – des Verschmelzungsplans

(c) Vollzugsphase.
Ein- bzw. zweistufige Rechtmäßigkeitskontrolle und Eintragung/Offenlegung

	Hereinverschmelzung zur Aufnahme	Hereinverschmelzung zur Neugründung	Herausverschmelzung zur Aufnahme/Neugründung
1. STUFE		Anmeldung der Verschmelzung zum Handelsregister durch Vertretungsorgan der **übertragenden deutschen** Gesellschaft	Anmeldung der Verschmelzung zum Handelsregister durch Vertretungsorgan der **übertragenden deutschen** Gesellschaft
		Versicherung bzgl. Sicherheitsleistung	**Versicherung** bzgl. Sicherheitsleistung
		Prüfung des Vorliegens der Voraussetzungen für grenzüberschreitende Verschmelzung	**Prüfung** des Vorliegens der Voraussetzungen für grenzüberschreitende Verschmelzung
		Ausstellung der Verschmelzungsbescheinigung	Ausstellung der Verschmelzungsbescheinigung

	Hereinverschmelzung zur Aufnahme	Hereinverschmelzung zur Neugründung	Herausverschmelzung zur Aufnahme/Neugründung
2. STUFE	Anmeldung der Verschmelzung zur Eintragung in das Handelsregister am Sitz der übernehmenden Gesellschaft unter Vorlage der ausländischen Verschmelzungsbescheinigungen, des gemeinsamen Verschmelzungsplans und ggf. der Vereinbarung über Arbeitnehmerbeteiligung durch Vertretungsorgan der übernehmenden Gesellschaft	Anmeldung der neuen Gesellschaft zur Eintragung in das Handelsregister am Sitz der neuen Gesellschaft unter Vorlage aller Verschmelzungsbescheinigungen, des gemeinsamen Verschmelzungsplans und ggf. der Vereinbarung über Arbeitnehmerbeteiligung durch Vertretungsorgane **aller beteiligten** Gesellschaften	Vorlage der Verschmelzungsbescheinigung zusammen mit Verschmelzungsplan bei zuständiger ausländischer Stelle durch Vertretungsorgan der übertragenden deutschen Gesellschaft
	Eintragung der Verschmelzung	Eintragung der neuen Gesellschaft	Offenlegung der Verschmelzung nach den Vorschriften des jeweiligen Mitgliedstaates
	Mitteilung des Tags der Eintragung der Verschmelzung an zuständige ausländische Stelle	Mitteilung des Tags der Eintragung der neuen Gesellschaft an zuständige ausländische Stelle und ggf. an Register der übertragenden deutschen Gesellschaft	Mitteilung der zuständigen ausländischen Stelle an Register der übertragenden deutschen Gesellschaft, dass Verschmelzung wirksam
	Vermerk über Wirksamwerden der Verschmelzung durch zuständige ausländische Stelle	Vermerk über Wirksamwerden der Verschmelzung durch Registergericht der übertragenden deutschen Gesellschaft	Vermerk über Wirksamwerden der Verschmelzung durch Registergericht der übertragenden deutschen Gesellschaft
	Übermittlung der aufbewahrten elektronischen Dokumente von zuständiger ausländischer Stelle an Handelsregister	Ggf. Übermittlung der aufbewahrten elektronischen Dokumente an Handelsregister, in dem neue Gesellschaft eingetragen ist	Übermittlung der aufbewahrten elektronischen Dokumente an ausländisches Register, in dem übernehmende oder neue Gesellschaft eingetragen ist

III. Spaltung

1. Allgemeines

Mit dem Umwandlungsgesetz ist die **Spaltung,** die bis 1995 nur für Treuhandunternehmen eröffnet war und im Übrigen über komplizierte Umwege vollzogen werden musste, eingeführt. Zu unterscheiden ist zwischen der **Abspaltung, Aufspaltung** und **Ausgliederung.** Bei Abspaltung und Aufspaltung werden die Anteile, die am aufnehmenden bzw. am neu entstehenden Rechtsträger zu gewähren sind, den Anteilsinhabern des abspaltenden/aufspaltenden Unternehmens übertragen. Bei der Ausgliederung erhält diese Anteile der übertragende Rechtsträger. Nicht zulässig ist die so genannte verschmelzende Spaltung, bei der gleichzeitig mehrere Rechtsträger jeweils einen Teil ihres Vermögens auf einen dritten (neugegründeten oder bestehenden) übertragen. Ausgangsrechtsträger kann immer nur ein einziger Rechtsträger sein, während Zielrechtsträger auch mehrere Rechtsträger sein können (z. B. Abspaltung zur Aufnahme/Neugründung auf vier verschiedene Rechtsträger). Es ist zu beachten, dass die Regelungen zur Verschmelzung grundsätzlich über § 125 UmwG Anwendung finden. Für Ausgliederungen sind jedoch gem. § 125 S. 2 UmwG die Vorschriften über die Verschmelzungsprüfung gem. §§ 9 bis 12 UmwG nicht anwendbar. 155

Bei Spaltungen nach dem UmwG sind, wie bei Ausgliederungen durch Einzelrechtsübertragung, die zu übertragenden Vermögensgegenstände genau zu bezeichnen, wobei nach der Änderung von § 14 BeurkG die Vorlesungspflicht für Anlagenverzeichnisse entfällt, sie müssen nur noch Seite für Seite unterzeichnet werden. Da die Spaltung insoweit nicht weniger Aufwand erfordert als die Einzelrechtsübertragung, ist stets zu prüfen, ob die Anwendung der Spaltungsvorschriften des UmwG 1995 im konkreten Fall Vorteile gegenüber der Ausgliederung durch Einzelrechtsübertragung bietet. Genehmigungen, die für die Einzelübertragung erforderlich sind, müssen nach Streichung des § 132 UmwG nun bei der Spaltung nicht mehr eingeholt werden. Anders als bei der Spaltung bedarf es eines Zustimmungsbeschlusses der jeweiligen Anteilseigner im Fall der Einzelrechtsübertragung nur in den Grenzen der „Holzmüller"- (*BGH* DB 1982, 795) sowie der „Gelatine"-Rechtsprechung (*BGH* NZG 2004, 571 und 575). Auf der Seite der Passiva hingegen sind die Regelungen des UmwG vorteilhafter, da die Übertragung von Verbindlichkeiten nicht der Zustimmung der Gläubiger bedarf. Häufig spricht die durch § 131 UmwG angeordnete sog. „partielle Gesamtrechtsnachfolge" und der durch sie ermöglichte Übergang aller Vermögensverhältnisse für die Spaltung. Zu beachten ist allerdings die durch § 133 UmwG angeordnete fünfjährige gesamtschuldnerische Haftung der an einer Spaltung/Ausgliederung beteiligten Rechtsträger.

Gehen bei der Spaltung Grundstücke im Wege der Sonderrechtsnachfolge über, so unterliegt die Abspaltung wie die Aufspaltung der Grunderwerbsteuer. Wenn wenigstens einer der Teilbetriebe des spaltenden Unternehmens über Grundbesitz verfügt, ist die Abspaltung, und zwar des Teilbetriebes ohne bzw. mit dem geringeren Grundvermögen, grunderwerbsteuerlich günstiger als die Aufspaltung, da bei der Abspaltung nur ein Erwerbsvorgang stattfindet. Auch hier gilt der Grundsatz, dass die Rechtsträger möglichst so umstrukturiert werden, dass so wenig Grundbesitz wie möglich bewegt wird.

156 Als Grundfall legt das Gesetz die **Spaltung zur Aufnahme** durch einen bestehenden Rechtsträger zugrunde. Auf diesem Fall beruht auch die Checkliste zum Ablauf eines Spaltungsverfahrens, unten Rn. 241. In der Praxis dürfte vor allem die **Spaltung zur Neugründung** und die Aufspaltung neben der Ausgliederung aus dem Vermögen eines Einzelkaufmanns und aus Kommunalvermögen von besonderer Bedeutung sein. Die Spaltung kann trotz § 325 UmwG dem Zweck dienen, Mitbestimmungsvorschriften aus dem Weg zu gehen, Publizitätspflichten nach dem BilanzrichtlinieG zu vermeiden und verfeindete Gesellschafterstämme zu trennen. Sie ist zur Vorbereitung von Erbauseinandersetzungen und zur Schaffung selbständiger Teilbetriebe bestimmt und geeignet. Ziel kann es ebenfalls sein, Teile aus dem Unternehmen herauszutrennen, um sie dann im Anschluss zu verkaufen/privatisieren.

Die insbesondere zur Trennung von Gesellschafterstämmen vorgenommene nichtverhältniswahrende Abspaltung kann auch als sog. „Spaltung zu Null" durchgeführt werden (*LG Essen* NZG 2002, 736; *LG Konstanz* ZIP 1998, 1226). Hier erhalten einzelne Anteilsinhaber des übertragenden Rechtsträgers keine Anteile bzw. Mitgliedschaften am übernehmenden Rechtsträger ohne eine Kompensation durch entsprechend höhere Beteiligungen am übertragenden Rechtsträger. Es ist allerdings unzulässig, den Gesellschaftern, die bei der sog. „Spaltung zu Null" keine Anteile am Zielrechtsträger erhalten, anderweitig, z. B. durch Geldzahlung, seitens der Gesellschaft eine Kompensation zu gewähren. Die Gegenleistung muss bei einer Spaltung genauso wie bei der Verschmelzung in Mitgliedschaftsrechten am Zielrechtsträger bestehen. Eine Ausnahme besteht nur bei sog. **baren Zuzahlungen**, die gemäß § 54 IV UmwG bis zu 10 % zulässig sind. Das *OLG München* (NZG 2012, 229) hält bei der Ausgliederung auch eine Darlehensgewährung des Zielrechtsträgers an die Anteilseigner des Ausgangsrechtsträgers für möglich, da § 54 IV UmwG auf Ausgliederungen keine Anwendung findet. Die reine Kompensation mit Geldleistungen oder auch Vermögenswerten ist nur im Rahmen einer Voll- bzw. Teilübertragung nach §§ 174 ff. UmwG möglich. Ansonsten handelt es sich um eine nach § 1 II UmwG unzulässige Mischung von Umwandlungsarten (Spaltung und Teilübertragung), die das Gesetz nicht eröffnet (Widmann/Mayer/*Heckschen* § 174 Rn. 8). Es ist allerdings zulässig, die Kompensation durch einen Gesellschafter zu gewähren.

Die Ausgliederung, bei der die Anteile am aufnehmenden oder neu gegründeten 157 Rechtsträger dem Ausgangsrechtsträger gewährt werden, kann jedoch mit der Abspaltung kombiniert werden, bei der die Anteile den Gesellschaftern des Ausgangsrechtsträgers zu gewähren sind. Ablauf und Struktur des Spaltungsverfahrens sind in weitem Umfang dem Verschmelzungsverfahren nachgebildet. Die Darstellung beschränkt sich daher auf die Besonderheiten.

Eine Übersicht zu Spaltungsmöglichkeiten und den geltenden Vorschriften sowie eine Checkliste zum Ablauf des Spaltungsverfahrens sind im Anhang Ziff. 4. a.) und b), unten Rn. 240–241, abgedruckt.

2. Spaltungsplan, Spaltungsvertrag

Der Kern notarieller Mitwirkungen im Rahmen der Spaltung besteht in der **Beurkun-** 158 **dung des Spaltungsplans oder -vertrages.** Soweit es sich um eine Spaltung zur Aufnahme durch einen bestehenden Rechtsträger handelt, schließen die Beteiligten einen Spaltungsvertrag. Es gelten die zum Abschluss des Verschmelzungsvertrages hinsichtlich der Vertretung der Beteiligten (vgl. Rn. 37), Beurkundungsform und vom Grundsatz her die zum Beurkundungsverfahren bei der Verschmelzung dargelegten Grundsätze. Bei der Spaltung zur Neugründung wird lediglich ein Spaltungsplan von dem übertragenden Rechtsträger aufgestellt (§ 136 UmwG). Für die Urkundskonzeption sollte wiederum nach den gesetzlichen Vorgaben gearbeitet werden. Die Urkunde sollte entsprechend § 126 UmwG gegliedert sein und fakultative Regelungen sich gegebenenfalls in einem zweiten Teil anschließen. Der Geschäftswert der Beurkundung richtet sich gem. §§ 97 I, 38 GNotKG nach dem auf den neu gegründeten bzw. aufnehmenden Rechtsträger übergehenden Aktivvermögen.

Checkliste zum Spaltungsplan/Spaltungsvertrag 159

- Name oder Firma und Sitz der an der Spaltung beteiligten Rechtsträger
- Kennzeichnung als Spaltungsvorgang
- partielle Gesamtrechtsnachfolge gegen Anteilsgewährung
- Umtauschverhältnis
- Einzelheiten für die Übertragung der Anteile
- Zeitpunkt der Gewinnberechtigung
- Spaltungsstichtage
- Sonderrechte
- Sondervorteile
- Kennzeichnung des abzutrennenden Aktiv- und Passivvermögens
- Aufteilung der Anteile
- Folgen der Spaltung für Arbeitnehmer und ihre Vertretungen

Bei der **Spaltung zur Neugründung** ist zusätzlich der Gesellschaftsvertrag des neu zu 160 gründenden Rechtsträgers gemäß §§ 125, 137 UmwG beizufügen. Wie bei der Verschmelzung ist jedweder Gesellschaftsvertrag/Satzung/Statut einer neu gegründeten Gesellschaft zu beurkunden (auch Personengesellschaft).

Eine wesentliche Bestimmung findet sich in § 126 Nr. 9 UmwG. Es sind die zu übertra- 161 genden Aktiva und Passiva genau zu bezeichnen. Diese bei der Verschmelzung wegen der dort eintretenden Gesamtrechtsnachfolge entbehrliche Bestimmung birgt in hohem Maße **Regressgefahren.** Bei der partiellen Gesamtrechtsnachfolge muss für alle Beteiligten, aber auch für Dritte, die möglicherweise später an dem neu gegründeten Rechtsträger beteiligt werden, und für den gesamten Rechtsverkehr klar sein, welches Vermögen auf welchen

Rechtsträger übergeht bzw. bei welchem Rechtsträger verbleiben soll. Dies ist insbesondere deshalb erforderlich, weil § 126 I Nr. 9 UmwG die Vermögensverteilung nicht einschränkt und somit zumindest theoretisch auch eine Übertragung lediglich der Passiva ermöglicht (*Nagl* DB 1996, 1221, 1223). Bei jeder Bezeichnung von Gegenständen des Aktiv- und Passivvermögens ist zu überprüfen, ob aufgrund dieser Bezeichnung eine **Bestimmbarkeit des Vermögensgegenstandes** gegeben ist. Auf die Grundsätze, die die Rechtsprechung zu Unternehmensübertragungen im Wege des so genannten „Asset Deals" sowie bei der Sicherungsübereignung von Warenbeständen aufgestellt hat, kann Bezug genommen werden. Vorsicht ist bei der Übernahme der in der Literatur vertretenen Ansicht geboten, dass bei der Übertragung von Teilbetrieben die **Bezugnahme auf eine Bilanz** des betreffenden Teilbetriebes ausreichend sein soll (vgl. *Priester* DNotZ 1995, 427, 445). Sog. „All-Klauseln" (= alle Gegenstände des Betriebsteils sollen erfasst werden) sind zulässig (*BGH* NotBZ 2003, 471). Gemäß § 126 II UmwG sind Gegenstände, die nach allgemeinen Bestimmungen besonders zu kennzeichnen sind, auch im Rahmen der Spaltung dementsprechend zu bezeichnen. Dies gilt also insbesondere für Grundbesitz (§ 28 GBO) und Rechten daran (*KG* DB 2014, 2282; *OLG Schleswig* NJW-RR 2010, 592). Wird Grundbesitz versehentlich nicht in der Form des § 28 GBO bezeichnet oder ist dies bis zur Eintragung der Spaltung nicht möglich, weil die Teilflächen nicht vermessen und festgeschrieben sind, so geht nach Ansicht des *BGH* (NZG 2008, 436) das Eigentum nicht mit Wirksamwerden der Spaltung über, sondern erst mit entsprechender Eintragung der vermessenen Teilfläche im Grundbuch (vgl. *Heckschen* NotBZ 2008, 193). Der *BGH* lässt nur da eine Ausnahme zu, wo vor Eintragung der Spaltung die Flächen unter Bezugnahme auf einen Veränderungsnachweis bezeichnet wurden. Es ist unklar, ob nach dieser Entscheidung im Nachgang der Spaltung eine Auflassung oder – dies erscheint zutreffend – lediglich eine Identitätserklärung abzugeben und dem Grundbuch vorzulegen ist. Nach Ansicht des *KG* kann eine fehlerhafte Bezeichnung nachträglich nicht mehr geheilt werden. Ein Rechtsübergang kommt nicht zustande, weshalb auch ein Grundbuchberichtigungsverfahren mangels Grundbuchunrichtigkeit erfolglos bleibt. Die Situation soll insbesondere nicht mit der Rspr. des *BGH* zu noch nicht vermessenen Teilflächen vergleichbar sein (*KG* DB 2014, 2282). Für **nicht vermessene Teilflächen** gelten im Übrigen die allgemein anerkannten Grundsätze (vgl. dazu Kap. A I. Rn. 593 bis 615), wobei es erforderlich ist, dass bis zur Eintragung der Spaltung im Handelsregister die betroffenen Teilflächen anhand des Veränderungsnachweises oder einer etwa schon erfolgten Eintragung im Grundbuch klarzustellen und gem. § 29 GBO zu bezeichnen sind. Wurde Grundbesitz im Spaltungsplan/-vertrag entsprechend § 28 GBO bezeichnet, bedarf es zur Grundbuchberichtigung keiner Auflassung, da die Spaltung einen Fall der partiellen Gesamtrechtsnachfolge darstellt (*LG Ellwangen* Rpfleger 1996, 154; vgl. auch *Heckschen* DB 1998, 1385). Das Grundbuchamt kann den Antrag auf Berichtigung nicht deshalb zurückweisen, weil die dem Abspaltungs- und Übernahmevertrag beigefügten Vollmachten nicht der Form des § 29 GBO entsprechen. Aus § 131 I Nr. 4 UmwG ergibt sich, dass die materiell-rechtliche Wirksamkeit der Spaltung im Grundbucheintragungsverfahren nicht zu überprüfen ist (*OLG Hamm* v. 10.7.2014 – 15 W 189/14).

162 Der übertragende Rechtsträger ist in der Aufteilung des Vermögens grundsätzlich frei. Voraussetzung einer steuerrechtlich neutralen Spaltung ist jedoch gem. § 15 I UmwStG, das ein Teilbetrieb, ein Mitunternehmeranteil oder eine 100%-ige Beteiligung an einer Kapitalgesellschaft übergeht bzw. beim übertragenden Rechtsträger verbleibt. Die Aufteilungsfreiheit wird durch die Kapitalaufbringungs- und -erhaltungsvorschriften (vgl. dazu Rn. 115 ff., 163) sowie § 613a BGB beschränkt. Bei der Ausgliederung kann auch das gesamte Vermögen (sog. „Totalausgliederung") übertragen und auf diese Weise der übertragende Rechtsträger zur reinen Holding werden. Bei der Ausgliederung ist es nach § 152 S. 1 UmwG auch zulässig, dass ein eingetragener Kaufmann Teile seines Privatvermögens ausgliedert (*OLG Brandenburg* ZIP 2013, 2361). Die steuerrechtliche Trennung zwischen Privat- und Unternehmensvermögen wird vom Zivilrecht nicht nachvollzogen. Es steht

III. Spaltung

somit dem eingetragenen Kaufmann frei, welche Teile seines (privaten und/oder unternehmerischen) Vermögens er ausgliedern möchte. Durch die Ausgliederungserklärung trifft der Einzelkaufmann die Entscheidung, dass die Gegenstände, die ursprünglich dem Privatvermögen zugeordnet waren, künftig unternehmerischen Zwecken dienen sollen. Die grundbuchmäßige Form nach § 29 I 1 GBO kann durch notariellen Ausgliederungsvertrag nachgewiesen werden.

Bei der **Konzeption des Spaltungsvorgangs und des Spaltungsplans/-vertrages** bzw. der Ausgliederung ist zu beachten, dass einerseits etwa neu gegründete Rechtsträger durch die ihnen zugewiesenen Vermögenswerte eine hinreichende Kapitaldeckung entsprechend den für den Rechtsträger geltenden Bestimmungen (z. B. GmbH: Mindeststammkapital 25.000 EUR) erhalten. Andererseits müssen auch die **Kapitalerhaltungsvorschriften** für den Ausgangsrechtsträger beachtet werden. Dies setzt, soweit nicht eine Kapitalherabsetzung einerseits oder eine Kapitalzufuhr aus anderen Mitteln andererseits möglich ist, der Zuweisung der Aktiva und Passiva Grenzen. Der Spaltungsplan/-vertrag hat die Anteile zu bezeichnen, die den Anteilseignern des übertragenden Rechtsträgers als Kompensation für das durch die Spaltung übertragene Vermögen des Ausgangsrechtsträgers zu gewähren sind. Im Spaltungsrecht ist hier nicht nur eine quotenverschiebende Anteilsgewährung (vgl. § 128 S. 1 UmwG), sondern auch die sog. Spaltung zu Null, bei der einzelnen Anteilsinhabern kein Anteil am Zielrechtsträger gewährt wird, möglich (vgl. *OLG München* NZG 2013, 951; *LG Essen* ZIP 2002, 893; *LG Konstanz* ZIP 1998, 1226). Darüber hinaus kann der Spaltungsplan/-vertrag vorsehen, dass auch einzelne Anteilsinhaber beim Ausgangsrechtsträger ausscheiden (Semler/Stengel/*Schröer* § 128 UmwG Rn. 6). Es ist sogar möglich, dass einzelne Anteilsinhaber nach der Spaltung an keinem der beteiligten Rechtsträger mehr Anteile halten. Letztlich verweist § 125 UmwG für die Spaltung (nicht jedoch für die Ausgliederung) auch auf die §§ 54 I 3, 68 I 3, so dass bei Verzicht der Anteilsinhaber des Ausgangsrechtsträgers, beim Zielrechtsträger auf eine Anteilsgewährung und die dazu erforderliche Kapitalerhöhung verzichtet werden kann. 163

In jedem Falle sollten **Auffangvorschriften**, die die Behandlung vergessener oder nach Aufstellung des Spaltungsplans veräußerter Aktiva regeln, in die Urkunde aufgenommen werden (vgl. dazu *LAG Düsseldorf* BB 2003, 1344). Hinsichtlich der Zuordnung von Verbindlichkeiten ist zu beachten, dass eine **Verbindlichkeit** (Bürgschaft, Leasingvertrag) grundsätzlich nicht aufgeteilt werden kann. Die Verbindlichkeit muss einem der Rechtsträger zugeordnet werden, wenn nicht vorher mit dem Gläubiger eine anderweitige Regelung getroffen wird. Zur Ausgliederung von Versorgungsverbindlichkeiten vgl. *BAG* GmbHR 2008, 1326. 164

Da sich die im Zuge der Spaltung erworbene Mitgliedschaft deutlich von der bisherigen unterscheiden kann, muss der Spaltungsvertrag Angaben über die Mitgliedschaft im übernehmenden Rechtsträger enthalten. Wenn sämtliche Anteilseigner des übertragenden Rechtsträgers inhaltlich die gleiche Rechtsstellung am übernehmenden Rechtsträger erhalten, genügt eine Bezugnahme auf die jeweiligen Gesellschaftsverträge und deren Beifügung als Anlage. Wenn aber Mitgliedschaften mit unterschiedlicher Rechtsstellung eingeräumt werden sollen, ist deren Zuordnung zu den einzelnen Gesellschaftern/Gesellschaftergruppen erforderlich.

Im **fakultativen Teil** des Spaltungsplans/-vertrages können sich neben den oben genannten Auffangregelungen bereits Bestimmungen zur Änderung der Satzung bei einem aufnehmenden Rechtsträger oder zur Bestimmung der Geschäftsführung bei einem neugegründeten Rechtsträger finden. Die Vereinbarung von Bedingungen, Befristungen, insbesondere zur Lösung der Problematik, die durch mögliche Anfechtungsklagen und die durch sie ausgelöste Registersperre entstehen kann, ist ebenso wie bei der Verschmelzung sinnvoll. 165

Für die **Aufhebung und Änderung** des Spaltungsplans/-vertrages gelten die oben genannten Grundsätze (Rn. 54). 166

3. Verfahren bis zur Beschlussfassung

167 Auch bei der Spaltung ist gemäß § 127 UmwG ein **Spaltungsbericht** anzufertigen. Die weiteren Pflichten zur Vorabinformation und zur Prüfung des Spaltungsvorgangs ergeben sich über § 125 UmwG aus dem Verschmelzungsrecht. Zu beachten ist, dass für die Ausgliederung Einschränkungen gelten (vgl. dazu Rn. 176 ff.). Wenn alle Anteilsinhaber aller beteiligten Rechtsträger darauf verzichten, ist die Erstattung des Spaltungs-/Ausgliederungsberichts nicht erforderlich (§§ 127 S. 2, 8 III 1 Alt. 1 UmwG). Für die verhältniswahrende Spaltung gelten die Erleichterungen des § 143 UmwG, Spaltungsbericht und Prüfung sowie die Auslage der Dokumente sind entbehrlich. Die in § 143 UmwG a. F. geregelte Unterrichtungspflicht (sog. „Nachbericht") besteht über §§ 125, 64 I UmwG fort. Ebenso ist bei entsprechendem Verzicht die Spaltungsprüfung und die Erstattung des Prüfungsberichts entbehrlich (§§ 125 S. 1, 9 III, 8 III 1 Alt. 1 bzw. 125 S. 1, 12 III, 8 III 1 Alt. 1 UmwG).

4. Spaltungsbeschluss

168 Für den **Spaltungsbeschluss** gilt ebenfalls, dass dieser stets der notariellen Beurkundung bedarf. Über § 125 UmwG sind die Regelungen des Verschmelzungsrechts entsprechend anzuwenden. Für den Beschluss ist eine Dreiviertelmehrheit erforderlich §§ 50 I, 56, 65 I, 73, 84, 96, 103 UmwG. Nach § 43 I UmwG ist bei Personengesellschaften Einstimmigkeit erforderlich (*Nagl* DB 1996, 1221, 1224), sofern nicht der Gesellschaftsvertrag entsprechende Mehrheitsklauseln vorsieht. Zu beachten ist § 128 UmwG. Die **nicht verhältniswahrende Spaltung**, die insbesondere zur Trennung verfeindeter Familienstämme besondere Bedeutung hat, ist nur möglich, wenn sämtliche Anteilsinhaber der Spaltung zustimmen. Notarielle Zustimmungserklärungen der Anteilseigner des Ausgangsrechtsträgers sind auch erforderlich, wenn auf eine Anteilsgewährung beim Zielrechtsträger (Kapitalgesellschaft) entsprechend § 125, 54, 68 verzichtet worden ist.

169 Spaltungsbeschluss und Spaltungsvertrag können unmittelbar nacheinander beurkundet werden, wenn zuvor die **Pflichten zur Vorabinformation** der Anteilsinhaber eingehalten und entsprechend § 126 III UmwG den Arbeitnehmervertretungen der Spaltungsplan/-vertrag oder Entwurf rechtzeitig zugestellt wurden und bei der Aktiengesellschaft gemäß §§ 125, 61 UmwG die Einreichung beim Handelsregister erfolgt war. Der Spaltungsplan/-vertrag ist gemäß §§ 8 ff. BeurkG zu beurkunden. Die Zustimmungsbeschlüsse können entweder nach § 8 ff. oder § 36 ff. BeurkG notariell aufgenommen werden. Hinsichtlich der Zustimmungserklärungen einzelner Anteilsinhaber sind wiederum die §§ 8 ff. BeurkG anzuwenden.

Wenn **separate Zustimmungsbeschlüsse** der Inhaber mehrerer Aktiengattungen erforderlich sind, ist zu beachten, dass diese den Beschluss der Hauptversammlung nicht ersetzen, sondern zusätzlich gefasst werden müssen. Fehlt der Beschluss der Hauptversammlung, wird die Spaltung nicht wirksam und die Zustimmungsbeschlüsse der Inhaber der einzelnen Aktiengattungen sind gegenstandslos (*LG Hamburg* AG 1996, 281). Der Beschluss muss zwingend in einer notariell zu beurkundenden Versammlung gefasst werden; eine Beschlussfassung im schriftlichen Umlaufverfahren ist nicht zulässig.

5. Registeranmeldung, Eintragung und Wirkung

a) Spaltung zur Aufnahme

170 Die Vertretungsorgane jedes der beteiligten Rechtsträger haben die Spaltung zur Eintragung in das Register des Sitzes des jeweiligen Rechtsträgers anzumelden, wobei die Anmeldung gemäß § 129 UmwG entsprechend § 16 I 2 UmwG für die Verschmelzung auch durch die **Vertretungsorgane des übernehmenden Rechtsträgers** erfolgen kann und es dann einer Mitwirkung durch die Organe des übertragenden Rechtsträgers nicht bedarf.

III. Spaltung

> **Checkliste: Anlagen zur Registeranmeldung der beteiligten Rechtsträger** 171
>
> Der Anmeldung sind entsprechend §§ 125, 17 UmwG beim **übertragenden Rechtsträger** beizufügen:
> - Spaltungsvertrag in beglaubigter Form oder Ausfertigung
> - Zustimmungsbeschlüsse
> - etwa erforderliche Zustimmungserklärungen einzelner Anteilsinhaber
> - etwa abgegebene Verzichtserklärungen einzelner Anteilsinhaber betreffend den Verzicht auf Spaltungsbericht, Spaltungsprüfung
> - Spaltungsbericht
> - Spaltungsprüfungsbericht – soweit erforderlich
> - Nachweis über die rechtzeitige Zuleitung des Spaltungsvertrages oder des Entwurfs an den zuständigen Betriebsrat
> - Schlussbilanz des übertragenden Rechtsträgers, die nicht auf einen mehr als acht Monate zurückliegenden Stichtag aufgestellt ist
> - Nachweis über etwa durchgeführte Kapitalerhöhungen beim übernehmenden Rechtsträger – soweit erforderlich
> - Erklärung zum Eintritt etwa vereinbarter Bedingungen
> - Negativerklärung
> - Nachweis über die Eintragung beim übernehmenden Rechtsträger
> - soweit eine GmbH als übertragender Rechtsträger beteiligt ist: Erklärung gemäß § 140 UmwG, dass die Voraussetzungen für die Gründung dieser Gesellschaft unter Berücksichtigung der Abspaltung noch vorliegen (Kapitalerhaltung).

Um missbräuchlichen Anfechtungsklagen zu begegnen, kann nach §§ 125, 16 III UmwG ein Verfahren beim Prozessgericht durchgeführt werden, mit dem Ziel, dass eine Spaltung trotz Anfechtungsklage eingetragen werden kann, wenn das Gericht die Klage als unzulässig bzw. offensichtlich unbegründet ansieht oder wenn der Kläger nicht eine Mindestbeteiligung von 1.000 EUR nachweist oder eine vom Gericht vorgenommene Interessenabwägung die Eintragung als vorrangig erscheinen lässt. Durch die Eintragung ins Handelsregister wird die Spaltung unumkehrbar wirksam. Weder eine begründete Klage noch ein erneuter Beschluss der Anteilseigner können eine Rückabwicklung herbeiführen, denn nach § 16 III 10 Hs. 2 UmwG ist Schadensersatz durch Naturalrestitution ausgeschlossen.

Beim **aufnehmenden Rechtsträger** muss gemäß § 17 UmwG die Schlussbilanz des übertragenden Rechtsträgers nicht eingereicht werden. Im Falle der Aufspaltung wird durch die Verweisung in § 125 UmwG § 18 UmwG für anwendbar erklärt, so dass die für die Verschmelzung unter Rn. 48 erörterten Grundsätze auch hier gelten. Dagegen ist in den Fällen der Abspaltung und der Ausgliederung § 18 UmwG nicht anwendbar. Vielmehr bleibt im Fall der Abspaltung die Firma beim übertragenden Rechtsträger.

Vorkaufsrechte werden durch eine Spaltung nicht ausgelöst, da es sich nicht um einen 172 Kauf handelt. Beschränkte persönliche Dienstbarkeiten gehen nach § 131 UmwG, §§ 1092 II, 1059a Nr. 1 BGB im Wege der partiellen Gesamtrechtsnachfolge über. Einer behördlichen Feststellungserklärung nach § 1059a Nr. 2 BGB bedarf es nicht, da hier nicht eine Übertragung, sondern der Übergang kraft Gesetzes in Rede steht. Auch § 1092 III BGB ändert hieran nichts. Weiterhin sind jedoch alle betroffenen beschränkten persönlichen Dienstbarkeiten in einer Anlage zum Spaltungsvertrag/-plan gem. § 28 GBO aufzulisten (§ 126 II 2 UmwG) und für alle Dienstbarkeiten sind Grundbuchberichtigungsanträge zu stellen (*Bungert* BB 1997, 897).

Hinsichtlich der **Eintragung** gilt gemäß § 130 UmwG, dass diese zunächst beim über- 173 nehmenden Rechtsträger zu erfolgen hat und sodann beim übertragenden Rechtsträger. Die Spaltung wird wirksam mit Eintragung beim Ausgangsrechtsträger.

b) Spaltung zur Neugründung

174 Bei der Spaltung zur Neugründung sind gemäß § 137 UmwG die neuen Gesellschaften anzumelden, wobei die Anmeldung durch die Vertretungsorgane der übertragenden Gesellschaft erfolgt. Daneben sind sämtliche **Gründungsvorschriften** zu beachten, d. h. insbesondere, dass die Vertretungsorgane der neugegründeten Gesellschaften die nach dem für den jeweiligen Rechtsträger geltenden Recht abzugebenden Erklärungen, Zeichnungen zu leisten haben. Nach zutreffender Auffassung bedarf es keiner Versicherung hinsichtlich der Aufbringung des Stammkapitals, soweit eine GmbH, oder des Grundkapitals, soweit eine Aktiengesellschaft betroffen ist (zur Gründungsphase *Wilken* DStR 1999, 677).

c) Wirkungen

175 Grundsätzlich tritt mit der Eintragung der Spaltung beim übertragenden Rechtsträger die sog. „**partielle Gesamtrechtsnachfolge**" gem. § 131 I Nr. 1 UmwG ein. Im Unterschied zur Verschmelzung findet eine Gesamtrechtsnachfolge nicht hinsichtlich des gesamten Vermögens sondern nur partiell, d. h. hinsichtlich des im Spaltungsvertrag zugeordneten Teils, statt. Allerdings gilt die Übertragbarkeit bzw. Zuordnung von Vermögensteilen des übertragenden Rechtsträgers nicht unbeschränkt.

Nicht übertragbar im Rahmen der (partiellen) Gesamtrechtsnachfolge ist nach h. M. die Beteiligung eines persönlich haftenden Gesellschafters an einer Personengesellschaft (GbR, oHG, KG), da diese als höchstpersönlich qualifiziert wird (krit. dazu *Heckschen* GmbHR 2014, 626, 636). Ein Übergang im Rahmen einer Spaltung kommt nach h. M. nur in Betracht, sofern der Gesellschaftsvertrag die Übertragbarkeit vorsieht (Semler/Stengel/*Schröer* § 131 Rn. 26; Henssler/Strohn/*Wardenbach* § 131 Rn 7; Schmitt/Hörtnagl/Stratz/*Hörtnagl* § 131 Rn. 38). Für die Übertragbarkeit des Kommanditanteils bzw. des Anteils eines stillen Gesellschafters bedarf es dagegen keiner satzungsrechtlichen Gestattung; dieser ist frei übertragbar. Dies gilt allerdings nicht, sofern die Satzung dies ausdrücklich vorsieht. Anteile an Kapitalgesellschaften sind auch trotz Vinkulierungsregelungen frei übertragbar und können bei der Spaltung auf den übernehmenden Rechtsträger übergehen. Vinkulierungen beziehen sich nur auf den einzelnen Geschäftsanteil, stehen jedoch einer Gesamtrechtsnachfolge nicht im Wege (*OLG Hamm* NJW-Spezial 2014, 401; Schmitt/Hörtnagl/Stratz/*Hörtnagl* § 131 Rn. 38, 40).

Nach dem Willen des Gesetzgebers sollen nur höchstpersönliche Rechte und Pflichten nicht ohne weiteres übertragbar sein (RegEBegr BT-Drs. 16/2919, 19). So sollte nach h. M. aufgrund der Personengebundenheit des **Wohnungsverwalteramtes** eine Rechtsnachfolge in das Verwalteramt ausscheiden (zuletzt *OLG München* GmbHR 2014, 657 = GWR 2014, 238 m. Anm. *Heckschen*). Diese Ansicht ist unzutreffend (vgl. *Heckschen* GmbHR 2014, 626, 628) und auf Basis einer Entscheidung des *BGH* zur Verschmelzung (NZG 2014, 637) nicht mehr aufrecht zu erhalten. Problematisch sind daher Fälle, in denen sich die Identität des zum Verwalter bestellten Rechtsträgers ändert. Die Identität des Rechtsträgers ist ohnehin nicht betroffen, wenn der zum Verwalter bestellte Rechtsträger bei der Spaltungsmaßnahme aufnehmender Rechtsträger ist.

Es ist zu beachten, dass nach Auffassung eines Teils der Rechtsprechung und Literatur die mit der Eintragung beim Ausgangsrechtsträger eintretende partielle Gesamtrechtsnachfolge nur sehr eingeschränkt gilt (vgl. bereits Rn. 93 ff.) Insbesondere öffentlich-rechtliche Rechtspositionen (vgl. dazu ausf. *Heckschen* ZIP 2014, 1605), aber auch Prozessrechtsverhältnisse (vgl. Rn. 96) sollen nach dieser unzutreffenden Auffassung, die die Ziele des Gesetzgebers und die Regierungsbegründung zur Streichung von § 132 UmwG außer Acht lässt (vgl. ausf. *Heckschen* GmbHR 2014, 626; *ders*. ZIP 2014, 1605), nicht von der (partiellen) Gesamtrechtsnachfolge erfasst sein.

Nach Ansicht des *BFH* (NZG 2010, 518) können auch **Steuerverbindlichkeiten** bei Ausgliederung und Abspaltung nicht beliebig zugeordnet werden. Die partielle Gesamtrechtsnachfolge bei Spaltungsmaßnahmen sei keine Gesamtrechtsnachfolge i. S. d. insoweit spezielleren § 45 AO; das Steuerschuldverhältnis bleibe daher beim übertragenden Rechtsträger (a. A. *Leitzen* DStR 2009, 1853; *Mayer* DAI-Skript zur 11. Gesellschaftsrechtlichen Jahresarbeitstagung, S. 1, 24). Ungeklärt ist noch, ob dies auch für Fälle der Aufspaltung, die das Erlöschen des übertragenden Rechtsträgers zur Folge haben, gilt (*Walter* SteuK 2010, 79). Diese Rechtsprechung lässt auch eine Entscheidung des *BVerwG* unberücksichtigt. Das *BVerwG* (NVwZ 2006, 928) hatte zutreffend darauf hingewiesen, dass von der partiellen Gesamtrechtsnachfolge nur höchstpersönliche Rechte ausgeschlossen sind. Solche können aber nur natürlichen Personen zustehen.

Immaterialgüterrechte (Patente, Marken, Gebrauchs- und Geschmacksmuster) sind ebenso wie urheberrechtliche Verwertungsrechte als Vermögensrechte ohne weiteres übertragbar. Nicht übertragbar ist dagegen das Urheberrecht an sich. Aufgrund seines persönlichkeitsrechtlichen Gehaltes ist es an die Person des Urhebers gebunden. Bei einer Ausgliederung vom Einzelkaufmann verbleibt es daher beim Urheber.

Auch **öffentlich-rechtliche Rechtspositionen** sind übertragbar. Rechtspositionen, die sachlich mit Vermögensgegenständen verbunden sind, gehen auch gemeinsam mit dem Vermögensgegenstand über (z. B. Baugenehmigung mit Grundstück). Dagegen sollen personenbezogene Erlaubnisse wie z. B. nach § 2 GaststättenG (Gaststättenerlaubnis), § 1 HandwerksO (Betrieb eines selbständigen zulassungspflichtigen Handwerks) § 34c GewO (Makler, Bauträger, Baubetreuer) oder auch die stromsteuerrechtliche Erlaubnis gem. § 9 III StromStG (vgl. hierzu *BFH* BB 2012, 687) nicht übertragbar sein (weitere Beispiele bei Schmitt/Hörtnagl/Stratz/*Hörtnagl* § 131 Rn. 85; krit. *Heckschen* ZIP 2014, 1605). Zu den weiteren Beschränkungen der partiellen Gesamtrechtsnachfolge vgl. im Übrigen die Ausführungen zur Beschränkung der Gesamtrechtsnachfolge bei der Verschmelzung, Rn. 93 ff.

Bei der **Aufspaltung** erlischt der übertragende Rechtsträger mit Eintragung und Wirksamwerden der Spaltung, § 131 I Nr. 2 UmwG. Der Schutz der Gläubiger, die insbesondere durch eine Zuordnung der Verbindlichkeiten an einen bonitätsmäßig schlechteren Rechtsträger benachteiligt sein könnten, wird durch eine gesamtschuldnerische Haftung (str., a. A. akzessorische Haftung; zum Streitstand Semler/Stengel/*Maier-Reimer/Seulen* § 133 Rn. 30 ff. m. w. N.) aller beteiligten Rechtsträger für Verbindlichkeiten, die vor dem Wirksamwerden der Spaltung begründet worden sind, und ein **Recht auf Sicherheitsleistung** berücksichtigt (§ 133 I 1, 2 UmwG). Die §§ 25 ff. HGB sind anzuwenden. Eine **Begrenzung der Haftungsansprüche** erfolgt jedoch über § 133 III UmwG. Diese Begrenzung kann ebenfalls ein Motiv für Spaltungsmaßnahmen sein, da die Verbindlichkeiten, die dem betroffenen Rechtsträger im Spaltungsplan nicht zugeteilt wurden, nach fünf Jahren ihm gegenüber nicht mehr geltend gemacht werden können.

6. Besonderheiten bei der Ausgliederung

a) Allgemeines

Im Gegensatz zur Abspaltung werden bei der Ausgliederung die Anteile am aufnehmenden oder neu gegründeten Rechtsträger nicht den Anteilsinhabern des Ausgangsrechtsträgers, sondern dem **Ausgangsrechtsträger** selbst gewährt. Die Ausgliederung bietet sich daher für die Einführung von so genannten **Holding-Strukturen** an. Grundsätzlich gelten für Ausgliederungen die für die Spaltung geltenden Regeln und über § 125 UmwG die Regelungen des Verschmelzungsrechts. Auch bei der Ausgliederung ist immer die Parallelüberlegung anzustellen, ob die Einzelübertragung einen schnelleren und mit Rücksicht auf etwaige Minderheiten unkomplizierteren Weg darstellt. Zu berücksichtigen ist, dass bei Ausgliederungsmaßnahmen stets ein Zustimmungsbeschluss der Anteilseigner einzuholen ist, wenn diese nach dem Umwandlungsgesetz durchgeführt werden. Bei der Ausgliederung im Wege der Einzelübertragung gilt dies nur nach Maßgabe der

Grundsätze des so genannten „Holzmüller"-Urteils (*BGH* ZIP 1982, 568) sowie der „Gelatine"-Entscheidungen (*BGH* NZG 2004, 571 und 575). Ein weiterer Vorteil der Einzelrechtsnachfolge ist die überschaubare Haftungssituation (vgl. zur Ausgliederung durch Einzelrechtsnachfolge *Heckschen/Simon* § 7 Rn. 98 ff.). Demgegenüber hat die Ausgliederung nach dem UmwG mit der partiellen Gesamtrechtsnachfolge den automatischen Übergang von Vertragsverhältnissen zur Folge, die bei der Einzelrechtsnachfolge nur unter Beachtung der §§ 414, 416 BGB übergehen können. Die Entscheidung zwischen beiden Wegen steht dem Unternehmen frei, sie ist von den Anteilsinhabern und den Gerichten zu respektieren, einer besonderen sachlichen Rechtfertigung bedarf es nicht (*LG Hamburg* AG 1999, 239). Nach Ansicht des *LG Karlsruhe* sind die Vorschriften des UmwG zum Schutz der Anteilsinhaber, insbesondere zum Spaltungsbericht auf Ausgliederungen durch Einzelrechtsübertragungen, entsprechend anwendbar (*LG Karlsruhe* AG 1998, 99; abl. *Heckschen* DB 1998, 1385; *LG Hamburg* DB 1997, 516; *Bungert* NZG 1998, 367). Eine Prüfung der Ausgliederung findet entsprechend § 125 UmwG nicht statt. Für den Ausgliederungsplan/-vertrag (auch **Ausgliederungserklärung** genannt) sind die §§ 126 I 3, 4, 7, 109 UmwG nicht anwendbar. Der Ausgliederungsbeschluss kann auch unter eine Bedingung gestellt werden (*LG Hamburg* AG 1999, 239). Im Gegensatz zum Recht der Verschmelzung kann eine Anfechtungsklage gegen den Ausgliederungsbeschluss auch auf das Argument gestützt werden, dass die dem übertragenden Rechtsträger gewährten Anteile am übernehmenden Rechtsträger keine angemessene Gegenleistung darstellen. Das materielle Klageverbot des § 14 II UmwG gilt im Falle der Ausgliederung zur Aufnahme nach § 123 III Nr. 1 UmwG nicht (*OLG Stuttgart* DB 2003, 33; a. A. Semler/Stengel/*Stengel* § 125 Rn. 9).

§ 324 UmwG stellt mit seiner Verweisung auf § 613a BGB sicher, dass es auch im Rahmen der Ausgliederung bei der Zuordnung der Arbeitsverhältnisse zu den Betriebsmitteln bleibt und schränkt insoweit die in §§ 126, 131, 135 UmwG gewährte Dispositionsfreiheit ein. Die dem auszugliedernden Betriebsteil zugeordneten Arbeitsverhältnisse folgen daher diesem, auch wenn sie im Spaltungsplan nicht der übernehmenden Gesellschaft zugeordnet waren. Ebenso kann der Spaltungsplan nicht die Überleitung von Arbeitsverhältnissen bestimmen, die nicht dem auszugliedernden Betriebsteil zugeordnet sind (*Buchner* GmbHR 1997, 377).

b) Ausgliederung vom Einzelkaufmann

177 Der Weg vom Einzelkaufmann in die Kapitalgesellschaft stellt einen in der Praxis sehr häufigen Fall der Ausgliederung dar. Dieser Umwandlungsweg kann sowohl zur **Ausgliederung zur Aufnahme wie zur Neugründung** eingeschlagen werden. Die Ausgliederung ist nur dem eingetragenen Einzelkaufmann eröffnet, wobei es jedoch ausreichend ist, dass die Eintragung des Einzelkaufmanns beantragt ist und eine logische Sekunde vor der Wirksamkeit der Ausgliederung eingetragen wird. Die Ausgliederung ist nur möglich, wenn die Verbindlichkeiten des Einzelkaufmanns sein Vermögen nicht übersteigen, § 152 S. 2 UmwG. Dabei ist nicht auf das auszugliedernde Vermögen abzustellen, sondern auf das Gesamtvermögen des Einzelkaufmanns. Bei der Ausgliederung zur Neugründung bedarf es keiner Beschlussfassungen, da sich die Zustimmung des Einzelkaufmanns aus der Natur der Sache ergibt. Bei der Ausgliederung zur Aufnahme ist nur der Zustimmungsbeschluss beim aufnehmenden Rechtsträger erforderlich. Die Übernahme der Firma des Einzelunternehmens durch die Kapitalgesellschaft ist trotz der §§ 125, 18 UmwG möglich, wenn das Unternehmen des Einzelkaufmanns mit der Ausgliederung erlischt (*LG Hagen* GmbHR 1996, 127). Bei der Anmeldung des neuen Rechtsträgers ist ein Sachgründungsbericht beizufügen; hingegen ist es nicht erforderlich, eine auf einen höchstens acht Monate vor der Anmeldung liegenden Stichtag aufgestellte Schlussbilanz des übertragenden Rechtsträgers vorzulegen (*BayObLG* ZIP 1999, 968); diese ist nur beim Registergericht des übertragenden Rechtsträgers nötig. Übersteigt der Wert des ausgeglie-

III. Spaltung

derten Vermögens den Nennbetrag der Geschäftsanteile an einer aufnehmenden GmbH, so kann die Differenz der GmbH als Darlehen zur Verfügung gestellt werden, § 54 IV UmwG gilt für die Ausgliederung nicht (*OLG München* NZG 2012, 229). Zu beachten ist, dass eine Ausgliederung zur Neugründung einer Personengesellschaft nicht möglich ist. Eine Personengesellschaft muss aus zwei Personen bestehen, beim Ausgliederungsvorgang kann aber kein neuer Gesellschafter aufgenommen werden. Diese in der Praxis wichtige Fallkonstellation ist nur durch eine Ausgliederung zur Aufnahme auf eine vorher gegründete Personenhandelsgesellschaft zu realisieren.

c) Ausgliederung aus dem Vermögen von Gebietskörperschaften

Von großer praktischer Bedeutung ist angesichts des **Privatisierungsprozesses** im öffentlichen Bereich die Ausgliederung aus dem Vermögen von Gebietskörperschaften (vgl. hierzu Widmann/Mayer/*Heckschen* § 168 UmwG Rn. 53 ff.). Diese wird häufig als erster Schritt zur Privatisierung eingeschlagen, zum Teil wird sie aber auch nur einer besseren Organisation und Führung der verschiedenen Regie-/Eigenbetriebe der Kommunen dienen. Die §§ 168 ff. UmwG folgen grundsätzlich den Regelungen der Ausgliederung vom Einzelkaufmann. Die Umwandlungsmöglichkeiten sind ausgeweitet gegenüber dem bisherigen Recht, da nunmehr auch die Ausgliederung zur Aufnahme durch eine Personenhandelsgesellschaft, eine Kapitalgesellschaft oder eine eingetragene Genossenschaft möglich ist. Soll sie zur Neugründung durchgeführt werden, kann nur eine Kapitalgesellschaft oder eine eingetragene Genossenschaft neuer Rechtsträger sein. Umgekehrt zur bisherigen Rechtslage ist diese Umwandlungsmaßnahme möglich, wenn sie nicht durch Landes- oder Bundesrecht untersagt ist (bisher musste sie durch entsprechende Regelungen eröffnet sein). 178

Streitig ist, ob bspw. zwei Regiebetriebe zur Neugründung gleichzeitig auf einen Zielrechtsträger ausgegliedert werden können (vgl. *Heckschen* DB 1998, 1385).

Zulässig ist die Ausgliederung nur, soweit es sich bei dem auszugliedernden Vermögen um ein **Unternehmen** handelt (vgl. *Steuck* NJW 1995, 2887). Nach nun überwiegender Ansicht ist hier ein sog. funktioneller Unternehmensbegriff zu verwenden (Semler/Stengel/*Perlitt* § 168 UmwG Rn. 29; Schmitt/Hörtnagl/Stratz/*Hörtnagl* § 168 UmwG Rn. 3 f.; *Leppner* RNotZ 2006, 313, 317). Dies bedeutet, dass das Unternehmen als in sich funktionell arbeitsfähige Einheit zu übertragen ist. Dabei ist es aber umwandlungsrechtlich zulässig, nicht betriebsnotwendiges Vermögen oder an das Unternehmen zu verpachtende Grundstücke zurückzubehalten (Semler/Stengel/*Perlitt* § 168 Rn. 31; *Leppner* RNotZ 2006, 313, 318). Steuerrechtlich kann dies aber einer Buchwertfortführung gem. § 20 I und II UmwStG 2006 entgegenstehen, wenn es sich bei dem zurückbehaltenen Vermögen um eine funktional wesentliche Betriebsgrundlage handelt und der (Teil-)Betrieb daher nicht als wirtschaftliche Einheit eingebracht werden kann (vergleiche hierzu näher Blümich/*Nitzschke* § 20 UmwStG 2006, Rn. 38 ff., 46). Einzelne Vermögensgegenstände sind im Gegensatz zum sonst geltenden Spaltungsrecht nicht ausgliederungsfähig (Widmann/Mayer/*Heckschen* § 168 UmwG Rn. 126 ff.; Semler/Stengel/*Perlitt* § 168 UmwG Rn. 31, 33; *Schindhelm/Stein* DB 1999, 1375, 1377). Problematisch sind arbeitsrechtliche Fragen, insbesondere wenn in diesem Teilbetrieb/Unternehmen **Beamte** tätig sind. Es muss dann entweder der Beamte auf seinen Antrag entlassen und ein privates Arbeitsverhältnis begründet werden oder Sonderurlaub auf Antrag gewährt und ein privates Arbeitsverhältnis begründet werden. Alternativen sind die Dienstleistungsüberlassung an den privaten auszugliedernden Rechtsträger oder die Zuweisung der Dienstleistung an den privaten Rechtsträger. 179

Vom Ablauf her ist zunächst ein **Ausgliederungsplan** oder ein **Ausgliederungsvertrag** (bei Ausgliederung zur Aufnahme) aufzustellen. Stellvertretung ist dabei zulässig (vgl. DNotI-Report 1995, 182). Zur Bezeichnung des auszugliedernden Vermögens sind die oben genannten Grundsätze zu berücksichtigen (Rn. 161). 180

181 Ein Ausgliederungsbericht und eine Ausgliederungsprüfung sind nicht vorgesehen. Ein **Ausgliederungsbeschluss** ist erforderlich, wenn dies die jeweiligen einschlägigen Gemeinde- oder Landkreisordnungen vorschreiben. Nach überwiegender Meinung bedarf der Ausgliederungsbeschluss dann keiner notariellen Beurkundung (DNotI-Report 1995, 184). Zu berücksichtigen ist, dass an die Stelle des Betriebsrates die Personalvertretung tritt.

182 Bei der **Registeranmeldung** ist eine Erklärung nach § 16 II UmwG nach zutreffender Ansicht nicht erforderlich (DNotI-Report 1995, 184). Bei der Satzung einer etwa neu gegründeten Kapitalgesellschaft ist es unzulässig, den Gemeinderat als Gesellschafterversammlung einzusetzen (vgl. *OLG Karlsruhe* Rpfleger 1996, 161).

7. Spaltung und Ausgliederung über die Grenze hinweg

183 Das UmwG enthält nur Regelungen zur grenzüberschreitenden Verschmelzung, nicht aber zur Spaltung/Ausgliederung über die Grenze hinweg. Nach h. M. folgt aus der „Sevic"-Entscheidung des *EuGH*, dass die Niederlassungsfreiheit auch solche Vorgänge erlaubt (vgl. NJW 2006, 425; Sagasser/Bula/Brünger/*Sagasser/Bultmann* § 18 Rn. 196 m. w. N.). Es steht allerdings kein geordnetes Verfahren zur Verfügung. In der Praxis wird häufig zunächst der betroffene Teilbetrieb nach nationalen Vorschriften abgespalten oder ausgegliedert und dann in der Folge grenzüberschreitend verschmolzen (vgl. Rn. 149 ff.).

IV. Formwechsel

1. Allgemeines

184 Unter dem Begriff des Formwechsels sind die früher als Umwandlung bekannten Umstrukturierungsmaßnahmen der so genannten **formwechselnden Umwandlung** und der **übertragenden Umwandlung** zusammengefasst. Als Formwechsel werden auch Tatbestände erfasst, bei denen von einer Gesellschaftsform in die andere Gesellschaftsform umgewandelt wird, wobei es jedoch bei diesen früher als übertragende Umwandlung bekannten Sachverhalten weiterhin dabei bleibt, dass die Konsequenzen aus der angeblichen **Identität** des Ausgangs- und des Zielrechtsträgers vom Gesetzgeber nur teilweise gezogen werden. Jedoch darf das Grundbuchamt zur Grundbuchberichtigung infolge eines Formwechsels einer Personengesellschaft in eine Kapitalgesellschaft und umgekehrt gerade wegen der Rechtsträgeridentität nicht die Vorlage einer steuerlichen Unbedenklichkeitsbescheinigung in der Form des § 29 GBO verlangen (*LG Dresden* DB 1998, 1807). Es sind jedoch die für die neue Rechtsform geltenden Gründungsvorschriften zu beachten, soweit nicht das UmwG ausdrücklich Ausnahmen vorsieht. Bedeutsam ist dies beispielsweise beim Formwechsel der GmbH in die AG. Gemäß § 197 S. 2 UmwG gelten hier die §§ 30 I bis III, 31 AktG nicht. Der erste Aufsichtsrat kann nicht nur für die verkürzte Periode gemäß § 30 III 1 AktG bestellt werden. Die Mitglieder des Aufsichtsrates müssen gemäß § 246 I UmwG die Registeranmeldung nicht unterschreiben. Der *BFH* (ZIP 1997, 144) stellt fest, dass keine ernstlichen Zweifel daran bestehen, dass der Formwechsel einer Kapitalgesellschaft in eine Personengesellschaft nicht der Grunderwerbsteuer unterliegt. Das Grunderwerbsteuerrecht müsse mangels ausdrücklich anders lautender Vorschriften den zivilrechtlichen Vorgaben des Umwandlungsrechts folgen.

Das Recht des Formwechsels wird von folgenden **Grundsätzen** beherrscht:
– Es kann nur **ein Rechtsträger** beteiligt sein.
– Von der Identität der Anteilsverhältnisse kann nur mit Zustimmung der Anteilsinhaber abgewichen werden (nicht verhältniswahrender Formwechsel).
– Die aus dem Verschmelzungs- und Spaltungsrecht bekannten Institutionen zur **Vorabinformation** der Anteilsinhaber (Bericht, Übersendung eines Beschlussentwurfes etc.) wurden im Recht des Formwechsels entsprechend übernommen (zum Inhalt des Formwechselberichts vgl. zuletzt *LG Mannheim* ZIP 2014, 970).

IV. Formwechsel

Beim Formwechsel kann ausnahmsweise auch eine **GbR als Zielrechtsträger**/neuer Rechtsträger beteiligt sein, § 191 II Nr. 1 UmwG (zu § 228 II UmwG vgl. *Bärwaldt/Schabacker* NJW 1999, 623). Ausgangsrechtsträger kann sie nur über den Umweg in die OHG (§ 105 II HGB) sein. Im Rahmen der Vorbereitung des Formwechsels ist zu beachten, dass an die Stelle des Verschmelzungsvertrages/Spaltungsplans/Spaltungsvertrages hier der **Entwurf des Formwechselbeschlusses** tritt. Bei der Aufstellung des Berichts zum Formwechsel ist keine Vermögensaufstellung mehr erforderlich, da durch das 2. UmwBerG dieses Erfordernis gestrichen wurde. Stets ist zu prüfen, inwieweit auch auf das in § 207 UmwG grundsätzlich vorgesehene **Abfindungsangebot** verzichtet werden kann. Diesen Verzicht sieht das Gesetz zwar nicht vor, er ist aber, da das Abfindungsangebot ausschließlich im Anteilseigeninteresse liegt, zulässig (Widmann/Mayer/*Wälzholz* § 207 UmwG Rn. 34). 185

Auch die Partnerschaftsgesellschaft ist in den Kreis der formwechselfähigen Rechtsträger einbezogen worden. § 191 UmwG wurde entsprechend ergänzt. Eine formwechselnde Partnerschaftsgesellschaft kann sich in eine Kapitalgesellschaft oder e. G. umwandeln. Der Formwechsel in die PartG ist für Kapitalgesellschaften, deren Gesellschafter Freiberufler sind, möglich (§§ 225a bis 225c UmwG; *Neye* ZIP 1997, 722; DB 1998, 1649 und ZAP Fach 15, 257). Über den Formwechsel kann somit eine Freiberufler-GbR zunächst in eine Partnerschaft und sodann in eine Kapitalgesellschaft umgewandelt werden (zur Rechtsformwahl für Freiberufler vgl. *Heckschen/Bretschneider* NotBZ 2013, 81).

Im Unterschied zur Verschmelzung ist die Vorlage des Umwandlungsprüfungsberichts im Fall des Formwechsels nicht erforderlich. § 8 I 1 UmwG ist nicht anwendbar, da § 192 I 2 UmwG nur auf § 8 I 2–4, II UmwG verweist. Für eine entsprechende Anwendung besteht kein Bedarf, da eine Regelungslücke nicht vorliegt (*LG Berlin* DB 1997, 969).

Wie aus der Übersicht unten Rn. 242 erkennbar ist, sind die **Möglichkeiten des Formwechsels** erweitert gegenüber dem Rechtszustand vor 1995. Wesentlich ist dabei, dass die Umwandlung einer Kapitalgesellschaft in eine GmbH & Co. KG im Wege des Formwechsels möglich ist. Die früher nach § 192 II UmwG a. F. erforderliche Vermögensübersicht muss seit dem Inkrafttreten des Zweiten Gesetzes zur Änderung des Umwandlungsgesetzes (BGBl. 2007 I 542) nicht mehr erstellt werden (dazu *Heckschen* DNotZ 2007, 444). Zu den Möglichkeiten des Formwechsels und den geltenden Vorschriften vgl. unten Rn. 242. 186

Inwieweit beim Formwechsel auch Anteilsinhaber beitreten oder ausscheiden können ist unklar. Der *BGH* (NZG 2005, 722) hat in einem obiter dictum im Rahmen des Formwechsels einer AG in eine GmbH & Co. KG den Beitritt der Komplementär-GmbH im Zuge des Formwechsels für zulässig erklärt. Die Reichweite dieser Entscheidung ist strittig (*Baßler* GmbHR 2007, 1252; *Simon/Leuering* NJW-Spezial 2005, 459; siehe dazu auch die Diskussion über die „Beteiligung beim Formwechsel" im Jahrbuch der Fachanwälte für Steuerrecht 2007/2008, S. 305–310 sowie *Heckschen* DB 2008, 2122). 187

2. Beschluss zum Formwechsel

Kernstück des Verfahrens zum Formwechsel ist der **Umwandlungsbeschluss**, der bei Vorhandensein von Arbeitnehmervertretungen auch diesen einen Monat vor Beschlussfassung zuzuleiten ist, § 194 II UmwG. Im Falle der Umwandlung einer börsennotierten AG in eine GmbH muss sowohl der Text des Umwandlungsbeschlusses als auch der neuen Satzung auf der Einladung zur Hauptversammlung im Wortlaut mitgeteilt werden (*LG Hanau* GmbHR 1996, 373). 188

Grundsätzlich bedarf ein Umwandlungsbeschluss keiner sachlichen Rechtfertigung. Zum Teil, wird jedoch vertreten, dass ein Rechtsformwechsel verbunden mit einem Sqeeze-out gesetzeswidrig sei, wenn dabei die Umwandlung allein dem Ausschluss der Minderheit diene (*Habersack* ZIP 2001, 1230, 1234 f.; MünchKomm-AktG/*Grunewald*

§ 327a Rn. 19, 21 f.; weitere Nachweise bei *OLG Stuttgart* AG 2008, 464, 465). Ein solcher Gesetzesverstoß ist jedoch abzulehnen. Der Mehrheitsgesellschafter macht nur von einer ihm im Gesetz eingeräumten Berechtigung Gebrauch, worin kein Gesetzesverstoß bestehen kann. Die Minderheitengesellschafter werden in diesem Fall ausreichend durch die gesetzlichen Regelungen zur finanziellen Abfindung geschützt (so auch Lutter/*Decker* § 195 UmwG Rn. 23; *Pluskat* NZG 2007, 725; *Fröde* NZG 2007, 730, 731 f.).

189 Der **zwingende Inhalt** des Umwandlungsbeschlusses ergibt sich aus § 194 I UmwG und den Sondervorschriften der §§ 214 ff. UmwG.

190 **Checkliste zum Umwandlungsbeschluss**

- Rechtsform
- Firma und Sitz
- Angaben zur Beteiligung am neuen Rechtsträger
- Sonderrechte
- Abfindungsangebot
- Folgen des Formwechsels für Arbeitnehmer und ihre Vertretungen
- Satzung/Vertrag/Statut des neuen Rechtsträgers entsprechend §§ 218 I, 243, 253 I, 263 I, 276 I, 185 I, 294 I, 302 UmwG.

Mit dem Umwandlungsbeschluss ist auch die Satzung des Zielrechtsträgers zu beschließen. Hierbei sind auch alle notwendigen Anpassungen an die neue Rechtsform vorzunehmen. Es können jedoch auch alle weiteren, für erforderlich und zweckmäßig gehaltenen Änderungen beschlossen werden.

191 Ist die Zielgesellschaft eine Personenhandelsgesellschaft, so muss der Personengesellschaftsvertrag als Anlage genommen werden und ist mit zu beurkunden, §§ 243 I 1, 218 I. Für das **Beurkundungsverfahren** stehen sowohl die §§ 8 ff. wie auch §§ 36 ff. BeurkG zur Verfügung. Die für den Beschluss zum Formwechsel erforderlichen Mehrheiten ergeben sich aus dem Besonderen Teil für jeden Rechtsträger gesondert (vgl. dazu auch die Übersicht Rn. 242). Auch hier sind Zustimmungserfordernisse einzelner Gesellschafter zu beachten. Für den Inhalt und den Ablauf der Versammlung enthalten die Vorschriften des Besonderen Teils für die meisten Rechtsträger besondere Regelungen (§ 217 I für OHG und KG, §§ 232 I, 139 I, 151 II für die GmbH, §§ 232, 239, 251 II für die AG und KGaA, § 261 für die e. G., §§ 274 II, 283 II, 239 für den Verein, §§ 292 II, 239 für den VVaG. Seit der Änderung des § 217 I 3 UmwG ist es möglich, im Gesellschaftsvertrag festzulegen, dass hinsichtlich der Beschlussmehrheiten auf die Anzahl der abgegebenen Stimmen abzustellen ist (*Neye* DB 1998, 1649). Bei Umwandlung einer AG in eine GmbH & Co. KG sind die Aktionäre, die Kommanditisten werden sollen, grundsätzlich namentlich zu bezeichnen. Lediglich soweit die Aktionäre unbekannt bleiben, genügt ihre Bezeichnung unter Angabe der Nummer ihrer Aktienurkunde (*BayObLG* ZIP 1996, 1467).

3. Anmeldung/Eintragung

192 Die Anmeldung hat grundsätzlich gemäß § 198 UmwG bei dem **Register des Ausgangsrechtsträgers** zu erfolgen. Soweit sich die Art des für den Ausgangsrechtsträger maßgebenden Registers ändert oder infolge Sitzverlegung die Zuständigkeit eines anderen Registergerichts begründet ist, muss auch dort eine Anmeldung vorgenommen werden. Der Formwechsel wird dann wirksam mit Eintragung bei dem Zielrechtsträger. Das Registergericht prüft hierbei auch, ob die Gesellschaft ordnungsgemäß errichtet und angemeldet ist. Die Prüfung erstreckt sich auch auf die Frage der Verfügbarkeit der gesetz-

IV. Formwechsel   D IV

lich vorgeschriebenen Mindesteinlage (*LG München* GmbHR 1996, 128, 129; vgl. hierzu auch Semler/Stengel/*Schwanna* § 198 UmwG Rn. 16; Lutter/*Decher* § 198 UmwG Rn. 25). Die Eintragung einer fortbestehenden Prokura darf nicht von einer Anmeldung abhängig gemacht werden (*OLG Köln* DNotZ 1996, 700; Lutter/*Decher* § 202 UmwG Rn. 45; Semler/Stengel/*Kübler* § 202 UmwG Rn. 10). Eine andere Art eines Registers stellt beispielsweise das Genossenschaftsregister gegenüber dem Handelsregister A/B, nicht aber das Handelsregister A gegenüber Handelsregister B dar. Eine Schlussbilanz ist bei der Anmeldung des Formwechsels, anders als bei Spaltung und Verschmelzung nicht vorzulegen, Fristbindungen gem. § 17 II UmwG bestehen nicht. Steuerrechtlich ist jedoch zu beachten, dass eine Rückbeziehung des Formwechsels auf einen acht Monate zurückliegenden Zeitpunkt nur möglich ist, wenn die Bilanz bei Einreichung nicht älter als acht Monate ist (Lutter/*Decher* § 192 UmwG Rn. 65). Bedeutung hat dies vor allem beim Wechsel von der Personen- in die Kapitalgesellschaft und umgekehrt. Man sollte sich nicht darauf verlassen, dass die Finanzverwaltung die Rechtsprechung zum UmwG 1969, die geringfügige Fristüberschreitungen tolerierte, anerkennt (*Heckschen* DB 1998, 1385).

Checkliste: Anlagen zur Registeranmeldung   193

Beizufügen sind:
– Niederschrift über den Umwandlungsbeschluss in Ausfertigung oder beglaubigter Abschrift;
– etwa nach dem Gesetz erforderliche Zustimmungen einzelner Anteilsinhaber;
– Umwandlungsbericht oder entsprechende Verzichtserklärungen;
– Nachweis über die fristgemäße Zuleitung des Entwurfs des Umwandlungsbeschlusses an den Betriebsrat.

Besonderheiten finden sich in den Regelungen für die einzelnen Rechtsträger (§§ 246 III, 265, 278, 223, 253 I, 254 I, 259, 265 S. 2 UmwG).

Weiterhin sind jeweils die entsprechenden Unterlagen, die für die **Gründung des Ziel-** 194 **rechtsträgers** nach allgemeinem Recht vorzulegen sind, mit einzureichen. Nach § 220 I UmwG ist beim Formwechsel in eine Kapitalgesellschaft der Nachweis zu erbringen, dass der Nennbetrag des Grund- bzw. Stammkapitals durch das Vermögen des formwechselnden Rechtsträgers gedeckt ist. Nicht erforderlich ist, dass dieser Nachweis nach den Regeln über den Jahresabschluss zu erbringen ist, vielmehr genügt ein gesondert aufgestellter Vermögensstatus, in dem das Reinvermögen nach Zeitwerten bewertet wird.

Wenn eine Personengesellschaft ein Handelsgeschäft weiterführt, kann sie bei der Firmenbildung den bisher geführten Namen einer natürlichen Person weiter verwenden, wenn das Registergericht den diesbezüglichen Antrag genehmigt. Dieser Antrag sollte bereits während der Vorbereitung des Formwechsels gestellt werden. Wenn diese natürliche Person an der Personengesellschaft nicht mehr beteiligt ist, ist zur Weiterverwendung ihres Namens die ausdrückliche Einwilligung erforderlich (*Kögel* GmbHR 1996, 168, 174).

4. Einzelfälle

a) Formwechsel von GmbH in GmbH & Co. KG

Der spätere Komplementär kann auch erst im Rahmen des Formwechsels beitreten   195 (*BGH* DNotZ 2005, 864). Nach § 108 HGB, §§ 219 II, 222 II UmwG muss die beitretende GmbH die neue Gesellschaft mit zum Handelsregister anmelden (*Kallmeyer* GmbHR 1996, 80, 82). Da Ausgangs- und Zielrechtsträger identisch sind, kommt eine beim Ausgangsrechtsträger bestehende Prokura durch den Formwechsel nicht automatisch zum Erlöschen. Sie besteht vielmehr beim Zielrechtsträger fort (*OLG Köln* DNotZ 1996, 700). Die Bestellung des Geschäftsführers der Ausgangs-GmbH erlischt hingegen, es bedarf ggf. einer Neubestellung. Der Formwechsel einer GmbH in eine GmbH & Co. KG ist auch dann auf den Umwandlungsstichtag zurückzubeziehen, wenn die Komplementär-GmbH erst zeitgleich mit dem Umwandlungsbeschluss errichtet wird. Der Gesellschaftsvertrag der zukünftigen KG muss die Interessen von Minderheitsgesellschaftern angemessen berücksichtigen (*OLG Düsseldorf* ZIP 2003, 1749). Nach Ansicht des *BGH* (DNotZ 2005, 864) kann der Mehrheitsgesellschafter des Ausgangsrechtsträgers mit der zum Formwechsel ausreichenden Beschlussmehrheit den künftigen Komplementär bestimmen (vgl. dazu *Heckschen* DB 2008, 2122).

Da eine Kapitalgesellschaft von Freiberuflern gerade kein Gewerbe betreibt, ist ihr der Formwechsel in die Rechtsform der Personenhandelsgesellschaft – auch in Form der GmbH & Co. KG – verwehrt (*KG* NZG 2013, 1313).

b) Formwechsel von GmbH in Partnerschaftsgesellschaft mit beschränkter Berufshaftung (PartG mbB)

195a Nach Einführung der Partnerschaftsgesellschaft mit beschränkter Berufshaftung (PartG mbB) (BGBl. I 2013, S. 2386) wird diese als Zielrechtsträger für Umwandlungsvorgänge – insbesondere als Zielrechtsträger für Verschmelzungen – interessant.

Abweichend von der klassischen PartG hat die PartG mbB den Namenszusatz „mbB" oder „mit beschränkter Berufshaftung" zu führen und eine spezifischen Berufshaftpflichtversicherung (§ 8 IV PartG) zu unterhalten. Die PartG mbB ist wie die klassischen PartG umwandlungsfähiger Rechtsträger.

Bei einem Formwechsel einer Kapitalgesellschaft in eine Partnerschaftsgesellschaft (mit beschränkter Berufshaftung) ist nach § 228 II UmwG erforderlich, dass zum Zeitpunkt des Wirksamwerdens alle Anteilsinhaber des formwechselnden Rechtsträgers natürliche Personen sind, die einen freien Beruf im Sinne des § 1 I und II PartGG ausüben.

Sofern nicht alle Anteilsinhaber durch notariell beurkundete Erklärungen auf die Erstattung eines Umwandlungsberichtes verzichten (§ 192 II UmwG), muss das Vertretungsorgan des formwechselnden Rechtsträgers nach § 192 I UmwG einen ausführlichen Umwandlungsbericht erstatten. Dieser muss den Formwechsel und insbesondere die künftige Beteiligung der Anteilsinhaber an der Partnerschaft rechtlich und wirtschaftlich erläutern und begründen sowie den Entwurf des Umwandlungsbeschlusses enthalten.

Eine Bewertung des formwechselnden Rechtsträgers findet nicht statt, weil den Anteilseignern wegen des Einstimmigkeitserfordernisses für die Beschlussfassung (§ 233 I UmwG) kein Abfindungsangebot nach § 207 UmwG zu unterbreiten ist.

Für den Formwechsel ist nach § 193 I UmwG ein einstimmiger Beschluss der Anteilsinhaber erforderlich. Auch die nicht erschienenen Anteilsinhaber müssen zustimmen (§ 233 I UmwG). Der Beschluss und die Zustimmungserklärung der nicht erschienenen Anteilsinhaber bedürfen nach § 193 III UmwG notarieller Beurkundung.

In dem Umwandlungsbeschluss müssen nach § 194 Abs. 1, 243 UmwG mindestens bestimmt werden:
– dass der neue Rechtsträger durch den Formwechsel die Rechtsform einer PartG mbB erlangen soll,
– der Name der Partnerschaft einschl. des erforderlichen Zusatzes nach § 8 IV PartGG,
– der Sitz der Partnerschaft,
– die künftigen Beteiligungsverhältnisse,
– evtl. Sonderrechte,
– der Partnerschaftsvertrag,
– die Folgen des Formwechsels für die Arbeitnehmer und ihre Vertretungen sowie die insoweit vorgesehenen Maßnahmen.

Die PartG mbB ist zur Eintragung in das Handelsregister der formwechselnden GmbH sowie zur Eintragung in das Partnerschaftsregister anzumelden (§ 198 II 2 bis 5 UmwG). Der Anmeldung sind gem. § 199 UmwG außer den sonst erforderlichen Unterlagen, also insbesondere der Versicherungsbescheinigung nach § 113 II VVG, in Ausfertigung oder öffentlich beglaubigter Abschrift beizufügen:
- die Niederschrift des Umwandlungsbeschlusses,
- die Zustimmungserklärung nicht erschienener Anteilsinhaber,
- der Umwandlungsbericht oder die Erklärungen über den Verzicht auf seine Erstattung,
- der Nachweis über die fristgerechte Zuleitung des Entwurfs des Umwandlungsbeschlusses an den zuständigen Betriebsrat.

Mit der Eintragung im Partnerschaftsregister besteht der formwechselnde Rechtsträger als PartG mbB weiter (§ 202 I und II UmwG). Die Anteilsinhaber werden Partner der Partnerschaft. Evtl. Mängel der notariellen Beurkundung des Umwandlungsbeschlusses und ggf. erforderlicher Zustimmungs- oder Verzichtserklärungen werden geheilt.

c) Formwechsel von AG in GmbH & Co. KG

Auch die Umwandlung einer AG in eine GmbH & Co. KG ist nach dem neuen Umwandlungsrecht möglich. Nach § 233 II 1 UmwG ist hierfür eine Dreiviertelmehrheit des bei der Beschlussfassung vertretenen Grundkapitals erforderlich. Der Beschluss muss nach § 234 Nr. 2 UmwG die Kommanditisten sowie den Betrag der Einlage eines jeden von ihnen nennen. Die in der Einladung zur Hauptversammlung angegebene Komplementärgesellschaft muss mit der später beschlossenen Komplementärin identisch sein. Ein Verstoß hiergegen macht den Beschluss anfechtbar (*LG Wiesbaden* NZG 1999, 177).

196

Probleme bei der namentlichen Nennung der Kommanditisten tauchen insbesondere bei börsennotierten AGs auf, da die Namen der Aktionäre hier meist unbekannt sind. Hierfür bietet § 213 i. V. m. § 35 UmwG eine gewisse Erleichterung an: Die unbekannten Aktionäre sind im Umwandlungsbeschluss durch die Angabe des insgesamt auf sie entfallenden Teils des Grundkapitals der Gesellschaft und der auf sie nach dem Formwechsel entfallenden Anteile zu bezeichnen als Kommanditisten zu benennen. Die Bezeichnung in dieser Form ist nur zulässig für Anteilsinhaber, deren Anteile **zusammen** 5% des Grundkapitals der übertragenden Gesellschaft nicht übersteigen. Die der Gesellschaft bekannten Aktionäre müssen jedoch namentlich aufgeführt werden. Die Gesellschaft muss nicht im Einzelnen darlegen, welche Ermittlungsbemühungen sie unternommen hat und dass diese erfolglos waren. Die AG sollte aber bereits im Vorfeld der Beschlussfassung ihre Aktionäre ermitteln, jedenfalls wenn der hiermit verbundene Aufwand nicht unverhältnismäßig hoch ist. Angemessen und wohl auch ausreichend ist es, wenn die Gesellschaft in der im Bundesanzeiger veröffentlichten Einladung zur Hauptversammlung die Aktionäre auffordert, ihre Namen, Anschriften und Aktiennummern mitzuteilen. Die daraufhin noch unbekannt gebliebenen Aktionäre können im Umwandlungsbeschluss mit ihren Aktiennummern bezeichnet werden. Wenn diese Personen später bekannt werden, ist die diesbezügliche Eintragung entsprechend zu korrigieren. Bis die Identität der Anteilsinhaber geklärt ist, kann das Stimmrecht aus den betreffenden Anteilen nicht ausgeübt werden. Die Angabe der Kommanditisten im Umwandlungsbeschluss ist zwingend; fehlt sie, so ist der Beschluss unwirksam (*BayObLG* DB 1996, 1814, 1815). Da Anmeldungen zum Handelsregister durch sämtliche Gesellschafter erfolgen sollte bei Existenz von unbekannten Kommanditisten dringend eine Handelsregistervollmacht in den Gesellschaftsvertrag der KG aufgenommen werden (zulässig gem. *OLG Schleswig-Holstein* NZG 2003, 830).

d) Formwechsel zwischen Kapitalgesellschaften

Hat die formwechselnde GmbH ein Stammkapital, das unter dem Mindestgrundkapital einer AG liegt, so muss vor dem Formwechsel eine Kapitalerhöhung durchgeführt

197

werden. Die Kapitalerhöhung kann nicht mit sondern nur vor dem Formwechsel der GmbH/UG (haftungsbeschränkt) in die AG durchgeführt werden. Zu einer evtl. erforderlichen Nachgründung nach einem Formwechsel in eine AG vgl. *Martens* ZGR 1999, 548.

Die Anmeldung des Formwechsels erfolgt gem. § 246 I UmwG nur durch das Vertretungsorgan des Ausgangsrechtsträgers. Beim Formwechsel in die AG muss also z. B. der Aufsichtsrat nicht mitanmelden.

Fehlerquellen beim Formwechsel:
- Beim Formwechsel in eine Aktiengesellschaft ist immer auch das Gründungsrecht der Aktiengesellschaft anwendbar, § 197 S. 1 UmwG.
- Beim Formwechsel handelt es sich um eine identitätswahrende Umwandlung. Soll die Beteiligungsquote eines Anteilseigners geändert werden, muss ihre Zustimmung in notariell beurkundeter Form erfolgen. Alternativ kann sie bereits mit dem einstimmig gefassten Formwechselbeschluss vorliegen (Schmitt/Hörtnagl/Stratz/*Stratz* § 202 UmwG Rn. 7; *Lutter/Decher* § 202 UmwG Rn. 15).
- Der Steuerberater/Wirtschaftsprüfer, der an der Aufstellung des letzten Jahresabschlusses mitgewirkt hat, kann entgegen den Wünschen aus der Praxis wohl nicht zum Abschlussprüfer bestellt werden, § 319 III Nr. 2 HGB, § 197 UmwG, § 33 V, 143 II AktG.
- Das Kapital beim Ausgangsrechtsträger muss identisch sein mit dem Grundkapital des Zielrechtsträgers und bei einer AG als Zielrechtsträger mindestens 50.000 EUR betragen. Das Grundkapital ist auf Euro umzustellen, sofern noch nicht geschehen.
- Auch beim Formwechsel ist der Entwurf des formwechselnden Beschlusses dem Betriebsrat einen Monat vor der Beschlussfassung zuzuleiten. Bestehen innerhalb eines Konzerns mehrere Betriebsräte, so sollte bei Zweifeln über die Zuständigkeit der Entwurf an jeden Betriebsrat zugeleitet werden.
- Auf das grundsätzlich abzugebende Barabfindungsangebot kann verzichtet werden. Bestehen Unklarheiten über einen solchen Verzicht, sollte dieser vorab eingeholt und notariell beurkundet werden.
- Die Amtszeit des ersten Aufsichtsrats der „neuen" AG ist nicht bis zum Ende der Hauptversammlung, die über das erste Voll- oder Rumpfgeschäftsjahr beschließt, begrenzt, da § 30 III 1 AktG gem. § 197 S. 2 UmwG keine Anwendung findet.
- Die Zustimmung einzelner Anteilsinhaber zum Umwandlungsbeschluss ist ggf. einzuholen gem. § 193 II UmwG.
- Beim Formwechsel einer GmbH in eine AG ist die im Rahmen einer historischen Sachgründung erfolgte Festsetzung im GmbH-Gesellschaftsvertrag in die Satzung der AG zu übernehmen (§ 243 I 2 UmwG). Keiner Festsetzung in der Satzung bedürfen dagegen die anlässlich früherer Kapitalerhöhungen geleisteten Sacheinlagen (Lutter/*Decher* § 197 UmwG Rn. 18; für den umgekehrten Fall des Formwechsels einer AG in eine GmbH Widmann/Mayer/*Mayer* § 197 UmwG Rn. 43).
- Da die Gründungsvorschriften des Zielrechtsträgers zu beachten sind, bedarf eine Vollmacht zur Stimmrechtsausübung betreffs des Formwechsels in eine Kapitalgesellschaft der notariellen Beglaubigung, § 2 II GmbHG, § 23 I 2 AktG.

198 Trotz der Tatsache, dass der Formwechsel identitätswahrend erfolgt, rechtfertigt der Formwechsel einer Rechtsanwalts-GmbH in eine AG den Widerruf der berufsrechtlichen Zulassung. Grundsätzlich begegnet die Zulassung einer AG als Rechtsanwaltsgesellschaft aber keinen Bedenken, soweit sie die berufsrechtlichen Voraussetzungen erfüllt (*BGH* NJW 2005, 1568, dazu auch *Passarge* NJW 2005, 1835).

e) Formwechsel von der GmbH in die UG (haftungsbeschränkt)

199 Ein Formwechsel i. S. d. §§ 190 ff. UmwG in die UG (haftungsbeschränkt) ist unzulässig (zu dieser Problematik *Heckschen*, Das MoMiG in der notariellen Praxis, Rn. 229 ff.).

IV. Formwechsel

Der Formwechsel einer GmbH in eine UG (haftungsbeschränkt) ist schon deswegen ausgeschlossen, weil die §§ 190 ff. UmwG nur den Formwechsel in einen Rechtsträger anderer Rechtsform vorsehen, nicht aber innerhalb einer Rechtsform. Die UG (haftungsbeschränkt) ist aber eine Sonderform der GmbH. Eine Kapitalherabsetzung der GmbH auf ein Stammkapital unter 25.000 EUR gem. §§ 58 ff. GmbHG ist ausgeschlossen. Von der UG (haftungsbeschränkt) kann nur durch Kapitalerhöhung in die GmbH „gewechselt" werden.

f) Formwechsel von Personenhandelsgesellschaften in GmbH

Ist Ausgangsrechtsträger eine KG, so ist ein **Umwandlungsbericht** zu erstellen, wenn die Kommanditisten auf diesen nicht verzichten. Der Gesellschaftsvertrag der formwechselnden Personenhandelsgesellschaft kann eine **Mehrheitsentscheidung** entsprechend § 217 I 2, 3 UmwG vorsehen, und entsprechend dem Bestimmtheitsgrundsatz muss die Klausel den Fall des Formwechsels, zumindest aber den Fall der Umwandlung ausdrücklich regeln. **200**

Für den Zielrechtsträger, die GmbH, gelten sämtliche Gründungsvorschriften der §§ 1–12 GmbHG; zu Kapitalaufbringung und Kapitalfestsetzung vgl. *Timmermans* DB 1999, 948. Gründer der GmbH sind die Gesellschafter des formwechselnden Rechtsträgers, wobei bei einer Mehrheitsentscheidung nur diejenigen Gesellschafter, die für den Formwechsel gestimmt haben, Gründer sind (§ 219 S. 2 UmwG). Im Protokoll sind diese daher aufzuführen. Die Anmeldung des Formwechsels erfolgt durch alle künftigen Geschäftsführer der GmbH, einer Mitwirkung der Gesellschafter der Personenhandelsgesellschaft bedarf es nicht (§ 222 I UmwG). Zur Firmierung vgl. *OLG Frankfurt* DB 1999, 733; EWiR § 11 PartGG 1/99. **201**

g) Formwechsel von e. G.

Hinsichtlich des Abfindungsanspruches und dessen Prüfung verweist § 208 UmwG auf § 30 UmwG, so dass der Abfindungsanspruch an sich durch Wirtschaftsprüfer zu prüfen wäre, wohingegen die Prüfung ansonsten durch das Gutachten des Prüfungsverbandes ersetzt wird. Dies gilt nach § 270 II UmwG seit dem 1.8.1998 auch für das Abfindungsangebot. Da diese Prüfung auch im Gläubigerinteresse durchgeführt wird, kann auf sie nicht verzichtet werden. Die notwendige Mindestbeteiligung eines Genossen an der aus dem Formwechsel hervorgegangenen AG wurde durch Änderung von § 258 II UmwG an den Mindestbetrag von einer vollen Aktie angepasst. § 263 II 2 UmwG wurde ebenfalls entsprechend geändert, so dass Teilrechte an GmbH-Geschäftsanteilen nicht mehr und an Aktien nur im Fall freier Spitzen möglich sind (vgl. *Neye* DB 1998, 1649). **202**

h) Formwechsel/Sitzverlegung über die Grenze

Der Formwechsel über die nationalen Grenzen hinweg ist vom UmwG nicht geregelt. Auch europarechtliche Vorgaben fehlen. Die sog. Sitzverlegungsrichtlinie (14. Richtlinie betreffend die grenzüberschreitende Sitzverlegung) ist noch nicht beschlossen (dazu *Behrens* EuZW 2013, 121). Zunächst hat der *EuGH* in der Rechtssache „Cartesio" (NZG 2009, 61) entschieden, dass es nicht gegen europäisches Recht verstößt, wenn Nationalstaaten es verbieten, Satzungs- und Verwaltungssitzstaat auseinanderfallen zu lassen. In der Rechtssache „Vale" (*EuGH* NZG 2012, 871) ist er nun der Auffassung, dass die gleichzeitige Verlegung von Satzungs- und Verwaltungssitz von einem Land der EU/EWR in ein anderes von der Niederlassungsfreiheit gedeckt sei. Der identitätswahrende Formwechsel („Sitzverlegung über die Grenze") ist somit nach europäischem Recht zulässig, das Verfahren aber ungeregelt. **203**

Nach der Entscheidung des *EuGH* hat der Zuzugsstaat die grenzüberschreitende Umwandlung zuzulassen, wenn eine entsprechende innerstaatliche Umwandlung nach dem nationalen Recht des Zuzugsstaates zulässig wäre. Für die Ausübung der Niederlassungsfreiheit kommt es dabei nach Auffassung des *EuGH* auf „die tatsächliche Ausübung einer wirtschaftlichen Tätigkeit mittels einer festen Einrichtung im Aufnahmemitgliedstaat auf unbestimmte Zeit" an. Als wohl erstes deutsches Gericht entschied das *OLG Nürnberg*, dass die grenzüberschreitende Umwandlung im Sinne eines identitätswahrenden Formwechsels einer ausländischen Kapitalgesellschaft in eine inländische rechtlich zulässig ist (ZIP 2014, 128 m. Anm. *Bungert/Raet*). Bemerkenswert dabei ist, dass dasselbe OLG kurz vor der Entscheidung des *EuGH* in Sachen „Vale" in einem sachlich ähnlich gelagerten Fall (*OLG Nürnberg* ZIP 2012, 572 = DStR 2012, 571) den grenzüberschreitenden Formwechsel mit der Begründung ablehnte, dass der derzeitige nationale und gemeinschaftsrechtliche Rechtsrahmen eine grenzüberschreitende Sitzverlegung nicht zulasse. Unter dem Eindruck der „Vale" Entscheidung des *EuGH* konnte das *OLG Nürnberg* seine Rechtsprechung nicht mehr aufrechterhalten und bejahte nunmehr den identitätswahrenden Formwechsel. Bemerkenswert an der Entscheidung des OLG ist dabei auch, dass die Gesellschaft in dem zugrunde liegenden Fall im Zeitpunkt der Antragsstellung beim deutschen Register bereits im Register ihres Gründungsstaates gelöscht war und somit die notwendige Kontinuität des Rechtsträgers nicht gegeben war. Hieran ließ das *OLG Nürnberg* die Eintragung im deutschen Register allerdings nicht scheitern. Es dürfte damit dem Umstand Rechnung getragen haben, dass mit dem grenzüberschreitenden Formwechsel immer auch die Verlegung des Satzungssitzes einhergeht, so dass auch zwei nationale Register tätig werden müssen. Grenzüberschreitende Umwandlungen und die damit einhergehende sukzessive Anwendung zweier Rechtsordnungen bergen dabei gerade das Problem der mangelnden Abstimmung der Registerverfahren der beteiligten Staaten in sich. Dies macht umso mehr die Notwendigkeit einer auf gemeinschaftsrechtlicher Ebene erlassenen Sitzverlegungsrichtlinie deutlich. Zudem kam es dem *OLG Nürnberg* auch nicht auf die Überprüfung der ebenfalls vom *EuGH* seit seiner Entscheidung in Sachen „Vale" geforderten tatsächlichen wirtschaftlichen Tätigkeit im Aufnahmestaat an. Dies ist auf Grund eines Vergleiches mit reinen Inlandssachverhalten nicht zu beanstanden. Für die Umwandlung deutscher Gesellschaften kommt es nach § 1 I UmwG lediglich auf den Satzungssitz im Inland an. Da deutsche Gesellschaften nach der Neufassung von § 4a GmbHG zudem ihren Verwaltungssitz sowohl im In- als auch im Ausland haben können, kommt es bei Inlandssachverhalten nicht auf eine tatsächliche wirtschaftliche Tätigkeit in Deutschland an. Aus deutscher Sicht kann daher eine wirtschaftliche Tätigkeit im Inland keine Voraussetzung beim grenzüberschreitenden „Herein-Formwechsel" sein (*Schaper* ZIP 2014, 128 m. w. N.).

V. Kosten

1. Allgemeines

204 Der Notar hat den für den Mandanten kostengünstigsten Weg zu wählen. Den Notar trifft eine Hinweispflicht auf einen kostengünstigeren Weg aber nur dann, wenn für die Erreichung des vom Mandanten gewünschten Zieles zwei Wege offen stehen, die exakt zum selben Ergebnis führen. In keinem Fall muss der Notar auf rechtlich andere Möglichkeiten hinweisen, etwa darauf, dass statt der vom Mandanten gewünschten Verschmelzung einer GmbH auf eine AG kostengünstiger die Verschmelzung der AG auf die GmbH beurkundet werden könnte (*OLG Rostock* NotBZ 2003, 243).

2. Verschmelzungsvertrag, Spaltungsvertrag, Spaltungsplan

205 Für die **Beurkundung des Verschmelzungsvertrages bzw. des Spaltungsvertrages** erhält der Notar eine 2,0-Gebühr Nr. 21100 KV-GNotKG Wird lediglich der **Spaltungsplan** als

einseitige Erklärung des Vertretungsorgans des übertragenden Rechtsträgers beurkundet, so fällt eine 1,0-Gebühr Nr. 21200 KV-GNotKG an. Der Geschäftswert bemisst sich grundsätzlich nach dem Aktivwert des übertragenden Unternehmens, wobei ein Abzug der Verbindlichkeiten ausscheidet (§ 38 GNotKG). Es handelt sich um einen Austauschvertrag gemäß § 97 III GNotKG. Dies gilt allerdings nicht, wenn der übernehmende Rechtsträger alle Anteile des übertragenden Rechtsträgers hält, da dann die Gegenleistung fehlt. In diesem Fall gilt § 97 I GNotKG (*BayObLG* NZG 1999, 894 m. Anm. *Schaub*). Werden mehrere Rechtsträger übertragen, so sind die Werte ebenso zu addieren wie bei der Verschmelzung zur Neugründung. Die Summe sämtlicher auf die neu gegründete Gesellschaft übertragender Rechtsträger ist maßgeblich (Wertbeschränkung auf 10 Mio. EUR; § 107 I 1 GNotKG, die auch für Personengesellschaften und eingetragene Genossenschaften gilt. Die Höchstwertvorschrift gilt jedoch nicht für die Einbringung eines Vermögensgegenstandes in eine KG durch Einzelübertragung, auch wenn dies einer Gründung der KG oder einem Vertrag nach dem UmwG wirtschaftlich gleichkommt (*BayObLG* DB 1998, 2410). Hier gilt allerdings die Höchstwertvorschrift des § 35 II GNotKG, nach der der Höchstwert 60 Mio. EUR beträgt. Zur Geschäftswertberechnung bei Kettenverschmelzungen vgl. *OLG Düsseldorf* NJW-RR 1999, 399.

3. Zustimmungsbeschluss

Für die Beurkundung des **Zustimmungsbeschlusses** fällt eine 2,0-Gebühr Nr. 21100 KV-GNotKG an; auch hier beträgt der Höchstwert 10 Mio. EUR. Der Wert des Zustimmungsbeschlusses ergibt sich aus dem Wert des Verschmelzungsvertrages. Werden Zustimmungsbeschlüsse mehrerer Rechtsträger in einer Urkunde zusammengefasst, so sind sie gemäß § 109 II Nr. 4g GNotKG gegenstandsgleich. Dieses Verfahren bietet sich bei einem identischen Anteilseignerkreis oder bei Mutter-Tochter-Verschmelzungen an. Maßgeblich ist jeweils der Wert des Aktivvermögens des übertragenden bzw. formwechselnden Rechtsträgers, bei Abspaltung und Ausgliederung der Wert des übergehenden Vermögens. **206**

Für die **Zustimmungserklärungen** einzelner Anteilsinhaber fällt eine 1,0-Gebühr Nr. 21200 an. Der Geschäftswert ermittelt sich aus einem gemäß § 36 GNotKG anzusetzenden Prozentsatz. Ein Ansatz bis zu 30 % des Wertes des Verschmelzungsvertrages erscheint als angemessen (str.). Zustimmungserklärungen zum Zustimmungsbeschluss sind nicht gegenstandsgleich (§ 110 Nr. 1 GNotKG), auch nicht solche zum Verschmelzungsvertrag. Verzichtserklärungen (auf Erstattung des Verschmelzungsberichts, auf Unterbreitung eines Barabfindungsangebots, auf Gewährung von Anteilen am übernehmenden Rechtsträger) sind nach § 109 I GNotKG regelmäßig gegenstandsgleich; dies gilt allerdings nicht für den Verzicht auf Anfechtung des Verschmelzungsbeschlusses. Auch hier ist der Geschäftswert nach § 36 GNotKG zu ermitteln. Für die Registeranmeldungen gelten keine Besonderheiten. **207**

Die an der Verschmelzung beteiligten Rechtsträger können die Kosten der Verschmelzung frei zuordnen, da die Verschmelzung bürgerlich-rechtlich als Veräußerungsvorgang gewertet wird und daher insoweit der Privatautonomie unterliegt. Einer freien Zuordnung der Kosten stehen keine zwingenden gesetzlichen Regeln entgegen. **208**

Für die Grundbuchberichtigung nach Formwechsel einer Kapitalgesellschaft in eine Personengesellschaft fällt nach dem GNotKG keine Gebühr mehr an; es handelt sich um eine gebührenfreie Namensberichtigung, da dieser Fall in Nr. 14160 KV-GNotKG nicht genannt ist. **209**

VI. Steuern

1. Regelungsbereich und Aufbau des UmwStG

210   Die ertragsteuerlichen Folgen von Umwandlungen sind überwiegend im UmwStG vom 7.12.2006 (mit zahlreichen anschließenden Änderungen) geregelt. Dieses Gesetz ermöglicht in vielen Fällen eine steuerneutrale Umstrukturierung.

211   Der **Anwendungsbereich** des UmwStG geht über das UmwG hinaus, weil steuerlich auch solche Umstrukturierungen erfasst werden, die keine „echte" Umwandlung sind, insbesondere Einbringungsvorgänge. Einzelne Umwandlungsfälle finden im UmwStG keine Erwähnung, da sie steuerlich irrelevant sind, dies gilt insbesondere für den Formwechsel einer Kapitalgesellschaft in eine andere Kapitalgesellschaft. In personeller Hinsicht setzt die Anwendung des Gesetzes bis auf wenige Ausnahmen voraus, dass die beteiligten Rechtsträger ihren Sitz im EU-/EWR-Raum haben. Details regelt § 1 II UmwStG (für die §§ 3–19) und § 1 IV UmwStG (für die §§ 20–25).

212   Auch der **Aufbau** des UmwStG unterscheidet sich deutlich vom UmwG:

Rechtsträger	Ziel: Kapitalgesellschaft	Ziel: Personenunternehmen
Ausgang: Kapitalgesellschaft	§§ 11–14 (Verschmelzung) § 15 (Ab-/Aufspaltung) § 19 (Gewerbesteuer) §§ 20–23 (Sacheinlage; Ausgliederung)	§§ 3–8 (Verschmelzung) § 16 (Ab-/Aufspaltung) § 18 (Gewerbesteuer) § 9 (Formwechsel) § 24 (Einbringung, Ausgliederung)
Ausgang: Personenunternehmen	§§ 20–23 (Sacheinlage, Verschmelzung, Spaltung) § 25 (Formwechsel)	§ 24 (Einbringung, Verschmelzung, Spaltung, u.a.)

Die Finanzverwaltung hat ihre Auffassung zur Gesetzesanwendung in einem BMF-Schreiben vom 11.11.2011, BStBl. I 1314, niedergelegt (nachstehend UmwSt-AE).

2. Ertragsteuerliche Rückwirkung

213   Für die notarielle Praxis von enormer Bedeutung sind die Vorschriften, die eine steuerliche Rückwirkung der Umwandlung ermöglichen. Verschmelzungen und Spaltungen können damit auf den Stichtag der der Umwandlung zugrunde liegenden Bilanz zurückbezogen werden (§ 2 I UmwStG).

214   Soweit es im Umwandlungsrecht keine Übertragungsbilanz gibt, also beim **Formwechsel**, gilt steuerlich: Für den Formwechsel einer Kapital- in eine Personengesellschaft regelt § 9 S. 3 UmwStG, dass die steuerliche Übertragungsbilanz auf einen Stichtag aufgestellt werden kann, der bis zu acht Monate vor dem Tag der Anmeldung des Formwechsels liegt. Der Formwechsel einer Personen- in eine Kapitalgesellschaft ist steuerlich eine Einbringung nach §§ 25, 20 UmwStG, hinsichtlich des Stichtages ist er jedoch dem gegenläufigen Formwechsel gleichgestellt, vgl. §§ 25 S. 2, 9 S. 3 UmwStG.

215   Für **Einbringungsvorgänge, die keine Umwandlung sind**, gibt es entsprechende Rückwirkungsnormen in §§ 20 VI 3, 24 IV UmwStG. Danach kann die Einbringung in eine Kapitalgesellschaft auf einen Stichtag zurückbezogen werden, der bis zu acht Monate vor dem Abschluss des Einbringungsvertrages und der Erfüllung der Einbringungsverpflichtung liegt; auf den Zeitpunkt der Eintragung der Kapitalerhöhung kommt es also nicht an. Bei der Einbringung eines Personenunternehmens in ein anderes Personenunternehmen, die nicht als Gesamtrechtsnachfolge nach dem UmwG gestaltet ist, kommt eine Rückwirkung nicht in Betracht. Der Begriff der „Gesamtrechtsnachfolge" wird hier

restriktiv interpretiert, so dass insbesondere die sog. erweiterte Anwachsung (also die Einbringung sämtlicher Anteile einer Personengesellschaft in eine andere Gesellschaft) nicht als rückwirkungsfähig angesehen wird, vgl. Tz. 24.06 UmwSt-AE.

Die Rückwirkung beschränkt sich auf die ertragsteuerliche und gewerbesteuerlichen **216** Folgen bei den beteiligten Rechtsträgern. Sie gilt insbesondere nicht für die Umsatzsteuer, so dass für die Umstellung der Rechnungsstellung der Tag der zivilrechtlichen Wirksamkeit der Umwandlung maßgeblich ist. Die Rückwirkung umfasst auch nicht die Schenkungsteuer, so dass beispielsweise die Anwendung des § 13b I Nr. 2 ErbStG (Privilegierung der betrieblichen Beteiligung ohne 25 %-Hürde) nicht durch einen nachträglichen Formwechsel einer Kapitalgesellschaft in eine Personengesellschaft erreicht werden kann.

3. Buchwertfortführung

Nach der heutigen Gesetzesfassung führt eine Umwandlung im Regelfall zu einer **217** steuerpflichtigen Aufdeckung von stillen Reserven, da in der jeweiligen Schlussbilanz des übertragenden Rechtsträgers alle Wirtschaftsgüter mit dem gemeinen Wert anzusetzen sind. Das Gesetz lässt jedoch vielfach den Ansatz des bisherigen Buchwertes oder eines Zwischenwertes zu, wenn es sich um eine „echte" Umstrukturierung handelt und das Besteuerungsrecht der Bundesrepublik hinsichtlich der Wirtschaftsgüter nicht verloren geht oder beschränkt wird.

a) Verschmelzung von Kapitalgesellschaften

Für den praktisch wichtigsten Fall der Verschmelzung zweier Kapitalgesellschaften **218** findet sich die Möglichkeit der Buchwertfortführung in § 11 II UmwStG. Danach ist (neben dem gesicherten Besteuerungsrecht) Voraussetzung, dass für die Verschmelzung entweder keine Gegenleistung gewährt wird oder eine solche in Gesellschafterrechten besteht. Zuzahlungen führen also zu einer anteiligen („soweit") Aufdeckung der stillen Reserven. Die Buchwertfortführung setzt gem. §§ 11 III, 3 II 2 UmwStG einen Antrag an das Finanzamt der übertragenden Gesellschaft voraus, der spätestens bei Abgabe der Schlussbilanz an das Finanzamt zu stellen ist. Eine Erklärung hierüber im Verschmelzungsvertrag ist nicht erforderlich, aber üblich, da es für die übernehmende Gesellschaft von Bedeutung ist, wie die übertragende Gesellschaft ihr diesbezügliches Wahlrecht ausüben wird.

Die übernehmende Gesellschaft ist gem. § 12 UmwStG an diese Werte gebunden und **219** tritt auch ansonsten in die steuerliche Rechtsstellung der übertragenden Gesellschaft ein. Eine wichtige Ausnahme besteht hier für steuerliche Verlustvorträge und sog. Zinsvorträge nach § 4h I EStG der übertragenden Gesellschaft: Diese gehen – soweit sie nicht durch die Aufdeckung stiller Reserven bei Durchführung der Verschmelzung genutzt werden – endgültig unter (§§ 12 III, 4 II 2 UmwStG). Im praktisch wichtigen Fall des upstream-merger treten in der Bilanz des übernehmenden Rechtsträgers die Wirtschaftsgüter des übertragenden Rechtsträgers an die Stelle der bisherigen Beteiligung. Das sich daraus ergebende Übernahmeergebnis (häufig ein Übernahmeverlust) wird steuerlich nicht berücksichtigt; ein etwaiger Übernahmegewinn ist nach § 12 II 2 UmwStG, § 8b III KStG de facto zu 5 % steuerpflichtig.

Gem. § 13 UmwStG ist die Verschmelzung auch für die Gesellschafter der übertragen- **220** den Gesellschaft steuerneutral, wenn das deutsche Besteuerungsrecht nicht eingeschränkt wird. In diesem Fall werden die gewährten Anteile an der übernehmenden Gesellschaft auf Antrag mit dem Buchwert/Anschaffungskosten der vormaligen Anteile an der übertragenden Gesellschaft fortgesetzt; auch sonstige steuerliche Eigenschaften der vormaligen Anteile (z.B. Sperrfristen nach § 22 UmwStG) gehen auf die neuen Anteile über. Die Ausübung dieses Wahlrechtes der Anteilseigner ist unabhängig davon, wie die übertragende Gesellschaft ihr Wahlrecht nach § 11 UmwStG ausgeübt hat.

b) Spaltung von Kapitalgesellschaften

221 Die unter a) genannten Grundsätze lassen sich weitgehend auf die Spaltung von Kapitalgesellschaften übertragen, allerdings ist das gestalterische Missbrauchspotential bei einer Spaltung wesentlich größer als bei einer Verschmelzung. Deshalb verlangt § 15 I 2 UmwStG für eine Buchwertfortführung ergänzend, dass durch die Spaltung ein Teilbetrieb übergeht und – bei der Abspaltung – auch ein solcher bei der übertragenden Gesellschaft verbleibt. Als Teilbetrieb gelten auch Mitunternehmeranteile und 100%-Anteile an Kapitalgesellschaften (sog. fiktive Teilbetriebe), sofern diese Beteiligungen nicht innerhalb der letzten drei Jahre vor dem steuerlichen Übertragungsstichtag durch Übertragung von Wirtschaftsgütern, die kein Teilbetrieb sind, erworben oder aufgestockt worden sind (§ 15 I 3, II 1 UmwStG). Ferner sieht § 15 II 2–5 UmwStG Vorbesitzfristen und Haltefristen vor, die verhindern sollen, dass die Spaltung als Gestaltungsmittel zur steuerfreien Veräußerung von Anteilen und Vermögensgegenständen verwendet wird.

222 Grundsätzlich sind Verbindlichkeiten keine betriebswesentlichen Wirtschaftsgüter, insofern sind die Beteiligten in der Zuordnung zu einem Teilbetrieb frei. Eine wichtige Ausnahme bilden Pensionslasten: Diese sind bei laufenden Arbeitsverhältnissen von dem Rechtsträger zu übernehmen, der auch das Arbeitsverhältnis übernimmt (vgl. Tz. 15.10 UmwSt-AE). Die Zuordnung von Wirtschaftsgütern und Verbindlichkeiten zu fiktiven Teilbetrieben ist nach Auffassung der Finanzverwaltung nur noch möglich, soweit diese in unmittelbarem Zusammenhang mit der Beteiligung stehen (Tz. 15.11 UmwSt-AE). Ob diese Differenzierung den gesetzlichen Grundlagen entspricht, ist allerdings höchst umstritten, vgl. *Schmitt* DStR 2011, 1108, 1109. *Schwedhelm* GmbH-StB 2012, 249 weist darauf hin, dass aufgrund dieser Erlasslage eine Spaltung mit fiktiven Teilbetrieben nicht mehr ohne Einholung einer verbindlichen Auskunft in Angriff genommen werden kann.

c) Einbringung in Kapitalgesellschaften und Ausgliederung

223 Auch die Einbringung in eine Kapitalgesellschaft ist zu Buchwerten nach § 20 I, II UmwStG möglich, wenn ein Betrieb/Teilbetrieb oder ein Mitunternehmeranteil übertragen wird, der Einbringende hierfür neue Anteile erhält, das deutsche Besteuerungsrecht nicht eingeschränkt wird und die eingebrachten Aktiva die übernommenen Verbindlichkeiten/Rückstellungen übersteigen. Die Gewährung neuer Anteile für das eingebrachte Vermögen ist zwingend, so dass beispielsweise eine verschleierte Sachgründung nicht nur zivilrechtlich und strafrechtlich, sondern auch steuerrechtlich gefährlich ist. Bare Zuzahlungen sind bis zur Höhe des Buchwertes des eingebrachten Vermögens unschädlich (§ 20 II 4 UmwStG). Diese letztgenannte Bestimmung (bzw. die Parallelregelung in § 21 I 3 UmwStG) steht momentan unter politischer Beobachtung, vgl. BT-Drucksache 17/10 604, 32; Koalitionsvertrag vom 16.12.2013, S. 65.

224 Sofern ein Teilbetrieb eingebracht wird, muss die Einbringung alle funktional wesentlichen Teile des Betriebsvermögens einschließlich des etwaigen Sonderbetriebsvermögens umfassen. Diese Gegenstände müssen auf die Zielgesellschaft übergehen, eine bloße Nutzungsüberlassung ist nicht ausreichend (Tz. 20.06 UmwSt-AE). Inwiefern es zulässig ist, im Vorfeld der Einbringung wesentliche Einzelwirtschaftsgüter auf andere Gesellschaften auszulagern (z. B. nach § 6 V 3 EStG), ist derzeit heftig umstritten, vgl. BMF-Schreiben vom 12.9.2013, DStR 2013, 2002. Das vom BMF herangezogene Referenzverfahren I R 80/12 liegt allerdings derzeit (aus anderen Gründen) dem *BVerfG* unter dem Az. 2 BvL 8/13 vor (vgl. Vorlagebeschluss des *BFH* vom 10.4.2013, DStR 2013, 2158).

225 Anders als bei der Abspaltung kommt es bei der Ausgliederung/Sacheinlage nicht darauf an, dass auch beim Ausgangsrechtsträger ein Teilbetrieb verbleibt. So kann die Ausgliederung gut verwendet werden, um das operative Geschäft von nicht betriebsnotwendigem Anlagevermögen zu trennen.

Gemäß § 22 I UmwStG unterliegen die im Gegenzug für die Sacheinlage gewährten 226
Anteile einer Nachversteuerung während eines Sieben-Jahres-Zeitraums. Kommt es in
dieser Zeit zu einer Veräußerung oder gleichgestellten Vorgängen, wird nachträglich ein
abschmelzender Teil des Veräußerungserlöses als Einbringungsgewinn I nachversteuert,
d. h. die Einbringung wird nachträglich als (teil)entgeltlicher Vorgang behandelt und entsprechend versteuert. Im gleichen Umfang werden die Anschaffungskosten der für die
Einbringung gewährten Anteile erhöht, so dass der ggf. ebenfalls der Steuer unterliegende Veräußerungsgewinn reduziert wird. Eine Veräußerung wird auch (fiktiv) angenommen, wenn nicht bis jeweils zum 31. 5. innerhalb der Kontrollfrist jährlich nachgewiesen
wird, dass die aus der Einbringung hervorgegangenen Anteile nicht veräußert worden
sind. Hierzu fordert die Finanzverwaltung eine Erklärung des Einbringenden, dass ihm
die Anteile noch gehören und eine Bestätigung der Gesellschaft hierüber oder die Vorlage
einer aktuellen Gesellschafterliste (vgl. Tz. 22.30 UmwSt-AE).

4. Schenkungsteuer

Spätestens die mit Gesetz vom 7.11.2012 angefügte Bestimmung des § 7 VIII 2 227
ErbStG führt dazu, dass Umwandlungen, insbesondere Verschmelzungen, auch bei Einschaltung von Kapitalgesellschaften Schenkungsteuer auslösen können. Das Gesetz
fingiert danach bei mittelbar eintretenden Vermögensverschiebungen eine Schenkung der
benachteiligten Gesellschafter an die bevorzugten Gesellschafter. Allerdings ist hierfür
nicht nur eine mittelbare Bereicherung einzelner Gesellschafter durch vom Verkehrswert
abweichende Umtauschverhältnisse erforderlich, sondern auch ein subjektives Element
(Bereicherungsabsicht). Stammt das Vermögen von einer natürlichen Person, wird auf
dieses subjektive Element erstaunlicherweise verzichtet, vgl. Daragan/Halaczinsky/
Riedel/*Griesel* § 7 ErbStG Rn. 207.

5. Grunderwerbsteuer

Sofern durch eine Umwandlung Immobilien auf andere Rechtsträger übergehen (zum 228
Formwechsel vgl. Tz. 183), sind diese Vorgänge grunderwerbsteuerpflichtig nach § 1 I
Nr. 3 GrEStG; gleiches gilt ggf. beim Übergang von Beteiligungen an grundstückshaltenden Gesellschaften (vgl. Tz. 93). Als Bemessungsgrundlage dienen gem. § 8 II 1 Nr. 2
GrEStG die Bedarfswerte gem. § 138 II-IV BewG. Soweit Personengesellschaften betroffen sind, gelten ggf. die Befreiungsnormen der §§ 5, 6 GrEStG; im Bereich der Kapitalgesellschaften kommt insbesondere die durch das Gesetz vom 22.12.2009 eingeführte
Befreiung nach § 6a GrEStG in Betracht. Allerdings gilt diese Norm nur bei Umwandlungen/Einbringungen im Konzern und setzt weiterhin voraus, dass die Beteiligungsverhältnisse innerhalb von fünf Jahren vor und nach der Transaktion weitgehend unverändert bleiben.

6. Zusammenfassung

Die steuerlichen Folgen einer Umwandlung sind vielgestaltig und ohne genaue Kennt- 229
nis der Vorgeschichte der beteiligten Rechtsträger sowie des Beteiligungsbestandes kaum
zu erfassen. Die vorstehende Darstellung greift nur einige typische Aspekte heraus und
kann unter gar keinen Umständen als ausreichend angesehen werden, um die steuerliche
Lage zu beurteilen. Sofern die Umwandlung nicht ohnehin von einem steuerlichen Berater erdacht wurde, ist es unumgänglich, einen solchen bereits in der Frühphase in die
Strukturierung einzubeziehen. Die enge Verzahnung zwischen zivilrechtlicher und steuerlicher Gestaltung führt jedoch dazu, dass dem Notar zumindest die grundlegende Funktionsweise der maßgeblichen steuerlichen Bestimmungen bekannt sein sollte.

Anhang: Tabellarische Übersichten

§§ ohne Benennung sind solche des UmwG

1. Systematik des Umwandlungsgesetzes

a) Zustimmungserfordernisse bei den einzelnen Umwandlungsarten:

I. Verschmelzung

	1. Allgemeine Zustimmungserfordernisse				
	Aufnahme	Neugründung	Zustimmungsgrund	Zustimmender	Mehrheit
Allgemeine Vorschrift	§ 13 I	§ 36 I	Zustimmung zum Verschmelzungsvertrag (Verschmelzungsbeschluss)	Anteilsinhaber der beteiligten Rechtsträger	–
OHG, KG	§ 43 I	§ 43 I	Zustimmung zum Verschmelzungsvertrag (Verschmelzungsbeschluss)	Versammlung der Anteilseigner	einstimmig (Ausnahme § 43 II)
Partnerschaft	§ 45 d	§ 45 d	Zustimmung zum Verschmelzungsvertrag (Verschmelzungsbeschluss)	Versammlung der Anteilseigner	einstimmig (Ausnahme § 45d II)
GmbH	§ 50 I	§ 56 I	Zustimmung zum Verschmelzungsvertrag (Verschmelzungsbeschluss)	Gesellschafterversammlung	75 % der abgegebenen Stimmen
AG	§ 65 I	§ 73	Zustimmung zum Verschmelzungsvertrag (Verschmelzungsbeschluss)	Hauptversammlung	75 % des vertr. Grundkapitals; mind. einf. Stimmenmehrheit, § 133 I AktG
KGaA	§§ 78, 65 I	§§ 78, 73	Zustimmung zum Verschmelzungsvertrag (Verschmelzungsbeschluss)	Hauptversammlung	75 % des vertr. Grundkapitals; mind. einf. Stimmenmehrheit, § 133 I AktG
e. G.	§ 84	§ 96	Zustimmung zum Verschmelzungsvertrag (Verschmelzungsbeschluss)	Generalversammlung	75 % der abgegebenen Stimmen
e. V.	§ 103	§ 103	Zustimmung zum Verschmelzungsvertrag (Verschmelzungsbeschluss)	Mitgliederversammlung	75 % der erschienenen Mitglieder
g. PV. (genossenschaftl. Prüfungsverband)	§§ 106, 103	§§ 106, 103	Zustimmung zum Verschmelzungsvertrag (Verschmelzungsbeschluss)	Mitgliederversammlung	75 % der erschienenen Mitglieder
VVaG	§ 112 III	§ 114	Zustimmung zum Verschmelzungsvertrag (Verschmelzungsbeschluss)	oberste Vertretung	75 % der abgegebenen Stimmen

Anhang: Tabellarische Übersichten **D IV**

I. Verschmelzung	2. Besondere Zustimmungserfordernisse				
	Aufnahme	Neugründung	Zustimmungsgrund	Zustimmender	Mehrheit
Allgemeine Vorschrift	§ 13 II	§ 36 I	Genehmigungsbedürftigkeit bei Anteilsvinkulierung	betroffene Anteilsinhaber	–
	§ 13 II in entspr. Anwendung		keine Gewährung gleicher Zahl an Geschäftsanteilen, vgl. § 13 UmwG	betroffene Anteilsinhaber	–
OHG, KG	§ 40 II		Übernahme persönlich unbeschränkter Haftung der Kommanditisten des übertragenden Rechtsträgers	betroffene Anteilsinhaber	–
GmbH	§ 50 II	§ 56	Beschränkung von Minderheits-/Sonderrechten von Gesellschaftern des übertragenden Gesellschafters	betroffene Anteilsinhaber	–
	§ 51 I 1		Nicht voll geleistete Einlagen beim übernehmenden Rechtsträger	Anteilsinhaber der übertragenden Gesellschaft	–
	§ 51 I 3		Nicht voll geleistete Einlagen beim übertragenden Rechtsträger	Anteilsinhaber der übernehmenden Gesellschaft (str.)	alle anwesenden Anteilsinhaber
	§ 51 II		Abw. Neuwertfeststellung bei Verschmelzung von AG auf GmbH	jeder Aktionär	–
		§ 59	Zustimmung zum Gesellschaftsvertrag der neuen Gesellschaft, Bestellung der Aufsichtsratsmitglieder	Anteilsinhaber der übertragenden Rechtsträger	75 % der abgegebenen Stimmen
GmbH	§ 54 I 3		Verzicht auf Anteilsgewährung	Anteilsinhaber der übertragenden Rechtsträger	alle Anteilseigner
AG	§ 65 II		Sonderbeschlüsse bei verschiedenen Aktiengattungen	Anteilsinhaber jeder betroffenen Gattung	75 % des vertretenen Grundkapitals mindestens einfache Stimmenmehrheit, § 133 I AktG

D IV Umwandlung

I. Verschmelzung

2. Besondere Zustimmungserfordernisse

	Aufnahme	Neugründung	Zustimmungsgrund	Zustimmender	Mehrheit
AG	§ 68 I 3		Verzicht auf Anteilsgewährung	Anteilsinhaber der übertragenden Rechtsträger	alle Anteilsinhaber
		§ 76 II	Zustimmung zur Satzung der neuen Gesellschaft und zur Bestellung der Aufsichtsratsmitglieder	Anteilsinhaber der übertragenden Rechtsträger	75 % des vertretenen Grundkapitals mindestens einfache Stimmenmehrheit, § 133 I AktG
KGaA		§§ 78, 76 II	Zustimmung zur Satzung der neuen Gesellschaft und zur Bestellung der Aufsichtsratsmitglieder	Anteilsinhaber der übertragenden Rechtsträger	75 % des vertretenen Grundkapitals mindestens einfache Stimmenmehrheit, § 133 I AktG
		§ 78 S. 3	Zustimmung zum Verschmelzungsbeschluss	persönlich haftende Gesellschafter	–
e. G.		§ 98	Zustimmung zum Statut der neuen Gesellschaft, zur Bestellung der Vorstands- und Aufsichtsratsmitglieder	Anteilsinhaber des übertragenden Rechtsträgers	–
e. V., g. PV., VVaG	§ 116 I		Zustimmung zur Satzung des neuen Rechtsträgers und Bestellung der Aufsichtsratsmitglieder	übertragende Vereine	–

II. Zustimmungserfordernisse bei Spaltung

	Aufnahme	Neugründung	Zustimmungsgrund	Zustimmender	Mehrheit
Allgemeine Zustimmungserfordernisse	§ 125 i. V. m. entsprechender Anwendung der Verschmelzungsnormen	§ 125 i. V. m. entsprechender Anwendung der Verschmelzungsnormen			
Sonderfälle	§ 125 i. V. m. entsprechender Anwendung der Verschmelzungsnormen	§ 125 i. V. m. entsprechender Anwendung der Verschmelzungsnormen			
	§ 128		Zustimmung bei abweichenden Beteiligungsverhältnissen	Anteilsinhaber des übertragenden Rechtsträgers	einstimmig
		§ 135	Zustimmung bei abweichenden Beteiligungsverhältnissen	Anteilsinhaber des übertragenden Rechtsträgers	einstimmig

III. Zustimmungserfordernisse bei Vermögensübertragung

	Vollübertragung	Teilübertragung
von Kapitalgesellschaft auf öffentlich-rechtliche Körperschaft	§ 176 i. V. m. Vorschriften über Verschmelzung durch Aufnahme	§ 177 i. V. m. Vorschriften über Aufspaltung, Abspaltung oder Ausgliederung durch Aufnahme
von VersicherungsAG auf VVaG oder öffentlich-rechtliches Versicherungsunternehmen	§ 178 i. V. m. Vorschriften über Verschmelzung durch Aufnahme	§ 179 i. V. m. Vorschriften über Aufspaltung, Abspaltung oder Ausgliederung durch Aufnahme
von VVaG auf VersicherungsAG oder öffentlich-rechtliches Versicherungsunternehmen	§ 180 i. V. m. Vorschriften über Verschmelzung durch Aufnahme	§ 181 i. V. m. Vorschriften über Aufspaltung, Abspaltung oder Ausgliederung durch Aufnahme
von öffentlich-rechtlichem Versicherungsunternehmen auf VersicherungsAG oder VVaG	§ 188 i. V. m. Vorschriften über Verschmelzung durch Aufnahme	§ 189 i. V. m. Vorschriften über Aufspaltung, Abspaltung oder Ausgliederung durch Aufnahme
Sonderfälle	§ 180 III; unentziehbares Recht auf den Abwicklungsüberschuss	

Anhang: Tabellarische Übersichten

D IV

IV. Allgemeine Zustimmungserfordernisse bei Formwechsel

Allgemeine Vorschrift	§§	Zustimmungsgrund	Zustimmender	Mehrheit
	§ 193 I	Zustimmung zum Formwechsel (Umwandlungsprozess)	Anteilsinhaber des formwechselnden Rechtsträgers	–
	nicht ausdrücklich geregelt: Anhaltspunkt § 194 I Nr. 4	quotenverschiebender, nicht verhältniswahrender Formwechsel	Anteilsinhaber des formwechselnden Rechtsträgers	einstimmig
OHG, KG in GmbH, AG, KGaA, e. G.	§ 217	Zustimmung zum Formwechsel	Gesellschafterversammlung	einstimmig (Ausnahme: § 217 I 2, 3, II)
PartG in GmbH, AG, KGaA, e. G.	§§ 225c, 217	Zustimmung zum Formwechsel	Gesellschafterversammlung	einstimmig (Ausnahme: § 217 I 2, 3, II)
GmbH, AG, KGaA, GbR in OHG, KG (allg.), Partnerschaft	§ 233	Zustimmung zum Formwechsel	Gesellschafter- bzw. Hauptversammlung	abhängig von Gesellschaftsform
GmbH, AG, KGaA in GmbH, AG, KGaA (allg.)	§ 240	Zustimmung zum Formwechsel	Gesellschafter- bzw. Hauptversammlung	abhängig von Gesellschaftsform
GmbH in AG, KGaA	§ 241	Zustimmung zum Formwechsel bei abweichendem Nennbetrag	betroffene Gesellschafter	–
GmbH, AG, KGaA in e. G.	§ 252	Zustimmung zum Formwechsel	Gesellschafter- bzw. Hauptversammlung	bei Nachschusspflicht: einstimmig im Übrigen: 75 % der abgegebenen Stimmen (GmbH) oder des vertretenen Grundkapitals (AG, KGaA; hierbei mindestens einfache Stimmenmehrheit, § 133 I AktG)
e. G. in GmbH, AG, KGaA	§ 262	Zustimmung zum Formwechsel	Generalversammlung	75 % der ab gegebenen Stimmen (bei Widerspruch: 90%)
e. V. in GmbH, AG, KGaA	§ 275	Zustimmung zum Formwechsel	Mitgliederversammlung	bei Zweckänderung: einstimmig im Übrigen: 75 % der erschienenen Mitglieder
e. V. in e. G.	§ 284	Zustimmung zum Formwechsel		bei Zweckänderung: einstimmig im Übrigen: 75 % der erschienenen Mitglieder

IV. Allgemeine Zustimmungserfordernisse bei Formwechsel

	§§	Zustimmungsgrund	Zustimmender	Mehrheit
VVaG in AG	§ 293	Zustimmung zum Formwechsel	oberste Vertretung	75% der abgegebenen Stimmen
Körperschaft des öffentlichen Rechts in GmbH, AG, KGaA	öffentlich-rechtliche Normen maßgeblich			
	§ 193 II	Genehmigungsbedürftigkeit bei Anteilsvinkulierung	betroffene Anteilsinhaber	–
OHG, KG in KGaA	§ 221 S. 2	Satzung der KGaA	beitretende Komplementäre	–
Partnerschaft in KGaA	§§ 225c, 221 S. 2	Satzung der KGaA	beitretende Komplementäre	–
KGaA in OHG, KG, Partnerschaft, GbR	§ 233 III	Zustimmung zum Formwechsel	persönlich haftende Gesellschafter	ausnahmsweise Mehrheit der persönlich haftenden Gesellschafter, § 233 III 2
GmbH in AG, KGaA	§ 241	abweichende Festsetzung des Nennbetrages der Aktien	betroffene Gesellschafter	–
AG, KGaA in GmbH	§ 242	abweichende Festsetzung des Nennbetrages der Geschäftsanteile	betroffene Gesellschafter	–
öffentlich-rechtliche Körperschaft in KGaA	§ 303 II	Zustimmung zum Formwechsel	persönlich haftende Gesellschafter	–

Anhang: Tabellarische Übersichten **D IV**

234

b) Verzichtserklärungen bei den einzelnen Umwandlungsarten:

I. Verschmelzung

	Verschmelzungsbericht	Verschmelzungsprüfung	Prüfungsbericht	Klage gegen Verschmelzungsbeschluss	Prüfung der Angemessenheit der Barabfindung
Allgemeine Vorschriften	§ 8 III	§§ 9 III, 8 III	§§ 12 III, 9 III	§ 16 II 2	§§ 30 II 2, 12 III, 8 III
OHG, KG		§§ 44 S. 1, 9 III	§§ 44 S. 1, 12 III		
PartG		§§ 45e S. 2, 45d II, 44, 9 III	§§ 45e S. 2, 45d II, 44, 12 III		
GmbH (Aufnahme)		§§ 48 S. 1, 9 III	§§ 48 S. 1, 12 III		
GmbH (Neugründung)		§§ 56, 48 S. 1, 9 III	§§ 56, 48 S. 1, 12 III		
AG (Aufnahme)		§§ 60 I, 9 III	§§ 60 I, 12 III		
AG (Neugründung)		§§ 73 I, 60 I, 9 III	§§ 73 I, 60 I, 12 III		
KGaA (Aufnahme)		§§ 78 S. 1, 60 I, 9 III	§§ 78 S. 1, 60 I, 12 III		
KGaA (Neugründung)		§§ 78 S. 1, 73 I, 60 I, 9 III	§§ 78 S. 1, 73 I, 60 I, 12 III		
e. V.		§§ 100 S. 1, 9 III	§§ 100 S. 1, 12 III		

II. Spaltung

	Verschmelzungsbericht	Verschmelzungsprüfung	Prüfungsbericht	Klage gegen Verschmelzungsbeschluss	Prüfung der Angemessenheit der Barabfindung
	wie Verschmelzung	wie Verschmelzung mit Ausnahme der §§ 9 III und 12 III bei Ausgliederung (§ 125 2), dazu § 8 III bei verhältniswahrender Spaltung von AG (§ 143)			

III. Formwechsel

	Umwandlungsbericht	Umwandlungsprüfung	Abfindungsangebot	Klage gegen Umwandlungsbeschluss	Prüfung der Angemessenheit der Barabfindung
Allgemeine Vorschriften	§ 192 III	–	nicht ausdrücklich geregelt; Verzicht zulässig, da Abfindung ausschließlich im Gesellschafterinteresse	§§ 198 III, 16 II 2	§§ 208, 30 II 2

IV. Vermögensübertragung

	Übertragungsbericht	Prüfungsbericht	Klage gegen Übertragungsbeschluss	Prüfung der Angemessenheit der Barabfindung
von Kapitalgesellschaft auf öffentlich-rechtliche Körperschaft	§ 176 i. V. m. Vorschriften über Verschmelzung durch Aufnahme		§ 177 i. V. m. Vorschriften über Aufspaltung, Abspaltung oder Ausgliederung durch Aufnahme	
von VersicherungsAG auf VVaG oder öffentlich-rechtliches Versicherungsunternehmen	§ 178 i. V. m. Vorschriften über Verschmelzung durch Aufnahme		§ 179 i. V. m. Vorschriften über Aufspaltung, Abspaltung oder Ausgliederung durch Aufnahme	
von VVaG auf VersicherungsAG oder öffentlich-rechtliches Versicherungsunternehmen	§ 180 i. V. m. Vorschriften über Verschmelzung durch Aufnahme		§ 181 i. V. m. Vorschriften über Aufspaltung, Abspaltung oder Ausgliederung durch Aufnahme	
von öffentlich-rechtlichem Versicherungsunternehmen auf VersicherungsAG oder VVaG	§ 188 i. V. m. Vorschriften über Verschmelzung durch Aufnahme		§ 189 i. V. m. Vorschriften über Aufspaltung, Abspaltung oder Ausgliederung durch Aufnahme	

Anhang: Tabellarische Übersichten

D IV

c) Firmenbildung bei Verschmelzung und Formwechsel:

I. Grundnormen bei Verschmelzung

Aufnahme: § 18 II	Firma des übernehmenden Rechtsträgers mit Namen eines Anteilsinhabers (natürliche Person) des übertragenden Rechtsträgers	betroffene Anteilsinhaber, dessen Erben
Neugründung: § 36		

II. Grundnorm bei Formwechsel

§ 200 III	Firma nach Formwechsel enthält Namen eines Anteilsinhabers des formwechselnden Rechtsträgers	betroffene Anteilsinhaber

2. Notarielle Mitwirkung und Beurkundung

I. Verschmelzung

Gegenstand	Formpflicht und gesetzliche Grundlage	Beurkundungsverfahren
Vertrag	§ 6 (bei Neugründung für alle Rechtsträger Beurkundungspflicht von Gesellschaftsvertrag/Satzung/Statut, § 37)	Beurkundung gemäß §§ 8 ff. BeurkG
Verschmelzungsbeschluss	§ 13 III	Beurkundung gemäß §§ 36 ff. bzw. §§ 8 ff. BeurkG
Zustimmungserklärungen	§§ 13 II und III, 40 II, 50 II, 51, 59, 65 II, 76 II, 78, 98, 116	Beurkundung gemäß §§ 8 ff. BeurkG
Verzichtserklärungen	§§ 8 III, 9 III, 12 III, 54 I 3, 68 I 3	Beurkundung gemäß §§ 8 ff. BeurkG
Ausschlagung	Schriftform, § 91	
Handelsregisteranmeldung	§§ 16 i. V. m. § 12 HGB, 157 GenG, 77 BGB	notarielle Beglaubigung
Änderung	§ 6	Beurkundung gemäß §§ 8 ff. BeurkG
Aufhebung	nach Zustimmung stets Beurkundung entsprechend § 6	Beurkundung gemäß §§ 8 ff. BeurkG

II. Spaltung

Gegenstand	Formpflicht und gesetzliche Grundlage	Beurkundungsverfahren
Vertrag	§§ 125, 6	Beurkundung gemäß §§ 8 ff. BeurkG
Spaltungsplan	§§ 136, 125, 6	Beurkundung gemäß §§ 8 ff. BeurkG
Spaltungsbeschluss	§§ 125, 13 III	Beurkundung gemäß §§ 36 ff. bzw. §§ 8 ff. BeurkG
Zustimmungserklärungen	§§ 125, 13 III	Beurkundung gemäß §§ 8 ff. BeurkG
Verzichtserklärungen	§§ 127, 8 III	Beurkundung gemäß §§ 8 ff. BeurkG
Handelsregisteranmeldung	§§ 125, 16 i. V. m. §§ 12 HGB, 157 GenG, 77 BGB	notarielle Beglaubigung
Änderung	§§ 125, 6	Beurkundung gemäß §§ 8 ff. BeurkG
Aufhebung	nach Zustimmung stets Beurkundung entsprechend §§ 125, 6	Beurkundung gemäß §§ 8 ff. BeurkG

III. Vermögensübertragung

	generelle Anwendung der Vorschriften über Verschmelzung und Spaltung, §§ 176, 177; damit auch Formerfordernisse wie oben

IV. Formwechsel

Gegenstand	Formpflicht und gesetzliche Grundlage	Beurkundungsverfahren
Beschluss	§ 193 III	Beurkundung gemäß §§ 36 ff. bzw. 8 ff. BeurkG
Zustimmungserklärungen	§ 193 III; etwa §§ 217, 221, 233 I, 240 II, 241, 242, 252 I, 262 II, 275, 284	Beurkundung gemäß §§ 36 ff. BeurkG
Verzichtserklärungen	§§ 192 II	Beurkundung gemäß §§ 8 ff. BeurkG
Handelsregisteranmeldung	§ 198i. V. m. §§ 12 HGB, 157 GenG, 77 BGB	notarielle Beglaubigung
Änderung	nach Umwandlungsbeschluss stets neue Beurkundung erforderlich	Beurkundung gemäß §§ 36 ff. bzw. §§ 8 ff. BeurkG
Aufhebung	nach Umwandlungsbeschluss stets neue Beurkundung erforderlich	Beurkundung gemäß §§ 36 ff. bzw. §§ 8 ff. BeurkG

V. Vertretung/Vollmacht

Verschmelzungsvertrag Spaltungsplan Spaltungsvertrag	grundsätzlich formfreie Vertretung (h. M.; a. A.: § 2 II GmbHG ist vom Grundgedanken und Zweck zu übertragen, damit auch hier notarielle Form nötig)
Bei Neugründung/ Kapitalerhöhung	Einhaltung der Form (§§ 2 II GmbHG; 23 I 2; 280 I 3 AktG) auch nötig (str.).
Verschmelzungsbeschluss Spaltungsbeschluss Beschluss zum Formwechsel	h. M.: Über die für die jeweilige Rechtsform vorgeschriebene Form hinaus gelten keine besonderen Formvorschriften; a. A.: notarielle Beglaubigung

D IV Umwandlung

3. Verschmelzung
a) Möglichkeiten und Phasen der Verschmelzung:
I. Allgemeine Vorschriften bei Verschmelzung durch Aufnahme

Vorgang	Übernehmender oder neuer Rechtsträger										
	OHG/ KG	PartG	GmbH	AG	KGaA	e. G.	e. V./wirtsch. Verein	g. PV.	VVaG	nat. Person
Verschmelzungs-vertrag §§ 4–7, 37	§ 40	§ 45 b	§ 46	wie vor allg.	wie vor AG	§ 80	wie vor allg.	wie vor allg.	§ 110	§§ 121, 6
Verschmelzungs-bericht § 8	nur, wenn § 41	nur, wenn § 45 c	grds. erforderlich	wie vor allg.	wie vor AG	wie vor allg.	wie vor allg.	wie vor allg.	wie vor allg.	./.
Verschmelzungs-prüfung §§ 9–12	nur, wenn § 44	nur, wenn § 45d II	nur, wenn § 48	§ 60	wie vor AG	§ 81	§ 100	./.	wie vor allg.	./.
Verschmelzungs-beschluss § 13	§ 43	§ 45 d	§ 50	§ 65	§ 78	§ 84	§ 103	§§ 100, 103	§ 112 III	§§ 121, 50, 65
Registeranmeldung § 17	wie vor	wie vor	§ 52	wie vor allg.	wie vor AG	§ 86	wie vor allg.	wie vor allg.	wie vor allg.	wie vor
Registervollzug § 19	wie vor	wie vor	§§ 53–55	§§ 66–69	wie vor AG	wie vor allg.	§ 104 allg.	wie vor allg.	wie vor allg.	str.

Anhang: Tabellarische Übersichten **D IV**

II. Besondere Vorschriften einzelner Rechtsformen

Übertragender Rechtsträger	Übernehmender oder neuer Rechtsträger									
	OHG/KG	PartG	GmbH	AG	KGaA	e.G.	e.V./wirtsch. Verein	g.PV.	VVaG	nat. Person
OHG/KG	§§ 39–45	§§ 45a–45e, 39–45	§§ 39–45, 46–59	§§ 39–45, 60–77	§§ 39–78	§§ 39–45, 79–98	unzulässig	unzulässig	unzulässig	unzulässig
PartG	§§ 45a–45e, 39–45	§§ 45a–45 e	§§ 45a–45e, 46–59	§§ 45a–45e, 60–77	§§ 45a–45e, 78	§§ 45a–45e, 79–98	unzulässig	unzulässig	unzulässig	unzulässig
GmbH	§§ 39–49, 46–59	§§ 45a–45e, 46–59	§§ 46–59	§§ 46–59, 60–77	§§ 46–59, 78	§§ 46–59, 79–98	unzulässig	unzulässig	unzulässig	§§ 120–122 i. V. m. §§ 46–59
AG	§§ 39–45, 60–77	§§ 45a–45e, 60–77	§§ 46–59, 60–77	§§ 60–77	§§ 60–77, 78	§§ 60–77, 79–98	unzulässig	unzulässig	unzulässig	§§ 120–122 i. V. m. §§ 60–77
KGaA	§§ 39–45, 78	§§ 45a–45e, 78	§§ 46–59, 78	§§ 60–77, 78	§ 78	§§ 78, 79–98	unzulässig	unzulässig	unzulässig	§§ 20–122 i. V. m. § 78
e.G.	§§ 39–45, 79–98	§§ 45a–45e, 79–98	§§ 46–59, 79–98	§§ 60–77, 79–98	§§ 78, 79–98	§§ 78–98	unzulässig	unzulässig	unzulässig	unzulässig
eingetragener/ wirtschaftlicher Verein	§§ 39–45, 99–104a	§§ 45a–45e, 99–104a	§§ 46–59, 99–104a	§§ 60–77, 99–104a	§§ 78, 99–104a	§§ 79–104a	§§ 99–104a	unzulässig	unzulässig	unzulässig
g. PV.	unzulässig	unzulässig	unzulässig	unzulässig	unzulässig	unzulässig	unzulässig	§§ 105–108, nur zur Aufn.	unzulässig	unzulässig
VVaG	unzulässig	unzulässig	unzulässig	§§ 60–77, 109–119, nur Vers.-AG	unzulässig	unzulässig	unzulässig	unzulässig	§§ 109–119	unzulässig

D IV Umwandlung

b) Checkliste zum Ablauf des Verschmelzungsverfahrens:

Einzelne Schritte	Allgemein	OHG/KG	PartG	GmbH	AG	e. G.
(1) Aufstellung der Schlussbilanzen	§§ 4, 5, 37	§ 40	§ 45 b	§ 46	wie allg.	§ 80
Erstellung des Verschmelzungsvertrags (-entwurfs)	§ 8	§ 41	§ 45c	wie allg.	wie allg.	wie allg.
(2) Erstellung der Verschmelzungsberichte	§§ 9, 10	§ 44	§ 45e S. 2 i. V. m. § 44	§ 48	§ 60	§ 81 u. wie allg.
(3) Beauftragung der Verschmelzungsprüfer	§ 5 III	wie allg.	wie allg.	wie allg.	wie allg.	wie allg.
(4) Zuleitung des Verschmelzungsvertrages an den Betriebsrat	–	–	–	–	§ 61	–
(5) Hinweis auf die Verschmelzung in den Bekanntmachungsorganen	–	Gesellschaftsvertrag	Gesellschaftsvertrag	§§ 49 ff. GmbHG	§§ 121 ff. AktG	§ 44 GenG
Einberufung der Versammlung der Anteilseigner	–	–	–	§ 40 II	§ 63	–
(6) Offenlegung	–	–	–	§ 55	§ 69	–
(7) Beschluss zur Kapitalerhöhung	–	§ 42	§ 45c S. 2	§§ 47, 49	§ 63	§ 82
(8) Vorbereitung der Zustimmungsbeschlüsse	§ 13	§ 43	§ 45d	§ 50	§ 65	§ 84
(9) Zustimmungsbeschlüsse						
– aufnehmender Rechtsträger	wie allg.	–	–	–	ggf. § 62 I, II	–
– übertragender Rechtsträger	wie allg.	–	–	ggf. § 62 IV	ggf. § 62 IV	–
(12) Beurkundung des Verschmelzungsvertrages	§ 6	wie allg.	wie allg.	wie allg.	wie allg.	wie allg.
(13) Anmeldung der Kapitalerhöhung	–	–	–	§ 55	§ 69	–
(14) Eintragung der Kapitalerhöhung	–	–	–	§ 53	§ 66	–

Heckschen

Anhang: Tabellarische Übersichten D IV

Einzelne Schritte	Allgemein	OHG/KG	PartG	GmbH	AG	e. G.
(15) Übergabe von Aktien und ggf. baren Zuzahlungen an Treuhänder	–	–	–	–	§ 71	–
(16) Anmeldung der Verschmelzung beim übertragenden Rechtsträger	§§ 16, 38	wie allg.	wie allg.	§ 52	wie allg.	§ 86
(17) Anmeldung beim übernehmenden Rechtsträger	§§ 16	wie allg.	wie allg.	§ 52	wie allg.	§ 86
(18) Eintragung der Verschmelzung beim übertragenden Rechtsträger	§ 19 I	wie allg.	wie allg.	wie allg.	wie allg.	wie allg.
(19) Eintragung bei übernehmender Gesellschaft	§§ 19 I, 20	wie allg.	wie allg.	wie allg.	wie allg.	wie allg.
(20) Veröffentlichung	§ 19 III	wie allg.	wie allg.	wie allg.	wie allg.	wie allg.
– übertragender Rechtsträger	§ 19 III	wie allg.	wie allg.	wie allg.	wie allg.	wie allg.
– übertragender Rechtsträger	§ 19 III	wie allg.	wie allg.	wie allg.	wie allg.	wie allg.
(21) Mitteilung vom Handelsregister der übertragenden Gesellschaft(en) an Handelsregister des übernehmenden Rechtsträgers und Übersendung der Akten	§ 19 III	wie allg.	wie allg.	wie allg.	wie allg.	wie allg.
(22) ggf. Aktienübergabe vom Treuhänder an Anteilsinhaber	–	–	–	–	§ 71	–
(23) evtl. Spruchstellen verfahren	§ 34	wie allg.	wie allg.	wie allg.	wie allg.	wie allg.
(24) evtl. Sicherheitsleistung	§ 22	wie allg.	wie allg.	wie allg.	wie allg.	wie allg.

D IV Umwandlung

c) Checkliste zur Beschlussfassung vor einer Verschmelzung:

Rechtsträger	Vorbereitung der Anteilsinhaberversammlung: (1) Form der Einberufung (2) Einberufungsfrist (3) Unterrichtung der Anteilsinhaber	(1) Durchführung der Anteilsinhaberversammlung (2) Beschlussmehrheiten	Zustimmungserfordernisse in Sonderfällen (besonders betroffene Anteilsinhaber)
OHG/KG	(1) Gesellschaftsvertrag (GV)	(1) GV	– § 13 III i. V. m. § 13 III 1
	(2) GV	(2) – § 43 I (einstimmiger Beschluss, einschließlich nicht erschienener Gesellschafter)	– § 40 III i. V. m. § 13 III 1
		– § 43 II 1 u. 2 i. V. m. GV ($^3/_4$-Mehrheit der Stimmen der Gesellschafter)	
	(3) § 42		
PartG	(1) GV	(1) GV	
	(2) GV	(2) – § 45d (einstimmiger Beschluss, einschließlich nicht erschienener Gesellschafter)	– § 40 II i. V. m. § 13 III 1
	(3) §§ 45c S. 2	–	
GmbH	(1) GV oder §§ 51 I 1	(1) GV	– § 13 III i. V. m. § 13 III 1
	GmbHG, 49 I (durch Geschäftsführer mittels eingeschriebenem Brief)		– § 50 II i. V. m. § 13 III 1
			– § 51 I (mehrere Fälle)
	(2) GV oder § 51 I 2 GmbHG (mindestens 1 Woche)	(2) – § 50 I 1 ($^3/_4$-Mehrheit der Stimmen der Gesellschafter)	– § 51 II i. V. m. § 13 III 1
	(3) §§ 47, 49 I 3	– § 50 I 2 i. V. m. GV (größere Mehrheit und weitere Erfordernisse bestimmbar)	
AG	(1) § 121 II 1, IV, IVa (durch Vorstand: Bekanntmachung in Gesellschaftsblättern oder mittels eingeschriebenem Brief, ggf. europäische Medien)	(1) – § 64 I 1, IV (Auslegung der in § 63 I bezeichneten Unterlagen)	

Heckschen

Anhang: Tabellarische Übersichten **D IV**

Rechtsträger	Vorbereitung der Anteilsinhaberversammlung: (1) Form der Einberufung (2) Einberufungsfrist (3) Unterrichtung der Anteilsinhaber	(1) Durchführung der Anteilsinhaberversammlung (2) Beschlussmehrheiten	Zustimmungserfordernisse in Sonderfällen (besonders betroffene Anteilsinhaber)
		– § 64 I 2 (Erläuterung des Verschmelzungsvertrages und späterer Veränderungen durch Vorstand)	– § 13 II i. V. m. § 13 III 1
	(2) § 123 I AktG (mindestens 30 Tage)	– § 64 II (Auskunftsrecht der Aktionäre)	– § 65 II Zustimmung bei mehreren Gattungen von Aktionären
		(2) – § 65 I 1 (³/₄ des bei Beschlussfassung vertretenen Grundkapitals)	– § 62 (Vorbereitung und Durchführung des Verschmelzungsbeschlusses bei Konzernverschmelzungen)
	(3) § 124 II 2 AktG § 63	– § 65 I 2 i. V. m. Satzung (größere Kapitalmehrheit und weitere Erfordernisse bestimmbar)	
KGaA	(1) §§ 278 III, 283 Nr. 6 AktG i. V. m. § 78 1 u. 2 (wie AG)	(1) § 78 1 u. 2 (wie AG)	– § 13 II i. V. m. § 13 III 1
	(2) §§ 278 III, 283 Nr. 6 AktG i. V. m. § 78 1 u. 2 (wie AG)	(2) § 78 1 u. 2 (wie AG)	– § 78 1 u. 2 (wie AG)
	(3) § 124 II 2, AktG § 63		– § 78 3 (Zustimmung persönlich haftender Gesellschafter)
e.G.	(1) Statut i.V.m. §§ 44 I, 46 I GenG (durch Vorstand in der durch Statut bestimmten Weise)	(1) – § 83 I 1 (Auslegung bestimmter Unterlagen)	– § 13 II i. V. m. § 13 III 1
		– § 83 I 2 (Erläuterung des Verschmelzungsvertrags durch Vorstand)	
		– § 83 I 3 i. V. m. § 64 II (Auskunftsrecht der Genossen)	
		– § 83 II 1 (Verlesung des Prüfungsgutachtens)	
		– § 84 II 2 (Teilnahmerecht des Prüfungsverbandes)	
	(2) § 46 I GenG (mindestens 1 Woche)	(2) – § 84 1 (³/₄-Mehrheit der abgegebenen Stimmen)	

D IV Umwandlung

Rechtsträger	Vorbereitung der Anteilsinhaberversammlung: (1) Form der Einberufung (2) Einberufungsfrist (3) Unterrichtung der Anteilsinhaber	(1) Durchführung der Anteilsinhaberversammlung (2) Beschlussmehrheiten	Zustimmungserfordernisse in Sonderfällen (besonders betroffene Anteilsinhaber)
e. V.	(3) § 82 I 2 GenG		
	(1) Satzung	(1) § 102 mit Verweis auf § 64	
	(2) Satzung	– § 103 (³/₄-Mehrheit der erschienenen Mitglieder)	– § 13 II i. V. m. § 13 III 1
	(3) § 101 I 2		
g. PV.	(1) § 63b I GenG i. V. m. Satzung	(1) § 106 i. V. m. § 102	
	(2) § 63b GenG i. V. m. Satzung	(2) § 106 i. V. m. § 103	– § 13 II i. V. m. § 13 III 1
		– § 103 2 i. V. m. Satzung (größere Mehrheit und weitere Erfordernisse bestimmbar)	
	(3) § 106 i. V. m. § 101		
VVaG	(1) § 36 VAG i. V. m. § 121 II 1, 3 1, 4 1 AktG	(1) § 112 II	
	(2) § 36 VAG i. V. m. § 123 I AktG	(2) – § 112 III 1 (³/₄-Mehrheit der abgegebenen Stimmen)	– § 13 II i. V. m. § 13 III 1
	(3) – § 36 VAG i. V. m. § 124 II 2 AktG		
	– § 112 I		

4. Spaltung
a) Möglichkeiten und Phasen der Spaltung:
I. Allgemeine Vorschriften

Vorgang	Übernehmender oder neuer Rechtsträger							
	OHG/KG	PartG	GmbH	AG/ KGaA	e. G.	e. V./ wirtsch. Verein	g. PV.	VVaG
Spaltungsplan/-vertrag § 126	wie vor	wie vor	wie vor	wie vor	wie vor	wie vor	wie vor	wie vor
Spaltungsbericht §§ 127, 8	wie vor	wie vor	wie vor	wie vor, Ausn. § 143	wie vor	wie vor	wie vor	wie vor
Spaltungsprüfung §§ 9–12 (Ausnahmen vgl. § 125)	wie vor	wie vor	wie vor	wie vor, Ausn. § 143	wie vor	wie vor	wie vor	wie vor
Spaltungsbeschluss §§ 125, 13, 128	wie vor	wie vor	wie vor	wie vor	wie vor	wie vor	wie vor	wie vor
Registeranmeldung §§ 125, 17, 129	wie vor	wie vor	§ 140	§ 146	§ 148	wie vor	wie vor	wie vor
Registervollzug § 130	wie vor	wie vor	wie vor	wie vor	wie vor	wie vor	wie vor	wie vor

II. Besondere Vorschriften einzelner Rechtsformen

Übertragender Rechtsträger	Übernehmender oder neuer Rechtsträger							
	OHG/KG	PartG	GmbH	AG/ KGaA	e. G.	e. V./ wirtsch. Verein	g. PV.	VVaG
OHG/KG	keine Spezial-vorschriften	keine Spezial-vorschriften	§§ 138–140	§§ 141–146	§§ 147, 148	unzulässig	unzulässig	unzulässig
PartG	keine Spezialvor-schriften	wie vor	§§ 138–140	§§ 141–146	§§ 147, 148	unzulässig	wie vor	wie vor
GmbH	§§ 138–140	§§ 133–140	§§ 138–140	§§ 138–140, 141–146	§§ 138–140, 147, 148	unzulässig	unzulässig	unzulässig
AG/KGaA	§§ 141–146	§§ 141–146	§§ 138–140, 141–146	§§ 141–146	§§ 141–146, 147, 148	unzulässig	unzulässig	unzulässig
e. G.	§§ 147, 148	§§ 147–148	§§ 138–140, 147, 148	§§ 141–146, 147, 148	§§ 147, 148	§ 149	unzulässig	unzulässig
eingetr./wirtschaftl. Verein	keine Spezial-vorschriften	keine Spezial-vorschriften	§§ 138–140	§§ 141–146	§§ 147, 148	unzulässig	unzulässig	unzulässig
Genossenschaftlicher Prüfungsverband	unzulässig	unzulässig	§§ 138–140, 151, nur Ausgliederung	§§ 141–146, 150, nur Ausgliederung	unzulässig	unzulässig	§ 150, nur zur Aufnahme	unzulässig
VVaG	unzulässig	unzulässig	§§ 138–140, 151, nur Ausgliederung	§§ 141–146, 151, nur Vers.-AG, nur Auf-/Abspaltung	unzulässig	unzulässig	unzulässig	§ 151, Aufspaltung/ Abspaltung
eingetr. Einzelkaufmann	§§ 152–157, nur Ausgliederung zur Aufnahme	unzulässig	§§ 138–140, 152–160, nur Ausgliederung	§§ 141–146, 152–160, nur Ausgliederung	§§ 147, 148, 152–157, nur Ausgliederung zur Aufnahme	unzulässig	unzulässig	unzulässig
Stiftung	§§ 161–167, nur Ausgliederung zur Aufnahme	unzulässig	§§ 138–140, 161–167, nur Ausgliederung	§§ 141–146, 161–167, nur Ausgliederung	unzulässig	unzulässig	unzulässig	unzulässig
Gebietskörperschaft	§§ 168–173, nur Ausgliederung zur Aufnahme	unzulässig	§§ 138–140, 168–176, nur Ausgliederung	§§ 141–146, 168–173, nur Ausgliederung	§§ 147, 148, 168–173, nur Ausgliederung	unzulässig	unzulässig	unzulässig

Anhang: Tabellarische Übersichten **D IV**

b) Checkliste zum Ablauf des Spaltungsverfahrens:

Einzelne Schritte	Allgemein	OHG/KG	PartG	GmbH	AG	e. G.
(1) Ausstellung der Schlussbilanzen	§§ 126, 136	wie allg.	wie allg.	wie allg.	wie allg.	wie allg.
(2) Erstellung des Spaltungsplans/-vertrags(-entwurfs)	§ 127	wie allg.	wie allg.	wie allg.	wie allg.	wie allg.
(3) Erstellung der Spaltungsberichte	§§ 125 2, 9–12	wie allg.	wie allg.	wie allg.	wie allg.	wie allg.
(4) Beauftragung der Spaltungsprüfer	§§ 125, 55 III	wie allg.	wie allg.	wie allg.	wie allg.	wie allg.
(5) Zuleitung des Spaltungsplans/-vertrags(-entwurfs) an den Betriebsrat	–	–	–	–	§§ 125, 61	–
(6) Hinweis auf die Spaltung in den Bekanntmachungsorganen	§ 125	–	–	–	§§ 121 ff. AktG	§ 44 GenG
(7) Einberufung der Versammlung der Anteilseigner	–	Gesell.-vertrag	GV	§§ 49 ff. GmbHG	§§ 121 ff. AktG	§ 44 GenG
(8) Offenlegung	–	–	–	§§ 125, 49	§§ 125, 63	–
(9) Beschluss zur Kapitalerhöhung (nur Abspaltung zur Aufnahme)	–	–	–	§§ 125, 55	§§ 125, 69	–
(10) Vorbereitung der Zustimmungsbeschlüsse	–	–	–	§§ 49 ff. GmbHG	§§ 121 ff. AktG	§§ 44 ff. GenG
(11) Zustimmungsbeschlüsse	§§ 125, 128, 13	§§ 125, 43	§§ 125, 45 d	§§ 125, 50	§§ 125, 69	§§ 125, 84
– aufnehmender Rechtsträger	wie allg.	wie allg.	wie allg.	wie allg.	wie allg.	wie allg.
– übertragender Rechtsträger	wie allg.	wie allg.	wie allg.	wie allg.	wie allg.	wie allg.
(12) Beurkundung des Spaltungsvertrages – soweit nicht bereits geschehen –	§§ 125, 6	–	–	–	–	–
(13) Anmeldung der Kapitalerhöhung (nur Abspaltung zur Aufnahme)	wie allg.	–	–	–	–	–
(14) Eintragung der Kapitalerhöhung (nur Abspaltung zur Aufnahme)	wie allg.	–	–	–	–	–
(15) Übergabe von Aktien und ggf. baren Zuzahlungen an Treuhänder	–	–	–	–	§ 125 1	–

D IV   Umwandlung

Einzelne Schritte	Allgemein	OHG/KG	PartG	GmbH	AG	e. G.
(16) Anmeldung bei übernehmendem Rechtsträger	§ 129	–	–	–	–	–
(17) Anmeldung der Spaltung bei übertragendem Rechtsträger	§ 129	–	–	§ 140	§ 146	§ 148
(18) Eintragung der Spaltung bei übertragendem Rechtsträger	§ 130	wie allg.	wie allg.	wie allg.	wie allg.	wie allg.
(19) Eintragung bei übernehmendem Rechtsträger	§§ 130, 137	wie allg.	wie allg.	wie allg.	wie allg.	wie allg.
(20) Veröffentlichung	§ 130	wie allg.	wie allg.	wie allg.	wie allg.	wie allg.
– übertragender Rechtsträger	wie allg.	–	–	–	–	–
– übertragender Rechtsträger	wie allg.	–	–	–	–	–
(21) Mitteilung vom Handelsregister des übertragenden Rechtsträgers an Handelsregister des übernehmenden Rechtsträgers und Übersendung der Akten	wie allg.	–	–	–	–	–
(22) ggf. Aktienübergabe vom Treuhänder an Anteilsinhaber	–	–	–	–	§ 125 1	–
(23) evtl. Spruchstellenverfahren	wie allg.	–	–	–	–	–
(24) evtl. Sicherheitsleistung	§ 133 I 2	–	–	–	–	–

1436   Heckschen

5. Möglichkeiten und Rechtsgrundlagen des Formwechsels

I. Allgemeine Vorschriften

Formwechselnder Rechtsträger	Rechtsträger in neuer Rechtsform						
	OHG/KG	PartG	GbR	GmbH	AG	KGaA	e. G.
Umwandlungsfähige Rechtsträger § 191	§ 214	§ 225 a	§ 191 II Nr. 1	§ 191 II Nr. 3	§ 191 II Nr. 3	§ 191 II Nr. 3	§ 191 II Nr. 4
Umwandlungsbericht § 192	§ 215	§ 225 b	wie vor allg.	wie vor allg.	wie vor allg.	wie vor allg.	wie vor allg.
Umwandlungsbeschluss §§ 193–194	§§ 217–218	§§ 225c, 217, 218	wie vor allg.	§§ 233, 234, 240–243	wie GmbH	wie GmbH	§§ 252–253
Registeranmeldung §§ 198–199	§§ 222–223	§§ 225c, 222, 223	§ 235	§ 246	wie GmbH	wie GmbH	§ 254
Registervollzug §§ 201–202	wie vor allg.	wie vor allg.	§ 235 entspr.	wie vor allg.	wie vor allg.	wie vor allg.	wie vor allg.

II. Besondere Vorschriften einzelner Rechtsträger

Formwechselnder Rechtsträger	Rechtsträger in neuer Rechtsform						
	OHG/KG	PartG	GbR	GmbH	AG	KGaA	e. G.
OHG/KG	§ 191 II	unzulässig	§ 191 II	§§ 214–225	§§ 214–225	§§ 214–225	§§ 214–225
PartG	unzulässig	unzulässig	unzulässig	§§ 225b, 225c, 214 II, 217–225	wie vor	wie vor	wie vor
GmbH	§§ 226, 228–237	§§ 226, 228–237	§§ 226, 228–237	unzulässig	§§ 226, 238–250	§§ 226, 238–250	§§ 226, 251–257
AG	§§ 226, 228–237	§§ 226, 228–237	§§ 226, 228–237	§§ 226, 238–250	unzulässig	§§ 226, 238–250	§§ 226, 251–257
KGaA	§§ 226, 228–237	§§ 226, 228–237	§§ 226, 228–237	§§ 226, 227, 238–250	§§ 226, 227, 238–250	unzulässig	§§ 226, 227, 251–257
e. G.	unzulässig	unzulässig	unzulässig	§§ 258–271	§§ 258–271	§§ 258–271	unzulässig
eingetr./wirtschaftl. Verein	unzulässig	unzulässig	unzulässig	§§ 272–282	§§ 272–282	§§ 272–282	§§ 272, 283–290
VVaG	unzulässig	unzulässig	unzulässig	unzulässig	§§ 291–300; nur größere VVaG	unzulässig	unzulässig
Körperschaft/Anstalt des öffentlichen Rechts	unzulässig	unzulässig	unzulässig	§§ 301–304	§§ 301–304	unzulässig	unzulässig

Vgl. dazu auch die Übersichten bei Widmann/Mayer/*Vossius* § 191 UmwG Rn. 20–23.

D V. Unternehmenskauf

Prof. Dr. Heribert Heckschen

Übersicht

	Rn.
I. Einführung	1–5
II. Möglichkeiten des Unternehmenskaufs	6
III. Bedeutung und Ablauf des Unternehmenskaufs in der notariellen Praxis	7–8
IV. Asset Deal	9–25
1. (Kauf-)Vertrag zur Übertragung des Unternehmens	9–14
2. Übertragung des Unternehmens	15–21
3. „Closing"; Stichtag für die Übertragung	22–25
V. Share Deal	26–51a
1. Besonderheiten	31–39
2. (Kauf-)Vertrag über die Übertragung der Anteile am Unternehmensträger	40–45a
3. Übertragung der Anteile des Unternehmensträgers	46–50
4. Gesellschafterdarlehen	51
5. Schiedsgerichtsklausel in Unternehmensverträgen	51a
VI. Alternative Formen des Unternehmenskaufs bzw. der Unternehmensbeteiligung	52–60
1. Beitritt in Folge einer Kapitalerhöhung	53, 54
2. Unternehmenskauf durch Beteiligungstausch	55, 56
3. Unternehmenszusammenschluss, Verschmelzung	57
4. Joint Venture	58
5. Unternehmenserwerb durch öffentliche Übernahmen	59, 60
VII. Leistungsstörungen beim Unternehmenskauf	61–83
1. Allgemeines	61
2. Voraussetzungen	62–66
3. Rechtsfolge	67–70
4. Eigenes Haftungssystem der Unternehmenskaufverträge	71
5. Garantie	72–77a
6. Sog. „Sandbagging"-Regelungen	78
7. AGB-Kontrolle	78a–78c
8. Culpa in contrahendo (c. i. c.)	79–82
9. Verjährungsfristen	83
VIII. Unternehmenskauf in Krise und Insolvenz	84–109
1. Asset Deal oder Share Deal	84–87
2. Share Deal und (drohende) Insolvenz, Neuerungen durch das MoMiG	88–91
3. Asset Deal und (drohende) Insolvenz	92
4. Unternehmenserwerb noch vor Insolvenzantrag	93
5. Firmenfortführung, § 25 HGB	94, 95
6. Haftung für Betriebssteuern, § 75 AO	96–98
7. Übertragende Sanierung (Asset Deal) vor Eröffnung des Insolvenzverfahrens	99, 100
8. Übertragende Sanierung (Asset Deal) nach Verfahrenseröffnung	101–103
9. Ausschluss der gesetzlichen Haftung beim Erwerb aus der Insolvenzmasse	104
10. Arbeitsrechtliche Aspekte	105–109
IX. Beherrschungs- und Gewinnabführungsverträge	110
X. Checklisten zu Form- und Zustimmungserfordernissen	111
1. Asset Deal	111
2. Share Deal	112
XI. Kosten	113, 114
XII. Beratungs-Checkliste	115
XIII. Checkliste zu möglichen Anlagen zum Unternehmenskaufvertrag	116

Literatur: *Barnert,* Mängelhaftung beim Unternehmenskauf zwischen Sachgewährleistung und Verschulden bei Vertragsschluss im neuen Schuldrecht, WM 2003, 416; *Beck/Klar,* Asset Deal versus Share Deal – Eine Gesamtbetrachtung unter expliziter Berücksichtigung des Risikoaspekts, DB 2007, 2819; *Binz/Mayer,* Beurkundungspflichten bei der GmbH & Co. KG, NJW 2002, 3054; *Eickelberg/Mühlen,* Versteckte Vorgaben für Unternehmenskaufverträge mit einer GmbH als Veräußerin – Fragestellungen in Hinblick auf § 311b III BGB und § 179a AktG, NJW 2011, 2476; *Fischer,* Die Haftung des Unternehmensverkäufers nach neuem Schuldrecht, DStR 2004, 276; *Gaul,* Schuldrechtsmodernisierung und Unternehmenskauf, ZHR 166, 35; *Geyrhalter/Zirngibl/Strehle,* Haftungsrisiken aus dem Scheitern von Vertragsverhandlungen bei M&A-Transaktionen, DStR 2006, 1559; *Heckschen,* Die Formbedürftigkeit der Veräußerung des gesamten Vermögens im Wege des „asset deal"; NZG 2006, 772; *Heckschen/Heidinger,* Die GmbH in der Gestaltungs- und Beratungspraxis, 3. Aufl. 2013; *Hermanns,* Beurkundungspflichten, Beurkundungsverfahren und Beurkundungsmängel unter besonderer Berücksichtigung des Unternehmenskaufvertrages, DNotZ 2013, 9; *Hilgard,* Earn-out-Klauseln beim Unternehmenskauf, BB 2010, 2912; *Hölters,* Handbuch des Unternehmens- und Beteiligungskaufs, 7. Aufl. 2010; *Holzapfel/Pöllath,* Unternehmenskauf in Recht und Praxis, 14. Aufl. 2010; *Hübner,* Schadensersatz wegen Täuschung beim Unternehmenskauf, BB 2010, 1483; *Kraft,* Zielgesellschaft GmbH & Co. KG: Zivil- und steuerrechtliche Gestaltungsmöglichkeiten bei Veräußerung und Erwerb, DB 2006, 711; *Leitzen,* Die analoge Anwendung von § 179a AktG auf Gesellschaften mit beschränkter Haftung und Personengesellschaften in der Praxis, NZG 2012, 491; *Leyendecker/Mackensen,* Beurkundung des Equity Commitment Letter beim Unternehmenskauf, NZG 2012, 129; *Mellert,* Selbständige Garantien beim Unternehmenskauf, BB 2011, 1667; *Möller,* Offenlegungen und Aufklärungspflichten beim Unternehmenskauf, NZG 2012, 841; *Morshäuser,* Die Formvorschrift des § 311b Abs. 3 BGB bei Unternehmenskäufen, WM 2007, 337; *Redeker,* Die Verkäuferhaftung beim Unternehmens- und Grundstückskauf, NJW 2012, 2471; *Reinhard/Schützler,* Anfechtungsrisiko für den Unternehmensverkäufer aus der Veräußerung von Gesellschafterdarlehen, ZIP 2013, 1898; *Schmaefer/Wind/Mager,* Beendigung und Begründung von Organschaften beim Unternehmenskauf, DStR 2013, 2399; *K. Schmidt,* Handelsrecht, 5. Aufl. 1999; *Schmidt-Hern/Behme,* Mehrerlösklauseln in Unternehmenskaufverträgen, NZG 2012, 81; *Schmidt-Räntsch,* Aufklärungspflichten beim Verkauf von Immobilien, ZfIR 2004, 569; *Schmitz,* Mängelhaftung beim Unternehmenskauf nach der Schuldrechtsreform, RNotZ 2006, 561; *Stoppel,* Die Formbedürftigkeit von Vollzugsprotokollen im Rahmen des Erwerbs von Geschäftsanteilen, GmbHR 2012, 828; *Ulmer/Löbbe,* Zur Anwendbarkeit des § 313 BGB im Personengesellschaftsrecht, DNotZ 1998, 711; *Weigl,* Die Auswirkungen der Schuldrechtsreform auf den Unternehmenskauf, DNotZ 2005, 246; *Wertenbruch,* Zur Haftung aus culpa in contrahendo bei Abbruch von Vertragsverhandlungen, ZfIR 2004, 1525; *Werner,* Earn-Out-Klauseln – Kaufpreisanpassung beim Unternehmenskauf, DStR 2012, 1662; *Wiesbrock,* Formerfordernisse beim Unternehmenskauf, DB 2002, 2311.

I. Einführung

1 Im allgemeinen Sprachgebrauch wird der Begriff **Unternehmen** für eine Vielzahl von wirtschaftlichen Betätigungen benutzt. Trotz oder gerade wegen der weiten Nutzung dieses Begriffs existiert keine einheitliche Definition für diesen Begriff in der deutschen Rechtswissenschaft (vgl. Baumbach/*Hopt* Vor § 1 Rn. 31 ff.). Die fehlende einheitliche Definition führt zu unterschiedlichen Interpretationen des Begriffs. Dieser muss jeweils im Lichte des Rechtgebietes und des Gesetzeszwecks beurteilt werden, was im Ergebnis zu unterschiedlichen, sachlich aber richtigen Ergebnissen führt.

2 Für den Bereich des Unternehmenskaufs kann der **Unternehmensbegriff** als Zusammenfassung der persönlichen und sachlichen Mittel einschließlich der zugehörigen Güter und Werte einer organisatorisch-ökonomischen Einheit angesehen werden, die einem einheitlichen wirtschaftlichen Zweck dienend am Markt auftritt. Neben Sachen, Personen, Forderungen und Verbindlichkeiten gehören zu dieser Einheit beispielsweise auch Patent-, Marken-, Namens- und Lizenzrechte sowie Geschäftsgeheimnisse, Erfahrungen, der geschäftliche Ruf und Kredit, Kundenstamm, Marktanteile, Know-how und zukünftige Geschäftsaussichten (vgl. zur Definition des Unternehmensbegriffs Palandt/

Weidenkaff § 453 Rn. 7; Hölters/*Semler* VII Rn. 1, Baumbach/*Hopt* Vor § 31 Rn. 34; *K. Schmidt* § 4 I). Auch freiberufliche Praxen sind Unternehmen.

Rechtssubjekt ist jedoch nicht die organisatorisch-wirtschaftliche Einheit, sondern der dahinterstehende **Unternehmensträger**. Dieser ist Eigentümer der dem Unternehmen zugeordneten Sachen usw. Unternehmensträger kann jede natürliche oder juristische Person des privaten und öffentlichen Rechts sein sowie Personenvereinigungen oder Handelsgesellschaften, die keine juristischen Personen sind. 3

Abweichend davon ist eine **stille Gesellschaft** (§§ 230 ff. HGB) nicht Unternehmensträger, da gem. § 230 I HGB die Vermögenseinlage des stillen Gesellschafters in das Vermögen des Geschäftsinhabers übergeht. Lediglich der Geschäftsinhaber als der Unternehmensträger wird aus Geschäften berechtigt und verpflichtet (§ 230 II HGB). 4

Im BGB ist jetzt eindeutig geregelt, dass die Regelungen über den Kauf von Sachen auch bei dem **Kauf sonstiger Wirtschaftsgüter** Anwendung finden, vgl. § 453 I BGB. Diese Sprachregelung umfasst auch Unternehmen als organisatorisch-wirtschaftliche Einheit (vgl. Palandt/*Weidenkaff* § 453 Rn. 7). Keine Hilfestellung bietet die Neuregelung bei der Frage, ob die Parteien das Unternehmen als Ganzes übertragen wollen. Bei der Interpretation von Unternehmenskaufverträgen finden selbstredend die allgemeinen Auslegungsregeln der §§ 133, 157 BGB Anwendung. Bei Zweifeln ist der wahre Wille der Parteien zu erforschen, ob sie den Kern des Unternehmens übertragen wollen und dieser als Einheit mit Geschäftsbetrieb auch unter neuer Ägide weitergeführt werden kann. 5

II. Möglichkeiten des Unternehmenskaufs

Unter den Begriff Unternehmenskauf fallen sowohl der sog. „**Asset Deal**" als auch der „**Share Deal**". Zwischen den beiden Varianten bestehen gravierende Unterschiede. Bei dem **Asset Deal** werden (sämtliche) Vermögensgegenstände (engl. assets) des Unternehmens verkauft und im Wege der Einzelrechtsnachfolge auf den Erwerber übertragen. Ein Asset Deal liegt auch dann vor, wenn zu den Aktiva des Unternehmens unter anderem Anteile an anderen Unternehmen gehören. 6

Bei einem **Share Deal** werden die Beteiligungsrechte am Unternehmensträger verkauft und übertragen. Die Zuordnung der einzelnen Vermögensgegenstände zum Unternehmensträger wird nicht verändert. Präziser ausgedrückt ist der Share Deal ein Beteiligungskauf.

Praxishinweis Steuern:

In steuerlicher Weise unterscheiden sich beide Formen des Unternehmenskaufs insbesondere bei Kapitalgesellschaften erheblich.

Beim **Asset Deal** und diesem gleichgestellt beim Verkauf von Mitunternehmeranteilen führt der Unterschiedsbetrag zwischen dem Veräußerungserlös und dem (saldierten) Buchwert der veräußerten Wirtschaftsgüter zu gewerblichen Gewinnen, die beim Veräußerer steuerpflichtig sind und ggf. mit vorhandenen Verlustvorträgen verrechnet werden können. In Einzelfällen kann hierfür der ermäßigte Steuersatz nach § 34 III EStG oder zumindest die Progressionsmilderung nach § 34 I EStG erlangt werden. Auf Erwerberseite führt dies zu einem step up, d.h. die Buchwerte können bis zur Höhe des Teilwertes der einzelnen Wirtschaftsgüter heraufgesetzt werden, was zu erhöhter AfA in den Folgejahren führt. Übersteigt der Anschaffungspreis die Teilwerte der erworbenen Wirtschaftsgüter, ist der Differenzbetrag als Geschäftswert zu aktivieren und auf die Dauer von 15 Jahren abzuschreiben. Grunderwerbsteuerlich erfüllt der Asset Deal i.d.R. den Tatbestand des § 1 I GrEStG.

> **Praxishinweis Steuern:**
>
> Demgegenüber unterliegt der Verkauf von Anteilen an Kapitalgesellschaften (**Share Deal**) sehr differenzierten steuerlichen Folgen, die von der Person des Veräußerers, vom Umfang der Beteiligung und von der Vorgeschichte der Anteile abhängig sind (vgl. insbesondere §§ 15, 17, 20 II, 23, 32d, 34 EStG, § 8b KStG, § 22 UmwStG. Auf Erwerberseite entstehen Anschaffungskosten, mit denen die erworbene Beteiligung eingebucht wird. Eine planmäßige Abschreibung ist hierbei nicht möglich. Steuerliche Verlustvorträge der verkauften Gesellschaft gehen nach § 8c KStG, § 10a GewStG unter. Erwirbt eine Kapitalgesellschaft die Beteiligung, so kann sie ihren Finanzierungsaufwand steuerlich geltend machen; anderenfalls wird dieser Abzug durch das Teileinkünfte oder Abgeltungssteuerverfahren ganz oder teilweise ausgeschlossen. Auch der Share Deal kann Grunderwerbsteuer auslösen, insbesondere nach §§ 1 II a, III, III a und 5 III GrEStG.
> Diese gewichtigen steuerlichen Unterschiede werden regelmäßig auch Auswirkungen auf die Kaufpreisbildung haben.

III. Bedeutung und Ablauf des Unternehmenskaufs in der notariellen Praxis

7 Der Unternehmenskauf hat in der notariellen Praxis eine erhebliche Bedeutung, da beim Asset Deal sehr häufig die Formvorschriften des § 311b I BGB und – seltener – § 311b III BGB und beim Share Deal § 15 III und IV GmbHG die Beurkundung erforderlich machen. Unternehmensverkäufe weisen je nach wirtschaftlicher Bedeutung unterschiedliche Abläufe auf. Komplexe und wirtschaftlich bedeutsame Verkäufe sind in den letzten Jahrzehnten immer häufiger einem Ablauf und einer Vertragsstruktur gefolgt, die aus dem angloamerikanischen Rechtskreis stammt und sich wie folgt darstellt:

7a
> **Checkliste: Ablauf des Unternehmenskaufs**
>
> (1) Vorüberlegungen
> (2) Beginn des Verkaufsprozesses
> (3) Vorauswahl der Bieter
> (4) Risikoprüfung (sog. Due Diligence) durch die Bieter
> (5) Auswahl des Käufers
> (6) Vorvereinbarungen (zB sog. Vertraulichkeitsvereinbarungen (Letter of Intent (vgl. dazu auch Rn. 79 ff.), z. T. mit sog. Break-up Fees)
> (7) Durchführung einer Sorgfältigkeitsprüfung
> (7) Verhandlungen des Unternehmenskaufvertrages im Einzelnen
> (8) Vertragsunterzeichnung (sog. Signing)
> (9) Eintritt der aufschiebenden Bedingungen und Durchführung der notwendigen Kapitalmaßnahmen (sog. Post-Signing)
> (10) Dingliche Übertragung der Geschäftsanteile (sog. Closing)
> (11) Unternehmensintegration und Abwicklung der treuhänderischen Hinterlegungen (sog. Post-Closing)

8 Bei diesem Ablauf wird nicht selten übersehen, dass schon bei Vereinbarung eines sog. Letter of Intent (LoI), die notarielle Form zu wahren ist, weil insbesondere sog. Break-up Fees (Vertragsstrafen) den Zwang zum Abschluss des Vertrages auslösen (ausführlich *Hilgard* BB 2008, 286; *Geyrhalter/Zirngibl/Strehle* DStR 2006, 1559, 1560; e contrario

OLG München BeckRS 2012, 19757). Eine in einem Letter of Intent enthaltene Kostenerstattungsklausel bezüglich der im Falle des Scheiterns tatsächlich angefallenen angemessenen Kosten einer Due-Diligence-Prüfung (*OLG München* ZIP 2013, 23) ist vor diesem Hintergrund jedoch nicht beurkundungsbedürftig. Hingegen muss die Vereinbarung sog. Break-up Fees auf das Nichtdurchführen von Maßnahmen nach dem Umwandlungsgesetz wegen § 13 III UmwG beurkundet werden (vgl. *LG Paderborn* NZG 2000, 899; auch *Bergjan/Schwarz* GWR 2013, 4). Darüber hinaus ist ebenfalls zu beachten, dass Vereinbarungen in sog. Vollzugsprotokollen im Rahmen des Closing nicht nur dann zu beurkunden sind, wenn hier erst die Auflassung oder die Abtretung erklärt wird. Beurkundungsbedürftig kann das Vollzugsprotokoll auch dann sein, wenn hier die auflösenden oder aufschiebenden Bedingungen des Vertrages vereinbart werden oder auf den Eintritt von Bedingungen verzichtet wird (vgl. dazu *Stoppel* GmbHR 2012, 828).

IV. Asset Deal

1. (Kauf-)Vertrag zur Übertragung des Unternehmens

Das Risiko des Asset Deals liegt vor allem in möglichen Ungenauigkeiten und Unvollständigkeiten bei der **Beschreibung der zu übertragenden Vermögenswerte**, denn das erworbene Unternehmen wird erheblich an Wert einbüßen, wenn wichtige Gegenstände „vergessen" wurden. Bei ausreichender Genauigkeit gestaltet sich das Vertragswerk beim Asset Deal recht umfangreich. Der Erwerber erlangt dadurch aber auch ein genaues Bild von den zu erwerbenden Vermögensgegenständen. Sind die Vermögensgegenstände hinreichend genau bestimmt, besteht auch nicht die Gefahr, gegen den sachenrechtlichen Bestimmtheitsgrundsatz zu verstoßen. Vorteil des Asset Deals ist die Option bestimmte Gegenstände, etwa Verbindlichkeiten, gerade nicht zu erwerben sowie die grundsätzliche Möglichkeit des gutgläubigen Erwerbs von Sachen (Hölters/*Semler* VII Rn. 80). Beim Kauf von freiberuflichen Praxen ist bei beruflicher Verschwiegenheit für den Einbezug von Patienten- oder Mandantenkartei wegen § 203 StGB sowie den Vorschriften des BDSG zwingend die Zustimmung der Betroffenen erforderlich (*BGH* NJW 1992, 737 – Arztpraxis; 2001, 2462 – Rechtsanwalt; 1996, 2087; *OLG Hamm* NJW 2012, 1743 – Steuerberater; dazu insgesamt *Römermann* NJW 2012, 1698). 9

Gemäß § 311b I BGB müssen Verpflichtungsverträge zur Übertragung eines Grundstückes notariell beurkundet werden. Die **Formbedürftigkeit** eines Verpflichtungsvertrages zur **Übertragung eines Grundstückes** kann sich allerdings auf andere Verträge auswirken, wenn die Geschäfte nach dem Willen der Parteien eine rechtliche Einheit bilden, mithin die Geschäfte miteinander stehen und fallen sollen (so der *BGH* in ständiger Rspr. (NJW 2001, 226; NJW-RR 1993, 1421). Bei nur **einseitiger Abhängigkeit** kommt es entscheidend auf die Richtung an. Soll das Grundstücksgeschäft von dem an sich formfreien Geschäft abhängen, so unterfällt auch das formfreie bzw. das ganze Geschäft dem Beurkundungserfordernis des § 311b I BGB (*BGH* DNotZ 2000, 635; NJW-RR 2009, 953; WM 2010, 1817; *OLG Oldenburg* BeckRS 2007, 14595; MünchKomm/*Kanzleiter* § 311b Rn. 54; Palandt/*Grüneberg* § 311b Rn. 32). Bei umgekehrter Abhängigkeit jedoch wirkt sich die Formbedürftigkeit des Grundstücksgeschäfts in der Regel nicht auf das formfreie Geschäft aus. Gerade weil das Grundstücksgeschäft nicht von einer Bedingung des anderen Geschäfts abhängt, sind die Geschäfte separat zu betrachten. Durch die Getrenntheit der Geschäfte bestehe kein Grund, auch das formfreie Geschäft der Warnfunktion, die eine notarielle Aufklärung beinhaltet, zu unterwerfen (*BGH* NJW 2000, 951, 952; 2001, 226; DNotZ 2002, 944; *KG* BeckRS 2009, 28276; *OLG Celle* BeckRS 2008, 02602; Palandt/*Grüneberg* § 311b Rn. 32; *Hermanns* DNotZ 2013, 9, 14f.). Die gleichen Grundsätze gelten, wenn zu den Assets des Unternehmens Geschäftsanteile einer GmbH gehören (Michalski/*Ebbing* § 15 GmbHG Rn. 89 ff.; 10

MünchKommGmbHG/*Reichert/Weller* § 15 Rn. 107). In der Praxis löst jedoch § 311b BGB häufig die Beurkundungsbedürftigkeit aller Vereinbarungen aus, da der Erwerber das Grundstück sowie das Restvermögen erwerben will, die Immobilie jedoch nur ganz selten von nur untergeordneter Bedeutung ist, dass die übrigen Vereinbarungen in keiner rechtlichen Einheit mit dieser Erwerbs- oder Veräußerungsverpflichtung des Grundstücks stehen. Es ist dann nicht ausreichend, wenn lediglich der Grundstückskaufvertrag beurkundet wird (BGHZ 101, 393). Auch die Beurkundung der Vereinbarungen in getrennten Urkunden genügt nicht, wenn die Vereinbarung, dass die Geschäfte miteinander verknüpft sind, keinen Eingang in den Grundstückskaufvertrag findet.

11 Stellen die Vermögensgegenstände das **gesamte Vermögen** (zum Vermögensbegriff *Heckschen* NZG 2006, 772, 774; *Morshäuser* WM 2007, 337, 338; *Bredthauer* NZG 2008, 816) oder einen Bruchteil des Vermögens des Verkäufers dar, so ist der Vertrag gem. § 311b III BGB notariell zu beurkunden. Dies gilt auch für juristische Personen (*OLG Hamm* NZG 2010, 1189; *Hüffer* § 179a Rn. 16; MünchKomm/*Kanzleiter* § 311b Rn. 104; Palandt/*Grüneberg* § 311b Rn. 65; *Hermanns* DNotZ 2013, 9; *Eickelberg/Mühlen* NJW 2011, 2476). Sind die zu übertragenden Gegenstände im Vertrag einzeln aufgeführt, wie bei einem Asset Deal üblich, oder handelt es sich um ein Sondervermögen (insb. Unternehmen) einer natürlichen Person, soll nach der h. M. (*BGH* ZIP 1990, 1544; NJW 1957, 1514; *OLG Hamm* NZG 2010, 1189, 1190; Palandt/*Grüneberg* § 311b Rn. 66; MünchKomm/*Kanzleiter* § 311b Rn. 103) die Formvorschrift nicht gelten, was wohl daraus resultiert, dass sich der Versprechende eine Vorstellung über den Umfang seiner Verpflichtung machen kann (vgl. *Holzapfel/Pöllath* Rn. 1005; *Eickelberg/Mühlen* NJW 2011, 2476). Im Rahmen des nach § 179a AktG zustimmungsbedürftigen Vertrags einer AG über die Veräußerung ihres ganzen Gesellschaftsvermögens ist jedoch die Anwendbarkeit des § 311b III BGB anerkannt, ohne dass danach differenziert wird, ob die einzelnen Gegenstände im Vertrag aufgezählt werden. Ließe sich die Beurkundungspflicht des Verpflichtungsgeschäftes durch einfache Einzelaufzählung der Vermögensgegenstände umgehen, so hätte sich der Gesetzgeber mit dem Umwandlungsbereinigungsgesetz 1994 einen glatten Missgriff erlaubt, da er auf eine Beurkundungspflicht in § 361 AktG a. F. mit der Begründung verzichtet hat, dass sich dieses Erfordernis bereits aus dem gleichlautenden § 311 BGB a. F. ergebe (vgl. BT-Drucks. 12/6699, 177). In der Literatur wird die Unanwendbarkeit der Formvorschrift aber auch für die Veräußerung des Vermögens von Personengesellschaften vertreten (Hölters/*Semler* VII Rn. 142). Letztlich folgt die Beurkundungsbedürftigkeit derartiger Vereinbarungen häufig daraus, dass sie neben einer Aufzählung des Gesamtvermögens auch eine sog. „Catch-All-Klausel" bzw. „All-Formel" enthalten. Diese werden in den Übertragungsverträgen aufgenommen, um sicherzugehen, dass alle Aktiva des Unternehmens übertragen werden, d. h. das all das mitverkauft wird, was wirtschaftlich zum Unternehmen gehört (*Morshäuser* WM 2007, 337, 343; a. A. *Müller* NZG 2006, 201, 205; *Böttcher/Grewe* NZG 2005, 950, 954).

12 Für den Notar bedeutet dies, dass bei der **Veräußerung** des gesamten Vermögens oder eines bedeutenden Bruchteils **durch eine juristische Person unbedingt die Beurkundung** des Asset Deals erfolgen sollte. Wo genau die Grenze der Anwendbarkeit des § 311b III BGB im Hinblick auf den Bruchteil eines Vermögens liegt, kann generell nicht gesagt werden (vgl. zur gesamten Thematik ausführlich DNotI-Gutachten Nr. 37953).

13 Aber auch im Hinblick auf **natürliche Personen und Personengesellschaften** sollte der Notar auf eine Beurkundung hinwirken. Es ist nicht einsichtig, bei dem Beurkundungserfordernis zwischen juristischer und natürlicher Person bzw. Personengesellschaft zu unterscheiden. Dies gilt vor allem für die Richtung der Unterscheidung. Bei einer juristischen Person kann eher als bei natürlichen Personen oder Personengesellschaften ein professionelles Management angenommen werden, das sich über die Tragweite des Verpflichtungsgeschäfts im Klaren ist. Nimmt man die Beurkundungsbedürftigkeit für juristische Personen an, so muss die Warnfunktion und der Schutz vor Übereilung, die eine

notarielle Beurkundung beinhaltet, gerade auch für (oft im Geschäftsleben unerfahrenere) natürliche Personen und Personengesellschaften dringend gefordert werden.

Bei einer AG kann neben der (möglicherweise) einzuhaltenden Form des Verpflichtungsgeschäfts ein **Zustimmungsbeschluss** der Hauptversammlung notwendig sein. Stellt der Verkauf der Unternehmens-Assets einen derartig großen Wert dar, dass von einem Eingriff in die Mitgliedschaftsrechte der Aktionäre ausgegangen werden muss, ist ein Beschluss der Hauptversammlung nach den Grundsätzen der „Holzmüller"- bzw. „Gelatine"-Entscheidungen des *BGH* erforderlich (vgl. Kap. D III. Rn. 231). Die „Holzmüller"-/ „Gelatine"-Grundsätze sind mit gewissen Einschränkungen auch im GmbH-Recht anwendbar (vgl. *Heckschen/Heidinger* § 8 Rn. 122 ff.). Ein Zustimmungserfordernis mit Wirkung für das Außenverhältnis normiert § 179a AktG für die Übertragung des gesamten Gesellschaftsvermögens, der nach h. M. neben der AG auch auf alle anderen Gesellschaften Anwendung findet (dazu *Leitzen* NZG 2012, 491; *Hermanns* DNotZ 2013, 9; *Eickelberg/Mühlen* NJW 2011, 2476, 2479 f.). Darüber hinaus kann sich eine Zustimmungsbedürftigkeit auf Seiten des veräußernden Unternehmens auch daraus ergeben, dass durch den Verkauf faktisch eine Satzungsänderung eintritt. Dies ist dann der Fall, wenn z. B. ein Teilbetrieb veräußert wird und dann ein Teil des satzungsmäßigen Unternehmensgegenstandes nicht mehr ausgeübt werden kann und soll.

2. Übertragung des Unternehmens

Da das Unternehmen in seiner organisatorisch-ökonomischen Einheit nicht übertragen werden kann, sind die zu übertragenden Wirtschaftsgüter in dem Unternehmenskaufvertrag **genau zu bezeichnen**. Der Aufwand für die Erstellung solcher Verzeichnisse ist in der Regel sehr hoch, dennoch zeigt sich in der Praxis, dass Ungenauigkeiten bei der Aufstellung oft in Streitigkeiten münden. Daher ist eindringlich zu empfehlen, bei diesem Teil des Vertragswerkes äußerste Sorgfalt walten zu lassen.

Soweit die Gegenstände für die Bilanz in ein Inventarverzeichnis aufgenommen worden sind, kann auf dieses zurückgegriffen werden. Der bloße **Verweis auf die Bilanz mit Inventarverzeichnis** birgt jedoch die Gefahr, dass Gegenstände, die übertragen werden sollen, nicht erwähnt werden. Viele Gegenstände werden nicht von der Bilanzierungspflicht erfasst, so beispielsweise geringwertige Wirtschaftsgüter i. S. d. § 6 II EStG. Auf der anderen Seite erfasst die Bilanz häufig Vermögenswerte, die gar nicht im Eigentum des Unternehmens, sondern eines der Unternehmer stehen. So muss Sonderbetriebsvermögen explizit übertragen werden, da es im Eigentum eines Gesellschafters steht. In aller Regel ist von den Parteien aber die Übertragung und Vergütung auch solcher Wirtschaftsgüter gewollt. Diese sind daher separat aufzuführen.

Quantifizierungen zur Bestimmung der zu übertragenden Vermögensgegenstände, wie 100 St. von 1000 St. auf dem Gelände befindlichen Kfz reichen nicht aus (MünchKomm/*Oechsler* Anh. §§ 929–936 Rn. 5). Vielmehr ist eine weitere Beschreibung zur genauen Identifizierung nötig. Hierbei kann auf sog. **All-Formeln** wie z. B. „alle grünen Kfz" zurückgegriffen werden (vgl. *BGH* NJW 1994, 133; MünchKomm/*Oechsler* Anh. §§ 929–936 Rn. 5). Auch die Bezeichnung eines künftigen Bestandes ist zulässig.

Bei fast jedem Unternehmenskauf werden sich **unter Eigentumsvorbehalt stehende oder sicherungsübereignete Wirtschaftsgüter** unter dem zu übertragenden Vermögen befinden. Ein Eigentumserwerb dieser Wirtschaftsgüter durch den Käufer nach den Vorschriften des gutgläubigen Erwerbs (§ 932 BGB) findet in der Regel nicht statt. Zwar trifft den Erwerber keine Nachforschungspflicht über mögliche Sicherungsrechte (vgl. Palandt/*Bassenge* § 932 Rn. 11), dennoch kann bei einem Unternehmenskäufer gewöhnlich von einem überdurchschnittlich gut informierten Käufer ausgegangen werden, der von diesen Rechten Kenntnis hat oder grob fahrlässig nicht hat. Es sollten daher ausdrücklich die Anwartschaftsrechte übertragen werden, bei Forderungen der Rückgewähranspruch.

19 Sollen **Patente** oder sonstige gewerbliche Schutzrechte an den Erwerber übergehen, so hat der Notar zu beachten, dass diese häufig nicht dem Rechtsträger des Zielunternehmens, sondern den bisherigen Eigentümern oder einem von mehreren Gesellschaftern zugeordnet sind. Für die Übertragung der Patente ist demnach eine gesonderte Vereinbarung mit dem Inhaber gem. § 15 I 2 PatG erforderlich. Das Recht an einer Marke ist nach § 27 I MarkenG ebenfalls übertragbar, wobei Absatz 2 eine Zweifelsfallregelung dahingehend enthält, dass die Marke mit dem Geschäftsbetrieb übergeht, zu dem sie gehört.

20 Möchte der Erwerber die **Firma** des Zielunternehmens übernehmen, muss er gem. § 22 I HGB das dazugehörige Handelsgeschäft erwerben und fortführen und gem. § 22 I a. E. HGB die ausdrückliche Zustimmung des bisherigen Geschäftsinhabers einholen. Je nach Rechtsform ist die Zustimmung des dafür zuständigen Organs einzuholen. Bei Kapitalgesellschaften ist das Einverständnis des Vorstandes bzw. des Geschäftsführers notwendig, die aber der Zustimmung der Anteilseigner bedürfen. Bei Personengesellschaften ist gem. § 24 II HGB zusätzlich die Zustimmung des namensgebenden Gesellschafters notwendig (Baumbach/*Hopt* § 22 Rn. 9; *K. Schmidt* § 12 III 2). § 23 HGB sieht zum Schutz des Publikumsverkehrs ein Verbot der separaten Veräußerung von Handelsgeschäft und Firma vor, damit ein Auseinanderfallen dieser Einheit verhindert wird.

21 Dem Erwerber wird es in der Regel auch auf die Übernahme der **immateriellen Werte** des Unternehmens ankommen. Bereits ohne ausdrückliche Regelung trifft den Verkäufer die Pflicht, den Käufer so in die Organisationsstrukturen des Unternehmens einzuführen, dass der Erwerber das Unternehmen so weiterführen kann, wie es der Veräußerer selbst betrieben hat. Inwieweit den Veräußerer damit auch die Pflicht trifft, den Nachfolger im Kundenkreis bekanntzumachen und einzuführen, ergibt sich aus dem Einzelfall und sollte zwecks Klarstellung in den Kaufvertrag aufgenommen werden. Übernimmt der Käufer den Kundenstamm, so ergibt sich bereits daraus ein beschränktes Wettbewerbsverbot (Palandt/*Grüneberg* § 242 Rn. 29). Zur Klarstellung sollte in dem Vertrag die zeitliche, räumliche und ggf. sachliche Erstreckung des Verbots festgehalten werden, wobei auf die Grenzen der Zulässigkeit solcher Verbote zu achten ist (Beisel/Klumpp/*Beisel* Kap. 12 Rn. 31 ff., 41 ff.).

3. „Closing"; Stichtag für die Übertragung

22 Das werbende Unternehmen als organisatorisch-ökonomische Einheit verändert sich in einem dynamischen Wirtschaftsleben fortlaufend. Ständig werden Wirtschaftsgüter gekauft und verkauft, Forderungen entstehen und erlöschen. Der Unternehmenswert ist daher ständigen Schwankungen unterworfen. Aufgrund dieser Wertschwankungen ist es üblich und anzuraten, einen Stichtag für den Übergang auf den Erwerber festzulegen. Dieser Stichtag wird als „Closing" bezeichnet (zur Begriffsbestimmung Hölters/*Semler* VII Rn. 98). Durch die Einzelrechtsnachfolge der einzelnen Vermögensgegenstände kann es zu **auseinanderfallenden Übertragungszeitpunkten** kommen. Gerade im Hinblick auf den Gefahrübergang gem. § 446 BGB sollte ein solcher Zeitpunkt festgelegt werden. Der Veräußerer hat die Gesamtheit der mit dem Unternehmen verbundenen Vermögenswerte zu diesem Zeitpunkt in der vertraglich vereinbarten Beschaffenheit zu übergeben.

23 Der Zeitpunkt des Closings sollte möglichst genau bestimmt werden, da es dem Erwerber möglich sein muss, den Wert des Unternehmens zu bestimmen und eine Erfolgskontrolle dahingehend durchzuführen, ob das Unternehmen in dem vereinbarten Zustand übertragen wird. Fallen Vertragsschluss und Übertragungszeitpunkt auseinander, so besteht die Gefahr, dass sich der Unternehmenswert verändert. Das ist im Bereich der normalen Wertschwankungen, denen das Unternehmen durch seine gewöhnliche werbende Tätigkeit unterliegt, meist unerheblich. Für **außergewöhnliche Geschäfte und Entnahmen** sollten die Parteien einen **Zustimmungsvorbehalt** zugunsten des Erwerbers in den Vertrag aufnehmen.

Zunehmende Verbreitung finden auch sog. „Material Adverse Change"-Klauseln 24 (MAC-Klauseln) (ausführlich zu MAC-Klauseln *Jansen* GWR 2009, 361; *Kuntz* DStR 2009, 377; *Lappe/Schmitt* DB 2007, 153; *Picot/Duggal* DB 2003, 2635; vgl. auch *Holzapfel/Pöllath* Rn. 63, 733 ff.), in denen bei Eintritt bestimmter Umstände eine Herabsetzung des Kaufpreises, Schadensersatzansprüche oder ein Rücktrittsrecht vom Kaufvertrag eingeräumt werden. Nicht selten wird der Kaufvertrag auch unter die Bedingung des Nichteintritts einer näher bestimmten Verschlechterung des Unternehmens gestellt. Eine häufig anzutreffende Ausprägung der MAC-Klausel ist die „Business MAC", die dem Verkäufer eine Reaktion auf negative Entwicklungen in dem zu erwerbenden Geschäftsbetrieb zwischen Kaufvertragsunterzeichnung und Vollzug ermöglichen soll (*Jansen* GWR 2009, 361). Eher selten kommt die „Market MAC", die auch negative Veränderung im Marktumfeld des veräußerten Unternehmens erfasst, vor.

Eine der wichtigsten Vereinbarungen betrifft das Verhalten des Verkäufers im Zeitraum 25 zwischen dem Vertragsschluss (sog. Signing) und der Übertragung des Unternehmens (sog. Closing). Zweck der entsprechenden Klausel (sog. Covenants) ist die Vermeidung wesentlicher Veränderungen im Unternehmen zwischen Signing und Closing, die wirtschaftlich den Käufer treffen. Die Regelung dient also zum einen der Sicherstellung, dass der Verkäufer die Geschäfte des veräußerten Unternehmens bis zum Zeitpunkt der Übertragung mit der Sorgfalt eines ordentlichen Kaufmanns und entsprechend der gewöhnlichen Praxis weiterführt und folglich Maßnahmen, die den Wert oder die Struktur des Unternehmens verändern (z.B. Umstrukturierungen, Umwandlungsmaßnahmen, Änderungen des Gesellschaftsvertrages, Gewinnausschüttungen, Abschluss von Unternehmensverträgen, Neubestellung oder Abberufung von Organmitgliedern) unterlässt. Zum anderen betrifft sie die Pflicht zur Einholung der Zustimmung Dritter zur Vertragsüberleitung, die Einholung oder Verlängerung von erforderlichen Genehmigungen oder das Herbeiführen der Vollzugsvoraussetzungen (vgl. auch *Lips* in: Beck'sches Mandatshandbuch Unternehmenskauf, 2. Aufl. 2013, § 3 Rn. 104).

V. Share Deal

Ein Share Deal setzt voraus, dass übertragbare Beteiligungsrechte vorhanden sind. 26 Dies ist häufig nicht der Fall. Handelt es sich bei dem zu übernehmenden Unternehmen um einen Einzelkaufmann, so ist die Veräußerung notwendigerweise im Wege des Asset Deals zu vollziehen. Auch wenn der Unternehmensträger eine juristische Person des öffentlichen Rechts, ein Verein oder eine Stiftung ist, kann der Käufer die Beteiligungsrechte – aufgrund der rechtlichen Besonderheit des Unternehmensträgers – nicht (direkt) erwerben. Der Verkauf ist hier ebenfalls nur im Wege der Einzelrechtsnachfolge möglich. Allerdings kann der Verkäufer zuvor eine (neue) Gesellschaft gründen, in die er das zu verkaufende Unternehmen einbringt und dann die Beteiligungsrechte an dieser Gesellschaft veräußern oder durch Umwandlung in der Form der Ausgliederung gemäß § 152 bzw. § 168 UmwG den Rechtsträger in Rechtsformen transformieren, die einem Share Deal zugänglich sind.

Ein Share Deal ist zudem nicht ohne weiteres durchführbar, wenn der Unternehmens- 27 träger mehrere Unternehmen betreibt, von denen nur ein Unternehmen bzw. Betrieb oder Teilbetrieb veräußert werden soll. Auch hier muss entweder der Verkauf im Wege des Asset Deal erfolgen oder es muss zunächst das zu verkaufende Unternehmen oder der (Teil-)Betrieb ausgegliedert und in eine eigene Gesellschaft eingebracht werden. Auch der umgekehrte Weg ist möglich: der Verkäufer gliedert diejenigen Unternehmen und Betriebe aus, die er behalten will und überträgt anschließend die Beteiligungsrechte an der um die ausgegliederten Teile verminderten Ursprungsgesellschaft an den Käufer.

Bei einem Share Deal liegt ein **reiner Rechtskauf** gem. §§ 433 I 2, 453 I BGB vor, da 28 die Anteile am Unternehmensträger veräußert werden, die ein Beteiligungsrecht darstellen. Die dingliche Übertragung erfolgt durch Abtretung gem. §§ 398, 413 BGB – die einzige Ausnahme stellen Inhaberaktien einer AG dar, deren Zuordnung zum Eigentümer durch Übertragung gem. §§ 929 ff. BGB geändert wird (Palandt/*Grüneberg* § 398 Rn. 7). Die Übertragung der einzelnen Vermögensgegenstände des Unternehmens wie beim Asset Deal ist beim Share Deal nicht nötig. Dennoch kommt es dem Erwerber entscheidend darauf an, welche Vermögenswerte dem zu übertragenden Rechtsträger zuzuordnen sind. So können etwa gewerbliche Schutzrechte oder Betriebsgrundstücke nicht dem Rechtsträger, sondern einzelnen Gesellschaftern zustehen (vgl. Rn. 19). Die Anlagen sollten daher ähnlich umfangreich sein wie beim Asset Deal.

29   In der Konsequenz des Rechtskaufs ist ein **gutgläubiger Erwerb** bei Personengesellschaften nicht möglich. Inhaberaktien können nach den sachenrechtlichen Grundsätzen gem. §§ 932 ff. BGB gutgläubig erworben werden. Der gutgläubige Erwerb einer Namensaktie ist gem. Art. 16 II WG i. V. m. § 68 I 2 AktG bei Bestehen einer lückenlosen Indossantenkette möglich. Durch das MoMiG ist der gutgläubige Erwerb von GmbH-Geschäftsanteilen ermöglicht worden, wenn der Veräußerer als Inhaber des Geschäftsanteils in die Gesellschafterliste eingetragen ist, es sei denn die Liste ist weniger als drei Jahre unrichtig und die Unrichtigkeit ist dem Veräußerer nicht zuzurechnen (§ 16 III GmbHG). Dieser gutgläubige Erwerb schützt den Käufer aber lediglich bei dem Erwerb aus den Händen eines Nichtberechtigten, die genannten Vorschriften helfen aber nicht über das Nichtbestehen des Beteiligungsrechts hinweg. Ist der Anteilskauf – wie regelmäßig – unter aufschiebender Bedingung abgeschlossen, so besteht zwischen Vertragsschluss und Eintritt der aufschiebenden Bedingung trotz der Regelung des § 161 III BGB kein Risiko für einen gutgläubigen Erwerb durch Dritte (*BGH* NZG 2011, 1268). Regelmäßig fällt es dem Erwerber schwer, absolute Sicherheit über die Rechtsinhaberschaft zu erlangen. Um größtmögliche Sicherheit zu erreichen, sollte sich der Erwerber sämtliche Vorerwerbsfälle zurück bis zur Gesellschaftsgründung nachweisen lassen (dazu Hölters/*Semler* VII Rn. 124).

30   Ein Share Deal ist **ausnahmsweise** als **Sachkauf** zu behandeln, wenn der Käufer sämtliche Anteile erwirbt oder die Mehrheit der Anteile und damit faktisch das gesamte Unternehmen. Wo die Grenze im Einzelfall zu ziehen ist, ist nicht endgültig geklärt. Nach der ständigen Rechtsprechung des *BGH* ist zunächst der Erwerb sämtlicher Beteiligungsrechte an einer Gesellschaft dem Erwerb des von dieser Gesellschaft gehaltenen Unternehmens gleichzusetzen(z. B. WM 1970, 819, 820 f.). Dies wird auch auf Fälle erstreckt, in denen nicht alle Anteile verkauft werden, aber die beim Verkäufer oder Dritten verbleibenden Anteile so geringfügig sind, dass sie die Verfügungsbefugnis des Erwerbers über das Unternehmen nicht entscheidend beeinträchtigen, sofern der Wille der Parteien auf den Kauf des Unternehmens als Ganzes gerichtet ist (RGZ 120, 283, 286 ff.; 122, 378, 380 f. und 126, 13, 16 für Grundstücksgesellschaften; *BGH* NJW 1969, 184; 1976, 236, 237; 40% der GmbH-Anteile nicht ausreichend: *BGH* NJW 2001, 2163, 2164; 60% der GmbH-Anteile nicht ausreichend: *BGH* NJW 1980, 2408). Nach Auffassung des *BGH* schließt die Nicht-Übernahme von Gesellschaftsanteilen in Höhe der Beteiligungsquote von 0,2% bzw. 0,25% einen Sachkauf nicht aus (WM 1970, 819, 820 f.). Ungeklärt ist jedoch die genaue Grenzziehung, ab welcher Erwerbsquote ein Sachkauf vorliegt. Das *OLG München* hält für entscheidend, ob die satzungsändernde Mehrheit erreicht ist, wendet also eine Grenze von 75% (§ 53 II GmbHG) an (DB 1998, 1321; ebenso *Schröcker* ZGR 2005, 63, 67 f.; *Weitnauer* NJW 2002, 2511, 2515; auch *OLG München* NJW 1967, 1326, 1327: 80% ausreichend).

1. Besonderheiten

31   Bei der Übertragung der Gesellschafterstellung bzw. der Gesellschafteranteile sind sowohl bei den Personen- als auch bei den Kapitalgesellschaften Besonderheiten zu berücksichtigen.

V. Share Deal

32 Bei Personengesellschaften werden für jeden Gesellschafter neben einem festen **Kapital- oder Einlagekonto**, das im Wesentlichen die Beteiligung am Vermögen, am Ertrag und an der Willensbildung der Gesellschaft repräsentiert, häufig weitere **variable Gesellschafterkonten** geführt. So werden zudem regelmäßig Gewinn- und Verlust- sowie Rücklagekonten und in einigen Fällen auch zusätzliche **Darlehens-, Verrechnungs- oder Privatkonten** angelegt, auf denen Zahlungen gebucht werden, die über die reine Gesellschafterstellung hinausgehen. Beim Verkauf der Anteile ist es deshalb besonders wichtig, genau festzustellen, welche Gesellschafterkonten (bzw. welche darin verkörperten Rechte) auf den Käufer mit übergehen sollen. Zwingend mit der Übertragung des Anteils ist der Übergang des entsprechenden festen Kapital- bzw. Einlagekontos verbunden. Bezüglich der variablen Gesellschafterkonten können die Parteien Abweichendes vereinbaren. Trifft der Unternehmenskaufvertrag jedoch keine abweichende Regelung, so gehen nach der Rechtsprechung im Zweifel auch die mit den variablen Gesellschafterkonten des Veräußerers verbundenen Rechte und Pflichten in dem Umfang über, den sie bei der Abtretung haben und soweit sie in der dem Unternehmenskauf zugrunde liegenden Buchführung des Unternehmens bereits berücksichtigt wurden (vgl. *BGH* DB 1988, 281; Hölters/*Semler* VII Rn. 104). Sollen also Ansprüche bzw. Verpflichtungen beim Verkäufer verbleiben, so ist dies ebenso ausdrücklich zu vereinbaren wie gegebenenfalls die positiven bzw. negativen Salden auf den einzelnen Konten auszuzahlen bzw. auszugleichen sind.

33 Werden GmbH-Anteile oder Aktien, die **noch nicht (voll) eingezahlt** sind bzw. bei denen eine **Einlagenrückgewähr** oder eine **verschleierte Sacheinlage** stattgefunden hat, veräußert, dann haften für den Zahlungsanspruch der Gesellschaft sowohl Veräußerer als auch Erwerber, § 16 II GmbHG. Lediglich im Innenverhältnis der Vertragsparteien haftet gem. § 435 I BGB der Verkäufer, denn zum rechtlichen Bestand eines Gesellschaftsrechts gehört, dass dieses frei ist von Einlagerückständen (Baumbach/Hueck/*Fastrich* § 15 Rn. 6, § 16 Rn. 25; Hölters/*Semler* VII Rn. 193). Eine abweichende Regelung bedarf daher einer ausdrücklichen Regelung der Beteiligten im Vertragswerk. Die Haftung gegenüber der GmbH wurde durch das MoMiG zu Gunsten der Gesellschafter modifiziert: Eine Einlagenrückgewähr, die vor der Einlage getroffen wird, steht danach der Erfüllung der Einlageschuld nicht entgegen, wenn sie durch einen vollwertigen Gegenleistungs- oder Rückgewähranspruch gedeckt ist (§ 8 II 2 GmbHG). Für verdeckte Sacheinlagen ist anstelle der vollständigen Nichtigkeit der Einlageleistung eine Differenzhaftung in Höhe der Differenz des tatsächlichen Wertes der Sacheinlage zur tatsächlich geschuldeten Geldeinlage getreten (§ 19 IV GmbHG). Eine spätere Einlagenrückgewähr ist nach § 30 I 2 Alt. 2 GmbHG zulässig, wenn sie durch einen vollwertigen Gegenleistungs- oder Rückgewähranspruch gedeckt wird, bei Verstoß gilt § 31 GmbHG. Ob der Erwerber nur nach § 31 III GmbHG anteilig (Baumbach/Hueck/*Fastrich* § 31 Rn. 8 m.w.N.) oder auch nach §§ 31 I, 16 II GmbHG (Ziemons/Jaeger/*Heidinger* BeckOK GmbHG § 31 Rn. 15.1 m.w.N.) haftet, ist umstritten. Das *OLG Köln* hat sich letztgenannter Ansicht angeschlossen (NZI 2011, 376). Ob der *BGH* dem folgen wird bleibt abzuwarten; jedoch hat er den Erstattungsanspruch aus § 31 GmbHG als mit dem Einlagenanspruch funktional vergleichbar erklärt (NZG 2000, 883 und 888). Erwerber sollten daher verstärkt darauf achten, ob sie nach Erwerb eines Geschäftsanteils in der Vergangenheit begründeten Ansprüchen gemäß §§ 31 I, 16 II GmbHG ausgesetzt sein könnten. Darüber hinaus ist im Rahmen der Due-Diligence-Prüfung darauf zu achten, ob Unterbilanzhaftungsansprüche aus einer wirtschaftlichen Neugründung bestehen (*BGH* ZIP 2012, 817; Anm. *Kröger* GWR 2012, 201; ausführlich *Ulmer* ZIP 2012, 1265, 1270).

34 Mit der Gesellschafterstellung sind **Gewinnbezugsrechte** verbunden. Die aus diesem Recht resultierenden Gewinnanteile stellen Rechtsfrüchte im Sinne des § 99 II BGB dar, die nach § 101 Nr. 2 BGB – soweit nicht etwas anderes vereinbart ist – Veräußerer und Erwerber je zeitanteilig in Bezug auf das Geschäftsjahr nach der Dauer ihrer Beteiligung zustehen (**zeitanteilige Beteiligung**). Bei der Berechnung der Gewinnbeteiligung ist von

Gesetzes wegen aber nicht auf den bis zur Übertragung des Unternehmens tatsächlich bereits erwirtschafteten Gewinn abzustellen, sondern auf den Gesamtgewinn des betreffenden Geschäftsjahres, der dann insgesamt zeitanteilig aufgeteilt wird. Diese zeitanteilige Beteiligung gilt ebenfalls beim Erwerb von Beteiligungen an Kapitalgesellschaften (Palandt/*Ellenberger* § 101 Rn. 2), wobei der Gewinnanspruch erst mit dem Gewinnverteilungsbeschluss der Gesellschafter (§ 46 Nr. 1 GmbHG) bzw. dem Gewinnverwendungsbeschluss der Hauptversammlung (§ 174 I AktG) entsteht. Die gesetzliche Regelung birgt, falls die Übertragung nicht mit dem Ende eines Geschäftsjahres zusammenfällt – für den Verkäufer ein erhebliches Risiko, da er auf den Rest des Geschäftsjahres ab Übergang keinen Einfluss mehr hat. Bei Kapitalgesellschaften kommt noch hinzu, dass er auch keinen Einfluss auf den Gewinnverteilungs- bzw. Gewinnverwendungsbeschluss ausüben kann. Regelmäßig liegt es daher im Interesse des Verkäufers, seine **Gewinnbeteiligung abweichend von § 101 Nr. 2 BGB zu regeln**. Deshalb wird häufig anstelle der zeitanteiligen Gewinnverteilung eine Regelung getroffen, bei der dem Veräußerer die bis zum Übergang der Beteiligung erwirtschafteten Gewinne verbleiben sollen. Diese Stichtagsbeteiligung schützt den Verkäufer vor den Ungewissheiten eines ohne sein Mitwirken gefassten Gewinnverteilungs- bzw. Gewinnverwendungsbeschlusses und sichert ihm den während seiner Beteiligung bereits erwirtschafteten Gewinn. Zur Ermittlung und Abgrenzung des wirtschaftlichen Ergebnisses zum Übergangsstichtag wäre eine Stichtagsabrechnung bzw. eine Zwischenbilanz auf den Stichtag zu fertigen. Im Kaufvertrag kann diese Gewinnverteilung verabredet werden, etwa durch einen Vorbehalt des Gewinnbezugsrechts zugunsten des ausscheidenden Gesellschafters. Dies schränkt die Anteilserwerber in seinem Entscheidungsspielraum zur Gewinnverwendung insoweit ein. Rechtstechnisch handelt es sich um eine Rückabtretung des Anspruchs auf anteilige Gewinnausschüttung. Dieser entsteht zwar erst mit Feststellung des Jahresabschlusses und Beschluss über die Gewinnverwendung, ist jedoch bereits im Voraus abtretbar. Bei vertragswidriger Abstimmung des Käufers haftet dieser schuldrechtlich auf Schadenersatz wegen Pflichtverletzung (*BGH* NZG 2004, 912). Alternativ kommt auch eine Kaufpreisanpassung in Abhängigkeit vom (Zwischen-) Bilanzergebnis, jedoch unabhängig von der konkreten Gewinnverwendung in Betracht (dazu Hölters/*Semler* VII Rn. 159).

35 Eine **variable Kaufpreisgestaltung** kann auch auf die Zukunft bezogen werden. Eine Preisanpassung erfolgt dabei in Abhängigkeit von der Entwicklung des Unternehmens nach dem Übergang auf den Erwerber. Als Anknüpfungspunkt kommen dabei insbesondere der Ertrag des Unternehmens oder bestimmter Geschäftszweige in Betracht (sog. „Earn out", dazu *Hilgard* BB 2010, 2912; auch *Werner* DStR 2012, 1662). Der „**Earn out**" entspricht einer Art Zusatzvergütung für den Verkäufer, zu der sich der Erwerber nicht fest verpflichten kann oder will. Nicht selten wird dabei ein stufenweiser Beteiligungserwerb vereinbart, d. h. bei einem Share deal erwirbt der Käufer z. B. zunächst einen gewissen Prozentsatz der Anteile; der Erwerb weiterer Anteile wird von der zukünftigen Entwicklung der Gesellschaft abhängig gemacht (vgl. *Meissner* GmbHR 2005, 752). Ein „Earn out" wird häufig vereinbart, wenn das Geschäft des Unternehmens sehr unbeständig oder personenabhängig ist oder die Preisvorstellungen von Verkäufer und Erwerber weit auseinanderliegen.

36 Diese sog. Earn-out-Klauseln sind enorm streitanfällig. Typischerweise versucht der Erwerber durch Gestaltungen im Rahmen der Bilanzierung, aber auch durch Gestaltung der Unternehmensführung den Anfall von weiteren Kaufpreiszahlungen zu verhindern (*Werner* DStR 2012, 1662, 1667; *Hilgard* BB 2011, 2812; *v. Braunschweig* DB 2010, 713; *ders.* DB 2002, 1817; *Baums* DB 1993, 1273).

37 Ebenso kann aber auch an den Erlös einer späteren Weiterveräußerung des Unternehmens angeknüpft werden (sog. „**Mehrerlösklausel**" oder „**Besserungsschein**", *Schmidt-Hern/Behme* NZG 2012, 81). Um Manipulationsmöglichkeiten und Streit zu vermeiden, sind derartige Klauseln in der Regel äußerst komplex und beschränken den

V. Share Deal

Erwerber in seiner unternehmerischen Freiheit. Zu empfehlen sind derartige Klauseln daher in der Regel nicht. Eine ertragsabhängige Kaufpreisreduzierung ist ein Fall der Ertragsgarantie (vgl. Rn. 72 ff.).

Alternativ kann der Kaufpreis auch auf einer „**Debt free/Cash free**"-Basis vereinbart werden. In diesem Fall werden von dem vereinbarten Kaufpreis die Nettofinanzverbindlichkeiten abgezogen. Jedoch sind sich Verkäufer und Käufer häufig über die Ermittlung der Nettofinanzverbindlichkeiten nicht einig. Um mögliche Missverständnisse und Streitigkeiten zwischen den Vertragsparteien zu vermeiden, ist anzuraten, die Debt free/Cash free-Basis im Unternehmenskaufvertrag eindeutig zu definieren (ausführlich *Hilgard* DB 2007, 559).

Da es in der Praxis nicht möglich ist, sämtliche Fälle einer Beeinflussung der Liquidität bzw. Cash des Unternehmens zu erfassen, empfiehlt sich die Ergänzung der Cash Free-Klauseln um Past-Practice-Klauseln, die den Verkäufer verpflichten, das Unternehmen zwischen der Unterzeichnung des Unternehmenskaufvertrages und dem Closing genau so weiterzuführen, wie er dies in der Vergangenheit getan hat (sog. Covenants; vgl. Rn. 25). 38

Im Gegensatz dazu definiert das „**Locked-Box**"-Modell einen festen Kaufpreis. In diesem Fall gehen die Vertragsparteien davon aus, dass es seit dem letzten Bilanzstichtag keine wesentlichen Änderungen außerhalb des gewöhnlichen Geschäfts gegeben hat. Der Vertrag enthält in der Regel weitere Regelungen, die den zulässigen „Mittelabfluss" im Vergleich zum letzten Bilanzstichtag definieren sowie die Art und Weise, wie der Unternehmensverkäufer die Geschäfte seit dem letzten Bilanzstichtag zu führen hat; nämlich in gleicher Weise wie bisher. 39

2. (Kauf-)Vertrag über die Übertragung der Anteile am Unternehmensträger

Ausdrückliche **Formerfordernisse** zur Übertragung von Geschäftsanteilen bestehen ausschließlich bei der Übertragung von **GmbH-Geschäftsanteilen** (vgl. § 15 III GmbHG – Verpflichtungsgeschäft und § 15 IV 1 GmbHG – Verfügungsgeschäft). Aufgrund der Neuregelung durch das MoMiG sind bei der Geschäftsanteilsübertragung Besonderheiten zu beachten (Einzelheiten hierzu Kap. D I. Rn. 450 ff.). 40

Aus (Kosten-)Sicht der Beteiligten besteht ein Vorteil des Share Deals grundsätzlich darin, dass keine Beurkundungspflicht aus dem Gesichtspunkt des § 311b I BGB ausgelöst wird, da bei der Übertragung von Mitgliedschaftsrechten Grundstücke – soweit vorhanden – mit dem Mitgliedschaftsrecht „transportiert" werden, nicht aber Gegenstand der Verpflichtungsvereinbarungen sind (*BGH* NJW 1983, 1110). Jedoch kann § 311b I BGB einen Beurkundungszwang auslösen, soweit sich die rechtliche Vertragsgestaltung aufgrund der wirtschaftlichen Umstände als reine Umgehung der für Grundstücksgeschäfte eigentlich vorgeschriebenen Formerfordernisse der §§ 311b I, 873 und 925 BGB darstellt. Dies wird jedoch nur in Einzelfällen der Fall sein. Der *BGH* deutet eine solche Möglichkeit für den Fall an, dass die Gesellschaft die Möglichkeit der Übertragung der Gesellschaftsanteile bewusst nutzt, um sich die grundstücksrechtlichen Formvorschriften zu ersparen (vgl. *BGH* NJW 1983, 1110, 1111). Ohne das Umgehungsbewusstsein sei aber die Anwendung der Formvorschriften selbst dann unpraktikabel, wenn praktisch das gesamte Gesellschaftsvermögen aus dem Grundstücksbesitz besteht (vgl. wiederum *BGH* NJW 1983, 1110, 1111; MünchKomm/*Ulmer* § 705 Rn. 36; *Ulmer/Löbbe* DNotZ 1998, 711, 729 ff.; *K. Schmidt*, Gesellschaftsrecht, 4. Aufl. 2002, § 45 III 3a). 41

Soll neben Mitgliedschaftsrechten **Grundbesitz** übertragen werden, so kann die Formvorschrift des § 311b I BGB auch auf die Übertragung der Mitgliedschaft durchschlagen. Das richtet sich wie beim Asset Deal danach, ob ein **einheitliches Geschäft** vorliegt (vgl. dazu näher oben Rn. 10). In der Praxis ist dies häufig der Fall, da das Betriebsgrundstück mitgekauft werden soll, aber nicht im Eigentum der Gesellschaft steht (so z.B. bei Personengesellschaften in Sonderbetriebsvermögen). Hier bedingt immer die 42

Formbedürftigkeit des Grundstücksgeschäfts die Beurkundungspflicht des Anteilsübertragungsvertrages und führt auch dort zur Formpflicht sowie zur Aufnahme von Verknüpfungsklauseln.

43   Gemäß § 15 IV 1 GmbHG bedarf der Vertrag, mit dem die **Pflicht zur Abtretung der GmbH-Geschäftsanteile** begründet wird, der notariellen Beurkundung; mit dieser Regelung wird die Verkehrsfähigkeit von GmbH-Anteilen bewusst eingeschränkt. Nebenabreden müssen beurkundet werden (*BGH* ZIP 2001, 1536). In der Folge sind alle weiteren Verträge zu beurkunden, die von dem Verpflichtungsvertrag zur Abtretung abhängen. Von der Beurkundungspflicht nicht umfasst sind jedoch Abreden, welche die Äquivalenzbeziehung zwischen Kaufsache und Gegenleistung nicht betreffen. Dies sind insbesondere reine Finanzierungsvereinbarungen zwischen Käufer und Dritten, auch wenn der Verkäufer in die Vereinbarung einbezogen wird (*Leyendecker/Mackensen* NZG 2012, 129; differenzierend *Hermanns* DNotZ 2013, 9, 16).

44   Um Notarkosten zu sparen, kommt es in der Praxis nicht selten vor, dass lediglich ein formloser Verpflichtungsvertrag zur Abtretung der GmbH-Geschäftsanteile abgeschlossen wird. Lassen die Parteien in der Folge den Abtretungsvertrag ordnungsgemäß beurkunden, so wird das **Verpflichtungsgeschäft** zwar gem. § 15 IV 2 GmbHG **geheilt**, dies jedoch erst mit Wirksamkeit der Abtretung. Die Heilungswirkung der Übertragung erfasst zwar grundsätzlich auch die im Verpflichtungsgeschäft enthaltenen Nebenabreden. Eine Heilung scheidet aber aus, insoweit die formnichtige und die formgültige Vereinbarung inhaltlich unvereinbar sind, z.B. bei einem Garantieausschluss im notariellen Vertrag und einer Freistellungsverpflichtung im schriftlichen Vertrag (*OLG Hamburg* ZIP 2007, 1008). Gefährlich ist dieser Weg vor allem, wenn die Abtretung unter Bedingungen steht. Erlangt der Notar von einer solchen Absicht Kenntnis, so hat er die Parteien dringlichst auf die Gefahren einer solchen Vorgehensweise hinzuweisen. Ohne die Beurkundung des schuldrechtlichen Vertrages haben die Parteien keinen Anspruch auf Übertragung der Geschäftsanteile und bei Unwirksamkeit der Beurkundung keinen Anspruch auf Neuvornahme. Der letztere Fall kann auch für den allgemeinen Rechtsverkehr unangenehme Folgen haben, denn bei weiterer Veräußerung besteht ein Gutglaubensschutz in Hinblick auf die Rechtsinhaberschaft nur in den engen Grenzen des § 16 III GmbHG. Werden Verpflichtungs- und Verfügungsgeschäft in einer Urkunde zusammengefasst, so führt die Formunwirksamkeit des Verpflichtungsgeschäfts grundsätzlich nicht zur Formunwirksamkeit der Abtretungsvereinbarungen (*OLG Frankfurt* NZG 2012, 466; zust. *Hermanns* DNotZ 2013, 9, 20).

45   Bei einem Share Deal ist nach h.M. (vgl. Rn. 41) die Formvorschrift des § 311b III BGB nicht anwendbar. Eine Aktie oder ein KG-Anteil stellen immer einen Gegenstand im rechtlichen Sinne dar. Werden diese wie üblich im Vertrag aufgeführt, schiede danach die Anwendbarkeit des § 311b III BGB aus. Wie beim Asset Deal sollte der Notar aber jedenfalls für juristische Personen – der Rechtsprechung des Reichsgerichts folgend – auf die **Beurkundung des Vertrages** dringen. Nach denselben Grundsätzen wie beim Asset Deal kann die Zustimmung der Hauptversammlung oder der Gesellschafter erforderlich sein (vgl. Rn. 14 und Kap. D III. Rn. 231). Wird eine Satzungsänderung oder eine Umwandlungsmaßnahme im Vertrag bereits bindend vereinbart, kommt eine Beurkundungspflicht nach § 53 II 1 GmbHG, §§ 130 I 1 i.V.m. 179 II 1 AktG oder §§ 6, 13 III 1 UmwG in Betracht (*Hermanns* DNotZ 2013, 9).

45a Es ist weiterhin strittig, inwieweit ein Share Deal über GmbH-Geschäftsanteile auch im Ausland – insbesondere der Schweiz – beurkundet werden kann (vgl. dazu *Bayer* GmbHR 2013, 897 ff.). Der *BGH* (DNotZ 2014, 457) hat lediglich entschieden, dass der Notar in Basel jedenfalls nicht offensichtlich für die Einreichung der Gesellschafterliste unzuständig sei (Prüfungsreichweite des Registergerichts). Eine von ihm vorgenommene Beurkundung eines GmbH-Geschäftsanteilskaufs sei nicht offensichtlich unwirksam (dazu auch *Mense/Klie* GWR 2014, 83; *Heckschen* BB 2014, 466), die von ihm eingereichte Liste daher im Register aufzunehmen.

3. Übertragung der Anteile des Unternehmensträgers

Die Vorzüge des Share Deals liegen in der Einfachheit des dinglichen Vollzugs des Geschäftes. In dieser Einfachheit liegt aber auch das erhöhte Risiko, denn für den Erwerber ist es oft schwierig festzustellen, was sich hinter den Zielbeteiligungen verbirgt und wie das davon getragene Unternehmen (wirtschaftlich) beschaffen ist. Der Erwerber übernimmt alle Vermögenswerte, Verbindlichkeiten und Verträge. Daher hat der Notar bei der Vertragsgestaltung auf eine genaue Beschreibung des durch die Anteile getragenen Unternehmens hinzuwirken, die grundsätzlich derjenigen bei einem Asset Deal entspricht. Damit die Beschaffenheitsbeschreibungen nicht leere Versprechungen bleiben, sind diese mit hohen **Verkäufergarantien** zu verknüpfen. Daher wirken sich die Erleichterungen beim Vollzug des dinglichen Geschäfts, die der Share Deal gegenüber dem Asset Deal bietet, beim Umfang der Vertragsgestaltung kaum aus. 46

Der an einer Anteilsveräußerung mitwirkende Notar hat unverzüglich nach Wirksamkeit des dinglichen Rechtsgeschäfts eine neue **Gesellschafterliste** beim Handelsregister einzureichen (§ 40 II GmbHG). Bei einer Beurkundung im Ausland besteht die Zuständigkeit zur Einreichung der Gesellschafterliste weiterhin beim Geschäftsführer und parallel dazu ebenfalls beim ausländischen Notar, soweit dieser bereits die wirksame Beurkundung der Anteilsübertragung (gleichwertig zum deutschen Notar) vornehmen konnte. Denn dann ergibt sich die Einreichungskompetenz als Annex seiner Beurkundungskompetenz (*BGH* DNotZ 2014, 457). Bei bedingter Abtretung von Geschäftsanteilen sind **Vollzugsprotokolle** üblich. Die Parteien bestätigen einander den Eintritt aller Bedingungen und Vornahme der damit in Zusammenhang stehenden Handlungen. Solche Protokolle sind formfrei möglich, soweit sie rein deklaratorischen Charakter haben. Soll dagegen der Inhalt der Abtretung oder der Bedingungen modifiziert werden, so ist eine erneute Beurkundung erforderlich. Ausnahmen lässt die Rechtsprechung nur für den Verzicht des durch die Bedingung Begünstigten zu (*BGH* DNotZ 1999, 420, 424), der im Einzelfall schwer zu bestimmen sein kann. Möglich ist es jedoch den Verzicht einer oder beider Parteien als Alternativbedingung der Abtretung zu vereinbaren (dazu *Stoppel* GmbHR 2012, 828). 47

Eine Beurkundungsbedürftigkeit des Unternehmenskaufvertrages kann sich auch daraus ergeben, dass der Vertrag verbindliche Vereinbarungen enthält, wonach **umwandlungsrechtliche Maßnahmen** vorzunehmen sind (Widmann/Mayer/*Heckschen* UmwG § 13 Rn. 231.1). Anderenfalls könnte auf Erfüllung eines solchen Vorvertrages geklagt werden, ohne dass die Formerfordernisse gewahrt werden. Abzugrenzen sind die verbindlichen Vereinbarungen von bloßen Bekräftigungen, bestimmte Umwandlungsmaßnahmen vorzunehmen, in denen aber keine rechtsverbindliche Verpflichtung beabsichtigt war (*Hermanns* ZIP 2006, 2296, 2298). 48

Umstritten ist die Beurkundungsbedürftigkeit rechtlich bindender Vereinbarungen über die spätere Vornahme von **Satzungsänderungen** (dafür Lutter/Hommelhoff/*Bayer* GmbHG § 53 Rn. 34; dagegen *Priester* ZIP 1987, 280, 285). Nicht beurkundungsbedürftig ist hingegen die Verabredung, keine Satzungsänderungen oder keine Umwandlungen durchzuführen (so auch *Hermanns* ZIP 2006, 2296, 2298). Eine solche Vereinbarung ist beim Share Deal sinnvoll, bei dem die Geschäftsanteile aufschiebend bedingt an den Erwerber abgetreten werden. Da hier der Veräußerer bis zum Bedingungseintritt meist Alleingesellschafter ist, könnte er anderenfalls Satzungs- und Strukturänderungen bei der Gesellschaft beschließen. 49

Die Abtretung von Anteilen an Personengesellschaften kann nach den allgemeinen Vorschriften gem. §§ 398, 413 BGB formfrei erfolgen. Grundsätzlich können auch die Kommanditanteile einer GmbH & Co. KG formlos abgetreten werden (*Kraft* DB 2006, 711). Der Berater hat jedoch zu erforschen, ob der Anteilskauf der KG-Anteile untrennbar mit dem Erwerb der GmbH-Anteile verbunden ist. In der Praxis besteht eine solche Verknüpfung regelmäßig. Dann soll die Abtretung der Anteile an der einen Gesellschaft 50 nicht ohne die Abtretung der Anteile an der anderen Gesellschaft erfolgen, wodurch der gesamte Abtretungsvertrag der Beurkundungspflicht aus § 15 III und IV 1 GmbHG unterfällt (so auch *KG* BeckRS 2009, 89555). Wird die Form nicht eingehalten, wirkt die Heilung des Verpflichtungsgeschäfts über die GmbH-Anteile nach § 15 IV 2 GmbHG auch auf die Kommanditanteile (str.). Wird das Verpflichtungsgeschäft nicht geheilt, ist gem. §§ 125 S. 1, 139 BGB das gesamte Geschäft nichtig. Bei der Einheits-KG, die nach dem *BGH* eine zulässige Konstruktion darstellt (DStR 2007, 1640), hält die KG die Geschäftsanteile der KG. Wird hier ein Share Deal vereinbart, werden die GmbH-Anteile nur „mittelbar" betroffen. Zu veräußern sind ausschließlich die Kommanditanteile. Eine Beurkundung ist nicht erforderlich.

4. Gesellschafterdarlehen

51   Im Rahmen der Veräußerung eines Gesellschaftsanteils ist es üblich, dass etwaige bestehende Gesellschafterdarlehen des Veräußerers vor Übertragung der Beteiligung zurückgewährt werden. In der Regel will der Veräußerer sein gesamtes Engagements im zu veräußernden Unternehmen beenden, und auch der Erwerber hat ein Interesse daran, frei über die Finanzierungsstruktur seiner Gesellschaft zu entscheiden. Nach Inkrafttreten des MoMiG hat jedoch der – bisher beim Nichtbestehen einer Krise der Gesellschaft unproblematische – Vorgang der Darlehensrückführung für den Veräußerer die nachteilige Folge, dass im Falle eines Insolvenzeröffnungsantrags der Gesellschaft innerhalb eines Jahres nach Rückzahlung des Gesellschafterdarlehens die erhaltenen Rückzahlungen der Insolvenzanfechtung nach § 135 I Nr. 2 InsO unterliegen. Dies kann auch nicht dadurch vermieden werden, dass der Veräußerer das Gesellschafterdarlehen zunächst stehen lässt und die Rückzahlung durch die Gesellschaft erst nach wirksamer Übertragung seiner Beteiligung auf den Erwerber erfolgt (zuletzt *BGH* NJW 2013, 2282). Daher müssen andere Gestaltungsmöglichkeiten erwogen werden. Denkbare Varianten sind das „Stehen lassen" des Gesellschafterdarlehens durch den Verkäufer, was aber weder im Verkäuferinteresse (weiter involviert im verkauften Unternehmen), noch im Käuferinteresse (muss sich mit dem Verkäufer als Darlehensgeber auseinandersetzen) ist. Das Gesellschafterdarlehen kann jedoch auch im Rahmen der Veräußerung der Beteiligung an den Erwerber mit veräußert werden. Es ist jedoch nach einem aktuellen Urteil des BGH selbst für denjenigen, der das Darlehen verkauft, zu befürchten, dass der Insolvenzverwalter nicht nur den Käufer über den Weg der Anfechtung auf Rückzahlung des Darlehens in Anspruch nimmt, sondern auch ihn selbst (ausführlich dazu *Reinhard/Schützler* ZIP 2013, 1898 zu *BGH* NJW 2013, 2282). Möglich ist auch ein Erlass des Darlehens in Form der Einbringung in die Rücklagen durch den Verkäufer. So werden Anfechtungs- und Haftungsrisiken wahrscheinlich vermieden und durch die verbesserte Kapitalausstattung der Gesellschaft kann im Ergebnis ein höherer Kaufpreis erzielt werden, da Abzugsposten vom Kaufpreis wegfallen. Ein Risiko besteht jedoch in möglichen unerwünschten steuerlichen Folgen im Fall der fehlenden Werthaltigkeit der Forderung, wenn der Darlehens-Erlass zu einem außerordentlichen Ertrag beim zu veräußernden Unternehmen führt. Dies ist jedoch dann akzeptabel, wenn dieser mit Verlustvorträgen verrechnet werden kann, die ansonsten im Rahmen des Unternehmensverkaufs verloren gingen. Ein rechtssicherer, aber in der Praxis ungern eingeschlagener Weg besteht darin, den Darlehensanspruch auf einen Treuhänder zu übertragen, der Zahlungen darauf erst nach Ablauf eines Jahres (Ablauf der Anfechtungsfrist des § 135 I Nr. 2 InsO) seit Wirksamkeit der Übertragung entgegennehmen darf.

Praxishinweis Steuern:

Steuerlich ist in diesem Fall darauf zu achten, dass der Forderungserlass wirksam wird, bevor die Verlustvorträge nach § 8c KStG untergehen. Der *BFH* (NZG 2012, 359) hat hier entgegen der früheren Verwaltungsansicht entschieden, dass unterjährige Gewinne, die noch vor dem schädlichen Beteiligungserwerb angefallen sind, noch mit dem Verlustvortrag des Vorjahres verrechnet werden können. Alternativ kann der Verkäufer vor Unternehmensübertragung werthaltige Darlehensforderungen verdeckt in die Gesellschaft einlegen und so in die Kapitalrücklage einstellen, dies entspricht den rechtlichen Folgen des Erlasses, ist aber für das zu veräußernde Unternehmen steuerlich neutral. Nicht (mehr) werthaltige Forderungen sind hingegen steuerlich kein tauglicher Gegenstand einer verdeckten Einlage (vgl. *BFH* DStRE 2012, 1105).

5. Schiedsgerichtsklausel in Unternehmensverträgen

Die in Unternehmenskaufverträgen häufig anzutreffenden Schiedsvereinbarungen sind als solche grundsätzlich nicht beurkundungsbedürftig (§ 1040 Abs. 1 S. 2 ZPO), auch nicht, wenn sie freiwillig in den Text eines beurkundungsbedürftigen Vertrages aufgenommen werden (*BGH* BeckRS 2014, 16618). Nur, wenn die Schiedsvereinbarung nach dem beiderseitigen Parteiwille „Bestandteil des Hauptvertrages" wird, gilt dessen Formerfordernis. Schiedsordnungen hingegen sind nie beurkundungsbedürftig. Auch bei schriftlicher Schiedsvereinbarung muss die in Bezug genommene Verfahrensordnung weder per Text in der Urkunde enthalten noch mit ihr körperlich verbunden sein (*BGH* BeckRS 2014, 16618). **51a**

VI. Alternative Formen des Unternehmenskaufs bzw. der Unternehmensbeteiligung

Der Unternehmenserwerb kann aber neben dem klassischen Weg über einen Asset Deal oder Share Deal auch alternativ durch bestimmte Misch- bzw. Zwischenformen erfolgen (vgl. zum Ganzen MünchVertrHdb Bd. 2 III. 1, 2 Anm. 126 ff.), die im Folgenden jedoch nur grob typisiert skizziert werden sollen. **52**

1. Beitritt in Folge einer Kapitalerhöhung

Anteile an einer Kapital- oder Personengesellschaft können auch dadurch erworben werden, dass der Erwerber neben den verbleibenden Altgesellschaftern als Neugesellschafter im Rahmen einer *Kapitalerhöhung* beitritt und ihm gegen Bar- und/oder Sacheinlage Anteile am entsprechend erhöhten Gesellschaftskapital gewährt werden (zur Haftung der Gesellschaft für mangelhafte Anteile bei Kapitalerhöhungen *Schaefer/Grützediek* NZG 2006, 204; zum Einsatz von Aktien als Gegenleistung beim Unternehmenskauf *Wieneke* NZG 2004, 61). Einem Unternehmenskauf kommt diese Form der Beteiligung jedoch nur gleich, wenn der Erwerber eine beherrschende Stellung erlangt, in der Regel also 75–90 % aller Anteile erhält. **53**

In der Praxis handelt es sich angesichts der Liquidationssituation der Unternehmen und der Finanzierungs(un)freudigkeit der Banken um eine nicht seltene Konstellation. **54**

Der Unternehmenskauf durch Kapitalerhöhung besteht im Wesentlichen aus drei Teilen (vgl. MünchVertrHdb Bd. 2 III. 1, 2 Anm. 126):
1. Kapitalerhöhungsbeschluss und ggf. Satzungsanpassungen oder Änderung des Gesellschaftsvertrags,

2. Eintrittsvereinbarung zwischen Altgesellschaftern und Erwerber, für die ähnlicher Regelungsbedarf besteht wie bei einem Beteiligungskauf und
3. Beitritts- bzw. Übernahmeerklärung des Erwerbers.

Zu beachten ist, dass die Käufergesellschaft eine Kapitalerhöhung unter Ausschluss des Bezugsrechts der Altgesellschafter beschließen muss.

2. Unternehmenskauf durch Beteiligungstausch

55 Anders als beim klassischen Share Deal, bei dem der Veräußerer seine Anteile an den Erwerber gegen Geld überträgt (*Share-for-money-deal*), wird beim Beteiligungstausch als Gegenleistung für die übertragenen Gesellschaftsanteile ein Gesellschaftsanteil des Erwerbers übertragen (*Share-for-share-deal*).

56 Dabei sind zwei Varianten möglich: Der Beteiligungstausch kann so gestaltet werden, dass Verkäufer und Käufer je wechselseitig an beiden Gesellschaften beteiligt werden. Alternativ kann die Käufergesellschaft im Tausch gegen eigene Anteile alle Anteile der Verkäufergesellschaft übernehmen mit der Folge, dass die Käufergesellschaft, an der nun sowohl Käufer und Verkäufer beteiligt sind, alleinige Inhaberin der Verkäufergesellschaft ist.

3. Unternehmenszusammenschluss, Verschmelzung

57 Auch eine Verschmelzung (Fusion, Merger) stellt letztlich eine Art des Unternehmenskaufs dar. Der Unterschied zum vorgenannten Share-for-share-deal besteht darin, dass bei einer Verschmelzung mindestens eine der beiden Gesellschaften untergeht (§§ 2 Nr. 1, 20 I Nr. 2 S. 1 UmwG). Im Fall einer Verschmelzung zur Neugründung (§§ 2 Nr. 2, 20 I Nr. 2 S. 1 UmwG) gehen sogar beide Gesellschaften unter und eine völlig neue Gesellschaft entsteht.

4. Joint Venture

58 Als echte Alternative zum tatsächlichem Unternehmenskauf in all seinen Varianten besteht auch die Möglichkeit, sich durch Kooperations- oder Joint-Venture-Vereinbarungen die Kapazitäten und Fähigkeiten von anderen Unternehmen nutzbar zu machen, ohne das Unternehmen kaufen zu müssen.

5. Unternehmenserwerb durch öffentliche Übernahmen

59 Für den Erwerb börsennotierter Gesellschaften bieten sich auch öffentliche Übernahmen an (vgl. dazu Holzapfel/Pöllath Rn. 372 ff.; Hölters/*Bouchon/Müller-Michaels* Teil XI.). Diese unterliegen dem Wertpapiererwerbs- und Übernahmegesetz (WpÜG).

60 Das WpÜG findet Anwendung auf die öffentlichen Angebote zum Erwerb von Wertpapieren, die von einer Zielgesellschaft ausgegeben wurden und zum Handel an einem organisierten Markt zugelassen sind (§ 1 WpÜG). Zielgesellschaft kann nur eine AG, SE oder eine KGaA mit Sitz im Deutschland sein. Es gibt einfache öffentliche Angebote, Übernahmeangebote und Pflichtangebote (zur Abgrenzung vgl. Hölters/*Bouchon/Müller-Michaels* Teil XI Rn. 7). Sind die Angebote mit der Verwaltung des Zielunternehmens abgestimmt, spricht man von „freundlichen Angeboten", andernfalls von „feindlichen Angeboten".

Die Übernahmeverfahren unterliegen der Aufsicht durch die Bundesanstalt für Finanzdienstleistungsaufsicht (§§ 4 ff. WpÜG).

VII. Leistungsstörungen beim Unternehmenskauf

1. Allgemeines

§ 453 BGB ordnet die entsprechende Anwendung der Gewährleistungsregelungen des Sachkaufs auf den Rechtskauf an. Die umstrittene Frage, ab welcher Erwerbsquote ein Anteilskauf zum Unternehmenskauf wird, ist damit jedoch nicht beantwortet (*Barnert* WM 2003, 416; *Gaul* ZHR 166, 35, 39). **61**

2. Voraussetzungen

Voraussetzung jeder Leistungsstörung ist eine Pflichtverletzung i.S.d. § 280 I BGB. Die Mangelfreiheit einer Sache gehört nach 433 I 2 BGB zu den Pflichten des Schuldners. In diesen Fällen gilt vorrangig das grundsätzlich verschuldensunabhängige Gewährleistungsrecht der §§ 434 ff. Beim Asset Deal kann das Unternehmen Sach- und/oder Rechtsmängel aufweisen. Beim Share Deal ist umstritten, ob neben Rechtsmängeln auch Sachmängel möglich sind (abl. *Fischer* DStR 2004, 276, 279 f.; zust. *OLG Köln* ZIP 2009, 2064; *Knott* NZG 2002, 249; MünchKomm/*Westermann* § 453 Rn. 14; zur Mängelhaftung beim Unternehmenskauf ausführlich *Schmitz* RNotZ 2006, 561). Der gekaufte Gegenstand hat einen **Sachmangel**, wenn er nicht die vereinbarte Beschaffenheit aufweist. Die Parteien vereinbaren (ausdrücklich oder konkludent) die Beschaffenheit einer Sache, die diese bei Gefahrenübergang haben soll (**subjektiver Fehler- und Eigenschaftsbegriff**). Angaben zu Umsatz- und Ertragszahlen, die für die Parteien von überaus wichtiger Bedeutung sind, stellten nach altem Schuldrecht keinen Fehler i.S.d. § 459 BGB a.F. dar, da sie dem Unternehmen nicht unmittelbar anhaften. Überwiegend wird inhaltlich an diesem alten Fehler- und Eigenschaftsbegriff festgehalten (Hölters/*Semler* VII Rn. 201 f.). Auch der *BGH* (NJW 2011, 1217, 1218) sieht die Beschaffenheit als Fortführung des alten Eigenschaftsbegriffes aus § 459 II BGB a.F., wobei die Unterschiede zwischen Fehler und zusicherbarer Eigenschaft im Gewährleistungsrecht eingeebnet werden sollten. Allerdings äußert er Zweifel, ob es sich dabei um körperliche Eigenschaften oder um der Sache dauerhaft anhaftende Umstände tatsächlicher, rechtlicher oder wirtschaftlicher Art handeln müsse (so etwa Erman/*Grunewald* § 434 Rn. 3; *Ostendorf* JZ 2011, 822; dagegen *Redeker* NJW 2012, 2471). **62**

Falsche Umsatz- und Ertragsangaben werden daher anders als nach altem Schuldrecht künftig nicht mehr den Bereich der c.i.c. (diese jetzt §§ 311 II, 241 II BGB), sondern dem vorrangigen Gewährleistungsrecht unterfallen (*BGH* NJW 2011, 1217; MünchKomm/*Westermann* § 453 Rn. 31; *Redeker* NJW 2012, 2471). Eine Haftung aus c.i.c. für falsche Angaben scheidet dagegen aus. Folge ist eine strenge Erfüllungshaftung des Verkäufers, wobei lediglich der Schadensersatzanspruch verschuldensabhängig ist, der Verschuldensmaßstab kann auch vertraglich vereinbart werden. Diese Haftung ist auch interessengerecht. Die Parteien vereinbaren den Kaufpreis auf Grundlage der vereinbarten Beschaffenheit. Weicht die Beschaffenheit von der Vereinbarung ab, so kann sich der Verkäufer nicht darauf berufen, er habe dies nicht zu vertreten, die Anwendung des Gewährleistungsrechts führt lediglich zu einer Wiederherstellung des Äquivalenzverhältnisses und entsprechen denen des allgemeinen Leistungsstörungsrechts. **63**

Gewährleistungsbegründend können nach dem neuen Recht gem. § 434 I 3 BGB auch **öffentliche Äußerungen** des Verkäufers, des Herstellers oder seines Gehilfen sein. Das gilt insbesondere dann, wenn diese in der **Werbung** gemacht worden sind. In diesen Bereich können auch Äußerungen auf Pressekonferenzen oder Unternehmenspräsentationen fallen, die in einem sachlichen und temporären Zusammenhang mit dem Unternehmenskauf stehen (*Knott* NZG 2002, 249, 251; *Seibt/Reiche* DStR 2002, 1135, 1139). **64**

Nach wie vor sind **Gewährleistungsansprüche** dann ausgeschlossen, wenn der Käufer von den Mängeln Kenntnis hat, § 442 BGB. Ist ein Mangel dem Käufer infolge grober **65**

Fahrlässigkeit unbekannt geblieben, kann er wegen dieses Mangels Rechte nur dann geltend machen, wenn der Verkäufer den Mangel arglistig verschwiegen oder eine Beschaffenheitsgarantie gegeben hat. Grob fahrlässige Unkenntnis wird in der Praxis kaum vorkommen, soweit der Unternehmenskauf von professionellen Parteien unternommen wird. Bei kleinen Unternehmungen oder Praxen von Freiberuflern ist die Wahrscheinlichkeit aber ungleich höher, da sich hier eine sog. Due Diligence als Verkehrssitte noch nicht durchgesetzt hat (Hölters/*Semler* VII Rn. 55, das Bestehen einer Verkehrssitte verneinen *Loges* DB 1997, 965, 967; *Fleischer/Körber* BB 2001, 841, 846). Erlangt der Käufer vor Annahme der Sache Kenntnis von dem Mangel, hat das nach ersatzlosem Wegfall des § 464 BGB a.F. keine Auswirkungen mehr auf seine Gewährleistungsansprüche (*Seibt/Reiche* DStR 2002, 1135, 1139). Durch eine Offenlegung von Mängeln gegenüber dem Käufer kann der Verkäufer seine Gewährleistungspflichten daher wirksam begrenzen. Da § 442 BGB dispositives Recht ist, können die Parteien auch Regeln zur Offenlegung vereinbaren um klar zu bestimmen, welche Umstände dem Käufer bekannt waren (dazu *Möller* NZG 2012, 841). Mit Ausnahme der Haftung für Arglist ist vertraglich auch ein Ausschluss des Gewährleistungsrechts und ein Ersatz durch Garantievereinbarungen möglich (vgl. Rn. 72 ff.).

66 Ob ein Mangel an der **Beschaffenheit des Unternehmens** vorliegt, ist stets nach dem Unternehmen als Ganzes zu beurteilen. Stellt sich das Unternehmen insgesamt als funktionstauglich dar, liegt kein Mangel vor, auch wenn einzelne Gegenstände des Unternehmens möglicherweise einen Mangel aufweisen (*OLG Köln* ZIP 2009, 2064). Kommt es dem Käufer gerade auf die Beschaffenheit einzelner Gegenstände an, sollten diese neben der Beschaffenheitsvereinbarung über das gesamte Unternehmen ausdrücklich zum Gegenstand einer Beschaffenheitsvereinbarung gemacht werden.

3. Rechtsfolge

67 Das Gewährleistungsrecht stellt das Recht zur **Nacherfüllung** in den Mittelpunkt, da dieses in der Regel sowohl den Käufer- wie auch Verkäuferinteressen am ehesten gerecht wird. Im Bereich des Unternehmenskaufs ist die Nacherfüllung aber relativ unpraktikabel oder sogar unmöglich. Bei mangelnder Ertragsfähigkeit des Unternehmens kämen Nachschusspflichten oder die Ablösung von nachträglich bekannt gewordenen Verbindlichkeiten in Betracht. Da die Nacherfüllung nach der Intention des Gesetzgebers beiden Seiten am ehesten gerecht zu werden schien, hat der Verkäufer nicht nur die Pflicht, sondern auch das Recht zur Nacherfüllung. Auch das wird dem Käufer in den meisten Fällen ungelegen sein, da der Verkäufer erneut Einblick in das verkaufte Unternehmen erhielte. Der Käufer kann die Nacherfüllung gem. § 440 S. 1 Alt. 3 BGB verweigern, wenn sie für ihn unzumutbar ist. Das wird bei Einblick in die Bücher wohl der Fall sein, bei Ablösung von Forderungen wohl nicht (vgl. *Triebel/Hölzle* BB 2002, 526). Um diese Probleme zu vermeiden, sollten die nachbesserungsfähigen Mängel bei Vertragsschluss festgelegt, und die Nachbesserung ansonsten ausgeschlossen werden (*Seibt/Reiche* DStR 2002, 1135, 1140).

68 Scheitert die Nacherfüllung, stehen dem Käufer die Rechte aus den §§ 280, 281 bzw. 284 BGB zu. Alternativ besteht die Möglichkeit des **Rücktritts**, die gem. § 346 II 1 BGB beim Unternehmenskauf nicht der Natur der Sache nach ausgeschlossen ist. Da die Rückabwicklung eines Unternehmenskaufs aber mit erheblichen praktischen Schwierigkeiten verbunden ist, **sollte das Rücktrittsrecht des Käufers vertraglich ausgeschlossen** werden. Scheitert die Nacherfüllung, kann der Käufer durch einseitige Erklärung den Kaufpreis entsprechend mindern. Die Minderung wahrt die Relation zwischen Kaufpreis und objektivem Wert der Sache. Erträge, die mit dem Unternehmen in der Zwischenzeit erzielt worden sind, finden bei der Berechnung keine Berücksichtigung.

69 Gemäß §§ 437 Nr. 3, 440, 280 ff. BGB stehen dem Käufer bei Mangelhaftigkeit des Unternehmens **Schadensersatzansprüche** zu. Nach den §§ 437 Nr. 3, 280 I, III, 281 BGB

kann der Käufer Schadensersatz statt der Leistung verlangen, was wie der häufig unerwünschte Rücktritt wirken kann (s. o.). Ist der Rücktrittsanspruch vertraglich ausgeschlossen, verbleibt dem Käufer die Möglichkeit, als Schaden die Wertdifferenz zwischen mangelfreier und mangelhafter Ware geltend zu machen. Der Ersatzanspruch ist nicht dadurch ausgeschlossen, dass der Kaufpreis auch unter Berücksichtigung des Mangels noch angemessen erscheint oder bereits durch Unternehmensgewinne kompensiert ist (*BGH* NJW 1977, 1536, 1538). Weiterhin gilt das Verschuldenserfordernis des Verkäufers (§ 280 BGB), was aber gem. § 280 I 2 BGB widerleglich vermutet wird.

Da der Käufer gem. §§ 437 Nr. 3, 284 BGB vergebliche Aufwendungen ersetzt verlangen kann, kann sich der Verkäufer mit erheblichen Forderungen nach dem Ersatz von Anwalts-, Wirtschaftsprüfer-, Beraterkosten etc. konfrontiert sehen. Dem Verkäufer ist zu raten, dass er bereits im Vorfeld des Vertragsschlusses Höchstgrenzen für den Ersatz solcher Kosten festschreibt, etwa in einem Letter of Intent (Formulierungsvorschläge bei *Seibt/Reiche* DStR 2002, 1135, 1140). Soweit es sich dabei um eine reine Kostenerstattungsklausel – im Gegensatz zur Vereinbarung einer Break-up Fee – handelt, wonach nur die nachgewiesenen, angemessenen und tatsächlich entstandenen Kosten geltend gemacht werden können, ist diese formfrei zulässig (*OLG München* BeckRS 2012, 19757). 70

4. Eigenes Haftungssystem der Unternehmenskaufverträge

In der Praxis wird in Unternehmenskaufverträgen ein in sich abgeschlossenes Haftungssystem des Verkäufers für die Risiken des zu veräußernden Unternehmens vereinbart. In diesem Zusammenhang wird ein nahezu vollständiger Ausschluss aller dispositiven gesetzlichen Vorschriften vereinbart (Rödder/Hötzel/*Müller-Thuns*, Unternehmenskauf – Unternehmensverkauf, 2003, § 9 Rn. 127 f., 189.). Insbesondere die Ansprüche aus den kaufrechtlichen Vorschriften über die Sach- und Rechtsmängelgewährleistung, quasi-vertragliche Ansprüche aus (positiver) Vertragsverletzung und vorvertraglicher Pflichtverletzung (c. i. c.) sowie die hieraus folgenden Gestaltungsrechte werden in Unternehmenskaufverträgen regelmäßig umfassend ausgeschlossen. Darüber hinaus enthalten Unternehmenskaufverträge regelmäßig zahlreiche haftungsbegrenzende Regelungen wie z. B. zur Kenntniszurechnung auf Käufer- und Verkäuferseite, zu Freigrenzen oder -beträgen oder zu Haftungshöchstbeträgen („Cap") und kurze Verjährungsfristen, die das Gesetzesrecht (so) nicht kennt (*Hasselbach/Ebbinghaus* DB 2012, 216, 217). 71

5. Garantie

In § 443 BGB ist seit dem 1.1.2002 die Garantie geregelt. Die Merkmale einer Sache, die Inhalt einer Garantie werden sollen, entsprechen denen der Beschaffenheit aus § 434 BGB. Der Unterschied ist in der Art der Vereinbarung über die Beschaffenheit zu erblicken. 72

In der Praxis waren nach der Schuldrechtsreform große Unsicherheiten darüber entstanden, ob bei der Übernahme von verschuldensunabhängigen Garantien (§ 311 I BGB) angesichts des § 444 BGB n. F. nur noch die gesetzlichen Rechtsfolgen gelten sollen. 73

Der Gesetzgeber hat diese Problematik inzwischen erkannt und § 444 BGB dahin gehend geändert, dass ein Haftungsausschluss nunmehr nur eingreift, soweit keine Garantie übernommen wurde (dazu *Weigl* DNotZ 2005, 246, 252 f.). 74

Die Parteien können durch Garantieregelungen auch das gesetzliche Gewährleistungsrecht ergänzen oder weitgehend ersetzen. Dies ist bei umfangreicheren Transaktionen üblich, an seine Stelle tritt ein von den Parteien verhandelter Katalog von selbständigen Garantien über bestimmte Umstände, etwa die Richtigkeit und Vollständigkeit der vorgelegten Bilanzen, das Bestehen der Gesellschafterstellung und bestimmter Rechte oder eine abschließende Liste der einen bestimmten Betrag übersteigenden Verbindlichkeiten, 75 aber ggf. auch zukünftige Erträge (dazu *Mellert* BB 2011, 1667). Im Gegenzug wird die Haftung in zeitlicher und betragsmäßiger Hinsicht beschränkt sowie die dem Käufer bekannten, und damit von der Garantie ausgenommenen Umstände bestimmt (dazu *Möller* NZG 2012, 841 und *Bisle* DStR 2013, 364).

76 Formulierungsbeispiel: Garantie

Eine Garantie des Inhalts, dass bis zu einem Jahr nach Übernahme des Unternehmens summenmäßig beschränkt auf einen Betrag von ... EUR gehaftet wird, übernimmt der Verkäufer für folgende Angaben: ...

77   Oftmals wird in Unternehmenskaufverträgen auch eine sog. „Non-Reliance"-Klausel aufgenommen. Das sind Vertragsklauseln, in denen alle Umstände, die für das Entstehen des rechtsgeschäftlichen Entschlusses der einen Vertragspartei maßgeblich sind, ausdrücklich und einschränkend zum Gegenstand einer Garantieerklärung der anderen Vertragspartei gemacht werden, während gleichzeitig in den Vertrag eine weitere Erklärung des Käufers aufgenommen wird,
1. dass die im Vertrag aufgeführten Unterlagen den ganzen Vertrag beinhalten,
2. dass er (der Käufer) durch den Besitz dieser Informationen eine volle Aufklärung für seinen rechtsgeschäftlichen Entschluss erhalten hat, und
3. dass irgendein anderer nicht von den Garantien des Verkäufers gedeckte Umstand vom Käufer nicht ins Spiel gebracht werden darf, sondern in den Bereich seiner persönlichen Verantwortung fällt,
und zwar mit der schwerwiegenden Folge, dass die Anfechtung des Vertrags wegen Täuschung ausgeschlossen wird (vgl. ausführlich *Karampatzos* NZG 2012, 852). Zweck dieser Klausel ist die Aufhebung des für das Vorliegen des Täuschungstatbestands gemäß § 123 BGB notwendigen Kausalzusammenhangs zwischen dem irreführenden Verhalten des Verkäufers und der rechtsgeschäftlichen Entscheidung des Käufers und zwar in dem Sinne, dass der Käufer hierdurch ganz bewusst anerkennt, dass ein eventuell von dem Verkäufer verheimlichter Umstand keinesfalls in maßgeblicher Weise seinen Kaufentschluss hätte beeinflussen können.

77a Formulierungsbeispiel: „Non-Reliance"-Klausel

1. Die Transaktionsunterlagen stellen die gesamte Vereinbarung zwischen den Vertragsparteien dar. Sie ersetzen alle vorangegangenen Vereinbarungen, die den Gegenstand dieses Vertrages betreffen, und geben das vollständige Vertragsverhältnis der Beteiligten wieder, das durch den Vertragsgegenstand begründet wird oder damit in Zusammenhang steht.
2. Demzufolge erklärt der Käufer und bestätigt, dass weder der Verkäufer noch einer seiner Berater eine Zusicherung gemacht hat, die nicht in den Transaktionsunterlagen schriftlich fixiert worden ist und dass man diesen Vertrag nicht im Vertrauen auf irgendeine Zusicherung abgeschlossen hat, mit Ausnahme derer, die in den Transaktionsunterlagen enthalten sind, und er nichts Gegenteiliges geltend machen wird. Um Zweifel zu vermeiden, erklärt sich der Käufer damit einverstanden, dass der Verkäufer und seine Berater gegenüber dem Käufer keinerlei Haftung für irgendeine Zusicherung übernehmen, mit Ausnahme für solche, die in den Transaktionsunterlagen enthalten sind. Im Hinblick auf alle Zusicherungen stehen dem Käufer nur solche Rechte und Rechtsmittel zur Verfügung, die in diesem Vertrag festgelegt sind.

6. Sog. „Sandbagging"-Regelungen

Ebenso bedeutsam sind – in Deutschland eher seltene – sog. „Sandbagging"-Regelungen. Denen zufolge kann der Käufer Ansprüche wegen Garantieverletzungen unabhängig davon geltend machen, ob er die Garantieverletzung kannte oder hätte kennen können – es sei denn, der Verkäufer hat die Garantieverletzung auf die vertraglich vereinbarte Weise offengelegt. § 442 I BGB bestimmt zwar das Gegenteil, ist aber dispositiv (vgl. *BGH* WM 1987, 986, 988). Dies hat (für den Käufer) den Vorteil, dass sich die – gerade im deutschen Recht bei juristischen Personen und im Konzern schwierige – Kenntniszurechnungsproblematik erübrigt und bietet damit (beiden Seiten) größere Gewissheit über das Bestehen oder Nichtbestehen von Ansprüchen (vgl. *Möller* NZG 2012, 841). 78

7. AGB-Kontrolle

Unsicherheit und deutlich unterschiedliche Ansichten bestehen hinsichtlich der Frage, inwieweit auch Unternehmenskaufverträge der AGB-Kontrolle der §§ 305 ff. BGB unterliegen. Während ein Teil der Literatur es als eher fernliegend ansieht, dass komplexe – das dispositive Recht weitgehend verdrängende – Unternehmenskaufverträge, die das Ergebnis eines regelmäßig zeitintensiven Verhandlungsprozesses unter beiderseitiger Begleitung hoch spezialisierter Rechtsanwälte darstellen, als Allgemeine Geschäftsbedingungen i. S. v. § 305 I BGB qualifiziert werden (ausführlich *Kästle* NZG 2014, 288), vertritt ein anderer Teil der Literatur die Auffassung, dass auf Grundlage der höchstrichterlichen Rechtsprechung sehr wohl ein Großteil der Unternehmenskaufverträge AGB-Charakter aufweist, auch wenn teleologische Erwägungen gegen eine Anwendbarkeit der Inhaltskontrolle auf Unternehmensverträge sprechen mögen (vgl. dazu ausführlich *Wittuhn* NZG 2014, 131). 78a

Um dieses bestehende Risiko der Anwendbarkeit der AGB-Regelungen zu minimieren, werden folgende Strategien vorgeschlagen (vgl. dazu *Wittuhn* NZG 2014, 131; *Kästle* NZG 2014, 288): 78b
- Dokumentation der Entwicklung des Vertrages während der gesamten Vertragsverhandlungen, insbesondere genaue Dokumentation des Aushandelns von „Paketlösungen";
- Klarstellungsregelung in einer separaten Vereinbarung oder als Präambel, dass sämtliche Regelungen des Vertrages ausgehandelt und zur Diskussion gestellt wurden;
- Aufnahme einer Schiedsklausel mit Wahl der Anwendung der Vorschriften des deutschen Rechts unter Ausklammerung der §§ 305 ff. BGB (vgl. auch § 1051 I ZPO; § 23 Schiedsordnung der DIS; Art. 21 I 1 der ICC Rules 2012); möglich ist dies jedenfalls bei grenzüberschreitenden Transaktionen (unklar bei reinen Inlandssachverhalten; ausführlich dazu *Pfeiffer* NJW 2012, 1169). Zur Frage der Formbedürftigkeit von Schiedsvereinbarung und Schiedsordnung vgl. Rn. 51a.

Zwar zielführend, aber im Ergebnis wenig praktikabel (Vervielfachung der Transaktionskosten; Verhandlungsnachteile; Schwierigkeiten der Rechtsdurchsetzung) ist die Flucht ins ausländische Recht (wegen Art. 3 III ROM I-VO nur bei grenzüberschreitenden Transaktionen möglich). 78c

8. Culpa in contrahendo (c. i. c.)

Der Anwendungsbereich der c.i.c. (nun unter der Bezeichnung vorvertragliche Pflichtverletzung gem. §§ 280 ff., 311 II, 241 II BGB) ist weiterhin eröffnet bei ungerechtfertigtem Abbruch von Vertragsverhandlungen und der Missachtung von Geheimhaltungs- oder Aufklärungspflichten (vgl. dazu *BGH* DB 1996, 1916; *Gaul* ZHR 166, 35, 65; *Wertenbruch* ZIP 2004, 1525, 1529; *Geyrhalter/Zirngibl/Strehle* DStR 2006, 1559, 1560). 79

Der alleinige **Abbruch von Vertragsverhandlungen** begründet indes keine Ansprüche aus c.i.c. Hinzutreten muss das Merkmal, dass der Abbruch ungerechtfertigt gewesen sein muss. Bei beurkundungspflichtigen Verträgen kommt dies nur bei besonders schwerwiegenden Treuepflichtverstößen in Betracht. Das Merkmal ist möglicherweise erfüllt, wenn einer der Verhandlungspartner seine Absicht, den Vertrag abzuschließen aufgibt, und den anderen Verhandlungspartner davon nicht oder nicht rechtzeitig unterrichtet. Eine Haftung nach c.i.c. besteht auch für das Vortäuschen der Abschlussabsicht (*Wertenbruch* ZIP 2004, 1525, 1529).

80 In diesem Zusammenhang kommt dem Inhalt eines **Letters of Intent** (LoI) besondere Bedeutung zu. Grundsätzlich entfaltet der LoI keine rechtliche Bindungswirkung. Konkretisiert aber der Aussteller des LoI seine Absicht und Verhandlungsposition derart, dass der Verhandlungspartner auf einen Vertragsabschluss vertrauen durfte, kommt ein Vertragsabbruch nur noch aus bestimmten Gründen in Betracht. Ein Abbruch der Vertragsverhandlungen ohne bestimmten Grund kann in einem solchen Fall zur Haftung aus § 311 II BGB führen (vgl. MünchKomm/*Busche* Vor § 145 Rn. 58). Um Missverständnissen vorzubeugen, sollte ein ausdrücklicher Hinweis in den LoI aufgenommen werden, dass die Parteien dem Inhalt der Erklärung keinerlei rechtliche Bindungswirkung beimessen. Weil der LoI grundsätzlich keine rechtliche Bindungswirkung entfaltet, muss er nicht, wie ein Vorvertrag, in der Form des Hauptvertrages abgefasst werden.

81 Neben der Absichtserklärung zum Abschluss eines Vertrages kann der LoI auch zur Auslegung des späteren Hauptvertrages Bedeutung erlangen. Um die Haftungsrisiken auszuschließen, ist bei der Aufsetzung eines LoI die Mitwirkung eines Notars dringend anzuraten.

82 Große Bedeutung hat die c.i.c. auch bei unwahrer oder unvollständiger Beantwortung von Fragen und bei **Aufklärungspflichtverletzungen**. Bei schuldhafter Verletzung haftet der Verkäufer unbeschränkt, wegen des Vorrangs der Gewährleistung jedoch nach dem *BGH* nur bei arglistigem Verhalten (NJW 2009, 2120; 2010, 858, 859), welches jedoch widerlegbar vermutet wird (*BGH* NZG 2009, 828, 829). Diese Haftung kann vertraglich nicht beschränkt werden (§ 276 III BGB), besteht jedoch ein Haftungsausschluss, so hat der Käufer den Vorsatz zu beweisen, um den Ausschluss zu überwinden. Die Voraussetzungen einer Aufklärungspflicht sind unscharf, nach *BGH* besteht eine solche über Umstände, die den Vertragszweck des anderen vereiteln können und daher für seinen Entschluss von wesentlicher Bedeutung sind, sofern er die Aufklärung nach der Verkehrsauffassung erwarten konnte (NZG 2002, 298, 300; *OLG Brandenburg* NotBZ 2011, 175; *Hübner* BB 2010, 1483, 1485). Die Aufklärung hat hinreichend deutlich zu erfolgen, in der Regel wird eine bloße Zugänglichkeit der Information für den Käufer nicht genügen (*Möller* NZG 2012, 841, 846).

9. Verjährungsfristen

83 Die Verjährungsfrist für die Sachmängelgewährleistung beträgt gem. § 438 I Nr. 3 BGB grundsätzlich zwei Jahre. Der Lauf der Frist beginnt mit der Ablieferung bzw. Übergabe der Sache. Eine Erleichterung stellt der § 203 BGB dar, der den Ablauf der Verjährungsfrist hemmt, solange Verhandlungen zwischen den Parteien über das Bestehen oder Nichtbestehen des Anspruchs laufen. Scheitern die Verhandlungen, soll die Frist in dem Moment wieder anlaufen, in dem nach Treu und Glauben der nächste Schritt zu erwarten gewesen wäre (Palandt/*Ellenberger* § 203 Rn. 4). Die Verjährung tritt aber frühestens nach drei Monaten ein, § 203 S. 2 BGB. § 202 BGB lässt vertragliche Regelungen über die Verjährung in weitem Rahmen zu. Wegen bestehender Rechtsunsicherheit über den Beginn der Verjährungsfrist beim bloßen Anteilskauf nach der Gleichstellung von Sach- und Rechtskauf sollten die Vertragsparteien eine Regelung über den Beginn der Verjährungsfrist treffen.

VIII. Unternehmenskauf in Krise und Insolvenz

1. Asset Deal oder Share Deal

Beim Unternehmenskauf in der Krise muss wegen der besondere Risiken im Vorfeld sorgfältig abgewogen werden. Unerlässlich ist dabei eine umfassende Due Diligence und eine sorgfältige Vertragsgestaltung. Die zu beachtenden Fragen betreffen nicht nur das Insolvenzrecht, sondern auch gesellschafts-, arbeits- und steuerrechtliche Fragen. Vereinzelt muss der Unternehmenskauf auch kartellrechtlich überprüft werden (dazu *Arends/Hofert-von Weiss* BB 2009, 1538). 84

Ob ein Unternehmenskauf im Zusammenhang mit einer Insolvenz (siehe *van Betteray/Gass* BB 2004, 2309) im Wege eines Share Deals bzw. als Asset Deal erfolgen soll, hängt davon ab, ob und in welchem Maß der Erwerber die rechtliche und/oder wirtschaftliche Selbständigkeit des zu übernehmenden Unternehmens bewahren will oder nicht (*Semler/Volhard*, Arbeitshandbuch für die Unternehmensübernahmen, § 2 Rn. 2 ff.). In der Regel wird der Erwerber das Unternehmen selber nur dann erwerben wollen, wenn die im Unternehmen liegenden Risiken und Verbindlichkeiten klar identifiziert und reduziert oder ganz beseitigt wurden. In der Praxis legen diese Gesichtspunkte häufig einen Asset Deal nahe (vgl. dazu auch *Classen* BB 2010, 2898, 2899). In diesem Zusammenhang hat sich der Begriff der sog. „**Übertragenden Sanierung**" herausgebildet. Maßgebend sind daneben auch die steuerrechtlichen Voraussetzungen und Folgen der jeweiligen Transaktionsform. 85

Soweit zum übertragenen Betriebsvermögen Grundstücke oder Erbbaurechte gehören, ist der entsprechende Kaufvertrag gemäß § 311b I BGB bzw. § 11 ErbbauRG zu beurkunden (*Hölters/Semler* Teil VI Rn. 82). Zu beachten ist, dass sich die Formbedürftigkeit dabei auf das Geschäft im Ganzen, d.h. auch auf Abreden, die für sich genommen formlos getroffen werden könnten, erstreckt, soweit sie mit dem Grundstückskaufvertrag ein einheitliches Geschäft bilden, d.h. soweit die Grundstücksveräußerung und die übrigen auf die Übertragung des Unternehmens gerichteten Vereinbarungen nach dem Willen der Parteien voneinander abhängig sind und somit „miteinander stehen oder fallen" (*Hölters/Semler* Teil VI Rn. 82). 86

Ein weiteres – hier nicht näher zu behandelndes Problem – ergibt sich, wenn ein Insolvenzschuldner in der Zeit vor Eröffnung eines Insolvenzverfahrens EU-rechtswidrige Beihilfen erhalten hat (dazu ausführlich *Ehrick* ZInsO 2005, 516). Für den potenziellen Erwerber eines Unternehmens ist dann regelmäßig von besonderer Bedeutung, dass er nicht seinerseits zur Rückforderung der ursprünglich gewährten Beihilfen herangezogen wird. Dazu sind bei einer in diesem Stadium angestrebten Veräußerung eines Unternehmens verschiedenste Maßgaben der EU-Kommission und des EuGH zu beachten. Eine besondere Praxis z.B. dergestalt, dass die EU-Kommission eine Art „**comfort letter**" (Bestätigung der Nicht-Rückforderung) herausgibt, hat sich bislang nicht entwickelt. Danach ist es für den Insolvenzverwalter erforderlich, die entsprechenden Vorgaben bei der Veräußerung eines Unternehmens genau zu beachten. 87

2. Share Deal und (drohende) Insolvenz, Neuerungen durch das MoMiG

Beim Share Deal wird das Unternehmen in seiner Gesamtheit, also inklusive seiner Verbindlichkeiten erworben. Problematisch ist deshalb – bei Unternehmen in der Insolvenz – in erster Linie die Findung eines angemessenen Kaufpreises. Von maßgeblicher Bedeutung ist deshalb hier die Durchführung einer Due Diligence-Prüfung (eine Checkliste für die Due Diligence-Prüfung in der Insolvenz findet sich beispielsweise bei *Beck/Depré* § 43 K Anh. A; *Fiebig/Undritz* MDR 2003, 254; siehe zur Due Diligence-Prüfung auch *Rödder/Hötzel/Mueller-Thuns* § 3 Rn. 32 ff. *Holzapfel/Pöllath* Rn. 19 ff.; 88

Semler/Volhard, Arbeitshandbuch für die Unternehmensübernahmen, § 5 Rn. 106 ff. und § 9 Rn. 58 ff.; *Menke* BB 2003, 1133). Daneben haben die Vereinbarungen über die Gewährleistung besondere Bedeutung (vgl. dazu *Semler/Volhard*, Arbeitshandbuch für die Unternehmensübernahmen, § 9 Rn. 1 ff.; *Rödder/Hötzel/Mueller-Thuns* § 10; *Holzapfel/ Pöllath* Rn. 708 ff.).

89 Die im Rahmen der GmbH-Reform aufgenommenen neuen Regelungen über die Anfechtbarkeit von Gesellschafterdarlehen haben auch mittelbaren Einfluss auf die Veräußerung von GmbH-Anteilen im Wege des Share Deals. Hat der Verkäufer eines GmbH-Anteils zuvor an die Gesellschaft ein Darlehen gewährt, so sollte er dieses zusammen mit seinem Anteil verkaufen (vgl. dazu Rn. 51; ungeklärt, ob auch in diesem Fall der Veräußerer neben dem Erwerber bei Darlehensrückzahlung und folgender Insolvenz haftet, siehe *BGH* NJW 2013, 2282, danach soll auch der Rechtsvorgänger haften).

90 Veräußert er hingegen nur seinen GmbH-Anteil und lässt sich das Darlehen von der Gesellschaft auszahlen, besteht die Gefahr, dass die Rückzahlung angefochten wird, wenn die GmbH innerhalb eines Jahres nach Rückzahlung des Darlehens in die Insolvenz gerät (vgl. *BGH* NJW 2013, 2282). Will er das Darlehen nicht mitveräußern kann er alternativ ein Jahr nach der Tilgung abwarten und erst danach seinen Anteil verkaufen. Nur so oder durch eine Treuhandlösung (vgl. Rn. 51) kann er die Gefahr der Rückerstattungspflicht vermeiden.

91 Droht allerdings die Insolvenz des veräußernden Gesellschafters, so stellt die Gefahr der Anfechtung durch den Insolvenzverwalter des Veräußerers ein hohes Risiko dar.

3. Asset Deal und (drohende) Insolvenz

92 Im Hinblick auf eine drohende Insolvenz ist der Erwerber grundsätzlich frei, darüber zu entscheiden, ob er nur bestimmte Vermögenswerte von dem Rechtsträger des Unternehmens erwirbt oder ob er zugleich auch dessen Verbindlichkeiten übernimmt (*Menke* BB 2003, 1133). Der Vertragsfreiheit sind jedoch Grenzen gesetzt durch eine für bestimmte Fälle gesetzlich angeordnete Haftung des Erwerbers für Verbindlichkeiten des Veräußerers im unternehmerischen Bereich. In Betracht kommen hier vor allem § 613a BGB, § 25 HGB und/oder § 75 AO.

4. Unternehmenserwerb noch vor Insolvenzantrag

93 Soll das Unternehmen noch vor dem Insolvenzantrag erworben werden, so gehen Erwerber und Veräußerer erhebliche Risiken ein. Die im Insolvenzverfahren geltenden Ausschlüsse und Beschränkungen können nicht angewendet werden. Ebenso besteht die Gefahr, dass der Insolvenzverwalter den Unternehmenskauf gem. §§ 129 ff. InsO anficht (*Hölzle* DStR 2004, 1433; *Broom* ZRP 2010, 79 mit dem Vorschlag der Adaption innovativer Regelungen der italienischen Insolvenzordnung). Vor Insolvenzantrag sollte daher ein Unternehmenskauf nur nach sehr sorgfältiger Due Diligence erwogen werden.

5. Firmenfortführung, § 25 HGB

94 Erwirbt der Käufer ein Handelsgeschäft und führt er es unter der bisherigen Firma, ggf. mit einem Nachfolgezusatz, weiter, haftet er für alle im Betrieb des Geschäfts begründeten Verbindlichkeiten des früheren Inhabers, § 25 HGB. Erwerb ist hier die Unternehmensübertragung und Überlassung einschließlich Pacht, auch Pächterwechsel und dergleichen (*BGH* MDR 1984, 646; *OLG Hamm* NJW-RR 1998, 611; *Scherer* DB 1996, 2321; *Leibner/Bruns* DStR 2002, 1689 ff.) wenn das übernommene Geschäft ein Handelsgewerbe war.

95 Liegen die Voraussetzungen des § 25 HGB vor, haftet der Erwerber mit seinem gesamten Vermögen. Die Haftung ist insbesondere nicht auf das übernommene Vermögen beschränkt. § 25 II HGB ermöglicht jedoch einen Haftungsausschluss, der in das Handels-

register eingetragen und bekannt gemacht oder dem Dritten mitgeteilt wird. Regelmäßig erfolgt die Eintragung bzw. Bekanntmachung zeitlich mit der Übernahme oder folgt ihr unverzüglich. Anderenfalls ist die Haftungsbeschränkung Gläubigern gegenüber unwirksam (*OLG Stuttgart* NZG 2010, 628; *OLG München* BeckRS 2010, 15 899). Die Eintragung eines Haftungsausschlusses ist auch beim Teilerwerb eines Handelsgeschäfts möglich (*OLG Zweibrücken* NZG 2014, 496).

6. Haftung für Betriebssteuern, § 75 AO

Der Übernehmer eines Unternehmens im Ganzen oder eines gesondert geführten Betriebs haftet mit dem übernommenen Vermögen für betriebliche Steuern und Steuerabzugsbeträge nach § 75 AO, die im letzten vor der Übernahme liegenden Kalenderjahr entstanden sind (vgl. dazu *Heine* ZInsO 2003, 828; *Tipke/Kruse*, AO, 2007, § 75 Rn. 1 ff.). Eine Kenntnis des Erwerbers von den Steuerschulden ist nicht erforderlich (*Tipke*/Kruse, AO, 2007, § 75 Rn. 51). Zivilrechtliches Eigentum muss bei dieser Haftungsvorschrift nicht unbedingt übergehen. Es genügt der Erwerb wirtschaftlichen Eigentums, § 39 AO (*BFH* BStBl. 1980 II 258). 96

Für die Übereignung des Unternehmens im Ganzen als Voraussetzung für eine Haftung des Erwerbers ist erforderlich, dass die Gegenstände auf den Erwerber übergehen, die die wesentlichen Grundlagen des übereigneten Unternehmens waren oder die geeignet sind, die wesentlichen Grundlagen für den Betrieb des Erwerbers zu bilden, um diesen fortzuführen (*Tipke/Kruse*, AO, 2007, § 75 Rn. 5 ff. und 18 ff.; *BFH* NV 1986, 381; 1988, 1). Andererseits wird vom *BFH* der Begriff des Unternehmens i. S. d. § 75 AO im Gleichklang mit der betreffenden Steuer ausgelegt, für die gehaftet wird. Dies ist besonders im Umsatzsteuerbereich von Bedeutung, so dass dort beispielsweise schon die Veräußerung eines vermieteten Gebäudes sich als Unternehmensveräußerung darstellen kann (*Tipke/Kruse*, AO, 2007, § 75 Rn. 18 ff.; *BFH* BStBl. 1993 II 700; *Holzapfel/Pöllath* Rn. 780). 97

Als Betriebssteuern i. S. d. § 75 AO kommen vor allem die Gewerbesteuer und die Umsatzsteuer in Betracht, daneben aber auch Verbrauchssteuern, Versicherungssteuern und Steuerabzugsbeträge wie insbesondere die Lohnsteuer. Einkommen- und Körperschaftsteuer fallen dagegen nicht darunter. 98

7. Übertragende Sanierung (Asset Deal) vor Eröffnung des Insolvenzverfahrens

Bei der Veräußerung von Unternehmen oder Unternehmensteilen nach Insolvenzeröffnung überwiegt in der Praxis die „übertragende Sanierung" in Gestalt des „Asset Deal" (*Hölzle* DStR 2004, 1433; vgl. auch *Soudry/Schwenkel* GWR 2010, 366; *Morshäuser* NZG 2010, 881) auch als „in-court sale" bezeichnet. Dabei steht die Trennung des Unternehmens vom Unternehmensträger und dessen Verbindlichkeiten und der vornehmliche Erwerb der sanierungsfähigen und werthaltigen Teile (sog. „Cherry Picking") im Vordergrund. Nach der Übertragung wird der seines Unternehmens entledigte Unternehmensträger liquidiert (*Hagenbusch/Oberle* NZI 2006, 618, 619). Im Vergleich zu einem Erwerb außerhalb der Insolvenz bietet das Insolvenzverfahren dem (potentiellen) Erwerber auch neben der Aussicht auf einen erheblich reduzierten Kaufpreis (die Praxis zeigt, dass der Kaufpreis für ein insolventes Unternehmen in der Regel um ein Drittel, aber durchaus auch bis zu zwei Drittel, unter dem Kaufpreis für ein gleichwertiges intaktes Unternehmen liegt, so *Abel/Kühnle* M&A Review 2009, 319), weitere zahlreiche Vorteile, gleichzeitig stellt es ihn jedoch auch vor besondere Probleme und Schwierigkeiten. 99

Die übertragende Sanierung ist allerdings erst nach der Eröffnung des Insolvenzverfahrens möglich. Seit Inkrafttreten des Gesetzes zur Vereinfachung des Insolvenzverfahrens (InsVerfVereinfG) lehnt die ganz h. M. in der Literatur eine Veräußerung durch den vorläufigen Insolvenzverwalter ab (*Morhäuser/Falkner* NZG 2010, 881, 882; *Arends/* 100

Hofert-von Weiss BB 2009, 1538; *BGH* NZI 2003, 259, 260; *Vallender* GmbHR 2004, 543, 544). Der Gesetzgeber geht eindeutig von der Unzulässigkeit der übertragenden Sanierung vor dem Eröffnungsbeschluss aus. Dies ergibt sich aus der Beschränkung des § 22 I 2 Nr. 2 InsO, der die Alternativen der Fortführung oder der Stilllegung nennt, aber nicht von einer Veräußerung spricht. Der vorläufige Insolvenzverwalter hat die Aufgabe, die Masse zu sichern und die Voraussetzungen für die Eröffnung des Insolvenzverfahrens zu prüfen. Verwertungshandlungen liegen außerhalb seines Aufgabenbereichs. Der Kauf vom vorläufigen Insolvenzverwalter ist auch wirtschaftlich nicht sinnvoll. Sofern nur ein schwacher vorläufiger Insolvenzverwalter bestellte worden ist, sind Forderungen des Erwerbers aus dem Unternehmenskaufvertrag bloße ungesicherte Insolvenzforderungen (*Morhäuser/Falkner* NZG 2010, 881, 882; *Menke* BB 2003, 1133, 1134). Der Insolvenzverwalter kann darüber hinaus gemäß § 103 InsO die Erfüllung des Kaufvertrages nach Eröffnung des Insolvenzverfahrens ablehnen. Eine weitere Konsequenz beim Kauf vom vorläufigen Insolvenzverwalter ist der Übergang von Arbeitnehmerverbindlichkeiten. Anders als im eröffneten Insolvenzverfahren gelten die Einschränkungen des § 613a BGB hier nicht (*BAG* NZA 2003, 318; 1980, 1124; vgl. auch *Classen* BB 2010, 2898, 2901). Sofern es jedoch auf einen zügigen Erwerb ankommt, kann der vorläufige Insolvenzverwalter dazu beitragen, die Verfahrenseröffnung zu beschleunigen. Die Zeit bis zur Eröffnung kann sinnvoll genutzt werden, indem z. B. die Due Diligence durchgeführt wird.

8. Übertragende Sanierung (Asset Deal) nach Verfahrenseröffnung

a) Vor Berichtstermin

101 Seit Inkrafttreten des Gesetzes zur Vereinfachung des Insolvenzverfahrens (InsVerfVereinfG) ist ausdrücklich in § 158 InsO geregelt, dass der Insolvenzverwalter vor der Betriebsveräußerung die Zustimmung des Gläubigerausschusses einholen muss, soweit er das Unternehmen vor dem Berichtstermin veräußern will. Es sind allerdings Situationen denkbar, in denen der Insolvenzverwalter das Unternehmen schon vor Bestellung des Gläubigerausschusses veräußern muss. Auch dann ist der Erwerb wirksam. § 164 InsO sieht vor, dass selbst bei einem bewussten Verstoß des Insolvenzverwalter gegen die Pflicht zur Beteiligung des Gläubigerausschusses, die Veräußerung wirksam ist. Unwirksamkeit ist nur dann gegeben, wenn der Insolvenzverwalter „evident insolvenzzweckwidrig" gehandelt hat (MünchKommInsO/*Görg* § 160 Rn. 35 ff.; Nerlich/Römermann/*Balthasar* InsO § 164 Rn. 3 f.). Ein Kauf ohne Zustimmung der Gläubigerversammlung ist einem vorsichtigen Unternehmenskäufer dennoch nicht anzuraten.

102 Der Insolvenzverwalter muss den Insolvenzschuldner vor der Beschlussfassung des Gläubigerausschusses, oder wenn ein solcher nicht bestellt ist, vor der Unternehmensveräußerung informieren, § 158 II 1 InsO. Daraufhin kann der Insolvenzschuldner beim Insolvenzgericht die Untersagung der Unternehmensveräußerung beantragen. Wenn die Veräußerung „ohne eine erhebliche Verminderung der Insolvenzmasse bis zum Berichtstermin aufgeschoben werden kann, ist dem Antrag stattzugeben, § 158 II 2 InsO. In dem seltenen Fall dass ein Gläubigerausschuss nicht bestellt ist, kann der Insolvenzverwalter über die Veräußerung nach freiem Ermessen entscheiden (*Picot*, Unternehmenskauf und Restrukturierung, 3. Aufl. 2004, Rn. 230). Es besteht kein Zustimmungsvorbehalt zugunsten des Insolvenzschuldners (HambKomm-InsR/*Decker* § 158 Rn. 8).

b) Nach Berichtstermin

103 Bei einer übertragenden Sanierung nach dem Berichtstermin muss gemäß § 160 II Nr. 1 InsO die Zustimmung des Gläubigerausschusses oder der Gläubigerversammlung eingeholt werden. Besondere Zustimmungspflichten bestehen bei der Betriebsveräußerung an besonders Interessierte, § 162 InsO und der Betriebsveräußerung unter Wert,

§ 163 InsO. Verstößt der Insolvenzverwalter gegen die Mitwirkungsrechte des Gläubigerausschusses oder der Gläubigerversammlung, ist zwar die Unternehmensübertragung nicht unwirksam, der Insolvenzverwalter macht sich aber persönlich haftbar (*Binz/Hess*, Der Insolvenzverwalter: Rechtsstellung, Aufgaben, Haftung, 2004, Rn. 1204; vgl. auch *Classen* BB 2010, 2898, 2902). Auch bei der Eigenverwaltung sind Gläubigerausschuss oder Gläubigerversammlung gemäß § 267 InsO zu beteiligen (*Picot*, Unternehmenskauf und Restrukturierung, 3. Aufl. 2004, Rn. 232).

9. Ausschluss der gesetzlichen Haftung beim Erwerb aus der Insolvenzmasse

Die Haftung des Betriebsübernehmers nach § 25 HGB, § 75 AO besteht beim Erwerb vom Insolvenzverwalter nicht (Baumbach/Hopt/*Hopt* § 25 Rn. 4 m.w.N.; BGHZ 66, 217, 228; 104, 151, 152; *BGH* NJW 1987, 1019, 1020; 1992, 911; Staub/*Hüffer* HGB § 25 Rn. 60 ff.). Während diese Rechtsfolge in § 75 II AO für das Steuerrecht ausdrücklich im Gesetz angeordnet ist, fehlt im HGB eine entsprechende Vorschrift. Wäre § 25 HGB anwendbar, so würden die Unternehmensgläubiger durch den Erwerber befriedigt. Dieser hält sich schadlos, in dem er den Kaufpreis für das Unternehmen entsprechend reduziert. Dies geht zu Lasten der übrigen Insolvenzgläubiger. Darin liegt ein Widerspruch zum Grundsatz der gleichmäßigen Befriedigung aller Insolvenzgläubiger. Nach allgemeiner Meinung ist § 25 HGB deshalb beim Erwerb des Unternehmens in der Insolvenz nicht anwendbar (*BAG* DB 2007, 455; Ebenroth/Boujong/Joost/*Zimmer/Scheffel* § 25 Rn. 41; Baumbach/Hopt/*Hopt* § 25 Rn. 4; *BGH* ZIP 1992, 398; *BFH* DStR 1983, 270; ZIP 1998, 1845; *Holzapfel/Pöllath* Rn. 777; *Heine* ZInsO 2003, 828; Rödder/Hötzel/*Mueller-Thuns*, Unternehmenskauf/Unternehmensverkauf, 2003, § 17 Rn. 26 ff.).

10. Arbeitsrechtliche Aspekte

Der potentielle Unternehmenserwerber ist bestrebt, lediglich die Anzahl Arbeitnehmer mit dem Betrieb zu übernehmen, die nach seinem Fortführungskonzept erforderlich sind, d.h. eine seinen Wünschen entsprechende Auslese unter den Arbeitnehmern vorzunehmen. Bei diesen – für die Realisierung eines Unternehmensverkaufs unverzichtbaren – Personalanpassungsmaßnahmen, sind jedoch die zwingenden Regelungen des § 613a BGB über den Eintritt des Betriebserwerbers in die Rechte und Pflichten aus den Arbeitsverhältnissen (siehe dazu *Schaub* §§ 117, 118; *Holzapfel/Pöllath* Rn. 808 ff.) und das Kündigungsverbot wegen eines Betriebsübergangs (§ 613a IV 1 BGB) zu beachten (*BAG* ZInsO 2004, 1325 für Urlaubsansprüche bei Betriebsübergang in der Insolvenz; siehe auch *Tretow* ZInsO 2000, 309 m.w.N.; *Sieger/Hasselbach* DB 1999, 430, 431; *Lemke* BB 2007, 1333; kritisch *Warmbein* DZWIR 2003, 11). Ausschließen kann man den Übergang der Arbeitsverhältnisse nur durch die Stilllegung des Betriebs vor Betriebsübergang. Ein stillgelegter Betrieb als solcher kann nicht mehr übergehen. An die Betriebsstilllegung sind jedoch strenge Anforderungen zu stellen. Sie erfordert die Einstellung in der ernstlichen Absicht, die Weiterverfolgung des bisherigen Betriebszwecks dauernd oder zumindest für eine wirtschaftlich nicht unerhebliche Zeit zu beenden. Daran fehlt es, solange sich der Betriebsinhaber mit Dritten in Verhandlungen hinsichtlich der Übernahme des Betriebes befindet (*BAG* ZIP 1986, 100, 102; 1997, 122).

Beim Unternehmenskauf nach Insolvenzeröffnung hingegen steht darüber hinaus das gesamte insolvenzrechtliche Instrumentarium zur Unterstützung der Sanierung des Unternehmens – insbesondere die Erleichterungen hinsichtlich der Arbeitnehmerrestrukturierung – zur Verfügung, so z.B. kostengünstigere und schnellere betriebsbedingte Kündigungen, Kündigung nachteiliger Betriebsvereinbarungen, beschleunigte Betriebsstilllegungen (vgl. dazu in den Einzelheiten *Abel/Kühnle* M&A Review 2009, 319, 320; dazu *Merten*, FS Jobst-Hubertus Bauer, 2010, S. 755 ff.). Beim Unternehmenserwerb innerhalb des Insolvenzverfahrens findet § 613a BGB nur eingeschränkt Anwendung. Zwar gehen auf den Erwerber die Arbeitsverhältnisse mit allen Rechten und Pflichten über (§ 613a I BGB), der Unternehmenserwerber haftet aber – nach der Rechtsprechung des BAG (vgl. *BAG* NZA 1996, 432; 1993, 20; NJW 1993, 2259) – gegenüber den Arbeitnehmern nicht für solche Verbindlichkeiten, die bereits vor Verfahrenseröffnung entstanden waren (*BAG* ZIP 2010, 588). Im Umkehrschluss bedeutet dies, dass der Erwerber nur für solche Verbindlichkeiten haftet, die nach der Eröffnung des Insolvenzverfahrens entstanden sind (*BAG* NZI 2003, 222), also vor allem für Vergütungsansprüche für nach der Insolvenzeröffnung erbrachte Arbeitsleistungen (*BAG* NZA 2009, 432; 2003, 318, 322). Zum Schutz der Arbeitnehmer übernimmt jedoch der Pensionssicherungsverein sämtliche Pensionsverbindlichkeiten (einschließlich gesetzlich unverfallbarer Anwartschaften), die sich auf den Zeitraum vor Eröffnung des Insolvenzverfahrens beziehen; der Erwerber haftet aber auch insoweit nicht für die Verbindlichkeiten (vgl. *BAG* NZA-RR 2006, 373, 377).

107 Der Insolvenzverwalter kann die Beschäftigungsverhältnisse des zu veräußernden und neu zu strukturierenden Unternehmens mit einer Frist von höchstens drei Monaten zum Monatsende (§ 113 I 2 InsO) – unabhängig von ansonsten gültigen gesetzlichen oder vereinbarten vertraglichen Kündigungsfristen – kündigen (vgl. *Merten*, FS Jobst-Hubertus Bauer, 2010, S. 755, 758; *Uhlenbruck/Berscheid*, InsO, 13. Aufl. 2010, § 113 Rn. 75 ff.; *Wisskirchen/Bissels* BB 2009, 2142). Die Kündigungen unterliegen den allgemeinen Grundsätzen der Sozialauswahl.

108 Möglich sind ebenfalls Veräußererkündigung auf Grund eines Erwerberkonzepts nach §§ 125 ff. InsO. Darin ist eine Modifizierung des Kündigungsschutzes sowohl hinsichtlich vermuteter betriebsbedingter Kündigungsgründe als auch einer nur beschränkt arbeitsgerichtlich überprüfbaren Sozialauswahl – im Falle der Vereinbarung eines Interessenausgleiches mit Namensliste zwischen Insolvenzverwalters und Betriebsrat vereinbarten Interessenausgleich – geregelt. Gemäß § 128 I InsO gilt dies auch dann, wenn die geplante Betriebsänderung erst nach der Unternehmensveräußerung durch den Erwerber durchgeführt werden soll. Nach § 128 II InsO wird vermutet, dass eine Veräußererkündigung auf Grund eines Erwerberkonzeptes nicht gegen § 613a IV BGB verstößt. Voraussetzung der Kündigungen auf Grund eines Erwerberkonzeptes ist jedoch, dass die Durchführung des Konzeptes im Zeitpunkt des Zugangs der Kündigungserklärung bereits greifbare Formen angenommen hat, mit der Konsequenz, dass als Folge der Verwirklichung des Konzepts ein Arbeitskräfteüberhang bis spätestens zum Ablauf der Kündigungsfrist entsteht. Es ist dabei unerheblich, ob das Konzept auch bei dem Veräußerer hätte durchgeführt werden können (*BAG* ZIP 2003, 1671, einschränkend aber außerhalb der Insolvenz: *LAG Köln* ZIP 2003, 2042, dazu *Mauer* EWiR 2004, 273). Es ist jedoch zu beachten, dass das den Kündigungen zugrundeliegende Erwerberkonzept nicht zur Zerstörung der alten betrieblichen Einheit führen darf, da ansonsten der Schutzbereich des § 613a BGB verlassen würde, und zwar mit der Folge, dass ohnehin ein Übergang der Arbeitsverhältnisse zum Erwerber ausschiede. Eine Kündigung des (Alt-) Arbeitgebers wäre dann nicht durch ein Erwerberkonzept gerechtfertigt (vgl. *Commandeur/Kleinebrink* NJW 2008, 3467, 3472).

109 Alternativ können personelle Restrukturierungsmaßnahmen auch mit Hilfe einer sog. Transfergesellschaft (auch Beschäftigungs- bzw. Qualifizierungsgesellschaften (BQG) oder Personalentwicklungsgesellschaft; dazu etwa *Meyer* BB 2004, 420; *Lembke* BB 2004, 773; *Praß/Sämisch* ZInsO 2004, 1284; *Bichlmeier* DZWIR 2006, 239; *Krieger/Fischinger* NJW 2007, 2289) umgesetzt werden (vgl. *Kammel* NZI 2000, 102, 104; *Commandeur/Kleinebrink* NJW 2008, 3467; *Krieger/Fischinger* NJW 2007, 2289; *Morshäuser/Falkner* NZG 2010, 881) erfolgen.

IX. Beherrschungs- und Gewinnabführungsverträge

Häufig besteht zwischen Verkäufer und zu veräußerndem Unternehmen ein Beherrschungs- und Gewinnabführungsvertrag (z. B. für die steuerliche Organschaft). Dieser muss spätestens bis zur Übertragung des Unternehmens (Closing) beendet werden (dazu *Schaefer/Wind/Mager* DStR 2013, 2399). In Betracht kommt eine Kündigung des Beherrschungs- und Gewinnabführungsvertrages aus wichtigem Grund (erst im Zeitpunkt des Übergangs der Geschäftsanteile möglich; § 297 I AktG), die ordentliche Kündigung nach Maßgabe des Vertrages oder ein Aufhebungsvertrag, der nach Ansicht der Rechtsprechung gemäß § 296 I AktG nur zum Ende eines Geschäftsjahres möglich ist (*OLG München* GmbHR 2014, 535; NZG 2012, 590). Die Veräußerung einer Organgesellschaft innerhalb eines Konzerns ist jedoch kein wichtiger Grund i. S. v. § 14 I 1 Nr. 3 S. 2 KStG für die vorzeitige – steuerrechtlich unbedenkliche – Beendigung der Organschaft (*BFH* DStR 2014, 643). Der konzernexterne unterjährige Verkauf der Organgesellschaft führt – ohne zusätzliche Maßnahmen – dazu, dass die finanzielle Eingliederung im gesamten Geschäfts-/Wirtschaftsjahr entfällt und damit auch die steuerlichen Wirkungen (*Schaefer/Wind/Mager* DStR 2013, 2399, 2400). Vor diesem Hintergrund ist die rechtzeitige Umstellung des Geschäfts-/Wirtschaftsjahr (Satzungsänderung) bzw. Bildung eines Rumpfgeschäftsjahres zu empfehlen. Bei Kündigung des Beherrschungs- und Gewinnabführungsvertrages durch die abhängige Gesellschaft in der Rechtsform einer GmbH, ist die Entscheidung über die Beendigung der Gesellschafterversammlung zugewiesen. Bei der entsprechenden Beschlussfassung unterliegt der herrschende Gesellschafter keinem Stimmverbot (*BGH* NZG 2011, 902). Die ohne zustimmenden Gesellschafterbeschlusses erklärte Kündigung ist nach herrschender Ansicht lediglich schwebend unwirksam (*Heckschen* MittRhNotK 1990, 269) und kann daher durch einen nachträglichen Gesellschafterbeschluss ex tunc wirksam werden. Der Gesellschafterbeschluss über die Beendigung des Beherrschungs- und Gewinnabführungsvertrages bedarf in analoger Anwendung der §§ 53, 54 GmbHG der notariellen Beurkundung. Die Eintragung der Beendigung des Beherrschungs- und Gewinnabführungsvertrages im Handelsregister hat – im Gegensatz zur Eintragung des Abschlusses – nur deklaratorische Wirkung (*OLG München* NZG 2011, 1183; *BGH* NJW 1992, 505; *BayObLG* ZIP 2003, 798). Etwaige Gewinnabführungs- und Verlustausgleichsansprüche sind auf Grundlage eines (ggf. zu prüfenden) Jahresabschlusses zum Ende des (Rumpf-)Geschäftsjahres auszugleichen – ggf. in Form einer Kaufpreisanpassung. Zu beachten ist auch die notwendige Freistellung des Verkäufers von der Verpflichtung zur Stellung von Sicherheiten gemäß § 303 I AktG.

X. Checklisten zu Form- und Zustimmungserfordernissen

1. Asset Deal

Checkliste: Form- und Zustimmungserfordernisse beim Asset Deal

(1) Verpflichtungsgeschäft, Formerfordernisse
- Grundstücke, § 311b I BGB, § 11 ErbbRG → Notarielle Beurkundung ggf. auch für die Nebengeschäfte.
- Verpflichtung zur Übertragung des **gesamten Vermögens oder eines Bruchteils**, § 311b III BGB → Notarielle Beurkundung; Anwendbarkeit soll nach wohl h. M. ausscheiden, wenn Gegenstände einzeln bezeichnet sind. Da die Thematik umstritten ist, sollte auf notarielle Beurkundung gedrungen werden, sowohl bei juristischen wie auch natürlichen Personen.
- Hält das Unternehmen **GmbH-Anteile**, § 15 IV GmbHG → Notarielle Beurkundung.

▼ Fortsetzung: **Checkliste: Form- und Zustimmungserfordernisse beim Asset Deal**

(2) Verpflichtungsgeschäft, Zustimmungserfordernisse
- Bei **AG oder KGaA**, § 179a AktG → Zustimmung der HV nunmehr schon dann notwendig, wenn ohne das Vermögen der Unternehmensgegenstand nicht mehr betrieben werden kann. – Unter dieser Schwelle nach den Grundsätzen der „Holzmüller"/„Gelatine"-Rechtsprechung, wonach grundlegende Strukturentscheidungen der Zustimmung der HV bedürfen.
- Bei **GmbH**: § 179a AktG entsprechend, da Unternehmensveräußerung i. d. R. als ein außergewöhnliches Geschäft nicht von der Geschäftsführungsbefugnis gedeckt ist. „Holzmüller"-/„Gelatine"-Grundsätze gelten mit Einschränkungen.
- Bei **OHG oder KG** bedarf die Veräußerung des wesentlichen Vermögens nach § 179a AktG analog der Zustimmung der Gesellschafter (*BGH* DB 1995, 621), i. d. R. stellt die Veräußerung auch ein außergewöhnliches Geschäft dar, das gem. § 116 HGB (i. V. m. § 161 II HGB) der Zustimmung aller Gesellschafter bzw. Kommanditisten bedarf.
- Bei der **GbR** ist für den Umfang der Vertretungsmacht der Inhalt des Gesellschaftsvertrages maßgeblich. Im Zweifel reicht gem. § 714 BGB die Vertretungsbefugnis so weit wie die Geschäftsführungsbefugnis. Diese ist wiederum begrenzt durch den nach außen erkennbaren Gesellschaftszweck. Ist die Unternehmensveräußerung im Gesellschaftsvertrag nicht geregelt, kommt es darauf an, ob die Veräußerung innerhalb des nach außen erkennbaren Gesellschaftszwecks liegt. In der Regel wird das nicht der Fall sein.
- Bei Beteiligung **Minderjähriger**, §§ 1821–1823 BGB → Zustimmung des Familiengerichts.
- Gehört zu dem veräußernden Unternehmen ein Grundstück oder ein Recht an einem Grundstück, dann ist die **familiengerichtliche Genehmigung** gem. § 1821 I Nr. 4, Nr. 5 BGB erforderlich, wenn ein Minderjähriger auf Erwerber- oder Veräußererseite beteiligt ist.
- Ist auf der Erwerberseite ein Minderjähriger beteiligt, der im Zuge der Unternehmensübertragung Verbindlichkeiten, die in dem Unternehmen begründet worden sind, übernimmt, ist dies genehmigungspflichtig, § 1822 Nr. 10 BGB.
- Ein Vertrag mit Beteiligung von Minderjährigen, der auf den entgeltlichen Erwerb oder die Veräußerung eines Erwerbsgeschäfts gerichtet ist, ist nach § 1822 Nr. 3 BGB genehmigungsbedürftig.
- Verpflichtung des **Ehegatten**, über sein Vermögen im Ganzen zu verfügen, § 1365 I 1 BGB → Zustimmung des anderen Ehegatten.
- Bei **Praxen von Ärzten, RAen usw.** wegen §§ 134 BGB i. V. m. 203 StGB → Zustimmung der Kunden notwendig; bei Abtretung von Rechtsanwaltsforderungen an Rechtsanwälte ist die Zustimmung nach § 49b IV BRAO aber nicht mehr erforderlich.
- Bei Berechtigung Dritter an dem Gegenstand → Zustimmung der Dritten.
- Ggf. gemeindliches Vorkaufsrecht gem. § 24 BauGB.
- Genehmigungserfordernis nach § 2 I GrdstVG → Genehmigung erfolgt durch die zuständige Landesbehörde.

3) Vollzug, Formerfordernisse
- **Bewegliche Sachen**, § 929 S. 1 BGB → Übertragung durch Einigung und Übergabe.
- **Grundstücke**, §§ 873 I, 925 I BGB → Einigungserklärung bei gleichzeitiger Anwesenheit vor einer zuständigen Stelle (Auflassung § 925 I BGB). Zuständige Stellen: Notar; im Ausland Konsularbeamte § 12 Nr. 1 i. V. m. §§ 19, 24 KonsG.
- (Ent-)Haftungsregelung bei **Firmenfortführung**, § 25 II HGB → Eintragung in das Handelsregister.

X. Checklisten zu Form- und Zustimmungserfordernissen D V

▼ Fortsetzung: **Checkliste: Form- und Zustimmungserfordernisse beim Asset Deal**

- Soweit der neue Unternehmensinhaber die Firma nicht fortführt, die Haftung für frühere Geschäftsverbindlichkeiten aber entstehen soll, kann dies ohne vertragliche Abrede durch die handelsübliche Bekanntmachung nach § 25 III HGB herbeigeführt werden.
- Inhaberpapiere → Einigung und Übergabe nach § 929 S. 1 BGB (Palandt/*Sprau* § 793 Rn. 9).
- Orderpapiere → Übertragung durch Übereignung der Urkunde oder durch Indossament, bei Letzterem spricht für den Inhaber die Vermutung des Art. 16 I WG.
- Rektapapiere → Rechtsübertragung nach §§ 398 ff. BGB, Abtretung, ggf. weitere Erfordernisse, vgl. §§ 792 I 3; 1154 I 1 BGB.
- Qualifizierte Legitimationspapiere → Rechtsübertragung nach §§ 398 ff. BGB. Da aber nur der Inhaber der Urkunde die daraus folgenden Rechte geltend machen kann, ist die Übergabe faktisch erforderlich.
- **Patente** → Abtretung, §§ 398 ff. BGB und Eintragung in das Patentregister, § 30 III PatG.
- **Marken** bei separater Übertragung durch Abtretung → §§ 398 ff. BGB oder nach § 27 II MarkenG, wenn sie zum übertragenen Geschäftsbetrieb gehören.
- **Urheberrechte** → es können lediglich einfache oder ausschließliche Nutzungsrechte eingeräumt und dann gem. §§ 398 ff. BGB übertragen werden.
- **Dingliche Rechte an Grundstücken** → Einigung und Eintragung, § 873 I BGB.
- Nicht verbriefte Hypotheken → Abtretung und Eintragung ins Grundbuch, §§ 1153 I, 1154 III i. V. m. § 873 I BGB.
- Nicht verbriefte Grundschulden → Abtretung und Eintragung, §§ 1192 I, 1154 III i. V. m. § 873 I BGB.
- Forderungen aufgrund Bankkonten, Depots sowie aus Versicherungsverträgen bedürfen ggf. Formalien, da diese wegen § 399 Alt. 2 BGB einzuhalten sind.
- Bei **Anwartschaftsrechten** sind dieselben Formvorschriften einzuhalten wie bei der Übertragung des Vollrechts.
- **Nießbrauch** an beweglichen Sachen; wenn sie zu einem von einer juristischen oder rechtsfähigen Personengesellschaft betriebenen Unternehmen gehören und der Nießbrauchserwerber gleichzeitig das Unternehmen erwirbt, ist das Nießbrauchsrecht übertragbar, § 1059 I Nr. 2 und II BGB.
- Nießbrauch an Rechten ist unter den gleichen Voraussetzungen (wie vor) zu übertragen, und zwar so, wie das betroffene Recht zu übertragen wäre.
- **Pfandrechte** gehen nach § 1250 BGB mit der Übertragung der abgesicherten Forderung über.
- Immaterielle Vermögenswerte, wie z. B. Kundenstamm, Know-how lassen sich rechtlich nicht einordnen. Die Übertragung erfolgt faktisch durch den Vollzug des Unternehmenskaufs.
- **Side Letters** (dazu *Wiesbrock* DB 2002, 2311) bedürfen in der Regel keiner bestimmten Form. Der Hauptvertrag wird oft durch Side Letters ergänzt, die zum Verständnis und zur richtigen Auslegung des Hauptvertrages dienen. Der Hauptvertrag enthält aber häufig eine Klausel, wonach Nebenabreden zu ihrer Wirksamkeit der Schriftform bedürfen, soweit sie über eine Klarstellungsfunktion hinausgehen (*BGH* DB 2001, 1825; a. A. *Heidenhain* NJW 1999, 3073). Soweit der Kauf- und Übertragungsvertrag der notariellen Beurkundung bedarf, gilt dies nach der h. M. auch für die Nebenabreden. In diesem Fall müssen auch die Side Letters notariell beurkundet werden.
- **Beteiligungsverträge**, nach denen sich ein Investor zur Leistung der Einlage plus Agio verpflichtet, bedürfen in der Regel keiner Form. Verpflichten sich aber die Altgesellschafter bereits im Vorwege zum Beschluss einer neuen Satzung, die beispielsweise eine „Drag-Along-Klausel" enthält, wonach die übrigen Gesellschafter ihre Anteile veräußern müssen, wenn ein Gesellschafter dies tut, dann folgt das Beurkundungsbedürfnis aus § 15 IV GmbHG.

▶

▼ Fortsetzung: **Checkliste: Form- und Zustimmungserfordernisse beim Asset Deal**

(4) Vollzug, Zustimmungserfordernisse
- Bei **Firmenfortführung**, § 22 I HGB → Zustimmung des Vorgängers.
- Steht eine Kapital- oder Personenhandelsgesellschaft auf der Veräußererseite und hätte **§ 179a AktG (analog)** Anwendung finden müssen, sind die Vollzugsgeschäfte bei fehlender Zustimmung der Gesellschafter zwar wirksam, aber nach Bereicherungsrecht rückabwickelbar.
- Rechtsformspezifische Zustimmungserfordernisse, die für den Abschluss des Verpflichtungsvertrages zu beachten sind, müssen auch beim Vollzugsgeschäft entsprechend eingehalten werden.
- Bei Beteiligung **Minderjähriger**, §§ 1821–1823 BGB → Wie beim Verpflichtungsgeschäft.
- Sind die Voraussetzungen des § 1365 I 1 BGB erfüllt, gilt für die Übertragung des Unternehmens § 1365 I 2 BGB, soweit der andere **Ehegatte** nicht bereits dem Verpflichtungsgeschäft zugestimmt hat. Zur Übertragung der Gegenstände muss der andere Ehegatte einwilligen.
- **Erbrechtliche Zustimmungserfordernisse** sind denkbar, wenn sich zum Unternehmen gehörende Gegenstände im Nachlass befinden.
- Der **Testamentsvollstrecker** unterliegt in der ihm nach § 2205 S. 2 BGB gewährten Verfügungsbefugnis ggf. Beschränkungen nach § 2208 I BGB.
- Der **Nachlassverwalter** bedarf gem. § 1975 i. V. m. § 1915 i. V. m. § 1822 Nr. 3 BGB der Genehmigung durch das Vormundschaftsgericht bei Veräußerung eines zum Nachlass gehörenden Anteils an der Personengesellschaft bzw. einer mehr als nur kapitalmäßigen Beteiligung an einer Kapitalgesellschaft.
- **Bundeskartellamt,** § 41 I GWB → Freigabe nach vorheriger Anmeldung durch die beteiligten Unternehmen.
- Genehmigungserfordernis nach § 2 I GrdstVG → Genehmigung erfolgt durch die zuständige Landesbehörde.
- Zustimmungserfordernis des **Insolvenzverwalters** (§§ 21 II, 22 I, 24 I, 80, 81 InsO).

2. Share Deal

112

Checkliste: Form- und Zustimmungserfordernisse beim Share Deal

(1) Verpflichtungsgeschäft, Formerfordernisse
- **Grundstücke**, § 311b I BGB grundsätzlich nicht anwendbar, Ausnahme nur bei bewusster Umgehung der Formvorschriften. Aber: Möglicherweise entsteht eine Beurkundungspflicht durch ein einheitliches Geschäft, mithin der bedingten Verknüpfung von Grundstücks- und Anteilsübertragungspflicht (nicht andersherum) → Notarielle Beurkundung.
- Verpflichtung zur Übertragung des **gesamten Vermögens oder eines Bruchteils**, § 311b III BGB → Notarielle Beurkundung Aber: Nicht anwendbar bei Einzelauflistung der Gegenstände, die dem Rechtsträger zugeordnet sind. Wie beim Asset Deal sollte wegen der Umstrittenheit auf Beurkundung gedrungen werden.
- Verpflichtung zur Übertragung von **GmbH-Anteilen**, § 15 IV 1 GmbHG → Notarielle Beurkundung ebenso für alle Nebenabreden, von denen die Anteilsübertragung abhängen soll.
- Verpflichtung zur Übertragung von **KG-Anteilen** → formfrei. Bei einer GmbH & Co. KG unterliegt die Verpflichtung zur Veräußerung der Kommanditanteile aber auch der Beurkundungspflicht, soweit die GmbH-Anteile nur mit diesen zusammen übertragen werden sollen oder wenn sie eine unselbstständige Nebenabrede darstellt.

▶

X. Checklisten zu Form- und Zustimmungserfordernissen

▼ Fortsetzung: **Checkliste: Form- und Zustimmungserfordernisse beim Share Deal**

(2) Verpflichtungsgeschäft, Zustimmungserfordernisse

- Für **AG, KGaA, GmbH**, § 179a AktG (bzw. analog) → Zustimmung, wenn die Gesellschaftsanteile das Ganze oder wesentliches Vermögen der Gesellschaft ausmachen, als Folge der „Holzmüller"/„Gelatine"-Entscheidung bedürfen alle grundlegenden Strukturentscheidungen der Zustimmung der HV.
- Bei Beteiligung **Minderjähriger oder Betreuter**, §§ 1821–1823 BGB → Zustimmung des Familiengerichts.
- Verpflichtung zur Verfügung über das ganze Vermögen des Minderjährigen, § 1822 Nr. 1 BGB → Zustimmung des **Familiengerichts,** es sei denn die übertragenden Gegenstände sind konkret bezeichnet.
- Verpflichtung zum Erwerb eines Erwerbsgeschäfts, § 1822 Nr. 3 BGB → Zustimmung des Familiengerichts.
- Die Verpflichtung zur Veräußerung an einer Personengesellschaft, die ein Handelsgewerbe betreibt, ist immer als Veräußerung des Erwerbsgeschäftes im Sinne des § 1822 Nr. 3 BGB anzusehen und deshalb genehmigungsbedürftig.
- Soweit der Minderjährige Aktien, GmbH-Anteile erwirbt oder veräußert, die nur eine kapitalmäßige Beteiligung darstellen, ist grundsätzlich keine Genehmigung erforderlich, aber vorsorglich dennoch empfehlenswert.
- Ist die GmbH noch nicht in das Handelsregister eingetragen, ist der Erwerb eines GmbH-Anteils durch den Minderjährigen nach § 1822 Nr. 3 BGB genehmigungspflichtig, wenn die Gesellschaft bereits einen auf Erwerb gerichteten Geschäftsbetrieb aufgenommen hat.
- Erwirbt der Minderjährige einen GmbH-Anteil und sind die Einlagen der übrigen Gesellschaft noch nicht erbracht, ist eine Genehmigung nach § 1822 Nr. 10 BGB erforderlich, wenn für den Mündel/Betreuten die Gefahr besteht, gemäß § 24 GmbHG in Anspruch genommen zu werden.
- Verpflichtung des **Ehegatten** über sein Vermögen im Ganzen zu verfügen, § 1365 I 1 BGB → Zustimmung des anderen Ehegatten notwendig.
- Übernahme eines bestehenden Handelsgeschäfts samt **Firma** unter Ausscheiden des namensgebenden Gesellschafters, § 24 II HGB → Zustimmung des namensgebenden Gesellschafters.
- Ggf. **Vinkulierungsklauseln.**

(3) Vollzug, Formerfordernisse

- Übertragung der **GmbH-Anteile**, § 15 III GmbHG → Notarielle Beurkundung.
- Bei einer **GmbH & Co. KG** kann auch die Abtretung der KG-Anteile beurkundungsbedürftig sein. Das ergibt sich daraus, dass bei einer GmbH & Co. KG typischerweise der Anteilskauf der KG-Anteile und der GmbH-Anteile untrennbar miteinander verbunden ist (dazu *Wiesbrock* DB 2002, 2311, 2313).
- Nachweis der vollzogenen Übertragung gegenüber einem Geschäftsführer, § 16 I GmbHG → Formvorschriften ggf. in der Satzung niedergelegt.
- Einreichung der neuen Gesellschafterliste nach Wirksamkeit der Anteilsübertragung durch den Notar mit Notarbescheinigung gem. § 40 II GmbHG.
- Formfreie Anteilsübertragung von Gesellschaftsanteilen der Personengesellschaft, § 398 i.V.m. § 413 BGB.
- Anmeldung des Gesellschafterwechsels und der Vertretungsverhältnisse zum Handelsregister bei OHG/KG, §§ 107f. (i.V.m. § 161 II) HGB.
- Anteilsübertragung und Beurkundung im **Ausland**, Art. 11 EGBGB, Gleichwertigkeit: Urkundsperson im Ausland muss einer einem deutschen Notar entsprechenden Tätigkeit nachgehen und die Grundsätze des deutschen Verfahrensrechts anwenden.

▶

▼ Fortsetzung: **Checkliste: Form- und Zustimmungserfordernisse beim Share Deal**

– Aktien: bei nicht verbrieften Aktienrechten erfolgt Abtretung gem. §§ 398 i.V.m. 413 BGB; bei verbrieften Aktien durch Einigung und Übergabe gem. §§ 929 ff. BGB; Namenaktien ebenfalls durch Abtretung, sie können aber auch durch Indossament übertragen werden; Inhaberaktien durch Indossament; Aktien in Girosammelverwahrung → Übertragung durch Übereignung des Miteigentumsanteils, § 24 II DepotG.

(4) Vollzug, Zustimmungserfordernisse

– Scheidet der Gesellschafter, dessen Name in der Firma enthalten ist, aus, bedarf es zur **Firmenfortführung** der Einwilligung des Ausscheidenden, § 24 II HGB.
– **Vinkulierte Namensaktien oder GmbH-Anteile**, § 68 II AktG, § 15 V GmbHG → Zustimmung des Vorstandes/Geschäftsführers, aber die Satzung kann Abweichendes bestimmen.
– **GmbH** → Zustimmung zu **Teilung** § 46 Nr. 4 GmbHG.
– Anteile an **Personengesellschaften** → nur mit Zustimmung aller Gesellschafter, § 719 I BGB (i.V.m. §§ 105 III, 161 II HGB).
– Bei Veräußerung einer geschäftswesentlichen Beteiligung an einer **stillen Gesellschaft** → Zustimmung des Stillen im Innenverhältnis.
– Unterbeteiligung an dem zu veräußernden Anteil → Zustimmung des Unterbeteiligten.
– Bei Beteiligung **Minderjähriger oder Betreuter**, §§ 1821–1823 BGB → Zustimmung des Familiengerichts (s. o. beim Verpflichtungsgeschäft).
– Einwilligung des **Ehegatten** nach § 1365 I 2 BGB, wenn die Voraussetzungen des § 1365 I 1 BGB erfüllt sind.
– Der **Testamentsvollstrecker** unterliegt in seiner nach § 2205 S. 2 BGB gewährten Verfügungsbefugnis ggf. Beschränkungen nach § 2208 I BGB.
– Der **Nachlassverwalter** bedarf gem. § 1975 i.V.m. § 1915 i.V.m. § 1822 Nr. 3 BGB der Genehmigung durch das Familiengericht bei Veräußerung eines zum Nachlass gehörenden Anteils an der Personengesellschaft, bzw. einer mehr als nur kapitalmäßigen Beteiligung an einer Kapitalgesellschaft.
– **Bundeskartellamt**, § 41 GWB → Zustimmung nach vorheriger Anmeldung durch die beteiligten Unternehmen.

XI. Kosten

113 Die Entscheidung für eine der beiden Varianten (dazu *Beck/Klar* DB 2007, 2819) basiert häufig auch auf Kostenüberlegungen. Die **Transaktionskosten** können im Einzelfall erheblich differieren, da insbesondere beim Asset Deal die für die Übertragung der einzelnen Vermögenswerte erforderlichen Formvorschriften eingehalten werden müssen. Bei einem Share Deal ist die dingliche Übertragung, bis auf die Übertragung von GmbH-Anteilen formfrei möglich. Gerade für die Übertragung von Immobilien fallen für diese hohe Notar-, Grundbuch- und andere Kosten (Genehmigung nach GVO) an.

114 Beim Erwerb von GmbH-Anteilen richten sie die Notarkosten nach dem Geschäftswert, der anteilig nach dem zu übertragenden Anteil berechnet wird und sich nach dem Verkehrswert der GmbH richtet. Verbindlichkeiten schlagen sich in einem niedrigeren Verkehrswert der GmbH nieder und führen zu einem niedrigeren Geschäftswert, während bei der Übertragung der einzelnen Vermögensgegenstände nur die Aktiva bei der Gebührenberechnung Berücksichtigung finden.

Hinzuweisen ist in diesem Zusammenhang auf den Höchstwert von 60 Mio. EUR (§ 35 II GNotKG).

XII. Beratungs-Checkliste

Checkliste: Unternehmenskauf

(1) Vertragsbeteiligte: Bei Beteiligung von Konzernen auf Erwerber- oder Veräußererseite kann bereits die Feststellung des **richtigen** Vertragsbeteiligten aufwendig sein. Gleiches gilt, wenn Treuhandverhältnisse bestehen. Wird ein Asset Deal vereinbart, bereitet die Prüfung der Verfügungsbefugnis zum Teil Schwierigkeiten.

(2) Definition des Vertragsgegenstandes: Share Deal oder Asset Deal (dazu *Beck/Klar* DB 2007, 2819); wenn Share Deal: genaue Beschreibung des gesellschaftsvertraglichen Status der Gesellschaft (Handelsregisterauszug, gültiger Gesellschaftsvertrag, sonstige gesellschaftsrechtlich relevanten Verbindungen, Unternehmensverträge etc.); wenn Asset Deal: genaue Auflistung des zu übertragenden Vermögens; bei Grundstücken gilt § 28 GBO; Bestimmtheitsgrundsatz berücksichtigen.

(3) Zeitpunkt des schuldrechtlichen Wirksamwerdens:
   (a) Beachtung von Zustimmungserfordernissen
   (b) Wirksamkeitsverbote (Kartellrecht)
   (c) Haftungstatbestände (z. B. § 176 II HGB)
   (d) Kaufpreis
   (e) genaue Festlegung
   (f) Anpassungsvorschriften
   (g) häufig: Kaufpreisermittlung erst nach Vertragsschluss
   (h) Verzinsung

(4) Hauptleistungspflichten des Veräußerers:
   (a) bei Share Deal:
      (aa) ordnungsgemäße Gründung und ordnungsgemäßer Bestand der Gesellschaft
      (bb) alleinige und ausschließliche Verfügungsbefugnis des Veräußerers
      (cc) Einlagen voll geleistet
      (dd) keine verbotene Einlagenrückgewähr
      (ee) keine eigenkapitalersetzenden Darlehen
      (ff) Freiheit von Rechten Dritter
      (gg) keine gesellschaftsrechtlichen Drittbeziehungen (stille Gesellschaft, Treuhandverhältnisse etc.)
      (hh) keine Unternehmensverträge
      (ii) Zustimmungserfordernisse eingehalten (Beirat, Gesellschaft, übrige Gesellschafter)
      (jj) Erklärung zu §§ 1365, 311b BGB
      (kk) Angaben zu Rechten und Pflichten der Gesellschaft
      (ll) Kontenlisten
      (mm) Patente, Warenzeichen, Gebrauchsmuster, Geschmacksmuster, Urheberrechte und sonstige gewerbliche Schutzrechte
      (nn) Auflistung sämtlicher öffentlich-rechtlicher Konzessionen
      (oo) Auflistung aller Grundstücks- und grundstücksgleichen Rechte
      (pp) Erklärung zu den Rechtsverhältnissen an den der Gesellschaft zustehenden Vermögensbestandteilen
      (qq) Erklärung zu Verbindlichkeiten
      (rr) Auflistung der Arbeitsverhältnisse (§ 613a BGB!), Prokuren, Handlungsvollmachten, Betriebsvereinbarungen, Tarifverträge, Beratungsverträge, Mietverträge, Factoringverträge, Leasingverträge, Lieferverträge, Lizenzverträge, sonstige Dauerschuldverhältnisse, Versicherungsverhältnisse

▶

▼ Fortsetzung: **Checkliste: Unternehmenskauf**

      (ss) Erklärung zur Einhaltung aller Steuerverpflichtungen und Verpflichtungen aus öffentlich-rechtlichen und privatrechtlichen Verhältnissen
      (tt) Lieferanten- und Abnehmerliste
      (uu) Auflistung sämtlicher streitiger Auseinandersetzungen mit Dritten (privat oder öffentlich)
      (vv) Auflistung aller Umstände, aus denen Prozessgefahren drohen können
      (ww) Erklärung zur Geschäftsentwicklung
      (xx) Altlasten
  (b) bei Asset Deal:
      (aa) Altlasten
      (bb) Darlegung eventueller Rechte Dritter
      (cc) Erklärung zum Umfang der Sachmängelhaftung; Beschrieb des Zustands des Vermögens
      (dd) Altlastenklausel.
      (ee) Im Übrigen sind die oben genannten Zusicherungen auf eine entsprechende Anwendung zu überprüfen.

(5) Nebenleistungspflichten des Veräußerers:
  (a) Informationspflichten
  (b) Wettbewerbsverbot
  (c) Überleitung von Geschäftsbeziehungen
  (d) Mitwirkung bei Rechtsstreitigkeiten/Erlangung von Genehmigungen
  (e) Rechtsfolgen bei Verstoß von Zusicherungen/Nebenleistungspflichten
  (f) Verjährung

(6) Weitere Leistungspflichten des Käufers:
  (a) Freistellungsverpflichtung
  (b) Besondere Verpflichtungen gegenüber Verkäufer (Beratervertrag etc.)

(7) Steuerklausel:
  (a) Einfluss von Betriebsprüfungen
  (b) Mitwirkungspflichten und -rechte

(8) Kartellrechtsklausel:
  (a) Anzeigepflicht/Anmeldepflicht?
  (b) Vollzugsaufschub?

(9) Kosten:
  (a) Notar
  (b) Register
  (c) Berater
  (d) Provision

(10) Sonstiges:
  (a) Gerichtsstandsklausel
  (b) Schiedsklausel
  (c) Schriftformklausel
  (d) Zustellungsklausel
  (e) Unwirksamkeitsregelung
  (f) Anwendbares Recht
  (g) Vollzugsklausel
  (h) Vollmachten auf Vertragsbeteiligte bzw. Notar

XIII. Checkliste zu möglichen Anlagen zum Unternehmenskaufvertrag

Checkliste: Mögliche Anlagen zum Unternehmenskaufvertrag

(1) Vollmachten der Vertragsbeteiligten
(2) Handelsregisterauszüge der Vertragsbeteiligten
(3) Gesellschaftsvertrag der betroffenen Gesellschaft
(4) jedenfalls bei Share Deal: sämtliche Verträge seit Gründung der Gesellschaft sowie sämtliche Anteilsübertragungsverträge
(5) Verträge über stille Gesellschaften
(6) Unternehmensverträge
(7) Liste mit Prokuren und Handlungsvollmachten
(8) Zustimmungserklärungen Dritter
(9) Liste sämtlicher Bankkonten
(10) Liste aller der Gesellschaft zustehenden Patente und sonstigen Urheberrechte
(11) Liste sämtlicher Konzessionen und öffentlich-rechtlichen Genehmigungen
(12) Liste aller Grundstücke mit umfassender Grundbuchbeschreibung
(13) Lieferanten- und Arbeitnehmerliste
(14) Liste der Arbeitsverträge
(15) Liste der Betriebsvereinbarungen, Tarifverträge
(16) Auflistung sämtlicher Dauerschuldverhältnisse
(17) Bilanzen
(18) etwaige Bodengutachten
(19) bei Mietobjekten im Eigentum der Gesellschaft oder mitveräußerten Mietobjekten:
– Mieterliste
– Liste der Kautionen
(20) Liste anhängiger oder drohender Rechtsstreitigkeiten
(21) Auflistung der Verbindlichkeiten
(22) Auflistung des Anlagevermögens
(23) Auflistung des Umlaufvermögens

D VI. Eingetragener Verein

Dr. Wolfram Waldner

Übersicht

	Rn.
I. Neugründung	1–40
1. Inhalt der Satzung	1–2a
2. Name des Vereins	3, 4
3. Sitz des Vereins	5
4. Zweck des Vereins	6–8
5. Mitgliedschaft	9–22
6. Der Vorstand	23–27
7. Die Mitgliederversammlung	28–37
8. Gründungsvorgang	38, 39
9. Vereinsregisteranmeldung	40
II. Veränderungen	41–44
1. Versammlungsprotokoll	41, 42
2. Vereinsregisteranmeldung	43, 44
III. Das Ende des Vereins	45–49
1. Auflösungsbeschluss	45–46
2. Liquidation	47, 48
3. Löschung	49
IV. Besonderheiten bei Großvereinen und Vereinsverbänden	50–53
1. Gesamtverein und Vereinsverband	50
2. Vereinssatzung und Verbandssatzung	51
3. Delegiertenversammlung	52, 53

Literatur: *Braun*, Die Vereinssatzung, 9. Aufl. 2008; *Burhoff*, Vereinsrecht, 9. Aufl. 2014; *Reichert*, Handbuch des Vereins- und Verbandsrechts, 12. Aufl. 2009; *Reichert/Boochs*, Mustertexte, Satzungen und Erläuterungen zum Vereins- und Verbandsrecht, 3. Aufl. 2008; *Sauer/Luger*, Vereine und Steuern, 6. Aufl. 2010; *Sauter/Schweyer*, Der eingetragene Verein, 19. Aufl. 2010; *Schauhoff*, Handbuch der Gemeinnützigkeit, 3. Aufl. 2010; *Stöber/Otto*, Handbuch zum Vereinsrecht, 10. Aufl. 2012.

I. Neugründung

1. Inhalt der Satzung

Das Gesetz differenziert nach zwingenden und Sollvorschriften für den Inhalt der Satzung. Zwingend sind die Angabe des Vereinszwecks, des Namens, des Sitzes und des Eintragungswunsches (§ 57 BGB). Zu den Sollvorschriften gehören die über Ein- und Austritt von Mitgliedern, eine etwaige Beitragspflicht der Mitglieder, die Bildung des Vorstands, die Voraussetzungen und Form der Einberufung der Mitgliederversammlung und die Beurkundung ihrer Beschlüsse (§ 58 BGB). Für die Gründung spielt die Unterscheidung keine Rolle, da auch fehlende Sollvorschriften zur Folge haben, dass der Rechtspfleger den Verein nicht in das Vereinsregister eintragen darf (§ 60 BGB). Ein Unterschied besteht lediglich für bereits eingetragene Vereine: Das Fehlen einer zwingenden Bestimmung führt zur Amtslöschung (§ 395 FamFG); das Fehlen einer Sollvorschrift kann nach erfolgter Eintragung nicht mehr beanstandet werden. Der Wille der Gründer, einen Verein zu gründen, der in das Vereinsregister eingetragen werden soll, muss in der Satzung zum Ausdruck kommen (*OLG Karlsruhe* NZG 2014, 109); ob die Eintragungsabsicht dadurch genügend deutlich wird, dass in der Satzung der Vereinsname mit dem Zusatz „e. V." erscheint, ist zweifelhaft; vorzuziehen ist in jedem Fall eine ausdrückliche Satzungsbestimmung. Zahlreiche Bestimmungen des Vereinsrechts sind satzungsdispo- 1 sitiv (§ 40 BGB); ist eine Satzungsbestimmung undurchführbar geworden, tritt die gesetzliche Regelung an die Stelle (*KG* Rpfleger 2007, 82).

2   Die wesentlichen, das Vereinsleben bestimmenden Grundentscheidungen, die sog. „Vereinsverfassung", müssen in jedem Fall entweder in die Satzung oder in eine Vereinsordnung, die zum Satzungsbestandteil erklärt ist, aufgenommen werden. Hierzu gehören beispielsweise beim Vereinsgericht die Tatsache seiner Einrichtung, seine Zuständigkeiten und die Art und Weise der Bestimmung seiner Mitglieder. Die weiteren Einzelheiten des Verfahrens können hingegen auch in einer Vereinsordnung festgelegt werden, die im Rang unter der Satzung steht. Sie muss eine Ermächtigungsgrundlage in der Satzung haben, die Zweck, Struktur und Reichweite der Vereinsordnung vorgibt. Soweit der Inhalt einer Vereinsordnung nicht Satzungsbestandteil ist, kann er ohne Einhaltung der für Satzungsänderungen bestehenden Vorschriften geändert werden. Der Verein kann aber Vereinsordnungen auch dann zum Satzungsbestandteil erklären, wenn dies nicht aus Rechtsgründen erforderlich ist (*Sauter/Schweyer* Rn. 157); ist dies geschehen, haben Änderungen die gleichen Voraussetzungen wie andere Satzungsänderungen, müssen also insbesondere in das Vereinsregister eingetragen werden.

2a **Beratungs-Checkliste für Vereinssatzung**

(1) Mussvorschriften eingehalten?
   (a) Name
   (b) Sitz
   (c) Eintragungswunsch
   (d) Zweck
(2) Sollvorschriften eingehalten?
   (a) Ein- und Austritt von Mitgliedern
   (b) Beitragspflicht
   (c) Vorstand (Zusammensetzung)
   (d) Mitgliederversammlung (Voraussetzungen der Einberufung – Form der Einberufung – Beurkundung der Beschlüsse)
(3) Fakultative Satzungsbestandteile
   (a) Anforderungen an gemeinnützigen Zweck erfüllt?
   (b) Mitgliedschaft von Voraussetzungen abhängig?
   (c) Austrittsfrist
   (d) Vereinsausschluss, Vereinsstrafen, Vereinsgericht
   (e) Mitgliederversammlung (Kompetenzen, Leitung, Beschlussfassung, Mehrheitserfordernisse, Verfahren bei Wahlen)
   (f) Vorstand (Vertretungsmacht, Willensbildung, Wählbarkeit, Amtsdauer, Kompetenzen)
   (g) Auflösung

2. Name des Vereins

3   In der Wahl seines Namens ist der Verein grundsätzlich frei. Er kann vom Vereinszweck entlehnt werden oder nach einer anderen dem Verein wesentlich erscheinenden Beziehung gebildet werden; auch reine Phantasiebezeichnungen sind zulässig. Die gewählte Zusammensetzung von Wörtern, Buchstaben oder Zahlen muss aber als Name verstanden werden können, deshalb sind sinnlose Buchstabenreihungen nicht eintragungsfähig (*OLG München* NJW-RR 2007, 187). Der Name des Vereins muss nicht in deutscher Sprache angegeben sein. Deutliche Unterscheidung vom Namen anderer an demselben Ort oder in derselben Gemeinde bestehender Vereine ist erforderlich (§ 57 II BGB). Eine deutliche Un-

terscheidbarkeit von in demselben Ort bestehenden, in das Handels-, Partnerschafts- oder Genossenschaftsregister eingetragenen Firmen verlangt § 57 II BGB nicht. Mit der Eintragung eines Vereinsnamens in das Vereinsregister ist jedoch nicht entschieden, ob der Verein zur Führung des Namens auch befugt ist; die Führung kann gleichwohl in das nach § 12 BGB geschützte Namensrecht des anderen Namensträgers eingreifen. Der Vereinsname darf **nicht täuschend** sein; die Vorschrift des § 18 II HGB wird auf die Namensführung von Vereinen entsprechend angewendet. Ein Verein darf deshalb keinen Namen führen, der ersichtlich geeignet ist, über seine Verhältnisse irrezuführen (*OLG Frankfurt* NJW-RR 2002, 176). Deshalb darf sich ein Verein nicht „Stiftung" nennen, wenn er sich ausschließlich durch Mitgliedsbeiträge finanziert (*OLG Köln* NJW-RR 1997, 1531), auch nicht „Institut" mit einer Tätigkeitsangabe, die normalerweise Gegenstand wissenschaftlicher Forschung und Behandlung ist, wenn seine Tätigkeit keiner Kontrolle durch staatliche Stellen unterliegt (*KG* FGPrax 2012, 32), während „Akademie" für Einrichtungen der Aus- und Weiterbildung nicht beanstandet worden ist (*OLG Düsseldorf* NJW-RR 2003, 262; *KG* FGPrax 2005, 77). Die früher sehr strenge Rechtsprechung zu geographischen Zusätzen ist weitgehend aufgegeben, insbesondere Zusätze wie „Euro-" oder „europäisch" sind infolge massenhafter Verwendung völlig „verwässert" und damit als Namensbestandteile regelmäßig unbedenklich (*OLG Frankfurt* NZG 2011, 1234); selbst für die Aufnahme eines Ortsnamens reichen Beziehungen des Vereins zu dem angegebenen Ort; es ist nicht erforderlich, dass der Verein dort seinen Sitz hat (*OLG Stuttgart* Rpfleger 2001, 186; str.). Dagegen kann der Namensbestandteil „Bundesverband" den irreführenden Eindruck eines umfassenden Repräsentationsanspruchs erwecken (*LG Traunstein* Rpfleger 2008, 580), nicht dagegen die Bezeichnung als „Europäischer Fachverband" (*OLG Frankfurt* NZG 2011, 1234).

Der Namenszusatz „eingetragener Verein" oder „e. V.", den der Verein mit seiner Eintragung erhält (§ 65 BGB), muss in jedem Fall in deutscher Sprache geführt werden, auch wenn der Vereinsname einer fremden Sprache entnommen ist (*KG* JW 1930, 3777). Der Verein ist zur Führung des Namenszusatzes verpflichtet (BayObLGZ 1987, 161, 171); sie ist auch dringend zu empfehlen, weil sonst die Gefahr besteht, dass die für den Verein Handelnden nach den Grundsätzen der Rechtsscheinhaftung persönlich in Anspruch genommen werden könnten. 4

3. Sitz des Vereins

Mangels einer anderen Bestimmung gilt als Sitz des Vereins der Ort, an dem die Verwaltung geführt wird (§ 24 BGB). Die Gründer des Vereins haben aber bei der Wahl des Vereinssitzes bis zur Grenze des Rechtsmissbrauchs freie Hand; sie können einen beliebigen Ort im Inland bezeichnen, selbst wenn dort keinerlei Vereinstätigkeit ausgeübt oder beabsichtigt ist (einschränkend *LG Berlin* Rpfleger 1998, 476 und *Keilbach* DNotZ 2001, 675 für einen rein fiktiven Sitz). Der Verein muss postalisch erreichbar sein, allerdings nicht notwendig an seinem Sitz; die Adresse und spätere Änderungen muss der Verein dem Gericht mitteilen (§ 15 VRV). Ein Doppelsitz ist grundsätzlich unzulässig; auch der jeweilige Wohnort des 1. Vorsitzenden kann nicht als Sitz des Vereins bestimmt werden (*Sauter/Schweyer* Rn. 66). 5

4. Zweck des Vereins

Der Zweck eines eingetragenen Vereins darf nicht auf einen wirtschaftlichen Geschäftsbetrieb gerichtet sein (§ 21 BGB). Dafür kommt nicht auf die Zielsetzung in der Satzung, sondern auf die tatsächliche Betätigung des Vereins an. Die Rechtsprechung verlangt deshalb, dass sich nicht nur der Zweck des Vereins, sondern auch die Art und Weise, wie er diesen verwirklichen will, aus der Satzung ergeben muss, damit das Registergericht prüfen kann, ob der Verein eingetragen werden kann. 6

7   Nicht eingetragen werden können insbesondere Vereine, die am allgemeinen Markt als Anbieter **unternehmerisch tätig** sind, aber auch solche, die in einem aus ihren Mitgliedern bestehenden „Binnenmarkt" Leistungen anbieten, die typischerweise auf einem äußeren Markt entgeltlich erworben werden, wenn sich das Mitgliedschaftsverhältnis faktisch darauf beschränkt (z. B. Einkaufszentrale für Gewerkschaftsmitglieder, *AG Alzenau* BB 1961, 8; Verein, der 27 Wohnungen erwerben und gewinnfrei vermieten will, *OLG Schleswig* Rpfleger 2012, 693; Veranstaltung von Filmvorführungen und Festivals, *KG* DNotZ 2011, 634; Fitnessstudio, *OLG Zweibrücken* Rpfleger 2014, 214), und solche, in die Teile der unternehmerischen Tätigkeit ihrer Mitglieder ausgelagert sind (z. B. Abrechnungsstellen der Heilberufe, *OLG Hamm* Rpfleger 1981, 66; Verein, der günstige Einkaufskonditionen für seine gewerblichen Mitglieder aushandeln will, *OLG Hamm* Rpfleger 2000, 277; Verein, dessen Veranstaltungen der Kundenwerbung dienen, *KG* NJW-RR 2005, 339). Unschädlich sind dagegen die Inanspruchnahme von Fördergeldern durch einen Behindertensportverein (*OLG Hamm* Rpfleger 2008, 141) und eine unternehmerische Betätigung des Vereins, die im Vergleich zu seiner ideellen Betätigung nur eine untergeordnete Rolle spielt und sich als objektiv sinnvolles Mittel zur Förderung des Vereinszwecks darstellt (sog. „Nebenzweckprivileg"; z. B. der Betrieb einer Kletterhalle durch einen Alpenverein, *OLG Frankfurt* SpuRt 2011, 125). Auch betriebliche Sozialeinrichtungen werden nicht als wirtschaftliche Vereine angesehen, da sich ihre Leistungen an einen abgeschlossenen Personenkreis richten und die Mitgliedschaft nicht zum Zweck des Erwerbs der Leistungen erworben werden kann (MünchKomm/*Reuter* §§ 21, 22 Rn. 30; *Küppers/Louven* BB 2004, 437; s. aber auch *OLG Köln* FGPrax 2009, 275). Hier bestehen erhebliche regionale Unterschiede in der Rechtsprechung (vgl. für den Betrieb einer Kindertagesstätte bejahend *OLG Schleswig* SchlHA 2013, 231 und verneinend *KG* DNotZ 2012, 632; für den Betrieb eines Schwimmbad- bzw. Saunavereins bejahend *OLG Schleswig* FGPrax 2011, 34 und verneinend *OLG Karlsruhe* MDR 2012, 173).

8   Welche Vereine **gemeinnützig** sind, regeln §§ 51–68 AO. Ein gemeinnütziger Verein muss ausschließlich (§ 56 AO; vgl. dazu *BFH* NJW 1999, 2463) und unmittelbar (§ 57 AO) einen gemeinnützigen (§ 52 AO), mildtätigen (§ 53 AO) oder kirchlichen (§ 54 AO) Zweck selbstlos (§ 55 AO) verfolgen oder unterstützen, was sich aus der Satzung ergeben muss (§ 60 AO); ältere Vereinssatzungen müssen aber nicht deshalb geändert werden, weil in ihnen auf Vorgängervorschriften der AO verwiesen oder das Wort „selbstlos" nicht verwendet wird (*BMF* BStBl. I 1976, 586). Ein spezielles Anerkennungsverfahren sieht das Gesetz nicht vor; ob die Voraussetzungen vorliegen, entscheidet das Finanzamt bei der Steuerveranlagung. Allerdings kann dem Verein nach Prüfung der Satzung eine vorläufige Bescheinigung erteilt werden, wenn die spätere Anerkennung wahrscheinlich ist. Von den Erfordernissen der ausschließlichen und unmittelbaren Verfolgung der gemeinnützigen Zwecke gewährt § 58 AO in den praktisch wichtigsten Fällen Erleichterung: Der Verein muss den gemeinnützigen Zweck nicht selbst verfolgen, es genügt, wenn er in Übereinstimmung mit seiner Satzung – die Mittel für die Verwirklichung der Zwecke durch eine andere Körperschaft beschafft (Förder- und Spendensammelvereine, § 58 Nr. 1 AO); auch die Bildung von Rücklagen ist zur Erhaltung einer kontinuierlichen Leistungsfähigkeit des Vereins nicht ausgeschlossen (vgl. näher § 58 Nr. 6 und 7 AO). Der Sicherstellung der Selbstlosigkeit dient das Verbot der Gewährung unangemessener Vergütungen an Mitglieder. Es empfiehlt sich, Satzungsänderungen von der Genehmigung des Finanzamts abhängig zu machen, damit nicht unbeabsichtigt durch eine unbedachte Satzungsänderung die Gemeinnützigkeit gefährdet wird.

I. Neugründung

> **Praxishinweis Steuern:**
>
> Sofern ein Verein als gemeinnützig anerkannt ist, hat dies steuerlich insbesondere folgende Konsequenzen:
> - Der Verein ist weitgehend von der Körperschaftsteuer befreit (§ 5 I Nr. 9 KStG). Die Steuerbefreiung umfasst nicht die Einkünfte, die dem Steuerabzug unterliegen, also v. a. Kapitalerträge (§ 5 II Nr. 1 KStG), und das Ergebnis eines „wirtschaftlichen Geschäftsbetriebes" (§ 5 I Nr. 9 S. 2 KStG). Der Begriff des wirtschaftlichen Geschäftsbetriebes ist in § 14 AO definiert, letztlich handelt es sich dabei um geschäftliche Betätigungen am Markt, die über die reine Vermögensverwaltung hinausgehen. Wichtige Rückausnahmen enthält § 64 AO: Die Steuerbefreiung geht nicht verloren bei sog. Zweckbetrieben und bei wirtschaftlichen Geschäftsbetrieben, deren brutto-Einnahmen 35.000 EUR im Jahr nicht übersteigen.
> - Der Verein ist – wiederum mit Ausnahme der wirtschaftlichen Geschäftsbetriebe – von der Gewerbesteuer befreit (§ 3 Nr. 6 GewStG).
> - Die Leistungen des Vereins unterliegen dem ermäßigten USt-Satz (§ 12 II Nr. 8 UStG), sofern nicht überhaupt Umsatzsteuerfreiheit besteht (vgl. insbesondere § 4 Nr. 16, 18, 20, 22, 23 UStG). Auch hier besteht die Steuerbegünstigung nicht für wirtschaftliche Geschäftsbetriebe; auch die 35.000 EUR-Grenze des § 64 III AO gilt nicht für die Umsatzsteuer. Ferner besteht die Begünstigung für Zweckbetriebe nur eingeschränkt, um Wettbewerbsverzerrungen mit anderen Unternehmern, die dem Regelsteuersatz unterliegen, zu vermeiden.
> - Spenden an den Verein sind nach § 10b I EStG als Sonderausgaben (beschränkt) abzugsfähig; dies gilt für Mitgliedsbeiträge nur in begrenztem Umfang (vgl. § 10b I 7, 8 EStG), insbesondere nicht bei Sport- und Freizeitvereinen.
> - Bezüge für Nebentätigkeiten, die vom Verein vergütet werden, sind nach § 3 Nr. 26 EStG teilweise von der Einkommensteuer befreit.
>
> Der „Zweckbetrieb" wird in den §§ 65–68 AO näher definiert. Es handelt sich dabei um Geschäftsbetriebe, die zur Erreichung der satzungsmäßigen Zwecke der Körperschaft erforderlich sind. Typische Beispiele sind Behindertenwerkstätten, Pflegeheime und bestimmte (kleinere, vgl. § 67a AO) Sportveranstaltungen, nicht jedoch Vereinslokale (wirtschaftlicher Geschäftsbetrieb).

5. Mitgliedschaft

a) Erwerb der Mitgliedschaft

Das Gesetz verlangt nicht, dass in der Satzung festgelegt ist, wer Mitglied des Vereins werden kann; die Satzung kann jedoch grundsätzlich beliebige Anforderungen an die Bewerber (z. B. hinsichtlich Alter, Beruf, Wohnsitz, Geschlecht, Staatsangehörigkeit u. Ä.) stellen. Bei Vereinen, die in ihrem Bereich eine Monopolstellung einnehmen, kann jedoch ein Aufnahmeanspruch bestehen, auch wenn die Satzung eine Mitgliedschaft ausschließt (*OLG Frankfurt* OLGR 2006, 306; *LG München I* NJW-RR 1993, 890: Aufnahmeanspruch einer Frau in die Bergwacht, nach deren Dienstordnung nur Männer Mitglied werden können). Zulässig ist auch eine Beschränkung der Zahl der Mitglieder, so dass dann, wenn diese Zahl erreicht ist, eine zeitweilige Aufnahmesperre eintritt. Dagegen darf ein eingetragener Verein nicht bereits satzungsgemäß einen geschlossenen Mitgliederbestand haben.

Als Vereinsgründer kommen diejenigen in Betracht, die nach der Satzung des zu gründenden Vereins die Mitgliedschaft erwerben können. Gestattet dieser die Mitgliedschaft Minderjähriger, dann können diese nur dann ohne Zustimmung ihrer gesetzlichen Vertreter Gründer sein, wenn ihnen die Gründung lediglich einen rechtlichen Vorteil oder zumindest keinen rechtlichen Nachteil bringt; das ist nur denkbar, wenn eine Beitragspflicht der Mitglieder in der Satzung ausgeschlossen ist. Andernfalls bedarf ein Minderjähriger zur Vereinsgründung der Zustimmung seines gesetzlichen Vertreters (§ 107 BGB). Inwieweit rechtsfähige und nicht rechtsfähige Personenvereinigungen Mitglieder werden können, bestimmt die Satzung; die erforderliche Zahl sieben wird dann, wenn die juristischen Personen von ebenfalls gründenden natürlichen Personen beherrscht werden, nur nach der Zahl der natürlichen Personen berechnet (*OLG Stuttgart* Rpfleger 1983, 318; *OLG Köln* NJW 1989, 173).

b) Art und Weise des Eintritts

10   Die Satzung soll über die Art und Weise des Eintritts Bestimmungen enthalten (§ 58 Nr. 1 BGB). Sie kann es zum Erwerb der Mitgliedschaft genügen lassen, dass jemand eine Beitrittserklärung abgibt, aber auch anordnen, dass ein Vereinsorgan über die Aufnahme zu entscheiden hat. Regelmäßig empfiehlt sich die zweite Variante, um einer „Unterwanderung" des Vereins durch Personen, denen es nur darum geht, das Vereinsleben in ihrem Sinne umzugestalten, zu verhindern. Die Satzung kann auch eine bestimmte Form für den Aufnahmeantrag vorsehen; dies ist zweckmäßig, um Zweifel über das Bestehen der Mitgliedschaft oder über den Zeitpunkt des Beitritts zu vermeiden.

c) Austritt

11   **aa) Unabdingbarkeit.** Der Austritt ist durch § 39 I BGB unabdingbar gewährleistet; wie sich im Einzelnen der Austritt vollzieht, soll in der Satzung bestimmt sein (§ 58 Nr. 1 BGB). Die Satzung kann dabei insbesondere regeln, ob eine bestimmte Kündigungsfrist einzuhalten ist, wem gegenüber die Austrittserklärung abzugeben ist und wann sie wirksam wird. Das Kündigungsrecht darf nicht durch zusätzliche Anforderungen erschwert werden, etwa das Erfordernis notarieller Beurkundung der Austrittserklärung. Es wird aber als zulässig angesehen, die einfache Schriftform vorzusehen (BayObLGZ 1986, 528). Würde die Satzung vorsehen, dass der Austritt durch eingeschriebenen Brief zu erfolgen hat, wäre darin nur ein Mittel zum Nachweis des Zugangs, kein Wirksamkeitserfordernis der Kündigung bestimmt (*BGH* NJW-RR 1996, 866).

12   **bb) Austrittsfrist.** Die Satzung kann anordnen, dass der Austritt erst zum Ende des Geschäftsjahrs oder nach Ablauf einer Kündigungsfrist von höchstens zwei Jahren wirksam wird (§ 39 II BGB), auch eine Kombination beider Erfordernisse (z. B. in der Weise, dass der Austritt unter Einhaltung einer einjährigen Kündigungsfrist zum Schluss des Geschäftsjahres zulässig ist), wäre nicht zu beanstanden, wenn das Mitglied nicht länger als zwei Jahre nach Abgabe seiner Austrittserklärung am Verein festgehalten wird. Bestimmt die Satzung keine Frist, ist der Austritt jederzeit möglich (*LG Stuttgart* NJW-RR 1995, 1009). In einem solchen Fall oder wenn die Satzung einen Austritt im Lauf eines Geschäftsjahrs gestattet, sollte sie regeln, ob dem Mitglied geleistete Beiträge anteilig erstattet werden.

13   **cc) Empfänger der Austrittserklärung.** Die Austrittserklärung wird als einseitige, empfangsbedürftige Willenserklärung mit ihrem Zugang bei einem Mitglied des Vorstands (§ 28 II BGB) wirksam, wenn die Satzung nichts anderes bestimmt. Fehlt das betreffende Vereinsorgan, kann das Mitglied gleichwohl nicht länger als zwei Jahre an seiner Mitgliedschaft festgehalten werden, sondern in anderer Weise seinen Willen, dem Verein nicht mehr angehören zu wollen, kundtun (*LG Berlin* Rpfleger 2004, 359).

14   **d) Vereinsausschluss und Vereinsstrafen.** Eine Satzungsbestimmung, ob und unter welchen Voraussetzungen ein Mitglied aus dem Verein ausgeschlossen werden kann, ist nicht gesetzlich vorgeschrieben. Es ist aber dringend zu empfehlen, von der Möglichkeit Gebrauch zu machen, in die Satzung eine Bestimmung über den Ausschluss eines Mitglieds

I. Neugründung

aufzunehmen. Dabei können entweder einzelne Ausschlussgründe bezeichnet werden oder allgemein bestimmt werden, dass ein Mitglied aus **wichtigem Grund** ausgeschlossen werden kann; auch die Angabe eines anderen unbestimmten Rechtsbegriffs (z. B. grober Verstoß gegen die Interessen des Vereins) ist möglich. Werden konkrete Ausschlussgründe bezeichnet, brauchen sie nicht die Schwere eines wichtigen Grundes zu erreichen (str.); so kann beispielsweise auch Verzug mit der Beitragszahlung ausreichend sein. Die Angabe konkreter Ausschlussgründe hindert den Verein nicht, das Mitglied aus einem anderen wichtigen Grund auszuschließen (MünchKomm/*Reuter* § 38 Rn. 49). Das für den Ausschluss zuständige Vereinsorgan sollte in der Satzung bezeichnet werden; fehlt eine solche Bestimmung, so entscheidet die Mitgliederversammlung mit einfacher Mehrheit.

Bei größeren Vereinen ist es meist zweckmäßig, das **Ausschlussverfahren** in der Weise zu gestalten, dass die Mitgliederversammlung nicht in jedem Fall mit dem Ausschluss befasst wird. In diesem Fall muss die Satzung das für die Ausschließung zuständige Organ ausdrücklich bestimmen; die Ausschließung eines Mitglieds durch ein nicht ausdrücklich hierfür bestimmtes Vereinsorgan wäre unwirksam. Meist wird der Vorstand als dieses Organ bestimmt; allerdings greift diese Regelung dann nicht ein, wenn sich das Ausschlussverfahren gegen ein Vereinsmitglied richtet, das zugleich Vorstandsmitglied ist (*BayObLG* NJW 1994, 832). Im Ausschließungsverfahren hat das betroffene Mitglied Anspruch auf **rechtliches Gehör**, dessen Ausgestaltung die Satzung regeln kann und sollte, da sonst der Umfang des Gehörsrechts zweifelhaft sein kann. Eine ausdrückliche Regelung empfiehlt sich auch für die Frage, ob das Mitglied im Ausschließungsverfahren einen (vereinsfremden) Beistand zu seiner Unterstützung beiziehen darf; ohne ausdrückliche Regelung ist unsicher, ob dieses Recht besteht (vgl. etwa *LG Köln* BB 1975, 342). Auch ohne Festlegung in der Satzung steht fest, dass der Ausschließungsbeschluss begründet sein muss. An ein weiteres Organ kann sich das ausgeschlossene Mitglied nur wenden, wenn die Satzung dies ausdrücklich vorsieht; die Möglichkeit, den Ausschluss durch die Mitgliederversammlung überprüfen zu lassen, ist allerdings häufig vorgesehen. Den allgemeinen rechtsstaatlichen Verfahrensgrundsätzen entspricht es, einem solchen vereinsinternen Rechtsbehelf aufschiebende Wirkung beizulegen und den sofortigen Vollzug – wenn überhaupt – auf solche Fälle zu beschränken, in denen besondere Umstände es rechtfertigen (*OLG Köln* NJW-RR 1993, 891).

Bei der **Streichung aus der Mitgliederliste** handelt es sich rechtlich um ein vereinfachtes Ausschließungsverfahren, das meist an einfach gelagerte, leicht feststellbare Tatbestände anknüpft (insbesondere Beitragsrückstände, aber auch Verlegung des Wohnsitzes, Nichtteilnahme an einer bestimmten Zahl von Vereinsveranstaltungen). Regelungen über eine Anfechtung der Streichung durch das Mitglied sind – anders als beim normalen Ausschließungsverfahren – regelmäßig entbehrlich.

Formulierungsbeispiel: Streichung von der Mitgliederliste

Ein Mitglied kann durch Beschluss des Vorstands von der Mitgliederliste gestrichen werden, wenn es trotz zweimaliger Mahnung mit der Zahlung des Beitrags im Rückstand ist. Die Streichung darf erst beschlossen werden, nachdem seit der Absendung des zweiten Mahnschreibens drei Monate verstrichen und die Beitragsschulden nicht beglichen sind. Die Streichung ist dem Mitglied mitzuteilen.

Außer dem Ausschluss aus dem Verein als schwerster Sanktion kann die Satzung für Verstöße gegen Mitgliedspflichten Disziplinarmaßnahmen der verschiedensten Art vorsehen, z. B. Ausschluss von den Vereinseinrichtungen (*OLG Köln* NJW-RR 1993, 891), Sperre bei Sportlern (*OLG München* NJW 1996, 2382). Es dürfen nur solche Straf- und Disziplinarmaßregeln angewandt werden, die die Satzung vorsieht (BGHZ 47, 172, 177 f.).

18 Vereinsausschluss und Vereinsstrafen unterliegen der **Kontrolle durch die staatlichen Gerichte.** Der Rechtsweg kann in der Satzung nicht ausgeschlossen werden; anders lautende Satzungsbestimmungen sind nichtig. Die Satzung kann aber die Entscheidung über die Rechtswirksamkeit einerseits einem Schiedsgericht übertragen, dessen Entscheidung an die Stelle der Entscheidung des staatlichen Gerichts tritt, andererseits vorsehen, dass die staatlichen Gerichte erst angerufen werden können, wenn das Mitglied die ihm nach der Satzung zustehenden vereinsinternen Rechtsbehelfe ausgeschöpft, insbesondere ein Vereinsgericht angerufen hat. Die Satzung muss aber für jedes Mitglied auch ohne juristische Beratung deutlich erkennen lassen, welche rechtlichen Folgen es hat, wenn es von der Anrufung der vorgesehenen Vereinsinstanz keinen Gebrauch macht (BGHZ 47, 172). Ferner muss die vereinsinterne Kontrolle hinsichtlich der zeitlichen Nähe zur Ergreifung des Rechtsbehelfes mit einem staatlichen Gericht vergleichbar sein; die Möglichkeit, ein nur einmal jährlich zusammentretendes Organ (z.B. die ordentliche Mitgliederversammlung) anzurufen, dürfte wohl nicht genügen (vgl. *BGH* NJW 1989, 1212).

18a **Formulierungsbeispiel: Ausschluss aus dem Verein**

Ein Mitglied kann, wenn es gegen die Vereinsinteressen gröblich verstoßen hat, durch Beschluss des Vorstands aus dem Verein ausgeschlossen werden. Vor der Beschlussfassung ist dem Mitglied unter Setzung einer angemessenen Frist Gelegenheit zu geben, sich persönlich vor dem Vorstand oder schriftlich zu rechtfertigen; das Mitglied darf sich dabei eines Beistands bedienen, der nicht Vereinsmitglied zu sein braucht. Eine schriftliche Stellungnahme des Betroffenen ist in der Vorstandssitzung zu verlesen. Der Beschluss über den Ausschluss ist mit Gründen zu versehen und dem Mitglied mittels eingeschriebenen Briefes bekannt zu machen. Gegen den Ausschließungsbeschluss des Vorstands steht dem Mitglied das Recht der Berufung an die Mitgliederversammlung zu. Die Berufung hat aufschiebende Wirkung. Die Berufung muss innerhalb einer Frist von einem Monat ab Zugang des Ausschließungsbeschlusses beim Vorstand schriftlich eingelegt werden. Ist die Berufung rechtzeitig eingelegt, so hat der Vorstand innerhalb von zwei Monaten die Mitgliederversammlung zur Entscheidung über die Berufung einzuberufen. Geschieht das nicht, gilt der Ausschließungsbeschluss als nicht erlassen. Macht das Mitglied von dem Recht der Berufung gegen den Ausschließungsbeschluss keinen Gebrauch oder versäumt es die Berufungsfrist, so unterwirft es sich damit dem Ausschließungsbeschluss mit der Folge, dass die Mitgliedschaft als beendet gilt.

19 Die meisten in Vereinssatzungen vorgesehenen „Gerichte" stellen keine echten Schiedsgerichte dar, durch die der Rechtsweg zu den staatlichen Gerichten ausgeschlossen wäre (*BGH* NJW-RR 2013, 873), auch wenn ein förmliches Verfahren abläuft, rechtliches Gehör gewährt wird und gleichzeitige Mitgliedschaft im Vorstand und im Vereinsgericht ausgeschlossen ist. Es fehlt nämlich jedenfalls daran, dass die Streitbeteiligten paritätisch Einfluss auf seine Besetzung nehmen können; diese ist vielmehr ausschließlich Sache der Mitgliederversammlung. Soweit kein echtes Schiedsgericht vorliegt, sollte es in der Satzung auch nicht als solches bezeichnet, sondern die neutrale Bezeichnung „Vereinsgericht" gewählt werden.

e) Beiträge

20 **aa) Notwendigkeit der Regelung in der Satzung.** Die Satzung soll eine Aussage im positiven oder negativen Sinne darüber enthalten, ob von den Mitgliedern Beiträge zu leisten sind (§ 58 Nr. 2 BGB). Beiträge sind dabei alle mitgliedschaftlichen Pflichten zur Förderung des Vereinszwecks; dies können neben Geldzahlungen auch Sachleistungen oder die Verpflichtung zur Leistung von Diensten sein. Ohne nähere Bestimmung sind „Beiträge" aber nur Geldbeiträge, bei denen es sich um einmalige (Aufnahmegebühr,

Eintrittsgeld), laufende (Jahresbeitrag), von Fall zu Fall zu erhebende Umlagen und Disziplinarstrafen handeln kann. Die Festlegung der Höhe der Beiträge in der Satzung empfiehlt sich nicht, weil sonst jede Änderung dieser Beträge den Vorschriften über die Satzungsänderung unterliegt. Zweckmäßig ist es vielmehr, das Vereinsorgan festzulegen, das über die Höhe der Beiträge entscheidet; eine rückwirkende Einführung von Beiträgen oder eine rückwirkende Beitragserhöhung bedürfen einer ausdrücklichen Ermächtigung in der Satzung (*LG Hamburg* NJW-RR 1999, 1708). Bei größeren Vereinen wird die Einhebung der Beiträge durch Einzugsermächtigungen der Mitglieder sehr erleichtert; damit davon in weitem Umfang Gebrauch gemacht wird, sollte die Satzung diese Art der Zahlung des Mitgliedsbeitrags begünstigen. Die Beiträge brauchen nicht für alle Mitglieder gleich hoch zu sein; gegen eine Beitragsfreiheit für Ehrenmitglieder, aber auch für andere Mitgliedergruppen (z. B. Pensionisten, Studenten usw.) bestehen deshalb keine Bedenken.

bb) Aufnahmegebühr. Sieht die Satzung „Beiträge" ohne nähere Beschreibung vor, **21** sind darunter regelmäßig nur laufende Mitgliedsbeiträge zu verstehen; soll daneben eine Aufnahmegebühr (Eintrittsgeld) erhoben werden, muss die Satzung dies gestatten (a. A. *OLG Bamberg* BB 1982, 272); auch Umlagen, die neben den laufenden Beiträgen erhoben werden sollen, müssen eine Grundlage in der Satzung haben, die normalerweise auch eine Obergrenze bestimmen muss (*BGH* NJW-RR 2008, 194; dort auch zu einer Ausnahme) und in ihren Voraussetzungen klar geregelt sein (*OLG Stuttgart* NZG 2012, 317). Ein Anspruch auf Erstattung der Aufnahmegebühr beim Austritt aus dem Verein besteht nur, soweit die Satzung einen solchen einräumt (*OLG Brandenburg* OLGR 2005, 242). Beim gemeinnützigen Verein darf der Personenkreis, dem die Vereinstätigkeit zugute kommen kann, nicht begrenzt sein; der Zugang zum Verein muss jedem offen stehen. Zu hohe Aufnahmegebühren und Mitgliedsbeiträge können deshalb die Anerkennung der Gemeinnützigkeit hindern. Die Finanzverwaltung zieht die Obergrenze bei einem durchschnittlichen jährlichen Mitgliedsbeitrag von 1023 EUR und einer Aufnahmegebühr bis zu 1534 EUR (*BMF* DStR 2005, 1011).

cc) Kassenprüfung. Eine regelmäßige Prüfung der Geschäftsführung, wie sie für die **22** Genossenschaft gesetzlich vorgeschrieben ist (§ 53 GenG), kennt das Vereinsrecht nicht. Gleichwohl sind solche Prüfungen jedenfalls bei größeren Vereinen sehr gebräuchlich. Die Prüfung kann von Fall zu Fall von der Mitgliederversammlung beschlossen, aber auch in der Satzung angeordnet werden; es kann bei entsprechendem Geschäftsanfall sinnvoll sein vorzusehen, dass auch Nichtmitglieder (insbesondere eine Wirtschaftsprüfungsgesellschaft) mit der Prüfung beauftragen zu können. Die Satzungsbestimmung sollte auch ergeben, ob sich die Prüfung auf die Übereinstimmung zwischen den Ein- und Ausgabebelegen und dem Kassenbestand beschränkt oder ob eine umfassende Revision der Geschäftsprüfung bezweckt wird. Auf die gewählte Bezeichnung (Kassenprüfer, Rechnungsprüfer, Revisor) kommt es jedenfalls nicht an.

6. Der Vorstand

a) Zusammensetzung

Die Satzung soll Bestimmungen über die Bildung des Vorstands enthalten (§ 58 Nr. 3 **23** BGB); erforderlich ist also zumindest eine Aussage, ob der Vorstand aus einer oder mehreren Personen besteht, gegebenenfalls aus wie vielen. Möglich ist es auch, nur eine Mindest- und/oder Höchstzahl der Vorstandsmitglieder zu bestimmen. In diesem Fall ist es der Mitgliederversammlung überlassen, innerhalb dieser Grenzen so viele Vorstandsmitglieder zu bestellen, wie sie für erforderlich hält. Nach der Rechtsprechung muss beim mehrgliedrigen Vorstand aber jedenfalls eine Mindestzahl bestimmt werden (*OLG Celle* NotBZ 2011, 42). Eine Person kann auch mehrere Vorstandsämter gleichzeitig bekleiden, wenn dies die Satzung nicht ausdrücklich verbietet (*OLG Hamm* NJW-RR 2011, 471). Der Vorstand muss nicht unbedingt als solcher bezeichnet werden, wenn sich nur mit hinreichender Deutlichkeit ergibt, dass es sich bei dem Organ um dasjenige handelt, dem die Vertretung des Vereins obliegt (z. B. Präsidium). Die Satzung kann den Mitgliedern eines mehrgliedrigen Vorstands Bezeichnungen beilegen (z. B. „1. Vorsitzender", „2. Vorsitzender", „Kassierer", „Schriftführer"), muss dies aber nicht. Sollen dem Leitungsorgan des Vereins auch Personen angehören, die nicht zur Vertretung des Vereins befugt sind, aber von der Satzung gleichwohl als Vorstandsmitglieder bezeichnet werden, muss klargestellt werden, wer den Vorstand im Sinne des Gesetzes bildet (z. B. „Vorstand im Sinn des § 26 BGB sind …"; *BayObLG* Rpfleger 1971, 352).

b) Vertretungsmacht

24   Satzungsmäßige Bestimmungen darüber, wie mehrere Vorstandsmitglieder den Verein vertreten, sind zwar nicht zwingend vorgeschrieben; da aber mangels einer Bestimmung gilt, dass der Verein durch die Mehrheit der Vorstandsmitglieder vertreten wird (§ 26 II 1 BGB), empfiehlt sich in jedem Fall eine ausdrückliche Regelung in der Satzung. Sie kann bestimmen, dass zur Vertretung des Vereins das Handeln aller Vorstandsmitglieder erforderlich ist, aber auch, dass eines, mehrere oder alle Vorstandsmitglieder einzeln zur Vertretung des Vereins berechtigt sind. Alle anderen Kombinationen von Vertretungsregelungen sind ebenfalls möglich; es dürfen nur nicht einzelne Vorstandsmitglieder gänzlich von der Vertretung des Vereins ausgeschlossen werden und die Regelung darf auch nicht missverständlich sein („gegenseitig vertretungsbefugt", *OLG Celle* Rpfleger 2010, 670).

25   Anders als bei den juristischen Personen des Handelsrechts kann beim Verein die Vertretungsmacht des Vorstand auch **mit Wirkung gegen Dritte beschränkt** werden, wenn die Beschränkung in das Vereinsregister eingetragen wird (§§ 64, 68, 70 BGB). Üblich sind vor allem betragsmäßige Beschränkungen; bei deren Formulierung muss sorgfältig darauf geachtet werden, ob sie das Ausmaß der Einschränkung in der für den Rechtsverkehr erforderlichen Weise bestimmt zum Ausdruck bringt. Eine Beschränkung, dass der Vorstand „zu Investitionsmaßnahmen mit einem Gesamtumfang von mehr als 50.000 EUR" weiterer Zustimmungen bedarf, wäre beispielsweise nicht eintragungsfähig (*BayObLG* Rpfleger 1999, 544), da niemand bei Abschluss eines Vertrags beurteilen kann, ob dies im Rahmen einer derartigen Investitionsmaßnahme geschieht.

c) Wählbarkeit

26   Anders als im Genossenschaftsrecht (§ 9 II GenG) ist beim eingetragenen Verein nicht vorgeschrieben, dass der Vorstand Mitglied des Vereins sein muss; es kann deshalb auch ein Nichtmitglied zum Vorstand des Vereins gewählt werden. Diese Möglichkeit kann aber durch die Satzung ausgeschlossen werden, die auch weitere Erfordernisse (z. B. Lebensalter, Dauer der Vereinszugehörigkeit) aufstellen kann. Mehrere Vorstandsmitglieder können nur dann in einem Wahlgang gewählt werden („Blockwahl"), wenn die Satzung dies gestattet (*OLG Zweibrücken* Rpfleger 2014, 209).

d) Amtsdauer

27   Die Satzung könnte es dem für die Bestellung des Vorstands zuständigen Vereinsorgan überlassen, im Bestellungsbeschluss die Amtsdauer des Vorstands festzulegen; sinnvoll ist aber in jedem Fall eine Festlegung der Satzung; die Amtszeit kann für mehrere Vorstandsmitglieder unterschiedlich lange bestimmt werden.

Eine automatische Verlängerung der Amtsdauer des Vorstands bis zur Neu- oder Wiederwahl gibt es nicht; mit dem Ablauf der satzungsgemäßen Amtszeit endet das Vorstandsamt. Oft wird aber in der Praxis übersehen, rechtzeitig vor Ablauf der Wahlperiode eine Neuwahl des Vorstands durchzuführen; der Verein hat dann zeitweise keinen gesetzlichen Vertreter mehr, was zu einer Lähmung der Vereinstätigkeit jedenfalls in rechtlicher Hinsicht führen kann. Dieser Gefahr kann dadurch begegnet werden, dass in die Satzung eine „Übergangsklausel" aufgenommen wird, die die Vertretung des Vereins bei einer Verzögerung der Neuwahl sicherstellt. Der Vorstand ist allerdings auch in diesem Fall zur rechtzeitigen Einberufung der Mitgliederversammlung zwecks Neuwahl des Vorstands verpflichtet.

7. Die Mitgliederversammlung

Die Mitgliederversammlung ist das Vereinsorgan, das für alle Angelegenheiten des Vereins zuständig ist, die nicht zur Zuständigkeit des Vorstands oder anderer Vereinsorgane gehören. „Ordentliche" und „außerordentliche" Mitgliederversammlungen sind keine gesetzlichen Begriffe, sondern haben sich in der Praxis eingebürgert. Als ordentliche wird meist die Versammlung verstanden, die regelmäßig (z.B. einmal jährlich) aufgrund einer Satzungsbestimmung abgehalten wird, während als außerordentliche die Versammlungen bezeichnet werden, die aus einem besonderen Anlass einberufen werden, insbesondere dann, wenn das Interesse des Vereins es erfordert; insoweit erübrigt sich eine Satzungsbestimmung, weil § 36 BGB, der dies festlegt, unabdingbar ist. 28

§ 32 I 1 BGB weist die Angelegenheiten des Vereins der Mitgliederversammlung zu, soweit sie nicht vom Vorstand zu besorgen sind. Deshalb empfiehlt es sich, die Zuständigkeiten des Vorstands und der Mitgliederversammlung in der Satzung voneinander abzugrenzen. Die Vereinsautonomie gewährleistet dem Verein bei der Abgrenzung einen weiten Spielraum; die Mitgliederversammlung kann auch nicht Aufgaben an sich ziehen, die nach der Satzung dem Vorstand zugewiesen ist, sondern in einem solchen Fall lediglich den Vorstand abberufen. Nicht zulässig wäre es allerdings, die Satzung so zu gestalten, dass jedwede nennenswerte Mitwirkung der Mitgliederversammlung bei der Willensbildung des Vereins von vorneherein ausgeschlossen ist (*OLG Celle* NJW-RR 1995, 1273). 29

a) Einberufung

aa) Zuständigkeit. Zuständig für die Einberufung der Mitgliederversammlung ist der Vorstand auch dann, wenn die Satzung dies nicht ausdrücklich bestimmt. Sind mehrere einzelvertretungsberechtigte Vorstandsmitglieder vorhanden, so ist jedes Vorstandsmitglied einzeln zur Einberufung legitimiert. Beim mehrgliedrigen Vorstand ohne Vertretungsregelung in der Satzung bedürfte die Einberufung eines entsprechenden Vorstandsbeschlusses; allerdings könnte hier die Satzung ein Mitglied des Vorstands (z.B. den Vorsitzenden des Vorstands) als zuständig bestimmen. Sind mehrere Personen unabhängig voneinander zur Einberufung befugt, kann dies bei Streit innerhalb des Vorstands zu mehreren konkurrierenden Einberufungen zur gleichen Zeit an verschiedene Orte führen (vgl. dazu *OLG Stuttgart* Rpfleger 2004, 106). Die Einberufung einer Mitgliederversammlung durch nicht hierzu gesetzlich oder satzungsmäßig befugte Personen führt grundsätzlich zur Nichtigkeit der gefassten Beschlüsse (*KG* Rpfleger 1978, 133); allerdings ist die Einberufung durch ein Vorstandsmitglied, das nicht wirksam bestellt oder (insbesondere wegen Ablaufs der Amtsdauer) nicht mehr im Amt ist, unschädlich, wenn es noch im Vereinsregister eingetragen ist(BayObLGZ 1993, 348, 350). 30

bb) Form. Die Form der Einberufung der Mitgliederversammlung soll in der Satzung festgelegt werden (§ 58 Nr. 4 BGB). Die Satzung kann die Form frei wählen, die gewählte Form muss aber jedem Vereinsmitglied die Möglichkeit ergeben, in zumutbarer Form Kenntnis von der Anberaumung zu verlangen. Hierfür ist auch die Bekanntmachung in der Vereinszeitschrift oder einer anderen, genau bezeichneten Zeitung oder Zeitschrift geeignet; eine Satzungsbestimmung wie „durch die Tagespresse" oder „durch ortsübliche 31

Bekanntmachung" wäre hingegen zu unbestimmt (*OLG Hamm* NJW-RR 2011, 395; großzügiger *OLG Celle* Rpfleger 2012, 261).

Sieht die Satzung als Form der Einladung zur Mitgliederversammlung die unmittelbare Benachrichtigung jedes Mitglieds vor, ist die Einberufung dann nicht ordnungsgemäß, wenn Mitglieder die Einladung nicht innerhalb der bestimmten Ladungsfrist erhalten haben, auch wenn sie dies (z. B. bei Wohnungswechsel ohne Benachrichtigung des Vereins) selbst zu vertreten haben. Damit Beschlüsse der Mitgliederversammlung nicht wegen Mängel der Einladung angegriffen werden können, empfiehlt es sich, die Mitteilung an die letzte dem Verein bekannt gegebene Adresse eines Mitglieds genügen zu lassen. Um moderne Kommunikationsmethoden, wie (Computer-)Fax oder E-mail nutzen zu können, ist es ratsam, nicht Schriftform, sondern – was ohne weiteres zulässig ist (*OLG Schleswig* NJW 2012, 2524) – Textform (§ 126b BGB) vorzuschreiben; allerdings hält die Rechtsprechung selbst bei angeordneter Schriftform die Einladung per E-mail für wirksam (*OLG Zweibrücken* Rpfleger 2013, 537).

31a   cc) Minderheitenrecht. § 37 BGB schreibt – unabdingbar – vor, dass auch eine Minderheit der Mitglieder das Recht hat, die Einberufung einer Mitgliederversammlung zu verlangen und sie auch gegen den Willen des Einberufungsorgans zu erzwingen. Nach noch h. M. kann die Satzung aber bestimmen, wie groß der Teil der Mitglieder sein muss, damit er dieses Recht in Anspruch nehmen kann; sie kann danach nicht nur einen geringeren, sondern auch einen größeren Bruchteil festsetzen, z. B. 20 % (*BayObLG* Rpfleger 2001, 431). Keinesfalls darf das Minderheitenrecht an ein Quorum der in der Mitgliederversammlung stimmberechtigten Mitglieder anknüpfen; auch nicht stimmberechtigte Mitglieder müssen die Einberufung einer Mitgliederversammlung erzwingen können (*OLG Düsseldorf* Rpfleger 2013, 539).

b) Ladungsfrist

32   Eine Satzungsbestimmung über die Einberufungsfrist ist dringend zu empfehlen, da andernfalls die Ordnungsmäßigkeit einer Mitgliederversammlung von einer Einladung abhinge, die so rechtzeitig war, dass man davon ausgehen konnte, es werde jedem Mitglied möglich sein, sich auf die Versammlung vorzubereiten und, falls gewünscht, daran teilzunehmen. Auch eine Satzungsbestimmung darf die Frist aus diesem Grund nicht zu kurz bemessen. Bei Vereinen mit örtlichem Wirkungskreis können zwei Wochen ausreichend sein; bei Großvereinen sollte die Ladungsfrist mindestens vier Wochen betragen.

c) Tagesordnung

33   § 32 I 2 BGB verlangt für die Gültigkeit eines Beschlusses der Mitgliederversammlung, dass der Gegenstand der Beschlussfassung, die sog. Tagesordnung, bei der Einberufung bezeichnet wird. Die Satzung kann aber diese Anforderungen sowohl verschärfen (also z. B. Mitteilung einer beabsichtigten Satzungsänderung im Wortlaut verlangen) oder auf die Mitteilung der Tagesordnung allgemein oder für bestimmte Fälle verzichten. Ebenso kann vorgesehen werden, dass die Mitgliederversammlung weitere (also nicht bei der Einberufung bezeichnete Punkte) auf die Tagesordnung setzen kann.

Soll nach der Einladung zur Mitgliederversammlung noch eine **Ergänzung der Tagesordnung** durch Anträge aus dem Kreis der Mitglieder zulässig sein, so sollten die dafür bestehenden Erfordernisse und die Mindestfrist für die Ankündigung in der Satzung geregelt sein; schweigt die Satzung, würden stets Zweifel möglich sein, ob Ergänzungen den Mitgliedern so rechtzeitig vor der Versammlung mitgeteilt wurden, dass genügend Zeit für eine sachgerechte Vorbereitung bleibt (Erfordernis nach *BGH* NJW 1987, 1811). Zusätzlich ist eine Regelung ratsam, wenn Dringlichkeitsanträge in der Versammlung selbst ausgeschlossen sein sollen.

d) Leitung

Eine gesetzliche Vorschrift über die Leitung der Mitgliederversammlung fehlt. Schweigt auch die Satzung, so fällt diese Aufgabe dem Vorstand zu; die Mitgliederversammlung kann aber in diesem Fall auch einen anderen Versammlungsleiter wählen. Ausdrückliche Regelung der Leitung der Mitgliederversammlung in der Satzung ist üblich und zweckmäßig; die Bestimmung bedeutet, dass die in der Satzung bezeichneten Personen ein Vorrecht auf die Leitung haben, nicht aber, dass ohne sie eine Mitgliederversammlung nicht stattfinden könnte (*BayObLG* Rpfleger 1973, 20), vielmehr ist dann die Bestimmung eines Versammlungsleiters wieder Sache der Mitgliederversammlung. Es dient der Vermeidung von Zweifeln, dies in der Satzung positiv in diesem Sinne zu regeln. **34**

e) Beschlussfassung, Mehrheitserfordernisse

Nach § 32 I 3 BGB entscheidet bei der Beschlussfassung die Mehrheit der erschienenen Mitglieder. Das bedeutet, dass ein Antrag angenommen ist, wenn die Zahl der Ja-Stimmen größer ist als die Zahl der Nein-Stimmen; soll die relative Mehrheit ausreichend sein, bedarf dies einer eindeutigen Regelung in der Satzung (*OLG München* OLGR 2008, 300). **Stimmenthaltungen** sind nicht mitzuzählen (*BGH* NJW 1982, 1585). Da die Frage aber vor der Entscheidung des BGH umstritten war und die Satzung eine andere Ermittlung der Mehrheit bestimmen könnte (§ 40 BGB), empfiehlt sich auch dann eine Klarstellung in der Satzung, wenn an der Rechtslage nichts geändert werden soll. **35**

> **Formulierungsbeispiel: Berechnung der Stimmenmehrheit** **35a**
>
> Soweit die Satzung nichts anderes bestimmt, entscheidet bei der Beschlussfassung der Mitgliederversammlung die Mehrheit der abgegebenen gültigen Stimmen; Stimmenthaltungen bleiben dabei außer Betracht.

Jedes Mitglied hat grundsätzlich eine Stimme. Die Zuteilung eines mehrfachen Stimmrechts ist als Sonderrecht nur durch entsprechende Satzungsbestimmung möglich. Die Übertragung des Stimmrechts auf eine andere Person ist nur möglich, wenn die Satzung dies ausdrücklich zulässt (§§ 34, 40 BGB); diese kann auch Einschränkungen hinsichtlich der Person der Bevollmächtigten und der Zahl der vertretenen Stimmen vorsehen.

> **Formulierungsbeispiel: Übertragung des Stimmrechts** **35b**
>
> Zur Ausübung des Stimmrechts kann ein anderes Mitglied schriftlich bevollmächtigt werden. Die Bevollmächtigung ist für jede Mitgliederversammlung gesondert zu erteilen. Ein Mitglied darf jedoch nicht mehr als drei fremde Stimmen vertreten.

Können juristische Personen oder handelsrechtliche Personengesellschaften Mitglied werden, empfiehlt sich im Hinblick auf die für den gesetzlichen Regelfall anders lautende Rechtsprechung (*OLG Düsseldorf* Rpfleger 1990, 369), die Ausübung des Stimmrechts nicht nur durch deren gesetzliche Vertreter, sondern auch von diesen bevollmächtigte Personen zu gestatten, wenn nicht ohnehin Stimmabgabe durch Bevollmächtigte für zulässig erklärt ist.

Qualifizierte Mehrheiten verlangt das Gesetz in §§ 33 I 1 und 2 und § 41 BGB für eine Änderung der Satzung (¾-Mehrheit der erschienenen Mitglieder), eine Änderung des Vereinszwecks (Zustimmung aller vorhandenen Mitglieder) und die Auflösung des Vereins (¾-Mehrheit der erschienenen Mitglieder). Auch von diesen Mehrheitserfordernissen kann die Satzung aber abweichen und diese Beschlüsse sowohl erleichtern als auch erschweren. Zweckmäßig ist insbesondere eine Abweichung von § 33 I 2 BGB, da sonst bei Vereinen mit größerer Mitgliederzahl eine Änderung des Vereinszwecks wegen **36** der gesetzlich erforderlichen Allstimmigkeit kaum noch möglich ist; umgekehrt kann für die schriftliche Zustimmung nach § 33 I 2 BGB eine Frist bestimmt werden.

Es gibt keinen ungeschriebenen Rechtssatz des Inhalts, dass bestimmte Abstimmungen geheim erfolgen müssten (vgl. *BGH* NJW 1970, 46). Sollen also z. B. Wahlen stets oder andere Abstimmungen auf Verlangen einer bestimmten Quote der Teilnehmer an der Mitgliederversammlung schriftlich oder schriftlich-geheim stattfinden müssen, bedarf es einer dies anordnenden Satzungsbestimmung. Soweit die Satzung den Fall nicht regelt, ist es Sache des Versammlungsleiters, die Art und Weise der Abstimmung festzulegen.

f) Protokollierung

37 Eine Satzungsbestimmung über die Beurkundung der Beschlüsse der Mitgliederversammlung wird von § 58 Nr. 4 BGB verlangt. „Beurkundung" bedeutet die schriftliche Niederlegung der Beschlüsse, nicht etwa die Beiziehung einer Urkundsperson, etwa eines Notars. Da es keine Vorschriften über den Inhalt eines Protokolls gibt, sollte die Satzung die Mindestanforderungen festlegen. Mangels abweichender Satzungsbestimmung genügt ein Ergebnisprotokoll; der Ablauf der Versammlung braucht nicht wiedergegeben zu werden. Die Satzung sollte weiter festlegen, von wem das Protokoll zu unterschreiben ist; dabei ist es sinnvoll, hierfür den Versammlungsleiter und/oder den Protokollführer zu bestimmen, nicht den Inhaber eines bestimmten Vereinsamts, da diese Regelung Schwierigkeiten mit sich bringt, wenn der Betreffende nicht an der Versammlung teilgenommen hat.

8. Gründungsvorgang

38 Die Satzung soll von mindestens sieben Mitgliedern unterschrieben sein und die Angabe des Tages enthalten, an dem sie errichtet ist (§ 59 III BGB). Die Eintragung eines Vereins mit weniger als sieben Mitgliedern kommt nicht in Betracht (*KG* VIZ 2002, 596; großzügiger *OLG Hamm* Rpfleger 1997, 481). Eine Beurkundung der Satzung ist nicht vorgeschrieben. Sollte diese ausnahmsweise gewünscht werden, erhebt der Notar eine 2,0-Gebühr Nr. 21100 KV-GNotKG; der Geschäftswert beträgt im Regelfall 5.000 EUR (§ 36 III GNotKG); jedoch ist die Mindestgebühr von 120 EUR zu beachten.

Das Gründungsprotokoll bedarf lediglich der Schriftform (§ 59 II Nr. 2 BGB). Sollte ausnahmsweise die Beurkundung der Gründung durch einen Notar gewünscht werden, wäre ebenfalls eine 2,0-Gebühr Nr. 21100 KV-GNotKG zu erheben; auch hier beträgt die Mindestgebühr 120 EUR.

39 Der eigentliche Gründungsakt besteht in der Einigung der Gründer, dass die für den künftigen Verein entworfene Satzung jetzt verbindlich sein soll; dies umfasst die Einigung, dass der Verein in das Vereinsregister eingetragen werden soll. Eine bestimmte Mindestgründerzahl gibt es nicht; es wäre deshalb ausreichend, wenn sich lediglich zwei Personen an der Gründung beteiligen. Da der Verein aber nur dann in das Vereinsregister eingetragen werden darf, wenn er mindestens sieben Mitglieder hat (§§ 56, 60 BGB), empfiehlt es sich, auch mit der Gründung solange zu warten, bis wenigstens sieben Personen bereit sind, sich zu beteiligen.

Die Gründer haben den ersten Vorstand des Vereins zu bestellen und zwar unter Beachtung der eben von ihnen errichteten Satzung, die also bereits für das Wahlverfahren und die erforderliche Mehrheit anzuwenden ist. Besteht der Vorstand aus mehreren Personen, ist die Gründung erst abgeschlossen, wenn alle vorgesehenen Vorstandsposten besetzt sind. Es ist zweckmäßig, in das Protokoll die Feststellung aufzunehmen, dass die Wahl angenommen wurde, da die Bestellung zum Vorstand nicht schon mit der Beschlussfassung, sondern erst mit der Annahme der Bestellungserklärung durch den Gewählten wirksam wird. Fehlt ein solcher Vermerk, kann das betreffende Vorstandsmitglied nur ins Vereinsregister eingetragen werden, wenn es die dazugehörige Vereinsregisteranmeldung selbst unterzeichnet; hierin liegt die Annahme der Wahl (*BayObLG* FGPrax 1996, 232, 233).

9. Vereinsregisteranmeldung

Die Anmeldung des Vereins zum Vereinsregister erfolgt durch den Vorstand. Die **40** Änderung des § 77 BGB durch das FGG-RG hat die jahrzehntealte Streitfrage, ob die Anmeldung durch sämtliche Vorstandsmitglieder erfolgen muss oder ob die Anmeldung durch die Vorstandsmitglieder in vertretungsberechtigter Zahl genügt, im letzteren Sinne beantwortet. Die Mitglieder des Vorstands sind mit Namen, Vornamen, Wohnort, Geburtsdatum und, soweit zweckmäßig, mit ihrer Stellung im Vorstand einzutragen (§ 3 Nr. 3 VRV); deshalb sollte die Anmeldung diese Angaben enthalten. Der Anmeldung sind Abschriften der Satzung und der Urkunde über die Bestellung des Vorstands beizufügen (§ 59 II BGB); die Übersendung von Urschriften ist nicht mehr erforderlich.

Anders als bei der GmbH gibt es beim eingetragenen Verein keine gesetzliche Verpflichtung, die Vertretungsbefugnis des Vorstands anzumelden. Sie ist aber zweckmäßig, um dem Registergericht die Eintragung der Vertretungsregelung zu erleichtern und – zumal bei weniger klar gefassten Satzungen – Missverständnisse des Rechtspflegers zu vermeiden. An die Vereinsanschrift übersendet das Registergericht die Eintragungsnachricht. Es empfiehlt sich, Änderungen dem Registergericht unaufgefordert mitzuteilen; das Registergericht kann die Mitteilung auch verlangen (§ 15 VRV).

Für die notarielle Beglaubigung der Anmeldung wird eine 0,5-Gebühr Nr. 21201 Ziff. 4 KV-GNotKG, mindestens 30 EUR erhoben. Eine Abweichung vom Regelwert kommt hier nur ausnahmsweise in Betracht (*OLG München* Rpfleger 2006, 287). Bei Gericht fällt für die Ersteintragung eine Festgebühr von 75 EUR (Nr. 13100 KV-GNotKG) an; gemeinnützige Vereine sind in vielen Bundesländern nach Landesrecht gebührenbefreit.

II. Veränderungen

1. Versammlungsprotokoll

Die Niederschrift über die Mitgliederversammlung, die Satzungsänderungen beschlos- **41** sen oder Neuwahlen vorgenommen hat, muss so abgefasst sein, dass das Registergericht prüfen kann, ob der Beschluss bzw. die Wahl ordnungsgemäß zustande gekommen ist. Eine Abschrift des satzungsändernden Beschlusses ist notwendige Anlage der Vereinsregisteranmeldung, ohne die eine Satzungsänderung nicht wirksam wird (§ 71 I BGB; vgl. dazu *OLG Hamm* OLGR 2007, 183). Vorhanden sein sollten:

Checkliste für Versammlungsprotokoll **41a**

- Ort, Tag und Stunde der Versammlung
- die Namen des Versammlungsleiters und des Protokollführers
- die Zahl der erschienenen Mitglieder
- die Feststellung, dass die Versammlung satzungsgemäß einberufen wurde
- die Tagesordnung und die Feststellung, wie sie bekannt gegeben wurde
- die Feststellung der Beschlussfähigkeit der Versammlung, wenn die Satzung insoweit Anforderungen stellt
- die gestellten Anträge
- die Art der Abstimmung
- das Abstimmungsergebnis
- bei Wahlen die Namen der Gewählten und, soweit geschehen, die Erklärung, dass sie die Wahl annehmen

42 Eine Anwesenheitsliste kann, muss aber dem Protokoll nicht als Anlage beigefügt werden. Anders als im Aktienrecht ist auch nicht vorgeschrieben, dass Widersprüche von Teilnehmern gegen einen Beschluss im Protokoll vermerkt werden, wenngleich dies selbstverständlich zweckmäßig ist. Da für die Anmeldung zum Vereinsregister das Geburtsdatum und die Anschrift der in das Vereinsregister einzutragenden Personen benötigt werden, ist es empfehlenswert, wenn der Protokollführer Angaben ins Protokoll aufnimmt, falls sie sich nicht aus der vom Verein geführten Mitgliederliste ergeben. Das Versammlungsprotokoll muss in jedem Fall vom Protokollführer unterschrieben sein (vgl. dazu *OLG Hamm* Rpfleger 1996, 513); die Satzung kann aber zusätzlich die Unterschrift des Versammlungsleiters und/oder weiterer Personen verlangen. Sollte ausnahmsweise die Beurkundung der Beschlüsse durch einen Notar gewünscht werden, wäre eine 2,0-Gebühr Nr. 21100 aus einem Geschäftswert von regelmäßig 5.000 EUR (§ 36 III GNotKG), mindestens aber 120 EUR zu erheben.

2. Vereinsregisteranmeldung

43 Auch die Anmeldung von Veränderungen erfolgt durch den Vorstand in vertretungsberechtigter Zahl (§ 77 BGB). Die Anmeldung des Ausscheidens von Vorstandsmitgliedern ist jedenfalls dann nicht unbedingt erforderlich, wenn durch die Anmeldung der neu gewählten Vorstandsmitglieder keine Zweifel über die Zusammensetzung des Vorstands entstehen können, aber aus Gründen der Klarheit zweckmäßig. Die Wiederwahl eines Vorstandsmitglieds muss seit 1964 nicht mehr zum Vereinsregister angemeldet werden.

Sowohl bei einer Satzungsänderung als auch bei einer Änderung des Vorstands muss das Versammlungsprotokoll in Abschrift vorgelegt werden (§§ 67 I 2, 71 I 2 BGB), bei einer Satzungsänderung zusätzlich der neue Wortlaut der Satzung; eine Bescheinigung des Notars über die Richtigkeit ist anders als bei der GmbH nicht erforderlich. Schreibt eine Vereinssatzung vor, dass die in einer Mitgliederversammlung beschlossene Satzungsänderung in einer weiteren Mitgliederversammlung bestätigt werden muss, so müssen dem Registergericht bei der Anmeldung der Satzungsänderung beide Versammlungsbeschlüsse vorgelegt werden (*BayObLG* Rpfleger 1988, 97). Auf die Richtigkeit des Versammlungsbeschlusses darf das Registergericht vertrauen (*OLG Düsseldorf* Rpfleger 2009, 28; s. aber auch Rpfleger 2010, 271).

44 Der Notar erhebt für die Anmeldung eine 0,5-Gebühr Nr. 21201 Ziff. 4 KV-GNotKG, mindestens 30 EUR. Nach einer Entscheidung des *OLG Hamm* (JurBüro 2009, 435) soll die Rechtsprechung, wonach bei einer Handelsregisteranmeldung soviele Anmeldefälle vorliegen, wie Personen betroffen sind (vgl. Kap. J Rn. 61G), auch auf den Verein anwendbar sein. Das Gericht erhebt eine Festgebühr von 50 EUR (Nr. 13101 KV-GNotKG), die für die Eintragung aller am selben Tag angemeldeten Veränderungen nur einmal erhoben wird.

III. Das Ende des Vereins

1. Auflösungsbeschluss

45 Ein gültiger Auflösungsbeschluss kann in einer Mitgliederversammlung, aber auch durch schriftliche Zustimmung aller Vereinsmitglieder gefasst werden (§ 32 II BGB); davon kann die Satzung aber abweichen (§ 40 BGB). Erfolgt keine Regelung in der Satzung, sind alle Vorstandsmitglieder als Liquidatoren berufen (§ 48 I 1 BGB); es ist deshalb empfehlenswert, den oder die Liquidatoren und die Art ihrer Vertretung (sonst § 48 III BGB) zu bestimmen.

III. Das Ende des Vereins   D VI

> **Formulierungsbeispiel: Vertretung durch Liquidatoren**   45a
>
> Sofern die Mitgliederversammlung nichts anderes beschließt, sind der 1. Vorsitzende und der 2. Vorsitzende gemeinsam vertretungsberechtigte Liquidatoren.

Damit auch bei Auflösung des Vereins die Verwendung seines Vermögens ausschließ- 46
lich für **gemeinnützige Zwecke** sichergestellt ist, muss entweder die Satzung den Verwendungszweck so genau angeben, dass anhand der Satzung geprüft werden kann, ob der Zweck steuerbegünstigt ist (§ 61 I AO), oder es muss vorgesehen werden, dass der Beschluss über die Verwendung des Vermögens erst nach Einwilligung des Finanzamts ausgeführt werden darf (§ 61 II AO); oft werden vorsichtshalber beide Erfordernisse kumulativ bestimmt.

2. Liquidation

Die Auflösung des Vereins ist an sich durch den Vorstand in zur Vertretung des Ver- 47
eins erforderlicher Zahl zum Vereinsregister anzumelden (§ 74 II 1 BGB). Das gilt sowohl für den Fall, dass der Vorstand selbst Liquidator ist als auch bei Bestellung einer anderen Person zum Liquidator. Ist aber – wie in der Praxis im letzteren Fall die Regel – der Vorstand aus dem Amt geschieden und bereits ein Liquidator bestellt, gestattet die Praxis die Anmeldung der Auflösung durch die Liquidatoren (*OLG Düsseldorf* Rpfleger 1990, 369). Auch die Anmeldung der Liquidatoren und ihrer Vertretungsbefugnis erfolgt an sich durch den Vorstand (§ 76 II 1, 2 BGB), in der Praxis aber normalerweise bereits durch die Liquidatoren selbst, wie es für spätere Änderungen ohnehin vorgeschrieben ist (§ 76 II 3 BGB). Das Protokoll der Mitgliederversammlung, die über die Auflösung beschlossen hat, ist der Anmeldung beizufügen (§ 76 II 4 BGB). Es empfiehlt sich die Feststellung, dass etwaige satzungsmäßige Voraussetzungen der Auflösung eingehalten wurden.

Die Liquidatoren haben die Auflösung des Vereins öffentlich bekannt zu machen. In 48
welchem Blatt das zu geschehen hat, bestimmt sich in erster Linie nach der Satzung; fehlt dort eine Bestimmung, dann ist die Bekanntmachung in dem Blatt zu bewirken, das für die amtlichen Bekanntmachungen des Amtsgerichts, in dessen Bezirk der Verein seinen Sitz hatte (§§ 50 I 3, 50a BGB). Einmalige Bekanntmachung ist genügend und dann sinnlos und deshalb überhaupt entbehrlich, wenn kein verteilbares Vermögen vorhanden ist.

3. Löschung

Seit 1.9.2009 ist die Anmeldung der Beendigung der Liquidation und des Erlöschens 49
des Vereins ausdrücklich vorgeschrieben (§ 76 II 3 BGB). Erfolgt die Anmeldung vor Ablauf des mit der Bekanntmachung der Auflösung beginnenden Sperrjahrs, besteht Anlass, von dem Anmelder die Erklärung zu verlangen, dass kein Vereinsvermögen mehr vorhanden und keine Prozesse anhängig sind. Es gibt keine Vorschriften über die Aufbewahrung der Bücher und Schriften des Vereins nach Beendigung der Liquidation; eine Angabe ist aber jedenfalls zweckmäßig.

Beim Notar fällt eine 0,5-Gebühr Nr. 21201 Ziff. 4 KV-GNotKG sowohl für die Anmeldung der Auflösung wie des Erlöschens an; bei Gericht ist die Eintragung der Beendigung der Liquidation und des Erlöschens gebührenfrei (Nr. 13101 KV-GNotKG Anm. Abs. 3).

IV. Besonderheiten bei Großvereinen und Vereinsverbänden

1. Gesamtverein und Vereinsverband

50   Mehrere Vereine, die einen gleichen oder ähnlichen Zweck verfolgen, schließen sich häufig zu einem Verband (Vereinsverband) zusammen, um ihre Interessen wirkungsvoller vertreten zu können. Davon zu unterscheiden sind Vereine, die eine größere Mitgliederzahl haben und in einem größeren regionalen Umfeld oder sogar deutschlandweit tätig sind und deshalb regelmäßig Untergliederungen bilden (Gesamtvereine). Diese Untergliederungen können selbständige Vereine (sog. Zweigvereine) sein, deren Satzungsautonomie durch Vorgaben der Satzung des Gesamtvereins eingeschränkt, aber nicht völlig aufgehoben sein darf. Wenn die Untergliederungen keine vereinsmäßige Verfassung besitzen, liegen unselbständige Untergliederungen vor, die nach außen nur im Namen des Gesamtvereins auftreten, der allein berechtigt und verpflichtet ist. Die Frage, ob eine Unterorganisation ein nicht eingetragener Zweigverein oder eine unselbständige Untergliederung ist, kann nur im Einzelfall beantwortet werden; die Bezeichnung der Organisationseinheit sagt allein nichts über die rechtliche Qualifikation aus; maßgebend (und Voraussetzung einer selbständigen Vereinsregistereintragung) ist vielmehr, ob die betreffende Einheit die Verfassung eines Vereins nach allgemeinen Grundsätzen besitzt (*OLG Karlsruhe* FGPrax 2012, 210). Bei der Formulierung der Satzungsbestimmungen ist es zweckmäßig, das Gewollte hinreichend deutlich zu machen. Bei der Satzungsgestaltung eines vertikal gegliederten Vereins ist bei der Verwendung der Begriffe darauf zu achten, dass keine Zweifel entstehen, welche Ebene gemeint ist (z. B. Bundesvorstand, Landesvorstand, Bezirksgruppenvorstand statt „Vorstand").

2. Vereinssatzung und Verbandssatzung

51   Vereine, die einem Vereinsverband angehören wollen, sind durch die Verbandssatzung normalerweise gehalten, einen Teil ihrer Autonomie an den Verband abzugeben; damit die Mitglieder des Vereins daran gebunden sind, ist eine Aufnahme in die Satzung unabdingbar: Wer die Mitgliedschaft in einem verbandsangehörigen Verein erwirbt, wird damit nicht ohne weiteres auch Mitglied des Verbandes; seine Pflichten im Hinblick auf die Zielsetzungen des Verbandes müssen deshalb durch Bestimmungen der Vereinssatzung festgelegt werden. Eine Verweisung auf Satzungsvorschriften des Vereinsverbands ist möglich, wenn die Verweisung widerspruchsfrei und verständlich gefasst ist (*OLG Hamm* NJW-RR 1988, 183), aber regelmäßig nicht sinnvoll, da es sich dabei um eine statische Verweisung handeln würde. Im Hinblick auf § 71 BGB können Satzungsänderungen beim Vereinsverband nicht von selbst beim verbandsangehörigen Verein wirksam werden (BGHZ 128, 93, 100), sondern würden bei einer dynamischen Verweisung erst und dann wirksam werden, wenn sie vom verbandsangehörigen Verein zu seinem Vereinsregister angemeldet werden. Zweckmäßiger ist deshalb die Lösung, dass sich der Verein verpflichtet, Satzungsänderungen seines Verbandes in seiner Satzung nachzuvollziehen; hierzu bedarf es der Einhaltung der allgemeinen Anforderungen an eine Satzungsänderung.

3. Delegiertenversammlung

52   Eine Delegiertenversammlung ist zur Willensbildung im Verein aus praktischen Gründen dann unabdingbar, wenn die Mitgliederversammlung so groß ist, dass normalerweise ein ausreichender Versammlungsraum für die Durchführung der Versammlung nicht beschafft werden kann und die Durchführung einer Mitgliederversammlung wegen der hohen Zahl der Teilnehmer nicht in geordneter Weise möglich ist. Dabei kommt es nicht auf die absolute Zahl der Mitglieder an, sondern darauf, wie viele Mitglieder normaler-

IV. Besonderheiten bei Großvereinen und Vereinsverbänden D VI

weise an einer Mitgliederversammlung teilnehmen. Eine rechtliche Grenze für die Delegiertenversammlung oder weitere Vorgaben, wie sie im Genossenschaftsrecht (§ 43a GenG) bestehen, gibt es im Vereinsrecht nicht. Deshalb können auch kleinere Vereine eine Delegiertenversammlung einführen, während selbst Großvereine es bei dem Grundsatz der Vollversammlung belassen können.

Die Satzung des Gesamtvereins kann den einzelnen Untergliederungen eine bestimmte Zahl von Vertretern zuweisen oder auch anordnen, dass auf eine bestimmte Zahl von Angehörigen der Untergliederung ein Vertreter entfällt. Die Satzung kann dabei durchaus auch eine überproportionale Vertretung von Minderheiten vorsehen; eine Bestimmung, dass jede Untergliederung ohne Rücksicht auf die Zahl ihrer Angehörigen einen Vertreter in die Vertreterversammlung entsendet, verstößt jedoch gegen den Grundsatz der Gleichbehandlung der Mitglieder. Auch Wählbarkeit und Amtszeit der Delegierten müssen in der Vereinssatzung bestimmt sein (*Segna* NZG 2002, 1049); dagegen kann das Wahlverfahren den Untergliederungen überlassen werden. Werden die Einzelheiten in der Satzung geregelt, bedarf auch die Zulässigkeit einer Stimmenhäufung (bei der Gesamtwahl aller oder mehrerer Delegierter) satzungsmäßiger Grundlage (*BGH* NJW 1989, 1212); auch darf nur mit satzungsmäßiger Ermächtigung eine „Listenwahl" durchgeführt werden, bei der Wahlvorschläge eingereicht werden, auf denen so viele Personen als Kandidaten aufgeführt sind wie Vertreter gewählt werden sollen und der Wähler nur die Wahl unter den verschiedenen Wahlvorschlägen im Ganzen hat (*BayObLG* Rpfleger 2001, 242). 53

E. Steuerrecht für Notare

Dr. Sebastian Spiegelberger

Übersicht

	Rn.
A. Steuerliche Pflichten des Notars	1–98
I. Anzeigepflichten des Notars gegenüber der Finanzverwaltung	6–55
1. Anzeigepflicht gem. § 18 GrEStG	6–21
2. Anzeigepflicht gem. § 34 ErbStG	22–29
3. Anzeigepflicht bei Ertragsteuern	30–46
4. Mehrfache Anzeigepflicht	47, 48
5. Verletzung der Anzeigepflicht	49–55
II. Hinweispflichten gegenüber den Beteiligten	56–85
1. Hinweis auf Steuerschuldenhaftung	57–61
2. Allgemeine steuerliche Belehrungspflichten des Notars?	62–85
III. Möglichkeiten der Haftungsbegrenzung	86–98
1. Verbindliche Auskunft des Finanzamtes	87–94
2. Verweisung der Beteiligten an einen Steuerberater oder das Finanzamt	95, 96
3. Belehrungshinweis in der Urkunde	97, 98
B. Interdependenz von Zivil- und Steuerrecht	99–142
I. Maßgeblichkeit des Zivilrechts	99, 100
II. Wirtschaftliche Betrachtungsweise	101–116
1. Gesetzliche Regelung	101–103
2. Finanzrechtsprechung	104
3. Beispiele für wirtschaftliches Eigentum	105–116
III. Unterschiedliche Begriffsbildung im Zivil- und Steuerrecht	117–142
1. Synonyme Begriffe	118
2. Divergierende Begriffe	119–142
C. Steuerliche Anerkennung von Rechtsgeschäften	143–210
I. Zivilrechtliche Wirksamkeit und steuerrechtliche Qualifizierung	143–167
1. Scheingeschäft	144
2. Unwirksame Rechtsgeschäfte	145–149
3. Verstoß gegen gesetzliche Vorschriften	150–152
4. Genehmigungsbedürftige Rechtsgeschäfte	153–159
5. Fehlender Registervollzug	160–167
II. Vereinbarungen zwischen Kapitalgesellschaften und ihren Gesellschaftern	168–173
1. Treuhandvetrag bezüglich GmbH-Anteil	168, 169
2. Ein-Personen-GmbH	170
3. Fehlende vertraglich vereinbarte Formerfordernisse	171, 172
4. Verdeckte Gewinnausschüttung statt Schenkung	173
III. Angehörigenverträge	174–210
1. Darlehensverträge	175–185
2. Familiengesellschaften	186–193
3. Untypische Dienstleistungen	194
4. Steuerliche Anerkennung von Mietverträgen	195, 196
5. Nießbrauchbestellung	197, 198
6. Vertragsverhältnisse mit Ehegatten-Oderkonten	199–202
7. Rückfallklauseln	203–209
8. Vertragsverlängerung bei befristeten Rechtsgeschäften	210
D. Rechtsnatur des Steueranspruchs	211–279
I. Tatbestand und Typus	211, 212
II. Entstehung und Irreversibilität des Steueranspruchs	213–233
1. Überblick	213–216
2. Einkommensteuer	217–221
3. Erbschaft- und Schenkungsteuer	222–226
4. Grunderwerbsteuer	227–230
5. Bewertungsrechtliches Stichtagsprinzip	231–233

	Rn.
III. Rückgängigmachung einer Gewinnrealisierung?	234–238
1. Rechtsgeschäftliche Vereinbarung	234, 235
2. Abweichende Festsetzung von Steuern aus Billigkeitsgründen	236
3. Realakte	237, 238
IV. Vereinbarungen mit Rückwirkung	239–253
1. Geringfügige Rückwirkung	241
2. Vergleich mit Rückwirkung	242
3. Familien- und erbrechtliche Rückwirkungen	243–245
4. Rückwirkungsverbot bei Gesellschaftsverträgen	246–248
5. Steuerliche Rückwirkungsfiktionen	249–253
V. Gesetzliche Änderungstatbestände	254–263
1. Berichtigungsvorschriften der Abgabenordnung	254–257
2. Aufschiebende und auflösende Bedingungen gem. §§ 4 bis 7 BewG	258
3. Aufhebung oder Änderung der Steuerfestsetzung gem. § 16 GrEStG	259–261
4. Änderung der umsatzsteuerlichen Bemessungsgrundlage gem. § 17 UStG	262
5. Erlöschen der Erbschaftsteuer gem. § 29 ErbStG	263
VI. Irrtumsanfechtung	264–267
1. Rechtsirrtum	265, 266
2. Entnahmen	267
VII. Fehlen und Wegfall der Geschäftsgrundlage	268–279
1. Zivilrecht	268, 269
2. Steuerrechtliche Anspruchsgrundlage	270–278
3. Steuerschädliche Hinweise in Notarurkunden	279
E. Gestaltungsmissbrauch	**280–332**
I. Tatbestandsmerkmale	280–288
1. Rechtsmissbrauch	285, 286
2. Umgehung des Steuergesetzes	287, 288
II. Körperschaftsteuer	289–301
1. Zulässige Gestaltungen	291
2. Anteilsrotation	292, 293
3. Missbräuchliche Zwischenschaltung einer GmbH	294–297
4. GmbH-Mantelkauf	298–300
5. Gewinnverlagerung ins Ausland	301
III. Einkommensteuer	302–317
1. Bauherrenmodell	302
2. Umqualifizierung von Anschaffungs- und Herstellungskosten als Werbungskosten oder Betriebsausgaben	303–306
3. Missbräuchliche Vermietung	307–313
4. Zwischenschaltung von Angehörigen	314–316
5. Verdeckte Veräußerung	317
IV. Umsatzsteuer	318–320
V. Grunderwerbsteuer	321–327
1. Maskierte Kaufvertragsangebote	326
2. Missbräuchlicher Zwischenerwerb	327
VI. Erbschaft- und Schenkungsteuer	328–331
1. Kettenschenkungen	328, 329
2. Grundstücksschenkung vor beabsichtigter Weiterveräußerung	330, 331
VII. Zusammenfassendes Schaubild (nach Dörr/Fehling NWB Fach 2 S. 9671)	332
F. Der Gesamtplan	**333–362**
I. Überblick	333–339
1. Ein neues Steuerrechtsinstitut	333, 334
2. Differenzierung nach Steuerarten	335
3. Merkmale des Gesamtplans	336–339
II. Einkommensteuer	340–346
1. Anwendungsumfang	340–342
2. Zeitgrenze	343–346
III. Umstrukturierungen	347–353
IV. Schenkungsteuer	354–362
1. Mehraktige Gestaltungen	355–357
2. Erforderliche Schamfrist?	358, 359

Literatur

	Rn.
3. Entgeltlicher Zwischenerwerb	360, 361
4. Weiterschenkung an den Ehegatten	362
G. Verletzung von Sperr- und Behaltefristen	363–397
I. Einkommensteuer	364–371
1. Vorwegerbfolge	365
2. Übertragung einzelner Wirtschaftsgüter gem. § 6 V EStG zum Buchwert	366
3. Realteilung gem. § 16 III 2 EStG	367, 368
4. Gewinnbringende Veräußerung einer wesentlichen Beteiligung im Privatvermögen gem. § 17 I und VI EStG	369–371
II. Umwandlungen	372–384
1. Ertragsteuern	373–380
2. Grunderwerbsteuer bei Umwandlungen	381–384
III. Körperschaftsteuer	385–387
1. Verlustabzug bei Körperschaften gem. § 8c KStG	385, 386
2. Weitere wichtige Haltefristen	387
IV. Erbschaftsteuer	388–392
1. Zeitanteilige Kürzung	390, 391
2. Rückwirkender Wegfall bei Überentnahmen	392
V. Grunderwerbsteuer	393–397
1. § 1 II a GrEStG	393
2. § 5 III GrEStG	394, 395
3. § 6 IV GrEStG	396
4. § 6a S. 4 GrEStG	397
H. Grundzüge der steuerlichen Vertragsgestaltung	398–442
I. Sachverhaltsermittlung	398–401
1. Ermittlungspflicht?	398–400
2. Vermeidung von Sachverhaltslücken	401
II. Steuerliche Vorsorgeklauseln	402–418
1. Steuerklauseln	402–404
2. Satzungsklauseln zur Vermeidung verdeckter Gewinnausschüttungen?	405, 406
3. Ausgleichsklauseln bei Gesellschafterwechsel	407–411
4. Umsatzsteuerklauseln	412, 413
5. Steuerübernahmeklausel	414
6. Betriebsprüfungsklausel	415–418
III. Regelung sämtlicher Steuerfolgen	419
IV. Steuerlicher Belastungsvergleich	420–422
V. Heilung von steuerlichen Mängeln	423–442
1. Rückwirkende Korrekturen	424
2. Steuerneutrale Rückabwicklung von Schenkungen	425–429
3. Änderungen mit Wirkung für die Zukunft	430–432
4. Ablösung von Nutzungsrechten	433–436
5. Auslösung eines neuen Steuertatbestandes	437
6. Stufenweise Rückabwickllung	438–441
7. Unheilbare Mängel	442

Literatur: *Armbrüster/Preuß/Renner*, Beurkundungsgesetz und Dienstordnung für Notarinnen und Notare, 5. Aufl. 2008; *Arndt/Lerch/Sandkühler*, BNotO, 7. Aufl. 2008; *Bonefeld/Daragan/Wachter*, Der Fachanwalt für Erbrecht, 2005; *Boruttau*, GrEStG, 17. Aufl. 2011; *Carlé*, Die Betriebsaufspaltung, 2003; *Ebeling/Geck*, Handbuch der Erbengemeinschaft, 2010; *Eylmann/Vaasen*, Bundesnotarordnung, Beurkundungsgesetz, 3. Aufl. 2011; *Fiegle*, Die steuerliche Prüfung von Verträgen, 1958; *Flume*, Steuerwesen und Rechtsordnung, 1952; *Ganter/Hertel/Wöstmann*, Handbuch der Notarhaftung, 2. Aufl. 2009; *Gottwald*, Grunderwerbsteuergesetz, 4. Aufl. 2013; *Grashoff/Kleinmanns*, Aktuelles Steuerrecht, 2013; *Haug/Zimmermann*, Die Amtshaftung des Notars, 3. Aufl. 2011; *Notarkasse A. d. ö. R.*, Handbuch für das Notariat in Bayern und der Pfalz, 18. Aufl. 2014; *Kapp/Ebeling*, Erbschaftsteuer- und Schenkungsteuergesetz, 2012; *Klein*, Abgabenordnung 11. Aufl. 2012; *Langenfeld*, Vertragsgestaltung, 3. Aufl. 2003; *Obermaier*, Vorweggenommene Erbfolge und Erbauseinandersetzung, 1993; *Rehbinder*, Vertragsgestaltung, 2. Aufl. 1993; *Reithmann/Albrecht*, Handbuch der notariellen Vertragsgestaltung 8. Aufl. 2002; *Rittershaus/Teichmann*, Anwaltliche Vertragsgestaltung, 2. Aufl. 2003; *Roth/Altmeppen*, GmbHG, 7. Aufl. 2012;

Schippel/Bracker, BNotO, 9. Aufl. 2011; *Schmidt*, EStG, 32. Aufl. 2013; *Spiegelberger*, Vermögensnachfolge, 2 Aufl. 2010; *ders*,. Unternehmensnachfolge, 2. Aufl. 2009; *Spiegelberger/Spindler/Wälzholz*, Die Immobilie im Zivil- und Steuerrecht, 2008; *Sontheimer*, Vertragsgestaltung nach Steuerrecht, 2. Aufl. 2009; *Tillmann/Mohr*, GmbH-Geschäftsführer, 9. Aufl. 2009; *Tipke/Lang*, Steuerrecht, 19. Aufl. 2008; *Viskorf/Knobel/Schuck/Wälzholz*, Erbschaftsteuer- und Schenkungsteuergesetz, Bewertungsgesetz, 4. Aufl. 2012; *Weingärtner*, Vermeidbare Fehler im Notariat, 6. Aufl. 2001; *Weingärtner/Gassen*, Dienstordnung für Notarinnen und Notare, 12. Aufl. 2013; *Zugehör/Ganter/Hertel*, Handbuch der Notarhaftung, 2003.

A. Steuerliche Pflichten des Notars

Literatur: *Rittershaus/Teichmann*, Anwaltliche und notarielle Vertragsgestaltung – Gemeinsamkeiten und Unterschiede, FS Spiegelberger, S. 1457.

1   In notariellen Urkunden liest man häufig den Hinweis, dass der Notar keine steuerliche Beratung übernommen hat und die Haftung für die Steuerfolgen der Urkunde ausschließt. Andererseits hat der *BGH* bei besonders gelagerten Fallkonstellationen dem Notar steuerliche Hinweispflichten auferlegt, deren Missachtung eine Steuerhaftung des Notars auslöst. Welche Funktion hat der Gesetzgeber dem Notar im Bereich des Steuerrechts zugewiesen?

2   Während Rechtsanwälte, Steuerberater und Wirtschaftsprüfer gem. § 3 StBerG zu geschäftsmäßigen Hilfeleistungen in Steuersachen befugt sind, weist § 4 Nr. 1 StBerG dem Notar die Kompetenz zur Hilfeleistung in Steuersachen nur im **Rahmen der Beurkundung** zu. Die geschäftsmäßige Bearbeitung von Einkommensteuererklärungen bis zur Unterschriftsreife gehört somit nicht zu den Befugnissen des Notars (vgl. *OLG Stuttgart* DNotZ 1985, 242).

3   Notare sind auch von der Vertretung in Steuersachen vor dem Bundesfinanzhof ausgeschlossen (vgl. § 62a FGO). Ob der Notar bei von ihm errichteten Urkunden vor den Finanzgerichten für die Beteiligten auftreten darf, ist ungeklärt, m.E. aber als Annex zur Beurkundungskompetenz zu bejahen, z.B. wenn Gegenstand des finanzgerichtlichen Verfahrens die Steuerpflicht für ein vom Notar beurkundetes Rechtsgeschäft ist, zumal Notare bei grunderwerb- und erbschaftsteuerlichen Fragen regelmäßig die größte Berufserfahrung haben.

4   Die steuerjuristische Ausbildung ist in Deutschland nicht einheitlich geregelt. Während im bayerischen Zweiten Juristischen Staatsexamen **alle** Teilnehmer durch eine schriftliche Steuerklausur geprüft werden, findet eine derartige Prüfung in den übrigen Bundesländern nur bei den – wenigen – Absolventen, die Steuerrecht als Wahlfach gewählt haben, statt. Die in § 5 Notarfachprüfungsverordnung (BGBl. 2010 I 576) aufgeführten Prüfungsgebiete umfassen nicht das Steuerrecht.

5   Das Fachinstitut für Notare im Deutschen Anwaltsinstitut und einzelne Notarkammern veranstalten seit 1982 steuerliche Fortbildungsveranstaltungen für Notare.

I. Anzeigepflichten des Notars gegenüber der Finanzverwaltung

1. Anzeigepflicht gem. § 18 GrEStG

a) Steuer-Identifikationsnummer

6   Gem. § 139a I 3 AO erteilt das Bundeszentralamt für Steuern jeder natürlichen Person eine Identifikationsnummer, wirtschaftlich Tätigen eine Wirtschafts-Identifikationsnummer.

7   Für Zwecke der grunderwerbsteuerlichen Erfassung ist der Notar verpflichtet, bei Grundstücksgeschäften aller Art (auch wenn keine Grunderwerbsteuer anfällt) die Steuer-Identifikationsnummer von *jedem* Veräußerer und *jedem* Erwerber zu erfassen. Bei Geschäften im Rahmen von Unternehmen tritt an deren Stelle die Wirtschafts-

A. Steuerliche Pflichten des Notars

Identifikationsnummer. Solange diese Nummer noch nicht vergeben ist, wird die Umsatzsteuer-ID-Nummer verwendet. Bei Unternehmen, denen keine USt-ID-Nummer zugeteilt wurde, entfällt die Angabe. Bei der Abtretung von Anteilen an unmittelbar oder mittelbar grundbesitzhaltenden Gesellschaften ist auch die Wirtschafts-Identifikationsnummer der Gesellschaft anzugeben.

Die Steueridentifikationsnummer wird an alle Inländer vergeben und bleibt auf Lebenszeit unverändert. Es handelt sich um eine elfstellige Zahl, die nicht mit der Einkommensteuernummer identisch ist.

b) Anzeigepflichtige Rechtsvorgänge

Gem. § 18 I GrEStG haben die Gerichte, Behörden und Notare dem zuständigen Finanzamt Anzeige nach amtlich vorgeschriebenem Vordruck zu erstatten über

1. Rechtsvorgänge, die sie **beurkundet** oder über die sie eine Urkunde entworfen und darauf eine Unterschrift **beglaubigt** haben, wenn die Rechtsvorgänge ein Grundstück im Geltungsbereich des GrEStG betreffen,
2. Anträge auf Berichtigung des Grundbuchs, die sie beurkundet oder über die sie eine Urkunde entworfen und darauf eine Unterschrift beglaubigt haben, wenn der Antrag darauf gestützt wird, dass der Grundstückseigentümer gewechselt hat,
3. **Zuschlagsbeschlüsse** im Zwangsversteigerungsverfahren, Enteignungsbeschlüsse und andere Entscheidungen, durch die ein Wechsel im Grundstückseigentum bewirkt wird,
4. nachträgliche Änderungen oder Berichtigungen der vorstehend aufgeführten Vorgänge.

Gem. § 18 II GrEStG bezieht sich die Anzeigepflicht auch auf Vorgänge, die ein **Erbbaurecht** oder ein **Gebäude auf fremdem Boden** betreffen.

Gem. § 102 IV AO ist der Notar verpflichtet, über die Urkunde hinaus auch weitere Auskünfte zu erteilen und Schriftstücke vorzulegen, soweit diese den Inhalt der notariellen Urkunde ergänzen und verdeutlichen und sie es dem Finanzamt ermöglichen, den Grundstückserwerbsvorgang wenigstens in den Grundzügen grunderwerbsteuerlich zu beurteilen (vgl. *Boruttau/Viskorf* GrEStG § 18 Rn. 20; *BFH* BStBl. 1982 II 406). Anzuzeigen ist auch, ob alle für die Wirksamkeit des Rechtsgeschäftes erforderlichen Genehmigungen vorliegen (vgl. *Arndt/Lerch/Sandkühler* § 18 Rn. 97; *Schippel/Bracker* § 18 Rn. 13).

c) Kaufvertragsangebote

Die Anzeigepflicht des Notars geht über die Grunderwerbsteuerbarkeit des Rechtsvorganges hinaus; z. B. unterliegen auch Kaufvertragsangebote der Anzeigepflicht.

d) Gesellschaftsrechtliche Beurkundungen

aa) Anzeigepflicht. Eine Anzeigepflicht besteht außerdem für Vorgänge, die die Übertragung von **Anteilen** an einer **Kapitalgesellschaft** (vgl. auch Rn. 30), einer bergrechtlichen Gewerkschaft, einer **Personenhandelsgesellschaft** oder einer Gesellschaft des bürgerlichen Rechts betreffen, wenn zum Vermögen der Gesellschaft ein im Geltungsbereich des Grunderwerbsteuergesetzes liegendes Grundstück gehört.

Bei der Beurkundung von **GmbH-Anteilsabtretungen** besteht eine Anzeigepflicht gegenüber allen Belegenheitsfinanzämtern mit einer jeweils auszufüllenden Veräußerungsanzeige, wenn die Gesellschaft Grundbesitz hat oder **in den vergangenen fünf Jahren** an einer grundbesitzhaltenden Personen- oder Kapitalgesellschaft beteiligt war.

> Praxishinweis:
>
> Es empfiehlt sich, folgenden formularmäßigen Hinweis bei Gesellschaftsanteilsübertragungen in die Urkunde aufzunehmen:
> „Die Gesellschaft hat (keinen?) Grundbesitz und war in den vergangenen fünf Jahren auch (nicht?) an einer grundbesitzhaltenden Personen- oder Kapitalgesellschaft beteiligt."

15 **bb) Beratung.** Bei der Übertragung von Kapital- oder Personengesellschaftsanteilen, ebenso bei Umwandlungsvorgängen, ist es tunlich, dass der Notar den Urkundenentwurf vor der Beurkundung den Steuerberatern der Beteiligten zusendet, um die steuerlichen Auswirkungen überprüfen zu lassen. Wenn der Notar selbst – unter Übernahme der Steuerhaftung – über die grunderwerbsteuerlichen Folgen beraten will, sollte er auf die Grunderwerbsteuerpflicht in folgenden Fällen hinweisen:
– Anwachsung gem. § 1 I Nr. 3 GrEStG,
– wesentliche Änderung des Gesellschafterbestandes einer Personengesellschaft gem. § 1 II a GrEStG (Fünfjahresfrist)
– Anteilsvereinigung gem. § 1 III und III a GrEStG (zeitlich unbegrenzt) sowie
– Nacherhebung von Grunderwerbsteuer bei Nichteinhaltung der Fünfjahresfrist der §§ 5 III und 6 III, IV GrEStG.

16 Bei der Übernahme der steuerlichen Beratung sollte der Notar auch die Frage der Vermeidung einer Anteilsvereinigung aufwerfen, z. B. in der Weise, dass der Erwerbsinteressent insgesamt nur 94 % der Gesellschaftsanteile übernimmt und ein Verwandter die restlichen 6 %.

e) Zuständigkeit

17 Zuständiges Finanzamt ist regelmäßig das **Lagefinanzamt**, in dessen Bezirk das Grundstück oder der wertvollste Teil des Grundstückes liegt. Bei Grundstückserwerben durch Umwandlung und in den Fällen des § 1 II a, III GrEStG ist das Finanzamt, in dessen Bezirk sich die **Geschäftsleitung** der Gesellschaft befindet, zuständig (vgl. §§ 18 V, 17 GrEStG).

f) Anzeigepflicht der Beteiligten

18 Gem. § 19 GrEStG müssen die **Steuerschuldner** in den dort aufgeführten Fällen die Anzeige selbst erstatten, also regelmäßig in den Fällen, in denen eine Anzeigepflicht durch eine Behörde oder einen Notar nicht besteht. Bei dem Erwerb eines unbebauten Grundstückes und dem Abschluss eines Generalunternehmervertrages über die schlüsselfertige Erstellung eines Gebäudes auf dem Grundstück haben die **Beteiligten** die Anzeigepflicht gem. § 19 I Nr. 1 GrEStG.

g) Verletzung der Anzeigepflicht

19 § 16 GrEStG enthält die seltene Ausnahme, dass die Aufhebung des Erwerbsvorgangs unter den angegebenen Voraussetzungen zur Aufhebung der Steuerfestsetzung führt. Dieses Privileg entfällt gem. § 16 V GrEStG, wenn der Erwerbsvorgang nicht ordnungsgemäß angezeigt wurde.

h) Unbedenklichkeitsbescheinigung

20 Gem. § 22 I 1 GrEStG darf der Erwerber erst in das Grundbuch eingetragen werden, wenn eine Unbedenklichkeitsbescheinigung vorgelegt wird. Einzelne Bundesländer verzichten bei bestimmten steuerbefreiten Rechtsvorgängen auf die Vorlage einer Unbedenklichkeitsbescheinigung zum Grundbuchvollzug (nicht aber auf die Anzeige durch den Notar!).

21 Nach *OLG Celle* (NJW-Spezial 2011, 391) kann das Grundbuchamt die Vorlage einer steuerlichen Unbedenklichkeitsbescheinigung auch dann verlangen, wenn ein Miterbe seinen Erbteil im Rahmen eines Erbauseinandersetzungs- bzw. Erbteilsübertragungsvertrags auf Dritte überträgt, um die Umschreibung des Eigentums an Nachlassimmobilien auf den Erbteilserwerber vorzunehmen. Das Finanzamt wird überprüfen, ob die Erbteilsübertragung nach § 1 I Nr. 3 GrEStG zu qualifizieren oder ob Steuerfreiheit gem. § 3 Nr. 3 GrEStG gegeben ist. Nur dann, wenn von vorne herein kein steuerbarer Vorgang

gegeben ist, kann eine Unbedenklichkeitsbescheinigung nicht verlangt werden (vgl. *OLG Frankfurt* NJW-RR 1995, 1168; *BayObLG* Rpfleger 1983, 103).

Beispiele für anzeigepflichtige Rechtsvorgänge im Überblick:
- Anwachsung
- Auflagenschenkung
- Auseinandersetzung
- Erbbaurechtsverträge
- Erbteilsveräußerung
- Gemischte Schenkung
- Grundstückseinbringung
- Grundstückstausch
- Kaufvertrag
- Kaufvertragsangebot
- Realteilung
- Spaltung
- Verschmelzung
- Zwischengeschäfte

2. Anzeigepflicht gem. § 34 ErbStG

Literatur: *Klöckner*, Die Anzeigepflichten der Notare gem. § 34 ErbStG, ZEV 2011, 299; *Mannek/Höne*, Anzeigepflichten und Anzeigefristen für Erwerber nach der Erbschaftsteuerreform, ZEV 2009, 329; Thüringer Finanzministerium, Steuerliche Anzeigepflichten und sonstige Beistandspflichten der Notare, Nov. 2012, S. 2244, S. 3745 und S. 4445, www.thueringen.de.

a) Übersendung von Urkunden

Gem. § 34 I, II Nr. 3 ErbStG haben die Gerichte, Behörden, Beamten und Notare dem 22 für die Verwaltung der Erbschaftsteuer nach § 35 ErbStG zuständigen Finanzamt diejenigen Beurkundungen, Zeugnisse und Anordnungen anzuzeigen, die für die Festsetzung einer Erbschaftsteuer/Schenkungsteuer von Bedeutung sein können. Insbesondere sind anzuzeigen:
- die eröffneten Verfügungen von Todes wegen,
- die abgewickelten Erbauseinandersetzungen,
- die beurkundeten Vereinbarungen der Gütergemeinschaft und
- die beurkundeten Schenkungen und Zweckzuwendungen.

Gem. § 8 I, IV ErbStDV haben die Notare dem zuständigen Finanzamt eine beglaubig- 23 te Abschrift der Urkunde über eine Schenkung oder Zweckzuwendung unter Lebenden alsbald nach der Beurkundung zu übersenden und dabei das Verwandtschaftsverhältnis des Erwerbers zum Schenker und den der Kostenberechnung zugrunde liegenden Wert mit einem Vordruck nach amtlichem Muster mitzuteilen. Unterbleiben darf die Übersendung von Urkundenabschriften in Fällen, in denen den Gegenstand der Schenkung nur Hausrat im Wert von nicht mehr als 12.000 EUR und anderes Vermögen im Wert von nicht mehr als 20.000 EUR bildet (vgl. § 7 IV ErbStG i. V. m. § 8 III ErbStDV).

b) Entwürfe mit Unterschriftsbeglaubigung

Überraschenderweise fehlt in der ErbStDV ein Hinweis auf vom Notar entworfene 24 und nur beglaubigte Urkunden, die in § 18 GrEStG und § 54 EStDV ausdrücklich angesprochen sind. Diese Lücke ist umso gravierender, als in der Praxis häufig Nießbrauchsrechte und andere in Abt. II des Grundbuches eingetragene Rechte, z. B. Reallasten, aufgrund von **Löschungsbewilligungen**, die nur der Beglaubigung bedürfen, vorzeitig gelöscht werden, wodurch erhebliche Schenkungsteuern entstehen können (vgl. *Ziegeler* DB 1998, 1056). Im Merkblatt des Bayerischen Landesamts für Steuern (vgl. Handbuch für das Notariat in Bayern und der Pfalz, Nr. 550 Teil B Tz. 2.1) werden auch vom Notar entworfene und beglaubigte Urkunden erwähnt. Der unentgeltliche Verzicht auf ein vorbehaltenes Nießbrauchsrecht erfüllt nach *BFH* (BStBl. 2004 II 429) als Rechtsverzicht den Tatbestand des § 7 I Nr. 1 ErbStG. Für vor der Erbschaftsteuerreform 2009 vereinbarte Nießbrauchsrechte ist zu beachten, dass einerseits die gestundete Schenkungsteuer zur Zahlung fällig wird, andererseits der Verzicht auf die künftigen Nutzungen wiederum eine über die gestundete Schenkungsteuer hinausgehende Schenkung beinhalten kann (vgl. *Spiegelberger*, Vermögensnachfolge, Rn. 123 und unten Rn. 434).

c) Anzeigepflicht der Beteiligten

25 **aa) Gesetzliche Regelung.** Gem. § 30 I ErbStG ist jeder der Erbschaftsteuer unterliegende Erwerb von dem Erwerber, bei einer Zweckzuwendung vom Beschwerten binnen einer Frist von drei Monaten nach erlangter Kenntnis von dem Anfall oder von dem Eintritt der Verpflichtung dem zuständigen Finanzamt anzuzeigen. Erfolgt der steuerpflichtige Erwerb durch Rechtsgeschäft unter Lebenden, so ist auch derjenige zur Anzeige verpflichtet, aus dessen Vermögen der Erwerb stammt (§ 30 II ErbStG). Bei Unterschreitung der Freibeträge besteht nach der Auffassung von *Bernhardt/Protzen* (ZEV 2001, 426) keine Anzeigepflicht aufgrund einer teleologischen Reduktion des § 30 ErbStG.

26 Gem. § 13a VI ErbStG muss der Erwerber von Betriebsvermögen das Unterschreiten der Lohnsummengrenze sowie Verstöße gegen die Behaltensfristen dem Finanzamt anzeigen (vgl. Fischer/Jüptner/Pahlke/*Wachter* ErbStG § 13a Rn. 301).

27 **bb) Wegfall der Anzeigepflicht.** Einer Anzeige bedarf es nach § 30 III ErbStG nicht, wenn der Erwerb auf einer von einem deutschen Gericht, einem deutschen Notar oder einem deutschen Konsul eröffneten Verfügung von Todes wegen beruht und sich aus der Verfügung das Verhältnis des Erwerbers zum Erblasser unzweifelhaft ergibt. Diese auf den ersten Blick überraschende Befreiung der Beteiligten von der Anzeigepflicht beruht auf der in Deutschland einmaligen staatlichen Registrierung aller öffentlichen Testamente und Erbverträge. Die beteiligten Amtsträger müssen nämlich das jeweilige Geburtsstandesamt über die Errichtung der letztwilligen Verfügung benachrichtigen. Wenn der Testator verstirbt, benachrichtigt der Standesbeamte bei der Registrierung des Todeszeitpunktes das Nachlassgericht, das die Eröffnung der letztwilligen Verfügung daraufhin vornimmt. Den Beteiligten obliegt auch dann keine Anzeigepflicht, wenn eine Schenkung oder Zweckzuwendung notariell beurkundet wurde. Das bei der Bundesnotarkammer in Berlin angesiedelte Zentrale Testamentsregister (ZTR) registriert seit 1.1.2012 tagesaktuell bis zu 3.000 erbfolgerelevante Urkunden und bis zu 5.000 Sterbefälle.

d) Verjährung der Schenkungsteuer?

28 Aufgrund der Regelung in § 30 III 2 ErbStG besteht die Gefahr, dass bei einem Unterbleiben der Anzeige seitens des beurkundenden Notars der Steuerfall dem Fiskus nicht bekannt wird. Allerdings beginnt die Festsetzungsfrist gem. § 170 V Nr. 2 AO bei einer Schenkung nicht vor Ablauf des Kalenderjahres, in dem der Schenker gestorben ist oder die Finanzbehörde von der vollzogenen Schenkung Kenntnis erlangt hat, so dass zu Lebzeiten des Schenkers keine Festsetzungsverjährung eintritt. Dies soll nach Auffassung von *FG Köln* (ErbStB 2010, 65) selbst dann gelten, wenn die vom Notar abgesandte Anzeige sich nicht in den Akten des zuständigen Finanzamtes befindet. Die Schenkungsteuer hat damit faktisch die längste Verjährungsfrist aller Steuerarten (vgl. *Jülicher* ZErb 2001, 9).

e) Haftung

29 Nach Auffassung von *OLG Schleswig* (ZEV 2006, 221) und *OLG Oldenburg* (ZEV 2009, 473) haftet der Notar für eine durch die Beurkundung entstehende Schenkungsteuer, wenn er die Beteiligten nicht darauf hinweist. *OLG Oldenburg* (ZEV 2009, 473) meint, dass sich eine generelle Belehrungspflicht im Falle einer Schenkung nicht aus dem

A. Steuerliche Pflichten des Notars

Beurkundungsgesetz oder der Bundesnotarordnung ergebe, wohl aber aus § 8 I, IV ErbStDV. Diese Entscheidungen sind abzulehnen (kritisch auch *Wachter* DNotZ 2010, 314, 315), da es auf den haftungsausfüllenden Ursachenzusammenhang zwischen einer Amtspflichtverletzung und dem geltend gemachten Schaden ankommt. Die Schenkungsteuerpflicht besteht auch ohne Hinweis des Notars. Nur wenn die Beteiligten darlegen und beweisen, dass die Schenkung bei Kenntnis der Schenkungsteuerpflicht unterblieben wäre, kommt ein Schadensersatzanspruch in Betracht (vgl. *BGH* ZEV 2000, 452, 453) und dies aufgrund der Schadensminderungspflicht gem. § 254 BGB auch nur dann, wenn sich die Beteiligten ergebnislos um eine steuerfreie Aufhebung der Schenkungsurkunde bemüht haben. Auch das *OLG Hamm* (v. 27.7.2012 – 11 U 74/11) verneint eine allgemeine Amtspflicht des Notars über etwaige steuerliche Folgen des Geschäftes im Einzelnen zu belehren, nimmt aber eine Amtspflichtverletzung des Notars an, wenn er im Rahmen der Beurkundung nicht auf den möglichen Anfall von Schenkungsteuer hingewiesen hat. Da der Schenkungsvertrag mit Zustimmung des Finanzamtes nicht durchgeführt wurde und Schenkungsteuer danach nicht anfiel, musste der beurkundende Notar nur die Kosten des hinzugezogenen Steuerberaters und Rechtsanwalts sowie die Notargebühren als Schaden ersetzen.

3. Anzeigepflicht bei Ertragsteuern

a) Überblick

Mit der Aufhebung des Kapitalverkehrsteuergesetzes durch das Finanzmarktförderungsgesetz 1991 bestand vorübergehend bis zum Inkrafttreten des § 54 EStDV eine erhebliche Informationslücke der Finanzverwaltung, nicht nur im Bereich der Körperschaft- und Gewerbesteuer, sondern auch für die Einkommensteuer, da bei dem Übergang von Kapitalgesellschaftsanteilen gem. §§ 16 und 17 EStG sowie gem. §§ 21 und 22 UmwStG Einkommensteuer anfallen kann. Der Vorgang zeigt, dass nur durch die Einbeziehung der Notarorganisation das Steueraufkommen gesichert ist.

Gem. § 54 I 1 EStDV übersenden die Notare dem **Betriebsfinanzamt** beglaubigte Abschriften aller aufgrund gesetzlicher Vorschrift aufgenommenen oder beglaubigten Urkunden, die die
- Gründung,
- Kapitalerhöhung oder -herabsetzung,
- Umwandlung und
- Auflösung von Kapitalgesellschaften oder die
- Verfügung über Anteile an Kapitalgesellschaften

zum Gegenstand haben. Nach § 54 I 2 EStDV besteht dieselbe Anzeigepflicht für Dokumente, die im Rahmen einer Anmeldung einer inländischen Zweigniederlassung einer Kapitalgesellschaft mit dem Sitz im Ausland zur Eintragung in das Handelsregister diesem zu übersenden sind. Somit werden insbesondere auch englische private limited companies erfasst (vgl. *Wachter* ZNotP 2008, 113).

Nach § 54 IV EStDV muss der Notar auch bei (entgeltlichen und unentgeltlichen) Verfügungen über Anteile an Kapitalgesellschaften durch einen Anteilseigner, der nur **beschränkt einkommensteuerpflichtig** ist, zusätzlich bei dem Finanzamt Anzeige erstatten, das bei Beendigung einer zuvor bestehenden unbeschränkten Steuerpflicht des Anteilseigners oder bei unentgeltlichem Erwerb dessen Rechtsvorgängers nach § 16 AO für die Besteuerung des Anteilseigners zuständig war. Nach § 1 I Nr. 1 KStG werden nicht nur deutsche, sondern auch europäische Kapitalgesellschaften erfasst (vgl. *Stewen* FR 2007, 1047). Somit ist sowohl das Betriebsfinanzamt als auch das Wohnsitzfinanzamt zu informieren (vgl. DNotI-Report 2007, 7).

b) Gründung von Kapitalgesellschaften

Kapitalgesellschaften unterliegen gem. § 1 I Nr. 1 KStG der Körperschaftsteuer und gem. § 2 GewStG der Gewerbesteuer, unabhängig von dem Gegenstand des Unternehmens, so dass auch Freiberufler, wie z.B. Anwälte und Steuerberater, die in der Rechtsform der GmbH die freiberufliche Tätigkeit ausüben, Gewerbesteuer entrichten (vgl. *BFH* BStBl. 1964 III 530). Lediglich bei Unternehmen, die ausschließlich eigenen Grundbesitz oder neben eigenem Grundbesitz eigenes Kapitalvermögen verwalten und nutzen, kann der Teil des Gewerbeertrags, der auf die Verwaltung und Nutzung des eigenen Grundbesitzes entfällt, gem. § 9 Nr. 1 S. 2 GewStG gekürzt werden.

34 Zur Sicherung der Besteuerung ist eine Information der Finanzverwaltung über jede Gründung einer Kapitalgesellschaft erforderlich. Die Finanzverwaltung wird von dem beurkundenden Notar durch Übersendung einer beglaubigten Abschrift der Gründungsurkunde informiert. Die Abschrift soll mit der Steuernummer gekennzeichnet sein, mit der die Kapitalgesellschaft bei dem Finanzamt geführt wird.

c) Geschäftsführerbestellung

35 Das Finanzamt verlangt von den Beteiligten auch die Vorlage der **Geschäftsführerverträge**. Bei Gesellschafter-Geschäftsführern werden die getroffenen Vereinbarungen nur ab dem Zeitpunkt der schriftlichen Fassung steuerlich anerkannt. Obwohl eine gesetzliche Verpflichtung nicht besteht, empfiehlt es sich – im Einvernehmen mit den Beteiligten – auch vom Notar entworfene oder beurkundete Geschäftsführerverträge der Finanzverwaltung zuzuleiten (vgl. *Spiegelberger* MittBayNot 1989, 237).

d) Veräußerung von Anteilen an einer Kapitalgesellschaft

36 Seinem Wortlaut zufolge erfasst § 54 EStDV nicht nur Verfügungsgeschäfte, sondern auch Verpflichtungsgeschäfte, soweit die Verpflichtung eine Verfügung über Anteile an Kapitalgesellschaften zum Gegenstand hat (vgl. BMF-Schreiben DNotI-Report 1997, 83).

37 Die Beurkundung nur eines **Angebotes** auf Übertragung eines Anteils an einer Kapitalgesellschaft soll nicht unter § 54 EStDV fallen, weil das Angebot noch keine Verfügung über den Anteil enthalte. Dagegen ist die **Annahme** eines Angebots auf Übertragung eines Anteils an einer Kapitalgesellschaft nach § 54 EStDV anzeigepflichtig, weil durch die Annahme des Angebots das Verpflichtungsgeschäft zustande kommt.

38 Bei Treuhandverträgen über Anteile an Kapitalgesellschaften sind nach Auffassung der Finanzverwaltung sowohl die Übertragungstreuhand als auch die Vereinbarungstreuhand anzeigepflichtig, da bei Beendigung des Treuhandverhältnisses der Treugeber die Übertragung des GmbH-Anteils auf sich verlangen kann (kritisch hierzu Hauschild/Kallrath/Wachter/*Wachter*, Notarhandbuch Gesellschafts- und Unternehmensrecht, § 30 Rn. 29).

e) Kapitalerhöhung

39 Die Kapitalerhöhung stellt eine Abänderung des Gesellschaftsvertrages dar, so dass die notarielle Beurkundung gem. § 53 II 1 GmbHG erforderlich ist. Wird eine Erhöhung des Stammkapitals beschlossen, so bedarf es zur Übernahme jeder auf das erhöhte Kapital zu leistenden Stammeinlage gem. § 55 I GmbHG einer notariell beurkundeten oder beglaubigten Erklärung des Übernehmers. Diese Urkunden sind der Finanzverwaltung in beglaubigter Abschrift zu übersenden.

40 Bei einer **Kapitalerhöhung aus Gesellschaftsmitteln** wird das Stammkapital durch Umwandlung von Rücklagen in Stammkapital gem. § 57c GmbHG erhöht. Die Erhöhung des Stammkapitals kann erst beschlossen werden, nachdem der Jahresabschluss für das letzte vor der Beschlussfassung über die Kapitalerhöhung abgelaufene Geschäftsjahr (letzter Jahresabschluss) festgestellt und über die Ergebnisverwendung Beschluss gefasst worden ist. Gem. § 57e GmbHG kann dem Beschluss die letzte Jahresbilanz zugrunde gelegt werden, wenn die Jahresbilanz geprüft und die festgestellte Jahresbilanz mit dem **uneingeschränkten Bestätigungsvermerk** der Abschlussprüfer versehen ist und wenn ihr

Stichtag höchstens acht Monate vor der Anmeldung des Beschlusses zur Eintragung in das Handelsregister liegt.

Die Veräußerung von „**Anwartschaften**" auf eine GmbH-Beteiligung ist gem. § 17 I 3 **41** EStG steuerpflichtig. Erfolgt ein **Verzicht** auf Teilnahme an einer Kapitalerhöhung gegen Ausgleichszahlung, so wird dadurch ein **Veräußerungstatbestand** i.S.d. § 17 I 3 EStG begründet (vgl. *BFH* BStBl. 1993 II 477).

Ein **teilentgeltlicher Erwerb** soll vorliegen, wenn Angehörige im Rahmen einer Kapi- **42** talerhöhung beim Erwerb neuer Anteile weniger in die GmbH einlegen als die Anteile wert sind (vgl. *BFH* GmbHR 1991, 482).

f) Kapitalherabsetzung

Zu unterscheiden ist zwischen einer **ordentlichen** Kapitalherabsetzung gem. § 58 **43** GmbHG mit dem Ziel, verfügbares Aktivvermögen zur Ausschüttung an die Gesellschafter freizugeben und einer **vereinfachten** Kapitalherabsetzung gem. §§ 58a bis f GmbHG, die dazu dienen soll, Wertminderungen auszugleichen oder sonstige Verluste zu decken.

Soweit dem Anteilseigner bei einer ordentlichen Kapitalherabsetzung Rückzahlungen **44** zufließen, ist die Rückzahlung gem. § 20 I Nr. 2 EStG zu versteuern, als sie eine **Gewinnausschüttung** i.S.d. § 28 II 2, 4 KStG darstellt; die Rückzahlung von Nennkapital ist steuerfrei.

g) Umwandlung

Gem. § 54 I EStDV sind alle Umwandlungsmaßnahmen, gleichgültig, ob es sich um **45** eine **homogene** Umwandlung (Beibehaltung der Rechtsstruktur als Kapital- oder Personengesellschaft) oder um eine **heterogene** Umwandlung (Übergang von Kapitalgesellschaft in Personengesellschaft oder umgekehrt) handelt, anzeigepflichtig.

h) Beglaubigungen

Nach Auffassung der Finanzverwaltung fallen Beglaubigungen nicht unter § 54 **46** EStDV, da ihr Gegenstand nicht auf Verfügungen wie eine Gründung oder Kapitalerhöhung, also nicht auf materielle Rechtsvorgänge gerichtet sei. Sofern jedoch auch die privatschriftliche Urkunde mit dem Beglaubigungsvermerk von dem Notar entworfen wurde, z.B. die Übernahmeerklärung gem. § 55 I GmbHG, ist m.E. eine Anzeigepflicht gegeben. Ob durch den Wortlaut des § 54 I 2 EStDV die Anzeigepflicht erweitert wurde, da das Gesetz die Übersendung der „Dokumente" verlangt, die im Rahmen der Eintragung in das Handelsregister erstellt werden, ist strittig (ablehnend *Wachter* ZNotP 2008, 113, 116).

4. Mehrfache Anzeigepflicht

Sofern ein Rechtsvorgang sowohl der Grunderwerbsteuer als auch der Schenkungs- **47** teuer unterliegt und/oder § 54 EStDV eingreift, besteht eine mehrfache Anzeigepflicht, nämlich gegenüber der zuständigen Grunderwerbsteuerstelle, der Schenkungsteuerstelle und dem Betriebs- oder Wohnsitzfinanzamt.

> **Beispiel:** Ehegatten, die zusammen eine Bauträger-GmbH innehaben, beauftragen einen Notar mit dem Entwurf einer Scheidungsvereinbarung, in der sie Gütertrennung und Übertragung aller GmbH-Anteile auf einen Ehegatten vereinbaren, so dass eine Anteilsvereinigung i.S. des § 1 III GrEStG eintritt.

In dem Beispielsfall hat der Notar gegenüber **48**
- sämtlichen Finanzämtern, in deren Bezirke die Grundstücke der GmbH liegen (Grunderwerbsteuerstellen),
- dem zuständigen Zentralfinanzamt (Schenkungsteuerstelle) und
- dem Betriebsfinanzamt (Finanzamt für Körperschaften)

durch Übersendung von Urkundenabschriften Anzeige zu erstatten, da die Übertragungen im Rahmen der Scheidungsvereinbarung (mittelbar) Grundstücke betreffen, eine Verfügung i. S. d. § 54 EStDV beinhalten und zugleich eine Schenkung darstellen könnten. Eine besondere Ermittlungspflicht hinsichtlich des etwaigen Grundbesitzbestandes der Gesellschaft trifft den Notar nicht (vgl. *BGH* DNotZ 2008, 370).

5. Verletzung der Anzeigepflicht

a) Keine elektronische Übermittlung

49 Der Gesetzgeber hat in § 18 I Nr. 4 S. 3 GrEStG und § 9 S. 2 ErbStDV die elektronische Übermittlung der Anzeige ausgeschlossen.

b) Umfang der Anzeigepflichten

50 Im Einzelnen ist **streitig**, in welchem Umfang der Notar anzeigepflichtig ist. Um sicherzustellen, dass die Beteiligten nicht einen Verstoß des Notars gegen § 18 BeurkG oder gar gem. § 203 StGB geltend machen können, empfiehlt es sich, in den **Verteiler** am Ende der Urkunde auch die Zusendung an die zuständigen Finanzämter vorzusehen. Wenn die Beteiligten durch die Genehmigung der Urkunde der Weiterleitung einer Urkundenabschrift an die Finanzverwaltung zustimmen, ist eine Verletzung der Verschwiegenheitspflicht von vornherein ausgeschlossen.

c) Einsatz von Zwangsmitteln

51 Im Rahmen ihrer Anzeigepflichten nehmen die Notare behördliche Aufgaben wahr und üben damit hoheitliche Tätigkeiten aus. Nach Auffassung der Finanzverwaltung können gegenüber Notaren bei der Nichterfüllung ihrer Anzeigepflichten **keine Zwangsmittel** angewendet werden, da Notare durch § 255 I AO geschützt sind, der die Vollstreckung gegen juristische Personen des öffentlichen Rechts regelt (vgl. *Klöckner* ZEV 2012, 299, 302; *Christoffel/Geckle/Pahlke* § 34 ErbStG S. 963 mit dem Hinweis auf den Erlass des FinM Niedersachsen v. 11.1.1990, S. 3841-5). § 255 I AO beinhaltet aber nicht etwa einen Freibrief für Notare. Selbstverständlich haftet ein Notar persönlich, wenn er Teilnehmer einer Steuerhinterziehung oder leichtfertigen Steuerverkürzung ist.

d) Unvollständige Erfüllung der Anzeigepflichten

> **Beispiel:** Nach der Beurkundung einer Verschmelzung übersendet der Notar dem bayerischen Betriebsfinanzamt und den einzelnen bayerischen Grunderwerbsteuerstellen den Übergang von Grundbesitz durch Übersendung einer Abschrift des Verschmelzungsvertrages. Da dem Notar nicht bekannt ist, dass auch in Hessen eine Produktionsstätte der Beteiligten liegt, unterbleibt insoweit eine Urkundenübersendung. Das Land Hessen verklagt den Notar auf Zahlung der dem Land Hessen entgangenen Grunderwerbsteuer.

52 Die ordnungsgemäße Erfüllung der Anzeigepflichten ist auch für die Beteiligten von großem Interesse, da sie zumindest aufgrund der Reaktion der Finanzverwaltung, z. B. durch Erlass eines Grunderwerbsteuerbescheides, über das Bestehen einer Grunderwerbsteuer informiert werden und damit in der Lage sind, z. B. durch eine **Aufhebungsvereinbarung** gem. § 16 GrEStG, die Grunderwerbsteuerpflicht rückwirkend zu beseitigen. Die Aufhebung oder Änderung der Steuerfestsetzung der in §§ 1 II, II a, III und III a GrEStG bezeichneten Erwerbsvorgänge kann nur rückgängig gemacht werden, wenn diese ordnungsgemäß angezeigt waren (§ 16 V GrEStG).

53 Fraglich ist, ob eine **Notarhaftung** gegenüber dem Fiskus für entgangene Grunderwerbsteuer besteht. Nach Auffassung von *OLG München* (ZNotP 1997, 73) obliegt die Mitteilungspflicht nach § 18 GrEStG dem Notar nicht im Interesse des Finanzfiskus des betroffenen Bundeslandes, sondern im öffentlichen Interesse. Die Verletzung der Mittei-

lungspflicht kann daher keinen Haftungsanspruch des Fiskus gegen den Notar auslösen, da § 839 I 1 BGB nur bei einer Drittgerichtetheit der Amtspflichten gegenüber dem Staat eingreift.

Bei der Erfüllung der Anzeigepflichten durch den Notar und der daraus resultierenden 54
Steuererhebung der Finanzverwaltung handeln beide aufgrund der ihnen gemeinsam übertragenen Aufgabe gleichsinnig (*Reithmann* DNotZ 1970, 9; Seybold/*Schippel* § 19 BNotO Rn. 11; *Schlee* ZNotP 1997, 51).

e) Unterlassung einer Anzeige

> **Beispiel:** Zu notarieller Urkunde wird die Aufhebung eines Erbbaurechtes vereinbart und die Löschung im Grundbuch bewilligt und beantragt. In einem zusätzlichen Vertrag wurden für die betrieblich genutzten Bauwerke eine Entschädigung von 2 Mio. und in einem dritten Vertrag eine Entschädigung für 1 Mio. für die privat genutzten Bauwerke vereinbart. Das Amtsgericht löschte die Erbbaurechte, ohne eine Unbedenklichkeitsbescheinigung angefordert zu haben. Der Notar zeigte die drei Verträge dem Finanzamt nicht an.

Das *FG Bremen* (v. 19.1.1993 – II 163/90 K) stellte eine leichtfertige Steuerverkür- 55
zung des beurkundenden Notars fest: Dieser habe den objektiven Tatbestand des § 378 I i. V. m. § 370 I Nr. 2, IV 1 AO verwirklicht, indem er durch unterlassene Anzeige das Finanzamt über steuerlich erhebliche Tatsachen im Unklaren ließ, wodurch die Steuer erst verspätet festgesetzt werden konnte. Das Finanzamt habe daher zu Recht einen Bußgeldbescheid (über 3.000 DM) erlassen.

II. Hinweispflichten gegenüber den Beteiligten

Die obergerichtliche Rechtsprechung hat nicht nur Anzeigepflichten des Notars ge- 56
genüber den Finanzbehörden, sondern auch steuerliche Hinweispflichten gegenüber den Urkundsbeteiligten angenommen.

1. Hinweis auf Steuerschuldenhaftung

a) Primäre betriebliche Steuerschulden

Bei dem Erwerb eines **Betriebes** haftet der Erwerber gem. § 75 AO für die Steuern, bei 57
denen sich die Steuerpflicht auf den Betrieb des Unternehmens gründet, und für Steuerabzugsbeträge unter der Voraussetzung, dass die Steuern seit dem Beginn des letzten vor der Übereignung liegenden Kalenderjahres entstanden sind und bis zum Ablauf eines Jahres nach Anmeldung des Betriebes durch den Erwerber festgesetzt oder angemeldet werden. Sofern der Notar erkennt, dass die Beteiligten sich über diese Haftung offensichtlich im Irrtum befinden, kann ein Fall der erweiterten Belehrungspflicht gem. § 17 BeurkG vorliegen (vgl. *Haug* Rn. 476). Einschränkend meint *OLG München* (MittBayNot 2007, 423) für den Bereich der Umsatzsteuer, dass im Jahr 1998 den Notar bei der Beurkundung der Veräußerung einer vermieteten Immobilie keine Hinweispflicht auf § 75 AO traf. Dabei muss berücksichtigt werden, dass der Betriebsbegriff der Umsatzsteuer – abweichend von dem ertragsteuerlichen Betriebsbegriff – auch vermietete Immobilien als Geschäftsveräußerung im Ganzen gem. § 1 I a UStG umfassen kann und dieser Betriebsbegriff nicht zum Standardwissen des Ziviljuristen zählt. Sofern dem Notar aufgrund des in der Urkunde vereinbarten Haftungsausschlusses gem. § 25 II HGB der Ausschluss der Haftung für Betriebsschulden bekannt ist, muss auch ein Hinweis auf die nicht ausschlussfähige Haftung gem. § 75 AO erfolgen (vgl. *Ganter* DNotZ 1998, 851, 857).

b) Eigentümerhaftung gem. § 74 AO

Literatur: *Haritz*, Renaissance der Gesellschafterhaftung nach § 74 AO, DStR 2012, 883.

58 Gehören Gegenstände, die einem Unternehmen dienen, nicht dem Unternehmer, sondern einer an dem Unternehmen wesentlich – nämlich zu mehr als einem Viertel am Kapital oder Vermögen des Unternehmens – beteiligten Person, so haftet gem. § 74 AO der Eigentümer der Gegenstände mit diesen für diejenigen Steuern des Unternehmens, bei denen sich die Steuerpflicht auf den Betrieb des Unternehmens gründet. Nach der Entscheidung *BFH* (BStBl. 2012 II 223) erstreckt sich die Haftung des an einem Unternehmen wesentlich beteiligten Eigentümers nach § 74 AO nicht nur auf die dem Unternehmen überlassenen und diesem dienenden Gegenstände, sondern sie erfasst in Fällen der Weggabe oder des Verlustes von Gegenständen nach der Haftungsinanspruchnahme auch die Surrogate wie z. B. Veräußerungserlöse oder Schadensersatzzahlungen. Wenn die wesentlich beteiligte Person an der Beurkundung teilnimmt, muss der Notar auch auf die Haftung gem. § 74 AO hinweisen. Auch diese Haftung kann vertraglich nicht ausgeschlossen werden.

c) Grunderwerbsteuer

59 Gem. § 19 BeurkG soll der Notar darauf hinweisen, dass bei Rechtsgeschäften, bei denen **Grunderwerbsteuer** anfallen kann, eine Eintragung in das Grundbuch erst dann vorgenommen werden darf, wenn die **Unbedenklichkeitsbescheinigung** des Finanzamtes vorliegt. Diese Vorschrift beinhaltet nicht, dass der Notar über den möglichen Anfall und die Höhe einer solchen Steuer oder steuersparende Gestaltungen zu unterrichten hätte (vgl. *BGH* NJW 1985, 1225). Ein Notar haftet regelmäßig nicht für eine entstehende Grunderwerbsteuer, wenn er auf die Möglichkeit der Entstehung nicht hingewiesen hat (vgl. RGZ 134, 311, 323; *BGH* DNotZ 1979, 228). Zwar hat der Notar gem. § 18 I Nr. 1 GrEStG dem Finanzamt eine Anzeige über Rechtsvorgänge, die ein inländisches Grundstück betreffen, zu erstatten; die Eigentumsumschreibung im Grundbuch darf erst erfolgen, wenn eine Unbedenklichkeitsbescheinigung erteilt wurde, sofern die Obersten Finanzbehörden hiervon keine Ausnahme vorgesehen haben. Diese Bestimmungen regeln aber lediglich Amts- und Beistandspflichten des Notars gegenüber der Finanzbehörde und dienen nicht dem Schutz der Steuerschuldner. Bei einer Verletzung der Anzeigepflicht gegenüber einem Beteiligten ist der Notar somit nicht schadensersatzpflichtig (ablehnend für die Zweithaftung hinsichtlich der Grunderwerbsteuer nach § 44 Abs. 1 AO auch Zugehör/*Ganter*/Hertel Rn. 1247).

d) Erbschaft- und Schenkungsteuer

60 Bei Schenkungen und Zweckzuwendungen hat der Notar die Beteiligten gem. § 8 I, IV ErbStDV auf die mögliche **Schenkungsteuerpflicht** hinzuweisen (vgl. oben Rn. 22 f.). Die vorstehend genannten Anzeige- und Hinweispflichten bedeuten nicht, dass der Notar über die Höhe der genannten Steuern oder über steuersparende Gestaltungen zu belehren hätte (vgl. *Haug* DNotZ 1972, 478).

e) Subsidiäre Steuerhaftung

61 Das Steuerrecht enthält in mehreren Vorschriften eine subsidiäre Haftung für die Steuerschuld, die aufgrund der vertraglichen Vereinbarung von einem Vertragsteil übernommen wird. Gem. § 20 I 1 ErbStG ist Steuerschuldner der Erwerber, bei einer Schenkung jedoch auch der Schenker. Gem. § 13 Nr. 1 GrEStG sind die an einem Erwerbsvorgang als Vertragsteile beteiligten Personen Steuerschuldner, so dass trotz der Übernahme der Grunderwerbsteuer durch den Käufer auch der Verkäufer in Anspruch genommen werden kann. Für den Fall der subsidiären Haftung des Käufers für die Wertzuwachssteuer, die der Verkäufer übernommen, aber nicht entrichtet hat, wurde vom Reichsgericht (RGZ 142, 424) die Haftung eines preußischen Notars verneint, wenn er auf diese subsidiäre Steuerpflicht nicht hingewiesen hat.

2. Allgemeine steuerliche Belehrungspflichten des Notars?

Nach ständiger, bereits vom Reichsgericht begründeter Rechtsprechung ist der Notar **nicht zur Belehrung** und Beratung in **Steuerfragen** verpflichtet (vgl. RGZ 142, 425; *BGH* DNotZ 1985, 635; *Ganten* DNotZ 1998, 856). Die Rechtsprechung hat immer wieder darauf hingewiesen, dass der Notar nicht der Steuer- oder Wirtschaftsberater der Beteiligten ist. Der Rechtsprechung liegt der Gedanke zugrunde, dass der Gesetzgeber die Steuer nicht an die Vornahme eines Rechtsgeschäftes knüpft, um dadurch auf das Verhalten der Beteiligten einzuwirken und sie in der Vornahme oder Unterlassung eines Rechtsgeschäftes zu beeinflussen, so dass ein Rechtsgeschäft per se nach den für die Steuerveranlagung maßgebenden Grundsätzen die Erhebung einer Steuer rechtfertigt. Deshalb durfte der Notar nach *RG* (JW 1935, 1483) davon ausgehen, dass der rechtsgeschäftliche Wille der an der Beurkundung Beteiligten unabhängig von den steuerlichen Folgen bestehe (vgl. *Knur* DNotZ 1966, 711). 62

Die Vertragspraxis der letzten Jahrzehnte zeigt, dass die dargelegte These des Reichsgerichts überholt ist. Der Staat hat mit einer Fülle von Subventions- und Lenkungsnormen und auch durch hohe Steuersätze, die zu einer Steuerquote von über 50 % führen können, die Besteuerung nicht zur Nebensache, sondern häufig zum eigentlichen Kern des Rechtsgeschäftes gemacht. Vielfach ermöglicht nur der Blick auf die steuerlichen Folgen eines Rechtsgeschäftes die Rechtsgestaltung, die die Beteiligten auf die Dauer zufriedenstellt. Das Fachinstitut für Notare im DAI hat daher auch das Steuerrecht in das Fortbildungsprogramm aufgenommen (vgl. *Eylmann/Vaasen* § 6 BNotO Rn. 48 f.). 63

a) Einkommensteuerliche Hinweispflichten

In welchem Umfang einkommensteuerliche Hinweispflichten bestehen, ist bislang ungeklärt. *Kapp* (BB 1974, 113 und StVj 1989, 360) ist mit seiner Forderung der Ausweitung der Belehrungspflicht des Notars auf die steuerlichen Folgen, z.B. im Fall des Anfallens von **Einkommensteuer** aus Veräußerungsgeschäften gem. §§ 16 und 17 EStG, isoliert geblieben (vgl. *BGH* DNotZ 1981, 775). Der Notar als eine den Beteiligten gegenüber zur Neutralität verpflichtete Amtsperson ist nicht befugt oder gar berufen, einzelnen Beteiligten Steuerhinweise zu erteilen, die sich u.U. ungünstig auf die anderen Beteiligten auswirken könnten. Die gegenteilige Auffassung verwischt die Grenzen zwischen Beurkundung und Steuerberatung. 64

aa) Private Veräußerungssteuer gem. § 23 EStG bei Grundstücksübertragungen. Bei dem offensichtlichen Entstehen einer **privaten Veräußerungssteuer** (früher Spekulationssteuer) nimmt der *BGH* offensichtlich eine unmittelbare Belehrungspflicht des Notars an. Auf dieser Linie liegt jedenfalls die Entscheidung WM 1988, 1853 (mit Anm. *Reithmann*), wonach ein Notar, der vor oder während der Beurkundung eines Grundstückskaufvertrages davon Kenntnis erhält, dass der Verkäufer das Grundstück vor weniger als zwei (nun: zehn) Jahren erworben hat und die Anschaffungskosten unter dem Verkaufspreis liegen, den Verkäufer grundsätzlich auf die Gefahr der Steuerpflicht gem. § 23 EStG hinzuweisen hat. Der Notar muss dabei die von den Beteiligten eingereichten Unterlagen persönlich zur Kenntnis nehmen, sich über ihren Inhalt unterrichten und diesen – soweit erforderlich – bei der Errichtung der Urkunde berücksichtigen. Sofern der Notar der Grundbucheinsicht entnehmen kann, dass das Erwerbsgeschäft innerhalb der Zehn-Jahres-Frist des § 23 EStG liegt, ist eine einkommensteuerliche Hinweispflicht des Notars wohl anzunehmen, nicht hingegen, wenn die Zehn-Jahres-Frist aufgrund der zum 1.1.1999 eingetretenen Steueränderung (vgl. § 52a XI EStG) durch Entnahme aus dem Betriebsvermögen oder aufgrund einer Betriebsaufgabe in Gang gesetzt wurde. *Sontheimer* (Rn. 4) meint, dass der Kautelarjurist abklären müsse, ob der Vertrag nicht auch noch sinnvoll nach Ablauf des Zehn-Jahres-Zeitraums des § 23 EStG geschlossen werden könnte. 65

> **Praxishinweis:**
>
> Vorsorglich empfiehlt sich bei jeder beurkundeten Grundstücksübertragung der Belehrungshinweis des Notars:
> „Auf eine etwaige Einkommensteuer für private oder betriebliche Veräußerungsgewinne wurde hingewiesen."

66 Der Notar muss aber bei der Beurkundung eines Grundstückskaufvertrages **nicht Tatsachen ermitteln**, die für das evtl. Eingreifen von Steuertatbeständen z. B. gem. § 23 I EStG von Bedeutung sein könnten (vgl. *BGH* MittBayNot 1985, 143; NJW 1995, 2794; *OLG Koblenz* ZNotP 2002, 448). Eine Ermittlungspflicht trifft den Notar auch im Rahmen des § 17 BeurkG nicht (vgl. *Haug* DNotZ 1972, 479).

67 **bb) Unrichtige Steuerauskunft.** Sofern der Notar bei der Frage der Beteiligten, ob sie mit der Heranziehung zur Einkommensteuer rechnen müssten, die Frage pflichtwidrig verneint und für die Beteiligten unerwartet eine Einkommensteuerschuld in Höhe von 110.500 DM entsteht, hat der *BGH* (VR 1983, 181) eine Steuerhaftung des Notars bejaht und wegen der Frage, ob die Möglichkeit besteht, eine entstandene Einkommensteuerschuld durch Rückgängigmachung des steuerpflichtigen Rechtsgeschäftes zu beseitigen, den Rechtsstreit an das Berufungsgericht zurückverwiesen.

b) Umsatzsteuerliche Hinweispflichten?

68 Nach *BGH* (VersR 1971, 740) erstreckt sich die Belehrungspflicht des Notars, der ein Vertragsangebot beurkundet, jedenfalls dann nicht auf die umsatzsteuerrechtlichen Folgen des auf der Grundlage des Angebots zustande kommenden Vertrags, wenn es sich bei den Partnern um geschäftsgewandte und einschlägig beratene Personen handelt. Im Entscheidungsfall hatte der Kläger, was der Notar wusste, einen Steuerfachmann zu Rate gezogen.

69 Die Entscheidung des *BGH* (NJW 2008, 1085) enthält folgende amtliche Leitsätze:

1. Der Notar ist regelmäßig nicht nach § 17 Abs. 1 Satz 1 BeurkG aufgrund seiner Pflicht zur Rechtsbelehrung oder seiner allgemeinen Betreuungspflicht aus § 14 Abs. 1 Satz 2 BNotO gehalten, auf steuerrechtliche Folgen des beurkundeten Geschäfts hinzuweisen. Ihn trifft hinsichtlich des Entstehens einer Umsatzsteuerpflicht keine allgemeine Belehrungspflicht.
2. Korrigiert ein Notar einen Teilaspekt einer ihm von den Urkundsbeteiligten vorgegebenen steuerlichen Gestaltung des Geschäfts, so beschränkt sich seine Prüfungs- und Belehrungspflicht regelmäßig auf diesen Teilaspekt.
3. Den Notar trifft keine allgemeine Belehrungspflicht, wer eine in Folge des beurkundeten Rechtsgeschäfts anfallende Umsatzsteuerpflicht zu tragen hat oder dafür haftet, soweit nicht besondere Umstände eine Belehrung erfordern. Ein Hinweis auf die Haftung nach § 75 AO ist jedoch erforderlich, wenn in einem Unternehmenskaufvertrag die Haftung nach § 25 Abs. 1 HGB gemäß § 25 Abs. 2 HGB ausgeschlossen wird.

70 Nach dieser Entscheidung ist der Notar auch nicht verpflichtet, die steuerliche Rechtsprechung zur Umsatzsteuer zu verfolgen (vgl. *BFH* ZNotP 2007, 468).

c) Sonstige allgemeine steuerliche Belehrungspflichten?

71 Über die genannten Bestimmungen hinaus obliegt dem Notar **keine allgemeine steuerliche Belehrungspflicht**, insbesondere umfasst die Belehrungspflicht gem. § 17 BeurkG nicht die Steuerfolgen einer Urkunde. Gibt der Notar einen für sich betrachtet zutreffenden steuerlichen Hinweis zu einem Einzelpunkt, folgt daraus nicht die Verpflichtung, die steuerlichen Annahmen der Parteien insgesamt auf ihre Richtigkeit zu überprüfen (vgl. *OLG München* MittBayNot 2007, 423).

A. Steuerliche Pflichten des Notars

d) Erweiterte Betreuungspflicht

Gem. § 17 I 2 BeurkG i.V.m. §§ 14 und 24 BNotO kann sich ausnahmsweise aufgrund der allgemeinen **Betreuungspflicht** eine Verpflichtung des Notars ergeben, auf die Gefahr einer Steuerpflicht hinzuweisen. Dies ist der Fall, wenn der Notar aufgrund besonderer Umstände Anlass zu der Besorgnis haben muss, einem Beteiligten drohe ein Schaden, weil er sich wegen mangelnder Kenntnis der Rechtslage oder von Sachumständen, welche die Bedeutung des zu beurkundenden Rechtsgeschäftes für seine Vermögensinteressen beeinflussen, einer Gefährdung seiner Interessen nicht bewusst ist (vgl. BGHZ 58, 348; *BGH* VersR 1983, 182; DNotZ 1992, 813, 815). Unter diesen Voraussetzungen muss der Notar auch über die wirtschaftlichen Folgen des zu beurkundenden Geschäfts belehren, vgl. *Weingärtner/Ehrlich,* Dienstordnung für Notarinnen und Notare, 10. Aufl. 2006, § 32 Rn. 882.

72

Nach Auffassung des *BGH* (DNotZ 1958, 23) konnte schon vor Erlass des Lastenausgleichsgesetzes u.U. für den Notar, der den Vertrag über die Veräußerung eines Geschäfts beurkundete, die Verpflichtung bestehen, die Beteiligten über die Rechtslage bezüglich der Soforthilfelasten und der zu erwartenden Lastenausgleichsabgabe zu belehren und für eine Erörterung der Frage zu sorgen, ob eine Vereinbarung darüber getroffen werden soll, wer diese **Abgaben** endgültig **zu tragen** hat. Aufgrund der Amtspflicht zur vollständigen Erfassung und Niederlegung des Parteiwillens bestehe in Fällen, in denen die Beteiligten einen Punkt übergangen haben, der üblicherweise zum Gegenstand der vertraglichen Abreden gemacht wird, die Notwendigkeit der Prüfung, ob diese Auslassung etwa auf einem Versehen oder einer Verkennung der Rechtslage beruhe.

73

e) Erkennbare Steuerrelevanz

Eine **Hinweispflicht** besteht auch dann, wenn die Beteiligten anlässlich einer Beurkundung auf eine Klärung der steuerrechtlichen Fragen erkennbar entscheidendes Gewicht legen und den Notar um eine Auskunft darüber ersuchen. In diesen Fällen hat der Notar, falls er nicht selbst beraten will, die Beteiligten an einen Steuerberater oder an die Finanzbehörde zu verweisen. Berät er selbst, haftet er für jede Fahrlässigkeit (vgl. *BGH* DNotZ 1985, 636).

74

f) Abweichung von Vertragsentwürfen

Ist dem Notar bekannt, dass der **Entwurf**, den er der Beurkundung eines Hofübergabevertrages zugrunde legen soll, **von einem Steuerberater stammt**, kann er, wenn einer der Beteiligten eine Änderung des Vertrages anregt, gehalten sein, den Beteiligten zu empfehlen, dass sie die Tragweite der Änderung durch den Steuerberater überprüfen lassen, bevor der Vertrag in der geänderten Form beurkundet wird (vgl. *BGH* DNotZ 2003, 845). Da der Notar eine wesentliche Änderung des Vertragsentwurfes des Steuerberaters auf Verlangen der Beteiligten vorgenommen hat, nämlich ein im geduldeten landwirtschaftlichen Betriebsvermögen befindliches Mietshaus beim Übergeber beließ und damit eine Entnahme aus dem landwirtschaftlichen Betriebsvermögen bewirkte, hat der *BGH* den Notar zum Schadensersatz für die Gewinnrealisierung verurteilt. Seit dieser Entscheidung ist der Notar gehalten, bei Änderung der Vertragsentwürfe der steuerberatenden Berufe die Beurkundung zu unterbrechen, damit die Beteiligten neuen Steuerrat einholen können. Beurkundet er den Vertrag in der geänderten Form, haftet er für die steuerlichen Folgen.

75

g) Formulierungspflicht

Aus § 17 I 2 BeurkG ergibt sich darüber hinaus, dass der Notar **unklare Formulierungen**, die zu ungewollten Steuernachteilen führen, vermeiden muss. Haben die Vertragsteile einen beurkundeten Vertrag wegen sich daraus ergebender steuerlicher Nachteile

76

Spiegelberger

aufgehoben und denselben Notar mit der Beurkundung des diese Nachteile vermeidenden geänderten Vertrages beauftragt, dürfen sie – und auch der bei dem Amtsgeschäft anwesende Mitarbeiter des Steuerberaters eines der Beteiligten – darauf vertrauen, dass der Notar den ihm erklärten Willen der Vertragschließenden in rechtlich einwandfreier Form protokolliert hat, es sei denn, dass die Fassung so gehalten ist, dass sich ihnen als juristischen Laien Zweifel daran aufdrängen müssen (vgl. *BGH* DNotZ 1991, 314). Die Entscheidung wird von *Kanzleiter* (DNotZ 1991, 315) zurecht kritisiert, weil der eigentliche steuerliche Fehler nicht aufgedeckt wurde. Die von den Beteiligten begehrte Rücklage kann gem. § 6b IV 2 EStG nur gebildet werden, wenn das veräußerte Wirtschaftsgut im Zeitpunkt der Veräußerung mindestens sechs Jahre ununterbrochen zum Anlagevermögen einer inländischen Betriebsstätte gehört hat. Kommt es bei der Bemessung der Sechsjahresfrist auf den Zeitpunkt des schuldrechtlichen Veräußerungsvertrages, den Zeitpunkt der Auflassung, Eintragung im Grundbuch oder auf den Zeitpunkt des Übergangs von Besitz, Nutzungen und Lasten an? Diese steuerliche Differenzierung hätte nur durch Rückfrage bei der für die steuerlichen Auswirkungen verantwortlichen Steuerberatungsgesellschaft geklärt werden können.

h) Pflicht zur Erforschung des Willens der Beteiligten gem. § 19 I BNotO

Beispiel: Bauträger B errichtet ein Ladengebäude, das er mit einer Umsatzsteueroption gem. § 9 UStG langfristig an eine Supermarktkette verpachtet und anschließend an einen Investor veräußert. Auf Verlangen des Supermarktbetreibers errichtet B auch noch Kühlanlagen, die ebenfalls an den Supermarktbetreiber verpachtet werden. Die Kaufvertragsurkunde des Notars N enthält nur einen Hinweis auf die entstehende Grunderwerbsteuer, aber keine umsatzsteuerliche Regelung.

77 Der Notar hat bei der Ermittlung des Willens der Urkundsbeteiligten Anlass zu einer Nachfrage, wenn das beabsichtigte Rechtsgeschäft einen Aspekt aufwirft, der üblicherweise zum Gegenstand der vertraglichen Abreden gemacht wird. Erst recht besteht eine Pflicht zur Nachfrage, wenn der Notar konkrete Anhaltspunkte dafür hat, dass einer der Beteiligten ein rechtliches Ergebnis herbeiführen möchte, das in dem vorbereiteten Urkundenentwurf noch keine Berücksichtigung gefunden hat (vgl. *BGH* MittBayNot 2011, 339). In dem entschiedenen Fall hatte der Notar – im Gegensatz zu früheren Beurkundungen – weder die Übernahme einer Dienstbarkeit durch den Erwerber noch den Gewährleistungsausschluss vorgesehen.

78 Die Pflicht zur Erforschung des Willens der Beteiligten kann im Einzelfall auch für steuerliche Sachverhalte gelten.

79 In dem Einleitungsfall wurde von den Beteiligten und dem Notar nicht erkannt, dass die errichteten Kühlanlagen zwar einen wesentlichen Bestandteil des Gebäudes gem. § 93 BGB darstellen, aber bei steuerlicher Beurteilung Betriebsvorrichtungen, also bewegliche Gegenstände darstellen und somit der Umsatzsteuer unterliegen. Zugleich wurde nicht erkannt, dass bei dem Bauträger eine Vorsteuerberichtigung gem. § 15a UStG eintritt, da der Kaufvertrag keine Geschäftsveräußerung im Ganzen gem. § 1 Nr. 1a UStG darstellt (vgl. *Spiegelberger/Spindler/Wälzholz* Kap. 2 Rn. 379).

i) Umfassende Rechtsbetreuung gem. § 24 I BNotO

Literatur: *Ganter* in Zugehör/Ganter/Hertel, Handbuch der Notarhaftung, 2003, Pflicht zur gestaltenden Beratung, Rn. 923 ff.; *Rittershaus/Teichmann*, Anwaltliche und notarielle Vertragsgestaltung – Gemeinsamkeiten und Unterschiede, FS Spiegelberger, 2009, S. 1457.

80 In Anlehnung an die Rechtsprechung vertritt *Rehbinder* (S. 58) eine differenzierende Auffassung. Ausgehend von dem Grundsatz, dass einem **Rechtsanwalt** eine generelle Belehrungspflicht über steuerliche Rechtsfolgen treffe, da er zu einer umfassenden Beratung verpflichtet sei und die Belehrung über steuerliche Rechtsfolgen sich als Teil des umfassenden Mandats darstelle, will *Rehbinder* bei der Tätigkeit des Notars danach unter-

A. Steuerliche Pflichten des Notars E

scheiden, ob der Notar nur einen Vertrag beurkundet oder eine umfassende Vertragsgestaltung übernommen hat.

Im ersteren Fall bestehe eine Belehrungspflicht nur, wenn ein Beteiligter besonderen Gefahren ausgesetzt ist oder die Beteiligten erkennbar auf die steuerlichen Auswirkungen des Geschäfts besonderes Gewicht legen. Bei umfassender Vertragsgestaltung soll eine Belehrungspflicht immer schon dann anzunehmen sein, wenn steuerliche Gesichtspunkte erkennbar eine Rolle spielen (vgl. BGH NJW 1989, 586; DNotZ 1980, 563, 565). Wenn der Notar eine umfassende Rechtsbetreuung gem. § 24 I BNotO übernimmt, z.B. eine vereinbarte Vorwegnahme der Erbfolge in eine geeignete rechtliche Form zu bringen und die entsprechenden Verträge vorzubereiten und für deren Vollzug zu sorgen, hat der Notar für eine auftragsgerechte und zuverlässige Rechtsgestaltung zu sorgen (vgl. *BGH ZEV* 2000, 452, 455). 81

j) Subsidiarität der Notarhaftung

Beispiel: Steuerberater S übergibt Notar N den Entwurf eines Ergebnisabführungsvertrages, der einen Hinweis auf § 302 III AktG, nicht aber auf die Verjährungsvorschrift des § 302 IV AktG enthält. Während das *FG* den beurkundeten Vertrag als steuerwirksam ansah, ist nach Auffassung von *BFH* BStBl. 2010 II 932 kein steuerwirksamer Ergebnisabführungsvertrag entstanden. Haftet auch Notar N?

> **Praxishinweis:**
>
> Ältere Formularbücher enthalten nicht den Hinweis auf § 302 IV AktG. Der *BFH* und die Finanzverwaltung vertreten bei dem Hinweis auf § 302 AktG eine restriktivere Auffassung. Danach muss entweder insgesamt auf § 302 AktG, in jedem Fall aber auf Absatz 4 mit der darin enthaltenen Verjährungsvorschrift verwiesen werden. § 17 KStG i.V.m. § 34 IX Nr. 10b KStG enthält i.d.F. vom 20.2.2013 nunmehr die Heilungsvorschrift, wonach die Bestimmung im Falle einer dynamischen Bezugnahme auf § 302 AktG auf alle noch nicht bestandskräftig veranlagten Fälle anzuwenden ist.

Dem Umstand, dass § 839 BGB eine zwar subsidiäre, aber betragsmäßig unbegrenzte Haftung des Notars anordnet, wurde bisher zu wenig Aufmerksamkeit geschenkt. Alle rechts- und steuerberatenden sowie wirtschaftsprüfenden Berufe können – mit Ausnahme der Notare – die berufliche Haftung betragsmäßig durch Vereinbarung mit den Beteiligten oder von vorne herein durch die Wahl einer haftungsbegrenzenden Rechtsform wie z.B. einer GmbH, GmbH & Co. KG oder PartGG begrenzen. Soweit § 839 BGB auf Beamte Anwendung findet, erfolgt in jedem Fall eine Haftungsfreistellung durch den Staat bei leichter Fahrlässigkeit gem. Art. 34 GG. Teilweise wichen Rechtsanwaltskanzleien, denen die Rechtsform der GmbH & Co. KG vom *BGH* bisher verweigert wurde, auf die Rechtsform der liability limited partnership (LLP) aus. Mit dem Gesetz vom 15.7.2013 (BGBl. I 2386) hat der Gesetzgeber die Möglichkeit geschaffen, die Haftung für fehlerhafte Berufsausübung auf das Vermögen der Partnerschaft zu begrenzen. Im Hinblick auf die berufsrechtlich erforderlichen Berufshaftpflichtversicherungen steht diese Rechtsform gegenwärtig nur Rechts- und Patentanwälten sowie Steuerberatern und Wirtschaftsprüfern offen (vgl. *Sommer/Treptow* NJW 2013, 3269). Da die Versicherungsgesellschaften Berufshaftpflichtversicherungen nur mit Höchstsummenbegrenzungen akzeptieren, ist eine gesetzliche Haftungsbeschränkung für Notare umso dringlicher. Dies gilt insbesondere für den Fall, dass zwar der primär verantwortliche Haftungsschuldner, z.B. ein Rechtsanwalt oder ein Steuerberater, aufgrund der mit den Mandanten getroffenen Haftungsbeschränkung oder wegen der haftungsbegrenzenden Rechtsform nur einen Teil des entstandenen Schadens trägt und die subsidiäre Haftung des Notars in vollem Umfang durchschlägt. 82

83 Die zitierte Entscheidung des *BFH* (BStBl. 2010 II 932) zeigt eindrucksvoll, dass die Beurkundung von Ergebnisabführungsverträgen zu millionenhohen Haftungsansprüchen gegen den beurkundenden Notar führen können, da die primär Verantwortlichen entweder ihre Haftung begrenzt haben oder wirtschaftlich nicht in der Lage sind, den entstandenen Schaden abzudecken.

84 Zwar kann der Notar einen Hinweis in die Urkunde aufnehmen, dass er keine steuerliche Beratung übernommen hat und damit faktisch die Haftung für die Steuerfolgen einer Urkunde ausschließen, da er zu steuerrechtlichen Fragen eines Beteiligten nur dann richtig, klar und vollständig beraten bzw. Auskunft erteilen muss, soweit er dies konkret übernimmt (vgl. *BGH* NJW 2008, 1085 Tz. 16). Dennoch bleibt die Gefahr der Haftung, wenn ein Beteiligter die dem Notar erkennbaren steuerlichen Folgen nicht wünscht, aber sich wegen mangelnder Kenntnis der Rechtlage der Gefährdung seiner Interessen nicht bewusst ist (vgl. *BGH* NJW 2008, 1085; Palandt/*Sprau* § 839 Rn. 161).

k) Zusammenfassung

85 Aus einzelnen enumerativen steuerlichen Hinweispflichten kann nach der höchstrichterlichen Rechtsprechung grundsätzlich nicht eine allgemeine Belehrungspflicht über die steuerlichen Folgen eines zu beurkundenden Rechtsgeschäfts abgeleitet werden. Ausnahmsweise besteht jedoch in bestimmten Konstellationen eine Belehrungspflicht mit steuerlichen Haftungsfolgen aufgrund der allgemeinen notariellen Betreuungspflicht gem. § 17 I 1, 19 BeurkG sowie gem. § 14 I 2 und 24 BNotO in Betracht, wenn der Notar

– die notarielle Formulierungspflicht verletzt und damit der erkennbare Wille der Beteiligten nicht richtig oder vollständig niedergelegt wird,
– die ersichtliche **Unerfahrenheit** der Beteiligten eine entsprechende Belehrung angezeigt sein lässt,
– die Beteiligten ersichtlich auf die **steuerlichen Auswirkungen** Wert legen und dem Notar die Gestaltungsfreiheit überlassen,
– der Notar die umfassende Rechtsberatung und Gestaltung oder gar die steuerrechtliche **Beratung** übernimmt. Ein Indiz für die Übernahme der steuerlichen Beratung ist ein gesonderter Gebührenansatz.

III. Möglichkeiten der Haftungsbegrenzung

86 Für die Gestaltung der notariellen Urkunde gilt der Grundsatz des „**sicheren Weges**". Von mehreren in Frage kommenden Wegen ist immer derjenige zu wählen, der für den Auftraggeber der weniger gefährliche ist; zumindest ist der Auftraggeber auf die Gefahren, die sich aus der Wahl eines anderen Weges ergeben, aufmerksam zu machen (vgl. RGZ 151, 264). Zwar kann nicht verlangt werden, dass der Notar nach dem Grundsatz „doppelt reißt nicht" oder „doppelt genäht hält besser" verfährt (vgl. RGZ 87, 183). Dennoch sollte der Notar den Grundsatz einhalten, auch hinsichtlich der steuerlichen Auswirkungen nicht die äußerste Grenze des Machbaren auszuschöpfen. Bei steuerrelevanten Beurkundungen kann der Notar eine drohende Haftung für die steuerlichen Folgen durch die im Folgenden dargelegten Maßnahmen abwehren.

1. Verbindliche Auskunft des Finanzamtes

Literatur: BMF-Schreiben und Oberste Finanzbehörden der Länder: Verbindliche Auskunft nach § 89 II AO; Zuständigkeit für die Erteilung einer verbindlichen Auskunft, BStBl. 2007 I 470; dies., Verbindliche Auskünfte der Finanzämter und des Bundeszentralamts für Steuern, BStBl. 2008 I 2; BMF-Schreiben: Verordnung zur Durchführung von § 89 II der AO – StAuskV BStBl. 2007 I 820.

A. Steuerliche Pflichten des Notars

a) Auskunftsanspruch

Obwohl die AO einen gesetzlichen Anspruch auf Auskunftserteilung nur in Zoll- und Lohnsteuerfragen vorsieht, konnte bereits aufgrund des BMF-Schreibens BStBl. 1987 I 474 in allen Steuerfragen eine verbindliche Auskunft des Finanzamtes eingeholt werden. Die Finanzverwaltung hat durch BMF-Schreiben BStBl. 2003 I 742 eine ergänzende Regelung getroffen, die im Kern den früheren Vorschriften entspricht. Gem. Tz. 2.1 muss der Antrag schriftlich gestellt werden und **folgende Angaben** enthalten: 87

– die genaue Bezeichnung des Antragstellers (Name, Wohnort, ggf. Steuernummer),
– eine umfassende und in sich geschlossene Darstellung eines ernsthaft geplanten, im Wesentlichen noch nicht verwirklichten Sachverhalts (keine unvollständige, alternativ gestaltete oder auf Annahme beruhende Darstellung; Verweisung auf Anlagen nur als Beleg),
– die Darlegung des besonderen steuerlichen Interesses,
– eine ausführliche Darlegung des Rechtsproblems mit eingehender Begründung des eigenen Rechtsstandpunktes,
– die Formulierung konkreter Rechtsfragen (wobei globale Fragen nach den eintretenden Rechtsfolgen nicht ausreichen),
– die Erklärung, dass über den zur Beurteilung gestellten Sachverhalt bei keiner anderen Finanzbehörde eine verbindliche Auskunft beantragt wurde, sowie
– die Versicherung, dass alle für die Erteilung der Auskunft und für die Beurteilung erforderlichen Angaben gemacht wurden und der Wahrheit entsprechen.

Hierzu empfiehlt es sich, den Urkundenentwurf dem zuständigen Finanzamt zuzusenden. 88

b) Gebührenpflicht

Literatur: *Blömer*, Zweifelsfragen im Zusammenhang mit der Gebührenpflicht verbindlicher Auskünfte nach § 89 III bis V AO, DStR 2008, 1866; BMF-Schreiben und Oberste Finanzbehörden der Länder: Gebühren für die Bearbeitung von Anträgen auf Erteilung einer verbindlichen Auskunft nach § 89 III bis V AO, BStBl. 2007 I 227; BMF-Schreiben: Zweifelsfragen im Zusammenhang mit verbindlichen Auskünften nach § 89 AO, DStR 2008, 1883; *Simon*, Die neue Gebührenpflicht für die Bearbeitung von verbindlichen Auskünften, DStR 2007, 557.

Die verbindliche Auskunft wird erst erteilt, wenn der Steuerpflichtige zuvor die vom Finanzamt angeforderte Gebühr entrichtet hat. Nach Auffassung des *BMF* (BStBl. 2007 I 227) ist der Gegenstandswert für die Auskunft in der Weise zu ermitteln, dass der Steuerbetrag, der bei Anwendung der vom Antragsteller vorgetragenen Rechtsauffassung entstehen würde, dem Steuerbetrag gegenüberzustellen ist, der entstehen würde, wenn die Finanzbehörde eine entgegengesetzte Rechtsauffassung vertreten würde. *Simon* (DStR 2007, 560) weist demgegenüber darauf hin, dass nach der aktuellen Rechtsprechung des *BFH* (DStRE 2007, 254) z. B. bei der Frage der Anerkennung eines Verlustes einer GmbH & Co. KG grundsätzlich nur 25% des in Frage stehenden Verlustes und nicht der Gesamtbetrag des Verlustes als Gegenstandswert anzusetzen sei. 89

> **Praxishinweis:**
>
> Es empfiehlt sich, dem Finanzamt die Abrechnung nach Stundensätzen anzubieten und um Mitteilung der Kontonummer zu bitten, da das Finanzamt erst nach dem Eingang einer Zahlung eine Auskunft erteilt.

Gem. Tz. 2.5 werden verbindliche Auskünfte nicht erteilt in Angelegenheiten, bei denen die Erzielung eines Steuervorteils im Vordergrund steht, z. B. Prüfung von Steuersparmodellen, Feststellung der Grenzpunkte für einen Gestaltungsmissbrauch oder für 90 das Handeln eines ordentlichen Geschäftsleiters. Die Befugnis, nach pflichtgemäßem Ermessen – auch in anderen Fällen – die Erteilung einer verbindlichen Auskunft abzulehnen, bleibt nach Auffassung der Finanzverwaltung unberührt, z. B. wenn zu dem Rechtsproblem eine gesetzliche Regelung, eine höchstrichterliche Entscheidung oder eine Verwaltungsanweisung in absehbarer Zeit zu erwarten ist.

c) Bindungswirkung

91 Aus einer finanzbehördlichen Auskunft können Rechtsfolgen nur abgeleitet werden, wenn der Steuerpflichtige eine verbindliche Zusage beantragt und das Finanzamt eine solche ohne Einschränkung oder Vorbehalte erteilt hat (vgl. *BFH* BStBl. 1993 II 218).

92 Die Auskunft des Finanzamtes ist **nur** dann **verbindlich**, wenn sie der für die spätere Veranlagung **zuständige Beamte** oder der Vorsteher erteilt hat (vgl. *BFH* BStBl. 1990 II 274). Der Steuerpflichtige hat einen Anspruch auf ermessensfehlerfreie Bescheidung (vgl. Beermann/*Sauer* Vor §§ 204–207 AO Rn. 22). Gem. Tz. 5.2 BMF-Schreiben BStBl. 2003 I 743 ist die Auskunft mit dem vom Finanzamt als zutreffend erachteten Inhalt zu erteilen. Eine – für den Antragsteller negative – Auskunft soll kein Verwaltungsakt sein, eine Rechtsbehelfsmöglichkeit sei damit nicht gegeben. Der Antragsteller sei auf das Festsetzungs- oder Feststellungsverfahren zu verweisen. Ein **anfechtbarer Verwaltungsakt** liege nur vor, wenn eine verbindliche Auskunft abgelehnt werde, weil die formellen Voraussetzungen nicht erfüllt sind oder weil die Auskunft aus anderen Gründen nicht erteilt werden kann, z. B. wegen einer zu erwartenden gesetzlichen Regelung, höchstrichterlichen Entscheidung oder Verwaltungsanweisung.

93 Dem BMF-Schreiben kann nicht gefolgt werden, soweit der Rechtsschutz gem. Tz. 5.3 eingeschränkt wird. Macht das Finanzamt von seinem Ermessen fehlerhaft Gebrauch, kann gem. § 102 FGO nach erfolglosem Einspruchsverfahren Klage auf Neubescheidung erhoben werden (vgl. Beermann/*Brandt* § 102 FGO Rn. 44).

d) Anrufungsauskunft

Literatur: BMF-Schreiben: Anrufungsauskunft als feststellender Verwaltungsakt, DStR 2011, 414.

94 Erteilt das Betriebsstättenfinanzamt gem. § 42e EStG eine Anrufungsauskunft über die Lohnsteuer, stellt diese nicht eine unverbindliche Wissenserklärung, sondern einen feststellenden Verwaltungsakt i. S. d. § 118 S. 1 AO dar (vgl. *BFH* BStBl. 2010 II 996; DStR 2010, 2243).

2. Verweisung der Beteiligten an einen Steuerberater oder das Finanzamt

Literatur: *Gaupp*, Notar und Steuerberater, FS Spiegelberger, 2009, S. 1410; *Wagner*, Pflichten bei der notariellen Beurkundung von Gesellschaftsverträgen im Hinblick auf steuerliche Belastungsrisiken, DStR 1995, 807.

95 Wenn der Notar erkennt, dass einem Beteiligten mangels Kenntnis der Rechtslage ein Schaden droht oder wenn die Beteiligten anlässlich einer Beurkundung auf die Klärung steuerlicher Fragen erkennbar entscheidendes Gewicht legen und den Notar um eine Auskunft ersuchen, muss der Notar, wenn er nicht selbst beraten will, die Beteiligten an einen Steuerberater oder an die Finanzbehörde verweisen. *Wagner* (DStR 1995, 807, 814) rät zu Recht, dass der Notar jedenfalls bei Gesellschaftsverträgen den Beteiligten empfiehlt, sich bezüglich steuerlicher Risiken vom eigenen Steuerberater beraten zu lassen, um nicht in die Grauzone zwischen steuerlicher Beratung bzw. steuerlicher Risikoberatung hineinzugeraten.

96 Dem Notar ist generell anzuraten, die **Zusammenarbeit mit dem Steuerberater** der Beteiligten bereits im Vorfeld der Beurkundung zu suchen, zumal Steuerberater die beste Informationsquelle sind (so auch *Weingärtner*, Vermeidbare Fehler im Notariat, 6. Aufl. 2001, Rn. 237). Dies gilt ganz besonders für die Frage, ob Gegenstand der Beurkundung

Betriebsvermögen ist. Die Übersendung des Vertragsentwurfes an den Steuerberater vor der Beurkundung ist eine wichtige Vorsichtsmaßnahme, um steuerrelevante Umstände nicht zu übersehen und die Steuerhaftung des Notars regelmäßig auszuschließen (vgl. *BGH* VersR 1971, 740 – Umsatzsteuer). Von Vereinfachung des Steuerrechts kann keine Rede sein. *Gaupp* (FS Spiegelberger S. 1410, 1417) weist zurecht darauf hin, dass der Notar durch vertiefte eigene steuerrechtliche Kenntnisse und durch Kooperation mit den steuerberatenden Berufen dem Rechnung tragen muss.

3. Belehrungshinweis in der Urkunde

Aus Beweisgründen empfiehlt es sich, bei steuerrelevanten Beurkundungen in die Urkunde einen Hinweis auf die steuerlichen Vorsichtsmaßnahmen aufzunehmen. 97

Formulierungsbeispiel: Haftungsausschluss für Steuerfolgen	98
Die Beteiligten legen nach ihren Erklärungen besonderen Wert auf die steuerlichen Auswirkungen ihrer Vereinbarungen. Eine steuerliche Beratung oder Betreuung wurde vom Notar jedoch nicht übernommen. Dieser hat die Beteiligten auf die Möglichkeit der Einholung einer Auskunft bei dem zuständigen Finanzamt oder der Zuziehung von Steuerberatern hingewiesen. *Alternativ:* Aufgrund dieses Hinweises wurde der Vertragsentwurf folgenden Steuerberatern übersandt: ... *Alternativ:* ... haben die Steuerberater X und Y an der Beurkundung teilgenommen. *Alternativ:* Trotz des Hinweises des Notars auf etwaige steuerliche Nachteile bestanden die Beteiligten auf der sofortigen Beurkundung ohne Zuziehung von Steuerberatern und ohne vorherige Auskunftserteilung durch das zuständige Finanzamt. Der Notar schließt jede Haftung, soweit gesetzlich zulässig, für die aus dem beurkundeten Rechtsgeschäft entstehenden Steuern und für von den Beteiligten erwartete, tatsächlich nicht eintretende Steuervorteile aus.	

B. Interdependenz von Zivil- und Steuerrecht

I. Maßgeblichkeit des Zivilrechts

Grundsätzlich gilt im Verhältnis zwischen dem Zivil- und Steuerrecht der Grundsatz der **Maßgeblichkeit** des Zivilrechts für das Steuerrecht (vgl. *BFH* BStBl. 1962 II 310), da das Steuerrecht in der Regel der bürgerlich-rechtlichen Betrachtung folgt oder die dem bürgerlichen Recht entlehnten Rechtsbegriffe vom Steuerrecht grundsätzlich als Anknüpfungspunkt übernommen werden (vgl. *BVerfG* BStBl. 1970 II 652). Teilweise wird jedoch die Eigenständigkeit steuerrechtlicher Gesetzesauslegung und -anwendung betont. Der IX. Senat des *BFH* (BStBl. 1989 II 768) meinte sogar, dass dem Zivilrecht keinerlei Leitfunktion für das Einkommensteuerrecht zukomme. Hingegen folgt der für die Umsatzsteuer zuständige V. Senat des *BFH* bei der Beurteilung von Leistungsbeziehungen grundsätzlich dem Zivilrecht (vgl. BStBl. 1989 II 677; *Osterloh* JuS 1994, 994). 99

Insgesamt knüpfen die **Verkehrsteuern** eng an die spezifisch zivilrechtlich vorgeprägten Begriffe an. *Flume* (S. 24) betont zu Recht das Prinzip der Einheit der Rechtsordnung und geht von einem Vorrang der allgemeinen Rechtsordnung vor der Besteuerung und damit auch von einem Vorrang des Zivilrechts aus. Nach Auffassung von *BVerfG* BStBl. 1992 II 212 besteht zwar keine Maßgeblichkeit des Zivilrechts für die Auslegung steuerrechtlicher Tatbestände; gem. BVerfGE 18, 231 liegt es jedoch im Interesse der Klarheit und Reinheit und vor allem der inneren Autorität der Rechtsordnung, die Entsprechung von Privat- und Steuerrecht durchgehend zu wahren. Insbesondere sind die im Zivilrecht 100 entwickelten Auslegungsmethoden auch für das Steuerrecht maßgeblich. M.E. ist ein geordnetes Steuerwesen ohne enge Anlehnung an die über 2000-jährige Tradition und Rechtskultur des Zivilrechts nicht denkbar. Dass darüber hinaus vom Zivilrecht abweichende Begriffe, Zuordnungen und Wertungen bestehen, ist unbestritten.

II. Wirtschaftliche Betrachtungsweise

1. Gesetzliche Regelung

101 Die Abgabenordnung enthält in den §§ 39 bis 42 den Grundsatz der „**wirtschaftlichen Betrachtungsweise**", wonach das Steuerrecht bei bestimmten Sachverhalten eine vom Zivilrecht abweichende Wertung vornimmt. Gem. § 39 II AO wird ein Wirtschaftsgut nicht dem Eigentümer, sondern dem Eigenbesitzer, Sicherungseigentum dem Sicherungsgeber, das Treuhandvermögen nicht dem Treuhänder, sondern dem Treugeber zugerechnet (**wirtschaftliches Eigentum**). Die wirtschaftliche Betrachtungsweise muss die Gleichheit der Besteuerung vor rechtsformalistischen Differenzierungen sichern. Sie muss aber dort zurücktreten, wo unabweisbare Rechtssicherheitserfordernisse gegeben sind (vgl. *Eibelshäuser* DStR 2002, 432). Ein zivilrechtlicher **Durchgangserwerb** (in Gestalt einer logischen Sekunde) hat nicht zwangsläufig auch einen steuerrechtlichen Durchgangserwerb i.S.d. Innehabens wirtschaftlichen Eigentums in der Person des zivilrechtlichen Durchgangserwerbers zur Folge; vielmehr ist die steuerrechtliche Zuordnung nach Maßgabe des § 39 II Nr. 1 AO zu beurteilen (vgl. *BFH* GmbHR 2011, 553).

102 Wirtschaftsgüter, die mehreren zur **gesamten Hand** zustehen, werden den Beteiligten gem. § 39 II Nr. 2 AO **anteilig** zugerechnet, **soweit** eine getrennte Zurechnung für die Besteuerung erforderlich ist. Einkommensteuerlich gilt bei Vermögensverwaltenden Personengesellschaften die Bruchteilsbetrachtung, d.h. die Gesellschafter werden wie Bruchteilseigentümer behandelt, während gewerblich tätige oder geprägte Personengesellschaften selbst Subjekt der Einkünfteermittlung sind. Die beteiligungsidentische Umwandlung einer Bruchteilsgemeinschaft in eine vermögensverwaltende Personengesellschaft stellt danach keinen Veräußerungsvorgang dar (vgl. *BFH* BStBl. 2005 II 324), während bei einer Änderung der Beteiligungsverhältnisse oder bei der Erbringung von Gegenleistungen zu prüfen ist, ob § 23 EStG eingreift. Entscheidend ist, ob der Grundbesitz entgeltlich oder unentgeltlich übertragen wird (vgl. *Spiegelberger*, Vermögensnachfolge, § 11 Rn. 157ff.).

103 Sofern steuerliches Privatvermögen in eine gewerblich tätige oder geprägte Personengesellschaft unter Gewährung von Gesellschaftsanteilen eingebracht wird, handelt es sich immer um einen **tauschähnlichen Umsatz**, so dass die Anteilsverhältnisse vor und nach der Einbringung grundsätzlich keine Rolle spielen (vgl. *BFH* BStBl. 2000 II 230; GmbHR 2008, 548).

2. Finanzrechtsprechung

104 Auch die Finanzrechtsprechung folgt der **wirtschaftlichen Betrachtungsweise**, insbesondere im betrieblichen Bereich. Allerdings führen nur auf Richterrecht beruhende Institute, z.B. die Unternehmensform der **Betriebsaufspaltung**, zu einer von vielen beklagten Rechtsunsicherheit (vgl. *Meßmer* StuW 1988, 235; *G. Söffing* DStR 1996, 1225; *Carlé*, FS Spiegelberger, 2009, S. 55; *Salzmann*, FS Spiegelberger, 2009, S. 401).

3. Beispiele für wirtschaftliches Eigentum

a) Steuerliche Zuordnung eines Grundstücks

Beispiel: Eine GmbH & Co. KG nutzt entgeltlich eine Lagerhalle, die sich im Miteigentum eines Gesellschafters und seiner Ehefrau befindet.

B. Interdependenz von Zivil- und Steuerrecht

Im Beispielsfall kann die steuerliche Behandlung des Grundstückes nicht einheitlich für alle Steuerarten erfolgen, sondern erfordert folgende Differenzierungen: 105

aa) Handelsbilanz. In der Handelsbilanz der GmbH & Co. KG ist das Grundstück nicht auszuweisen, da es sich nicht im Gesamthandseigentum der Gesellschafter befindet. 106

bb) Sonderbilanz. Aus der Verpachtung der Lagerhalle bezieht der Gesellschafter Einkünfte gem. § 15 I 1 Nr. 2 EStG, so dass der Grundstücksanteil Sonderbetriebsvermögen darstellt und in einer Sonderbilanz erfasst werden muss. 107

cc) Haftungsrecht. Gem. §§ 74 und 75 AO kommt eine Haftung des Grundbesitzes für betriebliche Steuern in Betracht. 108

dd) Schenkung- und Erbschaftsteuer. Der durch die Erbschaftsteuerreform 2009 neu gefasste § 99 BewG besagt, dass – in Anlehnung an die Einkommensteuer – der Hälfteanteil des Gesellschafters an dem Grundstück Betriebsvermögen darstellt. 109

ee) Umsatzsteuer. Wird das an die GmbH & Co. KG verpachtete Grundstück veräußert, kann eine Geschäftsveräußerung i. S. d. § 1 a UStG vorliegen (vgl. *Hipler* ZNotP 2004, 222), die nicht der **Umsatzsteuer** unterliegt, so dass auch keine Vorsteuerberichtigung gem. § 15a UStG stattfindet; zur Umsatzsteueroption gem. § 9 I UStG vgl. unten Rn. 136). 110

b) Eigentumsähnliche Nutzungsrechte

Durch langfristige oder gar zeitlich unbegrenzte Nutzungsrechte kann einkommensteuerlich – abweichend von der bürgerlich-rechtlichen Zuordnung – **wirtschaftliches Eigentum** des Nutzungsberechtigten begründet werden, wenn der Nutzungsberechtigte den Eigentümer im Regelfall für die gewöhnliche Nutzungsdauer von der Einwirkung auf das Wirtschaftsgut wirtschaftlich ausschließen kann (vgl. § 39 II Nr. 1 S. 2 AO). Auch wenn ein Grundstück im notariellen Übergabevertrag nicht aufgeführt ist, steht es im wirtschaftlichen Eigentum des Erwerbers, wenn im Vertrag die Übertragung **aller** Aktiva und Passiva vereinbart ist, die Beteiligten dementsprechend verfahren und auch dementsprechend bilanzieren (vgl. *FG Baden-Württemberg* MittBayNot 2004, 69). 111

Insbesondere wenn dem Erbauer eines Gebäudes auf fremdem Grund und Boden ein schuldrechtliches oder dingliches Nutzungsrecht auf die betriebsgewöhnliche Nutzungsdauer eingeräumt wird, steht dem Nutzungsberechtigten gem. § 39 II Nr. 1 S. 1 AO in der Regel das wirtschaftliche Eigentum zu, da er den Eigentümer für die gewöhnliche Nutzungsdauer von der Einwirkung auf das Wirtschaftsgut wirtschaftlich ausschließen kann (vgl. *BFH* MittBayNot 1997, 314). Nach *BFH* (BStBl. 2001 II 481) sind dem Nutzungsberechtigten Substanz und Ertrag des Gebäudes nicht nur zuzurechnen, wenn das Gebäude nach Ablauf der voraussichtlichen Nutzungsdauer wirtschaftlich verbraucht ist, sondern auch dann, wenn zwar die voraussichtliche Nutzungsdauer des Gebäudes die Dauer der Nutzungsbefugnis überschreitet, der Nutzungsberechtigte, der die Kosten des Gebäudes getragen hat, bei Beendigung der Nutzung einen Anspruch auf Ersatz des Verkehrswertes des Gebäudes hat. 112

Wirtschaftliches Eigentum kann auch durch ein **eigentumsähnliches Dauerwohn- oder Dauernutzungsrecht** gem. § 31 WEG eingeräumt werden. Nach *BFH* (BStBl. 1965 III 10) ist die wirtschaftliche Gleichstellung eines Dauerwohnberechtigten mit einem Wohnungseigentümer in der Regel anzunehmen, wenn die Rechte und Pflichten des Dauerwohnberechtigten bei wirtschaftlicher Betrachtung den Rechten und Pflichten eines Wohnungseigentümers entsprechen und wenn der Dauerwohnberechtigte aufgrund des Dauerwohnrechtsvertrages bei einem Heimfall des Dauerwohnrechts eine angemessene Entschädigung erhält (ebenso die Finanzverwaltung BMF-Schreiben BStBl. 1990 I 626 Tz. 27). 113

c) Leasingverträge

Literatur: *Beckmann*, Aktuelle Rechtsfragen aus Finanzierungsleasingverträgen, DStR 2007, 157; *Jacobsen*, Ertragsteuerliche Zuordnung geleaster Wirtschaftsgüter, SteuerStud 2006, 148.

114 Ein **Leasing-Vertrag**, der bürgerlich-rechtlich als Mietvertrag bewertet wird, kann je danach, ob die Summe der Leasingraten die Anschaffungs- und Finanzierungskosten erreicht, ob die Grundmietzeit weniger als 40% oder mehr als 90% der gewöhnlichen Nutzungsdauer beträgt und ob Kauf- oder Mietverlängerungsoptionen bestehen, steuerlich entweder als Mietvertrag oder als Kaufvertrag beurteilt werden (vgl. BFH BStBl. 1971 II 34; BGH NJW 1987, 2082; Schmidt/*Weber-Grellet* § 5 EStG Rn. 721; als Prüfungsschema vgl. *Jacobsen* SteuerStud 2006, 148, 154). Zur ertragsteuerlichen Behandlung von Teilamortisations-Leasing-Verträgen über unbewegliche Wirtschaftsgüter vgl. BMF-Schreiben BStBl. 1992 I 13.

d) Vor- und Nacherbfolge

115 Der *BFH* (EStB 2004, 17) hat den Nacherben, der auf dem Grundstück einer nicht befreiten Vorerbin ein Gebäude errichtet, als wirtschaftlichen Eigentümer angesehen, da er die rechtlich gesicherte und nicht entziehbare Erwartung hatte, nach dem normalen Verlauf der Dinge künftig selbst rechtlicher Eigentümer des Nachlasses und damit des Grundstücks zu werden.

e) Aufschiebende Bedingungen

116 Wird ein Gesellschaftsanteil unter einer aufschiebenden Bedingung veräußert, geht das wirtschaftliche Eigentum an dem Gesellschaftsanteil grundsätzlich erst mit dem Eintritt der Bedingung auf den Erwerber über, wenn ihr Eintritt nicht allein vom Willen und Verhalten des Erwerbers abhängt (vgl. *BFH* GmbH-StB 2009, 323).

III. Unterschiedliche Begriffsbildung im Zivil- und Steuerrecht

117 Der Grundsatz der **Maßgeblichkeit** des Zivilrechts für das Steuerrecht wird auch dadurch erheblich **eingeschränkt**, dass die im Zivilrecht einerseits und in den einzelnen Steuerarten andererseits verwendeten Begriffe trotz desselben Wortlauts häufig inhaltsverschieden sind. Bei einem Vergleich des Steuerrechts mit dem Zivilrecht ergeben sich synonyme, divergierende und steuerrechtliche Eigenbegriffe (vgl. *Fiegle* S. 41).

1. Synonyme Begriffe

118 Zahlreiche Begriffe werden im Zivil- und Steuerrecht synonym verwendet, wie überhaupt eine Vermutung für die Synonymität besteht. Bei Rechtsbegriffen wie Kaufvertrag, Auflassung, Gesamtschuldnerschaft, Rechtsnachfolge oder Fristen besteht in der zivilrechtlichen und steuerlichen Terminologie im Wesentlichen Übereinstimmung, auch wenn nicht verkannt werden darf, dass im Randbereich Unterschiede vorhanden sind.

2. Divergierende Begriffe

119 In der Begriffsbildung können Divergenzen sowohl im Verhältnis Zivilrecht-Steuerrecht als auch innerhalb der einzelnen Steuerarten bestehen, so dass in vielen Fällen ein und derselbe Begriff je nach Steuerart Unterschiedliches meint. Beispiele für die unterschiedliche Beurteilung sind:

a) Ertragsteuerlicher Grundstücksbegriff

120 § 94 I BGB, wonach zu den **wesentlichen Bestandteilen** eines Grundstückes die mit dem Grund und Boden fest verbundenen Sachen, insbesondere die Gebäude, gehören,

B. Interdependenz von Zivil- und Steuerrecht

gilt nicht für die steuerrechtliche Betrachtung. Grundstücke und Gebäude werden – je nach Steuerart – getrennt erfasst und bewertet, ja sogar die einzelnen Gebäudeteile werden unterschiedlich beurteilt.

In der Einkommensteuerbilanz wird zwischen
- dem Grundstück,
- dem Gebäude und
- sonstigen Bauteilen und Einbauten (z. B. Schaufensteranlage)

differenziert.

Der Lastenaufzug, die Laderampe oder die Kinobestuhlung sind **Betriebsvorrichtungen** und werden somit wie bewegliche Gegenstände behandelt;
- der Personenaufzug ist ein unselbständiger Teil des Gebäudes;
- die Schaufensteranlage ist ein vom übrigen Gebäude getrennt zu bewertendes Wirtschaftsgut (vgl. Schmidt/*Weber-Grellet* § 5 EStG Rn. 136 ff.).

b) Das Gebäude im Steuerrecht

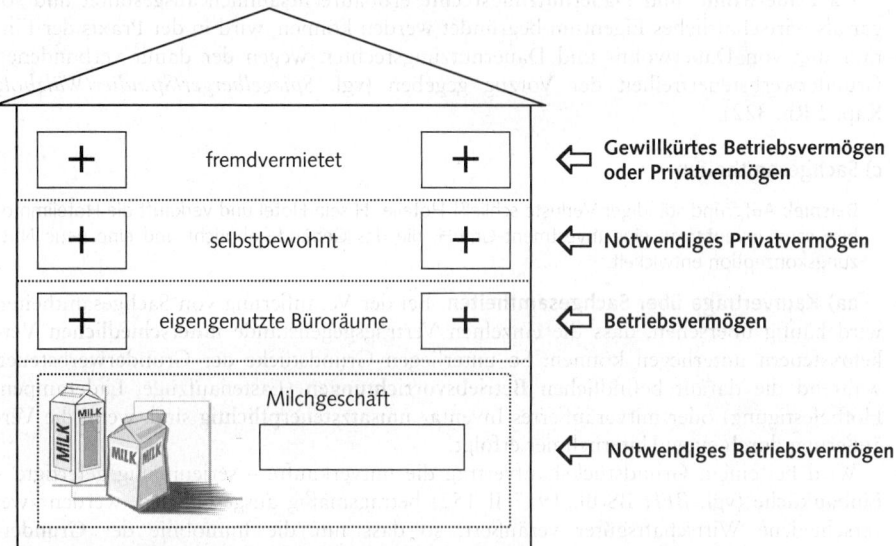

aa) Einkommensteuerliche Zuordnung. (1) Einzelne Gebäudeteile. Abweichend von der sachenrechtlichen Behandlung beurteilt das Ertragsteuerrecht ein Gebäude nach den darin vorhandenen Funktionseinheiten, die als selbständige Wirtschaftsgüter behandelt werden. Der Wohnnutzung unterliegende Einheiten werden danach beurteilt, ob sie eigenen Wohnzwecken dienen oder vermietet sind und steuerliches Privatvermögen darstellen. Eigenbetrieblich genutzte Räume sind notwendiges Betriebsvermögen. Dem gewillkürten Betriebsvermögen können sowohl an andere Unternehmen verpachtete und betrieblich genutzte Räume oder auch vermietete Wohnräume zugeordnet werden.

(2) Gebäude auf fremdem Grund und Boden. Wenn ein Gebäude auf einem fremden Grundstück nur zu einem vorübergehenden Zweck errichtet wird, entsteht gem. § 95 I 1 BGB ein Scheinbestandteil im Eigentum des Errichtenden. Das gleiche gilt, wenn das Gebäude in Ausübung eines Rechts an einem fremden Grundstück von dem Berechtigten mit dem Grundstück verbunden wird. Die nachträgliche Einräumung eines dinglichen Nutzungsrechtes kann grundsätzlich nichts mehr an der Eigentumszuordnung ändern, da keine „Verbindung" durch den Nutzungsberechtigten stattfindet und somit das ohne Nutzungsrecht errichtete Gebäude gem. § 94 BGB Bestandteil des Grundstückes geworden ist (vgl. *Spiegelberger* MittBayNot 1997, 278). Nur durch die Bestellung eines Erbbaurechtes kann die Eigentumszuordnung auch im Nachhinein gem. § 12 I 2 ErbbauRG geändert werden.

125 **bb) Grunderwerbsteuer.** Der grunderwerbsteuerliche Grundstücksbegriff weicht erheblich von der Regelung in § 94 BGB ab. Zu den Grundstücken i. S. d. Grunderwerbsteuergesetzes gehören auch:
- Erbbaurechte,
- Wohnungs- und Teileigentum,
- Gebäude auf fremdem Grund und Boden und
- Nutzungsrechte gem. § 1010 BGB und § 15 WEG.

126 Andererseits werden grunderwerbsteuerlich aus dem zivilrechtlichen Grundstücksbegriff ausgeklammert:
- Betriebsvorrichtungen gem. § 68 II Nr. 2 BewG,
- Mineralgewinnungsrechte und
- Dauerwohn- und Dauernutzungsrechte.

127 Da **Dauerwohn- und Dauernutzungsrechte** erbbaurechtsähnlich ausgestaltet und sogar als wirtschaftliches Eigentum begründet werden können, wird in der Praxis der Einräumung von Dauerwohn- und Dauernutzungsrechten wegen der damit verbundenen Grunderwerbsteuerfreiheit der Vorzug gegeben (vgl. *Spiegelberger/Spindler/Wälzholz* Kap. 2 Rn. 322).

c) Sachgesamtheiten

Beispiel: Aufgrund ständiger Verluste schließt Hotelier H sein Hotel und verkauft die Hotelimmobilie samt Inventar an eine Investment-GmbH, die das Gebäude abbricht und eine neue Nutzungskonzeption entwickelt.

128 **aa) Kaufverträge über Sachgesamtheiten.** Bei der Veräußerung von Sachgesamtheiten wird häufig übersehen, dass die einzelnen Vertragsgegenstände **unterschiedlichen Verkehrssteuern** unterliegen können: So unterliegen Grundstücke der Grunderwerbsteuer, während die darauf befindlichen **Betriebsvorrichtungen** (Lastenaufzüge, Laderampen, Hofbefestigung) oder mitveräußertes Inventar **umsatzsteuerpflichtig** sind, wenn die Veräußerung durch einen Unternehmer erfolgt.

129 Wird bei einem Grundstückskaufvertrag die mitverkaufte – serienmäßig gefertigte – **Einbauküche** (vgl. *BFH* BStBl. 1977 II 152) betragsmäßig ausgeschieden, werden zwei verschiedene Wirtschaftsgüter veräußert, so dass nur die Immobilie der **Grunderwerbsteuer** unterliegt. Gleichzeitig ergibt sich für die grunderwerbsteuerfrei gebliebene Einbauküche eine getrennte Afa-Bemessungsgrundlage, die im Falle der Vermietung einer wesentlich kürzeren Abschreibungsdauer unterliegt. In all diesen Fällen sollten die auf die einzelnen Vermögensgegenstände entfallenden **Einzelwerte** in der Urkunde **ausgewiesen werden**.

130 **bb) Sondereigentum.** Bei dem Kaufvertrag über eine Eigentumswohnung sollte der Stand der **Reparaturrücklage** angegeben werden, da der Anteil des Verkäufers an dem Guthaben, das auf den Käufer übergeht, **nicht der Grunderwerbsteuer unterliegt**, so dass ein entsprechender Anteil des Kaufpreises grunderwerbsteuerfrei bleibt (vgl. *BFH* BStBl. 1992 II 152; *Gottwald*, Grunderwerbsteuer, 4. Aufl. 2013, Rn. 71).

d) Unternehmer

131 Je nach Steuerart bestehen unterschiedliche Unternehmerbegriffe:

132 **aa) Einkommensteuer.** Landwirte, Gewerbetreibende und Freiberufler sind einkommensteuerlich im weitesten Sinne Unternehmer, die jedoch durch die jeweilige Einkunftsart eine unterschiedliche Prägung erfahren. Landwirte und Freiberufler unterliegen keiner Gewerbesteuer.

B. Interdependenz von Zivil- und Steuerrecht

bb) Gewerbesteuer. Bei der **Verpachtung** eines Gewerbebetriebes hat der Verpächter das **Wahlrecht** zwischen einer Betriebsfortführung im einkommensteuerlichen Sinne und einer Betriebsaufgabe (vgl. *BFH* BStBl. 1964 III 124), wenn er den Betrieb selbst bewirtschaftet hat (vgl. *BFH* BStBl. 1989 II 863; Schmidt/*Wacker* § 16 EStG Rn. 705); das **Wahlrecht** besteht auch bei einem Betriebsübergang durch Erbfolge (vgl. *BFH* DB 1992, 453). 133

In jedem Fall führt die Betriebsverpachtung jedoch zu dem **Erlöschen der Gewerbesteuerpflicht**, es sei denn, es liegt ein Fall der Betriebsaufspaltung vor (vgl. *Spiegelberger* MittBayNot 1980, 104; *Glanegger/Güroff*, GewStG, 8. Aufl. 2013, § 2 Rn. 217). 134

cc) Umsatzsteuer

> Beispiel: Ein Bauträger errichtet Ladenräume, die er noch vor Veräußerung an eine Supermarktkette vermietet. Der Kapitalanleger tritt in den Mietvertrag ein. In der notariellen Urkunde vertreten die Beteiligten die Auffassung, dass eine nicht steuerbare Geschäftsveräußerung gem. § 1 I a UStG vorliege und nur Grunderwerbsteuer anfalle. In einer nach Jahren stattfindenden Betriebsprüfung verneint der Betriebsprüfer die Voraussetzungen einer Geschäftsveräußerung im Ganzen und führt eine Vorsteuerberichtigung bei dem Bauträgerunternehmen gem. § 15a UStG durch, da sich durch den Verkauf die für den ursprünglichen Vorsteuerabzug maßgebenden Verhältnisse innerhalb des Zehn-Jahres-Zeitraums des § 15a I 2 UStG verändert hätten. Der Käufer führt die Vorsteuerberichtigungszeiträume des Verkäufers gem. § 15a X UStG fort.

Der ertragsteuerliche Unternehmerbegriff unterscheidet sich grundlegend von der **umsatzsteuerlichen** Betrachtung. Dies liegt im spezifischen Normzweck der jeweiligen Steuer und unterstreicht die begriffliche und systematische Selbständigkeit jeder Steuerart. Wenn ein Kapitalanleger Ladenräume erwirbt und dieses Teileigentum an einen Supermarkt vermietet, bleibt der Käufer als Vermieter einkommensteuerlich im Bereich der Vermögensverwaltung und begründet nicht etwa einen Gewerbebetrieb. 135

Verzichtet dieser Käufer als Vermieter auf die Umsatzsteuerbefreiung der Vermietung gem. § 4 Nr. 12a UStG, so dass die Vermietung aufgrund der Option gem. § 9 I UStG umsatzsteuerpflichtig wird und der Käufer als Vermieter zum Vorsteuerabzug berechtigt ist, wird der Käufer als **umsatzsteuerlicher** Unternehmer tätig. Bei der Veräußerung des erworbenen Teileigentums innerhalb von zehn Jahren an einen Dritten sollte der nunmehrige Verkäufer wiederum auf die Umsatzsteuerfreiheit des Kaufvertrages gem. § 4 Nr. 9a UStG verzichten, so dass zusätzlich zur Grunderwerbsteuer eine Umsatzsteuerschuld des Käufers entsteht, um die Vorsteuerberichtigung gem. § 15a UStG zu vermeiden, es sei denn, der Verkauf stellt eine Geschäftsveräußerung im Ganzen gem. § 1 I a UStG dar; eine derartige Geschäftsveräußerung ist nämlich per se nicht umsatzsteuerbar (vgl. *Hipler* ZNotP 2004, 222). 136

In dem Beispielsfall führt die zwischenzeitliche Vermietung der Ladenräume durch den Bauträger nicht dazu, dass dieser als Gegenstand des Unternehmens eine Vermietungstätigkeit ausübt. Die unternehmerische Tätigkeit besteht vielmehr in der Bebauung und Veräußerung von Grundstücken. Ein Vermietungsunternehmen unterhält der Veräußerer nicht, so dass die Qualifizierung des Veräußerungsvertrages als Geschäftsveräußerung im Ganzen ausscheidet, vgl. *BFH* BStBl. 2007 II 61; 2009 II 254. 137

Die Vertragsteile haben es unterlassen, für den Fall, dass die Finanzverwaltung eine Geschäftsveräußerung im Ganzen verneint, gem. § 9 UStG auf die Umsatzsteuerbefreiung für Rechtsgeschäfte, die der Grunderwerbsteuer unterliegen gem. § 4 Nr. 9a zu verzichten und den Kaufvertrag freiwillig zusätzlich zur Grunderwerbsteuer der Umsatzsteuer zu unterwerfen. In diesem Fall entfällt eine Vorsteuerberichtigung gem. § 15a UStG, da der Verkäufer die Veräußerung der Umsatzbesteuerung unterworfen hat. Wenn der Verzicht auf die Steuerbefreiung gem. § 9 III 2 UStG in dem beurkundeten Kaufvertrag enthalten ist, kann die Umsatzsteuer offen ausgewiesen werden, so dass der Käufer als Unternehmer zum Vorsteuerabzug berechtigt ist. 138

Bedingte Optionen für den Fall, dass die Ausübung der Option von der später ergehenden Entscheidung der Finanzverwaltung abhängig ist, will die Finanzverwaltung 139 nicht mehr akzeptieren, so dass eine Bezugnahme auf die Entscheidung der Finanzverwaltung in der Notarurkunde unterbleiben sollte, vgl. Spiegelberger/Schallmoser/ *Küffner*, Die Immobilie im Zivil- und Steuerrecht, 2. Aufl. 2014, Kap. 1 Rn. 855 mit einer Musterklausel für die vorsorgliche Option.

e) Mitunternehmer

140   Nicht jeder an einem Gewerbebetrieb beteiligter Gesellschafter ist automatisch Mitunternehmer im ertragsteuerlichen Sinn. Während früher als Hauptkriterium für die Mitunternehmereigenschaft die Beteiligung an den stillen Reserven, mindestens für den Fall der Liquidation, im Vordergrund stand (vgl. *BFH* BStBl. 1974 II 404), stellt die Rechtsprechung nunmehr darauf ab, ob der Betroffene eine gewisse **Unternehmerinitiative** entwickeln kann und ein **Unternehmerrisiko** trägt (vgl. *BFH* BStBl. 1984 II 751; 1991 II 66). Die Mitunternehmerstellung einer Komplementär-GmbH wird nicht dadurch ausgeschlossen, dass sie weder am Gewinn und Verlust noch am Vermögen beteiligt ist und auch kein Stimmrecht ausübt, da die Komplementär-GmbH die Geschäftsführung innehat und sie die Haftung trifft (vgl. *BFH* DStRE 2006, 912). Zu den Voraussetzungen einer **verdeckten** Mitunternehmerschaft vgl. *BFH* DStR 1996, 137.

141   Nach der Rechtsprechung des Großen Senats des *BFH* (BStBl. 1990 II 837) sind die Erben eines Einzelunternehmers oder einer gewerblichen Beteiligung „geborene" (Mit-)Unternehmer. Bei einer nach dem Erbfall vorgenommenen Erbauseinandersetzung unter Entrichtung einer Abfindungszahlung aus dem Vermögen des Erwerbers wird dem weichenden (Mit-)Erben ein betrieblicher Veräußerungserlös zugerechnet.

142   Sofern das **Unternehmen vermächtnisweise** zugewendet und der Vermächtnisnehmer mit einer über den Buchwert hinausgehenden Auszahlungspflicht beschwert wird, erwirbt der Vermächtnisnehmer nach Auffassung des *BMF* (BStBl. 2006 I 253 Tz. 63) entgeltlich, so dass bei dem beschwerten Erben eine Gewinnrealisierung eintritt (a. A. *Spiegelberger,* Vermögensnachfolge, 1. Aufl. 1994, Rn. 538), da kein Anschaffungsgeschäft vorliegt, sondern ein Erwerb von Todes wegen mit einer Beschwerung, da nur der Erblasserwille vollzogen wird, sodass den Erben kein Handlungsspielraum – mit Ausnahme des Ausschlagungsrechts – verbleibt; hinsichtlich der Rechtslage bei **Teilungsanordnung** vgl. einerseits *Söffing* (DB 1991, 776) und andererseits *Flume* (DB 1990, 2390); m. E. ist die Teilungsanordnung dem Vermächtnis gleichzusetzen (vgl. *Spiegelberger* DStR 1992, 588).

C. Steuerliche Anerkennung von Rechtsgeschäften

I. Zivilrechtliche Wirksamkeit und steuerrechtliche Qualifizierung

143   Der Weg vom Rechtsgeschäft zur Begründung oder Vermeidung von Steueransprüchen verläuft über mehrere Stationen.

1. Scheingeschäft

Literatur: *Heuermann*, Simulation im Steuer- und Zivilrecht, DB 2007, 416.

144   Gem. § 117 I BGB ist ein Scheingeschäft nichtig. Wird durch ein Scheingeschäft ein anderes Rechtsgeschäft verdeckt, so finden nach § 117 II BGB die für das verdeckte Rechtsgeschäft geltenden Vorschriften Anwendung. Eine ähnliche Vorschrift enthält § 41 II AO, wonach Scheingeschäfte für die Besteuerung unerheblich sind. Wird jedoch durch ein Scheingeschäft ein anderes Rechtsgeschäft verdeckt, so ist das verdeckte Rechtsgeschäft für die Besteuerung maßgebend.

C. Steuerliche Anerkennung von Rechtsgeschäften

2. Unwirksame Rechtsgeschäfte

a) Grundsatz

Für zivilrechtlich unwirksame Rechtsgeschäfte, z.B. wegen eines Formmangels, geht 145
das Steuerrecht eigene Wege. Ist ein Rechtsgeschäft unwirksam, so ist dies gem. § 41 I 1
AO für die Besteuerung unerheblich, soweit und solange die Beteiligten das wirtschaftliche Ergebnis dieses Rechtsgeschäfts gleichwohl eintreten und bestehen lassen. Das wirtschaftliche Ergebnis ist für das Steuerrecht der allein maßgebliche Parameter (vgl. *Heuermann* DB 2007, 416, 418). Demgemäß werden gem. § 41 I AO **unwirksame Rechtsgeschäfte** wie wirksame besteuert, wenn die Vereinbarungen trotz der bürgerlich-rechtlichen Mängel vollzogen werden (vgl. *BFH* DB 1989, 2416). Das Steuerrecht unterstellt zutreffend, dass bei einem Rechtsgeschäft jeder Beteiligte grundsätzlich die eigenen Interessen wahrnimmt, so dass aufgrund dieses Interessengegensatzes die zivilrechtliche Unwirksamkeit für die Besteuerung keine Rolle spielt. Insbesondere werden auch sittenwidrige Rechtsgeschäfte besteuert, wenn die Beteiligten das wirtschaftliche Ergebnis dieses Rechtsgeschäfts eintreten und bestehen lassen.

b) Gleichgerichtete Interessenlage

Eine davon abweichende steuerrechtliche Beurteilung gilt dann, wenn kein natürlicher 146
Interessengegensatz besteht oder wenn alle Beteiligten eine **gleichgerichtete Interessenlage** haben. Somit wendet die Rechtsprechung § 41 AO grundsätzlich nicht an
– für Vereinbarungen einer **GmbH** mit ihren Gesellschaftern oder diesen nahe stehenden Personen (vgl. unten Rn. 171) und
– für Rechtsgeschäfte unter nahen **Familienangehörigen** (vgl. unten Rn. 186f.).

Die geschilderte strenge Rechtsprechung hat der Bundesfinanzhof modifiziert, wonach 147
die zivilrechtliche Unwirksamkeit nur ein Beweisanzeichen (Indiz) gegen die Ernsthaftigkeit der getroffenen Vereinbarungen darstellen soll (vgl. *BFH* BStBl. 2007 I 294). Dieses Indiz kann dadurch entkräftet werden, dass die Vertragsparteien nach dem Erkennen der Unwirksamkeit zeitnah die Voraussetzungen für die zivilrechtliche Wirksamkeit des Vertrages nachholen, z.B. wenn die fehlende Genehmigung durch einen Ergänzungspfleger nachgeholt wird (ähnlich *BFH* DStR 2007, 986). Die Finanzverwaltung wendet diese Rechtsprechung an (vgl. *BMF* DStR 2007, 805).

c) Erbvergleich

Literatur: *Spiegelberger*, Auslegungsvertrag und Erbvergleich, ErbR 2012, 165.

Beispiel: Die Erblasserin äußert anlässlich eines Familiengeburtstags, ihre Stieftochter würde später ohnehin alles bekommen, so dass sie kein Testament benötige. Von den vier aufgrund gesetzlicher Erbfolge berechtigten Neffen und Nichten überlassen zwei ihre Erbanteile der Stieftochter. Das Finanzamt besteuert diesen Vorgang doppelt in der Weise, dass sowohl der Erbanfall als auch die anschließende Übertragung auf die Stieftochter der Erbschaft- und Schenkungsteuer unterworfen wird.

Im Hinblick auf § 11 ErbStG 1925, der Vorgängernorm des § 41 I AO, ist die Recht- 148
sprechung des Bundesfinanzhofs bei Erbvergleichen besonders großzügig. Eine getroffene Vereinbarung der Erben über die Nachlassverteilung kann der Erbschaftbesteuerung zugrunde gelegt werden, auch wenn sie der „wahren" Erbrechtslage nicht entspricht. Zur Vermeidung einer erbschaftsteuerlichen Doppelbesteuerung, nämlich nach Maßgabe des Erbscheins und der davon abweichenden Erbauseinandersetzung bietet der Erbvergleich somit einen gewissen Gestaltungsspielraum (vgl. *Söffing/Volker/Weinmann*, Erbschaft- und Schenkungsteuerrecht, 1999, S. 115; *Spiegelberger* ErbR 2012, 165, 170).

Der *BFH* (BFH/NV 2011, 261) hob im Revisionsverfahren den ergangenen Erb- 149
schaftsteuerbescheid in der Weise auf, dass nur der Übergang von der Stiefmutter zur

Stieftochter der Besteuerung zugrunde gelegt wurde. Nach Ansicht des *BFH* (BStBl. 1996 II 242) sind die Finanzgerichte nicht zwingend an die durch den Erbschein ausgewiesene Rechtslage gebunden.

3. Verstoß gegen gesetzliche Vorschriften

150 Gem. § 134 BGB ist ein Rechtsgeschäft, das gegen ein gesetzliches Verbot verstößt, nichtig, wenn sich nicht aus dem Gesetz ein anderes ergibt.

151 Wenn ein Anwalt, der zuvor als Notar einen GmbH-Gesellschafts-Vertrag beurkundete, einen Gesellschafter bei der Abwehr eines auf Einzahlung der Stammeinlage gerichteten Anspruchs vertritt, führt dieser Verstoß gegen das Vorbefassungsverbot zur Nichtigkeit des Anwaltsvertrags gem. § 45 I Nr. 1 BRAO (vgl. *BGH* NJW 2011, 373). Trotz der Nichtigkeit des Anwaltsvertrages unterliegt das Honorar der Einkommensteuer, wenn der Mandant trotz der Nichtigkeit der Mandatserteilung die Gebührenrechnung des Anwalts begleicht.

152 Auch der Verstoß gegen Strafrechtsvorschriften führt gem. § 134 BGB zur Nichtigkeit eines Vertrages mit der Folge, dass zivilrechtlich die ausgetauschten Leistungen gem. § 812 ff. BGB zurück zu gewähren sind. Bei der Übertragung von Anwalts-, Steuerberater- und Arztpraxen wird immer wieder übersehen, dass ohne Zustimmung der Mandanten und Patienten der Vertrag wegen der Preisgabe der Mandanten- und Patientendaten eine Strafbarkeit gem. § 203 StGB auslöst und damit die Nichtigkeit der Praxisübertragung zur Folge hat. Wenn die Beteiligten trotz der Nichtigkeit den Leistungsaustausch bestehen lassen, besteht an der Verpflichtung, das Leistungsentgelt der Einkommensteuer zu unterwerfen, gem. § 41 I AO kein Zweifel.

4. Genehmigungsbedürftige Rechtsgeschäfte

153 Nicht selten scheitert die steuerliche Anerkennung eines Rechtsgeschäftes an dem fehlenden bürgerlich-rechtlichen Vollzug. Werden nämlich **nicht unverzüglich** nach Beurkundung eines Rechtsgeschäftes die zu dessen Wirksamkeit erforderlichen behördlichen Genehmigungen eingeholt, so wird das Rechtsverhältnis steuerrechtlich frühestens ab Antragstellung anerkannt. Auch die **wesentlich verspätete Einholung** der familiengerichtlichen Genehmigung führte früher nicht zu einer Heilung des Rechtsgeschäftes für die Vergangenheit, kann aber wohl im Hinblick auf die Entscheidung *BFH* BStBl. 2007 I 294 zur Heilung auch für die Vergangenheit führen.

a) Nachlass- und familiengerichtliche Genehmigungen

154 **aa) Gesellschaftsverträge.** Für den **Abschluss** und die **Änderung** von **Personenhandels- und Kapitalgesellschaftsverträgen** ist die familiengerichtliche Genehmigung bei Beteiligung Minderjähriger gem. § 1822 Nr. 3 BGB erforderlich sowie bei stillen Gesellschaften und Unterbeteiligung mit Verlustbeteiligung des Minderjährigen (vgl. *BFH* NJW 1957, 672; einschränkend für die Beteiligung an einer GmbH *BGH* GmbHR 1989, 327).

155 Die vom Familiengericht erteilte familiengerichtliche Genehmigung wird gem. **§ 1829 I 2 BGB** erst wirksam, wenn sie **dem anderen Teil** gegenüber durch den Ergänzungspfleger **mitgeteilt wurde.** In der notariellen Praxis ist es üblich, dass die Mitteilung durch den Notar aufgrund einer sog. **Doppelvollmacht** erfolgt.

156 **bb) Kaufverträge.** Durch den Abschluss eines Kaufvertrages mit einem Nachlasspfleger über ein zum Nachlass gehörendes Grundstück wird ein Erwerbsvorgang i. S. d. § 23 I EStG nicht verwirklicht, bis die nachlassgerichtliche Genehmigung erteilt ist und der Nachlasspfleger dem anderen Vertragsteil hiervon **Mitteilung gemacht** hat (vgl. *BFH* DB 1999, 1685). Dies gilt auch für ein **Veräußerungsgeschäft gem. § 23 EStG**, so dass die Erteilung der nachlassgerichtlichen Genehmigung nach Ablauf der damals geltenden Zweijahresfrist eine Spekulationsbesteuerung ausschloss (vgl. *BFH* BStBl. 2002 II 10).

C. Steuerliche Anerkennung von Rechtsgeschäften

b) Sonstige behördliche Genehmigungen

Behördliche Genehmigungen, die zum Wirksamwerden oder jedenfalls zum Vollzug des Rechtsgeschäftes erforderlich sind, wirken in aller Regel auf den Zeitpunkt des Abschlusses des Rechtsgeschäftes zurück, so dass Genehmigungen nach
- §§ 51, 144, 145 BauGB und
- § 2 GrdstVG

rückwirkend zum Zeitpunkt des Abschlusses des Rechtsgeschäftes die Steuerpflicht begründen, allerdings nur unter der Voraussetzung, dass die behördlichen Genehmigungen **zeitnah** zum Abschluss des Rechtsgeschäftes **beantragt** wurden.

c) Privatrechtliche Genehmigungen von Beteiligten

Die privatrechtliche Bindungswirkung, die zur Entstehung eines Steueranspruches führen kann, tritt erst mit der Wirksamkeit des Rechtsgeschäftes ein. Ein Vertragsabschluss durch einen **vollmachtlosen Vertreter** vorbehaltlich Genehmigung des Vertretenen führt zur **Bindungswirkung** erst **zum Zeitpunkt der Genehmigung**, wobei die zivilrechtliche Rückwirkung gem. § 184 BGB nicht für die steuerliche Beurteilung taugt. Die durch einen Ergänzungspfleger Jahre nach dem schwebend unwirksamen Darlehensvertrag erteilte Genehmigung wirkt somit nicht auf den Zeitpunkt der Vornahme des Darlehensvertrages zurück (vgl. *BFH* BStBl. 2011 II 24, 25).

d) Privatrechtliche Genehmigung Dritter

Eine andere Beurteilung gilt für privatrechtliche Genehmigungen **Dritter**. Für Genehmigungen Dritter gemäß
- § 5 ErbbauRG
- § 12 WEG und
- § 15 und 17 GmbHG

gilt dieselbe Beurteilung **wie** für **behördliche Genehmigungen**, ebenfalls unter der Voraussetzung, dass diese Genehmigungen zeitnah eingeholt wurden (vgl. *Tiedtke/Wälzholz* Stbg 2002, 217).

5. Fehlender Registervollzug

Wegen der Maßgeblichkeit des Zivilrechts für das Steuerrecht kann in vielen Fällen auch der Registervollzug eines Rechtsgeschäftes für die steuerliche Anerkennung maßgebend sein.

a) Organschaft mit Ergebnisabführungsvertrag

Fehlt bei einem **Ergebnisabführungsvertrag** gem. § 14 I Nr. 3 KStG die konstitutiv wirkende Handelsregistereintragung (Satzungsänderung!), wird dieser von der Finanzverwaltung nicht anerkannt. Entscheidend für das – rückwirkend zu Beginn des Kalenderjahres – Wirksamwerden ist nicht die Antragstellung beim Registergericht, sondern die **Eintragung** im Handelsregister für das laufende Jahr (vgl. § 14 I Nr. 5 S. 2 KStG).

Sofern in Ergebnisabführungsverträgen nicht auf den vollständigen Wortlaut des § 302 AktG verwiesen wurde, nahm die Finanzverwaltung in der Vergangenheit eine unwirksame Regelung an. Der neu gefasste § 17 S. 2 Nr. 2 KStG verlangt eine **dynamische Verweisung** auf den § 302 AktG; für den Fall der nachträglichen Regelung bis Ende 2014 tritt eine Heilung für Vergangenheitssachverhalte ein.

b) Verlustnutzung bei einer KG

Vereinbaren die Gesellschafter einer Kommanditgesellschaft eine Haftsummenerweiterung, um einen **Verlustausgleich** für das laufende Geschäftsjahr zu erreichen, muss die

Eintragung der Erhöhung der Kommanditeinlage noch in dem laufenden Jahr im Handelsregister erfolgen, da andernfalls die Verlustbegrenzung des § 15a I 1 EStG eintritt. Der Verlustausgleich kann allerdings auch ohne Handelsregistereintragung geltend gemacht werden, wenn tatsächlich noch in dem betreffenden Wirtschaftsjahr eine entsprechende **Einlage erbracht** wird.

c) Befreiung von § 181 BGB

164 Die zivilrechtlich wirksame Befreiung von den Beschränkungen des § 181 BGB ist auch für die steuerliche Anerkennung von Bedeutung. In-sich-Geschäfte von Gesellschafter-Geschäftsführern stellen verdeckte Gewinnausschüttungen dar, wenn nicht jedenfalls nachträglich eine ordnungsgemäße Befreiung erfolgt (vgl. *BFH* GmbHR 1998, 546). Die generelle Befreiung bedarf der Eintragung in das Handelsregister.

d) Kettenschenkung

165 Bei Kettenschenkungen ist höchstrichterlich ungeklärt, welcher Zeitraum zwischen den beiden aufeinanderfolgenden Schenkungen für die steuerliche Anerkennung eingehalten werden muss. Wenn die Zwischenschenkung im Handelsregister oder Grundbuch eingetragen ist, kann m. E. die weitere Schenkung zeitnah nach dem Registervollzug erfolgen, da der Erstschenker den Handlungsablauf nicht mehr beherrscht (vgl. *Spiegelberger*, FS Spindler, 2011, S. 809, 816).

e) Nießbrauchbestellung

166 Wird bei der Grundstücksüberlassung unter Vorbehalt des Nießbrauches aus Kostenersparnisgründen das **Nießbrauchsrecht** nicht im Grundbuch eingetragen, entsteht nur ein **schuldrechtlicher** Vorbehaltsnießbrauch, der jedoch gem. IV. Nießbraucherlass (BStBl. 2013 I 1184 Tz. 52) wie ein dinglicher Nießbrauch mit AfA-Berechtigung behandelt wird.

f) Notarhaftung

167 Sofern die Beteiligten verlangen, dass ihre beurkundeten Erklärungen nicht beim Grundbuchamt oder Registergericht eingereicht werden, hat der Notar gem. § 53 BeurkG auf die mit der Verzögerung verbundenen Gefahren **hinzuweisen**. Sofern ein Beteiligter den Notar auf Schadensersatz in Anspruch nimmt, weil er diese Hinweispflicht nicht gehörig erfüllt habe, trägt der Anspruchsteller die Beweislast für dieses Unterlassen (vgl. *BGH* DB 1990, 110).

II. Vereinbarungen zwischen Kapitalgesellschaften und ihren Gesellschaftern

1. Treuhandvertrag bezüglich GmbH-Anteil

168 Ein Treuhandvertrag hinsichtlich eines GmbH-Geschäftsanteils unterliegt nicht dem Formzwang des § 15 IV GmbHG, wenn der Treuhandvertrag **vor** der Beurkundung des Gesellschaftsvertrages geschlossen wird. Eine Treuhandabrede, die der Gesellschafter nach Gründung, aber vor Eintragung der GmbH hinsichtlich des künftig entstehenden Geschäftsanteiles schließt, ist beurkundungsbedürftig (vgl. *BGH* DB 1999, 1210). Die **Übertragung** der **Treugeberstellung** auf einen Dritten bedarf nach dem Zweck des § 15 III GmbHG der **notariellen Beurkundung** (vgl. Rowedder/*Schmidt-Leithoff* § 15 Rn. 56). Dasselbe gilt für eine Vereinbarung mit einem GmbH-Gesellschafter, wonach er den Gesellschaftsanteil künftig als Treuhänder eines anderen innehaben soll (**Übertragungstreuhand**; vgl. Roth/*Altmeppen* GmbHG § 15 Rn. 49).

C. Steuerliche Anerkennung von Rechtsgeschäften   E

Vereinbaren Ehegatten die Unterbeteiligung an einem von einem Dritten treuhände- 169
risch für einen der Ehegatten als Treugeber gehaltenen Kapitalgesellschaftsanteil in einer
zivilrechtlich nicht hinreichenden Form und behaupten sie, den Vertrag entsprechend
dem Vereinbarten auch tatsächlich vollzogen zu haben, so können sie zum Beweis nicht
lediglich ihre eigene Schilderung des Verfahrensablaufs mit Blick auf die zwischen ehegatteninternen
üblichen Gepflogenheiten (keine schriftliche Kommunikation) anbieten (vgl.
BFH BStBl. 2010 II 823).

2. Ein-Personen-GmbH

Befinden sich **alle Geschäftsanteile** der Gesellschaft **in der Hand eines Gesellschafters** 170
oder daneben in der Hand der Gesellschaft, so hat dieser gem. § 48 III GmbHG unverzüglich
nach der Beschlussfassung eine **Niederschrift** aufzunehmen und zu unterschreiben.
Die Nichteinhaltung dieser Formvorschrift kann dazu führen, dass trotz des Vollzugs
des Gesellschaftsverhältnisses die Finanzverwaltung die steuerliche Anerkennung
versagt.

3. Fehlende vertraglich vereinbarte Formerfordernisse

Aus steuerlicher Sicht ist vor vertraglich vereinbarten Formerfordernissen zu warnen, 171
da die in der Praxis häufig zu beobachtende Nichteinhaltung dazu führt, dass die Finanzverwaltung
den fehlenden Vollzug des Vertragsverhältnisses und damit die steuerliche
Unwirksamkeit annimmt. Wenn in den **Geschäftsführervertrag** eines beherrschenden
GmbH-Gesellschafter-Geschäftsführers vorgesehen ist, dass jede Änderung der Schriftform
bedarf, ist die in einer Gesellschafterversammlung mündlich beschlossene angemessene
Gehaltserhöhung dennoch eine **verdeckte Gewinnausschüttung**, weil die vorgesehene
schriftliche Änderungsvereinbarung nicht zustande gekommen ist (vgl. *BFH* GmbHR
1988, 246).

Unter Familienangehörigen sollte von verschärfenden Formvorschriften Abstand ge- 172
nommen werden, zumal bürgerlich-rechtlich die Aufhebungsvereinbarung hinsichtlich
einer freiwillig begründeten Formpflicht keiner Form bedarf.

4. Verdeckte Gewinnausschüttung statt Schenkung

Nach Auffassung des *BFH* (BStBl. 2013 II 930) gibt es im Verhältnis einer Kapitalge- 173
sellschaft zu ihren Gesellschaftern oder zu den Gesellschaftern einer an ihr beteiligten
Kapitalgesellschaft neben betrieblich veranlassten Rechtsbeziehungen lediglich offene
und verdeckte Gewinnausschüttungen sowie Kapitalrückzahlungen, aber keine freigebigen
Zuwendungen.

III. Angehörigenverträge

Literatur: *Fuhrmann,* Verträge zwischen nahen Angehörigen – Grenzfälle der Gestaltungspraxis,
KÖSDI 2005, 14 784; *Hamdan/Hamdan,* Die steuerliche Anerkennung von Verträgen zwischen nahen
Angehörigen, DStZ 2008, 113; *Heuermann,* Irritationen über einen alten Rechtsgrundsatz –
Verträge zwischen nahestehenden Personen ohne zivilrechtliche Wirksamkeit?, DB 2007, 1267;
Tiedtke/Möllmann, Zivilrechtliche Wirksamkeit als Voraussetzung der steuerlichen Anerkennung
von Verträgen zwischen nahen Angehörigen, DStR 2007, 1940; *Zipfel/Pfeffer,* Verträge unter nahen
Angehörigen, BB 2010, 343.

Vereinbarungen unter nahen Angehörigen werden der Besteuerung grundsätzlich nur 174
dann zugrunde gelegt, wenn sie bürgerlich-rechtlich wirksam abgeschlossen sind und
sowohl die Gestaltung als auch die Durchführung des Vereinbarten dem zwischen Fremden
Üblichen entspricht (vgl. BFH/NV 1987, 159; *BFH* BStBl. 1988 II 877).

1. Darlehensverträge

Literatur: BMF-Schreiben Steuerrechtliche Anerkennung von Darlehensverträgen zwischen Angehörigen, BStBl. 2011 I 37; *Paus*, Anerkennung von Darlehensverträgen unter Angehörigen, EStB 2011, 262.

a) Enger zeitlicher Zusammenhang zwischen Schenkung und Darlehensvertrag

175 Sofern ein Einzelunternehmer eine Geldschenkung mit der Auflage verbindet, den geschenkten Betrag dem Schenker wieder als Darlehen zu überlassen, will der Bundesfinanzhof selbst bei notarieller Beurkundung das Vertragsverhältnis **nicht anerkennen**, weil mit der einen Hand genommen werde, was mit der anderen Hand gegeben wird (vgl. *BFH* BStBl. 1984 II 705). Verpflichtet sich der beherrschende Gesellschafter einer Personengesellschaft in einem notariellen Vertrag, seinem Kind zu Lasten seines Darlehenskontos einen Geldbetrag unter der Bedingung zuzuwenden, dass er der Gesellschaft sogleich wieder als Darlehen zur Verfügung zu stellen ist, können die **Zinsen** bei der steuerlichen Gewinnermittlung der Gesellschaft **nicht** als **Betriebsausgaben** abgezogen werden. Das gilt auch bei längeren Abständen zwischen Schenkungs- und Darlehensvertrag, wenn zwischen beiden Verträgen eine auf einem **Gesamtplan** beruhende sachliche Verknüpfung besteht (vgl. *BFH* MittBayNot 2003, 502).

176 Auch die Finanzverwaltung meint bei schenkweise begründeten Darlehensschulden der Eltern gegenüber ihren Kindern spreche bereits ein enger zeitlicher Zusammenhang zwischen der Schenkung einerseits und der Rückgewähr des geschenkten Betrages an den Schenker aufgrund des Darlehens andererseits gegen eine ernst gemeinte Übertragung einer Einkunftsquelle und damit gegen die einkommensteuerrechtliche Anerkennung des Darlehensvertrages. Dabei sei es **unerheblich, ob** Schenkungs- und Darlehensvertrag in einer oder in **mehreren Urkunden** vereinbart werden (vgl. *BMF* BStBl. 1988 I 210). Eine gewisse Lockerung ergibt sich aus dem Anwendungsschreiben des *BMF* BStBl. 2011 I 37 für volljährige und wirtschaftlich voneinander unabhängige Angehörige. Hier kann es im Einzelfall unschädlich sein, wenn ein Darlehen unter anderen Bedingungen als unter Fremden überlassen wird. Entscheidend sei, ob die Zinsen regelmäßig gezahlt würden; die Darlehenstilgung und die Besicherung seien in diesen Fällen nicht zu prüfen.

b) Darlehenssicherung

177 Darlehensverträge unter nahen Angehörigen will die Rechtsprechung ferner – jedenfalls bei langfristigen Darlehen – nur anerkennen, wenn die wie bei fremden Dritten üblichen Sicherheiten bestellt werden, z.B. durch Eintragung einer Sicherungshypothek im Grundbuch (vgl. *BFH* BStBl. 1991 II 291).

c) Formmangel

178 Die fehlende Formwirksamkeit eines Darlehensvertrages ist lediglich ein Indiz gegen die Ernsthaftigkeit des Vertrages (vgl. *BFH* BStBl. 2007 II 294; BFH/NV 2009, 1427). Nach dem BMF-Schreiben BStBl. 2011 I 37 wird diese Rechtsprechung von der Finanzverwaltung mit der Maßgabe angewendet, dass es auf eine Gesamtwürdigung des Einzelfalls ankommt.

d) Kritik

179 Die dargelegte restriktive *BFH*-Rechtsprechung ist zivilrechtlich nicht nachvollziehbar, da Schenkung und Darlehensgewährung immer zwei Paar Stiefel sind. Eine – nach § 4 I AnfG vier Jahre lang anfechtbare – Schenkung, die in der Buchführung des Unternehmens ausgewiesen wird, führt zu einer **Änderung der Vermögens- und Beteiligungsverhältnisse** und eröffnet Vollstreckungsmöglichkeiten für Dritte. Die Beteiligung von Familienangehörigen am Unternehmen, sei es als Darlehensgeber, stiller Gesellschafter oder

C. Steuerliche Anerkennung von Rechtsgeschäften

Mitunternehmer, ist, auch wenn die Vermögensübertragung unentgeltlich erfolgt, ein alltäglicher Vorgang, der keine Differenzierung hinsichtlich der „Qualität" der Vermögenszuwendung erlaubt. Schenkt eine **Mutter** ihren minderjährigen Kindern einen **Geldbetrag**, der zeitnah dem Vater zur Finanzierung der Anschaffung eines Grundstücksanteils als Darlehen gewährt wird, überträgt der Vater alsdann die Hälfte des Grundstücks auf die Mutter und investiert diese einen Betrag in die Renovierung des Gebäudes, der dem Wert ihres Anteiles entspricht, ist die Darlehensgewährung **nicht rechtsmissbräuchlich** (vgl. *BFH* DStR 2002, 1344).

Auch der Umstand, dass durch die Mitwirkung eines dritten Familienangehörigen eine wirksame Darlehensbegründung möglich ist, z.B. bei Schenkungen durch Großeltern sollte die Rechtsprechung zur Überprüfung ihrer restriktiven Auffassung veranlassen. **180**

e) Von Schenkung unabhängige Darlehensgewährung

Die dargelegten engen Anerkennungsvoraussetzungen gelten nicht, wenn Schenkung und Darlehensgewährung **unabhängig** voneinander erfolgen. Für den Fall, dass den Kindern **steuerliches Privatvermögen** zugeführt wird und diese – nach zwischenzeitlicher Anlage des Schenkungsbetrages auf Bankkonten – zwei Monate nach der Schenkung die Beträge durch Darlehensvereinbarung dem Betrieb des Schenkers zur Verfügung stellen und ein Unterhaltsanspruch der Kinder nicht bestand, hat *BFH* DB 1991, 1099 das Darlehensverhältnis steuerlich sogar für den Fall anerkannt, dass keine dinglichen Sicherheiten bestellt wurden. Die wechselseitige Übernahme von Darlehensverbindlichkeiten kann einen Gestaltungsmissbrauch darstellen (vgl. *BFH* DStRE 2008, 313). **181**

f) Zinssatz

Literatur: *Hartmann,* Steuerpflichtige Vorteile bei zinsgünstigen Darlehen, ErbStB 2012, 72.

Nach Auffassung des *BFH* (ZEV 2001, 414) ist die Einräumung eines niedrig verzinslichen Darlehens als unentgeltliche Zuwendung anzusehen. Die für die Steuerberechnung maßgebliche Zinsdifferenz ist demnach aus dem Unterschied zwischen dem vereinbarten Zinssatz und dem Zinssatz von 5,5% zu bilden. Es bedarf keines weiteren Hinweises, dass diese Betrachtung der gegenwärtigen Zinssituation nicht mehr entspricht. § 13 III 2 BewG, wonach bei dem Kapitalwert von wiederkehrenden Nutzungen und Leistungen der Ansatz eines geringeren oder höheren Wertes als 5,5% unzulässig sei, gilt nicht, wenn der Steuerpflichtige nachweist, dass der marktübliche Zinssatz unter 5,5% liegt (vgl. *BFH* BStBl. 2014 II 374 Tz. 24; *BMF* BStBl. 2014 I 809). **182**

Der Steuerwert der Bereicherung ergibt sich aus der Kapitalisierung des Jahreswertes des Nutzungsvorteils, bezogen auf die vereinbarte Laufzeit des Darlehens gem. Anlage 9a BewG. Bei zeitlich unbefristeter Kreditgewährung wird der Kapitalwert mit dem 9,3-fachen des Jahreswertes gem. § 13 II BewG angesetzt. **183**

Nach Auffassung von *Hartmann* (Leiter der BP-Stelle des FA Wiesbaden I – ErbStB 2012, 72, 75) haben die Ehegatten Wulff und die Ehegatten Geerkens Steuerhinterziehung begangen, weil sie ein privates Darlehen mit 4% Jahreszinsen vereinbart haben! Nach Auffassung von *Ebeling* (DB 2002, 553) kann unter Berufung auf § 313 III 2 BGB, wenn die Finanzverwaltung einen zu niedrigen Zinssatz beanstandet, eine Anpassung an den marktüblichen Zinssatz vereinbart werden, was zur Folge habe, dass die Steuer nach § 29 I Nr. 1 ErbStG für die Vergangenheit erlischt. **184**

g) Durchführung des Darlehensvertrages

Zur erforderlichen tatsächlichen Durchführung eines von einem Kind seinen Eltern gewährten Darlehens gehört es, dass die vereinbarten **Zinsen** tatsächlich an das Kind **geleistet** und anschließend weder für den Unterhalt des Kindes noch für die eigene Lebenshaltung verwendet werden (vgl. *BFH* BStBl. 1989 II 137). Wird zwischen Vater und **185**

Sohn, der über kein eigenes Vermögen verfügt, erst **vier Monate nach Überweisung** des Darlehensbetrages in Höhe von 100.000 DM ein **Darlehensvertrag** ohne Gewährung von Sicherheiten geschlossen und werden Zinsen in geringerer Höhe gezahlt als nach dem Darlehensvertrag geschuldet, so kann dieser nicht als ernsthaft vereinbart angesehen und somit steuerlich nicht anerkannt werden (vgl. *BFH* GmbHR 2002, 280).

2. Familiengesellschaften

186 Besonders enge Grenzen zieht die Rechtsprechung bei der Bildung einer Familiengesellschaft durch Schenkung von Gesellschaftsanteilen an nicht **mitarbeitende Familienangehörige**. Um die ertragsteuerliche Anerkennung zu erreichen, darf die Rechtsstellung der aufgenommenen Gesellschafter nicht wesentlich hinter den Rechten, die das Gesetz dem Gesellschafter für den Regelfall (**Normalstatut**) zubilligt, zurückbleiben.

a) Abschluss eines Gesellschaftsvertrages

> **Beispiel:** An einer Erbengemeinschaft, Eigentümerin eines Zweifamilienhauses, sind Vater V zu 3/4 und die beiden Kinder zu je 1/8 beteiligt. V bewohnt eine Erdgeschosswohnung, ein Kind eine Dachgeschosswohnung, ein weiteres Kind nutzt das Anwesen in keiner Weise, erhält aber auch keine Nutzungsentschädigung. Die Miterben vereinbaren, dass V alle Aufwendungen für die Unterhaltung und Instandsetzung des Hauses trägt und die das Dachgeschoss bewohnende Tochter wegen der Mitwirkung an persönlichen Unterhaltungsmaßnahmen die Dachgeschosswohnung mietfrei nutzt. Nach Auffassung von BFH BStBl. 1992 II 890 ist eine von den Beteiligungsverhältnissen abweichende Verteilung der Einnahmen und Ausgaben steuerrechtlich nur zu beachten, wenn sie in Gestaltung und Durchführung dem zwischen fremden Personen Üblichen entspricht.

187 Die Eltern eines Minderjährigen können diesen gem. § 1795 I Nr. 1 BGB bei einem Rechtsgeschäft mit einem Verwandten in gerader Linie nicht vertreten, es sei denn, dass das Rechtsgeschäft ausschließlich in der Erfüllung einer Verbindlichkeit besteht oder lediglich einen rechtlichen Vorteil darstellt. Der Formunwirksamkeit eines unter nahen Angehörigen abgeschlossenen Vertrags kommt eine Indizwirkung gegen dessen steuerrechtliche Anerkennung zu (vgl. *BFH* BStBl. 2011 II 20).

188 Sofern Minderjährige am Unternehmen des Vaters oder der Mutter als Gesellschafter beteiligt werden sollen, ist für jeden Minderjährigen ein gesonderter Ergänzungspfleger erforderlich, da ein Pfleger von den Beschränkungen des § 181 BGB nicht befreit werden kann (vgl. *OLG Hamm* Rpfleger 1975, 127). **Ausnahme:** Bei typischen stillen Gesellschaftern ist hingegen ein Pfleger für mehrere Kinder ausreichend, da diese nur zu dem Geschäftsinhaber, nicht aber zueinander in Rechtsbeziehungen treten, also kein gegenseitiger Vertrag, sondern ein Vertragsbündel vorliegt (vgl. *BayFinMin* MittBayNot 1977, 261).

189 Keinesfalls erforderlich ist eine **Dauerpflegschaft**, da die Eltern die minderjährigen Kinder bei der Beschlussfassung – mit Ausnahme von satzungsändernden Beschlüssen (vgl. *BGH* DNotZ 1989, 26) – vertreten können (vgl. *BGH* DB 1975, 1452). Die Pflegerbestellung beschränkt sich daher auf den **Abschluss** des Gesellschaftsvertrages.

b) Mitunternehmer

190 Familienangehörige, insbesondere Kinder, die schenkweise als Kommanditisten in eine Familien-KG aufgenommen werden, sind nur Mitunternehmer i. S. d. § 15 I Nr. 2 EStG, wenn ihnen wenigstens annäherungsweise diejenigen Rechte eingeräumt sind, die einem Kommanditisten nach den weitgehend dispositiven Vorschriften des HGB zukommen (Normalstatut) (vgl. *BFH* BStBl. 1979 II 405, 670; *BMF* BStBl. 1989 I 378). Vertragsklauseln, die das **Stimmrecht** des Kommanditisten de jure oder de facto **ausschließen**, beschränken die Rechtsstellung des Gesellschafters so sehr, dass er nicht mehr als Mitunternehmer angesehen werden kann. Darf ein Kommanditist in der Gesellschafterver-

sammlung nicht mitstimmen und ist für ihn das Widerspruchsrecht nach § 164 HGB abbedungen, ist er kein Mitunternehmer. Dem **Ausschluss des Stimmrechts steht gleich**, wenn Kommanditisten in keinem Fall den Mehrheitsgesellschafter an einer Beschlussfassung hindern können, z. B. auch dann nicht, wenn es um die Änderung der Satzung oder die Auflösung der Gesellschaft geht (vgl. *BFH* BStBl. 1989 II 762).

c) Stille Gesellschaft

aa) Vertragsgestaltung. Die stille Gesellschaft wird steuerlich nur anerkannt, wenn bei schenkweiser Übertragung dem aufgenommenen Familienangehörigen in etwa die Rechte eines stillen Gesellschafters gem. §§ 230 ff. HGB (Normalstatut) zustehen (vgl. *BFH* BStBl. 1975 II 34 und 569). Wendet ein Steuerpflichtiger seinen minderjährigen Kindern Geldbeträge zu mit der Auflage, diese ihm sogleich wieder als Einlage im Rahmen einer „typischen stillen Gesellschaft" zur Verfügung zu stellen, sind die „Gewinnanteile" bei der Ermittlung der Einkünfte aus Gewerbebetrieb jedenfalls dann Zuwendungen i. S. d. § 12 Nr. 2 EStG, wenn eine **Verlustbeteiligung ausgeschlossen** ist (vgl. *BFH* FR 1993, 226; *BMF* 1992 I 729 Tz. 12). Auch **Auszahlungsbeschränkungen** hinsichtlich der **Gewinnanteile** des (minderjährigen) Gesellschafters können die Versagung des Betriebsausgabenabzugs zur Folge haben (vgl. *BFH* BStBl. 1996 II 269; ZEV 2003, 476). 191

bb) Schenkungsweise Einräumung einer stillen Beteiligung. Nach der Rechtsprechung des *BGH* (NJW 1953, 139) und des *BFH* (BStBl. 1975 II 141) stellen **stille Beteiligungen und Unterbeteiligungen,** die **unentgeltlich** eingeräumt werden, **Schenkungsversprechen** dar, die der **notariellen Beurkundung** bedürfen. Die Formnichtigkeit kann weder durch die Abbuchung der geschenkten Einlage vom Kapitalkonto noch durch die Auszahlung der Gewinnanteile geheilt werden (differenzierend *K. Schmidt*, Gesellschaftsrecht, § 62 III 1a, je nachdem, ob lediglich eine Forderung gutgeschrieben wird oder ob die stille Beteiligung als Mitgliedschaft, insbesondere wie eine kommanditistenähnliche Beteiligung ausgestaltet wird). Die von der Rechtsprechung für die steuerliche Anerkennung von Darlehensverhältnissen zwischen nahen Angehörigen aufgestellten Grundsätze sind auf typische stille Gesellschaften zwischen Familienangehörigen mit Verlustbeteiligung nicht uneingeschränkt übertragbar (vgl. *BFH* BStBl. 1990 II 10). Wird bei einer stillen Beteiligung die Teilnahme am Verlust der Gesellschaft ausgeschlossen, gelten nach Auffassung der Finanzverwaltung die Grundsätze zur schenkweise begründeten Darlehenseinräumung (vgl. *BMF* BStBl. 1992 I 729 Tz. 12). Nach Auffassung des *BGH* (MittBayNot 2012, 479) ist die unentgeltliche Zuwendung einer durch den Abschluss eines Gesellschaftsvertrages entstehenden Unterbeteiligung, mit der dem Unterbeteiligten über eine schuldrechtliche Mitberechtigung an den Vermögensrechten des dem Hauptbeteiligten zustehenden Gesellschaftsanteils hinaus **mitgliedschaftliche** Rechte in der Unterbeteiligungsgesellschaft eingeräumt werden, mit dem Abschluss des Gesellschaftsvertrages i. S. v. §§ 2301 II, 518 II 2 BGB vollzogen. Mit der schenkweisen Einräumung einer Unterbeteiligung an einem Gesellschaftsanteil, die nicht die Voraussetzungen einer atypischen Unterbeteiligung erfüllt, wird nach der Rechtsprechung des *BFH* (BStBl. 2008 II 632) noch kein Vermögensgegenstand zugewendet. Bereichert ist der Zuwendungsempfänger erst, wenn ihm aus der Unterbeteiligung tatsächlich Gewinnausschüttungen und Liquidationserlöse zufließen. 192

d) Übertragung von GmbH-Anteilen auf Kinder

Überträgt ein Gesellschafter auf seine Kinder Anteile an einer GmbH, werden aber die Dividenden auf ein Konto des Vaters überwiesen und verbleiben sie dort bzw. wird keine **konkrete Verwendung für** die einzelnen **Kinder** nachgewiesen, so sind die Dividenden wegen der fehlenden klaren und eindeutigen Abgrenzung der Vermögenswerte steuerlich auch weiterhin dem Vater zuzurechnen (vgl. *BFH* GmbHR 2003, 243). 193

3. Untypische Dienstleistungen

194 "Arbeitsverträge" über Hilfeleistungen der Kinder im elterlichen Betrieb (hier: Arztpraxis) sind steuerrechtlich nicht anzuerkennen, wenn sie wegen ihrer Geringfügigkeit oder Eigenart üblicherweise nicht auf **arbeitsvertraglicher Grundlage** erbracht werden (vgl. BFH DB 1994, 761). Ein Unterarbeitsverhältnis zwischen einer Lehrerin und ihrer Erziehungswissenschaft studierenden Tochter mit dem Inhalt, dass die Tochter gegen Zahlung einer monatlichen Vergütung sämtliche Arbeiten erledigt, die zur Vorbereitung und Durchführung von Lehrertätigkeiten anfallen, ist steuerlich nicht anzuerkennen, weil ein derartiges **Unterarbeitsverhältnis** zwischen Fremden nicht üblich ist und eine unangemessene Gestaltung darstellt (vgl. BFH DB 1995, 1010). Nach Auffassung des BFH eignen sich Hilfeleistungen, die üblicherweise auf **familienrechtlicher Grundlage** erbracht werden, nicht als Inhalt eines mit einem Dritten zu begründenden Arbeitsverhältnisses. Im Streitfall hatte die Tochter in dem dreijährigen Betriebsprüfungszeitraum 171 Gespräche für den Vater entgegengenommen.

4. Steuerliche Anerkennung von Mietverträgen

Literatur: *Günther,* Neuregelung der verbilligten Vermietung ab VZ 2012, EStB 2012, 109; *Spindler,* Neuere Tendenzen in der steuerrechtlichen Beurteilung von Mietverträgen zwischen nahen Angehörigen, DB 1997, 643.

195 Mietverträge unter nahen Angehörigen können wegen der Zulässigkeit der verbilligten Vermietung von besonderem steuerlichen Interesse sein. § 21 II 1 EStG erlaubt gegenüber der ortsüblichen Marktmiete eine Reduzierung um 34% bei vollem Abzug aller Werbungskosten. Der gesetzgeberische Grund liegt darin, dass die Eigentümer von vermietetem Wohnraum nicht die Grenze der Marktmiete ausschöpfen müssen, um den Werbungskostenabzug zu erhalten. Nur wenn das Entgelt für die Überlassung einer Wohnung zu Wohnzwecken weniger als 66% der ortsüblichen Marktmiete beträgt, ist die Nutzungsüberlassung in einen entgeltlichen und in einen unentgeltlichen Teil aufzuteilen. Beträgt das Entgelt bei auf Dauer angelegter Wohnungsvermietung mindestens 66% der ortsüblichen Miete, gilt die Wohnungsvermietung als entgeltlich. Vollzieht sich die Nutzungsüberlassung im Rahmen der familiären Haushaltsgemeinschaft, so ist sie grundsätzlich der nicht steuerbaren Privatsphäre gem. § 12 EStG zuzuordnen und kann auch nicht durch einen Mietvertrag in den Bereich der Einkünfteerzielung verlagert werden. Der zu eigenen Wohnzwecken genutzte Wohnraum wird seit dem Inkrafttreten des WohneigFG (BGBl. 1986 I 730) nicht mehr einkommensteuerlich erfasst (vgl. *Spiegelberger* DNotZ 1988, 210).

196 Aufgrund der Entscheidung *BVerfG* (DB 1995, 2572) hat der *BFH* auch seine Rechtsprechung bei der Anerkennung von Mietverträgen unter Angehörigen gelockert. Entscheidend für die Anerkennung eines Vertrages ist, dass die Hauptpflichten geregelt und durchgeführt wurden. Die steuerrechtliche Anerkennung eines Mietvertrages zwischen Angehörigen scheitert nicht unbedingt daran, dass **Nebenpflichten** (z.B. Regelungen über die Nebenkosten) nicht eindeutig vereinbart oder exakt durchgeführt werden (vgl. BFH BStBl. 1998 II 349), oder dass lediglich mündliche Abreden über die Nebenkosten getroffen wurden (vgl. BFH/NV 1997, 285).

5. Nießbrauchbestellung

197 Die **steuerliche Anerkennung** eines Nießbrauches für ein minderjähriges Kind setzt ausnahmslos die **bürgerlich-rechtliche Wirksamkeit** voraus (vgl. BFH DB 1990, 915; IV. Nießbraucherlass BStBl. 2013 I 1184 Tz. 4 und 5).

198 Auch bei der Bestellung eines **Zuwendungsnießbrauches** für Minderjährige an Vermögensgegenständen der Eltern oder eines Elternteils ist eine Pflegerbestellung erforderlich, da ein Zuwendungsnießbrauch nach Auffassung der Rechtsprechung nicht einen lediglich rechtlichen Vorteil darstellt (vgl. BFH BStBl. 1981 II 297; BMF BStBl. 1992 I 370).

6. Vertragsverhältnisse mit Ehegatten-Oderkonten

Literatur: *Demuth/Schreiber*, Wege aus der „Schenkungsteuerfalle Oderkonto", ZEV 2012, 405.

Zahlungen eines Ehegatten an den anderen Ehegatten aufgrund eines Arbeits- oder eines Mietverhältnisses waren nach Auffassung des *BFH* (BStBl. 1990 II 160, 429, 548 und 741) keine Betriebsausgaben des Arbeitgeber- oder Mieterehegatten, wenn dieser das Gehalt an den Arbeitnehmer-Ehegatten oder die Miete an den Vermieter-Ehegatten auf ein Bankkonto (**Oderkonto**) überwies, über das jeder der beiden Ehegatten allein verfügungsberechtigt war. Die **Mitverfügungsberechtigung** des **Arbeitgeberehegatten** aufgrund einer Kontovollmacht ist jedoch **unschädlich**, weil die Vergütung endgültig in den Einkommens- und Vermögensbereich des Arbeitnehmerehegatten übergegangen ist (vgl. BFH BStBl. 1990 II 164). 199

Nach *BVerfG* (DB 1995, 2572) ist bei Ehegattenarbeitsverhältnissen ein **Oderkonto** für die steuerliche Anerkennung nicht ausschlaggebend. Seit dieser Entscheidung hat sich der **strenge Maßstab** bei der Anerkennung von Angehörigenverträgen in der Rechtsprechung des Bundesfinanzhofs generell **gelockert**. Die mangelnde Fixierung der Arbeitszeiten kann unschädlich sein (vgl. *BFH* DStRE 1999, 457). 200

Soweit durch die **Errichtung** eines **Oder-Kontos** ein Ehegatte bereichert wird (*FG Hessen* EFG 2002, 34), ist die damit verbundene **Schenkung** dem Finanzamt anzuzeigen. Ohne diese Anzeige beginnt die Steuerfestsetzungsfrist gem. § 170 V Nr. 2 AO nicht zu laufen; kritisch zur Behandlung von Oder-Konten durch die Finanzverwaltung vgl. *v. Oertzen/Straub* BB 2007, 1473. 201

Die Feststellungslast für die Tatsache, die zur Annahme einer freigebigen Zuwendung i. S. d. § 7 I Nr. 1 ErbStG erforderlich ist, trägt nach Auffassung des *BFH* (ZEV 2012, 280) das Finanzamt auch dafür, dass der nicht einzahlende Ehegatte im Verhältnis zum einzahlenden Ehegatten tatsächlich und rechtlich frei zur Hälfte über das eingezahlte Guthaben verfügen kann. Gibt es hingegen deutlich objektive Anhaltspunkte dafür, dass beide Ehegatten entsprechend der Auslegungsregel des § 430 BGB zu gleichen Anteilen am Kontoguthaben beteiligt sind, trägt der zur Schenkungsteuer herangezogene Ehegatte die Feststellungslast dafür, dass im Innenverhältnis nur der einzahlende Ehegatte berechtigt sein soll. 202

7. Rückfallklauseln

Literatur: *Billig*, Der Schenker als unfreiwilliger Erwerber – Steuerpflicht bei Rückgängigmachung der Schenkung bzw. bei erbrechtlichem Vermögensrückfall, UVR 2011, 346; *Spiegelberger*, Die Rückabwicklung der vorweggenommenen Erbfolge, MittBayNot 2000, 1; *Wachter*, Schenkung von Betriebsvermögen, ErbStB 2006, 236 und 259.

Bei Schenkungen enthält nicht nur das Gesetz Rückfallklauseln für den Fall der Verarmung des Schenkers (§ 528 BGB) und des groben Undanks (§ 530 BGB) sowie der Nichterfüllung von Auflagen (§ 527 BGB); vielmehr sind auch in der notariellen Praxis darüber hinausgehende vertragliche Widerrufs- und Rücktrittsklauseln üblich. 203

Zu unterscheiden ist zwischen einem freien Widerrufsrecht und enumerativen Widerrufsklauseln einerseits sowie zwischen Privat- und Betriebsvermögen andererseits. 204

a) Privatvermögen

Behält sich der Schenker den **jederzeitigen freien** Widerruf vor, ist zu prüfen, ob beim Erwerber **einkommensteuerlich** eine Einkunftsquelle entsteht. Sofern sich der Übergeber zusätzlich zu einem lebenslangen Vorbehaltsnießbrauch ein freies Widerrufsrecht vorbehält, ist zweifellos das wirtschaftliche Eigentum beim Übergeber verblieben, der auch die alleinige Einkunftsquelle innehat. 205

Schenkungsteuerlich liegt selbst dann eine vollzogene Schenkung vor, wenn das **wirtschaftliche Eigentum** beim Schenker verbleibt (vgl. *BFH* BStBl. 1983 II 179; 1989 II 1034; 2007 II 669, 672; *OFD München* MittBayNot 1994, 87). 206

b) Betriebsvermögen

207 Vereinbaren die Vertragsteile einzelne, vom Willen des Schenkers unabhängige Rücktritts- oder Widerrufsklauseln, sind diese nach h. M. steuerlich **unschädlich**. Die entgegenstehende Entscheidung des II. Senats des *BFH* (BStBl. 2001 II 414) wird von der Finanzverwaltung nicht angewandt (vgl. BMF-Schreiben BStBl. 2001 I 350).

208 Anders verhält es sich mit einem freien Widerrufsrecht. Bei **betrieblichen Einkunftsarten** ist ein freies Widerrufsrecht **steuerschädlich**, da der Beschenkte keine Mitunternehmerinitiative ergreifen kann, so dass die Einkunftsquelle nicht verlagert wird (vgl. *Crezelius*, Unternehmenserbrecht, S. 20).

209 Wenn aufgrund eines freien Widerrufsrechtes eine Mitunternehmerschaft des Erwerbers nicht entsteht, geht damit auch die **Steuervergünstigung des § 13a ErbStG** verloren, da dieses schenkungsteuerliche Privileg an die einkommensteuerliche Betriebsvermögenseigenschaft anknüpft.

8. Vertragsverlängerung bei befristeten Rechtsgeschäften

210 Unter nahen Angehörigen sind **Verlängerungsklauseln** sinnvoll, wonach bei Fristablauf oder Tod eines Beteiligten das Rechtsverhältnis auf unbestimmte Zeit fortgesetzt wird, da andernfalls im Falle einer stillschweigenden Fortsetzung die Finanzverwaltung die fehlende bürgerlich-rechtliche Grundlage monieren kann.

D. Rechtsnatur des Steueranspruchs

I. Tatbestand und Typus

211 Sowohl im Zivilrecht als auch im Steuerrecht wird zwischen Klassenbegriffen und Typusbegriffen unterschieden. Verwendet der Gesetzgeber einen Klassenbegriff, so müssen sämtliche Merkmale erfüllt sein, damit der begriffliche Tatbestand verwirklicht ist. Wenn jemand rechtswidrig und schuldhaft eines der in § 823 BGB geschützten Rechtsgüter verletzt, also die in dieser Bestimmung genannten Tatbestandsmerkmale erfüllt, liegt eine unerlaubte, zum Schadensersatz verpflichtende Handlung vor.

212 Hingegen hat der Typusbegriff keine abstrakt-deskriptive Funktion. Von den Merkmalen, die insgesamt für die rechtliche Erfassung des Typus als charakteristisch angesehen werden, kann im Einzelfall das eine oder andere fehlen oder von minderer Bedeutung sein, wenn dadurch nicht die Zugehörigkeit des Sachverhalts zu dem tatbestandsmäßig erfassten Typus ausgeschlossen wird (vgl. *Tipke/Lang* § 5 Rn. 51).

> **Beispiel:** **Einkommensteuerlicher Mitunternehmer** ist, wer zusammen mit anderen Personen Mitunternehmerinitiative entfalten kann und Mitunternehmerrisiko trägt (vgl. *BFH* GrS BStBl. 1993 II 616; Schmidt/*Wacker* § 15 Rn. 262). Beide Merkmale können mehr oder weniger ausgeprägt sein: Mitunternehmer kann sein, wer ein geringes Risiko trägt, aber eine ausgeprägte Unternehmerinitiative entfalten kann (vgl. *BFH* BStBl. 1999 II 286).

II. Entstehung und Irreversibilität des Steueranspruchs

> **Beispiel:** In einem Hofübergabevertrag wird vereinbart, dass der Hofübernehmer seinem Bruder Lukas bei dessen Verheiratung eine Teilfläche aus dem landwirtschaftlichen Grundbesitz im Wert von 100.000 EUR zur Errichtung eines Familienwohnhauses zu übertragen hat. Lukas verzichtet aufschiebend bedingt zum Zeitpunkt der Auflassung auf seine Pflichtteilsansprüche am Nachlass seiner Eltern.
> a) Zu welchem Zeitpunkt erfolgt eine Entnahme aus dem landwirtschaftlichen Betriebsvermögen?
> b) Fällt Schenkungsteuer an?

D. Rechtsnatur des Steueranspruchs

c) Wann ist Lukas im schenkungsteuerlichen Sinne bereichert?
d) Fällt wegen des Verzichtes auf Pflichtteilsansprüche Grunderwerbsteuer an?
e) Zu welchem Zeitpunkt wird ein Einheitswert für das abgetrennte Grundstück festgestellt?

1. Überblick

Die Ansprüche aus dem Steuerschuldverhältnis entstehen, sobald der **Tatbestand verwirklicht** ist, an den das Gesetz die Leistungspflicht knüpft, § 38 AO. Je nach Steuerart kommen für die Zurechnung in Betracht:
– Abschluss eines schuldrechtlichen Rechtsgeschäfts,
– Beginn oder Beendigung des Leistungsaustausches oder
– Ablauf des Festsetzungszeitraums.

Klein/Ratschow (§ 38 AO Rn. 1 ff.) entnehmen dieser Bestimmung, dass das Steuerschuldverhältnis unabhängig vom Willen sowohl des Steuerpflichtigen als auch des Finanzamtes entsteht, sobald die tatbestandsmäßigen Voraussetzungen erfüllt sind, es sei denn, dass der Tatbestand subjektive Elemente enthält (vgl. *BFH* BStBl. 1990 II 939).

Für die einzelnen Steuerarten ergeben sich wesentliche Unterschiede hinsichtlich des Entstehungszeitpunktes des Steueranspruches. Ein auf einem **Rechtsgeschäft** beruhender Steueranspruch kann erst entstehen, wenn übereinstimmende Willenserklärungen der Beteiligten abgegeben wurden, so dass z.B. ein Angebot kein Veräußerungsgeschäft beinhalten kann. Voraussetzung für das Entstehen eines Steueranspruches ist eine **beiderseitige Bindungswirkung**, die aber ihrerseits noch nicht automatisch zu einer Steuerpflicht führen muss.

Der Zeitpunkt des Entstehens der Steuerschuld ist für die Beurkundung von entscheidender Bedeutung, da die Vertragsteile **nach** dem **Entstehen** des Steueranspruches über diesen, etwa durch Vereinbarung von Nachtragsurkunden, regelmäßig **nicht mehr disponieren können**.

> **Hinweise zum Beispiel:**
> **Zu a):** Einkommensteuerlich erfolgt eine Entnahme aus dem Betriebsvermögen erst mit dem Übergang von Besitz, Nutzungen und Lasten auf den Sohn Lukas, spätestens mit der Eigentumsumschreibung im Grundbuch, also beim Übergang des wirtschaftlichen oder des bürgerlich-rechtlichen Eigentums. Bis zu diesem Zeitpunkt kann die im Hofübergabevertrag getroffene Entnahmevereinbarung einkommensteuerfrei aufgehoben werden.
>
> **Zu b):** Die im Hofübergabevertrag vereinbarte Grundstücksübertragung zu Gunsten eines weichenden Erben unterliegt der Schenkungsteuer in der Schenkungsteuerklasse I, da die Eltern aus ihrem Vermögen die Zuwendung anordnen. Die Grundstücksübertragung erfolgt in der Schenkungsteuerklasse I, für die derzeit ein Freibetrag in Höhe von 400.000 EUR gem. § 16 I Nr. 2 ErbStG besteht, so dass gegenwärtig keine Schenkungsteuer anfällt.
>
> **Zu c):** Die Schenkungsteuer entsteht gem. § 9 I Nr. 2 ErbStG bei einer Schenkung unter Lebenden mit dem Zeitpunkt der Ausführung der Zuwendung, nicht bereits mit der Vereinbarung der Schenkung, so dass bis zu der Ausführung der Schenkung die vereinbarte Schenkung steuerfrei aufgehoben werden kann.
>
> **Zu d):** Schenkungen unter einer Auflage unterliegen gem. § 3 Nr. 2 GrEStG der Grunderwerbsteuer hinsichtlich des Wertes solcher Auflagen, die bei der Schenkungsteuer abziehbar sind; der Pflichtteilsverzicht stellt eine grunderwerbsteuerpflichtige Gegenleistung dar. Ein Pflichtteilsverzicht ist ein unentgeltliches Rechtsgeschäft, da weder der künftige Erbteil noch der Pflichtteil eine Vermögensposition darstellen, die für eine Wertverrechnung in Betrag kommt (vgl. *BFH* DStRE 2001, 1075). Darüber hinaus entsteht bei einem bedingten Rechtsgeschäft der Grunderwerbsteueranspruch erst mit Eintritt der Bedingung (vgl. § 14 Nr. 1 GrEStG). Die Grunderwerbsteuer entsteht mit der schuldrechtlichen Vereinbarung, kann aber innerhalb der Zweijahresfrist des § 16 I Nr. 1 GrEStG steuerfrei aufgehoben werden.
>
> **Zu e):** Hinsichtlich der Grundstücksübertragung findet eine Zurechnungsfortschreibung gem. § 22 II BewG nach Vollzug der Auflassung statt, und zwar gem. § 22 IV 3 Nr. 1 BewG zum Beginn des Kalenderjahres, das auf die Änderung folgt. Bei einer Aufhebung der Grundstücksübertragung innerhalb dieser Frist entfällt auch die Zurechnungsfortschreibung.

2. Einkommensteuer

217 Für das Entstehen der Einkommensteuerschuld kommen zwei verschiedene Zeitpunkte in Betracht, nämlich entweder der Abschluss des **obligatorischen Rechtsgeschäfts** oder ein **Vollzugsakt**.

a) Abschluss des obligatorischen Rechtsgeschäfts

218 Ein **Grundstückskaufvertrag** ist mit Abgabe der notariellen Vertragserklärungen abgeschlossen, sofern eine Bindung der Vertragspartner besteht (vgl. *BFH* BStBl. 1982 II 390). Bei **privaten Veräußerungsgeschäften** i. S. d. § 23 EStG wird auf die **schuldrechtlichen** Erwerbs- und Veräußerungsgeschäfte abgestellt. Selbst ein Vorvertrag stellt eine Veräußerung gem. § 23 I Nr. 1 EStG dar (vgl. *BFH* BStBl. 1984 II 311).

219 Sofern ein Grundstücksverkauf durch einen vollmachtlosen Vertreter erst **nach Ablauf der Spekulationsfrist genehmigt** wird, entsteht keine Steuerpflicht gem. § 23 I Nr. 1 EStG. Die Genehmigung wirkt steuerrechtlich **nicht** auf den Zeitpunkt der Vornahme des Rechtsgeschäftes **zurück** (vgl. *BFH* DB 2002, 18). Ein **Veräußerungsverlust** nach § 17 EStG entsteht schon mit Abschluss des schuldrechtlichen Verpflichtungsgeschäfts (vgl. *FG Hessen* EFG 1985, 606).

b) Vollzugsakt

220 Bei einem Grundstückskaufvertrag außerhalb des Anwendungsbereiches des § 23 EStG wird die Einkommensteuerschuld mit dem **Übergang von Besitz und Gefahr, Nutzen und Lasten** auf den Erwerber „im Keim" begründet (vgl. *BFH* GmbHR 1984, 189. Bei **schwebenden Geschäften** erfolgt die Bilanzierung, wenn ein Teil erfüllt hat; zum Zeitpunkt der Gewinnrealisierung bei Veräußerungsgeschäften vgl. *BFH* BStBl. 1986 II 552).

221 Bei einer **Betriebs- oder Praxisübergabe** zum **Jahreswechsel** ist der Wille der Vertragsparteien zu erforschen, ob die Übergabe noch im alten oder erst im neuen Jahr erfolgen soll (vgl. *FG Berlin* EFG 1987, 505; KÖSDI 1987, 6972).

3. Erbschaft- und Schenkungsteuer

a) Eintritt der Bereicherung

222 Die Schenkungsteuer entsteht gem. § 9 I Nr. 2 ErbStG mit dem Zeitpunkt der Ausführung der Zuwendung. Ein Schenkungsversprechen über ein Grundstück gilt unabhängig von der Einräumung des unmittelbaren Besitzes als **ausgeführt**, wenn der Beschenkte aufgrund der mitbeurkundeten Auflassung **in der Lage** ist, die **Eigentumsumschreibung zu beantragen** (vgl. *BFH* BStBl. 1979 II 642); dabei ist es nicht erforderlich, dass der Beschenkte den Antrag auf Eintragung der Rechtsänderung beim Grundbuchamt gestellt hat (vgl. *BFH* BStBl. 1991 II 320). Eine Schenkung ist auch dann bereits ausgeführt, wenn mit der Auflassung auch die Besitzverschaffung des Grundstücks erfolgt, Nutzen und Lasten auf den Beschenkten übergehen und die Vertragspartner einen **Dritten bevollmächtigt** haben, die für die Rechtsänderung erforderlichen Erklärungen abzugeben und entgegenzunehmen (vgl. *FinMin Saarland* DB 1990, 1944).

223 **Unterbleibt** aber die **Umschreibung**, weil die Schenkungsabrede zuvor aufgehoben wird, liegt in der Aufhebung **weder** eine **Rückschenkung** des Grundstücks **noch** eine anderweitige **Zuwendung** seitens des ursprünglich Bedachten. Die Rechtsprechung, wonach eine Grundstücksschenkung ausgeführt ist, sobald die Auflassung beurkundet und die Eintragungsbewilligung erteilt ist, hat also zur Voraussetzung, dass die **Umschreibung nachfolgt** (vgl. *BFH* ZEV 2002, 518). Die Beteiligten können somit durch die Blockade des dinglichen Vollzuges einen **steuerlichen Schwebezustand** schaffen.

D. Rechtsnatur des Steueranspruchs

b) Genehmigung

Die Schenkungsteuerpflicht für eine von einem **vollmachtlosen Vertreter** erklärte und 224
nachträglich vom Eigentümer genehmigte Grundstücksschenkung entsteht erst im **Zeitpunkt** der Erteilung der **Genehmigung**, die hinsichtlich der Steuerentstehung nicht zurückwirkt (vgl. *FG Rheinland-Pfalz* DStRE 2002, 1398).

c) Teilflächenerwerb

Die Schenkung einer **Teilfläche** ist erst nach Vermessung, Messungsanerkennung und 225
Auflassungserklärung vollzogen. Zugunsten der Beteiligten geht H 23 III ErbStH 2003
und wohl auch RE 9.1 III 4 ErbStR 2011 (BStBl. 2011 I Sondernr. 1) bei unvermessenen
Teilflächen vom Vollzug aus, wenn die Auflassung – abweichend von der notariellen
Praxis – hinsichtlich der unvermessenen Teilfläche erklärt wurde. Somit können schenkungsteuerliche Freibeträge frühzeitig ausgeschöpft werden (vgl. *Spiegelberger* DStR
1995, 1702).

d) Erwerb von Todes wegen

Hat der Erblasser ein ihm gehörendes Grundstück verkauft, hat der Erbe die Kauf- 226
preisforderung zu ihrem vollen Wert gemäß § 12 BewG dem Nachlass hinzuzuzählen,
wenn das **Grundstück nicht** zu Lebzeiten des Erblassers auf den Käufer **umgeschrieben
wurde** (vgl. *BFH* BStBl. 1990 II 434; 1997 II 820; 2001 II 834; a. A. zurecht *FG Baden-Württemberg* EFG 2000, 1019, weil das dingliche Anwartschaftsrecht auf den Erben
übergegangen ist.

4. Grunderwerbsteuer

a) Entstehung der Steuerpflicht

Die Verwirklichung eines Erwerbsvorgangs setzt stets rechtsgeschäftlich wirksame 227
Willenserklärungen der Vertragschließenden voraus, durch die eine **Bindung** der Beteiligten an das vorgenommene Rechtsgeschäft eingetreten ist. Bei einem unbedingten bzw.
keiner Genehmigung bedürftigen Rechtsgeschäft ist eine solche Bindung regelmäßig mit
dem Vertragsabschluss gegeben. Bedarf ein Rechtsgeschäft der Genehmigung durch das
Familien- oder Nachlassgericht, besteht eine derartige Bindung erst, wenn nach Erteilung
der Genehmigung der **Pfleger** gem. § 1829 BGB die **Genehmigung** den übrigen Vertragsteilen **mitgeteilt** hat. Ohne vorgängige familien- oder nachlassgerichtliche Genehmigung abgegebene Willenserklärungen erzeugen somit noch keine steuerliche Bindung.
Die zivilrechtliche Rückwirkung gem. § 184 BGB ist steuerrechtlich ohne Bedeutung, so
dass gem. § 14 Nr. 2 GrEStG die Grunderwerbsteuerpflicht erst mit der Mitteilung der
Genehmigung eintritt (vgl. *BFH* DB 1999, 1685).

Das Entstehen von Grunderwerbsteuer kann nicht durch eine Zeitbestimmung aufge- 228
schoben werden. Bei Rechtsgeschäften, die unbedingt, jedoch mit einer **aufschiebenden
Zeitbestimmung** abgeschlossen werden, entsteht die Grunderwerbsteuer mit Vertragsabschluss.

b) Vorvertrag

Durch den Abschluss eines Vorvertrages wird ein Rechtsvorgang im Sinne des § 1 229
GrEStG nicht verwirklicht, es sei denn, dass Nutzungen und Lasten bereits auf den künftigen Erwerber übergehen (vgl. Einführungserlass zum GrEStG 1983, BStBl. 1982 I 970
Tz. 14). Ein der Grunderwerbsteuer unterliegender Anspruch auf Übereignung eines
bürgerlich-rechtlich **noch zu bildenden Grundstücks** setzt voraus, dass die Grenzen des
künftigen Grundstückes hinreichend bestimmt sind (vgl. *BFH* DB 1991, 79).

c) Benennungsrecht

Beispiel: A bietet Bauträger B ein Baugrundstück zum Kaufpreis von 100.000 EUR zum Erwerb an, wobei sich B das Recht vorbehält, einen Dritten als Käufer zu benennen.

230　Das Angebot auf Veräußerung eines Grundstückes an den vom Angebotsempfänger zu **benennenden Dritten** löst bei Annahme des Angebots eine **zusätzliche** Grunderwerbsteuerpflicht gemäß § 1 I Nr. 6 GrEStG aus, wenn der Benennungsberechtigte das Kaufangebot für eigene wirtschaftliche Interessen verwertet. Dieses Tatbestandsmerkmal ist erfüllt, wenn der Berechtigte sich das Kaufangebot einräumen lässt, um damit **eigene** wirtschaftliche Interessen zu verfolgen (vgl. *BFH* BStBl. 1989 II 984). Die Bemessungsgrundlage für den Kaufvertrag beträgt 100.000 EUR. Sofern sich für die Benennung **keine Gegenleistung ermitteln lässt**, ist gem. § 8 II Nr. 1 GrEStG der Grundbesitzwert gem. § 138 II bis IV BewG maßgebend. Typische Grundstücksvermittlungsgeschäfte von **Maklern**, deren wirtschaftliches Interesse an einer üblichen Provision für die Vermittlung des Grundstückskaufvertrages nicht hinausgeht, sind nicht steuerbar (vgl. *BFH* BStBl. 1989 II 984).

5. Bewertungsrechtliches Stichtagsprinzip

Beispiel: Nach der Beurkundung bei Notar N beschwert sich Verkäufer V, weil die Belegenheitsgemeinde weiterhin Grundsteuer erhebt.

231　Wegen des bewertungsrechtlichen Stichtagsprinzips richtet sich das Bewertungsrecht ausschließlich nach den Rechtsverhältnissen, die am 1. Januar **nach** dem Abschluss eines Rechtsgeschäftes bestehen. Gem. § 22 BewG führen Veräußerungen oder Umgestaltungen im Laufe eines Jahres zu dem darauffolgenden 1. Januar zu einer **Art-, Wert- oder Zurechnungsfortschreibung**, d.h. in praxi: der bestehende Einheitswert wird zum darauffolgenden 1. Januar entsprechend geändert. Fortschreibungszeitpunkt ist gem. § 22 IV 3 Nr. 1 BewG immer der Beginn des Kalenderjahres, das auf die Änderung folgt.

232　Eine Wertfortschreibung findet statt, wenn die **Fortschreibungsgrenzen** des § 22 I BewG überschritten werden. Zum Bewertungsstichtag können nur die Wirtschaftsgüter erfasst werden, die dem Steuerpflichtigen als Eigentümer gehören. Maßgebend ist regelmäßig das **bürgerlich-rechtliche Eigentum**. Für die Zurechnung genügt aber auch das **wirtschaftliche Eigentum**, so dass auf den Eigenbesitz zum 1. Januar des auf die Veräußerung folgenden Jahres abzustellen ist.

233　Die Formulierung „die Besitzübergabe solle mit dem 1. Januar des Folgejahres erfolgen" ist dahin gehend auszulegen, dass die Besitzübergabe mit Beginn des 1. Januar des Folgejahres erfolgt (vgl. *FG Niedersachsen* DB 1990, 352).

III. Rückgängigmachung einer Gewinnrealisierung?

Beispiel: Unternehmer U überträgt seiner Tochter T ein Betriebsgrundstück unter Nießbrauchsvorbehalt. Als Steuerberater S davon erfährt, empfiehlt er, das Grundstück wieder auf den Vater zurück zu übertragen (vgl. *BFH* BStBl. 1974 II 481).

> **Praxishinweis:**
>
> Eingetretene Gewinnrealisierungen sind irreversibel, so dass die stillen Reserven der Einkommensteuer unterliegen. Die Rückgabe des Grundstücks ohne Entgelt stellt eine zusätzliche steuerpflichtige Schenkung dar.

1. Rechtsgeschäftliche Vereinbarung

234　Während die bürgerlich-rechtlichen Folgen einer Beurkundung durch eine Nachtragsurkunde nahezu beliebig umgestaltet und – zumindest mit schuldrechtlicher Wirkung –

D. Rechtsnatur des Steueranspruchs

auch für die Vergangenheit abgeändert werden können, sind **entstandene** steuerrechtliche Ansprüche grundsätzlich der **Disposition** der Beteiligten **entzogen**, es sei denn, dass gesetzliche Bestimmungen eine steuerfreie Aufhebung vorsehen, wie dies in § 16 GrEStG und § 29 ErbStG der Fall ist.

Die **Aufhebung** eines **entstandenen** Schenkungsteueranspruchs führt steuerrechtlich **235** nicht zur Beseitigung des Steueranspruches, sondern stellt eine **erneute Schenkung** dar, es sei denn, dass von vornherein ein Rechtsanspruch auf Aufhebung oder Widerruf bestanden hat. Gibt also der Beschenkte den unentgeltlich erworbenen Gegenstand an den Schenker zurück, ohne dass ein im Schenkungsvertrag vereinbarter oder aufgrund Gesetzes bestehender Rückgabeanspruch besteht, wird steuerlich nicht etwa die Schenkung aufgehoben: vielmehr werden sowohl die Schenkung als auch die Rückschenkung besteuert (vgl. *BFH* BStBl. 1986 II 622). Schon *Jean Paul* hat gewarnt, dass man die schlimmsten Fehler begeht, wenn man begangene Fehler beheben will.

2. Abweichende Festsetzung von Steuern aus Billigkeitsgründen

Gem. § 163 S. 1 AO können Steuern niedriger festgesetzt werden und einzelne Besteu- **236** erungsgrundlagen, die die Steuern erhöhen, können bei der Festsetzung der Steuer unberücksichtigt bleiben, wenn die Erhebung der Steuer nach Lage des einzelnen Falls unbillig wäre. Zu unterscheiden ist zwischen einer persönlichen und einer sachlichen Unbilligkeit. Eine sachliche Unbilligkeit kann sich aufgrund einer Funktionsverlagerung ins Ausland gem. § 1 III AStG mit der Folge ergeben, dass sowohl der deutsche Fiskus als auch das Ausland Steuern erheben und eine Doppelbesteuerung eintritt. Außer durch ein Doppelbesteuerungsabkommen oder durch ein zwischenstaatliches Schiedsverfahren kann nach der ergänzenden Erläuterung des Gesetzgebers nur durch einen Billigkeitserlass gem. § 163 AO eine Doppelbesteuerung verhindert werden (vgl. *Hoffmann* GmbH-StB 2009, 234). Ein weiterer Fall einer Doppelbesteuerung könnte durch Verluste eintreten, die eine Muttergesellschaft durch Verzicht auf eine wertlose Forderung gegen ihre Tochter erleidet. Dieser Verzicht ist seit 2008 gem. § 8b III 4–8 KStG nicht mehr abzugsfähig. Dafür muss die Tochtergesellschaft einen entsprechenden Gewinn versteuern, obwohl in der Gesamtbetrachtung der beiden Gesellschaften ein solcher nicht entstanden ist. Auch hier sieht der Gesetzgeber zur Vermeidung einer wirtschaftlichen Doppelbelastung den Weg über eine sachliche Unbilligkeit (vgl. *Hoffmann* GmbH-StB 2009, 234).

3. Realakte

Realakte sind im Steuerrecht ebenso wenig rücknehmbar wie im Zivilrecht, so dass **237** z. B. eine **Entnahme** aus dem Betriebsvermögen auch nicht ausnahmsweise bei unbilliger Härte rückgängig gemacht werden kann (vgl. *BFH* BStBl. 1983 II 735).

Die **Entnahme** eines Gegenstandes aus dem Betriebsvermögen führt daher zu einer **ir- 238 reversiblen** einkommensteuerlichen Belastung als **laufenden Gewinn** ohne die Möglichkeit, eine Rücklage gem. § 6b EStG zu bilden. Auch wenn der Steuerpflichtige die steuerlichen Folgen einer Entnahmehandlung nicht überblicken konnte, kann die Entnahme nicht mit steuerlicher Wirkung rückgängig gemacht werden. Die Entnahmefolgen sind jedoch unter gewissen Voraussetzungen im Rahmen einer **Billigkeitsentscheidung** über die Steuerfolgen des § 163 I 1 AO zu berücksichtigen (vgl. BFH/NV 1987, 768).

IV. Vereinbarungen mit Rückwirkung

Literatur: *Gelsheimer/Meyen,* Verfassungsrechtliche Anforderungen an steuerverschärfende Vorschriften mit rückwirkendem Anwendungsbereich, DStR 2011, 193.

Auch der Gesetzgeber unterliegt wegen des verfassungsrechtlichen Vertrauensschutzes **239** gem. Art. 20 III GG einem **Rückwirkungsverbot** für steuerverschärfende Vorschriften.

Das *BVerfG* (DStR 2010, 1727) hat § 17 I 4 i. V. m. § 52 I 1 EStG für verfassungswidrig und nichtig erklärt, soweit in einem Veräußerungsgewinn Wertsteigerungen steuerlich erfasst werden, die bis zur Verkündung des StEntlG am 31.3.1999 entstanden sind und die entweder nach der zuvor geltenden Rechtslage steuerfrei realisiert worden sind oder bei einer Veräußerung nach Verkündung des Gesetzes sowohl zum Zeitpunkt der Verkündung als auch zum Zeitpunkt der Veräußerung nach der zuvor geltenden Rechtslage steuerfrei hätten realisiert werden können.

240 Auch bei der Vertragsgestaltung muss das Verbot rückwirkender Aufhebung entstandener Steueransprüche, soweit nicht ausnahmsweise gesetzliche Erlaubnisse vorliegen, berücksichtigt werden.

1. Geringfügige Rückwirkung

241 In der Praxis werden aus **Vereinfachungsgründen** und um die Kosten der Erstellung einer Zwischenbilanz zu sparen, häufig Vereinbarungen mit Wirkung für einen früheren Zeitpunkt getroffen. Verträge mit einer **geringfügigen** Rückwirkung werden im Allgemeinen von der Finanzverwaltung dann geduldet, wenn der Hauptzweck der Rückwirkung nicht in der Erlangung von besonderen Steuervorteilen besteht. Im Hinblick auf die Entscheidung *BFH* BB 1979, 1128 wird man z. B. bei einer Betriebsaufspaltung eine zweimonatige Rückwirkung zum Jahresanfang noch als zulässig ansehen müssen.

2. Vergleich mit Rückwirkung

242 Rückwirkende Vereinbarungen werden dann anerkannt, wenn es sich um einen Vergleich zur Regelung eines **streitigen Rechtsverhältnisses** handelt. Da eine Entscheidung eines streitigen Sachverhaltes durch Urteil mit rückwirkender Kraft geschieht, gilt dies nach der Finanzrechtsprechung auch bei der vergleichsweisen Regelung eines streitigen Sachverhaltes. Wird bei Streitigkeiten über das Ausscheiden eines Gesellschafters in einem gerichtlichen Vergleich dargelegt und vereinbart, dass der **Mitgesellschafter** bereits zu einem **früheren Zeitpunkt ausgeschieden** ist, so ist diese Vereinbarung in steuerlicher Hinsicht auch für die Vergangenheit zu berücksichtigen (vgl. *FG Rheinland-Pfalz* DStRE 2002, 487). Eine vereinbarte Rückwirkung bedarf aber immer einer **wirtschaftlichen Rechtfertigung**; ist die Rückbeziehung durch private Gründe veranlasst, darf sie nicht berücksichtigt werden (vgl. *BFH* BStBl. 1973 II 287).

3. Familien- und erbrechtliche Rückwirkungen

a) Erbrechtlicher Zugewinnausgleich gem. § 5 I ErbStG

243 Aufgrund der Vertragsfreiheit bei eherechtlichen Vereinbarungen kann gem. § 1408 BGB zivilrechtlich wirksam ein Zugewinnausgleich auch rückwirkend für einen Zeitpunkt vereinbart werden, zu dem keine Zugewinngemeinschaft bestand. Gem. § 5 I 4 ErbStG gilt als Zeitpunkt des Eintritts des gesetzlichen Güterstands der Zugewinngemeinschaft der Tag des notariellen Vertragsabschlusses, so dass bei einem erbrechtlichen Zugewinnausgleich ein von den Ehegatten vereinbarter früherer Zeitpunkt für die erbschaftsteuerliche Beurteilung gem. § 5 I ErbStG des Zugewinnausgleiches keine Beachtung findet.

b) Güterrechtlicher Zugewinnausgleich

244 Im Fall des **güterrechtlichen** Zugewinnausgleichs findet die vorstehende Beschränkung keine Anwendung (vgl. Fischer/Jüptner/Pahlke/Wachter/*Götz* ErbStG § 5 Rn. 60). Auch bisher in Gütertrennung lebende Ehegatten können **rückwirkend** Zugewinngemeinschaft z. B. zum Tag der Eheschließung, vereinbaren, so dass bei einem späteren güterrechtlichen Zugewinnausgleich durch Aufhebung der Zugewinngemeinschaft der gesamte während der Ehe erzielte Zugewinn an der Schenkungsteuerbefreiung des § 5 II ErbStG teilnimmt

D. Rechtsnatur des Steueranspruchs

(vgl. *FG Düsseldorf* EFG 2006, 1447 unter Berufung auf ein obiter dictum des *BFH* BStBl. 2005 II 843; zu der dadurch eintretenden „escape"-Wirkung vgl. *Götz* DStR 2001, 417; *Geck* DNotZ 2007, 279; *Spiegelberger,* Vermögensnachfolge, § 16 Rn. 28). Die in den Erbschaftsteuerrichtlinien 2003 (BStBl. 2003 I 2 R 12 II 3) angeordnete Gleichbehandlung des § 5 I mit II ErbStG hat keine gesetzliche Grundlage (vgl. *Jebens* DStZ 2009, 522).

c) Erbrechtliche Rückwirkung

Seit der Entscheidung des Großen Senats des *BFH* (BStBl. 1990 II 837) sieht das Steuerrecht im Erbanfall und in der Erbauseinandersetzung zwei völlig getrennte Rechtsvorgänge, so dass die Einheitstheorie aufgegeben wurde. Wendet der Erblasser einem Miterben seinen Betrieb zu, so wird dieses Vermächtnis oder diese Teilungsanordnung erst der steuerrechtlichen Behandlung zugrunde gelegt, wenn eine Erfüllungshandlung stattgefunden hat. Ausnahmsweise erkennt die Finanzverwaltung eine rückwirkende Erbauseinandersetzung zum Zeitpunkt des Erbanfalls an, wenn die Erfüllungshandlungen innerhalb von sechs Monaten nach dem Erbfall stattfinden (vgl. BMF-Schreiben Erbauseinandersetzung BStBl. 2006 I 253 Rn. 7–9).

245

4. Rückwirkungsverbot bei Gesellschaftsverträgen

a) Keine rückwirkende Gewinnverteilungsänderung

Wird der Gewinn- und Verlustverteilungsschlüssel einer KG während des Wirtschaftsjahres mit Rückbeziehung auf den Beginn des Wirtschaftsjahres geändert, so ist die **Rückbeziehung** für die einkommensteuerrechtliche Gewinn- und Verlustzurechnung **ohne Bedeutung** (vgl. *BFH* BStBl. 1984 II 53). Beim Eintritt eines Gesellschafters in eine Gesellschaft im Lauf eines Wirtschaftsjahres empfiehlt sich die Bildung eines **Rumpfwirtschaftsjahres** mit Erstellung einer Zwischenbilanz oder die **anteilige** – pro rata temporis bemessene – **Gewinnbeteiligung** des Eintretenden (vgl. *BFH* BStBl. 1980 II 66).

246

b) Nachzahlungsverbot

Das Nachzahlungsverbot im **Körperschaftsteuerrecht** besagt, dass einem **beherrschenden Gesellschafter-Geschäftsführer** selbst dann rückwirkend keine Vergütungen gewährt werden dürfen, wenn dies branchenüblich ist oder wenn auch fremde dritte Geschäftsführer eine derartige Zusage erhalten. Ein Verstoß gegen das Nachzahlungsverbot stellt eine **verdeckte Gewinnausschüttung** dar (vgl. *Tillmann/Mohr,* GmbH-Geschäftsführer, Rn. 242).

247

c) Anteilsverkauf

Die Ermittlung eines Veräußerungsgewinns nach § 8b II 1 KStG 2002 erfolgt stichtagsbezogen auf den Veräußerungszeitpunkt. Eine nachträgliche Wertveränderung der Kaufpreisforderung aus einem Anteilsverkauf wegen Uneinbringlichkeit wirkt deswegen gewinnmindernd auf den Veräußerungszeitpunkt zurück (vgl. *BFH* NJW 2011, 2751).

248

5. Steuerliche Rückwirkungsfiktionen

Literatur: *Hoffmann,* Die Rückwirkung als Steuergestaltungsinstrument, GmbH-Stb 2007, 257.

In verschiedenen Bestimmungen finden sich gesetzliche Rückwirkungsfiktionen.

249

a) Organschaft

Literatur: *Neumayer/Imschweiler,* Aktuelle Rechtsfragen zur Gestaltung und Durchführung von Gewinnabführungsverträgen, GmbHR 2011, 57.

Verpflichtet sich eine Kapitalgesellschaft i.S.d. § 14 I 1 KStG (Organgesellschaft) durch einen Gewinnabführungsvertrag i.S.d. § 291 I AktG ihren gesamten Gewinn an ein einziges, anderes gewerbliches Unternehmen abzuführen, so ist das Einkommen der Organgesellschaft mit Ausnahme von Ausgleichszahlungen dem Träger des Unter-

250

nehmens (Organträger) zuzurechnen, wenn die Organgesellschaft finanziell in den Organträger eingefügt ist; das Erfordernis der wirtschaftlichen und organisatorischen Eingliederung ist entfallen. Von der körperschaftsteuerlichen und gewerbesteuerlichen Organschaft ist die umsatzsteuerliche Organschaft gem. § 2 II Nr. 2 UStG zu unterscheiden, die nach dem Gesamtbild der tatsächlichen Verhältnisse die finanzielle, wirtschaftliche und organisatorische Eingliederung erfordert.

251   Gem. § 14 I 2 KStG muss der Ergebnisabführungsvertrag, wonach eine Rückwirkung bis zum Anfang des Wirtschaftsjahres, in dem der Vertrag abgeschlossen wird, zulässig ist, im Handelsregister eingetragen sein; die Antragstellung beim Registergericht ist nicht ausreichend (vgl. Gosch/Schwedhelm/Spiegelberger/*Schiffers*, GmbH-Beratung, O 7).

b) Umwandlungen nach dem handelsrechtlichen Umwandlungsgesetz

252   **aa) Einbringung in eine Kapitalgesellschaft gem. § 20 UmwStG.** Wird ein Betrieb oder Teilbetrieb oder ein Mitunternehmeranteil in eine Kapitalgesellschaft eingebracht, kann gem. § 20 VI UmwStG ein Bilanzstichtag gewählt werden, der längstens **acht Monate vor** dem Tag der **Anmeldung zum Handelsregister** liegt, wobei zu beachten ist, dass ein **Geschäftsführervertrag**, der zum Zeitpunkt der Einbringung des Betriebes abgeschlossen wird, **nicht rückwirkend** zum Bilanzstichtag wirksam wird, also steuerlich nur mit Wirkung ex nunc geschlossen werden kann (vgl. *BMF* BStBl. 1978 I 235 Tz. 1).

253   **bb) Einbringung von Betriebsvermögen in eine Personengesellschaft.** Wird ein Betrieb oder Teilbetrieb oder Mitunternehmeranteil in eine Personengesellschaft eingebracht, kann gem. § 24 IV UmwStG, der auf § 20 VI UmwStG verweist, bei der Einbringung von Betriebsvermögen ein acht Monate zurückliegender Bilanzstichtag gewählt werden, jedoch nur für Fälle der **Gesamtrechtsnachfolge**.

V. Gesetzliche Änderungstatbestände

1. Berichtigungsvorschriften der Abgabenordnung

254   §§ 172 AO ff. enthalten Vorschriften, wonach bestandskräftige Steuerbescheide aufgehoben und geändert werden können. Von besonderer Bedeutung sind:

a) Änderung wegen neuer Tatsachen oder Beweismittel

255   Nach § 173 I Nr. 2 AO sind Steuerbescheide aufzuheben oder zu ändern, wenn Tatsachen oder Beweismittel nachträglich bekannt werden, die zu einer niedrigeren Steuer führen und den Steuerpflichtigen kein grobes Verschulden daran trifft, dass die Tatsachen oder Beweismittel erst nachträglich bekannt werden;

b) Rückwirkende Ereignisse

256   Gem. § 175 I Nr. 2 AO können Steuerbescheide aufgehoben oder geändert werden, soweit ein Ereignis eintritt, das steuerliche Wirkung für die Vergangenheit hat (rückwirkendes Ereignis).

257   Wenn der **Kaufpreis** für einen Betrieb aufgrund von Einwendungen des Käufers gegen die Rechtswirksamkeit des Kaufvertrages nachträglich **herabgesetzt** wird, so ist der bereits ergangene Einkommensteuerbescheid gemäß § 175 I Nr. 2 AO zu berichtigen (vgl. *BFH* BStBl. 1989 II 41); dasselbe gilt bei der Rückgängigmachung eines Kaufvertrages über eine wesentliche Beteiligung i. S. d. § 17 EStG (vgl. *BFH* DStR 2003, 2162).

2. Aufschiebende und auflösende Bedingungen gem. §§ 4 bis 7 BewG

258   Der **bedingte Erwerb** und **bedingte Lasten** werden bewertungsrechtlich – und damit z. B. auch schenkung- und erbschaftsteuerlich –, nicht aber **einkommensteuerlich(!)** erst berücksichtigt, wenn die **aufschiebende** Bedingung eingetreten ist. Der Eintritt **auflösender** Bedingungen führt zu einer entsprechenden Berichtigung. Bei einer Befristung auf einen unbestimmten Zeitpunkt gilt gem. § 8 BewG dasselbe.

D. Rechtsnatur des Steueranspruchs

3. Aufhebung oder Änderung der Steuerfestsetzung gem. § 16 GrEStG

Beispiel: Ehemann E erwirbt von der Bauträgerfirma X eine Eigentumswohnung. Da die Bank den Kaufvertrag nur finanzieren will, wenn auch die Ehefrau die persönliche Haftung übernimmt, vereinbart E mit X die Aufhebung des Kaufvertrages und den erneuten Abschluss eines Kaufvertrages unter Beteiligung seiner Ehefrau F. Das Finanzamt erkennt die Vertragsaufhebung nicht an und erhebt für beide Kaufverträge Grunderwerbsteuer.

> **Praxishinweis:**
>
> Ohne unwirksame Aufhebung und ohne Neuabschluss eines Kaufvertrages hätte E einen Hälftemiteigentumsanteil steuerfrei gem. § 3 Nr. 4 GrEStG auf die Ehefrau übertragen können.

Gem. § 16 GrEStG wird die Grunderwerbsteuer nicht erhoben oder erstattet, wenn der Erwerbsvorgang unter den dort genannten Voraussetzungen aufgehoben wird; dabei wird die **Rückgängigmachung** eines Erwerbsvorganges grunderwerbsteuerlich nur anerkannt, wenn die vertraglichen Pflichten und Wirkungen aufgehoben werden und der Erwerbsvorgang auch wirtschaftlich rückgängig gemacht wird (vgl. *OFD Nürnberg* DB 1991, 1419; *Viskorf* DStR 1988, 206). 259

Wenn der Aufhebungs- und Weiterveräußerungsvertrag unmittelbar nacheinander beurkundet werden, wurde der erste Grundstückserwerb nicht aufgehoben (vgl. *BFH* GmbHR 2008, 221). 260

Sofern ein Kaufvertrag gem. § 16 GrEStG aufgehoben wird und der Veräußerer das wiedererlangte Grundstück sofort an einen Dritten veräußert, tritt Grunderwerbsteuerfreiheit gem. § 16 GrEStG nur ein, wenn der Verkäufer die **ursprüngliche Rechtsstellung wiedererlangt** (vgl. *BFH* MittBayNot 1977, 83; *OFD Nürnberg* DB 1991, 1419). Missbräuchlich ist z. B. die Aufhebung eines Kaufvertrages, den eine GmbH als Käuferin abgeschlossen hat, wenn anschließend das Grundstück durch die Gesellschafter der GmbH von dem ursprünglichen Grundstückseigentümer erworben wird. Bei **Vertragsübernahme** oder **Vertragsbeitritt** liegt keine Vertragsaufhebung vor (vgl. *BayFinMin* MittBayNot 1995, 415). Bei einer „unechten" Rückgängigmachung sind Steuerbefreiungen, die im Verhältnis des Ersterwerbers zum Zweiterwerber begründet sind, nicht anzuwenden (vgl. *BFH* BStBl. 1988 II 547; DNotI-Report 22/1994, 2). 261

4. Änderung der umsatzsteuerlichen Bemessungsgrundlage gem. § 17 UStG

Gem. § 17 UStG ist die Umsatzsteuer zu berichtigen, wenn sich die **Bemessungsgrundlage ändert**. Hat der Steuerpflichtige eine Leistung, die er außerhalb seines Unternehmens erbracht hat, als steuerpflichtigen Umsatz behandelt, indem er sie dem Leistungsempfänger mit gesondertem Ausweis der Umsatzsteuer in Rechnung gestellt hat, und hat er die Steuer erklärungsgemäß an das Finanzamt abgeführt, so verlangt der Grundsatz der Neutralität der Mehrwertsteuer, dass die zu Unrecht in Rechnung gestellte **Mehrwertsteuer berichtigt wird**, wenn der Vorsteuerabzug beim Leistungsempfänger rückgängig gemacht worden ist und der entsprechende Betrag an den Fiskus tatsächlich zurückgezahlt worden ist (vgl. *BFH* BStBl. 2004 II 343). Die Berichtigung der Steuer kann im **Billigkeitsverfahren** gem. § 227 AO erfolgen (vgl. *BFH* DB 2002, 566). 262

5. Erlöschen der Erbschaftsteuer gem. § 29 ErbStG

Gem. § 29 I ErbStG erlischt die Schenkungsteuer mit **Wirkung** für die Vergangenheit, soweit 263
1. ein Geschenk wegen eines Rückforderungsrechts herausgegeben werden musste,
2. bei Verarmung des Schenkers der Beschenkte gem. § 528 I 2 BGB die Herausgabe durch Zahlung des für den Unterhalt erforderlichen Betrags abwendet,

3. in den Fällen des § 5 II ErbStG unentgeltliche Zuwendungen auf die Ausgleichsforderung gem. § 1380 I BGB angerechnet worden sind; Entsprechendes gilt für § 5 I ErbStG,
4. unentgeltlich erworbene Vermögensgegenstände innerhalb von vierundzwanzig Monaten nach dem Zeitpunkt der Entstehung der Steuer in eine gemeinnützige Stiftung eingebracht werden.

VI. Irrtumsanfechtung

Literatur: *Piltz*, Zum Irrtum über Steuerfolgen, FS Wolfgang Spindler, 2011, S. 693.

264 Wer bei der Abgabe einer Willenserklärung über deren Inhalt im Irrtum war oder eine Erklärung dieses Inhalts überhaupt nicht abgeben wollte, kann gem. § 119 I BGB die Erklärung anfechten, wenn anzunehmen ist, dass er sie bei Kenntnis der Sachlage und bei verständiger Würdigung des Falles nicht abgegeben haben würde. Da der Irrtum über Steuerfolgen nach h.M. bei Verträgen unter fremden Dritten einen unbeachtlichen Motivirrtum darstellt, ist die Irrtumsanfechtung nur in gesondert gelagerten Fällen von Erfolg. Die Steuerrechtsprechung ist selbst bei Rechtsgeschäften unter nahestehenden Personen, bei denen die Rechtssicherheit nicht an erster Rangstelle steht, sehr zurückhaltend. Nach Auffassung des *BFH* (BStBl. 1990 II 368) kann die Schenkung eines betrieblichen Wirtschaftsguts nicht wegen Erklärungsirrtums (§ 119 I BGB) angefochten werden, wenn die Vertragsparteien die Schenkung als Vertragstyp mit ihren wesentlichen Rechtsfolgen gewollt und wie gewollt vereinbart haben. Nach § 119 II BGB gilt als Irrtum über den Inhalt der Erklärung auch der Irrtum über solche Eigenschaften der Person oder der Sache, die im Verkehr als wesentlich angesehen werden. *Hiltz* (FS Spindler, S. 693, 696) weist zu Recht darauf hin, dass z.B. die einkommensteuerliche Verstrickung eines Wirtschaftsguts als Betriebsvermögen eine verkehrswesentliche Eigenschaft i.S.d. § 119 II BGB darstellen kann. Zudem kann der **gemeinsame** Irrtum über Steuerfolgen **Geschäftsgrundlage** eines Rechtsgeschäftes sein, so dass jedenfalls eine Anpassungsmöglichkeit gem. § 313 BGB geprüft werden muss.

1. Rechtsirrtum

265 Der *BFH* (BStBl. 2001 II 454) sah in einer unentgeltlichen Übertragung, die in dem irrigen Glauben ausgeführt wurde, zur Übertragung verpflichtet zu sein, einen auch **steuerlich beachtlichen Irrtum**. Das *FG Köln* (EFG 1998, 552) hat eine nach sieben Jahren erfolgte Richtigstellung, wonach anstelle der irrtümlich geltend gemachten AfA nach § 7b EStG eine Abschreibung gem. § 7 V EStG beantragt wurde, als rückwirkend anzuerkennenden Erklärungsirrtum angesehen.

266 Die Unkenntnis über eine steuerrechtliche Norm stellt keinen beachtlichen Irrtum dar. Wer ein Grundstück im Jahr 1998 (auch teilentgeltlich) erwarb und im Jahr 2005 veräußerte, konnte den Vertrag im Hinblick auf die Verlängerung der sog. Spekulationsfrist des § 23 I 1 Nr. 1 EStG auf zehn Jahre durch das Steuerentlastungsgesetz 1999/2000/2002 weder wegen eines Irrtums über eine wesentliche Eigenschaft des Grundstücks anfechten noch nach den Grundsätzen über den Wegfall der Geschäftsgrundlage rückabwickeln (vgl. FG Hamburg EFG 2009, 1382). Dem entschiedenen Fall lag eine teilentgeltliche Grundstücksübertragung unter Ehegatten zugrunde, die der veräußernde Ehegatte rückwirkend angefochten hatte. Er sei aufgrund objektiv falscher Zusagen eines Rechtsanwalts einem Rechtsfolgeirrtum des Inhalts erlegen, dass das 1998 erworbene Grundstück nach Ablauf von zwei Jahren steuerfrei veräußern zu können. Da im Streitfall zum Zeitpunkt der Gesetzesänderung die alte, zweijährige Spekulationsfrist noch nicht abgelaufen war, lag auch keine verfassungswidrige rückwirkende Gesetzesänderung vor (vgl. *BFH* BStBl. 2004 II 284).

2. Entnahmen

Entnahmen sind gem. § 4 I 2 EStG alle Wirtschaftsgüter (Barentnahmen, Waren, Erzeugnisse, Nutzungen und Leistungen), die der Steuerpflichtige dem Betrieb für sich, für seinen Haushalt oder für andere betriebsfremde Zwecke im Laufe des Wirtschaftsjahres entnommen hat. Das Bewusstsein der Aufdeckung stiller Reserven ist nicht erforderlich (vgl. BFH/NV 2005, 126). Während *BFH* BStBl. 1983 II 737 es ausdrücklich offen gelassen hat, ob die Entnahme eines Grundstückes durch Anfechtung des Schenkungsvertrages und der Auflassung wegen Irrtums über die steuerlichen Folgen rückgängig gemacht werden könne, kann nach *BFH* KÖSDI 1990, 7909 die **Entnahmewirkung** durch Anfechtung und Rückabwicklung wegen Erklärungsirrtums **nicht rückwirkend beseitigt** werden.

267

VII. Fehlen und Wegfall der Geschäftsgrundlage

Literatur: *Loyal*, Vertragsaufhebung wegen Störung der Geschäftsgrundlage, NJW 2013, 417; *Wachter*, Störungen der Geschäftsgrundlage im Schenkungsteuerrecht, ZEV 2002, 176.

> **Beispiel:** Ein Notariatsbürovorsteher erteilt den Beteiligten vor der Beurkundung eine unrichtige Erbschaftsteuerauskunft. Können die Beteiligten den Vertrag aufheben ohne eine erneute Schenkungsteuerpflicht auszulösen?

1. Zivilrecht

Grundlage eines Vertrags sind nur die nicht zum eigentlichen Vertragsinhalt gewordenen, bei Vertragsschluss aber zutage getretenen gemeinsamen Vorstellungen beider Vertragsparteien oder die der einen Partei erkennbaren und von ihr nicht beanstandeten Vorstellungen der anderen Partei von dem Vorhandensein oder dem Eintritt bestimmter Umstände, auf denen der Geschäftswille der Parteien aufbaut (vgl. Palandt/*Grüneberg* § 313 Rn. 3).

268

Haben sich die Umstände, die zur Grundlage des Vertrags geworden sind, nach Vertragsschluss schwerwiegend geändert und hätten die Parteien den Vertrag nicht oder mit anderem Inhalt geschlossen, wenn sie diese Veränderung vorausgesehen hätten, kann gem. **§ 313 BGB** eine **Anpassung des Vertrags** verlangt werden, soweit einem Teil unter Berücksichtigung aller Umstände des Einzelfalles, insbesondere der vertraglichen oder gesetzlichen Risikoverteilung, das Festhalten am unveränderten Vertrag nicht zugemutet werden kann.

269

2. Steuerrechtliche Anspruchsgrundlage

Wegen der Irreversibilität eines entstandenen Steueranspruches berührt die Vertragsaufhebung grundsätzlich nicht den Steueranspruch, so dass der Grund der Vertragsaufhebung in dem Vertrag selbst angelegt sein muss (vgl. *BFH* BStBl. 2004 II 107). Wurde der Vertrag zivilrechtlich unter einer auflösenden Bedingung geschlossen, entfällt mit dem Eintritt der Bedingung grundsätzlich auch der Steueranspruch. Wird der Verkauf eines Anteils an einer Kapitalgesellschaft (wesentliche Beteiligung i. S. v. § 17 EStG) nach Übertragung des Anteils und vollständiger Bezahlung des Kaufpreises durch den Abschluss eines außergerichtlichen Vergleiches, mit dem die Vertragsparteien den Rechtsstreit über den Eintritt einer im Kaufvertrag **vereinbarten auflösenden Bedingung** beilegen, rückgängig gemacht, so ist dies ein Ereignis mit steuerlicher Rückwirkung auf den Zeitpunkt der Veräußerung (vgl. *BFH* BStBl. 2004 II 107).

270

Das gleiche gilt, wenn die Vertragsteile eine **Steuerklausel** im engeren Sinne vereinbaren, die den Vertrag bei einer bestimmten steuerrechtlichen Einordnung von vorne herein entfallen lässt (vgl. *BFH* BStBl. 1993 II 296). Ist der Steuerbescheid bereits unanfechtbar,

271

stellt die Vertragsaufhebung ein rückwirkendes Ereignis gem. § 175 I Nr. 2 AO dar, das eine Rechtsgrundlage für die Aufhebung des Steuerbescheides darstellt. Wenn verfahrensrechtlich die Veranlagung noch offen ist, bedarf es der verfahrensrechtlichen Grundlage des § 175 I 1 Nr. 2 AO nicht (vgl. *BFH* BStBl. 2010 II 539 Tz. 19).

272   Die steuerlichen Folgen eines Rechtsgeschäfts gehören dann zur Geschäftsgrundlage, wenn die Maßgeblichkeit bestimmter steuerlicher Umstände für den Inhalt des Rechtsgeschäfts eindeutig erkennbar ist (vgl. *Kapp* BB 1979, 1208). Die obergerichtliche Rechtsprechung hat in folgenden Fällen den Wegfall der Geschäftsgrundlage als rückwirkendes Ereignis i. S. d. § 175 I 1 Nr. 2 AO anerkannt.

a) Schenkungsteuer

273   Die vom Schenker übernommene Schenkungsteuer für eine Grundstückszuwendung kann auch dann gem. § 29 I Nr. 1 ErbStG rückwirkend erlöschen, wenn das Grundstück wegen eines Irrtums über die Höhe der Steuerlast zurückübertragen wird (vgl. *FG Rheinland-Pfalz* DStRE 2001, 765). In dem entschiedenen Fall erfolgte eine Schenkung aufgrund einer **unrichtigen Steuerauskunft** des Bürovorstehers eines Notariats. Wegen Wegfalls der Geschäftsgrundlage haben die Beteiligten die Rückabwicklung durchgeführt. Ein Rückforderungsrecht i. S. d. § 29 I Nr. 1 ErbStG kann auch durch das Fehlen oder den Wegfall der Geschäftsgrundlage eines Schenkungsversprechens entstehen. Zur Geschäftsgrundlage eines solchen einseitig verpflichtenden Vertrages können auch die Vorstellungen der Zuwendungsbeteiligten über die steuerlichen Folgen des Vermögenstransfers gehören (vgl. *BFH* BStBl. 1973 II 14; 1978 II 217).

274   Der *BFH* (BFH/NV 2010, 896) vertritt eine engere Auffassung. Da der Notar gesprächsweise darauf verwiesen habe, dass allenfalls eine geringe Erbschaftsteuer anfallen werde und zudem der Notar in die Urkunde den Hinweis aufgenommen habe, dass von den Vertragsbeteiligten eine steuerliche oder steuerrechtliche Beratung nicht verlangt und auch von diesem nicht vorgenommen wurde, sieht der Bundesfinanzhof die von den Beteiligten als unerwartet hoch angefallene Schenkungsteuer in Höhe von 81.884 EUR nicht als Geschäftsgrundlage eines Schenkungsvertrages an. Die Entscheidung stellt einen Rückfall in die längst überholte Rechtsprechung des Reichsgerichts (*RG* JW 1935, 1483) dar und verkennt die Funktion des Notars. Da dieser zu einer steuerrechtlichen Beratung nicht verpflichtet ist, konnte er diese ablehnen. Daraus kann nicht geschlossen werden, dass den Beteiligten die steuerlichen Folgen egal waren. Die Äußerung des Notars, dass allenfalls eine „geringe" Schenkungsteuer anfallen werde, bestätigt den Vortrag der Beteiligten, dass sie mit einer Schenkungsteuer in Höhe von 81.884 EUR zu keinem Zeitpunkt gerechnet haben.

275   Zu weiteren Fällen der Rückgängigmachung von Schenkungen wegen Störung der Geschäftsgrundlage vgl. *Fuhrmann* ErbStB 2003, 17.

> Praxishinweis:
>
> Wenn die Beteiligten den Vollzug der Grundstücksschenkung erst vornehmen, wenn der Schenkungsteuerbescheid ergangen ist, kann die Schenkungsurkunde noch beliebig geändert werden, da nach der Rechtsprechung des Bundesfinanzhofs (*BFH* ZEV 2002, 518) die Grundstücksschenkung erst ausgeführt ist, wenn die Eigentumsumschreibung im Grundbuch erfolgt ist (vgl. oben Rn. 223).

276   Um der Gefahr vorzubeugen, dass ein Widerruf einer Schenkung wegen Fehlens der Geschäftsgrundlage als erneute Schenkung von der Finanzverwaltung beurteilt wird, empfiehlt *Wachter* (ZEV 2002, 176, 179) folgenden **Widerrufsvorbehalt**:

E. Gestaltungsmissbrauch   E

| Formulierungsbeispiel: Vorsorglicher Widerrufsvorbehalt | 277 |

Der Veräußerer (= Erwerber der ursprünglichen Zuwendung) ist berechtigt, den Vertragsgegenstand vom Erwerber (= Veräußerer der ursprünglichen Zuwendung) jederzeit zurückzuverlangen, wenn das zuständige Finanzamt entgegen den übereinstimmenden Vorstellungen beider Vertragsparteien davon ausgehen sollte, dass die heutige Rückübertragung nicht in Erfüllung eines gesetzlichen Rückforderungsanspruches aufgrund einer Störung der Geschäftsgrundlage der ursprünglichen Zuwendung (§ 313 BGB i. V. m. § 29 I 1 ErbStG) erfolgt.

b) Einkommensteuer

Sofern die Vertragsparteien nach Ablauf von sechs Jahren einen Kaufvertrag über 278 GmbH-Anteile zu notarieller Urkunde aufheben, sieht der *BFH* (BStBl. 2010 II 539) darin einen beachtlichen Wegfall der Geschäftsgrundlage, wenn der Kaufvertrag einen Anknüpfungspunkt für die spätere Vertragsänderung enthält. Auch wenn die Vertragsteile einen Vertrag unterschiedlich auslegen oder die Wirksamkeit bestreiten und sich dann in Verhandlungen auf eine Vertragsaufhebung verständigen und einen Vergleich schließen, wirkt nach Auffassung des Bundesfinanzhofs dies auf den früheren Veranlagungszeitraum zurück. Wird der Verkauf eines Anteils an einer Kapitalgesellschaft durch die Parteien des Kaufvertrages wegen Wegfalls der Geschäftsgrundlage tatsächlich und vollständig rückgängig gemacht, kann dieses Ereignis steuerlich auf den Zeitpunkt der Veräußerung zurückwirken (Schweinemastfall).

Praxishinweis:

Steuerliche Unwägbarkeiten sollten in den Vertragstext aufgenommen werden (vgl. *Kuhsel* StB 2000, 4).

3. Steuerschädliche Hinweise in Notarurkunden

Hiltz (FS Spindler, S. 693, 698) beklagt den in vielen Notarverträgen routinemäßig 279 eingefügten Satz „Der Notar hat nicht über Steuerfolgen belehrt", da BFH/NV 2010, 896 den von dem Notar in die Urkunde aufgenommenen Haftungsausschluss als Erklärung der Beteiligten bewertete, dass die Frage des Entstehens bzw. der Höhe der Steuer erkennbar nicht zur Grundlage des Vertrages gemacht worden sei. M. E. sollten Haftungshinweise und Haftungsausschlüsse des beurkundenden Notars in von der Urkunde getrennten Schriftstücken erfolgen, um der Finanzverwaltung und -rechtsprechung keine Handhabe zu bieten, negative Interpretationen zu Lasten der Beteiligten der Urkunde zu treffen.

E. Gestaltungsmissbrauch

I. Tatbestandsmerkmale

Literatur: BMF-Schreiben Änderung des Anwendungserlasses zur Abgabenordnung (AEAO), BStBl. 2008 I 694; Deutsche Steuerjuristische Gesellschaft/*Hüttemann*, Gestaltungsfreiheit und Gestaltungsmissbrauch im Steuerrecht, 2010; *Dörr/Fehling*, Änderung des § 42 AO, NWB Fach 2 S. 9671 (Stand Januar 2008); *Günther*, Gestaltungsmissbrauch im Einkommensteuerrecht: Chancen-Risiken-Abgrenzungskriterien, GStB 2012, 369; *Heintzen*, Die Neufassung des § 42 AO und ihre Bedeutung für grenzüberschreitende Gestaltungen, FR 2009, 599; *Horlemann*, § 4 IV a EStG – Bekämpfung rechtsmissbräuchlicher Gestaltung?, DStR 2010, 726; *Wienbracke*, Von § 5 RAO 1919 zu § 42 AO i. d. F. des JStG 2008, DB-online, DB 0286756.

280 Die Sentenz von *Ovid* „dat census honores" (es ist ehrenhaft, Steuern zu zahlen) kann nicht mehr als Allgemeingut gelten (vgl. *Durst* KÖSDI 2002, 13 519). Maxime des heutigen Wirtschaftslebens ist es, Steuern zu sparen. Der Steuerpflichtige ist sogar berechtigt, seine Freiheit über sein Einkommen und sein Vermögen mit dem Willen gegen die Steuer auszuüben (vgl. *Kirchhoff* StuW 1983, 173). Das Motiv, Steuern zu sparen, ist legitim und macht eine Gestaltung noch nicht unangemessen (vgl. *BFH* DStR 2001, 1885).

281 Durch Missbrauch von Gestaltungsmöglichkeiten des Rechts kann jedoch die Besteuerung nicht umgangen werden. Liegt ein **Missbrauch** vor, wird der Steueranspruch gem. § 42 AO so begründet, wie er bei einer den wirtschaftlichen Vorgängen angemessenen rechtlichen Gestaltung entstanden wäre. Ein Gestaltungsmissbrauch liegt gem. § 42 II 2 AO nicht vor, wenn der Steuerpflichtige für die gewählte Gestaltung außersteuerliche Gründe nachweist, die nach dem Gesamtbild der Verhältnisse beachtlich sind.

282 § 42 AO wurde neu gefasst, um eine präzise und effektive Regelung zur Vermeidung des Missbrauchs im Interesse der Gleichmäßigkeit, aber auch der Rechtssicherheit der Besteuerung zu erreichen. Die Neufassung beinhaltet keine wesentlichen Änderungen gegenüber der bisherigen Praxis. Um Steuerumgehungen von vorne herein auszuschließen, hat der Gesetzgeber in den vergangenen Jahren Vorschriften erlassen, die den Umgehungssachverhalt steuerlich erfassen, ohne dass noch eine Missbrauchsgestaltung nachgewiesen werden müsste.

283 Hierzu zählen insbesondere die Einführung zahlreicher Fünf-Jahresfristen im Ertragsteuer- und Grunderwerbsteuerrecht sowie die Zinsschranke gem. § 4h EStG und § 8a KStG.

284 Die Missbrauchsverhinderungsregelungen in den Einzelgesetzen gehen der allgemeinen Regelung des § 42 AO vor (vgl. *Günther* GStB 2012, 369).

1. Rechtsmissbrauch

Literatur: *Plewka,* Die Entwicklung des Steuerrechts, NJW 2011, 2562.

285 Rechtsmissbrauch liegt vor, wenn eine Gestaltung gewählt wird, die, gemessen an dem erstrebten Ziel, unangemessen ist, und wenn hierdurch ein steuerlicher Erfolg erstrebt wird, der bei sinnvoller, Zweck und Ziel der Rechtsordnung berücksichtigender Auslegung vom Gesetz missbilligt wird (vgl. *BFH* BStBl. 1976 II 513; 1977 II 261). Die Unangemessenheit einer Rechtsgestaltung ist insbesondere dann anzunehmen, wenn diese keinem wirtschaftlichen Zweck dient. Missbrauchsverdächtig sind insbesondere **wechselseitige Rechtsgeschäfte,** mit denen die Vertragsteile jeweils gleiche Leistungen austauschen, deren wirtschaftliche Ergebnisse sich gegenseitig aufheben (vgl. *BFH* BStBl. 2002 II 126).

286 Die **Anteilsrotation** stellt jedoch keinen Missbrauch gem. § 42 AO dar (vgl. *BFH* GmbH-StB 2011, 101 und unten Rn. 292). Der Tauschvertrag ist eine Erscheinung des täglichen Lebens und darf nicht von vorne herein als missbrauchsverdächtig beurteilt werden.

2. Umgehung des Steuergesetzes

Literatur: *Fischer,* Die Umgehung des Steuergesetzes, DB 1996, 644; *ders.,* § 42 Abs. 1 AO i. d. F. des Entwurfs eines JStG 2008 – ein rechtskultureller Standortnachteil, FR 2007, 857.

a) Missbrauchsverdikt

287 Nach *Fischer* (DStR 1996, 649) hat die Frage nach dem „umgangenen" Steuergesetz unbedingte rechtliche Priorität. Sucht der Steuerpflichtige der Verwirklichung gesetzlicher Tatbestandsmerkmale dadurch auszuweichen, dass er diese pro forma auf ein anderes Rechtssubjekt auslagert, so ist ein solcher Umweg im Verhältnis zum Belastungs-

grund unangemessen. Die Bewertung als Missbrauch erhält ihre rechtliche Begründung aus dem gesetzlichen Tatbestand. Da Steuergestaltung nicht von vorne herein einen Missbrauch darstellt und Steuern sparen legitim ist, kann nur der Missbrauchsvorwurf, also eine nach den wirtschaftlichen Verhältnissen unangemessene Gestaltung ohne außersteuerliche Gründe beanstandet werden. Ist die gewählte Gestaltung typisch und vom Gesetzgeber in gewollter Weise z. B. nach §§ 7 ff. AStG (**ausländische Zwischengesellschaften**) zu besteuern, so hebt die vom Gesetzgeber mit den Vorschriften verfolgte Regelungsabsicht das Missbrauchsverdikt auf (vgl. BFH BStBl. 1992 II 1029, 1031 zur Zwischenschaltung von Kapitalgesellschaften im Ausland).

b) Umgehungsabsicht

Während der I. Senat des *BFH* (BStBl. 1992 II 532) annimmt, dass der Missbrauch **288** i. S. d. § 42 AO eine zweckgerichtete Handlung zur Umgehung eines Steuergesetzes erfordert, wobei ein Indizienbeweis verwendet werden kann, wenn eine bestimmte gewählte Gestaltung regelmäßig den Schluss auf eine bestimmte Umgehungsabsicht zulässt, meint der V. Senat des *BFH* (BStBl. 1989 II 396), dass eine Umgehungsabsicht nicht erforderlich sei. Durch subjektive Umstände, wie Rechtsunkenntnis oder Unerfahrenheit, könne die Anwendung der Vorschrift auf eine Gestaltung, deren objektive Umstände sie unangemessen erscheinen lassen, nicht vermieden werden. Das Problem ist theoretischer Natur, weil auch die Befürworter einer Umgehungsabsicht die Verwendung des Indizienbeweises zulassen, wonach die objektive Verwirklichung des Tatbestands des § 42 I 1 AO die Umgehungsabsicht indiziert (vgl. *Clausen* DB 2003, 1593).

II. Körperschaftsteuer

Literatur: *Rose/Glorius-Rose*, Bemerkungen zur aktuellen Missbrauchs-Rechtsprechung (§ 42 AO) des BFH, DB 2003, 409.

Rose/Glorius-Rose (DB 2003, 412), die die Missbrauchsrechtsprechung des *BFH* seit **289** 1991 analysiert haben, stellen eine Verminderung der Frequenz der Inanspruchnahme dieser Vorschrift fest. Darüber hinaus falle auf, dass von den einzelnen Fachsenaten § 42 AO unterschiedlich oft angewandt werde. Von den elf betrachteten Judikaten von Mitte 2000 bis Ende 2002 stammten mehr als die Hälfte, nämlich sechs, vom I. Senat des *BFH*, der nur in einem Fall § 42 AO bejaht habe. Auch bei den übrigen Senaten sei eine zurückhaltende Tendenz festzustellen.

Das Hauptventil bei Kapitalgesellschaften, unangemessene Rechtsgestaltungen abzufangen, ist das Rechtsinstitut der **verdeckten Gewinnausschüttung**, die immer dann in **290** Betracht kommt, wenn der Geschäftsführer nicht die Sorgfalt eines ordentlichen Geschäftsmannes gem. § 43 GmbHG erbringt. Vorrangig prüft der I. Senat des *BFH* somit immer, ob eine Gestaltung nicht bereits als verdeckte Gewinnausschüttung erfasst werden kann.

1. Zulässige Gestaltungen

Die Rechtsprechung des I. Senats des *BFH* ist sehr zurückhaltend und beschränkt das **291** Verdikt des § 42 AO auf ganz offensichtliche Missbrauchsgestaltungen, z. B. auf funktionslose Briefkasten-Gesellschaften (vgl. BStBl. 2002 II 819 und BFH/NV 2003, 289). Hingegen wurde die auf Dauer angelegte **Zwischenschaltung inländischer Kapitalgesellschaften** nicht als Missbrauch erachtet (vgl. BFH BStBl. 1998 II 90). Auch die **Verlagerung von Einkünften einer Schwestergesellschaft** auf die andere ist nicht deswegen ein Gestaltungsmissbrauch, weil sie ausschließlich oder überwiegend dem Ziel dient, Verlustvorträge zu neutralisieren (vgl. BFH/NV 2003, 205); allerdings ist hier vorab zu prüfen, ob nicht bereits eine verdeckte Gewinnausschüttung vorliegt. Ebenso ist die Einschaltung einer **ausländischen Finanzierungsgesellschaft** kein Gestaltungsmissbrauch, wenn die Finanzierungsgesellschaft eine eigene wirtschaftliche Tätigkeit ausübt (vgl. BFH/NV 2002, 1197). Selbst die Praktizierung des Schüttaus-Holzurück-Verfahrens bei **inkongruenten Gewinnausschüttungen** – um Verlustvorträge auszuschöpfen – ist nach dem *BFH* (BStBl. 2001 II 43) zulässig. Auch die Zusammenfassung unterschiedlicher Betriebe gewerblicher Art ist kein Gestaltungsmissbrauch (vgl. *BFH* DStR 2004, 2052). Liegt eine Personen-Obergesellschaft ihr **Wirtschaftsjahr** abweichend von den Wirtschaftsjahren der Untergesellschaften fest, so liegt hierin jedenfalls dann kein Missbrauch von Gestaltungsmöglichkeiten des Rechts, wenn dadurch die Entstehung eines Rumpfwirtschaftsjahres vermieden wird (*BFH* GmbHR 2007, 549).

2. Anteilsrotation

292   Nach der Rechtsprechung des I. Senats des *BFH* (BFH/NV 2001, 1636) ist eine Anteilsrotation zulässig, wonach eine GmbH sämtliche Anteile einer anderen GmbH von deren nicht wesentlich beteiligten Gesellschaftern erwirbt, sich die Gewinne der erworbenen GmbH voll ausschütten lässt, eine **ausschüttungsbedingte Teilwertabschreibung** auf die Beteiligung vornimmt und anschließend die GmbH liquidiert. Dagegen nimmt der IV. Senat des *BFH* (BStBl. 2003 II 854) zu Recht einen Missbrauch von Gestaltungsmöglichkeiten an, wenn die Besteuerung von Zuflüssen aus einer Kapitalgesellschaft als Einkünfte aus Kapitalvermögen im Ergebnis dadurch vermieden wird, dass

- zunächst das Entstehen einer wesentlichen Beteiligung dadurch verhindert wird, dass ein Aktionär (Vater) einen Teil der Aktien auf seine Kinder überträgt,
- die drei Hauptaktionäre der AG, nämlich der Vater und zwei Schwäger, über Jahre hinweg keine Dividendenausschüttungen beschließen und sich stattdessen die freien Mittel der Gesellschaft in Form von Darlehen zukommen lassen,
- die Aktien sodann an eine vom Vater beherrschte Personengesellschaft gegen Übernahme seiner Darlehensverpflichtung gegenüber der AG veräußert werden
- und die AG nach Veräußerung die Ausschüttung einer „**Superdividende**" in Höhe der den Gesellschaftern gewährten Darlehen beschließt, die bei der Erwerberin mit den übernommenen Darlehen verrechnet wird, zudem zur Wertlosigkeit der Aktien führt und es deshalb der Erwerberin ermöglicht, eine ausschüttungsbedingte Teilwertabschreibung vorzunehmen.

293   Der IX. Senat des *BFH* hat den Gestaltungsmissbrauch bei der Anteilsrotation bei Kapitalgesellschaften weiter eingeschränkt. Während das *FG Münster* (EFG 1992, 605) eine missbräuchliche Gestaltung angenommen hat, wenn die Gesellschafter einer GmbH die Liquidation der Gesellschaft nicht selbst durchführen, sondern die Gesellschaftsanteile an jemanden, der die Liquidation durchführt, veräußern, ausschließlich um die Besteuerung nach § 20 I EStG zu vermeiden, hat der *BFH* (GmbH-StB 2011, 101) die ringweise Anteilsveräußerung als nicht rechtsmissbräuchlich angesehen und entschieden:

> „Die verlustbringende Veräußerung eines Kapitalgesellschaftsanteils i. S. des § 17 Abs. 1 Satz 1 EStG an einen Mitgesellschafter ist nicht deshalb rechtsmissbräuchlich i. S. des § 42 AO, weil der Veräußerer in engem zeitlichen Zusammenhang von einem anderen Mitgesellschafter dessen in gleicher Höhe bestehenden Gesellschaftsanteil an derselben Gesellschaft erwirbt."

3. Missbräuchliche Zwischenschaltung einer GmbH

294   Selbst nach der Rechtsprechung des *BGH* (BGHZ 20, 13) ist die Rechtsform der juristischen Person im Zivilrecht unbeachtlich, wenn sie missbraucht wird. Zum treaty shopping vgl. *Carlé* KÖSDI 1999, 12 056.

295   Nach Auffassung von BFH/NV 1996, 776 kann die Zwischenschaltung einer Kapitalgesellschaft zur **Vermeidung** eines **gewerblichen Grundstückshandels** rechtsmissbräuchlich sein. Hingegen sieht der IV. Senat des *BFH* (BStBl. 2010 II 622) keine Missbrauchsgestaltung in der Zwischenschaltung einer GmbH, wenn die Gesellschaft nicht

E. Gestaltungsmissbrauch

funktionslos ist, sondern eine wesentliche wertschöpfende eigene Tätigkeit, z.B. durch Bebauung des erworbenen Grundstücks, ausübt.

Nach Auffassung des X. Senats des *BFH* (BStBl. 1998 II 667) liegt ein Gestaltungsmissbrauch vor, wenn ein Steuerpflichtiger mehrere Grundstücke in einem einzigen rechtsgeschäftlichen Vorgang an eine ihm **nahe stehende GmbH** veräußert, um einen gewerblichen Grundstückshandel in seiner Person zu vermeiden, und die GmbH anschließend die Grundstücke einzeln weiterverkauft. Die Entscheidung ist abzulehnen, wenn die zwischengeschaltete GmbH die sich aus dem Erwerbsvertrag ergebenden Rechtsfolgen auf sich nimmt. Der Vorgang wäre als **verdeckte Gewinnausschüttung** zu beurteilen, wenn der Geschäftsführer eine für die GmbH ungewöhnliche oder gar verlustreiche Gestaltung akzeptieren würde. 296

Ein Missbrauch von rechtlichen Gestaltungsmöglichkeiten gem. § 42 AO ist anzunehmen, wenn ein Handwerker mit einer von ihm beherrschten GmbH nicht nur einen „Werkvertrag" abschließt, wonach die GmbH insbesondere verpflichtet ist, die vom Handwerker in Auftrag gegebenen Reparaturarbeiten durchzuführen, sondern zusätzlich ausschließlich aus steuerlichen Gründen weitere Verträge, welche die mit dem Erstvertrag verbundenen **wirtschaftlichen Folgen** wieder aufheben und **in ihr Gegenteil** verkehren (vgl. *BFH* GmbHR 1989, 132). 297

4. GmbH-Mantelkauf

Der Kauf wertloser Anteile an einer GmbH, deren Betrieb seit Jahren eingestellt war und die kein die Fortführung eines Gewerbebetriebes ermöglichendes Vermögen mehr besaß, um den **Verlustvortrag** der GmbH aus den Vorjahren auszuschöpfen, wurde von der Rechtsprechung als rechtsmissbräuchlich angesehen (vgl. *BFH* BStBl. 1961 III 540). Nunmehr ist der Verlustabzug durch § 8c KStG eingeschränkt. 298

Bei Anteilsübertragungen innerhalb von fünf Jahren von mehr als 25% geht der Verlustabzug anteilig verloren, bei einer mehr als 50%-igen Übertragung insgesamt. 299

Der Verkauf aller Anteile an einer GmbH zwecks Vermeidung einer Versteuerung des **Liquidationserlöses** nach § 20 I Nr. 2 EStG ist rechtsmissbräuchlich i.S.v. § 42 AO, wenn die GmbH im Zeitpunkt der Veräußerung ihre geschäftliche Tätigkeit bereits eingestellt hat, ihr gesamtes Vermögen faktisch (durch darlehensweise Überlassung) an die Gesellschafter verteilt ist und der mit dem Erwerber der Anteile vereinbarte „Kaufpreis" durch Übernahme der Darlehensverbindlichkeiten der Gesellschaft gegenüber der GmbH zu entrichten ist (vgl. *BFH* MittRhNotK 1998, 433). 300

5. Gewinnverlagerung ins Ausland

Eine rechtsmissbräuchliche Zwischenschaltung von **Basisgesellschaften** im niedrig besteuernden Ausland ist anzunehmen, wenn für die Zwischenschaltung wirtschaftliche oder sonst beachtliche Gründe fehlen (vgl. *BFH* BStBl. 1981 II 339; 1993 II 84). 301

III. Einkommensteuer

Literatur: *Horlemann*, § 4 IV a EStG – Bekämpfung rechtsmissbräuchlicher Gestaltung?, DStR 2010, 726; *Ismer/Riemer*, Der zweigliedrige Liebhabereibegriff: Negative Totalgewinnprognose und fehlende Einkünfteerzielungsabsicht, FR 2011, 455.

1. Bauherrenmodell

Ein eindrucksvolles Beispiel für missbräuchliche Gestaltungen im Einkommensteuerbereich ergibt sich aus der Geschichte des **Bauherrenmodells**. Die Einkommensteuerrechtsprechung benötigte lange Zeit, um die als Bauherren bezeichneten zahlreichen Er- 302 werber von einzelnen Eigentumswohnungen durch die Entscheidung des *BFH* (BStBl. 1990 II 299) als gewöhnliche Käufer zu entlarven und einzelne Provisionen eines zwischengeschalteten gewerblichen Immobilienfonds als Anschaffungs- oder Herstellungskosten zu erfassen. Die angemessene Gestaltung für die einzelnen Investoren hätte in dem Abschluss eines notariell zu beurkundenden Bauträgerkaufvertrages – mit den Schutzbestimmungen der MaBV! – und in der Vereinbarung eines Gesamtkaufpreises bestanden (vgl. *BFH* BStBl. 2001 II 717 und BMF-Schreiben BStBl. 2003 I 546 Tz. 1).

2. Umqualifizierung von Anschaffungs- und Herstellungskosten als Werbungskosten oder Betriebsausgaben

303   Da Werbungskosten und Betriebsausgaben sofort in voller Höhe vom Einkommen abgezogen werden dürfen und sofort den betrieblichen Gewinn oder das zu versteuernde Einkommen mindern, während sich Anschaffungskosten nur in Höhe der jährlichen AfA steuermindernd auswirken, wird von jeher eine Verlagerung von Teilen der Anschaffungskosten in den Werbungskosten- und Betriebsausgabenbereich versucht.

a) Anschaffungsnaher Aufwand

304   Das Ringen um den **anschaffungsnahen Aufwand** bei den Einkünften aus Vermietung und Verpachtung hat zu der gesetzlichen Regelung in § 6 I a EStG geführt. Danach gehören zu den Herstellungskosten eines Gebäudes auch Aufwendungen für Instandsetzungs- und Modernisierungsmaßnahmen, die innerhalb von drei Jahren nach der Anschaffung des Gebäudes durchgeführt werden, wenn die Aufwendungen ohne die Umsatzsteuer 15% der Anschaffungskosten des Gebäudes übersteigen (**anschaffungsnahe Herstellungskosten**). Zu diesen Aufwendungen gehören nicht die Aufwendungen für Erweiterungen i. S. d. § 255 II 1 HGB sowie Aufwendungen für Erhaltungsarbeiten, die jährlich üblicherweise anfallen.

305   Auch **spätere Aufwendungen** können als anschaffungsnaher Aufwand beurteilt werden. Die Finanzverwaltung (BStBl. 2003 I 386) schließt sich der Rechtsprechung des IX. Senats des *BFH* an, der die Abgrenzung zwischen Werbungskosten und Herstellungsaufwand unmittelbar dem § 255 II HGB entnimmt. Danach sind Instandsetzungs- und Modernisierungsaufwendungen als Herstellungskosten zu beurteilen, wenn
– ein neues Wirtschaftsgut hergestellt wird z. B. durch Entkernung (vgl. *BFH* BStBl. 1991 II 60),
– eine Erweiterung vorliegt (vgl. *BFH* BStBl. 1992 II 73) oder
– über den ursprünglichen Zustand hinausgehende wesentliche Verbesserungen vorgenommen werden, so dass der Gebrauchswert des Hauses insgesamt deutlich erhöht wird (vgl. *BFH* DB 1995, 1841; Spiegelberger/Spindler/Wälzholz/*Spindler* Kap. 11 Rn. 8 ff.).

b) Beratervertrag

306   Auch bei einer **Unternehmensveräußerung** werden Ausweichgestaltungen versucht. Da Firmenwerte gem. § 7 I 3 EStG lediglich über einen Zeitraum von fünfzehn Jahren abgesetzt werden können, vereinbaren die Vertragsteile gelegentlich bei der Veräußerung von Betrieben, dass der Veräußerer weiterhin als Berater für das veräußerte Unternehmen tätig bleibt oder dass der Veräußerer eine Vergütung für die Aufgabe seiner Geschäftsführertätigkeit und für ein vereinbartes **Wettbewerbsverbot** erhält (vgl. *Stahl* KÖSDI 1990, 7997). Der Erwerber kann die Zahlungen sofort als Betriebsausgaben geltend machen, ebenso die Aufwendungen für Beraterverträge, soweit die Bezüge angemessen sind. Entgelte für zeitlich befristete Wettbewerbsverbote können innerhalb der vereinbarten Laufzeit abgeschrieben werden. Die Finanzverwaltung wird in derartigen Fällen mit Recht prüfen, inwieweit die Beraterleistung des Veräußerers die vereinbarte Vergütung rechtfertigen oder ob in Wirklichkeit ein Firmenwert abgegolten werden soll.

3. Missbräuchliche Vermietung

Literatur: *Schießl*, Die Grenzen durch § 42 AO im Rahmen der Vermietungs- und Verpachtungseinkünfte, Stbg 2007, 462.

a) Fehlende fortdauernde Einkünfteerzielungsabsicht

Nach Auffassung des *BFH* (NJW 2011, 3535) spricht es gegen die Einkünfteerzielungsabsicht, wenn der Steuerpflichtige ein bebautes Grundstück innerhalb eines engen zeitlichen Zusammenhangs – von in der Regel bis zu fünf Jahren – seit der Anschaffung oder Herstellung wieder veräußert, so auch dann, wenn er seine vermietete Immobilie in einem entsprechenden Zeitraum an eine die Vermietung fortführende gewerblich geprägte Personengesellschaft (§ 15 III Nr. 2 EStG) veräußert, an der er selbst beteiligt ist. 307

b) Mietkaufmodell

Die Vermietung von Wohnraum bis zum Ende der voraussichtlichen Verlustphase, um **negative** Einkünfte aus Vermietung zu erlangen, und die anschließende Veräußerung an den ursprünglichen Mieter oder dessen Rechtsnachfolger führt nicht zu (negativen) Einkünften aus Vermietung (vgl. BMF BStBl. 1980 I 3). 308

c) Überkreuzvermietungsmodell

Die Gestaltung, dass zwei Steuerpflichtige ihre nahe gelegenen Häuser nicht selbst bewohnen, sondern jeweils dem anderen vermieten, um negative Einkünfte aus Vermietung zu erzielen, hält *Klatt* (DB 1985, 1658) als „Investitionsgutphase mit Privatgutende" für zulässig. Der Bundesfinanzhof steht dieser Gestaltung ablehnend gegenüber (vgl. BStBl. 1991 II 904). Die von der Rechtsprechung des IX. Senats des *BFH* angeprangerte Überkreuzvermietung ist nicht von vorneherein ein Gestaltungsmissbrauch, da die Parteien einerseits ein zulässiges wirtschaftliches Interesse haben können, z. B. die berufliche Tätigkeit nicht in eigenen Räumen (Betriebsvermögen!), sondern in gemieteten Räumen (Privatvermögen!) auszuüben. Darüber hinaus nehmen die Beteiligten die zivilrechtlichen Rechtsfolgen derartiger Gestaltungen in Kauf, z. B. den gesetzlichen Mieterschutz, den Nutzungsverlust bei Insolvenz und unterschiedliche Laufzeiten der Vermietung etc. 309

d) Vorangehende Veräußerung

Veräußert die Mutter ihre Eigentumswohnung an die Tochter und deren Ehemann und vermieten anschließend die Erwerber die Wohnung an die Mutter, sind die Einkünfte aus Vermietung und Verpachtung den Erwerbern zuzurechnen, wenn der Mietvertrag die an Verträge zwischen nahen Angehörigen zu stellenden Anforderungen erfüllt (vgl. FG Rheinland-Pfalz EFG 1989, 179). 310

e) Wechselseitige Nutzungsüberlassung

Nach Auffassung des IX. Senats des *BFH* (DB 1996, 74) liegt kein Gestaltungsmissbrauch vor, wenn ein Zweifamilienhaus in zwei Eigentumswohnungen aufgeteilt wird, die Mutter nicht die von dem Sohn bewohnte Eigentumswohnung, sondern die selbstgenutzte Eigentumswohnung überträgt und diese von ihrem Sohn anmietet. Vermietet ein Steuerpflichtiger sein Haus zu fremdüblichen Bedingungen an seine Eltern, kann er die Werbungskostenüberschüsse bei seinen Einkünften aus Vermietung und Verpachtung auch dann abziehen, wenn er selbst ein Haus seiner Eltern unentgeltlich zu Wohnzwecken nutzt; ein Missbrauch steuerrechtlicher Gestaltungsmöglichkeiten i. S. d. § 42 AO liegt insoweit nicht vor (vgl. BFH BStBl. 2003 II 509). 311

f) Zuwendungsnießbrauch

Anders ist die Rechtslage, wenn keine Eigentumsübertragung stattfindet. Bestellen die Eltern ihrem Kind unentgeltlich einen zeitlich bis zum 27. Lebensjahr befristeten Zu- 312 wendungsnießbrauch an einem Grundstück, welches das Kind anschließend an die Eltern zurückvermietet, so stellt eine solche Gestaltung regelmäßig einen Missbrauch von rechtlichen Gestaltungsmöglichkeiten i. S. d. § 42 AO dar (vgl. *BFH* BStBl. 1981 II 205; IV. Nießbraucherlass BStBl. 2013 I 1184 Tz. 17).

g) Stuttgarter Modell und Münchner Modell

313 Auch das sog. „Stuttgarter Modell", wonach der Übergeber weiterhin in der übergebenen Wohnung wohnt und Miete entrichtet, ist kein Gestaltungsmissbrauch, selbst wenn der Übergeber die wiederkehrenden Zahlungen verwendet, um die Miete zu entrichten (vgl. *BFH* DStRE 2004, 455; bereits *Spiegelberger*, Vermögensnachfolge, 1. Aufl. 1994, Rn. 139). Tatsächlich liegen **zwei getrennte Rechtsverhältnisse** (Grundstücksübertragung gegen Versorgungsleistungen und Mietvertrag) vor, die ein getrenntes rechtliches Schicksal haben. Der Abschluss eines Mietvertrages unter Angehörigen stellt nicht schon deshalb einen Gestaltungsmissbrauch i. S. v. § 42 AO dar, weil der Mieter das Grundstück zuvor gegen wiederkehrende Leistungen auf den Vermieter übertragen hat (vgl. *BFH* BStBl. 2004 II 64). Durch das JStG 2008 wurde in dem neu gefassten § 10 I Nr. 1a EStG der Sonderausgabenabzug für Immobilienübertragungen gestrichen, so dass seit dem 1.1.2008 ein Stuttgarter Modell mit Sonderausgabenabzug nicht mehr vereinbart werden kann. Eine Ersatzlösung ist das Münchner Modell, wonach statt der Versorgungsleistung eine Gegenleistungsrente vereinbart wird (vgl. *Spiegelberger* DB 2008, 1068).

4. Zwischenschaltung von Angehörigen

314 Durch Vermögensübertragungen auf Ehegatten und Abkömmlinge können in legaler Weise Steuervorteile in Anspruch genommen werden, insbesondere wenn aufgrund von Übertragungen eigene Einkunftsquellen der Angehörigen entstehen oder steuerliche Kumulierungen vermieden werden.

315 In der Einschaltung von Kindern in eigene Grundstücksgeschäfte des Steuerpflichtigen sieht die Finanzrechtsprechung keine Missbrauchsgestaltung. Nach Auffassung von *Peter Fischer* (NJW 2005, 3085) bedarf es keines Rückgriffs auf § 42 AO, wenn der Steuerpflichtige den steuerbaren Tatbestand des gewerblichen Grundstückshandels aufgrund „mittelbarer Tatherrschaft" verwirklicht und ihm deswegen der steuerliche Handlungserfolg zuzurechnen ist.

316 Der *BFH* (BStBl. 1996 II 5) sieht keinen Missbrauch von Gestaltungsmöglichkeiten, wenn der Inhaber einer Rechtsanwaltspraxis seinem Ehegatten ein Gebäude schenkt, um anschließend die Räume für die Praxis zu mieten.

5. Verdeckte Veräußerung

317 Die Abgabe eines Verkaufsangebotes gegen zinslose Darlehensgewährung in Höhe des späteren Kaufpreises mit entsprechender dinglicher Sicherung des Käufers und Eintragung einer Auflassungsvormerkung zur Sicherung seines Anspruches auf Eigentumsübergang kann zu einer so starken Bindung führen, dass eine Veräußerung i. S. v. § 14a II 3 EStG anzunehmen ist (vgl. *BFH* BStBl. 1992 II 553).

IV. Umsatzsteuer

318 Das missbrauchsverdächtige **Bauherrenmodell** wurde durch die Einschaltung eines gewerblichen Zwischenmieters dazu verwendet, den Vorsteuerabzug zu erreichen (vgl. *BFH* BStBl. 1989 II 396). Für bis zum 31.3.1985 fertig gestellte Wohnungsbauvorhaben wurde durch die Einschaltung gewerblicher Zwischenmieter die Erstattung der in den Baukosten enthaltenen Vorsteuern bezweckt. Diese Zwischenvermietung stellt nach Auf-

E. Gestaltungsmissbrauch

fassung des Bundesfinanzhofs einen Rechtsmissbrauch gem. § 42 AO dar, wenn wirtschaftliche und sonstige beachtliche Gründe fehlen und die Einschaltung nur noch dem Ziel der **Vorsteuererstattung** dient (vgl. BStBl. 1991 II 539; 1992 II 931).

Auch der **Erwerb** einer **Zahnarztpraxis** durch die Ehefrau **mit** anschließender **Vermietung** an den Ehegatten zur Erlangung des Vorsteuerabzuges ist missbräuchlich, wenn die Ehefrau auf zusätzliche Zuwendungen ihres Ehemannes angewiesen ist (vgl. BStBl. 1992 II 541 und 1993 II 253). Der *BFH* (DStR 1994, 1456) sieht in der **Vermietung eines PKW** durch die Ehefrau an den Unternehmerehegatten zur Erlangung des Vorsteuerabzuges keinen Missbrauch von Gestaltungsmöglichkeiten des bürgerlichen Rechts, wenn die Ehefrau die Aufwendungen aus eigenem Vermögen decken kann; ebenso für die Vermietung eines Kopiergerätes (vgl. *BFH* DStR 1992, 142). 319

Der *BFH* (BStBl. 1992 II 446) hat den Vorsteuerabzug wegen Gestaltungsmissbrauch auch in dem Fall versagt, in dem **minderjährige Kinder** eines Steuerberaters eine für den Einsatz in der Steuerkanzlei bestimmte EDV-Anlage erworben und an den Vater vermietet haben. Die Kinder hätten nicht als handelnde Subjekte und Träger eigener Entscheidungen gehandelt, sondern seien als Käufer vorgeschoben worden. Diese Entscheidung ist nur dann zutreffend, wenn es zu einer Vermögensvermischung zwischen dem Vermögen der minderjährigen Kinder und dem der Eltern kommt. Bei einer ordnungsgemäßen Vermögensverwaltung durch die Eltern ist die Gestaltung keinesfalls missbräuchlich. Der Vorsteuerabzug darf allerdings nach Auffassung des *FG Münster* (EFG 1985, 522) nicht zur Finanzierungshilfe bei der Anschaffung von Gegenständen missbraucht werden (ebenso *FG Hessen* EFG 1989, 87). 320

V. Grunderwerbsteuer

Literatur: *Viskorf,* Die Gesamthandsgemeinschaft als grunderwerbsteuerrechtlich vorteilhaftes Instrument der Mobilisierung von Grundstücken, DStR 1994, 6.

Wegen der selbständigen Rechtsträgerschaft der Gesamthand löst in der Regel die Änderung der Anteilsverhältnisse keine Grunderwerbsteuerpflicht aus. Dieser Umstand erlaubt **grunderwerbsteuerfreie** Gestaltungen bei Personengesellschaften, allerdings immer nur unter der Voraussetzung, dass tatsächlich die Fortführung der bestehenden Gesellschaft und nicht die Gründung einer neuen Gesamthand bürgerlich-rechtlich gewollt ist. 321

Die sich aus der Gesamthand ergebende Mobilität wurde in der Vergangenheit genutzt, um die Grunderwerbsteuer missbräuchlich zu vermeiden (vgl. *Viskorf* DStR 1994, 6). Den vollständigen **Wechsel aller Gesellschafter** einer nur grundbesitzhaltenden Personengesellschaft hat der Bundesfinanzhof schon seit langem unter Berufung auf § 42 I AO als Kaufvertrag zwischen Alt- und Neugesellschaftern beurteilt (vgl. *BFH* BStBl. 1991 II 891). Diese Rechtsprechung ist zwischenzeitlich weitgehend obsolet, da **§ 5 III GrEStG** nunmehr eine Fünf-Jahres-Frist enthält, wonach die Befreiung von der Grunderwerbsteuer insoweit entfällt, als sich der **Anteil des Veräußerers** am Vermögen der Gesamthand **innerhalb von fünf Jahren** nach dem Übergang des Grundstücks auf die Gesamthand **vermindert**. Entsprechendes gilt für den Übergang von einer Gesamthand gem. § 6 III 2 und IV GrEStG. 322

Darüber hinaus wurde die Grunderwerbsteuerpflicht durch die neugefasste Bestimmung der § 1 II a GrEStG (**Gesellschafterwechsel**) erweitert. Wenn innerhalb von fünf Jahren mindestens 95% der Anteile am Gesellschaftsvermögen auf neue Gesellschafter übergehen, gilt dies als ein auf die Übereignung des Grundstücks auf eine neue Personengesellschaft gerichtetes Rechtsgeschäft. 323

Soweit die Vertragsteile aufgrund eines vorgefassten Plans unter Einhaltung der gesetzlichen Vorschriften gestalten, entfällt ein Missbrauchsvorwurf (so zutreffend *Gottwald* MittBayNot 2003, 438). 324

325 Auch die **Anteilsvereinigung** gem. § 1 III GrEStG wurde verschärft. Danach reicht es für eine steuerpflichtige Anteilsvereinigung aus, wenn 95 % der Anteile der Gesellschaft sich in der Hand eines Erwerbers vereinigen, ohne dass es auf den zeitlichen Ablauf ankommt. Als zulässige Ausweichgestaltung kommt bei einer grundbesitzenden GmbH & Co. KG in Betracht, dass der erwerbende künftige Alleingesellschafter auch den Geschäftsanteil an der Komplementär-GmbH erwirbt, auch wenn diese nicht vermögensbeteiligt ist. BFH/NV 1983, 326 hat eine Steuerpflicht verneint, weil ein Gesellschafterwechsel nur hinsichtlich der Kommanditanteile stattgefunden hatte, während die Komplementär-GmbH weiterhin an der KG beteiligt blieb (vgl. *Viskorf* DStR 1994, 6, 9). Dies gilt jedoch nicht bei einer Einheits-KG. Verkauft ein Kommanditist einer grundbesitzenden GmbH & Co. KG seine Beteiligung an den einzigen anderen Kommanditisten und ist die KG die einzige Gesellschafterin der Komplementär-GmbH (sog. Einheits-KG), ist der Tatbestand einer Anteilsvereinigung nach § 1 III Nr. 1 GrEStG erfüllt (vgl. *BFH* GmbHStB 2014, 230).

1. Maskierte Kaufvertragsangebote

326 Ein lege artis beurkundetes Kauf- oder Verkaufs**angebot** bringt keinerlei ertrag- oder verkehrsteuerliche Auswirkungen mit sich, da es an dem Besteuerungsmerkmal der Veräußerung fehlt. Sofern jedoch besondere Umstände oder Vereinbarungen hinzutreten, kann bereits das Angebot bei **wirtschaftlicher Betrachtungsweise** einer Veräußerung gleichstehen. Immer dann nämlich, wenn mit dem Angebot wirtschaftlich der gleiche Erfolg wie bei einem Verkauf erzielt wird oder wenn der Erwerber an das Angebot so fest gebunden ist, dass mit einer Ablehnung nicht mehr ernstlich zu rechnen ist, wenn also der Kauf an sich schon eine beschlossene Sache ist und die Annahme des Angebots nur als juristische Formalität ohne wirtschaftliche Eigenbedeutung erscheint, ist steuerlich bereits bei Beurkundung des Angebots von dem Vorliegen eines Kaufvertrages auszugehen (vgl. *BFH* BStBl. 1967 III, 73). Ein Missbrauch von Gestaltungsformen des bürgerlichen Rechts ist auch bei **wechselseitigen Angeboten** gegeben, z.B. wenn A dem B die Veräußerung anbietet und B wiederum dem A den Kauf dieses Grundstückes. Wohl aus diesem Grund erstreckt sich die Anzeigepflicht des Notars auch auf Angebote von Immobilienübertragungen.

2. Missbräuchlicher Zwischenerwerb

327 Anstelle der an sich geplanten – grunderwerbsteuerpflichtigen – Übertragungen unter Geschwistern treten die **Eltern als Zwischenerwerber** auf, um den Grundbesitz steuerfrei gem. § 3 Nr. 6 GrEStG zu erwerben. Nach einer kurzen „Schamfrist" übertragen die Eltern den erworbenen Grundbesitz an ein anderes Kind wieder unter Inanspruchnahme der Grunderwerbsteuerbefreiung gem. § 3 Nr. 6 GrEStG.

VI. Erbschaft- und Schenkungsteuer

Literatur: *Kieser,* Der Güterstandswechsel als Gestaltungsmittel, ZErb 2013, 49.

1. Kettenschenkungen

Beispiel: Eltern E schenken ihrer Tochter T einen Bauplatz. In einer weiteren Urkunde vom selben Tage räumt T ihrem Ehemann S einen Miteigentumsanteil von 1/2 an dem Grundstück ein, um gemeinsam ein Einfamilienhaus auf dem Grundstück zu errichten.

328 Zur Ausschöpfung von Schenkungsteuerfreibeträgen werden mitunter Kettenschenkungen, d. h. Schenkungen mit der **Vereinbarung** der **Weiterschenkung,** ins Auge gefasst. Auch bei einer aufschiebend bedingten Verpflichtung zur Weiterübertragung bleibt die

zwischengeschaltete Person außer Betracht (vgl. *BFH* BStBl. 1993 II, 523; *Spiegelberger*, Vermögensnachfolge, Rn. 375 f.).

Sofern Schenkung und Weiterschenkung in **einer** notariellen Urkunde erfolgen, ist im Ergebnis dem *BFH* (BStBl. 2005 II 412) zuzustimmen, wonach eine unmittelbare Zuwendung der Schwiegereltern an den Schwiegersohn vorliegt. Dies gilt aber nicht, wenn in einer getrennten Urkunde die Tochter ihren Ehemann an dem geschenkten Grundbesitz beteiligt. Mit dieser Schenkung führt die Tochter nach der allgemeinen Lebenserfahrung nicht einen Wunsch der eigenen Eltern aus, sondern trifft mit ihrem Ehemann eine selbständige familienbezogene Maßnahme. Der *BFH* (ZEV 2012, 562) hat inzwischen diese Betrachtung anerkannt.

2. Grundstücksschenkung vor beabsichtigter Weiterveräußerung

Zulässig ist die unentgeltliche Überlassung eines Grundstückes auf der Basis des Grundbesitzwertes z.B. an Abkömmlinge auch dann, wenn die sofortige entgeltliche Weiterveräußerung durch den Erwerber geplant ist, selbst dann, wenn der Kaufpreis – wie im Entscheidungsfall – das Zwanzigfache des Einheitswertes beträgt (vgl. *BFH* BStBl. 1974 II 521).

War der Beschenkte jedoch im Verhältnis zum Schenker rechtlich **verpflichtet**, das Grundstück an einen bestimmten Dritten zu veräußern, oder konnte er sich der Veräußerung infolge einer tatsächlichen Zwangssituation nicht entziehen, so kann dies die Würdigung der Schenkungsabrede dahingehend rechtfertigen, dass nicht das Grundstück, sondern der durch den Verkauf erzielte **Erlös geschenkt** sein sollte (vgl. *BFH* BStBl. 1991 II 320).

VII. Zusammenfassendes Schaubild
(nach *Dörr/Fehling* NWB Fach 2 S. 9671)

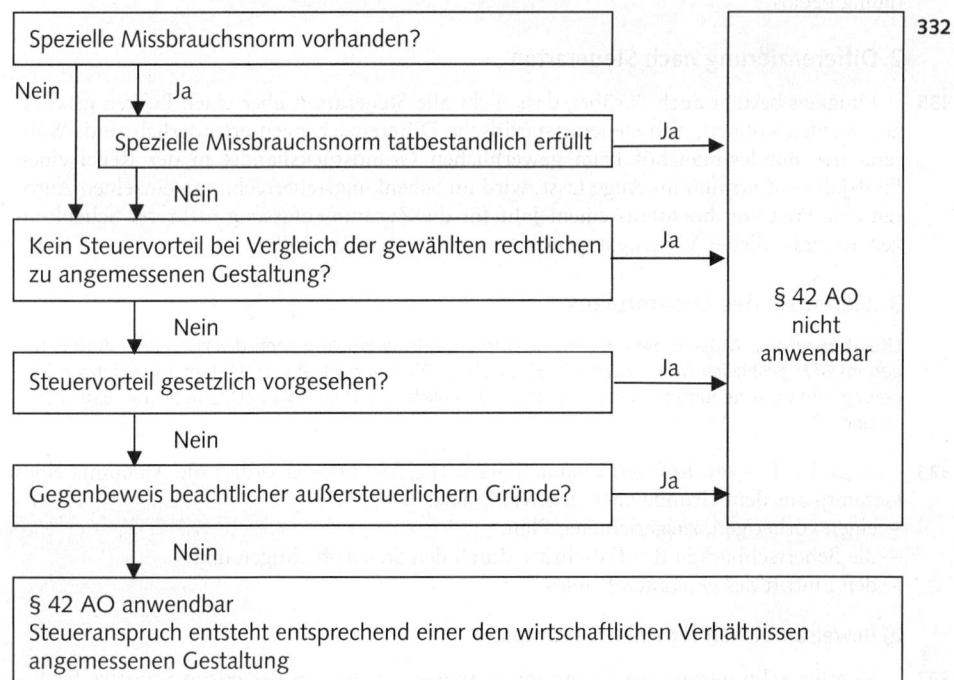

F. Der Gesamtplan

Literatur: *Glorius-Rose*, Bemerkungen zur aktuellen Missbrauchs-Rechtsprechung (§ 42 AO) des BFH, DB 2003, 409; *Offerhaus*, Der „Gesamtplan" – eine zulässige Figur im Steuerrecht?, FS Spindler, 2011, S. 677; *Spiegelberger*, Rechtsmissbräuchlicher Gesamtplan bei der Kettenschenkung, FS Spindler, 2011, S. 809; *Spindler*, Der „Gesamtplan" in der Rechtsprechung des BFH, DStR 2005, 1; *ders.*, Die „Gesamtplan-Rechtsprechung" des Bundesfinanzhofs, ZNotP 2006, 442.

I. Überblick

1. Ein neues Steuerrechtsinstitut

333   Seit einigen Jahren verwenden die Finanzgerichte den Begriff des „Gesamtplans", dessen Rechtsgrundlage fraglich ist. Nach der sog. Gesamtplanrechtsprechung (vgl. *Spindler* DStR 2005, 1) wird eine Mehrzahl von Rechtsgeschäften, die auf einheitlicher Planung basieren und die im engen zeitlichen und sachlichen Zusammenhang stehen, für die steuerliche Beurteilung zu einem **einheitlichen wirtschaftlichen Vorgang** zusammengefasst, welcher der Subsumtion zugrunde gelegt wird.

334   Mehrstufige Rechtsgeschäfte, bei deren Durchführung regelmäßig Notare, Rechtsanwälte, Steuerberater und Wirtschaftsprüfer gestaltend mitwirken, beruhen in aller Regel auf einem Gesamtplan, so dass nicht grenzenlos alle in einem sachlichen oder zeitlichen Zusammenhang stehenden Rechtsgeschäfte als steuerlich einheitlicher Akt beurteilt werden dürfen. Die vom Gesetzgeber vorgegebenen Sperrfristen in zahlreichen Vorschriften sind ein Hinweis darauf, dass grundsätzlich einzelne Rechtsgeschäfte mit den dafür normierten Tatbestandsfolgen erfasst werden müssen und eine Gesamtschau mehrerer Rechtsgeschäfte als Teilakte eines einheitlichen Gesamtplans einer besonderen Rechtfertigung bedarf.

2. Differenzierung nach Steuerarten

335   Einigkeit besteht auch darüber, dass nicht alle Steuerarten über einen Leisten geschlagen werden können, also steuerartspezifische Differenzierungen erforderlich sind. Während der Bundesfinanzhof beim gewerblichen Grundstückshandel in der Regel einen Fünf-Jahres-Zeitraum ins Auge fasst, wird im Schenkungsteuerrecht von einzelnen Autoren eine Frist von höchstens einem Jahr für die Zusammenfassung mehrerer Schenkungen als einheitlicher Vorgang angenommen (vgl. unten Rn. 358).

3. Merkmale des Gesamtplans

Literatur: *Jebens*, Müssen die Gesamtplan-Tatbestandsmerkmale wegen divergierender Auffassungen im *BFH* gesetzlich fixiert werden?, BB 2010, 2025; *Röhrig/Demant*, Unternehmensumstrukturierung von Personenunternehmen, Aktueller Überblick zur Gesamtplanrechtsprechung, EStB 2011, 33 und 77.

336   Nach h.M. – vgl. *Röhrig/Demant* (EStB 2011, 33, 34) – erfordert die Annahme eines Gesamtplans dem Grunde nach drei Merkmale:
– einen vorherigen, zielgerichteten Plan,
– die Beherrschbarkeit der Teilschritte durch den Steuerpflichtigen und
– den Eintritt des geplanten Erfolgs.

a) Beweisanzeichen für einen Gesamtplan

337   Sämtliche Teilschritte des Gesamtplans müssen zu Beginn des ersten Schrittes festliegen, da sich sonst eine zusammenfassende Betrachtung sämtlicher Einzelschritte nicht

F. Der Gesamtplan   E

rechtfertigen ließe (vgl. *BFH* BStBl. 1999 II 834). Dabei sieht der Bundesfinanzhof als Beweisanzeichen für einen Gesamtplan den zeitlichen und wirtschaftlichen Zusammenhang zwischen den tatsächlich verwirklichten Einzelschritten.

b) Beherrschbarkeit der Teilschritte

Insbesondere *Spindler* (DStR 2005, 1, 4) misst der Beherrschbarkeit aller Teilschritte durch den Steuerpflichtigen entscheidende Bedeutung zu. Ein enger Zeitrahmen vermindere die vom Steuerpflichtigen nicht beeinflussbaren Umstände und spreche tendenziell für die Beherrschbarkeit seines Handelns. Je dynamischer und risikoreicher sich das betreffende Marktumfeld darstelle, umso weniger Gewicht komme dem zeitlichen Zusammenhang zu. 338

c) Eintritt des geplanten Erfolgs

Eine zusammenfassende Betrachtung der Einzelschritte lässt sich nur rechtfertigen, wenn das geplante und beherrschbare Endziel auch tatsächlich erreicht wird. Der II. Senat des *BFH* hat in früheren Entscheidungen (BStBl. 1996 II 533; 1997 II 87) dem tatsächlichen Vollzug keine eigene tatbestandsbegründende Bedeutung beigemessen. In den entschiedenen Fällen wurde der jeweilige Gesamtplan jedoch tatsächlich vollzogen. 339

II. Einkommensteuer

Literatur: *Koffmann*, Der Gesamtplan, GmbH-StB 2011, 381.

1. Anwendungsumfang

a) Anwendung zu Gunsten und zu Ungunsten des Steuerpflichtigen

Im Einkommensteuerrecht erfolgt die Gesamtplanbetrachtung sowohl zu Gunsten als auch zu Lasten des Steuerpflichtigen. *Förster/Schmidtmann* (StuW 2003, 114, 123) schlagen als Zeitgrenze für das Vorliegen einer einkommensteuerlichen Betriebsaufgabe mit den Tarif- und Freibetragsvergünstigungen der §§ 16 und 34 EStG den Ablauf von 36 Monaten vor. *Fischer* (in Hübschmann/Hepp/Spitaler § 42 AO Rn. 370) meint, dass ein zeitlicher Zusammenhang nicht mehr angenommen werden kann, wenn 18 Monate seit dem ersten Teilschritt vergangen sind. 340

Zu Lasten des Steuerpflichtigen zieht das BMF-Schreiben Erbauseinandersetzung (BStBl. 2006 I 253 Tz. 58) umgekehrte Teilauseinandersetzungen, die innerhalb von fünf Jahren erfolgen, zu einem einheitlichen Vorgang zusammen. Im Hinblick auf die Rechtsprechung zum gewerblichen Grundstückshandel hat *Spindler* (DStR 2005, 1, 4) als oberste zeitliche Grenze einen Zeitraum von fünf Jahren vorgeschlagen. 341

b) Missbrauchskomponente

Zu Ungunsten des Steuerpflichtigen kann die Gesamtplanrechtsprechung nur Platz greifen, wenn der aus der zeitlichen Abfolge ersichtliche Gesamtplan missbräuchlich i. S. d. § 42 AO erscheint. Mehrere selbständige Rechtsgeschäfte können somit nur zu einer einheitlichen Betrachtung führen, wenn der enge zeitliche Zusammenhang ein Indiz für eine Zusammenrechnung gibt. Die Gesamtplanvermutung ist widerlegt, wenn ein Teilakt eines mehrstufigen Ablaufs dem durch den Teilakt Begünstigten eine eigene **Dispositionsmöglichkeit** eröffnet, also der „Zwischengeschaltete" vom vermuteten Gesamtplan abweichende Dispositionen hätte treffen können (vgl. *Spindler* DStR 2005, 1, 4) und somit das Gesamtgeschehen nicht von einer Person oder einer Personengruppe beherrscht wird. 342

Spiegelberger   1565

2. Zeitgrenze

343 Die Anwendung der **Gesamtplanrechtsprechung** muss mithin auf jene Fälle beschränkt werden, die sich dadurch auszeichnen, dass den Teilschritten keine eigene wirtschaftliche Bedeutung zukommt (vgl. *Strahl* KÖSDI 2003, 13 921), und darüber hinaus wohl auch bei einem besonders engen zeitlichen Zusammenhang, z. B. einer Gestaltung in mehreren Teilschritten innerhalb von sechs Wochen (vgl. *BFH* BStBl. 2001 II 231). Je weiter der zeitliche Abstand zwischen den einzelnen Maßnahmen ist, desto großer wird ihre **eigenständige Bedeutung** (vgl. *Fischer* FR 2001, 405).

344 Eine – gem. § 16, 34 EStG begünstigte – **Betriebsaufgabe** kann allenfalls anerkannt werden, wenn sich die einzelnen Realisationsvorgänge auf zwei Veranlagungszeiträume erstrecken. Somit besteht wohl kein enger zeitlicher Zusammenhang mehr, wenn zwischen dem Entziehen der stillen Reserven (durch Ausgliederung von wesentlichen Betriebsgrundlagen zu Buchwerten) und der Veräußerung des Restbetriebsvermögens oder des verbliebenen Mitunternehmeranteils mehr als zwei Jahre liegen (vgl. *Förster/ Schmidtmann* StuW 2003, 122; *Wischmann* GmbH-StB 2001, 6; *Strahl* KÖSDI 2003, 13 923).

345 Bei den bisherigen Entscheidungen wurden nur relativ **kurze Zeiträume** als Indiz für einen Gesamtplan angenommen. Der *BFH* (DStRE 2002, 568) hielt es für möglich, dass die Veräußerung eines Mitunternehmeranteils in drei Tranchen an zwei Erwerber über einen Zeitraum von vier Monaten durch einen einheitlichen Veräußerungsplan verklammert ist und der erzielte Veräußerungsgewinn als Gewinn aus der Aufgabe eines Mitunternehmeranteiles anzusehen ist. Auch die Veräußerung eines Mitunternehmeranteils an zwei Übernehmer und die unentgeltliche Übertragung des Sonderbetriebsvermögens an einen der Übernehmer innerhalb eines Zeitraums von ca. sechs Monaten wurde als einheitlicher Plan angesehen (vgl. *BFH* FR 2001, 295). Nach *BFH* (BStBl. 2004 II 1068) ist der Zeitraum von einem Jahr die zeitliche Grenze für einen Gesamtplan für den Fall einer zweistufigen Gründung einer Sozietät. Nach *Förster/Schmidtmann* (StuW 2003, 124) kann auf einen Gesamtplan mangels tatsächlicher Anhaltspunkte nicht mehr geschlossen werden, wenn der erste und der letzte Teilschritt drei oder mehr Jahre auseinander liegen.

346 Gegen die Übernahme der Gesamtplanrechtsprechung auf die vorweggenommene Erbfolge gem. § 6 III EStG ist *Wendt* (FR 2005, 471 und KÖSDI 2005, 14 727). Dementsprechend gewährt der IV. Senat des *BFH* (BStBl. 2010 II 726) die Tarifbegünstigung des § 34 III EStG, wenn bei der Veräußerung eines Mitunternehmeranteils im zeitlichen Zusammenhang Mitunternehmeranteile zu Buchwerten in das Gesamthandsvermögen einer weiteren Kommanditgesellschaft ausgegliedert werden; anders jedoch *BFH* (BStBl. 2001 II 229) und die Auffassung der Finanzverwaltung (BStBl. 2005 I 458 Rn. 7); siehe auch unten Rn. 348.

III. Umstrukturierungen

Literatur: *Fuhrmann*, Umstrukturierung und Gesamtplan, Stuttgart 2011; *Honert/Geimer*, Neue Möglichkeiten der steuerorientierten Umstrukturierung, FS Spiegelberger, 2009, S. 247; *Klein*, Umwandlung und Zeitraumprobleme, FS Spiegelberger, 2009, S. 282; *Strahl*, Umstrukturierung und Gesamtplan, KÖSDI 2011, 17 363.

347 Der auch im Steuerrecht geltende Grundsatz der Vertragsfreiheit würde absurdum geführt werden, wenn jede vorbereitende Maßnahme zu einer Umstrukturierung als Teil eines missbräuchlichen Gesamtplans erfasst würde. Das Motiv, Steuern zu sparen, ist legitim und macht eine Gestaltung noch nicht unangemessen (vgl. *BFH* DStR 2001, 1885). Die Finanzverwaltung sah bisher die im Vorfeld einer Einbringung oder Umwandlung nach §§ 20 und 24 UmwStG erfolgten Auslagerungen funktional wesentlicher Betriebsgrundlagen als Missbrauch i. S. v. § 42 AO, die zur Anwendung der Gesamtplan-Doktrin berechtigte. Mehrere Senate des *BFH* sind dieser Auffassung entgegengetreten.

F. Der Gesamtplan

Der I. und IV. Senat des *BFH* haben inzwischen die Gesamtplanbetrachtung reduziert. **348** Der I. Senat (MittBayNot 2011, 82 m. Anm. *Spiegelberger*) hat bei einer Umwandlungsentscheidung sogar eine zeitnahe weitere Umwandlung für unschädlich erachtet und nur die **kurzzeitige Rückgängigmachung** einer Umwandlung als steuerschädlich angesehen.

In einer Entscheidung des VIII. Senats des *BFH* (BStBl. 2006 II 15) zur Veräußerung **349** einer Beteiligung i. S. d. § 17 EStG, die im Zusammenhang mit der Ablösung eines bestehenden Nießbrauchsrechts erfolgte, wurde die Annahme eines Gesamtplans aufgrund „veränderter Umstände" verneint.

In einer Entscheidung des IV. Senats (*BFH* DStR 2012, 2118) widerspricht der *BFH* **350** der Verwaltungsmeinung im BMF-Schreiben BStBl. 2005 I 458 Tz. 16 für folgenden Sachverhalt:

> Im ersten Schritt wurde ein Mitunternehmeranteil von 80% gem. § 6 III EStG übertragen und das im Sonderbetriebsvermögen befindliche Grundstück zurückbehalten. In einem zweiten Schritt wurde wenig später dieses Grundstück in eine andere Mitunternehmerschaft eingebracht und der dem Übergeber verbliebende 20 %-ige Mitunternehmeranteil an den Erwerber des ersten Teilanteils von 80 % übertragen.

Nach Auffassung des *BFH* ergibt sich die Buchwertfortführung im ersten Schritt ohne **351** Zweifel unmittelbar aus § 6 III 2 EStG, wonach der in der Mitunternehmerschaft verbleibende Übergeber das Sonderbetriebsvermögen zurückbehalten kann. Wenn taggleich das Sonderbetriebsvermögen nach § 6 V 3 EStG zum Buchwert übertragen wird, kann dies von der Finanzverwaltung nicht in Frage gestellt werden. Der *BFH* sieht in den Absätzen 3 und 5 des § 6 EStG gleichberechtigte Normen, die auch parallel angewendet werden können. Diese Entscheidung des IV. Senats wurde im Bundessteuerblatt noch nicht veröffentlicht; die Finanzverwaltung (DStR 2013, 2002) wendet die Rechtsprechung des IV. Senats vorläufig nicht an.

Auch der X. Senat des *BFH* (BStBl. 2012 II 638) widerspricht bei der Einbringung ei- **352** nes Einzelunternehmens in eine Personengesellschaft bei vorheriger Veräußerung einer wesentlichen Betriebsgrundlage unter Aufdeckung der stillen Reserven der bisherigen Auffassung der Finanzverwaltung:

1. Der Anwendbarkeit des § 24 Abs. 1 UmwStG steht weder § 42 AO noch die Rechtsfigur des Gesamtplans entgegen, wenn vor der Einbringung eine wesentliche Betriebsgrundlage des einzubringenden Betriebs unter Aufdeckung der stillen Reserven veräußert wird und die Veräußerung auf Dauer angelegt ist.
2. Maßgeblicher Zeitpunkt für die Beurteilung, ob ein Wirtschaftsgut eine wesentliche Betriebsgrundlage des einbringenden Betriebs im Rahmen des § 24 Abs. 1 UmwStG darstellt, ist in Fällen der Einbringung durch Einzelrechtsnachfolge der Zeitpunkt der tatsächlichen Einbringung.

Sofern auch der VIII. und der X. Senat des *BFH* in den anhängigen Rechtsfällen auf **353** die neue Rechtsprechung der übrigen Senate einschwenken, wird die Finanzverwaltung die neue Rechtsprechung akzeptieren müssen.

IV. Schenkungsteuer

Literatur: *Spiegelberger*, Rechtsmissbräuchlicher Gesamtplan bei der Kettenschenkung, FS Spindler, 2011, S. 809.

Eine besondere Bedeutung hat die Gesamtplanrechtsprechung im Schenkungsteuer- **354** recht in den vergangenen Jahren erlangt.

1. Mehraktige Gestaltungen

Selbst wenn für einen Teilakt ein selbständiger Steueranspruch entstanden ist, also z. B. **355** eine Schenkung an eine zwischengeschaltete Person vollzogen und damit grundsätzlich gem. § 9 ErbStG zu besteuern wäre, ist zu prüfen, ob dem Zwischengeschalteten eine eigene Dispositionsmöglichkeit verblieben ist. Eine Bereicherung für eine juristische Sekunde oder einen anderen kurzen Zeitraum reicht nicht aus, um eine selbständige Schenkung anzunehmen. Eine eigene Dispositionsmöglichkeit entsteht nicht, wenn das zwischengeschaltete Rechtsgeschäft die Verpflichtung enthält, im Sinne eines Gesamtplans zu verfahren. Dies ergibt sich schon aus § 7 I 2 ErbStG, wonach auf Auflagen oder Bedingungen beruhende Bereicherungen nicht bei der zwischengeschalteten Person, sondern bei dem Endbegünstigten zu besteuern sind.

356 Ergibt sich nach Auffassung des *FG Hessen* (ZErb 2008, 174) aus dem Abschluss zweier Schenkungsverträge in einem Zuge, der inhaltlichen Abstimmung der Verträge aufeinander sowie aus den sonstigen Umständen, dass die zunächst beschenkte Person das Erhaltene nach dem von dem Willen aller Beteiligten getragenen Gesamtplan als bloße Durchgangs- oder Mittelsperson ohne eigene Dispositionsmöglichkeit an einen Dritten weiterzugeben hat, liegt keine schenkungsteuerrechtlich beachtliche Kettenschenkung, sondern nur eine Zuwendung aus dem Vermögen des Zuwendenden an den Dritten vor.

357 Die vom *FG Hessen* festgestellte „inhaltliche Abstimmung der Verträge aufeinander" ist jedoch kein Indiz für einen Gesamtplan. Bei mehraktigen Sachverhalten ist der beurkundende Notar selbstverständlich verpflichtet, die einzelnen Akte aufeinander abzustimmen, um den Vollzug der beurkundeten Rechtsgeschäfte zu ermöglichen. Die inhaltliche Bezugnahme auf von den Beteiligten chronologisch geordnete Sachverhalte ist kein Tatbestandsmerkmal eines Gesamtplans, sondern vielmehr eine den Berufspflichten entsprechende Erledigung der Amtsgeschäfte, so dass lediglich auf den zeitlichen Ablauf abgestellt werden kann.

2. Erforderliche Schamfrist?

358 Ist es zur steuerlichen Anerkennung einer Schenkung erforderlich, dass der Beschenkte den erworbenen Gegenstand eine bestimmte Frist behält und erst danach eine Weiterübertragung an einen Dritten ins Auge fasst? *Bonefeld/Daragan/Wachter* (25. Kap. Rn. 382) empfehlen, zwischen zwei Schenkungen eine Schamfrist einzuhalten, über deren Länge in der Literatur unterschiedliche Auffassungen bestehen (ebenso *Kapp/Ebeling* § 7 ErbStG Rn. 396.3; *Piltz* ZEV 1994, 55 hält einen Zeitraum von einem Jahr für angemessen). Nach Auffassung von *Obermaier* (Rn. 1663) könne auch ein Zeitraum von einem Monat genügen, wenn der Schenker den Erstempfänger nicht zur Weiterschenkung an den Zweitempfänger veranlasst habe. Bei einer Gestaltung, dass die Eltern auf ihre Kinder ein Grundstück im Wege der vorweggenommenen Erbfolge übertragen und diese das Grundstück nach vier Tagen an einen Bauträger weiterveräußern, hat der *BFH* (BStBl. 1991 II, 320) das Finanzgericht angewiesen festzustellen, ob bei diesem zeitlichen Ablauf die Kinder rechtlich in der Lage waren, über das von den Eltern erhaltene Grundstück zu verfügen oder ob tatsächlich den Kindern nur der Kauferlös zugeflossen ist.

359 Die sofortige Weitergabe eines geschenkten Gegenstandes kann in der Tat ein Indiz dafür sein, dass der Zwischenerwerber nicht zu einer eigenen Dispositionsmöglichkeit in der Lage war und faktisch den Willen des Erstzuwendenden durch die Weitergabe erfüllt. Entscheidend ist wiederum die rechtliche Selbständigkeit des jeweiligen Zwischenschrittes.

3. Entgeltlicher Zwischenerwerb

360 Zwei **getrennte** Erwerbsvorgänge sind anzunehmen, wenn ein Ehegatte **entgeltlich** von seinem Ehegatten erwirbt und anschließend den erworbenen Gegenstand an gemeinsame Kinder verschenkt. Wenn Ehegatten die **Zugewinngemeinschaft beenden** und den steuerfreien Zugewinnausgleich gem. § 5 II ErbStG durchführen, liegt einkommensteuerlich eine entgeltliche Gestaltung vor, bei der die Finanzverwaltung den Veräußerungsgewinn gem. § 16, 17, 20 oder 23 EStG (vgl. *Zugmaier/Wälzholz* NWB Fach 10 S. 1521, Stand Dezember 2005) versteuert.

G. Verletzung von Sperr- und Behaltefristen E

Auch die eherechtliche Wirkung der Beendigung des Güterstandes der Zugewinnge- 361
meinschaft mit dem dadurch entstandenen Zugewinnausgleichsanspruch kann nicht negiert werden. Der ausgleichsberechtigte Ehegatte verfügt über eigenes Vermögen, das der Steuerung durch den ausgleichsverpflichteten Ehegatten entzogen ist. Der Ehegatte, der entgeltlich durch Einsatz seines Zugewinnausgleichsanspruches erworben hat, kann ohne Zweifel anschließend Schenkungen an die gemeinsamen Kinder vornehmen, ohne dem Vorwurf des Missbrauchs gem. § 42 AO unterworfen zu sein. Das Erfordernis eines zeitlichen Abstandes zwischen beiden Übertragungen kann dem Gesetz nicht entnommen werden. Der gem. § 42 II 2 AO maßgebende außersteuerliche Grund für die Gestaltung besteht darin, dass der weiterübertragende Ehegatte über entgeltlich erworbenes Vermögen verfügt und nicht eine Auflage eines Schenkers erfüllt. Der entscheidende bürgerlich-rechtliche Gesichtspunkt ist die Beendigung des Güterstandes der Zugewinngemeinschaft mit der damit verbundenen freien Dispositionsmöglichkeit über entgeltlich erworbenes Vermögen. *Lehnen/Hanau* (ZErb 2006, 154) halten die sofortige Rückkehr zur Zugewinngemeinschaft für steuerschädlich (ebenso *BFH* BStBl. 2005 II 843).

4. Weiterschenkung an den Ehegatten

Beschenken Eltern ihre Tochter mit einem Bauplatz und beteiligt diese ihren Ehemann 362
am selben Tag an dem Grundstück, so beruht diese Gestaltung auf der zutreffenden bürgerlich-rechtlichen Überlegung, dass das gesetzliche Erb- und Pflichtteilsrecht des Kindes im Vordergrund steht und dieses selbst ohne zeitliche Begrenzung über den geschenkten Gegenstand mit dem Ehegatten weitere Vereinbarungen treffen kann (vgl. *FG Rheinland-Pfalz* EFG 1999, 617; *BFH* ZEV 2012, 562).

G. Verletzung von Sperr- und Behaltefristen

Literatur: *Crezelius*, Nachsteuertatbestände und Umwandlungssteuerrecht, FR 2011, 401; *Geck*, Versteckte Gefahren bei der vorweggenommenen Erbfolge aufgrund nachgelagerter Besteuerungstatbestände, FS Spiegelberger, 2009, S. 128; *Korn/Fuhrmann*, Checkliste Steuerlicher Behalte- und Nachversteuerungsfristen mit Gestaltungshinweisen, KÖSDI 2010, 17 077; *Strahl/Carlé/Brill/Bodiden*, Unternehmens- und Anteilskauf, Arbeitskreis für Steuerrecht GmbH, Köln 2014.

Zahlreiche Gesetzesbestimmungen wurden in den letzten Jahren verstärkt mit Sperr- 363
und Behaltefristen in der Weise versehen, dass die Veräußerung eines Wirtschaftsgutes oder Umgestaltungen innerhalb einer bestimmten Frist zu einem **Wegfall gewährter Steuervergünstigungen** führen. Ohne Anspruch auf Vollständigkeit ist auf folgende für die Vertragsgestaltung besonders einschneidende Sperrfristen hinzuweisen:

I. Einkommensteuer

Zur Vermögensnachfolge und zur Umstrukturierung von Betriebsvermögen zum 364
Buchwert hat der Gesetzgeber mehrere Vorschriften in das Einkommensteuerrecht eingefügt, die mit Haltefristen versehen sind.

1. Vorwegerbfolge

Wenn der Übergeber gem. § 6 III 2 EStG Wirtschaftsgüter, die weiterhin zum Betriebs- 365
vermögen derselben Mitunternehmerschaft gehören, nicht überträgt, verbleibt es bei der Buchwertfortführung, es sei denn, dass der Rechtsnachfolger den übernommenen Mitunternehmeranteil innerhalb eines Zeitraums von fünf Jahren veräußert oder aufgibt. Die kautelarjuristische Sicherung gegen eine Nachversteuerung erfolgt am besten durch ein gesellschaftsvertragliches Zustimmungserfordernis mit Rückfallklausel.

2. Übertragung einzelner Wirtschaftsgüter gem. § 6 V EStG zum Buchwert

366 § 6 V EStG erlaubt bei der Übertragung einzelner Wirtschaftsgüter von einem Betriebsvermögen in ein anderes Betriebsvermögen unter den dort näher aufgeführten Voraussetzungen die Buchwertfortführung. Bei **Veräußerung** oder Entnahme des übertragenen **Wirtschaftsgutes** durch den Übernehmer innerhalb von **drei Jahren**, gerechnet ab Abgabe der Steuererklärung des Übertragenden für den Veranlagungszeitraum der Übertragung erfolgt gem. § 6 V 4 EStG die Nachversteuerung; dasselbe gilt, wenn innerhalb von **sieben Jahren** seit der Übertragung des Wirtschaftsgutes der **Anteil** einer **Körperschaft** an dem übertragenen Wirtschaftsgut **begründet** oder erhöht wird (§ 6 V 5 EStG).

3. Realteilung gem. § 16 III 2 EStG

367 Die vom Gesetzgeber gewährte Buchwertfortführung bei der Realteilung einer Mitunternehmerschaft wird widerrufen, wenn übertragene **Wirtschaftsgüter** innerhalb von **drei Jahren** nach Abgabe der Steuererklärung der Mitunternehmerschaft für den Veranlagungszeitraum der Realteilung **veräußert** oder entnommen werden (§ 16 III 3 EStG).

368 Werden bei einer Realteilung, bei der Teilbetriebe auf einzelne Mitunternehmer übergehen, Anteile an einer Körperschaft auf einen von § 8b II KStG begünstigten Mitunternehmer übertragen, wird rückwirkend der gemeine Wert angesetzt, wenn der übernehmende Mitunternehmer die Anteile innerhalb eines Zeitraums von sieben Jahren nach der Realteilung veräußert oder gem. § 22 I 6 Nr. 1–5 UmwStG weiter überträgt (vgl. § 16 V EStG).

4. Gewinnbringende Veräußerung einer wesentlichen Beteiligung im Privatvermögen gem. § 17 I und VI EStG

369 Auch wenn der Veräußerer innerhalb der letzten fünf Jahre mit Kapitalgesellschaftsanteilen von mindestens 1% im Privatvermögen nicht beteiligt war, erfolgt die Besteuerung gem. § 17 I EStG wenn

370 1. die Anteile aufgrund eines Einbringungsvorgangs i. S. d. Umwandlungssteuergesetzes, bei dem nicht der gemeine Wert zum Ansatz kam, erworben wurden und

371 2. zum Einbringungszeitpunkt für die eingebrachten Anteile die Voraussetzungen von § 17 I 1 EStG erfüllt waren oder die Anteile auf einer Sacheinlage i. S. v. § 20 I UmwStG beruhen.

II. Umwandlungen

Literatur: *Klein/Müller/Lieber*, Änderung der Unternehmensform, 9. Aufl. 2012; *Rogall*, Wesentliche Aspekte des neuen Umwandlungssteuererlasses, NZG 2011, 810; *Schwedhelm/Wollweber*, Typische Beratungsfehler in Umwandlungsfällen und ihre Vermeidung, BB 2008, 2208.

372 Das komplizierte Umwandlungsrecht ist mit Haftungsrisiken verbunden. Insbesondere droht die Aufdeckung stiller Reserven, wenn Sperr- oder Haltefristen nicht eingehalten werden. Auf folgende Fristen ist hinzuweisen:

1. Ertragsteuern

a) § 6 III UmwStG

373 Die in § 6 I und II UmwStG erlaubte mindernde Rücklage aufgrund des Erlöschens von Forderungen und Verbindlichkeiten entfällt rückwirkend, wenn der übernehmende Rechtsträger den auf ihn übergegangenen Betrieb innerhalb von fünf Jahren nach dem steuerlichen Übertragungsstichtag in eine Kapitalgesellschaft einbringt oder ohne triftigen Grund veräußert oder aufgibt.

G. Verletzung von Sperr- und Behaltefristen

b) Aufspaltung, Abspaltung und Teilbetriebsübertragung gem. § 15 UmwStG

Geht Vermögen einer Körperschaft durch Aufspaltung oder Abspaltung oder durch Teilübertragung auf andere Körperschaften über, kann gem. § 11 II UmwStG für übergehende Wirtschaftsgüter der Buchwert angesetzt werden. Diese Begünstigung geht verloren, wenn gem. § 15 I 4 UmwStG innerhalb von fünf Jahren nach dem steuerlichen Übertragungsstichtag Anteile an einer an der Spaltung beteiligten Körperschaft, die mehr als 20% der vor Wirksamwerden der Spaltung an der Körperschaft bestehenden Anteile ausmachen, veräußert werden. **374**

c) Erhebung von Gewerbesteuer gem. § 18 III UmwStG

Wird der Betrieb der Personengesellschaft oder der natürlichen Person innerhalb von fünf Jahren nach der Umwandlung aufgegeben oder veräußert, unterliegt ein Aufgabe- oder Veräußerungsgewinn der Gewerbesteuer. **375**

d) Anteilsveräußerung gem. § 22 I UmwStG

Soweit in den Fällen einer Sacheinlage unter dem gemeinen Wert (§ 20 II 2 UmwStG) der Einbringende die erhaltenen Anteile innerhalb eines Zeitraums von sieben Jahren nach dem Einbringungszeitpunkt veräußert, ist der Gewinn aus der Einbringung rückwirkend im Wirtschaftsjahr der Einbringung als Gewinn des Einbringenden i.S.v. § 16 EStG zu versteuern (Einbringungsgewinn I). **376**

e) Anteilsveräußerung durch übernehmende Gesellschaft gem. § 22 II UmwStG

Soweit im Rahmen einer Sacheinlage (§ 20 I UmwStG) oder eines Anteilstausches (§ 21 I UmwStG) unter dem gemeinen Wert eingebrachte Anteile innerhalb eines Zeitraums von sieben Jahren nach dem Einbringungszeitpunkt durch die übernehmende Gesellschaft veräußert werden und soweit beim Einbringenden der Gewinn aus der Veräußerung dieser Anteile im Einbringungszeitpunkt nicht nach § 8b II KStG steuerfrei gewesen wäre, ist der Gewinn aus der Einbringung im Wirtschaftsjahr der Einbringung rückwirkend als Gewinn des Einbringenden aus der Veräußerung von Anteilen zu versteuern (Einbringungsgewinn II). **377**

Die unentgeltliche Übertragung auf eine natürliche Person ist kein Fall des § 22 I 6 Nr. 1 UmwStG und führt daher nicht zu einer Realisierung; jedoch tritt der unentgeltliche Erwerber in die Rechtsstellung des Zedenten ein, vgl. *Engl/Traßl*, Formularbuch Umwandlungen, 3. Aufl. 2013, A. 8 Rn. 196. **378**

f) Verletzung der Nachweispflicht gem. § 22 III UmwStG

Der Einbringende hat in den dem Einbringungszeitpunkt folgenden sieben Jahren **jährlich** spätestens bis zum 31. 5. den Nachweis darüber zu erbringen, wem mit Ablauf des Tages, der dem maßgebenden Einbringungszeitpunkt entspricht, die betroffen Anteile zuzurechnen sind. **379**

g) Einbringung in eine Personengesellschaft gem. § 24 V UmwStG

Soweit im Rahmen einer Einbringung nach Absatz 1 unter dem gemeinen Wert eingebrachte Anteile an einer Körperschaft, Personenvereinigung oder Vermögensmasse innerhalb eines Zeitraums von sieben Jahren nach dem Einbringungszeitpunkt durch die übernehmende Personengesellschaft veräußert oder durch einen Vorgang nach § 22 I 6 Nr. 1–5 weiter übertragen werden und der Einbringende keine durch § 8b II KStG begünstigte Person ist, erfolgt eine Nachversteuerung gem. § 24 V UmwStG. **380**

2. Grunderwerbsteuer bei Umwandlungen

Literatur: Gleichlautende Erlasse der Obersten Finanzbehörden der Länder: Anwendung des § 6a GrEStG, BStBl. 2012 I 662; *Gottwald*, Aktuelle Entwicklungen des Grunderwerbsteuerrechts 2011/2012, MittBayNot 2013, 1; *Lieber/Wagner*, GrESt bei Umwandlungen, DB 2012, 1772; *Neitz-Hackstein/Lange*, Neues zur Anwendung des § 6a Grunderwerbsteuergesetz, GmbHR 2012, 998.

381 Sowohl die gesetzliche Regelung als auch der Erlass der Obersten Finanzbehörden enthalten unsystematische Vorgaben:
– Während bei den bisherigen Verbleibensvorschriften, z.B. in §§ 1 II a, 5 III, 6 III und IV GrEStG die fünfjährige Verbleibensdauer des **Grundstücks** berücksichtigt werden muss, ist die Steuervergünstigung des § 6a GrEStG nicht grundstücksbezogen (vgl. Tz. 1 des Erlasses).
– Der Umwandlungsvorgang, durch den der Verbund zwischen dem herrschenden und dem abhängigen Unternehmen begründet oder beendet wird, ist nicht begünstigt (vgl. Tz. 2.1).

Beispiel 1: Die T2-GmbH wird auf die M-GmbH verschmolzen.

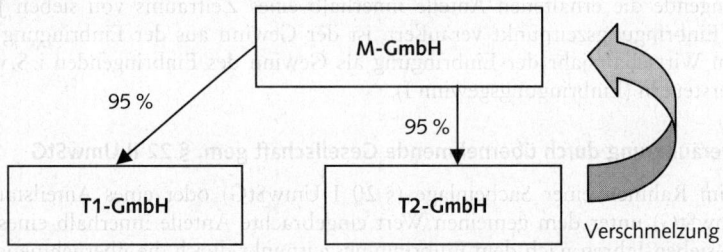

382 Die Verschmelzung der T2-GmbH auf die M-GmbH unterliegt nach § 1 I Nr. 3 S. 1 GrEStG der Grunderwerbsteuer. § 6a GrEStG ist nicht anwendbar, da der Verbund durch die Verschmelzung erlischt. Die T1-GmbH ist weder am Umwandlungsvorgang beteiligt, noch hat sie die Beteiligung der M-GmbH an der T2-GmbH als abhängige Gesellschaft vermittelt.

Beispiel 2: Die T1-GmbH wird im Jahr 01 auf die T2-GmbH verschmolzen. Im Jahr 03 wird die T2-GmbH auf die M-GmbH verschmolzen.

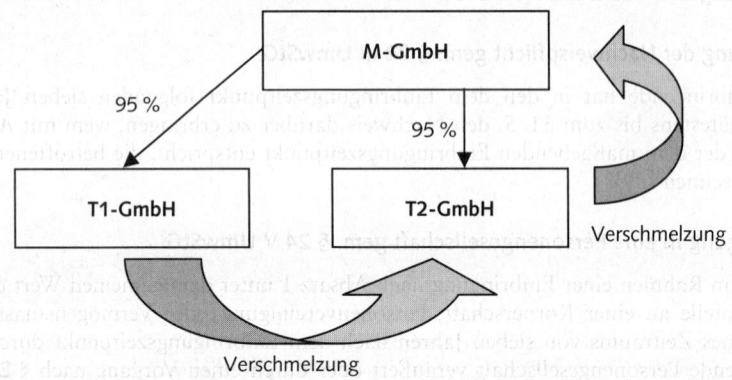

383 Die Verschmelzung der T1-GmbH auf die T2-GmbH unterliegt nach § 1 I Nr. 3 S. 1 GrEStG der Grunderwerbsteuer. § 6a GrEStG ist anwendbar, da der Rechtsvorgang

G. Verletzung von Sperr- und Behaltefristen

durch einen Umwandlungsvorgang ausgelöst wird, an dem nur abhängige Gesellschaften beteiligt sind.

Die Verschmelzung der T2-GmbH auf die M-GmbH unterliegt nach § 1 I Nr. 3 S. 1 GrEStG der Grunderwerbsteuer. § 6a GrEStG ist nicht anwendbar, da der Verbund durch die Verschmelzung der einzigen abhängigen Gesellschaft auf das herrschende Unternehmen erlischt. Hierdurch entfällt außerdem nachträglich die Begünstigung im Jahr 01, da die Nachbehaltensfrist des § 6a S. 4 GrEStG nicht eingehalten wird (vgl. § 6a GrEStG Anwendungserlass, GmbHR 2012, 1034, 1038).

III. Körperschaftsteuer

1. Verlustabzug bei Körperschaften gem. § 8c KStG

a) Anteilsübertragung

Verlustabzüge entfallen, und zwar
- **anteilig** bei Körperschaften, wenn innerhalb von fünf Jahren mehr als 25% Kapitalgesellschaftsanteile an einen Erwerber oder diesem nahe stehende Personen übertragen werden;
- **vollständig**, wenn mehr als 50% übertragen werden gem. § 8c KStG.

b) Kapitalerhöhung

Eine Kapitalerhöhung steht der Übertragung des gezeichneten Kapitals gem. § 8c I 4 KStG gleich, soweit sie zu einer Veränderung der Beteiligungsquoten am Kapital der Körperschaft führt.

2. Weitere wichtige Haltefristen

Zu weiteren wichtigen Haltefristen mit Bezug auf Kapitalgesellschaftsanteilen vgl. *Olbing* GmbH-Stb 2005, 379.

IV. Erbschaftsteuer

Der *BFH* (ZEV 2012, 599) hat in einer konkreten Normenkontrollklage zum Bundesverfassungsgericht die nachfolgend dargestellten erbschaftsteuerlichen Begünstigungen für Betriebsvermögen als Verstoß gegen Art. 3 GG in Frage gestellt. Aufgrund des Ergebnisses der mündlichen Verhandlung vom 8.7.2014 wird allgemein erwartet, dass das Bundesverfassungsgericht die bisherigen Begünstigungen einschränkt und dem Gesetzgeber eine Frist zur Neufassung des Erbschaftsteuergesetzes bis Ende 2015 einräumt.

Der im geltenden Erbschaftsteuerrecht noch vorgesehene **Verschonungsabschlag** in Höhe von 85% der Bemessungsgrundlage (Regelbesteuerung) oder von 100% gem. § 13a I 1 und VIII Nr. 4 ErbStG (Optionsbesteuerung) und der **Abzugsbetrag** in Höhe von 150.000 EUR gem. § 13a II ErbStG unterliegen folgenden Einschränkungen:

1. Zeitanteilige Kürzung

Gem. § 13a V 1 Nr. 1, 2, 4 und 5 entfallen der **Verschonungsabschlag** und der **Abzugsbetrag** zeitanteilig, d.h. im Verhältnis der im Zeitpunkt der schädlichen Verfügung verbleibenden Behaltensfrist einschließlich des Jahres, in dem die Verfügung erfolgt, zur gesamten Behaltensfrist von fünf bzw. sieben Jahren, wenn
- über Betriebsvermögen oder Personengesellschaftsanteile steuerschädlich verfügt wird; dasselbe gilt für land- und forstwirtschaftliches Vermögen,

- über erbschaftsteuerbegünstigte Kapitalgesellschaftsanteile steuerschädlich verfügt wird oder
- zur Erlangung von Erbschaftsteuervorteilen vereinbarte Poolverträge mit Verfügungsbeschränkungen und Stimmrechtsbündelungen aufgehoben oder missachtet werden.

391 Wenn **wesentliche Betriebsgrundlagen** veräußert werden, gilt die vorstehende Regelung **entsprechend**, es sei denn, dass der Veräußerungserlös innerhalb von sechs Monaten reinvestiert wird.

2. Rückwirkender Wegfall bei Überentnahmen

392 Sofern bis zur Beendigung der fünf- bzw. siebenjährigen Behaltensfrist gem. § 13a V und VIII Nr. 2 ErbStG Entnahmen getätigt werden, die die Summe der Einlagen und der zuzurechnenden Gewinne um mehr als 150.000 EUR übersteigen, entfallen die gewährten erbschaftsteuerlichen Begünstigungen rückwirkend in vollem Umfang.

> Praxishinweis:
> Den Beteiligten ist dringend anzuraten, vor Ablauf der jeweiligen Behaltefrist Überentnahmen durch Einlagen zu kompensieren.

V. Grunderwerbsteuer

1. § 1 II a GrEStG

393 Der Übergang von mindestens 95% der Anteile am Gesellschaftsvermögen auf neue Gesellschafter innerhalb von fünf Jahren unterliegt der Grunderwerbsteuer.

2. § 5 III GrEStG

394 Die bei der Einbringung in eine Personengesellschaft gewährte (anteilige) Grunderwerbsteuer**befreiung** entfällt, wenn sich der Anteil des Veräußerers am Vermögen der Gesamthand innerhalb von **fünf Jahren** nach dem Übergang des Grundstücks **vermindert**. Sofern innerhalb der Fünfjahresfrist ein Gesamthänder zugunsten eines Abkömmlings gem. § 3 Nr. 6 GrEStG seinen Anteil mindert, verbleibt es dennoch bei der Vergünstigung des § 5 III GrEStG. Der in gerader Linie verwandte Gesamthänder muss jedoch die erworbene Gesellschafterstellung unverändert aufrechterhalten (vgl. *BFH* BStBl. 2003 II 528).

395 Steuerschädlich ist auch ein **Formwechsel** innerhalb der Fünfjahresfrist.

3. § 6 IV GrEStG

396 Der Übergang von einer Gesamthand ist nicht grunderwerbsteuerbegünstigt, wenn der **Anteil** an der **Gesamthand** innerhalb von **fünf Jahren** vor dem Erwerbsvorgang durch Rechtsgeschäft unter Lebenden **erworben** wurde.

4. § 6a S. 4 GrEStG

397 Wenn sich die Beteiligungsquote des herrschenden am abhängigen Unternehmen auf weniger als 95% innerhalb von fünf Jahren ermäßigt, erlischt die Steuervergünstigung rückwirkend.

H. Grundzüge der steuerlichen Vertragsgestaltung

I. Sachverhaltsermittlung

1. Ermittlungspflicht?

Der Notar ist nicht verpflichtet, über die von den Beteiligten gemachten Angaben hinaus steuerliche Ermittlungen anzustellen (vgl. *BGH* NJW 1995, 2794; *Weingärtner/Schöttler*, Dienstordnung für Notarinnen und Notare, 9. Aufl. 2004, § 32 Rn. 580; oben Rn. 66). Häufig sind die Angaben der Beteiligten aber so unvollständig, dass eine befriedigende Urkundengestaltung nur erfolgen kann, wenn weitere Informationsquellen hinzugezogen werden. Dies gilt insbesondere, wenn es sich um gesellschaftsrechtliche Vorgänge oder um Betriebsvermögen handelt. 398

Im Allgemeinen ist es sinnvoll, dass der steuerliche Berater folgende Unterlagen anfordert: 399
- Gesellschaftsvertrag
- neueste Bilanz
- Ehevertrag
- Testament
- Handelsregister- und Grundbucheinsichten.

Darüber hinaus ist dem Notar für die Informationsbeschaffung der Kontakt zu dem jeweiligen Steuerberater der Beteiligten zu empfehlen, zumal die Mandanten selbst über den Umfang des Betriebsvermögens und über andere Details nur ungenaue Angaben machen können. 400

2. Vermeidung von Sachverhaltslücken

Beispiel: Die zu einem Bauernhof gehörenden Grundstücke sind regelmäßig auf verschiedenen Grundbuchblättern aufgeführt. Nicht im Übergabevertrag erfasste Betriebsgrundstücke verbleiben bei dem Übergeber und führen zu einer Entnahme.

Bei der Übertragung eines Betriebes oder von Personengesellschaftsanteilen im Wege der vorweggenommenen Erbfolge unter Buchwertfortführung empfiehlt es sich, in den Vertrag eine Vorsorgeregelung aufzunehmen, wonach das gesamte Betriebsvermögen, auch soweit nicht ausdrücklich aufgeführt, auf den Erwerber übertragen wird. Dies gilt auch für etwaige Passiva. Vorsorglich sollte dem Erwerber Auflassungsvollmacht erteilt werden. 401

II. Steuerliche Vorsorgeklauseln

1. Steuerklauseln

Literatur: *Heinrichshofen*, Notwendigkeit von Umsatzsteuerklauseln bei Verträgen über die Ausgabe, Abtretung u. a. von Gesellschaftsanteilen, FS Spiegelberger, 2009, S. 198; *Hülsmann*, Die Steuerklausel im Unternehmenskaufvertrag, DStR 2008, 2402; *Ott*, Steuerklauseln beim Anteilstausch i. S. v. § 21 UmwStG, DStZ 2009, 90; *Schaaf/Engler*, Die Steuerklausel im Gesellschaftsvertrag der Personengesellschaft, EStB 2009, 173; *Stümper/Walter*, Erfordernis von Steuerklauseln im Anteilskauf und anderen Übertragungsverträgen, NotBZ 2008, 285.

In dem „Schiffsverkaufsfall" (*BFH* BStBl. 1962 III 112) wurde vom Bundesfinanzhof ausdrücklich anerkannt, dass die Beteiligten eine **bestimmte Steuerwirkung** – z. B. die Zusage des Finanzamtes, den Veräußerungserlös tarifbegünstigt gem. § 34 EStG zu behandeln – als **Bedingung des Rechtsgeschäftes** mit der Folge vereinbaren können, dass bei Nichteintritt der Bedingung, nämlich der beabsichtigten Steuerwirkung, das Rechtsgeschäft mit Wirkung ex tunc entfällt. 402

> **Praxishinweis:**
>
> Nach *BFH* (BStBl. II 1993, 296) entfalten Steuerklauseln dann keine Wirkung, wenn sie dem Finanzamt nicht sofort aufgedeckt werden.

403   Wegen des Grundsatzes der **Maßgeblichkeit des Zivilrechts** für das Steuerrecht kann der Steueranspruch über die jeweilige bürgerlich-rechtliche Rechtsfolge nicht hinausgehen. *Herzberg* (DStR 2000, 1129) empfiehlt Steuerklauseln bei Anteilskaufverträgen und beim Formwechsel, um den Käufer vor einer zeitlichen Verschiebung der Steuerbelastung aufgrund einer Betriebsprüfung zu schützen. *Stümper/Walter* (GmbHR 2008, 31) formulieren Steuerklauseln für die Fälle der Unternehmens- und Gesellschaftsanteilsübertragung (ebenso *Hülsmann* DStR 2008, 2402).

404   Weitergehende Vorschläge, insbesondere für den Bereich der Kapitalgesellschaften, enthalten die Ausführungen von *Carlé/Demuth* KÖSDI 2008, 15979.

2. Satzungsklauseln zur Vermeidung verdeckter Gewinnausschüttungen?

Literatur: *Hoffmann*, Satzungsklausel und rückwirkendes Ereignis, GmbH-StB 2010, 181.

> **Beispiel:** Bei einer Betriebsprüfung erklärt der nur geringfügig beteiligte Gesellschafter-Geschäftsführer D, dass er aufgrund seiner Golfbegeisterung nur noch wenige Stunden im Betrieb anwesend sein könne. Das Finanzamt behandelt die Geschäftsführervergütung zeitanteilig als verdeckte Gewinnausschüttung, so dass sich eine Körperschaftsteuer- und Gewerbesteuererhöhung ergibt. Die zu viel entrichtete Lohnsteuer wird G erstattet.

405   Vor den Entscheidungen *BFH* BStBl. 1984 II 723 und 1985 II 345 wurde in der Literatur häufig die Vereinbarung von statutarischen Steuerklauseln (**Satzungsklauseln**) empfohlen, die – analog zu § 62 AktG – den Organen der Gesellschaft uneingeschränkt jede verdeckte Gewinnausschüttung untersagten und im Falle des Verstoßes eine Ausgleichsverpflichtung des begünstigten Gesellschafters verankerten (vgl. *Döllerer* DStR 1980, 399; *Theisen* GmbHR 1980, 1193; *Spiegelberger* MittBayNot 1982, 8). Da der *BFH* jedoch in den genannten Urteilen eine **Bilanzberichtigung** aufgrund einer Steuerklausel **ablehnt** und selbst dem gesetzlichen Rückforderungsanspruch gem. §§ 30, 31 GmbHG den Charakter einer (verdeckten) Einlage zumisst, können durch Satzungsklauseln **verdeckte Gewinnausschüttungen nicht rückgängig gemacht werden**. *Hoffmann* (GmbHStB 2010, 181) empfiehlt derartige Satzungsklauseln aus allen Gesellschaftsverträgen zu entfernen, da sie steuerlich nichts bringen und wirtschaftlich Schaden anrichten könnten.

406   M.E. sind Steuer- oder Satzungsklauseln jedoch aus **zivilrechtlichen** Gründen weiterhin sinnvoll. Für eine Rückabwicklung einer verdeckten Gewinnausschüttung zu Lasten des begünstigten Gesellschafters gibt es nämlich keine zivilrechtliche Grundlage (vgl. GmbH-StB 2001, 66). Der Gesellschafter-Geschäftsführer, der eine verdeckte Gewinnausschüttung „provoziert", im Beispielsfall durch die Schilderung seiner Golfbegeisterung, ist begünstigt, weil er den unangemessen erhaltenen Mehrbetrag nur im Teileinkünfteverfahren versteuern muss, während die Kapitalgesellschaft selbst die volle Ertragsteuerbelastung zu tragen hat. Im Beispielsfall ergibt sich in der Regel eine Lohnsteuererstattung. Jedenfalls bei provozierten verdeckten Gewinnausschüttungen besteht ein legitimes Interesse der übrigen Gesellschafter auf Erstattung der unangemessenen Leistungsvergütungen. Empfohlen werden kann eine Steuerklausel, wonach bei der Aufdeckung einer verdeckten Gewinnausschüttung durch die Betriebsprüfung – zum Schutz von Minderheitsgesellschaftern – eine Reduzierung der vereinbarten Leistungsvergütung – jedenfalls für die Zukunft – auf das angemessene Maß verlangt werden kann.

H. Grundzüge der steuerlichen Vertragsgestaltung

3. Ausgleichsklauseln bei Gesellschafterwechsel

Literatur: *Carlé*, Ausgleichsklauseln bei Gesellschafterwechsel, NWB 2009, 2967; *Schildknecht/Riehl*, Untergang von Verlust- und Zinsvorträgen bei Gesellschafterwechsel in der Kapitalgesellschaft – Ausgestaltung und Quantifizierung des Ausgleichsanspruchs, DStR 2009, 117.

a) Verlustabzug

Literatur: *Graf/Bisle*, Neukonzeption der Verlustabzugsbeschränkung bei Körperschaften durch § 8c KStG, FS Spiegelberger, 2009, S. 159.

Der Verlustabzug bei Körperschaften geht gem. § 8c I 1 KStG teilweise verloren, wenn innerhalb von fünf Jahren mittelbar oder unmittelbar mehr als 25% des gezeichneten Kapitals an einen Erwerber oder diesem nahestehende Personen übertragen wird oder ein vergleichbarer Sachverhalt vorliegt (schädlicher Beteiligungserwerb). Bei einer Übertragung in der vorbezeichneten Weise von mehr als 50% sind nicht genutzte Verluste gem. § 8c I 2 KStG vollständig nicht mehr abziehbar. Die Vorschrift ersetzt den früheren § 8 IV KStG, der den Handel mit wertlosen GmbH-Mänteln unterbinden wollte, um den Verlustvortrag dieser Gesellschaften durch Fortführung mit neuem Betriebsvermögen zu nutzen. Gem. § 8c I a KStG tritt der Verlustabzug nicht ein, wenn ein Beteiligungserwerb zum Zwecke der **Sanierung** des Geschäftsbetriebs erfolgt. **407**

b) Zinsschranke

§ 4h I EStG enthält eine Zinsschranke, wonach Zinsaufwendungen eines Betriebs in Höhe des Zinsertrags abziehbar sind, darüber hinaus nur bis zur Höhe des verrechenbaren EBITDA. Soweit das verrechenbare EBITDA die um die Zinserträge geminderten Zinsaufwendungen des Betriebs übersteigt, ist es in die folgenden fünf Wirtschaftsjahre vorzutragen. Gem. § 4h V EStG geht bei Aufgabe oder Übertragung des Betriebs ein nicht verbrauchter EBITDA-Vortrag und ein nicht verbrauchter Zinsvortrag unter. Scheidet ein Mitunternehmer aus einer Gesellschaft aus, gehen der EBITDA-Vortrag und der Zinsvortrag anteilig unter. Die Zinsschranke findet gem. § 4h EStG II 1a keine Anwendung, wenn der Betrag der Zinsaufwendungen, soweit er den Betrag der Zinserträge übersteigt, weniger als 3 Mio. EUR beträgt. Die Zinsschranke ist daher nur bei Großbetrieben von Bedeutung. **408**

c) Gestaltungsvorschlag

Ein schädlicher Beteiligungserwerb kann bei GmbHs durch eine Vinkulierungsklausel gem. § 15 V GmbHG vermieden werden. Bei einer Personengesellschaft sieht die gesetzliche Regelung ohnehin vor, dass nur mit Zustimmung der übrigen Gesellschafter ein Personengesellschaftsanteil übertragen werden kann. **409**

Um für den Fall der Zustimmung zur Abtretung eines Geschäftsanteils die Gesellschaft vor Schaden zu bewahren, empfiehlt sich in Anlehnung an *Carlé* (NWB 2009, 2967) folgende Formulierung: **410**

> **Formulierungsbeispiel: Schadensausgleichsverpflichtung** **411**
>
> Jeder Gesellschafter, der ganz oder zum Teil einen schädlichen Beteiligungserwerb i. S. d. § 8c KStG auslöst, ist verpflichtet, den auf seinen Geschäftsanteil entfallenden Anteil an dem der Gesellschaft entstehenden Schaden auszugleichen. Im Falle eines schädlichen Erwerbs sämtlicher Anteile durch einen Erwerber entsteht keine Ausgleichsverpflichtung.
> (nach *Carlé* NWB 2009, 2967)

4. Umsatzsteuerklauseln

Literatur: *Heinrichshofen,* Notwendigkeiten von Umsatzsteuerklauseln bei Verträgen über die Ausgabe, Abtretung u. a. von Gesellschaftsanteilen, FS Spiegelberger, S. 198.

412 Aufgrund mehrerer Entscheidungen des *EuGH* (UR 2003, 443 und 2005, 382) sowie der Nachfolgeentscheidung des *BFH* (BStBl. 2004 II 1022) besteht das allgemeine Verständnis, dass das bloße Erwerben, Halten und Veräußern von gesellschaftsrechtlichen Beteiligungen grundsätzlich keine unternehmerische Tätigkeit begründet (vgl. *Heinrichshofen,* FS Spiegelberger, S. 198, 199). Auch die Ausgabe von Anteilen ist kein steuerbarer Umsatz bzw. fällt nicht in den Anwendungsbereich des Mehrwertsteuerrechts. Lediglich der Verkauf von Beteiligungen eines gewerblichen Wertpapierhändlers bei Vorliegen der weiteren Voraussetzungen ist umsatzsteuerbar (vgl. *EuGH* UR 2004, 292). Im Bereich des Vertriebs von Beteiligungen werden häufig Vermittler eingeschaltet. Die Finanzverwaltung sieht in der Vermittlung der Anteile steuerbare, aber steuerfreie Umsätze gem. § 4 Nr. 8 Buchst. f UStG (vgl. Abschn. 66 V UStR).

413 Da nach Auffassung der Finanzverwaltung die Übertragung von Anteilen im Konzern umsatzsteuerbar ist und die umsatzsteuerliche Beurteilung der Sacheinlagen von Gesellschaftern offen ist, empfiehlt *Heinrichshofen* (FS Spiegelberger, S. 209) Umsatzsteuerklauseln.

5. Steuerübernahmeklausel

414 Eine besondere Form der Lückenhaftigkeit ist gegeben, wenn eine Steuerübernahmeklausel fehlt oder ungenau gefasst ist. Derartige vertragliche Lücken belasten den Fiskus in keiner Weise, da das jeweilige Steuergesetz in jedem Fall den Steuerpflichtigen bestimmt. Diese Rechtsfolge entspricht aber nicht immer dem Willen der Beteiligten. Meist ist die fehlende Steuerübernahmeklausel eine Folge davon, dass das Entstehen bestimmter Steuern von den Beteiligten und dem Notar überhaupt nicht erkannt wurde.

> **Praxishinweis:**
>
> Zu weit gefasste Steuerübernahmeklauseln, z. B. „die durch diese Urkunde entstehenden Steuern trägt der Erwerber", führen in der Regel zu Streit. Der Erwerber übernimmt regelmäßig nur die Verkehrssteuern, nicht etwa eine private Veräußerungssteuer gem. § 23 EStG.

6. Betriebsprüfungsklausel

Beispiel: Gesellschafter G scheidet im Streit aus der Gesellschaft aus. Um eine möglichst hohe Abfindung zu erreichen, erzwingt G durch gezielte Informationen, dass das Betriebsfinanzamt eine Betriebsprüfung durchführt.

a) Ertragsteuern

415 Bei Gesellschaftsverträgen, die zur Berechnung des **Ausscheidungsguthabens** auf steuerliche Anteilsbewertungen, z. B. nach dem – früher häufig verwendeten – **Stuttgarter Verfahren,** dem **vereinfachten Ertragswertverfahren gem. § 199 BewG** oder dem **Buchwert,** Bezug nehmen sowie bei Geschäftsführerverträgen, die die **Tantieme** an dem betrieblichen Gewinn messen, besteht die Gefahr, dass bei Betriebsprüfungen Änderungen der Bemessungsgrundlagen eintreten, so dass sich steuerliche **Nachzahlungen** ergeben.

416 Der **Ausschluss** von zivilrechtlichen **Ausgleichsansprüchen** im Falle einer Betriebsprüfung trägt zum **Rechtsfrieden** bei, da für ausscheidende Gesellschafter kein Anreiz geschaffen wird, Anzeigen bei den Finanzbehörden (mit Straffreiheit für den Anzeigenden!)

H. Grundzüge der steuerlichen Vertragsgestaltung

zu erstatten und sich selbst aus der angezeigten strafbaren Handlung einen Vorteil zu verschaffen.

Bei der Übertragung von Einzelunternehmen oder Personengesellschaftsanteilen im Wege der vorweggenommenen Erbfolge sollte im Allgemeinen eine Betriebsprüfungsklausel vereinbart werden; sofern jedoch ein **negatives Kapitalkonto** des Übergebers besteht, führt die Übernahme privater Steuerschulden durch den Erwerber zur Aufdeckung der stillen Reserven (vgl. *BFH* DStR 1993, 716; BMF-Schreiben BStBl. 1993 I 80 Tz. 31; *Spiegelberger*, Unternehmensnachfolge, § 4 Rn. 136 ff.).

b) Erbschaftsteuer

Der Übergang eines Gesellschaftsanteiles mit einer Vergütung unter dem bewertungsrechtlichen Wert führt z. B. zu einer schenkungsteuerlichen oder erbschaftsteuerlichen Erfassung gem. § 7 VII oder § 3 I Nr. 2 S. 2 und 3 ErbStG. Die Finanzverwaltung gewährt für die den verbleibenden Gesellschaftern anwachsende Bereicherung die Vergünstigungen des § 13a und 13b ErbStG.

III. Regelung sämtlicher Steuerfolgen

Ungewollte Steuerfolgen können sich aus der **Lückenhaftigkeit** der vertraglichen Regelung ergeben, insbesondere wenn aus der Urkunde wesentliche Grundlagen für die Besteuerung oder steuerliche Tatbestandsmerkmale nicht ersichtlich sind.

IV. Steuerlicher Belastungsvergleich

Wenn die Beteiligten auf die steuerlichen Auswirkungen einer Urkunde ersichtlich Wert legen, sollte der Steuerberater der Beteiligten vorab in einem Steuerbelastungsvergleich alle Steuerauswirkungen auf sämtlichen Steuerebenen ermitteln, insbesondere also die
– ertragsteuerlichen (Einkommensteuer, Körperschaftsteuer, Gewerbesteuer) und die
– verkehrsteuerlichen (Umsatzsteuer, Grunderwerbsteuer, Erbschafts- und Schenkungsteuer)
Auswirkungen feststellen.

Einzelnen beabsichtigten Steuervorteilen können erhebliche Nachteile auf einer anderen Steuerebene gegenüberstehen.

Sofern eine Sachverhaltsanalyse ergibt, dass der bestehende Rechtszustand zu steuerlich ungünstigen Ergebnissen führt, kann eine Umstrukturierung von Interesse sein.

V. Heilung von steuerlichen Mängeln

Während man zivilrechtlich nicht gewollte Auswirkungen eines Rechtsgeschäftes relativ einfach durch einen Urkundennachtrag beseitigen kann, wenn Einverständnis unter den Beteiligten besteht, ist die Möglichkeit der Korrektur von steuerlichen Mängeln relativ gering. Zumindest müssen gefährliche Klippen umschifft werden.

1. Rückwirkende Korrekturen

Wegen der Unabänderlichkeit eines einmal entstandenen Steueranspruchs ist eine Änderung mit Rückwirkung grundsätzlich ausgeschlossen und ausnahmsweise nur in den oben Rn. 239 ff. dargelegten engen Grenzen zulässig. Bei Rechtsprechungsänderungen ergehen meist Übergangserlasse der Finanzverwaltung, die teils die **Anpassung** an die neue Rechtslage (vgl. II. Nießbrauchserlass BStBl. 1984 I 561 Tz. 61, teils die **Fortgeltung** der bisherigen Regelung (vgl. *BMF* IV. Rentenerlass BStBl. 2010 I 227 Tz. 81) zum Gegenstand haben.

2. Steuerneutrale Rückabwicklung von Schenkungen

a) Rückabwicklung vor Vollzug

425　Da der Schenkungsteueranspruch erst nach Eintritt der Bereicherung entsteht (vgl. § 9 Nr. 2 ErbStG, ist eine steuerliche **Rückabwicklung** nach Auffassung des *BFH* (ZEV 2002, 518) bis **zum grundbuchamtlichen Vollzug** einer Grundstücksschenkung möglich (vgl. oben Rn. 222 f.).

b) Rücktritts- und Widerrufsrechte

426　Sofern die Vertragsteile die entstandene Schenkungsteuer rückwirkend beseitigen wollen, ist zu prüfen, ob **zivilrechtliche Rückgewähransprüche**, insbesondere aufgrund der Bestimmung des § 29 ErbStG, bestehen.

427　Der vorsorglichen **Vereinbarung** von **Widerrufs- und Rücktrittsrechten** kommt auch wegen der Erweiterung des Handlungsspielraums der Beteiligten in der kautelarjuristischen Praxis eine große Bedeutung zu (vgl. *Spiegelberger* MittBayNot 2000, 1; *Kamps* ErbStB 2003, 70). Ein Rücktrittsrecht kann selbst für den Fall vereinbart werden, dass bei einem Rechtsgeschäft unerwartete Schenkungsteuern anfallen (vgl. *Schotthöfer* DB 2003, 1409, 1412; *Viskorf/Knobel*, 4. Aufl. 2012, § 29 ErbStG Rn. 20). Ein **nach** Abschluss des Schenkungsvertrages vereinbartes Rücktrittsrecht ist ohne steuerliche Bedeutung (vgl. *Meincke* ErbStG § 29 Rn. 7; *Jülicher* DStR 1998, 1984).

428　Ist das Bestehen eines **Rückübertragungsanspruches zweifelhaft**, sollte die Rückübertragung ihrerseits unter einem vertraglichen Widerrufsvorbehalt oder einer auflösenden Bedingung vorgenommen werden (vgl. *Kamps* FR 2001, 719; *Wachter* ZEV 2002, 179; zur Rückgängigmachung von Schenkungen wegen Störung der Geschäftsgrundlage vgl. *Fuhrmann* ErbStB 2003, 17).

429　Zur Rückabwicklung bei unrichtigen Steuerauskünften vgl. oben Rn. 273 f. Zur Steuerpflicht bei Verzicht auf ein vorbehaltenes oder unentgeltlich eingeräumtes Nutzungsrecht vgl. *Ziegeler* DB 1998, 1056; *BFH* DStR 1999, 21 und unten Rn. 433 f.

3. Änderungen mit Wirkung für die Zukunft

a) Einseitige Rechtsgeschäfte

430　Sofern das zugrunde liegende Rechtsverhältnis keine gegenseitigen, sondern nur **einseitige** Leistungs- oder Duldungsverpflichtungen beinhaltet, kommt eine Änderung für die Zukunft in Betracht. Auch bei einem **Zuwendungsnießbrauch**, für den die gesetzlichen Bestimmungen gelten und der damit eine steuerschädliche Lastenverteilungsregelung beinhaltet (vgl. *Spiegelberger* in: Münchener Vertragshandbuch, 7. Aufl. 2014, Recht II Form. VI 2 Anm. 13.3), kann diese mit Wirkung für die Zukunft geändert werden.

b) Gegenseitige Verpflichtungen

431　Selbst bei auf gegenseitigen Verpflichtungen beruhenden Rechtsgeschäften wurde die Abänderung von **Nebenbestimmungen** mit Wirkung für die Zukunft für zulässig erachtet, beispielsweise die Änderung der Lastenverteilung bei einem Vorbehaltsnießbrauch (vgl. *Korn* KÖSDI 1984, 5372).

432　Ganz anders verhält es sich bei grundlegenden Veränderungen **gegenseitiger** Leistungsverpflichtungen, die eine Umqualifizierung darstellen (vgl. *Spiegelberger* MittBayNot 1984, 237). Entgeltliche Rechtsgeschäfte können nicht in unentgeltliche umgestaltet werden.

H. Grundzüge der steuerlichen Vertragsgestaltung

4. Ablösung von Nutzungsrechten

a) Nießbrauchrechte

Literatur: LfStBayern, Ertragsteuerliche Behandlung einer entgeltlichen Ablösung eines Vorbehaltsnießbrauchs beim Übernehmer, DStR 2011, 312; *Meyer/Ball,* Die entgeltliche Ablösung des Vorbehaltsnießbrauchs an Immobilien, DStR 2011, 1211; gleichlautende Erlasse der Länder, Einräumung eines Nießbrauchsrechts, Überlassung der Ausübung des Nießbrauchs oder Verzicht auf einen Nießbrauch ..., BStBl. 2012 I 1101.

Von der steuerlich irrelevanten Änderung abgeschlossener Verträge ist die **Ablösung** 433 von – obligatorischen oder dinglichen – Rechten mit Wirkung für die Zukunft zu unterscheiden.

Zutreffend weist der *BFH* (DB 1993, 816) darauf hin, dass der **Verzicht** auf einen 434 **Vorbehaltsnießbrauch** Gegenstand eines **entgeltlichen** Vertrages und damit einer entgeltlichen Vermögensumschichtung im privaten Bereich oder eine **Vermögensübergabe gegen Versorgungsleistungen** sein kann. Der Vorbehaltsnießbrauch ist ein vermögenswerter Gegenstand des Rechtsverkehrs, ebenso wie das belastete Vermögen selbst.

Die entgeltliche Abfindung, die der Erwerber zahlt, stellt einen Anschaffungsaufwand 435 dar mit AfA-Berechtigung. Beim Nießbrauchsberechtigten – dem früheren Eigentümer – betrifft die Abfindungszahlung die private Vermögensebene, so dass nicht etwa künftig eingehende Mieteinnahmen gem. § 24 EStG zu versteuern wären (vgl. *BFH* BStBl. 1990 II 1026; *FG München* EFG 2007, 1603; *Meyer/Ball* DStR 2011, 1211, 1215).

b) Wohnungsrechte

Zahlungen zur **Ablösung** eines dinglichen **Wohnungsrechtes** stellen nach Auffassung 436 des *BFH* (BStBl. 1993 II 488) grundsätzlich nachträgliche Anschaffungskosten des Grundstückseigentümers dar (vgl. hierzu *Spiegelberger*, Vermögensnachfolge, § 5 Rn. 79); im Einzelfall kann die Ablösung eines dinglichen Wohnungsrechtes gegen Zahlung einer dauernden Last und Vereinbarung eines lebenslangen Mietvertrages nach Auffassung des *BFH* (MittBayNot 1994, 362) rechtsmissbräuchlich sein (ebenso *BFH* DStRE 2004, 454). Hingegen stellt es keinen Gestaltungsmissbrauch i.S.v. § 42 AO dar, wenn auf die Ausübung eines im Zusammenhang mit einer Grundstücksübertragung eingeräumten unentgeltlichen Wohnungsrechts verzichtet und stattdessen zwischen dem Übertragenden und dem neuen Eigentümer des Grundstücks ein Mietvertrag geschlossen wird; der Fortbestand des dinglichen Wohnungsrechtes allein hindert die Wirksamkeit des Mietvertrages nicht (vgl. *BFH* ZEV 2004, 214).

5. Auslösung eines neuen Steuertatbestandes

Nicht übersehen werden darf, dass die Änderung und **Aufhebung** eines **Vertragsver-** 437 **hältnisses** wiederum einen neuen Steuertatbestand erfüllen kann. Die Aufhebung einer als steuerschädlich erkannten vorweggenommenen Erbfolge stellt steuerlich nicht etwa die Rückgängigmachung des ursprünglichen Erwerbes dar, sondern führt nach der steuerpflichtig vereinbarten Schenkung des Anwesens zu einer **Rückschenkung**, die wiederum der Schenkungsteuer unterliegt, wobei die unentgeltliche Rückübertragung an Verwandte in aufsteigender Linie wegen der geringeren Freibeträge und der höheren Steuerprogression in der Steuerklasse II erheblich ins Gewicht fällt.

6. Stufenweise Rückabwicklung

Berücksichtigt man, dass nicht nur die Vereinbarung eines Rechtsverhältnisses, son- 438 dern auch die Aufhebung desselben einen Steuertatbestand darstellt, kann die erstrebte Rückabwicklung u.U. nur stufenweise vollzogen werden, um unerwünschte Steuerfolgen zu vermeiden. Wenn Unternehmerehegatten, die voreilig **Gütergemeinschaft** vereinbart haben, den gesetzlichen Güterstand oder Gütertrennung vereinbaren und das Gesamtgut in der Weise auseinander setzen, dass der Ehemann den eingebrachten Betrieb und die Ehefrau das Wohnhaus je zum Alleineigentum erhalten, kann die Übertragung des Mitunternehmeranteils Zug um Zug gegen die Einräumung des Alleineigentums am steuerlichen Privatvermögen ein **Veräußerungsgeschäft** im Sinn des § 16 I Nr. 2 EStG darstellen (vgl. *Stuber* BB 1969, 715). In dem geschilderten Fall stellt das Alleineigentum an dem Wohnhaus die Gegenleistung für die Übertragung des Mitunternehmeranteiles dar (vgl. *Thoma* DStR 1980, 279).

439 Dieser Konsequenz kann man entgehen, wenn voneinander unabhängige **unentgeltliche** Übertragungen mit einer sehr erheblichen zeitlichen Distanz von mindestens fünf Jahren durchgeführt werden. Für die Zwischenzeit kann der benachteiligte Ehegatte durch ehe- und erbvertragliche Regelungen gesichert werden.

440 Die einzelnen **Abwicklungsstufen** können der Besteuerung nur zugrunde gelegt werden, wenn den einzelnen Teilschritten eine **eigene wirtschaftliche Bedeutung** zukommt und die stufenweise Regelung keinen Gestaltungsmissbrauch gem. § 42 AO darstellt (so zutreffend *Strahl* KÖSDI 2003, 13921). Wenn jedem Ehegatten bis zur Gesamtbereinigung ein Spielraum hinsichtlich der rechtlichen Dispositionen verbleibt, also jeder die Rechtsmacht hat, ohne Mitwirkung des anderen beliebig zu verfügen, und ein enger zeitlicher Zusammenhang vermieden wird, scheidet eine Beurteilung als Gestaltungsmissbrauch oder als Gesamtplan aus, da es an der Beherrschbarkeit des Gesamtgeschehens fehlt (vgl. *Spindler* DStR 2005, 1, 4).

441 Die Finanzverwaltung hat ähnliche Ausweichgestaltungen bei **Umwandlung einer Erbengemeinschaft** in eine Bruchteilsgemeinschaft innerhalb eines Zeitraumes von drei Jahren noch als rechtliche Einheit betrachtet (vgl. Abschn. 44 I EStR 1984); einzelne **Teilerbauseinandersetzungen** mit Abfindungszahlungen werden gem. *BMF* (BStBl. 2006 I 253 Tz. 58) der Besteuerung nur zugrunde gelegt, wenn ein Zeitraum von mehr als fünf Jahren vergangen ist. Teilschritte sind bei eigenständiger wirtschaftlicher Bedeutung der Teilschritte kein Missbrauch (*BFH* BStBl. 2003 II 53).

7. Unheilbare Mängel

> **Beispiel:** Die gesellschaftsvertraglich vereinbarte Gewinnbeteiligung der Komplementär-GmbH einer GmbH & Co. KG wird durch Gesellschafterbeschluss für die Zukunft reduziert.

442 Nicht selten muss die gewünschte Änderung einer steuerungünstigen Regelung deswegen unterbleiben, weil der mit der Änderung eintretende Steuertatbestand zu noch ungünstigeren Rechtsfolgen führt. Wird bei einer GmbH & Co. KG die **Gewinnverteilungsabrede** in der Weise geändert, dass die Gewinnanteile der Kommanditisten erhöht und der Gewinnanteil der GmbH vermindert werden, weil die üppig bemessene Gewinnbeteiligung der Komplementär-GmbH zu einem riesigen Verwaltungsvermögen führt, so ist die Zustimmung der GmbH zu dieser Vertragsänderung nur dann keine **verdeckte Gewinnausschüttung,** wenn ein ordentlicher und gewissenhafter Geschäftsleiter der Änderung zugestimmt hätte. Im Entscheidungsfall lag keine verdeckte Gewinnausschüttung vor, weil sich der der GmbH verbleibende Gewinnanteil immer noch als hochwertig darstellte und weil die GmbH nach den Umständen des Einzelfalles bei einem Ausscheiden der Kommanditisten durch Kündigung außerstande gewesen wäre, das Unternehmen mit ähnlichem Erfolg allein fortzuführen (vgl. *BFH* BStBl. 1977 II, 477 und 504). Die GmbH & Co. KG konnte ohne die Patente, die die Kommanditisten kurzfristig kündbar zur Nutzung überlassen hatten, den Geschäftsbetrieb nicht fortführen. Fehlen derartige wirtschaftliche Gesichtspunkte, liegt in der Zustimmung zur Gewinnverteilungsänderung eine verdeckte Gewinnausschüttung. Abhilfe kann allenfalls durch einen Liquidationsbeschluss und Neugründung unter Beteiligung anderer Gesellschafter geschaffen werden.

F. Vollmacht

Dr. Wolfgang Reetz

Übersicht

	Rn.
I. Grundsätze	1–38a
1. Allgemeines	1–23
2. Inhalt und Umfang der Vollmacht	24–31
3. Gesamtvertretung	32
4. Sonderfall: Bevollmächtigung und Verbraucherverträge	33–38a
II. Form der Vollmacht	39–55
1. Grundsatz der Formfreiheit	39, 40
2. Ausnahme: Formerfordernis nach § 311b I BGB	41–50
3. Formerfordernis in weiteren Ausnahmefällen	51
4. Verfahrensrechtliches Formerfordernis, § 29 I (§ 30) GBO; § 12 HGB; Vollstreckungsrecht	52, 53
5. Im Ausland erteilte Grundstücksvollmacht	54, 55
III. Untervollmacht	56–62
IV. Vollmacht „über den Tod hinaus" oder „auf den Todesfall"	63–77
1. Grundsätze und Funktion	63–76
2. Verstärkung der Vollmacht auf den Todesfall	77
V. Vertretungsbeschränkungen durch § 181 BGB	78–90
1. Grundsätze	78–85
2. Rechtsfolgen eines Verstoßes; Genehmigung	86, 87
3. Befreiung von den Beschränkungen	88–90
VI. Erlöschen der Vollmacht	91–110
1. Beendigung des zugrunde liegenden Rechtsverhältnisses	92
2. Widerruf der Vollmacht	93–96
3. Erledigung	97
4. Einseitiger Verzicht des Bevollmächtigten	98
5. Tod oder dauernde Geschäftsunfähigkeit des Bevollmächtigten	99
6. Tod oder dauernde Geschäftsunfähigkeit des Vollmachtgebers	100
7. Umwandlungsrechtliche Maßnahmen	101–105
8. Sonstige Fälle	106–110
VII. Arten und Inhalte von Vollmachten	111–139
1. Generalvollmachten	111–116
2. Spezial-, Art- und Gattungsvollmachten	117–133
3. Vollmachten mit gesetzlich definiertem Umfang	134–139
VIII. Nachweis der Vollmacht	140–152
1. Nachweis der erteilten Vollmacht	140–147
2. Nachweis der fortbestehenden Vollmacht	148–150
3. Besondere Mitteilung nach § 171 I 1 BGB (Angestelltenvollmacht)	151, 152
IX. Internationale Vollmachten	153–155
X. Vorsorgevollmacht und Patientenverfügung	156–205
1. Vorsorgevollmacht (auch als Teil einer Generalvollmacht)	156–186
2. Patientenverfügung	187–204
3. Annex: Betreuungsverfügung	205

Literatur: *Amann,* Die Reichweite transmortaler und postmortaler Vollmachten unabhängig von Erbfolge und Testamentsvollstreckung, MittBayNot 2013, 367, 371; *Basty,* Vollmachten zur Änderung von Teilungserklärung/Gemeinschaftsordnung, NotBZ 1999, 233; *Baetzgen,* Insichgeschäfte im Gesellschaftsrecht, RNotZ 2005, 193; *Böttcher,* Vertretung bei der notariellen Beurkundung von Verbraucherverträgen, BWNotZ 2003, 49; *Bous,* Fortbestand und Rechtsschein der Untervollmacht trotz Wegfalls der Hauptvollmacht, RNotZ 2004, 483; *Brambring,* Sperrfrist für Beurkundungstermine, ZfIR 2002, 597; *Brenner,* Die Rechtsscheinhaftung des Vertretenen bei Aushändigung und Vorlage der Vollmacht im Sinne von § 172 Abs. 1 BGB, BWNotZ 2001, 186; *Carlé,* Die Vorsorgevollmacht in der Beratungspraxis, ErbStB 2008, 156; *Heckschen/Kreußlein,* Vorsorgevollmachten und

Satzungsgestaltung im GmbH-Recht, NotBZ 2012, 321; *v. Heynitz,* Belehrungen bei Vollmachten – auch für Bevollmächtigte?, MittBayNot 2003, 269; *Joussen,* Die Generalvollmacht im Handels- und Gesellschaftsrecht, WM 1994, 273; *Kanzleiter,* Formfreiheit der Vollmacht zum Abschluss eines Ehevertrags?, NJW 1999, 1612; *Keim,* Die Vollmacht über den Tod hinaus bei Vor- und Nacherbschaft, DNotZ 2008, 175; *ders.*, Widerruf wechselbezüglicher Verfügungen eines gemeinschaftlichen Testamentes auch gegenüber dem Bevollmächtigten des anderen Ehegatten? ZEV 2010, 358; *Kuhn,* Vollmacht und Genehmigung bei Grundstückskaufvertrag, RNotZ 2001, 305; *Langenfeld,* Vorsorgevollmacht und Patientenverfügung: Weniger Freiheit, mehr Rechtssicherheit, ZEV 2003, 449; *ders.*, Die Vorsorgevollmacht des Unternehmers, ZEV 2005, 52; *Maaß,* Zulässigkeit der Bestellung von Finanzierungsgrundschulden durch Notariatsangestellte aufgrund einer Belastungsvollmacht in Verbraucherverträgen, insbesondere: Ist eine „gestaffelte" Vollmacht auf den Bürovorsteher zulässig?, ZNotP 2004, 216; *Mehler,* Interdisziplinäres Fachsymposium zum Thema „Vorsorgevollmacht", MittBayNot 2000, 16; *Melchior,* Vollmachten bei Umwandlungsvorgängen – Vertretungshindernisse und Interessenkollisionen, GmbHR 1999, 520; *Merkel,* Die Anordnung der Testamentsvollstreckung – Auswirkungen auf eine postmortale Bankvollmacht?, WM 1987, 1001; *Müller/Renner,* Betreuungsrecht und Vorsorgeverfügungen in der Praxis, 3. Aufl. 2011; *Muschler,* Die vom Testamentsvollstrecker erteilte Vollmacht ZEV 2008, 213; *Neuhausen,* Rechtsgeschäfte mit Betreuten, RNotZ 2003, 157; *Perau,* Betreuungsverfügung und Vorsorgevollmacht, MittRhNotK 1996, 285; *Renner,* Der Widerruf von Vorsorgevollmachten, ZNotP 2004, 388; *Rösler,* Formbedürftigkeit der Vollmacht, NJW 1999, 1150; *Reymann,* Vorsorgevollmachten von Berufsträgern, ZEV 2005, 457; *ders.*, Vorsorgevollmachten von Berufsträgern: Gestaltungsoptimierung im Außenverhältnis, ZEV 2005,514; *ders.*, Vorsorgevollmachten von Berufsträgern: Bestandssicherung, Dritteinflussabwehr und Kontrolle, ZEV 2006, 12; *Rudolph/Melchior,* Vollmachten zur Handelsregister-Anmeldung bei Personengesellschaften, NotBZ 2007, 350; *Sauer,* Die Gestaltung des Innenverhältnisses von General- und Vorsorgevollmachten, RNotZ 2009, 79; *Schippers,* Vollmachtslose Vollmachtserteilung, DNotZ 1997, 683; *Schmidt,* Wirkung einer Erbschaftsausschlagung aufgrund Vorsorgevollmacht, insbesondere nach dem Tod des Vollmachtgebers, ZNotP 2008, 301; *Schmucker,* Bestellung von Finanzierungsgrundpfandrechten durch Vollzugsbevollmächtigte – ein Nachruf!, ZNotP 2003, 243; *Schütze,* Internationales Notarverfahrensrecht, DNotZ 1992, 66; *Sieghörtner,* Trans- und postmortale Vollmachten im deutsch-schweizerischen (Grundbuch-)Rechtsverkehr, ZEV 1999, 461; *Stiegeler,* Vollmachtsnachweise gegenüber dem Grundbuchamt, BWNotZ 1985, 129; *Weidlich,* Das Verhältnis von Testamentsvollstreckung und Vollmacht über den Tod hinaus und seine Behandlung im Grundbuchverfahren, MittBayNot 2013, 196; *Wolf,* Der Nachweis der Untervollmacht bei Notar und Grundbuchamt, MittBayNot 1996, 266.

I. Grundsätze

1. Allgemeines

a) Grundlagen

1 **aa) Vertreter mit Vertretungsmacht.** Die von einem Bevollmächtigten für den Vertretenen abgegebene oder entgegengenommene Erklärung **rechtsgeschäftlicher, rechtsgeschäftsähnlicher** oder **verfahrensrechtlicher Art** entfaltet unmittelbare Wirkung für und gegen den Vertretenen (§ 164 I 1, III BGB = Zurechnung), wenn

– **Vertretung zulässig** ist,
– sie im fremden Namen erfolgt (**Grundsatz der Offenkundigkeit** oder Offenheit),
– die **wirksam** (insb. formgültig) **erteilte Vollmacht** beim Vertreterhandeln **fortbesteht** und
– der **Umfang der Bevollmächtigung** das konkrete Vertreterhandeln deckt.

Bei Bevollmächtigung von **Minderjährigen** oder **beschränkt Geschäftsfähigen** ist § 165 BGB zu beachten.

2 Der Vertreter gibt im Rahmen der ihm erteilten **Vertretungsmacht** keine fremde (dann ggf. Bote), sondern eine eigene Willenserklärung ab. Deshalb kommt es für die Auslegung, die Behandlung von Willensmängeln, die Kenntnisnahme oder das Kennenmüssen auf die Person des Vertreters, nicht auf die des Vertretenen an (**Grundsatz der Repräsen-

I. Grundsätze

tation; § 166 I BGB – *BGH* NJW 2000, 2272). Auf die Kenntnis einer anderen Person kommt es nur dann an, wenn sie auf das Vertreterhandeln steuernd eingewirkt hat (§ 166 II BGB).

Der **Grundsatz der Offenkundigkeit** (vgl. § 164 II BGB) ist Grundlage der Unterscheidung zwischen Vertreter- und Eigengeschäft. Kein Vertreterhandeln ist dasjenige unter fremdem Namen. Gleiches gilt für die mittelbar Stellvertretung des Treuhänders und des sog. Strohmanns. Ein Ausnahmefall vom Grundsatz der Offenkundigkeit ist das Handeln für den, den es angeht. **Unternehmensbezogene Rechtsgeschäfte** werden im Zweifel im Namen des Unternehmensinhabers vorgenommen (*BGH* ZIP 2000, 972). Zur Wahrung der Offenkundigkeit sollen aus der notariellen Niederschrift über das Vertretergeschäft das Vertreterhandeln, der vertretene Beteiligte und das Vertretungsverhältnis wenigstens andeutungsweise hervorgehen, vgl. §§ 10, 12 BeurkG (*BGH* NJW 1996, 2792). Es ist möglich, den Vertretenen in der Niederschrift zunächst nicht zu bestimmen und dies dem Vertreter zu überlassen (*BGH* EWiR 1996, 445 m. Anm. *Brambring*). 3

Bei **verfahrensrechtlichem Vertreterhandeln** muss die Vertretungsmacht im Zeitpunkt des Wirksamwerdens der Erklärung vorliegen (*KG* DNotZ 1972, 615, 617), bei **rechtsgeschäftlichen Erklärungen** ist es umstritten, ob der Zeitpunkt der Abgabe oder des Zugangs (MünchKomm/*Schramm* § 177 Rn. 11) maßgeblich ist. § 130 I 2 BGB ist anwendbar. 4

Keine Vertretung ist möglich, wenn die Erklärung aufgrund gesetzlicher Anordnung oder der Sache nach nur **höchstpersönlich** vorgenommen werden kann: §§ 1311; 1596 IV; 1600a I; 1626c; 1750 III; 1752; 1760 V; 1901a I; 2064 (2254 i. V. m. 2064); 2256 II; 2274; 2282 I; 2296 I; 2347 II; 2351 BGB; § 1 LPartG; Abgabe **eidesstattlicher Versicherungen** nach § 2356 II BGB zur Erteilung eines Erbscheins oder Testamentsvollstreckerzeugnisses (a.A. wohl *Zimmer* ZEV 2013, 307, 310). Insbesondere bei den praxisrelevanten Fällen des **Pflichtteilsverzichts** (§ 2347 II BGB) als abstraktem erbrechtlichen Verfügungsgeschäfts unter Lebenden auf den Todesfall ist die rechtsgeschäftliche Vertretung des Erblassers ausgeschlossen (zuletzt *OLG Düsseldorf* ZEV 2011, 529 m. Anm. *Weidlich*). Die Pflicht zur Abgabe **höchstpersönlicher Versicherungen** bei bestimmten Anmeldungen zum Handelsregister ergibt sich aus §§ 8 II, III, 39 III, 57 II, 67 IV GmbHG, §§ 37 II, 81 III, 188 II, 266 III AktG, § 16 II 1 UmwG und gilt wohl auch für die „Offenlegungserklärung der wirtschaftlichen Neugründung" bei Wiederverwendung eines GmbH-Mantels (grundlegend BGHZ 155, 318, 324). Höchstpersönlichkeit gilt jedoch nicht für die gewohnheitsrechtlich anerkannte „**negative Abfindungsversicherung**" (hierzu *BGH* NotBZ 2006, 20) bei Sonderrechtsnachfolge in Kommanditanteile (wie hier *Waldner* Rpfleger 2002, 156; a.A. *OLG Zweibrücken* MittRhNotK 2000, 440; *Rudolph/Melchior* NotBZ 2007, 350, 351 f.). Keine Vertretung ist wohl möglich bei der Errichtung eines Pfändungsschutzkontos nach § 850k ZPO; Zweifel bestehen bei der Abgabe der Steuererklärung durch einen Bevollmächtigten (Münch/*Renner* § 16 Rn. 100 f. m.w.N.). 5

> **Praxishinweis Steuern:**
>
> Gem. § 150 III AO können eigenhändig zu unterzeichnende Steuererklärungen nur dann durch einen Bevollmächtigten unterzeichnet werden, wenn der Steuerpflichtige selbst die Unterschrift aufgrund seines körperlichen oder geistigen Zustands oder wegen längerer Abwesenheit nicht leisten kann. Ein solches Hindernis liegt auch vor, wenn der (einzige) organschaftliche Vertreter einer juristischen Person verstorben ist (*FG Hamburg* EFG 2006, 1137). Eine eigenhändige Steuererklärung i.S.v. § 150 III AO verlangt insbesondere § 25 III EStG für die Einkommensteuererklärung (bei Zusammenveranlagung für beide Ehegatten).

6 **Keine Höchstpersönlichkeit** gilt jedoch für die **Erbausschlagung** aufgrund einer Spezial-, General- bzw. Vorsorgevollmacht (verwirrend *OLG Zweibrücken* DNotZ 2008, 384 mit zutr. und klarstellender Anm. von *Müller*; siehe auch *Schmidt* ZNotP 2008, 301). Im Rahmen der wechselbezüglicher Bindung bei einem gemeinschaftlichen Testament soll allerdings nur der überlebende Ehegatte selbst zur Ausschlagung mit der in § 2271 II 1 BGB geregelten Wirkung berechtigt sein (MünchKomm/*Musielak* § 2271 Rn. 22; a.A. wohl *Zimmer* ZEV 2013, 307). Rechtsgeschäftliche und nicht nur gesetzliche Vertretung ist wiederum möglich bei der **Empfangnahme der Widerrufserklärung** (vgl. § 131 I BGB) **bei einem gemeinschaftlichen Testament** für den mittlerweile geschäftsunfähig gewordenen Ehegatten (*LG Leipzig* ZErb 2009, 360; *Keim* ZEV 2010, 358, 359; Bamberger/Roth/*Litzenburger* § 2271 Rn. 14c; a.A. *Damrau/Bittler* ZErb 2004, 77). Die Widerrufserklärung bedarf der notariellen Beurkundung (vgl. §§ 2296 II, 2271 I 1 BGB). Auch die Erklärung des **Rücktritts vom Erbvertrag** nach § 2296 II BGB kann gegenüber einem Bevollmächtigten des Vertragspartners zulässigerweise erfolgen. Anders als der gesetzliche Vertreter (z.B. Betreuer) kann der Bevollmächtigte von den Beschränkungen des § 181 BGB befreit werden. Die **Anordnung der Ausgleichung** von Zuwendungen nach § 2050 III BGB muss ebenfalls nicht höchstpersönlich erfolgen (DNotI-Report 2011, 43).

Sonderregelungen gelten nach §§ 1904, 1906 BGB wiederum für die Einwilligung, Nichteinwilligung oder den Abbruch ärztlicher Maßnahmen, sowie zu Erklärungen im Hinblick auf freiheitsentziehende oder -beschränkende Maßnahmen in Unterbringungs- oder unterbringungsähnlichen Situationen sowie ärztliche Zwangsbehandlungen (siehe hierzu Rn. 163 ff., 177 ff.). Höchstpersönlich hat allerdings die Errichtung einer **Patientenverfügung** zu erfolgen (§ 1901a I BGB).

7 Vertretung kann **rechtsgeschäftlich ausgeschlossen** („gewillkürte Höchstpersönlichkeit") oder beschränkt sein. Ein solcher Fall liegt vor, wenn Kreditinstitute mit Darlehensnehmern vereinbaren, dass die in Grundschuldbestellungsurkunden enthaltenen abstrakten Schuldanerkenntnisse und entsprechende Unterwerfungserklärungen nur persönlich abgeben werden dürfen (siehe auch *OLG Düsseldorf* ZIP 1995, 1376; DNotI-Report 1995, 161, 163) oder wenn in der Gemeinschaftsordnung der Wohnungseigentümer nur bestimmte Personen als Vertreter in der Eigentümerversammlung zugelassen werden (*BGH* NJW 1993, 1329). Beurkundet der Notar rechtsgeschäftliche Erklärungen unter **Missachtung eines bestehenden Vertretungsverbots**, ist das Rechtsgeschäft insgesamt endgültig und unheilbar nichtig; es bleibt lediglich die Möglichkeit der Wiedervornahme, eine Genehmigung scheidet hingegen aus.

8 **Unterwerfungserklärungen** unter die sofortige Zwangsvollstreckung (§§ 794 I Nr. 5, 800 ZPO) können im fremden Namen abgegeben werden, Vertretung und Vollmachtserteilung sind zulässig (vgl. Zöller/*Stöber* § 794 ZPO Rn. 29 f.) und in der notariellen Praxis – beispielsweise bei **Belastungsvollmacht zugunsten eines Grundstückskäufers** – weithin üblich (zur Belastungsvollmacht bei Grundstückskaufvertrag Kap. A I. Rn. 266 ff.). Vollmachten zur Abgabe einer Vollstreckungsunterwerfungserklärung unterliegen insoweit den **Regeln der Prozessvollmacht der §§ 78, 80 ff. ZPO** und nicht den materiell-rechtlichen Regelungen der §§ 164 ff. BGB (*BGH* DNotZ 1981, 738 und 2003, 694; vgl. auch *BGH* NotBZ 2006, 241; a.A. *Wolfsteiner,* Die vollstreckbare Urkunde, 2. Aufl. 2006 Rn. 12.41); die Rechtscheingrundsätze der §§ 171-173 BGB gelten nicht, eine Genehmigung kann hingegen nach § 89 ZPO erteilt werden.

Ein **Insolvenzverwalter**, der ausnahmsweise nicht im eigenen Namen, nämlich als Partei Kraft Amts, sondern atypisch im Namen des Insolvenzschuldners eine diesen treffende Unterwerfungserklärung abgibt, kann sich nicht auf § 80 InsO berufen; er soll einer gesonderten Vollmacht des Insolvenzschuldners bedürfen (*OLG Hamm* RNotZ 2013, 294).

Die den Personenkreis möglicher Vertreter einschränkenden § 79 ZPO und § 10 FamFG finden u.a. in diesem Zusammenhang auf das notarielle Beurkundungsverfahren, das gerade kein gerichtliches Erkenntnisverfahren darstellt, keine Anwendung (*Stöber* NotBZ 2008, 209, 212, noch zum FGG). Für das Beurkundungsverfahren gilt das Beur-

I. Grundsätze

kundungsgesetz (§ 1 I BeurkG), nicht die ZPO oder das FamFG. Aber selbst bei unterstellter Anwendbarkeit des § 79 ZPO und § 10 FamFG wäre eine aufgrund Vollmacht beurkundete Unterwerfungserklärung wohl nach § 79 III 2 ZPO bzw. § 10 FamFG wirksam, wenn der Notar die Abgabe der Vertretererklärung nicht zurückweist (zutreffend *LG Bielefeld* RNotZ 2008, 609; a. A. *LG Osnabrück* ZfIR 2009, 33).

Berechtigt eine Belastungsvollmacht den Käufer auch dazu, im Namen des Verkäufers und Noch-Eigentümers, **die Eintragung** des Grundpfandrechts und der Unterwerfung unter die sofortige Zwangsvollstreckung nach § 800 ZPO **zu bewilligen und zu beantragen**, werden solche Vertretererklärungen nicht gegenüber dem Notar als Erklärungsadressat, sondern gegenüber dem Grundbuchamt, also „*dem Gericht*" abgegeben. § 10 FamFG, der den Personenkreis zulässiger Vertreter ebenso wie § 79 ZPO einschränkt, ist allerdings im Zusammenhang mit der Erklärung der Bewilligung und der Antragstellung einschränkend dahingehend auszulegen, dass er gerade für grundbuchliche Eintragungsverfahren nicht anwendbar ist (vgl. *BNotK-Rundschreiben* 26/2008, Teil A. Ziffer III. 2.; *OLG München* FGPrax 2012, 194; *Meyer/Bormann* RNotZ 2009, 470, 472 – siehe auch Rn. 130). **9**

bb) Vertreter ohne Vertretungsmacht. Beurkundet der Notar die **Erklärungen eines Nichtberechtigten** bzw. **Vertreters ohne Vertretungsmacht** (Haftung: § 179 III 1 BGB; zu §§ 280 I, 311a II BGB vgl. *OLG Celle* RNotZ 2005, 301) und hängt die Wirksamkeit des Vertrages deshalb von der **Genehmigung** (auch „Nachgenehmigung" genannt; s. auch Rn. 86) des vollmachtlos Vertretenen ab (§ 177 I BGB), ist dieser Umstand in die notarielle Niederschrift aufzunehmen. Als Vertreter ohne Vertretungsmacht kann selbst ein tatsächlich Bevollmächtigter auftreten und auf diese Weise die Wirksamkeit des Vertrages von der Genehmigung des Vertretenen abhängig machen (*BGH* DNotZ 1968, 40). Immer hat der Notar die Beteiligten über das Genehmigungserfordernis durch den Vertretenen und über die Folgen einer Genehmigungsverweigerung aufzuklären (*BGH* DNotZ 1997, 62). Kennt der andere Vertragsbeteiligte, z. B. durch die Aufnahme in die notarielle Niederschrift, den Mangel der Vertretungsmacht, verliert er sein **Widerrufsrecht** gem. § 188 BGB. Ihm verbleibt das Recht, den vollmachtlos Vertretenen zur Erklärung über die Genehmigung aufzufordern (§ 177 II 1 BGB). **10**

Sind mehrere Personen Vertragspartner des vollmachtlos Vertretenen, so müssen diese sämtlich an der Aufforderung nach § 177 II 1 BGB mitwirken, wenn sich aus deren Innenverhältnis nicht etwas anderes ergibt (*BGH* NotBZ 2004, 229). Wird die Genehmigung nicht binnen zwei Wochen seit Empfang der Aufforderung erklärt, gilt sie als verweigert (§ 177 II 2 BGB). Vereinbaren die Beteiligten, dass die Genehmigungserklärung mit ihrem Zugang beim Notar wirksam werden soll, ist dessen Aufforderung zur Abgabe der Genehmigung im Rahmen seiner Vollzugstätigkeit regelmäßig keine **Aufforderung nach § 177 II BGB** (*BGH* DNotZ 2000, 402; vgl. auch *OLG Köln* NJW 1995, 1499). Dennoch sollte in der Urkunde klargestellt werden, dass der Vollzugsauftrag für den Notar bei vollmachtloser Vertretung eines Beteiligten nicht die Befugnis zur Aufforderung nach § 177 II BGB umfasst. **11**

Die **Verweigerung der Genehmigung** kann nicht widerrufen werden (*MünchKomm/Schramm* § 182 Rn. 21), es verbleiben die **Wiedervornahme** des endgültig unwirksam gewordenen Rechtsgeschäfts bzw. die **Bestätigung** des unwirksamen Rechtsgeschäfts durch alle Beteiligten in entsprechender Anwendung des § 141 I BGB (*BGH* DNotZ 2000, 288). Die Zulässigkeit der **Genehmigungserteilung unter einer Bedingung** oder Auflage wird überwiegend verneint (*Schöner/Stöber* Rn. 3550 m. w. N.). Die erteilte Genehmigung (Wirkung: § 184 II BGB) erfasst das Rechtsgeschäft im Ganzen, sofern sich nicht im Einzelfall aus dem Vertragsverhältnis ausnahmsweise etwas anderes ergibt (vgl. *OLG Hamm* DNotZ 2002, 266 für einen Unternehmenskauf in der Form eines asset deal). Eine **nachträgliche Vollmachtserteilung** ist als Genehmigung anzusehen (*LG Potsdam* NotBZ 2004, 38). **12**

13 Eine **vollmachtlose Vertretung ist ausgeschlossen bei einseitigen Rechtsgeschäften** und führt zur Nichtigkeitsfolge (§ 180 S. 1 BGB), wenn nicht ausnahmsweise ein Fall des § 180 S. 2 BGB vorliegt. Unwirksam soll insbesondere die Gründung der Ein-Personen-GmbH durch einen vollmachtlosen Vertreter sein (*LG Berlin* GmbHR 1996, 123). § 180 S. 1 BGB ist ebenso anwendbar auf amtsempfangsbedürftige einseitige Rechtsgeschäfte (MünchKomm/*Schramm* § 180 Rn. 4). In Verträgen durch einen vollmachtlosen Vertreter zugleich erteile Vollmachten (= einseitiges Rechtsgeschäfte) sind regelmäßig Fälle des § 180 S. 2 BGB und werden mit Genehmigung wirksam; dies betrifft auch Vollzugsvollmachten für die Angestellten des Notars. Auf **verfahrensrechtliche Anträge und Erklärungen**, die Vollstreckungsunterwerfung nach §§ 794 I Nr. 5, 800 ZPO (hier vorrangig § 89 ZPO) und **Bewilligungen** ist § 180 BGB nicht anwendbar (vgl. MünchKomm/*Schramm* § 180 Rn. 5 m.w.N.).

b) Vollmachtserteilung

14 Die **Vollmachtserteilung** ist ein einseitiges empfangsbedürftiges Rechtsgeschäft (vgl. § 168 S. 1 BGB), einer Annahme durch den Bevollmächtigten bedarf es nicht (*BGH* NJW-RR 2007, 1202, 1203). Die **erteilte Vollmacht**, die niemals verdrängend für den Vollmachtgeber wirkt, begründet als solche kein Schuldverhältnis. Sie ist **abstrakt** und deswegen von dem regelmäßig **zugrunde liegenden Rechtsverhältnis** (hierzu Rn. 17 ff.) genau zu unterscheiden; man spricht zu recht vom „**Grundsatz der Abstraktion**".

c) Innen- und Außenvollmacht, besondere Form der Mitteilung

15 Die Vollmacht kann von dem geschäftsfähigen Vollmachtgeber (hierzu Rn. 158 f.) nach § 167 I Alt. 1 oder 2 BGB als **Innen-** oder **Außenvollmacht** erteilt werden; es überwiegen Innenvollmachten. Die **nach außen kundgegebene Innenvollmacht** („besondere Form der Mitteilung", §§ 171 I, 172 BGB) steht der Außenvollmacht gleich (MünchKomm/*Schramm* § 167 Rn. 65 f.). Hierzu gehören vorgelegte Vollmachtsurkunden und in notariellen Niederschriften erteilte Vollmachten zur Abgabe rechtsgeschäftlicher oder verfahrensrechtlicher Vertretererklärungen durch Notarangestellte (**Angestelltenvollmacht** – siehe auch Rn. 129 ff.).

d) Bedingung und Befristung

16 Das Wirksamwerden oder Erlöschen einer Vollmacht kann durch den Vollmachtgeber bereits bei ihrer Erteilung und mit Wirkung im Außenverhältnis von kalendermäßig bestimmten **Anfangs-** und **Endterminen** oder **aufschiebenden** bzw. **auflösenden Bedingungen** abhängig gemacht werden. Im Grundbuchverfahren bedeutet dies, dass der Nachweis eines Bedingungseintritts ggf. in der Form des § 29 GBO geführt werden muss; das gelingt oftmals nicht. Vorzugswürdig ist es deshalb, schwierig nachzuweisende Bedingungen ausschließlich zu **Ausübungsbeschränkungen** der Vollmacht **im Innenverhältnis** zu machen (siehe Rn. 27 ff.). Nicht empfehlenswert ist eine Formulierung, wonach die Vollmacht mit dem Tod des Vollmachtgebers erlischt; sie sollte vielmehr als transmortale Vollmacht (hierzu Rn. 63 ff.) ausgestaltet sein. Im Zweifel könnte bei einer „Lebendbegrenzung" die Vorlage eines Lebensnachweises verlangt werden. Die Vollmacht, die *„mit Auflassung"* (richtigerweise: *„mit Vollzug der Auflassung"* oder *„mit Eigentumsumschreibung auf den Erwerber"*) erlischt, umfasst im Zweifel die in der gleichen Urkunde abgegebenen Erklärungen, die nicht die Auflassung betreffen (*BayObLG* Rpfleger 1986, 216; *Schöner/Stöber* Rn. 3555); die Begrenzung greift demnach zu kurz.

e) Zugrunde liegendes Rechtsverhältnis

17 Typische, der Erteilung einer Vollmacht **zugrunde liegende Rechtsverhältnisse** sind **Auftrag** (§§ 662 ff. BGB), **Geschäftsbesorgung** (§§ 675 ff. BGB), **Dienstvertrag** (§§ 611 ff.

I. Grundsätze

BGB) oder ein **Typenkombinationsvertrag** aus den vorgenannten Verträgen (ausführlich *Sauer* RNotZ 2009, 79). Abgrenzungsprobleme können zwischen einem (grds. unentgeltlichen) Auftrag und einem bloßen Gefälligkeitsverhältnis ohne Rechtsbindungswillen entstehen. Ein Rechtsbindungswille liegt nahe, wenn erkennbar ist, dass wesentliche Interessen wirtschaftlicher Art auf dem Spiel stehen. Ein besonderes Vertrauensverhältnis, insbesondere zwischen Ehegatten oder nahen Angehörigen, kann für ein **Gefälligkeitsverhältnis** ohne Rechtsbindungswillen sprechen (*OLG Brandenburg* ZEV 2013, 341). Der noch nicht vollzogene **Grundstückskaufvertrag** ist das zugrunde liegende Rechtsverhältnis für die in seinem Regelungszusammenhang erteilten Vollmachten. Insbesondere bei Vollmachtserteilung im Bereich von Unternehmen bzw. Gesellschaften kann das Grundverhältnis derart ausgestaltet werden, dass der Bevollmächtigte dauerhaft zur Vollmachtsausübung für den Geschäftsherrn bzw. den vertretenen Gesellschafter verpflichtet wird (*Heckschen/Kreußlein* NotBZ 2012, 321, 323 m. w. N.).

Die wirksame Erteilung einer **isolierten Vollmacht**, also ohne zugrunde liegendes **18** Rechtsgeschäft, ist grundsätzlich möglich (vgl. *LG Düsseldorf* Rpfleger 1985, 358; *OLG Brandenburg* ZEV 2013, 341). Auch das Handeln auf der Grundlage einer Untervollmacht zeigt, dass zwischen dem insoweit Bevollmächtigten und dem Vertretenen kein Erteilungsrechtsverhältnis bestehen muss.

Vollmacht und das der Erteilung zugrunde liegende Rechtsgeschäft können aus- **19** nahmsweise derart miteinander verbunden sein, dass neben einer möglichen **Fehleridentität** jeder andere Mangel des Grundgeschäfts (z. B. §§ 311b I 1, 125 BGB) nach § 139 BGB auch zur Nichtigkeit der abstrakten Vollmacht führt. War beispielsweise der umfassende **Geschäftsbesorgungsvertrag eines Baubetreuers** (im Rahmen der Abwicklung eines „Steuersparmodells") oder **Treuhänders** wegen Fehlens der erforderlichen Genehmigung nach § 134 BGB i. V. m. Art. 1 I RBerG nichtig (grundlegend BGHZ 145, 265; es gilt allerdings anstelle des RBerG seit dem 1.7.2008 nunmehr das RDG, hierzu *Klawikowski* Rpfleger 2008, 404) erstreckte sich die Nichtigkeitsfolge auch auf erteilte Vollmachten (*BGH* NotBZ 2006, 241; ZNotP 2004, 192; DNotZ 2002, 55; *Hermanns* DNotZ 2001, 6), wobei jedoch eine Rechtsscheinshaftung bei Vorlage einer Vollmachtsausfertigung in Betracht kam (*BGH* NJW 2002, 2325 und ZNotP 2003, 265). Ist andererseits eine erteilte Vollmacht **teilweise unwirksam**, erstreckt sich die Unwirksamkeit zwar möglicherweise auf die gesamte Vollmacht (§ 139 BGB), jedoch nicht zwingend auf das zugrunde liegende Grundgeschäft (a. A. *OLG Jena* DNotI-Report 1995, 6). Im Übrigen ist § 139 BGB abdingbar. Die Unwirksamkeit einer **in Allgemeinen Geschäftsbedingungen erteilten Vollmacht** nach § 307 I 1 BGB erstreckt sich regelmäßig nicht auf das zugrunde liegende Grundgeschäft. Eine solche unwirksame Vollmachtserteilung liegt beispielsweise vor, wenn in einem ansonsten wirksamen Bauträgervertrag dem durch den Bauträger bestimmten Erstverwalter eine Abnahmevollmacht für Gemeinschaftseigentum erteil wird (*BGH* DNotI-Report 2013, 158).

Problematisch sind die **einem Grundpfandgläubiger erteilten Verkaufsvollmachten** in der Krise des gesicherten Kreditverhältnisses. Vor Fälligkeit der gesicherten Forderungen kann in der Erteilung einer solchen Verwertungsvollmacht ein Verstoß gegen § 1149 BGB liegen. Möglicherweise können die Vollmachtserteilung, und vor allem die Bedingungen des zugrunde liegende Erteilungsgeschäfts, ein sittenwidrige Ausnutzen einer Zwangslage darstellen. Zudem dürfte das Erteilungsgeschäft samt der sachzusammenhängenden Abreden zur Kreditabwicklung regelmäßig beurkundungsbedürftig sein (vgl. DNotI-Report 2008, 123).

Bedarf das der Vollmachtserteilung zugrunde liegende Rechtsgeschäft **öffentlich-** **20** **rechtlicher Genehmigungen,** berührt dies die erteilte, abstrakte Vollmacht regelmäßig nicht. Die **rechtskräftige familien-/betreuungs- oder nachlassgerichtliche Genehmigung** (s. a. § 46 FamFG) eines Kaufvertrages, der eine Belastungsvollmacht aufgrund einer entsprechenden Mitwirkungspflicht des Verkäufers enthält, erstreckt sich nicht auf die eigentliche Grundschuldbestellung, also nicht auf das Vertretungsgeschäft (vgl. *Schöner/*

Stöber Rn. 3688; *OLG Zweibrücken* DNotI-Report 2005, 24); die Grundschuldbestellung bedarf als Verfügung über ein Grundstück einer eigenständigen Genehmigung.

21 Wird eine **Vollmacht zusammen mit einem schwebend unwirksamen Grundgeschäft** erteilt, beispielsweise eine Belastungsvollmacht in einem schwebend unwirksamen Kaufvertrag, gilt für die Frage der Genehmigung der Vollmacht im Zweifel § 180 S. 2 BGB. Die ex tunc wirkende Genehmigung (z.B. des Kaufvertrages mit Vollmacht) erfasst über §§ 184 I BGB i.V.m. § 89 II ZPO auch das aufgrund der Belastungsvollmacht bereits bestellte Grundpfandrecht, und zwar einschließlich Vollstreckungsunterwerfung nach den §§ 794 I Nr. 5, 800 ZPO (ausführlich *Kuhn* RNotZ 2001, 305, 315; *Schöner/Stöber* Rn. 3546; DNotI-Report 1995, 26, 31 ff.)

f) Rechtsscheinvollmacht

22 Ist eine behauptete Vollmacht nichtig, nicht erteilt, widerrufen, bereits aus einem anderen Grund erloschen oder dem Umfang nach unzureichend, haftet der Vertreter ggfs. nach § 179 I BGB, wenn nicht die Voraussetzungen der **§§ 170–173 BGB** oder einer **Anscheins-** bzw. **Duldungsvollmacht** vorliegen („Rechtsscheinvollmacht"). Vollmachten und Vertreterhandeln bei Abgabe einer **Vollstreckungsunterwerfungserklärung** (§§ 794, 800 ZPO) sind demgegenüber nach den §§ 80 ff. ZPO zu beurteilen, Rechtsscheinsgrundsätze entsprechend den §§ 171–173 BGB sind nicht anwendbar (*BGH* NotBZ 2006, 241 und ZNotP 2004, 192).

23 Das Berufen auf die Nichtanwendbarkeit der Rechtsscheingrundsätze kann jedoch im Einzelfall treuwidrig sein, wenn der Vollmachtgeber schuldrechtlich wirksam (insoweit sind die §§ 170–173 BGB anwendbar) zur Abgabe der Vollstreckungsunterwerfungserklärung verpflichtet ist (*BGH* NotBZ 2006, 241; WM 2005, 1520). § 172 I BGB ist als **Rechtsscheingrundlage** wiederum anwendbar, wenn dem gutgläubigen Erklärungsempfänger die Urschrift oder eine Ausfertigung der unwirksamen Vollmachtsurkunde durch den vermeintlichen Vertreter vorgelegt wird. Bei **Bestellung einer Grundschuld** und der Abgabe typischer Nebenerklärungen hierzu (die Bank wirkt regelmäßig nicht mit) erfolgt der für die Anwendbarkeit der Rechtsscheingrundsätze ausreichende Nachweis der vorgelegten und erteilten Vollmacht in der notariellen Niederschrift durch die Bescheinigung des Notars (vgl. § 39 BeurkG; siehe auch Rn. 147) darüber, dass ihm die Urschrift oder eine Ausfertigung durch den Vertreter vorgelegt wurde. Die Urschrift, die Ausfertigung oder eine beglaubigte Abschrift der vorgelegten Vollmacht ist sodann der Niederschrift beizufügen (vgl. §§ 47, 49, 12 S. 1 BeurkG) und mit derselben durch Schnur und Siegel zu verbinden (vgl. § 49 III BeurkG); eine Ausfertigung der Niederschrift samt der verbundenen Vollmachts(-abschrift) ist dem Geschäftsgegner zuzustellen (zuletzt *BGH* NotBZ 2006, 241 m.w.N.). Dieser (also die Bank) trägt das Risiko des Vollmachtswiderrufs in der Zeitspanne zwischen Vorlage der Vollmachtsurkunde vor dem Notar und des Zugangs der Ausfertigung (BGHZ 102, 60, 65). Regelmäßig sehen die Grundschuldbestellungsformulare der Banken, Sparkassen und Versicherungen daher vor, dass der Notar für die Bank entgegennimmt.

2. Inhalt und Umfang der Vollmacht

a) Allgemeines

24 Soweit Inhalt und Umfang der Vollmacht nicht durch das Gesetz bestimmt sind (siehe Rn. 134 ff.), bestimmt sie der Vollmachtgeber rechtsgeschäftlich. Maßgeblich ist der **Vollmachtswortlaut**. Ein hiervon abweichender Wille des Vollmachtgebers ist nur beachtlich, wenn er positiv bekannt ist (*LG Köln* MittRhNotK 1957, 734). Bei Zweifeln über den Umfang gelten die Grundsätze der **Auslegung**. Geht es um **Vollmachten im Grundbuchverfahren**, sind diese nach den für Grundbucherklärungen maßgeblichen Regeln entsprechend § 133 BGB auszulegen, wobei jedoch zu beachten ist, dass der das

I. Grundsätze

Grundbuchverfahren beherrschende Bestimmtheitsgrundsatz und das grundsätzliche Erfordernis urkundlich belegter Eintragungsunterlagen der Auslegung durch das Grundbuchamt Grenzen setzen (vgl. *Demharter* § 19 Rn. 75 u. 28; *OLG München* NotBZ 2012, 472; *OLG Hamm* FGPrax 2005, 241). Die Auslegung muss zu einem zweifelsfreien und eindeutigen Ergebnis führen. Hierbei ist, wie bei Grundbucheintragungen selbst, auf **Wortlaut und Sinn der Erklärung** abzustellen, wie er sich für einen unbefangenen Betrachter als nächstliegende Bedeutung der Erklärung ergibt (vgl. BGHZ 113, 374, 378). Führt die Auslegung zu keinem eindeutigen Ergebnis, so ist, wenn der behauptete Umfang der Vollmacht nicht nachgewiesen ist, von dem geringeren, eindeutig festgestellten Umfang auszugehen (*BayObLG* DNotZ 1997, 470). Im Einzelfall kann eine unwirksame in eine wirksame Vollmacht umgedeutet werden (*BayObLG* Rpfleger 1996, 332; *Schöner/Stöber* Rn. 3580); ggf. ist das Einholen einer **Vollmachtsbestätigung** erforderlich. Typisierungen und **Auslegungshilfen** zum Vollmachtsumfang ergeben sich aus der Einteilung in General-, Spezial-, Art- und Gattungsvollmachten. In der **Liquidation** einer juristischen Person beschränkt sich der Umfang erteilter Vollmachten jedenfalls auf den Liquidationszweck.

b) Zweifelhafter Vollmachtsumfang (Einzelfälle)

Zweifel am Umfang der Vollmacht ergeben sich in der Praxis zumeist aus deren inhaltlich unzureichender Formulierung: 25

Die **Vollmacht zur Grundstücksveräußerung** umfasst zwar i. d. R. die Befugnis zur Abgabe grundbuchmäßiger Vollzugserklärungen, nicht jedoch zur Belastung mit Finanzierungsgrundpfandrechten im Namen des Verkäufers. Das gilt auch für umfassende Verkaufsvollmacht (*OLG Oldenburg* MittBayNot 2003, 291; *OLG Frankfurt* BeckRS 2011, 25313). Die Formulierung „*Grundbesitz zu veräußern, den Kaufpreis in Empfang zu nehmen, die Auflassung zu erklären und entgegenzunehmen sowie die erforderlichen Eintragungen und Löschungen im Grundbuch zu bewilligen und zu beantragen*" oder die Klausel „*die erforderlichen Erklärungen abzugeben*" reichen ebenfalls nicht aus (*OLG Frankfurt* BeckRS 2011, 25313; *OLG Jena* DNotI-Report 1995, 6; *LG Oldenburg* MittBayNot 2003, 291 m. abl. Anm. *Peter/Roemer*; ebenfalls a. A. *LG Köln* MittRhNotK 1977, 78). Wird hingegen ein Bürgermeister durch einen Ratsbeschluss ermächtigt, ein bestimmtes Grundstücksgeschäft „*zu protokollieren*", soll davon üblicherweise auch eine zweckgebundene Finanzierungsvollmacht erfasst sein (*OLG München* DNotZ 2012, 535). 26

Eine **Belastungsvollmacht** „*Grundpfandrechte bis zur Kaufpreishöhe*" zu bestellen, sollte nach alledem „auslegungsfest" um eine Bestimmung zu Grundschuldzinsen und Nebenleistungen, am besten jeweils als Höchstbetrag, erweitert werden (vgl. *BayObLG* Rpfleger 1987, 357; siehe auch *OLG Düsseldorf* Rpfleger 1988, 357). Während die Belastungsvollmacht mit der Berechtigung „*alle banküblichen Erklärungen abzugeben*" auch zur Erklärung der Unterwerfung nach § 800 ZPO genügen soll (*Schöner/Stöber* Rn. 3555 Fn. 10), reicht sie für die Abgabe eines persönlichen Schuldanerkenntnisses (mit Vollstreckungsunterwerfung) nicht aus. Im Einzelfall kann eine Belastungsvollmacht ohne genauere Angaben auf die Bestellung von Grundpfandrechten in Höhe des Kaufpreises beschränkt sein (*OLG Düsseldorf* FGPrax 2000, 55; *LG Koblenz* RNotZ 2003, 613). Ob eine dem Käufer erteilte Belastungsvollmacht ohne genauere Angaben zur Ausnutzung eines bei einem vorrangigen Recht eingetragenen Rangvorbehalts ausreicht, ist ebenfalls eine – vermeidbare – Frage des Einzelfalls (zum Rangwechsel: *OLG Düsseldorf* Rpfleger 1999, 124).

Eine **Vorsorgevollmacht** (hierzu Rn. 155 ff.), die den Anforderungen des § 29 I GBO genügt und nach ihrem eindeutigen Wortlaut zu „*alle Rechtshandlungen*" berechtigt, soll auch die Veräußerung von Grundbesitz einschließlich erforderlicher Grundbucherklärungen umfassen (*OLG München* NJW-RR 2010, 747).

Die **Auflassungsvollmacht** an den Käufer ermächtigt nicht zur Auflassung an dessen Sonderrechtsnachfolger oder zur Bestandteilszuschreibung (*BayObLG* Rpfleger 1996, 332).

Die Vollmacht *"in allen persönlichen und vermögensrechtlichen Angelegenheiten im Zusammenhang mit dem Erwerb einer Immobilie ... soweit dies gesetzlich zulässig ist gerichtlich und außergerichtlich zu vertreten"* soll wiederum zu Grundbucherklärungen, die zur **Rückabwicklung des Erwerbsgeschäftes** erforderlich sind, ausreichen (*OLG Zweibrücken* NotBZ 2012, 278).

Eine **Vollmacht zur Dienstbarkeitsbestellung** (allg. zu Grundstücksbelastungen) berechtigt nicht auch zur Erklärung oder Zustimmung von Rangänderungen (*BayObLG* DNotZ 1997, 475 m. Anm. *Brambring*); für eine weit und generalisierend gefasste Vollzugsvollmacht soll hingegen etwas anderes gelten (*OLG Düsseldorf* RNotZ 2003, 520).

Die weithin **übliche Vollzugsvollmacht**, *"die Auflassung zu erklären sowie alle Erklärungen abzugeben und entgegenzunehmen, die zum Vollzug im Grundbuch erforderlich oder zweckdienlich sind"*, reicht nicht zu Bestandteilszuschreibung oder Flurstücksverschmelzung (*BayObLG* MittRhNotK 1996, 218).

Eine **Vollmacht zur "Messungsanerkennung, Auflassung und zum grundbuchamtlichen Vollzug"** ist nur dann ausreichend bestimmt, wenn nach Vermessung lediglich geringfügige Abweichungen in Größe oder Lage der vermessenen Grundstücksfläche vorliegen (*BayObLG* DNotZ 1989, 373, 375). Die **Abmarkungsvollmacht** umfasst nur die Befugnis, die katastermäßige Verselbständigung der vermessenen Teilflächen durch Zerlegung des ursprünglichen Flurstücks zu bewirken, nicht jedoch, die Auflassung zu erklären (*BayObLG* DNotZ 1988, 586).

Eine dem Veräußerer erteilte **Vollmacht zur Änderung der Teilungserklärung** soll, soweit *"Sondereigentum des Käufers und die ihm zur alleinigen Nutzung zugewiesenen Teile des Gemeinschaftseigentums nicht unmittelbar betroffen sind"*, dem Bestimmtheitsgrundsatz genügen (*BayObLG* DNotZ 1995, 610 und 612 m. Anm. *Röll*; anders wiederum *BayObLG* DNotZ 1997, 473 m. Anm. *Brambring*). Die dem teilenden Eigentümer erteilte Vollmacht, die Teilungserklärung *"im Rahmen bauaufsichtlicher Genehmigungen"* ändern zu können, genügt zu Ausbaumaßnahmen, zur Unterteilung und zur Umwandlung von Teil- in Wohnungseigentum (*KG* DNotI-Report 1995, 170), möglicherweise jedoch nicht zur Umwandlung von Sonder- in Gemeinschaftseigentum (*OLG München* Rpfleger 2007, 459).

c) Beschränkung im Innenverhältnis

27 Die Praxis gestaltet Vollmachten häufig derart, dass sie im Außenverhältnis, insbesondere gegenüber dem Erklärungsgegner, dem Registergericht und dem Grundbuchamt unbeschränkt erteilt sind, im Innenverhältnis, zwischen Vollmachtgeber und Bevollmächtigtem, jedoch Beschränkungen unterliegen (vgl. *Basty* NotBZ 1999, 233, 236 m. w. N.). Das rechtliche "Können" geht im Ergebnis weiter als das rechtliche "Dürfen". Abreden zum Innenverhältnis sind Teil des der Vollmachtserteilung zugrunde liegenden Rechtsverhältnisses (z. B. Auftrag, Kaufvertrag, Bauträgervertrag). Ist die Rechtsposition des Vollmachtgebers ausreichend durch die Innenverhältnisabrede geschützt, stellt diese Art der Vollmachtsgestaltung – auch bei Änderungsvollmachten zu Teilungserklärungen – keinen Verstoß gegen die §§ 308 Nr. 4, 307 I, II Nr. 2, 305c I BGB dar (*BayObLG* RNotZ 2003, 183; Formulierungsvorschläge im Rundschreiben Nr. 1/2005 der Rheinischen Notarkammer vom 24.1.2005). Eine derart in Außen- und Innenverhältnis gegliederte Vollmacht muss im Außenverhältnis als solche **eindeutig, frei von unbestimmten Rechtsbegriffen und Wertungen** formuliert sein (*BayObLG* DNotZ 1995, 610), um jeden erläuternden Rückgriff auf das Innenverhältnis überflüssig werden zu lassen. Über die mit der Divergenz zwischen Innen- und Außenverhältnis verbundenen Gefahren hat der Notar alle Beteiligten zu belehren (**§ 17 I 1 BeurkG**; zu Belehrungsvermerken *v. Heynitz* MittBayNot 2003, 269).

I. Grundsätze   F

Die **im Außenverhältnis unbeschränkt erteilte Vollmacht** berechtigt den Bevollmächtigten dennoch nicht zu Erklärungen gegenüber dem Grundbuchamt, die durch die mitbeurkundeten Beschränkungen im Innenverhältnis untersagt und evident sind, wenn dem Vollmachtgeber durch die **Überschreitung der Innenverhältnisabrede** (erkennbar) ein Vermögensschaden entsteht (*OLG München* MittBayNot 2006, 426). Eine etwaige Überschreitung der Innenverhältnisabrede berechtigt das **Grundbuchamt** allerdings nur im Rahmen des sehr engen **Legalitätsprinzips**, also bei entsprechend sicherer Kenntnis und darauf beruhender „sehender Mitwirkung", die Unrichtigkeit des Grundbuch herbeizuführen, zu einer Beanstandung (vgl. *Schöner/Stöber* Rn. 3580a). Bleibt die Innenverhältnisabrede der Beteiligten trotz entsprechender Hinweise des Notars *„sehr vage und unpräzise"*, trägt demnach der Vollmachtgeber das Risiko, dass der tatsächliche Inhalt nur durch weitere Ermittlungen geklärt werden kann und gerade dies nicht eine vom Legalitätsprinzip gedeckte Aufgabe des Grundbuchamtes ist (vgl. *OLG München* RNotZ 2013, 169). 28

Zur **Überwachung von Innenverhältnisabreden** kann eine Vereinbarung zweckmäßig sein, nach der von der „weiten" Vollmacht nur vor dem beurkundenden Notar Gebrauch gemacht werden darf („überwachbare Vollmacht", vgl. DNotI-Report 1996, 109). Bei **Belastungsvollmachten** für Finanzierungsgrundpfandrechte ist eine solche Gestaltung sachlich gerechtfertigt und gängige Praxis (vgl. statt aller *Amann* MittBayNot 1996, 420). Zurückhaltend sollten solche Innenverhältnisabreden verwendet werden, die der Notar aufgrund eigener Bewertung äußerer Umstände zu überwachen hat (instruktive Beispiele zu Änderungsvollmachten bei Teilungserklärungen: *Brambring* DNotZ 1997, 478). 29

Die Beurkundung von **Änderungsvollmachten bei Teilungserklärungen** zugunsten eines Bauträgers, die weder ihrem Inhalt nach beschränkt sind noch durch Innenverhältnisanordnungen die Interessen des Erwerbers/Vollmachtgebers berücksichtigen, erwecken den Anschein der Parteilichkeit des Notars. 30

Besondere Bedeutung haben Innenverhältnisabreden im Bereich von **Vorsorgevollmachten** (siehe hierzu Rn. 166). 31

3. Gesamtvertretung

Ein oder mehrere Vollmachtgeber können einen oder mehrere verschiedene Vertreter bevollmächtigen. Sind mehrere Personen bevollmächtigt, liegt **Gesamtvertretung** vor, wenn sich aus dem Inhalt der Vollmacht(en) nicht etwas anderes ergibt. Gesamtvertretung ist in der Praxis ein **Instrument der Missbrauchskontrolle**. Sollen bei einer Mehrheit von Vertretern **einzelne oder alle alleinvertretungsberechtigt** sein, muss die Vollmacht dies zum Ausdruck bringen (vgl. *Schaub* DStR 1999, 1699). Gesamtvertreter können Vertretererklärungen gemeinsam, einzeln oder auch zeitlich nacheinander abgeben. Aufgrund spezieller gesetzlicher Vorschriften (vgl. § 125 II 2 HGB; § 150 II 1 HGB; § 78 IV 1 AktG; § 269 IV AktG; 25 III 1 GenG), die jedoch als allgemeiner Grundsatz aufgefasst werden, können mehrere Gesamtvertreter einen oder einzelne von ihnen zur Abgabe, Entgegennahme oder Genehmigung von Willenserklärungen **ermächtigen**. Hierbei bedeutet **Ermächtigung** nicht etwa die Erteilung einer Untervollmacht, sondern eine funktionale Erweiterung hin zur Einzelvertretung. Diese Art einer Übertragung der Gesamtvertretungsbefugnis ist allerdings nur wirksam, wenn sie nicht so weit gefasst ist, dass damit die Vorschriften über die Gesamtvertretung insgesamt unterlaufen werden (vgl. *BGH* ZIP 1997, 2166, 2168); die Gesamtermächtigung ist unzulässig. Hiervon zu unterscheiden ist der Fall, dass Gesamtvertreter einen Dritten unterbevollmächtigen. Dient die Gesamtvertretung dem Schutz des Vertretenen, kann sie von den Gesamtvertretern nicht durch Vollmachtserteilung geändert werden. Ihnen ist es deshalb versagt, eine Einzelvollmacht zu erteilen, die so weit geht, dass sie einer Alleinvertretung gleichkommt (*BGH* NJW-RR 1986, 778). Das gilt insbesondere für sog. **organverdrängende Vollmachten** bei juristischen Personen des Privatrechts (siehe hierzu Rn. 114). 32

Strenge Maßstäbe an eine Vollmachtserteilung zur Alleinvertretung sind dann anzulegen, wenn die **Gesamtvertretung öffentlich-rechtlich angeordnet** ist, was insbesondere im **Kommunalrecht** der Bundesländer der Fall sein kann. So sind beispielsweise nach § 64 I GO NW (vgl. auch §§ 57 II, 56 BbgKVerf; § 72 II 2 HessGO) Erklärungen, durch die eine Gemeinde verpflichtet werden soll, von dem Bürgermeister oder seinem Stellvertreter und einem vertretungsberechtigten Beamten oder Angestellten zu unterzeichnen, soweit kein „**Geschäft der laufenden Verwaltung**" betroffen ist oder soweit die erteilte Einzelvollmacht nicht für ein zuvor bestimmtes Geschäft oder auf einen klar definierten **Kreis von Geschäften** beschränkt bleibt. Regelmäßig gehören auch bei großen Gemeinden **Grundstücksgeschäfte** nicht zur **laufenden Verwaltung**, weshalb eine Vollmacht, die für eine nordrhein-westfälische Stadt Erklärungen „*in allen Grundstücksangelegenheiten*" abzugeben ermächtigt, unwirksam ist (*BGH* NJW 2009, 29 – „Gelsenkirchener Trabrennbahn"; *Heggen* ZNotP 2009, 333). Eine rein wertmäßige Begrenzung für Vertretergeschäfte in einer erteilten Einzelvollmacht stellt kein geeignetes Abgrenzungskriterium für das Merkmale „**Kreis von Geschäften**" dar (vgl. *OLG Brandenburg* NotBZ 2011, 40). Der Vertretungsmangel aufseiten der Gemeinde führt zur Anwendung der §§ 177 ff. BGB. Im Übrigen sind Fälle eines Vertretungsmangels im Zusammenhang mit Vertretergeschäften, die im Ergebnis keine „**Geschäfte der laufenden Verwaltung**" darstellen, nicht auf kommunalrechtlich angeordnete Gesamtvertretungen beschränkt. Nach Art. 36, 37 I Nr. 1, II 1, 38 I BayGO kann dem ersten Bürgermeister einer bayerischen Gemeinde die Vertretungsmacht zur Abgabe einer Löschungsbewilligung für eine zugunsten der Gemeinde eingetragene Grundschuld fehlen, weil selbst die Abgabe einer Löschungsbewilligung ggfs. keine **laufende Angelegenheit** ohne grundsätzliche Bedeutung darstellt (*OLG München* ZNotP 2009, 222). Die Rechtsprechung des *BGH* (NJW 2009, 289) zur kommunalrechtlichen Gesamtvertretung ist allerdings **nicht auf juristische Person des Privatrechts übertragbar**, sofern dort einem Dritten durch organschaftliche (Gesamt-) Vertreter eine Einzelvollmacht erteilt wird. Hier bleibt es grundsätzlich dabei, dass die rechtsgeschäftliche Bevollmächtigung eines Dritten nur unwirksam ist, wenn diesem auch organschaftliche Befugnisse übertragen werden (*OLG Hamm* NotBZ 2011, 180; vgl. auch Rn. 114).

Gesetzliche Fälle der Gesamtvertretung finden sich in den §§ 709 ff. (GbR), 1629 I 2 (Eltern), 1908i I (Betreuer), 1797 I 1 (Vormünder) BGB; §§ 48 II, 125 II, 150 HGB; § 78 II 1 AktG; §§ 35 II 2, 68 I 2 GmbHG; § 25 I 2 GenG. Eine für mehrere Geschäftsführer einer GmbH erteilte Alleinvertretungsbefugnis setzt sich im Falle der Liquidation nicht fort. Auch wenn die Geschäftsführer sog. „geborene Liquidatoren" sind, entsteht gem. § 68 I 2 GmbHG zunächst Gesamtvertretungsbefugnis (*BGH* ZNotP 2009, 24). Für den mehrgliedrigen Vereinsvorstand gilt das **Mehrheitsprinzip**, §§ 26 I, 32 I 3 BGB. Zur **Passivvertretung** ist jeder Gesamtvertreter allein berechtigt: §§ 28 II, 166 I (Kenntnis), 1629 I 2 BGB; § 125 II 3 HGB; § 78 II 2 AktG; § 35 II 3 GmbHG.

Wird eine **Gesamtvollmacht rechtsgeschäftlich erteilt**, ist es regelungsbedürftig, welche Folgen auf die Wirksamkeit der Vollmacht der Wegfall eines von mehreren Gesamtbevollmächtigten haben soll (vgl. DNotI-Report 2006, 37; *Bühler* FamRZ 2001, 1585, 1597).

4. Sonderfall: Bevollmächtigung und Verbraucherverträge

33 Nach § 17 II a 2 Nr. 1 BeurkG gelten **verfahrensrechtlich**, nicht jedoch materiellrechtlich **wirkende Besonderheiten** bei der Beurkundung von Verbraucherverträgen (§ 310 III BGB), soweit der Verbraucher (§ 13 BGB) von einem Bevollmächtigten vertreten werden soll (siehe auch Kap. A VI. Rn. 36; G. Rn. 62 ff. und A I. Rn. 609, 707 ff., 886). Die Norm richtet sich gegen die **systematische** und **missbräuchliche Gestaltung des Beurkundungsverfahrens** durch Beteiligung vollmachtloser oder beliebiger Vertreter auf Verbraucherseite. Der Verbraucher soll bei der Abgabe rechtsgeschäftlicher Erklärungen

I. Grundsätze   F

in Verbraucherverträgen (hierzu gehört regelmäßig auch die Grundschuldbestellung: OLG Schleswig ZNotP 2007, 430) möglichst persönlich mitwirken. Ist dies nicht möglich, sind beurkundungsrechtlich nur noch solche Bevollmächtigte geeignet, die zugleich **Vertrauenspersonen des Verbrauchers** sind.

Als Vertrauenspersonen nicht geeignet i.S. des § 17 II a 2 Nr. 1 BeurkG sind deshalb   34
geschäftsmäßige Vertreter, der Vertragspartner selbst oder jede Person, die diesem näher steht als dem Verbraucher (*Hertel* ZNotP 2002, 286, 288). Auch die **Angestellten des Notars** sind als Vertrauenspersonen des Verbrauchers nicht geeignet (*OLG Schleswig* ZNotP 2007, 430; *Brambring* ZfIR 2002, 597, 605; *ders.* FGPrax 2003, 147; *Böttcher* BWNotZ 2003, 49, 52; *BNotK-Rundschreiben* 20/2003 vom 28.4.2003, ZNotP 2003, 257 – www.bnotk.de), von ihnen kann nämlich keine Interessenswahrnehmung gegenüber dem Vertragspartner des Verbrauchers erwartet werden. Sie sind – wie der Notar selbst – zur Neutralität verpflichtet.

Als Vertrauenspersonen geeignet i.S. des § 17 II a 2 Nr. 1 BeurkG sind typischerweise   35
Ehegatte, Kinder oder andere Verwandte, beauftragte Rechtsanwälte und Steuerberater oder auch der Inhaber einer Generalvollmacht. In Zweifelsfällen sollte der Notar Rücksprache mit dem Vollmachtgeber nehmen, ihm insbesondere den Vertragsentwurf übersenden.

Der Notar hat im Zweifel die personengebundene Vertrauensstellung des Vertreters   36
aufzuklären. Bedient sich der Verbraucher keiner Vertrauensperson, besteht für den Notar die unbedingte Dienstpflicht (ausführlich *OLG Schleswig* ZNotP 2007, 430), auf die persönliche Mitwirkung des Verbrauchers oder einer geeigneten Vertrauensperson hinzuwirken („**Hinwirkungspflicht**"). Diese Hinwirkungspflicht ist nicht disponibel. Der Notar muss deshalb in Konkretisierung seiner sich aus § 17 II a 2 Nr. 1 BeurkG ergebenden Amtspflichten versuchen, einen Beurkundungstermin zu finden, an dem der Verbraucher persönlich teilnehmen kann. Hat der Verbraucher trotz „Hinwirkens" des Notars dennoch Interesse an der persönlichen Teilnahme bei der Beurkundung, kann der Notar allein aus diesem Grund die Beurkundung nicht verweigern; anderenfalls mutiert § 17 II a 2 Nr. 1 BeurkG zu einer Formvorschrift (überzeugend Eylmann/Vaasen/*Frenz* § 17 Rn. 39e). Bei begründeten Zweifeln an der Vertrauensstellung eines Vertreters hat der Notar die Beurkundung allerdings abzulehnen (*Brambring* ZfIR 2002, 597, 606f.).

Die vielfach geübte Praxis der Beurkundung von **Finanzierungsgrundpfandrechten**   37
aufgrund einer den **Notariatsangestellten** oder gar dem Verkäufer erteilten Vollmacht verstößt regelmäßig gegen § 17 II a 2 Nr. 1 BeurkG (Eylmann/Vaasen/*Frenz* § 17 Rn. 39e; deutlich *Schmucker* ZNotP 2003, 243). Seltene sachliche Ausnahmefälle sind aufgrund sorgfältiger Sachverhaltsaufklärung und unter Einhaltung der „Hinwirkungspflicht" denkbar (z.B. längerer, absehbarer Auslandsaufenthalt des Vollmachtgebers, Vorschlag des Verbrauchers im Einzelfall). Solche Ausnahmefälle von § 17 II a 2 Nr. 1 BeurkG sind zu dokumentieren. Kein hinnehmbarer Ausnahmefall ist die systematische und regelmäßige Beurkundung durch Angestellte eines „Zentralnotars" wegen einer angeblich erleichterten Vollzugssteuerung durch diesen. Sinn und Zweck der auf Unmittelbarkeit angelegten Beurkundungs- und Belehrungserfordernisse können bei der Bestellung von Grundpfandrechten mit Schuldanerkenntnis und Vollstreckungsunterwerfung nicht systematisch durch vorgezogene, abstrakte Erläuterungen (im Kaufvertrag, der die Belastungsvollmacht enthält) über mögliche Folgen einer späteren Vollmachtsausübung ersetzt werden (dies betont auch *OLG Schleswig* ZNotP 2007, 430, 433; a.A. wohl Eylmann/Vaasen/*Frenz* § 17 Rn. 39e). Auch eine **systematische Verwendung „gestaffelter" Vollmachten,** bei denen neben dem Käufer ein Notariatsangestellter bevollmächtigt wird, der dann routinemäßig die Vollmacht ausübt, ist ein gekünsteltes Fernhalten der Betroffenen von der unmittelbaren Beurkundungsverhandlung (a.A. *Maaß* ZNotP 2004, 216 m.w.N.). Beurkundungen aufgrund von **Vollzugsvollmachten im engeren Sinne** (siehe Rn. 129f.) sind nach richtiger Auslegung des § 17 II a 2 Nr. 1 BeurkG möglich (vgl. *Hertel* ZNotP 2002, 286, 287).

38 Beurkundet der Notar die **Vollmachtserteilung durch einen Verbraucher**, sollte die Eigenschaft des Vertreters als Vertrauensperson in der Urkunde klargestellt werden. § 17 II a 2 Nr. 1 BeurkG und die damit einhergehenden Amtspflichten des Notars sind auch bei der **Beurkundung von Vollmachten im Verbrauchervertrag** selbst, nämlich zur nachfolgenden Vertretung bei Auflassung, Vertragsänderung, Änderung einer Teilungserklärung usw., zu beachten (vgl. *Winkler* § 17 Rn. 128 ff.; *Sorge* DNotZ 2002, 593, 601 f.). Unbedenklich ist, dass der Verkäufer als Verbraucher dem Unternehmer als Käufer eine Belastungsvollmacht erteilt. § 17 II a BeurkG gilt nur für die Aufnahme von Niederschriften, nicht jedoch für **sonstige Beurkundungen i. S. d. §§ 36 ff. BeurkG**, also nicht für Unterschriftsbeglaubigungen, z. B. die Erteilung von Registervollmachten.

38a **Checkliste Vollmacht und Verbraucherverträge**

(1) Rechtsgrundlage: §§ 310 III, 13 BGB, § 17 II a 2 Nr. 1 BeurkG
(2) § 17 II a BeurkG nicht anwendbar auf sonstige Beurkundungen i. S. d. § 36 BeurkG
(3) Zielsetzung: Schutz des Verbrauchers durch
 – Gestaltung des Beurkundungsverfahrens (keine materielle Frage aber unbedingte Dienstpflicht)
 – Mitwirkung eines Bevollmächtigten mit personengebundenen Merkmalen (Vertrauenspersonen) auf Verbraucherseite
 – verfahrensrechtlich grds. unzulässig:
 – geschäftsmäßige Vertreter für Verbraucher
 – Vertreter, der dem Vertragspartner näher steht als dem Verbraucher
 – Angestellte des Notars als Vertreter des Verbrauchers (insb.: Finanzierungsgrundpfandrechte)
 – Ausnahme: Vollzugsvollmacht i. e. S. zulässig
 – Durchsetzung über Dienstpflicht des Notars
 – „Hinwirken" auf persönliche Mitwirkung des Verbrauchers
 – „Hinwirken" auf Mitwirken einer Vertrauensperson
 – Dokumentationspflicht bei Ausnahmen
(4) § 17 II a 2 Nr. 1 BeurkG auch anwendbar bei Beurkundung von Vollmachten
 – zum Abschluss eines Verbrauchervertrages
 – in einem Verbrauchervertrag

II. Form der Vollmacht

1. Grundsatz der Formfreiheit

39 Nach § 167 II BGB (s. a. § 182 II BGB) bedarf die Vollmacht materiell-rechtlich nicht der Form des Vertretergeschäfts. Der formgerecht abgeschlossene Grundstückskaufvertrag ist auch dann wirksam, wenn etwa erteilte Erwerbs- und/oder Veräußerungsvollmachten nicht der Form des § 311b I BGB entsprechen. Abweichend von § 167 II BGB kann sich jedoch die Formbedürftigkeit der Vollmacht aus Gesetz, Verfahren, Satzung einer juristischen Person oder aufgrund rechtsgeschäftlicher Vereinbarung zwischen den Beteiligten ergeben.

40 **Gesetzliche Formerfordernisse:** §§ 492 IV (Verbraucherdarlehen), 1484 II (Gütergemeinschaft), 1945 III, 1955 (Erbausschlagung, Anfechtung), 1904 V, 1906 V BGB (Vorsorgevollmacht); § 1901a I BGB (Patientenverfügung); §§ 2 II (Errichtung GmbH), 47 III (Stimmrechtsvollmacht), 55 I GmbHG (Übernahme Stammeinlagen); §§ 23 I (Gründung Aktiengesellschaft), 280 I 3 (Gründung KGaA), 134 III 2, 135 AktG (Stimmrechtsvollmacht), bei umwandlungsrechtlichen Vorgängen (vgl. zu Einzelheiten: Widmann/Mayer/

II. Form der Vollmacht

Heckschen § 13 Rn. 108, 112.1, 113 ff.). **Verfahrensrechtliche Formerfordernisse:** § 77 BGB (Anmeldung Vereinsregister); § 12 I 2 HGB (Anmeldung Handelsregister); §§ 29, 30 GBO (Bewilligung, ausn. Einigung); §§ 10, 11 S. 1 FamFG (Verfahrensvollmacht); § 80 I ZPO (Prozessvollmacht); §§ 71 II, 81 III ZVG (Bietungsvollmacht). **Sonderfall:** Vollmacht zur Bürgschaftserteilung durch Nichtkaufmann (*BGH* NJW 1996, 1467, 1468).

2. Ausnahme: Formerfordernis nach § 311b I BGB

Wird der Vollmachtgeber bereits durch die Erteilung einer Vollmacht zum Erwerb 41 oder zur Veräußerung eines Grundstücks **rechtlich oder tatsächlich** in gleicher Weise gebunden wie durch den späteren Abschluss des formbedürftigen Vertretergeschäfts („**vorverlagerte Bindung**"), bedarf die Vollmachtserteilung der Form des § 311b I BGB (*BGH* WM 1965, 1007; NJW 1979, 2306). Nur auf diese Weise werden die Belehrungs-, Beweis- und Warnfunktion der notariellen Form sinnvoll, nämlich im Wege der teleologischen Reduktion des § 167 II BGB, gewahrt. Man spricht auch plakativ davon, dass die Vollmacht lediglich „das äußere Gewand ist, in das die Verpflichtung zu Übertragung oder Erwerb des Grundeigentums gekleidet ist" (*BGH* DNotZ 1966, 92). Hiernach bedarf wohl auch die **Beitrittsvollmacht zu einer Grundstücksgesellschaft**, deren Zweck darauf gerichtet ist, den Gesellschaftern im Wege der Auseinandersetzung bestimmten Grundbesitz zu verschaffen, der notariellen Form (vgl. *BGH* NJW 1978, 2505). Anders ist es hingegen, wenn die Beitrittsvollmacht lediglich allgemein zum Erwerb von Immobilien ermächtigt; § 29 GBO ist zu beachten.

Eine **reine, isolierte Auflassungsvollmacht**, die nicht zugleich zum Abschluss eines 42 zugrunde liegenden Verpflichtungsgeschäfts ermächtigt, bedarf nicht der Form des § 925 BGB (und grundsätzlich auch nicht der Form des § 311b I BGB); zu beachten ist auch hier § 29 GBO.

Regelmäßig ergibt sich die **vorverlagerte Bindung**, ausdrücklich oder stillschweigend, 43 aus dem der Vollmachtserteilung zugrunde liegenden Rechtsverhältnis oder den Umständen, unter denen die Vollmachtserteilung tatsächlich zustande kommt. Besteht ein **untrennbarer Sachzusammenhang** zwischen Vollmacht und zugrunde liegendem Rechtsverhältnis, sind beide Rechtsgeschäfte beurkundungsbedürftig (*BGH* NJW 1992, 3237; 1997, 312 – Baubetreuung; *OLG Karlsruhe* MittBayNot 1986, 229). Keine Beurkundungsbedürftigkeit entsteht hingegen dann, wenn Vollmachten lediglich zur vereinfachten Abwicklung und zum Vollzug eines bereits beurkundeten Vertrages erteilt werden. Zulässige **Verwertungsvollmachten für Grundpfandrechtsgläubiger** dürften aufgrund vorverlagerter Bindung und dem untrennbaren Sachzusammenhang mit der zugrunde liegenden Verwertungsvereinbarung über den Verkaufserlöses, beurkundungsbedürftig sein (siehe Rn. 19).

Maßgebend für das Vorliegen einer vorverlagerten Bindungswirkung ist insb. die **sub-** 44 **jektive Vorstellung des Vollmachtgebers** darüber, inwieweit für ihn bereits durch die Vollmachtserteilung ein Gebundensein an das spätere Vertretergeschäft eintritt, bzw. die Vollmachtserteilung das bereits gewollte Grundstücksgeschäft nur *„verdeckt"*. Ein subjektiv wahrgenommenes Gebundensein des Vollmachtgebers liegt jedenfalls dann vor, wenn er meint, *„nicht mehr zurück"* zu können, eine *„letzte Entscheidung"* getroffen zu haben, oder wenn er glaubt, *„nicht mehr Herr des Geschehens"* zu sein (vgl. auch *OLG Schleswig* DNotZ 2000, 775; gegen die Überbetonung subjektiver Elemente Münch-Komm/*Kanzleiter* § 311b Rn. 44 f.).

Um Zweifel an der Formgültigkeit einer Grundstücksvollmacht zu vermeiden, sollte 45 sie stets beurkundet werden. Liegen Anhaltspunkte einer subjektiven Bindungswirkung des Vollmachtgebers vor, sollte auch das der Vollmachtserteilung zugrunde liegende Rechtsverhältnis beurkundet werden. An der Beurkundung müssen sodann der Vollmachtgeber und der Bevollmächtigte mitwirken. Liegt eine **entgeltliche Geschäftsbesorgung** zugrunde, ist die Höhe der Vergütung mit zu beurkunden, § 671 I BGB ist über § 675 BGB nicht anwendbar.

a) Unwiderrufliche Vollmacht

46 Wird eine unwiderrufliche, wenn auch zeitlich oder sachlich begrenzte Vollmacht zum Erwerb oder zur Übertragung von Grundstückseigentum erteilt, bedarf das zugrunde liegende Rechtsgeschäft der **notariellen Beurkundung** (*BayObLG* DNotZ 1997, 312 m.w.N.; *OLG Karlsruhe* NJW-RR 1986, 100), weil die unwiderrufliche Vollmachtserteilung eine vorverlagerte, rechtliche Bindung erzeugt. Allein die Beurkundung der Vollmacht genügt in diesem Fall nicht (*BayObLG* MittBayNot 1996, 197; *BGH* NJW 1997, 312; s. a. *KG* DNotZ 1986, 290; *Schöner/Stöber* Rn. 3537), da sich der Verzicht auf den Widerruf (= Vertrag, kein einseitiges Rechtsgeschäft; vgl. § 671 I BGB) aus dem Grundgeschäft ergibt. Es sind die Erklärungen beider Vertragsparteien zu beurkunden. Ist der Widerrufsverzicht unwirksam, erstreckt sich dies im Zweifel nicht auf die Vollmachtserteilung (*Sieghörtner* ZEV 1999, 461; str.). Unter Berücksichtigung des Vorgesagten ist daher das Grundgeschäft zu einer „unwiderruflich" erteilten Vollmacht zugunsten eines Kreditinstituts zur Veräußerung grundpfandrechtsbelasteten Grundbesitzes nach Fälligkeit (beachte § 1149 BGB) beurkundungspflichtig.

47 Ist das der Vollmachtserteilung zugrunde liegende Rechtsgeschäft samt Widerrufsverzicht beurkundet, genügt für die Vollmacht, z.B. die Auflassungsvollmacht, regelmäßig die Form des § 29 GBO (*BGH* DNotZ 1988, 551). In der Praxis wird die Vollmacht zumeist und richtigerweise mitbeurkundet. Eine allein im Interesse des Vollmachtgebers liegende Vollmacht kann im Übrigen nicht unwiderruflich erteilt werden (*BGH* NJW-RR 1991, 439, 441), dies wäre ein Widerspruch in sich. Der unwiderruflichen Vollmachtserteilung gleichgestellt sind die Fälle des Verfalls einer Vertragsstrafe bei Vollmachtswiderruf (vgl. MünchKomm/*Kanzleiter* § 311b Rn. 45).

b) Bindung tatsächlicher Art – Einzelfälle

48 Zur Bindungswirkung „tatsächlicher Art" liegt eine weitreichende Kasuistik vor. Folgende Fallgruppen haben sich herausgebildet (zusammenfassend *Rösler* NJW 1999, 1150):

– Vollmachtgeber ist vom Bevollmächtigten infolge körperlicher Gebrechen abhängig oder wegen einer schweren Erkrankung letztlich handlungsunfähig (*BGH* DNotZ 1966, 92; siehe auch *OLG Schleswig* DNotZ 2000, 775),
– Vollmacht wird der jeweils anderen Vertragspartei des Vertretergeschäfts erteilt (Käufer bevollmächtigt Verkäufer; beachte § 17 II a 2 Nr. 1 BeurkG),
– Bevollmächtigter unterliegt allein den Weisungen des Käufers; dem Vollmachtgeber verbleibt kein eigener Entscheidungsspielraum (Vollmachtserteilung an einen vom Käufer abhängigen Angestellten; beachte § 17 II a 2 Nr. 1 BeurkG),
– zwischen Bevollmächtigung und intendiertem Vertretergeschäft liegt eine so kurze Zeitspanne, dass das Widerrufsrecht faktisch leer läuft (MünchKomm/*Kanzleiter*, § 311b Rn. 46; vgl. auch *OLG Frankfurt* RNotZ 2013, 297, hiernach sind 17 Tage nicht kurz).
– durch die Vollmachtserteilung ist die Entschließungsfreiheit des Vollmachtgebers tatsächlich und nicht nur nach den Vorstellungen des Vollmachtgebers aufgehoben.

c) Befreiung von den Beschränkungen des § 181 BGB

49 Indiz für das Vorliegen einer tatsächlichen – vorverlagerten – Bindung des Vertretenen und damit **für die Beurkundungsbedürftigkeit** der Vollmacht mag die Befreiung des Vertreters von den Beschränkungen des § 181 BGB sein (vgl. *OLG Frankfurt* RNotZ 2013, 297; *OLG Schleswig* DNotZ 2000, 775 – „Generalvollmacht" durch schwer erkrankten Vollmachtgeber). Hierbei genügt es allerdings nicht, dass durch die Befreiung die Vertretungsmacht erweitert (dies ist bei der Befreiung von Beschränkungen des § 181 BGB immer der Fall) und/oder der Vollmachtgeber entschlossen ist, von seiner bestehenden Widerrufsmöglichkeit keinen Gebrauch zu machen (*BGH* WM 1979, 579; *Schöner*/

II. Form der Vollmacht **F**

Stöber Rn. 3538). Nicht ausreichend ist es auch, wenn die Befreiung von den Beschränkungen des § 181 BGB aus praktischen Gründen zur Vereinfachung des Vertragsabschlusses und -vollzugs erteilt wird. Wird jedoch die Vollmacht ausschließlich oder **überwiegend im Interesse des Bevollmächtigten** erteilt und zudem durch die Befreiung von den Beschränkungen des § 181 BGB verstärkt, liegt Beurkundungsbedürftigkeit vor. Ein solcher Fall liegt jedenfalls vor, wenn die Vollmachtserteilung dazu dient, den Vertragsabschluss innerhalb kurzer Zeit im Wege des Selbstkontrahierens herbeizuführen, also eine ähnlich, faktische Bindungswirkung wie bei der Erteilung einer unwiderruflichen Vollmacht erzielt wird.

d) Heilung des Formmangels

Liegt eine **formunwirksame Vollmacht** vor, ist das Vertretergeschäft **schwebend unwirksam**, nicht jedoch nichtig; **Genehmigung** ist möglich (§ 177 I BGB, siehe Rn. 10 ff.). Die gleichen Grundsätze gelten, wenn auch das der Vollmachtserteilung zugrunde liegende Rechtverhältnis formunwirksam ist. Wird das unter Verwendung einer formunwirksamen Vollmacht beurkundete Vertretergeschäft, z.B. ein Grundstückskaufvertrag, im Grundbuch vollzogen, tritt hierdurch keine Heilung der formunwirksamen Vollmacht ein. Das fälschlicherweise vollzogene Vertretergeschäft bleibt wegen des **Vertretungsmangels** unwirksam; auf einen solchen Mangel ist § 311b I 2 BGB nicht anwendbar (vgl. *Schöner/Stöber* Rn. 3542 m.w.N.; a.A. mit guten Argumenten *Reithmann* MittBayNot 1986, 229; *Kuhn* RNotZ 2001, 305, 311). Bei Verwendung formunwirksamer Vollmachten kann im Einzelfall auf die Rechtsscheinhaftung der §§ 171–173 BGB zurückgegriffen werden (*BGH* WM 1985, 10).

50

3. Formerfordernis in weiteren Ausnahmefällen

Die vorgenannten Grundsätze zur Annahme der Formbedürftigkeit sind auf die Vollmachtserteilung zur **Erbteilsübertragung** nach § 2033 I BGB (*LG Erfurt* MittBayNot 1994, 177 m. Anm. *Hügel*) und § 2037 BGB anwendbar. Gleiches gilt für die §§ 2348, 2351, 2352 BGB und die §§ 2037, 2385 BGB. Sie gelten hingegen nicht für eine Vollmachtserteilung zur Veräußerung und Abtretung von GmbH-Geschäftsanteilen (§ 15 II, III GmbHG), soweit es sich nicht um eine **Blankovollmacht** handelt (str.; BGHZ 13, 49, 53; 19, 69, 72). Sie finden ferner keine Anwendung bei § 1410 BGB (*Kanzleiter* NJW 1999, 1612, vgl. auch *BGH* NJW 1998, 157) und §§ 780, 781 BGB.

51

4. Verfahrensrechtliches Formerfordernis, § 29 I (§ 30) GBO; § 12 HGB; Vollstreckungsrecht

Nach § 29 I 1 GBO (§ 30 GBO) müssen dem **Grundbuchamt** „sonstige zur Eintragung erforderliche Erklärungen" mindestens in **öffentlicher** oder **öffentlich beglaubigter Form** vorgelegt werden. Hierher gehören Vollmachten und Vollmachtsbestätigungen zur Abgabe von Bewilligungen oder Erklärung der Auflassung (§ 925 BGB). Das Grundbuchverfahren überlagert die materiell-rechtlichen Formfragen. Erteilte Vollmachten sind ggfs. in öffentlich beglaubigter Form zu bestätigen; unter privatschriftlichen Vollmachten sind die anerkannten Unterschriften nachträglich zu beglaubigen. Die von einer Betreuungsbehörde im Rahmen des § 6 II BetreuungsbehördenG, den Unterschriften nach beglaubigte **Vorsorgevollmacht** zur Verwaltung des Vermögens des Vollmachtgebers genügt den Erfordernissen des § 29 GBO (zuletzt: *OLG Naumburg* NotBZ 2014, 234). Eine dem § 29 GBO vergleichbare Rechtslage gilt für Vollmachten zu (elektronischen) Anmeldungen in das **Handelsregister** (§ 12 I 2 HGB; beachte auch §§ 10, 378 FamFG).

52

Ein **Formerfordernis** kann sich auch **aus vollstreckungsrechtlichen Gründen** ergeben: Hat ein Vertreter die Unterwerfung unter die sofortige Zwangsvollstreckung erklärt (§§ 794; 800 ZPO), darf der Notar im Klauselerteilungsverfahren (§ 52 BeurkG, §§ 797 II,

53

724, 725, 727 ZPO) eine vollstreckbare Ausfertigung nur dann erteilen, wenn die Wirksamkeit der Vertretung durch öffentliche oder zumindest öffentlich beglaubigte Urkunden nachgewiesen ist (*BGH* DNotI-Report 2004, 161); Vollmacht und/oder Genehmigung sind im Übrigen dem Schuldner spätestens mit Beginn einer Vollstreckung zuzustellen, § 750 II ZPO (*BGH* NotBZ 2006, 427 m.w.N.). Zweck des § 750 II ZPO ist es, dem Vollstreckungsschuldner, der im Klauselerteilungsverfahren nicht beteiligt ist, die Prüfung der Vollstreckungsvoraussetzungen zu ermöglichen (*Bolkart* MittBayNot 2007, 338).

5. Im Ausland erteilte Grundstücksvollmacht

54   Im Ausland erteilte **Grundstücksvollmachten** für ein inländisches Grundstücksgeschäft sind formwirksam, wenn sie entweder nach den Formvorschriften des ausländischen Rechts errichtet sind (Art. 11 I EGBGB – Anknüpfung: Ortsrecht/Ortsform; vgl. *OLG Stuttgart* Rpfleger 1981, 145; *Schütze* DNotZ 1992, 66, 73) oder die Formvorschriften des Vornahmeorts (Wirkungsstatut) wahren. Art. 11 I EGBGB enthält eine **Sachnormverweisung**, eine Rückverweisung in das ggf. strengere deutsche Recht findet nicht statt. Der deutsche Notar kann bei einer ihm vorgelegten, im Ausland vor einem Notar, einer Behörde oder einer gleichwertigen Urkundsperson errichtete Vollmacht, davon ausgehen, dass die notwendigen Formvorschriften des Ortsrechts beachtet sind. **§ 29 GBO** ist als verfahrensrechtliche Norm allerdings auch für die im Ausland erteilte Vollmacht maßgeblich; sie muss also mindestens öffentlich beglaubigt (öffentliche Urkunde i.S.v. § 415 ZPO) und insgesamt anerkennungsfähig sein (zu Einzelheiten Kap. H. Rn. 88 ff.). Für die **Beurteilung des Umfangs** einer im Ausland erteilten Vollmacht ist allein das Wirkungsstatut maßgeblich (*BGH* DNotZ 1994, 485).

Für eine im Inland errichtete Grundstücksvollmacht für **Auslandsimmobilien** gilt ggf. die Form des § 311b I BGB.

55   **Checkliste Form der Vollmacht**

(1) Formfreiheit (Grundsatz: § 167 II BGB)
(2) Ausnahmen:
   – Gesetzliche Formerfordernisse
     z.B.: § 492 IV BGB, § 2 II GmbHG, § 23 I AktG
   – Verfahrensrechtliche Formerfordernisse
     z.B.: § 77 BGB, § 12 I 2 HGB; §§ 29, 30 GBO
   – rechtsgeschäftlich vereinbarte Formerfordernisse (auch satzungsrechtlich)
(3) Formerfordernis nach § 311b I BGB (und ähnliche Formvorschriften des Vertretergeschäfts):
   – untrennbarer Sachzusammenhang zwischen beurkundungspflichtigem, zugrunde liegendem Rechtsverhältnis und Vollmacht
   – „vorverlagerte Bindung"
   – Achtung: subjektive Vorstellung des Vollmachtgebers maßgeblich
   – Unwiderrufliche Vollmacht
   – Bindung tatsächlicher Art (Fallgruppen)
   – Befreiung von den Beschränkungen des § 181 BGB (Indizwirkung)
(4) Rechtsfolgen eines Formverstoßes:
   – Vertretergeschäft schwebend unwirksam (§ 177 BGB – Genehmigung)
   – Keine Heilung der Vollmacht durch Vollzug des Vertretergeschäfts
(5) Im Zweifel Beurkundung von Grundstücksveräußerungs- und -erwerbsvollmachten
(6) Für im Ausland erteilte Grundstücksvollmacht gilt Art. 11 I EGBGB (§ 29 GBO anwendbar; mit „Echtheitsnachweis" durch Legalisation oder Apostille)

III. Untervollmacht

Erteilt der gesetzliche oder gewillkürte (Haupt-)Vertreter einem Dritten Vollmacht, liegt Unterbevollmächtigung (**mehrstufige Vertretung**) vor. Die Unterbevollmächtigung ist konstruktiv keine Vollmachtsübertragung i. S. eines Verfügungsgeschäfts über die Vertretungsbefugnis des Hauptbevollmächtigten; dessen Vertretungsbefugnis bleibt regelmäßig unberührt. Die Vollmacht ist zudem kein abtretbares Recht (vgl. MünchKomm/ *Schramm* § 164 Rn. 66; § 167 Rn. 70). 56

Bei der **Erteilung der Untervollmacht** soll – jedenfalls für Haftungsfragen – zu unterscheiden sein: entweder handelt der Unterbevollmächtigte direkt mit Wirkung für und gegen den Vertretenen (Geschäftsherr) oder er handelt im Namen des Hauptbevollmächtigten (vgl. MünchKomm/*Schramm* § 167 Rn. 93 ff.; zu Haftungsfragen BGHZ 68, 391, 394). Im zweiten Fall treffen den Geschäftsherrn die Rechtswirkungen des Vertretergeschäfts gleichsam durch beide Vertretungsverhältnisse hindurchlaufend (vgl. siehe BGHZ 32, 250, 254; abl. Palandt/*Ellenberger* § 167 Rn. 12). Die erste Ansicht ist vorzugswürdig: der Bevollmächtigte erteilt *im Namen des Vertretenen* Untervollmacht zur Vertretung des Vertretenen (siehe etwa Staudinger/*Schilken* § 167 Rn. 62); die Untervollmacht ist nach § 164 I BGB Vollmacht des Vertretenen (Geschäftsherr). Der Untervertreter muss daher in der notariellen Niederschrift nur **im Namen des Geschäftsherrn** (Offenkundigkeit), nicht auch des Hauptvertreters auftreten. Wird auch die Unterbevollmächtigung offen gelegt (vgl. § 164 II BGB), haftet der Unterbevollmächtigte nicht für Mängel der Hauptbevollmächtigung. Die Untervollmacht kann vom Geschäftsherrn und/oder vom Hauptbevollmächtigten **widerrufen** werden. 57

Typische Fälle der Unterbevollmächtigung in der notariellen Praxis sind Vollzugs-, Belastungs- oder Löschungsvollmachten im Grundstückskaufvertrag. **Gesetzliche Verbote** der Unterbevollmächtigung ergeben sich aus dem Grundsatz der persönlichen Ausübung der Vertretungsmacht (z. B. Vaterschaftsanfechtung nach § 1600a II BGB; Betreuung i. S. d. §§ 1896 ff. BGB; hierzu *Neuhausen* RNotZ 2003, 157, 169; str.), aus § 52 II HGB und eingeschränkt aus §§ 58 HGB, 135 III AktG. 58

Grundsätzlich geht der **Umfang** der abgeleiteten Vertretungsmacht des Unterbevollmächtigten nicht über die des Hauptbevollmächtigten hinaus; niemand kann weitergehende Vertretungsmacht erteilen, als er selbst hat. Daher kann der nicht von den Beschränkungen des § 181 BGB befreite Hauptbevollmächtigte den Unterbevollmächtigten ebenfalls nicht befreien (MünchKomm/*Schramm* § 181 Rn. 24 m.w.N.). Der widerruflich bestellte Hauptvertreter kann keine unwiderrufliche Untervollmacht erteilen. In Einzelfällen mag sich aus der Hauptvollmacht etwas anderes ergeben. **Erlischt die Hauptvollmacht**, besteht die Untervollmacht regelmäßig fort. Obwohl sie vom Hauptbevollmächtigten erteilt ist, leitet sich die Vertretungsmacht vom Vertretenen (Geschäftsherr) ab. Die wirksam erteilte Untervollmacht ist in ihrem Fortbestand nicht an die Hauptvollmacht gebunden (MünchKomm/*Schramm* § 167 Rn. 68; *Wolf* MittBayNot 1996, 266). Gleichwohl kann die Untervollmacht derart beschränkt werden, dass sie nur solange wirksam ist, wie die Hauptvollmacht Bestand hat (in der Praxis unüblich). Vorrangig ist insoweit immer der Wille des Geschäftsherrn im Einzelfall, der im Zweifel durch Auslegung von Haupt- und Untervollmacht zu ermitteln ist (*OLG Frankfurt* BeckRS 2014, 08860). 59

Befugnis zur Erteilung einer Untervollmacht haben i. d. R. alle gesetzlichen Vertreter und Organe juristischer Personen. Der gewillkürte Vertreter darf sie grundsätzlich nur dann erteilen, wenn ihm dies nach dem Inhalt der Hauptvollmacht gestattet ist (beachte auch § 664 I 1 BGB). Findet sich keine ausdrückliche Regelung, muss die **Auslegung** der Hauptvollmacht ergeben, ob und in welchem Umfang Untervollmacht erteilt werden darf. Ausgangspunkt der Auslegung ist das Interesse des Vertretenen am persönlichen Vertreterhandeln des Hauptvertreters (*OLG Hamm* BeckRS 2013, 06343; *LG Köln* 60

MittRhNotK 1985, 39; MünchKomm/*Schramm* § 167 Rn. 63). Die Erteilung einer Untervollmacht ist jedenfalls immer zulässig, wenn gerade dies **im Interesse des Vertretenen** liegt. Je weiter die Vollmacht reicht, desto eher wird man eine Befugnis zur Unterbevollmächtigung für einzelne Angelegenheiten annehmen können. Eine Generalvollmacht legt die Befugnis zur Erteilung von Untervollmachten allerdings dann nicht nahe, wenn der **personengebundene Vertrauenscharakter** überwiegt.

In einem **Grundstückskaufvertrag**, der von einem Bevollmächtigten für den Verkäufer abgeschlossen wird und bei dem die **Verkaufsvollmacht** keine ausdrückliche Regelung zur Unterbevollmächtigung enthält, ergeben sich regelmäßig keine Gesichtspunkte für die Annahme, dass der Geschäftsherr ein Interesse daran haben könnte, dass für ihn nur die Person des Hauptbevollmächtigten bei einer Grundschuldbestellung zugunsten des Käufers handeln sollte. Die vom Hauptbevollmächtigten erteilte **Belastungsvollmacht** (= Untervollmacht), deren zweckgebundene Ausübung zusätzlich von dem Urkundsnotar zu überwachen ist, entspricht vielmehr auch dem Interesse des Geschäftsherrn an einer routinemäßig schnellen Kaufvertragsabwicklung (*OLG Hamm* BeckRS 2013, 06343).

> **Praxishinweis:**
>
> Der Notar sollte zur Vermeidung der Auslegung einer von ihm entworfenen oder beurkundeten Vollmacht die Frage der Befugnis zur Unterbevollmächtigung **ausdrücklich regeln**.

61 Bei der Erteilung einer Untervollmacht ist der **Nachweis** des wirksamen Bestehens **der Hauptvollmacht** erforderlich (Original oder Ausfertigung; siehe auch Rn. 140). Der Nachweis ist für den **Zeitpunkt** der Unterbevollmächtigung zu führen. Handelt der Unterbevollmächtigte, genügt sodann die Vorlage der Untervollmacht, wenn sich aus ihr der Nachweis der wirksamen Hauptvollmacht zum Erteilungszeitpunkt durch eine entsprechende **Bescheinigung des Notars** (vgl. § 39 BeurkG) und der beigefügten **beglaubigten Abschrift der Hauptvollmacht** (§§ 47, 49 III, 12 S. 1 BeurkG) ergibt. Ist dies nicht der Fall, muss sich der Notar bei der Beurkundung von Vertretergeschäften des Untervertreters die Haupt- und die Untervollmacht im Original oder in Ausfertigung vorlegen lassen (zu Rechtsscheintatbeständen *Bous* RNotZ 2004, 483, 489 ff.).

62 **Checkliste Untervollmacht**

(1) Handeln im Namen des Geschäftsherrn (Offenkundigkeit)
 – wichtige Fälle:
 – Vollzugsvollmachten im Interesse des Vertretenen; Belastungsvollmacht
 – alle von Organträgern erteilte Vollmachten
 – Prüfung der Untervollmacht zur Vornahme des konkreten Vertreterhandelns (Ebene des Vertreterhandelns)
 – Umfang der Untervollmacht ist auch durch den Umfang der Hauptvollmacht begrenzt
 – Untervollmacht ist vom Fortbestand der Hauptvollmacht unabhängig (Regelfall)
 – Prüfung der Befugnis des Hauptvertreters zur Erteilung von Untervollmachten (Ebene der Hauptvollmacht)
 – ausdrückliche Regelung in der Hauptvollmacht
 – Auslegung; Maßstab: Interesse an persönlichem Vertreterhandeln
 – Unzulässigkeit der Unterbevollmächtigung
 – Gesetz, z. B.: § 52 II HGB, eingeschränkt §§ 58 HGB, 135 III AktG
 – rechtsgeschäftlich vereinbarte Verbote (auch satzungsrechtlich)

▶

▼ Fortsetzung: **Checkliste Untervollmacht**

(2) Nachweis der Unterbevollmächtigung
- bei der Erteilung: wirksame Hauptvollmacht im Original oder in Ausfertigung
- bei der Ausübung:
  - durch Bescheinigung des Notars (vgl. § 39 BeurkG) und
  - durch beigefügte, beglaubigte Abschrift der Hauptvollmacht (§§ 47, 49 III, 12 S. 1 BeurkG) oder
- Vorlage der wirksamen Haupt- und Untervollmacht im Original oder in Ausfertigung

IV. Vollmacht „über den Tod hinaus" oder „auf den Todesfall"

1. Grundsätze und Funktion

a) Fortbestand bei Tod des Vollmachtgebers

Verstirbt der Vollmachtgeber, gelten für den **Fortbestand der Vollmacht** die Maßgaben 63 des der Erteilung zugrunde liegenden Rechtsverhältnisses. Grundsätzlich – und widerlegbar vermutet – bleiben sowohl das grundlegende Auftragsverhältnis und die erteilte Vollmacht bestehen (§§ 672 S. 1, 675 I, 168 S. 1 BGB; siehe auch § 52 III HGB für die Prokura). Einer **ausdrücklichen Bestimmung zur Vollmachtsfortwirkung** über den Tod des Vollmachtgebers hinaus bedarf es in der Regel nicht; die Aufnahme einer solchen Bestimmung in den Vollmachtstext ist jedoch empfehlenswert. Handelt es sich um eine sog. „isolierte Vollmacht" ist trotz des fehlenden Grundverhältnisses ebenfalls regelmäßig von der Fortgeltung der Vollmacht auszugehen (vgl. Bengel/Reimann/*Dietz*, Testamentsvollstreckung, Kap. 1 III Rn. 43 m. w. N.).

Eine „**Vorsorgevollmacht**" (hierzu Rn. 155 ff.), durch die die Bestellung eines Betreuers im Falle von Krankheit oder Gebrechlichkeit vermieden werden soll und die keine ausdrückliche Fortwirkungsanordnung enthält, soll nach vereinzelter Ansicht der Rechtsprechung mit dem Tod des Vollmachtgebers, und zwar auch für den Bereich der Vermögensverwaltung, erlöschen (so *OLG Hamm* DNotZ 2003, 120 und der Grenzfall *OLG Frankfurt* DNotZ 2011, 745 mit Anm. *Müller*). Dem kann indes nicht gefolgt werden. Der Tod des Vollmachtgebers lässt lediglich personenspezifische Aufgaben wie Aufenthaltsbestimmung oder gesundheitliche Vorsorge entfallen, maßgebend für eine Fortwirkung in Vermögensangelegenheiten bleibt hingegen immer das der Vollmachtserteilung ansonsten zugrunde liegende Rechtsverhältnis bzw. die widerlegbare Vermutung der Fortwirkung nach §§ 672 S. 1, 675 I, 168 S. 1 BGB.

Die **Vollzugsvollmacht des Notars** wirkt jedenfalls auch ohne eine ausdrückliche Bestimmung über den Tod des Vollmachtgebers hinaus (*AG Aschaffenburg* MittBayNot 1971, 370).

b) Begrifflichkeiten und Vollmachtserteilung

War eine Vollmacht bereits zu Lebzeiten des Vollmachtgebers ausübbar erteilt und 64 wirkt alsdann „über den Tod hinaus", spricht man von **transmortaler Vollmacht**; tritt die Wirksamkeit erst „auf den Todesfall" ein, handelt es sich um eine **postmortale Vollmacht**. Die transmortale Vollmacht unterscheidet sich also von der postmortalen Vollmacht nur durch den Beginn der Vollmachtswirkung, nämlich den Zeitpunkt des Erbfalls (MünchKomm/*Schramm* § 168 Rn. 30).

Die trans- oder postmortale Vollmacht kann einem Dritten, dem Testamentsvollstrecker oder dem Erben (Miterben) erteilt sein. Ist sie **dem Erben erteilt**, bleibt sie zumindest bis zur endgültigen Klärung seiner Erbenstellung und deren Nachweis wirksam und ausübbar (vgl. *Keim* DNotZ 2008, 175, 181 m. w. N.; zur sog. „Konfusionsproblematik" siehe Rn. 76). Eine über den Tod hinaus wirkende Vollmacht kann im Einzelfall anstelle oder zur **Verstärkung einer Testamentsvollstreckung** erteilt sein (DNotI-Report 1998, 171; zusammenfassend *Weidlich* MittBayNot 2013, 196). Sie ist als **Testamentsvollstreckervollmacht** oder Vollmacht für einen Dritten zudem geeignet, die Zeitspanne bis zum Amtsbeginn des Testamentsvollstreckers zu überbrücken und die **Abwicklung von Auslandsvermögen** bzw. **Beteiligungen an Personengesellschaften** zu erleichtern (MünchKomm/*Zimmermann* vor § 2197 Rn. 16 m. w. N.).

Auch für trans- und postmortale Vollmachten gelten das **Missbrauchsverbot** und die Grundsätze der **Rechtschein- und Legitimationswirkungen** nach den §§ 170 - 172, 173 BGB (siehe auch Rn. 143); letztere haben eine erhebliche praktische Bedeutung.

65 Der **Zugang** einer „auf den Todesfall" erteilten, postmortalen **Vollmacht in einem Testament** (z. B. Auflassungsvollmacht auf den Todesfall für den Begünstigten eines Grundstücksvermächtnisses) ist durch die Eröffnungs- und Benachrichtigungsvorschriften der §§ 2260, 2262 BGB sichergestellt. § 2301 I BGB ist weder auf die transmortale noch die postmortale Vollmacht entsprechend anwendbar (Staudinger/*Schilken* § 168 Rn. 30 m. w. N.); die Erteilung einer postmortalen Vollmacht ist insgesamt als eine Geschäft unter Lebenden anerkannt (MünchKomm/*Schramm* § 168 Rn. 32).

c) Nachweis der Wirksamkeit

66 Für ein Vertreterhandeln aufgrund postmortaler Vollmacht kann der **Nachweis der Wirksamkeit** durch die Sterbeurkunde des Vollmachtgebers geführt werden (*OLG Frankfurt* ZEV 2014, 202). Für das wirksame Vertreterhandeln aufgrund einer transmortalen Vollmacht benötigt der Bevollmächtigte hingegen keinen zusätzlichen Nachweis durch eine Sterbeurkunde, einen Erbschein oder öffentliches Testament mit Eröffnungsniederschrift. Um einen ggfs. erforderlichen **Nachweis des Fortbestandes** der Vollmacht über den Tod des Vollmachtgebers hinaus in öffentlicher oder öffentlich beglaubigter Form zu vermeiden (vgl. *Schöner/Stöber* Rn. 3570 m. w. N.), sollte die **Fortwirkung ausdrücklich angeordnet** werden (so bereits Rn. 63).

d) Vertretung der Erben

67 **aa) Offenkundigkeit und Widerrufsbefugnis.** Der Bevollmächtigte **vertritt nach dem Erbfall den bzw. die Erben** in ihrer Gesamtheit (*BGH* NJW 1983, 1487, 1489), nicht jedoch den verstorbenen Vollmachtgeber und Erblasser. Das bedeutet insbesondere, dass das Vertreterhandeln im Hinblick auf das zum Nachlass gehörende Vermögen für und gegen den oder die Erben (und Nacherben) wirkt.

Der Bevollmächtigte muss bei seinem Vertreterhandeln nicht im tatsächlichen Namen des/der Erben auftreten (*LG Stuttgart* BWNotZ 2007, 119, 120; *OLG Frankfurt* DNotZ 2012, 140, 141; ZEV 2014, 202); möglicherweise stehen die Erben im Zeitpunkt des Vertreterhandelns noch nicht fest oder sind dem Vertreter nicht bekannt. Aber selbst wenn die Erben bekannt sind, ist der **Grundsatz der Offenkundigkeit** hinreichend eingehalten, wenn der Vertreter für den oder die Erben auftritt. Tritt der Bevollmächtigte nach dessen Tod hingegen **im Namen des Erblassers** auf, kommt es für die Wirksamkeit des Vertretergeschäfts auf dessen Inhalt und die genauen Umstände des Zustandekommens an. Es können die Rechtsfolgen der §§ 177, 179 BGB oder § 164 I BGB Anwendung finden (MünchKomm/*Schramm* § 168 Rn. 31). Das Auftreten im Namen des verstorbenen Erblassers und Vollmachtgebers sollte jedenfalls vermieden werden. Vermieden werden sollte es auch, dass der **bevollmächtigte Alleinerbe** (oder alleinige Vorerbe bzw. bevollmächtigte Miterbe) als Bevollmächtigter für sich in seiner Eigenschaft als Alleinerbe auftritt; hierdurch gefährdet er ggfs. die Legitimationswirkung der auf ihn erteilten Vollmacht (illustrativ *OLG Hamm* ZEV 2013, 341; insgesamt hierzu Rn. 76). Allerdings kann der namens der Erben auftretende Bevollmächtigte sehr wohl

IV. Vollmacht „über den Tod hinaus" oder „auf den Todesfall" F

anmerken, dass seine Erklärungen auch für den Fall Geltung behalten, dass er Miterbe, Alleinerbe oder alleiniger Vorerbe des Vollmachtgebers sein sollte (vgl. *Amann* MittBayNot 2013, 367, 371). Durch eine solche Formulierung ist die Legitimationswirkung der Vollmachtsurkunde nicht gefährdet, jedoch klargestellt, dass der bevollmächtigte Erbe im Zweifel auch im eigenen Namen handelt. Allein wegen einer derart - klarstellenden- Erklärung kann von dem Bevollmächtigten jedenfalls kein Erbnachweis nach § 35 GBO verlangt werden (vgl. hierzu Rn. 76).

Zum **Widerruf der post- oder transmortalen Vollmacht** ist der **Alleinerbe** stets befugt (ggfs. auch der Testamentsvollstrecker, Nachlassverwalter und -pfleger, siehe Rn. 72), bei **Miterben** jeder einzelne für seine Person, und zwar auch während des Bestehens einer Erbengemeinschaft und ohne Rücksicht darauf, ob der Vollmacht ein einheitliches Rechtsgeschäft zu Grunde liegt oder nicht (*OLG Stuttgart* DNotZ 2012, 371). Für den Fall des Widerrufs ist § 175 BGB anwendbar bzw. ein einschränkender Vermerk auf der Vollmachtsurkunde anzubringen (vgl. *BGH* NJW 1990, 507).

bb) Umfang der Vertretungsmacht. Der Umfang der Vertretungsmacht leitet sich allein von dem verstorbenen Vollmachtgeber/Erblasser ab und bezieht sich ausschließlich auf dessen Nachlass, nicht hingegen auf das sonstige Vermögen der Erben. Damit erstreckt sich die vom Erblasser abgeleitete Vertretungsmacht weder auf Verpflichtungs- noch Verfügungsgeschäfte über das „Eigenvermögen" des Erben (vgl. MünchKomm/*Zimmermann* vor § 2197 Rn. 14). Der Bevollmächtigte kann in Bezug auf den Nachlass und die Nachlassgegenstände demnach alle Rechtsgeschäfte derart vornehmen, wie dies der Erblasser zu seinen Lebzeiten selbst hätte tun können (*OLG Hamburg* DNotZ 1967, 30). Eine Vollmacht des Erblassers genügt folglich nicht zur Erklärung einer grundbuchrechtlichen **Berichtigungsbewilligung** auf die Erben (*Schöner/Stöber* Rn. 3571; siehe auch *OLG Stuttgart* DNotZ 2012, 371) oder zur **handelsregisterlichen Anmeldung** des Ausscheidens des verstorbenen Gesellschafters aus und des Eintritts des Erben in die Gesellschaft (*KG* MittBayNot 2003, 495, auch zur Frage des Erbnachweises). Solche Vorgänge hätte der Erblasser naturgemäß zu Lebzeiten nicht veranlassen können. Der **bevollmächtigte Alleinerbe** (hierzu Rn. 76) kann allerdings seine Haftung nicht etwa mittels der Vollmacht auf den Nachlass beschränken. 68

Solange die Erben (Testamentsvollstrecker, § 2205 BGB) die Vollmacht nicht widerrufen oder nicht widerrufen können, bedarf das Vertreterhandeln grundsätzlich keines Einverständnisses der Erben zur Vornahme einzelner Vertretergeschäfte; gleichwohl hat der Bevollmächtigte nunmehr die Interessen der Erben zu berücksichtigen und deren erkennbare Weisungen zu beachten (vgl. zum Meinungsstand MünchKomm/*Schramm* § 168 Rn. 45 ff.; *Sagmeister* MittBayNot 2013, 107, 110 f.; zu weitgehend *Flume*, Rechtsgeschäft II, 1992, § 51 Abschn. 5 m.w.N.).

cc) Voreintragung der Erben nach § 39 GBO. Der trans- oder postmortal Bevollmächtigte kann mit Wirkung für und gegen die Erben die **Auflassung und Bewilligung zur Eigentumsumschreibung eines Nachlassgrundstücks** auf einen Dritten als Vertretergeschäft bewirken, wenn zwar der Erblasser und Vollmachtgeber voreingetragen ist, die Voreintragung der Erben nach §§ 40 I, 39 GBO jedoch nicht erforderlich wäre (zuletzt *LG Stuttgart* BWNotZ 2007, 119; *OLG Frankfurt* DNotZ 2012, 140). Verfügungen über Grundstücksrechte oder grundstücksgleiche Rechte aufgrund trans- oder postmortaler Vollmachten nach § 40 I GBO, also ohne Voreintragung der Erben, können allerdings im Hinblick auf §§ 891 ff. BGB für den Erwerber/Berechtigten nachteilig sein (vgl. *Finkeklee* ZErb 2007, 172). Gegenüber dem Grundbuchamt muss die Vollmachtserteilung durch den voreingetragenen Erblasser in öffentlicher oder öffentlich-beglaubigter Form nachgewiesen sein. Die **Ausnahme vom Voreintragungsgrundsatz** bezieht sich nach § 40 I GBO lediglich auf die **Übertragung** oder die **Aufhebung eines Rechts** (z.B. Auflassung, Umschreibung eines Grundpfandrechts, Löschungen); sie umfasst jedoch nicht die pra- 69 xisbedeutsame **Belastung des Nachlassgrundstücks** mit neuen Grundpfandrechten (so bereits RGZ 88, 345, 348 f.; a. A. mit guten Argumenten *Milzer* DNotZ 2009, 325).

Im Grundbuch bereits eingetragene Testamentsvollstrecker- und/oder Nacherbenvermerke hindern die uneingeschränkte Vollmachtsausübung nicht und sind zu löschen (vgl. Bengel/Reimann/*Dietz*, Testamentsvollstreckung, Kap. 1 III Rn. 49).

70 **dd) Vertretung des Vor- und Nacherben.** Während einer bestehenden Vorerbschaft vertritt der Bevollmächtigte den **Vorerben,** ab dem Eintritt des Nacherbfalls den **Nacherben** (vgl. Palandt/*Weidlich* § 2139 Rn. 3). Bereits vor Eintritt des Nacherbfalls ist der Bevollmächtigte grundsätzlich auch zur Wahrnehmung von Nacherbenrechten berechtigt (siehe Rn. 64); was bei der Vollmachtserteilung ausdrücklich klargestellt werden sollte (vgl. *Keim* DNotZ 2008, 175, 186). Jedenfalls sind Vertretergeschäfte aufgrund post- oder transmortaler Vollmacht sowohl gegenüber Vorerben als auch gegenüber Nacherben wirksam (*Schöner/Stöber* Rn. 3571).

Die Vollmacht kann auch dem **Vorerben** erteilt werden. Abgelehnt wird indes die Möglichkeit den Vorerben (Mitvorerben) zur Wahrnehmung der Nacherbenrechte vor Eintritt des Nacherbenfalls zu bevollmächtigen; dies verstößt gegen die Wertung des § 2136 BGB (Palandt/*Weidlich* § 2112 Rn. 4; *Keim* DNotZ 2008, 175, 181 m.w.N.). Ansonsten kann eine Vollmacht zur Wahrnehmung der Nacherbenrechte vor Eintritt des Nacherbfalls wirksam einem Dritten oder dem Testamentsvollstrecker erteilt werden (vgl. *Keim* DNotZ 2008, 175).

71 **ee) Vollmacht und Testamentsvollstreckung.** Eine von dem Erblasser und Vollmachtgeber **angeordnete Testamentsvollstreckung** (bzw. eine Vor- und Nacherbschaft) schränkt die umfassende Vertretungsbefugnis aufgrund einer trans- oder postmortalen Vollmacht grundsätzlich nicht ein; dies gilt auch im Hinblick auf die Verfügungsbeschränkungen der §§ 2113, 2114 BGB bzw. das Verbot der Abgabe und des Vollzugs von Schenkungsversprechen nach §§ 2205 S. 3 , 2207 S. 2 BGB (*OLG München* DNotZ 2012, 303 m.w.N.; ausführlich *Keim* DNotZ 2008, 175; *Weidlich* MittBayNot 2013, 196; MünchKomm/*Zimmermann* vor § 2197 Rn. 15 m.w.N.). Andererseits werden auch die umfassenden **Befugnisse eines Testamentsvollstreckers** nicht durch eine trans- oder postmortale Vollmacht eingeschränkt.

72 Die Vertretungsmacht des Bevollmächtigten leitet sich beim **gleichzeitigen Bestand einer Testamentsvollstreckung** allein und ausschließlich vom Erblasser und nicht etwa vom Testamentsvollstrecker ab (*OLG Köln* NJW-RR 1992, 1357; Palandt/*Weidlich* Einf. v. § 2197 Rn. 12). Für das Vertreterhandeln im Außenverhältnis ist es zudem ohne Bedeutung, ob Kenntnis vom gleichzeitigen Bestand einer Testamentsvollstreckung besteht oder nicht besteht. **Keine Einschränkung der Vollmacht** ergibt sich jedenfalls daraus, dass der Vollmachtgeber die Testamentsvollstreckung zeitlich nach der Vollmachtserteilung anordnet (zusammenfassend *OLG München* DNotZ 2012, 303; a. A. zur Bedeutung der zeitlichen Abfolge Bengel/Reimann/*Dietz*, Testamentsvollstreckung, Kap. 1 III Rn. 38a ff.; MünchKomm/*Zimmermann* vor § 2197 Rn. 15), sofern eine im Einzelfall erforderliche, **umfassende Auslegung** kein anderes Ergebnis erbringt. Die **Auslegung** kann in Ausnahmefällen ergeben, dass in der Ernennung eines Testamentsvollstreckers oder in der Anordnung einer Vor- und Nacherbschaft der Widerruf oder zumindest eine Einschränkung erteilter Vollmachten liegt (so bereits *Merkel* WM 1987, 1001). Die Rechtsprechung geht im Rahmen der umfassenden Auslegung zunächst davon aus, dass es regelmäßig nicht dem maßgeblichen Willen des Erblassers und Vollmachtgebers entspricht, dass voneinander unabhängige Befugnisse eines Testamentsvollstreckers und eines Bevollmächtigten **gegenseitiges Störungspotential** ergeben (*OLG München* DNotZ 2013, 303 m.w.N.; gegen diesen Ansatz überzeugend *Weidlich* MittBayNot 2013, 196, 197). Der **transmortalen Spezialvollmacht,** beispielsweise die Löschungsvollmacht für eine zugunsten des Erblassers eingetragene Rückauflassungsvormerkung, steht eine angeordnete Testamentsvollstreckung jedenfalls nicht entgegen

IV. Vollmacht „über den Tod hinaus" oder „auf den Todesfall" F

(*OLG München* MittBayNot 2013, 230). Erfolgt die Vollmachtserteilung vor einem Notar, kann eine eindeutige **Geltungsanordnung** für den Fall der Testamentsvollstreckung oder angeordneten Nacherbfolge in die Niederschrift der Vollmacht aufgenommen werden. Neben dem Erben kann i.Ü. auch der Testamentsvollstrecker die **trans- oder postmortale Vollmacht widerrufen** (statt aller NK-BGB/*Weidlich* vor §§ 2197 Rn. 12 m.w.N.; DNotI-Report 2013, 84) oder Weisungen zur Vollmachtsausübung erteilen, soweit der Erblasser diese Befugnisse nicht wirksam eingeschränkt hat (vgl. hierzu Rn. 77).

Die Erteilung einer post- oder transmortalen Vollmacht kann das Bedürfnis für eine **Nachlasspflegschaft** entfallen lassen. Das Sicherungsbedürfnis nach § 1960 BGB fehlt, wenn dringliche und sicherstellende Nachlassangelegenheiten bereits von dem wirksam Bevollmächtigten zuverlässig erledigt werden und missbräuchliche Verfügungen nicht zu befürchten sind (*BGH* ZEV 2013, 36; *OLG Karlsruhe* FamRZ 2004, 222). 73

Ist der eingesetzte **Testamentsvollstrecker zugleich** von dem Erblasser **bevollmächtigt**, unterliegt er als Bevollmächtigter nicht den Beschränkungen des Testamentsvollstreckers; § 2205 S. 3 BGB ist auch nicht analog anwendbar. Die Vollmachtserteilung auf den Testamentsvollstrecker kann von dem Erblasser bewusst als Verstärkung von dessen Befugnisse erteilt werden und der Nachlasssicherung dienen (vgl. MünchKomm/*Zimmermann* vor § 2197 Rn. 14 f.). 74

e) Minderjähriger oder betreuter Erbe und Vertreterhandeln

Ist der **Erbe** des Vollmachtgebers **minderjährig** (oder **beschränkt geschäftsfähig** oder **unter Betreuung**), bedarf auch ein Vertreterhandeln im Rahmen von **Rechtsgeschäften nach §§ 1643, 1821, 1822 BGB** weder der Genehmigung durch den berufenen gesetzlichen Vertreter noch der Genehmigung durch das Familien- oder Betreuungsgericht, wie es für das Vertreterhandeln des gesetzlichen Vertreters erforderlich wäre (grundlegend und zutreffend bereits *RGZ* 88, 345; 106, 185; s.a. *Keim* DNotZ 2008, 175, 178 m.w.N.; Palandt/*Weidlich* Vorbem. § 2197 Rn. 11; MünchKomm/*Zimmermann* vor § 2197 Rn. 14; Staudinger/*Schilken* § 168 Rn. 33). Leiten sich nämlich die Vertretungsmacht und der Umfang einer Vollmacht allein vom seinerzeit geschäftsfähigen Erblasser her, kann es nicht auf die mangelnde Geschäftsfähigkeit des oder der vertretenen Erben ankommen (vgl. zur Parallelproblematik der nachträglichen Geschäftsunfähigkeit des Vollmachtgebers Rn. 100). Die §§ 1821, 1822 BGB beziehen sich zudem ihrem Wortlaut nach ausdrücklich nur auf Fälle der gesetzlichen Vertretung, nicht jedoch auf Vertretungsfälle aufgrund rechtsgeschäftlich wirksam erteilter und fortgeltender Vollmachten. Die §§ 168 S. 1, 672 S. 1, 675 I BGB sind wohl entsprechend anwendbar. Dass dem minderjährigen oder betreuten Erben deshalb im Einzelfall eine ggfs. geringerer Schutzumfang zukommt, als bei der präventiven gerichtlichen Kontrolle nach den §§ 1821, 1822 BGB wird jenseits von Missbrauchstatbeständen dadurch kompensiert, dass der gesetzliche Vertreter des Erben die Vollmacht jederzeit widerrufen oder Ausübungsanweisungen erteilen kann. Zudem betreffen die Wirkungen eines Vertreterhandelns lediglich den Nachlass nicht aber das „Eigenvermögen" des Erben (so bereits *RGZ* 106, 185, 187). 75

f) Vollmacht auf den Alleinerben (alleinigen Vorerben)

Wird der **Bevollmächtigte Alleinerbe** (oder alleiniger Vorerbe) **des Vollmachtgebers**, kann er nach umstrittener und höchstrichterlich noch ungeklärter h.M. von der Vollmacht jedenfalls so lange Gebrauch machen, bis sein Erbrecht nachgewiesen ist und der Erbe sich in seiner Erbenstellung eindeutig durch einen Erbschein oder durch ein eröffnetes, öffentliches Testament (Erbvertrag) legitimieren kann (*OLG München* MittBayNot 2013, 230; Palandt/*Ellenberger* § 168 Rn. 4; Palandt/*Weidlich* vor § 2197 Rn. 12; a.A. und deutlich restriktiver *OLG Hamm* ZEV 2013, 341 unter Berufung auf *OLG Stuttgart* NJW 1948, 627). Nahezu unbestritten ist jedenfalls das eminent **praktische** 76

Bedürfnis des Fortbestands der trans- oder postmortalen Vollmacht auch auf den Alleinerben, wenn dieser -mit oder ohne Erbnachweis- über Nachlassgegenstände nicht verfügen kann, weil beispielsweise **Testamentsvollstreckung** oder **Nacherbfolge** angeordnet ist. Hier bedeutet die trans- oder postmortale Vollmacht regelmäßig, dass der Alleinerbe unabhängig von der Testamentsvollstreckung (oder Nacherbfolge) über Nachlassgegenstände verfügen können soll (*OLG München* MittBayNot 2013, 230; *LG Bremen* Rpfleger 1993, 235; siehe zudem bereits Rn. 63). Handelt der Alleinerbe ausschließlich aufgrund Vollmacht, ist darin keine Annahmehandlung zu verstehen; das Recht zur Ausschlagung bleibt unberührt.

Höchst umstritten ist die Frage, ob die **trans- oder postmortale Vollmacht auf den Alleinerben** (oder alleinigen Vorerben) bereits denknotwendig mit dem Zeitpunkt des Erbfalls erlischt. Ein solches Erlöschen soll auf **Konfusion**, die freilich gesetzlich nicht geregelt ist, beruhen (zuletzt *OLG Hamm* ZEV 2013, 341; *OLG Stuttgart* NJW 1948, 627; für den Fall der Vorerbschaft: *KG* JFG 43, 160). Ob sich die Erlöschenswirkung insoweit aus der Sukzession in das der Vollmachtserteilung zugrunde liegende Rechtsverhältnis oder in die Stellung des Vertretenen ergibt, ist ebenfalls ungeklärt. Jedenfalls soll das Erlöschen der Vollmacht (auch) auf dem Grundsatz beruhen, dass letztlich eine „Eigenvertretung" des bevollmächtigten Alleinerben nach § 164 I BGB grundsätzlich ausgeschlossen ist (so ebenfalls *OLG Hamm* ZEV 2013, 341 mit Anm. *Lange*). Hierbei ist jedoch wiederum zu berücksichtigen, dass sich die Vertretungsmacht in den Fällen der trans- oder postmortalen Vollmacht gerade nicht vom Vertreter selbst, sondern vom personenverschiedenen Erblasser ableitet.

Bei der **Kontroverse um die Fortgeltung der Vollmacht auf den Alleinerben** ist m.E. zu bedenken, dass schon der gebräuchliche **Begriff eines Erlöschens durch Konfusion infolge Erbfalls** insoweit nicht recht passt, als der *BGH* (NJW 1967, 2399; NJW-RR 2009, 1059) hierunter zunächst die Vereinigung von Schuld und Forderung in einer Person (also die **Forderungskonfusion**) versteht und dass selbst im Fall einer solchen Forderungskonfusion ein Erlöschen erst dann angenommen wird, wenn der Erbe (endgültig) den **Zugriff zum Nachlass** hat, wodurch er sich für seine Forderung befriedigen kann (so ausdrücklich *BGH* NJW 1967, 2399). Der *BGH* betont damit, dass ein Erlöschen infolge erbbedingter Konfusion **interessengerecht** und gerade **nicht schematisch** auf den Zeitpunkt des Erbfalls eintritt (hierzu auch *Kohlhosser* ZEV 1995, 391, 396).

Überträgt man das Verständnis des BGH von der erbbedingten Forderungskonfusion auf den Fall der **Vertretungskonfusion** (vgl. zu diesem Begriff *Bosak* JA 2009, 596, 599), lassen sich Parallelen feststellen: auch der bevollmächtigte Alleinerbe hat nicht bereits mit dem Erbfall (endgültigen) **Zugriff zum Nachlass**, sondern immer erst dann, wenn er beispielsweise bei Verfügungen über ein Nachlassgrundstück den Nachweis seiner unbeschränkten Erbenstellung durch einen Alleinerbschein oder ein gleichwertiges Zeugnis führen kann (vgl. **§ 35 I GBO**). Einen (endgültigen) Zugriff zum Nachlass erlangt der Alleinerbe trotz eines Alleinerbscheins selbst dann nicht, wenn er in seiner **Verfügungsbefugnis über Nachlassgegenstände** durch eine Testamentsvollstreckung oder Nacherbfolge beschränkt ist, also verschiedene Vermögensmassen bestehen bleiben (eingehend Nieder/*Kössinger*, Testamentsgestaltung § 1 Rn. 191 ff.).

Hinzu kommt, dass für jede Art eines Konfusionserlöschens ein **Schlechterstellungsverbot** (vgl. hierzu ebenfalls ausdrücklich *BGH* NJW 1967, 2399) gilt. Danach darf beispielsweise für den Fall einer Forderungskonfusion ein Erbe in seiner Gläubigerstellung gegenüber dem Erblasser durch den Erbfall nicht benachteiligt und schlechter gestellt werden als ein sonstiger, dritter Nachlassgläubiger stehen würde. Abermals übertragen auf den Fall der Vertretungskonfusion wäre dies aber der Fall, wenn nur der trans- oder postmortal bevollmächtigte Alleinerbe ständig seine Erbenstellung nachweisen müsste, nicht aber jeder beliebige Dritterbe, gegen den ein Vertreterhandeln des Bevollmächtigten unmittelbar ohne Nachweis der Erbenstellung wirken würde. Hinzu kommt, dass jede Art einer Erlöschenswirkung infolge Konfusion wohl der **Dispositionsbefugnis der Betei-**

IV. Vollmacht „über den Tod hinaus" oder „auf den Todesfall" **F**

ligten unterliegt und gerade im Fall einer Vollmachtserteilung auf oder über den Tod hinaus, in dem der Vollmachtserteilung zugrunde liegenden Rechtsverhältnis abbedungen ist (*Zimmer* ZEV 2013, 307, 312; offenbar a. A. Bengel/Reimann/*Dietz*, Testamentsvollstreckung, Kap. 1 III Rn. 51a). Schließlich ist immer zu beachten, dass nicht nur der Alleinerbe, sondern gerade auch der personenverschiedene Erblasser und Vollmachtgeber durch die Vollmachtserteilung auf den Alleinerben ein **eigenes, berechtigtes und beachtenswertes Interesse** verfolgt. Er will regelmäßig die uneingeschränkte **Kontinuität bei der Verwaltung seines Nachlasses** sicherstellen (hierzu mit Beispielen MünchKomm/*Zimmermann* vor § 2197 Rn. 9), indem er seinen Alleinerben ohne weitere Nachweise der Erbenstellung und ggfs. ohne Rücksicht auf Fragen der Verfügungsbefugnis über Nachlassgegenstände bereits mit dem Eintritt des Erbfalls handlungsfähig stellt. Warum soll der Erblasser sein Interesse an Kontinuität und Handlungsfähigkeit nur mit Hilfe eines „Dritt-Bevollmächtigten" durchsetzen können?

Ausschlaggebender Gesichtspunkt dürfte allerdings die **Legitimationswirkung der erteilten und abstrakten Vollmacht** sein, die der Erbe mit der ihm ausgehändigten Vollmachtsurkunde erhalten hat (vgl. auch §§ 170–172, 173 BGB; zusammenfassend *LG Bremen* Rpfleger 1993, 235). Die Legitimationswirkung schützt den (gutgläubigen) Dritten u. a. vor jeder Art eines tatsächlichen oder vermeintlichen Erlöschens der Vollmacht, gleichgültig worauf das Erlöschen beruhen mag. Die Legitimationswirkung besteht somit auch für den Fall eines unterstellten Erlöschens durch „Konfusion" fort, sofern sie nicht gegenüber dem Dritten, also dem Vertragspartner oder gegenüber dem Grundbuchamt (Registergericht) ernsthaft erschüttert ist. Das Grundbuchamt kann den Nachweis über den Fortbestand der vorgelegten Vollmacht nur im Rahmen des engen **Legalitätsprinzips** verlangen (siehe Rn. 148 ff.). Eine Pflicht des bevollmächtigten Erben, anstelle der über den Tod des Erblassers hinaus wirkenden Vollmacht eine erbrechtliche Legitimation herbeizuführen, besteht jedenfalls nicht.

Unzutreffend ist jedenfalls die Ansicht des *OLG Hamm* (ZEV 2013, 341), dass der unter Einhaltung der Formvoraussetzungen des § 29 GBO **bevollmächtigte, vermeintliche oder tatsächliche Alleinerbe** zum Nachweis seiner Verfügungsbefugnis im Rahmen der Auflassung eines Nachlassgrundstücks (§§ 20, 35 I GBO) eines Erbscheins oder vergleichbaren Zeugnisses bedarf. Das Grundbuchamt kann in einem solchen Fall einen solchen Nachweis selbst dann nicht verlangen, wenn sich der Bevollmächtigte als Erbe bezeichnet (was er indes lassen sollte). Es fehlt insoweit an der **notwendigen Erforderlichkeit und Entscheidungserheblichkeit eines Erbnachweises**. Der ausreichend bevollmächtigte Alleinerbe (Miterbe) ist nämlich entweder aufgrund der Vollmacht oder ansonsten, falls man ein Erlöschen kraft Konfusion annehmen möchte, als Alleinerbe (Miterbe) verfügungsbefugt; eine dritte Variante besteht nicht (zutreffend deswegen die Kritik von *Amann* MittBayNot 2013, 367, 370 f.; *Keim* DNotZ 2013, 692, 694 f.; ähnlich *Trapp* ZEV 1995, 314, 316; siehe zur Urkundsgestaltung bereits Rn. 67).

Zutreffend ist im Übrigen die Auffassung, dass es für den Alleinerben, mit oder ohne tauglichen Nachweis seiner Erbenstellung und seiner Verfügungsbefugnis, nicht möglich ist, unter Rückgriff auf die ihm erteilte Vollmacht einer Verpflichtung seines Eigenvermögens zu entgehen (vgl. MünchKomm/*Zimmermann* vor § 2197 Rn. 18; so bereits *Kurze* ZErb 2008, 399, 405).

2. Verstärkung der Vollmacht auf den Todesfall

Will der Erblasser/Vollmachtgeber die Stellung des Bevollmächtigten verstärken, **77** kann er die Vollmacht (ggf. befristet) unwiderruflich erteilen oder die Erben durch **Auflagen** (§ 1940 BGB) verpflichten, die erteilte Vollmacht bis zu einem bestimmten Ereignis oder Zeitpunkt nicht zu widerrufen. Zur Überwachung solcher Auflagen kann wiederum Testamentsvollstreckung angeordnet werden. Erb- oder Vermächtniseinsetzungen können unter der aufschiebenden oder auflösenden Bedingung erfolgen, dass eine vom Erblasser erteilte Vollmacht nicht widerrufen wird (vgl. Staudinger/*Reimann* Vorbem. zu §§ 2197 ff. Rn. 77; skeptisch MünchKomm/*Zimmermann* vor § 2197 Rn. 18). Mit den gleichen Verstärkungsmechanismen kann der Erblasser den Erben veranlassen, einem Dritten -auch dem Testamentsvollstrecker- eine Vollmacht zu erteilen. Dem Testamentsvollstrecker kann die Widerrufsbefugnis entzogen sein (§ 2208 I S. 1 BGB). Unzulässig ist die Erteilung einer **unwiderruflichen Generalvollmacht auf oder über den Todesfall hinaus**. Dies gilt jedenfalls dann, wenn kein anerkanntes Interesse des Erblassers an einer auf konkrete Nachlassgegenstände bezogenen, postmortalen Vermögenssorge erkennbar ist (MünchKomm/*Zimmermann* vor § 2197 Rn. 17 m.w.N.), wie dies beispielsweise im Unternehmensbereich der Fall sein kann.

V. Vertretungsbeschränkungen durch § 181 BGB

1. Grundsätze

78 Unwirksam, jedoch grundsätzlich genehmigungsfähig sind im Rahmen des § 181 BGB Geschäfte
– des Vertreters mit sich selbst (**Selbstkontrahieren**) oder
– mit einem von ihm vertretenen Dritten (**Doppel- oder Mehrvertretung**).
Der sachliche Anwendungsbereich der Norm umfasst gleichermaßen gesetzliches (z.B. organschaftliche Vertreter juristischer Personen) und rechtsgeschäftliches Vertreterhandeln (Vollmacht) sowie das Handeln einer „Partei kraft Amtes", nämlich des Testamentsvollstreckers, Nachlass-, Zwangs- und Insolvenzverwalters (MünchKomm/*Schramm* § 181 Rn. 32, 37, 38).

79 § 181 BGB ist zunächst **formale Ordnungsvorschrift**, auf das Vorliegen eines konkreten Interessenkonflikts oder auf die Schutzbedürftigkeit des Vertretenen kommt es nicht an. § 181 BGB ist deshalb nicht anwendbar, wenn ein Vertreter ausschließlich auf der Verkäufer- oder Käuferseite für eine Vielzahl von Vertretenen (und ggf. im eigenen Namen) insoweit **gleichgerichtete** (nicht unbedingt gleichartige) **Willenserklärungen** abgibt. Ein Verstoß gegen § 181 BGB liegt hingegen vor, wenn der Vertreter zunächst einen **Unterbevollmächtigten** bestellt und sodann das Rechtsgeschäft mit diesem abschließt (*BGH* NJW 1991, 692). Grundsätzlich ist die Norm auch auf **Binnengeschäfte (= Mehrvertretung) in Konzernverbünden** anwendbar (Erman/*Palm* § 181 Rn. 13). § 181 BGB ist zu beachten, wenn der Vertreter auf einer Seite als **einer von mehreren Gesamtvertretern** auftritt (*BGH* NJW 1992, 618). Unter mehreren **Gesamtvertretern** kann der nicht von den Beschränkungen des § 181 BGB befreite, den anderen ermächtigen, das Rechtsgeschäft in Einzelvertretung für die GmbH oder Gesellschaft bürgerlichen Rechts abzuschließen (vgl. *BGH* NJW-RR 1986, 778; MünchKomm/*Schramm* § 181 Rn. 17 und 22 m.w.N.; siehe auch § 125 II 2 HGB; § 78 IV 1 AktG; 25 III 1 GenG); diese Art der Ermächtigung soll kein Fall der Unterbevollmächtigung sein. Allerdings bleiben Zweifel, ob der ermächtigte Gesamtvertreter seine Vertretungsmacht, soweit er aufgrund der Ermächtigung handelt, in weiterem Umfange ausüben kann als der nach § 181 BGB von der Vertretung ausgeschlossene Ermächtigende selber (vgl. ausführlich DNotI-Report 2000, 51).

80 Eine **fallgruppenartige Ausnahme** von § 181 BGB gilt für Geschäfte, die für den Vertretenen **lediglich rechtlich vorteilhaft** sind (vgl. § 108 BGB; BGHZ 94, 332); nach schematischer Betrachtungsweise kann ein Interessenkonflikt nicht entstehen. Lediglich rechtlich vorteilhaft ist die Einbringung eines lastenfreien Grundstücks in eine Kommanditgesellschaft, wenn der Einbringungswert dem Kapitalkonto des einbringenden Gesellschafters gutgeschrieben wird (*LG Nürnberg-Fürth* MittBayNot 1982, 175; siehe auch *LG Berlin* ZIP 1985, 1491). Kein Verstoß gegen § 181 BGB liegt zudem vor, wenn

V. Vertretungsbeschränkungen durch § 181 BGB F

der Vertreter **in Erfüllung einer Verbindlichkeit** handelt. Lässt der Bevollmächtigte des Erblassers ein ihm vermächtnisweise zugewendetes Nachlassgrundstück an sich selbst auf, ist § 181 BGB nicht anwendbar.

Rein **verfahrensrechtliche Erklärungen** gegenüber Grundbuchamt (z. B. Bewilligung) 81 oder Handelsregister sind von der Verbotswirkung des § 181 BGB ebenfalls nicht erfasst. Bewilligt der Grundstückseigentümer als Vertreter eines Grundpfandrechtsgläubigers einen Rangrücktritt und stimmt dem gleichzeitig im eigenen Namen als Eigentümer zu, liegt kein Fall des § 181 BGB vor. Zu Beanstandungen führt jedoch regelmäßig das Fehlen der Befreiung von den Beschränkungen des § 181 BGB für die zugrunde liegenden materiell-rechtlichen Erklärungen (z. B. dingliche Einigung, § 873 BGB; ausführlich *Schöner/Stöber* Rn. 3562).

Werden rechtsgeschäftliche Vollmachten im Bereich des **Handels- und Gesellschafts-** 82 **rechts** (und Vereinsrechts) erteilt, ist stets zu prüfen, ob und inwieweit die Vollmacht erteilenden Organträger selbst den Beschränkungen des § 181 BGB unterliegen und schon deswegen keine weitergehende Vollmacht (zur Genehmigung Rn. 86 f.) erteilen können. Die erforderliche **Befreiung der Organträger** kann sich entweder aus der Satzung selbst oder durch Beschluss (generelle oder einzelfallbezogene Befreiung; siehe auch *OLG Düsseldorf* Rpfleger 2005, 137 für den Geschäftsführer einer Komplementär-GmbH) des zuständigen Bestellungsorgans (Aufsichtsrat, Gesellschafter-, Mitglieder- oder Generalversammlung) ergeben. Die Befreiung muss auf einer **satzungsrechtlichen Befugnisgrundlage** beruhen (*BGH* NJW 2000, 664, 665; *OLG Köln* NJW 1993, 1018). In der notariellen Praxis finden sich die erforderlichen satzungsrechtlichen Befugnisgrundlagen zumeist und sinnvollerweise als Öffnungsklauseln, nach der das Bestellungsorgan die Befreiung von den Beschränkungen des § 181 BGB durch einfachen, eintragungspflichtigen Beschluss erteilen kann. Zum **Nachweis der Befreiung** gegenüber dem Grundbuchamt genügt die Vorlage einer beglaubigten Abschrift der in öffentlicher Urkunde enthaltenen Satzung bzw. Vorlage des Gesellschafterbeschlusses und der Nachweis der satzungsrechtlichen Befugnisgrundlage, jeweils in der Form des § 29 GBO. Ebenso kann, wenn die generelle Befreiung vom § 181 BGB im Handelsregister eingetragen ist, auf das bei demselben Amtsgericht geführte Register Bezug genommen oder ein beglaubigter Handelsregisterauszug vorgelegt werden.

Im **Binnenbereich der juristischen Person** ist § 181 BGB auf sog. **Grundlagenbeschlüs-** 83 **se** bzw. Beschlüsse, die das Rechtsverhältnis der Gesellschafter untereinander betreffen, anwendbar. Das gilt beispielsweise für den Auflösungsbeschluss (Scholz/*Schmidt* § 47 Rn. 180), Unternehmensverträge, Umwandlungs- Ausschließungs- und Fortsetzungsbeschluss (Scholz/*Schmidt* § 47 Rn. 180), Satzungsfeststellung oder -änderung und **Wahlen** (str. vgl. BGHZ 112, 339; Staudinger/*Schilken* § 181 Rn. 22 m. w. N.), nicht hingegen auf sog. **Geschäftsführungsbeschlüsse**. § 181 BGB findet allerdings Anwendung auf Stimmrechtsvollmachten zur **Geschäftsführerbestellung** (*Reymann* ZEV 2005, 457, 463 für die Ein-Personen-GmbH; Scholz/*Schmidt* § 47 Rn. 181; str.). Für Beschlüsse der Hauptversammlung einer AG gilt vorrangig § 135 AktG. Besondere Stimmrechtsverbote beinhalten wiederum die §§ 34 BGB, 136 I AktG, 47 IV GmbHG, 43 VI GenG.

§ 181 BGB ist anwendbar auf den **Alleingesellschafter als Geschäftsführer seiner** 84 **GmbH** im rechtsgeschäftlichen Verkehr mit sich selbst oder als Vertreter eines Dritten (§ 35 IV GmbHG; *BGH* NJW 2000, 664, 665). Zur rechtsgeschäftlichen Befreiung von § 181 BGB ist auch in diesem Fall eine satzungsrechtliche Befugnisgrundlage erforderlich. Ist eine solche nicht vorhanden, geht der einfache Beschluss des Alleingesellschafters zur Befreiung von den Beschränkungen des § 181 BGB ins Leere, sofern hierin nicht zugleich auch die Beschlussfassung über eine Satzungsänderung gesehen werden kann (vgl. *BGH* GmbHR 2000, 136). Das **Aktienrecht** verstärkt § 181 BGB im rechtsgeschäftlichen Verkehr eines Mitglieds des Vorstands mit sich selbst durch die Regelung des § 112 AktG. Danach vertritt der Aufsichtsrat die Aktiengesellschaft zwingend, sobald auch nur ein Vorstandsmitglied an dem Rechtsgeschäft als Privatperson (Falle des

Selbstkontrahierens) beteiligt ist. Die gleiche Rechtslage gilt nach § 39 I GenG für das **Genossenschaftsrecht** (vgl. *BGH* NJW 1995, 2559). Bestellt sich der Vorstand einer AG zum Geschäftsführer einer GmbH, deren alleinige Gesellschafterin die AG ist, soll darin kein Verstoß gegen § 112 AktG liegen (*OLG München* DNotZ 2012, 793), wobei dennoch ein Verstoßes gegen § 181 BGB vorliegen kann (vgl. *LG Berlin* NJW-RR 1997, 1534; *OLG Frankfurt* ZIP 2006, 1904).

85 Bevollmächtigen **Prokuristen** einer GmbH einen Dritten zur Vornahme von Rechtsgeschäften mit dem Geschäftsführer, liegt kein Verstoß gegen § 181 BGB vor (*BGH* NJW 1984, 2085). § 181 BGB gilt nicht, wenn der Vertreter einen von ihm im eigenen Namen abgeschlossenen, zustimmungsbedürftigen Vertrag namens des Vertretenen zustimmt, sofern die Zustimmung gegenüber dem Vertragsgegner erklärt wird (str., BGHZ 94, 137; *BayObLG* NJW-RR 1995, 1033). So kann etwa der WEG-Verwalter dem Verkauf seiner eigenen Eigentumswohnung durch Erklärung gegenüber dem Erwerber zustimmen.

2. Rechtsfolgen eines Verstoßes; Genehmigung

86 Der Verstoß gegen § 181 BGB bewirkt keine Nichtigkeit des Rechtsgeschäfts, es ist infolge einer Vollmachtsüberschreitung **schwebend unwirksam** (§ 177 BGB analog; *BGH* NJW-RR 1994, 291). Das Vertreterhandeln kann regelmäßig **nachträglich genehmigt** werden. Mit dem Tod des Vertretenen geht die Genehmigungsbefugnis auf dessen Erben über. Liegt ein Fall der gesetzlichen Vertretung Minderjähriger vor, kann der geschäftsfähig Gewordene genehmigen; eine Genehmigung durch das Familiengericht ist regelmäßig ausgeschlossen (vgl. BGHZ 21, 234).

87 Ist der **Genehmigende selbst Vertreter** (vgl. *BGH* NJW-RR 1994, 291, 293), gelten Besonderheiten: Eine Befreiung von den Beschränkungen des § 181 BGB in der Person des Genehmigenden als Vertreter des Geschäftsherrn (z. B. Organ einer juristischen Person, rechtsgeschäftlich Bevollmächtigter, kraft Amtes) ist für den Fall der Genehmigung **vollmachtlosen Vertreterhandelns** nicht erforderlich (sehr str. vgl. *BayObLG* MittRhNotK 1987, 127; *OLG Düsseldorf* MittBayNot 1999, 470; *LG Saarbrücken* MittBayNot 2000, 433; *Tebbe* DNotZ 2005, 173 m. w. N.). Es ist schon fraglich, ob Vertretung ohne Vertretungsmacht überhaupt Vertreterhandeln ist und es somit gar nicht auf § 181 BGB ankommt (pointiert: *Lichtenberger* MittBayNot 1999, 470 und 2000, 434). Entscheidend ist allerdings, dass die Wirksamkeit des Rechtsgeschäfts erst durch eine nachträgliche Mitwirkungshandlung des genehmigenden Vertreters zustande kommt und bei dessen direkter Mitwirkung an dem Rechtsgeschäft in seiner Person die Voraussetzungen eines Insichgeschäfts nicht vorgelegen hätten (*Tebbe* DNotZ 2005, 173, 179; *Baetzgen* RNotZ 2005, 193, 198; *Schöner/Stöber* Rn. 3559a). Der genehmigende Vertreter darf also an dem schwebend unwirksamen Rechtsgeschäft nicht selbst als Vertreter eines weiteren Beteiligten oder in seinem eigenen Namen aufgetreten sein; eine Parallelbetrachtung des Rechtsgeschäfts ist also erforderlich.

3. Befreiung von den Beschränkungen

88 Der Vollmachtgeber kann von einzelnen oder beiden Beschränkungen des § 181 BGB **rechtsgeschäftliche Befreiung** erteilen (beachte die Ausnahmetatbestände in § 112 AktG und § 39 I GenG für den Fall des Selbstkontrahierens – siehe Rn. 84). Vertritt der Bevollmächtigte mehrere Beteiligte auf verschiedenen Vertragsseiten, muss ihm durch alle Vollmachtgeber Befreiung erteilt sein (instruktiv *BayObLG* MittRhNotK 1997, 127 m. Anm. *Kanzleiter*). Ein nicht von den Beschränkungen des § 181 BGB befreiter Hauptbevollmächtigter kann einen Unterbevollmächtigten nicht befreien (siehe Rn. 59 m. w. N). Beachtet ein befreiter Bevollmächtigter bei Insichgeschäften **ausübungsbeschränkende Innenabreden** nicht, kann er sich auf Rechtsscheintatbestände nicht berufen (*BGH* ZIP 1999, 112). Die Erteilung einer „*Vollmacht für alle Rechtsgeschäfte, bei de-*

nen gesetzlich eine Vertretung zugelassen ist", reicht als Befreiung von § 181 BGB nicht aus (*Schöner/Stöber* Rn. 3556). Auch in der Erteilung einer **Generalvollmacht** ist nicht ohne Weiteres die Befreiung von den Beschränkungen des § 181 BGB enthalten. Die **unbeschränkte Stimmrechtsvollmacht** an einen Mitgesellschafter für eine bestimmte Gesellschafterversammlung, für die Grundlagenbeschlussfassungen angekündigt sind, enthält die stillschweigende Befreiung von den Beschränkungen des § 181 BGB, wenn nicht ausnahmsweise den Umständen etwas anderes zu entnehmen ist (vgl. BGHZ 66, 82, 86 – siehe Rn. 127). Erteilen die Beteiligten eines Grundstückskaufvertrages einem von ihnen oder einem Dritten gemeinsam **Auflassungsvollmacht**, gilt dies zugleich – stillschweigend – als Befreiung von den Beschränkungen des § 181 BGB (*BayObLG* NJW-RR 1995, 1167 zu Grundpfandrechten). Gleichwohl sollte der Notar die Befreiung ausdrücklich in den Entwurf oder die Niederschrift der Vollmacht aufnehmen.

Bei Rechtsgeschäften zwischen zwei GmbH & Co. KGs, deren Komplementär jeweils 89 dieselbe GmbH ist, müssen sowohl deren Geschäftsführer (und/oder Prokuristen) als auch die Komplementär-GmbH selbst von beiden Seiten von den Beschränkungen des § 181 BGB befreit sein (vgl. auch *BayObLG* DNotZ 1980, 88).

Gleichzeitig neben der gesetzlichen Vertretungsbefugnis als Betreuer (§§ 1896 ff. BGB), 90 Vormund (§§ 1789, 1793 BGB) oder Pfleger (§ 1915 I BGB) kann eine Befreiung von den Beschränkungen des § 181 BGB in einer wirksam gebliebenen rechtsgeschäftlichen Vollmacht enthalten sein (a. A. wohl *OLG Köln* NJW-RR 2001, 652).

VI. Erlöschen der Vollmacht

Die Vollmacht erlischt durch Zeitablauf, Bedingungseintritt, Verzicht oder nach Maß- 91 gabe des zugrunde liegenden Rechtsverhältnisses bzw. durch Widerruf (§ 168 BGB). Dritten gegenüber wird das Erlöschen der Vollmacht nach den §§ 170–173 BGB wirksam. Folgende Fälle sind praxisrelevant:

1. Beendigung des zugrunde liegenden Rechtsverhältnisses

Regelmäßig erlischt die Vollmacht nach § 168 1 BGB, wenn das der Erteilung zugrun- 92 de liegende Rechtsverhältnis durch **Zeitablauf, Bedingungseintritt, Kündigung, Rücktritt** oder **auf andere Weise** endet. Ein ausdrücklicher Vorbehalt oder die **Auslegung** kann ergeben, dass Vollmachten auch ohne zugrunde liegendes Rechtsverhältnis bzw. nach seinem Wegfall wirksam bleiben sollen, um beispielsweise den Urkundsvollzug oder die Bestellung dinglicher Rechte sicherzustellen (sog. **isolierte Vollmacht**). Die Erstreckungswirkung des § 139 BGB gilt insoweit nicht (vgl. auch *BGH* DNotZ 1988, 551).

2. Widerruf der Vollmacht

Der Widerruf der Vollmacht (**Innen-** oder **Außenwiderruf**) erfolgt als einseitige emp- 93 fangsbedürftige Willenserklärung nach Maßgabe des der Vollmachtserteilung zugrunde liegenden Rechtsverhältnisses, grundsätzlich jedoch unabhängig von dessen Bestand, § 168 S. 2 BGB. Damit kann die Vollmacht selbst bei Fortbestand des zugrunde liegenden Rechtsverhältnisses jederzeit widerrufen werden, sofern sich aus dem Grundverhältnis nicht etwas anderes ergibt. Der Widerruf (bzw. die Widerrufbarkeit) kann vertraglich ausgeschlossen werden (*BGH* DNotZ 1989, 84); ein einseitiger Verzicht ist unzulässig. Ein **wirksam gewordener Widerruf** der Vollmacht kann nicht mehr widerrufen werden; es bedarf vielmehr der Neuerteilung (DNotI-Report 2012, 113). Der Widerruf wirkt stets **ex nunc** (Staudinger/*Schilken* § 168 Rn. 6).

Die **widerrufliche Vollmacht** kann nach Belieben, die **unwiderrufliche Vollmacht** nur 94 aus wichtigem Grund widerrufen werden (beachte auch § 176 II BGB zur Kraftloserklärung). Nach dem Tod des Vollmachtgebers ist der Erbe, Testamentsvollstrecker oder

Nachlassverwalter zum Widerruf befugt. Die Unwiderruflichkeit kann stillschweigend vereinbart sein, was insbesondere angenommen wird, wenn die Vollmacht „nach Grund und Zweck" gerade dem Interesse des Bevollmächtigten dienen soll (z.B. Aufteilungsvollmacht für Bauträger, vgl. *BayObLG* NJW-RR 2002, 444). Ob ein wichtiger Grund zum Widerruf einer unwiderruflichen Vollmacht vorliegt, ist ebenfalls nach Maßgabe des zugrunde liegenden Rechtsverhältnisses zu beurteilen. Eine unwiderruflich erteilte, isolierte Vollmacht ist jederzeit widerrufbar (*BGH* DNotZ 1989, 84).

95 Widerruft einer von mehreren Vollmachtgebern (z.B. ein Miteigentümer oder ein Miterbe), bleibt die Vertretungsmacht hinsichtlich der Übrigen bestehen. Nach dem Widerruf könnten zugunsten eines Erklärungsgegners Vertrauensschutztatbestände nach den §§ 170–173 BGB eingreifen. Der widerrufende Vollmachtgeber hat daher Anspruch auf Vorlage der Vollmachtsurkunde zum Zwecke des Anbringens eines Widerrufsvermerks (*BGH* NJW 1990, 507). Praxisrelevant sind **Vereinbarungen über die Form** oder die Modalitäten einer wirksamen Widerrufserklärung (z.B. Widerruf nur gegenüber dem Notar bei Belastungsvollmachten).

96 Grundsätzlich ist die Vollmachtserteilung auch nach Abschluss eines Vertretergeschäfts noch **anfechtbar** (*BGH* NJW 1989, 2879). Die Anfechtung wirkt, anders als der Widerruf, ex tunc.

3. Erledigung

97 Die Spezialvollmacht zur Vornahme bestimmter Geschäfte erlischt durch Erledigung, wenn nämlich die entsprechenden Vertretergeschäfte vorgenommen sind oder endgültig nicht mehr vorgenommen werden können (MünchKomm/*Schramm* § 168 Rn. 4). Ob eine Spezialvollmacht auch zur späteren, identischen Neuvornahme des zunächst vorgenommenen Vertretergeschäfts ausreicht, ist Auslegungsfrage.

4. Einseitiger Verzicht des Bevollmächtigten

98 Verzichtet der Vertreter durch einseitige Erklärung oder vertragliche Abrede auf die ihm erteilte Vollmacht, erlischt sie, und zwar auch dann, wenn der Vertreter aufgrund des zugrunde liegenden Rechtsverhältnisses zum fortdauernden Vertreterhandeln verpflichtet war.

5. Tod oder dauernde Geschäftsunfähigkeit des Bevollmächtigten

99 Der Tod oder die dauernde Geschäftsunfähigkeit des Bevollmächtigten führt grundsätzlich zum Erlöschen der Vollmacht, §§ 168 S. 1, 673 S. 1, 675 BGB (zum Tod des Vollmachtgebers siehe Rn. 63 ff.). Für eine im Interesse des Bevollmächtigten erteilte Vollmacht (z.B. Auflassungsvollmacht für den Grundstückskäufer) ist Unwiderruflichkeit anzunehmen; sie bleibt daher zugunsten der Erben oder eines Betreuers des Bevollmächtigten bestehen (*BayObLG* MittBayNot 1989, 308; Staudinger/*Schilken* § 168 Rn. 19 m.w.N.) und kann weiterhin nur aus wichtigem Grund widerrufen werden. Ungeklärt ist die Rechtslage einer rechtsgeschäftlich erteilten Gesamtvollmacht, wenn lediglich einer von mehreren Gesamtbevollmächtigten wegfällt. Enthält die Vollmachtsurkunde hierzu keine Regelung, hilft nur die Auslegung unter Berücksichtigung aller Umstände des Einzelfalls (DNotI-Report 2006, 37).

6. Tod oder dauernde Geschäftsunfähigkeit des Vollmachtgebers

100 Zum Fortbestand oder ggfs. Erlöschen einer Vollmacht durch den **Tod des Vollmachtgebers** siehe bereits Rn. 63 ff.

Für den Fall des Eintritts der **Geschäftsunfähigkeit des Vollmachtgebers** nach einer zuvor von ihm wirksamen erteilten Vollmacht gelten ebenfalls die §§ 168 S. 1, 672 S. 1, 675 I BGB (siehe auch Rn. 75). Wirkt demnach – wie regelmäßig – die Vollmacht nach

VI. Erlöschen der Vollmacht   F

Maßgabe des zugrunde liegenden Rechtsgeschäftes fort, ist bei der Vornahme von Vertretergeschäften nicht der Wille eines ggfs. bestellten **Kontrollbetreuers** nach § 1896 III BGB maßgeblich; dieser kann die Vollmacht jedoch möglicherweise widerrufen oder Ausübungsanweisungen treffen (MünchKomm/*Schramm* § 168 Rn. 12). Ab dem Zeitpunkt des Eintritts der Geschäftsunfähigkeit gelten für den rechtsgeschäftlich Bevollmächtigten auch nicht die gesetzlichen **Beschränkungen und Genehmigungsvorbehalte** (z.B. §§ 1643, 1821, 1822, 1908i BGB) wie sie für einen Betreuer oder andere gesetzliche Vertreter anwendbar sind (a.A. Palandt/*Ellenberger* § 168 Rn. 4; zutreffend die ganz h.M.: MünchKomm/*Schramm* § 168 Rn. 12 m.w.N.; *Schöner/Stöber* Rn. 3568; DNotI-Report 2003, 113 m.w.N.). Diese Rechtslage ergibt sich auch eindeutig aus den Gesetzesmaterialien zum Betreuungsgesetz v. 12.9.1990 (BGBl. 1990 I 2002; BT-Drs. 11/4528, 123, 135).

Der Bevollmächtigte, der ausnahmsweise nach einer wirksamen Vollmachtserteilung zusätzlich zum Betreuer des später betreuten Vollmachtgebers bestellt wird („Doppelfunktion"), unterliegt bei der reinen Vollmachtsausübung gleichfalls nicht den Beschränkungen eines Betreuers oder gesetzlichen Vertreters (a.A. für einen nicht verallgemeinerungsfähigen Einzelfall *OLG Köln* NJW-RR 2001, 652 unter Bezugnahme auf die durch das Betreuungsrecht überholte Auffassung von *Flume*, Rechtsgeschäft II, 1992, § 51 Abschn. 6 m.w.N.; insgesamt überzeugend DNotI-Report 2003, 113). In beiden Konstellationen ist für den Umfang und die Fortgeltung der uneingeschränkten Vertretungsmacht allein der **Erteilungszeitpunkt** entscheidend (MünchKomm/*Schramm* § 168 Rn. 12). Der geschäftsfähige Vollmachtgeber hat im Bereich seiner Vermögensangelegenheiten die uneingeschränkte Befugnis (und das Recht) für den Fall seiner späteren Geschäftsunfähigkeit selbst Vorsorge zu schaffen; eine ausnahmsweise vom Betreuungsgericht für erforderlich gehaltene Kontrolle des Bevollmächtigten kann unter Beachtung des Subsidiaritätsgrundsatz nach § 1896 II 2 BGB durch die Bestellung eines Kontrollbetreuers erfolgen. Im Übrigen gelten natürlich die Grundsätze des Missbrauchs der Vertretungsmacht (Staudinger/*Schilken* § 168 Rn. 23). **Vorsorgevollmachten** werden regelmäßig sogar für den Fall einer späteren Geschäftsunfähigkeit des Vollmachtgebers erteilt und unterliegen nur dann gesetzlichen Ausübungsbeschränkungen und gerichtlichen Genehmigungsvorbehalten, wenn dies, wie beispielsweise in den Fällen der §§ 1904 V, 1906 V BGB, speziell angeordnet ist (so im Ergebnis auch *OLG Köln* NJW-RR 2001, 652; abwegig daher *Bestelmeyer* Rpfleger 2012, 666, 678; *ders.* notar 2013, 147, 161 ff.; siehe zudem Rn. 155 ff.). Es gilt insoweit der wenig beachtete Grundsatz vom „Vorbehalt des Gesetzes".

7. Umwandlungsrechtliche Maßnahmen

Umwandlungsrechtliche Maßnahmen haben unterschiedlichen Einfluss auf den Fortbestand von Vollmachten, Prokuren und Handlungsvollmachten: 101

a) Verschmelzung

Sind dem übertragenden Rechtsträger Vollmachten erteilt, gehen die Vollmachten und 102 die zugrunde liegenden Rechtsverhältnisse mit Eintragung der Verschmelzung in das Handelsregister des übernehmenden Rechtsträgers auf diesen über (§ 20 I Nr. 1 UmwG; § 168 BGB – *LG Koblenz* MittRhNotK 1997, 321; *LG Karlsruhe* NJW-RR 1998, 38 zur Grundbuchvollmacht). Prokuren und Handlungsvollmachten des übertragenden Rechtsträgers gehen unter (Widmann/Mayer/*Vossius* § 20 UmwG Rn. 304). Für die von dem übertragenden Rechtsträger erteilten Vollmachten gilt ebenfalls § 168 BGB. Zwar gehen auch hier die der Vollmachtserteilung zugrunde liegenden Rechtsverhältnisse über, gleichwohl kann regelmäßig nicht davon ausgegangen werden, dass es dem Interesse des übernehmenden Rechtsträgers entspricht, wenn umfängliche Vollmachten zu seiner Vertretung bei Gelegenheit der Verschmelzung begründet werden (a.A. Lutter/*Grunewald*

§ 20 UmwG Rn. 25 f.; Semler/Stengel/*Külber* UmwG § 20 Rn. 16; a. A. jedenfalls für Spezialvollmachten DNotI-Report 2000, 59, 60).

b) Spaltung

103 Für die Spaltung (§ 123 UmwG) gelten die Regeln für die Verschmelzung entsprechend.

104 Bei Grundstücksvollmachten ist dem Grundbuchamt nachzuweisen, auf welchen der übernehmenden Rechtsträger die fortbestehende Vollmacht bei der Aufspaltung (§ 123 I UmwG) übergegangen ist. Gleiches gilt für Abspaltung (§ 123 II UmwG) und Ausgliederung (§ 123 III UmwG). Der Nachweis kann ggfs. durch Vorlage einer beglaubigten Abschrift des Spaltungsvertrages bzw. -plans (oder auch eines Handelsregisterauszugs) geführt werden, wenn sich daraus eine genügend bestimmte Zuordnung von Vermögensbestandteilen (Grundstücken) und Vollmachten tatsächlich ergibt.

c) Formwechsel

105 Der wirksame Formwechsel erfolgt unter Wahrung der Rechtsträgeridentität (§ 202 I Nr. 1 UmwG). Dem oder von dem formwechselnden Rechtsträger erteilte Vollmachten erlöschen daher grundsätzlich nicht, soweit sich nicht aus dem jeweils der Vollmachtserteilung zugrunde liegenden Rechtsverhältnis etwas anderes ergibt (Widmann/Mayer/ *Vossius* § 202 UmwG Rn. 136). Gleiches gilt für Prokuren und Handlungsvollmachten.

8. Sonstige Fälle

106 Erlischt eine juristische Person als solche, erlöschen auch die von ihr, einem Dritten erteilten Vollmachten. Wechseln lediglich die **Organträger** einer juristischen Person nachträglich (§ 26 II BGB; § 78 I AktG; § 24 I GenG; § 35 I GmbHG; §§ 125 I, 161 II, 170 HGB; § 7 III PartGG), bleiben die durch sie für die juristische Person wirksam erteilten Vollmachten und Prokuren grundsätzlich bestehen (RGZ 107, 161, 166; *LG Stuttgart* DB 1982, 638 zum Verein). Alles andere wäre mit den Bedürfnissen der Rechtssicherheit weitgehend unvereinbar. Solche Vollmachten und Prokuren bedürfen daher eines gesonderten Widerrufs. Besonderheiten gelten hingegen für die von einem organschaftlichen Vertreter erteilten Registervollmachten zu seiner Vertretung als Organ (hierzu Rn. 119).

107 Vergleichbare Grundsätze gelten nach streitiger Ansicht beim Wechsel in der Person eines gesetzlichen Vertreters oder Verwalters fremden Vermögens (= „Partei kraft Amtes"). Der **Insolvenzverwalter** (§ 56 InsO), der **Nachlassverwalter** (§ 1985 BGB), der **Zwangsverwalter** (§ 152 ZVG) oder der **Testamentsvollstrecker** (§ 2205 BGB) können ihre Befugnisse als „Partei kraft Amtes" nicht mittels einer umfassenden Vollmacht weiterleiten (*Kesseler* RNotZ 2004, 177, 222); sie können allerdings **Spezialvollmachten** erteilen. Beim **Wechsel einer „Partei kraft Amtes"** gänzliche Beendigung der Verwaltung bleiben demnach die von diesen erteilten Vollmachten bestehen. Abzulehnen ist deswegen die Meinung, der von einem Testamentsvollstrecker Bevollmächtigte vertrete nicht etwa die Erben, sondern allein den Vollstrecker, weshalb die Vollmacht immer mit dem Amt des jeweiligen Testamentsvollstreckers erlösche (noch weitergehend *Muschler* ZEV 2008, 213; a. A. *OLG Düsseldorf* ZEV 2001, 281 m. Anm. *Winkler*). Wird hingegen eine gesetzliche Vertretung oder Vermögensverwaltung gänzlich beendet, erlöschen regelmäßig auch etwa erteilte Vollmachten (vgl. Palandt/*Ellenberger* § 168 Rn. 4; *Bengel/ Reimann* Kap. 7 Rn. 68; Staudinger/*Schilken* § 168 Rn. 24 m. Ausnahmefall bei beendeter Testamentsvollstreckung). Der Fortbestand einer von einer „Partei kraft Amtes" erteilten Vollmacht bei einem bloßen Wechsel in der Person des Verwalters kann indes keinesfalls als gesichert gelten, ebenso nicht die Anwendbarkeit des § 172 II BGB. Aus der Sicht einer sicheren Vertragsgestaltung wird daher empfohlen, sich bis zum Vollzug des jeweiligen Vertretergeschäfts über die Fortdauer des individuellen Amtes zu vergewissern

(vgl. *Kessler* RNotZ 2004, 177, 225). Für das Registergericht und das Grundbuchamt gilt das Legalitätsprinzip (hierzu Rn. 149).

Mit der **Eröffnung des Insolvenzverfahrens** erlöschen die **vom Insolvenzschuldner** **108** **erteilten Vollmachten** und die dieser Erteilung zugrundeliegenden Rechtsverhältnisse (vgl. §§ 115 I, 116, insb. **§ 117 I InsO**), weil zugleich mit der Eröffnung die Verfügungsbefugnis über das Vermögen des Schuldners (= Vollmachtgebers) auf den Insolvenzverwalter übergeht (§ 80 InsO). Die Legitimationswirkung des § 172 II BGB entfällt ebenfalls (Palandt/*Ellenberger* § 172 Rn. 4). Das Erlöschen der Vollmacht kraft Gesetzes betrifft auch den Fall der von dem Insolvenzgericht angeordneten **Eigenverwaltung** (§§ 270 ff. InsO). Dem **Insolvenzschuldner** von dritter Seite **erteilte Vollmachten** bleiben grundsätzlich bestehen, sie fallen mangels Pfändbarkeit nicht in die Insolvenzmasse (§§ 35, 36 InsO). Folglich kann der Insolvenzverwalter von ihnen keinen Gebrauch machen (a. A. *BayObLG* DB 1978, 194 für den Fall, dass die Vollmacht allein im Interesse des Bevollmächtigten erteilt ist).

Die einer juristischen Person erteilten Vollmachten erlöschen nicht mit deren **Liquida-** **109** **tion,** sondern erst mit dem Erlöschen der Bevollmächtigten infolge der Liquidation (MünchKomm/*Schramm* § 168 Rn. 14). In der **Liquidation** einer juristischen Person beschränkt sich der Umfang der von ihr erteilten Vollmachten auf den Liquidationszweck, die Liquidation als solche bewirkt jedoch nicht deren Erlöschen (vgl. Staudinger/*Schilken* § 168 Rn. 27 m. w. N.). An die konkrete Organstellung gebundene Registervollmachten erlöschen hingegen (vgl. Hauschild/Kallrath/Wachter/*Schmiegelt* § 25 Rn. 118).

Die von Eltern als gesetzlichen Vertretern (§ 1629 BGB) eines **Minderjährigen** erteilte **110** Vollmacht bleibt nach Eintritt der Volljährigkeit des Vertretenen bestehen und endet entweder nach Maßgabe des zugrunde liegenden Rechtsverhältnisses oder durch Widerruf des nunmehr Volljährigen (*BayObLG* NJW 1959, 2119; Schöner/Stöber Rn. 3567). Eine von einem Vorerben erteilte Vollmacht erlischt mit dem Eintritt des Nacherbfalls, soweit nicht der Nacherbe der Vollmachtserteilung zugestimmt hatte (MünchKomm/ *Grunsky* § 2139 Rn. 5).

VII. Arten und Inhalte von Vollmachten

1. Generalvollmachten

a) Generalvollmacht (allgemein)

Die **Generalvollmacht** berechtigt zur grundsätzlich unbeschränkten Vertretung in allen **111** den Vollmachtgeber betreffenden Angelegenheiten, in denen Vertretung rechtlich zulässig ist (vgl. Palandt/*Ellenberger* § 167 Rn. 7). Sie kann **nur widerruflich** erteilt werden, weil sie allein im Interesse des Vollmachtgebers erteilt wird. **Außergewöhnliche Geschäfte** sind von Generalvollmachten möglicherweise nicht gedeckt, wenn sich aus deren Text nichts anderes ergibt. Außergewöhnliche Geschäfte sind beispielsweise die Gründung einer GmbH im Namen einer 91-jährigen Vollmachtgeberin (*OLG Zweibrücken* NJW-RR 1990, 931) oder die strafbare Schwarzgeldabrede (*OLG Hamm* OLGR 1999, 269). Bei personenbezogenen Generalvollmachten hat sich in der Praxis zunehmend eine Kombination aus Bevollmächtigung in Vermögensangelegenheiten, persönlichen Angelegenheiten mit Bezug zu den Wirkungskreisen des Betreuungsrechts (Vorsorgebereich; §§ 1896 ff. BGB), Betreuungs- und ggfs. Patientenverfügung durchgesetzt.

Wegen der Vielzahl wichtiger Ausnahmetatbestände zu § 167 II BGB (z.B. §§ 311b, **112** 492 IV 2, I, II BGB) ist für die Erteilung von Generalvollmachten die notarielle Beurkundung nach den §§ 8 ff. BeurkG dringend zu empfehlen; anderenfalls ist die Vollmacht nicht umfassend (siehe für Bürgschaftserklärungen *OLG Düsseldorf* DNotZ 2004, 313 m. abl. Anm. *Keim*). Der Vollmachtgeber der Generalvollmacht sollte nach Maßgabe des GeldwäscheG legitimiert werden (a. A. Münch/*Renner* § 16 Rn. 34 f.). Die Befugnis zur

Erteilung von Untervollmachten ist klar zu bestimmen. Handelt es sich um eine Generalvollmacht mit überwiegend **personengebundenem Vertrauenscharakter,** sind die einer Unterbevollmächtigung zugänglichen Aufgabenkreise konkret zu benennen. Im Bereich betreuungsrechtlicher Angelegenheiten, also im Vorsorgeteil einer Generalvollmacht, sollte die Befugnis zur Unterbevollmächtigung differenziert nach Wirkungskreisen angesprochen werden; möglicherweise wird hier die Befugnis zur Erteilung von Untervollmachten ausdrücklich auf einzelne (z. B. Vermögensangelegenheiten) beschränkt. Ausdrücklich regelungsbedürftig ist auch der Umfang der Befreiung von den Beschränkungen des § 181 BGB und im Zweifel auch der **Fortgeltung** nach Eintritt der Geschäftsunfähigkeit, der Betreuungsbedürftigkeit und des Todes des Vollmachtgebers (**transmortale Vollmacht;** hierzu ausführlich unter Rn. 63 ff., 66). Dass eine über den Tod des Vollmachtgebers hinaus erteilte Vollmacht auch als Generalvollmacht erteilt werden kann, ist allgemein anerkannt (vgl. etwa *LG Stuttgart* BWNotZ 2007, 119).

113   Die einem Ehegatten erteilte Generalvollmacht berechtigt diesen, sofern er vom § 181 BGB befreit ist, zur Abgabe einer **Zustimmungserklärung nach §§ 1365, 1369 BGB** (*Müller* ZNotP 2005, 419).

b) Generalvollmacht im Handels- und Gesellschaftsrecht (auch Unternehmervollmacht)

114   Organträger juristischer Personen können ihre **originären Organbefugnisse** weder zeitlich begrenzt noch jederzeit widerruflich im Wege einer umfassenden Generalvollmacht auf Dritte übertragen (sog. *„organverdrängende Vollmacht";* vgl. *BGH* ZNotP 2002, 401; *KG* Rpfleger 1991, 461; zu Personenhandelsgesellschaften BGHZ 36, 292; zu öffentlich-rechtlichen Körperschaften *Neumeyer* RNotZ 2001, 249, 263). Auf eine Zustimmung der Gesellschafter zur Übertragung der Organbefugnisse kommt es nicht an (zusammenfassend *Schippers* DNotZ 2009, 353; DNotI-Report 1996, 76, 77 f.; Münch/ *Renner* § 16 Rn. 86 ff.). Solche originären Organbefugnisse sind beispielsweise das **Unterzeichnen der Bilanz** nach § 264 I HGB, § 42a GmbHG, die **Anmeldungen zum Handelsregister** (*OLG Frankfurt* GmbHR 2012, 751), das Stellen des **Insolvenzantrags,** die **Einberufungspflicht** nach § 49 GmbHG, die strafbewehrten **Geschäftsführerpflichten** nach §§ 79, 82, 84 GmbHG und Maßnahmen zur **Änderung des Stramm- oder Grundkapitals.** Die **Anmeldung des Ausscheidens eines GmbH-Geschäftsführers** kann im Einzelfall durch einen Bevollmächtigten erfolgen; dies ist aber nur zulässig, sofern die Vollmacht einen solchen Inhalt hat und in der Form des § 12 HGB erteilt ist (vgl. *OLG Düsseldorf* NZG 2012, 1223). Im Einzelfall kann allerdings eine interessengerechte Auslegung zu dem Ergebnis führen, dass die erteilte Vollmacht als zulässige **Generalhandlungsvollmacht** nach § 54 HGB aufrechtzuerhalten ist (vgl. *BGH* ZNotP 2002, 401 und 2009, 26). Eine solche Vollmacht erstreckt sich eine **Generalhandlungsvollmacht** auf die Vornahme sämtlicher Geschäfte, die der betreffende Geschäftsbetrieb typischerweise mit sich bringt. Hierzu gehört auch die Teilnahme an Gesellschafterversammlungen und die Stimmrechtsausübung bei Tochtergesellschaften (*BGH* ZNotP 2009, 26). Eine solche Generalhandlungsvollmacht, die gerade nicht organverdrängend wirkt, kann ebenso erteilt werden wie eine umfassende Spezial- oder Gattungsvollmacht (hierzu Rn. 117; vgl. auch *BGH* DNotZ 2012, 223).

115   Die Unzulässigkeit einer uneingeschränkten und damit auch „organvertretenden Generalvollmacht" steht ansonsten der Erteilung einer **rechtsgeschäftlichen Generalvollmacht** mit und ohne besondere Geschäfts- bzw. Unternehmensbezogenheit nicht entgegen (siehe bereits *Joussen* WM 1994, 273). Dies gilt sowohl für die GmbH und die AG als auch für Personenhandelsgesellschaften und das Unternehmen des Einzelkaufmanns. Unzutreffend ist in diesem Zusammenhang die Ansicht, dass eine **Generalvollmacht** nicht zur Vertretung eines phG einer OHG oder KG ausreicht (so aber *LG München II* MittBayNot 1997, 246). Außerhalb reiner Organbefugnisse bei Gesellschaften gewährt eine solche rechtsgeschäftlich erteile Generalvollmacht umfassende Vertretungsbefugnis-

VII. Arten und Inhalte von Vollmachten

se im Innen- und Außenverhältnis der vertretenen Gesellschaft; sie geht über den gesetzlich definierten Umfang einer Prokura oder anderer handelsrechtlicher Vollmachten hinaus und kann **auch im Rahmen einer kombinierten General- und Vorsorgevollmacht** erteilt werden. § 46 Nr. 7 GmbHG ist entsprechend anwendbar. Eintragungsfähigkeit in das Handelsregister besteht indes nicht. Mittels einer solchen Vollmacht kann beispielsweise der vom Komplementär der Alleingesellschafterin einer GmbH „Generalbevollmächtigte" die Abberufung des Geschäftsführers und die Kündigung von dessen Anstellungsvertrag wirksam beschließen (*BGH* ZNotP 2009, 26 f.). Gesamtvertretungsberechtigte Organvertreter (Geschäftsführer, Vorstände) können hingegen einem von ihnen eine Generalvollmacht wohl nicht erteilen (arg. § 125 II 2 HGB; § 78 IV AktG; vgl. *BGH* ZIP 1988, 370, 371 für eine Generalhandlungsvollmacht; siehe auch Rn. 32).

Es empfiehlt sich für den Fall des längerfristigen Ausfalls des Unternehmers durch Krankheit oder Unfall, ausführliche Regelungen des Grundverhältnisses bei der Erteilung von kombinierten **General- und Vorsorgevollmachten für den Unternehmens- und gesellschaftsrechtlichen Bereich** festzulegen und ggfs. sogar in die Vollmachtsurkunde selbst aufzunehmen (vgl. ausführlich *Langenfeld* ZEV 2005, 52; *Müller/Renner* Rn. 948 ff; *Mutter*, Beck'sches Formularbuch Erbrecht, G.III.11; *Reymann* ZEV 2005, 457 u. 514; *ders.* ZEV 2006, 12; *Spiegelberger*, Unternehmensnachfolge, Rn. 136 ff.; *Carlé* ErbStB 2008, 156). Der Bevollmächtigte übt im Rahmen der unternehmensbezogenen Vollmacht beispielsweise das **Teilnahme- und Stimmrecht** des Vollmachtgebers und Gesellschafters in der **Gesellschafterversammlung einer GmbH** aus; dies gehört nach § 48 I GmbHG zum Kernbereich seiner Mitgliedschaftsrechte (*OLG München* GmbHR 2011, 590; Lutter/Hommelhoff/*Bayer* § 48 Rn. 3; Baumbach/Hueck/*Zöllner* § 48 Rn. 8; siehe auch Rn. 127). **Satzungsrechtliche Maßgaben** zur Behandlung von Bevollmächtigten sind zu beachten; wobei gerade im Bereich krankheitsbedingter Abwesenheit des Vollmachtgebers die Vertretung bei der Stimmabgabe immer zulässig sein muss (Baumbach/Hueck/*Zöllner* § 47 Rn. 44). Überhaupt empfiehlt es sich aus gesellschaftsrechtlicher Sicht, satzungsrechtliche Vorgaben zur Bestellung und Behandlungen von Vorsorgebevollmächtigten vorzusehen (ausführlich *Hecksken/Kreußlein* NotBZ 2012, 321, 323 m.w.N.). Soweit für einen Gesellschafter in zulässiger Weise und bekanntermaßen ein Vorsorgebevollmächtigter handelt, ist dieser zur Gesellschafterversammlung förmlich zu laden. Allerdings sollte, selbst wenn die Voraussetzungen einer Betreuung grundsätzlich vorliegen, immer auch der vertretene Gesellschafter selbst geladen werden (arg. § 275 FamFG; anders *Hecksken/Kreußlein* NotBZ 2012, 321, 325); das folgt schon daraus, dass Betreuungsbedürftigkeit und Geschäftsunfähigkeit des Gesellschafters nicht gleichgesetzt werden dürfen.

2. Spezial-, Art- und Gattungsvollmachten

Spezialvollmachten ermächtigen den Bevollmächtigten zur **Vornahme eines oder mehrerer zuvor bestimmter Rechtsgeschäfte**. Die inhaltliche Spezifizierung der Vollmacht kann sehr unterschiedlich ausgestaltet sein. Bei Bevollmächtigung zum Kauf können lediglich der Kaufgegenstand oder auch alle Einzelheiten des Kaufvertrages Inhalt der Spezialvollmacht sein. Zu den Spezialvollmachten gehören regelmäßig Erwerbs-, Veräußerungs- und Belastungsvollmachten im Grundstücksbereich sowie die im Rahmen einer Teilungserklärung erteilten Änderungsvollmachten. **Art- und Gattungsvollmachten** ermächtigen den Bevollmächtigten zur (wiederholten) **Vornahme einer bestimmten Art von Rechtsgeschäften**. Sie sind regelmäßig an die Funktion des Bevollmächtigten (z. B. Architekt, Baubetreuer, WEG-Verwalter) gebunden.

Praxisrelevant sind insbesondere nachfolgende Beispiele zu Spezialvollmachten. Zu Grundstücksverkaufs- und Erwerbsvollmachten siehe bereits oben Rn. 26 und 41 ff.; zur **Belastungsvollmacht** bei Grundstückskaufvertrag siehe Kap. A I. Rn. 266 ff.

a) Beispiel: Registervollmacht

119 **Anmeldungen zum Handelsregister** können durch Bevollmächtigte vorgenommen werden (§ 10 FamFG; § 12 I 2 HGB – zur einschränkenden Auslegung des § 10 FamFG siehe Rn. 9 u. 130); dies kann auch ein **General-** (*LG Frankfurt* BB 1972, 512) oder **Vorsorgebevollmächtigter** sein. Anmeldungen zum Registergericht sind, mit Einschränkungen, auch aufgrund post- oder transmortaler Vollmachten möglich (*KG* MittBayNot 2003, 495; *OLG Hamm* FGPrax 2005, 39; siehe auch Rn. 63 ff.). Registervollmachten sind, in engen Grenzen, der Auslegung zugänglich (*KG* DB 2005, 1620, 1621), weshalb sich aus dem Wortlaut der Vollmacht der Umfang der Vertretungsmacht möglichst präzise ergeben sollte. In Angelegenheiten des „eigenen Handelsgeschäfts" bedarf ein **Prokurist** zur Vornahme von Registeranmeldungen der gesonderten Bevollmächtigung in der Form des § 12 I 2 HGB, wenn kein Fall der unechten Gesamtvertretung mit einem Geschäftsführer oder Vorstand vorliegt. Allerdings soll auch bei nachgewiesener unechter Gesamtvertretung der Prokurist nicht befugt sein, bei der Anmeldung der ihm erteilten Prokura mitzuwirken (*OLG Frankfurt* FGPrax 2005, 135; *BayObLG* 1973, 2068). Keine gesonderte Bevollmächtigung benötigt er für Anmeldungen bei Beteiligungsunternehmen (vgl. BGHZ 116, 190, 193). Eine gesetzlich vermutete – widerlegbare – Vollmachtserteilung des zur Anmeldung Verpflichteten enthält § 378 FamFG (fr. § 129 FGG) für den Notar, der anmeldepflichtige Tatsachen beurkundet oder beglaubigt hat (vgl. auch § 15 GBO für das Grundbuch- und § 25 SchiffsRegO für das Schiffsregisterverfahren). Diese Vollmacht reicht nicht aus zur Erstanmeldung einer GmbH oder AG, weil eine Anmeldepflicht in diesen Fällen nicht besteht. In der Praxis kommt § 378 FamFG lediglich zur Behebung von Beanstandungen durch das Registergericht eine gewisse Bedeutung zu. Eine gewillkürte Vertretung ist nicht möglich bei der Pflicht zur Abgabe **höchstpersönlicher, zumeist strafbewehrter Versicherungen** im Zusammenhang mit einzelnen Handelsregisteranmeldungen (§§ 8 II, III, 39 III, 57 II, 67 IV GmbHG, §§ 37 II, 81 III, 188 II, 266 III AktG, § 16 II 1 UmwG; siehe auch Rn. 5 zur Sonderrechtsnachfolge bei Kommanditanteilen und zur Wiederverwendung eines GmbH-Mantels). **§ 181 BGB** findet im Rahmen der rechtsgeschäftlichen Vertretung bei Anmeldungen zum Handelsregister keine Anwendung (vgl. *BayObLG* DNotZ 1977, 683). Für das Erlöschen der Registervollmacht gelten die allgemeinen Grundsätze. Die von einem organschaftlichen Vertreter wirksam erteilte Registervollmacht zu seiner Vertretung als Organ erlischt mit dem Ausscheiden aus der Organstellung (siehe auch Rn. 106).

120 Anmeldungen zum Handelsregister einer OHG oder KG sind von sämtlichen Gesellschaftern (§§ 161 II, 107 HGB) in notariell beglaubigter Form vorzunehmen (§§ 108, 161 II HGB). Bei **Publikumspersonengesellschaften** ist aus Praktikabilitätsgründen die **Erteilung von unwiderruflichen Registervollmachten** für geschäftsführende Gesellschafter, Treuhänder oder Initiatoren weitgehend üblich (vgl. *Rudolph/Melchior* NotBZ 2007, 350, 353; *BGH* BB 2006, 1925). Bevollmächtigt der Kommanditist die KG selbst, ist dies als Bevollmächtigung des Vertretungsberechtigten i. S. d. §§ 161 II, 125 HGB auszulegen; Gleiches gilt, wenn die Vollmacht von *„den jeweiligen Geschäftsführern"* spricht (*KG* DB 2005, 1620, 1621). Grundsätzlich ausreichend sind Formulierungen, die den Bevollmächtigten *„zu sämtlichen Anmeldungen zum Handelsregister sowie zu allen Erklärungen im Namen des Vollmachtgebers gegenüber Gerichten, Behörden und Privatpersonen"* ermächtigt. Die Registervollmacht soll in der Praxis der Publikumspersonengesellschaft typischerweise nicht nur auf die (Erst-)Anmeldung der Beteiligung des Vollmachtgebers beschränkt sein, sondern darüber hinaus auch dazu dienen können, alle im Zusammenhang mit seiner Beteiligung erforderlichen späteren Anmeldungen, die den Vollmachtgeber oder andere Gesellschafter betreffen, vorzunehmen. Eine derartige Registervollmacht berechtigt möglicherweise nicht zur **Erhöhung der Hafteinlage des vollmachtgebenden Kommanditisten**, soweit dies der Vollmachtswortlaut nicht ausdrücklich gestattet (so jedenfalls *LG Berlin* Rpfleger 1975, 365). Zweifel können auch bei sog.

VII. Arten und Inhalte von Vollmachten

„Grundlagengeschäften" der Publikumspersonengesellschaft bestehen, wie beispielsweise dem Wechsel des persönlich haftenden Gesellschafters oder der Auflösung der Gesellschaft. Enthält die Vollmacht keine entsprechende Klarstellung, kann das Registergericht ggfs. eine Spezialvollmacht oder den persönlichen Beitritt zur Anmeldung verlangen (*Rudolph/Melchior* NotBZ 2007, 350, 353). Die Vollmacht sollte deswegen bereits in ihrem Wortlaut die wichtigsten Erklärungen, einschließlich der des Ausscheidens des Vollmachtgebers aus der Gesellschaft und ggfs. der Nichtberechtigung zur **Veränderung der Hafteinlage des Vollmachtgebers**, benennen. Zu bedenken ist freilich, dass beispielsweise eine Erhöhung der Einlage einer KG bereits durch einen bloßen Mitgliederwechsel in der Weise bewirkt werden kann, dass ein ausscheidender Kommanditist seinen Gesellschaftsanteil ganz oder teilweise auf den Vollmachtgeber, der bereits als Kommanditist der Gesellschafter ist, abtritt. Gleiches gilt für andere Fälle der Erhöhung der Einlage durch Sonderrechts-, Sondererb- oder Gesamtrechtsnachfolge (vgl. *Krafka/Willer/Kühn* Rn. 701).

Eine **Einschränkung der Vertretungsmacht in Registervollmachten der Publikumsgesellschaft** durch die sehr allgemein gehaltene Formulierung: *„Die Vollmacht berechtigt nicht, eine Erhöhung der Kommanditeinlage zu Lasten der Kommanditisten durchzuführen"*, kann zu schwierigen Auslegungsfragen Anlass geben. Dabei ist zu beachten, dass bei mehreren Möglichkeiten der Auslegung einer Registervollmacht, der geringere Umfang maßgeblich ist; eine Auslegung über den Wortlaut hinaus ist jedenfalls unzulässig (*OLG Schleswig* NZG 2010, 957; *Baumbach/Hopt* § 12 Rn. 3). Im Zweifel verhindert eine solche Einschränkung jede sinnvolle Eintragung im Handelsregister, und zwar sowohl in Bezug auf die Einlage des Vollmachtgebers als auch auf diejenigen der Mitgesellschafter (so der Fall *OLG Düsseldorf* NZG 2013, 540). 121

Die isolierte oder in einem Gesellschaftsvertrag enthaltene Registervollmacht muss zumindest in **öffentlich beglaubigter Form** erteilt sein (§ 12 I 2 HGB). Hieran hat auch die Einführung des elektronischen Rechtsverkehrs seit dem 1.1.2007 nichts geändert. Die Registervollmacht ist vielmehr als Dokument nach §§ 12 II HGB, 39a BeurkG in Form einer elektronisch beglaubigten Abschrift" (hiezu *Gassen* RNotZ 2007, 142) zusammen mit der eigentlichen Anmeldung mittels EGVP dem Registergericht zu übermitteln. 122

b) Beispiel: Nachlassvollmacht

Die Nachlassvollmacht ist **gegenständlich auf den Nachlass des Erblassers bezogen**; in diesem Rahmen ist sie unbeschränkt, jedoch regelmäßig widerruflich. Sie wird vom Alleinerben bzw. den Miterben einem Dritten oder einem Mitglied der Erbengemeinschaft erteilt. Die vom **Vorerben** erteilte Vollmacht wirkt allerdings nach dem Eintritt des Nacherbfalls nicht gegen den Nacherben fort, er ist nicht der Rechtsnachfolger des Vorerben (MünchKomm/*Schramm* § 168 Rn. 33). 123

Die Nachlassvollmacht findet immer dann Verwendung, wenn der Erbe oder einzelne Miterben aus tatsächlichen Gründen nicht in der Lage sind, die Nachlassangelegenheiten selbst zu regeln. In der Vollmacht ist/sind die Nachlasssache/der **Nachlass**, nicht jedoch der oder die einzelnen Nachlassgegenstände eindeutig zu bezeichnen. Werden dennoch einzelne Nachlassgegenstände, wie z.B. einzelne Nachlassgrundstücke, aufgeführt, kann es zu erheblichen Abwicklungsschwierigkeiten kommen, wenn ein Grundstück vergessen worden ist und genau hierüber verfügt werden soll. Hier kann im Zweifel nur die Auslegung des Begriffs der Nachlassvollmacht weiterhelfen (hierzu der Fall *OLG München* ZEV 2012, 429). 124

Die **Form der Nachlassvollmacht** richtet sich grundsätzlich nach der beabsichtigten Reichweite der Vollmacht bzw. der Vertretergeschäfte. Berechtigt die Vollmacht zu grundbuch- bzw. registerrechtlich relevanten Vertretergeschäften, zur Erbausschlagung (§ 1945 III BGB) und/oder zur Übertragung der Erbschaft (vgl. §§ 2371, 2033 I BGB), ist 125

Beglaubigung erforderlich oder ggf. Beurkundung empfehlenswert. Wird die Nachlassvollmacht unwiderruflich erteilt, ist das der Erteilung zugrunde liegende Rechtsgeschäft formgerecht einzubeziehen.

126 Regelmäßig ermächtigt die Nachlassvollmacht zur **Inbesitznahme des Nachlasses,** zu dessen **Sicherung** und **Verwaltung,** zur Aufnahme von Verzeichnissen sowie zur Verfügung über Nachlassgegenstände, beispielsweise im Wege der Auseinandersetzung. Sie kann ergänzend eine Prozessvollmacht umfassen. Soll der Bevollmächtigte **über die Erbschaft** insgesamt verfügen oder die Erbschaft ausschlagen dürfen, sollte sich dies aus dem Wortlaut der Vollmacht eindeutig ergeben. Gleiches gilt – wie immer – für die Befreiung von den Beschränkungen des § 181 BGB, die Befugnis zur Unterbevollmächtigung und die Wirkung über den Tod des Vollmachtgebers hinaus.

c) Beispiel: Stimmrechtsvollmacht

127 Für das Verhältnis von Stimmrecht und Mitgliedschaft in Personen- und Kapitalgesellschaften gilt das **Abspaltungsverbot** (vgl. Scholz/*Schmidt* § 47 Rn. 20). Gleichwohl kann eine nicht verdrängende Stimmrechtsvollmacht im Einzelfall oder für eine Mehrzahl von Fällen erteilt werden; sie ist außerordentlich verbreitet und wird auch für den Vorsorgefall empfohlen (vgl. *Langenfeld/Günther,* Grundstückszuwendungen, Kap. 9 Rn. 71). **Schriftform** ist mindestens einzuhalten (§ 47 III GmbHG; § 134 III 2 AktG); weitere Anforderungen kennt das GmbHG nicht. Als Bevollmächtigter kommen auch von der Gesellschaft benannte Dritte in Betracht (neuerdings: § 134 III 3 AktG). Sonderregelungen gelten im Aktienrecht für das sog. Depotstimmrecht der Banken (vgl. § 135 AktG). Die **unbeschränkte Stimmrechtsvollmacht** an einen Mitgesellschafter für eine bestimmte Gesellschafterversammlung, für die Grundlagenbeschlüsse angekündigt sind, enthält die stillschweigende Befreiung von den Beschränkungen des § 181 BGB, wenn nicht ausnahmsweise den Umständen etwas anderes zu entnehmen ist (vgl. BGHZ 66, 82, 86 – so bereits Rn. 88). Zulässig sind Stimmrechtsvollmachten für Nichtmitglieder in einem Verein, wenn sich die Satzung zumindest für die Mitwirkung Dritter öffnet (str. MünchKomm/*Reuter* § 32 Rn. 35). Für **Beschlussfassungen innerhalb seines mehrgliedrigen Organs** eines Vereins oder einer Stiftung (Vorstand, Aufsichtsrat, Beirat) sind Stimmrechtvollmachten unzulässig, wenn hierzu eine ausdrückliche satzungsrechtliche Grundlage fehlt (vgl. DNotI-Report 2007, 115 m.w.N.).

d) Beispiel: Bietvollmacht (Zwangsversteigerungsvollmacht)

128 Die Biet- oder Bietungsvollmacht ermächtigt den Bevollmächtigten, mit Wirkung für und gegen den Vollmachtgeber in einem in der Vollmacht **zu bestimmenden Zwangsversteigerungsverfahren** (Bezeichnung des Grundstücks) Gebote abzugeben, die Erteilung des Zuschlags zu beantragen, Rechte aus dem Meistgebot zu übernehmen und/oder an Dritte abzutreten, Teile des Versteigerungserlöses und Urkunden in Empfang zu nehmen, Eintragungen in das Grundbuch zu bewilligen und zu beantragen, Vereinbarungen über das Bestehenbleiben von Rechten zu treffen, das Aufgebotsverfahren zu beantragen. Der Nachweis der Bietvollmacht ist mindestens in **öffentlich beglaubigter Form** zu erbringen (vgl. §§ 71 II, 81 II, III 91 II ZVG). Die Bietvollmacht kann die Prozessvollmacht eines Rechtsanwalts enthalten. Eine **Generalvollmacht** genügt regelmäßig den Anforderungen an eine Bietvollmacht (DNotI-Report 2012, 150, 151 m.w.N.). Die außerhalb der Zwangsversteigerung einem **Mitarbeiter eines Versteigerungshauses** erteilte „Bietvollmacht" zum Erwerb eines Grundstücks, tatsächlich wohl das zugrunde liegende Rechtsgeschäft, kann nach den Umständen des Einzelfalls aus dem Gesichtspunkt der vorgelagerten Bindung (siehe hierzu bereits Rn. 41 ff.) beurkundungsbedürftig sein (vgl. OLG *Frankfurt* RNotZ 2013, 297).

e) Beispiel: Durchführungs- und Vollzugsvollmacht

Die Erteilung von **Durchführungs- und Vollzugsvollmachten im engeren Sinne** in notariellen Urkunden ist gängige Praxis. Sie ermächtigen dazu, Erklärungen gegenüber Grundbuchamt oder Registergerichten abzugeben, zu ändern und zurückzunehmen oder Genehmigungen, Bescheinigungen, Zeugnisse und Erklärungen einzuholen. Sinn der Durchführungs- und Vollzugsvollmachten ist insgesamt die **Fehlerkorrektur** und die **flexible Vollzugssteuerung**. Bevollmächtigt werden insbesondere **Notariatsmitarbeiter** oder der **beurkundende Notar selbst**. Erklärungen aufgrund Durchführungs- und Vollzugsvollmachten können materiell-rechtlicher und/oder formeller Art sein. Im Zweifel und bei enger Auslegung dienen Durchführungs- und Vollzugsvollmachten nur zur Vertretung, soweit Hindernisse formeller Art, die den Vollzug des Vertrages behindern, beseitigt werden sollen (vgl. *BGH* DNotZ 2002, 866; *Rudolph/Melchior* NotBZ 2007, 350, 353 für die Registervollmacht). Vollzugsvollmachten zu Handelsregisteranmeldung erstrecken sich – bei enger Auslegung – nicht auf die Abänderung der der Anmeldung zugrunde liegenden Gesellschafterbeschlüsse. **Typische Grundstücks-Vollzugsvollmachten** für Notariatsangestellte umfassen hingegen selbst unter Berücksichtigung des § 17 II a 2 Nr. 1 BeurkG (siehe Rn. 33 ff.) die Befugnis zur Abgabe materiell-rechtlicher Erklärungen, nämlich zur Erklärung der Auflassung nach Vollzugsreife, zur Änderung einer Teilungserklärung (*Hertel* ZNotP 2002, 286, 287), zur Bestellung von Dienstbarkeiten (*Brambring* ZfIR 2002, 597, 605), zur Messungsanerkennung beim Teilflächenverkauf (*Rieger* MittBayNot 2002, 325, 332), zur Erklärung von Rangrücktritten und zur Einholung von Löschungsbewilligungen für Belastungen, die erst nach Vertragsschluss eingetragen worden sind (*OLG Köln* NJW-RR 1995, 590). Keine Durchführungs- oder Vollzugstätigkeit ist dagegen die Beurkundung von **Finanzierungsgrundpfandrechten** (*OLG Schleswig* ZNotP 2007, 430; *LG Traunstein* MittBayNot 2000, 574) oder das Ersetzen eines dinglichen durch ein schuldrechtliches Sondernutzungsrecht als Verschaffungsgegenstand des Verkäufers (*BGH* NotBZ 2002, 251). Nicht von einer Durchführungs- oder Vollzugsvollmacht gedeckt ist die Abgabe von Löschungsbewilligungen, nachdem der Vollmachtgeber vom Vertrag zurückgetreten ist (*OLG Jena* OLGR 1998, 347). Ein **Gestaltungsmissbrauch** liegt vor, wenn der Notar Durchführungs- und Vollzugsvollmachten systematisch einsetzt, um die Beteiligten von der Beurkundung und Belehrung auszuschließen oder gebührenrechtliche Vorteile zu erlangen.

§ 10 FamFG (fr. § 13 FGG) findet auf materiell-rechtliche Änderungserklärungen aufgrund typischer **Grundstücks-Vollzugsvollmachten** für Notariatsangestellte im Beurkundungsverfahren vor dem Notar keine Anwendung. § 1 FamFG beschränkt nämlich den Anwendungsbereich des FamFG auf solche Angelegenheiten der Freiwilligen Gerichtsbarkeit, die durch Bundesgesetz „*den Gerichten*", nicht jedoch den Notaren übertragen sind (vgl. zur Vorgängernorm des § 13 FGG: DNotI-Gutachten vom 24.9.2008, Nr. 11539; siehe bereits Rn. 9). § 10 FamFG findet auch für die aufgrund Vollmacht gestellten Anträge und erklärten Bewilligungen (§§ 13, 19 GBO) keine Anwendung, obwohl diese gegenüber „*den Gerichten*" abgegeben werden. Nach dem Regelungszweck der Norm, ist § 10 FamFG einschränkend auszulegen (vgl. *OLG München* FGPrax 2012, 194; *Meyer/Bormann* RNotZ 2009, 470, 472). Aber auch bei unterstellter Anwendbarkeit können bereits vorgenommene Eintragungen der Gerichte gemäß § 10 III 2 FamFG nachträglich nicht beanstandet werden. Auch für den Bereich der **Handelsregistervollmachten** (hierzu Rn. 119) gilt die einschränkende Auslegung des § 10 FamFG.

Unter Einbeziehung des Wortlauts des § 10 II Nr. 3 FamFG sollte neben Notariatsmitarbeitern stets auch der **Notar selbst zur Durchführungs- und Vollzugstätigkeit bevollmächtigt** werden. Er kann die auf ihn bezogene Vollzugsvollmacht selbst beurkunden oder beglaubigen, §§ 3 I Nr. 1, 7 Nr. 1 BeurkG stehen nicht entgegen. Der Urkundsnotar wird insoweit lediglich **im Rahmen seiner Betreuungstätigkeit** bevollmächtigt (ausführlich *Dieterle* BWNotZ 2001, 115). Zugleich handelt es sich um eine Aufforderung zum

Tätigwerden gem. § 24 BNotO. Der **Vollmachtsumfang** geht regelmäßig über denjenigen nach § 15 GBO, § 25 SchiffsRegO und § 378 FamFG (siehe Rn. 119) hinaus. Der bevollmächtigte Notar kann sodann im Wege einer sog. **Eigenurkunde** beispielsweise von ihm selbst beurkundete oder beglaubigte Grundbucherklärungen nachträglich ergänzen oder ändern. Notarielle Eigenurkunden über Grundbucherklärungen aufgrund von Durchführungsvollmachten werden heute allgemein für zulässig erachtet und erfüllen die Formanforderungen des § 19 GBO (*BGH* DNotZ 1981, 118; *OLG Frankfurt* MittBayNot 2001, 225; *Schöner/Stöber* Rn. 164). Materiell-rechtliche Änderungen eines Grundstückskaufvertrages sind dagegen im Wege der Eigenurkunde des Notars, anders als die Abgabe einer Eintragungsbewilligung, nicht möglich; hierzu bedarf es auch weiterhin der Vollmachtserteilung an die Notariatsmitarbeiter (siehe hierzu Rn. 37).

132   Dem Vertreterhandeln der **Notariatsmitarbeiter** liegt ein gesonderter Vollzugsauftrag oder eine Weisung der Urkundsbeteiligten zugrunde, sie handeln folglich nicht im Rahmen der Amtstätigkeit des Urkundsnotars (*BGH* DNotI-Report 2003, 14). Eine **Eigenhaftung der Notariatsmitarbeiter** ist daher nicht von vornherein ausgeschlossen. Regelmäßig ist der Vollzugsauftrag oder die Weisung mit einer Verwendungsbeschränkung der Vollmacht vor dem Urkundsnotar gekoppelt. Der Notar hat das Vertreterhandeln insgesamt zu überwachen. Vollzugsvollmachten sollten i.d.R. in ihrer Wirksamkeit auf den Abschluss des Grundbuch- oder Registervollzugs beschränkt werden.

133   Grundbuchamt und Registergerichte legen Vollzugsvollmachten im Zweifel eng aus (*BayObLG* MittRhNotK 1996, 218); sie werden deswegen in der Praxis inhaltlich weit gefasst. Kein geeigneter Vollzugsauftrag ist jedenfalls derjenige zur Beurkundung von Finanzierungsgrundpfandrechten durch Notariatsmitarbeiter. In Zweifelsfällen sind Weisungen oder Einverständniserklärungen einzuholen oder auf persönliche Vornahme der Beteiligten hinzuwirken (beachte § 17 II a 2 Nr. 1 BeurkG). Der **Vollzugsauftrag für den Notar** beinhaltet zumeist Empfangsvollmachten für den Notar, wonach alle zum Vollzug noch erforderlichen Handlungen und Erklärungen mit ihrem Eingang beim Notar allen Beteiligten gegenüber wirksam werden sollen. Hierdurch wird zugleich die Überwachungsfunktion des Notars bei der Ausübung von Durchführungs- und Vollzugsvollmachten verstärkt.

3. Vollmachten mit gesetzlich definiertem Umfang

a) Prokura, Handlungsvollmacht

134   Die Prokura (§§ 48 ff. HGB; § 42 I GenG; siehe Rn. 119) ist eine handelsrechtliche Vollmacht mit **gesetzlich typisiertem und zwingendem Umfang**. Sie ist nicht übertragbar (§ 52 II HGB) und ermächtigt zu Geschäften jeder Art, die der Betrieb eines Handelsgewerbes mit sich bringt (= Gattungsvollmacht). Sie erlischt nicht mit dem Tod des Inhabers des Handelsgeschäfts (§ 52 III HGB) und kann nicht unter Bedingungen oder Zeitbestimmungen erteilt werden, § 50 I, II (für Handlungsvollmacht § 54 III HGB). Die Prokura ist zur **Eintragung in das Handelsregister** anzumelden; die Eintragung wirkt **deklaratorisch** (Vertrauensschutz: § 15 HGB). Der Prokurist ist kein Untervertreter des Geschäftsführers/Vorstands, er erfüllt die Vertretungsaufgaben in eigener Verantwortung gegenüber der Gesellschaft. Der gesetzliche Umfang von Prokura und Handlungsvollmacht reicht als Bevollmächtigung für die Anmeldung des Ausscheidens eines Geschäftsführers einer GmbH zum Handelsregister nicht aus (*OLG Düsseldorf* NZG 2012, 1223)

135   Der Prokurist ist zur **Veräußerung und Belastung von Grundstücken,** grundstücksgleichen Rechten oder Bruchteilsanteilen an denselben, die dem Inhaber des Handelsgeschäfts gehören, nur berechtigt, wenn ihm diese Befugnis besonders erteilt ist, § 49 II HGB. Die Befugniserweiterung ist gesondert in das Handelsregister einzutragen. § 49 II HGB gilt nicht für Verfügungen über den Anteil an einer Gesamthand, die ein Grundstück oder grundstücksgleiches Recht hält (MünchKomm-HGB/*Lieb/Krebs* § 49 Rn. 41). Veräußerungs- und Belastungsbegriff sind weit auszulegen, sie erfassen das **schuldrecht-**

VIII. Nachweis der Vollmacht

liche Verpflichtungs- und dingliche Verfügungsgeschäft; Letzteres auch soweit es lediglich der Erfüllung einer wirksamen Verpflichtung dient (anders § 181 BGB). Vom Belastungsbegriff ist auch die Begründung grundstücksgleicher Rechte, die Bestellung einer Vormerkung, eines Vorkaufsrechts, einer Eigentümergrundschuld (Baumbach/*Hopt* § 50 Rn. 4) und/oder die Übertragung der Eigentümergrundschuld (MünchKomm-HGB/*Lieb*/ *Krebs* § 49 Rn. 47) erfasst.

Kein Fall des § 49 II HGB ist der **Erwerb von Grundstücken**, die Rangänderung oder 136 Löschung von Belastungen sowie Verfügungen über bestehende Grundpfandrechte. Gleiches gilt für die Bestellung einer Restkaufgeldhypothek auf dem für das Handelsgewerbe erworbenen Grundstück; diese Art des Finanzierungserwerbs steht dem Erwerb des belasteten Grundstücks gleich (Schlegelberger/*Schröder* § 49 HGB Rn. 14).

Die Prokura kann als **Gesamtprokura** in Gemeinschaft mit einem weiteren Prokuristen 137 (§ 48 II HGB – nicht mit einem Handlungsbevollmächtigten) oder derart erteilt sein, dass dem Prokuristen in Gemeinschaft mit einem Vorstand/Geschäftsführer ein Vertreterhandeln auf organschaftlicher Ebene gestattet ist (unechte Gesamtvertretung). Hierzu bedarf es der satzungsrechtlichen Grundlage, der entsprechenden Bestellung sowie der deklaratorischen Eintragung in das Handelsregister (vgl. *Schöner/Stöber* Rn. 3594 f.).

Auf die **Handlungsvollmacht** (§§ 54 ff. HGB) sind über § 54 II HGB die Vorschriften 138 zur Prokura entsprechend anzuwenden.

b) Weitere Beispiele

§ 56 HGB (Ladenangestellter); § 15 GBO (Notar); § 378 FamFG (Notar); § 25 139 SchiffsRegO (Notar); §§ 80–84 ZPO (Rechtsanwalt); § 106 III 1 VAG (Hauptbevollmächtigter); § 53 KWG; § 6 I AuslInvestmG.

VIII. Nachweis der Vollmacht

1. Nachweis der erteilten Vollmacht

a) Prüfung durch Notar

Wird dem Notar eine Vollmacht zur Vornahme eines Vertretergeschäftes vorgelegt, hat 140 er pflichtgemäß zu prüfen, ob rechtsgeschäftliche **Vertretung** zulässig, die **Vollmacht wirksam** (insb. formgültig) erteilt, **fortbestehend** (= nicht widerrufen und kein sonstiges Erlöschen erkennbar) und ob der **Inhalt bzw. Umfang** der Bevollmächtigung zur Vornahme des Vertretergeschäfts ausreichend ist. Ist die vorgelegte Vollmacht nur vor einem anderen Notar verwendbar, muss eine solche **Anwendungsbeschränkung** selbst dann beachtet werden, wenn für die Anordnung der Anwendungsbeschränkung ein sachlicher Grund nicht ersichtlich ist. Werden Vollmachten für **Personenhandels-** oder **Kapitalgesellschaften** (einschl. Verein) vorgelegt, erstreckt sich die pflichtgemäße Prüfung auch auf die Vertretungsmacht der vollmachtserteilenden Organträger (*BayObLG* Rpfleger 1993, 441 zur GmbH & Co. KG i. Gr.). Wird i. Ü. eine **Untervollmacht** vorgelegt, ist die Prüfung auf die Hauptvollmacht auszudehnen (siehe Rn. 61). Die Prüfung durch den Notar umfasst zudem das einer Vollmachtserteilung zugrunde liegende Rechtsgeschäft, wenn sich die Formbedürftigkeit ausnahmsweise hierauf erstreckt.

Zweifel an Form, Inhalt und Umfang der vorgelegten Vollmacht sind mit den Beteilig- 141 ten zu erörtern (§§ 17 II 1, 12 BeurkG). Bei Zweifeln über den Umfang einer Vollmacht ist nach Auffassung der Rechtsprechung der geringere Umfang maßgeblich (*OLG Köln* FamRZ 2000, 1525). Bestehen die Beteiligten trotz Erörterung der Zweifel auf Beurkundung, sind die bestehen gebliebenen Vorbehalte in die Niederschrift aufzunehmen (§ 17 II 2 BeurkG; vgl. *BGH* DNotZ 1989, 43). Bestehen nicht nur Zweifel und erscheint auch die nachträgliche Genehmigung ausgeschlossen, muss der Notar die Beurkundung ablehnen (*BGH* NJW 1993, 2744, 2745). Für die Verwendung von Vollmachten im Beurkundungsverfahren gelten i. Ü. die **Richtlinienempfehlungen der BNotK** (DNotZ 1999, 258) in der von der jeweiligen Notarkammer umgesetzten Fassung.

142 Der Bevollmächtigte muss dem Notar (dem Vertragspartner) in der Verhandlung die **Urschrift** oder eine **Ausfertigung der Vollmachtsurkunde** zur sinnlichen Wahrnehmung vorlegen (zusammenfassend OLG Frankfurt RNotZ 2008, 153). Die Vorlage einer beglaubigten oder einfachen Abschrift genügt nicht. Wird dem Notar dennoch nur eine beglaubigte Abschrift der Vollmachtsurkunde vorgelegt, kann diese durch eine notarielle Bescheinigung des Inhalts ergänzt werden, dass das Original oder die Ausfertigung zu einem bestimmten Zeitpunkt vom Bevollmächtigten vorgelegt wurde (*BayObLG* MittBayNot 2002, 112).

143 Die **Rechtschein- und Legitimationswirkungen der Vollmachtsurkunde** (§§ 172, 171 BGB) knüpfen nur an die dem Bevollmächtigten **ausgehändigte** und sodann wiederum von ihm bei der Vornahme der Vertreterhandlung vorgelegte Urschrift oder Ausfertigung an (*BGH* DNotZ 1988, 551, 552 m. w. N.; siehe auch Rn. 174). In der Rechtsschein- und Legitimationswirkung der ausgehändigten Vollmacht liegt ihre große praktische Bedeutung. Das **Aushändigen** meint dabei die **Besitzverschaffung** und das gleichzeitige willentliche **Inverkehrbringen** der Urschrift oder der erteilten Ausfertigung. **Ausgehändigt** ist auch die weisungsgemäß dem Bevollmächtigten erteilte Ausfertigung (§ 51 BeurkG). Insbesondere ist zu regeln, ob der Bevollmächtigte weitere Ausfertigungen verlangen kann (§ 51 II BeurkG). Kein rechtscheinerzeugendes Aushändigen liegt vor, wenn der Notar eine Ausfertigung erteilt, ohne dass dies von einer bestehenden Anweisung gemäß § 51 II BeurkG gedeckt ist (*OLG München* FGPrax 2009, 260) oder wenn die Ausfertigung abhandengekommen ist.

Lautet der **Ausfertigungsvermerk** der vorgelegten Vollmacht auf eine zwar ebenfalls bevollmächtigte, jedoch andere als die handelnde und die Ausfertigung vorlegende Person, ist dies nach Ansicht des *OLG Köln* (Rpfleger 2002, 197 m. abl. Anm. *Waldner/Mehler*) unschädlich. Richtigerweise sollte der Notar die einem Dritten namentlich erteilte Ausfertigung der Vollmachtsurkunde, die auch den Handelnden als bevollmächtigt benennt, zurückweisen. Legt demnach nur einer von mehreren benannten Vertretern eine Ausfertigung vor, genügt die Bezugnahme des anderen auf diese Urkunde nicht (*KG* FGPrax 2012, 7). Es liegt nämlich die Vermutung nahe, dass dem Handelnden entweder keine Ausfertigung erteilt und ausgehändigt (= fehlende Besitzverschaffung) wurde oder er eine möglicherweise ihm erteilte Ausfertigung zurückgeben musste (= Vollmachtswiderruf; vgl. *OLG München* RNotZ 2008, 422). Der eine Vollmacht beurkundende Notar kann der uneinheitlichen Praxis dadurch vorbeugen, dass im Vollmachtstext die Ausübung auf die Vorlage einer **auf den Namen des Bevollmächtigten lautenden Ausfertigung** beschränkt wird (vgl. § 49 II 1 BeurkG). Eine solche Erteilungspraxis ist insbesondere bei stark personenbezogenen Vollmachten, wie **General- und Vorsorgevollmachten**, ratsam (siehe hierzu Rn. 174).

144 Der Bevollmächtigte kann sich grundsätzlich nicht auf die **Urschrift der Vollmacht in der Urkundensammlung** des Notars (§ 45 I BeurkG) berufen; die verwahrte Urschrift ist nicht ausgehändigt i. S. d. § 172 I BGB (a. A. *Brenner* BWNotZ 2001, 186). Hat der Bevollmächtigte jedoch einen Anspruch auf Erteilung einer (weiteren) Ausfertigung (§ 51 I BeurkG), steht der Erteilungsanspruch der Aushändigung gleich. In diesem Fall ist ausnahmsweise ein Berufen auf die in der Urkundensammlung des Notars verwahrte Urschrift möglich (*OLG Stuttgart* DNotZ 1999, 138). Befindet sich die ausgehändigte Vollmachtsurkunde allerdings bei Vornahme des Vertretergeschäfts bereits im Besitz oder in Verwahrung des Notars, ist eine Bezugnahme ausreichend, wenn die tatsächliche Einsichtnahme in die Vollmacht gewährleistet ist; ob eine Einsichtnahme erfolgt, ist hingegen belanglos (vgl. *OLG Frankfurt* RNotZ 2008, 153, 154). Der Notar kann bescheinigen, dass ihm ein Vollmachtswiderruf nicht bekannt geworden ist, erforderlich ist dies nicht. Im Übrigen ist auch kein Nachweis darüber zu führen, dass die vorgelegte Vollmacht bis zum Vollzug des Vertretergeschäfts nicht widerrufen worden ist; hierauf

VIII. Nachweis der Vollmacht

kommt es nämlich regelmäßig nicht mehr an (vgl. *Bous* Rpfleger 2006, 360; siehe auch Rn. 149). Eine nach beurkundeter dinglicher Einigung erlange Kenntnisnahme vom Widerruf einer Vollmacht, lässt die Wirksamkeit des Vertretergeschäfts unberührt (vgl. § 873 II BGB; statt aller MünchKomm/*Schramm* § 173 Rn. 4 f.).

Die Tatsache, dass eine **mündlich oder privatschriftlich erteilte Vollmacht** im Zeitpunkt der Abgabe einer rechtsgeschäftlichen Erklärung vorlag, wird gleichfalls durch einen entsprechenden Vermerk in der notariellen Niederschrift belegt (vgl. auch *Schöner/ Stöber* Rn. 3536 Fn. 4). Die privatschriftlich erteilte Vollmacht wird der Niederschrift im Original oder in beglaubigter Abschrift beigefügt (§ 12 S. 1 BeurkG) und ist mit der Niederschrift zu verbinden (§ 19 V DONot). 145

Der **Widerruf** einer Vollmacht ist grundsätzlich **auf der Urschrift zu vermerken**.

b) Prüfung durch Grundbuchamt (und Registergericht)

Grundbuchämter (und Registergerichte) prüfen die Wirksamkeit einer Vollmacht und den Umfang der Vertretungsmacht in ihrem Aufgabenbereich selbständig (vgl. *BayObLG* Rpfleger 1996, 332; grundsätzlich *Stiegeler* BWNotZ 1985, 129); an die Auslegung des Notars sind sie nicht gebunden. Hieran hat sich durch § 79 III 2 ZPO und § 10 III 2 FamFG nichts geändert (so *OLG München* NotBZ 2012, 472 gg. Hügel/*Otto* BeckOK GBO § 29 Rn. 78). Maßgebend ist i. Ü. der Zeitpunkt des Wirksamwerdens der vertretungsweise erklärten Bewilligung (§ 19 GBO) oder ausnahmsweise der dinglichen Einigung (§ 20 GBO). Die Bewilligung wird mit ihrem Eingang beim Grundbuchamt bzw. mit ihrer notariellen Beurkundung wirksam. 146

Gegenüber dem Grundbuchamt (oder Registergericht) wird der **Nachweis** der erteilten Vollmacht grundsätzlich **in der notariellen Niederschrift** über das Vertretergeschäft geführt. Der Nachweis erfolgt regelmäßig durch die **Bescheinigung** des Notars (vgl. insoweit § 39 BeurkG) darüber, dass ihm die Urschrift oder eine Ausfertigung durch den Vertreter vorgelegt wurde (zusammenfassend *BayObLG* RNotZ 2002, 53). Die Urschrift, die Ausfertigung oder eine beglaubigte Abschrift der vorgelegten Vollmacht ist der Niederschrift beizufügen (vgl. §§ 47, 49, 12 S. 1 BeurkG) und mit derselben durch Schnur und Siegel zu verbinden. Für die Herstellung einer beglaubigten Abschrift der Vollmachtsurkunde gilt insbesondere § 49 III BeurkG. Die beigefügte Abschrift ist keine Anlage i. S. d. § 9 BeurkG, sie braucht nicht verlesen zu werden (DNotI-Report 1996, 60). Eines besonderen Nachweises über den Zugang der Vollmacht bei dem Bevollmächtigten bedarf es nicht. Das Grundbuchamt kann sodann die Vorlage der Vollmacht in Urschrift oder in Ausfertigung nicht mehr verlangen (*BayObLG* DNotZ 2000, 293 mit Anm. *Limmer*). 147

c) Nachweis durch notarielle Vollmachtsbescheinigung

Seit dem 1.9.2013 kann der Nachweis rechtsgeschäftlich erteilter Vertretungsmacht (= Vollmacht) gegenüber dem Grundbuchamt und dem Registergericht auch ohne Beifügen der Urschrift, einer Ausfertigung oder einer beglaubigten Abschrift der vorgelegten Vollmachten, allein durch eine **notarielle Vollmachtsbescheinigung nach § 21 III BNotO** (vergleichbar den Registerbescheinigungen nach § 21 I und II BNotO) geführt werden. Korrespondierend wurden **§ 34 GBO und § 12 I 3 HGB** eingefügt bzw. ergänzt. Keine Verwendung findet die Vollmachtsbescheinigung in Schiffs-, Vereins- und Güterrechtssachen, auch nicht in Klauselerteilungsverfahren (*Heinemann* FGPrax 2013, 139, 141). Der Notar darf eine Vollmachtsbescheinigung immer nur dann erteilen, wenn er sich zuvor die unterschriftsbeglaubigte Vollmacht, die ausgehändigte Ausfertigung der beurkundeten Vollmacht oder die Niederschrift vorlegen lässt, § 21 III 2 BNotO (hierzu *OLG Bremen* BeckRS 2014, 07370; s. auch *OLG Düsseldorf* RNotZ 2014, 309). Die Art der Vorlage und der Vorlagetag sind sodann in der Bescheinigung anzugeben. Insgesamt sollen die Anforderungen an den Nachweis einer Vollmacht nicht verringert werden, es wird lediglich eine zusätzliche Möglichkeit des Nachweises gegenüber den die Register führenden Stellen geschaffen (vgl. BT-Drs. 17/1469, S. 14). **Nicht ausreichend** ist 147a die Vorlage einer beglaubigten Abschrift oder einer rein privatschriftlich erteilten (Original)Vollmacht. Nicht ausreichend ist demzufolge auch die Vorlage einer beglaubigten Fotokopie des Gesellschaftsvertrages, aus dem sich ergibt, dass der Aufsichtsrat der Gesellschaft ermächtigt ist, eine entsprechende Vollmacht (hier: Befreiung des Geschäftsführers von den Beschränkungen des § 181 BGB) zu erteilen, während die erteilte Vollmacht gerade nicht vorgelegt wird (*OLG Bremen* BeckRS 2014, 07370). Angesichts des gänzlich unverändert gebliebenen Wortlauts des § 12 BeurkG wird der Anwendungsbereich des § 21 III BNotO wohl eher limitiert bleiben. Jedenfalls muss der bescheinigende Notar der Urschrift oder der von ihm gefertigten Erklärung die vorgelegte Vollmacht nach Maßgabe des § 12 S. 1 BeurkG auch weiterhin uneingeschränkt beifügen. Die dem Grundbuchamt oder Handelsregister eingereichte Erklärung oder erteilte Ausfertigung kann sodann anstelle der „mitausgefertigten" Vollmachten mit der Bescheinigung nach § 21 III BeurkG versehen werden (noch enger *Heinemann* FGPrax 2013, 139, 141). Die Ausfertigung mit der Bescheinigung nach § 21 III BNotO muss wohl als „auszugsweise erteilt" gekennzeichnet sein. Im Anwendungsbereich des § 21 III BNotO wird durch die Vollmachtsbescheinigung des Notars der Nachweis der rechtsgeschäftlich erteilten und fortbestehenden Vertretungsbefugnis für den Zeitpunkt erbracht, in dem der Notar die ihm vorgelegte Vollmacht eingesehen hat; sie führt den Nachweis auch für einen begrenzten Zeitpunkt danach. Weitere Nachweise kann das Grundbuchamt oder Registergericht nur im Rahmen des engen Legalitätsprinzips verlangen.

2. Nachweis der fortbestehenden Vollmacht

148 Ob eine (formgerecht, § 29 I GBO) nachgewiesene Vollmachtserteilung im Zeitpunkt des Wirksamwerdens der Vertretererklärung (Bewilligung oder Einigung, § 20 GBO) noch Bestand hat, unterliegt der freien, nicht jedoch willkürlichen oder anhaltspunktlosen **Beweiswürdigung des Grundbuchamts** (*BayObLG* Rpfleger 1986, 90; *KG* DNotZ 1972, 18). Legt der Bevollmächtigte eine Vollmachtsurkunde in Urschrift oder Ausfertigung (§§ 45 I, 47 BeurkG) vor, gilt die Vollmacht nach § 172 II BGB bis zu ihrer Rückgabe oder Kraftloserklärung (§ 176 I BGB) als fortbestehend (vgl. *Schöner/Stöber* Rn. 3581).

149 Sind dem Grundbuchamt **konkrete Anhaltspunkte für das Erlöschen** bekannt, ist es lediglich im Rahmen des engen **Legalitätsprinzips** berechtigt, Nachweise zum Fortbestand der Vollmacht zu verlangen (*OLG Frankfurt* Rpfleger 1977, 103; *OLG München* RNotZ 2013, 169), wenn und soweit ein anderer Nachweis überhaupt erforderlich und entscheidungserheblich ist. Bloße Vermutungen, Zweifel oder die abstrakte Möglichkeit eines Widerrufs genügen hingegen nicht (vgl. aber *OLG Stuttgart* MittBayNot 1997, 370). Keine hinreichenden Zweifel am Fortbestand einer Vollmacht begründet allein die Tatsache, dass zwischen der Erteilung und der Vollmachtsausübung mehr als 50 Jahre vergangen sind und keiner der Beteiligten des Grundgeschäftes mehr am Leben ist (abzulehnen deshalb *OLG Naumburg* NotBZ 2004, 431). Der Tod des Vollmachtgebers ist gerade kein Anhaltspunkt dafür, einen Nachweis über den **Fortbestand einer trans- oder postmortalen Vollmacht** verlangen zu können (siehe Rn. 63 ff.; abwegig *Bestelmeyer* notar 2013, 147, 159 ff.).

Auch die Anordnung einer **Testamentsvollstreckung** vermag keine hinreichenden Zweifel am Umfang und Fortbestand einer vom Erblasser erteilten **trans- oder postmortalen Vollmacht** zu begründen (*Weidlich* MittBayNot 2013, 196, 198; siehe Rn. 71 ff.). Es reicht im Rahmen des engen Legalitätsprinzips nicht aus, dass bei einer nur aus wichtigem Grund widerruflichen Vollmacht das Grundbuchamt das Vorliegen eines wichtigen Widerrufsgrund für wahrscheinlich hält (*OLG Stuttgart* MittBayNot 1997, 370), das Vorliegen eines wichtigen Grundes und der Widerruf müssen vielmehr zur Überzeugung dargetan sein (*OLG München* MittBayNot 2010, 129 m. Anm. *Basty*). Zweifelhaft ist die Ansicht, wonach das Grundbuchamt bei Kenntnis vom Widerruf einer Vollmacht berechtigt sein soll, einen Eintragungsantrag zurückzuweisen, obwohl die dingliche Einigung

VIII. Nachweis der Vollmacht **F**

zwischen den Vertragsparteien als Vertretergeschäft nach §§ 873 II, 172 BGB (gutgläubig) bindend geworden ist (zutreffend *Bous* Rpfleger 2006, 360, 363 m. w. N.). Regelmäßig kann im Übrigen ein **Nachweis des Fortbestandes** oder des Nichtwiderrufs einer Vollmacht in der Form des § 29 GBO nicht geführt werden. Im Zweifel ist **Vollmachtsbestätigung** erforderlich. Vergleichbare Grundsätze gelten für den Nachweis des Fortbestands von Handelsregistervollmachten (vgl. *BayObLG* DNotZ 1976, 116).

Vom **Fortbestand der Vollmacht** ist ferner auszugehen, wenn der Bevollmächtigte als mittelbarer Besitzer berechtigt ist, vom Grundbuchamt (oder Registergericht) die dort in Papierform verwahrte Vollmachtsurkunde jederzeit herauszuverlangen (vgl. *Schöner/Stöber* Rn. 3588 m. w. N.). Die Bezugnahme auf Originalvollmachten, die sich bei dem Handelsregister in Papierform in den Registerakten befinden, ist seit Einführung des elektronisch geführten Handelsregisters nicht mehr möglich (§ 45 BeurkG; siehe zu praktischen Problemen *Sikora/Schwab* MittBayNot 2007, 5). Das einer Vollmachtserteilung zugrunde liegende Rechtsverhältnis (§ 168 S. 1 BGB) gilt im Übrigen ebenfalls als fortbestehend, soweit und solange die Vollmacht in einem weiterhin wirksamen Grundstücksveräußerungsvertrag enthalten ist (*BayObLG* MittBayNot 1989, 308). Der Fortbestand einer dem Notar im Rahmen seiner Amtstätigkeit erteilten Vollmacht muss nicht nachgewiesen werden (*Schöner/Stöber* Rn. 3591). 150

3. Besondere Mitteilung nach § 171 I 1 BGB (Angestelltenvollmacht)

Ein in der Notarpraxis relevanter Fall der Kundgabe i. S. d. § 171 I 1 BGB ist die in der notariellen Niederschrift erteilte Vollmacht zur Abgabe rechtsgeschäftlicher oder verfahrensrechtlicher Vertretererklärungen durch Notarangestellte (**Angestelltenvollmacht** – beachte § 17 II a 2 Nr. 1 BeurkG, siehe bereits Rn. 33 ff.). Die notarielle Niederschrift selbst ist die „besondere Mitteilung" über die Vollmachtserteilung. **Adressat der Kundgabe** ist der beurkundende Notar, das Grundbuchamt oder das Registergericht. Zugleich ist der Notar Übermittlungsbote des Vollmachtgebers. Dem Notarangestellten darf eine Ausfertigung nicht erteilt werden. Die Kontrolle der Vollmachtsbetätigung erfolgt durch den Urkundsnotar; nur vor ihm ist die Ausübung gestattet (**Ausübungsbeschränkung**). Liegt kein Widerruf gegenüber dem Mitteilungsadressaten nach § 171 II BGB vor, gilt die Vollmacht als fortbestehend (Vertrauenstatbestand). Da es sich um keinen Fall der ausgehändigten Vollmacht i. S. d. § 172 BGB handelt, genügt der Verweis auf die Urschrift in der Urkundensammlung des Notars; dem Grundbuchamt wird eine beglaubigte Abschrift vorgelegt (§ 49 III BeurkG ist anwendbar; zusammenfassend *Stiegler* BWNotZ 1985, 129). 151

Checkliste Prüfung der erteilten Vollmacht 152

(1) Ist Vertretung im konkreten Fall überhaupt zulässig
  – Unzulässigkeit: Pflicht zur höchstpersönlichen Vornahme
    z. B.: eidesstattliche Versicherung
  – Ausnahme: Umsetzung einer Patientenverfügung mittels Vorsorgevollmacht
  – Unzulässigkeit aufgrund gesetzlicher Anordnung (siehe Rn. 5)
  – Unzulässigkeit wegen rechtsgeschäftlichen Ausschlusses
  – Unzulässigkeit wegen beachtlicher Ausübungsbeschränkungen
  (ggfs. Überwachung von Innenverhältnisabreden)
(2) Vollmacht wirksam (insb. formgültig) erteilt, fortbestehend und ausübbar
  – Prüfung des Grundgeschäfts (§ 311b I BGB) bei unwiderruflicher Grundstücksvollmacht
  – Insichgeschäft, § 181 BGB
  – Untervollmacht (siehe Rn. 56 ff.)
  – Ausübung der Vollmacht an einen bestimmten Notar gebunden
    (Belastungsvollmacht)

▶

> ▼ Fortsetzung: **Checkliste Prüfung der erteilten Vollmacht**
>
> (3) Inhalt und Umfang der Vollmacht (Auslegung)
> – konkreter Vollmachtswortlaut
> – Berücksichtigung der Vollmachtsart und des Grundgeschäfts
> – Behandlung von Zweifeln an Form, Inhalt und Umfang der Vollmacht
> – Erörterung (§§ 17 II 1, 12 BeurkG)
> – Aufnahme in die Niederschrift
> – Ist Genehmigung ausgeschlossen, dann Ablehnung der Beurkundung
>
> (4) Behandlung der wirksamen Vollmacht
> – Vorlage des „ausgehändigten" Originals (Urschrift) oder in Ausfertigung
> – Ausnahme:
> – Urschrift in der Urkundensammlung ausreichend, wenn Bevollmächtigter Anspruch auf Erteilung einer (weiteren) Ausfertigung (§ 51 I BeurkG) hat
> – Urschrift in der Urkundensammlung ausreichend, wenn § 171 I 1 BGB anwendbar ist (Angestelltenvollmacht)
> – Nachweis in der notariellen Niederschrift
> – Bescheinigung des Notars (vgl. § 39 BeurkG)
> – Beifügen einer begl. Abschrift (vgl. §§ 47, 49 III, 12 S. 1 BeurkG – § 9 BeurkG nicht anwendbar)
> – ggfs. Erstellen einer Vertretungsbescheinigung (§§ 21 III BNotO, 12 S. 1 BeurkG)

IX. Internationale Vollmachten

153 Das Europäische Komitee der Internationalen Union des Lateinischen Notariats hat länderspezifische, deutsch- und fremdsprachige Vollmachtsformulare zu verschiedenen Vollmachtsgegenständen entwickelt und veröffentlicht (vgl. DNotZ 1964, 672; 1967, 545; 1982, 137). Die Formulare genügen den Anforderungen des jeweiligen IPRs bzw. des materiellen Ortsrechts (vgl. Art. 11 I EGBGB) und sind laufend in Überarbeitung. Zu den nachfolgenden Ländern und Vollmachtsgegenständen werden Formulare berücksichtigt, die ausschließlich online und entgeltlich (www.irene.de: legal documents) bezogen werden können:

154 **Länder** (Vollmachtstexte jeweils **in Landessprache**): Bulgarien, China (Kanton), Dänemark, Deutschland (auch in sorbischer Textsprache), Estland, Finnland, Frankreich, Griechenland, Großbritannien, Italien, Japan, Kroatien, Moldawien, Niederlande, Polen, Portugal, Rumänien, Schweden, Spanien, Russland, Tschechien, Türkei und Ungarn.

Vollmachtsgegenstände (Bezeichnung nach Internet-Auftritt): Generalvollmacht, Allgemeine Gerichtsvollmacht, Besondere Gerichtsvollmacht, Bankvollmacht, Vollmacht für die Gründung einer Kapitalgesellschaft, Vollmacht zur Hypothekenaufnahme, Vollmacht zum Erwerb eines Grundstücks, Vollmacht für einen Grundstücksverkauf, Nachlassvollmacht, Vollmachtsbestätigung und Nachgenehmigung.

155 **Zweisprachige Vollmachtstexte** (deutsch-englisch) zu den zentralen, vorgenannten Vollmachtsgegenständen finden sich bei *Rawert* in: Beck'sches Formularbuch zum Bürgerlichen Handels- und Wirtschaftsrecht I. 41–45; *Walz* u.a. in: Beck'sches Formularbuch – Zivil-, Wirtschafts- und Unternehmensrecht, Deutsch – Englisch, 2007.

X. Vorsorgevollmacht und Patientenverfügung

1. Vorsorgevollmacht (auch als Teil einer Generalvollmacht)

Literatur (Formulare): Kersten/Bühling/*Kordel* § 96 Rn. 23 ff.; *Müller/Renner* Rn. 778 ff.; *Keilbach* DNotZ 2004, 164 u. 751; *Renner/Spanl* Rpfleger 2007, 367; Münch/*Renner* § 16 Rn. 1 ff. u. § 22 Rn. 49; Wurm/Wagner/Zartmann/*Dorsel*, Rechtsformularbuch, 16. Aufl. 2011, Kap. 80 Rn. 1 ff.; Bergschneider/*Winkler*, Beck'sches Formularbuch Familienrecht, Form. S.V.1.

a) Begriff und Subsidiarität der Betreuung

Die Erteilung einer **Vorsorgevollmacht** (auch im Rahmen einer umfassenden Generalvollmacht) ist als Teil rechtsgeschäftlicher **Betreuungsvorsorge** Ausdruck des **Selbstbestimmungsrechts** und der **Subsidiarität der rechtlichen Betreuung** (§ 1896 II 2 BGB – vgl. *Perau* MittRhNotK 1996, 285, 292; *Dodegge* FPR 2008, 591; Palandt/*Götz* § 1896 Rn. 12). Die Vorsorgevollmacht begründet zugleich den Ausnahmefall eines gesetzlich zugelassenen Vertreterhandelns in Aufgabenkreisen, die grundsätzlich höchstpersönliche Natur sind (gesundheitliche Fürsorge, körperliche Unversehrtheit, Selbstbestimmung, Aufenthaltseinschränkung und -bestimmung). Bei einem Vertreterhandeln in den vorgenannten Aufgabenkreisen handelt sich insoweit eher um Fallgestaltungen, bei denen es um die Vornahme rechtsgeschäftsähnlicher Erklärungen oder tatsächlicher Handlungen geht, und bei denen weniger der rechtsgeschäftliche als der **natürliche Wille** maßgebend ist (BGHZ 105, 45, 47 f.). Berechtigt die Vollmacht auch zu Vertreterhandeln in typischerweise rechtsgeschäftlichen oder rechtsgeschäftsähnlichen Aufgabenkreisen, spricht die Praxis von einer „**General- und Vorsorgevollmacht**". Die **Erteilung der Vollmacht selbst** erfolgt regelmäßig als **Innenvollmacht**; einer Annahme durch den Bevollmächtigten bedarf es nicht. I.Ü. ist auch im Rahmen einer Vorsorgevollmacht eine Vertretung in zumeist rechtsgeschäftlichen Angelegenheiten ausgeschlossen, die aufgrund gesetzlicher Anordnung oder der Sache nach nur **höchstpersönlich** vorgenommen werden können (siehe bereits Rn. 5 ff.).

156

Der **Grundsatz der Subsidiarität der rechtlichen Betreuung** (§ 1896 II 2 BGB; siehe hierzu auch Rn. 168) gegenüber einer rechtsgeschäftlich erteilten Vollmacht greift indes nur, wenn und soweit die Angelegenheiten des Betroffenen durch einen Bevollmächtigten ebenso gut wie durch einen Betreuer besorgt werden können (*BGH* FamRZ 2012, 969). Andererseits kann der Grundsatz der Subsidiarität nicht einfach deshalb beiseite geschoben werden, weil ein Betreuer die Angelegenheiten des Vollmachtgebers vermeintlich oder sogar tatsächlich besser erledigen könnte (*OLG Brandenburg* NJW 2005, 1587). Jedenfalls kann es bereits an den Voraussetzungen einer qualifizierten Erledigung der Angelegenheiten des Betroffenen fehlen, wenn der **Umfang der Vollmacht** nach Inhalt, Reichweite und Form (z.B. § 29 GBO, § 12 HGB, ggfs. § 311b I BGB) nicht ausreichend ist. U.a. zur **Herstellung der Deckungsgleichheit der Aufgabenkreise** sind die Bestimmungen für den Betreuer auf den Bevollmächtigten „entsprechend" anzuwenden (vgl. §§ 1901a V, 1901b III, 1904 V, 1906 V BGB; kritisch *Albrecht/Albrecht* Rn. 37). Die rechtliche Betreuung kann folglich trotz bestehender Vollmachten erforderlich werden, wenn sich wirksam erteilte Vollmachten widersprechen (vgl. *OLG München* NJW-RR 2009, 1599 Ls. 3). Zudem steht eine Vorsorgevollmacht einer dennoch ggfs. erforderlichen Bestellung eines Betreuers nicht entgegen, wenn der **Bevollmächtigte ungeeignet** ist, die Angelegenheiten des Betroffenen zu besorgen, insbesondere wenn substantiiert und konkret zu befürchten ist, dass die Wahrnehmung der Interessen des Betroffenen durch den Bevollmächtigten eine **konkrete Gefahr für dessen Wohl** begründet (z.B. **unredliche Vermögensverwendung**, häusliche Verwahrlosung). Ungeeignet kann aber auch der **redliche Bevollmächtigte** sein, falls er – wenn auch unverschuldet – objektiv nicht in der Lage ist, die Vorsorgevollmacht zum Wohle des Betroffenen auszuüben, weil er durch das eigenmächtige Verhalten eines Dritten aus der Erledigung der Angelegenheiten des Betrof-

157

fenen heraus gedrängt wird (*BGH* BeckRS 2013, 16317). Dies gilt selbst eingedenk der Gefahr, dass sich dadurch der eigenmächtige Dritte gegenüber dem redlichen letztlich erfolgreich durchsetzt; Maßstab ist aber insoweit allein das Wohl des Betroffenen (s. auch zur Kontrollbetreuung in Rn. 168).

b) Volljähriger, geschäfts- bzw. einwilligungsfähiger Vollmachtgeber

158 Die Vorsorgevollmacht wird **von einem volljährigen Vollmachtgeber** für den Fall seiner **künftiger Geschäftsunfähigkeit oder Hilfsbedürftigkeit** erteilt (Palandt/*Götz* § 1896 Rn. 4 ff.). Im Erteilungszeitpunkt muss (zumindest partielle) Geschäftsfähigkeit gegeben sein. Für Einzelbereiche nichtvermögensrechtlicher Angelegenheiten, insbesondere für die Ermächtigung zur Einwilligung in medizinische oder freiheitsentziehende Maßnahmen, die typischerweise auch Gegenstand einer Patientenverfügung sind (siehe Rn. 187 ff.), reicht **natürliche Einsichts- und Steuerungsfähigkeit** („Einwilligungsfähigkeit") aus.

159 Bei einem Volljährigen ist die **Geschäftsfähigkeit als Regel zu unterstellen**; hiervon kann selbstverständlich auch der Notar bei einer Vollmachtserteilung vor ihm ausgehen. Die Unwirksamkeit der Erteilung einer Vorsorgevollmacht kann nicht schematisch angenommen werden, wenn selbst nach sachverständiger Begutachtung die Geschäftsfähigkeit zum Erteilungszeitpunkt nicht zuverlässig festgestellt werden kann aber erhebliche Zweifel bestehen bleiben (so aber *BayObLG* FamRZ 1994, 720; hiergegen zutreffend *OLG München* NJW-RR 2009, 1599). Ausnahmsweise geschäftsunfähig (**§ 104 Nr. 2 BGB**) sind Volljährige, wenn sie an einer krankhaften Störung der Geistestätigkeit leiden; hierbei ist es gleichgültig, unter welchen medizinischen Begriff die Störung fällt. Die krankhafte Störung der Geistestätigkeit darf zudem **nicht nur vorübergehender Natur** sein; sie muss vielmehr **Dauerzustand** sein und die freie Willensbestimmung gerade **im Zeitpunkt der Vollmachtserteilung** ausschließen. Bloße **Willensschwäche** oder **leichte Beeinflussbarkeit** genügen gerade nicht, ebenso wenig das Unvermögen, die Tragweite der abgegebenen Willenserklärung zu erfassen (vgl. *BGH* NJW 1961, 261; *OLG München* NJW-RR 2009, 1599). Andererseits kann die übermäßig krankhafte Beherrschung durch den Willen anderer einen Fall des § 104 Nr. 2 BGB begründen (vgl. *OLG Düsseldorf* FamRZ 1998, 1064). Überzogen ist es jedenfalls, wenn als Ausweis hinreichender kognitiver Fähigkeiten – im Sinne einer notwendigen Basis der Geschäftsfähigkeit – der Nachweis verlangt wird, dass der Vollmachtgeber im Zeitpunkt der Vollmachtserteilung tatsächlich jede Einzelheit der Urkunde bzw. der hierauf bezogenen Erläuterungen des Notars verstanden haben muss. Hat der Vollmachtgeber bewusst und in freier Willensentschließung eine Vertrauensperson bevollmächtigt, kann jedenfalls eine hierauf bezogene **(partielle) Geschäftsfähigkeit** selbst dann zu bejahen sein, wenn nicht auszuschließende leichtere kognitive Defizite zu Bedenken gegen die Wirksamkeit anderweitiger Willenserklärungen Anlass geben können (zusammenfassend *OLG München* NJW-RR 2009, 1599; a. A. Münch/*Renner* § 16 Rn. 16). Allerdings ist § 105 II BGB zu beachten, insbesondere bei einer Vollmachtserteilung durch einen Vollmachtgeber, der zwar nicht geschäftsunfähig ist, jedoch unter einer vorübergehenden Störung der Geistestätigkeit leidet. Ablehnen kann der **Notar** die Beurkundung nur dann, wenn für ihn aufgrund eigener Wahrnehmungen an der **(dauernden) Geschäftsunfähigkeit** oder der **vorübergehenden Störung der Geistestätigkeit** des Vollmachtgebers keine vernünftigen Zweifel bestehen (§ 11 I 1 BeurkG); hierzu kann er sich fachkundiger Hilfe (z.B. Stellungnahme des behandelnden Hausarztes) bedienen. Überzogen sind Forderungen, wonach der Notar selbst die kognitiven Fähigkeiten des Vollmachtgebers testen soll.

c) Ein oder mehrere Bevollmächtigte/r

160 Die Vorsorgevollmacht kann **einem oder einer Mehrzahl von Bevollmächtigten** jeweils einzeln oder zur Gesamtvertretung erteilt werden; hierbei ist selbst eine weitergehende

X. Vorsorgevollmacht und Patientenverfügung **F**

Differenzierung zwischen verschiedenen Vollmachtgegenständen bzw. Wirkungsbereichen möglich. Es können auch verschiedene Bevollmächtigte für eindeutig unterscheidbare Wirkungskreise bestellt werden. Im Bereich der **Personensorge bzw. den Tatbeständen nach §§ 1904, 1906 BGB** hat sich **Gesamtvertretung nicht bewährt** (siehe auch Rn. 32); es besteht die Gefahr der Handlungsblockade. Im Falle der **Einzelvertretungsbefugnis** mehrerer Bevollmächtigter kann eine **Reihenfolge der Berechtigung** angeordnet werden (z.B. Ehegatte vor Kindern); dies sollte jedoch nur im Wege einer klar auf das Innenverhältnis beschränkten Anweisung erfolgen. Die Berufung eines „**Ersatzbevollmächtigten**" kann nur für den Fall empfohlen werden, dass der „Hauptbevollmächtigte" verstirbt oder der Eintritt eines Ersatzfalls im Zweifel ähnlich eindeutig und schnell nachgewiesen werden kann. Zumeist beschreibt die „Ersatzbevollmächtigung" jedoch nur den Fall einer Reihenfolge der ansonsten uneingeschränkten Berechtigung, die über eindeutige Innenverhältnisabreden abgegrenzt werden sollte. Die Erteilung einer „**Überwachungsvollmacht**" zur Kontrolle eines (Haupt-)Vorsorgebevollmächtigten (*Bühler* FamRZ 2001, 1585, 1590; MünchKomm/*Schwab* § 1896 Rn. 245) ist praxisfern, weil sie zumeist dem spezifisch personenbezogenen Vertrauensverhältnis als Grundlage der Vorsorgevollmacht widerspricht. Umfasst die Vollmacht als Generalvollmacht den Vermögensbereich (oder den Unternehmensbereich des Vollmachtgebers), kann hierfür die Anordnung der Gesamtvertretung sinnvoll sein. Klarstellend sollte vermerkt werden, dass keiner von mehreren Einzelbevollmächtigten befugt ist, die Vollmacht eines anderen Bevollmächtigte zu widerrufen (siehe hierzu Rn. 186; *OLG Karlsruhe* FamRZ 2010, 1762; Palandt/*Götz* Einf. v. § 1896 Rn. 5). Bei Gesamtvertretung ist der Wegfall eines Gesamtvertreters zu regeln.

Umstritten ist, ob der Bevollmächtigte eine **Personen nach §§ 1896 II, 1897 III BGB** **161** sein darf, also in einem Abhängigkeitsverhältnis zu einer Anstalt, einem Heim oder einer sonstigen Einrichtung steht, in der der Volljährige lebt (dafür: Palandt/*Götz* Einf. v. § 1896 Rn. 5, abw. noch die Vorauflagen; Münch/*Renner* § 16 Rn. 36).

Die Mitwirkung naher Angehöriger als Vorsorgebevollmächtigte bei einem zum Tode **162** führenden Behandlungsabbruch unter Beachtung des Patientenwillens führt jedenfalls nicht zur Verwirkung der Hinterbliebenenversorgung oder des Sterbegeldes (*SG Berlin* FamRZ 2012, 1176; Palandt/*Götz* § 1901a Rn. 6).

d) Formfragen

Grundsätzlich bedarf die Vorsorgevollmacht keiner besonderen Form. Soweit die **163** Vollmacht, wie regelmäßig, zu Erklärungen und Maßnahmen i.S.d. §§ 1904 I 1, II; 1906 I, III, IV BGB ermächtigt, ist **zumindest Schriftform** (= Unterschriftsform oder notarielle Beglaubigung nach § 126 I BGB) **und ausdrückliche Benennung** (siehe hierzu Rn. 177 ff.) erforderlich; das ergibt sich aus §§ 1904 V 2 bzw. 1906 V 1 BGB. Von diesem **Form- und Benennungserfordernis** umfasst sind demnach Bevollmächtigungen zur Einwilligung, zur Nichteinwilligung, zum Widerruf der Einwilligung oder zum Abbruch in Untersuchungen des Gesundheitszustandes, Heilbehandlungen oder ärztliche Eingriffe mit möglicherweise schwerwiegenden Folgen sowie zu Erklärungen im Hinblick auf freiheitsentziehende oder -beschränkenden Maßnahmen (Unterbringung oder unterbringungsähnlichen Maßnahmen) und neuerdings zu ärztlichen Zwangsbehandlungen in einer freiheitsentziehenden Unterbringungssituation (§ 1906 III, IIIa BGB).

Zur Feststellung der Identität des Vollmachtgebers wird vielfach die notarielle Unter- **164** schriftsbeglaubigung empfohlen. Vorzugswürdig ist die **notarielle Beurkundung** (vgl. 126 IV BGB). Mit ihr ist die zweifelsfreie Wiedergabe des tatsächlich ermittelten Willens, die wichtige **Feststellung der Geschäftsfähigkeit** (§ 11 I BeurkG; siehe auch Rn. 159) des Vollmachtgebers, der höhere Beweis- und Aussagewert der notariellen Niederschrift, die Vermutungswirkung der Urheberschaft und nicht zuletzt die hohe Akzeptanz notarieller Vollmachten in der Praxis verbunden (zusammenfassend Münch/*Renner* § 16 Rn. 19 ff.). Auch die Formerfordernisse nach §§ 311b I, III, 492 IV 2 BGB; § 29 GBO; § 12 HGB

(= umfassende Vollmacht), die notariellen Belehrungspflichten, sowie die Möglichkeit des **Herstellens von Ausfertigungen** für eine Mehrzahl von Bevollmächtigten, wie überhaupt die „Flexibilität" der Ausfertigungserteilung (§ 49 V BeurkG) sprechen für die Beurkundung (so auch Münch/*Renner* § 16 Rn. 29). Die bloße Unterschriftsbeglaubigung soll nach vereinzelt gebliebener Ansicht den Amtspflichten des Notars nicht mehr genügen (*Langenfeld* ZEV 2003, 449, 450).

165 Seit dem 1.7.2005 eröffnet § 6 II 1 BtBG der **Urkundsperson bei der Betreuungsbehörde** die Möglichkeit, Unterschriften und Handzeichen auf Vorsorgevollmachten und Betreuungsverfügungen zu beglaubigen. Die Rechtsqualität solcher Beglaubigungen ist wegen des ausschließlichen Zusammenhangs zum Betreuungsrecht nach wie vor unklar; sie genügen dennoch als „öffentliche" Beglaubigungen den Anforderungen des § 29 GBO und § 12 HGB und haben nicht mehr nur verfahrensrechtliche Qualität (vgl. Münch/*Renner* § 16 Rn. 30 f.).

e) Grundverhältnis (Innenverhältnisabrede)

166 Anders als für den Betreuer (vgl. §§ 1896 ff. BGB), der der Aufsicht und einer Reihe von Genehmigungsvorbehalten durch das Betreuungsgericht unterliegt, ist das **Innenverhältnis** (=Grundverhältnis) zwischen Vollmachtgeber und Bevollmächtigtem nur sehr **rudimentär geregelt**. Regelungen finden sich insbesondere in §§ 1904 V, 1906 V und §§ 1901a V, § 1901b III BGB. Dort sind allerdings sowohl das Außenverhältnis zwischen Bevollmächtigtem und Dritten als auch das Innenverhältnis zwischen Vollmachtgeber und Bevollmächtigtem angesprochen. Insgesamt bleibt daher die Ausgestaltung des Grundverhältnisses den rechtsgeschäftlichen Vereinbarungen (z.B. zum Auftragsverhältnis) vorbehalten und eine Regelung dringend erforderlich (ausführlich *Sauer* RNotZ 2009, 79; Kersten/Bühling/*Kordel* § 96 Rn. 38 ff. m.w.N.). Eine **isolierte Vollmacht** – also ohne erkennbares Grundverhältnis-, die im Anwendungsbereich medizinischer Maßnahmen inhaltlich keinerlei Willensbildung des Vollmachtgebers/Patienten zu Behandlungsfragen erkennen lässt, kann jedenfalls keine Grundlage für einen **Behandlungsabbruch** sein. Allerdings kann der künftige Patient anordnen, dass der Vorsorgebevollmächtigte notwendige Entscheidungen nach bestem Wissen und Gewissen so zu treffen berechtigt ist, wie sie dann in der aktuellen Lebens- und Behandlungssituation seinem Wohl entsprechen (§ 1901 II 1 BGB); eine solche ausdrückliche **Delegation der Entscheidungsfindung** reicht als minimale Innenverhältnisabrede für die Entscheidung zu einen Behandlungsabbruch nach § 1901a II BGB aus (zutreffend *Albrecht/Albrecht* Rn. 129).

167 Zunehmend wird darauf hingewiesen, dass gerade der Notar die Frage des Grundverhältnisses ansprechen und Regelungen empfehlen soll (nach *Litzenburger* NotBZ 2007, 1 ist dies zwingend erforderlich; ebenso *Kropp* FPR 2012, 9, 10; ausführlich *Müller/Renner* Rn. 454 ff.; *Marschner,* Beck'sches Formularbuch ErbR, S. 641 ff. mit Vertragsformular). Ausführliche Regelungen empfehlen sich bei **Vorsorgevollmachten von Unternehmern**, die für den Fall des längerfristigen Ausfalls des Unternehmers durch Krankheit oder Unfall dienen (vgl. *Langenfeld* ZEV 2005, 52; *ders./Günther,* Grundstückszuwendungen, Kap. 9 Rn. 61 ff.; *Reymann* ZEV 2005, 457; *ders.* ZEV 2005, 514; *ders.* ZEV 2006, 12; *Spiegelberger,* Unternehmensnachfolge, Teil C Rn. 136 ff.; *Carlé* ErbStB 2008, 156). Zutreffend sind Warnungen, dass die Vollmachtsurkunde als solche nicht durch Innenverhältnisabreden „überfrachtet" werden sollte und zudem die Gefahr besteht, dass in die Vollmachtsurkunde aufgenommene Innenverhältnisabreden auf das Außenverhältnis „durchschlagen" (so Münch/*Renner* § 16 Rn. 142). Innenverhältnisabreden können als Bestandteil des der Vollmachtserteilung zugrunde liegenden Rechtsgeschäfts auch außerhalb der eigentlichen Vollmachtsurkunde getroffen werden. Im Übrigen kann das Grundverhältnis Weisungen zu wichtigen Lebensbereichen wie Wohnung, Vermögen und zu höchstpersönlichen Umständen umfassen. Typische Regelungen zum Grundverhältnis betreffen die Errichtung als **transmortale Vollmacht** (ausführlich Rn. 63 ff.), die **Fortgeltung für den Fall der Betreuerbestellung** (hierzu Rn. 100), den

X. Vorsorgevollmacht und Patientenverfügung **F**

Erstgebrauch der Vollmacht, die **Rangfolge mehrerer Einzelbevollmächtigter** und ggf. **Regelungen zum Widerruf** der Vollmacht durch einen von mehreren Bevollmächtigten. Empfehlenswert ist die Aufnahme klarer Regelungen für den Fall, dass der **postmortal Bevollmächtigte zugleich Alleinerbe** (oder Miterbe) des Vollmachtgebers wird (hierzu Rn. 76). Aus dem im Zweifel anwendbaren Auftragsrecht bestehen für den Vollmachtgeber (und seine Erben) u. a. Auskunfts-, Herausgabe- und Schadenersatzansprüche. Der Bevollmächtigte kann regelmäßig Auslagenersatz und ggf. Vergütung verlangen, wenn, wie bei nahen Familienangehörigen, keine bloße Gefälligkeit anzunehmen ist. Von Innenverhältnisweisungen kann nur unter sehr engen Voraussetzungen abgewichen werden (§ 665 BGB; vgl. auch *Winkler*, Vorsorge-Verfügungen, S. 28 ff., 66).

f) Kontroll- oder Überwachungsbetreuung

Es kann im Rahmen der Erforderlichkeit und nach den Umständen des Einzelfalls geboten sein, zur Kontrolle eines oder mehrerer Bevollmächtigter eine **Kontroll- oder Überwachungsbetreuung** mit dem entsprechenden Aufgabenkreis anzuordnen (§ 1896 III BGB; vgl. *Mehler* MittBayNot 2000, 16, 17). Eine solche Kontrollbetreuung kann sinnvoll sein, wenn der Vollmachtgeber aufgrund einer psychischen Krankheit oder einer körperlichen, geistigen oder seelischen Behinderung nicht mehr in der Lage ist, den Bevollmächtigten selbst zu überwachen, seine Rechte aus dem zugrunde liegenden Rechtsverhältnis geltend zu machen oder die erteilte Vollmacht ggf. zu widerrufen (vgl. *BayObLG* FGPrax 2005, 151, 152; *BGH* FamRZ 2011, 964). Andererseits kann das Bedürfnis nach einer durch das Betreuungsgericht eingerichteten **Kontrollbetreuung** nicht allein damit begründet werden, dass der Vollmachtgeber selbst zur Kontrolle und Überwachung nicht mehr selbst in der Lage ist, schließlich werden genau für die einem solchen Gesundheitszustand zugrundeliegenden Grundleiden Vorsorgevollmachten erteilt. Es müssen demnach weitere Umstände hinzutreten, die die **Kontrollbetreuung zwingend erforderlich** machen (*BGH* FamRZ 2012, 871). Ein **Vollmachtsmissbrauch** oder ein entsprechender Verdacht ist indes nicht zwingend erforderlich; es kann im Einzelfall auch eine die Interessen des Vollmachtgebers gefährdende, konkrete **Überforderung** oder ein **interessewidriges Handeln unterhalb der Missbrauchsschwelle** ausreichen (vgl. *BGH* FamRZ 2011, 1047; MittBayNot 2012, 469). Die Notwendigkeit für die Einrichtung einer Kontrollbetreuung ergibt sich allerdings nicht einfach daraus, dass der Bevollmächtigte von den Beschränkungen des **§ 181 BGB** befreit ist. Die bloße Möglichkeit, dass es zwischen Vollmachtgeber und Bevollmächtigtem zu Interessenkonflikten kommen kann, genügt als solche zur Errichtung einer Kontrollbetreuung nicht (*BGH* MittBayNot 2012, 471).

Die **Person des Kontrollbetreuers** kann durch eine integrierte oder gesonderte **Betreuungsverfügung** (siehe auch Rn. 205) festgelegt werden. Der Vollmachtgeber kann auch anordnen, dass er die Einrichtung eines Kontrollbetreuers wünscht, wenn und sobald bei ihm Anzeichen für eine dauernde Geschäftsunfähigkeit indiziert sind. Ausschließen kann der Vollmachtgeber eine Kontrollbetreuung nicht (zutreffend *Schwab* FamRZ 2007, 584). Über die Möglichkeit und den Sinn einer Kontroll- und Überwachungsbetreuung hat der Notar zu belehren. Der Kontrollbetreuer kann bei Vorliegen eines wichtigen Grundes die Vollmacht widerrufen (DNotI-Report 2012, 113 f.).

Zweckmäßigerweise sollte in der Vorsorgevollmacht zur Vermeidung von Konfliktsituationen festgelegt werden, ob der Bevollmächtigte zu **unentgeltlichen Vermögensverfügungen** berechtigt ist (*Münch/Renner* § 16 Rn. 83 m.w.N.); dies kann das Bedürfnis nach Kontrollbetreuung mindern.

g) Präventive Verwendungskontrolle

Im Mittelpunkt vieler Diskussionen der Vollmachgeber mit dem Notar steht die Frage, wann und unter welchen Voraussetzungen die Vollmacht wirksam oder jedenfalls verwendbar werden soll. Dahinter steht einerseits das Interesse des Vollmachtgebers, die eigenen Angelegenheiten solange allein bestimmen zu wollen, wie dies gesundheitlich möglich ist und andererseits die Befürchtung, schon vor Eintritt der Betreuungsbedürftigkeit von dem Bevollmächtigte „bevormundet" oder gar „entmündigt" zu werden.

172 Vielfach **unzweckmäßig** sind Regelungen zum Verwendungsausschluss oder zur bedingten Wirksamkeit einer erteilten Vorsorgevollmacht, wenn sie in das Außenverhältnis zu Dritten eingreifen. Ein Nachweis des Eintritts der **Geschäfts-, Entscheidungsunfähigkeit** oder gar der **Betreuungsbedürftigkeit** des Vollmachtgebers **als Verwendungs- oder Wirksamkeitsbedingung** kann zumeist nicht bzw. nicht in der Form des § 29 GBO oder § 12 HGB geführt werden, und zwar auch nicht durch ein ärztliches Attest oder Gutachten (vgl. etwa *OLG Köln* ZEV 2007, 592 m. Anm. *Müller*; *Zimmermann*, Vorsorgevollmacht, Rn. 62). Zudem werden der Erklärungsempfänger und der Rechtsverkehr verunsichert. Derartige Verwendungs- oder Wirksamkeitsbedingungen im Außenverhältnis können selbst das Vertreterhandeln aufgrund einer postmortalen Vollmacht nach dem Tod des Vollmachtgebers beeinträchtigen und verhindern (vgl. insoweit *OLG Koblenz* ZEV 2007, 595 m. Anm. *Müller*). Im Einzelfall bestehen sogar Bedenken, ob eine derart erteilte Vollmacht den **Subsidiaritätsvoraussetzungen der Betreuung** nach § 1896 II 2 BGB genügt (vgl. *KG* BeckRS 2009, 88780). Unzweckmäßig in diesem Sinne sind Formulierungen, die mit Außenwirkung eine Hierarchie mehrerer Bevollmächtigter herbeiführen sollen; hierher gehören Wirksamkeitsbedingungen wie *„für den Fall, dass mein Erstbevollmächtigter verhindert ist"* (vgl. *OLG München* NJW-RR 2010, 747).

173 Immer möglich und empfehlenswert sind **eindeutige Verwendungsanweisungen im Innenverhältnis**, wobei deutlich zum Ausdruck gebracht werden sollte, dass **im Außenverhältnis eine unbedingt erteilte Vollmacht** vorliegt (zu Einzelheiten siehe Rn. 166 ff.). Solche Innenverhältnisabreden umfassen typischerweise die Anweisung, von der ausgehändigten Vollmacht erst dann Gebrauch zu machen, wenn der Vollmachtgeber durch Krankheit, Unfall oder Alter an der Besorgung seiner Angelegenheiten gehindert ist

174 Zur präventiven Verwendungskontrolle einer beurkundeten Vorsorgevollmacht gehören auch die **Maßgaben der Ausfertigungserteilung durch den Notar** (vgl. § 51 II BeurkG). Der Vorsorgebevollmächtigte legitimiert sich im Verhältnis zu Dritten durch die ihm **erteilte und ausgehändigte Ausfertigung** (siehe Rn. 142 ff.), weshalb klare **Anweisungen zur erstmaligen und zur Erteilung weiterer Ausfertigungen** erforderlich sind. Insbesondere ist zu regeln, ob gerade der Bevollmächtigte selbst weitere Ausfertigungen verlangen kann (Münch/*Renner* § 16 Rn. 55 f.). Der eine Vorsorgevollmacht beurkundende Notar sollte zudem in der Niederschrift die Vollmachtsausübung auf die Vorlage einer **auf den Namen des Bevollmächtigten lautenden Ausfertigung** beschränken (vgl. § 49 II 1 BeurkG; siehe bereits Rn. 143). Dagegen ist von Anweisungen zur Aushändigung der Vollmachtsurkunde oder -ausfertigung unter bestimmten äußeren Bedingungen **nach den Feststellung des Notars** abzuraten; solche **Aushändigungsabreden** oder **Ausfertigungssperren** (Grundlage: § 51 II BeurkG) verlagern die typischen Nachweisprobleme eines Verwendungsausschlusses oder Bedingungseintritts lediglich auf den Notar (ähnlich auch Kersten/Bühling/*Kordel* § 96 Rn. 61). Zunehmend wird die **auf den Bevollmächtigten ausgefertigte und unbedingt erteilten (Innen-)Vollmacht** zunächst dem Vollmachtgeber ausgehändigt, damit dieser sie bei sich zuhause oder an einem dritten Ort aufbewahrt, um sie unter von ihm bestimmten Voraussetzungen an den im Voraus unterrichteten Vollmachtgeber auszuhändigen (Stichwort: „Kontrolle über die Urkunde"). Bis dahin kann dem Bevollmächtigten zu seiner Unterrichtung eine einfache Abschrift der Vollmacht übergeben werden.

175 Zum Bereich präventiver Verwendungskontrolle kann auch -für geeignete Vollmachtsgegenstände- eine auf den Einzelfall zugeschnittene Anordnung der **Gesamtvertretung** gehören (hierzu bereits Rn. 32, 160).

176 Zur besseren Verfügbarkeit von Informationen über beurkundete, beglaubigte und sonstige Vorsorgevollmachten und Patienten- bzw. Betreuungsverfügungen führt die Bundesnotarkammer ein von ihr auf gesetzlicher Grundlage errichtetes, gebühren-

pflichtiges „**Zentrales Vorsorgeregister**" (§§ 78a ff. BNotO i. V. m. der VRegV; siehe www.bnotk.de; BNotK-Rundschreiben Nr. 10/2003; zusammenfassend: Kersten/Bühling/ *Kordel* § 96 Rn 72 ff.; *Müller/Renner* Rn. 774 ff.; *Görk* DNotZ 2005, 87). Die zweckmäßige Erfassung und Übermittlung der Daten der Erklärenden, der Bevollmächtigten/vorgeschlagenen Betreuer und der Erklärungsinhalte (§ 78a I 2, III BNotO) erfolgt nur mit Zustimmung der Beteiligten und ermöglichen einen elektronischen Zugriff oder eine schriftliche Beauskunftung der zuständigen Betreuungsgerichte (§ 78a II BNotO). Beurkundet der Notar eine Vorsorgevollmacht, soll er auf die Möglichkeit der Registrierung hinweisen (§ 20a BeurkG). Beim Zentralen Vorsorgeregister kann die scheckkartengroße ZVR-Card bezogen werden, auf der die Erteilung von Vorsorgeverfügungen vermerkt und von dem Vollmachtgeber mitgeführt werden kann. Schließlich besteht nach § 1901c BGB bei Einleitung eines Betreuungsverfahrens eine Ablieferungspflicht für verfahrensrelevante Schriftstücke; dies umfasst auch die Abschrift einer Vorsorgevollmacht.

h) Bezeichnung der Vollmachtsgegenstände (Benennungsgebot)

aa. Allgemeines. Regelmäßig werden bei der Bezeichnung der Gegenstände einer Vor- 177 sorgevollmacht die Bereiche „**gesundheitliche Fürsorge und Selbstbestimmungsrecht**" (auch als „Personensorge" oder „nichtvermögensrechtliche Angelegenheiten" bezeichnet) und „**Vermögens- bzw. vermögensähnliche Angelegenheiten**" unterschieden. Anders als bei rein vermögensrechtlich ausgerichteten Vollmachten sind zentrale Vertretungsbereiche der gesundheitlichen Fürsorge und des Selbstbestimmungsrechts in einer Vorsorgevollmacht nach den §§ 1904 V 2, 1906 V 1 BGB ausdrücklich und gegenständlich zu bezeichnen (**Benennungsgebot** – vgl. *OLG Zweibrücken* NotBZ 2003, 80; *BVerfG* FamRZ 2009, 945, 946 f.; *Müller* DNotZ 1999, 107; DNotI-Report 2012, 158). Im Rahmen dieses Benennungsgebots reichen wiederum **bloße Verweise** auf die §§ 1904, 1906 BGB oder **abstrakte Bezeichnungen** nicht aus (so bereits *Keilbach* FamRZ 2003, 969, 980; *Müller/Renner* Rn. 378). Zunehmend und zur Vermeidung von Zweifelsfällen werden daher am Gesetzeswortlaut der §§ 1904 V 2 i. V. m. I 1, II bzw. 1906 I, III, IV BGB orientierte Texte in die Vollmachtsformulare übernommen (vgl. hierzu Palandt/ *Götz* vor § 1896 Rn. 5). Eine solche, rechtlich nicht vorgeschriebene Art der Benennung verdeutlicht jedenfalls sowohl dem Vollmachtgeber und erst recht dem Bevollmächtigten die **Tragweite der Vollmachtserteilung** (*Müller* DNotZ 1999, 107, 110); sie ist daher zu empfehlen. Dabei ist allerdings gerade im Bereich medizinischer Maßnahmen der Eindruck einer abschließenden Aufzählung von Einzelmaßnahmen zu vermeiden.

bb) Gesundheitlichen Fürsorge und Selbstbestimmungsrecht. Zu den persönlichen 178 Angelegenheiten des Vollmachtgebers aus dem Bereich der **gesundheitlichen Fürsorge**, die zwingend dem Benennungsgebot nach § 1904 V 2 BGB unterfallen, gehören im Einzelnen die grundsätzlich genehmigungspflichtigen Entscheidungen und Erklärungen zu ärztlichen Maßnahmen (vgl. § 1904 V 2 i. V. m. I 1, II BGB), nämlich zur
- **Einwilligung** in Untersuchungen des Gesundheitszustands, in Heilbehandlungen (also auch die Verabreichung von Medikamenten) oder ärztliche Eingriffe jeglicher Art, mit möglicherweise schwerwiegenden Folgen, sowie
- **Nichteinwilligung** oder zum **Widerruf der Einwilligung** in Untersuchungen des Gesundheitszustands, in Heilbehandlungen oder ärztliche Eingriffe jeglicher Art, obwohl solche medizinisch angezeigt wären und auf Grund des Unterbleibens oder des Abbruchs solcher Maßnahmen möglicherweise schwerwiegende Folgen eintreten können. Hierzu gehört auch die Entscheidung über einen **Behandlungsabbruch** oder die Einstellung lebenserhaltender oder lebensverlängernder Maßnahmen („Intensivmedizin"), unabhängig von Art und Stadium der Erkrankung.

Zu den persönlichen Angelegenheiten des Vollmachtgebers aus dem Bereich des 179 **Selbstbestimmungsrechts**, die zwingend dem Benennungsgebot nach § 1906 V 1 BGB

unterfallen, gehören im Einzelnen die grundsätzlich genehmigungspflichtigen Entscheidungen und Erklärungen (vgl. § 1906 V 1 i.V.m. I, III, IV BGB) zur
- Entscheidung über die freiheitsentziehende Unterbringung,
- Einwilligung in die ärztliche Zwangsmaßnahme in Unterbringungssituationen (hierzu *Müller* ZEV 2013, 304) sowie zur
- Einwilligung in freiheitsentziehende oder freiheitsbeschränkende Maßnahmen in unterbringungsähnlichen Situationen (z.B. das Anbringen von Bettgittern, das Fixieren mit mechanischen Mitteln, die Verabreichung sedierender oder betäubender Arzneimittel).

Sowohl durch das Bestimmungsgebot als auch durch die zwingenden betreuungsgerichtlichen Genehmigungsvorbehalt (bei Zwangsbehandlungen nur Vorweggenehmigung) wird die körperliche Bewegungsfreiheit und die Entschließungsfreiheit zur Fortbewegung i. S. der Aufenthaltsfreiheit geschützt (BGHZ 145, 297, 301 f.; *BGH* MittBayNot 2013, 53; MünchKomm/*Schwab* § 1906 Rn. 39).

180 **Ohne ausdrückliche Benennung** berechtigt eine Vorsorgevollmacht im Aufgabenkreis „gesundheitliche Fürsorge" regelmäßig auch zur **Kontrolle der behandelnden Ärzte** und des Pflegepersonals. Sie berechtigt den Bevollmächtigten, sich von den behandelnden Ärzten, über die Art der Erkrankung, den Zustand und die Prognose aufklären zu lassen, um seine Entscheidung über die Behandlung, einen Eingriff oder einen Behandlungsabbruch überhaupt erst zu ermöglichen. Vorsorglich kann eine ausdrückliche Entbindung von der **ärztlichen Schweigepflicht** erfolgen, auch das ist jedoch nicht erforderlich. Das Gleiche gilt für ausdrückliche Ermächtigungen zur Einsicht und Weitergabe von Krankenunterlagen und zur Geltendmachung von Besuchsrechten. Ebenfalls ohne ausdrückliche Benennung ist der Bevollmächtigte zur Kontrolle darüber berechtigt, ob ein Heim, ein Hospiz oder das Krankenhaus oder eine ähnliche Einrichtung, die behandelnden Ärzte und das Pflegepersonal dem Vollmachtgeber eine angemessene ärztliche und pflegerische Betreuung zukommen lassen, die zugleich auch eine menschenwürdige Unterbringung umfasst. Hierbei handelt es sich im Übrigen um Fragen aus dem unverzichtbaren Bereich der Kontrolle der sog. **Basisversorgung** (kritisch *Müller* ZFE 2008, 50).

181 Die Vorsorgevollmacht im gesundheitlichen Bereich bezieht sich, ebenfalls ohne ausdrückliche Benennung, auf die Kontrolle der Sterbebegleitung und die Leidhilfe, einschließlich der Vornahme palliativmedizinischer Maßnahmen, die das Risiko einer Lebensverkürzung nicht ausschließen. Gelegentlich wird die Anwendung neuer, noch nicht zugelassener oder erprobter Medikamente oder Behandlungsmethoden ausdrücklich erwähnt, ebenso die erläuternde Aufzählung von Maßnahmen der Intensivtherapie; zu beiden Fällen besteht indes keine zwingende Veranlassung. In die Vollmacht sollte aufgenommen werden, ob und inwieweit in Fragen der gesundheitlichen Fürsorge und des Selbstbestimmungsrechts **Untervollmacht** erteilt werden kann.

182 **cc) Vermögens- und sonstige Angelegenheiten.** Um die Vollmachtserteilung umfassend und eine (fremde) Betreuung möglichst nicht erforderlich werden zu lassen, hat die Praxis die gegenständliche Benennung der Vollmachtsgegenstände auf typische Aufgabenkreise einer Betreuung außerhalb genehmigungspflichtiger Tatbestände der gesundheitlichen Fürsorge und des Selbstbestimmungsrechts ausgedehnt. Hierher gehört vor allem die beispielhafte Aufzählung aus dem Bereich der **gerichtlichen und außergerichtlichen Vertretung in allen Vermögens- oder vermögensähnlichen Angelegenheiten** (= „General- und Vorsorgevollmacht"). Gemeint ist die rechtsgeschäftliche Vertretung bei Verpflichtungs- und Verfügungsgeschäften über Grundstücke, grundstücksgleiche Rechte und Rechte an solchen Rechten sowie über jede Art sonstiger, zumeist beweglicher Vermögensgegenstände einschließlich des Geld- (Konto- und Depotvollmacht) und Bargeldvermögens. Hierbei ist zu beachten, dass **einschränkende Vertragsklauseln von Banken** (falls es solche überhaupt gibt), wonach Vollmachten nur auf bankinternen Vordrucken und/oder direkt gegenüber Bankmitarbeitern wirksam erteilt werden können, gegen

X. Vorsorgevollmacht und Patientenverfügung F

§ 309 Nr. 13 BGB verstoßen (vgl. *Tersteegen* NJW 2007, 1717; zusammenfassend Münch/*Renner* § 16 Rn. 78 ff.). In Grundstücksangelegenheiten ist, wenn man schon Einzelaufzählungen bevorzugt, die umfassende Berechtigung zur Belastung zu berücksichtigen (§§ 780, 781 BGB und 794 I Nr. 5, 800 ZPO), sofern man sich nicht auf die Auslegung des Begriffs „Grundstücksangelegenheiten" verlassen will. Verkaufs- und Belastungsvollmachten sind mit der Befugnis zur Unterbevollmächtigung zu erteilen, um wiederum einem Käufer Belastungsvollmacht erteilen zu können. Gerade im Aufgabenkreis Vermögens- und vermögensähnlicher Angelegenheiten ist die Befreiung des Bevollmächtigten von den Beschränkungen des **§ 181 BGB** regelungs- und benennungsbedürftig. Auch die Befugnis zur Erteilung von **Untervollmachten** sollte eindeutig und ausdrücklich angesprochen werden.

Zu den Vermögensangelegenheiten gehört schließlich auch die Vertretung in Renten-, Versicherungs-, Sozial- und Steuersachen. **183**

Sinnvoll ist die ausdrückliche Erweiterung der Vollmacht zur Entgegennahme, zum Öffnen und Anhalten von **Postsendungen** und zur Vertretung gegenüber den Zustelldiensten sowie die Ermächtigung zu Entscheidungen im Rahmen von **Fernmelde- und Telekommunikationsangelegenheiten** (vgl. § 1896 IV BGB). **184**

Gelegentlich finden sich auch Regelungen zu **Bestattungswünschen** oder – ggfs. im Zusammenwirken mit einer Patientenverfügung – zu Fragen der **Organ- und Gewebespende**. Die Änderung des Transplantationsgesetzes (BGBl. 2012 I 1504) oder ein Organspendeausweis stehen solchen Regelungen nicht entgegen (vgl. Münch/*Renner* § 16 Rn. 201 f.). **185**

i) Widerruf

Die **Vorsorgevollmacht kann** von dem geschäftsfähigen (ggfs. lediglich einwilligungsfähigen) Vollmachtgeber **jederzeit** ganz oder teilweise **widerrufen werden** (*Bühler* FamRZ 2001, 1585, 1589; *Müller/Renner* Rn. 651 ff.). Der Widerruf kann allerdings auch durch einen **Betreuer** auf der Grundlage gesetzlicher Vertretung erklärt werden, sofern dies vom Aufgabenkreis der Betreuung umfasst ist (zu Recht restriktiv *KG* FamRZ 2007, 1042). Auch und gerade der **Kontrollbetreuer** kann bei Vorliegen eines wichtigen Grundes die Vollmacht widerrufen (DNotI-Report 2012, 113 f.). Der Widerruf kann wohl nicht durch einen (ebenfalls einzelbevollmächtigten) Mitbevollmächtigter zulasten eines anderen Bevollmächtigten erfolgen, wenn und soweit sich aus der Vollmacht selbst nichts anderes ergibt (*OLG Karlsruhe* FamRZ 2010, 1762; Palandt/*Götz* Einf. v. § 1896 Rn. 5; a. A. mit überzeugenden Argumenten: *Müller/Renner* Rn. 657 ff.). Der Notar kann klarstellende Regelungen zur Widerrufsbefugnis durch Bevollmächtigte (und Betreuer) in die Urkunde aufnehmen. **186**

2. Patientenverfügung

Literatur (Formulare): www.Medizinethik-Bochum.de: „Vorsorgepaket Patientenverfügung"; www.bmj.bund.de: Formulare, Betreuungsrecht, Textbausteine Patientenverfügung; grundlegend *BGH* NJW 1995, 204; DNotZ 2011, 34 m. Anm. *Albrecht*; DNotZ 2011, 622; *Albrecht/Albrecht* MittBayNot 2003, 348; *Langenfeld* ZEV 2003, 449.

Früher auch: Patiententestament, Patientenbrief, Euthanasietestament oder Patientenvollmacht. **187**

a) Legaldefinition und Reichweite

Die gesetzliche Grundlage der Patientenverfügung einschließlich ihrer **Legaldefinition** finden sich seit dem Inkrafttreten des 3. BtÄndG (2009) in § 1901a I BGB (insgesamt zur Entstehungsgeschichte: MünchKomm/*Schwab* § 1901a Rn. 1). **188**

189 Der vielen Verfügenden vor Augen stehende, einer Patientenverfügung zugrunde liegende Sachverhalt ist der der medizintechnischen Lebensverlängerung, wenn das Grundleiden des Verfügenden einen irreversiblen und tödlichen Verlauf angenommen hat (grundlegend *BGH* NJW 1995, 204; nunmehr *BGH* DNotZ 2011, 622 mit Anm. *Ihrig*). Ein solcher Ausgangssachverhalt beschreibt jedoch keinesfalls den Umfang möglicher Verfügungen des künftigen Patienten und keine gültige Verfügungsgrenze nach § 1901a III BGB. Die gesetzliche Regelung kennt gerade **keine Reichweitenbeschränkungen der Patientenverfügung**. Sie kann vielmehr als Verfügung verstanden werden, nach der bei Vorliegen bestimmter oder zumindest bestimmbarer Umstände, ärztlicherseits angebotene Maßnahmen (= **ärztliches Behandlungsangebot; Indikation**), insbesondere auch der Intensivmedizin, entweder anzuwenden, nicht anzuwenden oder abzubrechen. Sie kann für jeden Fall und jedes Stadium einer behandlungsbedürftigen Krankheit mit dem Anspruch auf Umsetzung und Beachtung getroffen werden (ausführlich *Albrecht/Albrecht* Rn. 95 ff.). Außerhalb des Anwendungsbereichs einer Patientenverfügung liegt hingegen der Raum ärztlicherseits nicht (mehr) indizierter Behandlungen (*Beermann* FPR 2010, 252, 255). Eine sinnvoll nutzbare Patientenverfügung sollte allerdings die Grenzziehung zur strafbaren „**aktiven Sterbehilfe**" nicht verwischen; Behandlungswünsche und -anweisungen zur „aktiven Sterbehilfe" oder gar zur Tötung auf Verlangen können kein wirksamer Inhalt einer Patientenverfügung sein (vgl. *BGH* DNotZ 2011, 34 m. Anm. *Albrecht*). In der Praxis der Beratungsgespräche stellt sich indes oftmals heraus, dass Reichweitenbeschränkungen auf die Fälle eines *„länger andauernden Wachkomas"* oder *„schwerer Hirnschädigungen bzw. Demenz"*, die ein Leben mit eigener Persönlichkeitsgestaltung und bewusster Umweltwahrnehmung gänzlich ausschließen, gewünscht werden; solche oder ähnliche, **gewillkürte Reichweitenbeschränkungen** können zum Verfügungsinhalt gemacht werden. Missverständlich sind Anordnungen, die sich auf die pauschale *„Ablehnung von Maßnahmen der Intensivmedizin"* beschränken.

b) Form und Errichtung

190 Die Patientenverfügung bedarf zumindest der **Schriftform** (§§ 1901a I, 126 I BGB „Unterschriftsform") und kann nur als Ausdruck des „wirklichen Willens" lediglich von **einwilligungsfähigen und volljährigen Verfügenden/Patienten errichtet werden**; es gilt zudem der Grundsatz der **Höchstpersönlichkeit** (siehe hierzu Rn. 5 ff.). Insbesondere **einwilligungsfähige Minderjährige** können daher weder selbst eine Patientenverfügung errichten (abl. *Renner* ZNotP 2009, 370, 377; Palandt/*Götz* § 1901a Rn. 3), noch können dies die sorgeberechtigten Eltern in deren Namen (*Müller* NotBZ 2009, 289, 291). Der Unterscheidung zwischen **Einwilligungs- und Geschäftsfähigkeit** (hierzu bereits Rn. 159) des Verfügenden/Patienten kommt in der Praxis i.Ü. keine besondere Bedeutung zu. Das Schriftformerfordernis bedeutet u.a. auch, dass Schreibunfähige ihre Patientenverfügung notariell beurkunden lassen müssen (§ 126 IV BGB, § 25 BeurkG).

191 **Nicht formgerecht errichtete Patientenverfügungen** sind, ebenso wie mündlich geäußerte Erklärungen, nicht bedeutungslos. Sie sind, soweit es sich eindeutig um Äußerungen der freien Willensbetätigung des einwilligungsfähigen Patienten handelt, im Rahmen des § 1901a II 1 BGB als Behandlungswunsch bei der Umsetzungsentscheidung durch den Bevollmächtigten zu beachten.

192 Die Patientenverfügung sollte **Angaben zu Zeit und Ort** ihrer Errichtung enthalten; ein Wirksamkeitserfordernis ist das nicht (vgl. Palandt/*Götz* § 1901a Rn. 11). Die Errichtung der Patientenverfügung kann zusammen mit einer **Vorsorgevollmacht** in einer oder getrennten Urkunden erfolgen; zwingend ist eine solche „Paketlösung" (Begriff bei Münch/*Renner* § 16 Rn. 32) ebenfalls nicht. Wird die Patientenverfügung zusammen mit einer Vorsorgevollmacht errichtet, ist sie zugleich Teil des der Vollmachtserteilung zugrundeliegenden Grundgeschäfts. Erfolgt die Errichtung vor einem Notar (Niederschrift, Unterschriftsbeglaubigung), sollte unbedingt auf das **zwingende Erfordernis der**

X. Vorsorgevollmacht und Patientenverfügung F

Umsetzung durch einen Bevollmächtigten oder Betreuer hingewiesen werden. Anders als bei rechtsgeschäftlicher Vertretung gilt bei der Umsetzung der Patientenverfügung durch einen Vorsorgebevollmächtigten (und Betreuer) nicht der Grundsatz der Repräsentation.

Ist der „wirkliche Wille" im Einzelfall aus der Patientenverfügung **nicht eindeutig feststellbar**, ist auf den nachträglich zu ermittelnden, mutmaßlichen Willen, ggf. den objektiv zu mutmaßenden Willen des Betroffenen abzustellen. Im Rahmen des § 1901a II BGB kann dem Bevollmächtigten zudem ein **Ermessensspielraum** eingeräumt werden, die in der konkreten Situation erforderlichen Entscheidungen nach bestem Wissen und Gewissen so zu treffen, wie sie dann in der aktuellen Lebens- und Behandlungssituation dem Wohl des Verfügenden entsprechen (§ 1901 II 1 BGB). Eine solche ausdrückliche Delegation reicht auch als Grundlage für die **Entscheidung zu einen Behandlungsabbruch** aus (vgl. *Albrecht/Albrecht* Rn. 129). 193

c) Verpflichtungs- und Kopplungsverbot

Für Patientenverfügungen gilt nach § 1901a IV 1 und 2 BGB ein umfassendes, den freien Willen des Verfügenden schützendes **Verpflichtungs- und Kopplungsverbot** (*Albrecht/Albrecht* Rn. 46; *Spickhoff* FamRZ 2009, 1949, 1954). Unwirksam sind daher Verpflichtungen zur Errichtung einer Patientenverfügung in einem Heimvertrag oder in der Gemeinschaftsordnung einer Wohnungseigentumsanlage zum betreuten Wohnen. Unklar sind die Wirkungen des Kopplungsverbots auf eine dennoch errichtete und inhaltlich gewollte Patientenverfügung bzw. das gekoppelte Geschäft (instruktiv *Ihrig* notar 2009, 380, 384). 194

d) Fortgeltung, Widerruf und ärztliche Vorab-Mitwirkung

Typischerweise drückt die Patientenverfügung den „wirklichen Willen" des Verfügenden aus. Dieser in einer wirksamen Patientenverfügung geäußerte **wirkliche Wille** ist so lange zu beachten, bis sich der geschäftsfähige Verfügende mit **erkennbarem Widerrufswillen** distanziert (Kersten/Bühling/*Kordel* § 96 Rn. 97; siehe bereits *Renner* ZNotP 2004, 388). Hierzu bestimmt § 1901a I 3 BGB, dass der **Widerruf jederzeit formlos** erfolgen kann, also gerade nicht derselben Form wie die Errichtung bedarf. Eine später eingetretene Einwilligungs- bzw. Geschäftsunfähigkeit des Verfügenden/Patienten ändert an der Maßgeblichkeit des einmal geäußerten und bis dahin nicht widerrufenen Willens nichts mehr (§ 130 II BGB). 195

Eine **regelmäßige Bestätigung** oder fortlaufende Erneuerung des Patientenwillens bzw. der Patientenverfügung (und der Vorsorgevollmacht) ist unter Wirksamkeitsgesichtspunkten **nicht erforderlich** (teilweise anders im europäischen Ausland, vgl. *Heggen* FPR 2011, 272, 273f.); Bestätigungsklauseln sollten daher vermieden werden. Gleichwohl sind sog. **Fortgeltungsklauseln** (z.B. Kersten/Bühling/*Kordel* § 96 Rn. 100), die zumeist deklaratorische Wirkung und erläuternde Funktion haben, nicht unüblich. Sie enthalten typischerweise den Hinweis darauf, dass die Patientenverfügung (ebenso eine Vorsorgevollmacht) auch dann wirksam bleibt, wenn der Verfügende geschäftsunfähig werden sollte oder für ihn durch das Betreuungsgericht ein Betreuer bestellt wird. Allerdings sollten unter Beachtung des § 1901a I 3 BGB keine Klauseln verwendet werden, die auf eine *Fortgeltung bis zum schriftlichen Widerruf* abstellt. 196

Kein Wirksamkeitserfordernis der Patientenverfügung ist eine vorherige **ärztliche Aufklärung** und **Vorab-Beratung** oder gar dessen Mitunterzeichnung bei der schriftlichen Abfassung. Allerdings kann eine solche Beratung wichtig und sinnvoll sein. Wird ein Arzt vorab hinzugezogen, kann eine Bezugnahme in der Patientenverfügung aufgenommen werden (vgl. *Renner* ZNotP 2009, 370, 378 f.). Bestehen Zweifel an der Geschäftsfähigkeit des Verfügenden zum Zeitpunkt der Verfügungserrichtung, ist die Zuziehung hilfreich. 197

e) Einfache und qualifizierte Patientenverfügung

198 Die Patientenverfügung kann **allgemein** (auch als „einfache Patientenverfügung" bezeichnet; vgl. § 1901a II BGB) oder **für eine genau bestimmte Lebens- und Behandlungssituation** (auch als „qualifizierte Patientenverfügung" oder „konkreter Behandlungswunsch" bezeichnet; vgl. § 1901a I BGB) errichtet werden. Die genaue Bedeutung dieser gesetzlichen Unterscheidung ist umstritten (vgl. *Albrecht/Albrecht* MittBayNot 2009, 426, 427; *Beckmann* FPR 2010 278; *Münch/Renner* § 16 Rn. 166 ff.). So soll der Bevollmächtigte im Rahmen des § 1901a I BGB keine eigene Entscheidung treffen, sondern dem konkreten Behandlungswunsch, einem Boten vergleichbar, lediglich Ausdruck und Wirkung verschaffen können (Nachweise bei *Müller* DNotZ 2010 169). Ausschließlich im Anwendungsbereich des § 1901a II BGB wäre der mutmaßliche Wille aufgrund konkreter Anhaltspunkte zu ermitteln, wobei frühere schriftliche oder mündliche Äußerungen, ethische und religiöse Überzeugungen sowie sonstige Wertvorstellungen des Patienten zu berücksichtigen wären. Insoweit wird die Patientenverfügung nach § 1901a II BGB als ausfüllungsbedürftige „Richtungsentscheidung" verstanden (so *Münch/Renner* § 16 Rn. 168). Nur im Rahmen des § 1901a II BGB könnte der Verfügende dem Bevollmächtigten demnach einen **Ermessensspielraum** nach § 1901 II 1 BGB einräumen.

199 Bei der **inhaltlichen Gestaltung einer Patientenverfügung** genügen allgemeine Formulierungen oder gar die Beschränkung auf allgemeine Wertvorstellungen den inhaltlichen Anforderungen nach § 1901a I BGB jedenfalls nicht, sind aber im Rahmen der § 1901a II BGB zu beachten. Regelmäßig werden über allgemeine Wertvorstellungen hinaus konkrete Anweisungen zu ärztlichen und pflegerischen Maßnahmen, beispielsweise für den Sterbeprozess als solchen und für den Fall unheilbarer, zum Tode führender Erkrankungen sowie zur Verwendung intensivmedizinischer Verfahren erteilt. Hierher gehören auch Anweisungen zur Leidhilfe und palliativmedizinischen Versorgung, und zwar auch, soweit solche Maßnahmen zu einer Lebensverkürzung führen können. Hinzu kommen regelmäßig Geltungsanweisungen für bestimmte oder bestimmbare Situationen der Erkrankung.

f) Umsetzung durch den Bevollmächtigten

200 Das unterschiedliche Verständnis von der Bedeutung des § 1901a I, II BGB determiniert die Auffassung, ob sich die „qualifizierte Patientenverfügung" auch **ohne Umsetzung durch einen Bevollmächtigten** oder Betreuer direkt verfügend an den behandelnden Arzt wendet und diesen bindet (vermittelnd *Müller* DNotZ 2010, 169). Allerdings hatte der *BGH* (NJW 1995, 204) bereits vor dem BtÄndG klargestellt, dass unmittelbare **Erklärungsempfänger einer Patientenverfügung** der Betreuer, der Vorsorgebevollmächtigte und das prüfende Betreuungsgericht sind, nicht jedoch der behandelnde Arzt und das Pflegepersonal. Hieran hat der *BGH* nunmehr festgehalten (DNotZ 2011, 34 m. Anm. *Albrecht*; DNotZ 2011, 622 mit Anm. *Ihrig*) und dem strikten Einhalten des **Umsetzungsverfahrens** sogar besondere Bedeutung beigemessen. Nach § 1901a V i. V. m. I 1 und 2 BGB ist **nur der Bevollmächtigte** (Betreuer) **befugt**, die Übereinstimmung der Festlegungen in der Patientenverfügung mit der aktuellen Lebens- und Behandlungssituation zu prüfen und auf dieser Grundlage dem Willen des Patienten ggf. Geltung zu verschaffen. Darüber hinaus setzt die Entscheidung über die zu ergreifende Maßnahme oder deren Abbruch nach § 1901b I BGB zwingend ein **Zusammenwirken mit dem behandelnden Arzt** voraus. Dieser prüft in eigener Verantwortung, welche ärztliche Behandlung indiziert ist und erörtert dies mit dem Bevollmächtigten unter Berücksichtigung der Patientenverfügung (§ 1901b I BGB). Insgesamt bedarf es jedoch immer der konkreten, einzelfallbezogenen **Umsetzung des geäußerten bzw. festgestellten Patientenwillens** durch den Vorsorgebevollmächtigten oder durch einen Betreuer (so bereits in der 5. Auflage u. *Albrecht/Albrecht* MittBayNot 2009, 426, 432).

X. Vorsorgevollmacht und Patientenverfügung **F**

Vor der Umsetzung des Patientenwillens sollen i.Ü. auch **nahe Angehörige** und be- **201** nannte Vertrauenspersonen, deren Namen in die Patientenverfügung aufgenommen werden können, in einer Art Konsilsituation gehört werden (§ 1901b II BGB); diese Verfahrensregeln haben lediglich flankierenden Charakter (*Renner* ZNotP 2009, 371, 373). Die Beteiligung naher Angehöriger kann durch den Verfügenden ausgeschlossen werden (Kersten/Bühling/*Kordel* § 96 Rn. 92 ff. m. w. N.).

g) Betreuungsgerichtliche Genehmigung

Die **Umsetzung der Patientenverfügung bzw. des Patientenwillens** unter Einbeziehung **202** des behandelnden Arztes reicht verfahrensrechtlich nicht aus. Zur Umsetzung im Bereich ärztlicher Maßnahmen nach § 1904 V i.V.m. I und II BGB bedarf es zudem der **Genehmigung des Betreuungsgerichts**; eine solche Genehmigung ist jedoch dann nicht erforderlich, wenn zwischen dem behandelnden Arzt und dem Bevollmächtigten **Einvernehmen** darüber besteht, dass die Erteilung, die Nichterteilung oder der Widerruf einer Einwilligung dem nach den gesetzlichen Vorschriften, insbesondere auf der Grundlage einer Patientenverfügung festgestellten Willen des Vollmachtgebers entspricht (sog. „**Konsenslösung**", vgl. § 1904 IV BGB). Damit ist das gerichtliche Genehmigungserfordernis im Bereich der Umsetzung ärztlicher Maßnahmen faktisch auf **Konflikt- oder Dissenssituationen zwischen behandelndem Arzt und Bevollmächtigtem** beschränkt (*Müller* NotBZ 2009, 289, 293; *Schmitz* FPR 2010, 275, 276). Eines Negativattestes bedarf es nicht (Palandt/*Götz* § 1901a Rn. 22); kann jedoch eingeholt werden (*LG Kleve* NJW 2010, 2666).

Zu **unterbringungs- oder unterbringungsähnlichen Maßnahmen** einschließlich **ärztli- 203** **cher Zwangsmaßnahmen** nach § 1906 I, III und IV BGB bedarf die Umsetzung des Patientenwillens hingegen **immer der Genehmigung des Betreuungsgerichts** (§ 1906 II 1, IIIa 1 und IV BGB); eine „Konsenslösung" nach dem Muster des § 1904 IV BGB existiert hier nicht. Auf die gerichtliche Überprüfung kann der Vollmachtgeber/Patient auch nicht vorgreifend verzichten (vgl. *Walter* FamRZ 1999, 685, 691; MünchKomm/*Schwab* § 1906 Rn. 119; für ärztliche Zwangsmaßnahmen *Müller* ZEV 2013, 304, 305). Das folgt im Rahmen unterbringungs- oder unterbringungsähnlichen Maßnahmen bereits aus der Natur des Überprüfungsgegenstands. Zwar soll das Betreuungsrecht einerseits die Fähigkeit des Betroffenen stärken, in voller geistiger Klarheit durch eine Patientenverfügung und Vorsorgevollmacht über sein künftiges Wohl und Wehe entscheiden zu können. Andererseits soll das Betreuungsrecht über Genehmigungsvorbehalte jedoch auch sicherstellen, dass einschneidende grundrechtsbezogene Maßnahmen, in die der Bevollmächtigte einwilligt, gerichtlich kontrolliert werden (vgl. *BGH* MittBayNot 2013, 53 unter Verweis auf BT-Drucks. 13/7158 S. 34).

Das **Betreuungsgericht** hat letztlich in allen Genehmigungsfällen die gesetzesgemäße **204** Handhabung der Vorsorgevollmacht durch den Bevollmächtigten auf der Grundlage des über die Patientenverfügung festgestellten, wirklichen oder mutmaßlichen oder objektiv zu mutmaßenden Patientenwillens zu prüfen; diese Kontrolle dient immer und ausschließlich der Sicherung des – in Ausübung seines Selbstbestimmungsrechts – artikulierten Willens des Betroffenen (vgl. *BVerfG* FamRZ 2009, 945, 947); es handelt sich insoweit um eine **reine Rechtmäßigkeitsprüfung** (vgl. § 1904 III BGB). Kein geeigneter Überprüfungsmaßstab ist hingegen eine abstrakte Feststellung zum „Wohls des Patienten". Die komplexen Verfahrensregeln ergeben sich aus §§ 298 II-IV, 287 III, 312 ff. FamFG.

3. Annex: Betreuungsverfügung

Nach § 1901 II 2 BGB kann der (zukünftig) Betreute seine Vorstellungen zu seiner Le- **205** bensführung nach Eintritt des Betreuungsfalls durch **Betreuungsverfügungen** autonom bestimmen (zur Registrierung siehe Rn. 176). Solche Anordnungen sind für den Betreuer und das Betreuungsgericht maßgebend, soweit sie **dem Betreuer zumutbar** sind und dem **Wohl des Betreuten** nicht zuwiderlaufen. Für die Errichtung der Betreuungsverfügung reicht die natürliche Einsichtsfähigkeit (*BayObLG* BtPrax 2003, 270). Betreuungsverfügungen sind nach § 1901a BGB spätestens bei Bekanntwerden von der Einleitung oder Durchführung eines Betreuungsverfahrens beim zuständigen Betreuungsgericht abzuliefern. In einer **vorsorgenden Betreuungsverfügung** kann beispielsweise die Person eines Betreuers zur Bestellung durch das Betreuungsgericht benannt werden (grundsätzlich Bindung des Betreuungsgerichts nach § 1897 IV BGB); ebenso kann verfügt werden, dass eine bestimmte Person gerade nicht Betreuer werden soll. Die Betreuungsverfügung kann insbesondere auch Wünsche und konkrete Vorstellungen zur Durchführung einer Betreuung enthalten. Betreuungsverfügungen sollten in Vorsorgevollmachten und/oder Patientenverfügungen integriert werden.

G. Beurkundung

Dr. Erkki Bernhard

Übersicht

	Rn.
I. Grundsätze	1–53
1. Beratungs-Checkliste	1
2. Verfahrens- und Beurkundungszuständigkeit	2–10
3. Der Formzweck der notariellen Beurkundung	11–18
4. Stellung des Notars im Beurkundungsverfahren	19, 20
5. Unwirksamkeitsgründe und Mitwirkungsverbot	21–48
6. Allgemeine Amtspflichten	49–53
II. Prüfungs- und Belehrungspflichten	54–138
1. Grundsätze	54
2. Willenserforschung und Sachverhaltsaufklärung	55–58
3. Belehrung	59, 60
4. Gestaltung des Beurkundungsverfahrens (§ 17 II a BeurkG)	61–74a
5. Geschäftsfähigkeit	75–79
6. Vertretungsberechtigung	80–100
7. Genehmigungserfordernisse	101–114
8. Gesetzliche Vorkaufsrechte	115–117
9. Vorsorgevollmacht	117a
10. Steuerliche Folgen	118–123
11. Ausländisches Recht	124–126
12. Erweiterte Belehrungspflicht aus Betreuungsverpflichtung	127–138
III. Beurkundung von Willenserklärungen	139–223
1. Aufnahme einer Niederschrift	140–152
2. Inhalt der Niederschrift	153–181a
3. Verweisung	182–202a
4. Vorlesen, Genehmigung, Unterschrift	203–213
5. Beteiligung behinderter Personen	214–223
IV. Abwicklung und Vollzug	224–252
1. Behandlung der Urkunden	224–232a
2. Eintragung in Bücher des Notars	233, 234
3. Mitteilungspflichten	235–245
4. Durchführungspflichten	246–252
V. Sonstige Beurkundungen	253–316a
1. Vorbemerkung	253–255
2. Niederschriften im Sinne des § 36 BeurkG	256–265
3. Niederschrift sonstiger Tatsachen und Vorgänge	266–278
4. Eide und eidesstattliche Versicherungen	279–282
5. Beglaubigung von Unterschriften	283–291a
6. Elektronische Zeugnisse	292–293d
7. Beglaubigung von Abschriften	294–296
8. Bescheinigungen	297–303
9. Wechsel- und Scheckproteste	304–312
10. Genehmigung	313–316a
VI. Die vollstreckbare Urkunde	317–350
1. Vorbemerkung	317
2. Zuständigkeit	318–320
3. Unterwerfungserklärung	321–333
4. Inhalt der vollstreckbaren Urkunde	334–340
5. Vollstreckbare Ausfertigung	341–344
6. Klauselumschreibung	345–350

Literatur: *Arndt/Lerch/Sandkühler*, Bundesnotarordnung, 7. Aufl. 2012; *Bassenge/Roth*, FamFG/RPflG, 12. Aufl. 2009; *Bauer/v. Oefele*, Grundbuchordnung, 3. Aufl. 2013; *Baumbach/Hefermehl/Casper*, Wechselgesetz, Scheckgesetz, Recht der kartengeschützten Zahlungen 23. Aufl. 2008; *Bumiller/Harders*, FamFG, 10. Aufl. 2011; *Eylmann/Vaasen*, Bundesnotarordnung, Beurkundungsgesetz, 3. Aufl. 2011; *Faßbender/ Grauel/Kemp/Ohmen*, Notariatskunde, 17. Aufl. 2011; *Grziwotz/Heinemann*, Beurkundungsgesetz, 2012; *Kersten/Bühling*, Formularbuch und Praxis der Freiwilligen Gerichtsbarkeit, 24. Aufl. 2014; *Langenfeld*, Grundlagen der Vertragsgestaltung, 2. Aufl. 2010; *Lerch*, Beurkundungsgesetz, 4. Aufl. 2011; *Notarkasse AdöR*, Handbuch für das Notariat, 18. Aufl. 2014; *Rohs/Heinemann*, Die Geschäftsführung der Notare, 11. Aufl. 2002; *Schippel/Bracker*, Bundesnotarordnung, 9. Aufl. 2011; *Schöner/Stöber*, Grundbuchrecht, 15. Aufl. 2012; *Waldner*, Beurkundungsrecht, 2007; *Weingärtner*, Notarrecht, 8. Aufl. 2003; *Weingärtner*, Vermeidbare Fehler im Notariat, 8. Aufl. 2010; *Weingärtner*, Das notarielle Verwahrungsgeschäft, 3. Aufl. 2011; *Weingärtner/Gassen*, Kommentar zur Dienstordnung, 11. Aufl. 2010; *Weingärtner/Wöstmann*, Richtlinienempfehlung der BNotK, Richtlinien der Notarkammern, 2004; *Winkler*, Beurkundungsgesetz, 17. Aufl. 2012; *Wolfsteiner*, Die vollstreckbare Urkunde, 3. Aufl. 2011.

I. Grundsätze

1. Beratungs-Checkliste

1 | **Beratungs-Checkliste**

(1) Zuständigkeit (Rn. 6 ff.)
(2) Zulässigkeit der Beurkundung
    (a) Keine Versagung der Amtstätigkeit (Rn. 19, 56)
    (b) Kein Mitwirkungsverbot (Rn. 32 ff.)
    (c) Kein Ausschließungsgrund (Rn. 22 ff.)
    (d) Kein Ablehnungsrecht/Befangenheit (Rn. 50 f.)
(3) Willenserforschung; Sachverhaltsaufklärung (Rn. 55 ff.)
(4) Niederschrift
    (a) Notar, Ort und Tag der Verhandlung (Rn. 155 ff.)
    (b) Identitätsfeststellung (Rn. 157 ff.)
    (c) Feststellungen und Nachweise – Geschäftsfähigkeit, Vertretungsberechtigung, Genehmigungserfordernisse, Vorkaufsrechte u. a. (Rn. 75 ff.)
    (d) Grundbucheinsicht, Briefvorlage (Rn. 165 ff.)
    (e) Erklärungen der Beteiligten (Rn. 172)
    (f) Äußere Formvorschriften (Rn. 140 ff.)
(5) Einhaltung der Amtspflichten
    (a) Unparteilichkeit, Verschwiegenheit (Rn. 50 ff.)
    (b) Prüfung Geschäftsfähigkeit (Rn. 75 ff.)
    (c) Prüfung Vertretungsberechtigung (Rn. 80 ff.)
    (d) Genehmigungserfordernisse (Rn. 101 ff.)
    (e) Vorkaufsrechte (Rn. 115 ff.)
    (f) Verbraucherverträge; besondere Verfahrenspflichten (Rn. 61 ff.)
    (g) Weitere Belehrungs- und Betreuungspflichten (Rn. 127 ff.)
(6) Beurkundung
    (a) Verlesen der Niederschrift (Rn. 203 ff.)
    (b) Verweisungen (Rn. 182 ff.)
    (c) Genehmigung und Unterzeichnung (Rn. 210 ff.)
(7) Abwicklung und Vollzug
    (a) Erteilung und Behandlung der Urkunden (Rn. 224 ff.)
    (b) Mitteilungspflichten (Rn. 235 ff.)
    (c) Vollzug und Überwachung (Rn. 246 ff.)

I. Grundsätze

Bei der Beurkundung von Willenserklärungen ist eine Niederschrift über die Verhandlung aufzunehmen. Die Niederschrift ist in Gegenwart des Notars den Beteiligten vorzulesen, von ihnen zu genehmigen und eigenhändig zu unterschreiben. Grundlage des Beurkundungsverfahrens ist die Erforschung des Willens der Beteiligten, die Sachverhaltsermittlung und die Konkretisierung dieses vertraglichen Willens.

2. Verfahrens- und Beurkundungszuständigkeit

a) Verfahrensvorschriften

Durch das am 1.1.1970 in Kraft getretene **Beurkundungsgesetz** wurden die früheren bundes- und landesrechtlichen Regelungen zur Beurkundungszuständigkeit und zum Beurkundungsverfahren zusammengefasst und das Verfahren vereinfacht.

Das Beurkundungsgesetz unterscheidet zwischen den zwingenden Wirksamkeitsvoraussetzungen einer Beurkundung („muss" oder „ist unwirksam") und den Ordnungsvorschriften („soll"). Auch durch Sollvorschriften werden unabdingbare Amtspflichten des Notars begründet, deren Verletzung aber nicht zur Unwirksamkeit der Beurkundung führt. Weiter sieht das BeurkG jetzt auch Verfahrenspflichten bei der Beteiligung von Verbrauchern vor (§ 17 II a 2, 3 BeurkG).

Das Beurkundungsgesetz ist in **fünf Abschnitte** unterteilt: Die §§ 1 bis 5 gelten für alle Beurkundungen, die §§ 36 bis 43 für die Beurkundungen sonstiger Erklärungen. Die §§ 6 bis 35 regeln die Beurkundung von Willenserklärungen, die §§ 44 bis 54 enthalten Vorschriften über die Behandlung der Urkunden, und die §§ 54a ff. enthalten die Regelungen zur notariellen Verwahrung.

Weitere Vorschriften des Beurkundungsverfahrens finden sich im sonstigen Bundesrecht, so für Versammlungsbeschlüsse (§§ 130, 278 III AktG), für die Aufnahme von Wechsel- und Scheckprotesten (Art. 79 ff. WG, Art. 40 ff. ScheckG) und im bestehen gebliebenen Landesrecht (§§ 60, 61 BeurkG). Neben Verfahrensvorschriften enthält die Bundesnotarordnung in erster Linie die Regelung der Notariatsverfassung und des Berufsrechts der Notare.

Bundesnotarordnung und Beurkundungsgesetz werden ergänzt durch die **Dienstordnung für Notarinnen und Notare (DONot)**. Die DONot ist eine bundeseinheitliche Verwaltungsverfügung der Landesjustizverwaltungen, die mit verschiedenen Abweichungen in den einzelnen Ländern erlassen und verkündet wurden. Die DONot ist Dienstanweisung, deren Beachtung Amtspflicht des Notars ist. Die Rechtsgrundlage ist das allgemeine Aufsichtsrecht der Landesjustizverwaltungen über die Notare (§§ 92 ff. BNotO). Die Missachtung der Bestimmungen der DONot berührt die Gültigkeit der notariellen Amtshandlung nicht (*BGH* DNotZ 1972, 551 und 1960, 668). Die DONot enthält Muss- und Sollvorschriften. Ein Verstoß gegen Muss- und Sollvorschriften der DONot führt nicht zur Unwirksamkeit der Beurkundung. Ein Verstoß kann jedoch den Beweiswert der notariellen Urkunde einschränken oder aufheben und neben den dienstrechtlichen Folgen Schadenersatzansprüche gegen den Notar begründen.

Daneben binden die von den Notarkammern erlassenen **Richtlinien über die Amtspflichten und sonstigen Pflichten ihrer Mitglieder** als Rechtssätze die Kammermitglieder (*Handbuch für das Notariat*, S. 153; DNotZ 1999, 258; 2006, 561). Gegenüber der DONot sind sie höherrangiges Recht.

Das Beurkundungsgesetz und die weiteren Verfahrensvorschriften des Bundes- und Landesrechts legen die **Förmlichkeiten des Beurkundungsverfahrens** fest. Die Methodik des richtigen am Postulat der Vertragsgerechtigkeit orientierten Beurkundens ist, abgesehen vom generalklauselartigen Grundsatz des § 17 I und II BeurkG und dem gesetzgeberischen Appell, das Beurkundungsverfahren so zu gestalten, dass die Einhaltung dieser Pflichten gewährleistet ist (§ 17 II a BeurkG), nicht geregelt. Auf der Grundlage der Einhaltung der formellen Vorschriften hat der Notar in eigener Verantwortlichkeit im Einzelfall das Verfahren selbst zu bestimmen.

b) Die Beurkundungszuständigkeit des Notars

6 Der Notar ist zuständig, **Beurkundungen jeder Art** vorzunehmen (§ 20 I BNotO). Diese Bestimmung zählt eine Reihe von Beurkundungsaufgaben beispielhaft auf. Dies sind neben Beurkundungen
- die Beglaubigung von Unterschriften, Handzeichen und Abschriften,
- die Beurkundung von Versammlungsbeschlüssen,
- die Vornahme von Verlosungen und Auslobungen,
- die Aufnahme von Vermögensverzeichnissen,
- die Anlegung und Abnahme von Siegeln,
- die Aufnahme von Protesten,
- die Zustellung von Erklärungen,
- die Beurkundung amtlich wahrgenommener Tatsachen,
- die Durchführung freiwilliger Versteigerungen,
- die Vermittlung nach dem Sachenrechtsbereinigungsgesetz,
- Bescheinigungen im Sinne des § 21 BNotO,
- Abnahme von Eiden und eidesstattlichen Versicherungen
- die Vermittlung von Nachlass- und Gesamtgutauseinandersetzungen (nach den landesrechtlichen Vorschriften).

Die **Urkundszuständigkeit** ist enthalten in allen Normen des materiellen Rechts, nach denen eine notarielle Beurkundung erforderlich ist. Die Beurkundungszuständigkeit des Notars ist umfassend und gilt nicht nur für Willenserklärungen, sondern auch für sonstige Erklärungen aller Art.

Beurkunden bedeutet die Herstellung eines Schriftstücks, das Wahrnehmung von Tatsachen bezeugt, die der Errichtende gemacht hat, gleich, ob Willenserklärungen, Erklärungen nicht rechtsgeschäftlichen Inhalts oder sonstige Vorgänge und Zustände der Außenwelt. Unerheblich ist es, ob die Urkunde in Form einer Niederschrift oder in der Form eines Vermerks (Beglaubigung) errichtet wird. Das Beurkundungsgesetz gilt nicht für notarielle Eigenurkunden (*Reithmann* DNotZ 1975, 324, 338), notarielle Bescheinigungen und Erklärungen (§ 21 BNotO) und Bestätigungen im Rahmen notarieller Betreuungsgeschäfte (Rangbescheinigungen, Fälligkeitserklärungen, Vorlagebescheinigungen) sowie für alle sonstigen notariellen Handlungen, die nicht Beurkundungen sind, wie Verwahrungsgeschäfte, Betreuungsgeschäfte und die Ausstellung von Teilhypothek- oder Teilgrundschuldbriefen.

6a Der Notar kann auch elektronische Urkunden erstellen (§§ 39a, 42 IV BeurkG, § 15 III BNotO).

c) Die örtliche Zuständigkeit des Notars

7 Jeder Notar ist für jede Beurkundung örtlich zuständig, für die er auch sachlich zuständig ist. Nach § 2 BeurkG ist eine Beurkundung nicht deshalb unwirksam, weil der Notar sie außerhalb seines Amtsbezirks oder außerhalb des Landes vorgenommen hat, in dem er zum Notar bestellt ist. Die Bestimmungen der §§ 10a, 11 BNotO über Amtsbereich und Amtsbezirk sind gleichwohl als Dienstpflicht einzuhalten.

8 Der Notar soll seine Urkundtätigkeit (§§ 20–22 BNotO) nur innerhalb seines **Amtsbereichs** (§ 10a BNotO) ausüben, sofern nicht besondere berechtigte Interessen der Rechtsuchenden ein Tätigwerden außerhalb des Amtsbereichs gebieten (zu diesen vgl. Kap. L I. Rn. 125). Eine derartige Tätigkeit ist der Aufsichtsbehörde und/oder Notarkammer unverzüglich unter Angabe der Gründe mitzuteilen (vgl. die Richtlinienempfehlungen der Bundesnotarkammer v. 28.4.2006; zu den besonderen berechtigten Interessen der Rechtsuchenden als Voraussetzung für ein Tätigwerden von Notaren außerhalb ihres Amtsbereiches vgl. *OLG Celle* MittRhNotK 1996, 31). Urkundtätigkeiten außerhalb des **Amtsbezirks** darf der Notar nur vornehmen bei Gefahr im Verzug oder wenn die Aufsichtsbehörde es genehmigt hat.

I. Grundsätze

Vorschriften über Beurkundungen außerhalb der **Geschäftsstelle** enthält die BNotO 9 nicht mehr. Der Notar darf Amtsgeschäfte außerhalb der Geschäftsstelle vornehmen, wenn sachliche Gründe vorliegen. Eine Amtstätigkeit außerhalb der Geschäftsstelle ist unzulässig, wenn dadurch der Anschein von amtwidriger Werbung, der Abhängigkeit oder der Parteilichkeit entsteht oder der Schutzzweck des Beurkundungsverfahrens gefährdet wird (Ziff. IX. 2. 3. der Richtlinienempfehlung der Bundesnotarkammer). Für ein grundsätzliches Verbot von Beurkundungen außerhalb der Geschäftsstelle innerhalb des Amtsbereichs gibt es keine gesetzliche Grundlage (*BVerfG* DNotZ 2000, 787).

Der neu geschaffene § 11a BNotO eröffnet die Möglichkeit auch grenzüberschreitender Zuziehung ausländischer Kollegen und die Möglichkeit, sich für Zwecke der Rechtshilfe in das Ausland zu begeben. Die Beurkundung im Ausland bleibt unzulässig. Da die Befugnis zur öffentlichen Beurkundung von der Staatsgewalt abgeleitet ist, kann sie völkerrechtlich nur in dessen Grenzen ausgeübt werden. Dies gilt grundsätzlich auch für Tatsachenbeurkundungen (vgl. im Einzelnen *Winkler* BeurkG § 2 Rn. 2 ff.; a.A. *Huhn/v.Schuckmann* § 2 Rn. 29 für Länder der EU). Lässt der Notar eine Vollstreckungsunterwerfung vom Schuldner im Ausland unterschreiben, so ist die Urkunde als notarielle Urkunde unwirksam (*BGH* DNotZ 1999, 346).

3. Der Formzweck der notariellen Beurkundung

Die Sicherstellung des Formzwecks notarieller Beurkundung bestimmt Inhalt und Umfang der notariellen Amtspflichten im Beurkundungsverfahren. Die überwiegende Mehrzahl der Rechtsgeschäfte wird in der einfachsten Form der mündlichen Erklärung vom Gesetz zugelassen und getätigt. Nur in typischen Ausnahmefällen ist die Einhaltung einer bestimmten qualifizierten Form, insbesondere die notarielle Beurkundung, vorgeschrieben. Die gesetzlichen Formbestimmungen haben folgende **Funktionen:**

a) Überlegungssicherung

Gesetzliche Formvorschriften dienen häufig dem Schutz des Erklärenden vor übereilter Bindung bei besonders riskanten Geschäften (**Warnfunktion**). Der Formzweck soll das Bewusstsein wecken, zur besonnenen Überlegung auffordern und eine der Bedeutung der Entscheidung entsprechende Ernsthaftigkeit des Willensentschlusses fördern. Die Rechtsordnung hat die Aufgabe, die Nachteile, die der Grundsatz der Privatautonomie mit sich bringt, auszugleichen. Überall dort, wo das Recht sichern will, dass der Erklärende den Text der Willenserklärung kennt, schreibt es entweder die eigenhändige Schriftform oder die notarielle Beurkundung vor. Im Verfahren der notariellen Beurkundung ist durch das Verlesen der Urkunde, die Kenntnisnahme und Unterzeichnung die Überlegungssicherung, insbesondere auch im Interesse des wirtschaftlich schwächeren Vertragsteils, institutionell gesichert.

b) Beweissicherung

Bei Geschäften von großer Tragweite und häufig umfangreichem Inhalt bezweckt das gesetzliche Formerfordernis, den Geschäftsabschluss mit seinem gesamten Inhalt deutlich zu kennzeichnen und samt allen Nebenabreden klar, eindeutig und abschließend festzulegen. Die **Beweissicherung** erfolgt vor allem im Parteiinteresse, um den Vertragsabschluss von Vorverhandlungen abzugrenzen und den Vertragsinhalt zuverlässig feststellbar und für Dritte erkennbar zu machen. Daneben erfolgt die Beweissicherung im öffentlichen Interesse zur Erleichterung der Registerführung durch den Nachweis der Identität des Unterzeichners durch öffentliche Beglaubigung. Die Beweisfunktion wird erzielt durch Anordnung der Schriftform, öffentlicher Beglaubigung oder Beurkundung.

Anders als die Schriftform und die öffentliche Beglaubigung hat die notarielle Urkunde **besondere Beweiskraft**. Die Beweiskraft einer notariellen Urkunde erstreckt sich im

Prozess unter Ausschluss der richterlichen Beweiswürdigung darauf, dass die in der Urkunde bezeichneten Personen vor dem Notar Erklärungen des wiedergegebenen Inhalts abgegeben haben (§ 415 ZPO; zum Umfang der Vermutung der Richtigkeit und Vollständigkeit einer Urkunde vgl. *BGH* DNotI-Report 2002, 149).

c) Belehrungssicherung

15   Die Form der Beurkundung wird vom Gesetz insbesondere dann vorgeschrieben, wenn über die reine Warn- und Beweisfunktion hinaus aus rechtspolitischen Gründen bei bedeutsamen und rechtlich komplizierten Vorgängen die fachkundige Beratung und Belehrung durch Mitwirkung eines unabhängigen und unparteiischen Organs der Rechtspflege erforderlich ist (Beratungs- und Belehrungsfunktion). Die gesetzgeberischen Ziele sind:

16   **aa) Sicherung der Wirksamkeit des Rechtsgeschäfts.** Die Form der öffentlichen Beurkundung sichert die äußere Wirksamkeit von Rechtsgeschäften. Der Wille der Beteiligten soll richtig, vollständig und rechtswirksam niedergelegt werden. Die Form der öffentlichen Beurkundung übernimmt eine Gültigkeitsgewähr. Kern des Beurkundungsverfahrens ist die Erforschung des Willens der Beteiligten, die Klärung des Sachverhalts und die Niederlegung des ermittelten Ergebnisses in einer rechtlich wirksamen schriftlichen Form. Die Protokollform der rechtsgeschäftlichen Beurkundung hat hier den Vorteil, die Vorzüge der mündlichen und der schriftlichen Willenserklärung zu verbinden und die Nachteile beider zu vermeiden.

17   **bb) Innere Vertragsgerechtigkeit.** Die vom Gesetzgeber vorgeschriebene Belehrung über die rechtliche Tragweite des Geschäfts und die vornehmste Aufgabe des Notars, Irrtümer und Zweifel zu vermeiden und unerfahrene und ungewandte Beteiligte nicht zu benachteiligen, geht weit über eine reine Gültigkeitsgewähr hinaus. Die Grundsätze der Privatautonomie beruhen auf der Auffassung formal gleich geordneter Vertragsteile. Im klassischen Verständnis ging die Auffassung davon aus, dass sich durch die Notwendigkeit des Einigungsprozesses zum Vertrag der vertragliche Interessenausgleich automatisch einstellt.

Legitimation der Vertragsfreiheit ist jedoch die Gewähr innerer Vertragsgerechtigkeit. Vertragsfreiheit allein führt nicht automatisch zur Richtigkeitsgewähr. Wichtigste Voraussetzung, ohne die von einer Richtigkeitschance des Vertrages nicht gesprochen werden kann, ist relatives Machtgleichgewicht zwischen den Vertragsparteien, wobei es nicht nur um die wirtschaftliche Gleichgewichtigkeit, sondern auch um die intellektuelle Waffengleichheit der Parteien geht.

An Instrumenten zur Sicherstellung des Gleichgewichts und der inneren Vertragsfreiheit stehen dem Gesetzgeber zur Verfügung:
– Einschränkung der Vertragsfreiheit durch zwingende Normen,
– Inhaltskontrolle von Verträgen oder
– Formvorschriften zur Sicherstellung der konsultativen Mitwirkung eines unparteiischen Rechtskundigen und Mittlers.

Bei wichtigen Geschäften des Immobilienrechts, Familienrechts, Erbrechts und Gesellschaftsrechts begnügt sich das Gesetz nicht mit der unterstellten Vertragsparität. Zur Vermeidung von Ungleichgewichten aufgrund unterschiedlichen Rechtswissens und unterschiedlicher wirtschaftlicher Macht ordnet es die Beurkundung des Rechtsgeschäfts als dessen Wirksamkeitsvoraussetzung an.

Die Anordnung des Beurkundungsverfahrens ist hier ein Kunstgriff des Gesetzgebers zur Aufrechterhaltung des Grundsatzes der Privatautonomie bei schwierigen Rechtsgeschäften. In der Beurkundungsverhandlung erfüllt der Notar eine soziale Funktion als Mittler zur Sicherung einer gerechten inhaltlichen Ausgestaltung des Rechtsgeschäfts.

I. Grundsätze

cc) Verbraucherschutz. Unmittelbar damit im Zusammenhang steht die in § 17 II a BeurkG normierte notarielle Belehrung und Verfahrenssicherung als Funktion des Verbraucherschutzes. Die Rechtsprechung zur notariellen Belehrungspflicht macht deutlich, dass der notariellen Beurkundung die Aufgabe zugewiesen ist, umfassend dafür zu sorgen, dass unerfahrene und ungewandte Beteiligte nicht benachteiligt werden, und die notarielle Beurkundung damit insbesondere eine Verbraucherschutzfunktion zu erfüllen hat. Gerade im Immobilienbereich, insbesondere in den Anlagemodellen des Immobilienbereichs, zeigt sich, dass dies Ziel des Gesetzgebers ist, und dass die Funktion der Beurkundung hier vornehmlich dem Ausgleich unterschiedlichen Rechtswissens, dem Schutz des wirtschaftlich Schwächeren und der Sicherung des Erwerbers durch Rechtsbelehrung durch den Notar dient.

4. Stellung des Notars im Beurkundungsverfahren

a) Träger eines öffentlichen Amts

Der Notar ist im Beurkundungsverfahren nicht Beauftragter der Beteiligten, sondern Träger eines öffentlichen Amts (§ 1 BNotO) und Organ der vorsorgenden Rechtspflege (BVerfGE 17, 371, 381). Er erfüllt eine öffentliche Aufgabe, die durch Bestallung vom Staat auf ihn delegiert wird.

Das Beurkundungsverfahren ist ein **Verfahren der freiwilligen Gerichtsbarkeit** (*Habscheid* FG § 6 III). Es wird eingeleitet durch das Beurkundungsersuchen, den Antrag auf Vornahme einer Rechtshandlung und nicht den Antrag auf Abschluss eines privatrechtlichen Vertrags. Das Rechtsverhältnis ist öffentlich-rechtlich. Für Pflichtverletzung haftet der Notar nach den Grundsätzen der Amtshaftung (§ 19 BNotO). Ebenso wie ein Justizgewährungsanspruch besteht ein Urkundsgewährungsanspruch.

Der **Notar muss tätig werden**, sofern er ohne Verletzung materiell-rechtlicher und dienstrechtlicher Vorschriften tätig werden kann (*BayObLG* DNotZ 1984, 250). Der Notar darf die Urkundstätigkeit nicht ohne ausreichenden Grund verweigern (§ 15 BNotO). Ausgenommen hiervon sind Geschäfte im Sinne der §§ 23, 24 BNotO (Verwahrungstätigkeiten, sonstige Betreuung). Ist die Amtstätigkeit mit den Amtspflichten unvereinbar, so muss sie abgelehnt werden (§ 4 BeurkG, § 14 II BNotO).

b) Unabhängigkeit

Der Notar ist in seiner Amtsausübung **unabhängig** (§ 1 BNotO), frei von Weisungen vorgesetzter Behörden und mit sachlicher und persönlicher Unabhängigkeit ausgestattet (*BGH* DNotZ 1972, 549). Er hat sein Amt gemäß seinem Eid auszuüben und ist nicht Vertreter einer Partei, sondern unparteiischer Betreuer der Beteiligten (§ 14 BNotO). Der Sicherung seiner Unabhängigkeit dienen insbesondere die Zulassungsregelungen (§§ 4 ff. BNotO) und die gesetzlichen Ausschlussgründe von Amtstätigkeiten in allen Fällen, in denen eine Beeinträchtigung seiner Unabhängigkeit zu befürchten wäre.

5. Unwirksamkeitsgründe und Mitwirkungsverbot

Checkliste Ausschließung und Mitwirkungsverbote		
Anhaltspunkt	**Voraussetzung**	**Rechtsfolge**
Notar	Notar ist an der Beurkundung beteiligt	Beurkundung unwirksam (§ 6 I Nr. 1 BeurkG)
	Notar wird durch Beurkundung rechtlicher Vorteil verschafft	Beurkundung ist insoweit unwirksam (§ 7 Nr. 1 BeurkG)

▶

▼ Fortsetzung: **Checkliste Ausschließung und Mitwirkungsverbote**

Anhaltspunkt	Voraussetzung	Rechtsfolge
Notar	Eigene Angelegenheit des Notars, auch wenn dieser nur mitberechtigt oder mitverpflichtet wird	Mitwirkungsverbot nach § 3 I Nr. 1 BeurkG
	Angelegenheit einer Person, deren gesetzlicher Vertreter der Notar ist	Mitwirkungsverbot nach § 3 I Nr. 5 BeurkG
	Angelegenheiten einer Person, deren vertretungsberechtigtem Organ der Notar angehört	Mitwirkungsverbot nach § 3 I Nr. 6 BeurkG
	Angelegenheit einer Person, für die der Notar außerhalb seiner Amtstätigkeit in derselben Angelegenheit bereits tätig war oder ist	Mitwirkungsverbot nach § 3 I Nr. 7 BeurkG, es sei denn Tätigkeit wurde im Auftrag aller Urkundsbeteiligten ausgeübt
	Angelegenheiten einer Person, die den Notar in derselben Tätigkeit bevollmächtigt hat	Mitwirkungsverbot nach § 3 I Nr. 8 BeurkG
	Angelegenheiten einer Person, zu der der Notar in ständigem Dienst- oder Geschäftsverhältnis steht	Mitwirkungsverbot nach § 3 I Nr. 8 BeurkG
	Angelegenheiten einer Gesellschaft, an der der Notar beteiligt ist	Mitwirkungsverbot nach § 3 I Nr. 9 BeurkG, falls Beteiligung mit mehr als 5% der Stimmrechte oder mehr als 2.500,– EUR Haftkapital
Ehegatte des Notars	Ehegatte des Notars ist an Beurkundung beteiligt	Beurkundung unwirksam (§ 6 I Nr. 2 BeurkG)
	Ehegatten des Notars wird durch Beurkundung rechtlicher Vorteil verschafft	Beurkundung ist insoweit unwirksam (§ 7 Nr. 2 BeurkG)
	Es handelt sich um Angelegenheiten des Ehegatten	Mitwirkungsverbot nach § 3 I Nr. 2 BeurkG
Lebenspartner des Notars	Lebenspartner des Notars ist an Beurkundung beteiligt	Beurkundung unwirksam (§ 6 I Nr. 2a BeurkG)
	Lebenspartner des Notars wird durch Beurkundung rechtlicher Vorteil verschafft	Beurkundung ist insoweit unwirksam (§ 7 Nr. 2a BeurkG)
	Es handelt sich um Angelegenheiten des Lebenspartners	Mitwirkungsverbot nach § 3 I Nr. 2a BeurkG
Früherer Ehegatte des Notars	Früherem Ehegatten des Notars wird durch Beurkundung rechtlicher Vorteil verschafft	Beurkundung ist insoweit unwirksam (§ 7 Nr. 2 BeurkG)
	Es handelt sich um Angelegenheiten des früheren Ehegatten	Mitwirkungsverbot nach § 3 I Nr. 2 BeurkG

▶

I. Grundsätze G

▼ Fortsetzung: **Checkliste Ausschließung und Mitwirkungsverbote**

Anhaltspunkt	Voraussetzung	Rechtsfolge
Früherer Lebenspartner des Notars	Früherem Lebenspartner des Notars wird durch Beurkundung rechtlicher Vorteil verschafft	Beurkundung ist insoweit unwirksam (§ 7 Nr. 2a BeurkG)
	Es handelt sich um Angelegenheiten des früheren Lebenspartners	Mitwirkungsverbot nach § 3 I Nr. 2a BeurkG
Verlobter des Notars bzw. Verlobter nach LPartG	Es handelt sich um Angelegenheiten des Verlobten des Notars oder eines Verlobten nach LPartG	Mitwirkungsverbot nach § 3 I Nr. 2 BeurkG bzw. nach § 3 I Nr. 2a BeurkG
Verwandter (auch früherer) des Notars in gerader Linie	Person ist an Beurkundung beteiligt	Beurkundung unwirksam (§ 6 I Nr. 3 BeurkG)
	Person wird durch Beurkundung rechtlicher Vorteil verschafft	Beurkundung ist insoweit unwirksam (§ 7 Nr. 3 BeurkG)
	Es handelt sich um Angelegenheiten der Person	Mitwirkungsverbot nach § 3 I Nr. 3 BeurkG
Verwandter (auch früherer) des Notars in Seitenlinie (bis zum 3. Grade)	Person wird durch Beurkundung rechtlicher Vorteil verschafft	Beurkundung ist insoweit unwirksam (§ 7 Nr. 3 BeurkG)
	Es handelt sich um Angelegenheiten der Person	Mitwirkungsverbot nach § 3 I Nr. 3 BeurkG
Person, die mit Notar bis zum 2. Grade verschwägert ist oder war	Person wird durch Beurkundung rechtlicher Vorteil verschafft	Beurkundung ist insoweit unwirksam (§ 7 Nr. 3 BeurkG)
	Es handelt sich um Angelegenheiten der Person	Mitwirkungsverbot nach § 3 I Nr. 3 BeurkG
Vertreter des Notars	Vertreter ist an der Beurkundung beteiligt	Beurkundung ist unwirksam (§ 6 I Nr. 4 BeurkG i. V. m. § 6 I Nr. 1 BeurkG)
Vertreter des Ehegatten des Notars	Vertreter ist an der Beurkundung beteiligt	Beurkundung ist unwirksam (§ 6 I Nr. 4 BeurkG i. V. m. § 6 I Nr. 2 BeurkG)
Vertreter ist oder war mit Notar in gerader Linie verwandt	Vertreter ist an der Beurkundung beteiligt	Beurkundung ist unwirksam (§ 6 I Nr. 4 BeurkG i. V. m. § 6 I Nr. 3 BeurkG)
Verbindung zur gemeinsamen Berufsausübung	Es handelt sich um Angelegenheiten des Sozius	Mitwirkungsverbot nach § 3 I Nr. 4 BeurkG
	Angelegenheit einer Person, deren gesetzlicher Vertreter der Sozius ist	Mitwirkungsverbot nach § 3 I Nr. 5 BeurkG
	Angelegenheiten einer Person, deren vertretungsberechtigtem Organ der Sozius angehört	Mitwirkungsverbot nach § 3 I Nr. 6 BeurkG

▶

▼ Fortsetzung: **Checkliste Ausschließung und Mitwirkungsverbote**

Anhaltspunkt	Voraussetzung	Rechtsfolge
Verbindung zur gemeinsamen Berufsausübung	Angelegenheit einer Person, für die der Sozius außerhalb seiner Amtstätigkeit in derselben Angelegenheit bereits tätig war oder ist	Mitwirkungsverbot nach § 3 I Nr. 7 BeurkG, es sei denn Tätigkeit wurde im Auftrag aller Urkundsbeteiligten ausgeübt
	Angelegenheiten einer Person, zu der der Sozius in ständigem Dienst- oder Geschäftsverhältnis steht	Mitwirkungsverbot nach § 3 I Nr. 8 BeurkG
Gemeinsame Geschäftsräume	Es handelt sich um Angelegenheiten des Partners der Bürogemeinschaft	Mitwirkungsverbot nach § 3 I Nr. 4 BeurkG
	Angelegenheit einer Person, deren gesetzlicher Vertreter die Person ist, mit der Bürogemeinschaft besteht	Mitwirkungsverbot nach § 3 I Nr. 5 BeurkG
	Angelegenheiten einer Person, deren vertretungsberechtigtem Organ die Person angehört, mit der Bürogemeinschaft besteht	Mitwirkungsverbot nach § 3 I Nr. 6 BeurkG
	Angelegenheit einer Person, für die der Partner der Bürogemeinschaft außerhalb seiner Amtstätigkeit in derselben Angelegenheit bereits tätig war oder ist	Mitwirkungsverbot nach § 3 I Nr. 7 BeurkG, es sei denn Tätigkeit wurde im Auftrag aller Urkundsbeteiligten ausgeübt
	Angelegenheiten einer Person, zu der der Partner der Bürogemeinschaft in ständigem Dienst- oder Geschäftsverhältnis steht	Mitwirkungsverbot nach § 3 I Nr. 8 BeurkG

a) Ausschließungsgründe (§ 6 BeurkG)

22   **aa)** § 6 BeurkG konkretisiert einzelne schwerwiegende Mitwirkungsverbote des § 3 BeurkG. Anders als ein Verstoß gegen § 7 BeurkG führt die Verletzung von § 6 BeurkG zur **vollständigen Unwirksamkeit der Beurkundung**. § 6 BeurkG gilt nur für Willenserklärungen, nicht für die Beurkundung anderer Erklärungen (Beglaubigungen). Für Eide und eidesstattliche Versicherungen gilt § 6 BeurkG entsprechend (§ 38 BeurkG).

23   **bb)** Ausschließungsgründe sind:
– Beteiligung des Notars (Nr. 1), gleich ob er in eigenem oder fremdem Namen Erklärungen abgibt. Der Notar darf nicht seine eigene Willenserklärung beurkunden. Dem stehen Erklärungen gleich, die in fremdem Namen abgegeben werden. Nicht unter § 6 BeurkG fällt die „Eigenbeurkundung" des Notars als Bevollmächtigter des gesetzlichen Vertreters die Mitteilung der vormundschaftsgerichtlichen Genehmigung gemäß § 1829 BGB an den Vertragspartner zu erklären und zu beurkunden;

I. Grundsätze

- Beteiligung des Ehegatten des Notars (Nr. 2), bzw. des Lebenspartners des Notars (Nr. 2a);
- Beteiligung einer Person, die mit dem Notar in gerader Linie verwandt ist oder war (Nr. 3);
- Vertretung eines ausgeschlossenen Beteiligten (Nr. 4); dies gilt entsprechend auch bei Handeln aufgrund Untervollmacht, Handeln eines Vertreters ohne Vertretungsmacht und bei Handeln vorbehaltlich Genehmigung (*Winkler* § 6 Rn. 21 f.) und für den Verwalter kraft Amtes (Testamentsvollstrecker, Insolvenzverwalter, Nachlassverwalter). Ausgeschlossen sind damit die vorstehenden Beteiligten auch bei Beurkundung eines Vertrags über einen Vermögensgegenstand, den sie als Verwalter kraft Amtes verwalten oder nachträglich genehmigen müssen.

cc) Bei einer **Beteiligung des Notars an Gesellschaften** ist zu unterscheiden: 24
- Bei Beteiligung an **Personengesellschaften** und nicht rechtsfähigen Vereinen liegt stets der Ausschließungsgrund vor, da durch die von einem Mitgesellschafter abgegebenen Erklärungen alle Gesellschafter vertreten werden (*Kersten/Bühling* § 6 I 3).
- Bei Beteiligung an **juristischen Personen** wird die juristische Person und nicht deren Mitglieder vertreten, so dass die Beurkundung von Erklärungen der Organe der juristischen Person nicht gegen § 6 BeurkG verstößt (*OLG Hamm* DNotZ 1956, 104; *Seybold/Schippel* § 16 Rn. 20). Es kann jedoch ein Verstoß gegen das Mitwirkungsverbot vorliegen (§ 3 I Nr. 9 BeurkG). Nicht ausgeschlossen ist der Notar nach § 6 BeurkG als Mitglied des Gemeinderats von der Beurkundung eines Vertrags der Gemeinde (*Saage* DNotZ 1962, 232).

dd) Ausgeschlossen nach § 6 BeurkG sind die **formell Beteiligten** (§ 6 II BeurkG). Formell beteiligt sind ausschließlich die Erschienenen, die mündliche Erklärungen vor dem Notar abgeben, nicht aber Dritte, deren Rechte und Pflichten betroffen sind. In diesen Fällen kann jedoch ein Verstoß gegen § 7 BeurkG oder § 3 BeurkG vorliegen. 25

ee) Ein **Verstoß gegen § 6 BeurkG** führt zur Unwirksamkeit der Beurkundung. Soweit nach materiellem Recht die notarielle Beurkundung Wirksamkeitsvoraussetzung ist, ist die Erklärung nichtig und kann nur als Privaturkunde aufrechterhalten bleiben. Soweit, wie zum Beispiel bei § 925 BGB, die Beurkundung nicht Wirksamkeitserfordernis ist, bleibt eine erklärte Auflassung trotz Verstoßes gegen § 6 BeurkG rechtswirksam (*BGHZ* 22, 312, 315). Kein Verstoß gegen § 6 BeurkG ist die **notarielle Eigenurkunde**. Es ist keine Beurkundung einer eigenen Willenserklärung, sondern eine im Rahmen der Betreuungsaufgaben nach §§ 20 f. BeurkG abgegebene Erklärung zur Durchführung einer vorangegangenen Beurkundung (*Huhn/v. Schuckmann* § 6 Rn. 5). 26

ff) Bei mangelnder Fähigkeit, wirksame Amtshandlungen vorzunehmen (**Erblindung, Geisteskrankheit des Notars**), kann dieser bei der Beurkundung nicht mitwirken. Die Beurkundung ist nichtig (*BGHZ* 38, 347, 352). Bei sonstigen Gebrechen, insbesondere Geistesschwäche, soll dies erst gelten, wenn der Notar seines Amts enthoben ist (*Winkler* § 6 Rn. 26). Richtigerweise müssen jedoch die gesetzlichen Anforderungen an die Geschäftsfähigkeit der Urkundsbeteiligten in gleicher Weise für den beurkundenden Notar gelten, so dass bei fehlender Geschäftsfähigkeit die Unwirksamkeit der Beurkundung gegeben ist (Umkehrschluss aus § 26 BeurkG). 27

b) Unwirksamkeitsgründe (§ 7 BeurkG)

aa) § 7 BeurkG gilt ebenso nur für die Beurkundung von Willenserklärungen. Anders als § 6 BeurkG geht § 7 BeurkG von dem Begriff der **materiellen Beteiligung** aus. Nicht die formelle Beteiligung ausgeschlossener Personen, sondern die Verschaffung eines rechtlichen Vorteils für ausgeschlossene Personen führt zur **Unwirksamkeit oder Teilunwirksamkeit** („insoweit") der Beurkundung. 28

29 **bb) Unwirksam sind Erklärungen, die**
– dem Notar selbst (Nr. 1),
– seinem Ehegatten oder früheren Ehegatten (Nr. 2),
– seinem Lebenspartner oder früherem Lebenspartner (Nr. 2a),
– einer in gerader Linie verwandten oder verschwägerten oder in Seitenlinie bis zum dritten Grad verwandten oder bis zum zweiten Grad verschwägerten Person einen rechtlichen Vorteil verschaffen (Nr. 3).

30 **cc)** Die Unwirksamkeit tritt ein, falls die Erklärung unmittelbar Rechte begründet, erweitert oder Verpflichtungen mindert. Der Wortlaut stellt ausdrücklich nicht auf einen wirtschaftlichen Vorteil ab. Jedes Verfügungs- und Verpflichtungsgeschäft, das einen **abstrakten rechtlichen Vorteil** für eine ausgeschlossene Person bewirkt, führt zur (Teil-)Unwirksamkeit. Ein rechtlicher Vorteil, der einer juristischen Person eingeräumt wird, an der eine ausgeschlossene Person beteiligt ist, fällt, anders als bei Personengesellschaften, nicht unter § 7 BeurkG.

31 Einzelfälle:
– Unwirksam ist die Begründung oder Aufhebung eines Rechts für den Notar oder einen seiner Angehörigen.
– Rechtlich vorteilhaft ist die Benennung des Notars zum Testamentsvollstrecker, nicht die Bestellung des Sozius des Notars (*BGH* DNotZ 1987, 768).
– Die Benennung des Urkundsnotars in der beurkundeten Verfügung von Todes wegen ist unwirksam gemäß §§ 7 Nr. 1, 27 BeurkG; alternativ kann die Benennung des Notars als Testamentsvollstrecker außerhalb der Urkunde (durch gesonderte privatschriftliche Verfügung) erfolgen (DNotI-Report 2012, 143);
– Die Regelung der Bestimmung der Person des Testamentsvollstreckers durch den Notar (§ 2198 I 1 BGB) ist gemäß § 7 Nr. 1 BeurkG unwirksam (*BGH* DNotI-Report 2012, 195; DNotZ 2013,149).
– Die Beurkundung einer Vollmacht auf sich, auch eine Nachlassregelungsvollmacht, ist unzulässig (*Reimann* DNotZ 1990, 436).

Hinsichtlich so genannter „**Vollzugsvollmachten**" ist zu unterscheiden:
– Vollmachten, die den Notar zur Vorbereitung und Durchführung von Amtsgeschäften berechtigen, sind im Tätigkeitsbereich des § 24 BNotO keine Begünstigung und fallen nicht unter § 7 BeurkG. Der Notar wird nicht im Sinne dieser Vorschrift begünstigt, sondern ermächtigt, im Rahmen seiner übernommenen Vollzugsaufgaben tätig zu werden (*Winkler* § 7 Rn. 8).
– Weiter gehende Vollmachten zur Abgabe von Willenserklärungen, etwa zur Abgabe von Nachtragserklärungen zu Registereintragungen oder vom Gericht geforderten Satzungsänderungen, können zumindest in Verbindung mit einem damit verbundenen Auftragsverhältnis in den Normbereich des § 7 BeurkG fallen. Standesrechtlich ist dies u. U. als eine besondere Servicetätigkeit gegen das Werbeverbot verstoßende Nebentätigkeit.

c) Mitwirkungsverbote (§ 3 BeurkG, § 16 BNotO)

32 **aa) Geltungsbereich.** Die Mitwirkungsverbote des § 3 BeurkG gelten für die Urkundstätigkeit des Notars und sind ein zentraler Katalog zur Sicherung der Unparteilichkeit. Für die sonstigen darüber hinausgehenden Amtstätigkeiten des Notars nach den §§ 20–22 BNotO gelten die Mitwirkungsverbote entsprechend (§ 16 BNotO).

33 **bb) Bedeutung des Mitwirkungsverbots.** § 3 BeurkG ist eine **Soll-Vorschrift**, das heißt, die Verletzung führt nicht zur Unwirksamkeit der Beurkundung. Die Beachtung dieser Vorschrift ist jedoch unbedingte Amtspflicht. Ein Verstoß hiergegen führt in der Regel bei Eintritt eines Schadens zur Haftung wegen Amtspflichtverletzung (*BGH*

I. Grundsätze

DNotZ 1985, 231). Die §§ 6, 7 BeurkG enthalten materiell und formell besonders bedeutsame Verstöße gegen die von § 3 BeurkG umfassten Mitwirkungsverbote. Die Mitwirkungsverbote sind erheblich erweitert und verschärft worden, um die Unparteilichkeit der notariellen Amtsausübung zu stärken (ausführlich *Vaasen/Starke* DNotZ 1998, 661, 668 ff.; *Eylmann* NJW 1998, 2929, 2931 ff.; *Winkler* MittBayNot 1999, 1; *Harder/Schmidt* DNotZ 1999, 949). Eine gegen die Amtsenthebung bei Verstoß gegen Mitwirkungsverbote gemäß § 3 I BeurkG eingereichte Verfassungsbeschwerde wurde durch das *BVerfG* nicht angenommen (DNotZ 2000, 486).

cc) „Angelegenheit" im Sinne des Mitwirkungsverbots. Ein Mitwirkungsverbot im Sinne des § 3 BeurkG liegt vor, wenn es sich um die **Angelegenheit** einer der von § 3 BeurkG benannten Personen handelt. Eine Angelegenheit im Sinne der Vorschriften liegt immer vor, wenn materiell die Rechte und Pflichten einer dieser Personen durch die Beurkundung unmittelbar betroffen sind. Eine reine mittelbare wirtschaftliche Betroffenheit reicht hierfür nicht aus. Dies würde zu einer unübersehbaren und beim Beurkundungsvorgang nicht überprüfbaren Ausweitung der Mitwirkungsverbote führen (*Winkler* § 3 Rn. 13). Die Abgrenzung kann nur aus dem Umfang der Belehrungspflicht gezogen werden. Soweit auch Belehrungs- und Betreuungspflichten gegenüber an der Beurkundung nicht beteiligten Dritten (**mittelbare Urkundsbeteiligte**) bestehen (vgl. Rn. 120 ff.), handelt es sich auch um deren „Angelegenheit" mit der Folge, dass insoweit die Mitwirkungsverbote des § 3 BeurkG gelten. **34**

Einzelfälle: **35**
- Bei der Beurkundung von Willenserklärungen wird der **Erklärende**, aber auch der nicht miterschienene Erklärungsempfänger (zum Beispiel bei Angebot der Angebotsempfänger, bei Grundpfandrechten der Gläubiger) in Rechten unmittelbar betroffen.
- Bei Abtretungen, **Sicherungsgeschäften**, Verträgen zugunsten Dritter sind auch die dritten Personen unmittelbar betroffen.
- Bei **Verfügungen von Todes wegen** sind Erben, Vermächtnisnehmer, durch Auflage begünstigte Testamentsvollstrecker unmittelbar betroffen.
- Bei **Erbschaftsausschlagungen** sind die durch Ausschlagung Begünstigten unmittelbar betroffen.
- Bei rechtsgeschäftlicher und gesetzlicher **Vertretung** liegt eine Angelegenheit des Vertretenen und des Vertreters vor.
- Insolvenzverwalter, Zwangsverwalter und Testamentsvollstrecker handeln als **Verwalter kraft Amtes**. Ein Ausschluss liegt vor, falls der Notar oder eine Person des § 3 BeurkG Verwalter der von der Beurkundung betroffenen Vermögensgegenstände ist.
- Bei der Beurkundung von Erklärungen, die nicht rechtsfähige Vereine, BGB-Gesellschaften oder **Personengesellschaften** betreffen, liegt ein Ausschluss bei allen Mitgliedern vor.
- Bei der Beurkundung von Erklärungen **juristischer Personen** besteht grundsätzlich kein Ausschluss, da die juristische Person die Rechte und Pflichten erwirbt, soweit der Notar nicht mit mehr als fünf vom Hundert der Stimmrechte oder mit einem anteiligen Betrag des Haftkapitals von mehr als 2.500 EUR beteiligt ist.

dd) § 3 I Nr. 1 BeurkG. Der Notar darf nicht an Angelegenheiten mitwirken, an denen er mitberechtigt oder mitverpflichtet ist. Das gilt auch, wenn er selbst als Vermittler am Erlös (mittelbar) beteiligt ist (*BGH* NJW 1985, 2027). **36**

ee) § 3 I Nr. 2, 2a, 3 BeurkG. Ausgeschlossen ist der Notar bei Angelegenheiten seines Ehegatten, früheren Ehegatten oder Verlobten (§ 3 I Nr. 2 BeurkG), seines Lebenspartners, früheren Lebenspartners oder Verlobten nach dem LPartG (§ 3 I Nr. 2a BeurkG). Der Notar darf nicht beurkunden bei Angelegenheiten von Verwandten und Verschwägerten in gerader Linie oder Verwandten in der Seitenlinie bis zum 3. Grad und Ver- **37**

schwägerten in der Seitenlinie bis zum 2. Grad. Es genügt, dass der Angehörige durch die Beurkundung mitberechtigt oder mitverpflichtet wird.

38 ff) § 3 I Nr. 4 BeurkG. In § 3 I 1 Nr. 4 BeurkG ist ein Mitwirkungsverbot in Angelegenheiten einer Person statuiert, mit der sich der Notar **zur gemeinsamen Berufsausübung** verbunden oder mit der er gemeinsame Geschäftsräume hat.

Damit soll sichergestellt werden, dass die Unabhängigkeit und Unparteilichkeit des Notars vor jeder nur denkbaren Gefährdung zu schützen ist. Die Regelung ist weit gefasst, so dass auch einseitige Erklärungen und Unterschriftsbeglaubigungen davon erfasst sind und früher nach §§ 6, 7 BeurkG zulässige Beurkundungen in Angelegenheiten des Sozius ausscheiden (so z. B. die nach *BGH* DNotZ 1997, 466 zulässige Beurkundung eines Testaments mit Ernennung eines Sozius zum Testamentsvollstrecker).

Der **Sozietätsbegriff** hat auch für die weiteren Mitwirkungsverbote nach Nr. 5, 6, 7 und 8 Bedeutung. Die hierunter fallenden Verbindungen zur gemeinsamen Berufsausübung sind Sozietäten im Sinn einer BGB-Gesellschaft, Partnerschaftsgesellschaften, Rechtsanwalts-GmbH und die Mitarbeit von Rechtsanwälten im Rahmen von Dienstverhältnissen.

Für das Mitwirkungsverbot reicht **die gemeinsame Nutzung von Geschäftsräumen**, so dass z. B. auch angestellte Rechtsanwälte, Steuerberater oder freie Mitarbeiter Mitwirkungsverbote begründen können. In zeitlicher Hinsicht gilt das Mitwirkungsverbot für die Dauer der gemeinsamen Berufsausübung oder Nutzung der gemeinsamen Geschäftsräume und endet danach.

39 gg) § 3 I Nr. 5 BeurkG. Es besteht ein Mitwirkungsverbot in allen Angelegenheiten einer natürlichen oder juristischen Person, deren **gesetzlicher Vertreter** der Notar ist. Dies gilt auch, falls er einem vertretungsberechtigten Organ der Person angehört (z. B. Vorstand).

Das Mitwirkungsverbot ist auf die Fälle erweitert, in denen eine Person im Sinne der Nr. 4 (gemeinsame Berufsausübung oder gemeinsame Geschäftsräume) gesetzlicher Vertreter ist.

40 hh) § 3 I Nr. 6 BeurkG. Bei allen Angelegenheiten einer Person, deren **vertretungsberechtigtem Organ** der Notar oder eine Person, mit der sich der Notar zur gemeinsamen Berufsausübung verbunden hat oder mit der er gemeinsame Geschäftsräume hat, besteht ein Mitwirkungsverbot.

Hierunter fallen z. B. der mehrgliedrige Vorstand einer AG und auch der Aufsichtsrat, soweit dieser Geschäfte als gesetzlicher Vertreter vornimmt oder seine Zustimmung erteilen muss.

Das Verbot gilt nicht in den Fällen des § 3 III BeurkG, insbesondere bei der Mitgliedschaft in Kommunalvertretungen und Vertretungsorganen religiöser oder weltanschaulicher Körperschaften des öffentlichen Rechts. Hier besteht allerdings eine Hinweispflicht gemäß § 3 II BeurkG mit der Fragepflicht, ob die Beurkundung gleichwohl vorgenommen werden soll. Dies ist in der Urkunde zu vermerken.

41 ii) § 3 I Nr. 7 BeurkG. Die zentrale Bestimmung der neugefassten Mitwirkungsverbote ist § 3 I Nr. 7 BeurkG. Danach besteht ein Mitwirkungsverbot in Angelegenheiten einer Person, für die der Notar (unter Einbeziehung aller Personen, mit denen der Notar zur gemeinsamen Berufsausübung verbunden ist oder eine Bürogemeinschaft unterhält) außerhalb der Amtstätigkeit **in derselben Angelegenheit bereits tätig war oder ist**, es sei denn, diese Tätigkeit wurde im Auftrag aller Personen ausgeübt, die an der Beurkundung beteiligt sein sollen.

Die Bestimmung des § 3 I Nr. 7 BeurkG gilt in der Neufassung auch für Sozietäten im Rahmen sogenannter „**Sternsozietäten**" d. h. auch in den Fällen, in denen Personen vorbefasst waren oder sind, die zwar nicht selbst dem Notar beruflich verbunden sind, jedoch mit einer Person, die Sozius des Notars ist oder in einer Bürogemeinschaft verbunden ist.

I. Grundsätze

Die Bestimmung hat einschneidende Bedeutung gerade für die Tätigkeit des **Anwaltsnotars**. War oder ist der Anwalt selbst oder sein Sozius, Partner oder Mitarbeiter als Rechtsanwalt, Patentanwalt, Steuerberater, Wirtschaftsprüfer, vereidigter Buchprüfer oder in sonstiger Weise, unter Einschluss privaten Handelns in einer Angelegenheit tätig, dann folgt daraus ein Mitwirkungsverbot nach § 3 I 1 Nr. 7 BeurkG (*Eylmann* NJW 1998, 2929; *Mihm*, Berufsrechtliche Kollisionsprobleme beim Anwaltsnotar, 2000).

Der gesetzliche Begriff der „Angelegenheit außerhalb der Amtstätigkeit" umfasst über die engere frühere Vorschrift der „Bevollmächtigung des Notars in derselben Angelegenheit" alle Angelegenheiten, mit denen der Notar selbst außerhalb der notariellen Tätigkeit in irgendeiner Weise bereits befasst gewesen oder noch befasst ist (*Winkler* MittBayNot 1999, 1, 6).

Das Verbot gilt nicht, wenn die Vorbefassung im Rahmen der **Amtstätigkeit des Notars** oder seines Notarsozius (unter Einschluss der sonstigen notariellen Betreuung im Sinne des § 24 BNotO) erfolgt; hieraus kann in teleologischer Reduktion des § 3 I 1 Nr. 7 BeurkG gefolgert werden, dass für die Tätigkeit des Nurnotars das Mitwirkungsverbot und die Frage- und Vermerkpflicht des § 3 I 2 BeurkG nicht gilt (*Heller/Vollrath* MittBayNot 1998, 322; *Hermanns* MittRhNotK 1998, 359; a.A. *Maaß* ZNotP 1999, 178). Bis zu einer Klärung der Anwendbarkeit auf den Nurnotar ist, zumindest soweit keine Stellungnahme der Justizverwaltung vorliegt, der Nurnotar gut beraten, die Pflicht des § 3 I 2 BeurkG zu erfüllen (für Bayern liegt eine Stellungnahme des Bayer. Staatsministeriums der Justiz vom 28.10.1998 vor, wonach die in § 3 I 2 BeurkG normierte Fragepflicht im Bereich des hauptamtlichen Nurnotariats gegenstandslos sei).

Das Mitwirkungsverbot greift bei allen **außernotariellen Tätigkeiten** im weitesten Sinn in derselben Angelegenheit durch den Notar oder einer mit ihm im Sinne des § 3 I Nr. 4 BeurkG verbundenen Person ein. Ausdrücklich fallen darunter auch in der Vergangenheit, z.B. durch Mandatsbeendigung, abgeschlossene Sachverhalte. Es reicht damit bereits jede frühere oder gegenwärtige rechtliche, wirtschaftliche oder steuerliche Beratung. Je umfassender diese ist oder war, so insbesondere bei dauernder steuer- oder wirtschaftsberatender Tätigkeit der Kanzlei, umso weiter greift das Mitwirkungsverbot, das nicht nur den Schein der Parteilichkeit vermeiden will, sondern die Unparteilichkeit gewährleistet.

Das Mitwirkungsverbot gilt nicht, wenn die Vorbefassung im **Auftrag aller Personen** erfolgte, die an der Beurkundung (im materiellen Sinn) beteiligt sein sollen.

Der Notar hat vor der Beurkundung nach einer Vorbefassung zu fragen und die Antwort in der Urkunde zu vermerken (§ 7 I 2 BeurkG). Die **Frage- und Vermerkpflicht** gilt für Beurkundungen und Beglaubigungen und nach dem Wortlaut grundsätzlich auch für fremdsprachliche Erklärungen (anders falls der Notar bei einer Unterschriftsbeglaubigung die fremde Sprache nicht beherrscht, da analog § 30 S. 4 BeurkG keine Belehrungspflicht besteht; *Winkler* MittBayNot 1999, 1, 9).

Formulierungsbeispiel: Vorbefassung (mehrsprachig)

Der Notar fragte die Erschienenen, ob er oder eine der mit ihm beruflich verbundenen Personen in einer Angelegenheit, die Gegenstand dieser Beurkundung ist, außerhalb der Amtstätigkeit als Notar tätig ist oder war. Dies wurde von ihm verneint.
Bei bejahender Antwort: ... Die Vorbefassung wurde bejaht. Es liegt indes ein Ausnahmefall im Sinne des § 3 I 1 Nr. 7 BeurkG vor. Hierzu erklärten die Beteiligten, dass Herr Steuerberater X sie im allseitigen Auftrag beraten habe.

Bei Unterschriftsbeglaubigungen genügt folgende Kurzfassung: Die Frage des Notars nach einer Vorbefassung im Sinne des § 3 I 1 Nr. 7 BeurkG wurde von dem/den Erschienenen verneint.

> ▼ Fortsetzung: **Formulierungsbeispiel: Vorbefassung (mehrsprachig)**
>
> *Englisch:* The Notary asked the Appearer whether he or any member of his firm had acted in the matter which is the subject of this instrument, except in a notarial capacity. The Appearer replied in the negative.
> *Französisch:* Sur réquisition du notaire le comparant a déclaré dans le cadre de la présente authentification ne pas être en relation extranotariale ni avec le notaire, ni avec une personne associée au notaire soussigné.
> *Italienisch:* Io Notaio ho chiesto ai Comparenti se io o altro mio collaboratore dello Studio ci siamo occupati o ci siamo occupando della questione oggetto del presente Atto al di fuori della nostra funzione notarile. I Comparenti hanno dato risposta negativa.
> (Vgl. DNotI-Report 1999, 72, 115.)

44 **jj) § 3 I Nr. 8 BeurkG.** Das Mitwirkungsverbot des § 3 I Nr. 8 BeurkG besteht bei Angelegenheiten einer Person, die den Notar in derselben Angelegenheit bevollmächtigt hat oder zu der er in einem Dienst- oder Geschäftsverhältnis steht.

Soweit der **Notar bevollmächtigt** ist, ist er von der Urkundstätigkeit ausgeschlossen, d. h. bei einer Generalvollmacht vollständig (*Seybold/Schippel* § 16 Rn. 43a). Soweit die Vollmacht der Durchführung und dem Vollzug des beurkundeten Geschäfts dient, liegt nach Sinn und Zweck ein Ausschluss nach § 3 I Nr. 5 BeurkG nicht vor (z. B. Vollmacht zum Grundbuchvollzug und Doppelvollmacht zur Entgegennahme, Mitteilung und Kenntnisnahme der vormundschaftsgerichtlichen Genehmigung; *OLG Hamm* DNotZ 1964, 541).

45 **kk) § 3 I Nr. 9 BeurkG.** Das neu eingeführte Mitwirkungsverbot in Angelegenheiten einer Gesellschaft, an der der Notar mit mehr als 5% der Stimmrechte oder mit mehr als 2.500 EUR anteiligem Haftkapital beteiligt ist, führt faktisch zu einem Beurkundungsausschluss in vielen Fällen einer Gesellschaftsbeteiligung. Richtigerweise meint die Vorschrift den Nominalbetrag der Kapitalbeteiligung und damit neben der Kommanditeinlage die Beteiligung an einer AG, KGaA, GmbH oder Genossenschaft.

46 **ll) § 3 II, III BeurkG.** Nach § 3 II und III BeurkG besteht ein **Ablehnungsrecht**, falls es sich um die Angelegenheiten mehrerer Personen handelt und der Notar
– früher in derselben Angelegenheit als Bevollmächtigter oder gesetzlicher Vertreter tätig war (§ 3 II BeurkG),
– in einer anderen Angelegenheit als Bevollmächtigter eines Betroffenen tätig ist (§ 3 II BeurkG),
– einem nicht vertretungsberechtigten Organ einer Person angehört, deren Angelegenheit beurkundet wird (§ 3 III Nr. 1 BeurkG),
– einem vertretungsberechtigten Organ einer Gemeinde, eines Kreises oder einer religiösen oder weltanschaulichen Körperschaft des öffentlichen Rechts angehört, deren Angelegenheit beurkundet wird (§ 3 III Nr. 2 und 3 BeurkG).

47 **mm) § 16 II BNotO.** Fühlt sich der Notar **befangen**, dann hat er nach § 16 II BNotO die Beurkundung abzulehnen. In den vorgenannten Fällen des § 3 II, III BeurkG hat der Notar die Beteiligten zu belehren, dass sie seine Tätigkeit ablehnen können. In der Urkunde ist ein Vermerk darüber aufzunehmen, dass dies geschehen ist.

§ 16 II BNotO räumt dem Notar darüber hinaus das Recht ein, sich der Amtstätigkeit wegen Befangenheit zu enthalten. Besondere Bedeutung kommt dieser Bestimmung nicht zu. Sie ist aber in den Fällen, die nicht unter die normierten Mitwirkungsverbote fallen, aber gleichwohl die notwendige Unparteilichkeit gefährdet erscheint, ein notwendiges Korrektiv zur Pflicht zur Amtsausübung.

48 **nn) § 27 BeurkG.** Von der Beurkundung von Willenserklärungen zu seinen Gunsten oder zu Gunsten naher Angehöriger ist der Notar gemäß § 7 BeurkG ausgeschlossen.

I. Grundsätze

§ 27 BeurkG stellt insoweit klar, dass der Notar von der Beurkundung einer Verfügung von Todes wegen ausgeschlossen ist, falls er oder die von § 7 erfassten Personen **in der Verfügung bedacht**, das heißt als Erben oder Vermächtnisnehmer eingesetzt oder als Testamentsvollstrecker ernannt werden. Entsprechendes gilt für einen beigezogenen Dolmetscher (§ 16 II 3 BeurkG), für die bei Tauben oder Stummen beigezogene Vertrauensperson (§ 24 BeurkG) oder für den zugezogenen Zeugen oder zweiten Notar (§ 26 BeurkG). Ein Verstoß gegen § 27 BeurkG führt zur Nichtigkeit der einzelnen hiervon betroffenen Zuwendung (*Winkler* § 27 Rn. 10). Dies hat abweichend von § 139 BGB regelmäßig nicht die Unwirksamkeit der Gesamtverfügung zur Folge (§ 2085 BGB).

6. Allgemeine Amtspflichten

a) Wahrung der verfassungsmäßigen Ordnung

Gemäß seinem Amtseid (§ 13 BNotO) übernimmt der Notar die Pflicht zur Wahrung der verfassungsmäßigen Ordnung. Diese Pflicht besteht gegenüber dem Staat und begründet keine Amtspflicht im Sinne des § 19 BNotO. **49**

b) Unparteilichkeit (§§ 1, 14 BNotO)

Der Notar schwört bei seiner Bestallung, „die Pflichten eines Notars gewissenhaft und unparteiisch zu erfüllen" (§ 13 I BNotO). Er ist nicht Vertreter einer Partei, sondern unparteiischer Betreuer der Beteiligten. Schon der Anschein der Parteilichkeit ist zu vermeiden. Der Notar hat durch geeignete Vorkehrungen die Wahrung der Unabhängigkeit und Unparteilichkeit seiner Amtsführung sicherzustellen (§ 28 BNotO). Der Vermeidung jeden Anscheins einer Parteilichkeit dienen vor allem die Mitwirkungsverbote und die Pflichten des Notars zur Gestaltung des Beurkundungsverfahrens, so dass die Anforderungen des § 17 I, II BeurkG gewährleistet sind. **50**

Die Pflicht zur Unparteilichkeit steht wie keine andere Amtspflicht des Notars im Spannungsfeld der **gegensätzlichen Anforderungen an notarielle Beratung und Belehrung**. So kann aus der Pflicht zur Unparteilichkeit abgeleitet werden, dass der Notar nicht seine Auffassung einer ausgewogenen Vertragsgestaltung den Parteien aufdrängen darf (**Belehrungsverbot**) oder dass der Notar auf die Parteien so einzuwirken habe, dass ein gerechter Ausgleich der Interessen entsteht (**Belehrungspflicht**). Je nach Art des Rechtsgeschäfts und der geschäftlichen Gewandtheit der Beteiligten hat der Notar zwischen den Polen einer pflichtmäßigen und einer pflichtwidrig aufgedrängten Beratung einen Weg zu finden (zur Warnpflicht nach § 14 BNotO *Reithmann* DNotZ 2003, 804).

In der **Rechtsprechung** wird die Pflicht zur Unparteilichkeit äußerst kontrovers beurteilt. So sind Regelungen anzuregen, um die Gefährdung des Käufers durch Vorleistungen zu verhüten (*BGH* DNotZ 1959, 173). Umgekehrt verletzt der Notar die Pflicht zur Unparteilichkeit, wenn er von sich aus zugunsten eines Beteiligten Sicherheiten vorschlägt (*BGH* DNotZ 1987, 157; vgl. auch *BGH* NJW 1987, 1266). Allgemein gültige Leitlinien lassen sich nach der Rechtsprechung nicht aufzeigen (vgl. *Haug/Zimmermann* Rn. 419 ff.). Es gilt: Im Zweifel Belehrung und Warnung! Die Belehrung und Warnung der Vertragsteile, mag sie auch intensiv sein, wird regelmäßig nicht die Pflicht zur Unparteilichkeit verletzen. Der Notar wird schon aus haftungsrechtlichen Gründen gut beraten sein, in allen Vertragsgestaltungen, die er nicht als ausgewogen erachtet, seine Hinweise als Belehrungsvermerke in die Urkunde aufzunehmen. **51**

c) Verschwiegenheit (§ 18 BNotO)

Die Amtspflicht zur Verschwiegenheit besteht **ausschließlich im Interesse der Beteiligten**, nicht aber von Dritten. Die Beteiligten können den Notar hiervon befreien (§ 18 II BNotO). Ist der Beteiligte verstorben, tritt an dessen Stelle die Aufsichtsbehörde des Notars (§ 18 II BNotO). Der Erbe hat kein Mitwirkungs- oder Anfechtungsrecht (*BGH* **52**

DNotZ 2009,876). Im Beurkundungsverfahren entsteht nicht selten ein Widerspruch zwischen der Pflicht zur Belehrung und zur Verschwiegenheit. Die Belehrungspflicht ist unverzichtbar und hat regelmäßig Vorrang. Unterlässt der Notar wegen der ihm obliegenden Schweigepflicht die Belehrung, so verletzt er seine Amtspflicht. Der Notar hat hier nur die Wahl, sich von seiner Schweigepflicht befreien zu lassen (§ 18 II BNotO) oder die Amtsausübung zu verweigern (§ 15 BNotO). Auch die Haftungsrechtsprechung bejaht durchgehend den **Vorrang der Belehrungs- und Aufklärungspflichten** vor der Pflicht zur Verschwiegenheit (*BGH* DNotZ 1973, 174, 179 und 494; 1978, 373; *Haug/Zimmermann* Rn. 434 ff.).

d) Amtsbereitschaft und Amtsausübung

53   Der Notar hat die Pflicht zur Amtsbereitschaft als allgemeine Amtspflicht (§ 1 BNotO). Die Pflicht zur Amtsbereitschaft und die durch die Novelle zur BNotO gelockerte Residenzpflicht (§ 10 II BNotO) dienen der geordneten Rechtspflege und begründen keine Pflichten gegenüber Beteiligten und Dritten. Zur Amtsausübung ist der Notar bei den Amtsgeschäften der §§ 20–22a BNotO verpflichtet. Der Notar darf seine Tätigkeit nicht ohne ausreichenden Grund verweigern (§ 15 BNotO). Eine über die Amtstätigkeit hinausgehende Auskunftspflicht des Notars besteht auch gegenüber den Beteiligten einer abgeschlossenen Beurkundung nicht (*OLG Hamm* MittBayNot 1999, 89). Die Übernahme weiterer Tätigkeiten im Sinne der §§ 23, 24 BNotO steht dem Notar frei.

II. Prüfungs- und Belehrungspflichten

1. Grundsätze

54   Der Notar hat den Willen der Beteiligten zu erforschen, den Sachverhalt zu klären und die Beteiligten über die rechtliche Tragweite des Geschäfts zu belehren (§ 17 BeurkG). Der **Wandel der Rechtsprechung zu § 17 BeurkG** verdeutlicht die hervorragende Bedeutung der Prüfungs- und Belehrungspflichten. Sah diese anfänglich die Aufgabe des Beurkundungsverfahrens in der Sicherung der rechtswirksamen Formulierung und Beurkundung (*RG* JW 1915, 1513), so rückte zunehmend die Belehrungs- und Aufklärungspflicht als zentrale Aufgabe in den Vordergrund. Die Anforderungen hieran steigerten sich zunehmend (vgl. *BGH* DNotZ 1954, 329), und neben der aus § 17 BeurkG abgeleiteten Belehrungspflicht aus Urkundstätigkeit entwickelte die Rechtsprechung die noch weiter reichenden **Belehrungspflichten aus Betreuungsverpflichtung** (ausführlich zur Entwicklung der Rechtsprechung *Ganter* WM 1996, 701; *Reithmann* NJW 1995, 3370; *Allerkamp*, Die sogenannte erweiterte Belehrungspflicht des Notars, 1989).

§ 17 BeurkG soll gewährleisten, dass der Notar eine rechtswirksame Urkunde über den wahren Willen der Beteiligten errichtet. Aus diesem Zweck folgt die inhaltliche **Begrenzung der Pflicht zur Rechtsbelehrung**: Sie geht nur so weit, wie eine Belehrung für das Zustandekommen einer formgültigen Urkunde erforderlich ist, die den wahren Willen vollständig und unzweideutig in der für das beabsichtigte Rechtsgeschäft richtigen Form rechtswirksam wiedergibt. Dabei ist darauf zu achten, dass unerfahrene und ungewandte Beteiligte nicht benachteiligt werden (*BGH* DNotZ 1989, 45).

2. Willenserforschung und Sachverhaltsaufklärung

55   Jede Beurkundung beginnt mit der Aufnahme und Ermittlung der **objektiven und subjektiven Sachverhaltsgrundlagen**. Nicht alles, was die Beteiligten wollen, können sie, und nicht alles, was sie wollen, dürfen sie. Willenserforschung ist die Aufgabe des Notars, die Beteiligten zu einem übereinstimmenden Ergebnis zu führen, das ihren wahren Willen irrtums- und zweifelsfrei und rechtlich einwandfrei enthält. Dieses Ziel wird auf **mehreren Stufen** erreicht:

II. Prüfungs- und Belehrungspflichten

(1) Auf der ersten Stufe hat der Notar seine **Amtstätigkeit zu versagen**, wenn mit der Beurkundung unerlaubte oder unredliche Zwecke verfolgt werden (§ 4 BeurkG, § 14 II BNotO).

(2) Die zweite Stufe der Überprüfung erfolgt auf der **Grundlage der Rechtsordnung**. Verstößt die Erklärung gegen ein Gesetz (§ 134 BGB), die guten Sitten (§ 138 BGB) oder Treu und Glauben (§ 242 BGB), so ist im Wege der Beratung ein der Rechtsordnung konformer Weg zu finden oder die Beurkundung abzulehnen. Die Beurkundung ist so zu gestalten, dass die Einhaltung der Pflichten nach § 17 I, II BeurkG gewährleistet ist und den besonderen Anforderungen an die Verfahrensgestaltung bei Verbraucherverträgen Rechnung getragen wird (§ 17 II a BeurkG).

(3) Als dritte Stufe ist zu prüfen, ob durch die Erklärung das angestrebte **rechtsgeschäftliche Ziel sicher erreichbar** ist. Bei mehreren Alternativen ist die sicherste Gestaltung aufzuzeigen. Bei mehreren gleichermaßen sicheren Gestaltungen ist derjenigen der Vorzug zu geben, die am kostengünstigsten ist.

(4) Nicht vom Gesetz gefordert und nicht immer erreichbar, doch gleichwohl vornehmste Aufgabe des Notars ist es, auf dieser Grundlage ein Ergebnis zu erzielen, das nicht nur rechtmäßig, sondern auch **ausgewogen und gerecht** ist. Der Notar kann bezeugen, nicht entscheiden, nicht seinen Willen an die Stelle des Willens der Beteiligten setzen. Die Beteiligten und nicht der Notar haben die Vertrags- und Wertungsautonomie (*Keim* S. 37; *Schollen* DNotZ Sonderheft Deutscher Notartag 1969, S. 51).

Die Stufen **Rechtmäßigkeit** und **Richtigkeit** müssen geprüft werden. Kommt der Notar zur Überzeugung, dass die Erklärung nicht dem Gesetz oder dem wahren Willen der Beteiligten entspricht, so hat er die Beurkundung abzulehnen. Bestehen Zweifel, so hat der Notar seine Bedenken zu unterbreiten. Bestehen die Beteiligten trotz schonungsloser Aufklärung auf der Beurkundung, so hat er die Zweifel in der Niederschrift zu vermerken. Meistens zeitigt bereits die Drohung der Aufnahme eines derartigen Vermerks einen entsprechenden Erfolg.

Erforschung des Willens und Aufnahme und Klärung des Sachverhalts erfolgen gemeinsam. Es gibt im Beurkundungsverfahren **keine Amtsermittlung**. Der Notar muss davon ausgehen können, dass die Sachverhaltserklärungen der Beteiligten richtig sind (so für Ermittlung der Erbquote *LG München* MittBayNot 2003, 72). Erhält der Notar auf seine Fragen zur Sachverhaltsaufklärung klare Antworten, so besteht für ihn kein Anlass, an der Richtigkeit und Vollständigkeit zu zweifeln (*BGH* DNotZ 1981, 515). Angaben zum Sachverhalt werden häufig lückenhaft und nicht selten schief oder unrichtig gemacht. Soweit es sich um Rechtstatsachen handelt, muss recherchiert oder nachgefragt werden, um eine richtige Grundlage der Beurkundung zu schaffen. Dies betrifft insbesondere Grundbuchstand, Güterstand, bei Verfügungen von Todes wegen das Vorhandensein früherer bindender Verfügungen, Güter- und Erbrechtsstatut, Einsicht in Nachlassakten, Nachweis der Inhaberschaft von Gesellschaftsanteilen usw. Werden dem Notar Unterlagen vorgelegt, die für das Rechtsgeschäft von Bedeutung sind, dann hat er sich darüber zu unterrichten und sie zu berücksichtigen (*BGH* NJW 1996, 520).

3. Belehrung

a) Adressat der Belehrung

Der Notar hat die **formell Beteiligten** über die **rechtliche Tragweite** des Geschäfts zu belehren. Die Belehrungspflicht besteht grundsätzlich nur gegenüber den formell an der Beurkundung Beteiligten (§ 6 II BeurkG). Das sind die Erschienenen, deren Erklärungen beurkundet werden sollen. Es besteht dem Grundsatz nach keine Pflicht zur Belehrung derjenigen Personen, deren rechtliche Interessen durch die beurkundete Erklärung materiell berührt werden, die aber selber keine Erklärungen abgeben und formell nicht beteiligt sind.

Unter bestimmten Voraussetzungen besteht aber eine Belehrungspflicht auch gegenüber formell nicht Beteiligten. Diese Erweiterung der Prüfungs- und Belehrungspflicht lässt sich aber nicht auf § 17 I BeurkG, sondern nur auf die **Betreuungspflichten gegenüber Dritten** stützen (vgl. Rn. 127 ff., 132 ff.).

Die in § 17 II a BeurkG neu gefassten **Beurkundungsverfahrenspflichten** bestehen gegenüber den materiell Beteiligten. Die Pflicht zur sachgerechten Gestaltung des Beurkundungsverfahrens zielt darauf ab, dass die materiell Beteiligten an der Beurkundungsverhandlung teilnehmen.

b) Inhalt der Belehrungspflicht

60   Die Belehrungspflicht ist unverzichtbar und entfällt auch dann nicht, wenn das beurkundete Rechtsgeschäft der allgemeinen Praxis entspricht und eine Gefahr nach Lage des Falles nicht droht. Auf der anderen Seite ist der Notar nicht verpflichtet, ohne Rücksicht auf die konkreten Belange „ins Blaue hinein" zu beraten (*BGH DNotZ 1995, 407, 409*). Der Inhalt und Umfang der gebotenen Belehrung hängt sowohl vom konkreten Rechtsgeschäft wie von den konkreten Beteiligten ab. Die Belehrungspflicht entfällt, soweit es sich um Rechtsfragen handelt, die dem Beteiligten nach seiner persönlichen Sachkunde ohne weiteres bekannt sein müssen. So kann der Notar von einer Belehrung über die Tragweite eines Haftungsausschlusses absehen, wenn er sich überzeugt hat, dass der Beteiligte sich über Risiko und Tragweite der Freizeichnung bewusst ist (*BGH DNotZ 2007, 822*). Der Notar ist nicht Vormund oder Erzieher der Beteiligten, der von sich aus jede Klausel erläutern muss (*Haug/Zimmermann* Rn. 450).

Belehrung über die rechtliche Tragweite bedeutet Belehrung, unter welchen Voraussetzungen der rechtliche Erfolg der Erklärung eintritt und welche unmittelbaren rechtlichen Folgen sich daran knüpfen. Die Pflicht geht so weit, wie eine Belehrung für das Zustandekommen einer formgültigen Urkunde erforderlich ist, die den **wahren Willen** der Beteiligten vollständig und unzweideutig in der für das beabsichtigte Rechtsgeschäft **richtigen Form** wiedergibt (*BGH DNotZ 1989, 45, 46*). Zur pflichtgemäßen Erfüllung seiner Belehrungspflichten hat der Notar über die erforderlichen Rechtskenntnisse zu verfügen und sich ausreichend Kenntnis zu verschaffen von der Rechtsprechung der obersten Gerichte (*BGH NJW 1992, 3237, 3239; 1993, 648*).

Die **wirtschaftliche Bedeutung** des Geschäfts und die damit verbundenen wirtschaftlichen Gefahren sind von der Belehrungspflicht nicht umfasst (*BGH DNotZ 1965, 115, 117; 1975, 2016*).

Kennt der Notar wirtschaftliche Risiken, so muss er gleichwohl im Rahmen seiner Amtspflichten warnen. So hat er, falls er bei Beurkundung eines Kaufvertrags davon ausgehen muss, dass der Käufer das Vertragsobjekt zum ständigen Bewohnen nutzen will, und er erfährt, dass das Grundstück baurechtlich nur als Wochenendgrundstück genutzt werden darf, den Käufer zu warnen (*BGH DNotZ 1996, 118*).

Beim Bauträgervertrag folgt aus den besonderen wirtschaftlichen Risiken und der gegenüber dem Käufer als Verbraucher erweiterten Belehrungspflicht, dass der Notar auf die besonderen wirtschaftlichen Risiken bei einem im Grundbuch eingetragenen Zwangsversteigerungsvermerk hinzuweisen hat (*BGH DNotI-Report 2010, 178*).

Die Belehrung hat zum **Zeitpunkt der Beurkundung** zu erfolgen. Eine bei früherer Gelegenheit vorgenommene Belehrung genügt in der Regel nicht (*BGH DNotZ 1997, 51, 52 und 62, 63*).

Der Notar hat die **Formulierungspflicht**, die Erklärung der Beteiligten klar und unzweideutig in der Niederschrift wiederzugeben.

4. Gestaltung des Beurkundungsverfahrens (§ 17 II a BeurkG)

61   Die Prüfungs- und Belehrungspflichten des § 17 I, II BeurkG bestehen nur gegenüber den formell an der Beurkundung Beteiligten. Die Gestaltung des Beurkundungsverfah-

II. Prüfungs- und Belehrungspflichten

rens kann jedoch dazu führen, dass gerade Personen, die einer Belehrung bedürfen, nicht daran teilnehmen. § 17 II a BeurkG begründet für drei Fallgruppen Pflichten zur Verfahrensgestaltung gegenüber den materiell Beteiligten des Beurkundungsverfahrens:

(1) Für **alle Beurkundungen** besteht die Pflicht zur Verfahrensgestaltung, dass die Pflichten nach § 17 I, II BeurkG gewährleistet sind (§ 17 II a 1 BeurkG);
(2) Für **alle Verbraucherverträge** bestehen besondere Pflichten zur Verfahrensgestaltung gegenüber dem Verbraucher als materiell Beteiligten (§ 17 II a 2 Nr. 1 und § 17 II a 2 Nr. 2 Hs. 1 BeurkG).
(3) Für **Verbraucherverträge i. S. d. § 311b I 1, III BGB** bestehen noch weiter gehende Verfahrenssicherungsrechte (§ 17 II a 2 Nr. 2 Hs. 2 BeurkG).

a) Allgemeine Verfahrensgestaltung (§ 17 II a 1 BeurkG)

Der Notar hat nach § 17 II a 1 BeurkG das Beurkundungsverfahren so zu gestalten, dass die Einhaltung der Pflichten nach § 17 I, II gewährleistet ist. Zweck dieser Bestimmung ist es zu verhindern, dass durch eine **missbräuchliche Gestaltung des Beurkundungsverfahrens** die zentrale Belehrungspflicht des § 17 BeurkG der materiell Beteiligten umgangen oder unterlaufen wird. **62**

§ 17 II a 1 BeurkG verbietet besondere Gestaltungen, bei der materiell Beteiligte von der Beurkundungsverhandlung fern gehalten werden, also insbesondere die „planmäßige und systematische" **63**
– Beurkundung in vollmachtloser Vertretung,
– Beurkundung unter Verwendung isolierter Vollmachten oder durch bevollmächtigte Mitarbeiter des Notars,
– Beurkundung durch Aufspaltung eines Vertrags in Angebot und Annahme,
– Auslagerung wesentlicher Vereinbarungen in Verweisungsurkunden im Sinn des § 13a BeurkG.
Die Vorschrift begründet eine unbedingte Amtspflicht des Notars, ist aber **Soll-Vorschrift**, deren Nichtbeachtung nicht zur Unwirksamkeit der Beurkundung führt. Die Anwendungsempfehlungen zur praktischen Umsetzung von § 17 II a 2 BeurkG sind im Rundschreiben der BNotK 20/2003 vom 28.4.2003 niedergelegt

Alle vorgenannten Gestaltungen sind materiell möglich und im Einzelfall, soweit ein **sachliches Bedürfnis** gegeben ist und die Beachtung der Pflichten des § 17 BeurkG gewährleistet ist, weiterhin gangbar. § 17 II a S. 1 BeurkG verbietet eine systematische und planmäßige Gestaltung, bei der die Einhaltung dieser Pflichten nicht mehr gewährleistet ist. **64**

(1) Wird ein geschäftsgewandter Beteiligter **vollmachtlos vertreten** oder ist die Beratung und Belehrung durch Erörterungen im Vorfeld der Beurkundung erfolgt oder erfolgt die Beurkundung ausdrücklich auf seinen Wunsch (Urlaub, Krankheit), so liegt i. d. R. kein Verstoß gegen § 17 II a 1 BeurkG vor. Anders ist es, wenn Beurkundungen systematisch oder ohne sachlichen Grund vorbehaltlich Genehmigungen erfolgen.
(2) Die gleiche Abgrenzung gilt bei der systematischen Verwendung **isolierter Vollmachten**. Bei den Vollmachten auf Angestellte des Notars bleibt die reine verfahrensrechtliche Vollzugsvollmacht weiterhin zulässig, während weitergehende systematische Vollmachtserteilungen (zu Finanzierungsgrundpfandrechten, beliebigen Nachträgen etc.) gegen die Pflichten aus § 17 II a 1 BeurkG verstoßen. Zur systematischen Verwendung von isolierten Grundstücksvollmachten vgl. DNotI-Report 1997, 63. In jedem Fall sollte der Notar den Vollmachtgeber über die Risiken der Erteilung einer Vollmacht belehren (*Brambring* DNotI-Report 1998, 186; zur Vollmacht für Ehevertrag BGHZ 138, 239).
(3) Die systematische Aufspaltung von Verträgen in **Angebot und Annahme** (insbesondere durch den sog. „Zentralnotar" im Rahmen gewerbsmäßiger Immobilienprojekte) verstößt dann gegen § 17 II a 1 BeurkG, wenn der belehrungsbedürftige Vertragsteil

(i. d. R. der Käufer) die Annahme erklärt, aber alle wesentlichen Vertragsgrundlagen im Angebot enthalten waren. (Zu den Amtspflichten eines Notars, der als Zentralnotar in einer Vielzahl gleichartiger Fälle Verträge über den Erwerb von Grundstückseigentum beurkundet, wenn die Erwerber systematisch durch eine dem Veräußerer nahe stehende Person vertreten werden und sie deren Handeln durch Unterzeichnung einer von dem Zentralnotar entworfenen Erklärung vor einem Ortsnotar genehmigen sollen, *OLG Hamm* DNotZ 1997, 658.) In solchen Fällen muss das Angebot vom belehrungsbedürftigen Vertragsteil abgegeben werden und nicht umgekehrt, da der Notar dem unerfahrenen Beteiligten schützen muss.

(4) Gleiches gilt bei der systematischen „Auslagerung" wesentlicher materieller Vertragsteile (Geschäftsbesorgungsverträge, Garantien etc.) in **Verweisungsurkunden** i. S. d. § 13a BeurkG. Ausführlich hierzu *Winkler* MittBayNot 1999, 1, 12 ff.; *Vaasen/Starke* DNotZ 1998, 661, 674; *Brambring* DNotI-Report 1998, 184; *ders.* FGPrax 1998, 203.

b) Verbraucherverträge (§ 17 II a 2 BeurkG)

65 Die Fassung von § 17 II a BeurkG wurde durch Gesetz vom 15.7.2013 (BGBl. I 2378) neu gefasst und begründet grundlegend **neue Verfahrenspflichten** des Notars gegenüber dem Verbraucher als materiell Urkundsbeteiligten. Der Notar hat das Beurkundungsverfahren so zu gestalten, dass ein materiell Beteiligter nicht vollmachtlos vertreten wird oder durch Erteilung einer Vollmacht vom Beurkundungsverfahren ferngehalten wird.

Für alle Verbraucherverträge gilt die Pflicht darauf hinzuwirken, dass die Erklärungen des Verbrauchers persönlich vor dem Notar abgegeben werden und der Verbraucher ausreichend Gelegenheit erhält, sich mit dem Gegenstand der Beurkundung auseinander zu setzen.

Nur für Verbraucherverträge, die § 311b BGB unterliegen, gelten die weitergehenden Amtspflichten gemäß Nr. 2 Hs. 2 (Übersendung des Vertragsentwurfs und Sperrfrist vor Beurkundung).

66 Die Amtspflichten gelten nur für **Beurkundungen** bei Aufnahme einer Niederschrift nach §§ 8 ff. BeurkG, nicht für sonstige Beurkundungen nach §§ 36 ff. BeurkG und damit auch nicht für Unterschriftsbeglaubigungen in Zusammenhang mit einem Verbrauchervertrag (*Solveen* RNotZ 2002, 318, 320). Dies gilt auch, falls der beglaubigende Notar den Entwurf der zu beglaubigenden Erklärung entworfen hat (a. A. *Winkler* § 17 Rn. 79). Der Notar übernimmt zwar dann über die Pflicht aus § 40 II BeurkG Prüfungs- und Belehrungspflichten i. S. d. § 17 BeurkG, aber er kann die weitergehenden Verfahrenssicherungen nach § 17 II a BeurkG typischerweise nicht erfüllen. Das kann nur der Notar, der den Verbrauchervertrag selbst beurkundet.

67 § 17 II a 2 gilt für **Verbraucherverträge**. Die Begriffe Verbrauchervertrag, Verbraucher und Unternehmer sind durch § 310 III BGB und §§ 13, 14 BGB definiert.

Die Einordnung des Vertrags als Verbrauchervertrag ist nicht Sache der Beteiligten, sondern Teil der Sachverhaltsaufklärung durch den Notar. Im Einzelnen kann die Einordnung schwierig sein (zu Abgrenzungsfragen vgl. *Sorge* DNotZ 2002, 593, 596 ff.; *Solveen* RNotZ 2002, 318, 319 ff.; *Rieger* MittBayNot 2002, 325, 327 ff.).

Keine Anwendung findet § 17 II a 2 BeurkG auf
(1) Verträge, an denen ausschließlich Verbraucher beteiligt sind;
(2) Verträge, an denen ausschließlich Unternehmer beteiligt sind;
(3) auf einseitige Rechtsgeschäfte, die nicht auf Abschluss eines Verbrauchervertrags gerichtet sind.

68 Beim Verbrauchervertrag bestehen **zwei Amtspflichten** im Vorfeld der Beurkundungsverhandlung:
– Die Hinwirkungspflichten auf eine **persönliche Abgabe** der rechtsgeschäftlichen Erklärung durch den Verbraucher oder eine Vertrauensperson des Verbrauchers und

II. Prüfungs- und Belehrungspflichten   G

– die Sicherung der **ausreichenden Auseinandersetzung** mit dem Gegenstand der Beurkundung.

Die Amtspflichten bestehen gegenüber dem Verbraucher als „materiell Beteiligten". Auch wenn eine Vertretung nach den Vorschriften des materiellen Rechts zulässig ist, ist die Amtspflicht der persönlichen Abgabe der Erklärung durch den Verbraucher zu beachten.

Wird der Verbraucher vertreten, kann dies nur durch eine Vertrauensperson erfolgen.

Dies gilt in gleicher Weise für das Handeln aufgrund Spezialvollmacht und Generalvollmacht, aber auch für das Handeln des **vollmachtlosen Vertreters**. Auch hier wird die vom Gesetz vorgegebene Verfahrenssicherung nur eingehalten, wenn eine Vertrauensperson, vorbehaltlich Genehmigung bei der Beurkundungsverhandlung anwesend ist. Dies ist praxisgerecht, denn es kann gerade aufgrund der Amtspflichten gegenüber der Vertrauensperson bei Zweifeln über den konkreten Umfang der Vertretungsmacht sachgerecht sein, diesen Weg zu wählen. Eine vollmachtlose Vertretung durch den Unternehmer ist nicht zulässig (*Winkler* § 17 Rn. 140).

Einzelfälle: 69

(1) Eine **Vollmacht an den Unternehmer** in Verbraucherverträgen verstößt i. d. R. dann gegen § 17 II a Nr. 1 BeurkG, wenn durch die Ausübung der Vollmacht die Verfahrenssicherungsrechte der Vorschrift beeinträchtigt werden. Dies betrifft insbesondere Vollmachten, die zum Abschluss von Verbraucherverträgen vor einem **Zentralnotar** erteilt werden.

(2) Die **Finanzierungsvollmacht** des Verbrauchers an den Unternehmer führt bei Ausübung der Vollmacht zum Abschluss eines eigenen Verbrauchervertrags zwischen dem vertretenen Verbraucher und der Finanzierungsbank. Die Erteilung einer Vollmacht im Verbraucherkaufvertrag verstößt auch dann gegen § 17 II a Nr. 1 BeurkG, wenn der Verbraucher über die Bedeutung der Vollmacht ausreichend belehrt wurde (*Sorge* DNotZ 2002, 593, 602).

(3) **Durchführungs- und Vollzugsvollmachten**, Vollmachten zur Messungsanerkennung und Auflassung, zur Änderung von Teilungserklärungen, Bestellung von Dienstbarkeiten etc., sind auch weiterhin zulässig, soweit sie der Umsetzung, dem Vollzug oder der näheren Leistungsbestimmung dienen und nicht zum Abschluss eines eigenständigen neuen Verbrauchervertrags oder zur grundlegenden Abänderung des abgeschlossenen Vertrags führen (vgl. *Winkler* § 17 Rn. 128 ff.).

Der Verbraucher soll ausreichend Gelegenheit erhalten, sich vorab mit dem **Gegen-** 70 **stand der Beurkundung** auseinander zu setzen. Hierunter fallen alle Verbraucherverträge, auch soweit die Zweiwochenfrist des § 17 II a Nr. 2 Hs. 2 BeurkG für sie nicht gilt. Die Vorschrift hat eine klarstellende Funktion und setzt insoweit die Richtlinienempfehlung der BNotK um. Für die Feststellung, ob eine ausreichende Gelegenheit zur Auseinandersetzung mit dem Beurkundungsgegenstand bestand, kann und muss flexibel nach Art und Bedeutung des Rechtsgeschäfts und Kenntnis- und Erfahrungsstand des Verbrauchers beantwortet werden.

c) Verbraucherverträge nach § 311b BGB

Für Verträge, die der Beurkundungspflicht nach § 311b I 1 und § 311 III BGB unter- 71 liegen, gilt die weitergehende Pflicht der Einhaltung der **Bedenkfrist** von zwei Wochen. Der wichtigste Anwendungsfall ist der Immobilienkaufvertrag, soweit es sich um einen Verbrauchervertrag handelt.

Der Notar hat im Regelfall darauf hinzuwirken, dass der **Vertragstext** dem Verbraucher zwei Wochen vor Beurkundung zur Verfügung gestellt wird. Das kann nur durch den Urkundsnotar oder dessen Sozius selbst erfolgen. Es reicht ausdrücklich nicht aus, wenn die Übermittlung durch den Unternehmer oder einen Dritten (Makler etc.) erfolgt.

Der „beabsichtigte Text" im Sinn der Vorschrift ist nicht nur Vertragsmuster, sondern muss neben den Vertragsteilen und dem Vertragsobjekt zumindest alle Hauptleistungen und die für die Kaufentscheidung maßgeblichen Nebenleistungen enthalten.

72 **Änderungen des Vertragstextes** sind grundsätzlich zulässig und werden als Ergebnis des Verhandelns im Rahmen der Beurkundung regelmäßig vorkommen. Führen Änderungswünsche des Unternehmers zu einem völlig anderen Entwurfsinhalt, ist es geboten, die Frist erneut beginnen zu lassen. Dies gilt insbesondere, wenn der Text ohne Einverständnis des Verbrauchers geändert oder ergänzt wird.

73 Bei **Verweisungen** im Verbrauchervertrag auf andere notarielle Niederschriften im Sinn des § 13a BeurkG oder auf Anlagen im Sinn des § 14 BeurkG sind diese Urkunden bzw. Anlagen gemeinsam mit dem Vertragstext dem Verbraucher rechtzeitig zur Verfügung zu stellen.

74 Die Zweiwochenfrist bezweckt eine „**cooling-off-Periode**" zur Sicherstellung einer ausreichenden Prüfung durch den Verbraucher. Sie ist eine neuartige „Regelvoraussetzung" und begründet keine unbedingte Amtspflicht. In begründeten Ausnahmefällen bleibt es zulässig, dass die Frist unterschritten wird. Bei Unterschreitungen muss trotz der Nichteinhaltung überlegtes Handeln sichergestellt sein. Hier muss in der Verhandlung festgestellt werden, dass eine besondere Eilbedürftigkeit (z. B. Ablauf steuerlicher Fristen) gegeben ist und der Verbraucher durch sachkundige Berater oder den Notar in besonderer Weise Gelegenheit hatte, sich mit dem Gegenstand der Beurkundung auseinander zu setzen (*Hertel* ZNotP 2002, 286, 289; *Sorge* DNotZ 2002, 593, 604).

Die Nichteinhaltung der Frist hat keine Auswirkung auf die Wirksamkeit der Beurkundung.

Die Urkunde sollte einen **Vermerk** über die Einhaltung der Frist enthalten. Die Regelfrist von zwei Wochen steht nicht zur Disposition der Vertragsteile und eine **Abweichung** kommt nur dann in Betracht, wenn im Einzelfall nachvollziehbare Gründe es rechtfertigen, die Schutzfrist zu verkürzen. Andernfalls hat der Notar die Amtspflicht die Beurkundung abzulehnen. Dies gilt auch, wenn es von den Urkundsbeteiligten gewünscht wird (*BGH* NJW 2013, 1451; *Rieger* MittBayNot 2013, 325; s. a. *Junglas* NJW 2012, 1121).

74a **Formulierungsbeispiel: Verbrauchervertrag – 2-Wochenfrist**

> Der Käufer erklärt und bestätigt ausdrücklich, dass er am … vom Notar einen Entwurf des heutigen Vertrags und eine Abschrift der Verweisungsurkunde (Urkunde des Notars … vom … URNr. …/ 2013) und damit mindestens 14 Tage vor dem heutigen Tag der Beurkundung erhalten hat und dass er ausreichend Gelegenheit hatte, sich mit dem Gegenstand der Beurkundung auseinander zu setzen.

5. Geschäftsfähigkeit

75 Der Notar hat die **Geschäftsfähigkeit zu prüfen** (§§ 11, 28 BeurkG). Fehlt es hieran, ist die Beurkundung abzulehnen. Ein Vermerk zur Geschäftsfähigkeit ist in der Urkunde nur zwingend aufzunehmen, bei Zweifeln an der Geschäftsfähigkeit (§ 11 I 2 BeurkG), bei schwerer Krankheit (§ 11 II BeurkG) und bei Verfügungen von Todes wegen (§ 28 BeurkG).

76 Von der **Geschäftsfähigkeit** hat sich der Notar vor der Beurkundung **zu überzeugen** (*Winkler* § 11 Rn. 8; ausführlich zu Fragen der Feststellung *Lichtenwimmer* MittBayNot 2002, 240). Eingehende Nachforschungen sind bei Volljährigen nicht erforderlich. Drängen sich insbesondere aufgrund Alters, Gebrechlichkeit oder Zeichen von Desorientierung Zweifel auf, so ist diesen nachzugehen. Aussagen und Atteste von Ärzten oder sonstigen Sachverständigen können hilfreich sein und sollten aus Beweisgründen zur Urkunde genommen werden, vermögen aber nicht die eigene Feststellung zu ersetzen

II. Prüfungs- und Belehrungspflichten G

(*Kanzleiter* DNotZ 1993, 441; zum Umfang der Dokumentation und Testverfahren wie MMSE-Test *Lichtenwimmer* MittBayNot 2002, 240, 243 ff.)

Bei der **Entscheidung über die Geschäftsfähigkeit** wird ein medizinischer Sachverhalt juristisch gewürdigt. Der Notar kann die Beurkundung nur ablehnen, wenn er die sichere Überzeugung hat, dass Testierunfähigkeit gegeben ist. Beispiele sind: Agonie des Testators oder Ausschluss der Verständigungsmöglichkeit mit dem Testator. Es gelten strenge Anforderungen an die Überzeugungsbildung, da die Ablehnung der Beurkundung faktisch eine Beschränkung des Beteiligten in seiner gesetzlich garantierten Testierfreiheit bedeutet. Im Regelfall sollte der Notar unter Schilderung seiner Wahrnehmungen und Zweifel die Beurkundung vornehmen. 77

Legt der Testator kein auffälliges Benehmen an den Tag, ist der Notar nicht verpflichtet, besondere Beobachtungen in die Niederschrift aufzunehmen. Allein äußere Tatsachen, wie ein Aufenthalt des Testators in einem Krankenhaus oder Pflegeheim, lösen für sich allein keine erhöhten Feststellungspflichten aus.

In problematischen Fällen wird der Notar große Sorgfalt auf die Niederlegung seiner Wahrnehmungen verwenden. Lediglich allgemeine, pauschale oder formale Hinweise sind zu vermeiden. Der Notar sollte vielmehr möglichst eine konkrete Aussage zur psychischen Gesamtverfassung des Testators niederlegen.

Ein Hilfsmittel zur Absicherung der Feststellung über die Geschäftsfähigkeit mag der Mini-Mental-State-Examination-(MMSE-)Test zur Quantifizierung der **Demenzsymptomatik** sein.

In diesem standardisierten Test wird geprüft:
- Örtliche und zeitliche Orientierung;
- Merkfähigkeit drei vorgegebener einfacher Begriffe;
- Umgang mit einfachen Hilfsmitteln (Uhr, Stift etc.);
- Kognitiver Status: Unterschiede bestimmter Begriffe erklären oder einfache Wörter buchstabieren;
- Mehrgliedrige Anweisungen richtig ausführen;
- Einfache Rechenoperationen.

Deutliche Hinweise auf eine bestehende psychische Erkrankung können sich auch aus dem Maß der Beeinträchtigung von Aktivitäten des täglichen Lebens ergeben. Indikatoren dafür können nachlässige Kleidung, mangelnde Körperpflege und eine verringerte emotionale Kontrolle sein (zum Screeningverfahren: *Stoppe/Lichtenwimmer* DNotZ 2005, 806; Erwiderung von *Müller* DNotZ 2006, 325).

Bei **Verfügungen von Todes wegen** ist die erforderliche Geschäftsfähigkeit (nicht nur die Testierfähigkeit) in der Niederschrift ausdrücklich zu vermerken. Grundsätzlich können Verfügungen von Todes wegen nur durch voll geschäftsfähige Personen errichtet werden (§§ 2229, 2275 I BGB). Ausnahmen bestehen nur für das Minderjährigentestament (§ 2229 I BGB) und in den Fällen des § 2275 II, III BGB. 78

Beim Abschluss von Rechtsgeschäften von **beschränkt Geschäftsfähigen** ist insbesondere zu prüfen, ob der Minderjährige die für das konkrete Geschäft erforderliche Geschäftsfähigkeit hat oder ob andernfalls Aussicht auf Genehmigung durch den gesetzlichen Vertreter besteht. 79

6. Vertretungsberechtigung

Bei rechtsgeschäftlicher und gesetzlicher Vertretung ist die **Vertretungsberechtigung**, bei Verfügungen die **Verfügungsmacht** zu überprüfen (§ 17 BeurkG). § 12 BeurkG ist eine reine Zeugnispflicht zur Dokumentation der Erfüllung dieser Amtspflicht. Die Vorschrift gilt nur für die Beurkundung rechtsgeschäftlicher Erklärungen. Keine Nachweis- und Prüfungspflicht besteht bei der Beurkundung von Versammlungsprotokollen. Bei Niederschriften über Verlosungen, Hauptversammlungen einer Aktiengesellschaft oder Gesellschafterversammlungen einer GmbH ist die Überprüfung von Vollmachten Sache 80

G Beurkundung

des Versammlungsleiters. Für die Beurkundung von Eiden und eidesstattlichen Versicherungen gilt § 12 BeurkG entsprechend (§ 38 BeurkG).

81–87 Zur **rechtsgeschäftlichen Vertretung** vgl. Kap. F Rn. 1 ff.

a) Gesetzliche Vertretung durch die Eltern

88 Das minderjährige Kind steht unter **elterlicher Sorge** (Personen- und Vermögenssorge) und wird durch Vater und Mutter gemeinschaftlich vertreten (§ 1629 I 2 BGB). Die Eltern haben ihre Vertretungsmacht dem Notar nicht besonders nachzuweisen.

89 **Ein Elternteil** vertritt das Kind allein, wenn
– der andere Elternteil gestorben oder für tot erklärt ist (§§ 1677, 1681 BGB),
– die elterliche Sorge des anderen Teils nach §§ 1673–1675 BGB ruht,
– das Sorgerecht gemäß §§ 1671, 1672 BGB nach Scheidung oder bei getrennt lebenden Eltern nach § 620 I Nr. 1 ZPO einem Elternteil übertragen worden ist;
– eine Anordnung nach § 1638 BGB besteht;
– bei Übertragung auf einen Elternteil durch das Vormundschaftsgericht (§ 1628 BGB).

Ist ein Elternteil **verstorben**, wird sich der Notar in der Regel auf die Angaben des vor ihm erschienenen Elternteils verlassen müssen. Besteht Anlass, an der Glaubwürdigkeit des erschienenen Elternteils zu zweifeln, ist die Vorlage einer Sterbeurkunde oder sonstiger Nachweisurkunden zu verlangen. Sind die Eltern **geschieden**, sollte der Beschluss über die Übertragung der elterlichen Sorge vorgelegt werden. Auf Angelegenheiten, für die dem Kind ein Pfleger bestellt ist, erstreckt sich die elterliche Sorge nicht (§ 1630 I BGB). Die elterliche Vermögenssorge und damit die Vertretung erstreckt sich auch nicht auf Vermögen, welches das Kind von Todes wegen oder unter Lebenden unentgeltlich mit der Bestimmung erworben hat, dass es die Eltern nicht verwalten sollen (§ 1638 I BGB).

90 Treten **Eltern** als gesetzliche Vertreter auf, so sind die Bestimmungen der **§§ 1629 II, 1795 BGB** zu berücksichtigen. Eltern können nicht als gesetzliche Vertreter im Namen des Kindes mit sich im eigenen Namen oder als Vertreter eines Dritten ein Rechtsgeschäft vornehmen, es sei denn, das Rechtsgeschäft besteht ausschließlich in der Erfüllung einer Verbindlichkeit.

91 Ein Elternteil kann das Kind nicht vertreten bei einem Rechtsgeschäft zwischen seinem Ehegatten oder einem seiner Verwandten in gerader Linie einerseits und dem Kind andererseits, es sei denn, dass das Geschäft ausschließlich in der Erfüllung einer Verbindlichkeit besteht. Ist demnach ein Elternteil von der Vertretung ausgeschlossen, so ist auch der andere Elternteil an der gesetzlichen Vertretung gehindert. Das Verbot des Selbstkontrahierens gilt nicht für ein In-sich-Geschäft der Eltern oder eines Elternteils, das dem Kind lediglich einen rechtlichen Vorteil bringt (ausführlich *Schöner/Stöber* Rn. 3606 ff.). Die **Prüfung**, ob ein lediglich rechtlicher Vorteil vorliegt, obliegt dem Notar. In Fällen, in denen nicht sicher feststeht, ob für das erwerbende Kind lediglich ein rechtlicher Vorteil gegeben ist, muss der sicherste Weg der Mitwirkung eines Pflegers nach § 1909 BGB beschritten werden (ausführlich hierzu *Bauer/v. Oefele/Schaub* AT VII Rn. 212 ff.). In diesen Fällen ist auch das Bedürfnis für eine Pflegschaft gegeben (*OLG Saarbrücken* DNotZ 1980, 113). Dies gilt auch, wenn aus Gründen der steuerlichen Anerkennung eine Pflegerbestellung erforderlich ist (*LG Würzburg* MittBayNot 1978, 14).

92 Das Kind **nicht miteinander verheirateter Eltern** steht unter der elterlichen Sorge der Mutter, wenn keine gemeinsame Sorgeerklärung abgegeben wurde (§ 1626a BGB).

b) Vertretung durch Vormund, Betreuer oder Pfleger

93 Minderjährige, die nicht unter elterlicher Sorge stehen oder deren Eltern nicht zur Vertretung berechtigt sind, werden durch einen **Vormund** vertreten. Der Vormund ist in den Fällen der §§ 1795, 181 BGB von der Vertretung des Mündels ausgeschlossen.

Ein **Pfleger** wird für Angelegenheiten eines Minderjährigen bestellt, an deren Besorgung die Eltern verhindert sind (§ 1909 BBG). Volljährige, die aufgrund einer psychi-

II. Prüfungs- und Belehrungspflichten G

schen Krankheit oder körperlicher, geistiger oder seelischer Behinderung in der Besorgung ihrer Angelegenheiten gehindert sind, werden durch einen Betreuer vertreten (§§ 1896, 1902 BGB; zum Abschluss von Überlassungsverträgen durch einen Betreuer vgl. *Müller* DNotI-Report 1997, 13).

Dem Notar **nachzuweisen** ist die Bestellung als Vormund, Gegenvormund oder Pfleger durch Vorlage der Bestellungsurkunde. Handelt das Jugendamt als Amtsvormund, so erfolgt der Nachweis durch Vorlage der Amtsbescheinigung. Der Betreuer weist sich aus durch Vorlage seiner Bestallungsurkunde (§ 290 FamFG). Hieraus ergibt sich auch der Aufgabenkreis. 94

c) Vertretung von Gesellschaften

Werden Gesellschaften vertreten, so hat der Notar festzustellen, wer die Gesellschaft vertritt und dass die Beteiligten zur Vertretung der Gesellschaft berechtigt sind. Ergibt sich die Vertretungsbefugnis aus der Eintragung in das Handels-, Vereins- oder Genossenschaftsregister, so genügt hierfür die Bescheinigung des Notars nach § 21 I Nr. 1 BNotO. 95

Der Notar darf die **Bescheinigung** nur erteilen, wenn er sich über die Eintragung Gewissheit verschafft hat. Diese kann auf einer Einsicht in das Register oder in einen beglaubigten Registerauszug beruhen (§ 21 II BNotO). Der Notar muss das Register nicht persönlich einsehen. Dies entspricht der h. M. und wurde durch die Neufassung von § 21 II BNotO klargestellt. Der Tag der Einsichtnahme bzw. der Tag der Ausstellung der beglaubigten Abschrift ist anzugeben. Dieser Tag darf nicht zu weit zurückliegen. Überwiegend wurden bisher fünf bis sechs Wochen als noch zulässig angesehen (*Huhn/v. Schuckmann* § 12 Rn. 27). Durch die Möglichkeit aktueller Einsichten in das elektronisch geführte Register dürfte das überholt sein.

Bei einem elektronisch geführten Register **EDV-Register** erfolgt die Einsicht über das Internet durch eine verkürzte aktuelle oder eine chronologische Einsicht durch Abruf. Erfolgt dieser Abruf der Daten durch den Notar oder seine Hilfskräfte, so verschafft er sich entsprechend § 9 I HGB i. V. m. § 10 II HRV Einsicht in den aktuellen oder chronologischen Datenbestand und damit in das Handelsregister. Bescheinigungen nach § 21 BNotO können auch im Rahmen von Zertifizierungen im elektronischen Rechtsverkehr abgegeben werden (§§ 39a, 42 IV BeurkG). 96

Formulierungsbeispiel: Registerbescheinigung
Hierzu bescheinige ich, Notar, aufgrund Einsicht in das Handelsregister des Amtsgerichts . . . HRB Nr. . . . vom . . ., dass dort die Firma XY GmbH eingetragen ist und Herr A und Herr B gemeinsam zur Vertretung der Gesellschaft berechtigt sind.

96a

Nach der **Neuregelung des § 21 BNotO** darf gemäß § 21 I Nr. 2 BNotO eine notarielle Registerbescheinigung auch erteilt werden über
– das Bestehen oder den Sitz einer juristischen Person oder Handelsgesellschaft,
– die Firmenänderung,
– eine Umwandlung oder
– sonstige rechtserhebliche Umstände,
wenn sich die Umstände aus einer Eintragung im Handelsregister oder einem ähnlichen Register ergeben.

(Zur Vertretung von Gesellschaften vgl. Übersichten bei *Schöner/Stöber* Rn. 3621 ff.; *Bauer/v. Oefele* AT VII Rn. 277 ff., § 32 Rn. 32 ff.)

Die **Vertretungsbescheinigung** nach § 21 BNotO wird regelmäßig in die Urkunde bzw. in den Beglaubigungsvermerk selbst aufgenommen. Sie kann aber auch nachträglich erstellt werden. Bei nicht im Handelsregister eingetragenen Gesellschaften, wie dem wirt- 97 schaftlichen Verein (§ 22 BGB), der BGB-Gesellschaft und Stiftungen kann eine notarielle Vertretungsbescheinigung nach § 21 BNotO nicht erteilt werden. Der Nachweis muss aufgrund sonstiger Urkunden geführt werden (vgl. für Stiftung DNotI-Report 2002, 27).

Auch bei ausländischen Gesellschaften ist die Vertretungsberechtigung zu prüfen. So ist bei der Beurkundung eines Grundstückskaufs durch den Notar bei einer ausländischen Gesellschaft die ordnungsgemäße Vertretung zu überprüfen (*BGH* NJW 1993, 2744).

Zum Gesellschaftsstatus und den Anknüpfungstheorien Zusammenfassung bei *Bauer/v. Oefele* Teil F Rn. 72 ff.

Zur Vertretungsberechtigung und Länderübersichten s. *Deutsches Notarinstitut* (Hrsg.), Notarielle Fragen des internationalen Rechtsverkehrs 1995, Band III/1; *Reithmann/Martiny* Rn. 1611 ff.; *Bauer/v. Oefele* Teil F Rn. 128 ff. mit Länderübersichten für Belgien, Dänemark, England, Frankreich, Italien, Liechtenstein, Niederlande, Österreich, Portugal, Schweiz, Spanien, USA.

d) Vertretung öffentlich-rechtlicher Körperschaften

98   Öffentlich-rechtliche Körperschaften werden nach den für sie geltenden Bestimmungen in Gesetzen und Verordnungen vertreten. Die Bundesrepublik wird vom Bundeskanzler und von den obersten Bundesbehörden vertreten. Diese können die Vertretung auf ihnen nachgeordnete Behörden übertragen. Die Vertretung der Bundesländer ergibt sich aus den Länderverfassungen. Bei Handeln im Rahmen der gesetzlichen Zuständigkeit hat die Behörde ihre Vertretungsmacht nicht noch gesondert nachzuweisen. Die Vertretung der Bezirke und Landkreise richtet sich nach den jeweiligen Bezirks- und Landkreisordnungen. Die Vertretung einer Gemeinde steht deren Bürgermeister zu. Im Fall seiner Verhinderung wird dieser durch den zweiten oder dritten Bürgermeister bzw. Beigeordnete vertreten (vgl. im Einzelnen *Schöner/Stöber* Rn. 3660).

Zur Vertretung der sonstigen Körperschaften des öffentlichen Rechts und der Kirchen vgl. *Schöner/Stöber* Rn. 3662 ff.; *Bauer/v. Oefele* AT VII Rn. 341 ff.). Eine Übersicht zu den kirchenrechtlichen und stiftungsaufsichtlichen Genehmigungen von kirchlichen Vermögensträgern vgl. *Seeger* MittBayNot 2003, 361; *Ecker/Heckel* MittBayNot 2006, 471. Zum Nachweis der Vertretungsberechtigung bei kirchlichen Orden vgl. www.orden.de.

e) Verwalter kraft Amtes

99   Die Befugnis des Testamentsvollstreckers zur Verfügung über Nachlassgegenstände ist durch Vorlage des Testamentsvollstreckerzeugnisses in Urschrift oder Ausfertigung nachzuweisen. Für das Grundbuchverfahren ausreichend ist auch die Vorlage einer beglaubigten Abschrift eines öffentlichen Testaments und der Niederschrift über die Eröffnung der Verfügung (§ 35 II, I 2 GBO).

Der Nachweis über die Bestellung als Insolvenzverwalter erfolgt durch die Bestellungsurkunde (§ 56 II InsO). Die Befugnis eines Verwalters nach dem WEG wird nachgewiesen durch die Niederschrift des Beschlusses über seine Bestellung mit Beglaubigung der Unterschriften gemäß § 24 VI WEG.

f) Verfügungsbefugnis

100   Es besteht keine allgemeine Pflicht zur Prüfung der Verfügungsmacht der Urkundsbeteiligten durch den Notar. In der Urkunde niederzulegen sind jedoch die Angaben der Beteiligten über die Tatsachen, aus denen sie ihre Verfügungsmacht herleiten.

Im Grundstücksverkehr führt die Feststellung über den Inhalt des Grundbuches (§ 21 BeurkG) zur Feststellung der Rechtsinhaberschaft. Ergeben sich hieraus Zweifel, da der Beteiligte nicht als Rechtsinhaber ausgewiesen ist oder Verfügungsbeschränkungen un-

II. Prüfungs- und Belehrungspflichten

terliegt, so sind diese aufzuklären und Bedenken in der Urkunde zu vermerken. Handelt eine Partei kraft Amtes, so hat der Notar entsprechenden Nachweis der Verfügungsbefugnis zu fordern und gegebenenfalls auf weitere Umstände hinzuweisen, von denen die Wirksamkeit der Verfügung abhängig ist (z. B. Nachweis der Entgeltlichkeit bei Verfügungen des Testamentsvollstreckers). Die Pflicht, die Beteiligten über die rechtliche Tragweite des Geschäfts zu belehren, umfasst auch die Belehrung über Verfügungsbeschränkungen, die sich aus dem Inhalt des Rechts selbst oder aus anderen Rechtsvorschriften, zum Beispiel Güterrecht, Erbrecht, Familienrecht ergeben (z. B. § 1365 BGB).

7. Genehmigungserfordernisse

Zu den Genehmigungserfordernissen beim Kauf vgl. Kap. A I. Rn. 105 ff.

a) Prüfungs- und Belehrungspflicht

Auf die erforderlichen gerichtlichen oder behördlichen Genehmigungen oder Bestätigungen oder darüber bestehende Zweifel soll der Notar die Beteiligten hinweisen und dies in der Niederschrift vermerken (§ 18 BeurkG). Bei Genehmigungen handelt es sich regelmäßig um Wirksamkeitserfordernisse der Erklärung. Die **Prüfungs- und Belehrungspflicht** besteht aus Urkundstätigkeit (§ 17 BeurkG) und nicht nur dann, wenn der Notar den Auftrag zur Erholung der Genehmigung übernommen hat. Die erfolgte Belehrung ist gemäß § 18 BeurkG in der Urkunde zu vermerken (h. M.; *Winkler* § 18 Rn. 18; *Jansen* § 18 Rn. 1; *Huhn/v. Schuckmann* § 18 Rn. 1). Nicht ausreichend ist der allgemeine Hinweis: „Der Notar hat die Beteiligten auf etwa erforderliche gerichtliche und behördliche Genehmigungen hingewiesen."

Unterlassungen hinsichtlich des Hinweises auf konkret erforderliche Genehmigungen zu dem Rechtsgeschäft führen nicht selten zu Haftungsfällen mit Auseinandersetzungen darüber, ob belehrt wurde und wer die Genehmigung einzuholen hatte (*Haug/Zimmermann* Rn. 502; *BGH* VersR 1984, 866).

101

> **Formulierungsbeispiel: Hinweis „Genehmigungspflicht"** 101a
>
> Der Notar hat die Beteiligten darauf hingewiesen, dass dieser Vertrag der Genehmigung nach ... bedarf. Der Notar wird beauftragt, erforderliche Genehmigungen einzuholen, die mit ihrem Eingang beim Notar als zugegangen gelten und wirksam sind. Versagungen oder Genehmigungen unter Auflagen sind den Beteiligten zuzustellen.

Der **Notar hat über alle Genehmigungserfordernisse zu belehren**, mit denen im konkreten Fall zu rechnen ist. Insbesondere hat er die Grundbucheintragungen zu beachten. Ergibt sich hieraus oder aus der Gestaltung des Rechtsgeschäfts ein Genehmigungserfordernis, so hat er hierauf hinzuweisen. Es besteht jedoch keine Amtsermittlungspflicht.

102

Ist damit zu rechnen, dass eine Genehmigung **unter Auflagen** erteilt wird, sollte in der Urkunde festgelegt werden, wer die Auflagen zu erfüllen und hierfür die Kosten zu tragen hat. Hängt die Genehmigungsfähigkeit von Erklärungen oder Angaben der Beteiligten ab (zum Beispiel Genehmigungen nach dem Grundstücksverkehrsgesetz), so sollten diese ebenfalls in der Urkunde aufgenommen werden.

Die **betreuungsgerichtliche bzw. familiengerichtliche Genehmigung** wird erst wirksam, wenn der gesetzliche Vertreter sie dem anderen Vertragspartner mitteilt (§§ 1829 I 2, 1643 III, 1915 BGB). Der Notar sollte darauf hinweisen, dass der gesetzliche Vertreter und der Vertragspartner sich bei Mitteilung und Entgegennahme der Genehmigung durch einen gemeinsamen Bevollmächtigten vertreten lassen können, der auch der Notar selbst sein kann (sog. Doppelvollmacht; zur Zulässigkeit der Doppelvollmacht nach der Entscheidung des *BVerfG* vom 18.1.2000 vgl. DNotI-Report 2001, 90).

103

G Beurkundung

103a | Formulierungsbeispiel: Doppelvollmacht Genehmigung Betreuungs-/Familiengericht

Die zu diesem Vertrag erforderliche Genehmigung des Betreuungs-/Familiengerichts wird hiermit beantragt. Der Notar wird ermächtigt und beauftragt, die Genehmigung zu erholen und entgegen zu nehmen, den Beteiligten mitzuteilen und in Empfang zu nehmen.

Die Einholung von Genehmigungen ist nur dann Aufgabe des Notars, wenn er diese Aufgabe übernimmt. Hierfür muss er sich durch Vollmacht ermächtigen lassen. Die Einholung der Genehmigung ist dann von ihm zu überwachen (*OLG Koblenz* DNotZ 1955, 612; zu den Anhörungs- und Zustimmungspflichten im familiengerichtlichen Verfahren Gutachten DNotI-Report 2013, 73).

b) Genehmigungserfordernisse im Einzelnen

Genehmigungserfordernisse bestehen vor allem in folgenden Fällen:

104 **aa) Teilungsgenehmigung.** Das Erfordernis der Teilungsgenehmigung nach § 19 BauGB ist 2004 entfallen. Durch Teilungen im Geltungsbereich eines Bebauungsplans dürfen keine Verhältnisse entstehen, die den Festsetzungen widersprechen. Hierauf sollte der Notar hinweisen. Eine baurechtswidrige Teilung ist gleichwohl grundbuchrechtlich wirksam (*Grziwotz* DNotZ 2004, 674, 681).

Daneben bestehen nach landesrechtlichen Vorschriften Genehmigungserfordernisse für Grundstücksteilungen, insbesondere für Waldgrundstücke und Teilungen, die zu baurechtswidrigen Verhältnissen führen (Übersicht: www.dnoti.de/arbeitshilfen).

105 **bb) Weitere Genehmigungserfordernisse nach dem BauGB.** (1) Verfügungsbeschränkungen zur **Sicherung von Gebieten mit Fremdenverkehrsfunktion (§ 22 BauGB).** § 22 BauGB ermächtigt die Gemeinden unter bestimmten Voraussetzungen, die Bildung von Wohnungs- und Teileigentum, die Begründung von Wohnungs- und Teilerbbaurechten und von Dauerwohn- und Dauernutzungsrechten genehmigungspflichtig zu machen. Voraussetzung für eine Genehmigungspflicht nach § 22 BauGB ist eine Rechtsverordnung der Landesregierung und Festlegung der betroffenen Grundstücke in einem Bebauungsplan oder einer sonstigen gemeindlichen Satzung. § 22 VI 1 BauGB enthält eine Grundbuchsperre. In den Gebieten, die in einer landesrechtlichen Ermächtigungsverordnung bezeichnet sind, dürfen Eintragungen zur Bildung der Rechte nach dem Wohnungseigentumsgesetz nur vorgenommen werden, wenn die Genehmigung oder ein Negativzeugnis vorgelegt wird.

106 (2) Der Genehmigungsvorbehalt für sog. **Milieuschutzsatzungen (§ 172 IV S. 1 BauGB)** spielt in der Praxis kaum eine Rolle, da von der Verordnungsermächtigung kein Gebrauch gemacht wurde.

107 (3) **Umlegung.** Mit Bekanntmachung der Einleitung eines Umlegungsverfahrens tritt eine Verfügungs- und Veränderungssperre ein (§ 51 BauGB) und jede Verfügung über ein in einer Umlegung befindliches Grundstück oder über Rechte an ihm bedarf der Genehmigung (vgl. *Schöner/Stöber* Rn. 3856 ff.).

108 (4) **Verfügungsbeschränkungen nach Städtebaurecht (§§ 136 ff. BauGB).** In einem förmlich festgesetzten Sanierungsgebiet (§ 142 III BauGB) und im städtebaulichen Entwicklungsbereich (§ 169 I Nr. 5 BauGB) bedürfen insbesondere Grundstücksveräußerungen und Belastungen der Genehmigung der Gemeinde (§ 144 BauGB). Für den Notar ist die Genehmigungspflicht aus dem Grundbuch durch den Sanierungs- bzw. Entwicklungsvermerk ersichtlich.

Der Notar sollte darüber belehren, dass die Genehmigung versagt werden kann, wenn der Rechtsvorgang oder die damit bezweckte Nutzung den Sanierungszwecken oder -zielen zuwiderlaufen würde (§ 145 II BauGB), und dass hier eine Prüfung der Gegenleistung (Kaufpreis) erfolgt (*BVerwG* NJW 1979, 2578; DVBl. 1985, 114; zur Preisprüfung nach Ablösung des Ausgleichsbetrags DNotI-Report 2003, 147).

cc) Heimstättenrecht. Nach Art. 1 des Gesetzes zur Aufhebung des Reichsheimstättengesetzes sind die bisherigen Verfügungsbeschränkungen aufgehoben und der Reichsheimstättenvermerk ab 1.1.1999 von Amts wegen kostenfrei zu löschen.

dd) Grundstückverkehrsgesetz. Nach dem Grundstückverkehrsgesetz ist die Veräußerung eines land- und forstwirtschaftlichen Grundstücks genehmigungspflichtig. Genehmigungspflichtig sind Auflassung und schuldrechtlicher Vertrag. Genehmigungsfrei sind Veräußerungen nach § 4 GrdstVG und soweit das Landesrecht Genehmigungsfreiheit anordnet. Das Vorliegen eines Negativzeugnisses der Genehmigungsbehörde kann vom Grundbuchamt nur dem Vorliegen berechtigter Zweifel an der Genehmigungsfreiheit verlangt werden (*BayObLG* DNotI-Report 2001, 58; Genehmigungsfreiheit bei Beteiligung des Bundes DNotZ 2010, 219). Bei sog. „Paketveräußerungen" ist die jeweilige Größe des einzelnen Grundstücks, nicht die Gesamtgröße des „Pakets" maßgebend (*OLG Jena* DNotI 2010, 91), wobei bei willkürlicher und wirtschaftlich nicht gebotener Aufteilung ein Umgehungsgeschäft vorliegen kann. **Übersicht** zu den unterschiedlichen Freigrenzen nach Landesrecht unter www.dnoti.de/arbeitshilfen; *Notarkasse* Handbuch S. 703 ff.).

Formulierungsbeispiel: Genehmigung GrdstVG
Der vorliegende Vertrag bedarf der Genehmigung nach dem Grundstückverkehrsgesetz. Der Verkäufer versichert, dass er innerhalb der letzten drei Jahre einschließlich der heute verkauften Fläche keinen land- oder forstwirtschaftlichen Grundbesitz von zusammen mehr als 2 ha ohne Genehmigung veräußert hat. Die Vertragsteile beantragen daher die Ausstellung einer Negativbescheinigung nach § 9 GrdstVG und beauftragen den Notar, diese für sie zu erholen und entgegenzunehmen.

ee) Wertsicherung. Durch das Preisklauselgesetz wurde die Genehmigungspflicht für Wertsicherungsklauseln abgeschafft. Materiell ist das Indexierungsverbot mit den im Wesentlichen bisherigen Ausnahmen bestehen geblieben. Damit ist die Wirksamkeit der Klausel selbständig zu prüfen und sofort ohne Genehmigungsvorbehalt wirksam. Auch etwaige unwirksame Klauseln bleiben ex nunc wirksam bis eine Unwirksamkeit gerichtlich festgestellt ist (ausf. zum Verbotsumfang: *Kirchhoff* DNotZ 2007, 11; *Reul* MittBayNot 2007, 445).

ff) Grundstücksverkehrsordnung (GVO). Nach § 2 I GVO bedürfen in den neuen Bundesländern Veräußerungen und Auflassungen von Grundstücken, Teilflächen, Miteigentumsanteilen, Wohnungs- und Teileigentum, die Bestellung und Übertragungen von Erbbaurechten der Genehmigung, soweit nicht nach § 2 I Nr. 1 GVO Genehmigungsfreiheit besteht. Anders als die rein schuldrechtlich wirkenden Verfügungsbeschränkungen nach § 3 III–V VermG sind vor Erteilung der Genehmigung schuldrechtlicher Vertrag und dingliches Rechtsgeschäft unwirksam (zum Genehmigungsverfahren vgl. *Schöner/Stöber* Rn. 4236 ff.). Über die Genehmigungspflicht ist zu belehren (§ 18 BeurkG).

gg) Heimgesetz. Unwirksam sind Geldleistungen oder geldwirksame Leistungen, die sich der Heimträger von Heimbewohnern oder Heimplatzbewerbern versprechen oder gewähren lässt, soweit nicht eine Ausnahmegenehmigung erteilt wurde (§ 14 VI HeimG).

hh) Sonstige Verfügungsbeschränkungen. Im Übrigen bestehen noch zahlreiche öffentlich-rechtliche Verfügungsbeschränkungen, so für Sozialversicherungsträger, Bausparkassen, Versicherungsunternehmen, Hypothekenbanken, Kirchen, Innungen und Handwerkskammern (vgl. im Einzelnen *Schöner/Stöber* Rn. 4059 ff.).

8. Gesetzliche Vorkaufsrechte

a) Prüfungs- und Belehrungspflicht

115 Bei der Beurkundung eines Grundstückskaufvertrages hat der Notar die Beteiligten über die Möglichkeit des Bestehens gesetzlicher Vorkaufsrechte zu belehren und dies in der Niederschrift zu vermerken (§ 20 BeurkG). Die Pflicht zur Belehrung ergibt sich aus § 17 BeurkG. Da regelmäßig nicht bekannt ist, ob im Einzelfall ein Vorkaufsrecht besteht bzw. ausgeübt wird, kann der Notar nur auf die Möglichkeit hinweisen und wird sich von den Beteiligten mit der Einholung beauftragen lassen.

115a

> **Formulierungsbeispiel: Hinweis Vorkaufsrecht**
>
> Die Vertragsteile wurden auf die Möglichkeit des Bestehens von gesetzlichen Vorkaufsrechten hingewiesen. Sie ermächtigen und beauftragen den Notar, der zuständigen Gemeinde den Abschluss des Kaufvertrages mit der Aufforderung zur Abgabe einer Erklärung über das Bestehen oder die Ausübung eines solchen Vorkaufsrechtes mitzuteilen und deren Erklärung darüber in Empfang zu nehmen.

116 Ein **fehlender Vermerk** berührt nicht die Wirksamkeit des Rechtsgeschäftes, kann aber in Haftpflichtfällen zu einer Umkehr der Beweislast zu Lasten des Notars führen (*Haug/Zimmermann* Rn. 835). Wollen die Vertragsteile das Vorkaufsrecht mit einer auflösenden Bedingung verhindern, so ist hinsichtlich der rechtlichen Tragweite über die gesetzlichen Bestimmungen in § 506 BGB zu belehren. Vorausleistungen des Käufers sind bei bestehenden Vorkaufsrechten risikobehaftet, so dass der Notar in der Regel auf diese wirtschaftliche Gefahr im Rahmen seiner Belehrungspflicht hinzuweisen hat (*Haug/Zimmermann* Rn. 512).

b) Vorkaufsrechte im Einzelnen

117 Die gesetzlichen Vorkaufsrechte bestehen kraft Gesetzes und sind aus dem Grundbuch nicht ersichtlich. Der Schutz des gemeindlichen Rechts wird verfahrensrechtlich durch eine **Grundbuchsperre** bewirkt. Nach § 28 I 2 BauGB darf eine Eigentumsumschreibung im Grundbuch nur vorgenommen werden, wenn das Nichtbestehen oder die Nichtausübung des Vorkaufsrechtes durch eine Bescheinigung der Gemeinde nachgewiesen wird. Im Übrigen erzeugen Vorkaufsrechte keine Grundbuchsperre.

Die **wichtigsten gesetzlichen Vorkaufsrechte** sind:
- **Gemeindliche Vorkaufsrechte** nach §§ 24 ff. BauGB;
- Vorkaufsrecht nach dem **Reichssiedlungsgesetz** (§§ 4 ff. RSG i. V. m. §§ 12, 21 GrStVG);
- Vorkaufsrecht des Bundeslandes nach **§ 66 BNatSchG** (an bestimmten naturschutzrelevanten Grundstücken; ausf. hierzu *Hecht* DNotZ 2010, 323);
- **Landesrechtliche Vorkaufsrechte** (Baden-Württemberg § 56 NatSchG; Bayern Art. 34 BayNatSchG; Brandenburg § 69 NatSchG; Bremen § 36 NatSchG; Hamburg § 37 NatSchG; Nordrhein-Westfalen § 36a LandschaftsG; Saarland § 36 NatSchG; Sachsen § 36 NatSchG; Sachsen-Anhalt § 59 NatSchG; Thüringen § 52 NatSchG);
- Vorkaufsrecht nach **§ 2b Wohnungsbindungsgesetz**;
- Vorkaufsrecht des **Mieters** nach § 577 BGB;
- Vorkaufsrecht des **Miterben** nach § 2034 BGB;
- Vorkaufsrechte nach dem **PlanvereinfachungsG** für Verkehrswege (Eisenbahn, Bundesfernstraßen, Bundeswasserstraßen, Luftverkehrs- und Personenbeförderungsunternehmen);

II. Prüfungs- und Belehrungspflichten G

– Vorkaufsrecht nach §§ 20, 20a **Vermögensgesetz** und § 57 I SchuldRAnpG und § 5 des Gesetzes über die Übertragung des Eigentums und die Verpachtung volkseigener landwirtschaftlicher Grundstücke;
– Vorkaufsrechte nach **sonstigen landesrechtlichen Bestimmungen** (z. B. für Bayern: Art. 3 Almgesetz, Art. 19 Denkmalschutzgesetz).
(Übersicht bei *Schöner/Stöber* Rn. 4181 ff.; Zusammenstellung unter www.dnoti.de/arbeitshilfen).

9. Vorsorgevollmacht

Bei Vorsorgevollmachten, Vollmachten, die für eine künftige Pflege- und Betreuungsbedürftigkeit unter Einschluss einer künftigen Geschäftsunfähigkeit Gültigkeit haben sollen, besteht eine Hinweispflicht nach § 20a BeurkG auf die Registrierung bei dem zentralen Vorsorgeregister nach § 78a BNotO. Dies gilt ausdrücklich nur für beurkundete Vollmachten, nicht für beglaubigte Erklärungen (ausf. *Görk* DNotZ 2005, 87). Das Register sieht eine eigene Registrierungsmöglichkeit vor für den Fall der Einwilligung in ärztliche Zwangsmaßnahmen (§ 1906 III BGB; s. DNotZ 2013,162) vgl. Kap. F Rn. 156 ff. 117a

10. Steuerliche Folgen

Über steuerliche Folgen des beurkundeten Rechtsgeschäfts trifft den Notar grundsätzlich **keine Belehrungspflicht** (h. M., vgl. BGH DNotZ 1979, 228; 1981, 775; 1985, 635). Diese gehören nicht zur rechtlichen Tragweite des Geschäfts. Es ist nicht Schutzzweck des § 17 BeurkG, den Beteiligten bestimmte Steuervorteile zu sichern (*Kanzleiter* DNotZ 1991, 315; *Wälzhölz* NotBZ 2000, 55). 118

Hinweispflichten bestehen ausschließlich
– nach § 19 BeurkG auf die erforderliche Unbedenklichkeitsbescheinigung; dies umfasst ausdrücklich keine Belehrung über die Grunderwerbsteuerpflicht (*BGH* DNotZ 1979, 228, 231; *OLG München* DNotZ 1973, 181, 182);
– nach § 8 EStDV auf eine möglicherweise bestehende Pflicht zur Zahlung von Erbschaft- bzw. Schenkungsteuer.

Belehrungspflichten über Steuern können sich ausschließlich aus erweiterter Betreuungsverpflichtung (vgl. Rn. 127 ff.) ergeben. Fallgruppen sind: 119
– Gibt der Notar **Auskünfte** über Steuerfragen, so ist er für die Richtigkeit verantwortlich (*BGH* DNotZ 1985, 636; *BayObLG* DNotZ 1980, 568). Der Notar kann und sollte die Beteiligten zur Klärung von Steuerfragen an einen steuerlichen Berater verweisen. Berät er selbst, so trägt er die Haftung (*Haug/Zimmermann* Rn. 568). Aus der Aufnahme von Steuerbefreiungsanträgen in die Urkunde folgt allein noch keine Prüfungspflicht (*OLG München* DNotZ 1973, 181).
– Die Steuerpflicht folgt aus einer besonders ungewöhnlichen, vom Notar vorgeschlagenen **Gestaltung** des Geschäfts (*Huhn/v. Schuckmann* § 17 Rn. 219).
– Korrigiert der Notar steuerliche Vorgaben der Beteiligten zur Umsatzsteuerpflicht, kann eine Prüfungs- und Belehrungspflicht hinsichtlich dieses Umstands entstehen (*BGH* MittBayNot 2008, 69).
– Dem Notar ist aus eigener **Kenntnis** bewusst, dass ein Beteiligter die Steuerpflicht vollständig übersieht. So besteht die Pflicht des Notars bei Kenntnis der Tatsachen, den Verkäufer auf Versteuerung des Spekulationsgewinns hinzuweisen (*BGH* NJW 1989, 586). Zweifelsfragen zur Besteuerung privater Grundstücksveräußerungsgeschäfte sind im Erlass des BMF vom 5.10.2000 zusammengefasst (www. dnoti.de/arbeitshilfen.htm.).

Der Notar ist jedoch nicht verpflichtet, die tatsächlichen Voraussetzungen zu ermitteln, insbesondere das Grundbuch auf Tatsachen durchzusehen, die für das Entstehen eines Spekulationsgewinns bedeutsam sein können (*BGH* DNotZ 1996, 116). Wenn dem Notar die Voraussetzungen für das Vorliegen eines steuerpflichtigen Spekulationsgewinns und den Nichtablauf der gesetzlichen Frist positiv vorliegen, muss er über die mögliche Besteuerung belehren (*OLG Koblenz* MittBayNot 2003, 69).

120 Auch trifft den Notar grundsätzlich keine Hinweispflicht auf **Möglichkeiten zur Steuervermeidung.** Der Notar ist nicht verpflichtet, bei einer Überlassung an Sohn und Schwiegertochter auf die Möglichkeit der Kettenschenkung und damit verbundener Steuerersparnis hinzuweisen (*OLG Oldenburg* MittBayNot 2000, 56). Die sachgerechte Gestaltung von un- oder teilentgeltlichen Überlassungen und Verfügungen von Todes wegen ist regelmäßig ohne die grundsätzliche Berücksichtigung des Erbschaft- und Schenkungsteuerrechts nicht möglich. Soweit der Notar entsprechende Gestaltungen vorschlägt, treffen ihn wohl auch insoweit die Belehrungspflichten.

121–123 Auch sollten **unklare Formulierungen**, wer von den Vertragsteilen die anfallenden Steuern zu tragen hat, vermieden werden. Eine Vertragsklausel, dass „sämtliche Kosten und Steuern, die mit diesem Vertrag und mit seiner Ausführung verbunden sind, der Käufer zu übernehmen hat", ist missverständlich hinsichtlich einer auf den Veräußerungsgewinn entfallenden Einkommensteuer (*OLG Düsseldorf* MittRhNotK 1975, 739). Zur Haftung des Notars für steuerliche Belehrungspflichten ausführlich *Schuck* BB 1996, 2332.

11. Ausländisches Recht

124 Kommt ausländisches Recht zur Anwendung oder bestehen hierüber Zweifel, so hat der Notar gemäß § 17 III 1 BeurkG die Beteiligten darauf hinzuweisen und dies in der Niederschrift zu **vermerken.** Darüber hinaus besteht keine Pflicht zur Belehrung über den Inhalt der ausländischen Rechtsordnung. Dies ist keine Haftungsbeschränkung, sondern eine gesetzliche Möglichkeit der Einschränkung der Amtspflicht des Notars. Belehrt der Notar in eigenständiger Beratung (§ 24 BNotO) über Auslandsrecht, so haftet er für falsche Angaben. Kann ausländisches Recht zur Anwendung kommen, empfiehlt es sich, ein Gutachten oder eine Rechtsauskunft über das anzuwendende Recht einzuholen.

125 Der von § 17 III BeurkG vorgeschriebene **Belehrungsvermerk** sollte wegen der Möglichkeit einer Rückverweisung nicht nur den Hinweis auf die Anwendung ausländischen Rechts, sondern auch auf die Möglichkeit einer Rückverweisung enthalten (vgl. Formulierungsvorschlag *Lichtenberger* DNotZ 1986, 876 und Kap. H Rn. 15 ff.). Der Notar muss das deutsche internationale Privatrecht, d. h. die deutschen, nicht aber die ausländischen **Kollisionsnormen** kennen. Die Frage einer etwaigen Rück- oder Weiterverweisung muss der deutsche Notar daher nicht kennen. Er muss hierüber aber gegebenenfalls belehren. In der Regel wird auch der Hinweis auf die Möglichkeit der Anfertigung eines Gutachtens oder einer Rechtsauskunft geboten sein. § 17 III 2 BeurkG befreit den Notar von der Pflicht, über den Inhalt der ausländischen Rechtsordnung zu belehren. Belehrt er jedoch, dann haftet er auch für die Richtigkeit der Belehrung.

126 Das primäre und sekundäre **EU-Recht** ist unmittelbar geltendes Recht oder kann unmittelbare Rechtswirkungen erzeugen (Richtlinien). Es geht entgegenstehendem nationalen Recht vor und ist kein ausländisches Recht und damit nicht vom Vorbehalt des § 17 III BeurkG erfasst. Von besonderer Bedeutung für den Notar sind die europäischen Rechtsetzungsakte und die Rechtsprechung im Verbraucherschutzrecht und Gesellschaftsrecht.

Zu den Auswirkungen der **Europäischen Erbrechtsverordnung** vgl. Kap. H Rn. 215 ff.

12. Erweiterte Belehrungspflicht aus Betreuungsverpflichtung

a) Betreuungsverpflichtung

127 Neben die gesetzlich normierten Prüfungs- und Belehrungspflichten nach §§ 17 ff. BeurkG treten im Einzelfall erweiterte Belehrungspflichten aus Betreuungsverpflichtung.

II. Prüfungs- und Belehrungspflichten G

Diese Pflichten können nicht nur entstehen bei Tätigkeiten des Notars im Rahmen des § 24 BNotO, sondern je nach den Umständen des Einzelfalls bei jeder Beurkundungstätigkeit als eine über den Rahmen der §§ 17 ff. BeurkG hinausgehende Amtspflicht. Die erweiterten Belehrungspflichten haben ihren Rechtsgrund in den §§ 1, 14 BNotO und beziehen sich nicht nur auf die reine Urkundstätigkeit. Diese Vorschriften weisen dem Notar bei jeder seiner Tätigkeiten die Aufgabe und Verpflichtung zu, die Beteiligten unparteiisch zu betreuen. Hieraus hat die Rechtsprechung mit unterschiedlichen Einschränkungen die jedes Amtsgeschäft begleitende Aufgabe abgeleitet, die Beteiligten nicht untätig in die Gefahr eines folgenschweren Schadens geraten zu lassen, der durch sachgemäße Belehrung zu vermeiden ist.

Die von der Rechtsprechung (vgl. *BGH* DNotZ 1987, 157; 1989, 45) entwickelte **Begründung zur besonderen Belehrungspflicht** lautet: 128

„Der Notar hat aufgrund der allgemeinen Betreuungspflicht, die ihn als Amtsträger der vorsorgenden Rechtspflege trifft, dem Beteiligten, der ihn im Vertrauen darauf angegangen hat, vor nicht bedachten Folgen seiner Erklärung bewahrt zu bleiben, die nötige Aufklärung zu geben. Er darf es nicht geschehen lassen, dass Beteiligte, die über die rechtlichen Folgen ihrer Erklärung falsche Vorstellungen haben, durch die Abgabe ihrer Erklärung ihre Vermögensinteressen vermeidbar gefährden. Die betreuende Belehrungspflicht besteht, wenn der Notar aufgrund besonderer Umstände des Falles Anlass zu der Vermutung haben muss, einem Beteiligten drohe ein Schaden vor allem deshalb, weil er sich wegen mangelnder Kenntnis der Rechtslage der Gefahr nicht bewusst ist."

Diese zum Teil erweiterte Belehrungspflicht, außerordentliche Belehrungspflicht oder allgemeine Betreuungspflicht genannten besonderen Belehrungs- und Hinweispflichten bestehen nur dann, wenn besondere Umstände vorliegen. Diese **besonderen Umstände** müssen darauf hindeuten, dass
– einem Beteiligten ein Schaden droht und er sich dessen aus tatsächlichen oder rechtlichen Gründen nicht bewusst ist und
– diese Umstände sich aus der besonderen rechtlichen Gestaltung des Vertrags oder seiner beabsichtigten Durchführung ergeben.

Die Rechtsprechung zu den erweiterten Belehrungspflichten aus Betreuungspflicht ist 129 in ihrer Begründung und Abgrenzung so unterschiedlich, dass sich die vorstehenden Kriterien mehr erahnen als ableiten lassen (ausf. *Kessler* DNotZ 2006, 487).

Besondere Umstände können sich **aus der rechtlichen Gestaltung** des Vertrags ergeben, wie
– Verkauf ohne **Voreintragung** des Verkäufers im Grundbuch (*BGH* VersR 1965, 611),
– Kaufpreiszahlung vor Sicherung durch rangrichtige Eintragung einer **Auflassungsvormerkung** (*BGH* DNotZ 1969, 173),
– Zahlung des Kaufpreises vor Sicherung der **Lastenfreistellung** (*BGH* DNotZ 1954, 319),
– Eintragung einer **Auflassungsvormerkung** vor Sicherstellung des Kaufpreises, wenn Anlass zur Vermutung besteht, dass der Käufer seinen Pflichten nicht nachkommt (*LG Lüneburg* DNotZ 1986, 247; *OLG Schleswig* DNotZ 1973, 438).
– **Eigentumsumschreibung** vor Kaufpreiszahlung ohne Hinweis auf Möglichkeit der Unterwerfung unter die sofortige Zwangsvollstreckung (*OLG Düsseldorf* MittBayNot 1977, 250).
– Der Notar hat unmissverständlich auf die Risiken **ungesicherter Vorleistungen** hinzuweisen; der allgemeine Hinweis auf ein Vorleistungsrisiko genügt nicht (*OLG Rostock* DNotZ 1996, 123 mit Anm. *Müller*).
– Sind dem Notar Gründe bekannt, die geeignet sind, in dem **Vertrag vorgesehene Sicherungen** zu vereiteln, so hat er hierauf hinzuweisen, wenn er nicht davon ausgehen darf, den Beteiligten sei die Gefährdung bewusst (*BGH* DNotZ 1996, 568).
– Die dem Notar grundsätzlich obliegende Pflicht zu erschöpfender Aufklärung, Belehrung und Beratung über die Risiken **ungesicherter Vorleistungen** besteht nicht, wenn

der Notar sicher davon ausgehen darf, dass die Beteiligten sich über die Tragweite ihrer Erklärungen und über das damit verbundene Risiko vollständig im Klaren sind (*OLG Köln* MittBayNot 1996, 448).
- Gefahren durch **ungesicherte Vorleistungen** (*BGH* DNotZ 1995, 407; 2004, 841). Lehnt der Erwerber bei ungesicherter Vorleistung vom Notar vorgeschlagene Sicherheiten (Hinterlegung, Stellung einer Bürgschaft) ab, muss der Notar weitere Sicherungsmöglichkeiten aufzeigen oder, falls er keine weiteren kennt, aber nicht ausschließen kann, dass es solche gibt, sich zu weiteren Erkundigungen bereit erklären, d. h. ihn trifft eine „doppelte Belehrungspflicht" (*BGH* DNotZ 1998, 637 mit Anm. *Reithmann*).
- Hinweis des Erwerbers eines **Erbbaurechts** auf die Möglichkeit des Eigentümers die Zustimmung zur Beleihung zu verweigern (*BGH* DNotZ 2005, 847).
- Verpflichtung Vertragsgestaltung beim **Bauträgervertrag** zu empfehlen, die das Haftungsrisiko des Käufers für Erschließungs- und Anschlusskosten ausschaltet (*BGH* DNotZ 2008, 280; *OLG Frankfurt* MittBayNot 2007, 518).
- Ausfall eines im Grundbuch **nicht gesicherten Altenteilrechts** wegen Zwangsvollstreckung aus einer gleichzeitig eingetragenen Grundschuld (*BGH* DNotZ 1996, 568).
- Der Notar hat bei Beurkundung eines gegenseitigen nachehelichen **Unterhaltsverzichts** zukünftiger Eheleute darauf hinzuweisen, dass der Verzicht möglicherweise im Falle einer notwendigen Versorgung gemeinsamer Kinder nicht eingreift (*OLG Düsseldorf* DNotZ 1997, 656).
- Pflicht zur gestaltenden Beratung bei **Eheverträgen** (*Brambring* FGPrax 2004, 175; *Langenfeld* ZEV 2004, 311; *Münch* MittBayNot 2003, 107).
- Wird eine von den Vertragsteilen gewollte einheitliche Übertragung eines Gewerbebetriebs durch **verschiedene Verträge** verwirklicht, besteht eine besondere Belehrungspflicht über die Abhängigkeit der Verträge voneinander und die sich daraus ergebenden Risiken (*OLG Frankfurt* DNotI-Report 1997, 178).

130 Die besonderen Umstände, die zu einer erweiterten Belehrungspflicht führen, können sich auch **aus besonderen gesetzlichen Regelungen** ergeben, deren Gefahren den Beteiligten wegen mangelnder Kenntnis der Rechtslage nicht bewusst sind. Beispiele hierfür sind:
- Belehrung des Eigentümers über die Gefahr des Ausfalls in der Zwangsversteigerung bei **Rangrücktritt** der Erbbauzinsreallast hinter eine Finanzierungsgrundschuld;
- Hinweis des **Darlehensgebers** auf Abtretung von Rückgewähransprüchen gegen vorrangige Gläubiger;
- Belehrung über die Bedeutung der Bareinlageverpflichtung bei **Kapitalerhöhungen**, wenn Kapital bereits angeblich eingezahlt ist (*BGH* NJW 1996, 524);
- Hinweispflicht auf **Differenzhaftung** bei Zweifeln an richtiger Bewertung von Sacheinlagen (*BGH* DB 2007, 2477).
- Belehrung gegenüber anwesendem vermeintlichen **Vorkaufsberechtigten** über Unwirksamkeit seines Rechts *(BGH* DNotZ 2003, 426).

131 In **subjektiver Hinsicht** setzt die besondere Belehrungspflicht immer voraus, dass der Notar Anlass zu der Vermutung haben muss, einem Beteiligten drohe ein Schaden (*BGH* DNotZ 1987, 157). Bei einer ausgewogenen und interessengerechten Vertragsgestaltung wird es hierzu regelmäßig nicht kommen. Fehlt es jedoch an einer ausgeglichenen Vertragsgestaltung und an einer entsprechenden Belehrung, so liegt der Verdacht nahe, eines von beiden wurde vergessen (*Haug/Zimmermann* Rn. 757; zum Schutzzweck der Verpflichtung des Notars zur Unterlassung unwirksamer Beurkundungen *BGH* DNotI-Report 2000, 146).

b) Belehrungs- und Betreuungspflichten gegenüber Dritten

132 Nicht nur gegenüber den formell Beteiligten, sondern auch gegenüber Dritten können Belehrungs- und Betreuungspflichten bestehen. Auch hier wird der Rechtsgrund für diese Pflichten aus den §§ 1, 14 BNotO abgeleitet. Dem Dritten muss ein Schaden drohen,

II. Prüfungs- und Belehrungspflichten G

dessen er sich aus tatsächlichen oder rechtlichen Gründen nicht bewusst ist, und es müssen besondere Umstände in der rechtlichen Gestaltung oder Durchführung des beurkundeten Geschäfts vorliegen. Folgende **Fallgruppen** können unterschieden werden:

(1) Besondere Betreuungspflichten können gegenüber so genannten **mittelbaren Beteiligten** bestehen, das sind Beteiligte, die anlässlich der Beurkundung mit dem Notar Verbindung aufnehmen und in deren Interesse die Erklärung beurkundet werden soll. Hierunter fallen Verträge, bei denen aus beurkundungsrechtlichen Gründen oder Kostengründen nur die Erklärung eines Vertragsteils beurkundet wird, wie zum Beispiel Beurkundung eines Schenkungsversprechens oder eines Nießbrauchs. Bei der Beurkundung solcher einseitiger Erklärungen erstrecken sich die dem Notar gegenüber dem formell Beteiligten obliegenden Pflichten auch auf den anderen Vertragsteil, ohne dass besondere Voraussetzungen hierfür nachzuweisen sind. **133**

Zum anderen fallen hierunter Amtspflichten gegenüber Dritten, die mit dem Notar **vor oder bei der Beurkundung Verbindung aufgenommen** haben und in deren Interesse eine Beurkundung erfolgen soll (*BGH* DNotZ 1969, 269 zur Haftung gegenüber Gläubigern einer Grundschuld; *BGH* DNotZ 1969, 507 zur Haftung gegenüber Kreditgebern bei Auskünften über ein Grundstück, das zur Sicherung eines Kredits belastet werden soll; *BGH* DNotZ 1979, 311 zur Pflicht, beurkundete Hypothekenbewilligungen unverzüglich dem Grundbuchamt einzureichen; *BGH* DNotZ 1983, 384 zur Pflicht, den Darlehensgeber, als mittelbaren Beteiligten, vor erkennbaren Irrtümern und etwaigen Schwierigkeiten bei der Realisierung einer Sicherheit zu schützen.

(2) Eine besondere Betreuungspflicht Dritten gegenüber kann auch dadurch entstehen, dass der Dritte **nach der Beurkundung Kontakt mit dem Notar aufnimmt**, sein Interesse durch die besondere Natur des Rechtsgeschäfts berührt wird und der Notar falsche oder unvollständige Auskünfte gibt. Der Notar hat die allgemeine Pflicht, dem Unrecht zu wehren (§ 14 II BNotO). Er hat die Möglichkeit, die Übernahme einer Amtspflicht gegenüber dem Dritten abzulehnen. Tut er das nicht, gibt er Auskunft oder berät er den Dritten, so haftet er für die Verletzung der jetzt entstandenen besonderen Betreuungspflicht (*BGH* DNotZ 1982, 384 zur Haftung gegenüber dem Zessionar einer teilweise nicht valutierten Grundschuld; *BGH* DNotZ 2003, 426 zur Belehrungs- und Beratungspflicht gegenüber einem vermeintlichen Vorkaufsberechtigten). **134**

(3) Besondere Betreuungspflichten bestehen aber auch gegenüber Dritten, die **weder mit dem Notar in Kontakt** getreten sind, **noch „mittelbare Urkundsbeteiligte"** sind. Der klassische Fall sind Haftungsansprüche von Erben, deren Rechte durch fehlerhafte Beurkundung von Verfügungen von Todes wegen vereitelt wurden. Nicht gegenüber jedem Dritten, dessen wirtschaftliches oder rechtliches Interesse durch eine Beurkundung oder deren Vollzug berührt wird, besteht jedoch eine Betreuungsverpflichtung. Die ursprünglich von der Rechtsprechung vertretene „Vertrauenstheorie" (RGZ 78, 241), nach der alle Dritte geschützt sind, die im Vertrauen auf die Rechtsgültigkeit der Beurkundung tätig geworden sind, wurde durch den *BGH* begrifflich eingegrenzt. Der *BGH* stellt darauf ab, ob der Schutz des Dritten bezweckt oder mitbezweckt wird (grundlegend DNotZ 1960, 157). **135**

Nach dieser so genannten „Funktions- oder Zwecktheorie" (*Haug/Zimmermann* Rn. 39) ist zu fordern, dass der konkrete Zweck der verletzten Amtspflicht nach der besonderen Natur des Amtsgeschäfts dem Schutz der Interessen des Dritten dient. So verneint der *BGH* eine Amtspflicht des Notars, der ein Angebot beurkundet hat, gegenüber dem Adressaten des Angebots (DNotZ 1981, 773). Aufgrund des Schutzzwecks der jeweiligen Norm werden Betreuungspflichten bejaht gegenüber dem benachteiligten Erben bei unwirksamem Testamentswiderruf (BGHZ 31, 5) und fehlender Belehrung des Erblassers bei der Testamentserrichtung über die Bindungswirkung früherer Verfügungen (*BGH* DNotZ 1974, 297; ebenso *BGH* DNotZ 1973, 240 hinsichtlich der Belehrungspflicht über das gesetzliche Erbrecht bei Adoptionsverträgen). **136**

Der vom Erblasser in Aussicht genommene Testamentserbe, der deswegen nicht Erbe geworden ist, weil der vom Erblasser angesprochene Notar amtspflichtwidrig das Testament nicht beurkundet hat, ist mit seinem Schadensersatzanspruch gegen den Notar ausgeschlossen, wenn der Erblasser es schuldhaft unterlassen hat, den Notar zu erinnern (*BGH* DNotI-Report 1997, 169 in Abweichung von *BGH* NJW 1956, 260).

137 Je nach der Natur des Amtsgeschäfts bestimmt sich der Kreis der in den **Schutzbereich der Amtspflicht** einbezogenen Dritten enger oder weiter (fehlerhafte Vollmacht, RGZ 154, 276; fehlerhafte Bescheinigung, *BGH* DNotZ 1973, 245). Diese Betreuungspflicht kann Dritten gegenüber auch im Rahmen von Tätigkeiten nach § 24 BNotO bestehen (*BGH* DNotZ 1988, 372 mit Anm. *Bernhard*). Wird in einem notariell beurkundeten Vertrag eine Vertragsübernahme mit einem an der Beurkundung nicht beteiligten Dritten vereinbart, so obliegt dem Notar gegenüber diesem Dritten keine Amtspflicht zur Belehrung über eine Risiken vermeidende Vertragsgestaltung (*OLG Koblenz* DNotZ 1996, 128 mit Anm. *Vollhardt*). Wendet sich ein Notar auf Ersuchen einer Kapitalanlagegesellschaft mit einer Erklärung über hinterlegte Sicherheiten gezielt an potentielle Anleger, um diesen eine Grundlage für bedeutsame Vermögensentscheidungen zu geben, so können auch die Empfänger der Erklärung Auftraggeber im Sinn von § 19 I 2 Hs. 2 BNotO sein (*BGH* DNotI-Report 1997, 29). Bei der Aufspaltung eines Vertrags in Angebot und Annahme kann dem sog. Zentralnotar eine Belehrungspflicht gegenüber dem Anbieter obliegen (*BGH* DNotZ 2004, 843).

c) Betreuungspflichten aus Auftrag

138 Übernimmt der Notar die Betreuung und Vertretung der Beteiligten im Rahmen des § 24 BNotO, so haftet er ohne Beschränkung auf die Subsidiarität für alle Pflichtverletzungen. Es obliegen ihm hier die Amtspflichten, die sich aus der konkret übernommenen Beratungs-, Betreuungs- oder Treuhandtätigkeit ergeben.

Tätigkeiten des Notars im Rahmen des § 24 BNotO sind neben der Beratung und der Gutachten- und Entwurfsfertigung insbesondere die Erteilung von Bestätigungen und Bescheinigungen, wie Vorlage- und Rangbescheinigungen, und von ihm übernommene Vollzugstätigkeiten und Treuhandaufgaben, wie zum Beispiel die Einholung von Genehmigungen, Vorkaufsrechtsäußerungen, Löschungen, Rangrücktritten, Pfandfreigaben, die Herstellung der Bindungswirkung durch Aushändigung von Ausfertigungen, Briefverwahrungen für Gläubiger, Fälligkeitsüberwachungen, Überwachung von Vollmachten und Treuhandabwicklungen zur Ablösung von Gläubigern. Zur Zulässigkeit eines einseitigen Widerrufs des Treuhandauftrags über Löschungsbewilligung nach Fälligkeitsmitteilung und teilweiser Kaufpreiszahlung vgl. DNotI-Report 1997, 1.

Keine dieser Aufgaben ist eine Pflichtaufgabe des Notars. Er muss sie nicht übernehmen. Übernimmt er sie, so hat er die daraus resultierenden Pflichten sorgfältig zu erfüllen (zur Amtspflichtverletzung bei Fälligkeitsmitteilung des Notars aus selbständig übernommener Betreuungspflicht gemäß § 24 BNotO *BGH* DNotI-Report 1997, 61; zur Anweisung eines Notars zur Ausstellung einer Fälligkeitsmitteilung und Umfang der dem Notar obliegenden Prüfungspflicht *OLG Hamm* MittBayNot 1996, 399).

III. Beurkundung von Willenserklärungen

139

Checkliste zur Beurkundung von Willenserklärungen

(1) Urkundeneingang
 – Überschrift
 – Bezeichnung von Notar/Notarvertreter (bei Vertretung Überprüfung der Bestellung)
 – Ort und Tag der Verhandlung

▶

III. Beurkundung von Willenserklärungen   G

▼ Fortsetzung: **Checkliste zur Beurkundung von Willenserklärungen**

(2) Beteiligte
  - Bezeichnung
  - Identitätsfeststellung
  - Güterstand
  - Prüfung der Geschäftsfähigkeit/ggf. Feststellungen hierzu
  - Prüfung der Staatsangehörigkeit
  - bei Sprachunkundigkeit Feststellung hierzu und Verfahren nach § 16 BeurkG
  - bei Vorlage von Behinderungen Feststellung und Verfahren nach §§ 22 ff. BeurkG

(3) Bei Vertretung von Beteiligten
  - Feststellung der Vertretung
  - Prüfung der Vertretungsberechtigung
  - Beifügung der Nachweise

(4) Grundbucheinsicht

(5) Verfügungsmacht

(6) Zulässigkeit der Beurkundung
  - keine Versagung Amtstätigkeit
  - keine Mitwirkungsverbote oder Ausschließungsgründe
  - kein Ablehnungsrecht oder Befangenheit

(7) Beurkundung
  - Sachverhaltsaufklärung
  - Willenserforschung
  - Überprüfung der Gestaltung auf Gesetzesverstöße
  - Überprüfung der Erreichbarkeit des rechtsgeschäftlichen Ziels
  - Ausgewogenheit und Vertragsgerechtigkeit

(8) Amtspflichten, Prüfungs- und Belehrungspflichten
  - allgemeine Amtspflichten
  - Prüfung und Belehrung über Genehmigungserfordernisse
  - Prüfung und Belehrung über gesetzliche Vorkaufsrechte
  - Anwendbarkeit ausländischen Rechts
  - Einhaltung der weiteren Belehrungs- und Betreuungspflichten
  - Verfahrensgestaltung bei Verbraucherverträgen

(9) Äußere Formvorschriften
  - Schreibwerk
  - Änderungs- und Zusatzvermerke
  - Nummerierung der Urkunde

(10) Verlesen der Niederschrift

(11) Verweisungen
  - Bezugnahme oder echte Verweisung
  - Verfahren bei Verweisung nach § 13 I Hs. 2 BeurkG
  - Vorlage zur Durchsicht und
  - Feststellung in Niederschrift
  - Verfahren bei Verweisung nach § 13a BeurkG
  - Vorlage in beglaubigter Abschrift
  - Verweisung
  - Erklärung, dass Inhalt bekannt
  - Verzicht auf Verlesen
  - Beifügung oder Verzicht auf Beifügung
  - Feststellung hierüber in Niederschrift
  - Verfahren bei Verweisung nach § 14 BeurkG

▶

> ▼ Fortsetzung: **Checkliste zur Beurkundung von Willenserklärungen**
> - Vorlage zur Kenntnis
> - Verweisung
> - Unterzeichnung jeder Seite
> - Verzicht auf Vorlesen
> - Beifügung
> - Feststellung hierüber in Niederschrift
> (12) Genehmigung und Unterzeichnung

1. Aufnahme einer Niederschrift

a) Beurkundungsverhandlung und Niederschrift

140   Bei der Beurkundung von Willenserklärungen ist eine **Niederschrift** über die Verhandlung aufzunehmen (§§ 8 ff. BeurkG). Dies gilt für die Beurkundung einseitiger und zweiseitiger Erklärungen unter Lebenden und von Todes wegen. Für Letztere gelten zusätzlich die Sonderbestimmungen der §§ 27 ff. BeurkG.

Die Niederschrift ist das schriftliche Ergebnis der Beurkundungsverhandlung. Diese Niederschrift bezeugt mit der **Beweisvermutung des § 415 ZPO**, dass die Willenserklärungen, so wie in der Niederschrift formuliert, abgegeben sind, dass sie zusammenstimmen und damit einen Vertrag ergeben. Ein Zurückgreifen in der Auslegung auf frühere Entwürfe oder Änderungswünsche verbietet sich regelmäßig, denn die Niederschrift bezeugt, dass der Vertrag, so wie er niedergelegt und genehmigt ist, zustande gekommen ist (vgl. *BGH* DNotZ 2003, 37).

Regelmäßig wird der Text der Niederschrift vor der Beurkundung vorbereitet, so dass in der Verhandlung selbst nur die Ergänzung in einzelnen Punkten erforderlich ist. Die Niederschrift kann aber auch in der Weise aufgenommen werden, dass ein von den Parteien oder von Kreditinstituten geliefertes Formular mit den Eingangs- und Schlussbestimmungen einer Niederschrift versehen wird. Wie, wann und von wem ein vorbereiteter Text gefertigt wurde, ist unerheblich. Entscheidend ist, ob und wie ein vorliegender Text in der Beurkundungsverhandlung bestätigt, geändert oder ergänzt wird. Der Notar ist an einen Vorentwurf in keiner Weise gebunden. Soweit gesetzlich nicht ausgeschlossen (z. B. §§ 925, 1410, 1750, 2276, 2290 BGB), kann mit den einzelnen Beteiligten getrennt verhandelt werden (vgl. i. E. *Reithmann* DNotZ 2003, 603).

b) Äußere Form der Niederschrift

141   **aa) Herstellung der Urschrift (§ 29 DONot).** Die Urschrift der Urkunde ist so herzustellen, dass sie gut lesbar, dauerhaft und fälschungssicher ist.

Die Urkunden sind auf festem weißen oder gelblichen Papier in DIN-Format herzustellen (§ 29 II 1 DONot). Die zu verwendenden Materialien (Tinte, Farbbänder, Kugelschreiber, Druck- und Kopierverfahren) sind in § 29 II 2 DONot detailliert aufgeführt. Stempel sind nur für Unterschriftsbeglaubigungen und Abschlussvermerke zulässig.

142   **Formularvordrucke** müssen den Anforderungen des § 29 IV DONot genügen. Insbesondere dürfen die Vordrucke keine auf den Urheber des Vordrucks hinweisenden individuellen Gestaltungsmerkmale wie Namensschriftzug, Logo, Signet o. Ä. aufweisen. Beglaubigungen ohne Entwurf sind hiervon ausgenommen.

Verstöße gegen § 29 DONot haben auf die Echtheit und Beweiskraft der Urkunde keinen Einfluss.

143   **bb) Heften und Siegeln (§ 44 BeurkG, § 30 DONot).** Besteht die Urschrift aus mehreren Blättern, so ist sie mit Schnur und Prägesiegel zu verbinden. Der Heftfaden ist anzu-

siegeln. Das Heften und Siegeln ist in der Weise vorzunehmen, dass kein Blatt der Urkunde herausgenommen werden kann, ohne das Siegel zu beschädigen.

Das Gleiche gilt für **Schriftstücke** (**Anlagen**), auf die nach § 9 I 2, 3 BeurkG (Schriftstücke, Karten, Zeichnungen oder Abbildungen), nach § 14 BeurkG oder nach § 37 I 2, 3 BeurkG verwiesen wird. **144**

Anlagen, die nicht zur Niederschrift gehören, wie beigefügte Vollmachten, Genehmigungen, Bescheinigungen, Vollzugsmitteilungen etc., sind dauerhaft zu verbinden.

§ 31 DONot trifft in der Neufassung Regelungen zum **Siegeln** von Urkunden. Für alle Siegelsysteme wird vorausgesetzt, dass die Siegel dauerhaft mit dem Papier und Schnur verbunden sein müssen, Abdruck oder Prägung deutlich erkennen lassen müssen und eine Entfernung des Siegels ohne sichtbare Spuren der Zerstörung nicht möglich sein darf. Die neuen Siegelungstechniken (neben Farbdrucksiegel und Prägesiegel mit Mehloblade) bedürfen einer Zertifizierung.

cc) Nummerierung (§ 28 II DONot). Auf jeder Urschrift ist die Nummer der Urkundenrolle mit dem Jahrgang anzugeben (z. B. URNr. 372/91). Die Urkundennummer wird zweckmäßigerweise am Kopf der Urkunde angebracht. **145**

c) Änderungen in Urkunden (§ 44a BeurkG)

aa) Änderungen vor Abschluss der Niederschrift. Die notarielle Urkunde hat die Vermutung der Echtheit im Sinn des § 437 ZPO für sich. Diese umfasst die gesamte Niederschrift samt Unterschrift des Notars unter Einschluss von Teilen, die erst während der Beurkundungsverhandlung in den vorbereiteten Text eingefügt wurden. Radieren, Wegschaben mit der Rasierklinge, Überkleben, Verwendung von „Tipp Ex" oder Überschreiben des zu korrigierenden Textes ist unzulässig (§ 28 I 1 DONot). **Streichungen** sind so vorzunehmen, dass das Gestrichene noch lesbar bleibt. Teilweise sind Streichungen in der Weise üblich, dass die Teile, die nicht gelten sollen, eingeklammert werden und dahinter das Wort „lies" gesetzt wird. **146**

Wichtige Zahlen wie Kaufpreis, Schuldbetrag, Datum der Urkundserrichtung etc. sind in Ziffern und Buchstaben zu schreiben (§ 28 I 2 DONot). **Lücken** und leere Seiten sind zur Verhinderung nachträglicher Zusätze mit Füllstrichen zu versehen. **147**

Änderungen und Zusätze („**Berichtigungsvermerk**") vor Abschluss der Niederschrift sollen am Schluss vor den Unterschriften oder am Rand vermerkt werden (§ 44a I 1 BeurkG). Werden sie am Rand der Niederschrift angebracht, so sind sie vom Notar zu unterzeichnen (§ 44a I 1 Hs. 2 BeurkG). Zu handschriftlichen Änderungen in einer notariellen Urkunde s. DNotI-Report 1997, 28. **148**

Werden Änderungen und Zusätze ausnahmsweise hinter dem Schlussvermerk der Urkunde angebracht, so muss dieser wiederholt werden und durch Schlussvermerk und Unterschriften gedeckt sein. Bei fehlender Unterzeichnung kann die Beweiskraft der Urkunde nach § 415 I ZPO entfallen (*BGH* DNotZ 1995, 28). **149**

Formulierungsbeispiel: Berichtigungsvermerk **149a**

Auf Seite 8 ist nach Zeile 7 einzufügen: . . . Zusatz vom Notar mitvorgelesen, von den Beteiligten genehmigt und eigenhändig unterschrieben:

Es empfiehlt sich regelmäßig, bei umfangreichen Änderungen und Zusätzen die betreffenden Seiten neu zu schreiben oder bei Verwendung von EDV-Anlagen ausdrucken zu lassen. **Änderungen in Anlagen** brauchen nicht unterzeichnet zu werden, wenn ihre Genehmigung aus der Niederschrift hervorgeht (§ 44a I 2 BeurkG). **150**

150a | Formulierungsbeispiel: Schlussvermerk bei Änderungen

Niederschrift samt Anlage und den in der Anlage enthaltenen Änderungen vom Notar vorgelesen, von den Beteiligten genehmigt und eigenhändig unterschrieben:

151 bb) **Änderungen nach Abschluss der Niederschrift.** Nach Abschluss der Niederschrift kann der Notar offensichtliche Unrichtigkeiten durch einen von ihm unterzeichneten **Nachtragsvermerk** richtig stellen (§ 44a II BeurkG). Grundsätzlich sind Änderungen, Zusätze oder Berichtigungen der Niederschrift nicht mehr zulässig. Es muss vielmehr eine Nachtragsurkunde aufgenommen werden, die von sämtlichen Beteiligten erneut zu unterzeichnen ist.

152 Eine Ausnahme gilt für offensichtliche Unrichtigkeiten (§ 44a II BeurkG). Anders als § 164 ZPO, wonach Unrichtigkeiten ohne Einschränkung berichtigt werden können, gewährt § 44a II BeurkG nur die Berichtigung bei „offensichtlichen Unrichtigkeiten". Dies ist eine durch die Neuregelung zu dem früheren § 30 IV DONot deutliche Erweiterung, der eine Berichtigung nur bei „offensichtlichen Schreibfehlern" eröffnete.

Die Anforderung an den beurkundenden Notar, eine „richtige", das heißt eine Urkunde ohne offensichtliche Unrichtigkeiten zu errichten, hat die Folge zur Berichtigung der Urkunde, wenn
– die Unrichtigkeit sich nicht aus der Urkunde, sondern aus anderen Umständen ergibt und
– die Unrichtigkeit für den Notar offensichtlich ist (*Kanzleiter* DNotZ 1999, 292, 305).

Dies ist auch gegeben, wenn sich der Schreibfehler oder die Auslassung aus dem Gesamtzusammenhang des Beurkundungsverfahrens zweifelsfrei erkennen lässt (*BayObLG* RPfleger 2002, 563).

Der Nachtragsvermerk ist in der Form einer selbständigen Vermerksurkunde (§ 39 BeurkG) mit Unterschrift und Siegel des Notars zu erstellen (ausführlich zum Verfahren *Reithmann* DNotZ 1999, 27). Ist ein Grundstück in der Urkunde nicht aufgeführt, kann durch einen Nachtragsvermerk die Auflassung nicht berichtigt werden (*OLG München* MittBayNot 2012, 502).

2. Inhalt der Niederschrift

153 Für den notwendigen Inhalt der Niederschrift gelten die §§ 9 bis 11, 13, 16, 17, 22 bis 25 BeurkG (für Verfügungen von Todes wegen zusätzlich noch die §§ 28 bis 33 BeurkG). Die Niederschrift **muss** enthalten:
– die Bezeichnung des Notars und der Beteiligten,
– die Erklärung der Beteiligten,
– die Vorlesung, Genehmigung und Unterzeichnung der Niederschrift in Gegenwart des Notars,
und **soll** enthalten
– die Angabe von Ort und Tag der Verhandlung,
– die genaue Bezeichnung der Beteiligten,
– die Feststellung von Zweifeln an der Geschäftsfähigkeit der Beteiligten,
– bei Verfügungen von Todes wegen die Feststellung der Geschäftsfähigkeit,
– die Feststellung der Vorlesung, Genehmigung und Unterzeichnung,
– die Vorlegung der Niederschrift auf Verlangen,
– die Beifügung der Amtsbezeichnung zur Unterschrift des Notars.

a) Überschrift

154 Urkunden werden regelmäßig mit einer Überschrift, wie „Kaufvertrag", „Überlassung", „Gesellschafterversammlung" etc. versehen. Nichts sagende Überschriften, wie „Vereinbarung", „Vertrag" etc. sollten vermieden werden.

III. Beurkundung von Willenserklärungen

b) Bezeichnung des Notars

Die Niederschrift muss die Bezeichnung des Notars oder der Notarin enthalten (§ 9 I Nr. 1 BeurkG). Nicht ausreichend ist, dass der Notar die Niederschrift lediglich unterzeichnet. Die Beurkundung ist fehlerhaft, wenn auch die Wirksamkeit gegeben sein kann (DNotI-Report 2006, 9). Der amtlich bestellte Vertreter hat sich als solcher zu bezeichnen und ausdrücklich als Notarvertreter zu unterschreiben (§ 41 I 2 BNotO). Beurkundungen eines Notarvertreters vor seiner wirksamen Bestellung oder nach Beendigung der Vertretung sind unwirksam (*Seybold/Schippel* § 40 Rn. 14). Dies gilt auch dann, wenn der Notarvertreter eine Urkunde erst unterschreibt, nachdem der letzte Tag seiner Bestellung verstrichen ist (*BGH* DNotZ 1999, 346).

155

c) Ort und Tag der Verhandlung

Ort und Tag der Verhandlung sind aufzuführen (§ 9 II BeurkG). Es genügt die Angabe des Ortsnamens, jedoch ist eine genaue Ortsbezeichnung angebracht. Der Tag der Errichtung ist nach Tag, Monat und Jahr zu bezeichnen. Wird die Beurkundungsverhandlung unterbrochen und am nächsten Tag fortgesetzt, so sind beide Tage anzugeben. Bei Beurkundungen außerhalb der Geschäftsstelle ist es zweckmäßig, diese genau zu bezeichnen und anzugeben, welcher der Beteiligten darum ersucht hat (vgl. § 32 II GNotKG). § 9 II BeurkG ist eine Soll-Vorschrift (zur Strafbarkeit vgl. *BGH* DNotZ 1999, 811).

156

d) Bezeichnung der Beteiligten – Identitätsfeststellung

aa) Bezeichnung. Die Beteiligten sind in der Niederschrift so genau zu bezeichnen, dass Zweifel und Verwechslungen ausgeschlossen sind.

157

Bei der **Beteiligung natürlicher Personen** gehören dazu Vor- und Familienname, Geburtsname, Geburtsdatum und Wohnung (§ 26 II DONot). Auf die Angabe des Berufs kann verzichtet werden. Besteht ein Anlass für eine Auslandsberührung der Beurkundung, sollte die Staatsangehörigkeit angegeben werden. Bei gefährdeten Beteiligten kann gemäß § 26 II 2 DONot von der Angabe der Wohnung abgesehen werden.

Handeln die Beteiligten als organschaftliche oder gesetzliche **Vertreter** von Gesellschaften, reicht die Angabe des Vor- und Familiennamens, des Geburtsdatums und der Geschäftsanschrift. Für Organvertreter und Bevollmächtigte genügt die Angabe der Geschäftsadresse. § 10 BeurkG verlangt eine so genaue Bezeichnung, dass Zweifel und Verwechslungen ausgeschlossen sind. Dem ist mit der Geschäftsanschrift Genüge getan. § 10 BeurkG geht insoweit § 26 DONot vor (*Renner* NotBZ 2002, 432).

Bei dem Handeln **Bevollmächtigter** sind die Angaben auch hinsichtlich des Vollmachtgebers aufzunehmen. Bei der Bevollmächtigung durch Unternehmen und Institutionen reicht regelmäßig die Angabe der Dienst- oder Geschäftsanschrift des Bevollmächtigten.

bb) Identitätsfeststellung. Der Notar hat die Identität der Beteiligten mit besonderer Sorgfalt zweifelsfrei festzustellen (§ 10 BeurkG, § 26 DONot). Mit Rücksicht auf die besondere Beweiskraft notarieller Urkunden und des öffentlichen Glaubens ist auf die zweifelsfreie Feststellung der erschienenen Personen äußerste Sorgfalt zu verwenden (*BGH* DNotZ 1956, 502).

158

Ist der Beteiligte dem Notar **persönlich bekannt**, so reicht dies als Identitätsfeststellung. Nicht ausreichend ist jedoch, wenn der Notar den Beteiligten erst anlässlich der vorzunehmenden Amtshandlung kennen lernt oder wenn der Beteiligte durch Angestellte oder Dritte vorgestellt wird. Die unrichtige Feststellung in welcher Form sich der Notar über die Identität Gewissheit verschafft hat, ist keine strafbare Falschbeurkundung (*BGH* DNotZ 2005, 213).

159 Ist der Erschienene dem Notar nicht persönlich bekannt, so muss er sich ausweisen durch einen **amtlichen, mit Lichtbild versehenen Ausweis.** Hierzu gehören Reisepass, Personalausweis, Führerschein und Dienstausweise von Behörden. Sonstige Urkunden, insbesondere Urkunden ohne Lichtbild, sind zur Identitätsfeststellung nicht ausreichend. Bei der Vorlage eines Ausweises ist die Gültigkeit zu prüfen. Hat ein Beteiligter seinen Ausweis vergessen, so kann der Ausweis auch nach Beurkundung nachgereicht werden, was in der Urkunde zu vermerken und in einem selbständigen Vermerk zur Urkunde zu bezeugen ist. Die Ausstellungsbehörde, das Ausstellungsdatum und die Nummer des Ausweises müssen in die Urkunde nicht aufgenommen werden. Der Vermerk ist zu siegeln und zu unterschreiben (*LG Würzburg* MittBayNot 1975, 34).

160 Ausreichend für die Identitätsfeststellung ist auch die **Vorstellung durch Erkennungszeugen,** wenn ein amtlicher Ausweis nicht vorgelegt werden kann. Die Anforderung der „besonderen Sorgfalt" bezieht sich in diesem Fall auch auf die Glaubwürdigkeit des Erkennungszeugen. In Betracht kommen damit nur Personen, die dem Notar als zuverlässig bekannt sind, insbesondere Hilfskräfte des Notars. Als Erkennungszeugen ungeeignet sind Personen, die an der Amtshandlung beteiligt sind oder zu dem Beteiligten in einer verwandtschaftlichen oder sonstigen Beziehung stehen.

Die Identitätsfeststellung durch den **Nachweis besonderer Sachkunde** ist grundsätzlich möglich. In der Praxis kommt dies kaum vor. Es besteht die Gefahr, dass eine besondere Sachkunde gerade bei der betrügerischen Absicht der Identitätstäuschung vorgespiegelt wird.

161 **cc) Geldwäschegesetz:** Der Notar unterliegt nach der Änderung des Gesetzes über das Aufspüren von Gewinnen aus schweren Straftaten (Geldwäschegesetz vom 13.8.2008; BGBl. I S. 1690) den hier bestimmten besonderen **Identifizierungspflichten,** soweit der Notar für seine „Mandanten" im Sinn dieses Gesetzes an der Planung und Durchführung folgender Geschäfte mitwirkt (§ 2 I Nr. 7 GwG):
- Kauf und Verkauf von Immobilien und Gewerbebetrieben;
- Verwaltung von Geld, Wertpapieren und sonstigen Vermögenswerten;
- Eröffnung von Bank-, Spar- und Wertpapierkonten;
- Gründung, Betrieb oder Verwaltung von Treuhandgesellschaften, Gesellschaften oder ähnlichen Strukturen, samt Beschaffung der hierzu erforderlichen Mittel.

Identifizieren im Sinn dieses Gesetzes bedeutet über die Bestimmungen des BeurkG und der DONot hinaus:
- Feststellung von Namen; Geburtsdatum, Geburtsort, Staatsangehörigkeit und Anschrift jeweils durch Vorlage eines gültigen Personalausweises oder Reisepasses;
- Feststellung von Art und Nummer und ausstellender Länderbehörde des amtlichen Ausweises;
- Kopieren des Personaldokuments, Aufzeichnung der genannten Angaben und Aufbewahrung § 8 GWG für mindestens fünf Jahre.

Der Notar muss sich weiter erkundigen, ob der zu Identifizierende für eigene Rechnung handelt, und gegebenenfalls auch den wirtschaftlich Berechtigten identifizieren (§ 8 I GWG). Dies sollte vorsorglich in die Urkunde als Vermerk aufgenommen werden.

162 **dd) Ablehnung der Beurkundung.** Liegt kein Fall des § 4 BeurkG vor, so muss der Notar auch ohne Identitätsfeststellung die Beurkundung vornehmen, wenn ein Beteiligter dies verlangt. Die fehlende Identitätsfeststellung sollte in jedem Fall vermerkt werden.

163 **ee) Bedeutung der Feststellung.** Die Personenfeststellung begründet den vollen Beweis gemäß § 415 ZPO, dass die Beteiligten die in der Urkunde niedergelegten Erklärungen vor dem Notar abgegeben haben. Jede andere, insbesondere die freie Beweiswürdigung ist ausgeschlossen. Eine Nachprüfung der Identitätsfeststellung durch das Grundbuchamt oder sonstige Behörden, denen die Urkunde vorgelegt wird, findet nicht statt.

III. Beurkundung von Willenserklärungen

e) Feststellungen über die Geschäftsfähigkeit

Bei Rechtsgeschäften unter Lebenden sind Feststellungen über die Geschäftsfähigkeit in der Urkunde regelmäßig nicht zu treffen. Eine Ausnahme gilt, wenn Erklärungen schwer kranker Personen beurkundet werden oder Zweifel an der Geschäftsfähigkeit bestehen. Hier soll der Notar die Tatsache der Erkrankung und seine Feststellungen zur Geschäftsfähigkeit in der Niederschrift angeben (§ 11 II BeurkG). Bei Verfügungen von Todes wegen sind die Feststellungen in jedem Fall nach § 28 BeurkG in der Niederschrift zu vermerken.

f) Grundbucheinsicht, Briefvorlage (§ 21 BeurkG)

Der Notar hat bei Geschäften, die im Grundbuch eingetragene Rechte zum Gegenstand haben, den Grundbuchinhalt festzustellen. Die in § 21 BeurkG vorgeschriebene Verpflichtung zur Grundbucheinsicht dient der Sicherung des Rechtsverkehrs und der Belehrungsverpflichtung des Notars. Anhaltspunkte für das Eingreifen von Belehrungspflichten wie Verfügungsbeschränkungen etc. ergeben sich häufig aus dem Grundbuch.

Die **Einsichtnahme** sollte so kurz wie möglich vor Beurkundung erfolgen. Als Grenze werden regelmäßig sechs Wochen vor Beurkundung angenommen, sofern keine Umstände vorliegen, die eine Änderung nach der Einsichtnahme als möglich erscheinen lassen (*OLG Frankfurt* DNotZ 1985, 244; nach *LG München* MittBayNot 1978, 237 sind vierzehn Tage ausreichend). Der Notar muss das Grundbuch nicht selbst einsehen. Eine Einsicht durch Angestellte reicht, wenn die beauftragte Person hinreichend zuverlässig ist. Soweit die Grundbucheinsicht durch Herstellung von Fotokopien von den Grundbüchern erfolgt, ist eine besondere Sachkunde, anders als früher, nicht mehr zu fordern. Für das Verschulden von Hilfspersonen bei der Grundbucheinsicht haftet der Notar wie für eigenes Verschulden entsprechend § 278 BGB (*BGH* NJW 1996, 464).

Soweit **EDV-Grundbücher** in elektronischer Form geführt werden, erfolgt die Grundbucheinsicht durch ein EDV-Abrufverfahren, das die Einsicht in das Grundbuch darstellt. Erforderlich ist hier eine vollständige Eigentümer- oder Flurstückrecherche. Die Einsicht nur in die Markentabelle reicht nicht. Ein besonderer Vermerk in der Urkunde, dass die Einsicht durch Abruf erfolgte, ist nicht erforderlich.

Bei **auswärtigen Grundbuchämtern** reicht Einsicht in eine Grundbuchblattabschrift aus. In Ausnahmefällen genügt auch ein sog. Grundbuchaufschluss oder eine telefonische Auskunft des Grundbuchamtes (*Winkler* § 21 Rn. 11).

Eine Pflicht zur **Einsicht in die Grundakten** oder in die Markentabelle besteht nicht. Die Einsicht in das Grundbuch reicht, auch wenn sich Vollzugsprobleme ergeben können, falls noch unerledigte Eintragungsanträge in den Grundakten liegen. Insbesondere bei größeren Grundbuchämtern ist eine Überprüfung sämtlicher beim Grundbuchamt eingelaufener Anträge praktisch nicht durchführbar. Ausnahmsweise sollten die Grundakten dann eingesehen werden, wenn ein Bleistiftvermerk im Grundbuch oder ein Eintrag in der Markentabelle auf einen unerledigten Antrag hinweist.

Eine Einsicht in die Grundakten kann geboten sein, wenn eine im Grundbuch eingetragene Belastung für das zu beurkundende Rechtsgeschäft von besonderer Bedeutung ist und die Grundbucheintragung hierauf Bezug nimmt (§ 874 BGB) (zur Einsicht in die Eintragungsbewilligung in Grundakten: *Reithmann* MittBayNot 2005, 207). Der Notar sollte dies vorsorglich in der Urkunde genau feststellen. Eine Amtspflicht zur Einsicht in Grundakten besteht nicht, wenn keine „besonderen Umstände" vorliegen (*BGH* DNotI-Report 2009, 20).

Formulierungsbeispiel: Grundbucheinsicht – Vermerk
Der Notar hat sich über den Grundbuchstand durch Einsicht in das elektronisch geführte Grundbuch unterrichtet. Eine Einsicht in Grundakten ist nicht erfolgt.

170 Hat sich der Notar nicht über das Grundbuch unterrichten können, so hat er ein Recht zur vorläufigen Ablehnung der Beurkundung. **Ohne Grundbuchkenntnis** soll nur beurkundet werden, wenn die Beteiligten trotz Belehrung auf sofortiger Beurkundung bestehen. Hier trifft den Notar eine besondere Belehrungspflicht. Der Verzicht der Beteiligten auf die Grundbucheinsicht ist in der Niederschrift zu vermerken.

170a

Formulierungsbeispiel: Ohne Grundbucheinsicht – Vermerk

Der Notar hat den Grundbuchinhalt nicht festgestellt. Trotz Hinweis auf die damit verbundenen Gefahren bestanden die Beteiligten auf sofortiger Beurkundung.

In diesen Fällen ist zu raten, dass sich der Notar nach der Beurkundung unverzüglich über den Grundbuchinhalt unterrichtet. Im seltenen Fall der Beurkundung der Abtretung oder Belastung eines Briefrechts soll der Notar in der Niederschrift vermerken, ob der Brief vorgelegen hat (§ 21 II BeurkG).

g) Sonstige Feststellungen

171 Soweit erforderlich, muss die Urkunde auch sonstige Feststellungen des Notars enthalten, wie Nachweise über die Vertretungsberechtigung (§ 12 BeurkG), Genehmigungserfordernisse (§ 18 BeurkG), gesetzliche Vorkaufsrechte (§ 20 BeurkG), Unbedenklichkeitsbescheinigungen (§ 19 BeurkG), Kosten und Gebühren, ausländisches Recht (§ 17 III BeurkG) und über die den Beteiligten erteilten Belehrungen. Ob und in welchem Umfang der Notar Belehrungen als Feststellungen in die Niederschrift aufnimmt, ist ihm grundsätzlich freigestellt. Dies hängt vom konkreten Fall und von den möglichen Gefahren und Risiken des Rechtsgeschäfts ab.

h) Erklärungen der Beteiligten

172 Erklärungen der Beteiligten sind deren Willenserklärungen. In der Urkunde sollte durch einen einleitenden Satz festgestellt werden, dass die Beteiligten Erklärungen abgeben. In der Niederschrift sind die Erklärungen nicht wörtlich zu protokollieren, sondern klar und zweckentsprechend in rechtlich eindeutiger Form in der Niederschrift wiederzugeben. Formell ist die Wirksamkeit der Beurkundung nicht davon abhängig, dass die Erklärungen der Beteiligten richtig wiedergegeben werden. Auch bei formeller Wirksamkeit kann das Rechtsgeschäft selber materiell nichtig oder anfechtbar sein.

i) Urkundssprache

173 Grundsätzlich sind Urkunden **in deutscher Sprache** zu errichten (§ 5 I BeurkG). Der Notar kann jedoch auch in einer Fremdsprache verhandeln, sei es allein oder mit Hilfe eines Dolmetschers. Hierüber ist dann eine Niederschrift in deutscher Sprache herzustellen.

174 Darüber hinaus kann der Notar nach § 5 II BeurkG Urkunden auch in einer anderen Sprache errichten, jedoch nur wenn er der **fremden Sprache** hinreichend kundig ist. Seine Sprachkenntnisse sind vom Notar selber sorgfältig zu beurteilen. In Einzelfällen, wie bei Vollmachten etc., mag es ausreichen, dass der Notar die Erklärung dahin gehend überprüfen kann, ob sie das Gewollte wiedergibt.

175 Die Niederschrift kann auch **zum Teil fremdsprachig** und zum Teil deutsch sein. Auch die Errichtung zweisprachiger Urkunden mit gleichberechtigtem deutschen und ausländischen Text ist zulässig.

176 Zuverlässiger ist jedoch in jedem Fall die Errichtung des verbindlichen Urkundstexts in einer Sprache und Herstellung einer **Übersetzung** in die deutsche oder die andere Sprache. (Muster für Vollmachten in den EG-Sprachen: Texte uniforme de Procurations, Union Internationale du Notariat Latin, 1981 und Texte uniforme de Procurations pour agir en justice, Union Internationale du Notariat Latin, 1985; Beglaubigungsvermerke bei *Röll* DNotZ 1974, 423 und MittBayNot 1977, 107). Zu Urkunden in fremder Sprache vgl. Kap. H Rn. 23 ff.

III. Beurkundung von Willenserklärungen

Nach § 50 BeurkG ist der Notar berechtigt, die Richtigkeit und Vollständigkeit der deutschen Übersetzung zu **bescheinigen,** wenn er die Urkunde selbst in fremder Sprache errichtet hat oder für die Erteilung einer Ausfertigung oder Niederschrift zuständig ist. **177**

j) Beteiligung Sprachunkundiger

Ein Beteiligter ist sprachunkundig, wenn er es behauptet oder der Notar hiervon überzeugt ist. Die Niederschrift ist den übrigen Beteiligten in der Urkundssprache vorzulesen. Für den sprachunkundigen Beteiligten ist die gesamte Urkunde mündlich zu **übersetzen** (§ 16 II 1 BeurkG). Zusätzlich ist die Übersetzung der Niederschrift auf Verlangen schriftlich vorzunehmen. Die schriftliche Übersetzung ist den Beteiligten vorzulegen und der Niederschrift beizufügen. Die Übersetzung kann vom Notar selbst vorgenommen werden, wenn er der anderen Sprache hinreichend kundig ist. **178**

Übersetzt der Notar nicht selbst, so muss er einen **Dolmetscher** zuziehen. Für den Dolmetscher gelten die Ausschließungsgründe der §§ 6 und 7 BeurkG entsprechend. Der Dolmetscher ist im Regelfall zu vereidigen. Ist der Dolmetscher bereits allgemein vereidigt, so genügt es, dass er sich auf diesen allgemeinen Eid bezieht (§ 189 II GVG). Hier ist jedoch Vorsicht geraten, da Dolmetscher häufig nicht allgemein, sondern nur für gerichtliche Angelegenheiten vereidigt sind. Die Vereidigung des Dolmetschers erfolgt entsprechend § 189 GVG mit dem Inhalt, dass er treu und gewissenhaft übertragen wird. Die Vereidigung ist entbehrlich, wenn alle Beteiligten darauf verzichten. Bei Zuziehung eines Dolmetschers ist die Niederschrift vom Dolmetscher zu unterzeichnen. **179**

In der Urkunde sind als **Feststellung** niederzulegen: **180**

– die Erklärung des Beteiligten oder die Feststellung des Notars über die Sprachunkundigkeit des Beteiligten,
– dass die Niederschrift mündlich übersetzt wurde,
– dass der Beteiligte über das Recht auf schriftliche Übersetzung belehrt wurde,
– dass schriftlich übersetzt und die Übersetzung zur Durchsicht vorgelegt oder dass auf eine schriftliche Übersetzung verzichtet wurde,
– die Vereidigung des Dolmetschers oder seine Bezugnahme auf einen allgemeinen Eid oder der Verzicht der Beteiligten auf die Vereidigung,
– Angaben über die Identität des Dolmetschers.

Bei einer **Beglaubigung** finden die vorstehenden Bestimmungen auch nicht entsprechend Anwendung (*OLG Karlsruhe* DNotZ 2003, 296 zur Handelsregisteranmeldung eines der deutschen Sprache nicht Kundigen). **181**

> **Formulierungsbeispiel: Übersetzung Urkunde** **181a**
>
>
>
> Der Beteiligte zu 1) ist nach seiner Erklärung der deutschen Sprache nicht hinreichend kundig. Als Dolmetscher habe ich daher zugezogen Herrn . . ., mir, Notar, persönlich bekannt. Ein Grund, durch den der Dolmetscher nach dem Beurkundungsgesetz von der Mitwirkung ausgeschlossen wäre, lag nicht vor. Der Dolmetscher ist nicht allgemein vereidigt. Da nicht alle Beteiligten auf die Vereidigung des Dolmetschers verzichtet haben, habe ich, der Notar, ihn vereidigt. Der Dolmetscher wurde über die Bedeutung des Eides und die strafrechtlichen Folgen eines Eides belehrt. Er leistete darauf den Eid, dass er treu und gewissenhaft übertragen werde.
> Die Urkunde wurde vom Dolmetscher in die . . . Sprache übersetzt.
> Der Beteiligte zu 1) wurde darauf hingewiesen, dass er eine schriftliche Übersetzung verlangen könne. Er hat die Anfertigung einer schriftlichen Übersetzung verlangt. Diese schriftliche Übersetzung wurde ihm zur Durchsicht vorgelegt. Sie ist dieser Niederschrift als Anlage beigeheftet.

3. Verweisung
a) Grundsätze

182 Die dem Notar nach den §§ 9, 13, 13a, 14 BeurkG zur Verfügung stehenden **Verfahrensweisen der Beurkundung** sind:
- Aufnahme der Erklärungen in die Niederschrift (§ 9 I 1 BeurkG),
- Aufnahme der Erklärungen teils in die Niederschrift und teils in eine Anlage (§ 9 I 2 BeurkG). Erforderlich ist die Verweisung auf die Anlage in der Haupturkunde, Beifügung der Anlage und Verlesung.
- Aufnahme von Bilanzen, Verzeichnissen und Grundpfandrechtserklärungen i. S. d. § 14 I 1, 2 BeurkG in eine Anlage, Verweisung oder Beifügung, Vorlegung zur Kenntnisnahme, Unterzeichnung jeder Seite der Anlage und Verzicht auf Verlesung (§ 14 BeurkG).
- Aufnahme eines Teils der Erklärungen in der Haupturkunde und im Übrigen Verweisung auf eine andere notarielle Niederschrift (§ 13a BeurkG). Auf die Verlesung und Beifügung der anderen notariellen Niederschrift kann hier verzichtet werden.

183 Die Bestimmungen der §§ 9, 13a und 14 BeurkG regeln, wie zu beurkunden ist, wenn die konkreten Erklärungen beurkundungspflichtig sind. Die Frage, was zu beurkunden ist, bestimmt sich nach dem materiellen Recht (*BayObLG* DNotZ 1984, 255). Eine Verweisung im Sinne des Beurkundungsgesetzes ist daher nötig, wenn der rechtsgeschäftliche Inhalt der abgegebenen Erklärungen durch die Anlage mitbestimmt wird (BGHZ 74, 351; *Brambring* DNotZ 1980, 282).

b) Bezugnahme (unechte Verweisung)

184 Wird in der Niederschrift auf Erklärungen, Rechtsverhältnisse oder tatsächliche Umstände hingewiesen, die nicht zum beurkundungsbedürftigen Inhalt des Rechtsgeschäfts gehören, sondern die getroffenen Erklärungen verdeutlichen oder erläutern, so liegt eine Bezugnahme (**unechte Verweisung**) vor. Ergibt sich aus dem materiellen Recht, dass diese Erklärungen oder Rechtsverhältnisse nicht beurkundungsbedürftig sind, so brauchen die Verweisungsvorschriften §§ 9, 13a BeurkG nicht eingehalten zu werden.

185 Die schlichte **Bezugnahme** ist insbesondere in folgenden Fällen ausreichend:

186 (1) Bezugnahme auf notarielle Niederschriften, an denen die Vertragsparteien **selbst beteiligt** waren. Wird eine bereits notariell beurkundete Vereinbarung von denselben Beteiligten geändert, ergänzt oder aufgehoben, so kann darauf Bezug genommen werden. Das Verfahren nach § 13a BeurkG ist nicht anzuwenden (*Vollhard* NJW 1980, 104).

187 (2) Wird in der Urkunde **auf ein Recht oder Rechtsverhältnis Bezug** genommen, ohne dass die Rechte und Pflichten hieraus verändert oder erweitert werden, so reicht die einfache Bezugnahme aus. Bei Beurkundung einer Vertragsannahme muss das Angebot nicht erneut mitbeurkundet werden (*Lichtenberger* NJW 1979, 1859; 1980, 866). Bei der Übernahme eines Erbbaurechts oder sonstigen dinglichen Rechts, eines GmbH-Anteils, eines Vertragsverhältnisses, einer Forderung oder Schuld reicht hinsichtlich des Eintritts in Rechte und Pflichten die Bezugnahme aus. Das Rechtsverhältnis mit dem Dritten, auf das Bezug genommen wird, braucht nicht mitbeurkundet zu werden. Die Bezeichnung des Rechtsverhältnisses dient nur als **Identifizierungsmittel** (*BGH* DNotZ 1994, 476; *Brambring* FGPrax 1996, 161, 164). So ist auch der Inhalt einer in den Vertrag übernommenen Baugenehmigungsplanung nicht Regelungsinhalt des Vertrags, sondern nicht beurkundungsbedürftiger „Identifizierungsbehelf" (*BGH* DNotZ 1999, 50). Das Gleiche gilt hinsichtlich der Vereinbarung einer Schuldübernahme (*OLG Köln* NJW-RR 1992, 623), bei der Beurkundung der Genehmigung eines Rechtsgeschäfts (*BGH* NJW 1989, 165), bei Bezugnahme auf einen Handelsregisterauszug bei einer Geschäftsanteilsabtretung (*KG* DNotI-Report 1998, 29) und bei dem Verweis auf ein Bodengutachten, das nach der Baubeschreibung zu beachten ist, nicht aber die vertragliche Beschaffenheit des Gebäudes bestimmt (*BGH* DNotZ 2003, 698).

III. Beurkundung von Willenserklärungen

(3) Eine einfache Bezugnahme ist immer dann ausreichend, wenn der Inhalt der Erklärungen, auf die Bezug genommen wird, **durch Grundbucheintrag bereits sachenrechtlich verbindlich** ist. Dies gilt für die Übernahme von allen in Abteilung II und III des Grundbuches eingetragenen Rechten und den Eintritt in Gemeinschaftsordnungen für bereits grundbuchamtlich vollzogene Teilungserklärungen.

(4) Wird in der Urkunde Bezug genommen auf **Vollmachten**, Bestallungen oder sonstige Legitimationspapiere, reicht eine einfache Bezugnahme aus, da der Inhalt der rechtsgeschäftlichen Erklärung hiervon nicht betroffen ist (*BayObLG* DNotZ 1981, 321).

(5) Zulässig ist auch die einfache Bezugnahme auf **Rechtsvorschriften**, wie die im Bundesanzeiger veröffentlichte VOB und sonstige allgemein bekannte und zugängliche Regelungswerke, wie z. B. den Lebenshaltungskostenindex.

Bei der Bezugnahme (unechte Verweisung) wird durch die Verweisung **kein neues Rechtsverhältnis** begründet oder bestehendes Rechtsverhältnis geändert oder gestaltet. Erklärungen der Beteiligten, die unter Bezug auf ein Rechtsverhältnis, auf das verwiesen wird, dieses vertraglich übernehmen oder ändern (Übernahme des Mietverhältnisses, Eintritt in Erbbaurechtsvertrag, Schuldübernahme etc.), müssen Inhalt der Beurkundung sein. Es kann auf das Rechtsverhältnis verwiesen werden, nicht jedoch kann der Eintritt in das Rechtsverhältnis Teil der Verweisung sein.

c) Anlage zur Niederschrift (§ 9 I 2 BeurkG)

Anlagen im Sinn von § 9 I 2 BeurkG können Erklärungen der Beteiligten oder von Dritten sein, wie Baubeschreibungen, Verzeichnisse, Bilanzen oder rechtsgeschäftliche Erklärungen, wie zum Beispiel die Satzung einer GmbH. Anlagen können auch Karten, Zeichnungen, Abbildungen und Lagepläne sein.

In der Niederschrift muss **auf die Anlage verwiesen** werden (ausdrückliche Verweisung erforderlich, so *BGH* DNotZ 1995, 35). Das Schriftstück muss vorgelesen, genehmigt und beigefügt werden. Karten, Zeichnungen und Pläne müssen zur Durchsicht vorgelegt, genehmigt und beigefügt werden. Eine besondere Unterzeichnung der Anlagen ist nicht erforderlich, bietet aber eine besondere Gewähr über die Zugehörigkeit der Anlage zur Niederschrift. Dies gilt insbesondere auch für Pläne und Karten. Eine Unterzeichnung unter einen Vermerk, dass das Schriftstück zur Kenntnisnahme vorgelegt wurde, ist zur Beweissicherung dringend zu empfehlen. (Zur Beurkundungsvermutung eines als Anlage bezeichneten Schriftstücks *BGH* NJW 1994, 1288; zur Wirksamkeit der Urkunde bei Fehlens einer Anlagen DNotI-Report 2006, 167; zur Beinahme von Fotografien als Anlage DNotI-Report 2007, 60).

Formulierungsbeispiel: Verweisung auf Anlage
Auf den dieser Urkunde als Anlage beigefügten Lageplan wird verwiesen. Er wurde den Beteiligten zur Durchsicht vorgelegt, von ihnen genehmigt und der Niederschrift beigefügt.

Auch **Datenträger** (Dokumentation der im Rahmen einer Due Dilligence – Prüfung offengelegten Tatsachen oder von in einem Datenraum hinterlegten Daten) können, soweit sie keine rechtsgeschäftlichen Erklärungen enthalten als Anlage beigefügt werden (*Hermanns* DNotZ 2013, 9, 20).

d) Andere notarielle Niederschrift (§ 13a BeurkG)

Gegenstand der Verweisung nach § 13a BeurkG ist die Verweisung auf eine **notarielle Niederschrift** als Bezugsurkunde. Verwiesen werden kann nur auf notariell beurkundete Erklärungen, nicht auf öffentlich beglaubigte Erklärungen und sonstige Urkunden. Die Urkunde, auf die verwiesen wird, kann wiederum Karten, Zeichnungen oder Abbildungen enthalten. Ein häufiger Anwendungsfall des § 13a BeurkG ist der Bauträgervertrag, in dem auf eine grundbuchamtlich noch nicht vollzogene Teilungserklärung samt Plänen und Baubeschreibung verwiesen wird (s. auch *Reul* DNotI-Report 1998, 50; umfassend zum Umfang und Grenzen der Verweisungsmöglichkeit *Stauf* RNotZ 2001, 129).

194 Gemäß § 13a IV BeurkG kann auch auf behördliche Karten oder Zeichnungen, z. B. Veränderungsnachweise, Aufteilungspläne nach WEG und behördlich genehmigte Baupläne verwiesen werden.

195 Die **Vorlesung der Verweisungsurkunde** darf unterbleiben, wenn sämtliche Beteiligten erklären, dass ihnen der Inhalt der Urkunde bekannt ist und sie auf die Verlesung verzichten. In der Urkunde ist die Verzichtserklärung aufzunehmen, und die Beurkundung soll nur dann durchgeführt werden, wenn die Bezugsurkunde bei der Beurkundung zumindest in beglaubigter Abschrift vorliegt. Die **Beifügung** der Verweisungsurkunde ist entbehrlich, wenn die Beteiligten ebenfalls darauf verzichten. Auch dieser Verzicht soll in die Niederschrift aufgenommen werden.

Die Beurkundung ist jedoch nicht unwirksam, wenn die schriftliche Feststellung der Kenntnisnahme und des Verzichts auf Verlesung fehlt (*BGH* DNotZ 2004, 188).

195a **Formulierungsbeispiel: Verweisungsurkunde**

Hinsichtlich der Teilungserklärung, Baubeschreibung und der Aufteilungspläne, die Gegenstand dieses Vertrages sind, verweisen die Beteiligten auf die Urkunde des amtierenden Notars vom ..., URNr. ..., die in Urschrift bei der heutigen Beurkundung vorlag. Der Käufer hat bereits vor der heutigen Verhandlung vom Notar eine beglaubigte Abschrift dieser Urkunde erhalten. Der Notar hat die Beteiligten darüber belehrt, dass der Inhalt dieser Urkunde als Teil ihrer heutigen Vereinbarung mit dem Abschluss dieses Vertrages für sie verbindlich wird. Die Beteiligten erklären, dass ihnen der Inhalt dieser Urkunde bekannt ist und dass sie auf das Verlesen verzichten. Sie verzichten auch auf die Beifügung dieser Urkunde zur heutigen Niederschrift. Die Aufteilungspläne wurden den Beteiligten zur Durchsicht vorgelegt.

196 Ob und inwieweit der Notar von dem vereinfachten Beurkundungsverfahren nach § 13a BeurkG **Gebrauch macht**, obliegt seiner Ermessensentscheidung. Der Notar hat unter Berücksichtigung der Anforderungen an ein Beurkundungsverfahren, das die Einhaltung der Pflichten nach § 17 I, II BeurkG gewährleistet (§ 17 II a BeurkG), den im Einzelfall sachgerechtesten Weg zu wählen. Wählt der Notar das Verfahren nach § 13a BeurkG, so obliegt ihm auch hinsichtlich der Verweisungsurkunde uneingeschränkt die gesetzliche Belehrungs- und Aufklärungspflicht. Der Weg der Verweisung nach § 13a BeurkG anstelle der vollständigen Beurkundung der Erklärung der Beteiligten wird dem Ziel einer möglichst klaren Beweissicherung weniger gerecht.

197 Versteht ein Beteiligter die Verweisungsurkunde nicht richtig oder nimmt er von ihr nicht genau Kenntnis, so können zusätzliche Zweifel entstehen. Andererseits ist in vielen Fällen die Verweisung zweckmäßig, da eine Überfrachtung der Urkunde mit Nebensächlichkeiten vermieden wird und es gerade im Interesse der Aufklärung der Beteiligten liegen kann, sich bei der Beurkundung auf die wesentlichen Punkte zu konzentrieren. Sind in der Verweisungsurkunde **wesentliche Vertragsgrundlagen** enthalten, wie zum Beispiel Gewährleistungsregelungen, Fälligkeitsregelungen, Regelungen des Fertigstellungstermins, ist die Verweisung formell wirksam, stellt aber eine Amtspflichtverletzung dar (§ 17 II a BeurkG; s. auch *Lichtenberger* NJW 1980, 870; Nr. II 2 der Richtlinienempfehlungen der BNotK).

197a Wird im Rahmen der Urkunde (z. B. Bauträgerkauf) auf eine Bezugsurkunde (Teilungserklärung, Gemeinschaftsordnung, Baubeschreibung, Dienstbarkeitsbestellung) verwiesen, dann gelten für den Vertragsentwurf und die Verweisungsurkunde die Einhaltung der Pflichten gemäß § 17 II a BeurkG. Entstehen durch den Verweis auf andere Urkunden

III. Beurkundung von Willenserklärungen

rechtsgeschäftliche Pflichten des Käufers oder werden diese hierdurch konkretisiert (z. B. Verweis auf Baubeschreibung), dann ist eine ausreichende Gelegenheit zur Kenntnisnahme im Sinn der gesetzlichen Bestimmungen nur dann gegeben, wenn der **Vertragsentwurf und die Verweisungsurkunde** unter Einhaltung der **Zwei-Wochen-Frist** durch den Notar oder dessen Sozius ausgehändigt wurden.

e) Verweisung nach § 14 BeurkG

§ 14 BeurkG erweitert das bisherige Verfahren bei der Bestellung von Grundpfandrechten auf **Bilanzen, Inventare, Nachlassverzeichnisse und sonstige Bestandsverzeichnisse**. Mussten diese bisher nach § 9 BeurkG mitverlesen werden, wenn sie Vertragsbestandteil waren (wie z. B. beim Unternehmenskauf, insbesondere dem asset deal), kann künftig unter Beachtung des § 14 BeurkG von dem vereinfachten Verfahren Gebrauch gemacht werden (umfassend zum Umfang und Grenzen der Verweisungsmöglichkeit *Stauf* RNotZ 2001, 129, 144 ff.).

Anlage im Sinn des § 14 I 1 BeurkG können sein Bilanzen, Inventare, Nachlassverzeichnisse oder sonstige Bestandsverzeichnisse über Sachen, Rechte und Rechtsverhältnisse. Dies sind beim Unternehmenskauf insbesondere Zahlenwerke, wie Gewinn- und Verlustrechnungen, Verzeichnisse der Wirtschaftsgüter, der Forderungen und Verbindlichkeiten, der gewerblichen Schutzrechte, Arbeitnehmerlisten etc. Dies können aber auch bei sonstigen Verträgen Inventarlisten, Nachlassverzeichnisse, Vermögensverzeichnisse (§ 1377 BGB) und sonstige Bestandsverzeichnisse sein (zu Vielzahl von Grundstücken als Bestandsverzeichnis i. S. d. § 14 BeurkG DNotI-Report 2003, 17).

Soweit nicht auf einen „Bestand" Bezug genommen wird, sondern das Verzeichnis erst noch zu beschaffende oder herzustellende Gegenstände (z. B. Bauleistung des Bauträgers in einer Baubeschreibung) und damit **künftige Leistungen** erfasst, ist insoweit § 14 BeurkG nicht anwendbar. Diese Leistungspflichten sind zu beurkunden (als Inhalt der Niederschrift nach § 9 BeurkG oder durch Verweisung auf eine andere notarielle Niederschrift nach § 13a BeurkG, *Winkler*, § 14 Rn. 27 ff.).

§ 14 I 2 BeurkG erleichtert für die **Bestellung von Grundpfandrechten** das Verfahren. Vorlesungspflichtig sind die Erklärungen, die im Grundbuch oder Register einzutragen sind (§§ 1115, 874 BGB), Schuldanerkenntnis und Unterwerfungserklärung unter die sofortige Zwangsvollstreckung. Die weiteren Erklärungen können in einer Anlage, auf die verwiesen wird, aufgenommen werden.

Erforderlich für das Verfahren nach § 14 BeurkG ist die Einhaltung folgender **Muss-vorschriften**:
– die Verweisung auf die Anlage in der Niederschrift;
– der Verzicht der Beteiligten auf das Vorlesen;
– die Feststellung des Verzichts in der Niederschrift (§ 14 III BeurkG).

Weiter sind folgende **Soll-Vorschriften** als Amtspflicht zu beachten:
– die Vorlage der Anlage zur Kenntnisnahme der Beteiligten;
– die Feststellung der Vorlage zur Kenntnisnahme in der Niederschrift;
– die Unterzeichnung jeder Seite durch die Beteiligten;
– die Verbindung der Anlage mit der Niederschrift mit Schnur und Prägesiegel (§ 44 S. 2 BeurkG).

Formulierungsbeispiel: Verweisung nach § 14 BeurkG

Auf die dieser Urkunde beigefügte Anlage 1 (Bilanz und Gewinn- und Verlustrechnung) und Anlage 2 (Verzeichnis des Anlage- und Umlaufvermögens) wird verwiesen. Auf das Vorlesen dieser Anlagen wurde von allen Beteiligten verzichtet. Diese Anlagen wurden den Beteiligten zur Kenntnisnahme vorgelegt und von ihnen auf jeder Seite unterzeichnet.

4. Vorlesen, Genehmigung, Unterschrift

a) Vorlesen der Niederschrift und Vorlage zur Durchsicht

203 **aa) Vorlesen der Niederschrift.** Die Niederschrift muss in Gegenwart des Notars den Beteiligten vorgelesen werden. Der Notar muss während der **gesamten Vorlesung**, wie auch bei der Genehmigung und Unterzeichnung der Niederschrift, zugegen sein. Karten, Zeichnungen und Abbildungen sind anstelle des Vorlesens zur Durchsicht vorzulegen. Vorzulesen ist die gesamte Niederschrift, samt allen in der Niederschrift enthaltenen Feststellungen des Notars. Der Schlussvermerk selbst braucht nicht verlesen zu werden. Die Vorlesung kann in Abschnitten erfolgen. Die Beteiligten müssen bei der Verlesung, Genehmigung und Unterzeichnung zugegen sein. Die Erklärung mehrerer Beteiligter kann, soweit das Gesetz nicht gleichzeitige Anwesenheit vorschreibt, auch nacheinander verlesen, genehmigt und unterzeichnet werden. Der Vertrag kann auch nach erst teilweiser Verlesung genehmigt werden (*OLG Hamburg* NJW 1993, 3076). Bei einer übersetzten Erklärung ist der (verbindliche) deutsche Originaltext zu verlesen. Dies gilt auch, wenn alle Beteiligten der Sprache der Übersetzung mächtig sind (DNotI-Report 2006, 183).

204 **bb)** Eine auch nur **zeitweise Abwesenheit** des Notars führt zur Unwirksamkeit der Beurkundung. Eine zeitweilige Abwesenheit der sonstigen Beteiligten, wie Zeugen etc., führt nur dort zur Unwirksamkeit der Beurkundung, wo ihre Mitwirkung zwingend vorgeschrieben ist. Der Notar braucht nicht selbst vorzulesen, sondern kann sich hinsichtlich des Vorlesens eines Büroangestellten oder eines Dritten bedienen. Belehrungen muss er selbst erteilen.

205 **cc) Zweck des Vorlesens der Niederschrift ist**
– genaue Kenntnis der Beteiligten von allen Details ihrer Erklärung;
– Selbstkontrolle des Notars hinsichtlich des Inhalts und von Fehlern oder Irrtümern;
– Anknüpfung für die Aufklärungs- und Belehrungspflicht
(vgl. im Einzelnen *Kanzleiter* DNotZ 1977, 261; *Ehlers* NotBZ 1997, 109; *Vollmer* MittBayNot 2004, 177).

206 Die Verlesung ist gemäß § 13 I 1 BeurkG **zwingendes und wesentliches Formerfordernis**, dessen Nichtbeachtung zur Formnichtigkeit des beurkundeten Rechtsgeschäfts führt (*BGH* DNotZ 1975, 365; *OLG Hamm* DNotZ 1978, 54). Eine Heilung durch Vollzug erfolgt nur in den gesetzlich geregelten Fällen gemäß §§ 311b I 2, 518 II, 766 I 3, 2301 II BGB, § 15 IV 2 GmbHG, § 1027 I 2 ZPO. Der Formfehler kann nicht durch Zustimmung der Beteiligten geheilt werden (*OLG Hamm* DNotZ 1978, 54). Durch den notariellen Feststellungsvermerk gemäß § 13 I 2 BeurkG ist die Wahrung der Form durch ordnungsgemäße Verlesung gemäß § 415 ZPO erwiesen. Bei fehlendem Vermerk knüpft § 13 I 3 BeurkG an die eigenhändige Unterschrift der Beteiligten die Vermutung der ordnungsgemäßen Verlesung. Es ist dringend zu empfehlen, den Feststellungsvermerk, insbesondere bei Aufspaltung der Niederschrift in Urkunde und (verlesungspflichtige) Anlagen oder Mantel und Satzung präzise zu formulieren.

206a

> **Formulierungsbeispiel: Schlussvermerk bei Anlagen**
>
> Vorstehende Niederschrift samt der Anlage 1 (Satzung) und Anlage 2 (Schiedsvertrag) vorgelesen vom Notar, von den Beteiligten genehmigt und eigenhändig unterschrieben.

207 **dd)** Für **Sammelbeurkundungen** reicht nach § 13 II BeurkG aus, wenn der übereinstimmende Inhalt den Beteiligten einmal vorgelesen wird. Sammelbeurkundungen sind standesrechtlich dann nicht zulässig, wenn aufgrund der Zahl der Beteiligten eine ordnungsgemäße Beratung und Belehrung nicht mehr möglich ist. Der Notar darf durch

III. Beurkundung von Willenserklärungen

Sammelbeurkundungen seine Verschwiegenheitspflicht (§ 18 BNotO) nicht verletzen. Voneinander abweichende Textteile der Urkunde sind daher nur in Gegenwart der jeweiligen Beteiligten vorzulesen, soweit nicht alle Beteiligten darauf verzichten (zur Zulässigkeit s. *OLG Frankfurt* DNotI-Report 1999, 113). Eine Sammelbeurkundung setzt voraus, dass den Beteiligten bei der ersten Verlesung klar ist, dass der übereinstimmende Inhalt nur einmal verlesen wird (*BGH* DNotZ 2000, 512).

ee) Bei dem **Einsatz von Computern** in der Beurkundungsverhandlung gilt folgende **208** Abgrenzung: Das **Verlesen vom Bildschirm** eines Computers genügt nicht den Anforderungen des § 13 BeurkG (*OLG Frankfurt* DNotZ 2000, 513). Nicht der später in die Niederschrift übertragene Entwurf, sondern der (körperliche) Urkundentext ist zu verlesen (*Kanzleiter* DNotZ 1997, 261, 265; a. A. *LG Stralsund* NJW 1997, 3178).

Bei einer bereits verlesenen, anschließend geänderten und **neu ausgedruckten Seite einer Niederschrift** genügt es in analoger Anwendung von § 13 II BeurkG, den geänderten Inhalt zu verlesen (vgl. im Einzelnen Rundschreiben der *BNotK* ZNotP 1997, 91). Stimmt der nicht verlesene Teil des Neuausdrucks nicht mit dem verlesenen Vorausdruck überein, tritt ebenfalls Formnichtigkeit ein (§§ 125, 139 BGB). Zur Verringerung dieses Risikos kommen folgende Möglichkeiten in Betracht:
– Anbringung von hand- oder maschinenschriftlichen Änderungsvermerken gemäß § 30 III, IV DONot am Rand bzw. Schluss der Urkunde.
– Der zu ändernde Text wird gestrichen, der neue Text wird auf dem Computer geschrieben und unter Verweisung am Schluss der Urkunde eingefügt und isoliert verlesen.
– Bei umfangreichen Änderungen werden die geänderten Seiten der Urkunde neu ausgedruckt und neu verlesen.

Der Notar kann bei Änderungen während der Beurkundungsverhandlung einen **Neu-** **208a** **ausdruck** der Urkunde unter Einarbeitung der Änderungen herstellen. Die Aufbewahrung und Beifügung der ursprünglichen Fassung ist nicht erforderlich (*BGH* NJW 2003, 2764; a. A. *OLG Zweibrücken* NStZ 2000, 2001). Da die Beurkundung die inhaltliche Richtigkeit der Erklärung wiedergeben muss, reicht dieses Verfahren aus. Sinn und Zweck des Beurkundungsverfahrens ist nicht die „stoffliche Identität" der verlesenen Seiten, sondern die inhaltlich richtige Niederschrift der abgegebenen Erklärungen.

Bei bereits vorgelesenen und anschließend geänderten Texten, beschränkt sich die **Ver-** **208b** **lesungspflicht** nur auf die **Änderungen**. Wird die Urkunde handschriftlich bei Beurkundung geändert, die Urkunde (teils) neu ausgedruckt, der geänderte Text verlesen, so braucht der nicht geänderte Text nicht nochmals verlesen werden, wenn sich der Notar über die Übereinstimmung überzeugt hat. Analog § 13 II BeurkG kann die Niederschrift zumindest bis zum Ende der Beurkundungsverhandlung durch Neuausdruck neu hergestellt werden. Wird bei der Erstellung (Neuausdruck) ein Textteil der beurkundeten Erklärung versehentlich nicht mit ausgedruckt und ist die Beurkundung abgeschlossen, kann dies durch einen Nachtragsvermerk (§ 44a BeurkG) nachgeholt werden. Der nicht ausgedruckte Textteil war (materiell) beurkundet und nur infolge eines Schreibversehens nicht in der neu ausgedruckten Niederschrift enthalten.

ff) Vorlage zur Durchsicht. Gemäß § 13 I 4 BeurkG können die Beteiligten verlangen, **209** dass ihnen die Niederschrift zur Durchsicht vorgelegt wird. Die Vorlage erfolgt zusätzlich zur Verlesung und kann diese nicht ersetzen.

b) Genehmigung und Unterzeichnung

Die Urkunde ist von den Beteiligten zu genehmigen. Genehmigt werden müssen nur **210** die rechtsgeschäftlichen Erklärungen, nicht aber die Feststellungen des Notars in der Niederschrift.

Die Urkunde muss von den Beteiligten **eigenhändig unterschrieben** werden. Auch behinderte Personen, die schreiben können, müssen die Niederschrift unterschreiben. Dies gilt auch für Blinde. Leserlichkeit der Unterschrift ist nicht erforderlich, soweit noch eine Unterschrift vorliegt und nicht nur ein Handzeichen. Die Niederschrift ist mit dem Familiennamen zu unterzeichnen. Der Vorname sollte hinzugesetzt werden. Der Vorname allein und der Anfangsbuchstabe des Nachnamens genügt nicht (*OLG Stuttgart* DNotZ 2002, 543; zur Unwirksamkeit der Unterschrift nur mit Vornamen *BGH* DNotZ 2003, 269). Ein Vertreter hat mit eigenem Namen zu unterzeichnen und nicht mit dem Namen des Vertretenen. Der Einzelkaufmann kann mit seinem Namen oder der Firma unterzeichnen, wenn sich die Beurkundung auf sein Handelsgeschäft bezieht. Bei Bürgermeistern ist die Beifügung der Amtsbezeichnung üblich, aber nicht erforderlich. Das Dienstsiegel braucht nicht beigefügt zu werden (§ 67 BeurkG).

210a Bei versehentlich **unterlassener Unterschrift** eines Beteiligten kann Heilung durch eine Nachtragsbeurkundung ohne nochmalige Zustimmung der übrigen Beteiligten herbeigeführt werden (*OLG Düsseldorf* DNotZ 2000, 299; zur Unterschrift mit einem tatsächlich nicht geführten Doppelnamen DNotI-Report 2005, 113).

211 Auch **Kranke und Gebrechliche** müssen eigenhändig unterzeichnen. Bei der Stützung der Hand eines Gebrechlichen durch „Gewährung von Schreibhilfe" ist entscheidend, ob der Beteiligte unterschreiben will und der Schriftzug von seinem Willen abhängig bleibt (BGHZ 27, 274, 276). Bestehen Zweifel, sollte nach § 25 BeurkG verfahren werden.

212 Die Unterschrift der Beteiligten bewirkt die **gesetzliche Vermutung**, dass die Niederschrift in Gegenwart des Notars vorgelesen und genehmigt wurde (§§ 13 I 3 BeurkG). Dies soll in der Niederschrift festgestellt werden (§ 13 I 2 BeurkG). Eine Blankounterschrift des Beteiligten zur Beifügung zu einer späteren Reinschrift genügt nicht den Anforderungen des § 13 BeurkG (*OLG Hamm* DNotI-Report 2000, 177; umfassend zu den Anforderungen an die Unterschriften von Beteiligten und Notar unter der notariellen Niederschrift *Kanzleiter* DNotZ 2002, 520).

212a | **Formulierungsbeispiel: Schlussvermerk**

Vorgelesen vom Notar, von den Beteiligten genehmigt und eigenhändig unterschrieben.

213 Die **weiteren mitwirkenden Personen** Zeugen, zweiter Notar, Vertrauenspersonen und Dolmetscher unterschreiben nach den Beteiligten.

Der **Notar** hat die Niederschrift zuletzt zu unterzeichnen. Mit dieser Unterschrift wird die Urkunde zur öffentlichen Urkunde, und hiermit bezeugt der Notar, dass die in der Niederschrift bezeichneten Personen vor ihm erschienen sind, die in der Niederschrift enthaltenen Erklärungen abgegeben haben, dass diese vorgelesen, genehmigt und eigenhändig unterschrieben worden sind.

Fehlt die **Unterschrift** des Notars, so ist die Beurkundung unwirksam (Ausnahme: § 35 BeurkG). Der Notar kann die versehentlich unterbliebene Unterschrift jedoch nachholen. Zur Nachholung der vergessenen Unterschrift eines Beteiligten oder des Notars unter einer Urkunde s. DNotI-Report 1998, 33; die Nachholung ist nicht mehr möglich, wenn die vermeintlich wirksame Urkunde in den Rechtsverkehr gegeben wurde (*OLG Naumburg* DNotI-Report 2000, 129).

5. Beteiligung behinderter Personen

a) Art der Behinderung

214 **Taub** ist, wer nicht hinreichend zu hören vermag. Hochgradige Schwerhörigkeit steht der Taubheit gleich. Die Verständigung des Notars mit dem Tauben erfolgt schriftlich oder durch Zeichensprache.

Stumm ist, wer dauernd oder vorübergehend am Sprechen verhindert ist. Die Verständigung mit dem Stummen erfolgt schriftlich.

IV. Abwicklung und Vollzug

Blind ist, wer nicht sehen kann oder so hochgradig schwachsichtig ist, dass er Geschriebenes nicht zu lesen vermag.

b) Feststellung der Behinderung

Für die Anwendbarkeit der §§ 22 ff. BeurkG reicht es aus, dass der Beteiligte entweder nach seinen Angaben oder nach der Überzeugung des Notars an einem der aufgeführten Mängeln leidet. Die aufgeführten Tatsachen sollen in der Niederschrift vermerkt werden. 215

c) Verfahrensvorschriften

Bei **Taubheit, Stummheit oder Blindheit** soll der Notar einen Zeugen oder einen zweiten Notar zuziehen und dies in der Niederschrift feststellen. Die Beteiligten können auf die Zuziehung eines Zeugen oder zweiten Notars verzichten. Dies ist ebenfalls in der Niederschrift festzustellen. Bei Zuziehung eines Zeugen oder zweiten Notars ist die Niederschrift von diesem zu unterzeichnen. Bei Taubheit muss die Niederschrift anstatt des Vorlesens zur Durchsicht vorgelegt werden. Dies ist in der Niederschrift festzustellen. 216

Kann sich ein Tauber oder Stummer auch **nicht schriftlich verständigen**, so ist dies in der Niederschrift festzustellen. Es muss eine Vertrauensperson zugezogen werden, die sich mit dem Behinderten zu verständigen vermag. Die Niederschrift ist von der Vertrauensperson zu unterzeichnen (§ 24 BeurkG). Die Zuziehung einer Vertrauensperson nach § 24 BeurkG ist erforderlich bei einem Tauben, der nicht lesen kann oder blind ist, oder bei einem Stummen, der nicht schreiben kann. Kann der Beteiligte seinen Namen nicht schreiben, so muss neben der Vertrauensperson ein Schreibzeuge nach § 25 BeurkG zugezogen werden. 217

Kann ein Beteiligter seinen **Namen nicht schreiben**, muss ein Zeuge oder zweiter Notar zugezogen werden. Dies ist in der Niederschrift zu vermerken (§ 25 BeurkG). Ein Schreibzeuge genügt für mehrere schreibunfähige Beteiligte. Ist die Zuziehung eines Zeugen gemäß § 22 BeurkG wegen Taubheit, Stummheit oder Blindheit erforderlich, so kann dieser den Schreibzeugen mit ersetzen. Während die Unterschrift des Zeugen oder zweiten Notars nach § 22 II BeurkG eine Sollvorschrift ist, muss er als Schreibzeuge die Niederschrift unterzeichnen (§ 25 II BeurkG). Als Zeuge oder zweiter Notar soll bei der Beurkundung nicht zugezogen werden eine Person, die nach § 26 BeurkG ausgeschlossen ist. 218

Formulierungsmuster bei Beteiligung von behinderten Personen vgl. *Kersten/Bühling* § 16 Rn. 1 ff.

Zu den Besonderheiten bei der **Beurkundung von Verfügungen von Todes wegen** s. Kap. C Rn. 73 ff. 219–223

IV. Abwicklung und Vollzug

1. Behandlung der Urkunden

a) Urschrift

Die Urschrift der notariellen Urkunde bleibt in der **Verwahrung des Notars** (§ 45 I BeurkG), der sie zur Urkundensammlung nimmt. Eine Ausnahme gilt für Testamente, die zur Verwahrung des Gerichts zu geben sind, und für Erbverträge, sofern die gerichtliche Verwahrung nicht ausgeschlossen wird. 224

Ausnahmsweise ist die Urschrift den Beteiligten **auszuhändigen**, wenn dargelegt wird, dass sie im Ausland verwendet werden soll, und sämtliche Beteiligten zustimmen, die eine Ausfertigung der Urkunde verlangen können (§ 45 II BeurkG). In diesem Fall ist eine Ausfertigung zur Urkundensammlung zu nehmen, auf der zu vermerken ist, an wen und weshalb die Urschrift ausgehändigt wurde. 225

226 Ist die Urschrift **zerstört oder abhanden gekommen**, so kann sie durch eine Ausfertigung oder eine beglaubigte Abschrift ersetzt werden. Das Verfahren bestimmt sich nach § 46 BeurkG (zur Ersetzung der Urschrift eines abhanden gekommenen Erbvertrags DNotI-Report 2005, 129).

227 Urschriften von Urkunden, die in der Form eines **Vermerks** errichtet sind (§ 39 BeurkG), werden in der Regel ausgehändigt, weil bei ihnen die Urschrift für den Rechtsverkehr bestimmt ist. Nach § 19 II DONot fertigt der Notar eine Abschrift oder ein Vermerkblatt an, das er zur Urkundensammlung nimmt. Das Vermerkblatt muss die Kostenrechnung enthalten. Eine beglaubigte Abschrift der Urkunde wird zur Urkundensammlung genommen, wenn der Notar die Urkunde entworfen hat (§ 19 I DONot).

b) Ausfertigung

228 Die Ausfertigung der Niederschrift **vertritt die Urkunde im Rechtsverkehr** (§ 47 BeurkG). In allen Fällen, in denen es nach dem materiellen Recht auf den Besitz der Urkunde oder auf den Zugang einer notariellen Erklärung ankommt, reicht die Vorlage einer beglaubigten Abschrift nicht aus, sondern es ist eine Ausfertigung erforderlich. So kann der Nachweis einer Vollmacht nur durch Vorlage der Urschrift oder einer Ausfertigung der Vollmachtsurkunde (§§ 172, 175 BGB) erfolgen. Ebenso kann die Herbeiführung der Bindung nach § 873 II BGB, die Einwilligungserklärung zur Adoption (§§ 1746, 1747, 1749, 1750 BGB), der Rücktritt vom Erbvertrag (§ 2296 II BGB) und der Widerruf eines gemeinschaftlichen Testaments (§§ 2271, 2296 BGB) nur durch Vorlage einer Ausfertigung erreicht werden.

229 Die Ausfertigung besteht in einer **Abschrift** der Urschrift mit der Überschrift „Ausfertigung" und dem Vermerk am Schluss der Abschrift, dass sie mit der Urschrift übereinstimmt. Sie enthält Tag und Ort der Erteilung und gibt die Personen an, denen sie erteilt wird. Sie ist mit der Unterschrift und dem Siegel des Notars zu versehen (§ 49 I, II BeurkG).

230 Auf der Urschrift vermerkt der Notar, wem und an welchem Tag er eine Ausfertigung erteilt hat (§ 49 IV BeurkG). Einen **Anspruch auf Erteilung einer Ausfertigung** von Niederschriften von Willenserklärungen hat jeder, der eine Erklärung in eigenem Namen abgegeben hat oder in dessen Namen eine Erklärung abgegeben wurde (§ 51 I Nr. 1 BeurkG). Dies gilt auch bei Widerspruch eines Vertragsteils, da die Pflicht des Notars zur Erteilung einer Ausfertigung oder Abschrift der Verschwiegenheitspflicht vorgeht (*OLG Karlsruhe* MittBayNot 2008, 70).

231 Der Anspruch auf Erteilung einer Ausfertigung steht auch dem **Gesamtrechtsnachfolger** zu. Auch der **Sonderrechtsnachfolger** ist Rechtsnachfolger im Sinne des § 51 I BeurkG unter der Voraussetzung, dass die Rechte und Pflichten aus der beurkundeten Erklärung auf ihn übergegangen sind. So hat im Fall der Schuldübernahme der Übernehmer einen Anspruch auf Erteilung einer Ausfertigung, nicht aber der Käufer eines Grundstücks hinsichtlich der Erwerbsurkunden seines Rechtsvorgängers (ausführlich *Röll* DNotZ 1970, 398).

Auch Dritten kann ausdrücklich in der Urkunde das Recht auf Erteilung einer Ausfertigung eingeräumt werden. Dies geschieht häufig bei der Beurkundung von Schuldanerkenntnissen, durch die der Gläubiger berechtigt wird, eine Ausfertigung zu verlangen, und bei Vollmachtserteilungen mit der Ermächtigung des Bevollmächtigten, eine Ausfertigung zu erlangen.

Die Ausfertigung kann auf Antrag auch **auszugsweise erteilt** werden. Im Ausfertigungsvermerk ist der Gegenstand des Auszugs anzugeben und vom Notar zu bezeugen, dass die Urkunde über diesen Gegenstand keine weiteren Bestimmungen enthält (§ 49 V BeurkG i. V. m. § 42 III BeurkG).

Verweigert der Notar die Erteilung einer Ausfertigung, so entscheidet auf Beschwerde eines Beteiligten eine Zivilkammer des Landgerichts, in dessen Bezirk der Notar seinen Amtssitz hat (§ 54 BeurkG).

IV. Abwicklung und Vollzug G

c) Beglaubigte und einfache Abschriften

Beglaubigte Abschriften sind Abschriften mit dem **Vermerk des Notars**, dass sie mit 232
der Urschrift übereinstimmen. Der Beglaubigungsvermerk hat Ort und Tag der Ausstellung anzugeben und ist mit Unterschrift und Siegel des Notars zu versehen (§ 39 BeurkG).

In der Notariatspraxis werden insbesondere dann beglaubigte Abschriften gefertigt, wenn eine Ausfertigung nicht erforderlich ist und ein Nachweis in öffentlich beglaubigter Form, insbesondere beim Grundbuchamt, Registergericht oder zur Erlangung von Genehmigungen, geführt werden muss, die Beteiligten weitere Abschriften wünschen oder die vorgeschriebenen Meldepflichten durch Vorlage beglaubigter Abschriften erfüllt werden müssen.

Enthält die Abschrift nur einen Auszug aus der Urkunde, insbesondere bei Vorlage auszugsweiser Abschriften ohne Auflassung zur Eintragung der Auflassungsvormerkung, so ist dies im Beglaubigungsvermerk anzugeben.

c) Elektronische Zeugnisse

Durch das Justizkommunikationsgesetz wurde das elektronische Zeugnis (§ 39a 232a
BeurkG) und der beglaubigte Ausdruck eines elektronischen Dokuments (§ 42 IV BeurkG) eingeführt. Als Ergänzung zur bisherigen Vermerkurkunde regelt § 39a BeurkG die elektronische Vermerkurkunde (vgl. Rn. 292 ff.).

2. Eintragung in Bücher des Notars

Alle Beurkundungen, das heißt die Beurkundungen in Form einer Niederschrift und 233
die Beurkundungen in Form eines Vermerks, sind in die **Urkundenrolle** einzutragen. Nicht eingetragen werden die Erteilung von Ausfertigungen, Beglaubigung von Abschriften, Wechsel- und Scheckproteste und mit der Urschrift verbundene Vertretungsbescheinigungen. Alle Eintragungen sind in ununterbrochener Reihenfolge vorzunehmen und für jedes Jahr mit fortlaufenden Nummern zu versehen (§ 8 DONot).

Schließen die Beteiligten die Verwahrung eines Erbvertrags aus, so sind die Erbverträ- 234
ge in ein nach Jahrgängen nummeriertes **Erbvertragsverzeichnis** einzutragen. Zu vermerken ist der Tag der Errichtung und die Urkundennummer des Erbvertrags und Name und Geburtsdatum des Erblassers (§ 9 DONot). Das Verzeichnis ist vom Notar am Jahresende auf solche Erbverträge durchzusehen, die sich länger als dreißig Jahre in seiner Verwahrung befinden (§ 20 V DONot).

Zu Büchern und Akten des Notars s. Kap. M Rn. 82 ff.

3. Mitteilungspflichten

a) Finanzamt

aa) Grunderwerbsteuer. Der Notar hat dem zuständigen Finanzamt anzuzeigen: 235
- Rechtsvorgänge, die er beurkundet oder über die er eine Urkunde entworfen und darauf eine Unterschrift beglaubigt hat, wenn die Rechtsvorgänge ein Grundstück im Geltungsbereich des Grunderwerbsteuergesetzes (GrEStG) betreffen;
- Anträge auf Berichtigung des Grundbuchs, die der Notar beurkundet oder über die er eine Urkunde entworfen und darauf eine Unterschrift beglaubigt hat, wenn der Antrag darauf gestützt wird, dass der Grundstückseigentümer gewechselt hat;
- nachträgliche Änderungen oder Berichtigungen eines dieser Vorgänge.

Verzeichnis der zuständigen Finanzämter mit Suchfunktion und Zuständigkeitsregelungen: www.bzst.bund.de.

236 Die Anzeigepflicht umfasst **alle Rechtsvorgänge, die unmittelbar oder mittelbar das Eigentum an einem inländischen Grundstück betreffen.** Dazu gehören auch Vorverträge, Optionsverträge, Kauf- und Verkaufsangebote und die Übertragung eines Anteils an einem Nachlass, zu dem ein Grundstück oder ein Anteil an einem anderen Nachlas gehört, der ein Grundstück enthält. Die Einräumung eines Vorkaufsrechts unterliegt nicht der Anzeigepflicht. Die Anzeigepflicht bezieht sich auch auf Vorgänge, die ein Erbbaurecht oder ein Gebäude auf fremdem Boden betreffen. Sie gilt weiter für Vorgänge, die die Übertragung von Anteilen an Gesellschaften betreffen, wenn zum Vermögen der Gesellschaft ein Grundstück gehört. Die Anzeige, deren Inhalt und Form vorgeschrieben ist, ist binnen zwei Wochen nach Beurkundung oder Beglaubigung zu erstatten. Der Anzeige ist eine Abschrift der Urkunde über den Rechtsvorgang oder den Antrag beizufügen.

Schließen die Beteiligten neben einem notariell beurkundeten Kaufvertrag über ein unbebautes Grundstück einen Generalunternehmervertrag ab über die Errichtung eines Gebäudes auf dem Grundstück, der mit dem Grundstücksvertrag in rechtlichem oder objektiv-sachlichem Zusammenhang steht, so haben sie den Abschluss des Generalunternehmervertrags als gegenleistungserhöhende Vereinbarung auch dann anzuzeigen, wenn auch dieser notariell beurkundet wurde (*BFH* DNotI-Report 1997, 54).

237 Bei der Anzeigepflicht handelt es sich um eine **Beistandspflicht** des Notars gegenüber dem Finanzamt, die lediglich steuerlichen Zwecken dient. Eine Verletzung der Pflicht ist keine Amtspflichtverletzung. Allgemein zu den notariellen Mitteilungspflichten *Küperkoch* RNotZ 2002, 298; zum Inhalt der Anzeige beim Kauf vgl. Kap. A I. Rn. 560 ff.; zur grunderwerbsteuerlichen Behandlung von Verkaufsangeboten s. DNotI-Report 1997, 165; zur Anwendung des § 1 II a GrEStG vgl. gleichlautende Erlasse der obersten Finanzbehörden der Länder BStBl. 1997 I 632).

238 **bb) Erbschaft- und Schenkungsteuer.** Nach § 34 ErbStG, §§ 7, 8 ErbStDV, § 102 AO besteht eine Anzeigepflicht der Notare **bei Schenkungen und Zweckzuwendungen unter Lebenden.** Die Notare haben dem für die Verwaltung der Erbschaftsteuer zuständigen Finanzamt eine beglaubigte Abschrift der Urkunde über eine Schenkung (§ 7 ErbStG) oder eine Zweckzuwendung unter Lebenden (§ 8 ErbStG) unter Angabe des der Kostenberechnung zugrunde gelegten Werts mit einem Vordruck nach Muster 6 der ErbStDV (**amtliches Muster**) zu übersenden. Dies gilt auch bei Rechtsgeschäften, die zum Teil oder der Form nach entgeltlich sind, bei denen aber Anhaltspunkte dafür vorliegen, dass eine Schenkung oder Zweckzuwendung unter Lebenden vorliegt.

Eine Anzeigepflicht besteht weiter bei Vereinbarungen über die Abwicklung von **Erbauseinandersetzungen** (§ 8 ErbStDV). Die Anzeige hat nach dem Vordruck nach Muster 5 der ErbStDV (**amtliches Muster**) zu erfolgen.

Enthält die Urkunde keine **Angaben** darüber, sind die Beteiligten über das persönliche Verhältnis (Verwandtschaftsverhältnis) des Erwerbers zum Schenker und den Wert der Zuwendung zu befragen und die Angaben in der Anzeige mitzuteilen. Die **Anzeige** hat unverzüglich nach der Beurkundung zu erfolgen. Auf der Urschrift der Urkunde ist zu vermerken, wann und an welches Finanzamt die Abschrift übersandt worden ist.

Nach dem Wortlaut des § 8 ErbStDV sind die Beteiligten bei der Beurkundung von Schenkungen und Zweckzuwendungen unter Lebenden auf die mögliche Steuerpflicht hinzuweisen. Eine Amtspflicht des Notars kann aus dieser höchst missverständlich formulierten „Hinweispflicht" nicht abgeleitet werden. Die Begründung etwaiger Amtspflichten im Verordnungsweg ist von der Ermächtigungsgrundlage des § 36 I Nr. 1 lit. e ErbStG nicht gedeckt.

Die Anzeigepflicht erstreckt sich auch auf Urkunden über Rechtsgeschäfte, die **zum Teil oder der Form nach entgeltlich** sind, bei denen aber Anhaltspunkte dafür vorliegen, dass eine Schenkung oder Zweckzuwendung unter Lebenden vorliegt.

239 **cc) Gesellschaftsrecht.** Nach § 54 EStDV ist der Notar verpflichtet, dem Finanzamt eine beglaubigte Abschrift aller beurkundeten oder beglaubigten Erklärungen zu über-

IV. Abwicklung und Vollzug

senden, die die Gründung, Kapitalerhöhung oder -herabsetzung, Umwandlung oder Auflösung von Kapitalgesellschaften oder die Verfügung über Anteile an Kapitalgesellschaften zum Gegenstand haben. § 54 EStDV umfasst darüber hinaus auch die Verpflichtung zur Verfügung über Anteile an Kapitalgesellschaften (aufschiebend bedingte Verfügung; Treuhandvertrag, soweit er eine Verfügung enthält; Annahme eines Angebots). Nach § 54 IV EStDV besteht eine zusätzliche Meldepflicht neben dem Sitzfinanzamt an das letzte Wohnsitzfinanzamt bei Anteilseignern, die nicht im Inland uneingeschränkt steuerpflichtig sind. Durch das Jahressteuergesetz 2008 wurde eine Mitteilungspflicht bei der Anmeldung der inländischen Zweigniederlassung einer Kapitalgesellschaft mit Sitz im Ausland eingeführt (§ 54 I 2 EStDV).

Die Abschrift ist längstens zwei Wochen nach Beurkundung oder Beglaubigung einzureichen. Beglaubigte Abschriften oder Ausfertigungen dürfen erst nach der Anzeige erteilt werden. Vgl. im Einzelnen § 54 EStDV, § 20 AO, *BMF* DNotI-Report 1999, 199; www.bnotk.de.

dd) Mehrfache Steuerpflicht. Derselbe Rechtsvorgang kann mehreren Steuern unterliegen. Bei mehrfacher Steuerpflicht ist der Rechtsvorgang jedem für eine der in Betracht kommenden Steuern zuständigen Finanzamt anzuzeigen. 240

b) Zentrales Testamentsregister

Bei jeder Errichtung und Änderung einer **erbrelevanter Urkunde** sind die Verwahrangaben elektronisch dem Zentralen Testamentsregister der Bundesnotarkammer zu übermitteln. Die Registrierungspflicht ersetzt die frühere Anzeigepflicht an das Geburtsstandesamt. Auf die Registrierung können weder der Notar noch die Beteiligten verzichten. Registrierungspflicht besteht für: 241
– Testamente und Erbverträge;
– Aufhebungsverträgen von Verfügungen von Todes wegen, Rücktritt vom Erbvertrag;
– Anfechtung einer Verfügung von Todes wegen;
– Erbverzicht und Zuwendungsverzicht;
– Ehe- und Lebenspartnerschaftsverträge (soweit erbrelevant, z. B.: Gütertrennung);
– Rechtswahlklausel, soweit das Güterrechts- oder Erbstatut betroffen ist. Die Eintragungsbestätigung (§ 3 II 1 ZTRV) wird an den Notar in elektronischer Form übermittelt. Der Notar übergibt sie dem Erblasser und bewahrt sie bei der Urkunde auf (§ 20 II DONot).

c) Gutachterausschuss

Verträge, durch die sich jemand verpflichtet, das Eigentum an einem Grundstück gegen Entgelt zu übertragen, sind vom Notar in Abschrift dem Gutachterausschuss zu übersenden. Dies gilt auch für Tausch- und Erbbaurechtsverträge. 242

d) Handelsregister

aa) Unvollständige oder unterlassene Anmeldungen. Dem Handels- oder Genossenschaftsregister sind unvollständige oder unterlassene Anmeldungen zum Handels- oder Genossenschaftsregister zu melden, wenn der Notar hiervon erfährt (§ 379 I FamFG). 243

bb) Publizität der GmbH-Gesellschafter. Der Notar hat die von ihm beurkundete **Abtretung von GmbH-Geschäftsanteilen** dem Amtsgericht – Registergericht – anzuzeigen (§ 40 I 2 GmbHG). Die Anzeigepflicht der Geschäftsführer durch Einreichung einer von dem Geschäftsführer unterschriebenen Liste mit Namen, Vornamen, Geburtsdatum, Wohnort und Stammeinlage (§ 40 I 1 GmbHG) und die damit verbundene Haftung (§ 40 II GmbHG) besteht hiervon unabhängig. Die Einreichung einer Abschrift der Abtretung ist nicht erforderlich (und häufig von den Beteiligten auch nicht gewünscht). Der 244

Notar kann sich auf die bloße Mitteilung beschränken (*Priester* DNotZ 1998, 691, 710).

e) Sonstige Mitteilungspflichten

245   Bei Herstellung eines **Teilhypotheken-, Teilgrundschuld- oder Teilrentenschuldbriefs** ist dem Grundbuchamt, das den Stammbrief ausgestellt hat, die Herstellung unter Angabe der Gruppe und Nummer des Teilbriefs sowie des Betrags, auf den er sich bezieht, mitzuteilen.

4. Durchführungspflichten

246   Bei der Beurkundung von Rechtsgeschäften, die beim Grundbuchamt oder dem Registergericht einzureichen sind, hat der Notar nach § 53 BeurkG für den Vollzug zu sorgen. Dies gilt auch für beglaubigte Erklärungen, die der Notar selbst entworfen hat. Bei bloßer Unterschriftsbeglaubigung besteht keine dementsprechende Verpflichtung ohne gesonderten Auftrag.

a) Vollzug

247   Die gesetzliche Pflicht des Notars erschöpft sich mit der Einreichung beim Gericht. Hiervon streng zu unterscheiden ist die vom Notar im Rahmen seiner **Betreuungstätigkeit** übernommene Tätigkeit zum Betreiben des Vollzugs. Eintragungen im Grundbuch oder sonstigen öffentlichen Registern erfolgen auf Antrag. Wird der Antrag nicht von dem Antragsberechtigten, sondern von dem Notar gestellt, bedarf er dazu einer Vollmacht. Die Vollmacht ist dem Grundbuchamt oder Registergericht nicht nachzuweisen, da gesetzlich eine widerlegliche Vermutung der Vollmacht besteht (§ 15 GBO, § 378 II FamFG). Voraussetzung der Vollmachtsvermutung ist die Beurkundung oder Beglaubigung einer zur Eintragung oder Anmeldung erforderlichen Erklärung.
Der **Umfang der Vollmachtsvermutung** ist auf die Stellung eines Antrags beschränkt. Will sich der Notar ermächtigen lassen, darüber hinaus Eintragungserklärungen abzugeben, zurückzunehmen und erforderliche Nebenerklärungen einzuholen, so muss er sich gesondert hierzu bevollmächtigen lassen.

248   Der Notar kann auch dann einen Antrag unter Berufung auf die Vollmachtsvermutung stellen, wenn in der Urkunde **Anträge der Berechtigten** enthalten sind. Dies kann insbesondere zu Schwierigkeiten führen, wenn in der Urkunde Anträge aufgenommen sind, die derzeit noch nicht vollzogen werden können oder nicht vollzogen werden sollen. Die herrschende Meinung behilft sich unter Berufung auf den Charakter des Antrags als zugangsbedürftige Verfahrenserklärung damit, dass dem in der Urkunde enthaltenen Antrag der Zugangswille dann fehlt, wenn der Notar in der Urkunde mit der Durchführung betraut ist.
Das Problem kann dadurch vermieden werden, dass in der Urkunde keine Verfahrensanträge aufgenommen werden. Besser ist der Weg, bei der Einreichung der Urkunden unter Berufung auf die erteilte Vollmacht klare Anträge zu stellen. Im **Antrag** sollte angegeben werden,
– dass der Notar als Antragsteller auftritt,
– für wen er tätig wird,
– welche genauen Anträge er stellt,
– dass die in der Urkunde enthaltenen weiteren Anträge dem Grundbuchamt als nicht zugegangen gelten sollen.
Die grundlose, fortwährende Untätigkeit des Notars beim Vollzug von ihm aufgenommener Urkunden ist wegen Art. 19 IV GG im Beschwerdeweg nach § 15 BNotO anfechtbar (*OLG Düsseldorf* DNotZ 1998, 747). Von einer Vertragspartei nachträglich einseitig geltend gemachte Anfechtungs- oder Unwirksamkeitsgründe berechtigen den

IV. Abwicklung und Vollzug

Notar nur in besonderen Ausnahmefällen, den Vollzug der Urkunde abzulehnen (*BayObLG* DNotZ 2004, 194).

b) Einreichung bei Gericht

Die **Einreichungspflicht** in § 53 BeurkG erstreckt sich auf alle Erklärungen, deren Rechtswirkungen mit Eintrag im Grundbuch oder Register entstehen. Soweit Rechtsänderungen durch Urkunden außerhalb des Grundbuchs entstehen, wie zum Beispiel bei Erbteilsübertragungen, besteht eine Einreichungspflicht nur dann, wenn in der Urkunde ein ausdrücklicher Eintragungsantrag enthalten ist. **249**

Die Urkunde ist einzureichen, wenn sie vollzugsreif ist. Die zum Vollzug erforderlichen Zustimmungen, Genehmigungen etc. sind vorher einzuholen. Eine Pflicht zur Einholung dieser **Nebenerklärungen** besteht allerdings nur, wenn der Notar diese Aufgabe übernommen hat.

Die Einreichung der Urkunde soll **ohne schuldhaftes Zögern** erfolgen (*BGH* DNotZ 1958, 101; *OLG Düsseldorf* DNotZ 1973, 442). Die Frist, die dem Notar hierzu für die bürotechnische Abwicklung zusteht, ist strittig. Der *BGH* (DNotZ 1979, 311) hält den Notar für verpflichtet, Grundpfandrechtsbestellungsurkunden spätestens am Tag nach der Beurkundung einzureichen. Die Entscheidung verkennt die bürotechnischen Möglichkeiten. An die Büroorganisation können nur die Anforderungen gestellt werden, die bei Anerkennung der hohen Sorgfaltspflichten, die gerade die Rechtsprechung dem Notar auferlegt, auch tatsächlich erfüllt werden können. Man kann nicht auf der einen Seite höchste Anforderungen an Büroorganisation und Überwachung stellen und auf der anderen Seite verlangen, dass die Vorlagen in dieser kurzen Frist erfolgen (*Winkler* § 53 Rn. 15; *Kanzleiter* DNotZ 1979, 314). **250**

Der Notar darf die Einreichung einer von ihm beurkundeten Auflassung eines Grundstücks beim Grundbuchamt verweigern, wenn es für den Notar in hohem Maße wahrscheinlich ist, dass der beurkundete Kaufvertrag wegen Unterverbriefung als Scheingeschäft nichtig ist und der gewollte Vertrag nur durch die Eintragung ins Grundbuch gültig würde (*BayObLG* DNotZ 1998, 645).

Der Notar darf seine Vollzugstätigkeit nicht deshalb verweigern, weil eine der Vertragsparteien behauptet, dass eine beurkundungsbedürftige Nebenabrede außerhalb der Urkunde getroffen worden wäre, wenn dies die andere Vertragspartei bestreitet (*OLG Frankfurt* DNotI-Report 1998, 62).

Nach Vollzugsreife darf der Notar von der Einreichung der Urkunde beim Grundbuchamt grundsätzlich nicht auf Weisung nur eines Beteiligten absehen. Ein Ausnahmefall kann gegeben sein, wenn der Kaufvertrag, gegebenenfalls nach Anfechtung, ersichtlich unwirksam ist oder eine hohe Wahrscheinlichkeit besteht, dass beim Vollzug der Urkunde das Grundbuch unrichtig werden würde (*BayObLG* DNotZ 1998, 646). Der Notar handelt nicht pflichtwidrig, wenn er eine Urkunde trotz Verdachts der Formnichtigkeit wegen einer nicht beurkundeten Zusatzvereinbarung vollzieht (*BayObLG* DNotI-Report 2000, 2).

c) Weisungen

§ 53 Hs. 2 BeurkG räumt die Möglichkeit ein, **übereinstimmende Anweisungen** dem Notar zu erteilen. Häufig sind Anweisungen des Inhalts, die Urkunde zum Vollzug der Auflassung erst nach Bestätigung oder Nachweis der vollständigen Kaufpreiszahlung einzureichen. Derartige Weisungen sollten in die Niederschrift oder in eine sonstige schriftliche Erklärung aufgenommen werden. **251**

Handelt es sich bei dem beurkundenden Vorgang um einen Vertrag, so ist der Notar an die Weisung nur gebunden, wenn sie alle Beteiligten gemeinsam erteilen. Bei einseitigen Erklärungen genügt die Weisung eines Beteiligten.

d) Vollzugsüberwachung

252 Reicht der Notar lediglich die Urkunden gemäß § 53 BeurkG ein, ohne einen Vollzugsantrag zu stellen, so ist er zur **Überwachung des Vollzugs** nicht verpflichtet. Übernimmt der Notar als weitere Betreuungsverpflichtung in der Urkunde ausdrücklich die Aufgabe, den Vollzug zu überwachen, so ist er hierzu verpflichtet.

Strittig ist, ob der Notar zur Überwachung des Vollzugs auch dann verpflichtet ist, wenn er einen eigenen Eintragsantrag aufgrund der gesetzlichen Vollmacht stellt oder aus einer umfassenden Beauftragung zur Erholung aller zum Vollzug erforderlichen Erklärungen eine Vollzugsüberwachung stillschweigend angenommen werden kann (zustimmend: *Schöner/Stöber* Rn. 188; *Huhn/v. Schuckmann* § 53 Rn. 35; ablehnend *Weber* DNotZ 1974, 393; *Reithmann* DNotZ 1975, 332). Der *BGH* (DNotZ 1988, 372) hat eine Pflicht des Notars zur Überprüfung eines erteilten Erbscheins bejaht, weil der Notar den Antrag auf Erteilung des Erbscheins beurkundet hatte.

V. Sonstige Beurkundungen

1. Vorbemerkung

253 Für die **Beurkundung anderer Erklärungen als Willenserklärungen** sowie sonstiger Tatsachen und Vorgänge gelten die §§ 36 ff. BeurkG. Dazu zählen insbesondere die Beurkundung von Versammlungsbeschlüssen, die Vornahme von Versteigerungen und Verlosungen, die Aufnahme von Vermögensverzeichnissen, Proteste, Anlegung und Abnahme von Siegeln, die Beglaubigung von Unterschriften und Abschriften sowie das Ausstellen von Vertretungsbescheinigungen.

254 Für die Beurkundung von Willenserklärungen und für die Beurkundung sonstiger Erklärungen gilt gleichermaßen: Der Notar kann nur **Tatsachen** beurkunden, das heißt Vorgänge der Außenwelt, die er unmittelbar wahrgenommen hat. Er kann keine Schlussfolgerungen, keine Rechtszeugnisse oder Rechtsgutachten beurkunden (Ausnahme: § 21 BNotO). Jede Schlussfolgerung tatsächlicher oder rechtlicher Art wäre eine gutachterliche Stellungnahme des Notars. Gibt der Notar eine derartige Stellungnahme ab, so kann damit eine unabsehbare Haftungsgefahr verbunden sein.

255 Auch für die sonstigen Beurkundungen gelten die allgemeinen Vorschriften des I. Abschnitts uneingeschränkt. Das **formelle Beurkundungsverfahren** nach den §§ 36 ff. BeurkG ist für die Niederschrift sonstiger Beurkundungen gegenüber der Beurkundung von Willenserklärungen vereinfacht. Es gilt entweder die einfache Form der Niederschrift (§§ 36, 37 BeurkG) oder des Vermerks (§§ 39 ff. BeurkG).

In der notariellen Praxis wird häufig auch bei Niederschriften über sonstige Erklärungen, zum Beispiel bei Gesellschafterversammlungsbeschlüssen einer GmbH, die strengere Form der Beurkundung von Willenserklärungen eingehalten. Erforderlich ist es nur, wenn neben Versammlungsbeschlüssen rechtsgeschäftliche Erklärungen beurkundet werden.

Beispiel: Die Gesellschafter einer GmbH beschließen eine Kapitalerhöhung, und in der gleichen Urkunde erklärt ein Gesellschafter, dass er die neue Einlage übernimmt.

2. Niederschriften im Sinne des § 36 BeurkG

a) Inhalt der Niederschrift

256 Die Niederschrift muss die Bezeichnung des Notars, den Bericht des Notars über seine Wahrnehmungen und die eigenhändige Unterschrift des Notars enthalten. Darüber hinaus soll die Niederschrift den Ort und den Tag der Wahrnehmungen des Notars sowie den Ort und den Tag der Errichtung der Urkunde enthalten (§ 37 II BeurkG). Der Be-

V. Sonstige Beurkundungen

richt kann auch in einem Schriftstück enthalten sein, das der Niederschrift als Anlage beigefügt wird. Änderungen der Niederschrift sind bis zur Bekanntgabe an die Beteiligten, das heißt bis zur Ausfertigung der Urkunde, möglich.

b) Versammlungsniederschriften

Hauptanwendungsfall des § 37 BeurkG ist die Beurkundung von **Versammlungsbeschlüssen**, insbesondere Gesellschafterversammlungen von Kapitalgesellschaften (GmbH, AG, KGaA). Bei der Beurkundung über den Hergang und die Beschlussfassung von Gesellschafterversammlungen beurkundet der Notar keine Willenserklärungen, sondern Tatsachen. Der Versammlungsbeschluss ist kein Vertrag, sondern ein gesellschaftsrechtlicher Gesamtakt. Zwar sind Stimmabgaben Willenserklärungen, aber diese werden nicht beurkundet, sondern der tatsächliche Hergang der Abstimmung als Gesellschaftsakt. 257–265

Zur **GmbH-Gesellschafterversammlung** vgl. Kap. D I. Rn. 310 ff.; zur **Hauptversammlung einer AG** vgl. Kap. D III. Rn. 169 ff.

3. Niederschrift sonstiger Tatsachen und Vorgänge

a) Vornahme von Verlosungen und Auslosungen

Die Vornahme von Verlosungen und Auslosungen kann in der Weise vor sich gehen, dass der Veranstalter die Verlosung vornimmt oder der Notar die Verlosung selbst vornimmt. Hierüber ist eine Niederschrift im Sinne des § 37 BeurkG zu errichten. In der Niederschrift wird der Vorgang der Verlosung unter Angabe des Gewinnplans, der Verlosungsbestimmungen, der an der Ziehung beteiligten Personen und dem tatsächlichen Ablauf der Verlosung berichtet. Überprüft der Notar durch Stichproben das Ziehungsgerät und die Lose, so ist dies festzustellen. Zweckmäßig ist es, das Vorliegen der behördlichen Genehmigung zur Verlosung in der Niederschrift zu vermerken (Formulierungsbeispiele bei *Kersten/Bühling* § 20 Rn. 114 ff.; s.a. Rundschreiben der *BNotK* v. 2.8.1994, www.bnotk.de/bnotk-service/; zur Genehmigungsfähigkeit und Wirksamkeit einer Verlosung von Grundbesitz vgl. DNotI-Report 2009, 33). 266

b) Aufnahme von Vermögensverzeichnissen

Nach verschiedenen gesetzlichen Vorschriften bestehen **Verpflichtungen zur Aufnahme von Vermögensverzeichnissen** zur Urkunde eines Notars. So ist der Vorerbe auf Verlangen des Nacherben verpflichtet, ein Verzeichnis der zur Erbschaft gehörenden Gegenstände aufnehmen zu lassen (§ 2121 III BGB). Der Testamentsvollstrecker ist auf Verlangen des Erben verpflichtet, ein Nachlassverzeichnis zu erstellen (§ 2215 BGB). Der Erbe ist hierzu verpflichtet, wenn ein Pflichtteilsberechtigter es verlangt (§ 2314 I 3 BGB). Nach den §§ 1640 III, 1667 BGB kann ein Verzeichnis der Eltern über das Kindesvermögen vom Familiengericht gefordert werden. Nach § 1035 BGB kann die Aufnahme eines Nießbrauchsverzeichnisses verlangt werden. Ehegatten im gesetzlichen Güterstand können die Aufnahme eines Verzeichnisses des Anfangsvermögens und des Endvermögens verlangen (§ 1377 i.V.m. §§ 1035, 1379 BGB). 267

Das Vermögensverzeichnis wird in der Form einer Niederschrift nach § 37 BeurkG aufgenommen. Neben der Aufnahme der Angaben und Auskünfte der Beteiligten über die Vermögensgegenstände trifft den Notar die Pflicht, die vorhandenen Vermögensgegenstände gewissenhaft festzustellen (Formulierungsbeispiele bei *Kersten/Bühling* § 20 Rn. 33 ff.). Der Notar hat besondere Amtspflichten der eigenständigen Ermittlung des Nachlassbestands (*OLG Celle* DNotZ 2003, 62; *OLG Saarbrücken* DNotI-Report 2010, 160). 268

c) Anlegung von Siegeln

269 Der Notar ist für alle Arten von Siegelung zuständig (§ 20 I 2 BNotO). Über die Anlegung und Abnahme von Siegeln nimmt der Notar eine Urkunde in der Form einer Niederschrift nach § 37 BeurkG auf, in der er die vorgefundenen Gegenstände und die Siegelung beschreibt (Muster in *Kersten/Bühling* § 20 Rn. 40 ff.).

d) Freiwillige Versteigerungen

270 Bei der Beurkundung einer **Versteigerung**, die durch jemand anderen als den Notar vorgenommen wird, gelten für die Niederschrift keine Besonderheiten (§ 37 BeurkG).

271 Für **freiwillige Versteigerungen** durch den Notar (§ 20 III BNotO; § 53 I WEG), gilt Folgendes: Für die freiwillige Versteigerung von Grundstücken einschließlich Wohnungseigentum ist der Notar unbeschränkt zuständig, wenn er darum ersucht wird. Die Niederschrift enthält sowohl die Beurkundung von Tatsachen (Feststellung der Terminsbekanntmachung, Mitteilung der Versteigerungsbedingungen, Aufforderung zur Abgabe von Geboten, Feststellung des Meistbietenden und der Zuschlagserteilung) als auch die Beurkundung von Willenserklärungen. Auch bei der Versteigerung durch den Notar handelt der Notar kraft Amts und nicht als Bevollmächtigter des Versteigerers. Er ist deshalb nicht gehindert, gleichzeitig die Versteigerung und den Zuschlag zu beurkunden.

272 Als **Beteiligte** der Versteigerung gelten nach der Sondervorschrift des § 15 1 BeurkG nur diejenigen Bieter, die an ihr Gebot gebunden bleiben. Nur der Ersteigerer selbst ist daher Beteiligter im Sinne der §§ 3, 6 BeurkG. Die Niederschrift braucht deshalb die Bezeichnung der überbotenen Bieter und ihre Erklärungen nicht zu enthalten. Sie braucht ihnen nicht vorgelesen, von ihnen genehmigt und unterschrieben werden. Für die Bieter, die an ihr Gebot gebunden bleiben, gelten die Vorschriften der Beurkundung von Willenserklärungen. Jedoch sind sie vom Vorlesen, Genehmigen und Unterschreiben befreit, wenn sie sich vor dem Schluss der Verhandlung entfernt haben. Diese Tatsache muss in der Niederschrift festgestellt werden (§ 15 I 2 BeurkG – Muster *Kersten/Bühling* § 42 Rn. 1 ff.).

273 Die Bestimmungen des **§ 17 II a Nr. 2 BeurkG** sind auch bei der Versteigerung zu beachten. Den Beteiligten sind rechtzeitig in allgemeiner Form die Bedingungen für den in der Versteigerung zustande kommenden Kaufvertrag zur Kenntnis zu geben. Mit Rücksicht darauf, dass Bieter vor dem eigentlichen Versteigerungstermin regelmäßig noch unbekannt sein werden, wird man dabei ausreichen lassen müssen, dass die rechtlichen Aspekte des Kaufvertrages zugleich mit der Terminbestimmung öffentlich bekannt gegeben werden. Dass zu diesem Zeitpunkt die Höhe des Kaufpreises noch nicht feststeht, ist für die Einhaltung der Pflicht des § 17 BeurkG unerheblich. Den Notar hat keine wirtschaftliche Warnpflicht, sondern nur eine rechtliche Betreuungspflicht.

274 Im Übrigen kann der Notar seinen **Belehrungs- und Aufklärungspflichten** insbesondere dadurch nachkommen, dass er bereits zu Beginn der Versteigerung und damit noch vor Abgabe der Willenserklärung der Bieter die Versteigerungsbedingungen ihnen gegenüber erläutert (vgl. DNotI-Report 2000, 181, 184; zur Auslagerung der Versteigerungsbedingungen in eine Bezugsurkunde gemäß § 13a BeurkG vgl. auch *Huhn/v. Schuckmann* § 15 Rn. 6).

274a Ist ein Wohnungseigentümer nach den §§ 18, 19 WEG zur Entziehung des Wohnungseigentums verurteilt, ist dem Notar nach **§§ 53 ff. WEG** die Versteigerung übertragen (Muster *Kersten/Bühling* § 42 Rn. 1 ff.).

275 Keine Versteigerungen in diesem Sinn sind sog. „**Grundstückauktionen**", „**Online-Auktionen**" etc., die nicht entsprechend dem gesetzlichen Leitbild erfolgen, sondern durch das grundsätzlich mögliche Abbedingen des § 156 S. 1 BGB gekennzeichnet sind. Das hat zur Folge, dass durch die Versteigerung nur eine Vorauswahl unter den Bietern erfolgt und der Vertragsschluss zwischen „Verkäufer" und „Ersteher" erst im Rahmen

V. Sonstige Beurkundungen

einer nachfolgenden notariellen Beurkundung erfolgt. Der Begriff „Versteigerung" oder „Auktion" ist irreführend, weil das Verfahren gerade nicht dem Abschluss eines Vertrages dient, sondern vielmehr einer Art Ausschreibung zur Ermittlung des Vertragspartners und des höchstmöglich erreichbaren Kaufpreises gleichkommt. Vor Abschluss des nachgeschalteten notariellen Kaufvertrages können bei dieser Gestaltungsvariante keine Bindungswirkungen für den Erwerber entstehen. Dies bedeutet, dass die Besonderheiten des § 15 BeurkG gerade nicht gelten, sondern es sich vielmehr um die Beurkundung eines „normalen" Kaufvertragsabschlusses handelt.

Ganz generell gilt bei der Beurkundung von Verträgen im Anschluss an solche „Versteigerungen", dass von dem Notar sämtliche Vorschriften des materiellen sowie des Beurkundungsverfahrensrechts zu beachten sind, und zwar unabhängig von den insoweit unbeachtlichen, weil nicht bindenden „Versteigerungsbedingungen".

Hinsichtlich der **freiwilligen Versteigerung sonstiger Rechte und Gegenstände** gilt: Die Versteigerung **beweglicher Sachen** ist grundsätzlich gewerblichen Versteigerern vorbehalten. Der Notar soll bewegliche Sachen nur versteigern, wenn die Versteigerung durch eine von ihm vermittelte oder beurkundete Auseinandersetzung oder durch eine Versteigerung von Immobilien veranlasst ist (§ 20 III 2 BNotO). 276

Forderungen und Rechte können unbeschränkt durch den Notar versteigert werden.

e) Vermittlung der Auseinandersetzung

Vgl. Kap. C Rn. 436 f. 277

f) Notarielles Vermittlungsverfahren

Das Sachenrechtsänderungsgesetz sieht in seinem Anwendungsbereich ein besonderes **notarielles Vermittlungsverfahren** vor. Ziel dieses Verfahrens, in dem dem Notar richterliche Aufgaben übertragen sind, ist die Ausarbeitung eines Vermittlungsvorschlags durch den Notar, der einen den gesetzlichen Bestimmungen entsprechenden Vertragsentwurf anzufertigen hat. Die Durchführung des Vermittlungsverfahrens ist Klagevoraussetzung für das anschließende richterliche Vertragshilfeverfahren. 278

Die in dem Verfahren in Betracht kommenden Beurkundungen sind:
– das Eingangsprotokoll als Niederschrift, in dem der Sachstand und die unstreitigen und streitigen Punkte festzuhalten sind;
– Beurkundung des Vorschlags als vertragliche Vereinbarung auf Antrag eines Beteiligten im Säumnisverfahren;
– Niederschrift über den Bestätigungsbeschluss im Säumnisverfahren;
– Beurkundung der Vereinbarung nach Einigung;
– das Abschlussprotokoll als Niederschrift bei fehlender Einigung.
Zum Verfahren DNotI-Report 1994, 13.

4. Eide und eidesstattliche Versicherungen

Die Zuständigkeit des Notars ergibt sich aus § 22 BNotO. § 38 BeurkG bestimmt, dass für die Aufnahme eidesstattlicher Versicherungen und die Abnahme von Eiden die Vorschriften über die Beurkundung von Willenserklärungen entsprechend anzuwenden sind. 279

a) Abnahme von Eiden

Neben der Zuständigkeit zur Vereidigung von Dolmetschern gemäß § 16 III BeurkG ist der Notar zur Eidesabnahme nur bei **ausländischen Rechtsangelegenheiten** zuständig. Ausreichend ist die Versicherung der Beteiligten, dass die Vereidigung und Beurkundung zum Zweck der Rechtsverfolgung im Ausland geschehen soll. 280

281 Der praktische Hauptanwendungsfall der Eidesabnahme ist das so genannte **Affidavit**. Nach englischem Recht muss die Eidesleistung „sworn before me" auf dem für die eidliche Erklärung vorgesehenen Formular in der dort vorgesehenen Form bescheinigt werden. Die bloße Unterschriftsbeglaubigung genügt den Anforderungen des § 38 BeurkG nicht (*Brambring* DNotZ 1976, 732). Über die Eidesleistung ist eine Niederschrift in deutscher Sprache aufzunehmen. Der Eid wird unter Anwendung der §§ 480, 481 ZPO aufgenommen. Die Niederschrift samt Anlage ist den Beteiligten vorzulesen, zu genehmigen und zu unterzeichnen. Nach der Eidesleistung kann auf der ausländischen Urkunde die Bescheinigung darüber vollzogen werden, dass die Eidesleistung erfolgt ist (Formular bei *Kersten/Bühling* § 18 Rn. 1 ff.).

b) Abnahme von eidesstattlichen Versicherungen

282 Zur Abnahme eidesstattlicher Versicherungen ist der Notar nur in bestimmten Fällen zuständig. Die **Zuständigkeit** besteht zum einen, wenn die Versicherung „vor einem Notar" abzugeben ist, wie bei Erbscheinsanträgen (§ 2356 II BGB), und Anträgen auf Erteilung eines Testamentsvollstreckerzeugnisses (§ 2368 III BGB). Eidesstattliche Versicherungen im Übrigen darf der Notar nur in den Fällen aufnehmen, in denen einer Behörde oder sonstigen Dienststelle eine tatsächliche Behauptung oder Aussage glaubhaft gemacht werden soll. Dies sollte in die Urkunde aufgenommen werden. Ob die Behörde zur Abnahme der eidesstattlichen Versicherung befugt ist mit der Folge der Strafbewehrung gemäß § 156 StGB, ist nicht zu prüfen. Der Notar ist zur Aufnahme zuständig.

Über die Aufnahme der eidesstattlichen Versicherung ist eine Niederschrift nach den allgemeinen Regeln der Niederschriften über die Aufnahme von Willenserklärungen zu errichten. Über die Bedeutung der eidesstattlichen Versicherung und die strafrechtlichen Folgen falscher Erklärungen soll belehrt und dies in der Niederschrift vermerkt werden (§ 38 II BeurkG). Zum Beurkundungsverfahren bei notarieller Prioritätsfeststellung DNotI-Report 2001, 69.

5. Beglaubigung von Unterschriften

a) Öffentliche Beglaubigung

283 Verschiedene Rechtsgeschäfte bedürfen der öffentlichen Beglaubigung (z. B. § 29 GBO, § 12 HGB). Die Beglaubigung einer Unterschrift ist die öffentliche Beurkundung der Tatsache, dass die Unterschrift von einer bestimmten Person herrührt und der Unterzeichnende persönlich seine Unterschrift vor dem Notar vollzogen oder anerkannt hat. Die notarielle Beurkundung (§ 128 BGB) ersetzt die öffentliche Beglaubigung (§ 129 II BGB) als höherrangige Geschäftsform. **Zuständig** für die öffentliche Beglaubigung sind grundsätzlich die Notare (§ 20 I BNotO). Die juristischen Personen des öffentlichen Rechts können im Rahmen ihrer Zuständigkeit öffentliche Urkunden für die öffentlichen Register selbst erstellen. Trotz öffentlicher Beglaubigung bleibt die Erklärung selbst eine **Privaturkunde**. Lediglich der Beglaubigungsvermerk ist eine öffentliche Urkunde und begründet den Beweis der darin bezeugten Tatsache. Im Gegensatz zur Beglaubigung erstreckt sich die Beurkundung auch auf den Inhalt der Niederschrift, während bei der Unterschriftsbeglaubigung nur die Echtheit der Unterschrift bezeugt wird.

b) Der unterzeichnete Text

284 Grundsätzlich kann jede Privaturkunde beglaubigt werden. Da die Unterschriftsbeglaubigung keine Beglaubigung des Inhalts der Erklärung zur Folge hat, kann die Beglaubigung ohne Rücksicht auf Form und Inhalt des Textes vorgenommen werden. Der Notar hat, soweit er die Erklärung nicht selbst entworfen hat, **keine Prüfungs- und Belehrungspflicht**. Insbesondere hat er nicht zu überprüfen, ob die Erklärung materiell

V. Sonstige Beurkundungen

rechtlich wirksam ist. Die Geschäftsfähigkeit, Vertretungs- und Verfügungsmacht des Unterzeichners ist nicht zu prüfen. Jedoch hat der Notar die Beglaubigung zu verweigern, wenn Gründe bestehen, die Amtstätigkeit zu versagen, insbesondere, wenn mit der zu beglaubigenden Erklärung erkennbar unerlaubte oder unredliche Zwecke unterstützt werden. Ebenso kann die Unterschriftsbeglaubigung bei offensichtlicher materiell-rechtlicher Unwirksamkeit abgelehnt werden (*LG München* MittBayNot 1972, 181). Der Text der zu beglaubigenden Erklärung darf mit Zustimmung des Unterzeichnenden auch **nachträglich geändert** werden (RGZ 60, 392; zu Änderungen in einer Grundbuchbewilligung s. DNotI-Report 1997, 133).

Auch **Zeichnungen, Pläne** und **Karten** können z.B. bei der Bestellung von Grunddienstbarkeiten mit zum Bestandteil der Erklärung gemacht werden, wenn sie ihr als Anlage beigefügt sind und der Text auf die Anlage Bezug nimmt (*Keidel/Kuntze/Winkler* § 40 Rn. 17ff.).

Die **Unterschrift** muss handschriftlich geleistet sein. Lesbarkeit ist nicht erforderlich. Ausreichend ist ein die Identität des Unterschreibenden ausreichend kennzeichnender individueller Schriftzug (*OLG Frankfurt* FGPrax 1995, 185). Die Unterschrift sollte mit Vor- und Familiennamen geleistet werden. Auch **Handzeichen** können nach § 40 VI BeurkG beglaubigt werden. **Blanko-Unterschriften** können beglaubigt werden, wenn dem Notar dargelegt wird, dass die Beglaubigung vor der Festlegung des Urkundeninhalts benötigt wird. Im Beglaubigungsvermerk ist anzugeben, dass bei der Beglaubigung ein durch die Unterschrift gedeckter Text nicht vorhanden war. Die Angabe der Gründe für die Notwendigkeit der Blanko-Unterschrift ist ratsam.

c) Vollzug, Anerkennung

Die Beglaubigung setzt voraus, dass die Unterschrift in Gegenwart des Notars **vollzogen oder anerkannt** wurde (zur Feststellungspflicht und zur Strafbarkeit vgl. *OLG Karlsruhe* DNotZ 1999, 813). Die Zeichnung einer Namensunterschrift ist nach § 41 BeurkG immer zu vollziehen. Eine Anerkennung ist nicht möglich.

Die **Anerkennung** kann nur persönlich durch denjenigen erfolgen, der die Unterschrift geleistet hat. Eine Anerkennung durch einen Vertreter des Unterzeichnenden oder eine Anerkennung gegenüber einem Angestellten des Notars reicht nicht aus. Keinesfalls reicht eine schriftliche oder telefonische Anerkennung zur Beglaubigung aus, da die Identitätsfeststellung nicht mit der vom Gesetz geforderten Sicherheit gewährleistet ist. Bestätigt der Notar im Beglaubigungsvermerk, dass die Unterschrift vor ihm vollzogen oder anerkannt worden ist, obwohl dies nicht zutrifft (so genannte Fernbeglaubigung), so begibt er sich in Gefahr einer Falschbeurkundung im Amt (*OLG Frankfurt* DNotZ 1986, 421).

d) Beglaubigungsvermerk

Der Beglaubigungsvermerk enthält:
- die Beglaubigung der **Echtheit der Unterschrift**,
- die **Bezeichnung der Person**, die die Unterschrift vollzogen oder anerkannt hat; anzugeben sind Vor- und Zuname, Geburtsname, Wohnort und Wohnung, und bei Eintragungen in Register der Geburtstag (§ 25 II DONot); insbesondere bei Genehmigungen und Grundbucherklärungen ist es nützlich, den Güterstand anzugeben.
- die **Identitätsfeststellung** (§§ 40 IV, 10 II 1 BeurkG),
- die Angabe, ob die Unterschrift vor dem Notar **vollzogen oder anerkannt** worden ist (§ 40 III 2 BeurkG),
- den **Ort und Tag der Ausstellung** des Vermerks,
- Unterschrift und Siegel des Notars (§ 39 BeurkG).

Der Beglaubigungsvermerk kann auch in einer **Fremdsprache** errichtet werden, wenn der Notar der Sprache kundig ist. (Mustertexte für Beglaubigungsvermerke in Afrikaans, Belgisch, Dänisch, Englisch, Esperanto, Finnisch, Französisch, Italienisch, Kroatisch,

Niederländisch, Norwegisch, Polnisch, Portugiesisch, Schwedisch, Spanisch in DNotZ 1974, 423; Mustertexte für Beglaubigungsvermerke mit Vertretungsbescheinigung in Englisch *Röll* MittBayNot 1977, 107). Empfehlenswert ist es, den Beglaubigungstext zweispaltig in Deutsch und der Fremdsprache zu verfassen. Der Beglaubigungsvermerk ist im Anschluss an die Unterschrift auf die zu beglaubigende Urkunde zu setzen. Wird der Beglaubigungsvermerk auf ein besonderes Blatt gesetzt, so muss der Vermerk mit der unterschriebenen Urkunde durch Schnur und Prägesiegel verbunden werden.

e) Unterschriftsbeglaubigung mit Entwurf

291 Insbesondere im Grundbuch- und Registerverfahren, aber auch bei der Einholung von Genehmigungen, wird der zu beglaubigende Text vom Notar selbst entworfen. Hier sind die Herstellung des Entwurfs und die Beglaubigung der Unterschrift eine einheitliche Amtstätigkeit mit der Folge, dass dem Notar bei der Beglaubigung dieselben **Prüfungs- und Belehrungspflichten** obliegen wie bei einer Beurkundung der Erklärung (*BGH* DNotZ 1955, 396; 1956, 94; 1958, 101; vgl. im Einzelnen *Haug/Zimmermann* Rn. 416; ausdrücklich bestätigt unter Hinweis auf die Belehrungspflicht hinsichtlich der Wirksamkeitserfordernisse in *BGH* DNotZ 1997, 51).

291a Die Beglaubigung von **Unterschriftszeichnungen** (§ 41 BeurkG) ist durch die Abschaffung der Unterschrifts- und Firmenzeichnung im Handels- und Gesellschaftsrecht weitgehend gegenstandslos (i. E. *Apfelbaum* DNotZ 2007, 166).

6. Elektronische Zeugnisse

292 Mit dem Justizkommunikationsgesetz wurde die **elektronische öffentliche Urkunde** geschaffen. Nach § 371a II ZPO die Vorschriften über die Beweiskraft und Echtheit öffentlicher Urkunden entsprechende Anwendung. Ein elektronisches Zeugnis nach § 39a BeurkG hat damit die gleiche Beweiskraft, wie ein Beglaubigungsvermerk im Rahmen einer beglaubigten Abschrift nach § 42 I BeurkG. Ist das Dokument mit einer qualifizierten elektronischen Signatur versehen, gilt gemäß § 371a II 2 ZPO die Vermutung der Echtheit durch die entsprechende Anwendung der Beweisregel des § 437 ZPO.

Ausreichend hierfür ist der inhaltliche Gleichlaut der Erklärung. Neben dem Einscannen des Dokuments und der Herstellung einer Tiff-Datei, kann der Notar ein elektronisches Zeugnis auch durch Verwendung eines inhaltlich gleichlautenden Ausgangsdokuments (Word-Datei) mit Ergänzung der individuellen Daten (Siegel L.S., Unterschriften) herstellen (*LG Chemnitz* MittBayNot 2007, 340; *LG Hagen* RNotZ 2007, 491; *LG Regensburg* MittBayNot 2007, 522).

292a **Formulierungsbeispiel: Elektronische Signatur (Abschrift)**

Ich beglaubige hiermit durch die beigefügte qualifizierte elektronische Signatur die Übereinstimmung des vorstehenden elektronischen Dokuments mit der mir vorliegenden Urschrift / Ausfertigung / beglaubigten Abschrift.
Ort, Tag der Signatur Notar

Ausführlich zu elektronischen Signatur *Malzer* DNotZ 2006, 9; *Gassen*, Elektronische Beglaubigungen und elektronischen Handelsregisteranmeldung im Notariat, 2006; *Rossnagel/Wilke* NJW 2006, 2145; *Sikora/Schwab* MittBayNot 2007, 1, *Bettendorf/Apfelbaum* DNotZ 2008, 19.

293 Der Hauptfall des § 39a BeurkG ist die **elektronische beglaubigte Abschrift einer notariellen Urkunde.**

Ausgangsdokument ist eine notarielle Urkunde, die in Urschrift, Ausfertigung oder beglaubigter Abschrift vorliegt, von der ein elektronisches Dokument erzeugt wird zur

V. Sonstige Beurkundungen

Weiterleitung. Dieses Dokument erfüllt damit die Voraussetzungen zur Einreichung in das Grundbuch, Handelsregister (§ 12 II HGB), Vereinsregister oder andere Register. Das Dokument kann auch an Beteiligte oder andere Empfänger übermittelt werden und steht damit mit den Beweiswirkungen einer öffentlichen Urkunde zur Verfügung.

Nicht ersetzt werden können die Rechtswirkungen einer Ausfertigung, d.h. wo es auf den Besitz der Urkunde ankommt (Vollmacht, Bindung nach § 873 BGB, Einwilligung zur Adoption, Rücktritt vom Erbvertrag, Widerruf eines gemeinschaftlichen Testaments etc.) reicht das elektronische Zeugnis nicht.

Weiterer Anwendungsbereich ist die **elektronisch beglaubigte Abschrift sonstiger Dokumente**. In gleicher Weise wie die Beglaubigung von Abschriften i.S.d. § 39 BeurkG kann ein elektronisches Zeugnis nach § 39a BeurkG gefertigt werden. Dies sind insbesondere bei Gericht einzureichende Unterlagen, wie Genehmigungen, Vertretungsnachweise, Rechtsnachfolgenachweise, Gesellschafterlisten etc. Die Form des Ausgangsdokuments ist im elektronischen Beglaubigungsvermerk genau zu bezeichnen.

293a

Formulierungsbeispiel: Elektronische Signatur (sonstiges Dokument)

Ich beglaubige hiermit durch die beigefügte qualifizierte elektronische Signatur die Übereinstimmung des vorstehenden elektronischen Dokuments mit dem mir im Original/Kopie vorliegenden Dokument.
Ort, Tag der Signatur
Notar

293b

Weiter sieht § 42 IV BeurkG den Fall der **Beglaubigung des Ausdrucks eines elektronischen Dokuments** vor, wobei aufgrund der technischen Gegebenheiten des Datentransfers der Beglaubigungsvermerk auf den am Bildschirm angezeigten Text eingeschränkt werden sollte (vgl. i.E. *Malzer* DNotZ 2006, 9).

Formulierungsbeispiel: Elektronische Signatur (Bildschirminhalt)

Ich beglaubige hiermit die Übereinstimmung des vorstehenden mir vorgelegten elektronischen Dokuments mit dem mir am Bildschirm angezeigten Inhalt dieses Dokuments.
Ort, Tag
Notar

293c

Schließlich kann auch die **elektronische Beglaubigung eines elektronischen Dokuments**, das ohne oder mit qualifizierter elektronischer Signatur vorliegt, mit einem Zeugnis i.S.d. § 39a BeurkG versehen werden.

Formulierungsbeispiel: Elektronische Signatur (mit Zeugnis § 39a BeurkG)

Ich beglaubige hiermit die Übereinstimmung des vorstehenden elektronischen Dokuments mit dem mir heute vorgelegten elektronischen Dokument. Dieses ist mit einer qualifizierten elektronischen Signatur nach dem Signaturgesetz versehen. Die von mir heute vorgenommene Signaturprüfung hat ergeben, dass die Signatur von der Zertifizierungsstelle dem nicht gesperrten Zertifikat von ... zugeordnet wurde.
Ort, Tag der Signatur
Notar

293d

7. Beglaubigung von Abschriften

294 Bei der Beglaubigung von Abschriften wird die **Übereinstimmung der Abschrift mit dem vorgelegten Original** bezeugt (§ 42 BeurkG). Das Original kann eine Urschrift, Ausfertigung oder einfache oder beglaubigte Abschrift sein. Dies soll im Beglaubigungsvermerk festgestellt werden (§ 42 I BeurkG).

295 Der **Beglaubigungsvermerk** muss den Ort und Tag seiner Ausstellung und Unterschrift und Siegel des Notars enthalten. Enthält die Abschrift nur einen Auszug aus der Urkunde, so soll der Beglaubigungsvermerk den Gegenstand des Auszugs angeben und bezeugt werden, dass die Urkunde über diesen Gegenstand keine weiteren Bestimmungen enthält.

Beglaubigte Abschriften können von Privaturkunden und öffentlichen Urkunden erstellt werden (zur Zulässigkeit der Beglaubigung von Personenstandsurkunden durch den Notar vgl. DNotI-Report 2000, 109).

Der Beglaubigungsvermerk darf erst erteilt werden, wenn die Übereinstimmung von Hauptschrift und Abschrift festgestellt wurde. Die Herstellung der Abschrift durch Herstellung einer Fotokopie der Hauptschrift an der Amtsstelle des Notars erleichtert dieses Verfahren.

296 Problematisch ist die Beglaubigung von **Abschriften fremdsprachlicher Texte**, da der Notar nach § 4 BeurkG verpflichtet ist, der Herstellung öffentlich-rechtlicher Urkunden mit rechts- oder sittenwidrigem Verwendungszweck vorzubeugen und keinen zusätzlichen Vertrauenstatbestand durch die Beurkundung zu schaffen. Dieses Ziel ist nur dann gewährleistet, wenn der Notar in der Lage ist festzustellen, ob ein Ablehnungsgrund nach § 4 BeurkG vorliegt. Kann der Notar die zu beglaubigende Urkunde sprachlich in keiner Weise verstehen, kann es angezeigt sein, die Beglaubigung nicht vorzunehmen oder einen entsprechenden Vermerk mitaufzunehmen (vgl. *BGH* DNotZ 1983, 521).

8. Bescheinigungen

a) Registerbescheinigung

297 Nach § 21 I Nr. 1 BNotO ist der Notar zuständig zur Erteilung von Bescheinigungen über die Vertretungsberechtigung, sofern sich diese aus einer Eintragung im Handelsregister oder in einem ähnlichen Register ergibt.

Nach der Neufassung des **§ 21 I Nr. 2 BNotO** gilt dies auch für Bescheinigungen über das Bestehen oder den Sitz einer juristischen Person oder Handelsgesellschaft, die Firmenänderung, Umwandlung oder sonstige rechtserhebliche Tatsachen, soweit sich diese aus dem Handelsregister oder einem ähnlichen Register ergeben.

Die Bescheinigung kann nur erteilt werden aufgrund **Einsicht in das Register** oder in einen beglaubigten Auszug aus dem Register.

Sie kann nicht erteilt werden aufgrund der Vorlage von Satzungen, Bestallungsurkunden oder sonstigen Zeugnissen. So kann bei dem nicht in einem Register eingetragenen wirtschaftlichen Verein oder der Stiftung eine notarielle Vertretungsbescheinigung nicht erteilt werden.

Der Notar braucht das Register nicht persönlich einzusehen, sondern kann sich zur Einsicht zuverlässiger Hilfspersonen bedienen.

Der Tag der Einsichtnahme in das Register oder der Tag der Ausstellung des beglaubigten Registerauszugs ist in der Bescheinigung anzugeben (§ 21 II 2 BNotO).

Die Vertretungsbescheinigung wird regelmäßig in die Urkunde oder den Beglaubigungsvermerk selbst mitaufgenommen. Sie kann jedoch auch gesondert erteilt werden und nachträglich mit der Urkunde verbunden werden.

b) Satzungsbescheinigung

298 Bei der Anmeldung der **Änderung des Gesellschaftsvertrags einer GmbH** ist nach § 54 I 2 GmbHG der vollständige Wortlaut des Gesellschaftsvertrags beizufügen, samt einer

V. Sonstige Beurkundungen

Bescheinigung des Inhalts, dass die geänderten Bestimmungen mit dem Änderungsbeschluss und die unveränderten Bestimmungen mit dem zuletzt zum Handelsregister eingereichten vollständigen Wortlaut des Gesellschaftsvertrags übereinstimmen. Die Satzungsbescheinigung ist eine Tatsachenbescheinigung gemäß § 20 I BNotO. Die Bescheinigung wird in der Regel durch den Notar erteilt, der die Satzungsänderung beurkundet hat. Von ihm sind die geänderten Satzungsbestimmungen in die zuletzt zum Handelsregister eingereichte Satzung redaktionell einzuarbeiten. Ist bei Gründung einer GmbH die Beurkundung in der Weise vorgenommen worden, dass die Gründung in eine Errichtungsurkunde (Mantel) und die Satzung aufgespalten wurde, so braucht nur die Satzung in der neuesten Form mit der Bescheinigung verbunden werden, unter der Voraussetzung, dass im Mantel keine Satzungsbestimmungen aufgenommen waren.

c) Übersetzungsbescheinigung

Nach § 50 BeurkG kann eine **Übersetzungsbescheinigung** erteilt werden, wenn der Notar der Fremdsprache, aus der das Deutsche übersetzt wurde, mächtig ist und er die Urkunde selbst in der fremden Sprache errichtet hat oder für die Erteilung einer Ausfertigung der Niederschrift zuständig ist. **299**

d) Feststellung der Vorlegungszeit einer Privaturkunde

Auch die in den §§ 39, 43 BeurkG ausdrücklich gestattete Feststellung des Zeitpunkts, zu dem eine Privaturkunde dem Notar vorgelegt wurde, ist eine **Tatsachenbescheinigung** im Sinne von § 20 BNotO. Die Bescheinigung erfolgt in der Form eines Vermerks, der unmittelbar auf die vorgelegte Privaturkunde gesetzt oder mit ihr verbunden wird. Die Bescheinigung kann jedoch auch als selbständige Urkunde erteilt werden. Das praktische Bedürfnis für diese Bestätigung ist äußerst gering, da auch bei der schlichten Unterschriftsbeglaubigung der Zeitpunkt der Beglaubigung beweiskräftig gesichert wird. Zum Teil werden derartige Bescheinigungen bei der urheberrechtlichen Prioritätserklärung erteilt, wenn der Zeitpunkt der Vorlage von Entwürfen, Kompositionen, Drehbüchern, Software etc. gesichert werden soll. (Zu notarieller Prioritätsverhandlung und Schutz von Datenbanken *Heyn* DNotZ 1998, 177). **300**

Bei **Prioritätserklärungen** wird der Vermerk nach § 43 BeurkG häufig verbunden sein mit einer eidesstattlichen Versicherung, einer Urheberschaftserklärung und einer beweiskräftigen Verbindung von Erklärung und Werk (vgl. DNotI-Report 2001, 69).

e) Sonstige Bescheinigungen

Der Notar kann grundsätzlich Tatsachenbescheinigungen über **jede amtlich von ihm wahrgenommene Tatsache** erteilen. Beispiele hierfür sind: die Lebensbescheinigung, eine Bescheinigung, dass ein Bevollmächtigter im Besitz der Urschrift oder Ausfertigung einer Urkunde gewesen ist, die Vernichtung bestimmter Muster, die Zahlung einer bestimmten Geldsumme, die Hinterlegung einer Aktie zum Zweck der Stimmrechtsausübung, den Inhalt einer bestimmten Urkunde oder sonstiger Tatsachen. **301**

Die **Haftpflichtrisiken** aus notariellen Bescheinigungen sind hoch. Bei der Abfassung muss der Notar sich bewusst sein, dass er mit seinem Amt den bescheinigten Tatsachen erst den „amtlichen" Wert gibt. Die Haftpflichtrechtsprechung stellt zum Schutz der Öffentlichkeit höchste Ansprüche an die Exaktheit und Unmissverständlichkeit der Bescheinigungen, und für die Richtigkeit der Tatsachenbescheinigung haftet der Notar jedem Dritten, dem die Bescheinigung vorgelegt wird (*BGH* DNotZ 1973, 245; vgl. *Haug/Zimmermann* Rn. 655 ff.). Zur Verminderung von Haftungsrisiken ist stets zu empfehlen, die **einfachste Form** zu wählen, das heißt statt einer Tatsachenbeurkundung über ein vorgelegtes Schriftstück eine beglaubigte Abschrift zu fertigen oder statt einer allgemeinen Bestätigung mit Unterschrift und Siegel „für den, den es angeht" eine briefliche Mitteilung an den namentlich zu bezeichnenden Interessenten zu senden. **302**

303 Keine Bescheinigungen sind **Notarbestätigungen**. Unter Notarbestätigungen versteht man die meist in Briefform abgefassten notariellen Mitteilungen, über den Eintritt von Kaufpreisfälligkeiten, Ablösung von Treuhandauflagen, Rangbestätigungen für die Eintragung von Grundpfandrechten und Bestätigungen, dass einer Eintragung keine Hindernisse entgegenstehen (vgl. Schreiben der Bundesnotarkammer vom 17.2.1999). Derartige Notarbestätigungen sind gutachterliche Äußerungen im Rahmen der betreuenden Amtstätigkeit nach § 24 BNotO (*BayObLG* DNotZ 1971, 249).

9. Wechsel- und Scheckproteste

304 Der Wechsel- und Scheckprotest ist eine **Tatsachenbeurkundung**. Die gesetzliche Regelung findet sich in den Art. 43 bis 54, 79 bis 88 WG für den Wechselprotest und in den Art. 40 bis 48 ScheckG für den Scheckprotest.

305 Der **Scheckprotest** gemäß § 40 Nr. 1 ScheckG kommt äußerst selten vor. Der Nachweis der bezogenen Bank gemäß § 40 Nr. 2, 3 ScheckG reicht für den Rückgriff gegen Aussteller und Indossanten.

306 Häufiger ist der **Wechselprotest**. Bei Nichteinlösung des Wechsels durch den Bezogenen können Aussteller, Indossanten und Wechselbürgen nur dann in Rückgriff genommen werden, wenn ein Protestbeamter im Auftrag des Inhabers den Wechsel dem Bezogenen vorlegt, zur Zahlung auffordert und dies in einer Urkunde niederlegt (**Protest mangels Zahlung**). Protestbeamter ist der Notar und daneben in den meisten Bundesländern der Gerichtsvollzieher (§ 61 I Nr. 3 BeurkG).

307 Sonderformen sind der **Protest mangels Annahme** (der Bezogene verweigert die Annahme; Art. 21 ff., 44 WG) und der **Protest mangels Sichtbestätigung** (der Aussteller weigert sich bei einem Wechsel, der auf eine bestimmte Zeit nach Sicht lautet, die Sicht zu bestätigen; Art. 23, 25 II, 78 II WG).

308 Die Protesturkunde enthält
(1) **Name des Wechselinhabers**, für den protestiert wird,
(2) Name dessen, gegen den protestiert wird (**Protestat**),
(3) **Ort der Protesterhebung**. Der Protest mangels Zahlung muss am Zahlungsort erhoben werden. Ist keine Zahlstelle angegeben, so sind das die Geschäftsräume des Protestgegners. Sind Geschäftsräume vorhanden, so kann hier der Protest erhoben werden, auch wenn der Protestgegner nicht anwesend ist, diese vorübergehend geschlossen sind oder dem Notar der Zutritt verweigert wird. Sind keine Geschäftsräume vorhanden, dann ist der Protest in der Wohnung zu erheben. Lässt sich auch die Wohnung nicht ermitteln, so besteht keine weitere Nachforschungspflicht (Art. 87 III WG).

309 Im Regelfall wird der Wechsel bei einem Kreditinstitut als **Zahlstelle** zahlbar gestellt (Art. 4, 24 WG). Der Wechsel ist vom Notar an der Zahlstelle vorzulegen. In diesem Fall reicht zur wirksamen Protesterhebung, dass der Wechsel einem berechtigten Vertreter der Zahlstelle vorgelegt wurde.

310 Diese Wechsel werden häufig aufgrund des **Wechseleinzugsabkommens** der Kreditinstitute vom 1.10.1977 (DNotZ 1977, 744) eingezogen. Hier übergibt das Kreditinstitut, das den Wechsel zur Zahlung vorlegen will, den Wechsel dem als Zahlstelle angegebenen Kreditinstitut ohne Übertragung durch Indossament, sondern zum Einzug aufgrund Vollmacht. In der Protesturkunde aufzunehmen ist als Wechselinhaber das Kreditinstitut, das den Wechsel zum Einzug übersandt hat, und das den Wechsel zu Protest gebende Kreditinstitut als dessen Vertreter. Der Wechsel enthält den Aufdruck „Vollmacht gem. Wechselabkommen". Dieser Aufdruck ist nicht unterzeichnet.

311 (4) **Tag der Protesterhebung**. Der Protest mangels Zahlung ist an einem der beiden auf den Zahlungstag folgenden Werktage (Art. 44 III WG), das heißt Montag bis Freitag (Art. 72 WG) in der Zeit von 9.00 bis 18.00 Uhr zu erheben. Für Sichtwechsel gilt Art. 34 WG.
(5) Tatsache der **Vorlegung des Wechsels** zur Zahlung oder zur Annahme.

(6) Tatsache der **erfolglosen Aufforderung** zur Zahlung oder zur Annahme oder die Feststellung des Nichtantreffens oder der Nichtermittlung des Protestgegners. Wird die Wechselschuld beglichen, so ist die Zahlung entgegenzunehmen und die Zahlung auf dem Wechsel zu quittieren (Art. 84, 39 WG). Wird bei der Vorlage zur Annahme die Annahme erklärt, so ist sie auf den Wechsel zu setzen.

Die Protesturkunde ist vom Notar zu unterzeichnen und zu siegeln und ist mit dem Wechsel zu verbinden. Die Verbindungsstelle ist zu siegeln. Eine beglaubigte Abschrift der Protesturkunde und ein Vermerkblatt über den Wechselinhalt verbleibt beim Notar und wird gesondert in der Protestsammelakte verwahrt (§ 20 DONot).

10. Genehmigung

Handelt ein Beteiligter für einen anderen ohne Vollmacht, deckt die Vollmacht das Vertretergeschäft nicht oder will der Bevollmächtigte nicht aufgrund Vollmacht handeln, so kommt häufig nur **Handeln vorbehaltlich nachträglicher Genehmigung** des Vertretenen in Betracht (ausf. zu Vollmacht und Genehmigung beim Grundstückskauf *Kuhn* RNotZ 2001, 306).

Dies gilt insbesondere dann, wenn eine getrennte Beurkundung von Angebot und Annahme nicht gewünscht wird oder, wie bei der Erklärung der Auflassung, nicht zulässig ist. Das Rechtsgeschäft ist **schwebend unwirksam** und wird durch Genehmigung voll wirksam (§ 184 II BGB). Über das Erfordernis der Genehmigung bei Verkauf eines Grundstücks mit Auflassung durch den Nichtberechtigten und die Folgen bei Versagung der Genehmigung ist zu belehren (*BGH* DNotZ 1997, 62). Unterliegt die Vornahme des Geschäfts einer Frist (z. B. Annahme innerhalb der Laufzeit des Angebots), muss die Genehmigung innerhalb der Frist abgegeben werden. Bei Verweigerung der Genehmigung oder Nichterteilung innerhalb einer gesetzten Frist (§ 177 II BGB) ist das Rechtsgeschäft endgültig unwirksam. Vorbehaltlich Genehmigung sollte nur beurkundet werden, wenn diese atypische Form der Beurkundung vereinbart oder durch besondere Umstände gerechtfertigt ist (*BayObLG* NJW-RR 1993, 1429).

Die Genehmigung bedarf nicht der **Form** des zu genehmigenden Rechtsgeschäfts (§ 182 II BGB). Dem Grundbuchamt ist sie jedoch in der Form des § 29 GBO nachzuweisen. Bedarf das Rechtsgeschäft gemäß § 313 BGB der notariellen Beurkundung, ist streitig, ob nicht auch die Genehmigung nach den vorgenannten Grundsätzen zur Beurkundungsbedürftigkeit der Vollmacht der notariellen Beurkundung bedarf (dagegen: *Schöner/Stöber* Rn. 3548; Staudinger/*Wufka* § 313 Rn. 128; dafür MünchKomm/*Thiele* Rn. 134; *Tiedtke* BB 1989, 924). Nach der Rechtsprechung ist die Genehmigung formlos wirksam (*BGH* NJW 1994, 1344).

Die Genehmigung ist eine **einseitige empfangsbedürftige Willenserklärung**. Sie wird mit Zugang wirksam. In der Urkunde sollte sich der Notar bevollmächtigen lassen, die Genehmigung für den vollmachtlos Vertretenen entgegenzunehmen.

> **Formulierungsbeispiel: Nachgenehmigung**
>
> Hier handelnd vorbehaltlich Genehmigung, die mit ihrem Zugang beim Notar allen Beteiligten als mitgeteilt gelten und wirksam sein soll.

Bei der Beurkundung von **Verbraucherverträgen** vorbehaltlich Genehmigung des Verbrauchers sind die besonderen Verfahrenssicherungen nach § 17 II a BeurkG zu beachten.

VI. Die vollstreckbare Urkunde

1. Vorbemerkung

317 Aus **notariellen Urkunden** kann die Zwangsvollstreckung betrieben werden, sofern die Urkunde über einen Anspruch errichtet ist, der einer vergleichsweisen Regelung zugänglich, nicht auf Abgabe einer Willenserklärung gerichtet ist, nicht den Bestand eines Mietverhältnisses über Wohnraum betrifft und der Schuldner sich der sofortigen Zwangsvollstreckung unterworfen hat (§ 794 I Nr. 5 ZPO).

Der Eigentümer kann sich in Ansehung einer Hypothek, Grund- oder Rentenschuld der sofortigen Zwangsvollstreckung in der Weise unterwerfen, dass die Zwangsvollstreckung aus der Urkunde gegen den jeweiligen Eigentümer zulässig sein soll (§ 800 ZPO).

Unterwerfungsfähig sind im Grundsatz alle Ansprüche auf Handeln, Dulden oder Unterlassen, die auch Gegenstand einer Leistungsklage sein können (*Wolfsteiner* DNotZ 1999, 306, 310; ausf. zu Problemen und Grenzen der Vollstreckungsunterwerfung *Rentelen* RNotZ 2003, 3).

2. Zuständigkeit

318 Zuständig zur Erteilung der vollstreckbaren Ausfertigung ist der Notar für die von ihm verwahrten vollstreckbaren Urkunden (§ 797 II ZPO). Dies ist der **Notar, der die Urkunde errichtet hat** (§§ 52, 48 BeurkG), oder dessen Amtsnachfolger.

319 Für die Vollstreckung im **europäischen Ausland** gilt seit der EuVTVO (Verordnung EG Nr. 805/2004) eine erleichterte grenzüberschreitende Vollstreckung aus notariellen Urkunden.

320 Hat der Erwerber eines Grundstücks in dem Veräußerungsvertrag die dinglich gesicherte Verbindlichkeit des Veräußerers durch **Schuldübernahme** übernommen, gilt Folgendes: Die vollstreckbare Urkunde für den dinglichen Anspruch gemäß § 800 ZPO aus dem Grundpfandrecht muss durch den Notar erteilt werden, der die Grundpfandrechtsbestellung beurkundet hat. Hinsichtlich des dinglichen Anspruchs kann nur von ihm die Vollstreckungsklausel auf den Sonderrechtsnachfolger umgeschrieben werden. Hat sich der Veräußerer hinsichtlich der persönlichen Haftung der sofortigen Zwangsvollstreckung übernommen, so ist eine Umschreibung der Klausel gegen den Schuldübernehmer durch den Notar nur möglich, wenn der Gläubiger den Nachweis der Genehmigung zur Schuldübernahme in öffentlich beglaubigter Form führt. Um diese Schwierigkeiten zu vermeiden, wird im Veräußerungsvertrag vom Schuldübernehmer üblicherweise ein Schuldanerkenntnis mit erneuter Vollstreckungsunterwerfung abgegeben. In diesem Fall ist zur Erteilung der vollstreckbaren Ausfertigung ausschließlich der Notar zuständig, der den Veräußerungsvertrag errichtet hat.

3. Unterwerfungserklärung

a) Inhalt

321 Voraussetzung für die Erteilung einer vollstreckbaren Ausfertigung ist die **Unterwerfung unter die sofortige Zwangsvollstreckung zu notarieller Urkunde** hinsichtlich eines bestimmten zu bezeichnenden Anspruchs. Der praktisch häufigste Fall ist, dass sich der Schuldner hinsichtlich eines bestimmten, in der Urkunde niedergelegten Zahlungsanspruchs der sofortigen Zwangsvollstreckung unterwirft. Auch ein abstraktes Schuldversprechen mit Unterwerfung unter die sofortige Zwangsvollstreckung ist ein, insbesondere bei Grundpfandrechtsbestellungen, zulässiges und übliches Sicherungsmittel des Gläubigers (*BGH* DNotZ 1980, 307, 310).

322 Die **Beurkundung** kann in jeder für die Beurkundung von Willenserklärungen beurkundungsrechtlich zulässigen Form erfolgen. Die Unterwerfungserklärung kann auch in

VI. Die vollstreckbare Urkunde

einer Anlage enthalten sein, auf die nach § 9 I 2 BeurkG oder § 13a BeurkG verwiesen ist. Beurkundungspflichtig ist nur die Unterwerfungserklärung selbst, nicht auch andere Erklärungen, auf die sich die Unterwerfungserklärung bezieht, insbesondere nicht der Schuldgrund (BGHZ 73, 156). Möglich und zulässig ist damit die Unterwerfung unter die Zwangsvollstreckung hinsichtlich eines Anspruchs, der in einer Privaturkunde begründet ist. Zur Erteilung einer vollstreckbaren Ausfertigung ist es dann nötig, die Privaturkunde in der Form einer Anlage aufzunehmen. (Zur Frage der Beurkundung eines Mietvertrags wegen Zwangsvollstreckungsunterwerfung DNotI-Report 1999, 9.)

Die Zwangsvollstreckungsunterwerfung verlängert die **Verjährungsfrist** gemäß § 197 BGB auf 30 Jahre, soweit in der Unterwerfungserklärung keine Fristverkürzung aufgenommen ist.

Besondere Gefahren für den Schuldner können entstehen, wenn er in der üblichen Formulierung auf den **Nachweis aller Voraussetzungen** für die Erteilung der vollstreckbaren Ausfertigung verzichtet. Der Gläubiger hat damit die Möglichkeit, zu einem Zeitpunkt zu vollstrecken, in dem er einen vollstreckbaren Titel mangels Fälligkeit oder des Eintritts sonstiger Tatsachen nicht erreichen würde.

Die Vollstreckungsunterwerfung unterliegt im Verbrauchervertrag oder als Allgemeine Geschäftsbedingung der **Klauselkontrolle**. (Zur Unwirksamkeit einer Vollstreckungsunterwerfung mit Nachweisverzicht im Bauträgervertrag wegen Verstoßes gegen §§ 3, 12 MaBV *BGH* DNotZ 1999, 53; *Wolfsteiner* DNotZ 1999, 99; ausf. DNotI-Report 1995, 153; *Wolfsteiner* MittBayNot 1995, 438). Ein uneingeschränkter Nachweisverzicht in allgemeinen Geschäftsbedingungen kann unwirksam sein (*OLG Düsseldorf* DNotI-Report 1995, 212; zur Unwirksamkeit einer formularmäßigen Unterwerfungserklärung für Werkverträge *BGH* DNotZ 2002, 878). Der Nachweisverzicht führt nicht zu einer **Umkehr der Beweislast** (*BGH* MittBayNot 2001, 386 unter Aufgabe der Rechtsprechung *BGH* NJW 1981, 2756).

Die Ermächtigung zur Erteilung einer vollstreckbaren Ausfertigung kann ab Aushändigung einer Ausfertigung der Urkunde an die Gläubiger nicht mehr widerrufen werden (BayObLGZ 2003, 847).

Formulierungsbeispiel: Vollstreckbare Ausfertigung – Erteilung

Der Notar ist berechtigt, jederzeit ohne Nachweis der Fälligkeit oder sonstiger Tatsachen eine vollstreckbare Ausfertigung zu erteilen.

Vorsorglich sollte in notarielle Urkunden eine Unterwerfung unter die sofortige Zwangsvollstreckung nur dann aufgenommen werden, wenn der einzeln vollstreckbar zu stellende **Anspruch konkret bezeichnet** wird. Eine pauschale Unterwerfung birgt die Gefahr, dass dieser nicht ausreichend genau bezeichnet i. S. d. § 794 I Nr. 5 ZPO ist (zu den Anforderungen an die Bestimmtheit eines in notarieller Urkunde begründeten Vollstreckungstitels *BGH* DNotZ 1999, 37). Eine Klausel, mit der sich der Schuldner pauschal wegen etwaiger Verpflichtungen zur Zahlung bestimmter Geldsummen aus der Urkunde der Zwangsvollstreckung unterwirft genügt nicht (*BGH* DNotZ 2013, 120).

Für jeden Anspruch sollte bei Gestaltung der Urkunde überprüft werden, von welchen **Voraussetzungen** die Erteilung der vollstreckbaren Ausfertigung abhängt. Handelt es sich um Umstände, die sich bei Erteilung der vollstreckbaren Ausfertigung durch öffentliche oder öffentlich beglaubigte Urkunden nachweisen lassen (§ 726 ZPO) oder die offenkundig sein werden, so besteht kein Anlass, einen Verzicht auf Nachweis der die Entstehung und Fälligkeit begründenden Tatsachen vorzuschlagen. Dies gilt insbesondere, wenn es sich um Umstände handelt, deren Prüfung nicht dem Notar, sondern dem Vollstreckungsorgan obliegt (datumsmäßige Fälligkeit nach § 751 ZPO; Zug-um-Zug-Leistung nach § 756 ZPO).

326 Die **Unterwerfungserklärung** muss enthalten den zu vollstreckenden Anspruch, das heißt Angabe des Gläubigers, des Schuldners und des Anspruchs. Weiter erforderlich ist die Erklärung, dass sich der Schuldner der sofortigen Zwangsvollstreckung wegen des Anspruchs unterwirft. Die häufig gebrauchte Formulierung „in das gesamte Vermögen" ist überflüssig und nach der Neufassung des § 794 I Nr. 5 ZPO bei anderen Ansprüchen als Zahlungsansprüchen unrichtig.

327 Weiter sind anzugeben die **Umstände, von denen die Vollstreckung abhängig** sein soll (vgl. § 726 ZPO). Soweit der Anspruch rechtswirksam ist, stehen die Vollstreckbarkeitsbedingungen zur Disposition des Schuldners. Er kann erklären, dass er auf den Nachweis einzelner Entstehungs- oder Fälligkeitsvoraussetzungen verzichtet. Er kann auch zusätzliche Vollstreckungshindernisse erklären, zum Beispiel, dass die Zwangsvollstreckung erst nach Ablauf eines bestimmten Zeitraums nach Zustellung des Schuldtitels beginnen darf.

328 Die Vollstreckungsunterwerfung kann auch **gegenständlich beschränkt** erklärt werden (für Betriebsvermögen: vgl. DNotI-Report 2000, 1).

b) Sonderfälle

329 Werden **Angebot und Annahme** eines Kaufvertrags **in getrennten Urkunden** erklärt, gilt Folgendes:
(1) Hat der Verkäufer das Angebot mit Unterwerfung unter die sofortige Zwangsvollstreckung hinsichtlich der Kaufpreisschuld des Käufers erklärt und der Käufer das Angebot angenommen, so kann gegen den Käufer keine vollstreckbare Ausfertigung erteilt werden, da sich die Annahme nur auf materiell rechtliche Vertragsbestandteile, nicht aber auf eine Prozesshandlung beziehen kann. Die Unterwerfung unter die sofortige Zwangsvollstreckung muss in der Annahmeurkunde vom Annehmenden selbst erklärt werden. Der Verkäufer kann dies dadurch sicherstellen, dass er die Annahme des Angebots von der Unterwerfung abhängig macht (*Winkler* § 52 Rn. 19; *Wolfsteiner* MittRhNotK 1985, 119; *Armasow* RNotZ 2006, 464).
(2) Gibt der Käufer das Angebot zum Abschluss des Kaufvertrags ab und erklärt er in dieser Angebotsurkunde die Unterwerfung unter die sofortige Zwangsvollstreckung wegen der Verpflichtung zur Zahlung des Kaufpreises, darf der Notar, der das Angebot beurkundet hat, die vollstreckbare Ausfertigung erteilen, wenn ihm die Annahme des Angebots nachgewiesen ist (§§ 726, 795 ZPO).

330 Übt bei einem Kaufvertrag der Vorkaufsberechtigte das **Vorkaufsrecht** aus, so kann aus der im ursprünglichen Kaufvertrag enthaltenen Unterwerfung unter die sofortige Zwangsvollstreckung eine vollstreckbare Ausfertigung gegen den Vorkaufsberechtigten nicht erteilt werden. Als Prozesshandlung muss die Unterwerfungserklärung vom Vorkaufs-berechtigten neu erklärt werden.

331 Wirkt bei einem Grundstückskaufvertrag der Verkäufer bei der **Kaufpreisfinanzierung** in der Weise mit, dass der Käufer ermächtigt wird, Grundpfandrechte zum Zweck der Kaufpreisfinanzierung schon vor Eigentumsumschreibung im Grundbuch einzutragen, ist folgender Weg sachgerecht: Der Eigentümer und Verkäufer unterwirft den verkauften Grundbesitz hinsichtlich der dinglichen Haftung der sofortigen Zwangsvollstreckung und der Erwerber erklärt das abstrakte Schuldversprechen mit der Unterwerfungserklärung in persönlicher Hinsicht.

332 Zur Zwangsvollstreckungsunterwerfung bei **Eigentümergrundschulden** vgl. Kap. A VI. Rn. 104 f. (s. a. DNotI-Report 2001, 37).

c) Dingliche Unterwerfungserklärung (§ 800 ZPO)

333 Gemäß § 800 I 1 ZPO kann sich der Eigentümer in Ansehung eines Grundpfandrechts der sofortigen Zwangsvollstreckung in der Weise unterwerfen, dass die Zwangsvollstreckung **gegen den jeweiligen Eigentümer** zulässig sein soll. Die Unterwerfung bedarf

VI. Die vollstreckbare Urkunde

in diesem Fall der Eintragung in das Grundbuch. Der Vorteil der dinglichen Unterwerfungserklärung gemäß § 800 ZPO liegt darin, dass die vollstreckbare Ausfertigung in einem einfachen Verfahren gegen den Sonderrechtsnachfolger umgeschrieben werden kann und die Zwangsvollstreckung gegen den Sonderrechtsnachfolger nicht der Zustellung der den Eigentumserwerb nachweisenden Urkunden bedarf.

4. Inhalt der vollstreckbaren Urkunde

a) Anspruch

aa) Bezeichnung und Bestimmtheit. Der Schuldner muss sich in der vollstreckbaren Urkunde der sofortigen Zwangsvollstreckung wegen eines bestimmten Anspruchs unterworfen haben, der nicht auf Abgabe einer Willenserklärung gerichtet ist und der nicht den Bestand eines Mietverhältnisses betrifft. Aus der Unterwerfungserklärung muss zum einen bestimmt hervorgehen, wegen welchen konkreten Anspruchs die Unterwerfung erklärt wird („Bezeichnung"), und der Inhalt des betroffenen Anspruchs muss entsprechend den bisher geltenden Grundsätzen bestimmt sein („Bestimmtheit"). Der Inhalt des zu vollstreckenden Anspruchs im prozessualen Sinn ist so zu bezeichnen, dass er unmittelbar der Zwangsvollstreckung zugänglich ist. Zumindest muss er so bestimmbar sein, dass er im Verfahren der Erteilung der Vollstreckungsklausel inhaltlich in einer für die Zwangsvollstreckung erforderlichen Genauigkeit bestimmt werden kann (*Wolfsteiner* DNotZ 1999, 306, 318). Eine pauschale Unterwerfung „wegen aller in dieser Urkunde enthaltenen, der Zwangsvollstreckung zugänglichen Ansprüche" reicht hierfür nicht. 334

bb) Zahlungsansprüche. Sämtliche bisher unterwerfungsfähigen Zahlungsansprüche, einschließlich von Unterhaltsansprüchen, sind auch künftig unterwerfungsfähig. Das gilt auch für die Verpflichtung zur Zahlung von Unterhalt gegenüber einem Minderjährigen in Höhe des jeweiligen Regelsatzes gemäß § 1612a BGB. 335

Ansprüche auf **Zahlung einer bestimmten Geldsumme** müssen ziffernmäßig bestimmt sein oder sich aus der Urkunde ohne Schwierigkeiten errechnen lassen (BGHZ 22, 54; *BGH* DNotZ 1971, 233). Dagegen darf die Forderung bedingt, befristet oder künftig sein. Es genügt, wenn die Bestimmbarkeit mit Hilfe offenkundiger, insbesondere aus dem Bundesgesetzblatt oder dem Grundbuch ersichtlicher Umstände möglich ist (*BGH* WM 1981, 189; DNotI-Report 1995, 45; zur Bestimmtheit von Zinsansprüchen *BGH* DNotZ 2001, 379 mit Anm. *Wolfsteiner* DNotZ 2001, 696).

Bei einem **Teilflächenverkauf** kann die Unterwerfungserklärung hinsichtlich des vorläufigen Kaufpreises, nicht aber hinsichtlich des tatsächlichen Kaufpreises, nach künftiger Vermessung erklärt werden. Eine Vollstreckungsunterwerfung hinsichtlich von Verzugszinsen ist ebenso wenig möglich wie hinsichtlich von Schadensersatzansprüchen oder zur Zahlung von Vertragsstrafen für jeden Fall der Zuwiderhandlung. Möglich sind Zwangsvollstreckungsunterwerfung wegen bestimmter Dauerleistungen, wie Renten, Raten, Mieten und wegen Zinsforderungen, falls der Zinsbeginn in der Urkunde festgelegt ist. Bei einer Veränderbarkeit des Zahlungsanspruchs aufgrund von Wertsicherungsklauseln oder einer Abänderbarkeit als dauernde Last (§ 323 ZPO) kann man sich dadurch behelfen, dass hinsichtlich des Ausgangsbetrags die Unterwerfung unter die sofortige Zwangsvollstreckung erklärt wird mit der Verpflichtung, sich wegen der jeweiligen Erhöhungsbeträge gesondert der Zwangsvollstreckung zu unterwerfen. (Zur Zwangsvollstreckungsklausel bei Wertsicherungen ausführlich DNotI-Report 1996, 1.)

cc) Ansprüche auf Herausgabe, Übergabe, Lieferung. Ansprüche auf Herausgabe und Übergabe von Sachen sind jetzt unterwerfungsfähig. Im Immobiliarkaufrecht sind somit insbesondere die Ansprüche auf Verschaffung des unmittelbaren Besitzes, Übergabe und Räumung der Zwangsvollstreckungsunterwerfung zugänglich. 336

Ausgeschlossen sind hiervon Ansprüche, die den „**Bestand eines Mietverhältnisses über Wohnraum**" betreffen. Dies sind Räumungs- und Herausgabeansprüche gegen den Mieter von Wohnraum gleich aus welchem Rechtsgrund. Nicht davon erfasst sind Gewerbemietverträge und Nutzungen des Verkäufers als Eigenbesitzer über den Tag des Besitzübergangs hinaus gegen Nutzungsentgelt (*Wolfsteiner* DNotZ 1999, 306, 316). Unterwerfungsfähig bleibt aber der Mietzinsanspruch als Zahlungsanspruch.

Hängt der Anspruch auf Besitzübergabe von weiteren Tatsachen (z. B. Zahlung des Kaufpreises) ab, so muss dies durch öffentliche oder öffentlich beglaubigte Urkunden nachgewiesen werden (§ 726 I ZPO) oder ein Nachweisverzicht oder eine entsprechende Beweiserleichterung vorgesehen werden.

336a | **Formulierungsbeispiel: Vollstreckungsunterwerfung Räumung/Übergabe**

> Wegen des vorstehenden Anspruchs auf Räumung und Übergabe des unmittelbaren Besitzes Zug um Zug gegen Zahlung des Kaufpreises unterwirft sich der Verkäufer der sofortigen Zwangsvollstreckung aus dieser Urkunde. Der Notar ist berechtigt, vollstreckbare Ausfertigung dieser Urkunde hinsichtlich des vorstehenden Anspruchs dem Käufer zu erteilen ohne Nachweis der Fälligkeit des Anspruchs oder sonstiger Tatsachen.

337 **dd) Bau- und Werkleistungen, Unterlassungen.** Unterwerfungsfähig sind auch Ansprüche auf Werk- oder Bauleistungen, vorausgesetzt, diese Ansprüche sind nach Gegenstand und Leistungszeitpunkt ausreichend konkretisiert. Dies gilt auch für den Bauträgervertrag hinsichtlich der Erstellung, samt Nachbesserung von baulichen Leistungen. Die Vollstreckung erfolgt durch Ersatzvornahme oder Zwangsgeld nach §§ 887, 888 ZPO. Dies kann bei Eigentumswohnanlagen dahingehend modifiziert werden, dass die Vollstreckungsbefugnis dem Verwalter als Prozessstandschafter zusteht (vgl. *BGH* NJW 1981, 1841). Auch Unterlassungsansprüche insbesondere aus Unterlassungs- und Duldungsdienstbarkeiten sind unterwerfungsfähig. Die Durchsetzung erfolgt dann über § 890 ZPO.

338 **ee) Willenserklärungen.** Ansprüche auf Abgabe von Willenserklärungen sind nicht unterwerfungsfähig (§ 794 I Nr. 5 ZPO).

b) Schuldner

339 Der Schuldner muss partei- und prozessfähig sein. Handelt ein gesetzlicher Vertreter, so bedarf die Zwangsvollstreckungsunterwerfungserklärung keiner Genehmigung des Vormundschaftsgerichts. Bedarf jedoch die Urkunde selbst wegen des Anspruchs der Genehmigung des Vormundschaftsgerichts, sollte die Vollstreckungsklausel erst erteilt werden, wenn die vormundschaftsgerichtliche Genehmigung und deren Wirksamkeit nachgewiesen ist (*Kersten/Bühling* S. 162). Ebenso sollte bei Handeln eines Vertreters vorbehaltlich Genehmigung die vollstreckbare Ausfertigung erst erteilt werden, wenn die Genehmigung in der Form des § 726 ZPO nachgewiesen ist. Mehrere Schuldner können sich gesamtschuldnerisch der Zwangsvollstreckung unterwerfen. Dies ist ausdrücklich klarzustellen. Bei Gütergemeinschaft genügt gemäß § 740 I ZPO zur Vollstreckung in das Gesamtgut die Unterwerfung durch den alleinverwaltenden Ehegatten. Sind die Ehegatten gemeinsam verwaltungsberechtigt, bedarf es der Unterwerfungserklärung beider Ehegatten (§ 740 II ZPO).

c) Gläubiger

340 Der Gläubiger muss als Inhaber des Anspruchs rechts- und parteifähig sein. Weiter muss der Gläubiger bei der Beurkundung der Unterwerfungserklärung bereits feststehen oder bestimmbar sein.

VI. Die vollstreckbare Urkunde

5. Vollstreckbare Ausfertigung

Die vollstreckbare Ausfertigung besteht aus der einfachen Ausfertigung der Urkunde mit **Vollstreckungsklausel** (§§ 724, 725 ZPO). Der Anspruch auf Erteilung der vollstreckbaren Ausfertigung im Sinne von § 724 I ZPO enthält sowohl den Anspruch auf Erteilung der Vollstreckungsklausel als auch den Anspruch auf Erteilung der Ausfertigung, mit der die Vollstreckungsklausel zu versehen ist (str.; vgl. *Huhn/v. Schuckmann* § 52 Rn. 3). 341

Der Notar darf nur **eine vollstreckbare Ausfertigung** erteilen. Dies gilt auch für den Fall, dass sich mehrere als Gesamtschuldner der Vollstreckung unterworfen haben oder wenn die Klausel auf den Rechtsnachfolger umgeschrieben wird. Von einer vollstreckbaren Urkunde können jedoch mehrere vollstreckbare Ausfertigungen über rangmäßig gegeneinander abgegrenzte Teilbeträge erstellt werden. 342

Die Vollstreckungsklausel wird auf (formlosen) **Antrag** erteilt. Die Erteilung der Vollstreckungsklausel ist ein Hoheitsakt.

Bei der **Erteilung der vollstreckbaren Ausfertigung** hat der Notar zu prüfen, ob die formell zwingenden Voraussetzungen für die Erteilung der Vollstreckungsklausel gegeben sind. Hierzu gehören 343
- das Vorliegen einer wirksamen Unterwerfungserklärung,
- das Vorliegen unverzichtbarer Genehmigungen,
- das Vorliegen von Vollstreckbarkeitsbedingungen im Sinne des § 726 ZPO.

Besteht offenkundig der materielle Anspruch nicht, kann die Erteilung einer vollstreckbaren Ausfertigung abgelehnt werden (*BayObLG* DNotZ 1998, 194; *OLG München* DNotZ 2006, 204); umgekehrt kann bei **Vorliegen der formellen Voraussetzungen** die Erteilung nur verweigert werden, wenn zweifelsfrei feststeht, dass der titulierte Anspruch nicht besteht (*BayObLG* DNotZ 2000, 368). Demgegenüber ist bei substantiiertem Bestreiten des Gläubigers, dass der Anspruch erloschen sei, eine vollstreckbare Ausfertigung zu erteilen und der Schuldner ist auf das Rechtsmittel der Vollstreckungsabwehrklage zu verweisen (*OLG Frankfurt* DNotI-Report 1997, 119). Auch einem Dritten (Sozialhilfeträger), der die Überleitung von Ansprüchen nachweist, ist eine vollstreckbare Ausfertigung zu erteilen (DNotI-Report 2002, 75).

Erteilt der Notar unzulässig eine vollstreckbare Ausfertigung, so haftet er trotz Verletzung seiner Amtspflicht nicht gemäß § 19 I 3 BNotO, weil Einwendungen gegen die Zulässigkeit der erteilten Klausel gemäß § 732 ZPO geltend gemacht werden können (*OLG Düsseldorf* DNotI-Report 1997, 40; zur Prüfungspflicht bei Verstoß gegen Rechtsberatungsgesetz *BGH* DNotZ 2005, 132).

Eine **weitere vollstreckbare Ausfertigung** kann der Notar grundsätzlich erst nach Rückgabe der ersten vollstreckbaren Ausfertigung erteilen. Besteht ein Rechtsschutzbedürfnis für die Erteilung einer zusätzlichen vollstreckbaren Ausfertigung, so entscheidet er hierüber seit 1.9.2013 selbst (§§ 797 III 2, 733 ZPO). Die weitere vollstreckbare Ausfertigung ist als solche ausdrücklich zu bezeichnen (§ 733 III ZPO). 344

Die **Vollstreckungsklausel** wird der Urkunde am Schluss beigefügt, ist vom Notar zu unterschreiben und mit dem Siegel zu versehen (zur Anfechtbarkeit der Erteilung einer weiteren vollstreckbaren Ausfertigung *OLG Köln* DNotZ 2007, 218).

6. Klauselumschreibung

Die vollstreckbare Ausfertigung kann für und gegen einen **Gesamtrechtsnachfolger** erteilt werden. Gesamtrechtsnachfolger sind beispielsweise der Erbe, die neue Gesellschaft nach Umwandlung, der Gesellschafter einer Personengesellschaft, der im Wege der Anwachsung die Anteile der ausscheidenden Gesellschafter erworben hat, und der Ehegatte bei Begründung der Gütergemeinschaft. Hierzu gehören auch der Nacherbe und der Testamentsvollstrecker nach § 728 ZPO und der Vermögens- und Firmenübernehmer nach § 729 ZPO. Bei beschränkter Haftung mit Sondervermögen ist dies in der Vollstreckungsklausel auszudrücken. 345

G Beurkundung

345a

> **Formulierungsbeispiel: Klauselumschreibung Gesamtrechtsnachfolger**
>
> Die Herren A und B sind Erben des am ... verstorbenen Herrn C. Dies ist nachgewiesen durch Vorlage einer Ausfertigung des Erbscheins, der dieser Urkunde in beglaubigter Abschrift beigefügt ist.
> Vorstehende, mit der Urschrift übereinstimmende Ausfertigung wird Herrn A und Herrn B als den Erben des Herrn C zum Zweck der Zwangsvollstreckung in dinglicher und persönlicher Weise gegen den Schuldner S in der Weise erteilt, dass jeder der Gläubiger die Zwangsvollstreckung betreiben kann mit der Maßgabe, dass die Leistung an die Erben gemeinschaftlich erfolgt.

346 Bei der Umschreibung der Vollstreckungsklausel auf den **Insolvenzverwalter** des Schuldners kommt wegen des Verbots der Einzelzwangsvollstreckung nur eine Umschreibung in dinglicher Hinsicht in Betracht (DNotI-Report 2003, 45).

347 Bei **Sonderrechtsnachfolger auf der Gläubigerseite** kann die Vollstreckungsklausel für den Rechtsnachfolger erteilt werden. Handelt es sich um ein im Grundbuch eingetragenes dingliches Recht, so ist die Rechtsnachfolge mit Eintragung im Grundbuch nachgewiesen (§ 799 ZPO). Die Grundbucheintragung weist jedoch nur die dingliche Rechtslage nach. Hatte der Schuldner die persönliche Haftung übernommen und sich insoweit der sofortigen Zwangsvollstreckung unterworfen, so muss der neue Gläubiger durch öffentliche oder öffentlich beglaubigte Urkunde nachweisen, dass er auch insoweit Sonderrechtsnachfolger geworden ist. Der Notar muss sich in diesen Fällen vom Gläubiger durch Vorlage der beglaubigten Abtretungserklärung nachweisen lassen, dass auch die Ansprüche aus einem abgegebenen Schuldanerkenntnis mit abgetreten wurden. Der Wechsel der Zuordnung einer titulierten Forderung zum Geschäftsbetrieb einer bestimmten Zweigniederlassung einer Bank begründet keine Rechtsnachfolge im Sinn des § 727 I ZPO (*OLG Hamm* DNotI-Report 2001, 59).

Nach einer Entscheidung des *BGH* (DNotZ 2010, 542) war im Klauselerteilungsverfahren zu prüfen, ob der Zessionar einer Sicherungsgrundschuld in den Sicherungsvertrag eingetreten ist. Damit war eine erhebliche Erweiterung der notariellen Prüfungspflicht verbunden. Mit der Entscheidung *BGH* DNotZ 2011,751 wurde jedoch klargestellt, dass sich die Rechtsnachfolge in das Grundpfandrecht nur nach der materiell-rechtlichen Inhaberschaft bestimmt. Der (wirksame) Eintritt in den Sicherungsvertrag kann nur Vollstreckbarkeitsbedingung i. S. d. § 726 ZPO sein. Für die notarielle Prüfung im Klauselerteilungsverfahren bleibt damit alles beim Alten. Wenn die Rechtsnachfolge durch öffentliche oder öffentlich-beglaubigte Urkunden nachgewiesen ist, ist die Vollstreckungsklausel zu erteilen.

347a

> **Formulierungsbeispiel: Klauselumschreibung Sonderrechtsnachfolger (Gläubiger)**
>
> Aufgrund Einsicht in das Grundbuch des Amtsgerichts von ... stelle ich fest, dass die vorstehende Grundschuld von der bisherigen Gläubigerin A-Bank an die B-Bank mit Zinsen seit dem 1.3.1980 abgetreten wurde. Die B-Bank ist als Gläubigerin eingetragen.
> Gemäß amtlicher Abtretungserklärung vom 15.4.1991, URNr. 712/91 wurden von der A-Bank an die B-Bank alle Ansprüche aus dem in dieser Urkunde enthaltenen Schuldanerkenntnis samt Zinsen seit dem ... abgetreten. Beglaubigte Abschrift der gesiegelten Abtretungserklärung ist dieser Ausfertigung beigefügt.
> Vorstehende, mit der Urschrift übereinstimmende Ausfertigung wird der B-Bank zum Zweck der Zwangsvollstreckung in persönlicher und dinglicher Hinsicht gegen Herrn X auf Ansuchen erteilt, in Ansehung der Grundschuldzinsen und in Ansehung der Zinsen aus dem persönlichen Schuldanerkenntnis nur für die ab dem ... laufenden Zinsen.

VI. Die vollstreckbare Urkunde

Bei **Sonderrechtsnachfolge auf der Schuldnerseite** kommt regelmäßig nur eine Klauselumschreibung in dinglicher Hinsicht in Betracht. Hat sich der Schuldner hinsichtlich eines Grundpfandrechts gemäß § 800 ZPO der Zwangsvollstreckung unterworfen und geht das Eigentum an dem belasteten Grundstück auf einen neuen Eigentümer über, so ist der Nachweis des Schuldnerwechsels durch Grundbucheintragung geführt. 348

Formulierungsbeispiel: Klauselumschreibung Sonderrechtsnachfolger (Schuldner)
Aufgrund Einsicht in das Grundbuch des Amtsgerichts von ... stelle ich fest, dass als Grundstückseigentümer des mit vorstehendem Grundpfandrecht belasteten Grundstücks Herr A eingetragen ist. Vorstehende, mit der Urschrift übereinstimmende Ausfertigung wird hiermit der B-Bank zum Zweck der Zwangsvollstreckung aus der im Grundbuch des Amtsgerichts von ... Band ... Blatt ... in Abteilung III unter Nr. 1 eingetragenen Grundschuld in dinglicher Hinsicht gegen Herrn A auf Ansuchen erteilt.

348a

Da die Schuldübernahme als Einzelrechtsnachfolger auf der Schuldnerseite keine Rechtsnachfolge im Sinne des § 727 ZPO ist (BGHZ 61, 140), kommt eine Klauselumschreibung in persönlicher Hinsicht regelmäßig nicht in Betracht (zur Umschreibung der Vollstreckungsklausel nach Eigentumserwerb durch den Käufer s. DNotI-Report 1995, 68 f.).

Ein Gesamtübersicht mit zahlreichen **Formulierungsbeispielen** zur Klauselumschreibung auf Schuldner- und Gläubigerseite findet sich bei: *Soutier* MittBayNot 2011, 181 und 275). 349

Übersicht zur **Rechtsnachfolge** (Klauselumschreibung): 350

Abtretung	Gläubigerseite: Einzelrechtsnachfolge; Abtretungserklärung öffentlich beglaubigt
Erbfall	Gläubigerseite: Gesamtrechtsnachfolge (§ 1922 BGB) Nachweis: Erbschein / öffentliche Verfügung von Todes wegen und Eröffnungsprotokoll
	Schuldnerseite: Gesamtrechtsnachfolge (§ 1922, 1967 BGB) Nachweis: Erbschein / öffentliche Verfügung von Todes wegen und Eröffnungsprotokoll
Forderungsübergang	Gläubigerseite: Einzelrechtsnachfolge (Nachweis des gesetzlichen Übergangs
Insolvenzverwalter	Gläubigerseite: Gesamtrechtsnachfolge Partei kraft Amts Nachweis: Eröffnungsbeschluss und Bestallungsurkunde (bei Klauselerteilung) Entsprechend für Treuhänder im vereinfachten Insolvenzverfahren
	Schuldnerseite: Rechtsnachfolge Partei kraft Amts wegen dinglicher Ansprüche (§ 49 InsO) Nachweis: Eröffnungsbeschluss und Bestallungsurkunde (bei Klauselerteilung) Bei Freigabe oder Aufhebung der Verwaltung mangels Masse erneute Rechtsnachfolgeklausel zu erteilen.
Pfändung	Gläubigerseite: Einzelrechtsnachfolge (§§ 1281, 1282 BGB)
Schuldübernahme /-beitritt	Keine Rechtsnachfolge
Testamentsvollstrecker	Gläubigerseite: Gesamtrechtsnachfolge Partei kraft Amts
	Schuldnerseite § 749 ZPO

G   Beurkundung

Umwandlungsvorgang	Gläubigerseite: Gesamtrechtsnachfolge Nachweis durch Registereintragung
	Schuldnerseite: Gesamtrechtsnachfolge Nachweis durch Registereintragung
Verpfändung	Gläubigerseite: Einzelrechtsnachfolge (§§ 829, 835 ZPO)

H. Auslandsberührung

Dr. Rembert Süß/Prof. Dr. Norbert Zimmermann

Übersicht

	Rn.
Vorbemerkung	1, 2
1. Teil. Zuständigkeit und Beurkundungsverfahren	3–50
I. Allgemeine Befugnisse des Notars	3–7
1. Tätigkeit im Inland	3, 4
2. Tätigkeit im Ausland	5–7
II. Besondere Befugnisse	8–13
1. Abnahme von Eiden; eidliche Vernehmungen	8–11
2. Bescheinigungen und Bestätigungen	12
3. Zustellung ausländischer Schriftstücke	13
III. Aufklärungs-, Hinweis- und Belehrungspflichten	14–22
1. Aufklärungspflichten	14
2. Hinweis- und Belehrungspflichten	15–18
3. Auskünfte über ausländisches Recht	19, 20
4. Haftung	21, 22
IV. Sprache, Schrift	23–30
1. Urkunden in fremder Sprache	23–27
2. Verhandlungssprache	28
3. Fremdsprachige Texte/Muster	29
4. Fremde Schrift, Unterschrift	30
V. Übersetzung	31–46
1. Übersetzung bei Beurkundung	31–41
2. Übersetzung von Urkunden	42–46
VI. Aushändigung von Urschriften	47—50
2. Teil. Bestimmung des anwendbaren Rechts	51–329
I. Funktionsweise des Kollisionsrechts	51–68
1. Auffinden der einschlägigen Kollisionsnorm	51–56
2. Anknüpfungspunkte	57–60
3. Anwendung des ausländischen Kollisionsrechts	61–65
4. Staaten mit mehreren Rechtssystemen	66
5. Ordre public-Vorbehalt	67, 68
II. Rechts- und Geschäftsfähigkeit natürlicher Personen	69–77
1. Anwendbares Recht	69–76
2. Länderübersicht:	77
III. Gesetzliche Vertretung natürlicher Personen	78–87
1. Vertretung Minderjähriger	78–83
2. Gesetzliche Vertretung Erwachsener	84–87
IV. Vollmachten im internationalen Rechtsverkehr	88–93
1. Bestimmung des Vollmachtsstatuts	88–90
2. Anwendungsbereich des Vollmachtsstatuts	91–93
V. Verträge über inländische Grundstücke	94–121
1. Schuldrechtlicher Vertrag	94–106
2. Auflassung	107–110
3. Dingliche Rechte	111–113
4. Ausländer als Erwerber	114–120
5. Ausländer als Veräußerer	121
VI. Verträge über ausländische Grundstücke	122–126
VII. Internationales Ehe- und Familienrecht	127–213
1. Statut der allgemeinen Ehewirkungen	127–137
2. Internationales Güterrecht	138–168
3. Unterhalt	169–184

	Rn.
4. Versorgungsausgleich	185–191
5. Scheidung	192–195
6. Adoption	196–202
7. Faktische Lebensgemeinschaft	203, 204
8. Gleichgeschlechtliche eingetragene Lebenspartnerschaften und gleichgeschlechtliche Ehen	205–213
VIII. Internationales Erbrecht	214–270
1. Rechtsgrundlagen	214–221
2. Bestimmung des Erbstatuts	222–231
3. Erbrechtliche Rechtswahl	232–243
4. Anwendungsbereich des Erbstatuts	244–256
5. Materielle Wirksamkeit von einseitigen und gemeinschaftlichen Testamenten sowie Erbverträgen	257–260
6. Auf die Formwirksamkeit der Verfügungen anwendbares Recht	261–263
7. Ausländische Testamentsregister	264
8. Erbscheinserteilung bei Auslandsberührung	265–269
9. Übersicht zum ausländischen Erbrecht	270
IX. Gesellschaftsrecht	271–323
1. Anzuwendendes Recht	271–277
2. Einzelfragen	278–303
3. Zweigniederlassungen ausländischer Gesellschaften	304–308
4. Einzelkaufmann	309
5. Europäische Gesellschaftsformen	310–313
6. Existenz- und Vertretungsnachweise	314–316
7. Länderberichte	317, 318
8. Vergleichbare ausländische Gesellschaftstypen	319–323
X. Die Formwirksamkeit von Rechtsgeschäften im internationalen Rechtsverkehr	324–329
3. Teil. Internationaler Urkundsverkehr	**330–351**
I. Verwendung ausländischer Urkunden im Inland	330–338
1. Wirkungen ausländischer Urkunden im Inland	330, 331
2. Legalisation ausländischer Urkunden	332, 333
3. Befreiung von der Legalisation	334
4. Apostille nach dem Haager Übereinkommen	335, 336
5. Einstellung der Legalisation durch die deutschen Konsularbehörden	337
6. Konsularische Urkunden	338
II. Verwendung deutscher Urkunden im Ausland	339–342
III. Länderübersicht zur Legalisation	343–345
1. Vorbemerkungen	343
2. Bilaterale Abkommen zur Befreiung von der Legalisation	344
3. Länderliste	345
IV. Zustellung und Vollstreckung aus deutschen notariellen Urkunden im Ausland	346–351
1. Zustellung deutscher Urkunden im Ausland	346–349
2. Vollstreckung aus deutschen Urkunden im Ausland	350
3. Vollstreckung notarieller Kostenforderungen im Ausland	351

Literatur: *Bausback,* Der dingliche Erwerb inländischer Grundstücke durch ausländische Gesellschaften, DNotZ 1996, 254 ff.; *von Bar/Mankowski,* Internationales Privatrecht I, 2. Aufl. 2003; *von Bar,* Internationales Privatrecht II, 1991; *Börner,* Gebrauch einer postmortalen Vollmacht in Spanien?, ZEV 2005, 146; *Bayer,* Übertragung von GmbH-Geschäftsanteilen im Ausland nach der MoMiG-Reform, GmbHR 2013, 897, *ders.* Privatschriftliche Abtretungen deutscher GmbH-Anteile in der Schweiz, DNotZ 2009, 887; *Bengel,* Das deutsche Notariat im Lichte der Berufsqualifikationsrichtlinie, DNotZ 2012, 26; *Bestelmeier,* Pflichtteilsergänzungsansprüche im Hinblick auf verschenktes Auslandsvermögen bei eingetretener oder fiktiver pflichtteilsfeindlicher Nachlassspaltung, ZEV 2004, 359; *Binge/Thölke,* „Everything goes!"?, Das deutsche Gesellschaftsrecht nach „Inspire Art" – DNotZ 2004, 21; *Binz/Mayer,* Die ausländische Kapitalgesellschaft & Co. KG im Aufwind?, GmbHR 2003, 249; *Bohlscheid,* Ausländer als Gesellschafter und Geschäftsführer einer deutschen GmbH, RNotZ 2005, 505; *Böhmer,* Der Erb- und Pflichtteilsverzicht im anglo-amerikanischen Rechtskreis, ZEV 1998, 251; *Böhringer,* Grundstückserwerb mit Auslandsberührung aus der Sicht des Notars und Grundbuchamts, BWNotZ 1988, 49; *Borges,* Die rechtliche Stellung der im Registerstaat erloschenen Gesellschaft, IPrax 2005, 663; *Börner,* Gebrauch einer postmortalen Vollmacht in Spanien?, ZEV 2005, 146; *Bötcher/Kraft,* Grenzüberschreitender Formwechsel und tatsächliche Sitzverlegung – Die Entscheidung VALE des EUGH, DB 2012, 2701; *Brück,* Rechtsprobleme der Auslandsbeurkundung im Gesellschaftsrecht, DB 2004, 2409; *Bungert/Schneider,* Grenzüberschreitende Verschmelzung und Beteiligung von Personengesellschaften, Gedenkschrift Gruson, 2009, S. 37; *Bungert,* Grenzüberschreitendes Umwandlungsrecht, Gesamtrechtsnachfolge für im Ausland belegene Immobilien bei Verschmelzung deutscher Gesellschaften, Festschrift Heldrich, 2005, S. 527; *ders.,* Sitzanknüpfung für Rechtsfähigkeit von Gesellschaften gilt auch nicht mehr im Verhältnis zu den USA, DB 2003, 1043; DNotI, Deutsch-Niederländischer Rechtsverkehr in der Notariatspraxis, 1997; *dass.,* Notarielle Fragen des internationalen Rechtsverkehrs, 1995; *dass.,* Gutachten zum internationalen und ausländischen Privatrecht, 1993; *Döbereiner,* Rechtsgeschäfte über inländische Grundstücke mit Auslandsberührung, ZNotP 2001, 465; *ders.,* Die Rechtswahl nach Art. 25 Abs. 2 EGBGB bei ausländischem Güterrechtsstatut, MittBayNot 2001, 264; *Doralt,* Österr. OGH zur verschmelzenden Umwandlung über die Grenze nach Deutschland, NZG 2004, 396; *Dorsel,* Stellvertretung und Internationales Privatrecht, MittRhNotK 1997, 6; *Dutta,* Form follows function? – Formfragen bei Schuldverträgen über ausländische Gesellschaftsanteile, RIW 2005, 98; *Ebert,* Die sachenrechtliche Behandlung einer GmbH mit ausländischem Verwaltungssitz, NZG 2002, 937; *Ebke/Finkin,* Introduction to German law, 2005; *Eckhardt,* Nochmals: Der Dolmetscher im Beurkundungsverfahren, ZNotP 2005, 221; *Edenfeld,* Der deutsche Erbschein nach ausländischem Erblasser, ZEV 2000, 482; *Ege/Klett,* Praxisfragen der grenzüberschreitenden Mobilität von Gesellschaften, DStR 2012, 2442; *Eichenmüller* (Hrsg.), Ausländische Kapitalgesellschaften im deutschen Recht, 2004; *Eickmann,* Die Beteiligung von Ausländern am Grundbuchverfahren, Rpfleger 1983, 465; *Emmerling de Oliveira/Heggen,* Türkische Mandanten im Notariat, Notar 2010, 38; *Ferid,* Einige praktische Winke zur Bedeutung des Auslandsrechts bei Beurkundungen, MittBayNot 1974, 191; *Ferid/ Firsching/Dörner/Hausmann,* Internationales Erbrecht, Loseblatt (Stand: Oktober 2008); *Fetsch,* Auslandsvermögen im internationalen Erbrecht – Testamente und Erbverträge, Erbschein und Ausschlagung bei Auslandsvermögen, RNotZ 2006, 1; *ders.,* IPR – Bezüge bei GmbH-Geschäftsanteils- und Unternehmenskaufverträgen, Internationale Gerichtsstandsvereinbarungen, RNotZ 2007, 456; *ders.,* Die Erbausschlagung bei Auslandsberührung, MittBayNot 2007, 285; *Fleischhauer,* Vollstreckbare Notarurkunden im europäischen Rechtsverkehr, notarielle Zuständigkeiten nach der „Brüssel I"-Verordnung, MittBayNot 2002, 15; *Flick/v. Oertzen,* Auslandsvermögen im Erbgang, DStR 1993, 82; *Frank,* Die Reform des Erbrechts in Frankreich, RNotZ 2002, 270; *ders.,* Die eingetragene Lebenspartnerschaft unter Beteiligung von Ausländern, MittBayNot 2001, 35; *Frank/ Wachter,* Handbuch des internationalen Immobilienrechts, 2004; *Franzmann,* Der Europäische Vollstreckungstitel für unbestrittene Forderungen – Hinweise für die notarielle Praxis, MittBayNot 2005, 470; *ders.,* Die Verordnung (VO) Nr. 805/2004 notarielle Urkunden europaweit vollstreckbar, MittBayNot 2004, 404; *Gärtner,* Elterliche Sorge bei Personenstandsfällen mit Auslandsbezug – Änderungen durch das Inkrafttreten des Kinderschutzübereinkommens, StAZ 2011, 65; *Gärtner/Rosenbauer,* Formbedürftigkeit gem. § 15 Abs. 3 und 4 GmbHG bei Verkauf und Abtretung von Anteilen an ausländischer GmbH, DB 2002, 1871; *Geimer,* Internationales Zivilprozessrecht, 6. Aufl. 2009; *Geimer/Schütze,* Internationaler Rechtsverkehr in Zivil- und Handelssachen, Loseblatt (Stand: Januar 2005); *Gottwald/Stangl,* Wertpapierdepots im deutschen Nachlaß, ZEV 1998, 217; *Götze/Mörtel,* Zur Beurkundung von GmbH Anteilsübertragungen in der Schweiz, NZG 2011, 727; *Haas,* Internationale Testamentsvollstreckung, in: Bengel/Reimann, Handbuch der Testamentsvollstreckung, 3. Aufl. 2001; *Heinz,* Beurkundung von Erklärungen zur Auflassung deutscher Grundstücke durch im Ausland bestellte Notare, ZNotP 2001, 460; *Henrich,* Internationales Familienrecht, 2. Aufl. 2000; *ders.,* Kollisionsrechtliche Fragen der eingetragenen Lebenspartnerschaft, FamRZ 2002, 137; *Heggen,* Die neue österreichische Gesetzgebung im Bereich Patientenverfügung und Vorsorgevollmacht, ZNotP 2008, 184; *Helms,* Reform des internationalen Betreuungsrechts durch das Haager Erwachsenenschutzabkommen, FamRZ 2008, 1995; *Hermann,* Erbausschlagung bei Auslandsbeteiligung, ZEV 2002, 259; *Hertel,* Rechtskreise im Überblick, Notarius International 2009, 157; *Herrler,* Gewährleistung des Wegzugs von Gesellschaften durch Art. 43, 48 EG nur in Form der Herausumwandlung – Anmerkungen zum Urt. des EuGH v. 16.12.2008 – Rs. C-210/06 (Cartesio), DNotZ 2009, 484; *Herrler/Schneider,* Grenzüberschreitende Verschmelzungen von Gesellschaften mit beschränkter Haftung zwischen Deutschland und Österreich, GmbHR 2011, 795; *v. Hoffmann/ Thorn,* Internationales Privatrecht, 10. Aufl. 2014; *Hök,* Vollstreckbarerklärung ausländischer notarieller Urkunden durch Notare, JurBüro 2002, 512; *Hushahn,* Grenzüberschreitende Formwechsel im EU/EWR-Raum, RNotZ 2014, 137; *Hustedt,* Grundzüge des belgischen Ehegüter- und Erbrechts, MittRhNotK 1996, 337; *Jaspersen,* Die vormundschaftsgerichtliche Genehmigung in Fällen mit Auslandsberührung, FamRZ 1996, 393; *Jayme/Hausmann,* Internationales Privat- und Verfahrensrecht, 16. Aufl. 2012; *Kaufhold,* Zur Anerkennung ausländischer öffentlicher Testamente und Erbnachweise im Grundbuchverfahren, ZEV 1997, 399; *Kegel/Schurig,* Internationales Privatrecht, 9. Aufl. 2004; *Kindler,* Ende der Diskussion über die sogenannte Wegzugsfreiheit, NZG 2009, 130; *Klein,* Grenzüberschreitende Verschmelzung von Kapitalgesellschaften, RNotZ, 2007, 565; *Kowalsky/ Bohrmann,* Beteiligung einer ausländischen juristischen Person als Komplementärin einer deutschen KG, GmbHR 2005, 1045; *Kussmannl/Richter/Heyd,* Ausgewählte Problemfelder der Hinausverschmelzung von Kapitalgesellschaften aus Deutschland, IStR 2010, 73; *Kropholler,* Internationales Privatrecht, 6. Aufl. 2006; *Krömke/Otte,* Die gelöschte Limited mit Restvermögen in Deutschland: Stehen Gläubiger oder Gesellschafter im Regen?, BB 2008, 964; *Lange,* Rechtswahl als Gestaltungsmittel der Nachfolgeplanung, DNotZ 2000, 332; *Langhein,* Kollisionsrecht der Registerurkunden, 1995; *ders.,* Vertretungs- und Existenznachweise ausländischer Kapitalgesellschaften, ZNotP 1999, 218; *Lappe/Schefold,* Verdeckte Sacheinlagen und Internationales Privatrecht, GmbHR 2005, 585; *Leible/Sommer,* Nachlassspaltung und Testamentsform: Probleme der Testamentsabwicklung bei Nachlassspaltung wegen Grundbesitzes im Ausland, ZEV 2006, 93; *Leible/Lehmann,* Auswirkungen der Löschung einer Private Ldt. Company auf ihr in Deutschland belegenes Vermögen, GmbHR 2007, 1095; *Lennerz,* Die internationale Verschmelzung und Spaltung unter Beteiligung deutscher Gesellschaften, 2001; *Leutner,* Die vollstreckbare Urkunde im europäischen Rechtsverkehr, 1997; *Lichtenberger,* Einige Bemerkungen zur praktischen Behandlung des Grundstückserwerbs bei Ausländern, MittBayNot 1986, 111; *Liese,* Die Handelsregistereintragung europäischer Auslandsgesellschaften in Deutschland, NZG 2006, 201; *Limmer,* Grenzüberschreitende Umwandlung nach dem Sevic-Urteil des EuGH und den Neuregelungen des UmwG, ZNotP 2007, 242; *Löhnig/Schwab/Henrich/Gottwald/Kroppenberg* (Hrsg.), Vorsorgevollmacht und Erwachsenenschutz in Europa, 2011; *Lorenz,* Internationale und interlokale Zuständigkeit deutscher Nachlassgerichte zur Entgegennahme von Erbausschlagungserklärungen, ZEV 1994, 146; *Ludwig,* Anwendung des § 371 Abs. 1 BGB bei ausländischem Erbstatut?, DNotZ 2005, 586; *ders.,* Internationales Adoptionsrecht in der notariellen Praxis nach dem Adoptionswirkungsgesetz, RNotZ 2002, 353; *ders.,* Der Erwachsenenschutz im Internationalen Privatrecht nach Inkrafttreten des Haager Erwachsenenschutzübereinkommens, DNotZ 2009, 251; *Mankowski,* Änderungen bei der Auslandsbeurkundung von Anteilsübertragungen durch das MoMiG oder durch die Rom I-VO, NZG 2010, 201; *Meilicke,* Gestaltungsmittel zur Nachlassplanung im IPR außerhalb der Verfügung von Todes wegen, Zehn Jahre Deutsches Notarinstitut, 2003, 407; *Müller,* Auslandsbeurkundungen von GmbH-Abtretungen deutscher Geschäftsanteile in der Schweiz, NJW 2014, 1994; *Naumann,* Grundzüge des neuen türkischen Ehegüter- und Erbrechts, RNotZ 2003, 343; *Nenninger,* Grundzüge des japanischen Familien- und Erbrechts, MittRhNotK 1995, 81; *v. Oertzen,* Praktische Handhabung eines Erbrechtsfalls mit Auslandsberührung, ZEV 1995, 167; *Pentz,* Pflichtteil bei Grundeigentum im Ausland, ZEV 1998, 449; *Picot/Land,* Der internationale Unternehmenskauf, DB 1998, 1601; *Pilger,* Die Unwirksamkeit der Beurkundung von Geschäftsanteilen in der Schweiz, BB 2005, 1285; *Racky,* Die Behandlung von im Ausland gelegenen Gesellschaftsvermögen bei Verschmelzungen, DB 2003, 923; *Reimann/Zekoll,* Introduction to German law, 2. Aufl. 2006; *Reithmann,* Registeranmeldungen aus dem Ausland, ZNotP 2007, 167; *ders.,* Beurkundung, Beglaubigung, Bescheinigung durch inländische und ausländische Notare, DNotZ 1995, 360; *ders.,* Formerfordernisse bei Verträgen über Beteiligungen an ausländischen Gesellschaften und über Grundstücke im Ausland, NZG 2005, 873; *ders.,* Urkunden ausländischer Notare in inländischen Verfahren, IPRax 2012, 133; *Reithmann/Martiny,* Internationales Vertragsrecht, 7. Aufl. 2010; *Renner,* Der Dolmetscher im Beurkundungsverfahren, ZNotP 2005, 145; *Riering,* Der Erbverzicht im Internationalen Privatrecht, ZEV 1998, 248; *ders.,* Der Erb- und Pflichtteilsverzicht im islamischen Rechtskreis, ZEV 1998, 455; *Roth,* Legalisation und Apostille im Grundbuchverfahren, IPRax 1994, 86; *Schäfer,* Das Vollmachtsstatut im deutschen IPR, RIW 1996, 189; *Schaper,* Grenzüberschreitende Formwechsel und Sitzverlegung: Die Umsetzung der Vale-Rechtsprechung des EuGH, ZIP 2014, 810; *Schlichte,* Die Zulässigkeit der Ltd. und Co. KG, DB 2006, 87; *Schmidt-Tiedemann,* Geschäftsführung und Vertretung im Gesellschaftsrecht Deutschlands, Frankreichs und Englands, 2004; *Schotten,* Probleme des Internationalen Privatrechts im Erbscheinsverfahren, Rpfleger 1991, 181; *Schulz,* Die Verteilung von inländischem Vermögen aufgelöster ausländischer Gesellschaften, NZG 2005, 415; *Schotten/Schmellenkamp,* Das Internationale Privatrecht in der notariellen Praxis, 2. Aufl. 2007; *Schotten/ Wittkowski,* Das Deutsch-iranische Niederlassungsabkommen im Familien- und Erbrecht, FamRZ 1995, 264; *Schumann,* Die englische Limited mit Verwaltungssitz in Deutschland: Kapitalaufbringung, Kapitalerhaltung und Haftung bei Insolvenz, DB 2004, 743; *Schütze,* Internationale privat- und prozeßrechtliche Probleme des notariell für vollstreckbar erklärten Anwaltsvergleiches, DZWir

1993, 134; *Schwarz,* Die Vertretung der Restgesellschaft, DB 2013, 799; *Selbherr,* Immobilien in Spanien im Erbfall, MittBay Not 2002, 165; *Solomon,* Der Anwendungsbereich von Art. 3 Abs. 3 EGBGB – dargestellt am Beispiel des internationalen Erbrechts, IPRax 1997, 81; *Stauch,* Die Geltung ausländischer notarieller Urkunden in der Bundesrepublik Deutschland, 1983; *Steiger,* Im alten Fahrwasser zu neuen Ufern: Neuregelungen im Recht der internationalen Adoption mit Erläuterungen für die notarielle Praxis, DNotZ 2002, 184; *Steiner,* Grundregeln der Testamentsgestaltung in Fällen der faktischen Nachlassspaltung, ZEV 2003, 500; *ders.,* Testamentsgestaltung bei kollisionsrechtlicher Nachlassspaltung, 2002; *ders.,* Gestaltungspraxis gemeinschaftlicher Testamente und Erbverträge bei gemischtnationalen Ehen, ZEV 2004, 362; *Stürner,* Die notarielle Urkunde im europäischen Rechtsverkehr, DNotZ 1995, 343; *Süß,* Häufige Probleme mit Zweigniederlassungen englischer Ltd. Companys, DNotZ 2005, 180; *ders.,* Der Trust als Gestaltungsmittel deutscher Erblasser, in: DNotI (Hrsg.), Zehn Jahre Deutsches Notarinstitut, 2003, 387; *ders.,* Internationales Pflichtteilsrecht, in: Mayer/Saß/Tanck/Bittler/Wälzholz, Handbuch Pflichtteilsrecht, 2003, 614; *ders.,* Keine Nachlassspaltung bei Grundbesitz in Erbengemeinschaft, ZEV 2001, 84; *ders.,* Die Wahl des deutschen Güterrechts für inländische Grundstücke, ZNotP 1999, 385; *ders.,* Notarieller Gestaltungsbedarf bei eingetragenen Lebenspartnern mit Ausländern, DNotZ 2001, 168; *ders./Haas,* Erbrecht in Europa, 2004; *ders./Ring,* Eherecht in Europa, 2006; *ders./ Wachter* (Hrsg.), Handbuch des internationalen GmbH-Rechts, 2006; *Tebben/Tebben,* Der Weg aus der Ltd.: Die grenzüberschreitende Verschmelzung auf eine GmbH, DB 2007, 2355; *Tiedemann,* Internationales Erbrecht in Deutschland und Lateinamerika, 1993; *Wachter,* Existenz und Vertretungsnachweise bei der englischen Private Limited Comany, DB 2004, 2795; *ders.,* Auswirkungen des EuGH-Urteils in Sachen Inspire Art Ltd. auf Beratungspraxis und Gesetzgebung, GmbHR 2004, 88; *ders.,* Gestaltungsüberlegungen zur steueroptimalen Übertragung von Immobilien in Spanien, ZEV 2003, 137; *ders.,* Zweigniederlassungen englischer Private Limited Companies im deutschen Handelsregister, ZNotP 2005, 122; *ders.,* Insichgeschäfte bei englischen Private Limited Companies, NZG 2005, 338; *ders.,* Internationale Erbfälle und Anteile an Gesellschaften mit beschränkter Haftung, GmbHR 2005, 407; *Wagner,* Die Regierungsentwürfe zur Ratifikation des Haager Übereinkommens vom 13.1.2000 zum internationalen Schutz Erwachsener, IPRax 2007, 11; *Wagner/Janzen,* Die Anwendung des Haager Kinderschutzübereinkommens in Deutschland, FPR 2011, 110; *Weber,* Internationales Erbrecht in den Niederlanden, IPRax 2000, 41; *Wedemann,* Vorsorgevollmachten im internationalen Rechtsverkehr, FamRZ 2010, 785; *Weingärtner,* Notarrecht, 9. Aufl. 2009; *Werner,* Das deutsche Internationale Gesellschaftsrecht nach „Cartesio" und „Trabrennbahn", GmbHR 2009, 193; *Weyde/Hafemann* Praxisrelevante gesellschaftsrechtliche und steuerrechtliche Aspekte bei grenzüberschreitenden Verschmelzungen, Festschrift Meilicke, 2010, S. 779; *Winkler/v. Mohrenfels,* Ehebezogene Zuwendungen im Internationalen Privatrecht, IPRax 1995, 379.

Vorbemerkung

Mit der **immer stärker werdenden Internationalisierung** der persönlichen und wirtschaftlichen Beziehungen einher geht in der notariellen Praxis ein Anstieg der Fälle mit Auslandsberührung, „auf dem Land" ebenso wie im „Stadtnotariat". Typische Beispiele sind etwa: 1

– ein ausländisches oder ein deutsch/ausländisches Ehepaar wollen inländischen Grundbesitz erwerben;
– ein Deutscher will ein im Ausland gelegenes Ferienhaus erwerben oder veräußern;
– ein ausländisches oder ein gemischt-nationales Ehepaar wollen einen Ehe- und/oder Erbvertrag abschließen;
– ein Deutscher mit Vermögen im In- und Ausland möchte ein Testament errichten;
– die Witwe eines Ausländers bittet um Beurkundung eines Erbscheinsantrags;
– ein Ausländer will das nichteheliche Kind seiner deutschen Freundin für ehelich erklären lassen/adoptieren;
– eine ausländische Gesellschaft will eine Zweigniederlassung/Tochtergesellschaft im Inland gründen;
– ein Ausländer soll zum Geschäftsführer einer GmbH bestellt werden;
– eine deutsche Kapitalgesellschaft soll grenzüberschreitend verschmolzen werden.

2   In diesen und ähnlichen Fällen kann nicht ohne weiteres davon ausgegangen werden, dass deutsches Recht anzuwenden ist. Vielmehr ist zunächst stets zu fragen, welche Bedeutung die Auslandsberührung für das anzuwendende materielle Recht hat und welche verfahrensrechtlichen Besonderheiten zu beachten sind. Die sich anschließenden Ausführungen sollen dazu eine erste Orientierung bieten. Im Regelfall wird eine Vertiefung anhand Rechtsprechung und Kommentarliteratur erforderlich sein.

1. Teil. Zuständigkeit und Beurkundungsverfahren

I. Allgemeine Befugnisse des Notars

1. Tätigkeit im Inland

3   Der Notar ist in allen Fällen – auch denen mit Auslandsberührung – verpflichtet, im Rahmen seiner Zuständigkeit tätig zu werden (§ 15 I BNotO). Die Auslandsberührung gibt ihm nicht das Recht, seine Tätigkeit zu verweigern (Eylmann/Vaasen/*Limmer* § 2 BeurkG Rn. 10; *Schütze* DNotZ 1992, 71f.). Vielfach spricht man in Fällen mit Auslandsberührung auch von der **Internationalen Zuständigkeit** des Notars (vgl. *Binge/Thölke* DNotZ 2004, 21; *Armbrüster*/Preuß/Renner § 1 BeurkG Rn. 65ff.).

4   Von der Zuständigkeit zu unterscheiden ist die Frage, welche Bedeutung die Auslandsberührung für das Beurkundungsverfahren und das anzuwendende Recht hat. Für das Beurkundungsverfahren allein maßgebend sind die Bestimmungen des deutschen Rechts, also die der BNotO und des BeurkG (*Armbrüster*/Preuß/Renner § 1 BeurkG Rn. 68f.). Dies heißt insbesondere, dass die darin vorgesehenen Mitwirkungsverbote auch dann einzuhalten sind, wenn die betreffende ausländische Rechtsordnung darauf keinen Wert legt. Umgekehrt sind ausländische Bestimmungen, die dem Notar ein Mitwirken verbieten, unbeachtlich, wenngleich dann die Gefahr besteht, dass die Urkunde in dem betreffenden Land nicht anerkannt wird (s. a. *Armbrüster*/Preuß/Renner § 1 BeurkG Rn. 71). So können Rechtsordnungen ausländischer Staaten beispielsweise vorsehen, dass bestimmte Rechtsgeschäfte nur von Notaren beurkundet werden dürfen, die dort zugelassen sind. Solange der Notar nicht gegen das für ihn maßgebliche inländische Verfahrensrecht verstößt, ist es ihm erlaubt, von der fremden Rechtsordnung aufgestellte weitere Formerfordernisse zu erfüllen. So darf er etwa bei der Errichtung eines Testamentes für die USA die erforderliche Anzahl von Zeugen hinzuziehen und die Urkunde von ihnen mit unterschreiben lassen. (s. Übersicht zu ausländischen Beurkundungserfordernissen bei Staudinger/*Hertel* BeurkG Rn. 754ff.).

2. Tätigkeit im Ausland

5   Als Träger eines öffentlichen Amtes (§ 1 BNotO) nimmt der Notar originäre Staatsaufgaben wahr (vgl. BVerfGE 17, 371, 376; 73, 280, 292). In amtlicher Eigenschaft darf er somit im Ausland (außerhalb des Gebietes der Bundesrepublik Deutschland) **nicht beurkunden**, selbst wenn an dem Rechtsgeschäft ausschließlich Deutsche beteiligt wären. Andernfalls übt er staatliche Tätigkeit auf fremdem Territorium aus und verstößt gegen Völkerrecht (Schippel/Bracker/*Püls* § 11a Rn. 1; *Schütze* DNotZ 1992, 66). Eine im Ausland aufgenommene notarielle Urkunde ist nichtig (BGHZ 138, 359, 361f.); sie kann als Privaturkunde wirksam sein.

6   Untersagt ist dem Notar auch die Beurkundung **tatsächlicher Vorgänge** (z. B. Verlosungen, Niederschrift über eine Hauptversammlung), bei denen der Notar die tatsächlichen Vorgänge im Ausland wahrnimmt, seine Wahrnehmungen aber im Inland urkundlich niederlegt (Armbrüster/*Preuß*/Renner § 2 BeurkG Rn. 20; *Winkler* Einl. Rn. 46; vgl. auch Rundschreiben der *BNotK* DNotZ 1998, 913). Diese wäre zwar wirksam, aber dienstrechtlich unzulässig (*Winkler* Einl. Rn. 47). Entsprechendes gilt für die Entgegen-

nahme von **Unterschriften** im Ausland und anschließende Beglaubigung im Inland (vgl. *Winkler* Einl. Rn. 47). Für gutachterliche Äußerungen soll das Verbot nicht gelten (vgl. *LG Aachen* MittRhNotK 1987, 157 für Bescheinigung entsprechend § 21 BNotO). Für eine Tätigkeit, die nicht Beurkundungstätigkeit ist (vgl. Schippel/Bracker/*Püls* § 11a Rn. 6 ff.), gilt das Verbot nur eingeschränkt: Ersucht ein ausländischer Notar einen deutschen Notar, ihn bei seinen Amtsgeschäften zu unterstützen, darf sich der deutsche Notar zu diesem Zweck ins Ausland begeben (§ 11a BNotO), insbesondere zur Erteilung von Rechtsrat im deutschen Recht (vgl. Richtlinie der *BNotK* DNotZ 1999, 259, 264), beurkunden darf er dort aber nicht. Ob eine nicht auf Ersuchen eines ausländischen Notars im Ausland erfolgende Rechtsberatung zulässig ist, bleibt offen, dürfte aber, da keine Beurkundung, zulässig sein.

Offen ist, ob das Territorialitätsprinzip auch dann gilt, wenn ein in einem EU-Mitgliedsstaat zugelassener Notar in einem anderen EU-Mitgliedsstaat beurkundet. Zwar hat der *EuGH* (DNotZ 2011, 462) in seiner Entscheidung über die Zulässigkeit von Staatsangehörigkeitsvorbehalten (vgl. § 5 BNotO a.F.) die Urkundstätigkeit deutscher Notare nicht als Ausübung öffentlicher Gewalt i.S.d. Art. 45 I EGV (= Art. 51 I AEUV) qualifiziert, die von der Niederlassungsfreiheit des Art. 43 EGV (= Art. 49 AEUV) ausgenommen ist. Daraus aber den Schluss zu ziehen, EU-Notare dürften jetzt im Ausland beurkunden, ohne das Territorialitätsprinzip zu verletzen, erscheint keineswegs zwingend (s. a. Armbrüster/*Preuß*/Renner Einl. Rn. 39 und § 2 BeurkG Rn. 19). Der *BGH* hat die Tätigkeit eines deutschen Notars in den Niederlanden für genehmigungspflichtig (§ 11 II BNotO) aber im konkreten Fall für nicht genehmigungsfähig gehalten, weil der Notar im Ausland seiner Pflicht nach § 17 I BeurkG nicht nachkommen könne, und offen gelassen, ob einer Genehmigung das Territorialitätsprinzip entgegensteht (*BGH* ZNotP 2013, 112). Zur Zulässigkeit von notariellen Beurkundungen auf deutschen Seeschiffen, in deutschen Flugzeugen und Botschaftsgebäuden im Inland s. *Winkler* Einl. Rn. 42 ff.).

II. Besondere Befugnisse

1. Abnahme von Eiden; eidliche Vernehmungen

Ist nach dem Recht eines ausländischen Staates, den Bestimmungen einer ausländischen Behörde oder sonst zur Wahrnehmung von Rechten im Ausland ein Eid oder eine eidliche Vernehmung erforderlich, darf der Notar auf Antrag von Privatpersonen (nicht auf Ersuchen einer ausländischen Stelle, vgl. Armbrüster/*Preuß*/Renner § 38 BeurkG Rn. 10) den Eid abnehmen, also die Person vereidigen, bzw. die eidliche Vernehmung durchführen (§ 22 I BNotO). Entsprechendes gilt für eidesstattliche Versicherungen (Armbrüster/*Preuß*/Renner § 2 BeurkG Rn. 4 und § 3 BeurkG Rn. 4; DNotI Report 2012, 9, 10). Bei Fällen mit reinem Inlandsbezug kann er dies nicht (Ausnahme: § 16 III BeurkG). Ob die Voraussetzungen dafür vorliegen, hat der Notar – da er hierzu Auslandsrecht kennen müsste – nicht zu prüfen. Er darf sich insofern auf plausible Angaben der Beteiligten verlassen (Eylmann/Vaasen/*Limmer* § 2 BeurkG Rn. 10). Auf Wunsch von ausländischen Behörden oder Gerichten darf er nicht tätig werden. Diese sind auf Rechtshilfe angewiesen (vgl. Schippel/Bracker/*Reithmann* § 22 Rn. 5).

Das **Verfahren** für die **Abnahme von Eiden** richtet sich nach den für die Beurkundung von Willenserklärungen geltenden Vorschriften (§§ 38, 8 ff. BeurkG; Armbrüster/*Preuß*/Renner § 38 BeurkG Rn. 18; Eylmann/Vaasen/*Limmer* § 38 BeurkG Rn. 2). Ergänzend sind die Vorschriften der ZPO heranzuziehen (§§ 29 f. FamFG, §§ 478 bis 484 ZPO). Es ist also eine entsprechende Niederschrift anzufertigen, zu verlesen, zu genehmigen und zu unterschreiben (*Winkler* Einl. § 18 Rn. 11; Eylmann/Vaasen/*Limmer* § 18 BeurkG Rn. 8, 14). Zusätzlich hat der Notar über die Bedeutung des Eides zu belehren und dies in der Niederschrift zu vermerken (§ 38 II BeurkG).

10 In der Praxis von einiger Bedeutung sind die im anglo-amerikanischen Rechtskreis verwendeten **Affidavits**. Dies sind beeidete Erklärungen, die in einer Vielzahl von Rechtsangelegenheiten als Beweismittel dienen, i. d. R. (nicht stets) Erklärungen mit besonderer Beteuerung und Bekräftigung, die mit einem Eid oder einer eidesstattlichen Versicherung nach deutschem Recht nicht vergleichbar sind, insb. dann nicht, wenn ein „notary public" diese Erklärung entgegennehmen kann. Hierfür genügt ein bloßer Vermerk nach § 39 BeurkG (Schippel/Bracker/*Reithmann* § 22 Rn. 21 ff.; DNotI-Report 1996, 4; Armbrüster/*Preuß*/Renner § 38 BeurkG Rn. 7; a. A. *Brambring* DNotZ 1976, 735 mit deutschem Muster für Beurkundung; *Hagena* DNotZ 1978, 388; Eylmann/Vaasen/*Limmer* § 38 BeurkG Rn. 10). Stellt das Affidavit nach der fremden Rechtsordnung mehr dar, ist das Verfahren nach § 38 BeurkG einzuhalten (Armbrüster/*Preuß*/Renner § 38 BeurkG Rn. 7; Eylmann/Vaasen/*Limmer* § 38 BeurkG Rn. 10; Staudinger/*Hertel* BeurkG Rn. 594).

11 Eine **Vernehmung** für Auslandszwecke von Personen mit dem Ziel, einen Sachverhalt zu erforschen und die Aussage eidlich bekräftigen zu lassen (vgl. Schippel/Bracker/*Reithmann* § 22 Rn. 5), wird in der Praxis kaum vorkommen. Auch hier dürften neben § 38 BeurkG ergänzend über § 29 f. FamFG die Bestimmungen über die Vernehmung von Zeugen und Sachverständigen (§§ 385 ff. ZPO) in vorsichtiger Analogie heranzuziehen sein.

2. Bescheinigungen und Bestätigungen

12 Zur Verwendung im Ausland (wie im Inland) kann der Notar, auch ohne dass ein Zusammenhang mit einer Beurkundung besteht, Bescheinigungen über rechtserhebliche Umstände ausstellen, die sich aus einer Eintragung im Handelsregister oder in einem ähnlichen Register (Vereins-, Genossenschafts- oder Partnerschaftsregister, wohl nicht Güterrechts- Schiffs- und Luftfahrtregister; vgl. Armbrüster/*Preuß*/Renner § 39 BeurkG Rn. 6; Eylmann/Vaasen/*Limmer* § 21 BNotO Rn. 9) ergeben (§ 21 I BNotO). Zweisprachige Muster sind auf der Website der *BNotK* (www.bnotk.de unter Intern-Vordrucke abrufbar. Beispielhaft zählt § 21 BNotO eine Bescheinigung über Vertretungsbefugnisse, das Bestehen oder den Sitz einer juristischen Person oder Handelsgesellschaft, die Firmenänderung und Umwandlung auf. Diese Registerbescheinigungen sind keine Tatsachen, sondern Rechtsbescheinigungen (Armbrüster/*Preuß*/Renner § 36 BeurkG Rn. 21). Sie können sowohl in Vermerkform (§§ 39 bis 43 BeurkG) oder in der Form der Niederschrift (§§ 36, 37 BeurkG) erteilt werden. Die allgemeinen Befugnisse zur Erteilung von Bescheinigungen und Bestätigungen bleiben unberührt. Der Notar ist also auch befugt, für Auslandszwecke etwa so genannte Notarbestätigungen, in denen er gutachterlich Stellung nimmt (§ 24 BNotO), auszustellen Der Notar darf eine solche Bescheinigung aufgrund Einsicht in ein ausländisches – dem deutschen Handelsregister vergleichbares – Register für inländische Zwecke ausstellen *(OLG Nürnberg* DNotZ 2014, 626, 628; *OLG Schleswig* DNotZ 2008, 709 f.; *LG Aachen* MittRhNotK 1988, 157; Armbrüster/Preuß/Renner/*Piegsa* § 12 BeurkG Rn. 38; Eylmann/Vaasen/*Limmer* § 21 BNotO Rn. 9; *Winkler* § 12 Rn. 25; a. A. *Wachter* NotBZ 2004, 41, 47; *Preiffer* Rpfleger 2012, 240, 244). Besteht im Ausland kein entsprechendes Register, nimmt die Bescheinigung nicht an der Beweiswirkung des § 21 BNotO teil, sondern ist wie ein Rechtsgutachten zu behandeln *(OLG Nürnberg* DNotZ 2014, 626, 630; Armbrüster/Preuß/Renner/*Piegsa* § 12 BeurkG Rn. 38).

3. Zustellung ausländischer Schriftstücke

13 Die dem Notar eingeräumte Befugnis, im Privatrechtsverkehr Erklärungen zuzustellen (vgl. § 20 I 2 BNotO), erfasst auch die Zustellung von Erklärungen aus dem Ausland an im Inland wohnende Personen, etwa die Zustellung von Klagen oder Ladungen im Zusammenhang mit einem vor einem ausländischen Gericht anhängigen Verfahren (vgl.

BMJ v. 7.12.1961, DNotZ 1962, 59). Eine Prüfungspflicht dahingehend, ob das Verfahrensrecht des Staates, aus dem der Antrag auf Zustellung stammt, die Art der vom Notar gewählten Zustellung zulässt, trifft den Notar nicht.

III. Aufklärungs-, Hinweis- und Belehrungspflichten

1. Aufklärungspflichten

Grundsätzlich trifft den Notar keine Pflicht, nach einer Auslandsberührung zu forschen (Eylmann/Vaasen/*Frenz* § 17 BeurkG Rn. 40). Nur wenn objektiv erkennbare **Anhaltspunkte** für eine Auslandsberührung vorliegen, hat er diesen nachzugehen (*BGH* DNotZ 1963, 315, 316; *Bardy* MittRhNotK 1993, 305, 306). Anhaltspunkte können sein: Sprache, Ausweispapiere, Name (und zwar Vor- **und** Familienname, *Lichtenberger* MittBayNot 1986, 111), Wohnort, Belegenheit des Grundbesitzes oder Gesellschaftssitz im Ausland. Aussehen (etwa Hautfarbe) ist heute kein sicheres Indiz mehr. Auf die tatsächlichen Angaben der Beteiligten darf er sich verlassen (*BGH* DNotZ 1996, 563, 564; Eylmann/Vaasen/*Frenz* § 17 BeurkG Rn. 6; *Armbrüster*/Preuß/Renner § 17 BeurkG Rn. 19). Dies gilt auch für Angaben über die Staatsangehörigkeit. Zwar besteht die Gefahr, dass die Auslandsberührung nicht erkannt und so die von den Beteiligten gewünschte Lösung verfehlt wird; das Risiko unvollständiger Sachverhaltsaufklärung mangels eindeutiger Anhaltspunkte dürfte aber bei ausländischen Beteiligten nicht größer sein als bei deutschen.

14

2. Hinweis- und Belehrungspflichten

Ist wegen der Auslandsberührung ausländisches Recht anzuwenden oder bestehen daran Zweifel, sind die Beteiligten darauf hinzuweisen (§ 17 III 1 BeurkG). Zur **Belehrung** über den Inhalt der in Frage kommenden ausländischen Rechtsordnung und deren rechtliche Tragweite für das beabsichtigte Rechtsgeschäft ist der Notar nicht verpflichtet (§ 17 III 2 BeurkG), und zwar auch dann nicht, wenn die Beteiligten ausländisches Recht – etwa gemäß Art. 14 II, III, 15 II EGBGB – gewählt haben (*Böhringer* BWNotZ 1988, 49, 50; *Bardy* MittRhNotK 1993, 305, 307). Vollständig ist der Hinweis aber erst, wenn die Beteiligten auch darauf aufmerksam gemacht wurden, dass deutsches Recht doch anzuwenden ist, wenn dieses ausländische Recht auf deutsches Recht zurückverweist (*Armbrüster*/Preuß/Renner § 17 BeurkG Rn. 235; *Winkler* § 17 Rn. 271; Eylmann/Vaasen/*Frenz* § 17 BeurkG Rn. 40). Denn diese Rückverweisung nimmt das deutsche Recht an (§ 4 I 2 EGBGB). Zum ausländischen Recht zählen nicht die Regeln des deutschen IPR, die anwendbaren bi- oder multilateralen Abkommen oder primäre und sekundäre EU-Vorschriften (*Armbrüster*/Preuß/Renner § 17 BeurkG Rn. 235). Diese muss der Notar – weil sie wie inländisches Recht behandelt werden – kennen (*BGH* NJW 1993, 2305, 2306; *Schütze* DNotZ 1992, 66, 76; *Winkler* § 17 Rn. 271; Eylmann/Vaasen/ *Frenz* § 17 BeurkG Rn. 40). Der Notar muss nicht darauf hinweisen – auch wenn es zweckmäßig sein dürfte –, dass ihm ein ausländisches Recht unbekannt ist. Dies versteht sich von selbst (a. A. *OLG Düsseldorf* DNotI-Report 1995, 117 f.; *Armbrüster*/ Preuß/ Renner § 17 BeurkG Rn. 239).

15

Für einen gewissenhaften Berater ist die **Beschränkung** auf diesen Hinweis unbefriedigend. Denn die Beteiligten wünschen keine Urkunde, „die sich jenseits der Grenze als wertloses Papier entpuppt" (*Sturm*, FS Ferid, 1978, S. 428). So gehört es zur Betreuungspflicht, den Beteiligten zu raten, **Auskünfte** über das anwendbare Recht und seinen Inhalt einzuholen, um so eine tragfähige Gesamtlösung zu erzielen (*Schotten* Rn. 223; *Winkler* § 17 Rn. 271). Dabei dürfte den Beteiligten bei der Gestaltung eines Rechtsverhältnisses in der Regel am ehesten mit dem Rat gedient sein, einen Notar oder Rechtsanwalt in dem betreffenden Staat hinzuzuziehen und mit ihm die Vorschläge abzustim-

16

men. Im Ausnahmefall mag auch das Gutachten eines mit Fragen des betreffenden Auslandsrechts vertrauten deutschen Experten hilfreich sein. Zeitschriften veröffentlichen von Zeit zu Zeit eine Liste der deutschen Experten, zuletzt in DNotZ 2003, 310; ZEV 2006, 450. Das Europäische Rechtsauskunftsübereinkommen (BGBl. 1974 II 937) erlaubt bedauerlicherweise nur Gerichten, nicht aber Notaren, Auskünfte im betreffenden Land einzuholen. Abgemildert wird dies durch § 11a BNotO, wonach sich ein ausländischer Notar auf Ersuchen seines inländischen Kollegen zum Zwecke der Rechtshilfe ins Inland begeben darf, um dort Rechtsrat in seinem Heimatrecht zu erteilen. Auskünfte vermittelt und Gutachten erstellt auch das Deutsche Notarinstitut, Würzburg (www.dnoti.de).

17 In der Urkunde soll vermerkt werden, dass auf die Anwendung ausländischen Rechts hingewiesen wurde (§ 17 III BeurkG).

18 **Formulierungsbeispiel: Hinweis auf ausländisches Recht**

Der Notar hat die Beteiligten darauf hingewiesen, dass das Recht des Staates ... zur Anwendung kommen, danach das Rechtsgeschäft unwirksam sein oder der mit ihm verfolgte Zweck beeinträchtigt werden kann. Es ist aber auch möglich, dass dieses ausländische Recht deutsches Recht verbindlich für anwendbar erklärt. Das Recht des Staates ... kennt der Notar allerdings nicht und kann darüber auch keine Auskünfte geben.
Der Notar hat den Beteiligten geraten, sich Klarheit über die Auslandsrechtsfragen zu verschaffen und daher einen Rechtsanwalt/Notar in ... hinzuzuziehen oder das Gutachten eines mit dem Recht des Landes ... Experten einzuholen.
Die Beteiligten wünschten dennoch die sofortige Beurkundung.

3. Auskünfte über ausländisches Recht

19 Der Notar ist **berechtigt** – ohne gegen die BNotO zu verstoßen –, Auskünfte über fremdes Recht zu geben und auf dessen Basis rechtsgestaltend tätig zu werden. Weiß der Notar, dass die anzuwendende Rechtsordnung das Rechtsgeschäft nicht anerkennt (so kennen beispielsweise viele romanische Rechtsordnungen den Erbvertrag und den Erbverzicht nicht), sollte er die Beurkundung **ablehnen**. Bestehen die Beteiligten dennoch auf Beurkundung, könnte ein entsprechender **Hinweis** in die Urkunde aufgenommen werden.

20 **Formulierungsbeispiel: Mangelnde Anerkennung im Ausland**

Der Notar hat darauf hingewiesen, dass das Recht des Staates ... die Zuständigkeit des deutschen Notars verneint und deshalb das Rechtsgeschäft ins Leere geht/dass das Recht des Staates ... entgegensteht und deshalb Bedenken gegen die Gültigkeit des Rechtsgeschäfts bestehen können.

4. Haftung

21 Da keine Pflicht zur Belehrung über ausländisches Recht besteht, kommt im Grundsatz auch **keine Haftung** für etwaige negative Folgen des ausländischen Rechts in Frage. Berät der Notar aber über ausländisches Recht, haftet er für falsche Auskünfte (*Armbrüster*/Preuß/Renner § 17 BeurkG Rn. 241; *Haug/Zimmermann* Rn. 546). Vorsicht ist auch bei so genannten unverbindlichen Auskünften geboten (*Haug/Zimmermann* Rn. 497; differenzierend *Drasch* MittBayNot 1996, 187).

22 Haftungsfolgen können entstehen, wenn der objektiv erkennbaren Auslandsberührung nicht nachgegangen wurde oder der Hinweis nach § 17 III BeurkG nicht erfolgt oder unvollständig war (vgl. Beispiele bei *Ferid* MittBayNot 1974, 191: mangelnde Aufklä-

rung über mögliche Rückverweisung auf deutsches Recht; ebenso *Winkler* § 17 Rn. 271; *Armbrüster*/Preuß/Renner § 17 BeurkG Rn. 237; a. A. *Reithmann/Albrecht* Rn. 165). Gemäß § 17 III 2 BeurkG muss der Notar die Beteiligten zwar nicht über den Inhalt ausländischer Rechtsordnungen belehren; er muss indes die Beteiligten darauf hinweisen, dass eine reine Orientierung am deutschen Recht zur Unwirksamkeit des beurkundeten Rechtsgeschäfts führen kann (vgl. *OLG Frankfurt* NJW 2001, 392).Hierfür und für eine Beratung über ausländisches Recht kann die Haftung nicht ausgeschlossen werden (ähnl. *Bardy* MittRhNotK 1993, 305, 309). Der Vermerk nach § 17 III BeurkG dient lediglich **Beweiszwecken.** Fehlt er, muss der Notar im Schadensersatzprozess beweisen, dass er dennoch belehrt hat (*Armbrüster*/Preuß/Renner § 17 BeurkG Rn. 157; *Bardy* MittRhNotK 1993, 305, 307 f.).

IV. Sprache, Schrift

1. Urkunden in fremder Sprache

Urkunden werden in deutscher Sprache errichtet (§ 5 I BeurkG). Wünschen die Beteiligten übereinstimmend die Errichtung in einer **fremden Sprache,** so steht es dem Notar frei, die Urkunde in der gewünschten Sprache zu errichten, wenn er ihrer **hinreichend kundig** ist (§ 5 II BeurkG). Er kann die Beurkundung in einer fremden Sprache ohne weiteres ablehnen (*Eylmann*/Vaasen/Limmer § 5 BeurkG Rn. 1; *Armbrüster*/Preuß/Renner § 5 BeurkG Rn. 5), auch wenn er diese Sprache beherrscht. Dies gilt für alle Arten und Formen notarieller Beurkundung, also sowohl für die Beurkundung von Willenserklärungen, einschließlich Verfügungen von Todes wegen, als auch sonstige Beurkundungen (§§ 36 bis 42 BeurkG). Nicht erforderlich ist, dass die Beteiligten die Urkundssprache verstehen. Der Text muss ihnen dann aber übersetzt werden (s. u. Rn. 31 ff.). 23

Bei der Gestaltung der Urkunde hat der Notar großen Spielraum: Die Urkunde kann in der fremden Sprache (vgl. *LG Düsseldorf* NZG 1999, 730), oder teils in Deutsch und teils in einer oder mehreren Fremdsprachen abgefasst sein. Bedenkenfrei sind die in der Praxis häufig verwandten **zweisprachigen Urkunden,** in denen dem deutschen Text der fremdsprachige Text gegenübergestellt wird (wie hier: Armbrüster/*Preuß*/Renner § 5 BeurkG Rn. 8; zu weitgehend: *Schütze* DNotZ 1992, 66, 74: „wirklich perfekt"). Um Auslegungsschwierigkeiten oder Zurückweisungen durch die Register zu vermeiden, sollte klargestellt werden, welche Sprache maßgeblich ist. Ist dies die fremde Sprache, kann es für die Abwicklung im Inland zweckmäßig sein, den übersetzten deutschen Text zu verwenden (§ 50 BeurkG, s. u. Rn. 43). Besonderheiten bestehen beim **Time-Sharing-Vertrag** (§ 483 I BGB). Wurde dieser von einem deutschen Notar beurkundet, ist er dem Verbraucher in beglaubigter Übersetzung (in der von ihm gewählten Sprache) auszuhändigen (§ 483 II BGB), andernfalls ist er nichtig (§ 483 III BGB). 24

Der Notar beurteilt selbst, ob er der fremden Sprache hinreichend kundig ist. Dabei ist von Fall zu Fall zu unterscheiden: Schulkenntnisse mögen für die Abfassung eines Beglaubigungsvermerks ausreichen, die eines Grundstückskaufvertrags oder eines Gesellschaftsvertrags setzt **Vertrautheit** mit der fremden Rechtsterminologie voraus. Entscheidend wird sein, ob der Notar für die sachliche Richtigkeit die Verantwortung übernehmen kann (*Winkler* § 5 Rn. 8). Werden dem Notar von ihm selbst nicht gefertigte fremdsprachige Texte vorgelegt, muss er den gesamten Text verstehen, um erkennen zu können, ob er tätig werden darf (vgl. § 4 BeurkG). Dies gilt allerdings nicht, wenn er nur die Unterschriften unter dem Text beglaubigen soll (Armbrüster/*Preuß*/Renner § 40 BeurkG Rn. 21; *Winkler* § 40 Rn. 44). 25

Geringere Kenntnisse der fremden Sprache reichen für die Fertigung beglaubigter Abschriften fremdsprachiger Texte aus (zum Streitstand s. *Winkler* § 42 Rn. 17 ff.; DNotI-Report 2008, 145). Verfügt der Notar über gewisse Kenntnisse der Sprache und kennt er die Schriftzeichen, soll er beglaubigen dürfen, wenn nach Würdigung der Gesamtum- 26 stände (einschließlich der äußeren Form der Urkunde) keine Anhaltspunkte für eine Ablehnung vorliegen. Kennt der Notar weder Schriftzeichen noch Sprache, soll er nur beglaubigen dürfen, wenn ein Grund für die Notwendigkeit der Beglaubigung glaubhaft gemacht wird. Geringere Anforderungen sind dann zu stellen, wenn die zu beglaubigenden Abschriften im Heimatland des Betreffenden oder einem Land gleicher Sprache benötigt werden (s. *BMJ* DNotZ 1983, 523). Diese Kriterien erscheinen überzogen, behindern sie doch den stetig wachsenden Rechtsverkehr mit dem Ausland. Es sollte dem pflichtgemäßen Ermessen des Notars – wie bei der Unterschriftsbeglaubigung – überlassen bleiben, ob er tätig werden will (ähnlich *Winkler* § 42 Rn. 20; Armbrüster/*Preuß*/Renner § 42 BeurkG Rn. 12; *Grziwotz/Heinemann* § 42 Rn. 22).

27 Beurkundet der Notar, obwohl er der Sprache nicht hinreichend kundig ist, ist die Urkunde dennoch wirksam (*Winkler* § 5 Rn. 7; Armbrüster/*Preuß*/Renner § 5 BeurkG Rn. 6; *Eylmann*/Vaasen § 5 BeurkG Rn. 3). Dies kann aber dienst- und haftungsrechtliche Folgen nach sich ziehen.

2. Verhandlungssprache

28 Von der Urkundssprache zu unterscheiden ist die Sprache, in der die Verhandlung geführt wird. Grundsätzlich kann in **jeder Sprache** verhandelt werden, auch in einer Sprache, die nicht Urkundssprache wird (Armbrüster/*Preuß*/Renner § 5 BeurkG Rn. 7; *Winkler* § 5 Rn. 9; *Eylmann*/Vaasen § 5 BeurkG Rn. 4). So kann etwa in Deutsch verhandelt und anschließend die Urkunde in der gewünschten fremden Sprache errichtet werden oder umgekehrt. Letzteres dürfte dann angezeigt sein, wenn der Notar in der fremden Sprache zwar verhandeln und belehren, nicht aber einen Text verfassen kann. Vermag der Notar in der fremden Sprache nicht zu verhandeln, hat er einen Dolmetscher hinzuzuziehen.

3. Fremdsprachige Texte/Muster

29 Für die Praxis mit Auslandsberührung dürften folgende Veröffentlichungen hilfreich sein:
- **Beglaubigungsvermerke** und **Registerbescheinigungen** in englischer Sprache: *Hertel*, Würzburger Notarhandbuch, S. 2561 f., *Schervier* MittBayNot 1989, 198; *Röll* MittBayNot 1977, 107; Beglaubigungsvermerke in insgesamt 14 Sprachen: *Röll* DNotZ 1974, 423.
- Einheitliche Formulare für **Vollmachten** (u.a. General-, Grundstücksverkaufs-, Grundstückserwerbs-, Gesellschaftsgründungs-, Nachlassvollmacht) zur Verwendung in den meisten europäischen Ländern in zehn verschiedenen Sprachen: Internationale Union des Lateinischen Notariats, 1995.
- **Grundstücksrecht** mit Mustervertrag in Englisch: *Vollhard/Weber/Usinger*, Real Property in Germany, 6. Aufl. 2002).
- Erläuterungen zum **Recht der GmbH** mit GmbHG und **Gesellschaftsvertrag** in Englisch: *Peltzer/Brooks/Hopcroft*, GmbHG Deutsch-Englisch, 4. Aufl. 2000; in Französisch: *de Lousanoff/Laurin*, La GmbH, 3. Aufl. 2010; Erläuterungen zum Recht der **AG** mit AktG in Englisch: *Peltzer/Hickinbotham*, AktG und MitbestG Deutsch-Englisch, 1999; *Schneider/Heidenhain*, The German Stock Corporation Act, 2000; zum UmwG/UmwStG in Englisch: *Benkert/Bürle*, Umwandlungsgesetz/Umwandlungssteuergesetz, 1996; *Lainé/Leutner*: Standardmuster zum Gesellschaftsrecht dt.-frz., 2005; *Otto/Haneke/Sánchez*, Standardmuster zum Gesellschaftsrecht dt.-span., 2008, *Stummel*, Standardmuster zum Gesellschaftsrecht dt.-engl., 2010; *Walz* (Hrsg.), Beck'sches Formularbuch Zivil- Wirtschafts- und Unternehmensrecht Deutsch/Englisch, 2010.
- **Gesamtdarstellung** des deutschen Rechts in englischer Sprache: *Campbell/Rüster* (Hrsg.), Business Transactions in Germany, 2007; *Reimann/Zekoll*, Introduction to German Law, 2006.

4. Fremde Schrift, Unterschrift

30 Kann die Urkunde in fremder Sprache errichtet werden, so schließt dies die Verwendung der dieser Sprache eigentümlichen Schriftzeichen (z.B. arabisch, japanisch) ein (*Eylmann*/Vaasen § 5 BeurkG Rn. 1; *Winkler* § 5 Rn. 7). Ausländer dürfen ihre Unter-

schrift auch in fremden Schriftzeichen leisten (Armbrüster/Preuß/Renner/*Piegsa* § 13 BeurkG Rn. 49; *Winkler* § 13 Rn. 52).

V. Übersetzung

1. Übersetzung bei Beurkundung

a) Verfahren

Ist bei Beurkundungen von Willenserklärungen, der Abnahme von Eiden und bei der Aufnahme eidesstattlicher Versicherungen (§ 38 I BeurkG) ein Beteiligter der Sprache, in der die Niederschrift abgefasst ist, nach seinen Angaben oder nach (pflichtgemäßer) Überzeugung des Notars nicht hinreichend kundig, ist folgendermaßen zu verfahren (§ 16 BeurkG): **31**

(1) Der deutsche Text der Niederschrift ist den sprachkundigen Beteiligten **vorzulesen**.

(2) Der Text der Niederschrift einschließlich ihrer zu verlesenden Anlagen ist dem Sprachunkundigen vollständig mündlich, entweder durch den Notar oder von einem Dolmetscher, zu **übersetzen**. Der Text der Niederschrift ist nicht zwingend wortwörtlich zu übersetzen – dies ist angesichts unterschiedlicher rechtlicher Begrifflichkeiten fremder Länder häufig auch gar nicht möglich – sondern sinngemäß, aber vollständig und nicht zusammenfassend (Armbrüster/Preuß/Renner/*Piegsa* § 16 BeurkG Rn. 19; *Winkler* § 16 Rn. 14). Die Übersetzung kann alternierend (z. B. Seite für Seite) oder nach Abschluss der gesamten Niederschrift erfolgen (*Winkler* § 16 Rn. 16). Sind alle Beteiligten sprachunkundig, kann sofort übersetzt werden, ohne dass zuvor der deutsche Text verlesen werden muss (§ 16 II 1 BeurkG). Die Übersetzung ersetzt dann die Verlesung für Sprachunkundige (*Winkler* § 16 Rn. 16; Armbrüster/Preuß/ Renner/*Piegsa* § 16 BeurkG Rn. 18; *Grziwotz/Heinemann* § 16 Rn. 19; DNotI-Report 2006, 183). Versteht der Beteiligte nur bestimmte Teile der Niederschrift nicht, ist es ausreichend, wenn ihm nur diese übersetzt werden. Welche Teile der Niederschrift übersetzt werden, ist dann in der Niederschrift (etwa im Schlussvermerk) zu vermerken (a. A. *LG Dortmund* NotBZ 2005, 342; Armbrüster/Preuß/Renner/ *Piegsa* § 16 BeurkG Rn. 12, 20). Auf die Übersetzung kann **in keinem Fall** verzichtet werden. Im Verzicht auf das Verlesen von Urkunden, auf die in der Niederschrift verwiesen wird (§§ 13a, 14 BeurkG), soll allerdings auch ein Verzicht auf die Übersetzung dieser Urkunden zu sehen sein (Eylmann/Vaasen/*Limmer* § 16 BeurkG Rn. 8*)*. Die Sprachunkundigkeit soll in der Niederschrift festgestellt werden. Auch wenn alle Beteiligten der Sprache der Übersetzung mächtig sind, aber einige von ihnen auch der Urkundssprache, soll der Text in der Urkundssprache zu verlesen sein (*Winkler* § 16 Rn. 6: Eylmann/Vaasen/*Limmer* § 16 BeurkG Rn. 8; DNotI-Report 2006, 183, 184).

(3) Der Sprachunkundige ist darauf hinzuweisen, dass er zusätzlich eine schriftliche Übersetzung zur **Durchsicht** verlangen kann (§ 16 II 3 BeurkG).

(4) Die schriftliche **Übersetzung** ist der Niederschrift **beizufügen** (§ 16 II 2 BeurkG); Verbindung mit Schnur und Siegel (§ 44 BeurkG) ist nicht zwingend, aber zweckmäßig (*Winkler* § 16 Rn. 17; Eylmann/Vaasen/*Limmer* § 16 BeurkG Rn. 9).

(5) Bei der Übersetzung durch **Dolmetscher** ist
– dessen Identität festzustellen;
– zu prüfen, ob Ausschlussgründe vorliegen (§§ 6, 7 BeurkG);
– dieser zu vereidigen, es sei denn, alle Beteiligten verzichten;
– die Niederschrift auch von dem Dolmetscher zu unterschreiben.

Die Umgehung dieses Verfahrens durch Auftreten eines (sprachkundigen) vollmachtlosen Vertreters des Sprachunkundigen mit anschließender Genehmigung mag im Einzelfall geboten, als Regel dürfte es standeswidrig sein (Armbrüster/Preuß/Renner/*Piegsa* § 16 BeurkG Rn. 40; *Grziwotz/Heinemann* § 16 Rn. 7). **32**

33 Bei der Erklärung **letztwilliger Verfügungen** gilt das hier geschilderte Verfahren mit der Abweichung, dass der letztwilligen Verfügung unaufgefordert eine schriftliche Übersetzung beizufügen ist, es sei denn, es wird darauf in der Niederschrift verzichtet (§ 32 BeurkG). Bei **Unterschriftsbeglaubigungen** findet § 16 BeurkG keine Anwendung (*OLG Karlsruhe* DNotZ 2003, 297; *Winkler* § 16 Rn. 2).

b) Sprachunkundigkeit

34 Nach der Rechtsprechung (*BGH* DNotZ 1964, 174, 176) ist derjenige kundig, der **fähig** ist, seine Gedanken klar und deutlich auszudrücken, nicht derjenige, der lediglich Gesprochenes zu verstehen vermag. Hiernach liegt Kundigkeit vor, wenn die Sprache mit Akzent oder geringen grammatikalischen Fehlern gesprochen wird, nicht aber bei demjenigen, der die Sprache nur „gebrochen" spricht und deshalb seine Vorstellungen während der Verhandlung nicht schnell und mühelos einbringen kann. Andere lassen richtigerweise ausreichen, dass der Beteiligte den Inhalt der Niederschrift und die Belehrung des Notars verstehen und sein Einverständnis zum Ausdruck bringen kann (*BayObLG* MittRhNotK 2000, 178; *Winkler* § 16 Rn. 7; Eylmann/Vaasen/*Limmer* § 16 BeurkG Rn. 4; Staudinger/*Hertel* BeurkG Rn. 541). Mit dem Zusatz „hinreichend" (§ 16 I BeurkG) wird klargestellt, dass es von dem konkreten Geschäft abhängt, auf welche Qualität der Sprachkenntnisse es ankommt (Armbrüster/Preuß/Renner/*Piegsa* § 16 BeurkG Rn. 11; Staudinger/*Hertel* BeurkG Rn. 541). Passive Kenntnisse können deshalb durchaus genügen (vgl. Armbrüster/Preuß/Renner/*Piegsa* § 16 BeurkG Rn. 10; *Winkler* § 16 Rn. 6 f.).

35 Gibt ein Beteiligter an, der Sprache unkundig zu sein, ist der Notar – auch wenn er von dem Gegenteil überzeugt ist – daran gebunden (*BGH* DNotZ 1964, 174, 175; Armbrüster/Preuß/Renner/*Piegsa* § 16 BeurkG Rn. 13).

c) Dolmetscher

36 Übersetzen muss entweder der Notar selbst oder ein Dolmetscher. Ob der Notar einen Dolmetscher hinzuzieht, steht in seinem **Ermessen**. Er muss es tun, wenn er selbst der Sprache nicht hinreichend kundig ist, was er selbst einzuschätzen hat. Die Übersetzung kann auf der Basis einer schriftlichen Übersetzung erfolgen, die von einem (sprachkundigen) Dritten erstellt wurde. (Armbrüster/Preuß/Renner/*Piegsa* § 16 BeurkG Rn. 25). Verliest ein Mitarbeiter die schriftliche Übersetzung, wird darin nicht die Übersetzung des Notars gesehen, sondern die Übersetzung eines Dolmetschers (Armbrüster/Preuß/Renner/ *Piegsa* § 16 BeurkG Rn. 25; *Grziwotz/Heinemann* § 16 Rn. 70), wobei dann auch die Verfahrensregeln bei Übersetzung durch einen Dolmetscher eingehalten werden müssen. Der Notar muss die Sprache aber so hinreichend beherrschen, dass er überprüfen kann, ob sie mit den mündlichen Erklärungen tatsächlich übereinstimmt (Armbrüster/Preuß/ Renner/*Piegsa* § 16 BeurkG Rn. 25; *Grziwotz/Heinemann* § 16 Rn. 70). Bei der **Auswahl** des Dolmetschers ist zunächst darauf zu achten, dass dieser nach Überzeugung des Notars auch richtig übersetzen kann (*Hagena* DNotZ 1978, 391), er kein Beteiligter oder eine bei der Beurkundung mitwirkende Person (z. B. Zeuge, auch Schreibzeuge, zweiter Notar) ist oder sonstige Ausschlussgründe vorliegen (vgl. §§ 6, 7 BeurkG). Ein geeigneter Dolmetscher ist nur derjenige, der die Kommunikation zwischen Notar und Sprachunkundigem in der Sprache herstellen kann, derer der Unkundige mächtig ist. Ein Sprachmittler ist unzulässig (vgl. *OLG München* MittBayNot 1986, 140, 141: Übersetzung vom Deutschen ins Englische und vom Englischen ins Arabische, der Sprache des Betreffenden). Grundsätzlich sollte – wegen der damit verbundenen höheren Richtigkeitsgewähr – ein staatlich geprüfter Dolmetscher beigezogen werden (*Renner* ZNotP 2005, 145, 146; *Eckhardt* ZNotP 2005, 221), bei komplexen Angelegenheiten vorzugsweise ein Fachdolmetscher. Dies ist jedoch – mangels entsprechender gesetzlicher Regelung – nicht zwingend. Bei einfachen Angelegenheiten kann die Hinzuziehung eines Privatdolmetschers – schon aus Kosten- und Zeitgründen – angemessener sein (Armbrüster/

Preuß/Renner/*Piegsa* § 16 BeurkG Rn. 27). Dolmetscher kann auch ein Mitarbeiter des Notars sein.

Eine **Vereidigung** des Dolmetschers ist nur dann nicht vorzunehmen, wenn alle Beteiligten darauf verzichten, oder er bereits allgemein und nicht nur für bestimmte gerichtliche Angelegenheiten vereidigt ist. Die Vereidigung erfolgt entsprechend § 189 II GVG. Bei einer allgemeinen Vereidigung, d. h. die auch für die notarielle Amtstätigkeit gilt, ist Bezugnahme auf den bereits geleisteten Eid möglich. Im **Zweifel** sollte vereidigt werden. Ob sich die allgemeine Vereidigung auch auf notarielle Angelegenheiten erstreckt, richtet sich nach Landesrecht. So sind Dolmetscher z. B. in Bayern, Berlin, Hessen, Niedersachsen, Rheinland-Pfalz, Saarland, Thüringen, auch für die Übersetzung notarieller Urkunden allgemein vereidigt (s. Nachw. bei Armbrüster/Preuß/Renner/*Piegsa* § 16 BeurkG Rn. 34). 37

d) Unwirksamkeit

Die Sprachunkundigkeit soll in der Niederschrift festgestellt werden (§ 16 I BeurkG). Enthält die Urkunde diesen **Vermerk nicht,** bleibt sie dennoch **wirksam,** auch wenn der Notar die Sprachunkundigkeit erkannt bzw. der Beteiligte darauf hingewiesen hat (vgl. OLG Köln MittBayNot 1999, 60; OLG München MittBayNot 1986, 149; *Winkler* § 16 Rn. 11; Armbrüster/Preuß/Renner/*Piegsa* § 16 BeurkG Rn. 4 f.). 38

Ist die Sprachunkundigkeit in der Niederschrift aber vermerkt, muss, weil andernfalls die Urkunde unwirksam ist, Folgendes **zwingend** eingehalten werden: 39
– **Verlesung** der Niederschrift für die sprachkundigen Beteiligten;
– mündliche **Übersetzung** durch den Notar oder Dolmetscher; ein Verzicht auf die Übersetzung ist nicht möglich (Eylmann/Vaasen/*Limmer* § 16 BeurkG Rn. 3);
– schriftliche Übersetzung bei **letztwilligen Verfügungen,** es sei denn, es wird verzichtet. Der Verzicht ist zwingend zu vermerken (§ 32 II Hs. 2 BeurkG).

Die Verletzung der übrigen Bestimmungen des § 16 BeurkG macht die Urkunde nicht unwirksam (Armbrüster/Preuß/Renner/*Piegsa* § 16 Rn. 4). In der **Niederschrift** könnten die festgestellten Tatsachen etwa wie folgt vermerkt werden: 40

> **Formulierungsbeispiel: Hinweis auf Sprachunkundigkeit** 41
>
> Der Erschienene versteht nur die französische Sprache. Es wurde daher als Dolmetscher ..., geb. am ..., ausgewiesen durch ..., hinzugezogen, zu dessen Person Ausschließungsgründe nicht vorlagen. Der Dolmetscher leistete den Dolmetschereid, indem er dem Notar die Worte nachsprach: Ich schwöre, treu und gewissenhaft zu übersetzen.
> Der Erschienene erklärte: ...
> Diese Niederschrift wurde in Gegenwart des Notars anstelle des Vorlesens von dem Dolmetscher in die französische Sprache übersetzt. Der Notar hat den Erschienenen darauf hingewiesen, dass er eine schriftliche Übersetzung verlangen kann, die der Niederschrift beigefügt wird. Hierauf wurde verzichtet. Die Niederschrift wurde von dem Erschienenen genehmigt und von ihm, dem Dolmetscher und dem Notar wie folgt unterschrieben:
> ...

2. Übersetzung von Urkunden

Die Gerichtssprache ist Deutsch, auch im FamFG-Verfahren (§§ 13, 184 GVG). Bei Vorlage ausländischer Urkunden kann (Ermessen) das Gericht eine Übersetzung verlangen (§ 142 III ZPO). Flexible Registergerichte akzeptieren in der Regel einfache Erklärungen (Registerbescheinigungen, Vermerke) in Englisch oder Französisch auch ohne Übersetzung; sonstige Erklärungen sind nur mit Übersetzung anzuerkennen (vgl. z. B. OLG Hamm RNotZ 2008, 360; LG Chemnitz NZG 2006, 517). Dies hat insbesondere für Schriftstücke zu gelten, die jeder einsehen darf, z. B. Satzungen. 42

43 Für Übersetzungen gilt: Hat der **Notar** die Urkunde selbst in fremder Sprache errichtet oder ist er für die Erteilung einer Ausfertigung der Niederschrift zuständig (vgl. § 48 BeurkG) kann (Ermessen) er der von ihm oder einem Dritten angefertigten Übersetzung ins Deutsche die **Richtigkeit** und **Vollständigkeit** bescheinigen (§ 50 I BeurkG). Von einer derartigen Übersetzung können Ausfertigungen und Abschriften erteilt werden. Die Übersetzung ist dann mit der Urschrift zu verwahren (§ 50 III 1 BeurkG).

44 | **Formulierungsbeispiel: Bescheinigung der Richtigkeit und Vollständigkeit der Übersetzung**

Hiermit bescheinige ich die Richtigkeit und Vollständigkeit der vorstehenden Übersetzung meiner Urkunde vom ... UR.Nr ... aus dem Englischen.

45 Die Vollständigkeit und Richtigkeit der Übersetzung einer fremdsprachigen Urkunde – auch einer notariellen – wird ferner dann vermutet, wenn dies ein dazu **besonders ermächtigter Übersetzer** bescheinigt (vgl. § 142 III 2 ZPO).

46 Hat der Notar die Urkunde nicht selbst errichtet oder verwahrt er die fremdsprachige Urkunde nicht, kann er nach dem Gesetzeswortlaut – auch wenn er der fremden Sprache hinreichend kundig ist – **keine Übersetzungsbescheinigung** gemäß § 50 BeurkG mit der darin vorgesehenen Beweisvermutung ausstellen. Aus praktischen und Kostengründen wäre eine gesetzliche Korrektur dahingehend wünschenswert, dies dem Notar bei jeder fremdsprachigen Urkunde zu ermöglichen, sofern ein Zusammenhang mit seiner Amtstätigkeit gegeben ist. Die Praxis hilft sich mit einer auf § 24 BNotO gestützten **Bestätigung**, in der darauf hingewiesen wird, dass der Notar die Übersetzung angefertigt hat und die Vollständigkeit und Richtigkeit bestätigt.

VI. Aushändigung von Urschriften

47 Grundsätzlich darf der Notar weder Inländern noch Ausländern Urschriften seiner Urkunden aushändigen (§ 45 I BeurkG).

48 Der Notar darf **ausnahmsweise** einem Beteiligten die Urschrift einer Niederschrift aushändigen, wenn er darlegt, dass sie im Ausland verwandt werden soll, und sämtliche Personen, die eine Ausfertigung verlangen können (vgl. § 51 I BeurkG), zustimmen (§ 45 II 1 BeurkG). Damit soll der internationale Rechtsverkehr erleichtert werden. Denn viele Länder lassen nur das Original einer Urkunde als Beweismittel zu (*Winkler* § 45 Rn. 9). Für die Aushändigung der Urschrift kommt es also nicht darauf an, ob Ausländer beteiligt sind. Auch bei reiner Inländerbeteiligung kann die Urschrift unter den genannten Voraussetzungen ausgehändigt werden.

49 Für die **Darlegung** reicht es, wenn die **Auslandsverwendung** plausibel gemacht wird und kein Anlass zu Misstrauen besteht. Glaubhaftmachung ist also nicht erforderlich. Der Notar muss nicht prüfen, ob die Urkunde tatsächlich im Ausland verwandt wird oder ob das betreffende Ausland die Ausfertigung als nicht ausreichend ansieht (Armbrüster/*Preuß*/Renner § 45 BeurkG Rn. 7). Die Zustimmung der nach § 51 BeurkG Berechtigten kann formlos erfolgen; aus Nachweisgründen ist Schriftform ratsam.

50 Liegen beide Voraussetzungen vor, **muss** der Notar die Urschrift aushändigen (a. A. Armbrüster/*Preuß*/Renner § 45 BeurkG Rn. 7; *Winkler* § 45 Rn. 12: pflichtgemäßes Ermessen). Vorher hat er sie mit seinem Siegel zu versehen und von ihr für die Urkundensammlung eine Ausfertigung zurückzubehalten, die an die Stelle der Urschrift tritt. Auf ihr ist zu vermerken, wem und weshalb die Urkunde ausgehändigt wurde (vgl. § 45 II 2, 3 BeurkG). Die Urschrift einer Vermerkurkunde (§ 39 BeurkG) kann ausgehändigt werden, ohne dass die oben genannten Voraussetzungen vorliegen müssen (§ 45 III BeurkG).

2. Teil. Bestimmung des anwendbaren Rechts

I. Funktionsweise des Kollisionsrechts

1. Auffinden der einschlägigen Kollisionsnorm

> **Beispiel:** Eine 19 Jahre alte verheiratete türkische Staatsangehörige kommt in das Notariat und möchte ein Grundstück kaufen.

Da hier aufgrund der ausländischen Staatsangehörigkeit der Beteiligten eine „Auslandsberührung" vorliegt, ist für die Beantwortung der Frage, ob die Beteiligte volljährig ist und in welchem Güterstand sie lebt, das Internationale Privatrecht (IPR) anzuwenden (Art. 3 EGBGB). Das IPR bestimmt nicht unmittelbar, in welchem Alter Volljährigkeit eintritt oder welcher Güterstand für ausländische Staatsangehörige gilt (enthält also keine sog. **Sachnormen**). Vielmehr bestimmt das IPR, welches Recht bei Berührung des Sachverhalts zu mehreren Rechtsordnungen auf eine spezifische Rechtsfrage (Geschäftsfähigkeit bzw. güterrechtliche Wirkungen der Ehe) anzuwenden ist **(Kollisionsrecht)**. Aus dem IPR ergibt sich also lediglich die Verweisung auf eine bestimmte Rechtsordnung, also z. B., ob im vorliegenden Fall auf die Beantwortung der konkreten Rechtsfrage das türkische Heimatrecht oder das deutsche Wohnsitzrecht anzuwenden ist. Diesem Recht ist dann die konkrete Rechtsfolge zu entnehmen. 51

Bei der Anwendung einer Kollisionsnorm ist zunächst die konkrete Rechtsfrage einem der im deutschen IPR verwandten kollisionsrechtlichen Systembegriffe zuzuordnen, um die einschlägige Kollisionsnorm zu ermitteln **(Qualifikation)**. 52

> So ist im **Beispiel** die Frage nach der „Volljährigkeit" unter den Begriff der „Rechts- und Geschäftsfähigkeit" i.S.v. Art. 7 EGBGB zu subsumieren. Der Güterstand der Käuferin wiederum würde unter die „güterrechtlichen Wirkungen der Ehe" (Art. 15 EGBGB) fallen.

Anschließend ist die einschlägige Kollisionsnorm zu ermitteln. Eine systematische – wenn auch nicht vollständige – Kodifikation des Kollisionsrechts befindet sich in Deutschland in den Art. 3 ff. EGBGB. **Vorrangig zu diesem „autonomen" IPR sind Regelungen in völkerrechtlichen Vereinbarungen** zu beachten, soweit sie unmittelbar anwendbares innerstaatliches Recht geworden sind, Art. 3 Nr. 2 EGBGB. Das betrifft einige bilaterale Abkommen und zahlreiche multilaterale Haager Übereinkommen (wie z. B. das Haager Übereinkommen über das auf die Form letztwilliger Verfügungen anwendbare Recht vom 5.10.1961). Dazu wiederum vorrangig sind die in Art. 3 Nr. 1 EGBGB aufgeführten **Rechtsakte** der EU auf dem Gebiet des IPR. Neben dem Schuldrecht (Rom I-VO und Rom II-VO) und dem Erbrecht (die EuErbVO ist auf alle ab dem 17.8.2015 eingetretenen Erbfälle anwendbar – dazu Rn. 215) werden auch auf dem Gebiet des Familienrechts immer mehr Kollisionsnormen des EGBGB durch EU-Verordnungen ersetzt. Bislang betrifft dies das Unterhalts- und das Scheidungsrecht (EU-UntVO und Rom III-VO), bald möglicherweise auch das Güterrecht („Rom IV-VO"). 53

> Für das **Beispiel** ist zu beachten, dass auf dem Bereich des internationalen Güterrechts zwar eine Verordnung der EU in Vorbereitung („Rom IV-VO", siehe Rn. 142), aber noch nicht in Kraft ist. Der Konsularvertrag mit der Türkischen Republik von 1929 enthält Sondervorschriften zur Bestimmung des auf die Erbfolge anwendbaren Rechts (Nachlassabkommen), nicht aber zur Geschäftsfähigkeit oder zum Güterrecht. Das Haager Kinderschutzübereinkommen (KSÜ) regelt zwar die vormundschaftliche Vertretung Minderjähriger, nicht aber die dazu vorgreifliche Frage (Vorfrage), wer minderjährig ist bzw. nach welchem Recht sich der Eintritt der Volljährigkeit bestimmt. Insoweit bleibt es daher für die Geschäftsfähigkeit und den Güterstand bei der Anwendung der in Art. 7 EGBGB enthaltenen nationalen (autonomen) Kollisionsnormen.

Zur Bestimmung des anwendbaren Rechts stellt die Kollisionsnorm auf ein bestimmtes Kriterium, wie z.B. die Staatsangehörigkeit einer Person, den gewöhnlichen Aufent- 54 halt oder den Ort, an dem ein Rechtsgeschäft vorgenommen wird (**Anknüpfungspunkt**) ab. Die durch diesen Vorgang (Anknüpfung) bestimmte Rechtsordnung wird als „Statut" bezeichnet. Das auf die Geschäftsfähigkeit anwendbare Recht ist also das Geschäftsfähigkeitsstatut, das auf den Güterstand anwendbare Recht das Güterstatut und das auf die Erbfolge anwendbare Recht das Erbstatut. Wird das auf die persönlichen Rechtsverhältnisse anwendbare Recht allgemein nach einem einheitlichen Anknüpfungspunkt bestimmt, spricht man vom „Personalstatut". So wird im deutschen (autonomen) IPR das Personalstatut an die Staatsangehörigkeit einer Person angeknüpft, während in den Rechtsakten der EU die Anknüpfung an den gewöhnlichen Aufenthalt favorisiert wird.

> Zur Bestimmung der Rechts- und Geschäftsfähigkeit verweist Art. 7 I EGBGB auf das Recht des Staates, dem der Betreffende angehört (Heimatrecht). Insoweit gilt also für die türkische Käuferin im **Beispiel** das türkische Recht. Die güterrechtlichen Beziehungen werden gem. Art. 15 I i.V.m. Art. 14 I Nr. 1 EGBGB vorrangig an die gemeinsame Staatsangehörigkeit der Eheleute zum Zeitpunkt der Eheschließung angeknüpft. Insoweit wäre also im vorliegenden Fall zu ermitteln, ob die Käuferin schon bei Heirat türkische Staatsangehörige war und welche Staatsangehörigkeit ihr Ehemann damals hatte.

55 Bei der Anwendung des so bestimmten Rechts, ausnahmsweise auch schon bei Anwendung der Kollisionsnorm, kann ein bestimmtes Rechtsverhältnis vorausgesetzt werden, das unter den Systembegriff einer anderen Kollisionsnorm fällt (sog. **Vorfrage**).

> Im **Beispiel** hängt das das Entstehen eines ehelichen Vermögensregimes z.B. davon ab, dass die Ehe wirksam geschlossen wurde. Gleiches gilt in anderen Rechtsordnungen für einen vorzeitigen Eintritt der Geschäftsfähigkeit („Ehe macht mündig").

56 Die Vorfrage ist nach herrschender Meinung nach der Rechtsordnung zu beurteilen, die das deutsche IPR (hier also Art. 13 EGBGB) für anwendbar erklärt (*Kegel/Schurig* § 9 II S. 376; *Kropholler* § 32 IV 2 S. 226). Die Anhänger der sog. unselbständigen Vorfragenanknüpfung (z.B. MünchKomm/*Sonnenberger* Einl. IPR Rn. 548) hingegen wollen das IPR des Staates anwenden, dessen Recht über die Hauptfrage entscheidet – im Beispiel dann also ggf. das türkische IPR.

2. Anknüpfungspunkte

57 Die Kollisionsnorm stellt die Verweisung auf das anwendbare Recht her, indem sie einen Anknüpfungspunkt bereitstellt. Der Gesetzgeber versucht auf diese Weise regelmäßig die Geltung des Rechts herzustellen, mit dem der Sachverhalt am engsten verbunden ist.

58 Im materiellen Schuldvertragsrecht dominiert die Vertragsautonomie. Daher ist auch im internationalen Vertragsrecht vorrangig eine **Rechtswahl** der Vertragsparteien zu beachten (Art. 3 Rom I-VO). „Objektive Anknüpfungen" sind dort erforderlich, wo die Vertragsparteien keine Rechtswahl getroffen haben (Art. 4 Rom I-VO) oder wo es verbraucherschützende Vorschriften gibt, denen der Verbraucher nicht durch eine Rechtswahlklausel entzogen werden soll (Art. 6 Rom I-VO). Im internationalen Ehe- und Erbrecht wird in neueren Rechtsakten zunehmend eine beschränkte Rechtswahlmöglichkeit zugestanden (z.B. Art. 5 Rom III-VO, Art. 7, 8 HUP, Art. 22, 24, 25 EuErbVO). Da sich die Befugnis zur Rechtswahl unmittelbar aus dem deutschen bzw. europäischen IPR ergibt, ist es ohne Bedeutung, ob das bislang objektiv anwendbare (also das „abgewählte") ausländische Recht oder das durch Rechtswahl bestimmte Recht die Rechtswahl anerkennt oder nicht. Im internationalen Sachenrecht ist die **Belegenheit** der betroffenen Sache als Anknüpfungspunkt international weitgehend anerkannt *(lex rei sitae)*.

59 In der notariellen Praxis dominieren Fragen aus dem internationalen Ehe-, Familien- und Erbrecht. Hier wird personenbezogen angeknüpft. Das auf die persönlichen Rechtsverhältnisse anwendbare Recht (**Personalstatut**) wird im deutschen (autonomen) IPR an

2. Teil. Bestimmung des anwendbaren Rechts

die **Staatsangehörigkeit** der betreffenden Person angeknüpft (Heimatrecht). Die Zugehörigkeit einer Person zu einem bestimmten Staat ergibt sich als öffentlich-rechtliche Vorfrage jeweils aus dem Staatsangehörigkeitsrecht des jeweiligen Staates. Die deutsche Staatsangehörigkeit ergibt sich also aus dem StAG und Art. 116 GG. Gehört eine Person mehreren Staaten an (Doppelstaater oder **Mehrstaater**), so ist im deutschen IPR stets vorrangig an die deutsche Staatsangehörigkeit anzuknüpfen (Art. 5 I 2 EGBGB). Bei einem Mehrstaater ohne deutsche Staatsangehörigkeit ist das Recht des Staates anzuwenden, mit dem er am engsten verbunden ist (so genannte effektive Staatsangehörigkeit). Bei **Staatenlosen** scheitert die Anknüpfung an die Staatsangehörigkeit. Ersatzweise ist an den gewöhnlichen Aufenthalt, hilfsweise an den schlichten Aufenthalt anzuknüpfen (Art. 5 II EGBGB, der auf Art. 12 der New Yorker Staatenlosenkonvention vom 28.9.1954 beruht). Das Personalstatut von internationalen Flüchtlingen wird gem. Art. 12 der Genfer Flüchtlingskonvention vom 28.7.1951 ebenfalls nicht an die Staatsangehörigkeit, sondern an den gewöhnlichen Aufenthalt angeknüpft. Den internationalen Flüchtlingen gleichgestellt sind gem. § 2 I AsylVfG anerkannte **Asylbewerber** (Texte z.B. bei Palandt/*Thorn* Anh. zu Art. 5 EGBGB Rn. 27 ff.).

Der **gewöhnliche Aufenthalt** wird im autonomen IPR zunehmend als subsidiärer Anknüpfungspunkt zur Staatsangehörigkeit (vgl. Art. 14 I Nr. 2 EGBGB) sowie im Kindschaftsrecht (Art. 19 ff. EGBGB) eingesetzt. Im vereinheitlichen Europäischen Kollisionsrecht wird er wegen politischer Bedenken gegen das Staatsangehörigkeitsprinzip und der „Integrationswirkung" als Anknüpfungspunkt favorisiert (vgl. z. B. Art. 21 EuErbVO, Art. 8 Rom III-VO). Hierbei handelt es sich um einen unbestimmten Rechtsbegriff. Maßgeblich soll der „Lebensmittelpunkt" einer Person sein (*BGH NJW* 1993, 2047). Eine bestimmte Mindestdauer ist für die Begründung eines gewöhnlichen Aufenthalts nicht erforderlich. So kann bei einem Umzug in ein anderes Land – z. B. bei Zusammenzug von Ehegatten – schon mit dem Tag der Ankunft ein neuer gewöhnlicher Aufenthalt begründet und der alte gewöhnliche Aufenthalt aufgegeben sein. Grundsätzliche Fragen, wie Möglichkeit eines mehrfachen gewöhnlichen Aufenthalts, ob der Aufenthaltswille eine Rolle spielt und ob der gewöhnliche Aufenthalt in unterschiedlichen Bereichen des IPR nach denselben Maßstäben zu bestimmen ist, sind immer noch nicht geklärt (vgl. *EuGH* IPRax 2012, 340; EuErbVO Erwägungsgründe 23, 24).

3. Anwendung des ausländischen Kollisionsrechts

Ergibt sich aus der Anknüpfung die Verweisung auf das Recht eines anderen Staates, so führt die Verweisung gem. Art. 4 I EGBGB regelmäßig nicht unmittelbar zur Anwendung des ausländischen materiellen Rechts (**Sachrecht**). Vielmehr erfasst die Verweisung auch das ausländische Kollisionsrechts (Gesamtverweisung), so dass nach Verweisung auf ein ausländisches Recht zunächst das ausländische IPR angewandt werden muss. Kommt das ausländische IPR ebenfalls zu dem Ergebnis, dass dieses ausländische Recht anwendbar ist, so „nimmt das ausländische Recht die Verweisung an", die Rechtsfrage ist dann nach dem materiellen Recht dieses Staates zu entscheiden. Ist im ausländischen IPR für diese Rechtsfrage ein abweichender Anknüpfungspunkt vorgesehen, so kann es zu dazu kommen, dass das ausländische Recht deutsches Recht für anwendbar erklärt (**Rückverweisung**) oder aber (seltener) auf das Recht eines dritten Staates verweist (**Weiterverweisung**). Auf eine Rückverweisung ist unmittelbar das deutsche Sachrecht anzuwenden (Art. 4 I 2 EGBGB).

So bestimmt z. B. das türkische IPR von 2007 für die Auseinandersetzung des ehelichen Vermögens hinsichtlich unbeweglicher Sachen die Geltung des Belegenheitsrechts, während im Übrigen das gemeinsame Heimatrecht der Eheleute anwendbar ist. Die Bedeutung dieser Regelung ist unklar. Ein Teil der deutschen Literatur entnimmt hieraus eine Verweisung auf das Belegenheitsrecht für die güterrechtlichen Wirkungen hinsichtlich der Immobilien (gespaltenes Güterstatut, *Odendahl* FamRZ 2009, 571; kritisch: *Emmerling de Oliveira/Heggen* notar 2011, 41). Folgt man dieser Ansicht, so ergibt sich im **Beispiel** (oben Rn. 51) für die güterrechtlichen Verhältnisse in Bezug auf das von der Türkin erworbene Grundstück, auch wenn das deutsche IPR wegen übereinstimmender türkischer Staatsangehörigkeit der Eheleute bei Eheschließung auf das türkische Recht verweist, eine auf in die Deutschland belegenen Grundstücke beschränkte Rückverweisung auf das deutsche Güterrecht. Für das übrige Vermögen nimmt das türkische Recht dagegen die Verweisung an. Es tritt eine kollisionsrechtliche Spaltung des ehelichen Vermögens ein. Für das deutsche Grundvermögen gilt Zugewinngemeinschaft nach BGB, für das übrige Vermögen der gesetzliche Güterstand der Errungenschaftsbeteiligung nach türkischem Recht (dazu Rn. 168). Nach den Regeln der Zugewinngemeinschaft wäre der Erwerb des Grundstücks durch die Ehefrau zu Alleineigentum möglich (ebenso aber auch nach den türkischen Regeln zur Errungenschaftsbeteiligung). Bei späterer Veräußerung ergäbe sich aber möglicherweise ein Zustimmungserfordernis aus § 1365 BGB.

62   Im Fall der **Weiterverweisung** auf das Recht eines dritten Staates – z. B. wenn Gegenstand des Kaufvertrages auch ein in Frankreich belegenes Grundstück wäre – entscheidet das die Weiterverweisung aussprechende Recht (also hier das türkische IPR) darüber, ob unmittelbar das materielle Recht des dritten Staates anzuwenden ist (Sachnormverweisung) oder ob auch das IPR des Drittstaates zu beachten ist.

Praxishinweis:
Es darf daher nicht vergessen werden, bei Anwendbarkeit ausländischen Rechts – z. B. wegen ausländischer Staatsangehörigkeit der Beteiligten – stets auch das ausländische IPR zu ermitteln und anzuwenden.

63   Verweist das deutsche IPR aufgrund einer **Rechtswahl** auf das ausländische Recht, so ist unmittelbar das ausländische Sachrecht anwendbar. Eine Rück- oder Weiterverweisung wird dann nicht beachtet (Art. 4 II EGBGB; Art. 34 II EuErbVO).

64   Gem. Art. 3a II EGBGB beziehen sich die Verweisungen im internationalen Familien- und Erbrecht des EGBGB nicht auf solche Gegenstände, die sich in einem Staat befinden, dessen Recht nicht anwendbar ist, die aber nach dem Recht dieses Staates „besonderen Vorschriften" unterliegen („**vorrangiges Einzelstatut**"). Diese besonderen Vorschriften werden selbst dann angewandt, wenn gem. Art. 15 bzw. Art. 25 EGBGB und nach Beachtung allfälliger Rück- oder Weiterverweisungen eine andere Rechtsordnung anzuwenden ist. „Besondere Vorschriften" in diesem Sinne sind solche Regeln, die aus wirtschafts- oder gesellschaftspolitischen Gründen eine von den allgemeinen Regeln abweichende Erbfolge vorsehen, wie z. B. Erbhofgesetze. Praktischer Hauptanwendungsfall ist allerdings, dass nach dem IPR des ausländischen Belegenheitsstaates dort belegene Vermögensgegenstände – insbesondere Immobilien – allein aufgrund ihrer Belegenheit dem dort geltenden Güterrecht oder Erbrecht unterstellt werden (*BGH* NJW 1993, 1921; MünchKomm/*Sonnenberger* Art. 3a EGBGB Rn. 13; a. A. *Kegel/Schurig* § 12 II 2b cc S. 431). Das gilt im Erbrecht für alle Länder, in denen eine Nachlassspaltung vorgenommen wird, wie z. B. Frankreich, und den *common law*-Rechtsordnungen England, USA, etc. Im Güterrecht sind zahlreiche *common law*-Staaten betroffen, möglicherweise aber auch die Türkei (s. Rn. 168).

65   Dieser Vorrang der ausländischen Kollisionsnormen gilt nur so weit, wie diese an die Belegenheit der Sache *(situs rei)* anknüpfen. Ergibt sich im ausländischen Staat die Geltung eines anderen, als des nach den deutschen Kollisionsnormen anwendbaren Rechts, weil dort das Erbstatut z. B. an den dortigen Wohnsitz oder eine gem. Art. 5 I EGBGB unbeachtliche Staatsangehörigkeit angeknüpft wird, so wird letztlich im Ausland kein „Einzelstatut", sondern ein abweichendes „Gesamtstatut" gebildet. In diesem Fall gibt das deutsche Recht nicht nach (Bamberger/Roth/*Lorenz* Art. 3a EGBGB Rn. 8f). Es kommt also dazu, dass die deutschen Gerichte ein anderes Recht anwenden, als die ausländischen (**internationaler Entscheidungsdissens**). Die Kunst der Rechtsberatung besteht

darin, solche Situationen zu erkennen und dann entweder zu vermeiden oder so zu gestalten, dass sich trotz der unterschiedlichen Rechtsanwendung im Ergebnis keine materiellen Widersprüche ergeben.

> **Praxishinweis:**
>
> Bei Belegenheit von Vermögen im Ausland ist daher selbst dann, wenn aus deutscher Sicht das deutsche Recht anzuwenden ist, nach Möglichkeit auch das ausländische Kollisionsrecht zu ermitteln oder den Beteiligten ein Hinweis darauf zu geben, dass im ausländischen Belegenheitsstaat die güterrechtlichen oder erbrechtlichen Folgen ggf. abweichend beurteilt werden.

4. Staaten mit mehreren Rechtssystemen

In einigen Staaten gibt es kein einheitliches Zivilrecht. So gibt es gebietsbezogene Rechtsordnungen (territoriale Rechtsspaltung) z.B. in Spanien (gemeinspanisches Recht und Recht der autonomen Regionen), im Vereinigten Königreich (England und Wales, Schottland, Nordirland), in den Einzelstaaten der USA und den kanadischen Provinzen. Unterschiedliche Regelungen für die einzelnen religiösen Gruppierungen (interpersonale Rechtsspaltung) existieren auf dem Gebiet des Ehe- und Familienrechts in den Staaten des Nahen Ostens, in Indien, Indonesien und vielen Staaten Afrikas. Verweist das deutsche IPR auf das gesamte Recht eines dieser Staaten (und nicht etwa unmittelbar auf das Recht eines bestimmten Ortes in einem der Teilrechtsgebiete), so bestimmt vorrangig ein einheitliches Recht dieses Staates für entsprechende Rechtskollisionen (interlokales Privatrecht) darüber, welche Teilrechtsordnung anzuwenden sind (§ 4 III 1 EGBGB; Art. 36 EuErbVO). Entsprechende Regelungen gibt es z.B. in Spanien (Maßgeblichkeit der *vecindad civil*, Art. 13 ff. span. *Código Civil*). Gibt es kein einheitliches System – das trifft auf die Mehrzahl der Staaten zu – so ist gem. Art. 4 III 2 EGBGB bzw. Art. 36 Abs. 2 EuErbVO) die Teilrechtsordnung anzuwenden, mit welcher der Sachverhalt „am engsten verbunden" ist. 66

Beispiel: Der Erblasser war US-amerikanischer Staatsangehöriger und hinterlässt in Deutschland eine Eigentumswohnung. Gem. Art. 25 I EGBGB ist auf die Erbfolge das US-Recht als Heimatrecht des Erblassers anzuwenden. In den USA fällt das Erbrecht wie auch das IPR in die Rechtsetzungskompetenz der Einzelstaaten. Auch ein bundeseinheitliches interlokales Kollisionsrecht i. S. v. Art. 4 III 1 EGBGB gibt es in den USA nicht. Daher ist das Recht des US-Staates anzuwenden, mit dem der Sachverhalt am engsten verbunden ist. Dies ist – berücksichtigt man die personenbezogene Anknüpfung in Art. 25 EGBGB – der US-Staat, in dem der Erblasser zum Zeitpunkt seines Todes seinen gewöhnlichen Aufenthalt hatte – bzw. bei Aufenthalt im Ausland, in dem er vor Wegzug aus den USA zuletzt dauerhaft gelebt hatte. Freilich kann die Bestimmung der maßgeblichen US-Staates häufig dahingestellt bleiben, weil nämlich in sämtlichen US-Staates für die Erbfolge der Immobilien auf das Recht des jeweiligen Belegenheitsstaates *(lex rei sitae)* verwiesen wird *(Odersky*, in NomosKomm-BGB V: Erbrecht, Länderbericht USA Rn. 8). Aus deutscher Sicht ergibt sich damit unabhängig davon, welcher US-Staat maßgeblich ist, aus dem IPR der US-Staaten für die Vererbung der Eigentumswohnung eine Rückverweisung auf das deutsche Erbrecht. Die Vererbung (zumindest) dieses Nachlassteils kann daher nach dem deutschen materiellen Erbrecht beurteilt werden.

5. Ordre public-Vorbehalt

Eine ausländische Rechtsnorm ist nicht anzuwenden, wenn ihre Anwendung zu einem Ergebnis führt, das mit wesentlichen Grundsätzen des deutschen Rechts offensichtlich unvereinbar ist (Art. 6 EGBGB). Dies ist insbesondere dann der Fall, wenn Grundrechte verletzt würden. Entscheidend ist das konkrete Ergebnis der Rechtsanwendung, nicht der Regelungsgehalt der ausländischen Regel an sich (MünchKomm/*Sonnenberger* Art. 6 67

EGBGB Rn. 44). Die Gerichte machen von diesem Vorbehalt nur äußerst zurückhaltend Gebrauch. Praktischer Hauptanwendungsfall sind Vorschriften des islamischen Rechts, die unterschiedliche Erbquoten und Frauen vorsehen und Andersgläubige von der Erbfolge ausschließen (*OLG Frankfurt* ZEV 2011, 135), die einseitige Verstoßung der Ehefrau durch den Ehemann gegen ihren Willen (BGHZ 160, 332) oder die Anerkennung von ausländischen Adoptionsverfahren, bei denen keine Prüfung des Kindeswohls erfolgte (*OLG Düsseldorf* FamRZ 2009, 1078). Die Literatur diskutiert seit der Entscheidung des *BVerfG* (NJW 2005, 1561), in welchem Umfang das erbrechtliche Pflichtteil des Ehegatten und enger Verwandter zum deutschen ordre public gehört (Bamberger/Roth/*Lorenz* Art. 25 EGBGB Rn. 60). Gerichtliche Entscheidungen liegen zu dieser Frage aber noch nicht vor.

68 Im Internationalen Privatrecht lassen sich durch Rechtswahl, Verlegung des Abschlussortes in das Ausland, bzw. einen Wechsel des gewöhnlichen Aufenthalts oder der Staatsangehörigkeit auch im Familien- und Erbrecht lästige Formerfordernisse und Beschränkungen bei der freien Gestaltung umgehen (**Rechtsumgehung**). Im internationalen Vertragsrecht wird durch Art. 6 Rom I-VO für Verbrauchergeschäfte ein umgehungsfester Normbereich definiert. Im Übrigen ist die Gestaltung durch Rechtswahl ohne Rücksicht auf die Motive legitim. Grenzen setzt freilich auch hier der ordre public in Art. 6 EGBGB (s. o. Rn. 67). Bei Verlegung des gewöhnlichen Aufenthalts, des Abschlussortes oder Wechsel anderer Anknüpfungsmerkmale ist freilich darauf zu achten, dass diese tatsächlich verwirklicht werden und nicht statt einer „Umgehung" nur eine Simulation („unechte Umgehung") erfolgt, die die gewünschte Anknüpfung nicht verwirklicht.

II. Rechts- und Geschäftsfähigkeit natürlicher Personen

1. Anwendbares Recht

69 Die meisten Rechtsordnungen lassen mittlerweile die Geschäftsfähigkeit mit Vollendung des 18. Lebensjahres eintreten. Einige Länder sehen weiterhin spätere Termine vor. Als Faustregel kann aber davon ausgegangen werden, dass eine Person, die das 21. Lebensjahr vollendet hat, nach jeder Rechtsordnung unbeschränkt geschäftsfähig ist, während bei einer Person, die noch nicht 18 Jahre alt ist, die Geschäftsfähigkeit nur ausnahmsweise vorliegt.

70 Die Geschäftsfähigkeit unterliegt gem. Art. 7 I EGBGB – unabhängig davon, welchem Recht das von ihr vorgenommene Rechtsgeschäft untersteht – dem Recht des Staates, dem die betreffende Person im Zeitpunkt der Abgabe ihrer Willenserklärung angehört (**Heimatrecht**). Eine staatsvertragliche Sonderregelung ergibt sich allein für iranische Staatsangehörige aus Art. 8 III des Deutsch-Persischen Niederlassungsabkommens vom 17.2.1929 (RGBl. 1930 II 1002). Praktische Auswirkungen ergeben sich hieraus allerdings nicht, da das Niederlassungsabkommen wie das autonome Recht das Heimatrecht für anwendbar erklärt.

71 Zu beachten ist auch hier eine **Rückverweisung** auf deutsches Recht. Diese kommt z. B. dann in Betracht, wenn im Heimatstaat für die Beurteilung der Geschäftsfähigkeit auf das Recht des Wohnsitzstaates verwiesen wird (so z. B. in Dänemark oder Norwegen, vgl. Reithmann/Martiny/*Hausmann* Rn. 6127) oder aber die Geschäftsfähigkeit nicht eigenständig angeknüpft wird, sondern dem für das in Frage stehende Rechtsgeschäft maßgeblichen Recht unterstellt wird (so z. B. in England und in den USA, vgl. *Cheshire, North & Fawcett*, Private International Law, 14. Aufl. 2009, S. 753; *Scoles/Hay*, Conflict of Laws, 5. Aufl. 2010, § 19.3 S. 1234). Für eine Verfügung über ein deutsches Grundstück gilt dann das deutsches Recht als Belegenheitsrecht (Art. 43 EGBGB) und für den Abschluss des Kaufvertrages das von den Parteien vereinbarte (Art. 3 Rom I-VO) Vertragsstatut.

2. Teil. Bestimmung des anwendbaren Rechts H

Beispiel: Bei Beurkundung eines Kaufvertrages und einer Auflassung mit einem US-amerikanischen Beteiligten ist daher dessen Geschäftsfähigkeit kraft Rückverweisung gem. Art. 4 I 2 EGBGB nach dem deutschen Recht zu beurteilen, so dass Volljährigkeit mit Vollendung des 18. Lebensjahres anzunehmen ist.

Soweit es nicht um die allgemeine Geschäftsfähigkeit geht, sondern um die Fähigkeit 72 zum **Abschluss bestimmter Rechtsgeschäfte**, für die es Sonderregeln gibt, so gilt die Rechtsordnung, die für das konkrete Rechtsgeschäft maßgeblich ist (Wirkungsstatut). So bestimmt sich z. B. die Heiratsfähigkeit nach dem gem. Art. 13 I EGBGB bestimmten Eheschließungsstatut, und die Testierfähigkeit sowie die Fähigkeit zum Abschluss von Erb- und Erbverzichtsverträgen nach dem Erbstatut (Art. 25 V 2 EGBGB).

Gibt ein Deutscher seine deutsche Staatsangehörigkeit durch **Wechsel der Staatsange-** 73 **hörigkeit auf,** so lässt dies die einmal erlangte Geschäfts- und Testierfähigkeit unberührt (Art. 7 II, 26 V 2 EGBGB – *semel major semper major*).

Das auf die Geschäftsfähigkeit anwendbare Recht bestimmt nicht nur, mit welchem 74 Alter die volle und die partielle Geschäftsfähigkeit eintritt, sowie die Umstände, die ggf. vorzeitig zur vollen Geschäftsfähigkeit führen (wie z. B. der Abschluss einer Ausbildung, der Beginn einer eigenen Berufstätigkeit oder die Eheschließung – „Heirat macht mündig"). Das Geschäftsfähigkeitsstatut bestimmt auch, welche Folgen die mangelnde Geschäftsfähigkeit hat. So muss das vom Geschäftsunfähigen abgeschlossene Rechtsgeschäft nicht unbedingt nichtig oder schwebend unwirksam sein. Die fehlende Geschäftsfähigkeit kann auch – wie z. B. im Recht der US-Staaten – dazu führen, dass die vom Minderjährigen abgeschlossenen Verträge zunächst wirksam sind, der Minderjährige sie aber nach Eintritt der Volljährigkeit anfechten kann *(voidable,* dazu *Hay,* US-amerikanisches Recht, 5. Aufl. 2011, Rn. 308).

Die Frage, wer für den Minderjährigen handeln kann, wer sein **gesetzlicher Vertreter** 75 ist, welchen Beschränkungen der gesetzliche Vertreter unterliegt und ob ggf. eine behördliche Genehmigung erforderlich ist, unterliegt dagegen nicht dem gem. Art. 7 EGBGB bestimmten Recht, sondern dem auf die elterliche Sorge, ggf. auf eine angeordnete Vormundschaft anwendbaren Recht (Art. 15 bis 17 KSÜ, s. u. Rn. 79).

Wird die sich aus dem ausländischen Recht ergebende Minderjährigkeit und damit die 76 mangelnde Geschäftsfähigkeit unverschuldet nicht erkannt, so kann dies aus Gründen des **Verkehrsschutzes** unter den in Art. 12 EGBGB genannten Voraussetzungen dem Vertragspartner nicht entgegengehalten werden. Für den Abschluss von Schuldverträgen, die unter die Rom I-VO fallen, bestimmt Art. 13 Rom I-VO, dass sich bei einem zwischen Personen, die sich in demselben Staat befinden geschlossenen Vertrag eine natürliche Person, die nach dem Recht dieses Staates rechts- geschäfts- und handlungsfähig wäre, nur dann auf ihre sich aus dem Recht eines anderen Staates ergebende Rechts- Geschäfts- und Handlungsunfähigkeit berufen kann, wenn die andere Vertragspartei bei Vertragsabschluss diese Rechts- Geschäfts- und Handlungsunfähigkeit kannte oder infolge von Fahrlässigkeit nicht kannte. Der Schutz des gutgläubigen Vertragspartners entfällt bereits bei fahrlässiger Unkenntnis der mangelnden Geschäftsfähigkeit. Bei Geschäften des täglichen Lebens wird Fahrlässigkeit nicht schon bei Kenntnis der ausländischen Staatsangehörigkeit des anderen vorliegen. Bei Grundstücksverträgen und anderen beurkundeten Rechtsgeschäften wird der Notar aber über die mögliche Anwendung ausländischen Rechts unterrichten (§ 17 III BeurkG), so dass die Beteiligten eine Erkundigungspflicht trifft (Reithmann/Martiny/*Hausmann* Rn. 6247; *Schotten*/*Schmellenkamp* Rn. 67). Schließlich ist es gerade Zweck der Beurkundung, die Unwirksamkeit von Rechtsgeschäften aufgrund fehlender Geschäftsfähigkeit zu vermeiden. Der praktische Anwendungsbereich von Art. 12 EGBGB und Art. 13 Rom I-VO ist in der notariellen Praxis daher gering.

H   Auslandsberührung

> **Praxishinweis:**
>
> Zur Vermeidung einer Haftung sollte daher der Notar bei einem Vertragsbeteiligten ausländischer Staatsangehörigkeit, der noch nicht das 21. Lebensjahr vollendet hat und unklarer Rechtslage (vgl. dazu die Länderaufstellung unten) die anderen Urkundsbeteiligten darauf hinweisen, dass sich die Geschäftsfähigkeit nach einem ausländischen Recht beurteilt (zumindest nach einem ausländischen IPR – dazu oben Rn. 61) und daher die Geschäftsfähigkeit nicht sicher festgestellt werden kann.

2. Länderübersicht

77   *Ägypten* (21 Jahre); *Äquatorialguinea* (18 Jahre); *Äthiopien* (18 Jahre); *Afghanistan* (18 Jahre); *Albanien* (18 Jahre); *Algerien* (19 Jahre); *Andorra* (18 Jahre); *Angola* (18 Jahre); *Antigua und Barbuda* (18 Jahre); *Argentinien* (21 Jahre); *Armenien* (18 Jahre); *Aserbaidschan* (18 Jahre); *Australien* (18 Jahre); *Bahamas* (18 Jahre); *Bahrain* (18 Jahre); *Bangladesch* (18 Jahre); *Barbados* (18 Jahre); *Belgien* (18 Jahre); *Benin* (18 Jahre); *Bermuda* (18 Jahre); *Bolivien* (18 Jahre); *Bosnien-Herzegowina* (18 Jahre); *Botsuana* (18 Jahre); *Brasilien* (18 Jahre); *Bulgarien* (18 Jahre); *Burkina Faso* (20 Jahre); *Burundi* (18 Jahre); *Cayman Islands* (18 Jahre); *Chile* (18 Jahre); *VR China*, einschließlich *Hongkong* und *Macao* (18 Jahre); *Costa Rica* (18 Jahre); *Dänemark* (18 Jahre); *Dominica* (18 Jahre); *Dominikanische Republik* (18 Jahre); *Ekuador* (18 Jahre); *Elfenbeinküste* (21 Jahre); *El Salvador* (18 Jahre); *Estland* (18 Jahre); *Fidschi* (18 Jahre); *Finnland* (18 Jahre); *Frankreich* (18 Jahre); *Gabun* (21 Jahre); *Gambia* (21 Jahre); *Georgien* (18 Jahre); *Ghana* (18 Jahre); *Gibraltar* (18 Jahre); *Griechenland* (18 Jahre); *Großbritannien* (18 Jahre, in *Schottland* 16 Jahre); *Guatemala* (18 Jahre); *Guinea* (21 Jahre); *Guyana* (18 Jahre); *Haiti* (18 Jahre); *Honduras* (21 Jahre); *Hongkong* (18 Jahre); *Indien* (18 Jahre); *Indonesien* (21 Jahre nach *Rieck/Lewenton*, Ausländisches Familienrecht, Länderbericht Indonesien, Rn. 3; nach anderen Übersichten dagegen 18 Jahre); *Irak* (18 Jahre); *Iran* (18 Jahre); *Irland* (18 Jahre); *Island* (18 Jahre); *Israel* (18 Jahre); *Italien* (18 Jahre); *Jamaika* (18 Jahre); *Japan* (20 Jahre); *Jemen* (18 Jahre); *Jordanien* (18 Jahre); *Kamerun* (21 Jahre); *Kanada* (in den Provinzen *British Columbia, New Brunswick, Newfoundland, Northwest Territories, Nova Scotia, Nunavut, Yukon:* 19 Jahre; in allen anderen Provinzen: 18 Jahre); *Kapverde* (18 Jahre); *Kasachstan* (18 Jahre); *Katar* (18 Jahre); *Kenia* (18 Jahre); *Kirgisistan* (18 Jahre); *Kolumbien* (18 Jahre); *Kongo* (18 Jahre); *Korea, Volksrepublik* (18 Jahre); *Korea, Republik* (20 Jahre); *Kroatien* (18 Jahre); *Kuba* (18 Jahre); *Kuwait* (21 Jahre); *Laos* (18 Jahre); *Lesotho* (21 Jahre); *Lettland* (18 Jahre); *Libanon* (18 Jahre); *Liberia* (21 Jahre); *Libyen* (21 Jahre); *Liechtenstein* (18 Jahre); *Litauen* (18 Jahre); *Luxemburg* (18 Jahre); *Macao* (18 Jahre); *Madagaskar* (21 Jahre), *Malaysia* (18 Jahre); *Mali* (21 Jahre); *Malta* (18 Jahre); *Marokko* (18 Jahre); *Mauritius* (18 Jahre); *Mazedonien* (18 Jahre); *Mexiko* (18 Jahre); *Moldau* (18 Jahre); *Monaco* (18 Jahre); *Mongolei* (18 Jahre); *Montenegro* (18 Jahre); *Mosambik* (18 Jahre); *Myanmar (Birma)* (18 Jahre); *Namibia* (18 Jahre); *Nepal* (18 Jahre); *Neuseeland* 20 Jahre); *Nicaragua* (21 Jahre); *Niederlande* (18 Jahre); *Niger* (21 Jahre); *Nigeria* (18 Jahre); *Norwegen* (18 Jahre); *Österreich* (18 Jahre); *Pakistan* (18 Jahre); *Panama* (18 Jahre); *Papua-Neuguinea* (18 Jahre); *Paraguay* (20 Jahre); *Peru* (18 Jahre); *Philippinen* (18 Jahre); *Polen* (18 Jahre); *Portugal* (18 Jahre); *Ruanda* (21 Jahre); *Sambia* (21 Jahre); *Rumänien* (18 Jahre); *Russische Föderation* (18 Jahre); *San Marino* (18 Jahre); *Santa Lucia* (18 Jahre); *Saudi Arabien* (18 Jahre); *Schweden* (18 Jahre); *Schweiz* (18 Jahre); *Senegal* (21 Jahre); *Serbien* (18 Jahre); *Seychellen* (18 Jahre); *Simbabwe* (18 Jahre); *Singapur* (21 Jahre); *Slowakei* (18 Jahre); *Slowenien* (18 Jahre); *Somalia* (18 Jahre); *Spanien* (18 Jahre); *Sri Lanka* (18 Jahre); *St. Kitts and Nevis* (18 Jahre); *St. Vincent and the Grenadines* (18 Jahre); *Südafrika* (18 Jahre); *Sudan* (18 Jahre); *Swasiland* (21 Jahre); *Syrien* (18 Jahre); *Tadschikistan* (18 Jahre); *Taiwan*

(Republik China) (20 Jahre); *Tansania* (18 Jahre); *Thailand* (20 Jahre); *Togo* (21 Jahre); *Trinidad und Tobago* (18 Jahre); *Tonga* (18 Jahre); *Tschad* (21 Jahre); *Tschechische Republik* (18 Jahre); *Türkei* (18 Jahre); *Tunesien* (20 Jahre); *Turkmenistan* (18 Jahre); *Uganda* (18 Jahre); *Ukraine* (18 Jahre); *Ungarn* (18 Jahre); *Usbekistan* (18 Jahre); *Venezuela* (18 Jahre); *Uruguay* (18 Jahre); *USA* (in *Alabama* und *Nebraska:* 19 Jahre; in *Mississippi* und *Puerto Rico:* 21 Jahre; in allen anderen Staaten: 18 Jahre – in einzelnen Staaten nicht vor Abschluss der High School); *Vereinigte Arabische Emirate* (18 Jahre); *Vietnam* (18 Jahre); *Weißrussland (Belarus)* (18 Jahre); *Zaire* (18 Jahre); *Zypern* (18 Jahre).

III. Gesetzliche Vertretung natürlicher Personen

1. Vertretung Minderjähriger

Bei der Feststellung des auf die Vertretung Minderjähriger anwendbaren Rechts ist zwischen der Vertretung durch die unmittelbar kraft Gesetzes berufenen gesetzlichen Vertreter und der Vertretung durch vom Gericht oder einer Behörde bestellte Vertreter zu unterscheiden: **78**

Art. 16 und 17 Haager Kinderschutzübereinkommen von 19.10.1996 (KSÜ) enthalten Kollisionsnormen für die Zuweisung und die Ausübung der elterlichen Sorge durch **die unmittelbar kraft Gesetzes berufenen gesetzlichen Vertreter**. Anders als die übrigen Regeln des KSÜ gelten diese Regeln gem. Art. 20 KSÜ unabhängig davon, ob das Mündel seinen gewöhnlichen Aufenthalt in einem Mitgliedstaat des KSÜ hat oder nicht. Es handelt sich also um sog. *loi uniforme*, die das nationale IPR (also Art. 21 EGBGB) in ihrem Anwendungsbereich vollständig verdrängt. Vorrang vor dem KSÜ erhält allein Art. 8 III Deutsch-Persisches Niederlassungsabkommen (dazu bereits oben Rn. 70) mit seiner Verweisung auf das Heimatrecht bei iranischen Staatsangehörigen. Im Verhältnis zur Türkei gilt zwar statt des KSÜ weiterhin das Haager Minderjährigenschutzabkommen vom 5.10.1961 (MSA). Dieses enthält jedoch für die elterliche Sorge keine Kollisionsnormen, so dass der Vorrang des MSA in diesem Bereich nicht greift. **79**

Für die **Zuweisung und das Erlöschen der elterlichen Verantwortung kraft Gesetzes** (also die Frage, *wer* ohne Dazwischentreten eines Gerichts oder einer Behörde sorgeberechtigt und damit ggf. vertretungsbefugt ist) gilt gem. Art. 16 I KSÜ das Recht des Staates, in dem das Kind (jeweils aktuell) seinen gewöhnlichen Aufenthalt hat. Die Verlegung des gewöhnlichen Aufenthalts des Kindes in einen anderen Staat kann zwar dazu führen, dass das Kind nun nach dem neuen Aufenthaltsrecht kraft Gesetzes einen neuen Sorgeberechtigten zugewiesen erhält, Art. 16 IV KSÜ. Bislang entstandene Sorgerechtsverhältnisse bleiben aber bestehen, Art. 16 III KSÜ. **80**

Die **Ausübung der Sorgerechtsbefugnisse** durch die nach den vorgenannten Regeln bestimmten Sorgeberechtigten unterliegt dem Recht des Staates, in dem das Kind aktuell seinen gewöhnlichen Aufenthalt hat, Art. 17 KSÜ. Aus dem Recht dieses Staates ergeben sich dann insbesondere der Umfang der elterlichen Vertretungsmacht, ihre Grenzen und das Erfordernis einer gerichtlichen oder behördlichen Genehmigung für bestimmte Rechtsgeschäfte. Eine Rückverweisung auf das deutsche Recht ist gem. Art. 21 I KSÜ nicht zu beachten, wohl aber die Verweisung auf das Recht eines dritten Staates (Weiterverweisung). Art. 19 KSÜ sieht den Schutz des guten Glaubens eines mit dem Sorgeberechtigten kontrahierenden Dritten für den Fall vor, dass die elterliche Sorge nicht dem Recht des Staates unterlag, in dem das Rechtsgeschäft abgeschlossen wurde. Im Beurkundungsverfahren wird der Notar aber selbst dann, wenn er über das ausländische Recht nicht belehren muss (§ 17 III BeurkG) darauf aufmerksam machen, dass der Umfang der Vertretungsbefugnis der gesetzlichen Vertreter dem ausländischen Recht unterliegt. Damit dürfte die von Art. 19 KSÜ verlangte Gutgläubigkeit der Beteiligten regelmäßig zerstört werden. **81**

Süß

82   Ist die Sorge für den Minderjährigen durch eine **Maßnahme eines Gerichts oder eine Behörde geregelt worden**, so gilt für diese Maßnahme gem. Art. 15 KSÜ das am Gerichtsort geltende Recht *(lex fori)*.

83   Die internationale **Zuständigkeit zur Erteilung** einer ggf. erforderlichen **gerichtlichen Genehmigung** ergibt sich bei gewöhnlichem Aufenthalt des Mündels in einem Mitgliedstaat der EU (ausgenommen Dänemark) aus Art. 8 ff. Brüssel IIa-VO. Die Art. 5 ff. KSÜ gelten erst bei gewöhnlichem Aufenthalt des Kindes in einem Mitgliedstaat des KSÜ, für den die Brüssel IIa-VO nicht gilt (also z. B. Marokko). In beiden Fällen wird sich allerdings in aller Regel die Zuständigkeit allein des Staates ergeben, in dem das Kind seinen gewöhnlichen Aufenthalt hat. Für die Erteilung der Zustimmung wendet das Gericht gem. Art. 15 KSÜ sein eigenes Recht *(lex fori)* an. Hat das Kind dagegen seinen gewöhnlichen Aufenthalt in einem Staat, für den weder die Brüssel IIa-VO noch das KSÜ gilt (also z. B. in den USA), so kann das deutsche Gericht seine internationale Zuständigkeit zur Bestellung eines Ergänzungspflegers oder zur Erteilung einer Genehmigung gem. § 99 I FamFG aus einer deutschen Staatsangehörigkeit des Kindes oder daraus herleiten, dass das Kind der Fürsorge durch ein deutsches Gericht bedarf. Letzteres wird von der Rechtsprechung schon dann bejaht, wenn es um die Verfügung über ein in Deutschland belegenes Grundstück des Kindes geht (*Keidel/Engelhardt* § 104 FamFG Rn. 6).

2. Gesetzliche Vertretung Erwachsener

84   Das auf die Betreuung Erwachsener anwendbare Recht regelt zwar Art. 24 EGBGB. Vorrangig ist aber das Haager Übereinkommen vom 13.1.2000 über den internationalen Schutz von Erwachsenen (**Erwachsenenschutzübereinkommen** – **ESÜ**) anzuwenden. Dieses gilt immer dann, wenn der Betroffene seinen gewöhnlichen Aufenthalt in Deutschland oder einem anderem Vertragsstaat des ESÜ (gegenwärtig nur Estland, Finnland, Frankreich, ab 1.11.2014 Österreich, Schottland, die Schweiz und die Tschechische Republik) hat. Für iranische Staatsangehörige gilt gem. Art. 8 III Deutsch-Persisches Niederlassungsabkommen (s. o. Rn. 70) das Heimatrecht.

85   Gem. Art. 13 I ESÜ wenden die nach dem ESÜ zuständigen Gerichte und Behörden stets ihr eigenes Recht *(lex fori)* – deutsche Gerichte also deutsches Recht – an. Zuständig sind gem. Art. 5 I ESÜ die Behörden des Vertragsstaates, in dem der Erwachsene seinen gewöhnlichen Aufenthalt hat. Eine internationale Zuständigkeit der deutschen Behörden aufgrund deutscher Staatsangehörigkeit des Erwachsenen ergibt sich im Anwendungsbereich des ESÜ nur, sofern die Behörden des Aufenthaltsstaates zustimmen, Art. 7 ESÜ. Eine internationale Zuständigkeit für im Inland belegenes Vermögen kommt allein für Sicherungsmaßnahmen (Art. 9 ESÜ) oder Eilmaßnahmen (Art. 10 ESÜ) in Betracht.

86   Hat ein **deutscher Staatsangehöriger seinen Aufenthalt in einem Staat, der nicht Mitgliedstaat des ESÜ ist**, so ergibt sich mangels Anwendbarkeit des ESÜ die internationale Zuständigkeit der deutschen Gerichte aufgrund der Staatsangehörigkeit des Erwachsenen bereits aus § 104 I 1 Nr. 1 FamFG. Gem. Art. 24 I 1 EGBGB untersteht die Entstehung, die Änderung und das Ende der Betreuung dann dem deutschen Heimatrecht (*Helms* FamRZ 2008, 1998). Gem. § 104 I 2 FamFG ergibt sich die internationale Zuständigkeit deutscher Gerichte auch, wenn ein Betroffener mit ausländischer Staatsangehörigkeit und gewöhnlichem Aufenthalt weder in Deutschland noch einem anderen ESÜ-Mitgliedstaat der Fürsorge durch ein deutsches Gericht bedarf. Das kann z. B. der Fall sein, wenn er Vermögen im Inland hat (*Keidel/Engelhardt* § 104 FamFG Rn. 6). Es gilt dann gem. Art. 24 I 1 EGBGB das ausländische Heimatrecht. Rück- und Weiterverweisungen sind im Rahmen von Art. 24 I EGBGB gem. Art. 4 I EGBGB zu beachten. Für einen ausländischen Staatsangehörigen mit gewöhnlichem oder einfachen Aufenthalt im Inland kann das deutsche Gericht aber – und wird es regelmäßig – einen Betreuer auch nach deutschem Recht bestellen, Art. 24 I 2 EGBGB.

Für den Inhalt (Umfang der gesetzlichen Vertretungsmacht, Erfordernis einer gerichtli- 87
chen Genehmigung etc.) einer in einem Nicht-ESÜ-Mitgliedstaat angeordneten und im
Inland gem. § 108 FamFG anzuerkennenden Vormundschaft oder Betreuung gilt das
Recht des anordnenden Staates, Art. 24 III EGBGB. Es handelt sich um eine Sachnormverweisung, so dass eine Rückverweisung unbeachtlich bleibt (NomosKomm-BGB/
Benicke Art. 24 EGBGB Rn. 23). Ist die Betreuung durch einen anderen ESÜ-Mitgliedstaat angeordnet worden, so sind die Maßnahmen gem. Art. 22 ESÜ in Deutschland anzuerkennen. Die Durchführung einer Maßnahme in einem anderen Staat als dem, der die
Maßnahme vorgenommen hat, unterliegt gem. Art. 14 ESÜ dem Recht des Staates, in
dem die Maßnahme durchgeführt wird. Für betreuungsrechtliche Genehmigungserfordernisse etc. gilt dann z.B. bei Verfügungen über deutsche Grundstücke das deutsche
Recht (Reithmann/Martiny/*Hausmann* Rn. 6294).

IV. Vollmachten im internationalen Rechtsverkehr

1. Bestimmung des Vollmachtsstatuts

Das auf die Vollmacht anwendbare Recht (Vollmachtsstatut) ist gesetzlich nicht gere- 88
gelt. Das EGBGB enthält insoweit eine Lücke. Das Haager Stellvertretungsübereinkommen von 1978 ist von Deutschland nicht ratifiziert worden. Eine einschlägige Kollisionsnorm in Art. 7 des Entwurfs 2005 zur Rom I-VO ist in die endgültige Fassung nicht
eingegangen. Insoweit gelten daher weiterhin die von der Literatur und Rechtsprechung
herausgebildeten Regeln.

Einig ist man sich in Deutschland darüber, dass die Wirksamkeit und Wirkungen einer 89
Vollmacht sich nicht aus dem vom Vertreter abgeschlossenen Rechtsgeschäft ergeben,
sondern einem gesondert angeknüpften Vollmachtsstatut (*BGH* NJW 1982, 2733).
Maßgeblich ist das Recht des Staates, in dem von der Vollmacht tatsächlich Gebrauch
gemacht wird (**Wirkungslandsprinzip**, *BGH* DNotZ 1994, 485; NJW 2004, 1315;
Palandt/*Thorn* Anh. zu Art. 32 EGBGB Rn. 1). Als Gebrauchsort gilt der Ort, an dem
der Vertreter seine Erklärung abgibt, sei es schriftlich oder mündlich (MünchKomm/
Spellenberg Vor Art. 11 EGBGB Rn. 119). Rück- und Weiterverweisungen des Rechts
des Wirkungslandes werden nicht beachtet (Sachnormverweisung, Bamberger/Roth/
Mäsch Anh. zu Art. 10 EGBGB Rn. 108).

Für eine Reihe von Vollmachten wird das Wirkungslandsprinzip modifiziert: 90

– Für die **Grundstücksvollmacht** gilt das Recht des Staates, in dem das Grundstück belegen ist.
– Eine internationale **Generalvollmacht** wird nach wohl überwiegender Ansicht nicht
  einheitlich angeknüpft, sondern für jedes Rechtsgeschäft nach dem Recht des jeweiligen Verwendungslandes beurteilt (Bamberger/Roth/*Mäsch* Anh. zu Art. 10 EGBGB
  Rn. 108).
– Eine **kaufmännische Vollmacht** wird nach dem Recht des Staates beurteilt, in dem sich
  die Niederlassung des Unternehmens befindet, bei der der Vertreter fest angesiedelt ist
  (*BGH* NJW 1992, 618).
– Ob auch das Handeln des **vollmachtlosen Vertreters** dem Vollmachtsstatut unterliegt,
  ist fraglich. Hier gilt wohl das für das Hauptgeschäft maßgebliche Recht (*BGH* NJW
  1992, 618; Schotten/Schmellenkamp Rn. 97).
– Für den gesetzlichen Vertreter einer Gesellschaft gilt nicht das Vollmachtsstatut, sondern das Gesellschaftsstatut (s. u. Rn. 286).
– Vielfach wird auch die Möglichkeit einer **Rechtswahl** für die Vollmacht bejaht. Die
  Rechtswahl muss dem Dritten aber noch vor Abschluss des Vertrages mitgeteilt werden (Reithmann/Martiny/*Hausmann* Rn. 5446).

2. Anwendungsbereich des Vollmachtsstatuts

91 Das Vollmachtsstatut regelt die Erteilung und den Umfang der Vollmacht, wie z. B. die Zulässigkeit eines **Selbstkontrahierens** bzw. die Möglichkeit einer Ermächtigung dazu.

92 Das Vollmachtsstatut gilt auch für die Beendigung der Vollmacht. Das betrifft z. B. auch die Frage, ob eine Vollmacht mit der Geschäftsunfähigkeit des Prinzipals oder seinem Tod automatisch ihre Wirksamkeit verliert (**postmortale Vollmacht** – dazu *Süß* ZEV 2008, 69). In vielen Rechtsordnungen verliert eine Vollmacht mit Verlust der Geschäftsfähigkeit des Prinzipals automatisch ihre Wirksamkeit.

93 Zunehmend wird daher die Möglichkeit zur Errichtung von speziellen **Vorsorgevollmachten** geschaffen *(enduring powers of attorney)*. Art. 15 I ESÜ unterstellt Bestehen, Umfang, die Änderung und die Beendigung einer von einem Erwachsenen eingeräumten Vertretungsmacht, die ausgeübt werden soll, wenn dieser Erwachsene nicht mehr in der Lage ist, seine Interessen zu schützen, dem Recht des Staates, in dem der Erwachsene im Zeitpunkt der Erteilung seinen gewöhnlichen Aufenthalt hatte. Das trifft auf Vorsorgevollmachten, aber wohl auch für nach deutschem Muster auf den Vorsorgefall erteilte Generalvollmachten zu (*Wedemann* FamRZ 2010, 785). Der Vollmachtgeber kann die Vollmacht gem. Art. 15 Abs. 2 lit. a bis c ESÜ durch ausdrückliche und schriftliche Anordnung (Rechtswahl) dem Recht eines Staates unterstellen, dem er angehört, in dem er früher einem seinen gewöhnlichen Aufenthalt hatte oder hinsichtlich des dort belegenen Vermögens dem Recht des Staates, in dem sich sein Vermögen befindet.

> Praxishinweis:
>
> - Bei der Erteilung einer **postmortalen Vollmacht** ist zu beachten, dass diese in vielen Ländern nicht anerkannt wird (*Süß* ZEV 2008, 69). Hier sollte man sich vorab informieren, ob und auf welche Weise (ausdrückliche Anordnung, Rechtswahl o. Ä.) die postmortale Wirkung im Verwendungsstaat erreicht werden kann (vgl. zu Spanien *Börner* ZEV 2005, 146). Ggf. ist auf die testamentarische Ernennung eines Testamentsvollstreckers auszuweichen.
> - Bei **Vorsorgevollmachten** können für den Fall, dass der Vollmachtgeber im Ausland Vermögen hat oder evtl. im Vorsorgefall sogar seinen gewöhnlichen Aufenthalt haben wird dem Bevollmächtigten möglicherweise viele praktische Probleme aus dem Weg geräumt werden, indem schon bei Erteilung der Vollmacht die am Verwendungsort bestehenden Formulare und besonderen Anforderungen (Form, Registrierung, Inhalt) an die Errichtung beachtet werden.
> - Die **Rechtswahl** erscheint auf den ersten Blick als ideales Gestaltungsinstrument, um eine weltweit einheitliche rechtliche Beurteilung zu gewährleisten – zumindest in den Staaten, die eine Rechtswahl zulassen. Freilich dürfte eine Vollmacht, die ausdrücklich deutschem Recht unterstellt wird, im Ausland auf dieselben Vorbehalte treffen, denen in Deutschland eine ausländischem Recht unterworfene Vollmacht begegnet. Es ist daher zu überlegen, ob die Rechtswahl nicht faktisch die Möglichkeiten des Bevollmächtigten zu sehr einschränkt.
> - Aus deutscher Sicht genügt für die **Formwirksamkeit** der Vollmacht gem. Art. 11 I EGBGB (dazu unten Rn. 324) die Einhaltung der Ortsform oder die Einhaltung der vom Vollmachtsstatut stipulierten Formerfordernisse (vgl. u. Rn. 325). Eine Vollmacht zum Erwerb oder zur Auflassung eines deutschen Grundstücks kann daher gem. § 167 II BGB auch im Ausland formfrei erklärt werden. Für den Grundbuchvollzug muss die Vollmacht aber öffentlich beglaubigt sein (§ 29 GBO). Das kann auch durch eine ausländische Urkundsperson geschehen. Im Ausland wird häufig für die Vollmacht dieselbe Form wie das vom Bevollmächtigten abzuschließende Rechtsgeschäft verlangt (z. B. Art. 1392 italienischer Codice Civile).

2. Teil. Bestimmung des anwendbaren Rechts H

> **Praxishinweis:**
> Vorsichtshalber wäre daher die für eine Grundstückstransaktion im Ausland bestimmte Vollmacht zu beurkunden oder zumindest notariell zu beglaubigen und mit einer Legalisation bzw. Apostille (dazu unten Rn. 332 ff.) zu versehen.
> – Bei Verwendung im Ausland empfiehlt sich zur Vermeidung von Übersetzungen und den damit verbundenen Unsicherheiten die Verwendung **zweisprachiger Formulare** (mit Übersetzung in die Amtssprache des Verwendungsstaates oder zumindest ins Englische). Muster für die gebräuchlichsten Verwendungszwecke stellt die IRENE gegen geringen Kostenbeitrag zur Verfügung (unter http://shop.irene.de/index.jsp?nav=1&lang=de).

V. Verträge über inländische Grundstücke

1. Schuldrechtlicher Vertrag

a) Maßgebliches Recht

94 Mangels Rechtswahl bestimmt sich bei Auslandsberührung das auf einen Grundstückserwerbsvertrag (z. B. Kauf, Schenkung) anwendbare Recht nach dem Recht des Staates, auf dessen Territorium das Grundstück belegen ist (Art. 4 I c Rom I-VO; Art. 43 EGBGB). Entsprechendes gilt für Verträge über den Erwerb von Miteigentumsanteilen an einem Grundstück und Teilnutzungsverträge (sog. „time sharing-Verträge"). Das deutsche Recht erhebt keinen Anspruch auf seine ausschließliche Geltung (Art. 11 V Rom I-VO) für schuldrechtliche Verträge über inländische Grundstücke (Palandt/*Thorn* Art. 11 Rom I-VO Rn. 16). Bei ansonsten reinem **Inlandsbezug** kann es zur Anwendung des IPR auf schuldrechtliche Verträge über inländische Grundstücke (Erbbaurecht, Wohnungseigentum) nur kommen, wenn die Vertragsparteien **ausländisches Recht wählen** (Art. 3 Rom I-VO). Dies wird grundsätzlich für zulässig gehalten (vgl. Palandt/*Thorn* Art. 3 Rom I-VO Rn. 4). In der Praxis wird es kaum vorkommen. Denn die zwingenden Regelungen des deutschen Rechts können damit nicht umgangen werden (s. Art. 3 III Rom I-VO). Trotz des auf den Grundstückserwerbsvertrag anwendbaren deutschen Rechts (deutsches Vertragsstatut) kann die Form des § 311b BGB durch Rechtswahl abbedungen werden (vgl. unten Rn. 103 f.; Nachweise bei Palandt/*Thorn* Art. 3 Rom I-VO Rn. 10 und Reithmann/Martiny/*Limmer* Rn. 1503 ff.).

95 Bei **Auslandsbezug** (z. B. Erwerber ist Ausländer oder Deutscher mit Wohnsitz im Ausland) im Zusammenhang mit dem Erwerb eines inländischen Grundstücks wird im Regelfall – weil das Grundstück im Inland liegt – deutsches Recht auf den Vertrag anzuwenden sein (Art. 4 I c) Rom I-VO), es sei denn, die Parteien haben (auch stillschweigend) ein anderes Recht gewählt (Art. 3 I 2 Rom I-VO) oder der Vertrag weist engere Verbindungen zu einem anderen Staat auf (Art. 4 III Rom I-VO). Dann ist dieses Recht maßgebend. Ein wichtiges Indiz für eine engere Verbindung soll der Sitz des beurkundenden Notars sein (*OLG Köln* RIW 1993, 415; *LG Amberg* IPRax 1982, 29). In diesen und ähnlichen Fällen ist eine klarstellende Rechtswahl in der Urkunde angezeigt.

96 Werden in **verschiedenen Staaten** gelegene Grundstücke übertragen, findet mangels anderer Merkmale das Recht des Staates Anwendung, in dem das wirtschaftlich überwiegende Grundstück liegt (*RG* Recht 1910 Nr. 3358, zit. nach Reithmann/Martiny/*Limmer* Rn. 1511). In Zweifelsfällen ist es daher auch hier ratsam, das anzuwendende **Recht** im Vertrag **festzulegen**.

97 Das **Vertragsstatut** regelt Gültigkeit und Rechtswirkungen des Vertrages wie Fälligkeit des Kaufpreises, Verzug, Gewährleistung (s. Art. 12 Rom I-VO), **nicht die Schuldübernahme**. Die Feststellung, welchem Recht sie unterliegt, bereitet nicht selten wegen der

Beteiligung verschiedener Interessen Schwierigkeiten (Einzelheiten bei Reithmann/Martiny/*Limmer* Rn. 966 f.). Ob die Schuldübernahme den Verkäufer von seiner Schuld gegenüber dem Gläubiger befreit, entscheidet sich nach dem für das Darlehnsverhältnis Verkäufer-Gläubiger maßgebenden Recht (vgl. BGH DNotZ 1981, 738, 740). Bei **Realkrediten** ist dies mangels Rechtswahl oder sonstiger Anhaltspunkte das am Lageort des belastenden Grundstücks geltende Recht (Palandt/*Thorn* Art. 4 Rom I-VO Rn. 26; Art. 14 Rom I-VO Rn. 7). Entsprechendes gilt bei der Übernahme von Mietverhältnissen (Art. 4 IV Rom I-VO).

98 Die Unterwerfung des Käufers unter die sofortige **Zwangsvollstreckung** ist eine prozessuale Willenserklärung. Sie richtet sich allein nach dem Recht des Staates, der die Unterwerfung auch gerichtlich durchsetzen muss (*BGH* DNotZ 1981, 738, 739). Im Inland wird also nur die von einem deutschen Notar beurkundete Unterwerfung anerkannt (§ 794 I Nr. 5 ZPO), auch bei ansonsten ausländischem Vertragsstatut. Zur Vollstreckung inländischer notarieller Urkunden im Ausland vgl. Rn. 350.

b) Zwingende Vorschriften

99 **Zwingende**, im öffentlichen Interesse oder zum Schutz eines Vertragspartners erlassene **inländische Vorschriften** sind im Wege der Sonderanknüpfung auch dann zu berücksichtigen, wenn der Vertrag ausländischem Recht untersteht (Art. 9 II Rom I-VO „Eingriffsnormen", Einzelheiten bei Palandt/*Thorn* Art. 9 Rom I-VO Rn. 6 ff.). Hierzu gehören **Genehmigungspflichten** bei Kaufverträgen zwischen gebietsansässigen und gebietsfremden Personen (§§ 23, 31 AWG). Die früheren landesrechtlichen Erwerbsbeschränkungen sind seit 1998 entfallen (Art. 86 EGBGB mit einer Ausnahmeermächtigung zur Retorsion). Für EU-Angehörige und juristische Personen mit Sitz oder Hauptniederlassung in der EU gelten diese Beschränkungen nicht (vgl. Gesetz v. 2.4.1964, BGBl. I 248).

100 Zu den zwingenden Vorschriften zählen ferner die Regelungen des **Bodenordnungsrechts** (BauGB), **Grundstücksverkehrsrechts**. Ob hierzu bei Geltung eines ausländischen Vertragsstatuts auch die inländischen Verbraucherschutzvorschriften (MaBV, §§ 305 ff. BGB) gehören, ist strittig. Deren Geltung wird man wohl nur annehmen können, wenn sie nicht nur den Schutz des einzelnen Verbrauchers bezwecken, sondern auch den der Allgemeinheit (s. hierzu Palandt/*Thorn* Art. 9 Rom I-VO Rn. 8; MünchKomm/*Martiny* Art. 9 Rom I-VO Rn. 87).

101 Haben die Parteien das Recht eines ausländischen Staates vereinbart oder liegt der Erfüllungsort in einem ausländischen Staat, sind zudem dessen zwingende Vorschriften zu berücksichtigen. Die inländischen gehen den ausländischen aber stets vor (vgl. Palandt/*Thorn* Art. 9 Rom I-VO Rn. 16; Einzelheiten bei Art. 9 III Rom I-VO). Selbst wenn deutsches Recht als vereinbart gilt, aber ein Ausländer beteiligt ist, können **Devisenvorschriften** des betreffenden Auslandes zu berücksichtigen sein (s. Reithmann/Martiny/*Freitag* Rn. 678). Dies folgt aus dem IWF-Abkommen von Bretton Woods (BGBl. 1978 II 13): Nach diesem Abkommen sind Verträge – wozu auch Grundstücksverträge gehören sollen (Reithmann/Martiny/*Freitag* Rn. 678) –, die gegen Devisenvorschriften eines der Mitgliedstaaten verstoßen, in keinem der übrigen Mitgliedsländer des Abkommens durchsetzbar (vgl. Art. 8 II b des Abkommens); sie sind allerdings nicht nichtig (*OLG München* WM 1989, 1282). Diese devisenrechtlichen Vorschriften betreffen aber nur das schuldrechtliche Geschäft; dingliche Rechtsgeschäfte, insbesondere Auflassung, die Bestellung von Grundpfandrechten und beschränkten dinglichen Rechten sowie die Eintragung im Grundbuch werden nicht erfasst (Einzelheiten bei Reithmann/Martiny/*Thode* Rn. 681 ff.; *Hegmanns* MittRhNotK 1987, 49).

c) Form

102 Ob der schuldrechtliche Teil des Grundstücksvertrages formwirksam abgeschlossen wurde, richtet sich nicht zwingend nach dem Vertragsstatut, sondern ist selbständig anzuknüpfen. Die Formwirksamkeit beurteilt sich entweder nach dem auf den Vertrag an-

zuwendenden Recht (Vertragsstatut) **oder** dem am Ort des Vertragsschlusses geltenden Recht (Art. 11 I Rom I-VO).

§ 311b BGB ist zwar zwingendes deutsches Recht. Diese Vorschrift soll aber, trotz **103** ihres auch konsultativen Elements (§ 17 BeurkG), nicht zu den Vorschriften gehören, die sich im internationalen Rechtsverkehr stets durchsetzen müssen (vgl. Art. 11 IV EGBGB), h.M., s. Palandt/*Thorn* Art. 11 Rom I-VO Rn. 9, 16; a.A. wohl Reithmann/ Martiny/*Limmer* Rn. 1553). § 311b BGB findet demnach nach h.M. **keine Anwendung** bei Verträgen über inländische Grundstücke,
– wenn ausländisches Recht einschl. seiner Formvorschriften – etwa kraft Vereinbarung – auf den Kaufvertrag Anwendung findet, oder
– der Vertrag zwar deutschem Recht untersteht, die Parteien aber den Vertrag im Ausland abgeschlossen oder sie die Formfrage abgespalten und einem fremden Recht unterstellt haben (s.a. Rn. 94).

In diesen Fällen entscheidet die Formfrage für den schuldrechtlichen Teil das entspre- **104** chende Auslandsrecht. Es kann also ein deutsches Grundstück durch einen von einem ausländischen Notar beurkundeten Vertrag, durch einen privatschriftlich, sogar mündlich geschlossenen Vertrag verkauft werden, wenn das anwendbare ausländische Recht oder das Ortsrecht dies vorsehen (zur Form der Auflassung s.u. Rn. 107ff.).

d) Bauträgervertrag

Auch wenn sich Bauträger, Grundstück/Eigentumswohnung und Erwerber im Inland **105** befinden, können die Beteiligten fremdes Recht wählen (Art. 3 Rom I-VO). Für den Bauträgervertrag gilt keine Ausnahme (MünchKomm/*Martiny* Art. 4 Rom I-VO Rn. 100; Reithmann/Martiny/*Limmer* Rn. 1513). Die MaBV gilt auch bei ausländischem Vertragsstatut. Denn die MaBV ist eine öffentlich-rechtliche Regelung für Gewerbeausübung im Inland (Reithmann/Martiny/*Freitag* Rn. 581; Reithmann/Martiny/*Limmer* Rn. 1513). Bei ausländischem Vertragsstatut gilt nach richtiger Ansicht zumindest die MaBV insofern, als ein ausländischer Bauträger im Inland tätig wird (Reithmann/ Martiny/*Freitag* Rn. 581). Als zum öffentlichen Gewerberecht gehörende Verordnung ist ihr Geltungsbereich allerdings auf das Inland beschränkt. Tätigkeiten eines Bauträgers im Ausland werden vom betreffenden ausländischen Gewerberecht geregelt (s. Reithmann/Martiny/*Limmer* Rn. 1513ff.). Mangels Rechtswahl gilt bei Auslandberührung (etwa: Bauträger mit Sitz im Ausland) die objektive Anknüpfung (Art. 4 ROM I-VO). Aus Vorsichtsgründen erscheint es ratsam, eine Rechtswahlklausel in den Vertrag aufzunehmen. Hat der Bauträger seinen Sitz im Ausland, empfiehlt sich zudem die Bestellung eines inländischen Zustellungsbevollmächtigten.

e) Teilnutzungs-(time-sharing)Verträge

Auch für Teilnutzungs-(time-sharing)Verträge (Verträge im Sinne der §§ 481ff. BGB) **106** gilt freie Rechtswahl (Art. 3 Rom I-VO). Für diese Verträge gilt eine Sonderanknüpfung, mit der EU-Standards im Verbraucherschutz für diese Vertragstypen auch bei Geltung des Rechts eines nicht EU-/EWR-Staates durchgesetzt werden sollen (vgl. Art. 46b EGBGB).

2. Auflassung

Im Gegensatz zum Verpflichtungsgeschäft (s. Rn. 94ff.) unterliegt die Übereignung von **107** Grundbesitz stets zwingend dem **Recht des Belegenheitsstaates** (Art. 43 I EGBGB). Hier ist keine Rechtswahl möglich (*BGH* NJW 1997, 461, 462; BR-Drucks. 759/98, S. 39f.). Soll ein inländisches Grundstück übertragen werden, ist nach der Rechtsprechung (Nachw. bei Palandt/*Thorn* Art. 11 EGBGB Rn. 10, 20; Reithmann/Martiny/*Limmer* Rn. 1555), die Auflassung nur vor einem deutschen Notar möglich (§ 925 BGB). Die

Auflassung vor einem ausländischen Notar genügt selbst dann nicht, wenn dieser von seiner Ausbildung her und das von ihm einzuhaltende Verfahren den inländischen Verhältnissen gleichwertig ist (*BGH* WM 1968, 1170, 1171; *KG* DNotZ 1987, 44, 45).

108 Können die Beteiligten zur Beurkundung der Auflassung im Inland nicht erscheinen, helfen Vollmacht (in beglaubigter Form, § 29 GBO u. ggf. Legalisation) oder Abgabe der Auflassungserklärung vor einem deutschen Konsul (§ 12 Nr. 1 KonsularG). Hat ein ausländischer Notar den Verpflichtungsvertrag beurkundet, ist die Beurkundung der Auflassung nicht auf eine 0,5 Gebühr kostenermäßigt, sondern beträgt eine 1,0 Gebühr (Nr. 21102 KV-GNotKG).

109 Bei im Ausland beurkundeten, privatschriftlich oder mündlich abgeschlossenen Verträgen über inländischen Grundbesitz kann § 925a BGB keine Anwendung finden (vgl. MünchKomm/*Kanzleiter* § 925a Rn. 2; Reithmann/Martiny/*Limmer* Rn. 1557). Der Notar hat sich aber – um eine Umgehung des § 925a BGB zu verhindern – die Urkunden (falls vorhanden) vorlegen zu lassen bzw. bei behauptetem mündlichen Abschluss in die Auflassungsurkunde aufzunehmen, worauf sich der Anspruch auf Auflassung nach Angabe der Beteiligten stützt (vgl. MünchKomm/*Kanzleiter* § 925a Rn. 2).

110 Eine Pflicht zur Prüfung der Wirksamkeit des im Ausland abgeschlossenen oder nach ausländischem Recht abgeschlossenen Vertrages trifft den die Auflassung entgegennehmenden Notar nicht. Er hat aber zu prüfen, ob die Urkunde bzw. der behauptete mündliche Vertragsabschluss im Inland wirkt. Liegen die Mängel auf der Hand, ist zur Beseitigung dieser Mängel zu raten, also u. U. nachzubeurkunden (MünchKomm/*Kanzleiter* § 925a Rn. 9 f). Das Grundbuchamt kann die Vorlage des schuldrechtlichen Vertrages nicht verlangen (*Schöner/Stöber* Rn. 1514).

3. Dingliche Rechte

111 Das **Recht des Belegenheitsstaates** bestimmt ferner die **Arten** der dinglichen Rechte einschließlich der Besitzformen. Nach ihm richten sich Begründung, Belastung, Änderung, Übertragung, Verlust und Aufhebung dinglicher Rechte sowie Genehmigungspflichten nach den Bodenordnungs- und Bodenverkehrsgesetzen, wenn sie nicht bereits über Art. 9 II Rom I-VO zu berücksichtigen sind (Palandt/*Thorn* Art. 43 EGBGB Rn. 3).

112 Bei inländischen Grundstücken richten sich nach deutschem Recht demnach Entstehung, Wirkung und Übertragung einer Vormerkung, von Dienstbarkeiten und Grundpfandrechten, jedoch nicht zwingend die zugrunde liegende Forderung. Dies gilt grds. auch für **Realkreditforderungen** also durch Grundschuld oder Hypothek gesicherte Darlehensschuldverhältnisse (Palandt/*Thorn* Art. 43 EGBGB Rn. 3; MünchKomm/*Wendehorst* Art. 43 EGBGB Rn. 84), wenngleich im Regelfall davon auszugehen sein dürfte, dass stillschweigend eine Rechtswahl dahingehend getroffen ist, dass sich das auf die gesicherte Forderung anwendbare Recht nach dem Recht des Staates richtet, in dem das Grundstück liegt (BGHZ 17, 89, 94). Der Sicherungsvertrag („Sicherungszweckerklärung" in der Praxis) wiederum untersteht mangels Rechtswahl der für die Grundstücksübertragung geltenden *lex rei sitae* (MünchKomm/*Wendehorst* Art. 43 EGBGB Rn. 84; Palandt/*Thorn* Art. 43 EGBGB Rn. 3).

113 Richten sich Forderung und Hypothek nach zwei verschiedenen Rechtsordnungen, beurteilen sich die Voraussetzungen für deren Übertragung nach der jeweiligen Rechtsordnung. Entsprechendes gilt für die Vormerkung (Einzelheiten bei Staudinger/*Stoll*, Internationales Sachenrecht, Rn. 247).

4. Ausländer als Erwerber

114 Da z. Z. keine Erwerbsbeschränkungen zu Lasten von ausländischen natürlichen Personen bestehen (s. o. Rn. 99), ergeben sich Besonderheiten nur, wenn verheiratete Ausländer oder mit Ausländern verheiratete Deutsche Grundbesitz erwerben wollen (Reithmann/Martiny/*Limmer* Rn. 1595 f.). Denn nach zahlreichen Rechtsordnungen

(s. u. Rn. 168) findet kraft **Eheschließung** eine **Verschiebung der Eigentumszuordnung** unter den Eheleuten statt.

Erwerben beide Eheleute, ist in der **Auflassung** das **Gemeinschaftsverhältnis** anzugeben (*BayObLG* DNotZ 1976, 174, 175; *Schöner/Stöber* Rn. 3311). Zwingend klarzustellen ist darin, ob die Erwerber in Bruchteilsgemeinschaft oder in welchem Gemeinschaftsverhältnis sie ansonsten erwerben (§ 47 GBO). Andernfalls besteht ein Vollzugshemmnis. Beides bestimmt das auf die Ehe anzuwendende Güterrecht (Art. 15 EGBGB; Einzelheiten s. u. Rn. 138 ff.). Bei der Vorbereitung des Kaufvertrages sind die Beteiligten also zunächst zu fragen, ob das **Güterrecht** ehevertraglich festgelegt ist. Andernfalls hat der Notar anhand der Angaben der Beteiligten die entsprechenden Tatsachen zusammenzutragen, um das Güterrecht zu bestimmen. Denn er hat im Interesse aller Beteiligten sicherzustellen, dass das Eigentum, wie gewünscht, übergeht (zur Aufklärungspflicht s. o. Rn. 14; vgl. auch *Wolfsteiner* DNotZ 1987, 84). Nur wenn der Notar zu keinem eindeutigen Ergebnis kommt, sollte er – um eine sichere Anknüpfung zu ermöglichen – zur Wahl des Güterrechts raten (Art. 15 II, III EGBGB), zur Not auf das im Inland belegene unbewegliche Vermögen beschränkt (s. u. Rn. 159).

Steht der Güterstand fest, ist er **in der Urkunde** anzugeben. Dabei sollte man weder die ausländische Terminologie verwenden – wer versteht sie? –, noch wegen der damit möglichen Irreführung versuchen, den fremden Begriff einzudeutschen (s. hierzu auch *LG Köln* MittRhNotK 1996, 372; *Schöner/Stöber* Rn. 3422 und Reithmann/Martiny/*Limmer* Rn. 1603).

Formulierungsbeispiel: Angabe Güterstand

Die Käufer erwerben gemäß gesetzlichem Güterstand des Rechts des Staates ... (ähnlich *Schöner/Stöber* Rn. 3422) *oder, wenn das Gesamthandsverhältnis zweifelsfrei feststeht:* Die Käufer erwerben als Gesamthandsberechtigte gemäß gesetzlichem Güterstand des Rechts des Staates ...

Kann das Gemeinschaftsverhältnis nicht mit Sicherheit festgestellt werden, erscheint es zweckmäßig, die Eheleute nach Miteigentumsanteilen (§§ 741 ff. BGB) erwerben zu lassen (*Wolfsteiner* DNotZ 1987, 87). Denn die **Auflassung** bleibt auch wirksam, wenn das Gemeinschaftsverhältnis nicht richtig angegeben wurde (*BGH* DNotZ 1982, 692, 696). Ggfs. hat eine Umdeutung stattzufinden (Reithmann/Martiny/*Limmer* Rn. 1600). Das Grundbuchamt kann den Antrag auf Eintragung nur zurückweisen, wenn es sicher weiß, dass das Grundbuch unrichtig würde (*BayObLG* DNotZ 2001, 391; *OLG Hamm* MittRhNotK 1996, 364; *Schöner/Stöber* Rn. 3421b; Reithmann/Martiny/*Limmer* Rn. 1604).

Hat nur ein Ehegatte erworben und wird der andere Ehegatte kraft anwendbaren Güterrechts mitberechtigt, ist die Auflassung ebenfalls wirksam (*BGH* DNotZ 1982, 692, 694). Ist der Ehegatte als Alleineigentümer schon eingetragen, kann das **Grundbuch** auf formlosen Antrag ohne Mitwirkung des Veräußerers berichtigt werden (*BGH* DNotZ 1982, 692, 694, 697). Bei, wohl nur ausnahmsweise (Reithmann/Martiny/*Limmer* Rn. 1597 m.w.N.), vorliegenden **güterrechtlichen Erwerbsbeschränkungen** – keiner der Eheleute kann allein erwerben – ist die Auflassung grundsätzlich unwirksam. Diese Unwirksamkeit kann dem Veräußerer aber weder der Erwerber noch das Grundbuchamt entgegenhalten, wenn sich der Veräußerer auf Art. 16 I EGBGB oder auf Art. 13 Rom I-VO (so Palandt/*Thorn* Art. 13 Rom I-VO Rn. 6; *Schöner/Stöber* Rn. 3421a) berufen kann. Dann ist dennoch der Eigentumswechsel einzutragen (*Amann* MittBayNot 1986, 224; *Böhringer* BWNotZ 1988, 53).

Fehlt dem Erwerber die Rechts-, Geschäfts- und Handlungsfähigkeit, kann sich der Veräußerer auf den Schutz des Art. 13 Rom I-VO berufen (Einzelheiten hierzu bei Palandt/*Thorn* Art. 13 Rom I-VO, Rn. 2 ff.).

5. Ausländer als Veräußerer

121 **Verfügungsbeschränkungen** kraft ausländischen Güterrechts sind grundsätzlich (ausgenommen ist der totale Ausschluss der Verfügungsmacht) anzuerkennen (Reithmann/Martiny/*Limmer* Rn. 1607). Veräußert ein im Grundbuch als Alleineigentümer eingetragener verheirateter Ausländer sein Grundstück, sollte daher – wenn die Verfügungsfreiheit nicht zweifelsfrei festgestellt werden kann – der Ehegatte mitwirken. Wird die Auslandberührung nicht erkannt und wirkt der Ehegatte nicht mit, wird der gutgläubige Erwerber grundsätzlich durch Art. 13 Rom I-VO geschützt (Palandt/*Thorn* Art. 13 Rom I-VO Rn. 6). Auch hier gilt, dass das Grundbuchamt die Eintragung nur bei sicherer Kenntnis vom Bestehen der Verfügungsbeschränkung ablehnen darf (*Schöner/Stöber* Rn. 3421; s.o. Rn. 118; zur Eintragung der Verfügungsbeschränkung im Grundbuch, s. Reithmann/Martiny/*Limmer* Rn. 1608).

VI. Verträge über ausländische Grundstücke

122 Ein selbstkritischer Notar wird Verträge über die Veräußerung von im Ausland belegenen Grundbesitz grundsätzlich **nicht fertigen und/oder beurkunden.** Denn dies setzt genaue Kenntnis des fremden Rechts, insbesondere der Voraussetzung des Eigentumserwerbs, seiner Form, der dazu erforderlichen Registrierungs- und Bodenverkehrserfordernisse und Steuervorschriften, die sich stets nach dem Recht des Belegenheitsstaates richten, voraus. Eine derartige gründliche Kenntnis fremden Rechts dürfte nur im Ausnahmefall gegeben sein.

123 Nicht ohne weiteres ist anzunehmen, dass mangels ausdrücklicher Rechtswahl stets das Recht des Belegenheitsstaates gilt (Art. 4 I c Rom I-VO). Die Rechtsprechung hat wiederholt bei Abschlüssen von Verträgen zwischen Deutschen im Inland über ausländischen Grundbesitz **deutsches Recht** (mit Beurkundungspflicht nach § 311b BGB) als stillschweigend vereinbart angenommen (*BGH* DNotZ 1979, 539, 541; *OLG Nürnberg* NJW-RR 1997, 1484; *OLG München* NJW-RR 1989, 665; kritisch dazu: Palandt/*Thorn* Art. 4 Rom I-VO Rn. 16). Durch ausdrückliche Rechtswahl wird ein solches Ergebnis vermieden.

124 Ist der Vertrag über die Veräußerung von im Ausland belegenen Grundbesitzen wegen Verstoßes gegen § 311b BGB nichtig (s.o. Rn. 103), kann dieser Mangel auch im Ausland durch Vollzug des Eigentumserwerbs geheilt werden (Reithmann/Martiny/*Limmer* Rn. 1560). Ob dieser Vollzug eingetreten ist, beurteilt sich nach dem Recht des Lageortes (vgl. *BGH* DNotZ 1979, 539, 542; weitere Einzelheiten bei Palandt/*Thorn* Art. 11 Rom I-VO Rn. 5; zum früheren Recht *Reithmann* NZG 2005, 875). Bei Bauträgerverträgen und Bauherrenmodellen wird deutsches Recht immer dann für zwingend gehalten, wenn der Erwerb im Inland von einem ausländischen Bauträger erfolgt (*Reithmann*, FS Ferid, 1988, S. 367; Reithmann/Martiny/*Limmer* Rn. 1561).

125 In der Regel sollte zur **Beurkundung vor Ort** gegebenenfalls mit Hilfe einer im Inland beurkundeten Veräußerungsvollmacht oder einem Konsul des Belegenheitsstaates geraten werden, oder – falls das ausländische Recht dies vorsieht – zum Abschluss durch einen vollmachtlosen Vertreter mit anschließender Genehmigung im Inland.

126 Wird dennoch im Inland beurkundet, sollte dem Käufer vorsichtshalber eine notariell beurkundete Durchführungsvollmacht mitgegeben werden (s. Muster bei Reithmann/Martiny/*Limmer* Rn. 1575 ff.) damit dieser im Belegenheitsstaat den Vertrag abwickeln kann. Ferner ist zu bedenken, dass in vielen Ländern das **Eigentum** bereits **mit Abschluss des Kaufvertrages** übergeht. Um den Käufer zu sichern, ist der Kaufpreis vor oder mit Abschluss des Kaufvertrages beim Notar zu hinterlegen (vgl. *Hegmanns* MittRhNotK 1987, 11), wenngleich dies nur ratsam sein dürfte, wenn der Notar die Auszahlungsreife prüfen kann (vgl. *Zimmermann* DNotZ 1982, 108). Bei der Bevollmächtigung ist auch

zu berücksichtigen, unter welchen Voraussetzungen der Belegenheitsstaat die notarielle Urkunde anerkennt (zur Länderübersicht bezüglich Grundstückskauf im Ausland Reithmann/Martiny/*Müller* Rn. 1631 ff.).

VII. Internationales Ehe- und Familienrecht

Literatur: *Arnold*, Entscheidungseinklang und Harmonisierung im internationalen Unterhaltsrecht, IPRax 2012, 311; *Bardy*, Das Ehegüterrecht der Vereinigten Staaten von Amerika aus der Sicht des deutschen Notars, RNotZ 2005, 137; *Becker* , Die Vereinheitlichung von Kollisionsnormen im europäischen Familienrecht – Rom III, NJW 2011, 1543; *Bergmann/Ferid/Henrich*, Internationales Ehe- und Kindschaftsrecht, Loseblatt; *Bonomi*, Explanatory Report on the Hague Protocol of 23 November 2007 on the Law Applicable to Maintenance Obligations, www.hcch.net; *Buschbaum*, Kollisionsrecht der Partnerschaften außerhalb der traditionellen Ehe – Teil 1, RNotZ 2010, 73; Teil 2, RNotZ 2010, 149; *Conti*, Grenzüberschreitende Durchsetzung von Unterhaltsansprüchen in Europa – Eine Untersuchung der neuen EG-Unterhaltsverordnung, 2011; *Döbereiner*, Der Kommissionsvorschlag für das internationale Ehegüterrecht, MittBayNot 2011, 463; *Emmerling de Oliveira*, Adoptionen mit Auslandsberührung, MittBayNot 2010, 429; *Finger*, Güterrechtliche Rechtsbeziehungen mit Auslandsbezug, FuR 2012, 10; *Finger*, Versorgungsausgleich mit Auslandsberührung, Art. 17 III EGBGB, FF 2002, 154; *Gärtner*, Elterliche Sorge bei Personenstandsfällen mit Auslandsbezug – Änderungen durch das Inkrafttreten des Kinderschutzübereinkommens, StAZ 2011, 65; *Gutdeutsch*, Versorgungsausgleich bei Fällen mit Auslandsbezug, FamRBInt 2006, 54; *Gruber*, Die neue EG-Unterhaltsverordnung, IPRax 2010, 128; *Helms*, Reform des internationalen Scheidungsrechts durch die Rom III-Verordnung, FamRZ 2011, 1765; *Henrich*, Europäische Aspekte des ehelichen Güterrechts, FF 2004, 173; *ders.*, Internationales Scheidungsrecht, 2. Aufl. 2012; *ders.*, Kollisionsrechtliche Fragen der eingetragenen Lebenspartnerschaft, FamRZ 2002, 137; *Henrich/Schwab*, Eheliche Gemeinschaft, Partnerschaft und Vermögen im europäischen Vergleich, 1999; *Hohloch*, Ehegattenerbrecht und § 1371 I BGB bei Erbfällen „Vertriebener", FamRZ 2009, 1216; *Kohler/Pintens*, Entwicklungen im europäischen Personen- und Familienrecht 2010–2011, FamRZ 2011, 1433; *Ludwig*, Internationales Adoptionsrecht in der notariellen Praxis nach dem Adoptionswirkungsgesetz, RNotZ 2002, 253; *Martiny*, Die Kommissionsvorschläge für das internationale Ehegüterrecht sowie für das internationale Güterrecht eingetragener Partnerschaften, IPRax 2011, 437; *Martiny*, Auf dem Weg zu einem europäischen Internationalen Ehegüterrecht, in: Die richtige Ordnung, FS Kropholler, 2009, S. 374; *Naumann*, Grundzüge des neuen türkischen Ehegüter- und Erbrechts, RNotZ 2003, 343; *Rieck*, Ausländisches Familienrecht, Loseblatt; *Scheugenpflug*, Güterrechtliche und erbrechtliche Fragen bei Vertriebenen, Aussiedlern und Spätaussiedlern, MittRhNotK 1999, 372; *Schmellenkamp*, Ermittlung des Güterstatuts nach Staatenzerfall, RNotZ 2011, 530; *Schotten*, Die Konstituierung des neuen sowie die Beendigung und Abwicklung des alten Güterstands nach einer Rechtswahl, DNotZ 1999, 326; *Schotten/Schmellenkamp*, Die Übergangsregelung in Art. 220 Abs. 3 EGBGB zur Bestimmung der güterrechtlichen Wirkungen einer gemischtnationalen Ehe – eine weithin gegenstandslose Regelung?, DNotZ 2009, 518; *Steiger*, Im alten Fahrwasser zu neuen Ufern: Neuregelungen im Recht der internationalen Adoption mit Erläuterungen für die notarielle Praxis, DNotZ 2002, 184; *Süß/Ring*, Eherecht in Europa, 2. Aufl. 2012; *Süß*, Notarieller Gestaltungsbedarf bei eingetragenen Lebenspartnern mit Ausländern, DNotZ 2001, 168; *ders.*, Der Deutsch-Französische Güterstand der Wahl-Zugewinngemeinschaft als erbrechtliches Gestaltungsmittel, ZErb 2010, 281; *ders.*, Europäisierung des Familienrechts, ZNotP 2011, 282; *Wagner*, Konturen eines Gemeinschaftsinstruments zum internationalen Güterrecht unter besonderer Berücksichtigung des Grünbuchs der Europäischen Kommission, FamRZ 2009, 269; *ders.*, Aktuelle Entwicklungen in der justiziellen Zusammenarbeit in Zivilsachen, NJW 2011, 1404; *Wagner/Janzen*, Die Anwendung des Haager Kinderschutzübereinkommens in Deutschland, FPR 2011, 110; *Winkler/von Mohrenfels*, Die Rom III-VO und die Parteiautonomie, FS Hoffmann, 2011, S. 527.

1. Statut der allgemeinen Ehewirkungen

a) Bedeutung des Statuts der allgemeinen Ehewirkungen

Der unmittelbare Anwendungsbereich des in Art. 14 EGBGB geregelten allgemeinen Ehewirkungsstatuts ist relativ gering (s. u. Rn. 129). Bei der Neukonzeption des interna- **127** tionalen Familienrechts im Jahre 1986 bildeten die Regelungen für das allgemeine Ehewirkungsstatut die Grundlage für die weiteren ehe- und familienrechtlichen Kollisionsnormen. Auch diese Funktion schwindet zunehmend, nachdem immer weitere Bereiche des internationalen Familienrechts im EGBGB neu gestaltet oder durch den europäischen Gesetzgeber geregelt werden.

128 Eine vorrangige Abkommensvorschrift ergibt sich allein aus Art. 8 III des **Deutsch-Persischen Niederlassungsabkommens** vom 17.2.1929 (RGBl. 1930 II 1002; Bekanntmachung zum Inkrafttreten: 1931 II 9. Zur Wiederanwendung nach dem Zweiten Weltkrieg: BGBl. 1955 II 829 – Abdruck z. B. bei *Jayme/Hausmann* Nr. 22). Praktische Auswirkungen ergeben sich hieraus allerdings nicht, da das Abkommen wie das autonome Recht bei übereinstimmend deutschen Eheleuten das deutsche und bei übereinstimmend iranischen Eheleuten das iranische Recht für anwendbar erklärt (NomosKomm-BGB/*Andrae* Art. 14 EGBGB Rn. 1).

129 In den unmittelbaren Anwendungsbereich von Art. 14 EGBGB fallen z.B. die Vertretungsbefugnis und Verpflichtungsermächtigung der Ehegatten (**Schlüsselgewalt**) (*BGH* NJW 1992, 909), ehebedingte und güterstandsunabhängige Beschränkungen der Vertragsfreiheit sowie **Verfügungsbeschränkungen** (wie z. B. bei Verfügungen eines Ehegatten über die Ehewohnung im niederländischen, türkischen und Schweizer Recht (Reithmann/Martiny/*Hausmann* Rn. 5869), die Unwirksamkeit von Verträgen zwischen Eheleuten und der Zahlungsanspruch der Ehefrau aus einem Morgengabeversprechen (BGH NJW 2010, 1528).

b) Objektive Anknüpfung des auf die allgemeinen Ehewirkungen anwendbaren Rechts

130 Vorbehaltlich einer abweichenden Rechtswahl (s. u. Rn. 133) wird das auf die allgemeinen Wirkungen der Ehe anwendbare Recht gem. Art. 14 I EGBGB im Wege einer sog. Kaskadenanknüpfung (**Kegelsche Leiter**) bestimmt. Ergibt sich auf der vorrangigen Stufe kein Ergebnis, so ist die Anknüpfung auf der jeweils nachfolgenden Stufe so lange fortzusetzen, bis ein Ergebnis erreicht wird. Dabei ergibt sich aus den Art. 14 I Nr. 1 bis 3 EGBGB folgende Prüfungsreihenfolge:

- **1. Stufe:** Das gemeinsame Heimatrecht der Eheleute (Art. 14 I Nr. 1 Fall 1 EGBGB). Ist einer der Eheleute Mehrstaater, so darf hier nicht gleichberechtigt jede seiner Nationalitäten mit der des anderen Ehegatten kombiniert werden. Nur seine gem. Art. 5 I EGBGB maßgebliche Staatsangehörigkeit darf berücksichtigt werden – ist eine der Staatsangehörigkeit also die deutsche, so darf ausschließlich diese verwertet werden
  Beispiel nach *AG Freiburg* FamRZ 2002, 888: Libanesischer Ehemann und libanesisch-französische Ehefrau mit effektiver französischer Staatsangehörigkeit. Keine Geltung libanesischen Rechts, weil auf Seiten der Ehefrau die französische Staatsangehörigkeit gem. Art. 5 I 2 EGBGB maßgeblich war. Die Prüfung ist daher auf den nächsten Stufen fortzusetzen.
- **2. Stufe:** Die letzte gemeinsame Staatsangehörigkeit der Eheleute während der Ehe (Art. 14 I Nr. 1 Fall 2 EGBGB). Haben also Eheleute mit gemeinsamer Staatsangehörigkeit geheiratet, so bleibt dieses Recht weiterhin anwendbar, wenn einer der Eheleute die Staatsangehörigkeit nach der Eheschließung gewechselt oder verloren hat (Trägheitsgrundsatz). Ein Rückgriff auf das Recht am Aufenthaltsort (3. Stufe) ist unzulässig.
- **3. Stufe:** Das am gewöhnlichen Aufenthalt beider Eheleute geltende Recht (Art. 14 I Nr. 2 Fall 1 EGBGB). Der gewöhnliche Aufenthalt bezeichnet den Lebensmittelpunkt einer Person. Ziehen Eheleute mit unterschiedlicher Staatsangehörigkeit gemeinsam in einen anderen Staat, wechselt das Ehewirkungsstatut beim Umzug mit Wirkung *ex nunc*. Es tritt ein Statutenwechsel ein.
- **4. Stufe:** Das am letzten gewöhnlichen Aufenthalt beider Eheleute geltende Recht (Art. 14 I Nr. 2 Fall 2 EGBGB). Auch bei der Anknüpfung an den gewöhnlichen Aufenthalt gilt der „Trägheitsgrundsatz" und bleibt die Kontinuität erhalten.

– **5. Stufe:** Das Recht des Staates, mit dem beide Eheleute auf andere Weise am engsten verbunden sind (Art. 14 I Nr. 3 EGBGB). Diese Stufe kommt insbesondere dann zum Zuge, wenn die Eheleute noch planen, zusammen zu ziehen. Seltener sind auf Dauer als grenzüberschreitende Distanz-Ehen angelegte Ehen. Zur Bestimmung der engsten Verbindung sind sämtliche Aspekte des Einzelfalls zu berücksichtigen. Regelmäßig wird nicht ein einziger Faktor den Ausschlag geben. Von Bedeutung können auch gemeinsame Sprache, gemeinsame Kultur, gemeinsame Herkunft sowie soziale Bindungen durch berufliche Tätigkeit etc. sein. Die Praxis der Gerichte stellt insbesondere darauf ab, in welchem Land die Eheleute die Ehe führen wollen (*OLG Köln* FamRZ 1998, 1590; *AG Hannover* FamRZ 2000, 1576).

Die Anknüpfung gem. Art. 14 I EGBGB erfolgt an die jeweils aktuellen Umstände. **131** Das allgemeine Ehewirkungsstatut ist also **wandelbar**. Eine Änderung der für die Anknüpfung maßgeblichen Umstände – also z. B. der Wechsel der oder Erwerb einer gemeinsamen Staatsangehörigkeit bzw. der gemeinsame grenzüberschreitende Umzug von Eheleuten ohne gemeinsame Staatsangehörigkeit führt also mit Wirkung *ex nunc* zu einem Wechsel des allgemeinen Ehewirkungsstatuts (**Statutenwechsel**).

Eine **Rück- und Weiterverweisung** des ausländischen Rechts ist gem. Art. 4 I EGBGB **132** zu beachten (s. o. Rn. 61).

c) Wahl des auf die allgemeinen Ehewirkungen anwendbaren Rechts

Gem. Art. 14 II, III EGBGB können die Eheleute in bestimmten (praktisch eher unge- **133** wöhnlichen) Konstellationen das auf die allgemeinen Ehewirkungen anwendbare Recht wählen:

1. **Mehrstaater:** Gibt es zwar eine gemeinsame Staatsangehörigkeit, kann diese aber über Art. 14 I Nr. 1 EGBGB nicht berücksichtigt werden, z. B. wegen Art. 5 I 1 EGBGB (z. B. im Fall des *AG Freiburg*, s. o. Rn. 130) oder weil der oder die Ehegatten daneben auch die deutsche Staatsangehörigkeit haben (*OLG Karlsruhe* OLGR 2006, 260), so können die Eheleute durch ehevertragliche Vereinbarung das Recht dieses Staates wählen (Art. 14 II EGBGB).
2. **Aufenthalt in einem Drittstaat:** Haben die Eheleute keine gemeinsame Staatsangehörigkeit i. S. v. Art. 14 I Nr. 1 EGBGB und gehört auch keiner von ihnen dem Staat an, in dem sie beide ihren gewöhnlichen Aufenthalt haben, so können sie eines ihrer Heimatrechte wählen (Art. 14 III Nr. 1 EGBGB). Diese Wahlmöglichkeit ist insb. in den Fällen des kulturellen Gefälles attraktiv (z. B. Deutscher und Österreicherin leben gemeinsam im Jemen bzw. muslimischer Marokkaner lebt mit seiner ebenfalls muslimischen tunesischen Ehefrau in Deutschland).
3. **Distanzehe:** Haben die Eheleute keine gemeinsame Staatsangehörigkeit i. S. v. Art. 14 I Nr. 1 EGBGB und haben auch keinen gewöhnlichen Aufenthalt in demselben Staat, so können sie gem. Art. 14 III Nr. 2 EGBGB eines ihrer Heimatrechte wählen.

Die Rechtswahl muss im Inland in notarieller Form getroffen werden, Art. 14 IV 1 **134** EGBGB. Nach einer verbreiteten Ansicht ist auch § 1410 BGB zu beachten, also die gleichzeitige, nicht aber unbedingt persönliche Anwesenheit der Beteiligten erforderlich (*v. Bar* IPR II Rn. 201; *Schotten/Schmellenkamp* Rn. 123; Bamberger/Roth/*Mörsdorf-Schulte* Art. 14 EGBGB Rn. 54; Staudinger/*Mankowski* Art. 14 EGBGB Rn. 120).

Die nach Art. 14 III EGBGB getroffene Rechtswahl verliert automatisch ihre Wirkun- **135** gen, sobald die Ehegatten eine gemeinsame Staatsangehörigkeit erlangen (Art. 14 III 2 EGBGB). Eine vertragliche **Aufhebung der Rechtswahl** ist jederzeit entweder isoliert oder durch erneute Rechtswahl möglich. Für die Aufhebung gilt die gleiche Form wie für die Vereinbarung der Rechtswahl.

Da die meisten ausländischen Rechtsordnungen eine Rechtswahl für die allgemeinen **136** Ehewirkungen nicht anerkennen, wird diese vor ausländischen Gerichten regelmäßig unbeachtlich bleiben (hinkende Rechtswahl). Es kann sich allerdings aus Sicht des ausländischen Gerichts die Geltung des gewählten Rechts schon aus der objektiven Anknüpfung ergeben. In diesen Fällen kann durch die Rechtswahl u. U. ein internationaler Entscheidungseinklang erreicht werden.

137 | **Formulierungsbeispiel: Wahl des auf die allgemeinen Ehewirkungen anwendbaren Rechts**

Für die allgemeinen Wirkungen unserer Ehe wählen wir mit Wirkung ab sofort das deutsche Recht.
Wir sind davon unterrichtet worden,
– dass diese Rechtswahl sich auf den Güterstand [*bei vor der Ehe getroffener Rechtswahl*] auswirkt,
– dass die Wirkungen dieser Rechtswahl entfallen, wenn wir die Staatsangehörigkeit desselben Staates erlangen,
– dass diese Rechtswahl möglicherweise durch ein ausländisches Gericht nicht beachtet werden wird.

2. Internationales Güterrecht

a) Bedeutung

138 Der Bestimmung des Güterstatuts kommt in der notariellen Praxis eine erhebliche Bedeutung zu. Das Güterstatut ist nicht nur bei der Beurkundung von Eheverträgen mit Auslandsberührung und im Erbrecht von Bedeutung. Auch wenn ein Ehegatte ein Grundstück kauft oder darüber verfügt bzw. einen Anteil an einer Kapitalgesellschaft erwirbt oder veräußert, muss ermittelt, ob er nach dem maßgeblichen Güterrecht diesen zu Alleineigentum erwerben kann bzw. für die Verfügung der Zustimmung des anderen Ehegatten bedarf.

139 Das Internationale Güterrecht ist aktuell in Art. 15 EGBGB geregelt. Für vor dem 8.3.1983 geschlossene Ehen sind die komplizierten **Übergangsregeln des Art. 220 III EGBGB** zu beachten (s. u. Rn. 150).

140 Eine vorrangige Abkommensvorschrift ergibt sich allein aus Art. 8 III des **Deutsch-Persischen Niederlassungsabkommens** vom 17.2.1929 (s. o. Rn. 129). Da das Abkommen wie das autonome deutsche IPR bei übereinstimmend iranischer Staatsangehörigkeit der Eheleute das iranische Recht für anwendbar erklärt, ergeben sich praktische Folgen hieraus allerdings nur dahingehend, dass in diesem Fall eine güterrechtliche Rechtswahl nicht vorgesehen ist.

141 Das „**Deutsch-französische Abkommen**" über den Güterstand der Wahl-Zugewinngemeinschaft" (vgl. § 1519 BGB) enthält keine Kollisionsnormen, sondern vereinheitlichte güterrechtliche Regeln auf sachrechtlicher Ebene. Voraussetzung für deren Anwendbarkeit ist, dass entweder deutsches oder französisches Recht Güterstatut ist. Hierfür ist weiterhin das Güterstatut nach den nationalen Kollisionsnormen zu ermitteln. Da diese in Deutschland und Frankreich nicht vereinheitlicht sind und bei der objektiven Anknüpfung erhebliche Unterschiede bestehen, sollte die Vereinbarung des Wahlgüterstands in Fällen mit Auslandsberührung vorsichtshalber mit einer ausdrücklichen Wahl zugunsten des deutschen oder französischen Güterrechts verbunden werden (vgl. *Süß* ZErb 2010, 284).

142 Ein europäischer Rechtsakt ist auf dem Gebiet des internationalen Güterrechts noch nicht in Kraft. Am 16.3.2011 hat die Europäische Kommission einen Vorschlag für eine Verordnung über die Zuständigkeit, das anzuwendende Recht, die Anerkennung und die Vollstreckung von Entscheidungen im Bereich des Ehegüterrechts (KOM(2011) 126 endg. – „**Europäische Güterrechtsverordnung**" bzw. „Rom IV-VO") vorgelegt. Dieser sieht im Güterrecht Rechtswahlmöglichkeiten zugunsten des Staates vor, in dem einer der Ehegatten seinen gewöhnlichen Aufenthalt hat oder dem er angehört. Eine spaltende Rechtswahl für Immobilien (Art. 15 II Nr. 3 EGBGB – s. Rn. 159) wird nicht mehr möglich sein. Mangels Rechtswahl – also bei objektiver Anknüpfung – gilt das Recht des Staates, in dem die Eheleute nach der Eheschließung ihren **ersten gemeinsamen gewöhnlichen Aufenthalt** genommen haben. Eine Anwendung der Regeln auf Ehen, die vor Inkrafttreten der Verordnung geheiratet haben, ist im Vorschlag der Kommission nicht vorgesehen.

b) Objektive Anknüpfung

aa) Verweisung durch das deutsche Recht. Vorbehaltlich einer abweichenden Rechtswahl gilt für die Ehewirkungen gem. Art. 15 I EGBGB das zum Zeitpunkt der Eheschließung für die allgemeinen Wirkung der Ehe geltende Recht. Es wird also auf die in Art. 14 I EGBGB statuierte Anknüpfungsleiter (dazu oben Rn. 130) verwiesen. Dabei fallen wegen der Fixierung des Anknüpfungszeitpunkts auf den Beginn der Ehe logischerweise die zweite und vierte Sprosse in der Anknüpfungsleiter weg. Im Ergebnis ergibt sich für das Güterstatut damit folgende Stufenfolge: 143
- **1. Stufe:** Das Recht des Staates, dem beide Eheleute bei Eheschließung angehörten, Art. 15 I i.V.m. Art. 14 I Nr. 1 EGBGB. Bei Mehrstaatern ist zuvor die effektive Staatsangehörigkeit zu bestimmen.
- **2. Stufe:** Das Recht des Staates, in dem bei Eheschließung beide Eheleute ihren gewöhnlichen Aufenthalt hatten, Art. 15 I i.V.m. Art. 14 I Nr. 2 EGBGB.
- **3. Stufe:** Das Recht des Staates, mit dem beide Eheleute bei Eheschließung auf andere Weise am engsten verbunden waren, Art. 15 I i.V.m. Art. 14 I Nr. 3 EGBGB. Dabei wird man wegen der Unwandelbarkeit des Güterstatuts, die dazu führt, dass dieses grundsätzlich für die gesamte Dauer der Ehe fortdauert, sinnvollerweise noch eher als bei der Bestimmung des allgemeinen Ehewirkungsstatuts die konkreten Zukunftspläne bei Eheschließung der Eheleute berücksichtigen müssen und vergangenheitsbezogene Aspekte außer Acht lassen (*OLG Köln* FamRZ 1998, 1590; Soergel/*Schurig* Art. 15 EGBGB Rn. 12). Eine besondere Bedeutung kommt daher dem Staat zu, in dem die Eheleute nach der Eheschließung zusammen leben wollen, – zumindest wenn sie alsbald nach der Heirat eine Übersiedlung in diesen Staat konkret in Angriff genommen haben (NomosKomm-BGB/*Sieghörtner* Art. 15 EGBGB Rn. 15; Palandt/*Thorn* Art. 15 EGBGB Rn. 19).

Art. 15 I EGBGB fixiert zur Bestimmung des Güterstatuts die Anknüpfung auf den Zeitpunkt der Eheschließung. Dies führt dazu, dass Änderungen der für die Anknüpfung maßgeblichen Umstände während der Dauer der Ehe sich auf das Güterstatut nicht mehr auswirken (sog. **Unwandelbarkeit des Güterstatuts**). Dies hat den Vorteil der Stabilität des Güterstands. Nachteilig ist, dass auf diese Weise die Eheleute unter Umständen in dem gesetzlichen Güterstand eines Staates leben, in dem sie schon lange nicht mehr leben oder den es nicht mehr gibt. Diesen Nachteilen können sich die Eheleute aber dadurch entziehen, dass sie das Güterstatut jederzeit durch ehevertragliche Rechtswahl gem. Art. 15 II EGBGB ändern können. 144

bb) Rück- bzw. Weiterverweisung durch das ausländische Recht. Bei der Verweisung auf das Recht eines ausländischen Staates ist gem. Art. 4 I EGBGB auch das ausländische internationale Güterrecht anzuwenden und ggf. eine **Rück- oder Weiterverweisung** durch das IPR der ausländischen Rechtsordnung zu beachten (vgl. oben Rn. 61). Bestritten wird hier allein die Beachtlichkeit eines Renvoi bei Anknüpfung an die „engste Verbindung" auf der 3. Stufe (vgl. NomosKomm-BGB/*Sieghörtner* Art. 15 EGBGB Rn. 29). 145

Eine Rück- oder Weiterverweisung kann sich im ausländischen Recht ergeben 146
1. aus einer vorrangigen Anknüpfung an den Wohnsitz der Eheleute (z.B. Frankreich, Belgien);
2. aus einer (wandelbaren) Anknüpfung an die aktuellen Verhältnisse, so dass ein Wechsel der Staatsangehörigkeit oder des gewöhnlichen Aufenthalts der Ehegatten nach der

Eheschließung einen Statutenwechsel bewirken kann (z. B. Italien, Kroatien, Polen, Serbien);
3. aus einer Verweisung auf das jeweilige Belegenheitsrecht für Immobilien (USA, Schottland, wohl auch England); die auf die in Deutschland belegenen Grundstücke beschränkte Rückverweisung führt dann zu einer Spaltung des Güterstatuts, wenn für das übrige Vermögen das Güterrecht des Heimatstaats anwendbar bleibt;
4. wenn das ausländische Recht bei Eheleuten ohne gemeinsame Staatsangehörigkeit die Staatsangehörigkeit des Ehemannes entscheiden lässt (Ägypten, Irak, Thailand).

147   **cc) Vorrangiges Einzelstatut für im Ausland belegenes Vermögen.** Nach Art. 3a II EGBGB (bis zum 1.1.2009: Art. 3 III EGBGB) gilt die Verweisung aus Art. 15 EGBGB nicht für Gegenstände, die sich in einem Staat befinden, dessen Recht nicht berufen ist, soweit diese nach dem Recht des dieses Staates „besonderen Vorschriften" unterliegen. Nach der Rechtsprechung und überwiegenden Auffassung in der Lehre sind „besondere Vorschriften" in diesem Sinne auch Kollisionsnormen des ausländischen Belegenheitsstaates, die das dort belegene Vermögen unabhängig von der Person der Ehegatten dem dortigen Güterrecht unterwerfen. (**Einzelstatut**). Das gilt vor allen Dingen für die Länder, in denen die güterrechtliche Regelung des *Common Law* gilt, wonach sich die güterrechtlichen Verhältnisse von Grundstücksvermögen nach der *lex rei sitae* richten (MünchKomm/*Sonnenberger* Art. 3a EGBGB Rn. 13; Palandt/*Thorn* Art. 3a EGBGB Rn. 6). Dies ist z. B. in Schottland und in den US-amerikanischen Staaten (s. u. Rn. 168) Fall. Für ein von deutschen Eheleuten in San Francisco gekauftes Ferienhaus gilt also nicht die Zugewinngemeinschaft deutschen, sondern die Gütergemeinschaft kalifornischen Rechts.

148   **dd) Sonderregelung für deutschstämmige Vertriebene.** Für deutschstämmige Vertriebene i. S. v. §§ 1, 3 und 4 des Bundesvertriebenengesetzes, die in einem gesetzlichen Güterstand ausländischen Rechts leben, tritt mit Beginn des vierten Monats, nach dem beide ihren gewöhnlichen Aufenthalt in Deutschland genommen haben, das eheliche Güterrecht des BGB in Kraft (§§ 1 I, 3 des Gesetzes über den ehelichen Güterstand von Vertriebenen und Flüchtlingen vom 4.8.1969, Text z. B. bei Palandt/*Thorn* Anh. zu Art. 15 EGBGB). Hier tritt also ein **Statutenwechsel** aus dem ausländischen zum deutschen Güterrecht ein.

149   Umstritten ist, ob auch die erst nach dem 31.12.1992 nach Deutschland gekommenen **Spätaussiedler** von dieser Regelung erfasst werden. Die Verweisung in § 1 des Güterstandsgesetzes erfasst nur die in der alten Fassung von § 4 BVFG genannten, Sowjetzonenflüchtlingen gleichgestellten Personen. Der wohl überwiegende Teil der Lehre bejaht die analoge Anwendung des Gesetzes auf Spätaussiedler (Erman/*Hohloch* Art. 15 EGBGB Rn. 51; Staudinger/*Mankowski* Art. 15 EGBGB Rn. 440; Bamberger/Roth/ *Mörsdorf-Schulte* Art. 15 EGBGB Rn. 76; *Scheugenpflug* MittRhNotK 1999, 377; a. A. Palandt/*Thorn* Anh. II zu Art. 15 EGBGB Rn. 2; MünchKomm/*Siehr* Anh. zu Art. 16 EGBGB Rn. 10). Die Rechtsprechung hat sich einer Stellungnahme bislang stets dadurch entzogen, dass sie in den entschiedenen Fällen darauf verwies, dass mit Übersiedlung der Eheleute nach Deutschland eine Rückverweisung des bisherigen ausländischen Heimatrechts auf das deutsche Güterrecht (s. o. Rn. 145) eingetreten sei (z. B. *OLG Hamm* MittBayNot 2010, 223 – Russland; *OLG Düsseldorf* ZEV 2011, 471 – Kasachstan).

150   **ee) Übergangsregeln für vor dem 1.9.1986 geschlossene Ehen.** Durch das am 9.4.1983 verkündete Urteil des *BVerfG* war die Unwirksamkeit von Art. 15 EGBGB a. F. rückwirkend zum 1.4.1953 festgestellt worden. Für die vor dem Inkrafttreten der Neuregelung des IPR am 1.9.1986 geschlossenen Ehen wurde daher in Art. 220 III EGBGB eine komplexe Übergangsregelung geschaffen. Vereinfacht gilt danach Folgendes:

151   1. Für **vor dem 1.4.1953** geschlossene Ehen gilt weiterhin Art. 15 EGBGB a. F. und damit das Heimatrecht des Ehemannes bei Eheschließung, Art. 220 III 6 EGBGB. Die Eheleute können aber eine Rechtswahl gem. Art. 15 II EGBGB n. F. treffen.

2. Teil. Bestimmung des anwendbaren Rechts

2. Für **nach dem 8.4.1983** geschlossene Ehen ist das Güterstatut nach dem erst 1986 erlassenen Art. 15 EGBGB n. F. zu bestimmen, Art. 220 III 2 EGBGB. **152**

3. Für **nach dem 31.3.1953 und vor dem 9.4.1983** geschlossene Ehen gilt das gemeinsame Heimatrecht der Eheleute, wenn diese bei Eheschließung eine gemeinsame Staatsangehörigkeit besaßen, Art. 220 III 1 Nr. 1 EGBGB, Art. 15 I i. V. m. 14 I Nr. 1 EGBGB. **153**
Bei unterschiedlicher Staatsangehörigkeit der Eheleute bei Eheschließung gilt bis zum 8.4.1983 das Heimatrecht des Ehemannes, Art. 220 III 1 Nr. 3 EGBGB. Für die Zeit danach gilt – rückwirkend auf den Beginn der Ehe – Art. 15 EGBGB n. F., wobei es für die Anknüpfung auf die Umstände am 9.4.1983 ankommt, Art. 220 III 2, 3 EGBGB. Haben sich aber die Eheleute noch vor dem 9.4.1983 gemeinsam einem bestimmten Recht „unterstellt" oder sind sie gemeinsam „von dessen Anwendung ausgegangen", so gilt dieses Recht, Art. 220 III 1 Nr. 2 EGBGB. Dieser Tatbestand wird von der Rspr. sehr weit ausgelegt (vgl. *BGH* NJW 1987, 584). Alle äußeren Umstände seien einzubeziehen, wie etwa der gewöhnliche Aufenthalt der Ehegatten, der Erwerb von Immobilien zur Schaffung eines Familienheimes, Grundbucheintragungen und andere gemeinsame Erklärungen gegenüber Behörden oder Handlungen, die ohne Bezug zu einer bestimmten Güterrechtsordnung nicht denkbar wären. Es reiche, dass die Eheleute „wie selbstverständlich von der ihnen am nächsten liegenden Rechtsordnung ausgegangen sind" (BGHZ 119, 400; *BGH* NJW 1988, 639; FamRZ 1993, 292; *OLG Köln* FamRZ 1996, 1480). Als – mit dem gemeinsamen Unterstellen bzw. dem Vertrauen „konkludent und formlos gewähltes" – Recht gilt dieses Recht über den Stichtag des 8.4.1983 hinaus unter den materiellen Voraussetzungen des Art. 15 II EGBGB fort *(BGH* FamRZ 1986, 1202). Um eine faktische Weiterwirkung der gleichheitswidrigen Anknüpfung an die Staatsangehörigkeit des Ehemannes nach altem Recht zu vermeiden, darf diese Unterstellung unter ein bestimmtes Recht aber nicht darauf beruhen, dass die Eheleute sich an der alten gesetzlichen Regelung orientierten *(BVerfG* NJW 2003, 1656).

Die durch diese Auslegung provozierten praktischen Unsicherheiten lassen sich am einfachsten durch eine ausdrückliche Rechtswahl bzw. eine ausdrückliche gemeinsame Erklärung der Eheleute ausräumen. **154**

Formulierungsbeispiel: Erklärung zum Güterstand in Alt-Ehen **155**

Wir haben im Jahre 1975 geheiratet. Schon damals waren die Ehefrau deutsche und der Ehemann spanischer Staatsangehörige. Wir sind bis zum 9. April 1983 weder gemeinsam von der Geltung eines bestimmten Rechts für unsere güterrechtlichen Verhältnisse ausgegangen noch haben wir uns einem bestimmten Recht unterstellt. Insbesondere haben wir keine Erklärungen über unseren Güterstand abgegeben oder einen Ehevertrag abgeschlossen. Am 9. April 1983 haben wir beide unseren Lebensmittelpunkt in Deutschland gehabt. Wir gehen daher davon aus, dass für uns deutsches Güterrecht gilt.
Sollte – aus welchem Grunde auch immer – deutsches Güterrecht nicht gelten, so vereinbaren wir nun hilfsweise dessen Geltung, nach Möglichkeit mit Rückwirkung auf den Beginn der Ehe.

---

c) Rechtswahl im Güterrecht

aa) Wahlmöglichkeiten. Die Eheleute können gem. Art. 15 II EGBGB durch eine Rechtswahlvereinbarung eine von der objektiv angeknüpften Rechtsordnung abweichende Rechtsordnung zum Güterstatut bestimmen. Folgende Rechtsordnungen stehen zur Wahl: **156**

1. Das Heimatrecht eines der Ehegatten zum Zeitpunkt der Rechtswahl, Art. 15 II Nr. 1 EGBGB. Umstritten ist hier, ob bei einem Ehegatten mit mehrfacher Staatsangehörigkeit die Eheleute jedes seiner Heimatrechte wählen können oder ob ausschließlich **157**

das gem. Art. 5 I EGBGB maßgebliche Recht gewählt werden kann (restriktiv: *Henrich*, Internationales Familienrecht, S. 98; Staudinger/*Mankowski* Art. 15 EGBGB Rn. 133 ff.; großzügiger: *Mansel*, Personalstatut, Staatsangehörigkeit und Effektivität, 1988, Rn. 412).

158 2. Das Recht des Staates, in dem einer der Ehegatten oder gar beide bei Ausübung der Rechtswahl ihren gewöhnlichen Aufenthalt haben, Art. 15 II Nr. 2 EGBGB. Ziehen die Eheleute später in einen anderen Staat, so bleibt die Rechtswahl wirksam.

159 3. Für unbewegliches Vermögen das Recht des Staates, in dem dieses belegen ist, Art. 15 II Nr. 3 EGBGB. Dies gilt auch dann, wenn das unbewegliche Vermögen im Ausland belegen ist. Als unbewegliches Vermögen zählen Grundstückseigentum, Gebäude, Wohnungseigentum, Erbbaurechte etc. Zweifelhaft ist dies für weitere Rechte (Hypotheken, schuldrechtliche Ansprüche auf Grundstück). Anteile an Personengesellschaften oder Erbengemeinschaften zählen wohl selbst dann nicht dazu, wenn diese sich ausschließlich auf Immobilien beziehen. Die Rechtswahl kann auch auf ein einzelnes Grundstück beschränkt werden. Früher geäußerte Bedenken gegen die objektbezogene Rechtswahl werden heute nicht mehr geteilt (zulässig z. B. nach *LG Mainz* Rpfleger 1993, 280; Erman/*Hohloch* Art. 15 EGBGB Rn. 29; *Kegel/Schurig*, Internationales Privatrecht, § 20 VI 1b S. 847; *Kropholler*, Internationales Privatrecht, § 45 IV 4c S. 357; MünchKomm/*Siehr* Art. 15 EGBGB Rn. 43).

Diese Rechtswahl führt regelmäßig zu einer Spaltung des Güterstatuts: Es ist dann für das Grundstück ein Zugewinnausgleich durchzuführen, während für das übrige Vermögen der Güterstand anders abzuwickeln ist. Ungeklärt ist weiterhin, wie sich im Erbfall § 1371 I BGB in dieser Konstellation auswirkt. Wird anlässlich eines Grundstückskaufes für das Grundstück deutsches Güterrecht vereinbart, um vermeintliche Probleme im Grundbuchverfahren zu vermeiden, so kann dies bei Beendigung der Ehe unerwartete Folgeprobleme nach sich ziehen.

160 Wird der Ehevertrag noch vor der Eheschließung abgeschlossen, kann das Güterstatut mittelbar über eine Rechtswahl gem. Art. 14 II, III EGBGB bestimmt werden, so dass sich ggf. noch weiter gehende Wahlmöglichkeiten ergeben. Wegen der höheren Transparenz ist aber die unmittelbar auf das Güterstatut bezogene Rechtswahl vorzuziehen.

161 Die Voraussetzungen für die Rechtswahl (Staatsangehörigkeit bzw. gewöhnlicher Aufenthalt) müssen ausschließlich zum Zeitpunkt der Ausübung der Rechtswahl gegeben sein. Ein späterer Wegfall der Voraussetzungen berührt die Wirksamkeit der Rechtswahl nicht mehr. Die Verweisung aufgrund der Rechtswahl führt unmittelbar zum materiellen Recht der gewählten Rechtsordnung. Eine Rück- oder Weiterverweisung wird gem. Art. 4 II EGBGB nicht beachtet. Es ist aus deutscher Sicht auch ohne Bedeutung, ob die Rechtswahl vom bisher geltenden oder vom gewählten Recht anerkannt wird.

162 **bb) Durchführung der Rechtswahl.** Die Rechtswahl muss **notariell beurkundet** werden, Art. 15 III i. V. m. Art. 14 IV 1 EGBGB. Die Lehre verlangt wie bei Abschluss eines Ehevertrags gem. § 1410 BGB die gleichzeitige Anwesenheit beider Ehegatten (Bamberger/Roth/*Mörsdorf-Schulte* Art. 14 EGBGB Rn. 54). Die Rechtswahl ist zu jedem Zeitpunkt, also **vor, bei und nach der Eheschließung** möglich. Insbesondere kann sie während der Ehe jederzeit wieder aufgehoben und abgeändert werden. Wird sie nach der Eheschließung getroffen, so hat sie Wirkung *ex nunc*. Es tritt also ein Statutenwechsel ein, der dann möglicherweise auch einen Wechsel des (gesetzlichen) Güterstands zur Folge hat. Ungeklärt ist, ob die Rechtswahl mit **Rückwirkung** vereinbart werden kann (dafür: *Osthaus/Mankowski* DNotZ 1997, 21 f.; MünchKomm/*Siehr* Art. 15 EGBGB Rn. 56 ablehnend: *Henrich*, Internationales Familienrecht, S. 101). Will man das Problem umgehen, kann man die Rechtswahl mit Wirkung *ex nunc* treffen und auf der Ebene des materiellen Güterrechts eine Regelung zu treffen, die im Ergebnis der rückwirkenden Geltung des vereinbarten Güterstands von Beginn der Ehe an praktisch gleich kommt (*Schotten/Schmellenkamp* Rn. 169).

2. Teil. Bestimmung des anwendbaren Rechts

Formulierungsbeispiel: Wahl des Güterstatuts vor der Eheschließung	163

Für die güterrechtlichen Wirkungen unserer Ehe wählen wir das deutsche Recht, da wir beide unseren Lebensmittelpunkt und gewöhnlichen Aufenthalt in Deutschland haben. Wir wollen künftig im gesetzlichen Güterstand der Zugewinngemeinschaft leben. Diese Vereinbarung soll das gesamte Vermögen umfassen.

Wir beantragen die Eintragung der Rechtswahl in das Güterrechtsregister des zuständigen deutschen Amtsgerichts oder bei Wohnung im Ausland in das dort zuständige Register. Der beurkundende Notar soll den Antrag erst dann einreichen, wenn er von einem von uns dazu schriftlich angewiesen worden ist.

Der Notar weist auf folgendes hin:
– Die Rechtswahl wird durch ein ausländisches Gericht möglicherweise nicht anerkannt.

Formulierungsbeispiel: Rechtswahl während der Ehe	164

Die Ehefrau ist österreichische Staatsangehörige und war dies auch schon zu Beginn der Ehe. Der Ehemann ist deutscher Staatsangehöriger und war dies auch schon zu Beginn der Ehe. Wir leben seit Beginn der Ehe gemeinsam in Brüssel.

Für die güterrechtlichen Wirkungen unserer Ehe wählen wir das nun das deutsche Recht. Wir wollen ab sofort im gesetzlichen Güterstand der Zugewinngemeinschaft leben. Diese Vereinbarung soll das gesamte Vermögen umfassen. Sie soll von heute an Wirkung entfalten. Zur der Berechnung des Zugewinnausgleichs sind jedoch die Vermögensverhältnisse zu Beginn unserer Ehe zugrunde zu legen.

Wir beantragen die Eintragung der Rechtswahl in das Güterrechtsregister des zuständigen deutschen Amtsgerichts. Der beurkundende Notar soll den Antrag erst dann einreichen, wenn er von einem von uns dazu schriftlich angewiesen worden ist.

Der Notar weist auf folgendes hin:
– Die Rechtswahl wird durch ein ausländisches Gericht möglicherweise nicht anerkannt.
– Der Notar unterstellt – ohne dass er eine Prüfung des ausländischen Rechts vorgenommen hat – dass die Eheleute bislang im gesetzlichen Güterstand des belgischen Rechts gelebt haben. Dieser Güterstand ist durch die heutige Vereinbarung beendet worden. Die Eheleute werden eine ggf. entstandene Gütergemeinschaft selbständig abwickeln und dazu erforderlichenfalls juristischen Rat in Belgien herbeiziehen.

cc) Anzeigepflichten der Notare. Nach Vornahme einer Rechtswahl in Bezug auf das Güterrecht sind in gleicher Weise wie bei einer anderen Vereinbarung in Bezug auf den Güterstand wegen der möglichen Auswirkungen auf das gesetzliche Erbrecht gem. § 34a I 1 BeurkG die Verwahrangaben dem Zentralen Testamentsregister mitzuteilen (Bamberger/Roth/*Litzenburger* § 34a BeurkG Rn. 3). **165**

d) Ausländische gesetzliche Güterstände

In der folgenden Übersicht werden (grob) folgende Güterstände unterschieden: **166**

1. Bei der **Errungenschaftsgemeinschaft** wird nur das während der Ehe erworbene Vermögen gemeinschaftliches Vermögen. Das in die Ehe eingebrachte sowie das während der Ehe durch Schenkung oder Erbfolge erworbene Vermögen wird Eigengut des jeweiligen Ehegatten. Über das Eigengut kann jeder der Ehegatten ohne Zustimmung des anderen verfügen. Zu welchen Verfügungen über Gesamtgut die Zustimmung beider Ehegatten erforderlich ist, ist in den einzelnen Rechtsordnungen sehr unterschiedlich geregelt. Im Zweifel sollte man auf der Zustimmung des anderen Ehegatten bestehen.
2. Bei der **Gütergemeinschaft** geht das gesamte Vermögen der Ehegatten, also auch das in die Ehe eingebrachte, in das Eigentum beider Ehegatten über, wird also Gesamtgut.

H   Auslandsberührung

3. In der **Gütertrennung** bleiben sowohl das in die Ehe eingebrachte wie das während der Ehe erworbene Vermögen getrennt. Einige Rechtsordnungen sehen bei Auflösung der Ehe einen Ausgleich für einen während der Ehe erzielten Vermögenszuwachs vor.

4. Bei der **Anknüpfung** wird jeweils nur die erste Stufe der Anknüpfung angegeben, sowie die grundsätzliche Zulässigkeit einer Rechtswahl.

167   Weiterführende Übersichten bei *Bergmann/Ferid/Henrich,* Internationales Ehe- und Kindschaftsrecht; KEHE/*Sieghörtner,* GBO, Einl. Rn. U 252 ff.; Münch/*Süß,* Familienrecht, § 20 Rn. 16 ff.; *Rieck,* Ausländisches Familienrecht; *Schotten/Schmellenkamp,* Anhang II; *Süß/Ring,* Eherecht in Europa.

168

Staat	(Primäre) Anknüpfung	Güterstand
Ägypten	Staatsangehörigkeit des Ehemannes bei Eheschließung; keine Rechtswahl	Gütertrennung
Australien	*Domicile;* für Immobilien *lex rei sitae.* Ausgleich bei Scheidung nach *lex fori*	Gütertrennung, Vermögensteilung durch das Gericht bei Scheidung
Belgien	Erster ehelicher Wohnsitz; Rechtswahl	Errungenschaftsgemeinschaft
Bosnien und Herzegowina	Gemeinsame Staatsangehörigkeit, keine Rechtswahl	Errungenschaftsgemeinschaft; keine Wahlgüterstände, wohl aber vertragliche Gestaltung des Güterstands möglich
Brasilien	Gemeinsamer Wohnsitz der Eheleute bei Eheschließung	Errungenschaftsgemeinschaft; vertragliche Güterstände, Ehevertrag nach Heirat nur mit gerichtlicher Genehmigung wirksam
Bulgarien	Aktuelle gemeinsame Staatsangehörigkeit; Rechtswahl	Errungenschaftsgemeinschaft; vertragliche Modifikation möglich
China, VR	Aktueller gewöhnlicher Aufenthalt beider Eheleute; Rechtswahl	Errungenschaftsgemeinschaft; vertragliche Modifikation möglich
Dänemark	Wohnsitz des Ehemannes bei Eheschließung; keine Rechtswahl	Gütertrennung mit Teilung des Vermögens bei Beendigung des Güterstands („aufgeschobene Gütergemeinschaft"); Vereinbarung über Umfang des Vorbehaltsguts möglich
Estland	Aktueller gemeinsamer Wohnsitz; Rechtswahl möglich	Errungenschaftsgemeinschaft; vertragliche Güterstände
Finnland	Erster gemeinsamer Wohnsitz der Eheleute; Wandel bei fünfjährigem Wohnsitz in einem anderen Staat; Rechtswahl	Gütertrennung mit schuldrechtlichem Ausgleich der Vermögensdifferenz („aufgeschobene Gütergemeinschaft")
Frankreich	Haager Güterrechtsübereinkommen: Erster ehelicher Wohnsitz; Rechtswahl	Errungenschaftsgemeinschaft; vertragliche Vereinbarungen möglich, aber nicht in den ersten beiden Jahren der Ehe
Georgien	Aktuelle gemeinsame Staatsangehörigkeit; Rechtswahl	Errungenschaftsgemeinschaft; vertragliche Modifikation möglich
Griechenland	Gemeinsame Staatsangehörigkeit bei Eheschließung; keine Rechtswahl	Zugewinngemeinschaft; Gütergemeinschaft als Wahlgüterstand; keine Gütertrennung
Großbritannien	*Domicile,* für Immobilien *lex rei sitae.* Ausgleich bei Scheidung nach *lex fori*	Gütertrennung, Vermögensteilung durch das Gericht bei Scheidung; in England strenge Anforderungen an eheverträgliche Vereinbarungen; in Schottland lockerer

2. Teil. Bestimmung des anwendbaren Rechts

Staat	(Primäre) Anknüpfung	Güterstand
Indien	Domicile, für Immobilien lex rei sitae	Eherecht nach Glaubensgruppen getrennt. Im wesentlichen Gütertrennung
Irak	Staatsangehörigkeit des Ehemannes bei Eheschließung	Gütertrennung
Iran	Deutsch-Persisches Niederlassungsabkommen: Gemeinsames Heimatrecht. In anderen Fällen: Staatsangehörigkeit des Ehemannes	Gütertrennung
Irland	Domicile, für Immobilien lex rei sitae	Gütertrennung, Vermögensteilung durch das Gericht bei Scheidung
Israel	Gemeinsamer Wohnsitz bei Eheschließung	Gütertrennung mit Teilung des ehelichen Vermögens bei Scheidung
Italien	Aktuelle gemeinsame Staatsangehörigkeit; Rechtswahl	Errungenschaftsgemeinschaft; Gütertrennung und Gütergemeinschaft als vertragliche Güterstände
Japan	Gemeinsame Staatsangehörigkeit; Rechtswahl	Gütertrennung; Ausgleich bei Scheidung
Kanada	Anglophone Provinzen: Domicile, für Immobilien lex rei sitae; Québec: Erster ehelicher Wohnsitz, Rechtswahl	Québec: Zugewinngemeinschaft; übrige Provinzen: Gütertrennung mit gerichtlicher Vermögensteilung
Kasachstan	Gemeinsamer Wohnsitz	Errungenschaftsgemeinschaft; vertragliche Güterstände
Kenia	Domicile, für Immobilien lex rei sitae	Gütertrennung
Kosovo	Gemeinsame Staatsangehörigkeit	Errungenschaftsgemeinschaft
Kroatien	Aktuelle gemeinsame Staatsangehörigkeit, keine Rechtswahl	Form der Errungenschaftsgemeinschaft (Miteigentum zu Bruchteilen). Vertragliche Regelung hinsichtlich des Umfangs der Gütergemeinschaft möglich, aber keine Wahlgüterstände
Lettland	Für Eheleute mit Wohnsitz in Lettland oder Vermögen in Lettland gilt lettisches Güterrecht, Art. 13 ZGB	Errungenschaftsgemeinschaft; Gütertrennung und Gütergemeinschaft als Wahlgüterstände
Litauen	Aktueller gemeinsamer Wohnsitz; Rechtswahl	Errungenschaftsgemeinschaft, vertragliche Modifikation möglich
Luxemburg	Haager Güterrechtsübereinkommen: Erster ehelicher Wohnsitz; Rechtswahl	Errungenschaftsgemeinschaft, gesetzliche Güterstände
Malta	Aktuelles Domicile der Eheleute, für Immobilien lex rei sitae	Errungenschaftsgemeinschaft; vertragliche Güterstände
Marokko	Staatsangehörigkeit des Ehemannes bei Eheschließung; Rechtswahl	Gütertrennung; Vereinbarung der Gütergemeinschaft möglich
Mazedonien	Aktuelle gemeinsame Staatsangehörigkeit; ehevertragliche Rechtswahl	Errungenschaftsgemeinschaft; vertragliche Vereinbarungen möglich

Staat	(Primäre) Anknüpfung	Güterstand
Moldawien	Aktueller gemeinsamer Wohnsitz; Rechtswahl in Ehevertrag	Errungenschaftsgemeinschaft; vertragliche Vereinbarungen möglich
Montenegro	Gemeinsames Heimatrecht; seit 14. Juli 2014: Neuregelung	Errungenschaftsgemeinschaft: vertragliche Modifikation möglich
Niederlande	Haager Güterrechtsübereinkommen: Erster ehelicher Wohnsitz, bei Niederländern vorrangig das gemeinsame niederländische Heimatrecht; Rechtswahl	Gütergemeinschaft; vertragliche Güterstände (Gütertrennung, Zugewinnähnliches)
Norwegen	Erster gemeinsamer ehelicher Wohnsitz	Gütertrennung mit Teilung des Vermögens bei Beendigung des Güterstands („aufgeschobene Gütergemeinschaft"); Vereinbarung über Umfang des Vorbehaltsguts möglich
Österreich	Gemeinsame Staatsangehörigkeit bei Eheschließung; Rechtswahl	Gütertrennung mit Ausgleich bei Scheidung
Pakistan	*Domicile*, für Immobilien *lex rei sitae*; für Moslems gilt islamisches Recht	Gütertrennung
Philippinen	Es gilt philippinisches Recht, es sei denn beide Eheleute sind Ausländer; Rechtswahl wenn mindestens 1 Ehegatte Ausländer	Allgemeine Gütergemeinschaft; Wahlgüterstände können durch Ehevertrag vor der Eheschließung vereinbart werden.
Polen	Aktuelle gemeinsame Staatsangehörigkeit; Rechtswahl	Errungenschaftsgemeinschaft; vertragliche Güterstände
Portugal	Gemeinsames Heimatrecht bei Eheschließung; Wahl portugiesischen Rechts möglich	Errungenschaftsgemeinschaft; war einer der Ehegatten bei Heirat über 60 Jahre alt, gilt zwingend Gütertrennung. Vertragliche Vereinbarungen nur vor der Eheschließung zulässig
Rumänien	Aktueller gemeinsamer gewöhnlicher Aufenthalt; Rechtswahl	Errungenschaftsgemeinschaft; vertragliche Güterstände
Russische Föderation	Aktueller gemeinsamer gewöhnlicher Aufenthalt, Rechtswahl, falls die Eheleute keine gemeinsame Staatsangehörigkeit oder keinen gemeinsamen Wohnsitz haben	Errungenschaftsgemeinschaft; vertragliche Güterstände
Schweden	Erster eheliche Wohnsitz, Statutenwechsel, wenn neuer Wohnsitz zwei Jahre angedauert hat; Rechtswahl	Gütertrennung mit Teilung des Vermögens (*giftorättsgods*) nach Beendigung der Ehe („aufgeschobene Gütergemeinschaft"). Verfügungen über Grundstücke oder mit gemeinschaftlichem Geld angeschaffte Gegenständen erfolgen aber gemeinsam. Vertragliche Vereinbarung hinsichtlich des Eheguts (*giftorättsgods*) möglich
Schweiz	Aktueller gemeinsamer Wohnsitz; Rechtswahl	Errungenschaftsbeteiligung (entspricht Gütertrennung mit Ausgleich des Zuerwerbs bei Scheidung); vertragliche Güterstände
Serbien	Aktuelle gemeinsame Staatsangehörigkeit; keine Rechtswahl	Errungenschaftsgemeinschaft; ehevertragliche Modifikation möglich

2. Teil. Bestimmung des anwendbaren Rechts

Staat	(Primäre) Anknüpfung	Güterstand
Slowakei	Aktuelle gemeinsame Staatsangehörigkeit, keine Rechtswahl	Errungenschaftsgemeinschaft; ehevertragliche Modifikation möglich
Slowenien	Aktuelle gemeinsame Staatsangehörigkeit; keine Rechtswahl	Errungenschaftsgemeinschaft; ehevertragliche Vereinbarungen allenfalls bzgl. Verfügung und Verwaltung möglich
Spanien	Gemeinsame Staatsangehörigkeit bei Eheschließung, Rechtswahl vor Eheschließung möglich	Errungenschaftsgemeinschaft; vertragliche Güterstände. Besonderheiten in einigen autonomen Gebieten (z. B. Katalonien und Balearen: Gütertrennung)
Südafrika	*Domicile*, für Immobilien *lex rei sitae*	Gütergemeinschaft
Thailand	Staatsangehörigkeit des Ehemannes bei Eheschließung, für Immobilien gilt Belegenheitsrecht; Rechtswahl bei unterschiedlicher Staatsangehörigkeit durch vor der Ehe abgeschlossenen Vertrag	Errungenschaftsgemeinschaft; vertragliche Vereinbarungen nur vor der Eheschließung oder mit gerichtlicher Genehmigung
Tschechische Republik	seit 1.1.2014: gemeinsamer gewöhnlicher Aufenthalt, Rechtswahl	Errungenschaftsgemeinschaft; seit 2014 auch vertragliche Gütertrennung möglich
Türkei	Gemeinsame Staatsangehörigkeit bei Eheschließung; für Auseinandersetzung von Immobilien gilt *lex rei sitae*. Rechtswahl vor der Heirat oder nach beiderseitigem Staatsangehörigkeitswechsel	Errungenschaftsbeteiligung (entspricht Gütertrennung mit Ausgleich des Zuerwerbs bei Beendigung der Ehe); vertragliche Gütertrennung und Gütergemeinschaft
Ukraine	Aktuelle gemeinsames Staatsangehörigkeit, Rechtswahl	Errungenschaftsgemeinschaft; vertragliche Vereinbarungen möglich
Ungarn	Aktuelle gemeinsame Staatsangehörigkeit	Errungenschaftsgemeinschaft; vertragliche Güterstände
USA	*Domicile*, für Immobilien *lex rei sitae*	Gütertrennung. In Arizona, Idaho, Kalifornien, Louisiana, Nevada, New Mexico, Texas, Washington State und Wisconsin: Errungenschaftsgemeinschaft
Vietnam	Keine gesetzliche Regelung	Errungenschaftsgemeinschaft
Zypern	*Domicile*, für Immobilien *lex rei sitae*	Gütertrennung

3. Unterhalt

a) Rechtsquellen

Die am 18.6.2011 in Kraft getretene Europäische Verordnung über die Zuständigkeit, das anwendbare Recht, die Anerkennung und Vollstreckung von Entscheidungen und die Zusammenarbeit in Unterhaltssachen (Unterhaltsverordnung bzw. EU-UntVO, ABl. 2009 L 7 S. 1) enthält entgegen ihrem Titel keine Regeln zur Bestimmung des Unterhaltsstatuts. Art. 15 EU-UntVO verweist stattdessen zur Bestimmung des auf die Unterhaltspflichten anzuwendenden Rechts auf das Haager Protokoll vom 23.11.2007 über das auf Unterhaltspflichten anzuwendende Recht (**Haager Unterhaltsprotokoll – HUP**). Das HUP gilt gem. Art. 2 HUP universell im Verhältnis auch zu Drittstaaten (sog. *loi uniforme*). Art. 18 EGBGB wurde mit Wirkung vom 18.6.2011 an aufgehoben.

169

170 Gem. Art. 18 HUP bleibt für Deutschland im Verhältnis zu Japan, der Schweiz und der Türkei das **Haager Unterhaltsübereinkommen 1973** weiterhin anwendbar, da diese Staaten das HUP nicht ratifiziert haben (vgl. *BGH* DNotI-Report 2014, 30). Abweichungen ergeben sich dabei insbesondere im Hinblick auf die dort fehlende Rechtswahlmöglichkeit und die abweichende Bestimmung des auf den Scheidungsunterhalt anwendbaren Rechts (unten Rn. 175).

171 Gem. Art. 8 III **Deutsch-Persisches Niederlassungsübereinkommen** vom 17.2.1929 (Rn. 128) haben deutsche Gerichte auf Unterhaltsansprüche zwischen zwei Personen mit (ausschließlich) iranischer Staatsangehörigkeit iranisches Recht anzuwenden (vgl. den Vorbehalt in Art. 19 HUP).

b) Grundsätzliche Geltung des Aufenthaltsrechts

172 Gem. Art. 3 I HUP unterliegt der Unterhaltsanspruch grundsätzlich dem Recht des Staates, in dem die unterhaltsberechtigte Person ihren gewöhnlichen Aufenthalt hat. Diese Anknüpfung an den gewöhnlichen Aufenthalt bezieht sich auf den jeweils aktuellen gewöhnlichen Aufenthalt des Unterhaltsberechtigten. Das bedingt eine **Wandelbarkeit** des Unterhaltsstatuts. Art. 3 II HUP weist darauf hin, dass dann, wenn die berechtigte Person ihren gewöhnlichen Aufenthalt in einen anderen Staat verlegt, vom Zeitpunkt des Aufenthaltswechsels an das Recht des Staates des neuen gewöhnlichen Aufenthalts anzuwenden ist. Gegen überraschende unterhaltsrechtliche Folgen eines grenzüberschreitenden Umzugs bewahrt in bestimmten Fällen eine Fixierung des Unterhaltsstatuts durch eine vertragliche Rechtswahl (s. u. Rn. 177). Darüber hinaus hält das HUP für die einzelnen Unterhaltsverhältnisse Sonderregeln vor, die die Verweisung auf das Aufenthaltsrecht in Art. 3 HUP ergänzen und unangemessene Folgen des Statutenwechsels abfedern.

173 Der Begriff „Recht" im Rahmen des gesamten HUP bedeutet gem. Art. 12 HUP das in einem Staat geltende Recht mit Ausnahme des Kollisionsrechts. Sämtliche Verweisungen des HUP sind also sog. **Sachnormverweisungen**. Rück- oder Weiterweisungen des ausländischen Rechts bleiben unbeachtet.

c) Besonderheiten beim Unterhalt von Minderjährigen und Eltern

174 Für den Kindesunterhalt und den Elternunterhalt gilt gem. Art. 3 HUP das am gewöhnlichen Aufenthalt des Unterhaltsberechtigten geltende Recht. Art. 4 HUP sieht zu Gunsten der Unterhaltsberechtigten aber Ersatzanknüpfungen vor. Hat der Unterhaltsbedürftige nach seinem Aufenthaltsrecht keinen Anspruch auf Unterhalt, so ist gem. Art. 4 II HUP ersatzweise die *lex fori* und – sieht auch dieses Recht keinen Unterhaltsanspruch vor – gem. Art. 4 IV HUP das gemeinsame Heimatrecht der Beteiligten anzuwenden. Hat der Unterhaltsberechtigte das Gericht oder die zuständige Behörde des Staates angerufen, in dem der Unterhaltsschuldner seinen gewöhnlichen Aufenthalt hat, ist gem. Art. 4 III HUP vorrangig das Aufenthaltsrecht des Beklagten und das Aufenthaltsrecht der Berechtigten nur subsidiär anzuwenden. Der Unterhaltsberechtigte kann also durch Klageerhebung entscheiden, welches Recht angewandt wird.

d) Trennungs- und Scheidungsunterhalt

175 Das aktuelle Aufenthaltsrecht des Unterhaltsklägers gilt auch für den Scheidungsunterhalt. Damit hätte der Ex-Ehegatte es in der Hand, durch Umzug gem. Art. 3 II HUP das auf seinen Unterhalt anwendbare Recht zu wechseln und sich so ein ihm günstigeres Unterhaltsregime zu erschleichen. Dies können die Eheleute durch eine Rechtswahl gem. Art. 8 HUP verhindern (s. u. Rn. 177). Des Weiteren kann ein Ehegatte gem. Art. 5 HUP gegen die Anwendung des Aufenthaltsrechts einwenden, dass das Recht eines anderen Staates, insbesondere des Staates, in dem die Eheleute zuletzt ihren gemeinsamen gewöhnlichen Aufenthalt gehabt haben, zur Ehe eine engere Verbindung aufweise und die Anwendung dieses Rechts verlangen.

Im Verhältnis zur Schweiz und zur Türkei gilt gem. Art. 8 Haager Unterhaltsübereinkommen 1973 für den Scheidungsunterhalt das Recht, nach dem die Ehe tatsächlich geschieden worden ist. Sind türkische Eheleute also in der Türkei (oder vor Inkrafttreten der Rom III-VO in Deutschland gem. Art. 17 I EGBGB) nach ihrem türkischen Heimatrecht geschieden worden, so richtet sich der Unterhaltsanspruch auch dann, wenn sie ihren gewöhnlichen Aufenthalt in Deutschland haben, nach dem türkischen Recht.

e) Vertragliche Vereinbarung des Unterhaltsstatuts

aa) Allgemeine Rechtswahl. Gem. Art. 8 I HUP können die Parteien das auf die Unterhaltspflicht anzuwendende Recht wählen. Zur Wahl stehen das Recht eines Staates, dem eine der Parteien im Zeitpunkt der Rechtswahl angehört (**Heimatrecht**), das Recht des Staates, in dem eine der Parteien im Zeitpunkt der Rechtswahl ihren gewöhnlichen Aufenthalt hat (**Aufenthaltsrecht**), das auf den ehelichen Güterstand anzuwendende Recht (**Güterstatut**) und schließlich das Recht, das die Parteien als das auf ihre Ehescheidung anzuwendende Recht gewählt haben bzw. das tatsächlich auf die Ehescheidung angewandte Recht (**Scheidungsstatut**). Die Rechtswahl muss gem. Art. 8 II HUP **in Schriftform** erfolgen und ist von beiden Parteien zu unterschreiben.

> **Formulierungsbeispiel: Unterhaltsrechtliche Rechtswahl**
>
> In Hinblick darauf, dass derzeit beide Parteien ihren Lebensmittelpunkt und damit ihren gewöhnlichen Aufenthalt in Deutschland haben, unterstellen die Parteien die folgende Vereinbarung über den Unterhalt und die wechselseitigen Unterhaltsbeziehungen dem Recht der Bundesrepublik Deutschland. Dieses Recht soll auch dann noch gelten, wenn im Inland kein gewöhnlicher Aufenthalt mehr besteht.

Ausgeschlossen von der Rechtswahl sind gem. Art. 8 III HUP Personen, die das 18. Lebensjahr noch nicht vollendet haben und Erwachsene, der „aufgrund einer Beeinträchtigung oder der Unzulänglichkeit ihrer persönlichen Fähigkeiten nicht in der Lage sind, ihre Interessen zu schützen". Als praktischer Hauptanwendungsfall für die Rechtswahl verbleibt damit der Unterhalt zwischen getrennt lebenden oder geschiedenen Ehegatten und eingetragenen Lebenspartnern.

Gem. Art. 8 IV HUP gilt das Recht des Staates, in dem die berechtigte Person im Zeitpunkt der Rechtswahl ihren gewöhnlichen Aufenthalt hat, für die Frage, ob sie auf ihren Unterhaltsanspruch verzichten kann. Das betrifft dann nicht nur den vollständigen **Unterhaltsverzicht,** sondern auch solche Vereinbarungen, die den Unterhalt im Ergebnis reduzieren, also einen teilweisen Verzicht konstituieren.

Gem. Art. 8 V HUP ist das von den Parteien bestimmte Recht schließlich nicht anzuwenden, wenn seine Anwendung für eine der Parteien offensichtlich unbillige oder unangemessene Folgen hätte. Das gilt wiederum dann nicht mehr, wenn die Parteien im Zeitpunkt der Rechtswahl umfassend unterrichtet und sich der Folgen ihrer Wahl vollständig bewusst waren. Dabei soll nach einer Äußerung in der Literatur die Aufklärung durch den Notar im Rahmen einer Beurkundung des Ehevertrages verlangen, dass dieser über die Unterschiede zwischen dem gewählten und dem abbedungenen Recht umfassend informiert und die Parteien beraten hat (Rauscher/*Andrae*, Europäisches Zivilprozess- und Kollisionsrecht, 2010, Art. 8 HUP Rn. 26). Geht es – wie wohl in den meisten Fällen – allein darum, das aktuell geltende Recht festzuschreiben und ist nicht vorhersehbar, welche Rechtsordnung später über Art. 3 HUP zur Anwendung gelangen könnte, so dürfte aber wohl eine Aufklärung über den Inhalt des gewählten Rechts allein genügen.

bb) Auf ein Unterhaltsverfahren bezogene Rechtswahl. Gem. Art. 7 HUP können die Beteiligten für die Zwecke eines einzelnen Unterhaltsverfahrens in einem bestimmten

Staat das anzuwendende Recht bestimmen. Die Rechtswahl kann nur in Bezug auf ein bestimmtes Unterhaltsverfahren erfolgen. Dieses muss aber zum Zeitpunkt der Rechtswahl noch nicht eingeleitet sein.

183 Gewählt werden kann ausschließlich die *lex fori*. Effizient wird diese Rechtswahl vor Einleitung eines Unterhaltsverfahrens daher erst durch Kombination mit einer Gerichtsstandsvereinbarung gem. Art. 4 EU-UntVO. Die Rechtswahl ist auch in den Rechtsbeziehungen offen, in denen gem. Art. 8 III HUP keine Rechtswahl zulässig ist. Die Rechtswahl muss ausdrücklich erfolgen. Vor der Einleitung des Verfahrens muss sie in Schriftform oder auf einem Datenträger, dessen Inhalt für eine spätere Einsichtnahme zugänglich ist, erfolgen.

184 **Formulierungsbeispiel: Unterhaltsrechtliche Rechtswahl mit Gerichtsstandsvereinbarung**

> Für die Entscheidung über einen Anspruch der Ehefrau auf Unterhalt während der Dauer der Trennung der Eheleute oder nach einer Scheidung sollen ausschließlich die deutschen Gerichte zuständig sein.
> Das Gericht soll in diesem Verfahren auf den Unterhaltsanspruch das deutsche Recht anwenden.

4. Versorgungsausgleich

185 Als vorrangiges internationales Abkommen ist allein das **Deutsch-Persische Niederlassungsabkommen** von 1929 zu beachten (s. o. Rn. 128). Zwischen Eheleuten mit iranischer Staatsangehörigkeit findet daher kein Versorgungsausgleich statt (*BGH* FamRZ 2005, 1666). Möglicherweise wird der Versorgungsausgleich durch eine künftige Europäische Güterrechtsverordnung (s. o. Rn. 142) erfasst werden. Weitere internationale Normen sind nicht zu beachten.

186 Die einschlägige autonome Kollisionsnorm in Art. 17 III EGBGB ist zuletzt im Jahre 2009 durch das Gesetz über die Versorgungsausgleichsstrukturreform und zum 29.1.2013 durch das das Ausführungsgesetz zur Rom III-VO (dazu unten Rn. 192) geändert worden. Der Versorgungsausgleich ist nunmehr ausschließlich **nach deutschem Recht** durchzuführen (Art. 17 III 1 Hs. 2 EGBGB). Es ist also nicht mehr festzustellen muss, *welches* Recht auf den Versorgungsausgleich anzuwenden ist, sondern nur noch, *ob* deutsches Recht angewandt werden muss.

187 Der Versorgungsausgleich ist gem. Art. 17 III 1 EGBGB **von Amts wegen nach deutschem Recht durchzuführen**, wenn die Ehe nach dem deutsches Recht zu scheiden ist – wenn also nach den Regeln der Rom III-VO z. B. die Ehegatten zum Zeitpunkt der Anrufung des Gerichts zur Scheidung beide ihren gewöhnlichen Aufenthalt in Deutschland hatten oder die Ehegatten zuletzt ihren gewöhnlichen Aufenthalt in Deutschland hatten, sofern dieser nicht vor mehr als einem Jahr vor Anrufung des Gerichts endete und einer der Ehegatten zum Zeitpunkt der Anrufung des Gerichts noch seinen gewöhnlichen Aufenthalt in Deutschland hatte. (vgl. Art. 8 Rom III-VO). Die Wahl deutschen Scheidungsstatuts durch die Eheleute gem. Art. 6 Rom III-VO (s. u. Rn. 193) hat ebenfalls die Durchführung des Versorgungsausgleichs von Amts wegen zur Folge.

188 Ist auf die Scheidung ausländisches Recht anwendbar, so kann sich die Geltung des deutschen Rechts für den Versorgungsausgleich auch aus einer **Rückverweisung** durch das ausländische Kollisionsrecht ergeben. Maßgeblich dafür ist nicht die ausländische Regelung zum Scheidungsstatut, sondern die für den Versorgungsausgleich maßgebliche ausländische IPR-Norm. Kennt das ausländische Recht keinen Versorgungsausgleich, so wird das dort geltende IPR keine Kollisionsnorm zum Versorgungsausgleich enthalten. Dann ist maßgeblich, nach welcher Kollisionsnorm ein Gericht dieses ausländischen Staates das auf den Versorgungsausgleich anwendbare Recht bestimmen würde.

2. Teil. Bestimmung des anwendbaren Rechts

Ein Versorgungsausgleich erfolgt dennoch nicht von Amts wegen, wenn das Heimatrecht keines der Ehegatten den Versorgungsausgleich kennt (Art. 17 III 1 Hs. 2 EGBGB; **Heimatrechtsklausel**). Die Anforderungen an die Kenntnis sind hoch. Anerkannt als Staaten, die den Versorgungsausgleich „kennen" sind bislang allein Neuseeland, die Schweiz und Südafrika, mittlerweile wohl auch England, sowie eine zunehmende Anzahl von Einzelstaaten der USA und Kanadas (Überblick bei Staudinger/*Mankowski* Art. 17 EGBGB Rn. 305 ff.). Die Niederlande fallen nicht hierunter *(BGH FamRZ 2009, 677 und 681).* 189

Kann von Amts wegen kein Versorgungsausgleich erfolgen – weil auf die Scheidung kein deutsches Recht anzuwenden ist oder die Heimatrechtsklausel seine Durchführung ausschließt – erfolgt gem. Art. 17 III 2 EGBGB der Versorgungsausgleich dennoch **nach deutschem Recht auf Antrag** eines der Ehegatten, wenn die Durchführung des Versorgungsausgleichs nach deutschem Recht im Hinblick auf die wirtschaftlichen Verhältnisse beider Eheleute während er gesamten Ehezeit nicht unbillig ist und einer der Ehegatten während der Dauer der Ehe im Inland eine Versorgungsanwartschaft erworben hat. 190

Die Bezugnahme auf das nach der Rom III-VO auf die Scheidung anwendbare Recht in Art. 17 III EGBGB bedingt, dass durch vertragliche Vereinbarung deutschen Scheidungsrechts (s. u. Rn. 193) mittelbar auch die Durchführung des Versorgungsausgleich nach deutschem Recht vereinbart wird. Die Vereinbarung **ausländischen Scheidungsrechts** hingegen schließt allenfalls die Anwendung deutschen Rechts von Amts wegen aus, hindert aber nicht aber seine Durchführung auf Antrag eines der Ehegatten. Insoweit ist daher auch bei Vereinbarung ausländischen Scheidungsrechts ggf. vorsorglich eine materielle Vereinbarung zum Versorgungsausgleich zu treffen. 191

5. Scheidung

Das auf die Scheidung anwendbare Recht bestimmt sich in Deutschland seit dem 21.6.2012 nach den Regeln der sog. Rom III-VO (Verordnung [EU] Nr. 1259/2010 des Rates vom 20.12.2010 zur Durchführung einer Verstärkten Zusammenarbeit im Bereich des auf die Ehescheidung und Trennung ohne Auflösung des Ehebandes anzuwendenden Rechts). Auch wenn sich der Notar sonst wenig mit der Durchführung der Scheidung selbst befasst, so gibt es dennoch einen doppelten Anlass, sich mit dem auf die Scheidung anwendbaren Recht zu befassen: Zunächst kann sich nach Art. 17 III 1 die Bestimmung des Scheidungsstatuts auf die Durchführung des Versorgungsausgleichs von Amts wegen auswirken (s. o. Rn. 191). Zum anderen gewährt Art. 6 Rom III-VO nun die Möglichkeit, das Scheidungsstatut durch **vertragliche Rechtswahl** festzulegen. Die Rechtswahl kann durch im Inland lebende Eheleute gem. Art. 46d EGBGB ausschließlich durch notariell beurkundeten Ehevertrag getroffen werden. 192

Gem. Art. 6 Rom III-VO stehen für eine ehevertragliche Wahl des Scheidungsstatuts die folgenden Rechtsordnungen zur Verfügung: 193
1. das Recht des Staates, in dem die Ehegatten zum Zeitpunkt der Rechtswahl ihren gewöhnlichen Aufenthalt haben;
2. das Recht des Staates, in dem die Ehegatten zuletzt ihren gewöhnlichen Aufenthalt hatten, sofern einer von ihnen zum Zeitpunkt der Rechtswahl dort noch seinen gewöhnlichen Aufenthalt hat;
3. das Recht des Staates, dessen Staatsangehörigkeit einer der Ehegatten zum Zeitpunkt der Rechtswahl besitzt;
4. die *lex fori* (das Recht des Staates des angerufenen Gerichts).

Gem. Art. 6 I Rom III-VO unterliegen Zustandekommen und die Wirksamkeit einer Rechtswahlvereinbarung dem gewählten Recht. Gegen die unerwartete Unterstellung einer „konkludenten" Rechtswahl oder der Herleitung einer Rechtswahl aus einer „rügelosen Einlassung" schützt Art. 6 II Rom III-VO: Ergibt sich aus den Umständen, dass es nicht gerechtfertigt wäre, die Wirkung des Verhaltens eines Ehegatten nach dem angeb- 194 lich vereinbarten Recht zu bestimmen, so kann sich dieser Ehegatte für die Behauptung, er habe der Vereinbarung nicht zugestimmt, auf das Recht des Staates berufen, in dem er zum Zeitpunkt der Anrufung des Gerichts seinen gewöhnlichen Aufenthalt hat.

---

195 | **Formulierungsbeispiel: Vereinbarung des Scheidungsstatuts**

Für die Scheidung unserer Ehe vereinbaren wir die Anwendung des deutschen Rechts.
Wir verzichten gegenseitig auf die Durchführung eines Versorgungsausgleichs.
Der Notar weist auf folgendes hin:
– Die Rechtswahl wird durch ein ausländisches Gericht möglicherweise nicht anerkannt.
– Die Vereinbarung deutschen Scheidungsrechts zieht grundsätzlich die Durchführung des Versorgungsausgleichs nach deutschem Recht nach sich. Die Vereinbarung über den Ausschluss des Versorgungsausgleichs ist gem. § 8 VersAusglG nur dann wirksam, wenn sie einer Inhalts- und Ausübungskontrolle durch das Gericht standhält.

---

6. Adoption

196 Im internationalen Adoptionsrecht ist bei Beteiligung ausschließlich iranischer Staatsangehöriger vorrangig das **Deutsch-Persische Niederlassungsabkommen** zu beachten (s. o. Rn. 128). Das Haager Übereinkommen über den Schutz von Kindern und die Zusammenarbeit auf dem Gebiet der internationalen Adoption vom 29.5.1993 (**Haager Adoptionsübereinkommen**) soll die staatliche Kontrolle internationaler Adoptionen erhöhen und reguliert das Verfahren bei Adoptionen, in deren Folge das Kind in ein anderes Land verbracht wird. Das auf die Adoption anwendbare Recht wird nicht geregelt.

197 Gem. Art. 22 I 2 EGBGB unterliegt die Adoption durch eine **verheiratete Person** bzw. durch beide Eheleute gemeinsam dem gem. Art. 14 I EGBGB für allgemeinen Wirkungen ihrer Ehe geltenden Recht. Eine Rechtswahl nach Art. 14 II oder III EGBGB (s. o. Rn. 133) bleibt für die Bestimmung des Adoptionsstatuts also unberücksichtigt. Die Adoption durch eine **unverheiratete Person** unterliegt dem Recht des Staates, dem der Annehmende im Zeitpunkt der Annahme angehört (Art. 22 I 1 EGBGB). Eine Rück- und Weiterverweisung (Art. 4 I EGBGB) ist nach Verweisung auf ein ausländisches Recht zu beachten. Das Heimatrecht des Kinds wird über Art. 23 EGBGB in der Weise berücksichtigt, dass das Erfordernis und die Erteilung einer Zustimmung des Kindes und der Personen, zu denen es in einem familienrechtlichen Verhältnis steht, zusätzlich zum Adoptionsstatut zu beachten sind.

198 Das gem. Art. 22 I EGBGB bestimmte Recht regelt auch die Folgen der Annahme für das Verwandtschaftsverhältnis zwischen dem Kind und dem Annehmenden. Die übrigen Wirkungen der Adoptionen ergeben sich aus den speziellen Kollisionsnormen (Name: Art. 10 EGBGB; Unterhalt: HUP; elterliche Sorge: KSÜ; Erbrecht: Art. 25 EGBGB bzw. EuErbVO etc.).

199 Das gem. Art. 22 I EGBGB bestimmte Recht regelt auch die Wirksamkeit einer im Ausland durch Rechtsgeschäft vorgenommenen Adoption (**Vertragsadoption**). Die Wirksamkeit und die adoptionsrechtlich zu qualifizierenden Wirkungen einer im Ausland durch ein Gericht oder eine Behörde ausgesprochenen Adoption (**Dekretadoption**) werden dagegen nach verfahrensrechtlichen Kriterien ermittelt. Es gilt das Recht, nach dem die Adoption im Ausland tatsächlich durchgeführt und ausgesprochen wurde.

200 § 2 Adoptionswirkungsgesetz (AdWirkG) hat die Möglichkeit einer **Anerkennungs- und Wirkungsfeststellung** geschaffen, mit der die Wirksamkeit und Wirkungen einer im Ausland vorgenommenen Adoption in Deutschland allgemeinverbindlich festgestellt werden können. Prüfungsmaßstab ist bei Adoptionen aus einem anderen Mitgliedstaat des Haager Adoptionsübereinkommens (HAÜ) der Art. 23 HAÜ. Bei Dekretadoptionen in einem Drittstaat oder Adoptionen, die nicht in den Anwendungsbereich des HAÜ fallen, ergeben sich die Voraussetzungen für die Anerkennung aus § 109 FamFG. Umstritten ist, ob für die Anerkennung von Adoptionen, die unter Umgehung des im HAÜ vorgesehenen Verfahrens in einem anderen Abkommensstaat des HAÜ „erschlichen" wurden („Privatadoptionen"), auf § 109 FamFG zurückgegriffen werden darf oder ob hier das HAÜ die Anerkennung ausschließt (jurisPK/*Behrentin* Art. 22 EGBGB Rn. 123). Durch **Umwandlungsausspruch** nach § 3 AdwirkG kann eine ausländische Adoption, die in ihren Wirkungen hinter den Wirkungen einer „Volladoption" nach deutschem Recht zurück bleibt, mit den Wirkungen einer Minderjährigenadoption nach deutschem Recht ausgestattet werden (ausführlich: *Ludwig* RNotZ 2002, 353).

Auf dem Gebiet des Erbrechts kann gem. Art. 22 III 1 EGBGB durch testamentarische **201** Anordnung ein als Minderjähriger Angenommener einem nach deutschem Recht adoptierten Kind gleichgestellt werden, soweit deutsches Recht Erbstatut ist (**Gleichstellungserklärung**, s. a. *Süß* MittBayNot 2002, 92). Trotz der Einordnung dieser Vorschrift in das internationale Adoptionsrecht handelt es sich hierbei um eine Regelung des deutschen materiellen Erbrechts (Sachnorm). Zwar könnten die Unsicherheiten über die erbrechtlichen Folgen der nach dem ausländischen Recht vorgenommenen Adoption auch durch eine testamentarische oder erbvertragliche Erbeinsetzung überwunden werden. Die Gleichstellungserklärung verschafft dem Angenommenen aber auch eine pflichtteilsrechtliche Position und reduziert bzw. beseitigt damit ggf. Pflichtteile anderer Angehöriger. Eine solche Anordnung kann nicht nur der Annehmende, sondern auch dessen Ehegatte oder ein weiterer Verwandter treffen:

Formulierungsbeispiel: Gleichstellungserklärung **202**

Durch Beschluss der Gerichts ... in ... habe ich am ... den/die ... als Kind angenommen. ... soll in Ansehung der Rechtsnachfolge nach meinem Tode einem nach den deutschen Sachvorschriften angenommenen Kind gleich stehen.
Die in dieser Urkunde zugunsten des Angenommenen getroffenen Zuwendungen sollen unabhängig davon wirksam sein, ob die vorgenannte Adoption wirksam ist und ob die vorstehende Gleichstellungserklärung wirksam ist.

---

7. Faktische Lebensgemeinschaft

In manchen Rechtsordnungen – z. B. Slowenien – führt schon die faktische Lebensge- **203** meinschaft zu den gleichen Rechtsfolgen wie die Ehe. Da das geschriebene deutsche IPR hierfür keine Regeln enthält, ist die kollisionsrechtliche Einordnung (Qualifikation) umstritten. Die mittlerweile wohl überwiegende Ansicht favorisiert mit Rücksicht auf die personenbezogene Rechtsnatur eine familienrechtliche Qualifikation. Während aber die herkömmliche Ansicht analog zu Art. 14ff. EGBGB vorrangig an die gemeinsame Staatsangehörigkeit und erst hilfsweise an den gewöhnlichen Aufenthalt anknüpft (*v. Bar*, Internationales Privatrecht II, Rn. 122; *Looschelders* Art. 13 EGBGB Rn. 87; Hausmann/Hohloch/*Martiny* Kap. 12 Rn. 23; Staudinger/*Mankowski* Anh. zu Art. 13 EGBGB Rn. 82; *Scherpe/Yassari*, Die Rechtsstellung nichtehelicher Lebensgemeinschaften, S. 602), soll nach einer neueren Ansicht das am gewöhnlichen Aufenthalt der Lebensgefährten geltende Recht angewandt werden (*Henrich*, Internationales Familienrecht, S. 46 ff.; *v. Hoffmann/Thorn*, Internationales Privatrecht, § 8 Rn. 18; *Kropholler*, Internationales Privatrecht, § 46 V S. 376).

Für einen Anspruch auf Unterhalt und das Entstehen eines gesetzlichen Erbrechts gel- **204** ten die speziellen Kollisionsnormen. Die im Rahmen der so bestimmten Sachnormen aufgeworfene Frage nach dem Bestehen einer faktischen Lebensgemeinschaft wird dann nicht als „Vorfrage" nach einem gesondert zu bestimmenden Recht zu behandeln sein, sondern ist unmittelbar dem auf die Folgefrage anwendbaren Sachrecht (also z. B. dem Unterhaltsstatut oder dem Erbstatut) zu entnehmen.

8. Gleichgeschlechtliche eingetragene Lebenspartnerschaften und gleichgeschlechtliche Ehen

205 In immer mehr Staaten wird gleichgeschlechtlichen Paaren die Eintragung einer Lebenspartnerschaft ermöglicht, die in ihren Rechtsfolgen die Ehe weitest möglich nachbildet (z. B. in Deutschland, Dänemark, Österreich, der Schweiz, Luxemburg, Finnland, Irland, der Tschechischen Republik, dem Vereinigten Königreich, Slowenien und Ungarn). In anderen Staaten wird für die Ehe keine Heterosexualität mehr verlangt, so dass auch eine gleichgeschlechtliche Ehe geschlossen werden kann (so z. B. in Argentinien, Belgien, England, Frankreich, Island, den Niederlanden, Norwegen, Portugal, Schweden und Spanien, dem Vereinigten Königreich, in Massachusetts, New York und einzelnen anderen Staaten der USA). Der *pacte civile de solidarité* des französischen Rechts (PACS) und die *cohabitation legale* nach belgischem Recht hingegen begründen Rechtsverhältnisse, die hinter den Wirkungen einer Ehe deutlich zurück bleiben.

206 Art. 17b I 1 EGBGB unterstellt die Begründung wie Auflösung einer „eingetragenen Lebenspartnerschaft" dem Recht des registerführenden Staates. Diese auf den Zeitpunkt der Begründung der Lebenspartnerschaft bezogene Anknüpfung sorgt dafür, dass spätere Änderungen der Lebensverhältnisse der Partner sich auf den Bestand der Lebenspartnerschaft nicht mehr auswirken können (Unwandelbarkeit). Erst die Neuregistrierung in einen weiteren Staat führt gem. Art. 17b III EGBGB dazu, dass die Wirksamkeit und Wirkungen der eingetragenen Lebenspartnerschaft von diesem Zeitpunkt an nach dem Recht des neuen Registrierungsortes zu beurteilen sind. Die Bezugnahme auf die ausländischen „Sachnormen" schließt gem. Art. 3 I 2 EGBGB Rück- und Weiterverweisungen aus.

207 Für die **güterrechtlichen Wirkungen** gilt gem. Art. 17b I 1 EGBGB zwingend das Recht des Registrierungsstaates. Eine Rechtswahl ist nicht vorgesehen. Ein Wechsel des anwendbaren Rechts kann gem. Art. 17b III EGBGB allenfalls durch Neuregistrierung der Lebenspartnerschaft in einem anderen Staat erfolgen.

208 Für den **Namen** gilt das Heimatrecht des jeweiligen Partners, Art. 10 I EGBGB. Mit einem ausländischen Partner kann ggf. über eine Rechtswahl (Art. 10 II Nr. 1 EGBGB bzw. Art. 10 II Nr. 2 EGBGB) die Geltung deutschen Rechts zu einem gemeinsamen Partnerschaftsnamen führen. Probleme werden sich aber für den ausländischen Lebenspartner bei Passerteilung etc. ergeben, wenn der ausländische Heimatstaat die Namensänderung nicht anerkennt.

209 Das auf den Unterhalt während und nach Beendigung der Partnerschaft anwendbare Recht bestimmt nun das Haager Unterhaltsprotokoll. Es gilt daher gem. Art. 3 HUP das am gewöhnlichen Aufenthalt des Berechtigten geltende Recht. Art. 8 HUP eröffnet die Möglichkeit einer abweichenden Rechtswahl (s. o. Rn. 179).

210 Der **Versorgungsausgleich** wird wie bei Eheleuten gem. Art. 17b III 3 EGBGB ausschließlich nach deutschem Recht durchgeführt. Deutsches Recht ist von Amts wegen anzuwenden, wenn die Lebenspartnerschaft in Deutschland registriert worden ist. Anderenfalls kommt die Durchführung gem. Art. 17b I 4 EGBGB auf Antrag in Betracht – hier gilt das Ähnliches wie in Art. 17 III 3 Nr. 1 EGBGB (s. o. Rn. 186).

211 Art. 17b Abs. 4 EGBGB begrenzt die Wirkungen einer im Ausland begründeten eingetragenen Lebenspartnerschaft auf das Maß des deutschen Rechts (**Kappungsklausel**). Zielsetzung, Umfang, Sinn und konkrete Auswirkungen dieser Regel (geht z. B. die nach niederländischem Recht geltende allgemeine Gütergemeinschaft über das deutsche Recht hinaus, obgleich eingetragene Lebenspartner die Gütergemeinschaft nach deutschem Recht vertraglich vereinbaren könnten?) sind weiterhin unklar (vgl. MünchKomm/ *Coester* Art. 17b EGBGB Rn. 88).

212 Da im deutschen Recht die eingetragene Lebenspartnerschaft funktionell einer Ehe für gleichgeschlechtliche Partner entspricht, werden von der Rechtsprechung und der Literatur im Ausland eingegangene **gleichgeschlechtliche Ehen** gem. Art. 17b I EGBGB eben-

2. Teil. Bestimmung des anwendbaren Rechts

falls nach dem Recht der Registrierungsortes behandelt (*OLG München* FGPrax 2011, 249; MünchKomm/*Coester* Art. 17b EGBGB Rn. 143; a.A. *Buschbaum* RNotZ 2010, 81.

Für eine **faktische homosexuelle Lebensgemeinschaft** kann schon mangels Registrierungsakts das anwendbare Recht gem. Art. 17b I EGBGB weder unmittelbar noch in entsprechender Anwendung bestimmt werden. Hier dürfte vielmehr wie bei einer heterosexuellen faktischen Lebensgemeinschaft (s. o. Rn. 203) das Recht am gewöhnlichen Aufenthalt der Lebensgefährten anzuwenden sein (Hausmann/Hohloch/*Martiny* Kap. 12 Rn. 112). 213

VIII. Internationales Erbrecht

Literatur: *Buschbaum/Simon*, Das Europäische Nachlasszeugnis, ZEV 2012, 525; *Dörner*, Die Verordnung zum Internationalen Erb- und Erbverfahrensrecht ist in Kraft!, ZEV 2012, 505; *ders.*, Der Entwurf einer europäischen Verordnung zum Internationalen Erb- und Erbverfahrensrecht, ZEV 2010, 221; *ders.*, Der deutsch-türkische Konsularvertrag, ZEV 1996, 90; *Dutta*, Das neue internationale Erbrecht der Europäischen Union – Eine erste Lektüre der Europäischen Erbrechtsverordnung, FamRZ 2013, 4; *Emmerling de Oliveira/Heggen*, Türkische Mandanten im Notariat, Notar 2010, 38; *Ferid/Firsching/Dörner/Hausmann* (Hrsg.), Internationales Erbrecht, Loseblatt 91. EL (Stand: August 2014); *Fetsch*, Auslandsvermögen im Internationalen Erbrecht – Testamente und Erbverträge, Erbschein und Ausschlagung bei Auslandsvermögen, RNotZ 2006, 1 und 77; *Flick/Piltz*, Der Internationale Erbfall, 2. Aufl. 2007; *Garb*, International Succession, Den Haag, Loseblatt (Stand: 1998 ff.); *Hausmann*, Rechtliche Probleme der Errichtung letztwilliger Verfügungen durch italienische Staatsangehörige vor deutschen Notaren, Jahrbuch italienisches Recht 15/16 (2002/2003), S. 173; *Heiderhoff*, Das Erbrecht des adoptierten Kindes nach der Neuregelung des internationalen Adoptionsrechts, FamRZ 2002, 1682; *Janzen*, Die neue EU-Erbrechtsverordnung, DNotZ 2012, 484; *Krüger*, Studien über Probleme des türkischen Internationalen Erbrechts, FS Ansay, 2006, S. 131; *Lange*, Das geplante Europäische Nachlasszeugnis, DNotZ 2012, 168; *ders.*, Das Erbkollisionsrecht im neuen Entwurf einer EuErbVO, ZErb 2012, 160; *Ludwig*, Anwendung des § 1371 I BGB bei ausländischem Erbstatut, DNotZ 2005, 586; *Mäsch/Gotsche*, Friktionen zwischen Erb- und Güterrechtsstatut, ZErb 2007, 43; *Majer*, Das deutsch-türkische Nachlassabkommen, ZEV 2012, 182; *Merkle*, Pflichtteilsrecht und Pflichtteilsverzicht im Internationalen Erbrecht, 2008; *Remde*, Die Europäische Erbrechtsverordnung nach dem Vorschlag der Kommission vom 14. Oktober 2009, RNotZ 2012, 65; *Nordmeier*, Neues Kollisionsrecht für gemeinschaftliche Testamente, ZEV 2012, 513; *Schotten/Wittkowski*, Das deutsch-iranische Niederlassungsabkommen im Familien- und Erbrecht, FamRZ 1995, 264; *Simon/Buschbaum*, Die neue EU-Erbrechtsverordnung, NJW 2012, 2393; *Süß*, Nachlassabwicklung im Ausland mittels postmortaler Vollmachten, ZEV 2008, 69; *ders.*, Das Europäische Nachlasszeugnis, ZEuP 2013,725; *ders.* (Hrsg.), Erbrecht in Europa, 2. Aufl. 2008; *Wagner*, Der Kommissionsvorschlag vom 14.10.2009 zum internationalen Erbrecht, DNotZ 2010, 506.

1. Rechtsgrundlagen

a) Autonomes Recht

Art. 25 EGBGB bestimmt das auf die Erbfolge anwendbare Recht. Angeknüpft wird an die Staatsangehörigkeit des Erblassers. Für in Deutschland belegenes unbewegliches Vermögen ergibt sich für ausländische Staatsangehörige die Möglichkeit, auf diesen Vermögensteil gegenständlich beschränkt deutsches Erbrecht zu wählen (Art. 25 II EGBGB). Art. 26 EGBGB enthält Sondervorschriften für die Form und die materielle Wirksamkeit von Testamenten und andere Verfügungen von Todes wegen. 214

b) Die Europäische Erbrechtsverordnung

Die „Verordnung des Europäischen Parlamentes und des Rates über die Zuständigkeit, das anzuwendende Recht, die Anerkennung und Vollstreckung von Entscheidungen und die Annahme und Vollstreckung öffentlicher Urkunden in Erbsachen sowie zur Ein- 215 führung eines Europäischen Nachlasszeugnisses" (EuErbVO) vom 4.7.2012 (ABl. EU L 2012, 201 S. 107) trat am 17.8.2012 in Kraft. Bis zur Anwendung sieht Art. 84 II EuErbVO eine Übergangszeit von 36 Monaten vor. **Die EuErbVO gilt daher für alle ab dem 17.8.2015 eingetretenen Erbfälle.** Ab diesem Zeitpunkt regeln die Art. 25, 26 EGBGB nur noch Altfälle. Die Art. 25, 26 EGBGB haben aber über Art. 83 III EuErbVO weiterhin für vor dem Anwendungsstichtag errichtete Verfügungen von Todes wegen, und gem. Art. 83 II EuErbVO für eine davor angeordnete Rechtswahl Bedeutung – auch wenn der Erbfall nach dem 17.8.2015 eingetreten ist. Da die EuErbVO einen Wechsel zur Anknüpfung an den letzten gewöhnlichen Aufenthalt des Erblassers und weitere erhebliche Änderungen in der Anknüpfung des Erbstatuts mit sich bringt, ist es bei der Nachlassgestaltung unabdingbar, die neuen Regeln schon in der Übergangszeit vor diesem Stichtag zu berücksichtigen.

c) Das Haager Testamentsformübereinkommen

216 Die kollisionsrechtlichen Regeln des Haager Übereinkommens über das auf die Form letztwilliger Verfügungen anwendbare Recht vom 5.10.1961 sind in Deutschland 1986 in Art. 26 I bis III EGBGB inkorporiert worden. Art. 26 IV EGBGB erstreckt auf nationaler Ebene den sachlichen Anwendungsbereich der Regeln auf Erbverträge.

217 Die EU hat das Übereinkommen nicht gezeichnet. Es gilt aber in mehr als der Hälfte der Mitgliedstaaten. Art. 75 I Unterabs. 1 EuErbVO enthält für die Mitgliedstaaten des Haager Übereinkommens einen ausdrücklichen Vorbehalt, der den Vorrang des Übereinkommens vor den Vorschriften der EuErbVO deklariert. Im Übrigen übernimmt Art. 27 EuErbVO („inkorporiert") in gleicher Weise wie bisher Art. 26 EGBGB die Kollisionsnormen des Haager Übereinkommens wörtlich, die damit mittelbar auch für die übrigen EU-Mitgliedstaaten als EU-Verordnungsrecht anwendbar werden.

d) Bilaterale Abkommen mit der Türkei, dem Iran und den Nachfolgestaaten der Sowjetunion

218 Der zwischen dem Deutschen Reich und der Türkischen Republik vereinbarte Konsularvertrag vom 28.5.1929 (RGBl. 1930 II 747, 758; 1931 II 538) enthält im Anhang das sog. **Deutsch-Türkische Nachlassabkommen.** § 14 Nachlassabkommen bestimmt für die Erbfolge des beweglichen Nachlasses die Geltung des Rechts des Landes, dem der Erblasser zur Zeit seines Todes angehörte. Die Erbfolge des unbeweglichen Nachlasses unterliegt dem Recht des Landes, in dem dieser Nachlass liegt. Hat ein deutscher Erblasser eine Immobilie in der Türkei – wie z.B. eine Eigentumswohnung an der türkischen Riviera – so gilt hierfür also türkisches Recht, während für das übrige Vermögen das deutsche Heimatrecht anwendbar bleibt. Damit tritt Nachlassspaltung ein, d.h. es gelten für die Vererbung einzelner Teile des Nachlasses desselben Erblassers unterschiedliche Rechtsordnungen. Hinterlässt ein türkischer Erblasser dagegen ein in Deutschland belegenes Grundstück, so gilt hierfür deutsches Erbrecht, während sich das übrige Vermögen nach seinem türkischen Heimatrecht vererbt (ausführlich *Dörner* ZEV 1996, 90; *Emmerling de Oliveira/Heggen* notar 2010, 38).

219 Art. 28 III des **Deutsch-Sowjetischen Konsularvertrags** vom 25.4.1958 (BGBl. 1959 II 33) bestimmt für das Erbrecht, dass hinsichtlich der unbeweglichen Nachlassgegenstände die Rechtsvorschriften des Staates Anwendung finden, in dessen Gebiet diese Gegenstände belegen sind. Nach Auflösung der Sowjetunion ist mit den meisten Nachfolgestaaten der UdSSR (Russische Föderation, aber auch Armenien, Aserbaidschan, Georgien, Kasachstan, Kirgisistan, Moldawien, Tadschikistan, die Ukraine, Usbekistan und Weißrussland. Ausgenommen sind die drei baltischen Staaten Litauen, Lettland und Estland) die Fortführung des Vertrages vereinbart worden.

220 Im Verhältnis zum Iran gilt das **Deutsch-Persische Niederlassungsabkommen** mit seiner Verweisung auf das Heimatrecht des Erblassers in Art. 8 III (RGBl. 1930 II 1002; Abdruck z.B. auch bei *Jayme/Hausmann* Nr. 22).

2. Teil. Bestimmung des anwendbaren Rechts

Die **EuErbVO** ersetzt internationale Abkommen – bis auf zwei Ausnahmen – insoweit, als diese zwischen EU-Mitgliedstaaten bestehen, Art. 75 II EuErbVO. Abkommen im Verhältnis zu Drittstaaten – und das betrifft alle drei vorgenannten bilateralen Abkommen – bleiben aber unberührt, Art. 75 I EuErbVO. Auch nach Anwendbarkeit der EuErbVO werden also z. B. in Deutschland lebende Erblasser mit türkischer Staatsangehörigkeit in Bezug auf ihren deutschen Grundbesitz nach deutschem Recht beerbt, während für den beweglichen Nachlass das türkische Heimatrecht gilt. 221

2. Bestimmung des Erbstatuts

a) Anknüpfung

Gem. Art. 25 I EGBGB unterliegt die Erbfolge dem Recht des Staates, dem der Erblasser zum Zeitpunkt seines Todes angehörte (**Heimatrecht**). Bilaterale Abkommen sind zu beachten bei iranischen, türkischen und Erblassern aus einem Nachfolgestaat der ehemaligen Sowjetunion sowie bei Immobilien in der Türkei und einem Nachfolgestaat der ehemaligen Sowjetunion (dazu oben Rn. 218). 222

Art. 21 **EuErbVO** verweist für die Erbfolge künftig auf das Recht des Staates, in dem der Erblasser seinen letzten gewöhnlichen Aufenthalt hatte. Für in Deutschland lebende Ausländer gilt dann deutsches Recht, für im Ausland lebende Deutsche ausländisches Recht. Der Erblasser kann die Fortgeltung seines Heimatrechts gem. Art. 22 EuErbVO sicherstellen, indem er eine Rechtswahlklausel zugunsten seines Heimatrechts trifft (s. u. Rn. 238). 223

b) Rück- und Weiterverweisungen

Gem. Art. 4 I 1 EGBGB ist nach Verweisung auf das ausländische Recht auch das ausländische Kollisionsrecht anzuwenden (Kollisionsnormverweisung bzw. IPR-Verweisung). 224

> **Beispiel** (vgl. auch die Beispiele Rn. 61): Bei einem Testator mit französischer Staatsangehörigkeit ist also vorrangig vor den materiellen erbrechtlichen Regeln des französischen Code Civil das französische Erbkollisionsrecht zu beachten. Nach französischem IPR unterliegt die Erbfolge des beweglichen Nachlasses dem am Wohnsitz des Erblassers geltenden Recht, die Erbfolge der Immobilien dem jeweiligen Belegenheitsrecht (*lex rei sitae*). Hat der Testator seinen Wohnsitz in Deutschland, so gilt deutsches Recht für seine in Deutschland belegenen Grundstücke und seinen beweglichen Nachlass (Rückverweisung). Allenfalls für in Frankreich belegene Grundstücke bleibt es bei der Geltung des französischen Rechts (Nachlassspaltung). Für Immobilien in Drittstaaten kommt das dortige Recht zur Anwendung (Weiterverweisung) (*Süß* ZEV 2000, 484; *Haas* in: Erbrecht in Europa, § 3 Rn. 20 ff.).

Die Anwendung der **EuErbVO** schließt im Verhältnis zu den anderen Mitgliedstaaten der EU Rück- und Weiterverweisungen schon durch die Vereinheitlichung des Kollisionsrechts aus. Nach Verweisung auf das Recht eines Drittstaates (einschließlich der an der EuErbVO nicht beteiligten Staaten Dänemark, Irland, Vereinigtes Königreich) ist gem. Art. 34 I EuErbVO die Rückverweisung auf das deutsche Recht oder das Erbrecht eines anderen EU-Mitgliedstaates, sowie die Weiterverweisung auf das Recht eines Drittstaates zu beachten. 225

c) Vorrangiges Einzelstatut i. S. v. Art. 3a II EGBGB

Gem. Art. 3a II EGBGB bezieht sich die Verweisungen des Art. 25 I EGBGB nicht auf solche Gegenstände, die sich in einem Staat befinden, dessen Recht aus deutscher Sicht nicht anwendbar ist, die aber nach dem Recht dieses Staates „besonderen Vorschriften" unterliegen. Diese besonderen Vorschriften werden dann vorrangig vor dem Erbstatut angewandt. 226

Süß

227 „Besondere Vorschriften" in diesem Sinne sind solche Regeln, die aus wirtschafts- oder gesellschaftspolitischen Gründen eine von den allgemeinen Regeln abweichende Erbfolge vorsehen, wie z.B. **Erbhofregeln**. Praktischer Hauptanwendungsfall im Erbrecht sind die Kollisionsnormen des Belegenheitsstaates, die das dort belegene Vermögen allein aufgrund seiner Belegenheit dem dort geltenden Erbrecht unterwerfen *(BGH* NJW 1993, 1921; *BayObLG* FamRZ 1992, 1990, 1123; MünchKomm/*Sonnenberger* Art. 3a EGBGB Rn. 13; a. A. *Kegel/Schurig,* Internationales Privatrecht, § 12 II 2b cc S. 431; *Solomon* IPRax 1997, 85 ff.). Dies betrifft vor allem die Länder, in denen für die Erbfolge des unbeweglichen Vermögens auf das jeweilige Belegenheitsrecht verwiesen wird, wie z.B. Frankreich, und die *common law*-Rechtsordnungen England, die USA, Kanada, Südafrika etc. Eine entsprechende Sonderanknüpfung für Immobilien ergibt sich z.B. in den folgenden Staaten (in den mit * markierten Staaten gilt das Belegenheitsrecht auch für bewegliches Vermögen):

Albanien	Irland	Panama*
Argentinien	Kanada	Paraguay
Australien	Kasachstan	Russland
Belgien	Lettland*	San Marino
Bolivien	Litauen	Südafrika
Bulgarien	Luxemburg	Thailand
China (außer Taiwan und Macao)	Malaysia	Türkei
Frankreich	Mexiko*	Ukraine
Ghana	Monaco	USA
Großbritannien	Neuseeland	Weißrussland
Indien	Pakistan	Zypern

228 Hinterlässt also z.B. ein deutscher Erblasser entsprechende Gegenstände in einem dieser Staaten, so gilt hierfür das Belegenheitsrecht, während für das übrige Vermögen das deutsche Erbrecht gilt. Es tritt eine **Nachlassspaltung** ein (dazu unten Rn. 234).

229 Die **EuErbVO** geht vom Grundsatz der Nachlasseinheit aus und lehnt den Vorrang eines kollisionsrechtlichen Einzelstatuts ab. Art. 30 EuErbVO enthält einen Vorbehalt allein für Vorschriften, die die Vererbung von Immobilien oder Unternehmen aus wirtschaftlichen, familiären oder sozialen Gründen beschränken (also z.B. Erbhofgesetze).

d) Checkliste für die Bestimmung des Erbstatuts

230 **Checkliste: Bestimmung des Erbstatuts bei einem deutschen Erblasser/Testator nach dem EGBGB**

(1) Ist ein vorrangiges völkerrechtliches Abkommen einschlägig? Z.B. bei Immobilien in der Türkei oder einem Nachfolgestaat der Sowjetunion (außer Baltikum).

(2) Gibt es im Ausland belegenes Vermögen, für das sich ein vorrangiges Einzelstatut i. S. v. Art. 3a II EGBGB ergibt? Insbesondere bei Immobilien in einem Staat mit *common law* oder französischem Rechtssystem.

(3) Hat der Erblasser zusätzlich eine ausländische Staatsangehörigkeit (Doppelstaater) oder hat er seinen Wohnsitz im Ausland? In diesem Fall gilt zwar aus deutscher Sicht weiterhin deutsches Recht, es könnte aber aus Sicht des ausländischen Staates das ausländische Heimatrecht gelten (Gefahr eines internationalen Entscheidungsdissenses).

(4) Hat der Erblasser seinen gewöhnlichen Aufenthalt im Ausland? In diesem Fall ist die Anwendung deutschen Rechts bei Eintritt des Erbfalls nach dem 17.8.2015 nur dann gesichert, wenn der Erblasser das deutsche Recht testamentarisch gewählt hat.

▶

2. Teil. Bestimmung des anwendbaren Rechts

▼ Fortsetzung: **Checkliste: Bestimmung des Erbstatuts bei einem deutschen Erblasser/Testator nach dem EGBGB**

Im Übrigen könnte im ausländischen Aufenthaltsstaat schon jetzt das Erbstatut nach dem gewöhnlichen Aufenthalt oder Wohnsitz bestimmt werden, so dass die dortigen Behörden das deutsche Heimatrecht des Erblassers nicht anwenden würden

(5) Vorfragen im Rahmen der Prüfung des materiellen Erbrechts: Statusverhältnisse wie Bestehen und Auflösung einer Ehe, Abstammung, Adoption etc. sind nach dem gem. Art. 13, 19, 22 EGBGB, Rom III-VO bestimmten Recht zu bestimmen. Die Anerkennung einer hierzu ergangenen ausländischen Entscheidung erfolgt in Deutschland gem. Art. 107 ff. FamFG. Für die güterrechtlichen Verhältnisse gilt das gem. Art. 15 EGBGB bestimmte Recht.

Checkliste: Bestimmung des Erbstatuts bei einem ausländischen Erblasser/Testator nach dem EGBGB 231

(1) Ist ein **vorrangiges völkerrechtliches Abkommen** einschlägig? Staatsangehöriger des Iran, der Türkei oder eines Nachfolgestaates der Sowjetunion (außer Baltikum).

(2) Bestimmung der maßgeblichen **Staatsangehörigkeit**: Vorrang der deutschen Staatsangehörigkeit; bei Mehrstaatern ohne deutsche Staatsangehörigkeit Schwerpunktbestimmung gem. Art. 5 I 1 EGBGB (dazu Rn. 59). Bei Staatenlosem, Flüchtling i. S. d. Genfer Flüchtlingskonvention, anerkanntem Asylbewerber Anknüpfung an den gewöhnlichen Aufenthalt.

(3) Anwendung des **ausländischen IPR**: Beachtung von Rück- und Weiterverweisungen des ausländischen Heimatrechts (Rn. 61).

(4) Vorrangiges **Einzelstatut**: Gibt es in Drittstaaten belegenes Vermögen, für das sich ein vorrangiges Einzelstatut i. S. v. Art. 3a II EGBGB (oben Rn. 64) ergibt – insbesondere bei Immobilien in einem Staat mit *common law* oder französischem Rechtssystem.

(5) Vorfragen im Rahmen der Prüfung des **materiellen Erbrechts**: Statusverhältnisse wie Abstammung, Bestehen und Auflösung einer Ehe, Adoption etc. sind nach dem gem. Art. 13, 19, 22 EGBGB, Rom III-VO bestimmten Recht zu prüfen. Die Anerkennung einer hierzu ergangenen ausländischen Entscheidung erfolgt gem. Art. 107 ff. FamFG. Für die güterrechtlichen Verhältnisse gilt das gem. Art. 15 EGBGB bestimmte Recht.

(6) **Ergebniskorrektur**: Bei unerträglichem Verstoß des Ergebnisses der Rechtsanwendung gegen den deutschen *ordre public* (Art. 6 EGBGB; dazu Rn. 67) bzw. Anpassung bei Wertungswidersprüchen aufgrund Anwendung nicht aufeinander abgestimmter Rechtsregeln.

3. Erbrechtliche Rechtswahl

a) Rechtswahlmöglichkeiten nach deutschem Recht

Art. 25 II EGBGB enthält eine sehr beschränkte Möglichkeit der Rechtswahl: 232
- nur für in Deutschland belegenes unbewegliches Vermögen;
- nur zugunsten deutschen Rechts;
- nur durch ausländische Erblasser (für Deutsche gilt deutsches Erbrecht schon gem. Art. 25 I EGBGB).

233 Da die Rechtswahl nur einen Teil des Nachlasses erfasst, wird für das übrige Vermögen weiterhin das ausländische Heimatrecht des Erblassers – sollte dieses keine Rückverweisung oder Weiterverweisung aussprechen. Folge ist, dass für unterschiedliche Teile des Nachlasses verschiedene Rechtsordnungen gelten (Nachlassspaltung).

234 Bei der **Nachlassspaltung** ist jeder Spaltnachlass eigenständig so zu behandeln, als ob es sich um den gesamten Nachlass handelt *(BGH NJW 2004, 3558)*. Gesetzliche Erbquoten, Wirksamkeit von Verfügungen von Todes wegen, Art und Umfang der Pflichtteile etc. sind in Bezug auf jeden Nachlassteil so zu behandeln, als ob es kein weiteres Vermögen gäbe. So kann es z.B. sein, dass eine Person nur für einen der Spaltnachlässe zum gesetzlichen oder testamentarischen Erben berufen ist oder nur in Bezug auf einen Nachlassteil Pflichtteilsrechte geltend machen kann. Das kann problematische Folgefragen ergeben, wie z.B. ob ein Angehöriger auch dann noch in Bezug auf einen Nachlassteil ungeschmälert Pflichtteilsrechte geltend machen kann, wenn er in Bezug auf einen anderen Nachlassteil testamentarischer Erbe geworden ist, oder welchem Spaltnachlass Nachlassverbindlichkeiten zuzurechnen sind (ausführlich *Derstadt*, Die Notwendigkeit der Anpassung bei Nachlassspaltung im internationalen Erbrecht, 1998).

235 Den Begriff des „**unbeweglichen Vermögens**" hat die IPR-Reform 1986 erstmalig in das deutsche Zivilrecht eingeführt (s. a. Art. 15 II Nr. 3 EGBGB). Einig ist man sich, dass das Eigentum an Grundstücken, Wohnungseigentum, Bruchteilseigentum, selbständiges Gebäudeeigentum, Erbbaurechte, Nießbrauch und Reallasten an Grundstücken erfasst wird (h. M. vgl. Soergel/*Schurig* Art. 25 EGBGB Rn. 4 Fn. 15).

236 Bewegliches Vermögen hingegen sind schuldrechtliche Ansprüche auf die Übertragung des Eigentums an einem Grundstück *(BGH NJW 2000, 2421)*, durch Grundpfandrecht gesicherte Forderungen sowie Anteile an Personengesellschaften und Erbengemeinschaften, selbst dann, wenn ausschließlich oder überwiegend inländischer Grundbesitz Gegenstand der Gesamthand ist *(BGH NJW 2000, 2421; KG ZEV 2012, 593)*. Grundstückszubehör ist wohl wegen der wirtschaftlichen Zweckbestimmung mit der Hauptsache gemeinsam als unbeweglich zu behandeln (str.).

237 **Unter der EuErbVO** wird eine gegenstandsbezogene Rechtswahl nicht mehr anerkannt. In der EuErbVO hat der Grundsatz der Nachlasseinheit Vorrang. Eine in einer vor dem 17.8.2015 errichteten Verfügung von Todes wegen enthaltene Rechtswahl bleibt aber gem. Art. 83 II EuErbVO unter den Bedingungen des Art. 25 II EGBGB weiterhin wirksam, wenn der Erblasser zum Zeitpunkt der Testamentserrichtung seinen gewöhnlichen Aufenthalt in Deutschland hatte oder Deutscher war. Hat freilich der Erblasser auch im Zeitpunkt seines Todes noch seinen gewöhnlichen Aufenthalt in Deutschland, so wird – vorbehaltlich einer abweichenden Rechtswahl gem. Art. 22 EuErbVO – gem. Art. 21 EuErbVO das deutsche Erbrecht in Bezug auf den gesamten Nachlass anzuwenden sein. Es wird also keine Nachlassspaltung, sondern Nachlasseinheit eintreten. Hatte er bei Errichtung keinen gewöhnlichen Aufenthalt in Deutschland, so wird die Rechtswahl nicht anerkannt werden, sondern einheitlich das an seinem letzten gewöhnlichen Aufenthalt geltende Erbrecht anzuwenden sein. Daher sollten Verfügungen, die eine entsprechende Rechtswahl enthalten, im Hinblick auf die Anwendbarkeit der EuErbVO nach dem 17.8.2015 geprüft und ggf. angepasst werden.

b) Wahl des Heimatrechts nach der EuErbVO

238 Gem. Art. 22 I EuErbVO kann ein Erblasser die Erbfolge seines gesamten Nachlasses dem Recht eines der Staaten unterstellen, deren Staatsangehörigkeit er besitzt. Die gleiche Rechtswahlmöglichkeit ergibt sich die Wirksamkeit von Testamenten (Art. 24 II EuErbVO) und von vertragsmäßigen Verfügungen (Art. 25 III EuErbVO). Die Rechtswahl kann gem. Art. 83 II EuErbVO auch vor der Anwendbarkeit der EuErbVO getroffen werden. Ein deutscher Staatsangehöriger, der im Ausland lebt bzw. ein ausländischer Testator mit Lebensmittelpunkt in Deutschland kann (und sollte) auf diese Weise schon

heute sicherstellen, dass er auch nach Anwendbarkeit der EuErbVO weiterhin nach seinem deutschen bzw. ausländischen Heimatrecht beerbt wird.

> **Formulierungsbeispiel: Wahl ausländischen Erbrechts nach der EuErbVO** 239
>
> Ich bin Staatsangehöriger von … Ich unterstelle daher – soweit schon jetzt oder auch erst zum Zeitpunkt des Erbfalls gesetzlich zulässig – die Wirksamkeit dieser Verfügung von Todes wegen und die Erbfolge in meinen gesamten Nachlass dem Recht von … Die im Folgenden getroffenen Verfügungen sollen unabhängig von der Wirksamkeit dieser Rechtswahl gelten.

Die Rechtswahl muss „in Form einer Verfügung von Todes wegen" getroffen werden, 240 Art. 22 II EuErbVO. Bei Testamentserrichtung im Ausland genügt also die Einhaltung der dort zur Testamentserrichtung vorgeschriebenen Form (Art. 27 I lit. a EuErbVO – zum Kollisionsrecht der Testamentsform unten Rn. 261).

Die Rechtswahl muss nicht ausdrücklich angeordnet werden, sondern kann auch 241 **konkludent** getroffen werden. Sie muss sich „aus den Bestimmungen einer Verfügung von Todes wegen ergeben" (Art. 22 II EuErbVO). Ein irrtümliches Ausgehen von der Geltung deutschen Rechts stellt aber mangels Erklärungswillen wohl noch keine konkludente Rechtswahl dar.

Umstritten ist, ob die Rechtswahl in einem Erbvertrag oder einem gemeinschaftlichen 242 Testament **mit Bindungswirkung** getroffen werden kann. Hierfür gilt das gewählte Recht (vgl. Art. 22 III EuErbVO). Bei Wahl deutschen Rechts gelten mithin die § 2278 II BGB und § 2270 III BGB. Diese schließen eine vertragsmäßig bindende Rechtswahl aus. Da gem. Art. 25 I EuErbVO für die Bindungswirkung eines Erbvertrags das zum Zeitpunkt seines Abschlusses geltende Erbstatut (Errichtungsstatut) gilt, würde allerdings auch ein der Errichtung eines Erbvertrags bzw. eines gemeinschaftlichen Testaments nachfolgender Widerruf der Rechtswahl die weitere Geltung des gewählten Rechts für die Wirksamkeit und die Bindungswirkung der Verfügung unberührt lassen.

Eine mit Rücksicht auf Art. 25 II EGBGB vorgenommene Beschränkung der Rechts- 243 wahl auf das in Deutschland belegene unbewegliche Vermögen wird nach der EuErbVO nicht mehr länger möglich sein (s. o. Rn. 237). In vielen Fällen wird sich für den ausländischen Erblasser aus der objektiven Anknüpfung des Erbstatuts in Art. 21 EuErbVO an den letzten gewöhnlichen Aufenthalt die Geltung deutschen Rechts, und zwar für den gesamten Nachlass, ergeben. Die mit der Rechtswahl beigeführte Nachlassspaltung wird dann in sich zusammenfallen. Soweit Verfügungen eine auf den deutschen Immobiliennachlass gegenständlich beschränkte Rechtswahl enthalten, sollten diese im Hinblick auf die Anwendbarkeit der EuErbVO geprüft und ggf. geändert werden.

4. Anwendungsbereich des Erbstatuts

a) Gesetzliches Erb- und Pflichtteilsrecht Verwandter

Aus dem Erbstatut ergibt sich, welche Verwandten zur gesetzlichen Erbfolge berufen 244 sind und zu welchen Quoten sie erben. Nicht aus dem Erbstatut ergibt sich dagegen, ob ein entsprechendes Verwandtschaftsverhältnis besteht (**Vorfrage**). Für die **Abstammung** gilt – unabhängig davon, ob deutsches oder ausländisches Recht Erbstatut ist (selbständige Vorfragenanknüpfung) – gem. Art. 19 EGBGB grundsätzlich das Recht des Staates, in dem der Abkömmling seinen gewöhnlichen Aufenthalt hat. Bei Geburt vor 1.7.1998 sind gem. Art. 224 § 1 EGBGB die damals geltenden Vorschriften des EGBGB anzuwenden. Umstritten ist, wie zu verfahren ist, wenn das ausländische Erbstatut für das Erbrecht danach unterscheidet, ob die Abstammung ehelich ist oder nicht. Die darauf gemünzten Kollisionsnormen des EGBGB sind seit dem 1.7.1998 nicht mehr anwendbar (dazu Palandt/*Thorn* Art. 19 EGBGB Rn. 8; Staudinger/*Dörner* Art. 25 EGBGB Rn. 171).

245 Auch die Wirksamkeit einer **Adoption** ist nicht nach dem Erbstatut zu entscheiden (dazu oben Rn. 197). Beurteilt sich die Wirksamkeit der Adoption nach einem anderen Recht als die Erbfolge, so ist umstritten, ob sich die Erbberechtigung aufgrund der Adoption aus dem Erbstatut oder aus dem auf die Adoptionswirkungen anwendbaren Recht ergibt *(BGH* NJW 1989, 2197; *Heiderhoff* FamRZ 2002, 1682).

b) Gesetzliches Erbrecht des Ehegatten

246 Die Wirksamkeit einer Eheschließung ist dem gem. Art. 13 EGBGB bestimmten Recht zu entnehmen. Die in einem anderen Mitgliedstaat der EU ausgesprochene Scheidung ist im Inland gem. Art. 21 Brüssel IIa-VO unmittelbar wirksam. Eine in einem Drittstaat erfolgte Scheidung darf gem. § 107 FamFG im Nachlassverfahren erst nach Anerkennung durch die Landesjustizverwaltung beachtet werden (dazu Münch/*Süß*, Familienrecht, § 20 Rn. 285).

247 Die güterrechtliche Auseinandersetzung ist vorrangig vor der Erbauseinandersetzung vorzunehmen. Sie unterliegt dem gem. Art. 15 EGBGB (bei Eheschließung vor dem 9.4.1983: Art. 220 III EGBGB) bestimmten Recht (zur Anknüpfung oben Rn. 138). Umstritten ist, ob bei Zugewinngemeinschaft deutschen Rechts sich die Erbquote des Ehegatten auch dann nach § 1371 I BGB erhöht (**güterrechtliches Viertel**), wenn ausländisches Erbrecht gilt. Die Literatur bejaht dies überwiegend („güterrechtliche Qualifikation": Staudinger/*Dörner* Art. 25 EGBGB Rn. 156; Palandt/*Thorn* Art. 15 EGBGB Rn. 26; *Kropholler,* Internationales Privatrecht, § 45 IV 2 S. 353; Staudinger/*Mankowski* Art. 15 EGBGB Rn. 342; Bamberger/Roth/*Mörsdorf-Schulte* Art. 15 EGBGB Rn. 47). In der Rechtsprechung gewinnt die Auffassung Gewicht, dass sich die gesetzlichen Erbquoten ausschließlich nach dem Erbstatut beurteilen („erbrechtliche Qualifikation": *OLG Köln* DNotI-Report 2012, 107; *OLG Stuttgart* DNotZ 2005, 632; *OLG Frankfurt* notar 2010, 342; *OLG Düsseldorf* RNotZ 2009, 247; *Schotten/Schmellenkamp* Rn. 284 ff.; für güterrechtliche Qualifikation zuletzt *OLG Schleswig* NJW 2014, 88; *OLG München* DNotI-Report 2012, 107). Der *BGH* (ZEV 2012, 590) hat keine Stellung bezogen, da die Frage dort nicht erheblich war.

> Praxishinweis:
>
> Beantragt der Notar einen Erbschein bei gesetzlicher Erbfolge, so wird er sich also nach der Rechtsprechung „seines" OLG richten bzw. die kostenpflichtige Abweisung des Antrags durch einen auf die jeweils andere Ansicht gestützten Hilfsantrag vermeiden. In der Beratungspraxis wird er den ausländischen Ehegatten darauf hinweisen, dass die Eheleute das Problem durch eine testamentarische Erbeinsetzung vermeiden können.

248 Art. 23 II lit. b **EuErbVO** unterstellt die Bestimmung der Anteile der Berechtigten – also die gesetzliche Erbquote – am Nachlass dem Erbstatut. Die Vertreter der güterrechtlichen Qualifikation verweisen darauf, dass Art. 1 II lit. d EuErbVO die Fragen des ehelichen Güterrechts vom Anwendungsbereich der EuErbVO ausnehme *(Dörner* ZEV 2012, 507). Freilich stellt das güterrechtliche Viertel weniger einen Zugewinnausgleich dar als eine güterrechtlich motivierte pauschale Begünstigung des überlebenden Ehegatten auf erbrechtlichem Wege und damit eine echte Erbquote. Die güterrechtliche Qualifikation dürfte daher kaum Aussichten haben, sich im Rahmen einer einheitlichen Auslegung der EuErbVO in anderen Mitgliedstaaten durchzusetzen.

c) Gesetzliches Erbrecht von faktischen und eingetragenen Lebenspartnern

Aus dem Erbstatut ergibt sich auch, ob der Partner einer **eingetragenen Lebenspartnerschaft** oder einer faktischen (nichtehelichen) Lebensgemeinschaft ein gesetzliches Erb- und Pflichtteilsrecht hat. Dabei wird das Bestehen einer gleichgeschlechtlichen eingetragenen Lebenspartnerschaft als Vorfrage behandelt. Für gleichgeschlechtliche eingetragene Lebenspartnerschaften gilt das gem. Art. 17b I 1 EGBGB bestimmte Recht. Kennt das Erbstatut für den Partner kein gesetzliches Erbrecht, so ergibt sich das Erbrecht gem. Art. 17b I 2 EGBGB ersatzweise aus dem Lebenspartnerschaftsstatut. Freilich dürfte Art. 17b I 2 EGBGB als erbrechtliche Kollisionsnorm ab dem 17.8.2015 durch die EuErbVO verdrängt werden (dazu *Coester* ZEV 2013, 115).

Ob die Verweisung auf das Recht des Registrierungsortes in Art. 17b I 1 EGBGB auch für **heterosexuelle eingetragene Partnerschaften** gilt, ist umstritten (vgl. Münch/*Süß*, Familienrecht, § 20 Rn. 323). Sieht das Erbstatut ein gesetzliches Erbrecht für den Überlebenden einer **nicht registrierten (faktischen) Partnerschaft** (gleich ob homosexuell oder heterosexuell) vor (z.B. Israel, Slowenien, Australien), so ist das Bestehen einer entsprechenden Partnerschaft unmittelbar dieser Rechtsordnung zu entnehmen *(BayObLG NJW 1976, 2076* zu Israel; s.o. Rn. 203).

d) Pflichtteilsrecht und Pflichtteilsverzicht

Aus dem Erbstatut ergibt sich auch, wer pflichtteilsberechtigt ist, sowie welchen Umfang und welche Natur sein Pflichtteilsrecht hat (ebenso Art. 23 II lit. h EuErbVO). Während z.B. im deutschen und österreichischen Recht der Pflichtteilsberechtigte allein eine Geldforderung erhält, kann er in anderen Rechtsordnungen durch Anfechtung des Testaments seine gesetzliche Erbenstellung in Höhe der Pflichtteilsquote wiederherstellen (sog. Noterbrecht). Umstritten ist, ob ein noch nicht geltend gemachtes Noterbrecht im Erbschein zu vermerken ist (ablehnend z.B. MünchKomm/*J. Mayer* § 2369 Rn. 34; *OLG Frankfurt* ZEV 2014, 159).

Bei **Nachlassspaltung** ist ungeklärt, wie es sich auf die Berechnung des Pflichtteils auswirkt, wenn der Berechtigte von einem Spaltnachlass ausgeschlossen ist, an einem anderen Spaltnachlass aber über seine Pflichtteilsquote hinaus bedacht worden ist (*Sonnenberger* IPRax 2002, 169).

Der Erbverzicht und der **Pflichtteilsverzicht** unterliegen ebenfalls dem Erbstatut. Es gilt also das Recht, dem die Erbfolge nach dem Erblasser (nicht nach dem Verzichtenden) unterliegt. Um eine Unwirksamkeit durch einen Wechsel der Staatsangehörigkeit des Erblassers nach Abschluss des Vertrages auszuschließen, soll Art. 26 V 1 EGBGB entsprechend angewandt werden *(Riering* ZEV 1998, 248). Da für die Wirkungen des Verzichts das gem. Art. 25 EGBGB bestimmte (effektive) Erbstatut anwendbar bleibt, kann freilich auch diese Ansicht nicht verhindern, dass eine wirksame Verzichtsvereinbarung nach dem effektiven Erbstatut „wirkungslos" ist.

Da gem. Art. 3 I lit. b **EuErbVO** auch eine Vereinbarung, die Rechte an einer künftigen Erbschaft ausschließt, „Erbvertrag" i.S.d. EuErbVO ist, erfasst die Sondervorschrift für Erbverträge mit der Verweisung auf das zum Zeitpunkt des Vertragsabschlusses anwendbare Erbrecht in Art. 25 I EuErbVO auch Erb- und Pflichtteilsverzichtsvereinbarungen *(Dutta* FamRZ 2013, 10). Nach der EuErbVO wird Wirksamkeit von Verzichtsvereinbarungen also durch einen Wechsel der Staatsangehörigkeit oder des gewöhnlichen Aufenthalts nach Abschluss also ebenfalls nicht berührt. Ob die Wirkungen ebenfalls nach dem effektiven Erbstatut oder aber als „unmittelbare Verzichtswirkungen" nach dem Errichtungsstatut zu beurteilen sind, ist noch nicht geklärt.

e) Erbanfall und Erbengemeinschaft

Das Erbstatut regelt schließlich, wie der Nachlass auf die Erben übergeht. Während in Deutschland der Anfall *ipso iure* stattfindet, bedarf die Erbschaft in anderen Rechten der

Annahme (Italien) oder gar der gerichtlichen Einantwortung (Österreich). In vergleichbarer Weise differenziert die Art der Beteiligung: Im französischen Recht gibt es z. B. keine Gesamthand, die Erben bilden eine qualifizierte Bruchteilsgemeinschaft *(indivision)*. Im *common law* ist allein der *personal representative* Eigentümer des Nachlasses und zahlt die Erbberechtigten nach Liquidation des Nachlasses aus. In Österreich besteht eine Anwartschaft der Erben auf Einantwortung, so dass bis dahin keine Beteiligung am Nachlass entsteht. Ob die sachenrechtlichen Wirkungen eines Vermächtnisses sich aus dem Erbstatut oder dem Sachenstatut (Art. 43 EGBGB) ergeben, ist umstritten. Die in Deutschland überwiegende Meinung will diese Frage dem Erbstatut entnehmen, bei in Deutschland belegenen Sachen aber zur Wahrung der Grundsätze des deutschen Sachenrechts, welches im Rahmen der Erbfolge nur eine Universalsukzession anerkennt, die Wirkungen des Legats auf die schuldrechtlichen Wirkungen reduzieren *(BGH* NJW 1995, 58; *Dörner* IPRax 1996, 26).

256   Art. 23 II lit. e EuErbVO unterstellt den Übergang der zum Nachlass gehörenden Vermögenswerte, Rechte und Pflichten auf die Erben und gegebenenfalls die Vermächtnisnehmer, einschließlich der Bedingungen für die Annahme oder die Ausschlagung der Erbschaft oder eines Vermächtnisses und deren Wirkungen dem Erbstatut. Art. 1 II lit. k und lit. l EuErbVO betonen, dass die Arten der dinglichen Rechte und die Wirkungen einer Eintragung von Rechten an Sachen in einem Register nicht der EuErbVO unterliegen. Die dinglichen Wirkungen eines Stückvermächtnisses ergeben sich mithin weiterhin aus dem Sachenstatut (umstritten, für Geltung des Sachenstatuts z. B. *Dörner* ZEV 2012, 509; für einen Eigentumsübergang nach dem Erbstatut *J. P. Schmidt* ZEV 2014, 133), während z. B. bei den der testamentarischen Erbeinsetzung vergleichbaren Erbteils- *(legs à titre universel)* und Universalvermächtnissen *(legs universelle)* französischen und belgischen Rechts sich die Voraussetzungen für den Übergang des Nachlasses gem. Art. 23 II lit. e EuErbVO aus dem Erbstatut ergeben.

5. Materielle Wirksamkeit von einseitigen und gemeinschaftlichen Testamenten sowie Erbverträgen

257   Die materielle Gültigkeit und Bindungswirkung eines Testaments oder Erbvertrags unterliegt aus Gründen des Vertrauensschutzes nicht dem Erbstatut, sondern einem nach den Umständen zum Zeitpunkt seines Todes bestimmten „**Errichtungsstatut**". Gem. Art. 26 V 1 EGBGB gilt das Recht, das nach den Umständen bei Errichtung des Testaments auf die Erbfolge anwendbar gewesen wäre. Es ist das auf die Wirksamkeit der Verfügung von Todes wegen anwendbare Recht so zu bestimmen (unter Einschluss von Rück- und Weiterverweisungen), als wenn der Erblasser unmittelbar nach Errichtung der Verfügung verstorben wäre. Ein späterer Wechsel der Staatsangehörigkeit, der Erwerb ausländischen Vermögens (Art. 3a II EGBGB) oder eine Wohnsitzverlegung können daher die Wirksamkeit nicht mehr beeinträchtigen.

258   Aus dem Errichtungsstatut ergibt sich insbesondere, ob der Abschluss eines Erbvertrags zulässig ist und welche Bindungswirkung mit einem Erbvertrag bzw. gemeinschaftlichen Testament verbunden ist. Sind – z. B. aufgrund unterschiedlicher Staatsangehörigkeit der Eheleute – bei einem gemeinschaftlichen Testament oder bei einem mehrseitig verfügenden Erbvertrag mehrere Rechtsordnungen nebeneinander anwendbar, so bestimmt jede für sich über die Wirksamkeit und Bindungswirkung der ihrem Geltungsbereich unterliegenden Verfügungen (*v. Bar,* Internationales Privatrecht II, Rn. 381; MünchKomm/*Birk* Art. 26 EGBGB Rn. 134; Staudinger/*Dörner* Art. 25 EGBGB Rn. 341, 346). Ergibt sich nach einem der Rechte die Unwirksamkeit oder die freie Widerruflichkeit der Verfügung, so entscheidet das für den anderen Nachlass maßgebliche Errichtungsstatut darüber, welche Folgen sich für die Verfügungen über diesen Nachlass ergeben.

Ob die Zulässigkeit der **gemeinschaftlichen Errichtung eines Testaments** eine Frage der Form oder der inhaltlichen Wirksamkeit ist, ist umstritten. Behandelt man es als eine Frage der materiellen Wirksamkeit, so ist das gemeinschaftliche Testament nur dann wirksam, wenn die für beide Testierenden geltenden Errichtungsstatuten die gemeinschaftliche Errichtung zulassen. Sieht man hierin eine Frage der Form, weil es allein um die Art und Weise der Errichtung des Testaments geht, so gilt die großzügige alternative Anknüpfung aus Art. 26 I EGBGB. Nach der überwiegenden Ansicht in Deutschland soll das ausländische Erbstatut entscheiden *(Schotten/Schmellenkamp* Rn. 315). Das ist in der Praxis äußerst unbefriedigend, da nur für wenige Rechtsordnungen die Qualifikation gesichert ist. **259**

> **Praxishinweis:**
>
> In der notariellen Praxis empfiehlt sich die Beurkundung eines gemeinschaftlichen Testaments nur dann, wenn das für beide Ehegatten geltende Errichtungsstatut – ggf. nach Rechtswahl – die gemeinschaftliche Errichtung zulässt.

Art. 24, 25 I, II **EuErbVO** bestimmen für die Wirksamkeit eines Testaments oder eines Erbvertrags ebenfalls die Geltung des nach den Umständen bei Abschluss bestimmten Errichtungsstatuts. Eine Erweiterung der Abschlussmöglichkeiten ergibt sich für den Erbvertrag daraus, dass gem. Art. 25 III, 22 EuErbVO die Vertragsparteien für einen mehrseitigen Erbvertrag das Recht des Staates wählen können, denen ein einziger von ihnen angehört. Das gemeinschaftliche Testament wird zwar in Art. 3 I lit. c EuErbVO definiert. Mangels Sonderreglung fällt es daher m. E. unter die für Testamente geltenden Regeln (eine Gegenauffassung will die Regeln für den Erbvertrag entsprechend heranziehen, vgl. *Döbereiner* MittBayNot 2013, 438). Die Frage nach der Qualifikation der Zulässigkeit bleibt unter der EuErbVO weiterhin offen. Man wird daher nun eine europaweit einheitliche Qualifikation finden müssen (vgl. *Nordmeier* ZEV 2012, 513). Bei Personen mit gewöhnlichem Aufenthalt in verschiedenen Staaten dürfte sich in Hinblick auf die für den Erbvertrag gesicherten weitergehenden Rechtswahlmöglichkeiten ggf. ein Ausweichen auf den Erbvertrag empfehlen. **260**

6. Auf die Formwirksamkeit der Verfügungen anwendbares Recht

Das auf die Formwirksamkeit eines Testaments anwendbare Recht bestimmt das Haager Übereinkommen vom 5.10.1961 (Abdruck z. B. bei Palandt/*Thorn*, Anh. zu Art. 26 EGBGB). Die Anknüpfungsregeln sind in Art. 26 I bis III EGBGB übernommen worden. Art. 1 des Übereinkommens hält einen bunten Strauß von acht (!) Anknüpfungen bereit. Ein Testament ist hinsichtlich seiner Form gültig, wenn es den Formerfordernissen irgendeiner dieser Rechtsordnungen entspricht (alternative Anknüpfung). Von besonderer praktischer Bedeutung ist hierbei die Verweisung auf das Recht des Ortes, an dem die Verfügung errichtet worden ist (Ortsrecht, Art. 1 lit. a des Übereinkommens = Art. 26 I Nr. 2 EGBGB). Diese Verweisungen sind Sachnormverweisungen. Rück- und Weiterverweisungen des ausländischen Rechts sind also nicht zu beachten. Ein in Deutschland notariell beurkundetes Testament ist also aus deutscher Sicht ohne Rücksicht darauf formwirksam, welches Recht für die Erbfolge gilt. Freilich ist dann, wenn Nachlass auch in Staaten belegen ist, in denen das Abkommen nicht gilt, zu prüfen, ob auch dort das Testament als formwirksam anerkannt werden wird. **261**

Das Haager Übereinkommen gilt nur für Testamente, gem. Art. 4 auch für gemeinschaftliche Testamente. Art. 26 IV EGBGB erstreckt den Geltungsbereich für das deutsche IPR auf Erbverträge. Für Erbverzichtsverträge und den Pflichtteilsverzicht gilt es aber nicht, sondern Art. 11 EGBGB. **262**

263   Unter der **EuErbVO** bleibt gem. Art. 75 I EuErbVO der Vorrang des Haager Übereinkommens erhalten. Art. 27 I EuErbVO wiederholt die Verweisungen des Abkommen für die dem Übereinkommen nicht beigetretenen Mitgliedstaaten. Darüber hinaus wird den Geltungsbereich auf alle anderen Arten von Verfügungen von Todes wegen – also auch auf Erbverträge und Erb- und Pflichtteilsverzichtsverträge – erstreckt. Ausgenommen sind mündlich errichtete Verfügungen von Todes wegen (Art. 1 II lit. f EuErbVO).

7. Ausländische Testamentsregister

264   Ein in Deutschland beurkundetes Testament ist gem. § 34a I 1 BeurkG unabhängig davon zum Testamentsregister zu melden, ob der Testator die deutsche Staatsangehörigkeit hat oder auf die Erbfolge deutsches Recht anwendbar ist. Hat der Erblasser seinen Wohnsitz oder Immobilien im Ausland, so kann sich empfehlen, das Testament auch dort im zentralen Testamentsregister zu hinterlegen bzw. zu melden. Derartige Möglichkeiten bestehen auch für von deutschen Notaren beurkundete Testamente insbesondere in den europäischen Staaten, die das Basler Europäische Übereinkommen über die Einrichtung einer Organisation zur Registrierung von Testamenten ratifiziert haben, wie z. B. Belgien, Frankreich, Italien, Niederlande, Türkei, Spanien.

8. Erbscheinserteilung bei Auslandsberührung

265   Aus § 343 FamFG ergibt sich die Zuständigkeit der deutschen Gerichte für die Ausstellung eines **Erbscheins** und eines **Testamentsvollstreckerzeugnisses** immer dann, wenn der Erblasser seinen letzten Wohnsitz in Deutschland hatte, deutscher Staatsangehöriger war oder in Deutschland Vermögen hinterlassen hat. Ob deutsches Recht gilt oder nicht (Gleichlauftheorie), spielt seit Erlass des FamFG keine Rolle mehr. Der Erbschein bezieht sich grundsätzlich auch auf das im Ausland belegene Vermögen, selbst wenn für dieses ein anderes Erbrecht geltend sollte, als für den in Deutschland belegenen Nachlass (**Welterbschein**).

266   Gem. § 2369 BGB kann der Erbschein auf den im Inland belegenen Nachlass gegenständlich beschränkt werden. Das empfiehlt sich wegen der Reduzierung des Gegenstandswerts (§ 40 III GNotKG) vor allem dann, wenn mit seiner Anerkennung im Ausland ohnehin nicht gerechnet werden kann.

267   Bei Geltung ausländischen Erbrechts (**Fremdrechtserbschein**) sind im Erbschein zusätzlich zu den üblichen Angaben die anwendbare ausländische Rechtsordnung, der Rechtsgrund (testamentarische oder gesetzliche Erbfolge) und weitere Besonderheiten (z. B. Anwendung von § 1371 I BGB) zu erwähnen.

268   **Formulierungsbeispiel: Fremdrechtserbschein**

... ist aufgrund gesetzlicher Erbfolge gemäß dem spanischen Recht der autonomen Region Katalonien von seiner Ehefrau Roswitha zu ein Halb und von seinen Kindern Josep, Juanita und Maria zu je einem Sechstel beerbt worden. Die Berechnung der Ehegattenerbquote erfolgte unter Berücksichtigung von § 1371 I BGB.
Dieser Erbschein wird auf das in Deutschland belegene Vermögen beschränkt.

269   Art. 62 ff. EuErbVO führen für alle nach dem 16. 8 2015 eingetretenen Erbfälle das **Europäische Nachlasszeugnis** ein. Dieses ist in dem Staat, in dem der Erblasser seinen letzten Wohnsitz hatte auszustellen und soll den dort genannten Erben bzw. dem Testamentsvollstrecker in der gesamten EU ohne weiteres Verfahren die Nachlassabwicklung ermöglichen *(Buschbaum/Simon ZEV 2012, 525; Süß ZEuP 2013, 725).*

2. Teil. Bestimmung des anwendbaren Rechts **H**

9. Übersicht zum ausländischen Erbrecht

Weiterführende Länderübersichten: *Burandt/Rojahn*, Erbrecht Kommentar, 2. Aufl. 2014 (England, Frankreich, Italien, Luxemburg, Montenegro, Österreich, Schweiz, Serbien, Spanien, USA); *Ferid/Firsching/Dörner/Hausmann*, Internationales Erbrecht, Loseblatt, Bd. I-VIII; *Fetsch*, Auslandsvermögen im internationalen Erbrecht, RNotZ 2006, 1, 77; NomosKomm-BGB V: Erbrecht, 4. Aufl. 2014 (Bosnien und Herzegowina, Frankreich, Griechenland, Großbritannien, Israel, Italien, Kosovo, Kroatien, Luxemburg, Niederlande, Österreich, Polen, Portugal, Schweiz, Skandinavien, Slowenien, Spanien, Türkei, USA); *Mayer/Süß/Tanck/Bittler/Wälzholz*, Handbuch Pflichtteilsrecht, 3. Aufl. 2013, § 19; *Müller/Schlitt*, Handbuch Pflichtteilsrecht, 2010, § 15; *Süß*, Erbrecht in Europa, 2. Aufl. 2008.

Erläuterungen zur nachfolgenden Übersicht:

- *Domicile*: Das *domicile of orgin* wird durch Abstammung erworben. Die Begründung eines neuen *domicile (domicile of choice)* verlangt den gewöhnlichen Aufenthalt in einem anderem Rechtsgebiet, verbunden mit der Absicht, dort endgültig (Großbritannien, Irland) oder zumindest für unbestimmte Zeit (USA; Kanada) zu bleiben. Die Anforderungen an die Bleibeabsicht differieren in den einzelnen Staaten erheblich.
- *Lex rei sitae*: Geltung des jeweiligen Belegenheitsrechts für die betroffenen Gegenstände, führt bei in Deutschland belegenen Gegenständen zu einer gegenständlich beschränkten Rückverweisung und ggf. zur Nachlassspaltung.
- Zu den bilateralen Abkommen vgl. oben Rn. 218.
- Werden bestimmte Verfügungsmöglichkeiten wie gemeinschaftliches Testament, Erbvertrag, Erbeinsetzung, Nacherbfolge, Testamentsvollstreckung, Erbverzicht etc. nicht erwähnt, so ist davon auszugehen, dass diese in der genannten Rechtsordnung nicht zur Verfügung stehen. „Testament" bedeutet also, dass lediglich einseitige Testamente wirksam sind und gemeinschaftliche Testamente, Erbverträge und Erbverzichte nicht wirksam sind.

Staat	Anknüpfung	Verfügungsmöglichkeiten
Ägypten	Staatsangehörigkeit	Testament; Vermächtnisse ohne Zustimmung der Erben nur über ein Drittel des Nachlasses und wohl nicht an gesetzliche Erben möglich
Australien	Domicile; für Immobilien *lex rei sitae;* Haager Testamentsformabkommen	Einseitiges und gemeinschaftliches Testament; Einsetzung eines Nachlassverwalters (executor); Vermächtnisse und trusts
Belarus (Weißrussland)	Deutsch-Sowjetischer Konsularvertrag; Wohnsitz oder Wahl des Heimatrechts; für Immobilien *lex rei sitae*	Testament; Erbeinsetzung; Vermächtnis; Testamentsvollstreckung
Belgien	Gewöhnlicher Aufenthalt; für Immobilien *lex rei sitae;* Wahl des Heimatrechts für gesamten Nachlass; Haager Testamentsformabkommen; ab 2015: EuErbVO	Testament; Vermächtnis (Stück-, Quoten- und Universalvermächtnisse); keine Erbeinsetzung; Testamentsvollstrecker ohne Verfügungsbefugnis
Bosnien und Herzegowina	Staatsangehörigkeit; Haager Testamentsformabkommen	Testament; Erbeinsetzung; Vermächtnis; Erbverzicht durch Abkömmlinge möglich
Brasilien	Wohnsitz	Testament; Erbeinsetzung; Vermächtnis; Vor- und Nacherbfolge; Testamentsvollstreckung
Bulgarien	Gewöhnlicher Aufenthalt; für Immobilien *lex rei sitae;* Wahl des Heimatrechts für Gesamtnachlass; ab 2015: EuErbVO	Testament, Erbeinsetzung, Vermächtnis; Testamentsvollstrecker darf über Nachlass nicht verfügen

270

Staat	Anknüpfung	Verfügungsmöglichkeiten
China, VR	Gewöhnlicher Aufenthalt; für Immobilien *lex rei sitae*	Testament; Wirkungen gemeinschaftlicher Testamente unsicher; Vermächtnis
Dänemark	Wohnsitz; Haager Testamentsformabkommen; EuErbVO gilt nicht	Einseitiges und gemeinschaftliches Testament; Erbverzicht; Testiervertrag; Erbeinsetzung; Vermächtnis; Vor- und Nacherbschaft; Testamentsvollstreckung
Estland	Wohnsitz; Haager Testamentsformabkommen; ab 2015: EuErbVO	Einseitiges und gemeinschaftliches Ehegattentestament; Erbvertrag; Erbverzicht; Erbeinsetzung; Vermächtnis; Testamentsvollstreckung
Finnland	Wohnsitz, soweit im Heimatstaat oder seit mindestens fünf Jahren, ersatzweise Heimatrecht; Wahl des Heimat- oder Wohnsitzrechts bzw. des Güterstatuts; Haager Testamentsformabkommen; ab 2015: EuErbVO	Einseitiges und gemeinschaftliches Testament; Stückvermächtnis; Quotenvermächtnis; Vor- und Nachvermächtnis; Nießbrauchsvermächtnis; Testamentsvollstreckung
Frankreich	Wohnsitz; für Immobilien *lex rei sitae;* Haager Testamentsformabkommen; ab 2015: EuErbVO	Testament; Vermächtnis (Stück-, Quoten- und Universalvermächtnisse); keine Erbeinsetzung; Vor- und Nachvermächtnisse; Testamentsvollstrecker mit beschränkten Befugnissen
Georgien	Deutsch-Sowjetischer Konsularvertrag; Staatsangehörigkeit	Testament; Erbeinsetzung; Vermächtnis
Griechenland	Staatsangehörigkeit; Haager Testamentsformabkommen; ab 2015: EuErbVO	Testament; Erbeinsetzung; Vor- und Nacherbschaft; Vermächtnis; Testamentsvollstreckung
Großbritannien	Domicile; für Immobilien *lex rei sitae;* Haager Testamentsformabkommen; EuErbVO gilt nicht	Einseitiges und gemeinschaftliches Testament; Einsetzung eines Nachlassverwalters (executor); Vermächtnisse und trusts
Indien	Domicile; für Immobilien *lex rei sitae*	Unterschiedliche Erbrechtssysteme nach Religionszugehörigkeit des Erblassers; für Hindus: Testament; Einsetzung eines Nachlassverwalters (executor); Vermächtnisse und trusts
Irak	Staatsangehörigkeit	Testament; Vermächtnisse über ein Drittel des Nachlasses hinaus oder an gesetzliche Erben nur mit Zustimmung aller Erben möglich
Iran	Deutsch-Persisches Niederlassungsabkommen; Staatsangehörigkeit	Testament; Vermächtnisse über ein Drittel des Nachlasses hinaus oder an gesetzliche Erben nur mit Zustimmung aller Erben – vor oder nach Eintritt des Erbfalls – möglich
Irland	Domicile; für Immobilien *lex rei sitae;* Haager Testamentsformabkommen; EuErbVO gilt nicht	Einseitiges und gemeinschaftliches Testament; Einsetzung eines Nachlassverwalters (executor); Vermächtnisse und trusts
Island	Wohnsitz; für Testamentsform nach Gewohnheitsrecht wohl Ortsform ausreichend	Einseitiges und gemeinschaftliches Testament; Erbverzicht; Erbeinsetzung; Vermächtnis; Vor- und Nacherbschaft; Testamentsvollstreckung

2. Teil. Bestimmung des anwendbaren Rechts   H

Staat	Anknüpfung	Verfügungsmöglichkeiten
Israel	Wohnsitz; Haager Testamentsformabkommen	Einseitiges und gemeinschaftliches Testament; Erbeinsetzung; Vermächtnis; Testamentsvollstreckung
Italien	Staatsangehörigkeit; Wahl des am gewöhnlichen Aufenthalt geltenden Rechts mit Einschränkungen möglich; ab 2015: EuErbVO	Testament; Erbeinsetzung; Vermächtnis; Testamentsvollstrecker nur mit Überwachungsfunktion; Erbverzicht im Rahmen eines Übergabevertrages (patto di famiglia)
Japan	Staatsangehörigkeit; Haager Testamentsformabkommen	Testament; Pflichtteilsverzicht; Stück-, Quoten- und Universalvermächtnis; Testamentsvollstreckung
Kanada	Domicile; für Immobilien *lex rei sitae*	Erbrecht provinzial gespalten; in den anglophonen Provinzen einseitiges und gemeinschaftliches Testament; Einsetzung eines Nachlassverwalters (executor); Vermächtnisse und trusts
Kasachstan	Deutsch-Sowjetischer Konsularvertrag; Wohnsitz; für Immobilien *lex rei sitae*	Testament; Erbeinsetzung; Vermächtnis
Kenia	Domicile; für Immobilien *lex rei sitae*	Testament; Einsetzung eines Nachlassverwalters (executor); Vermächtnisse und trusts
Kosovo	Staatsangehörigkeit; Wahl des Rechts am gewöhnlichen Aufenthalt (NomosKomm-BGB/ Morina/Tersteegen V: Erbrecht, 3. Aufl. 2010, Länderbericht Kosovo Rn. 5); Haager Testamentsformabkommen gilt wohl nicht	Testament; Erbeinsetzung; Vermächtnis; Testamentsvollstreckung
Kroatien	Staatsangehörigkeit; Haager Testamentsformabkommen; ab 2015: EuErbVO	Testament; Erbeinsetzung; Vermächtnis; Testamentsvollstreckung
Lettland	*Lex rei sitae* für bewegliches und unbewegliches Vermögen; ab 2015: EuErbVO	Testament; gemeinschaftliches Testament; Erbvertrag; Erbeinsetzung; Vor- und Nacherbfolge; Vermächtnis; Testamentsvollstreckung
Litauen	Gewöhnlicher Aufenthalt des Erblassers; für Immobilien *lex rei sitae*; ab 2015: EuErbVO	Testament; gemeinschaftliches Ehegattentestament; Erbeinsetzung; Vermächtnis; Testamentsvollstreckung
Luxemburg	Wohnsitz; für Immobilien *lex rei sitae*; Haager Testamentsformabkommen; ab 2015: EuErbVO	Testament; Vermächtnis (Stück-, Quoten- und Universalvermächtnisse); keine Erbeinsetzung; Testamentsvollstrecker ohne Befugnisse
Malta	Domicile; für Immobilien *lex rei sitae*; ab 2015: EuErbVO	Einseitiges Testament und gemeinschaftliches Ehegattentestament; Erbeinsetzung; Vermächtnis; Testamentsvollstreckung
Marokko	Staatsangehörigkeit	Testament; Vermächtnisse über ein Drittel des Nachlasses hinaus oder an gesetzliche Erben nur mit Zustimmung aller Erben möglich
Mazedonien	Staatsangehörigkeit; Haager Testamentsformabkommen	Testament; Erbeinsetzung; Vermächtnis; Testamentsvollstreckung

Süß

Staat	Anknüpfung	Verfügungsmöglichkeiten
Moldawien	Deutsch-Sowjetischer Konsularvertrag; Heimatrecht; für Immobilien *lex rei sitae;* Rechtswahl mit unklarer Reichweite; Haager Testamentsformabkommen	Testament; Erbeinsetzung; Vermächtnis; Testamentsvollstreckung
Montenegro	Gewöhnlicher Aufenthalt, Wahl des Heimatrechts; Haager Testamentsformabkommen	Testament; Erbeinsetzung; Vermächtnis; Testamentsvollstreckung; Erbverzicht eines Abkömmlings durch „lebzeitige Ausschlagung"
Niederlande	Letzter gewöhnlicher Aufenthalt, wenn Heimatstaat des Erblassers oder mindestens fünf Jahre Dauer; Rechtswahl für Heimatrecht oder am gewöhnlichen Aufenthalt geltendes Recht; Haager Testamentsformabkommen; ab 2015: EuErbVO	Einseitiges Testament; Erbeinsetzung; Vermächtnis; Vor- und Nacherbfolge; Abwicklungsvollstreckung (executeur) oder Dauerverwaltung des Nachlasses (bewind)
Norwegen	Wohnsitz; Haager Testamentsformabkommen	Einseitiges und gemeinschaftliches Testament; Erbeinsetzung; Vermächtnis; Testamentsvollstreckung; Erb- und Pflichtteilsverzicht
Österreich	Staatsangehörigkeit; Haager Testamentsformabkommen; ab 2015: EuErbVO	Einseitiges Testament; gemeinschaftliches Testament und Erbvertrag nur für Ehegatten; Erbeinsetzung; Vermächtnisse; Nacherbfolge (fideikommissarische Substitution); Testamentsvollstrecker mit schwacher Position
Pakistan	Domicile; für Immobilien *lex rei sitae;* für Moslems gilt islamisches Recht	Unterschiedliche Erbrechtssysteme nach religiöser Zugehörigkeit
Philippinen	Staatsangehörigkeit	Testament; Erbeinsetzung; Nacherbfolge; Vermächtnis; für Moslems gilt islamisches Erbrecht
Polen	Staatsangehörigkeit; Wahl des am gewöhnlichen Aufenthalt oder Wohnsitz geltenden Rechts; Haager Testamentsformabkommen; ab 2015: EuErbVO	Testament; Erbeinsetzung; Vermächtnis; Testamentsvollstreckung; Erbverzicht
Portugal	Staatsangehörigkeit; portugiesische Staatsangehörige können auch im Ausland nur in „feierlicher Form" testieren; ab 2015: EuErbVO	Testament; Erbvertrag unter Verlobten; Erbeinsetzung; Vor- und Nacherbfolge; Vermächtnis; Testamentsvollstreckung
Rumänien	Gewöhnlicher Aufenthalt; Wahl des Heimatrechts; ab 2015: EuErbVO	Testament; Vermächtnis (Stück-, Quoten- und Universalvermächtnisse); keine Erbeinsetzung; Vor- und Nachvermächtnisse; Testamentsvollstrecker mit beschränkten Befugnissen
Russische Föderation	Deutsch-Sowjetischer Konsularvertrag; Wohnsitz; für Immobilien *lex rei sitae*	Testament; Erbeinsetzung; Vermächtnis; Testamentsvollstrecker wohl ohne eigene Verfügungsbefugnis
Schweden	Staatsangehörigkeit; Haager Testamentsformabkommen; ab 2015: EuErbVO	Einseitiges und gemeinschaftliches Testament; Erbeinsetzung; Vermächtnis; Testamentsvollstreckung; Erbverzicht

2. Teil. Bestimmung des anwendbaren Rechts H

Staat	Anknüpfung	Verfügungsmöglichkeiten
Schweiz	Wohnsitz; Wahl des Heimatrechts möglich; Haager Testamentsformabkommen	Testament und Erbvertrag; kein gemeinschaftliches Testament; Erbeinsetzung; Vor- und Nacherbfolge; Vermächtnisse; Testamentsvollstreckung (Willensvollstrecker); Erb- und Pflichtteilsverzicht
Serbien	Staatsangehörigkeit; Haager Testamentsformabkommen	Testament; Erbeinsetzung; Vermächtnis; Auflage,
Slowakei	Staatsangehörigkeit; ab 2015: EuErbVO	Testament; nur Erbeinsetzung; kein Vermächtnis
Slowenien	Staatsangehörigkeit; Haager Testamentsformabkommen; ab 2015: EuErbVO	Testament; Erbeinsetzung; Vermächtnis; Testamentsvollstreckung
Spanien	Staatsangehörigkeit; für das gesetzliche Ehegattenerbrecht gilt Güterstatut; Haager Testamentsformabkommen; ab 2015: EuErbVO	Sonderregeln in den autonomen Gebieten (Katalonien, Balearen, Baskenland etc.); im gemeinspanischen Recht einseitiges Testament; Erbeinsetzung; Vermächtnisse; Nacherbschaft; Testamentsvollstrecker nur mit einzeln zugewiesenen Befugnissen
Südafrika	Domicile; für Immobilien *lex rei sitae;* Haager Testamentsformabkommen	Einseitiges und gemeinschaftliches Testament; Einsetzung eines Nachlassverwalters (executor); Vermächtnisse und trusts
Thailand	Wohnsitz; für Immobilien lex rei sitae	Testament; Stück- Quoten- und Universalvermächtnis; Testamentsvollstreckung für minderjährige Erben
Tschechische Republik	Staatsangehörigkeit; seit 1.1.2014: gewöhnlicher Aufenthalt mit Rechtswahlmöglichkeiten; ab 2015: EuErbVO	Testament; Erbeinsetzung; kein Vermächtnis; seit 1.1.2014: auch Ehegattenerbvertrag; Vermächtnis; Nacherbeinsetzung; Testamentsvollstreckung etc.
Türkei	Deutsch-Türkisches Nachlassabkommen; ansonsten Staatsangehörigkeit; für Immobilien *lex rei sitae;* Haager Testamentsformabkommen	Testament und Erbvertrag; kein gemeinschaftliches Testament; Erbeinsetzung; Vor- und Nacherbfolge; Vermächtnisse; Testamentsvollstreckung; Erb- und Pflichtteilsverzicht
Ukraine	Deutsch-Sowjetischer Konsularvertrag; Wohnsitz; Wahl des Heimatrechts möglich; für Immobilien *lex rei sitae;* Haager Testamentsformabkommen	Testament; Ehegattentestament über gemeinschaftliches Vermögen; Erbeinsetzung; Vermächtnis; Testamentsvollstrecker ohne Verfügungsbefugnisse
Ungarn	Staatsangehörigkeit; ab 2015: EuErbVO	Testament; Erbeinsetzung; Vermächtnis; Erb- und Pflichtteilsverzicht; seit März 2014 neues ZGB; wohl auch Erbvertrag und gemeinschaftliches Testament
USA	Domicile; für Immobilien *lex rei sitae*	Einseitiges und gemeinschaftliches Testament; Einsetzung eines Nachlassverwalters (executor); Vermächtnisse und trusts
Vietnam	Heimatrecht; Grundstücke nach lex rei sitae; Ortsform für Testamente zwingend	Testament; gemeinschaftliches Testament für Eheleute zur Verfügung über das gemeinschaftliche Vermögen
Zypern	Domicile; für Immobilien *lex rei sitae;* ab 2015: EuErbVO	Einseitiges und gemeinschaftliches Testament; Einsetzung eines Nachlassverwalters (executor); Vermächtnisse und trusts

IX. Gesellschaftsrecht

1. Anzuwendendes Recht

271 Wie erfolgt die Bestimmung der Rechtsordnung, die für die Rechtsverhältnisse einer Gesellschaft (OHG, KG) eines Vereins und einer juristischen Person (auch **Personal-** oder **Gesellschaftsstatut** genannt)? Das deutsche IPR hält dazu (noch) keine gesetzlichen Bestimmungen bereit, auch nicht über die Rom I und Rom II-VO, die diese Frage ausdrücklich ausklammern (vgl. Art. 1 II f Rom I-VO und Art. 1 II d Rom II-VO), wenngleich der *EuGH* die Frage der Bestimmung des Personalstatuts für Gesellschaften mit Sitz in der EU und dem EWR geregelt hat (s. u. Rn. 275).

272 Nach der (ständigen) Rechtsprechung des *BGH* (BGHZ 151, 204, 206; 97, 269, 271; und der wohl überwiegenden Meinung in der Literatur (s. Reithmann/Martiny/*Haussmann* Rn. 5031 ff.; MünchKomm/*Kindler* IntGesR Rn. 351 ff.; *Thölke* in: MünchHdB GesR VI § 1 Rn. 1 ff.) untersteht eine Gesellschaft grundsätzlich dem Recht des Staates, in dem sie den **Sitz ihrer Hauptverwaltung** hat, d. h. von wo aus sie tatsächlich gelenkt wird. Dies dürfte in der Regel der Ort sein, wo ihre Geschäftsführungs- und Vertretungsorgane sitzen. Auf den Satzungssitz soll es nicht ankommen.

273 Eine Gesellschaft mit Verwaltungssitz **im Inland** ist demnach allein nach **deutschem Recht** zu beurteilen, eine ausländische Gesellschaft nach dem an ihrem (Verwaltungs-) Sitz geltenden Recht. Rück- und Weiterverweisungen sind zu beachten (Art. 4 I 2 EGBGB; vgl. *OLG Frankfurt* NJW 1990 2204; Reithmann/Martiny/*Hausmann* Rn. 5031 ff.; Palandt/*Thorn* Anh. zu Art. 12 EGBGB Rn. 12). Die vor allem in den Common-Law-Ländern, aber auch in der Schweiz, den Niederlanden, Dänemark, der Russischen Föderation und den meisten Nachfolgestaaten der ehem. Sowjetunion (Reithmann/Martiny/*Hausmann* Rn. 5036) geltende **Gründungstheorie** verweist auf die Rechtsordnung des Staates, in dem die Gesellschaft gegründet wurde. Auch ein Teil der deutschen Literatur vertritt diese Theorie (s. Nachweise bei Palandt/*Thorn* Anh. zu Art. 12 EGBGB Rn. 1).

274 In Einzelfällen regeln **vorgehende** (vgl. Art. 3 II EGBGB) Handels- und Niederlassungs**abkommen** die Anerkennung der Gesellschaften (Überblick bei MünchKomm/*Kindler* IntGesR Rn. 326 ff.). Am bekanntesten ist der Deutsch-Amerikanische Freundschafts-, Handels- und Schifffahrtsvertrag vom 29.10.1954 (BGBl. 1956 II 487), wonach US-Gesellschaften stets anzuerkennen sind, auch wenn sie ihren Verwaltungssitz im Inland haben (*BGH* ZIP 2004, 1549; NZG 2003, 531). Ob eine reale Verbindung der Gesellschaft zum Gründungsstaat („genuine link") für die Anerkennung vorhanden sein muss, ist offen (Einzelheiten bei MünchKomm/*Kindler* IntGesR Rn. 343; *Bungert* DB 2003, 1043; *Mankowski* EWIR 2003, 661, s. auch *Meilicke* GmbHR 2003, 793). Das der Gründungstheorie folgende EU-Übereinkommen vom 29.2.1968 über die gegenseitige Anerkennung von Gesellschaften und juristischen Personen (BGBl. 1972 II 370) ist noch nicht in Kraft getreten, angesichts der nachgenannten Entscheidungen des *EuGH* auch bedeutungslos (s. a. MünchKomm/*Kindler* IntGesR Rn. 98).

275 Die (**Verwaltungs-)Sitztheorie** wird ferner – jedenfalls soweit Gesellschaften mit Satzungssitz in einem Mitgliedsstaat der EU oder des EWR (Mitgliedsländer: Liechtenstein, Norwegen, Island, vgl. Art. 34 EWR-Vertrag, nicht die Schweiz [!]) betroffen und dort wirksam gegründet worden sind – nicht mehr aufrechterhalten (Reithmann/Martiny/*Hausmann* Rn. 5063; Palandt/*Thorn* Anh. zu Art. 12 EGBGB Rn. 5; *Thölke* in MünchHdB GesR VI § 1 Rn. 1 ff.). Der *EuGH* hat diese Auffassung für gemeinschaftswidrig erklärt (vgl. die Entscheidungen „Inspire Art", ZIP 2003, 1885; „Überseering", ZIP 2002, 2037 und „Centros", ZIP 1999, 438): Gesellschaften mit dortigem Sitz sind also im Inland als rechtsfähig anzuerkennen, auch wenn sie ihren Verwaltungssitz ausschließlich im Inland haben – sei es von Anfang an, oder sei es, dass sie ihn nachträglich

hierhin verlegt haben. Für sie gilt also die Gründungstheorie. Der *BGH* ist dieser Auffassung gefolgt (BGHZ 154, 185, 190, für EWR: *BGH* DNotZ 2006, 143), ebenso die Registerpraxis (*Krafka/Kühn* Rn. 701).

Für Auslandsgesellschaften mit Sitz in anderen Ländern als der EU oder dem EWR 276 bleibt es noch bei der Anwendung der (Verwaltungs-)Sitztheorie (s. *BGH* ZIP 2008, 2411 – Schweiz; *OLG Hamburg* DB 2007, 1247). Haben diese Gesellschaften ihren Verwaltungssitz im Inland, werden sie aber nicht als nullum angesehen, sondern – allerdings mit der unangenehmen Folge der unbeschränkten Haftung – „umqualifiziert". Eine solche ausländische Mehrpersonengesellschaft wird GbR oder OHG deutschen Rechts (BGHZ 151, 204, 206; Palandt/*Thorn* Anh. zu Art. 12 EGBGB Rn. 20); die Rechte und Pflichten einer ausländischen Ein-Personen-Gesellschaft werden dem Alleingesellschafter zugerechnet (*Binz/Mayer* GmbHR 2003, 252). Die Bundesregierung hat bereits einen Referentenentwurf erarbeiten lassen, der die Aufgabe der Sitztheorie vorsieht (dazu etwa Palandt/*Thorn* Anh. zu § 12 EGBGB Rn. 2; Reithmann/Martiny/ *Hausmann* Rn. 5077; *Wagner/Timm* IPRax 2008, 81).

Die nach der Gründungs- oder **Sitztheorie** ermittelte Rechtsordnung regelt die Ver- 277 hältnisse der Gesellschaft **umfassend,** also Rechtsnatur, Gründung, Rechtsfähigkeit, Firma, Vertretungsmacht ihrer Organe, Verfassung und innere Organisation, Satzungsänderungen, Umwandlung, einschl. Verschmelzung, Spaltung (weitere Einzelheiten bei Palandt/*Thorn* Anh. zu Art. 12 EGBGB Rn. 10ff.). Hiervon ausgenommen sind sog. „Spalt- oder Restgesellschaften". Hierbei handelt es sich um Gesellschaften, die in ihrem ausländischen Sitzstaat – aus welchen Gründen auch immer – nicht mehr existieren, aber denen noch Vermögen im Inland zugewiesen ist. Aus deutscher Sicht gilt diese Gesellschaft als weiterhin fortbestehend (*BGH* ZIP 2010, 1852; *OLG Hamm* NZG 2014, 703, 704; *OLG Celle* NJW-RR 2012, 1065; *OLG Jena* RIW 2007, 864). Für ihre Vertretung im Inland ist mangels vorhandener Organe ein Pfleger zu bestellen (Art. 24 II, 43 II EGBGB; §§ 1911, 1913 BGB) oder ein Nachtragsliquidator (Würzburger Notarhandbuch/*Süß* Rn. 15; s. hierzu und zur Frage des auf die Spalt-/Restgesellschaft anwendbaren Rechts auch *Schwarz* DB 2013, 799).

2. Einzelfragen

a) Ausländer als Gesellschafter

Die Beteiligung von ausländischen (natürlichen oder juristischen) Personen an inländi- 278 schen Gesellschaften unterliegt grundsätzlich **keinen Beschränkungen.** Der Gesellschaftsvertrag einer GmbH soll aber nichtig (§ 134 BGB) sein, wenn ein Ausländer, dem ausländerrechtlich eine selbständige Erwerbstätigkeit im Inland untersagt ist (vgl. § 21 AufenthG), die GmbH beherrscht (s. auch Kap. D I. Rn. 8 mit weiteren Einzelheiten).

b) Rechtsfähigkeit

Ist eine Gesellschaft nach dem auf sie anzuwendenden Recht rechtsfähig, so ist dies 279 für ihre Teilnahme am Rechtsverkehr auch im Inland anzuerkennen, selbst wenn das Inland die Rechtsfähigkeit ablehnen würde. Zu Problemen kann es in der Praxis kommen, wenn das anwendbare ausländische Recht nur eine **beschränkte Rechtsfähigkeit** kennt. Der inländische Rechtsverkehr dürfte durch analoge Anwendung des Art. 12 EGBGB vor den Nichtigkeitsfolgen geschützt sein (*BGH* NJW 1998, 2452; Palandt/*Thorn* Anh. zu Art. 12 EGBGB Rn. 15 bzw. Art. 13 Rom I-VO Anh. Rn. 2; Reithmann/Martiny/ *Hausmann* Rn. 5201; *Süß/Wachter* S. 25; a.A. *Lehmann* in: MünchHdB GesR VI § 5 Rn. 60). Wer ganz sicher gehen will, sieht die Satzung der ausländischen Gesellschaft ein, oder lässt sich ein Gutachten zu dieser Frage vorlegen.

Für Rechtsgeschäfte im Inland (z.B. Beteiligungserwerb) muss ferner die Fähigkeit be- 280 stehen, bestimmte Rechte und Pflichten zu übernehmen (**besondere Rechtsfähigkeit**). Die

Gesellschaft muss nach der inländischen und ausländischen Rechtsordnung diese besondere Rechtsfähigkeit haben (Einzelheiten bei *Spahlinger/Wegen* Rn. 273 f.; a.A. *Lehmann* in: MünchHdB GesR VI § 5 Rn. 61). Die Beschränkungen des Art. 86 EGBGB sind praktisch bedeutungslos. Für EU-Gesellschaften gelten sie ohnehin nicht (vgl. Gesetz vom 2.4.1964, BGBl. I 248).

281 In der Praxis hat diese besondere Rechtsfähigkeit insbesondere Bedeutung bei der Beteiligung einer **ausländischen Kapitalgesellschaft** an einer **inländischen Personen-(handels)gesellschaft**. Sie muss sowohl nach ausländischem wie nach inländischem Recht beteiligungsfähig sein. Dass sich eine ausländische juristische Person an einer deutschen oHG bzw. als Komplementärin an einer KG beteiligen kann (zur Firmierung s.u. Rn. 283), ist nicht mehr umstritten (*Lehmann* in: MünchHdB GesR VI § 5 Rn. 61; *Süß/Wachter* S. 41). Die Rechtsprechung, ihr folgend die Registerpraxis, und ein Teil der Literatur halten diese Typenvermischung für möglich (vgl. *BayObLG* DB 1986, 1325, 1326; *LG Bielefeld* NZG 2006, 504: private limited company als Komplementärin; *OLG Saarbrücken* DNotZ 1990, 194: Schweizerische AG & Co. KG; *Michalski/Leible*, GmbHG, Syst. Darst. 2 Rn. 144 ff.; *Bungert* AG 1995, 503). Durch den Erwerb der Gesellschaftsstellung allein wird auch keine Registerpflicht der ausländischen Gesellschaft begründet (*OLG Frankfurt* ZIP 2008, 1287).

c) Firma

282 Welche Firma eine Gesellschaft führen darf, richtet sich nach h. M. ebenfalls nach dem Gesellschaftsstatut (*BGH* NJW 1971, 1522; *OLG München* NJW-RR 2007, 1677; *Servatius* in: MünchHdB GesR VI § 11 Rn. 7; *Michalski* NZG 1998, 762, 763). Auch die ausländische Firma ist im Inland anzuerkennen. Ihr Schutz im Inland reicht aber nicht weiter als nach deutschem Recht. Da die Firma nur noch zur Kennzeichnung des Kaufmanns geeignet sein, Unterscheidungskraft besitzen muss und nicht irreführen darf (§ 18 I HGB; *OLG München* GmbHR 2007, 979; Einzelheiten bei *Frenz* ZNotP 1998, 2), dürften sich Probleme bei der Firmenanerkennung kaum noch stellen.

283 Beteiligt sich eine ausländische Kapitalgesellschaft als persönlich haftender Gesellschafter an einer oHG, KG, (s. o. Rn. 281) ist der **ausländische Rechtsformzusatz** (etwa Ltd., Inc., Corp., S.A.) und nicht dessen „Eindeutschung" in die Firma der deutschen oHG/KG zu übernehmen (*Servatius* in MünchHdB GesR VI § 11 Rn. 31 ff.). Er stellt in der Regel einen ausreichenden Hinweis auf die Haftungsbeschränkungen (§ 19 V 5 HGB) dar. Gegebenenfalls ist das Herkunftsland – um Missverständnissen des Geschäftsverkehrs vorzubeugen – in Klammern zu setzen oder sind weitere aufklärende Angaben erforderlich. Einige Register erlauben, dass die Gesellschaft mit dem Zusatz „beschränkt haftende oHG/KG" oder auch als „XY oHG GmbH" firmiert (Bsp. bei *Schmidt/Hermesdorf* RIW 1990, 771; auch *OLG Hamm* DB 1987, 1243). Irreführend und deshalb ohne zusätzliche Kennzeichnung unzulässig ist „AG Co." bei schweizerischer AG (s. auch *Krafka/Kühn* Rn. 230 f.; *Eschelbach* MittRhNotK 1993, 186).

d) Ausländer als Geschäftsführer, Vorstandsmitglieder, Prokuristen

284 Gegen die Bestellung von natürlichen ausländischen Personen zu Geschäftsführern, Vorstands- oder Aufsichtsratsmitgliedern und Prokuristen bestehen bei deutschen Gesellschaften **keine Bedenken**. Fehlender Wohnsitz oder ständiger Aufenthalt im Inland, fehlende Arbeits- oder Gewerbeerlaubnis sind kein Hindernis für die Handelsregistereintragung (h. M., s. *EuGH* NZG 1998, 809; *OLG Zweibrücken* GmbHR 2010, 1260; *OLG München* NZG 2010, 210; *OLG Düsseldorf* NZG 2009, 678; *OLG Stuttgart* NZG 2006, 789; *OLG Dresden* GmbHR 2003, 537 m.Anm. *Wachter*; für **Nicht EU-Angehörige** *OLG Jena* GmbHR 2006, 541; *OLG Hamm* DB 1999, 2001; *OLG Köln* GmbHR 1999, 182 und DB 1999, 38; *Lutter/Hommelhoff* § 6 Rn. 14 f; *Scholz/Schneider* § 6 Rn. 18a). Für EU-Angehörige gelten ohnehin keine Beschränkungen. Ihnen

gleichgestellt sind Ausländer, die bis zu drei Monate keiner Visumspflicht unterliegen (entsprechende Staatenliste abrufbar unter www.auswaertiges-amt.de). Aber auch die Bestellung sonstiger Staatsangehöriger ist unbedenklich. Richtiger Ansicht nach ist fehlende jederzeitige Einreisemöglichkeit kein Hindernis für die Registereintragung (wie hier *Krafka/Kühn* Rn. 958; *Wachter* ZIP 1999, 1577, siehe auch *Bohlscheid* RNotZ 2005, 505). Einer ausländischen Gesellschaft steht eine Organfähigkeit hingegen nicht zu (*Servatius* in: MünchHdB GesR VI § 12 Rn. 29).

Wird ein Ausländer zum Geschäftsführer einer GmbH bzw. zum Vorstandsmitglied einer AG bestellt, hat der die Anmeldung beglaubigende Notar, sofern noch keine Belehrung durch einen ausländischen Notar oder Rechtsanwalt (vgl. § 8 III 2 GmbHG, § 37 II AktG) erfolgt ist, sicherzustellen, dass dieser auch die Bedeutung der von ihm abzugebenden **Versicherung** kennt (§ 8 II, III GmbHG, § 37 II AktG). Der Notar kann seiner Belehrungspflicht auch schriftlich nachkommen (§ 8 III 2 GmbHG; Belehrungsmuster dt./engl. z. B. bei *Wachter* ZNotP 1999, 314; Kersten/Bühling/*Langhein* § 158 Rn. 31M). Die Belehrung kann auch in fremder Sprache erfolgen. Für Registerzwecke ist dann aber ein Nachweis in der deutschen Gerichtssprache erforderlich (*Krafka/Kühn* Rn. 963). Ist der ausländische Geschäftsführer der deutschen Sprache nicht hinreichend kundig, muss bei der Anmeldung zu seiner Eintragung kein Dolmetscher hinzugezogen werden (*OLG Karlsruhe* DB 2003, 140). **285**

e) Vertretungsmacht der Organe, Insichgeschäfte

Das Gesellschaftsstatut bestimmt ferner, welches Organ der Gesellschaft zu ihrer Vertretung zuständig ist und welchen Umfang diese hat (*BGH* DNotZ 1994, 485, 487; Palandt/*Thorn* Anh. zu Art. 12 EGBGB Rn. 17; MünchKomm/*Kindler* IntGesR Rn. 582), insbesondere, ob Insichgeschäfte zulässig sind. § 181 BGB gilt hierfür nicht, sondern nur für die rechtsgeschäftliche Vertretungsmacht (*OLG Düsseldorf* MittRhNotK 1995, 114; zustimmend *Großfeld/Wilde* IPRax 1995, 375). Vielfach lässt sich nicht feststellen, ob die fremde Rechtsordnung, der die Gesellschaft untersteht, ein Selbstkontrahieren erlaubt (s. hierzu auch *Hauschild* ZIP 2014, 954). Kann nicht geklärt werden, ob das Insichgeschäft zulässig ist, sollte vorsichtshalber eine zweite Person handeln, die keinen Konflikt hat. Die häufig zu beobachtende Praxis, routinemäßig in eine von den Organen der ausländischen Gesellschaft erteilten Vollmachten eine Befreiung von dem Verbot des Insichgeschäfts bzw. der Drittvertretung vorzusehen, ist nicht hilfreich, wenn nicht sicher ist, ob das bevollmächtigende Organ dazu nach dem anwendbaren ausländischen Recht rechtlich befugt ist. Das Registergericht jedenfalls ist nicht berechtigt, diesbezüglich eigene Ermittlungen anzustellen (*OLG Düsseldorf* a. a. O.). Zum Schutz des (gutgläubigen) Erklärungsgegners gilt Art. 12 EGBGB/Art 13 Rom I-VO (Reithmann/Martiny/*Hausmann* Rn. 5202 ff.; MünchKomm/*Kindler* IntGesR Rn. 584). **286**

f) Anteilsübertragung

Welches Recht auf eine Anteilsübertragung anwendbar ist, beurteilt sich nach dem **Gesellschaftsstatut** (*BGH* NJW 1994, 1939; Reithmann/Martiny/*Merkt/Göthel* Rn. 4418 f.; *Süß*/Wachter S. 33). Eine Rechtswahl ist nicht möglich. Das schuldrechtliche Geschäft hingegen unterliegt dem Vertragsstatut (Art. 3, Art. 4 Rom I-VO). Für die (selbständig anzuknüpfende) Form gilt Art. 11 I EGBGB/Art. 11 Rom I-VO (s. u. Rn. 324 ff.). Ob sich die Pflicht zur Beurkundung gem. § 15 III, IV GmbHG auch auf Kauf und Abtretung von Anteilen an einer ausländischen Kapitalgesellschaft erstreckt, ist in der Rechtsprechung umstritten (so wohl *BGH* ZIP 2004, 2324, 2325; bejahend *OLG Celle* DNotZ 1993, 625; a. A. *OLG München* DNotZ 1993, 627; *Dutta* RIW 2005, 101. Letzterer Ansicht ist zuzustimmen, da § 15 III, IV GmbHG kein Regelungsanspruch hinsichtlich ausländischer Kapitalgesellschaften zukommt (ebenso *Merkt* ZIP 1994, 1417) und aus einer evtl. Wahl deutschen Rechts nicht ohne Weiteres der Schluss gezo- **287** gen werden kann, dass die pauschale Wahl deutschen materiellen Rechts auch automatisch die (selbständig anknüpfbare) Formfrage erfasst. Zur Beurkundung im Ausland s. u. Rn. 298 ff. Aus Vorsichtsgründen sollte allerdings stets beurkundet werden.

g) Grenzüberschreitende Sitzverlegung

288 Vorsicht ist geboten bei der Beurkundung von Beschlüssen über die Verlegung des (statuarischen) Sitzes einer deutschen Gesellschaft vom Inland in das Ausland. Denn mit diesem Beschluss wird nach überwiegender Meinung gleichzeitig die **Liquidation** der Gesellschaft mit anschließendem Erlöschen beschlossen (RGZ 107, 94, 97; *OLG Brandenburg* DB 2005, 604; *BayObLG* DB 2004, 699; *OLG Düsseldorf* ZIP 2001, 790). Dies ist auch europarechtlich unbedenklich (vgl. *EuGH* Urt. v. 16.12.2008 – C-210/06 – Cartesio). Die Verlegung des Verwaltungssitzes einer deutschen Gesellschaft ist nach Inkrafttreten des MoMiG allerdings unbedenklich, führt also nicht zu einer Auflösung der Gesellschaft (Palandt/*Thorn* Anh. zu Art. 12 EGBGB Rn. 6). Die aus dem EU/EWR-Ausland durch Verlegung ihres **Verwaltungssitzes** zuziehende Gesellschaft ist ebenfalls im Inland uneingeschränkt anzuerkennen (s. auch Rn. 275). Umgekehrt kann eine ausländische Gesellschaft ihren **Satzungssitz** unter Wahrung ihrer Identität (noch) nicht ins Inland verlegen, weil das deutsche Recht den Zuzug identitätswahrend (noch) nicht zulässt. Vielmehr wird Neugründung und -anmeldung im Inland verlangt (BGHZ 97, 269, 272; *OLG Brandenburg* DB 2005, 605; *OLG Zweibrücken* DNotZ 1991, 625). Etwas anderes gilt für die EWIV (s. u. Rn. 310) und die Europäische Gesellschaft (SE) (s. auch u. Rn. 313). Beide können ihren Sitz innerhalb der EU unter Wahrung ihrer Identität wechseln (zum grenzüberschreitenden Formwechsel s. u. Rn. 296).

h) Grenzüberschreitende Beherrschungs- und Ergebnisabführungsverträge

289 Ob diese Verträge zulässig sind, entscheidet das Personalstatut der abhängigen Gesellschaft (Palandt/*Thorn* Art. 12 EGBGB Rn. 21). Sie sind nach hiesiger Meinung zulässig (BGHZ 138, 136; *BGH* NJW 1982, 1817; *OLG Frankfurt* EWIR 1988, 587; Palandt/*Thorn* Art. 12 EGBGB Anh. Rn. 21; Staudinger/*Großfeld* IntGesR Rn. 571; MünchKomm/*Kindler* IntGesR Rn. 756 ff, 784 ff. und Süß/Wachter/*Heckschen* S. 253 ff.); a. A. *Ebenroth/Offenloch* RIW 1997, 13; differenzierend *Rundshagen/Strunk* RIW 1995, 666). Voraussetzung und Rechtsfolgen derartiger Unternehmensverträge richten sich grds. nach dem auf die beherrschte Gesellschaft anwendbaren Recht. Eine Rechtswahl ist nicht möglich (MünchKomm/*Kindler* IntGesR Rn. 774). Für die Praxis bedeutet dies, dass der Zustimmungsbeschluss der Gesellschafterversammlung der deutschen beherrschten Gesellschaft stets zu beurkunden und der Unternehmensvertrag zur Eintragung in das Handelsregister anzumelden ist (vgl. *BGH* DNotZ 1989, 102, 111). Die für inländische herrschende Gesellschaften aufgestellten **Zustimmungspflichten** gelten hingegen für entsprechende ausländische Gesellschaften nicht, da diese nicht dem deutschen Recht unterstehen (s. auch MünchKomm/*Kindler* IntGesR Rn. 785 zur Gegenansicht). Sieht allerdings das ausländische Recht einen Zustimmungsvorbehalt bei der herrschenden Gesellschaft vor, ist dieser im Inland zu berücksichtigen. Die Zustimmungserklärung ist der Anmeldung zum Handelsregister beizufügen.

i) Umwandlungen mit Auslandsberührung

290 Hierunter werden zunächst Umwandlungsmaßnahmen im Sinne des UmwG (Verschmelzung, Spaltung, Formwechsel) verstanden, an denen ein Rechtsträger beteiligt ist, der seinen Satzungssitz im Ausland hat. Sitzt bei Verschmelzung und Spaltung der übernehmende Rechtsträger im Ausland und der Übertragende im Inland, spricht man von Hinausverschmelzung/-Spaltung, im umgekehrten Fall von Hereinverschmelzung/-

Spaltung. Auch der grenzüberschreitende Formwechsel kennt beide Wege, den Wechsel eines inländischen Rechtsträgers in eine ausländische Rechtsform und den eines ausländischen Rechtsträgers in eine inländische Rechtsform.

Zu den Umwandlungsmaßnahmen mit Auslandsberührung zählen auch die grenzüberschreitenden Anwachsungsmodelle: Hier wird das Vermögen einer inländischen Personen(handels)gesellschaft (oHG, KG) auf ihren nach Austritt aller übrigen Gesellschafter aus der Personengesellschaft noch verbleibenden ausländischen Allein-Gesellschafter kraft (Hinaus-)Anwachsung übertragen. Denkbar ist auch die (Herein-) Anwachsung, falls die ausländische Rechtsordnung dieses Modell kennt (s. hierzu Hoffman in: MünchHdB GesR VI § 55 Rn. 3 ff.). 291

Zu den Umwandlungsmaßnahmen mit Auslandsberührung zählen ferner rein inländische Umwandlungsmaßnahmen, die im Ausland belegenes Vermögen eines der beteiligten Rechtsträger oder deren Gesellschafter betreffen und ausländische Umwandlungsmaßnahmen, die im Inland belegenes Vermögen eines der beteiligten Rechtsträger oder deren Gesellschafter berühren. In all diesen Fällen sind stets mindestens zwei Rechtsordnungen zu berücksichtigen. 292

j) Grenzüberschreitende Umwandlung

Gesetzliche Vorgaben dafür, welchen Regeln grenzüberschreitende Umwandlungsmaßnahmen im Sinne des UmwG (Verschmelzung, Spaltung, Formwechsel, Vermögensübertragung) unterliegen, bestehen nur für die grenzüberschreitende **Verschmelzung von Kapitalgesellschaften**, die dem Recht eines der Mitgliedsstaaten der Europäischen Union (EU) oder eines Vertragsstaates des Europäischen Wirtschaftsraums EWR (Mitglieder: Norwegen, Liechtenstein, Island) unterliegen (§§ 122a ff. UmwG). Damit hat der deutsche Gesetzgeber europarechtliche Vorgaben (Richtlinie 2005/56/EG) des europäischen Parlaments und des Rates vom 26.10.2005 ABl. EU L 310 vom 25.11.2005 (VRL) umgesetzt. Die §§ 122a ff. regeln nur die grenzüberschreitende Verschmelzung von Kapitalgesellschaften deutschen Rechts (GmbH, AG, KGaA und SE) (s. Kap. D IV. Rn. 138 ff.) und Hauschild/Kallrath/Wachter/*Zimmermann* § 24 Rn. 37 ff. 293

Die grenzüberschreitende Verschmelzung anderer Rechtsträger als Kapitalgesellschaften sowie die grenzüberschreitende **Spaltung** und der grenzüberschreitende **Formwechsel** sind ungeregelt geblieben. Nach der Rechtsprechung des *EuGH* sollen diese grundsätzlich zulässig sein. Aus dem „Sevic"-Urteil des *EuGH* (DB 2005, 2804) wird geschlossen, dass auch die grenzüberschreitende Spaltung (Auf-, Abspaltung/Ausgliederung) zulässig ist. In seiner „Vale"-Entscheidung (ZIP 2012, 1934) und früher schon obiter in seiner „Cartesio"-Entscheidung (ZIP 2009, 24) hat der *EuGH* entschieden, dass einer Gesellschaft aus der EU/dem EWR der grenzüberschreitende Formwechsel in einen anderen EU/EWR Staat nicht untersagt werden darf, wenn die Rechtsordnung des (Zuzug-)Staates seinen Gesellschaften den Formwechsel gestattet (s. auch *Hoffmann* in: MünchHdB GesR VI § 54 Rn. 2 ff.). 294

Voraussetzung und Verfahren der nicht geregelten Umwandlungsvorgänge richten sich für jede der beteiligten Gesellschaften nach deren Gesellschaftsstatut. Bei unterschiedlichen Voraussetzungen soll sich das strengere Recht durchsetzen (Einzelheiten z.B. bei Lutter/*Drygalla* § 1 UmwG Rn. 27; MünchKomm/*Kindler* IntGesR Rn. 874). Selbst wenn nach den allgemeinen Regeln des Umwandlungskollisionsrechtes deutsches (Sach-) Recht für anwendbar erklärt wird, soll aus § 1 I UmwG folgen, dass alle grenzüberschreitenden Umwandlungsmaßnahmen – mit Ausnahme der in den §§ 122a ff. UmwG geregelten – bis zu einer Regelung auf EU- oder nationaler Ebene untersagt sind (s. MünchKomm/*Kindler* IntGesR Rn. 905 ff. und KölnKomm-UmwG/*Simon/Rubner* Vor § 122a Rn. 34 ff.). 295

Ob die (Handels-)Registergerichte trotz fehlender Kodifizierung allein auf der Basis der Rechtsprechung des *EuGH* eine grenzüberschreitende Spaltung oder einen grenzüber- 296 schreitenden Formwechsel eintragen werden (für Eintragung des (Herein-)Formwechsels: OLG Nürnberg ZIP 2014, 128; siehe auch die Eintragung eines grenzüberschreitenden Formwechsels im Handelsregister des AG Charlottenburg zu HRB 160009B), bleibt abzuwarten. Teile der Literatur haben bereits praktikable Voraussetzungen für den grenzüberschreitenden Formwechsel erarbeitet (z. B. *Schaper* ZIP 2014, 810; *Hushahn* RNotZ 2014, 137 und *Ege/Klett* DStR 2012, 2442).

297 Hat die umzuwandelnde deutsche Gesellschaft Vermögen im Ausland, führt die Gesamtrechtsnachfolge bei Verschmelzung (§ 20 I Nr. 1 UmwG) bzw. partieller Gesamtrechtsnachfolge bei Spaltung (§ 131 I UmwG) nicht zwingend auch zum Übergang des Auslandsvermögens (s. MünchKomm/*Kindler* IntGesR Rn. 672; *Racky* DB 2003, 923). Geht diesbezüglich das Recht des Belegenheitsstaates vor (vgl. Art. 3a EGBGB; s. o. Rn. 64), sind möglicherweise ergänzende Regelungen notwendig: Bei Verschmelzung/ Spaltung sollte im Zweifel (vorab) ein separater Übertragungsvertrag unter Beachtung des Rechts am Belegenheitsort abgeschlossen werden. Beim Formwechsel (§§ 192 ff. UmwG) stellen sich diese Probleme mangels Rechtsnachfolge (Identität des Rechtsträgers) nicht, stattdessen möglicherweise aber Nachweisprobleme.

k) Beurkundung im Ausland

298 Die Zulässigkeit der Auslandsbeurkundung bei nach deutschem Recht beurkundungspflichtigen, gesellschaftsrechtlichen Vorgängen (z. B. Beschlüssen und Anteilsübertragungen) ist heftig umstritten. Die Rechtsprechung ist in dieser Frage gespalten (zum Streitstand und zum Folgenden: Palandt/*Thorn* Art. 11 EGBGB Rn. 1, 8, 13 ff.; *Bayer* GmbHR 2013, 897; Reithmann/Martiny/*Reithmann* Rn. 805 ff.; Reithmann/Martiny/ *Mert/Göthel* Rn. 4422 ff; *Goette* DStR 1996, 709). Strittig ist bereits, ob Art. 11 EGBGB auf gesellschaftsrechtliche Vorgänge Anwendung findet. Angesichts der Gesetzesmaterialien ist dies zweifelhaft (vgl. BT-Drucks. 10/504, S. 49). Der *BGH* neigt zu dessen Anwendbarkeit (s. ZIP 2004, 2324, 2325).

299 Die Formfrage ist selbständig anzuknüpfen (Art. 11 I EGBGB). Richtiger Ansicht nach reicht die Einhaltung der **Ortsform** (Art. 11 I 2 EGBGB) dann nicht aus, wenn der betreffende gesellschaftsrechtliche Vorgang in seinen Wirkungen über den Kreis der unmittelbar Beteiligten hinausgeht. Anzunehmen ist dies insbesondere bei organisationsrechtlichen Vorgängen wie Gründung, Satzungsänderung, Kapitalmaßnahmen, Umwandlungsvorgängen (Verschmelzung, Spaltung, Formwechsel) und Abschluss von Unternehmensverträgen, allein schon wegen der damit verbundenen Publizitätspflichten. Dritte müssen darauf vertrauen können, dass alle einen Gesellschaftstyp betreffenden Vorgänge den gleichen rechtlichen Anforderungen unterworfen sind, also das **Gesellschaftsstatut** – bei inländischen Gesellschaften deutsches Recht – maßgeblich ist (wie hier *OLG Hamm* DNotZ 1974, 479; *LG Augsburg* DB 1996, 1666; *AG Fürth* MittBayNot 1991, 30; Reithmann/Martiny/*Reithmann* Rn. 669, 788; *Goette*, FS Boujong, 1996, S. 138; Hauschild/Kallrath/Wachter/*Bayer/Mayer-Wehrsdorfer* § 9 Rn. 9; Lutter/ *Priester* § 126 UmwG Rn. 11). Ferner führen diese Vorgänge zu einer dinglichen Zuordnung von Vermögensgegenständen und Änderung der Vermögenszuständigkeiten.

300 Auch die dingliche Übertragung von Geschäftsanteilen an einer GmbH und deren Verpfändung unterliegen dem Gesellschaftsstatut. Bei der Übertragung von Geschäftsanteilen an einer deutschen GmbH gilt dann deutsches Recht, die selbständig anzuknüpfende Formfrage richtet sich nach Art. 11 I Alt. 1 EGBGB (Geschäfts- oder Gesellschaftsstatut, *BGH* GmbHR 1990, 25, 28; s. auch *Bayer* GmbHR 2013, 897; *Mankowski* NZG 2010, 201; a. A. *BayObLG* DNotZ 1978, 170, 171; *OLG Düsseldorf* GmbHR 1990, 170 f. lassen Ortsrecht ausreichen; offen gelassen in *BGH* DNotZ 1981, 451, 452 und GmbHR 1990, 25, 28; weitergehend *Großfeld/Berndt* RIW 1996, 8 und *Pilger* BB 2005, 1286: auch das Verpflichtungsgeschäft unterliegt dem Gesellschaftsstatut). Das Verpflichtungsgeschäft unterliegt dem Vertragsstatut (Art. 3, 4 Rom I-VO).

2. Teil. Bestimmung des anwendbaren Rechts

Sollen die inländischen Formvorschriften durch Beurkundung im **Ausland** erfüllt werden, muss die **Beurkundung** dort hinsichtlich der Urkundsperson und des Urkundsverfahrens **gleichwertig** sein ("Substitution"). Der *BGH* prüfte bei einer im Ausland beurkundeten Satzungsänderung die Gleichwertigkeit anhand eher formaler Kriterien: Solange die ausländische Urkundsperson nach Vorbildung und Stellung im Rechtsleben eine der Tätigkeit des deutschen Notars entsprechende Funktion ausübt und für die Errichtung der Urkunde ein Verfahren zu beachten ist, das den tragenden Grundsätzen des deutschen Beurkundungsrechts entspricht, sei Gleichwertigkeit gegeben (vgl. *BGH* NZG 2014, 219; DNotZ 1981, 450, 452; *OLG Frankfurt* GmbHR 2005, 764; *OLG Köln* GmbHR 1989, 125; *LG Köln* Rpfleger 1990, 122; *LG Kiel* DB 1997, 1223; s. zur Schweizbeurkundung *Müller* NJW 2014, 1994). Allerdings hat der *BGH* in seiner „Supermarkt-Entscheidung" (DNotZ 1989, 102) unterstrichen, dass die notarielle Beurkundung satzungsändernder Beschlüsse keine Formalie darstelle, sondern der Einhaltung des materiellen Rechts diene. Demnach dürfte eine Beurkundung der vorgenannten organisationsrechtlichen Vorgänge durch einen ausländischen Notar nicht ausreichen (s. a. *LG Augsburg* DB 1996, 1666; *Bayer* GmbHR 2013, 897; *Götte* DStR 1996, 712). Auch für die Beurkundung der Abtretung von Geschäftsanteilen an einer deutschen GmbH im Ausland wird die Gleichwertigkeit seit Inkrafttreten des MoMiG verneint (s. *LG Frankfurt* NZG 2009, 1953; so auch *Bayer* GmbHR 2013, 897, 912; offen gelassen in *BGH* NZG 2014, 219). 301

Höchstrichterlich geklärt ist die Frage, dass das Registergericht die Einreichung einer Gesellschafterliste (§ 40 II GmbHG) durch den eine Übertragung von Anteilen an einer deutschen GmbH beurkundenden ausländischen Notar nicht zurückweisen darf (*BGH* NZG 2014, 219; so auch *OLG Düsseldorf* NZG 2011, 388; a. A. *OLG München* NZG 2013, 340: nur die Geschäftsführer; s. a. *Bayer* GmbHR 2013, 897 und 966; *Mankowski* NZG 2010, 201). 302

Nach Teilen der Rechtsprechung kann es selbst dann zur Beurkundungspflicht durch einen deutschen Notar kommen, wenn Anteile an einer ausländischen, der deutschen GmbH ähnelnden Kapitalgesellschaft übertragen werden und der Übertragungsvertrag deutschem Recht (etwa kraft Rechtswahl) untersteht (s. *OLG Celle* DNotZ 1993, 625 für eine polnische GmbH; mit Recht ablehnend *OLG München* DNotZ 1993, 627 für kanadische Limited). Der *BGH* scheint dem *OLG Celle* zu folgen (*BGH* ZIP 2004, 2324 für Beurkundungspflicht bei deutschem Recht unterliegenden **Treuhandvertrag** über Anteile an einer polnischen GmbH; s. a. oben Rn. 287). 303

3. Zweigniederlassungen ausländischer Gesellschaften

Auch wenn die Anzahl inländischer Zweigniederlassungen von ausländischen Gesellschaften seit Einführung der Unternehmergesellschaft (§ 5a GmbHG) deutlich abgenommen hat, sind sie nicht bedeutungslos geworden. Ausländische EU/EWR-Gesellschaften mit Verwaltungssitz im Inland (vgl. oben Rn. 275) müssen ihre faktische Hauptniederlassung im Inland als Zweigniederlassung im Handelsregister eintragen lassen (*OLG Zweibrücken* ZIP 2003, 849, 851; s. hierzu vor allem *Kienle* in: MünchHdB GesR VI § 21 Rn. 5 ff.; *Süß/Wachter* S. 53–127 und *Süß* DNotZ 2005, 180). Entsprechendes gilt bei den übrigen Auslandsgesellschaften, wenn diese als oHG im Inland behandelt werden (vgl. oben Rn. 275). 304

Die Zweigniederlassungen sind im Inland bei dem Amtsgericht im Handelsregister einzutragen, in dessen Bezirk die Zweigniederlassung besteht (§ 13d I HGB; Übersicht bei *Krafka/Kühn* Rn. 311 ff.; Hauschild/Kallrath/Wachter/*Kilian* § 7 Rn. 19), und zwar für jede Niederlassung gesondert. Die Registrierung ausländischer Zweigniederlassungen inländischer Unternehmen ist deutschen Registern hingegen nicht möglich (*LG Köln* DB 1979, 984). 305

306 Bei Vorbereitung der Anmeldung ist zunächst zu entscheiden, in welche **Abteilung** des **Handelsregisters** (A oder B) die Zweigniederlassung einzutragen ist. Zudem sieht das Gesetz für ausländische Kapitalgesellschaften Besonderheiten vor (vgl. §§ 13e, f und g HGB). Es ist also vorab zu prüfen, mit welchem **Gesellschaftstyp** deutschen Rechts (Personenhandels- oder Kapitalgesellschaft) die ausländische Gesellschaft vergleichbar ist. Kriterien sind dabei Zahl der Gesellschafter, Organisationsstruktur, Kapitalverhältnisse (Beispiele bei *Lutter/Hommelhoff* Anh. I § 4a Rn. 9 und unten Rn. 319 ff.). Im Zweifel soll eine ausländische Kapitalgesellschaft vorsichtshalber als AG und nicht als GmbH bewertet werden. Schwierigkeiten können sich gelegentlich bei der Einordnung der Vertretungsbefugnis der handelnden Personen ergeben, wenn das ausländische Register keine Eintragung der Vertretungsverhältnisse kennt (zum „ständigen Vertreter" vgl. etwa *Krafka/Kühn* Rn. 317; *Heidinger* MittBayNot 1998, 72). Der **Unternehmensgegenstand** der Zweigniederlassung ist nicht derjenige der Hauptniederlassung, sondern die Tätigkeit der Gesellschaft im Inland d. h. die der Zweigniederlassung (*OLG Frankfurt* ZIP 2006, 333; *LG Ravensburg* GmbHR 2005, 490; *Süß/Wachter* § 2 Rn. 146 ff.). Zur Eintragung der Befreiung vom Verbot des Selbstkontrahierens im Handelsregister s. *LG Freiburg* NZG 2004, 1171; *LG Leipzig* NZG 2005, 759.

307 Dem Register ist **nachzuweisen,** dass die ausländische Gesellschaft im Ausland **existiert** und **rechtsfähig** ist (*BayObLG* DNotZ 1986, 174, 175). Es gilt der Grundsatz des Gleichlaufs von Haupt- und Zweigniederlassungsregister. Die Eintragung der Zweigniederlassung soll dem Spiegelbild der Hauptniederlassung entsprechen (*Krafka/Kühn* Rn. 311a). Der Nachweis ist im Regelfall durch Vorlage eines Registerauszuges, ggf. in die deutsche Sprache (§ 184 GVG) von einem gerichtlich bestellten Dolmetscher übersetzt (*OLG Hamm* DNotZ 2008, 630), zu führen. Ist dies rechtlich nicht möglich, weil der Heimatstaat der Hauptniederlassung kein Register kennt, so kann die Existenz auch durch Vorlage der Gründungsdokumente oder einer Bescheinigung eines ausländischen Rechtskundigen – entsprechend legalisiert – gefertigt werden (etwa Notar). Die Bescheinigung eines deutschen Notars (entspr. § 21 BNotO) aufgrund Einsicht der in Europa geführten elektronischen Register (Zugang s. u. Rn. 317) ist stets ausreichend, wenn das ausländische Register dem inländischen vergleichbar ist (*OLG Nürnberg* DNotZ 2014, 626, 628; *Krafka/Kühn* Rn. 314). Eine eigene materielle Prüfung der Existenz von EU-Gesellschaften ist dem Register untersagt (*EuGH* GmbHR 1999, 474; ihm folgend *BGH* NZG 2000, 36). Die Zweigniederlassung untersteht, da sie unselbständig ist, dem Recht der ausländischen Gesellschaft, grundsätzlich (s. o. Rn. 283) auch hinsichtlich der Firmierung (s. hierzu *Kögel* Rpfleger 1993, 8; Reithmann/Martiny/*Hausmann* Rn. 5217).

308 Die **Zweigniederlassung** wird hinsichtlich der eintragungspflichtigen Tatsachen **wie** eine **Hauptniederlassung** bei Ersteintragung behandelt (§ 13d III HGB). Im Einzelnen gilt: Ähnelt die ausländische Gesellschaft

(1) einer **oHG/KG,** muss die Anmeldung die Angaben gem. §§ 106, 162 HGB enthalten und von den Gesellschaftern in vertretungsberechtigter Zahl unterzeichnet sein (*KG* NZG 2004, 49);

(2) einer **GmbH,** gelten ergänzend die §§ 13e, 13g HGB. Anzumelden ist die Zweigniederlassung von den Geschäftsführern in vertretungsberechtigter Zahl. Die Versicherung über Bestellungshindernisse ist von allen Geschäftsführern höchstpersönlich abzugeben;

(3) einer **AG,** gelten ergänzend die §§ 13e, 13 f HGB. Anzumelden ist die Zweigniederlassung von den Mitgliedern des Vorstands in vertretungsberechtigter Zahl. Die Versicherung über Bestellungshindernisse ist von allen Vorständen höchstpersönlich abzugeben.

4. Einzelkaufmann

309 Betreibt ein Ausländer im Inland ein einzelkaufmännisches Gewerbe, unterliegt er den Bestimmungen des HGB **wie ein Inländer** (z. B. hinsichtlich Kaufmannseigenschaft, Firma, Unternehmerwechsel; s. ergänzend *Kienle* in: MünchHdB GesR VI § 20 Rn. 1).

5. Europäische Gesellschaftsformen

a) Europäische Wirtschaftliche Interessenvereinigung (EWIV)

Für eine grenzüberschreitende Zusammenarbeit kann die Europäische Wirtschaftliche Interessenvereinigung (EWIV) in Frage kommen. Rechtsgrundlagen sind die EG-Verordnung vom 25.7.1985 (ABl. EG L 199, S. 1) und das EWIV-AG vom 14.4.1988 (BGBl. I 514). Bei der EWIV handelt es sich um die erste **supranationale Gesellschaftsform**. Sie ähnelt einer oHG mit Fremdgeschäftsführung. An ihr müssen mindestens zwei Gesellschafter aus verschiedenen EU/EWR-Mitgliedsstaaten beteiligt sein. Gründungsvoraussetzungen sind der (privat-)schriftliche Gesellschaftsvertrag, der bestimmte Angaben enthalten muss (Art. 5 EWIV-VO) und die **Eintragung** in das **Handelsregister** des Sitzstaates (Art. 6 EWIV-VO).

Neben der EWIV-VO ist das Recht des Sitzstaates entscheidend. Bei EWIV mit Sitz in Deutschland und Eintragung im deutschen Handelsregister gilt allein deutsches Namens- und Firmenrecht. Die Anmeldung ist von allen Geschäftsführern zu bewirken und öffentlich zu beglaubigen. Die Geschäftsführer haben ihre Unterschrift zur Aufbewahrung bei Gericht zu zeichnen. Grundsätzlich vertritt jeder Geschäftsführer die EWIV allein.

Gesamtvertretungsmacht kann vereinbart werden. Sie ist im Handelsregister einzutragen (Art. 20 II EWIV-VO). Die EWIV kann ihren Sitz von einem Mitgliedstaat in den anderen verlegen, ohne ihre Identität zu verlieren. Sie wechselt lediglich das auf sie subsidiär anwendbare Recht (s. hierzu etwa: *Salger* in: Münch HdB GesR I §§ 94 ff.; *Böhringer* BWNotZ 1990, 129). Deutschen Notaren steht die EWIV als Kooperationsform mit ausländischen Kollegen ebenfalls offen (s. u. Kap. L I. Rn. 46 f.). In der Praxis ist sie aber eher bedeutungslos (*OLG Nürnberg* DNotZ 2014, 626, 628; weitere Einzelheiten zur EWIV bei *Teichmann* in: MünchHdB GesR VI § 48).

b) Europäische Aktiengesellschaft (Societas Europea, SE)

Die Europäische Aktiengesellschaft ist ebenfalls eine supranationale Gesellschaftsform, die in allen Mitgliedsstaaten der EU und des EWR errichtet werden kann. Rechtsgrundlagen im Inland sind die SE-VO und das SE-Ausführungsgesetz (weitere Einzelheiten in Kap. D III. Rn. 378 ff.).

6. Existenz- und Vertretungsnachweise

Nimmt eine ausländische Gesellschaft an in das Handelsregister oder Grundbuch einzutragenden Vorgängen teil (etwa Grundstückserwerb, Gründung einer GmbH), sind in der Regel **Rechtsfähigkeit** der Gesellschaft und **Vertretungsmacht** der für sie Handelnden nach dem für die Gesellschaft maßgeblichen Recht in öffentlich beglaubigter Form nachzuweisen (vgl. z. B. § 29 GBO, § 2 II GmbHG, § 23 I 2 AktG). Die Anforderungen, die an die Nachweise gestellt werden, richten sich nach der lex fori, also deutschem Recht. Zum Vertretungsnachweis einer englischen Limited im Grundbuchverkehr durch einen englischen Notar s. aber *OLG Nürnberg* DNotZ 2014, 628. In der Praxis erscheint eine Abstimmung mit dem zuständigen Registerrichter empfehlenswert.

Kennt das betreffende Land ein dem inländischen **Handelsregister** vergleichbares Verzeichnis mit den entsprechenden Angaben zur Vertretungsmacht oder den notariellen **Bescheinigungen** nach § 21 BNotO vergleichbare Bescheinigungen, ist der Nachweis relativ einfach zu führen. Zur Einsichtnahme eines deutschen Notars in ausländische Register und Erteilung einer Bescheinigung nach § 21 BNotO s. *KG* RNotZ 2013, 426.

In allen anderen Fällen sollte, da es sich der Sache nach um eine gutachterliche Äußerung handelt, die Bescheinigung die tatsächlichen Grundlagen der notariellen Feststellungen enthalten, so dass eine Beweiswürdigung möglich wird. In der Regel anerkennen die inländischen Gerichte entsprechende Nachweise, sofern sie ordnungsgemäß übersetzt und gegebenenfalls legalisiert sind.

7. Länderberichte

317 (Einzelheiten bei Reithmann/Martiny/*Hausmann* Rn. 5237 ff.; *Süß* in: MünchHdB GesR VI §§ 47 ff.; *Süß/Wachter* S. 355 ff.)

317B **Belgien.** Es wird ein zentrales elektronisches Unternehmensregister ("Banque-Carrefour des Eutreprises") geführt, in das alle Handelsgesellschaften eingetragen werden. Registerauszüge können angefordert werden. Sie geben Gesellschaftszweck und Umfang der Vertretungsmacht der Vertretungsorgane wieder. Die Eintragung wirkt nicht konstitutiv, sondern deklaratorisch. Die Existenz der Gesellschaft und die Vertretungsmacht werden in der belgischen notariellen Praxis auch durch Vorlage der "Anexes" zum Belgischen Staatsanzeiger ("moniteur belge") nachgewiesen, in denen die Gründungsdokumente veröffentlicht werden (s. *Süß/Wachter* S. 394; *Krahe* MittRhNotK 1987, 70).

317D **Dänemark.** Eintragungen erfolgen beim Gewerbe- und Gesellschaftsamt im Register in Kopenhagen für die der AG und GmbH vergleichbaren Gesellschaften. Die Eintragung der Gründung hat konstitutive Wirkung (Süß/Wachter/*Ring*/Olsen-*Ring* S. 498 Rn. 10; s. a. Würzburger Notarhandbuch/*Süß/Heggen* Teil 7 Kap. 6 Rn. 23 ff.); Auszüge werden erteilt. www.eogs.dk.

317F **Finnland.** Es besteht ein Zentralregister in Helsinki beim Patent- und Registeramt. Die Eintragung der Errichtung einer Kapitalgesellschaft hat konstitutive Wirkung. Auszüge werden **erteilt**. www.prh.fi.

Frankreich. Das für den Sitz zuständige Handelsgericht führt ein Handels- und Gesellschaftsregister. Auszüge ("Extrait Kbis") sind erhältlich, die auch die Vertretungsorgane wiedergeben. www.infogreffe.fr/societes.

317G **Griechenland.** Es besteht ein elektronisch geführtes Register beim Landgericht am Sitz der Gesellschaft. Dies erteilt auch **Auszüge**. Die Eintragung erfolgt mit konstitutiver Wirkung.

317I **Irland.** Für Irland gilt das unten zum Vereinigten Königreich Ausgeführte entsprechend. Ein Register existiert in Dublin. www.cro.ie.

Italien. Es **existiert** ein Unternehmensregister jeweils bei den Handelskammern in den Provinzhauptstädten. Auszüge werden erteilt. Die Eintragung der Gesellschaft hat konstitutive Wirkung. www.infocamere.it.

317J **Japan.** Es existiert ein dem deutschen Handelsregister vergleichbares Register. Auszüge werden erteilt.

317L **Lettische Republik.** Es besteht ein zentrales Unternehmensregister in Riga. Registerauszüge werden erteilt. Eintragungen haben konstitutive Wirkung. www.lursoft.lv.

Liechtenstein. Ein Register wird beim Registergericht in Vaduz geführt. Auszüge sind erhältlich.

Luxemburg. Es existiert ein zentrales Handelsregister in Luxemburg. Auszüge sind erhältlich. Die Eintragung der Gründung einer Gesellschaft hat nur deklaratorische Bedeutung, da diese mit Unterzeichnung der Gründungsurkunde entsteht. www.rcsl.lu.

317N **Niederlande.** Es besteht ein zentrales elektronisch geführtes Handelsregister aller (regional zuständigen) Handelskammern. Auszüge werden erteilt. www.kvk.nl.

Norwegen. Es wird ein elektronisches zentrales Unternehmensregister geführt. Als Auszug wird ein "Firmaattest" erteilt. www.brreg.no.

317Ö **Österreich.** Handelsregister vergleichbar wie in der Bundesrepublik ("Firmenbuch"). Geführt wird es bei den erstinstanzlichen Gerichten. Auszüge werden erteilt. www.jusline.at.

317P **Polen.** Auszüge werden erteilt. Es besteht ein zentrales elektronisch geführtes Unternehmensregister. www.ms.gov.pl.

Portugal. Es besteht ein Register, das dem deutschen Handelsregister vergleichbar ist. Der Nachweis wird durch eine Bescheinigung des Handelsregisters geführt. http://www.empresaonline.pt.

2. Teil. Bestimmung des anwendbaren Rechts H

Schweden. Zentrales Register nur für Aktiengesellschaften; für Personen- und sonstige Kapitalgesellschaften Register beim örtlich zuständigen Handelsregister (bei den Provinzialregierungen). Registerauszüge werden auch in deutscher Sprache erteilt. www.bolagsverket.se. **317S**

Schweiz. Handelsregister vergleichbar wie in Deutschland in den einzelnen Kantonen. Auszüge werden auch elektronisch erteilt. www.zefix.admin.ch.

Spanien. Es gibt ein zentrales elektronisch geführtes Handelsregister in Madrid („registro mercantil"), vergleichbar wie in Deutschland, in jeder Provinzhauptstadt und Auszüge werden erteilt. www.rmc.es.

Tschechische Republik/Slowakische Republik. Es besteht ein Handelsregister. Auszüge werden erteilt. www.portal.justice.cz. **317T**

Ungarn. Es besteht ein Handelsregister. Auszüge werden erteilt. www.e-cegjegyzek.hu/info/page/ceginfo. **317U**

USA. Gesellschaftsrecht ist Staatenrecht; ein Handelsregister ist in den einzelnen Staaten der USA unbekannt. Die Existenz einer **Kapitalgesellschaft** wird durch ein vom Secretary of State des betreffenden Staates ausgestelltes „Certificate of Incorporation" und ein „Certificate of Good Standing" nachgewiesen. Der Secretary der Gesellschaft bestätigt zusätzlich, dass der für die Gesellschaft Handelnde ausdrücklich aufgrund wirksamen Verwaltungsratsbeschlusses, der in Abschrift beigefügt ist, ermächtigt ist, das betreffende Geschäft vorzunehmen. Eine der deutschen notariellen Bescheinigung nach § 21 BNotO vergleichbare Bescheinigung reicht nicht aus, weil der US-Notary Public innerstaatlich hierzu nicht die Befugnisse hat und aufgrund seiner Stellung hierzu auch keine verlässliche Auskunft geben kann. Möglich ist hier aber eine gutachterliche Stellungnahme eines Anwalts (Einzelheiten bei *Hahn* DNotZ 1964, 290; *Kau* RIW 1991, 32). Einige Register verzichten auf die genannten Certificates, wenn der Secretary der Gesellschaft bestätigt, dass die Gesellschaft wirksam errichtet ist. Bei einer **partnership** funktioniert dieses Verfahren nicht. Hier wird ein sicherer Nachweis nur durch eine von allen Partnern unterschriebene Vollmacht und beglaubigte Abschrift des Gesellschaftsvertrages oder Gutachten eines Rechtsanwalts geführt (Reithmann/Martiny/*Hausmann* Rn. 5358).

Vereinigtes Königreich. Für England und Wales gibt es ein zentrales Registry of Companies in Cardiff, für Schottland in Edinburgh, für Nordirland in Belfast, allerdings nur für Kapitalgesellschaften (Ltd., Plc). Erhältlich ist dort nur eine Bescheinigung über die Existenz dieser Gesellschaften („Certificate of Incorporation"). Die Vertretungsmacht wird in der Praxis vielfach wie folgt nachgewiesen: Der Secretary der Gesellschaft bestätigt, dass der Handelnde aufgrund eines ordnungsgemäß verabschiedeten Verwaltungsratsbeschlusses, der in Abschrift beigefügt ist, legitimiert ist, das betreffende Geschäft zu unternehmen. Im Vereinigten Königreich sind insbesondere die Notare der City of London („Scrivener Notaries") dazu befähigt, gutachterliche Stellungnahmen zur Existenz- und Vertretungsbefugnis auszustellen (zu den Anforderungen s. *OLG Nürnberg* DNotZ 2014, 626, 628; weitere Einzelheiten bei *Wachter* DB 2004, 2795, 2799; *Knoche* MittRhNotK 1985, 165; s.a. *KG* RNotZ 2013, 426). **317V**

Gelegentlich bestehen Probleme bei solchen **Registerauszügen,** die **mittels EDV** hergestellt sind und kein Siegel tragen. Hier bietet sich an, ausdrücklich um Erteilung eines Auszugs mit Unterschrift und Siegel zu bitten oder einen örtlichen Notar um eine beglaubigte Abschrift des Auszuges zu bitten. **318**

8. Vergleichbare ausländische Gesellschaftstypen

S. auch GmbHR 1994, R 18 u. 1998, R 87; Reithmann/Hausmann/*Hausmann* Rn. 5246 ff.; *Lutter/Hommelhoff* Anh. I § 4a Rn. 9 (GmbH); Würzburger Notarhand- **319** buch/*Süß/Heggen* Teil 7 Kap. 6 Rn. 15 ff.; *Süß* in: MünchHdB GesR VI §§ 47 ff.; *Süß/Wachter* S. 335 ff.).

320 Vergleichbar mit der **OHG** sind:

in *Belgien, Frankreich* und *Luxemburg:* die Société en nom collectif (S. N. C.); in *Dänemark:* die interessentskab; in *Italien:* die Società in nome collettivo (S. N. C.); in *Liechtenstein, Schweiz:* die Kollektivgesellschaft; in den *Niederlanden:* die Vennootschap onder eene firma (v. o. F.); in *Irland, Kanada, USA, Vereinigtem Königreich:* die (general) partnership; in *Spanien:* die Sociedad colectiva (S. C.); in *Portugal:* Sociedade en nome colectivo (S. N. C.); in *Polen:* Spolka jawna.

321 Vergleichbar mit der **KG** sind:

in *Belgien, Frankreich* und *Luxemburg:* die Société en commandite simple (S. C. S.); in *Italien:* die Società in accomandità semplice (S. A. S); in *Liechtenstein, Schweiz:* die Kommanditgesellschaft; in den *Niederlanden:* die Commanditaire vennootschap (C. V.); in *Irland, Kanada, USA* und *Vereinigtem Königreich:* die limited partnership; in *Spanien:* die Sociedad en commandita (S. enC.); in *Portugal:* Sociedade em comandita simples (S. C. S.); in *Polen:* spolka komandytowa.

322 Vergleichbar mit der **GmbH** sind:

in *Belgien:* die Société privee à responsabilite limitee (S. P. R. L.); in *Dänemark:* Anpartsselskab (ApS); in *Frankreich, Luxemburg:* Société à responsabilité limitée (S. á r. l.); in *Italien:* Società à responsabilità limitata (S. R. L.); in *Liechtenstein, Österreich, Schweiz:* GmbH; in den *Niederlanden:* Besloten Vennootschap (met besperkte aansprakelijkheid, B. V.); in *Irland, Kanada, Vereinigtes Königreich:* private limited company (Ltd.); in *Spanien:* die sociedad de responsabilidad limitada (S. R. L.); in *Portugal:* sociedade de responsabilidade limitada (L. d. a); in *Polen:* Spolka z organiczona odpowiedzialnoscia (Sp. z. o. o.).

323 Vergleichbar mit der **AG** sind:

in *Belgien, Frankreich, Luxemburg:* die Société anonyme (S. A.); in *Frankreich:* noch die societé par actions simplifeé (SAS); in *Dänemark:* die Aktieselskab (A/S); in *Finnland:* osakeyhtiö (oy); in *Italien:* Società per Azioni (S.p. A.); in *Liechtenstein, Österreich, Schweiz:* die Aktiengesellschaft; in den *Niederlanden:* die Naamloze Vennootschap (N. V.); in *Schweden:* die Aktienbolag; in *Irland, Vereinigtem Königreich:* die public limited company (plc); in den *USA:* die corporation; in *Portugal:* Sociedade anonima (S. A.); in *Polen:* spolka akcyjna (s. A.).

X. Die Formwirksamkeit von Rechtsgeschäften im internationalen Rechtsverkehr

324 Das auf die Formwirksamkeit eines Rechtsgeschäfts anwendbare Recht bestimmt für Schuldverträge Art. 11 Rom I-VO. Für Testamente, auch gemeinschaftliche, gilt das Haager Testamentsformübereinkommen bzw. Art. 26 I EGBGB (dazu oben Rn. 261), für Erbverträge über Art. 26 IV EGBGB (nach Anwendbarkeit der EuErbVO: Art. 27 EuErbVO). Für die übrigen Rechtsgeschäfte des bürgerlichen Rechts gilt Art. 11 EGBGB.

325 Gemeinsam ist diesen Regeln, dass sie die Formwirksamkeit einem Recht unterstellen, welches abgesondert von dem auf die materiellen Wirksamkeitsvoraussetzungen anwendbaren Recht bestimmt wird (**Formstatut**). Ein Rechtsgeschäft ist formwirksam, wenn es die Formerfordernisse der Rechtsordnung einhält, die auf die materielle Wirksamkeit und Wirkungen des Rechtsgeschäfts anwendbar ist (**Geschäftsstatut**). Es genügt aber auch die Einhaltung der am Ort der Vornahme des Rechtsgeschäfts geltenden Vorschriften (**Ortsrecht**). Diese alternative Anknüpfung soll den Abschluss des Rechtsgeschäfts im internationalen Rechtsverkehr erleichtern. Auf diese Weise kann z. B. ein durch Rechtswahl deutschem Vertragsstatut unterstellter Grundstückskaufvertrag auch in einem Land abgeschlossen werden, in dem es keine Notare gibt, die eine Beurkundung i. S. v. § 311b BGB vornehmen (sog. *favor negotii*). Der Kreis der Anknüpfungsalternativen wird bei Distanzgeschäften (Art. 11 II EGBGB/Art. 11 II Rom I-VO) und Vertretergeschäften (Art. 11 III EGBGB/Art. 11 II Rom I-VO) noch erweitert. Im Erbrecht ergeben sich zahlreiche alternative Anknüpfungen, um die Errichtung von Testamenten weiter zu erleichtern *(favor testamenti,* dazu Rn. 261). Bei diesen Verweisungen handelt es sich um **Sachnormverweisungen.** Rück- und Weiterverweisungen bleiben unbeachtet, um zu verhindern, dass der Kreis der anwendbaren Rechtsordnungen wieder vermindert wird (*v. Bar* IPR II Rn. 596).

Ausgenommen von der Ortsform sind Verbraucherverträge (Art. 11 IV Rom I-VO). **326** Auch für Verfügungen über Sachen (unbewegliche und bewegliche) gilt gem. Art. 11 V EGBGB ausschließlich das Geschäftsrecht, also über Art. 43 EGBGB das Recht des Staates, in dem die Sache belegen ist *(lex rei sitae).* Eine Auflassung bedarf daher zwingend der Beurkundung durch einen deutschen Notar (§ 925 BGB). Für Schuldverträge über **Grundstücke** hingegen reicht gem. Art. 11 Rom I-VO die Beachtung der Ortsform (s. o. Rn. 94, 103).

Umstritten ist, ob Art. 11 EGBGB auch im Gesellschaftsrecht gilt. Die alleinige Maß- **327** geblichkeit der vom Gesellschaftsstatut stipulierten Form wird weithin vertreten, soweit das Rechtsgeschäft die innere Verfassung von **Gesellschaften** betrifft *(Goette* DStR 1996, 711; *Hüffer* § 23 AktG Rn. 10; *Baumbach/Hueck/Zöllner* § 53 GmbHG Rn. 40). In entsprechender Anwendung von Art. 11 V EGBGB dürfte dies aber auch für Verfügungen über Anteile an einer GmbH gelten (umstr., vgl. *OLG Düsseldorf* DNotZ 2010, 447 m. abw. Anm. *Süß* DNotZ 2011, 414; ausschließlich vom Gesellschaftsstatut geht der *BGH* in seiner Entscheidung vom 17.12.2013 DNotI-Report 2014, 28, ausführlich oben Rn. 299).

Soweit deutsche Formvorschriften anzuwenden sind und diese die notarielle Beurkun- **328** dung verlangen (z. B. § 15 IV GmbHG, § 925 BGB), stellt sich die Frage, ob diese Form auch bei Beurkundung durch einen ausländischen Notar gewahrt wird. Nach der Rechtsprechung ist dies dann der Fall, „wenn die ausländische Urkundsperson nach Vorbildung und Stellung im Rechtsleben eine der Tätigkeit des deutschen Notars entsprechende Funktion ausübt und für die Errichtung der Urkunde ein Verfahrensrecht zu beachten ist, das den tragenden Grundsätzen des deutschen Beurkundungsrechts entspricht" (**Gleichwertigkeit**, *BGH* DNotZ 1981, 451). Für die Auflassung wird eine ausschließliche Zuständigkeit deutscher Urkundspersonen angenommen (Palandt/*Bassenge* § 925 BGB Rn. 2). Wegen der mit der Feststellung der Gleichwertigkeit (dazu ausführlich *Reithmann*/Martiny Rn. 805ff.; Staudinger/*Winkler/v. Mohrenfels* Art. 11 EGBGB Rn. 285) verbundenen Unsicherheiten empfiehlt sich zumeist das Ausweichen auf die Ortsform. Wo die alternative Geltung des Ortsrechts nicht in Frage kommt oder das Ortsrecht ein entsprechendes Rechtsgeschäft nicht kennt („Formenleere"), kann das Geschäft im Inland durch einen Bevollmächtigten oder einen vollmachtlosen Vertreter vorgenommen werden. Die Vollmacht oder Genehmigung kann im Ausland formlos erteilt werden (§§ 167 II, 182 II BGB). Alternativ kann die Beurkundung durch einen deutschen Konsul mit Amtssitz im Ausland erfolgen. Diese steht gem. § 10 II KonsularG der Beurkundung durch einen deutschen Notar gleich.

Von den materiellrechtlichen Formerfordernissen zu unterscheiden sind die **Former-** **329** **fordernisse, die sich aus dem Verfahrensrecht ergeben**. So sind gem. § 29 GBO Erklärungen im Grundbuchverfahren in öffentlicher Form abzugeben. Maßgeblich ist hierfür nicht das gem. Art. 11 EGBGB bestimmte Formstatut, sondern die verfahrensrechtliche *lex fori.* Es gilt also bei Tätigwerden eines deutschen Grundbuchamts ausschließlich das vom deutschen Verfahrensrecht aufgestellte Formerfordernis, so dass unabhängig von dem Ort, an dem die Erklärung abgegeben wird, die von § 29 GBO verlangte Form einzuhalten ist. Dabei wird bei Beglaubigungen durch ausländische Urkundspersonen aber regelmäßig die Gleichwertigkeit anerkannt (vgl. unten Rn. 330).

3. Teil. Internationaler Urkundsverkehr

I. Verwendung ausländischer Urkunden im Inland

1. Wirkungen ausländischer Urkunden im Inland

330   Bei Verwendung einer von einer ausländischen Behörde errichteten Urkunde stellt sich die Frage, ob diese auch im Inland als „öffentliche Urkunde" i. S. d. jeweiligen deutschen Vorschrift behandelt werden kann. Soweit die ausländische Urkunde die äußeren Merkmale einer öffentlichen Urkunde enthält (ausgestellt von einer Behörde oder einer Urkundsperson wie dem Notar), gilt sie auch im Inland als öffentliche Urkunde (*Huhn/v. Schuckmann* § 1 Rn. 58).

331   Dennoch können sich bei der Bewertung, ob die vom deutschen Recht verlangten Anforderungen eingehalten werden, in Einzelfällen Probleme ergeben (Problem der **Gleichwertigkeit**). Hat z. B. der US-amerikanische *notary public* unter der Unterschrift einer Person ohne weiteren Hinweis sein Siegel und seine Unterschrift angebracht, so handelt es sich zwar um eine öffentliche Urkunde. Es stellt sich aber die Frage, ob diese die Identität des Unterschreibenden beweist. Bescheinigt ein niederländischer Notar im Rahmen einer „Fernbeglaubigung", dass die vorliegende Unterschrift der ihm bekannten Unterschrift der Frau X entspricht, so ist damit nicht nachgewiesen (§ 29 GBO), dass Frau X tatsächlich unterschrieben hat (Meikel/*Hertel* § 29 GBO Einl. L Rn. 346). Endet die Verhandlung eines Unternehmenskaufes vor einem Notar in Zürich damit, dass die Gesellschafter das Protokoll nach „Selbstlesung" ohne weitere Hinweise des Notars zum Inhalt und zur Bedeutung des Vertrags unterschreiben, so ist fragwürdig, ob der Notar, der sich von der Haftung für den Inhalt des Vertrages hat freizeichnen lassen, hier eine Beurkundung i. S. v. § 311b BGB vorgenommen hat oder nicht eher eine Unterschriftsbeglaubigung (ausführlich *Reithmann*/Martiny Rn. 814 ff.).

2. Legalisation ausländischer Urkunden

332   Auf eine deutsche Behörde als Aussteller lautende Urkunden haben gem. § 437 I ZPO die Vermutung der Echtheit für sich. Bei Verwendung einer von einer ausländischen Behörde ausgestellten Urkunde im deutschen Verfahren – z. B. bei der Vorlage von Urkunden beim Grundbuchamt (§ 29 GBO) und beim Handelsregister (§ 12 HGB) – greift diese Vermutung nicht. Hier kann die Echtheit durch eine Legalisation bewiesen werden, 438 II ZPO (*Reithmann* IPRax 2012, 133). Unter **Legalisation** versteht man die Bestätigung der Echtheit der Urkunde durch den Konsul des Staates, in dem die Urkunde verwandt werden soll. Bei der Verwendung ausländischer öffentlicher Urkunden im Inland wird also die Legalisation durch das Konsulat der Bundesrepublik Deutschland im Errichtungsstaat vorgenommen (§ 13 KonsularG). Die Legalisation bestätigt die Echtheit der Unterschrift, der Eigenschaft, in welcher der Unterzeichner der Urkunde gehandelt hat und gegebenenfalls die Echtheit des Siegels, mit dem die Urkunde versehen ist. Die Legalisation bestätigt nicht, ob die Behörde hierbei innerhalb ihres Zuständigkeitsbereichs gehandelt hat. Auf Antrag bestätigt der deutsche Konsul aber, dass der Aussteller zur Aufnahme der Urkunde zuständig war und die Urkunde in der den Gesetzen des Ausstellungsstaates entsprechenden Form aufgenommen worden ist („**Legalisation im weiteren Sinne**", § 13 IV KonsularG).

333   Nachdem dem deutschen Konsularbeamten nicht sämtliche Urkundspersonen seines Amtsbezirks bekannt sein können, erfolgt die Legalisation notwendigerweise nach **Überbeglaubigung** durch das Außenministerium des Ausstellungsstaates bzw. einer anderen zentralen Stelle des ausländischen Staates, der ggf. wiederum eine Vorbeglaubigung durch eine weiter, der ausstellenden Behörde übergeordnete Stelle vorangehen muss.

3. Befreiung von der Legalisation

Die Legalisation ist – vor allem auch wegen der Vor- und Überbeglaubigungen – mit einem unter Umständen erheblichen Aufwand an Zeit und Kosten verbunden. Mit einigen europäischen Staaten hat die Bundesrepublik Deutschland daher bilaterale Abkommen abgeschlossen, die Urkunden eines Abkommensstaates bei der Verwendung im anderen Abkommensstaat vom Erfordernis der Legalisation befreien (Übersicht unten Rn. 344). Zu beachten ist, dass einige Abkommen nicht alle Urkunden erfassen. So gelten die Abkommen mit der Schweiz und Griechenland nicht für notarielle Urkunden. Da diese Staaten das Haager Abkommen vom 5.10.1961 ratifiziert haben, genügt aber auf jeden Fall die Anbringung der Apostille.

334

4. Apostille nach dem Haager Übereinkommen

Das Haager Übereinkommen vom 5.10.1961 zur Befreiung ausländischer öffentlicher Urkunden von der Legalisation (BGBl. 1965 II 875) ersetzt die Legalisation durch die Anbringung einer Apostille (Art. 3 Übereinkommen; ein Muster für die Apostille befindet sich im Anhang zum Übereinkommen). Es handelt sich hierbei um eines der erfolgreichsten Abkommen der Haager Konferenz (der aktuelle Stand der Mitgliedstaaten ergibt sich aus der Aufstellung unten Rn. 345 sowie auf der Homepage der Haager Konferenz http://www.hcch.net/index_de.php?act=conventions.status&cid=41). Zu beachten ist, dass die Bundesrepublik Deutschland dem Beitritt einiger Staaten widersprochen hat, so dass das Übereinkommen für Urkunden aus diesen Staaten aus deutscher Sicht nicht gilt (s. u. Rn. 344).

335

Die Apostille wird von einer Stelle des Errichtungsstaates erteilt. Diese wird vom Beitrittsstaat benannt und der Haager Konferenz gemeldet. Eine Aufstellung für die jeweiligen Beitrittsstaaten kann ebenfalls auf der Homepage der Haager Konferenz eingesehen werden (http://www.hcch.net/index_de.php?act=conventions.authorities&cid=41). In Deutschland wird die Apostille für notarielle Urkunden vom Präsidenten des zuständigen Landgerichts erteilt.

336

5. Einstellung der Legalisation durch die deutschen Konsularbehörden

In einigen Staaten ist das Urkundswesen so ungeordnet, dass die zuständigen Auslandsvertretungen mit Billigung des Auswärtigen Amts die Legalisation bis auf weiteres eingestellt haben. Da die deutschen Stellen zudem kaum bereit sein werden, gerade bei Urkunden aus diesen Staaten nach ihrem Ermessen ausnahmsweise auf einen Echtheitsnachweis zu verzichten, können Urkunden aus diesen Staaten im Inland nicht unmittelbar eingesetzt werden. Auf Ersuchen der deutschen Behörde wird aber von den konsularischen Stellen im Ausstellungsstaat eine gutachterliche Überprüfung des Sachverhalts unter Einschaltung ortsansässiger Rechtsanwälte oder „sonstiger Vertrauenspersonen" veranlasst. Die Kosten dafür werden von der deutschen Behörde regelmäßig den Beteiligten auferlegt.

337

6. Konsularische Urkunden

Für Urkunden, die von konsularischen oder diplomatischen Vertretungen fremder Staaten in Deutschland ausgestellt worden sind, wird eine Legalisation durch deutsche Stellen nicht durchgeführt. Das Haager Übereinkommen über die Apostille gilt für konsularische Urkunden nicht (Art. 1 III lit. a Übereinkommen). Das Auswärtige Amt bestätigt aber auf Anfrage, ob der Aussteller der Urkunde ordnungsgemäß zur Diplomaten- oder Konsularliste angemeldet ist. Eine Liste kann im Internet eingesehen werden (http://www.auswaertigesamt.de/DE/Laenderinformationen/VertretungenFremderStaaten

338

A-Z-Laenderauswahlseite_node.html). Bei Zweifeln an der Echtheit einer konsularischen Urkunde bleibt der Praxis nur die Rückfrage direkt beim Aussteller der Urkunde.

II. Verwendung deutscher Urkunden im Ausland

339 Deutsche notarielle Urkunden bedürfen bei Verwendung im Ausland – sofern keine davon befreienden bilateralen Abkommen bestehen (s. o. Rn. 334) – ebenfalls häufig der Legalisation. Diese Legalisation wird von den in Deutschland angesiedelten Konsularbehörden des ausländischen Verwendungsstaates vorgenommen. Im Fall notarieller Urkunden geht der Legalisation – da dem ausländischen Konsul nicht die Unterschriften sämtlicher in seinem Amtsgebiet tätiger Notare vorliegen – die **Zwischenbeglaubigung** durch den Präsidenten des für den Notar zuständigen Landgerichts voraus. Die konsularischen Stellen einiger Staaten verlangen zudem die **Endbeglaubigung** durch das Bundesverwaltungsamt in Köln (Postanschrift: Bundesverwaltungsamt/Beglaubigungen, Referat II B 4, 50728 Köln; Besucheranschrift: Eupener Straße 125, 50933 Köln).

340 Insbesondere dann, wenn die Zeit drängt, kann sich als Alternative zum Legalisationsverfahren anbieten, die Echtheit der Urkunde durch den deutschen Konsul im Verwendungsstaat bestätigen zu lassen (vgl. § 14 KonsularG; näheres bei *Huhn/v. Schuckmann* § 1 Rn. 96 ff.).

341 Ist im Verhältnis zum Verwendungsstaat das Haager Abkommen vom Oktober 1961 in Kraft, so genügt die Anbringung der **Apostille**. Für eine durch einen deutschen Notar erstellte Urkunde wird die Apostille durch den Präsidenten des für ihn zuständigen Landgerichts angebracht.

342 Hat die Bundesrepublik Deutschland mit dem Verwendungsstaat ein bilaterales Abkommen abgeschlossen, wonach Urkunden des anderen Staates von der Legalisation befreit werden und erfasst dieses Abkommen auch die betroffene Urkunde, so ist weder die Legalisation noch die Anbringung der Apostille erforderlich.

III. Länderübersicht zur Legalisation

1. Vorbemerkungen

343 In der folgenden Übersicht zur Verwendung ausländischer Urkunden im Inland und zur Verwendung inländischer Urkunden im Ausland wird zwischen den Staaten wie folgt unterschieden:

- **A** Es gilt das Haager Übereinkommen über die Befreiung ausländischer öffentlicher Urkunden von der Legalisation. Es genügt daher im beiderseitigen Verkehr die Anbringung einer Apostille.
- **AX** Der ausländische Staat hat zwar das Haager Übereinkommen ratifiziert. Da die Bundesrepublik Deutschland dem Beitritt widersprochen hat, gilt das Abkommen aber im beiderseitigen Verkehr nicht. Daher kann keine Apostille verwandt werden. Ggf. ist die Legalisation durchzuführen.
- **B** Aufgrund eines bilateralen Abkommens (Aufstellung unten Rn. 344) zwischen dem ausländischen Staat und der Bundesrepublik Deutschland sind sämtliche – je nach Abkommen auch nur bestimmte – Urkunden im beiderseitigen Rechtsverkehr von der Legalisation und der Apostille befreit.
- **L** Es ist die Legalisation erforderlich. Die Legalisation für deutsche Urkunden erfolgt nach Vorbeglaubigung *ohne* Endbeglaubigung durch das Bundesverwaltungsamt.
- **LE** Es ist die Legalisation erforderlich. Die Legalisation erfolgt für deutsche Urkunden nach Vorbeglaubigung *und* Endbeglaubigung durch das Bundesverwaltungsamt.

3. Teil. Internationaler Urkundsverkehr   **H**

- LX Urkunden aus diesem Staat werden z. Zt. von den deutschen Behörden nicht legalisiert. Einer Verwendung deutscher Urkunden in dem betreffenden Staat bzw. einer Legalisation deutscher Urkunden durch die konsularischen Stellen des ausländischen Staates steht dies aber nicht entgegen.

2. Bilaterale Abkommen zur Befreiung von der Legalisation

Belgien. Befreit sind Urkunden eines Gerichts, eines Urkundsbeamten der Geschäftsstelle, deutschen Rechtspflegers, eines Gerichtsvollziehers, einer Verwaltungsbehörde, eines Notars, eines Diplomaten oder Konsularbeamten, Scheck- und Wechselproteste oder Proteste zu anderen handelsrechtlichen Wertpapieren, ferner die in Art. 3 und 4 des Abkommens bezeichneten Urkunden und amtlichen Bescheinigungen (Abk. v. 13.5.1975, BGBl. 1980 II 813). Von deutscher Seite wird dieses Abkommen als verbindlich angesehen. Belgische Behörden halten sich für nicht gebunden, weil das belgische Ratifikationsverfahren fehlerhaft gewesen sei. Bei Verwendung deutscher Urkunden in Belgien muss daher vorsichtshalber die Apostille nach dem Haager Abkommen eingeholt werden.   **344B**

Dänemark. Befreit sind u. a. Urkunden einer Gerichtsbehörde, einer obersten oder höheren Verwaltungsbehörde, eines obersten Verwaltungsgerichts, eines Notars und der Staatsanwaltschaft. Für bestimmte Urkunden genügt die Zwischenbeglaubigung durch den zuständigen Präsidenten des Land- oder Amtsgerichts (Abk. v. 17.6.1936, RGBl. 1936 II 213, BGBl. 1953 II 186).   **344D**

Frankreich. Befreit sind u. a. Urkunden eines Gerichts, eines Urkundsbeamten der Geschäftsstelle sowie eines deutschen Rechtspflegers, eines Gerichtsvollziehers, einer Verwaltungsbehörde, eines Notars, sowie Scheck- und Wechselproteste (Abk. v. 13.9.1971, BGBl. 1974 II 1074; *Arnold* DNotZ 1975, 581).   **344F**

Griechenland. U. a. sind folgende Urkunden befreit: Urkunden der Gerichte ab Landgericht aufwärts, der obersten Verwaltungsbehörden und der obersten Verwaltungsgerichte. Für Urkunden der übrigen Gerichte, eines Gerichtsvollziehers, des Grundbuchamts oder eines Notars ist daher eine Zwischenbeglaubigung durch den zuständigen Landgerichtspräsidenten oder eine Apostille erforderlich (Abk. v. 11.5.1938, RGBl. 1939 II 848).   **344G**

Italien. Befreit sind u. a. Urkunden eines Gerichts, eines Rechtspflegers, der Verwaltungsbehörden, der Notare, Scheck- und Wechselproteste und Urkunden, die von einer diplomatischen oder konsularischen Vertretung eines Vertragsstaates errichtet worden sind (Abk. v. 7.6.1969; BGBl. 1974 II 1069).   **344I**

Österreich. Befreit sind Urkunden der Gerichte, der Verwaltungsbehörden, der Notare sowie die Urkunden der Geschäftsstellen der Gerichte, Gerichtsvollzieher und anderer gerichtlichen Hilfsbeamten (Abk. v. 21.6.1923, RGBl. 1924 II 61).   **344Ö**

Schweiz. Befreit sind lediglich die von Gerichten aufgenommenen, ausgestellten oder beglaubigten Urkunden einschließlich der von den Urkundsbeamten der Geschäftsstelle unterschriebenen Urkunden sowie Urkunden bestimmter höherer Verwaltungsbehörden (Abk. v. 14.2.1907, RGBl. 1907, 411). Für alle übrigen, insbesondere also notarielle Urkunden, ist daher die Apostille erforderlich.   **344S**

3. Länderliste

Äthiopien (LX); *Afghanistan* (LX); *Albanien* (AX, LX); *Andorra* (A); *Anguilla* (A); *Antigua und Barbuda* (A); *Äquatorialguinea* (LX); *Argentinien* (A); *Armenien* (A); *Aserbaidschan* (AX, LX); *Australien* (A); *Bahamas* (A); *Bahrain* (A); *Bangladesch* (LE, LX); *Barbados* (A); *Belarus* (A); *Belgien* (B, A); *Belize* (A); *Benin* (LX); *Bermuda* (A); *Bolivien* (L); *Bosnien-Herzegowina* (A); *Botswana* (A); *Brasilien* (L); *British Virgin Islands* (A); *Brunei Darussalam* (A); *Bulgarien* (A); *Burkina Faso* (L); *Burundi* (L); *Cayman Islands*   **345**

H Auslandsberührung

(A); *Chile* (L); *VR China* (LE; *Hongkong* und *Macau*: A); *Cookinseln* (A); *Costa Rica* (A); *Dänemark* (außer Grönland und Färöer) (B, A); *Dominica* (A); *Dominikanische Republik* (AX, LX); *Dschibuti* (LX); *Ecuador* (A); *El Salvador* (A); *Elfenbeinküste* (LX); *Eritrea* (LX); *Estland* (A); *Falklandinseln* (A); *Fidschi* (A); *Finnland* (A); *Frankreich* (B, A); *Gabun* (LX); *Gambia* (LX); *Georgien* (A); *Ghana* (LX); *Gibraltar* (A); *Grenada* (A); *Griechenland* (B, A); *Guatemala* (L); *Guyana* (L); *Guernsey* (A); *Guinea* (LX); *Guinea-Bissau* (LX); *Haiti* (LX); *Honduras* (A); *Hongkong* (A); *Indien* (AX, LX); *Indonesien* (L); *Irak* (LE, LX); *Iran* (LE); *Irland* (A); *Island* (A); *Isle of Man* (A); *Israel* (A); *Italien* (B); *Jamaika* (L); *Japan* (A); *Jemen* (L); *Jersey* (A); *Jordanien* (LE); *Kambodscha* (LE, LX); *Kamerun* (LX); *Kanada* (L); *Kap Verde* (A); *Kasachstan* (A); *Katar* (LE); *Kenia* (LX); *Kirgisistan* (AX, LX); *Kolumbien* (A); *Kongo, Demokratische Republik* (Zaire) (LX); *Kongo, Republik* (Brazzaville) (LX); *Korea, Republik* (A); *Korea, Volksrepublik* (L); *Kosovo* (LX); *Kroatien* (A); *Kuba* (L); *Kuwait* (L); *Laos* (LX); *Lesotho* (A); *Lettland* (A) *Libanon* (LE); *Liberia* (AX, LX); *Libyen* (L); *Liechtenstein* (A); *Litauen* (A); *Luxemburg* (A); *Macao* (A); *Madagaskar* (L); *Malaysia* (L); *Malawi* (A); *Malediven* (L); *Mali* (LE, LX); *Malta* (A); *Marokko* (LX, deutsche Konsularbehörden legalisieren nur Personenstandsurkunden); *Marshall Islands* (A); *Mauretanien* (L); *Mauritius* (A); *Mazedonien* (A); *Mexiko* (A); *Moldawien* (AX, LX); *Monaco* (A); *Mongolei* (AX, LX); *Montenegro* (A); *Montserrat* (A); *Mosambik* (L); *Myanmar* (LE, LX); *Namibia* (A); *Nauru* (L); *Nepal* (LE, LX); *Neuseeland* (ohne Tokelau) (A); *Nicaragua* (A); *Niederlande* (auch für Aruba und die Niederländischen Antillen) (A); *Niger* (LX), *Nigeria* (LX); *Niue* (A); *Norwegen* (A); *Oman* (A); *Österreich* (B); *Pakistan* (LX); *Panama* (A); *Papua-Neuguinea* (L); *Paraguay* (L); *Peru* (A); *Puerto Rico* (A); *Philippinen* (LX); *Polen* (A); *Portugal* (A); *Ruanda* (LE, LX); *Rumänien* (A); *Russische Föderation* (A); *Saint Helena* (A); *Saint Kitts und Nevis* (A); *Saint Lucia* (A); *Saint Vincent and the Grenadines* (A); *Salomonen* (L); *Sambia* (L); *Samoa* (A); *San Marino* (A); *Sao Tome und Principe* (A); *Saudi Arabien* (LE); *Schweden* (A); *Schweiz* (B, A); *Senegal* (L); *Serbien* (A); *Seychellen* (A); *Simbabwe* (L); *Sierra Leone* (LX); *Singapur* (L); *Slowakei* (A); *Slowenien* (A); *Somalia* (LE, LX); *Spanien* (A); *Sri Lanka* (LX); *Südafrika* (A); *Sudan* (LE); *Suriname* (A); *Swasiland* (A); *Syrien* (LE); *Tadschikistan* (LX); *Taiwan* (Republik China) (L; zu Taiwan unterhält die Bundesrepublik Deutschland keine diplomatischen Beziehungen. Es gibt dort jedoch eine inoffizielle Vertretung, das Deutsche Institut Taipeh. Diesem Büro sind Beamte zugeordnet, die auch konsularische Amtshandlungen vornehmen. In gleicher Weise existiert in Frankfurt das Handelsbüro-Taipeh (Taiwan Trade Office), das für deutsche Urkunden zur Verwendung in Taiwan die Legalisation vornimmt; *Tansania* (L); *Thailand* (L); *Togo* (LE, LX); *Tonga* (A); *Trinidad und Tobago* (A); *Tschechische Republik* (A); *Tunesien* (L); *Turks- and Caicos Islands* (A); *Tschad* (LX); *Türkei* (A); *Turkmenistan* (LX); *Uganda* (LX); *Ukraine* (A); *Ungarn* (A); *Uruguay* (A); *USA* (A); *Usbekistan* (AX, LX); *Vanuatu* (A); *Venezuela* (A); *Vereinigte Arabische Emirate* (L); *Vereinigtes Königreich* (A); *Vereinigte Staaten (USA)* (A); *Vietnam* (LX); *Weißrussland* (A); *Zaire* (LX); *Zentralafrikanische Republik* (LX); *Zypern* (A).

IV. Zustellung und Vollstreckung aus deutschen notariellen Urkunden im Ausland

1. Zustellung deutscher Urkunden im Ausland

346 Da es sich bei der Zustellung um einen staatlichen Hoheitsakt handelt, kann die Zustellung durch deutsche Behörden im Ausland nur mit Zustimmung des ausländischen Staates erfolgen (*Geimer* IZPR Rn. 2075).

347 Für die Zustellung in einem anderen Mitgliedstaat der EU gilt die Europäische Verordnung (EG) Nr. 1393/2007 vom 13.11.2007 über die Zustellung gerichtlicher und

3. Teil. Internationaler Urkundsverkehr H

außergerichtlicher Schriftstücke in Zivil- oder Handelssachen in den Mitgliedsstaaten (**EU-ZustVO**, ABl. EG 2007 L 324/79). Gem. Art. 14 ZustVO steht es jedem Mitgliedsstaat frei, Personen, die ihren Wohnsitz in einem anderen Mitgliedsstaat haben, gerichtliche Schriftstücke unmittelbar durch Postdienst per Einschreiben mit Rückschein zuzustellen. Gem. Art. 16 EU-ZustVO gilt das gleichermaßen für außergerichtliche Schriftstücke – also z. B. notarielle vollstreckbare Urkunden. Nachdem gem. § 183 I ZPO die Zustellung durch Einschreiben mit Rückschein genügt, kann also aus Deutschland in der gesamten EU auf dem Postweg zugestellt werden (*Rauscher/Heiderhoff*, Europäisches Zivil- und Kollisionsrecht, Art. 14 EG-ZustVO 2007 Rn. 10). Der Notar kann die Sendung allerdings nicht selber zur Post aufgeben, sondern muss sich dazu der Übermittlungsstelle bedienen. Neben der Zustellung auf dem Postweg ist weiterhin auch die formale Zustellung auf dem Übermittlungsweg gem. Art. 2 ff. EU-ZustVO möglich. Zuständige Übermittlungsstelle für außergerichtliche Urkunden ist gem. § 1069 I Nr. 2 ZPO das Amtsgericht, in dessen Bezirk der beurkundende Notar seinen Amtssitz hat.

Im Verhältnis zu einigen Nicht-EU-Staaten gilt das **Haager Zustellungsübereinkommen** vom 15.11.1965 welches im Verhältnis der Vertragsparteien dem **Haager Übereinkommen über den Zivilprozess** vom 1.3.1954 als Spezialnorm vorgeht (Text und Aufstellung der Vertragsstaaten unter http://www.hcch.net/index_en.php?act=conventions. text&cid=17 und http://www.hcch.net/index_en.php?act=conventions.text&cid=33). 348

Im Verhältnis zu den übrigen Staaten (**vertragsloser Verkehr**) kommt nur eine formlose Zustellung durch einfache Übergabe an den Empfänger in Betracht, sofern er zur Annahme bereit ist (*Geimer* IZPR Rn. 2133). 349

2. Vollstreckung aus deutschen Urkunden im Ausland

Die Vollstreckung aus deutschen notariellen Urkunden kann im Ausland auf der Basis folgender internationaler Regelwerke erfolgen: 350

– Praktisch am bedeutendsten ist die Europäische Verordnung zur Einführung eines europäischen Vollstreckungstitels für unbestrittene Forderungen (VO (EG) Nr. 805/2004 vom 21.4.2004 ABl. EG 2004 Nr. L 143 S. 15 – **EU-VTVO**). Sie gilt in allen EU-Staaten außer Dänemark. Zur Vollstreckung aus einer vom deutschen Notar ausgestellten Ausfertigung einer notariellen vollstreckbaren Urkunde im EU-Ausland bedarf es danach – neben Klausel und Zustellung – lediglich der Anfügung eines vom deutschen Notar ausgefüllten, im Anhang zur VO befindlichen Formblatts (z. B. unter http://ec.europa.eu/justice_home/judicialatlascivil/html/rc_eeo_forms3_de.jsp?country Session=1&txtPageBack=rc_eeo_filling_de_de.htm. Einzelheiten bei Franzmann MittBayNot 2005, 470; DNotI-Report 2007, 121).
– Vollstreckbare Urkunden über **Unterhaltsforderungen** werden in einem anderen Mitgliedstaat der EU, der durch das HUP gebunden ist, gem. Art. 17 ff. EU-UntVO anerkannt und vollstreckt, ohne dass es eines vorherigen Anerkennungsverfahrens – Exequatur – bedarf.
– Art. 57 der Verordnung über die gerichtliche Zuständigkeit und die Anerkennung und Vollstreckung von Entscheidung in Zivil- und Handelssachen (VO (EG) Nr. 44/2001 vom 22.12.2000, ABl. EG 2001 Nr. L 12 S. 1 – **Brüssel I-VO**) ermöglicht ebenfalls die europaweite (außer Dänemark) Vollstreckung aus notariellen Urkunden. Es galt bislang das für gerichtliche Urteile vorgesehene Verfahren in den Art. 38 ff. Brüssel I-VO (*Fleischhauer* MittBayNot 2002, 15). Da das Verfahren nach der Brüssel I-VO bis zur Neufassung am 20.12.2012 das Exequatur durch ein Gericht des Vollstreckungsstaates verlangte, war das Verfahren der EU-VTVO aber erheblich einfacher. Für die Vollstreckung nach den Regeln der Brüssel I-VO besteht daher in der Praxis kein Bedürfnis.
– Das revidierte Luganer Übereinkommen über die gerichtliche Zuständigkeit und die Vollstreckung gerichtlicher Entscheidungen in Zivil- und Handelssachen vom

30.10.2007 (ABl. EU 2007 Nr. L 339 S. 3 – **Lugano II**), das im Verhältnis zu Island, Norwegen und der Schweiz gilt, enthält für die Vollstreckung notarieller Urkunden weitgehend der Brüssel I-VO (in der bis zum 20.12.2012 geltenden Fassung) vergleichbare Regelungen. Art. 57 Lugano II verlangt daher ein Exequatur nach den Regeln in den Art. 38 ff. Lugano II.

– Im Verhältnis zu den übrigen Staaten ist im Zweifel davon auszugehen, dass dort – mangels entsprechender völkerrechtlicher Vereinbarungen – allenfalls gerichtliche Urteile aus Deutschland als Vollstreckungstitel anerkannt werden, aus deutschen notariellen Urkunden hingegen nicht vollstreckt wird.

3. Vollstreckung notarieller Kostenforderungen im Ausland

351 Die vorgenannten Europäischen Verordnungen und internationalen Abkommen sehen die Vollstreckung aus notariellen Urkunden oder sonstigen Titel ausschließlich dann vor, wenn es sich hierbei um Ansprüche aus „Zivil oder Handelsrecht" handelt. Kostenforderungen deutscher Notare sind jedoch nach allgemeiner Auffassung öffentlich-rechtlicher Natur (*BGH* DNotZ 1990, 313). Dies wird für die ausländischen Vollstreckungsbehörden schon dadurch manifestiert, dass sich der deutsche Notar mit der Kostenrechnung den Vollstreckungstitel einseitig selbst geschaffen hat. Die Vollstreckung im Ausland scheidet daher in aller Regel aus. Bei im Ausland ansässigen Kostenschuldnern empfiehlt sich daher die Erhebung eines Kostenvorschusses. Im Übrigen kommt nur in Betracht, nach Zustellung der Kostenforderung am ausländischen Sitz des Schuldners in das in Deutschland belegene Vermögen des Schuldners zu vollstrecken.

J. Kostenrecht

Dr. Wolfram Waldner

Übersicht

	Rn.
I. Allgemeine Grundsätze des GNotKG	1–16
1. Notar- und Gerichtsgebührenordnung	1, 2
2. Gebührenstaffelung nach dem Geschäftswert	3–8
3. Gebührensätze und Gebührenhöhe	9, 10
4. Kostenschuldner	11–14
5. Hinweispflicht auf die Gebühren	15, 16
II. Einzelfragen des Kostenrechts	17–48
1. Beurkundung und Beglaubigung	17, 18
2. Mehrere Erklärungen in einer Urkunde	19–22
3. Änderung beurkundeter Erklärungen	23, 24
4. Beurkundungen unter besonderen Umständen	25–28
5. Entwurf, vorzeitige Beendigung, Beratung	29–34
6. Auslagen	35–38a
7. Verbot der Gebührenvereinbarung	39
8. Gebührenermäßigung und -freiheit	40–44
9. Unrichtige Sachbehandlung	45–47
10. Gebührenfreie Urkundsgewährung	48
III. Einforderung der Kosten	49–60
1. Fälligkeit der Kosten und Verjährung	49–51
2. Kostenrechnung	52, 53
3. Kostenbeitreibung	54, 55
4. Überprüfung der Kostenrechnung	56–60
IV. Kosten-ABC	61

Literatur: *Bormann/Diehn/Sommerfeldt*, GNotKG, 2013; *Fackelmann/Heinemann*, GNotKG, 2013; *Hartmann*, Kostengesetze, 44. Aufl. 2014; *Korintenberg*, Kostenordnung, 17. Aufl. 2008; *Notarkasse München* (Hrsg.), Streifzug durch das GNotKG, 10. Aufl. 2013; *Renner/Otto(Heinze*, Leipziger Gerichts- & Notarkosten-Kommentar, 2013; *Rohs/Wedewer*, Kostenordnung, 3. Aufl. (Loseblatt; Stand 2013); *Waldner*, GNotKG für Anfänger, 8. Aufl. 2013.

I. Allgemeine Grundsätze des GNotKG

1. Notar- und Gerichtsgebührenordnung

Rechtsquelle des Notarkostenrechts ist seit 1.8.2013 das GNotKG. Es fasst das Gerichtskostengesetz der freiwilligen Gerichtsbarkeit und das Vergütungsgesetz für Notare wegen ihres sachlichen Zusammenhangs und wegen der für Gerichte und Notare in gleicher Weise geltenden Kostentabelle zusammen. Das erste Kapitel behandelt in §§ 1–54 Gerichts- und Notarkosten in malerischem Durcheinander; das dritte Kapitel (§§ 85–131) behandelt dann ausschließlich Notarkosten. Der Aufbau des GNotKG entspricht dem aller „modernen" Kostengesetze: Die Vorschriften über den Geschäftswert, die Gebührenhöhe und den Kostenschuldner finden sich im Text des Gesetzes, die Gebührensätze in einem Kostenverzeichnis (KV-GNotKG), das dem Gesetz als Anlage beigefügt ist. 1

Der Notar, der in amtlicher Eigenschaft tätig wird, darf seine Gebühren nur nach dem GNotKG berechnen (vgl. auch Rn. 39). Mit der Beurkundungsgebühr ist regelmäßig alles abgegolten, was der Notar für die Vorbereitung und den Vollzug an Aktivität entwickelt. Nur ausnahmsweise können Nebengebühren (besonders Nr. 22100 ff., 22200, 2

22201) in Ansatz gebracht werden; soweit hierfür keine gesetzliche Grundlage besteht, dürfen Gebühren und Auslagen nicht erhoben werden. Nur für im GNotKG überhaupt nicht geregelte Geschäfte (z. B. Verwahrung anderer Gegenstände als Geld) ist die Möglichkeit eröffnet, einen öffentlich-rechtlichen Vertrag abzuschließen (§ 126 GNotKG).

2. Gebührenstaffelung nach dem Geschäftswert

3   Die Gebühr richtet sich meist nicht nach dem Arbeitsaufwand des Notars, sondern ist nach dem Geschäftswert gestaffelt.

4   Der Geschäftswert kann entweder als bestimmter Geldbetrag in der Urkunde selbst zum Ausdruck kommen, beispielsweise als der Kaufpreis im Kaufvertrag, das Stammkapital bei der Gründung einer GmbH oder als Höhe des zu zahlenden Betrags beim entgeltlichen Erbverzicht. In anderen Fällen, z. B. bei der unentgeltlichen Grundstücksübertragung, erscheint der Wert regelmäßig nicht in der Urkunde, sondern muss ermittelt werden. Manchmal lässt sich der Geschäftswert nur schätzen (§ 36 GNotKG), wobei in nicht vermögensrechtlichen Angelegenheiten die Schätzung nicht über 1.000.000 EUR hinausgehen darf; wenn jede Schätzung versagt, ist der Auffangwert von 5.000 EUR (§ 36 III GNotKG) anzunehmen.

a) Bruttoprinzip

5   Bei der Ermittlung des Geschäftswerts können Verbindlichkeiten, die auf einem Gegenstand lasten, nicht abgezogen werden (§ 38 GNotKG, sog. „Bruttoprinzip"). Dieser Grundsatz ist verfassungsgemäß (*OLG Zweibrücken* Rpfleger 2002, 99, 101). Ist ein Unternehmen Gegenstand der Beurkundung, ist deshalb die Aktivseite der Bilanz maßgebend; abzuziehen sind nur Wertberichtigungen und der Posten „nicht durch Eigenkapital gedeckter Fehlbetrag", nicht aber ein Bilanzverlust (*LG Dresden* NotBZ 2007, 457). Der Reinwert, also der Wert, der sich nach Abzug der Verbindlichkeiten ergibt, ist nur ausnahmsweise maßgeblich, nämlich bei Eheverträgen (§ 100 I GNotKG), bei Verfügungen von Todes wegen (§ 102 I GNotKG) und bei Erbscheinsanträgen (§ 103 GNotKG), wobei in den beiden ersten Fällen der Abzug auf die Hälfte des Aktivvermögens beschränkt ist.

b) Bewertung von Grundbesitz

6   Ausgangspunkt bei der Bewertung von Grundbesitz ist ebenso wie bei der Bewertung von beweglichen Sachen der Verkehrswert des Grundbesitzes (§ 46 I GNotKG). Als Anhaltspunkte für den Verkehrswert kommen in Betracht (vgl. § 46 II, III GNotKG):
- die Angaben der Beteiligten,
- die Höhe der eingetragenen Belastungen, wobei allerdings heute Belastungen über den Wert des Grundbesitzes hinaus nicht selten sind und dieses Mittel bei Gesamtbelastungen ohnehin versagt,
- die Bodenwertkarten der Gutachterausschüsse,
- die Brandversicherungssummen der Gebäude,
- frühere Beurkundungen in gleicher oder vergleichbarer Sache.

c) Bewertung landwirtschaftlicher Betriebsvermögen

7   Für Geschäfte „im Zusammenhang" mit der Übergabe oder Zuwendung eines land- oder forstwirtschaftlichen Betriebs erklärt die verfassungsgemäße (*BVerfG* DNotZ 1996, 471) Vorschrift des § 48 I GNotKG statt des Verkehrswerts den vierfachen Einheitswert für maßgeblich (zu den Voraussetzungen vgl. *OLG München* MittBayNot 2014, 380). § 48 I GNotKG ist aber nur eine Bewertungsvorschrift; der Geschäftswert des Vertrags kann höher sein, namentlich bei hochbelasteten Betrieben, da hier die Ge-

I. Allgemeine Grundsätze des GNotKG J

genleistung des Übernehmers (insbesondere: Schuldübernahme der eingetragenen Belastungen) den Geschäftswert bestimmt (§ 97 III GNotKG). Eine „Korrektur" dieser schwer verständlichen Regelung hat die Rechtsprechung stets abgelehnt (*OLG Düsseldorf* Büro 1994, 171; *BayObLG* Rpfleger 1999, 238).

d) Bewertung anderer Gegenstände

Als Wert beweglicher Sachen oder Sachinbegriffe ist ebenfalls der gemeine Wert anzusetzen (§ 46 I GNotKG). Das Bruttoprinzip ist zu beachten. So ist Geschäftswert bei der Übertragung eines Handelsgeschäfts die Summe der Aktiva, bei der Übertragung eines Erbanteils die Beteiligung des Übertragenden an den Nachlassaktiva (§ 38 S. 2 GNotKG). Der Geschäftswert von Forderungen ist grundsätzlich der Nominalbetrag; er kann niedriger sein, wenn die Forderung nicht vollwertig ist.

3. Gebührensätze und Gebührenhöhe

Die Kostenordnung kennt folgende Gebührensätze:
(1) **0,2-Gebühr:** Sie wird für die Beglaubigung einer Unterschrift erhoben, ohne dass der Notar den Entwurf gefertigt hat (Nr. 25100).
(2) **0,3-Gebühr:** Sie wird erhoben für einige typischerweise wenig zeitaufwendige Geschäfte:
– die Erzeugung von XML-Daten (Nr. 22114),
– als Vollzugsgebühr für andere Geschäfte als Verträge (Nr. 22111),
– die Rückgabe eines Erbvertrags aus der amtlichen Verwahrung (Nr. 23100),
– die Rangbestätigung von Grundpfandrechten (Nr. 25201).
(3) **0,5-Gebühr:** Sie wird erhoben für
– die Beurkundung der Annahme von Vertragsangeboten durch den Notar, der das Angebot beurkundet hat (Nr. 21201 Ziff. 1),
– Grundbucherklärungen (Nr. 21201 Ziff. 4),
– die Auflassung, wenn das Verpflichtungsgeschäft vom selben Notar beurkundet ist (Nr. 21201 Ziff. 2),
– Anmeldungen zum Handelsregister (Nr. 21201 Ziff. 5),
– den Widerruf eines Testaments und den Rücktritt vom Erbvertrag (Nr. 21201 Ziff. 1),
– Wechsel- und Scheckproteste (Nr. 23400),
– den Vollzug von Verträgen (Nr. 22110),
– die Erklärungen gegenüber dem Nachlassgericht (Nr. 21201 Ziff. 7),
– Zustimmungserklärungen zur Anerkennung der Vaterschaft und zur Annahme als Kind (Nr. 21201 Ziff. 8).
– als Betreuungsgebühr (Nr. 22200),
– als Treuhandgebühr (Nr. 22201),
– die Umschreibung von Vollstreckungsklauseln (Nr. 23803).
(4) **1,0-Gebühr:** Sie wird erhoben für
– einseitige Erklärungen, soweit keine Sonderregelung besteht (Nr. 21200), und deshalb auch für Testamente, Zustimmungserklärungen und Vollmachten,
– die Aufhebung eines Vertrags und deshalb auch von Erbverträgen (Nr. 21102 Ziff. 2),
– Eide und eidesstattliche Versicherungen (Nr. 23300),
– Tatsachenbescheinigungen (Nr. 25104),
– die Auflassung, wenn das Verpflichtungsgeschäft nicht vom gleichen Notar beurkundet oder eine Verfügung von Todes wegen ist (Nr. 21102 Ziff. 1),
– die Mitwirkung als Urkundsperson bei der Aufnahme von Vermögensverzeichnissen (Nr. 23502),
– die Gründungsprüfung nach § 33 AktG (Nr. 25206).

(5) **2,0-Gebühr:** Sie wird erhoben für
- die Beurkundung von Verträgen (und deshalb auch von Erbverträgen) und Beschlüssen (Nr. 21100),
- Gemeinschaftliche Testamente (Nr. 21100; Vorbem. 2.1.1 Nr. 2),
- Angebote zum Abschluss eines Vertrags (Vorbem. 2.1.1 Nr. 1),
- Verlosungen (Nr. 23200),
- die Aufnahme von Vermögensverzeichnissen (Nr. 23500).

(6) **3,0-Gebühr, 4,0-Gebühr und 6,0-Gebühr:** Sie werden für die Versteigerung beweglicher Sachen (Nr. 23700), die Vermittlung von Auseinandersetzungen (Nr. 23900) und das Vermittlungsverfahren bei der Sachenrechtsbereinigung (§ 100 SachenRBerG) erhoben.

10 Die Höhe der Gebühren ergibt sich aus § 34 II GNotKG. Die Mindestgebühr beträgt 15 EUR; allerdings sind für die praktisch wichtigsten Fälle der notariellen Tätigkeit spezifische Mindestgebühren festgesetzt (120 EUR für Verträge, Nr. 21100, 60 EUR für einseitige Erklärungen, Nr. 21200, 30 EUR für Grundbuch- und andere privilegierte Erklärungen, Nr. 21201). Neben einigen ausdrücklich angeordneten Höchstgebühren (z.B. 70 EUR für reine Unterschriftsbeglaubigungen nach Nr. 25100; 30 EUR für die Beurkundung zur Unzeit) und einer mittelbaren Begrenzung der Gebühr durch **Höchstwerte** (z.B. 1.000.000 EUR für Handelsregisteranmeldungen, 10.000.000 EUR für die Beurkundung von Gesellschaftsverträgen, 5.000.000 EUR für die Beurkundung von Beschlüssen) besteht ein allgemeiner Höchstwert von 60.000.000 EUR (§ 35 II GNotKG). Durch die Gebührenstaffelung wird erreicht, dass Beteiligte in Bagatellsachen keinen außer Verhältnis zum wirtschaftlichen Wert ihrer Angelegenheit stehenden Betrag an den Notar zahlen müssen, während die Gebühren bei hohen Geschäftswerten für eine angemessene Alimentation des Notars sorgen. Die 1,0-Gebühr bis zu einem Geschäftswert von 3.000.000 EUR kann aus der Anlage zum GNotKG entnommen werden; in der Praxis werden jedoch meist Kostentabellen verwendet, die auch die Bruchteils- und Mehrfachgebühren enthalten.

4. Kostenschuldner

11 Kostenschuldner ist jeder, der die Tätigkeit des Notars veranlasst hat, insbesondere jeder Teil, dessen Erklärung beurkundet ist (§ 30 GNotKG), auch ein unerkannt Geschäftsunfähiger (*OLG München* ZEV 2012, 109). Bei einem Vertrag sind deshalb – ohne Rücksicht auf die vertraglich getroffene Kostenregelung – **beide** Vertragsteile Kostenschuldner, und zwar gesamtschuldnerisch (§ 32 I GNotKG). Es entsprach früher allgemeiner Meinung, dass der Notar auch den Zweitschuldner bis an die Grenze der Arglist (*OLG Köln* DNotZ 1986, 763) in Anspruch nehmen kann. Ob das auch dann gilt, wenn der Notar nach der ihm bekannten Vermögenslage des Erstschuldners bei der Beurkundung einen Vorschuss hätte erheben müssen, darüber kann man streiten; *OLG Hamm* JurBüro 2005, 41; *BayObLG* Rpfleger 1992, 223 m.abl. Anm. *Röseler* bejahen dies.

12 Auf das wirtschaftliche Interesse an der Beurkundung kommt es nicht an: Für die Kosten der Beurkundung einer GmbH haftet deshalb deren Allein-Gesellschafter-Geschäftsführer auch dann nicht, wenn nach materiellem Recht ein „Durchgriff" in Betracht käme (*KG* Büro 1998, 600). Bei der Beurkundung eines Vertrags im Wege von Angebot und Annahme haftet zunächst nur der Anbietende für die Kosten des Angebots, der Annehmende nur für Kosten der Annahme. Allerdings verschafft die beurkundete Vereinbarung, dass ein Vertragsteil die Kosten für Angebot *und* Annahme zu tragen hat, auch dem Notar einen weiteren Kostenschuldner (§ 30 III GNotKG). Gibt jemand Erklärungen in fremdem Namen ab, haftet nur der Vertretene, nicht der Vertreter, vorausgesetzt, die Vertretungsmacht hat tatsächlich bestanden. Für das Handeln eines Vertre-

ters ohne Vertretungsmacht haftet nur dieser; der angeblich Vertretene haftet auch dann nicht, wenn der Vertreter das Einverständnis mit der Beurkundung in dieser Weise behauptet hat (*KG* MittBayNot 2004, 141).

Neben dem Erklärungsschuldner nach § 30 haften 13
– derjenige, der die Kosten gegenüber dem Notar übernommen hat (§ 29 Nr. 2 GNotKG) bzw.
– derjenige, der kraft Gesetzes für die Kostenschuld eines anderen haftet (§ 29 Nr. 3 GNotKG), also z. B. die Gesellschafter einer OHG für Kostenschulden der Gesellschaft (§ 128 HGB) oder der Erbe für die Kostenschulden des Erblassers (§ 1922 BGB).

Wenn mehrere an einer Beurkundung beteiligt sind, haftet jeder nur für die Kosten, 14 die durch die Alleinbeurkundung seiner Erklärung entstanden wären (§ 30 II GNotKG). Entstehen durch Anträge eines Beteiligten besondere Kosten (z. B. die Gebühren Nr. 26000, 26002, 26003), dann haftet er auch allein für diese Kosten. Für Vollzugs- und Betreuungstätigkeiten bei einem Vertrag haften hingegen stets beide Vertragspartner (§ 30 I GNotKG).

5. Hinweispflicht auf die Gebühren

Der Notar muss grundsätzlich weder darauf hinweisen, dass für seine Tätigkeit Ge- 15 bühren anfallen, noch welche Höhe diese haben werden. Auch über die gesamtschuldnerische Haftung mehrerer Beteiligter nach §§ 30, 32 GNotKG muss nur dann belehrt werden, wenn eine erhöhte Gefahr der Inanspruchnahme desjenigen, der die Kosten im Innenverhältnis der Beteiligten nicht zu tragen hat, für den Notar offensichtlich ist. Eine Ausnahme gilt aber dann, wenn die Kosten ungewöhnlich hoch und/oder (teilweise) vermeidbar sind und der Notar deshalb davon ausgehen muss, dass die Beteiligten ihn gar nicht oder mit einem anderen als dem ursprünglich gewünschten Geschäft beauftragen würden, wenn sie sich der Kostenfolge bewusst wären. Eine Pflicht zur Belehrung besteht dagegen nicht, wenn sich eine ungewöhnliche Gebührenhöhe aus den eigenen Angaben des Kostenschuldners zum Gegenstand des Geschäfts ergibt (*OLG Hamm* JurBüro 1999, 97, 99). Zweifelhaft ist die Hinweispflicht auf Gebühren, deren Entstehen die Beteiligten durch eigenes Tätigwerden oder andere Vertragsgestaltung vermeiden können, so für die Vollzugsgebühr Nr. 22100 und die Verwahrungsgebühr Nr. 25300. Eine entsprechende Information ist in jedem Fall zweckmäßig, um späteren Einwendungen von vornherein aus dem Wege zu gehen, zumal teilweise eine Pflicht zum Hinweis auf gleichwertige kostengünstigere Gestaltungen angenommen wird (*OLG Karlsruhe* JurBüro 1992, 549). Entsteht die Vollzugsgebühr Nr. 22100 (nur) für die Einholung der Genehmigungserklärung eines vollmachtlos Vertretenen, darf sie nach *OLG Köln* (Rpfleger 2003, 539) nicht erhoben werden, wenn der Notar die Vertragsbeteiligten nicht auf die kostensparende Möglichkeit einer unaufgeforderten Übersendung der Genehmigungserklärung hingewiesen hat. Ein Rechtsanwalt muss allerdings selbst wissen, dass für die Erstellung von Entwürfen Gebühren anfallen (*LG Halle* NotBZ 2007, 303).

Wird der Notar ausdrücklich nach den Kosten gefragt, muss er eine zutreffende Aus- 16 kunft geben. Eine unrichtige Auskunft berührt zwar nicht die Höhe der Kostenrechnung, der Kostenschuldner muss aber nur die ihm vom Notar genannte Gebühr zahlen und kann im Übrigen mit dem Schadensersatzanspruch wegen falscher Gebührenauskunft aufrechnen. Anders ist es, wenn die Beteiligten das Rechtsgeschäft in jedem Fall und mit der gleichen Kostentragungsregelung vorgenommen hätten; dann ist die falsche Auskunft für den eingetretenen Schaden nicht kausal. Dabei kommt es nur auf die Kosten an, die der einzelne Beteiligte im Innenverhältnis auf sich nehmen wollte; die gesamtschuldnerische Haftung nach §§ 30, 32 GNotKG bleibt hier außer Betracht (a. A. *LG Hannover* JurBüro 2004, 385).

II. Einzelfragen des Kostenrechts

1. Beurkundung und Beglaubigung

17 Die Vorschriften der Kostenordnung regeln stets die Gebühr, die für die Beurkundung einer Erklärung anfällt. Da die notarielle Beurkundung die öffentliche Beglaubigung ersetzt (§ 129 II BGB), kann jede Erklärung eines Beteiligten beurkundet werden. In der Regel werden die nach materiellem Recht nur der öffentlichen Beglaubigung bedürftigen Erklärungen, die (nur) wegen § 29 GBO beglaubigungsbedürftigen oder die überhaupt formfreien Erklärungen nicht beurkundet, sondern lediglich beglaubigt.

18 Während es für Beurkundungsgebühren nicht darauf ankommt, ob der Notar die beurkundete Erklärung selbst entworfen hat oder einen Entwurf der Beteiligten beurkundet, bestehen für die Beglaubigung verschiedene Gebührenvorschriften:
– Für die Beglaubigung ohne Entwurfsfertigung erhält der Notar eine 0,3-Gebühr, höchstens 70 EUR (Nr. 25100), ohne Rücksicht darauf, ob ein Vertrag oder eine einseitige Erklärung vorliegt und ob eine oder mehrere Unterschriften beglaubigt werden.
– Hat der Notar dagegen den Entwurf der Erklärung gefertigt, so erhält er dafür dieselbe Gebühr wie für die Beurkundung einer entsprechenden Erklärung (§ 92 II GNotKG, Nr. 24100–24102). Der Gebührensatz richtet sich daher nach der Art der beglaubigten Erklärung (vgl. Rn. 9).

2. Mehrere Erklärungen in einer Urkunde

19 Haben mehrere Erklärungen in einer Urkunde denselben Gegenstand, so ist die Beurkundungsgebühr nur einmal zu berechnen (§§ 93 I, 109 I GNotKG); sind die Werte verschieden, ist eine Vergleichsberechnung nach § 94 II GNotKG durchzuführen. Denselben Gegenstand haben alle Erklärungen, die der Abwicklung, Förderung, Sicherung oder Erfüllung eines anderen Geschäfts gelten. So haben beim Grundstückskaufvertrag der schuldrechtliche Vertrag, die Erklärung der Auflassung, die Bewilligungen der Eintragung und Löschung der Auflassungsvormerkung und die mitbeurkundete Abtretung der Kaufpreisforderung an einen Grundschuldgläubiger zur Lastenfreistellung (*BayObLG* JurBüro 1983, 1235) denselben Gegenstand.

20 Haben mehrere Erklärungen in einer Urkunde verschiedenen Gegenstand, so sind die Werte zusammenzurechnen; die Beurkundungsgebühr ist aus dem zusammengerechneten Wert zu berechnen (§ 35 I GNotKG). Unterliegen sie dagegen verschiedenen Gebührensätzen, so ist eine Vergleichsberechnung durchzuführen (§ 94 I GNotKG): Die Gebühr, die sich bei Anwendung des höheren Gebührensatzes aus dem zusammengerechneten Wert der Gegenstände ergibt, ist der getrennten Berechnung beider Gegenstände gegenüberzustellen. Die für den Kostenschuldner günstigere Berechnungsweise ist zu wählen.

21 Erklärt der Eigentümer in einer Grundpfandrechtsbestellungsurkunde die Löschungszustimmung für ein anderes Grundpfandrecht, so liegen verschiedene Gegenstände vor; Rangerklärungen und Eigentümerzustimmungen hierzu sind dagegen auf das neu bestellte Grundpfandrecht zu beziehen und deshalb nicht gesondert zu bewerten (§ 109 I Nr. 3 GNotKG).

22 §§ 35, 94 GNotKG gelten ausnahmslos, also auch bei Zusammentreffen letztwilliger Verfügungen und Rechtsgeschäften unter Lebenden (z. B. Erbvertrag und Pflichtteilsverzicht) und bei Zusammentreffen von rechtsgeschäftlichen Erklärungen und Gesellschafterbeschlüssen. §§ 35, 94 GNotKG gelten allerdings nicht für die Vollzugs- und die Betreuungsgebühr: diese werden in jedem Beurkundungsverfahren nur einmal erhoben (§ 93 I GNotKG).

II. Einzelfragen des Kostenrechts J

3. Änderung beurkundeter Erklärungen

Für die Änderung oder Ergänzung beurkundeter Erklärungen wird derselbe Gebührensatz erhoben wie für die ursprüngliche Beurkundung; die frühere Begünstigung von Nachträgen hat das GNotKG abgeschafft. Keine Gebühr darf erhoben werden, wenn die Notwendigkeit der Änderung oder Ergänzung auf unrichtiger Sachbehandlung durch den Notar beruht (§ 21 GNotKG; vgl. Rn. 45). 23

Der Wert bestimmt sich nach dem Umfang der Änderung. Wird dagegen etwas völlig Neues beurkundet, das nur in sachlichem Zusammenhang mit der früheren Beurkundung steht, etwa „Bestätigung" eines früheren Vertrags nach Ausübung eines Rücktrittsrechts (*OLG Karlsruhe* Rpfleger 1985, 417), Neubeurkundung eines Vertrags, der infolge Verweigerung einer Zustimmung nicht rechtswirksam geworden ist (*OLG Hamm* JurBüro 1999, 490), Auswechslung des Vertragspartners (*BayObLG* MittBayNot 1994, 357), so ist der volle Wert maßgebend. Zweifelhaft ist der Fall, dass zunächst an mehrere Käufer zu Miteigentum verkauft wurde und durch einen Nachtrag vereinbart wird, dass der Erwerb stattdessen in BGB-Gesellschaft erfolgen soll (für Neubeurkundung *KG* Büro 1998, 430). 24

4. Beurkundungen unter besonderen Umständen

a) Beurkundungen außerhalb der Amtsstelle

Für Beurkundungen außerhalb der Amtsstelle ist eine Zeitgebühr von 50 EUR je angefangene halbe Stunde zu erheben (Nr. 26002). Sie ist auf mehrere Geschäfte zu verteilen; es handelt sich also nicht um eine „echte" Zusatzgebühr. Für letztwillige Verfügungen, Vorsorgevollmachten und ähnliche Geschäfte ist der Zuschlag auf 50 EUR je Auftraggeber beschränkt (Nr. 26003). 25

Die Gebühr darf nicht angesetzt werden, wenn der Notar außerhalb seiner Amtsstelle regelmäßig Sprechtage abhält (§ 87 GNotKG), ist aber bei Gebührenermäßigung nicht zu ermäßigen. Nach *OLG Köln* (Rpfleger 2001, 567) darf die Gebühr nicht berechnet werden, wenn die auswärtige Erledigung (auch) zur Bequemlichkeit des Notars („morgens auf dem Weg ins Büro") erfolgt. 26

b) Beurkundungen zu ungewöhnlicher Zeit

Für Beurkundungen an Werktagen außerhalb der Zeit von 8 bis 18 Uhr, an Samstagen nach 13 Uhr und an Sonn- und Feiertagen ist eine Zusatzgebühr von 30%, maximal 30 EUR, zu erheben (Nr. 26000; sog. „Unzeitgebühr"). Die Gebühr kann nur erhoben werden, wenn die Beteiligten um eine Beurkundung zu entsprechender Zeit ansuchen; schlägt der Notar einen solchen Beurkundungstermin vor, kann sie nicht beansprucht werden. 27

c) Beurkundungen in fremder Sprache

Für Beurkundungen in fremder Sprache erwächst eine Zusatzgebühr von 30% der Beurkundungsgebühr (Nr. 26001); sie ist nach oben nicht begrenzt. 28

Nr. 26001 ist nur dann anwendbar, wenn der Notar die Urkunde in der Fremdsprache aufnimmt oder in deutscher Sprache aufnimmt und selbst übersetzt, nicht dagegen, wenn ein Dolmetscher beigezogen wird, der die fremdsprachliche Erklärung eines Beteiligten in die deutsche Sprache übersetzt, in der dann beurkundet wird. Nr. 26001 ist nicht nur bei der Beurkundung von Willenserklärungen anwendbar, sondern auch bei Unterschriftsbeglaubigungen, Wechselprotesten und Beurkundungen von Gesellschaftsbeschlüssen.

5. Entwurf, vorzeitige Beendigung, Beratung

29 Die Gebühren für diese Geschäfte sind **Satzrahmengebühren;** beim Entwurf von Verträgen reicht der Rahmen von 0,5 bis 2,0. Er ist unter Berücksichtigung des Umfangs der erbrachten Leistung nach billigem Ermessen auszufüllen (§ 92 I). Bei geringen Geschäftswerten ist das Ermessen durch die spezifischen Mindestgebühren reduziert oder gar nicht gegeben.

a) Entwurfsgebühr

30 Beauftragen die Beteiligten den Notar nicht mit der Beurkundung, sondern mit der Fertigung eines Urkundsentwurfs, so ist für die vollständige Erstellung des Entwurfs dieselbe Gebühr wie für das Geschäft selbst zu berechnen (§ 92 II GNotKG; Nr. 24100 bis 24102). Wird das entworfene Rechtsgeschäft „demnächst" beurkundet, so wird die Entwurfsgebühr auf die Beurkundungsgebühr angerechnet (Vorbem. 2.4.1 Abs. 2); der Entwurf führt dann nicht zu Mehrkosten. Was „demnächst" ist, hängt auch von der Art des Geschäfts ab; bei einer Scheidungsvereinbarung, die lange zwischen den Parteien verhandelt wurde und bei der mehrfach Änderungen am Entwurf erfolgten, kann auch eine Beurkundung nach mehr als einem Jahr noch „demnächst" sein (*OLG Hamm* ZNotP 2007, 399).

Wunschgemäß vorgenommene Änderungen am Entwurf (auch mehrfache) sind gebührenfrei (teilweise a.A. *LG Krefeld* RNotZ 2008, 111). Fällig ist die Entwurfsgebühr mit Fertigstellung des Entwurfs, nicht erst mit Aushändigung (*KG* RNotZ 2006, 302 meint gar, es reiche, dass der Entwurf bereits diktiert worden sei).

31 Die Entwurfsgebühr fällt für den Entwurf rechtsgeschäftlicher Erklärungen in gleicher Weise an wie für letztwillige Verfügungen oder Beschlüsse; es spielt auch keine Rolle, ob das Geschäft beurkundungsbedürftig ist oder nicht, Der Entwurf muss sich auf ein bestimmtes Rechtsgeschäft beziehen; der Entwurf eines „Blankovertrags" ist kein notarielles Amtsgeschäft; das GNotKG ist darauf nicht anwendbar, wohl aber auf Serienverträge für mehrere beabsichtigte Beurkundungen; Geschäftswert ist hier die Summe der Geschäftswerte der beabsichtigten Verträge (*BGH* NJW 2009, 518).

b) Überprüfung von Entwürfen

32 Für die Überprüfung, Änderung oder Ergänzung eines vorliegenden Entwurfs wird ebenfalls die Entwurfsgebühr erhoben (Vorbem. 2.4.1 Abs. 3). Die unterschiedliche Bedeutung der notariellen Tätigkeit kann sich im angewendeten Gebührensatz niederschlagen; hier wird auch der je nach Qualität des vorgelegten Entwurfs unterschiedliche Arbeitsaufwand berücksichtigt. Eine Wesentlichkeitsgrenze besteht nicht; bei unwesentlichen oder rein sprachlichen Korrekturen kommt aber nur eine Gebühr an der unteren Grenze des Gebührenrahmens in Frage.

c) Vorzeitige Beendigung

33 Die Gebühren Nr. 24100 bis 24102 dürfen nur bei einem Auftrag zur Entwurfsfertigung erhoben werden. Erteilen die Beteiligten dem Notar Beurkundungsauftrag, nehmen diesen aber später zurück, so schulden sie nur eine Gebühr Nr. 21300 in Höhe von 20 EUR, wenn noch kein Entwurf an sie abgesandt wurde und sie auch vom Notar noch nicht schriftlich oder persönlich beraten wurden. Ist hingegen eine dieser Voraussetzungen eingetreten, haben sie die Rahmengebühren Nr. 21302 bis 21304 zu zahlen, deren Gebührenrahmen mit der jeweiligen Entwurfsgebühr völlig identisch ist. Fällig werden die Gebühren, wenn der Beurkundungsauftrag zurückgenommen wurde oder feststeht, dass die Beurkundung unterbleibt (*OLG Dresden* NotBZ 2003, 363).

II. Einzelfragen des Kostenrechts J

d) Beratung

Beratungsgebühren werden auf die Beurkundungsgebühr angerechnet, wirken sich 34
also nur aus, wenn entweder gar keine Beurkundung geplant war oder sie wegen oder
trotz erfolgter Beratung unterbleibt und auch kein Entwurf versandt wurde (dann vorzeitige Beendigung; Rn. 33). Der Gebührensatz leitet sich, wenn die Beratung Gegenstand einer Beurkundung sein könnte, von deren Gebührensatz ab; andernfalls beträgt
der Gebührenrahmen 0,3 bis 1,0 (Nr. 24200). Eine besondere Rahmengebühr ist für die
Beratung bei der Durchführung einer Hauptversammlung bestimmt (Nr. 24203).

6. Auslagen

Neben den Beurkundungsgebühren steht dem Notar Ersatz seiner Auslagen nach 35
Maßgabe von Nr. 32000 ff. zu. Es dürfen nur die tatsächlich angefallenen Auslagen angesetzt werden; eine Pauschalierung ist nur bei den Post- und Telekommunikationsentgelten zugelassen (Nr. 32005).

Die Regelung der Auslagen für gefertigte Kopien (Dokumentenpauschale) unterschei- 36
det danach, ob die Kopien in einem Beurkundungsverfahren gefertigt wurden oder nicht,
ob sie schwarz-weiß oder farbig und in welchem Format sie hergestellt wurden. Außerhalb eines Beurkundungsverfahrens wird weiterhin zwischen den ersten 50 Seiten (pro
Seite 0,50 EUR) und den folgenden Seiten (pro Seite 0,15 EUR) unterschieden, während
innerhalb eines Beurkundungsverfahren jede Seite mit 0,15 EUR abzurechnen ist. Jede
Kopie ist vergütungspflichtig; die in der Kostenordnung vorgesehenen „Freiexemplare"
gibt es nicht mehr. Für die Übermittlung per Telefax wird eine Dokumentenpauschale in
derselben Höhe wie für Kopien auf Papier erhoben. Für die Übermittlung von Dateien in
elektronischer Form beträgt die Dokumentenpauschale ohne Rücksicht auf deren Umfang 1,50 EUR (mit Begrenzung auf 5 EUR für jeden „Arbeitsgang"). Entstehen die
elektronisch übermittelten Dateien erst durch das Einscannen von Papierdokumenten,
dann ist mindestens die Dokumentenpauschale für ein entsprechendes Papierdokument
außerhalb eines Beurkundungsverfahren zu erheben.

Insgesamt wirkt die Regelung der Dokumentenpauschale perfektionistisch und läuft
dem Bestreben des GNotKG, das Kostenrecht möglichst zu vereinfachen, diametral entgegen.

Reisekosten sind für Amtsgeschäfte außerhalb der politischen Gemeinde des Amtssit- 37
zes und des Wohnsitzes des Notars zu erheben; sie setzen sich aus einem Kilometergeld
und einem nach der Abwesenheit von der Amtsstelle gestaffelten Tagegeld zusammen
(Nr. 32006, 32008). Das Tagegeld fällt aber praktisch kaum jemals an, nämlich nur
dann, wenn keine Auswärtsgebühr Nr. 26002, 26003 zu erheben ist; dies ist insbesondere bei Wechselprotesten der Fall.

Die Post- und Telekommunikationsentgelte können entweder konkret (Nr. 32004) 38
oder pauschal (Nr. 32005) in Rechnung gestellt werden. Pauschale Erhebung ist nur zulässig, wenn überhaupt Entgelte angefallen sind. Konkret berechnet werden dürfen alle
Auslagen mit Ausnahme des Portos für die Übersendung der Kostenrechnung, also nicht
nur Porto für den Urkundenversand, sondern auch für den Versand von Ladungen, Mitteilungen und dergleichen.

Auslagen sind auch die Justizverwaltungskosten für den Abruf von Grundbuchdaten 38a
aus dem **elektronischen Grundbuch** und dem Handelsregister (Nr. 32011). Dagegen sind
Gebühren für die Beschaffung von Grundbuch- und Registerauszügen verauslagte Gerichtskosten, die ebenso wie die Gebühren des Zentralen Vorsorge- und des Zentralen
Testamentsregisters als „sonstige Aufwendungen" (Nr. 32015) in Rechnung gestellt werden.

7. Verbot der Gebührenvereinbarung

39 Die Vereinbarung anderer Gebühren als der nach der GNotKG geschuldeten ist verboten und unwirksam (§ 125 GNotKG), also auch die Vereinbarung höherer Gebühren. Unterschiedliche Gebühren für das gleiche Amtsgeschäft können daher lediglich auf unterschiedlicher Betätigung des Ermessens im Rahmen des § 36 GNotKG sowie auf der Bemessung des Geschäftswerts beruhen. Verbotene Gebührenvereinbarung ist – außerhalb des Anwendungsbereichs von § 48 I GNotKG – die Zugrundelegung des Einheitswerts, da in aller Regel Anhaltspunkte für einen höheren Wert vorliegen (*OLG Hamm* DNotZ 1971, 125).

8. Gebührenermäßigung und -freiheit

40 Heute gibt es – von dem praktisch bedeutungslosen Fall des § 56 DMBilG abgesehen – im Bereich der Notargebühren nur noch persönliche Gebührenbegünstigungen; die sachlichen Gebührenbegünstigungen sind aufgehoben bzw. außer Kraft getreten.

a) § 91 GNotKG

41 Die begünstigten Kostenschuldner und die Ausnahmen von der Ermäßigung ergeben sich aus dem Text des § 91 GNotKG; nicht begünstigt ist die Bundesanstalt für Immobilienaufgaben, weil sie einen eigenen Haushalt hat (*BGH* JurBüro 1997, 373), ebensowenig die Deutsche Post AG und die Deutsche Bahn AG wegen ihrer Rechtsform, wohl aber das Bundeseisenbahnvermögen (*BGH* JurBüro 1998, 653). Von den gemeinnützigen Vereinigungen sind nur die mildtätigen und kirchlichen, nicht diejenigen, die andere gemeinnützige Zwecke verfolgen, begünstigt; diese Unterscheidung ist verfassungsgemäß (*BGH* NJW-RR 2014, 183). Umstritten ist die Frage der Ermäßigung bei Einrichtungen der Daseinsvorsorge (zur Abwasserbeseitigung vgl. *OLG Naumburg* NotBZ 2007, 220 einerseits und *OLG Köln* FGPrax 2007, 290 andererseits). Sicher nicht richtig ist es darauf abzustellen, ob die betreffende Tätigkeit mit Gewinnerzielungsabsicht betrieben werden könnte (so aber *KG* NVwZ-RR 2013, 240); dann gäbe es im Bereich der Daseinsvorsorge keine Gebührenermäßigung.

Die Ermäßigung ist von 30 bis 60 % gestaffelt; bei Geschäftswerten bis (einschließlich) 25.000 EUR wird keine Ermäßigung gewährt. Nur die in § 91 I GNotKG ausdrücklich genannten Gebühren sind zu ermäßigen, aber insbesondere nicht die Gebühren Nr. 22110, 22200, 23100, 25200, 25300. Kommt eine Höchstgebühr in Betracht, so ist diese zu ermäßigen, nicht etwa auf die Höchstgebühr.

42 Das Zusammentreffen mehrerer Kostenschuldner regelt § 91 III GNotKG. Übernimmt ein Gebührenbegünstigter Kosten, die nach der gesetzlichen Kostentragungsregelung ein nicht gebührenbegünstigter Beteiligter schuldet, so erhält er keine Gebührenermäßigung (*OLG Zweibrücken* Rpfleger 1996, 305); umgekehrt erhält der nicht Begünstigte die Ermäßigung, wenn er Kosten des Begünstigten übernimmt.

43 Zahlreiche Einzelfragen (Zusammenbeurkundung begünstigter und nicht begünstigter Geschäfte, Aufspaltung von Verträgen in Angebot und Annahme, Tausch mit Aufzahlung, Probleme des § 91 I 2 GNotKG) sind zweifelhaft und umstritten (vgl. *Waldner* Rn. 374 bis 386).

b) Vorbem. 2 GNotKG

44 Völlig gebührenfrei sind Beurkundungen in Sozialhilfesachen (Vorbem. 2 Abs. 2), auch für den Erben, der auf Erstattung von Kosten in Anspruch genommen wird (*OLG Hamm* ZNotP 2004, 39), und die in § 62 BeurkG genannten Beurkundungen, insbesondere Vaterschaftsanerkennung und Unterhaltsverpflichtungen gegenüber Kindern (Vorbem. 2 Abs. 3); Sorgeerklärungen gehören nicht hierher. Diese Bestimmungen sind verfassungsgemäß (*BVerfG* NJW 1986, 307).

9. Unrichtige Sachbehandlung

Keine Gebühren stehen dem Notar dann zu, wenn sie „bei richtiger Behandlung der 45 Sache nicht entstanden" wären (§ 21 GNotKG). Nach der früheren Rechtsprechung war dies nur bei offensichtlichen Versehen oder grober Verkennung der rechtlichen Bestimmungen der Fall. Zweifelsfrei falsche Sachbehandlung ist deshalb die Verletzung eindeutiger zwingender Rechtsvorschriften (z. B. Beurkundung eines Ehevertrags im Wege von Angebot und Annahme entgegen § 1410 BGB). Die neuere Rechtsprechung neigt jedoch dazu, den Anwendungsbereich der Vorschrift auf unter Kostengesichtspunkten ungünstige Vertragsgestaltung auszudehnen, mag diese auch sachlich-rechtlich zu Beanstandungen keinen Anlass geben, etwa eine sinnlose Hinterlegung des Kaufpreises beim Notar (*LG Kassel* JurBüro 2003, 432). Allerdings muss der Notar, der um die Beurkundung einer (nach § 130 AktG) nicht beurkundungsbedürftigen Hauptversammlung einer AG nur auf den Umstand der fehlenden Beurkundungsbedürftigkeit hinweisen, nicht auch noch ungefragt auf die Höhe der anfallenden Kosten (*OLG Düsseldorf* RNotZ 2002, 60). Bei Bestehen mehrerer Möglichkeiten muss der Notar auf den billigeren Weg hinweisen, wenn er in gleicher Weise geeignet ist (*OLG Zweibrücken* ZNotP 2010, 398).

Bei Beurkundung unter Verstoß gegen eines der Mitwirkungsverbote des § 3 BeurkG ist zu unterscheiden: Lassen die Beteiligten die verbotswidrig erfolgte Beurkundung von einem anderen Notar überprüfen oder neu vornehmen, dann bleiben die Kosten der verbotswidrigen Beurkundung bis zur Höhe der bei dem anderen Notar angefallenen Kosten unerhoben; belassen es die Beteiligten dagegen bei der verbotswidrigen Beurkundung, sind die Kosten ungeschmälert zu erheben, da die Beurkundung trotz des Verstoßes wirksam ist. Eine Beurkundung, die gegen das Verbot des § 17 II a BeurkG verstößt, ist falsche Sachbehandlung, wenn der Vertrag nicht durchgeführt wird (*KG* DNotZ 2009, 49).

Unrichtige Sachbehandlung ist ausgeschlossen, wenn die Beteiligten entgegen dem Rat 46 des Notars auf einer Beurkundung bestehen, die sich später als unbrauchbar oder ergänzungsbedürftig erweist.

Berechnet der Notar Kosten, obwohl er weiß, dass unrichtige Sachbehandlung vor- 47 liegt, so kann er sich wegen Gebührenüberhebung strafbar machen (§ 352 StGB; vgl. dazu *OLG Köln* NJW 1988, 503). Folgt ein Notar uneinsichtig und starr einer von dem für ihn zuständigen OLG nicht gebilligten Rechtsmeinung, die zu höheren oder zusätzlichen Gebühren führt, begeht er ein Dienstvergehen (*OLG Köln* JurBüro 2001, 540) und begründet Zweifel an seiner Eignung zum Notar (*BGH* NJW 1997, 1075, 1076).

10. Gebührenfreie Urkundsgewährung

§ 17 BNotO ordnet an, dass der Notar in entsprechender Anwendung der Bestim- 48 mungen der ZPO über Prozesskostenhilfe seine Urkundtätigkeit gebührenfrei bzw. in Monatsraten zu gewähren hat. Allerdings passt das Prozesskostenhilfebewilligungsverfahren (Prüfung von Mutwilligkeit; Vorlage von Belegen über die persönlichen und wirtschaftlichen Verhältnisse) nur schlecht für die notarielle Beurkundung. Gebührenfreiheit und Ratenzahlung werden nur auf Antrag gewährt und nur für ein beabsichtigtes Geschäft; nach der Beurkundung kann der Antrag also nicht mehr gestellt werden. Über die Gewährung entscheidet der Notar selbst und muss den Gebührenausfall auch selbst tragen.

III. Einforderung der Kosten

1. Fälligkeit der Kosten und Verjährung

Die Gebühren des Notars werden mit dem Abschluss des jeweiligen Amtsgeschäfts fäl- 49 lig (§ 10 GNotKG), die Beurkundungsgebühr also mit der Beurkundung ohne Rücksicht auf den Vollzug. Auf die Gebühren wird die gesetzliche Umsatzsteuer von derzeit 19% erhoben (Nr. 32014 GNotKG).

50 Von der Möglichkeit, einen Vorschuss auf die Kostenforderung zu verlangen (§ 15 GNotKG), wird in der Praxis nur selten Gebrauch gemacht. Ausfertigungen und Abschriften können zurückbehalten werden, bis die Kosten bezahlt sind (§ 11 S. 1 GNotKG); der Notar darf aber den Grundbuchvollzug einer vollzugsreifen Urkunde nicht zurückstellen, bis seine Kosten bezahlt sind (§ 11 S. 2 GNotKG); in einem solchen Fall muss er bereits die Beurkundung von einem Kostenvorschuss abhängig machen, wenn er seinen Kostenanspruch sichern will.

51 Für die Verjährung gilt die vierjährige Frist des § 17 GNotKG; die Verjährung beginnt mit dem Ende des Jahres, in dem der Anspruch fällig wurde. Die Zustellung der vollstreckbaren Ausfertigung führt dazu, dass die Verjährungsfrist neu beginnt, also von diesem Tag an nochmals vier Jahre beträgt; sie schafft aber keinen 30 Jahre lang vollstreckbaren Titel; § 197 Nr. 4 BGB ist nicht anwendbar (*BGH* NJW-RR 2004, 1578).

Die Verjährung beginnt auch neu, wenn der Notar dem Kostenschuldner einseitig die Stundung der Kosten mitteilt, allerdings nur einmal und auch nur dann, wenn eine formgerechte Kostenrechnung zugegangen ist (*BGH* NJW 2006, 1138). Verjährte Kosten in Rechnung zu stellen, ist nicht verboten, aber im Hinblick darauf, dass sie im Streitfall wegen der richterlichen Hinweispflicht auf die Verjährung (§ 139 ZPO; str.) nicht durchsetzbar wären, unangebracht. Der Anspruch auf Rückzahlung überzahlter Kosten verjährt bei seit 2.1.2002 fällig gewordenen ebenfalls in vier Jahren.

2. Kostenrechnung

52 Die Anforderungen an die Kostenrechnung ergeben sich aus § 19 GNotKG, der zwischen Muss- und Sollbestimmungen unterscheidet (vgl. § 19 II mit § 19 III GNotKG). Fehlt ein in § 19 II GNotKG genanntes Erfordernis, liegt keine wirksame Kostenrechnung vor; Mängel hinsichtlich der in § 19 III GNotKG genannten Angaben lassen die verjährungsunterbrechende Wirkung unberührt. Werden verschiedene Gebühren aus verschiedenen Geschäftswerten angesetzt, muss für jede Gebühr der Geschäftswert angegeben werden; nur so kann der Kostenschuldner ja überprüfen, ob der richtige Gebührenbetrag eingesetzt ist. Das Zitiergebot gilt nicht nur für die Gebühren, sondern auch für die Auslagen, ist hinsichtlich Dokumentenpauschale und Porto durch § 19 II Nr. 4 GNotKG aber wesentlich abgemildert.

53 Bei den angewendeten Vorschriften muss auch § 34 GNotKG genannt werden (*BGH* NJW 2008, 2192); die Kostenrechnung muss unterschrieben werden.

3. Kostenbeitreibung

54 Der Notar braucht im Gegensatz zum Rechtsanwalt seine Kosten nicht einzuklagen, sondern kann sie selbst beitreiben. Es ist also Sache des Kostenschuldners, das Gericht anzurufen, wenn er die Kostenrechnung des Notars, seine Inanspruchnahme oder die Durchführung der Vollstreckung für unzulässig oder unrichtig hält. Dies ist auch der Grund für die Formstrenge bei der Aufstellung der Kostenrechnung: Die Angabe des Geschäftswerts und der angewendeten Gebührenvorschriften hat die Funktion einer Begründung für den festgestellten Zahlungsanspruch.

55 Zur Kostenbeitreibung muss der Notar eine Kostenberechnung mit der Vollstreckungsklausel und seinem Dienstsiegel versehen und zustellen lassen (§ 89 GNotKG). Nach der Wartefrist des § 798 ZPO (zwei Wochen) darf die Vollstreckung beginnen. Die Kosten der Zustellung und Vollstreckung werden mit beigetrieben. Inwieweit dem Notar Zinsen zustehen, regelt § 88 GNotKG. Zu den verjährungsrechtlichen Folgen s. Rn. 51.

4. Überprüfung der Kostenrechnung

Gegen die Kostenrechnung kann der Beteiligte formlos Beanstandungen beim Notar **56** erheben. Hält der Notar diese für begründet, berichtigt er von sich aus die Kostenrechnung. Im anderen Fall kann der Kostenschuldner die Entscheidung des Landgerichts beantragen (§ 127 I 1 GNotKG); dieses entscheidet im Verfahren der freiwilligen Gerichtsbarkeit. Hat der Kostenschuldner Klage erhoben, ist auf Antrag zu verweisen (*BGH* NJW-RR 2005, 721). Der Notar selbst ist zur Anrufung des Gerichts berechtigt (§ 127 I 2 GNotKG), wenn der Kostenschuldner Einwendungen erhoben hat, und dazu verpflichtet, wenn er sie nicht anerkennen will. Auch der Landgerichtspräsident als Dienstaufsichtsbehörde kann den Notar anweisen, die gerichtliche Entscheidung herbeizuführen (§ 130 II GNotKG). Der Notar muss diese Weisung befolgen, ist aber nicht gehindert, im Verfahren seinen eigenen abweichenden Rechtsstandpunkt darzulegen.

Der Antrag ist formlos und das Verfahren erster Instanz gebührenfrei. Bei freiwilliger **57** Zahlung ist der Antrag auch nicht fristgebunden (*BayObLG* DNotZ 1987, 175; a.A. *OLG Celle* NJW-RR 2004, 70); lediglich nach Zustellung einer vollstreckbaren Ausfertigung läuft eine Frist von einem Jahr (§ 127 II GNotKG), und nicht einmal diese Frist läuft, wenn der Notar Beanstandungen des Kostenschuldners einfach ignoriert, anstatt pflichtgemäß eine Entscheidung des Landgerichts herbeizuführen oder wenigstens den Kostenschuldner auf diese Rechtsschutzmöglichkeit aufmerksam zu machen (*KG* JurBüro 1998, 320; a.A. – mit rechtsstaatlichen Grundsätzen unvereinbar – *KG* NJW 2013, 878) oder wenn der Kostenschuldner schon vor Zustellung der vollstreckbaren Ausfertigung Beanstandungen erhoben hat (*OLG Düsseldorf* JurBüro 2007, 373).

Im Antragsverfahren werden alle Einwendungen des Kostenschuldners geprüft, also **58** z.B. auch der Einwand falscher Sachbehandlung (§ 21 GNotKG) oder die Aufrechnung mit Schadensersatzansprüchen wegen Amtspflichtverletzung. Alle Beteiligten haben Anspruch auf rechtliches Gehör (Art. 103 I GG). Kostenrechnungen, die nicht den Anforderungen des § 19 GNotKG entsprechen (vgl. Rn. 52), werden ohne sachliche Prüfung aufgehoben.

Gegen die Entscheidung des Landgerichts kann ohne Zulassung und ohne Vorliegen **58a** eines Mindestbeschwerdewerts Beschwerde zum OLG (in Rheinland-Pfalz zum OLG Zweibrücken) erhoben werden (§ 129 I GNotKG). Die Beschwerdefrist beträgt einen Monat (§ 130 III GNotKG); neue Tatsachen können unbeschränkt vorgebracht werden. Auch in der Beschwerdeinstanz kann eine den Anforderungen des § 19 GNotKG nicht entsprechende Kostenrechnung noch durch eine formgerechte ersetzt werden.

Die Rechtsbeschwerde zum BGH findet nur statt, wenn das OLG sie zugelassen hat **59** (§ 130 III GNotKG). Mit ihr kann nur eine Gesetzesverletzung durch das OLG gerügt werden. Hat das OLG das rechtliche Gehör verletzt, so ist zwar keine zulassungsfreie weitere Beschwerde gegeben; der Beteiligte kann aber im Wege der Anhörungsrüge (§ 131 GNotKG) eine Überprüfung der oberlandesgerichtlichen Entscheidung verlangen, die auch in der Zulassung der Rechtsbeschwerde bestehen kann. Für die Beteiligten besteht Anwaltszwang, nicht dagegen für den Notar.

Die Beschwerdeentscheidung wird materiell rechtskräftig. Weder kann der Kosten- **60** schuldner nach Zurückweisung seiner Beschwerde erneut Beschwerde aus Gründen einlegen, die bereits zum Zeitpunkt der ersten Beschwerdeentscheidung bestanden haben (*OLG Zweibrücken* DNotZ 1988, 193), noch kann der Notar nach Zurückweisung der Beschwerde eine neue Rechnung mit höherem Geschäftswert stellen (*OLG Düsseldorf* JurBüro 1997, 154). Wegen neuer Streitgegenstände kann dagegen erneut Beschwerde eingelegt werden (*OLG Hamm* FGPrax 2012, 267).

IV. Kosten-ABC

61 A **Abtretung von Grundpfandrechten:** Siehe Kap. A VI. Rn. 83 ff.
Abtretungsanzeige: 0,5-Gebühr Nr. 22200 Ziff. 5 aus dem volle Grundschuldkapital, wenn der Notar dem Grundpfandrechtsgläubiger anzeigt, dass die Auszahlungsansprüche aus einer Finanzierungsgrundschuld des Käufers an den Verkäufer abgetreten sind.
Aktiengesellschaft: Gründung durch mehrere Gründer: 2,0-Gebühr aus Nr. 21100 GNotKG. Feststellung der Satzung durch einen Gründer: 1,0-Gebühr aus Nr. 21200 GNotKG. Geschäftswert ist das Grundkapital, bei Ausgabe mit einem Agio das um die Agio erhöhte Grundkapital (*LG Hannover* JurBüro 2004, 206; ein genehmigtes Kapital ist hinzuzurechnen). Umstritten ist, ob die Bestellung der Mitglieder des ersten Aufsichtsrats ein gesondert zu bewertender Beschluss (dafür *OLG* München Mitt-BayNot 2006, 444) oder notwendiger Bestandteil der Gründung ist. Nimmt der Notar eine nach § 33 AktG notwendige Gründungsprüfung vor, so erhält er dafür eine 1,0-Gebühr Nr. 25206 aus dem Grundkapital, mindestens 1.000 EUR.
Amtliche Vermittlung der Erbauseinandersetzung: Siehe Kap. C Rn. 437.
Angebot zum Vertragsschluss: 2,0-Gebühr Nr. 21100. Kostenschuldner ist, auch wenn das Angebot später angenommen wird, zunächst nur der Anbietende (aber mit Beurkundung einer anderweitigen Kostenregelung erhält der Notar einen weiteren Kostenschuldner, § 30 III GNotKG). „Verlängerung" des Angebots nach Ablauf der Bindungsfrist ist wegen § 148 BGB neues Angebot und löst wiederum dieselbe Gebühr aus (Korintenberg/*Reimann* § 37 Rn. 13; a. A. *Rohs*/Wedewer § 37 Rn. 2: Gebühr aus einem Bruchteil von 10–20 % des Kaufpreises). Eine Vollzugsgebühr Nr. 22100 kann beim Angebot nicht anfallen (*OLG Hamm* FGPrax 2005, 87).
Ankaufsrecht: Bestellung durch Vertrag: 2,0-Gebühr aus Nr. 21100 aus dem vollen Grundstückswert (§ 51 I GNotKG). wenn nicht „besondere Umstände des Einzelfalls" die Wahrscheinlichkeit der Ausübung unverhältnismäßig gering erscheinen lassen.
Annahme als Kind: 1,0-Gebühr aus Nr. 21200 GNotKG für den Antrag des Annehmenden. Der Antrag des volljährigen Anzunehmenden und die erforderlichen Einwilligungen haben denselben Gegenstand. Werden die Einwilligungen in gesonderter Urkunde erklärt: 0,5-Gebühr Nr. 21201 Ziff. 8. Geschäftswert bei minderjährigem Kind stets 5.000 EUR (§ 101 GNotKG), bei volljährigem Kind nach den wirtschaftlichen Verhältnissen zu schätzen. Für die Beschaffung der erforderlichen Unterlagen für das Familiengericht: 0,5-Gebühr Nr. 22100 aus demselben Wert.
Annahme eines Vertragsangebots: 0,5-Gebühr Nr. 21101 Ziff. 1, wenn das Angebot beim gleichen Notar beurkundet wurde, sonst 1,0-Gebühr Nr. 21102. Die in der Annahmeurkunde aufgrund Vollmacht des Anbietenden erklärte Auflassung ist gegenstandsgleich. Erfolgt die Annahme durch den Käufer und unterwirft er sich wegen des Kaufpreises der Zwangsvollstreckung, dann gleicher Gegenstand (§ 109 I Nr. 4 GNotKG).
Anwaltsvergleich: Für das Verfahren auf Vollstreckbarerklärung: 60 EUR (Nr. 23800). Vollstreckbare Ausfertigung grundsätzlich gebührenfrei, bei Vollstreckungsklauselumschreibung (siehe dort) aber 0,5-Gebühr Nr. 23803.
Aufhebung von Verträgen: 1,0-Gebühr Nr. 21102 Ziff. 2. Es spielt keine Rolle, ob der Vertrag schon ganz oder teilweise erfüllt war. Die Aufhebung eines Grundstückskaufvertrags ist allerdings formfrei möglich, wenn keine Auflassungsvormerkung eingetragen ist oder diese zuvor gelöscht wird.
Auflassung: Bei Mitbeurkundung im Kaufvertrag ist die Auflassung gegenstandsgleich. Bei Beurkundung in gesonderter Verhandlung 0,5-Gebühr Nr. 21101, wenn das zugrunde liegende Rechtsgeschäft vom gleichen Notar beurkundet wurde, bei anderweitiger Beurkundung 1,0-Gebühr Nr. 21102 Ziff. 1; dies kann auch in einem Pro-

zessvergleich geschehen sein (*BayObLG* NotBZ 2003, 274); zu der umstrittenen Frage, ob auch die Beurkundung vor einem ausländischen Notar genügt, vgl. Kap. A I. Rn. 437). Zur Frage der gesonderten Beurkundung der Auflassung beim vermessenen Grundstück vgl. Kap. A I. Rn. 447.

Auseinandersetzung unter Miteigentümern: 2,0-Gebühr Nr. 21100. Die Ermittlung des Geschäftswerts ist umstritten. Teils wird der volle Wert des auseinander gesetzten Gegenstands angenommen (*BayObLG* MittRhNotK 1971, 234), teils der Wert des höchstwertigen ausgetauschten Miteigentumsanteils (*OLG Stuttgart* RdL 1977, 333; ebenso *BayObLG* JurBüro 1991, 1527 beim Austausch von Anteilen an mehreren Grundstücken, die in ihrem Bestand unverändert bleiben).

Ausschlagung der Erbschaft: Siehe Kap. C Rn. 479.

Bauverpflichtung: Bewertung mit 20 % des Werts des unbebauten Grundstücks bei Wohnimmobilien, mit 20 % der voraussichtlichen Herstellungskosten bei gewerblichen Immobilien (§ 50 Nr. 3 GNotKG).

Beglaubigung von Ablichtungen: Keine Gebühr, wenn sich die Urkunde in der dauernden Verwahrung des Notars befindet, andernfalls 10 EUR für die ersten 10 Seiten, sonst 1 EUR je Seite (Nr. 25102). Ob es sich um eine Beglaubigung auf Papier oder eine elektronische Beglaubigung handelt, spielt keine Rolle (a. A. *OLG Düsseldorf* JurBüro 2010, 312).

Benutzungsregelung nach § 1010 BGB: Bewertung mit 30 % des Grundstückswerts (§ 51 II GNotKG). Vereinbarung i.d.R. durch Vertrag (2,0-Gebühr aus Nr. 21100 GNotKG).

Bescheinigungen: Für Tatsachenbescheinigungen 1,0-Gebühr Nr. 25104. Geschäftswert ist die wirtschaftliche Bedeutung der Bescheinigung für den Antragsteller; für Lebensbescheinigungen i.d.R. 5.000 EUR. Zur Bescheinigung nach § 54 GmbHG s. unter „GmbH". Für die Bescheinigung der Vorlage einer Privaturkunde ist eine Festgebühr von 20 EUR (Nr. 25103), für die Bescheinigung über eine Vertretungsberechtigung aufgrund Einsicht in das Handels-, Genossenschafts-, Vereins- oder ein ähnliches Register eine Festgebühr von 15 EUR zu erheben (Nr. 25200). Damit ist auch die Einsicht des Registers (einschließlich Fahrtkosten und dergleichen) abgegolten. Die Gebühr wird für jedes eingesehene Registerblatt erhoben; insbesondere fallen bei der GmbH & Co. KG zwei Gebühren Nr. 25200 an. Bescheinigungen über das Bestehen und den Sitz juristischer Personen, Verschmelzungen und ähnliche Vorgänge sind ebenso zu bewerten.

Betreuungsverfügung: 1,0-Gebühr Nr. 21200. Der Geschäftswert beträgt 5.000 EUR. Wird gleichzeitig eine Patientenverfügung beurkundet, so ist die Betreuungsverfügung gegenstandsgleich, hingegen gegenstandsverschieden zu einer Vorsorgevollmacht (§ 110 Nr. 3 GNotKG). Für die Übermittlung des Antrags auf Eintragung in das Zentrale Versorgungsregister darf keine Gebühr erhoben werden, wenn eine Entwurfs- oder Beurkundungsgebühr angefallen ist (sonst: 20 EUR, Nr. 22124).

Dienstbarkeiten: 0,5-Gebühr Nr. 21201 Ziff. 4 für Eintragungsbewilligung des Eigentümers; 2,0-Gebühr Nr. 21100 bei vertraglicher Einräumung. Geschäftswert ist nicht die durch die Einräumung der Dienstbarkeit herbeigeführte Wertminderung des Grundstücks, sondern der Wert der Dienstbarkeit für den Berechtigten (§ 52 I GNotKG). Dieser kann in der für die Einräumung der Dienstbarkeit vom Berechtigten gezahlten (einmaligen oder laufenden) Gegenleistung zum Ausdruck kommen (*OLG Brandenburg* ZNotP 2005, 76; *OLG Celle* FGPrax 2012, 178), bei einem Parkplatzrecht in dem nach § 52 GNotKG kapitalisierten Betrag, der für die Anmietung eines Stellplatzes aufgewendet werden müsste (*BayObLG* RNotZ 2001, 172). Diese Grundsätze gelten in gleicher Weise für Geh- und Fahrtrechte, Masterrichtungsrechte und Windkraftanlagenerrichtungsrechte.

61 E **Ehevertrag:** 2,0-Gebühr aus Nr. 21100 GNotKG. Geschäftwert ist der Reinwert des von dem Vertrag betroffenen Vermögens der Ehegatten (§ 100 I 1 GNotKG). Schulden können vom Aktivvermögen bis zur Hälfte abgezogen werden; diese Berechnung ist für jeden Ehegatten getrennt durchzuführen; künftiges Vermögen, über das schon Regelungen getroffen werden, wird mit 30 % seines Wertes hinzugerechnet (§ 100 III; zur Durchführung siehe *Waldner* Rn. 173). Bei Vereinbarung eines neuen Güterstands ist das gesamte Vermögen maßgebend; bei Modifizierung des gesetzlichen Güterstands muss eine Schätzung erfolgen. Umfasst ein Ehevertrag nur bestimmte Gegenstände (z. B. Erklärung zu Vorbehaltsgut), so ist der Wert dieser Gegenstände (ohne Schuldenabzug) maßgebend. Der (seltene) Antrag auf Eintragung in das Güterrechtsregister ist gegenstandsverschieden (§ 111 Nr. 3 GNotKG). Kein Ehevertrag ist die Aufnahme eines Vermögensverzeichnisses der Ehegatten (1,0-Gebühr Nr. 23502). Wechseln Ehegatten aus dem Güterstand der Gütergemeinschaft oder Zugewinngemeinschaft in den der Gütertrennung und setzen sie das Gesamtgut auseinander oder nehmen den Zugewinnausgleich vor, so sind die beiden Geschäfte gegenstandsgleich (zum alten Recht *OLG Köln* Büro 1997, 206; zum neuen Recht str.).

Der Geschäftswert des Ausschlusses des Versorgungsausgleichs vor der Ehe kann mangels möglicher Aussage über die Entwicklung der Anwartschaften nur mit dem Auffangwert von 5.000 EUR angesetzt werden. Bei bestehender Ehe muss eine Schätzung aufgrund des Kapitalwerts der Anwartschaften erfolgen. Erfolgt der Verzicht entgeltlich, so gibt die Gegenleistung des anderen Teils einen Anhaltspunkt und stellt den Mindestwert dar (§ 97 III GNotKG).

Unterhaltsverzichte vor der Ehe können nur mit dem Auffangwert von 5.000 EUR (§ 36 III GNotKG) bewertet werden. Werden dagegen – vor allem in Scheidungsvereinbarungen – bestimmte Unterhaltszahlungen vereinbart, so ist der Wert nach § 52 GNotKG zu bestimmen.

Vereinbarungen über Ehewohnung und Hausrat sowie Vorschläge an das Familiengericht zur Sorgerechtsregelung sind mit dem Auffangwert von 5.000 EUR (§ 36 III GNotKG) zu veranschlagen.

Eidesstattliche Versicherung: 1,0-Gebühr Nr. 23300. Der Geschäftswert ist nach der wirtschaftlichen Bedeutung der Sache für den Antragsteller zu bemessen; wenn Anhaltspunkte fehlen, ist der Auffangwert anzusetzen (§ 36 GNotKG). Unterschriftsbeglaubigung unter Eidesstattliche Versicherung eines Beteiligten ist zulässig; 0,2-Gebühr Nr. 25100.

Eidesstattliche Versicherung zur Erlangung eines Erbscheins siehe Kap. C Rn. 427 f.

Elektronischer Rechtsverkehr: Siehe Beglaubigung von Ablichtungen; XML-Daten; Rn. 36.

Entpfändungserklärung: Siehe Pfandfreigabe.

Erbauseinandersetzung: Siehe Kap. C Rn. 436.

Erbbaurecht: Siehe Kap. A IV. Rn. 17.

Erbscheinsantrag: Siehe Kap. C Rn. 427 f.

Erbteilsübertragung: Siehe Kap. C Rn. 461 f.

Erbvertrag: Siehe Kap. C Rn. 412.

Erbverzicht: Gebühr Nr. 21100 GNotKG. Die Festsetzung des Geschäftswerts ist umstritten: Erbteil des Verzichtenden am Nachlass des Erblassers, wenn dieser im Zeitpunkt des Verzichts versterben würde (§ 102 IV GNotKG); Herabsetzung aber dann angebracht, wenn Ehegatten in einer Scheidungsvereinbarung gegenseitig verzichten (*OLG München* MittBayNot 2006, 354). Für den entgeltlichen Erbverzicht gilt § 97 III GNotKG; beim gegenseitigen Erbverzicht ist Geschäftswert der Verzicht mit dem höheren Wert. Erbverzichte müssen mit erbvertraglichen Regelungen in derselben Urkunde zusammengerechnet werden (§ 35 I GNotKG).

61 G **Geh- und Fahrtrecht:** Siehe Dienstbarkeit.
Gemeinschaftliches Testament: Siehe Testament.

Gemeinschaftsaufhebungsverbot: Vereinbarung i.d.R. durch Vertrag (2,0-Gebühr Nr. 21100 GNotKG). Geschäftswert: 30% des Grundstückswerts; die Dauer des Verbots (befristet; für immer) spielt keine Rolle.

Genehmigung: 1,0-Gebühr Nr. 21200 aus dem halben Wert der zu genehmigenden Erklärung (§ 98 I GNotKG). Bei einer Genehmigung aufgrund einer Mitberechtigung ist der Anteil des Genehmigenden maßgeblich (§ 98 II GNotKG), auch wenn er Mitverpflichteter ist (z.B. einer von mehreren Käufern, die gesamtschuldnerisch für den Kaufpreis haften).

Geschäftsanteilsabtretung: 2,0-Gebühr Nr. 21100. Geschäftswert ist die Gegenleistung, wenn diese aus der Urkunde zu ersehen ist, andernfalls ist der Anteil des Veräußerers am Eigenkapital der Gesellschaft maßgeblich (§ 54 GNotKG). Umstritten ist, ob bei der Abtretung nicht voll eingezahlter Geschäftsanteile die restliche Einlageverpflichtung dem Geschäftswert hinzuzurechnen ist (bejahend z.B. *OLG Dresden* MittBayNot 1994, 360; verneinend z.B. *Lappe* NJW 1987, 1865).

GmbH: Gesellschaftsvertrag: 2,0-Gebühr aus Nr. 21100. Feststellung des Gesellschaftsvertrags bei Einpersonen-GmbH: 1,0-Gebühr Nr. 21200. Geschäftswert ist das Stammkapital, mindestens 30.000 EUR (Ausnahme: Verwendung des Musterprotokolls; § 107 I 2 GNotKG). Bei Einbringung eines Handelsgeschäfts mit allen Aktiva und Passiva: die Aktivseite der Bilanz; bei Einbringung von Grundbesitz ist die Auflassung gegenstandsgleich (§ 109 I Nr. 2).

Bestellung der Geschäftsführer im Gesellschaftsvertrag ist gegenstandsgleich und nicht besonders zu bewerten. Bestellung durch beurkundeten Beschluss der Gesellschafter: 2,0-Gebühr Nr. 21100; Geschäftswert: 1% des Stammkapitals, mindestens 30.000 EUR (§ 105 IV Nr. 1 GNotKG). Bestellung durch beurkundeten Beschluss ohne Hinweis auf die Kostenfolge ist unrichtige Sachbehandlung (*LG Bamberg* v. 6.8.2007 – 1 T 2/07; a.A. *KG* JurBüro 2006, 266).

Anmeldung zum Handelsregister: 0,5-Gebühr Nr. 21201 Ziff. 5. Geschäftswert ist das Stammkapital. Die Anmeldung der Geschäftsführer ist nicht besonders zu bewerten. Die Anfertigung der mit der Anmeldung vorzulegenden Liste der Gesellschafter ist Vollzugstätigkeit zur Anmeldung (0,3-Gebühr Nr. 22111, 22113, maximal 250 EUR; str.; a.A. Vollzugtätigkeit zum Gesellschaftsvertrag). Die nach § 8 III GmbHG vorzunehmende Belehrung gehört zum Entwurf der Anmeldung (*OLG Celle* DNotZ 1991, 415).

Satzungsänderung der GmbH vor Eintragung erfolgt durch Nachtrag zur Gründungsurkunde: 2,0-Gebühr Nr. 21100 aus einem Bruchteil des Stammkapitals (je nach dem Umfang und der Bedeutung der Änderung); Handelsregisteranmeldung nicht erforderlich. Satzungsänderung der GmbH **nach Eintragung** erfolgt durch Beschluss der Gesellschafter: 2,0-Gebühr Nr. 21100. Geschäftswert ist bei Änderungen des Stammkapitals der Erhöhungsbetrag, bei sonstigen Veränderungen der Wert des § 105 IV Nr. 1 GNotKG). Übernahmeerklärungen auf das erhöhte Stammkapital sind gesondert zu bewerten: 1,0-Gebühr Nr. 21200 aus dem Gesamtbetrag der übernommenen Stammeinlagen (Beglaubigung ausreichend). Zusammenrechnung mehrerer Erklärungen in einer Urkunde (§ 35 I) ohne Rücksicht auf deren Inhalt.

Anmeldung von Veränderungen zum Handelsregister: 0,5-Gebühr Nr. 21201 Ziff. 5. Die Anmeldung mehrerer Veränderungen in den vertretungsberechtigten Personen (z.B. Bestellung oder Abberufung mehrerer Prokuristen und Geschäftsführer) führt zu einer entsprechenden Mehrzahl von (zu addierenden) Anmeldungen (*BGH* DNotZ 2003, 297).

Die Fertigung des neuen Wortlauts des Gesellschaftsvertrags (§ 54 GmbHG) im Zusammenhang mit einer Satzungsänderung ist gebührenfrei (Vorbem. 2.1 Abs. 2 Nr. 4). Geschäftswert von **Anmeldungen ohne wirtschaftliche Bedeutung** (z.B. Änderung des Namens eines Geschäftsführers wegen Verehelichung oder des Sitzes der Gesellschaft wegen Eingemeindung) 5.000 EUR. Bei **Löschung** einer GmbH ist Geschäftswert der Wert des § 105 IV Nr. 1 GNotKG.

Der **Höchstwert** einer **Handelsregisteranmeldung** ist – auch bei mehreren angemeldeten Tatsachen – 1.000.000 EUR (§ 106 GNotKG), von Beschlüssen 5.000.000 EUR (§ 108 V GNotKG), für die Beurkundung von Gesellschaftsverträgen 10.000.000 EUR (§ 107 GNotKG).

Grundbuchberichtigung: 0,5-Gebühr Nr. 21200 Nr. 4. Geschäftswert ist bei der Berichtigung wegen Eintretens oder Ausscheidens eines Gesellschafters in der BGB-Gesellschaft der Anteil des Eintretenden oder Ausscheidenden (*OLG München* RNotZ 2008, 170). Geschäftswert für die Berichtigung durch Löschung eines durch Tod, Zeitablauf oder Bedingungseintritt gegenstandslos gewordenen Rechts ist Null (§ 52 VI 4 GNotKG).

Grundschuld: 1,0-Gebühr aus Nr. 21200 für Grundschulden mit Zwangsvollstreckungsunterwerfung, 0,5-Gebühr Nr. 21201 Ziff. 4 für Grundschulden ohne Zwangsvollstreckungsunterwerfung, wenn die Urkunde nur Grundbucherklärungen enthält. Bei Aufnahme von abstrakten Schuldanerkenntnissen, Abtretung von Rückgewähransprüchen und dergleichen 1,0-Gebühr aus Nr. 21200. Ob derartige Nebenbestimmungen durch entsprechenden Vermerk aus dem Verantwortungsbereich des Notars herausgenommen werden können („Auf die folgenden Erklärungen bezieht sich der Beglaubigungsvermerk nicht"), ist str. (abl. *OLG Düsseldorf* DNotZ 1987, 380; vgl. *OLG München* v. 22.10.2009 – 32 Wx 84/09). Bei Überprüfung oder Ergänzung vorgelegter Entwürfe Entwurfsgebühr (siehe oben Rn. 32).

Für die **Auszahlungsbestätigung** (Feststellung des Notars über den sich bei antragsgemäßer Erledigung der gestellten Anträge ergebenden Rang der Grundschuld) ist eine 0,3-Gebühr aus dem Grundschuldbetrag zu erheben (Nr. 25201).

Grundschuldbestellung und Übernahme der persönlichen Haftung für den Grundschuldbetrag sind gegenstandsgleich, auch wenn sie (z. B. bei Grundschulden zur Kaufpreisfinanzierung) von verschiedenen Personen erklärt werden. Dagegen hat die Abtretung der Auszahlungsansprüche an den Verkäufer verschiedenen Gegenstand und müsste gesondert bewertet werden (*OLG Stuttgart* MittRhNotK 1991, 263); Aufnahme in die Grundschuldbestellungsurkunde ist aber falsche Sachbehandlung, da die Abtretung in den Kaufvertrag gehört (*OLG Köln* JurBüro 1993, 100).

Ausschluss der Brieferteilung oder Aufhebung des Ausschlusses: 0,5-Gebühr Nr. 21201 Ziff. 4. Als Geschäftswert sind 10% des Grundschuldbetrags angemessen. Die Einholung einer Genehmigung (Familiengericht, § 144 BauGB und dergleichen) oder einer zur rangrichtigen Eintragung erforderlichen Rangrücktrittserklärung ist Vollzug (0,3-Gebühr Nr. 22111).

Grundstücksschenkung: Siehe Übergabe- und Überlassungsvertrag.

61 H **Handelsgeschäft, einzelkaufmännisches:** Übertragung durch beurkundeten Vertrag: 2,0-Gebühr Nr. 21100 aus der Summe der Aktiva (abzüglich Wertberichtigungen), kein Schuldenabzug (§ 38 GNotKG).

Anmeldung zum Handelsregister: 0,5-Gebühr Nr. 21201 aus 30.000 EUR, gleichgültig, ob erste oder spätere Anmeldung (§ 105 III Nr. 1, IV Nr. 4 GNotKG). „Erste" Anmeldung ist auch die des Übergangs des Handelsgeschäfts auf einen neuen Inhaber und die Verpachtung des Handelsgeschäfts an einen Pächter, der es unter der bisherigen Firma fortführt.

Hypothek: Siehe Grundschuld.

61 I **Identitätserklärung:** Siehe Kap. A I. Rn. 548.

Investitionsverpflichtung: Bewertung mit 20% der Investitionssumme (§ 50 Nr. 4 GNotKG).

61 K **Kaufvertrag:** 2,0-Gebühr Nr. 21100 GNotKG. Kaufvertrag und Auflassung, Zwangsvollstreckungsunterwerfung wegen des Kaufpreises, Eintragung und Löschung der

Auflassungsvormerkung usw. sind gegenstandsgleich und nicht besonders zu bewerten.

Geschäftswert ist der Kaufpreis. Übernimmt der Käufer ein Darlehen in Anrechnung auf den Kaufpreis, so sind die Erklärungen hierzu (einschließlich der Zwangsvollstreckungsunterwerfung gegenüber dem Gläubiger des Grundpfandrechts) nicht gesondert zu bewerten. Übernimmt der Käufer dagegen eine unvalutierte Grundschuld für eigene Kreditzwecke, übernimmt gegenüber der Bank die persönliche Haftung und unterwirft sich hierwegen der Zwangsvollstreckung, dann ist aus dem Betrag des Schuldanerkenntnisses eine weitere Gebühr Nr. 21 200 zu erheben (§ 110 Nr. 2 Buchst. a GNotKG). Rechte, die sich der Verkäufer vorbehält, erhöhen die Gegenleistung, außer, es handelt sich nur um eine Beschränkung der dem Käufer übertragenen Rechte; die Bestellung subjektiv-dinglicher Rechte ist auch in diesem Fall hinzuzurechnen (§ 110 Nr. 2 Buchst. b GNotKG). Nebenentschädigungen, die eine Verzinsung des Kaufpreises für die Zeit zwischen Besitzübergang und Kaufpreiszahlung darstellen sollen (*OLG München* MittBayNot 2008, 152), erhöhen den Geschäftswert nicht, wohl aber eine etwaige Option zur Umsatzsteuer (§ 110 Nr. 2 Buchst. c GNotKG). Die Übernahme bestehender Rechte in Abteilung II des Grundbuchs, die nicht einseitig ablösbar sind, erhöht den Geschäftswert nicht.

Zu **Maklerprovisionsklauseln** vgl. Kap. A I. Rn. 539. Zum Kauf auf Rentenbasis, zur Löschungszustimmung hinsichtlich von Belastungen durch den Verkäufer, zur Belastungsvollmacht für den Käufer, zur Übernahme von Erschließungskosten, zur Vollzugsgebühr, den Betreuungsgebühren und der Bewertung einer Bauverpflichtung siehe Kap. A I. Rn. 540 ff.

Kommanditgesellschaft: Siehe zunächst „Offene Handelsgesellschaft". Ermächtigt der Kommanditgesellschaftsvertrag zur Aufnahme weiterer Gesellschafter, so ist der volle Betrag der Ermächtigung als Geschäftswert anzusetzen (str.). Für die Anmeldung zum Handelsregister gilt § 105 I Nr. 5 GNotKG: Der Betrag der Kommanditeinlagen zuzüglich 30.000 EUR für den ersten und 15.000 EUR für jeden weiteren persönlich haftenden Gesellschafter. Erteilt ein Kommanditist Vollmacht zu allen Handelsregistervollmachten der Gesellschaft, ist Geschäftswert nur der Betrag der Kommanditeinlage des Vollmachtgebers (*BayObLG* Rpfleger 2000, 127 m. Anm. *Simon*). Die Anmeldung des Erlöschens einer KG hat keinen bestimmten Geldwert, obwohl auch die Kommanditeinlagen gelöscht werden; Geschäftswert ist vielmehr 30.000 EUR (§ 105 IV Nr. 3 GNotKG).

Löschung: 0,5-Gebühr Nr. 21201 Ziff. 4. Geschäftswert ist bei noch bestehenden Rechten der Wert des Rechts, bei Grundpfandrechten der Nominalbetrag auch dann, wenn sie nicht mehr valutieren, bei Rechten über wiederkehrende Leistungen der Wert des Rechts im Zeitpunkt der Abgabe der Löschungsbewilligung (§ 52 VI 2 GNotKG), bei Auflassungsvormerkungen zur Sicherung von Ankaufs- oder Rückerwerbsrechten in der Regel der Grundstückswert (§ 51 I GNotKG), wenn nicht die Wahrscheinlichkeit des Bedingungseintritts nach den besonderen Umständen des Einzelfalls besonders hoch oder gering ist (§ 51 III GNotKG). Ob das zu löschende Recht noch ausgeübt wird, ist unerheblich. Bei der Löschung von Hypotheken deckt die 0,5-Gebühr nur die schlichte Löschungsbewilligung. Benötigt der Eigentümer zur Umschreibung auf sich selbst eine löschungsfähige Quittung, ist eine 1,0-Gebühr aus Nr. 21200 GNotKG zu erheben. Geschäftswert bei infolge Zeitablaufs oder Eintritts einer auflösenden Bedingung gegenstandslosen Rechten ist Null (§ 52 VI 4 GNotKG).

Für die Löschungszustimmung des Eigentümers: 0,5-Gebühr Nr. 21201 Ziff. 4, auch bei gleichzeitiger Bestellung eines anderen Grundpfandrechts; § 109 I Nr. 3 GNotKG gilt nicht. Bei gleichzeitiger Beurkundung sind Löschungsbewilligung und Löschungszustimmung gegenstandsgleich. Muss nur die Unterschrift des Eigentümers beglaubigt werden: Festgebühr von 20 EUR (Nr. 25101).

61 M **Miet- und Pachtvertrag:** 2,0-Gebühr Nr. 21100. Geschäftswert ist bei unbestimmter Vertragsdauer die fünffache Jahresmiete (§ 99 I GNotKG), bei festbestimmter Dauer oder Kündigungsmöglichkeit erst nach Ablauf einer bestimmten Zeit der Mietzins für die gesamte Vertragsdauer, höchstens für 20 Jahre (§ 99 I 1, 3 GNotKG). Die Vereinbarung eines Vorkaufsrechts für den Mieter ist dem Geschäftswert hinzuzurechnen. Wird dem Mieter das Optionsrecht für eine Verlängerung eingeräumt, so handelt es sich um einen Mietvertrag von unbestimmter Dauer. Beträgt also die festvereinbarte Dauer mehr als fünf Jahre, ist der Mietzins für diese Zeit maßgebend, ist sie geringer, dann ist die fünffache Jahresmiete maßgeblich. Wertsicherungsklauseln dürfen nicht bewertet werden (§ 52 VII GNotKG).

Für den Pachtvertrag gelten keine Besonderheiten.

61 O **Offene Handelsgesellschaft:** Für den – nicht beurkundungspflichtigen – Gesellschaftsvertrag: 2,0-Gebühr aus Nr. 21100 GNotKG. Geschäftswert ist die Summe der Einlageverpflichtungen, bei Einbringung eines bestehenden Handelsgeschäfts die Aktivseite der Bilanz ohne Schuldenabzug. Eingebrachte Forderungen eines Gesellschafters gegen einen anderen sind zu berücksichtigen. Wird eine OHG von Eltern und Kindern gegründet und die Einlage der Kinder diesen von den Eltern geschenkt, so ist die Schenkung gegenstandsverschieden und nach § 35 I GNotKG gesondert zu bewerten. Höchstwert: 10.000.000 EUR (§ 107 GNotKG).

Für die Änderung des Gesellschaftsvertrags: 2,0-Gebühr Nr. 21100. Der Geschäftswert ist nach der wirtschaftlichen Bedeutung der vorgenommenen Änderungen für die Gesellschaft zu schätzen.

Geschäftswert eines Vertrags über den Eintritt, das Ausscheiden oder den Wechsel eines Gesellschafters ist die Beteiligung dieses Gesellschafters am Aktivvermögen der Gesellschaft ohne Schuldenabzug (das meint der schlecht formulierte § 38 S. 2 GNotKG).

Für die **Anmeldung zum Handelsregister:** 0,5-Gebühr Nr. 21201 Ziff. 5 aus 45.000 EUR bei zwei Gesellschaftern zuzüglich 15.000 EUR für jeden weiteren Gesellschafter für die Erstanmeldung; aus 30.000 EUR für spätere Anmeldungen (bei Eintritt oder Ausscheiden von mehr als zwei Gesellschaftern jedoch 15.000 EUR für jeden). Erstanmeldung ist auch die Anmeldung des Entstehens einer OHG durch Aufnahme eines weiteren Gesellschafters in ein einzelkaufmännisches Handelsgeschäft. Dagegen sind Änderung der Firma, des Sitzes, der Vertretungsbefugnis und die Bestellung und Abberufung von Prokuristen spätere Anmeldungen. Anmeldung der Auflösung der OHG und Weiterführung als Einzelfirma durch einen Gesellschafter sind zwei Anmeldungen: eine spätere zur OHG und eine erste der neuen Einzelfirma.

61 P **Patientenverfügung:** Siehe Betreuungsverfügung.

Pfandfreigabe: 0,5-Gebühr Nr. 21201 Ziff. 4. Zu vergleichen sind der Wert des Rechts und der Wert des freigegebenen Gegenstands; der geringere Wert ist maßgebend (§ 44 I 1 GNotKG). Bei einer Freigabe von mehreren Rechten ist der Wertvergleich für jedes Recht gesondert vorzunehmen, auch wenn diese dem gleichen Berechtigten zustehen. Ein gleichzeitig erklärter Rangrücktritt hinter eine Auflassungsvormerkung ist gegenstandsgleich.

Pfandunterstellung: Siehe Pfandfreigabe.

Pflichtteilsverzicht: Siehe Erbverzicht.

61 R **Rangbescheinigung:** 0,3-Gebühr Nr. 25201. Geschäftswert ist der volle Wert des beantragten Rechts (§ 122 GNotKG).

Rangrücktritt: 0,5-Gebühr Nr. 21201 Ziff. 4. Geschäftswert ist der Wert des vortretenden oder des zurücktretenden Rechts, je nachdem, was für den Kostenschuldner günstiger ist (§ 45 I GNotKG). Bei gleichzeitiger Beurkundung des Rangrücktritts mit dem vortretenden Recht erfolgt keine besondere Bewertung (§ 109 Nr. 3 GNotKG).

IV. Kosten-ABC J

Sachenrechtsbereinigung: 4,0-Gebühr aus § 100 SachenRBerG (bei vorzeitiger Erledigung 1,0- bzw. 0,5-Gebühr). Gilt die gesamte Tätigkeit einschließlich Beurkundung des Kauf- oder Erbbaurechtsvertrags ab.   **61 S**
Scheidungsvereinbarung: Siehe Ehevertrag.
Schenkung: Siehe Übergabe- und Überlassungsvertrag.
Schiedsspruch mit vereinbartem Inhalt: 2,0-Gebühr Nr. 23801. Geschäftswert ist der Wert der Ansprüche, die Gegenstand der Vollstreckbarerklärung sein sollen.
Serienentwurf: Geschäftswert ist die Summe der Werte der Einzelverträge (*BGH* NJW 2009, 518).
Siegelung: 0,5-Gebühr Nr. 23503. Geschäftswert ist die Summe der zu siegelnden Aktiva ohne Schuldenabzug. Eine Auswärtsgebühr darf nicht erhoben werden (Vorbem. 2.3.5).

Testament: Siehe Kap. C Rn. 412.   **61 T**

Übergabe- und Überlassungsvertrag: 2,0-Gebühr Nr. 21100. Zu vergleichen sind die Leistung des Übergebers und der Wert der Gegenleistung des Erwerbers; der höhere Wert ist der Geschäftswert (§ 97 III GNotKG). Bei landwirtschaftlichen Übergaben ist die Leistung des Übergebers nur mit dem vierfachen Einheitswert anzusetzen (§ 48 I GNotKG), andernfalls mit dem Verkehrswert. Auf dem übergebenen Vermögen ruhende Belastungen dürfen nicht abgezogen werden, auch nicht bei der Übergabe eines Gewerbebetriebs oder eines Handelsgeschäfts. Austauschleistung des Erwerbers kann auch ein Erb- oder Pflichtteilsverzicht sein (s. „Erbverzicht"). Ist Austauschleistung des Erwerbers ein Wohnungsrecht, eine Leibrente, eine dauernde Last oder sonst eine wiederkehrende Leistung, so ist § 52 GNotKG anzuwenden; bei Verwandten gibt es im Gegensatz zu früher keine Ermäßigung. Kein Zuschlag bei Vereinbarung einer Wertsicherungsklausel (§ 52 VII GNotKG).   **61 U**
Ein mitbeurkundeter Erb- oder Pflichtteilsverzicht von Geschwistern des Erwerbers, auch ein „gegenständlich beschränkter" hat einen anderen Gegenstand. Der Geschäftswert ist nach § 36 GNotKG zu schätzen; dabei kommt es nicht auf die vom Erwerber zu erbringende Hinauszahlung an, sondern auf die Höhe des Werts des übergebenen und des zurückbehaltenen Vermögens und das Alter des Übergebers, die Höhe und Wahrscheinlichkeit der Entstehung von Pflichtteils(ergänzungs)ansprüchen (§ 2325 III BGB) beeinflussen (*OLG Frankfurt* JurBüro 1998, 430; a. A. *BGH* ZNotP 2013, 198: mindestens die Hinauszahlung).
Umsatzsteueroption: Siehe Kaufvertrag.
Umwandlung: 2,0-Gebühr Nr. 21100 für den Umwandlungsbeschluss (gleichgültig ob Verschmelzung, Spaltung, Vermögensübertragung oder Formwechsel; §§ 13, 125, 176, 177, 193 UmwG). Ausnahme: bei Ausgliederung aus dem Vermögen eines Einzelkaufmanns zur Neugründung 1,0-Gebühr Nr. 21200 (anders bei Spaltung zur Aufnahme, *OLG Zweibrücken* JurBüro 1999, 488). Geschäftswert ist der Betrag des betroffenen Vermögens ohne Schuldenabzug. Wird eine Kapitalgesellschaft neu gegründet, so ist ihr Stammkapital hinzuzurechnen. Verzichtserklärungen und Zustimmungen (§§ 8, 9, 12, 13, 50, 51 UmwG) sind gegenstandsgleich und müssen, wenn möglich, zusammen beurkundet werden; andernfalls falsche Sachbehandlung (*OLG Zweibrücken* JurBüro 2003, 148). Der Höchstwert des § 108 V GNotKG für Beschlüsse (5.000.000 EUR) bezieht sich bei Kettenverschmelzungen auf die einzelne Verschmelzung, nicht auf die Summe ihrer Werte (*OLG Hamm* FGPrax 2003, 183).
Unterhaltsverpflichtung: Gegenüber Kindern jeden Alters, ob deren Eltern bei ihrer Geburt miteinander verheiratet waren oder nicht, gebührenfrei (Vorbem. 2 Abs. 3).
Unternehmergesellschaft: Bei Verwendung einer individuellen Satzung gleiche Bewertung wie bei einer GmbH, allerdings Mindestwert, ohne Rücksicht auf das Stammkapital, 30.000 EUR (§ 107 I 1 GNotKG); bei Verwendung des Musterprotokolls sowohl für

die Gründung und deren Anmeldung als auch bei Änderungen des Gesellschaftsvertrags (ohne Abweichung vom Musterprotokoll) dagegen das Stammkapital ohne Mindestwert, lediglich spezifische Mindestgebühr von 60 EUR (Einpersonengesellschaft) bzw. 120 EUR (Mehrpersonengesellschaft) (§§ 107 I 2; 105 VI GNotKG).
Unterschriftsbeglaubigung: 0,2-Gebühr Nr. 25 100 (Höchstgebühr 70 EUR). Für die auftragsgemäße Versendung der Urkunde an einen Dritten: Festgebühr von 20 EUR (Nr. 22124).

61 V **Vaterschaftsanerkenntnis:** Gebührenfrei, Vorbem. 2 Abs. 3.
Verein: 0,5-Gebühr Nr. 21201 Ziff. 5 für die Anmeldung. Der Geschäftswert beträgt grundsätzlich 5.000 EUR (§ 36 III GNotKG); Abweichungen sind bei Großvereinen mit bedeutendem Vermögen oder großer Mitgliederzahl möglich (vgl. aber *OLG München* Rpfleger 2006, 287). Bei Anmeldung des Ausscheidens und der Wahl mehrerer Vorstandsmitglieder sollen mehrere Anmeldungen vorliegen (*OLG Hamm* JurBüro 2009, 435; zweifelhaft).
Verlosung: 2,0-Gebühr Nr. 23200; gegebenenfalls auch die Auswärtsgebühr Nr. 26 002. Geschäftswert ist der Wert der verlosten Gegenstände, kein Höchstwert. Bei der Verlosung von Studienplätzen und dergleichen ist der Wert nach § 36 III GNotKG zu bestimmen.
Vermächtniserfüllung: Für die Erfüllung eines Vermächtnisses in einem privatschriftlichen Testament 2,0-Gebühr Nr. 21100, bei öffentlichem Testament oder Erbvertrag: 1,0-Gebühr Nr. 21 102 Ziff. 1.
Vermittlung: Siehe Amtliche Vermittlung und Sachenrechtsbereinigung.
Vermögensverzeichnis: 2,0-Gebühr bei Aufnahme, 1,0-Gebühr bei Mitwirkung bei der Aufnahme (Nr. 23500, 23502). Vermögensverzeichnisse, die einem Ehevertrag beigegeben werden, gehören zu diesem; keine besondere Bewertung. Wird kein Ehevertrag geschlossen, sondern lediglich das Vermögensverzeichnis zur Widerlegung der Vermutung des § 1377 III BGB aufgenommen, ist die Gebühr Nr. 23502 zu berechnen.
Verpfändung des Auflassungsanspruchs: 1,0-Gebühr aus Nr. 21200, jedoch gegenstandsgleich mit einem gleichzeitig bestellten Grundpfandrecht. Verpfändung des Anspruchs aus erklärter Auflassung nur durch Vertrag möglich, 2,0-Gebühr Nr. 21100. Geschäftswert ist der Betrag der Forderung, höchstens aber der Wert des Pfandes (§ 53 II GNotKG). Löschung des Verpfändungsvermerks: 0,5-Gebühr Nr. 21201 Ziff. 4 aus dem gleichen Geschäftswert.
Verwahrung: Geld, Wertpapiere und Kostbarkeiten: 1,0-Gebühr Nr. 25300 (bei Beträgen über 13.000.000 EUR besondere Berechnung nach dem Auszahlungsbetrag. Andere Gegenstände (auch Sparkassenbücher): Keine Gebührenvorschrift, aber Möglichkeit, einen öffentlich-rechtlichen Vertrag (§ 126 GNotKG) abzuschließen.
Verweisungsurkunde: 1,0-Gebühr Nr. 21200 auch dann, wenn eine Grundlagen- oder Verweisungsurkunde keine rechtsgeschäftlichen Willenserklärungen enthält (*BGH* NJW 2006, 1208).
Vollmacht: 1,0-Gebühr Nr. 21200. Geschäftswert ist der halbe Wert der Erklärung des Vertretenen, höchstens 1.000.000 EUR (§ 98 I, IV GNotKG). Bei Mitberechtigung des Vollmachtgebers ist sein Anteil maßgebend (§ 98 II GNotKG). Vollmachtsbestätigungen sind wie Vollmachten zu behandeln; bei Generalvollmachten kommt es auf den Umfang der Ermächtigung und das Vermögen des Vollmachtgebers an (§ 98 III GNotKG). Bei **Vorsorgevollmachten** wird die Tatsache, dass von ihnen nur unter bestimmten Bedingungen Gebrauch gemacht werden soll, durch einen Abschlag von 10–50 % vom Aktivvermögen berücksichtigt (*OLG Stuttgart* JurBüro 2000, 428); dieser Abschlag ist ohne Rücksicht darauf vorzunehmen, ob die Beschränkungen des Vollmachtgebers nur das Innenverhältnis oder auch das Außenverhältnis betreffen (a.A. *Bund* RNotZ 2004, 23, 26: ersterenfalls kein Abschlag) und ob dem Bevollmächtigten sogleich eine Ausfertigung erteilt werden soll (a.A. *OLG Frankfurt* ZNotP

IV. Kosten-ABC J

2007, 198: in diesem Fall kein Abschlag). Für die Übermittlung des Antrags auf Eintragung in das Zentrale Vorsorgeregister darf neben einer Beurkundungs- oder Entwurfsgebühr keine Gebühr erhoben werden (sonst hierfür Festgebühr von 20 EUR; Nr. 22124). Eine mitbeurkundete Patientenverfügung und/oder Betreuungsverfügung ist gegenstandsverschieden (§ 110 Nr. 3 GNotKG). Zu Registervollmachten s. oben Rn. 91.

Vollstreckungsklauselumschreibung: 0,5-Gebühr Nr. 23803, wenn eine Rechtsnachfolge oder der Eintritt einer Tatsache zu prüfen ist; keine Gebühr für die Erteilung einer zweiten vollstreckbaren Ausfertigung. Rechtsnachfolge ist Wechsel des Schuldners oder des Gläubigers, nicht dagegen Änderung des Namens des Schuldners bei fortbestehender Identität (z. B. infolge Eheschließung), Änderung des Grundbuchbeschriebs, Änderung der Firma des Gläubigers. Diese Umschreibungen sind gebührenfrei (*OLG Schleswig* JurBüro 1992, 483; *KG* JurBüro 1993, 226). Geschäftswert ist die Höhe des Betrags, dessentwegen die Zwangsvollstreckung aus der umgeschriebenen Ausfertigung möglich ist (bei Teilabtretung von Grundpfandrechten der abgetretene Teil). Die Dokumentenpauschale (Nr. 32000 ff.) fällt neben der Gebühr Nr. 23803 an.

Vorkaufsrecht: Bestellung durch Vertrag: 2,0-Gebühr Nr. 21100 aus dem halben Grundstückswert (§ 51 GNotKG), wenn nicht „besondere Umstände des Einzelfalls" die Ausübung besonders wahrscheinlich oder unwahrscheinlich machen.

Vorsorgevollmacht: Siehe Vollmacht.

Vorvertrag: 2,0-Gebühr Nr. 21100. Geschäftswert ist der Geschäftswert des in Aussicht genommenen Vertrags, auch wenn sich nur ein Vertragsteil gebunden hat. Keine Ermäßigung bei Beurkundung des endgültigen Vertrags.

Wechselprotest: 0,5-Gebühr Nr. 23400, kein Wegegeld, keine Auswärtsgebühr (Vorbem. 2.3.4), aber Tagegeld und Fahrtkosten (Nr. 32006–32008) bei Wechselprotest an einem anderen Ort als dem Amtssitz. Bei Zahlung keine Verwahrungsgebühr (Vorbem. 2.3.4). **61 W**

Wertsicherung: Darf nicht bewertet werden (§ 52 VII GNotKG).

Windkraftanlagenerrichtungsrecht: Siehe Dienstbarkeit.

Wohnungsbesetzungsrecht: Siehe Dienstbarkeit.

Wohnungseigentum: Begründung durch Vertrag (§ 3 WEG): 2,0-Gebühr aus Nr. 21100. Begründung durch Teilungserklärung (§ 8 WEG): 0,5-Gebühr Nr. 21201 Ziff. 4, wenn nur Grundbucherklärungen enthalten sind; 1,0-Gebühr aus Nr. 21200 GNotKG, wenn – wie regelmäßig – die Gemeinschaftsordnung beurkundet wird. Geschäftswert: Voller Wert des (bebauten) Grundstücks (§ 42 I GNotKG), auch wenn die Gebäude noch nicht errichtet sind und sogar dann, wenn zum Zeitpunkt des Kostenansatzes feststeht, dass die Bebauung unterbleiben wird (*OLG Zweibrücken* Rpfleger 2004, 321). Ist Vollzugstätigkeit erforderlich (insbesondere: Beschaffung der Abgeschlossenheitsbescheinigung) Vollzugsgebühr Nr. 22100 bzw. 22111 GNotKG. Veräußerung von Wohnungseigentum: wie Kaufvertrag. Ist die Zustimmung des Verwalters erforderlich, so ist sie gegenstandsgleich, wenn sie im Kaufvertrag erfolgt; sonst für die Einholung 0,5-Vollzugsgebühr Nr. 22100.

XML-Daten: Die Erzeugung von strukturierten Daten ist Vollzugstätigkeit: 0,3-Gebühr Nr. 22114, höchstens 250 EUR. Ohne Anfall einer Beurkundungs- oder Entwurfsgebühr: 0,6-Gebühr Nr. 22125, höchstens 250 EUR. Besonderer Auftrag ist nicht erforderlich (Vorbem. 2.2. Abs. 1). **61 X**

Zweigniederlassung: Für die Anmeldung 0,5-Gebühr Nr. 21201 Ziff. 5. Keine besonderen Geschäftswertvorschriften, sondern die allgemeinen Vorschriften für Handelsregisteranmeldungen; bei Anmeldung mehrerer Zweigniederlassungen sind die Werte zu addieren (§ 35 I GNotKG). **61 Z**

Waldner

K. Notarhaftung

Peter Hogl

Übersicht

	Rn.
I. Praktische Bedeutung der notariellen Berufshaftpflicht	1
II. Verhaltensregeln im Haftpflichtfall	2–5
III. Allgemeine Haftungsgrundsätze	6–36
1. Amtshaftung	6–10
2. Pflichtverletzung	11–20
3. Verschulden	21–26
4. Vertreterhaftung	27–29
5. Haftung des Notarassessors, Notariatsverwalters und Personals	30–36
IV. Besondere Haftungsvoraussetzungen	37–56
1. Subsidiäre Haftung	37–41
2. Unterlassenes Rechtsmittel nach § 839 III BGB	42–46
3. Verjährung	47–54
4. Haftungsbeschränkungen	55, 56
V. Haftpflichtprozess und Beschwerde nach § 15 II BNotO	57–68
VI. Berufshaftpflichtversicherung	69–81
VII. Haftungs-ABC zu typischen Risiken	82A–82Z

Literatur: *Arndt/Lerch/Sandkühler*, Bundesnotarordnung, 7. Aufl. 2012; *Borgmann/Jungk/Schwaiger*, Anwaltshaftung, 5. Aufl. 2014; *Eylmann/Vaasen*, Bundesnotarordnung, Beurkundungsgesetz, 3. Aufl. 2011; *Ganter/Hertel/Wöstmann*, Handbuch der Notarhaftung, 3. Aufl. 2014; *Haug/Zimmermann*, Die Amtshaftung des Notars, 3. Aufl. 2011; *Reithmann/Albrecht*, Handbuch der notariellen Vertragsgestaltung, 8. Aufl. 2001; *Rinsche*, Die Haftung des Rechtsanwalts und Notars, 6. Aufl. 1998; *Römer*, Notariatsverfassung und Grundgesetz, 1963; *Schlüter/Knippenkötter*, Die Haftung des Notars, 2004; *Schippel/Bracker*, Bundesnotarordnung, 9. Aufl. 2011; *Winkler*, Beurkundungsgesetz, 17. Aufl. 2013.

I. Praktische Bedeutung der notariellen Berufshaftpflicht

Der wirtschaftlich vom Staat unabhängige, da nicht beamtete freie Notar übt ein mit 1 Gebührenhoheit verknüpftes Amt aus (allgemein zum Amt des Notars s. *Baumann* MittRhNotK 1996, 1). Diesem historisch gewachsenen Berufsbild entspricht es auf der anderen Seite, dass eine verschuldensabhängige, persönliche Haftung des Berufsträgers außerhalb der Staatshaftung besteht (dazu *Zimmermann* DNotZ 1982, 4). Für die notarielle Berufspraxis ergeben sich aus dieser Haftungsausgestaltung mehrere Konsequenzen:
– Der Notar muss die finanziellen Folgen seiner Haftpflicht selbst unmittelbar tragen. Bei unzureichender Versicherungshöhe (s. Rn. 69) können auch die Familie oder ggf. die Erben des Notars in Mitleidenschaft gezogen werden.
– Notare sind häufig auf Gebieten tätig, in denen es um hohe wirtschaftliche Werte geht; somit sind hohe Regressansprüche keine Seltenheit. Die Wertentwicklung auf dem Immobiliensektor, die der „Erben-Generation" zufließenden Vermögenswerte sowie die Wertzuwächse bei wirtschaftlichen Beteiligungen sprechen für eine Fortsetzung dieses Trends auch in der Zukunft; die in Deutschland sich steigernde Anspruchsmentalität der Bevölkerung bewirkt ein Übriges. Zudem trägt die individuelle Wirtschaftslage das Ihre bei: die Beteiligten suchen die Kompensation für möglicherweise entstandene Pannen nicht in weiterer Zusammenarbeit, man strebt vielmehr danach, Geldzuflussmöglichkeiten zu nutzen, wobei ein notarieller Formfehler ein willkommener Anlass sein kann, sich eine neue Geldquelle zu erschließen.

- Das hohe Haftpflichtrisiko tangiert nicht nur den Stand der Notare allgemein, sondern in erster Linie den Notar als Individuum. Der in freier Berufsausübung stehende Notar kann durch den Vorwurf, jemanden schuldhaft geschädigt zu haben, persönlich stark belastet werden.
- Die Anforderungen der Rechtsprechung (zur *BGH*-Rechtsprechung s. *Kapsa* ZNotP 2007, 2 und 2008, 462 sowie *Ganter* DNotZ 2009, 173) an die Wahrung der Berufspflichten sind streng (*Ganter* bestreitet aber für den *BGH* zu Recht Notarfeindlichkeit, s. ZNotP 2006, 42). Der *BGH* geht von einem „sozialen Schutzauftrag" des Notars gem. § 17 I 2 BeurkG aus, insbesondere zugunsten unerfahrener und ungewandter Beteiligter.

II. Verhaltensregeln im Haftpflichtfall

2 (1) Nach § 104 VVG, §§ 5, 6 AVB-N ist der Notar bei Eintritt eines Versicherungsfalles verpflichtet, unverzüglich, spätestens innerhalb einer Woche ab Kenntnis, seine Versicherung in Textform zu unterrichten. Versicherungsfall ist der Verstoß (= Pflichtverletzung), der Haftpflichtansprüche gegen den Notar zur Folge haben könnte.

3 (2) Ein Haftpflichtanerkenntnis sollte ohne Zustimmung des Versicherers nicht abgegeben werden, auch wenn durch §§ 105, 112 VVG das früher in den Allgemeinen Versicherungsbedingungen enthaltene Anerkenntnisverbot aufgehoben worden ist. Die nach § 100 VVG vom Berufshaftpflichtversicherer anzustellende Prüfung (s. Rn. 70), ob ein begründeter Regressanspruch vorliegt (mit der Konsequenz, dass der Versicherer den Notar von dessen Ansprüchen im Rahmen des Versicherungsvertrages freizustellen hat), oder ob die Forderung unbegründet ist (so dass der Versicherer die Forderung vom Notar abzuwehren hat), sollte zur Vermeidung von Folgeauseinandersetzungen allein auf Basis des haftpflichtrelevanten Sachverhalts geschehen können.

4 (3) Wird Mahnbescheid, Streitverkündung, PKH-Antrag oder Klageerhebung dem Notar angezeigt, oder wird gegen den Notar wegen des den Anspruch begründenden Schadensereignisses ein Ermittlungsverfahren eingeleitet, hat er auch dies gem. § 104 II VVG zusätzlich seiner Versicherung unverzüglich anzuzeigen und das weitere Vorgehen mit dieser abzustimmen, insbesondere die Einschaltung und die Auswahl externer anwaltlicher Vertreter. Der Versicherer hat hier ein Weisungsrecht (das Recht der freien Anwaltswahl gem. § 127 VVG bezieht sich nur auf die Rechtsschutzversicherung; eine vergleichbare Regelung fehlt im Regelungsbereich der Haftpflichtversicherung); wegen des Überblicks des Haftpflichtversicherers auf dem Gebiet der Notarhaftung wird er dem Notar schon aus eigenem Interesse versierte spezialisierte Rechtsanwälte an die Seite stellen. Da die subjektive Befangenheit stets in Betracht zu ziehen ist, sollte man sich als Anwaltsnotar im Haftpflichtprozess grundsätzlich nicht selbst vertreten!

5 (4) Ein in etwa ausgewogener Vergleich ist dem Risiko eines der Klage stattgebenden Haftpflichturteils vorzuziehen.

III. Allgemeine Haftungsgrundsätze

1. Amtshaftung

6 Der Notar haftet für Fehler bei seiner Amtstätigkeit nach Amtshaftungsrecht. § 19 BNotO ist die **ausschließliche Anspruchsgrundlage**, d. h. dass z. B. auch bei individueller Beratung oder Hinterlegung eine Vertragshaftung ausscheidet (*BVerfG* DNotZ 1992, 56; *BGH* NJW 1996, 3343; s. auch *Ganter/Hertel/Wöstmann* Rn. 289 ff.). Es soll jedoch nach *BGH* (DNotZ 1996, 581) in sinngemäßer Anwendung von § 278 BGB der Notar ohne Verschulden bei zulässigem Einsatz von Hilfskräften zur Grundbucheinsicht haften

III. Allgemeine Haftungsgrundsätze

(s. Rn. 82G). Für die Haftung des Anwaltsnotars kann es haftpflichtrechtlich relevant sein, ob seine Tätigkeit dem Notar- oder Anwaltsbereich zugeordnet wird (§ 24 II BNotO; s. Rn. 82A, 82S). Da die Voraussetzungen für die Notarhaftung gegenüber der Anwaltshaftung grundlegend verschieden sind, muss nicht nur in Bezug auf die Pflichten, sondern auch auf Haftungsfragen im Anwaltsnotariat darauf geachtet werden, dass Klarheit über die entfaltete Tätigkeit besteht (s. Rn. 82A).

Ungeachtet seiner öffentlich-rechtlichen Amtstätigkeit auf dem Gebiet der freiwilligen Gerichtsbarkeit **haftet der Notar persönlich**; es tritt **keine Staatshaftung** ein (§ 19 I 4 BNotO; *BGH* DNotZ 1953, 498; vgl. BVerfGE 7, 377, 397 und 17, 371, 377); entsteht jedoch ein Schaden aufgrund einer mangelhaften Dienstaufsicht über Notare, so kann der Staat haften (*OLG Schleswig* DNotZ 1999, 726). Diese Sonderstellung beruht auf der Selbständigkeit des Notars und dem Umstand, dass sich der Geschädigte nicht in vergleichbarem Maße der Organisation des Staates ausgeliefert ist, weil er sich den Notar aussuchen kann (s. *Maunz/Dürig* Art. 34 GG Rn. 279). Aufgrund der Pflichtversicherung (s. Rn. 69) ist zum Schutz des Publikums weitgehend die Realisierung von Schadensersatzforderungen sichergestellt. 7

Eine haftpflichtrechtliche Ausnahme bilden derzeit noch die „Notare im Landesdienst", auch Amtsnotare genannt, in **Baden-Württemberg** (Bezirksnotariat in Württemberg und Richternotariat in Baden; §§ 114 f. BNotO). Dort besteht Staatshaftung (Art. 34 GG i. V. m. § 839 BGB) mit der Rückgriffshaftung des Notars bei grob fahrlässigen oder vorsätzlichen Pflichtverletzungen (§ 96 II LandesbeamtenG; vgl. *Haug/Zimmermann* Rn. 437 ff.). Zum 1.1.2018 soll das Amtsnotariat abgeschafft und in das Nurnotariat überführt werden (§ 114 BNotO in der ab 1.1.2018 gültigen Fassung). 8

Keine Amtshaftung tritt bei einer dem Notar genehmigten oder genehmigungsfreien **Nebentätigkeit** ein (§ 8 II, III BNotO). Die Haftung in diesem nicht notariellen Tätigkeitsbereich richtet sich nach den einschlägigen bürgerlich-rechtlichen Bestimmungen (vgl. Eylmann/Vaasen/*Frenz* § 19 BNotO Rn. 6). 9

Die **Voraussetzungen für die Haftpflicht des Notars** sind: 10
– Verletzung einer Amtspflicht (Rn. 11),
– Anspruchsteller ist geschützter Dritter (Rn. 13),
– Verschulden (Rn. 21, s. aber ausnahmsweise Haftung für Fremdverschulden Rn. 82G),
– Fehlen einer anderweitigen Ersatzmöglichkeit (§ 19 I 2 BNotO, mit Ausnahmen s. Rn. 41),
– kein Haftungsausschluss nach § 839 III BGB (Rn. 42),
– kausaler Schaden (vgl. Rn. 82S).

2. Pflichtverletzung

Über den **Inhalt der notariellen Amtspflichten** gibt § 19 BNotO selbst keine Auskunft. Grundpflichten sind in der BNotO statuiert, vor allem die Pflicht zur Unabhängigkeit und Unparteilichkeit (s. Rn. 82U) sowie zur Redlichkeit (s. Rn. 82R) und Verschwiegenheit (s. Rn. 61, 82B, 82R). Weiterhin ergeben sich aus dem BeurkG, dem FamFG, der GBO und anderen Vorschriften, die der Notar zu beachten hat, unzählige Pflichten, die bei der Amtstätigkeit einzuhalten sind. 11

Entscheidend hat die **höchstrichterliche Rechtsprechung** den Inhalt und Umfang der notariellen Pflichten geprägt. Strenge Maßstäbe wurden im Bereich der notariellen Betreuungs- und Belehrungspflichten aufgestellt (s. Rn. 82B). 12

Zu dem aufgrund der Amtspflichten bzw. bei Amtspflichtverletzungen **geschützten Personenkreis** bestimmt § 19 I 1 BNotO, dass der Notar bei Verletzung der „ihm einem anderen gegenüber obliegenden Amtspflicht" Schadensersatz zu leisten hat. Die Bestimmung dieser „anderen" entscheidet über die Anspruchsberechtigung. In der Peripherie des Personenkreises wird die rechtliche Abgrenzung schwierig (s. Rn. 19 f.). 13

14 Nach der *BGH*-Rechtsprechung und der h. M. in der Literatur ist die Frage, ob die anspruchserhebende Person zu den geschützten Dritten gehört, nach der **Funktion und dem Zweck der konkreten Amtspflicht** zu beantworten (*BGH* DNotZ 1960, 157 und 260; 1998, 621; WM 1999, 974, 976; *Haug/Zimmermann* Rn. 16 ff. und *Ganter/Hertel/ Wöstmann* Rn. 316 ff.). Danach besteht eine Beziehung der Amtspflichtverletzung zum Dritten, wenn sie dessen „Schutz bezweckt oder mitbezweckt". Nach der besonderen Natur des Amtsgeschäftes sollen die Interessen des Dritten „gerade durch die statuierte Amtspflicht gegen Beeinträchtigungen geschützt werden" (*BGH* DNotZ 1960, 157, NJW 1990, 324; 1993, 2617). Man unterscheidet die geschützten Personen nach **drei Gruppen** (s. dazu auch *Ganter/Hertel/Wöstmann* Rn. 318 ff.).

15 Zur **ersten Gruppe** gehören die **unmittelbar, materiell am Amtsgeschäft beteiligten Personen,** die in eigener Sache mit Ansuchen an den Notar herantreten. Dies können Urkundsbeteiligte, Beteiligte an Verwahrungs- (§ 23 BNotO; Rn. 82V – auch der Hinterleger, *OLG Zweibrücken* VersR 1997, 324) oder anderen Betreuungsgeschäften (§ 24 BNotO) sein. Obwohl dieser Personenkreis grundsätzlich im Sinne von § 19 I 1 BNotO geschützt sein wird, ist auch hier zu prüfen, ob die – verletzte – Amtspflicht gerade auch gegenüber dem anspruchstellenden Beteiligten bestand. Die Eintragung einer Auflassungsvormerkung bezweckt z. B. den Schutz des Käufers und nicht denjenigen des Verkäufers (s. *Haug/Zimmermann* Rn. 20).

16 Zum geschützten Personenkreis gehören nicht ohne weiteres die formell Beteiligten, die lediglich Erklärungen im fremden Namen abgeben (vgl. § 6 II BeurkG). **Vertreter, Organe, Geschäftsführer oder Bevollmächtigte** gehören nur dann zu diesem Kreis, wenn sie in einer dem Notar ersichtlichen Weise ein eigenes Interesse am Amtsgeschäft haben (*BGH* DNotZ 1964, 178). Es genügt in dieser Beziehung nicht, dass sie sich in Ausübung ihrer Vertretungsmacht im Innenverhältnis zum Vertretenen schadensersatzpflichtig machen (*OLG Celle* DNotZ 1973, 503; zu weitgehend *BGH* DNotZ 1971, 591, s. *Haug/Zimmermann* Rn. 29). Dagegen sind Notarpflichten, die gegenüber den materiell Beteiligten bestehen – z. B. Belehrungen (s. Rn. 82B) –, gegenüber den Vertretern auszuüben. Makler stehen bezüglich ihrer in der Urkunde geregelten Provisionsansprüche nur ausnahmsweise im Schutzbereich (*BGH* WM 1991, 1129; Nichtannahmebeschluss v. 13.5.1993 – IX ZR 170/92; vgl. *BGH* DNotZ 1996, 438; *Haug/Zimmermann* Rn. 24 f.).

17 Zur **zweiten Gruppe** gehören die **mittelbar Beteiligten,** die zwar selbst am Amtsgeschäft nicht direkt beteiligt sind, aber am Geschäft eines anderen ein eigenes Interesse haben und deshalb mit dem Notar „vertrauensvoll" in Verbindung treten (*BGH* DNotZ 1969, 769, 771; 1990, 437), z. B. die kreditgebende Bank beim Finanzierungskauf (*Ganter/Hertel/Wöstmann* Rn. 339). Diese „Dritten" werden auch **Kontaktpersonen** genannt. Für den Kontakt genügt schon ein Telefongespräch (*BGH* DNotZ 1969, 507).

18 **Keine mittelbaren Beteiligten** sind solche Personen, die nicht selbst im eigenen Interesse an den Notar herantreten (*BGH* DNotZ 1966, 183; 1981, 773). Es besteht z. B. keine Pflicht gegenüber einem am Amtsgeschäft nicht beteiligten Finanzier, im Kaufvertrag die Grundstücksbelastungen aufzunehmen oder den Vollzug zu überwachen (*BGH* DNotZ 1958, 557). Ebenso kommt grundsätzlich keine (Belehrungs-)Pflicht gegenüber demjenigen in Betracht, der ohne Kontaktaufnahme ein beurkundetes Angebot annimmt (*BGH* DNotZ 1981, 773; 1966, 183) oder gegenüber dem Gläubiger des Vertragsbeteiligten (*OLG Koblenz* DNotZ 1996, 128 m. Anm. *Vollhardt*). Das Gleiche gilt bei einer Amtsverweigerung (§ 15 I 1 BNotO), ein Angebot zu beurkunden, in Bezug auf den Angebotsempfänger (*BGH* DNotZ 1970, 444). Rechtsproblematisch ist, ob der sog. „**Zentralnotar**" (Haft-)Pflichten gegenüber einer Vielzahl von Erwerbern haben kann, die durch Treuhänder oder sonstige Dritte vertreten werden. Dies wird mit *OLG Hamm* (DNotZ 1997, 658) zu bejahen sein, wenn für den Notar erkennbar die Gefahr besteht, dass die Erwerber unbelehrt Risiken eingehen. Lösungsmöglichkeiten liegen in einer ausgewogenen Vertragsgestaltung (*Reithmann/Albrecht* Rn. 195) und notfalls in einer Amtsverweigerung gem. § 15 BNotO. Bei der sukzessiv erfolgenden Beurkundung von

III. Allgemeine Haftungsgrundsätze

Vertragsangebot und -annahme kann unter engen Voraussetzungen dem „Zentralnotar", der die Vertragsannahme beurkundet, gegenüber dem Anbietenden eine betreuende Belehrungspflicht bezüglich zwischenzeitlich eingetragener Belastungen obliegen (*BGH* NJW 2004, 1865). Zu den Pflichten gegenüber dem Zedenten und Zessionar bei einer Anderkontentätigkeit s. Rn. 82V.

Die **dritte Gruppe** von Anspruchsberechtigten umfasst einen weiten Kreis von Personen, zu deren Gunsten oder Schutz das Amtsgeschäft dient. Nach der Rechtsprechung des *BGH* gehören auch solche Personen zu den **geschützten Dritten**, deren Interesse durch das Amtsgeschäft nach seiner besonderen Natur berührt wird und in deren Rechtskreis eingegriffen werden kann, auch wenn sie bei der Beurkundung nicht anwesend waren (vgl. DNotZ 1998, 621). Der Notar wird oft diese Personen nicht kennen. Zur Bestimmung dieser Gruppe kann die **Vertrauens-, Bezeugungs-** oder **Kundbarmachungstheorie** herangezogen werden. Mit der in Rn. 14 dargestellten, vom *BGH* vertretenen **Funktions- oder Zwecktheorie** wird auch in diesem Bereich die klarste Lösung zu finden sein. Ungeklärt ist bislang noch, ob der Begriff des „Auftraggebers" auch auf solche Dritte ausgedehnt werden kann, auf die der Notar nicht von sich aus zugegangen ist, die aber – wenn ein privatrechtliches Rechtsverhältnis vorläge – in den Schutzbereich des Vertrages einzubeziehen wären (angesprochen in *BGH* NJW 1999, 2183; s. dazu auch *Zugehör* ZNotP 2000, 250). Allgemein zur Rechtsprechung der beruflichen Dritthaftung s. *Ganter* NJW 2000, 1601.

Nach der Funktion und dem Zweck des Amtsgeschäfts werden als geschützte Dritte umfasst **Erben, Vermächtnisnehmer,** die durch fehlerhaft beurkundete letztwillige Verfügungen beeinträchtigt werden (*BGH* DNotZ 1988, 372; NJW 1990, 324; 1993, 2617; 1996, 1062, s. *Haug/Zimmermann* Rn. 46 ff.); Personen, die auf unwirksame oder einen falschen Anschein erweckende (!) **Vollmachtsurkunden, Tatsachenbeurkundungen** oder notarielle **Bescheinigungen** vertrauen (*BGH* DNotZ 1973, 245; NJW 1985, 730; sehr weitgehend WM 1999, 974, 975; s. Rn. 82N). Bei Satzungsänderung einer GmbH sollen zumindest Gesellschaft und Gesellschafter geschützt werden; dies gilt auch bei Befreiung eines neuen Alleingesellschafters und Geschäftsführers von den Beschränkungen des § 181 BGB (*BGH* NJW 2000, 735).

3. Verschulden

Steht die objektiv pflichtwidrige Handlung oder Unterlassung fest, so wird der Notar angesichts der von der Rechtsprechung gestellten **hohen Anforderungen an die Sorgfaltspflicht** selten entschuldigt. Das Verschulden bezieht sich auf nicht erkannte oder vernachlässigte Amtspflichten. Eine Schadenszufügung muss nicht vorausgesehen werden (*BGH* DNotZ 1969, 173, 178 und 499, 502). Das Bewusstsein der Pflichtwidrigkeit begründet schon den Vorwurf einer **vorsätzlichen Amtspflichtverletzung** (*BGH* VersR 1963, 339, 341; DNotZ 1998, 334; Strafurteil: *BGH* NJW 1990, 319; *OLG Hamm* AnwBl. 1996, 237; *Ganter/Hertel/Wöstmann* Rn. 2132). Ohne eigenes Verschulden haftet der Notar in sinngemäßer Anwendung von § 278 BGB für Fehler von zulässig betrauten Hilfspersonen bei der Grundbucheinsicht (s. Rn. 82G).

Nach dem **Fahrlässigkeitsbegriff** des § 276 II BGB ist objektivierend von einem pflichtbewussten, erfahrenen und gewissenhaften Durchschnittsnotar auszugehen (*BGH* WM 1983, 343, 345; *Eylmann/Vaasen/Frenz* § 19 BNotO Rn. 23; *Ganter/Hertel/Wöstmann* Rn. 2134; *BGH* NJW 1992, 3237 m. Anm. *Haug* EWiR § 19 BNotO, 1/92, 983). Die Beurteilung darf sich nicht von der Ex-post-Betrachtung oder dem Bestehen der Berufshaftpflichtversicherung beeinflussen lassen; sie hat sich auf die Situation zu beziehen, in der sich der Notar bei der Pflichtverletzung befand.

Die Rechtsprechung fordert vom Notar die vollständige Beachtung aller **Gesetze,** auch wenn sie noch nicht in Kraft getreten, aber schon veröffentlicht worden sind. Zudem hat der Notar bei Prüfung einer Rechtsfrage – genau wie der Rechtsanwalt, von dem mandatsbezogene umfassende Rechtskenntnis verlangt wird – die **Auswertung der Rechtsprechung der obersten Gerichte** – die in den amtlichen Sammlungen und den für seine Amtstätigkeit wesentlichen Zeitschriften veröffentlicht ist – und der **üblichen Erläuterungsbücher** (*BGH* NJW 1992, 3237, 3239; *OLG Hamm* NJW-RR 1987, 1234; einschränkend *BGH* NJW-RR 1994, 1021) vorzunehmen. Auf eine gefestigte höchstrichterliche Rechtsprechung darf er sich aber verlassen (*BGH* DNotZ 1981, 515; 1983, 618). Bei fehlender oder uneinheitlicher Rechtsprechung hat er die **Fachliteratur** heranzuziehen (LM Nr. 14 zu § 839 [Ff] BGB; *BGH* NJW-RR 1994, 1021). Im Jahr 1993 musste der Notar allerdings noch nicht wie der *BGH* im Jahr 2000 wissen, dass ein im Rahmen eines Bauträgermodells berufsmäßig tätiger Geschäftsbesorger einer Erlaubnis nach dem (damals geltenden) RBerG bedurfte (*BGH* WM 2000, 2443), zumal in Literatur und Rechtsprechung nicht von einer Erlaubnispflicht ausgegangen wurde. Vor Veröffentlichung der Entscheidungen des *BVerfG* v. 6.2.2001 (NJW 2001, 957) und v. 29.3.2001 (NJW 2001, 2248) musste ein Notar bei der Beurkundung eines Ehevertrags auch nicht darüber belehren, dass ein Verzicht auf den Versorgungsausgleich unwirksam sein könnte, da dies aufgrund der seinerzeitigen Rechtslage nicht erkennbar war (*BGH* v. 15.5.2014 – III ZR 375/12).

24 Nach der ursprünglichen Rechtsprechung hat der Notar den **sichereren Weg** (RGZ 148, 321, 325; *BGH* DNotZ 1958, 554), später in vielen *BGH*-Entscheidungen den **relativ sichersten Weg** (NJW 1991, 1172) bzw. den **nach den Umständen sichersten Weg** (NJW 1992, 3237) zu wählen.

25 **Subjektive Zumutbarkeitskriterien** führen nur dann zu einer Entschuldigung, wenn das ursächliche Ereignis nicht einkalkulierbar war. So mindern bei der rechtlichen Beurteilung weder die Jugend noch das Alter die Anforderungen (*BGH* DNotZ 1998, 637). Dasselbe gilt bei Ermüdungserscheinungen (*Deutsch* JZ 1968, 103). Auch Bombenangriffe gereichten einem Notar, der wegen der Unterbrechung der Beurkundung die Unterzeichnung der Testamentsurkunde vergaß, nicht zur Entschuldigung (*BGH* NJW 1955, 788). Plötzliche Erkrankungen oder andere unvorhersehbare Notsituationen sind jedoch Entschuldigungsgründe (so die Rspr. zur Anwaltshaftung, s. *Borgmann* AnwBl. 1985, 30 und *Borgmann/Jungk/Schwaiger* Rn. V 32; *Ganter/Hertel/Wöstmann* Rn. 352).

26 Nach dem vom Reichsgericht (RGZ 106, 406, 410) geprägten Grundsatz wird die Pflichtverletzung eines Amtsträgers entschuldigt, wenn ein **Kollegialgericht** sein Verhalten als pflichtgemäß gebilligt hat. In zwei *BGH*-Urteilen kommt die entschuldigende Wirkung von Kollegialgerichtsentscheidungen zum Zuge: DNotZ 1958, 554 zur Frage der Formgültigkeit eines Testaments und WM 1983, 343 bei der unterlassenen Mitbeurkundung der Baubeschreibung. Inzwischen neigt er zur dogmatischen Ablehnung dieses Grundsatzes (s. z. B. *BGH* NJW 1990, 3206; DNotZ 1992, 811; NJW 1994, 2283; *Ganter* DNotZ 1998, 861; dagegen Eylmann/Vaasen/*Frenz* § 19 BNotO Rn. 28 unter Hinweis auf die Komplexität des heutigen Rechts), der in der Haftpflichtpraxis der jüngeren Zeit ohnehin nahezu keine Rolle spielt (s. auch *BGH* NJW-RR 2003, 1434; NJW 2011, 1355). Selbst wenn die Gerichte den ihnen unterbreiteten Sachverhalt sehr sorgfältig gewürdigt haben und somit die Kollegialgerichtslinie entlastend wirken müsste (wie in *BGH* ZNotP 2005, 273, 274), hilft dies dem Notar nichts, wenn er nicht den „sichersten Weg" (s. Rn. 24) gegangen ist (*BGH* WM 2005, 1482, 1484).

4. Vertreterhaftung

27 Der Vertreter haftet für Amtspflichtverletzungen als **Gesamtschuldner** neben dem vertretenen Notar (§ 46 BNotO). Dem Anspruchsteller steht es frei, beide oder nur einen von ihnen haftbar zu machen. Es tritt keine Staatshaftung ein (§ 19 I 4, II 2 i.V.m. § 39 IV BNotO).

III. Allgemeine Haftungsgrundsätze K

Der **Haftungsumfang** entspricht voll der Notarhaftung nach § 19 BNotO. Das Haft- **28** pflichtrisiko ist aber höher, wenn der Vertreter in einem ihm personell und organisatorisch fremden Notariat tätig werden oder vom Vertretenen begonnene Amtsgeschäfte weiterführen muss. Geringe Erfahrung mindert nicht die Verantwortlichkeit (*BGH DNotZ* 1998, 637). Für die Haftung reicht es aus, wenn bei einer mehrstufigen Amtstätigkeit eine in den Vertretungszeitraum fällt (*BGH NJW* 1998, 2830 m. Anm. *Haug EWiR* § 19 BNotO 1998). Bei einer Tätigkeit ohne wirksame Vertreterbestellung durch den LG- oder OLG-Präsidenten besteht gegenüber dem Vertreter grundsätzlich keine Anspruchsgrundlage (*BGH DNotZ* 1958, 33, 35) Die von einem Notarvertreter ohne öffentliche Bestellung bzw. vor oder nach dieser vorgenommenen Beurkundungen sind unwirksam und auch nicht durch rückwirkende Vertreterbestellung heilbar (vgl. Schippel/Bracker/*Schäfer* § 40 BNotO Rn. 4). Es kann aber der zu vertretende Notar haften, wenn er sich nicht über die Bestellungsverfügung vergewissert hat (*BGH DNotZ* 1960, 260; s. auch *Haug/Zimmermann* Rn. 337).

Die Bestimmung in § 46 S. 2 BNotO, dass der Vertreter im **Innenverhältnis** zum ver- **29** tretenen Notar allein haftet, setzt voraus, dass diesen kein Mitverschulden trifft. Bei einer Mitverantwortlichkeit sind die Schadenaufwendungen im Innenverhältnis nach dem Maß des jeweiligen Mitverschuldens aufzuteilen (*OLG Celle DNotZ* 1985, 246; Arndt/Lerch/Sandkühler/*Lerch* § 46 Rn. 6). Eine vertragsgemäße Einschränkung der Rückgriffshaftung – z. B. auf leicht fahrlässige Pflichtverletzung – ist statthaft und bei Vertretung durch Notarassessoren üblich (vgl. § 19 II 4 BNotO; vgl. Schippel/Bracker/*Schramm* § 46 Rn. 9).

5. Haftung des Notarassessors, Notariatsverwalters und Personals

Die **Haftung des Notarassessors** gegenüber den Beteiligten beschränkt sich nach § 19 **30** II BNotO auf eine selbständige Abwicklung von Betreuungsgeschäften gem. §§ 23, 24 BNotO. Für die Regelung der gesamtschuldnerischen Haftung nach außen und des Rückgriffs gilt dasselbe wie bei der Vertreterhaftung (s. Rn. 27 ff.). Ist der Assessor als bestellter Notariatsverwalter (§§ 56, 57, 61 BNotO) oder als Notarvertreter (§§ 39 III 2, IV i. V. m. § 46 BNotO) tätig, so haftet er ohne Einschränkung im Außenverhältnis.

Keine persönliche Haftung des Assessors besteht bei unselbständigen Vorbereitungs- **31** und sonstigen Hilfsarbeiten im Notariat. Diese gehören grundsätzlich zum Verantwortungsbereich des Notars. Es gilt in dieser Beziehung haftpflichtrechtlich das Gleiche wie für das Personal (s. Rn. 33 ff., 72).

Der **Notariatsverwalter** haftet bei Amtspflichtverletzungen neben der Notarkammer **32** als Gesamtschuldner (§ 61 I 1 BNotO). Im Innenverhältnis haftet der Notariatsverwalter alleine. Hinsichtlich einer Rückgriffshaftung im Innenverhältnis (§ 61 I BNotO) haben jedoch dieselben Grundsätze zu gelten wie im Verhältnis zwischen dem Notar und seinem Vertreter (s. Rn. 29). Bei der Fortführung bereits begonnener Geschäfte (§ 58 II 1 BNotO) kann es für Ausgleichsansprüche nach § 426 BGB gegen den Vorgänger oder dessen Erben darauf ankommen, ob die Fehlerursache bereits vor der Notariatsverwaltung gesetzt wurde (vgl. zur Vertreterhaftung Rn. 28). Im Übrigen scheidet auch hier eine Staatshaftung aus (§ 61 III BNotO). Die Notarkammern haben aber gem. § 61 II BNotO Haftpflichtversicherungen in Höhe der Pflichtversicherungssummen für Notare (§§ 19a, 67 III Nr. 3 BNotO) zugunsten der Notariatsverwalter abzuschließen.

Die **Notariatsangestellten** trifft bei Pflichtverletzungen im Außenverhältnis weder ver- **33** traglich noch öffentlich-rechtlich eine Haftung (Ausnahme: s. Rn. 36). Auch der hoheitlich handelnde Notar haftet an sich nicht für sein Personal nach den §§ 278 und 831 BGB (*BGH DNotZ* 1958, 33; 1976, 506; *WM* 1988, 1835). Zumindest beim – zulässigen – Einsatz von Hilfspersonen zur Grundbucheinsicht hat der *BGH* (*DNotZ* 1996, 581) jedoch entschieden, dass dem Notar ein Verschulden der Hilfskräfte gem. § 278 **BGB analog** zugerechnet wird, um eine Haftpflichtlücke zu schließen.

34 In der Regel wird der Notar aber wegen eines Organisations- oder Überwachungsverschuldens oder einer unzulässigen Delegation persönlicher Pflichten wegen eigenen Verschuldens haftbar gemacht.

> **Beispiele:** Rechtsauskünfte durch Personal (*RG* DNotZ 1940, 79); Bürovorsteher legt nicht alle vom Beteiligten eingereichte Unterlagen dem Notar vor (*BGH* NJW 1959, 586 und 1989, 586 m. Anm. *Brambring* EWiR 1989, 355); zur Kontrolle der Vorbereitungstätigkeiten (*BGH* DNotZ 1960, 260; WM 1963, 754); Organisationsverschulden bei zeitweiligem Nichtauffinden von Unterlagen (*OLG Köln* DNotZ 1975, 369; zur weiteren umfangreichen Rechtsprechung s. *Haug/Zimmermann* Rn. 355 ff.).

35 Eine **Rückgriffshaftung des Personals** gegenüber dem Notar wegen einer fahrlässigen Dienstpflichtverletzung scheidet praktisch aus, weil insoweit die Angestellten in den Schutz der Berufshaftpflichtversicherung des Notars einbezogen sind (s. Rn. 71).

36 Soweit Notariatsangestellte zu **Auflassungs- oder Vollzugsbevollmächtigten** eingesetzt werden, tritt bei einer fehlerhaften Vertretung Vertragshaftung gegenüber den Beteiligten, die die Vollmacht erteilt haben, ein. Der *BGH* geht davon aus, dass vom Grundsatz her eine **eigenständige Haftung** z. B. des **Auflassungsbevollmächtigten** aus positiver Vertragsverletzung besteht (*BGH* NotBZ 2003, 111 m. zust. Anm. *Schlee*). Der Notar kann sich aber nicht auf die Bevollmächtigtenhaftung als „anderweitige Ersatzmöglichkeit" (s. Rn. 39) berufen, so dass er in der Regel aus eigenem Verschulden haftet, weil die Prüfung, ob die kaufvertraglich festgelegten Voraussetzungen vorliegen, von ihm selbst durchzuführen ist. Diese eigenständige Haftung des Notariatsangestellten kann etwa dann bedeutsam werden, wenn der Notar keinen ausreichenden Versicherungsschutz hat und selbst illiquide ist (*BGH* NotBZ 2003, 111).

IV. Besondere Haftungsvoraussetzungen

1. Subsidiäre Haftung

37 Verletzt der Notar fahrlässig seine Amtspflicht, so haftet er in der Regel (zu den Ausnahmen Rn. 41) nur insoweit, wie der Geschädigte nicht auf andere Weise Ersatz erlangen kann (§ 19 I 2 BNotO). Die Darlegung und der Nachweis des Fehlens einer anderweitigen Ersatzmöglichkeit durch den Anspruchsteller ist **Voraussetzung für die Erhebung der Haftpflichtforderung** gegen den Notar (*BGH* DNotZ 1964, 61, 62; s. Rn. 58).

38 Der Begriff der anderweitigen Ersatzmöglichkeit wird weit verstanden. **Jede rechtliche oder tatsächliche Möglichkeit,** anderweitig Ersatz zu erlangen, schließt die Notarhaftung aus (*Ganter/Hertel/Wöstmann* Rn. 2240 ff.).

> **Beispiele:** Mitwirkung zur wirksamen Grundschuldbestellung (*BGH* WM 1989, 945 und 1862); Bereicherungsansprüche (*BGH* NJW 1993, 1589); Rückübertragungsanspruch des Vaters gegen den Sohn (*BGH* NJW 1986, 1329); Anfechtung des Rechtsgeschäfts (*BGH* WM 1960, 1012); Erfüllungsansprüche gegen den Vertragspartner, wenn durch die Amtspflichtverletzung der Schaden bereits entstanden ist, also nicht oder nicht ausschließlich auf der Nichterfüllung dieses Anspruchs beruht (*BGH* DNotZ 1999, 931).

39 Auch im Verhältnis zu **Ersatzansprüchen gegen andere Berater,** die ebenfalls ihre Pflichten verletzt haben, haftet der Notar subsidiär. Primär haftet z. B. der Rechtsanwalt (*BGH* WM 1963, 754; DNotZ 1985, 231; 1988, 379; NJW 1993, 1587; DNotZ 1996, 563, 566), der Steuerberater (*BGH* WM 1981, 942, 944, *OLG Frankfurt* DNotZ 1996, 589; einschränkend jedoch DNotZ 1991, 314 m. Anm. *Kanzleiter*; *BGH* NJW 2000, 664) oder Makler (*OLG Düsseldorf* VersR 1977, 1108; *BGH* Betrieb 1974, 1476; WM 1978, 1069; vgl. *BGH* DNotZ 1996, 438). Dasselbe gilt für **Vertreter, Organe oder Angestellte** des Geschädigten, die dem Vertretenen oder Dienstherrn primär haften (*BGH*

IV. Besondere Haftungsvoraussetzungen

DNotZ 1969, 769; VersR 1980, 649). Der Schadenersatzanspruch gegen den Vertreter der durch eine notarielle Amtspflichtverletzung geschädigten Vertragspartei ist aber dann keine anderweitige Ersatzmöglichkeit, wenn dieser zwar Rechtsanwalt ist, aber nicht selbständig tätig und im Zusammenhang mit dem beurkundeten Geschäft mandatiert ist, sondern als organschaftlicher Vertreter, Arbeitnehmer oder in vergleichbarer Weise in den Geschäftsbetrieb des Vertretenen eingegliedert ist und in diesem Rahmen mit dessen Belangen befasst ist (*BGH* NJW-RR 2005, 1150; ablehnend *Knoche* RNotZ 2006, 294). In diesem Fall ist er nämlich in den Schutzbereich der notariellen Amtspflichten einbezogen wegen des Näheverhältnisses der Interessen des Vertretenen und des Vertreters. Auch wenn dem Geschädigten gegen einen Dritten ein Schadensersatzanspruch zusteht, stellt dieser keine anderweitige Ersatzmöglichkeit dar, wenn dieser Dritte seinerseits einen Rückgriffsanspruch gegen den Notar hätte (*BGH* NJW-RR 2001, 204; *Schlüter/Knippenkötter* Rn. 629). Die selbständige Haftung des als **Vollzugsbevollmächtigter** handelnden Büroangestellten des Urkundsnotars stellt **keine** „anderweitige Ersatzmöglichkeit" dar (*BGH* NJW 2003, 578; s. Rn. 36). Die Kosten eines gegen einen möglichen Schädiger geführten aussichtsreichen Vorprozesses können nachfolgend auch insoweit als kausal adäquater Schadensersatz gegen einen Notar geltend gemacht werden, als der Geschädigte damit wegen Vermögensunzulänglichkeiten des anderen Schädigers belastet bleibt (*BGH* NJW 2002, 2787). Hat auch das **Grundbuchamt** einen Ursachenbeitrag zur Schadensentstehung geleistet, besteht gesamtschuldnerische Haftung des Notars mit dem Justizfiskus; der Subsidiaritätsgrundsatz greift nicht. Hinsichtlich des Gesamtschuldnerausgleichs zwischen Notar und Grundbuchamt kommt es vordringlich auf das jeweilige Maß der Verursachung an. Beurkundet der Notar unter Missachtung von Formvorschriften einen Vertrag und wird die Formunwirksamkeit vom Grundbuchamt nicht erkannt, wird im Innenverhältnis der Notar überwiegend haften (*Haug/Zimmermann* Rn. 215). Wenn aber das Grundbuchamt einen vom Notar richtig gestellten Antrag fehlerhaft behandelt und dem Notar dies im Rahmen der Vollzugsüberwachung nicht auffällt, überwiegt die Verantwortung des Grundbuchamtes (*Schmitz* VersR 2008, 1049 unter Hinweis auf einen Hinweisbeschluss des *OLG Frankfurt* v. 24.4.2007 – 13 U 112/06). Die Haftung eines Notars, der unrichtigerweise bestätigt hat, die Eintragung einer Gesamtgrundschuld zur Absicherung eines noch auszuzahlenden Darlehens sei an erster Rangstelle sichergestellt, wird nicht dadurch eingeschränkt, dass bei pflichtgemäßem Verhalten des Grundbuchamtes die angestrebte dingliche Sicherung teilweise erreicht worden wäre (*BGH* NJW 2001, 2714).

Schuldhaft versäumte Ersatzmöglichkeiten muss sich der Geschädigte – ohne Abwägung des beiderseitigen Verschuldens (*BGH* DNotZ 1999, 931) – in der Weise entgegenhalten lassen, als ob sie noch vorhanden wären (*BGH* NJW 1995, 2713; 1999, 2038; OLG Karlsruhe VersR 2003, 1406); jedoch nicht in dem Fall, dass ein (Anwalts-)Notar die Verjährung der Ansprüche gegen sich selbst in der Eigenschaft als Anwalt als Unterlassung einwendet (*BGH* DNotZ 1993, 754). Diese Regel gilt auch bei einem Anspruchsverzicht (*BGH* WM 1965, 290; NJW 1995, 2713). **Schuldhaft** ist die Versäumung, wenn es der Geschädigte in Kenntnis der Entstehung des Schadens zumindest fahrlässig unterlassen hat, gegen den Dritten vorzugehen und die Ersatzansprüche gegen ihn beispielsweise verjähren lässt. Nach der Rechtsprechung des *OLG Hamm* (16.5.2012 – 11 U 228/10) ist es dem Geschädigten regelmäßig vorzuwerfen, wenn er den anderweitigen Ersatzanspruch verjähren lässt. 40

Die subsidiäre Notarhaftung gem. § 19 I 2 BNotO besteht nicht 41
– bei Ansprüchen des „Auftraggebers" im Bereich der Verwahrungs- und Betreuungstätigkeit gem. §§ 23, 24 BNotO (s. Rn. 82V; *BGH* NJW 1999, 1579; ZNotP 2003, 156; *Haug/Zimmermann* Rn. 195); weisen die Vertragsparteien den Notar übereinstimmend an, die Auflassungsurkunde beim Grundbuchamt erst dann einzureichen, wenn bestimmte Bedingungen erfüllt sind, insbesondere die Zahlung des Kaufpreises nachgewiesen ist (Vorlagesperre), so handelt es sich um eine selbständige Betreuungs-

tätigkeit, für die das Verweisungsprivileg des § 19 I 2 BNotO nicht gilt, weil der Notar mit der Vorlagesperre eine über den bloßen Urkundenvollzug hinausgehende Überwachungspflicht und damit eine selbständige Betreuung übertragen bekommt (*BGH* NJW-RR 2006, 1431).
- bei vorsätzlichen Pflichtverletzungen (s. Rn. 21, 77),
- wenn dem anderen Ersatzpflichtigen ebenfalls der Subsidiaritätseinwand zusteht, z. B. einem anderen Notar oder dem Fiskus; eine gegenseitige Verweisung ist nicht statthaft (*BGH* DNotZ 1960, 260 und 1992, 813); in diesem Fall kommt eine gesamtschuldnerische Haftung in Betracht (*OLG Brandenburg* v. 17.1.2012 – 11 U 58/10),
- bei einer Unzumutbarkeit der Anspruchsverfolgung, z. B. im Insolvenzverfahren (*BGH* VersR 1966, 361), bei Prozessführung mit zweifelhaftem Ausgang (*BGH* DNotZ 1993, 754; 1996, 118 und 2006, 918), ungewissen Vollstreckungsmöglichkeiten im Ausland (*BGH* NJW 1988, 1143), keine Realisierbarkeit in absehbarer Zeit (*OLG Rostock* DNotZ 1996, 123 m. Anm. *Müller*).

2. Unterlassenes Rechtsmittel nach § 839 III BGB

42   Die Notarhaftung tritt gem. § 19 I 3 BNotO i. V. m. § 839 III BGB nicht ein, wenn der Geschädigte es schuldhaft unterlassen hat, den **Schaden durch Gebrauch eines Rechtsmittels abzuwenden** (*Ganter/Hertel/Wöstmann* Rn. 2281 ff.). Der Begriff des „Rechtsmittels" ist nach h. M. weit auszulegen. Rechtsmittel im Sinne der Vorschrift sind nicht nur verfahrensrechtliche, wie § 15 II BNotO (s. *Haug* DNotZ 1992, 18), sondern auch Mahnungen, Gegenvorstellungen, Erinnerungen oder Dienstaufsichtsbeschwerden (*BGH* DNotZ 1976, 506; 1983, 129; Schippel/Bracker/*Schramm* § 19 Rn. 129) Auch mündliche Vorhaltungen fallen unter den Begriff des Rechtsmittels (*BGH* NJW 2002, 1655). *Ganter* (DNotZ 1998, 851, 865; abl. dazu *Jungk* DNotZ 2001, 99) fordert in Fällen, in denen die notarielle Pflichtverletzung in einem Unterlassen besteht, eine restriktivere Auslegung des Begriffs „Rechtsmittel". Die Eigenverantwortlichkeit der Beteiligten solle mit Hilfe einer Abwägung des beiderseitigen Verschuldens Berücksichtigung finden.

43   **Voraussetzung für den Haftungsausschluss** ist, dass das Rechtsmittel sich **unmittelbar** gegen die schädigende Amtshandlung oder Unterlassung selbst richtet und vom Geschädigten **schuldhaft** versäumt wurde (*BGH* DNotZ 2004, 362). Es kann kein „Rechtsmittel" eingelegt werden, solange eine Amtspflichtverletzung überhaupt noch nicht begangen ist Wenn also ein Beteiligter es sorgfaltswidrig unterlassen hat, Unzulänglichkeiten in dem ihm zugänglich gemachten Urkundsentwurf des Notars aufzudecken, durch deren Prüfung und Berichtigung weitere Mängel in der daraufhin beurkundeten vertraglichen Regelung, die dem Notar als Amtspflichtverletzung angelastet werden, hätten vermieden werden können, wäre dies nicht nach § 839 III BGB, sondern nur nach § 254 BGB zu beurteilen. Ein Rechtsmittel gegen eine im Zusammenhang mit dem Notarversehen stehende Pflichtverletzung des Grundbuchbeamten richtet sich nicht „unmittelbar" gegen die schädigende Amtshandlung des Notars (*BGH* DNotZ 1960, 663, 666; NJW 2009, 71). Der Notar kann seine Pflicht bereits verletzt haben, bevor der Schaden, der gerade durch das „Rechtsmittel" abgewendet werden soll, eingetreten ist. Hat der Geschädigte davon Kenntnis oder hätte er sich diese aufgrund einer Erkundigungspflicht – z. B. durch Einschaltung eines Rechtsberaters – verschaffen müssen, so greift § 839 III BGB ein (*BGH* DNotZ 1974, 374; 1976, 500, 510; 1983, 129, 131); ebenso bei unterlassener Erinnerung an Testamentsbeurkundung durch inzwischen verstorbenen Erblasser (*BGH* NJW 1997, 2327; vgl. *Schlee* ZNotP 1998, 94), bei unterlassener Vorhaltung während der Beurkundung (*OLG Hamm* NJW-RR 1997, 1152) und unterlassenem Hinweis, dass Gesamtgrundschuld nur an einem Grundstück eingetragen wurde (*OLG Düsseldorf* VersR 1998, 117). Im Bereich der **Einreichungstätigkeit** hat der *BGH* (DNotZ 1974, 374) von den Beteiligten verlangt, sich bei dem Notar nach einiger Zeit zu erkundigen,

IV. Besondere Haftungsvoraussetzungen

ob die Eintragungen entsprechend den in der Urkunde gestellten Anträgen erfolgt sind und ihn ggf. an die Erledigung zu erinnern, ihn u. U. sogar dazu aufzufordern.

Ist eine notarielle Urkunde aus vom Urkundsnotar zu vertretenden Gründen inhaltlich fehlerhaft, hat jener den Eintritt des Schadens möglichst durch umgehende **Nachbeurkundung** (Berichtigung, Ergänzung, notfalls Neubeurkundung) zu vermeiden. Hat der Auftraggeber in einem solchen Fall dem Urkundsnotar keine Gelegenheit gegeben, das Erforderliche vorzunehmen, kann er die Kosten einer Neubeurkundung durch einen anderen Notar grundsätzlich nicht als Schaden geltend machen wegen Verstoßes des Geschädigten gegen § 839 III BGB. Das Unterlassen einer Erinnerung ist allerdings für einen Schaden nicht kausal, wenn feststeht, dass der Notar der Erinnerung tatsächlich nicht abgeholfen hätte (*BGH* NJW 2002, 1655, 1658). 44

Der Haftungsausschluss setzt voraus, dass das Rechtsmittel **schuldhaft**, also vorsätzlich oder fahrlässig nicht eingelegt wurde. Für die Sorgfaltsanforderungen legt die Rechtsprechung einen subjektiven Maßstab an. Danach ist die Versäumung eines Rechtsmittels nur dann schuldhaft, wenn der Geschädigte bei Anwendung der nach seinem Bildungsstand und seiner Geschäftsgewandtheit gebotenen Sorgfalt hätte erkennen können und müssen, dass die Annahme einer Amtspflichtverletzung nahe liegt (*BGH* NJW-RR 2004, 275). 45

Liegen die Voraussetzungen des § 839 III BGB vor, so findet **keine Abwägung des Mitverschuldens nach § 254 BGB** statt. Schon eine geringe Vernachlässigung der eigenen Belange führt zum Haftungsausschluss. Der Geschädigte hat sich das Verschulden eines Erfüllungsgehilfen – z. B. seines Anwalts – anrechnen zu lassen (*Ritzinger* BWNotZ 1988, 13; vgl. *BGH* NJW 1993, 1587). Fehlen die Voraussetzungen für einen Haftungsausschluss, so kann gleichwohl ein Mitverschulden nach § 254 BGB zu einer Haftungsminderung führen, z. B. wenn der Beteiligte zwar nicht von vornherein mit einer Säumnis des Notars rechnen musste, aber Anlass zu einer Sachstandsfrage gehabt hätte (*OLG München* v. 16.10.1986 – 1 U 3183/86). 46

3. Verjährung

Vor dem 1.1.2002 entstandene Regressansprüche gegen den Notar verjähren **nach altem Recht** gem. § 19 I 3 BNotO, § 852 BGB a. F. in drei Jahren von dem Zeitpunkt an, in welchem der Geschädigte von dem Schaden und der Person des Ersatzpflichtigen Kenntnis erlangt hat; ohne Rücksicht auf diese Kenntnis läuft eine 30-jährige Frist ab der Pflichtverletzung. 47

Bei Notarfehlern **ab dem 1.1.2002** kommen gem. §§ 195, 199 BGB n. F. drei verschiedene Verjährungsfristen in Betracht (vgl. *Hertel* ZNotP 2002, 1, 20; *Ganter/Hertel/Wöstmann* Rn. 2325 ff.): 48
– die regelmäßige Verjährungsfrist von **drei Jahren** beginnt mit dem Schluss des Jahres, in dem der Anspruch entstanden ist und der Geschädigte von den den Anspruch begründenden Umständen und der Person des Notars **Kenntnis** erlangt oder ohne grobe Fahrlässigkeit erlangen müsste (Ultimoverjährung, §§ 195, 199 I BGB n. F.)
– ohne Rücksicht auf die Kenntnis oder grob fahrlässige Unkenntnis **zehn Jahre ab Entstehung** des Schadensersatzanspruchs (§ 199 III Nr. 1 BGB n. F.)
– ohne Rücksicht auf die Entstehung und die Kenntnis oder grobe Unkenntnis **dreißig Jahre ab der Verletzungshandlung** (§ 199 III Nr. 2 BGB n. F.).

Für den Beginn der dreijährigen Regelverjährung ist nach der BGH-Rechtsprechung die **Schadensverwirklichung** erforderlich. Der Schaden ist eingetreten, wenn sich die Vermögenslage des Betroffenen durch die Pflichtverletzung des Notars objektiv verschlechtert hat; es reicht aus, wenn sich der Schaden dem Grunde nach verwirklicht hat, auch wenn Umfang und Endgültigkeit des Schadens noch ungewiss sind. Ist der Vermögensverlust dagegen noch offen, wird die Verjährungsfrist noch nicht in Lauf gesetzt (*BGH* NJW-RR 2004, 1069). Die bloße **Gefährdung der Rechtsposition** genügt also 49 nicht (*BGH* NJW 1987, 1887 und 1992, 2828; s. *Zugehör* Beilage zu NJW 1995, Heft 21). Danach beginnt in Notarhaftpflichtfällen bei einem unwirksamen Ehevertrag – auch bei Kenntnis im Sinne von § 852 BGB a. F. – die Drei-Jahres-Frist erst mit Rechtskraft des Scheidungsurteils (*BGH* NJW 1992, 3034) und bei einer unterlassenen Belehrung erst mit einer damit im Zusammenhang stehenden Auflösung des Kaufvertrages (*BGH* NJW 1993, 648). Feststellungsklage kann schon vor Beginn der kurzen Verjährungsfrist zulässig sein, wenn der Eintritt eines künftigen Schadens wahrscheinlich ist (*BGH* WM 1996, 548; NJW 1992, 3034, 3035). Bei vom Notar verschuldeter unklarer Vertragsgestaltung entsteht der Schaden erst, sobald der Vertragsgegner aus dem für ihn – vermeintlich – günstigen Vertragsinhalt Rechte gegen seinen Vertragspartner herleitet (*BGH* NJW 2000, 1498); das ist z. B. nach Erhebung einer Klage durch den Vertragspartner der Fall (*BGH* NJW 2004, 1069). Ein Schaden ist bereits dann eingetreten, wenn ein Notar pflichtwidrig eine Grundschuld löschen lässt (*BGH* NJW 1999, 2183). Ob dieser Schaden auch endgültig bestehen bleibt oder später ggf. dadurch entfällt, dass sich die – nun ungesicherte – Darlehensforderung anderweitig durchsetzen lässt, ist für den Zeitpunkt der Schadensentstehung ohne Belang. Wenn ein Notar unter Verletzung eines ihm von der Bank erteilten Treuhandauftrags ein Darlehen vom Notaranderkonto auszahlt, obwohl die Bedingung dafür, nämlich die Sicherstellung der Eintragung einer erstrangigen Grundschuld noch nicht erfüllt ist, besteht der Schaden der Bank darin, dass sie nur eine ungesicherte und damit in ihrem Wert zweifelhafte Darlehensforderung erhält. Ein Schaden ist nicht etwa deshalb zu verneinen, weil theoretisch immer noch die Möglichkeit besteht, dass der Grundstückskaufvertrag doch noch durchgeführt und damit auch die Grundschuld im Grundbuch eingetragen wird (*BGH* DNotZ 1987, 560). Ein Schaden ist auch dann eingetreten, wenn auf eine fehlerhafte Fälligkeitsmitteilung des Notars hin eine noch gar nicht fällige Kaufpreisrate gezahlt wird (*BGH* NJW-RR 1999, 1579).

50 Für den Beginn der dreijährigen Regelverjährung gilt außerdem die Regel, dass der Geschädigte die **Kenntnis oder zumindest keine grob fahrlässige Unkenntnis von den Tatsachen** haben muss, die bei verständiger Würdigung ausreichen, um gegen den Schädiger Haftpflichtklage, sei es auch nur auf Feststellung, zu erheben (*BGH* NJW 2008, 2576). Erforderlich ist dafür die Kenntnis von den tatsächlichen Umständen, aus denen sich der Schaden ergibt. Unerheblich ist in der Regel, ob der Geschädigte die Tatsachen rechtlich richtig einordnet. Eine fehlerhafte rechtliche Einschätzung der Fakten hindert den Verjährungsbeginn schon deshalb nicht, weil er sich rechtlich beraten lassen kann. Nur wenn die Rechtslage so unsicher ist, dass sie auch ein rechtskundiger Dritter nicht einschätzen kann, kann der Verjährungsbeginn ausnahmsweise auch wegen Rechtsunkenntnis hinausgeschoben sein, weil es an der Zumutbarkeit der Klageerhebung fehlt (*BGH* NJW 1999, 2041; 1980, 189). Für die Kenntnis der Pflichtverletzung des Notars genügt noch nicht ein Verdacht (*BGH* DRiZ 1976, 215) oder eine Vermutung, sondern z. B. erst die angeforderte Abrechnung über die Auszahlungen vom Notaranderkonto gibt die Kenntnis (*BGH* VersR 1967, 162, 164). Im Bereich der Anwaltshaftung hat der IX. Zivilsenat des *BGH* (NJW 2014, 993 und 1800) klargestellt, dass eine Kenntnis der den Anspruch begründenden Umstände nicht schon dann vorliegt, wenn dem Mandanten Umstände bekannt werden, nach denen er einen Rechtsverlust erlitten hat. Vielmehr müsse auch Kenntnis von solchen Tatsachen vorliegen, aus denen sich für ihn als juristischer Laie ergibt, dass der Rechtsberater einen Pflichtverstoß begangen hat.

51 Die **Kenntnis vom Schaden** ist erlangt, wenn allgemein das Wissen um die Schädigung besteht, ohne dass der Umfang oder eventuelle Folgeschäden schon überblickt werden können (Prinzip der Schadenseinheit: *BGH* NJW 1977, 532). Das ist z. B. der Fall, wenn der amtliche Ablehnungsbescheid über eine beantragte Wertsicherungsklausel zugeht (*BGH* WM 1960, 883).

52 Die **Kenntnis von der Person des Schädigers** ist ebenfalls Voraussetzung für den Beginn der dreijährigen Regelverjährung. Bei einer fahrlässigen Amtspflichtverletzung des

V. Haftpflichtprozess und Beschwerde nach § 15 II BNotO **K**

Notars beginnt die Verjährung wegen dessen grundsätzlicher **Subsidiärhaftung** (§ 19 I 2 BNotO) im Regelfall erst dann zu laufen, wenn der Geschädigte weiß, dass keine anderweitige Ersatzmöglichkeit besteht oder dass diese den Schaden jedenfalls nicht vollständig abdeckt. Solange dies nicht der Fall ist, kennt der Geschädigte die Person des Ersatzpflichtigen i. S. d. § 199 I Nr. 2 BGB nicht (*Ganter/Hertel/Wöstmann* Rn. 2336) Solange **rechtlich ungeklärt** ist, ob der Notar aufgrund des Sachverhalts, den der Geschädigte kennt, unmittelbar (bei Vorsatz) oder subsidiär (bei Fahrlässigkeit des Handelns) haftet und wenn der Geschädigte in letzterem Falle den Ausschluss der anderweitigen Ersatzmöglichkeit nicht darzulegen vermag, liegt Kenntnis von der Person des Ersatzpflichtigen noch nicht vor (*BGH* WM 2005, 1328, 1330). Die einseitige Erklärung des vorrangig Haftpflichtigen, sein Vermögen reiche nicht aus, um den geltend gemachten Schaden zu ersetzen, begründet allein regelmäßig noch nicht die Kenntnis des Geschädigten vom Fehlen einer anderweitigen Ersatzmöglichkeit; dem Geschädigten steht ein Recht zur Überprüfung dieser Angaben zu (*BGH* NJW 2002, 2787). Die Möglichkeit einer Streitverkündung an den Notar im Vorprozess kann nicht mit der Kenntnis vom Fehlen einer anderweitigen Ersatzmöglichkeit gleichgestellt werden (*BGH* NJW-RR 2005, 1148, 1150).

Der Kenntnis steht es ausnahmsweise gleich, wenn der Geschädigte es versäumt hat, **53** eine gleichsam auf der Hand liegende Erkenntnismöglichkeit wahrzunehmen (*BGH* NJW 1999, 2041). Die erforderliche Kenntnis vom Fehlen einer anderweitigen Ersatzmöglichkeit und damit den Verjährungsbeginn kann der Geschädigte **nicht durch Untätigkeit willkürlich hinausschieben** (*BGH* DNotZ 2006, 918).

Über den Verjährungsablauf etwaiger Haftpflichtansprüche hat der Notar nicht zu be- **54** lehren (*OLG Hamm* DNotZ 1983, 749; 1995, 416).

4. Haftungsbeschränkungen

Haftungsbeschränkungen, wie sie z. B. ein Rechtsanwalt im Rahmen des § 51a BRAO **55** vereinbaren kann, sind bei der notariellen Amtstätigkeit nach der h. M. **unzulässig** (*Römer* S. 27; Schippel/Bracker/*Schramm* § 19 Rn. 100 f.; a. A. z. B. *Reithmann* MittBayNot 1999, 159, 160 für den Bereich der betreuenden Tätigkeit nach §§ 23, 24 BNotO). Solche vertragliche Vereinbarungen widersprechen der Amtsstellung.

Zu unterscheiden von einem mit Beteiligten zu vereinbarenden Haftungsausschluss ist **56** die durch § 15 BNotO eingeschränkte **Möglichkeit, gewisse Amtspflichten nicht auszuüben**, z. B. selbständige Betreuungsgeschäfte (§§ 23, 24 BNotO) oder eine Steuerberatung (s. Rn. 82S) oder eine Belehrung über ausländisches Recht (Rn. 82A). Damit kann praktisch ein Haftpflichtrisiko eingeschränkt werden. Werden solche Tätigkeiten aber übernommen, so besteht die Amts- und gegebenenfalls die Haftpflicht. Es gibt keine unverbindliche Amtsübernahme.

V. Haftpflichtprozess und Beschwerde nach § 15 II BNotO

Für **Haftpflichtklagen** gegen den Notar ist ausschließlich im Zivilrechtsweg das **Land- 57 gericht zuständig** (§ 19 III BNotO). Dies gilt auch für Regressklagen gegen den Notarvertreter (§ 39 IV i. V. m. § 19 III BNotO), den Notarassessor (§ 19 II, III BNotO) und den Notariatsverwalter (§ 62 BNotO). Weiterhin bleibt es bei der Zuständigkeit des Landgerichts, wenn der Notar mit seinem Vertreter oder seinem Assessor oder der Notariatsverwalter mit der Notarkammer als Gesamtschuldner verklagt werden (s. Rn. 27, 30, 32). Dieselbe Zuständigkeit besteht für Ausgleichsansprüche zwischen den Gesamtschuldnern (§§ 42, 62 BNotO).

Die Haftpflichtklage geht auf **Geldersatz** (Palandt/*Sprau* § 839 Rn. 78). Eine Klage auf **58 Vornahme einer Amtshandlung** ist unzulässig (*Haug/Zimmermann* Rn. 880). Zur Klageschlüssigkeit gehört die Darlegung, dass **keine andere Ersatzmöglichkeit** besteht (*BGH*

DNotZ 1985, 231; 1988, 388; 1996, 563; s. Rn. 37). Das Fehlen einer anderweitigen Ersatzmöglichkeit ist eine negative Anspruchsvoraussetzung (*Haug/Zimmermann* Rn. 894). Besonders im Zusammenhang mit einer anderweitigen Ersatzmöglichkeit, die voraussichtlich den Schaden nicht voll deckt, ist zur Unterbrechung der Verjährung eine **Feststellungsklage** zu erheben (s. Rn. 50). Schon vor Beginn der kurzen Verjährungsfrist hält der *BGH* (DNotZ 1997, 44) eine Feststellungsklage für zulässig, wenn der Eintritt eines künftigen Schadens wahrscheinlich ist (vgl. Rn. 49). Bei Teilklagen gegen den Notar kann dieser eine negative Feststellungswiderklage erheben (vgl. *BGH* VersR 1985, 39). **Einwendungen gegen die Kostenberechnung** einschließlich solcher gegen die Zahlungspflicht sind nur im Kostenprüfungsverfahren gem. §§ 127 ff. GNotKG möglich. In diesem Verfahren ist auch über solche Einwendungen zu entscheiden, die aus dem Vorwurf einer Amtspflichtverletzung des Notars hergeleitet werden (*BGH* DNotZ 1988, 379).

59 Die Kosten eines gedeckten Haftpflichtprozesses werden nach Maßgabe des Streitwertes, begrenzt durch die Versicherungssumme, vom Versicherer übernommen.

60 Im Prozess gegen den subsidiär haftenden Notar ist die **Streitverkündung** gegen einen vorrangig haftenden Schädiger unzulässig (*BGH* NJW 2008, 519).

61 Die **notarielle Schweigepflicht** (§ 18 BNotO) entfällt, wenn die Verteidigung gegen Haftpflichtansprüche dies erfordert (*OLG Frankfurt* DNotZ 1961, 612; *OLG Düsseldorf* DNotZ 1972, 443; Arndt/Lerch/Sandkühler/*Sandkühler* § 18 Rn. 66). Wird dem Notar im Vorprozess der Streit ohne Befreiung von der Verschwiegenheitspflicht verkündet, so darf er nach wohl h. M. im Hinblick auf die behauptete Haftpflicht und zur Wahrheitsfindung gleichwohl aussagen. Ansonsten müsste die Bindungswirkung der Streitverkündigung entfallen (§§ 68, 74 II ZPO; s. *Haug/Zimmermann* Rn. 898).

62 Die **Beweislast** für die Anspruchsbegründung hat nach den allgemeinen Beweisregeln der **Kläger** (*BGH* WM 1988, 1639, 1642; NJW-RR 1989, 153; 1996, 781; s. auch sehr instruktiv zu Fragen der Beweislast im Notarhaftpflichtprozess *Ganter* ZNotP 2000, 176). Dies gilt auch für das Fehlen einer anderweitigen Ersatzmöglichkeit (*BGH* DNotZ 1996, 563) oder den **Beweis von Negativen**, z. B. hinsichtlich der Behauptung einer unterbliebenen Belehrung (*BGH* WM 1996, 84, 86; NJW 1996, 522; DNotZ 2006, 912). Dem Geschädigten wird der Beweis der Behauptung, der Notar habe nicht belehrt, allerdings dadurch erleichtert, dass der Notar diese Behauptung substanziiert bestreiten muss. Daran sind keine geringen Anforderungen zu stellen. Eine nur floskelhafte und pauschale Behauptung einer eingehenden Belehrung genügt der Substanziierungslast des Notars nicht (*OLG Saarbrücken* MDR 2002, 1399). Er muss konkret vortragen, welche Belehrungen erteilt wurden. Der Kläger muss dann die Unrichtigkeit des Vorbringens des Notars beweisen (Schippel/Bracker/*Schramm* § 19 Rn. 170). Zur Beweiserleichterung bzgl. der **Kausalität** (Verhaltensweise der Beteiligten) bei unterlassenen Belehrungen s. *BGH* NJW 1992, 3237 m. Anm. *Haug* EWiR § 19 BNotO 1/92, 1992, 983; 1996, 2501; WM 2000, 1351, 1352; *OLG Rostock* DNotZ 1996, 123 m. Anm. *Müller*. Der *BGH* geht zugunsten des Haftpflichtklägers von der Vermutung des beratungsgemäßen Verhaltens, also der objektiven Vernunft als Handlungsmaßstab, aus (NJW 2000, 2110). Diese gilt auch bei Verträgen zwischen Familienangehörigen (*BGH* NJW 1996, 3009). Die Vermutung greift nicht, wenn im Falle zutreffender notarieller Belehrung mehrere Handlungsvarianten offen stehen, die sämtlich mit Vor- und Nachteilen verbunden sind (*BGH* NJW-RR 2003, 1569) oder wenn der Mandant einen richtigen Vorschlag abgelehnt hat (*BGH* BB 2007, 1468 für die Rechtsanwaltshaftung; dieser Gedanke ist aber durchaus auch auf den Notarbereich übertragbar).

63 Die Beweislast für das Vorliegen eines **Mitverschuldens** (s. Rn. 82M) des Geschädigten trifft den Notar (*BGH* NJW-RR 2009, 199).

64 Eine **Umkehr der Beweislast** tritt ein, wenn eine schriftliche Niederlegung, die in Bezug auf die Amtsausübung gesetzlich vorgeschrieben ist, fehlt (*BGH* WM 2006, 1592, 1594, DNotZ 2006, 912 m. Anm. *Krebs*); dies trifft vor allem auf die vorgeschriebenen Belehrungsvermerke (§§ 17 II 2, III 1, 18, 19, 20, 21 I 2 Hs. 2, II, 38 II BeurkG;

s. Rn. 82B) und Verwahrungstätigkeit (s. Rn. 82V) zu. Fehlt der Vermerk, so hat der Notar die Beweislast dafür, dass er gleichwohl belehrt hat (*BGH* DNotZ 1974, 296 m. Anm. *Haug;* 2006, 912). Erfolgte die Belehrung eine gewisse Zeit vor der Beurkundung, so trifft den Notar dafür die Beweislast (*BGH* NJW 1996, 2037). Hat die Amtspflichtverletzung des Notars dem davon Betroffenen auch Vorteile gebracht, trifft den Notar die Beweislast für die behauptete Vorteilsausgleichung (*BGH* NJW 2000, 734), z. B. für die Tilgung anderweitiger Verbindlichkeiten (*BGH* NJW-RR 2003, 1497). Bei Abweichung von einer schriftlichen Treuhandauflage aufgrund mündlicher Weisung trägt der Notar im Haftpflichtprozess die Beweislast dafür, dass eine entsprechende mündliche, der schriftlichen Treuhandauflage nicht entsprechende Anweisung vorlag (*BGH* DNotZ 2006, 56). Der *BGH* geht auch bei groben Pflichtverletzungen und selbst bei vorsätzlichen Amtspflichtverletzungen bei der Notarhaftung **nicht** von einer Beweislastumkehr für die Kausalität aus (s. Nachweise bei *Ganter* ZNotP 2000, 176, 197f.).

Die **Beschwerdemöglichkeit** gem. § 15 II BNotO eröffnet ein Verfahren nach dem FamFG (vgl. *Müller-Magdeburg* ZNotP 2009, 216; *Regler* MittBayNot 2010, 261). 65

Die Beschwerde ist innerhalb einer **Frist** von einem Monat (§ 63 FamFG) bei dem Notar (§ 64 I FamFG) einzulegen. Die Anwendbarkeit von § 63 FamFG (Beschwerdefrist) auf die Notarbeschwerde ist allerdings umstritten (vgl. *Haug/Zimmermann* Rn. 762ff.). Da § 63 III FamFG für den Fristbeginn auf die schriftliche Bekanntgabe des Beschlusses abstellt, ergeben sich gerade bei der Beschwerde wegen Untätigkeit des Notars Schwierigkeiten mit der Bestimmung des Fristbeginns. 66

Die angefochtene Entschließung (das Verhalten) des **Notars** ist quasi als **erstinstanzliche Entscheidung**, das **Landgericht als zweite** und ggf. der **BGH als dritte Instanz** anzusehen. Der Notar ist somit keine Partei und kein Kostenschuldner (*BayObLG* DNotZ 1997, 77). Haftpflichtrechtlich ist bedeutsam, dass sich der Notar mit dem Hinweis auf die Beschwerdemöglichkeit gegen sein Verhalten entlasten kann. Nimmt sie der Betroffene nicht wahr, wird grundsätzlich die **Haftungsfreiheit nach § 839 III BGB** eingreifen (s. Rn. 42). Hat die Beschwerde Erfolg, so muss der Notar der Entscheidung folgen, auch wenn sie rechtswidrig erscheint. Er hat keinen Rechtsbehelf (zu den Ausnahmen, wenn eigene Rechte des Notars verletzt werden: *OLG Düsseldorf* DNotZ 1991, 557 und DNotI-Report 1998, 243; *OLG Frankfurt* DNotI-Report 1998, 139). Die Beschwerdemöglichkeit entfällt, wenn die Handlung des Notars bereits eine vollendete Tatsache geschaffen hat, z. B. nach Beendigung des Verwahrungsgeschäfts (*KG* DNotI-Report 1998, 203). Nach inzwischen h. M. kann die Beschwerde jedoch schon gegen ein vom Notar angekündigtes Vorgehen eingelegt werden (s. *LG Frankfurt* DNotZ 1998, 236; *BayObLG* NJW-RR 2000, 945). Die Beschwerde ist auch ohne Vorbescheid bei fortwährender Untätigkeit möglich (*OLG Düsseldorf* NJW 1998, 1138). Es besteht keine Rechtskrafterstreckung der Beschwerdeentscheidung auf einen Haftpflichtprozess. Ist der Notar aber einer – evtl. falsch erscheinenden – Entscheidung gefolgt, so war er dazu rechtlich gezwungen. Zur Regelung im Rahmen der Verwahrungstätigkeit s. § 54c BeurkG und und Rn. 82V. 67

Als **Rechtsmittel** gegen die Entscheidung des Beschwerdegerichts sieht § 70 FamFG die Rechtsbeschwerde zum BGH (§ 133 GVG) vor, allerdings nur, wenn das Beschwerdegericht sie zugelassen hat. Eine Nichtzulassungsbeschwerde ist nicht vorgesehen. Die Rechtsbeschwerde ist gem. § 71 I FamFG binnen einer Frist von einem Monat nach der schriftlichen Bekanntgabe des Beschlusses durch Einreichen einer Beschwerdeschrift beim BGH einzulegen. 68

VI. Berufshaftpflichtversicherung

Seit dem 1.1.1983 besteht für Notare eine **Pflichtversicherung** zur Abdeckung von Haftpflichtansprüchen aufgrund fahrlässiger Amtspflichtverletzungen (bzgl. vorsätzli- 69 cher Verstöße s. Rn. 77). Die **Mindestversicherungssumme** beträgt seit 1.3.1993 insgesamt 1.000.000 EUR. Die Summe setzt sich mit je 500.000 EUR zusammen: aus der individuell vom Notar abgeschlossenen Basisversicherung (§ 19a III BNotO) und der von den Notarkammern abgeschlossenen Gruppen-Anschlussversicherung (§ 67 III 3 BNotO). Diese Versicherungssummen sind mit einer Jahreshöchstleistung für alle Versicherungsfälle maximiert (§§ 19a III; 67 III 3 BNotO; Beispiele bei *Haug/Zimmermann* Rn. 778). Die **Selbstbeteiligung** des Notars darf bis zu 1 % der Versicherungssumme von derzeit 500.000 EUR betragen. Maßgebend für den Umfang des Versicherungsschutzes ist der Zeitpunkt des Verstoßes (s. Schippel/Bracker/*Schramm* § 19a Rn. 29 ff.).

70 Nach § 100 VVG ist der Versicherer verpflichtet, den Notar von Ansprüchen freizustellen, die von einem Dritten auf Grund der Verantwortlichkeit des Notars für eine während der Versicherungszeit eintretende Tatsache geltend gemacht werden, und unbegründete Ansprüche abzuwehren. Der **Deckungsumfang** der Pflichtversicherung umfasst praktisch die gesamte Berufshaftpflicht des Notars (zu den Ausschlüssen s. u. Rn. 72). Jeder Notar muss gegenüber seiner Kammer und der Landesjustizverwaltung nachweisen, dass er eine Berufshaftpflichtversicherung mit dem erweiterten Versicherungsschutz unterhält (s. §§ 6a; 19a BNotO). Im Versicherungsvertrag muss gem. § 19a III 3 BNotO die Verpflichtung des Versicherers enthalten sein, der Landesjustizverwaltung und der Notarkammer den Beginn und die Beendigung oder Kündigung des Versicherungsvertrages sowie jede Änderung des Versicherungsvertrages, die den vorgeschriebenen Versicherungsschutz beeinträchtigt, unverzüglich mitzuteilen.

71 Die Versicherung bezieht **Nebentätigkeiten** des Notars (§ 8 BNotO) in den Schutz ein und gibt Deckung für „die Tätigkeit von Personen, für die er haftet" (§ 19a I 1 BNotO). Damit besteht Versicherungsschutz für Haftpflichtansprüche gegen den Notar auch für vorsätzliche Verstöße seines **Vertreters** (§ 46 BNotO), allerdings subsidiär im Verhältnis zur Vertrauensschadenversicherung (s. Rn. 77) und nur soweit dem Notar selbst höchstens Fahrlässigkeit zur Last fällt. Mitversichert sind Angestellte und Hilfskräfte, für die der Notar haftet. Rückgriff gegen diese Personen nimmt der Versicherer nur, wenn diese ihre Pflichten vorsätzlich verletzt haben (vgl. Rn. 33 ff., 72). Zusätzlich wird Deckung für das Risiko von Vollzugsbevollmächtigten gegeben (s. Rn. 36). Die Tätigkeit des Notariatsverwalters wird durch die Notarkammer pflichtversichert (§ 61 II BNotO).

72 Folgende **Deckungsausschlüsse** können nach § 19a II BNotO vereinbart werden:
– Ersatzansprüche wegen wissentlicher Pflichtverletzung (s. Rn. 21 und 77),
– Ersatzansprüche aus der Tätigkeit im Zusammenhang mit der Beratung über außereuropäisches Recht, es sei denn, dass die Amtspflichtverletzung darin besteht, dass die Möglichkeit der Anwendbarkeit dieses Rechts nicht erkannt wurde,
– Ersatzansprüche wegen Veruntreuung durch Personal des Notars, soweit nicht der Notar wegen fahrlässiger Verletzung seiner Amtspflicht zur Überwachung des Personals in Anspruch genommen wird.

73 Erweiternde Einschlüsse gegenüber der oben genannten Deckungseinschränkung bzgl. Auslandsrecht werden von Versicherern geboten.

74 Die Pflichtversicherung schränkt gem. **§ 117 VVG** die Rechte des Versicherers ein, indem versicherungsvertragliche Obliegenheitsverletzungen des Versicherungsnehmers (Notars), wie z. B. unterlassene Schadensanzeige oder mangelnde Aufklärung, nicht die Leistungspflicht gegenüber dem Geschädigten ausschließen. Dies bezieht sich nicht auf objektive Risikobeschränkungen, wie z. B. die Höchstversicherungssumme oder den Deckungsausschluss bei wissentlicher Pflichtverletzung (§ 4 Nr. 3 AVB).

75 Zum Ausgleich der vorgenannten erweiterten Leistungspflicht des Versicherers hat der **Anspruchsteller** gem. § 119 VVG die **Obliegenheit**, dem Versicherer innerhalb von zwei Wochen anzuzeigen, wenn er Haftpflichtansprüche geltend macht. Ebenso ist bei Einreichung einer Haftpflichtklage unverzüglich Anzeige zu erstatten. Verlangt der Versicherer **Informationen zur Aufklärung der Sach- und Rechtslage**, so sind diese von der Anspruchstellerseite zu erteilen. Anderenfalls haftet der Versicherer nur bis zur Höhe des

VI. Berufshaftpflichtversicherung K

Betrags, der bei Erfüllung der Obliegenheit zu zahlen gewesen wäre (§ 120 VVG), sofern der Geschädigte vom Versicherer vorher ausdrücklich und in Textform auf die Folgen der Verletzung hingewiesen worden ist.

Ein **Direktanspruch** des Geschädigten gegen den Versicherer besteht gem. § 115 VVG **76** nur dann, wenn über das Vermögen des Versicherungsnehmers (= Notars) das Insolvenzverfahren eröffnet oder der Eröffnungsantrag mangels Masse abgewiesen worden ist oder ein vorläufiger Insolvenzverwalter bestellt worden ist oder wenn der Aufenthalt des Versicherungsnehmers unbekannt ist.

Zur Deckung von **vorsätzlichen** Pflichtverletzungen des Notars (s. Rn. 21) haben die **77** Notarkammern zugunsten des Geschädigten für jedes ihrer Mitglieder, soweit bei dem Notar kein Ersatz zu verlangen ist, nach § 67 III Nr. 3 BNotO eine **Vertrauensschadenversicherung** über 250.000 EUR Mindestversicherungssumme abzuschließen. Wenn bei Vorliegen einer notariellen Amtspflichtverletzung nur streitig ist, ob eine wissentliche oder eine fahrlässige Pflichtverletzung vorliegt, besteht gem. § 19a II 2 BNotO für nach dem 1.3.1999 entstandene Haftpflichtfälle (*BGH* NJW-RR 2003, 1572) eine **Vorleistungspflicht** des Berufshaftpflichtversicherers bis zur Höhe der Mindestversicherungssumme des Vertrauensschadenversicherers. Soweit der Berufshaftpflichtversicherer entsprechend vorleistet, geht der Anspruch des Geschädigten gegen den Notar bzw. den Vertrauensschadenversicherer gem. § 19a II 3 BNotO auf ihn über und er kann gem. § 19a II 4 BNotO von diesen Aufwendungsersatz beanspruchen. Die Bedingungen der Vertrauensschadenversicherungsverträge enthalten einen – wirksamen – Ausschluss, wonach eine Versicherungsleistung ausgeschlossen ist auf Grund von Schäden, die später als vier Jahre nach ihrer Verursachung dem Versicherer gemeldet werden. Der Vertrauensschadenversicherer kann sich auf eine Versäumung dieser Ausschlussfrist jedoch nicht berufen, wenn sie unverschuldet ist (*BGH* NJW 2011, 3367). Die Vorleistungspflicht des Berufshaftpflichtversicherers entfällt somit, wenn er im Falle einer wissentlichen Pflichtverletzung des Notars nicht beim Vertrauensschadenversicherer Regress nehmen kann, weil die Meldefrist von vier Jahren schuldhaft versäumt wurde. Die Durchsetzbarkeit der Regressansprüche begrenzt also die Vorleistungspflicht des Berufshaftpflichtversicherers (*BGH* VersR 2014, 951). Der in den Bedingungen der Vertrauensschadenversicherungsverträge enthaltene Deckungsausschluss für mittelbare Schäden (entgangener Gewinn, Zinsverlust, Rechtsverfolgungskosten des Anspruchstellers usw.) ist allerdings nach § 307 BGB unwirksam (*BGH* NJW 2011, 3648).

Die Entscheidung im Haftpflichtprozess über den Verschuldensgrad – fahrlässig oder **78** vorsätzlich – ist für die versicherungsvertragliche Deckung bindend (*BGH* DNotZ 1999, 129; zum Interessenkonflikt zwischen Notarkammer, Vertrauensschadenversicherer und Notar s. die Kritik von *Wagner* und *Wahl* DNotZ 1999, 794, an diesem Urteil; abl. auch *Hagen* DNotZ 2000, 809). Diese **Bindungswirkung** geht aber nur soweit, wie **Voraussetzungsidentität** besteht, d.h. wie eine für die Entscheidung im Deckungsprozess maßgebliche Frage sich auch im Haftpflichtprozess als entscheidungserheblich erweist. Wenn das Gericht im Haftpflichtprozess „überschießende", nicht entscheidungserhebliche Feststellungen trifft oder nicht entscheidungserhebliche Rechtsausführungen macht, besteht keine Voraussetzungsidentität und insoweit keine Bindungswirkung (*BGH* NJW 2011, 610). Die Bindung an eine im Haftpflichtprozess festgestellte schadenverursachende Pflichtverletzung ist auch dann gegeben, wenn daneben noch andere Pflichtverletzungen bestehen; der Haftpflichtversicherer kann sich zur Begründung eines deckungsrechtlichen Ausschlusstatbestands nicht auf eine andere als die im Haftpflichtprozess festgestellte Pflichtverletzung zu berufen *(BGH* NJW-RR 2003, 1572). Der für den Deckungsprozess bindende Haftungstatbestand umfasst aber lediglich die vom Tatrichter des Haftpflichtprozesses festgestellten und seiner Entscheidung zu Grunde gelegten **tatsächlichen** Elemente. Maßgeblich ist der äußere Tatbestand der Pflichtwidrigkeit, nicht dessen rechtliche Einordnung (*BGH* NJW 2011, 610).

79 Die Notarkammern unterhalten weiterhin ohne gesetzliche Verpflichtung gem. § 67 IV Nr. 3 BNotO einen **Notarversicherungsfonds** (ehemals Vertrauensschadenfonds), aus dem satzungsgemäß Zahlungen geleistet werden sollen, wenn ein Vertrauensschaden durch Versicherungen nicht ausgeglichen wird und dem Fonds eine Zahlung angezeigt erscheint (s. auch Schippel/Bracker/*Schramm* § 19a Rn. 14.).

80 Ob der Vermögensschadenhaftpflichtversicherer des Notars im Haftpflichtprozess dem Rechtsstreit im Wege der Nebenintervention in zulässiger Weise auf Seiten des Geschädigten beitreten kann, wurde vom *BGH* bislang offen gelassen (15.9.2010 – IV ZB 44/09).

81 Die Notare haben die – oft wahrgenommene – Möglichkeit, über die Höchstversicherungssumme der Pflichtversicherung hinaus eine **Anschlussversicherung** abzuschließen. In diesem Bereich gelten gem. § 113 III VVG ebenfalls die Regelungen für die Pflichtversicherung nach §§ 114 ff. VVG (s. Rn. 74, 75). Bei Einzelfallversicherungen kann der Notar gem. Nr. 32013 KV-GNotKG die Prämie für den 60 Mio. EUR übersteigenden Anteil der Versicherungssumme als Auslage erheben (s. dazu *Zimmermann* DNotZ 2005, 661).

VII. Haftungs-ABC zu typischen Risiken

82A **Allgemeine Geschäftsbedingungen:** Notariell beurkundete Rechtsgeschäfte unterliegen nach ständiger Rechtsprechung der richterlichen Inhaltskontrolle nach den §§ 305 ff. BGB und den §§ 138, 242 BGB (*BVerfG* DNotZ 1994, 523 m. Anm. *Loritz*; *Medicus*, Zur gerichtlichen Inhaltskontrolle notarieller Verträge, 1989). Werden Klauseln für nichtig angesehen, so ergeben sich – eventuell Jahre nach der Beurkundung (!) – hohe Haftpflichtrisiken insbesondere im Bereich des Gewährleistungs-, Kreditsicherungs- und Familienrechts. Beispiele: *BGH* DNotZ 1994, 530, 537 und 547; Haftpflichturteil *OLG Hamm* DNotZ 1987, 696 m. Anm. *Kanzleiter*; *BGH* NJW 2010, 2873. Gegen diese Risiken kann nur schützen: ständige Verfolgung der Rechtsprechung (auch der obiter dicta!) und Literatur, individuelle Vertragsabfassung und Erläuterungen (*BGH* DNotZ 1990, 558 zu § 3 AGBG), Belehrungsvermerke (s. Rn. 82B), ggf. Amtsverweigerung (s. nächstes Stichwort).

Amtsverweigerung: Beurkundungen sind z. B. abzulehnen, wenn nach der Überzeugung des Notars das Rechtsgeschäft gesetzwidrig (s. voriges Stichwort und Rn. 82B; im Zweifel Belehrungsvermerk s. Rn. 82B) oder unredlich (§ 4 BeurkG, § 14 II BNotO; s. *BGH* DNotZ 1966, 183 und Rn. 82R; *Winkler* MittBayNot 1998, 141; *BayObLG* DNotZ 1998, 645 und 648) oder irreführend (Tatsachenbeurkundungen, Notarbestätigungen s. Rn. 82N) ist oder nicht dem wahren Willen der Beteiligten entspricht. Wenn bei einem Verbrauchervertrag die **Zwei-Wochen-Frist** des § 17 II a 2 Nr. 2 BeurkG nicht abgelaufen und der Zweck dieser Wartefrist nicht anderweitig erfüllt ist, besteht die Amtspflicht, eine Beurkundung trotz eines entgegenstehenden Wunsches der Urkundsbeteiligten abzulehnen; die Einhaltung dieser Frist steht nicht zur Disposition der Beteiligten. Voraussetzung für eine nur ausnahmsweise mögliche Nichteinhaltung der Frist ist neben der anderweitigen Erfüllung des Zwecks der Wartefrist auch ein sachlicher Grund für ihre Abkürzung (*BGH* DNotZ 2013, 552). Haftpflichtansprüche gegen Notare wegen der Nichteinhaltung der Frist des § 17 II a Nr. 2 BeurkG werden aber häufig ohne Erfolg bleiben, weil der Nachweis der Kausalität oftmals nicht geführt werden kann (*Schlick* ZNotP 2013, 362, 366; *Winkler* § 17 Rn. 205). Wurde die Frist trotz deutlicher Warnungen des Notars nicht eingehalten, kommt außerdem ein Mitverschulden des Käufers in Betracht (*Ganter/Hertel/Wöstmann* Rn. 1441). Zur Änderung dieser Vorschrift vgl. Kap. G. Rn. 65 ff.

§ 15 I BNotO gibt dem Notar die Übernahme oder Ablehnung von Amtsgeschäften nach §§ 23, 24 BNotO grundsätzlich frei. Er sollte z. B. ablehnen: risikohafte Verwahrungsgeschäfte (s. Rn. 82V) oder telefonische Auskünfte (s. *BGH* DNotZ 1969, 507).

VII. Haftungs-ABC zu typischen Risiken K

Aber Vorsicht bei einer Ablehnung aus rein ethischen oder moralischen Gründen (z. B. bei letztwilligen Verfügungen). Den Beteiligten steht es frei, gem. § 15 II BNotO Beschwerde einzulegen (s. Rn. 65).

Anderkonten: S. Rn. 82V.

Angestellte: S. Rn. 33, 72.

Anwaltsnotar: Konflikte ergeben sich aus dem Doppelberuf, wenn die Mitwirkungsverbote (§ 16 I BNotO), die Verbote in § 3 BeurkG (s. *Mihm* DNotZ 1999, 8), § 45 I Nr. 1 und 2, III BRAO (s. *Feuerich* DNotZ 1989, 596; *Borgmann/Jungk/Schwaiger* Rn. II 37 und 45 ff.) mit ihren Nachwirkungen (*OLG Hamm* DNotZ 1977, 441, 443) und die Abgrenzung beider Tätigkeitsbereiche nicht strikt beachtet werden (zur Abgrenzung s. auch *Jungk* AnwBl 1999, 343 bzw. 404). So darf beispielsweise ein Anwaltsnotar, der in einem Scheidungsverfahren einen Ehegatten anwaltlich vertreten hatte, als Notar nicht an einem Grundstücksübertragungsvertrag zwischen den ehemaligen Ehepartnern mitwirken, der auch der Erledigung von Zugewinnausgleichsansprüchen dient (*BGH* DNotZ 2013, 310). Gemäß § 24 II BNotO besteht die **unwiderlegliche Vermutung**, dass ein Anwaltsnotar **als Notar** tätig geworden ist, wenn er Handlungen der in § 24 I BNotO bezeichneten Art vornimmt, soweit diese Handlungen bestimmt sind, Amtsgeschäfte der in den §§ 20 bis 23 BNotO bezeichneten Art vorzubereiten oder auszuführen (Zugehör/Fischer/Vill/Fischer/Rinkler/Chab/*Rinkler*, Handbuch der Anwaltshaftung, 3. Aufl. 2011, Rn. 144). Ist dies nicht der Fall, so war er im Zweifel **als Rechtsanwalt** tätig. Entscheidend ist der objektiv festzustellende Gegenstand des erteilten Auftrags (*OLG Hamm* DNotZ 1997, 228; *OLG Frankfurt* RNotZ 2004, 46). Daneben sind aber auch die Vorstellungen der an dem Geschäft beteiligten Personen zu berücksichtigen (*BGH* DNotZ 1998, 634, 636 unter Hinweis auf *Zugehör* ZNotP 1997, 42, 44). Notarielle Tätigkeit liegt demnach vor, wenn es nicht um einseitige Interessenwahrnehmung geht, sondern bei Erfüllung der Aufgabe, die Belange sämtlicher Beteiligter neutral und unparteiisch zu berücksichtigen sind (BGHZ 134, 100; *BGH* WM 2000, 193; NJW 2009, 71). Wird der Anschein bei einem Anlagegeschäft erweckt, der Anwaltsnotar trete gegenüber den Anlegern als unabhängige, überparteiliche Instanz auf, liegt notarielle Tätigkeit vor (*BGH* NJW-RR 2001, 1639; zust. *Reithmann* EWiR 2001, 757). In der Praxis zeigen sich Schwierigkeiten, einerseits pflichtgemäß parteiisch aus Mandat und dann andererseits unparteiisch als Amtsträger aufzutreten; Beispiele: *BGH* VersR 1964, 320; DNotZ 1985, 231; 1988, 379; 1993, 754 und 1997, 661. Auch wegen der grundlegenden Verschiedenartigkeit von Anwalts- und Notarhaftung – Unterschiede bestehen bezüglich der geschützten Personen (Rn. 13 ff.), des Pflichtenkatalogs (s. Rn. 11), der Haftungsprivilegien des Notars (s. Rn. 37 ff., 42 ff.) und der Verjährung (Rn. 47 ff.) – muss sich der Anwaltsnotar stets bewusst sein, in welcher Eigenschaft er tätig wird. Folgt man z. B. dem *BGH* (DNotZ 1998, 634), so wäre die Mitwirkung bei dubiosen Devisengeschäften für einen Notar eine wohl vorsätzliche Pflichtverletzung gewesen, für den Anwalt aber eine zulässige Tätigkeit mit dem Eingreifen von vertraglich vereinbarten Haftungsbeschränkungen (vgl. *Borgmann* BRAK-Mitt. 1998, 125). Zur Sozietätshaftung s. Rn. 82S.

Die Assoziierung von Rechtsanwälten mit einem Anwaltsnotar führt zum Verbot des Abschlusses von Maklerverträgen über Grundstücke durch die Rechtsanwälte (*BGH* NJW 2001, 1569); das Mitwirkungsverbot der §§ 14 IV 2, 28 BNotO soll die Neutralität des Anwaltsnotars schützen.

Auslandsrecht: In diesem Bereich sind die Pflichten und damit die Haftung **eingeschränkt** (s. Rn. 56), wenn der Notar gem. § 17 III BeurkG darauf hinweist, dass Auslandsrecht Anwendung findet und dies in der Niederschrift vermerkt (s. Rn. 82B); das ausländische Recht selbst muss er nicht kennen. Er sollte aber darüber hinaus auf das Risiko einer Beurkundung hinweisen und anraten, zunächst eine Klärung – z. B. durch Einholung eines Gutachtens – herbeizuführen (s. *Wolfsteiner* DNotZ 1987, 67, 84;

Winkler DNotZ 1979, 190, 191; *OLG Düsseldorf* DNotI-Report 1995, 117). Das deutsche IPR, EU-Normen und bindende Staatsverträge sind kein ausländisches Recht (*Schotten*, Das Internationale Privatrecht in der notariellen Praxis, 1995, S. 7f.). Zur versicherungsvertraglichen Deckung s. Rn. 72.

82B **Baulasten:** S. Rn. 82G.
Beglaubigung: Auch bei dieser Urkundstätigkeit bestehen die **vollen Belehrungspflichten** (s. nächstes Stichwort), wenn der Notar den **Entwurf fertigt** (s. Rn. 82E) oder zum Inhalt des Schriftstücks Stellung nimmt (*BGH* DNotZ 1955, 396; 1956, 54; 1958, 101; BB 1996, 715; *Haug* DNotZ 1972, 420). Es darf auch kein falscher Anschein – z. B. mit der Datierung (*OLG Koblenz* DNotZ 1974, 420) – erweckt werden. **Ansonsten** besteht bei der bloßen Unterschriftbeglaubigung **keine Belehrungspflicht;** der Text wird nicht von Amts wegen gewertet und gibt auch nicht die Beweisvermutung der §§ 415, 418 ZPO (*LG München* Rpfleger 1972, 255; *BGH* NJW-RR 2005, 1003, 1004). Der Notar muss die Urkunde dann lediglich dahingehend prüfen, ob Gründe für die **Versagung seiner Amtstätigkeit** – wie ein Mitwirkungsverbot (§ 3 BeurkG) oder die Verfolgung erkennbar unerlaubter oder gesetzwidriger Zwecke (§ 4 BeurkG, § 14 II BNotO) – bestehen. Nur bei besonderen Umständen, die Anlass zu einer eingehenden Belehrung über drohende Haftungsgefahren gegeben hätten, kann bei der Unterschriftsbeglaubigung die erweiterte Belehrungspflicht (§ 14 I 2 BNotO, s. nächstes Stichwort) zum Schutz der Beteiligten vor unerkannten, aber für den Notar erkennbaren Gefahren eingreifen (*BGH* NJW-RR 2005, 1003, 1004; abl. dazu *Knoche* RNotZ 2005, 492). Zur Ablehnung einer Beglaubigung s. *Winkler* Rpfleger 1972, 256 (vgl. Rn. 82A). Fernbeglaubigungen haben (u.a.) den Verlust des Versicherungsschutzes (s. Rn. 77) zur Folge (BGHSt 22, 32; *OLG Frankfurt* DNotZ 1986, 421).
Belehrungspflicht: Durch die Haftpflichtrechtsprechung wurde die Belehrungspflicht zu einer der Hauptaufgaben des Notars erhoben. Mindestens ein Viertel der Haftpflichtfälle werden auf die Verletzung dieser Pflicht gestützt (s. *Schlee* MittBayNot 2002, 498). Eine systematische Erfassung ist schwierig, da die Belehrungspflichten nach den Voraussetzungen und dem Inhalt sehr unterschiedlich und die Haftpflichturteile weitgehend kasuistisch sind (s. *Haug/Zimmermann* Rn. 449ff.; *Ganter* WM 1996, 701; 2000, 641; *Armbrüster/Krause* NotBZ 2004, 325). Eine Säule der Belehrungspflicht ist das Gebot zur Unabhängigkeit und Unparteilichkeit (s. Rn. 82A, 82R, 82U). Voraussetzung für Belehrungen ist eine **Belehrungsbedürftigkeit** (*BGH* NJW 1975, 2016; DNotZ 1982, 505, WM 1984, 700). Nach der – manchmal überaus – strengen Rechtsprechung (s.z.B. *BGH* DNotZ 1995, 407 und 489, jeweils m. Anm. *Haug* sowie *BGH* DNotZ 1996, 568; WM 1996, 1333) hat sich der Notar jedoch darüber zu vergewissern (*BGH* DNotZ 1954, 319; 1958, 23); auch bei voller Kenntnis des mit der Beurkundung eingegangenen Risikos bestehen Belehrungspflichten im Hinblick auf Sicherungsmöglichkeiten (NJW 1999, 2188). Zum zu belehrenden Personenkreis s. *BGH* DNotZ 1992, 457. Die Pflicht zur Verschwiegenheit (§ 18 BNotO) hat grundsätzlich hinter eine erforderliche Belehrung zurückzutreten (s. Rn. 82R).
Zu unterscheiden sind die Pflicht zur Rechtsbelehrung gem. § 17 I BeurkG, die erweiterte Belehrungspflicht gem. § 14 I 2 BNotO analog und die außerordentliche Belehrungspflicht. Die **Pflicht zur Rechtsbelehrung gem. § 17 I BeurkG** geht dahin, dass entsprechend dem zu eruierenden wahren Willen der Beteiligten eine rechtswirksame Urkunde errichtet wird und die Beteiligten über die rechtliche Bedeutung und die Voraussetzungen für den beabsichtigten Rechtserfolg aufzuklären sind. Insoweit sind die Beteiligten zu befragen und zu belehren. Ihre Erklärungen sind klar und unzweideutig wiederzugeben. Die Pflicht zur Rechtsbelehrung gem. § 17 I BeurkG bezieht sich grds. nicht auf die wirtschaftliche Tragweite des Rechtsgeschäfts, um dessen wirtschaftliche Zweckmäßigkeit sich der Notar nicht zu kümmern braucht. Da er nicht

Wirtschaftsberater der Beteiligten ist, besteht in der Regel keine Verpflichtung, über die wirtschaftlichen Folgen, die wirtschaftliche Durchführbarkeit des beabsichtigten Geschäfts oder mögliche finanzielle Schwierigkeiten eines Vertragspartners zu belehren, weil es sich insoweit nicht um Rechtsfolgen handelt. Die Beurteilung der wirtschaftlichen Auswirkungen eines Geschäfts ist in erster Linie Sache der Parteien; ihnen bleibt auch die Beurteilung der Zuverlässigkeit des Vertragspartners überlassen (*BGH* NJW 2010, 3243).

Die **erweiterte Belehrungspflicht gem. § 14 I 2 BNotO analog** besteht – allerdings nur in Ausnahmefällen – dann, wenn der Notar aufgrund der besonderen Umstände des Falles – d. h. wegen der rechtlichen Anlage oder der Art der Durchführung des konkreten Geschäfts – erkennbaren Anlass zu der Besorgnis haben muss, einem Beteiligten entstehe ein Schaden, weil er sich wegen mangelnder Kenntnis der Rechtslage oder von Sachumständen, welche die Bedeutung des Rechtsgeschäfts für seine Vermögensinteressen beeinflussen, einer Gefährdung dieser Interessen nicht bewusst ist. Im Rahmen der erweiterten Belehrungspflicht gem. § 14 I 2 BNotO analog kann – anders als im Rahmen der Pflicht zur Rechtsbelehrung – ausnahmsweise eine Pflicht zu einer Belehrung auf die wirtschaftlichen Folgen eines Rechtsgeschäfts in Betracht kommen (*BGH* NJW 2010, 3243). Die erweiterte Belehrungspflicht umfasst aber im Grundsatz keine Aufklärung über die Werthaltigkeit des Kaufobjekts bzw. die Angemessenheit des Kaufpreises, um die sich der Notar in der Regel nicht zu kümmern hat (*BGH* MittBayNot 2009, 394).

Die **außerordentliche Belehrungspflicht** wurde aus der allgemeinen Notarpflicht entwickelt, dem Unrecht zu wehren. Es handelt sich regelmäßig um Fälle, in denen mit dem Notargeschäft betrügerische Absichten verfolgt werden und dabei die Vertrauensstellung des Notars missbraucht wird.

Einzelfälle: Es ist z. B. der Rechtsbegriff „Besitz" zu erläutern (*BGH* NJW 1987, 1266), in rechtlicher Hinsicht der Angabe „Wochenendgrundstück" nachzugehen (*BGH* NJW 1995, 2713 m. Anm. *Reithmann* NJW 1995, 3370) oder aufzuklären, ob „unsere Kinder" eheliche oder z. B. voreheliche eines Partners sind. Auf die Richtigkeit der **Angaben der Beteiligten** kann sich der Notar grundsätzlich verlassen (*BGH* DNotZ 1958, 99; 1981, 515). Er ist aber bei der Beurkundung einer Stammkapitalerhöhung verpflichtet, jeden von mehreren Urkundsbeteiligten über die Bedeutung des Begriffs der „Bareinlage" eindringlich aufzuklären, weil häufig Fehlvorstellungen über die Erfüllungsmöglichkeiten einer solchen Verpflichtung existieren (*OLG Naumburg* DStR 2010, 564). Wenn eine Erhöhung des Stammkapitals einer GmbH mit Sacheinlagen erfolgen soll und Anlass zu Zweifeln an einer richtigen Bewertung der Sacheinlagen besteht, hat der Notar auf die Gefahr einer Differenzhaftung des Übernehmers hinzuweisen (*BGH* DNotZ 2008, 376). Wenn verkehrsgewandte Beteiligte erklären, eine im Aufteilungsplan mit einer bestimmten Nummer bezeichnete Eigentumswohnung mit dem dort angegebenen Miteigentumsanteil kaufen zu wollen, braucht der Notar regelmäßig nicht die Wohnungsgröße zu ermitteln (*BGH* NJW-RR 1999, 1214). Ein Bodengutachten, das nach der Baubeschreibung zu beachten ist, nicht aber die vertragliche Beschaffenheit des Gebäudes bestimmt, bedarf keiner Beurkundung (*BGH* ZNotP 2003, 216). Belehrungspflicht kann bei Übernahme eines Handelsgeschäftes bezüglich § 25 HGB bestehen (vgl. z. B. *BGH* DNotZ 2006, 629 m. Anm. *Kanzleiter* zu den Haftungsgefahren bei der – angeblichen – Weiterführung eines insolventen Gastronomiebetriebs DNotZ 2006, 590). Um den Willen der Beteiligten richtig erfassen zu können und um ihn in die passende rechtliche Form zu kleiden, muss der Notar den Tatsachenkern des zu beurkundenden Geschäfts aufklären und die Beteiligten über sich ergebende Hindernisse belehren (*BGH* WM 1992, 1662, 1665). Der Notar muss sich also hinsichtlich aller regelungsbedürftigen Punkte vergewissern, die **üblicherweise** zum Gegenstand vertraglicher Abreden gemacht werden, ob die Beteiligten hierzu eine Regelung bewusst nicht getroffen haben bzw. ob dies auf einem Versehen oder auf Unkenntnis beruht (*BGH* NJW 1995, 330). Erst recht besteht eine Pflicht zur Vergewisserung durch eine Nachfrage, wenn der Notar konkrete Anhaltspunkte dafür hat, dass einer der Beteiligten ein rechtliches Ergebnis herbeiführen möchte, das in dem vorbereiteten Urkundsentwurf noch keine Berücksichtigung gefunden hat (*BGH* MittBayNot 2011, 339 m. Anm. *Ganter*). Zur Frage der **Rechtswirksamkeit** (z. B. Knebelung: *BGH* NJW 1993, 1587) und **rechtlichen Tragweite** (§ 17 I 1 BeurkG) hat der Notar belehrend Stellung zu nehmen, z. B. zu § 1365 BGB (*BGH* DNotZ 1975, 628), Anfechtungstatbeständen (s. *Röll* DNotZ 1976, 453); u. U. ist ein Hinweis erforderlich, dass der gegenseitige Unterhaltsverzicht für zukünftige Eheleute unwirksam sein kann, wenn gemeinsame Kinder der Versorgung bedürfen (*OLG Düsseldorf* DNotZ 1997, 657 m. Anm. *Peters-Lange*), allerdings nur unter sorgfältiger Abwägung der beiderseitigen Interessen, wenn der Rat letztlich auf eine Empfehlung auf Absehen von der Eheschließung abzielen würde (*OLG Düsseldorf* RNotZ 2001, 394). Die von den Vertragsparteien gewollte Abhängigkeit eines Vertrages von einem anderen muss vom Urkundsnotar in der Urkunde zum Ausdruck gebracht werden, wenn diese Verknüpfungsabrede einen wesentlichen Bestandteil der vertraglichen Übereinkunft darstellt, wenn also ein rechtlicher und nicht bloß wirtschaftlicher Zusammenhang besteht (*BGH* NJW-RR 2003, 1565). Die gleiche Belehrungspflicht besteht bezüglich der **Wirksamkeitsvoraussetzungen** des Rechtsgeschäfts: z. B. wann das Eigentum am Grundstück übergeht oder die GmbH entsteht und wie zuvor die Gesellschafter haften (*BGH* DNotZ 1954, 329; MDR 1957, 605), der Eintragung der Satzungsänderung einer GmbH in das Handelsregister in Bezug auf § 181 BGB (*BGH* NJW 2000, 735), der Nachschusspflicht der GmbH-Gesellschafter, wenn bei einer Kapitalerhöhung die Stammeinlage nicht voll einbezahlt wird (*OLG Schleswig* RNotZ 2007, 115), der Erläuterung des für den Laien schwierigen Begriffs des „eigenkapitalersetzenden Darlehens" und allgemein der Frage, ob eine einzubringende Gesellschafterforderung gegen die GmbH mit Rücksicht auf deren wirtschaftliche Verhältnisse und den Grundsatz der Stammkapitalerhaltung (§§ 30, 31 GmbHG) auch „vollwertig" ist (*BGH* NJW 2007, 3566, 3567), der Notwendigkeit der vormundschaftsgerichtlichen Genehmigung (*BGH* DNotZ 1956, 319), der Anzeige des Widerrufs einer Bezugsberechtigung gegenüber dem Lebensversicherer (*BGH* DNotZ 1994, 377) oder der Verpfändung von Schuldbuchforderungen an die Depotbank (*BGH* WM 1996, 518). Bei der Beurkundung eines Kapitalerhöhungsbeschlusses muss sich der Notar regelmäßig auch darüber vergewissern, ob eine Vorauszahlung an die Gesellschaft erfolgt ist und gegebenenfalls über die Voraussetzungen einer Zahlung auf künftige Einlagenschuld aufklären (*BGH* VersR 2008, 1363 m. Anm. *Matz*; s. dazu auch *Kapsa* ZNotP 2008, 468, 472 f.). Bei der **Beurkundung der Annahme** eines von einem anderen Notar beurkundeten Vertragsangebots muss der Notar grds. nur über die rechtliche Bedeutung der Annahmeerklärung belehren, nicht über den Inhalt des Angebots – zumindest, wenn ihm das Vertragsangebot nicht vorliegt (*BGH* MittBayNot 2013, 168 m. Anm. *Sorge*). Die Pflicht des Notars, auf **vorhandene Belastungen** des zu erwerbenden Eigentums hinzuweisen, soll den Erwerber nicht nur davor schützen, dass er ein belastetes Objekt erwirbt, obwohl er lastenfrei hat erwerben wollen, sondern auch davor, dass die gekaufte Immobilie während der Zeit, in der eine Weiterveräußerung durch die eingetragene Belastung verhindert wird, im Wert sinkt; sie soll den Erwerber aber nicht davor bewahren, dass er eine Immobilie ankauft, die bereits im Zeitpunkt des Erwerbs – unabhängig vom Inhalt des Grundbuchs – wirtschaftlich gesehen ihren Preis nicht wert ist (*BGH* NJW-RR 2001, 1428). Der Notar ist verpflichtet, die Erwerber eines Erbbaurechts darauf hinzuweisen, dass der Grundstückseigentümer seine Zustimmung zur Veräußerung des Erbbaurechts erteilen, jedoch zur Belastung verweigern kann, wenn die Zustimmungsbedürftigkeit dieser Verfügungen Inhalt des Erbbaurechts ist (§ 5 ErbbauVO) und der Notar, z. B. aufgrund einer in dem Kaufvertrag enthaltenen Belastungsvollmacht, damit rechnen

VII. Haftungs-ABC zu typischen Risiken K

muss, dass die Erwerber das Recht zur Finanzierung des Kaufpreises belasten wollen. Der Notar ist in derartigen Fallgestaltungen weiter verpflichtet, die Erwerber über die Gefahren einer „gespaltenen" Eigentümerzustimmung zu belehren und ihnen Möglichkeiten, diesen entgegenzuwirken, aufzuzeigen (*BGH* RNotZ 2005, 493 m. z. T. abl. Anm. *Kesseler*). Im Rahmen der erweiterten Belehrungspflicht gem. § 14 I 2 BNotO analog muss der Notar bei Beurkundung eines Bauträgervertrages den Käufer besonders nachdrücklich auf die „Indizwirkung" der Eintragung eines Zwangsversteigerungsvermerks für eine wirtschaftliche Schieflage des Bauträgers hinweisen (*BGH* NJW 2010, 3243).

Unmittelbar aus § 17 BeurkG leitet der *BGH* Belehrungspflichten bei **ungesicherten Vorleistungen** her (ausführlich *Ganter/Hertel/Wöstmann* Rn. 1049 ff.; zu Erschließungskosten s. *BGH* DNotZ 2008, 280 m. Anm. *Grziwotz*; NJW 1994, 2283; WM 1996, 1333; *OLG Karlsruhe* VersR 2003, 1406, 1407 und *Grziwotz* NJW 1995, 641; *Kanzleiter* zum Schutz des Verkäufers, DNotZ 1996, 242). Falls ein Urkundsbeteiligter eine ungesicherte Vorleistung erbringen soll, die als solche nicht ohne weiteres erkennbar ist, trifft den Notar eine **doppelte Belehrungspflicht**. Er hat nach der Rechtsprechung des *BGH* über die Folgen zu belehren, die im Falle der Leistungsunfähigkeit des durch die Vorleistung Begünstigten eintreten, und Wege aufzuzeigen, wie diese Risiken vermieden werden können (NJW-RR 1989, 1492). Über das Risiko ungesicherter Vorleistungen hat der Notar nicht nur allgemein, sondern ganz konkret zu belehren (*OLG Rostock* DNotZ 1996, 122; s. auch *Ganter* NotBZ 2000, 277). Der Notar muss nicht nur für einen gesicherten Leistungsaustausch Sorge tragen, sondern auch Wege zur Risikovermeidung aufzeigen (*BGH* DNotZ 1998, 637 m. Anm. *Reithmann* = NotBZ 1998, 67 m. Anm. *Schlee*). Dies gilt nach *BGH* NJW 1999, 2188 auch dann, wenn ein Urkundsbeteiligter weiß, dass er eine ungesicherte Vorleistung erbringt (abl. dazu *Suppliet* NotBZ 1999, 175; zweifelnd auch *Brieske* DNotZ 2001, 478). Der Notar darf sich nach der BGH-Rechtsprechung aber damit begnügen, die sich nach dem Inhalt des Geschäfts und dem erkennbaren Willen der Beteiligten unter Berücksichtigung auch ihrer Leistungsfähigkeit anbietenden, realistisch in Betracht kommenden Sicherungsmöglichkeiten zu nennen (*BGH* NJW-RR 2004, 1071; zust. *Armbrüster/Krause* NotBZ 2004, 325). Der wirtschaftlichen Frage, ob die in einem Zahlungsplan vorgesehenen Raten wertmäßig tatsächlich dem jeweils erreichten Bauzustand entsprechen, muss der Notar jedoch nicht nachgehen (*OLG München* NJW-RR 1998, 352). Verpflichtet sich der Verkäufer eines bebauten Grundstücks, dem Käufer eine den Anforderungen des § 7 MaBV entsprechende Urkunde auszuhändigen, ist die Vorleistung des Käufers nicht ungesichert (*BGH* ZNotP 2005, 271). Eine ungesicherte Vorleistung liegt aber dann vor, wenn der Veräußerer im Rahmen eines Bauträgervertrags die **Erschließungs- und Anschlusskosten** für das Hausgrundstück übernimmt, der Erwerbspreis gleichwohl aber allein nach den Baufortschrittsstufen zu zahlen ist. Eine Belehrungspflicht des Beklagten entfällt nach der Rspr. des BGH insbesondere nicht deshalb, weil sich die Kaufpreisraten an den Bestimmungen der Makler- und Bauträgerverordnung orientierten (*BGH* DNotZ 2008, 280 m. Anm. *Grziwotz*). Nur bei ungewöhnlichen Vertragsgestaltungen ist der Frage einer unredlichen Benachteiligung von Beteiligten nachzugehen (*BGH* DNotZ 1978, 375). Für eine dem Notar typischerweise bei Austauschgeschäften obliegende „doppelte" Belehrung hinsichtlich ungesicherter Vorleistungen kann nach der Interessenlage auch bei einem notariellen Darlehensvertrag Anlass sein, in dem zugleich die Bestellung einer Grundschuld als Sicherheit vereinbart wird (*BGH* DNotZ 2006, 912). Vorzeitige Überlassung des **Besitzes** der Kaufsache vom Verkäufer an den Käufer kann eine ungesicherte Vorleistung sein (*BGH* NJW 2008, 1319).

Für die Frage einer **Amtspflichtverletzung wegen einer unterlassenen Belehrung** des Notars kommt es nach der Rspr. des *OLG Frankfurt* (MittBayNot 2012, 408) nicht entscheidend darauf an, ob bei der Beurkundung ein Rechtsanwalt als Bevollmächtig-

Hogl 1865

K   Notarhaftung

ter des anwesenden Vertragsbeteiligten auftritt. Entscheidend ist, ob die anwesende unmittelbar urkundsbeteiligte Vertragspartei selbst entweder durch den Notar ausreichend belehrt wird oder ob der Notar zumindest davon ausgehen darf, dass die Vertragspartei durch den Rechtsanwalt ausreichend informiert war. Daher ist eine Belehrung des Vertragsbeteiligten durch den Notar nicht schon dann entbehrlich, wenn der Notar weiß, dass der Urkundsbeteiligte anwaltlichen Rat in derselben Angelegenheit erhalten hat. Er muss sich vielmehr selbst vergewissern, dass dieser Anwalt die Belehrung erteilt hat und der Urkundsbeteiligte diese Belehrung auch verstanden hat.

Zur Belehrung über Steuerfragen s. Rn. 82S; zur Belehrung über Notariats- oder Gerichtskosten s. Kap. J. Rn. 15 f.

Belehrungsvermerke sind in der Niederschrift nur anzubringen, wenn dies **gesetzlich vorgeschrieben** ist, z.B. über Zweifel an der Rechtswirksamkeit (§ 17 II 2 BeurkG), Auslandsrecht (§ 17 III BeurkG; s. Rn. 56, 82A), Erfordernis amtlicher Genehmigungen (§§ 18, 19 BeurkG), bei gesetzlichen Vorkaufsrechten (§ 20 BeurkG), bei Beurkundung ohne Grundbucheinsicht (§ 21 I BeurkG) und über die Vorlage des Grundschuldbriefes (§ 21 II BeurkG). Ein fehlender Vermerk berührt zwar nicht die Wirksamkeit der Beurkundung, bewirkt aber eine Beweislastumkehr (*BGH* WM 2006, 1592, 1594; DNotZ 2006, 912 m. Anm. *Krebs*; s. Rn. 64).

Von **gesetzlich nicht vorgeschriebenen** Belehrungsvermerken sollte grundsätzlich zurückhaltend Gebrauch gemacht werden; ihr Fehlen bedeutet kein Indiz für eine Belehrungspflichtverletzung (*BGH* WM 1968, 1042; DNotZ 1974, 296) Es ist vielmehr davon auszugehen, dass der Notar seine Pflichten erfüllt hat (*Haug/Zimmermann* Rn. 610). Abzulehnen ist daher die Auffassung des *BGH* (NJW 2006, 3065), dass das Fehlen eines gesetzlich nicht vorgeschriebenen Belehrungsvermerks beim Bestehen einer „gegenteiligen notariellen Praxis" für die Beweiswürdigung von Bedeutung sein könne. Ergibt sich aus der Niederschrift der notariellen Urkunde, dass diese den Beteiligten vorgelesen und von ihnen unterzeichnet worden ist, so wird zugunsten des Notars auch vermutet, dass die als Anlage bezeichneter Schriftstücke bei Unterzeichnung der Urkunde beigefügt waren (*BGH* MittBayNot 1994, 271). Bei ungewöhnlichen, die eine oder andere Partei benachteiligenden Vereinbarungen (z.B. ungesicherte Vorleistungen) ist aber zu Beweiszwecken eine schriftliche Niederlegung der Belehrung in der Urkunde dringend ratsam. Aufgrund der relativ kurzen Aufbewahrungsfrist für Nebenakten von sieben Jahren ist das schriftliche Festhalten dieser Belehrungen außerhalb der Urkunde riskant. Erfahrungsgemäß werden Regressansprüche in einer Vielzahl von Fällen erst nach Vernichtung der Nebenakten geltend gemacht.

Beschwerde gem. § 15 II BNotO: S. Rn. 65 ff.
Bestätigungen, Bescheinigungen: S. Rn. 82N.
Beweislast: S. Rn. 62 ff. und Stichwort „Belehrungsvermerk".
Bindungs- und Annahmefrist: S. Kap. A II. Rn. 27.

82D **Dritte:** S. Rn. 13 ff.

82E **Einreichungstätigkeit:** S. Rn. 82V.
Entwurftätigkeit: Sie gehört einheitlich zur Beurkundung, wenn die Beteiligten sie wünschen (*BGH* DNotZ 1964, 699; WM 1982, 1437, 1438). Wird lediglich um einen Entwurf nachgesucht, so gehört dies zur Notartätigkeit nach § 24 I BNotO, auch bei Beauftragung eines Anwaltsnotars (*BGH* LM Nr. 1 zu § 24 BNotO; *OLG Frankfurt* DNotZ 1979, 119; s. a. Rn. 82A). Bei Entwurfsarbeiten bestehen die vollen notariellen Aufklärungs- und Belehrungspflichten (*BGH* NJW 1993, 729 und DNotZ 1997, 53 m. Anm. *Tönnies*). Beispiel: Entwurf eines Tierarzt-Sozietätsvertrages (*BGH* VersR 1972, 1049, hier wohl zu weitgehend).
Erfüllungsgehilfe: Während die Notariatsangestellten rechtlich keine Erfüllungsgehilfen des Notars sind (s. aber Rn. 33), kann der Notar als solcher der Beteiligten gelten

VII. Haftungs-ABC zu typischen Risiken   K

(*BGH* DNotZ 1974, 482; 1984, 511). Ist der Notar Erfüllungsgehilfe, so erweitert sich seine Haftung, weil die Partei, die sich dessen Verschulden anrechnen lassen muss, meist Rückgriff nehmen kann (Beispiel: *BGH* NJW 1993, 3061).

Garantie: Dem Notar ist nach § 14 IV 1 BNotO verboten, eine Gewährleistung, Garantie, eine Bürgschaft oder eine Maklertätigkeit zu übernehmen. Er haftet ausschließlich als Amtsperson nach § 19 BNotO (s. Rn. 6). Eine solche Zusicherung ist insbesondere bei Notarbestätigungen zu vermeiden (s. Rn. 82N). Sollte ein Notar dem Verbot zuwider aus Garantie haften, so würde dies zu seinem Privatbereich gehören und nicht unter die Berufhaftpflichtversicherung fallen (s. Rn. 69 ff.). **82G**

Grundbucheinsicht: Nach § 21 I BeurkG soll sich der Notar bei allen Geschäften, die – unmittelbar (*BGH* NJW 1992, 3237) – im Grundbuch eingetragene oder einzutragende Rechte betreffen, über den Grundbuchstand vergewissern. Das „soll" schränkt nicht die Pflicht ein, sondern bedeutet nur, dass bei einem Unterlassen die Wirksamkeit der Beurkundung unberührt bleibt. Ohne Grundbucheinsicht darf nur beurkundet werden, wenn die Beteiligten trotz Belehrung über die damit verbundenen Gefahren auf einer sofortigen Beurkundung bestehen. Dies ist in der Niederschrift zu vermerken. Ein unterlassener Vermerk führt zu einer Beweislastumkehr (s. Rn. 64, 82B). § 21 BNotO betrifft nur die Beurkundungstätigkeit, nicht z. B. eine spätere Antragstellung nach § 53 BeurkG (*BGH* NJW 1991, 1113). Das schließt nicht aus, dass auch bei einer sonstigen Betreuung eine Unterrichtungspflicht bestehen kann, z. B. wenn die Angabe eines Beteiligten, er habe eine Grundschuld erworben, rechtlich zweifelhaft ist (vgl. *BGH* NJW 1961, 601). Die Vorschrift über die Grundbucheinsicht ist **nicht** analog auf die Einsicht in **andere Register**, auch nicht auf Baulastenverzeichnisse anzuwenden (*OLG Schleswig* NJW-RR 1991, 96; *Ganter/Hertel/Wöstmann* Rn. 903; a. A. *Masloh* NJW 1995, 1976). Es ist aber ratsam, im Rahmen der Belehrungspflicht auf die Möglichkeit von Baulasten hinzuweisen.

Haftpflichtrechtlich hat sich nicht selten ausgewirkt, dass nicht alle Abteilungen des Grundbuchs eingesehen wurden (*BGH* DNotZ 1969, 173 und 507). Einzusehen sind die **aktuellen Grundbuchblätter**, die für das jeweilige Geschäft bedeutsam sind, vom Bestandsverzeichnis bis zur Abteilung III (vgl. *BGH* DNotZ 1985, 635, 637; *OLG Köln* MittRhNotK 1985, 23).

Eine Pflicht die **Grundakten** einzusehen besteht nur bei Verweisungen im Grundbuch mit einer Relevanz zum Urkundsgeschäft (*Winkler* § 21 Rn. 19 ff.). Die Einsichtnahme ist aber nur erforderlich, wenn besondere Umstände, beim Verkauf einer Eigentumswohnung beispielsweise das Bestehen von Zweifeln am Umfang des Sondereigentums, vorliegen (*BGH* NJW 2009, 516)

Eine Pflicht zur Grundakteneinsicht kann gem. § 14 BNotO ausnahmsweise dann bestehen, wenn nur so eine absehbare Gefährdung Beteiligter abgewendet werden kann (*BGH* v. 26.11.1998 – IX ZR 231/97 zu einem Sonderfall, in dem der Notar selbst ungeprüft eine fehlerhafte Parzellenbezeichnung übernommen und damit eine Gefahrenlage herbeigeführt hatte; s. auch *Ganter/Hertel/Wöstmann* Rn. 904).

Die Grundbucheinsicht kann vom Notar an **Hilfskräfte** delegiert werden. Für ein Fehlverhalten dieser Hilfskräfte haftet der Notar gem. § 278 BGB analog (s. Rn. 33).

Die Grundbucheinsicht soll aus jüngster Zeit stammen. Sie sollte jedenfalls im Normalfall nicht mehr als zwei Wochen zurückliegen (*LG München I* MittBayNot 1978, 237; *OLG Frankfurt* DNotZ 1985, 244; *Ganter/Hertel/Wöstmann* Rn. 911). Voraussetzung ist aber, dass keine besonderen Umstände Zwischeneintragungen oder unerledigte Anträge nahe legen. Statt einer – erneuten – Grundbucheinsicht kann auch durch Bedingungen bei der Antragstellung einem Rechtsnachteil durch Zwischeneintragungen vorgebeugt werden (*BGH* WM 1991, 235).

Haftpflichtprozess: S. Rn. 57 ff. **82H**
Hinterlegungsvereinbarung: S. Rn. 82V.

K

82K Kausalität: S. Rn. 82S.

82M Makler: S. Rn. 16.

Mitverschulden: Das mitwirkende Verschulden eines Beteiligten hat im Bereich der Notarhaftung drei Besonderheiten: bei Anwendung des § 839 III BGB (s. Rn. 42 ff.), bei Bestehen des Subsidiaritätseinwands gem. § 19 I 2 BNotO (s. Rn. 37 ff.) und aufgrund der hohen Anforderungen an die Notarpflichten im Verhältnis zur Eigenverantwortung der Beteiligten (*Haug/Zimmermann* Rn. 250). Diesen wird insbesondere bzgl. der Belehrungspflichten ein fast blindes Vertrauen in die Unparteilichkeit und Betreuung des Notars zugebilligt (s.z.B. *BGH* DNotZ 1971, 591; 1986, 406 m. Anm. *Hanau*; 1996, 568; 1997, 64 und 1998, 621, aber auch *BGH* NJW 1993, 1587; 1996, 464 und 520; DNotZ 2004, 849, 850 m. Anm. *Kesseler*).

Während bei einer schuldhaften Versäumung eines Rechtsmittels im Sinne des § 839 III BGB und beim Eingreifen des Subsidiaritätseinwands gem. § 19 I 2 BNotO keine Haftungsquotelung vorgenommen wird, sondern die Haftung des Notars entfällt, müssen im Rahmen des Mitverschuldenseinwands gem. § 254 BGB die jeweiligen Verursachungsbeiträge gegeneinander abgewogen werden. Ein schadenursächliches Mitverschulden eines Erfüllungsgehilfen im Sinne des § 278 BGB muss sich der Geschädigte wie ein eigenes Verschulden zurechnen lassen (*BGH* NJW 1993, 1587).

Der Notar, der bei der Durchführung eines Amtsgeschäfts das Recht fehlerhaft anwendet, kann einem Beteiligten ein Mitverschulden in aller Regel nicht vorwerfen. Dies gilt sogar dann, wenn der Beteiligte, weil er selbst rechtskundig ist, den Fehler hätte bemerken können (*BGH* NJW-RR 2004, 1704). Dagegen kommt ein Mitverschulden in Betracht, wenn sein Beitrag zur Schadensentstehung in den Bereich seiner Eigenverantwortung fällt. Das ist beispielsweise dann der Fall, wenn ein Anspruchsteller der anderen Vertragspartei einen veralteten Grundbuchauszug überlässt, den Vertragsentwurf nicht oder nicht mit gehöriger Genauigkeit prüft und die Verlesung des Vertragstexts im Beurkundungstermin nicht mit der notwendigen Aufmerksamkeit verfolgt (*BGH* NJW 2011, 1355).

82N Notarangestellte: S. Rn. 33 ff., 72.

Notarassessor: S. Rn. 30 f.

Notarbestätigungen, Tatsachenbeurkundungen, notarielle Bescheinigungen haben gemeinsam, dass sie ein hohes Haftpflichtrisiko darstellen, da die Rechtsprechung zum Schutze des Publikums auf die Exaktheit, Vollständigkeit und Unmissverständlichkeit besonderen Wert legt; **Notarbestätigungen** müssen wahrheitsgemäß sein (BGHZ 134, 100, 107). Als Maßstab für die Sorgfaltspflicht wird der Vertrauensstatus des Notars als Amtsperson angelegt. Hinzu kommt der oft unabsehbare Kreis von geschützten Personen im Sinne von § 19 I 1 BNotO (s. Rn. 19 f.). Zur Risikominderung empfiehlt es sich deshalb, die rechtlich mögliche einfachste Mitteilungsform – z.B. Abschriftsbeglaubigung (s. Rn. 82B) statt Tatsachenbeurkundung (s. nächster Absatz) oder Brief statt förmlicher Notarbestätigung – zu wählen und als Empfänger bestimmte Adressaten zu bezeichnen. Zur Frage, ob z.B. zur Erteilung von Rangbestätigungen eine rechtliche Verpflichtung besteht, da die Rechtsgrundlage in § 24 BNotO liegt, und wie eine Bestätigung zur Vermeidung von Haftpflichtgefahren zu formulieren ist, s. die Kommentierung zum Urt. des *OLG Naumburg* v. 11.2.1998 in DNotI-Report 1998, 202, die Formulierungsvorschläge für Notarbestätigungen und Treuhandaufträge der *Bundesnotarkammer* (Nr. 5/99, veröffentlicht in DNotZ 1999, 369 f.).

Die **Tatsachenbeurkundung** ist die höchste Form der Mitteilung (zur Terminologie s. *Winkler* § 39 Rn. 9 ff.). Sie kann nur bei einem ausreichendem Grund abgelehnt werden (§ 15 I 1 BNotO; s. Rn. 82A). Zur Vermeidung der genannten Risikoquellen ist sich streng an die objektive Wiedergabe des tatsächlich Gesehenen und Gehörten zu

VII. Haftungs-ABC zu typischen Risiken K

halten. Von jeder Wertung ist abzusehen. Der Notar kann z. B. nicht die Vorlage von „Smaragden" oder „Goldbarren" bestätigen, dies wäre eine Wertung oder gutachtliche Äußerung (s. nächster Absatz). Er kann nur bescheinigen „grüne, durchsichtige Steinchen" bzw. „goldschimmernde Barren", die von dem vorlegenden N. N. als Smaragde bzw. Goldbarren bezeichnet wurden, gesehen zu haben. Der Notar kann ebenso nicht feststellen, dass Schriftstücke „Originale" sind (vgl. *OLG Düsseldorf* DNotZ 1985, 240). Ein Beispiel für die hohen Anforderungen gibt das *BGH*-Urteil in DNotZ 1973, 245 zu einer Tatsachenbeurkundung über den Inhalt einer Versicherungspolice. Der *BGH* fordert, dass kein falscher Anschein oder Irrtum hervorgerufen werden darf und der Notar deshalb auch das etwa bei den Interessenten andere Verständnis (des richtig wiedergegebenen Inhalts!) in Betracht ziehen müsse.

Notarbestätigungen enthalten im Unterschied zu den Zeugnisurkunden neben Feststellungen tatsächlicher Art auch so genannte **gutachterliche Äußerungen,** mit denen meist der Eintritt bestimmter Rechtsfolgen vorausgesagt wird. Sie gehören zur betreuenden Amtstätigkeit des Notars (§ 24 I 1 BNotO; Schippel/Bracker/*Reithmann* § 24 Rn. 94; *Ganter/Hertel/Wöstmann* Rn. 2074 ff.) und haben nicht die Wirkung des öffentlichen Glaubens (*BayObLG* DNotZ 1971, 249).

Typisch sind **Rangbestätigungen** oder **Kaufpreisfälligkeitsmitteilungen** (*OLG Koblenz* WM 1994, 999 zur Kontenüberprüfung) im Zusammenhang mit der Grundbucheinsicht (s. Rn. 82G). Mit ihnen darf der Notar nicht, wie in den vorgedruckten Formularen der Banken oft verlangt wird, versichern, dass z. B. der rangrichtigen Eintragung „keine Hindernisse entgegenstehen". Einmal darf dies der Notar nach § 14 IV BNotO nicht garantieren (s. Rn. 82G), und zum anderen kann er dies auch nicht zuverlässig voraussagen. Stattdessen ist z. B. mitzuteilen, zu welchem Zeitpunkt das Grundbuch und evtl. auch die Grundakten (s. Rn. 82G) eingesehen wurden und was daraus bzgl. etwaiger Eintragungshindernisse (subjektiv!) ersichtlich war (s. die von der *Bundesnotarkammer* vorgeschlagenen Muster, in der 5. Aufl. abgedruckt im Anh. 6). Der Fälligkeitsmitteilung sollte klar und konkret zu entnehmen sein, woher der Notar seine Kenntnisse hat (z. B. durch Bezeichnung von Blatt, Seite und Band des Grundbucheintrags, vgl. Rundschreiben der BNotK v. 11.1.1996). Die **Versendungsart** ist nicht vorgeschrieben; einfacher Brief genügt somit (*LG Traunstein* MittBayNot 1995, 244; *Lichtenwimmer* Anm. zu *BGH* MittBayNot 2005, 395). Haftpflichtbeispiele: *BGH* DNotZ 1983, 48 und *OLG Hamm* DNotZ 1987, 54. Dass die Versendung vollstreckbarer Ausfertigungen per Einschreiben eine notarielle Amtspflicht sein soll (so *LG Mönchengladbach* RNotZ 2005, 126), geht zu weit (so auch *Bous* RNotZ 2005, 100).

Notariatsverwalter: S. Rn. 32.

Personal: S. Rn. 33 ff., 71 f. 82P

Prospekthaftung: Diese Anspruchsgrundlage ist für die Notarhaftung entbehrlich, weil ein Verstoß von § 19 BNotO umfasst würde (Rn. 6). Sollte ein Notar als „Garant" in Prospekten von Publikumsgesellschaften in Erscheinung treten, was zu dieser Haftungsart führt (*BGH* NJW 1980, 184; 1984, 865; s. *Borgmann/Jungk/Schwaiger* Rn. VI 21 ff.), so wäre dies in der Regel eine vorsätzliche Verletzung seiner Grundpflichten zur Unabhängigkeit und Unparteilichkeit (s. Rn. 82G, 82R, 82U).

Prozesskosten: Die Kosten des gegen den Notar wegen einer fahrlässigen Pflichtverletzung geführten Haftpflichtprozesses übernimmt die Berufshaftpflichtversicherung (s. Rn. 69 ff.). Die Grenze ist die Gebühren- oder Kostenwertklasse der vereinbarten Versicherungssumme. Kosten des Geschädigten, die z. B. in einem Vorprozess entstanden, in dem die Nichtigkeit der Urkunde festgestellt wurde, können Teil des Haftpflichtschadens sein und fallen unter die Versicherungssumme. Dies gilt auch für den Prozess, mit dem der Geschädigte versuchte, anderweitigen Ersatz zu erlangen (s. Rn. 37 ff.). Die Kosten eines gegen einen möglichen Schädiger geführten aussichtsreichen Vorprozesses können nachfolgend auch insoweit als kausal adäquater Schadensersatz gegen einen Notar geltend gemacht werden, als der Geschädigte damit wegen Vermögensunzulänglichkeit des anderen Schädigers belastet bleibt (*BGH* NJW 2002, 2787). Der Notar und sein Versicherer sollten den Geschädigten nicht mit dem Einwand der subsidiären Haftung zu einem aussichtslosen Prozess animieren. Andererseits sind der Anspruchsteller und sein Anwalt (§ 278 BGB) gehalten, keine unzweckmäßigen Rechtsstreite zu führen. Die unterlassene Minderung des Schadens (§ 254 II BGB) hat der Notar zu beweisen (*BGH* VersR 1988, 607).

82R **Rangbestätigung:** S. Rn. 82N.
Rechtsprechungskenntnis: S. Rn. 23.
Redlichkeit: Gleich hoch wie die Grundpflichten der Unabhängigkeit und Unparteilichkeit (s. Rn. 82U) ist die nach § 14 II BNotO bestehende allgemeine Pflicht des Notars, „dem Unrecht zu wehren" anzusetzen (*BGH* DNotZ 1978, 373, 375); er hat jeden falschen Anschein zu vermeiden (*BGH* DNotZ 1992, 819). Da von unseriösen oder von nur scheinbar seriösen Beteiligten immer wieder versucht wird, die amtliche Vertrauensstellung des Notars zu unredlichen oder kriminellen Zwecken zu missbrauchen, muss dieser im Rahmen der sog. erweiterten Belehrungspflicht auch aufmerksam die wirtschaftliche Seite des Geschäfts beachten (s. Rn. 82B) und gegebenenfalls belehren oder die Amtsausübung verweigern (s. Rn. 82A). **Warnende Beispiele** bringen die Haftpflichturteile des *BGH* in DNotZ 1981, 311 und 1982, 384 (Beurkundung von Schuldanerkenntnissen mit Unterwerfungsklauseln als vermeintliche Sicherheit für Darlehensgeber, obwohl der Notar aus Anwaltsmandat weiß, dass die Realisierung hoffnungslos ist) oder in DNotZ 1973, 494; 1978, 373 und 1992, 813 (Notare glauben aufgrund der Schweigepflicht, Beteiligte, die offensichtlich betrogen werden sollen, nicht belehren zu dürfen) oder DNotZ 1998, 634 (Fraglichkeit, ob Anwaltsnotar bei dubiosen Devisengeschäften mitgewirkt hat). Zur Beachtung des sog. „Geldwäschegesetzes" s. Rundschreiben der BNotK DNotZ 1996, 329. In solchen Fällen ist auch der **Versicherungsschutz gefährdet,** weil keine versicherte Berufstätigkeit vorliegt und/oder von einer wissentlichen Pflichtverletzung auszugehen ist (vgl. Rn. 21, 72, 77).

82S **Schadenskausalität:** Haftung des Notars gem. § 19 BNotO setzt einen auf der schuldhaften notariellen Amtspflichtverletzung kausal beruhenden Schaden voraus. Somit muss geprüft werden, **welchen Verlauf** die Dinge **bei pflichtgemäßem Verhalten** genommen hätten und wie die Vermögenslage des Betroffenen sein würde, wenn der Notar die Pflichtverletzung nicht begangen, sondern pflichtgemäß gehandelt hätte. Liegt die Pflichtverletzung in einer Unterlassung, ist festzustellen, welcher Verlauf bei pflichtgemäßem positivem Tun eingetreten wäre. Hat der Notar durch positives Tun gegen seine Amtspflichten verstoßen, ist zu prüfen, wie sich das Vermögen des Betroffenen ohne die pflichtwidrige Handlung entwickelt hätte (*BGH* WM 1996, 2074, 2076; 2000, 35 und 1808, 1809; 2002, 516). Werden Treuhandgelder weisungswidrig verwendet, kommt es darauf an, wie sich die Vermögensentwicklung des Treugebers im Vergleich zum tatsächlichen Ablauf gestaltet hätte, wenn der Notar seine Amtspflicht entsprechend dem Treuhandauftrag erfüllt hätte (*BGH* WM 2000, 193, 196). Kommt es für die Feststellung der Ursächlichkeit einer Amtspflichtverletzung darauf an, wie die Entscheidung eines Gerichts ausgefallen wäre, ist darauf abzustellen, wie nach Auffassung des über den Ersatzanspruch erkennenden Gerichts **richtigerweise** hätte entschieden werden müssen (BGHZ 133, 110, 111 f.; vgl. dazu auch *Ganter* NJW 1996, 1310, 1312 ff.; *BGH* NJW 2002, 1655; 2003, 202). Bei **Gesamt- oder Doppelkausalität,** also wenn ein bestimmter Schaden durch verschiedene, gleichzeitig wirkende Umstände verursacht worden ist, von denen jeder für sich allein ausgereicht hätte, den ganzen Schaden herbeizuführen, hat jeder den Schaden im Rechtssinne verursacht (*BGH* NJW 2001, 2714; 2002, 1655). Kommen zu dem Fehler des Notars Maßnahmen des Betroffenen oder Dritter hinzu, insbesondere solche, die sich als weiterer „Fehler" darstellen, geht es um die Frage, ob der Schaden dem Notar als Erstschädiger haftungsrechtlich noch zugerechnet werden kann oder ob der **Kausalzusammenhang** durch die weiteren Maßnahmen **unterbrochen** wurde. Der *BGH* unterscheidet, ob die zusätzliche Maßnahme vom Betroffenen selbst oder von einem Dritten ausgeht.

Geht die **Zweithandlung vom Betroffenen** selbst aus, kann der Schaden einem Notar nach der Rechtsprechung des *BGH* haftungsrechtlich nicht mehr zugerechnet werden, wenn der Geschädigte selbst in den Kausalverlauf eingegriffen und dadurch letztlich den Schaden verursacht hat und die Zweithandlung eine ungewöhnliche Reaktion darstellt, die nicht durch die Ersthandlung des Notars herausgefordert wurde (*BGH* NJW-RR 2001, 1639). Ob beispielsweise der Abschluss eines Vergleichs, der den Schaden erst herbeiführt, hier einzuordnen ist oder ob er den Ursachenzusammenhang unterbricht, hängt von den Umständen des Einzelfalles ab, wobei die Erfolgsaussichten des Geschädigten im Falle einer gerichtlichen Entscheidung zu berücksichtigen sind (*BGH* NJW-RR 2003, 563). Nicht ersatzfähig sind im Vorprozess aufgewendete Verfahrenskosten, wenn die Durchführung dieses Rechtsstreits nicht durch die notarielle Amtspflichtverletzung herausgefordert wurde, sondern die Klage von vornherein keine Aussicht auf Erfolg versprach (*OLG Hamm* FamRZ 2010, 1851).

Ein **Fehlverhalten Dritter** unterbricht den Zurechnungszusammenhang grundsätzlich nicht (*BGH* NJW-RR 2008, 1377). Er kann jedoch ausnahmsweise bei wertender Betrachtung entfallen, wenn die Ursächlichkeit des ersten Umstands für das Eintreten des zweiten Ereignisses nach dem Schutzzweck der Norm gänzlich bedeutungslos ist, wenn also das schädigende erste Verhalten nur noch den äußeren Anlass für ein völlig ungewöhnliches und unsachgemäßes Eingreifen des Dritten bildet, das dann den Schaden erst endgültig herbeiführt (BGHZ 106, 313, 321; *BGH* NJW 1990, 2882, 2884; WM 1997, 1901, 1903). Hat ein Notar unrichtigerweise bestätigt, die Eintragung einer Gesamtgrundschuld zur Absicherung eines noch auszuzahlenden Darlehens sei an erster Rangstelle sichergestellt, so wird seine Haftung nicht dadurch eingeschränkt, dass auch das Grundbuchamt einen Fehler begangen hat (*BGH* NJW 2001, 2714).

Der *BGH* hat in zwei Fällen **hypothetische Reserveursachen** für beachtlich gehalten (*BGH* WM 1985, 666, 670; 1996, 2074, 2077 f.), es dann aber offen gelassen, ob die überholende Kausalität überhaupt in der Notarhaftung gilt (*BGH* NJW 2000, 2110). Nur solche Schadenfolgen sind ersatzfähig, die innerhalb des **Schutzbereichs der verletzten Norm** liegen (*BGH* NJW 1992, 555; 2001, 962; ZNotP 2001, 1246, 1247). Ist eine Schenkung von Grundstücken infolge eines Beurkundungsfehlers des Notars unwirksam, liegt es im Schutzbereich der verletzten Amtspflicht, wenn die Schenkung nach dem Tode des Schenkers von dessen Erben nicht genehmigt wird und der Schenkungsgegenstand somit dem Beschenkten entgeht (*BGH* NJW-RR 2001, 204). Die Verpflichtung des Notars, unwirksame Beurkundungen zu unterlassen oder es zu unterlassen, in anderer Weise zum Abschluss unwirksamer Rechtsgeschäfte beizutragen oder solche zu vollziehen, soll den Betroffenen davor schützen, dass er im Vertrauen auf die vermeintliche Wirksamkeit des Geschäfts Aufwendungen tätigt, die sich wegen dessen Unwirksamkeit als nutzlos herausstellen. Darunter fallen einmal die Aufwendungen, die getätigt wurden, um die Gegenleistung aufzubringen, und zum anderen die auf den vermeintlich erworbenen Gegenstand getätigten Verwendungen. Ob der Betroffene entsprechende Vermögensnachteile auch bei Wirksamkeit des Geschäfts erlitten hätte, weil er daraus herrührende Zahlungsverpflichtungen nicht vollständig hätte erfüllen können, ist unerheblich (*BGH* NJW-RR 2000, 1658). Im Falle einer **verfrühten Kaufpreisfälligkeitsmitteilung** des Notars wird dem Käufer im Regelfall kein Schaden im Hinblick auf die von ihm zu früh erbrachten Zins- und Tilgungszahlungen entstehen, da sich in diesen Fällen in der Regel lediglich der Finanzierungszeitraum verschiebt und der gesamte Finanzierungsaufwand gleich bleibt. Dem Nachteil der zu früh erbrachten Zins- und Tilgungszahlungen steht der Vorteil der entsprechend früheren Beendigung der Zinszahlung und Tilgung des Krediten gegenüber (vgl. auch *Ganter/Hertel/Wöstmann* Rn. 2088).

Sicherster Weg: S. Rn. 24.

Sozietätshaftung: Der Notar hat als unabhängiger Amtsträger die Pflicht zur persönlichen Amtsausübung. Er haftet deshalb auch persönlich (s. Rn. 7). Eine Sozietätshaftung, die bei den Rechtsanwälten die Regel ist (s. *Borgmann/Jungk/Schwaiger* VII Rn. 1 ff.) **scheidet aus** (*BayObLG* DNotZ 1981, 317). In einer Sozietät von Nuranwälten und Anwaltsnotaren muss der Anwalt Klienten mit Ansuchen, die nach § 24 BNotO dem Notarbereich zugeordnet sind, an seinen Notarsozius verweisen. Die Heranziehung eines Sozius für Hilfsarbeiten ist kein Fall der Gesamthaftung. Eine gesamtschuldnerische Haftung ist, abgesehen von den gesetzlichen Regelungen (s. Rn. 27, 30, 32), dann möglich, wenn an einem Amtsgeschäft mehrere Notare fehlerhaft mitgewirkt haben. Ein interner Ausgleich kann nach § 426 BGB erfolgen. Das Mitwirkungsverbot der §§ 14 IV 2, 28 BNotO soll die Neutralität des Anwaltsnotars schützen mit der Folge, dass die Assoziierung von Rechtsanwälten mit einem Anwaltsnotar zum Verbot des Abschlusses von Maklerverträgen durch die Rechtsanwälte führt (*BGH* WM 2001, 744; s. zur Abgrenzung Rechtsanwalts-/Notartätigkeit Rn. 82A).

Steuerberatung: Der Notar ist nach ständiger Rechtsprechung **grds. nicht zur steuerrechtlichen Beratung verpflichtet** (*BGH* DNotZ 1985, 635; ZNotP 2007, 468; vgl. Rn. 56 sowie *Ganter/Hertel/Wöstmann* Rn. 1130 ff., 1277 ff.), insbesondere nicht zur Umsatzsteuer (*BGH* DNotZ 2008, 370 m. zust. Anm. *Moes*), da die Steuerpflicht eben eine von der Steuergesetzgebung auferlegte Last ist, von deren Vorhandensein jeder Beteiligte weiß. Das hat auch zu gelten, wenn der Anwaltsnotar zugleich Fachanwalt für Steuerrecht ist (*Ganter/Hertel/Wöstmann* Rn. 1288; *Schlee* ZNotP 1997, 51, 52). Dieser Grundsatz erlaubt jedoch nicht, Steuerfragen, die im Zusammenhang mit Amtsgeschäften stehen, unbeachtet zu lassen. Ist erkennbar, dass ein Beteiligter auf eine Steuerberatung oder auf eine bestimmte Steuerfolge Wert legt, so hat der Notar entweder diese Beratung vorzunehmen oder mit einer Verweisung an einen Rechtsanwalt oder Steuerberater abzulehnen (s. *Schuck* BB 1996, 2332; *Ganter* DNotZ 1998, 851, 860 f.). Gibt der Notar einen für sich betrachtet zutreffenden steuerlichen Hinweis zu einem Einzelpunkt, folgt daraus nicht die Verpflichtung, die steuerlichen Annahmen der Parteien insgesamt auf ihre Richtigkeit zu überprüfen (*OLG München* MittBayNot 2007, 423). Bei mehreren Vertragsbeteiligten kann die Neutralitätspflicht (s. Rn. 82U) eine Zurückhaltung von Belehrungen über Vertragsänderungen aus steuerrechtlichen Gründen gebieten (*OLG Oldenburg* DNotI-Report 1999, 153).

Berät der Notar dennoch, so hat er die volle Amts- und Haftpflicht (*BGH* DNotZ 1980, 563, WM 1983, 123; s. aber auch *BGH* BGHR 2007, 1170 m. Anm. *Waldner*). Ist dem Notar bekannt, dass der Entwurf, den er der Beurkundung eines Hofübergabevertrages zugrunde legen soll, von einem Steuerberater stammt, kann er, wenn einer der Beteiligten eine Änderung des Vertrages anregt, gehalten sein, den Beteiligten zu empfehlen, dass sie die Tragweite der Änderung durch den Steuerberater überprüfen lassen, bevor der Vertrag in der geänderten Form beurkundet wird (*BGH* DNotZ 2003, 845). Auch auf eine vom Beteiligten nicht erkannte ungewöhnliche Steuerfolge, die vermieden werden könnte, hat der Notar nach den Grundsätzen der Belehrungspflicht aufmerksam zu machen (s. Rn. 82B). Dies betrifft z. B. den Anfall von Spekulationssteuer (*OLG Oldenburg* VersR 1971, 380). Die Voraussetzungen müssen aber ersichtlich sein; eine Nachforschungspflicht trifft den Notar nicht (*BGH* DNotZ

VII. Haftungs-ABC zu typischen Risiken K

1980, 563; 1996, 116; *OLG Bremen* DNotZ 1984, 638; *OLG Koblenz* ZNotP 2002, 448; bedenklich *BGH* NJW 1989, 586 m. abl. Anm. *Brambring* EWiR 1989, 355; einschränkend danach *OLG Koblenz* DNotZ 1993, 761; *BGH* NJW 1995, 2794). Gemäß § 8 I 6, IV ErbStDV hat der Notar bei der Beurkundung von Schenkungen und Zweckzuwendungen unter Lebenden die Beteiligten auf die mögliche Steuerpflicht hinzuweisen (*OLG Oldenburg* DNotZ 2010, 312 m. Anm. *Wachter*; *OLG Hamm* v. 27.7.2012 – 11 U 74/11). Er ist aber nicht verpflichtet, über die Höhe der eventuell anfallenden Schenkungsteuer zu belehren (*Ganter/Hertel/Wöstmann* Rn. 1216) oder auf mögliche Gestaltungen zur Steueroptimierung hinzuweisen (*Haug/Zimmermann* Rn. 555).

Tatsachenbeurkundung: S. Rn. 82U. 82T

Überwachungspflicht: Hat der Notar den Vollzug, die Einreichung von Anträgen – z. B. 82U nach § 15 GBO – übernommen, so ist von ihm der richtige **Vollzug zu überwachen.** Diese Pflicht besteht grundsätzlich nicht, wenn er Anträge nach § 53 BeurkG als Bote weiterreicht (*BGH* DNotZ 1969, 173; 1990, 441 m. Anm. *Heinemann*; *Bernhard* DNotZ 1988, 376); anders kann es sein, wenn der Notar Erfüllungsgehilfe einer Vertragspartei ist (s. Rn. 82E), wenn er beispielsweise nach den vertraglichen Bestimmungen die Pflicht hatte, die Fälligkeit herbeizuführen (*BGH* NJW 1993, 3061). Für die Beteiligten empfiehlt es sich deshalb, den Notar zum Vollzug zu ermächtigen (*BGH* DNotZ 1969, 173; s. Rn. 82V). Bei Verzicht auf die Eintragung durch den Notar kann im Einzelfall (keinesfalls aber bei Grundpfandrechten von Kreditinstituten) eine Warnpflicht dahin gehend bestehen, dass der Notar dann keine Vollzugsnachrichten vom Grundbuchamt erhält und somit auch nicht prüfen kann (*Reithmann* NotBZ 2004, 100, 101). Nicht übersehen werden darf, dass der Eigentümer auch nach § 15 GBO eingereichte Anträge bis zur Eintragung zurücknehmen kann (*Haegele* BWNotZ 1975, 101). Schutz – z. B. für Kreditgeber – bietet die gemeinsame Antragstellung; anderenfalls ist eine Risikobelehrung erforderlich. Über die Kostenhaftung (§§ 22, 27 GNotKG) ist grundsätzlich nicht zu belehren.

Unabhängigkeit und Unparteilichkeit (§§ 1, 14, 28 BNotO; vgl. Rn. 82B, 82R): Dieses Gebot bedeutet, dass der Notar unabhängig von Beziehungen zu den Beteiligten und deren Interessen sein Amt bei der Vertragsgestaltung, insbesondere bei den Belehrungspflichten auszuüben hat. Inwieweit er darüber hinaus auf den Willen der Vertragsbeteiligten mit Ratschlägen einwirken darf, ist – wieder nach dem Grundsatz der Unparteilichkeit – problematisch. Die Pflicht zur Rechtsbelehrung kann aber – weil sie dem jeweiligen Geschäft immanent ist – mit den Verpflichtungen zur Neutralität und Verschwiegenheit grundsätzlich nicht kollidieren; nur bei Fällen der erweiterten Belehrungspflichten (s. Rn. 82B hat der Notar im Einzelfall abzuwägen, ob die soziale Schutzpflicht den Pflichten zur Unparteilichkeit und Verschwiegenheit vorgeht (*Ganter/Hertel/Wöstmann* Rn. 483; vgl. z. B. *BGH* NJW 1994, 2283 oder 1995, 330, 331: Notar schuldet umfassende, ausgewogene und interessengerechte Vertragsgestaltung). Somit hat die **Belehrung über die rechtliche Tragweite** grundsätzlich **Vorrang** vor der Verpflichtung des Notars zur **Unparteilichkeit** (*BGH* NJW 1993, 729).

Unterschriftsbeglaubigungen: S. Rn. 82B. Der Notar hat grundsätzlich nur eine **eingeschränkte Prüfungs- und Belehrungspflicht** (*BGH* DNotZ 2005, 286). Ausnahmsweise kann die Belehrungspflicht über die rechtlichen Folgen der Genehmigungserklärung aus § 17 I BeurkG eingreifen, wenn der Notar die Genehmigungserklärung selbst formuliert hat. Nur bei besonderen Umständen, die Anlass zu einer eingehenden Belehrung über drohende Haftungsgefahren gegeben hätten, kann bei der Unterschriftsbeglaubigung die betreuende Belehrungspflicht (§ 14 I 2 BNotO) zum Schutz der Beteiligten vor unerkannten, aber für den Notar erkennbaren Gefahren eingreifen (*BGH* DNotZ 2005, 286; abl. dazu *Knoche* RNotZ 2005, 492).

82V Verjährung: S. Rn. 47 ff.
Verschwiegenheitspflicht S. Rn. 11, 61, 82B, 82R.
Verwahrungs- und Anderkontentätigkeit (§ 23 BNotO): Dem Notar steht es frei, ob er diese Tätigkeit übernehmen will (s. Rn. 82A). Die Freiheit der Amtsübernahme gibt die Möglichkeit, dubiose Hinterlegungsansuchen ohne weitere Prüfung abzulehnen oder durch Bedingungen für eine Übernahme auf das Verwahrungsgeschäft, z. B. bzgl. des Inhalts der Hinterlegungsvereinbarung, Einfluss zu nehmen. Ein Mittelverwendungs-Treuhandauftrag kann das objektive Sicherungsinteresse der Anleger wahren, wenn der Notar ausreichenden Einfluss auf die Einhaltung des Mittelverwendungsplanes hat (*OLG Frankfurt* DNotZ 2004, 203). Kontrovers diskutiert wird die Frage des „**berechtigten Sicherungsinteresse**" i. S. v. § 54a II BeurkG (*Brambring* DNotZ 1999, 381; *Weingärtner* DNotZ 1999, 393; *Tönnies* ZNotP 1999, 419; *Tröder* ZNotP 1999, 462; *Zimmermann* DNotZ 2000, 164; *Rack* ZNotP 2008, 474; vgl. auch Rundschreiben 31/2000 der BNotK v. 4.9.2000). Missbräuchlich ist z. B. eine Anderkontenführung für Warentermingeschäfte, als Sammelbecken für Einlagen für Publikumsgesellschaften oder im Rahmen von Bauherrenmodellen. Bei Quittungen über hinterlegte Sachen ist größte Vorsicht geboten (vgl. Rn. 82N). Stets ist die Frage nach dem Zweck und Bedürfnis zu stellen, z. B. ob das Geschäft nicht ebenso eine Bank abwickeln könnte. Das Vorliegen eines berechtigten Sicherungsinteresses ist nach objektiven Gesichtspunkten zu beurteilen. Allein der Wunsch der Beteiligten, Zahlungen über ein Anderkonto abzuwickeln, ist nicht ausreichend (*OLG Celle* NotBZ 2011, 214).

Die **Bedingungen des Notaranderkontos** gem. § 27 II 1 DONot sollen den Empfehlungen des Zentralen Kreditausschusses entsprechen, s. im Einzelnen DNotZ 2004, 402. Seit dem Inkrafttreten des Gesetzes zur Umsetzung der EG-Einlagensicherungsrichtlinie vom 16.7.1998 mit der umfassend ausgestalteten Pflicht der Kreditinstitute, Kunden über die Zugehörigkeit zu einer Sicherungseinrichtung und vor Aufnahme der Geschäftsbeziehung schriftlich über die für die Sicherung geltenden Bestimmungen einschließlich Umfang und Höhe der Sicherung zu informieren (§ 23a I KWG), ist der Notar verpflichtet, bei der Annahme anvertrauter Gelder, die einem Notaranderkonto zuzuführen sind, die **Sicherung für den Insolvenzfall** zu berücksichtigen (*BGH* NJW 2006, 1129).

Die **§§ 54a bis 54e BeurkG** regeln das notarielle Verwaltungsverfahren. Gemäß § 54a BeurkG sind die Voraussetzungen für eine zulässige Verwahrung zu prüfen und zu beachten. Die Einhaltung der vorgeschriebenen Schriftform, Dokumentation, ist haftpflichtrechtlich bedeutsam. Mangelt es daran, so kann zuungunsten des Notars eine Beweislastumkehr eintreten (vgl. *BGH* DNotZ 1985, 234 m. Anm. *Haug* und Rn. 64; zu den Anforderungen der Schriftlichkeit s. *Weimer* DNotI-Report 1998, 222). Der Hinterleger, Anweisende oder Einzahlende sind die „Auftraggeber" im Sinne von § 19 I 2 BNotO (Rn. 15, 41). Die Einzahlungs- und Auszahlungsfälligkeit mit dem Zahlungsempfänger ist klar festzulegen. Mit der Einzahlung tritt grundsätzlich keine Fälligkeit ein (*BGH* NJW 1983, 1605; WM 1988, 1425). Grundsätzlich erfolgt erst mit der Auszahlung die Darlehenshingabe durch die Bank und Erfüllung (*BGH* DNotZ 1985, 637 m. Anm. *Zimmermann* WM 1988, 1425; bedenklich *BGH* DNotZ 1995, 125 m. Anm. *Knoche*; s. aber auch *OLG Stuttgart* ZIP 1998, 1834; *BGH* DNotZ 1998, 626 m. Anm. *Albrecht*; *BGH* NJW 2000, 3128). Bar- oder Scheckauszahlungen sind nur ausnahmsweise zulässig und schriftlich zu begründen (§ 54b III BeurkG). Zur Verzinsung s. Rn. 82Z.

Auszahlungsfehler sind mannigfaltig. Die Rechtsprechung erlaubt dem Notar **kein Ermessen** (*BGH* DNotZ 1986, 406 m. Anm. *Hanau*; 1987, 560). Nur in Ausnahmefällen darf oder muss der Notar zur Schadenverhütung die Auszahlung zurückstellen, wenn nämlich hinreichende Anhaltspunkte dafür vorliegen, dass er bei Befolgung der unwiderruflichen Weisung an der Erreichung unerlaubter oder unredlicher Zwecke

VII. Haftungs-ABC zu typischen Risiken K

mitwirken würde, oder einem Auftraggeber durch die Auszahlung des verwahrten Geldes erkennbar ein unwiederbringlicher Schaden droht (s. § 54d BeurkG). Bei Umschuldungen ist mit der Auszahlung erst zu beginnen, wenn feststeht, dass die hinterlegte Summe ausreicht und die Kosten sichergestellt sind (*BGH* DNotZ 1969, 499; 1987, 560). Ist fraglich, ob alle Voraussetzungen gegeben sind, darf eine Unterrichtung aller Beteiligten über das beabsichtigte Vorgehen nicht unterlassen werden. Will der Notar einem Auszahlungsverlangen aus den in § 54d BeurkG genannten Gründen nicht entsprechen, so sollte aus haftpflichtrechtlichen Gesichtspunkten auf das Verfahren nach § 15 II BNotO hingewirkt werden (s. Rn. 65 ff.). Nach Auffassung des *OLG Zweibrücken* (MittBayNot 2007, 240 f.) soll der Notar bei Vorliegen konkreter Anhaltspunkte verpflichtet sein, vor Auszahlung vom Notaranderkonto zu prüfen, ob ein Insolvenzverfahren über das Vermögen des anweisenden Zahlungsempfängers eröffnet ist; diese Kenntnis könne man sich über die allgemein bekannte Internetadresse „www.insolvenzbekanntmachungen.de" leicht verschaffen (zu Recht kritisch dazu *Sandkühler* MittBayNot 2007, 242 ff., der eine Amtspflicht zur regelmäßigen Kontrolle bekannt gemachter Insolvenzeröffnungen ablehnt, sondern erst bei wirklich konkreten Anhaltspunkten eine Überprüfung veranlasst sieht). Die Überprüfung der Auszahlungsvoraussetzungen hat der **Notar persönlich** vorzunehmen; eine Delegation auf Mitarbeiter ist nicht zulässig (in diesem Fall läge wissentliche Pflichtverletzung des Notars vor mit der Folge des Ausschlusses des Versicherungsschutzes, *OLG München* VersR 2000, 1490). Der Notar muss diese Überprüfung des Überweisungsauftrags auch auf die Richtigkeit der verwendeten Kontonummer erstrecken; Fehler der Bank hierbei entlasten ihn nicht (*BGH* NJW-RR 2008, 1377). Der Notar darf den Inhalt der ihm erteilten Hinterlegungsanweisung nicht entgegen deren Wortlaut durch Auslegung des zwischen den Beteiligten geschlossenen Vertrages ermitteln (*BGH* NJW 2000, 1644; *OLG Hamm* RNotZ 2002, 113). Kann der Notar der Hinterlegungsanweisung nicht entnehmen, wie er zu verfahren hat, so muss diese Frage zwischen den Beteiligten geklärt werden (*BGH* RNotZ 2011, 326).

Zu der früher in Literatur und Rechtsprechung nicht einhellig vertretenen Auffassung und deshalb haftpflichtrechtlich riskanten Lage, wann vom Notar ein **einseitiger Widerspruch zu ursprünglichen Auszahlungsanweisungen** zu beachten ist, wird in § 54c BeurkG eine Regelung vorgeschrieben (s. *Weingärtner* NotBZ 1998, 127; *OLG Hamm* DNotZ 2000, 379; RNotZ 2006, 489). Sie entspricht der bisher überwiegenden Meinung, kann aber Haftpflichtrisiken nicht ausschließen (s. allgemein zu den schwierigen Fragen in Zusammenhang mit einseitigem Widerruf *v. Campe* NotBZ 2001, 208). Nach Absatz 1 muss der Notar in der Streitfrage entscheiden, ob er Dritten gegenüber bestehende Amtspflichten verletzt. Absatz 2 und Absatz 3 betreffen den Widerruf von Verwahrungsansuchen mehrerer „Anweisender". Damit können durchaus weitere Beteiligte betroffen sein (s. Rn. 17 ff.). Diese müssten evtl. gem. § 54d BeurkG geschützt werden. Nach § 54c III 3 BeurkG wird der Notar gegen einen Vorwurf, den Anderkontenbetrag zu Unrecht auszuzahlen oder weiter verwahrt zu halten, geschützt, indem die Beteiligten auf den Klageweg im Parteiprozess, dem **Prätendentenstreit**, verwiesen werden. Dessen Ausgang hätte der Notar abzuwarten (Unsicherheiten bringt hierzu *OLG Frankfurt* NJW-RR 1998, 1582, wonach der Notar evtl. noch während der Anhängigkeit entscheiden müsste). Erhebt der Widerrufende innerhalb der zu setzenden Frist (zwei bis vier Wochen erscheinen angemessen) keine Klage, bleibt sein Verlangen unbeachtlich. Auch wenn damit offen bleibt, ob das Vorgehen des Notars der materiellen Rechtslage entsprach, müsste nach § 839 III BGB seine Haftung ausscheiden. Dasselbe hat zu gelten, wenn im Prätendentenstreit der Widerrufende obsiegt. Der Notar kann sich auf die Regelung in § 54c III BeurkG berufen. Der andere Weg der **Beschwerde nach § 15 II BNotO** (s. Rn. 65 ff.), der gem. § 54c V BeurkG unberührt bleibt, entlastet den Notar, wenn im FamFG-Verfahren seine Entschließung bestätigt oder für ihn bindend durch die Beschwerdeentscheidung ersetzt wird. Im letzteren Fall könnten Verzögerungsschäden in Frage kommen. Aus haftpflichtrechtlicher Sicht empfiehlt sich gleichwohl, dass der Notar die Beteiligten auch auf die Beschwerdemöglichkeit hinweist. Wird sie nicht wahrgenommen, kommt wieder der Haftungsausschluss gem. § 839 III BGB zum Zuge. Gibt eine **Bank Darlehensmittel** zur Finanzierung eines Grundstückskaufs durch Kaufpreishinterlegung bei einem Notar aus der Hand, kann sie die erbrachte Leistung grundsätzlich nicht durch spätere einseitige Verwahrungsanweisung einschränken (*BGH* NotBZ 2002, 60 m. zust. Anm. *Reithmann*; dazu auch *Karlowski* NotBZ 2002, 133). Weist die den Kauf eines Erbbaurechts finanzierende Bank den Urkundsnotar an, die auf ein Anderkonto des Notars überwiesenen Darlehensvaluta erst auszuzahlen, wenn die Eintragung des Erwerbers im Grundbuch „**sichergestellt**" ist, so verletzt der Notar den mit der Bank bestehenden Treuhandauftrag, wenn er die Darlehenssumme auszahlt, obwohl die Unbedenklichkeitsbescheinigung des Finanzamts nicht vorliegt. Dies ist auch dann nicht anders zu beurteilen, wenn in dem vom Notar beurkundeten Kaufvertrag ausdrücklich bestimmt ist, dass die Fälligkeit des Kaufpreiszahlungsanspruchs nicht von der Erteilung der Unbedenklichkeitsbescheinigung abhängen soll (*BGH* DNotZ 2004, 218 m. abl. Anm. *Hertel*). Der *BGH* trennt sehr streng zwischen dem Treuhandverhältnis zu den Kaufvertragsparteien einerseits und zur finanzierenden Bank andererseits und bestätigt die schon früher (*BGH* NJW 1987, 3201) verwendete Begriffsdefinition, wonach die Eintragung eines Rechts bzw. die Rechtsänderung erst dann „sichergestellt" sei, wenn nur noch das pflichtgemäße Handeln des Notars und des zuständigen Grundbuchamts erforderlich ist. Es genügt aber insoweit nicht, dass die Eintragung von dem pflichtgemäßen Verhalten eines weiteren Notars abhängt, den der mit dem Betreuungsgeschäft betraute Notar ohne Kenntnis seiner Treugeber und ohne Offenlegung der mit diesem getroffenen Absprachen einschaltet (*BGH* NJW-RR 2008, 1644).

Eine **Pfändung** oder angezeigte **Zession** hat der Notar zu beachten (*KG* ZNotP 2000, 122). Er sollte die Drittschuldnererklärung abgeben und dem Zedenten und Zessionar mitteilen, wie er vorzugehen gedenkt (s. *BGH* WM 1988, 1425). Der Pfändungsgläubiger erhält nicht mehr Rechte, als sie der Schuldner hatte (vgl. *BGH* DNotZ 1969, 317; 1985, 633; WM 1985, 238; ZIP 1998, 294).

Nach Auffassung des *BGH* treffen den Notar bei der **Verwahrung dieselben Belehrungspflichten** nach § 17 BeurkG, § 14 II BNotO **wie bei der Beurkundung**. Im Anwendungsbereich der MaBV müsse er deshalb darauf hinwirken, dass der Baufortschritt nicht nur von dem bauleitenden Architekten, sondern von einer unabhängigen Vertrauensperson, die kein eigenes Interesse an der Zahlung haben kann, zu bestätigen ist oder dass Auszahlungen von der Zustimmung der Erwerber abhängig gemacht werden. Im Zusammenhang mit der von den Erwerbern zu erteilenden Zahlungsanweisung hätte er sich vergewissern müssen, dass sie sich über die Person des die Auszahlungsvoraussetzung Bestätigenden ausreichend im Klaren sind (*BGH* DNotZ 2009, 45).

Vollzugs- und Einreichungstätigkeit: Zur Vermeidung von Haftpflichtrisiken ist von vornherein klarzustellen, wer wann welche Aufgaben übernimmt (s. auch *Schramm* ZNotP 1999, 342). Übernehmen sie die Beteiligten, so hat der Notar „eingehend" über das erforderliche Vorgehen zu belehren (*BGH* WM 1959, 1112). Über die Verpflichtung zur Einreichung der Urkunde gem. § 53 BeurkG hinaus – diese Einreichungstätigkeit ist Teil des Urkundsgeschäfts (*Haug/Zimmermann* Rn. 625) – hat der Notar Vollzugstätigkeiten nur aufgrund eines besonderen Ansuchens i. S. d. § 24 I BNotO durchzuführen. Er sollte darauf zur Sicherheit der Beteiligten aber Wert legen, zumal in Haftpflichturteilen „stillschweigende" Vollzugsübernahmen angenommen wurden (*BGH* DNotZ 1956, 316 zur Antragstellung nach Einholung der familiengerichtlichen Genehmigung; 1976, 506 zur Löschung von Grundschulden; Beschaffung von Negativzeugnissen). Erfährt der Notar im Rahmen des Vollzugs, dass eine als

VII. Haftungs-ABC zu typischen Risiken K

„Hausgrundstück" gekaufte Fläche baurechtlich nur als Wochenendgrundstück genutzt werden darf, muss er unverzüglich die Käufer warnen (*BGH* NJW 1995, 2713 m. Anm. *Reithmann* NJW 1995, 3370).

Vollzugsreife: Erst mit ihr hat der Notar nach § 53 BeurkG in der Regel Anträge zum Grundbuchamt oder Registergericht einzureichen (*Winkler* § 53 Rn. 16). Ist aber z. B. die Frage der vollständigen Kaufpreiszahlung oder des Rücktritts vom Kaufvertrag streitig, so darf er die Einreichung zurückstellen (*OLG Köln* MittBayNot 1986, 269; *OLG Frankfurt* DNotZ 1992, 389). Keine Amtspflicht des Urkundsnotars zur weiteren Durchführung einer von ihm übernommenen Vollzugstätigkeit besteht dann, wenn sich mit hoher Wahrscheinlichkeit ergibt, dass der beurkundete Grundstückskaufvertrag formnichtig ist, weil er nach dem Willen der Beteiligten ein einheitliches Geschäft mit einem nicht beurkundeten Werkvertrag über die Gebäudeerrichtung darstellt (*BGH* RNotZ 2008, 432). **Einseitige Gegenanweisungen** sind nur zu beachten, wenn anderenfalls mit einem nicht wieder gutzumachenden Schaden zu rechnen ist (§ 14 II BNotO; *OLG Hamm* DNotZ 1983, 702). Bei bloßen Zweifeln an der Wirksamkeit des Grundstückkaufvertrages hat der Notar bei Vollzugsreife zu vollziehen (*BayObLG* DNotZ 1998, 648), es sei denn, Unrichtigkeit des Grundbuchs ist in hohem Maße wahrscheinlich. Ist die Rechtslage unklar, muss nach dem Prinzip des „sichersten Weges" so rasch vollzogen werden, wie es jedenfalls zur Fristwahrung nach der ungünstigeren Auffassung erforderlich ist (*BGH* ZNotP 2002, 408 zur Auflassungsvormerkung gem. Art. 233 §§ 11, 12 EGBGB). **Ausnahmsweise** besteht auf Ansuchen die Pflicht, **noch nicht vollzugsreife Anträge** zu stellen, z. B. zur Rangwahrung (Eylmann/Vaasen/*Limmer* § 53 BeurkG Rn. 6) oder Vermeidung von Steuernachteilen (*BGH* DNotZ 1983, 450 m. Anm. *Becker-Berke*).

Vereinbarten die Kaufvertragsparteien vor Inkrafttreten von § 13a UStG, dass der Käufer die auf den Nettokaufpreis zu zahlende Mehrwertsteuer auch durch Abtretung eines Steuererstattungsanspruchs begleichen kann und der mit dem Vollzug beauftragte Notar erst „nach vollständiger Bezahlung des Kaufpreises" die Eigentumsabschreibung beantragen darf, ist der Antrag frühestens nach Vorliegen einer wirksamen Abtretung zu stellen. Durch eine verfrüht beantragte Umschreibung ist der Verkäufer spätestens dann geschädigt, wenn die Finanzbehörden zu erkennen geben, sie würden auf die Abtretung nicht in voller Höhe zahlen sowie gegen den Verkäufer einen Haftungsbescheid wegen der danach noch offen stehenden Umsatzsteuer erlassen und wenn die Vollstreckung gegen den wegen des Differenzbetrages verurteilten Käufer aufgrund seiner Zahlungsunfähigkeit scheitert (*BGH* DNotZ 2004, 191).

Vorkaufsrecht: Sorgfalt beim Umgang mit Fristen ist bei Vorkaufsrechten geboten. Der Vorkaufsberechtigte soll nach § 469 BGB über den Vertragsinhalt informiert werden. Der Notar muss deshalb den Vorkaufsberechtigten über alle Umstände in Kenntnis setzen, die für die Entscheidung des Vorkaufsberechtigten über die Ausübung von Bedeutung sind. Erhält der beurkundete Notar bei einem Kaufvertrag über ein mit einem Vorkaufsrecht belastetes Grundstück (nur) den Auftrag, dem Vorkaufsberechtigten eine Ausfertigung des Kaufvertrages zu übersenden und ggf. dessen Freigabeerklärung entgegenzunehmen, so betrifft dies eine im Zusammenhang mit der Beurkundung stehende „unselbständige" Betreuungstätigkeit, für die im Verhältnis zu den Kaufvertragsparteien das Haftungsprivileg des Notars eingreift; dies gilt auch dann, wenn der Notar in dem Übersendungsschreiben an den Vorkaufsberechtigten von sich aus – unzutreffende – Hinweise auf die im Falle der Ausübung des Vorkaufsrechts einzuhaltende Frist gibt (*BGH* NJW-RR 2003, 563). Muss der Urkundsnotar erkennen, dass das Vorkaufsrecht eines Dritten, der mit Rücksicht auf dieses Recht zu der Verhandlung über die Veräußerung eines Grundstücks hinzugezogen wurde, entgegen der Annahme sämtlicher Beteiligter nicht wirksam ist, hat er den vermeintlich Vorkaufsberechtigten über die Unwirksamkeit des Rechts zu belehren (*BGH* NJW 2003, 1940).

K

82W Widerruf: S. Rn. 82V.

82Z Zentralnotar: S. Rn. 18.
Zeitspannen: Dem Notar werden von den Gerichten in der Regel nur knappe Bearbeitungszeiten zugebilligt. Bei der Einreichungstätigkeit (s. Rn. 82V) etwa eine Woche ab Vollzugsreife (s. Rn. 82V; *Winkler* § 53 Rn. 17 ff.; *Ganter/Hertel/Wöstmann* Rn. 1489 ff.; *Haug/Zimmermann* Rn. 654 ff.). In Eilfällen ist – nicht auf Kosten der Sorgfalt! – schneller vorzugehen (s. *Kanzleiter* DNotZ 1979, 318). Eine rechtzeitige Anmeldung beim Handelsregister ist wegen des Haftungsausschlusses nach §§ 25 II, 28 II, 176 II HGB sowie § 11 II GmbHG erforderlich (*BGH* DNotZ 1959, 136). Bei der Anderkontentätigkeit (s. Rn. 82V) stellt der *BGH* unter Außerachtlassen der Neutralitätspflicht überaus hohe Anforderungen hinsichtlich der Schnelligkeit des Vorgehens (DNotZ 1995, 489 m. Anm. *Haug*). Bei einer verfrühten oder verspäteten Auszahlung kann es zu Haftpflichtansprüchen wegen entstandener oder entgangener Zinsen kommen (s. u. Stichwort „Zinsen").

Zession: S. Rn. 82V

Zinsen: Entgangene oder belastende Zinsen werden als Hauptforderung besonders in Hochzinszeiten geltend gemacht. Es ist deshalb bei der Verwahrungs- und Einreichungstätigkeit (s. Rn. 82V) auch büroorganisatorisch dafür zu sorgen, dass bei Fälligkeit ohne Verzug ausbezahlt oder Anträge gestellt werden. Notarbestätigungen z. B. über die Kaufpreisfälligkeit dürfen nicht zu früh und nicht zu spät erteilt werden (Haftpflichtbeispiele: *BGH* WM 1985, 1109; DNotZ 1986, 406; zum Schaden bei verfrühten Fälligkeitsmitteilungen siehe aber Rn. 82S). Zur Streitvermeidung soll bei der Anderkontentätigkeit schriftlich festgehalten werden, wem ab wann die Zinserträge zustehen (§ 54a II Nr. 2 BeurkG). Die Geldanlage hat grundsätzlich zur reibungslosen Verfügbarkeit auf Girokonto zu erfolgen; um eine andere Anlage haben gegebenenfalls die Beteiligten zu ersuchen (nunmehr eindeutig § 54b I 2 BeurkG; *OLG Schleswig* DNotZ 1978, 183; aber Vorsicht bei einer für den Notar erkennbar längeren Hinterlegungszeit: *BGH* DNotZ 1997, 53 m. Anm. *Tönnies*; *Schlee* NotBZ 1997, 24).

L. Berufsrecht

L I. Berufsrecht der Notare

Dr. Timm Starke

Übersicht

	Rn.
I. Rechtsquellen des Notarrechts	1, 2
II. Grundbegriffe	3–14
1. Öffentliches Amt	3–9
2. Unabhängigkeit	10–12
3. Unparteilichkeit	13, 14
III. Integrität	15, 16
IV. Notariatsverfassung	17, 18
V. Zugang zum Notaramt	19–21
1. Hauptberufliches Notariat	19, 20
2. Anwaltsnotariat	21
VI. Weitere Berufstätigkeiten, Nebentätigkeiten	22–34
1. Weitere Berufstätigkeiten	23
2. Nebentätigkeiten	24–34
VII. Berufsverbindungen	35–50
1. Verbindungsfähige Berufe	36–40
2. Berufsverbindungsformen	41–50
VIII. Pflichten nach § 14 BNotO	51–75
1. Unabhängigkeit (§ 14 I 2 BNotO)	51
2. Unparteilichkeit (§ 14 I 2 BNotO)	52–56
3. Integrität	57–67
4. Anscheinstatbestand des § 14 III 2 BNotO	68, 69
5. Unzulässige Vermittlungstätigkeit und Gewährleistungsübernahme, § 14 IV BNotO	70–72
6. Unvereinbare Gesellschaftsbeteiligung, § 14 V BNotO	73, 74
7. Fortbildungspflicht, § 14 VI BNotO	75
IX. Verschwiegenheitspflicht	76–108
1. Verpflichteter Personenkreis	77–79
2. Umfang der Schweigepflicht	80–84
3. Grenzen der Schweigepflicht	85–99
4. Befreiung von der Schweigepflicht	100, 101
5. Zweifel über die Verschwiegenheitspflicht	102
6. Zeugnisverweigerungsrechte, Durchsuchung, Beschlagnahme	103, 104
7. Datenschutz	105–108
X. Urkundsgewährungspflicht, persönliche Amtsausübung, Vertretung	109–120
1. Urkundsgewährungspflicht	109–113
2. Grundsatz der persönlichen Amtsausübung	114, 115
3. Vertretung	116–120
XI. Geschäftsstelle, Amtsbereich, Amtsbezirk, grenzüberschreitende Zusammenarbeit	121–127
1. Geschäftsstelle	122
2. Amtsbereich, Amtsbezirk	123
3. Amtstätigkeiten außerhalb des Amtsbezirks, des Amtsbereichs oder der Geschäftsstelle	124–126
4. Grenzüberschreitende Zusammenarbeit	127
XII. Gebühren	128
XIII. Werbeverhalten, Auftreten in der Öffentlichkeit	129–143
1. Grundsatz: Eingeschränktes Werbeverbot	129
2. Verfassungsmäßigkeit des eingeschränkten Werbeverbots	130
3. Spannungsverhältnis zwischen anwaltlichen und notariellen Werbebestimmungen	131

	Rn.
4. Umsetzung des eingeschränkten Werbeverbots in den Berufsrichtlinien	132
5. Einzelfragen	133–143
XIV. Notaraufsicht, Disziplinarmaßnahmen (Überblick)	144–150c
1. Notaraufsicht	144, 145
2. Ermahnung, Missbilligung	146
3. Disziplinarmaßnahmen	147, 148
4. Verfahren	149–150c
XV. Erlöschen des Amtes (Überblick)	151–155

Literatur: *Arndt/Lerch/Sandkühler*, Bundesnotarordnung, 7. Aufl. 2012; *Armbrüster/Preuß/Renner*, Beurkundungsgesetz, DONot, 6. Aufl. 2013; *Bettendorf*, EDV und Internet in der notariellen Praxis, 2002; *Blaeschke*, Praxishandbuch Notarprüfung, 2. Aufl. 2010; *Bohrer*, Das Berufsrecht der Notare, 1991; *Frenz*, Neues Berufs- und Verfahrensrecht für Notare, 1999; *Haug/Zimmermann*, Die Amtshaftung des Notars, 3. Aufl. 2011; *Kilian/Sandkühler/vom Stein*, Praxishandbuch für Anwaltskanzlei und Notariat, 2. Aufl. 2011; *Reithmann*, Vorsorgende Rechtspflege durch Notare und Gerichte, 1998; *Reithmann/Blank/Rinck*, Notarpraxis, 2. Aufl. 2001; *Römer*, Notariatsverfassung und Grundgesetz, 1963; *Weingärtner*, Notarrecht, 9. Aufl. 2009; *Weingärtner/Gassen*, DONot, 11. Aufl. 2011; *Weingärtner/Wöstmann*, Richtlinienempfehlungen BNotK, Richtlinien Notarkammern, 2004; *Winkler*, Beurkundungsgesetz, 16. Aufl. 2008; *Wolfsteiner*, Die vollstreckbare Urkunde, 3. Aufl. 2011.

I. Rechtsquellen des Notarrechts

1 Die wesentlichen Normen des deutschen Notarrechts finden sich in folgenden Rechtsquellen:

– **Bundesnotarordnung:** Die BNotO enthält die grundlegenden Bestimmungen des notariellen Berufsrechts, insbesondere zur Bestellung zum Notar, zur Ausübung des Amtes und den hierbei zu beachtenden Pflichten, zur Notaraufsicht einschließlich des Disziplinarverfahrens und zur beruflichen Selbstverwaltung.

– **Richtlinien der Notarkammern:** Zu bestimmten Regelungen der BNotO (vgl. § 67 II 3 BNotO) haben die Notarkammern in Form von Satzungen nähere Vorschriften erlassen. Diese Richtlinien sind unmittelbar geltendes Recht. Sie binden den Notar und sind von der Notaraufsicht zu beachten. Die Richtlinien konkretisieren die Vorschriften der BNotO, ohne originäre Neuregelungen notarieller Berufspflichten schaffen zu können. Den Richtlinien der Notarkammern liegt eine Richtlinienempfehlung der Bundesnotarkammer zugrunde (RL-E, vgl. § 78 I 2 Nr. 5 BNotO, abrufbar unter www.bnotk.de > Berufsrecht > Richtlinien; eine kommentierte Übersicht findet sich in *Eylmann/Vaasen* (Teil 3), *Schippel/Bracker* (Teil 3) und bei *Starke* ZNotP-Sonderheft 2002, 1).

– **Rechtsverordnungen** des Bundes oder eines Landes: Die BNotO ermächtigt den Bund (z.B. in § 19a VI BNotO) oder die Länder (z.B. in § 6 III 4 BNotO) in verschiedenen Vorschriften zum Erlass von Rechtsverordnungen.

– **Beurkundungsgesetz:** Das Beurkundungsgesetz enthält das für die öffentlichen Beurkundungen durch den Notar geltende Verfahrensrecht. In Zusammenhang mit der Wahrnehmung der dem Notar übertragenen Aufgaben ergeben sich weitere Verfahrensbestimmungen aus zahlreichen anderen Gesetzen (z.B. § 15 BNotO, §§ 79 ff. WG, § 55 III ScheckG, § 61 GBO; näher *Bohrer* Rn. 37 ff.).

2 – **Dienstordnung für Notare:** Bei der DONot handelt es sich um aufsichtsrechtliche Verwaltungsbestimmungen, die von den Bundesländern im Wesentlichen gleich lautend erlassen worden sind und die die Voraussetzungen und Maßstäbe der den Ländern gemäß §§ 92 ff. BNotO obliegenden Rechtsaufsicht über die Notare konkretisieren. Die §§ 92 ff. BNotO genügen als Rechtsgrundlage für die DONot den verfassungsrechtlich maßgeblichen Anforderungen des Gesetzesvorbehalts (*BVerfG* DNotZ 2012,

945, 953; vgl. auch *Bormann/Böttcher* NJW 2011, 2758, *Lorz* NJW 2012, 3406; *Eickelberg* NotBZ 2012, 338). Die DONot enthält insbesondere konkretisierende Bestimmungen zum Beurkundungsverfahren und zur notariellen Verwahrung nach §§ 54a ff. BeurkG sowie Regelungen über die Dokumentation der Amtstätigkeit und über die Aufbewahrung von Urkunden und sonstigen amtlichen Gegenständen. Zur Neufassung der DONot 2001 vgl. *Mihm/Bettendorf* DNotZ 2001, 22; zur Änderung der DONot 2007 vgl. *Bettendorf/Apfelbaum* DNotZ 2008, 19. Als reines Verwaltungsinnenrecht kann die DONot Dritte weder verpflichten noch Rechte Dritter begründen (Armbrüster/Preuß/Renner/*Eickelberg* Vorb. DONot Rn. 20ff.; *Bohrer* Rn. 171; zum Verhältnis zwischen der BNotO, den Richtlinien der Notarkammern und der DONot vgl. Schippel/Bracker/*Bracker* DONot Einl. Rn. 3ff.; *Starke*, FS Bezzenberger, 2000, S. 622ff.; *Maaß* ZNotP 2002, 335). Die Beachtung der DONot gehört dennoch zu den Amtspflichten des Notars (so die h. M.; vgl. BVerfG DNotZ 2012, 945; BGH DNotZ 1972, 551; 1973, 174; OLG Celle DNotZ 1989, 55; Arndt/Lerch/Sandkühler/ *Sandkühler* § 14 Rn. 22; Weingärtner/*Gassen* Rn. 2ff.; kritisch *Bohrer* Rn. 171ff.; Schippel/Bracker/*Bracker* Einl. DONot Rn. 2ff.).

- **Allgemeinverfügungen** der Landesjustizverwaltungen über die Angelegenheiten der Notare: Die AVNot der Landesjustizverwaltungen enthalten Regelungen zum Berufsverwaltungsrecht und Organisationsrecht. Sie regeln insbesondere Fragen der Bedürfnisermittlung, des Bewerbungsverfahrens, des Auswahlverfahrens für Bewerber um ein Notaramt und sonstige Antrags- und Bescheidungsverfahren. Sie binden lediglich die Verwaltung, verpflichten oder berechtigen dagegen weder den Notar noch Dritte. Außenwirkung kommt den AVNot nur insoweit zu, als sie nach allgemeinen Rechtsgrundsätzen zu einer Ermessensreduzierung oder -bindung der Verwaltung führen können (näher *Bohrer* Rn. 165, 258ff.).
- **Europäisches Recht:** Das Europäische Recht kann das deutsche notarielle Berufsrecht beeinflussen, weil die Bereichsausnahme des Art. 51 AEUV (für die es in der Geschichte der Europäischen Union noch keinen einzigen Anwendungsfall gab) auch für das öffentliche Amt des Notars nicht eingreift: Der Europäische Gerichtshof hat in einem Vertragsverletzungsverfahren gegen Deutschland und zahlreiche weitere EU-Mitgliedstaaten entschieden, dass der Notar keine unmittelbare und spezifische öffentliche Gewalt im Sinne von Art. 51 AEUV ausübt (*EuGH* DNotZ 2011, 462). Dies wird im Wesentlichen damit begründet, dass die Beteiligten sich dem Beurkundungsverfahren freiwillig unterwerfen.

Damit steht fest, dass der inzwischen aufgehobene Staatsangehörigkeitsvorbehalt für den Zugang zum Notaramt unzulässig war und dass die Grundfreiheiten des AEUV im Ansatz auch auf die Amtstätigkeit des Notars Anwendung finden. Allerdings stellen die Zwecke notarieller Tätigkeit nach dem Urteil des *EuGH* zwingende Gründe des Allgemeinwohls dar, die eine Einschränkung dieser Grundfreiheiten rechtfertigen können, und zwar insbesondere durch eine Beschränkung der Zahl der Notarstellen, die Regelung von örtlichen Zuständigkeiten und die Festlegung von Gebühren (DNotZ 2011, 462, 472).

Die Auswirkungen der Entscheidung auf das notarielle Berufsrecht sind daher begrenzt. Insbesondere findet die Dienstleistungsfreiheit keine Anwendung auf die notarielle Amtstätigkeit. Die Europäische Dienstleistungsrichtlinie (2006/123/EG) klammert in Art. III lit. e) die Tätigkeit des Notars ausdrücklich aus ihrem Anwendungsbereich aus. Die Stellung des deutschen Notars als Träger eines öffentlichen Amtes wird durch das Urteil des *EuGH* nicht berührt: Der *EuGH* hat klargestellt, dass seine Entscheidung den Status und die Organisation des Notars in der deutschen Rechtsordnung nicht betrifft (DNotZ 2011, 462, 468), und das *BVerfG* hat unter Hinweis auf diese Klarstellung bestätigt, dass den deutschen Notaren Zuständigkeiten übertragen sind, die nach der geltenden Rechtsordnung hoheitlich ausgestaltet sind (DNotZ 2012, 945, 950). Zum Urteil des *EuGH* vgl. *Bengel* DNotZ 2012, 26;

Gärditz EWS 2012, 209; *Henssler/Kilian* NJW 2012, 481; *Lorz* DNotZ 2011, 491; *Preuß* ZNotP 2011, 322.
- **Europäischer Kodex** des notariellen Standesrechts: Der 1995 von der Konferenz der Notariate der europäischen Union (CNUE) unter Mitwirkung der Bundesnotarkammer verabschiedete europäische Kodex des notariellen Standesrechts (DNotZ 1995, 329 mit Erläuterungen von *Schippel* DNotZ 2003, 772) begründet mangels Rechtsnormqualität keine Berufspflichten der Notare, spiegelt aber die gemeinsame Grundüberzeugung der Notariate in der Europäischen Union wider und kann daher insbesondere in Zusammenhang mit einer grenzüberschreitenden Tätigkeit des Notars (vgl. § 11a BNotO) als Auslegungshilfe herangezogen werden.

II. Grundbegriffe

1. Öffentliches Amt

3   Das Notariat stellt als Teilbereich der freiwilligen Gerichtsbarkeit eine eigenständige staatliche Rechtspflegeeinrichtung dar. Der Notar ist daher nach § 1 BNotO Träger eines ihm vom Staat verliehenen öffentlichen Amtes.

a) Staatliche Aufgabenzuweisung

4   Im Gegensatz zu den Angehörigen aller anderen rechts- und wirtschaftsberatenden Berufe nimmt der Notar im gesamten Spektrum seiner beruflichen Tätigkeit **staatliche Aufgaben** wahr, also Zuständigkeiten, die nach der geltenden Rechtsordnung hoheitlich ausgestaltet sein müssen (BVerfGE 16, 6, 22 f.; 73, 280, 294 ff.; *BVerfG* DNotZ 2009, 702 m. Anm. *Meyer*; DNotZ 2012, 945, 950).

5   Notare werden nach § 1 BNotO für die Beurkundung von Rechtsvorgängen und anderen Aufgaben auf dem Gebiete der vorsorgenden Rechtspflege bestellt. Bei der Beurkundung von Willenserklärungen, dem Kerngebiet seiner Tätigkeit, sorgt der Notar dafür, dass die Beteiligten sich der juristischen Tragweite ihrer Erklärungen bewusst sind und dass ihr Wille unzweideutig festgehalten wird. Hierdurch werden im Interesse des Einzelnen, aber auch im gesellschaftlichen Gemeinwohlinteresse, Konflikte vermieden oder bereits entstandene Konflikte geschlichtet (hierzu *Keim* MittBayNot 1994, 2, 4 ff.). Hierbei kommt dem Notar vor allem auch eine **soziale Funktion** zu: seine Einbeziehung soll dem schwächeren, rechtlich unerfahrenen Vertragspartner eine ausgleichende Rechtsberatung garantieren und damit Nachteile verhindern, die eine unbeschränkte Privatautonomie mit sich bringen würde. Dementsprechend ist der Notar nach § 17 I 2 BeurkG verpflichtet, darauf zu achten, dass „unerfahrene und ungewandte Beteiligte nicht benachteiligt werden" (eingehend hierzu und zu weiteren öffentlichen und sozialen Funktionen des Notars *Baumann* MittRhNotK 1996, 1; *Kanzleiter* DNotZ 2001, 69; *Löwer* DNotZ 2011, 424, 429 ff.; *Ott* DNotZ 2001, 83; *Richter* DNotZ 2002, 29).

6   Da der Notar als Amtsträger beurkundet und als solcher verpflichtet ist, die Wahrheit zu bezeugen, kommt der von ihm errichteten öffentlichen Urkunde eine **besondere Beweiskraft** zu (§§ 415, 418 ZPO). Die notarielle Urkunde besitzt aber nicht nur eine höhere, sondern auch eine dauerhaftere Beweiskraft als die Privaturkunde, da der Notar verpflichtet ist, für eine zeitlich unbeschränkte Aufbewahrung aller Urkunden – auch die seiner Amtsvorgänger – Sorge zu tragen (§ 51 BNotO). Diese Beweissicherungsfunktion ist nicht nur im Privatrechtsverkehr, sondern auch im Hinblick auf die öffentlichen Register von besonderer Bedeutung: die dort eingereichten notariellen Urkunden nehmen selbst an der Kundbarmachungs- und Verlautbarungsfunktion des Registers teil.

7   Die hoheitliche Ausgestaltung des Notaramtes zeigt sich auch darin, dass der Notar neben seinen Beurkundungs- und Betreuungsaufgaben eine Reihe von **originär richterlichen Funktionen** wahrnimmt, zum Teil in konkurrierender Zuständigkeit mit den Ge-

II. Grundbegriffe

richten. Dies betrifft vor allem die – seit dem 1.1.1999 erheblich erweiterte – Befugnis, durch Errichtung einer vollstreckbaren Urkunde einen staatlichen Vollstreckungstitel zu schaffen, § 794 I Nr. 5 ZPO (hierzu *Wolfsteiner* Rn. 9.7; *ders.* DNotZ 1999, 99). Zu nennen sind des Weiteren die Aufnahme eidesstattlicher Versicherungen und die Abnahme von Eiden in bestimmten Fällen (§ 22 BNotO), die Beurkundung von Erbscheinsanträgen (§ 2356 BGB), die Vermittlung von Vermögensauseinandersetzungen im Nachlassverfahren nach Maßgabe landesrechtlicher Bestimmungen (§ 20 V BNotO), die Durchführung des notariellen Vermittlungsverfahrens nach §§ 86 ff. SachenRBerG, die Aufnahme eines Nachlassinventars (§ 20 V BNotO, § 2003 BGB), die Ausstellung von Teilhypotheken- und Teilgrundschuldbriefen (§ 20 II BNotO, § 1145 BGB, § 61 GBO) und die Vollstreckbarerklärung von Schiedssprüchen mit vereinbartem Wortlaut sowie von Anwaltsvergleichen (§§ 1053 IV, 796c ZPO). Zur Funktion des Notars als Außenstelle der Justiz eingehend *Preuß* DNotZ 2008, 258.

b) Ausgestaltung des Notaramts

Die Wahrnehmung hoheitlicher Funktionen durch den Notar bedingt nicht nur eine 8
staatliche Aufgabenzuweisung, sondern vor allem auch eine entsprechende inhaltliche Ausgestaltung des Notaramts und der Amtstätigkeit (zum Verhältnis zwischen Notaramt und Berufsfreiheit Armbrüster/Preuß/Renner/*Renner* Einl. Rn. 4 ff.; Eylmann/Vaasen/ *Frenz* § 1 BNotO Rn. 12 ff.; Schippel/Bracker/*Bracker* § 1 Rn. 13 ff.; Kilian/Sandkühler/ vom Stein/*Franz* § 6 Rn. 1 ff. s. a. *Jaeger* ZNotP 2001, 2; *Kleine-Cosack* DNotZ 2004, 327; *Limmer* DNotZ 2004, 334; *Gaier* ZNotP 2006, 402; *Lerch* ZNotP 2008, 298).

Der Zugang zum Notarberuf wird ausschließlich durch den Staat eröffnet und gesteu- 9
ert (§§ 4 ff. BNotO). Als persönliches Amt ist das Notariat nicht veräußerlich, nicht vererblich und jeder Verfügung des Amtsträgers entzogen (näher *Bohrer* Rn. 312 ff.). Die „Übernahme eines Notariats" ist deshalb auch kein Betriebsübergang i. S. v. § 613a BGB (*BAG* DNotZ 2000, 540 m. Anm. *Hermanns* und *Bezani*), ebenso wenig die Bestellung eines Notariatsverwalters (*LAG Düsseldorf* RNotZ 2010, 551). Zur Verpflichtung des Amtsnachfolgers eines Notars, dessen Akten zu verwahren, vgl. *BGH* ZNotP 2010, 313. Die notarielle Amtsausübung ist durch ein System strenger Amtspflichten abgesichert, von denen die Grundsätze der Unabhängigkeit, Unparteilichkeit und Integrität besonders hervorzuheben sind. Sie gelten für Richter und Notare in vergleichbarer Weise (*Odersky* DNotZ 1994, 7, 9 ff.). Die Erfüllung der Amtspflichten steht nicht zur Disposition privater Vereinbarungen. Auf den staatlich gewährten Schutz können die Beteiligten nicht verzichten. Amtspflichtverletzungen des Notars unterliegen der Amtshaftung nach §§ 19, 46, 61 BNotO. Eine Haftungsbeschränkung kann nicht vereinbart werden. Ausdruck der hoheitlichen Funktion des Notars ist auch seine Bindung an die gesetzlichen Gebührenbestimmungen, die jegliche Gebührenvereinbarung ausschließt (§ 17 BNotO) und gewährleistet, dass die Gebühren im Bereich der freiwilligen Gerichtsbarkeit nach einem einheitlichen Maßstab erhoben werden und insbesondere der den Gerichtsgebühren zugrunde liegende soziale Ansatz für die notarielle Amtstätigkeit uneingeschränkt Anwendung finden kann (*Baumann* MittRhNotK 1996, 23). Von allen übrigen rechts- und wirtschaftsberatenden Berufen unterscheidet sich das Notaramt schließlich auch durch die Pflicht zur Amtsbereitschaft, die dem allgemeinen Interesse an einer geordneten und funktionsfähigen Rechtspflege dient (*BVerfG* DNotZ 1993, 259, 260; 2012, 945, 948 ff.): Außer in den gesetzlich geregelten Ausnahmefällen insbesondere bei Eingreifen eines Mitwirkungsverbots (§ 3 BeurkG) darf der Notar seine Urkundstätigkeit nicht verweigern (§ 15 BNotO). Zwingende Folge der hoheitlichen Funktionen des Notars und seiner Eingliederung in die vorsorgende Rechtspflege ist schließlich das Bestehen einer staatlichen Aufsicht, wie es sie für die freien rechts- und wirtschaftsberatenden Berufe nicht gibt (§§ 92 ff. BNotO; näher *Dickert* MittBayNot 1995, 421; *Gaier* ZNotP 2012, 442).

2. Unabhängigkeit

10   Die Unabhängigkeit, die § 1 BNotO dem Notar garantiert, charakterisiert zunächst seine Stellung gegenüber dem amtsverleihenden Land, dessen Hoheitsgewalt er ausübt. Ähnlich wie die ihr wesensnahe richterliche Unabhängigkeit (vgl. *Pfeiffer* DNotZ 1981, 5) lässt sie sich in eine **persönliche Unabhängigkeit** (Bestellung auf Lebenszeit: § 3 BNotO, Unversetzbarkeit: § 10 I 2 BNotO und Unabsetzbarkeit: §§ 47 ff. BNotO) und eine **sachliche Unabhängigkeit** aufgliedern. Die sachliche Unabhängigkeit gegenüber dem Staat wirkt sich vor allem darin aus, dass die Aufsicht als reine Rechtsaufsicht ausgestaltet und der Notar außerhalb dieses Rahmens keinerlei Weisungen unterworfen ist (vgl. BGH DNotZ 1972, 549; näher Arndt/Lerch/Sandkühler/*Sandkühler* § 14 Rn. 32 ff.; *Bohrer* Rn. 147 f.; Schippel/Bracker/*Bracker* § 1 Rn. 16 ff.; *Preuß* ZNotP 2008, 98).

11   Der Grundsatz der Unabhängigkeit prägt darüber hinaus aber auch das Verhältnis des Notars zu den Beteiligten (vgl. z. B. § 14 I BNotO). Insofern kann die Unabhängigkeit für den Notar Pflichten begründen: Sie verlangt von ihm, gegenüber seinen Auftraggebern das erforderliche Maß an Distanz zu halten. Die persönliche und wirtschaftliche **Unabhängigkeit des Notars von seinen Auftraggebern** ist zugleich die Grundvoraussetzung dafür, dass er sein Amt unparteiisch ausüben kann.

12   Die Unabhängigkeit des Notars bedingt ferner, dass er die eigenständige Organisationsgewalt über seine Geschäftsstelle im Hinblick auf seine Angestellten und seine sächlichen Hilfsmittel besitzt (*Vaasen/Starke* DNotZ 1998, 661, 667). Hieraus lässt sich das **Gebot der beruflichen Selbständigkeit** ableiten, das insbesondere bei der Einbindung des (Anwalts-)Notariats in multiprofessionelle Berufsverbindungen eine Rolle spielt und seinen Niederschlag in § 9 III BNotO gefunden hat (zum Selbständigkeitsprinzip näher *Bohrer* Rn. 305 ff.).

3. Unparteilichkeit

13   Der Unparteilichkeit (§§ 13 I, 14 I BNotO) kommt unter den statusbildenden Normen für das Notariat eine herausragende Bedeutung zu. Sie grenzt den Notar nicht nur vom Rechtsanwalt ab, dessen Kernaufgabe die parteiliche Interessenwahrnehmung ist (§ 3 I BRAO), sondern unterscheidet ihn zugleich von allen anderen rechts- und wirtschaftsberatenden Berufen. Während z. B. dem Wirtschaftsprüfer auch im Rahmen seiner Vorbehaltsaufgaben lediglich eine Neutralitätspflicht gegenüber seinem Auftraggeber auferlegt ist, verlangt die notarielle Unparteilichkeit ein **Verhalten, das über passive Neutralität und die Vermeidung einseitiger Parteinahme bei widerstreitenden Interessen hinausgeht.** Sie wird geprägt durch den in § 17 I 2 BeurkG verallgemeinerungsfähig formulierten sozialen Schutzauftrag des Notars: Er hat bei Ausübung seines Amtes darauf zu achten, dass „Irrtümer und Zweifel vermieden sowie unerfahrene und ungewandte Beteiligte nicht benachteiligt werden". Der Notar muss demnach auch insoweit über den Interessen der Beteiligten stehen, als er hilft, einen gerechten Ausgleich ihrer gegensätzlichen Bestrebungen zu finden (Arndt/Lerch/Sandkühler/*Sandkühler* § 14 Rn. 42 ff.; Schippel/Bracker/*Kanzleiter* § 14 Rn. 35 ff.). Zum Verhältnis zwischen der Unparteilichkeit des Notars und seinen Prüfungs- und Belehrungspflichten näher Haug/Zimmermann/*Zimmermann* Rn. 419 ff.

14   Der Grundsatz der Unparteilichkeit ist Anknüpfungspunkt zahlreicher Einzelvorschriften des notariellen Berufsrechts, so z. B. der Mitwirkungsverbote und Ausschließungsgründe in §§ 3, 6, 7 BeurkG, der organisatorischen Vorkehrungen nach § 28 BNotO, Nr. VI 1, 2 RL-E und verschiedener Bestimmungen zur Gestaltung des Beurkundungsverfahrens, wie sie insbesondere in § 17 BeurkG und Nr. II RL-E enthalten sind.

III. Integrität

Die unmittelbare Ausübung hoheitlicher Tätigkeit durch den Notar, seine vom Gesetz 15 vorgeschriebene Mitwirkung in zahlreichen Rechtsbereichen und der ihm auferlegte soziale Schutzauftrag bedingen, dass der Bürger, der die Dienste des Notars in Anspruch nimmt, sich auf seine Redlichkeit und Integrität in besonderem Maße verlassen können muss. § 14 III 1 BNotO formuliert deshalb, dass der Notar sich durch sein Verhalten innerhalb und außerhalb seines Amtes der Achtung und des Vertrauens, die dem Notaramt entgegengebracht werden, würdig zu zeigen hat. Nach § 14 II BNotO hat er seine Amtstätigkeit zu versagen, wenn sie mit seinen Amtspflichten nicht vereinbar wäre, insbesondere wenn seine Mitwirkung bei Handlungen verlangt wird, mit denen erkennbar unerlaubte oder unredliche Zwecke verfolgt werden.

Dieses **Integritätsgebot** ist in zahlreichen Einzelvorschriften des notariellen Berufs- 16 rechts konkretisiert. Es umfasst neben der zentralen Amtspflicht zur wahrheitsgemäßen Bezeugung (strafrechtlich sanktioniert durch § 348 StGB) insbesondere das Verbot der Mitwirkung bei Handlungen, mit denen erkennbar unerlaubte oder unredliche Zwecke verfolgt werden (§ 14 II BNotO), die Beachtung der Schutz- und Belehrungsfunktion der Beurkundung (§ 17 II BeurkG) und das Verbot, das Notaramt zur Vortäuschung von Sicherheiten nutzen zu lassen, Nr. III 2 RL-E (näher zum Integritätsgebot Arndt/Lerch/Sandkühler/*Sandkühler* § 14 Rn. 103 ff.; Schippel/Bracker/*Kanzleiter* § 14 Rn. 12 ff.; *Bohrer* Rn. 101 ff.; *Wöstmann* ZNotP 2002, 246).

IV. Notariatsverfassung

Während im Übrigen römisch-germanischen Rechtskreis (also in den Gebieten des 17 sog. „lateinischen" Notariats) das Notariat fast überall hauptberuflich ausgeübt wird, hat sich in Preußen im 18. Jahrhundert die Verbindung des Notariats mit dem Amt des Justizkommissars, der für die außerprozessuale Rechtsberatung und Vertretung zuständig war, herausgebildet. Die Verbindung blieb in Preußen auch dann erhalten, als das Amt des Justizkommissars immer stärker dem Beruf des freien Advokaten angenähert wurde und schließlich in ihm aufging. Nachdem die Absicht, das hauptberufliche Notariat freiberuflicher Prägung (sog. „Nur-Notariat") in ganz Deutschland einzuführen (vgl. § 7 der Reichsnotarordnung vom 13.2.1937), vor Ende des Zweiten Weltkriegs nicht mehr realisiert werden konnte, beließ es die BNotO 1961 im Wesentlichen bei dem Status quo. In Deutschland existieren deshalb drei Notariatsformen:

– Das **hauptberufliche Notariat** besteht im überwiegenden Teil Deutschlands, nämlich in Bayern, Hamburg, Rheinland-Pfalz, Saarland, Nordrhein-Westfalen (in den Gebieten des früheren rheinischen Rechts: OLG-Bezirk Köln und OLG-Bezirk Düsseldorf mit Ausnahme des rechtsrheinischen Bereichs des LG-Bezirks Duisburg und des AG-Bezirks Emmerich), Brandenburg, Thüringen, Sachsen, Sachsen-Anhalt und Mecklenburg-Vorpommern. Es wird (auch mit Blick auf den internationalen Vergleich) als Regelform des Notariats bezeichnet (BVerfGE 80, 269, 270).
– Das **Anwaltsnotariat** ist eingerichtet in Berlin, Bremen, Hessen, Niedersachsen, Schleswig-Holstein und im verbleibenden Teil Nordrhein-Westfalens.
– In Baden-Württemberg sind **staatliche Notariate** eingerichtet, die mit Notaren im Landesdienst besetzt sind. Diese müssen im OLG-Bezirk Karlsruhe die Befähigung zum Richteramt und im OLG-Bezirk Stuttgart die Befähigung zum Amt eines Bezirksnotars haben, § 17 II LFGG-BW. Sie nehmen auch Aufgaben des Betreuungs- und Nachlassgerichts sowie des Grundbuchamts wahr und haben damit umfassendere Zuständigkeit als die selbständigen Notare (näher Keidel/*Schmidt* Einl. Rn. 15). Im OLG-Bezirk Karlsruhe war das staatliche Notariat bis zur Neufassung von § 115 BNotO (BGBl. 2005 I 2188)

die einzig zulässige Notariatsform. Inzwischen können dort auch selbständige (hauptberufliche) Notare bestellt werden. Im OLG-Bezirk Stuttgart können ebenfalls hauptberufliche Notare (§ 114 III BNotO) und zusätzlich Anwaltsnotare (§ 116 I BNotO) bestellt werden. Zum 1.1.2018 erfolgt ein schrittweiser Übergang zum selbständigen (hauptberuflichen) Notariat (vgl. Schippel/Bracker/*Görk* § 115 Rn. 22).

18   Für die staatlichen Notare gilt die BNotO nicht (§§ 114 I, 115 BNotO). Zwischen **hauptberuflichen Notaren** und **Anwaltsnotaren** bestehen dagegen grundsätzlich **keine berufsrechtlichen Unterschiede** (zum Berufsbild vgl. Eylmann/Vaasen/*Schmitz-Valckenberg* § 3 BNotO Rn. 4ff.; *Rinne* AnwBl. 2000, 18). Zuständigkeit, Verfahrensbestimmungen, institutionelle Grundsätze und die sonstigen berufsrechtlichen Anforderungen sind für hauptberufliche wie Anwaltsnotare prinzipiell identisch. Sie üben das gleiche Amt aus. Besonderheiten können sich lediglich daraus ergeben, dass der Anwaltsnotar zugleich den Beruf des Rechtsanwalts und möglicherweise weitere eigenständige Berufe ausübt (§ 8 II BNotO). Dem trägt das Berufsrecht durch Sonderregelungen Rechnung, so z. B. zum Schutz von Unabhängigkeit und Unparteilichkeit (vgl. z. B. das Mitwirkungsverbot des § 3 I 1 Nr. 7 BeurkG) oder zum Werbeverhalten (§ 29 II BNotO), über den Zugang zum Notariat (§ 6 II BNotO) und das Erlöschen des Notaramtes (§§ 47 Nr. 3, 50 Nr. 5 BNotO).

V. Zugang zum Notaramt

1. Hauptberufliches Notariat

19   Die **Voraussetzungen für die Bestellung** zum hauptberuflichen Notar lassen sich wie folgt zusammenfassen:
– Befähigung zum Richteramt nach §§ 5 bis 7 DRiG (also Ablegung der beiden juristischen Staatsprüfungen oder Berufung als ordentlicher Professor der Rechte an einer deutschen Universität).
– Persönliche Eignung (§ 6 I BNotO; vgl. *BGH* NJW-RR 1996, 244, 311; DNotZ 2001, 573; 2004, 883; 2005, 146; Schippel/Bracker/*Görk* § 6 Rn. 4 ff.): Der Ernennung eines Bewerbers stehen zunächst alle Tatbestände entgegen, die nach §§ 47, 49, 50 BNotO zum Amtsverlust eines bereits bestellten Notars führen würden. Darüber hinaus können andere charakterliche, körperliche oder geistige Mängel bei einer Bewertung aller Gesamtumstände zu einer Ablehnung des Bewerbers führen, wobei ein früheres Fehlverhalten nach Verstreichen eines angemessenen Zeitraums der Eignung zum Notar nicht mehr entgegensteht (näher *BVerfG* DNotZ 2000, 940; *BGH* DNotZ 2000, 717 und 943; NJW-RR 1999, 497; Schippel/Bracker/*Görk* § 6 Rn. 4ff.; Arndt/Lerch/Sandkühler/*Lerch* § 6 Rn. 13 ff.).
– Fachliche Eignung (§ 6 I 1 BNotO): Die fachliche Eignung bemisst sich nach den bei der Vorbereitung auf den Notarberuf gezeigten Leistungen und den Ergebnissen der zweiten juristischen Staatsprüfung (*BGH* DNotZ 1994, 332; ZNotP 2012, 354; Schippel/Bracker/*Görk* § 6 Rn. 8 ff.).
– Höchstalter für die erstmalige Bestellung zum Notar: 60 Jahre bei Eingang der Bewerbung (§ 6 I 2 BNotO; diese Bestimmung ist verfassungsgemäß, *BVerfG* DNotZ 2008, 550).
– Anwärterdienst (§ 7 BNotO): Zum hauptberuflichen Notar soll in der Regel nur bestellt werden, wer einen dreijährigen Anwärterdienst als Notarassessor geleistet hat und sich im Anwärterdienst des Landes befindet, in dem er sich um die Bestellung bewirbt. Zur verfassungskonformen Auslegung dieser Regelvoraussetzung vgl. *BVerfG* DNotZ 2005, 473 m. Anm. *Görk*.

20   – Bedürfnisprüfung bei Auswahlverfahren (§§ 4, 6b BNotO): Es werden so viele Notare bestellt, wie es den Erfordernissen einer geordneten Rechtspflege entspricht. Diese Erfordernisse sind nach objektiven Kriterien zu ermitteln (vgl. *BGH* DNotZ 2002, 70

m. Anm. *Lischka*). Zu berücksichtigen sind insbesondere das Bedürfnis nach einer angemessenen Versorgung der Rechtsuchenden mit notariellen Leistungen und die Wahrung einer geordneten Altersstruktur des Notarberufs (§ 4 S. 2 BNotO). Nähere Bestimmungen zur Bedürfnisprüfung finden sich in den Allgemeinverfügungen über die Angelegenheiten der Notare der Landesjustizverwaltungen (AVNot). Das Ausschreibungsverfahren wird in § 6b BNotO geregelt. Auch insoweit treffen die AVNot der Landesjustizverwaltungen ergänzende Bestimmungen. Die Auswahl unter mehreren geeigneten Bewerbern richtet sich nach der persönlichen und fachlichen Eignung. Hierbei sind insbesondere die bei der Vorbereitung auf den Notarberuf, also in der Regel im Anwärterdienst, gezeigten Leistungen und das Ergebnis des zweiten juristischen Staatsexamens zu berücksichtigen. Letzterem kommt Vorrang vor der Dauer des Anwärterdienstes zu (*BGH* DNotZ 1994, 332). Zur Bewerberkonkurrenz zwischen einem Notaranwärter und einem in einem anderen Bundesland amtierenden Notar s. *BVerfG* DNotZ 2005, 939; *BGH* DNotZ 2003, 228; 2005, 149, 153; 2009, 155; ZNotP 2006, 37; *Schumacher* ZNotP 2003, 139. Zur Bewerberkonkurrenz zwischen Notaranwärtern und Notaren aus anderen Amtsbezirken s. *BGH* DNotZ 2005, 230; zur Bewerberkonkurrenz zwischen Notar und Notarassessor vgl. *BGH* DNotZ 2007, 154; 2008, 862; 2010, 467 m. Anm. *v. Campe*. Zum sog. „Nachbarschaftseinwand" vgl. *BGH* DNotZ 2007, 63. Zu den Voraussetzungen von § 7 VII Nr. 3 BNotO (Entlassung eines Notarassessors mangels Bewerbung um ausgeschriebene Notarstelle) vgl. *BGH* DNotZ 2009, 313; *Schlick* ZNotP 2009, 450, 452 ff. Die Landesjustizverwaltung hat das Auswahlverfahren so zu gestalten, dass ein Grundrechtsschutz der Bewerber sichergestellt ist (*BVerfG* DNotZ 2002, 889, 891; hierzu *Starke* DNotZ 2002, 831; *Schumacher* RNotZ 2002, 492).

– Bestehen einer Berufshaftpflichtversicherung oder Vorliegen einer vorläufigen Deckungszusage (§ 6a BNotO).

2. Anwaltsnotariat

Die im Bereich des Anwaltsnotariats früher bestehende Möglichkeit, die Bedürfnisprüfung durch die Voraussetzung einer Wartezeit zu ersetzen, wurde durch die sog. Zugangsnovelle vom 29.1.1991 abgeschafft (näher *Bohrer* DNotZ 1991, 3). Seither bestehen zwischen Anwaltsnotariat und hauptberuflichem Notariat nur noch **geringe strukturelle Unterschiede in den Berufszugangsvoraussetzungen,** die sich im Wesentlichen daraus herleiten, dass der Anwaltsnotar sein Notaramt neben dem Beruf des Rechtsanwalts ausübt und deshalb an die Stelle des Assessorendienstes die notarielle Fachprüfung, verbunden mit dem Nachweis von Notarpraxis, tritt (§ 6 II BNotO; Einzelheiten Kap. L II. Rn. 5 ff.).

VI. Weitere Berufstätigkeiten, Nebentätigkeiten

§ 8 BNotO differenziert zwischen Nebentätigkeiten des Notars, die grundsätzlich zulässig, aber zum Teil genehmigungsbedürftig sind, und der Ausübung eines weiteren Berufs, die dem hauptberuflichen Notar gänzlich untersagt und beim Anwaltsnotar auf bestimmte Berufe (§ 8 II BNotO) begrenzt ist. Die **Abgrenzung zwischen Nebentätigkeit und weiterem Beruf** ist – in Anlehnung an die zu Art. 12 GG entwickelten Grundsätze (vgl. BVerfGE 54, 301, 313) – dahin zu treffen, dass die Schwelle zum Beruf dann überschritten ist, wenn die Tätigkeit auf Dauer angelegt und nach Umfang und Ertrag nicht unmaßgeblich zur Schaffung und Erhaltung einer Lebensgrundlage beiträgt.

1. Weitere Berufstätigkeiten

Der hauptberufliche Notar darf keinen weiteren Beruf ausüben (§ 8 II 1 BNotO). Der Anwaltsnotar darf zugleich nicht nur als **Rechtsanwalt,** sondern auch als **Patentanwalt,**

Steuerberater, Wirtschaftsprüfer und vereidigter Buchprüfer tätig sein. Die Aufzählung des Gesetzes ist abschließend. Der Anwaltsnotar darf sämtliche der genannten Berufe zugleich nebeneinander ausüben, sofern hierdurch seine Verpflichtung zur Amtsbereitschaft (§ 15 BNotO) nicht verletzt wird.

2. Nebentätigkeiten

a) Besoldetes Amt

24   Gemäß § 8 I BNotO darf der Notar nicht zugleich Inhaber eines besoldeten Amtes sein. Von diesem Verbot kann die Justizverwaltung im Einzelfall jederzeit widerrufliche Ausnahmen zulassen. Ist eine Ausnahme bewilligt, so darf der Notar sein Amt nicht persönlich ausüben (§ 8 I 2 BNotO). Für einen hauptberuflichen Notar ist in letzterem Fall ein Notariatsverwalter zu bestellen (§ 56 I BNotO). Die Bestellung eines Vertreters dürfte dagegen nicht in Betracht kommen (zur Auslegung von § 56 I BNotO siehe BGH DNotZ 1964, 728, 732f.). Für den Anwaltsnotar kann dagegen nach dem Wortlaut des § 56 I BNotO im Fall des § 8 I 2 BNotO kein Notariatsverwalter, sondern nur ein Vertreter bestellt werden (Schippel/Bracker/*Schäfer* § 8 Rn. 13; für die analoge Anwendung von § 56 I BNotO auf den Anwaltsnotar Eylmann/Vaasen/*Baumann* § 8 BNotO Rn. 7). Mit Ausscheiden aus dem besoldeten Amt darf der Notar sein Amt wieder selbst ausüben, Verwalterschaft (§ 64 I 1 BNotO) und Vertretung (§ 44 I 1 BNotO) sind beendet.

25   Ein Amt i. S. v. § 8 I 1 BNotO können alle Behörden und juristische Personen des öffentlichen Rechts vergeben, die Ämterhoheit besitzen, darüber hinaus auch Körperschaften und Anstalten des öffentlichen Rechts, soweit sie originär staatliche Aufgaben wahrnehmen. § 8 I 1 BNotO wird schließlich analog auf kirchliche Ämter und Ämter in überstaatlichen hoheitlichen Organisationen angewandt (näher Schippel/Bracker/*Schäfer* § 8 Rn. 7ff.). Unter das Nebentätigkeitsverbot des § 8 I BNotO fällt ein Amt jedoch nur, wenn es besoldet ist, also regelmäßig wiederkehrende Dienstbezüge gewährt werden.

26   § 8 I 1 BNotO erfasst neben den regulären Beamtenverhältnissen vor allem auch folgende Fälle: die Wahl zum hauptamtlichen, besoldeten Bürgermeister oder Landrat (z. B. nach §§ 195, 196 LBG NW), die Ernennung zum Minister des Bundes oder eines Landes (vgl. Art. 66 GG: „anderes besoldetes Amt"; einschränkend Schippel/Bracker/*Schäfer* § 8 Rn. 7) oder die Ernennung zum (besoldeten) Hochschullehrer.

27   Nicht von § 8 I 1 BNotO erfasst sind dagegen z. B. ein bloßes Anstellungsverhältnis im öffentlichen Dienst (dieses fällt unter Abs. 3, vgl. Schippel/Bracker/*Schäfer* § 8 Rn. 8), die Wahl zum ehrenamtlichen Bürgermeister oder Landrat (selbst wenn eine Aufwandsentschädigung gewährt wird) und die Übernahme eines Mandats im Wahlorgan einer Gebietskörperschaft im Bundestag, Landtag, Kreistag oder Gemeinderat (Schippel/Bracker/*Schäfer* § 8 Rn. 10).

28   Die Ausnahmebewilligung der Justizverwaltung nach § 8 I 2 BNotO setzt ein öffentliches Interesse an der Übernahme des besoldeten Amts voraus. Dieses wird man insbesondere bei der Ernennung zum Minister, der Wahl zum hauptamtlichen Bürgermeister oder Landrat oder der Ernennung zum Hochschullehrer bejahen müssen (Schippel/Bracker/*Schäfer* § 8 Rn. 11).

b) Nebenbeschäftigung gegen Vergütung

29   Eine Nebenbeschäftigung gegen Vergütung darf der Notar ausüben, wenn die Aufsichtsbehörde dies vorher genehmigt hat. **Nebenbeschäftigung** ist jede Tätigkeit, die neben dem Notarberuf ausgeübt wird, also **nicht zur Ausübung des Amtes gehört**. Dementsprechend fällt insbesondere die sonstige Betreuung der Beteiligten auf dem Gebiet der vorsorgenden Rechtspflege nach § 24 I BNotO nicht unter § 8 III Nr. 1 BNotO. Anhaltspunkt für die Abgrenzung ist auch die gebührenrechtliche Einordnung. Für die Amtstätigkeit darf der Notar seine Gebühren nur nach der KostO berechnen, während die

VI. Weitere Berufstätigkeiten, Nebentätigkeiten

Vergütung für eine Nebenbeschäftigung frei vereinbar ist. Für den Anwaltsnotar fallen zudem diejenigen Tätigkeiten aus dem Kreis der Nebenbeschäftigungen und damit der Genehmigungspflicht heraus, die zur Ausübung des Rechtsanwaltsberufs oder eines weiteren, nach § 8 II BNotO zulässigerweise ausgeübten Berufs gehören (Schippel/Bracker/*Schäfer* § 8 Rn. 34); die entgeltliche Tätigkeit als Geschäftsführer einer Steuerberatungs- oder Wirtschaftsprüfungsgesellschaft bleibt hiernach genehmigungspflichtig (Arndt/Lerch/Sandkühler/*Lerch* § 8 Rn. 37).

Die Nebenbeschäftigung ist nur genehmigungspflichtig, wenn sie gegen Vergütung ausgeübt wird, wobei unter Vergütung jede Entschädigung zu verstehen ist, die über den angemessenen Ersatz von Aufwendungen hinausgeht. 30

Die Erteilung der **Genehmigung für eine vergütete Nebenbeschäftigung** ist in das Ermessen der Aufsichtsbehörde gestellt. Die Landesjustizverwaltungen haben die ermessensleitenden Gesichtspunkte in Allgemeinverfügungen konkretisiert (AVNot; zu den Grenzen der Konkretisierungsbefugnis vgl. *BGH* DNotZ 2000, 148; zum Umfang der gerichtlichen Nachprüfung *BVerfG* DNotZ 2003, 65). Hiernach können insbesondere folgende Gesichtspunkte einer Genehmigung entgegenstehen: 31

– **Gefährdung von Unabhängigkeit und Unparteilichkeit:** Auch bei Ausübung einer Nebenbeschäftigung ist bereits der Anschein einer Gefährdung von Unabhängigkeit und Unparteilichkeit der Amtsausübung (vgl. § 14 III BNotO) zu vermeiden. Dieser Anschein kann z.B. bei Nebentätigkeiten für Bauträger- oder Grundstücksverwaltungsgesellschaften (vgl. *BGH* DNotZ 1994, 336; 1996, 219), aber auch allgemein bei Syndikustätigkeiten entstehen.

– **Ansehen des Notaramtes:** Der Notar hat sich durch sein Verhalten innerhalb und außerhalb seines Amtes der Achtung und des Vertrauens, die dem Notaramt entgegengebracht werden, würdig zu zeigen (§ 14 III 1 BNotO). Nebenbeschäftigungen, die nach Bedeutung und Verantwortung als untergeordnet anzusehen sind oder außerhalb von reinen Gefälligkeitsverhältnissen unangemessen niedrig vergütet werden, sind mit der Stellung des Notars unvereinbar (vgl. *BGH* NJW 1961, 1468). Gleiches gilt aber auch für Tätigkeiten, deren gewerblicher, gewinnorientierter Charakter stark in den Vordergrund tritt (*BGH* NJW 1961, 921).

– **Zeitliche Belastung des Notars:** Die Genehmigung ist zu versagen, wenn die Nebenbeschäftigung den Notar zeitlich derart in Anspruch nimmt, dass die Ausübung des Notaramts beeinträchtigt wird (*BGH* DNotZ 1989, 330; s.a. *BGH* ZNotP 1999, 332). Hiervon wird man zumeist bei Eingehung eines festen Anstellungsverhältnisses, insbesondere auch als Syndikus, ausgehen müssen, beim Anwaltsnotar jedenfalls dann, wenn die Angestelltentätigkeit überwiegt (Schippel/Bracker/*Schäfer* § 8 Rn. 26f.).

– **Unzulässige Werbung:** Wenn mit der Nebenbeschäftigung eine unzulässige Werbung für das Notaramt verbunden ist, steht dies der Genehmigung ebenfalls entgegen.

Den genannten Gefährdungen kann in geeigneten Fällen dadurch begegnet werden, dass die Genehmigung mit **Auflagen** verbunden oder **befristet** erteilt wird (§ 8 III 4 BNotO; *BGH* DNotZ 1994, 336). 32

> **Beispiel:** Erteilung der Genehmigung für eine vergütete Nebenbeschäftigung im Beirat einer Stiftung mit der Auflage, sich jeder Beurkundung für die Stiftung oder für Rechtsuchende zugunsten der Stiftung zu enthalten und dafür einzustehen, dass auch der Sozius dies unterlässt.

Die **Genehmigungspraxis** in den Ländern ist unterschiedlich. Eine Nebentätigkeit in Aufsichtsgremien von Kreditinstituten (z.B. Aufsichtsrat einer Genossenschaftsbank, Kreditausschuss einer kommunalen Sparkasse) wird zumeist genehmigt, z.T. allerdings unter Erteilung von Auflagen. Sofern die Ziele, die durch die Versagung einer Genehmigung verfolgt werden sollen, auch durch das mildere Mittel einer Auflage zu erreichen sind, gebietet es Art. 12 I GG, eine Genehmigung unter Auflagen zu erteilen. Dies gilt auch für eine Nebentätigkeit in Unternehmen, deren satzungsmäßiger Zweck (auch) die Befassung mit Grundstücksangelegenheiten ist (*BVerfG* DNotZ 2003, 65 m. Anm. *Voll-*

hardt gegen *BGH* DNotZ 2000, 951). Zu den **Mitwirkungsverboten,** die sich aus der Nebentätigkeit ergeben können, vgl. Kap. L II. Rn. 70.

c) Organmitgliedschaft

33 Die Tätigkeit als Organmitglied einer auf Erwerb gerichteten Gesellschaft oder eines sonstigen wirtschaftlichen Unternehmens bedarf auch dann der Genehmigung, wenn der Notar keine Vergütung erhält (§ 8 III 1 Nr. 2 BNotO). Nicht unter Nr. 2 fallen lediglich die Vereinigungen, die gemeinnützige, wissenschaftliche, künstlerische oder gesellige Zwecke verfolgen (mit der Folge, dass Nebentätigkeiten nur bei Vergütung genehmigungsbedürftig sind).
Die Maßstäbe für die Erteilung der Genehmigung sind dieselben wie bei Nr. 1 (s. o. Rn. 29 ff.).

d) Genehmigungsfreie Nebentätigkeiten

34 Genehmigungsfrei sind außer den **nicht vergüteten Nebenbeschäftigungen** nach § 8 III 1 Nr. 1 BNotO die Übernahme des Amtes als Testamentsvollstrecker, Konkursverwalter, Schiedsrichter oder Vormund oder einer ähnlichen auf behördlicher Anordnung beruhenden Stellung (z. B. Pfleger, Betreuer, vom Gericht bestellter Sequester, Treuhänder) sowie eine wissenschaftliche, künstlerische oder Vortragstätigkeit (z. B. als Lehrbeauftragter, Examensprüfer oder Schriftsteller).
Genehmigungsfrei ist grundsätzlich auch die Verwaltung des eigenen Vermögens oder des kraft Gesetzes der Verwaltung des Notars unterliegenden Vermögens (Arndt/Lerch/Sandkühler/*Lerch* § 8 Rn. 45; Schippel/Bracker/*Schäfer* § 8 Rn. 39).
Bei der Tätigkeit als **Mediator, Schlichter oder Gütestelle** (§ 794 I Nr. 1 ZPO, § 15a EGZPO) handelt es sich dagegen um **Amtstätigkeit** nach § 24 BNotO (Schippel/Bracker/*Reithmann* § 24 Rn. 21; Eylmann/Vaasen/*Limmer* § 20 BNotO Rn. 56; vgl. auch die Güteordnung der Bundesnotarkammer, DNotZ 2000, 1).

VII. Berufsverbindungen

35 Die **notarielle Amtsausübung** als solche ist **nicht verbindungsfähig.** Die Ausübung des zur höchstpersönlichen Ausübung vom Staat übertragenen Amtes kann nicht gemeinsamer Zweck einer privatrechtlichen Vereinbarung, etwa nach § 705 BGB, in dem Sinne sein, dass zu den verbundenen Notaren einheitliche Verfahrensverhältnisse begründet oder die beruflichen Rechte und Pflichten auf eine Gemeinschaft von Berufsträgern bezogen würden (näher *Bohrer* Rn. 312 ff.; Schippel/Bracker/*Görk* § 9 Rn. 2, Eylmann/Vaasen/*Baumann* § 9 BNotO Rn. 2). Die in § 9 BNotO geregelten Berufsverbindungen zwischen Notaren können sich daher – unabhängig davon, in welcher Rechtsform sie bestehen – ausschließlich auf die personellen und sächlichen Hilfsmittel zur Amtsausübung beziehen.

1. Verbindungsfähige Berufe

a) Hauptberufliches Notariat

36 Hauptberufliche Notare dürfen sich nur mit am selben Amtssitz bestellten **Notaren** zur gemeinsamen Berufsausübung verbinden oder mit ihnen gemeinsame Geschäftsräume haben. Die Länder können zudem durch Rechtsverordnung die Voraussetzungen für derartige Berufsverbindungen, insbesondere auch die Höchstzahl der beteiligten Berufsangehörigen, bestimmen und einen **Genehmigungsvorbehalt der Aufsichtsbehörde** einführen. Die meisten Länder im Bereich des hauptberuflichen Notariats (Baden-Württem-

berg, Bayern, Nordrhein-Westfalen, Rheinland-Pfalz, Hamburg, Brandenburg, Thüringen, Sachsen, Sachsen-Anhalt und Mecklenburg-Vorpommern) haben von dieser Ermächtigung Gebrauch gemacht. Hierbei haben sie vielfach eine Höchstzahl von zwei Notaren je Berufsverbindung festgelegt, was verfassungsrechtlich nicht zu beanstanden ist (*BVerfG* v. 24.10.1994 – 1 BvR 1793/94 – Nichtannahmebeschluss; vgl. ferner *BGH* MittRhNotK 1994, 258; ZNotP 2008, 89; *BVerfG* DNotZ 2009, 702 m. Anm. *Meyer*).

Sofern ein Genehmigungserfordernis besteht, darf die Genehmigung angesichts der **37** grundsätzlichen gesetzgeberischen Wertentscheidung für Berufsverbindungen nur versagt werden, wenn die Erfordernisse einer geordneten Rechtspflege dies im Einzelfall erfordern. Dies kommt etwa dann in Betracht, wenn die übermäßige Konzentration von Beurkundungsgeschäften in einer Berufsverbindung die gleichmäßige Versorgung der Bevölkerung mit notariellen Dienstleistungen gefährden oder den Grundsatz der freien Notarwahl beeinträchtigen würde oder wenn die Personalhoheit der Justizverwaltung bei der Besetzung von Notarstellen dadurch gefährdet würde, dass bei Ausscheiden eines Sozius der oder die verbleibenden Sozien durch Vereinbarung mit einzelnen Bewerbern einen unangemessenen Einfluss auf das Bewerbungsverfahren ausüben (vgl. näher Eylmann/Vaasen/*Baumann* § 9 BNotO Rn. 8 ff.; Schippel/Bracker/*Görk* § 9 Rn. 13 ff.; Arndt/Lerch/Sandkühler/*Lerch* § 9 Rn. 15 ff.; zur Verfassungsmäßigkeit entsprechender Regelungen in den Richtlinien der Notarkammern vgl. *BayVerfGH* DNotZ 2009, 717).

b) Anwaltsnotariat

Anwaltsnotare dürfen sich mit anderen Anwaltsnotaren, mit weiteren Mitgliedern ei- **38** ner Rechtsanwaltskammer (vgl. §§ 60, 206, 209 BRAO), Patentanwälten, Steuerberatern, Steuerbevollmächtigten, Wirtschaftsprüfern und vereidigten Buchprüfern zur gemeinsamen Berufsausübung verbinden oder mit ihnen gemeinsame Geschäftsräume haben (§ 9 II BNotO; zur Erweiterung der Berufsverbindungsmöglichkeiten für den Anwaltsnotar durch die BNotO-Novelle vom 8.9.1998 vgl. *Vaasen/Starke* DNotZ 1998, 661, 664 ff.; vgl. ferner Schippel/Bracker/*Görk* § 9 Rn. 9 ff.; Eylmann/*Vaasen/Baumann* § 9 BNotO Rn. 24 ff.).

Eine Genehmigungspflicht besteht nicht und kann – anders als im Bereich des haupt- **39** beruflichen Notariats – auch nicht durch Rechtsverordnung eingeführt werden. Die Aufsichtsbehörde hat allerdings die **Möglichkeit**, die **Berufsverbindung zu untersagen**, soweit hierdurch die persönliche und eigenverantwortliche Amtsführung, Unabhängigkeit und Unparteilichkeit des Notars beeinträchtigt wird (§ 9 III BNotO). Derartige Beeinträchtigungen können sich etwa aus der konkreten Ausgestaltung der Zusammenarbeit ergeben, so z.B. dann, wenn die Sozien des Notars nicht bereit sind, im erforderlichen Umfang an den Vorkehrungen mitzuwirken, die der Notar nach § 28 BNotO zu treffen hat, um die Wahrung der Unabhängigkeit und Unparteilichkeit seiner Amtsführung sicherzustellen. Gefährdungen, die zu einer Untersagung der Berufsverbindung berechtigen, können aber z.B. auch aus einer weiteren beruflichen Tätigkeit des Sozius herrühren: Wegen der unterschiedlichen Maßstäbe des anwaltlichen und des notariellen Berufsrechts ist es durchaus denkbar, dass ein nach den Bestimmungen der BRAO zulässigerweise ausgeübte Nebentätigkeit des anwaltlichen Sozius (vgl. hierzu *Feuerich/Weyland* BRAO § 7 Rn. 119 ff.) mit der zu gewährleistenden unabhängigen und unparteilichen Stellung des Notars nicht zu vereinbaren ist (so auch die Begründung zum Regierungsentwurf des Dritten Gesetzes zur Änderung der BNotO, BT-Drucks. 13/4184, S. 22). Speziell in den großen, multiprofessionellen Berufsverbindungen besteht zudem die Gefahr, dass der einzelne Anwaltsnotar sich nicht mit ausreichendem Gewicht für die Durchsetzung der nur ihn bindenden Grundsätze des öffentlichen Amtes einsetzen kann und faktisch die Stellung eines weisungsabhängigen Angestellten einnimmt. Auch dieser Gesichtspunkt ist im Rahmen von § 9 III BNotO zu berücksichtigen.

c) Anzeigepflicht

40 Der Notar hat eine Verbindung zur gemeinsamen Berufsausübung oder zur gemeinsamen Nutzung der Geschäftsräume unverzüglich der Aufsichtsbehörde und der Notarkammer anzuzeigen und hierbei Name, Beruf, weitere berufliche Tätigkeiten und Tätigkeitsorte der beteiligten Berufsangehörigen anzugeben (§ 27 I BNotO). Auf Anforderung hat er darüber hinaus die Vereinbarung über die Berufsverbindung vorzulegen (§ 9 II BNotO), woraus sich gleichzeitig ergibt, dass diese schriftlich abzufassen ist.

2. Berufsverbindungsformen

a) Gesellschaft bürgerlichen Rechts

41 Die häufigste Verbindungsform unter Beteiligung von Notaren ist die Gesellschaft bürgerlichen Rechts (§§ 705 ff. BGB). Innerhalb der rechts- und wirtschaftsberatenden freien Berufe haben sich im Laufe der Zeit die Sozietät und die Bürogemeinschaft als unterschiedliche Gestaltungsmöglichkeit einer Berufsverbindung in der Rechtsform der GbR herausgebildet. Ein maßgeblicher Unterschied wird vor allem darin gesehen, dass innerhalb einer Sozietät jedes ihrer Mitglieder durch die Sozietätsvereinbarung ermächtigt und grundsätzlich auch verpflichtet wird, den Vertrag mit Wirkung für und gegen alle Sozien abzuschließen (vgl. *BGH* NJW 1991, 49; eingehend *Späth* StB 1996, 432, 474). Ferner wird in einem Sozietätsvertrag üblicherweise geregelt, dass die Einkünfte für die Gesellschaft erzielt und nach einem bestimmten Schlüssel verteilt werden. Bei der Bürogemeinschaft beschränkt sich das Gesellschaftsziel dagegen in der Regel auf den Kostenersparnisfaktor. Zweck der Gesellschaft ist dementsprechend nur die gemeinsame Nutzung von Büroräumen und Büroausstattung, Personal usw. Da das Notariat als solches nicht sozietätsfähig ist, ist eine Berufsverbindung zwischen **hauptberuflichen Notaren** nicht als Sozietät, sondern **nur als Bürogemeinschaft** zulässig (vgl. *Bohrer* Rn. 318 ff.; Schippel/Bracker/*Görk* § 9 Rn. 1 ff.; Eylmann/Vaasen/*Baumann* § 9 BNotO Rn. 15). Für **Anwaltsnotare** bedeutet dies, dass sie eine **Sozietät nur bezogen auf ihre anwaltliche Berufsausübung** eingehen dürfen, wie es auch § 59a I 3 BRAO ausdrücklich bestimmt. Das Notaramt darf nur in den Grenzen des notariellen Berufsrechts (vgl. § 59a I 4 BRAO) und damit nur in Form einer Bürogemeinschaft in die Berufsverbindung einbezogen werden.

b) GmbH

42 Die Strukturmerkmale der GmbH stehen in unüberbrückbarem Gegensatz zu Grundprinzipien der notariellen Amtsausübung: Während sich die GmbH durch ihre Haftungsbeschränkung auszeichnet, darf die Amtshaftung des Notars auch im Einzelfall nicht beschränkt werden; während die GmbH durch die Loslösung der Dienstleistung vom Individuum als Leistungserbringer geprägt ist, gilt für den Notar der Grundsatz der höchstpersönlichen Amtsausübung. Für **hauptberufliche Notare** ist die Berufsausübung in einer **GmbH** deshalb **unzulässig**. Anwaltsnotare dürfen sich zwar in ihrer Eigenschaft als Rechtsanwalt an einer Rechtsanwalts- oder Patentanwalts-GmbH beteiligen. Durch den Verweis in § 59e I 1 BRAO auf § 59a I 3, 4 BRAO ist allerdings klargestellt, dass die **notarielle Amtsausführung nicht Gegenstand der Rechtsanwalts- und Patentanwalts-GmbH** sein darf und dass sich die Beteiligung des Anwaltsnotars an der GmbH im Übrigen nach den Bestimmungen und Anforderungen des notariellen Berufsrechts richtet. Diese setzen der Beteiligung des Anwaltsnotars an Berufsausübungs- und Kapitalgesellschaften in der Praxis enge Grenzen (kritisch auch Arndt/Lerch/Sandkühler/*Sandkühler* § 14 Rn. 274 ff.; Schippel/Bracker/*Görk* § 9 Rn. 12a). So dürfte es mit dem Grundsatz der notariellen Unabhängigkeit nicht vereinbar sein, wenn der Anwaltsnotar ein bloßes Anstellungsverhältnis zu der GmbH eingeht, ohne – zumindest für seinen Bereich – geschäftsführerähnliche Be-

VII. Berufsverbindungen

fugnisse zu haben; näher Schippel/Bracker/*Görk* § 9 Rn. 12a; vgl. auch Kap. L II. Rn. 43. Sofern die Beteiligung des Anwaltsnotars an der GmbH prinzipiell zulässig ist, ist des Weiteren gegenüber dem rechtsuchenden Publikum in hinreichend deutlicher Form darzustellen, dass die Ausübung der notariellen Amtstätigkeit nicht Gegenstand der GmbH ist, also insbesondere auch keiner Haftungsbeschränkung unterliegt.

Die Beteiligung des Anwaltsnotars an einer **Steuerberatungs- oder Wirtschaftsprüfungs-Kapitalgesellschaft** zum Zweck der Berufsausübung ist nach inzwischen h. M. zulässig, obwohl eine solche Beteiligung eine Berufsverbindung nach § 9 BNotO begründet, in der der Anwaltsnotar zusammen mit den Personen, mit denen er sich verbunden hat, zwangsläufig einen beherrschenden Einfluss auf die Gesellschaft ausübt, was nach dem Wortlaut des § 14 V BNotO untersagt ist (für die Zulässigkeit Arndt/Lerch/Sandkühler/*Sandkühler* § 14 Rn. 287 ff.; Eylmann/Vaasen/*Frenz* § 14 BNotO Rn. 49; gegen die Zulässigkeit Schippel/Bracker/*Kanzleiter* § 14 Rn. 68). 43

c) Partnerschaft

Mitglied einer Partnerschaft können nur natürliche Personen und nur Angehörige derjenigen freien Berufe sein, die in § 1 II PartGG aufgezählt sind. Der Notar fällt nicht in diesen Kreis. 44

Für **hauptberufliche Notare** scheidet die Partnerschaft damit als Berufsverbindungsform aus. Anwaltsnotare dürfen nur in ihrer Eigenschaft als Rechtsanwalt Mitglied der Partnerschaft sein. Dementsprechend darf auch die Berufsbezeichnung des Notars im Namen der Partnerschaft nicht erscheinen (*OLG Bremen* MDR 1997, 1172; *OLG Stuttgart* NJW 2007, 307; *Bösert/Braun/Jochem*, Leitfaden zur Partnerschaftsgesellschaft, 1996, S. 121). Zur Partnerschaft als Berufsausübungsform für Rechtsanwälte vgl. näher *Feuerich*/Weyland BRAO § 59a Rn. 21 ff. 45

d) EWIV

Rechtsgrundlagen für die EWIV sind die EWG-VO 2137/85 (ABl. EG L 201 vom 31.7.1985) sowie in Deutschland das entsprechende Ausführungsgesetz vom 14.4.1988 (BGBl. I 514). Von den unter a) bis c) genannten Gesellschaften unterscheidet sich die EWIV grundlegend dadurch, dass sie die „wirtschaftliche Tätigkeit ihrer Mitglieder nicht selbst durchführen", sondern sie lediglich „erleichtern oder entwickeln sowie die Ergebnisse dieser Tätigkeit verbessern oder steigern" darf (Art. 3 EWIV-VO). Die EWIV ist daher keine Berufsausübungsgesellschaft (vgl. *Zuck* NJW 1990, 954; *Feuerich*/Weyland BRAO § 59a Rn. 31), was auch daran deutlich wird, dass ein ausdrückliches Gewinnerzielungsverbot besteht (Art. 3 I EWIV-VO). Aus diesem Grund **stehen die Strukturmerkmale der EWIV** (u. a. überörtlicher und überstaatlicher Mitgliederkreis, Kaufmannseigenschaft, Möglichkeit der Fremdorganschaft) **der Beteiligung des Notars** prinzipiell **nicht entgegen**. 46

Ebenso wenig wie an anderen Gesellschaften darf der Notar sich allerdings an einer EWIV beteiligen, wenn der verfolgte Gesellschaftszweck mit der Stellung des Notars als Träger eines öffentlichen Amtes unvereinbar ist (vgl. § 14 V BNotO). Die **Vereinbarkeit des Gesellschaftszwecks mit dem Notaramt** ist bei der Beteiligung an einer EWIV deshalb besonders sorgfältig zu prüfen, weil die EWIV, wie angeführt, „die wirtschaftliche Tätigkeit ihrer Mitglieder erleichtern oder entwickeln" soll (Art. 3 EWIV-VO) und deshalb in besonders enger Beziehung zu der Amtstätigkeit eines an ihr beteiligten Notars steht. Als Gegenstand der EWIV, an der der Notar sich beteiligen darf, scheiden daher alle Gesellschaftszwecke aus, die der Notar persönlich nicht verfolgen dürfte. Hierunter fallen insbesondere auch diejenigen Tätigkeiten, die insbesondere durch Werbung auf eine Mehrung der Amtstätigkeit abzielen oder eine dem Notar verbotene Vermittlung von Urkundsgeschäften (§ 14 IV BNotO) beinhalten (enger Eylmann/Vaasen/*Baumann* § 9 BNotO Rn. 18). 47

48 Probleme ergeben sich auch dann, wenn an der EWIV auch Angehörige von Berufen beteiligt sind, mit denen sich der hauptberufliche Notar bzw. der Anwaltsnotar nicht zur gemeinsamen Berufsausübung verbinden dürfte. Hier kann, wenn die EWIV gegenüber dem rechtsuchenden Publikum in Erscheinung tritt, zumindest der Eindruck erweckt werden (vgl. § 14 III 2 BNotO), als erstrecke sich die institutionalisierte Zusammenarbeit zwischen den Angehörigen der unterschiedlichen Berufe in der EWIV auch auf die Berufsausübung als solche. Eine solche Umgehung der berufsrechtlichen Verbote wäre unzulässig.

e) Kooperationen

49 Während der Begriff der Kooperation zwischen Angehörigen freier Berufe im Bereich des Wettbewerbsrechts bereits seit einiger Zeit verwendet wird (vgl. *OLG Köln* NJW-RR 1997, 991; *OLG Hamburg* NJW-RR 1997, 357), fehlt bisher eine anerkannte berufsrechtliche Definition. Für die Kooperation zwischen Rechtsanwälten schreibt § 8 S. 1 der Berufsordnung für Rechtsanwälte (BORA) fest, dass sie auf Dauer angelegt und durch tatsächliche Ausübung verfestigt sein muss (vgl. näher *Hartung/Holl/Römermann*, Berufsordnung für Rechtsanwälte, Vor § 30 Rn. 267; *Strunz* ZNotP 2003, 209; *OLG Köln* AnwBl. 1997, 120).

50 Kooperationen, die sich **unterhalb der Schwelle des § 9 I, II BNotO** bewegen, dürfen von hauptberuflichen Notaren wie Anwaltsnotaren auch dann unterhalten werden, wenn sie sich nicht auf den Kreis der berufsverbindungsfähigen Personen beschränken. Diese vom Gesetz bewusst niedrig angesetzte Schwelle zur Berufsverbindung wird überschritten, wenn der Kooperation eine entsprechende vertragliche Vereinbarung über eine verfestigte Zusammenarbeit zugrunde liegt. Dies dürfte insbesondere dann stets der Fall sein, wenn die Kooperation im Rechtsverkehr nach außen auftritt, z. B. durch einen wechselseitigen Hinweis der Kooperationspartner aufeinander in Kanzleidrucksachen. Eine solche **verfestigte Kooperation** unterliegt den berufsrechtlichen Bestimmungen über die Verbindung zur gemeinsamen Berufsausübung (u. a. § 9 BNotO, § 3 BeurkG; vgl. *Schippel/Bracker/Görk* § 9 Rn. 1; *Arndt/Lerch/Sandkühler/Sandkühler* § 14 Rn. 34 unter Verweis auf RS Nr. 20/2000 der Bundesnotarkammer). Unzulässig ist eine Kooperation auch dann, wenn sie gegen andere Bestimmungen des notariellen Berufsrechts verstößt, so z. B. gegen das Verbot der Vermittlung von Urkundsgeschäften (§ 14 IV BNotO).

VIII. Pflichten nach § 14 BNotO

1. Unabhängigkeit (§ 14 I 2 BNotO)

51 Dem Notar ist die persönliche und sachliche Unabhängigkeit vom Staat garantiert (§ 1 BNotO) und durch § 14 I 2 BNotO zugleich die Pflicht auferlegt, gegenüber seinen Auftraggebern das erforderliche Maß an **persönlicher und wirtschaftlicher Unabhängigkeit** zu wahren, um hierdurch auch die Voraussetzungen für eine unparteiische Amtsausübung zu schaffen. Zum Begriff der Unabhängigkeit vgl. bereits oben Rn. 10 ff. und näher *Bohrer* Rn. 140 ff., 305 ff. sowie Eylmann/Vaasen/*Frenz* § 1 BNotO Rn. 28 f.

2. Unparteilichkeit (§ 14 I 2 BNotO)

52 Das Gebot der Unparteilichkeit prägt die gesamte notarielle Amtstätigkeit in besonderem Maße. Sein Umfang und seine Grenzen sind allerdings bisher weder in der Rechtsprechung noch in der Literatur eindeutig bestimmt worden. Im Spannungsfeld zwischen passiver Neutralität, Vermeidung einseitiger Parteinahme bei widerstreitenden Interessen, Orientierung an dem Gebot materieller Gerechtigkeit und den Aufklärungs- und Belehrungspflichten des Notars (§ 17 I 2 BeurkG) hat sich neben einer umfangreichen Kasuistik (vgl. im Einzelnen Haug/Zimmermann/*Zimmermann* Rn. 419 ff.) der Grund-

VIII. Pflichten nach § 14 BNotO

satz herausgebildet, dass die Verpflichtung des Notars zur Unparteilichkeit seinem sozialen Schutzauftrag zur erweiterten Belehrung unerfahrener und ungewandter Beteiligter (§ 17 I 2 BeurkG) nicht widerspricht, sondern diesen einschließt: Im Sinne einer **ausgleichenden** („wertorientierten", *Bohrer* Rn. 97) **Unparteilichkeit** hat der Notar den sozialen Auftrag, einen gerechten Ausgleich auch gegensätzlicher Bestrebungen der Beteiligten zu finden (Schippel/Bracker/*Kanzleiter* § 14 Rn. 35; Eylmann/Vaasen/*Frenz* § 14 BNotO Rn. 10; zum Begriff der Unparteilichkeit vgl. ferner bereits Rn. 13).

a) Ausgleichende Neutralität

Das bereits angesprochene Verhältnis zwischen dem Gebot der Unparteilichkeit (§ 14 I 2 BNotO) und den Prüfungs- und Belehrungspflichten des Notars (§ 17 I 2 BeurkG) lässt sich kurz wie folgt charakterisieren: Der Notar hat bei der Ermittlung des Willens der Beteiligten, bei der Beratung und Aufklärung über die rechtliche Tragweite ihrer beabsichtigten Willenserklärungen und bei der Unterbreitung von Gestaltungsvorschlägen **unvoreingenommen und objektiv** vorzugehen. Insbesondere bei gegenläufigen Vorstellungen hat er zu **sämtlichen Beteiligten die gleiche Distanz** zu wahren und darf seine Bewertung und Abwägung der Interessen den Beteiligten nicht aufdrängen (Haug/Zimmermann/*Zimmermann* Rn. 427). Die aus § 17 I 2 BeurkG abzuleitende **Pflicht zum Ausgleich** des Notars setzt dann ein, wenn die Fähigkeit der Beteiligten, die rechtliche Tragweite ihrer Erklärungen einzuschätzen, unterschiedlich ausgeprägt ist. Auch dann ist der Notar zwar nicht berechtigt, einseitig die Interessen des Schwächeren zu wahren. Zu seinen Aufgaben gehört es aber, derartige Defizite zwischen den Beteiligten im Hinblick auf das konkrete Amtsgeschäft auszugleichen, um auf diese Weise die Autonomie der Beteiligten zu schützen und die Voraussetzung für ausgewogene Rechtsgeschäfte zu schaffen (vgl. hierzu auch *Baumann* MittRhNotK 1996, 7, 23). Zu der zum Teil widersprüchlichen Rechtsprechung zum Verhältnis zwischen Unparteilichkeit und Belehrungspflicht vgl. *BGH* DNotZ 1967, 446; 1987, 157; 1989, 45; 1990, 58; 1995, 407 und 489; NJW 1996, 522; ZNotP 1999, 330. Siehe ferner Haug/Zimmermann/*Zimmermann* Rn. 419 ff. 53

Dem Notar kommt bei Entscheidung der Frage, ob eine ausgleichende Belehrung mit seinen Neutralitätspflichten vereinbar ist, ein **Ermessensspielraum** zu (so zu Recht Haug/Zimmermann/*Zimmermann* Rn. 431 ff.). Dieser Ermessensspielraum wird allerdings von der Haftungsrechtsprechung nicht immer anerkannt, die in neuerer Zeit darüber hinaus zunehmend die wirtschaftlichen Gefahren der rechtlichen Tragweite in § 17 I 1 BeurkG gleichstellt, vgl. z.B. *BGH* DNotZ 1995, 407 m. Anm. *Haug*. 54

> **Beispiel** (nach *BGH* WM 1975, 926 und Haug/Zimmermann/*Zimmermann* Rn. 429): Zwei wirtschaftlich erfahrene Geschäftsleute bewegen ein älteres Ehepaar dazu, ihnen ein vollkommen ungesichertes Darlehen zu gewähren. Hier ist es keinesfalls ein Verstoß gegen die Neutralitätspflicht, wenn der Notar von sich aus die Stellung einer Bürgschaft vorschlägt, wenngleich er hierzu auch unter dem Aspekt von § 17 I 2 BeurkG nicht verpflichtet sein dürfte.

b) Tätigwerden auf einseitigen Antrag

Während der Rechtsanwalt ausschließlich die einseitigen Interessen seines Mandanten vertritt, sofern ihm dieser nicht etwas anderes gestattet hat, der Notar auch bei Tätigwerden auf einseitigen Antrag stets die möglichen Interessen Dritter (etwa die eines potentiellen Vertragspartners) im Auge zu behalten. Nr. I. 1. 2. RL-E hebt dementsprechend hervor, dass der Notar auch bei der Beratung und Erstellung von Entwürfen sowie Gutachten auf einseitigen Antrag seine Unparteilichkeit zu wahren hat (Eylmann/Vaasen/*Hertel* § 24 BNotO Rn. 8, 11). Zwar wird der Notar seine rechtliche Beratung in diesen Fällen zunächst an den rechtlichen und wirtschaftlichen Zielen seines Klienten orientieren. Seine **Gestaltungsvorschläge** dürfen aber nicht nur die Belange seines Auftraggebers berücksichtigen, sondern müssen eine geeignete **Grundlage für eine ausgewogene Regelung** bilden können (näher hierzu *Reithmann*, FS 125 Jahre bayerisches Notariat, 1987, S. 159). Ob 55 der Rechtsrat, den der Notar nach den beschriebenen Grundsätzen in Angelegenheiten der vorsorgenden Rechtspflege erteilt, in einer streitigen Auseinandersetzung (etwa in einem Prozess) verwendet wird, ist dagegen unerheblich (*BGH* NJW 1969, 929).

56   In Angelegenheiten der vorsorgenden Rechtspflege ist der Notar grundsätzlich befugt, die Beteiligten **vor Gerichten und Verwaltungsbehörden** zu **vertreten** (§ 24 I 2 BNotO). Die Voraussetzungen und Grenzen dieser Vertretung ergeben sich im Einzelnen aus den jeweils einschlägigen materiell-rechtlichen oder verfahrensrechtlichen Vorschriften (näher Arndt/Lerch/Sandkühler/*Sandkühler* § 24 Rn. 47 ff.). In Betracht kommen insbesondere Grundbuch- und Registersachen, Erbscheinsverfahren, Grunderwerbsteuer-, Erbschaft- und Schenkungsteuerangelegenheiten sowie Genehmigungsverfahren im Anschluss an die Beurkundung. Auch im Rahmen einer solchen Vertretung hat der Notar seine Unparteilichkeit zu wahren, Nr. I. 1. 2. RL-E.

3. Integrität

57   Die zentralen Aussagen des Integritätsgebots sind in § 14 III 1, II BNotO niedergelegt. Der Notar hat sich durch sein Verhalten innerhalb und außerhalb seines Amtes der Achtung und des Vertrauens, die dem Notaramt entgegengebracht werden, würdig zu zeigen. Er hat seine Amtstätigkeit zu versagen, wenn sie mit seinem Amtspflichten nicht vereinbar wäre, insbesondere wenn seine Mitwirkung bei Handlungen verlangt wird, mit denen erkennbar unerlaubte oder unredliche Zwecke verfolgt werden.

Das Integritätsgebot (zur Herleitung Eylmann/Vaasen/*Frenz* § 14 BNotO Rn. 15) umfasst grundsätzlich die allgemeine Pflicht zur redlichen und sorgfältigen Amtsführung. Aus ihr lassen sich wiederum folgende Anforderungen ableiten:

a) Pflicht zur wahrheitsgemäßen Bezeugung

58   Die durch § 348 StGB strafrechtlich sanktionierte Amtspflicht zur wahrheitsgemäßen Bezeugung beschreibt eine der Kernanforderungen des öffentlichen Amtes. Der Notar darf nur beurkunden, was er nach gewissenhafter Prüfung als zutreffend erkannt hat (*BGH* DNotZ 1992, 819). Dies setzt voraus, dass der Notar den Sachverhalt aufklärt, den Willen der Beteiligten ermittelt und diesen Willen nach unparteiischer Beratung und Belehrung der Beteiligten in entsprechende rechtliche Gestaltungsvorschläge umsetzt. Die **Pflicht zur wahrheitsgemäßen Bezeugung** in diesem umfassenden Sinne korrespondiert daher mit den **Aufklärungs-, Prüfungs-, Belehrungs- und Hinweispflichten** nach dem BeurkG (vgl. Kap. G. Rn. 54 ff.).

b) Verbot der Mitwirkung bei unerlaubten oder unredlichen Handlungen

59   Der Notar darf nach § 14 II BNotO nicht bei Handlungen mitwirken, mit denen erkennbare unerlaubte Zwecke (also solche, die nach der Rechtsordnung verboten sind) oder unredliche Zwecke (also solche, die zwar nicht verboten, aber mit der Rechts- und Sittenordnung nicht zu vereinbaren sind) verfolgt werden (*BGH* DNotZ 1973, 245; eingehend hierzu *Schröder* DNotZ 2005, 596, 601 ff.).

60   **aa) Unerlaubte Zwecke.** Der Notar darf nicht daran mitwirken, nichtigen Rechtsgeschäften wissentlich den äußeren Schein der Wirksamkeit zu verleihen (*BGH* WM 1992, 1662, 1663). Erkennt er das Vorliegen eines Nichtigkeitsgrundes, hat er daher seine Amtstätigkeit zu verweigern. Als **Nichtigkeitsgründe** kommen neben den Tatbeständen des materiellen Rechts (z. B. §§ 104, 105 II, 116 bis 118, 125, 134, 138, 306 BGB) auch verfahrensrechtliche Unwirksamkeitsgründe des Beurkundungsgesetzes (§§ 6, 7, 27 BeurkG) in Betracht. Aus den gleichen Gründen muss der Notar seine Amtstätigkeit versagen, wenn er erkennt, dass einer der Beteiligten nicht die erforderliche Geschäftsfähigkeit besitzt oder dass die Vertretungsmacht oder Verfügungsbefugnis für das beabsichtigte Geschäft fehlt und auch eine nachträgliche Genehmigung durch den Berechtigten

VIII. Pflichten nach § 14 BNotO

nicht möglich ist (vgl. §§ 11, 12 BeurkG). Die bloße **schwebende Unwirksamkeit** ist dagegen noch kein Versagungsgrund nach § 14 II BNotO, solange die Möglichkeit besteht, dass das Geschäft später wirksam wird (*BGH* WM 1992, 1513). Zu weiteren Tatbeständen nicht rechtmäßiger Amtshandlungen nach § 14 II BNotO vgl. Schippel/Bracker/*Kanzleiter* § 14 Rn. 11 ff.; Eylmann/Vaasen/*Frenz* § 14 BNotO Rn. 28 ff.

bb) Unredliche Zwecke. Der Notar ist nicht verpflichtet sicherzustellen, dass die im 61 Rahmen der Privatautonomie verfolgten privaten Interessen der Beteiligten stets mit der ratio legis und den sie tragenden rechts- und wirtschaftspolitischen Zielsetzungen übereinstimmen. Er hat seine Mitwirkung aber dann zu versagen, wenn ein Rechtsgeschäft, obwohl es nicht unwirksam ist, **eindeutig der Rechts- und Sittenordnung widerspricht**. Hierbei kommen insbesondere folgende Tatbestände in Betracht:

An Rechtsgeschäften, die erkennbar wegen **arglistiger Täuschung oder Drohung anfechtbar** sind (§ 123 BGB), darf der Notar nicht mitwirken (h. M., vgl. *Winkler* § 4 Rn. 23; Arndt/Lerch/Sandkühler/*Sandkühler* § 14 Rn. 93; Schippel/Bracker/*Kanzleiter* § 14 Rn. 13). Bei anfechtbaren Rechtsgeschäften nach §§ 129 ff. InsO und §§ 3 ff. AnfG muss der Notar seine Amtstätigkeit jedenfalls dann versagen, wenn er die Insolvenz bzw. die drohende Insolvenz des Schuldners kennt, da die Handlung dann regelmäßig einen Straftatbestand nach §§ 283 ff. StGB erfüllen wird (vgl. *Heckschen* MittRhNotK 1999, 11, 14 ff.; Eylmann/Vaasen/*Frenz* § 14 BNotO Rn. 34; *Grziwotz* NotBZ 2000, 9). Zur strafrechtlichen Haftung des Notars bei der Entsorgung einer insolvenzreifen GmbH vgl. *Schröder* DNotZ 2005, 596.

Der Notar darf keine vollstreckbare Ausfertigung einer Urkunde erteilen, wenn für 62 ihn offenkundig ist, dass der **materielle Anspruch nicht (mehr) besteht** (*BayObLG* DNotZ 1998, 194).

Ein unredlicher Zweck liegt ferner dann vor, wenn das Amt des Notars zur **Vortäu-** 63 **schung von Sicherheiten** benutzt werden soll. Deshalb darf der Notar insbesondere Geld, Wertpapiere und Kostbarkeiten nicht zur Aufbewahrung oder zur Ablieferung an Dritte übernehmen, wenn der Eindruck von Sicherheiten entsteht, die durch die Verwahrung nicht gewährt werden. Anlass für eine entsprechende Prüfung entsteht insbesondere, wenn die Verwahrung nicht in Zusammenhang mit einer Beurkundung erfolgt, vgl. Nr. III. 2. RL-E.

Der Notar darf darüber hinaus nicht bei Geschäften mitwirken, die zwar als solche 64 wirksam sind, aber erkennbar der **Sicherung oder Erfüllung gesetz- oder sittenwidriger Geschäfte** dienen.

Beispiel: abstraktes Schuldanerkenntnis (§ 781 BGB) zur Sicherung eines erkennbar wegen Wuchers (§ 138 II BGB) nichtigen Kreditgeschäftes (Arndt/Lerch/Sandkühler/*Sandkühler* § 14 Rn. 92),

Vgl. aber *BGH* WM 1992, 1666 zur beabsichtigten Heilung eines als Scheingeschäft (§ 117 I BGB) nichtigen Grundstückskaufvertrages durch Auflassung (§ 311b I 2 BGB). Zu berufsrechtlichen Pflichten im Zusammenhang mit der Gründung und Vorhaltung von Vorratsgesellschaften vgl. *Hey/Regel* ZNotP 2000, 333; *Gass/Haberland* ZNotP 2002, 297.

cc) Erkennbarkeit des unerlaubten und unredlichen Zwecks. Der Versagungsgrund 65 nach § 14 II BNotO setzt voraus, dass der Notar den unerlaubten oder unredlichen Zweck erkennen konnte. Der Notar ist insoweit nicht gehalten, ohne Anlass Nachforschungen anzustellen (Schippel/Bracker/*Kanzleiter* § 14 Rn. 20). **Konkreten Verdachtsgründen** muss er aber nachgehen und kann hierbei auch verpflichtet sein, Umstände zu offenbaren, die prinzipiell seiner Schweigepflicht nach § 18 BNotO unterliegen (*BGH* DNotZ 1992, 813, 817; s. unten Rn. 98). Erkennt der Notar den unerlaubten oder unredlichen Zweck erst nachträglich, so hat er seine weitere Mitwirkung einzustellen, also z. B. den Vollzug eines Vertrages abzulehnen (*BGH* DNotZ 1987, 558; *BayObLG* DNotZ 1998, 645).

66 **dd) Zweifel an der Wirksamkeit oder Redlichkeit, Abgrenzung zu § 17 II BeurkG.** Der Notar hat seine Mitwirkung nach § 14 II BNotO dann zu verweigern, wenn aufgrund der erkennbaren Umstände für ihn feststeht, dass der verfolgte Zweck unerlaubt oder unredlich ist. Hegt er lediglich entsprechende Zweifel, so hat er (auch wenn es nicht um die Wirksamkeit, sondern nur um die Redlichkeit eines Geschäfts geht) entsprechend den Grundsätzen des **§ 17 II BeurkG** zu verfahren: er hat seine Bedenken mit den Beteiligten zu erörtern und, wenn diese auf der Vornahme der Amtstätigkeit bestehen, seine Belehrung und die dazu abgegebenen Erklärungen der Beteiligten in der Niederschrift festzuhalten (sofern die Amtstätigkeit keine Niederschrift erfordert, genügt ein gesonderter Belehrungsvermerk in den Akten). Nachträgliche Zweifel an der Wirksamkeit des Geschäfts berechtigen und verpflichten nicht zur Versagung einer Vollzugstätigkeit, zu der sich der Notar im Rahmen von § 25 BNotO verpflichtet hat (*OLG Frankfurt* DNotZ 1998, 196).

c) Verhalten außerhalb der Amtstätigkeit

67 Das Redlichkeitsgebot des § 14 BNotO erstreckt sich nach Absatz 3 Satz 1 auch auf das Verhalten außerhalb des Amtes. Angesichts der zunehmenden Trennung zwischen beruflicher und privater Sphäre in unserer Gesellschaft kommt dieser Ausdehnung heute eine geringere Bedeutung als früher zu. Dennoch bleibt zu beachten, dass das Vertrauen in die Seriosität und Redlichkeit des Notars zu den Existenzbedingungen für das Notariat als Rechtspflegeinstitution gehört und dass dieses Vertrauen auch durch Verhaltensweisen außerhalb des Berufs beeinträchtigt werden kann. So ist beispielsweise ein rücksichtsloses Gewinnstreben, das vorsätzliche Schädigen Dritter oder das Verfolgen verfassungsfeindlicher Bestrebungen auch dann mit dem Notaramt unvereinbar, wenn es nicht im Zusammenhang mit der Amtstätigkeit erfolgt.

4. Anscheinstatbestand des § 14 III 2 BNotO

68 Nach § 14 III 2 BNotO hat der Notar jedes Verhalten zu vermeiden, das den Anschein eines Verstoßes gegen die ihm gesetzlich auferlegten Pflichten erzeugt, insbesondere den Anschein oder die Abhängigkeit oder Parteilichkeit.

Ein derartiger Anscheinstatbestand ist anderen Berufsgesetzen (z. B. der BRAO) fremd. Seine Übernahme in die BNotO (vorher gab es vergleichbare Anscheinsregelungen in Absatz 3 der Präambel und § 1 II 3 der inzwischen durch die Berufsordnungen der Notarkammern abgelösten Allgemeinen Richtlinien für die Berufsausübung der Notare – RLNot) unterstreicht, dass der Notar als Inhaber eines öffentlichen Amtes strengeren Bindungen an das Berufsrecht unterliegt als die Angehörigen anderer rechts- und wirtschaftsberatender Berufe. Zugleich verdeutlicht der Gesetzgeber hiermit, dass es bei der Beurteilung der Amtsführung eines Notars entscheidend auch auf den Eindruck ankommt, den sein Verhalten in der Öffentlichkeit erweckt.

69 In der Praxis wirkt sich der Anscheinstatbestand vor allem auch bei **atypischen Gestaltungen des Beurkundungsverfahrens** aus, die überdies in den Anwendungsbereich von § 17 II a BeurkG fallen können (so bereits die Rechtsprechung zu den entsprechenden Regelungen in den RLNot, z. B. BGHZ 51, 301; *BGH* DNotZ 1992, 462; *OLG München* MittBayNot 1994, 373; vgl. ferner Eylmann/Vaasen/*Frenz* § 14 BNotO Rn. 16 ff.; eingehend Arndt/Lerch/Sandkühler/*Sandkühler* § 14 Rn. 181 ff.). § 67 II Nr. 2 ermächtigt die Notarkammern, in ihre Berufsrichtlinien auch Regelungen für das nach § 14 III BNotO zu beachtende Verhalten aufzunehmen. Dies ist in Nr. II RL-E geschehen.

5. Unzulässige Vermittlungstätigkeit und Gewährleistungsübernahme, § 14 IV BNotO

70 Nach § 14 IV BNotO ist es dem Notar, abgesehen von dem ihm durch Gesetz zugewiesenen Vermittlungstätigkeiten (etwa nach §§ 87 ff. SachenRBerG), verboten, **Darlehen**

sowie **Grundstücksgeschäfte zu vermitteln** und sich an jeder Art der **Vermittlung von Grundstücksgeschäften zu beteiligen**. Erfasst sind damit alle Arten von Kreditverträgen, schuldrechtliche und dingliche Rechtsgeschäfte, die das Eigentum oder eigentumsähnliche Nutzungsrechte an Grundstücken oder grundstücksgleichen Rechten zum Gegenstand haben (Arndt/Lerch/Sandkühler/*Sandkühler* § 14 Rn. 251), sowie sämtliche Geschäfte, die in die Urkundenrolle des Notars einzutragen sind (Urkundsgeschäfte). Eine Vermittlung liegt vor, wenn der Notar aktiv tätig wird, um ein derartiges Geschäft zustande kommen zu lassen, unabhängig davon, ob sein Bemühen erfolgreich ist. Dass die Abgrenzung im Einzelfall schwierig sein kann, wird an dem Verbot der Vermittlung von Urkundsgeschäften deutlich. Zwar darf der Notar, der – z. B. wegen Eingreifen eines Mitwirkungsverbots – an einer Beurkundung gehindert ist, seinem Klienten im konkreten Einzelfall einen anderen Notar empfehlen. Unzulässig ist es aber, für derartige Fälle im Vorhinein Vereinbarungen mit einem anderen Notar abzuschließen, denen zufolge im Verhinderungsfall wechselseitig Klienten weiter verwiesen werden (sog. „Über-Kreuz-Beurkundung"; vgl. Arndt/Lerch/Sandkühler/*Sandkühler* § 14 Rn. 256; Eylmann/Vaasen/*Frenz* § 14 BNotO Rn. 43).

Dem Notar ist es nach § 14 IV BNotO ferner untersagt, eine Bürgschaft oder eine sonstige Gewährleistung zu übernehmen, wenn dies im Zusammenhang mit einer Amtshandlung geschieht. Erfasst ist damit das **rechtsgeschäftliche Einstehen für Verpflichtungen der Geschäftspartner untereinander**, z. B. durch befreiende Schuldübernahme (§§ 414 f. BGB), Schuldbeitritt oder Erfüllungsübernahme (§ 329 BGB). Auch insoweit kommt es auf die Abgrenzung im Einzelfall an: So darf der Notar gutachterliche Stellungnahmen und Bestätigungen über die rechtlichen Verhältnisse eines Grundstücks oder über Rangverhältnisse von Grundstücksrechten abgeben (Arndt/Lerch/Sandkühler/*Sandkühler* § 14 Rn. 263). Unzulässig ist es aber z. B., für die Eintragung eines Grundpfandrechts an einer bestimmten Rangstelle eine Garantie zu übernehmen, da die Eintragung regelmäßig nicht nur von der Erfüllung der Amtspflichten durch den Notar (für die er ohnehin haftet) abhängig ist. Vgl. näher Schippel/Bracker/*Kanzleiter* § 14 Rn. 66; Arndt/Lerch/Sandkühler/*Sandkühler* § 14 Rn. 262. Die in der Praxis übliche Kostenstarksagung (etwa gegenüber der Gerichtskasse bei Einreichung eines Antrags, vgl. *OLG Celle* DNotZ 1994, 117, 119) fällt dagegen nicht unter das Verbot der Gewährleistungsübernahme. 71

Nach § 14 IV 2 BNotO muss der Notar dafür sorgen, dass sich auch die bei ihm beschäftigten Personen nicht mit derartigen Geschäften befassen. Der Anwendungsbereich der Norm erstreckt sich auf alle in den Büroablauf des Notars integrierten Personen (mit Ausnahme der ihm zur Ausbildung zugewiesenen Notarassessoren, für die nach § 7 III 2 BNotO § 14 IV 2 BNotO unmittelbar gilt). Bei Anwaltsnotaren sind auch diejenigen Angestellten erfasst, die von dem Anwaltsnotar oder einem seiner örtlich oder überörtlich verbundenen Sozien nur im Bereich der anwaltlichen, steuerberatenden oder wirtschaftsprüfenden Tätigkeit eingesetzt werden (vgl. Arndt/Lerch/Sandkühler/*Sandkühler* § 14 Rn. 219; Schippel/Bracker/*Kanzleiter* § 14 Rn. 67). 72

6. Unvereinbare Gesellschaftsbeteiligung, § 14 V BNotO

Zur Sicherung von Unabhängigkeit und Unparteilichkeit ist es dem Notar nach § 14 V BNotO untersagt, eine Gesellschaftsbeteiligung einzugehen, wenn diese mit seiner Stellung als Träger eines öffentlichen Amtes unvereinbar ist. Der Gesetzgeber hielt diese Ergänzung zu §§ 8, 9 BNotO für erforderlich, weil nicht nur die Ausübung eines weiteren Berufes, einer Nebenbeschäftigung, einer gewerblichen Tätigkeit oder die Wahrnehmung einer organschaftlichen Stellung in einem Wirtschaftsunternehmen das Vertrauen in die Unabhängigkeit und Unparteilichkeit der notariellen Amtsführung gefährden kann, sondern auch seine bloße Beteiligung an einer Personen- oder Kapitalgesellschaft, insbesondere wenn diese sich erwerbswirtschaftlich betätigt. 73

74 Grundsätzlich kommt es für die Zulässigkeit einer Gesellschaftsbeteiligung auf den Einzelfall an. Neben dem **Gegenstand der Gesellschaft** ist vor allem auch der **Einfluss** entscheidend, den der Notar ausüben kann. In Anknüpfung an diese beide Kriterien nennt das Gesetz drei Fallgestaltungen: Die Beteiligung an einer Bauträgergesellschaft, an einer Steuerberatungs- oder einer Wirtschaftsprüfungsgesellschaft ist für den Notar stets verboten, wenn er allein oder zusammen mit seinen Sozien nach § 9 BNotO mittelbar oder unmittelbar einen beherrschenden Einfluss ausübt. Aus dem Gesetzeswortlaut und aus der Begründung (BT-Drucks. 13/4184, S. 24) wird deutlich, dass die angeführten Fallgestaltungen für eine unzulässige Beteiligung nicht abschließend sind. So wird man z. B. die Beteiligung an einer Bauträgergesellschaft auch dann als unzulässig ansehen müssen, wenn der Notar auf sie zwar keinen beherrschenden Einfluss ausüben kann, sie ihre Geschäftstätigkeit aber auch oder sogar vorwiegend im Amtsbereich des Notars entfaltet. Zu weiteren Einzelfällen vgl. Arndt/Lerch/Sandkühler/*Sandkühler* § 14 Rn. 272 ff.; Eylmann/Vaasen/*Frenz* § 14 BNotO Rn. 49.

7. Fortbildungspflicht, § 14 VI BNotO

75 § 14 VI BNotO bestimmt, dass der Notar sich in dem für seine Amtstätigkeit erforderlichen Umfang fortzubilden hat. Ähnlich wie in anderen Berufsgesetzen (vgl. § 43 VI BRAO, § 43 II WPO) ist die Fortbildungspflicht damit gesetzlich verankert. Im Hinblick auf die zunehmend erforderlichen Spezialkenntnisse in allen Bereichen der notariellen Tätigkeit und die auch im Übrigen gestiegenen Anforderungen an die Amtsausübung kommt der Fortbildungspflicht eine besondere Bedeutung zu. An den Zugang zum Notaramt werden im Durchschnitt deutlich höhere Qualifikationsanforderungen gestellt als etwa an den Erwerb einer Fachanwaltsbezeichnung. Es liegt daher nahe, dass der Notar sich mindestens in demselben Umfang fortbilden sollte wie ein Fachanwalt, der nach § 14 Fachanwaltsordnung auf seinem Fachgebiet jährlich an mindestens einer Fortbildungsveranstaltung dozierend oder hörend teilnehmen muss, wobei die Gesamtdauer der Fortbildung zehn Zeitstunden nicht unterschreiten darf. Nach § 67 II 3 Nr. 10 BNotO können die Notarkammern in ihren Berufsordnungen über den erforderlichen Umfang der Fortbildung nähere Regelungen treffen. Nr. X RL-E empfiehlt insoweit lediglich eine allgemeine Bestimmung, der zufolge der Notar die Pflicht hat, seine durch Ausbildung erworbene Qualifikation in eigener Verantwortlichkeit zu erhalten und durch geeignete Maßnahmen sicherzustellen, dass er den Anforderungen an die Qualität seiner Amtstätigkeit durch kontinuierliche Fortbildung gerecht wird. Auf Anfrage der Notarkammer soll der Notar verpflichtet sein, über die Erfüllung seiner Fortbildungspflicht zu berichten. Zur notariellen Fortbildungspflicht vgl. *Jerschke*, FS Schippel, 1996, S. 667.

IX. Verschwiegenheitspflicht

76 Die in § 18 BNotO normierte Verschwiegenheitspflicht gehört neben dem Pflichtenkatalog des § 14 BNotO zu den Kernanforderungen des notariellen Berufsrechts.

1. Verpflichteter Personenkreis

77 Die BNotO verpflichtet den Notar (§ 18), den Notarassessor (§ 7 IV 2), den Notarvertreter (§ 39 IV) und den Notariatsverwalter (§ 57 I) zur Verschwiegenheit. § 203 StGB enthält die strafrechtliche Sanktion für die Verletzung (auch) dieser Verschwiegenheitspflicht und erstreckt sie in Abs. 1 Nr. 3 zugleich auf die berufsmäßig tätigen Gehilfen des Notars (Büropersonal, u. U. aber auch ein konsiliarisch hinzugezogener Anwaltssozius, *OLG Hamm* DNotZ 1963, 543) und die Personen, die bei dem Notar zur Vorbereitung auf den Beruf tätig sind (Rechtsreferendare, Praktikanten, Auszubildende).

IX. Verschwiegenheitspflicht

Nach § 26 BNotO hat der Notar die **bei ihm beschäftigten Personen** (also diejenigen, die ständig in seine Büroorganisation eingegliedert sind) mit Ausnahme der Notarassessoren und der ihm zur Ausbildung zugewiesenen Referendare bei der Einstellung nach § 1 des Verpflichtungsgesetzes **förmlich zu verpflichten** (ein von der Bundesnotarkammer herausgegebenes Muster einer Verpflichtungserklärung kann über die Notarkammern bezogen werden). Hierdurch wird für die Beschäftigten der Anwendungsbereich auch der Strafvorschriften eröffnet, die eine besondere Verpflichtung für den öffentlichen Dienst voraussetzen (z. B. § 201 III StGB). 78

Für die **nicht ständig in den Büroablauf des Notariats integrierten Personen** (z. B. Reinigungskräfte, Wartungstechniker) ist die förmliche Verpflichtung nicht vorgesehen und kann dementsprechend keine strafrechtlichen Wirkungen entfalten. Diese Personen sind aber durch geeignete **privatrechtliche Vereinbarungen** zur Verschwiegenheit anzuhalten (vgl. Eylmann/Vaasen/*Starke* § 26 BNotO Rn. 6f., 14 sowie das Rundschreiben Nr. 41/96 der Bundesnotarkammer, DNotZ 1997, 522; 1998, 521, das auch bei *Weingärtner* Nr. 194a abgedruckt ist). 79

2. Umfang der Schweigepflicht

a) Gegenstand der Schweigepflicht

Der Kreis der unter die Schweigepflicht fallenden Angelegenheiten ist weit zu fassen (*BGH* DNotZ 2005, 288; Eylmann/Vaasen/*Limmer* § 18 BNotO Rn. 4ff.; Schippel/Bracker/*Kanzleiter* § 18 Rn. 6; Arndt/Lerch/Sandkühler/*Sandkühler* § 18 Rn. 18ff.). Mit Ausnahme der offenkundigen oder der Tatsachen, die ihrer Bedeutung nach keiner Geheimhaltung bedürfen (§ 18 I 2 BNotO), sowie der Umstände, die der Beteiligte selbst nicht geheim halten wollte (*OLG Köln* DNotZ 1981, 713; *OLG München* DNotZ 1981, 709), sind alle Angelegenheiten erfasst, die den schweigepflichtigen Personen bei ihrer Berufsausübung bekannt geworden sind (*Keller* DNotZ 1995, 99). 80

b) Schweigepflicht gegenüber jedermann

Die Schweigepflicht besteht gegenüber sämtlichen Personen, die an der betreffenden Angelegenheit nicht beteiligt sind und – sofern nicht im Einzelfall eine Mitteilungspflicht eingreift (s. u. Rn. 85 ff.) – auch gegenüber Gerichten und Behörden. 81

Sind an einer Angelegenheit mehrere beteiligt, so dürfen auch ihnen gegenüber diejenigen Umstände nicht offenbart werden, die nur Einzelne von ihnen betreffen und nach deren wirklichem oder mutmaßlichem Willen geheim zu halten sind. Zum Verfahren bei Sammelbeurkundungen (§ 13 II BeurkG) vgl. Arndt/Lerch/Sandkühler/*Sandkühler* § 18 Rn. 47; *Lerch* § 13 BeurkG Rn. 11. Gegenüber den Erben eines Beteiligten besteht in persönlichen, dagegen nicht in vermögensrechtlichen Angelegenheiten eine Schweigepflicht (*OLG Hamburg* MDR 1964, 672; Schippel/Bracker/*Kanzleiter* § 14 Rn. 7). Gegenüber dem Büropersonal und den Sozien des Notars besteht eine Schweigepflicht insoweit, als diese in der konkreten Angelegenheit nicht selbst beruflich tätig werden. 82

§§ 51, 52 BeurkG regeln das Recht auf Ausfertigungen, Abschriften und Einsicht und konkretisieren insoweit die notarielle Verschwiegenheitspflicht (näher Arndt/Lerch/Sandkühler/ *Sandkühler* § 18 Rn. 51 ff.; zum Verhältnis zwischen Einsichtsrecht und notarieller Verschwiegenheitspflicht *BGH* DNotZ 1990, 392 m. Anm. *Winkler;* zur Erteilung von Ausfertigungen *BayObLG* DNotZ 1998, 194; *KG* DNotZ 1998, 200). 83

c) Keine zeitliche Begrenzung der Schweigepflicht

Die Schweigepflicht besteht für alle Verpflichteten auch nach dem Ausscheiden aus dem Amt oder dem Dienstverhältnis fort, § 18 III BNotO. § 203 III 2 StGB begründet nach dem Tod des Notars sogar eine Verschwiegenheitsverpflichtung für denjenigen, dem von dem Verstorbenen oder aus dessen Nachlass ein Berufsgeheimnis offenbart worden ist. 84

3. Grenzen der Schweigepflicht

a) Mitteilungs- und Beistandspflichten

85   Die notarielle Schweigepflicht wird durch gesetzlich oder auf gesetzlicher Grundlage geregelte Mitteilungs- und Beistandspflichten gegenüber Behörden und Gerichten durchbrochen. Diese Offenbarungspflichten sind ausführlich bei Arndt/Lerch/Sandkühler/*Sandkühler* § 18 Rn. 72 ff.; Schippel/Bracker/*Kanzleiter* § 18 Rn. 10 ff. sowie Eylmann/Vaasen/*Eylmann* § 18 BNotO Rn. 46 ff. behandelt; vgl. ferner Kap. A I. Rn. 560 ff. Folgende Bereiche lassen sich unterscheiden:

86   (1) **Steuerrecht.** Eine allgemeine Beistandspflicht der Notare gegenüber den Finanzbehörden besteht nicht. Der Notar ist insbesondere keine Behörde i. S. v. § 93 AO (Mitteilung der BNotK, DNotZ 1990, 468). Die allgemeine Auskunftspflicht gegenüber den Finanzbehörden nach § 93 AO ist für den Notar durch das Auskunftsverweigerungsrecht nach § 102 AO ausdrücklich eingeschränkt (näher Schippel/Bracker/*Kanzleiter* § 18 Rn. 10 ff.). Spezielle Mitteilungspflichten auf dem Gebiet des Steuerrechts bestehen im Hinblick auf grunderwerbsteuerpflichtige Vorgänge (§§ 18, 20, 21 GrEStG); erbschaft- und schenkungsteuerpflichtige Angelegenheiten (§§ 1, 3, 4, 7, 8, 34 ErbStG, §§ 12, 13 ErbStDV) und im Zusammenhang mit der Gründung, Kapitalerhöhung oder -herabsetzung, Umwandlung oder Auflösung von Kapitalgesellschaften oder der Verfügung über Anteile an diesen Gesellschaften (§ 54 EStDV). Merkblätter und Erlasse der obersten Finanzbehörden zu den steuerlichen Beistandspflichten sind bei *Weingärtner* Nr. 523 ff. abgedruckt.

87   (2) **Grundbuch- und Registerrecht.** Dem Grundbuchamt ist die Herstellung eines Teilhypotheken-, Teilgrundschuld- oder Teilrentenschuldbriefes (§§ 61, 70 GBO, § 20 II BNotO) mitzuteilen (Arndt/Lerch/Sandkühler/*Sandkühler* § 18 Rn. 86). Nach § 379 I FamFG muss der Notar das Registergericht unterrichten, wenn er von einer unrichtigen, unvollständigen oder unterlassenen Anmeldung zum Handelsregister oder Partnerschaftsregister Kenntnis erlangt hat.

88   (3) **Erbrecht.** Nach § 34a BeurkG hat der Notar nach Errichtung erbfolgerelevanter Urkunden im Sinne von § 78b II 1 BNotO die entsprechenden Verwahrangaben elektronisch an das Zentrale Testamentsregister zu übermitteln, und zwar unverzüglich (nach Armbrüster/Preuß/Renner/*Seger* § 34a BeurkG Rn. 4 genügt der Eingang bei der Registerbehörde innerhalb von fünf Tagen nach Errichtung der Urkunde). Wird ein in die notarielle Verwahrung genommener Erbvertrag gemäß §§ 2300 II, 2256 I BGB zurückgenommen, hat der Notar dies ebenfalls der Registerbehörde mitzuteilen.

89   (4) **Familienrecht.** Nach §§ 29 II, 29b II, 30 PStG hat der Notar Vaterschaftsanerkenntnisse (§ 1594 BGB), nach dem betreffenden Heimatrecht abgegebene Mutterschaftsanerkenntnisse und Einbenennungen (§ 1618 BGB) dem Standesbeamten zu übersenden, in dessen Geburtenbuch die Geburt des Kindes beurkundet ist (bzw. dem Standesbeamten I in Berlin, wenn die Geburt nicht in einem deutschen Geburtenbuch beurkundet ist). Sorgeerklärungen und Zustimmungserklärungen hierzu (§§ 1626b und c BGB) sind dem zuständigen Jugendamt mitzuteilen (§ 1626d II BGB); näher Schippel/Bracker/*Kanzleiter* § 18 Rn. 42 ff.

90   (5) **Zwangsvollstreckungsrecht.** Den Notar trifft die Erklärungspflicht des Drittschuldners nach § 840 I ZPO, wenn der Anspruch eines Beteiligten gegen den Notar auf Auszahlung eines von ihm verwahrten Geldbetrages gepfändet wird (Arndt/Lerch/Sandkühler/*Sandkühler* § 18 Rn. 94). Zum Insolvenzverfahren vgl. ausführlich *Bous/Solveen* DNotZ 2005, 261.

91   (6) **Baugesetzbuch.** Nach § 195 BauGB muss der Notar jeden Vertrag, der die Verpflichtung zur entgeltlichen Übertragung eines Grundstücks oder Bestellung eines

Erbbaurechts enthält, dem bei der kreisfreien Stadt bzw. dem Landkreis gebildeten Gutachterausschuss übersenden.

(7) **Außenwirtschaftsgesetz.** Im Rahmen von Verwahrungsgeschäften und seiner sonstigen Betreuungstätigkeit (§ 24 BNotO) kann der Notar zum Teilnehmer am Außenwirtschaftsverkehr nach dem AWG werden. In diesem Fall treffen ihn die Melde- und Auskunftspflichten der §§ 26, 44 AWG (näher Schippel/Bracker/*Kanzleiter* § 18 Rn. 38). 92

(8) **Geldwäschegesetz.** Nach § 3 I GwG trifft den Notar bei Mitwirkung an den von diesem Gesetz erfassten Transaktionen (insbesondere Kauf und Verkauf von Immobilien und Gewerbebetrieben und Durchführung von Verwahrungsgeschäften) sowie bei Annahme von Bargeld im Wert von 15.000 EUR oder mehr eine Identifizierungspflicht anhand eines gültigen Personalausweises oder Reisepasses. Keine Identifizierungspflicht besteht bei bloßen Unterschriftsbeglaubigungen ohne Entwurf. Die getroffen Feststellungen sind aufzuzeichnen und fünf Jahre aufzubewahren, § 8 I, III GwG. Nach § 8 I GwG hat der Notar bei der Bargeldannahme ferner den wirtschaftlich Berechtigten zu ermitteln. Bei Eröffnung eines Anderkontos hat der Notar dem Kreditinstitut die Auskünfte zu erteilen, die es diesem ermöglichen, den wirtschaftlich Berechtigten an dem betreffenden Konto festzustellen. Eine Anzeigepflicht von Verdachtsfällen einer Geldwäsche nach § 261 StGB an die zuständigen Strafverfolgungsbehörden gemäß §§ 11 I, 1 IV GwG trifft den Notar ebenfalls. Die Anzeige ist nach § 11 IV GwG an die Bundesnotarkammer zu richten. Vgl. näher die Anwendungsempfehlungen der Bundesnotarkammer (www.bnotk.de) und Arndt/Lerch/Sandkühler/*Sandkühler* § 23 Rn. 89 ff. 93

(9) **Berufsrecht.** Der Notar hat der Notarkammer in Ausübung ihrer Befugnisse Auskünfte zu erteilen und Bücher sowie Akten vorzulegen (§ 74 I BNotO). Den Aufsichtsbehörden hat er darüber hinaus auch Verzeichnisse und Bücher sowie die in seiner Verwahrung befindlichen Urkunden zur Einsicht vorzulegen, sämtliche Unterlagen auf Anforderung auch auszuhändigen und Zugang zu EDV-Anlagen zu gewähren (§ 93 IV 1 BNotO). Nach § 93 IV 2 BNotO sind auch diejenigen Personen, mit denen sich der Notar zur gemeinsamen Berufsausübung verbunden oder mit denen er gemeinsame Geschäftsräume hat oder hatte, verpflichtet, den Aufsichtsbehörden Auskunft zu erteilen und Akten vorzulegen, soweit dies für die Prüfung der Einhaltung der Mitwirkungsverbote erforderlich ist. Gegenüber der Notarkasse und der Ländernotarkasse bestehen für die betroffenen Notare spezielle Offenbarungspflichten nach §§ 113 VIII, 113a VIII BNotO. 94

(10) **Strafrecht.** Die Pflicht zur Anzeige geplanter Straftaten nach dem Katalog des § 138 StGB gilt auch für den Notar. Er fällt nicht unter die Ausnahmevorschrift des § 139 III 2 StGB. 95

b) Interessenabwägung

Die Schweigepflicht des Notars kann durch überwiegende andere Interessen eingeschränkt werden. Folgende Fallgruppen lassen sich unterscheiden: 96

(1) **Aufklärungs- und Belehrungspflicht.** Die Belehrungspflichten, insbesondere die Pflicht, unerfahrene Beteiligte vor Übervorteilung zu schützen, vgl. § 17 I 2 BeurkG, können die Verschwiegenheitspflicht begrenzen (*BGH* DNotZ 1973, 494; 1992, 813, 817). Gerade in diesen Fällen sollte der Notar bei Zweifeln über die Pflicht zur Verschwiegenheit die Entscheidung über der Aufsichtsbehörde nachsuchen (§ 18 II 1 BNotO). 97

(2) **Drohender Schaden eines Beteiligten.** Droht einem der Beteiligten im Zusammenhang mit dem Amtsgeschäft ein Schaden, so muss der Notar, wenn er nicht ohnehin nach § 14 II BNotO seine Amtstätigkeit zu versagen hat, die ihm bekannten Umstände offenbaren (Arndt/Lerch/Sandkühler/*Sandkühler* § 18 Rn. 71; Schippel/ 98

Bracker/*Kanzleiter* § 18 Rn. 48). Für den speziellen Fall einer Auszahlung vom Anderkonto hat § 54d BeurkG eine entsprechende Unterrichtungspflicht ausdrücklich festgeschrieben.

99 (3) **Wahrung eigener Interessen.** Der Notar darf Tatsachen, die seiner Schweigepflicht unterliegen, offenbaren, wenn dies zur Wahrung seiner eigenen Interessen erforderlich ist, so z.B. bei einer Inanspruchnahme im Haftpflichtprozess, wenn ihm nach §§ 72ff. ZPO der Streit verkündet worden ist oder wenn er seinen Kostenanspruch durchzusetzen hat (näher Arndt/Lerch/Sandkühler/*Sandkühler* § 18 Rn. 67ff.). Dies bedeutet jedoch keine Einschränkung des Zeugnisverweigerungsrechts (*BGH* DNotZ 2002, 288, 291).

4. Befreiung von der Schweigepflicht

a) Befreiung durch die Beteiligten

100 Nach § 18 II BNotO können die Beteiligten den Notar von seiner Pflicht zur Verschwiegenheit entbinden. Die Befreiung muss allerdings von allen geheimnisgeschützten Personen erteilt werden, also allen, deren persönliche oder wirtschaftliche Angelegenheiten dem Notar bei seiner Amtstätigkeit bekannt geworden sind (*OLG München* MittBayNot 1994, 586). Die Erteilung der Befreiung steht im freien Belieben der Beteiligten (*BGH* DNotZ 1987, 162) und kann in sachlicher oder persönlicher Hinsicht beschränkt werden; vgl. Arndt/Lerch/Sandkühler/*Sandkühler* § 18 Rn. 101ff. Zur Frage einer möglichen Beweisvereitelung bei Nichtbefreiung *BGH* DNotZ 1997, 699. Zur Befreiung durch den Insolvenzverwalter Bous/*Solveen* DNotZ 2005, 261, 270ff.

b) Befreiung durch die Aufsichtsbehörde

101 Wenn einer der Beteiligten verstorben ist, kann nur noch die Aufsichtsbehörde (nicht dagegen der Erbe) von der Verschwiegenheitpflicht befreien (*BGH* DNotZ 1975, 420; Schippel/Bracker/*Kanzleiter* § 18 Rn. 52; Arndt/Lerch/Sandkühler/*Sandkühler* § 18 Rn. 109). Die Aufsichtsbehörde kann ferner dann von der Verschwiegenheitsverpflichtung befreien, wenn eine Befreiung durch den Beteiligten nur unter unverhältnismäßigen Schwierigkeiten zu erlangen wäre, also z.B. bei unbekanntem Aufenthalt oder bei schwerer Erkrankung. Fällt das Hindernis später weg, kann der Beteiligte die Befreiung zurücknehmen (Schippel/Bracker/*Kanzleiter* § 18 Rn. 56). Erteilung und Versagung der Befreiung sind nach § 111 BNotO anfechtbar. Anfechtungsberechtigt ist nur der Notar, nicht dagegen ein Urkundsbeteiligter (*BGH* DNotZ 2003, 233) oder der Erbe eines verstorbenen Urkundsbeteiligten (*BGH* DNotZ 2009, 876).

5. Zweifel über die Verschwiegenheitspflicht

102 Bei Zweifeln über das Bestehen der Verschwiegenheitspflicht sollte der Notar von der Möglichkeit des § 18 II BNotO Gebrauch machen und die verbindliche Entscheidung der Aufsichtsbehörde herbeiführen (näher Schippel/Bracker/*Kanzleiter* § 18 Rn. 63).

6. Zeugnisverweigerungsrechte, Durchsuchung, Beschlagnahme

103 Dem Notar stehen im Zivil- und Strafprozess sowie im verwaltungs-, arbeitsgerichtlichen, sozialgerichtlichen und finanzgerichtlichen Verfahren **Zeugnisverweigerungsrechte** bzw. **Auskunftsverweigerungsrechte** zu (vgl. §§ 383 I Nr. 5, III, 385 II ZPO, § 53 I Nr. 3 StPO, § 98 VwGO, § 46 II ArbGG, § 18 SGG, § 84 I FGO i.V.m. § 102 AO; s. *BGH* DNotZ 2005, 288; *OLG München* DNotZ 1981, 709; *OLG Köln* DNotZ 1981, 713). Im Hinblick auf § 18 BNotO ist der Notar prinzipiell verpflichtet, von diesen Rechten Gebrauch zu machen, es sei denn, er ist von seiner Schweigepflicht entbunden worden (näher Arndt/Lerch/Sandkühler/*Sandkühler* § 18 Rn. 25ff.).

IX. Verschwiegenheitspflicht

Über das vor allem auch im Hinblick auf § 18 BNotO bedeutsame Verhalten des Notars bei Durchsuchungen der Notarstelle und Beschlagnahmen von Notarakten durch die Staatsanwaltschaft informiert ein Merkblatt der Bundesnotarkammer (Rundschreiben Nr. 15/1998, www.bnotk.de). Vgl. näher Arndt/Lerch/Sandkühler/*Sandkühler* § 18 Rn. 28 ff.; Schippel/Bracker/*Kanzleiter* § 18 Rn. 62. Die Durchsuchung der Amtsräume des Notars stellt einen unverhältnismäßigen Eingriff in die Grundrechte aus Art. 13 I, II GG dar, wenn der Zweck der Durchsuchung (z. B. das Auffinden von Urkunden) ebenso effektiv durch das Ersuchen an einen Dritten erreicht werden kann (z. B. an das Finanzamt, dem die Urkunden nach § 54 I EStDV zu übersenden waren; *BVerfG* NJW 2012, 2096).

7. Datenschutz

Die Anwendbarkeit der allgemeinen (Landes-)Datenschutzgesetze auf notarielle Tätigkeit ist nach wie vor umstritten (vgl. *OLG Köln* MittRhNotK 1989, 198; aufgehoben durch *BGH* NJW 1991, 568; *Bohrer* Rn. 135 ff.; Schippel/Bracker/*Kanzleiter* § 18 Rn. 66). Es wird von folgenden Grundsätzen auszugehen sein (eingehend *Mihm* NJW 1998, 1591; ZNotP 2000, 62; vgl. weiter Kap. M Rn. 4 ff.):

Die Landesdatenschutzgesetze erfassen grundsätzlich alle Behörden, Einrichtungen und sonstigen öffentlichen Stellen des Landes. Dazu gehören auch die Notare. Im Gegensatz zu Rechtsanwälten, für die als nicht öffentliche Stellen das Bundesdatenschutzgesetz anwendbar ist, ist für Notare somit grundsätzlich das **Landesdatenschutzgesetz einschlägig** (vgl. BGHZ 112, 178). Aus dem Vorrang des Bundesrechts vor dem Landesrecht gemäß Art. 31 GG folgt allerdings bereits, dass der Notar dem Datenschutzrecht des Landes nur unterstellt sein kann, soweit eine datenschutzrechtliche Frage für ihn nicht bereits mit dem Berufsrecht der Notare, das gemäß Art. 74 Nr. 1 GG der konkurrierenden Gesetzgebung unterliegt, durch die BNotO oder ein anderes Bundesgesetz eine bundeseinheitliche Regelung erfahren hat. Dasselbe ergibt sich im Ergebnis aus dem datenschutzrechtlichen Subsidiaritätsprinzip (z. B. § 2 III DSGNW).

Der Gesetzgeber hat verschiedene **bereichsspezifische Regelungen im Berufsrecht** der Notare getroffen. Neben der Verschwiegenheitspflicht gemäß § 18 BNotO, die ein Übermittlungsverbot vorsieht, das über allgemeines Datenschutzrecht weit hinausgeht, sind insbesondere die Bestimmungen über Speicherung, Übermittlung und Löschung von Informationen in §§ 45, 51, 55 BNotO und §§ 8 ff., 51 BeurkG zu nennen. Hiermit hat der Gesetzgeber insbesondere umfassende Regelungen über die Verwahrung von Urkunden und Akten, nicht jedoch über die Datenverarbeitung in Dateien erlassen. Den verfahrensrechtlichen Persönlichkeitsschutz stellt die Dienstaufsicht (vgl. §§ 92 f. BNotO) sicher. Hinter diesen bereichsspezifischen, informationsrechtlichen Regelungen müssen konkurrierende Bestimmungen in den Datenschutzgesetzen zurücktreten, soweit eine Tatbestandskongruenz besteht (i. Erg. ebenso Armbrüster/Preuß/Renner/*Eickelberg* Vorbem. DONot Rn. 45 ff.; Arndt/Lerch/Sandkühler/*Sandkühler* § 18 Rn. 79; Schippel/Bracker/*Kanzleiter* § 18 Rn. 66; *Seiler* DNotZ 2002, 693, 695).

Hiervon zu trennen ist die Frage, ob die Einhaltung der informationsrechtlichen Regelungen der BNotO sowie der darüber hinausgehenden datenschutzrechtlichen Regelungen der Datenschutzgesetze von den Landesdatenschutzbeauftragten überwacht werden darf. Die h. M. steht hierzu auf dem Standpunkt, dass die **Aufsichtsbefugnis des Landesdatenschutzbeauftragten** die Einhaltung sämtlicher datenschutzrechtlicher Vorschriften umfasst, sich also auch auf evtl. bereichsspezifische Sonderregelungen in anderen Gesetzen erstreckt (*Mihm* NJW 1998, 1591, 1594 f.; vgl. auch *Abel/Maaß*, Datenschutz in Anwaltschaft, Notariat und Justiz, § 7 Rn. 25 ff.; *Watoro* NotBZ 2003, 187, 189 ff.). Die hierdurch entstehende Aufsichtskonkurrenz kann in der Praxis zu Problemen führen. Es wäre sachgerecht, wenn die Aufsicht über die Einhaltung der Datenschutzbestimmungen im Notariat in der Praxis ausschließlich durch die fachnähere Behörde, also die Landesjustizverwaltung, durchgeführt würde, die hierzu durch die Neufassung von § 93 II 1 ausdrücklich ermächtigt ist.

X. Urkundsgewährungspflicht, persönliche Amtsausübung, Vertretung

1. Urkundsgewährungspflicht

109 Ähnlich der Justizgewährungspflicht des Staates obliegt dem Notar eine Urkundsgewährungspflicht (§ 15 BNotO). Er muss prinzipiell immer als Urkundsperson tätig werden, wenn er es ohne Verletzung materiell-rechtlicher oder dienstrechtlicher Pflichten kann (*Winkler* Einl. Rn. 31; Schippel/Bracker/*Reithmann* § 15 Rn. 15 ff.).

110 Die Pflicht des § 15 BNotO gilt nur für die „Urkundstätigkeit", also für die in §§ 20 bis 22 BNotO aufgeführten Zuständigkeiten des Notars. In diesem Rahmen umfasst die **Urkundsgewährungspflicht** neben der eigentlichen Amtstätigkeit auch diejenigen Handlungen, die der Notar zur Vorbereitung, Förderung und Abwicklung verfahrensrechtlich vorzunehmen verpflichtet ist, und die nach dem GNotKG entweder keine Gebühr auslösen oder die zwar eine Gebühr auslösen, aber keines besonderen Auftrags bedürfen (vgl. Vorbem. 2.2 KV-GNotKG; zum früheren Kostenrecht vgl. *BGH* VersR 1981, 85; Haug/Zimmermann/*Zimmermann* Rn. 176). Soweit im Rahmen der Urkundstätigkeit die Errichtung in einem elektronischen Dokument zulässig ist (vgl. §§ 39a, 42 IV BeurkG), ist der Notar auf Ansuchen der Beteiligten auch hierzu verpflichtet (s. a. § 15 III BNotO).

111 Zu diesen Hilfs- und Nebentätigkeiten gehören neben den Aufklärungs- und Belehrungspflichten des § 17 I BeurkG insbesondere die Pflichten, sich über den Grundbuchinhalt zu unterrichten, einen vorbereitenden Entwurf zu fertigen und Hinweise nach §§ 18 bis 20 BeurkG zu geben. Hinsichtlich der **Vollzugshandlungen** ist zu differenzieren: Die Urkundsgewährungspflicht verlangt von dem Notar nicht, die Vollzugsreife selbst herbeizuführen, sein Antragsrecht nach § 15 GBO, § 378 II FamFG auszuüben (Armbrüster/Preuß/Renner/*Preuß* § 53 BeurkG Rn. 25; Arndt/Lerch/Sandkühler/*Sandkühler* § 15 Rn. 37) oder den Vollzug eines Eintragungsantrages zu überwachen (h. M.; BGHZ 123, 1, 9; *Winkler* § 53 Rn. 12 ff.; anders, wenn der Notar den Eintragungsantrag z. B. nach § 15 GBO selbst gestellt hat, *BayObLG* DNotZ 1989, 366). Er muss allerdings nach § 53 BeurkG die Einreichung beurkundeter Willenserklärungen bei dem Grundbuchamt oder dem Registergericht veranlassen, sobald die Vollzugsreife eingetreten ist (Arndt/Lerch/Sandkühler/*Sandkühler* § 15 Rn. 35). Ein **selbständiger Vollzugsauftrag** an den Notar zur teilweisen oder vollständigen Abwicklung des beurkundeten Rechtsgeschäfts fällt dagegen, ähnlich wie z. B. die Verwahrungstätigkeit oder die Aufstellung von Notarbestätigungen mit gutachtlichem Charakter (z. B. Rangbestätigungen) unter die vorsorgende Rechtsbetreuung nach § 24 BNotO, die der Notar übernehmen kann, aber nicht muss (*BGH* DNotZ 1976, 506; 1985, 48). Ein solcher Vollzugsauftrag kann auch stillschweigend erteilt werden (vgl. *OLG Frankfurt* FGPrax 1997, 238; *OLG Hamm* FGPrax 1998, 194). Zur Pflicht zur Vollzugsüberwachung vgl. *Reithmann* NotBZ 2004, 100.

112 Wird dem Notar eine Urkundstätigkeit im vorgeschriebenen Sinne angetragen, so darf er diese nicht ohne ausreichenden Grund verweigern. Ein ausreichender Grund liegt zunächst immer dann vor, wenn der Notar nach Vorschriften des materiellen Rechts oder des Verfahrensrechts nicht tätig werden darf, also insbesondere in den Fällen von § 14 II BNotO, § 4 BeurkG (Mitwirkung bei Handlungen, mit denen erkennbar oder unerlaubte unredliche Zwecke verfolgt werden, s. o. Rn. 59 ff.), beim Eingreifen von Mitwirkungsverboten (§ 3 BeurkG, § 16 BNotO) bzw. Ausschließungsgründen (§§ 6, 7, 27 BeurkG) und bei einer Kollision mit den übrigen zwingenden Normen des notariellen Berufsrechts einschließlich der Richtlinien der Notarkammern nach § 67 II BNotO. Ein aus-

reichender **Grund zur Verweigerung der Urkundstätigkeit** ist ferner dann gegeben, wenn das Gesetz dem Notar einen Ermessensspielraum einräumt, ob er die Amtstätigkeit vornimmt oder nicht, so insbesondere in den Fällen des § 15 GNotKG (Abhängigmachen der Tätigkeit von einem ausreichenden Kostenvorschuss), § 15 II BNotO (Beurkundung in fremder Sprache), § 16 II BNotO (Befangenheit), § 17 III 2 BeurkG (keine Verpflichtung zur Belehrung über den Inhalt ausländischer Rechtsordnungen; näher Schippel/Bracker/*Reithmann* § 15 Rn. 66 f.) und allgemein dann, wenn der Notar schwerwiegende Bedenken rechtlicher oder tatsächlicher Art gegen die Vornahme der Urkundstätigkeit hegt und diese weder durch Aufklärung des Sachverhalts noch durch Belehrung der Beteiligten auszuräumen vermag (näher Arndt/Lerch/Sandkühler/*Sandkühler* § 15 Rn. 74). Ein Ablehnungsgrund liegt schließlich auch dann vor, wenn dem Notar im Zusammenhang mit der Vornahme des Urkundsgeschäft ernsthafte Gefahren für Gesundheit oder Leben drohen (z. B. ansteckende Krankheiten) oder wenn der Notar im Einzelfall so stark überlastet ist, dass er das Urkundsgeschäft nicht ordnungsgemäß vornehmen kann (BGHZ 46, 29; hier wird freilich zunächst zu prüfen sein, ob das Urkundsgeschäft auf einen späteren Zeitpunkt verschoben werden kann).

Über **Beschwerden wegen Verweigerung der Urkundstätigkeit** und auch einer sonstigen Tätigkeit des Notars entscheidet eine Zivilkammer des LG, in dessen Bezirk der Notar seinen Amtssitz hat, § 15 II BNotO (zum Kreis der Beschwerdeberechtigten Arndt/Lerch/Sandkühler/*Sandkühler* § 15 Rn. 100 ff.). Das Beschwerdeverfahren richtet sich nach den Vorschriften des FamFG (§ 15 II 2 BNotO; näher *Müller-Magdeburg* ZNotP 2009, 216; Arndt/Lerch/Sandkühler/*Sandkühler* § 15 Rn. 85 ff.). Die Beschwerde ist schriftlich oder zur Niederschrift bei dem Notar einzulegen, § 64 I FamFG. Sie ist nach h. M. weder an einen Beschwerdewert noch an eine Frist gebunden (zum Streitstand vgl. Arndt/Lerch/Sandkühler/*Sandkühler* § 15 Rn. 105 f.). Hält der Notar die Beschwerde für begründet, ist er berechtigt und verpflichtet, ihr abzuhelfen; andernfalls legt er sie dem LG vor. Das LG verwirft die Beschwerde als unzulässig oder unbegründet oder gibt ihr statt und weist den Notar an, die betreffende Amtshandlung vorzunehmen bzw. zu unterlassen (§ 68 FamFG). Die Anweisung des Gerichts bindet den Notar und entlastet ihn gleichzeitig haftungsrechtlich (*KG* DNotZ 1971, 494; Schippel/Bracker/*Reithmann* § 15 Rn. 98). Gegen die Entscheidung des LG ist die Rechtsbeschwerde zum BGH gegeben, wenn das LG sie nach § 70 II FamFG zugelassen hat. Die Zulassung ist für den BGH bindend. Eine Nichtzulassungsbeschwerde ist ausgeschlossen. Über die Verfahrenskosten entscheidet das Gericht grundsätzlich zusammen mit der Endentscheidung (§ 82 FamFG; näher Arndt/Lerch/Sandkühler/*Sandkühler* § 15 Rn. 117).

Der Notar ist nach h. M. berechtigt, durch einen notariellen Vorentscheid zunächst anzukündigen, dass er eine bestimmte Amtshandlung vornehmen bzw. unterlassen werde (Arndt/Lerch/Sandkühler/*Sandkühler* § 15 Rn. 51 ff.; Eylmann/Vaasen/*Limmer* § 53 BeurkG Rn. 15).

2. Grundsatz der persönlichen Amtsausübung

Die persönliche Amtsausübung gehört zu den institutionellen Grundsätzen des Notariats. Mit Übertragung eines Notaramtes durch den Staat wird seinem Träger die höchstpersönliche Befugnis verliehen, die Zuständigkeiten eines Notars wahrzunehmen. Dementsprechend muss der Notar die zur Ausübung des Amtes erforderlichen Tätigkeiten im Kern selbst erbringen. Er darf seine Verantwortung nicht auf andere übertragen oder mit anderen teilen. Lediglich vorbereitende, begleitende und vollziehende Tätigkeiten darf er delegieren. Auch hierbei darf aber kein Zweifel daran entstehen, dass alle Tätigkeiten der Mitarbeiter vom Notar selbst verantwortet werden. In jedem Fall muss es den Beteiligten möglich bleiben, sich persönlich an den Notar zu wenden (vgl. Nr. IV. 2. RL-E).

Der Grundsatz der persönlichen Amtsausübung setzt auch der **Beschäftigung juristischer Mitarbeiter** Grenzen. Mitarbeiter mit Befähigung zum Richteramt (§§ 5 bis 7 DRiG), mit

Laufbahnprüfung für das Amt des Bezirksnotars (vgl. § 114 BNotO) und Absolventen des früheren rechtswissenschaftlichen Studiums in der DDR bzw. den neuen Bundesländern mit Diplom-Abschluss (Diplom-Juristen) darf der Notar nur beschäftigen, soweit seine persönliche Amtsausübung nicht gefährdet wird (§ 25 I BNotO). Die meisten Bundesländer im Bereich des hauptberuflichen Notariats haben von der Ermächtigung in § 25 II BNotO Gebrauch gemacht, insoweit durch Rechtsverordnung eine Genehmigungspflicht einzuführen. Aus § 25 BNotO folgt, dass der juristische Mitarbeiter nur vorbereitende, begleitende und vollziehende Tätigkeiten ausüben und insbesondere keine eigenverantwortlichen Beratungs- und Betreuungsleistungen erbringen darf. Urkundsentwürfe, die der Mitarbeiter vorbereitet, hat der Notar selbst im Einzelnen zu überprüfen. Entsprechendes gilt bei der Vorbereitung sonstiger Amtstätigkeiten (näher Schippel/Bracker/*Görk* Nr. IV RL/E BNotK Rn. 3 ff.; Eylmann/Vaasen/*Starke* § 25 BNotO Rn. 7 ff.).

3. Vertretung

116   Aus dem Grundsatz der persönlichen Amtsausübung folgt zugleich, dass eine privatrechtliche Vertretung oder eine Aufgabenübertragung durch den Notar ausgeschlossen ist. Lediglich der Staat kann die dem Notar individuell verliehenen Befugnisse einer anderen Person zur Ausübung übertragen (*Bohrer* Rn. 271 ff.).

117   Die Bestellung des Vertreters erfolgt auf Antrag des Notars durch die Aufsichtsbehörde (§ 39 I BNotO), die nach pflichtgemäßem Ermessen entscheidet (ein Anspruch auf Vertreterbestellung besteht nicht, BGH DNotZ 1996, 186; dem Vorschlagsrecht des Notars und seinem Interesse an einer störungsfreien Aufrechterhaltung des Notariatsbetriebs ist aber bei der Entscheidung ein erhebliches Gewicht zu geben, BGH DNotZ 2007, 872). Der Vertreter muss fähig sein, das Amt eines Notars zu bekleiden (§ 39 III BNotO), also die Voraussetzungen der §§ 3, 5, 6 BNotO erfüllen (zur Auswahl des Vertreters vgl. Eylmann/Vaasen/*Wilke* § 39 BNotO Rn. 34 ff.; Schippel/Bracker/*Schäfer* § 39 Rn. 13 ff.; BGH DNotZ 1996, 203; 2001, 726; 2003, 226; zur persönlichen Eignung des Vertreters BGH ZNotP 2010, 72). Grundsätzlich kommt eine Vertretung nur in Betracht, wenn der Notar lediglich **vorübergehend** (etwa durch Urlaub, Krankheit) an der Ausübung seines Amtes **gehindert** ist. Ausnahmsweise kann aber auch von vornherein für die während eines Kalenderjahres eintretenden Behinderungsfälle ein **ständiger Vertreter** bestellt werden, und zwar dann, wenn damit zu rechnen ist, dass der Notar „durch seine Stellung im öffentlichen Leben, durch die Wahrnehmung von Ehrenämtern, durch eine Erkrankung, die nicht seine dauernde Dienstunfähigkeit zur Folge hat oder aus ähnlichen Gründen häufig im Ganzen und nicht nur kurzfristig verhindert sein wird. Die Bestellung darf nicht dazu führen, dass der Grundsatz der persönlichen Amtsausübung beeinträchtigt oder die Arbeitskraft des Notars verdoppelt wird" (Schreiben der BNotK vom 23.5.1975, zitiert bei Arndt/Lerch/Sandkühler/*Sandkühler* § 39 Rn. 27; vgl. auch BGH DNotZ 1997, 827; ZNotP 2004, 484; Schippel/Bracker/*Schäfer* § 39 Rn. 18).

118   Der Vertreter wird durch seine Bestellung für die Zeit der Vertretung Inhaber eines öffentlichen Amtes mit denselben Befugnissen und Pflichten wie der Notar (§§ 39 IV, 41 II BNotO; zur Stellung des Notarvertreters im Beurkundungsverfahren Eylmann/Vaasen/ *Wilke* § 39 BNotO Rn. 9 ff.). Er versieht sein Amt auf Rechnung und auf Kosten des Notars und erhält von diesem eine angemessene Vergütung (§§ 41 I, 43 BNotO). Eine Haftpflichtversicherung braucht der Vertreter nicht abzuschließen (§ 39 IV BNotO), da der vertretene Notar gesamtschuldnerisch mithaftet (§ 46 BNotO) und daher seine Haftpflichtversicherung eintritt.

119   Die **Amtsbefugnis des Vertreters** beginnt mit der äußerlich erkennbaren Übernahme des Amtes (§ 44 I BNotO), also spätestens mit dem nach § 33 IV DONot erforderlichen Vermerk in der Urkundenrolle. Sie endet mit der Übergabe des Amtes an den Notar (§ 44 I BNotO), es sei denn, der Ablauf ist bereits in der Bestellungsverfügung angegeben oder die Bestellung wird vorher widerrufen.

Der Notar darf während der Vertretung keine Amtsgeschäfte vornehmen. Ein Verstoß 120 hiergegen berührt die Wirksamkeit der Amtshandlung nicht, kann für den Notar aber zu disziplinarrechtlichen Konsequenzen führen (Arndt/Lerch/Sandkühler/*Lerch* § 44 Rn. 7). Amtshandlungen eines Notarvertreters sind unwirksam, wenn keine schriftliche Bestellungsverfügung vorliegt. Sie sind dagegen nicht deshalb ungültig, weil die für die Bestellung eines Vertreters nach § 39 BNotO erforderlichen sachlichen oder in der Person des Notarvertreters liegenden Voraussetzungen nicht vorhanden waren oder später weggefallen sind (§ 44 II BNotO).

XI. Geschäftsstelle, Amtsbereich, Amtsbezirk, grenzüberschreitende Zusammenarbeit

Als staatliche Rechtspflegeeinrichtung der freiwilligen Gerichtsbarkeit ist das Notariat 121 in ein System örtlicher Zuständigkeiten eingebunden, das eine flächendeckende Versorgung der Bevölkerung mit notariellen Dienstleistungen gewährleisten und zugleich den Grundsatz der freien Notarwahl sicherstellen soll.

1. Geschäftsstelle

Dem Notar wird dementsprechend nach § 10 I BNotO ein bestimmter Ort (bzw. 122 Stadtteil oder Amtsgerichtsbezirk, § 10 I 2 BNotO) als **Amtssitz** zugewiesen (zum sog. „Stadtteilnotariat" *BGH DNotZ* 2008, 865). An diesem Amtssitz hat der Notar seine Geschäftsstelle einzurichten und zu unterhalten, in der er während der üblichen Geschäftsstunden anwesend oder über die er zumindest erreichbar sein muss (§ 10 III BNotO). Der Amtssitz kann mit Zustimmung des Notars verlegt werden (§ 10 I 3 BNotO; zu den hierbei anzulegenden Maßstäben der Personalplanung *BGH* DNotZ 2001, 730 und eingehend Schippel/Bracker/*Püls* § 10 Rn. 4 ff.).

Amtstätigkeiten außerhalb der **üblichen Geschäftsstunden** sind in den allgemeinen Grenzen von Unabhängigkeit und Unparteilichkeit der Amtsausübung zulässig (zur Gefährdung der Unparteilichkeit durch Vergabe sog. „Blankotermine" vgl. *OLG München* MittBayNot 1994, 373). Die Geschäftsstellenpflicht wird durch die **Residenzpflicht** des § 10 II 2 BNotO ergänzt, der zufolge der Notar seine Wohnung so zu nehmen hat, dass er in der ordnungsgemäßen Wahrnehmung seiner Amtsgeschäfte nicht beeinträchtigt wird; ausnahmsweise muss er seine Wohnung am Amtssitz nehmen, wenn dies im Interesse der Rechtspflege geboten ist und die Aufsichtsbehörde ihn entsprechend anweist.

2. Amtsbereich, Amtsbezirk

Der **Amtsbereich** des Notars ist in der Regel der Bezirk des Amtsgerichts, in dem er 123 seinen Amtssitz hat. Allerdings kann die Landesjustizverwaltung die Grenzen des Amtsbereichs allgemein oder im Einzelfall mit der Zuweisung des Amtssitzes abweichend festlegen und solche Festlegungen auch später ändern (§ 10 I BNotO), wobei sie ggf. auch die wirtschaftlichen Interessen des betreffenden Notars berücksichtigen muss (*BGH* DNotZ 2000, 945; zur Bedeutung des Organisationsinteresses der Justiz in diesem Zusammenhang Schippel/Bracker/*Püls* § 10a Rn. 2). Der **Amtsbezirk** des Notars ist der Oberlandesgerichtsbezirk, in dem er seinen Amtssitz hat.

3. Amtstätigkeiten außerhalb des Amtsbezirks, des Amtsbereichs oder der Geschäftsstelle

Für Amtstätigkeiten außerhalb des Amtsbezirks, des Amtsbereichs oder der Geschäfts- 124 stelle gelten folgende Grundsätze (hierzu auch *Wöstmann* ZNotP 2003, 133):
(1) **Urkundstätigkeiten** (also die Ausübung der Zuständigkeiten nach §§ 20 bis 22 BNotO) **außerhalb des Amtsbezirks** darf der Notar nur vornehmen, wenn Gefahr im

Verzug ist oder die Aufsichtsbehörde (§ 92 BNotO) es vorher im Einzelfall genehmigt (§ 11 II BNotO). Das Verbot bezieht sich auf den gesamten Vorgang der Urkundstätigkeit, also z.B. auch die erforderliche Wahrnehmung bei tatsächlichen Vorgängen nach §§ 36 ff. BeurkG (*BGH* DNotZ 1973, 174).

Gefahr im Verzug liegt nur vor, wenn eine Amtshandlung in bestimmter Frist vorgenommen werden muss (z.B. bei schwerer Erkrankung eines Beteiligten oder bei Wechselprotesten) und dies nicht durch einen ortsnahen Notar geschehen kann (Schippel/Bracker/*Püls* § 11 Rn. 2; Arndt/Lerch/Sandkühler/*Lerch* § 11 Rn. 8). Eine Ausnahmegenehmigung durch die Aufsichtsbehörde kann nur aus in der Sache selbst liegenden zwingenden Gründen erteilt werden, so z.B. wenn der Notar ein schwieriges Vertragswerk in langen Beratungen vorbereitet hat, bei der Beurkundung die Kenntnis der Verhältnisse bedeutsam ist und die Beurkundung aus unvorhergesehenen Gründen außerhalb des Amtsbezirks erfolgen muss (so Schippel/Bracker/*Püls* § 11 Rn. 3).

125 (2) **Urkundstätigkeiten** (§§ 20 bis 22 BNotO) **außerhalb seines Amtsbereichs** darf der Notar nur ausüben, wenn besondere berechtigte Interessen der Rechtsuchenden dies gebieten (§ 10a II BNotO). Nach Nr. IX. 1. RL-E liegen besondere berechtigte Interessen der Rechtsuchenden insbesondere dann vor, wenn
– Gefahr im Verzug ist;
– der Notar auf Erfordern einen Urkundsentwurf gefertigt hat und sich danach aus unvorhersehbaren Gründen ergibt, dass die Beurkundung außerhalb des Amtsbereichs erfolgen muss;
– er Notar eine nach § 21 GNotKG zu behandelnde Urkundstätigkeit vornimmt (Beurkundung wegen vorheriger unrichtiger Sachbehandlung);
– in Einzelfällen eine besondere Vertrauensbeziehung zwischen Notar und Beteiligten, deren Bedeutung durch die Art der vorzunehmenden Amtstätigkeit unterstrichen werden muss, dies rechtfertigt und es den Beteiligten unzumutbar ist, den Notar in seiner Geschäftsstelle aufzusuchen.

126 (3) **Außerhalb der Geschäftsstelle** (aber innerhalb von Amtsbereich und Amtsbezirk) darf der Notar grundsätzlich **Amtsgeschäfte** vornehmen (*BVerfG* DNotZ 2000, 787 m.Anm. *Eylmann*; *OLG Köln* DNotZ 2008, 149). Sofern die Gefahr des Anscheins der Parteilichkeit entstehen könnte oder die „Klarheit der Amtsführung" (*BVerfG* DNotZ 2000, 787) leiden würde, ist die Auswärtsbeurkundung aber auch insoweit verboten. Nr. IX. 2. RL-E (kritisch Eylmann/Vaasen/*Eylmann* § 10 BNotO Rn. 13ff.) zählt (nicht abschließende) sachliche Gründe auf, bei deren Vorliegen die Beurkundung außerhalb der Geschäftsstelle (aber innerhalb von Amtsbereich und Amtssitz) zulässig ist. Sachliche Gründe liegen in den o.g. (Rn. 124, 125) Fällen und darüber hinaus beispielsweise dann vor, wenn
– die Amtstätigkeit ihrer Natur nach außerhalb der Geschäftsstelle vorgenommen werden muss (Wechselproteste, Versteigerungen, Beurkundungen von Versammlungen, Verlosungen, Siegelungen, Aufnahme von Nachlassverzeichnissen);
– ein Beteiligter nicht nur vorübergehend unabkömmlich ist (z.B. Gebrechlichkeit, Erkrankungen);
– wegen der Vielzahl der Beteiligten die Vornahme des Amtsgeschäfts oder die Vornahme mehrerer sachlich zusammenhängender Amtsgeschäfte (z.B. Straßengrundabtretungen, Bestellung von Dienstbarkeiten) in der Geschäftsstelle aus räumlichen Gründen als unzweckmäßig erscheint;
– das Aufsuchen des Notars für die Beteiligten einen unverhältnismäßigen Aufwand bedeuten würde.

Unzulässig ist die Amtstätigkeit außerhalb der Geschäftsstelle insbesondere dann, wenn sie den Anschein von Parteilichkeit hervorruft, wie dies regelmäßig bei Beurkundungen in den Räumen eines von mehreren Beteiligten der Fall sein wird.

(4) Die Wirksamkeit der Beurkundung wird bei einer berufsrechtlich unzulässigen Amtstätigkeit außerhalb des Amtsbezirks, des Amtsbereichs oder der Geschäftsstelle

nicht berührt (§ 11 I BNotO), solange die Amtstätigkeit innerhalb der Grenzen der Bundesrepublik Deutschland ausgeübt wird.

4. Grenzüberschreitende Zusammenarbeit

Die Amtstätigkeit des Notars ist Ausübung staatlicher Hoheitsgewalt und deshalb nur innerhalb der **territorialen Grenzen** der Bundesrepublik Deutschland wirksam. Beurkundungen eines deutschen Notars im Ausland sind daher beurkundungsrechtlich unwirksam, erzeugen also nicht die Kraft der öffentlichen Urkunde. Ob das beurkundete Rechtsgeschäft dennoch zivilrechtlich wirksam ist, bestimmt sich nach materiellem Recht (näher Schippel/Bracker/*Püls* § 11a Rn. 1 ff.). Dementsprechend eröffnet § 11a BNotO dem deutschen Notar zwar die Möglichkeit, sich zum Zweck der Rechtshilfe ins Ausland zu begeben und einem **ausländischen Kollegen Unterstützung zu gewähren** oder umgekehrt bei seiner eigenen Tätigkeit in Deutschland einen **im Ausland bestellten Notar hinzuzuziehen**. Beurkundungstätigkeiten dürfen aber jeweils nur durch den territorial zuständigen Notar ausgeübt werden. § 11a BNotO steht in Einklang mit Nr. 2.1. des europäischen Kodex des notariellen Standesrechts (abgedruckt in DNotZ 1995, 327 mit Erläuterungen von *Schippel*).

127

XII. Gebühren

Die berufsrechtlichen Gebührengrundsätze sind in § 17 I BNotO festgelegt, der die Pflicht zur Gebührenerhebung, das grundsätzliche **Verbot der Gebührenunterschreitung** und das **Verbot der Gebührenteilung** normiert. Erläuternd führt Nr. VI.3.1. bis 3.3. RL-E aus, dass der Notar Gebühren in angemessener Frist einzufordern und bei Nichtzahlung im Regelfall beizutreiben hat und dass es ihm ferner insbesondere verboten ist, ihm zustehende Gebühren zurückzuerstatten, Vermittlungsentgelte für Urkundsgeschäfte oder Entgelte für Urkundsentwürfe zu leisten oder zur Kompensation von Notargebühren Entgelte für Gutachten oder sonstige Leistungen Dritter zu gewähren oder auf ihm aus anderer Tätigkeit zustehende Gebühren zu verzichten.

128

Holt der Notar ein Gutachten ein, sind dadurch entstandene Kosten als Auslagen zu erheben (Nr. 32015 KV-GNotKG; Arndt/Lerch/Sandkühler/*Sandkühler* § 17 Rn. 72). Wird ein solches Gutachten oder ein Urkundsentwurf von einem oder mehreren der Beteiligten oder auch z. B. durch deren Rechtsanwälte erstellt, ergeben sich im Übrigen nicht nur aus dem Verbot der Gebührenteilung, sondern auch unter dem Gesichtspunkt der Unparteilichkeit des Notars durchgreifende Bedenken: Es entsteht zumindest der Anschein einer unangemessenen Beeinflussung (§ 14 III 2 BNotO), wenn der Notar einen der Urkundsbeteiligten dafür honoriert, dass dieser eine Leistung erbringt, die der Notar als Teil seiner Amtstätigkeit schuldet.

XIII. Werbeverhalten, Auftreten in der Öffentlichkeit

1. Grundsatz: Eingeschränktes Werbeverbot

§ 29 I BNotO normiert für den Notar das **Verbot einer dem öffentlichen Amt widersprechenden Werbung**. Der Gesetzgeber schafft hiermit bewusst einen Gegensatz zu den Regelungen für andere rechts- und wirtschaftsberatende Berufe, insbesondere für die Anwaltschaft (vgl. § 43b BRAO). In der Begründung des Gesetzesentwurfs (BT-Drucks. 13/4184, S. 27 f.) heißt es hierzu, dass sich das nach außen gerichtete Verhalten des Notars an den Anforderungen des von ihm wahrgenommenen Amtes und dessen Nähe zum öffentlichen Dienst auszurichten habe. Ihm sei daher ein anderer und wesentlich **engerer Maßstab** zur Einhaltung aufgegeben **als den Angehörigen freier rechts- oder**

129

wirtschaftsberatender Berufe. Anders als etwa Rechtsanwälte und Steuerberater dürfe der Notar auch weiterhin nicht um potentielle Mandanten werben, da das aufrechtzuerhaltende Vertrauen in Objektivität und Integrität notarieller Amtsführung ihm jegliches Werben um Praxis verbiete. Mit dem öffentlichen Amt vereinbar könne aber durchaus ein Verhalten mit Außenwirkung sein, wenn dadurch das Vertrauen in die aufgezeigte spezifische Berufsfunktion des Notars nicht beeinträchtigt werde. Dem Notar solle nicht jedes nach außen gerichtete Verhalten bereits deshalb untersagt sein, weil damit ohne entsprechende Zielsetzung ein gewisser werbender Nebeneffekt verbunden sei. Entscheidend werde es insoweit auf die jeweiligen Umstände des Einzelfalles ankommen.

2. Verfassungsmäßigkeit des eingeschränkten Werbeverbots

130 Das eingeschränkte notarielle Werbeverbot ist – mit Ausnahme von § 29 III BNotO (hierzu Rn. 137) – verfassungsgemäß. Die sog. „Logo-Entscheidung" des *BVerfG* (DNotZ 1998, 69 m. Anm. *Schippel*), die die verfassungsrechtlichen Grenzen des notariellen Werbeverbots aufgezeigt hat, erging zwar vor In-Kraft-Treten von § 29 BNotO. Dem *BVerfG* lag aber bei seiner Entscheidung der später nicht mehr veränderte Entwurfstext von § 29 BNotO nebst Begründung vor. Der Senat stellt in seinem Beschluss unter ausdrücklicher Zitierung von § 29 I fest, dass es **verfassungsrechtlich nicht zu beanstanden** sei, wenn das Gesetz die berufswidrige Werbung bei Notaren engeren Maßstäben unterziehe als bei Rechtsanwälten. Das *BVerfG* betont zugleich, dass bei verfassungskonformer Auslegung des Werbeverbots nur die berufswidrige Werbung unzulässig sei. Dem genannten Beschluss sowie verschiedenen Entscheidungen des *BVerfG* zum anwaltlichen Werbeverbot vor der Liberalisierung des anwaltlichen Berufsrechts (BVerfGE 36, 212, 219 ff.; 57, 121, 133 f.; 76, 196, 205 f., 208), dessen damaliger Umfang sich mit dem jetzt normierten notariellen Werbeverbot vergleichen lässt, kann man entnehmen, dass berufswidrige Werbung in Abgrenzung zu einem erlaubten, werbewirksamen Verhalten jedenfalls dann vorliegt, wenn der Notar gezielt um Praxis wirbt, sich reklamehaft herausstellt oder wenn sein Verhalten geeignet ist, Zweifel an seiner Unabhängigkeit und Unparteilichkeit zu wecken oder beim rechtsuchenden Publikum Fehlvorstellungen zu erzeugen. Dies hat das *BVerfG* im Grundsatz auch in der Entscheidung bestätigt, in der es die spezielle Regelung in § 29 III BNotO für verfassungswidrig erklärt hat (DNotZ 2005, 932). Gegen die ausdehnende Interpretation dieser Entscheidung durch *Kleine-Cosack* (NJW 2005, 1231) wendet sich zu Recht *Vollhardt* (MittBayNot 2006, 206).

3. Spannungsverhältnis zwischen anwaltlichen und notariellen Werbebestimmungen

131 Für den Anwaltsnotar besteht nach wie vor der Gegensatz zwischen dem liberalisierten anwaltlichen Werberecht und dem grundsätzlichen notariellen Werbeverbot. Die BNotO löst dieses Spannungsverhältnis nach dem allgemein gültigen Prinzip, dem zufolge das strengere Berufsrecht vorgeht: Nach § 29 II BNotO darf eine dem Notar in Ausübung seiner Tätigkeit nach § 8 (also insbesondere als Rechtsanwalt, Steuerberater, Wirtschaftsprüfer usw.) erlaubte Werbung sich nicht auf seine Tätigkeit als Notar beziehen. Weitergehende Werbemöglichkeiten, die dem Anwaltsnotar nach anderen Berufsrechten zustehen, darf er daher nur dann wahrnehmen, wenn er bei diesem Werbeverhalten auf die Führung seiner Amtsbezeichnung „Notar" verzichtet und auch ansonsten **keine werbeträchtige Beziehung zum Notaramt** hergestellt wird (vgl. OLG Celle NJW-RR 2001, 1721; *Starke*, FS Bezzenberger, 2000, S. 616; ebenso Arndt/Lerch/Sandkühler/*Sandkühler* § 29 Rn. 30 ff.; Schippel/Bracker/*Schäfer* § 29 Rn. 21 f.; Kilian/Sandkühler/vom Stein/ *Sandkühler* § 15 Rn. 35 f.; im Grundsatz auch Eylmann/Vaasen/*Eylmann* § 29 BNotO Rn. 43 ff.). Zum Werbeverhalten des Anwaltsnotars s. näher Kap. L II. Rn. 120 ff.

4. Umsetzung des eingeschränkten Werbeverbots in den Berufsrichtlinien

Die Notarkammern haben das eingeschränkte Werbeverbot in § 29 BNotO in den nach § 67 II 3 BNotO erlassenen Berufsrichtlinien näher konkretisiert und sich hierbei grundsätzlich an den Richtlinienempfehlungen der Bundesnotarkammer (§ 78 I 2 Nr. 5 BNotO) orientiert (zum Umfang der zulässigen Konkretisierung von § 29 BNotO durch Satzungsrecht der Notarkammern vgl. *BGH* DNotZ 2010, 75). Die Berufsrichtlinien der Notarkammern gehen bei regionalen Unterschieden im Detail von folgenden Grundsätzen aus (vgl. Nr. VII. 1. RL-E):

132

Werbung ist dem Notar (nur) insoweit verboten, als sie Zweifel an seiner Unabhängigkeit und Unparteilichkeit zu wecken geeignet oder aus anderen Gründen mit seiner Stellung in der vorsorgenden Rechtspflege als Träger eines öffentlichen Amtes nicht vereinbar ist. **Unvereinbar** mit dem öffentlichen Amt ist ein Verhalten insbesondere, wenn
– es auf die Erteilung eines bestimmten Auftrags oder die Gewinnung eines bestimmten Auftraggebers gerichtet ist,
– es den Eindruck der Gewerblichkeit vermittelt, insbesondere den Notar oder seine Dienste reklamehaft herausstellt,
– es eine wertende Selbstdarstellung des Notars oder seiner Dienste enthält,
– der Notar ohne besonderen Anlass allgemein an Rechtsuchende herantritt,
– es sich um irreführende Werbung handelt.

Dementsprechend ist es dem Notar in den genannten Grenzen insbesondere **gestattet**, **allgemein** über die Aufgaben, Befugnisse und Tätigkeitsbereiche der Notare öffentlichkeitswirksam zu **informieren**, auch durch Veröffentlichungen, Vorträge und Äußerungen in den Medien.

5. Einzelfragen

Unter den zahlreichen Einzelfragen, die sich im Zusammenhang mit notariellem Werbeverhalten stellen, treten folgende in der Praxis häufig auf (vgl. *Weingärtner/Wöstmann* Rn. VII 42 ff.; *Starke*, FS Bezzenberger, 2000, S. 626; *Vollhardt* MittBayNot 2002, 482; *Wöstmann* ZNotP 2002, 51):

133

– **Akademische Grade und Titel** dürfen im Zusammenhang mit der Amtsbezeichnung genannt werden (Nr. VII.2.1. RL-E). Dies gilt auch für ausländische akademische Grade, sofern ihre Führung in Deutschland nach allgemeinen Bestimmungen erlaubt ist.
– Hinweise auf **Ehrenämter** sind in Zusammenhang mit der Amtsausübung unzulässig (Nr. VII.2.2.).
– Ebenfalls unzulässig sind Hinweise auf **besoldete Ämter** i. S. v. § 8 I BNotO sowie (genehmigte oder genehmigungsfreie) **Nebentätigkeiten** nach § 8 III, IV BNotO (Nr. VII.2.2. RL-E).
– Auf **Fremdsprachenkenntnisse** darf der Notar hinweisen.
– Umstritten ist, ob **Tätigkeits- oder Interessenschwerpunkte** angegeben werden dürfen. Die RL-E der Bundesnotarkammer enthalten hierzu keine Empfehlungen. Die Berufsrichtlinien der Notarkammern treffen unterschiedliche Regelungen; überwiegend wird ein Schwerpunkthinweis untersagt. Zwar wird man ein Interesse des rechtsuchenden Publikums und auch einer Anzahl von Notaren an derartigen Angaben und damit Hinweisen auf bestimmte Spezialisierungen nicht bestreiten können. Andererseits kann aber durch die Angabe von Interessen- und Tätigkeitsschwerpunkten der unzutreffende Eindruck erzeugt werden, der Notar stehe entgegen § 15 I BNotO nicht auf allen Feldern der ihm zugewiesenen Amtstätigkeit uneingeschränkt zur Verfügung. In der Begründung des Regierungsentwurfs zu § 29 BNotO wird deshalb hervorgehoben, dass dem Notar eine werbende Information etwa mit besonderen Fach- und Spezialkenntnissen in einem oder mehreren Rechtsgebieten schon deshalb versagt bleiben

134

müsse, weil ihm sein Amt zur umfassenden Wahrnehmung aller notariellen Zuständigkeiten auf dem Gebiet der vorsorgenden Rechtspflege übertragen worden sei (BT-Drucks. 13/4184, S. 27). Da diese Auffassung im Gesetz selbst keinen ausreichenden Niederschlag gefunden hat, steht es den Notarkammern aber frei, im Rahmen ihrer Regelungskompetenz nach § 67 II BNotO Schwerpunktangaben in ihren Berufsrichtlinien dennoch für zulässig zu erklären. Wenn die Berufsrichtlinien die Führung von Tätigkeits- oder Interessenschwerpunkten erlauben, besteht allerdings kein rechtfertigender Grund dafür, im Bereich des Anwaltsnotariats die notariellen Schwerpunkte auf die Höchstzahl der nach anwaltlichem Berufsrecht zulässigen Schwerpunkte (vgl. § 7 BORA) anzurechnen (vgl. *Starke*, FS Bezzenberger, 2000, S. 627 f.).

135 – **Urkunde und Urkundsdeckblatt** weisen den engsten Bezug zur Amtstätigkeit auf. Werbende oder werbewirksame Zusätze sind deshalb auch insoweit unzulässig, als sie in anderem Zusammenhang (etwa in Kanzleidrucksachen) aufgeführt werden dürfen. In Sozietäten, insbesondere in multiprofessionellen Zusammenschlüssen, darf ferner nicht der Eindruck erweckt werden, als sei die Urkunde Produkt der Sozietät. Die Angabe von Sozietätskurzbezeichnungen, die Verwendung von Logos etc. ist deshalb auf Urkunde und Urkundsdeckblatt unzulässig.

136 – Die Gestaltung von **Amts- und Namensschildern** (hierzu *BGH* DNotZ 2002, 232) dürfen die Richtlinien der Notarkammern nur im Rahmen der landesrechtlichen Bestimmungen regeln (§ 67 II Nr. 7 BNotO). Insbesondere Vorschriften über die Führung des Landeswappens bleiben dem Landesrecht vorbehalten. Die Richtlinien der Notarkammern treffen deshalb im Wesentlichen nur Bestimmungen über die Entfernung von Amts- und Namensschildern bei Ausscheiden aus dem Amt, Verlegung der Geschäftsräume oder des Amtssitzes oder Auflösung einer Berufsverbindung. Bei Berufsverbindungen, insbesondere bei multiprofessionellen Zusammenschlüssen nach § 9 II BNotO, darf auch durch die Gestaltung der Amts- und Namensschilder nicht der Eindruck erweckt werden, als erstreckten sich die Befugnisse des öffentlichen Amtes auf weitere Mitglieder der Berufsverbindung oder gar die Berufsverbindung als solche (*BVerfG* DNotZ 2009, 792 m. Anm. *Görk*).

137 – Die **Kanzleidrucksachen** des Notars (Briefbögen, Umschläge, Rechnungen etc.) dürfen nicht den Eindruck der Werbung, insbesondere der Gewerblichkeit, vermitteln. Eine dezente graphische Gestaltung oder auch die Verwendung von Logos ist zulässig (*BVerfG* DNotZ 1998, 69 m. Anm. *Schippel*). Die Bezeichnung „Notarkanzlei" auf dem Briefbogen ist zulässig (*BGH* DNotZ 1999, 359 m. Anm. *Mihm*), die als „Notariat" auf dem Praxisschild dagegen unzulässig (*BGH* DNotZ 2007, 152; 2008, 72; 2003, 376 m. Anm. *Görk*). Zur Verwendung des Landeswappens im Briefkopf vgl. *BGH* DNotZ 2000, 551 m. Anm. *Mihm*. Sofern Tätigkeits- oder Interessenschwerpunkte geführt werden dürfen, darf dies auch auf dem Briefbogen geschehen. Anwaltsnotare in überörtlichen Sozietäten dürfen ihre Amtsbezeichnung als Notar auf Drucksachen und anderen Geschäftspapieren auch angeben, wenn sie nicht von der eigenen Geschäftsstelle aus versandt werden (§ 29 III BNotO ist verfassungswidrig, *BVerfG* DNotZ 2005, 932).

138 – **(Kanzlei-)Broschüren, Faltblätter und sonstige Informationsmittel** dürfen in der Geschäftsstelle bereitgehalten werden, Nr. VII.6. RL-E. Sie müssen sachlich und dezent gestaltet werden, dürfen also insbesondere nicht reklamehaft wirken. Der Notar darf in ihnen allgemein über Aufgaben, Befugnisse und Tätigkeitsbereiche der Notare unterrichten und dies in zurückhaltender Weise durch Angaben über seine Person ergänzen (Ausbildung, beruflicher Werdegang, wissenschaftliche Veröffentlichungen, Fremdsprachenkenntnisse und soweit die Richtlinie der jeweiligen Notarkammer dies allgemein für zulässig erklärt Interessen- und Tätigkeitsschwerpunkte). Die Verteilung oder Versendung derartiger Informationen ohne Aufforderung ist allerdings nur an bisherige (oder derzeitige) Auftraggeber zulässig und bedarf zudem eines sachlichen Grundes (Nr. VII.6. RL-E; *OLG Celle* NdsRpfl. 1999, 83).

XIII. Werbeverhalten, Auftreten in der Öffentlichkeit

- Der Notar darf sich in **papiergebundene oder elektronische Verzeichnisse** aufnehmen 139
  lassen. Diese Verzeichnisse müssen allerdings allgemein (also nicht nur einem bestimmten Personenkreis) zugänglich sein und die Aufnahme in dieses Verzeichnis muss allen örtlichen Notaren offen stehen, Nr. VII.3. RL-E. Der Notar darf daher zwar in regionalen Verzeichnissen („alle Notare in Köln"), nicht aber in sog. Auswahlverzeichnissen („die 100 besten Notare") geführt werden. Vorbehaltlich spezieller Regelungen in den Richtlinien der Notarkammern sind drucktechnische Hervorhebungen bei den Notarangaben in derartigen Verzeichnissen zulässig, sofern sie nicht reklamehaft wirken. Zulässig ist grundsätzlich die Eintragung in einem außerhalb des Amtsbereichs und -bezirks herausgegebenen Telefonbuch (*BVerfG* DNotZ 2006, 226 gegen *BGH* DNotZ 2005, 151; vgl. ferner *BGH* ZNotP 2012, 76).
- **Anzeigen** des Notars dürfen nicht durch Form, Inhalt, Häufigkeit oder auf sonstige 140
  Weise der amtswidrigen Werbung dienen, Nr. VII.4. RL-E. Da der Notar generell nicht ohne besonderen Anlass allgemein an Rechtsuchende herantreten darf (Nr. VII.1.3. d), sind Anzeigen – sofern die Richtlinien der Notarkammern dies nicht abweichend regeln – nur bei besonderem Anlass zulässig (anders das anwaltliche Berufsrecht, vgl. *Henssler/Prütting* § 43b BRAO Rn. 37). In der Regel werden Anzeigen daher nur bei Bestellung zum Notar, Verlegung des Amtssitzes oder der Geschäftsräume, Veränderungen der beruflichen Zusammenarbeit oder in Form von Stellenanzeigen in Betracht kommen; ebenso Arndt/Lerch/Sandkühler/*Sandkühler* § 29 Rn. 12 f.; weniger eng Eylmann/Vaasen/*Eylmann* § 29 BNotO Rn. 25 ff. und Schippel/Bracker/*Schäfer* § 29 Rn. 14.
- Die genannten Grundsätze für die Gestaltung von Kanzleibroschüren, Verzeichniseinträgen und Anzeigen lassen sich auf das Auftreten des Notars in den **elektronischen** 141
  Medien, insbesondere im **Internet**, übertragen. Dementsprechend darf der Notar insbesondere auch eine Homepage im Internet unterhalten und dort diejenigen Angaben einstellen, die auch in einer Kanzleibroschüre zulässig sind (vgl. auch Nr. VII.6. Satz 2 RL-E). Internet-Domainnamen, die eine in Wirklichkeit nicht bestehende Alleinstellung suggerieren („notar-bonn.de"), sind unzulässig (Nr. VII. 7 RL-E, hierzu *BGH* DNotZ 2010, 75). Eingehend zur Präsenz des Notars im Internet *Becker* NotBZ 1999, 239; 2000, 11; *Fabis* DNotZ 2001, 85; *Starke* in: Bettendorf (Hrsg.), EDV in der notariellen Praxis, 2002, S. 165; *Weingärtner/Wöstmann* Rn. VII 118 ff.
- Bei **Veröffentlichungen, Fachvorträgen, Äußerungen in den Medien** oder vergleich- 142
  barem **Auftreten in der Öffentlichkeit** hat der Notar insbesondere dann, wenn seine Amtsbezeichnung genannt wird, in besonderem Maße darauf zu achten, dass sein Verhalten nicht den Eindruck erweckt, als sei es auf die Erteilung eines bestimmten Auftrags oder die Gewinnung eines bestimmten Auftraggebers gerichtet oder als wolle er ohne besonderen Anlass allgemein werbend an das rechtsuchende Publikum herantreten (vgl. Nr. VII.5. RL-E). Die Richtlinien der Notarkammern enthalten hierzu zum Teil weitere, einschränkende Bestimmungen, z. B. über die Nennung des Amtssitzes. Der mögliche Regelungsbereich der Richtlinien dürfte allerdings überschritten sein, wenn sie ein Auftreten des Notars in Informationsveranstaltungen der Medien von einer Anzeige an die Notarkammer oder sogar von deren Zustimmung abhängig machen.
- Im anwaltlichen Berufsrecht wird inzwischen auch die bezahlte **Fernseh-, Hörfunk-** 143
  oder **Plakatwerbung** für grundsätzlich zulässig gehalten (*Hartung/Holl/Römermann*, Anwaltliche Berufsordnung, 1997, Anh. zu § 10 „Anlasslose Werbung"). Diese Auffassung wird vor allem vor dem Hintergrund vertreten, dass das *BVerfG* in einem neueren Beschluss zum Berufsrecht der Apotheker ein generelles Verbot der Nutzung eines bestimmten Mediums ohne Rücksicht auf Inhalt und Form der beabsichtigten Werbung als verfassungswidrigen Eingriff in die Berufsfreiheit angesehen hat (BVerfGE 94, 372). Die genannte Entscheidung lässt sich jedoch bereits deshalb nicht auf das Berufsrecht der Notare übertragen, weil das *BVerfG* als einen tragenden Grund in

seinem Beschluss anführt, der Apotheker sei nicht nur Angehöriger eines freien Berufs, sondern zugleich Kaufmann (BVerfGE 94, 372, 393). Für den Bereich des notariellen Berufsrechts hat das *BVerfG* demgegenüber in seiner „Logo-Entscheidung" die Bestimmung des § 29 I BNotO, der zufolge der Notar als Inhaber eines öffentlichen Amtes jedes gewerbliche Verhalten zu unterlassen hat, ausdrücklich gebilligt (*BVerfG* DNotZ 1998, 69, 71). Da sich die bezahlte Fernseh-, Hörfunk- oder Plakatwerbung eindeutig und ausschließlich der gewerblichen Sphäre zuordnen lässt, ist sie dem Notar nach wie vor untersagt; ebenso Eylmann/Vaasen/*Eylmann* § 29 BNotO Rn. 27 f.

XIV. Notaraufsicht, Disziplinarmaßnahmen (Überblick)

1. Notaraufsicht

144 Die in §§ 92 ff. BNotO geregelte staatliche Aufsicht über den Notar folgt unmittelbar aus der Übertragung staatlicher Rechtspflegeaufgaben, insbesondere der Verleihung der Urkundsbefugnis. Instrument der Aufsicht ist insbesondere die regelmäßige Geschäftsprüfung, § 93 BNotO. **Staatliche Aufsichtsstellen** sind die jeweiligen Präsidenten des Landgerichts, des Oberlandesgerichts und der oberste Vertreter der Landesjustizverwaltung (§ 92 BNotO). Die Aufsichtsbehörden werden bei ihrer Tätigkeit durch die Notarkammern unterstützt (§ 67 I BNotO). Der staatlichen Aufsicht unterliegen jeweils für den Zeitraum ihrer Bestellung alle Notare, Notarassessoren, Notariatsverwalter und Notarvertreter.

145 Die staatliche Aufsicht findet ihre **Grenze** in der **Unabhängigkeit des Notars** (§ 1 BNotO). Dies hat zur Folge, dass Amtshandlungen des Notars nicht auf ihre Zweckmäßigkeit und nur eingeschränkt auf ihre Rechtmäßigkeit hin überprüft werden dürfen (*Bohrer* Rn. 221 ff.): So hat die Aufsicht die Auslegung von Rechtsbegriffen des materiellen Rechts durch den Notar nur daran zu messen, ob die Entscheidung des Notars sorgfältig getroffen und vertretbar war; unerheblich ist, ob sie auch im Ergebnis von der Dienstaufsicht gebilligt wird (Eylmann/Vaasen/*Baumann* § 93 BNotO Rn. 9; Arndt/Lerch/Sandkühler/*Lerch* § 93 Rn. 44 ff.; *Reithmann*, Notarpraxis, Rn. A 48 ff.). Der Schwerpunkt der Aufsicht bezieht sich auf die Einhaltung des Verfahrensrechts als gesetzlicher Rahmen der Amtstätigkeit. Auch hier sind dem Notar eröffnete Beurteilungsspielräume zu beachten (*BGH* DNotZ 1972, 549; 1987, 438; 1993, 465; Schippel/Bracker/*Lemke* § 93 Rn. 12; *Weirich* DNotZ 1962, 16; *Zimmermann* DNotZ 2000, 166).

2. Ermahnung, Missbilligung

146 Leichtere Verstöße gegen das notarielle Berufsrecht (also Fälle, in denen entweder die objektive Pflichtverletzung und/oder das Verschulden geringfügig ist), können durch die Notarkammer mit einer **Ermahnung** (§ 75 BNotO) oder durch die Aufsichtsbehörde mit einer **Missbilligung** (§ 94 BNotO) geahndet werden. Bei Ermahnung und Missbilligung handelt es sich nicht um Disziplinarmaßnahmen (§§ 94 III, 97 BNotO). Innerhalb eines Monats nach Zustellung der Entscheidung kann der Notar gegen eine Ermahnung schriftlich Einspruch bei dem Vorstand der Notarkammer bzw. gegen eine Missbilligung schriftlich Beschwerde bei der Aufsichtsbehörde einlegen. Werden Einspruch bzw. Beschwerde zurückgewiesen, kann der Betroffene innerhalb eines Monats nach Zustellung der Entscheidung die Entscheidung des OLG als Disziplinargericht für Notare (§ 99 BNotO) beantragen; der Antrag ist schriftlich einzureichen und zu begründen. Das OLG entscheidet endgültig durch Beschluss (vgl. §§ 75 IV, V, 94 II BNotO).

3. Disziplinarmaßnahmen

147 Im **Disziplinarverfahren** (vgl. allgemein Arndt/Lerch/Sandkühler/*Sandkühler* § 96 Rn. 4 ff.; Eylmann/Vaasen/*Lohmann* § 96 BNotO Rn. 1 ff.) können folgende Maßnahmen verhängt werden (§ 97 BNotO):

- **Verweis.** Er bezeichnet als mildeste Disziplinarmaßnahme den Tadel eines bestimmten Verhaltens in ernster, deutlicher Form (Arndt/Lerch/Sandkühler/*Sandkühler* § 97 Rn. 26).
- **Geldbuße.** Sie kann gegen Notare bis zu 50.000 EUR, gegen Notarassessoren bis zu 5.000 EUR verhängt werden. Beruht die zu ahndende Handlung auf Gewinnsucht, kann auf Geldbuße bis zum Doppelten des erzielten Vorteils erkannt werden (§ 97 IV BNotO); zu den Bemessungsmaßstäben vgl. *BGH* DNotZ 2000, 535 m. Anm. *Feuerich*.
- **Entfernung vom bisherigen Amtssitz.** Sie kommt nach § 97 II BNotO nur für den hauptberuflichen Notar in Betracht, da bei dem Anwaltsnotar das Notaramt mit der Zulassung bei einem bestimmten Gericht verbunden ist (§ 18 I BRAO).
- **Befristete Entfernung aus dem Amt.** Sie kann nur gegen den Anwaltsnotar verhängt werden. Nach Ablauf der Frist bedarf es einer erneuten Bestellung, die nur versagt werden darf, wenn sich der Betroffene zwischenzeitlich eines Verhaltens schuldig gemacht hat, das ihn unwürdig erscheinen lässt, das Amt des Notars wieder auszuüben (§ 97 III BNotO). Eine Bedürfnisprüfung findet bei dieser erneuten Bestellung nicht statt.
- **Dauernde Entfernung aus dem Amt.** Sie wird als schwerwiegendste Disziplinarmaßnahme nur verhängt, wenn ein einzelner Verstoß oder mehrere Pflichtverletzungen zusammengenommen so gravierend erscheinen, dass eine weitere Amtsausübung durch den Notar untragbar ist (zu den Maßstäben vgl. *BGH* DNotZ 2001, 566, 567 und 569; 571; 2003, 73). Eine Wiederbestellung zum Notar kann nach Ablauf einer längeren Wohlverhaltensfrist in Betracht kommen (vgl. *BGH* NJW-RR 1999, 932; enger Schippel/Bracker/*Lemke* § 97 Rn. 20; s. auch die Parallelvorschrift des § 7 Nr. 3 BRAO für die Wiederzulassung zur Rechtsanwaltschaft nach vorherigem Ausschluss). Für den Anwaltsnotar hat die dauernde Entfernung aus dem Amt zugleich die Ausschließung aus der Rechtsanwaltschaft zur Folge (§ 97 V BNotO).

Verweis und Geldbuße können nebeneinander verhängt werden (§ 97 I BNotO), die Geldbuße auch neben der Entfernung vom bisherigen Amtssitz (§ 97 II 3 BNotO).

4. Verfahren

Kraft der dynamischen Verweisung in § 96 BNotO sind grundsätzlich die Vorschriften des Bundesdisziplinargesetzes entsprechend anzuwenden (zu den in der BNotO geregelten Abweichungen vgl. Arndt/Lerch/Sandkühler/*Sandkühler* § 96 Rn. 5). Das konkrete Verfahren hängt von der zu treffenden Disziplinarmaßnahme und damit von der Schwere des Verstoßes ab:

Verweis und **Geldbuße** können durch die **Disziplinarverfügung** der Aufsichtsbehörden verhängt werden. Hierbei ist die Disziplinargewalt des Präsidenten des LG auf Geldbußen gegen Notare bis zu 10.000 EUR, gegen Notarassessoren bis zu 1.000 EUR begrenzt (§ 98 II BNotO). Die Entfernung vom bisherigen Amtssitz sowie die befristete und die dauernde Entfernung aus dem Amt setzen dagegen die Durchführung des Disziplinarklageverfahrens voraus.

Das behördliche Disziplinarverfahren wird durch den **örtlich zuständigen Präsidenten des LG als untere Aufsichtsbehörde** von Amts wegen eingeleitet (§§ 96 I 2, 92 Nr. 1, 17 I 1 BDG), kann aber auch auf Antrag des betroffenen Notars durchgeführt werden (§ 18 BDG). Der beauftragte Ermittlungsführer, der die Befähigung zum Richteramt haben muss (§ 96 II 1 BDG), hört den Betroffenen an und erhebt die notwendigen Beweise (§§ 20, 24, 30, 96 BDG). Die Notarkammer wird üblicherweise über den Fortgang des Verfahrens unterrichtet, eine förmliche Beteiligung ist jedoch nicht vorgesehen. Zum Verhältnis zwischen Disziplinarverfahren und Strafverfahren vgl. Arndt/Lerch/Sandkühler/*Sandkühler* § 96 Rn. 41 ff. Nach Abschluss der Ermittlungen wird das Verfahren eingestellt (§ 32 BDG) oder es wird eine schriftliche, mit Begründung versehene Disziplinarverfügung erlassen (§ 33 BDG). Gegen die Disziplinarverfügung kann der Betroffene innerhalb eines Monats nach Bekanntgabe **Widerspruch bei der Landesjustizverwaltung** einlegen (§§ 41, 42 BDG), sofern das Landesrecht diese Möglichkeit nicht ausgeschlossen hat (§ 96 III BDG; hierzu Schippel/Bracker/*Herrmann* § 98 Rn. 6). Hat der Widerspruch keinen Erfolg, kann die Verfügung innerhalb eines Monats nach Zustellung des Widerspruchsbescheids mit **Anfechtungsklage vor dem OLG** angegriffen werden (§ 52 BDG i. V. m. §§ 74, 81, 82 VwGO). In dem Verfahren vor dem OLG wird nicht nur die Rechtmäßigkeit, sondern auch die Zweckmäßigkeit der Disziplinarverfügung überprüft (§ 60 III BDG). Das OLG entscheidet grundsätzlich durch Urteil. Eine **Berufung zum BGH** muss entweder vom OLG oder vom BGH zugelassen werden (§§ 99, 105 BNotO i. V. m. § 64 II BDG). Das Berufungsurteil des BGH ergeht nach mündlicher Verhandlung (§ 66 BDG).

150a Die **Disziplinarklage zur Aufklärung schwerer Dienstvergehen** wird durch die Landesjustizverwaltung (bei Zuständigkeitsübertragung nach § 96 IV BNotO durch die nachgeordnete Aufsichtsbehörde) bei dem für den Amtssitz des Notars zuständigen **OLG** erhoben (§ 99 BNotO, § 52 BDG; zum Inhalt der Klageschrift vgl. Eylmann/Vaasen/*Bormann* § 99 Rn. 7 ff.). Das Gericht entscheidet aufgrund mündlicher – grundsätzlich öffentlicher (kritisch Arndt/Lerch/Sandkühler/*Sandkühler* § 96 Rn. 79) – Verhandlung durch Urteil. Hiergegen ist die **Berufung zum BGH** zulässig, die innerhalb eines Monats nach Zustellung des erstinstanzlichen Urteils schriftlich bei dem OLG einzulegen ist (§ 64 I BDG). Das Urteil des BGH ergeht wiederum nach mündlicher Verhandlung (§ 66 BDG).

150b § 54 BNotO regelt die **vorläufige Amtsenthebung**. Die Aufsichtsbehörde kann diese anordnen, wenn für den Notar eine Betreuungsentscheidung nach §§ 271 ff. FamFG getroffen worden ist, wenn sie die Voraussetzungen für eine endgültige Amtsenthebung (§ 50 BNotO) für gegeben hält oder wenn sich der Notar ohne Genehmigung der Aufsichtsbehörde länger als zwei Monate außerhalb des Amtssitzes aufhält, § 54 I BNotO. Widerspruch und Anfechtungsklage gegen diese Maßnahmen haben keine aufschiebende Wirkung, sofern das Gericht sie nicht nach § 80 VwGO ganz oder teilweise anordnet (§ 54 I 2 BNotO). Ein Anwaltsnotar kann im Zusammenhang mit einem anwaltsgerichtlichen Verfahren auch ohne Einleitung eines (notarrechtlichen) Disziplinarverfahrens durch das Disziplinargericht vorläufig des Amtes enthoben werden (§ 54 II BNotO).

Nach Einleitung eines Disziplinarverfahrens richtet sich die vorläufige Amtsenthebung nach den Vorschriften des BDG (§§ 54 I, 96 I BNotO). Die für die Erhebung der Disziplinarklage zuständige Behörde (§ 96 BDG; s. o. Rn. 150a) kann diese anordnen, wenn die endgültige Amtsenthebung überwiegend wahrscheinlich ist, die vorläufige Amtsenthebung zur Abwendung konkreter Gefahren für wichtige Gemeinschaftsgüter geboten ist und dem Grundsatz der Verhältnismäßigkeit entspricht (*BGH* DNotZ 2011, 71; Arndt/Lerch/Sandkühler/*Sandkühler* § 96 Rn. 82 ff.). Der betroffene Notar kann bei dem Disziplinargericht die Aussetzung der vorläufigen Amtsenthebung beantragen (§ 63 BDG).

150c Ist ein Notar aus dem Amt ausgeschieden, muss ein gegen ihn laufendes und noch nicht rechtskräftig abgeschlossenes Disziplinarverfahren entsprechend § 32 II Nr. 2 BDG **eingestellt** werden (*BGH* NJW 2011, 3371; *Gansen*, Disziplinarrecht in Bund und Ländern, § 32 Rn. 11, 13).

XV. Erlöschen des Amtes (Überblick)

151 Die Gründe für das Erlöschen des Notaramtes sind in § 49 BNotO abschließend aufgeführt:

(1) **Erreichen der Altersgrenze** (§ 48a BNotO) oder **Tod**. Die Notare erreichen mit dem Ende des Monats, in dem sie das 70. Lebensjahr vollenden, die Altersgrenze. Die

XV. Erlöschen des Amtes (Überblick)

Vorschrift ist verfassungsgemäß (*BVerfG* DNotZ 1993, 260) und verstößt nicht gegen das europäische Altersdiskriminierungsverbot (*BGH* DNotZ 2011, 153; 2013, 76) oder gegen das Allgemeine Gleichbehandlungsgesetz (*OLG Frankfurt* DNotZ 2007, 157). Sie gilt nicht für Notarvertreter (*BGH* DNotZ 2001, 726). Nach der Übergangsvorschrift für die 1991 eingeführte Regelung durften Notare, die zum 30.1.1998 das 58. Lebensjahr vollendet hatten, für weitere 12 Jahre im Amt bleiben.

(2) **Entlassung** (§ 48 BNotO) auf Antrag des Notars.

(3) **Bestandskräftiger Wegfall der Zulassung als Rechtsanwalt** im Fall des § 3 II **152** BNotO, es sei denn, die Zulassung bei einem Gericht ist nach § 34 Nr. 3 BRAO erloschen. Da der Anwaltsnotar sein Amt nur neben dem Beruf des Rechtsanwalts ausübt, erlischt es mit Wegfall der Zulassung als Rechtsanwalt (es sei denn, das Erlöschen beruht lediglich darauf, dass der Rechtsanwalt wegen einer Änderung der Gerichtseinteilung bei einem anderen Gericht zugelassen ist, §§ 33a, 34 Nr. 3 BRAO). Zur Frage einer möglichen Amtssitzverlegung nach § 10 I 2 BNotO bei einem Wechsel der Zulassung als Rechtsanwalt an ein anderes Gericht vgl. Arndt/Lerch/Sandkühler/*Lerch* § 47 Rn. 6 ff.

(4) **Amtsverlust infolge strafgerichtlicher Verurteilung** (§ 49 BNotO). Eine strafge- **153** richtliche Verurteilung hat für den Notar den Amtsverlust in gleicher Weise zur Folge wie für einen Landesjustizbeamten. Nach den § 24 BRRG entsprechenden Bestimmungen in den Landesbeamtengesetzen endet das Beamtenverhältnis, wenn wegen einer vorsätzlichen Tat zu einer Freiheitsstrafe von mindestens einem Jahr verurteilt worden ist oder wegen einer vorsätzlichen Tat des Friedensverrats, Hochverrats, Gefährdung des demokratischen Rechtsstaates, Landesverrats oder Gefährdung der äußeren Sicherheit auf Freiheitsstrafe von mindestens sechs Monaten erkannt worden ist. Entsprechendes gilt, wenn die Fähigkeit zur Bekleidung öffentlicher Ämter aberkannt ist oder das BVerfG nach Art. 18 GG die Verwirkung eines Grundrechts festgestellt hat.

(5) Die **Amtsenthebungsgründe** sind abschließend in § 50 BNotO genannt (die vorläu- **154** fige Amtsenthebung ist in § 54 I Nr. 2 geregelt). 1998 und 2013 sind zwei Amtsenthebungstatbestände neu eingefügt und die bisherigen Nr. 7 und 9 ergänzt worden (Nr. 5: Ausübung einer weiteren beruflichen Tätigkeit entgegen § 8 II BNotO, gemeinsame Berufsausübung oder Unterhalten gemeinsamer Geschäftsräume entgegen § 9 I oder II BNotO; Nr. 8: Gefährdung der Rechtsuchenden durch die wirtschaftlichen Verhältnisse des Notars, die Art seiner Wirtschaftsführung, *BGH* DNotZ 2009, 310; 2011, 394, oder die Durchführung von Verwahrungsgeschäften, vgl. *BGH* DNotZ 1999, 170; 2002, 236; Nr. 9: Wiederholter grober Verstoß gegen Mitwirkungsverbote gemäß § 3 I BeurkG, hierzu *BGH* DNotZ 2004, 888, oder gegen die Pflichten nach § 17 II a S. 2 Nr. 2 BeurkG).

Die Amtsenthebung nach § 50 BNotO ist – anders als die Entfernung aus dem Amt **155** durch disziplinargerichtliches Urteil (§ 97 BNotO) – keine Straf-, sondern eine **Verwaltungsmaßnahme**, die eine geordnete Rechtspflege sicherstellen soll. Sie wird durch die Landesjustizverwaltung nach Anhörung der Notarkammer ausgesprochen (in den Fällen des § 50 I Nr. 5 bis 9 BNotO ist die Feststellung, ob die Voraussetzungen für die Amtsenthebung vorliegen, auf Antrag des Notars durch die Entscheidung des OLG als Disziplinargericht zu treffen, § 50 III BNotO). Die Entscheidung der Landesjustizverwaltung kann der Notar binnen eines Monats nach Bekanntmachung durch Antrag auf gerichtliche Entscheidung nach § 111 BNotO anfechten. Die Anfechtung hat keine aufschiebende Wirkung, das Gericht kann jedoch durch einstweilige Anordnung die Vollziehung der angefochtenen Maßnahme aussetzen (vgl. *BGH* DNotZ 1982, 382; Eylmann/Vasen/*Custodis* § 111 BNotO Rn. 164 ff.). Zuständig ist im ersten Rechtszug das OLG (§ 111 III BNotO). Gegen dessen Entscheidung ist innerhalb einer Frist von zwei Wochen nach Zustellung die sofortige Beschwerde an den BGH zulässig (§ 111 IV BNotO i. V. m. § 42 BRAO). Maßgeblicher Feststellungszeitpunkt ist der Schluss der mündlichen Verhandlung (*BGH* DNotZ 2004, 882).

(6) **Entfernung aus dem Amt durch disziplinargerichtliches Urteil** (§ 97 BNotO).

(7) **Vorübergehende Amtsniederlegung** (§§ 48b, 48c BNotO). Die **vorübergehende Amtsniederlegung wegen Angehörigenbetreuung** wurde durch das Dritte Gesetz zur Änderung der BNotO mit Wirkung zum 8.9.1998 eingeführt; vgl. hierzu Eylmann/Vaasen/ *Custodis* §§ 48b, c Rn. 4 ff.; *Vaasen/Starke* DNotZ 1998, 661, 682. § 48b BNotO gewährt keinen Anspruch auf erneute Bestellung zum Notar oder Schaffung einer neuen Notarstelle (*BGH* DNotZ 2012, 310); allerdings muss die frühere Tätigkeit als Notar bei einem Bewerber, der sein Amt gemäß § 48b BNotO aus familiären Gründen für mehr als ein Jahr vorübergehend niedergelegt hatte, bei der künftigen Auswahlentscheidung nach § 6 BNotO besonders berücksichtigt werden (*BVerfG* DNotZ 2014, 298).

L II. Sonderfragen des Anwaltsnotars

Christoph Sandkühler

Übersicht

	Rn.
I. Das Notaramt des Anwaltsnotars	1–13
II. Zugang zum Anwaltsnotariat	14–28
1. Zulassungssystem	14, 15
2. Bedürfnisprüfung	16, 17
3. Ausschreibung	18
4. Persönliche Zugangsvoraussetzungen	19–24
5. Die notarielle Fachprüfung	24a–24d
6. Auswahl unter mehreren Bewerbern	25
7. Praxisausbildung nach Bestehen der notariellen Fachprüfung	25a–28
III. Abgrenzung zwischen notarieller und anwaltlicher Tätigkeit	29–34
1. Vermutung des § 24 I BNotO	29–31
2. Insbesondere: Vertretung der Beteiligten, § 24 I 1 BNotO	32–34
IV. Weitere Berufstätigkeiten, Nebentätigkeiten	35
V. Berufsverbindungen	36–47
1. Zulässige Berufsverbindungen	36–38a
2. Formen beruflicher Zusammenarbeit	39–46
3. Anzeigepflicht	47
VI. Beteiligung an einer Steuerberatungs- oder Wirtschaftsprüfungsgesellschaft	48, 49
VII. Verhinderung des Notars	50, 51
VIII. Wahrung der Unparteilichkeit	52–117c
1. Neutralitätspflicht	52, 53
2. Vermeidung des Anscheins parteilichen Verhaltens	54–57a
3. Vorkehrungen im Sinne des § 28 BNotO	58
4. Relative Mitwirkungsverbote, § 3 BeurkG	59–90
5. Frage- und Vermerkpflicht, § 3 I 2 BeurkG	91–96
6. Hinweis- und Vermerkpflicht, § 3 II BeurkG	97, 98
7. Auskunftspflicht der Personen im Sinne des § 3 I 1 Nr. 4 BeurkG	99, 100
8. Folgen eines Verstoßes gegen Mitwirkungsverbote	101–104
9. Anwaltliches Tätigkeitsverbot nach vorausgegangener notarieller Tätigkeit	105–117c
IX. Werbeverhalten, Auftreten in der Öffentlichkeit	118–125
X. Notariatsverwaltung und Aktenverwahrung	126–132

Literatur: *Bengel/Reimann,* Handbuch der Testamentsvollstreckung, 5. Aufl. 2013; *Bohrer,* Das Berufsrecht der Notare, 1991; *Eich,* Die Bewertung von Anwaltspraxen, 1999; *Feuerich/Weyland,* Bundesrechtsanwaltsordnung, 8. Aufl. 2012; *Hartung/Römermann,* Marketing und Management, 1999; *Henssler/Prütting,* Bundesrechtsanwaltsordnung, 3. Aufl. 2010; *Jung,* Der Rechtsanwalt und Notar als Mediator, in: v. Schlieffen/Wegmann, Mediation in der notariellen Praxis, 2002; *Kilian/Sandkühler/vom Stein,* Praxishandbuch Notarrecht, 2. Aufl. 2011; *Kleine-Cosack,* Das Werberecht der rechts- und steuerberatenden Berufe, 2. Aufl. 2004; *Mihm,* Berufsrechtliche Kollisionsprobleme beim Anwaltsnotar, 2000; *Möller,* Kauf, Verkauf und Fusion von Anwaltskanzleien, 1998; *Reimann/Bengel/Mayer,* Testament und Erbvertrag, 5. Aufl. 2006; *Rieger/Mihm,* Der Notar als Mediator, in: v. Schlieffen/Wegmann, Mediation in der notariellen Praxis, 2002.

I. Das Notaramt des Anwaltsnotars

Gemäß § 3 II BNotO werden in den Gerichtsbezirken, in denen am 1.4.1961 das **1** Amt des Notars nur im Nebenberuf ausgeübt worden ist, ausschließlich Rechtsanwälte für die Dauer ihrer Mitgliedschaft bei der für den Gerichtsbezirk zuständigen **Rechts-**

anwaltskammer als Notare zu gleichzeitiger Amtsausübung neben dem Beruf des Rechtsanwalts bestellt (Anwaltsnotare). Anwaltsnotare (am 1.1.2014: 5.814, vgl. http://www.bnotk.de/Notar/Statistik/index.php) werden in Berlin, Bremen, Hessen, Niedersachsen, Schleswig-Holstein, Westfalen-Lippe und in den Bezirken der Landgerichte Essen und Duisburg sowie im Bezirk des Amtsgerichts Emmerich bestellt. Sie entscheiden in eigener Verantwortung darüber, in welchem Umfang sie sich neben dem Beruf des Rechtsanwalts dem Notaramt widmen. Allerdings dürfen sie sich nicht darauf beschränken, nur den Titel eines Notars zu führen, das Amt aber tatsächlich nicht auszuüben (Arndt/Lerch/Sandkühler/*Sandkühler* § 14 Rn. 6; Schippel/Bracker/*Kanzleiter* § 14 Rn. 1). Als Rechtsanwälte sind Anwaltsnotare Freiberufler, als Notare sind sie gem. § 1 BNotO unabhängige Träger eines öffentlichen Amtes. Bezogen auf ihre notarielle Tätigkeit sind Anwaltsnotare Amtsträger, die die ihnen gesetzlich übertragenen Aufgaben im Rahmen der vorsorgenden Rechtspflege hoheitlich, aber in den Strukturen eines freien Berufes, wahrnehmen (vgl. dazu Kilian/Sandkühler/vom Stein/*Franz* § 1 Rn. 20). Als Notare üben sie einen staatlich gebundenen Beruf aus (*BVerfG* DNotZ 1987, 121; *Bohrer* Rn. 13). Die notarielle Berufsausübung steht daher unter dem Schutz des Art. 12 GG, der aber durch Sonderregelungen in Anlehnung an Art. 33 GG zurückgedrängt werden kann (BVerfGE 73, 280, 292; *BVerfG* DNotZ 2009, 702 mit Anm. *Meyer*; kritisch zu den Beschränkungen der Berufsausübungsfreiheit *Kleine-Cosack* DNotZ 2004, 327).

2   Anwaltsnotare haben sowohl das **Berufsrecht** der Rechtsanwälte als auch das in vielerlei Hinsicht strengere Berufsrecht der Notare zu beachten. Bei Konflikten geht das Berufsrecht der Notare dem anwaltlichen Berufsrecht vor.

3   Anwaltsnotare üben dasselbe Amt aus wie gem. § 3 I BNotO zur hauptberuflichen Amtsausübung bestellte Notare. Dieser Grundsatz gilt unbeschadet des Umstandes, dass für die eine oder andere Notariatsverfassung strukturbedingt exklusive Regeln gelten. Aus diesen partiellen Verselbständigungen des Berufsrechts mögen sich Versuche erklären lassen, ein eigenständiges Berufsbild (vgl. zur Problematik der Einheitlichkeit des notariellen Berufsbilds eingehend *Mihm*, Berufsrechtliche Kollisionsprobleme, S. 254 ff.) der Anwaltsnotare zu definieren. Tatsächlich trennt die Praxis der Berufsausübung insbesondere die in großen interprofessionell und überörtlich/international organisierten Berufsausübungsgemeinschaften tätigen Anwaltsnotare von den Nurnotaren wie auch von den in kleinen Einheiten oder allein tätigen Anwaltsnotaren. In jedem Fall problematisch sind Tendenzen, die unterschiedlichen Ausübungsformen des Notaramts zu institutionell voneinander geschiedenen Berufen zu erheben, um dadurch Ungleichbehandlungen der unterschiedlichen Notariatsverfassungen zu rechtfertigen (so aber das *BVerfG* in der sog. Logo-Entscheidung DNotZ 1998, 69 zum Werberecht der Anwaltsnotare m. Anm. *Schippel*, in der Wirtschaftsprüfer-Entscheidung DNotZ 1998, 754 zur Zulässigkeit der beruflichen Verbindung zwischen Anwaltsnotaren und Wirtschaftsprüfern und in DNotZ 2000, 787 zur Zulässigkeit der Beurkundung außerhalb der Geschäftsstelle).

4   Notaren wird gem. § 10 I 1 BNotO ein **Amtssitz** zugewiesen, an dem sie gem. § 10 II 2 BNotO eine Geschäftsstelle zu unterhalten haben, ohne allerdings einer Residenzpflicht zu unterliegen. Im Anwaltsnotariat müssen die notarielle Geschäftsstelle und die anwaltliche Kanzlei im Sinne des § 27 I BRAO gem. § 10 II 3 BNotO örtlich übereinstimmen. Das bedeutet, dass die Anwaltskanzlei am notariellen Amtssitz geführt werden muss; Geschäftsstelle und Kanzlei dürfen nicht voneinander getrennt werden. Denn der Anwaltsnotar soll das Notaramt dort ausüben, wo er auch den Schwerpunkt seiner anwaltlichen Tätigkeit hat, um seiner Pflicht zur Amtsbereitschaft (§ 15 I BNotO) nachkommen zu können. Eine anwaltliche Zweigstelle im Sinne des § 27 II BRAO dürfte in der Regel nicht den Mittelpunkt der anwaltlichen Tätigkeit bilden (vgl. zur Differenzierung zwischen Kanzlei und Zweigstelle *BGH* NJW 2013, 314).

Anders als Rechtsanwälte dürfen Notare ohne Genehmigung der Aufsichtsbehörde keine **Zweigstelle** einrichten oder auswärtige Sprechtage abhalten, § 10 IV BNotO. Verboten ist erst Recht die Unterhaltung mehrerer Geschäftsstellen; eine denkbare Genehmigung der Aufsichtsbehörde wird regelmäßig nicht erteilt, weil die Versorgung der Bevölkerung mit notariellen Dienstleistungen im Anwaltsnotariat flächendeckend sichergestellt ist.

Gemäß § 29 III 1 BNotO darf die **Amtsbezeichnung** des Notars nur auf demjenigen 5
Amts- oder Namensschild geführt werden, das an seinem Amtssitz auf seine Geschäftsstelle hinweist. Die Verwendung der Amtsbezeichnung auf Kanzleischildern, die nicht an der notariellen Geschäftsstelle angebracht sind, ist danach unzulässig. Dies gilt selbst dann, wenn sich ein zweites Büro der Kanzlei im selben Ort befindet wie die notarielle Geschäftsstelle (Arndt/Lerch/Sandkühler/*Sandkühler* § 29 Rn. 47; vgl. auch *BGH* DNotZ 2002, 232 zur Verwendung mehrerer Amts- oder Namensschilder).

Es entspricht indes einer verfassungsgemäßen Interpretation des § 29 II 1 BNotO, dass 6
die Amtsbezeichnung dann auf Kanzleischildern an anderen Orten als der Geschäftsstelle Verwendung finden darf, wenn in analoger Anwendung von § 29 III 2 BNotO ein deutlicher Hinweis („Notar mit Amtssitz in ...") auf den Ort der Geschäftsstelle hinzugefügt wird (Schippel/Bracker/*Schäfer* § 29 Rn. 24; wohl auch Eylmann/Vaasen/*Eylmann* § 29 BNotO Rn. 18). Das *BVerfG* hat bereits die erste Alternative von § 29 III 1 BNotO für verfassungswidrig erklärt (DNotZ 2005, 931), wonach in überörtlichen Berufsausübungsgemeinschaften die Amtsbezeichnung auf Drucksachen und anderen Geschäftspapieren nur angegeben werden durfte, wenn sie von der Geschäftsstelle des Notars aus versandt wurden. Das Gericht hat u. a. wie folgt argumentiert:

„Es genügt vielmehr, wenn die Anwaltsnotare in den Geschäftspapieren der überörtlichen Sozietät mit ihrem jeweiligen Amtssitz aufgeführt sind. Auf diese Weise erhalten die Rechtsuchenden zum einen die erforderliche Information über die Orte, an denen sich die notariellen Geschäftsstellen befinden, während zum anderen die Anwaltsnotare auf die Angabe ihrer Amtsbezeichnung nicht verzichten müssen und damit in ihrer beruflichen Außendarstellung nicht eingeschränkt werden".

Dieselbe Abwägung muss auch für die Gestaltung von Kanzleischildern gelten, denn auch Kanzleischilder dienen der beruflichen Außendarstellung. In diesem Sinne dürfte der Beschluss *BVerfG* DNotZ 2009, 792 zu interpretieren sein. Die Grenze für ein entsprechendes Informationsinteresse des rechtsuchenden Publikums wird dort zu ziehen sein, wo der Notar grundsätzlich nicht mehr beurkunden darf, nämlich gem. § 11 II BNotO außerhalb seines Amtsbezirks (vgl. dazu *BGH* NJW 2013, 1605 zur Unzulässigkeit der Beurkundungstätigkeit deutscher Notare im [europäischen] Ausland).

Grundsätzlich zulässig sind Beurkundungen außerhalb der Geschäftsstelle aber innerhalb des Amtsbereichs, solange der Notar den Anschein von Abhängigkeit oder Parteilichkeit vermeidet, den Schutzzweck des Beurkundungserfordernisses nicht gefährdet und jede amtswidrige Werbung unterlässt (*BVerfG* NJW 2000, 3486). Danach sind grundsätzlich auch Beurkundungen in einer anwaltlichen **Zweigstelle** zulässig, solange der Anwaltsnotar nicht den Eindruck erweckt, er halte auswärtige Sprechtage ab oder unterhalte eine zweite notarielle Geschäftsstelle. Davon muss aber ausgegangen werden, wenn der Notar seine Amtstätigkeit in der Zweigstelle aktiv anbietet. 6a

Beurkundet ein Notar außerhalb seines Amtssitzes, aber innerhalb seines Amtsbereiches, in den Räumlichkeiten z. B. einer überörtlichen Sozietät, bei der er gleichzeitig als Anwalt tätig ist, ohne dass er eine Genehmigung zur Unterhaltung einer weiteren Geschäftsstelle hat, verstößt er jedenfalls dann gegen das Verbot aus § 10 IV BNotO, wenn er es gleichzeitig unterlässt, die Urkundsbeteiligten auf die Entstehung einer Auswärtsgebühr nach Nr. 26 002, 26 003 KV-GNotKG hinzuweisen und nach außen den Eindruck erweckt, gebührenrechtlich mache es keinen Unterschied, ob er an seiner Geschäftsstelle oder in den auswärtigen Kanzleiräumen beurkundet (*BVerfG* ZNotP 2011, 193). 6b

Auf der Grundlage des Rundschreibens der BNotK Nr. 24/2010 vom 5.10.2010 ist 6c
das **Urkundsaufkommen** in der Zweigstelle ein wesentliches Indiz dafür, dass der Notar seine Beurkundungstätigkeit dort anbietet und dadurch in dieser Örtlichkeit faktisch eine weitere Geschäftsstelle eröffnet bzw. einen weiteren Sprechtag abhält. Wird ein be-

stimmter Anteil an der Gesamtzahl der Urkundsgeschäfte des Notars überschritten, dürfte dies nämlich im Zweifel nur aufgrund aktiven Anbietens der Amtstätigkeit an der anderen Örtlichkeit möglich sein.

6d Bei einer typisierenden Betrachtungsweise wird man von einer weiteren Geschäftsstelle bzw. von einem auswärtigen Sprechtag auszugehen haben, wenn sich der Anteil der an einer bestimmten Örtlichkeit vorgenommenen Urkundsgeschäfte auf mindestens 20% des jährlichen Urkundsaufkommens des betroffenen Notars beläuft. Die Vermutung kann widerlegt werden, wenn der Notar nachweist, dass er seine Urkundstätigkeit nicht an dieser Örtlichkeit angeboten hat, sondern die Initiative jeweils von den Beteiligten ausging. Liegt dieser Anteil unter 20 %, ist indiziell von einer gewöhnlichen Auswärtsbeurkundung auszugehen.

7 Ebenso wie zur hauptberuflichen Amtsausübung bestellte Notare unterliegen Anwaltsnotare der **Altersgrenze** des § 48a BNotO. Ihr Amt erlischt mit dem Ende des Monats, in dem sie das 70. Lebensjahr vollenden (§ 47 Nr. 1 BNotO). Die Altersgrenze ist verfassungsgemäß (*BGH* DNotZ 2013, 76). Weiter **erlischt** das Notaramt der Anwaltsnotare gem. § 47 Nr. 3 BNotO mit dem bestandskräftigen Wegfall der Zulassung zur Rechtsanwaltschaft. Wegen dieses Gleichlaufs der Zulassung als Anwaltsnotar und der Amtsausübung ist eine steuergünstige **Teilbetriebsaufgabe** durch Verzicht auf die Anwaltszulassung nicht darstellbar. Ein Anwaltsnotar kann sich berufsrechtlich auch nicht darauf beschränken, nur als Notar tätig zu sein. Deshalb ist auch der isolierte Verkauf der Anwaltspraxis mit der Vereinbarung, als Rechtsanwalt nicht mehr tätig sein zu dürfen, berufsrechtlich nicht zulässig.

8 Exklusive Regelungen für Anwaltsnotare enthält § 54 BNotO hinsichtlich der **vorläufigen Amtsenthebung.** § 54 II und III schaffen den Gleichklang zwischen notarrechtlichen Disziplinarverfahren und anwaltsgerichtlichen Verfahren, indem vorläufige Maßnahmen nach dem einen Berufsrecht auch vorläufige Maßnahmen nach dem anderen Berufsrecht nach sich ziehen können. Kraft Gesetz treten die Wirkungen der vorläufigen Amtsenthebung gem. § 54 IV BNotO ein; praktisch relevant ist vor allem Nr. 3, wonach die vorläufige Amtsenthebung fingiert wird, wenn gegen einen Anwaltsnotar der Widerruf der Zulassung zur Anwaltschaft mit sofortiger Vollziehung verfügt ist.

9 Auch auf der Ebene des **Disziplinarrechts** bzw. der Zuständigkeit der Notarkammer nach § 75 BNotO teilen die beiden gemeinsam ausgeübten Berufe ihr jeweiliges Schicksal. Ein Anwaltsnotar, gegen den im Disziplinarverfahren gem. § 97 I 1 BNotO die Entfernung aus dem Amt verhängt worden ist, verliert damit automatisch gem. § 97 V auch die Zulassung zur Anwaltschaft.

9a Verfahrensrechtlich steuert § 110 BNotO, ob die Eröffnung eines Disziplinarverfahrens oder die Einleitung eines anwaltsgerichtlichen Verfahrens nach Verfehlungen eines Anwaltsnotars angezeigt ist. Abgestellt wird darauf, ob die Verfehlungen vorwiegend mit dem einen oder dem anderen Beruf in Zusammenhang stehen. Ist dies zweifelhaft oder besteht ein solcher Zusammenhang nicht, so ist im anwaltsgerichtlichen Verfahren, andernfalls im notariellen Disziplinarverfahren zu entscheiden. Nur ein nicht zweifelhafter Zusammenhang des Pflichtenverstoßes mit dem Notaramt begründet die Disziplinargewalt der Dienstaufsicht über die Notare (*BGH* NJW-RR 2013, 622).

9b Nach der Auffassung des *BGH* (NJW-RR 2013, 622) stellt die Verletzung des anwaltlichen Tätigkeitsverbotes nach § 45 I Nr. 1 BRAO wegen notarieller Vorbefassung in derselben Rechtssache durch einen Anwaltsnotar eine Verletzung der anwaltlichen Verpflichtung zur Unabhängigkeit dar. Daher sei, wenn nicht besondere Anhaltspunkte eine andere Wertung erfordern, von einem Übergewicht der anwaltlichen Pflichtverletzung im Verhältnis zum gleichzeitig verwirklichten Verstoß des Anwaltsnotars gegen die Pflicht zur nachwirkenden Neutralität gem. § 14 I BNotO auszugehen (vgl. dazu unten Rn. 107a).

10 Nach dem Ausscheiden eines Anwaltsnotars aus dem Notaramt kann zur Abwicklung noch nicht erledigter Amtsgeschäfte gem. § 56 II BNotO ein **Notariatsverwalter** (vgl. hierzu unten Rn. 126) bestellt werden. Nicht erforderlich ist die Bestellung eines Notari-

atsverwalters, wenn einem anderen Notar gem. § 51 I BNotO die **Verwahrung** der Urkunden, Akten und Bücher des ausgeschiedenen Notars übertragen wird. Der verwahrende Notar ist als Amtsnachfolger (Eylmann/Vaasen/*Wilke* § 51 BNotO Rn. 30 f.) berechtigt und verpflichtet, begonnene Amtsgeschäfte des ausgeschiedenen Notars fortzuführen (vgl. eingehend Schippel/Bracker/*Bracker* § 51 Rn. 54 ff.). Die Verwahrung durch einen Nur-Rechtsanwalt ist ausgeschlossen, die Bestellung eines Nur-Rechtsanwalts zum Notariatsverwalter ist hingegen möglich. Für die Gesamtheit der Notare ist die Verwahrung gem. § 51 BNotO in der Regel günstiger, weil der Notarkammer – anders als bei Notariatsverwaltungen gem. § 59 BNotO – keine Kosten entstehen.

Mit dem Erlöschen des Notaramts verliert auch der Anwaltsnotar gem. § 52 I BNotO 11 die Befugnis, die **Amtsbezeichnung** „Notar" zu führen. Ist allerdings sein Amt durch Entlassung oder wegen Erreichens der Altersgrenze erloschen oder ist ihm nach Verzicht auf die Rechte aus der Zulassung zur Rechtsanwaltschaft durch die Rechtsanwaltskammer die Erlaubnis erteilt worden, sich weiterhin Rechtsanwalt zu nennen (§ 17 BRAO), kann ihm auf Antrag die Erlaubnis erteilt werden, seine Amtsbezeichnung mit dem Zusatz „außer Dienst (a. D.)" zu führen. Die Erteilung der Erlaubnis setzt nicht voraus, dass der Notar sein Amt in jeder Hinsicht pflichtgemäß ausgeübt hat. Sie kann allerdings versagt werden, wenn der frühere Notar seine Dienstpflichten in grob unredlicher Weise verletzt und dadurch das Vertrauen in die Verlässlichkeit und Sicherheit notarieller Amtsausübung schwer erschüttert hat (*BGH* DNotZ 1989, 316; Arndt/Lerch/Sandkühler/*Sandkühler* § 52 Rn. 9; Eylmann/Vaasen/*Custodis* § 52 BNotO Rn. 14).

Da das Notaramt als staatliches Amt höchstpersönlich ausgeübt wird und vertragli- 12 chen Vereinbarungen nicht zugänglich ist, stellt es kein fungibles Gut dar (Eylmann/Vaasen/*Custodis* § 47 BNotO Rn. 23; Arndt/Lerch/Sandkühler/*Lerch* § 47 Rn. 21). Gleichwohl wird in der Literatur angenommen, dass der **„good will"** einer Rechtsanwaltskanzlei mit Notariat höher anzusetzen ist als der einer Kanzlei ohne Notariat, wenn ein amtierender Anwaltsnotar das Büro übernimmt oder in eine Berufsausübungsgemeinschaft eintritt (vgl. Bundesrechtsanwaltskammer, BRAK-Mitt. 2004, 222; Hartung/Römermann/*Wollny* § 16 Rn. 26; *Möller* § 3 Rn. 261; *Eich* Rn. 31). Diese Bewertung ist angesichts der Umsatz- und Einkommensunterschiede zwischen Anwaltsnotaren einerseits und Rechtsanwälten andererseits (vgl. *Oberländer* BRAK-Mitt. 2005, 252) richtig.

Ein **Wettbewerbsverbot** in einem Sozietätsvertrag, wonach es einem Anwaltsnotar 13 nach seinem Ausscheiden aus der Berufsausübungsgemeinschaft – zeitlich und räumlich beschränkt – verboten sein soll, das Notaramt auszuüben, ist unwirksam, denn der Notar hat gem. § 15 I BNotO amtsbereit zu sein (diese Amtspflicht verkennt *OLG Schleswig* AnwBl. 2001, 258). Ebenso unwirksam dürfte ein solches Wettbewerbsverbot bezogen auf die Ausübung der anwaltlichen Tätigkeit sein, wenn der Notar faktisch aus seinem Amtssitz verdrängt würde, weil seine Geschäftsstelle, die er als Notar zu unterhalten hat und seine Kanzlei, die er als Rechtsanwalt gem. § 27 BRAO führen muss, gem. § 10 II 3 BNotO am selben Ort sein müssen.

II. Zugang zum Anwaltsnotariat

1. Zulassungssystem

Nach Inkrafttreten der BNotO im Jahr 1961 wurden Rechtsanwälte nach Absolvie- 14 rung einer zunächst 15-jährigen, dann 10-jährigen Wartezeit zu Notaren bestellt, wenn sie ihre fachliche Eignung nachweisen konnten. Dieses „Wartezeitnotariat" ist 1991 durch die Zulassung nach Bedarf und nach **Bestenauslese** (§§ 4 ff. BNotO) ersetzt worden. Die Zahl der Notarstellen im Anwaltsnotariat wurde im Laufe der Zeit durch die schrittweise Anhebung der Bedarfszahlen (Messzahlen) verringert. Das *BVerfG* (NJW 2004, 1935) hat festgestellt, dass zwar die den Zugang zum Notaramt steuernden Vorschriften der BNotO verfassungsgemäß waren, dass aber die von den Ländern auf der Grundlage von Verwaltungsvorschriften geübte Auswahlpraxis verfassungswidrig und mit dem Prinzip der Bestenauslese nicht vereinbar war (vgl. Rn. 23).

15 Es werden nur so viele Notare bestellt, wie es den Erfordernissen einer geordneten Rechtspflege entspricht (§ 4 BNotO). Zu berücksichtigen ist insbesondere das Bedürfnis nach einer angemessenen Versorgung der Rechtsuchenden mit notariellen Leistungen und die Wahrung einer geordneten Altersstruktur. Die Landesjustizverwaltungen entscheiden nach pflichtgemäßem Ermessen über **Anzahl** und Amtssitz der Notare; einen subjektiven Anspruch auf Ausschreibung einer Notarstelle oder gar auf Bestellung zum Notar gibt es nicht (*BVerfG* DNotZ 1987, 121; *BGH* DNotZ 1996, 902; 1999, 239; *Rinne* ZNotP 2002, 326; Kilian/Sandkühler/vom Stein/*Lohmann* § 7 Rn. 1).

2. Bedürfnisprüfung

16 Bedarf für die Einrichtung neuer Notarstellen besteht, wenn die Geschäfte in angemessener Zeit durch die vorhandenen Notare nicht mehr erledigt werden können. Einzelheiten sind in den Verwaltungsvorschriften der Bundesländer mit Anwaltsnotariat geregelt. Zur Ermittlung des Bedarfs wird in den meisten Bundesländern der Durchschnitt der gem. § 8 DONot in die Urkundenrolle einzutragenden Notariatsgeschäfte der letzten zwei (bzw. in Niedersachsen drei) Jahre im jeweiligen Amtsgerichtsbezirk durch die Bedürfniszahl geteilt. Liegt die Zahl der Notare unter dem Ergebnis dieser Berechnung, werden die fehlenden Stellen für den gesamten Amtsgerichtsbezirk ausgeschrieben. In Nordrhein-Westfalen werden seit 2011 die Urkundszahlen je Amtsgerichtsbezirk für die Ermittlung des Bedarfs gewichtet: Unterschriftsbeglaubigungen ohne Entwurf werden mit dem Faktor 0,2 Unterschriftsbeglaubigungen mit Entwurf mit dem Faktor 0,5 und Niederschriften voll in die Berechnung eingestellt.

17 Derzeit gelten die folgenden Messzahlen:
– Berlin: 325
– Bremen: 300
– Hessen: 450
– Niedersachsen: 450
– Nordrhein-Westfalen: 275
– Schleswig-Holstein: 400

3. Ausschreibung

18 Gem. § 6b I BNotO sind die Bewerber durch Ausschreibung (vgl. Kilian/Sandkühler/vom Stein/*Lohmann* § 7 Rn. 80) zu ermitteln; dies gilt nicht bei einer erneuten Bestellung nach einer vorübergehenden Amtsniederlegung gem. § 48c BNotO. Gemäß § 6b II BNotO ist die Bewerbung innerhalb der in der Ausschreibung, die regelmäßig im Verkündungsblatt der Justizverwaltung erfolgt, gesetzten oder von der Landesjustizverwaltung bekannt gegebenen **Frist** einzureichen; sie beträgt regelmäßig einen Monat. Die Bewerbungsfrist ist eine Ausschlussfrist. Wiedereinsetzung in den vorigen Stand kann gem. § 6b III BNotO bei Fristversäumnis beantragt werden. Bei der Auswahl unter mehreren Bewerbern können gem. § 6b IV BNotO nur solche Umstände berücksichtigt werden, die bei Ablauf der Bewerbungsfrist vorlagen. Dies schließt allerdings nicht aus, dass der **Nachweis** über besetzungsrelevante Umstände, die innerhalb der Bewerbungsfrist stattgefunden haben, erst nach Fristablauf geführt wird; in Betracht kommt z.B. die Nachreichung einer Bescheinigung über die erfolgreiche Teilnahme an Fortbildungsveranstaltungen (*BGH* ZNotP 1999, 250; Eylmann/Vaasen/*Schmitz-Valckenberg* § 6b BNotO Rn. 12).

4. Persönliche Zugangsvoraussetzungen

Folgende persönliche Zugangsvoraussetzungen sind von den Bewerbern um eine Notarstelle im Anwaltsnotariat zu erfüllen: **19**
- **Befähigung zum Richteramt,** § 5 BNotO. **20**
- **Persönliche Eignung,** § 6 I 1 BNotO: Der Ernennung eines Bewerbers stehen alle Tatbestände entgegen, die nach §§ 47, 49, 50 BNotO zum Amtsverlust eines bereits bestellten Notars führen würden. Darüber hinaus können andere charakterliche, körperliche oder geistige Mängel bei einer Bewertung aller Gesamtumstände zu einer Ablehnung des Bewerbers führen (vgl. zu Einzelfällen Eylmann/Vaasen/*Schmitz-Valckenberg* § 6 BNotO Rn. 11; Kilian/Sandkühler/vom Stein/*Harborth* § 8 Rn. 10 ff.). Ein früheres Fehlverhalten steht nach Verstreichen eines angemessenen **Bewährungszeitraums** je nach Schwere des Fehlverhaltens der Bestellung zum Notar nicht mehr entgegen (vgl. *BGH* DNotZ 1997, 884 und 894; Schippel/Bracker/*Görk* § 6 Rn. 17; Eylmann/Vaasen/*Schmitz-Valckenberg* § 6 BNotO Rn. 10). Der Bewerber hat die Merkmale der persönlichen Eignung gem. § 64a II BNotO wahrheitsgemäß und vollständig mitzuteilen (vgl. *BGH* ZNotP 2012, 349). **21**
- **Fachliche Eignung,** § 6 I, III BNotO: Die fachlichen Eignung eines Bewerbers um eine Notarstelle manifestiert sich im Ergebnis der Zweiten Juristischen Staatsprüfung (*BGH* DNotZ 1994, 332) und der notariellen Fachprüfung gem. § 7a ff. BNotO. Das Bestehen der notariellen Fachprüfung ist Regelvoraussetzung für die Ernennung zum Notar. Von dieser Soll-Vorschrift kann allenfalls „aus wichtigem Grund oder in atypischen Ausnahmefällen" (so *OLG Köln* DNotZ 2013, 231) abgesehen werden. Diese Voraussetzungen sind nicht dadurch erfüllt, dass der rechnerische Bedarf an Notarstellen im Amtsgerichtsbezirk nicht gedeckt ist (*OLG Köln* DNotZ 2013, 231). **22**
Ab dem auf das Bestehen der notariellen Fachprüfung folgenden Kalenderjahr muss der Bewerber im Umfang von mindestens 15 Zeitstunden jährlich an von den Notarkammern oder Berufsorganisationen durchgeführten notarspezifischen Fortbildungsveranstaltungen teilgenommen haben. Im Jahr einer erfolgreichen Bewerbung muss der Bewerber nach allgemeiner, aber nicht mit Gesetzescharakter verschriftlichter Auffassung, nicht an Fortbildungsveranstaltungen teilnehmen (0 Stunden). Schlägt die Bewerbung in dem betreffenden Jahr fehl, muss die Fortbildungspflicht erfüllt werden, um in den Folgejahren bewerbungsfähig zu bleiben.
- **Wartezeiten,** § 6 II Nr. 2 BNotO: Die Bestellung zum Anwaltsnotar setzt voraus, dass der Rechtsanwaltsberuf mindestens fünf Jahre in nicht unerheblichem Umfang für verschiedene Auftraggeber ausgeübt worden ist. Die anwaltliche Tätigkeit muss darüber hinaus mindestens drei Jahre ohne Unterbrechung in dem in Aussicht genommenen Amtsbereich, also dem Amtsgerichtsbezirk, in dem die Notarstelle zu besetzen ist, ausgeübt worden sein. Auch Syndikusanwälte im Sinne von § 46 BRAO können grundsätzlich die Wartezeiten erfüllen, wenn sie entsprechend den Vorgaben des § 6 II BNotO nebenberuflich in nicht unerheblichem Umfang für mehrere Auftraggeber anwaltlich tätig waren (Kilian/Sandkühler/vom Stein/*Lohmann* § 7 Rn. 27). **23**
In begründeten **Ausnahmefällen** – die schon aus Gründen der Gleichbehandlung zwingend erscheinen müssen – kann sowohl die allgemeine als auch die örtliche Wartezeit abgekürzt werden (zuletzt *BGH* DNotZ 2007, 75). Die Justizverwaltungen haben im Rahmen ihrer Ermessensausübung das Vorliegen eines Ausnahmefalles von Amts wegen zu prüfen (*BGH* DNotZ 1996, 894). Die Verpflichtung zur Einhaltung der örtlichen Wartezeit will nicht überörtliche Konkurrenz ausschalten, sondern dient dem Ziel, die Vertrautheit des Bewerbers mit den örtlichen Verhältnissen und seine wirtschaftliche und finanzielle Solidität unterstellen zu können.
Die örtliche Wartezeit erfüllt nicht, wer in dem in Aussicht genommenen Amtsbereich eine anwaltliche Zweigstelle unterhält, ohne dort in erheblichem Umfang für verschiedene Auftraggeber anwaltlich tätig zu sein (*BGH* NJW 2012, 1888).

24 – **Bestellungshindernisse:** Ständige Dienstverhältnisse, mit dem Notaramt unvereinbare Tätigkeiten (§ 8 BNotO) und unzulässige Berufsverbindungen (§ 9 BNotO) stehen der Verleihung eines Notaramts entgegen. Syndikusanwälten kann daher das Notaramt nicht verliehen werden. Auch das Anstellungsverhältnis zu einem anderen Rechtsanwalt ist ein Grund, die Bestellung zum Notar zu verweigern (Schippel/Bracker/*Kanzleiter* § 14 Rn. 30; Eylmann/Vaasen/*Frenz* § 14 BNotO Rn. 13). Eine Ausnahme hiervon gilt, wenn der Bewerber Gesellschafter und zugleich angestellter Geschäftsführer einer Rechtsanwaltskapitalgesellschaft ist (vgl. dazu unten Rn. 42 f.), solange seine organisatorische Selbständigkeit in der Amtswahrnehmung gesichert ist (dazu Arndt/Lerch/Sandkühler/*Sandkühler* § 14 Rn. 37).

5. Die notarielle Fachprüfung

24a   Zuständig für die Abnahme der notariellen Fachprüfung ist das rechtlich selbständige Prüfungsamt bei der BNotK – www.pruefungsamt-bnotk.de. Einzelheiten regelt die Notarfachprüfungsverordnung – NotFV, die auf der Homepage des Prüfungsamtes verlinkt ist. Die notarielle Fachprüfung besteht aus einem schriftlichen und einem mündlichen Teil. Der Prüfungsstoff umfasst den gesamten Bereich der notariellen Amtstätigkeit. Die schriftliche Prüfung geht mit einem Anteil von 75 % und die mündliche Prüfung mit einem Anteil von 25 % in die Gesamtnote der Fachprüfung ein. Die Prüfung darf bei Nichtbestehen einmal **ohne Einhaltung einer Karenzzeit** wiederholt werden. Zur Notenverbesserung **kann** sie einmal nach Ablauf von drei Jahren wiederholt werden.

24b   Die schriftliche Prüfung erfolgt in vier fünfstündigen Aufsichtsarbeiten. Die mündliche Prüfung beinhaltet einen Vortrag zu einer notariellen Aufgabenstellung und ein Gruppenprüfungsgespräch. Zur Prüfung kann nur zugelassen werden, wer mindestens drei Jahre als Rechtsanwalt zugelassen ist.

24c   Für die Prüfung werden **Gebühren** erhoben, deren Höhe von der Bundesnotarkammer mit Genehmigung des Bundesministeriums der Justiz festgesetzt wird. Sie betragen derzeit 3.000 EUR.

24d   Weitere Auskünfte über den Zugang zum Anwaltsnotariat und über das Prüfungsverfahren gibt die instruktive Broschüre „Der Zugang zum Anwaltsnotariat nach neuem Recht", die auf der Homepage des Prüfungsamtes zum Herunterladen zur Verfügung steht.

6. Auswahl unter mehreren Bewerbern

25   Die Reihenfolge bei der Auswahl unter mehreren geeigneten Bewerbern richtet sich nach der persönlichen und der fachlichen Eignung unter Berücksichtigung der Note des zweiten Staatsexamens und dem Ergebnis der notariellen Fachprüfung. Dabei bestimmt sich die fachliche Eignung nach einem Punktwert, der sich zu 60 % aus dem Ergebnis der notariellen Fachprüfung und zu 40 % aus dem Ergebnis des Zweiten Staatsexamens zusammensetzt.

7. Praxisausbildung nach Bestehen der notariellen Fachprüfung

25a   Vor der Bestellung zum Notar muss ein Bewerber nachweisen, dass er mit der notariellen Berufspraxis hinreichend vertraut ist. Dieser Nachweis soll in der Regel dadurch erbracht werden, dass der Bewerber nach Bestehen der notariellen Fachprüfung 160 Stunden Praxisausbildung bei einem Notar, den die für den in Aussicht genommenen Amtsbereich zuständige Notarkammer bestimmt, durchläuft. Die Praxisausbildung kann auf bis zu 80 Stunden verkürzt werden, wenn der Bewerber vergleichbare Erfahrungen als Notarvertreter oder Notariatsverwalter oder durch die erfolgreiche Teilnahme an Praxislehrgängen nachweisen kann. Näheres regeln die Ausbildungsordnungen, die die Notarkammern des Anwaltsnotariats nahezu wortgleich als Satzung erlassen haben.

26–28   Einstweilen frei.

III. Abgrenzung zwischen notarieller und anwaltlicher Tätigkeit

1. Vermutung des § 24 I BNotO

Notare sind gem. § 1 BNotO als unabhängige Träger eines öffentlichen Amtes für die Beurkundung von Rechtsvorgängen und für andere Aufgaben auf dem Gebiet der vorsorgenden Rechtspflege zuständig. Für den Bereich der freiwilligen Gerichtsbarkeit erfolgt die konkrete **Aufgabenzuweisung** abschließend (*Bohrer* Rn. 6) in den §§ 20 bis 24 BNotO.

Die in den §§ 20 bis 23 BNotO genannten Aufgaben sind Amtsgeschäfte, die nicht von Rechtsanwälten wahrgenommen werden können. Anders ist dies bei den Aufgaben im Sinne des § 24 I BNotO: Zu dem Amt des Notars gehört danach auch die sonstige **Betreuung** der Beteiligten auf dem Gebiet vorsorgender Rechtspflege, insbesondere die Anfertigung von Urkundsentwürfen und die Beratung der Beteiligten. In diesem Umfang ist der Notar auch berechtigt, soweit sich nicht aus anderen Vorschriften Beschränkungen ergeben, die Beteiligten vor Gerichten und Verwaltungsbehörden zu vertreten. Die Erstellung von Urkundsentwürfen, die Beratung der Beteiligten und erst recht die Vertretung von Beteiligten vor Gerichten und Verwaltungsbehörden sind notarielle Zuständigkeiten, die in gleicher Weise auch von Rechtsanwälten wahrgenommen werden. Wegen der jeweils unterschiedlichen Berufspflichten sowie der differenzierten Haftungs- und Kostenfolgen muss im Einzelfall eindeutig klar sein, ob der Anwaltsnotar in seiner Eigenschaft als Rechtsanwalt oder in seiner Eigenschaft als Notar tätig wird. Deshalb ordnen die **Richtlinien** der Notarkammern gem. § 67 II BNotO an, dass er rechtzeitig gegenüber den Beteiligten klarzustellen hat, ob er als Rechtsanwalt oder als Notar tätig wird. Erfolgt diese Klärung pflichtwidrig nicht, hilft die Vermutung des § 24 II BNotO weiter. Nimmt danach ein Anwaltsnotar Handlungen der in § 24 I BNotO bezeichneten Art vor (Entwurf von Urkunden, Beratung der Beteiligten, Vertretung der Beteiligten vor Gerichten und Verwaltungsbehörden), so ist anzunehmen, dass er als Notar tätig wird, wenn die Handlung dazu bestimmt ist, Amtsgeschäfte der in den §§ 20 bis 23 BNotO bezeichneten Art vorzubereiten oder auszuführen. Im Übrigen ist im Zweifel anzunehmen, dass der Anwaltsnotar als Rechtsanwalt tätig wird.

Sowohl in der anwaltlichen als auch in der notariellen Praxis gewinnt die **Mediation** zunehmend an Bedeutung. Die über den Pflichtenkatalog des § 17 BeurkG hinaus gehende Betreuung der Beteiligten, die auf einen sozialen Ausgleich unterschiedlicher Interessen unter Berücksichtigung der rechtlichen Rahmenbedingungen gerichtet ist, kann als notarielle Mediation bezeichnet werden. Die notarielle Mediation ist als Betreuung auf dem Gebiet der vorsorgenden Rechtspflege im Sinne des § 24 I BNotO Amtstätigkeit des Notars (Eylmann/Vaasen/*Hertel* § 24 BNotO Rn. 48; *Wagner* DNotZ 1998, Sonderheft zum 25. Deutschen Notartag, 34, 100 f.; *Rieger/Mihm* S. 19; und *Jung* S. 59; Meyer/Schmitz-Vornmoor DNotZ 2012, 895).

Das Mediationsgesetz hat keine besonderen Auswirkungen auf die notarielle Mediation; es gelten weiterhin für Notare die berufsrechtlichen Anforderungen neben den berufsrechtlichen Mindeststandards, die das Mediationsgesetz eingeführt hat.

2. Insbesondere: Vertretung der Beteiligten, § 24 I 1 BNotO

Die Übernahme einer Vertretung von Beteiligten vor Gerichten oder Behörden setzt ein entsprechendes Ansuchen voraus, das sich an den Notar richtet. Die Vertretung kommt nur in Angelegenheiten der vorsorgenden Rechtspflege in Betracht, denn die Vertretungszuständigkeit korrespondiert mit der Betreuungszuständigkeit des § 24 I 1 BNotO (Arndt/Lerch/Sandkühler/*Sandkühler* § 24 Rn. 53; Eylmann/Vaasen/*Hertel* § 24 BNotO Rn. 50).

33 Die Vertretungskompetenz besteht nur, soweit sich nicht aus anderen Vorschriften Beschränkungen ergeben, § 24 I 2 BNotO. Beschränkungen ergeben sich gerade für Anwaltsnotare aus der **Neutralitätspflicht** des § 14 I 2 BNotO, wie auch Abschnitt I Nr. 1.2 der Richtlinien der Notarkammern klarstellt. Der Notar darf Interessen der Beteiligten zwar gegenüber Gerichten und Behörden, nicht aber gegenüber anderen Personen wahrnehmen und vertreten (BGHZ 51, 301). Eine Vertretungsbefugnis endet, wenn in einem zunächst einseitigen Verfahren (z. B. auf Erteilung eines Erbscheins) eine andere Partei oder ein anderer Interessent auf gleicher Ebene auftritt und gegensätzliche Interessen oder Begehren verfolgt (BGHZ 51, 301; Arndt/Lerch/Sandkühler/*Sandkühler* § 24 Rn. 59 f.; Kilian/Sandkühler/vom Stein/*Bohnenkamp* § 20 Rn. 29; a. A. *Litzenburger* NotBZ 2005, 239; ihm folgend Schippel/Bracker/*Reithmann* § 24 Rn. 121 ff. vor allem bezogen auf Erbscheinsverfahren).

34 Nach Abschnitt I. Nr. 1.2. der **Richtlinienempfehlung** der BNotK hat der Notar bei der gesetzlich zulässigen Vertretung eines Beteiligten in Verfahren, insbesondere in Grundbuch- und Registersachen, in Erbscheinsverfahren, in Grunderwerbsteuer-, Erbschaft- und Schenkungsteuerangelegenheiten sowie in Genehmigungsverfahren vor Behörden und Gerichten seine Unparteilichkeit zu wahren.

IV. Weitere Berufstätigkeiten, Nebentätigkeiten

35 Zur Übernahme eines besoldeten Amtes gem. § 8 I BNotO, zur Ausübung weiterer Berufe gem. § 8 II BNotO und zur Ausübung von Nebentätigkeiten gem. § 8 III und IV BNotO vgl. Kap. L I. Rn. 22 ff.

V. Berufsverbindungen

1. Zulässige Berufsverbindungen

36 Anwaltsnotare dürfen sich gem. § 9 II BNotO mit anderen Anwaltsnotaren, mit anderen Mitgliedern einer Rechtsanwaltskammer, mit Patentanwälten, Steuerberatern, Steuerbevollmächtigten, Wirtschaftsprüfern und vereidigten Buchprüfern zur gemeinsamen Berufsausübung verbinden oder mit ihnen gemeinsame Geschäftsräume unterhalten (vgl. zu den beruflichen Verbindungen im Anwaltsnotariat *BVerfG* DNotZ 1998, 754; hierzu *Jaeger* ZNotP 2001, 2; kritisch zu der Entwicklung Eylmann/Vaasen/*Baumann* § 9 BNotO Rn. 4). Die Verbindung darf auch überörtlich erfolgen (§ 29 III BNotO).

37 Die Verbindung zur gemeinsamen Berufsausübung oder die gemeinsame Nutzung der Geschäftsräume ist nur zulässig, soweit hierdurch die persönliche und eigenverantwortliche Amtsführung sowie die Unabhängigkeit und Unparteilichkeit des Anwaltsnotars und das Recht auf freie Notarwahl nicht beeinträchtigt werden (§ 9 III BNotO; Abschnitt V Nr. 1 der Richtlinienempfehlungen der BNotK). Es obliegt dem Notar als Amtspflicht, die Ausgestaltung der Zusammenarbeit in der beruflichen Verbindung aktiv zu beeinflussen und zu organisieren, um seine Unabhängigkeit zu sichern (Abschnitt V Nr. 2 der Richtlinienempfehlungen der BNotK); er muss sicherstellen, dass er in der Berufsausübungsgemeinschaft unabhängig von deren Größe seine Amtspflichten ohne Abstriche wahren kann (Kilian/Sandkühler/vom Stein/*Sandkühler* § 11 Rn. 1 ff.). Ein Hinweis auf Mehrheitsentscheidungen der Gesellschafter im Bereich notarieller Kernpflichten (z. B. hinsichtlich des Kosteneinzugs und der Gebührenpolitik oder hinsichtlich der Amtsbereitschaft nach § 15 BNotO) ist mit § 9 III BNotO nicht zu vereinbaren.

37a Kann der Notar seine Amtspflichten in der Berufsausübungsgemeinschaft nicht einhalten, muss er aus ihr ausscheiden. Ein Notar, der nicht in der Lage ist, seine eigenverantwortliche Amtsführung zu gewähren, verstößt schon dadurch gegen § 9 III BNotO. Ein Verbleib des Anwaltsnotars in einer beruflichen Verbindung dürfte insbesondere dann

V. Berufsverbindungen

nicht in Betracht kommen, wenn die übrigen Berufsträger nicht bereit sind, dem Anwaltsnotar die notwendigen Informationen zur Führung des Beteiligtenverzeichnisses im Sinne des § 28 BNotO zur Verfügung zu stellen.

Das persönlich verliehene Notaramt als solches ist **nicht vergesellschaftungsfähig**, sondern wird außerhalb der jeweiligen Berufsausübungsgemeinschaft ausgeübt, § 59a BRAO, § 1 II PartGG, § 56 I 2 StBerG; das Notaramt kann nicht „Gegenstand privatrechtlicher Vereinbarungen sein" (Eylmann/Vaasen/*Baumann* § 9 BNotO Rn. 2). 38

Die mangelnde Sozietätsfähigkeit des Notaramts bezogen auf die Ausübung des Amts besagt aber nicht, dass Anwaltsnotarinnen und -notare ihre notariellen Einkünfte nicht in ihre Sozietät, Partnerschaft etc. einbringen dürfen (Schippel/Bracker/*Schäfer* § 17 Rn. 30a; *Maaß* AnwBl. 2007, 702; *Bohnenkamp* BRAK-Mitt. 2007, 235). Jedenfalls solange der Notar mit seinen Sozien bzw. Partnern vertraglich angemessene Abmachungen trifft, welche Einnahmen und Ausgaben zum Gegenstand haben, geht er keine Selbstbindung ein, die seine Unabhängigkeit und Unparteilichkeit beeinträchtigen könnten (a. A. *OLG Celle* NJW 2007, 2929, revidiert durch *OLG Celle* BRAK-Mitt. 2010, 97). 38a

2. Formen beruflicher Zusammenarbeit

Die denkbaren Formen gemeinsamer Berufsausübung sind in Kap. L I. Rn. 35 ff. umfassend dargestellt. Folgende Besonderheiten ergeben sich für Anwaltsnotare: 39

a) Sozietäten

Anwaltsnotare dürfen eine Sozietät (Gesellschaft bürgerlichen Rechts) nur bezogen auf ihre anwaltliche Berufsausübung eingehen (§ 59a I 3 BRAO). Es gilt der Vorbehalt zugunsten des notariellen Berufsrechts gem. § 59a I 4 BRAO. 40

b) Partnerschaftsgesellschaften

Anwaltsnotare dürfen nur in ihrer Eigenschaft als Rechtsanwalt oder als Träger eines anderen der in § 8 II BNotO genannten Berufe Mitglied einer Partnerschaftsgesellschaft sein. Die Amtsbezeichnung des Notars darf im Namen der Partnerschaft nicht erscheinen; eine solche Firmierung stellt ein Eintragungshindernis dar. 41

c) Rechtsanwaltsgesellschaft mbH

Anwaltsnotare dürfen sich nach Maßgabe des § 59e I 3 i. V. m. § 59a I 3 und 4 BRAO als Gesellschafter an Rechtsanwaltsgesellschaften mit beschränkter Haftung beteiligen (vgl. hierzu Kilian/Sandkühler/vom Stein/*Sandkühler* § 19 Rn. 25 ff.). Die notarielle Amtsausübung darf selbstverständlich nicht auf die Kapitalgesellschaft übertragen werden (Eylmann/Vaasen/*Baumann* § 9 BNotO Rn. 16). Die Beteiligung des Anwaltsnotars an der Kapitalgesellschaft richtet sich nach den Bestimmungen und Anforderungen des notariellen Berufsrechts. Die Ausübung der notariellen Amtstätigkeit unterliegt **keiner Haftungsbeschränkung**. 42

Ein Anwaltsnotar darf als **Geschäftsführer** ein Anstellungsverhältnis zu der Kapitalgesellschaft begründen. Denn nach § 59f IV BRAO ist die Unabhängigkeit der Rechtsanwälte, die Geschäftsführer der GmbH sind, bei der Ausübung des Rechtsanwaltsberufs zu gewährleisten. Unzulässig sind Einflussnahmen der Gesellschafter, namentlich durch Weisungen oder durch vertragliche Bindungen. Die Rechtsstellung der Geschäftsführer der Rechtsanwalts-GmbH muss nach den statusbildenden Normen der BRAO unabhängig sein. Weiter kann das Notaramt schon nicht Gegenstand der Kapitalgesellschaft sein. Deshalb darf die erforderliche Genehmigung gem. § 8 III Nr. 1 BNotO für die Tätigkeit als Geschäftsführer einer Rechtsanwalts-GmbH jedenfalls dann nicht versagt werden, wenn der Anwaltsnotar zugleich Gesellschafter ist (Kilian/Sandkühler/vom Stein/*Sandkühler* § 11 Rn. 39 ff.; vgl. auch *Starke* Kap. L I. Rn. 42). 43

d) Kooperationen

44 Kooperationen (vgl. hierzu § 9 BORA und Kap. L I. Rn. 49) stehen auch Anwaltsnotaren offen. Sie sind allerdings dann unzulässig, wenn sie gegen Bestimmungen des notariellen Berufsrechts verstoßen oder gar den Zweck verfolgen, Berufspflichten wie z.B. die Einhaltung der Mitwirkungsverbote oder das Verbot der Vermittlung von Urkundsgeschäften im Sinne des § 14 IV BNotO zu umgehen (Eylmann/Vaasen/*Baumann* § 9 BNotO Rn. 23). Zumindest die Kooperationen, die in Drucksachen oder elektronisch (z.B. im Internet) oder sonst wie nach außen verlautbart werden (**verfestigte Kooperationen**), sind Verbindungen zur gemeinsamen Berufsausübung, auch im Sinne von § 3 I 1 Nr. 4 BeurkG (so auch das Rundschreiben der Bundesnotarkammer vom 12.7.2000, abzurufen unter www.bnotk.de; Armbrüster/Preuß/Renner/*Armbrüster* § 3 BeurkG Rn. 67). Als Berufsausübungsgemeinschaft unterliegen sie den Restriktionen des § 9 II BNotO (Arndt/Lerch/Sandkühler/*Sandkühler* § 16 Rn. 58; Schippel/Bracker/*Görk* § 9 Rn. 1). Die Eingehung einer Kooperation mit anderen Berufsträgern als den dort genannten ist unzulässig. Zulässig ist auch die Eingehung einer Kooperation mit einer Steuerberatungsgesellschaft, nicht aber mit einer Unternehmensberatungs-GmbH, selbst wenn diese von Personen getragen werden, die den in § 9 II BNotO genannten Berufsgruppen angehören (a.A. *OLG Celle* v.11.9.2000 – Not 20/00).

e) EWIV

45 Die Einbeziehung des Notaramts in eine Europäische wirtschaftliche Interessenvereinigung (EWIV) ist nur in den Grenzen zulässig, die den Erläuterungen in Kap. L I. Rn. 46 ff. zu entnehmen sind (weitergehende Einschränkungen macht Eylmann/Vaasen/*Baumann* § 9 BNotO Rn. 22). Eine EWIV kann eine Berufsausübungsgemeinschaft – auch im Sinne des § 3 I 1 Nr. 4 BeurkG – sein, wenn sie sich auch als Mandatsverbund versteht (Eylmann/Vaasen/*Eylmann* § 3 BeurkG Rn. 33).

f) Erstreckung der notariellen Berufspflichten auf Sozii etc.?

46 Der Notar selbst muss sich von jeder Beeinflussung seiner Unparteilichkeit durch wirtschaftliche Interessen freihalten. Er darf deshalb ebenso wenig wie seine Angestellten Darlehen oder Grundstücksgeschäfte vermitteln, § 14 IV BNotO. Unter Bezugnahme auf diese Vorschrift geht der *BGH* (NJW 2001, 1569) davon aus, dass auch Rechtsanwälte, die sich mit einem Anwaltsnotar zur gemeinsamen Berufsausübung verbunden haben, keine Maklerverträge über Grundstücke schließen dürfen; verbotswidrig getroffene Vereinbarungen seien nichtig. Diese Entscheidung begegnet Zweifeln, denn der Gesetzgeber hat bei der Neufassung des § 14 IV BNotO im Jahre 1998 von einer Erstreckung der Vermittlungsverbote auf andere Berufsträger trotz der Neufassung des § 3 BeurkG abgesehen. Eine Erweiterung der anwaltlichen Berufspflichten durch Analogie ist nicht zuletzt im Hinblick auf den Beschluss des *BVerfG* zur Mitgliedschaft von Notaren in Aufsichtsräten von Genossenschaftsbanken (DNotZ 2003, 65) abzulehnen (Arndt/Lerch/Sandkühler/ *Sandkühler* § 14 Rn. 274; vgl. auch *Bultmann* AnwBl. 2003, 607).

3. Anzeigepflicht

47 Alle Notare haben gem. § 27 I BNotO eine Verbindung zur gemeinsamen Berufsausübung oder zur gemeinsamen Nutzung von Geschäftsräumen unverzüglich der Aufsichtsbehörde und der Notarkammer anzuzeigen und hierbei Name, Beruf, weitere berufliche Tätigkeiten und Tätigkeitsorte der beteiligten Berufsangehörigen anzugeben. Die Anzeigepflicht gilt für alle beruflichen Verbindungen einschließlich der sog. Sternsozietäten, wie sich aus der Bezugnahme auf § 3 I 1 Nr. 7 BeurkG ergibt. Gemäß § 27 II BNotO hat der Notar darüber hinaus auf Anforderung die **Vereinbarung über die Berufsverbindung** vorzulegen. Eine generelle Pflicht zur Einhaltung der Schriftform für Vereinbarungen über berufliche Zusammenarbeit kann dieser Vorschrift nicht entnommen werden.

Die auf Abschnitt V Nr. 2 der Richtlinienempfehlungen der BNotK basierenden Richtlinien der Notarkammern schreiben aber die Schriftform für diejenigen Vereinbarungen vor, die die persönliche und eigenverantwortliche Amtsführung sowie die Unabhängigkeit und Unparteilichkeit des Notars und das Recht auf freie Notarwahl absichern sollen. Insoweit besteht die Vorlagepflicht ohne Einschränkung (weitergehend Eylmann/Vaasen/*Baumann* § 27 BNotO Rn. 11).

VI. Beteiligung an einer Steuerberatungs- oder Wirtschaftsprüfungsgesellschaft

Nach § 14 V BNotO ist es einem Notar verboten, sich an einer Steuerberatungs- oder Wirtschaftsprüfungsgesellschaft zu beteiligen, wenn der Notar allein oder zusammen mit den Personen, mit denen er sich zur beruflichen Zusammenarbeit verbunden oder mit denen er gemeinsame Geschäftsräume hat, mittelbar oder unmittelbar einen **beherrschenden Einfluss** ausübt. Beteiligt sich ein Anwaltsnotar, der nicht zugleich Steuerberater ist, an einer Steuerberatungsgesellschaft in diesem Sinne, scheidet ein beherrschender Einfluss in der Regel aus, denn eine Steuerberatungsgesellschaft muss von Steuerberatern verantwortlich geführt werden (§§ 32 III 2, 50 I bis IV StBerG). „Verantwortliche Führung" bedeutet, dass die persönlich haftenden Gesellschafter oder die Geschäftsführer Steuerberater sein müssen. Weil die Steuerberater bestimmenden Einfluss innerhalb der Gesellschaft haben müssen, können keine Entscheidungen gegen ihren Willen getroffen werden. In einer so geführten Steuerberatungsgesellschaft kann der Anwaltsnotar keinen beherrschenden Einfluss ausüben; er darf sich also an einer Steuerberatungsgesellschaft beteiligen (Arndt/Lerch/Sandkühler/*Sandkühler* § 14 Rn. 309). **48**

Ist der Anwaltsnotar zugleich auch Steuerberater, darf er sich an einer Steuerberatungsgesellschaft auch dann beteiligen, wenn er beherrschenden Einfluss in der Gesellschaft ausübt, denn mit seiner Beteiligung nimmt er sein Recht zur Eingehung einer **Berufsausübungsgemeinschaft** gem. § 9 II BNotO wahr (Arndt/Lerch/Sandkühler/*Sandkühler* § 14 Rn. 310 ff.; so auch Eylmann/Vaasen/*Frenz* § 14 BNotO Rn. 49 mit Hinweis auf die Wirtschaftsprüferentscheidung des *BVerfG*). Für die Beteiligung an einer Wirtschaftsprüfungsgesellschaft gelten sinngemäß die gleichen Grundsätze. **49**

VII. Verhinderung des Notars

Gemäß § 39 I BNotO kann die Aufsichtsbehörde (Präsident des Landgerichts) dem Notar auf seinen Antrag hin für Zeiten seiner Abwesenheit oder Verhinderung einen Vertreter bestellen; die Vertreterbestellung steht im **Ermessen** der Aufsichtsbehörde. Eine Pflicht des Notars, einen Antrag auf Bestellung eines Vertreters bei Abwesenheiten oder Verhinderungen gleich welcher Dauer zu bestellen, besteht nicht. § 38 BNotO bestimmt lediglich, dass ein Notar, der sich länger als eine Woche von seinem Amtssitz entfernen will oder aus tatsächlichen Gründen länger als eine Woche an der Ausübung seines Amtes gehindert ist, dies der Aufsichtsbehörde unverzüglich anzuzeigen hat. Verhinderungen oder Abwesenheiten von weniger als eine Woche verlangen überhaupt keine Maßnahmen des Notars. Wenn eine Abwesenheit länger als einen Monat dauern soll, muss der Notar die Genehmigung der Aufsichtsbehörde einholen (§ 38 S. 2 BNotO). **50**

Ein Anwaltsnotar, der wegen **auswärtiger Gerichtstermine** an der Amtsausübung verhindert ist, hat zwar keinen Anspruch darauf, dass die Aufsichtsbehörde ihm jedes Mal kurzfristig einen Vertreter bestellt (*BVerfG* v. 24.6.2003 – 1 BvR 1020/03; vgl. dazu *Jaeger* ZNotP 2003, 402, 406). Wenn aber Beurkundungstermine bereits vereinbart sind und der Notar sein Amt in der Regel persönlich und nicht durch Vertreter ausübt, wäre die Verweigerung der Vertreterbestellung ermessensfehlerhaft. Die Bestellung eines **stän-** **51** digen Vertreters (§ 39 I Hs. 2 BNotO) kann nur in Ausnahmefällen in Betracht kommen (Schippel/Bracker/*Schäfer* § 39 Rn. 19; Eylmann/Vaasen/*Wilke* § 39 BNotO Rn. 38 ff.; Arndt/Lerch/Sandkühler/*Lerch/Sandkühler* § 39 Rn. 26 ff.), denn die Vertreterbestellung soll nicht zu einer Verdoppelung der Arbeitskraft des Notars führen. Einzelheiten regeln die Verwaltungsanweisungen der Länder (AVNot und Runderlasse).

VIII. Wahrung der Unparteilichkeit

1. Neutralitätspflicht

52 Das Berufsbild der Anwaltsnotare wird durch die Verpflichtung und den Anspruch geprägt, notarielle Amtswahrnehmung von der Wahrnehmung einseitiger Parteiinteressen als Rechtsanwalt strikt zu trennen. Die Neutralitätspflicht im Anwaltsnotariat manifestiert sich in notariellen Mitwirkungsverboten und in anwaltlichen Tätigkeitsverboten.

53 Zu vermeiden ist schon den **Anschein** der Parteilichkeit (§ 14 III 2 BNotO). Ergänzt wird § 14 I 2 BNotO durch § 16 BNotO. Die Neutralitätspflicht gilt danach umfassend bei allen Amtsgeschäften. § 14 I 1 2 BNotO verlangt die unparteiische Betreuung der Beteiligten. Beteiligte sind sowohl die formell als auch die materiell Beteiligten. Die Beteiligung muss sich auf dieselbe Angelegenheit erstrecken. Darunter ist der einheitliche Lebenssachverhalt zu verstehen, auf den sich das Amtsgeschäft bezieht.

2. Vermeidung des Anscheins parteilichen Verhaltens

54 Die **Trennung** zwischen Notaramt einerseits und Rechtsanwaltsberuf andererseits muss lückenlos sein. Für das rechtsuchende Publikum muss erkennbar sein, dass der Anwaltsnotar zwei verschiedene, miteinander nicht vergleichbare rechtsberatende Berufe ausübt. Deshalb ist der Notar gem. § 14 III 2 BNotO verpflichtet, jedes Verhalten zu vermeiden, das den Anschein eines Verstoßes gegen die ihm gesetzlich auferlegten Pflichten erzeugt, insbesondere den Anschein der Abhängigkeit oder Parteilichkeit.

55 Ein Notar, der den Anschein erweckt, er fördere die Interessen eines Beteiligten mehr als die eines anderen Beteiligten, begeht eine Amtspflichtverletzung. Auch wenn eine Parteilichkeit objektiv auszuschließen oder nicht feststellbar ist, handelt der Notar doch pflichtwidrig, wenn sein Verhalten aus der Sicht eines Beteiligten bei verständiger Würdigung für parteilich gehalten werden kann. Die Amtspflichtverletzung ist im Disziplinarverfahren zu prüfen. Der Notar wird sich deshalb im Zweifel der Ausübung des Amtes wegen Befangenheit gem. § 16 II BNotO enthalten.

56 Der Anschein einer Neutralitätspflichtverletzung kann seinen Ursprung in **verfestigten Mandantenbeziehungen** zu einem der Beteiligten haben. Auch wenn ein Mitwirkungsverbot im Sinne des § 3 I 1 Nr. 7 BeurkG wegen Vorbefassung nicht besteht, kann die Nähe des dem Beurkundungsersuchen zugrunde liegenden Sachverhalts zu einem laufenden oder bereits abgeschlossenen Mandat Zweifel an der Neutralität des Anwaltsnotars erwecken.

57 Der Anschein der Parteilichkeit kann auch dann entstehen, wenn der Notar den Eindruck erweckt, in die Organisation eines Beteiligten eingegliedert zu sein. Das Auftreten als „**Hausnotar**" eines Beteiligten ist deshalb bedenklich. In Fällen, in denen ein Beteiligter (z. B. ein Bauträger, ein Kreditinstitut oder eine Kommune) regelmäßig die Beurkundung durch einen bestimmten Notar wünscht, sollte der Notar darauf achten, dass er nicht gegen seinen Willen von diesem Beteiligten als Hausnotar vereinnahmt wird und dass die Freiheit der Notarwahl bestehen bleibt. Der Notar muss deshalb darauf achten, dass sein Name nicht in Verkaufsprospekten z. B. für Kapitalanlagen oder für Immobilien erwähnt wird. Ebenso unpassend ist es, wenn eine politische Gemeinde bei der Vergabe von Bauplätzen ohne Abstimmung mit dem Erwerber den Notar per Rundschreiben vorgibt. Der Eindruck einer Neutralitätspflichtverletzung kann auch entstehen,

VIII. Wahrung der Unparteilichkeit L II

wenn der Notar auf Wunsch eines Beteiligten in *dessen* Geschäftsräumen Amtsgeschäfte, die nicht nur einseitig sind, vornimmt. Gleiches gilt, wenn der Notar auf Wunsch eines Bauträgers oder einer Immobilienvertriebsorganisation für (Sammel-)Beurkundungen außerhalb seiner Geschäftsstelle in räumlicher Nähe zu den Immobilien zur Verfügung steht und ihm die Interessenten nach der Besichtigung der Objekte durch den Initiator „zugeführt" werden.

Auch beim **Vollzug** eines von ihm beurkundeten Rechtsgeschäfts darf der Notar nicht einseitig die Interessen eines Beteiligten gegen die eines anderen wahrnehmen. Er darf deshalb einen säumigen Vertragspartner nicht mahnen oder gar Verzugsfolgen geltend machen. Deshalb ist der Notar nicht dazu berufen, über Grund und Höhe von Verzugszinsen zu entscheiden, z. B. im Rahmen der Abwicklung eines Verwahrungsgeschäftes. 57a

3. Vorkehrungen im Sinne des § 28 BNotO

§ 28 BNotO verpflichtet den Notar, durch geeignete Vorkehrungen die Wahrung der Unabhängigkeit und Unparteilichkeit seiner Amtsführung, insbesondere die Einhaltung der Mitwirkungsverbote **sicherzustellen**. Gem. § 67 I Nr. 6 BNotO können die Notarkammern in den von ihnen zu erlassenden Richtlinien Regelungen „über die Art der nach § 28 zu treffenden Vorkehrungen" vorsehen. Die Richtlinienempfehlung der BNotK sieht in Abschnitt VI. vor, dass der Notar sich vor Übernahme einer notariellen Amtstätigkeit in zumutbarer Weise zu vergewissern hat, dass Kollisionsfälle im Sinne des § 3 I BeurkG nicht bestehen. Zudem muss er nach der (für ihn unverbindlichen) Richtlinienempfehlung **Beteiligtenverzeichnisse** oder sonstige zweckentsprechende Dokumentationen zu führen, die eine Identifizierung der in Betracht kommenden Personen ermöglichen. Konkretisiert wird diese Verpflichtung in § 15 DONot. Das Beteiligtenverzeichnis muss alle außernotariellen Mandate nicht nur des Notars selbst, sondern aller Berufsträger erfassen, mit denen er im Sinne des § 3 I 1 Nr. 4 BeurkG zur beruflichen Zusammenarbeit verbunden ist. Die Richtlinienempfehlung sieht weiter vor, dass der Notar dafür Sorge zu tragen hat, dass eine zur Erfüllung der Verpflichtungen aus § 3 I BeurkG erforderliche **Offenbarungspflicht** zum Gegenstand einer entsprechenden schriftlichen Vereinbarung gemacht wird, die der gemeinsamen Berufsausübung oder der Nutzung gemeinsamer Geschäftsräume zugrunde liegt. Die Richtlinienempfehlung ist in unterschiedlicher Weise durch die Notarkammern umgesetzt worden (Internetabruf der Richtlinien unter www.bnotk.de/Berufsrecht). 58

4. Relative Mitwirkungsverbote, § 3 BeurkG

Gemäß § 3 BeurkG **soll** der Notar in den dort genannten Fällen (vgl. die Übersicht Kap. G Rn. 21) seine Mitwirkung verweigern. Die Mitwirkungsverbote begründen eine **unbedingte Amtspflicht**, sich der Beurkundung zu enthalten; ein Ermessen ist dem Notar nicht eingeräumt (Eylmann/Vaasen/*Eylmann* § 3 BeurkG Rn. 2; *Mihm* DNotZ 1999, 8). Ebenso wenig ist das Mitwirkungsverbot in das Belieben der Beteiligten gestellt; es ist **nicht disponibel** (Arndt/Lerch/Sandkühler/*Sandkühler* § 16 Rn. 5; *Mihm* S. 96). Auch wenn alle Beteiligten mit der Beurkundung trotz eines bestehenden Mitwirkungsverbotes einverstanden sind, bleibt es bei der Amtspflichtverletzung durch den Notar. Die Mitwirkungsverbote gelten auch für Amtsgeschäfte, die im Allgemeinen nicht geeignet sind, die Unparteilichkeit des Notars zu beeinträchtigen, wie Testamente, Eigentümergrundschuld mit Zwangsvollstreckungsunterwerfung oder Unterschriftsbeglaubigungen (vgl. Arndt/Lerch/Sandkühler/*Sandkühler* § 16 Rn. 5; ausführlich zu den Mitwirkungsverboten Kilian/Sandkühler/vom Stein/*Elsing* § 16). 59

a) Persönlicher Anwendungsbereich

Die Mitwirkungsverbote des § 3 BeurkG gelten für alle **Beurkundungspersonen** (Armbrüster/Preuß/Renner/*Armbrüster* § 3 Rn. 4 ff.). Sie sind daher von Notaren sowie 60 von Notarvertretern und Notariatsverwaltern zu beachten, die jeweils denselben Amtspflichten unterliegen wie die Notare selbst (§§ 39 IV, 57 I BNotO). In Fällen, in denen zwar nicht in der Person des vertretenen Notars, wohl aber in der Person des Notarvertreters ein Mitwirkungsverbot z. B. wegen anwaltlicher Vorbefassung besteht, muss der Notarvertreter die Beurkundung ablehnen. Der **Vertreter** muss sich der Amtsausübung gem. § 41 II BNotO darüber hinaus auch dann enthalten, wenn dem von ihm vertretenen Notar die Amtsausübung untersagt wäre. Dies bedeutet für die Mitwirkungsverbote, dass der Notarvertreter an einer Amtshandlung gehindert ist, wenn zwar nicht in seiner Person, wohl aber in der Person des von ihm vertretenen Notars ein Mitwirkungsverbot besteht.

b) Sachlicher Anwendungsbereich

61 Der sachliche Anwendungsbereich des § 3 BeurkG umfasst die **gesamte Urkundstätigkeit** des Notars. Die Mitwirkungsverbote sind daher nicht nur bei der Niederschrift von Willenserklärungen gem. § 8 BeurkG und bei der Beurkundung von Verfügungen von Todes wegen gem. §§ 27 ff. BeurkG zu beachten, sondern auch bei der Protokollierung anderer Erklärungen im Sinne der §§ 36 ff. BeurkG (einschließlich Eide und eidesstattlicher Versicherungen) und der Niederlegung von Vermerken über tatsächliche Vorgänge im Sinne der §§ 39 ff. BeurkG (Arndt/Lerch/Sandkühler/*Sandkühler* § 16 Rn. 8 ff.; *Winkler* § 3 Rn. 16 f.; Armbrüster/Preuß/Renner/*Armbrüster* § 3 Rn. 11 ff.; *Mihm* DNotZ 1999, 8, 10; *dies.*, Berufsrechtliche Kollisionsprobleme, S. 98; *Scholz* AnwBl. 2000, 310). Hierzu zählen die Unterschriftsbeglaubigung (§ 40 BeurkG), die Beglaubigung der Zeichnung einer Namensunterschrift (§ 41 BeurkG) und die Beglaubigung einer Abschrift (§ 42 BeurkG). Deshalb sind auch bei Beglaubigungen die Frage nach der Vorbefassung im Sinne des § 3 I 2 BeurkG zu stellen und der Pflichtvermerk aufzunehmen (*Winkler* § 3 Rn. 17).

62 § 16 I BNotO erstreckt die Mitwirkungsverbote darüber hinaus auf **sämtliche Amtsgeschäfte**, die nicht Beurkundungen im Sinne des BeurkG sind. Das Eingreifen eines Mitwirkungsverbotes ist somit bei der Übernahme eines Verwahrungsgeschäftes ebenso zu prüfen wie bei Notarbestätigungen oder bei der Betreuung der Beteiligten im Sinne des § 24 I BNotO (einschließlich Entwurfstätigkeit auf einseitiges Verlangen). Hieraus folgt, dass die Mitwirkungsverbote auch diejenigen Amtsgeschäfte erfassen, die zur Abwicklung eines Amtsgeschäftes erforderlich sind. Stellt sich nach der Beurkundung während der Abwicklungsphase heraus, dass der Notar einem Mitwirkungsverbot unterliegt (z. B. wegen anwaltlicher Vorbefassung), muss er die weitere Abwicklung unterlassen; sie kann durch einen Ersatznotar im Sinne des § 45 I BNotO erfolgen.

c) Begriff der Angelegenheit

63 Die Mitwirkungsverbote knüpfen an „Angelegenheiten" der verschiedenen Personenkreise an. Um bereits den Anschein mangelnder Unabhängigkeit und Unparteilichkeit zu verhindern, darf der Begriff der Angelegenheiten nicht zu eng ausgelegt werden. Angelegenheit im Sinne der Vorschrift ist zunächst der **Lebenssachverhalt**, auf den sich die Beurkundungstätigkeit des Notars bezieht (Arndt/Lerch/Sandkühler/*Sandkühler* § 16 Rn. 14; Schippel/Bracker/*Schäfer* § 16 Rn. 17). Um Angelegenheiten einer Person handelt es sich, wenn sie sachlich an dem Amtsgeschäft beteiligt ist. Das sind diejenigen, deren Rechte, Pflichten oder Verbindlichkeiten durch den Inhalt der Amtstätigkeit unmittelbar begründet, erweitert oder vermindert werden. Es genügt, dass die Rechte, Pflichten oder Verbindlichkeiten faktisch unmittelbar günstig oder ungünstig beeinflusst werden (Arndt/Lerch/Sandkühler/*Sandkühler* § 16 Rn. 16; *Winkler* § 3 Rn. 24; *Mihm* S. 99; Armbrüster/Preuß/Renner/*Armbrüster* § 3 Rn. 21 stellt auf Rechtsverhältnisse ab). Eine nur mittelbare, reflexartige Auswirkung der Amtstätigkeit auf die rechtlichen oder wirtschaftlichen Interessen eines Beteiligten reicht nicht aus, sie muss vielmehr eine rechtliche Bedeutung erlangen (*BGH* NJW-RR 2013, 622).

VIII. Wahrung der Unparteilichkeit

Konkret bedeutet dies: 64
- Willenserklärungen sind immer Angelegenheiten der Personen auf Erklärungs- und Empfängerseite.
- Willenserklärungen eines Vertreters oder gegenüber einem Vertreter sind Angelegenheiten sowohl des Vertreters als auch des Vertretenen (Ausnahme: Vollzugsvollmachten, auch bezogen auf Personen im Sinne des § 3 I 1 Nr. 4 BeurkG; hierzu zählen nach der Auffassung von *OLG Hamm* und *OLG Frankfurt* auch Handelsregistervollmachten; vgl. unten Rn. 71).
- Verwalter kraft Amtes (Insolvenzverwalter, Nachlassverwalter, Testamentsvollstrecker) sind Beteiligte hinsichtlich der von ihnen verwalteten Vermögen.
- Bei der Verfügung von Todes wegen sind auch die Bedachten (Erben, Vermächtnisnehmer) und die etwa als Testamentsvollstrecker benannten Personen sachbeteiligt (Arndt/Lerch/Sandkühler/*Sandkühler* § 16 Rn. 23; *Winkler* § 3 Rn. 29; Reimann/Bengel/Mayer/*Limmer* § 3 BeurkG Rn. 9), nicht aber die durch eine Auflage Begünstigten.
- Von der Aufnahme eines Erbscheinsantrags sind sämtliche Bedachten, Erbprätendenten und Pflichtteilsberechtigte betroffen.
- Rechtsgeschäfte einer juristischen Person sind grundsätzlich deren Angelegenheit, nicht aber solche ihrer Mitglieder oder Gesellschafter.
- Rechtsgeschäfte einer nicht rechtsfähigen Vereinigung (Verein, Gesellschaft bürgerlichen Rechts, oHG, KG, Partnerschaftsgesellschaft) sind Angelegenheiten der Mitglieder bzw. Gesellschafter; dies gilt trotz deren Teilrechtsfähigkeit auch für BGB-Gesellschaften (Schippel/Bracker/*Schäfer* § 16 Rn. 20a). Das Gleiche gilt für werdende juristische Personen (e.V., GmbH, AG im Gründungsstadium).
- Bei der Beglaubigung von Unterschriften handelt es sich um Angelegenheiten des Zeichners und der Personen, deren Rechtsstellung nach dem Inhalt der Urkunde berührt wird (Arndt/Lerch/Sandkühler/*Sandkühler* § 16 Rn. 32; *Winkler* § 3 Rn. 37; Armbrüster/Preuß/Renner/*Armbrüster* § 3 Rn. 34 differenziert nach reinen Unterschriftsbeglaubigungen und nach Unterschriftsbeglaubigungen mit Entwurf).
- Versammlungsbeschlüsse einer rechtsfähigen Vereinigung (rechtsfähiger Verein, Kapitalgesellschaft, eingetragene Genossenschaft) sind Angelegenheiten der Vereinigung, ihrer Organe und der teilnehmenden Mitglieder.

Im Bereich des Anwaltsnotariats sind die Mitwirkungsverbote des § 3 I 1 Nr. 4, Nr. 7 65 und Nr. 8 BeurkG von herausragender Bedeutung (vgl. im Übrigen Kap. G Rn. 32).

d) Mitwirkungsverbot im Binnenbereich einer Berufsausübungsgemeinschaft

In Angelegenheiten einer Person, mit der sich der Notar zur gemeinsamen Berufsausübung verbunden oder mit der er gemeinsame Geschäftsräume hat, darf der Notar gem. § 3 I 1 Nr. 4 BeurkG nicht mitwirken. Das Mitwirkungsverbot knüpft an eine **bestehende** Berufsausübungs- oder Bürogemeinschaft an; eine beendete berufliche Zusammenarbeit löst keine Mitwirkungsverbote mehr aus. Sie sind uneingeschränkt auch im Rahmen überörtlicher und internationaler Berufsverbindungen zu beachten. Eine Verbindung zu gemeinsamer Berufsausübung kann in folgenden Konstellationen vorliegen: 66
- örtliche und überörtliche Sozietät im Sinne einer BGB-Gesellschaft,
- Partnerschaftsgesellschaft
- Rechtsanwalts-GmbH
- Anstellungsverhältnis zu einem Rechtsanwalt
- Beschäftigung eines freien Mitarbeiters.

Die Vereinbarung einer **Kooperation** (vgl. oben Rn. 44) löst ebenfalls das Mitwirkungsverbot im Sinne der Nr. 4 aus (einschränkend Eylmann/Vaasen/*Eylmann* § 3 BeurkG Rn. 33), zumindest dann, wenn sie planmäßig angelegt und nach außen verlautbart wird. Von einer planmäßigen Kooperation ist insbesondere auszugehen, wenn sie 67 auf Drucksachen wie z. B. Briefbögen oder Kanzleibroschüren oder auf Kanzleischildern verlautbart wird (Arndt/Lerch/Sandkühler/*Sandkühler* § 16 Rn. 58; Schippel/Bracker/*Schäfer* § 16 Rn. 39b; Armbrüster/Preuß/Renner/*Armbrüster* § 3 Rn. 67). Der Kritik an dieser Auffassung (*Frenz* ZNotP 2000, 383) ist zuzugeben, dass eine verlautbarte Kooperation dem notariellen Berufsethos eher entspricht als eine verheimlichte, deren Abhängigkeitsverhältnisse weder von den Rechtsuchenden noch von der Dienstaufsicht erkannt werden können. Andererseits sind Kooperationshinweise Marketingmaßnahmen, die die Einschränkung der Berufsausübungsfreiheit rechtfertigen.

68 Eine **EWIV** (vgl. oben Rn. 45) kann eine Berufsausübungsgemeinschaft sein (Arndt/Lerch/Sandkühler/*Sandkühler* § 16 Rn. 58; Eylmann/Vaasen/*Eylmann* § 3 BeurkG Rn. 33). Es kommt darauf an, welchen Zweck sie verfolgt. Versteht sich die EWIV als Mandatsverbund, so begründet die Mitgliedschaft ein Mitwirkungsverbot in Angelegenheiten sämtlicher anderer Mitglieder der EWIV.

69 **Gemeinsame Geschäftsräume** im Sinne des § 3 I 1 Nr. 4 BeurkG bestehen jedenfalls im Sinne einer Bürogemeinschaft dann, wenn auf der Basis verabredeter gemeinsamer Raumnutzung die gemeinsame Nutzung von Einrichtungsgegenständen und/oder der Arbeitskraft von Hilfspersonen hinzutritt (*Winkler* § 3 Rn. 76; Armbrüster/Preuß/Renner/*Armbrüster* § 3 Rn. 65). Aber auch eine bloße gemeinsame Raumnutzung reicht bereits aus, wenn alle Berufsträger Zutritt zu allen Räumen haben (Eylmann/Vaasen/*Eylmann* § 3 BeurkG Rn. 33; Armbrüster/Preuß/Renner/*Armbrüster* § 3 Rn. 68). Ein Untermietverhältnis löst kein Mitwirkungsverbot aus (*Winkler* § 3 Rn. 76).

70 Der Notar darf für eine Person im Sinne der Nr. 4 auch nicht in deren Eigenschaft als **Verwalter kraft Amtes** (Insolvenz- und Zwangsverwalter, Nachlassverwalter, Testamentsvollstrecker) tätig werden. Denn bei Geschäften, die die verwalteten Vermögen betreffen, handelt es sich um eigene Angelegenheiten der Verwalter (Arndt/Lerch/Sandkühler/*Sandkühler* § 16 Rn. 20). Dem Notar ist es deshalb auch untersagt, die Bestellung einer Person im Sinne der Nr. 4 zum Testamentsvollstrecker zu beurkunden (vgl. Kap. G Rn. 38).

71 Eine Person im Sinne der Nr. 4 darf grundsätzlich auch nicht als **Vertreter** von Beteiligten an Amtsgeschäften des Notars mitwirken, denn ein Vertreterhandeln stellt sowohl für den Vertretenen als auch für den Vertreter eine eigene Angelegenheit dar (oben Rn. 64). Allgemein anerkannt ist indes eine Einschränkung des Mitwirkungsverbots für die Fälle, in denen dem Sozius als Vertreter der Beteiligten lediglich eine **Vollzugs-, Durchführungs- oder Abwicklungsvollmachten** erteilt wird oder er von dieser Vollmacht vor seinem Sozius als Notar Gebrauch macht (Arndt/Lerch/Sandkühler/*Sandkühler* § 16 Rn. 61; Schippel/Bracker/*Schäfer* § 16 Rn. 69; Armbrüster/Preuß/Renner/*Armbrüster* § 3 Rn. 71). Die Unabhängigkeit und Unparteilichkeit des Notaramts kann durch derartige Vollmachten nicht beeinträchtigt werden.

72 § 3 I 1 Nr. 4 BeurkG enthält kein Verbot der Beurkundung unter Beteiligung nicht volljuristischer **Angestellter** des Notars oder ihm zur Ausbildung zugewiesener Referendare (Arndt/Lerch/Sandkühler/*Sandkühler* § 16 Rn. 59; Harborth/Lau DNotZ 2002, 416). Auch ist es ihm nicht untersagt, Beurkundungen unter Beteiligung der **Ehegatten** oder anderer naher Verwandter (mit Ausnahme minderjähriger Kinder wegen § 3 I 1 Nr. 5 BeurkG) der Personen im Sinne der Nr. 4 vorzunehmen (*Winkler* § 3 Rn. 79; Eylmann/Vaasen/*Eylmann* § 3 BeurkG Rn. 33). Zur Vermeidung des bösen Scheins der Parteilichkeit bietet es sich in diesen Fällen freilich an, weitere Beteiligte auf das familiäre Näheverhältnis hinzuweisen.

e) Mitwirkungsverbot wegen Vorbefassung

73 **aa) Anwendungsbereich.** Nach § 3 I 1 Nr. 7 BeurkG unterliegt der Notar einem Mitwirkungsverbot bei oder nach außernotarieller Vorbefassung. Es besteht in Angelegenheiten, in denen er oder sein Sozius etc. (Person im Sinne der Nr. 4) außerhalb des Notaramts tätig war oder ist. Auch das Mitwirkungsverbot wegen Vorbefassung ergreift ohne Ausnahme sämtliche Amtstätigkeiten des Notars; erfasst werden auch Unter-

schrifts- und sonstige Beglaubigungen. Die Gegenmeinung, die auf den Charakter der Unterschriftsbeglaubigung als reine Identitätsfeststellung abstellt, zu der eine Vorbefassung nicht denkbar sei (*Lerch* BWNotZ 1999, 41; *Maass* ZNotP 1999, 178), verkennt die dem Notar durch § 40 II BeurkG auferlegte Prüfungspflicht (Arndt/Lerch/Sandkühler/*Sandkühler* § 16 Rn. 71).

bb) Tatbestand. Das Mitwirkungsverbot setzt voraus, dass der Notar oder eine Person 74 im Sinne der Nr. 4 in derselben Angelegenheit außerhalb der Amtstätigkeit bereits tätig war oder ist (zum Erfordernis einer „Tätigkeit" vgl. *Mihm* DNotZ 1999, 8, 17). Mit dem Inkrafttreten des Rechtsdienstleistungsgesetzes erstreckt sich das Mitwirkungsverbot auch auf die Vorbefassung im Rahmen einer sog. Sternsozietät, die nunmehr zulässig ist (vgl. dazu *Winkler* § 3 Rn. 101a; Arndt/Lerch/Sandkühler/*Sandkühler* § 16 Rn. 75).

Der Begriff „derselben Angelegenheit" darf nicht eng ausgelegt werden (vgl. oben 74a Rn. 63; *Mihm* DNotZ 1999, 8, 18). Wenn die Amtstätigkeit des Notars Rechte, Pflichten oder Verbindlichkeiten einer Person betreffen würden, die bereits Gegenstand einer anwaltlichen oder sonstigen Vortätigkeit des Notars oder einer mit ihm zur beruflichen Zusammenarbeit verbundenen Person ist oder war, muss der Notar seine Amtstätigkeit versagen. In Zweifelsfragen hat er das Gebot der Vermeidung des bösen Scheins einer Neutralitätspflichtverletzung (§ 14 III 2 BNotO) zu beachten.

Erfasst wird jede Vorbefassung beruflicher, geschäftlicher oder sonstiger Art, etwa als 75 Rechtsanwalt, Steuerberater oder Wirtschaftsprüfer. Auch **abgeschlossene** anwaltliche Mandate oder Vortätigkeiten lösen ein Mitwirkungsverbot aus; die Vorbefassung kann bereits vor der Bestellung zum Notar beendet gewesen sein (*Maaß* ZNotP 1999, 178). Gem. § 3 II 1Alt. 1 BeurkG besteht dem Wortlaute nach zwar kein Mitwirkungsverbot, sondern lediglich eine Belehrungs- und Vermerkpflicht in den Fällen, in denen der Notar in derselben Angelegenheit, die Gegenstand der amtlichen Tätigkeit sein soll, ein bereits abgeschlossenes Mandat geführt hat. Indes ist 3 I 1 Nr. 7 BeurkG lex specialis (Arndt/Lerch/Sandkühler/*Sandkühler* § 16 Rn. 103; *Winkler* § 3 Rn. 172). Es ist unerheblich, ob die Vorbefassung in parteilicher Interessenwahrnehmung erfolgt ist oder nicht. Es kommt auch nicht darauf an, ob ein parteiliches Verhalten des Notars unter Berücksichtigung der Vorbefassung überhaupt denkbar ist.

Ein auf Vorbefassung beruhendes Mitwirkungsverbot kann auch im **außerberuflichen** 76 **Handeln** des Notars seinen Ursprung finden (Schippel/Bracker/*Schäfer* § 16 Rn. 50). So unterliegt ein Notar einem Mitwirkungsverbot in Angelegenheiten, mit denen er als Mitglied des **Aufsichtsrates** oder eines sonstigen gem. § 3 III Nr. 1 BeurkG privilegierten Organs befasst war (Arndt/Lerch/Sandkühler/*Sandkühler* § 16 Rn. 78 f.; Schippel/Bracker/*Schäfer* § 16 Rn. 85; *Mihm* DNotZ 1999, 8, 16; *Maaß* ZNotP 1999, 178; a. A. *Winkler* § 3 Rn. 185; Eylmann/Vaasen/*Eylmann* § 3 BeurkG Rn. 42; *Grziwotz*/ Heinemann § 3 Rn. 45). Von dieser Einschränkung der Privilegierung durch § 3 II BeurkG scheint auch das *BVerfG* auszugehen, das in seiner Entscheidung zur Mitgliedschaft von Notaren in Aufsichtsräten von Genossenschaftsbanken (DNotZ 2003, 65) ausgeführt hat, der Notar unterliege auch in diesen Funktionen den Ge- und Verboten des § 3 BeurkG. Der Notar, der Mitglied eines Kirchenvorstandes ist, darf einen Erbbaurechtsvertrag nicht beurkunden, wenn er organschaftlich über die Ausgabe des Erbbaurechts beschlossen hat. Ebenso wenig darf er als Mitglied des Aufsichtsrates einer Genossenschaftsbank die Sicherungsrechte für einen Kredit beurkunden, mit dessen Vergabe er befasst war. Abzustellen ist jeweils auf die konkrete Angelegenheit.

Das Mitwirkungsverbot wegen Vorbefassung wirkt **mandatsbezogen,** nicht mandanten- 77 bezogen (*Mihm* DNotZ 1999, 8, 18; Armbrüster/Preuß/Renner/*Armbrüster* § 3 Rn. 87). Die konkrete Angelegenheit muss Gegenstand der Vorbefassung gewesen sein. Allein der Umstand, dass ein Beteiligter in anderen Angelegenheiten z. B. anwaltlich durch eine Sozietät betreut wird, ist für die Übernahme des notariellen Amtsgeschäftes unschädlich, wie § 3 II BeurkG zeigt.

78 Im Anwaltsnotariat erfolgt die Vorbefassung regelmäßig im Rahmen der Berufe gem. §§ 8 II, 9 II BNotO, die dem Notar zur eigenen Ausübung bzw. zur Eingehung einer Sozietät oder sonstigen beruflichen Verbindung offen stehen. Während die anwaltliche Vorbefassung häufig parteiliche Interessenwahrnehmung ist, kann die Vorbefassung durch einen Steuerberater oder Wirtschaftsprüfer durchaus **neutral** erfolgen. Dies ändert jedoch nichts an dem Entstehen des Mitwirkungsverbotes (vorbehaltlich der Ausnahmeregelung des § 3 I 1 Nr. 7). Die Beurkundung von Geschäftsvorgängen, die mit der Festlegung wirtschaftlicher oder steuerlicher Ziele eines Unternehmens nach entsprechender Beratung durch den Steuerberater oder Wirtschaftsprüfer korrespondieren, ist dem Anwaltsnotar untersagt (Eylmann/Vaasen/*Eylmann* § 3 BeurkG Rn. 49; differenzierend *Mihm*, Berufsrechtliche Kollisionsprobleme, S. 107 ff.).

79 Für dauernde Beratungsverhältnisse, wie sie insbesondere für Steuerberater oder Wirtschaftsprüfer typisch sind, aber auch in der anwaltlichen Praxis nicht selten vorkommen, hat dies zur Folge, dass aus dem mandatsbezogenen Mitwirkungsverbot ein mandantenbezogenes werden kann. Letztlich hängt dies von der Intensität der Beratung ab (Arndt/Lerch/Sandkühler/*Sandkühler* § 16 Rn. 76; *Mihm* DNotZ 1999, 8, 19; *Vaasen/Starke* NJW 1998, 671).

80 Unbenommen ist es Anwaltsnotaren, notwendige Sachverhaltsklärungen und konzeptionelle Gespräche im Vorfeld eines notariellen Amtsgeschäftes gem. § 24 I BNotO (selbständige Betreuungstätigkeit) als Notar vorzunehmen. Auch ist es einem Anwaltsnotar unbenommen, zur Vorbereitung einer Urkunde die Beratung eines Steuerberaters oder Wirtschaftsprüfers, der Mitglied der Berufsausübungsgemeinschaft ist, in Anspruch zu nehmen (vgl. BT-Drucks. 13/4184, 37). Eine eigenständige Beauftragung des Steuerberaters oder Wirtschaftsprüfers durch die Beteiligten mit daraus folgenden eigenen Honoraransprüchen würde freilich zum Ausschluss des Anwaltsnotars führen.

81 Unschädlich ist die **notarielle Vorbefassung**; sie löst kein Mitwirkungsverbot aus, denn das Neutralitätsgebot ist umfassend. Ein Notar, der einen Grundstückskaufvertrag beurkundet, ist nicht gehindert, die Grundschulden für die Käufer zu protokollieren. Hat er ein Ehegattentestament beurkundet, ist er nicht gehindert, auf Ersuchen eines Ehegatten den Widerruf der letztwilligen Verfügungen zu beurkunden und den Widerruf zustellen zu lassen. Berät der Anwaltsnotar über die Möglichkeiten der Vertragsgestaltung, ist zu prüfen, ob er als Notar oder als Rechtsanwalt tätig geworden ist (§ 24 II BNotO).

82 **cc) Ausnahmeregelung.** Das Mitwirkungsverbot gem. § 3 I 1 Nr. 7 BeurkG a. E. besteht dann nicht, wenn die Vorbefassung im Auftrag aller Personen stattgefunden hat, die an der Beurkundung beteiligt sein sollen. Abzustellen ist auf das anwaltliche Mandat oder den Auftrag an den Wirtschaftsprüfer oder Steuerberater etc. Es dürfte ausreichen, wenn nach Abschluss der Beratung durch einen Steuerberater oder Wirtschaftsprüfer nunmehr alle Beteiligten übereinstimmend den mit dem Wirtschaftsprüfer in Sozietät verbundenen Anwaltsnotar mit der Beurkundung beauftragen (Arndt/Lerch/Sandkühler/*Sandkühler* § 16 Rn. 84; Armbrüster/Preuß/Renner/*Armbrüster* § 3 Rn. 89; Schippel/Bracker/*Schäfer* § 16 Rn. 57a).

83 Der Auftrag zur Vorbefassung muss durch alle an dem Notariatsgeschäft **materiell Beteiligten** erteilt worden sein; die Beauftragung allein durch die formell Beteiligten reicht nicht aus. Unschädlich ist es, wenn sich materiell Beteiligte bei der späteren Beurkundung vertreten lassen (Arndt/Lerch/Sandkühler/*Sandkühler* § 16 Rn. 85; Schippel/Bracker/*Schäfer* § 16 Rn. 59; *Brambring* FGPrax 1998, 201; *Mihm* DNotZ 1999, 8, 20; *Vaasen/Starke* DNotZ 1998, 670).

84 In folgenden Beispielsfällen kann der Ausnahmetatbestand bejaht werden:
– Beurkundung von gesellschaftsrechtlichen Vorgängen einer Ein-Mann-GmbH;
– gesellschaftsrechtliche Beurkundungen innerhalb eines Konzerns; sämtliche Vorstände oder Geschäftsführer etc. aller beteiligten Gesellschaften haben den Auftrag zur Vorbefassung erteilt;

- erbrechtliche Beratung sämtlicher Mitglieder einer Familie, sodann Beurkundung letztwilliger Verfügungen (und von Folgegeschäften).

Nicht denkbar ist im Hinblick auf § 356 StGB, dass scheidungswillige Ehegatten gemeinsam ein anwaltliches Beratungsmandat erteilen. Der Anwaltsnotar, der das **familienrechtliche Mandat** übernommen hat, darf deshalb keine Trennungs- oder Scheidungsfolgenvereinbarung beurkunden. Die Ausnahmeregelung rechtfertigt auch nicht die Beglaubigung der Unterschrift eines Gläubigers unter einer Löschungsbewilligung, in dessen Auftrag der Anwaltsnotar oder eine mit ihm zur beruflichen Zusammenarbeit verbundene Person eine Sicherungshypothek an einem Grundstück des Schuldners hat eintragen lassen. Denn auch der Eigentümer des belasteten Grundstücks ist sachlich an der Beglaubigung der Unterschrift beteiligt (Arndt/Lerch/Sandkühler/*Sandkühler* § 16 Rn. 32; zu weiteren Anwendungsfällen vgl. *Mihm* DNotZ 1999, 820). 85

Nach Auffassung des *OLG Schleswig* (NJW 2007, 3651) verstößt ein Notar nicht gegen das Mitwirkungsverbot gem. § 3 I Nr. 7 BeurkG, wenn er einen Kaufvertrag über den Verkauf einer im Miteigentum geschiedener Eheleute stehenden vermieteten Doppelhaushälfte beurkundet, nachdem er zuvor als Rechtsanwalt im Scheidungsverfahren und im Unterhaltsprozess, dessen Gegenstand unter anderem die Mieteinnahmen waren, die Ehefrau vertreten hat. Nach dem mitgeteilten Sachverhalt waren Ansprüche aus dem ehelichen Güterrecht nicht Gegenstand des Scheidungsverfahrens. 86

dd) Reichweite der Mitwirkungsverbote bei Sozietätswechsel. Wechselt der sachbearbeitende Berufsträger die Sozietät, wird die abgebende Sozietät mit dessen Ausscheiden von einem Mitwirkungsverbot wegen Vorbefassung frei, weil eine frühere Berufsverbindung nicht von § 3 I 1 Nr. 7 i. V. m. Nr. 4 BeurkG erfasst ist. Die aufnehmende Sozietät hingegen wird von der früheren, eigenen Vorbefassung des Sozietätswechslers betroffen, weil das Mitwirkungsverbot nach § 3 I 1 Nr. 7 BeurkG nicht darauf abstellt, dass diese Tätigkeit in der gleichen Sozietät ausgeübt wurde. Waren nur frühere Sozien des Sozietätswechslers mit einer Angelegenheit befasst, nicht aber der Sozietätswechsler selbst, wird der Sozietätswechsler mit der Beendigung der Berufsverbindung von dem Mitwirkungsverbot wegen Vorbefassung frei und damit auch die neue Sozietät nicht betroffen. Eine eigene Vorbefassung des Berufsträgers setzt eine über die bloße Mitmandatierung hinausgehende aktive Befassung voraus. Erfasst sind auch vorbereitende oder unterstützende Tätigkeiten ohne Außenwirkung. Der Umstand, dass in einer Sozietät das Mandat in der Regel der gesamten Sozietät und damit auch dem Sozietätswechsler erteilt wird, löst als solches keine eigene Vorbefassung aus. Handelt es sich bei dem Sozietätswechsler um einen Sozius oder Scheinsozius der früheren Sozietät, ergibt sich ein Mitwirkungsverbot unmittelbar weder aus § 3 I 1 Nr. 7 in Verbindung mit Nr. 4 BeurkG noch generell aus der Pflicht zur Anscheinsvermeidung gem. § 14 III in Verbindung mit § 16 II BNotO. Je nach den besonderen Umständen kann sich jedoch im Einzelfall eine Pflicht zur Enthaltung von der Amtsausübung ergeben (vgl. Rundschreiben der BNotK 22/2001, abzurufen unter www.bnotk.de; vgl. auch Schippel/Bracker/*Schäfer* § 16 Rn. 39a). 87

f) Mitwirkungsverbot bei ständigen Dienst- oder Geschäftsverhältnissen etc.

§ 3 I 1 Nr. 8 BeurkG enthält drei voneinander zu unterscheidende Sachverhalte: 88
1. Angelegenheiten einer Person, die den Notar in derselben Angelegenheit bevollmächtigt hat;
2. Angelegenheiten einer Person, zu der der Notar in einem ständigen Dienst- oder ähnlichen ständigen Geschäftsverhältnis steht;
3. Angelegenheiten einer Person, zu der eine Person im Sinne der Nummer 4 in einem ständigen Dienst- oder ähnlichen ständigen Geschäftsverhältnis steht.

Die erste Variante ist Gegenstand von § 3 I 1 Nr. 7 BeurkG, die insoweit als lex specialis anzusehen ist (vgl. oben Rn. 75). Ein Anwendungsbereich verbleibt für die Fälle, in denen einem Anwaltsnotar ein anwaltliches Mandat übertragen worden ist, er eine anwaltliche Tätigkeit aber noch nicht aufgenommen hat (*Vaasen/Starke* NJW 1989, 672). Weiter ist an die Fälle zu denken, in denen eine Person dem Notar eine Generalvollmacht erteilt hat.

89 Die Variante, dass der Notar selbst in einem ständigen Dienstverhältnis oder ähnlichen ständigen Geschäftsverhältnis steht, hat wegen der Verpflichtung des Notars zur Wahrung seiner Unabhängigkeit keine praktische Bedeutung. Praktisch relevant ist freilich der Fall, dass eine Person, mit der der Notar eine Berufsausübungsgemeinschaft unterhält (Person im Sinne der Nr. 4), in einem ständigen Dienstverhältnis steht. Der Notar ist mithin an einer Tätigkeit für ein Unternehmen gehindert, wenn sein Sozius dort **Syndikus** ist.

90 Ein ständiges Dienstverhältnis liegt nur dann vor, wenn der Betroffene von dem Dienstherrn abhängig und ihm weisungsunterworfen ist. Auch für ein „ähnliches" ständiges Geschäftsverhältnis bedarf es dieser Abhängigkeit. Daraus folgt, dass auf Dauer angelegte **Beratungsmandate** § 3 I 1 Nr. 8 BeurkG ebenso wenig unterfallen wie die **Anstellungsverhältnisse** der Mitarbeiterinnen und Mitarbeiter des Notars.

5. Frage- und Vermerkpflicht, § 3 I 2 BeurkG

91 § 3 I 2 BeurkG verpflichtet den Notar – auch den **allein** praktizierenden Anwaltsnotar (Eylmann/Vaasen/*Eylmann* § 3 BeurkG Rn. 53) – vor jeder Beurkundung nach einer Vorbefassung im Sinne der Nr. 7 zu fragen und in der Urkunde die Antwort zu vermerken. Die Befragung der Beteiligten hat nach dem klaren Wortlaut der Vorschrift nicht nur bei allen Niederschriften, sondern auch bei **Unterschriftsbeglaubigungen** zu erfolgen (Arndt/Lerch/Sandkühler/*Sandkühler* § 16 Rn. 86; Eylmann/Vaasen/*Eylmann* § 3 BeurkG Rn. 53). Dies gilt auch dann, wenn an dem Amtsgeschäft nur eine Person beteiligt ist, wie z. B. bei der Beurkundung eines Testamentes. Darüber hinaus muss der Notar wegen der Erstreckung des Anwendungsbereichs des § 3 BeurkG auf sämtliche Amtstätigkeiten gem. § 16 BNotO auch bei der Übernahme sonstiger Amtstätigkeiten die Frage- und Vermerkpflicht beachten.

92 Bei **Unterschriftsbeglaubigungen** ist der Vermerk im Sinne einer Bestätigung des Notars über die durchgeführte Befragung und die ihm erteilte Antwort in den Beglaubigungsvermerk aufzunehmen (*Brambring* FGPrax 1998, 201, 202).

93 Die Pflicht zur Befragung der Erschienenen besteht nicht nur dann, wenn konkrete Anhaltspunkte für eine Vorbefassung bestehen, sondern in allen Fällen. Andererseits kann der Notar nur die **formell Beteiligten** – also die Erschienenen – über eine Vortätigkeit für die an der Urkunde materiell Beteiligten befragen; dieser Umstand rechtfertigt Zweifel an dem Sinn der Vorschrift (in dieser Richtung auch *Hermanns* MittRhNotK 1999, 359).

94 Die Frage- und Vermerkpflicht läuft leer, wenn an der Beurkundung eine **Vielzahl von Beteiligten** mitwirkt, wie z. B. bei der Beurkundung von Hauptversammlungen oder Gesellschafterversammlungen großer Publikumsgesellschaften. Es kann dem Notar nicht zugemutet werden, alle erscheinenden Gesellschafter, die zum Teil Messehallen füllen, nach einer Vorbefassung zu befragen und sodann deren Antworten zu vermerken. Zudem würde sich die Frage stellen, wie zu verfahren wäre, wenn ein Gesellschafter oder Aktionär mit dem Ziel der Störung der Hauptversammlung eine Vorbefassung lediglich behaupten würde, indem er eine Beratung durch einen Sozius des amtierenden Notars über die effektive Wahrnehmung seiner Minderheitenrechte behauptet.

95 Erscheinen **Ausländer**, deren Unterschriften der Notar beglaubigen soll und die der deutschen Sprache nicht mächtig sind, kann man die Beiziehung eines Dolmetschers nur zum Zwecke der Befragung nach einer Vorbefassung nicht verlangen; in diesem Fall kann die Frage unterbleiben (Arndt/Lerch/Sandkühler/*Sandkühler* § 16 Rn. 86).

96 Formulierungsbeispiele s. Kap. G Rn. 43.

6. Hinweis- und Vermerkpflicht, § 3 II BeurkG

Der Anwendungsbereich der Vorschrift läuft insoweit leer, als eine in der Vergangenheit liegende Tätigkeit als Bevollmächtigter der Vorbefassungsregel in § 3 I 1 Nr. 7 als lex specialis unterfällt (vgl. oben Rn. 73). Hingegen bleibt es bei der Hinweis- und Fragepflicht und der darauf basierenden Vermerkpflicht bei Beurkundungen mit mehreren Beteiligten dann, wenn der Notar in der Angelegenheit als **gesetzlicher Vertreter** tätig war oder für einen der Beteiligten in **anderer Sache** als Bevollmächtigter tätig ist; abgeschlossene Mandate werden **nicht** erfasst.

Der Notar ist nicht zu Detailangaben über den Gegenstand der Bevollmächtigung verpflichtet; es genügt die Angabe, dass er in anderer Sache als Bevollmächtigter eines Beteiligten tätig sei. Will sich ein Beteiligter damit nicht begnügen, kann er die Beurkundung ablehnen. In der Beauftragung des Notars durch den Vollmachtgeber dürfte die konkludente Befreiung von der Verschwiegenheitsverpflichtung liegen (Arndt/Lerch/Sandkühler/*Sandkühler* § 16 Rn. 104). Die vorhergehende Einholung einer Verschwiegenheitsentbindungserklärung ist nicht erforderlich (a. A. Eylmann/Vaasen/*Eylmann* § 3 BeurkG Rn. 64; *Brieske* AnwBl. 1995, 481, 483, 488).

7. Auskunftspflicht der Personen im Sinne des § 3 I 1 Nr. 4 BeurkG

§ 93 IV 2 BNotO verpflichtet Personen, mit denen sich der Notar zur gemeinsamen Berufsausübung verbunden oder mit denen er gemeinsame Geschäftsräume hat oder hatte, den Aufsichtsbehörden Auskünfte zu erteilen und Akten vorzulegen, soweit dies für die Prüfung der Einhaltung der Mitwirkungsverbote erforderlich ist. Das Einsichtsrecht bezieht sich insbesondere auf Handakten.

Das Recht und die Pflicht der genannten Personen zur **Berufsverschwiegenheit** werden durch diese Regelung erheblich eingeschränkt (die Zulässigkeit des Informationsrechts der Aufsichtsbehörden bejaht *Eylmann* NJW 1998, 2929, 2932). Große praktische Relevanz hat die Vorschrift bisher noch nicht erlangt.

8. Folgen eines Verstoßes gegen Mitwirkungsverbote

a) Amtshaftung

§ 3 BeurkG enthält relative Ausschließungsgründe, die nicht zur Nichtigkeit der Beurkundung führen. Gleichwohl sind Verstöße gegen Mitwirkungsverbote Amtspflichtverletzungen, die haftpflichtrechtliche Folgen haben können, wenn z. B. die misstrauisch gewordenen Beteiligten die Urkunde durch einen Rechtsanwalt oder durch einen anderen Notar überprüfen lassen und dafür Kosten aufwenden müssen (Zugehör/Ganter/Hertel/*Ganter* Rn. 753).

b) Kosten

Ein Verstoß des Notars gegen Mitwirkungsverbote führt im Allgemeinen nicht zur Kostenfreiheit der Beteiligten gem. § 21 I GNotKG. Denn es dürfen nur diejenigen Kosten nicht erhoben werden, die bei richtiger Behandlung der Sache nicht entstanden wären. Da eine unter Verstoß gegen das Mitwirkungsverbot vorgenommene Beurkundung nicht unwirksam ist und somit auch bei richtiger Sachbehandlung kein rechtlich anders zu beurteilendes Ergebnis der notariellen Tätigkeit vorliegen würde, ist der Notar verpflichtet, entstandene Kosten zu erheben (*Mihm* DNotZ 1999, 8, 24; differenzierend Eylmann/Vaasen/*Eylmann* § 3 BeurkG Rn. 69). Die Kosten sind allerdings niederzuschlagen, wenn der Notar erst einen Entwurf gefertigt hat und sich dann darüber klar wird, dass er insbesondere wegen Vorbefassung an dieser und weiterer Amtstätigkeit gehindert ist (*LG Arnsberg* v. 25.5.1999 – 2 T 1/99).

c) Disziplinarmaßnahmen

103 Verstöße gegen Mitwirkungsverbote sind Verstöße gegen die in § 14 I BNotO verankerte notarielle Neutralitätspflicht. Verletzt wird eine zentrale Amtspflicht, die als Dienstvergehen gem. § 95 BNotO disziplinarisch verfolgt wird. Als Disziplinarmaßnahme wird in der Regel ein Verweis oder ein Verweis mit Geldbuße (§ 97 I BNotO) verhängt, seltener nur eine Missbilligung (§ 94 BNotO).

d) Amtsenthebung

104 Gemäß § 50 I Nr. 9 BNotO ist der Notar **zwingend** seines Amtes zu entheben, wenn er wiederholt grob gegen Mitwirkungsverbote gem. § 3 I BeurkG verstößt (vgl. hierzu eingehend *Custodis* RNotZ 2005, 35). Wenn der Tatbestand erfüllt ist, besteht für die Aufsichtsbehörden kein Ermessen. Bei evidenten Verstößen gegen das Mitwirkungsverbot gem. § 3 I 1 Nr. 4 BeurkG oder wegen Vorbefassung gem. § 3 I 1 Nr. 7 BeurkG wird man einen groben Verstoß im Sinne des § 50 I Nr. 9 BNotO bejahen müssen. Allerdings kommt wegen der zu beachtenden Verfassungsgrundsätze – insbesondere die durch Art. 12 I GG geschützte Berufsfreiheit und das Verhältnismäßigkeitsgebot – eine Amtsenthebung gem. § 50 I Nr. 9 BNotO erst in Betracht, wenn nach einer Gesamtbewertung der Pflichtverletzungen die Entfernung aus dem Amt notwendig ist, um den mit den Mitwirkungsverboten des § 3 I BeurkG verfolgten Zweck zu erreichen (*BGH* NJW 2004, 1954). In dem von dem BGH entschiedenen Fall hatte der Notar in fünf Fällen evident gegen das Mitwirkungsverbot wegen anwaltlicher Vorbefassung verstoßen.

9. Anwaltliches Tätigkeitsverbot nach vorausgegangener notarieller Tätigkeit

a) Fortdauernde Neutralitätspflicht

105 Die in § 14 I 2 BNotO angeordnete strikte Unparteilichkeit endet nicht mit Beendigung der Amtstätigkeit, sondern wirkt fort. Ein Anwaltsnotar, der in einer Angelegenheit als Notar tätig war, darf nicht im Anschluss daran in derselben Angelegenheit ein anwaltliches Mandat übernehmen. Das gilt auch dann, wenn das Notaramt als solches z.B. wegen Erreichens der Altersgrenze nicht mehr ausgeübt wird. Die notarielle Neutralitätspflicht findet ihre Konkretisierung im anwaltlichen Berufsrecht:

b) § 45 I Nr. 1 BRAO – notarielle Vorbefassung

106 Gem. § 45 I Nr. 1 BRAO unterliegt der Rechtsanwalt einem anwaltlichen Tätigkeitsverbot, wenn er in derselben Rechtssache bereits als Notar, Notarvertreter oder Notariatsverwalter tätig geworden ist. Es muss sich nicht um eine Urkundstätigkeit gehandelt haben, sondern es genügt jede notarielle Amtstätigkeit im Sinne der §§ 21 bis 24 BNotO einschließlich Entwurfstätigkeit (Feuerich/Weyland/*Böhnlein* § 45 Rn. 9). Das Tätigkeitsverbot greift auch dann ein, wenn ein Interessenkonflikt tatsächlich nicht besteht (Feuerich/Weyland/*Böhnlein* § 45 Rn. 7).

107 Dieselbe Rechtssache im Sinne des § 45 I Nr. 1 BRAO liegt bereits dann vor, wenn der historische Vorgang, der dem notariellen Amtsgeschäft einerseits und dem anwaltlichen Auftrag andererseits zugrunde liegt, zumindest teilweise identisch ist. Es ist daher jeweils zu prüfen, ob eine Identität der **Lebenssachverhalte** bejaht werden muss (*Henssler/Prütting* § 45 Rn. 14, § 43a Rn. 169 ff.; Feuerich/Weyland/*Böhnlein* § 45 Rn. 7).

107a Allerdings ist es nach der Rechtsprechung des *BGH* (NJW-RR 2013, 622) erforderlich, „dass die vorangegangene notarielle Tätigkeit und der insoweit anvertraute Verfahrensstoff in dem neuen Auftragsverhältnis eine rechtliche Bedeutung erlangen kann".

108 Verstöße gegen das anwaltliche Tätigkeitsverbot wegen notarieller Vorbefassung können insbesondere in familienrechtlichen Verfahren, aber auch im Bereich des Erbrechts vorkommen. Ein Notar, der eine **Scheidungsfolgenvereinbarung** beurkundet hat, darf im

Anschluss daran nicht das anwaltliche Mandat für einen der Beteiligten in dem familienrechtlichen Verfahren übernehmen. Dies gilt auch dann, wenn das familienrechtliche Verfahren „einseitig" in der Weise bleiben soll, dass nur einer der Ehegatten einen Rechtsanwalt bestellt. Gleiches gilt in der Regel nach der Beurkundung eines Ehevertrages. Der gemeinsam durch die Ehegatten geäußerte Wunsch, der Anwaltsnotar möge das familienrechtliche Mandat trotz der Beurkundung übernehmen, ist unbeachtlich.

Gelegentlich ist die Frage zu beantworten, ob die anwaltliche Vertretung eines scheidungswilligen Ehepartners übernommen werden darf, obwohl der Rechtsanwalt zuvor als Notar ein **Ehegattentestament** oder einen Erbvertrag beurkundet hat. Die Übernahme des anwaltlichen Mandates in diesen Fällen ist problematisch: Die wechselseitigen oder gemeinsamen letztwilligen Verfügungen bleiben bis zur Rechtshängigkeit des Scheidungsantrags wirksam. Hierüber zu belehren und ggf. den Widerruf der letztwilligen Verfügungen zu empfehlen, dürfte zur anwaltlichen Beratungspflicht gehören, so dass das anwaltliche Tätigkeitsverbot eingreifen dürfte. 109

Einstweilen frei. 110

Auch die **Entwurfstätigkeit** ist Amtswahrnehmung, die ein Tätigkeitsverbot auslösen kann. Dabei ist es unerheblich, wem der Entwurf zur Kenntnis gelangt. Selbst wenn nur der Auftraggeber, nicht aber auch die in Aussicht genommenen übrigen Vertragsbeteiligten den Entwurf kennen, darf der Anwaltsnotar kein anwaltliches Mandat in der Angelegenheit mehr übernehmen. 111

Anwaltliche Mandate werden in der Regel **sämtlichen Angehörigen** einer Berufsausübungsgemeinschaft übertragen (*Grunewald* AnwBl. 2005, 437, 441). Die Übernahme eines anwaltlichen Mandates durch den Sozius des Anwaltsnotars unter Verstoß gegen die dargestellten Grundsätze führt somit unmittelbar zu einer Amtspflichtverletzung in der Person des Notars. Wegen der Erstreckung des anwaltlichen Tätigkeitsverbotes auf alle Mitglieder der Berufsausübungsgemeinschaft (§ 45 III BNotO) muss vor der Annahme eines anwaltlichen Mandats eine Kollisionskontrolle stattfinden, die auch alle notariellen Angelegenheiten erfassen muss. Ein Notar, der die Installation einer solchen Kollisionskontrolle versäumt, verstößt gegen die Amtspflichten aus § 14 I 2 BNotO und gegen das anwaltliche Berufsrecht (Feuerich/Weyland/*Böhnlein* § 45 Rn. 40), das Übergewicht im Sinne von § 110 I BNotO kommt dem Verstoß gegen die notarielle Amtspflicht zu (vgl. unten Rn. 117a). 112

Ob ein Anwaltsnotar, der einen Erbscheinsantrag beurkundet hat, danach für sämtliche Rechtsstreitigkeiten, die sich aus dem Erbgang ergeben, als Rechtsanwalt gesperrt ist, erscheint zweifelhaft. Die Abwehr von Pflichtteilsansprüchen im Auftrag des Erben dürfte zulässig sein, denn der Erbscheinsantrag erlangt insoweit keine rechtliche Bedeutung (die Enterbung erfolgte durch letztwillige Verfügung, nicht durch den Erbscheinsantrag). Verboten dürfte es dem Anwaltsnotar aber sein, nach Beurkundung des Erbscheinsantrags als Rechtsanwalt den Antrag eines Erbprätendenten auf Erteilung eines anders lautenden Erbscheins abzuwehren (vgl. dazu auch oben Rn. 32). 112a

c) § 45 I Nr. 2 BRAO – Streit über Bestand oder Auslegung einer Urkunde

§ 45 I Nr. 2 BRAO ordnet ein anwaltliches Tätigkeitsverbot an, wenn der Rechtsanwalt als Notar, Notarvertreter oder Notariatsverwalter eine Urkunde aufgenommen hat und deren Rechtsbestand oder Auslegung streitig ist oder die Vollstreckung aus ihr betrieben wird. 113

d) Persönlicher Anwendungsbereich

Die anwaltlichen Tätigkeitsverbote gelten gem. § 45 III BRAO auch für die mit dem Rechtsanwalt in Sozietät oder in sonstiger Weise zur gemeinschaftlichen Berufsausübung verbundenen oder verbunden gewesenen Rechtsanwälte und Angehörige anderer Berufe. Das anwaltliche Tätigkeitsverbot bleibt somit auch nach **Auflösung** einer Berufsausübungs- oder Bürogemeinschaft bestehen. Der ausscheidende Rechtsanwalt hat die Tä- 114 tigkeitsverbote wegen notarieller Vorbefassung durch seinen ehemaligen Sozius zeitlich unbeschränkt zu beachten. So unterliegt er dem Tätigkeitsverbot, wenn es für die Entscheidung eines Rechtsstreits auf die Auslegung einer Urkunde ankommt, die sein ehemaliger Sozius Jahre zuvor beurkundet hat.

115 Streitig war, ob ein **Sozietätswechsler** die Mitglieder der ihn aufnehmenden Berufsausübungsgemeinschaft mit dem anwaltlichen Tätigkeitsverbot aus allen Mandaten der abgebenden Berufsausübungsgemeinschaft „infiziert". Nachdem der *BGH* diese Frage bejaht hatte (NJW 2001, 82), hat das *BVerfG* durch Beschl. v. 3.7.2003 (NJW 2003, 2520) die Auffassung des BGH verworfen. Abzustellen sei darauf, ob der Sozietätswechsler selbst ein Mandat bearbeitet hat oder nicht und ob die Mandanten mit der Weiterführung des Mandats einverstanden sind.

116 Ein Rechtsanwalt, der in eine Berufsausübungsgemeinschaft **eintritt**, nachdem der Anwaltsnotar sie verlassen hat, braucht anwaltliche Tätigkeitsverbote in Bezug auf die Angelegenheiten des ausgeschiedenen Notars nicht zu beachten, weil er nicht in den Anwendungsbereich des § 45 III BRAO fällt. „Infiziert" bleiben aber die Rechtsanwälte, die zuvor mit dem ausgeschiedenen Notar und nun mit dem neu eingetretenen Rechtsanwalt die Berufsausübungsgemeinschaft bilden. Da in der Regel alle Rechtsanwälte Mandatsträger sind (vgl. oben Rn. 112), wird der hinzugekommene Anwalt in der Regel faktisch durch die „Altsozii" infiziert.

e) Folgen des Verstoßes gegen ein Tätigkeitsverbot

117 Ein unter Verletzung der notariellen Neutralitätspflicht und unter Verstoß gegen das anwaltliche Tätigkeitsverbot abgeschlossener Anwaltsvertrag ist wegen Verstoßes gegen ein gesetzliches Verbot gem. § 134 BGB **nichtig** (*BGH* NJW 2011, 373). Deshalb erwachsen dem Anwaltsnotar aus einem solchen anwaltlichen Mandat keine Gebührenansprüche (Arndt/Lerch/*Sandkühler* § 16 Rn. 113). Ebenfalls nichtig dürften die dem Rechtsanwalt erteilte **Prozessvollmacht** und die daraufhin vorgenommenen Rechtshandlungen sein (*OLG Hamm* v. 8.2.2013 – 16 U 54/12; Arndt/Lerch/*Sandkühler* § 16 Rn. 113). Das Gericht kann einen Prozessvertreter, der einem Tätigkeitsverbot unterliegt, **zurückweisen** (*OLG Hamm* DNotZ 1989, 632, 634).

117a Nach Auffassung des *BGH* (NJW-RR 2013, 622) sind Verstöße eines Anwaltsnotars gegen die die notarielle Neutralitätspflicht konkretisierenden Tätigkeitsverbote des § 45 BRAO gem. § 110 I BNotO im anwaltsgerichtlichen Verfahren für Rechtsanwälte zu ahnden, da der gleichzeitig verwirkte Verstoß gegen die Pflicht zur notarielle Unparteilichkeit kein Übergewicht zukomme. Die knapp begründete Entscheidung überzeugt nicht. Sie verkennt, dass die nachwirkende Neutralitätspflicht gerade im Anwaltsnotariat von prägender Bedeutung ist.

117b Die Ausübung beider Berufe durch einen Berufsträger lässt sich nur dadurch rechtfertigen, dass das rechtsuchende Publikum sich auf die strikte Neutralität als Wesensmerkmal des Notaramtes verlassen kann. Die Erfahrung zeigt, dass die Einhaltung der nachwirkenden Neutralitätspflicht deutlich größere Probleme aufwirft als die Einhaltung des Mitwirkungsverbotes wegen anwaltlicher Vorbefassung. Das liegt u. a. darin begründet, dass Rechtsanwälte vor der Annahme eines Mandats nicht verpflichtet sind, ähnliche Maßnahmen zu ergreifen, wie sie in § 28 BNotO geregelt sind. Insbesondere müssen sie weder die Verzeichnisse des Notars einsehen noch die Auftraggeber nach einer eventuellen notariellen Vorbefassung befragen. Es obliegt daher dem Notar als eigene Amtspflicht für Strukturen Sorge zu tragen, die Verstöße gegen die anwaltlichen Tätigkeitsverbote wegen notarieller Vorbefassung gem. § 45 BRAO zu verhindern. Versagen diese Mechanismen, verstößt der Notar – persönlich oder als Teil einer Berufsausübungsgemeinschaft – nicht nur gegen das anwaltliche Tätigkeitsverbot, sondern zugleich auch gegen seine Organisationspflicht. Darin liegt das Übergewicht des notariellen Pflichtenverstoßes begründet.

Versagen indes nicht nur die Organisationsstrukturen, sondern setzt sich der Anwaltsnotar bewusst über seine Pflicht zur nachwirkenden Neutralität hinweg, z. B. um einen ständigen Mandanten zufrieden zu stellen, dokumentiert er dadurch seine fehlende Eignung für das Notaramt; es überwiegt erst Recht der notarielle Pflichtenverstoß.

IX. Werbeverhalten, Auftreten in der Öffentlichkeit

Wie alle Notare unterliegen auch Anwaltsnotare dem in § 29 I BNotO normierten Verbot einer dem öffentlichen Amt widersprechenden Werbung. Es handelt sich um ein **eingeschränktes Werbeverbot** (vgl. hierzu Kilian/Sandkühler/vom Stein/*Sandkühler* § 9 Rn. 1 ff.), das die von der Logo-Entscheidung des *BVerfG* (DNotZ 1998, 69 m. Anm. *Schippel*) vorgegebenen Leitlinien übernommen hat (Eylmann/Vaasen/*Eylmann* § 29 BNotO Rn. 2 f.). Eine mit dem Notaramt vereinbare Werbung ist dem Notar erlaubt; sie ist Ausdruck seiner durch Art. 12 GG geschützten Freiheit der Berufsausübung. Verfassungsrechtliche Bedenken dagegen, dass der Notar als Träger eines öffentlichen Amtes strengeren Maßstäben bei der Bestimmung berufswidriger Werbung unterliegt als der Rechtsanwalt, bestehen nicht. Denn das Verbot berufswidriger Werbung dient der Sicherung der unabhängigen und unparteilichen Amtsausübung (*BVerfG* DNotZ 1998, 69, 71; BGH NJW 2004, 2974; Arndt/Lerch/Sandkühler/*Sandkühler* § 29 Rn. 7; *Kleine-Cosack* AnwBl. 2004, 601; ders., Werberecht, Rn. 466).

Beschränkungen des Rechts zur Werbung sind Beschränkungen der Berufsausübungsfreiheit und müssen sich daher an Art. 12 GG messen lassen. Mehr noch als ein zur hauptberuflichen Amtsausübung bestellter Notar ist ein Anwaltsnotar, der sein Amt in freiberuflichen Strukturen im Wettbewerb mit einer großen Anzahl anderer Anwaltsnotare ausübt, darauf angewiesen, dem rechtsuchenden Publikum seine notariellen Dienstleistungen bekannt zu machen. Hierauf ist bei der Unterscheidung zwischen amtswidriger und erlaubter Werbung gem. § 29 I BNotO Rücksicht zu nehmen (Kilian/Sandkühler/vom Stein/*Sandkühler* § 15 Rn. 11 ff.). Da sich die Werbung immer an Dritte richtet, verfolgt die Statuierung von Verhaltensmaßregeln im Bereich der Werbung das Ziel, einer Verfälschung des Berufsbildes vorzubeugen. Bei der Anwendung des eingeschränkten Werbeverbotes für Notare und der dieses Verbot konkretisierenden Richtlinien der Notarkammern ist mithin vor allem auf den Empfängerhorizont der **Rechtsuchenden** abzustellen.

Die Werbung eines Notars ist dann amtswidrig, wenn sie geeignet ist, bei dem Adressaten **Fehlvorstellungen** über das Notaramt und die Pflichten des Notars sowie die Rechte der Beteiligten zu erzeugen (vgl. *Jaeger* ZNotP 2001, 2). Es begegnet freilich keinen Bedenken, wenn ein Anwaltsnotar zu besonderen Ereignissen in seine Geschäftsstelle einlädt, in für alle Notare zugänglichen Verzeichnissen gestaltete Einträge in Auftrag gibt, Anzeigen in Fachzeitschriften z. B. für Landwirte schaltet, Tage der offenen Tür veranstaltet oder sich als Sponsor für wohltätige Zwecke einsetzt. Ebenfalls zulässig sind Praxisbroschüren und Internetpräsenzen (vgl. zur Internetpräsenz von Notaren *Fabis* DNotZ 2001, 85; Rundschreiben der BNotK Nr. 21/2000, abzurufen unter www.bnotk.de) oder Rundscheiben an Auftraggeber z. B. aus Anlass von Gesetzesänderungen oder einer neuen gerichtlichen Entscheidung. Auch darf der Notar seine Kontaktdaten in einem Telefonverzeichnis veröffentlichen lassen, das seinen Amtsbereich nicht betrifft (*BVerfG* DNotZ 2006, 226). Bei allem hat der Notar darauf zu achten, dass das Notaramt als öffentliches Amt erkennbar bleibt und nicht von den wirtschaftlichen Interessen des Notars überlagert wird. Zweifel an der Unabhängigkeit, Unparteilichkeit und Pflichtentreue des Notars sowie an der dem Amt geschuldeten Zurückhaltung dürfen nicht entstehen.

Vor diesem Hintergrund betreibt ein Notar z. B. **amtswidrige Werbung,** wenn er ein Amts- und Namensschild in den Räumen eines Kreditinstituts aufstellt und/oder den

Zugang zu seiner Geschäftsstelle durch die Räume eines Kreditinstituts ermöglicht. Mit der gebotenen Zurückhaltung nicht zu vereinbaren ist es, wenn ein Notar mannshohe Kanzleischilder verwendet und dies noch in einer Zahl, die für die Orientierung der Rechtssuchenden vor Ort nicht erforderlich ist (*BGH* NJW-RR 2002, 58). Unzulässig ist nach der Rechtsprechung des *BGH* (zuletzt DNotZ 2007, 152) die Verwendung der Bezeichnung „Notariat" oder ähnlicher Bezeichnungen. Die Entscheidung kann nicht überzeugen, denn sie verkennt den allgemeinen Sprachgebrauch und damit die Lebenswirklichkeit (vgl. Schippel/Bracker/*Schäfer* § 29 Rn. 23).

122 § 29 I BNotO erhält seine Konturen auch durch die **Richtlinien** der Notarkammern gem. § 67 II BNotO (kritisch *Kleine-Cosack* AnwBl. 2004, 601, 605; *ders.*, Werberecht, Rn. 483 ff.). In den Beratungen der Richtlinienempfehlungen der Bundesnotarkammer hat sich gezeigt, dass zwischen den einzelnen Notarkammern auch im Bereich des Anwaltsnotariats Meinungsunterschiede zur Reichweite eines erlaubten öffentlichkeitswirksamen Verhaltens von Notaren bestehen, denn häufig spielen regionale Besonderheiten eine Rolle. Davon abgesehen haben alle Notarkammern die wesentlichen Regelungen aus Abschnitt VII. der Richtlinienempfehlungen der BNotK übernommen (vgl. zu diesen Richtlinien Arndt/Lerch/Sandkühler/*Sandkühler* § 29 Rn. 11 ff. und Eylmann/Vaasen/ *Eylmann* VII. RL-E passim, jeweils mit zahlreichen praktischen Hinweisen).

123 Die unterschiedlichen Auffassungen zur Reichweite des Anwaltsnotaren erlaubten öffentlichkeitswirksamen Verhaltens resultieren auch aus dem **Spannungsverhältnis** zwischen dem liberalisierten anwaltlichen Werberecht und dem eingeschränkten notariellen Werbeverbot. Grundsätzlich geht das strengere Berufsrecht der Notare vor. Deshalb bestimmt § 29 II BNotO ausdrücklich, dass eine dem Notar in Ausübung seiner Tätigkeit nach § 8 BNotO erlaubte Werbung sich nicht auf seine Tätigkeit als Notar beziehen darf. Nach dem anwaltlichen Berufsrecht zulässige Werbemaßnahmen dürfen somit nicht auf das Notaramt ausstrahlen. Anwaltsnotare sind in Zweifelsfällen gut beraten, bei Werbemaßnahmen im Bereich der anwaltlichen Berufsausübung auf die Verwendung der Amtsbezeichnung zu verzichten.

124 Für **überörtliche Berufsverbindungen** bestimmte § 29 III 1 BNotO, dass ein Anwaltsnotar seine Amtsbezeichnung als Notar nur auf demjenigen Amts- oder Namensschild führen darf, das an seinem Amtssitz auf seine Geschäftsstelle hinweist.

125 In **überörtlich verwendeten Verzeichnissen** ist der Angabe der Amtsbezeichnung gem. § 29 III 2 BNotO ein Hinweis auf den Amtssitz hinzuzufügen. Diese Verpflichtung ist nicht verfassungswidrig (*BGH* v. 21.11.2011 – NotZ 9/11).

X. Notariatsverwaltung und Aktenverwahrung

126 Scheidet ein Anwaltsnotar aus dem Notaramt aus, so kann gem. § 56 II BNotO an seiner Stelle zur Abwicklung der laufenden Notariatsgeschäfte bis zur Dauer eines Jahres ein Notariatsverwalter bestellt werden. Die **Jahresfrist** kann in begründeten Ausnahmefällen verlängert werden. Dies ist anzunehmen, wenn noch nicht alle laufenden Notariatsgeschäfte abgewickelt sind und die weitere Abwicklung durch einen anderen Notar, der die Urkunden, Akten und Bücher in Verwahrung nimmt, nicht in Betracht kommt. Zu erwägen ist die Fortführung der Notariatsverwaltung über die Jahresfrist hinaus zudem immer dann, wenn noch Verwahrungsgeschäfte abzuwickeln sind.

127 Die Übernahme eines Notariatsverwalters stellt **keine Betriebsübernahme** im Sinne des § 613a BGB dar. Der Notariatsverwalter übernimmt somit nicht die Verantwortung für das Personal des ausgeschiedenen Notars (*LAG Köln* ZNotP 1999, 170 für die Übernahme einer Amtsstelle durch einen neu ernannten Notar).

128 Innerhalb der ersten drei Monate nach seiner Bestellung darf der Notariatsverwalter gem. § 56 II 3 BNotO neue Notariatsgeschäfte vornehmen. Die Drei-Monats-Frist beginnt erst mit der Bestellung zum Notariatsverwalter durch Aushändigung der Bestal-

X. Notariatsverwaltung und Aktenverwahrung

lungsurkunde, nicht aber schon mit dem Erlöschen des zu verwaltenden Notaramtes (Eylmann/Vaasen/*Wilke* § 56 BNotO Rn. 33; Schippel/Bracker/*Bracker* § 56 Rn. 5) Neu ist ein Notariatsgeschäft dann, wenn – bezogen auf den Lebenssachverhalt – bisher kein Verfahrensverhältnis zu den Urkundsbeteiligten bestand (Eylmann/Vaasen/*Wilke* § 56 BNotO Rn. 33). Hat der Notariatsverwalter kostenpflichtig beraten oder den Entwurf einer Urkunde angefertigt, darf er darauf basierende Urkunden auch noch nach Ablauf der **Dreimonatsfrist** protokollieren. Ebenfalls nach Ablauf der Dreimonatsfrist darf er solche Geschäfte beurkunden, die in engem Kontext zu einem früheren Geschäft stehen, wie z. B. die Beurkundung der Sicherungsgrundpfandrechte, die zur Abwicklung eines zuvor beurkundeten Kaufvertrages erforderlich sind. Die Pflicht zur Einhaltung der Dreimonatsfrist ist eine berufsrechtliche; ein Verstoß berührt nicht die Wirksamkeit des Amtsgeschäfts (vgl. *LG Dortmund* v. 26.11.2003 – 9 T 905/03; KammerReport der Notarkammer Hamm, Heft 1/2004, abzurufen unter www.westfaelische-notarkammer.de).

129 Die Bestellung eines **Nur-Rechtsanwalts** nach einer gewissen Zeit der anwaltlichen Zulassung (im Bezirk des OLG Hamm mindestens ein Jahr) zum Notariatsverwalter ist im Bereich des Anwaltsnotariats üblich, denn auch die Verwaltung dient der Vorbereitung auf das Notaramt. Daraus folgt, dass der Rechtsanwalt den Nachweis der fachlichen Eignung im Sinne des § 6 BNotO (vgl. hierzu oben Rn. 20) nicht zu erbringen braucht. Gemäß § 56 II 4 BNotO kann der durch die Rechtsanwaltskammer bestellte Abwickler der Anwaltskanzlei zugleich zum Notariatsverwalter bestellt werden. Empfehlenswert ist die Vereinigung der Kanzleiabwicklung mit der Notariatsverwaltung in einer Hand freilich nicht, weil Interessenkonflikte und Qualitätsprobleme nicht auszuschließen sind.

130 Nach § 57 I BNotO untersteht der Notariatsverwalter den für die Notare geltenden Vorschriften. Seine Bestellung erfolgt in der Regel durch den Präsidenten des OLG durch Aushändigung einer Urkunde und Abnahme des Amtseides (§ 57 II BNotO). Gemäß § 58 II BNotO führt der Notariatsverwalter die von dem ausgeschiedenen Notar begonnenen Amtsgeschäfte fort. Die **Kostenforderungen** stehen ihm zu, soweit sie nach Übernahme der Amtsgeschäfte durch ihn gem. § 10 GNotKG fällig werden; durch den Amtsvorgänger vereinnahmte Vorschüsse muss sich der Verwalter anrechnen lassen. Gebühren, die durch Amtshandlungen des Amtsvorgängers fällig geworden sind, stehen gem. § 58 III BNotO diesem oder dessen Rechtsnachfolgern zu.

131 Der Notariatsverwalter führt sein Amt auf Rechnung und auf Kosten der **Notarkammer** gegen eine von der Kammer festzusetzende angemessene Vergütung. Regelmäßig haben die Notarkammern mittlerweile Vergütungsrichtlinien gem. § 59 III BNotO erlassen. Für Amtspflichtverletzungen des Notariatsverwalters haften gem. § 61 I BNotO die Notarkammer und der Notariatsverwalter gesamtschuldnerisch. Die Notarkammer unterhält gem. § 61 II BNotO eine **Haftpflichtversicherung** für sich und die Notariatsverwalter in ihrem Bezirk. Die dem Notariatsverwalter zustehenden Kostenforderungen werden nach der Beendigung seines Amtes – in der Regel durch Zeitablauf – von den Notarkammern gem. § 64 IV BNotO im eigenen Namen eingezogen.

132 In geeigneten Fällen kann statt der Einrichtung einer Notariatsverwaltung ein Notar gem. § 51 I BNotO mit der **Verwahrung** der Urkunden, Bücher und Akten des ausgeschiedenen Notars beauftragt werden (vgl. dazu näher oben Rn. 7). Als Amtsnachfolger wickelt der verwahrende Notar die verbliebenen Amtsgeschäfte des ehemaligen Notars im eigenen Namen und auf eigene Rechnung ab.

M. Dienstordnung und Büro

Dr. Joachim Püls

Übersicht

I. Grundsätzliches	1–24
1. Rechtsgrundlagen, Stellung des Notars	1, 2
2. Datenschutz im Notariat	3–9
3. Elektronischer Rechtsverkehr im Notariat	10–21
4. Geschäftsprüfung	22–24
II. Die Geschäftsstelle	25–73
1. Allgemeines	25–27
2. Sächliche Ausstattung	28
3. EDV und Datenschutz	29–51
4. Die Verwendung der elektronischen Signatur	52–67
5. Technisch organisatorische Datenschutzmaßnahmen	68–72
6. Stichpunkte zur Geschäftsprüfung	73
III. Mitarbeiter	74–81
1. Allgemeines	74–80
2. Stichpunkte zur Geschäftsprüfung	81
IV. Bücher, Verzeichnisse und Akten des Notars	82–242
1. Gemeinsame Bestimmungen zu den Unterlagen des Notars	82–88
2. Gemeinsame Bestimmungen zu den Büchern und Verzeichnissen	89–99
3. Urkundenrolle	100–126
4. Erbvertragsverzeichnis	127
5. Verwahrungs- und Massenbuch	128–171
6. Namensverzeichnisse	172–178
7. Dokumentation zur Einhaltung von Mitwirkungsverboten	179–183
8. Urkundensammlung	184–192
9. Verfügung von Todes wegen, erbfolgerelevante Urkunden	193–227
10. Protestsammelbände	228
11. Nebenakten	229–232
12. Generalakten	233–237
13. Jahresübersichten	238–240
14. Stichpunkte zur allgemeinen Geschäftsbehandlung	241, 242
V. Steuern und Buchhaltung	243–245
VI. Die Übernahme einer Notarstelle (Verwaltung; Amtsvorgänger)	246–264
1. Übernahme einer Notarstelle	246–256
2. Besonderheiten bei der Übernahme einer Notariatsverwaltung	257–262
3. Besonderheiten bei der Vertretung eines Notars	263
4. Checkliste Amtsübernahme	264

Literatur: *Bettendorf,* Berufsrecht und EDV-Einsatz; in: Bettendorf (Hrsg.), EDV und Internet in der notariellen Praxis, 2002; *ders.,* Elektronischer Rechtsverkehr, in: Erber-Faller (Hrsg.), Elektronischer Rechtsverkehr, 2000; *ders.,* Die Neufassung der Dienstordnung, Sonderheft zu RNotZ Heft 10/2001; *ders.,* Elektronische Dokumente und Formqualität, RNotZ 2005, 277; *Bettendorf/Apfelbaum,* Elektronischer Rechtsverkehr und das Berufsrecht des Notars – Änderungen der Richtlinienempfehlungen der Bundesnotarkammer und der Dienstordnung für Notarinnen und Notare, DNotZ 2008, 19; *Bettendorf/Mihm,* Neufassung der Dienstordnung für Notare, DNotZ 2001, 22; *Bettendorf/Wegerhoff,* Die Änderung der Dienstordnung für Notarinnen und Notare und die ergänzenden EDV-Empfehlungen, DNotZ 2005, 484; *Blaeschke,* Praxishandbuch Notarprüfung, 2010; *BNotK,* Höchstpersönliche Verwendung von Signaturkarten, DNotZ 2008, 161; *Böken,* Patriot Act und Cloud Computing – Zugriff auf Zuruf?, IX Heft 01/2012; *Borges,* Der neue Personalausweis und der elektronische Identitätsnachweis, NJW 2010, 3334; Bundesnotarkammer-Internetseite (www.elrv.info); *Büttner,* Anforderungen an moderne EDV-Programme im Notariat, BWNotZ 2001, 97; *Hansen/Meins,* Digitale Identitäten – Überblick und aktuelle Trends, Identity-Lifecycle, Authentisierung und Identitätsmanagement, DuD 2006, 543; *Hecht,* Elektronische Beglaubigung und elektronische Handelsregisteranmeldung in der Praxis, MittBayNot 2010, 34; *Klingler,* Datenschutz im Notariat, RNotZ 2013, 57; *Langenbach* (Hrsg.), Elektronische Signaturen, 2002; *Lüke/Püls* (Hrsg.), Der elektronische Rechtsverkehr in der notariellen Praxis, 2. Dresdener Forum zum Notarrecht, 2009; *dies.* (Hrsg.), E-Justiz: Notare als Mittler und Motoren im elektronischen Rechtsverkehr, 3. Dresdner Forum zum Notarrecht, 2011; (weitere Tagungsberichte vgl. http://www.notarkammer-sachsen.de/veranstaltungen/dresdner-forum-fuer-notarrecht); *Masuch,* Die neue elektronische Rechnungsstellung, DB 2012, 1540; *Mayer,* Steuerliche Fragen bei der Übernahme von Notarstellen, MittBayNot 2000, 504; *Mielke,* Verraten und verkauft? Fehlgeleitete E-Mail und Geheimhaltung, c't 2008, 180; *Püls,* Die digitale Verschwiegenheitspflicht: Datenschutz und Datensicherheit im Notariat, DNotZ Sonderheft Notartag 2012, 120; *ders.*, Elektronischer Rechtsverkehr in der notariellen Praxis, notar 2011, 75; *ders.*, EDV-Einsatz im Notariat, in: Bettendorf (Hrsg.), EDV und Internet in der notariellen Praxis, 2002; *ders.*, Signatur statt Siegel? – Notarielle Leistungen im elektronischen Rechtsverkehr, DNotZ Sonderheft Notartag 2002, 168; *Schervier,* Wissensmanagement im Notariat, MittBayNot 2003, 442; *Weingärtner/Gassen,* Dienstordnung für Notarinnen und Notare, 12. Aufl. 2013; *Schill,* Der Notar als Teil der europäischen Justizpolitik – Europäische Notarentage am 14./15.4.2005 in Salzburg, MittBayNot 2005, 295.

I. Grundsätzliches

1. Rechtsgrundlagen, Stellung des Notars

1   Die nachfolgenden Ausführungen nehmen Bezug auf den Text der **bundeseinheitlichen Dienstordnung,** im Folgenden auch nur „Dienstordnung" oder „DONot", die in allen Bundesländern mit nur geringen Abweichungen gelten (die jeweils aktuelle Fassung ist abrufbar unter www.bnotk.de > Notar > Berufsrecht). Soweit in den Bundesländern Abweichungen bestehen, wird darauf eingegangen, wenn es für das Normverständnis und die praktische Handhabung hilfreich ist. Allerdings wird auf die konkrete Ausgestaltung der dienstordnungsrechtlichen Vorschriften durch die Landesjustizverwaltung hingewiesen und die Hinzuziehung der aktuellen landesrechtlichen Fassung empfohlen. Das *BVerfG* hat im Jahr 2012 die Zulässigkeit solcher dienstrechtlicher Regelungen ausdrücklich für zulässig erklärt (NJW 2012, 2639; kritisch im Vorfeld der Entscheidung *Lerch* SchlHA 2011, 393).

2   Weitere Regelungen, die für die Organisation des Büros und der Verfahrensabläufe grundlegend sind, finden sich in Gesetzen (BeurkG, BNotO, GwG, TKG/TMG, Landes-DSG), aber auch in den Richtlinien der Notarkammern (vgl. RL-Empfehlungen der BNotK, http://www.bnotk.de/Bundesnotarkammer/Aufgaben-und-Taetigkeiten/Richtlinien.php und Übersicht der Kammerrichtlinien im Volltext), aber auch in Empfehlungen, Handlungsanweisungen der BNotK.

2. Datenschutz im Notariat

a) Verschwiegenheitspflicht

3   Der Notar hat das informationelle Selbstbestimmungsrecht eines Urkundsbeteiligten zu beachten. Schon weit vor Erlass des Bundesdatenschutzgesetzes und der einzelnen Landesdatenschutzgesetze hat dieses Grundrecht in den datenschutzrechtlichen Bestimmungen der Bundesnotarordnung, des Beurkundungsgesetzes und der Dienstordnung und insbesondere in der notariellen Verschwiegenheitspflicht (§ 18 BNotO) seinen Niederschlag gefunden (*Püls* DNotZ 2012, 120). Die Bedeutung der Verschwiegenheitspflicht wird unter anderem in der strafrechtlichen Sanktion und des damit korrelierenden Zeugnisverweigerungsrechtes sowie in der Aufsicht, die nur von Richtern auf Lebenszeit (§ 93 III 1 BNotO, § 32 II 1 DONot) durchgeführt werden darf, zum Ausdruck gebracht. Daher gelten auch besondere Anforderungen, die der Notar im Falle einer **Durchsuchung** zu beachten hat (vgl. BNotK-RS 15/1998 vom 22.5.1998; zu den Grenzen einer Durchsuchung im Lichte der Verhältnismäßigkeit vgl. *BVerfG* NJW 2012, 2096). Insbesondere bei der Durchsuchung, Sicherstellung und **Beschlagnahme von Da-**

I. Grundsätzliches

tenträgern muss dem Verhältnismäßigkeitsgrundsatz in besonderer Weise Rechnung getragen werden. So ist der dauerhafte Zugriff auf den gesamten Datenbestand dann nicht verhältnismäßig, wenn die Sicherstellung nur der beweiserheblichen Daten auf eine die Beteiligten weniger belastende Weise erreicht werden kann. Die Änderung des § 160a StPO, die das Beweiserhebungs- und -verwertungsverbot bei Rechtsanwälten erweitert hat, gilt nicht für die Notare, bestimmte Verhaltensanweisungen sind aber übertragbar (zur Durchsuchung bei Rechtsanwälten vgl. *Eckhart Müller*, abrufbar unter http://rak-muenchen.de/informationen/durchsuchung/, Rechtsstand 9. 5 .2012).

b) Datenschutz

Notare sind nicht grundsätzlich vom Anwendungsbereich der Landesdatenschutzgesetze ausgenommen (*BGH* NJW 1991, 568; *Klingler* RNotZ 2013, 57). Der Schutz persönlicher Daten wird als wesentlicher Faktor für die Akzeptanz zukünftiger IKT-Anwendungen (s. u. Rn. 29 ff.) gesehen. In der Konsequenz muss sich der Anspruch auf den Schutz der Persönlichkeit und der persönlichen Daten noch stärker im gesellschaftlichen, politischen und individuellen Bewusstsein sowie in institutionellen Regelungen verankern. Dazu gehört es perspektivisch, auch netzbasierte Verfahrensabläufe einer besonderen „Datenschutzrechnungslegung" zu unterwerfen (*Spindler*, 69. DJT, Gutachten F, Thesen 38 und F 127ff.) Auch wenn Notare dem hoheitlichen Bereich zuzurechnen sind und daher auch ein traditionell engeres Verständnis als für den privaten Datenschutz in Betracht kommt (zu dieser Unterscheidung *Masing* NJW 2012, 2305, 2308), kann der notarielle Datenschutz nicht ohne Rücksicht auf die besondere Rolle des Notars als Vertrauensperson gedacht werden. Diese Rolle hat einerseits eine Verschärfung allgemeiner Grundsätze des Datenschutzes für die Arbeit des Notars zur Folge, andererseits muss sie zu einer von dem Vertrauensverhältnis geprägten Sicht gerade bei der Erhebung und Verwendung (und langfristigen Speicherung) der dem Notar anvertrauten Daten führen (vgl. die nach § 17 II BeurkG zu erhebenden Daten oder die dauerhafte Aufbewahrung der Papierurkunden und deren Entsprechung elektronisch gespeicherte Daten). Hier müssen z. T. noch Lösungen/Abgrenzungen gefunden werden, die auch den Belangen der Beteiligten im Rahmen einer effizient funktionierenden Rechtspflege Rechnung tragen.

Im Hinblick auf das im Datenschutzrecht geltende Subsidiaritätsprinzip (vgl. z.B. § 2 IV SächsDSG; *Ronellenfitsch* JurPC Web-Dok. 115/2007 II 6) werden einzelne Bestimmungen des Landesdatenschutzrechtes durch **bereichsspezifische Normen** im Berufsrecht der Notare verdrängt (vgl. auch Kap. L I. Rn. 105 ff.). Hierzu zählen nicht nur die vorstehend erörterte Verschwiegenheitspflicht, sondern auch die besonderen Bestimmungen über Speicherung, Übermittlung und Löschung von Informationen (§§ 18, 45, 51, 55 BNotO und §§ 8 ff., 51 BeurkG, III. Nr. 3 RL-Empfehlung). Da das notarielle Berufsrecht vor den Datenschutzgesetzen entstanden ist, ist dieser Vorrang wegen der Nichtverwendung der datenschutzrechtlichen Terminologie nicht immer eindeutig erkennbar.

Die Überprüfung der aus § 18 I BNotO resultierenden Amtspflichten des Notars obliegt gem. §§ 92 ff. BNotO den Aufsichtsbehörden. Im Rahmen der Prüfung der Amtsführung der Notare gem. § 93 I BNotO obliegt der Aufsicht auch die Prüfung der Einhaltung der datenschutzrechtlichen Vorschriften durch den Notar (*Schippel/Bracker/Herrmann* § 93 Rn. 30; zum Verhältnis von Kontrollen des Datenschutzbeauftragten vgl. *Püls* DNotZ 2012, Sonderheft Notartag, 120; *Blaeschke* Rn. 112). Sinn und Zweck der Prüfung der Amtsführung der Notare ist insoweit nicht allein die Verhinderung von Pflichtwidrigkeiten zum Schutz des Ansehens der Notare, sondern in allererster Linie die Wahrung der verfassungsrechtlich geschützten Persönlichkeitsrechte der Auftraggeber bei notariellen Amtsgeschäften.

Die aufsichts- und organisationsrechtlichen Bestimmungen des allgemeinen Datenschutzrechts mit seinen Lösungen für große Verwaltungseinheiten (Behörden) mit Massenverkehr sind im Hinblick auf die speziellen notariellen Verfahrensweisen und Vorschriften, die verschiedenen Strukturen der Notariatsverfassungen (hauptberuflicher Notar, Anwaltsnotar) sowie die unterschiedlichsten Organisationsformen der Notariate (Einzelnotar, Sozietäten) oft ungeeignet bzw. nicht übertragbar. Nur der Notar alleine ist Amtsträger, nicht das „Notariat" als solches ein Amt im behördentechnischen Sinn (Schippel/Bracker/*Bracker* § 1 Rn. 9).

c) Weitere Entwicklung

8   Aufbau und Genese der europäischen, bundesdeutschen und föderalen datenschutzrechtlichen Bestimmungen selbst stellen den Anwender vor Probleme (*Wybitul*, Handbuch Datenschutz im Unternehmen, 2011, S. 1: „wenig anwenderfreundlich"). Unter Berücksichtigung dieser Situation und mit Blick auf die wachsenden Anforderungen des elektronischen Rechtsverkehrs liegt es nahe, weitere bereichsspezifische gesetzliche Regelungen aufzunehmen. Eine bundesrechtliche Regelung erscheint auch im Hinblick auf ein einheitliches Datenschutzniveau im Notariat erforderlich. Es besteht ansonsten die Gefahr, dass die Landesdatenschutzgesetze gleiche Sachverhalte uneinheitlich regeln, was dem einzelnen Notar nur schwer verständlich sein wird. So sehen einzelne Bundesländer für Wartungs- und Fernwartungsverträge (Rn. 41) teilweise besondere Meldepflichten gegenüber der Datenschutzaufsicht (z. B. § 7 V SächsDSG) vor, während andere Bundesländer dies nicht fordern. Entsprechendes gilt für das Erfordernis, einen Datenschutzbeauftragten zu bestellen oder Verzeichnisse automatisierter Verarbeitungsverfahren zu führen. Dass man aus Datenschutzgründen gegenüber dem Grundbuchamt zu besonderen Maßnahmen greifen muss, erscheint – auch bei den grundsätzlich gegebenen Möglichkeiten (*Böhringer* DNotZ 2012, 413) – jedenfalls nicht zwingend geboten.

9   Auch der akute Regelungsbedarf zum technisch organisatorischen Datenschutz muss überprüft werden. Gerade in diesem Bereich können einheitliche Standards und Empfehlungen mit der Bundesnotarkammer erarbeitet werden. Einige Hinweise finden sich schon heute in den Empfehlungen der Bundesnotarkammer zum EDV-Einsatz (Rn. 21 und sollten mit Blick auf die Bestimmung des § 9 BDSG und seine Anlage als Maßnahmen für Datensicherheit im Notariat fortgeschrieben werden (Rn. 68).

3. Elektronischer Rechtsverkehr im Notariat

a) EDV-Einsatz im Notariat

10   Die Geltung des Mooreschen Gesetzes verbietet konkrete Empfehlungen zum Thema Einsatz elektronischer Medien im Notariat in einem Werk wie dem vorliegenden. (Das Mooresche Gesetz besagt, dass sich die Komplexität – und damit die Leistungsfähigkeit – integrierter Schaltkreise mit minimalen Steigerungen der Komponentenkosten regelmäßig verdoppelt; je nach Quelle werden 12 bis 24 Monate als Zeitraum genannt.) Entwicklungspläne, die die Einhaltung des Mooreschen Gesetzes sicherstellen sollen, reichen nach Einschätzungen von Technikern bis ins Jahr 2020. Die daraus resultierende Gefahr einer Kritik bei der Befassung mit allen Themen rund um die EDV liegt nahe, vgl. Rezension von *Hecht* MittBayNot 2010, 34). Auch reicht der hier gewährte Rahmen und die Kenntnis des Verfassers nicht aus, um den globalen Markt mit seinen nicht speziell für das Notariat entwickelten, aber doch nutzbaren Möglichkeiten zu beobachten und auszuwerten. Schließlich sollte durch die Wiedergabe des neuesten technischen Standes nicht der Eindruck erweckt werden, als sei dies der Maßstab bei der Einrichtung und Führung eines Notarbüros (zur EDV Ausstattung vgl. *Püls*, EDV-Einsatz im Notariat, in: Bettendorf, EDV und Internet, S. 3 ff. und *Weingärtner/Gassen* Teil 2 Rn. 41).

11   Weil die Verwendung des Standards pdf/a als Dokumentenformat im ERV eine zentrale Rolle einnimmt (ERV mit den Grundbuchämtern; Dokumente für die Beteiligten) und

I. Grundsätzliches

hier Rationalisierungspotential für den Notar besteht, sei auf folgende Konvertierungswege von pdf/tif – Dateien zum Archivformat pdf/a verwiesen (nicht abschließend):

(1) PDFCreator (http://de.pdfforge.org/pdfcreator)
- Freeware
- läuft als lokaler Druckertreiber auf dem Desktop
- verarbeitet nur einheitliche Formate (A4 hoch)

(2) Scanner gibt direkt PDF/a aus (Vorzugswürdige Variante)
- Teststellung z. B. mit Canon C5030i oder ähnlich
- Direktausgabe von PDF/a in definierte Ordner pro User
- kein Usereingriff notwendig, alle Parameter können vorab definiert werden

(3) Vgl. auch http://www.pdfa.org/competence-center/pdfa-competence-center/antworten-auf-haufig-gestellte-fragen-zu-pdfa/?lang=de

Es ist davon auszugehen, dass die Bundesnotarkammer im Rahmen ihrer Förderung des Elektronischen Rechtsverkehrs und auch in Vorbereitung auf ein eventuelles Urkundenarchiv das Format PDF/A in ihren Systemen unterstützen und dazu beitragen wird, dass jeder Notar PDF/A in valider Form erzeugen kann.

Eine Übersicht von Systemhäuser für **Notariatssoftware** und Support findet sich unter http://www.elrv.info/de/it-nutzung-im-notariat/softwarehaeuser.php. Zu den Anforderungen an Notariatssoftware vgl. *Büttner* BWNotZ 2001, 97.

Checkliste Hardware

(1) Server und Netzwerk
  (a) Dimensionierung für Zahl der Arbeitsplätze und Anwendungen
  (b) Zuverlässige Stromversorgung, USV (unterbrechungsfreie Stromversorgung) ggf. separate Versorgungsleitungen
  (c) Kühlung (18–27°C)
  (d) Rack als Basis für organisierte und hochverfügbare IT-Lösung
  (e) Physische Sicherheit – die Kosten von Ausfallzeiten sind hoch!
  (f) Überwachung der USV und des Serverraumes, Systemalarm an Administrator

(2) PC und Peripherie
  (a) Auswahlkriterien
     O Prozessor/Geschwindigkeit
     O Arbeitsspeicher
     O Festplattengröße
     O Betriebssystem
     O Grafikkarte /Bildschirmauflösung
     O Schnittstellen /Netzwerkfähigkeit
  (b) Festplatte, CD-Rom und DVD
  (c) Sound und Grafik
  (d) Signatureinheit

(3) Bildschirm

(4) Drucker/Kopierer/Scanner/Ausweisscanner

(5) Mobile Endgeräte (mit Sicherheitsinfrastruktur)

(6) Medien der Datensicherung, verschlüsselt

(7) Internetanbindung: Anschluss im NotarNetz; Registerbox

b) Informationsmanagement

15 Ein Grundstoff, aus dem alle „Produkte" eines Notariats bestehen, ist die Information. Die Fülle der zu verarbeitenden Informationen hat das Wissensmanagement (als Teil des Informationsmanagements) zu einem Thema gemacht, an dem auch kein Mitglied der rechtsberatenden Berufe vorbeikommt. Durch den Einsatz von IKT (Informations- und Kommunikationstechnik) und die elektronische Speicherung wächst das Bedürfnis nach einem (professionellen) Informationsmanagement, auch wenn und weil Speicherplatz „billig" ist (vgl. *Schulz/Klugmann*, Wissensmanagement für Anwälte, 2. Aufl. 2012).

16 Grundsätzlich unterscheidet man beim Wissensmanagement sechs Phasen, die teilweise parallel laufen, sich in jedem Fall aber wechselseitig beeinflussen können:
– Wissensidentifikation (Wo sind die Informationen?),
– Wissensakquisition (Wie komme ich an diese?),
– Wissensstrukturierung (Welche Form sollen die Informationen haben?),
– Wissensentwicklung (Wie stimuliere ich neue Ideen?),
– Wissensspeicherung (Wo lege ich Informationen ab?) und
– Wissensverteilung (Wie bringe ich sie zum Anwender?).

17 Zu jedem der vorgenannten Punkte sollte eine Strategie existieren, die die im Büro vorhandenen Ressourcen effizient nutzt und die durch interne Schulungen vermittelt, wiederholt und vertieft werden muss. Die ersten beiden Punkte lassen sich für lokale Informationen (den eigenen Wissensschatz) über systematische Ablagen (mit hoher Mitarbeiterdisziplin), Datenmanagementsysteme (die letztlich die Disziplin, d. h. die Erfassungsschritte vorgeben und neben den nicht unerheblich sind Kosten deswegen nicht immer Anwenderfreundlich sind) oder durch eine Kombination des erstgenannten Weges mit einer guten lokalen Suchmaschine lösen. Wer es bei der servertiefen und netzwerkweiten Suche komfortabel haben möchte, kann auf spezielle Lösungen setzen (vgl. z.B. das mächtige Suchwerkzeug inter:gator, http://www.intergator.de).

c) ERV

18 Die Bundesnotarkammer hat sich seit 1984 konsequent mit den Fragen des Einsatzes von EDV-Anlagen und den Anforderung des Elektronischen Rechtsverkehrs (ERV oder auch ELRV) im Notariat befasst, insbesondere soweit sie in Geschäftsprüfungen oder allgemein in der notariellen Verwaltung auftreten. Die Intensivierung des ERV durch den – bisweilen schon bidirektionalen – Datenaustausch mit den öffentlichen Registern im Bereich des Handels- und Gesellschaftsrechts, des Grundbuches und den von der BNotK geführten Registern (ZVR, ZTR) haben aber neben rein technischen Fragen, auch solche des Datenschutzrechts in den Fokus der Organisation seiner Geschäftsstelle durch den Notar gerückt. Diese Fragen sind inzwischen Gegenstand der Amtsprüfung, wenngleich das Verhältnis zu den Befugnissen des jeweils zuständigen landesrechtlichen Datenschutzbeauftragten zum Notar, aber auch in Abgrenzung zu den Befugnissen der Aufsicht nicht so geregelt ist, dass man von einer praxisnahen und -gerechten Ausgestaltung sprechen könnte. Mit Blick auf die Errichtung eines Zentralen Elektronischen Urkundenarchivs (ELUA) in Deutschland (vgl. unten Rn. 29), aber auch auf die Bestrebungen der EU-Kommission zu einer Harmonisierung des Datenschutzes im Wege einer Verordnung anderseits, ist mit einer Entwicklung zu rechnen, die die hier behandelten Aspekte nachhaltig berühren wird (vgl. BNotK DNotZ 2012, 563 und den Ausblick bei *Püls* DNotZ 2012, Sonderheft Notartag, 120; und unten Rn. 68). Daneben spielt die Sicherheit der IT-Systeme und deren Schutz vor Cyber-Angriffen eine Rolle, der auch das Notariat Beachtung schenken muss (zur Gefährdungslage *BMI*, Cyber-Sicherheitsstrategie für Deutschland, 2011).

19 Aktuell existieren keine Vorgaben für eine rein **elektronische Bücher- und Aktenführung** (zur Technikoffenheit dieses Ansatzes *Bettendorf* DNotZ 2011, 331). Die Rahmen-

I. Grundsätzliches

bedingungen für den elektronischen Rechtsverkehr und die elektronische Aktenführung (auch bei den Gerichten) haben sich seit der Einführung des elektronischen Handelsregisters langsam entwickelt und gewinnen nun im Zuge der E-Justiz-Initiative und des elektronischen Grundbuchrechtsverkehrs zur Effizienzsteigerung von Verfahrensabläufen an Tempo. Weitere Themen sind die elektronische Anderkontenführung, das bereits erwähnte Urkundenarchiv oder etwa die Umsetzung einer Vertreterbestellung für den Notar auf rein elektronisch basierter Kommunikation. Es ist daher zwar grundsätzlich vom „papiergebundenen Notariat" und den dazu bestehenden Regelungen auszugehen, insbesondere im Rahmen der Amtsprüfung (*Blaeschke* Rn. 46). Bei der Organisation seines Büros darf der Notar aber die bereits erreichte Dichte des elektronischen Rechtsverkehrs nicht verkennen. Dies gilt v. a. mit Blick auf § 15 III BNotO und §§ 39a, 42 IV BeurkG. Die dort geregelten einfachen elektronischen Zeugnisse sind leicht in das bestehende System einzuordnen und führten lediglich zu einigen geringen Anpassungen in der Dienstordnung (Rn. 105 – elektronische Vermerkurkunde und notarielle (öffentlich) elektronisch beglaubigte Abschrift, kurz „nebA"). Zu den damit verbundenen Amtspflichten des Notars, vgl. die in Rn. 52 (Signaturverfahren) gegebenen Erläuterungen. Die Führung elektronischer Nebenakten – neben der Papierführung – hält in den Büros Einzug.

Aus dem geltenden Grundsatz des papiergebundenen Notariats folgt, dass die allein **20** im Papier niedergelegten Arbeitsergebnisse des Notars rechtliche Bedeutung haben und somit der aufsichtsrechtlichen Prüfung unterliegen. Lediglich die in der Rn. 97, 123 erörterten Vorgaben für die Fachanwendungen zur Führung der Bücher und Verzeichnisse sind aus Sicht der Dienstordnung zwingend erforderlich (Herstellerbescheinigung gemäß § 17 I 1 DONot).

Die Zweckmäßigkeit von Notariatssoftware und deren Funktionalität können und **21** sollen aus rechtlichen Gründen daher nicht zum Inhalt der Dienstordnung gemacht werden. Vorgaben zur Zweckmäßigkeit einer Fachanwendung und zur richtigen Umsetzung der Dienstordnung bei automationsgestützter Führung der Bücher, Verzeichnisse und Übersichten wurden aber in Form von **Empfehlungen** veröffentlicht. Den von der Bundesnotarkammer in Zusammenarbeit mit der Arbeitsgruppe „EDV im Notariat" erstellten EDV-Empfehlungen haben die Landesjustizverwaltungen zugestimmt. Die Bundesnotarkammer hat die Empfehlungen veröffentlicht (DNotZ 2005, 497) und diese und weitere Empfehlungen in das Internet eingestellt (www.bnotk.de, Interner Bereich):

– EDV-Empfehlungen für Notarinnen und Notare, Notarprüferinnen und Notarprüfer und Softwarehersteller im Hinblick auf eine dienstordnungsgerechte Führung der Bücher, Verzeichnisse und Übersichten (http://www.bnotk.de/Bundesnotarkammer/Aufgaben-und-Taetigkeiten/Rundschreiben/2005-05.php; Stand: Mai 2005);
– Empfehlungen zur sicheren Nutzung des Internet (http://www.bnotk.de/Bundesnotarkammer/ Aufgaben-und-Taetigkeiten/Rundschreiben/2004-13.php);
– Internet-Domains der Notare (http://www.bnotk.de/3:241/Rundschreiben/2003/2003_26.html);
– Sicherung der notariellen Verschwiegenheitspflicht bei EDV-Installation und –Wartung (http://www.bnotk.de/3:293/Rundschreiben/1996/1996_41.html);
– Zugriff des Betriebsprüfers auf die EDV im Notariat (http://www.bnotk.de/3:260/Rundschreiben/2001/2001_46.html).

4. Geschäftsprüfung

a) Vorbereitung

Zur Vorbereitung der Geschäftsprüfung werden von der Aufsicht häufig sog. Vorab- **22** fragebögen verwendet, die sich vorwiegend auf Fragen zu den vom Notar beschäftigten Mitarbeitern, die sächliche Ausstattung sowie zu den Anderkonten beschränkten. Diese Fragebögen werden zunehmend detaillierter, was einerseits die Vorbereitung und später auch die Durchführung der Geschäftsprüfung erleichtert, anderseits einen nicht unerheblichen Verwaltungsaufwand für den Notar darstellen kann. Wenn und soweit sich nach einer bereits erfolgten Prüfung und der Darlegung der relevanten Punkte keine Änderungen ergeben haben, sollte auf die stereotype Wiederholung verzichtet werden und eine Bezugnahme auf bereits Erklärtes genügen. Wichtig ist aber in jedem Fall, die Geschäftsprüfung im Notariat so vorzubereiten, dass die Einhaltung der formalen Erfordernisse zügig geprüft werden kann. Die Überprüfung und Abstellung bereits in der Vergangenheit gerügter Säumnisse sollte für den Notar an erster Stelle stehen, führen wiederholte Verstöße doch regelmäßig zu schärferen Beanstandungen und enden nicht selten in Disziplinarmaßnahmen. Grundsätzlich ist die **sachliche, personelle und organisatorische Unabhängigkeit** des Notars hervorzuheben. Jede Prüfung hat im Lichte dieser Grundentscheidung (*Blaeschke* Rn. 18; *Zwerger/Höpfl* MittBayNot-Sonderheft 2011, 14) zu erfolgen. Die sachliche Unabhängigkeit ist mit der des Richters zur vergleichen; nur Rechtsanwendungen, die gegen den klaren, bestimmten und völlig eindeutigen Wortlaut eines Gesetzes verstoßen, können zu Beanstandungen führen und ggf. eine Amtspflichtverletzung begründen (Schippel/Bracker/*Herrmann* § 93 Rn. 11; *Preuß* DNotZ 2008, 258, 276). Als Ausforschung ohne Anlass untunlich, wenn auch bisweilen anzutreffen, sind daher allgemeine Fragen im Rahmen der anzutreffenden Vorabfragbögen, ob seit der letzten Prüfung der Amtsführung **Amtshaftungsklagen** (§ 19 BNotO) erhoben wurden oder ob Amtshaftungsansprüche vom Notar oder seiner Haftpflichtversicherung außergerichtlich reguliert worden seien.

Beispiel eines Vorabfragebogens:

Wie lautet der Name ihres Ehegatten bzw. früheren Ehegatten, Verlobten oder Lebenspartners im Sinne von § 1 LPartG (vgl. §§ 3 I 1 Nr. 2, 2a, 6, 7 BeurkG)?
Welche beruflichen Tätigkeiten oder Nebentätigkeiten üben Sie neben dem Beruf des Notars/der Notarin aus (§ 8 BNotO)?
Besteht ein ständiges Dienst- oder Geschäftsverhältnis zwischen Ihnen (oder einer mit Ihnen zur gemeinsamen Berufsausübung verbundenen Person) zu einer dritten Person, mit dem Sie (oder die mit Ihnen verbundene Person) zur Erbringung von Diensten verpflichtet werden, wenn ja, mit wem? (§ 3 I 1 Nr. 8 BeurkG)?
Verfügen Sie über Gesellschaftsbeteiligungen (ausgenommen Anteile an börsennotierten Aktiengesellschaften), wenn ja, über welche? (§ 14 V BNotO, § 3 I 1 Nr. 9 BeurkG)?
Sind Sie Mitglied des Organs einer juristischen Person des Privatrechts (§ 3 I 2 Nr. 6 BeurkG)?
Sind Sie Mitglied des Organs einer Gemeinde, eines Landkreises, einer Religion- oder Weltanschauungsgemeinschaft (§ 3 III BeurkG)?
Sind Sie (bzw. eine mit Ihnen zur gemeinsamen Berufsausübung verbundenen Person) Verwalter nach dem WEG, Insolvenzverwalter, Testamentsvollstrecker oder Schiedsrichter tätig, wenn ja, notieren Sie bitte den Namen der Person, für die die Tätigkeit ausgeübt wird (§ 3 I 1 Nr. 7 BeurkG)?
Sind Sie (bzw. eine mit Ihnen zur gemeinsamen Berufsausübung verbundene Person) als Vormund oder Betreuer tätig, wenn ja, notieren Sie bitte den Namen der Person, für die die Tätigkeit ausgeübt wird (§ 3 I 1 Nr. 5 BeurkG)?
Führen Sie ein Beteiligtenverzeichnis im Sinne des §§ 15 BNotO; in welcher Form (§ 28 BNotO)?
Über wie viele Signaturkarten (§ 15 III BNotO) von welchem Zertifizierungsdiensteanbieter verfügen Sie und wo werden diese aufbewahrt?
Wie schützen sie die Signatureinheit vor Missbrauch (§ 2a DONot, § 39a BeurkG)?
Liste mit den Namen der in der Kanzlei beschäftigten Mitarbeiter, einschließlich des Reinigungspersonals.
Die Verpflichtungserklärungen aller Beschäftigten.
Unterlagen für die datenschutzrechtlich ordnungsgemäße Vernichtung von Papier und auszusonderndem Aktengut.
Verzeichnis über die sachliche Ausstattung nach dem übersandten Vordruck.
Abdruck aller in der Kanzlei geführten Siegel auf einem Kopfbogen (mit Datum und Unterschrift).
EDV-Wartungsverträge.

I. Grundsätzliches **M**

Die Zivilrechtliche Verpflichtungserklärung der Mitarbeiter, die die technische Wartung der EDV-Anlage übernehmen und dabei datensensible Wartungsarbeiten durchführen.
Ggf. Erklärung über die Bestellung eines Datenschutzbeauftragten im Sinne des LandesDSG.
Ggf. Verfahrensverzeichnis über die eingesetzten EDV-Verfahren nach LandesDSG.
Herstellerbescheinigung bzw. Erklärung des (sächsischen) Datenschutzbeauftragten oder des notariatsinternen Datenschutzbeauftragten über die Vorabprüfung neuer Programme vor ihrem erstmaligen Einsatz bzw. vor einer wesentlichen Änderung, vgl. z. B. § 10 IV SächsDSG.
Bei automationsgestützter Führung der Bücher und Verzeichnisse die Bescheinigung des Erstellers der Software darüber, dass keine nachträglichen Veränderungen der mit dem Ausdruck abgeschlossenen Eintragungen möglich ist (§ 17 I 2 DONot).
Prüfzeugnis nach § 29 II DONot für die eingesetzten Drucker und Kopiergeräte – Prüfzeugnis der Papiertechnischen Stiftung (PTS) in Heidenau (früher der Bundesanstalt für Materialforschung und -prüfung in Berlin) zur Herstellung von Urschriften von Urkunden.

b) Übersicht zur Geschäftsprüfung

Der nachfolgende mögliche Aufbau eines Geschäftsprüfungsberichts dient als Leitlinie 23 und für die anschließende Vertiefung einzelner Aspekte. Weitere Checklisten finden sich bei *Weingärtner/Gassen* Anh. 8, dort Abschnitt II.; bei *Blaeschke*, Praxishandbuch Notarprüfung, 2010 und in der Anlage 7 der Bekanntmachung betreffend die Angelegenheiten der Notare in Bayern, Datenbank BAYERN-RECHT 3031-J. Vertiefende Hinweise finden sich bei *Bücker/Viefhues* ZNotP 2003, 449; 2004, 51 und 311.

Checkliste Aufbau eines Geschäftsprüfungsberichts 24

Vorbemerkung ...
Beanstandungen im letzten Prüfungsbericht ...
  Sind alle Beanstandungen aus der letzten Prüfung beseitigt und erteilte (hilfreiche und sinnvolle) Hinweise beachtet worden?
Prüfungsergebnis ...
  (I) Allgemeine Angaben
    (1) Geschäftsstelle des Notars
      (a) örtliche Lage
      (b) Wohnsitz
      (c) Nebentätigkeiten und Beteiligungen
      (d) Vorkehrungen zur Einhaltung der Mitwirkungsverbote nach § 3 I Nr. 7 und Nr. 8 erste Alternative, II BeurkG (§ 15 DONot)
      (e) Amtsschild (§ 3 DONot; Verbot der amtswidrigen Werbung, § 29 BNotO)
      (f) Internetauftritt (Pflichtangaben § 5 TMG; Verbot der amtswidrigen Werbung, § 29 BNotO)
      (g) Amtsräume
        – Geschäftsstelle
        – Archivräume
        – Aktenvernichtung
        – Datenschutz/ Datensicherheit
      (h) Öffnungszeiten
      (i) Sprechtage
      (j) Weitere Geschäftsstelle
      (k) Amtsbereich (§ 10a BNotO)
    (2) Sachliche Ausstattung
      (a) Siegelgerätschaften
        – Zahl, Aufbewahrung, Musterprägungen

▶

M   Dienstordnung und Büro

▼ Fortsetzung: **Checkliste Aufbau eines Geschäftsprüfungsberichts**

    – Bei Verwendung von Siegelmaschine: Nachweis der PTS Heidenau (Prüfzeugnis)
    – Signaturkarte (siehe EDV)
  (b) EDV und Datenschutz
    – EDV Anlage
    – Datenvernichtung
    – Fernwartung
      (Sicherung der Verschwiegenheit durch Erklärung; Verfahren)
    – Herstellerbescheinigungen für Notariatssoftware (§ 17 I 2 DONot)
    – Bescheinigung der PTS für Drucker, Kopierer (§ 29 II DONot)
    – Signaturkarte und Sicherung der Signatureinheit
    – TK-Anlage
    – Datenschutz/ Datensicherheit
  (c) Verwahrung von Wertsachen (§ 27 DONot)
    – Tresor
    – Bankschließfach
  (d) Bibliothek/Pflichtpublikationen/Fortbildung
    – Papierbezug (§ 32 BNotO)
    – Elektronischer Bezug und Speicherung
    – Fortbildungspflicht (§ 14 VI BNotO)
(3) Mitarbeiter/ Personal
    Verpflichtung (§ 26 i. V. m. §§ 14 IV, 18 BNotO, § 1 VerpflG)
    Beschäftigung juristischer Mitarbeiter (§ 25 II BNotO i. V. m. LandesVO)
    Verpflichtung nach LDSG (vgl. § 6 SächsDSG)
    Unzulässige Einschaltung von Mitarbeitern in das Beurkundungsverfahren

(II) Die Bücher und Verzeichnisse des Notars
  (1) Urkundenrolle
  (2) Verwahrungsbuch/Anderkonten (§§ 11 I, 10 I, 7 I, 14 I DONot)
  (3) Massenbuch, Anderkontenliste (§§ 7, 10, 12, 14 II DONot)
  (4) Namensverzeichnis zum Massenbuch
  (5) Sammlung der Wechsel- und Scheckproteste (§ 21 DONot)
  (6) Kostenregister (§ 16 DONot)
  (7) Aufzeichnungen nach dem Geldwäschegesetz (§§ 3 I, 9 GwG)
  (8) Namensverzeichnis
  (9) Namensverzeichnis zur Urkundenrolle
  (10) Erbvertragsverzeichnis
  (11) Dokumentationen zur Einhaltung der Mitwirkungsverbote
  (12) Meldungen an das ZTR
  (13) Hinweis auf das ZVR

(III) Die Akten des Notars
  (1) Generalakten (§ 23 DONot)
  (2) Nebenakten als Blattsammlung (§ 22 I DONot)
  (3) Blattsammlung (Anderkonto, § 22 II DONot)

(IV) Die Urkundensammlung

(V) Die Geschäftsbehandlung
  (1) Urkundenvollzug
  (2) Beurkundungsverfahren
  (3) Verwahrungstätigkeit

(VI) Erklärungen des Notars als Anlage

II. Die Geschäftsstelle

1. Allgemeines

Der Notar hat eine Geschäftsstelle zu unterhalten (§ 10 II BNotO). Die räumliche Verankerung des Notaramtes ist – neben der persönlichen Amtsausübung durch den unabhängigen und unparteiischen Notar – die wesentliche Voraussetzung für die Funktion des Notars im System der vorsorgenden Rechtspflege, die sich in den Anforderungen an eine Geschäftsstelle mit angemessenen Öffnungszeiten, in der Zuweisung eines Amtssitzes und der Beachtung des Amtsbereiches (§ 10a BNotO) niederschlägt. Deswegen bedarf die Abhaltung von Sprechtagen und die Einrichtung einer weiteren Geschäftsstelle (§ 10 IV BNotO) der Genehmigung und auch die im Einzelfall zulässige Beurkundung außerhalb des eigenen Amtsbereiches der Anzeige gegenüber der zuständigen Aufsicht (§ 10a III BNotO; zu Einzelheiten vgl. Schippel/Bracker/*Püls* § 10 Rn. 17, § 10a Rn. 17 ff.). Die Verdichtung der Amtstätigkeit an einem weiteren Ort innerhalb des Amtsbereichs kann zu einer faktischen (weiteren) Geschäftsstelle des Notars führen und ist daher genehmigungspflichtig (*OLG Celle* DNotZ 2010, 949 mit Anm. *Terner*). Die Einführung des § 8 IV DONot mit der Vermerkpflicht in der Urkundenrolle dient hier der effektiven Kontrolle durch die Aufsicht. Auch ist die Führung der Bücher und Akten nur an der Geschäftsstelle möglich (§ 5 III DONot).

Die Geschäftsstelle ist in der üblichen Weise zu kennzeichnen(vgl. § 3 DONot). Dies geschieht entweder durch ein **Amtsschild**, das das Landeswappen und die Aufschrift „Notarin" oder „Notar" enthält, oder durch ein oder mehrere Namensschilder oder durch beides. Zahl, Größe und Form der Namensschilder müssen – abgesehen von besonderen landesrechtlichen Vorschriften (vgl. die insoweit die Anmerkungen zur Textfassung der DONot auf der Homepage der BNotK) – so gewählt sein, dass der Eindruck einer Werbung vermieden und das Ansehen des Notaramtes nicht verletzt wird. Unterhält der Notar eine **Website**, so hat er die Pflichtangaben des § 5 TMG in das Impressum aufzunehmen. Hinweise zur Zulässigkeit von Domain-Namen und Gestaltungen in der Anlage zum Rundschreiben Nr. 26/2003 der *BNotK* v. 23.5.2003 und Rundschreiben Nr. 21/2000 v. 13.7.2000 (http://www.bnotk.de/Intern/Rundschreiben).

Über die „üblichen **Geschäftsstunden**", in denen der Notar seine Geschäftsstelle offen zu halten hat, ist im Gesetz und der DONot nichts Näheres bestimmt. Der Notar ist daher nicht gehalten, sich starr nach der Dienstzeit der Behörden (vgl. z. B. § 6 Allgemeine Geschäftsordnung für die Behörden des Freistaates Bayern – AGO – vom 12.12.2000: Besucherverkehr an Arbeitstagen von 8:00 Uhr bis 16:00 Uhr, am Freitag bis 14:00 Uhr) zu richten; er kann eine für seine Verhältnisse passende Regelung treffen, sofern nur die Geschäftsstelle in einer den Bedürfnissen der Rechtsuchenden entsprechenden Zeit zugänglich ist. Abschnitt IV. Nr. 2 S. 2 RLE/BNotK unterstreicht die Notwendigkeit der Erreichbarkeit, die auch § 15 I BNotO voraussetzt.

2. Sächliche Ausstattung

Die Geschäftsstelle muss so eingerichtet sein, wie es zur ordnungsmäßigen Amtsausübung, insbesondere zur Wahrung des Amtsgeheimnisses und zur Durchführung und Abwicklung der Urkundstätigkeit i. S. d. § 15 BNotO technisch und organisatorisch erforderlich ist. Hierauf erstreckt sich die Prüfung der Amtsführung (§ 32 II 2 DONot). Darüber hinaus ist zu beachten, dass die Geschäftsstelle und ihre konkrete Ausstattung sichtbarer Ausdruck vom Amt des Notars und zugleich ein Element des Leistungswettbewerbs sind (*BVerfG* v. 9.8.2000 – 1 BvR 647/98 Tz. 32). Zu den vom Notar zu haltenden Pflichtbezugsblättern (§ 32 BNotO) und der ausreichenden Vorhaltung in elektronischer Form vgl. BNotK-Rundschreiben Nr. 27/2003 vom 25.5.2003, http://www.dnoti.de/DOC/2003/BNotK_RS_2003_27.pdf.

3. EDV und Datenschutz

a) Notariatssoftware

29   Ähnlich wie bei der Hardware ist die Auswahl- und Kombinationsmöglichkeit im Bereich der Notariatssoftware so vielschichtig, dass sich eine Behandlung hier verbietet. Gleichwohl macht der zunehmend bidirektionale ERV und die damit verbunden Veränderung im Arbeitsablauf des Notarbüros eine viel stärkere Vernetzung bei gleichzeitiger Flexibilisierung (infolge der Anwenderwünsche) erforderlich. Auch der Datenschutz (privacy by design, vgl. *Hansen/Meins* DuD 2006, 543 und für das EU-Datenschutzrecht *Kort* DB 2012, 1020) wird in ERV Anwendungen wie etwa dem Elektronischen Urkundenarchiv (ELUA) eine wichtige Rolle einnehmen, deren Regelung nicht dem einzelnen Softwareanbieter (oder auch Notar) überlassen bleiben kann. *Gassen* und *Büttner* haben auf dem Deutschen Notartag 2012 davon einen Eindruck vermittelt und zugleich grundsätzliche Anforderungen definiert.

30   Im Wesentlichen deckt die Software in Notariat folgende Module ab:
– Erfassung und Bearbeitung der Bücher des Notars,
– Urkundenvorbereitung,
– Kostenwesen (einschließlich Anbindung an die Buchhaltung),
– Anderkonten des Notars,
– Urkundenvollzug mit direkter Umsetzung der inzwischen zunehmend papierlos ablaufenden Kommunikationswege,
– Archivierung der elektronischen Akten, derzeit noch als Hilfsmittel neben der führenden Papierakte.

31   Gerade die letzten beiden Aspekte spielen bereits jetzt eine erhebliche Rolle, auch wenn die Dienstordnung noch von der papiergebundenen Akte ausgeht. Mit Einführung des ZTR wurde eine Kommunikationsplattform der Notare mit datenschutzrechtlich hohem Niveau eingeführt, die auch für weitere Vollzugsaktivitäten genutzt werden könnte.

32   Die verwendete Notariatssoftware darf keine Programmteile zur Erleichterung nachträglicher Änderungen von bestätigten Eingaben bereitstellen. So darf z. B. in die Fachanwendung kein Tool eingebettet werden, mit dessen Hilfe eine einmal vorgenommene Eintragung rückwirkend und womöglich spurlos beseitigt werden kann. Hierüber soll gemäß § 17 I 1 DONot eine **Bescheinigung des Herstellers der Software** eingeholt werden. Eine Bescheinigung des Notars ist nicht vorgesehen, da nur der Hersteller und nicht der anwendende Notar dies feststellen und bestätigen kann. Die Bescheinigung muss auch spätere Veränderungen umfassen; ist dies bei der Erstbescheinigung noch nicht geschehen, muss bei Änderung der eingesetzten Software eine neue Bescheinigung vorgelegt werden. Die Bescheinigung ist gemäß § 23 DONot zu den Generalakten zu nehmen (Rn. 20). Der Notar, der die Fachanwendung selber erstellt hat, muss keine Eigenbescheinigung erstellen. Auf Anforderung der Aufsicht hat er jedoch eine entsprechende dienstliche Erklärung abzugeben.

33   Die softwaremäßige Einbindung von **Ausweisscannern** ermöglicht einerseits die nach dem GeldwäscheG erforderlichen Dokumentationen, anderseits erhöht sie durch exakte Erfassung der Daten die Qualität notarieller Arbeit und erleichtert schließlich auch die Verfahrensabläufe bei der Datenerfassung und -verarbeitung. Die technologische Ausstattung des neuen Personalausweises ermöglicht eine sichere Authentisierung auch beim Notar (elektronische Identitätsnachweis „eID"). Allerdings sind der geringe Verbreitungsrad des eID (vgl. zur Konzeption *Borges* NJW 2010, 3334) einerseits und die Handhabung durch Freigabe mittels PIN (den die Beteiligten in den seltensten Fällen wissen) – auch im persönlichen direkten Kontakt mit dem Notar und bei Einverständnis muss der PIN aktiviert werden – ein echtes Hindernis für die Verbreitung einer an sich gelungenen Innovation im Personenstandswesen. Die eID kann im Bereich notarieller Amtstätigkeit bei verfahrensge-

II. Die Geschäftsstelle

rechter Ausgestaltung und Verbreitung daher auch nur eine unterstützende Funktion haben, die Vorlage des Ausweisdokumentes selbst kann sie nicht ersetzen.

Formulierungsbeispiel: Herstellerbescheinigung nach §§ 17 I, 23 I DONot   **34**

Hiermit bescheinige ich, als Inhaber der Firma

....
[vollständige Angabe und Rechtsform]

dass die unter der Bezeichnung ... [Name und Version der Fachanwendung] von Notar ... mit Amtssitz in ... eingesetzten notarspezifischen Fachanwendungen keine Verfahren zur nachträglichen Veränderung der mit dem Ausdruck abgeschlossenen Eintragung enthalten und dass die Fachanwendungen derartige Veränderung nicht ermöglichen.
Ich verpflichte mich, auch bei zukünftigen Änderungen keine derartigen Verfahren aufzunehmen.

...................., den ....

....
Unterschrift Vertretungsberechtigter

---

b) Datenvernichtung

35 Regelmäßig ist die Vernichtung der **Nebenakten** gem. den Anforderungen des § 5 IV 1 DONot zu prüfen, wobei – auch mit Blick auf das Risiko der Haftung und die Beweislast des Notars – keine strengen Maßstäbe anzulegen sind. Die Möglichkeit der schriftlichen Anordnung einer längeren Aufbewahrung ist hier sachgemäß und eröffnet dem Notar das im Rahmen seiner Amtsausübung erforderliche Ermessen.

36 Auch die Vernichtung der Amtssiegel ist z.T. geregelt, vgl. § 2 DONot SH.

37 Für die Vernichtung von **Datenträgern** gibt es keine expliziten Regelungen. Wichtiger als die Frage des *Ob* und des *Wann* ist aber die Frage des *Wie*: Nicht immer ist der Umstand bekannt, dass moderne Kopierer heutzutage Festplatten enthalten, die eine Vielzahl gespeicherter Daten enthalten und dass im Falle einer Reparatur beziehungsweise des Austausches eines geleasten oder gekauften Fotokopierers besondere Sicherheitsmaßnahmen zu treffen sind. Bezogen auf Computerfestplatten ist das Phänomen bekannt, wenngleich auch hier Datenpannen im Bereich der öffentlichen Hand regelmäßig vorkommen (vgl. http://www.datenleck.net); der Notar sollte hier besondere Vorkehrungen treffen und zumindest gesonderte schriftliche Vereinbarungen über die die vorzunehmenden Löschungen mit dem von ihm zur Verschwiegenheit verpflichteten Dienstleister treffen (vgl. M 2.167 Auswahl geeigneter Verfahren zur Löschung oder Vernichtung von Daten, https://www.bsi.bund.de).

c) Kommunikationsverfahren (IKT)

38 Die Fälle für die Abwicklung elektronisch basierter Kommunikation (Informations- und Kommunikations-Technologie, kurz IKT) sind inzwischen zahlreich und umfassen z.B. die Kommunikation mit den Registergerichten (Handels-, Vereins-, Genossenschafts-, Partnerschaftsregister, vgl. § 8a HGB, §§ 7 ff. HRV, §§ 135 ff. GBO, § 55a BGB, § 5 PartGG) und Grundbuchämtern über EGVP, mit dem ZVR und dem ZTR, mit der Vermessungsverwaltung (Geodaten), mit der Landesjustizverwaltung und der Notarkammer (Stellung von Vertreteranträgen), mit dem Notarverzeichnis und weiteren Verzeichnissen (http://www.notar.de), mit Banken und Sparkassen (online-Banking im Bereich der notariellen Buchhaltung; Pilotprojekt ENA – Elektronisch geführtes Notaranderkonto), mit Unternehmen und Privaten im Rahmen der Abwicklung von Amtsgeschäften, mit Unternehmen zur Aufrechterhaltung des Bürobetriebes (Ferndiagnose und Wartung).

39 Die Liste lässt sich beliebig ausdifferenzieren und verlängern, hier sollen nur einige der Verfahren unter Berücksichtigung folgender Aspekte hervorgehoben werden:
– sichere, authentische und nachweisbare Zustellung von Nachrichten,
– Nutzung bekannter Wege-E-Mail, EGVP/OSCI, Fax (mit Betonung der sicheren Ende-Ende Verschlüsselung),
– Unterstützung der XML Standardisierung,
– sicherer und kontrollierter Zugang zu Webservices,
– Authentizität und Erreichbarkeit der Verzeichnisse.

40 Der Einsatz von **online-Banking-Verfahren** zur Führung des Verwahrungs- und Massenbuches ist grundsätzlich zulässig, wenn die notarielle Verschwiegenheitspflicht durch Einsatz geeigneter Verschlüsselungstechniken gewahrt ist. Mit Einführung einer Kommunikationsplattform für die Notare, die etwa beim ZTR schon genutzt wird, kann diesem Aspekt nunmehr Rechnung getragen werden und erste Pilotprojekte (ENA) sind im Bereich der Notarkammer Hamburg und der Rheinischen Notarkammer im Jahr 2014 erfolgreich angelaufen.

41 Sollte bei einer **Wartung** der EDV-Anlage im Büro oder online ein Wartungstechniker der Firma auch Zugriff auf Daten erhalten, die der Geheimhaltung nach § 18 BNotO unterliegen, sollen die Wartungsarbeiten unter Aufnahme des Datums, der Uhrzeit und der Angaben zur Person des Technikers protokolliert werden. Das Protokoll ist aufzubewahren. Ergänzend ist die Ausspähung von Daten vertraglich zu verbieten und ggf. mit einer angemessenen Vertragsstrafe zu belegen (http://www.dnoti.de/DOC/1996/ BNotK_RS_1996_41.pdf). Eine Fernwartung sollte dabei nur durchgeführt werden, wenn die Aktivierung der Leitung nur durch das Notariat erfolgt und bei der Wartung die ausgeführten Arbeiten kontrolliert und verfolgt werden können. Etabliert ist etwa der kontrollierte Zugriff über Teamviewer (http://www.teamviewer.de), ein Programm das Verschlüsselung, Zugangssicherung und Authentizität des Softwareherstellers gewährleistet.

42 Im Übrigen sind, sofern im Rahmen einer Hard- oder Softwarewartung auf Daten des Notariats zugegriffen werden kann oder muss, nicht nur der die Fernwartung ausführende Techniker, sondern auch der vor Ort tätige Wartungstechniker (bei einer Übergabe der gesamten EDV-Anlage an eine Wartungswerkstatt der dort tätige Techniker) tatsächlich von diesen der Verschwiegenheitspflicht unterfallenden Daten fern zu halten oder sind diese Techniker vertraglich zur Verschwiegenheit zu verpflichten. Vorrangig sind Maßnahmen zum Schutz der Daten zu ergreifen, indem z. B. geheimhaltungspflichtige Daten und Texte auf besondere Speichermedien während der Zeit der Wartung ausgelagert oder durch Passworte dem Zugriff entzogen werden. Bei der Anschaffung einer neuen Hardware muss darauf geachtet werden, dass die alten Speichermedien vollständig gelöscht, d. h. grundlegend neu formatiert werden, da nur so eine Rekonstruktion von Datenbeständen verlässlich ausgeschlossen wird, vgl. Rn. 37.

43 **Formulierungsbeispiel: Verpflichtung zur Verschwiegenheit von EDV-Firmen**

Der Notariatsverwalter der Notarstelle …,
… – nachfolgend Notariatsverwalter –
schließt mit
Herrn … – nachfolgend EDV-Firma –
nachfolgende

Vereinbarung zur Sicherung der Verschwiegenheitspflicht

Die EDV-Firma garantiert dem Notariatsverwalter, dass über alle im Zusammenhang mit der Datenübertragung und Installation, Wartung sowie Entsorgung von EDV-Anlagen bekannt werdende Daten oder Informationen absolute Verschwiegenheit gewahrt wird.

II. Die Geschäftsstelle M

▼ Fortsetzung: **Formulierungsbeispiel: Verpflichtung zur Verschwiegenheit von EDV-Firmen**

Nachfolgende Verpflichtungen sind „Mindestmaßnahmen" zur Erfüllung dieses Garantieversprechens. Darüber hinaus gehende Maßnahmen, etwa technischer Art, die nur den Organisationsbereich der EDV-Firma betreffen, wird sie in eigener Verantwortung treffen. Weitere Maßnahmen, die auch den Organisationsbereich der Kammer betreffen, trifft die EDV-Firma nach Absprache mit dem Notariatsverwalter.

Die EDV-Firma ist verpflichtet, für sämtliche Mitarbeiter oder Auftragnehmer, die mit der Hard- und/ oder Software der Notarkammer in Berührung kommen oder kommen können oder in sonstiger Weise von Daten der Notarkammer Kenntnis erlangen könnten, in gleicher Weise die Verschwiegenheit zu gewährleisten.

Die EDV-Firma ist weiter verpflichtet, zur Installation, Wartung, Datenübertragung und Entsorgung von EDV-Anlagen
– nur vertraglich zur Verschwiegenheit verpflichtete Mitarbeiter einzusetzen und
– nach Erfüllung eines jeden Auftrags (bei Wartungsverträgen über längere Zeit nach jeder Wartungsarbeit) diejenigen Mitarbeiter bekanntzugeben, die mit den gespeicherten Informationen in Berührung gekommen sind.

Maßnahmen, die eine Einsichtnahme in Daten des Notariatsverwalters ermöglichen, sind sofort in einem **Protokoll** unter ergänzender Angabe von Datum, Uhrzeit und Name des durchführenden Mitarbeiters/Technikers detailliert aufzuzeichnen (logfile) und diese Aufzeichnungen je nach Art und Ort der Tätigkeit dem Notariatsverwalter unmittelbar und sofort auszuhändigen, per Post zu übersenden oder elektronisch zu übermitteln.

Ein Zugriff auf das EDV – System der Notarkammer im Wege der **Fernwartung** bedarf stets der vorherigen Vereinbarung mit dem Notariatsverwalter. Soll eine Administrierung im Bereich des geschlossenen Netzes erfolgen, ist von der EDV Firma darauf ausdrücklich hinzuweisen. Die Initiative zum Leitungsaufbau geht ausschließlich vom Notariatsverwalter aus. Insoweit besteht folgende technische Absicherung

... (ggf. gesondertes Blatt verwenden)

Sollte eine **technische** Möglichkeit zur Initiative für den Zugriffsaufbau ausschließlich durch den Notariatsverwalter nicht gegeben sein, besteht Einigkeit darüber, dass ein Verbindungsaufbau nur nach ausdrücklicher Genehmigung durch den Notariatsverwalter erfolgen darf.

Im Falle der Zuwiderhandlung erfolgt eine zivil- und strafrechtliche Verfolgung.

Soweit es erforderlich ist, bestimmte Daten auf Datenträgern zwischenzuspeichern, hat die EDV-Firma sofort nach Abschluss der Arbeiten diese Datenträger physikalisch zu löschen oder diese Datenträger dem Notariatsverwalter auszuhändigen.

Neben den geltenden strafrechtlichen und datenschutzrechtlichen Bestimmungen, deren Kenntnis bestätigt wird, wurde die EDV-Firma auf die Bestimmungen des § 18 BNotO hingewiesen. Die Bestimmung lautet:

... (Wiedergabe des aktuellen Gesetzeswortlauts)

Herr ... unterzeichnet diese Vereinbarung und erklärt sich einverstanden, die vorstehen Verpflichtungen uneingeschränkt zu beachten.

(Ort), den ...

....
Unterschrift des Verpflichteten   ..., Notariatsverwalter

Externe Datenverarbeitung durch **Fernbuchung** ist nach § 5 III DONot unzulässig (Rn. 25).

Wo sichere **Authentisierung** erforderlich ist, greifen die Lösungen auf S. A. F. E. (Secure Access to Federated E-Justice/E-Government, vgl. *Voss*, 4. Dresdner Forum für Notarrecht 2012, http://www.notarkammer-sachsen.de/veranstaltungen/dresdner-forum-fuer-notarrecht; *Büttner* DNotZ 2012, Sonderheft Notartag, 104) zurück (für den EGVP seit Juni 2011; für das ZTR seit 2012; geplant ist auch der Einsatz für die Verwirklichung des Zentralen Grundbuchportals). Diese Dienste werden dem Notar von der Justiz oder den berufsständischen Organisationen zur Verfügung gestellt. Die zentrale Benutzerverwaltung erfolgt hier für alle IT-Dienste der Bundesnotarkammer zentral, das Notarportal enthält einen Bereich, der hoheitlich gepflegt wird (Notarkammer), aber auch einen Bereich für Zusatzdaten, den der einzelne Notar in eigener Verantwortung anlegt und pflegen kann (www.notar.de).

46 Zum Schutz vor Gefahren der **Internetkommunikation** (Virenbefall, Penetrationsschutz; Datensicherheit; http://www.dnoti.de/DOC/2004/BNotK_RS_13_2004_Anlage.pdf) hat die Bundesnotarkammer ein gesichertes „NotarNetz" durch die NotarNet GmbH eingerichtet. Das Notarnetz erbringt Leistungen für das einzelne Notariat, die größere Unternehmen durch die eigene IT-Sicherheitsabteilung erfüllen lassen. Im Notarnetz wird der gesamte Internetverkehr des Notariats über Firewall- und Filtersysteme in parallel betriebenen Rechenzentren geleitet. Unerwünschte Datenverbindungen werden verhindert, übertragene Daten werden auf Viren und andere unerwünschte Inhalte (z.B. Spam) geprüft. Die Sicherheitskomponenten werden in kurzen Abständen aktualisiert und durch Fachpersonal überprüft und gewartet. Das Rechenzentrum überwacht das Notarnetz auf Störungen und versucht kurzfristig auf Zwischenfälle zu reagieren. Für die angeschlossenen Notare bedeutet dies ein erhöhtes Sicherheitsniveau, das mit den sachlichen und persönlichen Mitteln eines Notariatsbüros in der Regel nicht zu erreichen wäre. Der Notar wird insbesondere von der zusätzlichen Einarbeitung in Sicherheitssysteme oder der Beschäftigung eines Mitarbeiters entbunden, der solche Systeme einrichtet und verwaltet. Die in Rn. 68 ff. beschriebenen Sicherungsmaßnahmen, die gegen Eingriffe aus dem eigenen Büro schützen, sind selbstverständlich weiter zu beachten. Die Teilnahme am Notarnetz ist auf Notare und deren Standesorganisationen begrenzt. Weitere Informationen finden sich auf den Internetseiten der NotarNet GmbH unter http://www.elrv.info/de/notarnetz.

47 Der Kommunikationsanschluss ermöglicht die offene Kommunikation mittels des **E-Mail**-Dienstes. Zu beachten ist, dass die Bekanntgabe einer E-Mail-Adresse ihren Anwender verpflichtet, regelmäßig den Mailserver, ähnlich wie den eigenen Briefkasten, auf Posteingänge zu prüfen. Mit Blick auf die Verpflichtung zur Verschwiegenheit des Notars sind Vereinbarungen über die Zulässigkeit der Verwendung von E-Mails zu treffen, die regelmäßig auch im Wunsch der Beteiligten nach Übersendung von Unterlagen oder Entwürfen per E-Mail zu sehen sind. Nicht hilfreich sind die weit verbreiteten „Disclaimer" (zur Nutzlosigkeit der „Angstklauseln" *Mielke* c't 2008, 180). Auch De-Mail bringt im Puncto Vertraulichkeit keine Verbesserung (vgl. zur Kritik *Warnecke* MMR 2010, 227 und Armbrüster/Preuß/Renner/*Eickelberg* Vorbem. DONot Rn. 53). Eine allgemeine Verschlüsselung des E-Mailverkehrs mit Privaten ist derzeit noch nicht umgesetzt, im Einzelfall sind jedoch Verfahren der ad hoc Verschlüsselung möglich, die der Notar bei Bedarf auch anwenden sollte. Virenscanner und Datensicherung des Mailverkehrs sind vom Notar im Büroalltag zu beachtender Standard. Über die Nutzung von E-Mail ist mit Mitarbeitern ggf. eine gesonderte Vereinbarung (Rn. 78) zu treffen, wonach die Maildienste nur für den Amtsgebrauch gestattet werden. Ein Disclaimer am Ende der E-Mail schafft per se keine Vertraulichkeit, hat aber Apellcharakter (*Schmidl* MMR 2005, 501; differenzierter *LG Saarbrücken* v. 16.12.2011 – 4 O 287/11, BeckRS 2012, 01609).

48 Beim **Cloud Computing** werden Technologien und Dienstleistungen von Unternehmen angeboten, die auf der Nutzung des Internets basieren und IT-Anwendungen, Verarbeitungskapazitäten, Speicherplatz sowie Entwicklungsumgebungen umfassen können. Probleme, die mit der Auftragsdatenverarbeitung und deren Nachvollziehbarkeit verbunden sind, sollten im Notariat nicht auftreten, da eine solche Verarbeitung generell

II. Die Geschäftsstelle

nicht vorgesehen ist. Aber es können Datenschutzprobleme aus einem möglichen unbefugten Zugriff resultieren, weswegen bei der Auswahl des Anbieters den Notar, wie auch den Rechtsanwalt und andere zur Verschwiegenheit verpflichtete Berufsgruppen, besondere Sorgfaltspflichten treffen (*Böken* iX Heft 01/2012). Perspektivisch wird auch das Notariat an solchen Technologien nicht vorbeikommen – man denke nur an das Vorhaben des Elektronischen Urkundenarchivs einerseits und die weltweite Propagierung des Themas andererseits (vgl. Cloud Computing – Leitfaden für mittelständische Unternehmen, herausgegeben vom BMWI, 2011). Aber der Notarstand ist jedoch gut beraten, diese Dienste berufsrechts- und datenschutzrechtskonform selbst aufzusetzen. Bis dahin treffen den einzelnen Notar bei der Verwendung solcher Dienste besondere Prüfungspflichten.

Die Kommunikationspartner des Notars im Rahmen der notariellen Vollzugstätigkeit **49** können sich auf bloßen E-Mailverkehr nicht beschränken, wollen sie die Möglichkeiten des ERV effizient nutzen. Dies gilt insbesondere, aber nicht abschließend, für die Justizstellen. Die Länderjustizverwaltungen und der Bund haben sich in der Bund-Länderkommission für Datenverarbeitung und Rationalisierung in der Justiz (BLK) geeinigt, den internationalen Standard der Metasprache **XML** hierfür einzusetzen (zur Verwendung dieses Standards schon *Püls* DNotZ 2002, Sonderheft Notartag, 178; vgl. http://www.xjustiz.de/index. php). Mit XML können sowohl Inhalte als auch Struktur der Informationen definiert werden, ohne dass man durch eine vorgegebene Menge von Sprachelementen beschränkt wird. Unter Verwendung von XML ist ein Justizdatensatz mit der Bezeichnung XJustiz geschaffen worden, der für den Register- und Grundbuchverkehr um Fachmodule erweitert wurde (http://www.xjustiz.de/fachmodule).

Die Bundesnotarkammer hat in Abstimmung mit der Justizverwaltung eine **Fachan-** **50** **wendung XNotar** für den strukturierten Austausch der Daten programmieren lassen. Das Programm ermöglicht im Notariat – neben der elektronischen Signierung (Signotar) – das Zusammenstellen der von der Justiz geforderten strukturierten Daten (z.B. Adressdaten, aber auch rechtliche Fachdaten) in den zur Weiterverarbeitung erforderlichen Formaten. Auch die Übernahme von bestehenden Daten aus der im Notariat eingesetzten Notariatssoftware ist möglich (regelmäßige Angebote zur Teilnahme an Workshops durch die BNotK an Softwarehäuser, vgl. auch www.elrv.info). Die Anpassung an die Schnittstellen ist Aufgabe des jeweiligen Softwarehauses. Die Software wurde für den ERV mit den **Registern** programmiert und im Laufe der Jahre weiterentwickelt. Seit dem 1.4.2012 ist die Einreichung von **Grundbuchanträgen** bei einzelnen Grundbuchämtern in Sachsen nur noch in strukturierter Form im Format XML möglich. Daneben sind die für den Vollzug bestimmten Urkunden und Dokumente mit elektronischen Beglaubigungsvermerken nach § 39a BeurkG zu versehen. Die Anträge sind über das EGVP (seit 1.9.2014 in XNotar integriert) an das zuständige Grundbuchamt zu senden. Pläne und Zeichnungen, die ein größeres Format als DIN A3 aufweisen und die damit gemäß § 44 BeurkG verbundenen Dokumente können weiterhin in Papierform eingereicht werden (vgl. zur Grundbuchversion von XNotar: www.elrv.info > XNotar > Häufig gestellte Fragen > Programmversionen > Änderungen in XNotar). Zu den weiteren Anforderung vgl. z. B. Verordnung des Sächsischen Staatsministeriums der Justiz und für Europa über den elektronischen Rechtsverkehr in Sachsen, http://www.revosax.sachsen.de, der eine MusterrechtsVO zugrundeliegt, die in den Ländern mit geringfügigen Abweichungen inhaltsgleich in Kraft treten wird.

Weiterhin bereitete XNotar die Übergabe der Informationen, die für eine Registeran- **51** meldung erforderlich sind, für das **EGVP** (Elektronisches Gerichts- und Verwaltungspostfach) vor. XNotar übermittelt und empfängt Nachrichten mit dem neu integrierten EGVP-Client künftig selbst. In einem zusammenhängenden Arbeitsablauf werden elektronische Grundbuchanträge, Handelsregisteranmeldungen und ZVR-Anträge erstellt und übermittelt.

4. Die Verwendung der elektronischen Signatur

a) Akkreditierte Zertifizierungsdiensteanbieter

52 Gemäß § 2a I DONot hat der Notar bei der Erstellung elektronischer Urkunden eine Signaturkarte eines **akkreditierten Zertifizierungsdiensteanbieters** zu verwenden. Mit dieser Verpflichtung wird eine erhöhte Fälschungssicherheit erreicht (ausführlich *Bettendorf/Apfelbaum* DNotZ 2008, 85). Wenn im Rahmen von „Strategiepapieren" (http://www.justiz.de/elektronischer_rechtsverkehr/erv_gesamtstrategie.pdf) teilweise gegen die personenbezogene qualifizierte Signaturen (qeS) argumentiert wird, so wird der Stellenwert der mit dem sicheren ERV verbundenen Dimension verkannt: Die Sicherstellung der Authentizität und Integrität von elektronischen Dokumenten durch die Nutzung „gängiger Marktstandards" (z. B. PIN-/TAN-Verfahren, verbindliche E-Mails im künftigen De-Mail-Verfahren) ist für den Bereich der Justiz im allgemeinen und für die Tätigkeit der Notare (und auch der Rechtsanwälte) im Besonderen nicht gewährleistet. Hingegen hat sich die qeS gerade in den einzigen wirklich praktisch gewordenen Anwendungsgebieten des ERV im Justizbereich bewährt und Vertrauen geschafft (*Langenbach* (Hrsg.), Elektronische Signaturen, 2002, S. XXVI und passim zur Unverzichtbarkeit von vertrauenswürdigen Techniken angesichts der Dimension des kulturellen Umbruchs).

b) Anforderungen an das Zertifizierungsverfahren

53 Die qualifizierte elektronische Signatur wird im Signaturgesetz und in der Signaturverordnung unabhängig davon geregelt, ob mit ihr ein privates Dokument oder eine notarielle Urkunde erstellt wird. Da sich eine öffentliche Urkunde durch ihren erhöhten Beweiswert auszeichnet, stellt das Recht zusätzliche Anforderungen an die einzusetzenden Materialien und technischen Voraussetzungen im Vergleich zu einer privaten Urkunde auf. Gemäß § 2a I DONot darf der Notar lediglich eine Signaturkarte eines Zertifizierungsdiensteanbieters verwenden, bei dem er sich im Zertifizierungsverfahren durch eine öffentliche Beglaubigung der Unterschrift unter dem Antrag (§ 129 BGB) identifizieren musste. Angesichts der erhöhten Beweiskraft elektronischer notarieller Urkunden muss möglichst vermieden werden, dass im Rahmen des Antragsverfahrens sich eine Person in manipulativer Weise unter den personenbezogenen Daten eines Notars identifiziert und aufgrund dieser Identifikation unter falschen Namen auf eine entsprechende Bestätigung der zuständigen Notarkammer hin anschließend auch ein Notarattribut erlangt. Durch die öffentliche Beglaubigung der Unterschrift wird ein notwendiges Element der hoheitlichen Kontrolle in das Zertifizierungsverfahren bei Vergabe einer Signaturkarte an einen Notar inkorporiert, das Manipulationen praktisch ausschließt (vgl. *Bormann/Apfelbaum* RNotZ 2007, 15).

c) Vorgaben zum Notarattribut

54 Gemäß § 2 II DONot muss das Notarattribut die Angabe der beruflichen Stellung des Notars, den Amtssitz, das Bundesland, in dem das Notaramt ausgeübt wird, sowie die zuständige Notarkammer ausweisen.

55 Mit diesen konkretisierenden Angaben zur Stellung des Notars, die beim Berufsattribut des Signaturgesetzes nicht gefordert werden, werden Informationen aufgenommen, die bei der papiergebundenen Urkunde aus dem Siegel zu entnehmen sind. Mit der Angabe der zuständigen Notarkammer erfolgt gegenüber der Papierurkunde ein mehr an Informationen. Da die regionale Notarkammer die Notareigenschaft für die Erteilung des Notarattribut bestätigt und dessen Sperrung z. B. wegen Erlöschen der Notareigenschaft oder wegen des Verlustes der Signaturkarte verlangen kann (§ 67 V 2 BNotO), wird diese als hierfür zuständige Stelle genannt (ausführlich *Bettendorf/Apfelbaum* DNotZ 2008, 31).

II. Die Geschäftsstelle

d) Verlust der Signaturkarte

Um einen Missbrauch der Signaturkarte und das Entstehen des Anscheins einer wirksamen notariellen Urkunde bei Verwendung durch eine dritte Person auszuschließen, hat der Notar gemäß § 2a III 1 DONot bei Verlust der Signaturkarte eine sofortige Sperrung des qualifizierten Zertifikats bei dem Zertifizierungsdiensteanbieter zu veranlassen. Nach einer Sperrung können qualifizierte elektronische Signaturen nicht mehr wirksam erzeugt werden (§ 2 Nr. 3 lit. a SigG). Die Sperrung kann telefonisch (01805 – 353 633) oder postalisch jeweils unter Angabe des **Sperrkennworts** erfolgen. Dieses sollte man dann – neben der Kundennummer – freilich möglichst parat haben.

Des Weiteren hat der Notar zugleich den Verlust der Signaturkarte dem Landgerichtspräsidenten und der Notarkammer anzuzeigen, damit diese gegebenenfalls eine Sperrung durchführen, falls entgegen der vorstehenden Verpflichtung der Notar eine solche nicht veranlasst haben sollte. Schließlich hat der Notar der Aufsichtsbehörde den Nachweis über die Sperrung des Zertifikats vorzulegen (§ 2a III 3 DONot). Diesen Nachweis erhält der Notar durch die Onlineabfrage des Status seines Zertifikats und des Ausdrucks der Abfrage.

Um nach einer Fehleingabe der PIN oder im Falle des Verlustes arbeitsfähig zu bleiben, wird der Notar vorsorglich eine **Ersatzkarte** beantragen und sicher verwahren. Zur Sperrung bei Amtsnachfolge vgl. Rn. 262.

e) Signaturverfahren und persönliche Amtsausübung

Im elektronischen Rechtsverkehr müssen die übersandten Erklärungen mit vergleichbar hoher Sicherheit wie im konventionellen Rechtsverkehr den Verantwortlichen für den elektronischen Antrag und die übersandte elektronische Urkunde etc. erkennen lassen. Dies ist nur durch den Einsatz von Signaturverfahren möglich, die die höchsten Sicherheitsanforderungen des Signaturgesetzes erfüllen. Der Gesetzgeber hat für den Bereich der Justiz daher im Justizkommunikationsgesetz angeordnet, dass eine qualifizierte elektronische Signatur, die dauerhaft überprüfbar ist, zu verwenden ist. Die Notareigenschaft wird entweder als in die Signatur eingebetteter Teil oder durch ein zusätzliches Attribut nach dem Signaturgesetz nachgewiesen, wie dies konventionell durch die Verwendung des Notarsiegels geschieht. Im Hinblick auf den **Urkundsgewährungsanspruch** (§ 15 BNotO) hat jeder Notar über eine Einrichtung zu verfügen, die ihm eine Erstellung eines **einfachen elektronischen Zeugnisses** nach den §§ 39a, 42 IV BeurkG erlaubt.

Die Bundesnotarkammer ist Zertifizierungsstelle nach dem Signaturgesetz und kann den Notaren die entsprechende Signatursoftware nebst Signaturschlüssel zur Verfügung stellen, § 78 III BNotO. Im Übrigen wird wegen der weiteren Einzelheiten des Signaturverfahrens und dessen Einordnung in das Zivilrecht auf die Beiträge von *Malzer* in: Bettendorf (Hrsg.), EDV und Internet in der notariellen Praxis, 2002; *Bettendorf, Bieser, Riesen* und *Mrugalla* in: Erber-Faller (Hrsg.), Elektronischer Rechtsverkehr, S. 43, sowie *Bettendorf* RNotZ 2005, 277 und *Bormann/Apfelbaum* RNotZ 2007, 15 verwiesen.

Die nach dem Signaturgesetz zu verwendende Signaturerstellungseinheit besteht aus der Signaturkarte und dem Zugangscode (PIN). Da mit der Signatur einschließlich des Notarattributes die Unterschrift des Notars und die Verwendung des Siegels ersetzt wird, kann die Weitergabe der Chipkarte und der PIN zur Verwendung durch einen Dritten der Erteilung von Blankounterschriften nebst Beidrücken des Siegels durch den Notar gleichgestellt werden (zur rechtlichen Problematik vgl. *Bettendorf* RNotZ 2005, 277). Ebenso wie die Erteilung einer Blankounterschrift unzulässig ist, ist die Weitergabe der Signaturerstellungseinheit unzulässig. Dies ergibt sich auch aus folgenden Erwägungen:

Das Anbringen der qualifizierten elektronischen Unterschrift bei der Erstellung von Urkunden nach § 39a BeurkG ist als Amtstätigkeit höchstpersönlich vorzunehmen. Bei der Signierung durch einen Dritten mit der Signaturerstellungseinheit des Notars würde eine nicht zur Vertretung zugelassene Person unter Verletzung der §§ 39 ff. BNotO handeln. Dies gilt auch wegen des Verstoßes gegen § 41 BNotO, wenn der Notarvertreter mit der Karte des Notars signiert. Wird die Signatur also nicht höchstpersönlich von dem Notar (als Inhaber) erzeugt, ist die elektronische Beurkundung unwirksam. Dies ergibt sich aus dem zwingenden Erfordernis der persönlichen Amtshandlung sowohl bei der Erstellung von Vermerkurkunden auf Papier als auch bei der Erstellung in elektronischer Form (§§ 39, 39a BeurkG). Ein Verstoß gegen eine Muss-Vorschrift des Beurkundungsgesetzes führt zur Nichtigkeit der Urkunde (*Bettendorf/Apfelbaum* DNotZ 2008, 19, 26).

63 Auch nach den Richtlinienempfehlungen der BNotK Abschnitt IV Ziffer 2 darf der Notar die Signaturkarte und die PIN nicht Mitarbeitern oder Dritten zur Verwendung überlassen und hat sie vor Missbrauch zu schützen. Zwischenzeitlich wurden diese Bestimmungen von allen Notarkammern in ihre Richtlinien aufgenommen. Des Weiteren hat die *BNotK* auf diese **Amtspflicht** und auf die Rechtsfolgen ausdrücklich hingewiesen (DNotZ 2008, 161; zur Amtspflichtverletzung auch *Blaeschke* Rn. 174; zur höchstpersönlichen Verwendung vgl. auch *BGH* BeckRS 2011, 02 642).

64 Der Nachweis der Notareigenschaft über ein Attribut nach § 7 I Nr. 9 SigG, welches Bestandteil des qualifizierten Zertifikats ist, oder über ein gesondertes Attributs-Zertifikat nach § 7 II SigG ist nach der Regelungsvorgabe des § 39a S. 4 BeurkG nicht zwingend. So wird er bei der elektronischen notariellen Urkunde, die der **Notarvertreter** errichtet, der Nachweis gewöhnlich über eine elektronisch beglaubigte Abschrift der Vertreterbestellungsurkunde geführt, die über einen ZIP-Container mit dem elektronischen Dokument verbunden ist. Jeder Notarvertreter muss über eine eigene Signaturkarte (sichere Signaturerstellungseinheit i. S. d. § 2 Nr. 10 SigG) verfügen, weil die qualifizierte elektronische Signatur das elektronische Äquivalent der eigenhändigen Unterschrift ist. Dies ergibt sich aus §§ 126 III, 126a BGB. Der nach § 39a S. 4 BeurkG erforderliche Nachweis der Notareigenschaft über eine elektronische beglaubigte Abschrift der Vertreterbestellungsurkunde geführt. Einzelne Landesjustizverwaltungen wie z. B. in Schleswig-Holstein haben zudem angekündigt, dass die **Vertreterbestellungsurkunde durch den Landgerichtspräsidenten künftig in elektronischer Form** samt seiner qualifizierten elektronischen Signatur zur Verfügung gestellt wird; dies wird auch in Sachsen vereinzelt schon praktiziert. Die Notwendigkeit der Fertigung einer elektronischen beglaubigten Abschrift durch den vertretenen Notar oder einen anderen Notar entfällt in diesem Fall. Dieses Verfahren erhöht – bei vollständiger Abbildung des Verfahrensablaufs von der Antragstellung durch den Notar direkt bei der Notarkammer (vgl. z. B. Nr. 22 Buchst. a Doppelbuchst. kk VwVAusfBNotOVO i. V. m. § 39 I 1 Hs. 1 BNotO) auf elektronischem Weg bis zur elektronischen Vertreterbestellung – die Effizienz und minimiert den Verwaltungsaufwand deutlich.

f) Erzeugung einfacher elektronischer Zeugnisse

65 Gemäß § 39a BeurkG, § 15 III BNotO muss der Notar in der Lage sein, einfache elektronische Zeugnisse zu erstellen. Technisch erfolgt dies über die Programmkomponente **SigNotar** im Programm XNotar.

66 Die Anfertigung von elektronisch beglaubigten Ablichtungen von Papierdokumenten wird von dem Programm unterstützt. Die Erstellung des elektronischen Dokuments kann sowohl durch Einscannen des Papierdokumentes als auch durch Verwendung des bereits in Computer vorliegenden elektronischen Quelldokuments (sog. pdf rendering) erfolgen. Für die inhaltliche Ausgestaltung der bei der Erzeugung der elektronischen Urkunde zu verwendenden Texte werden Vorschläge gemacht. Des Weiteren erlaubt das Programm den Ausdruck von signierten elektronischen Dokumenten, sofern diese bestimmten Spezifikationen genügen. Bei diesem Ausdruck wird ein Prüfprotokoll erzeugt, das den Anforderungen des § 42 IV BeurkG genügt. Zu den rechtlichen Fragen, die bei der Erstellung einer beglaubigten Abschrift auftreten, vgl. *Apfelbaum/Bettendorf* RNotZ 2007, 89 sowie *LG Chemnitz* MittBayNot 2007, 340; *LG Hagen* RNotZ 2007, 491;

II. Die Geschäftsstelle

KG DNotZ 2011, 911; zum Medientransfer *Püls* notar 2011, 75, 81 f.) Zwischenzeitlich ist durch die genannte Literatur und die gerichtlichen Entscheidungen bestätigt, dass der Notar bei der qeS neben seiner digitalen Unterschrift auch das Notarsiegel (Notarttribut) beifügt, so dass es nicht zwingend eines Scans der Urkunden und dann deren Signierung bedarf, um eine wirksame beglaubigte Abschrift zu erstellen. Dies geht auch durch direkte Signatur im Wege des tif- bzw. pdf/a-renderings von elektronischen Dokumenten (die freilich im Original i.d.R. in herkömmlicher Form vorliegen). Das geschilderte Verfahren gilt auch für Antragsschreiben, die der Notar bisher gesiegelt hat.

g) Weitere Regelungen in der Dienstordnung

Wegen der weiteren Regelungen zum elektronischen Rechtsverkehr wird verwiesen:
- für die Urkundenrolle auf Rn. 105,
- für die Urkundensammlung auf Rn. 189,
- für die Führung der Generalakten auf Rn. 235 und
- für die elektronischen Urkunden des Notariatsverwalters auf § 33 II 3, 4 DONot und des Notarvertreters auf § 33 IV 4 DONot und auf Rn. 262.

5. Technisch organisatorische Datenschutzmaßnahmen

Ein aktives Tätigwerden des Notars ist gefordert, wenn man die Bestimmung des § 9 BDSG und seine Anlage als Leitlinie organisatorischer Maßnahmen für Datensicherheit im Notariat aufgreift. Entsprechende Bestimmungen und Grundsätze gelten auch nach allen Landesdatenschutzgesetzen und sind für den Notar verpflichtend, vgl. z.B. § 7 BayDSG. Die tragenden Säulen betreffen die folgenden Bereiche:

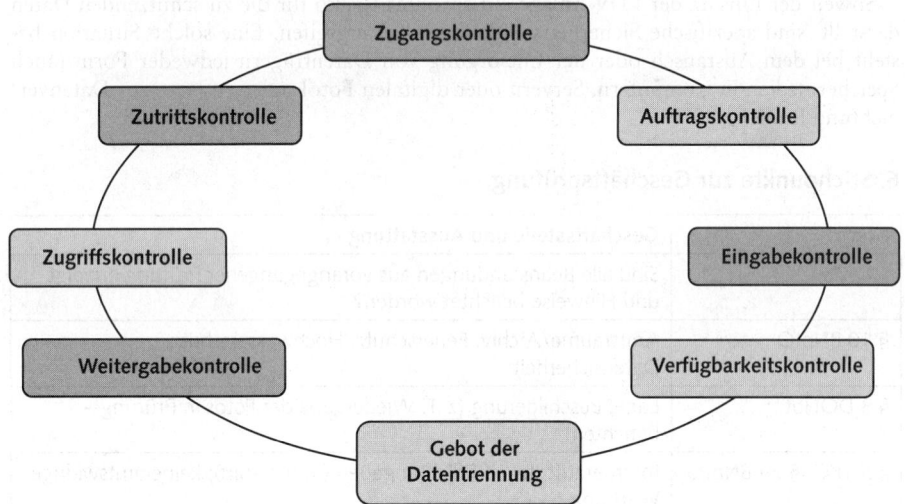

Wer sein eigenes **datensicherheits- und datenschutzrechtliches Konzept** einer Prüfung unterziehen will, kann dies anhand des IT-Grundschutzkataloges des Bundesamtes für Sicherheit in der Informationstechnik (BSI) tun (https://www.bsi.bund.de > Themen > IT-Grundschutz-Kataloge). Eine komplexe, aber grafische Übersicht findet man unter http://upload.wikimedia.org/wikipedia/commons/b/be/Mind_map_of_information_security.svg. Manche Punkte muten im Notariat aufgrund der erwähnten, traditionellen Verpflichtung zur Verschwiegenheit (Rn. 3) eher selbstverständlich an und manche Anforderungen passen nicht ohne weiteres auf die Organisationseinheit „Notar". Eine für das Notariat angepasste, bereichsspezifische Ausnahme zu den geltenden Datenschutzbestimmungen gibt es derzeit noch nicht. Daher ist der Notar verpflichtet, allgemein bestehende Standards im Datenschutz zu beachten, unabhängig davon, ob er seine Akten ausschließlich in Papier oder – wie allgemein üblich – unter Zuhilfenahme der elektronischer Datenverarbeitung führt, § 6 I DONot.

70 Ebenso wie bei den papiergebundenen Akten nimmt der Bereich der Zugangs-, Zutritts- und Zugriffskontrolle einen hohen Stellenwert ein. Maßnahmen gegen einen unbefugten **Datenzugriff** sind etwa
1. das Abschließen der EDV-Anlage
2. das Wegschließen der Datensicherungsträger, deren Verschlüsselung bei Transport außerhalb der Geschäftsstelle
3. der Zugangsschutz zum EDV-System mittels Passwort und ein Konzept dazu
4. der Einsichtsschutz auf den Bildschirm mittels abgeschirmter Aufstellung (insbesondere im Empfangsbereich) und der Bildschirmsperre in den Pausen der Mitarbeiter.

71 Besondere Aufmerksamkeit erfordert der Einsatz **mobiler Endgeräte,** wenn die sensiblen Daten des Notariats auch auf diesen gespeichert werden oder abrufbar sind. Der Notar soll daher als erstes prüfen, ob und in welchem Umfang eine Übernahme der sensiblen Daten auf das mobile Gerät überhaupt sinnvoll ist. Hält er eine derartige Speicherung für erforderlich, so ist der Zugriff Dritter auf diese Daten durch einen erhöhten Zugangsschutz zu sichern wie z.B. beim Laptop durch mehrere abgestufte Passwortkontrollen, Einsatz einer Chipkarte nebst Eingabe einer Kennziffer oder auch die Verschlüsselung des Datenträgers selber. Da durch Diebstahl oder auch lediglich durch Verlust das gesamte Gerät mit allen darauf verfügbaren Notariatsdaten einem Fremdzugriff ausgesetzt wird, ist eine solche zusätzliche Sicherung gegenüber dem im Notariat installierten EDV-System geboten. Für Smartphones empfehlen sich zusätzlich Ortungsprogramme und die komplette Datenlöschung per Fernzugriff.

72 Soweit der Einsatz der EDV-Anlage ein erhöhtes Risiko für die zu schützenden Daten darstellt, sind spezifische Sicherheitsmaßnahmen zu ergreifen. Eine solche Situation besteht bei dem Austausch oder der Entsorgung von Datenträgern jedweder Form (auch Speichermedien in Computern, Servern oder digitalen Fotokopierern (s. o. zur Datenvernichtung Rn. 35).

6. Stichpunkte zur Geschäftsprüfung

73

Norm	Geschäftsstelle und Ausstattung
	Sind alle Beanstandungen aus vorangegangener Prüfung erledigt und Hinweise beachtet worden?
§ 10 BNotO	Amtsräume/Archiv: Feuerschutz, Hochwasserschutz, Datensicherheit
§ 3 DONot	Lage, Beschilderung (z.T. Wiedergabe der Fotos in Prüfungsberichten)
§ 5 TKG, § 29 BNotO	Internetauftritt mit Pflichtangaben (Impressum); keine amtswidrige Werbung
§§ 2a, 15 BNotO	Technische Ausstattung: Signaturkarten, Lesegerät; Schutz der Signatureinheit
§ 2 III DONot	Siegel (Prägesiegel, Farbdrucksiegel): Verwahrung nach Dienstschluss
§ 5 III 1 DONot	Führung der Unterlagen (Bücher und Akten des Notars) in der Geschäftsstelle
§ 5 V DONot	Aktenvernichtung: Vertragsfirma mit vertraglicher Sicherung der Verschwiegenheitspflicht durch den Notar; gilt auch für Unterlagen/Nebenakten, die in elektronischer Form gespeichert werden

III. Mitarbeiter

Norm	Geschäftsstelle und Ausstattung
§ 17 I DONot	Notariatssoftware: Bescheinigung der für die EDV zuständigen Firma
§ 29 II DONot	Prüfzeugnis PTS (Drucker, Kopierer, Siegelmaschine)
§ 27 DONot	Verwahrung von Wertsachen
§ 32 BNotO	Pflichtbezugsblätter
	Datenschutz (Aufgaben entspr. § 9 BDSG und Anlage nach dem LDSG)
§ 18 BNotO	Internetanbindung für jeden Arbeitsplatz und Server erfordert besondere Sicherungsmaßnahmen; (vgl. das Konzept „NotarNetz"; Weingärtner/Gassen Teil 2 Rn. 60 ff. und www.elrv.info)
§ 7 III SächsDSG	Bei Fernwartung beinhaltet z. B. § 7 III SächsDSG die Verpflichtung zur Anmeldung eines Fernwartungsvertrages an die zuständige Kontrollbehörde (gem. § 38 BDSG i. V. m. § 1 der VO der Sächsischen Staatsregierung über die Regelung der Zuständigkeit der Aufsichtsbehörden nach § 38 VI BDSG ist die Landesdirektion zuständig)
§ 10 SächsDSG	Datenschutzbeauftragter bestellt und (oder) Verfahrensverzeichnis errichtet, soweit keine gesetzliche Befreiung nach Landesrecht vorgesehen ist
§ 83 III GBV, Ziff. 19a SächsVwVAusfBNotO	Stichprobenweise Überprüfung der Abrufe; Darlegung des berechtigten Interesses für den Fall einer *Weitergabe* erforderlich; § 43 GBV nimmt Notare von der Darlegungspflicht für die Einsicht als solche aus. Die für die Abrufe zuständigen Mitarbeiter verwahren die Zugangsdaten sicher, so dass diese Dritten nicht zugänglich sind.
	Signatureinheit
	Zu typisches Fragen bezüglich des elektronischen Rechtsverkehrs (ERV) im Rahmen einer Geschäftsprüfung vgl. www.elrv.info > FAQ http://www.elrv.info/de/service/faq/detail_faq.php?we_objectID=719

III. Mitarbeiter

1. Allgemeines

Notare beschäftigen in der Regel ausgebildete Mitarbeiter, die sie bei der Vorbereitung und Abwicklung der Amtsgeschäfte entlasten. Dies gilt insbesondere für den umfangreichen Abwicklungsbereich bei Kaufverträgen und Grundpfandrechten. Für einen reibungslosen Notariatsablauf sollte auf Mitarbeiter geachtet werden, die selbständig einfache Amtsgeschäfte vorbereiten, bei der Vorbereitung schwieriger Amtsgeschäfte behilflich sind, Beurkundungsgeschäfte eigenständig abwickeln, das Kostenwesen verwalten und überhaupt möglichst viele der Tätigkeiten ausführen, die nicht von dem Notar persönlich wahrgenommen werden müssen. Damit ist der Notar für seine eigentlichen Aufgaben freigestellt: Beratung der Beteiligten, Erstellung von Entwürfen und die Beurkundung. Grenzen findet die Entlastung aber insbesondere bei der **Beschäftigung von Mitarbeitern mit Befähigung zum Richteramt**, Laufbahnprüfung für das Amt des Bezirksnotars oder einem Abschluss als Diplom-Jurist. Sie dürfen nur beschäftigt werden, 74 soweit die **persönliche Amtsausübung** des Notars nicht gefährdet wird (vgl. auch Richtlinienempfehlungen der *BNotK* Abschnitt VIII Ziffer 2; Schippel/Bracker/*Görk* RLEmBNotK VIII Rn. 4 ff.). Hierzu gibt es in den Kammerbereichen auch z. T. Festlegungen, die die Landesjustizverwaltungen auf der Grundlage der Ermächtigung in § 25 II BNotO erlassen haben (vgl. z. B. §§ 6, 7 NotV-BY; § 4 BNotOAVO-NW) und die regelmäßig bei der Geschäftsprüfung auch Gegenstand der Kontrolle sind. Mit Blick auf die Haftung des Notars (Schippel/Bracker/*Schramm* § 19 Rn. 160 ff.) für Pflichtverletzungen seiner Mitarbeiter bzw. Hilfskräfte hat der Notar durch Organisation des Bürobetriebes sowie durch Auswahl, Einweisung und ständige Kontrolle der Mitarbeiter dafür zu sorgen, dass Fehler möglichst vermieden werden und dass keine dem Notar vorbehaltenen Tätigkeiten durch Mitarbeiter übernommen werden. Zu beachten ist auch das in § 17 I 4 BNotO niedergelegte **Gebührenbeteiligungsverbot**. Von den zu beachtenden arbeitsrechtlichen Vorschriften sei hier nur auf den regelmäßig anzutreffenden Fall der Schwangerschaft und die Meldepflicht des Notars nach §§ 5, 19 MuSchG gegenüber den Gewerbeaufsichtsämtern hingewiesen (Informationen und ein Benachrichtigungsformular – Beschäftigung einer werdenden Mutter – vgl. z. B. http://amt24.sachsen.de > Formulare und Onlinedienst > Mutterschutz).

75 Um qualifizierte Mitarbeiter zu erhalten, sollte sich jeder Notar an der **Ausbildung** beteiligen und Ausbildungsplätze zur Verfügung stellen. Die Ausbildung zum Notarfachangestellten ist nicht nur im Interesse des einzelnen Notars, sondern im Interesse des Berufsstandes von größter Wichtigkeit. Deshalb ist die sorgfältige Ausbildung der Auszubildenden in Erfüllung der Verpflichtungen der §§ 6 ff. des Berufsbildungsgesetzes i. V. m. den Bestimmungen der ReNoPat-AusbildungsVO Dienstpflicht (Schippel/Bracker/*Kanzleiter* § 30 Rn. 2). Die Ausbildungszeit beträgt drei Jahre und wird mit einer Notarfachangestelltenprüfung abgeschlossen. Der Umfang der Ausbildung und die zu vermittelnden Tätigkeiten sind im Ausbildungsrahmenplan festgelegt, von dem der ausbildende Notar in zeitlicher und sachlicher Hinsicht abweichen darf, sofern betriebspraktische Besonderheiten die Abweichung erfordern. Der Notar hat seinen Mitarbeitern neben fachspezifischen Kenntnissen auch die berufsrechtlichen Grundsätze und Besonderheiten zu vermitteln und für angemessene Arbeitsbedingungen zu sorgen (Richtlinienempfehlungen der *BNotK* VIII Ziffer 2). Soweit in den einzelnen Ländern Förderungsbeihilfen für die Begründung von Ausbildungsplätzen existieren, hält die Ländernotarkasse/Notarkasse, bei der die Ausbildungsverhältnisse auch zu registrieren sind, Antragsmuster und Informationen bereit. Die Förderung der Ausbildung durch die Berufsausbildungsbeihilfe wird dem Auszubildenden im dualen System unter bestimmten Voraussetzungen gewährt (§§ 56 bis 72 SGB III; http://amt24.sachsen.de > Berufsausbildungsbeihilfe – BAB)

76 Für die Ausbildung der **Notarassessoren** trägt der Notar eine besondere Verantwortung, auch wenn es sich hier nicht um Mitarbeiter im klassischen Sinn handelt (zur Überweisung durch den Präsidenten der Notarkammer vgl. Schippel/Bracker/*Bracker* § 7 Rn. 63 ff.). Auch hier übernimmt der Notar die Einweisung und hat die Pflicht zur Kontrolle. Der Ausbildungscharakter schlägt sich auch in den Haftungsregelungen, insbesondere in der Verpflichtung zur Freistellung nieder (Schippel/Bracker/*Schramm* § 19 Rn. 156).

77 Für die Mitarbeiter werden Arbeitsverträge erstellt, für die Auszubildenden werden die Verträge im Bereich der Notarkasse/Ländernotarkasse, die die Ausbildungsverhältnisse registriert, gestellt. Alle Mitarbeiter, seien es Voll- oder Teilzeitkräfte, Fachkräfte oder auch nur Hilfspersonal wie Reinigungspersonal, Buchbinder, Gerichtsbote etc., sind mit Ausnahme der Notarassessoren sowie zur Ausbildung zugewiesener Referendare nach § 26 BNotO auf die Bestimmungen der §§ 14 IV, 18 BNotO besonders hinzuweisen und nach § 1 des Verpflichtungsgesetzes förmlich zu verpflichten. Hierüber ist eine Niederschrift (**Verpflichtungserklärung**) anzufertigen, die vom Notar und dem Verpflichteten zu unterzeichnen ist und bei den Generalakten des Notars aufbewahrt wird (§§ 4, 23 I DONot). Ergänzend regelt § 4 II DONot, dass die Verpflichtung auch zu erfolgen

III. Mitarbeiter M

hat, wenn zwischen denselben Personen bereits früher ein Beschäftigungsverhältnis bestanden hat oder der Beschäftigte von einem anderen Notar übernommen worden ist. Bei Sozietäten genügt die Verpflichtung durch einen der Sozien. Die Bundesnotarkammer hat ein Formular entworfen, das unter http://www.dnoti.de/informationen/arbeitshilfen/ abrufbar ist. Zur zusätzlichen datenschutzrechtlichen Geheimnisverpflichtung vgl. die Landesdatenschutzgesetze, z. B. § 6 SächsDSG.

Sollte der Notar die **private Nutzung von E-Mail und Internet** untersagt haben, kommt das TKG nicht zur Anwendung. Hat er seinen Beschäftigten die private Nutzung von Internet oder E-Mail nicht verboten, erbringt er nach jüngster Rechtsprechung gleichwohl keine geschäftsmäßig Telekommunikationsdienste (§ 3 Nr. 6 TKG; *LAG Berlin-Brandenburg* BeckRS 2011, 72743). Nach Auffassung des Gerichts erbringt der Arbeitgeber weder geschäftsmäßig Telekommunikationsleistungen noch wirkt er an diesen mit. Wäre er Diensteanbieter, würden z. B. die Pflichten des § 88 TKG für ihn greifen. Es empfiehlt sich m. E. jedoch in jedem Fall eine klare Regelung zum Umgang, insbesondere zur nicht privaten Verwendung der dienstlichen Mailadresse. 78

Die rasante Entwicklung im Bereich des der ERV und der IKT stellt besondere Anforderungen an die Einbeziehung der Mitarbeiter und die **Organisation der Büroabläufe** sowie deren Überwachung durch den Notar. Mitarbeiter sollten in Entscheidungsvorgänge frühzeitig einbezogen werden, damit sie einerseits für die Umstellungen an ihren Arbeitsplätzen und die Arbeit an solchen Geräten motiviert werden und andererseits ihre eigenen Erfahrungen mit der bereits vorhandenen Notariats-EDV und den Büroabläufen im Notariat einbringen können. Hierdurch können die Arbeitsabläufe im Büro neu überdacht und organisiert werden. Unabdingbar ist die Bereitschaft des Notars, seine Mitarbeiter auf das EDV-System zeitlich ausreichend und intensiv ausbilden zu lassen und diese Schulung auch zu finanzieren. Wird der Einsatz überhastet ohne ausreichende Schulung vorgenommen, so ist das Vorhaben schon fast gescheitert. Dies bedeutet auch, den Mitarbeitern die notwendige Zeit für die nach der Schulung erfolgende Einarbeitungsphase zuzugestehen. Entsprechendes gilt für die laufende Schulung der Mitarbeiter oder bei Eintritt eines neuen Mitarbeiters in das Büro. 79

Es empfiehlt sich, einen oder mehrere **Organisationsbeauftragte(n)** oder **Systembeauftragte(n)** sowie deren Vertreter für die EDV und den ERV zu benennen. Diese Mitarbeiter haben die Aufgabe, nach der Schulung die Einführung des Systems im Notariat zu unterstützen, die notwendigen Organisationsfragen zu klären und die Betreuung der Anwendung vorzunehmen, bei einem Mitarbeiterwechsel den neuen Mitarbeiter einzuführen, an Weiterentwicklungen bezüglich der Büroorganisation im Hinblick auf die EDV-Anlage mitzuwirken und die technische Betreuung des Gerätes vorzunehmen wie zum Beispiel die Kontrolle der Bereinigung des Speicherinhaltes von erledigten Vorgängen. Schließlich hat der Beauftragte die erforderliche Datensicherung durchzuführen oder deren Durchführung verantwortlich zu überwachen. Falls dieser für die Organisation der EDV so wichtige Mitarbeiter wegfällt, sollte frühzeitig eine Ersatzperson mit eingearbeitet werden. 80

2. Stichpunkte zur Geschäftsprüfung

§§ 14 IV, 18 BNotO	Mitarbeiter (Hinweise, die üblicherweise im Rahmen der Verpflichtung erteilt werden)	81
§ 4 i. V. m. § 26 BNotO i. V. m. § 1 VerpflG, § 6 SächsDSG	Geheimnisverpflichtung der Mitarbeiter neben Verpflichtung nach VerpflG?	
§ 25 BNotO i. V. m. § 10 I BNotOVO	Genehmigung Juristische Mitarbeiter	

IV. Bücher, Verzeichnisse und Akten des Notars

1. Gemeinsame Bestimmungen zu den Unterlagen des Notars

a) Legaldefinition der Unterlagen

82 Die §§ 5 bis 25 DONot beinhalten Regelungen zur Behandlung der Bücher, Verzeichnisse, Akten und Übersichten der Notare. § 5 DONot enthält hierzu folgende Legaldefinition: Es werden als **Buch** geführt: die Urkundenrolle, das Verwahrungs- und das Massenbuch. Die Bücher werden ergänzt um die **Verzeichnisse**: das Erbvertragsverzeichnis, die Anderkontenliste und die Namensverzeichnisse zur Urkundenrolle und zum Massenbuch sowie Dokumentationen zur Einhaltung von Mitwirkungsverboten. Des Weiteren sind nach landesrechtlichen Bestimmungen Verzeichnisse der Nachlass- und Gütergemeinschaftsauseinandersetzungen sowie Kostenregister (Notarkasse/Ländernotarkasse zur Feststellung der Gebühren, die der Abgabe unterliegen), zu führen. Neben den Büchern und Verzeichnissen werden folgende Unterlagen unter der Bezeichnung „Akten" geführt: die Urkundensammlung, die Sammelbände für Wechsel- und Scheckproteste, die Nebenakten, die Generalakten. Schließlich hat der Notar jährlich **Übersichten** über die Urkunds- und Verwahrungsgeschäfte zu erstellen (§ 5 II DONot).

b) Ort der Führung, Drittbeauftragung

83 Nach § 5 III DONot sind die Unterlagen in der Geschäftsstelle des Notars von Personen zu führen, die bei dem Notar beschäftigt sind. Es wird klargestellt, dass eine **Drittbeauftragung** unzulässig ist. Dies wird in § 27 II DONot nochmals ausdrücklich bestätigt. Damit ist die frühere Streitfrage, ob das Verwahrungs- und Massenbuch durch **Fernbuchung** (externe Datenverarbeitung) geführt werden kann, abschließend entschieden. Darüber hinaus wird klargestellt, dass bei überörtlichen Sozietäten die Unterlagen am Ort der Geschäftsstelle des jeweiligen Notars zu führen sind, die Führung der Bücher, Verzeichnisse, Akten und Übersichten der Notare einer überörtlichen Sozietät an einem Ort zentral für alle Notare damit unzulässig ist.

c) Aufbewahrungsfristen

84 In § 5 IV DONot sind die Aufbewahrungsfristen für die Bücher, Verzeichnisse und Akten des Notars zusammenfassend geregelt. Nach Ablauf der jeweiligen Aufbewahrungsfrist sind die Unterlagen zwingend zu **vernichten**. Ausnahmen sind nur im Einzelfall zulässig, wenn die weitere Aufbewahrung aus besonderen Gründen erforderlich ist.

85 Die Unterlagen, die bisher nach § 5 I DONot dauernd aufzubewahren waren, sind, sofern sie nach dem 31.12.1949 entstanden sind, nur noch 100 Jahre aufzubewahren. Die Frage, wer diese Unterlagen nach Beendigung des Notaramtes in Verwahrung nimmt – Justizverwaltung, Amtsnachfolger oder Notarstand –, ist noch in der Diskussion; zum ELUA vgl. Rn. 18.

86 Bei den Nebenakten hat der Notar das Recht und ggf. auch die Pflicht, bei der letzten inhaltlichen Bearbeitung schriftlich eine längere Aufbewahrungsfrist für Vorgänge, die spätere Rückfragen erwarten lassen oder bei denen Regressgefahren bestehen, zu bestimmen, z.B. bei Verfügungen von Todes wegen, Übertragungsverträgen, etc. Auch wenn eine solche Bestimmung bei der Ablage noch nicht erfolgt ist, kann die Vernichtungspflicht noch zu einem späteren Zeitpunkt aufgeschoben werden, wenn der Notar die weitere Aufbewahrung für erforderlich hält. Die Dauer der verlängerten Aufbewahrung legt der Notar nach pflichtgemäßem Ermessen fest. Die wiederholte Verlängerung ist nach der DONot nicht ausgeschlossen. Die Anordnung kann auch generell für alle gleichartigen Urkunden, z.B. alle Eheverträge oder alle Verfügungen von Todeswegen erfolgen (§ 5 IV 1 DONot).

IV. Bücher, Verzeichnisse und Akten des Notars   M

Die genannten Aufbewahrungsfristen und Verlängerungsmöglichkeiten gelten wohl 87
entsprechend für die zulässige Dauer der **Speicherung** der Daten als Hilfsmittel in einer
EDV-Anlage, wenngleich § 5 IV DONot dazu nichts aussagt. Angesichts der dauerhaften
Verwahrung der Urkunden, Haftungsgefahren und dem zunehmenden Interesse der Beteiligten an einer schnellen Verfügbarkeit elektronischer Akten und Vorgänge erscheint
auch die notarielle Bestimmung einer für die elektronischen Daten längeren Frist möglich. Soweit die gespeicherten Daten der Eintragung in die vorgeschriebenen Verzeichnisse oder Bücher vorgehen, zu deren Herstellung oder auch deren Rekonstruktion dienen
oder sie das Auffinden der Eintragungen und des Inhalts der Vorgänge erleichtern, ist deren parallele EDV-Speicherung ohnehin zulässig.

Eine rein **elektronische Archivierung** sowohl der Urkunden, Bücher, Verzeichnisse als 88
auch der Akten ist nur aufgrund einer zukünftigen Änderung der Bundesnotarordnung
und des Beurkundungsgesetzes möglich. Die dazu notwendigen gesetzlichen und technischen Maßnahmen (Elektronisches Urkundenarchiv) werden zurzeit diskutiert, vgl.
Rn. 18.

2. Gemeinsame Bestimmungen zu den Büchern und Verzeichnissen

In der Systematik der DONot sind die Bestimmungen, die allgemein für die Führung 89
der Bücher gelten, nicht bei dem jeweils zu führenden Buch bzw. Verzeichnis angesiedelt,
sondern werden den Einzelbestimmungen gemeinsam vorangestellt. Dies sind:

a) Änderungen in Büchern/Verzeichnissen

Zusätze und sonstige Änderungen in den **Büchern** dürfen gemäß dem in § 7 II DONot 90
enthaltenen **Änderungsverbot** nur so vorgenommen werden, dass die ursprüngliche Eintragung **lesbar** bleibt. In der Urkundenrolle, dem Verwahrungs- und Massenbuch sind sie
durch einen von dem Notar zu datierenden und zu unterschreibenden Vermerk auf der
geänderten Seite zu bestätigen (§ 7 II DONot); bei der automationsgestützten Führung
der Bücher erfolgt die Datierung und Unterzeichnung erst mit dem Ausdruck einer vollbeschriebenen Seite (§ 17 II DONot). An welcher Stelle der Vermerk auf der Seite angebracht wird, ist nicht vorgeschrieben.

Das Vorstehende gilt ausschließlich für die Bücher und nicht für die Verzeichnisse. 91

b) Buch- oder Loseblattform

Die Dienstordnung geht im Grundsatz davon aus, dass die Urkundenrolle, das Ver- 92
wahrungsbuch und das Massenbuch sowie die dazugehörenden Verzeichnisse in gebundener Form auf dauerhaftem Papier fortlaufend paginiert als Bücher geführt werden.
Das jeweilige Buch ist so lange zu verwenden, bis es gefüllt ist, unabhängig vom Zeitablauf eines Jahres. Alternativ besteht die Möglichkeit, die Urkundenrolle und das Verwahrungsbuch in **Loseblattform** (§§ 6 II, 14 I DONot), dann jedoch jeweils für den Zeitraum eines Kalenderjahres, und das Massenbuch als **Massenkartei** (§§ 6 II, 14 II
DONot), einer besonderen Form der Loseblattführung, zu führen. Gleiches gilt für die
Verzeichnisse. Die Führung des Loseblattverwahrungsbuches und der Massenkartei im –
vielleicht gelegentlich noch praktizierten – **Durchschreibeverfahren** ist weiterhin zulässig.

Beabsichtigt der Notar, das System der Führung seiner Bücher zu wechseln, z.B. durch 93
Umstellung auf EDV, so ist dies jederzeit zulässig. Eine Ausnahme besteht lediglich in
Nordrhein-Westfalen: Dort darf der Wechsel nur zum Jahresende vorgenommen werden
(Buchst. d. der Einführung zur DONot). Für diese Anordnung ist kein sachlicher Grund
erkennbar ist. Sicher kann deren Anwendung ausgeschlossen werden, wenn eine Amtsnachfolge innerhalb eines Jahres erfolgt und der Amtsnachfolger mit dem Amtswechsel
ein neues EDV-System einsetzt.

M   Dienstordnung und Büro

94   Werden die Bücher in gebundener Form geführt, so ist das Titelblatt nach dem Muster der Dienstordnung **vor** der Ingebrauchnahme des jeweiligen Buches auszufüllen. Bei der Führung der Urkundenrolle beziehungsweise des Verwahrungsbuches in Loseblattform ist ein entsprechendes Titelblatt für die Urkundenrolle beziehungsweise für das Verwahrungsbuch **nach** Abschluss eines Jahres zu erstellen und zu unterschreiben. Dieses Titelblatt sowie die Einlageblätter sind sodann **unverzüglich** mit Schnur und Siegel zu verbinden. Bis dahin sind die vollbeschriebenen Einlageblätter in Schnellheftern oder Aktenordnern abzulegen. Diese Form der Aufbewahrung ist auch für das abgeschlossene mit Schnur und Siegel versehene Buch zulässig (§ 14 I DONot). Ein festes Einbinden des Buches ist nicht erforderlich. Für das anschließende Kalenderjahr wird eine neue Loseblattsammlung begonnen.

c) Muster der Dienstordnung

95   Die von der Dienstordnung vorgeschriebenen Muster dürfen im Format (z. B. Hoch- oder Querformat, Breite der Spalten) geändert werden (§ 6 III DONot). So ist es z. B. zulässig, die Verzeichnisse mit kleinerer Druckeinteilung auf einer DIN-A4-Seite im Hoch- oder Querformat auszudrucken. Im Interesse von straffen Regelungen in der Dienstordnung verzichtete die Bundesnotarkammer auf die Aufnahme von Klarstellungen im Hinblick auf die Gestaltung der amtlichen Muster, da die Landesjustizverwaltung zu erkennen gab, dass „kleinliche" Beanstandungen in Geschäftsprüfungen, die den Sinn und Zweck der Muster vernachlässigen, keinen Bestand haben könnten. Als Beispiel wurde genannt eine Beanstandung bei der Führung der Verwahrungs- und Massenbücher, die den Ersatz der senkrechten Linie der Spalte zwischen Euro und Cent durch Kommata rügte.

96   Soweit die Muster mit Texten versehen sind, stellen diese Texte keine Anweisungen an den Notar dar, sondern besitzen nur den Charakter von Vorschlägen und Empfehlungen der Justizverwaltung. Aus diesen Vorschlägen bzw. Empfehlungen können keine Dienstpflichten des Notars abgeleitet werden.

d) Führung der Bücher und Verzeichnisse mittels einer EDV-Anlage; Fristen für Registrierung, Ausdruck

97   Durch den Einsatz von EDV-Anlagen im Notariat können die Möglichkeiten moderner Technologien genutzt werden, um bessere berufliche Leistungen zu erbringen. Dabei ist die Verwendung von EDV-Anlagen zur Führung der Bücher des Notars unbedenklich, sofern die Bestimmungen der Dienstordnung eingehalten und die Technik lediglich als Hilfsmittel zur Erstellung der im Übrigen in **Papierform** geführten Bücher eingesetzt wird. Dieser Grundsatz hat seinen Niederschlag in § 6 I Hs. 2 DONot sowie § 17 DONot gefunden (vgl. weiter zum Ausdruck der Urkundenrolle, des Verwahrungs- und Massenbuches, der Anderkontenliste, der Namensverzeichnisse und des Erbvertragsverzeichnisses Rn. 99, und allgemein zur EDV und Notarrecht und den EDV-Empfehlungen der *BNotK* Rn. 21 ff.).

98   Die Erfassung der notwendigen Angaben für die jeweiligen Register besagt bei EDV-gestützter Bücherführung noch nichts über den Zeitpunkt, zu dem ein Ausdruck vom Notar zu fertigen ist. Hier enthält die DONot ein feinsinniges Konstrukt von Fristen, deren Einhaltung der Notar zu beachten hat; hier schlägt der Grundsatz der papiergebundenen Bücherführung durch (vgl. auch *Weingärtner/Gassen* § 17 Rn. 7 ff.). Nachfolgende Übersicht soll die Orientierung erleichtern:

IV. Bücher, Verzeichnisse und Akten des Notars **M**

Fristen für Eingabe und Ausdruck

§ 17 I DONot	Eintragungen			
	Register	Registrierung (Eintragung)	spätestens	Ausdruck
§ 8 III DONot	Urkundenrolle	zeitnah	14 Tage nach Beurkundung	§ 17 I i. V. m. § 14 III DONot (alle 14 Tage)
§ 10 II Hs. 1 DONot	Verwahrbuch Massenbuch	Bargeldannahme nach § 54a BeurkG grds. unmöglich! (früher: noch am Tag der Einnahme/Ausgabe)		am Tag des Eingangs oder der Ausgabe
§ 10 III 1 DONot	Verwahrbuch Massenbuch	Giralgeld Taggenaue Buchung unter dem Tag des Kontoauszugs (§ 10 IV DONot); Sachsen: alternativ Datum der Wertstellung		am Tag der Registrierung
§ 10 IV 1 DONot	Verwahrbuch Massenbuch	Schecks am und mit dem Datum der Entgegennahme		am Tag der Registrierung
§ 13 DONot	Namensverzeichnis	zeitnah, spätestens zum Vierteljahresende		jährlich, § 17 II DONot bei Geschäftsprüfung muss Ausdruck auch innerhalb des lfd. Jahres möglich sein
§ 12 V DONot	Anderkontenliste	Bei Anlegung der Masse		jährlich, § 17 II DONot, bei Geschäftsprüfung muss Ausdruck auch innerhalb des lfd. Jahres möglich sein
§ 9 DONot	Erbvertragsverzeichnis		14 Tage nach Beurkundung	

3. Urkundenrolle

Die Urkundenrolle wird gemäß der Anlage (Muster 2) zur Dienstordnung geführt. Der Umfang der notwendigen Angaben ergibt sich aus § 8 DONot.

a) Eintragungspflichtige Vorgänge

§ 8 DONot regelt in Absatz 1 Nr. 1 bis 7 in der Form eines **Positivkataloges**, welche Vorgänge eintragungspflichtig sind. Grundsätzlich sind alle Urkunden, die nach den §§ 20 bis 21a BNotO i. V. m. §§ 8 bis 43 BeurkG errichtet werden, in der Urkundenrolle zu vermerken. **Nicht** in der Urkundenrolle vermerkt werden mangels ausdrücklicher Nennung gemäß § 8 DONot, die Erteilung von Ausfertigungen, die Beglaubigung von Abschriften, einschließlich der ihnen gleichgestellten Transformationsbeglaubigungen gemäß §§ 39a, 42 BeurkG, Vermerke nach § 39 BeurkG, die auf die Urschrift oder Ausfertigung einer Urkunde oder ein damit verbundenes Blatt gesetzt werden sowie Wechsel- und Scheckproteste. Ebenso sind **Vertretungsbescheinigungen** nach § 21 BNotO, die unabhängig von einer Urkunde erstellt werden, nicht in die Urkundenrolle einzutragen, da sie nicht zu den in § 39 BeurkG genannten sonstigen einfachen Zeugnissen zählen. **Sonstige einfache Zeugnisse** sind z. B. notarielle Tatsachenbescheinigungen über die Zahlung einer Geldsumme, die Übergabe von Gegenständen, die Hinterlegung von Aktien und Schuldverschreibungen zur Teilnahme an einer Hauptversammlung oder zur Stimmrechtsausübung. Regional unterschiedlich wird die Eintragung von **Satzungsbescheinigungen** (§ 54 GmbHG, § 181 AktG) und **Gesellschafterlisten** (§ 40 II GmbHG) beurteilt. Mit Schippel/Bracker/*Bracker* § 8 Rn. 3 ist richtigerweise von einer Eintragung auszugehen, da dies dem Sinn der gesetzlichen Vorschriften am besten entspricht und die dauerhafte Auffindbarkeit gewährleistet (a. A. Armbrüster/Preuß/Renner/*Eickelberg* § 8 DONot Rn. 5).

102 Zusätzlich zu den vorgenannten Urkunden sind in die Urkundenrolle einzutragen: **Vollstreckbarkeitserklärungen** (Anwaltsvergleich, schiedsrichterlicher Vergleich) sowie aus dem Vermittlungsverfahren des Sachenrechtsbereinigungsgesetzes die **Einigung** (§ 98 II 1 SachenRBerG) bzw. das **Abschlussprotokoll** (§ 99 SachenRBerG), die **Vertragsbeurkundung** (§ 96 III 1 SachenRBerG) und die **Vertragsbestätigung** (§ 96 V 2 SachenRBerG).

103 Die „Eigenurkunde" des Notars ist nicht in die Urkundenrolle einzutragen (*Bettendorf* RNotZ Sonderheft 2001, 10; Eylmann/Vaasen/*v. Campe* § 8 DONot Rn. 10; Armbrüster/Preuß/Renner/*Eickelberg* § 8 DONot Rn. 6). Die abweichende Meinung von *Weingärtner*/*Gassen* § 8 Rn. 4 und differenzierend *Blaeschke,* Praxishandbuch Notarprüfung, Rn. 289, 488, wird damit begründet, dass die Eigenurkunde als öffentliche Urkunde im Sinne des § 415 ZPO einzutragen sei. Diese wird damit aber nicht zu einer Urkunde im Sinne des Beurkundungsgesetzes, die von der abschließenden Aufzählung des § 8 DONot erfasst wird.

104 Nach § 39a BeurkG können Vermerkurkunden, zurzeit beglaubigte Abschriften und sonstige Zeugnisse im Sinne des § 39 BeurkG, elektronisch errichtet werden (**elektronische Urkunde**). § 42 IV BeurkG enthält zusätzliche Bestimmungen zur Beglaubigung eines Ausdruckes eines elektronischen Dokuments. Zur Erstellung eines einfachen elektronischen Zeugnisses und der damit verbunden Amtspflicht zum sorgfältigen Umgang mit der sog. Signatureinheit bestehend aus der Chipkarte und der Zugangskennziffer (PIN) s. Rn. 52 ff. Mit diesen Vorschriften wird im Wesentlichen die Transformation elektronischer Dokumente, also der Medientransfer zwischen elektronischen Dokumenten und Papierurkunden und umgekehrt, sowie eine Umwandlung eines elektronischen Dokumentes in ein anderes elektronisches Format, wie zum Beispiel von einem Word-Format in ein PDF-Format, vgl. Rn. 11.

105 Einer dienstordnungsrechtlichen unterschiedlichen Behandlung der **einfachen elektronischen Zeugnisse** im Verhältnis zu den einfachen Zeugnissen des § 39 BeurkG bedarf es nicht, da diese den gleichen Sachverhalt regeln und inhaltlich übereinstimmen. Die Änderungen in § 8 I Nr. 4a und 5a, IV DONot stellen nunmehr lediglich klar, dass dieselben Arten von Zeugnisurkunden, die bislang auf der Grundlage von § 8 DONot in die Urkundenrolle einzutragen waren, auch dann einzutragen sind, wenn sie in elektronischer Form gefertigt werden. Über die Notwendigkeit der Eintragung in die Urkundenrolle entscheiden demnach wie nach der bisherigen Regelungssystematik der Inhalt des Vermerks und nicht sein Medium.

106 Derzeit sind daher elektronische Urkunden nur in seltenen Fällen, wie z. B. bei elektronischen notariellen Lebensbescheinigungen oder elektronischen Bestätigungen des

IV. Bücher, Verzeichnisse und Akten des Notars **M**

Notars über den Zeitpunkt der Vorlage von Privaturkunden, in die Urkundenrolle einzutragen. Für den in § 8 I Nr. 4a DONot angesprochenen Fall der Beglaubigung einer elektronischen Signatur gibt es noch keinen praktischen Anwendungsbereich. Denn eine vergleichbare Formvorschrift zu § 129 BGB für eine elektronische öffentliche Beglaubigung existiert noch nicht.

Der Hauptanwendungsfall, die Fertigung elektronischer beglaubigter Abschriften von Papierurkunden für den elektronischen Handelsregisterverkehr, begründet ebenfalls keine Eintragungspflicht. Die Pflicht des Notars gemäß § 42 IV BeurkG, das Ergebnis der Signaturprüfung bei einer Transformation eines elektronischen Dokumentes in ein Papierdokument zu dokumentieren, führt ebenfalls nicht zur Annahme eines „sonstigen einfachen Zeugnisses". Es fehlt an einem eigenständigen Vermerkcharakter. Die Dokumentation gehört inhaltlich zu dem Beglaubigungsvermerk, wie es sich aus dem Vergleich zu § 42 I BeurkG ergibt. Auch dort soll die Formqualität der beglaubigten Hauptschrift im Vermerk festgestellt werden. Diese Feststellung ist allein Inhalt des Beglaubigungsvermerks und nicht in die Urkundenrolle aufzunehmen. Mit der Dokumentation der Signaturprüfung erfolgt eine vergleichbare Qualifizierung der Hauptschrift z. B. als ein der Schriftform zugehöriges Papierdokument (§ 126a BGB) im Unterschied zur Textform nach § 126b BGB. **107**

Wegen der Behandlung der elektronischen Urkunde in der Urkundensammlung s. Rn. 189. **108**

b) Urkundennummer – Spalte 1 und 2 der Rolle

Jeder eintragungspflichtige Vorgang erhält eine Nummer. Diese Nummer ist auf die Urschrift, die Ausfertigungen und beglaubigten Abschriften einer Urkunde zu übertragen. Auch Urkunden, die frühere Urkunden ändern, ergänzen oder aufheben, erhalten eine eigene neue Urkundennummer. Die Eintragungen sind in **ununterbrochener** Reihenfolge vorzunehmen und für jedes Jahr mit den **fortlaufenden** Nummern zu versehen (Spalte 1). Die Eintragung erfolgt zeitlich geordnet nach dem **Beurkundungsdatum** (Spalte 2); innerhalb eines Tages ist die Vergabe der Urkundennummern in zeitlicher Reihenfolge nicht ausdrücklich vorgeschrieben, aber üblich und sinnvoll. In der neu eingeführten Spalte 2a ist der **Ort der Amtstätigkeit** aufzuführen. Hintergrund ist die Beachtung des in § 10 BNotO niedergelegten Amtssitzprinzips und des Genehmigungsvorbehaltes für weiteren Geschäftsstellen, vgl. Schippel/Bracker/*Püls* § 10a Rn. 17, 18 ff. **109**

> **Checkliste Behandlung von Fehlern bei der Nummernvergabe** **110**
>
> (1) **Nicht belegte Urkundennummern** (versehentlich übersprungene Nummern) bleiben offen, sobald eine Urkunde des nachfolgenden Tages registriert wurde. Sie können und dürfen nicht mit einer Urkunde eines späteren Tages belegt werden.
>
> (2) **Doppelt belegte Urkundennummern** werden manuell mit einer Unternummer gekennzeichnet. Wurde z. B. die bei der Erstellung einer Unterschriftsbeglaubigung vergebene Urkundennummer 1300 versehentlich nicht in die Urkundenrolle eingetragen, wurde daher bei der Registrierung die nächste Urkunde mit der gleichen Nummer versehen, so darf nach Feststellung des Fehlers in diesem Falle diese Urkunde mit dem Zusatz „a" als Urkundennummer 1300a bezeichnet werden.
>
> (3) Im Falle des Nichtbelegens einer Urkundennummer bzw. bei der Doppelbelegung ist zu beachten, dass dies Auswirkungen auf die jährlich zu erstellende **Geschäftsübersicht** (§ 24 DONot) hat, da die Summe der Urkundengeschäfte, die getrennt nach der Klassifizierung angegeben werden, nicht mit der letzten laufenden Urkundennummer des Jahres übereinstimmen kann. Dies sollte durch eine Bemerkung in der Übersicht über die Urkundsgeschäfte klargestellt werden.
>
> ▶

> ▼ Fortsetzung: **Checkliste Behandlung von Fehlern bei der Nummernvergabe**
>
> (4) Ist eine Urkunde versehentlich nicht am Beurkundungstag eingetragen (**übersehene Urkunde**) und schon eine weitere Urkunde eines nachfolgenden Beurkundungstages registriert worden, so erfolgt bei Feststellung dieses Fehlers die Registrierung dieser Urkunde unter der **nächsten freien** Urkundennummer. In der Spalte 2 (Tag der Ausstellung der Urkunde) ist das korrekte Beurkundungsdatum einzutragen. Die Vergabe einer Unternummer vom Tag der Beurkundung ist nicht zulässig.
>
> (5) Bei Auftreten derartiger Fehler mit Ausnahme im Fall der doppelt belegten Urkundennummer ist ein **Richtigstellungsvermerk** von der Dienstordnung nicht vorgesehen, da die Behandlung dieser Fehler kein Zusatz oder sonstige Änderungen zu erfolgten Eintragungen darstellen (§ 7 II DONot). Es empfiehlt sich jedoch, das Büro anzuweisen, einen solchen Vermerk zu erstellen, da damit dem Notar, der die Urkundenrolle durch sein Büropersonal führen lässt, die Kontrolle erleichtert und er gleichzeitig über Büroversehen informiert wird. Im Übrigen dürfen Veränderungen nur so vorgenommen werden, dass der ursprüngliche Text erkennbar bleibt (§ 7 II DONot).

c) Aufzuführende Personen – Spalte 3 der Rolle

111 § 8 IV DONot regelt ausführlich, welche Personen in die Spalte 3 (Name, Wohnort oder Sitz) der Urkundenrolle aufzunehmen sind. Zu beachten ist hierbei, dass bei Vorliegen einer Vertretung der vertretene Beteiligte **sowie dessen Vertreter** (§ 8 IV 4 Hs. 1 DONot) und bei Beurkundung in gesellschaftsrechtlichen Angelegenheiten auch die Gesellschaft (§ 8 IV 4 Hs. 2 DONot) in die Urkundenrolle einzutragen sind. Bei der Beurkundung anderer Erklärungen als Willenserklärungen (§§ 36, 39, 43 BeurkG) ist derjenige zu nennen, der die Beurkundung veranlasst hat (§ 8 IV 1 5. Spiegelstrich). Dies führt z. B. dazu, dass bei Unterschriftsbeglaubigungen, bei denen der Unterzeichnende in der Funktion eines Vertreters handelt (Geschäftsführer einer GmbH, Eltern als gesetzliche Vertreter ihres Kindes), die Person, die unterzeichnet hat, sowie der Vertretene oder bei einer Gründung einer GmbH die Gesellschafter und die GmbH aufzunehmen sind, während bei der Gesellschafterversammlung einer GmbH (ohne Willenserklärung) lediglich die GmbH als Veranlasser einzutragen ist. Liegt ein gestuftes Vertretungsverhältnis vor, so ist zu unterscheiden, ob die anwesende Person aufgrund der Untervollmacht unmittelbar für den materiell Beteiligten oder für den Bevollmächtigten, der die Untervollmacht erteilt hat, handelt. Bei der Beteiligung einer GmbH & Co. KG sind daher die Kommanditgesellschaft, deren persönlich haftende Gesellschafterin, die GmbH, sowie die für die GmbH handelnden Vertreter in die Urkundenrolle einzutragen.

112 Die vertretenen Personen können in Spalte 3 besonders kenntlich gemacht oder die Art der Vertretung hinzugefügt werden. Das Muster 2 (Urkundenrolle) enthält unter der lfd. Nr. 2 einen exemplarischen Vorschlag. Eine Pflicht, derartige Angaben zu machen, besteht nach dem Wortlaut der Dienstordnung jedoch nicht.

113 Sollten mehr als zehn Personen zu einer Urkundennummer aufzuführen sein, genügt eine zusammenfassende Bezeichnung (§ 8 IV 3 DONot). Diese Erleichterung gilt ebenfalls für das Namensverzeichnis (§ 13 III DONot). Sofern ein EDV-Programm eingesetzt wird, besteht eine echte Erleichterung durch eine Sammelbezeichnung regelmäßig nicht. In der Urkunde oder der Unterschriftsbeglaubigung müssen alle Beteiligten ohne Einschränkung genannt und somit in das Programm aufgenommen werden, so dass bei EDV-gestützter Übernahme aller Beteiligten in die Urkundenrolle ohne zusätzlichen Aufwand alle Beteiligten eingetragen werden.

114 § 8 IV 2 DONot ordnet bei aufzuführenden natürlichen Personen an, dass der Familienname, bei Abweichung von Familiennamen auch der Geburtsname, der Wohnort oder der Sitz und bei häufig vorkommenden Familiennamen weitere der Unterscheidung die-

nenden Angaben aufzunehmen sind. Hier bietet sich bei natürlichen Personen an, den Vornamen und das Geburtsdatum zu verwenden.

Sollte eine **Berichtigung** oder **Ergänzung** in Spalte 3 (Beteiligte) erforderlich werden, so empfiehlt sich, besonders im Fall des versehentlichen Nichteintrages eines Beteiligten oder seines Vertreters, die Eintragung an der nächsten freien Stelle der Urkundenrolle vorzunehmen. Bei manueller Führung einer Urkundenrolle wird in der Regel nicht ausreichend Platz für eine entsprechende Ergänzung vorhanden sein. Bei programmgestützter Führung würde eine Zwischeneintragung zu einer unzulässigen Veränderung des bisherigen Ausdrucks führen. Bei diesem an nächst offener Stelle erfolgenden Eintrag kann auch die dazugehörige Urkundennummer wiederholt werden, um den Zusammenhang mit dem zu berichtigenden bzw. zu ergänzenden Eintrag herzustellen. Bei der ursprünglichen Eintragung soll in der Spalte „Bemerkungen" ein entsprechender Hinweis erfolgen. Bei der EDV-gestützten Buchführung kann damit gleichzeitig erreicht werden, dass der notwendige Eintrag im Namensverzeichnis automatisch erfolgt und nicht vergessen wird. 115

d) Angaben zum Gegenstand – Spalte 4 der Rolle

In Spalte 4 ist der Gegenstand des Geschäftes in Stichworten so genau zu bezeichnen, dass dieses deutlich unterscheidbar beschrieben wird. Die Erörterung zur Neufassung der Vorschrift ergab, dass eine Bezeichnung ausreichend unterscheidbar ist, wenn nicht ein ganz allgemeiner Oberbegriff wie Vertrag, Verfügung von Todes wegen o. Ä. verwandt wird. Hierbei sind regionale Gepflogenheiten bei der sprachlichen Bezeichnung eines Vertrages zu beachten. So wird in vielen Notariaten der Grundstückskaufvertrag allgemein als Kaufvertrag bezeichnet, während ein Kaufvertrag über andere Gegenstände wie z. B. über Geschäftsanteile zur Differenzierung als „Geschäftsanteilskaufvertrag" bezeichnet wird. Aufgrund dieser Gepflogenheit ist dann der allgemeine Begriff „Kaufvertrag" für einen Kaufvertrag über Immobilien ausreichend. 116

Bei einer Beglaubigung mit Entwurf ist der Gegenstand der entworfenen Urkunde aufzuführen. Bei der Beglaubigung ohne Entwurf kann der Gegenstand fakultativ aufgeführt werden. Zur Unterscheidung muss aber auch, wenn dieser fakultativer Zusatz entfällt, stets angegeben werden, ob es sich um eine Beglaubigung mit oder ohne Entwurf handelt (§ 8 V 2 DONot). Im Übrigen können generell gebräuchliche Abkürzungen verwendet werden. 117

Bei einer **Berichtigung** oder **Ergänzung** ist entsprechend den Ausführungen zur Berichtigung und Ergänzung der Spalte 3 zu verfahren (Rn. 115). 118

e) Bemerkungen – Spalte 5 der Rolle

Hinweise auf berichtigte, geänderte, ergänzte oder aufgehobene Urkunden sind in Spalte 5 wechselseitig dadurch vorzunehmen, dass in Spalte 5 hierüber sowohl bei der Haupturkunde als auch bei der neuen ergänzenden Urkunde ein Hinweis eingefügt wird (§ 8 VI DONot). Entsprechende Hinweise sind auch auf den Urkunden selbst gemäß § 18 II 1 DONot wechselseitig vorzunehmen. Im Hinblick auf das Änderungsverbot und das nachstehend beschriebene Verbot, vollständig ausgedruckte Seiten mit dem bisherigen Ausdruck der vollständigen Seite auszutauschen (Rn. 125), kann in der Regel der Hinweis nur bei dem Neueintrag der Berichtigung oder Ergänzung systemunterstützt erfolgen. Ein Eintrag bei der „Alturkunde" ist in der Regel nur manuell möglich. 119

Es wird als zulässig anzusehen sein, auch Zusätze einzutragen, die nicht durch eine Berichtigung, Änderung oder Ergänzung veranlasst sind. So kann bei der Auflassung auf die Kaufvertragsurkunde oder bei der aufgrund Beleihungsvollmacht bestellten Grundschuld auf den Kaufvertrag hingewiesen werden. Auch wenn dies zweckmäßig ist, darf jedoch daraus nicht gefolgert werden, dass eine entsprechende Pflicht besteht. 120

Ein **Berichtigungs-** bzw. **Richtigstellungsvermerk** (Rn. 115) kann in der Spalte 5 eingetragen werden; vorgeschrieben ist dieser Ort nicht. Der Vermerk über eine **Berichtigung** 121 i.S.d. § 7 II DONot kann in der Spalte 3 eingetragen werden; auch dieser Ort ist nicht vorgeschrieben. Der Vermerk muss sich lediglich auf der Seite befinden, auf der die Berichtigung erfolgt ist (§§ 7 II, 17 III DONot).

f) Notarvertretung

122 Der Vermerk über Beginn bzw. Beendigung der Notarvertretung hat nicht mehr unverzüglich, sondern zeitgleich mit der Registrierung der ersten Urkunde zu erfolgen, die nach dem Amtswechsel errichtet wird. Er muss jedoch spätestens innerhalb der 14-Tagesfrist, die für die Registrierung einer Urkunde gilt, eingetragen werden. In der Datumspalte oder bei dem Vermerk ist das Datum des Beginns oder der Beendigung anzugeben. Eine besondere Spalte für den Eintrag ist nicht vorgeschrieben. Eine namentliche Bezeichnung des Vertreters ist nicht erforderlich. Die Eintragung könnte daher lauten „Beginn einer Notarvertretung" bzw. „Ende der Notarvertretung". Hat der Vertreter keine Beurkundung vorgenommen, sind dennoch die entsprechenden Eintragungen vorzunehmen. Eine Unterzeichnung des Vermerks ist nicht erforderlich (§ 33 IV DONot).

g) Zeitpunkt der Eintragung/Speicherung

123 Die **Eintragungen** in die Urkundenrolle sind zeitnah, spätestens 14 Tage nach der Beurkundung vorzunehmen (§ 8 III DONot). Gemäß § 17 I 3 DONot hat die **Speicherung** der Daten ebenfalls innerhalb dieser Frist zu erfolgen. Gemessen an dieser relativ langen Frist (man bedenke: eine Urkunde, die vierzehn Tage nicht in der Urkundenrolle erfasst ist), erscheint die Frist zum Ausdruck, die ebenfalls 14 Tage beträgt, als zu kurz bemessen. Sie erklärt sich aber wieder aus der Übertragung des Grundsatzes der papiergebundenen Bücherführung, bei der die Eingabe wichtig, der Ausdruck aber dann doch entscheidend, weil alleine verbindlich ist.

h) Ausdruck bei automationsgestützter Bücherführung

124 § 17 I 3 DONot bestimmt bei automationsgestützter Führung der Urkundenrolle, dass diese an dem Tag auszudrucken ist, an dem bei manueller Führung der Urkundenrolle die Eintragung vorzunehmen wäre. Der **Ausdruck** hat daher spätestens 14 Tage nach der Beurkundung zu erfolgen (§§ 17, 8 III DONot). Wenn eine Eingabe in den Datenspeicher vor diesem Zeitpunkt erfolgt, muss der Ausdruck noch nicht veranlasst werden.

125 Die vollbeschriebenen Seiten und gegebenenfalls die letzte abgeschlossene jedoch nicht voll beschriebene Seite bilden die Urkundenrolle (§ 17 I 4 DONot). Die Seiten müssen dabei fortlaufend nummeriert sein. Sie sind in Schnellheftern oder Aktenordnern abzulegen (§ 14 I 3, 4 DONot). Sollten wiederholende Ausdrucke schon vollbeschriebener und wegen Ablauf der Eintragungsfrist abgelegter Seiten entstehen, so sind die Neuausdrucke dieser Seiten zu vernichten und nicht mit den bisher abgelegten Seiten auszutauschen. Dies ergibt sich aus dem Änderungsverbot des § 7 II DONot i.V.m. den Bestimmungen zur Loseblattführung in § 14 DONot, die den Dokumentationscharakter der Bücher und damit auch der Urkundenrolle sicherstellen sollen. Wenn bei dem Druck eine Wiederholung der letzten noch nicht vollbeschriebenen und noch nicht abgeschlossenen Seite entsteht, muss dagegen der frühere Ausdruck der noch nicht abgeschlossenen Seite und nicht der neue Ausdruck vernichtet werden. Dies wurde bei Neufassung des § 17 I DONot 2005 sprachlich klargestellt. Übersicht zu den Fristen oben Rn. 99.

i) Stichpunkte Geschäftsprüfung Urkundenrolle

126

§§ 7 I 3, 14 I 3 DONot	Titelblatt des Jahrgangs mit Feststellungen und **Farbdrucksiegel** versehen; Prägesiegel gerade bei Loseblattführung zulässig und naheliegend

IV. Bücher, Verzeichnisse und Akten des Notars **M**

§ 7 I i.V. m. Muster 1 zur DONot	**Titelblatt** entspricht dem Muster
§ 8 II Muster 2 zur DONot	**Aufbau der Urkundenrolle** nach Muster 2 ist zu beachten
	§ 8 IV Spalte 2a: „Geschäftsstelle", andernfalls genaue Bezeichnung des **Ortes, an dem das Amtsgeschäft vorgenommen** wurde und dessen Anschrift
	§ 8 IV S. 4 Spalte 3: **Beteiligte**: Benennung des Vertretenen und des Vertreters; Exakte Eintragung der Beteiligten (Gemeinden! Firmen! Titel!)
	§ 8 V Spalte 4: **Geschäftsgegenstand**: zutreffend und unterscheidbar bezeichnen
	§ 8 VI Spalte 5: **Bemerkungen/Verweise**: Verwahrung bei anderer Urkunde (§ 18 II i.V.m. § 30): „... verwahrt bei UR Nr. ..."; wechselseitige Verweise bei Berichtigungen, Änderungen, Aufhebungen oder Ergänzungen
	§ 33 V Spalte 5: **Vertretungszeiten** (Vertretervermerke)
	§ 7 II Spalte 5: **Änderungsvermerke** sind präzise zu fassen und zu bezeichnen
	Sachbearbeiter ggf. in zusätzlicher Spalte; die Übersichtlichkeit wird nicht beeinträchtigt
§§ 8 III, 14, 17 I DONot	Führung in **Loseblattform** nach Muster 4: Der – verbindliche – Ausdruck muss zeitnah, spätestens 14 Tage nach der Beurkundung erfolgen. Lücken sollten aus Gründen der Fälschungssicherheit vermieden werden oder zumindest mit Füllstrichen versehen werden.
§§ 14 I 5, 30 I DONot i.V.m. § 44 BeurkG	Führung in **Loseblattform**: Heftung und Siegelung der Urkundenrolle unverzüglich nach Ablauf des Kalenderjahres, d. h. regelmäßig innerhalb von 14 Tagen, vgl. § 8 III
§ 8 III DONot	Eintragungen in die Urkundenrolle erfolgen unter **fortlaufender Nummerierung** unter dem Datum der Beurkundung; korrekte Behandlung von Reihenfolgefehlern beachten
§ 8 VI DONot	**Wechselseitige Vermerke** bei Nachträgen, Änderungen, Verwahrung bei anderen Urkunden in Spalte 5 (und auch auf den Urkunden selbst, siehe Urkundensammlung)
§ 8 V DONot	Eindeutige Bezeichnung des **Geschäftsgegenstandes** (Möglichkeit: Vordefinition in EDV, Register bei Abkürzungen)
§ 8 I DONot	Geschäfte ohne **Eintragungspflicht** (einige Geschäfte werden in Bezug auf die Registrierungspflicht/-möglichkeit unterschiedlich behandelt, z. B. Satzungsbescheinigungen; Gesellschafterlisten: Dort, wo keine UR. Nr. vergeben wird, kann Eintrag unter „/" Nummer oder „a" Nummer in Spalte 1b erfolgen (Bruchnummer, rein kostenrechtliche Vorgänge)
§ 8 V DONot	Eindeutige Bezeichnung des **Geschäftsgegenstandes** (Möglichkeit: Vordefinition in EDV, Register bei Abkürzungen)
§ 8 I DONot	Geschäfte ohne **Eintragungspflicht** (einige Geschäfte werden in Bezug auf die Registrierungspflicht/-möglichkeit unterschiedlich behandelt, z. B. Satzungsbescheinigungen; Gesellschafterlisten: Dort, wo keine UR. Nr. vergeben wird, kann Eintrag unter „/" Nummer oder „a" Nummer in Spalte 1b erfolgen (Bruchnummer, rein kostenrechtliche Vorgänge)

4. Erbvertragsverzeichnis

127 Zum Erbvertragsverzeichnis nach § 9 DONot s. u. Rn. 193 ff.

5. Verwahrungs- und Massenbuch

128 Die gesetzlichen Bestimmungen zur Verwahrung sind grundlegend und abschließend in §§ 54a bis 54e BeurkG geregelt (zu Fragen im Zusammenhang mit der Verwahrungsanweisungen vgl. *Franken* RNotZ 2010, 597). Die technischen Anweisungen für die Führung des Verwahrungs- und Massenbuches sind in den §§ 10 bis 12 DONot enthalten. Diese Anweisungen sind zwingend einzuhalten. Die Verbote zur Drittbeauftragung und Führung der Bücher mittels Datenfernübertragung sind in § 5 III und § 27 II 2 DONot geregelt und von § 93 BNotO gedeckt, Schippel/Bracker/*Bracker* § 5 DONot Rn. 4.

129 Die Vorschriften zur Führung des Verwahrungs- und Massenbuches nehmen auf die in der Anlage zur Dienstordnung befindlichen **Muster** Bezug. Die in den Mustern enthaltenen Beispiele sind lediglich Vorschläge und Empfehlungen der Justizverwaltung, die die Vorschriften verständlich machen sollen, und sind daher keine dienstlich zu beachtenden Anweisungen. Wegen der Änderung der Muster bei Übernahme in ein Notarprogramm wird ebenfalls auf Rn. 95 verwiesen.

130 § 27 II 1 DONot verweist hinsichtlich der Vertragsbedingungen, die die Notare bei der Führung von Anderkonten mit Kreditinstituten aus berufsrechtlicher Sicht zu vereinbaren haben, auf einen von der Vertreterversammlung der Bundesnotarkammer zu fassenden Beschluss. Als Vertragsbedingungen wurden die seit 2004 bestehenden Empfehlungen von Bedingungen für Anderkonten und Anderdepots von Notaren des Zentralen Kreditausschusses beschlossen und erneut veröffentlicht (DNotZ 2011, 481; http://www.bnotk.de/_downloads/DNotZ/2011/DNotZ_07_2011.pdf).

131 Folgende Besonderheiten sind bei der Führung dieser Bücher zu beachten:

a) Buch- oder Loseblattform, Durchschreibeverfahren

132 Die Muster für das Verwahrungs- und Massenbuch in gebundener Form bzw. für die Bücher in Loseblattform sind in ihrer Spalteneinteilung unterschiedlich, worauf zu achten ist. Es ist gestattet, die beiden Bücher im **Durchschreibeverfahren** zu führen. Sofern keine softwarebasierte Buchführung erfolgt, vereinfacht dies die Buchung und vermeidet Übertragungsfehler zwischen den beiden Büchern. Praktisch gesehen macht sich die EDV letztlich auch das Prinzip des Durchschreibeverfahrens zunutze.

b) Taggerechte Buchung

133 Im Unterschied zur Urkundenrolle sind Eintragungen in das Verwahrungsbuch und in das Massenbuch nach dem Prinzip der **taggerechten Buchung** am Tage der Einnahme oder der Ausgabe vorzunehmen. Zu beachten ist, dass gem. § 54a I BeurkG die Annahme von Bargeld für die Verwahrung nicht mehr möglich ist.

134 Im **bargeldlosen Zahlungsverkehr** ist die Eintragung an dem Tage, an dem der Kontoauszug bei dem Notar eingeht, unter diesem Datum vorzunehmen (§ 10 III 1 DONot). In Sachsen können die Eintragungen auch unter dem Wertstellungsdatum des Kontoauszuges vorgenommen werden (§ 10 III 3 SächsDONot), was einem praktischen Bedürfnis mit Blick auf die Nachvollziehbarkeit und Transparenz der Abrechnung entspricht. Die jeweilige landesrechtliche Ausgestaltung der Verbuchung ist zwar verfassungsmäßig (Rn. 1), sollte aber doch einer offeneren Praxis zugeführt werden. Der Kontoauszug ist in allen Bundesländern zu seinem **Eingangsdatum** im Notariat mit Eingangsstempel oder Eingangsvermerk zu versehen (§ 10 III 2 DONot). Anlässlich der Buchung ist im Hin-

IV. Bücher, Verzeichnisse und Akten des Notars

blick auf §§ 22 II 2 Nr. 6, 27 IV DONot die Nummer der Masse auf dem Kontoauszug zu vermerken.

c) Nummerierung, Datum, Querverweise

Im **Verwahrungsbuch** ist für jeden Buchungsvorgang eine für das Kalenderjahr fortlaufende Nummer zu vergeben. Dafür reicht die Angabe des Tages und des Monats. Die im Muster enthaltene Jahresangabe ist nicht im Text der DONot vorgeschrieben. Da das Verwahrungsbuch (Loseblattform) am Ende des Jahres mit einem Titelblatt versehen und durch Schnur und Siegel verbunden zu einem Buch wird, ist die Zugehörigkeit zu einem Jahr festgestellt. Die Jahresangabe kann auch, wie bei der Urkundenrolle, in der Titelzeile aufgenommen werden. In Spalte 6 des Verwahrungsbuches wird durch Eintragung der Nummer der jeweiligen Masse der Verweis auf das entsprechende Masseblatt gegeben. Es empfiehlt sich, die Massennummer mit einer Kennzeichnung für den Jahrgang der Masse, z. B. /08, zu ergänzen, da eine Masse nicht jahrgangsgebunden ist und somit in einem Verwahrungsbuch bei gleicher Nummer zwei Massen verschiedener Jahre betroffen sein können. 135

Bei **Verwahrungen von Quellcodes/Software** handelt es sich nicht um eine Verwahrung im Sinne von § 23 BNotO, § 54e BeurkG, so dass insoweit nicht die Aufzeichnungspflichten im hier genannten Sinn gelten. Zu den Gestaltungsmöglichkeiten vgl. *(Meyer* RNotZ 2011, 385). 136

d) Übertrag bei Seitenwechsel

Gemäß §§ 11 III, 12 III DONot sind bei einem Seitenwechsel sowohl im **Verwahrungsbuch** als auch im **Massebuch** jeweils die Einnahme- und die Ausgabespalte aufzurechnen. Die jeweilige Aufrechnung ist in die Einnahme- bzw. Ausgabespalte der nächsten Seite zu übertragen. 137

e) Schecks und Sparbücher

Schecks und Sparbücher sind wie Bargeld zu behandeln (§ 11 III 2 DONot). Die Sparkassenbuchbezeichnung und die Sparbuchnummer bzw. die Schecknummer und die Kreditinstitutsbezeichnung sind jedoch in der Spalte 5, also in der Rubrik Wertpapiere, zu vermerken. Sofern Sparbücher und Schecks nicht als Zahlungsmittel hereingereicht werden, sind diese ausschließlich nach den Regeln der Wertpapierbuchung zu behandeln. 138

Die als Zahlungsmittel übergebenen Schecks sind an dem Tag, an dem sie entgegengenommen wurden, unter diesem Datum einzutragen. Die Scheckeinlösung ist sofort zu veranlassen. Der später eingehende Kontoauszug über die Scheckeinlösung ist nicht nochmals gesondert zu buchen. Es empfiehlt sich, auf den Kontoauszug der Scheckeinlösung einen entsprechenden Klarstellungsvermerk zu setzen, um die Zuordnung zu erleichtern. Stellt sich der Scheck als ungedeckt heraus, ist eine Ausbuchung wie bei einer echten kaufmännischen Gegenbuchung in der Spalte „Ausgabe" vorzunehmen. 139

f) Bankspesen, Zinsgutschrift, Zinsabschlagsteuerbescheinigung

Werden **Bankspesen** erhoben, sind diese nicht mit einer Zinsgutschrift zu saldieren, sondern als Ausgabe zu buchen. 140

Zinsgutschriften werden in voller Höhe als Einnahme gebucht, während die **Zinsabschlagsteuer** sowie der Solidaritätszuschlag jeweils als Ausgabe zu buchen sind. 141

Bei einer Zinsgutschrift sind daher drei Buchungen vorzunehmen, nämlich die Zinsgutschrift als Einnahme, die Zinsabschlagssteuer und der Solidaritätszuschlag zur Zinsabschlagssteuer als Ausgabe.

Die von dem Kreditinstitut erteilte **Zinsabschlagssteuerbescheinigung** ist nicht als Wertpapier zu buchen und wird in beglaubigter Abschrift zur Nebenakte der Masse ge- 142 nommen. Das Original wird nach Maßgabe der getroffenen Vereinbarung zur Zinsauszahlung an den Zinsberechtigten ausgehändigt; sind mehrere Zinsberechtigte vorhanden, so werden neben dem Original beglaubigte Abschriften an alle Zinsberechtigten versandt. Näheres hierzu ist in den Schreiben des *BMF* vom 26. 10. und 19.11.1992 geregelt, Text des Schreibens vom 26.10.1992 in MittRhNotK 1992, 284, MittBayNotK 1993, 57, Erläuterung DNotZ 1993, 1; weitere Erläuterung im BNotK-RS 3/2009 vom 13.1.2009, http://www.dnoti.de/DOC/2009/BNotK_RS_2009_03.pdf.

g) Festgeldanderkonto

143 Die Umbuchung vom Anderkonto auf ein Festgeldanderkonto ist ein interner Vorgang bei der betreffenden Masse und führt nicht zur Vergabe einer neuen Massenummer für das Festgeldanderkonto. Eine Buchung als Ausgabe bzw. bei der Auflösung des Festgeldkontos als Einnahme erfolgt weder im Verwahrungs- noch im Massenbuch. Im Massenbuch wird die Festgeldanderkontonummer vermerkt, § 12 II DONot. Auch wenn keine Verpflichtung zu Hinweisen auf die Umbuchung besteht, ist es praktisch und nachvollziehbar, die Umbuchungen auf das Festgeldkonto kenntlich zu machen (vgl. Armbrüster/Preuß/Renner/*Renner* § 10 DONot Rn. 11).

h) Buchungsfehler

144 Buchungsfehler im Verwahrungs- und Massenbuch hat der Notar gemäß § 7 II DONot so zu berichtigen, dass auch hier der ursprüngliche Text erkennbar bleibt. Zu beachten ist, dass auch die rechnerischen Überträge und Salden entsprechend zu berichtigen sind.

145 Bei automationsgestützter Buchführung werden Fehler im Zahlenwerk in der Regel nicht nachträglich per Hand korrigiert, da diese Berichtigungen auch die in der EDV-Anlage gespeicherten Daten erfassen müssen, um in Zukunft korrekte Rechenergebnisse zu erhalten. Eine programmgestützte rückwirkende Berichtigungsbuchung würde, da der neue Ausdruck nicht mehr mit dem bisherigen Ausdruck übereinstimmt, durch einen unzulässigen Austausch schon abgelegter Seiten zu einer spurlosen Veränderung des Buches führen (§ 17 DONot). Eine **Korrekturbuchung** ist daher unter der nächsten laufenden Nummer des Verwahrungs- und Massenbuches vorzunehmen. Diese führt wie eine neue Buchung zu einer Ergänzung der bisher gespeicherten Daten. Die Korrekturbuchung stellt keine Änderung der Bücher im engeren Sinne dar. Dennoch wird ein Korrekturvermerk analog zu § 7 II DONot anzubringen sein.

146

> **Checkliste Behandlung von Buchungsfehlern bei automationsgestützter Bücherführung**
>
> (1) Der Eingang eines Kontoauszuges wurde **übersehen.** Besteht noch keine Masse, so ist die Masse unter der nächsten freien Massenummer anzulegen. Als Datum für die Anlage der Masse wird der Tag des tatsächlichen Kontoauszugseingangs gebucht. In das neu angelegte Karteiblatt der Masse bzw., sollte der Kontoauszug zu einer schon bestehenden Masse gehören, in das bestehende Karteiblatt der Masse sowie in das Verwahrungsbuch, sind die Buchungen bezüglich des übersehenen Kontoauszuges jeweils unter der nächsten freien laufenden Nummer und dem Datum des tatsächlichen Kontoauszugseingangs vorzunehmen. Wird – wie in Sachsen erlaubt – unter dem Datum der Wertstellung gebucht, können sich programmtechnisch bei fehlenden Kontoauszügen auch Reihenfolgefehler ergeben, die manuell zu korrigieren sind. Die Notariatssoftware geht bisweilen (auch bei Buchung unter der Wertstellung) in der Sortierung nach der Datumreihenfolge vor.
>
> ▶

IV. Bücher, Verzeichnisse und Akten des Notars **M**

▼ Fortsetzung: **Checkliste Behandlung von Buchungsfehlern bei automationsgestützter Bücherführung**

(2) Wurde ein geringerer Betrag, als im Kontoauszug ausgewiesen, gebucht, so erfolgt eine ergänzende Buchung unter der nächsten laufenden Nummer (s. o. Ziff. 1) in der entsprechenden Spalte (Einnahme oder Ausgabe).

(3) Wurde ein höherer Betrag, als im Kontoauszug ausgewiesen, gebucht, erfolgt eine Stornobuchung des Differenzbetrages mit **negativen** Vorzeichen in der Spalte (Einnahme oder Ausgabe), in der die fehlerhafte Buchung erfolgt ist. Da das Verwahrungsbuch keine kaufmännische Buchführung ist, sondern den tatsächlichen Bestand der verwahrten Geldbeträge wiedergeben soll, ist nur mit der Buchung unter negativen Vorzeichen sichergestellt, dass die Summe der Einnahmen bzw. Ausgaben des Verwahrungsbuches dem tatsächlichen Bestand entspricht.

(4) Die Bank korrigiert eigene Buchungsfehler vom Anderkonto durch Stornobuchungen. Diese **Stornobuchungen** können ebenfalls wie zu Ziffer (3) dargestellt, mit negativem Vorzeichen in der Spalte (Einnahme oder Ausgabe) gebucht werden. Bei internen Fehlern wie versehentlichen Zahlendrehern ist dies das einfachste Verfahren. Es ist aber ohne weiteres zulässig, echte Stornobuchungen wie eine Ausgabe zu behandeln.

(5) Es ist eine Buchung versehentlich in dem Karteiblatt einer **falschen Masse** erfolgt. Die Korrektur wird dort durch eine Stornobuchung mit negativen Vorzeichen wie in Ziffer (3) beschrieben sowohl im Verwahrungsbuch als auch in der Massenkartei vorgenommen. Anschließend erfolgt eine Buchung wie in Ziffer (2) beschrieben.

(6) Es gehen Gelder, die zu **verschiedenen Verwahrungsgeschäften** gehören, auf einem einer anderen Masse zuzuordnenden Bankkonto ein. Die Buchungen werden, wie im Kontoauszug ausgewiesen, in das Karteiblatt der zu diesem Konto gehörenden Masse übernommen, um einen Gleichlauf zwischen dem Kontoauszug und dem Karteiblatt der Masse zu erreichen. Anschließend werden der Bank die entsprechenden Zahlungsanweisungen zur Trennung der Gelder erteilt, da verschiedene Verwahrungsgeschäfte nicht über eine Masse abgewickelt werden dürfen (§ 54b II BeurkG, § 12 II DONot). Die Ausbuchungen werden dann im Verwahrungs- und in der Massenkartei gemäß Ziffer (3) mit negativen Vorzeichen in der Einnahmespalte nachvollzogen. Die Eingangsbuchungen zu den neu anzulegenden Massen erfolgen anschließend analog zu Ziffer (1). Anstelle der Anweisung an die Bank zur Trennung ist es zulässig und oft praktikabler, wenn der Notar mit dem mit Hinterleger eine Vereinbarung über die „Umbuchung" trifft und die Überweisung in neues Konto vornimmt. Diese Variante ist transparent und vermeidet auch die unzulässige Vermischung zweier Massen.

(7) Zu allen vorgeschriebenen Vorgängen ist ein **Richtigstellungsvermerk** im Verwahrungsbuch und in der Masse anzubringen. Dieser ist wie bei der Urkundenrolle beschrieben zu behandeln und vom Notar zu unterschreiben. Dieser Vermerk ist im Hinblick auf die Abrechnungsmitteilung wichtig, da derartige Buchungen ansonsten zu Rückfragen der Beteiligten führen würden, die mit dem Richtigstellungsvermerk schon vorab beantwortet werden.

i) Auftraggeber, Empfänger – Spalte 3 Verwahrungs- und Massenbuch

Die Überschrift zur Spalte 3 lautet für die Loseblattbücher „Bezeichnung des Auftraggebers oder Empfängers" und in den gebundenen Büchern getrennt jeweils „Bezeichnung des Auftraggebers" bzw. „Bezeichnung des Empfängers". Im Text der Dienstordnung ist der Inhalt dieser Spalten nicht näher beschrieben. Daher sind die aufgeführten Beispiele im Muster nicht zwingende Vorgaben, sondern lediglich Erläuterungen (Rn. 95). So ist es z. B. ausreichend an Stelle von „Finanzamt in" „Zinsabschlagsteuer bzw. Kapitalertragsteuer, Solidaritätszuschlag" oder bei Zahlungen an die Bank z. B. für Kontoführrungsgebühren nur kurz „Bankgebühren" zu schreiben. Dies ergibt sich aus dem Vergleich zu dem im Muster (lfd. Nr. 12) vorgeschlagenen Eintrag „Verrechnung auf Notargebühren".

148 Für die Eintragung von **Wertpapieren** geben § 11 III 3 DONot und § 12 III DONot genaue Anweisung.

j) Hinweise zu den Mustern für das Massenbuch

149 Jede Verwahrungsmasse ist im **Massenbuch** bzw. in der **Massenkartei** unter einer jährlich fortlaufenden Nummer einzutragen und zwar in der Reihenfolge der Anlegung der einzelnen Masse. Auf dem jeweiligen Karteiblatt einer Masse ist nur diese zugehörige laufende Nummer zu vermerken. Eine früher für die Massenkartei zusätzlich geforderte, über die Jahre hin fortlaufende Nummer ist entfallen.

150 Sollte die Masse zu einem beurkundeten Vorgang gehören, was der Regelfall sein wird, ist die Urkundennummer zwingend auf der Massenkartei bzw. im Massenbuch anzugeben. Erfolgt zu einer isolierten Verwahrungsanweisung (z.B. Hinterlegung vor der Beurkundung) nachträglich eine Beurkundung ist die Urkundennummer entsprechend zu ergänzen.

151 Auf jedem Karteiblatt einer Masse ist stets die Seite zu nummerieren unabhängig davon, ob die Masse wegen ihres Umfangs aus einer oder mehreren Seiten besteht. Daher erhält auch die erste Seite die Ziffer 1.

152 Da in Spalte 6 des Verwahrungsbuches durch Eintragung der Massenummer ein Verweis auf die entsprechende Masse erfolgt, empfiehlt es sich, die Nummer der Masse mit einer Kennzeichnung des Jahrgangs der Masse (z.B. /08; siehe Rn. 149) einzutragen. Da eine Masse nicht jahrgangsgebunden ist und somit in einem Verwahrungsbuch Massen mit gleicher Nummer aus verschiedenen Jahren aufgeführt sein können, wird damit eine Verwechslung vermieden.

153 Ein entsprechender Vermerk ist in Spalte 6 des Massenbuches bzw. der Massenkartei durch Verweis auf die laufende Nummer des Verwahrungsbuches einzutragen. Auch hier sollte dies unter gleichzeitiger Kennzeichnung des Jahrgangs des Verwahrungsbuches erfolgen, da eine Masse nicht jahrgangsgebunden ist und damit mehrere Jahrgänge (Verwahrungsbücher) in Bezug genommen werden können. Diese Jahrgangszusätze zur Massennummer bzw. Verwahrungsbuchnummer sind nicht zwingend, sondern eine zulässige empfehlenswerte weitere Klarstellung.

154 Jeder gesonderten Masse ist eine **Bezeichnung** voran zu stellen (§ 12 II 2 DONot). Diese Bezeichnung ist vergleichbar mit der Bezeichnung der Notariatsakte. Sie kann, wie im amtlichen Muster dargestellt, sachbezogen oder auch personenbezogen erfolgen, z.B. Hausbau GmbH/Meyer.

k) Ausdruck bei automationsgestützter Bücherführung

155 Der Ausdruck des Verwahrungsbuches und des jeweiligen Karteiblattes einer Masse hat **taggerecht** an dem Tag zu erfolgen, an dem eine Buchung in das Verwahrungsbuch vorgenommen wurde. Auch hier gilt, dass Berichtigungsvermerke und Richtigstellungsvermerke erst dann zu unterschreiben sind, wenn die ausgedruckte Seite vollständig gefüllt oder aus anderen Gründen z.B. als letzte Seite am Jahresende abgeschlossen wird (§ 17 DONot).

l) Belege, Ausführungsbestätigung

156 Alle Ausgaben vom Notaranderkonto müssen durch **Belege** nachgewiesen werden können (§ 54b III BeurkG, § 27 III DONot). Wegen der Ausgestaltung der Belege, die erforderlichen Quittungen und Ausführungsbestätigungen wird auf die genannten Vorschriften verwiesen. Gemäß § 27 DONot sind Eigenbelege sowie nicht bestätigte Durch-

IV. Bücher, Verzeichnisse und Akten des Notars

schriften des Überweisungsträgers auch in Verbindung mit sonstigen Unterlagen für einen Nachweis nicht ausreichend. Es ist daher im bargeldlosen Zahlungsverkehr eine schriftliche Bestätigung des beauftragten Kreditinstitutes erforderlich, wonach es den Überweisungsauftrag jedenfalls in seinem Geschäftsbereich ausgeführt hat. Zulässig ist auch die Ausführungsbestätigung per Telefax mit der Unterschrift von zwei Angestellten der kontoführenden Bank (Armbrüster/Preuß/Renner/*Eickelberg* § 27 DONot Rn. 13). Diese Ausführungsbestätigung muss allein oder in Verbindung mit anderen Belegen den Inhalt des Überweisungsauftrages vollständig erkennen lassen. Die Belege und **Kontoauszüge** sind versehen mit der Massenummer zur Blattsammlung zu nehmen.

m) Abschluss einer Masse, Abrechnungsbescheinigung

157 Gemäß § 12 VI DONot ist eine Masse nach Abwicklung zu röten oder die **Abwicklung** auf andere eindeutige Weise zu kennzeichnen. Dies könnte z. B. die Bildung eines auf null gestellten Massensaldos mit der eindeutigen Bezeichnung „Abschlusssaldo" sein.

158 Dies gilt auch für Massen, bei denen zwar eine Kontoeröffnung erfolgt, auf deren Konten jedoch nie eine Einzahlung erfolgte. Eine gesonderte Abrechnung erfolgt in diesen Fällen nicht. Es empfiehlt sich jedoch eine Information an die Vertragsbeteiligten.

Formulierungsbeispiel: Kontoschließung – Info an Beteiligte   159

… hiermit teile ich Ihnen mit, dass ich mit Schreiben vom … die Bank angewiesen habe, dass Notaranderkonto Nr. … zu schließen. Eine Einzahlung auf das Konto ist damit nicht mehr möglich.

Formulierungsbeispiel: Kontoschließung – Info an Bank   160

… auf oben genanntem Notaranderkonto wird keine Einzahlung mehr erfolgen. Ich bitte deshalb um Schließung des Kontos Nr. Konto-Nr. …

---

161 Nach Abschluss einer Masse sieht die DONot die Erteilung einer **Abrechnungsbescheinigung** als Amtspflicht vor (§ 27 IV DONot), die in Kopie zur Nebenakte zu nehmen ist (§ 22 II Nr. 7 DONot). Darüber hinaus besteht eine Abrechnungspflicht (Rechenschaftspflicht).

162 § 27 IV DONot konkretisiert im Hinblick auf bisher bestehende Meinungsverschiedenheiten, welchen Personen gegenüber in welchem Umfang eine Abrechnungsbescheinigung erteilt werden muss. So ist den an dem Vollzug von Grundstücksverträgen beteiligten Kreditinstituten (abzulösender Gläubiger, Finanzierungsgläubiger) nur auf deren ausdrückliches Verlangen eine Abrechnung zu erteilen. Im Übrigen erhalten die Vertragsbeteiligten eine vollständige Abrechnung. Diese kann auch durch Übersendung einer Kopie der Massenkartei erfolgen. Ein Anspruch auf (teilweise) Schwärzung im Hinblick auf vermeintlichen Datenschutz der Beteiligten besteht nicht. Beide Vertragsparteien haben den Anspruch auf Informationen über die erfolgten Einzahlungen und Auszahlungen. Der Notar kann aber bei berechtigtem Schutzinteresse so verfahren, Schippel/Bracker/*Bracker* § 27 DONot Rn. 9.

163 Da die Buchung einer **Kontobewegung** im Verwahrungs- und Massenbuch erst zu dem Datum erfolgt, zu dem der Kontoauszug bei dem Notar eingegangen ist (mit Ausnahme in Sachsen, wenn zum Wertstellungsdatum gebucht wird), kommt es gelegentlich zu Rückfragen durch die Beteiligten. Es empfiehlt sich daher, vorbeugend auf diese Abrechnungsbesonderheit hinzuweisen.

164 | Formulierungsbeispiel: Buchungsdatum – Info an Beteiligte

Ich weise darauf hin, dass es sich bei den in dem Massenbuch aufgeführten Buchungsdaten jeweils um das Datum handelt, an dem der Kontoauszug über den gebuchten Betrag in meinem Büro eingegangen ist.

165 Sofern der Zeitpunkt der Wertstellung oder der Erstellung des Kontoauszuges zur Verfolgung von Rechtsansprüchen (z.B. Verzugszinsen) durch die an der Hinterlegung beteiligten Personen maßgeblich ist, können die entsprechenden Kopien der Kontoauszüge den Beteiligten zur Verfügung gestellt werden.

n) Jahresabschluss

166 Das Verwahrungsbuch ist am Schluss des Kalenderjahres abzuschließen. Der aus den Summen der Einnahmen und den Summen der Ausgaben gebildete Saldo ist in das Verwahrungsbuch des neuen Jahres gemäß § 11 V 2 DONot vorzutragen. Der Abschluss muss von dem Notar unter Angabe von Ort, Tag und Amtsbezeichnung **unterschrieben** werden.

167 Ein entsprechender Abschluss der Massen ist gemäß § 12 IV DONot vorgeschrieben. Für die Masse wird ein Zwischensaldo zum Jahresende gebildet. Die Massenkartei bzw. das Massenbuch sind anders als das Verwahrungsbuch nicht durch Übernahme des Saldos sondern dadurch vorzuführen, dass die Summe der Einnahmen bzw. die Summe der Ausgaben in der jeweiligen Spalte weitergeführt werden. Die Anlegung einer neuen Seite ist zulässig. In diesem Fall muss aber auf der bisherigen Seite ein Füllstrich oder ein anderer eindeutiger Eintrag vorgenommen werden, wenn die Seite noch nicht voll beschrieben war. Auf der neuen Seite werden nicht der Saldo sondern die Summe der Einnahmen bzw. die Summe der Ausgaben vorgetragen.

168 Die einzelnen Jahressalden aller laufenden Massen sind in das Verwahrungsbuch zu übertragen und in ihrer Gesamtsumme dem Saldo des Verwahrungsbuches gegenüberzustellen. Diese **Gegenüberstellung** ist ebenfalls **zu unterschreiben.** Die Unterzeichnung des Jahresabschlusses und die Gegenüberstellung kann auch einheitlich vorgenommen werden, wenn dies durch eine entsprechende Formulierung vor der Unterschrift klargestellt wird.

169 Wenn Kontoauszüge z.B. Bescheinigungen über Zinsgutschriften bzw. Bankspesenabrechnungen erst im Januar des **Folgejahres** bei dem Notar eingehen, ist auch für die Buchung dieser Positionen der Tag des Einganges der jeweiligen Mitteilung maßgeblich. Sie sind gemäß § 10 III DONot mit dem Datum des Kontoauszugseingangs in das Verwahrungsbuch des neuen Jahres zu buchen. Die Jahresabschlusssalden der Massen werden ohne Berücksichtigung später eingehender Nachweise über Zinsgutschriften oder Spesen gemäß § 25 II 1 Nr. 1 DONot gebildet und in die Übersicht über die Verwahrungsgeschäfte aufgenommen. In Sachsen gelten bei Buchungen unter dem Wertstellungsdatum besondere Bestimmungen (§ 25 II 2 SächsDONot).

o) Anderkontenliste

170 Gemäß § 12 V DONot ist eine Liste der Kreditinstitute zu führen, bei denen der Notar Anderkonten oder Anderkontendepots errichtet hat. Das Verzeichnis kann als Loseblattsammlung (Kartei) gestaltet werden (§ 6 II DONot). Der Inhalt des Verzeichnisses ergibt sich aus § 12 V DONot. Ein amtliches Muster besteht jedoch nicht. Die Registrierung in der Liste ist bei Anlegung der Masse vorzunehmen. Folgeeinträge sind jeweils zum Zeitpunkt des entsprechenden Ereignisses z.B. bei der Umbuchung auf ein Festgeldanderkonto oder bei dem Abschluss der Masse zu bewirken. Zu diesen Zeitpunkten ist gemäß § 17 DONot bei automationsgestützter Führung der Anderkontenliste die Spei-

IV. Bücher, Verzeichnisse und Akten des Notars **M**

cherung und der Ausdruck vorzunehmen. § 17 II DONot stellt klar, dass frühere Ausdrucke insgesamt zu vernichten sind, also nicht nur bei einer inhaltsgleichen Wiederholung des früheren Ausdruckes. Nach Abschluss einer Masse ist der jeweilige Eintrag oder die Karteikarte zu röten oder der Abschluss auf andere Weise eindeutig kenntlich zu machen z. B. durch den Vermerk „Abgeschlossen" oder den Eintrag des Beendigungsdatums.

p) Stichpunkte zur Geschäftsprüfung

§ 43 EStG	Abrechnung nach Jahressteuerbescheinigung/Zinsabrechnung Bank	171
§ 12 V 3 DONot	**Anderkontenliste**	
	Aufbewahrung bei Massenbuch/in separatem Ordner	
	Jahrgangsweise Führung zweckmäßig	
	Nach Kreditinstituten bzw. nach Massen sortiert	
	Handschriftliche Rötung/Streichung geschlossener Massen oder anderweitige, eindeutige Kennzeichnung, nochmaliger Ausdruck bereits vollständig beschriebener Seiten ist nicht zulässig	
	Zusätzliche Aufnahme der UR. Nr. (über Wortlaut § 12 V hinaus zweckmäßig)	
§ 13 V 4 DONot	**Anderkonto**	
	Abrechnung an Beteiligte des Verwahrungsgeschäftes (strittig ggü. Banken)	
	Gebührenfreie Führung durch Banken – Verhandlungssache des Notars; (dafür Zinsfreiheit?); jedenfalls keine Belastung vor Geldeingang, keine Belastung nach Schlussauskehrung	
	Keine telefonische Eröffnung, notwendige Informationen: wirtschaftliche Berechtigte (Käufer/Verkäufer), im Übrigen Vorgaben der Bank für die Eröffnung beachten	
	Keine Anlage „ins Blaue"	
	Angabe Festgeldkontonummer (vgl. *Weingärtner/Gassen* § 12 Rn. 4)	
§ 10 II, III DONot	Buchungsdatum im Massen- und Verwahrungsbuch: Datum der Wertstellung (soweit von Aufsicht in DONot gestattet); sonst: Kontoauszugs-Eingangsdatum	
§ 10 II 3 DONot	Posteingangsstempel und Masse-Nr. auf den Kontoauszügen	
	Erledigte Masse	
	Absonderung von offenen Massen	
	Absonderung von offenen Massen: Verwahrung bei Nebenakte zulässig	
	Geschlossene Masse	
	Rötung des Masseblattes oder anderweitige, eindeutige Kennzeichnung	
	Trennung zw. Massenblatt und Blattsammlung (z. B. erst alle geschlossenen Massen, dann Blattsammlung mit Belegen; a. A. für lfd. Massen vertretbar)	
	Laufende Masse	
	Gruppenbildung bei größerer Anzahl offener Massen hinsichtlich der jeweiligen Kreditinstitute	

	Räumliche Verbindung von Masseblatt und jeweils zugehöriger Blattsammlung vertretbar
	Führung bis zum Abschluss
	Führung über Jahresende
	Saldierung auf Kontoblatt bei jedem Übertrag auf neues Blatt bzw. bei Jahreswechsel
	Massenblatt (Kartei)
	Bei Neuausdruck Vernichtung des alten Blattes
	Saldierung am Ende; Jahresabschluss nicht notwendig, aber empfehlenswert
	Spalte 3 nennt den Hinterleger auf der Einnahmeseite u. den Empfänger auf der Ausgabenseite, Bsp.: gutgebrachte Bankzinsen (Hinterleger); Bankspesen (Empfänger) (str. vgl. *Weingärtner/Gassen* § 11 Rn. 6 einerseits, *Blaeschke*, Praxishandbuch Notarprüfung, Rn. 1589 andererseits)
§ 13 VI DONot	Massenblatt (Kartei): Korrekturen/Änderungen sichtbar, vom Notar abgezeichnet
§ 7 II DONot	Verwahrungsbuch: Anlage des Titelblattes im laufenden Jahr
§ 11 V DONot	Verwahrungsbuch: Abschlussvermerk
§ 22 II DONot	**Vollständigkeit der Blattsammlung bei Anderkonto**
	Ziffer 1: sämtliche Verwahrungsanträge/-anweisungen
	Ziffer 2: Treuhandaufträge
	Ziffer 3: Änderungen und Ergänzungen von Verwahrungsanweisungen
	Ziffer 4: Annahmeerklärungen (§ 54a II Nr. 3, V BeurkG)
	Ziffer 5: Einnahme- und Ausgabebelege mit Nummer der Masse
	Ziffer 6: Kontoauszug mit Nummer der Masse und Eingangsstempel
	Ziffer 7: Abrechnung an die Beteiligten (§ 27 IV DONot)
	Ziffer 8: Kostenrechnungen, soweit die Kosten der Masse entnommen wurden.
	Kontoeröffnungsanträge; Kontoauszüge, geordnet nach Eingang; Durchschrift Überweisungsaufträge mit Ausführungsbestätigung der Bank; Schriftwechsel mit Bank und Beteiligten wegen Hinterlegung

6. Namensverzeichnisse

a) Buch- oder Loseblattform

172 Zur Urkundenrolle und zum **Massenbuch** oder zur **Massenkartei**, nicht jedoch zum Verwahrungsbuch, ist jeweils ein **alphabetisches Namensverzeichnis** anzulegen. § 13 DONot stellt klar, dass der Zweck des Verzeichnisses das Auffinden von Vorgängen erleichtern soll. Werden Bücher mit festem Einband geführt, so ist in der Regel das Namensverzeichnis in jedem einzelnen Band enthalten. Die Dienstordnung gestattet jedoch auch das Führen eines Namensverzeichnisses für Urkundenrolle und Massenbuch gemeinsam sowie für mehrere Bände der Urkundenrolle oder des Massenbuches gemeinsam oder unabhängig von den Bänden in Karteiform. Bei der Verwendung von Loseblattsammlungen wird das Namensverzeichnis in der Regel fortlaufend über mehrere

Jahre hin als **Kartei** geführt. Alternativ kann das Namensverzeichnis nach Abschluss des Jahres als alphabetisches Verzeichnis erstellt und z. B. der durch Schnur und Siegel verbundenen Loseblattsammlung der Urkundenrolle oder des Verwahrungsbuches beigefügt werden. In dieser Form wird häufig bei der Erstellung der Bücher über eine EDV-Anlage verfahren.

b) Zeitpunkt der Eintragung, Ausdruck

Die Eintragungen sind nach § 13 II DONot zeitnah, spätestens zum Vierteljahresschluss vorzunehmen. Dieser Zeitpunkt bestimmt jedoch nicht den Zeitpunkt des Ausdrucks. Die Namensverzeichnisse sind als Ganzes erst zum Jahresschluss auszudrucken (§ 17 II 2 DONot). 173

Das Namensverzeichnis wird als alphabetisches Verzeichnis anders als die Urkundenrolle, das Verwahrungsbuch oder die Massenkartei nicht fortlaufend in Folge ergänzt, sondern aufgrund der alphabetischen Einordnung bei dem jeweiligen Buchstaben erweitert. Der Ausdruck eines Verzeichnisses muss daher immer die Buchstaben von A–Z umfassen. Wenn im laufenden Jahr ein Namensverzeichnis schon ausgedruckt wurde, so ist dieser Ausdruck zu vernichten, da der neue Ausdruck keinen wiederholenden Ausdruck darstellt (§ 17 II 3 DONot). 174

c) Urkundenrolle

In das Namensverzeichnis der Urkundenrolle sind alle an einer Beurkundung Beteiligten aufzunehmen. Sind diese vertreten worden, sind auch die Vertreter einzugeben. Dies gilt auch bei Unterschriftsbeglaubigungen (siehe Rn. 101). Die Angabe einer Sammelbezeichnung gemäß § 8 IV 3 DONot ist weiterhin zulässig (siehe Rn. 20). Wegen der nachträglichen Eintragung eines versehentlich vergessenen Beteiligten s. Rn. 115. 175

d) Massenbuch

Im Namensverzeichnis zum Massenbuch sind die Auftraggeber der Verwahrung zu registrieren. Bei Vollzug eines Urkundsgeschäftes sind jedoch nur die Urkundenbeteiligten einzutragen (§ 13 IV DONot), also nicht der den Kaufpreis hinterlegende Finanzierungsgläubiger. 176

e) Bezeichnung der Einzutragenden

Einzutragen in das Namensverzeichnis der Urkundenrolle sind gemäß § 8 IV DONot der Familienname, ggf. der Geburtsname und der Ort sowie die betreffende Urkundennummer. 177

Für das Namensverzeichnis zum Massenbuch bzw. zur Massenkartei werden keine Vorgaben gemacht. Die Regelungen zum Namensverzeichnis zur Urkundenrolle sind aber wohl entsprechend anzuwenden. 178

7. Dokumentation zur Einhaltung von Mitwirkungsverboten

Seit In-Kraft-Treten des § 28 BNotO ist ein sog. Beteiligtenverzeichnis zur Überprüfung bestimmter Mitwirkungsverbote zu führen. Die Dienstordnung enthält erstmals eine Regelung über die Dokumentation zur Einhaltung der Mitwirkungsverbote. Mit dem Beteiligtenverzeichnis soll lediglich die Einhaltung der Mitwirkungsverbote des § 3 I Nr. 7 (vorherige Tätigkeit außerhalb der Amtstätigkeit in derselben Angelegenheit), Nr. 8 (vorherige Bevollmächtigung des Notars in derselben Angelegenheit) und § 3 II BeurkG (frühere Tätigkeit in dieser Angelegenheit oder gegenwärtige Bevollmächtigung in anderer Sache) überprüfbar sein. Bei allen anderen Mitwirkungsverboten wird auf die Dokumentationspflicht verzichtet. 179

180 § 15 DONot ordnet an, dass die von dem Notar getroffenen „Vorkehrungen" zumindest Angaben zur Identität der Personen und zum Gegenstand der Tätigkeit für diese Person beinhalten müssen. Die Angaben sollen so gestaltet sein, dass ein Abgleich mit der Urkundenrolle und dem Namensverzeichnis möglich ist.

181 Die Dokumentation muss nicht papiergebunden erfolgen. Für die Dokumentation wird in § 15 II DONot die Anwendung des § 6 DONot ausdrücklich ausgeschlossen. Damit ist die Führung der Dokumentation mittels einer EDV-Anlage gestattet.

182 Da § 28 BNotO von dem Notar verlangt, „geeignete" Vorkehrungen zu treffen, ist die Führung einer derartigen Dokumentation nicht zwingende Pflicht für jeden Notar. Fallen bei einem Notar keine solchen Verbotstatbestände an, hat er auch kein Beteiligtenverzeichnis zu führen. Er muss dies auch nicht besonders in der Generalakte vermerken.

183 Ob die Justizverwaltung zum Erlass einer derartigen Bestimmung berechtigt ist, ist umstritten, da die Richtlinien der Notarkammern sich ebenfalls mit der Frage des Beteiligtenverzeichnisses befassen, und diese als Satzungsbestimmungen allgemeinen Verwaltungsanweisungen durch die DONot vorgehen (für Vorrang der RL Schippel/Bracker/*Schäfer* § 28 Rn. 4; Zweifel am Vorrang der DONot: *Mihm/Bettendorf* DNotZ 2001, 22, 38; für eine Kompetenz der LJV *Harborth/Lau* DNotZ 2002, 412).

8. Urkundensammlung

a) Allgemeines

184 In der Urkundensammlung werden gemäß § 18 I DONot die Urkunden nach der Nummernfolge der Urkundenrolle geordnet aufbewahrt. Dies sind:
(1) Alle beim Notar verbleibenden Urschriften der Urkunden, wozu auch die Urschriften von Erbverträgen zählen, deren amtliche Verwahrung von den Beteiligten ausgeschlossen wurde; letztere können aber gesondert verwahrt werden; in diesem Fall ist ein Vermerkblatt oder auf Wunsch der Beteiligten eine beglaubigte Abschrift zur Urkundensammlung zu nehmen (vgl. Rn. 200),
(2) die in § 8 I Nr. 6 DONot genannten Vollstreckbarkeitserklärungen sowie die in § 8 I Nr. 7 DONot genannten Urkunden nach dem Sachenrechtsbereinigungsgesetz,
(3) Ausfertigungen, die gemäß § 45 II 2 und 3 BeurkG an die Stelle der hinausgegebenen Urschriften getreten sind,
(4) Vermerkblätter für Verfügungen von Todes wegen, die in die besondere amtliche Verwahrung des Nachlassgerichtes gegeben worden sind,
(5) beglaubigte Abschriften von Erbverträgen, deren Urschrift der Notar nach Eintritt des Erbfalls aus seiner Verwahrung an das Nachlassgericht abgeliefert hat, sowie beglaubigte Abschriften von Verfügungen von Todes wegen, die auf Wunsch des Erblassers zurückbehalten worden sind,
(6) einfache Abschriften der vom Notar gefertigten Entwürfe, unter denen er eine Unterschrift beglaubigt hat,
(7) Vermerkblätter über Urkunden oder einfache Abschriften dieser Urkunden, die weder in Urschrift noch in Abschrift beim Notar zurückbleiben (insbesondere bei bloßen Unterschriftsbeglaubigungen, Zeugnissen und Bescheinigungen); für das **Vermerkblatt** schreibt die DONot kein Muster vor; die Aufnahme einer einfachen Abschrift ist bei Urkunden zu empfehlen, die nicht sehr umfangreich sind, da damit auch der gesamte Inhalt der Urkunde später noch festgestellt werden kann.

185 Die von den Bundesländern im Jahre 2005 beschlossene Änderung des § 5 IV DONot ersetzt die bisherige Pflicht zur dauernden Aufbewahrung entsprechend gleichlaufenden Bestrebungen für das bei Gerichten anfallende Schriftgut durch eine Aufbewahrungsfrist von allgemein 100 Jahren. Abweichend hiervon müssen nur die vor 1950 angefallenen Urkunden dauerhaft aufbewahrt werden. Zur Aufbewahrung durch die Notarkammern in rein elektronischer Form vgl. zur österreichischen Praxis *Schill* MittBayNot 2005,

IV. Bücher, Verzeichnisse und Akten des Notars

295, 297; für die künftige Entwicklung in Deutschland (**ELUA**) Armbrüster/Preuß/Renner/*Kruse* § 5 DONot Rn. 51; Schippel/Bracker/*Bracker* § 51 Rn. 88a; *BNotK* DNotZ 2012, 563.

Wegen weiterer Einzelheiten der Verwahrung von Urkunden, insbesondere 186
– hinsichtlich der Hinweisvermerke auf den Haupturkunden beziehungsweise auf den Berichtigungs-, Änderungs-, Ergänzungs- oder Aufhebungsurkunden,
– hinsichtlich der Verwahrung inhaltlich zusammenhängender Urkunden,
– hinsichtlich der Verwahrung von Genehmigungserklärungen und sonstigen Urkunden bei der Urschrift der Haupturkunde, die für die Rechtswirksamkeit oder die Durchführung des beurkundeten Rechtsvorgangs bedeutsam sind, vgl. § 18 II DONot. Auch für das Gesellschaftsrecht, das zunehmend Komponenten des Vollzuges enthält, kann sich ein Anheften bestimmter Dokumente und Nachweise an die Urschrift empfehlen (die Liste nach § 40 II GmbHG, wenn diese nicht ohnehin mit einer Urkundennummer versehen wurde (Rn. 101); Abschriften von Zahlungsbelegen für die Stammeinlage, vgl. (*Leitzen* RNotZ 2010, 254, 257). Zu beachten ist, dass an die Stelle der bei der Haupturkunde verwahrten Urkunde in die Urkundensammlung ein **Hinweisblatt** oder eine Abschrift, auf der ein Hinweis auf die Haupturkunde anzubringen ist, aufzunehmen ist.

Hinsichtlich des Vermerkes bei der Erteilung von Ausfertigungen auf der Urschrift 187 (§ 49 IV BeurkG) s. Kap. A I. Rn. 558.

Der Notar ist nicht grundsätzlich verpflichtet, eine Urkunde – auch zum Zwecke der 188 Erstellung einer (elektronischen) beglaubigten Abschrift – zu entheften, selbst wenn Teile der Urschrift auf der Kopie nicht zu lesen sind und handschriftlich ergänzt werden müssen (*BGH* NJW-RR 2011, 641). Allerdings ist es nicht zu beanstanden, wenn ein Notar den Weg der Entheftung wählt um eine saubere Abschrift zu erstellen und er den Vorgang der erneuten Siegelung dokumentiert. Es gilt nichts anderes als bei Wiederanbringung eines abgefallen Siegels (auch des Amtsvorgängers) oder der in Ausnahmefällen bestehenden Pflicht zur Entheftung (Armbrüster/Preuß/Renner/*Preuß* § 44 BeurkG Rn. 6; Armbrüster/Preuß/Renner/*Eickelberg* § 30 DONot Rn. 7; *Weingärtner/Gassen* § 30 Rn. 3; *BGH* NJW-RR 2011, 641).

Die in Rn. 105 beschriebenen einfachen elektronischen Zeugnisse (§ 39a BeurkG) zäh- 189 len wie die einfachen Zeugnisse des § 39 BeurkG zu den Vermerkurkunden (§§ 39 bis 43 BeurkG), die gemäß § 45 III BeurkG grundsätzlich den Beteiligten auszuhändigen sind und nur dann in der Verwahrung des Notars verbleiben, wenn dies ausdrücklich verlangt wird. Bei ihnen ist die Urschrift für den Rechtsverkehr bestimmt. Von ihnen kann auch keine Ausfertigung erteilt werden, die die Urschrift im Rechtsverkehr vertreten könnte, da dies nur bei einer Niederschriftsurkunde möglich ist, so dass in der Regel lediglich ein Vermerkblatt oder eine einfache Abschrift in der Urkundensammlung verbleiben (§ 47 BeurkG). Insbesondere sind auch nicht die von einem Dritten für eine Transformation vorgelegten elektronischen Dokumente zu verwahren. Diese werden wie die von einem Dritten für die Erstellung einer beglaubigten Abschrift vorgelegte Hauptschrift dem Dritten zurückgegeben.

Wird eine elektronische Urkunde, die in die Urkundenrolle einzutragen ist (vgl. 190 Rn. 105), den Beteiligten in elektronischer Form ausgehändigt, ist ein Vermerkblatt oder ein Ausdruck der elektronischen Urkunde in die Urkundensammlung zu nehmen (§ 19 II, IV DONot). Wünscht der Beteiligte die Verwahrung der elektronischen Urkunde in der Urkundensammlung des Notars, wird man dem Notar heute das Recht zubilligen müssen, eine derartige Verwahrung abzulehnen, da das Beurkundungsgesetz noch keine Regelungen für die Verwahrung elektronischer Urkunden enthält. Hier wären die Beteiligten auf die Aufnahme eines einfachen Ausdruckes der elektronischen Urkunde in die Urkundensammlung zu verweisen.

Sollte in Zukunft auch materiell-rechtlich eine Unterschrifts- bzw. Signaturbeglaubi- 191 gung in elektronischer Form ermöglicht werden, so hat der Notar, auch wenn er die Urkunde entworfen hat, nicht eine elektronisch beglaubigte Abschrift, sondern einen Ausdruck des elektronischen Dokumentes zu verwahren (§ 19 IV DONot). Hat der Notar den elektronischen Text nicht entworfen, gelten die vorstehenden Ausführungen auch bei einer Signaturbeglaubigung entsprechend (§ 19 IV DONot).

192 b) Stichpunkte zur Geschäftsprüfung

	Aspekte der technischen, sicheren Verwahrung der Urkunden
	Vollständigkeit, Systematik der Verwahrung der Urkunden
§ 18 II DONot	Verwahrung von Urkunden bei anderen Urkunden: beglaubigte Abschrift nebst Kostenberechnung und Hinweis auf Verwahrungsort gut sichtbar (Urkunde)
§ 18 II 2 DONot, § 12 S. 1 BeurkG	Vorgelegte Vollmachten und Ausweise eines gesetzlichen Vertreters werden mit Schnur und Siegel angeheftet
§ 19 DONot	Beglaubigte Abschrift der Urkunde einschließlich der Kostenberechnung anstelle der Urschrift; Kostenberechnung zur Urschrift
§ 20 DONot	Verfügungen von Todes wegen: Vermerkblatt; bei Verwahrung einfacher Kopien in der Urkundensammlung ist das Einverständnis der Beteiligten einzuholen, praktischerweise gleich in der Urkunde; Entwürfe sind in der Nebenakte zulässig
§ 44 BeurkG, § 30 DONot	Urkunden mit Schnur und Siegel zeitnah zusammengeheftet
§ 19 IV DONot	Urkundensammlung: Mit Blick auf § 19 IV ist sofortige Verbringung der Urschrift in Urkundensammlung nicht praktisch
	Vermerk gem. § 8 I ErbStDV – Wann an welches Finanzamt wurde Abschrift unter Verwendung des Formblattes versandt (Schenkung/Teilentgeltliches Geschäft/Zweckzuwendung i. S. d. § 8 ErbStG)
	Vermerk über Benachrichtigung des Finanzamtes von Geschäftsanteilsabtretung, § 40 I GmbHG empfehlenswert
§§ 9 III, 19 II, III DONot	Verweis auf bezogene Urkunden (wechselseitig und auf Urkunden selbst vermerken)

9. Verfügung von Todes wegen, erbfolgerelevante Urkunden

a) Überblick

193 Das Zentrale Testamentsregister (ZTR) hat seit 1.1.2012 das Benachrichtigungswesen in Nachlasssachen grundlegend modernisiert. Zuvor war am 1.9.2009 das FamFG in Kraft getreten und hat ein gänzlich neu gestaltetes Verfahrensrecht in Nachlasssachen geschaffen (*Fröhler* BWNotZ 2008, 183). Das ZTR enthält die Verwahrangaben zu **sämtlichen erbfolgerelevanten Urkunden**, die vom Notar errichtet werden oder in gerichtliche Verwahrung gelangen. Erbfolgerelevante Urkunden sind nach § 78b BNotO Testamente, Erbverträge und alle Urkunden mit Erklärungen, welche die Erbfolge beeinflussen können, insbesondere Aufhebungsverträge, Rücktritts- und Anfechtungserklärungen, Erb- und Zuwendungsverzichtsverträge, Ehe- und Lebenspartnerschaftsverträge und Rechtswahlen (Rn. 225, 226).

194 Bei Testamenten und Erbverträgen stellt die Registrierung zusammen mit der Ablieferungs- (§ 34a III 1 BeurkG, § 2259 BGB, § 350 FamFG) und/bzw. Eröffnungspflicht

IV. Bücher, Verzeichnisse und Akten des Notars M

(§ 348 I 1 FamFG, § 2263 BGB) sicher, dass das zuständige Nachlassgericht alle Testamente und Erbverträge des Erblassers würdigen kann (*Diehn* DNotZ 2011, 676; zum ZTR auch Schippel/ Bracker/*Görk* § 78 Rn. 13 ff.).

Die Testamentsregister-Verordnung (ZTRV) enthält wichtige Ausführungsbestimmungen. Die Gebührensatzung (ZTR-GebS) basiert auf § 78e BNotO. Ausführliche Informationen sind unter http://www.testamentsregister.de/erbe/institutionelle-nutzer/notare zu finden, insbesondere auch Hinweise zu Registrierung und Technik sowie zu häufig gestellten Fragen. 195

Die Verwaltungsvorschriften über Benachrichtigungen in Nachlasssachen (AVNachl) beruht auf einer landesrechtlichen Rechtsverordnung i. S. d. § 347 IV 2, 3 FamFG. 196

Ausgehend von § 34 BeurkG wird im Folgenden unterschieden zwischen Testamenten und Erbverträgen, die aufgrund gesetzlicher Bestimmung (Testament) oder Entscheidung der Beteiligten (Erbvertrag) in die besondere amtliche Verwahrung des Nachlassgerichts gegeben werden, und Erbverträgen, die aufgrund Entscheidung der Beteiligten in der amtlichen Verwahrung des Notars verbleiben sowie der sonstigen, erbfolgerelevanten Urkunden. 197

b) Urschrift bei nachlassgerichtlicher Verwahrung

Testamente und Erbverträge, welche in die besondere amtlichen Verwahrung des Nachlassgerichtes gegeben werden, sind in einem mit dem Prägesiegel (nicht zwingend mit dem Lacksiegel) **versiegelten Umschlag** dem Amtsgericht abzuliefern (§ 34 BeurkG). Verwahrungsstelle ist i. d. R. das Amtsgericht (§ 23a I Nr. 2 i. V. m. II Nr. 2 GVG) am Amtssitz des Notars (§ 344 FamFG), auf Wunsch des Erblassers ein anderes Amtsgericht (§ 344 I 2 FamFG), z. B. das Amtsgericht seines Wohnsitzes. Regelungen über den Inhalt der auf dem Testamentsumschlag zu machenden Angaben regelt in Sachsen beispielsweise die gemeinsame Verwaltungsvorschrift des Sächsischen Staatsministeriums der Justiz und für Europa und des Sächsischen Staatsministeriums des Innern über die Benachrichtigung in Nachlasssachen (in Sachsen z. B. VwV Nachlasssachen, http://www.revosax.sachsen.de): 198

1.1 Der Notar, vor dem ein Testament errichtet wird, vermerkt auf dem Umschlag, in dem das Testament gemäß § 34 des Beurkundungsgesetzes zu verschließen ist, die folgenden Angaben:
1.1.1 Geburtsname, Vornamen und Familiennamen des Erblassers,
1.1.2 den Geburtstag und den Geburtsort des Erblassers, die Postleitzahl, die Gemeinde und den Landkreis des Geburtsortes, das für den Geburtsort zuständige Standesamt und die Geburtenregisternummer,
1.1.3 die Art der Verfügung von Todes wegen, das Datum der Urkunde und die Urkundenrollennummer sowie den Namen des Notars nebst Amtssitz,
1.1.4 das verwahrende Nachlassgericht und die ZTR-Verwahrnummer nach § 3 Abs. 1 Satz 1 und 2 der Testamentsregister-Verordnung (ZTRV).
Satz 1 gilt entsprechend, wenn vor dem Notar ein Erbvertrag geschlossen wird (§ 2276 BGB), es sei denn, die Vertragsschließenden haben die besondere amtliche Verwahrung ausgeschlossen (§ 34 Abs. 2 des Beurkundungsgesetzes) und sich bei der Verwahrung durch den Notar mit einer offenen Aufbewahrung schriftlich einverstanden erklärt (§ 34 Abs. 2 des Beurkundungsgesetzes, § 20 Abs. 1 Satz 5 der Dienstordnung für Notarinnen und Notare – DONot).

Hierfür gibt es einen Mustervordruck, von dessen Verwendung aber abgesehen werden kann, wenn ein Umschlag (Format DIN C 5) mit dem vom ZTR zur Verfügung gestellten Aufdruck für den Testamentsumschlag versehen wird. Die Notariatssoftware sollte also den Webservice des ZTR umsetzen und nutzen können. Besonderheiten gelten bei einem Erbvertrag zwischen Personen, die nicht Ehegatten oder Lebenspartner sind. In diesem Fall sind die auf die Ehegatten- oder die Lebenspartnereigenschaft hinweisenden 199

Textteile des Vordrucks entsprechend zu ändern. Sofern an einer Verfügung von Todes wegen mehr als zwei Personen als Erblasser beteiligt sind, ist für die dritte und jede weitere Person ein besonderer Umschlag zu beschriften. Die Umschläge werden mindestens an drei Stellen des unteren Randes durch Heftung oder in anderer Weise dauerhaft miteinander verbunden. Um zu verhüten, dass die Verfügung von Todes wegen hierbei beschädigt wird, sollen die Umschläge vor dem Einlegen der Verfügung zusammengeheftet werden. Die Verfügung von Todes wegen ist in den obersten Umschlag zu legen; dieser ist zu versiegeln. Anstelle der weiteren Umschläge können auch die von der Registerbehörde zur Verfügung gestellten weiteren Aufdrucke für Testamentsumschläge verwendet werden. (1.4 VwV Nachlasssachen SN)

200 Auf Wunsch der Testatoren soll eine beglaubigte Abschrift der Verfügung von Todes wegen zurückbehalten werden, die grundsätzlich in einem verschlossenen Umschlag zur Urkundensammlung zu nehmen ist. Die häufig anzunehmende Ausnahme, bei der sich die Beteiligten mit der offenen Aufbewahrung schriftlich einverstanden erklären, vermerkt man am besten gleich in der Urkunde, z. B. mit folgendem Wortlaut: „Der Notar soll eine unverschlossene beglaubigte Abschrift dieser Urkunde zu seiner Urkundensammlung nehmen."

201 Die beglaubigte Abschrift ist auf Wunsch der Beteiligten an diese auszuhändigen (§ 20 I 5 DONot).

202 Abschriften, die aufgrund der Bestimmung des § 16 DONot a. F. bisher zu den Nebenakten genommen worden sind, sind gemäß § 5 IV 2 DONot durch Herausnahme aus der Nebenakte und Übernahme in die Urkundensammlung vor der Vernichtung zu bewahren.

203 Die Verwahrstelle bestätigt den Eingang einer vom Notar für die besondere amtliche Verwahrung registrierten erbfolgerelevanten Urkunde. Diese Bestätigung wird dem Notar per EGVP oder per E-Mail-Benachrichtigung mit Webabruf zur Verfügung gestellt und enthält das bei der Empfangsbestätigung vom Gericht angegebene eigene Verwahrkennzeichen des Gerichts. Es hängt also von den Einstellungen des Notars im **Notarportal** https://intern.bnotk.de bei „Eigene Daten" ab, ob diese Mitteilungen des ZTR via EGVP oder E-Mail mit Webabruf bezogen werden. E-Mails des ZTR enthalten aus Verschwiegenheitsgründen niemals Inhalte, sondern nur Downloadlinks oder Hinweise auf die Verfügbarkeit neuer Informationen des Registers. Perspektivisch soll eine komfortable Funktion dem Notar die Auswahl, wie diese empfangen werden sollen, für jedes Schriftstück bzw. für jede Kategorie von Schriftstücken der Register (ZTR/ZVR) ermöglichen.

c) Urkundensammlung bei nachlassgerichtlicher Verwahrung

204 In die Urkundensammlung wird ein von dem Notar zu unterschreibendes Vermerkblatt über die in die besondere amtliche Verwahrung des Nachlassgerichtes gebrachten Verfügungen von Todes wegen eingelegt. Der Inhalt des Vermerkblattes ergibt sich aus § 20 I DONot. In der Regel werden die hierzu von Notariatsverlagen hergestellten Formulare verwendet. Abgabedatum und Nachlassgericht sind dort aufzuführen. Als praktisch hat sich erwiesen, obwohl nicht vorgeschrieben, auch die Verwahrungsbuchnummer des Nachlassgerichtes dort zu notieren. Eine gesonderte Benachrichtigung der Geburtsstandesämter durch den Notar erfolgt nicht, da diese Benachrichtigung von dem verwahrenden Nachlassgericht vorgenommen wird.

d) Urschrift/Urkundensammlung bei notarieller Erbvertragsverwahrung

205 Nimmt der Notar einen Erbvertrag auf Wunsch der Beteiligten in seine amtliche Verwahrung, so hat er die **Urschrift** in der Urkundensammlung zu verwahren. Er kann jedoch gemäß § 18 IV 1 DONot diese Erbverträge gesondert aufbewahren. In diesem Falle hat er entweder **ein Vermerkblatt** oder **eine beglaubigte Abschrift** zur Urkundensammlung zu nehmen (§ 18 IV 2 DONot).

IV. Bücher, Verzeichnisse und Akten des Notars **M**

Die Aufbewahrung der Urschrift (und der beglaubigten Abschrift bei von der Urkundensammlung gesonderten Verwahrung) des Erbvertrages erfolgt in einem verschlossenen Umschlag, es sei denn, dass die Beteiligten sich mit der offenen Aufbewahrung schriftlich einverstanden erklären. Die Einverständniserklärung hinsichtlich der offenen Aufbewahrung kann separat oder zweckmäßigerweise direkt in der Urkunde mit folgendem Wortlaut erklärt werden: Der Erbvertrag und eine beglaubigte Abschrift davon sollen unverschlossen in der amtlichen Verwahrung des Notars bleiben. 206

Da ohnehin später bei Eintritt des Erbfalls und Ablieferung an das Gericht gemäß § 20 IV DONot bzw. bei Herausgabe an die Urkundsbeteiligten gemäß §§ 20 III, 18 IV 2 DONot eine beglaubigte Abschrift des Erbvertrages gefertigt werden muss bzw. kann, erscheint es zweckmäßig, schon bei Beginn des Abwicklungsverfahrens eine solche beglaubigte Abschrift anstelle eines Vermerkblattes anzufertigen. 207

Ist die Urschrift des Erbvertrages in einem verschlossenen Umschlag zu verwahren, da keine Befreiung von der verschlossenen Verwahrung erfolgte, ist ein Umschlag, der ansonsten für die Übersendung des Erbvertrages verwandt wird, zu verwenden (AVNachl I 1.3 Anlage 1) bzw. ist ein Umschlag mit dem von der Registerbehörde (ZTR) zur Verfügung gestellten Aufdruck für den Testamentsumschlag zu verwenden. 208

e) Mitteilungspflicht

Der Notar übermittelt nach Errichtung einer erbfolgerelevanten Urkunde im Sinne von § 78b II 1 BNotO die Verwahrangaben im Sinne von § 78 II 2 BNotO unverzüglich elektronisch an die das Zentrale Testamentsregister führende Registerbehörde, § 34a I BeurkG. Die Mitteilungspflicht besteht auch bei jeder Beurkundung von Änderungen erbfolgerelevanter Urkunden. Es handelt sich um eine Amtspflicht des Notars, auf deren Erfüllung die Beteiligten nicht verzichten können. Erbfolgerelevante Urkunden brauchen deshalb auch keinen Hinweis auf die zwingend vorgeschriebene Registrierungspflicht zu enthalten. Die Mitteilungspflicht ist zugleich eine gesetzlich angeordnete Ausnahme von der Verschwiegenheitspflicht des Notars gemäß § 18 I 1 BNotO (vgl. BeckOK BGB/*Litzenburger* § 34a BeurkG Rn. 1). 209

Der Notar teilt zwingend die in § 1 S. 1 ZTRV vorgeschriebenen Daten dem Zentralen Testamentsregister auf elektronischem Wege (Ausnahmen sind in § 9 ZTRV geregelt) unverzüglich (ohne schuldhaftes Zögern, § 121 BGB) mit. Die Geburtenregisternummer kann dabei nachgemeldet werden (insbesondere in Eilfällen), jedoch sollte der Notar bereits bei Vereinbarung des Termins für das Vorgespräch auf die Vorlage der Geburtsurkunde bestehen. Im Zweifel darf sich der Notar auf die ihm gemachten Angaben des Erblassers verlassen (§ 2 III ZTRV). Verweigert der Erblasser die Angaben, so sollte der Notar dies dem Zentralen Testamentsregister mitteilen (BeckOK BGB/*Litzenburger* § 34a BeurkG Rn. 3). 210

f) Erbvertragsverzeichnis bei notarieller Erbvertragsverwahrung

Der Notar hat über die Erbverträge, die er gemäß § 34 III BeurkG in die gesonderte Verwahrung nimmt, im Hinblick auf das Erfordernis der Ablieferung der Urschrift bei dem Versterben des Testators ein Verzeichnis zu führen (§ 9 DONot). Vom Wortlaut und Sinn der Vorschrift nicht gedeckt ist die Forderung von *Weingärtner*/Gassen § 9 Rn. 1, wonach auch Urkunden in das Erbvertragsverzeichnis einzutragen sind, wenn sie Erklärungen enthalten, nach deren Inhalt die Erbfolge geändert wird (entsprechend § 20 II DONot), vgl. wie hier Armbrüster/Preuß/Renner/*Eickelberg* § 9 DONot Rn. 5 m.w.N.). In das innerhalb eines **Jahrganges** fortlaufend nummerierte Verzeichnis sind die Namen und Geburtsdaten der Erblasser sowie der Beurkundungstag und die Urkundennummer aufzunehmen. Das Verzeichnis muss nicht mehr als Anlage zur Urkundenrolle aufbewahrt werden. 211

212 Anstelle dieses Verzeichnisses können Durchschriften der den Standesämtern und der Hauptkartei für Testamente zu übersendenden Verwahrungsnachrichten zeitlich geordnet und mit der **laufenden Nummer** versehen in einer **Kartei** verwahrt werden. Die Verpflichtung aus § 20 II DONot, eine Abschrift der Verwahrungsnachricht bei der Urschrift in der Urkundensammlung zu verwahren, bleibt hiervon unberührt.

213 Nach § 9 I 2 DONot sind die Eintragungen in das Verzeichnis ebenso wie bei der Urkundenrolle spätestens vierzehn Tage nach der Beurkundung vorzunehmen. Bei automationsgestützter Führung des Erbvertragsverzeichnisses ist dieses zu diesem Zeitpunkt auszudrucken und der frühere Ausdruck des Erbvertragsverzeichnisses zu vernichten (§ 17 II DONot, vgl. auch Rn. 99).

214 Wenn der Erbvertrag an das **Nachlassgericht** abgeliefert wird, sind entweder in dem Verzeichnis oder in der Erbvertragskartei das Nachlassgericht und der Tag der Abgabe einzutragen. Bei der nach § 2300 II BGB erfolgenden **Herausgabe** des Erbvertrages an die Urkundsbeteiligten selbst ist ein entsprechender Eintrag vorzunehmen, um über den Verbleib des in der Sammlung fehlenden Erbvertrages zu informieren (§ 20 III DONot).

g) Ablieferung nach Eintritt des Erbfalles oder auf Verlangen

215 Nach Kenntniserlangung von dem Tod des Erblassers (Nachricht durch das Geburtsstandesamt via ZTR, Vorlage der Sterbeurkunde) ist die Urschrift an das Nachlassgericht, das Gericht des letzten Wohnsitzes des Erblassers (§ 343 FamFG), hilfsweise das seines letzten Aufenthaltsortes, abzuliefern. Eine beglaubigte Abschrift der Urkunde und der Kostenberechnung wird zur Urkundensammlung genommen (§ 20 IV DONot), es sei denn, diese befände sich schon gemäß § 18 IV DONot bei der Urkundensammlung. Diese beglaubigte Abschrift ist stets offen zu verwahren. Auf die Vermerkpflicht im Erbvertragsverzeichnis wird hingewiesen (Rn. 211). Wenn die Beteiligten erst zu einem späteren Zeitpunkt die besondere amtliche Verwahrung des Erbvertrages unter Aufhebung der Verwahrung bei dem Notar wünschen, sind die Bestimmungen anzuwenden, die bei sofortiger Ablieferung des Erbvertrages maßgeblich gewesen wären (Rn. 198).

216 Die Mitteilungen an den Notar nach § 347 IV 2 FamFG enthalten
1. Geburtsname, Vornamen und Familiennamen, auch frühere, des Erblassers,
2. Geburtstag und Geburtsort des Erblassers,
3. den letzten Wohnort des Erblassers und
4. soweit sie Urkunden betreffen, die zu verwahren sind, das Datum der Inverwahrnahme und die Geschäftsnummer oder die Urkundsnummer der verwahrenden Stelle.

217 Für die Mitteilungen sind in Sachsen die amtlichen Vordrucke zu verwenden, die vom Staatsministerium der Justiz und für Europa im Einvernehmen mit dem Staatsministerium des Innern festgelegt wurden (§ 1 Verordnung des Sächsischen Staatsministeriums der Justiz und für Europa zu Mitteilungen in Nachlasssachen – MiNaVO).

218 Der Notar, bei dem die Sterbefallnachricht eines Standesamts oder des Hauptverzeichnisses für Testamente beim Amtsgericht Schöneberg in Berlin eingeht, hat diese unverzüglich an das Nachlassgericht weiterzuleiten, ohne Rücksicht darauf, ob eine Verfügung von Todes wegen bereits an das Nachlassgericht abgeliefert oder in die besondere amtliche Verwahrung gebracht worden ist. Ist den Angaben des Standesamts oder des Hauptverzeichnisses für Testamente beim Amtsgericht Schöneberg in Berlin nicht zu entnehmen, welches Gericht als Nachlassgericht zuständig ist, so ist die Stelle zu benachrichtigen, bei der die Verfügung von Todes wegen verwahrt wird, vgl. Abschnitt III VwV Nachlasssachen SN.

h) Verwahrung länger als 30 Jahre

219 Befindet sich ein Erbvertrag seit mehr als 30 Jahren (§ 351 FamFG, die bisherigen §§ 2300a, 2263a BGB sind aufgehoben) in notarieller Verwahrung, so ist eine Überprüfung gem. § 20 V DONot vorzunehmen. Für Erbverträge, bei denen eine Ablieferung

IV. Bücher, Verzeichnisse und Akten des Notars   M

auch nach erfolgter Durchsicht noch nicht veranlasst ist, ist das Verfahren spätestens alle fünf Jahre zu wiederholen (§ 20 V DONot, zur Ermittlungspflicht *Kordel* DNotZ 2009, 644). Die erfolgte Durchsicht muss der Notar vermerken (§ 351 FamFG; z. B. „Erbvertragsverzeichnis für 19JJ am TT.MM.JJ durchgesehen, fünf nicht abgelieferte Erbverträge aufgefunden"), richtigerweise im Erbvertragsverzeichnis oder in der Benachrichtigungskartei. Nachteilig und nicht nachvollziehbar ist die Weigerung der Behörden den Notaren den kostenfreien Zugriff auf die Personenstandsregister zur Erfüllung ihrer hoheitlichen Aufgabe zu gewähren. Hier ist Abhilfe im Interesse der funktionierenden Rechtspflege und der Gerechtigkeit dringend nötig.

i) Herausgabe des Erbvertrages an die Urkundsbeteiligten

Gemäß § 2300 II BGB kann wie bei einem beurkundeten Testament die Urschrift des 220 Erbvertrages den Vertragsschließenden ausgehändigt werden (zu den Voraussetzungen und dem Verfahren vgl. Kap. C. Rn. 104 ff. und *Dickhuth-Harrach* RNotZ 2002, 384 mit Formulierungsbeispiel). Gemäß § 20 III DONot ist wie folgt zu verfahren:

Die **Herausgabe** ist gemäß § 2256 I BGB **aktenkundig** zu machen. Erstellt der Notar 221 über den Vorgang einen schlichten Aktenvermerk, wird der Vermerk entweder auf dem nach § 18 IV 2 DONot in der Urkundensammlung verwahrten Vermerkblatt oder der dort befindlichen beglaubigten Abschrift des Erbvertrages angebracht oder bei diesen verwahrt (§ 20 III DONot). Sind Vermerkblatt bzw. beglaubigte Abschrift mangels gesonderter Verwahrung des Erbvertrages noch nicht gebildet, so wird eines von diesen wie bei der Ablieferung des Erbvertrages an das Nachlassgericht gemäß § 18 IV 2 DONot erstellt.

Errichtet der Notar bei der Herausgabe des Erbvertrages eine Urkunde nach dem Beur- 222 kundungsgesetz, erhält diese wie jede andere Urkunde eine Urkundennummer und ist an der entsprechenden Stelle der **Urkundensammlung** zu verwahren (§ 18 I DONot). Bei dem in der Urkundensammlung anstelle des Erbvertrages aufgenommenen Surrogat (Vermerkblatt oder beglaubigte Abschrift §§ 18 IV, 20 I DONot) ist gemäß § 8 VI 1 DONot ein Verweis aufzunehmen. Der Notar kann aber auch gemäß § 18 II DONot diese Urkunde in der Urkundensammlung bei dem anstelle des Erbvertrages aufgenommenen Surrogat aufbewahren. In diesem Falle ist gemäß § 18 II 3 DONot an der entsprechenden Stelle der neu errichteten Urkunde in der Urkundensammlung ein Hinweisblatt oder eine Abschrift, auf der ein Hinweis auf die Haupturkunde anzubringen ist, aufzunehmen. Im Übrigen entfällt die Anfertigung eines Vermerkblattes (§ 20 III 3 DONot).

Die Rücknahme und der Tag der Rücknahme sind gemäß § 20 III 5 DONot in das 223 Erbvertragsverzeichnis einzutragen.

j) ZTR – Mitteilung bei Herausgabe oder späterem Abliefern des Erbvertrages

War bisher eine Standesamtsmitteilung nicht erforderlich, wenn der Erbvertrag auf 224 späteres Verlangen in die besondere amtliche Verwahrung gegeben wurde oder die Herausgabe gemäß § 2300 BGB an die Erbvertragsbeteiligten erfolgte, hat sich dies mit der Einführung des ZTR 2012 geändert: § 34a II BeurkG sieht die **Mitteilungspflicht** des Notars an die Registerbehörde vor. Bei **Ablieferung** eines Erbvertrages nach Eintritt des Erbfalls (§ 34a III 1 BeurkG) nimmt die Notarin oder der Notar eine beglaubigte Abschrift der Urkunde und der Kostenberechnung zu der Urkundensammlung (§ 20 IV DONot).

k) ZTR – Mitteilung bei erbfolgerelevanten Urkunden

Eine Benachrichtigungspflicht des Notars besteht auch dann, wenn eine andere Ur- 225 kunde Erklärungen enthält, nach deren Inhalt die Erbfolge geändert wird, § 34a I BeurkG. Zu den erbfolgerelevanten Urkunden vgl. § 78b II 2 BNotO und oben Rn. 193.

226 Zu beachten ist, dass z.B. nicht jeder Ehevertrag dem Standesamt mitzuteilen ist. Der Ehevertrag über den Ausschluss des Zugewinnausgleichs bei Scheidung hat keine erbrechtliche Auswirkung und ist daher nicht dem ZTR mitzuteilen, ebenso wenig ein Pflichtteilsverzichtsvertrag. Mit Blick auf § 18 I BNotO hat der Notar nur solche Vorgänge mitzuteilen, die unter die Bestimmung des § 78 II 1 BNotO fallen.

l) Ablieferung bei geänderter Erbfolge ohne letztwillige Verfügung

227 Enthält eine sonstige Urkunde erbfolgerelevante Erklärungen, ohne dass diese letztwillige Verfügungen sind, und wird der Notar über den Sterbefall informiert, so wird nicht die Urschrift sondern nur eine **beglaubigte Abschrift** dieser Urkunde gemäß § 34a III 2 BeurkG dem Nachlassgericht übersandt. Die Urschrift verbleibt weiterhin in der Urkundensammlung des Notars. Dies ermöglicht es dem Notar, bei verbundenen Rechtsgeschäften durch Fertigung einer auszugsweisen Abschrift dem Nachlassgericht nur denjenigen Teil der Urkunde zur Kenntnis zu bringen, der abzuliefern ist (BeckOK BGB/ *Litzenburger* § 34a BeurkG Rn. 7). Dies gilt auch bei einer Urkunde, die lediglich eine **Erbvertragsaufhebung** oder einen **Erbverzicht** jedoch keine weitere letztwillige Verfügung von Todeswegen enthält.

10. Protestsammelbände

228 In den Protestsammelbänden werden gemäß § 21 DONot die bei der Aufnahme von Wechsel- und Scheckprotesten zurückbehaltenen beglaubigten Abschriften der Protesturkunden einschließlich der Vermerke, die über den Inhalt des Wechsels oder des Schecks mit den dazugehörenden Kostenberechnungen erstellt werden, in der zeitlichen Reihenfolge innerhalb eines Jahrgangs unter fortlaufender Nummerierung aufbewahrt. Entsprechende Formulare für diese Vermerke und die Protesturkunde, die im Durchschreibeverfahren erstellt werden, sind im Fachhandel erhältlich. Die Sammelbände sind nach Ablauf von fünf Jahren zu vernichten (§ 5 IV DONot).

11. Nebenakten

229 Zu den Verwahrungsgeschäften ist zwingend eine **Blattsammlung** (Nebenakte) für jede einzelne Masse anzulegen (§ 22 II DONot). Zu den Urkundsgeschäften ist eine derartige Blattsammlung nur anzulegen, wenn dies zur Vorbereitung und Abwicklung einer Beurkundung geboten ist (§ 22 II DONot). Im Übrigen sind alle Schriftstücke, die mit den einzelnen Amtsgeschäften des Notars zusammenhängen, aber nicht in die Urkundensammlung gehören, in Blatt- oder Sammelakten aufzubewahren. Neben der papiergebundenen Führung der Nebenakten greift insbesondere durch die Ausweitung des ERV im Register- und Grundbuchwesen die elektronische Aktenführung Platz. Im Zuge des geplanten elektronischen Urkundenarchivs (ELUA) sind dann auch Anpassungen im Bereich der DONot notwendig (vgl. *BNotK* DNotZ 2012, 563).

230 Da bei der Geschäftsprüfung die Berechtigung einer Grundbucheinsicht in das elektronische Grundbuch stichprobenweise geprüft wird (z.B. ergänzende Bestimmungen NRW zur DONot Buchstabe h. 10), empfiehlt es sich, für solche Vorgänge eine **Sammelakte – Grundbucheinsichten** anzulegen, bei denen es **nicht** zur einer Beurkundung gekommen ist und wenn auch nicht auf andere Weise eine Auskunft zum Anlass der Einsicht möglich erscheint. Hinsichtlich der Grundbucheinsicht bei beurkundeten Vorgängen lässt sich über die Eigentümerbezeichnung der zugehörige Vorgang leicht auffinden. Eine Aufnahme in die vorgeschlagene Sammelakte oder die Führung besonderer Register ist daher in diesen Fällen nicht erforderlich. Zur Protokollierung bei bestimmten Einsichten vgl. *Püls* NotBZ 2013, 329.

231 Wegen des Inhalts der **Verwahrungsnebenakte** vgl. § 22 II DONot (vgl. auch die Übersicht oben bei Rn. 171). Die dort genannten Verwahrungsanträge und Anweisungen sind nur in einfacher Abschrift zur Nebenakte zu nehmen. Zu beachten ist jedoch, dass gemäß § 54a VI BeurkG die Bestimmungen der Absätze 3 bis 5, die den Inhalt, die Schrift-

IV. Bücher, Verzeichnisse und Akten des Notars

form und die Annahme einer Verwahrungsanweisung regeln, auch für Treuhandaufträge gelten, die dem Notar im Zusammenhang mit dem Vollzug des der Verwahrung zugrunde liegenden Geschäftes von Personen erteilt werden, die an diesen nicht beteiligt sind. Es sind daher auch die **Treuhandanweisungen** der abzulösenden Gläubiger, z. B. bei der Durchführung eines Kaufvertrages, wie bei Verwahrungsanweisungen mit Datum, Unterschrift und Annahmeerklärung hinsichtlich des Treuhandauftrages zu versehen. Korrespondierend mit dieser Bestimmung sind diese **Treuhandaufträge** in die Nebenakte des Verwahrungsgeschäftes aufzunehmen (§ 22 II DONot). Wichtig ist die strikte Beachtung erteilter Anweisungen und die Möglichkeit eines Vorbescheides; Entscheidungen gegen die Anweisungen bei Verwahrungen kann der Notar grundsätzlich nicht treffen (*BGH* BeckRS 2010, 29183).

Wie die Nebenakten im Einzelnen geführt werden, zum Beispiel in der Form der Hängeregistratur, wie die einzelnen Akten gekennzeichnet werden und ähnliche büroorganisatorische Fragen wird der Anwaltsnotar aufgrund der vor seiner Ernennung zum Notar gemachten beruflichen Erfahrungen als Rechtsanwalt und der hauptberufliche Notar aufgrund der Erfahrungen in seiner Ausbildungszeit als Notarassessor beantworten können. Der Notar hat auch zu entscheiden, ob er die Seiten paginiert und nach welchen Ordnungsverfahren er die Nebenakten inhaltlich führt. Dienstliche Vorschriften bestehen insoweit nicht. Die Aufbewahrungspflicht richtet sich nach § 5 IV DONot. An die Verlängerung der Aufbewahrungsfrist sind keine hohen Anforderungen zu stellen. Die Verlängerung kann der Notar allgemein für eine bestimmte Art von Rechtsgeschäften z. B. für letztwillige Verfügungen, anordnen (vgl. Schippel/Bracker/*Bracker* § 5 DONot Rn. 7). 232

12. Generalakten

In den Generalakten (§ 23 DONot) sind die Mitteilungen der Aufsichtsbehörden, Prüfungsberichte und andere, die Amtstätigkeiten im Allgemeinen betreffende Vorgänge zu verwahren, insbesondere die Bestellung von Vertretern und die Niederschriften über die Verpflichtung der bei dem Notar beschäftigten Personen. Auch die Unterlagen über die Berufshaftpflichtversicherung einschließlich des Versicherungsscheins und der Belege über die Prämienzahlung sind in die Generalakte aufzunehmen. Auf die ausführliche Auflistung in § 23 DONot wird verwiesen. 233

Gemäß § 23 DONot zählt hierzu des Weiteren die nach § 17 I DONot von dem Notar einzuholende Bescheinigung des Erstellers einer notarspezifischen Fachanwendung, wonach die jeweils eingesetzte notarspezifische Fachanwendung keine Verfahren zur nachträglichen Veränderung der mit dem Ausdruck abgeschlossenen Eintragung enthalten, und die Fachanwendung derartiger Veränderungen nicht ermöglichen (Rn. 32). 234

In die Generalakten sind nunmehr gemäß § 23 I 2 DONot die mit der Zertifizierung der Signaturkarte verbundenen Unterlagen aufzunehmen. Verwahrt der Notar auch die Briefe, welche die PIN zur Verschlüsselung und zur Authentisierung der Signaturkarte enthalten, werden diese von der Aufnahmeverpflichtung nicht erfasst, da der Zugangscode gegen jedermann geheim zu halten ist (s. Rn. 59 ff.). 235

Gemäß § 23 II DONot sind die Blätter in zeitlicher Reihenfolge fortlaufend zu **nummerieren** und ein **Inhaltsverzeichnis** zu erstellen oder alternativ nach **Sachgebieten** zu ordnen. 236

		237
§ 23 II Alt. 1 DONot	Nach Sachgebieten gegliedert; enthält im Wesentlichen die die Amtsführung im Allgemeinen	
§§ 14 IV, 26 BNotO i. V. m. § 1 VerpflgG	Verpflichtungserklärungen	
§ 17 I 2 DONot	Notariatssoftware: Herstellerbescheinigung etc.	
§ 29 II DONot	Kopierer/Drucker: Bescheinigung der PTS Heidenau	
	Unterlagen zum Datenschutz, z. B. Verfahrensverzeichnisse	

13. Jahresübersichten

238 Gemäß §§ 5 II, 24, 25 DONot hat der Notar nach Abschluss eines jeden Kalenderjahres je eine Übersicht über die Urkundsgeschäfte und über die Verwahrungsgeschäfte an den Landgerichtspräsidenten einzureichen. Die Frist ist einheitlich auf den 15. 2. eines Jahres gelegt. Die entsprechenden Formulare werden dem Notar durch den Landgerichtspräsidenten zur Verfügung gestellt.

a) Urkundsgeschäfte

239 In § 24 II DONot werden einige Erläuterungen zur Aufstellung des Formulars gegeben. Die in die Urkundenrolle einzutragenden Verfahren nach dem **Sachenrechtsbereinigungsgesetz** wurden unter die Gruppierung I 1c, in der bisher nur die förmlichen Vermittlungen von Auseinandersetzungen enthalten waren, aufgenommen. Die **Vollstreckbarkeitserklärungen** (Anwaltsvergleich, schiedsrichterlicher Vergleich) fallen in die Gruppierung I 1d „sonstige Beurkundungen". Die Übersicht enthält nicht mehr die Angabe über die Anzahl der Eintragungen im Verwahrungsbuch.

b) Verwahrungsgeschäfte

240 In der Übersicht über die Verwahrungsgeschäfte sind die einzelnen Massen mit dem Bestand anzugeben, der sich aus dem Jahresabschluss der Masse ergibt (vgl. Rn. 166 ff.). Bei dem Bestand der Masse ist auch das Datum des der letzten Buchung im Verwahrungs- und Massenbuch zugrunde liegenden Kontoauszuges anzugeben – in Sachsen bei Wertstellungsbuchung das Datum des Kontoauszuges, der den Jahresabschluss enthält – (§ 25 II 2 DONot). Insoweit kommt es anders als bei der Buchung im Verwahrungsbuch nicht auf das Eingangsdatum des Kontoauszuges an.

14. Stichpunkte zur allgemeinen Geschäftsbehandlung

241 Die im Rahmen der Urkundsgeschäfte zu beachtenden Vorgaben sind in Kap. G. behandelt. Besondere Stellung nehmen wegen des formalen und daher von der Aufsicht vorrangig prüfbaren Inhalts darüber hinaus die vom Notar zu beachtenden berufsrechtlichen und verfahrensrechtlichen Anzeige-, Hinweis- und Mitteilungspflichten ein (Übersicht zu letzteren vgl. Kap. L I. Rn. 85 ff.; Schippel/Bracker/*Püls* Anh. zu § 24 Rn. 100 ff.). Steuerrechtlichen Hinweise und die Beachtung der Mitteilungspflichten sollte wegen der Gefahr einer möglicher Steuerverkürzung bzw. der Haftung vom Notar und seinen Mitarbeitern besondere Beachtung geschenkt werden (so zu den Pflichten nach § 34 ErbStG auch bei bloßen Unterschriftsbeglaubigungen *Klöckner* ZEV 2011, 299). Weitere Stichpunkte sind:

242

Allgemein	
§ 13 II BeurkG	Sammelbeurkundungen
	Beurkundungen außerhalb des Amtsbereichs (§ 10a BNotO)
§ 21 BeurkG	Grundbucheinsicht, Teilnahme am automatisierten Abrufverfahren
§ 20a BeurkG	Hinweis auf Registrierung bei dem zentralen Vorsorgeregister
§§ 3, 9 GwG	Beachtung der Bestimmungen des Geldwäschegesetzes
§ 20 V DONot	Durchsicht des Erbvertragsverzeichnisses nach 30-Jahresfrist
	Erfüllung von Anzeige-, Hinweis- und Mitteilungspflichten

Urkundeninhalt	
§ 17 II a BeurkG	Urkunden enthalten regelmäßig die Vermerke über die Vorversendung von Urkundsentwürfen, insbesondere bei Verbraucherverträgen
	Planmäßige und missbräuchliche Beteiligung von Angestellten als Bevollmächtigte (Weingärtner/Gassen § 32 Rn. 90)
Urkundenvollzug	
§ 2 ZTRV	ERV/Mitteilungspflichten ZTR/etc.
§ 34 I 4 BeurkG	Zeitnahe Ablieferung letztwilliger Verfügungen („unverzüglich")

V. Steuern und Buchhaltung

Da der Anwaltsnotar aufgrund seiner Tätigkeit als Rechtsanwalt beziehungsweise der hauptberufliche Notar aus seiner Tätigkeit als Notarassessor sich über mehrere Jahre hin mit den Fragen des Einkommensteuerrechtes und der Buchhaltung vertraut machen konnte, wird auf *Brüchting/Heussen*, Beck'sches Rechtsanwalts-Handbuch, § 64 Steuern und Buchhaltung verwiesen. Zur Änderung der Umsatzbesteuerung mit Wirkung zum 1.1.2010 und den Auswirkungen bei Notartätigkeiten mit grenzüberschreitendem Bezug vgl. BNotK-Rundschreiben Nr. 07/2010, notar 2010, 75 und *Masuch* notar 2010, 263 ff. (mit Anleitung zur Qualifizierten Bestätigungsabfrage von Kundendaten beim Bundeszentralamt für Steuern, http://evatr.bff-online.de/eVatR/); DNotI-Report 19/2010 und *Brodersen/Loeffelholz* BB 2010, 800). 243

Es gibt auch bei der **Notariatssoftware** integrierte Module für Finanzbuchhaltung und Steuer. Jedenfalls sollte aber eine Schnittstelle zu Standard-Finanz Software vorhanden sein, z. B. DATEV XML-Schnittstelle (http://www.datev.de). Beim Einsatz von diesbezüglicher Standard-Software besteht der Nachteil, dass mit mehreren Programmen im Notariat gearbeitet werden muss und dass z. B. durchlaufende Posten und das Rechnungswesen in Teilbereichen redundant geführt werden müssen (*Büttner* BWNotZ 2001, 97). 244

Mit Rückwirkung zum 1.7.2011 wurden die Anforderungen an die **elektronische Rechnungsstellung** in Deutschland erheblich vereinfacht. Gemäß § 14 I 7 UStG sind Rechnungen auf Papier oder vorbehaltlich der Zustimmung des Empfängers elektronisch zu übermitteln. Damit ist der Weg frei auch für Rechnungen, die per E-Mail, als PDF-Anhang einer E-Mail übermittelt werden. Zu den zu beachtenden Anforderungen vgl. *Masuch* DB 2012, 1540. 245

VI. Die Übernahme einer Notarstelle (Verwaltung; Amtsvorgänger)

1. Übernahme einer Notarstelle

a) Administrative Aspekte des freien Berufes im Allgemeinen

Hier soll nur auf einige, grundlegende organisatorische Hinweise eingegangen werden, die Berufseinsteiger, aber auch amtssitzwechselnde Notare beachten sollten (vgl. auch *Bäumler* notar 2012, 3). Eine umfangreiche **Checkliste** ist am Ende dieses Kapitels unter Rn. 264 beigefügt, nachstehend wird auf einige der dort genannten Stichpunkte vertieft eingegangen. 246

Wichtig ist die Zuteilung einer **Betriebsnummer**. Notare benötigen zur Meldung der bei ihnen beschäftigten Arbeitnehmer an die Sozialversicherung eine Betriebsnummer. Die Betriebsnummer ist ein Ordnungsmerkmal im Bereich der sozialen Sicherung, die bei der Bundesanstalt für Arbeit gespeichert wird und bei allen weiteren Vorgängen mit dem 247

Arbeitsamt (Meldeverfahren, Auszubildende etc.) bedeutsam ist. Die Betriebsnummer ist auch Voraussetzung für die Anmeldung von Mitarbeitern bei gesetzlichen Krankenkassen oder Ersatzkassen. Eine Betriebsnummer kann telefonisch, schriftlich, per Fax oder Mail zentral beantragt werden. Das Antragsformular befindet sich im Internet unter www.arbeitsagentur.de > Unternehmen > Sozialversicherung.

248 Das zuständige **Betriebsstättenfinanzamt** sendet auf telefonische Nachfrage einen Fragebogen für die Aufnahme einer freiberuflichen Tätigkeit zu (weitere Informationen zur steuerlichen Erfassung unter http://amt24.sachsen.de > Anzeigen über die Erwerbstätigkeit nach § 138 I AO > Aufnahme einer freiberuflichen Tätigkeit, Meldung beim Finanzamt. Die Beantragung der Umsatzsteuer-Identifikationsnummer (USt-IdNr.) besteht in Deutschland aus dem Kürzel DE und neun Ziffern (Beispiel: DE 123456789) und wird auf schriftlichen Antrag vom Bundeszentralamt für Steuern erteilt. Möchte man die Umsatzsteuer-Identifikationsnummern ausländischer Unternehmer bestätigen lassen, kann man diese Anfrage beim Bundeszentralamt für Steuern auch online stellen (http://evatr.bff-online.de/eVatR/; dazu *Masuch* notar 2010, 263). Weiter erhält der Notar Informationen für die Anmeldung der Lohnsteuer und Umsatzsteuervoranmeldung. Wer die Gehaltsbuchhaltung über die ZGB der Ländernotarkasse führt, erfährt durch die dortigen Mitarbeiter sehr gute Unterstützung. Für die Umsatzsteuer sollte die Dauerfristverlängerung (unter Zahlung eines pauschalen Einmalbetrages vorab) beantragt werden. Zu steuerlichen Fragen bei der Übernahme von Amtsstellen vgl. *Mayer* MittBayNot 2000, 504.

249 Mit der Betriebsnummer ist die Anmeldung der Mitarbeiter bei der **Krankenkasse** möglich. Der Arbeitnehmer muss sein Versicherungsnachweisheft vorlegen. Die Auswahl der Krankenkasse für die Mitarbeiter kann dem Arbeitgeber wegen der ihn treffenden Arbeitgeberanteile z.T. nicht unerhebliche Kosten sparen bzw. verursachen. Ggf. lohnt sich – bei Würdigung der Leistungen – ein Vergleich auch aus Sicht des Arbeitgebers.

250 Die gesetzliche Unfallversicherung der Arbeitnehmer erfolgt durch Anmeldung bei der zuständigen **Verwaltungsberufsgenossenschaft**. Die Anmeldung muss spätestens eine Woche nach Amtsantritt erfolgen (http://www.vbg.de > Mitglied werden > Unternehmen online anmelden). Die Satzung sowie weitere Informationen können bei der zuständigen Bezirksverwaltung angefordert werden. Wichtig: Der Notar hat einen Arbeits- oder Wegeunfall der Berufsgenossenschaft zu melden, wenn ein Mitarbeiter so verletzt wird, dass er für mehr als drei Tage arbeitsunfähig ist. Für die Unfallanzeige gibt es Vordrucke, ebenso für die Unterweisung der Mitarbeiter (http://www.vbg.de/DE/Header/4_Medien-Center/medien-center_node.html).

251 **Finanzierungsfragen** werden mit der Hausbank (Geschäftskontoeröffnung) geklärt, wobei die günstigen Kredite der KfW für Existenzgründungen (bis 100.000 EUR) nicht ungeprüft bleiben sollten (http://www.kfw.de > Suche).

b) Administrative Aspekte des Notars im speziellen

252 Berufsrechtliche Fragen des Zugangs zum Notaramt werden nicht behandelt (dazu *Egerland/Püls* in: Kilian/Sandkühler/vom Stein (Hrsg.), Praxishandbuch Notarrecht, § 6), gleichwohl sei hier der Hinweis auf den Nachweis der **Berufshaftpflichtversicherung** als Bestellungsvoraussetzung hingewiesen, § 6a BNotO.

253 Mit dem Ausscheiden aus dem Amt sind regelmäßig nicht alle **Kostenforderungen des Amtsvorgängers** gestellt oder gar beglichen oder beigetrieben. Vielmehr hat der Amtsvorgänger oft Leistungen abgerechnet, die erst in der Verwaltung fällig werden (z.B. Umschreibungssperre, Fälligkeitsüberwachung, Porto, Auslagen und dergleichen). In diesen Fällen müssen die vom Amtsvorgänger vereinnahmten Gebühren und Auslagen dem Notariatsverwalter für die Abrechnungspositionen erstattet werden, die erst in der Notariatsverwaltung fällig geworden sind. Es ist daher eine Aufstellung über diese Positionen anzulegen und fortzuführen. Mit diesen Forderungen könnte auch z.B. gegen Ansprüche

VI. Die Übernahme einer Notarstelle (Verwaltung; Amtsvorgänger)

des Amtsvorgängers aus einer Nutzungsvereinbarung aufgerechnet werden. Umgekehrt müssen dem Amtsvorgänger selbstverständlich Gebühren erstattet werden z. B. noch nicht erhobene Beurkundungsgebühren aus der Amtszeit des Amtsvorgängers.

Der „Nachfolger" eines ausgeschiedenen oder versetzten Notars darf dessen **Namens-** 254 **schilder** noch für eine begrenzte Zeit belassen, um für die Rechtsuchenden Unzuträglichkeiten, die mit dem Wechsel verbunden sein könnten, zu vermeiden (vgl. auch RLE/BNotK Abschn. XI. Nr. 1). Das Gleiche gilt, wenn die Geschäftsstelle des Notars verlegt wird. Die Notarkammer kann Ausnahmen bewilligen. Das bloße Durchstreichen der Aufschrift der Schilder genügt nicht. Das „Amtsschild" (§ 3 I 1 DONot) ist dagegen sofort zu entfernen, wenn die Geschäftsstelle verlegt worden ist. (Schippel/Bracker/*Püls* § 10 Rn. 15).

Zum Auftreten in der **Öffentlichkeit** aus Anlass der Übernahme einer Notarstelle vgl. 255 *Vollhardt* MittBayNot 2002, 482.

c) Büroorganisatorische Aspekte

Die Änderung des Briefkopfes erfolgt unverzüglich nach Amtsübernahme, die Be- 256 schaffung der Signatureinheit und Beantragung des Zugangs zu Registern (www.handelsregister.de > Antrag), zum elektronischen Grundbuch und zum ZVR/ZTR (http://www.vorsorgeregister.de/_downloads/Administration/A.pdf) zeitnah zur Übernahme. Zu beachten ist, dass im Falle eines Notariatsverwalters die Übernahme der Akten des Amtsvorgängers und damit erfolgte Übernahme von Eintragungen im Zentralen Vorsorgeregister der Bundesnotarkammer mitgeteilt und die Übernahme der Einträge des Amtsvorgängers auf den eigenen Zugang zu beantragen ist.

2. Besonderheiten bei der Übernahme einer Notariatsverwaltung

Auch der Notariatsverwalter hat (sofern nicht ein Notar ausnahmsweise sein eigenes 257 Amt noch für eine Übergangszeit auf eigene Rechnung verwaltet) eine eigene **Umsatzsteuernummer** zu beantragen (zum Verfahren s. o. Rn. 248) Im Bereich der Ländernotarkasse/Notarkasse wird dem Finanzamt regelmäßig ein Schreiben der Ländernotarkasse beigefügt werden, wenn die Verwaltung auf Kosten diese Einrichtungen des Berufsstandes erfolgt. Am Jahresende ist eine Umsatzsteuer- und Gewinnfeststellungserklärung abzugeben; eine jüngst aufgekommene Entwicklung, die im Bereich der Notarkassen (und bei Verwaltungen auf deren Kosten) im Rahmen einer Deregulierung möglichst schnell wieder abgeschafft werden sollte, ruft sie doch einen erheblichen Verwaltungsaufwand für Notarkammern, Notarkassen und auch Notarassessoren auf, ohne in der Sache zu einer Besteuerung zu führen. Bis dahin sollte die Ländernotarkasse/Notarkasse für die Abgabe der Umsatzsteuermeldung bevollmächtigt sowie als Zustellungsbevollmächtigte angegeben werden.

Zur Betriebsnummer und Anmeldung bei der **Verwaltungsberufsgenossenschaft** gilt 258 das oben ausgeführte.

Die Bestimmungen der Dienstordnung gelten auch für Notariatsverwalter und Notar- 259 vertreter (§ 33 I DONot).

Die **Bestallungsurkunde** mit ggf. erneuter Leistung des Amtseides ist konstitutive Vor- 260 aussetzung für das Amt und damit den Amtsbeginn des Verwalters. Die Führung des Siegels richtet sich nach § 33 II DONot, die qualifizierte elektronische Signatur ist diejenige des Verwalters, der jedoch seine Verwaltereigenschaft – wie auch der Vertreter durch eine mit qualifizierter elektronischer Signatur der zuständigen Aufsichtsbehörde versehene Abschrift oder eine elektronische beglaubigte Abschrift der Verwalterbestellungsurkunde geführt wird (§ 33 IV DONot).

Zu den **Jahresübersichten** enthält § 24 III DONot eine Spezialregelung für Notariats- 261 verwalter, die auch im Falle der direkten Aktenverwahrung für den Amtsnachfolger gilt.

Der Verwalter und Amtsnachfolger übernehmen die Verwahrung der **Urkundensammlung** als öffentliche Sache. Die Anordnung der Übernahme als Regelfall durch eine Allgemeinverfügung (konkret § 44 I NWAVNot (2004)) ist zulässig, (*BGH* NJW-RR 2011, 414).

262 Der Verwalter kann eine eigene **Signaturkarte** mit dem Berufsträgerattribut „Notariatsverwalter" beantragen (https://zertifizierungsstelle.bnotk.de/). Wenn ein Notariatsverwalter das verwaltete Amt als Notar übernimmt, wird die Sperrung dieses Attributs notwendig. Die Sperrung wird auch dann erforderlich, wenn durch Amtsniederlegung das Attribut „Notar" entfällt, der Notar a. D. die Amtsgeschäfte aber als „Notariatsverwalter" fortführt.

3. Besonderheiten bei der Vertretung eines Notars

263 Zu den insoweit zu beachtenden Besonderheiten vgl. ausführlich *Peterßen* RNotZ 2008, 181. Das *OLG Hamm* hat klargestellt, dass der Vertreter bei der Einreichung von Papierurkunden zum Register bzw. zum Grundbuchamt seine Bestallungsurkunde nicht vorlegen muss (BB 2011, 20). *Klingler* weist in seiner Anmerkung zu der Entscheidung richtigerweise auf den Unterschied zum Erfordernis des Nachweises der Vertreterbestellung hin, wenn der Notarvertreter selbst Beglaubigungen oder sonstige Zeugnisse elektronisch errichtet (§ 39a BeurkG).

4. Checkliste Amtsübernahme

264

Checkliste Übernahme der Notarstelle (Amtsvorgänger; Notariatsverwalter)	
1.	**Organisatorisches**
1.1	Bezug zum Amtsvorgänger
1.1.1	Unterzeichnung offener Vorgänge durch Amtsvorgänger; Siegelung
1.1.2	Abrechnung/Abgrenzung offener Gebührenforderung
1.1.3	Abschluss der Register; Unterzeichnung des Übernahmevermerks in der Urkundenrolle, § 34 DONot
1.1.4	Kontovollmachten/Abgrenzungen
1.2	ggf. Besonderheiten bei Sozietätsstelle
1.3	Siegel
1.3.1	Verwaltersiegel (in angemessener Zahl; auf unterscheidbare Siegel achten) aus Gummi (vgl. Dienstsiegel-VwV des Justizministeriums – soweit vorhanden; Bestellung veranlassen); Umschrift: „Notariatsverwalter in [ORT]"; ohne Namen
1.3.2	Siegelpresseneinsatz (Prägesiegel): Umschrift wie oben
1.3.3	Siegelprobe an LG Präsidenten, §§ 1, 2 DONot; ggf. Ablieferung alter Siegel, §§ 51 II, 57 BNotO
1.3.4	Stempel (in angemessener Zahl) [Name] Notariatsverwalter der Notarstelle [Name Amtsvorgänger] als amtl. best. Vertreter des Notariatsverwalters
1.4	Signaturkarte Signaturkarte(n) mit Notarattribut unter http://www.elrv.info/de/signaturkarte/signaturkarte-bestellen.php bestellen
1.5	Pflichtbezugsblätter
1.6	Vorstellung beim Präsidenten des LG

▶

VI. Die Übernahme einer Notarstelle (Verwaltung; Amtsvorgänger) M

▼ Fortsetzung: **Checkliste Übernahme der Notarstelle (Amtsvorgänger; Notariatsverwalter)**

2. Büroräume/Mietausstattung

2.1 Zählerstände etc. (Hausverwaltung/Übergabeprotokoll)
- Wasser
- Strom: Ummelden
- Heizkosten
- ggf. wegen vorhandenen Mängeln in besonderen Fällen Sachverständigen hinzuziehen

2.2 Vermieter wegen Mietvertrag
- Ergänzung Mietvertrag ggf. wg. Zusatzräumen/keine Schönheitsreparaturen etc.
- bei Verwalter ggf. zweckbefristet, vgl. Ländernotarkasse

2.3 Schlüssel
- Abgleich hinsichtlich Zahl mit Eigentümer/Hausverwaltung
- Mitarbeiter (Schlüsselbuch)
- Externe Hausverwaltung
- Reinigungsfirma
- Sicherheitsdienst

3. Betriebsnummer

4. Finanzamt

4.1 Steuernummer neu
4.2 Umsatzsteuer-Identifikationsnummer (USt-IdNr.)
4.3 Umsatzsteuer Voranmeldung
4.4 Antrag „Dauerfristverlängerung" empfehlenswert; sonst ggf. Einzelfallverlängerung

5. Banken und Sparkassen

5.1 Hausbank
5.1.1 Finanzierung/Existenzgründung erforderlich?
5.1.2 Geschäftskonto/Verwalterkonto (Inhaber: [NAME], Notariatsverwalter)
5.2 Anderkonten führende Banken des Amtsvorgängers
- Liste
- Benachrichtigungsschreiben (Abschrift Verwalterbestellung; Personalausweis)
- persönliches Gespräch

6. Mitarbeiter

6.1 Einsicht in Personalakte
6.2 Arbeitsverträge (Urlaubsrückstände des bisherigen Amtsinhabers?)
6.3 Verpflichtungserklärung
6.4 Auszubildende
6.5 Vorlage der Sozialversicherungsausweise (Kopie zur Personalakte)
6.6 Lohnbuchhaltung über Mitarbeiter informieren (ZGB der Ländernotarkasse)
6.7 VBG Verwaltungsberufsgenossenschaft
6.8 Urlaubsplan anlegen, Prüfungstermine Auszubildende etc.

7. EDV

7.1 Bestand an Verträgen prüfen
7.1.1 Mietverträge für Hardware
7.1.2 Mietverträge für Software/Lizenzen für Notariatssoftware
- EDV-Firma mit Statusbericht zu Hard- und Software beauftragen

▶

▼ Fortsetzung: **Checkliste Übernahme der Notarstelle (Amtsvorgänger; Notariatsverwalter)**

7.1.3 Wartungsverträge
- Zuständiger Supporthändler
- Vor Ort Service, Netzwerktechnik und Hardware

7.2 Software

7.3 Hardware

7.4 Sicherung
- Passwörter, Passwortmanagement des Amtsvorgängers
- Wechsel
- Datensicherung
- (Verschlüsselte) Sicherung in Banksafe

7.5 Sicherung der Verschwiegenheit der EDV-Betreuer

8. Büroorganisation

8.1 Aktenordnung (Vorhandene Systematik)

8.2 Generalakte

8.3 Kostenwesen: Rückstandsverzeichnis
- Mahnwesen
- Vollstreckung
- Abrechnung von Entwürfen
- ggf. Kostenpauschale

8.4 Aktenbehandlung/Vollzug: Sonder- und Problemfälle erkennen und begleiten
- Ideal: Besprechung mit Amtsvorgänger, ggf. Sachbearbeiter
- Haftungsverfahren
- Beschwerdesachverhalte

9. Inventar

9.1 Möbel/Ausstattungsgegenstände des Amtsvorgängers: Übernahme?
- Liste mit Werten des genutzten Inventars und Neuwert/Zeitwert
- Liste der Einrichtung, die sofort mitnehmen will/zum Kauf anbietet
- Nutzungspauschale für Rest
- Übergabeprotokoll

9.2 Ausstattung/Büromöbelkauf: Wichtige Informationen für den Berater
- Lage der Räumlichkeiten (Adresse, Stockwerk); Grundriss
- Anzahl der Arbeitsplätze
- technische Ausstattung (PC, Drucker, Kopierer)
- benötigte Bestuhlung
- Zugang zu den Räumen (Aufzug, Treppen)
- Angabe zur Raumhöhe
- Position der Elektro-, EDV- und Telefonanschlüsse
- Angaben zur Tätigkeit des Anwenders (Auszubildender, Sachbearbeiter; Hilfskraft)
- Beschaffenheit des Fußbodens (Teppich, Holz)
- Position der Leuchtkörper (Deckenlampen)

9.3 Qualitätsmerkmale für Möbel/Ausstattung festlegen

9.4 Terminvorgaben: Für die Umsetzung dem jeweiligen Berater feste Termine vorgeben:
- Für die Präsentation des Einrichtungsvorschlages geben Sie zehn Arbeitstage vor. Besprechen Sie hierbei die Änderungswünsche für das bevorstehende Angebot.
- Für die Vorlage des Preisangebots planen Sie fünf Arbeitstage nach der Planungspräsentation ein

VI. Die Übernahme einer Notarstelle (Verwaltung; Amtsvorgänger) **M**

▼ Fortsetzung: **Checkliste Übernahme der Notarstelle (Amtsvorgänger; Notariatsverwalter)**

- Holen Sie sich auf der Basis des Kostenvoranschlags die Angebote der Mitbewerber ein.
- Für die Vergabeverhandlung für den Auftrag geben Sie sich maximal 15 Arbeitstage Zeit, um die Angebote der Mitbewerber bis zu diesem Termin prüfen zu können.
- Auch für die Auftragserteilung direkt nach der Entscheidungsphase der Vergabe sollten Sie einen Termin festlegen.

10. **Laufende Verträge (Mobiles Inventar, Wartung)**
10.1 Allgemeines
- Kopien der bisherigen Verträge
- Umfang der tatsächlichen Beanspruchung
- Reguläres Vertragsende mit Amtsvorgänger
- Vorzeitige Kündigungsmöglichkeit für Notar im Falle der Entbehrlichkeit/Beendigung des Notaramtes/der Notariatsverwaltung
- Fortführung mit Notar und Gebrauchsüberlassung an Verwalter: Konditionen oder
- Begründung eines neuen, zweckbefristeten Vertragsverhältnisses

10.2 Sachversicherungen (ursprünglichen Bestand ermitteln)
- Bürohaftpflicht
- Bürogegenstände (gebündelte Sachversicherung)
- Elektronikversicherung

10.3 Energieversorger (Elektrizität, Heizung)
10.4 Telefonanlage und -anbieter IKT – Leistungen
- Nummernübernahme; Rechungsumstellung
- Zahl der Anschlüsse, etc.

10.5 Online Anbieter: Notarnet!
10.6 Sonstige Wartungsverträge/sonstige Dauerschuldverhältnisse (Liste)
10.6.1 Frankiermaschine oder ähnliche Frankiersysteme
- Guthabensstand per Amtsübernahme feststellen
- Stempel ändern
- Posteinzug: neue Bankverbindung mitteilen

10.6.2 Gebäudeüberwachung, Wachdienst
- Vertrag
- Verschwiegenheitsverpflichtung durch Vertrag
- Alarmanlage: Funktionseinweisung/Aufschaltung bei Mitarbeiter oder Verwalter

10.6.3 EDV: siehe dort
10.6.4 Büromaschinen
- Kopierer
- Vertragsangebot/Vergleichsangebot
- Papierpreise

10.6.5 Reinigungsfirma
- Verpflichtung, wenn eine Kraft regelmäßig
- Reinigungsplan/-umfang

10.6.6 Hausmeisterservice

11. **Zulassung zu automatisierten Abrufverfahren**
11.1 Abmeldung des vormaligen Notars anzeigen
11.2 Einzugsermächtigung neu erteilen
11.3 Passwörter ändern und neue Berechtigte registrieren

▶

▼ Fortsetzung: **Checkliste Übernahme der Notarstelle (Amtsvorgänger; Notariatsverwalter)**

12. Notarportal und Notarverzeichnis
- Eintragungen anlegen, verwalten und überprüfen!
- Zugang zur Kommunikationsplattform der BNotK über das Notarportal https://intern.bnotk.de/: Ermittlung der Govello-ID und Eintrag im Notarportal; Anlage der Benutzer und Zugangsrechte zum Notarnetz.
- Zugang zum Notarverzeichnis: http://www.deutsche-notarauskunft.de/ > Intern mit weiterer Verlinkung zu https://www.notar-intern.de/nv/login.aspx und Bedienungsanleitung unter https://www.notar-intern.de/nv/Dokumente/Anwendungshinweise_NV.pdf; hier können Sie ihre Stammdaten einsehen und, soweit zulässig, selbst aktualisieren. Alle übrigen Veränderungen erfolgen durch die zuständige Notarkammer. Derzeit auch noch Bezug der Pflichtbezugsblätter und Informationen zum Notarnetz und zur Registerbox.
- Zugang zu den Suchverzeichnissen über die Portalseite http://notar.de/ mit den Möglichkeiten der Notar-, Urkunden/Verwahrstellen-, Gerichts-, Grundbuchamts- und Standesamtssuche; Insbesondere die Grundbuchamtssuche ist praktisch, da dort auch erkennbar ist, ob Anträge nur noch elektronisch eingereicht werden können.
- Davon zu unterscheiden ist der Testzugriff auf das Notarnetz http://portal.notarnet.de/index.htm: hier kann nur getestet werden, ob der jeweilige Rechner Zugriff auf das Notarnetz hat (vgl. Bedienungsanleitung Registerbox). Außerdem stehen hier aber weitere Dienste zur Verfügung: DNotZ aktuell, DNotI-Online Plus, etc.

13. Mandantenkommunikation, Außendarstellung

13.1 Briefköpfe anpassen
- Formulare
- Bausteine etc. für Grußformeln
- Kostenrechnung über Notariatssoftware anpassen

13.2 Telefonnummern (Übernahme/ Neubeantragung)

13.3 Inserat in der Zeitung; Homepage (ggf. über Notarnetz: http://www.elrv.info/de/notarnetz/Webpraesenzen_und_Baukasten.php)

13.4 Eintragung in die örtlichen Telefonbücher und Gelben Seiten sind ebenso wie in allgemeinzugängliche elektronische Verzeichnisse

13.5 Schreiben an Beteiligte der laufenden Akten

Sachverzeichnis

Die fetten Buchstaben und römischen Ziffern beziehen sich auf die Kapitel,
die mageren Zahlen auf die Randnummern.

Abfindungsversicherung D II. 30
Abgeschlossenheit
- Voraussetzungen A III. 33
Abgeschlossenheitsbescheinigung
A III. 32 ff.
- und Bauordnungsrecht A III. 205 ff.
- bei Unterteilungen A III. 87 ff.
Abgrenzung
- Anwaltstätigkeit und notarielle Tätigkeit L II. 20 ff.
Ablehnungsrecht G 46
Ablieferung
- beglaubigte Abschrift bei erbfolgerelevanten Urkunden M 227
- Erbvertrag bei Tod M 215
Ablösung
- von Rechten E 433 ff.
Ablösungsvereinbarung A XI. 35 ff.
- Ablösungsbestimmungen A XI. 38
- gemeindeeigene Grundstücke A XI. 40 f.
- Rechtsgrundlagen A XI. 35
- Umfang A XI. 36
- Wirkung A XI. 39
Abnahme
- beim Bauträgervertrag A II. 95 f., 125 f.
- von Eiden H 8 ff.
- von Gemeinschaftseigentum
A III. 163 ff.
Abschichtung C 463 f.
Abschlussprüfer
- Bestellung D III. 40, 56
Abschrift
- beglaubigte G 294 ff.
- elektronisch beglaubigte M 19, 50, 65
Abspaltungsverbot D II. 13, 20 ff.
Abstammung
- Auslandsberührung H 244
- Klärung außerhalb des Anfechtungsverfahrens B V. 20a
Abstandsflächenübernahme
- und Grundstückskaufvertrag A I. 23
Abstandszahlung
- Beurkundungsbedürftigkeit A I. 513
Abstandszahlungen
- Einkommensteuer A V. 80 ff.

Abtretung
- Eigentumsverschaffungsanspruch
- Ausschluss A I. 441 f.
Abweichung
- von Vertragsentwürfen E 75
Abwicklung
- stufenweise E 438 ff.
Adoption
- Anerkennungs- und Wirkungsfeststellung H 200
- Auslandsberührung H 196 ff.
- Deutsch-Persisches Niederlassungsabkommen H 196
- und Erbstatut H 245
- Gleichstellungserklärung H 201
- Umwandlungsausspruch H 200
Adoptionsstatut H 197 ff.
Affidavit G 281; H 10
AGB-Kontrolle
- Unternehmenskauf D V. 78a ff.
Agio
- GmbH D I. 70
Akten
- des Notars M 82 ff.
Aktie D III. 30
Aktiengesellschaft
- Ablaufplan Gründung D III. 45 ff.
- Arbeitnehmerbeteiligung im Aufsichtsrat D III. 36, 142
- Beherrschungsvertrag bei Grenzüberschreitung H 289
- Einmann-Gründung D III. 50, 68, 81, 311
- Erscheinungsformen D III. 28
- Kostenrecht D III. 39 ff.
- Satzung D III. 91 ff.
- Schwerpunkte notarieller Tätigkeit
D III. 37 f.
- wirtschaftliche Neugründung
D III. 48
- Kostentragung D III. 48
- als Zusatz D III. 93
Alleinerbe C 113 f.
Alleingesellschafter D III. 58
Allgemeine Amtspflichten G 49 ff.

2015

Sachverzeichnis
Fette Buchstaben und römische Ziffern = Kapitel

Allgemeine Geschäftsbedingungen K 82A
– und Bauträgervertrag A II. 20, 62 ff.
Altbau
– Abgrenzung zu Neubau A II. 11, 100
– im Bauträgerkauf A II. 100, 130 ff.
Altenteil A V. 453 ff.
Altersgrenze L I. 151
Altlasten A I. 335 ff.
Altlastenkataster
– Grundstückskaufvertrag A I. 361
Altrechtliche Dienstbarkeiten A I. 25
Amtliche Verwahrung C 90 ff.
– Testament/Erbvertrag M 198
Amtsausübung
– Beschäftigung von Mitarbeitern L I. 115
– persönliche L I. 114 f.
– Vertretung L I. 116 ff.
Amtsbereich L I. 123 ff.
Amtsbereitschaft G 53
Amtsbezirk L I. 123 f.
Amtsenthebung L I. 154
– Sicherstellung der geordneten Rechtspflege L I. 155
Amtsgewährungsanspruch
– elektronische Signatur M 65
Amtshaftung K 6
Amtsniederlegung
– bei der Aktiengesellschaft D III. 299
– Notar L I. 155
Amtsschild M 26
Amtssiegel
– Vernichtung M 36
Amtssitz L I. 59 ff., 122
Amtstätigkeit
– außerhalb der Geschäftsstelle L I. 126
– außerhalb des Amtsbereichs L I. 125
– außerhalb des Amtsbezirks L I. 124
– bei Gefahr im Verzuge L I. 124
– grenzüberschreitende L I. 127
– Verhalten außerhalb L I. 67
– Versagung bei Kollision L I. 57
Amtsübernahme
– Checkliste M 264
Amtsverlust L I. 153
Amtsverweigerung K 18, 82A
Anderkontenliste M 99, 170
Anderkontentätigkeit K 82V
Anderkonto A I. 97 f., 208
Änderung
– des Steuerbescheids E 254 ff.
– mit Wirkung für die Zukunft E 430 ff.
Änderungen in den Büchern M 90
Änderungen in Urkunden G 146 ff.

Änderungsvollmacht F 27, 117
Änderungsvorbehalt C 47 ff.
Anerkennung
– ausländischer öffentlicher Urkunden H 330 ff.
– notarieller Urkunden im Ausland H 339 ff.
Anerkennung, steuerliche E 143 ff.
Anfechtung
– Absichtsanfechtung A V. 19
– Anfechtungsgesetz A V. 16 ff.
– der Annahme oder Ausschlagung einer Erbschaft C 476 ff.
– Aufhebung der erbvertraglichen Bindung C 35
– bei gemischter Schenkung A V. 20
– Insolvenzordnung A V. 16 ff.
– einer Verfügung von Todes wegen C 52 ff.
Angebot
– Anzeigepflicht
  – Grunderwerbsteuer A I. 561
– Auflassungserklärung A I. 900
– eines Bauträgervertrages A II. 27
– Bindungsfrist A I. 901
  – Platzierungsinteresse A I. 907 ff.
  – Verbrauchervertrag A I. 902 ff.
– Eigentumsvormerkung A I. 892 ff.
– Grundstückskaufvertrag A I. 887 f.
  – Formulierungsbeispiel A I. 920
– Verlängerung der Angebotsfrist A I. 897 ff.
– wechselseitiges E 326
– Zwangsvollstreckungsunterwerfung A I. 889; G 329
Angehörigenverträge E 174 ff.
Ankaufsrecht A VIII. 20 ff.
– Beurkundungsbedürftigkeit A I. 513A
– Geschäftsanteil D I. 94
Anliegerbescheinigung A I. 379
Annahme
– Grundstückskaufvertrag
  – Formulierungsbeispiel A I. 922
– Kaufvertragsangebot A I. 915 ff.
  – Amtspflichten A I. 918 f.
– Zwangsvollstreckungsunterwerfung G 329
Annahme als Kind B V. 44 ff., 70a
– Adoptionsantrag B V. 47 ff., 57
– Alterserfordernisse B V. 46, 57
– anwendbares Recht H 196 ff.
– Aufhebung B V. 68 f.
– Ausländerbeteiligung B V. 70

Magere Zahlen = Randnummern

Sachverzeichnis

– Belehrungen B V. 75
– Dekretsystem B V. 44, 62
– ehemalige DDR B V. 71
– Einwilligung der Ehegatten B V. 60
– Einwilligung der Eltern B V. 58 f.
– Einwilligung des minderjährigen Kindes B V. 55
– Ergänzungspfleger B V. 55
– Erwachsene B V. 66 f.
– Fragebogen B V. 1
– gemeinschaftliche Adoption B V. 45
– Kosten B V. 72 f.
– Namensänderung B V. 50 f.
– nichtehelicher Vater B V. 61
– postmortale B V. 62
– Rechtsfolgen der Minderjährigenadoption B V. 63 ff.
– Rechtsfolgen der Volljährigenadoption B V. 66 f.
– Rücknahme der Einwilligung B V. 56
– Rücknahme des Adoptionsantrags B V. 49
– Unterlagen B V. 76
– Zweitadoption B V. 53
Anrufungsauskunft E 94
Anschaffungsnaher Aufwand E 304 f.
Anschein
– eines Verstoßes gegen Pflichten L I. 68 ff.
Anstandsschenkung A V. 141, 162
Anteilsabtretung E 248
– Anzeigepflicht E 36 ff.
Anteilsrotation E 286, 292 f.
Anteilsvereinigung E 325
Anwachsung
– Beurkundungsbedürftigkeit A I. 513A
– mehrere Erben C 117 ff.
Anwaltshaftung K 82A
Anwaltsnotar K 6, 82A; L II. 1 ff.
– Ablehnungsrecht L II. 9 ff.
– anwaltsrechtliches Vertretungsverbot L II. 18 ff.
– Begriff L II. 1 ff.
– Bestellungshindernisse L II. 4
– Beurkundungsverbot L II. 6 ff.
– Mitwirkungsverbot B III. 5
– notarielle Fachprüfung L II. 24a ff.
– notarrechtliches Vertretungsverbot L II. 13 ff.
– Sozietätsmöglichkeiten L II. 5
– Vertretungsverbot B III. 5; L II. 13 ff.
Anwaltsnotariat L I. 21 ff.; L II. 1 ff.
– Abgrenzung der Tätigkeiten L II. 20 ff.

– Amtsenthebung L II. 106
– Anzeigepflicht L II. 37
– Ausschreibung L II. 9
– Bedürfnisprüfung L II. 8
– Mitwirkungsverbote als Notar L II. 50 ff.
– Neutralitätspflicht L II. 41 ff.
– Sozietätsmöglichkeiten L II. 28 f.
– Tätigkeitsverbote als Anwalt L II. 107 ff.
– Werbeverbote L I. 131; L II. 120 ff.
– Zulassungsvoraussetzungen L II. 5 ff.
Anwartschaft
– an GmbH-Beteiligung E 41
Anzeige
– geplanter Straftaten L I. 95
Anzeigepflichten
– der Beteiligten E 18, 25 ff.
– erbschaftsteuerliche E 22 ff.
  – Beglaubigung E 24
– Geschäftsanteilsabtretung E 36 ff.
– Geschäftsführerverträge E 35
– Grunderwerbsteuer E 9 ff.
  – Angebot E 11
– Kapitalerhöhung E 39 ff.
– bei Kapitalgesellschaften E 13 ff.
  – GmbH E 30 ff.
  – Zuständigkeit E 17
– Kapitalherabsetzung E 43 f.
– mehrfache E 47 f.
– steuerliche
  – Grunderwerbsteuer A I. 560 ff.
– Umwandlung E 46
– Verletzung E 49 ff.
Apostille H 335 ff.
Äquivalenz
– subjektive A V. 142
Arbeitsverträge
– mit Kindern E 194 f.
Architekten-Modell A II. 144
Architektenvertrag
– Beurkundungsbedürftigkeit A I. 513A
Arglistiges Verschweigen
– Sachmängel A I. 361
Asbestbelastung
– als Sachmangel A I. 322
Asset Deal D V. 9 ff.
– Bezeichnung Wirtschaftsgüter D V. 15 ff.
– Closing D V. 22 ff.
– Covenants D V. 25
– drohende Insolvenz D V. 92 f.
– Firma D V. 20
– Formbedürftigkeit D V. 10 ff.
– Checkliste D V. 111

2017

Sachverzeichnis   Fette Buchstaben und römische Ziffern = Kapitel

- Patente D V. 19
- sachenrechtlicher Bestimmtheitsgrundsatz D V. 15 ff.
- übertragende Sanierung D V. 99 ff.
- Zustimmungsbedürftigkeit D V. 14
  - Checkliste D V. 111

Aufbewahrungsfristen M 84 ff., 185

Aufgabe
- von Wohnungseigentum A III. 113b

Aufhebung
- der erbvertraglichen Bindung C 31 ff.
- Grundstückskaufvertrag A I. 942 ff.

Aufklärungspflicht
- Auslandsberührung H 15
  - Formulierungsbeispiel H 18

Auflage C 166 f.
- Grabpflege C 167 f.

Auflassung
- Angabe des Güterrechts H 115
- Auslandsberührung H 107 ff.
  - Kosten H 108
- Aussetzung A I. 447
- Bedingungsfeindlichkeit A I. 440
- Beurkundung im Ausland H 107
- beurkundungsrechtliche Lösung A I. 453
- Bezeichnung des Grundstücks A I. 438
- Erwerb durch ausländische Eheleute H 114 ff.
- Gemeinschaftsverhältnis A I. 439
- gleichzeitige Anwesenheit A I. 435
- Grundstückskaufvertrag A I. 434 ff.
- bei Gütergemeinschaft A I. 655
- Identitätserklärung A I. 450
- Nachweis der Kaufpreiszahlung A I. 460 f.
- Teilflächenkauf A I. 608
- verfahrensrechtliche Lösung A I. 455
- Verzicht auf Antragsrecht A I. 452
- Vollmacht für Notarangestellte A I. 449

Auflassungsbevollmächtigte K 36

Auflassungsvollmacht
- Beurkundungsbedürftigkeit A I. 513A
- an Mitarbeiter A I. 490

Auflassungsvormerkung A I. 99 ff.

Auflösung eines Treuhandverhältnisses
- Anzeigepflicht E 39

Aufsichtsrat
- Bestellung des ersten ~ D III. 55
- GmbH D I. 176 ff.
- bei mitbestimmten Gesellschaften D III. 142

- Vertretung durch den ~ D III. 19
- Zusammensetzung D III. 142 ff.

Aufteilungsplan A III. 29
- abweichende Bauausführung A III. 43a
- bei Veräußerung einzelner Räume A III. 100
- vorläufiger A III. 30
- Widerspruch zur Aufteilungsurkunde A III. 43e

Auftrag
- zum Grundstückserwerb
  - Beurkundungsbedürftigkeit A I. 513A

Ausbietungsgarantie
- Beurkundungsbedürftigkeit A I. 513A

Ausdruckszeitpunkt der Bücher und Verzeichnisse
- Erbvertragsverzeichnis M 97 ff.
- Namensverzeichnis M 97 ff.
- Urkundenrolle M 97 ff.
- Verwahrungsbuch/Massenbuch M 97 ff.

Auseinandersetzung
- einer Erbengemeinschaft C 430 ff.

Auseinandersetzungsverbot C 175

Ausfertigung G 228 ff.
- Anspruch auf Erteilung A I. 556 f.
- auszugsweise A I. 554
- Vermerk auf Urschrift A I. 558

Ausgleichsansprüche K 32, 57

Ausgleichspflicht
- erbrechtliche A V. 87 ff.

Ausgleichsrente
- schuldrechtliche B III. 139, 141

Ausgleichungsanordnung
- und Pflichtteil A V. 93

Ausgliederung D IV. 176 ff.
- Ablauf D IV. 180
- Einzelkaufmann D IV. 177
- aus dem Vermögen von Gebietskörperschaften D IV. 178

Auskunft
- des Finanzamtes E 87 f.
  - Bindungswirkung E 91 ff.
  - Gebührenpflicht E 89

Auskünfte
- ausländisches Recht H 16, 19
- des Notars K 82A

Auskunftsverweigerungsrecht L I. 86

Auslagen J 35 ff.

Ausland
- Beurkundung tatsächlicher Vorgänge H 6
- Beurkundung von Rechtsgeschäften H 5 f.

2018

Magere Zahlen = Randnummern

Sachverzeichnis

Ausländer
- Beschränkungen bei Grundbesitzerwerb H 99
- als Einzelkaufmann H 309
- Erwerb von Grundbesitz H 114 f.
- als Geschäftsführer H 284 f.
- als Gesellschafter H 278
- Unterschrift in fremder Schrift H 30
- Veräußerung von Grundbesitz H 121

Ausländische Gesellschaften
- Anteilsübertragung H 287
- Rechtsfähigkeit H 279 ff.
- Zweigniederlassung H 304 ff.

Ausländische Grundstücke
- Beurkundung durch deutschen Notar H 122 ff.

Ausländische Urkunden
- Anerkennung H 330 ff.

Ausländisches Güterrecht
- bei Grundbesitzerwerb durch Ausländer H 114 f.
- bei Grundbesitzveräußerung H 121

Ausländisches Recht K 72, 82A
- Belehrung H 15
- Belehrungspflicht G 124 ff.
- Haftung H 21; K 82B
- Hinweis des Notars H 15
- Vermerk in der Urkunde H 18

Auslandsberührung B I. 155
- Anhaltspunkte H 15
- Aufklärungspflichten H 15
- Hinweis- und Belehrungspflichten H 15
- Tätigkeit im Ausland H 5 f.

Auslandsbeurkundung
- Bauträgervertrag H 105
- Gesellschaftsrecht H 298 ff.
- Grundstücksvertrag H 107

Auslobung
- Beurkundungsbedürftigkeit A I. 513A

Auslosung G 266

Ausschlagung
- gegen Abfindung A V. 28
- Aufhebung der erbvertraglichen Bindung C 36
- einer Erbschaft C 465 ff.
- Kosten C 479
- und Schenkung A V. 147
- und Sozialhilfe A V. 544
- bei Zugewinngemeinschaft C 473 ff.

Ausschließungsgründe G 21 ff.

Ausschreibungspflicht
- städtebaulicher Vertrag A XI. 13a

Ausstattung A V. 177 ff.
- Abgrenzung zur Schenkung A V. 179
- Ausgleichungspflicht A V. 183
- bei Pflichtteilsergänzung A V. 183

Austrittsvereinbarung D II. 35

Ausübungskontrolle
- bei Eheverträgen B I. 11a

Auswärtsgebühr J 25

Ausweis G 159

Ausweisscanner M 33

Auszahlungsfehler K 82V

Bankvollmacht
- für den Todesfall C 391

Baubeschreibung A II. 47 ff., 132
- Beurkundungsbedürftigkeit A I. 513B

Baubetreuungsvertrag
- Beurkundungsbedürftigkeit A I. 513B

Baugenehmigung
- beim Bauträgervertrag A II. 75

Baugenehmigungsfreiheit
- und Baubeginns-Zulässigkeitsbestätigung A II. 75
- und Fiktionsbestätigung A II. 75

Bauherrenmodell A II. 139; E 303; K 82V
- Beurkundungsbedürftigkeit A I. 513B

Baulast
- und Grundstückskaufvertrag A I. 23 f.
- als Rechtsmangel A I. 308
- als Sachmangel A I. 322

Baulasten
- Belehrungspflicht K 82G

Baulastenverzeichnis
- Einsichtnahme A I. 15

Bauliche Veränderung
- Wohnungseigentum A III. 95

Baulichkeiten
- und Grundstückskaufvertrag A I. 316

Baumodelle A II. 137 ff.

Bausparverträge
- und Erbrecht C 410 f.

Bauträger
- Architekten und Ingenieure A II. 18
- Begriff A II. 16
- Erlaubnis A II. 16
- gemeinnützige A II. 17
- gewerbliche Tätigkeit A II. 5, 16

Bauträger-Modell A II. 142

Bauträgervertrag
- Abgeschlossenheitsbescheinigung A II. 119, 131
- Abnahme A II. 95 f., 125 f.

Sachverzeichnis

Fette Buchstaben und römische Ziffern = Kapitel

- Abnahme von Gemeinschaftseigentum **A II.** 126
- und Abschlagszahlungen **A II.** 22, 77
- Abtretung an Bank **A II.** 87
- Abtretung der Gewährleistungsansprüche **A II.** 107
- Abtretung eines Auflassungsanspruches **A II.** 57, 63
- und AGB-Gesetz **A II.** 20, 62 ff.
- Altobjekt **A II.** 11, 100
- analoge Anwendung der MaBV **A II.** 23
- Änderungsvollmacht **A II.** 116, 129
- Angebot und Annahme **A II.** 25
- Anliegerbeiträge **A II.** 13, 46
- Auflassung **A II.** 54 f.
- Auflassungsvormerkung **A II.** 56 f., 121 f.
- Auslandsberührung **A II.** 42 f.; **H** 105
- Ausschluss des Rücktritts **A II.** 105
- Bankbürgschaft **A II.** 79 ff.
- Baubeginns-Zulässigkeitsbestätigung **A II.** 75
- Baubeschreibung **A II.** 47 ff.
- Baufortschritt **A II.** 77, 123, 133
- Baugenehmigung **A II.** 75
- Baukindergeld **A II.** 28
- Baukonto **A II.** 87
- Baupläne **A II.** 48
- Bauwerk **A II.** 9, 47 ff.
- Bedeutung **A II.** 2
- Begriff **A II.** 5
- Belastungsübernahme **A II.** 110 f.
- Belastungsvollmacht **A II.** 114, 116
- Belehrungen **A II.** 36
- Beratungsbogen **A II.** 1
- Besitz- und Lastenübergang **A II.** 94
- Beurkundungspflicht **A II.** 6, 8
- in den neuen Bundesländern **A II.** 37 ff.
- Checkliste **A II.** 1 ff.
- Eigenheimzulage **A II.** 28
- Eigenleistungen **A II.** 43, 58
- Eigentumsvormerkung **A II.** 56 f., 63, 121 f.
- über Eigentumswohnung **A II.** 118 ff.
- über ein Einfamilienhaus **A II.** 44 ff.
- Einkommensteuer **A II.** 27
- Entkernung eines Renovierungsobjekts **A II.** 135
- Erbbaurecht **A II.** 26
- Erschließung **A II.** 13, 46
- Erschließungskosten **A II.** 13, 58, 60
- Erschließungsvertrag **A II.** 13
- Fälligkeit des Kaufpreises **A II.** 62 ff.
- Fälligkeitsmitteilung **A II.** 76
- Ferienwohnanlage **A II.** 15
- Fertigstellungspflicht des Erwerbers **A II.** 122
- Fertigstellungsrisiko **A II.** 36
- Festpreis **A II.** 58
- Fiktion der Abnahme **A II.** 96
- Fiktionsbestätigung **A II.** 75
- Finanzierung **A II.** 112 ff.
- Finanzierungsvermittlung **A II.** 51
- Finanzierungsvollmacht **A II.** 114
- mit Flächenangabe zum Grundstück **A II.** 45
- Formularvertrag **A II.** 20
- Freistellungsverpflichtung **A II.** 65 ff.
- Garage **A II.** 10, 120
- Gefahrübergang **A II.** 94
- Gemeinschaftsordnung **A II.** 119, 124
- Gewährleistung **A II.** 97 ff., 128
- Globalbelastung **A II.** 65
- Grundbuchkosten **A II.** 31
- Grunderwerbsteuer **A II.** 31
- Grundpfandrechte **A II.** 113
- Grundsteuer **A II.** 31
- Grundstücksverhältnisse **A II.** 8, 45
- GVO-Genehmigung **A II.** 38 ff.
- und HausbauVO **A II.** 22, 62
- Hinterlegung des Kaufpreises **A II.** 89
- Hotelanlage **A II.** 15
- Individualvertrag **A II.** 21
- Inhaltskontrolle **A II.** 21
- Insolvenz des Bauträgers **A II.** 122
- Kaufpreis **A II.** 58 ff.
- Kaufpreisanpassung **A II.** 45, 60
- Kaufpreisaufteilung **A II.** 59
- Kaufpreisraten nach MaBV **A II.** 77
- Kündigungsschutz von Mietern **A II.** 134
- und Leistungsbestimmungsrecht **A II.** 45, 48, 49, 119
- Leistungszeit **A II.** 52 f.
- und MaBV **A II.** 22, 62 ff., 121, 123, 133
- Mangelbeseitigung **A II.** 102
- Mangelfolgeschaden **A II.** 106
- Mangelschaden **A II.** 106
- mehrere Erwerber **A II.** 91
- Mehrwertsteuer **A II.** 30
- Mehrwertsteueranpassungsklausel **A II.** 86
- Mietgarantie **A II.** 51
- Musterhaus **A II.** 11
- Mutterurkunde **A II.** 48

Magere Zahlen = Randnummern **Sachverzeichnis**

- Nachbesserung A II. 102
- Nebenanlagen A II. 10, 44, 120
- Nebenleistungen A II. 51
- Neuobjekt A II. 11, 100
- Nichtbeendigung des Baus A II. 66
- Notarbestätigung A II. 63
- Notarkosten A II. 32
- Nutzungsbeschränkungen A II. 15
- Option für Umsatzsteuer A II. 30
- Preisanpassung bei Flächenänderung A II. 45, 60
- Rechtsnatur A II. 6
- Renovierung A II. 12, 132 f.
- über Renovierungsobjekt A II. 130 ff.
- Risiken für den Notar A II. 3
- Rücktritt A II. 108
- Sammelbeurkundung A II. 3
- Sanierung A II. 12, 132 f.
- Schadensersatz A II. 106
- Sicherung der Lastenfreistellung A II. 63 ff.
- Sonderwünsche A II. 49 f., 58, 84
- Stellplatz A II. 10 f., 120
- steuerliche Aspekte A II. 27
- Subsidiärhaftung A II. 107
- Teilungserklärung A II. 119
- und Transparenzgebot A II. 3, 48
- Umsatzsteuer A II. 30
- Verbraucherdarlehen A II. 88, 90
- Verfahrensstadium bei Beurkundung A II. 24
- Verjährung A II. 61
- Verzinsung des Kaufpreises A II. 85
- Vollzug A II. 34 f.
- Vorkostenabzug A II. 27
- Vorleistungsverbot A II. 77 f.
- Wandelung A II. 103 f.
- Wärme- und Schallschutz A II. 131
- Wege A II. 14
- über Wohnungseigentum A II. 118 ff.
- Zurückbehaltungsrechte A II. 83
- Zwangsvollstreckungsunterwerfung A II. 92
- Zweckentfremdung (Altbau) A II. 131
- Zwischenkredit A II. 87 f.

Bauvertrag A II. 8
Bauwerksvertrag
- Beurkundungsbedürftigkeit A I. 505, 513B

Bedingte Anteilsübertragung D II. 32 f.
Bedingte Kapitalerhöhung D III. 277
- Zulässigkeit D III. 278

Bedingte Lasten E 258

Bedingter Erwerb E 116
Bedingungen
- Bewertungsrecht E 258

Bedürftigentestament C 263 ff.
Befangenheit G 47
Beginn der Gesellschaft D II. 12
Beglaubigung K 82B
- Abschrift G 294 ff.
- Anzeigepflicht E 24
- Fremdsprache H 25, 29
- Unterschrift G 283 ff.

Beglaubigungsvermerk G 289 ff.
Beherrschungs- und Ergebnisabführungsvertrag
- GmbH D I. 409 ff.

Beherrschungs- und Gewinnabführungsvertrag D V. 110
Behindertentestament C 285 ff.
Behinderung Beteiligter G 214 ff.
Beihilfen
- bei landwirtschaftlicher Übergabe A V. 282 ff.

Beirat
- GmbH D I. 176 ff.

Bekanntmachung D III. 116 ff.
- Squeeze-out D III. 185

Belastungsvollmacht
- Genehmigung Familiengericht A I. 286
- Grundstückskaufvertrag A I. 271 ff.
  - Eigentümergrundschuld A I. 273
  - Höchstbetrag A I. 272
  - Sicherungsabrede A I. 274 f.
- Kaufvertrag
  - Genehmigung A I. 154
- an Notariatsangestellte A I. 284
- für Notariatsangestellte F 37
- in Verbraucherverträgen F 33 f.

Belehrung B I. 162 f.
- eheliches Zusammenleben B I. 163
- bei der Errichtung einer letztwilligen Verfügung C 57 ff.
- Gewährleistungsausschluss A I. 74
- GmbH-Anteilskauf D I. 483 f.
- GmbH-Gründung D I. 19 f.
- GmbH-Kapitalerhöhung D I. 378
- Güterrecht B I. 162
- Kosten J 15 f.
- bei sofortigem Besitzübergang A I. 296
- Steuerfolgen beim Grundstückskaufvertrag A I. 26 ff.
- über steuerliche Folgen B I. 163
- unrichtige E 65
- Unterhalt B I. 163

2021

Sachverzeichnis

Fette Buchstaben und römische Ziffern = Kapitel

- Versorgungsausgleich **B I.** 163
- über Vorkaufsrecht **A I.** 199

Belehrungshinweis E 97 f.
Belehrungspflicht K 18, 82B
- ausländisches Recht **G** 124 ff.; **H** 15
- Ausländisches Recht **K** 82A
- Belehrungsbedürftigkeit **K** 82B
- besondere rechtliche Gestaltung **G** 129 ff.
- Betreuungsverpflichtung **G** 127 ff.
- doppelte **K** 82B
- gegenüber Dritten **G** 132 ff.
- EU-Recht **H** 15
- freiwillige Versteigerung **G** 273 ff.
- Haftung **K** 82B
- Hauptversammlung **G** 263
- Kosten **G** 122 ff.
- Schutzbereich **G** 137
- steuerliche **K** 82S
- steuerliche Folgen **G** 118
- Verschwiegenheit **K** 82B

Belehrungssicherung G 15 ff.
Belehrungsvermerk K 64, 82B
- Grundstückskaufvertrag **A I.** 517 f.

Bemessungsgrundlage
- Grunderwerbsteuer **E** 130
- Umsatzsteuer **E** 262

Benachrichtigung
- in Nachlasssachen **M** 196

Benennungsrecht E 230
Benutzungsregelung A I. 719 ff.
- Parkplatzgrundstück **A I.** 724

Beratervertrag E 306
Beratungs-Checkliste
- Erbrecht **C** 2

Beratungsvertrag
- Beurkundungsbedürftigkeit **A I.** 513B

Bereicherung
- maßgeblicher Zeitpunkt **E** 222

Berichtigungsbewilligung
- GbR **A I.** 59

Berufshaftpflichtversicherung K 7, 22, 69 ff.
- Garantie **K** 82G
- Prozesskosten **K** 82P

Berufsverbindungen L I. 35 ff.
- Anwaltsnotare **L I.** 38 f.
- Anzeigepflicht **L I.** 40
- EWIV **L I.** 46 ff.
- Gesellschaft bürgerlichen Rechts **L I.** 41
- GmbH **L I.** 42 f.
- Grenzen des Berufsrechts **L I.** 41

- hauptberufliche Notare **L I.** 35 ff.
- Kooperation **L I.** 49 f.
- Partnerschaft **L I.** 44 f.

Berufszugang L I. 19 ff.
Beschaffenheitsgarantie A I. 328 ff.
Beschaffenheitsvereinbarung A I. 323 ff.
Bescheinigung G 297 ff.
- fürs Ausland **H** 12
- Handelsregister **A I.** 696 f.
- Kosten **J** 61B

Beschlagnahme M 3
Beschluss
- der Wohnungseigentümer **A III.** 115 f., 119 ff.

Beschlussanfechtung
- Hauptversammlungsbeschluss **D III.** 212, 247, 366

Beschlusskompetenz
- Wohnungseigentümerversammlung **A III.** 122, 125h

Beschlusssammlung
- Wohnungseigentümergemeinschaft **A III.** 73b

Beschränkte persönliche Dienstbarkeit A VII.; **A VII.** 22 ff.
- s. auch Dienstbarkeit

Beschwerdeverfahren K 65 ff.
- berufsrechtliches **L I.** 113

Besitzübergang
- Grundstückskaufvertrag **A I.** 290 ff.

Bestandsverzeichnis
- Beurkundungsverfahren **A I.** 524 f.

Bestandteile
- wesentliche **A I.** 37

Bestätigung
- Grundstückskaufvertrag **A I.** 969 ff.

Bestattungsanordnung C 25
Bestimmungsrecht
- durch Dritte **C** 160 ff.

Beteiligte mit Einschränkungen
- im Erbrecht **C** 73 ff.

Beteiligtenverzeichnis M 179
Beteiligung naher Angehöriger E 174 ff.
Beteiligungstausch D V. 55 f.
Betrachtungsweise, wirtschaftliche E 101 ff.
- unwirksame Rechtsgeschäfte **E** 145 ff.

Betreuer als Erbe C 276
Betreutes Wohnen A III. 47a ff.
- Betreuungsvertrag **A III.** 47e
- Kostentragungspflicht **A III.** 47d

Betreuung
- Auslandsbezug **H** 84 ff.

Betreuungspflicht E 72 f.
- aus Auftrag G 138
- gegenüber Dritten G 132 ff.

Betreuungsverfügung F 205
Betriebsaufgabe E 340, 344
Betriebsnummer M 247
Betriebsprüfungsklausel E 415 ff.
Betriebsstätte D III. 302
Betriebssteuern
- Unternehmenskauf D V. 96 ff.

Betriebsübergabe A V. 256 ff.
- Arbeitsrecht A V. 262
- Einzelunternehmen A V. 261
- Gesellschaftsbeteiligung A V. 268 ff.

Betriebsvermögen
- Entnahme E 237
- als Gegenstand einer mittelbaren Schenkung A V. 175
- bei gewerblich geprägter Familien-KG A V. 224, 230
- gewillkürtes E 122 f.
- notwendiges E 122 f.

Betriebsvorrichtung E 122
Beurkundung
- im Ausland H 5 f.
- Beschwerde gegen Verweigerung der L I. 113
- Beweissicherungsfunktion L I. 6
- in EU-Mitgliedstaaten H 7
- Pflichten bei L I. 111
- tatsächlicher Vorgänge im Ausland H 6
- Verweigerung der L I. 112

Beurkundungsbedürftigkeit
- DDR vor dem 3. 10. 1990 A I. 513D
- Formzwecke A I. 496
- Koppelgeschäfte A I. 504
- mittelbarer Zwang A I. 508
- Nebenabreden A I. 502 f.
- Verknüpfungsabrede A I. 509
- zusammengesetzte Verträge A I. 507

Beurkundungspflicht L I. 109 ff.
- Geschäftsanteilsabtretung D I. 450 ff.

Beurkundungsverfahren G 2 ff.
- atypische Gestaltung L I. 69
- Auslandsberührung H 4
- Besonderheiten bei Verfügungen von Todes wegen C 62 ff.

Beweisfunktion
- als Formzweck A I. 496

Beweislast K 62 ff., 82V
Beweissicherung G 13 f.
Bewertung J 5 ff.
- Grundbesitz J 6
- von Grundbesitz A V. 41 ff.
- Landwirtschaft J 7

Bewirtschaftungskosten
- Abrechnung A III. 188 f.

Bezeugungstheorie K 19
Bezugnahme A I. 36 f.
- Verweisung G 184 ff.

Bezugsrecht
- GmbH-Geschäftsanteil D I. 344
- mittelbares ~ D III. 258

Bezugsrechtsausschluss D III. 256
- bei genehmigtem Kapital D III. 271 ff.
- Vorzugsaktionäre D III. 253

Bezugsurkunde G 193 ff.
BGB-Gesellschaft
- Beteiligung Minderjähriger A V. 213
- zwischen Familienangehörigen A V. 211 ff.
- zwischen Lebenspartnern A V. 209 f.

Bierbezugsvertrag
- Beurkundungsbedürftigkeit A I. 513B

Bietungsvollmacht F 128
Bilanz
- Verweisung G 198 ff.

Billigkeitsentscheidung E 238
Billigkeitsverfahren E 236
Bindungsentgelt
- Kaufvertragsangebot A I. 513B

Bindungswirkung C 42 ff., 204
Bindungswirkung im Erbrecht
- Checkliste C 43

Blindheit
- Beteiligter G 214 ff.

Brandvormerkung A V. 153
Break up Fee
- Beurkundungsbedürftigkeit A I. 513B

Briefgrundschuld A VI. 14 ff.
Bruchteilseigentum
- mit Benutzungsregelung A II. 146

Bruchteilsnießbrauch A V. 291
Bruttonießbrauch A V. 308 f.
Bruttoprinzip J 5
Bücher
- des Notars M 82 ff.

Buchführungspflicht
- Familien-KG A V. 218

Buchgrundschuld A VI. 14 ff.
Buchhaltung M 243 ff.
Buchungsfehler
- Checkliste M 146

Bundesbodenschutzgesetz
- und Grundstückskaufvertrag A I. 335

Bürgschaft K 82G

Sachverzeichnis

Fette Buchstaben und römische Ziffern = Kapitel

Closing
- Unternehmenskauf D V. 22 ff.

Cloud Computing M 48

Covenants
- Unternehmenskauf D V. 25

culpa in contrahendo
- Unternehmenskauf D V. 63, 71, 79 ff.

Damnationslegat C 143

Darlehen
- bei Schenkung an Lebenspartner A V. 206 f.

Darlehenssicherung E 177

Darlehensvertrag E 175 ff.
- Beurkundungsbedürftigkeit A I. 513D
- und Schenkung E 175

Datenschutz L I. 105 ff.; M 4 ff., 68 ff.
- Datenvernichtung M 39
- Fernwartung M 41 ff.
- im Notariat M 3 ff.
- Meldepflichten M 8
- mobile Endgeräte M 71
- technisch organisatorische Maßnahmen M 68 ff.
- unbefugter Zugriff M 70
- Verhältnis zu den Landesdatenschutzgesetzen M 5

Datenträger
- Vernichtung M 37

Datsche A I. 513D

Dauerpflegschaft E 189

Dauertestamentsvollstreckung
- Familien-KG A V. 217

Dauerwohnrecht A V. 349
- eigentumsähnlich E 113, 127
- wirtschaftliches Eigentum A III. 9

Deckendurchbruch A III. 95

Dekretadoption H 199

Denkmalschutz
- Grundstückskaufvertrag A I. 22

Dereliktion
- von Wohnungseigentum A III. 113b

Dienst- und Niederlassungsfreiheit
- für Notare H 7

Dienstbarkeit
- Abgrenzung Nießbrauch A VII. 19 f., 30
- aktives Tun A VII. 26 f.
- Arten A VII. 32 ff.
- Ausübungsbereich A VII. 8
- Belastungsgegenstand A VII. 3, 7 ff.
- Form A VII. 2
- Inhalt A VII. 25 ff.
- Kosten A VII. 4
- Löschung A VII. 9, 58
- Notwegerecht A VII. 34
- Rang A VII. 5
- Verjährung A VII. 14

Dienstbarkeiten
- leitungsgebundene A I. 318

Dienstordnung (DONot) L I. 4; M 1

Differenzhaftung D IV. 130
- GmbH-Gründung D I. 19
- GmbH-Kapitalerhöhung D I. 351

digitaler Nachlass C 24

Dingliche Rechte
- anwendbares Recht H 111 ff.

Dispositionsnießbrauch A V. 287

Disziplinarmaßnahmen L I. 147 ff.
- Verfahren L I. 149

Dokumentenpauschale J 36

Dolmetscher G 178 ff.; H 36 f.
- Ausschlussgründe H 36
- Auswahl H 36
- Übersetzung H 36
- Vereidigung H 37

Doppelberechtigungstheorie A V. 114

Doppelsitz D III. 98, 247

Doppelvollmacht A I. 152; E 155; G 103

Duplexparker
- Benutzungsregelung A III. 57
- Bezeichnung im Aufteilungsplan A III. 29b
- Darstellung im Aufteilungsplan A III. 29b

Durchführungs- und Vollzugsvollmacht F 129

Durchführungsvertrag A XI. 45 ff.
- Bestehendes Baurecht A XI. 59
- Durchführungsverpflichtung A XI. 55
- Erschließung A XI. 55
- Form A XI. 48
- Kostentragung A XI. 57
- Leistungsstörungen A XI. 60
- Rechtsnatur A XI. 48
- Satzungsaufhebung A XI. 60
- Städtebauliche Zielsetzungen A XI. 58
- Vertragsabschluss A XI. 49
- Vorhaben A XI. 55
- Vorhabensträger A XI. 50 ff.
- Zeitpunkt A XI. 49

Durchschreibeverfahren
- Verwahrungs- und Massenbuch M 92

Durchsuchung
- im Notariat M 3

2024

Magere Zahlen = Randnummern **Sachverzeichnis**

Earn out-Klausel
– Unternehmenskauf **D V. 35 f.**
Echtheitsnachweis
– bei ausländischen öffentlichen Urkunden **H 337**
EDV-Einsatz M 10 ff.
– Datenschutz **M 29 ff.**
– Empfehlungen der BNotK **M 21**
– Verbot der Fernbuchung **M 44**
– Wartung **M 41**
EGVP M 51
Ehe
– Auslandsberührung **B III. 190**
Ehe- und Familienname B I. 31
Ehebedingte Zuwendung A V. 185 ff.
– Rückabwicklung **A V. 188 ff.**
– Schenkungsteuer **A V. 186**
– und Zugewinnausgleich **A V. 196 ff.**
Ehegatten
– ausländische
 – Grundbesitzerwerb **H 114 f.**
Ehegattenarbeitsverträge B I. 43
Ehegatteninnengesellschaft B I. 43
Ehegattenzustimmung A I. 617 ff.
Eheliches Güterrecht
– Mitteilungen ZTR bei Änderung Erbfolge **M 193 ff.**
Ehemodelle B I. 7
Ehetypen B I. 8; B III. 16, 199
Ehevereinbarung
– Geschlechtsgemeinschaft **B I. 18**
– Lebensgemeinschaft **B I. 17**
– Rollenverteilung **B I. 21 ff.**
– Wohnsitz **B I. 17 f.**
Ehevertrag
– Güterstandsklausel GmbH-Satzung **D I. 171 ff.**
Eheverträge B I. 44 ff.
– Abschluss **B I. 50**
– Auslandsberührung **B I. 155**
– Bestätigungsvertrag **B I. 41**
– Dauer **B I. 50**
– Form **B I. 156**
– generelle **B I. 44**
– Gesamtnichtigkeit **B I. 154a**
– Gesamtverzichtsverträge **B I. 11**
– Inhaltskontrolle **B I. 11a**
– Kodifikationsvertrag **B I. 46**
– Kosten **B I. 159 ff.**
– Mitteilungen ZTR bei Änderung der Erbfolge **M 193 ff.**
– Mitteilungs- und Anzeigepflichten **B I. 123**

– salvatorische Klausel **B I. 154a**
– Schiedsgericht **B I. 154b**
– Sittenwidrigkeit **B I. 153**
– spezielle **B I. 44, 48 ff.**
– steuerliche Folgen **B I. 116 ff.**
– Stichwortvertrag **B I. 47**
Ehevertragsbegriff B I. 6
Ehewirkungsstatut H 127, 130 ff.
– Wandelbarkeit **H 131**
Ehewohnung B III. 179
Eidesabnahme G 279 ff.
– Verfahren **H 8 ff.**
Eidesstattliche Versicherung G 282
Eidliche Vernehmung
– Ausland **H 8 ff.**
Eigenbedarfskündigung A I. 305 f.
Eigenheimzulage
– beim Bauträgervertrag **A II. 28**
Eigeninteresse
– lebzeitiges **A V. 13 f.**
Eigentum
– bürgerlich-rechtliches **E 111**
– wirtschaftliches **E 105 ff., 111 ff.**
Eigentümerbriefgrundschuld A VI. 97 ff.
– Abtretung **A VI. 107**
Eigentümerdienstbarkeit A I. 50; A VII. 18
Eigentumsvormerkung A I. 99 ff.
– Abtretung des Auflassungsanspruchs **A I. 104**
– Eintragungsantrag **A I. 575**
– Gemeinschaftsverhältnis **A I. 417**
– Insolvenz des Veräußerers **A I. 406, 421**
– Insolvenzverfahren **A I. 676**
– Löschung **A I. 422 ff.**
– Löschungsantrag **A I. 580**
– Notaranderkonto **A I. 429**
– Notarbestätigung **A I. 103**
– Rangbestimmung **A I. 102**
– Sicherungswirkung **A I. 406 ff.**
– Teilflächenkauf **A I. 414, 606**
– Wiederaufladung **A I. 422**
Eigenurkunde A I. 158, 492 f.
– Urkundenrolle **M 103**
Einbauküche
– Grundstückskaufvertrag **A I. 38**
Einbaumöbel
– Grundstückskaufvertrag **A I. 38**
Einbenennung B V. 21 ff.
Einberufungsmängel
– Rechtsfolge **D III. 187, 189**
– Unbeachtlichkeit **D III. 188**
Einberufungsvertrag
– Beurkundungsbedürftigkeit **A I. 513E**

2025

Sachverzeichnis

Fette Buchstaben und römische Ziffern = Kapitel

Einberufungsvoraussetzungen
- Checkliste D III. 190

Einbringung E 252 f.
- in Familien-KG A V. 228 f.

Einbringungsgeborene Anteile D I. 370 f.

Einbringungsvertrag D III. 74

Einfache elektronische Zeugnisse M 65 ff., 105

Eingetragene Lebenspartnerschaft
- Auslandsberührung H 205 ff.
- Erbrecht H 249 f.
- gleichgeschlechtliche H 205, 212
- Güterrecht H 207
- Kappungsklausel H 211
- Namensrecht H 208
- Unterhaltsrecht H 209
- Versorgungsausgleich H 210

Einheimischenmodelle A XI. 22

Einheitlichkeit der Beteiligung D II. 19

Einkommensteuer E 302 ff.
- Einheitstheorie bei Betriebsübergabe A V. 81
- und Gesamtplan E 340 ff.
- Gleichstellungsgelder A V. 79
- Grundstückszuwendung A V. 76 ff.
- Landwirtschaftliche Übergabe A V. 275
- Leibgeding A V. 464
- Leibrente A V. 429 ff.
- Pflegeklauseln A V. 450 f.
- Sonderbetriebsvermögen A V. 84
- Übertragung von Betriebsvermögen A V. 80 ff.

Einkünfte
- aus Vermietung und Verpachtung E 307

Einlageleistung D III. 58
- Dienstleistung D III. 73

Einpersonengesellschaft D II. 20; D III. 316
- Gründung D III. 87

Einreichungstätigkeit K 43, 82V

Eintragungszeitpunkt in den Büchern
- Erbvertragsverzeichnis M 97 ff.
- Namensverzeichnis M 97 ff.
- Urkundenrolle M 97 ff.
- Verwahrungs-/Massenbuch M 97 ff.

Eintrittsklausel D II. 60

Einzelkaufmann
- Ausländer H 309

Einziehung D III. 33

Elektronische Signatur M 52

Elektronische Urkunde M 104

elektronischer Identitätsnachweis (eID) M 33

Elektronischer Rechtsverkehr (ERV) M 18 ff., 29, 52, 73

Elektronisches Notaranderkonto (ENA) M 19

Elternunterhalt
- Auslandsberührung H 174

E-Mail-Kommunikation M 47

Empfängnisverhütung B I. 19

Energieausweis A I. 372

Energieeinsparverordnung
- und Grundstückskaufvertrag A I. 371 ff.

Entfernung
- aus dem Amt L I. 155

Entlassung L I. 151

Entnahme E 237, 267

Entwurfsgebühren J 30 ff.
- Überprüfung von Entwürfen J 32

Entwurfstätigkeit K 82E

Erbanfall
- Auslandsberührung H 255

Erbauseinandersetzung C 430 ff.
- Ausschluss C 175
- Checkliste C 433
- steuerliche Rückwirkung E 245
- Vermittlung durch Notar C 434 f.

Erbausschlagung C 465 ff.

Erbbaurecht
- Aufhebung A IV. 134 f.
- beim Bauträgeramt A II. 26
- Begriff des Bauwerks A IV. 35 ff.
- Begründung A IV. 22 ff.
- Belastung des Erbbaurechts A IV. 124 ff.
- Belastungsgegenstand A IV. 26 ff.
- Beratungs-Checkliste A IV. 4
- Dauer A IV. 47 ff.
- Doppelnatur A IV. 23 ff.
- Eigentümererbbaurecht A IV. 10 f.
- Entstehung A IV. 25
- Erhaltungspflicht A IV. 44
- Erlöschen A IV. 135 ff.
- zu errichtendes Bauwerk A IV. 36
- Erstrangigkeit A IV. 28 ff.
- Form der Begründung A IV. 33
- Gesamterbbaurecht A IV. 8
- Heimfall A IV. 50 ff.
- Inhaltsänderung A IV. 131 ff.
- mehrere Bauwerke A IV. 39
- mehrere Berechtigte A IV. 15
- Mindestbeschreibung des Bauwerks A IV. 37 f.
- Mindestinhalt A IV. 34 ff.
- Motivlage A IV. 1 ff.
- Nachbarerbbaurecht A IV. 9

Magere Zahlen = Randnummern

Sachverzeichnis

– neue Bundesländer **A IV.** 16
– Realteilung **A IV.** 129
– und SachenRBerG **A IV.** 16
– Teilung nach WEG **A III.** 206 ff.
– Untererbbaurecht **A IV.** 12 f.
– Veräußerlichkeit **A IV.** 40 ff.
– Veräußerung des Erbbaurechts **A IV.** 121 ff.
– Vererblichkeit **A IV.** 40 ff.
– Verfügungsbeschränkungen **A IV.** 61 ff.
– Verlängerung **A IV.** 47a, 58
– vertragsmäßiger Inhalt **A IV.** 42 ff.
– Vorerbe **A IV.** 29
– vorhandenes Bauwerk **A IV.** 6, 37
– Vorkaufsrechte **A IV.** 59 f.
– Wohnungserbbaurecht **A III.** 206 ff.
– und ZGB-Nutzungsrechte **A IV.** 16
Erbbaurechtsvertrag
– Aufhebung **A IV.** 134 ff.
– Bauwerk **A IV.** 35 ff.
– Beurkundungsbedürftigkeit **A I.** 513E
– Dauer **A IV.** 47 ff.
– Entschädigung bei Heimfall **A IV.** 54 ff.
– Entschädigung bei Zeitablauf **A IV.** 48
– Erstreckung auf nichtbebaute Flächen **A IV.** 46
– Form **A IV.** 33
– Grundlagen **A IV.** 32
– Heimfall **A IV.** 50 ff.
– Kosten **A IV.** 17
– schuldrechtlicher Inhalt **A IV.** 74 ff.
– Steuern **A IV.** 18 ff.
– Verlängerung **A IV.** 47a, 58, 131
– vertragsmäßiger Inhalt **A IV.** 42 ff.
– Vertragsstrafen **A IV.** 72 f.
– Vorkaufsrechte **A IV.** 59 f.
– Vorrecht auf Erneuerung **A IV.** 58
Erbbauzins A IV. 80 ff.
– Anpassungsvormerkung **A IV.** 90
– EuroEG **A IV.** 92
– Genehmigung Wertsicherungsklausel **A IV.** 107 ff.
– Rangfragen alte Rechtslage **A IV.** 98 ff.
– Rangfragen neue Rechtslage **A IV.** 101 ff.
– Reallast **A IV.** 82
– SachenRÄndG **A IV.** 91 ff.
– Stillhaltevereinbarung **A IV.** 99 ff.
– Vollstreckungsunterwerfung **A IV.** 111 f.
– Wertsicherung alte Rechtslage **A IV.** 88 ff.
– Wertsicherung bei Wohngebäuden **A IV.** 95 f.

– Wertsicherung neue Rechtslage **A IV.** 91 ff.
– Wohnungserbbaurecht **A III.** 213 ff.
Erbeinsetzung C 113 ff.
– oder Vermächtnis **C** 164 f.
Erbengemeinschaft
– Auslandsberührung **H** 255
– GmbH-Satzung **D I.** 155
Erbhof H 227, 229
Erbquote
– Auslandsberührung **H** 248
Erbrecht
– ausländische Staaten **H** 270
– Beratungs-Checkliste **C** 2
Erbrechtliche Regelungen B III. 188
– von älteren Personen **C** 274
– bei behinderten Kindern **C** 282 ff.
– von Ehegatten mit Kindern nur eines Ehegatten **C** 241 ff.
– von Ehegatten mit nur gemeinsamen Kindern **C** 238 ff.
– im Ehevertrag **B I.** 150 ff.
– von Geschiedenen **C** 257 ff.
– von getrenntlebenden Ehegatten **C** 257 ff.
– kinderloser Ehegatten **C** 233 ff.
– von Partnern einer nichtehelichen Lebensgemeinschaft **C** 243 f.
– Pflichtteilsverzicht **B III.** 189
– bei verschuldeten Erben **C** 263 ff.
Erbschaftsausschlagung
– Checkliste **C** 478
Erbschaftsteuer
– Behaltefristen **E** 389 ff.
– Erlöschen **E** 263
– Mitteilungspflicht **G** 238
– Verfassungsmäßigkeit **E** 388
Erbschaftsvertrag C 376 ff.
Erbschein
– Antrag **C** 421
– Arten **C** 424
– bei Auslandsberührung **H** 264 ff.
– Funktion und Bedeutung **C** 420
– Gerichtszuständigkeit bei Auslandsberührung **H** 265
– Kosten **C** 427 f.
– Kosten bei Auslandsbezug **H** 266
Erbscheinsantrag
– Checkliste **C** 425
Erbstatut H 214 ff.
– Anknüpfung **H** 222 f.
– Anwendungsbereich **H** 244 ff.
– Checklisten **H** 230 f.

2027

Sachverzeichnis

Fette Buchstaben und römische Ziffern = Kapitel

- Deutsch-Persisches Niederlassungsabkommen H 220
- Deutsch-sowjetischer Konsularvertrag H 219
- Deutsch-Türkisches Nachlassabkommen H 218
- Einzelstatut H 226 ff.
- und Güterrechtsstatut H 246 ff.
- Lebenspartnerschaft H 249 f.
- Rück- und Weiterverweisung H 224 f.
- Vorfrage H 244

Erbteilsveräußerung C 438 ff.
- Checkliste C 459
- Formvorschriften C 439
- Gewährleistung C 455 f.
- grundbuchrechtliche Fragen C 443 ff.
- Kosten C 461 f.
- Sicherungsprobleme C 446 ff.

Erbteilungsverbot C 175
Erbvergleich E 148 f.
Erbvertrag C 42 ff.
- Abänderungsvorbehalt C 47 ff.
- Aufbewahrung M 205 f.
- Auslandsberührung H 258
- Form bei Auslandsberührung H 261 ff.
- Rücknahme aus der Verwahrung C 103 ff.
- Rücktrittsrecht C 45 f.
- Überprüfung nach 30 Jahren M 219

Erbvertragsherausgabe
- an die Beteiligten M 220

Erbvertragsverzeichnis G 234; M 99, 211
Erbverzicht A V. 120; C 365
- Beurkundungsverfahren A V. 122 f.

Erfüllung K 82V
Erfüllungsgehilfe K 33, 82E
Erfüllungsübernahme
- Grundstückskaufvertrag A I. 730

Ergänzungspflegschaft
- Grundstückszuwendung A V. 167

Ergebnisabführungsvertrag E 161
Erhaltungssatzung A III. 6, 34a
- Genehmigungspflicht für Wohnungseigentumsbegründung A III. 6

Erkennungszeuge G 160
Erlass
- Steuer aus Billigkeitsgründen E 236

Ermächtigungsbeschluss D III. 236
- für genehmigtes Kapital D III. 270, 273

Ermahnung L I. 146
Errungenschaftsbeteiligung
- als ausländischer Güterstand H 168
- als Güterstand A I. 666

Errungenschaftsgemeinschaft
- als ausländischer Güterstand H 166

Ersatzerbe C 115 f.
Ersatzmutterschaft B V. 78
Ersatznacherbe C 124 f.
- Grundstückskaufvertrag A I. 648

Erschließungskosten
- Ablösungsvereinbarung A I. 399
- Ausbauzustandslösung A I. 388
- Bauträgerkauf A I. 397
- Belehrungsvermerk A I. 7
- Bescheidslösung A I. 390 f.
- Entstehung der Beitragspflicht A I. 382
- Entwicklungsgebiet A I. 402
- Grunderwerbsteuer A I. 403
- Grundstückskaufvertrag A I. 377 ff.
- Haftung K 82B
- Kauf von Bauträger A II. 13, 46
- Kauf von der Gemeinde A I. 396
- Landesrecht A I. 380
- Sanierungsgebiet A I. 402
- Vereinbarungen A I. 387 ff.
- Vorausleistungen A I. 383, 401

Erschließungsvertrag
- Beurkundungsbedürftigkeit A I. 513E

Erschließungsverträge
- echte A XI. 26
- Eigenanteil A XI. 31
- Erschließungsanlagen A XI. 28
- Erschließungsgebiet A XI. 29
- Erschließungsunternehmer A XI. 27
- Fremdanlieger A XI. 32
- Kostenübernahme A XI. 31
- leitungsgebundene Einrichtungen A XI. 33
- Sicherheitsleistung A XI. 30
- unechter A XI. 26
- Vorfinanzierungsvertrag A XI. 26

Ersteigerungsauftrag
- Beurkundungsbedürftigkeit A I. 513E

Ersterwerber-Modell A II. 141
Ertragswertverfahren A V. 45
Erwerb
- teilentgeltlicher E 42
- von Todes wegen E 226

Erwerber-Modell
- reines A II. 141

Erwerbsrecht A VIII. 20 ff.
Europäische Aktiengesellschaft H 313
Europäische Dienstleistungs- und Niederlassungfreiheit L I. 2

Magere Zahlen = Randnummern

Sachverzeichnis

Europäische Erbrechtsverordnung
(EuErbVO) C 219 ff.; H 215 ff.
- Erbstatut C 220
- Rechtswahl C 221 ff.; H 237 ff.
  - Bindungswirkung H 242
  - Form H 239
  - Formulierungsbeispiel H 240
  - gegenständliche Beschränkung
    H 243

Europäische Gesellschaft D III. 378
- Einsatzmöglichkeiten D III. 381
- Gründungsmöglichkeiten D III. 383
- Hauptversammlung D III. 403
- notarielle Mitwirkung D III. 385
- Satzungsgestaltung
  - monistisches System D III. 402

Europäisches Nachlasszeugnis C 429;
H 269

Euroumstellung
- Aktiengesellschaft D III. 106 ff.
- GmbH D I. 395 ff.

EWIV H 310 ff.

Existenzvernichtender Eingriff D I. 19

Fahrlässigkeitsbegriff K 22
Faktische Lebensgemeinschaft
- Auslandsberührung H 203
- Erbrecht H 249 f.
- homosexuelle H 213

Fälligkeitsmitteilung
- deklaratorische A I. 221
- Grundstückskaufvertrag A I. 220 ff.
- konstitutive A I. 221
- Muster A I. 578

Fälligkeitszinsen A I. 242
falsa demonstratio A I. 34
Falsche Sachbehandlung J 45 ff.
Familienangehörige E 190
Familiengerichtliche Genehmigung
A V. 239 ff.; D II. 3
Familiengesellschaften E 186 ff.
Familien-KG
- gewerblich geprägte A V. 223 ff.
- Schenkungsteuer bei Ausscheiden
  A V. 254
- vermögensverwaltende A V. 215 ff.

Familienplanung B I. 19
Familienstiftung C 297
Familienunterhalt B I. 25 ff.
- Haushaltsgeld B I. 27
- Personenkreis B I. 25
- Taschengeld B I. 27, 147 f.
- Umfang und Art B I. 27

- Unterhaltsarbeit B I. 27
- Verzicht B I. 28

Familienwohnung
- deutsch-französischer Wahlgüterstand
  A I. 622
- türkische Beteiligte A I. 666

Fehler Urkundenrolle
- Checkliste M 110

Fertighauskaufvertrag
- Beurkundungsbedürftigkeit A I. 505

Fertighausvertrag
- Beurkundungsbedürftigkeit A I. 513F

Feststellungsklage K 49, 58
Feuchtigkeit
- Grundstückskaufvertrag A I. 361

Finanzamt
- Auskunft E 87 ff.

Finanzierungsbestätigung A I. 227
Finanzierungsvermittlung
- im Bauträgervertrag A II. 51

Firma
- Auslandsberührung H 282 f.
- Unternehmenskauf D V. 19, 94 ff.

Firmenfortführung
- Unternehmenskauf D V. 94 ff.

Flucht
- in die Pflichtteilsergänzung A V. 5, 116

Flüchtlinge
- Güterstatut H 149

Fluglärm
- Grundstückskaufvertrag A I. 361

Flurbereinigung A I. 128
Forderungsstatut
- Realkredite H 112

Form B I. 156 ff.
- Ehe- und Erbvertrag B I. 158
- eheliches Zusammenleben B I. 157
- Ehevertrag B I. 156
- Formfreiheit B I. 157
- Heilung nichtiger Rechtsgeschäfte
  H 124
- nachehelicher Unterhalt B I. 157
- Rechtswahl B I. 156
- Versorgungsausgleich B I. 156
- Zugewinnausgleich B I. 156

Formerfordernisse D II. 5 ff.
Formmangel E 178
Formstatut H 325 ff.
Formulierungspflicht E 76
Formwechsel
- Abfindungsangebot D IV. 195a, 197
- e. G. D IV. 202
- Verzicht D IV. 185

2029

Sachverzeichnis
Fette Buchstaben und römische Ziffern = Kapitel

- AG in GmbH & Co. KG D IV. 196
- Anmeldung und Eintragung D IV. 192
- Auslandsberührung H 204
- Beschluss D IV. 188 ff.
- Beurkundungsverfahren D IV. 191
- Cartesio D IV. 203
- Checkliste D IV. 190
- Genossenschaften D IV. 202
- GmbH in GmbH & Co. KG D IV. 195
- GmbH in PartG mbB D IV. 195a
- GmbH in UG (haftungsbeschränkt) D IV. 199
- Grundsätze D IV. 184
- Kapitalgesellschaften D IV. 197
- Kosten D IV. 204 ff.
- Personenhandelsgesellschaft in GmbH D IV. 200

Formzweck
- Belehrungssicherung G 15 ff.
- Warnfunktion G 13 f.

Formzwecke A I. 496
Fortbildungspflicht L I. 75
Freigabevormerkung
- Teilflächenkauf A I. 602

Freistellungsverpflichtung
- beim Bauträgervertrag A II. 65 ff.

Freiwillige Versteigerung G 270 ff.
Fremde Schriftzeichen
- Unterschrift H 30

Fremdenverkehrsdienstbarkeit A III. 6
Fremdenverkehrsgemeinde
- Genehmigungspflicht für Wohnungseigentumsbegründung A III. 6

Fremdrechtserbschein H 267
- Formulierungsbeispiel H 268

Fremdsprache
- Urkundenerrichtung H 23 ff.
- Verhandlung H 28

Fristen
- Eintragung in Bücher und Ausdruck M 99

Funktionstheorie K 14, 19

Garagenstellplatz
- Abgeschlossenheit A III. 32

Garagentausch
- Wohnungseigentum A III. 98

Garantie K 82G, 82N
- Unternehmenskauf D V. 72 ff.
  - Formulierungsbeispiel D V. 76

Gebäude auf fremdem Boden E 124
- Anzeigepflicht E 10

Gebäudeeigentum
- Wohnungseigentumsbegründung A III. 19

Gebührenermäßigung J 40 ff.
- persönliche J 40 f.
- sachliche J 40

Gebührenfreiheit
- Sozialhilfesachen J 44
- Verfahrenskostenhilfe J 48

Gebührensätze J 9
Gebührenüberhebung J 47
Gebührenvereinbarung
- Verbot J 39

Geh- und Fahrtrecht A VII. 33 ff.
Gelatine-Rechtsprechung
- Kernaussagen D III. 231

Geldwäschegesetz G 161; L I. 93
Gemeinsame Sorge B IV. 13, 40
Gemeinschaftliches Testament
- Auslandsberührung H 259 f.
- Form bei Auslandsberührung H 261 ff.

Gemeinschaftsordnung A III. 44
- und AGB-Gesetz A III. 125 ff.
- Änderung A III. 114
  - Zustimmungserfordernisse A III. 117
- Anpassungsanspruch A III. 125 ff.
- Öffnungsklausel A III. 118 ff.
- Regelung von Gewährleistungsansprüchen A III. 171c
- Unbilligkeit A III. 125

Gemeinschaftsverhältnis
- Auflassung H 118
- Auslandsberührung H 115

Genehmigtes Kapital D III. 270 ff.
- Ermächtigungsbeschluss D III. 270 ff.
- GmbH D I. 72 ff., 398

Genehmigung F 10; G 101 ff.
- BauGB A I. 109 ff.
- behördliche
  - Auslandsberührung H 99 f.
- Betreuungsgericht A I. 150, 635
- Beurkundungsbedürftigkeit A I. 513G
- Dritter E 154 ff.
- Familiengericht A I. 149, 628 ff.
- familiengerichtliche E 158
- GrdstVG A I. 114 ff.
  - Genehmigungsfreiheit A I. 120
  - Zuständigkeit A I. 116
- GVO A I. 131 ff.
  - Genehmigungsfreiheit A I. 133 f.
  - Zuständigkeit A I. 136 f.
- Mitteilung E 155
- des Nachlassgerichts A I. 151; E 156

Magere Zahlen = Randnummern

Sachverzeichnis

- Preisklausel A I. 142 ff.
- Rückwirkung E 157, 224
- städtebauliches Sanierungsgebiet A I. 127
- Umlegungsverfahren A I. 126
- unmittelbar Beteiligte A I. 159 ff.
- verspätete Einholung E 153
- vormundschaftsgerichtliche G 103
- Wertsicherungsklausel A I. 142 ff.
- Zeitpunkt E 158

Genehmigungserfordernisse
- BauGB G 105 ff.
- GrStVG G 110
- GVO G 113

Generalakten M 233 ff.
- Verpflichtungserklärung M 77

Generalübernehmer-Modell A II. 143

Generalunternehmer-Modell A II. 144

Generalvollmacht F 111 ff.
- Auslandsberührung H 90
- im Handels- und Gesellschaftsrecht F 114
- und Vorsorgevollmacht F 156 ff.

Gesamtgrundschuld A VI. 113 ff.

Gesamtplan E 175, 333 ff.

Gesamtplanrechtsprechung E 343

Gesamtschuldner K 27, 30, 32, 57, 82 S

Gesamtverein D VI. 50

Geschäftsanteil
- Ankaufsrecht D I. 94, 467
- Einziehung D I. 131 ff.
- gutgläubiger Erwerb D I. 468 ff.
- künftiger Geschäftsanteil D I. 430 f.
- Nennwerterhöhung D I. 445
- Nießbrauch D I. 525 ff.
- Sicherungsabtretung D I. 512 ff.
- Teilung D I. 97 ff., 432 ff.
- Treuhandvertrag D I. 512 ff.
- Veräußerung D I. 450 ff.
- Verfügung D I. 426 ff.
- Verfügungsbeschränkung D I. 447 ff.
 - Abtretung D I. 463 ff.
 - Satzungsregelung D I. 89 ff.
- Verpfändung D I. 412 ff.
- Vinkulierung D I. 89 ff., 447 ff., 463 ff.
- Vorkaufsrecht D I. 94
- Zusammenlegung D I. 97 ff., 438 ff.

Geschäftsanteilsabtretung D I. 450 ff.
- Anzeigepflicht E 13 ff.
- Beurkundungspflicht D I. 450 ff.
- Gewährleistung D I. 482
- Gewinnabgrenzung D I. 479 ff.
- Nebenabreden D I. 451 f.

Geschäftsanteilsübertragung
- Auslandsberührung H 287

Geschäftsbesorgungsvertrag
- Beurkundungsbedürftigkeit A I. 513 G

Geschäftsbeteiligung
- unvereinbare L I. 73 f.

Geschäftsfähigkeit G 75 ff.
- Auslandsberührung H 69 ff.
- Demenzsymptomatik G 77
- Feststellung G 164
- Feststellung im Erbrecht C 66 ff.
- Länderübersicht H 77
- Verkehrsschutz H 76

Geschäftsführer
- Abberufung D I. 305 ff.
- Ausländer H 284 f.
- Belehrung im Ausland H 285
- Bestellung D I. 288 ff.
- Satzungsregelung D I. 100 ff.

Geschäftsführervertrag
- Befreiung von § 181 BGB E 164

Geschäftsführungsbefugnis D II. 15

Geschäftsordnung
- Vorstand D III. 130

Geschäftsordnungsbeschlüsse D III. 221

Geschäftsprüfung M 22 ff., 73, 81
- Checkliste M 24
- Fragebogen M 22
- Prüfungsbericht M 23 f.

Geschäftsstelle G 9; L I. 122, 126; M 25 ff.

Geschäftsstunden M 27

Geschäftsveräußerung
- im Ganzen E 138
- Umsatzsteueroption A I. 90

Geschlechtsgemeinschaft B I. 18

Geschlossener Immobilienfonds
- Änderung des Gesellschaftsvertrages A X. 11 ff.
- Beitrittsverfahren A X. 32
- Beratungs-Checkliste A X. 5
- beurkundungspflichtige Anteilsübertragung A X. 43
- Beurkundungsumfang A X. 54
- Form A X. 2, 7, 38 ff.
- Gesellschafterhaftung A X. 24
- Grundbuch- und Vormerkungstreuhand A X. 13 ff.
- Grundbuchfähigkeit GbR A X. 13
- Gründung A X. 6
- Haftungsbeschränkung A X. 24
- Inhalt des Gesellschaftsvertrages A X. 15 ff.

2031

Sachverzeichnis

Fette Buchstaben und römische Ziffern = Kapitel

- Kernbereichslehre A X. 10a
- Konstruktionen A X. 3
- Kosten A X. 58 ff.
- Mehrheitsklauseln A X. 10a
- Nachschusspflicht A X. 19
- Parallelverträge A X. 14, 50 ff.
- Rechtliche Einordnung A X. 51 f.
- Widerrufener Gesellschafterbeitritt A X. 43b
- Ziele A X. 44 ff.
- Zustimmungspflicht A X. 10a

Geschwister
- Unterhaltsfreistellung A V. 524 ff.

Gesellschaft
- Ausländer als Gesellschafter H 278
- Auslandsberührung H 276 f.
- Auslandsbeurkundungen H 298 ff.
- Beherrschungsvertrag bei Grenzüberschreitung H 289
- Rechtsfähigkeit H 279
- Sitzverlegung Inland/Ausland H 288

Gesellschaft bürgerlichen Rechts
- Anteilsabtretung A I. 57
  - Grunderwerbsteuer A I. 64
- Beurkundungsbedürftigkeit A I. 513G
- Gesellschafterwechsel A I. 57 ff.
- Grundstückskaufvertrag A I. 683 ff.
- Tod eines Gesellschafters A I. 62

Gesellschafterausschluss D II. 38 ff.

Gesellschafterbeschluss
- GmbH Geschäftsführerbestellung D I. 292 ff.
- GmbH Satzungsänderung D I. 310 ff.
- GmbH Satzungsregelung D I. 115 ff.

Gesellschafterdarlehen
- Unternehmenskauf D V. 51 ff., 89

Gesellschafterkonten D II. 71

Gesellschafterliste D I. 530 ff.
- ausländischer Notar D V. 47
- Eintragung in Urkundenrolle M 101
- Geschäftsführer D I. 546 ff.
- Inhalt D I. 530
- Legitimationsbasis D I. 531 ff.
- Notar D I. 551 ff.
- notarielle Bescheinigung D I. 580 ff.
- Prüfungsumfang des Notars D I. 562 ff.
- Share Deal D V. 47
- Zuständigkeit D I. 546 ff.

Gesellschafterversammlung
- GmbH Satzungsregelung D I. 108 ff.
- GmbH Stimmrechtsvollmacht D I. 109

Gesellschafterwechsel E 322 f.
- bei GbR A I. 58

Gesellschaftsrecht
- Mitteilungspflicht G 239

Gesellschaftsstatut H 272
- Anteilsübertragung H 287

Gesellschaftsvertrag E 181

Gesellschaftszweck D II. 9 f.

Gestaltungsmissbrauch E 280 ff.

Gewährleistung K 82G
- bei Altobjekt A II. 100
- für Bauleistungen A II. 98
- für Baumängel A II. 98, 127 f.
- Fristen A III. 165
- Fristverkürzung A II. 100 f.
- bei Gemeinschaftseigentum A II. 105; A III. 158
- für Grundstück A II. 97
- Grundstückskaufvertrag
  - Ausschluss A I. 41
- bei Renovierungsobjekten A II. 135
- und Verschleiß A II. 101
- und VOB A II. 98
- nach Werkvertragsrecht A II. 98

Gewährleistungsübernahme
- Unzulässigkeit L I. 70 f.

Gewerbesteuerpflicht
- Familien-KG A V. 220

Gewinnausschüttung
- verdeckte E 171 ff., 290, 405 f., 442

Gewinnrücklagen D III. 159
- Umwandlung in Grundkapital D III. 283

Gewinnverlagerung ins Ausland E 301

Gewinnverteilungsabrede E 246
- Änderung E 442

gGmbH D I. 45

Gleichstellungsgelder
- Einkommensteuer A V. 80 ff.

GmbH
- Abfindung D I. 157 ff.
- Aufsichtsrat D I. 176 ff.
- Ausländer als Gesellschafter H 278
- Austritt D I. 131 ff.
- Bargründung D I. 68, 233 ff.
- Beherrschungsvertrag bei Grenzüberschreitung H 289
- Beirat D I. 176 ff.
- Bekanntmachungen D I. 190
- Beschlussfassung bei Einpersonengesellschaft E 170
- Eigenkapitalersatz D I. 264 ff.
- Einpersonengesellschaft D I. 270
- Einziehung D I. 131 ff.
- Erbfolge D I. 154 ff.

Magere Zahlen = Randnummern

Sachverzeichnis

- Fallgruppen D I. 3 ff.
- Firma D I. 39 ff.
- gemeinnützige GmbH D I. 45
- genehmigtes Kapital D I. 72 ff., 389
- Gerichtsstand D I. 179
- Geschäftsanteilsabtretung D I. 450 ff.
- Geschäftsführer
  - Satzungsregelung D I. 100 ff.
- Geschäftsführerbestellung D I. 288 ff.
- Geschäftsjahr D I. 60 f.
- Gesellschafter D I. 8 ff.
- Gesellschafterbeschluss
  - Geschäftsführerbestellung D I. 292 ff.
  - Satzungsänderung D I. 310 ff.
  - Satzungsregelung D I. 115 ff.
- Gesellschafterliste D I. 530 ff.
- Gesellschafterversammlung
  - Satzungsregelung D I. 108 ff.
- Gründung D I. 3 ff.
- Gründungskosten D I. 186 ff.
- Güterstandsklausel D I. 171 ff.
- gutgläubiger Erwerb D I. 430 f.
- Hin- und Herzahlen D I. 241 ff.
- inländische Geschäftsanschrift D I. 50, 193
- Jahresabschluss D I. 120 ff.
- Kapitalaufbringung D I. 233 ff.
- Kapitalerhaltung D I. 256 ff.
- Kapitalerhöhung D I. 344 ff.
- ordentliche Kapitalherabsetzung D I. 405 f.
- vereinfachte Kapitalherabsetzung D I. 407 f.
- Kaskadengründung D I. 36
- Kündigung D I. 151 ff.
- Liquidation D I. 591 ff.
- Mantelkauf D I. 494 ff.
- Mediationsklausel D I. 182
- Musterprotokoll D I. 21 ff.
- Nachschusspflicht D I. 76 f.
- Nießbrauch D I. 525 ff.
- Registeranmeldung
  - Gründung D I. 191 ff.
  - Kapitalerhöhung D I. 379 ff.
  - Satzungsänderung D I. 319 ff.
- Sachagio D I. 224
- Sachgründung D I. 212 ff.
- Satzungsänderung D I. 309 ff.
  - vor Eintragung D I. 32 f.
- Schiedsklausel D I. 180 f.
- Sicherungsabtretung D I. 512 ff.
- Sitz D I. 39 ff.
- Stammkapital D I. 62 ff.

- Stufengründung D I. 223 f.
- Treuhandvertrag D I. 515 ff.
- Unternehmensgegenstand D I. 55 ff.
- Unternehmenskauf D I. 491 ff.
- Unternehmensvertrag D I. 409 ff.
- Unternehmergesellschaft (haftungsbeschränkt) D I. 271 ff.
- Verdeckte Sacheinlage D I. 225 ff.
- Vereinfachte Gründung D I. 21 ff.
- Verpfändung D I. 512 ff.
- Vertretung D I. 100 ff.
- Vorratsgesellschaft D I. 494 ff.
- Wettbewerbsverbot D I. 78 ff.
- wirtschaftliche Neugründung D I. 494 ff.

Grenzüberschreitende Verschmelzung D IV. 5, 138 ff.
- Ablaufplan D IV. 149 ff.
- Sevic D IV. 5, 138
- VALE D IV. 5, 203

Grober Undank A V. 161, 193
- Schenkung an Schwiegerkinder A V. 203

Grundakten K 82G
Grundbesitzwert A III. 12
Grundbuchberichtigung
- Erbfolge A I. 641
- GbR
  - Gesellschafterwechsel A I. 58

Grundbuchberichtigungsantrag
- Anzeigepflicht E 9

Grundbucheinsicht A I. 1, 10 ff.; G 165 ff.; K 82G
- Aufdachanlage A I. 14
- Beratungs-Checkliste A I. 14
- Bestandteile A I. 18

Grunddienstbarkeit A VII.
- s. auch Dienstbarkeit
- Vorteil herrschendes Grundstück A VII. 16

Grunderwerbsteuer A III. 133 ff.; A V. 74 ff.; E 227 ff., 321 ff.
- anzeigepflichtige Vorgänge E 21
- bedingter Erwerb E 227
- befristeter Erwerb E 228
- Behaltefristen E 393 ff.
- Benennungsrecht E 230
- Erschließungskosten A I. 403
- Grundstückskaufvertrag A I. 469
- Leibrente A V. 428
- Mitteilungspflicht G 235 ff.
- Nießbrauchvorbehalt A V. 342
- Reparaturrücklage E 130

Sachverzeichnis

Fette Buchstaben und römische Ziffern = Kapitel

- Veräußerungsanzeige A I. 564
- Verletzung der Anzeigepflicht E 19
- Vertragsaufhebung A I. 953 ff.; E 259 ff.
- zusammengesetzte Verträge A I. 507

Grundkapital D III. 105 ff.
- Kapitalanlagegesellschaften D III. 105
- Unternehmensbeteiligungsgesellschaften D III. 105
- Versicherungs- und Bausparkassenunternehmen D III. 105

Grundpflichten K 11

Grundschuld
- Abtretung A VI. 70 ff.
  - Klauselumschreibung A VI. 88 ff.
  - Kosten A VI. 83 ff.
- Abtretungsausschluss A VI. 20 ff.
- Abtretungsbeschränkung A VI. 20 ff.
- am Erbbaurecht A VI. 123 ff.
- anwendbares Recht H 112
- Belastungsobjekt A VI. 113 ff.
- Fälligkeit A VI. 5 f.
- Form A VI. 32 ff.
- Freigabe A VI. 121
- Gesamtgrundschuld A VI. 113 ff.
- Kosten A VI. 32 ff.
- Kostensparstrategien A VI. 37 ff.
- Löschung A VI. 120 ff.
- Nebenleistungen A VI. 5 ff., 11 ff.
- Pfanderstreckung A VI. 116 ff.
- Rückgewähranspruch A VI. 65 ff.
- Sicherungsvertrag A VI.; s. Zweckerklärung
- Währung A VI. 2 ff.
- Zustimmungserfordernisse A VI. 127 ff.
- Zwangsvollstreckungsunterwerfung
  - dinglich A VI. 26 ff.
  - persönlich A VI. 30 f.
- Zweckerklärung A VI. 46 ff.

Grundschuldzins A VI. 5 ff., 9 f.

Grundsicherung
- und Grundstückszuwendung A V. 545 ff.

Grundstücksauktion G 275

Grundstücksbegriff E 120, 125

Grundstückskaufvertrag
- Änderung A I. 959 ff.
  - Anzeigepflicht A I. 967
  - Beurkundungsbedürftigkeit A I. 960 ff.
  - Grunderwerbsteuer A I. 968
- Änderungen
  - Beurkundungsbedürftigkeit A I. 513A

- Anlagen A I. 522 ff.
- Aufhebung A I. 942 ff.
  - Beurkundungsbedürftigkeit A I. 513A, 943 ff.
  - Formulierungsbeispiel A I. 958
  - Grunderwerbsteuer A I. 953 ff.
  - Vertragsinhalt A I. 949 f.
- Auflassung A I. 434 ff.
- Ausländer als Beteiligte A I. 660 ff.
- ausländische Gesellschaft A I. 700
- Auslandsbezug A I. 660 ff.
- Belastungsvollmacht
  - Betreuter A I. 638
- Besitzübergang A I. 290 ff.
- Bestätigung A I. 969 ff.
- Beteiligung Betreuter A I. 633 ff.
- Beteiligung Minderjähriger A I. 623 ff.
- Beurkundung ohne Einsicht A I. 6
- Beurkundungsbedürftigkeit A I. 495 ff.
- Brennstoffvorräte A I. 9
- Eigentumsvormerkung A I. 404 ff.
- Einsicht in die Grundakten A I. 34
- Erschließungskosten A I. 35, 377 ff.
- Fälligkeit des Kaufpreises A I. 93 ff.
- Fälligkeitsmitteilung A I. 220 ff.
- Falschbezeichnung A I. 35
- mit Gemeinde A I. 144
- Genehmigungen A I. 105 ff.
- Gesellschaft bürgerlichen Rechts A I. 683 ff.
  - Finanzierungsvollmacht A I. 689 f.
- Gesellschaft in Gründung A I. 702 f.
- Gesellschaftsanteil A I. 35
- gesetzliche Vorkaufsrechte A I. 164 ff.
- Grunderwerbsteuer A I. 469
- Grundstückskaufvertrag A I. 39, 40, 44
- Inventar A I. 49 f.
- Kauf auf Rentenbasis A I. 744 ff.
- Kaufpreis A I. 80 ff.
  - Teilflächenkauf A I. 82
  - Vorauszahlung A I. 85
- Kaufpreisfälligkeit A I. 93 ff.
  - Notaranderkonto A I. 861
  - Teilflächenkauf A I. 602
- Kaufpreisfinanzierung A I. 266 ff.
  - Schriftverkehr A I. 586 ff.
  - Teilflächenkauf A I. 604
  - Verkäufermitwirkung A I. 267 ff.
- Kaufpreissicherung A I. 225
- Kaufpreisstundung A I. 741 ff.
- mit Kirche A I. 145
- Kosten A I. 539 ff.
- Kostentragung A I. 463 ff.

Magere Zahlen = Randnummern

Sachverzeichnis

- Lastenfreistellung **A I.** 206 ff., 582 ff.
- Maklerklausel **A I.** 470 ff.
- Mehrwertsteueroption **A I.** 88 ff.
- Mietkaution **A I.** 302 f.
- Mietverhältnis **A I.** 299 ff.
- Notaranderkonto **A I.** 751 ff.
- Personenhandelsgesellschaft **A I.** 695 f.
- Pfändung des Kaufpreisanspruchs **A I.** 207
- postmortale Vollmacht **A I.** 643
- Rechtsmängelhaftung **A I.** 307 ff.
- Renovierungspflicht **A I.** 66 ff.
  - Baubeschreibung **A I.** 67
- Restitutionsantrag **A I.** 138
- Rücktrittsrecht **A I.** 253 ff.
- Rücktrittsvorbehalt **A I.** 934 ff.
- Sachmängelhaftung **A I.** 69 ff., 318 ff.
- Scheinbestandteile **A I.** 52 f.
- Teilflächenkauf **A I.** 593 ff.
  - Abwicklung **A I.** 612 ff.
  - mehrere Teilflächen **A I.** 610 f.
- Trennung von Angebot und Annahme **A I.** 884 ff.
- Umsatzsteueroption **A I.** 88 ff.
- Verbot systematischer Aufspaltung **A I.** 886
- Verbrauchervertrag **A I.** 70, 704 ff.
- Verkauf durch Erben **A I.** 639
- Verkauf durch Testamentsvollstrecker **A I.** 644 ff.
- Verkauf durch Vorerben **A I.** 648 ff.
- Verrechnungsabrede
  - Beurkundungsbedürftigkeit **A I.** 513V
- Verrentung des Kaufpreises **A I.** 744 ff.
- Verzug **A I.** 228 ff.
- Vollzug **A I.** 482 ff., 569 ff.
- Vorauszahlung
  - Beurkundungsbedürftigkeit **A I.** 513A
- Vorleistungsrisiko **A I.** 782
- Zustimmung des Ehegatten **A I.** 617 ff.

Grundstücksschenkung
- und Weiterveräußerung **E** 330 f.

Grundstücksverkehrsgesetz
- Genehmigungsantrag **A I.** 574

Grundstücksverkehrsordnung
- Genehmigung beim Bauträgervertrag **A II.** 38 f.

Grundstücksvermächtnis C 146

Grundstücksverträge
- Anknüpfung im IPR **H** 94 ff.
- Devisenvorschriften **H** 101
- Form bei Auslandsberührung **H** 102 ff.
- Rechtswahl **H** 159

Grundstückszuwendung A V. 136 ff.
- unter Auflage **A V.** 158
- bedingte Leistungen **A V.** 145
- Bereicherung des Beschenkten **A V.** 137
- und erbvertragliche Bindung **A V.** 9 ff.
- familienrechtliche Genehmigung **A V.** 169
- Gegenleistungen **A V.** 143 ff.
- gegenseitiges Zuwendungsversprechen **A V.** 251 ff.
- an Lebenspartner **A V.** 204 ff.
- Mängelhaftung **A V.** 156 f.
- Rückforderungsrecht bei Notbedarf **A V.** 159 ff.
- Sozialhilferegress **A V.** 555 f.
- sozialrechtliche Folgen **A V.** 532 ff.
- an Stiftung **A V.** 137
- durch Vorerben **A V.** 8

Gründung
- Aktiengesellschaft **D III.** 45 ff.

Gründungsbericht D III. 57
- Beglaubigung **D III.** 57
- Geschäftswert **D III.** 40
- Zulässigkeit der Vertretung **D III.** 57

Gründungskosten
- GmbH **D I.** 186 ff.

Gründungsprotokoll D III. 50
Gründungsprüfungsbericht D III. 59
Gründungstheorie H 273 f.
Gründungsurkunde D III. 51

Gutachterausschuss
- Mitteilungspflicht **A I.** 568; **G** 242

Gütergemeinschaft B I. 85 ff.
- allgemeine **B I.** 85 ff.
- fortgesetzte **B I.** 102 ff.
- Grundstückskaufvertrag **A I.** 651 ff.

Güterrecht
- Auslandsberührung **H** 138 ff.

Güterrechtsregister B I. 112 ff.

Güterrechtsstatut H 143 ff.
- und Erbstatut **H** 246 ff.
- Rück- und Weiterverweisung **H** 145 f.
- Übergangsregelungen **H** 150 ff.
- Unwandelbarkeit **H** 144

Güterstand B I. 51
- Altehen **H** 150 ff.
- Auslandsberührung **H** 115, 166 ff.
- Errungenschaftsgemeinschaft **B I.** 98
- Fahrnisgemeinschaft **B I.** 98
- gesetzlicher **B III.** 152, 156, 164
- Gütergemeinschaft **B I.** 85 ff.; **B III.** 158
- Güterstandsschaukel **B I.** 83 f., 119

2035

Sachverzeichnis
Fette Buchstaben und römische Ziffern = Kapitel

– Gütertrennung B I. 80 ff.; B III. 157, 167
– Phantasiegüterstand B I. 46
– und Schuldenzuordnung B III. 168
– Wahl-Zugewinngemeinschaft B I. 108a ff.
– Zugewinngemeinschaft B I. 51 ff.; B III. 152, 156, 164
– und Zuwendungen B III. 155, 161
Güterstandschaukel A V. 60, 150
– und Gesamtplanrechtsprechung E 361
gutgläubiger Erwerb
– GmbH D I. 430 f.

Haager Adoptionsübereinkommen H 198
Haager Erwachsenenschutzübereinkommen H 84 ff.
Haager Kinderschutzübereinkommen H 79 ff.
Haager Testamentsübereinkommen H 216 f.
Haager Unterhaltsprotokoll H 169 ff.
Haager Unterhaltsübereinkommen H 170, 176
Haager Zustellungsübereinkommen H 348
Haftpflichtklage K 57 ff.
– Ausgleichsansprüche K 57
– Beweislast K 62 ff.
– auf Geldersatz K 58
– Gesamtschuldner K 57
– Schadenskausalität K 82S
– Teilklage K 58
– zuständiges Gericht K 57
Haftung B I. 20
– ABC K 82A ff.
– Amtshaftung K 6
– Anspruchsberechtigung K 13 ff.
– Anspruchsgrundlage K 6
– Anwaltsnotar K 6, 82A
– Assessoren K 30 f.
– Auflassungsbevollmächtigte K 36
– Ausgleichsansprüche K 32
– bei Auskünften über ausländisches Recht H 21 f.
– Ausschluss (§ 839 III BGB) K 42 ff.
– Auszahlungsfehler K 82V
– Beglaubigung K 82B
– Beschränkung K 55 f.
– Beteiligte K 15 ff.
– Bevollmächtigte K 16
– Bezeugungstheorie K 19
– Delegation K 34

– Dritte K 13 ff.
– für entgangene Grunderwerbsteuer E 52
– Entschuldigung K 25 f.
– Entwurf K 82B
– Erben K 20
– Erfüllungsgehilfe K 82E
– Erkrankung K 25
– Fahrlässigkeit K 22
– für falsche Steuerauskunft E 67
– für fehlende steuerliche Sachverhaltserforschung E 77 ff.
– für fehlenden Hinweis auf Schenkungsteuer E 29
– Funktionstheorie K 14 ff.
– Garantie K 82G
– Gesamtschuldner K 27, 30, 32, 82S
– Geschäftsführer K 16
– Haftpflichtversicherung K 22
– für Hausgeldrückstände A III. 190
– Kausalität K 82S
– für Kenntnis der Gesetze K 23
– für Kenntnis der Rechtsprechung K 23
– Kollegialgericht K 26
– Kundbarmachungstheorie K 19
– Mitverschulden K 46, 82M
– Nebentätigkeit K 9
– Notariatsverwalter K 32
– Organe K 16
– Organisation K 34
– Personal K 33 ff.
– Personenkreis K 13 ff.
– persönliche K 7
– Pflichtwidrigkeit K 21 ff.
– Risiken K 82A ff.
– Rückgriff K 32
– Sozietät K 82S
– Staatshaftung K 7
– für Steuerberatung E 1 ff.
– Subsidiarität K 37 ff.
– Telefongespräch K 17
– Überwachung K 34
– für unklare Formulierungen E 76
– Verjährung K 47 ff.
– Vermächtnisnehmer K 20
– Verschulden K 21 ff.
– Vertrauenstheorie K 19
– Vertreter K 16
– für verzögerten Vollzug E 167
– Vollzugsbevollmächtigte K 36
– Voraussehbarkeit K 21
– Voraussetzungen K 10
– Zession K 82V
– Zwecktheorie K 14

Magere Zahlen = Randnummern

Sachverzeichnis

Haftungsbegrenzung E 82 ff.
Haftungsbeschränkung K 55 f.
Haftungsgrundsätze K 6 ff.
Hamburger Modell A II. 141
– Beurkundungsbedürftigkeit A I. 513H
Handelsregister
– Zweigniederlassung ausländischer Gesellschaft H 304 ff.
Handelsregistervollmacht
– Kosten J 61K
Handlungsvollmacht F 134
Hardware M 14
– Checkliste M 14
Hauptversammlung D III. 157 ff., 169 ff.
– Beschlussanfechtung D III. 212
– Einberufung D III. 169 ff.
– Einberufungsmängel D III. 187 ff.
– Einberufungsvoraussetzungen (Checkliste) D III. 190
– bei Einmann-Gesellschaften D III. 243
– Frage- und Rederecht D III. 196 ff.
– Mitwirkungspflicht D III. 99, 183
– Niederschrift G 259 ff.
– notarielle Zuständigkeiten D III. 203 ff.
– Online-Teilnahme D III. 193, 205
  – eines Aufsichtsratsmitglieds D III. 201
– Squeeze-out D III. 374
– Stimmrechtsbevollmächtigung D III. 206
– Teilnahmerecht D III. 191
– Teilnehmerverzeichnis D III. 203
– Versammlungsleiter D III. 210
– Versammlungsprotokoll D III. 214
Hauptversammlungsbeschluss
– Anfechtung D III. 212, 247, 366
– Widerspruch D III. 216
Hauptversammlungsprotokoll D III. 214
– Ordnungsmaßnahmen D III. 221
Hausgeld A III. 65 ff.
– Haftung für Rückstände A III. 193
– Nachhaftung A III. 199a
– Versteigerungsvorrecht A III. 69a
Haushaltsgegenstände B III. 184
Hausschwamm
– Grundstückskaufvertrag A I. 361
Heilung
– von steuerlichen Mängeln E 423 ff.
Heimatsrechtsklausel H 189 f.
Heimgesetze C 275 ff.
Heimstättenvermerk A I. 129
Heizkostenverordnung A III. 124
Heizöl
– Scheinbestandteile A I. 39

Heizungsanlage
– zwingendes Gemeinschaftseigentum A III. 29e
Herstellerbescheinigung M 20, 32, 34
Hinterlegungsvereinbarung K 82V
Hinweis
– auf nicht erfolgte Belehrung E 279
Hinweispflicht
– auf Einkommensteuer E 64 ff.
– bei erkennbarer Steuerrelevanz E 74
– auf Grunderwerbsteuer E 59
– auf § 74 AO E 58
– auf § 75 AO E 57
– auf Schenkungsteuer E 60
– auf subsidiäre Steuerhaftung E 61
– auf Umsatzsteuer E 68 ff.
Hinweispflichten E 56 ff., 62 ff., 71
Höchstgebühr J 18, 61G
Höchstwert J 61G, 61O
Höfeordnung
– Verzicht auf Abfindung A V. 135
Hofübergabe A V. 271 ff.
– Einkommensteuer A V. 275
– weichende Erben A V. 273
Hofübergabevertrag
– Beurkundungsbedürftigkeit A I. 513H
Hörbehinderter Beteiligter
– im Erbrecht C 74 ff.
Hypothek
– anwendbares Recht H 112 f.

Identitätserklärung A I. 450, 608
Identitätsfeststellung G 157 ff.
– Geldwäschegesetz G 161
Immissionsduldung A VII. 41 ff.
Immissionsschutzdienstbarkeit A VII. 40
Informationsmanagement M 15
Inhaberaktien D III. 16, 180
– Meldepflicht bei Übertragung D III. 173
– Übertragung D III. 30
– Zulässigkeit D III. 23
Inhalt
– der Belehrungspflicht G 60
Inhaltskontrolle
– von Eheverträgen B I. 11a
Insemination
– heterologe B V. 78, 82
– homologe B V. 78
Insichgeschäfte
– ausländische Gesellschaften H 287
Insolvenz
– Anfechtung A V. 16 ff.

Sachverzeichnis

Fette Buchstaben und römische Ziffern = Kapitel

- Anfechtung bei gemischter Schenkung A V. 20
- Anfechtung bei inkongruenter Deckung A V. 22
- und Grundstückskaufvertrag A I. 406
- und Pflichtteilsanspruch A V. 148
- Unternehmenskauf D V. 92 f.

Insolvenzplanverfahren D IV. 136
Insolvenzvermerk
- Grundstückskaufvertrag A I. 674 ff.

Instandhaltungsrücklage
- Grunderwerbsteuer A III. 11
- Werbungskostenabzug A III. 9

Integrität L I. 57 ff.
- Verbot der unerlaubten Handlung L I. 59 ff.
- wahrheitsgemäße Bezeugung L I. 58 ff.

Internationales Erbrecht H 214 ff.
Internationales Gesellschaftsrecht H 271 ff.
- Anknüpfung H 272

Internationales Güterrecht H 138 ff.
- Anknüpfung H 143 ff.

Internationales Privatrecht H 51 ff.
- Anknüpfung H 54 ff.
- Einzelstatut H 64
- EU-Recht H 53
- Kollisionsnormen H 51 ff.
- Qualifikation H 52
- Rechtsspaltung H 66
- Rechtswahl H 58 ff.
- Rück- und Weiterverweisung H 61
- Rückverweisung H 71
- Staatenlose H 59
- Vorfrage H 58
- Weiterverweisung H 55 f.
- Wirkungsstatut H 62

Internet
- Nutzung durch Mitarbeiter M 78

Internetkommunikation M 46
Inventarverzeichnis
- Verweisung G 198 ff.

Irrtumsanfechtung E 264 ff.

Jahresabschluss
- GmbH D I. 120 ff.

Jahresüberschuss
- Verwendung D III. 159

Jahresübersichten M 238 f.
Jastrow'sche Klausel C 250
Joint Venture D V. 58
Kabelanschluss
- als bauliche Veränderung A III. 106

Kapitalerhöhung D III. 251 ff.
- Anzeigepflicht E 31
- gegen Bareinlagen D III. 260
- effektive D III. 251
- aus Gesellschaftsmitteln D III. 283; E 40
- GmbH D I. 344 ff.
- nominelle D III. 251
- Registeranmeldung
  - Kosten D III. 44
- gegen Sacheinlage D III. 264
- Verzicht auf Teilnahme E 41

Kapitalerhöhung GmbH
- Bezugsrecht D I. 344 ff.
- Bis-zu-Kapitalerhöhung D I. 384 f.
- gemischte Sacheinlage D I. 367
- genehmigtes Kapital D I. 389
- Gesellschafterforderungen
  - Verwendung von D I. 357 ff.
- aus Gesellschaftsmitteln D I. 372
- Kapitalaufbringung D I. 349 ff.
- Kapitalschnitt D I. 377
- Nennwerterhöhung D I. 345
- Registeranmeldung D I. 379 ff.
- Übernahmeerklärung D I. 347 f.
- Unternehmergesellschaft D I. 390 ff.
- Voreinzahlung D I. 353 ff.

Kapitalgesellschaft
- Anzeigepflicht bei Gründung E 31

Kapitalglättung
- Aktiengesellschaft D III. 108

Kapitalherabsetzung D III. 285 ff.
- Anzeigepflicht E 31
- GmbH D I. 405 ff.
- ordentliche D III. 290 ff.; E 326
- als Sanierungsmaßnahme D III. 286
- vereinfachte D III. 293; E 328

Kapitalkonto
- negatives E 165

Kapitalrücklagen
- Umwandlung in Grundkapital D III. 283

Kapitalschnitt D III. 286
- GmbH D I. 377

Kappungsklausel
- gesetzliche Vertretung im IPR H 211

Katasterplan
- Teilflächenkauf A I. 595

Kauf auf Rentenbasis A I. 744 ff.
Kaufpreis
- Fälligkeit A I. 93 ff.
- Festpreis A I. 80
- Teilflächenkauf A I. 599 ff.

Magere Zahlen = Randnummern

- Zahlungszeitpunkt A I. 94
- Zerlegung A I. 87

Kaufpreisfälligkeit A III. 157 f.
- beim Bauträgervertrag A II. 62 ff.
- Mitteilung K 82N

Kaufpreisfinanzierung
- Zwangsvollstreckungsunterwerfung G 331

Kaufvertrag
- Doppelvollmacht A I. 152
- Spekulationsgewinn A I. 60 ff.
- Vorsorge Vorkaufsrechtsausübung A VIII. 34 ff.

Kaufvertragsangebot
- maskiertes E 326

Kausalität
- Haftung K 82S

Kellertausch A III. 98 ff.
Kettenschenkungen E 165, 328
Kinder
- minderjährige E 194, 320

Kinderlärm
- Grundstückskaufvertrag A I. 361

Kinderschutzübereinkommen
- Auslandsberührung H 79 ff.

Kinderwunschvereinbarungen B V. 81 ff.
Kindesname B I. 27 ff., 30, 36, 138
Kindesunterhalt H 174
- Altersstufen B III. 111
- Dynamisierung B III. 107 ff.
- Geltendmachung
  - in Prozessstandschaft B III. 99 ff.
  - in Vertretung B III. 99 ff.
- und Kindergeld B III. 105
- Mindestunterhalt B III. 103
- Unterhaltsrechtliche Leitlinien B III. 10
- Vollstreckungsunterwerfung B III. 100

Kindschaftsrecht
- Beratungs-Checkliste B V. 1
- Beurkundungszuständigkeiten B V. 2 ff.
- Ehelicherklärung B V. 29 ff.
- Einbenennung B V. 21 ff.
- Elternvereinbarung B V. 43 b f.
- Fallgruppen B V. 6
- Freistellung Vaterschaft B V. 20a
- Kenntnis der Abstammung B V. 20a
- Reformbestrebungen B V. 5
- Vaterschaftsanerkenntnis B V. 7 ff.

Kindschaftsrechtsreform B V. 5
Klauselumschreibung G 345 ff.
- Sonderrechtsnachfolge G 347 ff.

Klauselverbote A I. 706
- Verbrauchervertrag A I. 368

Sachverzeichnis

Kollegialgericht K 26
Kollisionsrecht H 51 ff.
Kölner Modell A II. 138
Kommanditgesellschaft
- Familienpool A V. 215

Konsularische Urkunden
- Vollstreckung im Ausland H 338

Konsumgenossenschaften A I. 513K
Kontaktperson K 17
Konvertierung
- von Dateien M 11

Konzernverschmelzung
- down-stream-merger D IV. 117
- Kapitalerhöhungsgebot D IV. 116
- Kapitalerhöhungswahlrecht D IV. 116
- side-step-merger D IV. 121
- up-stream-merger D IV. 115
- verschmelzungsrechtlicher Squeeze-Out D IV. 125

Körperschaftsteuer
- und Behaltefristen E 385 ff.

Kosten J 1 ff.; K 82B
- Abgeschlossenheitsbescheinigung J 61W
- Abtretung von Grundpfandrechten J 61A
- Abtretungsanzeige J 61A
- Adoption J 61A
- Änderung von Erklärungen J 23 f.
- Angebot J 61A
- Ankaufsrecht J 61A
- Annahme als Kind J 61A
- Annahme eines Angebots J 61A
- Anwaltsvergleich J 61A
- Auflassung J 61A
- Auseinandersetzungsvertrag J 61A
  - Miteigentümer J 61A
- Auszahlungsbestätigung J 61G
- Benutzungsregelung J 61B
- Beratung J 34
- Bescheinigungen J 61B
- Betreuungsgebühr A I. 545 ff.
- Betreuungsverfügung J 61B
- Beurkundung Verschmelzungsvertrag/Spaltungsplan D IV. 205 ff.
- Dienstbarkeitsbestellung J 61D
- Dolmetscher J 28
- eheliches Zusammenleben B I. 160
- Ehevertrag B I. 159; J 61E
- eidesstattliche Versicherung J 61E
- Entwürfe J 29 ff.
- Erbvertrag C 412 f.
- Erbverzicht J 61E
  - Geschwister J 61U

2039

Sachverzeichnis

Fette Buchstaben und römische Ziffern = Kapitel

- Fälligkeit J 49
- fremdsprachliche Erklärungen J 28
- Geh- und Fahrtrecht J 61D
- Gemeinschaftsaufhebungsverbot J 61G
- Genehmigung J 61G
- Generalvollmacht J 61V
- Gesamtgutsauseinandersetzung J 61E
- Geschäftsanteilsabtretung J 61G
- GmbH J 61G
- Grundbuchauszug J 38a
- Grundbuchberichtigung J 61G
- Grundschuld J 61G
- Grundstückskaufvertrag A I. 539 ff.
- Gütertrennung J 61E
- Handelsregisteranmeldungen
  - Einzelkaufmann J 61H
  - GmbH J 61G
  - KG J 61K
  - OHG J 61O
- Hinweis auf die Höhe J 15 f.
- Höchstgebühren J 10
- Hypothek J 61G
- Identitätserklärung A I. 548
- Kauf auf Rentenbasis A I. 539
- Kaufvertrag J 61K
- Kaufvertrag über Wohnungseigentum A III. 17
- KG J 61K
- Löschung J 61L
- mehrere Erklärungen J 19 ff.
- Messungsantrag A I. 543
- Mietvertrag J 61M
- Mitwirkungsverbot J 45
- OHG J 61O
- Pachtvertrag J 61O
- Partnerschaftsvertrag B IV. 48
- Patientenverfügung J 61B
- Pfandfreigabe J 61P
- Pfandunterstellung J 61P
- Pflichtteilsverzicht J 61E
  - Geschwister J 61U
- Rahmengebühren J 29
- Rangbescheinigung J 61R
- Rangrücktritt J 61R
- Sachenrechtsbereinigung J 61S
- Satzrahmengebühren J 29
- Scheidungsvereinbarung J 61E
- Schuldanerkenntnis J 61G
- Serienentwurf J 61S
- Siegelung J 61S
- Testament C 412 f.
- Treuhandgebühr A I. 547
- Übergabe J 61U
- Überlassung J 61U
- Umsatzsteueroption A I. 539
- Umschreibung der Vollstreckungsklausel J 61V
- Umwandlung J 61U
- Unterhalt B I. 160
- Unterhaltsverpflichtung J 61V
- Unterhaltsverzicht J 61E
- Unternehmenskauf D V. 113 ff.
- Vaterschaftsanerkenntnis J 61V
- Verjährung J 51
- Verlosung J 61V
- Vermächtniserfüllung J 61V
- Vermögensverzeichnis J 61V
- Verpfändung J 61V
- Versorgungsausgleich B I. 160; J 61E
- Vertragsaufhebung J 61A
- Verwahrung J 61A
- Verwalterzustimmung J 61W
- Verweisungsurkunde J 61V
- Vollmacht J 61V
- Vollstreckungsklauselumschreibung J 61V
- Vollzugsgebühr A I. 542 ff.
- Vorkaufsrecht J 61V
- Vorschuss J 50
- Vorsorgevollmacht J 61V
- Vorvertrag J 61V
- Vorzeitige Beendigung J 33
- Wechselprotest J 61W
- Wertsicherung J 61W
- wiederkehrende Leistungen J 61U
- Wohnungsbesetzungsrecht J 61D
- Wohnungseigentum J 61W
- Wohnungseigentumsbegründung
  - Grundbuchamt A III. 18
  - Notar A III. 16
- Zweigniederlassung J 61Z

Kostenbeschwerde
- Antrag auf gerichtliche Entscheidung J 56 ff.
- Beschwerde J 58a
- Rechtsbeschwerde J 59
- Rechtskraft der Entscheidung J 60

Kostenforderung
- Auslandsberührung H 351
- Einwendungen K 58

Kostenhaftung K 82U
Kostenrechnung J 52 f.
Kostenschuldner J 11 ff.
Kostenstarksagung L I. 71
Kündigung D II. 36
- GmbH D I. 151 ff.

Magere Zahlen = Randnummern

Sachverzeichnis

Landwirtschaftliche Übergabe A V. 271 ff.
– Beihilfen A V. 282 ff.
– Einkommensteuer A V. 275
– Milchquote A V. 279
– weichende Erben A V. 273
Lastenfreistellung
– Teilflächenkauf A I. 602
Lastentragung
– bei Wohnungseigentum A III. 65 ff.
Leasingvertrag E 114
– Beurkundungsbedürftigkeit A I. 513L
Lebensgemeinschaft H 203 f.
Lebenshaltungsindexklauseln A V. 394 ff.
Lebenspartnerschaftsstatut H 206
Lebenspartnerschaftsvertrag B II. 1 ff.
– Adoption B II. 31
– Anfechtungsrecht B II. 28 f.
– Anzeigepflicht B II. 21
– Aufhebungsvereinbarung B II. 30
– Auslandsberührung B II. 33
– Belehrung B II. 36
– Checkliste B II. 1
– Einkommensteuer B II. 13
– Elternschaft B II. 31
– Erbrecht B II. 32
– Erbschaftsteuer B II. 13, 31
– Form B II. 34
– gesetzlicher B II. 14
– Gewinnausschüttung B II. 13
– Grunderwerbsteuer B II. 13
– Gütergemeinschaft B II. 16
– Güterrechtsregister B II. 19
– Güterstand B II. 5, 14
– Gütertrennung B II. 15a, 18
– Kosten B II. 35
– Lebensgemeinschaft B II. 7 ff.
– Lebenspartnerschaftsname B II. 12
– Lebenspartnerschaftsunterhalt B II. 11 f.
– nachpartnerschaftlicher B II. 22
– Option B II. 11, 14, 23
– Regelungsgrenzen B II. 6
– Regelungsmöglichkeiten B II. 15 ff.
– salvatorische Klausel B II. 10
– Schenkungsteuer B II. 13
– Schlüsselgewalt B II. 26
– sexuelle Beziehungen B II. 9
– Steuer B II. 13
– Testamentsregister B II. 21
– Typenbildung B II. 3 f.
– Unterhalt B II. 22
– Verfügungsbeschränkungen B II. 18
– Versorgungsausgleich B II. 26 f.

– vorlebenspartnerschaftliche Vermögensbildung B II. 17
– Wohngemeinschaft B II. 9
Lebensversicherung
– und Erbrecht C 400 ff.
– Zuwendung Bezugsrecht A V. 187
lebzeitiges Eigeninteresse C 390
Legalisation
– Abkommen über Befreiung H 332 ff.
– Auslandsnachlass H 345
– Bilaterale Abkommen H 335 ff.
– Haager Abkommen H 334
– Länderliste H 344
Leibgeding A V. 452 ff.
– Begriff A V. 453 ff.
– Einkommensteuer A V. 464
– Zwangsversteigerungsprivileg A V. 458
Leibrente A V. 389 ff.
– Einkommensteuer A V. 429 ff.
– Grunderwerbsteuer A V. 428
– Schenkungsteuer A V. 428
– Stammrecht A V. 391
– Wertsicherungsklauseln A V. 394 ff.
– Zwangsvollstreckungsunterwerfung A V. 417
Leihmutterschaft B V. 78
Leistungsbestimmungsrecht
– beim Grundstückskaufvertrag A I. 86
Leitungsrecht A VII. 33 ff.
Letter of Intent
– Beurkundungsbedürftigkeit A I. 513L
– Unternehmenskauf D V. 80 f.
– Form D V. 8
Letztwillige Verfügung
– und Übersetzung H 33
Liquidation
– GmbH D I. 591 ff.
Locked-Box-Modell
– Unternehmenskauf D V. 39
Löschungserleichterung
– Nießbrauch A V. 289
– bei Rückforderungsrecht A V. 502
– Wohnungsrecht A V. 345
Loseblattform
– Bücher M 92
– Verbindung mit Schnur und Siegel M 94
Lotterievertrag
– Beurkundungsbedürftigkeit A I. 513L

MaBV
– und Bauträgervertrag A II. 22, 62 ff., 121, 123, 133
Macrotron-Rechtsprechung D III. 234

Sachverzeichnis

Fette Buchstaben und römische Ziffern = Kapitel

Maklerklausel
- Grundstückskaufvertrag **A I.** 470 ff.
- Kostenfolgen **A I.** 478
- Standesrecht **A I.** 480

Maklertätigkeit K 82G

Maklervertrag
- Beurkundungsbedürftigkeit **A I.** 513M

Mantelkauf E 298 ff.

Massenbuch M 149 ff.
- Abschluss einer Masse **M** 157 f.
- Jahresabschluss **M** 167 ff.
- Online-Banking **M** 40

Massenkartei M 92

Maßgeblichkeit
- eingeschränkt **E** 99 f.

Mehrhausanlage A III. 36 ff., 47
- Kostentragung **A III.** 67 f.
- Verwaltungsbeirat **A III.** 81

Mehrheitsprinzip D II. 67 ff.

Mehrstaater H 59

Mehrwertsteuer-Modell A II. 145

Mehrwertsteueroption A I. 88 ff.

Mieterschutz
- Umwandlung in Eigentumswohnungen **A III.** 200

Mietgarantie
- im Bauträgervertrag **A II.** 51 f.

Mietkauf A I. 84

Mietkaufmodell A II. 140; **E** 308

Mietkaution
- Grundstückskaufvertrag **A I.** 302 f.

Mietpoolvereinbarung
- Beurkundungsbedürftigkeit **A I.** 513M

Mietpreisbindung
- Grundstückskaufvertrag **A I.** 361

Mietvertrag
- mit Angehörigen **E** 195 f.

Milchquote
- bei landwirtschaftlicher Übergabe **A V.** 279

Minderjährige D II. 2
- Beteiligung an Gesellschaft **A V.** 235 ff.
- Erwerb eines vermieteten Objekts **A V.** 165
- Grundstückszuwendung **A V.** 163

Minderjähriger
- Grundstückskaufvertrag **A I.** 623 ff.

Minderjährigkeit
- Auslandsberührung **H** 78

Minderung
- Sachmängel **A I.** 344

Mindestgebühr J 10
- spezifische **J** 10

Missbilligung L I. 146

Mitarbeiter M 74 ff.
- Auszubildende **M** 75
- Volljuristen **M** 74

Miteigentümervereinbarung
- Grundstückskaufvertrag **A I.** 719 ff.
- Parkplatzgrundstück **A I.** 724

Miteigentumsanteile
- Größe bei Wohnungseigentum **A III.** 35 ff.

Mitgesellschafter E 140

Mitteilungspflichten
- nach dem AWG **L I.** 92
- durch Berufsrecht **L I.** 94
- Finanzamt **G** 235 ff.
- gegenüber Grundbuchamt **L I.** 88
- nach dem GWG **L I.** 9
- gegenüber Standesamt **L I.** 87, 89

Mittelbare Grundstücksschenkung A V. 172
- Formulierungsbeispiel **A V.** 174

Mittelbare Urkundsbeteiligte G 133 ff.

Mittelbares Bezugsrecht D III. 257
- Formulierungsbeispiel **D III.** 258

Mitunternehmer E 190
- Typus **E** 212

Mitverfügungsberechtigung E 199

Mitverschulden K 46, 82M

Mitwirkung
- Versagung bei Zweifel **L I.** 66

Mitwirkungsverbote C 69 ff.; **G** 21 ff., 32 ff.
- Auslandsberührung **H** 4

Münchener Modell A I. 190

Münchner Modell E 313

Muster
- Dienstordnung **M** 95 f.

Musterprotokoll D I. 21 ff.

Mutterschaftsanerkenntnis
- Mitteilungspflicht **L I.** 89

Nachehelicher Unterhalt B I. 147 ff.; **H** 175
- Rentenverlust **B I.** 152
- Steuern **B I.** 149m
- verstärkende Vereinbarungen **B I.** 149k f.
- Verzicht **B I.** 148 f.
- vorsorgende Vereinbarungen **B I.** 147 ff.

Nacherbe C 122 ff.
- Anwartschaftsrecht **C** 124
- Zustimmung zur Verfügung **A I.** 648

Nacherbfolge
- im Handels- und Gesellschaftsrecht C 354 ff.
- wirtschaftliches Eigentum E 115

Nachfolgeklausel D II. 51 ff.
- bei Familien-KG A V. 216

Nachgründung D III. 164 ff.
- Registeranmeldung D III. 166

Nachgründungsbericht D III. 164
Nachgründungsvertrag D III. 164
Nachlassregulierung
- und Grundbuch C 500 ff.
- und Handelsregister C 489 ff.
- durch Testamentsvollstrecker C 480 ff.

Nachlassspaltung H 228 f.
- und gesetzliche Vertretung und IPR H 252
- Pflichtteilsrecht H 233 f.

Nachlassvollmacht F 123
Nachschusspflicht
- GmbH D I. 76 f.

Nachtragsvermerk G 151
Nachvermächtnis
- und Vormerkung C 159

Nachzahlungsverbot E 247
Namensaktien
- Übertragung D III. 30, 174
- Vinkulierung D III. 111

Namensschild
- Amtsvorgänger M 254

Namensverzeichnis M 99, 172 ff.
NATO-Modell A II. 151
Nebenakten M 229
- Grundbucheinsichten M 230
- Verwahrung M 231

Nebenbestimmung
- Änderung E 431

Nebenleistungen
- im Bauträgervertrag A II. 51 f.

Nebentätigkeiten L I. 22 ff.
- besoldetes Amt L I. 24 ff.
- genehmigungsfreie L I. 34 f.
- Organmitgliedschaft L I. 33
- gegen Vergütung L I. 29

Nettonießbrauch A V. 310 ff.
Neubau
- Abgrenzung zu Altbau A II. 11, 100

Neuordnung
- Neutralität L I. 52

Nichteheliche Lebensgemeinschaft B IV. 1 ff.
- Auseinandersetzung B IV. 11

- Ausgleichsansprüche B IV. 1a
- Einkommensteuer B IV. 10
- Erbrecht B IV. 14
- Erbschaft- und Schenkungsteuer B IV. 12, 14
- Fallgruppen B IV. 7
- Kinder B IV. 13, 40
- Motive B IV. 3
- Regelungsbedarf B IV. 8 f.

Nichtehelichenrecht C 381 ff.
Nichteheliches Kind
- Erbrecht C 385

Niederschrift G 140 ff.
- äußere Form G 141
- Hauptversammlung G 259 ff.
- Inhalt G 153 ff.
- Übersetzung G 178 ff.
- Verlosung und Auslosung G 266
- Vermögensverzeichnis G 267
- Versammlungen G 257 ff.
- Vorlesen G 203 ff.

Niederstwertprinzip A V. 316
Nießbrauch
- Ablösung E 433 ff.
- Aufgabe A V. 290
- Befristung A V. 289
- Beschränkung auf einzelne Nutzungsarten A V. 293
- Bruttonießbrauch A V. 308 f.
- GmbH D I. 525 ff.
- Grundstückszuwendung A V. 286 ff.
- Lastentragung A V. 304 ff.
- mehrere Berechtigte A V. 297 ff.
- Nettonießbrauch A V. 310 ff.
- Pfändung A V. 327
- Quotennießbrauch A V. 291
- Schenkungsteuer A V. 73
- Stimmrecht in Eigentümerversammlung A III. 71
- Sukzessivberechtigung A V. 296
- Vorbehaltsnießbrauch A V. 333
- an Wohnungs- und Teileigentum A V. 294
- Zuwendungsnießbrauch A V. 334
- Zwangsvollstreckung A V. 324 ff.

Nießbrauchsbestellung
- für Minderjährigen E 198

Nießbrauchsrecht E 166
Nießbrauchsvorbehalt
- Bruchteilsnießbrauch A V. 291
- Dispositionsnießbrauch A V. 287
- bei landwirtschaftlicher Übergabe A V. 276

Sachverzeichnis
Fette Buchstaben und römische Ziffern = Kapitel

Non-Reliance-Klausel
– Unternehmenskauf **D V.** 77
  – Formulierungsbeispiel **D V.** 77a
Notar
– Ablehnungsrecht **G** 40 ff.
– ausgleichende Belehrungspflicht **L I.** 54
– Ausschließungsgründe **G** 26 ff.
– Betreuungsverpflichtung **G** 120 ff.
– Beurkundung **B III.** 57, 122, 153
– erweiterte Belehrungspflicht **L I.** 52
– hoheitliche Aufgaben **L I.** 4
– Mitwirkungsverbote **G** 35 ff.
– öffentliches Amt **L I.** 3
– richterliche Funktion **L I.** 7
– staatliche Aufgabenzuweisung **L I.** 4
– Träger öffentlichen Amts **G** 21 ff.
– Unabhängigkeit **G** 24; **L I.** 10 ff.
– Unabsetzbarkeit **L I.** 10 ff.
– Unparteilichkeit **L I.** 13 f.
– Unversetzbarkeit **L I.** 10 ff.
– Vollzugspflichten **G** 257 ff.
– Vorbefassung **G** 41 ff.
Notaramt
– Altersgrenze **L I.** 151
– Amtsenthebung **L I.** 154
– Amtsniederlegung **L I.** 155
– Amtsverlust **L I.** 153
– Ansehen **L I.** 31
– Ausgestaltung **L I.** 8
– Entfernung **L I.** 155
– Entlassung **L I.** 151
– Erlöschen **L I.** 151
– Integrität **L I.** 15 f.
– öffentliches **L I.** 73
– Organ der Rechtspflege **L I.** 8, 37
– Sicherstellung der geordneten Rechtspflege **L I.** 155
– sozialer Schutzauftrag **L I.** 52
– Zugang **L I.** 19 ff.
Notaranderkonto A I. 97 f., 208, 751 ff.
– berechtigtes Sicherungsinteresse **A I.** 755 f.
– Entnahme der Gebühren **A I.** 760 ff.
– Erfüllungszeitpunkt **A I.** 803
– fakultative Verwahrung **A I.** 804
– Festgeldanlage **A I.** 826
– Hebegebühr **A I.** 832 f.
– Kostenfolgen **A I.** 836 f.
– Musterformulierung **A I.** 840
– Rückzahlung **A I.** 846
– Verbot formularmäßiger Verwendung **A I.** 847
– Verwahrungsanweisung **A I.** 848

– Verwahrungsbankkosten **A I.** 852
– Verwahrungszinsen **A I.** 868
– Verzug **A I.** 869
– Widerruf der Auszahlungsanweisung **A I.** 874 f.
– Zinseinbußen **A I.** 876 ff., 883
Notarassessor
– Haftung **K** 30 f.
Notarattribut M 54 ff.
Notaraufsicht L I. 144
– Geschäftsprüfung **L I.** 144
– Grenzen **L I.** 145
Notarbescheinigung G 303
Notarbestätigung A I. 103; **K** 82N
– Grundschuld **A I.** 591 f.; **A VI.** 149 ff.
Notariat
– Anwaltsnotariat **L I.** 17
– hauptberufliches **L I.** 17, 19
– Nur-Notariat **L I.** 17
– staatliches **L I.** 17 f.
Notariatsangestellte K 33 ff.; **M** 74 ff.
Notariatssoftware M 13, 30
Notariatsverfassung L I. 17 ff.
Notariatsverwalter M 260 ff.
– Bestallung **M** 260
– Checkliste **M** 264
– Jahresübersichten **M** 261
– Signaturkarte **M** 262
Notarielle Tätigkeit
– im Ausland **H** 5 f.
Notarorganisationsrecht L I. 10
Notarstelle L I. 44
Notarverfahrensrecht L I. 7 ff.
Notarvertreter L I. 50 ff., 120; **M** 263
– Haftung **K** 27 ff.
Notarverwalter
– Haftung **K** 32
Nutzungsbeschränkung A VII. 44 f.
Nutzungsüberlassung, wechselseitige E 311

Oderkonto E 199 ff.
Öffentliche Gewalt L I. 2
Öffentliche Sachherrschaft L I. 28, 53, 55
Online
– Auktion **G** 275
Option A VIII. 20 ff.
Optionsvertrag
– Ausübungsfrist **A I.** 931 f.
– Grundstückskaufvertrag **A I.** 925 ff.
Ordentliche Kapitalherabsetzung D III. 290 ff.
– Anmeldung **D III.** 291

Magere Zahlen = Randnummern

- Inhalt des Herabsetzungsbeschlusses D III. 290
Ordre public
- Vertretungsmacht H 67 f.
Organgesellschaft D III. 333 ff.
- Nutzung Verlustvortrag D III. 336
Organschaft D III. 329, 333 ff.
- mit Ergebnisführungsvertrag E 250
- Voraussetzungen D III. 334
Ort der Amtsausübung
- Urkundenrolle M 109
Örtliche Zuständigkeit G 7 ff.
Ortsform
- Gesellschaftsrecht H 299

Partnerschaftsgesellschaft L I. 75
Partnerschaftsvertrag B IV. 1 ff.
- Abfindung B IV. 21
- Beginn B IV. 19
- Belehrung B IV. 49 f.
- BGB-Gesellschaft B IV. 23
- Bürgschaft B IV. 29
- Checkliste B IV. 1
- Erbvertrag B IV. 44
- Haftungsbeschränkung B IV. 36
- Haushaltsführung B IV. 31
- Kindesunterhalt B IV. 40
- Kosten B IV. 48
- Kredite B IV. 29
- Kündigung B IV. 19 f.
- Rente B IV. 39
- Sittenwidrigkeit B IV. 17 f., 43
- Sorge- und Umgangsrecht B IV. 40
- Unterhalt B IV. 38
- Verfügungen von Todes wegen B IV. 41 ff.
- Vermögenszuordnung B IV. 26 f.
- Vertragsmuster B IV. 21
- Vertragsstrafen B IV. 21
- Vollmachten B IV. 24 f.
- Vormundschaft B IV. 40
- Wohngemeinschaft B IV. 32 ff.
- Zuwendungen B IV. 28 ff.
Patientenverfügung F 187 ff.
Person
- des Erblassers C 16 ff.
Personalstatut
- von Asylbewerbern H 59 f.
- von Aussiedlern H 59
- von Beteiligung von Ausländern H 271
- von Flüchtlingen H 149
- von Gesellschaften H 149
- von Mehrstaatern H 149

Sachverzeichnis

- von Staatenlosen H 59
- von Vertriebenen H 59
Persönliche Angelegenheiten B I. 14
Persönliche Ehewirkungen B I. 13 f.
- Bindung B I. 13
- Durchsetzbarkeit B I. 13
- Strafklauseln B I. 12
Persönlichkeitsrecht
- im Erbrecht C 23
Pfändung K 82V
Pflegeklauseln A V. 145 ff., 439 ff.
- Einkommensteuer A V. 450 f.
- Pflegegeld A V. 442 ff.
- Reallast A V. 445
- Schenkungsteuer A V. 449
- Überleitung, Sozialhilfe A V. 508
Pfleger E 188 f.
Pflegeversicherung
- und vorbehaltene Rechte A V. 508 ff.
Pflichtbezug
- elektronische Form M 28
Pflichtschenkung A V. 141, 162
Pflichtteil
- und Ausgleichungsanordnung A V. 93
- Berechnung bei Anrechnung A V. 103
- Doppelberechtigung A V. 114
Pflichtteilsanrechnung A V. 99 ff.
- und Ausgleichungsanordnung A V. 104
- bei Nießbrauchsvorbehalt A V. 314
- bei Schenkung an Minderjährige A V. 102
Pflichtteilsanspruch
- und Insolvenz A V. 148
- und Sozialhilfe A V. 148
Pflichtteilsergänzung A V. 106 ff.
- Abschmelzung A V. 319
- Flucht in die Pflichtteilsergänzung A V. 116
- bei Leibrente A V. 410 f.
- bei Nießbrauchsvorbehalt A V. 111, 315
- bei Rückforderungsrecht A V. 505 ff.
- Summationseffekt A V. 111
- wirtschaftliche Ausgliederung A V. 110, 319
- bei Wohnungsrecht A V. 378 ff.
- Zehnjahresfrist A V. 108
- bei Zuwendung an Stiftung A V. 109, 111
Pflichtteilsklausel C 250 ff.
Pflichtteilslast C 165
Pflichtteilsrecht
- Ausländer H 253 f.
- Auslandsberührung H 244

Sachverzeichnis
Fette Buchstaben und römische Ziffern = Kapitel

Pflichtteilsstrafklausel
- und Erbschaftsteuer **A V.** 28

Pflichtteilsverzicht A V. 117 ff.; **C** 361 ff.
- Abfindung **A V.** 124
- ausländischer Erblasser **A V.** 127
- Beurkundungsverfahren **A V.** 122 ff.
- Ehegatte **A V.** 130
- gegenständlich beschränkter **C** 368
- nachehelicher Unterhalt **B I.** 151
- richterliche Inhaltskontrolle **C** 367
- Überleitung Sozialhilfe **A V.** 531

Pflichtversicherung K 69

Photovoltaikanlage
- Grundstückskaufvertrag
  - Grunderwerbsteuer **A I.** 55
- Umsatzsteuer **A I.** 48 ff.
- Zubehör **A I.** 51, 55

Pläne
- Verweisung **G** 192

Postentgelte J 38

Preisindex
- für die Lebenshaltung **A V.** 394 ff.

Preisklauselgesetz A V. 394

Prioritätserklärung G 300

Prokura F 134

Prospekthaftung K 82P

Protestsammelbände M 228

Protokollierung
- gerichtliche **B III.** 3

Prozesskosten K 82P

Prüfungs- und Belehrungspflichten G 54 ff.

Publikumsgesellschaften D III. 28, 31

Publikums-KG A I. 513P

Qualifikation
- im IPR **H** 52
- des § 1365 BGB **H** 247

Qualifizierte Gründungen D III. 77

Quittung K 82V

Quotennießbrauch A V. 291

Rangbestätigung K 82N

Rangrücktritt
- Eigentumsvormerkung **A I.** 280

Rangvorbehalt
- Grundschuld **A VI.** 138 ff.

Ratenzahlung
- nach Baufortschritt **A II.** 77

Realakt E 237

Realkredite
- Auslandsberührung **H** 112

Reallast
- Erlöschen in der Zwangsversteigerung **A V.** 423 ff.
- Kombination mit Grundschuld **A I.** 745
- Leibrente **A V.** 413
- Pflegeklauseln **A V.** 445

Realteilung E 367 f.

Rechtlicher Vorteil A V. 164 f.

Rechtsgeschäfte
- zugunsten Dritter auf den Todesfall **C** 386 ff.

Rechtsirrtum E 265

Rechtsmängel
- Grundstückskaufvertrag **A I.** 307 ff.

Rechtsmissbrauch E 285

Rechtsmittel (§ 839 III BGB) K 42 ff.

Rechtsspaltung H 66

Rechtswahl
- Anzeigepflichten **H** 58 ff.
- ausländisches Register **H** 182 f.
- Ausschluss **H** 165
- Distanzehe **H** 133
- Ehewirkungsstatut
  - Rückwirkung **H** 162
- Erbrecht **H** 93
- im Erbrecht (Beispiele) **H** 232
- Form **H** 177, 181
- Formulierungsbeispiel **H** 184
- Grundstückskaufvertrag **A I.** 666 ff.
- bei Grundstücksverträgen **H** 123
- Güterrecht **H** 153 ff.
  - Durchführung **H** 162
  - Formulierungsbeispiel **H** 155, 163 f.
- bei Güterrecht **H** 94 f.
- Mehrstaater **H** 133 ff.
- Unterhaltsrecht **H** 133
- Unterhaltsverfahren **H** 177 ff.
- Vollmacht **H** 90, 178

Redlichkeit K 11, 82R

Regelungsgrenzen B I. 10 ff.

Regelungsziele
- des Erblassers **C** 5 f.

Regelungszusammenhänge B I. 9

Registeranmeldung
- Amtsniederlegung **D III.** 299
- Anlagen AG **D III.** 66
- Erstanmeldung AG **D III.** 68
- Formulierungsbeispiel **D III.** 70
- GmbH Geschäftsführerbestellung **D I.** 299 ff.
- GmbH Gründung **D I.** 191 ff.
- GmbH Kapitalerhöhung **D I.** 379 ff.
- GmbH Satzungsänderung **D I.** 319 ff.

Magere Zahlen = Randnummern   **Sachverzeichnis**

- Höchstwert D III. 44
- Kapitalerhöhung aus Gesellschaftsmitteln D III. 283
- Kosten D III. 42
- Squeeze-out D III. 375
- Unternehmensvertrag D III. 330
- Versicherung Vorstand D III. 68

Registerbescheinigung A I. 696 f.; G 297; H 12; M 101
Registervollmacht D III. 52, 68; F 119
Registrierte Partnerschaft B IV. 2
Reichsheimstättengesetz A I. 129
Reichssiedlungsgesetz
- und Grundstückskaufvertrag A I. 124, 177 f.

Reisekosten J 37
Renovierungsobjekt
- im Bauträgerkauf A II. 130 ff.

Reparaturrücklage E 130
Reservierungsvereinbarung
- Beurkundungsbedürftigkeit A I. 513R

Residenzpflicht L I. 122
Restitutionsanspruch A I. 513R
Restitutionsantrag A I. 138
Restkaufpreishypothek A I. 743
Rheinische Hofübergabe A V. 276
Richtigkeitsgewähr
- als Formzweck A I. 496

Richtlinien L I. 68
Rollenverteilung B I. 21
- Erwerbstätigkeit B I. 22
- Haushaltstätigkeit B I. 22
- Mitarbeitspflicht B I. 22, 27

Rom I-Verordnung H 324
Rom IV-Verordnung
- Auslandsberührung H 142

Rückabwicklung
- stufenweise E 438

Rückforderung
- bei ehebedingter Zuwendung A V. 188 ff.
- Gegenleistung A V. 491
- Gründe A V. 473 ff.
- mehrere Berechtigte A V. 488 f.
- der Schenkung wegen groben Undankes A V. 161, 193
- der Schenkungwegen groben Undankes A V. 466
- Sicherung durch Vormerkung A V. 496
- Steuerfolgen A V. 494
- Steuerklausel A V. 482
- Tod des Erwerbers A V. 478
- Vermögensverfall A V. 475
- Verstoß gegen Verfügungsverbot A V. 474

Rückforderungsrecht
- Pfändung A V. 486 ff.

Rückgängigmachung
- einer Schenkung E 234 f.

Rückgewähranspruch
- bei Betriebsvermögen E 207 ff.
- bei Privatvermögen E 203 ff.

Rückgriffshaftung K 35
Rücknahme aus der Verwahrung C 103 ff.
Rückschenkung E 223
Rücktritt
- vom Grundstückskaufvertrag A I. 253 ff.
  - Fristsetzung A I. 255 f.
  - Verbrauchervertrag A I. 259
  - Vertragskosten A I. 262
- Sachmängel A I. 345 f.

Rücktrittsrecht
- Grundstückskaufvertrag A I. 934 ff.
- vertragliches A I. 260 ff.

Rücktrittsvorbehalt C 45 f.
Rückwirkung, geringfügige E 241
Russian-Roulette-Klauseln D II. 45

Sachbeteiligung L II. 16 f.
- Begriff der L II. 15 f.

Sacheinlage D III. 21, 73 ff.
- Dienstleistungen D III. 73
- Festlegungen in Satzung D III. 74
- gemischte D III. 267
- bei Kapitalerhöhung D III. 264 ff.
- Mischeinlage und gemischte ~ D III. 80
- verdeckte ~ D III. 58, 72, 81 ff., 165, 284
- Heilung D III. 84

Sachenrechtsbereinigungsgesetz
- Urkundenrolle M 102

Sachfirma D III. 100
Sachgesamtheit E 128 ff.
Sachgründung D III. 73 ff.
- Festlegungen zur Sacheinlage in Satzung D III. 74
- verdeckte ~ D III. 81 ff.

Sachmängelhaftung
- arglistiges Verschweigen A I. 361
- Ausschluss A I. 351 ff.
- Grundstückskaufvertrag A I. 318 ff.
  - Individualvertrag A I. 73 ff.
  - Neubauobjekt A I. 77 ff.
- Mangelbeseitigung A I. 342 f.
- Minderung A I. 344

2047

Sachverzeichnis
Fette Buchstaben und römische Ziffern = Kapitel

- Rücktritt **A I.** 345 f.
- Schadensersatz **A I.** 347 ff.
- Verbrauchervertrag **A I.** 70 ff., 366 ff.
- Verjährung **A I.** 320
- **Sachübernahme D III.** 79
- Heilung **D III.** 84
- **Sachverhaltsaufklärung E** 77 ff.
- **Sachverhaltsermittlung E** 398 ff.
- **Sachversicherungen**
- und Grundstückskaufvertrag **A I.** 293
- **Sammelbeurkundung G** 207
- beim Bauträgervertrag **A II.** 3
- **Sandbagging-Regelungen**
- Unternehmenskauf **D V.** 78
- **Sanierungsmodell A II.** 140
- **Satzung**
- Fassungsänderung **D III.** 245 ff.
- Feststellung **D III.** 50
- Inhalt **D III.** 31
- **Satzungsänderung GmbH D I.** 309 ff.
- vor Eintragung **D I.** 32 f.
- Gesellschafterbeschluss **D I.** 310 ff.
- Registeranmeldung **D I.** 319 ff.
- Satzungsbescheinigung **D I.** 317 f.
- **Satzungsbescheinigung G** 298
- Urkundenrolle **M** 101
- **Satzungsstrenge D III.** 1, 31
- **Schadensersatz**
- Sachmängel **A I.** 347 ff.
- **Schadenskausalität K** 82S
- **Schamfrist**
- bei Kettenschenkung **E** 358 f.
- **Scheckproteste G** 304 ff.
- **Scheidung B I.** 15 ff.; **H** 192 ff.
- Aufhebung der erbvertraglichen Bindung **C** 32, 50 f.
- Verschuldensprinzip **B I.** 16
- vertragliche Regelung **B I.** 15
- Verzicht **B I.** 15
- zusätzliche Scheidungsgründe **B I.** 15
- **Scheidungsstatut**
- Auslandsberührung **H** 193 ff.
- Rechtswahl **H** 193 ff.
- **Scheidungsunterhalt**
- Auslandsberührung **H** 175
- **Scheinbestandteil A I.** 49
- **Scheingeschäft A I.** 83; **E** 144
- **Schenkung A V.** 136 ff.
- Anzeigepflicht **E** 22 f.
- unter Auflage **A V.** 158; **E** 216
- Bereicherung **A V.** 137
- unter Ehegatten **B III.** 155, 172
- GmbH-Anteile an Kinder **E** 193
- grober Undank **A V.** 161
- Mängelhaftung **A V.** 156 f.
- an Minderjährige **A V.** 163
- rechtlicher Vorteil **A V.** 164 f.
- vermietetes Objekt **A V.** 165
- eines Personengesellschaftsanteils **D II.** 8
- Rückabwicklung vor Vollzug **E** 425
- Rückforderung bei Notbedarf **A V.** 159 ff.
- Schwiegereltern **B III.** 167
- Sicherung durch Vormerkung **A V.** 247
- steuerlicher Schwebezustand **E** 223
- an Stiftung **A V.** 137
- subjektive Äquivalenz **A V.** 142
- ohne Überlebensbedingung **A V.** 246
- unter Überlebensbedingung **A V.** 245
- Widerrufsrecht **E** 426 ff.
- und Zugewinnausgleich **A V.** 149
- **Schenkungsteuer A V.** 24 ff.
- Aufgabe des Nießbrauchs **A V.** 331
- beschränkte Steuerpflicht **A V.** 36
- Betriebsvermögen **A V.** 67
- Bewertung **A V.** 41 ff.
- Bewertungsstichtag **A V.** 31
- Doppelbesteuerungsabkommen **A V.** 37
- Entstehungszeitpunkt **A V.** 30
- Ertragswertverfahren **A V.** 45 ff.
- Escape-Klausel **A V.** 48
- Familienheim **A V.** 63
- Freibeträge **A V.** 33
- gegenseitiges Zuwendungsversprechen **A V.** 252
- und Gesamtplanrechtsprechung **E** 354 ff.
- Hausrat **A V.** 62
- Hofübergabe **A V.** 49
- Mietwohnimmobilien **A V.** 58, 66
- Mitteilungspflicht **G** 238
- Nießbrauchsablösung **A V.** 337
- Nießbrauchsvorbehalt **A V.** 329 ff.
- Nutzungsüberlassung **A V.** 26
- Pflichtteilsanspruch **A V.** 27
- Sachwertverfahren **A V.** 42
- Schuldner **A V.** 40
- Steuerklassen **A V.** 33
- Tarifbegrenzung **A V.** 68
- unbeschränkte Steuerpflicht **A V.** 36
- Vergleichswertverfahren **A V.** 42
- Verjährung **E** 28
- Vermächtnis **A V.** 29
- Wiederkehrende Leistungen **A V.** 55
- Zehnjahresfrist **A V.** 35

Magere Zahlen = Randnummern

– Zugewinnausgleich **A V.** 60
– bei Zuwendung an Familien-GbR
  A V. 212
Schenkungsteuerlicher Vollzug
  E 275 ff.
Schenkungsversprechen
– von Todes wegen **C** 214 ff.
Schiedsgericht
– in Wohnungseigentumsverfahren
  A III. 81a
Schiedsgerichtsklausel
– Formbedürftigkeit **D V.** 51a
– Unternehmenskauf **D V.** 51a
Schiedsklausel
– GmbH **D I.** 180 f.
Schiedsordnung
– Unternehmenskauf **D V.** 51a
Schlüsselgewalt B I. 23 f.
– bei fremde **H** 130 f.
Schlusserbe C 120 f.
Schreibunfähiger Beteiligter
– im Erbrecht **C** 74 ff.
Schubladenvollmacht A I. 425, 894
Schuldbeitritt
– Grundstückskaufvertrag **A I.** 732
Schuldübernahme
– Abtretung der Eigentümerrechte
  A I. 736
– Auslandsberührung **H** 97
– Grundstückskaufvertrag **A I.** 725 ff.
Schutzfunktion
– als Formzweck **A I.** 496
Schutzzweckgedanke K 82S
Schwarzkauf A I. 83, 501
Schweigepflicht M 3
– Befreiung von **L I.** 100 ff.
– Grenzen **L I.** 89 ff., 97 ff.
– Umfang **L I.** 80 ff.
– zeitliche Begrenzung **L I.** 84
– Zweifel über **L I.** 102
Selbständigkeit L I. 41 ff., 66 ff.
– Distanzierungspflicht **L I.** 67
Selbstkontrahieren
– anwendbares Recht **H** 286
– Auslandsberührung **H** 91
Selbstorganschaft D II. 13
Share Deal D V. 26 ff.
– Auslandsbeurkundung **D V.** 45a
– Besonderheiten **D V.** 31 ff.
– Beteiligungstausch **D V.** 55 f.
– Earn out-Klausel **D V.** 35 f.
– Formerfordernisse **D V.** 40 ff., 48 ff.
  – Checkliste **D V.** 112

– Gesellschafterdarlehen **D V.** 51 ff., 89
– Gesellschafterliste **D V.** 47
– gutgläubiger Erwerb **D V.** 29
– Heilung Formunwirksamkeit **D V.** 44
– Kapitalgesellschaftsanteile
  – Formerfordernisse **D V.** 40 ff.
  – nicht voll eingezahlt **D V.** 33
– Locked-Box-Modell **D V.** 39
– Personengesellschaftsanteile **D V.** 32
  – Formerfordernisse **D V.** 50
– als Sachkauf **D V.** 30
– Übertragung von Grundstücken
  D V. 41 f.
– variable Kaufpreisgestaltung **D V.** 35
– Voraussetzungen **D V.** 26 f.
– Vorteile **D V.** 41, 46
– Zustimmungsbedürftigkeit **D V.** 45
  – Checkliste **D V.** 112
sicherer Weg K 24
Sicherungsvertrag H 112
Siegelanlegung G 269
Signatur
– elektronische **M** 50 ff.
– elektronische Verwalter **M** 260
– Zertifizierung **M** 53
Signaturkarte M 52 ff.
– Anbieter **M** 52
– Notarattribut **M** 54
– Verlust **M** 58
Signaturverfahren M 59
– Notarvertreter **M** 62, 64
Signing
– Unternehmenskauf **D V.** 25
Sittenwidrigkeit
– Grundstückszuwendung **A V.** 536 ff.
Sitztheorie
– Inland/Ausland **H** 275 ff.
Sitzverlegung D III. 247
– Ausländer **H** 288
Societas Europaea D III. 378
– *s. auch Europäische Gesellschaft*
Sondereigentum A III. 2
Sondereigentumsfähigkeit A III. 29d
Sondernutzungsrecht
– amtliche Flächenvermessung **A III.** 52a
– Aufhebung **A III.** 136a
– Begründung **A III.** 57 ff.
– Darstellung im Aufteilungsplan
  A III. 29a
– als Eigentumsersatz **A III.** 5, 52
– und Grunderwerbsteuer **A III.** 133
– nachträgliche Begründung **A III.** 131
– steuerliche Bewertung **A III.** 136

Sachverzeichnis
Fette Buchstaben und römische Ziffern = Kapitel

- Unterteilung von Wohnungseigentum A III. 90 ff.
- Veräußerung A III. 126
- Vereinigung von Wohnungseigentum A III. 93
- Zuweisung A III. 59 ff.

Sonderrechtsnachfolge D II. 28
- Klauselumschreibung G 347 f.

Sonderrechtsnachfolgevermerk D II. 29 f.

Sondervorteile
- Einräumung D III. 77

Sonderwünsche
- beim Bauträgervertrag A II. 49 f., 84

Sonderwunschvereinbarung
- Beurkundungsbedürftigkeit A I. 513S

Sorge
- elterliche B III. 17 f.

Sorgeerklärung B V. 29 ff.

Sorgerecht
- Güterstatut H 81

Sorgevollmacht B V. 43 ff.

Sorgfaltspflicht K 21 ff.

Sowjetzonenflüchtlinge
- Auslandsberührung H 149

Soziale Elternschaft B V. 77 ff.

Sozialhilfe A V. 532 ff.
- und Pflichtteilsanspruch A V. 148

Sozialhilferegress A V. 555 f.

Sozialwohnung
- Umwandlung in Wohnungseigentum A III. 202 f.

Sozietät K 82S

Spaltung D IV. 155 ff.
- Anmeldung D IV. 170 ff.
- Arten D IV. 155
- zur Aufnahme D IV. 156
- Beschluss D IV. 168
- Bestimmtheit/Bestimmbarkeit des übergehenden Vermögens D IV. 161
- Checkliste D IV. 159
- Gelatine D IV. 155
- Güterstatut H 294
- Holzmüller D IV. 155
- Kapitalerhaltung D IV. 118
- Nachbericht D IV. 167
- zur Neugründung D IV. 156, 160
- zur Null D IV. 163
- partielle Gesamtrechtsnachfolge D IV. 175
- Registeranmeldung Checkliste D IV. 171
- Regressverfahren D IV. 161
- Wirkungen der Eintragung D IV. 175

Spaltungsbericht D IV. 167
Spaltungsbeschluss D IV. 168
Spaltungsplan/-vertrag D IV. 158
- Änderung D IV. 166
- Aufhebung D IV. 166
- Beurkundungskosten D IV. 205 ff.
- Checkliste D IV. 159
- fakultative Regelungen D IV. 165
- Form D IV. 158

Spätaussiedler H 149
Spekulationsfrist E 65
Spekulationsgewinn
- Grundstückskaufvertrag A I. 27 f.

Spekulationssteuer K 82S
Sperr- und Behaltefristen E 363 ff.
Sprachbehinderter Beteiligter
- im Erbrecht C 74 ff.

Sprachunkundiger G 178 ff.
- anwendbares Recht H 41
- Feststellung H 34
- Vermerk in der Urkunde H 38

Sprachunkundiger Beteiligter
- im Erbrecht C 86 f.

Squeeze-out D III. 363 ff.
- Bekanntmachung D III. 185
- Checkliste D III. 376
- Einführung D III. 13
- Hauptversammlung D III. 374
- rechtsmissbräuchliche Anwendung D III. 365
- Registeranmeldung D III. 375
- sachliche Rechtfertigung D III. 364
- Vorbereitung D III. 372

Staatenlose
- anwendbares Recht H 59

Staatsangehörigkeit
- Mehrstaater H 59

Staatshaftung K 7
Städtebauliche Verträge A XI. 1 ff.
- Angemessenheit A XI. 8, 31
- Anspruch A XI. 10
- Aufzahlungsverpflichtung A XI. 19
- Ausschreibungspflicht A XI. 13a
- Bauplanungsgarantie A XI. 7
- Bauplatzverkauf A XI. 18 ff.
- Bodenvorratspolitik A XI. 6
- energetische Anforderungen A XI. 25c
- Fallgruppen A XI. 14 f.
- Folgekostenverträge A XI. 24 f.
- Form A XI. 10a ff., 48
- freiwillige Umlegung A XI. 16
- Kraft-Wärme-Kopplung A XI. 25b
- Maßnahmenverträge A XI. 15 ff.

Magere Zahlen = Randnummern

- Nachfolgelasten **A XI.** 25
- Nutzungsbindung **A XI.** 18 f., 23
- Planungsbindung **A XI.** 7
- Planungsgewinnabschöpfung **A XI.** 9
- Planverwirklichungsverträge **A XI.** 17 ff.
- Planvorbereitungsverträge **A XI.** 15 ff.
- Solaranlagen **A XI.** 25b
- Soziale Stadt **A XI.** 64
- Sozialwohnungsbau **A XI.** 21
- Spezialfälle **A XI.** 5
- Stadtumbauvertrag **A XI.** 61 ff.
- Vertragsstrafe **A XI.** 20
- vorbereitende Untersuchungen **A XI.** 15
- Wiederkaufsrecht **A XI.** 19
- Zielbindungsverträge **A XI.** 17 ff.
- Zwangsvollstreckungsunterwerfung **A XI.** 13

Standesamt
- Mitteilungspflicht **G** 241

Steuerauskunft E 87 ff.

Steuerbelastungsvergleich E 420 ff.

Steuerberater
- Verweisung an **E** 95 f.

Steuerberatung K 56, 82S

Steuerbescheid
- Änderung **E** 254 ff.

Steuer-Identifikationsnummer E 6 ff.

Steuerklauseln E 271, 402 ff.

Steuerliche Aspekte
- beim Bauträgervertrag **A II.** 27

Steuerliche Folgen
- Belehrungspflicht **G** 118

Steuerliche Mitteilungspflicht G 235 ff.

Steuern B I. 39 ff.
- Einkommensteuer **B I.** 39
- Grundeigentum **B III.** 172
- Grunderwerbsteuer **B I.** 41, 99; **B III.** 175
- Schenkung **B III.** 172
- Veräußerung
  - „Spekulationssteuer" **B III.** 176
- Zuwendung **B III.** 172

Steuerübernahmeklausel E 414

Steuervergünstigung
- Wegfall **E** 363

Stichtagsprinzip, bewertungsrechtliches E 231

Stiefkind
- Einbenennung **B V.** 21

Stiftung
- als Erbe **C** 294 ff.
- rechtsfähige **C** 295

Stiftungsgeschäft
- Beurkundungsbedürftigkeit **A I.** 513S

Stille Beteiligung E 192

Stille Reserven
- Aufdeckung bei Familien-KG **A V.** 232

Stimmrecht
- in der Eigentümerversammlung **A III.** 71, 197 ff.
- des Wohnungseigentumserwerbers **A III.** 197 ff.

Stimmrechtsvollmacht F 127

Straßengrundabtretung
- aus Wohnungseigentumsgrundstück **A III.** 138

Streitverkündung K 61

Stückaktie D III. 112, 289
- Zulassung **D III.** 8

Stummheit
- Beteiligter **G** 214 ff.

Stuttgarter Modell A V. 341; **E** 313

Subsidiäre Haftung
- Klagevoraussetzung **K** 58

Summationseffekt A V. 111

Superdividende E 292

Tatsachenbeurkundung K 82N

Taubheit
- Beteiligter **G** 214 ff.

Teileigentum
- Umwandlung in Wohnungseigentum **A III.** 51, 110 ff.

Teilerbauseinandersetzung E 441

Teilflächenerwerb E 225

Teilflächenkauf A I. 593 ff.

Teilklage K 58

Teilnehmerverzeichnis D III. 203

Teilnutzungsvertrag
- Auslandsberührung **H** 106

Teilungsanordnung C 170 ff.

Teilungserklärung
- Änderungsvollmacht **A III.** 154

Teilungsgenehmigung A I. 109 ff.
- Grundstückskaufvertrag **A I.** 601

Teilwertabschreibung
- ausschüttungsbedingte **E** 292

Testament
- Ablieferung an das Nachlassgericht **M** 198
- Auslandsberührung **H** 261 ff.
- Errichtungsstatut **H** 257 ff.
- Form **H** 257 f.
- gemeinschaftliches **C** 204 ff.
- durch Übergabe einer Schrift **C** 88 ff.
- Vermerkblatt **M** 204

Sachverzeichnis
Fette Buchstaben und römische Ziffern = Kapitel

Testamentsregister
– Auslandsberührung H 165
– Rechtswahlanzeige H 264
Testamentsvollstrecker
– Grundstückskaufvertrag A I. 644 ff.
Testamentsvollstreckung C 181 ff.;
D II. 63
– Abwicklungsvollstreckung C 186
– Bank als Testamentsvollstrecker C 195
– Checkliste C 185
– Dauertestamentsvollstreckung C 187
– beim einzelkaufmännischen Unternehmen C 326
– bei Gesellschaftsbeteiligungen C 327 ff.
– über GmbH-Beteiligung C 336
– im Handels- und Gesellschaftsrecht C 326 ff.
– über Kommanditbeteiligung C 332 ff.
– Nacherbenvollstreckung C 191
– Umwandlung C 338 ff.
Testierfreiheit C 30 ff.
– Beschränkung durch vorangegangenes Tun C 30 f.
Testierverbote gemäß Heimrecht C 275 ff.
Time-Sharing A III. 28a
Time-Sharing-Modell
– Beurkundungsbedürftigkeit A I. 513T
Time-Sharing-Vertrag
– Auslandsberührung H 24, 94
– Übersetzung H 106
Tod eines Gesellschafters D II. 47 ff.
Trennungs-/Scheidungsvereinbarungen
– nach Ehetypen B III. 199 ff.
Trennungsunterhalt H 175
Treuhandvertrag
– Anzeigepflicht E 38
– Beurkundungsbedürftigkeit A I. 513T
– bezüglich GmbH-Anteil E 168
– GmbH D I. 515 ff.
Typusbegriff E 211 f.

Überbau
– und Wohnungseigentum A III. 20 ff.
Überbeglaubigung
– Dolmetscher H 333
Übereilungsschutz
– als Formzweck A I. 496
Über-Kreuz-Beurkundung
– Verbot der L I. 70
Überkreuzvermietungsmodell E 309
Überleitung
– auf Sozialhilfeträger A V. 358, 508

Übernahmeerklärung D I. 347 f.; D III. 51
Übernahmerecht C 173 f.
Übersetzung
– durch Beurkundung H 36
– durch Dolmetscher H 31
– Notars H 31
– bei Verzicht auf H 31
Übersetzungsbescheinigung G 299
– des Übersetzers H 43 f.
Übersetzungsvermerk
– Grenzüberschreitung H 41
Übersichten M 82 ff., 238 ff.
– Urkundsgeschäfte M 239
– Verwahrungsgeschäfte M 240
Übertragende Sanierung
– Unternehmenskauf D V. 85, 99 ff.
Übertragung
– eines Erbteiles C 438 ff.
– der Mitgliedschaft D II. 28
Überwachungspflicht K 82U
Umgangsrecht B III. 35 f.; B V. 41 ff.
Umgehung des Steuergesetzes E 287 f.
Umsatzsteuer E 318 ff.
– Änderung der Bemessungsgrundlage E 262
– Unternehmerbegriff E 135 ff.
Umsatzsteuer-Identifikationsnummer M 248
Umsatzsteuerklauseln E 412 f.
Umsatzsteueroption
– Grundstückskaufvertrag A I. 88 ff.
Umschreibung Vollstreckungsklausel A VI. 88 ff.
Umschuldung K 82V
Umstrukturierungen E 347 ff.
Umwandlung
– Anfechtung D IV. 21
– Anzeigepflicht E 31
– Arten D IV. 7
– Behaltefristen E 372 ff.
– Checkliste D IV. 11a
– Einberufungs- und Informationspflichten D IV. 14
– einer Erbengemeinschaft E 441
– von Gemeinschaftseigentum in Sondereigentum A III. 103
– und Grunderwerbsteuer E 381 ff.
– von Miet- in Eigentumswohnungen A III. 6, 200 ff.
– notarielle Mitwirkungspflichten D IV. 25
– Registersperre D IV. 21
– Schutz der Anteilseigner D IV. 13

Magere Zahlen = Randnummern

– Testamentsvollstrecker C 338 ff.
– von Wohnungseigentum in Teileigentum A III. 51 ff., 110

Umwandlungsarten
– Analogieverbot D IV. 4
– numerus clausus D IV. 4

Umwandlungsfähige Rechtsträger D IV. 5

Umwandlungssteuerrecht D IV. 210
– Aufdeckung stiller Reserven D IV. 217
– Buchwertfortführung D IV. 217 ff.

Umwandlungsvorgänge
– Auslandsberührung H 290 ff.

Unabhängigkeit G 20; K 11, 82P, 82U; L I. 51
– Gefährdung der L I. 4, 31, 39

Unbedenklichkeitsbescheinigung E 20 f.
– GbR A I. 65
– Grunderwerbsteuer A I. 515

Unechte Gesamtvertretung
– bei Anmeldung AG D III. 246
– bei Anmeldung Zweigniederlassung AG D III. 300, 307

Unheilbare Mängel E 442

Unparteilichkeit G 50 ff.; K 11, 82P, 82U; L I. 52
– Gefährdung der L I. 31, 39, 42
– Neutralität L I. 52
– bei Tätigwerden auf einseitigen Antrag L I. 55

Unrichtige Sachbehandlung J 45 ff.

Unselbstständige Stiftung C 296

Unterbilanzhaftung
– GmbH D I. 19
– bei Sachgründung D III. 73
– bei wirtschaftlicher Neugründung D III. 48

Unterhalt
– Abänderung B III. 96
– Abfindung B III. 75
– als außergewöhnliche Belastung (Steuerrecht) B III. 117
– Betreuungsunterhalt B III. 50
– während Getrenntleben B III. 45, 59
– Insemination B V. 78 f.
– Leistungsfähigkeit B III. 55
– Rangfolge unter mehreren Ehegatten B III. 72
– Realsplitting B III. 114
– nach Scheidung B III. 48, 51, 63
– steuerliche Zusammenveranlagung B III. 113
– steuerlicher Haushaltsfreibetrag B III. 119

Sachverzeichnis

– steuerlicher Kinderfreibetrag B III. 118
– und Steuern B III. 112 ff.
– Überleitung Sozialhilfe A V. 524 ff.
– Unbilligkeit B III. 56
– Verfestigte Lebensgemeinschaft B III. 68
– Wiederheirat B III. 79

Unterhaltsrecht H 169 ff.

Unterhaltsstatut
– Auslandsberührung H 172
– Wandelbarkeit H 172 ff.

Unterhaltsvereinbarungen B III. 44 ff.
– bei nichtehelichem Kind B V. 18 ff.

Unterhaltsverzicht B III. 75 f., 86 f., 90 ff.
– und Versorgungsausgleich B III. 89

Unternehmenskauf
– Ablauf D V. 7 ff.
– AGB-Kontrolle D V. 78a ff.
– alternative Gestaltungen D V. 52 ff.
– arbeitsrechtliche Aspekte D V. 105 ff.
– Asset Deal D V. 9 ff., 84 ff.; s. auch Asset Deal
– Beratungs-Checkliste D V. 115
– Betriebssteuern D V. 96 ff.
– Checkliste Anlagen D V. 116
– culpa in contrahendo D V. 63, 71, 79 ff.
– Firmenfortführung D V. 94 ff.
– Garantie D V. 72 ff.
  – Formulierungsbeispiel D V. 76
– Gesellschafterdarlehen D V. 51 ff., 89
– GmbH D I. 491 ff.
– Haftungssystem D V. 71
– Insolvenz D V. 84 ff.
– Kosten D V. 113 ff.
– Leistungsstörungen D V. 61 ff.
– Letter of Intent D V. 8, 80 f.
– Möglichkeiten D V. 6
– Non-Reliance-Klausel D V. 77
  – Formulierungsbeispiel D V. 77a
– öffentliche Übernahmen D V. 59 f.
– Rechtsfolge Leistungsstörungen D V. 67 ff.
– Sandbagging-Regelungen D V. 78
– Share Deal D V. 26 ff., 84 ff.; s. auch Share Deal
– Signing D V. 25
– Übertragende Sanierung D V. 85, 99 ff.
– Umsatz- und Ertragsangaben D V. 62 f.
– Verjährungsfristen D V. 83
– Verletzung Aufklärungspflichten D V. 82

Unternehmensnachfolge
– von Todes wegen C 303 ff.

2053

Sachverzeichnis
Fette Buchstaben und römische Ziffern = Kapitel

Unternehmensträgerstiftung C 298
Unternehmensvertrag
– GmbH D I. 409 ff.
Unternehmensverträge D III. 317 ff.
– Abschlusskompetenz D III. 325
– Beglaubigung im Ausland H 289
– Beschlussfassung D III. 325 ff.
– Registeranmeldung D III. 330
– Vorbereitung D III. 323
Unternehmerbegriff E 132 ff.
Unternehmergesellschaft (haftungsbeschränkt) D I. 271 ff.
– Firma D I. 46
Unternehmerinitiative E 140
Unternehmerrisiko E 140
Unternehmertestament
– Checkliste C 305
Unterschrift G 210 ff.
Unterschriften
– in fremder Schrift H 6
– in fremder Sprache H 304 ff.
Unterschriftsbeglaubigung G 283 ff.
Untervollmacht F 56
Unterwerfungserklärung G 321 ff.
Unwirksamkeitsgründe G 21 ff., 28 ff.
Unzeitgebühr J 27
Urkunde
– Änderungen G 146 ff.
– Aushändigung H 31
– öffentliche L I. 55
– in Übersetzung H 29
– Verlesen bei Sprachunkundigen H 31
– vollstreckbare Ausfertigung L I. 31, 39
Urkundenarchiv
– elektronisches (ELUA) M 12, 18, 20, 48, 88, 229
Urkundenrolle G 233; M 100 ff.
– aufzuführende Personen M 111 ff.
– Berichtigungsvermerke M 121
– Eintragung von Vertretern M 111
– Geschäftsgegenstand M 116 ff.
– Notarvertretervermerk M 122
– Nummernvergabe M 110
– Sachenrechtsbereinigung M 102
– Sammelbezeichnung M 113
– Urkundennummer M 110
– Vermerke M 119 ff.
– Vollstreckbarkeitserklärung M 102
Urkundensammlung M 184 ff.
Urkundssprache G 173 ff.
Urschrift G 141 ff.
– Auslandsberührung H 47 ff.

– Behandlung G 224 ff.
– Heften und Siegeln G 143 f.
– Nummerierung G 145

Vaterschaftsanerkenntnis B V. 7 ff.
– Bedingungsfeindlichkeit B V. 10
– Form B V. 15
– Fristen B V. 13
– Höchstpersönlichkeit B V. 14
– Inkognito-Anerkennung B V. 11
– Mitteilungspflicht L I. 89
– Muster B V. 17
– vorgeburtlich B V. 8
– Zustimmung der Mutter B V. 12
Veräußerung
– verdeckte E 317
Veräußerungsanzeige A I. 564, 571
Veräußerungsverlust E 293
Verbot
– gesetzliches E 150 ff.
Verbraucher F 33
Verbraucherdarlehen
– und Bauträgervertrag A II. 88, 90
Verbraucherschutz G 18
Verbrauchervertrag
– Amtspflichten G 68 ff.
– Klauselverbote A I. 72
– Verfahrensgestaltung G 65 ff.
– Verweisung G 73
– Zweiwochenfrist A I. 707 ff.; G 74
Verbrauchsgüterkauf
– Gewährleistung A I. 341
– und Grundstückskaufvertrag A I. 36, 43
Verdeckte Sacheinlage
– GmbH D I. 225 ff.
Verein
– Amtsdauer des Vorstands D VI. 27
– Anmeldung zum Vereinsregister
  – Gründung D VI. 40
  – Veränderungen D VI. 43
– Auflösung D VI. 45
– Aufnahmeanspruch D VI. 9
– Aufnahmegebühr D VI. 21
– Austritt D VI. 11 ff.
– Beiträge D VI. 20
– Beschlussfassung D VI. 35
– Delegiertenversammlung D VI. 52 f.
– eingetragener D VI. 4
– Eintritt D VI. 10
– gemeinnütziger D VI. 8
  – Auflösung D VI. 46
– Gesamtverein D VI. 50
– Gründung D VI. 1 ff.

Magere Zahlen = Randnummern

- Kassenprüfung D VI. 22
- Kosten
  - Anmeldung Gründung D VI. 40
  - Anmeldung Veränderung D VI. 44
  - Beurkundung D VI. 42
  - Gründung D VI. 38
  - Löschung D VI. 49
- Liquidation D VI. 47
- Liquidator D VI. 45
- Löschung D VI. 49
- Mehrheitserfordernisse D VI. 35 ff.
- Minderheitenrecht D VI. 31
- Mitgliederversammlung D VI. 28 ff.
  - Einberufung D VI. 30
  - Ladungsfrist D VI. 32
  - Leitung D VI. 34
  - Protokollierung D VI. 37
- Mitgliedschaft D VI. 9
- Name D VI. 3
- Neugründung D VI. 1 ff.
- Protokollführung D VI. 42
- Satzung D VI. 1 f.
- Satzungsänderung D VI. 41
- Satzungswortlaut D VI. 43
- Schiedsgericht D VI. 18 f.
- Sitz D VI. 5
- Streichung aus der Mitgliederliste D VI. 16
- Tagesordnung der Mitgliederversammlung D VI. 33
- Vereinsausschluss D VI. 14
- Vereinsgericht D VI. 18 f.
- Vereinsregister D VI. 40
- Vereinsstrafen D VI. 17 f.
- Vereinsverband D VI. 50
- Vertretung D VI. 24 f.
- Vorstand D VI. 23 ff.
- wirtschaftlicher D VI. 7
- Zweck D VI. 6 ff.

Vereinfachte Kapitalherabsetzung
- bei AG D III. 293

Vereinigung
- von Wohnungseigentumsrechten A III. 91 ff.

Vereinsregister D VI. 40
Vereinsverband D VI. 50
Vererblichkeit der Unternehmerstellung
- Aktiengesellschaft C 319
- BGB-Gesellschaft C 312
- einzelkaufmännisches Unternehmen C 306
- EWIV C 313
- freiberufliche Partnerschaft C 314

Sachverzeichnis

- GmbH C 317
- GmbH & Co. KG C 318
- KG C 315
- OHG C 307 ff.
- Partnerschaftsgesellschaft C 314
- Private limited company (Ltd.) C 320 ff.
- stille Gesellschaft C 316

Verfahrensgestaltung G 62 ff.
Verfahrensträgerschaft
- alleinige L I. 69

Verfallklausel
- Beurkundungsbedürftigkeit A I. 513V

Verfügungsbefugnis
- Auslandsberührung H 121
- in fremder Sprache H 129

Verfügungsmacht G 80, 100
Verfügungsverbot
- bei Grundstückszuwendung A V. 474

Vergleich mit Rückwirkung E 242
Vergütung
- des Testamentsvollstreckers C 198 ff.

Verhandlung
- Auslandsberührung H 28

Verjährung
- Haftung K 47 ff.
- Notarkosten J 51
- Unternehmenskauf D V. 83

Verkehrssicherungspflicht
- und Grundstückskaufvertrag A I. 294

Verknüpfungsabrede
- Beurkundungsbedürftigkeit A I. 509

Verlängerungsklauseln E 210
Verletzung der Anzeigepflicht E 48 ff.
Verlosung G 266
Verlustabzug E 407
Verlustausgleich E 163
Verlustbeteiligung
- des Kommanditisten E 163

Verlustdeckungshaftung
- GmbH D I. 19

Verlustnutzung
- bei Kommanditgesellschaft E 163

Vermächtnis C 143 ff.
- Anfall, Fälligkeit C 148
- Aushändigung der Urschrift H 256
- Grundstück C 146
- Quotenvermächtnis C 144
- Verschaffungsvermächtnis C 147
- Vorausvermächtnis C 151 ff.
- Wahlvermächtnis C 160
- Zweckvermächtnis C 161

Vermerkblatt M 184

Sachverzeichnis
Fette Buchstaben und römische Ziffern = Kapitel

Vermerkurkunde
- Auslandszwecke H 47 ff.
- elektronische M 19

Vermessungskosten
- Teilflächenkauf A I. 600

Vermietung
- missbräuchliche E 307 ff.

Vermittlungstätigkeit
- Unzulässigkeit L I. 70 f.

Vermittlungsverfahren G 278

Vermögensgesetz
- und Grundstückskaufvertrag A I. 204

Vermögensrechtliche Auseinandersetzung
- Schuldenzuordnung B III. 168 ff.
- Zugewinnausgleich B III. 152, 156
- Zuordnung von Steuerschulden B III. 171

Vermögensverzeichnis G 267

Vernehmung
- für Auslandsberührung H 11

Verpfändung
- Eigentumsverschaffungsanspruch A VI. 156 ff.
- GmbH-Geschäftsanteil D I. 412 ff.
- Schuldbuchforderung K 82B

Verpflichtungserklärung
- Mitarbeiter M 77

Verrentung
- Grundstückskaufvertrag A I. 744 ff.

Verrentungstabelle A I. 747

Versagungsgrund
- Erkennbarkeit des unredlichen Zwecks L I. 65

Versammlung
- der Wohnungseigentümer A III. 70 ff.

Versammlungsniederschriften G 257 ff.

Verschließung
- von Verfügungen von Todes wegen C 90

Verschmelzung E 381 ff.
- anwendbares Recht H 294
- Bekanntmachung D IV. 67
- Beschlussfassung D IV.
  - Beschlussmehrheiten D IV. 71
  - Wettbewerbsverbot D IV. 76
  - Zustimmungsbeschluss D IV. 69
  - Zustimmungserfordernis D IV. 76
- Beschlussphase D IV.
  - notarielle Form D IV. 17
  - Zustimmungserklärungen D IV. 17
- Beurkundung D IV. 79
- Durchführungsphase D IV.
  - Achtmonatsfrist D IV. 18
- Anmeldung und Eintragung beim Handelsregister D IV. 18
- Einberufung D IV. 70
- Eintragung D IV.
  - Auslandsvermögen D IV. 94
  - Gesamtrechtsnachfolge D IV. 93 ff.
- und Grunderwerbsteuer E 384
- Heilung von Beurkundungsmängeln D IV. 80
- Registeranmeldung D IV. 99 f.
  - Checkliste D IV. 82
  - Negativerklärung D IV. 83
- Vorbereitungsphase D IV. 13 ff.
  - Arbeitnehmervertretungen D IV. 15, 51, 62 ff.
  - Berichtspflichten D IV. 13

Verschmelzung auf Alleingesellschafter D IV. 132

Verschmelzung zur Aufnahme D IV. 26

Verschmelzung zur Neugründung D IV. 26

Verschmelzungsbericht
- Plausibilitätskontrolle D IV. 56

Verschmelzungsprüfung
- Börsenwertrelation D IV. 58
- Ertragswertmethode D IV. 58

Verschmelzungsvertrag
- Abfindungsangebot D IV. 44 ff.
- Abschlusskompetenz D IV. 37
- Änderung D IV. 54
- Aufhebung D IV. 55
- Beurkundung im Ausland D IV. 39
- Beurkundungskosten D IV. 205 ff.
- Entwurf D IV. 38
- Sondervorteile D IV. 50
- Sukzessivbeurkundung D IV. 37
- Verschmelzungsstichtag D IV. 47 ff.
- Vertragsinhalt, Katalog D IV. 42
- Vorratsverschmelzung D IV. 49
- Zustimmungsvorbehalt D IV. 37

Verschulden K 21 ff.

Verschwiegenheit K 11, 61, 82B, 82R

Verschwiegenheitspflicht G 52; L I. 76; M 3
- förmliche Verpflichtung L I. 78 f.
- Personenkreis L I. 77

Versicherungssumme K 69

Versorgungsausgleich H 189 f.
- Abänderung B I. 133, 145 f.; B III. 144
- Abfindung B III. 142
- Anrechte B I. 125 f.
- Anwartschaften B III. 124
- Aufhebung B I. 143

Magere Zahlen = Randnummern

Sachverzeichnis

– Ausschluss **B I.** 131, 139
– Aussetzung **B III.** 145
– Deutsch-Persisches Niederlassungsabkommen **H** 185 ff.
– Durchführung **B I.** 124
– Ehezeit **B I.** 133
– Form **B I.** 134
– Geringfügigkeit **B I.** 133
– Gütertrennung **B I.** 140a
– Halbteilung **B I.** 139
– Heimatsrechtsklausel **H** 185
– Inhalts- und Ausübungskontrolle **B III.** 128
– Kapitalwert **B I.** 137
– Modifizierung **B I.** 141
– neue Bundesländer **B I.** 132
– richterliche Prüfung **B I.** 136
– Scheidungsantrag **B I.** 135
– schuldrechtliche Ausgleichsrente **B I.** 129, 142
– schuldrechtlicher **B I.** 129
– Steuern **B I.** 146; **B III.** 146
– Super-Splitting **B I.** 139
– Teilausschluss **B I.** 141
– Unterhaltsprivileg **B I.** 152
– Unwirksamkeit **B I.** 144
– Vereinbarungen **B I.** 134 ff.
– Vermögensauseinandersetzung **B I.** 138
– Verzicht **B III.** 129
– Wertausgleich **B I.** 128
– Zielversorgung **B I.** 142
Versorgungsausgleichsstatut H 186 ff.
Versorgungsausgleichsverzicht
– unangemessene Gegenleistung **B III.** 135
Versorgungsrente
– private **A V.** 431
Versteigerung
– freiwillige **G** 270 ff.
– eines Grundstücks
  – Beurkundungsbedürftigkeit **A I.** 513V
Vertragsadoption
– Verträgen über Grundbesitz **H** 199
Vertragsaufhebung E 235
– Schenkung **E** 425
Vertragsgestaltung
– Beratungs-Checkliste **B III.** 12 f.
Vertragsstrafe
– Grundstückskaufvertrag
  – Beurkundungsbedürftigkeit **A I.** 513V
Vertrauensschadenversicherung K 77
Vertrauenstheorie K 19

Vertraulichkeit L I. 39, 76 ff.
– Vereinbarung mit EDV-Firmen **M** 41 ff.
– Vernichtung von Datenträgern **M** 37
Vertreter
– vollmachtloser **E** 158
Vertreterhaftung K 27 ff.
Vertretung G 80 ff.
– anwaltliche **B III.** 3
– Betreuer **G** 94 f.
– Eltern **G** 88 ff.
– Gesellschaften **G** 95 ff.
– öffentlich-rechtliche Körperschaften **G** 98
– Pfleger **G** 95 f.
– Vollmacht **G** 81 ff.
– Vormund **G** 93 f.
– Wohnungseigentümerversammlung **A III.** 73
Vertretungsbefugnis D II. 16 ff.
– im Rahmen vorsorgender Rechtspflege **L I.** 56
Vertretungsbescheinigung G 97
– Organen ausländischer Gesellschaften **H** 314 ff.
– Urkundenrolle **M** 101
Vertretungsnachweis
– ausländische Register **H** 314 ff.
– Güterstatut **H** 317 ff.
Vertriebene
– Ausland **H** 148
Verwahrung L I. 27 f.
– amtliche **C** 92 ff.
– von Erbverträgen **L I.** 87
Verwahrungs- und Massenbuch M 128 ff.
Verwahrungsbuch
– Abrechnungsbescheinigung **M** 161
– Ausdruckszeitpunkt **M** 155
– Bankspesen/Bankzinsen **M** 140
– Belegsammlung **M** 156
– Buchungsfehler **M** 144 ff.
– Eintragungszeitpunkt **M** 133
– Festgeldanderkonto **M** 143
– Jahresabschluss **M** 166
– Online-Banking **M** 40
– Schecks **M** 139
– Sparbücher **M** 138
– Wertpapiere **M** 148
– Zinsen **M** 141 f.
Verwahrungstätigkeit K 82A
– Haftung **K** 82V
– Hinterlegungsvereinbarung **K** 82V
Verwalterbestellung
– Wohnungseigentum **A III.** 79 ff.

2057

Sachverzeichnis
Fette Buchstaben und römische Ziffern = Kapitel

Verwaltervergütung **A III.** 69 f.
Verwalterzustimmung A III. 63 ff., 172 ff.
- Belastung **A III.** 176
- und Notarkosten **A III.** 17
- Vermietung **A III.** 176
- Verweigerung **A III.** 181
Verwaltungsbeirat A III. 50 ff., 81
Verwaltungsvermögen
- Wohnungseigentümergemeinschaft **A III.** 149d

Verweisung G 182 ff.
- Anlage **G** 191 f.
- Beurkundungsverfahren **A I.** 527 ff.
- Bezugnahme **G** 184 ff.
- Bilanzen **G** 198 ff.
- Inventare **G** 199 ff.
- Karten **A I.** 535
- notarielle Niederschrift **G** 193 ff.
- Verzeichnisse **G** 200 ff.

Verweisungsurkunde G 193 ff.
Verzeichnisse
- des Notars **M** 82 ff.

Verzicht
- auf Anfechtungsrecht **C** 52 ff.
- auf Nutzungsrecht **E** 434

Verzug
- Kaufpreiszahlung **A I.** 228 ff.
    - Mahnung **A I.** 229 f.
- Verzugszinsen **A I.** 231 f., 240

Vinkulierung
- Geschäftsanteil **D I.** 89 ff., 447 ff., 463 ff.

Volljährigkeit
- Auslandsberührung **H** 77

Vollmacht F 1 ff.; **H** 29
- Angestelltenvollmacht **F** 151
- „auf den Todesfall" und „über den Tod hinaus" **F** 63
- Ausfertigung der Vollmachtsurkunde **F** 142
- Auslandsberührung **H** 88 ff.
    - Form **H** 93
- Auslandserteilung **F** 54
- Außenvollmacht **F** 15
- Ausübungsbeschränkungen **F** 16, 151
- Bedingung und Befristung **F** 16
- Bescheinigung des Notars **F** 147
- Beschränkung durch § 181 BGB **F** 78
    - im Innenverhältnis **F** 27
- besondere Form der Mitteilung **F** 15
- Bietungsvollmacht **F** 128
- Durchführungs- und Vollzugsvollmacht **F** 129
- Erlöschen **F** 91
- Erteilung **F** 14
- Formerfordernis **F** 39
- fremdsprachliche
    - postmortale **H** 92
- Generalvollmacht **F** 111 ff.
- Gesamtvertretung **F** 32
- GmbH Stimmrechtsvollmacht **D I.** 109
- GmbH-Gründung **D I.** 31
- Grundstückskaufvertrag
    - Beurkundungsbedürftigkeit **A I.** 513V
- Grundstücksvollmacht **F** 26
- Handels- und Gesellschaftsrecht **F** 114
- Handlungsvollmacht **F** 134
- höchstpersönliche Versicherung **F** 5
- Innenvollmacht **F** 15
- Internationale **F** 153 ff.
- isolierte **F** 18
- Nachlassvollmacht **F** 123
- Nachweis **F** 140
- Nachweis durch notarielle Vollmachtsbescheinigung **F** 147a
- auf Notariatsangestellte **D III.** 52
- notarielle Niederschrift **F** 146
- Offenkundigkeit **F** 3
- im Partnerschaftsvertrag **B IV.** 24
- Patientenverfügung **F** 187 ff.
- postmortale **C** 357
- Prokura **F** 134
- Registervollmacht **F** 119
- Stimmrechtsvollmacht **F** 127
- über den Tod hinaus (transmortale) **C** 215, 357
- „über den Tod hinaus" und „auf den Todesfall" **F** 63
- Untervollmacht **F** 56
- unwiderrufliche **F** 46, 94
- Urschrift (Original) der Vollmachtsurkunde **F** 142
- Verbraucherverträge **F** 33
- Vollzugs- und Durchführungsvollmacht **F** 129
- Vorsorgevollmacht **F** 156 ff.
- Widerruf **F** 93
- Zentrales Vorsorgeregister **F** 176

Vollmachtloser Vertreter E 158
Vollmachtsbestätigung A I. 162 f.
Vollstreckbare Ausfertigung G 341 ff.
Vollstreckbare Urkunde G 317 ff., 334 ff.
Vollstreckung
- aus notariellen Kostenforderungen **H** 350

Magere Zahlen = Randnummern

Vollzug
- grundbuchamtlicher E 223
- Grundstückskaufvertrag
  - Mitarbeitervollmacht A I. 490
  - Vollzugspflicht A I. 483 f.
- schenkungsteuerlicher E 223

Vollzugs- und Durchführungsvollmacht F 129

Vollzugsbevollmächtigte K 36

Vollzugspflicht E 167

Vollzugspflichten G 247 ff.

Vollzugstätigkeit
- Haftung K 82V

Vollzugsüberwachung G 252

Vor- und Nacherbfolge D II. 61 f.

Vorausvermächtnis C 151 ff.

Vorauszahlungen
- nach Fördergebietsgesetz A II. 40

Vorauszahlungsvereinbarungen A XI. 43 f.
- Inhalt A XI. 44
- Voraussetzungen A XI. 43

Vorbehaltsnießbrauch A V. 333
- schuldrechtlicher E 166
- Verzicht E 434

Vorerbe
- befreiter A I. 649; C 139 ff.
- Grundstückskaufvertrag A I. 648 ff.
- Grundstückszuwendung A V. 8
- nicht befreiter C 131 ff.

Vorgefasster Plan E 333 ff.

Vorhaben- und Erschließungsplan A XI. 45 ff.
- Besonderheiten A XI. 47
- Paketlösung A XI. 45
- Plan A XI. 45
- Satzung A XI. 46
- Satzungsaufhebung A XI. 60
- Vorhabenträger A XI. 50 ff.

Vorhand
- Grundstückskaufvertrag A I. 926

Vorkaufsrecht
- Arten A VIII. 3 ff., 8
- Ausübung
  - Formfreiheit A I. 513A
- Ausübungsfrist A VIII. 31 ff.
- Auswirkungen A VIII. 10 ff.
- BauGB A I. 166 ff.
  - Ausschluss A I. 171
  - preislimitiertes A I. 174
- Belehrung des Notars A I. 199
- Belehrungsvermerk A I. 516
- Beurkundungsbedürftigkeit A I. 513V
- Dauer A VIII. 16
- Denkmalschutzgesetze A I. 180
- dingliches A I. 181 ff.
  - Ausübungsfrist A I. 185
  - erster Verkaufsfall A I. 187
  - Mitteilung A I. 184
  - Voraussetzungen A I. 183
- faktische Wirkungen A VIII. 11 ff.
- Form
  - Ausübung A VIII. 2
  - Bestellung A VIII. 1
- für alle Verkaufsfälle A VIII. 8
- für einen Verkaufsfall A VIII. 8
- Geschäftsanteil D I. 94
- Kosten A VIII. 26 ff.
- Löschbarkeit A VIII. 14 f.
- Mehrheit von Berechtigten A VIII. 7
- des Mieters A I. 189 ff.
  - Münchener Modell A I. 190
  - Verzicht A I. 198
- Reichssiedlungsgesetz A I. 177 f.
- schuldrechtlich A VIII. 6
- siedlungsrechtliches A I. 124
- subjektiv dinglich A VIII. 4 f.
- subjektiv persönlich A VIII. 3
- Umgehungsfestigkeit A VIII. 17 ff.
- und Beleihbarkeit A VIII. 11
- Vermögensgesetz A I. 204
- Wohnungsbindungsgesetz A I. 205

Vorkaufsrechte
- gesetzliche G 115 ff.
- des Mieters A III. 201a
- und Wohnungseigentum A III. 17

Vorkaufsrechtsanfrage
- beim Gemeinde A I. 570

Vorkostenabzug
- beim Bauträgervertrag A II. 27 ff.

Vorlegung Privaturkunde G 300

Vorleistung
- ungesicherte A I. 5, 519, 894; K 82B

Vorlesen
- Computerbildschirm G 208
- Niederschrift G 203 ff.

Vormerkung
- auf Bildung von Wohnungseigentum A III. 88

Vormundschaft
- Beschränkung der Vermögenssorge C 359 f.
- Vormundbenennung C 358 ff.

Vorratsbeschluss D III. 270
- Zulässigkeit D III. 256

Vorratsgesellschaft
- GmbH D I. 494 ff.

Sachverzeichnis

Fette Buchstaben und römische Ziffern = Kapitel

Vorsatz K 21, 77
Vorsorgeunterhalt
– Alters- und Krankenvorsorge B III. 60
Vorsorgevollmacht F 156 ff.
– Grundstückskaufvertrag A I. 635
– Zentrales Vorsorgeregister der BNotK F 176
Vorstand D VI. 23
– Abberufung D III. 123
– Amtsniederlegung D III. 299
– Bestellung D III. 121
– Geschäftsordnung D III. 130 ff.
– Kündigung Dienstverhältnis D III. 123
– Mehrfachvertretung D III. 127
– unechte Gesamtvertretung D III. 126, 246, 300, 307
– Versicherung bei Erstanmeldung D III. 68
– Zahl der Mitglieder D III. 115
– zustimmungspflichtige Geschäfte D III. 128 ff.
Vorstandsmitglieder H 3
Vorsteuerabzug E 318
Vorsteuerberichtigung A I. 88; E 136
Vorvermächtnis
– Nachvermächtnis C 157 ff.
Vorvertrag E 229
– Beurkundungsbedürftigkeit A I. 513V
– Grundstückskaufvertrag A I. 926
Vorweggenommene Erbfolge
– und Gesamtplanrechtsprechung E 346
– steuerliche Behandlung A V. 79

Wahlgüterstand
– deutsch-französischer A I. 621 f.
Wahl-Zugewinngemeinschaft H 141
Wanddurchbruch A III. 95
Warenbezugsdienstbarkeit A VII. 36 ff.
Wärmebezugsdienstbarkeit A VII. 39
Warnfunktion
– als Formzweck A I. 496
Warnfunktion der Beurkundung G 12
Wart und Pflege A V. 439 ff.
Website M 26
Wechsel
– aller Gesellschafter E 322 f.
Wechseleinzugsabkommen G 310
Wechselprotest G 304 ff.
– Kosten J 61 W
Wegfall der Geschäftsgrundlage E 268 ff.
Wegzugsklausel A V. 370
– und staatliche Leistungen A V. 521

Weilheimer Modell A I. 513 W
Weiterschenkung E 362
Welterbschein H 265
Werbeverbot L I. 129
– für Anwaltsnotare L I. 131
– Berufsrichtlinien L I. 132 ff.
– Verfassungsmäßigkeit L I. 130
Werbung L I. 129
Wertsicherung G 111
Wertsicherungsklausel A I. 142
– Leibrente A V. 394 ff.
Wertsicherungsklauseln
– beim Erbbaurecht A IV. 85 ff.
– Gestaltung A V. 404
– Kombinationsklausel A V. 408
– Lebenshaltungsindexklauseln A V. 400 ff.
– Leistungsvorbehalt A V. 397
– Lohn- und Gehaltsklausel A V. 399
– Mindestklausel A V. 409
– Spannungsklausel A V. 398
Wesentliche Beteiligung E 369 ff.
Wettbewerbsverbot
– GmbH D I. 78 ff.
Widerruf
– Aufhebung der erbvertraglichen Bindung C 33
– früherer Verfügungen von Todes wegen C 39 ff.
Widerrufs- und Rücktrittsrechte
– enumerative E 207
– freier E 208
– Schenkung E 426 ff.
Widerrufsvorbehalt E 277
Widerspruch
– Hauptversammlungsbeschluss D III. 216
Wiederkaufsrecht
– Beurkundungsbedürftigkeit A I. 513 W
Wiederverheiratungsklausel C 245 ff.
– eheähnliches Verhältnis C 249
– Übergabeverpflichtung C 248
– Vermächtnis C 247
– Vorerbe C 246
Willenserforschung G 55 ff.
Wirksamkeit, bürgerlich-rechtliche E 145 ff.
Wirksamkeitskontrolle
– von Eheverträgen B I. 11a
Wirksamkeitsvermerk
– Finanzierungsgrundschuld A I. 280
Wirkungslandprinzip
– internationale H 89

Magere Zahlen = Randnummern

Sachverzeichnis

Wirtschaftliche Neugründung
– Aktiengesellschaft **D III.** 48
wirtschaftliche Neugründung
– GmbH **D I.** 494 ff.
Wirtschaftsjahr
– Gestaltungsmißbrauch **E** 291
Wohnraumförderung
– Grundstückskaufvertrag **A I.** 20
Wohnungsbesetzungsrecht A VII. 48
Wohnungsbindung A I. 15, 20 f., 205
– Vorkaufsrecht des Mieters **A III.** 203
Wohnungseigentum
– aufteilungsplanwidrige Bauausführung **A III.** 43a ff.
– Begründung **A III.** 23 ff.
   – Zwangsversteigerungsverfahren **A III.** 41a
– bei Doppelhaushälften **A III.** 52 ff.
– Einheitsbewertung **A III.** 12 f., 136 ff.
– Einkommensteuer **A III.** 8 f.
– Erbbaurecht **A IV.** 127 ff.
– Erschließungsbeitrag **A III.** 13 f., 56
– gemischte Nutzung **A III.** 48 ff.
– Grundbesitzwert **A III.** 12
– Minderheitenschutz **A III.** 50
– nachträglicher Anbau **A III.** 105
– nicht erstellte Bauteile **A III.** 40a
– Notar- und Grundbuchkosten **A III.** 14
– bei Reihenhäusern **A III.** 52 ff.
– Sukzessivbegründung **A III.** 36 ff.
– Umsatzsteuer **A III.** 10
– Umwandlung in Teileigentum **A III.** 51, 110 ff.
– Unterteilung **A III.** 82
   – Eingangsflurproblem **A III.** 83
   – Folgen für Sondernutzungsrecht **A III.** 90
   – Folgen für Stimmrecht **A III.** 85a
   – Folgen für Verwaltervergütung **A III.** 86a
   – Zustimmungsbedürftigkeit **A III.** 84 f.
– Veräußerung **A III.** 150
   – Mängelgewährleistung **A III.** 158 ff.
   – vor Grundbuchvollzug **A III.** 150
– Vereinigung **A III.** 91 ff.
   – Folgen für Sondernutzungsrecht **A III.** 93
   – Folgen für Stimmrecht **A III.** 94
   – Folgen für Verwaltervergütung **A III.** 94a
– Zustimmung Dritter zur Begründung **A III.** 41 f.

Wohnungseigentümerbeschlüsse
– Wirkung für Rechtsnachfolger **A III.** 183 ff.
Wohnungseigentümergemeinschaft
– Einpersonengemeinschaft **A III.** 149h
– Grundbuchfähigkeit **A III.** 146 ff., 149a
– Stimmrecht **A III.** 197
– Teilrechtsfähigkeit **A III.** 146 ff.
Wohnungseigentümerversammlung A III. 70
– Stimmrecht **A III.** 76
Wohnungserbbaurecht A III. 206 ff.
– Begründung **A III.** 218 f.
– grundbuchtechnische Behandlung **A III.** 221
– Veräußerung **A III.** 222 ff.
Wohnungsreallast A V. 348
Wohnungsrecht A V. 343 ff.
– Ablösung **E** 436
– Aufhebung **A V.** 374 ff.
– Lastenverteilung **A V.** 361 ff.
– und Nießbrauch **A V.** 387
– Pflegeheimunterbringung **A V.** 367 ff.
– Überlassung der Ausübung **A V.** 355
– Wegzugsklausel **A V.** 370
– Wohnungs- und Teileigentum **A V.** 344, 353
– Zwangsvollstreckung **A V.** 385 ff.

XML-Daten M 49
– Kosten **J** 61X
XNotar M 50 f., 65

Zeichnungsschein
– Anmeldung Kapitalerhöhung **D III.** 260
– Verfristung **D III.** 282
Zentrales Testamentsregister (ZTR)
C 96 ff.; **M** 18, 31, 38, 193 ff., 209
– erbfolgerelevante Urkunde **M** 193
– Gebühren **M** 195
– Mitteilungspflichten **M** 209 ff.
Zentrales Vorsorgeregister (ZVR) F 176; **M** 18, 38, 51, 256
Zession K 82V
Zeugenzuziehung C 72
Zeugnisse
– einfache elektronische **M** 19, 65, 106, 190
Zeugnisverweigerungsrecht L I. 103
Zinsen E 176
– Festgeld **K** 82Z
Zinssatz E 182 ff.

2061

Sachverzeichnis

Fette Buchstaben und römische Ziffern = Kapitel

Zinsschranke E 408
Zuckerrübenlieferrechte
– bei landwirtschaftlicher Übergabe A V. 281
Zugewinnausgleich E 243
– bei ehebedingter Zuwendung A V. 196
– und Schenkung A V. 147
– Schenkung an Schwiegerkinder A V. 201 ff.
Zugewinngemeinschaft B I. 51 ff.
– Abänderung B I. 56 ff.
– Ausschluss des Zugewinnausgleichs B I. 57, 72
– Bewertung B I. 68 ff.
– Endvermögen B I. 65
– Haushaltsgegenstände B I. 51a
– Modifizierung der Zugewinnbeteiligung B I. 66
– negatives Anfangsvermögen B I. 64 f.
– Regelung B I. 51
– Schranken B I. 70
– Verfügung über die Ausgleichsforderung B I. 73
– Verfügungsbeschränkungen B I. 74 ff.
– vertragliche Vereinbarungen B I. 78 f.
– vorzeitiger Zugewinnausgleich B I. 61
Zurechnungsfortschreibung E 231
Zuständigkeit
– örtliche L I. 56, 70
– sachliche L I. 18
Zustellung
– ausländischer Schriftstücke durch Notar H 13
Zustimmung
– Ehegatte A I. 617 ff.
Zuwendung
– Ausgleich B III. 161
– ehebedingte H 346 ff.
– unter Ehegatten A V. 185 ff.; B III. 155
– Rückfallklausel B III. 161
– unbenannte B III. 163
Zuwendungsnießbrauch A V. 334; E 198, 312
Zuwendungsverzicht C 369 ff.
– Checkliste C 375

Zwangsversteigerung
– Leibgeding A V. 458
– Nießbrauch A V. 324
– Reallast A V. 423
– Wohnungseigentum A III. 69a
– Wohnungsrecht A V. 385
Zwangsversteigerungsvermerk
– Bauträgervertrag A I. 212
– Grundstückskaufvertrag A I. 17, 211 ff., 681
Zwangsverwaltung
– Nießbrauch A V. 326
Zwangsverwaltungsvermerk
– Grundstückskaufvertrag A I. 214
Zwangsvollstreckungsunterwerfung
– Gegenstand A I. 247, 250
– Kaufpreis A I. 245 ff.
– Nachweisverzicht A I. 246
– Verzugszinsen A I. 251
– Vollmacht A I. 245
Zweck
– unerlaubter L I. 60
– unredlicher L I. 61 f.
Zweckentfremdung
– bei Altbausanierung A II. 131
Zweckerklärung A VI. 46 ff.
Zwecktheorie K 14, 19
Zweckverfehlung
– Schenkung an Lebenspartner A V. 204
– Schenkung an Schwiegerkinder A V. 203
Zweigniederlassung D III. 300
– Anmeldung D III. 302
– ausländischer Gesellschaften D III. 304
– Firma D III. 301
– Prokura D III. 302
– unechte Gesamtvertretung D III. 300
Zweiwochenfrist
– beim Verbrauchervertrag A I. 707 ff.
Zwischenerwerb E 360
– missbräuchlicher E 327
Zwischenschaltung
– von Angehörigen E 314 ff.
Zwischenschaltung inländischer Kapitalgesellschaften E 291
– missbräuchliche E 294 ff., 301